D1807233

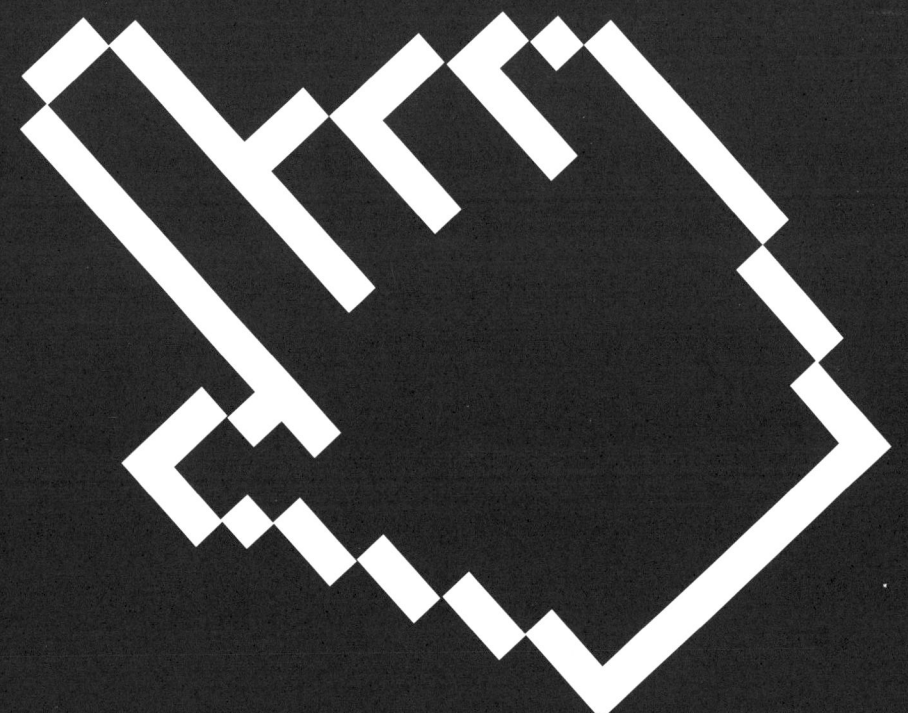

Diccionario bilingüe
Advanced
English-Spanish
Español-Inglés

Diccionario bilingüe

Advanced

English-Spanish
Español-Inglés

Esta obra ha sido realizada bajo la iniciativa y coordinación general del Editor.

Dirección editorial:
Jordi INDURÁIN

Coordinación de la obra:
Mª José SIMÓN

Equipo editorial:
Andrew HASTINGS

Pauline SHAW
Carmen SOLER RODRÍGUEZ
Victoria ALONSO BLANCO
Suzanne MCCLOSKEY
Mark WAUDBY
Rafael DAVIES

Informática editorial:
Marc ESCARMÍS

Maquetación:
DOS + DOS, serveis editorials, S.C.C.L.

Diseño de cubierta:
Francesc SALA

Reservados todos los derechos. El contenido de esta obra está
protegido por la Ley, que establece penas de prisión y/o multas
además de las correspondientes indemnizaciones y penalizaciones
por daños y perjuicios para quienes reprodujeren, plagiaren,
distribuyeren o comunicaren públicamente, en todo o en parte,
una obra literaria artística o científica, o su transformación,
interpretación o ejecución artística fijada en cualquier tipo de soporte
o comunicada a través de cualquier medio, sin la preceptiva autorización.

Primera edición: 1996
Segunda edición: 2000
Tercera edición: 2006
Cuarta edición: 2008
Quinta edición: 2013
     Primera reimpresión: febrero de 2015

© LAROUSSE EDITORIAL, S. L.
Mallorca, 45
08029 Barcelona
e-mail: vox@vox.es
www.vox.es

ISBN 978-84-9974-144-4
Depósito legal: B.14677-2013
3E2I

Table of contents
Índice

Foreword

This new thoroughly revised and updated *Advanced English Dictionary, English-Spanish / Español-Inglés*, the most recent addition to the extensive range of VOX dictionaries, has been compiled by a team of experienced lexicographers, translators and language teachers.

It presents a large amount of up-to-date information and pays special attention to current English and Spanish usage, both European and American varieties, formal and informal registers. It contains over 238 000 translations differentiated by bracketed context indicators and field labels to guide the user to the correct sense and help him to choose the right translation for a given context or express himself correctly in the foreign language.

The basic translations are complemented by abundant examples of usage which clarify and illustrate those senses which present particular problems. There are also numerous idiomatic expressions and set frases, ample coverage of English phrasal verbs, abbreviations and acronyms, a summary of the grammar of both languages, a table of English irregular verbs and complete conjugation tables for Spanish verbs.

The *VOX Advanced English Dictionary, English-Spanish / Español-Inglés* has been designed specifically to be convenient and easy to use. The clear typography and simple, logical organization of the entries facilitate looking up and make it ideal for any student or professional who uses either language in his studies or at work.

We are sure that the dictionary contains all the information the user needs, whether he be beginner, intermediate or advanced, and is up-to-date, practical, and easy to consult: an indispensable tool not only in the classroom and the workplace, but also in the home, or indeed in any situation where there is interaction between these two important world languages.

Prólogo

Este *Advanced English Dictionary, English-Spanish / Español-Inglés*, la más reciente adición a la extensa gama de diccionarios VOX, redactado por un equipo compuesto por experimentados lexicógrafos, traductores y profesores de idiomas, ha sido completamente revisado y actualizado.

Contiene gran cantidad de información totalmente puesta al día y presta especial atención a los usos actuales del inglés y del español en sus variedades europea y americana, en los niveles tanto formal como coloquial. Ofrece más de 238 000 traducciones rigurosamente acotadas por el uso de indicadores de contexto y etiquetas de tecnicismo que guían al usuario a la acepción adecuada y le ayudan a escoger la traducción idónea para cada contexto o a expresarse correctamente en el idioma extranjero.

Como complemento de las traducciones básicas de cada palabra, se incluyen muchos ejemplos de uso que aclaran e ilustran las acepciones con problemas especiales. Hay también numerosos modismos, frases hechas y expresiones idiomáticas, una amplia cobertura de los llamados phrasal verbs o verbos preposicionales ingleses, siglas y abreviaturas, un resumen de gramática para cada uno de los dos idiomas, tabla de verbos irregulares ingleses y cuadro completo de conjugación de los verbos españoles.

El *VOX Advanced English Dictionary, English-Spanish / Español-Inglés* ha sido diseñado específicamente para que resulte de cómodo y fácil empleo. La tipografía clara y la organización sencilla y lógica de los distintos elementos agilizan las consultas y lo convierten en una obra ideal para cualquier estudiante o profesional que maneje una u otra lengua en el curso de sus estudios o de su trabajo diario.

Estamos seguros de que este diccionario contiene toda la información que necesita el usuario, sea principiante, intermedio, o avanzado y que es actual, eficaz y fácil de consultar: una herramienta indispensable, no solo en el aula y en el lugar de trabajo, sino también en el hogar o en cualquier situación donde haya interacción entre estas dos grandes lenguas de importancia mundial.

How to consult this dictionary

American Spanish

blanket [ˈblæŋkɪt]
1 *n* manta, *AM* frazada.
2 *n (layer)* capa, manto: a blanket of snow una capa de nieve.
3 *adj (overall)* general, global; *(unanimous)* unánime: a blanket agreement un acuerdo global; blanket condemnation una condena unánime.
4 *vt* cubrir con un manto: the hills were blanketed with snow las colinas estaban cubiertas con un manto de nieve.
5 *vt (stifle rumours)* acallar.
✦ **to be a wet blanket** ser un aguafiestas.
to be born on the wrong side of the blanket nacer fuera del matrimonio.
■ **blanket bath** *lavado de un paciente en su cama.*

Español de América

Examples of use / Ejemplos de uso

Explanation where no translation exists / Explicación donde no hay traducción

chaser [ˈtʃeɪsəʳ]
1 *n GB* copa de licor *que se toma típicamente después de una cerveza.*
2 *n US* bebida suave *que se toma después de otra fuerte.*
chassis [ˈʃæsɪ] *n* chasis *m.*
▲ *pl chassis.*

Translation with explanation / Traducción con explicación

Gender of translation / Género de la traducción

feet [fiːt] *npl* → **foot.**
feisty [ˈfiːstɪ] *adj (forceful)* batallador,-ra; *(irritable)* irritable.
▲ *comp feistier, superl feistiest.*
fell¹ [fel] *adj* feroz, cruel.
✦ **at one fell swoop** de un solo golpe.
fell² [fel]
1 *vt (tree)* talar.
2 *vt (enemy)* derribar.
fell³ [fel] *n GEOG (moorland)* páramo alto; *(hilly land)* monte *m*, colina.
fell⁴ [fel] *pt* → **fall.**

Irregular plural cross-referenced to singular / Envío de plural irregular a singular

Context indicators / Indicadores de contexto

Homonymous headwords / Entradas homónimas

fez [fez] *n* fez *m.*
▲ *pl fezzes.*
fib [fɪb]
1 *n fam* bola, trola.
2 *vi fam* contar bolas, contar trolas.
▲ *pt & pp fibbed, ger fibbing.*

Irregularities or spelling difficulties / Irregularidades o dificultades ortográficas

molder [ˈməʊldəʳ] *vi US* → **moulder.**
molding [ˈməʊldɪŋ] *n US* → **moulding.**
mole² [məʊl]
1 *n ZOOL* topo.
2 *n fam (spy)* topo *mf*, espía *mf.*

American spelling referenced to British entry / Envío de grafía americana a grafía inglesa

Register label / Etiqueta de registro lingüístico

rift [rɪft]
1 *n* hendedura, grieta.
2 *n fig* ruptura.
rig [rɪg]
1 *n* plataforma petrolífera.
2 *vt MAR* aparejar.
▶ **to rig up** *vt sep* improvisar.
▲ *pt & pp rigged, ger rigging.*

Phonetic transcription / Transcripción fonética

Field label / Tecnicismo
Phrasal verb / Verbo pronominal

Guía para consultar este diccionario

Categoría gramatical de la entrada	**arabismo** *nm* Arabic expression. **arabista** *nm & nf* Arabist. **arabizar** *vt* to arabize. ▲ *Conjugation model* [4], *like realizar.*	Part of speech of entry
Ortografía del inglés americano	**arada** **1** *nf (acción)* ploughing (*US* plowing). **2** *nf (tierra)* ploughed (*US* plowed) land. **arado** *nm* plough (*US* plow). **arador** *nm* ploughman (*US* plowman).	American English spelling
Nombres en construcciones fijas	**arca** **1** *nf* chest. **2** *nf (caja de caudales)* strongbox, safe. ■ **arca de Noé** Noah's ark. **arcas públicas** Treasury *sing.* ▲ *Takes el in singular.*	Noun compounds
Explicación de hechos culturales	**arras** *nf pl* 13 coins given by bridegroom to bride during the wedding ceremony.	Explanation of cultural items
Traducción del inglés americano	**ascensor** *nm* lift, *US* elevator. **ascensorista** *nm & nf* lift attendant, *US* elevator operator.	American English translation
Fraseología	**asco** *nm* disgust, repugnance. ✦ **coger asco a algo** to get sick of something. **dar asco** to be disgusting: dejó la cocina que daba asco he left the kitchen in a terrible mess. **dar asco a alguien** to make somebody sick. **estar hecho,-a un asco** *(cosa)* to be filthy, look a real mess; *(persona)* to be filthy, be in a right state. **hacer ascos a algo** to turn up one's nose at something. **¡qué asco!** how disgusting!, how revolting!	Idiomatic expressions
Elementos intercambiables	**ascua** *nf* live coal. ✦ **arrimar el ascua a su sardina** *fam* to look after number one. **estar en/sobre ascuas** to be on tenterhooks. **tener a alguien sobre/en ascuas** to keep somebody on tenterhooks. ▲ *Takes el in singular.*	Interchangeable elements
Subentrada	**asear** **1** *vt (adecentar)* to clean, tidy up. **2** **asearse** *vpr (arreglarse)* to wash, get washed.	Subentry
Régimen preposicional del verbo	**cabalgar** **1** *vi (sobre un animal)* to ride (**en/sobre**, -): cabalgó sobre un caballo blanco she rode a white horse. **2** *vi (sobre otra cosa)* to straddle (**sobre**, -), sit astride (**sobre**, -): el niño cabalgaba sobre la silla the boy sat astride the chair. **3** *vt* to ride. **4** *vt (cubrir a una hembra)* to cover, mount. ▲ *Conjugation model* [7], *like llegar.*	Prepositional complementation of verb
Modelo de conjugación de verbo irregular		Conjugation model for irregular verb

Abbreviations used in this dictionary
Abreviaturas empleadas en este diccionario

abr	abreviatura, abbreviation
abbr	abbreviation, abreviatura
adj	adjective, adjetivo
adv	adverb, adverbio
AER	aeronautics, aeronáutica
AGR	agriculture, agricultura
AM	American Spanish, español americano
ANAT	anatomy, anatomía
ARCH	architecture, arquitectura
arg	argot, slang
ARQ	arquitectura, architecture
ART	art, arte
art	article, artículo
art def	artículo definido, definite article
art indef	artículo indefinido, indefinite article
AUTO	automobiles, automóvil
AV	aviation, aviación
BIOL	biology, biología
BOT	botany, botánica
CHEM	chemistry, química
CINEM	cinema, cinematografía
COM	comercio, commerce
COMM	commerce, comercio
comp	comparative, comparativo
COMPUT	computing, informática
conj	conjunction, conjunción
contr	contraction, contracción
COST	costura, sewing
CULIN	cookery, cocina
def art	definite article, artículo definido
DEP	deporte, sport
EDUC	education, educación
ELEC	electricity, electricidad
etc	etcetera, etcétera
euf	uso eufemístico, euphemistic use
euph	euphemistic use, uso eufemístico
fam	familiar use, uso familiar
fig	figurative use, uso figurado
FIN	finance, finanzas
FÍS	física, physics
fml	formal use, uso formal
fut	future, futuro
GB	British English, inglés británico
gen	in general, en general
GEOG	geography, geografía
GEOL	geology, geología
ger	gerund, gerundio
GRAM	grammar, gramática
HIST	history, historia
imperat	imperative, imperativo
imperf	imperfect, imperfecto
indef art	indefinite article, artículo indefinido
indic	indicative, indicativo
inf	infinitive, infinitivo
INFORM	informática, computing
interj	interjection, interjección
iron	ironic, irónico
irón	irónico, ironic
JUR	law, derecho
LING	linguistics, lingüística
LIT	literature, literatura
loc	locución, phrase
MAR	maritime, marítimo
MAT	matemáticas, mathematics
MATH	mathematics, matemáticas
MED	medicine, medicina
METEOR	meteorology, meteorología
MIL	military, militar
MUS	music, música
MÚS	música, music
n	noun, nombre
neut	neuter, neutro
nf	feminine noun, nombre femenino
nf pl	plural feminine noun, nombre femenino plural
nm	masculine noun, nombre masculino
nm o nf	masculine or feminine noun, nombre de género ambiguo
nm & nf	masculine and feminine noun, nombre de género común
nm pl	masculine plural noun, nombre masculino plural
npl	plural noun, nombre plural
pej	pejorative, peyorativo
pers	person, persona
pey	peyorativo, pejorative
phr	phrase, locución
PHYS	physics, física
POL	politics, política
pp	past participle, participio pasado
pref	prefix, prefijo
prep	preposition, preposición
pres	present, presente
pron	pronoun, pronombre
pt	past, pasado
QUÍM	química, chemistry
RAD	radio
REL	religion, religión
SEW	sewing, costura
sím	símbolo, symbol
sing	singular
sl	slang, argot
SP	sport, deporte
subj	subjunctive, subjuntivo
superl	superlative, superlativo
symb	symbol, símbolo
TEAT	teatro, theatre
TÉC	técnica, technical
TECH	technical, técnica
THEAT	theatre, teatro
TV	television, televisión
US	American English, inglés norteamericano
v aux	auxiliary verb, verbo auxiliar
vi	intransitive verb, verbo intransitivo
vpr	pronominal verb, verbo pronominal
vt	transitive verb, verbo transitivo
vt insep	inseparable transitive phrasal verb, verbo preposicional transitivo inseparable
vt sep	separable transitive phrasal verb, verbo preposicional transitivo separable
ZOOL	zoology, zoología
→	see, véase
≈	approximately equivalent to, aproximadamente equivalente a

English-Spanish

Gramática inglesa

Fonética

Todas las entradas inglesas en este diccionario llevan transcripción fonética basada en el sistema de la Asociación Fonética Internacional (AFI). He aquí una relación de los símbolos empleados.
El símbolo ' delante de una sílaba indica que es ésta la acentuada.

Las consonantes

[p]   pan [pæn], happy ['hæpɪ], slip [slɪp].

[b]   big [bɪg], habit ['hæbɪt], stab [stæb].

[t]   top [tɒp], sitting ['sɪtɪŋ], bit [bɪt].

[d]   drip [drɪp], middle [mɪdəl], rid [rɪd].

[k]   card [kɑːd], maker ['meɪkəʳ], sock [sɒk].

[g]   god [gɒd], mugger ['mʌgəʳ], dog [dɒg].

[tʃ] chap [tʃæp], hatchet ['hætʃɪt],
        beach [biːtʃ].

[dʒ] jack [dʒæk], digest [daɪ'dʒest],
        wage [weɪdʒ].

[f]   wish [wɪʃ], coffee ['kɒfɪ], wife [waɪf].

[v]   very ['verɪ], never ['nevəʳ], give [gɪv].

[θ]   thing [θɪŋ], cathode ['kæθəʊd],
        filth [fɪlθ].

[ð]   they [ðeɪ], father ['faːðəʳ], loathe [ləʊð].

[s]   spit [spɪt], stencil ['stensəl], niece [niːs].

[z]   zoo ['zuː], weasel ['wiːzəl], buzz [bɪz].

[ʃ]   show [ʃəʊ], fascist [fæ'ʃɪst], gush [gʌʃ].

[ʒ]   gigolo ['ʒɪgələʊ], pleasure ['pleʒəʳ],
        massage ['mæsɑːʒ].

[h]   help [help], ahead [ə'hed].

[m]   moon [muːn], common ['kɒmən],
        came [keɪm].

[n]   nail [neɪl], counter ['kaʊntəʳ],
        shone [ʃɒn].

[ŋ]   linger ['fɪŋgəʳ], sank [sæŋk], thing [θɪŋ].

[l]   light [laɪt], illness ['ɪlnəs], bull [bʊl].

[r]   rug [rʌg], merry ['merɪ].

[j]   young [jʌŋ], university [juːnɪ'vɜːsɪtɪ],
        Europe ['jʊərəp].

[w]   want [wɒnt], rewind [riː'waɪnd].

[x]   loch [lɒx].

[ʳ]   se llama *"linking r"* y se encuentra únicamente a final de palabra. Se pronuncia sólo cuando la palabra siguiente empieza por una vocal: **mother and father came** ['mʌðəʳ ən 'faːðə keɪm].

Las vocales y los diptongos

[iː] sheep [ʃiːp], sea [siː], scene [siːn], field [fiːld].

[ɪ]   ship [ʃɪp], pity ['pɪtɪ], roses ['rəʊzɪz],
        babies ['beɪbɪz], college ['kɒlɪdʒ].

[e]   shed [ʃed], instead [ɪn'sted], any ['enɪ],
        bury ['berɪ], friend [frend].

[æ]   fat [fæt], thank [θæŋk], plait [plæt].

[ɑː] rather ['rɑːðəʳ], car [kɑːʳ], heart [hɑːt],
        clerk [klɑːk], palm [pɑːm], aunt [ɑːnt].

[ɒ]   lock [lɒk], wash [wɒʃ], trough [trɒf],
        because [bɪ'kɒz].

[ɔː] horse [hɔːs], straw [strɔː], fought [fɔːt], cause [kɔːz], fall [fɔːl], boar [bɔːʳ],   door [dɔːʳ].

[ʊ]   look [lʊk], pull [pʊl], woman ['wʊmən],
        should [ʃʊd].

[uː] loop [luːp], do [duː], soup [suːp], elude [i'luːd],
        true [truː], shoe [ʃuː], few [fjuː].

[ʌ]   cub [kʌb], ton [tʌn], young [jʌŋ],
        flood [flʌd], does [dʌz].

[ɜː] third [θɜːd], herd [hɜːd], heard [hɜːd],
        curl [kɜːl], word [wɜːd], journey ['dʒɜːnɪ].

[ə]   actor ['æktəʳ], honour ['ɒnəʳ], about [ə'baʊt].

[ə]   opcional. En algunos casos se pronuncia
        y en otros se omite: trifle ['traɪfəl].

[eɪ] cable ['keɪbəl], way [weɪ], plain [pleɪn],
        freight [freɪt], prey [preɪ], great [greɪt].

[əʊ] go [gəʊ], toad [təʊd], toe [təʊ], though [ðəʊ],
        snow [snəʊ].

[aɪ] lime [laɪm], thigh [θaɪ], height [haɪt], lie [laɪ],
        try [traɪ], either ['aɪðəʳ].

[aʊ] house [haʊs], cow [kaʊ].

[ɔɪ] toy [tɔɪ], soil [sɔɪl].

[ɪə] near [nɪəʳ], here [hɪəʳ], sheer [ʃɪəʳ],
        idea [aɪ'dɪə], museum [mjuː'zɪəm],
        weird [wɪəd], pierce [pɪəs].

[eə] hare [heəʳ], hair [heəʳ], wear [weəʳ].

[ʊə] pure [pjʊəʳ], during ['djʊərɪŋ], tourist ['tʊərɪst].

Ortografía

1. El sufijo -s/-es según la forma de la raíz

a) Para formar la tercera persona del singular del presente de indicativo se añade **s** al infinitivo, pero si el infinitivo acaba en **-sh, -ch, -s, -x, -z** y, a veces, **-o**, se añade **es**. Lo mismo pasa cuando se añade **s** para formar el plural de los sustantivos. Véase también el apartado sobre los sustantivos.

wish	→ *wishes*	*kiss*	→ *kisses*	*fix*	→ *fixes*
teach	→ *teaches*	*buzz*	→ *buzzes*	*go*	→ *goes*

b) Si la raíz acaba en cualquier consonante + **y**, ésta se convierte en **i** y se añade **-es**. Pero si la **y** va precedida de una vocal no experimenta ningún cambio.

fry	→ *fries*	*worry*	→ *worries*
pero *play*	→ *plays*		

2. Cambios ortográficos en la raíz al añadir ciertos sufijos

a) Para formar el gerundio o participio presente se añade **-ing** al infinitivo, pero si el infinitivo acaba en cualquier consonante + **e**, ésta desaparece. Si acaba en **-ie** esta combinación se convierte en **y**.

give	→ *giving*	*die*	→ *dying*
move	→ *moving*	*lie*	→ *lying*

b) Si se trata de una raíz monosílaba que acaba en una sola consonante precedida de una sola vocal, la consonante se duplica en los siguientes casos: al añadir

-ing al verbo para formar el gerundio o participio presente
-ed al verbo para formar el pasado simple
-er al verbo para formar el agente

stab	→ *stabbing*	*trek*	→ *trekked*	*run*	→ *runner*
swim	→ *swimming*	*clap*	→ *clapped*	*grin*	→ *grinned*
pero *sleep*	→ *sleeping*	*look*	→ *looked*		
pant	→ *panting*	*grasp*	→ *grasped*		

-er o **-est** al adjetivo para formar el comparativo y superlativo

sad	→ *sadder, saddest*	*hot*	→ *hotter, hottest*
wet	→ *wetter, wettest*	*big*	→ *bigger, biggest*
pero *cold*	→ *colder, coldest*	*cool*	→ *cooler, coolest*
dear	→ *dearer, dearest*	*fast*	→ *faster, fastest*

NB   Las consonantes **y, w** y **x** no se duplican.

c) También se duplica la consonante final de los verbos de más de una sílaba si el acento tónico recae en la última sílaba.

begin	→ *beginning*	*admit*	→ *admitted*	*refer*	→ *referring*
pero *offer*	→ *offering*	*open*	→ *opened*		

Sin embargo, si la consonante final es **l**, ésta se duplica independientemente de donde recaiga el acento tónico. Véase también el apartado 3f.

travel	→ *travelling*	*model*	→ *modelled*

d) Si la raíz acaba en cualquier consonante + **y**, al añadir **-ed** a la raíz del verbo o **-er** o **-est** a la del adjetivo, la **y** se convierte en **i**.

spy	→ *spied*	*pretty*	→ *prettier, prettiest*

e) Si un adjetivo acaba en **-y**, al formar el adverbio añadiendo **-ly** la **y** se convierte en **i**.

happy	→ *happily*	*gay*	→ *gaily*

3. Las contracciones

En inglés familiar el uso de las formas contractas de ciertos verbos en las que un apóstrofo ocupa el lugar de una letra suprimida es muy frecuente. He aquí una lista de las más usuales:

's	is, has	**'re**	are	**-n't**	not
've	have	**'d**	would, had	**can't**	cannot
'm	am	**'ll**	will, shall	**won't**	will not

4. Diferencias ortográficas entre el inglés británico y el americano

Hay varias diferencias entre la ortografía británica y la americana. Aquí se resumen las diferencias regulares, pero todas las formas diferentes constan en el cuerpo del diccionario. El punto de referencia es siempre el inglés británico.

a)   Algunas palabras que acaban en **-tre** se escriben con **-ter** en el inglés americano.

centre → *center*   *mitre* → *miter*   *theatre* → *theater*

b)   Algunas palabras que acaban en **-our** se escriben con **-or** en el inglés americano.

harbour → *harbor*   *vapour* → *vapor*   *colour* → *color*

c)   Algunas palabras que contienen el dígrafo **ae** en el ingles americano se escriben con **e**.

mediaeval → *medieval*   *gynaecology* → *gynecology*

d)   Algunas palabras que contienen el dígrafo **oe** en el ingles americano se escriben con **e**.

manoeuvre → *maneuver*   *oestrogen* → *estrogen*

e)   Algunas palabras que acaban en **-ogue** acaban en **-og** en el inglés americano.

catalogue → *catalog*   *dialogue* → *dialog*

f)   A pesar de lo expresado arriba en el apartado 2c), mientras que en el inglés británico una **l** final suele duplicarse independientemente de donde recaiga el acento tónico, en el inglés americano esta **l** sólo se duplica si el acento recae en la última sílaba:

travel → *traveled, traveling*   *rebel* → *rebelled, rebelling*

El artículo

El artículo indefinido

El artículo indefinido es **a** y es invariable: **a man, a young woman, a boy a girl, a big dog, a tree, a planet.** Delante de las palabras que empiecen por vocal, **a** se convierte en **an**: **an apple, an eagle, an easy test.** Sin embargo una palabra puede empezar por una vocal escrita y no empezar por sonido vocálico: esto ocurre con las palabras que empiezan por **eu-** y algunas de las que empiezan por **u-** (véanse las transcripciones fonéticas en el diccionario). En estos casos se usa **a** en vez de **an**: **a European, a euphemistic expression; a union, a university professor.**
Asimismo, si una **h** inicial se pronuncia se empleará **a**, si es muda **an**: **a house, a helpful person,** pero **an hour, an honest man.**
El artículo indefinido solo se pone delante de los sustantivos en singular.

a dog	un perro	**dogs**	unos perros
an eel	una angula	**eels**	unas angulas
an old house	una casa antigua	**old houses**	casas antiguas

El artículo definido

El artículo definido es **the** y es invariable. Sirve tanto para el singular como para el plural: **the man , the men, the woman, the women, the children, the earth, the sea.** Su pronunciación es [ðə], pero delante de las palabras que empiecen por un sonido vocálico se pronuncia [ðɪ].

El sustantivo

Género

En inglés, a diferencia del español, los sustantivos carecen de género gramatical y los artículos y adjetivos son invariables. Sólo algunos nombres referentes a las personas tienen forma femenina y en algunos casos existen palabras diferentes para designar el varón y la hembra:

actor	→ *actress*	*prince*	→ *princess*	*host*	→ *hostess*
king	→ *queen*	*boy*	→ *girl*	*son*	→ *daughter*
cock	→ *hen*	*bull*	→ *cow*	*ram*	→ *ewe*

El genitivo sajón

Para indicar la relación de poseedor/posesión en inglés se usa el llamado genitivo sajón, que consiste en añadir *'s* al poseedor y colocarlo delante de lo poseído. Funciona para las personas y también para los animales:

my teacher's glasses	las gafas de mi profesor	*Lawrence's mother*	la madre de Lawrence
the boy's bicycle	la bicicleta del chico	*our dog's tail*	la cola de nuestro perro
the government's policies	la política del gobierno		

Si el poseedor está en plural y acaba en **-s**, en vez de añadir **'s** se añade únicamente el apóstrofo, pero si se trata de un plural irregular que no acaba en **-s**, se añade **'s**:

my parents' car	el coche de mis padres	*the boys' bicycles*	las bicicletas de los chicos
men's trousers	pantalones de caballero	*your children's toys*	los juguetes de tus niños

Si el poseedor acaba en **-s** en el singular se suele añadir **'s**, aunque a algunos nombres extranjeros, antiguos o clásicos, se añade solo el apóstrofo:

Charles's wife	la mujer de Charles	*Cervantes' novels*	las novelas de Cervantes
Mrs Jones's house	la casa de la Sra. Jones	*Aristophanes' plays*	las obras de Aristófanes

Sustantivos contables e incontables

En inglés los sustantivos son contables o incontables. Los primeros pueden ser contados y, por tanto, pueden optar a tener singular y plural: *boy, boys; knife, knives; pencil, pencils* - es evidente que los chicos, cuchillos y lápices se pueden contar. Sin embargo, *electricity* es incontable, la electricidad no se puede contar. Mientras que los contables pueden tener singular y plural, los incontables sólo tienen forma singular: *furniture, advice, news, information, health, chaos, honesty, peace*. No obstante, algunos de estos sustantivos incontables pueden contarse mediante el uso de *a piece of*:

furniture	los muebles	*a piece of furniture*	un mueble
advice	los consejos	*two pieces of advice*	dos consejos
news	las noticias	*three pieces of news*	tres noticias

Plurales irregulares

La mayoría de sustantivos en inglés son regulares y el plural se forma añadiendo **-s** (o **-es**, véase el apartado 1 de la sección de ortografía) a la forma del singular. Existen plurales irregulares y formas invariables, los cuales constan en el diccionario.

Los sustantivos que acaban en **-o** pueden formar el plural añadiendo **-s, -es**, o bien cualquiera de las dos. Para comprobar la forma correcta, véase la entrada.

Los sustantivos que acaban en **-f** pueden formar el plural añadiendo **-s**, cambiando la **f** en **v** y añadiendo **-es**, o bien de cualquiera de las dos maneras. Los que acaban en **-ff** siempre (salvo el caso de *staff* que también tiene un plural irregular) forman el plural añadiendo una sola **s**. Para comprobar la forma correcta, véase la entrada.

Los sustantivos acabados en **-fe** suelen formar el plural en **-ves**, mientras que *safe* y los acabados en **-ffe** solo añaden una **-s**.

El pronombre

Cuadro de pronombres y adjetivos posesivos

pronombre sujeto	pronombre complemento directo/indirecto	adjetivo posesivo	pronombre posesivo	pronombre reflexivo
I	me	my	mine	myself
you	you	your	yours	yourself
he	him	his	his	himself
she	her	her	hers	herself
it	it	its	—	itself
we	us	our	ours	ourselves
you	you	your	yours	yourselves
they	them	their	theirs	themselves

Los pronombres sujeto

En inglés el pronombre sujeto debe figurar siempre:

I was very pleased to see him there,

aunque en una misma frase no es preciso repetir el pronombre si el sujeto no varía:

She locked the door and then put the key in her pocket.

Los pronombres de complemento directo/indirecto

El pronombre de complemento directo se coloca detrás del verbo que complementa:

She shot him; I washed and dried it.

El pronombre de complemento indirecto, si acompaña un complemento directo que es un sustantivo, se coloca también detrás del verbo que complementa:

She made me a cake; I gave him the keys,

pero cuando acompaña un complemento directo que es pronombre es más corriente usar las preposiciones **to** o **for**, nótese también el cambio de orden:

She made it for me; I gave them to him.

El pronombre con función de complemento también se usa:

1 - detrás de una preposición:		**She goes out with him; Look at them.**
2 - detrás de **than** y **as ... as ...** en los comparativos:		**He's taller than her; She's as quick as him.**
3 - en inglés informal detrás del verbo **to be:**		**It's me, John; It wasn't me, it was him.**
4 - para respuestas cortas como:		**Who's got my pencil? —Me!**

Los adjetivos posesivos

Los adjetivos posesivos no varían según lo poseído sino según el poseedor:

my sister, my sisters; their friend, their friends.

Los pronombres posesivos

Los pronombres posesivos se usan para sustituir la estructura adjetivo posesivo + nombre:

This is my car. Where's yours? (= your car); **His family is bigger than mine.** (= my family).

Los pronombres reflexivos

Los pronombres reflexivos se usan:

1 - cuando el sujeto y el complemento del verbo *I've hurt myself; Please help yourselves!*
son el mismo:

2 - cuando se quiere remarcar que es una persona *If nobody will do it for me, I'll have to do it myself.*
y no otra quien realiza la acción:

El pronombre impersonal

Como pronombre impersonal en inglés coloquial se usa *you*, mientras que en inglés formal se usa *one*:

> *You push this button if you want tea; You can't drive a car if you're under 17.*
> *One must be sure before one makes such serious accusations.*

El adjetivo

General

Los adjetivos en inglés son invariables y casi siempre van delante de los sustantivos: *an old man, an old wo-man; old men, old women.*
Pueden ir después de los siguientes verbos: *be, look, seem, appear, feel, taste, smell, sound.*
Si un sustantivo en una expresión numérica se usa como adjetivo, siempre va en singular: *a two-mile walk; an eight-hour day.*

El comparativo y el superlativo

Los comparativos se usan para comparar una o dos personas, cosas, etc. con otra u otras. Los superlativos se usan para comparar una persona o cosa de un grupo con dos o más personas o cosas del mismo grupo.
Añaden a la raíz *-er* para el comparativo y *-est* para el superlativo:

— los adjetivos de una sola sílaba:

big	*bigger*	*biggest*		*cold*	*colder*	*coldest*

— los de dos sílabas que acaban en *-y*:

pretty	*prettier*	*prettiest*

Forman el comparativo con *more* y el superlativo con *most*:

— la mayoría de los demás adjetivos de dos sílabas:

boring	*more boring*	*the most boring*

— los de tres sílabas y más:

beautiful	*more beautiful*	*the most beautiful*

Pueden formar el comparativo y superlativo de cualquiera de las dos maneras los adjetivos de dos sílabas aca-bados en *-er, -ure, -le* y *-ow* así como (entre otros) *common, quiet, tired, pleasant, handsome, stupid, cruel, wicked* y *polite*, aunque es más corriente la forma con *more* y *most*.
Son irregulares los siguientes:

good	*better*	*best*		*bad*	*worse*	*worst*
far	*farther/further*	*farther/furthest*				

El adverbio

General

Los adverbios muy a menudo pueden formarse a partir de los adjetivos añadiendo *-ly*: *sad - sadly, quick - quickly, happy - happily, beautiful - beautifully*.
Si el adjetivo acaba en *-ly* esto no es posible: los adjetivos *lovely, friendly, ugly, lonely* y *silly*, entre otros, no tienen adverbio correspondiente.

En algunos casos esta formación de un adverbio conlleva cambios ortográficos, véase el apartado de ortografía. Algunos adverbios tienen la misma forma que el adjetivo correspondiente: **hard, late, early, fast, far, much, little, high, low, near**.

Algunos adverbios cambian de sentido respecto al adjetivo al que corresponden:

hard	= duro; duramente	**hardly**	= penas	**late**	= tarde	**lately**	= últimamente
near	= cercano	**nearly**	= casi	**high**	= alto	**highly**	= muy (favorablemente)

Posición

Aunque los adverbios pueden ir al principio de la frase, la posición más frecuente es después del verbo y el complemento. Sin embargo hay ciertos adverbios que suelen ir delante del verbo (después del primer auxiliar si es un tiempo compuesto) y después del verbo **be**. Los más frecuentes de este grupo son **always, usually, generally, normally, often, sometimes, occasionally, seldom, rarely, never, almost, just, still, already** y **only**.

El comparativo y el superlativo

La regla general es como la de los adjetivos; los adverbios de dos o más sílabas anteponen siempre **more** para la comparación y **most** para el superlativo, y los de una sola sílaba añaden los sufijos **-er** para el comparativo y **-est** para el superlativo:

quickly	**more quickly**	**most quickly**	**fast**	**faster**	**fastest**
beautifully	**more beautifully**	**most beautifully**	**hard**	**harder**	**hardest**
			near	**nearer**	**nearest**

pero **early** **earlier** **earliest**

Son irregulares:

well	**better**	**best**	**badly**	**worse**	**worst**
little	**less**	**least**	**much**	**more**	**most**
far	**farther/further**	**farthest/furthest**	**late**	**later**	**last**

El verbo

Conjugación

La conjugación del verbo inglés es sencilla. La mayoría de los verbos ingleses son regulares y el pasado simple y participio pasado se forman añadiendo **-ed** a la raíz; solo **-d** si la raíz ya tiene **-e** final. El participio presente se forma añadiendo **-ing** a la raíz. Véase también la sección de ortografía.

Infinitivo	Pasado simple	Participio pasado	Participio presente
sail	**sailed**	**sailed**	**sailing**
grab	**grabbed**	**grabbed**	**grabbing**
kiss	**kissed**	**kissed**	**kissing**
waste	**wasted**	**wasted**	**wasting**

Pronunciación del pasado y participio pasado regulares

El sufijo **-ed** siempre se escribe igual, pero se pronuncia de tres maneras distintas según la pronunciación (fíjese en la transcripción fonética) de la raíz a la que se añade.

Se pronuncia [d] si la raíz acaba en una consonante sonora [b], [g], [dʒ], [v], [ð], [z], [ʒ], [m], [n] y [l] o cualquier vocal:

— **stabbed** [stæbd], **begged** [begd], **opened** ['əupənd], **filled** [fɪld], **vetoed** ['viːtəud].

Se pronuncia [t] si la raíz acaba en una consonante sorda [p], [k], [tʃ], [f], [θ], [s], [ʃ]:

— **clapped** [klæpt], **licked** [lɪkt], **kissed** [kɪst], **wished** [wɪʃt].

Se pronuncia [ɪd] si la raíz acaba en [t] o [d]:
— **tasted** ['teɪstɪd], **defended** [dɪ'fendɪd].

Para los verbos irregulares véase la tabla al final de esta sección y las respectivas entradas.

Phrasal verbs

Los *phrasal verbs* o verbos preposicionales son muy numerosos en inglés. Al añadir una partícula adverbial o preposición a un verbo, se modifica o cambia totalmente el significado del verbo original.

put (poner)   **put out** (apagar)
turn (girar)   **turn on** (encender)

En este diccionario los *phrasal verbs* aparecen en una sección al final de la entrada, introducida por el símbolo ▶. Distinguimos tres categorías de *phrasal verbs*; los transitivos separables (*vt sep*), los transitivos inseparables (*vt insep*) y los intransitivos (*vi*). Claro está, los intransitivos nunca llevan complemento directo, pero los transitivos sí lo llevan. La diferencia entre los transitivos inseparables y los separables es que en aquéllos el complemento no puede colocarse entre el verbo y la partícula:

The bigger boys were always picking on him - *los chicos mayores siempre se metían con él*

mientras que en éstos el complemento si es sustantivo puede ir detrás de la partícula o entre el verbo y la partícula, y si es promombre debe ir forzosamente entre el verbo y la partícula:

She picked up her umbrella o **She picked her umbrella up** - *cogió su paraguas*
She picked it up - *lo cogió*

La formación de los tiempos verbales

Presente simple

Tiene la misma forma que el infinitivo del verbo en todas las personas excepto en la tercera persona del singular, en la que se añade la terminación **-s** o **-es** (véase el apartado de ortografía):

I sail	*we sail*
you sail	*you sail*
he/she/it sails	*they sail*

Los verbos **to be** y **to have** son irregulares:

I am	*we are*	*I have*	*we have*
you are	*you are*	*you have*	*you have*
he/she/it is	*they are*	*he/she/it has*	*they have*

Presente continuo

Se forma del presente del verbo **to be** + el participio presente: **I am resting, you are painting** etc.

Pretérito perfecto

Se forma del presente del verbo **to have** + el participio pasado:

He has arrived, they have just left etc.

Pretérito perfecto continuo

Se forma del presente del verbo **to have** + **been** + el participio presente:

I have been dreaming, we have been riding etc.

Pasado simple

Véase el principio de esta sección y la tabla de verbos irregulares. El verbo **to be** es irregular:

I was	*we were*
you were	*you were*
he/she/it was	*they were*

Pasado continuo

Se forma del pasado simple de to be + el participio presente:

> *It was raining, they were laughing,* etc.

Pluscuamperfecto

Se forma del pasado simple de **to have** + el participio pasado:

> *I had lost my slippers, the dog had taken them* etc.

Pluscuamperfecto continuo

Se forma del pasado simple de **to have** + **been** + el participio pasado:

> *He had been repairing his motorbike* etc.

Futuro

Se forma de **will/shall** + el infinitivo. (Como norma general **will** se usa para todas las personas aunque, en el lenguaje formal, **shall** lo sustituye en la primera persona tanto del singular como del plural):

> *It will be here next week* etc.

Futuro continuo

Se forma de **will/shall** + **be** + el participio presente:

> *They will be lying on the beach* etc.

Futuro perfecto

Se forma de **will/shall** + **have** + participio pasado:

> *I will have finished in ten minutes* etc.

Futuro perfecto continuo

Se forma de **will/shall** + **have** + **been** + participio presente:

> *We will have been living here for forty years* etc.

Las oraciones condicionales

Aquí damos cuenta de los tres tipos básicos de oraciones condicionales del inglés, las llamadas reales, irreales e imposibles. Las construcciones 1) y 2) hacen referencia al presente y futuro mientras que 3) describe situaciones en el pasado.

1) Condicional real (first conditional)

> **If** + presente simple   **will/shall** + infinitivo
> *If it snows this week,*   *we will go skiing on Saturday*

2) Condicional irreal (second conditional)

> **If** + pasado simple   **would** + infinitivo
> *If we had a corkscrew,*   *we would be able to open the bottle*

3) Condicional imposible (third conditional)

> **If** + pluscuamperfecto   **would have** + participio pasado
> *If you had run a little faster,*   *you would have caught the train.*

La voz pasiva

La voz pasiva es frecuente en inglés. Se forma de la siguiente manera: se invierten el sujeto y el complemento directo, se pone el verbo **be** en el mismo tiempo que el verbo en la frase activa seguido del participio pasado del verbo, y se coloca la partícula **by** delante del sujeto:

John broke the window	→	*The window was broken by John*
Leeds United have beaten Chelsea	→	*Chelsea have been beaten by Leeds United*

A menudo se emplea para dar más énfasis al complemento directo o cuando el sujeto no se conoce o no tiene mucha importancia:

The police will tow away your car	→	*Your car will be towed away (by the police)*
Someone has stolen my pen	→	*My pen has been stolen*

El imperativo

Tanto en singular como en plural, el imperativo se forma con el infinitivo sin *to*:

Shut up!; Open this door!; Give me my umbrella!

Las oraciones negativas se forman con **do not** (**don't**) + infinitivo:

Do not feed the animals!; Don't put your feet on the chair!

Se usa **let's** (**let us**) + infinitivo (sin **to**) como imperativo para la primera persona del plural o para hacer sugerencias:

Let's watch the other channel; Let's not quarrel o **Don't let's quarrel**

La construcción de las frases negativas e interrogativas

Negativas

Los tiempos compuestos forman las frases negativas intercalando *not* después del verbo auxiliar:

He has finished	→	*He has not finished*
It is raining	→	*It is not raining*
She will see you later	→	*She will not see you later*

En el presente simple la negación se forma empleando el infinitivo del verbo (que es invariable) junto con el verbo auxiliar **do** (**does** para la tercera persona singular) seguido de **not**:

He works on Saturdays	→	*He does not work on Saturdays*
You make a lot of mistakes	→	*You do not make a lot of mistakes*

Para el pasado simple el auxiliar **do/does** toma la forma del pasado **did** mientras que el verbo principal se mantiene en infinitivo:

He worked last Saturday	→	*He did not work last Saturday*
You made a lot of mistakes	→	*You did not make a lot of mistakes*

Interrogativas

En los tiempos compuestos se forman las frases interrogativas anteponiendo el verbo auxiliar al sujeto:

She is having a shower	→	*Is she having a shower?*
We shall come to help you	→	*Shall we come to help you?*

En el presente simple se forma empleando el infinitivo del verbo (que es invariable) junto con el verbo auxiliar **do** (**does** para la tercera persona singular) que se coloca antes del sujeto:

He works on Saturdays	→	*Does he work on Saturdays?*
They eat fish	→	*Do they eat fish?*

Para el pasado simple el auxiliar **do/does** toma la forma del pasado **did**:

He worked last Saturday	→	*Did he work last Saturday?*
They ate all of it	→	*Did they eat all of it?*

Tablas de verbos irregulares

Infinitivo	Pasado simple	Participio pasado
abide	abided/abode[1]	abided
arise	arose	arisen
awake	awoke	awaked/awoken
be	was/were	been
bear	bore	borne/born
beat	beat	beaten
become	became	become
befall	befell	befallen
beget	begot	begotten
begin	began	begun
behold	beheld	beheld
bend	bent	bent
bereave	bereft	bereft
beseech	besought/beseeched	besought/beseeched
beset	beset	beset
bet	bet/betted	bet/betted
bid	bid/bade	bid/bidden
bide	bode/bided	bided
bind	bound	bound
bite	bit	bitten
bleed	bled	bled
blow	blew	blown
break	broke	broken
breed	bred	bred
bring	brought	brought
broadcast	broadcast	broadcast
build	built	built
burn	burnt/burned	burnt/burned
burst	burst	burst
buy	bought	bought
cast	cast	cast
catch	caught	caught
chide	chided/chid	chid/chidden
choose	chose	chosen
cleave	cleft/cleaved/clove	cleft/cleaved/cloven
cling	clung	clung
clothe	clothed/clad	clothed/clad
come	came	come
cost	cost	cost
creep	crept	crept
crow	crowed/crew	crowed
cut	cut	cut
deal	dealt	dealt
dig	dug	dug
dive	dived, US dove	dived
do	did	done
draw	drew	drawn
dream	dreamed/dreamt	dreamed/dreamt
drink	drank	drunk
drive	drove	driven
dwell	dwelt/dwelled	dwelt/dwelled
eat	ate	eaten

fall	fell	fallen
feed	fed	fed
feel	felt	felt
fight	fought	fought
find	found	found
flee	fled	fled
fling	flung	flung
fly	flew	flown
forbear	forbore	forborne
forbid	forbade/forbad	forbidden
forecast	forecast/forecasted	forecast/forecasted
forego	forewent	foregone
foresee	foresaw	foreseen
foretell	foretold	foretold
forget	forgot	forgotten
forgive	forgave	forgiven
forgo	forwent	forgone
forsake	forsook	forsaken
forswear	forswore	forsworn
freeze	froze	frozen
gainsay	gainsaid	gainsaid
get	got	got, US gotten
gird	girded/girt[1]	girded/girt[1]
give	gave	given
go	went	gone
grind	ground	ground
grow	grew	grown
hamstring	hamstrung	hamstrung
hang	hung/hanged[1]	hung/hanged[1]
have	had	had
hear	heard	heard
heave	heaved/hove	heaved/hove
hew	hewed	hewed/hewn
hide	hid	hidden/hid
hit	hit	hit
hold	held	held
hurt	hurt	hurt
input	input	input
keep	kept	kept
kneel	knelt, US kneeled	knelt, US kneeled
knit	knit/knitted	knit/knitted
know	knew	known
lay	laid	laid
lead	led	led
lean	leant/leaned	leant/leaned
leap	leapt/leaped	leapt/leaped
learn	learnt/learned	learnt/learned
leave	left	left
lend	lent	lent
let	let	let
light	lighted/lit	lighted/lit
lose	lost	lost
make	made	made
mean	meant	meant
meet	met	met
mislay	mislaid	mislaid
mislead	misled	misled
misread	misread	misread
misspell	misspelled/misspelt	misspelled/misspelt
misspend	misspent	misspent
mistake	mistook	mistaken
misunderstand	misunderstood	misunderstood
mow	mowed	mowed/mown
offset	offset	offset

outbid	outbid	outbid
outdo	outdid	outdone
outgrow	outgrew	outgrown
outrun	outran	outrun
outshine	outshone	outshone
overbear	overbore	overborne
overcome	overcame	overcome
overdo	overdid	overdone
overhang	overhung	overhung
overhear	overheard	overheard
override	overrode	overridden
overrun	overran	overrun
oversee	oversaw	overseen
oversleep	overslept	overslept
overtake	overtook	overtaken
overthrow	overthrew	overthrown
pay	paid	paid
prove	proved	proved/proven
put	put	put
read	read	read
rebuild	rebuilt	rebuilt
recast	recast	recast
redo	redid	redone
re-lay	re-laid	re-laid
remake	remade	remade
rend	rent	rent
repay	repaid	repaid
rerun	reran	rerun
reset	reset	reset
retell	retold	retold
rewind	rewound	rewound
rewrite	rewrote	rewritten
rid	rid/ridded	rid/ridded
ride	rode	ridden
ring	rang	rung
rise	rose	risen
run	ran	run
saw	sawed	sawed/sawn
say	said	said
see	saw	seen
seek	sought	sought
sell	sold	sold
send	sent	sent
set	set	set
sew	sewed	sewed/sewn
shake	shook	shaken
shear	sheared	sheared/shorn
shed	shed	shed
shine	shone	shone
shoe	shod	shod
shoot	shot	shot
show	showed	shown/showed
shrink	shrank	shrunk
shut	shut	shut
sing	sang	sung
sink	sank	sunk
sit	sat	sat
slay	slew	slain
sleep	slept	slept
slide	slid	slid
sling	slung	slung
slink	slunk	slunk
slit	slit	slit
smell	smelled/smelt	smelled/smelt

smite	smote	smitten
sneak	sneaked, US snuck	sneaked, US snuck
sow	sowed	sowed/sown
speak	spoke	spoken
speed	speeded/sped	speeded/sped
spell	spelled/spelt	spelled/spelt
spend	spent	spent
spill	spilled/spilt	spilled/spilt
spin	spun/span	spun
spit	spat	spat
split	split	split
spoil	spoiled/spoilt	spoiled/spoilt
spread	spread	spread
spring	sprang	sprung
stand	stood	stood
steal	stole	stolen
stick	stuck	stuck
sting	stung	stung
stink	stank/stunk	stunk
strew	strewed	strewed/strewn
stride	strode	stridden
strike	struck	struck
string	strung	strung
strive	strove	striven
sublet	sublet	sublet
swear	swore	sworn
sweep	swept	swept
swell	swelled	swollen
swim	swam	swum
swing	swung	swung
take	took	taken
teach	taught	taught
tear	tore	torn
tell	told	told
think	thought	thought
thrive	throve/thrived	thrived/thriven
throw	threw	thrown
thrust	thrust	thrust
tread	trod	trodden/trod
undercut	undercut	undercut
undergo	underwent	undergone
understand	understood	understood
undertake	undertook	undertaken
underwrite	underwrote	underwritten
undo	undid	undone
unwind	unwound	unwound
uphold	upheld	upheld
upset	upset	upset
wake	woke	woken
waylay	waylaid	waylaid
wear	wore	worn
weave	wove	woven
wed	wedded/wed	wedded/wed
weep	wept	wept
wet	wetted/wet	wetted/wet
win	won	won
wind	wound	wound
withdraw	withdrew	withdrawn
withhold	withheld	withheld
withstand	withstood	withstood
wring	wrung	wrung
write	wrote	written

[1] Para la diferencia, véase la entrada.

A, a [eɪ]
  1 *n (the letter)* A, a.
  2 *n MUS* la.
  ✦ **from A to Z** de la A a la Z, de cabo a rabo.
  ▪ **A road** carretera principal.

A [æmp, 'æmpeəʳ] *symb* (**ampere**) amperio; *(symbol)* A.

a [eɪ, *unstressed* ə]
  1 *indef art* un, una: **a man and a woman** un hombre y una mujer; **a boy with a big nose** un chico con la nariz grande; **a leopard is faster than a lion** los leopardos son más rápidos que los leones; **I think it's a Van Gogh** creo que es un Van Gogh.
  2 *indef art (not translated)*: **I'm a history teacher** soy profesor de historia; **two and a half litres** dos litros y medio; **what a lovely dress!** ¡qué vestido más mono!; **what a mess!** ¡vaya lío!
  3 *indef art (per)* por: **three times a week** tres veces por semana; **£3 a kilo** tres libras el kilo.
  4 *indef art (a certain)* un tal, una tal: **a Mr Fletcher would like to see you** un tal Sr. Fletcher quiere verle.
  ▲ *Se usa delante de las palabras que empiezan con sonido no vocálico; véase también* **an**.

AA¹ ['eɪ'eɪ] *abbr* (**Alcoholics Anonymous**) Alcohólicos Anónimos; *(abbreviation)* AA *mpl*.

AA² ['eɪ'eɪ] *abbr GB* (**Automobile Association**) automóvil club británico.

AAA¹ ['eɪ'eɪ'eɪ] *abbr GB* (**Amateur Athletic Association**) asociación atlética amateur.

AAA² ['eɪ'eɪ'eɪ] *abbr US* (**Automobile Association of America**) automóvil club de los Estados Unidos.

AB¹ ['eɪ'biː] *abbr GB* (**able-bodied seaman**) marinero de primera.

AB² ['eɪ'biː] *abbr US* → **BA**.

aback [ə'bæk] *adv* hacia atrás.
  ✦ **to be taken aback** asombrarse, quedarse asombrado,-a.

abacus ['æbəkəs] *n* ábaco.

abaft [ə'bɑːft]
  1 *adv MAR (direction)* a popa; *(position)* en popa.
  2 *prep MAR* detrás de.

abalone ['æbələʊnɪ] *n* abulón *m*.

abandon [ə'bændən]
  1 *vt* abandonar: **the car was abandoned at the side of the road** el coche fue abandonado al lado de la carretera; **they abandoned the match because of the rain** el partido se suspendió a causa de la lluvia; **they abandoned all hope of saving the patient** abandonaron toda esperanza de salvar al paciente; **he gave the order to abandon ship** dio orden de abandonar el barco.
  2 *n* desenfreno, abandono.

abandoned [ə'bændənd]
  1 *adj* abandonado,-a.
  2 *adj (immoral)* vicioso,-a, inmoral.

abandonment [ə'bændənmənt] *n* abandono.

abase [ə'beɪs] **to abase oneself** *phr* humillarse.

abasement [ə'beɪsmənt] *n* humillación *f*.

abashed [ə'bæʃt] *adj (embarrassed)* incómodo,-a; *(ashamed)* avergonzado,-a.

abate [ə'beɪt]
  1 *vi (gen)* reducirse; *(storm, anger)* amainar; *(wind)* cesar; *(pain)* ceder; *(flood waters)* descender.
  2 *vt (reduce)* reducir; *(stop)* acabar con.

abatement [ə'beɪtmənt] *n (reduction)* reducción *f*, disminución *f*; *(stopping)* supresión *f*.

abattoir ['æbətwɑːʳ] *n* matadero.

abbacy ['æbəsɪ] *n* abadía.
  ▲ *pl* **abbacies**.

abbatial [ə'beɪʃəl] *adj* abacial.

abbe ['æbeɪ] *n* abate *m*.

abbé ['æbeɪ] *n* abate *m*.

abbess ['æbes] *n* abadesa.

abbey ['æbɪ] *n* abadía.

abbot ['æbət] *n* abad *m*.

abbreviate [ə'briːvɪeɪt] *vt* abreviar.

abbreviation [əbriːvɪ'eɪʃən]
  1 *n (shortening)* abreviación *f*.
  2 *n (shortened form)* abreviatura.

ABC¹ ['eɪ'biː'siː] *abbr* (**American Broadcasting Company**) compañía norteamericana de radiodifusión; *(abbreviation)* ABC *f*.

ABC² ['eɪ'biː'siː] *abbr* (**Australian Broadcasting Corporation**) sociedad *f* australiana de radiodifusión; *(abbreviation)* ABC *f*.

abdicate ['æbdɪkeɪt]
  1 *vt* abdicar: **he abdicated the throne** abdicó el trono, abdicó la corona; **she abdicated all responsibility in the affair** declinó toda responsabilidad en el asunto.
  2 *vi* abdicar: **he abdicated in favour of his brother** abdicó en su hermano.

abdication [æbdɪ'keɪʃən] *n* abdicación *f*.

abdomen ['æbdəmən] *n* abdomen *m*.

abdominal [æb'dɒmɪnəl] *adj* abdominal.

abduct [æb'dʌkt] *vt* raptar, secuestrar.

abduction [æb'dʌkʃən] *n* rapto, secuestro.

abductor [æb'dʌktəʳ] *n* raptor,-ra, secuestrador,-ra.

abeam [ə'biːm] *adv MAR* por el través.

abed [ə'bed] *adv arch* en la cama.

aberrant [ə'berənt] *adj* aberrante, anormal.

aberration [æbə'reɪʃən] *n* aberración *f*.

abet [ə'bet] *vt* incitar y ayudar: **the murderer was aided and abetted by his sister** el asesino contó con la complicidad de su hermana.
  ▲ *pt & pp* **abetted**, *ger* **abetting**.

abettor [ə'betəʳ] *n* encubridor,-ra.

abeyance [ə'beɪəns] **in abeyance** *phr* en desuso.

abhor [əb'hɔːʳ] *vt* aborrecer, detestar.
  ▲ *pt & pp* **abhorred**, *ger* **abhorring**.

abhorrence [əb'hɒrəns] *n* aborrecimiento, odio.

abhorrent [əb'hɒrənt] *adj* aborrecible, detestable, odioso,-a: I find it abhorrent lo detesto.

abide [ə'baɪd]
1 *vt (bear,stand)* soportar, aguantar: I can't abide that woman no aguanto a esa mujer.
2 *vi arch (dwell)* morar.
3 *vi arch (remain)* permanecer.
▸ **to abide by** *vt insep (promise)* cumplir con; *(rules, decision)* acatar.
▲ *En 1 pt & pp* abided; *en 2 y 3 pt & pp* abode [ə'bəʊd].

abiding [ə'baɪdɪŋ] *adj* duradero,-a, perdurable, permanente.

ability [ə'bɪlɪtɪ]
1 *n (capability)* capacidad *f*, aptitud *f*.
2 *n (talent)* talento.
✦ **to the best of one's ability** lo mejor que uno puede.
▲ *pl* abilities.

abject ['æbdʒekt]
1 *adj (conditions)* abyecto,-a: they live in abject poverty viven en la más abyecta miseria.
2 *adj (person)* despreciable, vil.

abjection [æb'dʒekʃən] *n* abyección *f*.

abjuration [æbdʒʊ'reɪʃən] *n* abjuración *f*.

abjure [æb'dʒʊər] *vt* abjurar, abjurar de.

ablation [ə'bleɪʃən] *n* ablación *f*.

ablative ['æblətɪv] *n* ablativo.

ablaze [ə'bleɪz] *adj* ardiendo, en llamas.
✦ **ablaze with light** *fig* resplandeciente de luz.

able ['eɪbəl]
1 *adj* que puede: those able to escape did so aquéllos que podían se escaparon.
2 *adj (capable)* hábil, capaz, competente: he's a very able administrator es un gestor muy competente.
✦ **to be able to** poder: we weren't able to go no pudimos ir; will you be able to do it? ¿podrás hacerlo?
■ **able seaman** marinero hecho.

able-bodied [eɪbəl'bɒdɪd] *adj* sano,-a, robusto,-a.

ablution [ə'bluːʃən] *n* ablución *f*, lavatorio.
✦ **to do one's ablutions** lavarse.

ably ['eɪblɪ] *adv* con habilidad, hábilmente.

ABM ['eɪ'biː'em] *abbr* (**anti-ballistic missile**) misil *m* antibalístico; *(abbreviation)* ABM *m*.

abnegation [æbnɪ'geɪʃən] *n* abnegación *f*.

abnormal [æb'nɔːməl]
1 *adj (not normal)* anormal.
2 *adj (unusual)* inusual.

abnormality [æbnɔː'mælɪtɪ] *n* anormalidad *f*, anomalía *f*.
▲ *pl* abnormalities.

abnormally [æb'nɔːməlɪ]
1 *adv* anormalmente, de modo anormal.
2 *adv (unusually)* excepcionalmente.

aboard [ə'bɔːd]
1 *adv (ship, plane)* a bordo; *(train)* en el tren; *(bus)* en el autobús: a coach with 45 people aboard plunged into the river Seine un autocar que llevaba 45 pasajeros se precipitó al río Sena.
2 *prep (ship, plane)* a bordo de; *(train, bus)* en.
✦ **to go aboard** *(ship, plane)* embarcar, subir a bordo; *(train, bus)* subir.

abode [ə'bəʊd]
1 *n fml* morada, domicilio.
2 *pt & pp* → abide.
✦ **of no fixed abode** sin domicilio fijo.

abolish [ə'bɒlɪʃ]
1 *vt* abolir, suprimir.
2 *vt JUR* derogar.

abolition [æbə'lɪʃən]
1 *n* abolición *f*, supresión *f*.
2 *n JUR* derogación *f*.

abolitionism [æbə'lɪʃənɪzəm] *n* abolicionismo.

abolitionist [æbə'lɪʃənɪst] *n* abolicionista *mf*.

abominable [ə'bɒmɪnəbəl] *adj* abominable; *(terrible)* terrible, horrible.
■ **the Abominable Snowman** el Yeti.

abominably [ə'bɒmɪnəblɪ] *adv (gen)* abominablemente; *(terribly)* terriblemente, horriblemente.

abominate [ə'bɒmɪneɪt] *vt* abominar, aborrecer, detestar.

abomination [əbɒmɪ'neɪʃən] *n* abominación *f*.

aboriginal [æbə'rɪdʒɪnəl]
1 *adj* aborigen.
2 *n* aborigen *mf*.

aborigine [æbə'rɪdʒɪnɪ] *n* aborigen *mf*.

abort [ə'bɔːt]
1 *vi* abortar.
2 *vt (pregnant woman)* hacer abortar.
3 *vt (mission, program, etc)* abortar.

abortifacient [əbɔːtɪ'feɪʃənt] *n* abortivo,-a.

abortion [ə'bɔːʃən]
1 *n (of pregnancy)* aborto.
2 *n (of mission etc)* interrupción *f*.
✦ **to have an abortion** abortar.

abortionist [ə'bɔːʃənɪst] *n* abortista *mf*.

abortive [ə'bɔːtɪv] *adj* fallido,-a.

abound [ə'baʊnd] *vi* abundar.
✦ **to abound in/with** abundar en.

about [ə'baʊt]
1 *prep (concerning)* sobre, acerca de: to speak about ... hablar de ...; what is the book about? ¿de qué trata el libro?; what did you do about ...? ¿qué hiciste con ...?; there's something odd about Jim Jim tiene algo de extraño; a man came about the drains vino un hombre por lo de las alcantarillas.

2 *prep (showing where)* por, en; *(around)* alrededor de: he's somewhere about the house está por algún rincón de la casa; he travels about the country viaja por todo el país; there were bodies lying about the streets había cadáveres por las calles; when I looked about me I saw that ... al mirar a mi alrededor vi que ...
3 *adv (approximately)* alrededor de: it cost about £500 costó unas quinientas libras; at about three o'clock a eso de las tres.
4 *adv fam (almost)* casi: she's about finished está a punto de acabar; I'm about ready me falta poquito; it's about stopped raining ya casi no llueve.
5 *adv (near)* por aquí, por ahí: there was nobody about no había nadie; where's Jean? —she's somewhere about ¿dónde está Jean? —andará por aquí.
6 *adv (out of bed)* levantado,-a: you were about early this morning te levantaste muy temprano esta mañana; you'll soon be up and about again dentro de nada te pondrás bien.
7 *adv (in all directions)* de un lado a otro: there were children running about all over the place había niños correteando por todas partes.
8 *adv (around)* por ahí, en existencia: there are lots of forged notes about circulan muchos billetes falsos; with the recession there's not much money about a causa de la crisis el dinero escasea; there's a lot of flu about hay mucha gente con gripe.
✦ **and about time too!** *fam* ¡ya era hora!
how/what about + noun ¿qué te parece + *sustantivo*?: how about a pizza? ¿qué te parece una pizza?
how/what about + -ing ¿y si + *subj*?: how about going to Paris ¿y si fuéramos a París?
it's about time (that) + past tense ya va siendo hora de que + *subj*.
to be about to ... estar a punto de ...

about-face [əbaʊt'feɪs] *n* → about-turn.

about-turn [əbaʊt'tɜːn]
1 *n MIL* media vuelta.
2 *n fig* cambio radical, cambio total *(de idea, opinión, postura, política, etc)*: the government performed a complete about-turn in its monetary policy el gobierno efectuó un cambio total en su política monetaria.

above [ə'bʌv]
1 *prep (higher than)* por encima de: above our heads por encima de nuestras cabezas; she is above suspicion está por encima de toda sospecha; only the manager is above him solo el gerente está por encima de él; a captain is above a sergeant un capitán manda más que un sargento.

2 *prep (more than)* más de, más que: **above 5,000 people** más de 5.000 personas; **those above the age of 65** los mayores de 65 años; **the temperature is above 45 ºC** la temperatura supera los 45 ºC; **I value your friendship above all else** valoro tu amistad ante todo.

3 *prep (too good for)*: **he can't have said that, he's above such things** él no puede haberlo dicho, no es de ese tipo de gente; **he's not above taking bribes** es muy capaz de aceptar un soborno.

4 *prep (up river from)* más arriba de: **there's a mill above the waterfall** hay un molino más arriba de la cascada.

5 *adv* arriba, en lo alto: **the palace, seen from above** el palacio, visto desde arriba; **she gazed at the stars above** contemplaba las estrellas allá en lo alto.

6 *adv (in writing)* arriba: **see above** véase arriba.

✦ **above all** sobre todo.
above and beyond the call of duty más allá de lo que exige el deber.

above-board [əbʌvˈbɔːd] *adj* legítimo,-a, legal.

above-mentioned [əbʌvˈmenʃənd] *adj* arriba mencionado,-a, arriba citado,-a.

Abp [ɑːtʃˈbɪʃəp] *abbr* (**Archbishop**) Arzobispo; *(abbreviation)* Arz., Arzpo.

abracadabra [æbrəkəˈdæbrə] *interj* ¡abracadabra!

abrade [əˈbreɪd] *vt* raer, desgastar, erosionar.

abrasion [əˈbreɪʒən] *n* abrasión *f*.

abrasive [əˈbreɪsɪv]
1 *adj (substance)* abrasivo,-a.
2 *adj (person)* áspero,-a, arisco,-a, agresivo,-a; *(comment)* hiriente.
3 *n* abrasivo.

abrasively [əˈbreɪsɪvlɪ] *adv* de manera áspera.

abrasiveness [əˈbreɪsɪvnəs]
1 *n (of substance)* lo abrasivo.
2 *n (of person)* aspereza, agresividad *f*.

abreast [əˈbrest] *adv* de frente: **to walk four abreast** caminar cuatro de frente.
✦ **to keep abreast of** mantenerse al corriente de.

abridge [əˈbrɪdʒ] *vt* resumir, abreviar: **an abridged edition of "Hamlet"** una edición abreviada de "Hamlet".

abridgement [əˈbrɪdʒmənt] *n* → **abridgment.**

abridgment [əˈbrɪdʒmənt] *n* resumen *m*, abreviación *f*.

abroad [əˈbrɔːd]
1 *adv (position)* en el extranjero; *(movement)* al extranjero: **she lives abroad** vive en el extranjero; **to go abroad** ir al extranjero.

2 *adv fml (everywhere)* por todas partes: **it is rumoured abroad that …** se rumorea por ahí que …

3 *adv arch* fuera, fuera de casa: **she never ventures abroad after nightfall** nunca se atreve a salir a la calle por la noche.

abrogate [ˈæbrəgeɪt] *vt* abrogar.

abrogation [ˌæbrəˈgeɪʃən] *n* abrogación *f*.

abrupt [əˈbrʌpt]
1 *adj (sudden)* repentino,-a.
2 *adj (rude)* brusco,-a, arisco,-a.
3 *adj (slope)* empinado,-a.

abruptly [əˈbrʌptlɪ]
1 *adv (suddenly)* repentinamente, de repente.
2 *adv (rudely)* bruscamente, de manera arisca.

abruptness [əˈbrʌptnəs]
1 *n (suddenness)* lo repentino.
2 *n (rudeness)* brusquedad *f*.
3 *n (of slope)* pendiente *f*.

ABS [ˈeɪˈbiːˈes] *abbr* (**anti-lock braking system**) sistema *m* de antibloqueo; *(abbreviation)* ABS.

abscess [ˈæbses] *n (gen)* absceso; *(on gum)* flemón *m*.

abscissa [əbˈsɪsə] *n* abcisa.

abscond [əbˈskɒnd] *vi* fugarse: **he absconded from boarding school with the headmaster's savings** se fugó del internado con los ahorros del director.

abseil [ˈæbseɪl] *vi* hacer rappel: **we abseiled down the cliff face** bajamos por el acantilado haciendo rappel.

abseiling [ˈæbseɪlɪŋ] *n* rappel *m*.

absence [ˈæbsəns]
1 *n (of person)* ausencia: **in the manager's absence I am in charge** en ausencia del jefe quien manda soy yo.
2 *n (of thing)* falta, carencia.
✦ **absence makes the heart grow fonder** la distancia ablanda el corazón.
■ **absence of mind** despiste *m*.

absent [ˈæbsənt]
1 *adj* ausente: **John's been absent a lot recently** John ha faltado mucho a clase últimamente.
2 *adj (expression)* distraído,-a.
3 to absent oneself *vt* ausentarse.
✦ **absent without leave** ausente sin permiso.
▲ *(verbo)* [æbˈsent].

absentee [æbsənˈtiː] *n* ausente *mf*.

absenteeism [æbsənˈtiːɪzəm] *n* absentismo.

absently [ˈæbsəntlɪ] *adv* distraídamente.

absent-minded [æbsəntˈmaɪndɪd] *adj* distraído,-a, despistado,-a.

absent-mindedly [æbsəntˈmaɪndɪdlɪ] *adv* distraídamente, despistadamente.

absent-mindedness [æbsəntˈmaɪndɪdnəs] *n* despiste *m*.

absinth [ˈæbsɪnθ] *n* → **absinthe.**

absinthe [ˈæbsɪnθ] *n* absenta, ajenjo.

absolute [ˈæbsəluːt]
1 *adj (gen)* absoluto,-a: **in absolute terms** en términos absolutos.
2 *adj (total)* total: **there was absolute silence** hubo silencio total; **it's the absolute truth** es la pura verdad; **it's absolute rubbish** es una perfecta tontería.
3 *adj (unlimited)* absoluto,-a: **he held absolute power over her** ejercía un poder absoluto sobre ella.
4 *adj (irrefutable)* irrefutable, incontrovertible: **we have absolute proof** tenemos pruebas incontrovertibles.
■ **absolute majority** mayoría absoluta.
absolute zero cero absoluto.

absolutely [æbsəˈluːtlɪ]
1 *adv* completamente, totalmente: **it's absolutely impossible** es totalmente imposible; **he's absolutely right** tiene toda la razón; **that is absolutely forbidden** eso está terminantemente prohibido.
2 *adv (used for emphasis)* absolutamente: **you've done absolutely nothing all day** no has hecho absolutamente nada en todo el día; **it's absolutely pouring down** está diluviando; **she absolutely refused to help us** se negó rotundamente a ayudarnos.
3 *interj (agreement)* ¡por supuesto!, ¡desde luego!: **I think we should sell. what about you John?** —**oh, absolutely!** creo que deberíamos vender. ¿y tú John? —oh, ¡por supuesto!

absolution [æbsəˈluːʃən] *n* absolución *f*.

absolutism [ˈæbsəluːtɪzəm] *n* absolutismo.

absolutist [æbsəˈluːtɪst]
1 *adj* absolutista.
2 *n* absolutista *mf*.

absolve [əbˈzɒlv] *vt* absolver: **he was absolved of/from all responsibility** le absolvieron de toda responsabilidad.

absorb [əbˈzɔːb]
1 *vt (liquids etc)* absorber; *(shock)* amortiguar.
2 *vt (time)* ocupar.
3 *vt fig (ideas etc)* asimilar.
✦ **to be absorbed in something** estar absorto,-a en algo.

absorbency [əbˈzɔːbənsɪ] *n* absorbencia.

absorbent [əbˈzɔːbənt] *adj* absorbente.

absorbing [əbˈzɔːbɪŋ] *adj* absorbente, muy interesante.

absorption [əbˈzɔːpʃən] *n* absorción *f*.

abstain [əbˈsteɪn] *vi* abstenerse (**from**, de).

abstainer [əbˈsteɪnə] *n* abstemio,-a.

abstemious [æbˈstiːmɪəs] *adj* abstemio,-a, sobrio,-a.

abstemiousness [æbˈstiːmɪəsnəs] *n* sobriedad *f*.

abstention [æbˈstenʃən] *n* abstención *f*.

abstentionism [əb'stenʃənɪzəm] *n* abstencionismo.

abstentionist [əb'stenʃənɪst]
1 *adj* abstencionista.
2 *n* abstencionista *mf*.

abstinence ['æbstɪnəns] *n* abstinencia.

abstinent ['æbstɪnənt] *adj* abstinente.

abstract ['æbstrækt]
1 *adj (not concrete)* abstracto,-a.
2 *n (summary)* resumen *m*.
3 *vt (summarize)* resumir.
4 *vt euph (steal)* sustraer.
+ **in the abstract** en abstracto.
■ **abstract noun** nombre *m* abstracto.
▲ *(verbo)* [æb'strækt].

abstracted [æb'stræktɪd] *adj* distraído,-a.

abstractedly [æb'stræktɪdlɪ] *adv* distraídamente.

abstraction [æb'strækʃən]
1 *n* abstracción *f*.
2 *n (absent-mindedness)* distracción *f*, ensimismamiento.

abstruse [əb'struːs] *adj* abstruso,-a, recóndito,-a.

abstruseness [əb'struːsnəs] *n* lo recóndito.

absurd [əb'sɜːd] *adj* absurdo,-a.

absurdity [əb'sɜːdɪtɪ] *n* disparate *m*.
▲ *pl absurdities*.

absurdly [əb'sɜːdlɪ] *adv* absurdamente.

ABTA ['æbtə] *abbr* (**Association of British Travel Agents**) *asociación de agentes de viajes británicos*.

abundance [ə'bʌndəns] *n* abundancia.

abundant [ə'bʌndənt] *adj* abundante.
+ **to be abundant in something** ser abundante en algo, abundar en algo.

abundantly [ə'bʌndəntlɪ]
1 *adv* abundantemente, en abundancia.
2 *adv (very)* muy: he made his views abundantly clear expresó sus opiniones con toda claridad.

abuse [ə'bjuːs]
1 *n (verbal)* insultos *mpl*; *(physical)* malos tratos *mpl*.
2 *n (misuse)* abuso.
3 *vt (verbally)* insultar; *(physically)* maltratar.
4 *vt (misuse)* abusar de.
▲ *(verbo)* [ə'bjuːz].

abusive [ə'bjuːsɪv] *adj (insulting)* injurioso,-a, insultante.

abut [ə'bʌt] *vi* estar contiguo,-a.
+ **to abut on/abut against** lindar con.
▲ *pt & pp abutted, ger abutting*.

abutting [ə'bʌtɪŋ] *adj* contiguo,-a, colindante.

abysmal [ə'bɪzməl] *adj fam* malísimo,-a, fatal.

abyss [ə'bɪs] *n* abismo.

abyssal [ə'bɪsəl] *adj* abisal.

Abyssinia [æbɪ'sɪnɪə] *n* Abisinia.

Abyssinian [æbɪ'sɪnɪən]
1 *adj* abisinio,-a.
2 *n* abisinio,-a.

AC ['eɪ'siː] *abbr ELEC* (**alternating current**) corriente *f* alterna; *(abbreviation)* CA *f*.

a/c [ə'kaʊnt] *abbr FIN* (**account**) cuenta; *(abbreviation)* cta.

acacia [ə'keɪʃə] *n* acacia.

academic [ækə'demɪk]
1 *adj (gen)* académico,-a.
2 *adj (theoretical)* teórico: it's a purely academic question es una cuestión puramente teórica.
3 *n (scholar)* académico,-a; *(lecturer)* profesor,-ra universitario,-a.
■ **academic year** año académico.

academically [ækə'demɪkəlɪ] *adv* intelectualmente: he's not academically inclined no tiene grandes dotes intelectuales.

academician [əkædə'mɪʃən] *n* académico,-a.

academicism [æke'demɪsɪzəm] *n* academicismo.

academy [ə'kædəmɪ]
1 *n* academia.
2 *n (in Scotland)* instituto de enseñanza media.
▲ *pl academies*.

acanthus [ə'kænθəs] *n* acanto.

ACAS ['eɪkæs] *abbr GB* (**Advisory Conciliation and Arbitration Service**) *organismo independiente que arbitra en cuestiones laborales*.

accede [æk'siːd]
1 *vi fml (agree)* acceder (**to**, a).
2 *vi (to throne)* ascender (**to**, a), subir (**to**, a); *(to position, office)* acceder (**to**, a).

accelerate [æk'seləreɪt]
1 *vt* acelerar.
2 *vi* acelerarse.

acceleration [ækselə'reɪʃən] *n* aceleración *f*.

accelerative [ək'selərətɪv] *adj* aceleratriz.

accelerator [ək'seləreɪtər] *n* acelerador *m*.

accent ['æksənt]
1 *n* acento.
2 *vt* acentuar.
▲ *(verbo)* [æk'sent].

accentual [ək'sentjʊəl] *adj* acentual.

accentuate [æk'sentʃʊeɪt] *vt* acentuar.

accentuation [æksentʃʊ'eɪʃən] *n* acentuación *f*.

accept [ək'sept]
1 *vt (gift, offer, etc)* aceptar.
2 *vt (admit to be true)* admitir, aceptar: I accept that this is true admito que esto es verdad; I accept what you say, but ... acepto lo que dices, pero ...

acceptability [əkseptə'bɪlɪtɪ] *n (satisfactory)* aceptabilidad *f*, admisibilidad *f*.

acceptable [ək'septəbəl]
1 *adj (satisfactory)* aceptable, admisible: this sort of behaviour is not acceptable este comportamiento no es admisible.
2 *adj (welcome)* grato,-a.

acceptably [ək'septəblɪ] *adv* aceptablemente.

acceptance [ək'septəns]
1 *n (act of accepting)* aceptación *f*.
2 *n (approval)* acogida.

access ['ækses]
1 *n* acceso.
2 *vt COMPUT* acceder a, entrar en.
■ **access code** código de acceso.
access road carretera de acceso.
access time tiempo de acceso.

accessary [ək'sesərɪ] *n JUR* → **accessory 2**.
▲ *pl accessaries*.

accessibility [æksesɪ'bɪlɪtɪ] *n* accesibilidad *f*.

accessible [æk'sesɪbəl]
1 *adj* accesible.
2 *adj (person)* asequible, tratable.

accession [æk'seʃən]
1 *n (agreement)* asentimiento.
2 *n (to throne)* advenimiento.
3 *n (acquisition)* adquisición *f*.

accessory [æk'sesərɪ]
1 *n (gadget)* accesorio.
2 *n JUR (accomplice)* cómplice *mf*.
3 **accessories** *npl (bag, gloves, etc)* complementos *mpl*.
■ **accessory after the fact** cómplice *mf*.
accessory before the fact cómplice *mf* encubridor,-ra.
▲ *pl accessories*.

accidence ['æksɪdəns] *n* accidentes *mpl* gramaticales.

accident ['æksɪdənt]
1 *n* accidente *m*: she had an accident tuvo un accidente; I'm sorry, it was an accident lo siento, lo hice sin querer.
2 *n (coincidence)* casualidad *f*: it happened quite by accident fue una pura casualidad.
+ **accidents will happen** las cosas pasan, lo que tiene que pasar pasa.
by accident por casualidad.
it was more by accident than design sonó la flauta por casualidad.
■ **car accident** accidente *m* de coche.

accidental [æksɪ'dentəl] *adj* fortuito,-a.
■ **accidental death** muerte *f* por accidente.

accidentally [æksɪ'dentəlɪ]
1 *adv (by chance)* por casualidad.
2 *adv (unintentionally)* sin querer.

accident-prone ['æksɪdəntprəʊn] *adj* propenso,-a a los accidentes.

acclaim [ə'kleɪm]
1 *n (welcome)* aclamación *f*.
2 *n (praise)* elogios *mpl*, alabanza.
3 *vt (welcome)* aclamar.
4 *vt (praise)* elogiar, alabar.

acclamation [æklə'meɪʃən] n aclamación f.

acclimate [ə'klaɪmət] vt-vi US → **acclimatize**.

acclimation [æklaɪ'meɪʃən] n US → **acclimatization**.

acclimatisation [əklaɪmətaɪ'zeɪʃən] n → **acclimatization**.

acclimatization [əklaɪmətaɪ'zeɪʃən] n aclimatación f.

acclimatise [ə'klaɪmətaɪz] vt-vi → **acclimatize**.

acclimatize [ə'klaɪmətaɪz]
1 vt aclimatar.
2 vi aclimatarse.

acclivity [ə'klɪvɪtɪ] n cuesta, pendiente f.
▲ pl acclivities.

accolade ['ækəleɪd]
1 n (award) galardón m, premio.
2 n (praise) elogio.

accommodate [ə'kɒmədeɪt]
1 vt (put up) alojar: we can accommodate you, we've got a spare room podemos alojarte, tenemos un dormitorio de sobra.
2 vt (hold) contener, tener capacidad para: this hotel can accommodate 250 guests este hotel tiene capacidad para 250 personas.
3 vt (adapt) adaptar, acomodar: it's difficult to accommodate oneself to new circumstances es difícil acomodarse a unas circunstancias nuevas.
4 vt (supply) facilitar, proporcionar: we regret we are unable to accommodate you with a loan lamentamos no poder facilitarle el préstamo.
5 vt (satisfy) complacer: they bent over backwards to accommodate us hicieron lo imposible para complacernos.

accommodating [ə'kɒmədeɪtɪŋ] adj complaciente, acomodadizo,-a.

accommodation [əkɒmə'deɪʃən]
1 n (lodging) alojamiento.
2 n (agreement) acuerdo; (compromise) compromiso.
3 accommodations npl US (lodging) alojamiento m sing; (lodging and board) alojamiento y pensión.

accompaniment [ə'kʌmpənɪmənt] n acompañamiento.
◆ to the accompaniment of acompañado,-a de.

accompanist [ə'kʌmpənɪst] n acompañante mf.

accompany [ə'kʌmpənɪ] vt acompañar: she was accompanied by her mother iba acompañada de su madre.
▲ pt & pp accompanied, ger accompanying.

accomplice [ə'kɒmplɪs] n cómplice mf.

accomplish [ə'kɒmplɪʃ]
1 vt (achieve) lograr, conseguir: I don't think your protests will accomplish anything no creo que consigas nada con tus protestas.
2 vt (carry out) hacer, llevar a cabo: they accomplished a great deal in a short time hicieron mucho en poco tiempo.

accomplished [ə'kɒmplɪʃt] adj cumplido,-a, consumado,-a.
■ accomplished fact hecho consumado.

accomplishment [ə'kɒmplɪʃmənt]
1 n (act of achieving) realización f.
2 n (achievement) logro.
3 accomplishments npl (skills) aptitudes fpl, dotes mpl, habilidades fpl.

accord [ə'kɔ:d]
1 n (agreement) acuerdo.
2 vt (award) conceder, otorgar.
3 vi (agree) concordar.
◆ in accord with de acuerdo con.
of one's own accord espontáneamente, por propia voluntad.
with one accord unánimemente.

accordance [ə'kɔ:dəns] in accordance with prep de acuerdo con.

according [ə'kɔ:dɪŋ]
1 according to prep según: according to Philip/the paper/my watch según Philip/el periódico/mi reloj.
2 prep (consistent with) de acuerdo con: it went according to plan salió tal como se había previsto; we were paid according to our experience se nos pagó de acuerdo con nuestra experiencia.
3 according as adv fml según si.

accordingly [ə'kɔ:dɪŋlɪ]
1 adv (appropriately) en consecuencia, de conformidad: you must examine your conscience and act accordingly debes reflexionar y actuar en consecuencia; she works hard and is paid accordingly trabaja mucho y cobra conforme a sus esfuerzos.
2 adv (therefore) por consiguiente.

accordion [ə'kɔ:dɪən] n acordeón m.

accordionist [ə'kɔ:dɪənɪst] n acordeonista mf.

accost [ə'kɒst] vt abordar, dirigirse a.

account [ə'kaʊnt]
1 n (in bank) cuenta: my account is in the red mi cuenta está en números rojos.
2 n (report) relación f, relato, informe m: he gave us an account of his experiences nos contó sus experiencias; Ted's account differs significantly from yours el relato de Ted difiere sensiblemente del tuyo.
3 n (importance) importancia: it is of no account no tiene importancia.
4 accounts npl cuentas fpl: who did these accounts? ¿quién ha hecho estas cuentas?; I keep the accounts myself llevo las cuentas yo mismo.
▸ to account for vi explicar.
◆ by all accounts al decir de todos.
on account a cuenta.
on account of por, a causa de: don't leave on my account no te vayas por mí.
on no account bajo ningún concepto.
on one's own account por su propia cuenta y riesgo.
there's no accounting for tastes sobre gustos no hay nada escrito.
to bring somebody to account, to call somebody to account pedir cuentas a alguien.
to give a good account of oneself quedar en buen lugar, quedar bien.
to take into account tener en cuenta.
to turn something to (good) account sacar (buen) provecho de algo.
■ accounts department sección f de contabilidad.

accountability [əkaʊnə'bɪlɪtɪ] n responsabilidad f.

accountable [ə'kaʊntəbəl] adj responsable (to, ante): I'm not accountable to you no tengo por qué darte explicaciones.

accountancy [ə'kaʊntənsɪ] n contabilidad f.

accountant [ə'kaʊntənt] n contable mf.

accounting [ə'kaʊntɪŋ] n contabilidad f.

accoutrements [ə'ku:trəmənts] npl (gen) equipo; (luggage) equipaje m.

accredit [ə'kredɪt]
1 vt (gen) autorizar, reconocer; (diplomat) acreditar: an accredited representative of the company un representante autorizado de la empresa.
2 vt (approve) aprobar, homologar; (certify) certificar: it said "accredited organically grown tomatoes" ponía "garantizamos que estos tomates han sido cultivados biológicamente".
3 vt (attribute) atribuir: she is accredited with several miracles se le atribuyen varios milagros.

accreditation [əkredɪ'teɪʃən] n acreditación f.

accretion [ə'kri:ʃən] n acumulación f.

accrue [ə'kru:] vi FIN acumularse.

acct. [ə'kaʊnt] abbr FIN (account) cuenta; (abbreviation) cta.

accumulable [ə'kju:mjʊləbəl] adj acumulable.

accumulate [ə'kju:mjʊleɪt]
1 vt acumular.
2 vi acumularse.

accumulation [əkju:mjʊ'leɪʃən] n acumulación f.

accumulative [ə'kju:mjʊlətɪv] adj acumulativo,-a.

accumulator [ə'kju:mjʊleɪtə'] n acumulador m.

accuracy ['ækjʊrəsɪ]
1 n (of numbers, instrument, information) exactitud f, precisión f.
2 n (of shot) certeza.
3 n (of interpretation, translation) fidelidad f.

accurate ['ækjʊrət]
1 adj (numbers etc) exacto,-a, preciso,-a.
2 adj (instrument) de precisión.

3 adj (shot) certero,-a.
4 adj (information etc) exacto,-a.
5 adj (interpretation, translation) fiel.

accurately [ˈækjʊrətlɪ]
1 adv (gen) con precisión.
2 adv (interpret, translate) fielmente.

accursed [əˈkɜːsəd] adj maldito,-a.

accusation [ækjʊˈzeɪʃən] n acusación f: to bring an accusation against presentar una denuncia contra.

accusative [əˈkjuːzətɪv]
1 adj acusativo,-a.
2 n acusativo.

accusatory [əˈkjuːzətərɪ] adj acusador,-ra.

accuse [əˈkjuːz] vt acusar (**of**, de): she was accused of lying la acusaron de mentir.

accused [əˈkjuːzd] **the accused** n (man) el acusado; (woman) la acusada.

accuser [əˈkjuːzəʳ] n acusador,-ra.

accusingly [əˈkjuːzɪŋlɪ] adv (tone) con tono acusador; (look) con mirada acusadora.

accustom [əˈkʌstəm] vt acostumbrar (**to**, a).

accustomed [əˈkʌstəmd] adj acostumbrado,-a (**to**, a).
✦ to grow accustomed to something acostumbrarse a algo.

ace [eɪs]
1 n (cards) as m.
2 n (tennis) ace m.
3 n fam (expert) as m.
4 adj fam fantástico,-a.
✦ to have an ace up one's sleeve guardar un as en la manga.
within an ace of en un tris de, a dos dedos de.

acephalous [əˈsefələs] adj acéfalo,-a.

acerbic [əˈsɜːbɪk] adj áspero,-a, desabrido,-a.

acerbity [əˈsɜːbɪtɪ] n aspereza.

acetate [ˈæsɪteɪt] n acetato.

acetic [əˈsiːtɪk] adj acético,-a.
■ acetic acid ácido acético.

acetone [ˈæsɪtəʊn] n acetona.

acetylene [əˈsetɪliːn] n acetileno.

ache [eɪk]
1 n dolor m.
2 vi doler: my head aches me duele la cabeza, tengo dolor de cabeza.

achievable [əˈtʃiːvəbəl] adj realizable, alcanzable.

achieve [əˈtʃiːv]
1 vt (finish) realizar, llevar a cabo.
2 vt (attain) lograr, conseguir.

achievement [əˈtʃiːvmənt]
1 n (completion) realización f.
2 n (attainment) logro.
3 n (feat) hazaña, proeza.
■ sense of achievement satisfacción f.

Achilles [əˈkɪliːz] n Aquiles.
■ Achilles' heel fig talón m de Aquiles.

Achilles' tendon ANAT tendón m de Aquiles.

aching [ˈeɪkɪŋ] adj dolorido,-a.

achromatic [ækrəˈmætɪk] adj acromático,-a.

achy [ˈeɪkɪ] adj fam dolorido,-a.
▲ comp achier, superl achiest.

acid [ˈæsɪd]
1 adj CHEM ácido,-a.
2 adj (taste) agrio,-a.
3 adj fig (comment) mordaz.
4 n CHEM ácido,-a.
■ acid rain lluvia ácida.
acid test prueba decisiva.

acidic [əˈsɪdɪk] adj ácido,-a.

acidify [əˈsɪdɪfaɪ]
1 vt acidificar.
2 vi acidificarse.
▲ pt & pp acidified, ger acidifying.

acidity [əˈsɪdɪtɪ] n acidez f.

acidly [ˈæsɪdlɪ] adv con mordacidad, mordazmente.

acidulate [əˈsɪdjʊleɪt] vt acidular.

acidulous [əˈsɪdjʊləs]
1 adj (taste) agrio,-a.
2 adj (manner) áspero,-a.

acknowledge [əkˈnɒlɪdʒ]
1 vt (admit) admitir: to acknowledge defeat admitir la derrota.
2 vt (recognize) reconocer: King Henry acknowledged Prince Arthur as his heir el rey Henry reconoció al príncipe Arthur como su heredero; she's acknowledged to be the greatest living pianist se le considera la mejor pianista contemporánea.
3 vt (an acquaintance) saludar: he walked straight past without even acknowledging me pasó a mi lado y ni siquiera me saludó.
4 vt (be thankful) agradecer, expresar agradecimiento por.
✦ to acknowledge receipt of acusar recibo de.

acknowledgement [əkˈnɒlɪdʒmənt]
1 n (admission) admisión f: to do that would be an acknowledgement of guilt hacer eso sería una admisión de culpa.
2 n (recognition) reconocimiento: in acknowledgement of your help en reconocimiento de tu ayuda.
3 n (thanks) muestra de agradecimiento: she stood up in acknowledgement of the audience's applause se puso de pie para mostrar su agradecimiento por los aplausos del público.
4 n (reply) contestación f: I received no acknowledgement of my CV no recibí respuesta a mi currículum; I shouted, and one of them waved back in acknowledgement grité, y uno de ellos gesticuló en conformidad.

■ acknowledgement of receipt acuse m de recibo.

acknowledgment [ækˈnɒlɪdʒmənt] n → **acknowledgement.**

acme [ˈækmɪ] n apogeo, colmo: the acme of perfection el colmo de la perfección.

acne [ˈæknɪ] n acné f.

acolyte [ˈækəlaɪt]
1 n REL acólito, monaguillo.
2 n fig seguidor,-ra.

acorn [ˈeɪkɔːn] n bellota.

acoustic [əˈkuːstɪk] adj acústico,-a.

acoustics [əˈkuːstɪks]
1 n (science) acústica: acoustics is the study of sound la acústica es el estudio del sonido.
2 npl (sound conditions) acústica f sing: the acoustics here are perfect la acústica aquí es perfecta.

acquaint [əˈkweɪnt] vt informar (**with**, de): he acquainted me with the facts me informó de los hechos.
✦ to acquaint oneself with something familiarizarse con algo.
to be acquainted with somebody conocer a alguien, tener trato con alguien.
to be acquainted with something conocer algo, tener conocimientos de algo.

acquaintance [əˈkweɪntəns]
1 n (knowledge) conocimiento, conocimientos mpl: I have a slight acquaintance with physics tengo unos conocimientos rudimentarios de la física; on closer acquaintance I find her fascinating conociéndola mejor, la encuentro fascinante.
2 n (friendship) amistad f: my acquaintance with the minister goes back to our school days mi amistad con el ministro se remonta a nuestros días en la escuela.
3 n (person) conocido,-a: an acquaintance of mine una persona que conozco; I don't know him well, he's just a nodding acquaintance no lo conozco bien, solo para saludarlo.
✦ to make somebody's acquaintance conocer a alguien.

acquiesce [ækwɪˈes] vi consentir (**in**, en), conformarse (**in**, con).

acquiescence [ækwɪˈesəns] n conformidad f, aquiescencia.

acquiescent [ækwɪˈesənt] adj condescendiente, aquiescente.

acquire [əˈkwaɪəʳ] vt adquirir.
✦ it's an acquired taste es un gusto adquirido, es un gusto aprendido.
to acquire a taste for something tomarle gusto a algo.

acquisition [ækwɪˈzɪʃən] n adquisición f.

acquisitive [əˈkwɪzɪtɪv] adj codicioso,-a, acaparador,-ra.

acquit [ə'kwɪt] *vt* absolver, declarar inocente.
✦ **to acquit oneself well** quedar en buen lugar, quedar bien, salir airoso,-a.
▲ *pt & pp* **acquitted**, *ger* **acquitting**.

acquittal [ə'kwɪtəl] *n* absolución *f*.

acre ['eɪkəʳ] *n* acre *m*.
▲ *Un* **acre** *equivale a 0,4047 hectáreas.*

acreage ['eɪkərɪdʒ] *n* extensión *f (en acres):* **what's the acreage of your estate?** ¿qué extensión tiene su finca?

acrid ['ækrɪd]
1 *adj* acre.
2 *adj fig (remark)* cáustico,-a; *(dispute)* enconado,-a.

acridity [æ'krɪdɪtɪ] *n* acritud *f*.

acrimonious [ækrɪ'məʊnɪəs] *adj (remark)* cáustico,-a; *(dispute)* enconado,-a, amargo,-a.

acrimony ['ækrɪmənɪ] *n* acritud *f*, aspereza.

acrobat ['ækrəbæt] *n* acróbata *mf*.

acrobatic [ækrə'bætɪk] *adj* acrobático,-a.

acrobatics [ækrə'bætɪks] *npl* acrobacia *f sing*.

acronym ['ækrənɪm] *n* sigla.

acropolis [ə'krɒpəlɪs] *n* acrópolis *f*.

across [ə'krɒs]
1 *prep (movement)* a través de, de un lado a otro de: **to go across the road** cruzar la carretera; **to swim across a river** cruzar un río nadando/a nado; **to fly across the Atlantic** sobrevolar el Atlántico; **she helped the old man across the road** ayudó al viejo a cruzar la carretera.
2 *prep (position)* al otro lado de: **it's across the river** está al otro lado del río; **they live across the road** viven enfrente.
3 *adv* de un lado a otro: **it's 4 metres across** mide 4 metros de lado a lado; **he ran/swam across** cruzó corriendo/nadando.

across-the-board [əkrɒsðə'bɔːd]
1 *adj* general, generalizado,-a: **7% across-the-board pay rises** subidas de sueldo del 7% para todos.
2 *adv* en general: **wages will rise 7% across-the-board** los sueldos subirán un 7% en general.

acrostic [ə'krɒstɪk]
1 *adj* acróstico,-a.
2 *n* acróstico.

acrylic [ə'krɪlɪk] *adj* acrílico,-a.

act [ækt]
1 *n* acto, acción *f*: **this is the act of a madman** esto es la acción de un loco; **he's not responsible for his acts** no es responsable de sus actos.
2 *n THEAT* acto.
3 *n (of parliament)* ley *f*.
4 *vi (do something)* actuar: **the police acted quickly on the information** la policía actuó deprisa al recibir la información; **we must act immediately** hemos de actuar inmediatamente; **Perry Mason acted for the widow in that case** Perry Mason representó a la viuda en ese caso; **the drug acts on the heart muscles** la droga actúa sobre los músculos del corazón.
5 *vi (behave)* portarse, comportarse: **she acts like a little girl** se comporta como una niña; **she acted as if nothing had happened** hizo como si no hubiera pasado nada; **how would you act if that happened to you?** ¿qué harías tú si te pasara eso?
6 *vi (in theatre)* actuar, hacer teatro; *(in cinema)* actuar, hacer cine: **have you been acting a long time?** ¿hace mucho que actúas?
7 *vi (pretend)* fingir: **she's not angry, she's just acting** no está enfadada, solo lo finge.
8 *vt* hacer el papel de: **she's acting (the part of) Portia** ella hace el papel de Portia.
▸ **to act as** *vt insep* hacer de: **I had to act as interpreter** tuve que hacer de intérprete.
to act out *vt sep* llevar a cabo: **to act out one's fantasies** llevar a cabo sus fantasías.
to act up *vi (gen)* causar problemas; *(machine)* funcionar mal; *(child)* dar guerra; *(wound, injury)* doler.
✦ **to catch somebody in the act** coger a alguien in fraganti, coger a alguien con las manos en la masa.
to get in on the act *fam* subirse al carro.
to get one's act together *fam* organizarse, espabilarse.
■ **act of God** fuerza mayor.
the Acts of the Apostles los Hechos de los Apóstoles.

acting ['æktɪŋ]
1 *adj* en funciones, accidental: **the acting director chaired the ceremony** el director accidental presidió la ceremonia.
2 *n THEAT (profession)* teatro: **I've never done any acting** no he hecho nunca teatro.
3 *n (performance)* interpretación *f*, actuación *f*: **the acting was awful** la interpretación era malísima.
4 *n (pretence)* comedia: **it's not for real, it's only acting** no es de verdad, es pura comedia.

actinium [æk'tɪnɪəm] *n* actinio.

action ['ækʃən]
1 *n (gen)* acción *f*: **he's a man of action** es un hombre de acción; **I like a film with plenty of action** me gustan las películas con mucha acción.
2 *n (intervention)* actuación *f*: **only the swift action of the firemen saved the building** solo la rápida actuación de los bomberos salvó el edificio; **we must take action now** hemos de actuar ya; **the government is taking action to reduce inflation** el gobierno está tomando medidas para frenar la inflación.
3 *n (of film)* historia, acción *f*: **the action takes place in Bavaria** la acción transcurre en Baviera.
4 *n MIL* combate *m*, acción *f*: **five soldiers are missing in action in northern Bosnia** han desaparecido cinco soldados en los combates del norte de Bosnia.
5 *n (working)* funcionamiento: **the action of the lungs** el funcionamiento de los pulmones.
6 *n (mechanism)* mecanismo: **this gun has a very smooth action** el mecanismo de esta pistola funciona muy bien.
7 *n JUR* demanda.
✦ **actions speak louder than words** hechos son amores y no buenas razones.
killed in action muerto,-a en combate.
out of action fuera de servicio.
to bring an action against somebody entablar una demanda contra alguien.
to put out of action inutilizar.
■ **action replay** repetición *f* de la jugada.
action stations zafarrancho de combate.

actionable ['ækʃənəbəl] *adj* justiciable.

action-packed ['ækʃənpækt] *adj fam* lleno,-a de acción.

activate ['æktɪveɪt] *vt* activar.

activation [æktɪ'veɪʃən] *n* activación *f*.

active ['æktɪv]
1 *adj* activo,-a.
2 *adj (volcano)* en actividad.
3 *adj (energetic)* activo,-a, vivo,-a, vigoroso,-a.
✦ **to be on active service** estar en servicio activo.
to take an active part in something participar activamente en algo.
■ **the active voice** la voz activa.

actively ['æktɪvlɪ] *adv* activamente.

activism ['æktɪvɪzəm] *n* activismo.

activist ['æktɪvɪst] *n* activista *mf*.

activity [æk'tɪvɪtɪ] *n* actividad *f*.
▲ *pl* **activities**.

actor ['æktəʳ] *n* actor *m*.

actress ['æktrəs] *n* actriz *f*.

actual ['æktʃʊəl] *adj* real, verdadero,-a.
✦ **in actual fact** en realidad.

actuality [æktʃʊ'ælɪtɪ] *n* realidad *f*.

actualisation [æktʃʊəlaɪ'zeɪʃən] *n →* **actualization**.

actualise ['æktʃʊəlaɪz] *vt →* **actualize**.

actualization [æktʃʊəlaɪ'zeɪʃən] *n* actualización *f*.

actualize ['æktʃʊəlaɪz] *vt* actualizar.

actually ['æktʃʊəlɪ]
1 *adv* en realidad, realmente, de hecho: **I haven't actually decided what to do yet** en realidad, todavía no he decidido qué hacer; **can I see you?**

—well, actually I'm rather busy ¿podría verte? —verás, es que estoy muy ocupada.

2 *adv (indicating surprise)* incluso, hasta: she actually accused me of stealing her bag hasta me acusó de robarle el bolso.

actuarial [æktju'eərɪəl] *adj* actuarial.

actuary ['æktʃʊərɪ] *n* actuario,-a de seguros.

▲ *pl* actuaries.

actuate ['æktjʊeɪt]
1 *vt (make work)* accionar.
2 *vt (motivate)* mover, impulsar: he was actuated by a desire for revenge le impulsaba un deseo de venganza.

acuity [ə'kjuːɪtɪ] *n* agudeza.

acumen ['ækjʊmən] *n* perspicacia.

acupuncture ['ækjʊpʌnktʃə] *n* acupuntura.

acupuncturist ['ækjʊpʌnktʃərɪst] *n* acupunturista *mf*.

acute [ə'kjuːt]
1 *adj (gen)* agudo,-a.
2 *adj (illness, pain)* agudo,-a: acute appendicitis apendicitis aguda.
3 *adj (angle)* agudo,-a.
4 *adj (hearing etc)* muy fino,-a, muy desarrollado,-a: she has an acute sense of smell tiene el olfato muy fino.
5 *adj (mind)* perspicaz.
6 *adj (lack, shortage)* acusado,-a, grave.

acutely [ə'kjuːtlɪ] *adv* agudamente, intensamente.
✦ to be acutely aware of something ser perfectamente consciente de algo.

acuteness [ə'kjuːtnəs] *n (gen)* agudeza; *(of mind)* perspicacia.

AD ['eɪ'diː] *abbr* (**Anno Domini**) después de Cristo; *(abbreviation)* d.J.C.

ad [æd] *n fam* anuncio.

adage ['ædɪdʒ] *n* adagio, refrán *m*.

adagio [ə'dɑːdʒɪəʊ] *n* adagio.
▲ *pl* adagios.

Adam ['ædəm] *n* Adán *m*.
✦ I don't know him from Adam no lo conozco de nada.
▪ Adam's apple nuez *f* (de la garganta).

adamant ['ædəmənt] *adj* firme, inflexible.

adamantly ['ædəməntlɪ] *adv* inflexiblemente.

adapt [ə'dæpt]
1 *vt* adaptar.
2 *vi* adaptarse.

adaptability [ədæptə'bɪlɪtɪ] *n* capacidad *f* para adaptarse.

adaptable [ə'dæptəbəl] *adj (person)* capaz de adaptarse.
✦ to be adaptable ser adaptable, saber adaptarse.

adaptation [ædəp'teɪʃən] *n* adaptación *f*.

adapter [ə'dæptə] *n ELEC* → **adaptor**.

adaptor [ə'dæptə] *n ELEC* ladrón *m*.

Adc ['eɪ'diː'siː] *abbr* (**aide-de-camp**) edecán *m*.

add [æd]
1 *vt (gen)* añadir, agregar: "and don't tell anyone," he added "y no se lo digas a nadie," añadió; beat well and then add the flour batir bien y luego agregar la harina.
2 *vt (numbers)* sumar: add these figures together suma estas cantidades; overheads must be added to the cost los gastos generales han de sumarse al coste.
▸ to add to *vt insep* aumentar: the wind only added to our problems el viento no hizo más que aumentar nuestros problemas.
to add up
1 *vt sep (numbers)* sumar.
2 *vi fig* cuadrar: there's something funny going on; it doesn't add up pasa algo raro; es que no cuadra.
to add up to
1 *vt insep* sumar: what do these numbers add up to? ¿cuánto suman estas cifras?
2 *vt insep fig* significar, querer decir: what does it all add up to? ¿qué quiere decir todo esto?

added ['ædɪd] *adj* añadido,-a, adicional.

addend ['ædend] *n* sumando.

addenda [ə'dendə] *npl* addenda *m sing*, adiciones *fpl*.
▲ *sing* addendum.

addendum [ə'dendəm]
1 *n (thing added)* añadidura, añadido.
2 *n (appendix)* apéndice *m*.
▲ *pl* addenda.

adder ['ædə] *n ZOOL* víbora.

addict ['ædɪkt]
1 *n* adicto,-a.
2 *n fam (fanatic)* fanático,-a.

addicted [ə'dɪktɪd] *adj* adicto,-a.

addiction [ə'dɪkʃən] *n* adicción *f*.

addictive [ə'dɪktɪv] *adj* que crea adicción: nicotine is addictive la nicotina crea adicción.

addition [ə'dɪʃən]
1 *n* adición *f*, añadidura.
2 *n MATH* adición *f*, suma.
✦ in addition to además de.

additional [ə'dɪʃənəl] *adj* adicional.

additive ['ædɪtɪv] *n* aditivo.

additive-free ['ædɪtɪv'friː] *adj* sin aditivos.

addled ['ædəld]
1 *adj* podrido,-a.
2 *adj (brain)* confuso,-a.

add-on ['ædɒn] *n* adicional *m*.

address [ə'dres]
1 *n (on letter)* dirección *f*, señas *fpl*: is that your business address or your home address? ¿es ésta su dirección profesional o particular?
2 *n (speech)* discurso, alocución *f*.

3 *vt (tackle)* abordar: the problem must be addressed soon habrá que abordar pronto el problema.
4 *vt (speak to)* dirigirse a: the chairman addressed the board el presidente se dirigió al consejo.
5 *vt (use title etc)* llamar: they addressed him as "your highness" lo llamaron "su alteza"; you will address me as "sir" me llamarás "señor".
6 *vt (letter)* poner la dirección en: the letter didn't arrive because it was wrongly addressed la carta no llegó porque llevaba la dirección mal puesta; the letter was addressed to my mother la carta iba dirigida a mi madre.
✦ to address oneself to somebody dirigirse a alguien.
to address oneself to something aplicarse a algo.
▪ address book libro de direcciones.
form of address tratamiento.

addressee [ædre'siː] *n* destinatario,-a.

adduce [ə'djuːs] *vt* aducir.

adduction [ə'dʌkʃən] *n* aducción *f*.

adductive [ə'dʌktɪv] *adj* aductor,-ra.

adductor [ə'dʌktə] *n* aductor,-ra.

Adelaide ['ædəleɪd] *n* Adelaida.

Aden ['eɪdən] *n* Adén.

adenoidal [ædə'nɔɪdəl] *adj* gangoso,-a.

adenoids ['ædənɔɪdz] *npl* adenoides *mpl*, vegetaciones *fpl*.

adept [ə'dept]
1 *adj* experto,-a, diestro,-a, ducho,-a.
2 *n* experto,-a, perito,-a.

adequacy ['ædɪkwəsɪ]
1 *n (in quantity)* suficiencia.
2 *n (in quality)* calidad *f*, aceptabilidad *f*.

adequate ['ædɪkwət]
1 *adj (enough)* suficiente.
2 *adj (satisfactory)* satisfactorio,-a.

adequately ['ædɪkwətlɪ]
1 *adv (sufficiently)* suficientemente, bastante.
2 *adv (satisfactorily)* satisfactoriamente.

adhere [əd'hɪə] *vi (stick)* adherirse, pegarse.
▸ to adhere to
1 *vt insep (cause)* adherirse a.
2 *vt insep (promise)* cumplir con.
3 *vt insep (belief)* aferrarse a, mantenerse fiel a.
4 *vt insep (rules)* observar, acatar.

adherence [æd'hɪərəns]
1 *n (to cause)* adhesión *f*.
2 *n (to promise)* cumplimiento.
3 *n (to belief)* fidelidad *f*.
4 *n (to rules)* observación *f*.

adherent [əd'hɪərənt]
1 *adj* adherente.
2 *n (supporter)* adherido,-a, partidario,-a.

adhesion [əd'hiːʒən]
1 *n (sticking)* adherencia, adhesión *f*.
2 *n MED* adherencia.

adhesive [əd'hi:sɪv]
1 *adj* adhesivo,-a.
2 *n* adhesivo.

ad hoc [æd'hɒk] *adj* ad hoc.

adieu [ə'dju:] *n LIT* adiós *m*.

ad infinitum [ædɪnfɪ'naɪtəm] *adv* ad infinitum, a lo infinito.

adipose ['ædɪpəʊz] *adj* adiposo,-a.

adiposity [ædɪ'pɒsɪtɪ] *n* adiposidad *f*.

adjacent [ə'dʒeɪsənt] *adj* adyacente.

adjectival [ædʒɪk'taɪvəl] *adj* adjetival.

adjectivally [ædʒɪk'taɪvəlɪ] *adv* adjetivamente.

adjective ['ædʒɪktɪv] *n* adjetivo.

adjoin [ə'dʒɔɪn]
1 *vt* lindar con.
2 *vi* colindar.

adjoining [ə'dʒɔɪnɪŋ]
1 *adj (building)* contiguo,-a.
2 *adj (land)* colindante.

adjourn [ə'dʒɜːn]
1 *vt* aplazar, suspender: they adjourned the meeting for two days aplazaron la reunión dos días.
2 *vi* suspenderse: the court adjourned for lunch la sesión se suspendió para almorzar.

adjournment [ə'dʒɜːnmənt] *n* aplazamiento, suspensión *f*.

adjudge [ə'dʒʌdʒ]
1 *vt (judge)* juzgar.
2 *vt (award)* adjudicar.

adjudicate [ə'dʒuːdɪkeɪt] *vt* juzgar.

adjudication [ə'dʒuːdɪkeɪʃən]
1 *n (decision)* fallo.
2 *n (awarding)* adjudicación *f*.

adjudicator [ə'dʒuːdɪkeɪtəʳ] *n* juez,-za, árbitro,-a.

adjunct ['ædʒʌŋkt] *n* adjunto, accesorio.

adjure [ə'dʒʊəʳ] *vt* ordenar.

adjust [ə'dʒʌst]
1 *vt* ajustar, arreglar.
2 *vi (person)* adaptarse.

adjustable [ə'dʒʌstəbəl] *adj* regulable.
■ adjustable spanner llave *f* inglesa.

adjusted [ə'dʒʌstɪd] *adj* equilibrado,-a: a well adjusted person una persona bien equilibrada.

adjustment [ə'dʒʌstmənt]
1 *n* ajuste *m*, arreglo.
2 *n (person)* adaptación *f*.
3 *n (change)* cambio.

adjutancy ['ædʒʊtənsɪ] *n* ayudantía.

adjutant ['ædʒʊtənt] *n MIL* ayudante *m*.

ad lib [æd'lɪb]
1 *adj (without preparation)* improvisado,-a, espontáneo,-a.
2 *adv (without preparation)* improvisadamente, espontáneamente.
3 *adv (freely)* a voluntad.
4 *vi (gen)* improvisar; *(actor)* meter morcillas.

Adm ['ædmɪrəl] *abbr* (**Admiral**) Almirante; *(abbreviation)* Almte.

adman ['ædmæn] *n* publicista *m*.
▲ *pl* admen ['ædmen].

administer [əd'mɪnɪstəʳ]
1 *vt (control)* administrar.
2 *vt (give)* administrar, dar; *(laws, punishment)* aplicar.

administrating [əd'mɪnɪstreɪtɪŋ] *adj* administrador,-ra.

administration [ədmɪnɪs'treɪʃən]
1 *n* administración *f*.
2 *n (of law etc)* aplicación *f*.

administratively [əd'mɪnɪstrətɪvlɪ] *adj* administrativamente.

administrative [əd'mɪnɪstrətɪv] *adj* administrativo,-a.

administrator [əd'mɪnɪstreɪtəʳ] *n* administrador,-ra.

admirable ['ædmɪrəbəl] *adj* admirable.

admirably ['ædmɪrəblɪ] *adv* de manera admirable, admirablemente.

admiral ['ædmərəl] *n* almirante *m*.
■ Admiral of the fleet Almirante *m* de la flota.

admiralty ['ædmɪrəltɪ] *n* almirantazgo.
▲ *pl* admiralties.

admiration [ædmɪ'reɪʃən] *n* admiración *f*: he is the admiration of all todos lo admiran.

admire [əd'maɪəʳ] *vt* admirar.

admirer [əd'maɪərəʳ] *n (gen)* admirador,-ra; *(suitor)* pretendiente *mf*.

admiring [əd'maɪərɪŋ]
1 *adj (person)* que admira: thousands of admiring fans miles de admiradores.
2 *adj (look)* de admiración.

admiringly [əd'maɪərɪŋlɪ] *adv* con admiración.

admissibility [ədmɪsɪ'bɪlɪtɪ] *adj* admisibilidad *f*.

admissible [əd'mɪsɪbəl] *adj* admisible.

admission [əd'mɪʃən]
1 *n (gen)* admisión *f*; *(to hospital)* ingreso.
2 *n (price)* entrada.
3 *n (acknowledgement)* reconocimiento; *(confession)* confesión *f*.
✦ by one's own admission por confesión propia.

admit [əd'mɪt]
1 *vt (allow in)* admitir; *(to hospital)* ingresar: she was admitted to St James' yesterday la ingresaron en el hospital de St James ayer.
2 *vt (acknowledge)* reconocer; *(confess)* confesar.
▸ to admit of *vt insep* admitir.
✦ to admit to defeat darse por vencido,-a.
to admit to doing something confesarse culpable de hacer algo.
▲ *pt & pp* admitted, *ger* admitting.

admittance [əd'mɪtəns] *n* entrada.
✦ "No admittance" "Prohibida la entrada".

admitted [əd'mɪtɪd] *adv* confeso,-a, autoconfesado,-a.

admittedly [əd'mɪtɪdlɪ] *adv* es verdad que, lo cierto es que.

admixture [æd'mɪkstʃəʳ]
1 *n (mixture)* mezcla, admixtión *f*.
2 *n (ingredient)* ingrediente *m*, componente *m*.

admonish [əd'mɒnɪʃ] *vt* amonestar.

admonishment [əd'mɒnɪʃmənt] *n →* admonition.

admonition [ædmə'nɪʃən] *n* admonición *f*, amonestación *f*.

admonitory [əd'mɒnɪtərɪ] *adj* admonitorio,-a.

ad nauseam [æd'nɔːzɪæm] *adv* hasta la saciedad.

ado [ə'duː] *n* ajetreo, alboroto.
✦ much ado about nothing mucho ruido y pocas nueces.
without further ado sin más preámbulos, sin más dilación.

adobe [ə'dəʊbɪ] *n* adobe *m*.

adolescence [ædə'lesəns] *n* adolescencia.

adolescent [ædə'lesənt]
1 *adj* adolescente.
2 *adj* adolescente *mf*.

Adonis [ə'dəʊnɪs] *n* Adonis *m*.

adopt [ə'dɒpt]
1 *vt (gen)* adoptar.
2 *vt (accept)* aceptar.

adoption [ə'dɒpʃən] *n* adopción *f*.

adoptive [ə'dɒptɪv] *adj* adoptivo,-a.

adorable [ə'dɔːrəbəl] *adj* adorable.

adoration [ædə'reɪʃən] *n* adoración *f*.

adore [ə'dɔːʳ] *vt* adorar: I simply adore that film me encanta esa película.

adoring [ə'dɔːrɪŋ]
1 *adj (person)* que adora: from your adoring sister, Cynthia de tu hermana, Cynthia, quien te adora.
2 *adj (look)* de adoración.

adorn [ə'dɔːn] *vt* adornar.

adornment [ə'dɔːnmənt] *n* adorno.

adrenalin [ə'drenəlɪn] *n* adrenalina.

Adriatic [eɪdrɪ'ætɪk] *adj* adriático,-a.
■ the Adriatic (Sea) el (mar) Adriático.

adrift [ə'drɪft] *adj* a la deriva.
✦ to come adrift *fam* desengancharse, desprenderse, soltarse.
to go adrift *(plans)* irse a pique.

adroit [ə'drɔɪt] *adj* diestro,-a, hábil.

adroitly [ə'drɔɪtlɪ] *adv* hábilmente.

adsorb [æd'zɔːb] *vt* adsorber.

adsorbent [æd'zɔːbənt] *adj* adsorbente.

adsorption [æd'zɔːbʃən] *n* adsorción *f*.

adulate ['ædjʊleɪt] *vt* adular.

adulation [ædjʊ'leɪʃən] *n* adulación *f*.

adulator ['ædjʊleɪtəʳ] *n* adulador,-ra.

adulatory [ædjʊ'leɪtərɪ] *adj* adulador,-ra.

adult ['ædʌlt]
1 *adj (gen)* adulto,-a.
2 *adj (legally)* mayor de edad.
3 *adj (film etc)* para adultos.
4 *n (gen)* adulto,-a.
5 *n (legally)* mayor *mf* de edad.
■ **adult education** educación *f* de adultos.
adulterate [ə'dʌltəreɪt] *vt* adulterar.
adulteration [ə'dʌltəreɪʃən] *n* adulteración *f*.
adulterer [ə'dʌltərə'] *n* adúltero.
adulteress [ə'dʌltərəs] *n* adúltera.
adulterine [ə'dʌltəriːn] *adj* adulterino,-a.
adulterous [ə'dʌltərəs] *adj* adúltero,-a.
adultery [ə'dʌltəri] *n* adulterio.
adulthood ['ædʌlthʊd] *n* adultez *f*, mayoría de edad.
adumbrate ['ædʌmbreɪt]
1 *vt (draw)* esbozar, bosquejar.
2 *vt (suggest)* anunciar, presagiar.
advance [əd'vɑːns]
1 *n (movement)* avance *m*.
2 *n (progress)* adelanto, progreso, avance *m*.
3 *n (payment)* anticipo.
4 *vt (person, object)* avanzar: he advanced all his troops avanzó toda su tropa; advance the film a little avanza un poco la película.
5 *vt (theory)* avanzar; *(idea)* proponer; *(suggestion)* hacer; *(opinion)* dar.
6 *vt (money)* anticipar, adelantar.
7 *vt (price)* aumentar, incrementar.
8 *vt (cause, interests)* favorecer, ayudar: this will advance the cause of peace esto favorecerá la causa de la paz.
9 *vt (date)* adelantar: he wants to advance the date of the meeting to the 5th quiere adelantar la fecha de la reunión al día cinco.
10 *vi (move forward)* avanzar: the enemy advanced slowly towards us el enemigo avanzó lentamente hacia nosotros; as the days advanced our problems increased conforme pasaban los días nuestros problemas fueron creciendo.
11 *vi (rise)* subir: house prices continue to advance el precio de la vivienda sigue en alza.
✦ **in advance** *(gen)* antes; *(rent etc)* por adelantado: to pay in advance pagar por adelantado; to know something in advance saber algo de antemano; to let somebody know in advance informar a alguien por adelantado; to book/prepare in advance reservar/preparar con antelación.
in advance of antes de.
to make advances progresar.
to make advances to somebody *(contact)* establecer contacto con; *(proposal)* hacer una propuesta a; *(sexually)* insinuarse a alguien.
■ **advance booking** reserva anticipada.
advance guard avanzadilla.

advance notice previo aviso.
advance party avanzadilla.
advance payment pago anticipado.
advance warning previo aviso.
advanced [əd'vɑːnst] *adj* avanzado,-a.
✦ **of advanced years** de avanzada edad.
advancement [əd'vɑːnsmənt]
1 *n (promotion)* ascenso, promoción *f*.
2 *n (encouragement)* difusión *f*, promoción *f*.
advantage [əd'vɑːntɪdʒ]
1 *n* ventaja.
2 *n (benefit)* provecho.
✦ **to be to somebody's advantage** ir en beneficio de alguien.
to take advantage of *(thing)* aprovechar; *(person)* aprovecharse de; *(seduce)* seducir: to take full advantage of something aprovechar algo al máximo.
to turn something to one's advantage sacar buen partido de algo.
advantageous [ædvən'teɪdʒəs] *adj* ventajoso,-a, provechoso,-a.
advent ['ædvənt]
1 *n* advenimiento, llegada.
2 Advent *n* Adviento.
Adventism ['ædvəntɪzəm] *n* adventismo.
Adventist ['ædvəntɪst]
1 *adj* adventista.
2 *n* adventista *mf*.
adventitious [ædvən'tɪʃəs] *adj* adventicio,-a.
adventure [əd'ventʃə'] *n* aventura.
■ **adventure playground** parque *m* infantil.
adventurer [əd'ventʃərə'] *n* aventurero.
adventuress [əd'ventʃərəs] *n* aventurera.
adventurism [əd'ventʃərɪzəm] *n* aventurismo.
adventurous [əd'ventʃərəs]
1 *adj* aventurero,-a.
2 *adj (risky)* arriesgado,-a.
adverb ['ædvɜːb] *n* adverbio.
adverbial [æd'vɜːbɪəl] *adj* adverbial.
adverbially [æd'vɜːbɪəlɪ] *adv* adverbialmente.
adversary ['ædvəsərɪ] *n* adversario,-a.
▲ *pl* **adversaries**.
adversative [æd'vɜːsətɪv] *adj* adversativo,-a.
adverse ['ædvɜːs] *adj* desfavorable: adverse weather conditions condiciones meteorológicas adversas.
✦ **to have an adverse effect on** influir negativamente en, afectar negativamente.
adversely ['ædvɜːslɪ] *adv* desfavorablemente, negativamente.
adversity [əd'vɜːsɪtɪ] *n* adversidad *f*.
▲ *pl* **adversities**.
advert ['ædvɜːt] *n fam* anuncio.

advertise ['ædvətaɪz]
1 *vt* anunciar: I saw it advertised on the telly lo vi anunciado en la tele; they're advertising for a painter buscan un pintor.
2 *vi* hacer publicidad: if you don't advertise you never sell anything si no se hace publicidad nunca se vende nada.
advertisement [əd'vɜːtɪsmənt]
1 *n* anuncio.
2 advertisements *npl (on television)* publicidad *f*, anuncios *mpl*.
advertiser ['ædvətaɪzə'] *n* anunciante *mf*.
advertising ['ædvətaɪzɪŋ] *n* publicidad *f*: there's no cigarette advertising on television no hay anuncios de tabaco en la televisión.
■ **advertising agency** agencia de publicidad.
advertising campaign campaña publicitaria.
advice [əd'vaɪs]
1 *n* consejos *mpl*.
2 *n COMM* aviso, nota: we have not yet received advice of payment aún no hemos recibido la nota de pago.
✦ **to follow/take somebody's advice** seguir el consejo de alguien.
to take legal advice consultar con un abogado.
■ **advice note** nota de aviso, notificación *f*.
a piece of advice un consejo.
advisability [əd'vaɪzəbɪlɪtɪ] *n* conveniencia.
advisable [əd'vaɪzəbəl] *adj* aconsejable.
advise [əd'vaɪz]
1 *vt* aconsejar: I advise you to see a specialist le aconsejo que vaya a ver a un especialista; he advised me against selling it me aconsejó que no lo vendiera.
2 *vt (inform)* informar, comunicar: please advise us of your policy number sírvanse comunicarnos su número de póliza.
advisedly [əd'vaɪzədlɪ] *adv* con conocimiento de causa.
adviser [əd'vaɪzə'] *n* consejero,-a.
advisor [əd'vaɪzə'] *n* consejero,-a.
advisory [əd'vaɪzərɪ] *adj* asesor,-ra, consultivo,-a: he's acting in an advisory capacity only actúa únicamente en calidad de asesor.
advocacy ['ædvəkəsɪ]
1 *n (support)* defensa, apoyo: his advocacy of majority rule cost him his liberty su defensa del gobierno de la mayoría le costó la libertad.
2 *n (profession)* abogacía.
advocate ['ædvəkət]
1 *n (supporter)* partidario,-a.
2 *n (lawyer)* abogado,-a defensor,-ra.
3 *vt* abogar por, propugnar.
▲ *(verbo)* ['ædvəkeɪt].

adze [ædz] n azuela.

aedile ['iːdaɪl] n edil m.

Aegean [ɪ'dʒiːən] adj egeo,-a.
- **the Aegean (Sea)** el (mar) Egeo.

aegis ['iːdʒɪs] **under the aegis of** phr bajo el patrocinio de.

aeon ['iːən] n eón m.

aerate ['eəreɪt] vt (room) airear, ventilar; (liquid) gasificar; (blood) oxigenar; (soil) airear.

aeration ['eəreɪʃən] n (of room) aireación f, ventilación f; (of liquid) gasificación f; (of blood) oxigenación f; (of soil) aireación f.

aerial ['eərɪəl]
1 adj aéreo,-a.
2 n antena.

aerie ['eərɪ] n US aguilera.

aerobatics [eərə'bætɪks]
1 n (sport) acrobacia aérea.
2 npl (feats) acrobacia f sing aérea, acrobacias fpl aéreas.

aerobe ['eərəʊb] n aerobio.

aerobic [eə'rəʊbɪk] adj aeróbico,-a.

aerobics [eə'rəʊbɪks] n aerobic m, aeróbic m.

aerodrome ['eərədrəʊm] n aeródromo.

aerodynamic [eərəʊdaɪ'næmɪk] adj aerodinámico,-a.

aerodynamics [eərəʊdaɪ'næmɪks] n aerodinámica.

aerogram ['eərəgræm] n aerograma m.

aerogramme ['eərəgræm] n aerograma m.

aerometer [eə'rɒmɪtə'] n aerómetro.

aerometry [eə'rɒmətrɪ] n aerometría.

aeronautic [eərə'nɔːtɪk] adj aeronáutico,-a.

aeronautical [eərə'nɔːtɪkəl] adj aeronáutico,-a.

aeronautics [eərə'nɔːtɪks] n aeronáutica.

aerophagia [eərə'feɪdʒɪə] n aerofagia.

aeroplane ['eərəpleɪn] n aeroplano, avión m.

aerosol ['eərəsɒl] n aerosol m.

aerospace ['eərəʊspeɪs] adj aeroespacial.

aerostatic [eərə'stætɪk] adj aerostático,-a.

aerostatics [eərə'stætɪks] n aerostático,-a.

aesthete ['ɪsθiːt] n esteta mf.

aesthetic [iːs'θetɪk] adj estético,-a.

aesthetics [iːs'θetɪks] n estética.

aesthetically [iːs'θetɪkəlɪ] adv estéticamente.

aestheticism [iːs'θetɪsɪzəm] n esteticismo.

aetiology [iːtɪ'ɒlɪdʒɪ] n etiología.
▲ pl aetiologies.

afar [ə'fɑː'] adv lejos.
✦ **from afar** desde lejos.

affability [æfə'bɪlɪtɪ] n afabilidad f.

affable ['æfəbəl] adj afable.

affably ['æfəbəlɪ] adv afablemente.

affair [ə'feə']
1 n (matter) asunto: that's your affair eso es asunto tuyo.
2 n (case) caso: the Watergate affair el caso Watergate.
3 n fam (event) acontecimiento; (thing) cosa: the wedding was a high class affair la boda era un acontecimiento de mucha clase; her dress was a wonderful affair with sequins and feathers su vestido era una cosa maravillosa con lentejuelas y plumas.
■ **affairs of state** asuntos mpl de estado.
current affairs actualidad f sing.
state of affairs situación f.

affect [ə'fekt]
1 vt (gen) afectar; (negatively) perjudicar: does this decision affect me? ¿esta decisión me afecta?; this could affect your chances of winning esto podría perjudicar tus posibilidades de ganar.
2 vt (move) conmover, impresionar: the ceremony really affected her la ceremonia la conmovió.
3 vt (feign) fingir, afectar: he affected indifference fingió indiferencia.

affectation [æfek'teɪʃən] n afectación f.

affected [ə'fektɪd] adj afectado,-a, falso,-a, fingido,-a.

affectedly [ə'fektɪdlɪ] adv afectadamente, con afectación.

affection [ə'fekʃən] n afecto, cariño.
✦ **to hold somebody in affection** tener cariño a alguien.

affectionate [ə'fekʃənət] adj afectuoso,-a, cariñoso,-a.

affectionately [ə'fekʃənətlɪ] adv afectuosamente, cariñosamente.
✦ **yours affectionately** (in letter) un saludo cariñoso.

affective [ə'fektɪv] adj afectivo,-a.

affectivity [æfek'tɪvɪtɪ] n afectividad f.

afferent ['æfərənt] adj aferente.

affidavit [æfɪ'deɪvɪt] n declaración f jurada, afidávit m.

affiliate [ə'fɪlɪət] n afiliado,-a.

affiliated [ə'fɪlɪeɪtɪd] adj afiliado,-a.

affiliation [əfɪlɪ'eɪʃən] n afiliación f.

affinity [ə'fɪnɪtɪ] n afinidad f.
▲ pl affinities.

affirm [ə'fɜːm] vt afirmar, asegurar.

affirmation [æfə'meɪʃən] n afirmación f.

affirmative [ə'fɜːmətɪv]
1 adj afirmativo,-a.
2 n afirmativo.
✦ **in the affirmative** afirmativamente: the answer was in the affirmative la respuesta fue afirmativa.

affirmatively [ə'fɜːmətɪvlɪ] adv afirmativamente.

affix ['æfɪks]
1 n afijo.
2 vt pegar, añadir, fijar.
▲ (verbo) ['əfɪks].

afflict [ə'flɪkt] vt afligir.
✦ **to be afflicted with** estar aquejado,-a de.

affliction [ə'flɪkʃən] n aflicción f.

affluence ['æfluəns] n riqueza, prosperidad f.

affluent ['æfluənt] adj rico,-a, próspero,-a.

afflux ['æflʌks] n aflujo.

afford [ə'fɔːd]
1 vt permitirse, costear: I can't afford to pay £750 for a coat no puedo (permitirme) pagar 750 libras por un abrigo; how does she afford it? ¿cómo se lo costea?; can you afford to reject his offer? ¿puedes permitirte el lujo de rechazar su oferta?
2 vt fml dar, proporcionar: the shack afforded us shelter from the storm la cabaña nos abrigó de la tormenta.

affordable [ə'fɔːdəbəl] adj asequible.

afforest [ə'fɒrɪst] vt repoblar (de árboles).

afforestation [əfɒrɪ'steɪʃən] n repoblación f forestal.

affray [ə'freɪ] n reyerta, refriega.

affricate ['æfrɪkət] n africada.

affricative [ə'frɪkətɪv] adj africado,-a.

affront [ə'frʌnt]
1 n afrenta, insulto.
2 vt afrentar, insultar.

Afghan ['æfgæn]
1 adj afgano,-a.
2 n (person) afgano,-a.
3 n (language) afgano.

Afghanistan [æfgænɪ'stæn] n Afganistán m.

afield [ə'fiːld] adv lejos.
✦ **far afield** lejos.

aflame [ə'fleɪm] adj en llamas.

AFL-CIO ['eɪ'ef'el'siː'aɪ'əʊ] abbr US (American Federation of Labor and Congress of Industrial Organizations) federación norteamericana de organizaciones sindicales.

afloat [ə'fləʊt] adj a flote.

afoot [ə'fʊt] adv en marcha, en proceso.
✦ **something's afoot** se está tramando algo: there's a scheme afoot to build a prison hay un proyecto para construir una cárcel.

aforementioned [əfɔː'menʃənd] adj arriba mencionado,-a, antedicho,-a, susodicho,-a.

aforesaid [ə'fɔːsed] adj → aforementioned.

aforethought [ə'fɔːθɔːt] **with malice aforethought** phr JUR con premeditación.

afraid [ə'freɪd] adj temeroso,-a.
✦ **to be afraid** (frightened) tener miedo; (sorry) temer, sentir, lamentar: I'm afraid so/not me temo que sí/no;

I'm afraid Mr Gómez is out me temo que el Sr Gómez no está; he's afraid to go to the dentist's le da miedo ir al dentista; I'm afraid that you have cancer lamento decirle que tiene cáncer.

afresh [əˈfreʃ] *adv* de nuevo.

Africa [ˈæfrɪkə] *n* África.
- **South Africa** Sudáfrica.

African [ˈæfrɪkən]
1 *adj* africano,-a.
2 *n* africano,-a.
- **South African** sudafricano,-a.

African-American [ˈæfrɪkənəˈmerɪkən]
1 *adj* afroamericano,-a.
2 *n* afroamericano,-a.

Afrikaans [æfrɪˈkɑːns] *n* afrikaans *m*.

Afrikaner [æfrɪˈkɑːnəʳ] *n* afrikáner *mf*.

Afro [ˈæfrəʊ] *adj (hairstyle)* afro.

Afro-American [æfrəʊəˈmerɪkən]
1 *adj* afroamericano,-a.
2 *n* afroamericano,-a.

aft [æft] *adv (position)* en popa; *(movement)* a popa.

after [ˈɑːftəʳ]
1 *prep (time)* después de: after class después de la clase; after poisoning her he buried her después de envenenarla la enterró.
2 *prep (following)* detrás de: we all went after the thief todos fuimos detrás del ladrón; the police are after us la policía nos está persiguiendo.
3 *prep (wanting)* buscando: what are you after? ¿qué pretendes?, ¿qué buscas?; I've been after one of these things for ages hace tiempo que ando detrás de un chisme de estos.
4 *prep (in the style of)* al estilo de: a painting after Gainsborough un cuadro al estilo de Gainsborough.
5 *prep (named because of)* por: his name's Horace, after his grandfather se llama Horace por su abuelo.
6 *prep US (past)* y: it's a quarter after four son las cuatro y cuarto.
7 *adv* después: the day after el día después.
8 *conj* después que, después de que: after he left, I went to bed después de que se marchara, me acosté.
9 **afters** *npl* GB *fam* postre *m*.

afterbirth [ˈɑːftəbɜːθ] *n* placenta.

aftercare [ˈɑːftəkeəʳ] *n* ayuda prestada a una persona que acaba de salir del hospital o de la cárcel.

after-effect [ˈɑːftərɪfekt] *n* efecto secundario, secuela.

afterglow [ˈɑːftəgləʊ]
1 *n (after sunset)* arrebol *m*.
2 *n (feeling)* sensación *f* de bienestar.

afterlife [ˈɑːftəlaɪf] *n* más allá *m*.

aftermath [ˈɑːftəmɑːθ] *n (period)* período posterior; *(circumstances)* situación *f* posterior.
+ **in the aftermath of the war** después de la guerra, en la posguerra.

afternoon [ɑːftəˈnuːn]
1 *n* tarde *f*: in the afternoon por la tarde.
2 **afternoons** *adv* por la tarde.

afterpains [ˈɑːftəpeɪnz] *npl* entuertos *mpl*, dolores *mpl* de sobreparto.

after-sales service [ɑːftəˈseɪlzsɜːvɪs] *n* servicio posventa.

aftershave [ˈɑːftəʃeɪv] *n* loción *f* para después del afeitado.

aftertaste [ˈɑːftəteɪst] *n* regusto, resabio.

afterthought [ˈɑːftəθɔːt] *n* ocurrencia posterior, ocurrencia tardía.

afterwards [ˈɑːftəwədz] *adv* después, luego.

again [əˈgen, əˈgeɪn]
1 *adv (once more)* otra vez, de nuevo: play me that song again tócame esa canción otra vez; it's no good, write it again! no sirve ¡vuelve a escribirlo!, no sirve ¡escríbelo de nuevo!; here he is again, Ken Dodd! de nuevo con ustedes, ¡Ken Dodd!; we need half as much again necesitamos la mitad otra vez.
2 *adv (in questions)*: where do you live again? ¿dónde has dicho que vives?; what's the answer again? ¿cómo era la respuesta?
3 *adv (also)*: the next point is again rather a tricky one el próximo tema es también bastante peliagudo.
+ **again and again** repetidamente.
come again *fam* ¿cómo?
now and again de vez en cuando.
then again por otra parte.

against [əˈgenst, əˈgeɪnst]
1 *prep (gen)* contra: against the wall contra la pared; Leeds played against Liverpool Leeds jugó contra Liverpool; there's no evidence against her no hay pruebas contra ella; I have nothing against him, but ... no tengo nada contra él, pero ...; insurance against fire un seguro contra incendios.
2 *prep (opposed to)* en contra de: it's against the law va en contra de la ley; I am against the plan me opongo al plan; I voted against the proposal voté en contra de la propuesta.
3 *prep (in contrast to)* respecto a, frente a: the euro has risen against the dollar el euro ha subido frente al dólar; the black bear was clearly visible against the white snow el oso negro se veía claramente sobre el fondo blanco de la nieve.
+ **to work against the clock** trabajar contra reloj.

agape [əˈgeɪp] *adj* boquiabierto,-a.

agate [ˈægət] *n* ágata.

agave [əˈgeɪvɪ, ˈægeɪv] *n* agave *m*, cabuya.

age [eɪdʒ]
1 *n* edad *f*: at the age of sixty a los sesenta años; children of school age niños de edad escolar; men in the 40 to 50 age group are most at risk los hombres de los 40 a 50 años corren el mayor riesgo.
2 *vt* envejecer: aged in oak barrels envejecido en barricas de roble.
3 *vi* envejecer: he's aged since I last saw him ha envejecido desde la última vez que lo vi.
4 **ages** *npl fam* años *mpl*, siglos *mpl*: I haven't seen you for ages hace años que no te veo; it's ages since she left hace un rato largo que se marchó.
+ **of age** mayor de edad.
to come of age llegar a la mayoría de edad.
to look one's age representar la edad que uno tiene.
under age menor de edad.
- **age of consent** edad *f* núbil.

aged¹ [eɪdʒd] *adj* de (tantos años de) edad: a boy aged ten un muchacho de diez años; she died aged only 43 murió a la edad de solo 43 años.

aged² [ˈeɪdʒɪd] *adj* viejo,-a, anciano,-a.
- **the aged** los ancianos *mpl*.

ageing [ˈeɪdʒɪŋ]
1 *adj* viejo,-a.
2 *n* envejecimiento.

ageism [ˈeɪdʒɪzəm] *n* discriminación contra la gente de edad avanzada.

ageless [ˈeɪdʒləs] *adj (person)* siempre joven; *(thing)* eterno,-a, inmortal, imperecedero,-a.

agelong [ˈeɪdʒlɒŋ] *adj* ancestral.

agency [ˈeɪdʒənsɪ]
1 *n (commercial)* agencia: a travel/advertising/employment agency una agencia de viajes/publicidad/empleo.
2 *n (governmental etc)* organismo.
+ **by the agency of** mediante, por medio de, por la acción de.
▲ *pl* agencies.

agenda [əˈdʒendə] *n* orden *m* del día.

agent [ˈeɪdʒənt]
1 *n (gen)* agente *mf*; *(representative)* representante *mf*; *(of artist)* agente *mf*.
2 *n (active ingredient)* agente *m*.

agent provocateur [æʒɒnprəvɒkəˈtɜːʳ] *n* agente *m* provocador.
▲ *pl* agents provocateurs [æʒɒnprəvɒkəˈtɜːʳ].

age-old [ˈeɪdʒəʊld] *adj* ancestral.

agglomerate [əˈglɒməreɪt]
1 *vt* aglomerar.
2 *vi* aglomerarse.
3 *n* aglomerado.
▲ *(sustantivo)* [əˈglɒmərət].

agglomeration [əglɒməˈreɪʃən] *n* aglomeración *f*.

agglutinant [əˈgluːtɪnənt]
1 *adj* aglutinante.
2 *n* aglutinante *m*.

agglutinate [əˈgluːtɪneɪt]
1 vt aglutinar.
2 vi aglutinarse.

agglutination [əgluːtɪˈneɪʃən] n aglutinación f.

agglutinative [əˈgluːtɪnətɪv] adj aglutinante.

aggrandise [əˈgrændaɪz] vt → **aggrandize**.

aggrandisement [əˈgrændɪzmənt] n → **aggrandizement**.

aggrandize [əˈgrændaɪz] vt agrandar.

aggrandizement [əˈgrændɪzmənt] n agrandamiento.

aggravate [ˈægrəveɪt]
1 vt (make worse) agravar.
2 vt fam (annoy) irritar, molestar.

aggravating [ˈægrəveɪtɪŋ] adj fam irritante, molesto,-a.

aggravation [ægrəˈveɪʃən]
1 n (worsening) agravamiento.
2 n (annoyance) exasperación f.
3 n fam (hassle) follones mpl.

aggregate [ˈægrɪgət]
1 n (total) total m, totalidad f, conjunto.
2 n (for concrete) conglomerado.
3 adj total, global.
4 vt agregar, reunir.
5 vi ascender a.
✦ in the aggregate en conjunto.
on aggregate en conjunto.
▲ (verbo) [ˈægrɪgeɪt].

aggregation [ægrɪˈgeɪʃən] n agregación f.

aggression [əˈgreʃən]
1 n (act) agresión f.
2 n (feeling) agresividad f.

aggressive [əˈgresɪv]
1 adj (gen) agresivo,-a.
2 adj (dynamic) dinámico,-a, emprendedor,-ra.

aggressively [əˈgresɪvlɪ] adv agresivamente.

aggressiveness [əˈgresɪvnəs] n agresividad f.

aggressor [əˈgresəʳ] n agresor,-ra.

aggrieved [əˈgriːvd]
1 adj ofendido,-a.
2 adj JUR dañado,-a, agraviado,-a.
✦ to feel aggrieved ofenderse.

aggro [ˈægrəʊ] n fam (hassle) follones mpl; (violence) violencia.

aghast [əˈgɑːst] adj horrorizado,-a: she was aghast at the size of the bill se horrorizó al ver cuánto subía la factura.

agile [ˈædʒaɪl] adj ágil.

agility [əˈdʒɪlɪtɪ] n agilidad f.

aging [ˈeɪdʒɪŋ] adj-n → **ageing**.

agism [ˈeɪdʒɪzəm] n → **ageism**.

agitate [ˈædʒɪteɪt]
1 vt (shake) agitar.
2 vt (worry) inquietar, perturbar.
✦ to agitate for/against something hacer una campaña a favor de/en contra de algo.

agitated [ˈædʒɪteɪtɪd] adj nervioso,-a.

agitation [ædʒɪˈteɪʃən]
1 n (worry) inquietud f, perturbación f: she was in a state of great agitation estaba muy perturbada.
2 n (pressure) presión f: there has been a lot of agitation against the new prison ha habido mucha presión en contra de la nueva cárcel.
3 n (shaking) agitación f.

agitator [ˈædʒɪteɪtəʳ]
1 n (person) agitador,-ra.
2 n (machine) agitador m.

aglow [əˈgləʊ] adj resplandeciente: her face was aglow with happiness su cara resplandecía de alegría.

AGM [ˈeɪdʒiːˈem] abbr (annual general meeting) junta general anual.

agnate [ˈægneɪt]
1 adj agnado,-a.
2 n agnado,-a.

agnation [ægˈneɪʃən] n agnación f.

agnostic [ægˈnɒstɪk]
1 adj agnóstico,-a.
2 n agnóstico,-a.

agnosticism [ægˈnɒstɪsɪzəm] n agnosticismo.

ago [əˈgəʊ] adv hace: ten days ago hace diez días; it happened a long time ago ocurrió hace mucho tiempo; she arrived a short time ago ha llegado hace un ratito; how long ago did you pass your driving test? ¿cuánto hace que te sacaste el carnet de conducir?

agog [əˈgɒg] adj anhelante, deseoso,-a: they were all agog with expectation estaban todos anhelantes por la expectación.

agonise [ˈægənaɪz] vi → **agonize**.

agonised [ˈægənaɪzd] adj → **agonized**.

agonize [ˈægənaɪz] vi agonizar, sufrir angustiosamente: it was a terrible decision to have to make, how I agonized over it! era una decisión terriblemente difícil, ¡cómo sufrí!

agonized [ˈægənaɪzd] adj agónico,-a, de gran dolor: an agonized expression una mueca agónica.

agonizing [ˈægənaɪzɪŋ] adj agónico,-a, angustioso,-a: it was an agonizing decision fue una decisión agónica.

agonizingly [ˈægənaɪzɪŋlɪ] adv angustiosamente, angustiadamente.

agony [ˈægənɪ]
1 n (pain) dolor m muy agudo: no drug could relieve her agony ninguna droga pudo aliviar su dolor; I'm in agony with my knee me duele muchísimo la rodilla.
2 n (anguish) angustia.
■ agony aunt autora de un consultorio sentimental.
agony column consultorio sentimental.
▲ pl agonies.

agora [ˈægərə] n ágora.
▲ pl agoras o agorae [ˈægəraɪ, ˈægəriː].

agoraphobia [ægərəˈfəʊbɪə] n agorafobia.

agoraphobic [ægərəˈfəʊbɪk]
1 adj agorafóbico,-a.
2 n agorafóbico,-a.

agouti [əˈguːtɪ] n agutí.
▲ pl agoutis o agouties.

agrarian [əˈgreərɪən] adj agrario,-a.

agrarianism [əˈgreərɪənɪzəm] n agrarismo.

agree [əˈgriː]
1 vi (be in agreement) estar de acuerdo (with, con): I agree entirely that ... estoy completamente de acuerdo en que ...; do you agree with me? ¿estás de acuerdo conmigo?
2 vi (reach an agreement) ponerse de acuerdo (on, en): I don't think we'll ever agree no creo que nos pongamos de acuerdo nunca; we agreed not to say anything nos pusimos de acuerdo en no decir nada; they can't agree on a name for the baby no se ponen de acuerdo en el nombre del bebé.
3 vi (say yes) acceder, consentir: will he agree to our request? ¿accederá a nuestra petición?; the minister has agreed to see the protesters el ministro ha consentido en recibir a los manifestantes.
4 vi (square) concordar, encajar: the two men's stories don't agree las historias de los dos hombres no encajan.
5 vi (food, climate, etc.) sentar bien (with, -): the prawns didn't agree with me las gambas no me sentaron bien.
6 vt (grammatically) concordar (with, con).
7 vt (accept as correct) aceptar, aprobar: the board agreed the economy measures el consejo aprobó las medidas de ahorro.
✦ it was agreed that ... se acordó que ...
to agree to differ quedarse cada uno con su idea.

agreeable [əˈgriːəbəl]
1 adj (pleasant) agradable.
2 adj (in agreement) conforme.

agreeableness [əˈgriːəbəlnəs] n amenidad f.

agreed [əˈgriːd]
1 adj (people) de acuerdo: we're agreed on the price then estamos de acuerdo respecto al precio, entonces.
2 adj (price, conditions) acordado,-a; (statement) consensuado,-a; (time) fijado,-a.
✦ agreed! ¡de acuerdo!

agreement [əˈgriːmənt]
1 n acuerdo.
2 n (grammatical) concordancia.
✦ to be in agreement estar de acuerdo.

agricultural [ægrɪˈkʌltʃərəl] adj agrícola.
■ agricultural college escuela de ingeniería agrícola.

agricultural expert ingeniero,-a técnico,-a agrícola.

agriculturalist [ægrɪ'kʌltʃərəlɪst] n → agriculturist.

agriculture ['ægrɪkʌltʃə'] n agricultura.

agriculturist [ægrɪ'kʌltʃərɪst] n agrónomo,-a.

agronomist [ə'grɒnəmɪst] n agrónomo,-a.

agronomy [ə'grɒnəmɪ] n agronomía.

aground [ə'graʊnd] adj encallado,-a.
✦ to run aground encallar.

ah [ɑː] interj ¡ah!

aha [ɑː'hɑː] interj ¡ajá!

ahead [ə'hed] adv (in front) delante: there's a police checkpoint ahead hay un control de policía aquí delante; Tom went on ahead to look for water Tom se adelantó por agua; we are ahead of the others llevamos ventaja sobre los otros; we are ahead of schedule vamos adelantados; we finished ahead of schedule acabamos antes de lo previsto.
✦ go ahead! ¡adelante!
to go ahead with something llevar algo adelante.
to plan ahead planear para el futuro.
to think ahead pensar en el futuro.

ahem [ə'hem] interj ¡ejem!

ahoy [ə'hɔɪ] interj MAR: ahoy there! ¡ah del barco!; land ahoy! ¡tierra a la vista!; ship ahoy! ¡barco a la vista!

AI¹ ['eɪ'aɪ] abbr (artificial intelligence) inteligencia artificial.

AI² ['eɪ'aɪ] abbr (artificial insemination) inseminación f artificial.

AI³ ['eɪ'aɪ] abbr (Amnesty International) Amnistía Internacional; (abbreviation) AI.

aid [eɪd]
1 n (help) ayuda; (rescue) auxilio: with the aid of a knife con la ayuda de un cuchillo; without the aid of a safety net sin la ayuda de la red.
2 vt ayudar, auxiliar.
✦ in aid of a beneficio de.
to go to somebody's aid socorrer a alguien, acudir en auxilio a alguien.
what's all this in aid of? ¿a qué obedece todo esto?
■ economic aid ayuda económica.
humanitarian aid ayuda humanitaria.

aide [eɪd]
1 n (assistant) ayudante mf.
2 n MIL aide-de-camp.

aide-de-camp [eɪddə'kæm] n MIL edecán m, ayudante mf de campo.

AIDS [eɪdz] abbr (Acquired Immune Deficiency Syndrome) síndrome m de inmunodeficiencia adquirida; (abbreviation) sida m.

ail [eɪl] vt arch afligir.

aileron ['eɪlərɒn] n alerón m.

ailing ['eɪlɪŋ] adj enfermo,-a.

ailment ['eɪlmənt] n dolencia, achaque m: he's always complaining of some minor ailment or other siempre se está quejando de algún achaque.

aim [eɪm]
1 n (marksmanship) puntería: his aim is good tiene buena puntería.
2 n (objective) meta, objetivo: what's your aim in life? ¿qué objetivo tienes en la vida?
3 vt (gun) apuntar: aim the rifle at the target apunta el rifle a la diana; don't aim at me no me apuntes a mí.
4 vt (attack) dirigir: I aimed my punch at his nose, but I hit his shoulder dirigí el golpe a la cara, pero le di en el hombro; this advertising campaign is aimed at smokers esta campaña publicitaria está dirigida a los fumadores.
✦ to aim for something intentar conseguir algo: he's aiming for the presidency va por la presidencia.
to aim to do something tener la intención de hacer algo, pretender hacer algo: we're aiming to win vamos a ganar.
to aim high ser ambicioso,-a, apuntar alto.
to miss one's aim errar el tiro.
to take aim apuntar.

aimless ['eɪmləs] adj sin objetivo, sin propósito.

aimlessly ['eɪmləslɪ] adv sin rumbo fijo.

aimlessness ['eɪmləsləs] adv falta de objetivo.

ain't [eɪnt] contr fam → am not, is not, are not, has not, have not.

air [eə']
1 n aire m: open the window, we need air in here abre la ventana, necesitamos aire; they fly through the air vuelan por los aires.
2 n (feeling) aire m: there's an air of mystery about her tiene un aire de misterio.
3 n (affectation) afectación f.
4 n MUS aire m, tonada.
5 vt (clothes) airear, orear.
6 vt (room) ventilar.
7 vt (opinions) airear.
8 vt (knowledge) hacer alarde de.
✦ by air (send letter) por avión; (travel) en avión.
(up) in the air sin decidir: nothing's been decided yet, it's still up in the air todavía no hay nada decidido, aún está en el aire.
in the air en el ambiente: there's mistrust in the air hay un ambiente de desconfianza.
to be walking on air estar en la gloria.
to clear the air aclarar una situación.
to put on airs presumir.
■ air brake freno neumático.
air hostess azafata.
air lane ruta aérea.
air letter aerograma m.
air pocket bache m.
air pressure presión f atmosférica.

air raid ataque m aéreo.
air rifle escopeta de aire comprimido, escopeta de balines.
airs and graces presunción f.
air terminal terminal f aérea.
air traffic control control m aéreo.
air traffic controller controlador,-ra aéreo,-a.
fresh air aire m fresco.

airbag ['eəbæg] n airbag m.

airbase ['eəbeɪs] n base f aérea.

air-bed ['eəbed] n GB colchón m de aire.

airborne ['eəbɔːn]
1 adj (troops) aerotransportado,-a.
2 adj (aircraft) en el aire.

airbrush ['eəbrʌʃ] n aerógrafo.

airbus ['eəbʌs] n aerobús m.

air-conditioned [eəkən'dɪʃənd] adj con aire acondicionado, refrigerado,-a.

air-conditioner [eəkən'dɪʃənə'] n acondicionador m de aire.

air-conditioning [eəkən'dɪʃənɪŋ] n aire m acondicionado.

air-cooled ['eəkuːld] adj refrigerado,-a por aire.

aircraft ['eəkrɑːft] n (gen) aeronave f; (plane) avión m.
▲ pl aircraft.

aircraft-carrier ['eəkrɑːftkærɪə'] n portaaeronaves m inv, portaaviones m inv.

aircraftman ['eəkrɑːftmən] n soldado del ejército del aire.
▲ pl aircraftmen ['eəkrɑːftmən].

aircraftwoman ['eəkrɑːftwʊmən] n soldado f del ejército del aire.
▲ pl aircraftwomen ['eəkrɑːftwɪmɪn].

aircrew ['eəkruː] n tripulación f (de una aeronave).

air-cushion ['eəkʊʃən] n cojín m neumático.

airdrome ['eədrəʊm] n US aeródromo.

airfield ['eəfiːld] n campo de aviación.

airforce ['eəfɔːs] n fuerza aérea, fuerzas fpl aéreas.
■ airforce base base f aérea.

airgun ['eəgʌn] n pistola de aire comprimido.

airily ['eərɪlɪ] adv despreocupadamente.

airing ['eərɪŋ] n ventilación f.
■ airing cupboard armario que aprovecha el calor de un termo de agua para secar la ropa.

airless ['eələs]
1 adj (in building) mal ventilado,-a.
2 adj (outside) sin una brizna de viento.

airlift ['eəlɪft]
1 n puente m aéreo.
2 vt transportar por avión.

airline ['eəlaɪn] n línea aérea.

airliner ['eəlaɪnə'] n avión m de pasajeros (grande).

airmail ['eəmeɪl]
1 n correo aéreo.
2 vt enviar por correo aéreo.

airman [ˈeəmən]
1 n aviador m.
2 n GB miembro de la fuerzas aéreas.
▲ pl airmen [ˈeəmən].

airplane [ˈeəpleɪn] n US aeroplano, avión m.

airport [ˈeəpɔːt] n aeropuerto.

air-raid [ˈeəreɪd] adj antiaéreo,-a.
■ air-raid shelter refugio antiaéreo.

airship [ˈeəʃɪp] n dirigible m.

airsick [ˈeəsɪk] adj mareado,-a.
✦ to be airsick marearse.

airsickness [ˈeəsɪknəs] n mareo.
✦ to suffer from airsickness marearse.

airspace [ˈeəspeɪs] n espacio aéreo.

airspeed [ˈeəspiːd] n velocidad f.

airstrip [ˈeəstrɪp] n pista de aterrizaje.

airtight [ˈeətaɪt] adj hermético,-a.

airtime [ˈeətaɪm] n cobertura radiofónica: his records get a lot of airtime sus discos se oyen mucho por la radio.

air-to-air [eətuˈeəʳ] adj aire-aire: they fired an air-to-air missile lanzaron un misil aire-aire.

airwaves [ˈeəweɪvz] npl ondas fpl.

airway [ˈeəweɪ]
1 n (route) ruta aérea, vía aérea.
2 n (airline) línea aérea.

airwoman [ˈeəwʊmən] n aviadora.
▲ pl airwomen [ˈeəwɪmɪn].

airworthiness [ˈeəwɜːðɪnəs] n: the airworthiness of these planes is now in doubt ahora se duda de si estos aviones se encuentran en condiciones de volar.

airworthy [ˈeəwɜːðɪ] adj en condiciones de volar.

airy [ˈeərɪ]
1 adj (ventilated) bien ventilado,-a.
2 adj (light) ligero,-a.
3 adj (insincere) insincero,-a.
4 adj (carefree) despreocupado,-a.
▲ comp airier, superl airiest.

airy-fairy [eərɪˈfeərɪ] adj fam (project) poco práctico,-a; (person) poco realista.

aisle [aɪl]
1 n (between seats, shelves, etc) pasillo; (in church) pasillo central.
2 n (section of church) nave f lateral.

aitch [eɪtʃ] n hache f.

ajar [əˈdʒɑːʳ] adj entreabierto,-a.

aka [eɪkeɪˈeɪ] abbr (also known as) alias.

akimbo [əˈkɪmbəʊ] adv en jarras.

akin [əˈkɪn] adj parecido,-a (to, a), semejante (to, a).

alabaster [ˈæləbɑːstəʳ] n alabastro.

alabastrine [æləˈbæstriːn] adj alabastrino,-a.

à la carte [ɑːlɑːˈkɑːt]
1 adj a la carta.
2 adv a la carta.

alacrity [əˈlækrɪtɪ] n presteza.

Alaouite [ˈæləwiːt]
1 adj alaouita.
2 n alaouita mf.

alarm [əˈlɑːm]
1 n (device) alarma.
2 n (fear) temor m, alarma.
3 vt alarmar, asustar.
✦ to raise the alarm dar la alarma, dar la voz de alarma.
to sound the alarm dar la alarma, dar la voz de alarma.
■ alarm clock despertador m.

alarmed [əˈlɑːmd] adj alarmado,-a: there's no need to be alarmed no hay por qué alarmarse.

alarming [əˈlɑːmɪŋ] adj alarmante.

alarmingly [əˈlɑːmɪŋlɪ] adv de manera alarmante.

alarmism [əˈlɑːmɪzəm] n alarmismo.

alarmist [əˈlɑːmɪst] adj alarmista.

alas [əˈlɑːs] interj ¡ay!, ¡ay de mí!

Alaska [əˈlæskə] n Alaska.

Alaskan [əˈlæskən] adj de Alaska.

alb [ælb] n alba.

albacore [ˈælbəkɔːʳ] n albacora.

Albania [ælˈbeɪnɪə] n Albania.

Albanian [ælˈbeɪnɪən]
1 adj albanés,-esa.
2 n (person) albanés,-esa.
3 n (language) albanés m.

albatross [ˈælbətrɒs] n albatros m.

albeit [ɔːlˈbiːɪt] conj fml aunque.

Alberta [ælˈbɜːtə] n Alberta.

albinism [ˈælbɪnɪzəm] n albinismo.

albino [ælˈbiːnəʊ]
1 adj albino,-a.
2 n albino,-a.
▲ pl albinos.

album [ˈælbəm]
1 n (for stamps, photos, etc) álbum m.
2 n (for record) álbum m, disco

albumen [ˈælbjʊmɪn, US ælˈbjuːmən]
1 n (white of egg) clara de huevo.
2 n (in plants) albumen m.

albumin [ˈælbjʊmɪn, US ælˈbjuːmən] n albúmina.

alchemist [ˈælkəmɪst] n alquimista mf.

alchemy [ˈælkəmɪ] n alquimia.

alcohol [ˈælkəhɒl] n alcohol m.

alcohol-free [ˈælkəhɒlfriː] adj sin alcohol.

alcoholic [ælkəˈhɒlɪk]
1 adj alcohólico,-a.
2 n alcohólico,-a.

alcoholisation [ælkəhɒlaɪˈzeɪʃən] n → alcoholization.

alcoholise [ˈælkəhɒlaɪz] vt → alcoholize.

alcoholism [ˈælkəhɒlɪzəm] n alcoholismo.

alcoholization [ælkəhɒlaɪˈzeɪʃən] n alcoholización f.

alcoholize [ˈælkəhɒlaɪz] vt alcoholizar.

alcove [ˈælkəʊv] n hueco, hornacina, cavidad f.

aldehyde [ˈældɪhaɪd] n aldehído.

alder [ˈɔːldəʳ] n aliso.

alderman [ˈɔːldəmən] n concejal,-la, edil mf.
▲ pl aldermen [ˈɔːldəmən].

ale [eɪl] n cerveza.

alehouse [ˈeɪlhaʊs] n arch taberna.

alert [əˈlɜːt]
1 adj (quick to act) alerta, vigilante.
2 adj (lively) vivo,-a.
3 n alarma.
4 vt alertar, avisar: he alerted the officer to the danger alertó al oficial del peligro.
✦ to be on the alert for something estar alerta por algo: when on safari you must be alert for lions en un safari debes estar alerta por los leones.
to be alert to something ser consciente de algo: we are alert to the danger somos conscientes del peligro.

Aleutian [əˈluːʃən]
1 adj aleutiano,-a.
2 n (person) aleutiano,-a.
3 n (language) aleutiano.
■ Aleutian Islands islas fpl Aleutianas.

A-level [ˈeɪlevəl] abbr GB (Advanced level) ≈ segundo curso de bachilerato.

Alexandria [ælɪɡˈzændrɪə] n Alejandría.

Alexandrine [ælɪɡˈzændraɪn]
1 adj alejandrino,-a.
2 n alejandrino.

alexia [əˈleksɪə] n alexia.

alfalfa [ælˈfælfə] n alfalfa.

alfresco [ælˈfreskəʊ]
1 adj al aire libre.
2 adv al aire libre.

algae [ˈældʒiː] npl algas fpl.
▲ sing alga [ˈælɡə].

Algarve [ælˈɡɑːv] the Algarve n el Algarve m.

algebra [ˈældʒɪbrə] n álgebra.

algebraic [ældʒɪˈbreɪɪk] adj algebraico,-a.

Algeria [ælˈdʒɪərɪə] n Argelia.

Algerian [ælˈdʒɪərɪən]
1 adj argelino,-a.
2 n argelino,-a.

Algiers [ælˈdʒɪəz] n Argel.

algorithm [ˈælɡərɪðəm] n algoritmo.

algorithmic [ælɡəˈrɪðmɪk] adj algorítmico,-a.

alias [ˈeɪlɪəs]
1 adv alias.
2 n alias m.

alibi [ˈælɪbaɪ] n coartada.

alien [ˈeɪlɪən]
1 adj (foreign) extranjero,-a.
2 adj (extraterrestrial) extraterrestre.

3 adj (strange) extraño,-a, ajeno,-a: his ideas are alien to me sus ideas me son ajenas.
4 n (foreigner) extranjero,-a.
5 n (extraterrestrial) extraterrestre mf.

alienable ['eɪlɪənəbəl] adj enajenable.

alienate ['eɪlɪəneɪt]
1 vt (estrange) ganarse la antipatía de; (reject) marginar: his policies have alienated many of his followers su política le ha ganado la antipatía de muchos de sus seguidores; they feel alienated from society se sienten marginados por la sociedad.
2 vt JUR enajenar.

alienation [eɪlɪə'neɪʃən] n (estrangement) distanciamiento, alejamiento; (rejection) marginación f.

alight [ə'laɪt]
1 adj encendido,-a, ardiendo.
2 vi fml apearse.
▶ **to alight on**
  1 vt insep (land on) posarse en.
  2 vt insep (find) encontrar por casualidad.
✦ **to catch alight** incendiarse.
  to set alight incendiar, prender fuego a.

align [ə'laɪn]
1 vt alinear (with, con).
2 vi alinearse.

alignment [ə'laɪnmənt] n alineación f.
✦ **in alignment with** alineado,-a con.
  out of alignment with mal alineado,-a con.

alike [ə'laɪk]
1 adj (the same) iguales; (similar) parecidos,-as: almost alike casi iguales; they are alike in all respects son iguales en todo; you're very much alike sois muy parecidos.
2 adv igual: they dress alike visten igual; we think alike pensamos igual; men and women alike tanto hombres como mujeres, hombres y mujeres por igual.

alimentary [ælɪ'mentərɪ] adj alimenticio,-a.
■ **alimentary canal** tubo digestivo.

alimony ['ælɪmənɪ] n pensión f alimenticia.

aliquot ['ælɪkwɒt] adj alícuota.

alive [ə'laɪv]
1 adj (not dead) vivo,-a: they were buried alive fueron enterrados vivos; the tradition is still very much alive la tradición sigue viva.
2 adj (lively) vivo,-a, vivaz.
✦ **alive and kicking** vivo,-a y coleando.
  alive to something consciente de algo.
  alive with lleno,-a de, infestado,-a de.
  look alive! ¡espabílate!, ¡despabílate!
  to come alive (meeting etc) animarse; (narrative) cobrar vida.

alkali ['ælkəlaɪ] n álcali m.

alkalimetry [ælkə'lɪmətrɪ] n alcalometría.
alkaline ['ælkəlaɪn] adj alcalino,-a.
alkalinity [ælkə'lɪnɪtɪ] n alcalinidad f.
alkalise ['ælkəlaɪz] vt → alkalize.
alkalize ['ælkəlaɪz] vt alcalinizar.
alkaloid ['ælkəlɔɪd] n alcaloide m.

all [ɔːl]
1 adj (singular) todo,-a; (plural) todos,-as: all the money todo el dinero; all the ink toda la tinta; all the books todos los libros; all the chairs todas las sillas; all kinds of knives toda clase de cuchillos; all day/month/year todo el día/mes/año; all morning/afternoon/night/week toda la mañana/tarde/noche/semana.
2 pron (everything) todo, la totalidad f: all was lost in the fire se perdió todo en el incendio; best of all were the acrobats lo mejor de todo fueron los acróbatas.
3 pron (everybody) todos mpl, todo el mundo: a good time was had by all todos se lo pasaron bien; all of them helped/they all helped ayudaron todos.
4 adv completamente, totalmente: you're all dirty! ¡estás todo sucio!; she was dressed all in leather iba vestida toda de cuero.
✦ **after all** (despite everything) después de todo; (it must be remembered) no hay que olvidarlo.
  all along desde el principio.
  all but casi.
  all in (tired) agotado,-a, hecho,-a polvo; (included) todo incluido: after the race I was all in después de la carrera estaba hecho polvo; it's £235 all in son 235 libras todo incluido.
  all in all en conjunto.
  all or nothing todo o nada.
  all over en todas partes: he's been all over ha estado en todas partes; I ache all over me duele todo el cuerpo; I spilt wine all over my shirt me manché toda la camisa de vino; that's Fred all over eso es típico de Fred.
  to be all over acabar: in ten minutes it was all over en diez minutos todo había acabado.
  all right (acceptable) bien, bueno,-a, satisfactorio,-a: the film's all right, but I've seen better ones la película no está mal, pero las he visto mejores; (well, safe) bien: are you all right? ¿estás bien?; (accepting suggestion) vale, bueno: are you coming? —all right ¿te vienes? —vale; (calming, silencing) vale: all right, that's enough! ¡vale, basta ya!; (definitely) seguro: it was the thin one all right era el flaco, estoy seguro.
  all that tan: he's not all that fast no es tan rápido.
  all the + comp tanto + adj/adv, aún + adj/adv: all the better tanto mejor;

this makes the situation all the more dangerous esto hace que la situación sea más peligrosa aún.
  all the same igualmente, a pesar de todo.
  to be all the same to somebody dar lo mismo a alguien.
  all the time todo el rato, siempre.
  all told en total.
  all too + adj/adv demasiado + adj/adv: it happens all too frequently pasa con demasiada frecuencia.
  at all en absoluto: I didn't like it at all no me gustó en absoluto; nothing at all nada de nada.
  at all times siempre.
  in all en total.
  not at all no hay de qué.
■ **All Fools' Day** el día 1 de abril (≈ día de los Santos Inocentes).
  All Saints' Day día m de Todos los Santos.
  All Souls' Day día m los Fieles Difuntos.

Allah ['ælə] n Alá m.

allay [ə'leɪ] vt calmar, apaciguar.

all-clear [ɔːl'klɪə'] n (after danger) señal f de fin de peligro; (go-ahead) luz f verde: we've got the all-clear on the project nos han dicho que adelante con el proyecto.

allegation [ælə'geɪʃən] n acusación f.
allege [ə'ledʒ] vt alegar.
alleged [ə'ledʒd] adj presunto,-a.
allegedly [ə'ledʒədlɪ] adj presuntamente.
allegiance [ə'liːdʒəns] n lealtad f.
allegoric [ælɪ'gɒrɪk] adj alegórico,-a.
allegorical [ælɪ'gɒrɪkəl] adj alegórico,-a.
allegorise ['ælɪgəraɪz] vt → allegorize.
allegorize ['ælɪgəraɪz] vt alegorizar.
allegory ['ælɪgərɪ] n alegoría.
▲ pl allegories.
allegretto [ælɪ'gretəʊ]
1 adv alegreto.
2 adj alegreto.
3 n alegreto.
▲ pl allegrettos.
allegro [ə'legrəʊ]
1 adv alegro.
2 adj alegro.
3 n alegro.
▲ pl allegros.
alleluia [ælɪ'luːjə] interj ¡aleluya!
allergen ['ælədʒən] n alérgeno.
allergic [ə'lɜːdʒɪk] adj alérgico,-a (to, a).
✦ **to be allergic to something** ser alérgico,-a a algo.
allergist ['ælədʒɪst] n alergista mf.
allergy ['ælədʒɪ] n alergia.
✦ **to have an allergy to something** tener alergia a algo.
▲ pl allergies.

alleviate [ə'li:vɪeɪt] *vt* aliviar, mitigar.

alleviation [ə'li:vɪeɪʃən] *n* alivio.

alley ['ælɪ] *n* callejuela, callejón *m*.

alley-way ['ælɪweɪ] *n* callejuela, callejón *m*.

alliance [ə'laɪəns] *n* alianza.

allied ['ælaɪd]
1 *adj POL* aliado,-a.
2 *adj (related)* relacionado,-a, afín.

alligator ['ælɪgeɪtəʳ] *n* caimán *m*.

all-important [ɔ:lɪm'pɔ:tənt] *adj* vital, de suma importancia.

all-in [ɔ:l'ɪn] *adj (price)* con todo incluido.
■ all-in wrestling lucha libre.

all-inclusive [ɔ:lɪn'klu:sɪv] *adj* todo comprendido, con todo incluido.

alliteration [əlɪtə'reɪʃən] *n* aliteración *f*.

alliterative [ə'lɪtərətɪv] *adj* aliterado,-a.

all-night ['ɔ:lnaɪt] *adj (lasting all night)* que dura toda la noche; *(open all night)* que no cierra en toda la noche.

allocate ['æləkeɪt] *vt (money)* destinar; *(time, space, job, etc)* asignar: they allocated £1M for the building of the bridge destinaron un millón de libras a la construcción del puente; each settler was allocated land a cada colono se le asignaron tierras.

allocation [ælə'keɪʃən]
1 *n (distribution)* asignación *f*, *(of money)* distribución *f*.
2 *n (gen)* lo asignado; *(money given)* cuota.

allomorph ['æləmɔ:f] *n* alomorfo.

allomorphic [ælə'mɔ:fɪk] *adj* alomorfo,-a.

allopath ['æləpæθ] *n* alópata *mf*.

allopathic [ælə'pæθɪk] *adj* alópata.

allopathy [ə'lɒpəθɪ] *n* alopatía.

allot [ə'lɒt] *vt (money)* asignar; *(time, space, job, etc)* designar.
▲ *pt & pp* allotted, *ger* allotting.

allotment [ə'lɒtmənt]
1 *n (of time etc)* asignación *f*, *(of money)* distribución *f*.
2 *n (gen)* lo asignado; *(money given)* cuota.
3 *n (land)* huerto.

allotropy [ə'lɒtrəpɪ] *n* alotropía.

all-out [ɔ:l'aʊt] *adj* total.

allow [ə'laʊ]
1 *vt (permit)* permitir, dejar: to allow somebody to do something dejar/permitir que alguien haga algo; dogs are not allowed in no se permite la entrada con perros; this card allows you to travel free esta tarjeta te permite viajar gratis; allow me! ¡permítame!
2 *vt (set aside)* conceder, dar, dejar: you must allow at least £50 for the taxi fare tienes que contar con 50 libras como mínimo para el taxi; he al-

lowed us two hours to complete the test nos concedió dos horas para completar la prueba.
3 *vt (admit)* admitir, reconocer: I allow that she tried hard, but … admito que hizo un esfuerzo, pero …
▶ to allow for *vt insep* tener en cuenta: allowing for possible errors teniendo en cuenta los posibles errores.
to allow of *vt insep* admitir: this allows of only one explanation esto no admite más que una sola explicación.

allowance [ə'laʊəns]
1 *n (from government)* subsidio, prestación *f*.
2 *n (from employer)* dietas *fpl*, asignación *f*.
3 *n (income tax)* ganancias exentas de tributación.
4 *n US (pocket money)* paga semanal.
✦ to make allowances for *(take into account)* tener en cuenta; *(be permissive)* tener paciencia con.

alloy ['ælɔɪ]
1 *n* aleación *f*.
2 *vt* alear.
3 *vt fml* estropear.

all-powerful [ɔ:l'paʊəfʊl] *adj* todopoderoso,-a.

all-purpose [ɔ:l'pɜ:pəs] *adj* multiuso.

all-round [ɔ:l'raʊnd] *adj* completo,-a.

all-rounder [ɔ:l'raʊndəʳ] *n (gen)* persona polifacética; *(sportsperson)* deportista *mf* completo,-a.

allspice ['ɔ:lspaɪs] *n* malagueta.

all-star ['ɔ:lstɑ:ʳ] *adj* estelar: an all-star cast un reparto estelar.

all-terrain [ɔ:ltə'reɪn] *adj* todo terreno.

allude [ə'lu:d] *vi* aludir (**to**, a), hacer alusión (**to**, a).

allure [ə'ljʊəʳ]
1 *n* atractivo, encanto.
2 *vt* atraer, seducir.

alluring [ə'ljʊərɪŋ] *adj* seductor,-ra.

allusion [ə'lu:ʒən] *n* alusión *f*.

allusive [ə'lu:sɪv] *adj* alusivo,-a.

alluvial [ə'lu:vɪəl] *adj* aluvial.

alluvion [ə'lu:vɪən]
1 *n* aluvión *m*.
2 *n (soil)* tierra de aluvión.

alluvium [ə'lu:vɪəm] *n* tierra de aluvión.
▲ *pl* alluviums o alluvia [ə'lu:vɪə].

ally ['ælaɪ]
1 *n* aliado,-a.
2 *vt* aliar (**with**, con).
3 *vi* aliarse (**with**, con).
▲ *(sustantivo)* pl allies; *(verbo)* pt & pp allied, *ger* allying.

almanac ['ɔ:lmənæk] *n* almanaque *m*.

almanack ['ɔ:lmənæk] *n* → **almanac**.

almighty [ɔ:l'maɪtɪ]
1 *adj* todopoderoso,-a.
2 the Almighty *n* el Todopoderoso.

Almohad ['ælməhæd]
1 *adj* almohade.
2 *n* almohade *mf*.

Almohade ['ælməheɪd]
1 *adj* almohade.
2 *n* almohade *mf*.

almond ['ɑ:mənd] *n* almendra.
■ almond paste mazapán *m*.
almond tree almendro.

almoner ['ɑ:mənəʳ] *n* limosnero.

Almoravid [æl'mɔ:rəvɪd]
1 *adj* almorávide.
2 *n* almorávide *mf*.

Almoravide [æl'mɔ:rəvaɪd]
1 *adj* almorávide.
2 *n* almorávide *mf*.

almost ['ɔ:lməʊst] *adv* casi: it weighs almost a kilo pesa casi un kilo; he almost fell into the river por poco cae al río; the potatoes are almost ready les falta poco a las patatas.

alms [ɑ:mz] *npl* limosna *f sing*, caridad *f sing*.

aloe ['æləʊ]
1 *n (plant)* áloe *m*.
2 aloes *n (juice)* áloe *m*.

aloft [ə'lɒft]
1 *adv* arriba, en lo alto.
2 *adv MAR* en la jarcia.

alone [ə'ləʊn]
1 *adj (unaccompanied)* solo,-a.
2 *adv (only)* solo, solamente: the King alone can save the country solo el Rey puede salvar al país.
✦ let alone y mucho menos: he can't boil an egg, let alone make an omelette no sabe cocer un huevo, y mucho menos hacer una tortilla.
to be alone in + *ger* ser el/la único,-a que + *verbo*: you're not alone in thinking we've made a mistake no eres el único que piensa que nos hemos equivocado.
to be alone with somebody estar a solas con alguien.
to go it alone ir por libre.
to leave somebody alone dejar a alguien en paz, dejar tranquilo,-a a alguien.
to leave something alone no tocar algo.

along [ə'lɒŋ]
1 *prep* por, a lo largo de: go along here and then turn left ve por aquí y gira a la izquierda; we walked along the riverbank caminamos por la orilla del río; there were crowds all along the royal route había multitudes a lo largo de la ruta real.
2 *prep (in)* en: his office is along this corridor su despacho está en este pasillo.
3 *adv* adelante, hacia adelante: move along, please circulen, por favor.
✦ along with junto con.
come along *(sing)* ven; *(plural)* venid; *(including speaker)* vamos.

alongside [əlɒŋ'saɪd]
1 *prep* al lado de.
2 *adv* al costado, al lado.
+ **to come alongside** ponerse a la misma altura.

aloof [ə'luːf]
1 *adj* distante.
2 *adv* a distancia.

alopecia [ælə'piːʃə] *n* alopecia.

aloud [ə'laʊd] *adv* en voz alta.

alpaca [æl'pækə] *n* alpaca.

alpha ['ælfə] *n* alfa.
■ **alpha and omega** alfa y omega.
alpha particle partícula alfa.
alpha radiation radiación *f* alfa.
alpha ray rayo alfa.

alphabet ['ælfəbet] *n* alfabeto, abecedario.

alphabetic [ælfə'betɪk] *adj* alfabético,-a.

alphabetical [ælfə'betɪkəl] *adj* alfabético,-a.
+ **in alphabetical order** por orden alfabético.

alphabetically [ælfə'betɪkəlɪ] *adj* alfabéticamente, por orden alfabético.

alphabetise ['ælfəbetaɪz] *vt* → **alphabetize**.

alphabetize ['ælfəbetaɪz] *vt* ordenar alfabéticamente.

alphanumeric [ælfənjuˈmerɪk] *adj* alfanumérico,-a.

alpine ['ælpaɪn] *adj* alpino,-a.

Alpine ['ælpaɪn] *adj* alpino,-a.

Alps [ælps] **the Alps** *npl* los Alpes *mpl*.

already [ɔːl'redɪ] *adv* ya: **they've already left** ya se han ido.

alright [ɔː'raɪt] *adv fam* → **all right**.

Alsace [æl'sæs] *n* Alsacia.

Alsatian [æl'seɪʃən]
1 *adj* alsaciano,-a.
2 *n (person)* alsaciano,-a.
3 *n (dog)* pastor *m* alemán.

also ['ɔːlsəʊ] *adv* también.
+ **not only ..., but also ...** no solo ..., sino también ...

also-ran ['ɔːlsəʊræn]
1 *n (in race - horse)* caballo no clasificado; *(- dog)* perro no clasificado.
2 *n (person)* perdedor,-ra.

alt ['ælttjuːd] *abbr* (**altitude**) altitud *f*; *(abbreviation)* alt.

altar ['ɔːltə'] *n* altar *m*.
■ **altar boy** monaguillo.

altarpiece ['ɔːltəpiːs] *n* retablo.

alter ['ɔːltə']
1 *vt (gen)* cambiar; *(clothes)* arreglar.
2 *vt US euph* castrar.
3 *vi* cambiar, cambiarse: **she's altered so much that you'll hardly recognize her** ha cambiado tanto que apenas la reconocerás.

alteration [ɔːltə'reɪʃən]
1 *n* modificación *f*.

2 **alterations** *npl* reformas *fpl*: **we're having alterations done to the house** estamos haciendo reformas en casa.
+ **to make alterations to something** modificar algo.

altercation [ɔːltɜːˈkeɪʃən] *n* altercado, disputa.

alter ego [æltər'iːɡəʊ] *n* álter ego *m*.

alternate [ɔːl'tɜːnət]
1 *adj* alterno,-a: **I go jogging on alternate days** hago footing un día sí y un día no.
2 *vt* alternar.
3 *vi* alternarse.
▲ *(verbo)* ['ɔːltɜːneɪt].

alternately [ɔːl'tɜːnətlɪ] *adv* alternativamente: **the meetings are held alternately in Paris and Rome** las reuniones se celebran en París y Roma alternativamente.

alternating ['ɔːltɜːneɪtɪŋ] **alternating current** *n* corriente *f* alterna.

alternation [ɔːltə'neɪʃən] *n* alternancia.

alternative [ɔːl'tɜːnətɪv]
1 *adj* alternativo,-a, otro,-a: **we had to make alternative arrangements** tuvimos que cambiar nuestros planes.
2 *n (option)* opción *f*, alternativa.
+ **to have no alternative but to + inf** no tener otra alternativa que la de + inf, no tener más remedio que + inf.
■ **alternative medicine** medicina alternativa.

alternatively [ɔːl'tɜːnətɪvlɪ] *adv* o bien, por otra parte.

alternator ['ɔːltəneɪtə'] *n* alternador *m*.

although [ɔːl'ðəʊ] *conj* aunque.

altimeter ['æltɪmiːtə'] *n* altímetro.

altitude ['æltɪtjuːd] *n* altitud *f*, altura.

alto ['æltəʊ] *n (male)* contralto *m*; *(female)* contralto *f*.
▲ *pl* altos.

altogether [ɔːltə'geðə']
1 *adv (completely)* del todo.
2 *adv (on the whole)* en conjunto.
3 *adv (in total)* en total.
+ **in the altogether** *fam* en cueros.

altruism ['æltruɪzəm] *n* altruismo.

altruist ['æltruɪst] *n* altruista *mf*.

altruistic ['æltruɪstɪk] *adj* altruista.

alum ['æləm] *n* alumbre *m*.

alumina [ə'luːmɪnə] *n* alúmina.

aluminium [æljuˈmɪnɪəm] *n* aluminio.
■ **aluminium foil** papel *m* de aluminio, papel *m* de plata.

aluminosis [əluːmɪ'nəʊsɪs] *n* aluminosis *fpl*.

aluminous [ə'luːmɪnəs] *adj* aluminoso,-a.

aluminum [ə'luːmɪnəm] *n US* aluminio.

alumna [ə'lʌmnə] *n US* ex-alumna.
▲ *pl* alumnae [ə'lʌmniː].

alumnus [ə'lʌmnəs] *n US* ex alumno.
▲ *pl* alumni [ə'lʌmnaɪ].

alveolar [ælvɪ'əʊlə'] *adj* alveolar.

alveolus [æl'vɪələs] *n* alveolo.
▲ *pl* alveoli [æl'vɪəlaɪ].

always ['ɔːlweɪz] *adv* siempre.

Alzheimer's disease ['æltshaɪməs dɪziːz] *n* enfermedad *f* de Alzheimer.

am [æm] *pres* → **be**.

AM[1] ['eɪ'em] *abbr RAD* (**amplitude modulation**) modulación *f* de amplitud; *(abbreviation)* AM *f*.

AM[2] ['eɪ'em] *abbr US* → **MA**.

a.m. ['eɪ'em] *abbr* (**ante meridiem**) de la mañana.

amalgam [ə'mælɡəm] *n* amalgama.

amalgamate [ə'mælɡəmeɪt]
1 *vt (metals)* amalgamar.
2 *vt (groups)* fusionar.
3 *vi (metals)* amalgamarse.
4 *vi (groups)* fusionarse.

amalgamation [əmælɡə'meɪʃən] *n* fusión *f*.

amanita [æmə'niːtə] *n* amanita.

amanuensis [əmænjuˈensɪs] *n* amanuense *mf*.
▲ *pl* amanuenses [əmænjuˈensiːz].

amaranth ['æmərænθ] *n* amaranto.
■ **common amaranth** bledo.

amaryllis [æmə'rɪlɪs] *n* amarilis *f*.

amass [ə'mæs] *vt* acumular.

amateur ['æmətə']
1 *adj* aficionado,-a.
2 *n* aficionado,-a.

amateurish ['æmətərɪʃ] *adj* poco profesional, poco serio,-a, chapucero,-a.

amateurism ['æmətʃərɪzəm] *n* amateurismo.

amaze [ə'meɪz] *vt* asombrar, pasmar.

amazed [ə'meɪzd] *adj* asombrado,-a, pasmado,-a.

amazement [ə'meɪzmənt] *n* asombro, pasmo.

amazing [ə'meɪzɪŋ] *adj* asombroso,-a, pasmoso,-a.

amazingly [ə'meɪzɪŋlɪ] *adv* asombrosamente.

amazon ['æməzən]
1 *n (warrior)* amazona.
2 **the Amazon** *n (river)* el Amazonas *m*.
3 *n (basin)* Amazonia.
■ **the Amazon jungle** la selva amazónica.
the Amazon rain forest la selva amazónica.

Amazonian [æmə'zəʊnɪən] *adj* amazónico,-a.

ambassador [æm'bæsədə'] *n* embajador,-ra.

ambassadorial [æmbæsə'dɔːrɪəl] *adj* de embajador.

ambassadorship [æm'bæsədəʃɪp] *n* embajada.

ambassadress [æm'bæsədrəs] *n* embajadora.

amber [ˈæmbəʳ]
1 *n* ámbar *m*.
2 *adj* ámbar.

ambergris [ˈæmbəgriːs] *n* ámbar *m* gris.

ambiance [ˈæmbɪəns] *n* ambiente *m*.

ambidextrous [æmbɪˈdekstrəs] *adj* ambidextro,-a.

ambience [ˈæmbɪəns] *n* ambiente *m*.

ambient [ˈæmbɪənt] *adj* ambiental.

ambiguity [æmbɪˈgjuːɪtɪ] *n* ambigüedad *f*.
▲ *pl* ambiguities.

ambiguous [æmˈbɪgjʊəs] *adj* ambiguo,-a.

ambiguously [æmˈbɪgjʊəslɪ] *adv* con ambigüedad.

ambiguousness [æmˈbɪgjʊəsnəs] *n* ambigüedad *f*.

ambit [ˈæmbɪt] *n* ámbito.

ambition [æmˈbɪʃən] *n* ambición *f*.

ambitious [æmˈbɪʃəs] *adj* ambicioso,-a.

ambitiously [æmˈbɪʃəslɪ] *adv* ambiciosamente.

ambitiousness [æmˈbɪʃəsnəs] *n* lo ambicioso.

ambivalence [æmˈbɪvələns] *n* ambivalencia.

ambivalent [æmˈbɪvələnt] *adj* ambivalente.

amble [ˈæmbəl]
1 *vi (horse)* amblar.
2 *vi (person)* ir tranquilamente, ir sin prisa: he ambled out of the room salió tranquilamente de la habitación.
✦ at an amble a paso tranquilo.

ambrosia [æmˈbrəʊzɪə] *n* ambrosía.

ambulance [ˈæmbjʊləns] *n* ambulancia.
■ ambulance man conductor *m* de ambulancias.
ambulance woman condutora *m* de ambulancias.

ambulatory [ˈæmbjʊlətərɪ]
1 *adj (related to walking)* ambulatorio,-a.
2 *n (aisle etc)* deambulatorio, girola.
▲ *pl* ambulatories.

ambush [ˈæmbʊʃ]
1 *n* emboscada.
2 *vt* poner una emboscada a.

ameba [əˈmiːbə] *n US* → amoeba.

ameliorate [əˈmiːlɪəreɪt]
1 *vt* mejorar.
2 *vi* mejorar(se).

amelioration [əmiːlɪəˈreɪʃən] *n* mejora.

amen [ɑːˈmen] *interj* amén.

amenable [əˈmiːnəbəl] *adj* tratable, bien dispuesto,-a: he's amenable to reason es una persona razonable.

amend [əˈmend]
1 *vt (law)* enmendar; *(error)* corregir.
2 *vi (law)* enmendarse; *(error)* corregirse.

3 **amends** *npl* reparación *f sing*, compensación *f sing*: to make amends to somebody for something compensar a alguien por algo.

amendment [əˈmendmənt] *n* enmienda.

amenities [əˈmiːnɪtɪz] *npl* servicios *mpl*, prestaciones *fpl*.

amenorrhea [əmenəˈriːə] *n US* amenorrea.

amenorrhoea [əmenəˈriːə] *n* amenorrea.

America [əˈmerɪkə] *n* América.
■ Central America América Central, Centroamérica.
Latin America América Latina, Latinoamérica.
North America América del Norte, Norteamérica.
South America América del Sur, Sudamérica.

American [əˈmerɪkən]
1 *adj (gen)* americano,-a.
2 *adj (from USA)* estadounidense.
3 *n (gen)* americano,-a.
4 *n (from USA)* estadounidense *mf*.
■ American dream sueño americano.
American football fútbol *m* americano.
American Indian amerindio,-a.

Americanism [əˈmerɪkənɪzəm] *n* americanismo.

Americanist [əˈmerɪkənɪst]
1 *adj* americanista.
2 *n* americanista *mf*.

Americanisation [əmerɪkənaɪˈzeɪʃən] *n* → Americanization.

Americanise [əˈmerɪkənaɪz] *vt* → Americanize.

Americanization [əmerɪkənaɪˈzeɪʃən] *n* americanización *f*.

Americanize [əˈmerɪkənaɪz] *vt* americanizar.

americium [æməˈrɪsɪəm] *n* americio.

Amerindian [æməˈrɪndɪən]
1 *adj* amerindio,-a.
2 *n* amerindio,-a.

amethyst [ˈæməθɪst] *n* amatista, ametista.

ametropia [æmɪˈtrəʊpɪə] *n* ametropía.

Amharic [æmˈhærɪk]
1 *adj* amárico,-a.
2 *n (language)* amárico.

amiability [eɪmɪəˈbɪlɪtɪ] *n* afabilidad *f*, amabilidad *f*.

amiable [ˈeɪmɪəbəl] *adj* afable, amable.

amiably [ˈeɪmɪəblɪ] *adv* afablemente, amablemente.

amicability [æmɪkəˈbɪlɪtɪ] *n* amigabilidad *f*.

amicable [ˈæmɪkəbəl] *adj* amistoso,-a, amigable.

amicably [ˈæmɪkəblɪ] *adv* amistosamente, amigablemente.

amid [əˈmɪd] *prep* en medio de, entre.

amide [ˈæmaɪd] *n* amida.

amidships [əˈmɪdʃɪps] *adv* en medio del barco.

amidst [əˈmɪdst] *prep* → amid.

amine [əˈmiːn] *n* amina.

amino acid [æmiːnəʊˈæsɪd] *n* aminoácido.

amiss [əˈmɪs]
1 *adv* mal.
2 *adj* mal.
✦ to take amiss tomar a mal.

amity [ˈæmɪtɪ] *n* buenas relaciones *fpl*.

ammeter [ˈæmiːtəʳ] *n* amperímetro.

ammo [ˈæməʊ] *n fam (abbr of ammunition)* munición *f*.

ammonia [əˈməʊnɪ] *n* amoníaco, amoniaco.

ammoniacal [æməˈnaɪəkəl] *adj* amoniacal.

ammonite [ˈæmənaɪt] *n* amonita.

ammonium [əˈməʊnɪəm] *n* amonio.

ammunition [æmjʊˈnɪʃən]
1 *n* municiones *fpl*.
2 *n fig (arguments)* argumentos *mpl*.
■ ammunition dump depósito de municiones.

amnesia [æmˈniːzɪə] *n* amnesia.

amnesiac [æmˈniːzɪæk]
1 *adj* amnésico,-a.
2 *n* amnésico,-a.

amnesic [æmˈniːzɪk]
1 *adj* amnésico,-a.
2 *n* amnésico,-a.

amnesty [ˈæmnəstɪ] *n* amnistía.
▲ *pl* amnesties.

amniotic [æmnɪˈɒtɪk] *adj* amniótico,-a.

amoeba [əˈmiːbə] *n* ameba.
▲ *pl* amoebae [əˈmiːbiː].

amok [əˈmɒk] to run amok *phr* volverse loco,-a y causar destrozos.

among [əˈmʌŋ] *prep* entre.

amongst [əˈmʌŋst] *prep* → among.

amoral [eɪˈmɒrəl] *adj* amoral.

amorality [eɪməˈrælɪtɪ] *n* amoralidad *f*.

amorous [ˈæmərəs] *adj* amoroso,-a.

amorously [ˈæmərəslɪ] *adv* amorosamente.

amorphous [əˈmɔːfəs] *adj* amorfo,-a.

amortization [əmɔːtaɪˈzeɪʃən] *n* amortización *f*.

amount [əˈmaʊnt] *n (gen)* cantidad *f*; *(bill)* importe *m*: the total amount is £234 el importe total es de 234 libras.
▶ to amount to *vt insep* ascender a; *fig* equivaler a.

amp [æmp] *n (abbr of ampere)* amperio, ampere *m*.

amperage [ˈæmpərɪdʒ] *n* amperaje *m*.

ampere [ˈæmpeəʳ] *n* amperio, ampere *m*.

ampersand [ˈæmpəsænd] *n* el signo &.

amphetamine [æmˈfetəmiːn] *n* anfetamina.

amphibia [æmˈfɪbɪə] *npl* los anfibios.

amphibian [æmˈfɪbɪən] *n* anfibio.

amphibious [æmˈfɪbɪəs] *adj* anfibio,-a.

amphibole [ˈæmfɪbəʊl] *n* anfíbol *m*.

amphibology [æmfɪˈbɒlədʒɪ] *n* anfibología.

amphitheater [ˈæmfɪθɪətəʳ] *n US* anfiteatro.

amphitheatre [ˈæmfɪθɪətəʳ] *n* anfiteatro.

amphora [ˈæmfərə] *n* ánfora.
▲ *pl* amphoras o amphorae [ˈæmfəriː].

ample [ˈæmpəl]
1 *adj* (*enough*) bastante.
2 *adj* (*plenty*) más que suficiente.
3 *adj* (*large, generous*) amplio,-a.

amplification [æmplɪfɪˈkeɪʃən]
1 *n* (*of sound*) amplificación *f*.
2 *n* (*of statement*) ampliación *f*.

amplifier [ˈæmplɪfaɪəʳ] *n* amplificador *m*.

amplify [ˈæmplɪfaɪ]
1 *vt* (*sound*) amplificar.
2 *vt* (*statement*) ampliar.
▲ *pt & pp* amplified, *ger* amplifying.

amplitude [ˈæmplɪtjuːd] *n* amplitud *f*.

amply [ˈæmplɪ]
1 *adv* (*enough*) suficientemente.
2 *adv* (*more than enough*) sobradamente.
3 *adv* (*generously*) ampliamente.

ampoule [ˈæmpuːl] *n* ampolla.

ampule [ˈæmpuːl] *n US* ampolla.

amputate [ˈæmpjʊteɪt] *vt* amputar.

amputation [æmpjʊˈteɪʃən] *n* amputación *f*.

Amsterdam [ˈæmstədæm] *n* Amsterdam.

Amtrak [ˈæmtræk] *abbr* (**American travel by track**) *compañía ferroviaria de capital federal que cubre el servicio de pasajeros en Estados Unidos.*
▲ *Es marca registrada.*

amuck [əˈmʌk] *adv* → **amok.**

amulet [ˈæmjʊlət] *n* amuleto.

amuse [əˈmjuːz] *vt* entretener, divertir.
♦ **to amuse oneself** entretenerse.
to keep somebody amused entretener a alguien.

amusement [əˈmjuːzmənt]
1 *n* (*enjoyment*) diversión *f*, entretenimiento.
2 *n* (*pastime*) pasatiempo.
■ **amusement arcade** salón *m* de juegos.
amusement park parque *m* de atracciones.

amusing [əˈmjuːzɪŋ]
1 *adj* (*fun*) entretenido,-a, divertido,-a.
2 *adj* (*funny*) gracioso,-a.

an [ən, æn]
1 *indef art* un, una.
2 *indef art* (*per*) por.
▲ *Se usa delante de palabras que empiezan por un sonido vocálico; véase también a.*

Anabaptism [ænəˈbæptɪzəm] *n* anabaptismo.

Anabaptist [ænəˈbæptɪst]
1 *adj* anabaptista.
2 *n* anabaptista *mf*.

anabolic steroid [ænəbɒlɪkˈsterɔɪd] *n* esteroide *m* anabólico.

anabolism [əˈnæbəlɪzəm] *n* anabolismo.

anachronic [ænəˈkrɒnɪk] *adj* anacrónico,-a.

anachronism [əˈnækrənɪzəm] *n* anacronismo.

anachronistic [ənækrəˈnɪstɪk] *adj* anacrónico,-a.

anacoluthon [ænəkəˈluːθɒn] *n* anacoluto.
▲ *pl* anacolutha [ænəkəˈluːθə].

anaconda [ænəˈkɒndə] *n* anaconda.

anaemia [əˈniːmɪə] *n* anemia.

anaemic [əˈniːmɪk] *adj* anémico,-a.

anaerobe [ˈænɛərəʊb] *n* anaerobio.

anaerobic [ænɛəˈrəʊbɪk] *adj* anaerobio,-a.

anaerobium [ænɛəˈrəʊbɪəm] *n* anaerobio.
▲ *pl* anaerobia [ænɛəˈrəʊbɪə].

anaesthesia [ænəsˈθiːzɪə] *n* anestesia.

anaesthetic [ænəsˈθetɪk]
1 *adj* anestésico,-a.
2 *n* anestésico.

anaesthetist [əˈniːsθətɪst] *n* anestesista *mf*.

anaesthetise [əˈniːsθətaɪz] *vt* → **anaesthetize.**

anaesthetize [əˈniːsθətaɪz] *vt* anestesiar.

anagram [ˈænəgræm] *n* anagrama *m*.

anal [ˈeɪnəl] *adj* anal.

analgesia [ænəlˈdʒiːzɪə] *n* analgesia.

analgesic [ænəlˈdʒiːzɪk]
1 *adj* analgésico,-a.
2 *n* analgésico.

analog [ˈænəlɒg] *adj-n US* → **analogue.**

analogical [ænəˈlɒdʒɪkəl] *adj* analógico,-a.

analogically [ænəˈlɒdʒɪkəlɪ] *adv* analógicamente.

analogous [əˈnæləgəs] *adj* análogo,-a (**to/with**, a).

analogously [əˈnæləgəslɪ] *adv* análogamente.

analogue [ˈænəlɒg]
1 *adj* analógico,-a.
2 *n* análogo.

analogy [əˈnælədʒɪ] *n* analogía, semejanza.
▲ *pl* analogies.

analyse [ˈænəlaɪz] *vt* analizar.

analysis [əˈnælɪsɪs] *n* análisis *m*.
▲ *pl* analyses [əˈnælɪsiːz].

analyst [ˈænəlɪst] *n* analista *mf*.

analytic [ænəˈlɪtɪk] *adj* analítico,-a.

analytical [ænəˈlɪtɪkəl] *adj* analítico,-a.

analytically [ænəˈlɪtɪklɪ] *adv* analíticamente.

analytics [ænəˈlɪtɪks] *n* analítica.

anaphora [əˈnæfərə] *n* anáfora.

anaphoric [ænəˈfɒrɪk] *adj* anafórico,-a.

anarchic [æˈnɑːkɪk] *adj* anárquico,-a.

anarchical [æˈnɑːkɪkəl] *adj* anárquico,-a.

anarchically [əˈnɑːkɪklɪ] *adv* anárquicamente.

anarchism [ˈænəkɪzəm] *n* anarquismo.

anarchist [ˈænəkɪst] *n* anarquista *mf*.

anarchistic [ænəˈkɪstɪk] *adj* anarquista.

anarcho-syndicalism [ɑːnɑːkəʊˈsɪndɪkəlɪzəm] *n* anarcosindicalismo.

anarchy [ˈænəkɪ] *n* anarquía.
▲ *pl* anarchies.

anathema [əˈnæθəmə] *n* anatema *m*.
♦ **to be anathema to somebody** repugnar a alguien.

anathematise [əˈnæθəmətaɪz] *vt* → **anathematize.**

anathematize [əˈnæθəmətaɪz] *vt* anatematizar.

anatomical [ænəˈtɒmɪkəl] *adj* anatómico,-a.

anatomically [ænəˈtɒmɪkəlɪ] *adv* anatómicamente.

anatomist [əˈnætənɪst] *n* anatomista *mf*.

anatomy [əˈnætəmɪ] *n* anatomía.
▲ *pl* anatomies.

ANC [ˈeɪenˈsiː] *abbr* (**African National Congress**) Congreso Nacional Africano; (*abbreviation*) CNA.

ancestor [ˈænsəstəʳ] *n* antepasado.

ancestral [ænˈsestrəl] *adj* ancestral.
■ **ancestral home** casa solariega.

ancestry [ˈænsəstrɪ] *n* ascendencia.
▲ *pl* ancestries.

anchor [ˈæŋkəʳ]
1 *n* (*of ship*) ancla, áncora.
2 *n fig* sostén *m*.
3 *vt* (*ship*) anclar.
4 *vt* (*make secure*) sujetar.
5 *vi* anclar.
♦ **at anchor** anclado,-a.

anchorage [ˈæŋkərɪdʒ]
1 *n* (*place*) fondeadero.
2 *n* (*fee*) anclaje *m*.

anchorite [ˈæŋkəraɪt] *n* anacoreta *mf*.

anchorman [ˈæŋkəmæn] *n TV* presentador *m*.
▲ *pl* anchormen [ˈæŋkəmen].

anchorperson [ˈæŋkəpɜːsən] *n TV* (*man*) presentador *m*; (*woman*) presentadora.

anchorwoman [ˈæŋkəwʊmən] *n TV* presentadora.
▲ *pl* anchorwomen [ˈæŋkəwɪmɪn].

anchovy [ˈæntʃəvɪ] *n* (*salted*) anchoa; (*fresh*) boquerón *m*.
▲ *pl* anchovies.

anchylose [ˈæŋkɪləʊz]
1 *vt* anquilosar.
2 *vi* anquilosarse.

anchylosis [æŋkɪˈləʊsɪs] *n* anquilosamiento.

ancient [ˈeɪnʃənt]
1 *adj* antiguo,-a; *(monument)* histórico,-a.
2 *adj fam* viejísimo,-a.
3 **the ancients** *npl* los antiguos *mpl*.
■ **ancient history** historia antigua.

ancillary [ænˈsɪlərɪ] *adj* auxiliar.

and [ænd, *unstressed* ənd]
1 *conj* y; *(before i- and hi-)* e: black and white blanco y negro; opinions and ideas opiniones e ideas; I hit him and he fell over le pegué y se cayó.
2 *conj (with infinitives)*: go and look for it ve a buscarlo; try and start the car intenta arrancar el coche; come and visit us ven a visitarnos; wait and see what happens espera a ver lo que pasa.
3 *conj (expressing repetition, increase)*: it rained and rained no paró de llover; it rained harder and harder llovía cada vez más fuerte; it rained for hours and hours llovió durante horas y horas.
4 *conj (with numbers)*: a hundred and twenty ciento veinte; two thousand and eighty four dos mil ochenta y cuatro; five and a quarter inches cinco pulgadas y cuarto; three and a half hours tres horas y media.
5 *conj (in sums)* más: four and six are ten cuatro más seis son diez.

Andalusia [ændəˈluːzɪə] *n* Andalucía.

Andalusian [ændəˈluːzɪən]
1 *adj* andaluz,-za.
2 *n (person)* andaluz,-za.
3 *n (dialect)* andaluz *m*.

andante [ænˈdæntɪ]
1 *adv* andante.
2 *adj* andante.
3 *n* andante *m*.

Andean [ænˈdiːən, ˈændɪən] *adj* andino,-a.

Andes [ˈændiːz] **the Andes** *npl* los Andes *mpl*.

Andorra [ænˈdɔːrə] *n* Andorra.

Andorran [ænˈdɔːrən]
1 *adj* andorrano,-a.
2 *n* andorrano,-a.

androecium [ænˈdriːsɪəm] *n* androceo.
▲ *pl* **androecia** [ænˈdriːsɪə].

androgen [ˈændrədʒən] *n* andrógeno.

androgyne [ˈændrədʒaɪn] *n* andrógino.

androgynous [ænˈdrɒdʒɪnəs] *adj* andrógino,-a.

android [ˈændrɔɪd] *n* androide *m*.

anecdotal [ænɪkˈdəʊtəl] *n* anecdótico,-a.

anecdote [ˈænɪkdəʊt] *n* anécdota.

anecdotic [ænɪkˈdɒtɪk] *adj* anecdótico,-a.

anemia [əˈniːmɪə] *n US* → anaemia.

anemic [əˈniːmɪk] *adj US* → anaemic.

anemometer [ænɪˈmɒmɪtəʳ] *n* anemómetro.

anemone [əˈnemənɪ] *n BOT* anémona.

aneroid [ˈænərɔɪd] *adj* aneroide.

anesthesia [ænəsˈθiːzɪə] *n* → anaesthesia.

anesthesiologist [ænəsθiːzɪˈɒlədʒɪst] *n US* anestesista *mf*.

anesthetic [ænəsˈθetɪk] *adj-n* → anaesthetic.

anesthetist [əˈniːsθətɪst] *n* → anaesthetist.

anesthetize [əˈniːsθətaɪz] *vt* → anaesthetize.

aneurysm [ˈænjərɪzəm] *n* aneurisma.

anew [əˈnjuː] *adv* nuevamente, de nuevo, otra vez.

angel [ˈeɪndʒəl]
1 *n* ángel *m*.
2 *n (kind person)* cielo, sol *m*; *(child)* angelito.

angelic [ænˈdʒelɪk] *adj* angelical.

angelica [ænˈdʒelɪkə] *n* angélica.

angelical [ænˈdʒelɪkəl] *adj* angelical.

angelus [ˈændʒələs] *n* ángelus *m*.

anger [ˈæŋɡəʳ]
1 *n* cólera, ira, furia.
2 *vt* encolerizar, enojar, enfurecer.

angina [ænˈdʒaɪnə] *n* angina de pecho.
▲ *También* angina pectoris.

angioma [ændʒɪˈəʊmə] *n* angioma.

angiosperm [ˈændʒɪəspɜːm] *n* angiosperma.

angiospermous [ændʒɪəˈspɜːməs] *adj* angiospermo,-a.

Angle [ˈæŋɡəl] *n* anglo,-a.

angle¹ [ˈæŋɡəl]
1 *n* ángulo.
2 *n (point of view)* punto de vista, perspectiva.
3 *vt (slant)* sesgar.

angle² [ˈæŋɡəl] *vi* pescar, pescar con caña.
▶ **to angle for** *vt insep* ir a la caza de, andar buscando: he's angling for an invitation anda buscando que le inviten.

anglepoise lamp [ˈæŋɡəlpɔɪzlæmp] *n* flexo.

angler [ˈæŋɡləʳ] *n* pescador,-ra, pescador,-ra de caña.
■ **angler fish** rape *m*.

Anglian [ˈæŋɡlɪən]
1 *adj* anglo,-a.
2 *n* anglo,-a.

Anglican [ˈæŋɡlɪkən]
1 *adj* anglicano,-a.
2 *n* anglicano,-a.

Anglicanism [ˈæŋɡlɪkənɪzəm] *n* anglicanismo.

Anglicism [ˈæŋɡlɪsɪzəm] *n* anglicismo.

Anglicist [ˈæŋɡlɪsɪst] *n* anglicista *mf*.

Anglicise [ˈæŋɡlɪsaɪz] *vt* → **Anglicize**.

Anglicize [ˈæŋɡlɪsaɪz] *vt* anglicanizar.

angling [ˈæŋɡlɪŋ] *n* pesca, pesca con caña.

Anglo-American [ˈæŋɡləʊəˈmerɪkən]
1 *adj* angloamericano,-a.
2 *n* angloamericano,-a.

Anglo-Arab [ˈæŋɡləʊˈærəb]
1 *adj* angloárabe.
2 *n* angloárabe *mf*.

Anglo-Indian [ˈæŋɡləʊˈɪndɪən]
1 *adj* angloindio,-a.
2 *n* angloindio,-a.

Anglomania [æŋɡləˈmeɪnɪə] *n* anglomanía.

Anglophile [ˈæŋɡləʊfaɪl]
1 *adj* anglófilo,-a.
2 *n* anglófilo,-a.

Anglophilia [æŋɡləʊˈfɪlɪə] *n* anglofilia.

Anglophobe [ˈæŋɡləʊfəʊb]
1 *adj* anglófobo,-a.
2 *n* anglófobo,-a.

Anglophobia [æŋɡləʊˈfəʊbɪə] *n* anglofobia.

Anglo-Saxon [æŋɡləʊˈsæksən]
1 *adj* anglosajón,-ona.
2 *n (person)* anglosajón,-ona.
3 *n (language)* anglosajón *m*.

Angola [æŋˈɡəʊlə] *n* Angola.

Angolan [æŋˈɡəʊlən]
1 *adj* angoleño,-a.
2 *n* angoleño,-a.

angora [æŋˈɡɔːrə]
1 *n (yarn)* angora.
2 *n (cat)* gato de angora; *(goat)* cabra de angora.

angrily [ˈæŋɡrɪlɪ] *adv* furiosamente.

angry [ˈæŋɡrɪ]
1 *adj (person)* enojado,-a, enfadado,-a: she was angry about the delay estaba enfadada por el retraso.
2 *adj (wound)* inflamado,-a.
3 *adj (sky)* tormentoso,-a.
✦ **to be angry with somebody** estar enfadado,-a con alguien.
to get angry enojarse, enfadarse.
▲ *comp* angrier, *superl* angriest.

angst [æŋst] *n* angustia.

angstrom [ˈæŋɡstrəm] *n* ángstrom *m*.

anguish [ˈæŋɡwɪʃ] *n* angustia.

anguished [ˈæŋɡwɪʃt] *adj* angustiado,-a.

angular [ˈæŋɡjʊləʳ]
1 *adj (with angles, of angles)* angular.
2 *adj (person)* anguloso,-a.

anhydride [ænˈhaɪdraɪd] *n* anhídrido.

anhydrous [ænˈhaɪdrəs] *adj* anhidro,-a.

aniline [ˈænɪlaɪn] *n* anilina.

animal [ˈænɪməl]
1 *adj* animal.
2 *n* animal *m*.
■ **animal magnetism** magnetismo animal.
animal rights derechos *mpl* de los animales.

animality [ænɪˈmælɪtɪ] *n* animalidad *f*.
animate [ˈænɪmət]
1 *adj* animado,-a, vivo,-a.
2 *vt* animar.
3 *vt fig* estimular.
▲ *(verbo)* [ˈænɪmeɪt].
animated [ˈænɪmeɪtɪd] *adj* animado,-a.
animatedly [ˈænɪmeɪtɪdlɪ] *adv* animadamente.
animation [ænɪˈmeɪʃən]
1 *n* animación *f*.
2 *n (life)* vida, marcha.
animator [ˈænɪmeɪtəʳ] *n* animador,-ra.
animism [ˈænɪmɪzəm] *n* animismo.
animist [ˈænɪmɪst] *n* animista *mf*.
animistic [ænɪˈmɪstɪk] *adj* animista.
animosity [ænɪˈmɒsɪtɪ] *n* animosidad *f*.
▲ *pl animosities*.
animus [ˈænɪməs] *n* animosidad *f*.
anion [ˈænaɪən] *n* anión *m*.
anise [ˈænɪs] *n* anís *m*.
aniseed [ˈænɪsiːd] *n* anís *m*.
anisette [ænɪˈzet] *n* anisete *m*, anís *m*.
Ankara [ˈæŋkərə] *n* Ankara.
ankh [æŋk] *n* cruz *f* ankh, ankh *f*.
ankle [ˈæŋkəl] *n* tobillo.
ankle-length [ˈæŋkəlleŋθ] *adj* hasta el tobillo.
anklet [ˈæŋklət] *n* ajorca.
ankylose [ˈæŋkɪləuz]
1 *vt* anquilosar.
2 *vi* anquilosarse.
ankylosis [æŋkɪˈləusɪs] *n* anquilosamiento.
annals [ˈænəlz] *npl* anales *mpl*.
anneal [əˈniːl] *vt* templar.
annelid [ˈænəlɪd] *n* anélido.
annex [əˈneks]
1 *vt* anexar.
2 *n* → **annexe**.
annexation [ænekˈseɪʃən] *n* anexión *f*.
annexationism [ænɪkˈseɪʃənɪzəm] *n* anexionismo.
annexationist [ænɪkˈseɪʃənɪst]
1 *adj* anexionista.
2 *n* anexionista *mf*.
annexe [ˈænəks] *n* anexo, anejo.
annihilate [əˈnaɪəleɪt] *vt* aniquilar.
annihilation [ənaɪəˈleɪʃən] *n* aniquilación *f*.
anniversary [ænɪˈvɜːsərɪ] *n* aniversario.
▲ *pl anniversaries*.
annotate [ˈænəteɪt] *vt* anotar.
annotated [ˈænəteɪtɪd] *adj (edition)* crítico,-a.
annotation [ænəˈteɪʃən] *n* anotación *f*.
announce [əˈnauns] *vt (event)* anunciar; *(fact)* anunciar, hacer saber, dar a conocer.
announcement [əˈnaunsmənt] *n* anuncio.
announcer [əˈnaunsəʳ] *n (on TV, radio)* presentador,-ra, locutor,-ra.

annoy [əˈnɔɪ] *vt* molestar, fastidiar.
annoyance [əˈnɔɪəns] *n* molestia.
annoyed [əˈnɔɪd] *adj* enfadado,-a, enojado,-a.
♦ **to get annoyed with somebody** enfadarse con alguien.
annoying [əˈnɔɪɪŋ] *adj* molesto,-a, enojoso,-a: it's very annoying molesta mucho, da rabia.
annual [ˈænjuəl]
1 *adj* anual.
2 *n (plant)* planta anual.
3 *n (book)* anuario.
annually [ˈænjuəlɪ] *adv* anualmente.
annuity [əˈnjuːɪtɪ] *n* renta vitalicia.
▲ *pl annuities*.
annul [əˈnʌl] *vt* anular.
▲ *pt & pp annulled, ger annulling*.
annular [ˈænjuləʳ] *adj* anular.
annulet [ˈænjulət] *n* anillo.
annulment [əˈnʌlmənt] *n* anulación *f*.
annulus [ˈænjuləs] *n* corona.
▲ *pl annuluses o annuli* [ˈænjulaɪ].
Annunciation [ənʌnsɪˈeɪʃən] the Annunciation *n* la Anunciación *f*.
anode [ˈænəud] *n* ánodo.
anodyne [ˈænədaɪn]
1 *adj* anodino,-a.
2 *n* calmante *m*.
anoint [əˈnɔɪnt] *vt* ungir.
anomalous [əˈnɒmələs] *adj* anómalo,-a.
anomaly [əˈnɒmælɪ] *n* anomalía.
▲ *pl anomalies*.
anon¹ [əˈnɒn] *adv* pronto.
anon² [əˈnɒn] *adj (abbr of anonymous)* anón.
anonymity [ænəˈnɪmɪtɪ] *n* anonimia.
anonymous [əˈnɒnɪməs] *adj* anónimo,-a.
anonymously [əˈnɒnɪməslɪ] *adv* de manera anónima.
anopheles [əˈnɒfəliːz] *n* anofeles *m*.
anorak [ˈænəræk] *n* anorak *m*.
anorectic [ænəˈrektɪk] *adj* → **anorexic**.
anorexia [ænəˈreksɪə] *n* anorexia.
■ **anorexia nervosa** anorexia nerviosa.
anorexic [ænəˈreksɪk] *adj* anoréxico,-a.
another [əˈnʌðəʳ]
1 *adj* otro,-a: would you like another biscuit? ¿quieres otra galleta?; we'll go there another day iremos allí otro día; if you want one with a shower it'll be another £5 si quiere una con ducha serán cinco libras más.
2 *pron* otro,-a: I loved her, but she married another yo la quería, pero se casó con otro.
♦ **at one time or another** en algún momento.
anovulant [æˈnɒvjələnt] *n* anovulatorio.
anovulatory [æˈnɒvjələtrɪ] *adj* anovulatorio,-a.

answer [ˈɑːnsəʳ]
1 *n (reply)* respuesta, contestación *f*: his answer was correct su respuesta fue correcta.
2 *n (solution)* solución *f*: there's no answer to this problem este problema no tiene solución.
3 *vt (question)* responder a, contestar a.
4 *vt (door)* abrir; *(telephone)* contestar a, coger.
5 *vi (question)* responder, contestar.
▸ **to answer back**
1 *vt sep* replicar.
2 *vi* replicar.
to answer for
1 *vt insep (guarantee)* responder por, garantizar.
2 *vt insep (accept responsibility)* responder de.
3 *vt insep (speak for)* responder por, contestar por.
♦ **in answer to** en respuesta a.
to answer to the name of ... atender por ...
to have a lot to answer for tener mucha culpa.
answerable [ˈɑːnsərəbəl] *adj* responsable (**to**, ante) (**for**, de).
answering machine [ˈɑːnsərɪŋməʃiːn] *n* contestador *m* automático.
answerphone [ˈɑːnsəfəun] *n* contestador *m* automático.
ant [ænt] *n* hormiga.
■ **ant hill** hormiguero.
antacid [ænˈtæsɪd]
1 *adj* antiácido,-a.
2 *n* antiácido.
antagonism [ænˈtægənɪzəm] *n* antagonismo.
antagonist [ænˈtægənɪst] *n* antagonista *mf*.
antagonistic [ænˈtægənɪstɪk] *adj* hostil, antagónico,-a.
antagonise [ænˈtægənaɪz] *vt* → **antagonize**.
antagonize [ænˈtægənaɪz] *vt* enemistarse con.
Antarctic [æntˈɑːktɪk]
1 *adj* antártico,-a.
2 the Antarctic *n* Antártida.
■ **Antarctic Circle** Círculo polar antártico.
Antarctica [æntˈɑːktɪkə] *n* Antártida.
ante [ˈæntɪ]
1 *n* apuesta.
2 *vi* hacer una apuesta.
anteater [ˈæntiːtəʳ] *n* oso hormiguero.
antecedent [æntɪˈsiːdənt]
1 *adj* antecedente.
2 *n* antecedente *m*.
antechamber [ˈæntɪtʃeɪmbəʳ] *n* antecámara.
antedate [æntɪˈdeɪt]
1 *vt (predate)* ser anterior a.
2 *vt (put earlier date on)* poner una fecha anterior a.

antediluvian [æntɪdɪ'luːvɪən] *adj* antediluviano,-a.

antelope ['æntɪləʊp] *n* antílope *m*.

antenatal [æntɪ'neɪtəl] *adj* prenatal.
■ **antenatal clinic** centro de preparación al parto.

antenna [æn'tenə]
1 *n (of insect)* antena.
2 *n (aerial)* antena.
▲ En 1 pl **antennae** [æn'teniː]; en 2 pl **antennas**.

antepenultimate [æntɪpe'nʌltɪmət] *adj* antepenúltimo,-a.

anterior [æn'tɪərɪəʳ] *adj* anterior.

anteroom ['æntɪruːm] *n* antesala.

anthem ['ænθəm] *n* motete *m*.

anther ['ænθəʳ] *n* antera.

anthological [ænθə'lɒdʒɪkəl] *adj* antológico,-a.

anthology [æn'θɒlədʒɪ] *n* antología.
▲ *pl* **anthologies**.

anthracite ['ænθrəsaɪt] *n* antracita.

anthrax ['ænθræks] *n* ántrax *m*.

anthropocentric [ænθrəpə'sentrɪk] *adj* antropocéntrico,-a.

anthropocentrism [ænθrəpə'sentrɪzəm] *n* antropocentrismo.

anthropoid ['ænθrəpɔɪd]
1 *adj* antropoide.
2 *n* antropoide *m*.

anthropoidal [ænθrə'pɔɪdəl] *adj* antropoide.

anthropological [ænθrəpə'lɒdʒɪkəl] *adj* antropológico,-a.

anthropologist [ænθrə'pɒlədʒɪst] *n* antropólogo,-a.

anthropology [ænθrə'pɒlədʒɪ] *n* antropología.

anthropomorphist [ænθrəpə'mɔːfɪst] *adj* antropomorfo,-a.

anthropomorphic [ænθrəpə'mɔːfɪk]
1 *adj (religion)* antropomórfico,-a.
2 *adj (form)* antropomorfo,-a.

anthropomorphism [ænθrəpə'mɔːfɪzəm] *n* antropomorfismo.

anti ['æntɪ] *prep* en contra de.

anti-aircraft [æntɪ'eəkrɑːft] *adj* antiaéreo,-a.

antiballistic missile [æntɪbəlɪstɪk'mɪsaɪl] *n* misil *m* antibalístico.

antibiotic [æntɪbaɪ'ɒtɪk]
1 *adj* antibiótico,-a.
2 *n* antibiótico.

antibody ['æntɪbɒdɪ] *n* anticuerpo.
▲ *pl* **antibodies**.

Antichrist ['æntɪkraɪst] *n* anticristo.

anticipate [æn'tɪsɪpeɪt]
1 *vt (expect)* esperar: it wasn't what I anticipated no era lo que esperaba.
2 *vt (get ahead of)* adelantarse a: we wanted to be first, but the others anticipated us quisimos ser los primeros, pero los otros se nos adelantaron.

3 *vt (forsee)* anticiparse a, prever: you should try to anticipate your opponent's next move debes intentar anticiparte al movimiento de tu oponente.

anticipation [æntɪsɪ'peɪʃən]
1 *n (expectation)* expectación *f*.
2 *n (foresight)* previsión *f*.
✦ **in anticipation of** en previsión de.

anticlerical [æntɪ'klerɪkəl] *adj* anticlerical.

anticlericalism [æntɪ'klerɪkəlɪzm] *n* anticlericalismo.

anticlimactic [æntɪklaɪ'mæktɪk] *adj* decepcionante.

anticlimax [æntɪ'klaɪmæks] *n* anticlímax *m*.

anticline ['æntɪklaɪn] *n* anticlinal *m*.

anticlockwise [æntɪ'klɒkwaɪz] *adj* en el sentido contrario al de las agujas del reloj.

anticoagulant [æntɪkəʊ'ægjələnt]
1 *adj* anticoagulante.
2 *n* anticoagulante *m*.

anti-Communism [æntɪ'kɒmjənɪzəm] *n* anticomunismo.

anti-Communist [æntɪ'kɒmjənɪst]
1 *adj* anticomunista.
2 *n* anticomunista *mf*.

anticorrosive [æntɪkə'rəʊsɪv]
1 *adj* anticorrosivo,-a.
2 *n* anticorrosivo.

antics ['æntɪks] *npl* payasadas *fpl*.

anticyclone [æntɪ'saɪkləʊn] *n* anticiclón *m*.

anticyclonic [æntɪsaɪ'klɒnɪk] *adj* anticiclónico,-a.

antidemocratic [æntɪdemə'krætɪk] *adj* antidemocrático,-a.

antidepressant [æntɪdɪ'presənt]
1 *adj* antidepresivo,-a.
2 *n* antidepresivo.

antidiabetic [æntɪdaɪə'betɪk]
1 *adj* antidiabético,-a.
2 *n* antidiabético.

antidote ['æntɪdəʊt] *n* antídoto.

antifebrile [æntɪ'fiːbraɪl] *adj* antifebril.

antifederalist [æntɪ'fedrəlɪst]
1 *adj* antifederal.
2 *n* antifederal *mf*.

antifeminism [æntɪ'femɪnɪzəm] *n* antifeminismo.

antifeminist [æntɪ'femɪnɪst]
1 *adj* antifeminista.
2 *n* antifeminista *mf*.

antifreeze ['æntɪfriːz] *n* anticongelante *m*.

antigen ['æntɪdʒen] *n* antígeno.

antigenic [æntɪ'dʒenɪk] *adj* antígeno,-a.

Antigua [æn'tiːgə] *n* Antigua.

Antiguan [æn'tiːgən]
1 *adj* antigüeño,-a.
2 *n* antigüeño,-a.

antihero ['æntɪhɪərəʊ] *n* antihéroe *m*.
▲ *pl* **antiheroes**.

antihistamine [æntɪ'hɪstəmiːn] *n* antihistamínico.

antiknock [æntɪ'nɒk] *n* antidetonante *m*.

Antilles [æn'tɪliːz] *npl* Antillas *fpl*.
■ **Greater Antilles** Grandes Antillas *fpl*. **Lesser Antilles** Pequeñas Antillas *fpl*.

antilogarithm [æntɪ'lɒgərɪðəm] *n* antilogaritmo.

antimagnetic [æntɪmæg'netɪk] *adj* antimagnético,-a.

antimatter ['æntɪmætəʳ] *n* antimateria.

antimilitarism [æntɪ'mɪlɪtərɪzəm] *n* antimilitarismo.

antimilitaristic [æntɪmɪlɪtə'rɪstɪk] *adj* antimilitarista.

antimilitarist [æntɪ'mɪlɪtərɪst]
1 *adj* antimilitarista.
2 *n* antimilitarista *mf*.

antimissile [æntɪ'mɪsaɪl]
1 *adj* antimísil.
2 *n* antimísil *m*.
■ **antimissile missile** antimísil *m*.

antimonarchical [æntɪmə'nɑːkɪkəl] *adj* antimonárquico,-a.

antimony ['æntɪmənɪ] *n* antimonio.

antinomic [æntɪ'nɒmɪk] *adj* antinómico,-a.

antinomy [æn'tɪnɒmɪ] *n* antinomio.
▲ *pl* **antinomies**.

antinuclear [æntɪ'njuːklɪəʳ] *adj* antinuclear.

antioxidant [æntɪ'ɒksɪdənt] *n* antioxidante *m*.

antipathy [æn'tɪpəθɪ] *n* antipatía.
▲ *pl* **antipathies**.

antipersonnel [æntɪpɜːsə'nel] *adj* antipersonal.

antiperspirant [æntɪ'pɜːspɪrənt] *n* antitranspirante *m*.

antiphon ['æntɪfən] *n* antífona.

antipodal [æn'tɪpədəl] *adj* antípoda.

antipodean [æntɪpə'dɪən] *adj* antípoda.

antipodes [æn'tɪpədiːz] *npl* antípodas *fpl*.
■ **the Antipodes** Australia y Nueva Zelanda.

antipope ['æntɪpəʊp] *n* antipapa *m*.

antipyretic [æntɪpaɪ'retɪk]
1 *adj* antipirético,-a.
2 *n* antipirético.

antiquarian [æntɪ'kweərɪən]
1 *adj* de viejo: an antiquarian bookshop una librería de viejo.
2 *n* anticuario,-a.

antiquary ['æntɪkwərɪ] *n* anticuario,-a.

antiquated ['æntɪkweɪtɪd] *adj* anticuado,-a.

antique [æn'tiːk]
1 *adj* antiguo,-a.
2 *n* antigüedad *f*.

antiquity [æn'tɪkwɪtɪ] *n* antigüedad *f*.
▲ *pl* **antiquities**.

anti revolutionary [æntɪrevə'luːsənərɪ]
1 *adj* antirrevolucionario,-a.
2 *n* antirrevolucionario,-a.
▲ *pl anti-revolutionaries.*
antirust [æntɪ'rʌst] *adj* antioxidante.
anti-Semite [æntɪ'semaɪt] *n* antisemita *mf.*
anti-Semitic [æntɪsə'mɪtɪk] *adj* antisemita.
anti-Semitism [æntɪ'semɪtɪzəm] *n* antisemitismo.
antiseptic [æntɪ'septɪk]
1 *adj* antiséptico,-a.
2 *n* antiséptico.
antisocial [æntɪ'səʊʃəl] *adj* antisocial.
antispasmodic [æntɪspəz'mɒdɪk] *adj* antiespasmódico,-a.
antistatic [æntɪ'stætɪk] *adj* antiestático,-a.
antitank [æntɪ'tæŋk] *adj* antitanque, anticarro.
anti-tank [æntɪ'tæŋk] *adj* antitanque.
antiterrorist [æntɪ'terərɪst] *adj* antiterrorista.
anti-terrorist [æntɪ'terərɪst] *adj* antiterrorista.
antithesis [æn'tɪθəsɪs] *n* antítesis *f.*
antithetic [æntɪ'θetɪk] *adj* antitético,-a.
antithetical [æntɪ'θetɪkəl] *adj* antitético,-a.
antitoxic [æntɪ'tɒksɪk] *adj* antitóxico,-a.
antitoxin [æntɪ'tɒksɪn] *n* antitoxina.
antiviral [æntɪ'vaɪrəl] *adj* antivirus.
antivirus [æntɪ'vaɪrəs] *adj* antivirus.
antlers ['æntləʳ] *npl* cornamenta *f sing.*
antonomasia [æntənə'meɪzɪə] *n* antonomasia.
antonym ['æntənɪm] *n* antónimo.
antonymous [æn'tɒnɪməs] *adj* antónimo,-a.
antonymy [æn'tɒnəmɪ] *n* antonimia.
Antwerp ['æntwɜːp] *n* Amberes.
anus ['eɪnəs] *n* ano.
anvil ['ænvɪl] *n* yunque *m.*
anxiety [æŋ'zaɪətɪ]
1 *n (concern)* preocupación *f*, ansiedad *f*; *(cause of concern)* preocupación *f.*
2 *n MED* ansiedad *f.*
3 *n (strong desire)* ansia, afán *m.*
▲ *pl anxieties.*
anxious ['æŋkʃəs]
1 *adj (worried)* preocupado,-a (**about**, por), inquieto,-a.
2 *adj (desirous)* ansioso,-a.
✦ **to be anxious to do something** desear hacer algo.
any ['enɪ]
1 *adj (in questions)* algún,-una: **are there any biscuits left?** ¿queda alguna galleta?; **have you got any money/gloves?** ¿tienes dinero/guantes?
2 *adj (negative)* ningún,-una: **he hasn't bought any milk/biscuits** no ha com-

prado leche/galletas; **without any difficulty** sin ninguna dificultad.
3 *adj (no matter which)* cualquier,-ra: **any fool knows that** cualquier tonto sabe eso; **any old rag will do** cualquier trapo sirve; **come round any time** ven cuando quieras.
4 *pron (in questions)* alguno,-a: **there are foxes round here, have you seen any?** hay zorros por aquí, ¿has visto alguno?; **do you want any?** ¿quieres?; **he's got lots of money, but does he ever spend any?** tiene mucho dinero, pero ¿gasta algo alguna vez?
5 *pron (negative)* ninguno,-a: **they're very cheap, but I haven't sold any** son muy baratos, pero no he vendido ninguno; **I asked for snails/caviar, but they hadn't got any** pedí caracoles/caviar pero no tenían; **brandy?, there isn't any** ¿coñac?, no hay.
6 *pron (no matter which)* cualquiera: **any of these books will do** cualquiera de estos libros sirve.
7 *adv* **I don't work there any more** ya no trabajo allí; **do you want any more?** ¿quieres más?; **I can't work any faster** no puedo trabajar más deprisa.
▲ *En preguntas y frases negativas no se usa* any *sino* a *o* an *con los sustantivos contables en singular.*
anybody ['enɪbɒdɪ]
1 *pron (in questions)* alguien: **has anybody seen my car?** ¿ha visto alguien mi coche?
2 *pron (negative)* nadie: **there isn't anybody in the room** no hay nadie en la sala.
3 *pron (no matter who)* cualquiera: **anybody would tell you the same** cualquiera te diría lo mismo.
anyhow ['enɪhaʊ]
1 *adv* → **anyway.**
2 *adv (carelessly)* de cualquier forma, de cualquier manera.
anyone ['enɪwʌn] *pron* → **anybody.**
anyplace ['enɪpleɪs] *adv US* → **anywhere.**
anything ['enɪθɪŋ]
1 *pron (in questions)* algo, alguna cosa: **is there anything left?** ¿queda algo?
2 *pron (negative)* nada: **there isn't anything left** no queda nada.
3 *pron (no matter what)* cualquier cosa: **anything will do** cualquier cosa sirve; **they can cost anything from £5 to £5000** el precio va desde cinco libras a cinco mil.
anyway ['enɪweɪ]
1 *adv (in any case)* de todas formas, de todos modos: **they didn't invite me, but I didn't want to go anyway** no me invitaron, pero de todas formas no quería ir.
2 *adv (all the same)* igual, de todos modos: **it was dear, but I bought it anyway** era caro, pero lo compré igual; **I**

don't care if I'm not invited, I'm going anyway no me importa si no estoy invitada, voy de todos modos.
3 *adv (in conversation)* bueno, bueno pues, total, en cualquier caso: **anyway, as I was saying, …** bueno pues, como te decía, …
anywhere ['enɪweəʳ]
1 *adv (in questions - situation)* en algún sitio, en alguna parte; *(- direction)* a algún sitio, a alguna parte: **have you seen my keys anywhere?** ¿has visto mis llaves en alguna parte?; **are you going anywhere this weekend?** ¿vas a algún sitio el fin de semana?
2 *adv (negative - situation)* en ningún sitio, en ninguna parte; *(- direction)* a ningún sitio, a ninguna parte: **I can't find him anywhere** no lo encuentro en ninguna parte; **we're not going anywhere** no vamos a ningún sitio.
3 *adv (no matter where - situation)* donde sea, en cualquier sitio; *(- direction)* a donde sea, a cualquier sitio: **I'd live anywhere as long as it's with you** viviría en cualquier sitio mientras sea contigo; **she'd travel anywhere to see Bruce** viajaría a cualquier sitio para ver a Bruce; **we'll eat anywhere you like** comeremos donde tú quieras; **they can cost anywhere between £5 and £5000** el precio va desde cinco libras a cinco mil.
aorta [eɪ'ɔːtə] *n* aorta.
apace [ə'peɪs] *adv* rápidamente.
apart [ə'pɑːt]
1 *adv (not together)* separado,-a; *(distant)* alejado,-a: **these nails are too far apart** estos clavos están demasiado separados; **the villages are a long way apart** los pueblos están alejados entre sí.
2 *adv (in pieces)* en piezas.
✦ **apart from** aparte de.
to fall apart deshacerse.
to live apart vivir separados.
to take apart desarmar, desmontar.
to tell apart distinguir.
apartheid [ə'pɑːthaɪt] *n* apartheid *m.*
apartment [ə'pɑːtmənt] *n* piso, apartamento.
■ **apartment block/apartment building** bloque *m* de pisos.
apathetic [æpə'θetɪk] *adj* apático,-a.
apathy ['æpəθɪ] *n* apatía.
ape [eɪp]
1 *n* simio.
2 *vt* imitar.
Apennines ['æpənaɪnz] **the Apennines** *n* los (montes) Apeninos *mpl.*
aperitif [əperɪ'tiːf] *n* aperitivo.
aperture ['æpətjəʳ] *n* abertura.
APEX ['eɪpeks] *abbr* (**Advance Purchase Excursion**) APEX.
apex ['eɪpeks] *n* ápice *m*; *(of triangle)* vértice *m.*
▲ *pl apexes o apices.*

aphid ['eɪfɪd] *n* pulgón *m*.

aphorism ['æfərɪzəm] *n* aforismo.

aphrodisiac [æfrə'dɪzɪæk]
1 *adj* afrodisíaco,-a.
2 *n* afrodisíaco.

apiary ['eɪpɪərɪ] *n* colmenar *m*.
▲ *pl apiaries.*

apices ['eɪpɪsi:z] *npl* → **apex**.

apiece [ə'pi:s] *adv* cada uno,-a: she gave us three apiece nos dio tres a cada uno.

aplomb [ə'plɒm] *n* aplomo.

apocalypse [ə'pɒkəlɪps] *n* apocalipsis *m*.

apocalyptic [əpɒkə'lɪptɪk] *adj* apocalíptico,-a.

Apocrypha [ə'pɒkrɪfə] *n* textos *mpl* apócrifos.

apocryphal [ə'pɒkrɪfəl] *adj* imaginario,-a, inventado,-a.

apogee ['æpədʒi:] *n* apogeo.

apolitical [eɪpə'lɪtɪkəl] *adj* apolítico,-a.

apologetic [əpɒlə'dʒetɪk] *adj* compungido,-a, arrepentido,-a: they were very apologetic about it se disculparon profusamente por lo ocurrido.

apologetically [əpɒlə'dʒetɪklɪ] *adv* disculpándose.

apologise [ə'pɒlədʒaɪz] *vi* → **apologize**.

apologize [ə'pɒlədʒaɪz] *vi* disculparse, pedir perdón: she apologized to the minister for making him wait se disculpó con el ministro por hacerlo esperar.

apology [ə'pɒlədʒɪ]
1 *n (for mistake)* disculpa: I think I owe you an apology creo que debo pedirte disculpas.
2 *n fml (of beliefs)* apología.
3 *n (poor example)* remedo: what an apology for a wedding cake vaya tarta nupcial más pobre.
✦ to offer one's apologies disculparse.
▲ *pl apologies.*

apoplectic [æpə'plektɪk]
1 *adj MED* apoplético,-a.
2 *adj (angry)* furioso,-a.

apoplexy ['æpəpleksɪ] *n* apoplejía.
▲ *pl apoplexies.*

a posteriori [eɪpɒsterɪ'ɔ:raɪ] *phr* a posteriori.

apostle [ə'pɒsl] *n* apóstol *m*.

apostolic [æpə'stɒlɪk] *adj* apostólico,-a.

apostrophe [ə'pɒstrəfɪ]
1 *n (punctuation)* apóstrofo.
2 *n (in rhetoric)* apóstrofe *m*.

apothecary [ə'pɒθəkərɪ] *n* apotecario,-a.
▲ *pl apothecaries.*

apotheosis [əpɒθɪ'əʊsɪs] *n* apoteosis *f*.

appal [ə'pɔ:l] *vt* horrorizar.
▲ *pt & pp appalled, ger appalling.*

Appalachians [æpə'leɪʃəns] the Appalachians *n* los (montes) Apalaches *mpl*.

appall [ə'pɔ:l] *vt US* → **appal**.

appalling [ə'pɔ:lɪŋ]
1 *adj (horrific)* horroroso,-a.
2 *adj (bad)* malísimo,-a.

appallingly [ə'pɔ:lɪŋlɪ] *adv (horrific)* horriblemente, horrorosamente.

apparatus [æpə'reɪtəs]
1 *n (equipment)* aparatos *mpl*; *(piece of equipment)* aparato.
2 *n (structure)* aparato.

apparel [ə'pærəl] *n* indumentaria.

apparent [ə'pærənt]
1 *adj (obvious)* evidente.
2 *adj (seeming)* aparente.

apparently [ə'pærəntlɪ]
1 *adv (obviously)* evidentemente.
2 *adv (seemingly)* aparentemente.

apparition [æpə'rɪʃən] *n* aparición *f*.

appeal [ə'pi:l]
1 *n (request)* ruego, llamamiento; *(plea)* súplica.
2 *n (for money)* campaña de recaudación de fondos.
3 *n (attraction)* atractivo.
4 *n JUR* apelación *f*.
5 *vi (request)* pedir, solicitar; *(plead)* suplicar: she appealed for help pidió ayuda.
6 *vi (attract)* atraer: it doesn't appeal to me no me atrae.
7 *vi JUR* apelar (**against**, -), recurrir (**against**, -): they have decided to appeal against the sentence han decidido apelar la sentencia.

appealing [ə'pi:lɪŋ]
1 *adj (moving)* suplicante.
2 *adj (attractive)* atrayente, atractivo,-a.

appealingly [ə'pi:lɪŋlɪ] *adj (movingly)* de manera suplicante.

appear [ə'pɪəʳ]
1 *vi (become visible)* aparecer.
2 *vi (before a court etc)* comparecer (**before**, ante).
3 *vi (on stage etc)* actuar.
4 *vi (seem)* parecer.
5 *vi (on TV, in film, in newspaper)* salir.
✦ so it appears/so it would appear así parece.

appearance [ə'pɪərəns]
1 *n (becoming visible)* aparición *f*.
2 *n (before a court etc)* comparecencia.
3 *n (on stage)* actuación *f*.
4 *n (look)* apariencia, aspecto.
✦ appearances can be deceptive las apariencias engañan.
to all appearances por lo que parece *(parecía, etc)*.
to keep up appearances guardar las apariencias.
to put in an appearance hacer acto de presencia.

appease [ə'pi:z] *vt* aplacar, calmar.

appeasement [ə'pi:zmənt] *n* pacificación *f*.

append [ə'pend] *vt* añadir (**to**, a).

appendage [ə'pendɪdʒ] *n* apéndice *m*, añadidura.

appendectomy [æpen'dektəmɪ] *n* apendicectomía.
▲ *pl appendectomies.*

appendicectomy [æpendɪ'sektəmɪ] → **appendectomy**.
▲ *pl appendicectomies.*

appendices [ə'pendɪsi:z] *npl* → **appendix**.

appendicitis [əpendɪ'saɪtɪs] *n* apendicitis *f*.

appendix [ə'pendɪks]
1 *n (in book)* apéndice *m*.
2 *n MED* apéndice *m*.
✦ to have one's appendix out operarse de apendicitis.
▲ *En 1 pl appendices; en 2 pl appendixes.*

appertain [æpe'teɪn] *vi* atañer (**to**, a).

appetite ['æpɪtaɪt] *n* apetito.

appetizer ['æpɪtaɪzəʳ] *n* aperitivo.

appetizing ['æpɪtaɪzɪŋ] *adj* apetitoso,-a.

applaud [ə'plɔ:d]
1 *vi (clap)* aplaudir.
2 *vt (clap)* aplaudir.
3 *vt (praise)* alabar.

applause [ə'plɔ:z] *n* aplauso.

apple ['æpəl] *n* manzana.
✦ to be the apple of somebody's eye ser la niña de los ojos de alguien.
■ apple green verde *m* manzana.
apple of discord manzana de la discordia.
apple pie tarta de manzana.
apple tree manzano.
cooking apple manzana ácida.
the Big Apple Nueva York.

applet ['æplət] *n COMPUT* applet *m*.

appliance [ə'plaɪəns]
1 *n (device)* aparato.
2 *n (fire engine)* coche *m* de bomberos.

applicability [əplɪkə'bɪlɪtɪ] *n* aplicabilidad *f*.

applicable ['æplɪkəbəl] *adj* aplicable.

applicant ['æplɪkənt] *n (for job)* candidato,-a, aspirante *mf*, solicitante *mf*.

application [æplɪ'keɪʃən]
1 *n (for job)* solicitud *f*.
2 *n (of ointment, theory, etc)* aplicación *f*.
3 *n (effort)* diligencia.

applicator ['æplɪkeɪtəʳ] *n* aplicador *m*.

applied [ə'plaɪd] *adj* aplicado,-a.

apply [ə'plaɪ]
1 *vt (ointment, theory, etc)* aplicar.
2 *vi (be true)* aplicarse, ser aplicable.
3 *vi (for job)* solicitar: I applied for information pedí información.
✦ to apply oneself to something aplicarse a algo, aplicarse en algo.
to apply one's mind to something concentrarse en algo.
▲ *pt & pp applied, ger applying.*

appoint [ə'pɔɪnt]
1 vt (person for job) nombrar.
2 vt (day, date, etc) fijar, señalar.
appointee [əpɔɪn'tiː] n persona nombrada.
appointment [ə'pɔɪntmənt]
1 n (meeting - with lawyer etc) cita; (- with hairdresser, dentist, doctor) hora: she asked for an appointment with the doctor pidió hora con el médico; he didn't keep the appointment no acudió a la cita.
2 n (person for job) nombramiento.
apportion [ə'pɔːʃən] vt repartir, distribuir.
✦ to apportion blame to somebody echar la culpa a alguien.
apportionment [ə'pɔːʃənmənt] n repartimiento, distribución f.
apposite ['æpəzɪt] adj apropiado,-a.
apposition [æpə'zɪʃən] n aposición f.
appraisal [ə'preɪzəl] n valoración, f evaluación f.
appraise [ə'preɪz] vt valorar, evaluar.
appreciable [ə'priːʃəbəl] adj apreciable.
appreciably [ə'priːʃəblɪ] adv perceptiblemente, de manera apreciable.
appreciate [ə'priːʃɪeɪt]
1 vt (be thankful for) agradecer.
2 vt (understand) entender, comprender.
3 vt (value) valorar, apreciar.
4 vi revalorizarse, valorizarse.
appreciation [əpriːʃɪ'eɪʃən]
1 n (thanks) agradecimiento, gratitud f.
2 n (understanding) comprensión f.
3 n (appraisal) evaluación f.
4 n (increase in value) apreciación f, aumento en valor.
apprehend [æprɪ'hend]
1 vt (arrest) detener, capturar.
2 vt (understand) comprender.
apprehension [æprɪ'henʃən]
1 n (arrest) detención f, captura.
2 n (fear) aprensión f, temor m, recelo.
apprehensive [æprɪ'hensɪv] adj (fearful) aprensivo,-a, temeroso,-a, receloso,-a.
apprehensively [æprɪ'hensɪvlɪ] adv con aprensión.
apprentice [ə'prentɪs] n aprendiz,-za.
✦ to apprentice somebody to somebody poner a alguien como aprendiz, -za con alguien: he was apprenticed to a carpenter lo pusieron de aprendiz con un carpintero.
apprenticeship [ə'prentɪsʃɪp] n aprendizaje m.
apprise [ə'praɪz] vt informar (of, de): the minister must be apprised of this al ministro hay que informarlo de esto.
approach [ə'prəutʃ]
1 n (coming near) aproximación f, acercamiento; (arrival) llegada.
2 n (way in) acceso, entrada.

3 n (to problem) enfoque m: we have to try a different approach to the problem deberíamos intentar un enfoque diferente del problema.
4 vi (come near) acercarse, aproximarse.
5 vt (come near) acercarse a, aproximarse a.
6 vt (tackle - problem) enfocar, abordar; (- person) dirigirse a.
✦ to make approaches to somebody hacer propuestas a alguien.
■ approach road vía de acceso.
approachable [ə'prəutʃəbəl]
1 adj (person) tratable, accesible.
2 adj (place) accesible.
approaching [ə'prəutʃɪŋ] adj que se acerca.
approbation [æprə'beɪʃən] n aprobación f.
appropriate [ə'prəupriət]
1 adj apropiado,-a, adecuado,-a, indicado,-a.
2 vt (allocate) asignar, destinar.
3 vt (steal) apropiarse de.
✦ at the appropriate time en el momento oportuno.
▲ (verbo) [ə'prəupriet].
appropriately [ə'prəupriətlɪ] adv apropiadamente.
appropriateness [ə'prəupriətnəs] n idoneidad f. I have my doubts about her appropriateness for the job tengo mis dudas sobre si es la persona más indicada para el puesto.
appropriation [əprəupri'eɪʃən]
1 n (allocation) asignación f.
2 n (sum of money) partida.
3 n (seizure) apropiación f.
approval [ə'pruːvəl] n aprobación f, visto bueno, beneplácito.
✦ on approval a prueba.
to give one's approval dar el visto bueno.
to meet with somebody's approval merecer la aprobación de alguien.
approve [ə'pruːv] vt aprobar, dar el visto bueno a.
▸ to approve of vt insep aprobar, estar de acuerdo con, ver con buenos ojos.
approving [ə'pruːvɪŋ] adj de aprobación.
approvingly [ə'pruːvɪŋlɪ] adj con aprobación.
approx [ə'prɒx]
1 abbr (approximate) aproximado,-a.
2 abbr (approximately) aproximadamente.
approximate [ə'prɒksɪmət]
1 adj aproximado,-a.
2 vi aproximarse (to, a).
▲ (verbo) ['əprɒksɪmeɪt].
approximately [ə'prɒksɪmətlɪ] adv aproximadamente.
approximation [əprɒksɪ'meɪʃən] n aproximación f.

appurtenances [ə'pɜːtɪnənsɪz]
1 npl (accessories) accesorios mpl.
2 npl (rights) derechos mpl, privilegios mpl.
Apr ['eɪprɪl] abbr (April) abril.
APR ['eɪ'piː'ɑːʳ] abbr (annualized percentage rate) tasa anual equivalente; (abbreviation) TAE.
après-ski [æpreɪ'skiː]
1 n après-ski m.
2 adj de après-ski.
apricot ['eɪprɪkɒt]
1 n (fruit) albaricoque m.
2 n (colour) color m asalmonado: an apricot hat un sombrero de color asalmonado.
■ apricot jam mermelada de albaricoque.
apricot tree albaricoquero m.
April ['eɪprɪl] n abril m.
■ April Fool inocente mf.
April Fool's Day el día 1 de abril (≈ día de los Santos Inocentes).
▲ Para ejemplos de uso, véase May.
a priori [eɪpraɪ'ɔːraɪ] phr a priori.
apron ['eɪprən]
1 n (garment - domestic) delantal m; (- workman's) mandil m.
2 n (at airport) pista de estacionamiento.
3 n (in theatre) proscenio.
✦ to be tied to somebody's apron strings estar pegado,-a a las faldas de alguien.
apropos ['æprəpəu]
1 adj oportuno,-a.
2 apropos of prep a propósito de.
apse [æps] n ábside m.
apt [æpt]
1 adj (suitable) apropiado,-a; (remark) acertado,-a.
2 adj (liable to) propenso,-a: she's apt to faint es propensa a desmayarse.
APT ['eɪ'piː'tiː] abbr GB (Advanced Passenger Train) ≈ AVE m.
apt. [ə'pɑːtmənt] abbr (apartment) apartamento, piso.
aptitude ['æptɪtjuːd] n aptitud f.
■ aptitude test prueba de aptitud.
aptly ['æptlɪ] adv adecuadamente, acertadamente.
aptness ['æptnəs] n lo acertado.
Aqualung ['ækwəlʌŋ] n escafandra autónoma.
▲ Es marca registrada.
aquamarine [ækwəmə'riːn]
1 n (stone) aguamarina.
2 n (colour) color m aguamarina.
aquaplane ['ækwəpleɪn]
1 n esquí m acuático.
2 vi (person) hacer esquí acuático (con un solo esquí).
3 vi (car) patinar.
aquarium [ə'kweərɪəm] n acuario.
▲ pl aquaria [ə'kweərɪə] o aquariums.
Aquarius [ə'kweərɪəs] n Acuario.

aquatic [əˈkwætɪk] *adj* acuático,-a.
aquatint [ˈækwətɪnt] *n* aguatinta.
aqueduct [ˈækwɪdʌkt] *n* acueducto.
aqueous [ˈækwɪəs] *adj (like water)* acuoso.
aquiline [ˈækwɪlaɪn] *adj* aguileño,-a.
Arab [ˈærəb]
  1 *adj* árabe.
  2 *n (person)* árabe *mf*.
arabesque [ærəˈbesk] *n* arabesco.
Arabia [əˈreɪbɪə] *n* Arabia.
Arabian [əˈreɪbɪən]
  1 *adj* árabe, arábigo,-a.
  2 *n* árabe *mf*.
  ▪ **Arabian Peninsula** Península Arábiga.
    Arabian Sea Mar *m* Arábigo.
    the Arabian Nights las mil y una noches *fpl*.
Arabic [ˈærəbɪk]
  1 *adj* Árabe.
  2 *n (language)* Árabe *m*.
  ▪ **arabic numerals** números *mpl* arábigos.
    gum Arabic goma arábiga.
Arabist [ˈærəbɪst] *n* arabista *mf*.
arable [ˈærəbəl] *adj* cultivable.
arachnid [əˈræknɪd] *n* arácnido.
Aragon [ˈærəgən] *n* Aragón *m*.
Aragonese [ærəgəˈniːz]
  1 *adj* aragonés,-esa.
  2 *n* aragonés,-esa.
  3 the Aragonese *npl* los aragoneses *mpl*.
Aral [ˈærəl] **Aral Sea** *n* Mar *m* de Aral.
arbiter [ˈɑːbɪtəʳ] *n* árbitro,-a.
arbitrarily [ɑːbɪˈtreərəlɪ] *adv* arbitrariamente.
arbitrariness [ˈɑːbɪtrərɪnəs] *n* arbitrariedad *f*.
arbitrary [ˈɑːbɪtrərɪ] *adj* arbitrario,-a.
arbitrate [ˈɑːbɪtreɪt]
  1 *vt* arbitrar.
  2 *vi* arbitrar.
arbitration [ɑːbɪˈtreɪʃən] *n* arbitraje *m*.
arbitrator [ˈɑːbɪtreɪtəʳ] *n* árbitro,-a.
arbor [ˈɑːbəʳ] *n US* → **arbour.**
arboretum [ɑːbəˈriːtəm] *n* arboreto *m*.
arbour [ˈɑːbəʳ] *n* cenador *m*.
arc [ɑːk]
  1 *n* arco.
  2 *n ELEC* arco voltaico.
arcade [ɑːˈkeɪd] *n* pasaje *m*.
  ▪ **shopping arcade** galerías *fpl* comerciales.
arcane [ɑːˈkeɪn] *adj* arcano,-a, misterioso,-a.
arch[1] [ɑːtʃ]
  1 *n ARCH* arco; *(vault)* bóveda.
  2 *n (of foot)* empeine *m*: **he's got fallen arches** tiene los pies planos.
  3 *vt (back, eyebrows)* arquear, enarcar.
  4 *vt (vault)* abovedar.
  5 *vi (back, eyebrows)* arquearse.
  6 *vi (vault)* formar bóveda.

arch[2] [ɑːtʃ] *adj* pícaro,-a.
archaeological [ɑːkɪəˈlɒdʒɪkəl] *adj* arqueológico,-a.
archaeologist [ɑːkɪˈɒlədʒɪst] *n* arqueólogo,-a.
archaeology [ɑːkɪˈɒlədʒɪ] *n* arqueología.
archaic [ɑːˈkeɪɪk] *adj* arcaico,-a.
archaism [ˈɑːkeɪɪzəm] *n* arcaísmo.
archangel [ˈɑːkeɪndʒəl] *n* arcángel *m*.
archbishop [ɑːtʃˈbɪʃəp] *n* arzobispo.
archbishopric [ɑːtʃˈbɪʃəprɪk] *n* arzobispado.
archdeacon [ɑːtʃˈdiːkən] *n* archidiácono.
archdiocese [ɑːtʃˈdaɪəsɪs] *n* archidiócesis *f*.
archduchess [ɑːtʃˈdʌtʃəs] *n* archiduquesa.
archduchy [ɑːtʃˈdʌtʃɪ] *n* archiducado.
  ▲ *pl* **archduchies**.
archduke [ɑːtʃˈdjuːk] *n* archiduque *m*.
arch-enemy [ɑːtʃˈenəmɪ] *n* archienemigo,-a.
  ▲ *pl* **arch-enemies**.
archeological [ɑːkɪəˈlɒdʒɪkəl] *adj US* → **archaeological.**
archeologist [ɑːkɪˈɒlədʒɪst] *n US* → **archaeologist.**
archeology [ɑːkɪˈɒlədʒɪ] *n US* → **archaeology.**
archer [ˈɑːtʃəʳ] *n* arquero.
archery [ˈɑːtʃərɪ] *n* tiro con arco.
archetypal [ɑːkɪˈtaɪpəl] *adj* arquetípico,-a.
archetype [ˈɑːkɪtaɪp] *n* arquetipo.
archipelago [ɑːkɪˈpelɪgəʊ] *n* archipiélago.
  ▲ *pl* **archipelagos** o **archipelagoes**.
architect [ˈɑːkɪtekt]
  1 *n (of buildings)* arquitecto,-a.
  2 *n (person responsible)* artífice *mf*.
architectural [ɑːkɪˈtektʃərəl] *adj* arquitectónico,-a.
architecture [ˈɑːkɪtektʃəʳ] *n* arquitectura.
archives [ˈɑːkaɪvz] *npl* archivo *m sing*.
archivist [ˈɑːkaɪvɪst] *n* archivero,-a.
archway [ˈɑːtʃweɪ] *n* arco.
Arctic [ˈɑːktɪk]
  1 *adj* ártico,-a.
  2 the Arctic *n* el Ártico.
  ▪ **the Arctic Circle** el Círculo Polar Ártico.
    the Arctic Ocean el océano Ártico.
ardent [ˈɑːdənt] *adj* apasionado,-a, fervoroso,-a.
ardently [ˈɑːdəntlɪ] *adv* apasionadamente, fervorosamente.
ardor [ˈɑːdəʳ] *n US* → **ardour.**
ardour [ˈɑːdəʳ] *n* ardor *m*.
arduous [ˈɑːdjʊəs] *adj* arduo,-a.

are [ɑːʳ, əʳ] *pres* → **be.**
area [ˈeərɪə]
  1 *n (extent)* área, superficie *f*: **calculate the area of this rectangle** calcula el área de este rectángulo; **the room has a floor area of 50 square metres** la sala tiene una superficie de 50 metros cuadrados.
  2 *n (region)* región *f*; *(of town)* zona: **we live in a quiet area** vivimos en una zona tranquila.
  3 *n (field)* campo.
arena [əˈriːnə]
  1 *n (stadium)* estadio.
  2 *n (in amphitheatre)* arena.
  3 *n fig* ámbito.
aren't [ɑːnt] *contr* → **are not.**
Argentina [ɑːdʒənˈtiːnə] *n* Argentina.
Argentine [ˈɑːdʒəntaɪn]
  1 *adj* argentino,-a.
  2 the Argentine *n* Argentina.
Argentinian [ɑːdʒənˈtɪnɪən]
  1 *adj* argentino,-a.
  2 *n* argentino,-a.
argon [ˈɑːgɒn] *n* argón *m*.
argot [ˈɑːgəʊ] *n* jerga.
arguable [ˈɑːgjʊəbəl] *adj* discutible.
arguably [ˈɑːgjʊəblɪ] *adv* posiblemente.
argue [ˈɑːgjuː]
  1 *vi (quarrel)* discutir (**with**, con): **she's always arguing with her husband about politics** siempre discute con su marido sobre política.
  2 *vi (reason)* argüir, argumentar, sostener: **he argues that we should invest more** sostiene que debemos invertir más.
  3 *vt (present)* presentar, exponer.
  ▶ **to argue against** *vt insep* argumentar en contra de.
    to argue for *vt insep* abogar por, argumentar a favor de: **he argues for more investment** aboga por una mayor inversión.
  ✦ **to argue the toss** discutir, seguir discutiendo.
argument [ˈɑːgjʊmənt]
  1 *n (quarrel)* discusión *f*, disputa.
  2 *n (reasoning)* argumento.
  ✦ **for the sake of argument** por decir algo.
    to have an argument with somebody discutir con alguien, tener una discusión con alguien.
argumentation [ɑːgjʊmenˈteɪʃən] *n* argumentación *f*, razonamiento.
argumentative [ɑːgjʊˈmentətɪv] *adj* que discute, que replica.
argy-bargy [ɑːdʒɪˈbɑːdʒɪ] *n GB fam* discusiones *fpl*.
aria [ˈɑːrɪə] *n* aria.
arid [ˈærɪd] *adj* árido,-a.
aridity [əˈrɪdɪtɪ] *n* aridez *f*.
Aries [ˈeərɪːz]
  1 *n (sign)* Aries *m*.
  2 *n (person)* Aries *mf*.

aright [əˈraɪt] *adv* bien.
arise [əˈraɪz]
 1 *vi (occur)* surgir (**from**, de).
 2 *vi arch (get up)* levantarse; *(stand up)* ponerse de pie.
 ▲ *pt* **arose** [əˈrəʊz], *pp* **arisen** [əˈrɪzən].
aristocracy [ærɪsˈtɒkrəsɪ] *n* aristocracia.
 ▲ *pl* **aristocracies.**
aristocrat [ˈærɪstəkræt, *US* əˈrɪstəkræt] *n* aristócrata *mf.*
aristocratic [ærɪstəˈkrætɪk] *adj* aristocrático,-a.
arithmetic [əˈrɪθmətɪk;]
 1 *n* aritmética.
 2 *adj* aritmético,-a.
 ▲ *(adjetivo)* [ærɪθˈmetɪk].
arithmetical [ærɪθˈmetɪkəl] *adj* aritmético,-a.
 ▪ **arithmetical progression** progresión *f* aritmética.
arithmetician [ərɪθməˈtɪʃən] *n* aritmético,-a.
ark [ɑːk] *n* arca.
 ▪ **Ark of the Covenant** Arca de la alianza.
arm [ɑːm]
 1 *n* ANAT brazo.
 2 *n (of coat etc)* manga.
 3 *n (of chair)* brazo.
 4 *n (of organization)* rama.
 5 *vt* armar.
 6 *vi* armarse.
 7 **arms** *npl (weapons)* armas *fpl.*
 ✦ **arm in arm** cogidos,-as del brazo.
 to be up in arms about something estar furioso,-a por algo.
 to keep somebody at arm's length mantener a alguien a distancia.
 with open arms con los brazos abiertos.
 ▪ **arms control** control *m* armamentístico.
 arms race carrera armamentística.
armada [ɑːˈmɑːdə] *n* armada, flota.
 ▪ **the Spanish Armada** la Armada Invencible.
armadillo [ɑːməˈdɪləʊ] *n* armadillo.
 ▲ *pl* **armadillos.**
Armageddon [ɑːməˈgedən] *n* guerra del fin del mundo.
armaments [ˈɑːməmənts] *npl* armamentos *mpl.*
armature [ˈɑːmətʃə] *n* armadura.
armband [ˈɑːmbænd]
 1 *n* MIL brazal *m.*
 2 *n (for swimming)* manguito.
armchair [ɑːmˈtʃeə] *n* sillón *m.*
armed [ɑːmd] *adj* armado,-a.
 ✦ **armed to the teeth** armado,-a hasta los dientes.
 ▪ **armed forces** fuerzas *fpl* armadas.
 armed robbery robo a mano armada.
Armenia [ɑːˈmiːnɪə] *n* Armenia.

Armenian [ɑːˈmiːnɪən]
 1 *adj* armenio,-a.
 2 *n (person)* armenio,-a.
 3 *n (language)* armenio.
armful [ˈɑːmfʊl] *n* brazada, brazado: she came round with an armful of gladioli se presentó en casa con un montón de gladiolos.
armhole [ˈɑːmhəʊl] *n* sisa.
armistice [ˈɑːmɪstɪs] *n* armisticio.
armor [ˈɑːmə] *n US* → **armour.**
armored [ˈɑːməd] *adj US* → **armoured.**
armorial [ɑːˈmɔːrɪəl] *adj* heráldico,-a.
armor-plated [ˈɑːməˈpleɪtɪd] *adj* → **armour-plated.**
armory [ˈɑːmərɪ] *n US* → **armoury.**
 ▲ *pl* **armories.**
armour [ˈɑːmə]
 1 *n* armadura.
 2 *n (on vehicle)* blindaje *m.*
armoured [ˈɑːməd]
 1 *adj (column etc)* acorazado,-a.
 2 *adj (vehicle)* blindado,-a.
 ▪ **armoured car** carro blindado.
armour-plated [ˈɑːməˈpleɪtɪd] *adj* blindado,-a, acorazado,-a.
armoury [ˈɑːmərɪ] *n* armería.
 ▲ *pl* **armouries.**
armpit [ˈɑːmpɪt] *n* sobaco, axila.
armrest [ˈɑːmrest] *n* brazo.
army [ˈɑːmɪ] *n* ejército.
 ✦ **to join the army** alistarse en el ejército.
 ▲ *pl* **armies.**
aroma [əˈrəʊmə] *n* aroma *m.*
aromatherapist [ərəʊməˈθerəpɪst] *n* aromaterapeuta *mf.*
aromatherapy [ərəʊməˈθerəpɪ] *n* aromaterapia.
aromatic [ærəˈmætɪk] *adj* aromático,-a.
arose [əˈrəʊz] *pt* → **arise.**
around [əˈraʊnd]
 1 *adv (near, in the area)* alrededor: is there anybody around? ¿hay alguien cerca?; don't leave your money around, put it away no dejes tu dinero por ahí, guárdalo; have a look around echa un vistazo.
 2 *adv (from place to place)*: they cycle around together van juntos en bicicleta; he's been around, he knows what's what ha visto mundo, sabe de qué va la cosa.
 3 *adv (available, in existence)*: £1 coins have been around for some time hace tiempo que circulan las monedas de una libra; there isn't much fresh fruit around hay poca fruta fresca.
 4 *adv (to face the opposite way)*: turn around please dése la vuelta por favor.
 5 *adv (approximately)* alrededor de: it costs around £5,000 cuesta unas cinco mil libras.

 6 *prep (near)*: there aren't many shops around here hay pocas tiendas por aquí.
 7 *prep (all over)*: there were clothes around the room había ropa por toda la habitación.
 8 *prep (in a circle or curve)* alrededor de: they travelled around the world dieron la vuelta al mundo; he put his arms around her la rodeó con los brazos.
 9 *prep (at)* sobre, cerca de: they came around seven vinieron sobre las siete.
 ✦ **around the corner** a la vuelta de la esquina.
arousal [əˈraʊzəl] *n* excitación *f.*
arouse [əˈraʊz]
 1 *vt (awake)* despertar.
 2 *vt (sexually)* excitar.
arpeggio [ɑːˈpedʒɪəʊ] *n* arpegio.
 ▲ *pl* **arpeggios.**
arr.[1] [əˈraɪvəl] *abbr* (**arrival**) llegada.
arr.[2] [əˈreɪndʒdbaɪ] *abbr* MUS (**arranged by**) con arreglos de.
arrange [əˈreɪndʒ]
 1 *vt (hair, flowers)* arreglar; *(furniture etc)* colocar, ordenar.
 2 *vt (plan)* planear, organizar.
 3 *vt (music)* arreglar.
 4 *vt (marriage)* concertar.
 5 *vt (agree on)* acordar: we arranged a time for the meeting acordamos una hora para la reunión.
 6 *vt (take care of)* arreglar, encargarse de: they will arrange everything ellos se encargarán de todo.
 7 *vi* hacer preparativos: I'll arrange for a car for you les buscaré un coche; we've arranged to have the house redecorated lo hemos arreglado para que nos redecoren la casa.
 ✦ **to arrange to do something** quedar en hacer algo.
arrangement [əˈreɪndʒmənt]
 1 *n (of flowers)* arreglo, arreglo floral.
 2 *n (agreement)* acuerdo, arreglo.
 3 *n* MUS arreglo.
 4 **arrangements** *npl (plans)* planes *mpl; (preparations)* preparativos *mpl.*
 ✦ **to make arrangements** hacer los preparativos.
arrant [ˈærənt] *adj* total, absoluto,-a.
array [eˈreɪ]
 1 *n (selection)* surtido.
 2 *n (series)* serie *f.*
 3 *n* COMPUT matriz *f.*
 4 *vt (things)* disponer; *(soldiers)* formar.
 ✦ **in battle array** en orden de batalla.
arrears [əˈrɪəz] *npl* atrasos *mpl.*
 ✦ **to be in arrears with something** estar atrasado,-a con algo.
 to be paid in arrears cobrar por períodos vencidos.
arrest [əˈrest]
 1 *n* arresto, detención *f.*
 2 *vt* arrestar, detener.
 3 *vt fml (stop)* detener.

✦ **to arrest somebody's attention** llamar la atención a alguien.
to be under arrest estar detenido,-a, estar bajo arresto.
to place somebody under arrest detener a alguien.

arresting [əˈrestɪŋ] *adj* llamativo,-a.

arrival [əˈraɪvəl] *n* llegada.
■ **late arrival** persona que llega tarde: **late arrivals will not be admitted** no se permitirá la entrada a los que lleguen tarde.
new arrival *(person)* recién llegado,-a; *(baby)* recién nacido,-a.

arrive [əˈraɪv]
1 *vi* llegar: **he arrived at work in a taxi** llegó al trabajo en taxi; **she arrived home yesterday** llegó a casa ayer; **I'll arrive in Paris in the evening** llegaré a París por la tarde.
2 *vi (be born)* nacer.
▸ **to arrive at** *vt insep* llegar a: **we can't arrive at a decision** no llegamos a una decisión.

arrogance [ˈærəgəns] *n* arrogancia.

arrogant [ˈærəgənt] *adj* arrogante.

arrogantly [ˈærəgəntlɪ] *adv* con arrogancia.

arrogate [ˈærəgeɪt] *vt* atribuir.
✦ **to arrogate something to oneself** arrogarse algo.

arrow [ˈærəʊ] *n* flecha.

arrowroot [ˈærəʊruːt] *n* arrurruz *m*.

arse [ɑːs] *n taboo (part of body)* culo.
▸ **to arse about/arse around** *vi taboo* hacer el idiota.
✦ **not to know one's arse from one's elbow** *taboo* no tener ni puta idea.

arsehole [ˈɑːshəʊl]
1 *n taboo (anus)* ano.
2 *n taboo (person)* gilipollas *mf*.

arselicker [ˈɑːslɪkəʳ] *n taboo* lameculos *mf*.

arsenal [ˈɑːsənəl] *n* arsenal *m*.

arsenic [ˈɑːsənɪk] *n* arsénico.

arson [ˈɑːsən] *n* incendio provocado.

arsonist [ˈɑːsənɪst] *n* incendiario,-a, pirómano,-a.

art¹ [ɑːt]
1 *n (painting etc)* arte *m*.
2 *n (skill)* arte *m*, habilidad *f*.
3 **arts** *npl (branch of knowledge)* letras *fpl*.
■ **art dealer** marchante *m*.
art déco art déco *m*.
art exhibition exposición *f* de obras de arte.
art gallery *(museum)* pinacoteca; *(commercial)* galería de arte.
art nouveau art nouveau *m*, modernismo.
art school escuela de bellas artes.

art² [ɑːt] *pres arch* → **be**.

artefact [ˈɑːtɪfækt] *n* artefacto.

arterial [ɑːˈtɪərɪəl]
1 *adj ANAT* arterial.
2 *adj (road)* principal, importante.

arteriosclerosis [ɑːtɪərɪəʊskləˈrəʊsɪs] *n* arteriosclerosis *f*.

artery [ˈɑːtərɪ] *n ANAT* arteria.
▲ *pl* **arteries**.

artesian well [ɑːtiːzɪənˈwel] *n* pozo artesiano.

artful [ˈɑːtfʊl] *n (person)* ladino,-a, astuto,-a; *(thing)* ingenioso,-a.

arthritic [ɑːθˈrɪtɪk] *adj* artrítico,-a.

arthritis [ɑːθˈraɪtəs] *n* artritis *f*.

artichoke [ˈɑːtɪtʃəʊk] *n* alcachofa.
■ **globe artichoke** alcachofa.
Jerusalem artichoke aguaturma, pataca.

article [ˈɑːtɪkəl]
1 *n* artículo.
2 *n LING* artículo.
3 **articles** *npl* contrato de aprendizaje.
✦ **to be articled to a firm of solicitors** ser abogado,-a en prácticas con un gabinete de abogados.
■ **article of clothing** prenda de vestir.
definite article artículo determinado.
indefinite article artículo indeterminado.
leading article editorial *m*.

articled clerk [ɑːtɪkəldˈklɑːk] *n* abogado,-a en prácticas.

articulate [ɑːˈtɪkjʊlət]
1 *adj (person)* que se expresa con facilidad; *(speech)* claro,-a.
2 *vt* articular.
3 *vt (pronounce)* pronunciar.
▲ *(verbo)* [ɑːˈtɪkjʊleɪt].

articulated [ɑːˈtɪkjʊleɪtɪd] *adj* articulado,-a.
■ **articulated lorry** camión *m* articulado.

articulately [ɑːˈtɪkjʊlətlɪ] *adv* con fluidez, con elocuencia.

articulateness [ɑːˈtɪkjʊlətnəs] *n* fluidez *f*, elocuencia.

articulation [ɑːtɪkjʊˈleɪʃən]
1 *n (of sound)* articulación *f*.
2 *n (of idea)* expresión *f*.
3 *n (joint)* articulación *f*.

artifact [ˈɑːtɪfækt] *n US* → **artefact**.

artifice [ˈɑːtɪfɪs]
1 *n (trick)* artificio.
2 *n (cunning)* astucia.

artificer [ɑːˈtɪfɪsəʳ] *n* artificiero.

artificial [ɑːtɪˈfɪʃəl]
1 *adj (flowers, light, etc)* artificial.
2 *adj (limb)* ortopédico,-a; *(hair)* postizo,-a.
3 *adj (smile etc)* afectado,-a, fingido,-a.
■ **artificial insemination** inseminación *f* artificial.
artificial intelligence inteligencia artificial.
artificial respiration respiración *f* artificial.

artificiality [ɑːtɪfɪʃɪˈælɪtɪ] *n* artificialidad *f*.

artificially [ɑːtɪˈfɪʃəlɪ] *adv* de modo artificial.

artillery [ɑːˈtɪlərɪ] *n* artillería.

artisan [ˈɑːtɪzæn] *n* artesano,-a.

artist [ˈɑːtɪst]
1 *n* artista *mf*.
2 *n (painter)* pintor,-ra.

artiste [ɑːˈtiːst] *n* artista *mf*.

artistic [ɑːˈtɪstɪk] *adj* artístico,-a.

artistry [ˈɑːtɪstrɪ] *n* maestría.

artless [ˈɑːtləs] *adj* ingenuo,-a, sencillo,-a.

artlessness [ˈɑːtləsnəs] *n* ingenuidad *f*, sencillez *f*.

artwork [ˈɑːtwɜːk] *n* ilustraciones *fpl*.

Aryan [ˈeərɪən]
1 *adj* ario,-a.
2 *n* ario,-a.

as [æz, *unstressed* əz]
1 *prep* como: **he works as a clerk** trabaja de oficinista; **she was dressed as a monkey** iba disfrazada de mono; **as a child he was often ill** de niño a menudo estuvo enfermo.
2 *adv (in comparatives)*: **this is not as good as his last film** ésta no es tan buena como su última película; **eat as much as you like** come tanto como quieras; **this is twice as expensive as the other** éste es dos veces más caro que el otro.
3 *conj (while)* mientras; *(when)* cuando: **as he painted, he whistled** mientras pintaba, silbaba; **as I shut the door I realized I'd left the keys inside** al cerrar la puerta me di cuenta de que había dejado las llaves dentro; **as he grew older he became more tolerant** a medida que iba envejeciendo se volvía más tolerante.
4 *conj (because)* ya que, como: **as there were no seats we had to stand** como no había asientos tuvimos que estar de pie.
5 *conj (although)* aunque: **tall as he was, he still couldn't reach the shelf** aunque era alto no podía alcanzar el estante.
6 *conj (showing manner)* como: **everything is just as she left it** todo está tal como ella lo dejó; **as I was saying, ...** como decía, ...; **do as you are told!** ¡haz lo que te dicen!; **as you all know, ...** como ya sabéis todos, ...
7 *conj (and so too)* como, igual que: **she's colour-blind, as is her mother** es daltónica, igual que su madre.
✦ **as against** frente a, en comparación con.
as far as hasta.
as far as I know que yo sepa.
as far as I'm concerned por lo que a mí respecta.
as for en cuanto a.
as if como si.
as it is tal como están las cosas.
as it were por así decirlo.
as long as mientras.

as of desde.
as often as not las más de las veces.
as soon as tan pronto como.
as though como si.
as well as además de.
as yet hasta ahora, de momento.
ASA¹ ['eɪ'es'eɪ] *abbr US* (**American Standards Association**) ASA.
ASA² ['eɪ'es'eɪ] *abbr GB* (**Advertising Standards Authority**) *organismo que regula la publicidad.*
ASA³ ['eɪ'es'eɪ] *abbr GB* (**Amateur Swimming Association**) federación de natación amateur.
a.s.a.p. ['eɪ'es'eɪ'piː] *abbr* (**as soon as possible**) tan pronto como sea posible.
asbestos [æsˈbestəs] *n* amianto, asbesto.
asbestosis [æsbesˈtəʊsɪs] *n* asbestosis *f.*
ascend [əˈsend]
1 *vt* ascender, subir a.
2 *vi* ascender, subir.
✦ **to ascend the throne** subir al trono.
ascendancy [əˈsendənsɪ] *n* predominio, supremacía.
▲ *pl ascendancies.*
ascendant [əˈsendənt] *n* ascendiente *m.*
✦ **to be in the ascendant** estar en auge.
ascendency [əˈsendənsɪ] *n* → **ascendancy.**
▲ *pl ascendencies.*
ascendent [əˈsendənt] *n* → **ascendant.**
ascension [əˈsenʃən] *n* ascensión *f.*
■ **Ascension Day** Día *m* de la Ascensión.
Ascension Island Isla de la Ascensión.
ascent [əˈsent]
1 *n* (*slope*) subida.
2 *n* (*climb*) ascensión *f.*
ascertain [æsəˈteɪn] *vt* averiguar.
ascetic [əˈsetɪk]
1 *adj* ascético,-a.
2 *n* asceta *mf.*
asceticism [əˈsetɪsɪzəm] *n* ascetismo.
ASCII ['æskiː] *abbr* (**American standard code for information interchange**) ASCII.
ascorbic acid [əskɔːbɪkˈæsɪd] *n* ácido ascórbico.
ascribe [əsˈkraɪb] *vt* atribuir (**to**, a).
ascription [əˈskrɪpʃən] *n* atribución *f.*
ASEAN ['æsɪæn] *abbr* (**Association of South East Asian Nations**) Asociación *f* de Naciones del Sureste Asiático; (*abbreviation*) ASEAN.
asepsis [əˈsepsɪs] *n* asepsia.
aseptic [əˈseptɪk] *adj* aséptico,-a.
asexual [eɪˈseksjʊəl] *adj* asexual.
asexuality [eɪseksjʊəˈlɪtɪ] *n* asexualidad *f.*
ASH [æʃ] *abbr GB* (**Action on Smoking and Health**) *organización anti-tabaco.*
ash¹ [æʃ]
1 *n* ceniza.
2 **ashes** *npl* cenizas *fpl.*

■ **Ash Wednesday** miércoles *m* de ceniza.
ash² [æʃ] *n* (*tree*) fresno; (*wood*) madera de fresno.
■ **ash grove** fresneda.
ash tree fresno.
ashamed [əˈʃeɪmd] *adj* avergonzado,-a.
✦ **to be ashamed of …** avergonzarse de …, tener vergüenza de …
ashbin ['æʃbɪn] *n US* cubo de la basura.
ashcan ['æʃkæn] *n US* → **ashbin.**
ashen ['æʃən] *adj* pálido,-a.
ashore [əˈʃɔːʳ] *adv* (*position*) en tierra; (*movement*) a tierra.
✦ **to go ashore** desembarcar.
to put somebody ashore desembarcar a alguien.
ashtray ['æʃtreɪ] *n* cenicero.
Asia ['eɪʃə, 'eɪʒə] *n* Asia.
■ **Asia Minor** Asia Menor.
Asian ['eɪʃən, 'eɪʒən]
1 *adj* asiático,-a.
2 *n* asiático,-a.
Asiatic [eɪʃɪˈætɪk, eɪʒɪˈætɪk] *adj* asiático,-a.
aside [əˈsaɪd]
1 *adv* al lado, a un lado.
2 *n* (*comment -gen*) inciso; (*-in theatre*) aparte *m.*
✦ **aside from** aparte de.
to cast aside echar a un lado.
to set aside apartar, reservar.
to step aside apartarse.
to take somebody aside separar a alguien (del grupo) para hablar aparte.
asinine ['æsɪnaɪn] *adj* estúpido,-a.
ask [ɑːsk]
1 *vt* (*inquire*) preguntar: she asked me my name preguntó mi nombre; ask any questions you like pregunta lo que quieras; ask him what he wants pregúntale qué quiere.
2 *vt* (*request*) pedir: we have to ask permission debemos pedir permiso; I asked him to help me le pedí que me ayudara.
3 *vt* (*invite*) invitar, convidar: we'll ask Peter to dinner convidaremos a Peter a cenar; he asked her to go out with him la invitó a salir con él; she asked me round to her flat me invitó a su piso.
4 *vi* (*inquire*) preguntar: if you don't know, ask si no lo sabes, pregúntalo.
5 *vi* (*request*) pedir: she asked to speak to the boss pidió hablar con el jefe.
▶ **to ask after** *vt insep vi* preguntar por: I saw Helen, she asked after you vi a Helen, preguntó por ti.
to ask around *vi* (*inquire*) preguntar por ahí.
to ask back
1 *vt sep* (*invite home*) invitar a casa.
2 *vt sep* (*return invitation*) devolver la invitación a.
to ask for *vt insep* (*thing*) pedir; (*person*) preguntar por: he asked for a

wage rise pidió un aumento de sueldo; there's a man on the phone asking for Terry hay un señor al teléfono que pregunta por Terry.
to ask out *vt sep* invitar a salir.
✦ **to ask for it** buscárselo.
to be asking for trouble estarse buscando problemas.
askance [əsˈkæns] **to look askance at** *phr* mirar con recelo.
askew [əsˈkjuː]
1 *adv* de lado.
2 *adj* ladeado,-a.
asleep [əˈsliːp] *adj* (*person*) dormido,-a; (*leg etc*) adormecido,-a: she fell asleep se durmió.
asp [æsp] *n* áspid *m.*
asparagus [æsˈpærəgəs] *n* (*plant*) espárrago; (*shoots*) espárragos *mpl.*
■ **asparagus fern** esparraguera.
asparagus tips puntas *fpl* de espárrago.
aspect ['æspekt]
1 *n* (*gen*) aspecto.
2 *n* (*question*) asunto, tema *m*, cuestión *f*: the public health aspect must not be forgotten no debe olvidarse la cuestión de la salud pública.
3 *n* (*of building*) orientación *f*: it has a west-facing aspect está orientada al oeste.
aspen ['æspən] *n* álamo temblón.
asperity [æsˈperɪtɪ] *n* aspereza.
aspersions [əsˈpɜːʃənz] **to cast aspersions on** *phr* poner en duda, poner en tela de juicio.
asphalt ['æsfælt]
1 *n* asfalto.
2 *vt* asfaltar.
asphyxia [əsˈfɪksɪə] *n* asfixia.
asphyxiate [əsˈfɪksɪeɪt] *vt* asfixiar.
asphyxiating [əsˈfɪksɪeɪtɪŋ] *adj* asfixiante, asfixiador,-ra.
asphyxiation [əsfɪksɪˈeɪʃən] *n* asfixia.
aspic ['æspɪk] *n CULIN* gelatina.
aspirant [əsˈpaɪərənt] *n* aspirante *mf.*
aspirate ['æspəreɪt]
1 *vt* aspirar.
2 *n* consonante *f* aspirada.
▲ (*sustantivo*) ['æspɪrət].
aspiration [æspəˈreɪʃən]
1 *n LING* aspiración *f.*
2 *n* (*ambition*) aspiración *f*, ambición *f.*
aspire [əsˈpaɪəʳ] *vi* aspirar (**to**, a).
aspirin ['æspɪrɪn] *n* aspirina.
▲ *Es marca registrada.*
aspiring [əsˈpaɪərɪŋ] *adj* aspirante: an aspiring musician un aspirante a músico.
ass¹ [æs] *n* (*animal*) burro,-a, asno,-a; (*person*) burro,-a, imbécil *mf.*
✦ **to make an ass of oneself** quedar en ridículo.
ass² [æs] *n US taboo* culo.
assail [əˈseɪl]
1 *vt* (*physically*) atacar.
2 *vt* (*doubts, problems, etc*) asaltar.

assailant [əˈseɪlənt] n atacante mf, agresor,-ra.

assassin [əˈsæsɪn] n asesino,-a.

assassinate [əˈsæsɪneɪt] vt asesinar.

assassination [əsæsɪˈneɪʃən] n asesinato.

assault [əˈsɔːlt]
1 n MIL asalto, ataque m.
2 n JUR agresión f.
3 vt JUR (gen) agredir; (sexually) abusar de.
■ **assault and battery** lesiones fpl.
assault course pista americana.
assault craft lancha de combate.
assault rifle fusil m de asalto.
indecent assault abusos mpl deshonestos.

assay [əˈseɪ]
1 vt ensayar.
2 n ensayo.

assegai [ˈæsəgaɪ] n azagaya.

assemble [əˈsembəl]
1 vt (bring together - people) reunir; (- things) reunir, juntar; (- facts etc) recopilar, recoger.
2 vt (put together) montar.
3 vt COMPUT ensamblar.
4 vi reunirse.

assembler [əˈsemblər] n ensamblador m.

assembly [əˈsemblɪ]
1 n (meeting) reunión f.
2 n (group, body) asamblea.
3 n (in school) reunión de alumnos y profesores antes de iniciar las clases por la mañana.
4 n TECH (putting together) montaje m; (unit) unidad f.
■ **assembly hall** sala de actos.
assembly language lenguaje m ensamblador.
assembly line cadena de montaje.
assembly point punto de reunión.
right of assembly libertad f de reunión.
assembly plant planta de montaje.
National Assembly Asamblea Nacional.
▲ pl assemblies.

assent [əˈsent]
1 n asentimiento.
2 vi asentir (**to**, a).

assert [əˈsɜːt] vt (declare) aseverar, afirmar.
✦ **to assert oneself** imponerse.
to assert one's authority imponer la autoridad.

assertion [əˈsɜːʃən]
1 n (statement) aseveración f.
2 n (of authority etc) reafirmación f.

assess [əˈses]
1 vt (value) tasar, valorar.
2 vt (calculate) calcular.
3 vt fig evaluar.

assessment [əˈsesmənt]
1 n (valuation) tasación f, valoración f.
2 n (calculation) cálculo.
3 n fig evaluación f.

■ **continuous assessment** evaluación f continua.

assessor [əˈsesər]
1 n (advisor) asesor,-ra.
2 n (of taxes) tasador,-ra; (of merits) evaluador,-ra.

asset [ˈæset]
1 n (quality) calidad f positiva, ventaja.
2 n (person) elemento valioso.
3 **assets** npl COMM activo m sing.
■ **assets and liabilities** positivo y activo.
capital assets activo fijo.
current assets activo realizable.
fixed assets activo inmovilizado.
liquid assets activo realizable.
personal assets bienes mpl muebles.

asset-stripping [ˈæsetstrɪpɪŋ] n práctica de adquirir a bajo precio una empresa para liquidar sus activos y luego cerrarla.

asseverate [əˈsevəreɪt] vt aseverar.

asseveration [əsevəˈreɪʃən] n aseveración f.

asshole [ˈæʃəʊl] n US taboo → **arsehole.**

assiduity [æsɪˈdjuːɪtɪ] n diligencia, dedicación f.

assiduous [əˈsɪdjʊəs] adj diligente, dedicado,-a.

assiduously [əˈsɪdjʊəslɪ] adv diligentemente, con dedicación.

assign [əˈsaɪn]
1 vt (thing to a person) asignar, atribuir: I was assigned a room on the ground floor me asignaron una habitación en la planta baja.
2 vt (task to person) asignar: his boss assigns him all the minor tasks su jefe le asigna todas las tareas menores.
3 vt (person - to place) atribuir, transferir; (- to group) ceder: three new warders were assigned to the prison transfirieron tres nuevos celadores a la prisión; Spanish soldiers assigned to the peace-keeping force soldados españoles cedidos a la fuerza de paz.
4 vt (role, value) asignar: first we assign a value to this variable primero asignamos un valor a esta variable; the soldiers were assigned a peace-keeping role a los soldados se les asignó un papel pacificador.
5 vt (property, rights) ceder.

assignation [æsɪgˈneɪʃən] n cita a escondidas.

assignee [æsaɪˈniː] n cesionario,-a.

assignment [əˈsaɪnmənt]
1 n (act of assigning) asignación f.
2 n (mission) misión f.
3 n (task) tarea.

assimilable [əˈsɪmɪləbəl] adj asimilable.

assimilate [əˈsɪmɪleɪt]
1 vt asimilar.
2 vi asimilarse.

assimilation [əsɪmɪˈleɪʃən] n asimilación f.

assist [əˈsɪst]
1 vt ayudar: Tom will assist you with the preparations Tom te ayudará con los preparativos.
2 vi ayudar.
✦ **to assist the police with their enquiries** prestar declaración ante la policía: three men are assisting police in their enquiries tres hombres están siendo interrogados por la policía.

assistance [əˈsɪstəns] n ayuda.
✦ **to be of assistance** ayudar.
to come to somebody's assistance ayudar a alguien.

assistant [əˈsɪstənt]
1 n (helper) ayudante mf.
2 n (in shop) dependiente mf.
■ **assistant manager** subdirector,-ra, director,-ra adjunto,-a.

assoc[1] [əˈsəʊsɪeɪʃən] abbr (**association**) asociación f.

assoc[2] [əˈsəʊsɪeɪʃən] abbr (**associated**) asociado,-a.

associate [ˈəsəʊʃɪeɪt]
1 adj (company) asociado,-a.
2 adj (member) correspondiente.
3 n (partner) socio,-a.
4 vt asociar.
5 vi relacionarse (**with**, con).
✦ **to be associated with something** tener que ver con algo, estar relacionado,-a con algo.
■ **associate member** miembro correspondiente.
▲ (verbo) [əˈsəʊʃɪeɪt].

association [əsəʊsɪˈeɪʃən] n asociación f.
✦ **in association with** en colaboración con.
■ **Association football** fútbol m.

assonance [ˈæsənəns] n asonancia.

assorted [əˈsɔːtɪd] adj surtido,-a, variado,-a.

assortment [əˈsɔːtmənt] n surtido, variedad f.

asst. [əˈsɪstənt] abbr (**assistant**) ayudante mf; (abbreviation) ayte.

assuage [əˈsweɪdʒ] vt saciar.

assume [əˈsjuːm]
1 vt (suppose) suponer.
2 vt (power, responsibility) tomar, asumir.
3 vt (attitude, expression) adoptar.

assumption [əˈsʌmpʃən]
1 n (supposition) suposición f.
2 n (of power) asunción f.
■ **the Assumption** la Asunción f.

assurance [əˈʃʊərəns]
1 n (guarantee) garantía.
2 n (confidence) seguridad f, confianza.
3 n (insurance) seguro.
■ **life assurance** seguro de vida.

assure [əˈʃʊər] vt asegurar.

assured [əˈʃʊəd]
1 *adj* seguro,-a.
2 **the assured** *n (man)* el asegurado; *(woman)* la asegurada.
assuredly [əˈʃʊərədlɪ] *adv* con toda seguridad.
aster [ˈæstəʳ] *n* áster *m*.
asterisk [ˈæstərɪsk] *n* asterisco.
astern [əˈstɜːn]
1 *adv (towards stern)* a popa; *(at stern)* en popa.
2 *adv (sailing backwards)* atrás.
asteroid [ˈæstərɔɪd] *n* asteroide *m*.
asthma [ˈæsmə] *n* asma.
asthmatic [æsˈmætɪk]
1 *adj* asmático,-a.
2 *n* asmático,-a.
astigmatic [æstɪgˈmætɪk] *adj* astigmático,-a.
astigmatism [əˈstɪgmətɪzəm] *n* astigmatismo.
astir [əˈstɜːʳ]
1 *adj* arch *(out of bed)* en pie.
2 *adj (excited)* en un estado de excitación, en ebullición.
astonish [əˈstɒnɪʃ] *vt* asombrar, sorprender.
astonished [əˈstɒnɪʃt] *adj* asombrado,-a.
astonishing [əˈstɒnɪʃɪŋ] *adj* asombroso,-a, sorprendente.
astonishment [əˈstɒnɪʃmənt] *n* asombro.
astound [əˈstaʊnd] *vt* pasmar, asombrar.
astounded [əˈstaʊnd] *adj* pasmado,-a, asombrado,-a.
astounding [əˈstaʊndɪŋ] *adj* pasmoso,-a, asombroso,-a.
astrakhan [æstrəˈkæn] *n* astracán *m*.
astral [ˈæstrəl] *adj* astral.
astray [əˈstreɪ] *adv* extraviado,-a.
✦ **to go astray** *(err)* descarriarse; *(be lost)* extraviarse.
to lead astray pervertir, llevar por el mal camino.
astride [əˈstraɪd] *prep* a horcajadas sobre.
astringent [əˈstrɪndʒənt]
1 *adj* astringente.
2 *n* astringente *m*.
astrolabe [ˈæstrəleɪb] *n* astrolabio.
astrologer [əˈstrɒlədʒəʳ] *n* astrólogo,-a.
astrological [æstrəˈlɒdʒɪkəl] *adj* astrológico,-a.
astrology [əˈstrɒlədʒɪ] *n* astrología.
astronaut [ˈæstrənɔːt] *n* astronauta *mf*.
astronautics [æstrəˈnɔːtɪks] *n* astronáutica.
astronomer [əˈstrɒnəməʳ] *n* astrónomo,-a.
astronomical [æstrəˈnɒmɪkəl] *adj* astronómico,-a.

astronomy [əˈstrɒnəmɪ] *n* astronomía.
astrophysicist [æstrəʊˈfɪzɪsɪst] *n* astrofísico,-a.
astrophysics [æstrəʊˈfɪzɪks] *n* astrofísica.
Asturian [æˈstjʊərɪən]
1 *adj* asturiano,-a.
2 *n* asturiano,-a.
Asturias [æˈstjʊərɪəs] *n* Asturias.
astute [əˈstjuːt] *adj* astuto,-a, sagaz.
astutely [əˈstjuːtlɪ] *adv* astutamente, sagazmente.
astuteness [əˈstjuːtnəs] *n* astucia, sagacidad *f*.
asunder [əˈsʌndəʳ] *adv lit* a trozos.
asylum [əˈsaɪləm]
1 *n (political)* asilo, refugio.
2 *n (for mentally ill)* manicomio.
▪ **mental asylum** manicomio.
asymmetric [æsɪˈmetrɪk] *adj* asimétrico,-a.
▪ **asymmetric bars** barras *fpl* asimétricas.
asymmetrical [æsɪˈmetrɪkəl] *adj* asimétrico,-a.
asynchronous [eɪˈsɪŋkrənəs] *adj* asíncrono,-a.
at[1] [æt, *unstressed* ət]
1 *prep (position)* en, a: **at the door** en la puerta; **at home/school/work/church** en casa/el colegio/el trabajo/la iglesia; **they're at Alyson's** están en casa de Alyson; **she's at the dentist's** ha ido al dentista; **at the foot of the stairs** al pie de la escalera; **at the top of the mountain** en la cumbre de la montaña; **at the bottom of the well** en el fondo del pozo.
2 *prep (time)* a: **at two o'clock** a las dos; **at night** por la noche; **at midnight/noon** a medianoche/mediodía; **at Christmas** en Navidad; **at the age of 13** a los trece años; **at the beginning/end** al principio/final.
3 *prep (direction, violence)* a, contra: **she's always shouting at them** no para de gritarles; **they're shooting at the minister** disparan contra el ministro; **he threw a stone at me** me tiró una piedra.
4 *prep (with numbers)* a: **at 50 miles an hour** a 50 millas la hora; **we buy at £400 a ton** compramos a cuatrocientas libras la tonelada y **vendemos a mil; three at a time** de tres en tres; **water boils at 100 degrees** el agua hierve a los 100 grados.
5 *prep (state)*: **he's at breakfast/lunch/dinner** está desayunando/comiendo/cenando; **they were at war/peace** estaban en guerra/paz; **men at work** hombres trabajando; **they've been at it all day** han estado todo el día dale que te pego; **those kids are at it again** esos críos han vuelto a empezar.

6 *prep (ability)*: **he's good at French** va bien en francés; **she's bad at painting** no pinta bien; **you're great at swimming** eres un fantástico nadador.
7 *adj (reaction, result)*: **I'm surprised at you** me sorprendes; **she was horrified/astounded at the sentence** quedó horrorizada/pasmada ante la sentencia; **he blows his top at the slightest provocation** salta a la mínima; **at the flick of a switch** con solo tocar un botón.
✦ **at first** al principio.
at last! ¡por fin!
at least por lo menos.
at most como máximo.
at the earliest lo más pronto.
at the latest como tarde, a lo más tardar.
at the moment ahora.
at worst en el peor de los casos.
at[2] [æt] *n (Internet)* arroba.
atavism [ˈætəvɪzəm] *n* atavismo.
atavistic [ætəˈvɪstɪk] *adj* atávico,-a.
ate [et, eɪt] *pt* → **eat**.
atheism [ˈeɪθɪɪzəm] *n* ateísmo.
atheist [ˈeɪθɪɪst] *n* ateo,-a.
atheistic [eɪθɪˈɪstɪk] *adj* ateo,-a.
Athenian [əˈθiːnɪən]
1 *adj* ateniense.
2 *n* ateniense *mf*.
Athens [ˈæθənz] *n* Atenas.
athlete [ˈæθliːt] *n* atleta *mf*.
▪ **athlete's foot** pie *m* de atleta.
athletic [æθˈletɪk]
1 *adj* atlético,-a.
2 *adj (sporty)* deportista.
▪ **athletic support** suspensorio.
athletics [æθˈletɪks] *n* atletismo.
▪ **athletics club** club *m* de atletismo.
athletics meeting reunión *f* atlética.
Atlantic [ətˈlæntɪk] *adj* atlántico,-a.
▪ **the Atlantic (Ocean)** el (océano) Atlántico.
atlas [ˈætləs] *n* atlas *m inv*.
Atlas [ˈætləs] **the Atlas Mountains** *npl* el Atlas *m*.
ATM [ˈeɪtiːˈem] *abbr* (**automated teller machine**) cajero autmático.
atmosphere [ˈætməsfɪəʳ]
1 *n* atmósfera.
2 *n (ambience)* ambiente *m*, atmósfera.
atmospheric [ætməsˈferɪk] *adj* atmosférico,-a.
▪ **atmospheric pressure** presión *f* atmosférica.
atmospherics [ætməsˈferɪks] *npl* parásitos *mpl*.
atoll [ˈætɒl] *n* atolón *m*.
atom [ˈætəm]
1 *n* átomo.
2 *n fig* ápice *m*, pizca.
▪ **atom bomb** bomba atómica.
atomic [əˈtɒmɪk] *adj* atómico,-a.
▪ **atomic bomb** bomba atómica.
atomic energy energía atómica.

atomic number número atómico.
atomic pile pila atómica.
atomic warfare guerra atómica.
atomic weight peso atómico.
atomise ['ætəmaɪz] *vt* → **atomize.**
atomiser ['ætəmaɪzə'] *n* → **atomizer.**
atomize ['ætəmaɪz] *vt* atomizar.
atomizer ['ætəmaɪzə'] *n* atomizador *m.*
atone [ə'təʊn] **to atone for** *vi (sin)* expiar; *(crime)* reparar.
atonement [ə'təʊnmənt] *n (for sin)* expiación *f*; *(for crime)* reparación *f.*
atrocious [ə'trəʊʃəs]
1 *adj (cruel)* atroz.
2 *adj fam* fatal, malísimo,-a.
atrocity [ə'trɒsɪtɪ] *n* atrocidad *f.*
▲ *pl* **atrocities.**
atrophy ['ætrəfɪ]
1 *n* atrofia.
2 *vt* atrofiar.
3 *vi* atrofiarse.
▲ *(sustantivo) pl* **atrophies;** *(verbo) pt & pp* **atrophied,** *ger* **atrophying.**
attach [ə'tætʃ]
1 *vt (fasten)* sujetar.
2 *vt (tie)* atar.
3 *vt (stick)* pegar.
4 *vt (document)* adjuntar.
5 *vt (person)* agregar, destinar, adscribir.
✦ **to attach importance to** considerar importante, dar importancia a.
attaché [ə'tæʃeɪ] *n* agregado,-a.
■ **attaché case** maletín *m.*
military attaché agregado militar.
attached [ə'tætʃt] *adj (document)* adjunto,-a.
✦ **to be attached to** tener cariño a.
to grow attached to coger cariño a, encariñarse con.
attachment [ə'tætʃmənt]
1 *n TECH* accesorio.
2 *n (to an e-mail)* anexo.
3 *n (fondness)* cariño, apego.
attack [ə'tæk]
1 *n (gen)* ataque *m*; *(terrorist)* atentado.
2 *vt (gen)* atacar; *(terrorist)* atentar contra.
3 *vt (task, problem)* acometer; *(person)* agredir, atacar.
4 *vi* atacar.
✦ **on the attack** atacando.
to come under attack ser atacado,-a.
to launch an attack on lanzar un ataque a.
attacker [ə'tækə'] *n* atacante *mf*, agresor,-ra.
attain [ə'teɪn]
1 *vt (goal)* lograr.
2 *vt (rank, age)* llegar a.
attainable [ə'teɪnəbəl] *adj* alcanzable.
attainment [ə'teɪnment]
1 *n (something achieved)* logro.
2 *n (skill)* talento.
attempt [ə'tempt]
1 *n (try)* intento, tentativa: **he made an attempt at 4 metres** hizo un intento a

4 metros; **I'll do it or die in the attempt** lo haré o moriré en el intento.
2 *vt* intentar.
✦ **to make an attempt on somebody's life** atentar contra la vida de alguien.
attend [ə'tend]
1 *vt (be present at)* asistir a: **all her friends attended the funeral** todos sus amigos asistieron al funeral.
2 *vt (care for)* atender, cuidar: **she is attended by a nurse** la atiende una enfermera.
3 *vt (accompany)* acompañar.
4 *vi (be present)* asistir.
5 *vi (pay attention)* prestar atención.
▸ **to attend to**
1 *vt insep* ocuparse de.
2 *vt insep (in shop)* despachar.
attendance [ə'tendəns]
1 *n (being present)* asistencia.
2 *n (people present)* asistentes *mpl.*
✦ **to be in attendance on** *(accompany)* acompañar; *(tend to)* asistir a.
attendant [ə'tendənt] *n (in car park, museum)* vigilante *mf*; *(in cinema)* acomodador,-ra.
attention [ə'tenʃən]
1 *n* atención *f.*
2 **attention!** *interj MIL* ¡firmes!
✦ **for the attention of** a la atención de.
to attract somebody's attention llamar la atención a alguien.
to bring something to somebody's attention informar a alguien de algo, poner algo en conocimiento de alguien.
to hold somebody's attention mantener la atención de alguien.
to pay attention prestar atención.
to stand to attention cuadrarse.
attentive [ə'tentɪv]
1 *adj (paying attention)* atento,-a.
2 *adj (helpful)* solícito,-a.
attentively [ə'tentɪvlɪ] *adv* con atención.
attentiveness [ə'tentɪvnəs]
1 *n (attention)* atención *f.*
2 *n (helpfulness)* solicitud *f.*
attenuate [ə'tenjʊeɪt] *vt* atenuar.
attenuating [ə'tenjʊeɪtɪŋ] *adj* atenuante.
attenuation [ətenjʊ'eɪʃən] *n* atenuación *f.*
attest [ə'test] *vt (gen)* atestiguar; *(signature)* autentificar.
✦ **to attest to something** atestiguar algo.
attic ['ætɪk] *n* desván *m.*
attire [ə'taɪə']
1 *n* atuendo, atavío, vestido.
2 *vt* ataviar, vestir.
attitude ['ætɪtjuːd]
1 *n (way of thinking)* actitud *f.* **I take the attitude that ...** para mí, ..., yo creo que ...
2 *n (pose)* postura, pose *f.*
■ **attitude of mind** estado de ánimo.

attn [fɔːðɪə'tenʃənɒv] *abbr COMM* **(for the attention of)** a la atención de.
attorney [ə'tɜːnɪ] *n US* abogado,-a.
■ **Attorney General** *GB* Ministro,-a de Justicia.
attract [ə'trækt] *vt* atraer.
✦ **to attract attention** llamar la atención.
to be attracted to somebody sentir atracción por alguien.
attraction [ə'trækʃən]
1 *n (power)* atracción *f.*
2 *n (thing)* atractivo: **it holds no attraction for me** no me atrae.
3 *n (incentive)* aliciente *m.*
■ **the main attraction** *(gen)* el principal atractivo; *(in show)* el número fuerte.
tourist attraction atracción *f* turística.
attractive [ə'træktɪv]
1 *adj (person)* atractivo,-a.
2 *adj (offer)* interesante, tentador,-ra.
attractively [ə'træktɪvlɪ] *adv:* **our products are very attractively presented** nuestros productos tienen una presentación muy atractiva; **she smiled at him attractively** le dirigió una sonrisa atractiva.
attractiveness [ə'træktɪvnəs] *n* atractivo.
attributable [ə'trɪbjʊtəbəl] *adj* atribuible.
attribute ['ætrɪbjuːt]
1 *n* atributo.
2 *vt* atribuir.
▲ *(verbo)* [ə'trɪbjuːt].
attribution [ætrɪ'bjuːʃən] *n* atribución *f.*
attributive [ə'trɪbjʊtɪv] *adj* atributivo,-a.
attrition [ə'trɪʃən] *n* desgaste *m.*
■ **war of attrition** guerra de desgaste.
attune [ə'tjuːn] **to be attuned to** *phr* estar en sintonía con, entender bien.
✦ **to attune to something** acostumbrarse a.
atypical [eɪ'tɪpɪkəl] *adj* atípico,-a.
atypically [eɪ'tɪpɪkəlɪ] *adv* atípicamente, de manera atípica.
aubergine ['əʊbəʒiːn] *n* berenjena.
auburn ['ɔːbən] *adj* castaño,-a.
auction ['ɔːkʃən]
1 *n* subasta.
2 *vt* subastar.
▸ **to auction off** *vt sep* subastar.
✦ **at auction** en subasta.
to put something up for auction subastar algo.
■ **auction room** sala de subastas.
auction sale subasta.
auctioneer [ɔːkʃə'nɪə'] *n* subastador,-ra.
audacious [ɔː'deɪʃəs]
1 *adj (daring)* audaz, intrépido,-a.
2 *adj (rude)* descarado,-a, osado,-a.
audacity [ɔː'dæsɪtɪ]
1 *n (daring)* audacia, intrepidez *f.*
2 *n (rudeness)* descaro, atrevimiento, osadía.

audibility [ɔːdɪˈbɪlɪtɪ] n audibilidad f.
audible [ˈɔːdɪbəl] adj audible.
audibly [ˈɔːdɪblɪ] adv de forma audible.
audience [ˈɔːdɪəns]
 1 n (spectators) público; (to radio) audiencia; (to television) telespectadores mpl.
 2 n (interview) audiencia.
audio frequency [ɔːdɪəʊˈfriːkwənsɪ] n audiofrecuencia.
audiotape [ˈɔːdɪəʊteɪp] n cinta de audio.
audio typist [ɔːdɪəʊˈtaɪpɪst] n audiomecanógrafo,-a.
audio-visual [ɔːdɪəʊˈvɪzjuəl] adj audiovisual.
audit [ˈɔːdɪt]
 1 n auditoría.
 2 vt auditar.
audition [ɔːˈdɪʃən]
 1 n prueba.
 2 vt hacer una prueba a.
 3 vi hacer una prueba: she auditioned for the part of Goneril hizo una prueba para el papel de Goneril.
auditor [ˈɔːdɪtəʳ] n auditor,-ra.
auditorium [ɔːdɪˈtɔːrɪəm] n auditorio, sala.
 ▲ pl auditoriums o auditoria [ɔːdɪˈtɔːrɪə].
auditory [ˈɔːdɪtərɪ] adj auditivo,-a.
au fait [əʊˈfeɪ] to be au fait with phr estar familiarizado,-a con.
Aug [ˈɡəst] abbr (**August**) agosto.
auger [ˈɔːɡəʳ] n barrena.
aught [ɔːt] pron arch a cosa.
 ✦ for aught I care por mí, por lo que a mí respecta.
 for aught I know que yo sepa.
augment [ɔːɡˈment]
 1 vt fml aumentar.
 2 vi fml aumentarse.
augmentative [ɔːɡˈmentətɪv] adj aumentativo,-a.
au gratin [əʊˈɡrætæn] adv gratinado,-a.
augur [ˈɔːɡəʳ] vt presagiar.
 ✦ to augur well ser de buen agüero.
 to augur ill ser de mal agüero.
august [ɔːˈɡʌst] adj augusto,-a.
August [ˈɔːɡəst] n agosto.
 ▲ Para ejemplos de uso, véase May.
auld lang syne [ɔːldlæŋˈzaɪn] n canción popular escocesa que tradicionalmente se canta en Nochevieja.
aunt [ɑːnt] n tía.
auntie [ˈɑːntɪ] n fam tía, tita.
aunty [ˈɑːntɪ] n fam tía, tita.
 ▲ pl aunties.
au pair [əʊˈpeəʳ] n au pair f.
 ▪ au pair girl au pair f.
aura [ˈɔːrə] n (of person) aura; (of place) sensación f.
aural [ˈɔːrəl] adj auditivo,-a.
 ▲ A veces se pronuncia [ˈaʊrəl] para distinguirlo de oral.

aureola [ɔːrɪˈələ] n → aureole.
aureole [ɔːrɪˈəʊl] n aureola.
auricle [ˈɒrɪkəl]
 1 n (of heart) aurícula.
 2 n (of ear) aurícula, pabellón m de la oreja.
auricular [ɒˈrɪkjʊləʳ] adj auricular.
aurora [ɔːˈrɔːrə] n aurora.
 ▪ aurora australis aurora austral.
 aurora borealis aurora boreal.
auscultate [ˈɔːskʌlteɪt] vt auscultar.
auscultation [ɔːskʌlˈteɪʃən] n auscultación f.
auspices [ˈɔːspɪsɪz] npl auspicios mpl: under the auspices of bajo los auspicios de.
auspicious [ɔːsˈpɪʃəs] adj (start etc) prometedor,-ra; (occasion) feliz.
Aussie [ˈɒzɪ]
 1 adj fam australiano,-a.
 2 n fam australiano,-a.
austere [ɒsˈtɪəʳ] adj austero,-a.
austerity [ɒsˈterɪtɪ] n austeridad f.
Australasia [ɒstrəlˈeɪʒə] n Australasia.
Australasian [ɒstrəlˈeɪʒən]
 1 adj australasiano,-a.
 2 n australasiano,-a.
Australia [ɒˈstreɪlɪə] n Australia.
Australian [ɒˈstreɪlɪən]
 1 adj australiano,-a.
 2 n (person) australiano,-a.
 3 n (language) australiano.
Austria [ˈɒstrɪə] n Austria.
Austrian [ˈɒstrɪən]
 1 adj austríaco,-a, austriaco,-a.
 2 n austríaco,-a, austriaco,-a.
authentic [ɔːˈθentɪk] adj auténtico,-a.
authenticate [ɔːˈθentɪkeɪt] vt autenticar, autentificar.
authentication [ɔːθentɪˈkeɪʃən] n autenticación f.
authenticity [ɔːθenˈtɪsɪtɪ] n autenticidad f.
author [ˈɔːθəʳ] n autor,-ra, escritor,-ra.
authoress [ˈɔːθərəs] n autora, escritora.
authoritarian [ɔːθɒrɪˈteərɪən] adj autoritario,-a.
authoritarianism [ɔːθɒrɪˈteərɪənɪzəm] n autoritarismo.
authoritative [ɔːˈθɒrɪtətɪv]
 1 adj (reliable) autorizado,-a, fidedigno,-a.
 2 adj (authoritarian) autoritario,-a.
authoritatively [ɔːˈθɒrɪtətɪvlɪ]
 1 adv (reliably) con autoridad.
 2 adj (in authoritarian way) autoritariamente.
authority [ɔːˈθɒrɪtɪ]
 1 n (gen) autoridad f.
 2 n (permission) autorización f, permiso.
 3 n (expert) autoridad f, experto: he's an authority on rabbit breeding es una autoridad en cunicultura.

 ✦ to exercise one's authority ejercer la autoridad.
 to have it on good authority that ... saber de buena tinta que ...
 ▪ the local authority el ayuntamiento.
 ▲ pl authorities.
authorisation [ɔːθəraɪˈzeɪʃən] n → authorization.
authorise [ˈɔːθəraɪz] vt → authorize.
authorization [ɔːθəraɪˈzeɪʃən] n autorización f.
authorize [ˈɔːθəraɪz] vt autorizar.
 ▪ the Authorized Version traducción inglesa de la Biblia publicada en 1611.
authorship [ˈɔːθəʃɪp] n autoría.
autism [ˈɔːtɪzəm] n autismo.
autistic [ɔːˈtɪstɪk] adj autista.
auto [ˈɔːtəʊ] n US fam coche m.
 ▲ pl autos.
autobiographical [ɔːtəbaɪəˈɡræfɪkəl] adj autobiográfico,-a.
autobiographic [ɔːtəbaɪəˈɡræfɪk] adj autobiográfico,-a.
autobiography [ɔːtəbaɪˈɒɡrəfɪ] n autobiografía.
 ▲ pl autobiographies.
autocracy [ɔːˈtɒkrəsɪ] n autocracia.
 ▲ pl autocracies.
autocrat [ˈɔːtəkræt] n autócrata mf.
autocratic [ɔːtəˈkrætɪk] adj autocrático,-a.
autocross [ˈɔːtəʊkrɒs] n autocross m.
Autocue [ˈɔːtəʊkjuː] n teleapuntador m, teleprompter m.
autograph [ˈɔːtəɡrɑːf]
 1 n autógrafo.
 2 vt autografiar.
automat [ˈɔːtəʊmæt] n US restaurante autoservicio.
automata [ɔːˈtɒmətə] npl → automaton.
automate [ˈɔːtəmeɪt] vt automatizar.
automatic [ɔːtəˈmætɪk]
 1 adj automático,-a.
 2 n (car) coche m automático.
 3 n (gun) automática.
 4 n (washing machine) lavadora automática.
 ▪ automatic pilot piloto automático: I'm on automatic pilot tengo el piloto automático puesto.
automatically [ɔːtəˈmætɪklɪ] adv automáticamente.
automation [ɔːtəˈmeɪʃən] n automatización f.
automaton [ɔːˈtɒmətən]
 1 n (robot) autómata m.
 2 n (person) autómata mf.
 ▲ pl automatons o automata.
automobile [ˈɔːtəməbiːl] n automóvil m, coche m.
automotive [ɔːtəˈməʊtɪv] adj automovilístico,-a.
autonomous [ɔːˈtɒnəməs] adj autónomo,-a.

autonomy [ɔːˈtɒnəmɪ] *n* autonomía.
  ▲ *pl autonomies.*
autopsy [ˈɔːtɒpsɪ] *n* autopsia.
  ▲ *pl autopsies.*
autosuggestion [ɔːtəʊsəˈdʒestʃən] *n* autosugestión *f.*
autumn [ˈɔːtəm] *n* otoño.
autumnal [ɔːˈtʌmnəl] *adj* otoñal.
auxiliary [ɔːgˈzɪljərɪ]
  1 *adj* auxiliar.
  2 *n* auxiliar *m*, ayudante *mf.*
  ▪ **auxiliary verb** verbo auxiliar.
  ▲ *pl auxiliaries.*
AV¹ [ɔːdɪəʊˈvɪzjʊəl] *abbr* (**audio-visual**) audiovisual.
AV² [ˈɔːθəraɪzdvɜːʒən] *abbr* (**Authorized Version**) *traducción inglesa de la Biblia publicada en 1611.*
av. [ˈævərɪdʒ] *abbr* (**average**) promedio.
avail [əˈveɪl] *vi lit* servir: it avails little to plead de poco sirve suplicar.
  ✦ **to avail oneself of** aprovecharse de.
  to no avail en vano.
availability [əveɪləˈbɪlɪtɪ] *n* disponibilidad *f.*
available [əˈveɪləbəl]
  1 *adj (thing)* disponible: it's available in four colours lo hay en cuatro colores.
  2 *adj (person)* libre, disponible.
  ✦ **to make something available to somebody** poner algo a disposición de alguien.
avalanche [ˈævəlɑːnʃ] *n* alud *m*; *fig* avalancha.
avant-garde [ævɒnˈgɑːd]
  1 *n* vanguardia.
  2 *adj* vanguardista.
avarice [ˈævərɪs] *n* avaricia.
avaricious [ævəˈrɪʃəs] *adj* avaro,-a.
Ave [ˈævənjuː] *abbr* (**Avenue**) Avenida; *(abbreviation)* Av, Avda.
avenge [əˈvendʒ] *vt* vengar.
avenger [əˈvendʒəʳ] *n* vengador,-ra.
avenue [ˈævənjuː]
  1 *n (street)* avenida.
  2 *n (means)* vía.
aver [əˈvɜːʳ] *vt* asegurar.
  ▲ *pt & pp averred, ger averring.*
average [ˈævərɪdʒ]
  1 *n* promedio, media.
  2 *adj* medio,-a.
  3 *adj (not special)* corriente, regular.
  4 *vt* hacer un promedio de: I average 10 cigarettes a day fumo un promedio de 10 cigarrillos al día.
  5 *vt (calculate)* determinar el promedio de.
  ▶ **to average out at** *vt insep* salir a una media de.
  ✦ **above average** por encima de la media.
  below average por debajo de la media.
  on average por término medio.
averse [əˈvɜːs] *adj* reacio,-a (**to**, a): he's not averse to the occasional drink le gusta una copa de vez en cuando.

aversion [əˈvɜːʒən]
  1 *n (hatred)* aversión *f*: I have an aversion to cats odio los gatos.
  2 *n (thing hated)* bestia negra: cats are my pet aversion lo que más odio son los gatos.
  ▪ **aversion therapy** terapia por aversión.
avert [əˈvɜːt] *vt (avoid)* evitar.
  ✦ **to avert one's eyes** apartar la vista.
aviary [ˈeɪvjərɪ] *n* pajarera.
  ▲ *pl aviaries.*
aviation [eɪvɪˈeɪʃən] *n* aviación *f.*
aviator [ˈeɪvɪeɪtəʳ] *n* aviador,-ra.
avid [ˈævɪd] *adj* ávido,-a.
avidity [əˈvɪdɪtɪ] *n* avidez *f.*
avidly [ˈævɪdlɪ] *adv* ávidamente.
avionics [eɪvɪˈɒnɪks] *n* aviónica.
avocado [ævəˈkɑːdəʊ] **avocado (pear)** *n* aguacate *m.*
  ▲ *pl avocados.*
avoid [əˈvɔɪd]
  1 *vt* evitar.
  2 *vt (question)* eludir.
  3 *vt (person)* esquivar.
avoidable [əˈvɔɪdəbəl] *adj* evitable.
avoidance [əˈvɔɪdəns] *n* evitación *f.*
avoirdupois [ævədəˈpɔɪs] *n sistema de pesos basado en la libra de 16 onzas usado en los países anglosajones.*
avow [əˈvaʊ] *vt* confesar, declarar.
avowal [əˈvaʊəl] *n* confesión *f*, declaración *f.*
avowed [əˈvaʊd] *adj* declarado,-a.
avowedly [əˈvaʊədlɪ] *adv* declaradamente.
await [əˈweɪt] *vt fml* aguardar, esperar.
awake [əˈweɪk]
  1 *adj* despierto,-a.
  2 *vi* despertar.
  3 *vi* despertarse.
  ✦ **to be awake to something** ser consciente de algo.
  ▲ *pt awoke* [əˈwəʊk], *pp awaked o awoken* [əˈwəʊkən].
awaken [əˈweɪkən] *vt-vi* → **awake.**
  ▶ **to awaken to** *vt insep* darse cuenta de.
  ▲ *pt awakened, pp awoken* [əˈwəʊkən].
awakening [əˈweɪkənɪŋ] *n* despertar *m*: a rude awakening un brusco y desagradable despertar.
award [əˈwɔːd]
  1 *n (prize)* premio; *(medal)* condecoración *f*; *(trophy)* trofeo.
  2 *n (grant)* beca.
  3 *n (damages)* indemnización *f.*
  4 *vt (prize, grant)* otorgar, conceder.
  5 *vt (damages)* adjudicar.
aware [əˈweəʳ]
  1 *adj* consciente: I was not aware that you were invited no sabía que estabas invitado.
  2 *adj (informed)* informado,-a, enterado,-a.
  ✦ **to be aware of** ser consciente de.
  to become aware of darse cuenta de.

awareness [əˈweənəs] *n* conciencia.
awash [əˈwɒʃ] *adj* inundado,-a (**with**, de).
away [əˈweɪ]
  1 *adv* lejos, fuera, alejándose: he lives 4 km away vive a 4 km (de aquí); the wedding is 6 weeks away faltan 6 semanas para la boda; she was away from school last week estuvo ausente del colegio la semana pasada; Mr Korda is away on business el Sr Korda está fuera por negocios.
  2 *adv (indicating continuity)*: they worked away all day trabajaron todo el día.
  3 *adv (till nothing is left)*: she left the gas on and the milk boiled away dejó el gas encendido y la leche hirvió hasta evaporarse; the straw blew away la paja se la llevó el viento; she gave his things away regaló todas sus cosas.
  4 *adv (in sport)* en campo contrario: we're playing Barnsley away next week la semana que viene jugamos contra Barnsley en su campo.
  ✦ **to be away** estar fuera; *(from school)* estar ausente.
  to go away irse, marcharse.
  to put away guardar.
  to run away irse corriendo.
awe [ɔː] *n* sobrecogimiento.
  ✦ **to fill with awe** sobrecoger.
  to stand in awe of somebody sentir mucho respeto hacia alguien.
awe-inspiring [ˈɔːɪnspaɪərɪŋ] *adj* sobrecogedor,-ra, impresionante.
awesome [ˈɔːsʌm]
  1 *adj* imponente.
  2 *adj US fam* alucinante.
awestricken [ˈɔːstrɪkən] *adj* → **awestruck.**
awestruck [ˈɔːstrʌk] *adj* sobrecogido,-a.
awful [ˈɔːfʊl]
  1 *adj (shocking)* atroz, horrible.
  2 *adj fam (very bad)* fatal, horrible, espantoso,-a.
awfully [ˈɔːfʊlɪ] *adv fam* terriblemente.
awhile [əˈwaɪl] *adv* un rato.
awkward [ˈɔːkwəd]
  1 *adj (clumsy - person)* torpe; *(- expression)* poco elegante.
  2 *adj (difficult)* difícil; *(uncooperative)* poco cooperativo,-a: it's an awkward place to get to es difícil llegar hasta allí; she enjoys being awkward and causing problems le gusta poner pegas y causar problemas.
  3 *adj (embarrassing)* embarazoso,-a, delicado,-a: it's an awkward situation es una situación delicada.
  4 *adj (inconvenient)* inconveniente, inoportuno,-a: it's a little awkward now, can you come back later? no es conveniente ahora mismo, ¿puedes volver después?
  5 *adj (uncomfortable)* incómodo,-a.
  ▪ **awkward customer** tipo difícil.

awkwardly ['ɔːkwədlɪ]
1 *adv (gen)* torpemente; *(express oneself)* con poca elegancia.
2 *adv (in an embarrassing way)* incómodamente: he smiled awkwardly trying to hide his embarrassment sonrió incómodamente para intentar ocultar su vergüenza.

awkwardness ['ɔːkwədnəs]
1 *n (clumsiness - of person)* torpeza; *(- of expression)* poca elegancia.
2 *n (difficulty)* dificultad *f*, lo difícil.
3 *n (embarrassment)* incomodidad *f*: his awkwardness was apparent to all su incomodidad era evidente a todos.
4 *n (delicate nature)* lo delicado, lo embarazoso.
5 *n (inconvenience)* lo inconveniente.
6 *n (non-cooperation)* falta de cooperación.

awl [ɔːl] *n* lezna.

awning ['ɔːnɪŋ] *n* toldo.
awoke [ə'wəʊk] *pt* → awake.
awoken [ə'wəʊkən] *pp* → awake.
awry [ə'raɪ] *adj* torcido,-a.
✦ **to go awry** salir mal.
ax [æks] *n* → axe.
axe [æks]
1 *n* hacha.
2 *vt (reduce)* recortar.
3 *vt (dismiss)* despedir.
4 *vt (get rid of)* suprimir; *(cancel)* cancelar.
✦ **to get the axe** ser despedido,-a.
to have an axe to grind tener intereses personales.
axiom ['æksɪəm] *n* axioma *m*.
axiomatic [æksɪə'mætɪk] *adj* axiomático,-a.
axis ['æksɪs] *n* eje *m*.
axle ['æksəl] *n* eje *m*.

ayatollah [aɪə'tɒlə] *n* ayatollah *m*.
aye [aɪ]
1 *adv* sí.
2 *n* sí *m*.
✦ **the ayes have it** gana el sí.
azalea [ə'zeɪlɪə] *n* azalea.
Azerbaijan [æzəbaɪ'dʒɑːn] *n* Azerbaiyán *m*.
Azerbaijani [æzəbaɪ'dʒɑːnɪ]
1 *adj* azerbaiyano,-a, azerí.
2 *n (person)* azerbaiyano,-a, azerí *mf*.
3 *n (language)* azerí *m*, azerbaiyano.
azimuth ['æzɪməθ] *n* acimut *m*.
Aztec ['æztek]
1 *adj* azteca.
2 *n (person)* azteca *mf*.
3 *n (language)* azteca *m*.
azure ['eɪʒəʳ]
1 *adj* azul celeste.
2 *n* azul *m* celeste.

B, b [biː]
1 *n (the letter)* B, b *f.*
2 *n (musical note)* sì *m.*
■ **B movie** película de la serie B.
B road carretera secundaria.

b [bɔːn] *abbr* (**born**) nacido,-a; *(abbreviation)* n.

BA [ˈbiːˈeɪ] *abbr* (**Bachelor of Arts**) licenciado,-a en letras.

baa [bɑː]
1 *vi* balar.
2 *n* balido.

babble [ˈbæbəl]
1 *vi (excitedly)* barbullar.
2 *vi (meaninglessly)* balbucear.
3 *vi (gossip)* chismorrear.
4 *vi (stream)* murmurar.
5 *vt (say incoherently)* mascullar, farfullar.
6 *n (confused voices)* murmullo, rumor *m.*
7 *n (chatter)* cotorreo.
8 *n (gossip)* chismorreo.
9 *n (incoherent speech)* farfulla.
10 *n (stream)* murmullo.

babbling [ˈbæbəlɪŋ]
1 *adj (stream)* murmullante.
2 *adj (talkative)* parlanchín,-ina.
3 *n →* **babble.**

babe [beɪb]
1 *n (baby)* nene,-a, criatura.
2 *n US (girl)* nena, chica.
■ **babe in arms** niño de pecho.

Babel [ˈbeɪbəl] **Tower of Babel** *n* torre *f* de Babel.

baboon [bəˈbuːn] *n* mandril *m*, babuino.

baby [ˈbeɪbɪ]
1 *n* bebé *m.*
2 *n (young child)* niño,-a.
3 *n (youngest son)* benjamín *m.*
4 *n (of animal)* cría.
5 *n fig (infantile person)* niño,-a: **don't be such a baby!** ¡no seas niño!
6 *n (brainchild)* invento.
7 *vt (pamper)* mimar.
✦ **it's your baby!** ¡ya te las apañarás!
to be left holding the baby pagar el pato.
to have a baby dar a luz, tener un niño.

to throw the baby out with the bathwater tirar las frutas frescas con las pochas.
■ **baby boom** explosión *f* demográfica.
baby boomer persona nacida durante una explosión demográfica.
baby boy niño.
baby carriage *US* cochecito de niño.
baby farm *US* guardería infantil.
baby girl niña.
baby grand piano de media cola.
baby powder polvos *mpl* (de talco) para niños.
baby tooth diente *m* de leche.
▲ *pl* **babies.**

baby-battering [ˈbeɪbɪbætərɪŋ] *n* malos tratos *mpl* infantiles.

baby-faced [ˈbeɪbɪfeɪst]
1 *adj* con cara de niño.
2 *adj (without facial hair)* barbilampiño, imberbe.

babyhood [ˈbeɪbɪhʊd] *n* infancia.

babyish [ˈbeɪbɪʃ]
1 *adj* infantil, de niño.
2 *adj (immature)* pueril.

Babylon [ˈbæbɪlon] *n* Babilonia.

Babylonian [bæbɪˈləʊnɪən]
1 *adj* babilónico,-a.
2 *n (person)* babilónico,-a.
3 *n (language)* babilónico.

baby-minder [ˈbeɪbɪmaɪndəʳ] *n* niñera.

baby-scales [ˈbeɪbɪskeɪlz] *n* pesabebés *m.*

baby-sit [ˈbeɪbɪsɪt] *vi* hacer de canguro, cuidar niños.
▲ *pt & pp* **baby-sat** [ˈbeɪbɪsæt], *ger* **baby-sitting.**

baby-sitter [ˈbeɪbɪsɪtəʳ] *n* canguro *mf.*

baby-sitting [ˈbeɪbɪsɪtɪŋ] *n* cuidado de los niños *(por un canguro).*

baby-walker [ˈbeɪbɪwɔːkəʳ] *n* andador *m*, tacataca *m*, tacatá *m.*

Bacchic [ˈbækɪk] *adj* báquico,-a.

bachelor [ˈbætʃələʳ] *n* soltero.
■ **bachelor flat** piso de soltero.
Bachelor of Arts licenciado,-a en letras.
Bachelor of Law licenciado,-a en derecho.

Bachelor of Science licenciado,-a en ciencias.
confirmed bachelor solterón *m.*

bachelorhood [ˈbtʃələhʊd] *n* soltería.

bacillary [bəˈsɪlərɪ] *adj* bacilar.

bacillus [bəˈsɪləs] *n* bacilo.
▲ *pl* **bacilli** [bəˈsɪlaɪ].

back [bæk]
1 *n (of person)* espalda.
2 *n (of animal, book)* lomo.
3 *n (of chair)* respaldo.
4 *n (of hand)* dorso.
5 *n (of knife, sword)* canto.
6 *n (of coin, medal)* reverso.
7 *n (of cheque)* dorso.
8 *n (of stage, room, cupboard)* fondo.
9 *n (sport - player)* defensa *mf*; *(- position)* defensa.
10 *adj* trasero,-a, de atrás.
11 *adv (at the rear)* atrás; *(towards the rear)* hacia atrás; *(time)* hace: **several years back** hace varios años.
12 *vt (support)* apoyar, respaldar.
13 *vt (finance)* financiar.
14 *vt (bet on)* apostar por.
▶ **to back away** *vi* retirarse.
to back down *vi* claudicar, cejar.
to back off *vi* apartarse.
to back out *vi* volverse atrás.
to back up *vt sep (vehicle)* dar marcha atrás a; *(support)* apoyar.
✦ **back to back** espalda con espalda.
back to front al revés.
to answer back replicar.
to be back estar de vuelta.
to be glad to see the back of somebody estar contento de haberse quitado a alguien de encima.
to break one's back deslomarse.
to carry on one's back llevar a cuestas.
to fall on one's back caerse de espaldas.
to come back/go back volver.
to get off somebody's back dejar de fastidiar a alguien.
to get somebody's back up mosquear a alguien.
to give back devolver.

to have one's back to the wall *fig* estar entre la espada y la pared.

to have somebody on one's back tener a alguien encima.

to hit back devolver el golpe; *fig* contestar a una acusación.

to lie on one's back estar acostado,-a boca arriba.

to phone back volver a llamar.

to put back volver a guardar en su sitio.

to put one's back into something arrimar el hombro.

to stand back apartarse.

to turn one's back on somebody volver la espalda a alguien.

■ back copy número retrasado.
back door puerta trasera.
back number número atrasado.
back pay atrasos *mpl*.
back row última fila.
back seat asiento de atrás.
back street callejuela.
back wheel rueda trasera.
short back and sides corte *m* de pelo casi al rape.

backache ['bækeɪk] *n* dolor *m* de espalda.

backbencher [bæk'benʃə] *n* diputado,-a *(que no forma parte del consejo de ministros)*.

backbite ['bækbaɪt] *vi* quejarse, criticar.
✦ to backbite about somebody poner a alguien de vuelta y media.

backbiter ['bækbaɪtə'] *n* murmurador, -ra, criticón,-ona.

backbiting ['bækbaɪtɪŋ] *n* murmuraciones *fpl*.

backbone ['bækbəʊn]
1 *n* columna vertebral, espinazo.
2 *n fig* carácter *m*, aguante *m*.
3 *n (chief support)* piedra angular.

backbreaking ['bækbreɪkɪŋ] *adj (work)* agotador,-ra, matador,-ra: a backbreaking job un trabajo agotador.

backchat ['bæktʃæt] *n GB fam* impertinencia, réplicas *fpl*.

backcloth ['bækklɒθ] *n* telón *m* de fondo.

backcomb ['bækkəʊm] *vt* cardar (el pelo).

backdate [bæk'deɪt]
1 *vt (document, agreement)* retrodatar.
2 *vt (make valid)* dar efecto retroactivo a.

backdated [bæk'deɪtɪd]
1 *adj (valid)* con efecto retroactivo.
2 *adj (antedate)* antedatado,-a.

backdrop ['bækdrɒp] *n* telón *m* de fondo.

backer ['bækə']
1 *n FIN* promotor,-ra.
2 *n (guarantor)* fiador,-ra.
3 *n (supporter)* partidario,-a.

backfire [bæk'faɪə']
1 *vi* fallar: our plan backfired nos salió el tiro por la culata.
2 *vi AUTO (engine)* petardear.
3 *n AUTO* petardeo.

backgammon ['bækgæmən] *n* chaquete *m*, tablas *f*.

background ['bækgraʊnd]
1 *n* fondo: he painted it on a black background lo pintó sobre un fondo negro.
2 *n fig* trasfondo, antecedentes *mpl*: the background to the strike los antecedentes de la huelga.
3 *n (of photograph, picture)* último plano.
4 *n fig (origins)* orígenes *mpl*, antecedentes *mpl*: his background is completely unknown sus antecedentes son una gran incógnita.
✦ to come from a humble background ser de origen humilde.
to have a criminal background tener antecedentes penales.
to stay in the background mantenerse en segundo plano.
■ background information información *f* previa.
background knowledge conocimientos *mpl* previos.
background music música de fondo.
background noise ruido de fondo.

backhand ['bækhænd]
1 *n* revés *m*.
2 *adj* dado,-a con el dorso de la mano.
3 *adj (tennis)* del revés.
■ backhand shot revés *m*.

backhanded [bæk'hændɪd]
1 *adj* dado,-a con el dorso de la mano.
2 *adj (compliment)* equívoco,-a.

backhander [bæk'hændə'] *n fam* soborno.
✦ to slip somebody a backhander untar la mano a alguien.

backing ['bækɪŋ]
1 *n (support)* apoyo, respaldo: he did it with the government's backing lo hizo con el apoyo del gobierno.
2 *n (lining)* entretela.
3 *n MUS* acompañamiento.

backlash ['bæklæʃ] *n* reacción *f* violenta y repentina.

backlog ['bæklɒg] *n* acumulación *f* de trabajo, trabajos *mpl* pendientes.

backpack ['bækpæk]
1 *n US* mochila.
2 *vi* hacer de trotamundos: my sister's backpacking around Europe mi hermana hace de trotamundos por toda Europa.

backpacker ['bækpækə'] *n* mochilero,-a, trotamundos *mf*.

backpacking ['bækpækɪŋ] *n* el viajar *m* como trotamundos: backpacking's become really popular viajar como trotamundos se ha puesto muy de moda.
✦ to go backpacking hacer de trotamundos.

backpedal ['bækpedəl]
1 *vi* pedalear hacia atrás.
2 *vi fig* desdecirse.
▲ *pt & pp* backpedalled (*US* backpedaled), *ger* backpedalling (*US* backpedaling).

backrest ['bækrest] *n* respaldo.

back-seat ['bæksiːt] *n* asiento trasero.
✦ to take a back-seat desempeñar un papel secundario.
■ back-seat driver persona que importuna al conductor de un coche con consejos innecesarios.

backside [bæk'saɪd] *n fam* trasero.
✦ to tan somebody's backside zurrarle la badana a alguien.

backslash ['bækslæʃ] *n* barra inversa.

backslide ['bækslaɪd] *vi* reincidir.
▲ *pt & pp* backslid ['bækslɪd].

backsliding ['bækslaɪdɪŋ] *n* reincidencia.

backspace ['bækspeɪs]
1 *n* tecla de retroceso.
2 *vi* retroceder un espacio.

backstage [bæk'steɪdʒ]
1 *n (area)* bastidores *mpl*.
2 *n (dressing-rooms)* camerinos *mpl*.
3 *adj* de bastidores.
4 *adv* entre bastidores: they met him backstage le encontraron entre bastidores.
✦ to be backstage estar entre bastidores.
■ backstage life vida privada de los actores.

backstairs [bæk'steəz]
1 *adj* clandestino,-a, secreto,-a: a backstairs deal un acuerdo clandestino.
2 *npl* escalera de servicio.

backstitch ['bækstɪtʃ]
1 *vt* pespuntar.
2 *n* pespunte *m*.

backstreet ['bækstriːt] *n* callejuela *m*, calle *f* tranquila apartada del centro.
■ backstreet abortion aborto ilegal.
backstreet deals negocios *mpl* sucios.

backstroke ['bækstrəʊk] *n (swimming)* espalda.
✦ to do the backstroke nadar a espalda.

backtrack ['bæktræk]
1 *vi (retrace one's steps)* desandar lo andado, volverse atrás.
2 *vi (reverse opinion)* desdecirse.

backup ['bækʌp]
1 *n (moral support)* apoyo, respaldo.
2 *n (reserve)* reserva.
3 *n COMPUT* copia de seguridad.
■ backup file archivo de seguridad.
backup services servicios *mpl* auxiliares.

backward ['bækwəd]
1 *adj* hacia atrás: a backward movement un movimiento hacia atrás.
2 *adj (child)* atrasado,-a.
3 *adj (shy)* tímido,-a.
4 *adj (unassertive)* modesto,-a.
5 *adj (country)* subdesarrollado,-a.
6 *adv* → backwards.
✦ he's not backward at coming forward no se corta ni un pelo.

backwardness [ˈbækwədnəs]
1 n (of child) atraso.
2 n (shyness) timidez f.
3 n (unassertiveness) modestia.

backwards [ˈbækwədz]
1 adv hacia atrás: she took a step backwards dio un paso hacia atrás.
2 adv (the wrong way) al revés: he always does things backwards siempre hace las cosas al revés.
✦ backwards and forwards de acá para allá.
a backwards and forwards motion un vaivén.
to move backwards retroceder.
to walk backwards andar de espaldas.
to fall backwards caerse de espaldas.
to know something backwards saber algo al dedillo.
to bend over backwards to do something hacer todo lo posible para hacer algo: he bent over backwards to help us hizo todo lo posible para ayudarnos.

backwash [ˈbækwɒʃ]
1 n (wind, water) remolino.
2 n fig repercusión f, eco.

backwater [ˈbækwɔːtər]
1 n fig (remote place) lugar m apartado, remanso.
2 n (peaceful place) sitio tranquilo.
3 n (of water) brazo de río estancado.
▪ cultural backwater desierto cultural.

backyard [bækˈjɑːd]
1 n patio de atrás, AM traspatio.
2 n US jardín m de atrás.

bacon [ˈbeɪkən] n tocino, bacón m.
✦ to bring home the bacon fam ganarse el pan.
to save one's bacon fam salvar el pellejo.

bacteria [bækˈtɪərɪə] npl bacterias fpl.
▲ sing bacterium.

bacterial [bækˈtɪərɪəl] adj bacteriano,-a.

bactericidal [bæktɪərɪˈsaɪdəl] adj bactericida.

bactericide [bækˈtɪərɪsaɪd] n bactericida m.

bacteriological [bækti:ərɪəˈlɒdʒɪkəl] adj bacteriológico,-a.

bacteriologist [bækti:ərɪˈɒlədʒɪst] n bacteriólogo,-a.

bacteriology [bæktɪərɪˈɒlədʒɪ] n bacteriología.

bacterium [bækˈtɪərɪəm] n bacteria.
▲ pl bacteria.

bad [bæd]
1 adj malo,-a; (before masc noun) mal: he made a bad decision tomó una mala decisión; he arrived at a bad time llegó en un mal momento.
2 adj (rotten) podrido,-a, pasado,-a.
3 adj (serious) grave: they had a bad accident tuvieron un accidente grave.

4 adj (harmful) nocivo,-a, perjudicial: cigarettes are bad for your health el tabaco es perjudicial para la salud.
5 adj (polluted) viciado,-a, contaminado,-a.
6 adj (naughty) malo,-a, travieso,-a.
7 adj (aches, illnesses) fuerte, intenso,-a: he's got a bad headache tiene un fuerte dolor de cabeza.
8 adj (tooth) cariado,-a.
9 n lo malo.
✦ too bad! ¡mala pata!, ¡qué lástima!
to be bad at (skill, subject) ser malo,-a en: he's bad at English es malo en inglés; I'm really bad at Maths soy nulo para las mates.
to be in a bad way estar hecho,-a un Cristo.
to be in somebody's bad books estar en la lista negra de alguien.
to come to a bad end acabar mal.
to feel bad encontrarse mal.
to feel bad about something saberle mal a alguien algo: I feel bad about the accident me sabe mal lo del accidente.
to go bad (food) estropearse, alterarse.
to go from bad to worse ir de mal en peor.
to have a bad leg tener la pierna lisiada.
to look bad (person) tener mala cara; (situation) pintar mal.
to take the bad with the good estar a las duras y a las maduras.
▪ bad cheque cheque m sin fondos.
bad debt deuda incobrable.
bad news malas noticias fpl; fig mal bicho.
▲ comp worse, superl worst.

baddie [ˈbædɪ] n fam → baddy.

baddy [ˈbædɪ] n fam malo,-a de la película.
▲ pl baddies.

bade [beɪd] pt → bid.

badge [bædʒ]
1 n insignia, distintivo.
2 n (metallic) chapa.
▪ lapel badge pin m.

badger [ˈbædʒər]
1 n tejón m.
2 vt acosar, importunar.

bad-looking [bædˈlukɪŋ] not bad-looking phr (gen) bonito,-a; (person) de buen ver, guapo,-a.

badly [ˈbædlɪ]
1 adv mal: he behaved badly at the party se portó mal en la fiesta.
2 adv (seriously) gravemente: he was badly hurt in the bombing fue gravemente herido en el atentado.
3 adv (very much) mucho,-a: he badly needs your help tiene mucha necesidad de tu ayuda.
✦ to be badly off andar escaso,-a de dinero.

to come off badly salir mal: the deal came off badly el acuerdo salió mal.
to go badly ir mal: business is going badly los negocios van mal.
to miss somebody badly echar mucho de menos a alguien.
to take something badly tomar algo muy a pecho.

bad-mannered [bædˈmænəd] adj maleducado,-a.

badminton [ˈbædmɪntən] n bádminton m.

bad-mouth [bædˈmaʊθ] vt US sl criticar: to bad-mouth somebody poner a alguien a caldo.

badness [ˈbædnəs] n maldad f.

bad-tempered [bædˈtempəd] adj (permanently) de mal genio; (temporarily) malhumorado,-a, de mal humor.
✦ to be bad-tempered tener mal genio.

baffle [ˈbæfəl]
1 vt (perplex) dejar perplejo,-a, desconcertar.
2 vt (frustrate) frustrar.
3 vt (hinder) poner trabas a.

baffling [ˈbæflɪŋ]
1 adj (perplexing) desconcertante.
2 adj (puzzling) enigmático,-a, misterioso,-a.
3 adj (question, problem) difícil de resolver.

BAFTA [ˈbæftə] abbr (British Academy of Film and Television Arts) academia británica de cine y televisión.

bag [bæg]
1 n (paper, plastic) bolsa; (large) saco.
2 n (handbag) bolso.
3 n (for school) cartera.
4 n fam (woman) bruja, arpía.
5 vt embolsar, ensacar.
6 vt fam (catch) cazar; (fish) pescar; (person) pillar, pescar.
7 vi (clothes) hacer bolsas.
8 bags npl (under eyes) ojeras fpl.
9 npl fam (trousers) pantalones mpl.
✦ bags of montones de: they've got bags of money tienen montones de dinero; there's bags of room hay sitio de sobras.
it's in the bag está en el bote.
the whole bag of tricks toda la pesca.
▪ bag lady vagabunda.
▲ pt & pp bagged, ger bagging.

bagatelle [bægəˈtel]
1 n (game) billar m romano.
2 n (insignificant amount) miseria.
3 n (insignificant thing) fruslería.

bagful [ˈbægful]
1 n saco, bolsa: we took three bagfuls of logs cogimos tres sacos de leña.
2 n fig montones mpl: he's got a bagfuls of money tiene montones de dinero.

baggage [ˈbægɪdʒ]
1 n equipaje m, bagaje m.
2 n MIL bagaje m.
▪ baggage allowance franquicia de equipaje.

baggage check _us_ talón _m_ de equipaje.
baggage handler maletero,-a.
baggage rack _us_ redecilla.
baggage reclaim recogida de equipajes.

baggy ['bægɪ] _adj_ holgado,-a, ancho,-a.
▲ _comp_ baggier, _superl_ baggiest.

Baghdad [bæg'dæd] _n_ Bagdad.

bagpiper ['bægpaɪpəʳ] _n_ gaitero,-a.

bagpipes ['bægpaɪps] _npl_ gaita _f sing._

baguette [bə'get] _n_ barra de pan francés.

bah [bɑː] _interj_ ¡bah!

Bahamas [bə'hɑːməz] **the Bahamas** _n_ las Bahamas _fpl._

Bahamian [bə'heɪmɪən]
1 _adj_ bahameño,-a.
2 _n_ bahameño,-a.

Bahrain [bɑː'reɪn] _n_ → Bahrein.

Bahraini [bɑː'reɪnɪ] _adj-n_ → Bahreini.

Bahrein [bɑː'reɪn] _n_ Bahrein.

Bahreini [bɑː'reɪnɪ]
1 _adj_ bahreiní.
2 _n_ bahreiní _mf._

bail[1] [beɪl] _n_ fianza: **two-thousand pounds' bail** una fianza de dos mil libras.
▸ **to bail out**
1 _vt sep_ pagar la fianza a.
2 _vt sep fig_ sacar de un apuro.
3 _vi (by parachute)_ saltar en paracaídas, lanzarse en paracaídas.
✦ **to be on bail** estar en libertad bajo fianza.
to jump bail fugarse estando bajo fianza.
to stand bail for somebody pagar la fianza a alguien.

bail[2] [beɪl] _vt (water)_ achicar.

bailiff ['beɪlɪf]
1 _n (court officer)_ alguacil _m._
2 _n (steward)_ administrador,-ra.

bain-marie [bænmə'riː] _n_ baño maría, baño de maría.

bairn ['beən] _n_ chiquillo,-a.
▲ _Se usa sobre todo en Escocia._

bait [beɪt]
1 _n (fishing)_ cebo.
2 _n fml fig (decoy)_ señuelo, carnaza: **they used him as bait** les sirvió de señuelo.
3 _vt_ cebar.
4 _vt (torment)_ atosigar.
✦ **to rise to the bait** _fig_ caer en la trampa.
to take the bait picar.

baize [beɪz]
1 _n (fabric)_ bayeta.
2 _n (card table)_ tapete _m_ verde.

bake [beɪk]
1 _vt (bread, cakes)_ cocer (en el horno).
2 _vt (land, earth)_ endurecer.
3 _vi_ cocerse.
4 _vi fig_ achicharrarse de calor: **it was baking in there** nos achicharrábamos de calor allí dentro.

baked [beɪkt] _adj (cake, bread)_ cocido al horno.

■ **baked apple** manzana al horno.
baked beans alubias _fpl_ guisadas en salsa de tomate.
baked potato patata asada.

bakelite ['beɪkəlaɪt] _n_ bakelita, baquelita.
▲ _Es marca registrada._

baker ['beɪkəʳ] _n (of bread)_ panadero,-a; _(of cakes)_ pastelero,-a.
■ **baker's/baker's shop** _(for bread)_ panadería; _(for cakes)_ pastelería.
baker's dozen docena del fraile, trece.

bakery ['beɪkərɪ] _n (for bread)_ panadería; _(for cakes)_ pastelería.
▲ _pl_ bakeries.

baking ['beɪkɪŋ] _n (of bread, cakes)_ cocción _f, (of ceramics)_ cocedura.
✦ **to do some baking** hacer unos pasteles.
■ **baking powder** levadura en polvo.
baking soda bicarbonato sódico.
baking sheet bandeja del horno.
baking tin molde _m_ para pasteles.

balaclava [bælə'klɑːvə] _n_ pasamontañas _m._

balalaika [bælə'laɪkə] _n_ balalaica.

balance ['bæləns]
1 _n_ equilibrio.
2 _n (scales)_ balanza.
3 _n (of account etc)_ saldo.
4 _n (remainder)_ resto.
5 _n (harmony)_ equilibrio, armonía.
6 _vt_ poner en equilibrio.
7 _vt (budget)_ equilibrar; _(account)_ saldar.
8 _vt (load)_ equilibrar.
9 _vi_ mantenerse en equilibrio.
10 _vi FIN_ cuadrar.
✦ **on balance** todo considerado.
to balance the books hacer el balance.
to balance one thing with another comparar una cosa con otra.
to balance something on one's head mantener algo en equilibrio sobre la cabeza.
to be off balance estar desequilibrado,-a.
to lose one's balance perder el equilibrio.
to hang in the balance estar en juego, estar pendiente de un hilo.
to restore the balance restablecer el equilibrio.
to strike a balance buscar un término medio.
to throw somebody off balance hacer perder el equilibrio a alguien.
■ **balance due** saldo deudor.
balance in hand saldo disponible.
balance of nature equilibrio ecológico.
balance of payments balanza de pagos.
balance of power equilibrio de fuerzas.
balance of trade balanza comercial.
balance sheet estado de cuentas.

balanced ['bælənst] _adj_ equilibrado,-a: **a balanced diet** una dieta equilibrada; **a balanced judgment** un juicio ecuánime; **a balanced mind** una mente equilibrada.

balancing act ['bælənsɪŋækt] **to perform a balancing act** _phr (in circus)_ hacer equilibrismo; _(on tightrope)_ andar en la cuerda floja; _(with money)_ hacer malabarismos.

balcony ['bælkənɪ]
1 _n_ balcón _m._
2 _n (in theatre)_ anfiteatro; _(gallery)_ gallinero.
▲ _pl_ balconies.

bald [bɔːld]
1 _adj_ calvo,-a.
2 _adj (tyre)_ desgastado,-a.
3 _adj (style)_ escueto,-a.
4 _adj (statement)_ directo,-a, franco,-a.
✦ **to be as bald as a coot** estar calvo,-a como una bola de billar.
to go bald quedarse calvo,-a.
■ **bald patch** calva.

baldachin ['bɔːldəkɪn] _n_ baldaquín _m_, baldaquino.

baldaquin ['bɔːldəkɪn] _n_ baldaquín _m_, baldaquino.

balderdash ['bɔːldədæʃ] _n GB dated_ necedades _fpl_, desatinos _mpl._

bald-headed ['bɔːldhedɪd] _adj_ calvo,-a.

balding ['bɔːldɪŋ] _adj_ que se está quedando calvo,-a.

baldly ['bɔːldlɪ] _adv_ francamente.

baldness ['bɔːldnəs]
1 _n_ calvicie _f_, calvez _f._
2 _n (of statement)_ franqueza.
3 _n (of style)_ lo escueto.

bale[1] [beɪl]
1 _n_ bala, fardo: **a bale of cotton** una bala de algodón.
2 _vt_ embalar.

bale out[2] ['beɪl'aʊt]
1 _vt (water)_ achicar.
2 _vi (by parachute)_ saltar en paracaídas, lanzarse en para caídas.

Balearic [bælɪ'ærɪk] _adj_ balear, baleárico,-a.
■ **the Balearic Islands** las (islas) Baleares.

baleful ['beɪlfʊl] _adj (menacing)_ hosco,-a, ceñudo,-a: **a baleful look** una mirada ceñuda.

baler ['beɪləʳ] _n_ empacadora.

Bali ['bɑːlɪ] _n_ Bali.

Balinese [bɑːlɪ'niːz]
1 _adj_ balinés,-esa.
2 _n (person)_ balinés,-esa.
3 _n (language)_ balinés _m._

balk [bɔːk]
1 _vt (hinder)_ poner obstáculos a, frustrar.
2 _vt (shirk)_ esquivar, evitar.
3 _n (hindrance)_ escollo, obstáculo.
4 _n (beam)_ viga.

✦ **to balk at doing something** negarse a hacer algo.

Balkan [ˈbɔːlkən] *adj* balcánico,-a.
- **the Balkans** los Balcanes.

ball [bɔːl]
1 *n (gen)* pelota; *(football etc)* balón *m*; *(golf, billiards)* bola.
2 *n (of paper)* bola; *(of wool)* ovillo.
3 *n (of eye)* globo ocular.
4 *n (dance)* baile *m*, fiesta.
5 *n taboo* cojón *m*, huevo.
▸ **to ball up** *vt sep US taboo* joder.
✦ **balls!** ¡un huevo!
  to have a ball pasarlo pipa.
  to have balls *taboo* tenerlos bien puestos.
  to be on the ball estar al caso.
  to keep the ball rolling mantener el ritmo.
  to start the ball rolling poner las cosas en marcha.
  to play ball *US (sport)* jugar a la pelota; *(cooperate)* cooperar, colaborar.
  the ball is in your court ahora te toca a ti hacer algo.
  that's a whole new ball game *US* eso ya es otra cosa.
- **fancy-dress ball** baile *m* de disfraces.
  gala ball baile *m* de etiqueta.
  ball bearing rodamiento de bolas.

ballad [ˈbæləd] *n* balada.

ball-and-socket [ˈbɔːlənˈsɒkɪt] **ball-and-socket joint** articulación *f* de rótula.

ballast [ˈbæləst]
1 *n (boat, balloon)* lastre *m*.
2 *n (road surface)* balasto.
3 *vt (boat, balloon)* lastrar.
4 *vt (road)* balastar.
- **ballast bed** firme *m*.

ballboy [ˈbɔːlbɔɪ] *n (tennis)* recogepelotas *m*.

ballcock [ˈbɔːlkɒk] *n (of lavatory cistern)* flotador *m*.

ballerina [bæləˈriːnə] *n* bailarina.

ballet [ˈbæleɪ] *n* ballet *m*.
- **ballet dancer** bailarín,-ina.
  ballet dress tutú *m*.
  corps de ballet cuerpo de ballet.

ballgirl [ˈbɔːlgɜːl] *n (tennis)* recogepelotas *f*.

ballistic [bəˈlɪstɪk] *adj* balístico,-a.
- **ballistic missile** proyectil *m* balístico.

ballistics [bəˈlɪstɪks] *n* balística.

balloon [bəˈluːn]
1 *n* globo.
2 *n (in cartoon)* bocadillo.
3 *n (glass)* copa grande.
4 *vi (go up in a balloon)* ir en globo.
5 *vi (swell)* hincharse.
6 *vi (increase)* aumentar rápidamente.
- **aerostatic balloon** globo aerostático.
  barrage balloon globo de barrera.
  hot-air balloon globo de aire caliente.
  weather balloon globo sonda.

ballooning [bəˈluːnɪŋ] *n* aerostación *f*, ascensión *f* en globo.

balloonist [bəˈluːnɪst] *n* aeróstata *mf*.

ballot [ˈbælət]
1 *n (vote)* votación *f*.
2 *n (votes recorded)* número de votos escrutados.
3 *vt* invitar a votar: **the union balloted its members** el sindicato invitó a votar a sus miembros.
✦ **to ballot for somebody/something** seleccionar alguien/algo por votación.
  to take a ballot on something someter algo a votación.
- **ballot box** urna.
  ballot paper papeleta.

ballpen [ˈbɔːlpen] *n US →* **ballpoint.**

ballpoint [ˈbɔːlpɔɪnt] *n* bolígrafo.
▲ *También* **ballpoint pen.**

ballroom [ˈbɔːlruːm] *n* sala de baile.
- **ballroom dancing** baile *m* de salón.

balls [bɔːlz] **to balls something up** *phr taboo* joder algo, cagar algo.

balls-up [ˈbɔːlzʌp] *n taboo* pifia, cagada: **what a balls-up!** ¡vaya pifia!
✦ **to make a balls-up of something** pifiarla, cagarla: **he made a real balls-up of the whole thing** la ha pifiado del todo.

ballyhoo [ˈbælɪhuː]
1 *n (commotion)* jaleo.
2 *n (publicity)* bombo: **they publicized the opening with a lot of ballyhoo** anunciaron la inauguración a bombo y platillo.
✦ **to cause a ballyhoo** armar un jaleo.
  to make a great ballyhoo about something dar mucho bombo a algo.

balm [bɑːm] *n* bálsamo.

balmy [ˈbɑːmɪ]
1 *adj (weather)* suave.
2 *adj (soothing)* balsámico,-a.
▲ *comp* **balmier,** *superl* **balmiest.**

baloney [bəˈləʊnɪ] *n US sl* chorradas *fpl*: **it's a load of baloney** es un rollo patatero.

balsam [ˈbɔːlsəm] *n →* **balm.**

balsamic [bɔːlˈsæmɪk] *adj* balsámico,-a.

Baltic [ˈbɔːltɪk] *adj* báltico,-a.
- **the Baltic (Sea)** el (mar) Báltico.

baluster [ˈbæləstə'] *n* balaústre *m*.

balustrade [bæləˈstreɪd] *n* balaustrada, barandilla.

bamboo [bæmˈbuː] *n* bambú *m*.

bamboozle [bæmˈbuːzəl]
1 *vt fam (cajole)* engatusar.
2 *vt (cheat)* engañar.

ban [bæn]
1 *n* prohibición *f*, interdicción *f*.
2 *vt* prohibir.
✦ **to ban a player** suspender a un,-a jugador,-ra.
  to ban somebody from doing something prohibirle a alguien que haga algo.

  to ban somebody from driving retirarle el carnet a alguien.
  to impose/put a ban on something prohibir algo.
▲ *pt & pp* **banned,** *ger* **banning.**

banal [bəˈnɑːl]
1 *adj (commonplace)* banal, trivial.
2 *adj (trite)* trillado,-a.

banality [bəˈnælɪtɪ] *n* banalidad *f*.
▲ *pl* **banalities.**

banana [bəˈnɑːnə]
1 *n (fruit)* plátano, banana.
2 *n (tree)* bananero, *AM* banano.
✦ **to be bananas** estar chiflado,-a.
  to go bananas cogerle a uno un patatús.
- **banana plantation** platanal *m*.
  banana republic república bananera.
  banana skin *(gen)* piel *f* de plátano; *(blunder)* pifia.
  banana split banana split *m*, postre *m* de helado y plátano con nata.

band [bænd]
1 *n (brass etc)* banda; *(pop)* conjunto; *(jazz)* orquesta.
2 *n (strip)* tira.
3 *n (of hat)* cinta, cintillo.
4 *n (around waist)* ceñidor *m*, faja.
5 *n (around arm)* brazalete *m*.
6 *n (wrapper)* faja.
7 *n (stripe)* raya.
8 *n PHYS* banda, frecuencia.
9 *n TECH* correa.
10 *n (youths)* pandilla; *(thieves)* banda.
✦ **to band together** acuadrillarse, apiñarse.
- **elastic band/rubber band** goma elástica, goma.
  frequency band banda de frecuencia.
  military band banda militar.

bandage [ˈbændɪdʒ]
1 *n* venda, vendaje *m*.
2 *vt* vendar.
▸ **to bandage up** *vt sep* vendar.

Band-Aid [ˈbændeɪd] *n* tirita.
▲ *Es marca registrada.*

B and B [ˈbiːənˈbiː] *abbr* (**bed and breakfast**) *casa de huéspedes que ofrece habitación y desayuno incluido.*

banderole [ˈbændərəʊl] *n* banderola.

bandit [ˈbændɪt] *n* bandido,-a.

banditry [ˈbændɪtrɪ] *n* bandidaje *m*.

bandmaster [ˈbændmɑːstə'] *n* director *m* de una banda.

bandolier [bændəˈlɪə'] *n* bandolera.

bandsman [ˈbændzmən] *n* músico *que toca en una banda.*
▲ *pl* **bandsmen** [ˈbændzmən].

bandstand [ˈbændstænd] *n* quiosco de música.

bandwagon [ˈbændwægən] **to jump on the bandwagon** *phr* subirse al tren.

bandwidth [ˈbændwɪdθ] *n* ancho de banda.

bandy¹ ['bændɪ] *adj (legs)* arqueado,-a: he has bandy legs es estevado, tiene las piernas arqueadas.

bandy² ['bændɪ] *vt SP (ball)* pasarse.

▸ **to bandy about** *vt sep (story, information)* difundir.

✦ **to bandy somebody's name about** difamar alguien, hablar mal de alguien.
to bandy words with somebody discutir con alguien.

▲ *pt & pp* bandied, *ger* bandying.

bandy-legged ['bændɪ'legd] *adj* estevado,-a, patiestevado,-a.

bane [beɪn]

1 *n (cause of trouble)* perdición *f*, ruina.

2 *n (poison)* veneno.

✦ **to be the bane of somebody's life** amargarle la vida a alguien.

bang [bæŋ]

1 *n (blow)* golpe *m*.

2 *n (noise)* ruido; *(of gun)* estampido; *(explosion)* estallido; *(of door)* portazo.

3 *n US* flequillo.

4 *vt* golpear, dar golpes en: **don't bang the table!** ¡no des golpes en la mesa!

5 *vt taboo (have sex with)* follar.

6 *vi* dar golpes: **the shutters were banging all night** las persianas estuvieron dando golpes toda la noche.

7 *vi taboo (have sex with)* follar.

8 *adv fam* justo: **bang in the middle** justo en medio.

▸ **to bang about**

1 *vt sep* maltratar, destrozar.

2 *vi* moverse estrepitosamente.

to bang away on *vt insep (musical instrument)* aporrear.

to bang on *vi* machacar: **stop banging on!** ¡no machaques!

to bang on about *vt insep* machacar en: **he's always banging on about his in-laws** siempre machaca en el tema de sus suegros.

to bang out *vt sep (tune)* tocar con mucho ruido.

to bang up *vt sep* enchironar, meter en la cárcel: **they banged him up for ten years** le enchironaron durante diez años.

✦ **bang go my chances!** *fam* ¡mi gozo en un pozo!

bang on! *fam* ¡exacto!

to bang the door dar un portazo.

to bang on a door dar golpes en una puerta.

to bang one's fist on the table dar un puñetazo en la mesa.

to bang against something dar un golpe contra algo.

to bang into somebody/something chocar contra alguien/algo.

to bang on a drum tocar un tambor.

to bang one's head darse un golpe en la cabeza.

to bang somebody on the head dar un coscorrón en la cabeza a alguien.

to go bang hacer pum.

to go with a bang tener mucho éxito.

it's like banging your head against a brick wall es como machacar en hierro frío.

banger ['bæŋəʳ]

1 *n (firework)* petardo.

2 *n GB fam (sausage)* salchicha.

3 *n fam (car)* tartana, trasto.

Bangladesh [bæŋglə'deʃ] *n* Bangladesh.

Bangladeshi [bæŋglə'deʃɪ]

1 *adj* bangladesí.

2 *n* bangladesí *mf*.

bangle ['bæŋgəl] *n* brazalete *m*, ajorca.

banish ['bænɪʃ] *vt (expel)* desterrar: **they banished him from his homeland** lo desterraron de su patria; **to banish sadness/worry/fear** desterrar la tristeza/las preocupaciones/el miedo.

banishment ['bænɪʃmənt] *n* destierro, exilio.

banister ['bænɪstəʳ] *n* pasamanos *m*, barandilla.

banjo ['bændʒəʊ] *n* banjo.

▲ *pl* banjos *o* banjoes.

bank¹ [bæŋk]

1 *n* banco.

2 *vt (deposit money)* ingresar, depositar.

▸ **to bank on** *vt insep* contar con.

✦ **to bank with** tener una cuenta en.

▪ **bank balance** saldo.

bank book libreta de ahorro.

bank card tarjeta bancaria.

bank charges comisiones *fpl* bancarias.

bank draft letra bancaria.

bank holiday *GB* festivo, día festivo.

bank manager director,-ra de sucursal bancaria.

eye bank banco de ojos.

issuing bank banco emisor.

lending bank banco hipotecario.

loans bank banco hipotecario.

bank² [bæŋk]

1 *n (of river)* ribera; *(edge)* orilla: **on the banks of the Manzanares** a orillas del Manzanares.

2 *n (mound)* loma; *(embankment)* terraplén *m*.

3 *n (slope)* pendiente *f*.

4 *n (of cloud, fog)* banco.

5 *vt (soil, earth)* amontonar.

6 *vt (river)* encauzar.

bank³ [bæŋk] *n (row, line)* batería: **a bank of lights** una batería de luces.

bankbook ['bæŋkbʊk] *n* libreta de ahorro, cartilla de ahorro.

banker ['bæŋkəʳ] *n* banquero,-a.

banking ['bæŋkɪŋ] *n* banca.

banknote ['bæŋknəʊt] *n* billete *m* de banco.

bankroll ['bæŋkrəʊl]

1 *n US* fajo de billetes.

2 *n (funds)* fondos *mpl*, recursos *mpl*.

3 *vt sl* dar apoyo financiero.

bankrupt ['bæŋkrʌpt]

1 *adj* quebrado,-a, insolvente.

2 *n* quebrado,-a.

3 *vt* hacer quebrar, arruinar.

✦ **to bankrupt oneself** arruinarse.

to be declared bankrupt declararse en quiebra.

to go bankrupt quebrar, hacer bancarrota.

bankruptcy ['bæŋkrʌptsɪ] *n* quiebra, bancarrota.

▲ *pl* bankruptcies.

banner ['bænəʳ]

1 *n (flag)* bandera.

2 *n (placard)* pancarta.

3 *n (pennant)* banderola.

4 *n (on web page)* banner *m*, anuncio.

5 *adj US* excelente, de primera.

▪ **banner headlines** grandes titulares *mpl*.

bannister ['bænɪstəʳ] *n* → banister.

banns [bænz] *npl* amonestaciones *fpl*.

✦ **to publish the banns** correr las amonestaciones.

banquet ['bæŋkwɪt] *n* banquete *m*.

banshee [bæn'ʃiː] *n* espíritu maligno irlandés que con sus gemidos anuncia la muerte.

bantam ['bæntəm] *n* gallina enana, gallina bantam.

bantamweight ['bæntəmweɪt] *n (boxing)* peso gallo.

banter ['bæntəʳ]

1 *n* bromas *fpl*, guasa.

2 *vi* bromear, estar de guasa.

baptise [bæp'taɪz] *vt* → baptize.

baptism ['bæptɪzəm] *n* bautismo.

baptismal [bæp'tɪzməl] *adj* bautismal.

Baptist ['bæptɪst]

1 *n* baptista *mf*.

2 *adj* baptista.

▪ **Saint John the Baptist** San Juan Bautista.

baptistery ['bæptɪstrɪ] *n* baptisterio.

▲ *pl* baptisteries.

baptistry ['bæptɪstrɪ] *n* → baptistery.

▲ *pl* baptistries.

baptize [bæp'taɪz] *vt* bautizar.

bar [bɑːʳ]

1 *n (iron, gold)* barra.

2 *n (prison)* barrote *m*.

3 *n (soap)* pastilla.

4 *n (chocolate)* tableta.

5 *n (on door)* tranca.

6 *n (gymnastics)* barra.

7 *n (obstacle)* obstáculo, traba.

8 *n (counter)* barra, mostrador *m*.

9 *n (room)* bar *m*.

10 *n (of colour, light)* franja.

11 *n (in court)* tribunal *m*: **the prisoner at the bar** el acusado, la acusada.

12 *vt (door)* atrancar; *(road, access)* cortar.

13 *vt (ban)* prohibir, vedar; *(from a place)* excluir, prohibir la entrada.

14 *vt (prevent)* impedir.

15 *prep* excepto, salvo: **they all came, bar his parents** acudieron todos, excepto sus padres.

16 the Bar *n JUR* el colegio de abogados.

✦ **bar none** sin excepción.

behind bars entre rejas.

to bar somebody from doing something prohibir a alguien que haga algo.

to be called to the bar ser admitido,-a al ejercicio de la abogacía.

to summon to the bar hacer comparecer delante del tribunal.

■ **asymmetrical bars** barras *fpl* asimétricas.

bar billiards billar *m*.

bar chart gráfica estadística.

bar line *(in music)* barra.

▲ *pt & pp* **barred**, *ger* **barring**.

barb [bɑːb]

1 *n* púa, lengüeta.

2 *n fig (comment)* dardo.

Barbadian [bɑːˈbeɪdɪən]

1 *adj* de Barbados.

2 *n (person)* nativo,-a de Barbados.

Barbados [bɑːˈbeɪdɒs] *n* Barbados.

barbarian [bɑːˈbeərɪən]

1 *adj* bárbaro,-a.

2 *n* bárbaro,-a.

barbaric [bɑːˈbærɪk] *adj* bárbaro,-a.

barbarism [ˈbɑːbərɪzəm] *n* barbarismo.

barbarity [bɑːˈbærɪtɪ] *n* barbaridad *f*.

▲ *pl* **barbarities**.

barbarise [ˈbɑːrbəˈaɪz] *vt* → **barbarize**.

barbarize [ˈbɑːrbəˈaɪz] *vt* barbarizar.

barbarous [ˈbɑːbərəs] *adj* bárbaro,-a.

Barbary [ˈbɑːbərɪ] *n* Berbería.

■ **Barbary ape** macaco.

barbecue [ˈbɑːbəkjuː]

1 *n* barbacoa.

2 *vt* asar a la parrilla.

✦ **to have a barbecue** hacer una parrillada.

■ **barbecue sauce** salsa barbacoa.

▲ *ger* **barbecuing**.

barbed [bɑːbd]

1 *adj* con púas, punzante.

2 *adj fig* mordaz, incisivo,-a: **a barbed comment** un comentario incisivo.

■ **barbed wire** alambre *m* de púas.

barbel [ˈbɑːbəl] *n (fish)* barbo.

barbell [ˈbɑːbəl] *n* barra con pesas, haltera.

barber [ˈbɑːbəʳ] *n* barbero.

■ **barber's shop** barbería.

barbershop [ˈbɑːbəʃɒp] *n US* barbería.

barbican [ˈbɑːbɪkən] *n* barbacana.

barbiturate [bɑːˈbɪtʃərət] *n* barbitúrico.

barcarole [ˈbɑːkərəʊl] *n* barcarola.

bard [bɑːd] *n* bardo, vate *m*.

■ **the Bard of Avon** William Shakespeare.

bare [beəʳ]

1 *adj (naked)* desnudo,-a; *(head)* descubierto,-a; *(feet)* descalzo,-a.

2 *adj (land)* raso,-a; *(tree, plant)* sin hojas.

3 *adj (empty)* vacío,-a; *(unfurnished)* sin muebles.

4 *adj (scant)* escaso,-a.

5 *adj (worn)* gastado,-a, raído,-a.

6 *vt* desnudar; *(uncover)* descubrir.

✦ **to bare one's soul** desnudarse, revelar sus secretos más íntimos.

to bare one's teeth enseñar los dientes.

to earn a bare living ganar lo justo para vivir.

to lay bare poner al descubierto.

with one's bare hands con sus propias manos.

■ **the bare essentials** lo imprescindible.

the bare facts los hechos *mpl* innegables.

the bare minimum lo justo.

the bare truth la pura verdad *f*.

bareback [ˈbeəbæk]

1 *adj* a pelo: **bareback rider** jinete que monta a pelo.

2 *adv* a pelo.

✦ **to ride bareback** montar a pelo.

bare-breasted [beəˈbrestɪd] *adj* despechugado,-a.

▲ *Se escribe* **bare breasted** *cuando no se antepone a un sustantivo.*

barefaced [ˈbeəfeɪst] *adj* descarado,-a.

■ **barefaced cheek** morro, descaro: **he had the barefaced cheek to tell me I was wrong** tuvo el morro de decirme que no tenía razón.

barefoot [ˈbeəfʊt]

1 *adj* descalzo,-a.

2 *adv* descalzo,-a: **she was barefoot** iba descalza.

bareheaded [beəˈhedɪd] *adj* con la cabeza descubierta, sin sombrero.

barelegged [ˈbeəlegd] *adj* con las piernas desnudas, en pernetas.

barely [ˈbeəlɪ]

1 *adv* apenas: **he can barely read** apenas sabe leer.

2 *adv (scantily)* escasamente: **a barely furnished flat** un piso escasamente amueblado.

bareness [ˈbeənəs]

1 *n* desnudez *f*.

2 *n fig* lo escueto.

bargain [ˈbɑːgən]

1 *n (agreement)* trato, acuerdo.

2 *n (good buy)* ganga, bicoca.

3 *vi (negotiate)* negociar.

4 *vi (haggle)* regatear.

▸ **to bargain away** *vt sep* malbaratar, malvender: **he bargained away his property** malbarató sus propiedades.

✦ **into the bargain** además: **...and he got a free bottle of wine into the bargain** ...y además le ofrecieron una botella de vino gratis.

more than one bargained for más de lo que uno esperaba: **I only wanted a biscuit but they gave me a plateful, much more than I bargained for** solo

quería una galleta, pero me dieron un plato entero, mucho más de lo que me esperaba; **he got more than he bargained for when he picked a fight with the boxer's brother** cuando se metió con el hermano del boxeador, fue por lana y salió trasquilado.

to bargain for *vt insep* contar con, esperar: **they hadn't bargained for rain** no habían contado con la lluvia.

to bargain with somebody for something negociar algo con alguien: **they bargained with the bosses for a pay rise** negociaron un aumento de sueldo con la patronal.

to drive a hard bargain imponer duras condiciones.

to strike a bargain cerrar un acuerdo.

■ **bargain basement** sección *f* de oportunidades.

bargain offer oferta especial.

bargain price precio de oferta, precio de saldo.

bargaining [ˈbɑːgənɪŋ]

1 *n (negotiations)* negociación *f*.

2 *n (haggling)* regateo.

■ **free-collective bargaining** negociaciones *fpl* colectivas.

barge [bɑːdʒ]

1 *n* gabarra, barcaza.

2 *vt* transportar en barcaza.

▸ **to barge around** *vi* dar vueltas sin ton ni son.

to barge in *vi* entrar sin llamar: **he barged in** entró sin llamar.

to barge into *vt insep* irrumpir en: **he barged into the bedroom** irrumpió en el dormitorio.

✦ **to barge in on a conversation** meter baza.

to barge one's way through the crowd abrirse paso entre la multitud a empujones.

bargee [bɑːˈdʒiː] *n* gabarrero.

baritone [ˈbærɪtəʊn]

1 *n* barítono.

2 *adj* barítono.

barium [ˈbeərɪʌm] *n* bario.

■ **barium meal** sulfato de bario.

bark¹ [bɑːk]

1 *n (of dog)* ladrido.

2 *n (cough)* tos *f* fuerte.

3 *vi* ladrar.

4 *vt (shout)* gritar: **he barked an order** gritó una orden.

5 *vi (cough)* tener una tos fuerte.

✦ **to bark up the wrong tree** tomar el rábano por las hojas.

his bark is worse than his bite perro ladrador poco mordedor.

bark² [bɑːk] *n (of tree)* corteza.

barking [ˈbɑːkɪŋ] *n (of dog)* ladrido.

✦ **to be barking mad** estar como una cabra.

■ **a barking cough** una tos *f* fuerte.

barley [ˈbɑːlɪ] *n* cebada.

■ **barley field** cebadal *m*.

barley sugar *tipo de caramelo.*
barley water *GB bebida hecha de jarabe de frutas y cebada.*
barmaid ['bɑːmeɪd] *n* camarera.
barman ['bɑːmən] *n* camarero, barman *m.*
▲ *pl* **barmen** ['bɑːmen].
barmy ['bɑːmɪ] *adj fam* chiflado,-a, chalado,-a.
▲ *comp* **barmier,** *superl* **barmiest.**
barn [bɑːn] *n (for grain)* granero.
■ **barn dance** baile *m* popular *(que tiene lugar en un granero).*
barnacle ['bɑːnəkəl] *n* percebe *m.*
■ **barnacle goose** barnacla *m.*
barnstorm ['bɑːnstɔːm]
1 *vi recorrer áreas rurales representando obras de teatro.*
2 *vi US (in elections)* hacer campaña *(en áreas rurales).*
barnyard ['bɑːnjɑːd] *n* corral *m.*
barometer [bə'rɒmɪtəʳ] *n* barómetro.
■ **aneroid barometer** barómetro aneroide.
mercury barometer barómetro de mercurio.
recording barometer barómetro registrador.
barometric [bærə'metrɪk] *adj* barométrico,-a.
■ **barometric pressure** presión *f* barométrica.
baron ['bærən] *n* barón *m.*
■ **drugs baron** potentado de la droga.
oil baron magnate *m* del petróleo.
baroness ['bærənəs] *n* baronesa.
baronet ['bærənət] *n* baronet *m.*
baronial [bə'rəʊnɪəl]
1 *adj* de barón.
2 *adj* señorial.
■ **baronial mansion** casa señorial, mansión *f.*
barony ['bærənɪ] *n* baronía.
baroque [bə'rɒk]
1 *adj* barroco,-a.
2 *n* barroco.
barque [bɑːk] *n* bricbarca.
barrack¹ ['bærək] *vt (soldiers)* acuartelar.
barrack² ['bærək] *vt (jeer)* abuchear.
barracking ['bærəkɪŋ] *n* acuartelamiento.
♦ **to give somebody a good barracking** poner verde a alguien.
barrack-room ['bærəkruːm] *n* dormitorio de tropa.
■ **barrack-room joke** chiste *m* cuartelero.
barrack-room lawyer *GB* picapleitos *m.*
barracks ['bærəks] *npl* cuartel *m.*
♦ **to be confined to barracks** estar bajo arresto en cuartel.
▲ *Puede considerarse tanto singular como plural:* where is/are the barracks? ¿dónde está el cuartel?

barracuda [bærə'kuːdə] *n* barracuda.
barrage ['bærɑːʒ]
1 *n (dam)* presa, embalse *m.*
2 *n MIL* barrera de fuego.
3 *n fig (of questions)* aluvión *m.*
barrel ['bærəl]
1 *n (of beer)* barril *m; (of wine)* tonel *m,* cuba.
2 *n (of gun)* cañón *m.*
3 *n (of pen)* depósito.
4 *n TECH* tambor *m.*
5 *vt* embarrilar, poner en barriles.
♦ **to have somebody over a barrel** poner a alguien entre la espada y la pared.
to scrape the bottom of the barrel utilizar algo como último recurso.
▲ *pt & pp* **barrelled** (*US* **barreled**)*, ger* **barrelling** (*US* **barreling**)*.*
barrel-maker ['bærəlmeɪkəʳ] *n* tonelero,-a.
barrel-making ['bærəlmeɪkɪŋ] *n* tonelería.
barrel-organ ['bærəlɔːgən] *n MUS* organillo.
barren ['bærən]
1 *adj (land, woman)* estéril.
2 *adj (meagre)* escaso,-a.
barrenness ['bærənnəs] *n* esterilidad *f.*
barricade [bærɪ'keɪd]
1 *n* barricada.
2 *vt* poner barricadas en.
♦ **to barricade oneself in** encerrarse a cal y canto.
to storm the barricades asaltar las barricadas.
barrier ['bærɪəʳ]
1 *n* barrera.
2 *n fig* obstáculo.
■ **a barrier to progress** un obstáculo al progreso.
barrier reef banco de coral, arrecife *m.*
barrier cream crema dermoprotectora.
class barrier barrera social, discriminación *f* social entre las clases.
language barrier barrera de los idiomas.
barrister ['bærɪstəʳ] *n* abogado,-a *(capacitado,-a para actuar en tribunales superiores).*
barrow ['bærəʊ] *n (wheelbarrow)* carretilla; *(for carrying goods)* carro.
barrowboy ['bærəʊbɔɪ] *n* vendedor *m* de frutas y verduras (en un mercado).
barstool ['bɑːstuːl] *n* taburete *m* de bar.
Bart. [bɑːt] *abbr* (**baronet**) baronet *m.*
bartender ['bɑːtendəʳ] *n US* camarero, barman *m.*
barter ['bɑːtəʳ]
1 *n* trueque *m.*
2 *vt* trocar.
barycenter ['bærɪsentəʳ] *n US* baricentro.

barycentre ['bærɪsentəʳ] *n* baricentro.
barysphere ['bærɪsfɪəʳ] *n* barisfera.
basalt ['bæsɔːlt] *n* basalto.
base¹ [beɪs]
1 *n (gen)* base *f.* **a drink with a whisky base** una bebida a base de whisky.
2 *n ARCH (of column)* basa, base *f.*
3 *n (of word)* raíz *f.*
4 *vt* basar: **the novel is based on real events** la novela está basada en hechos reales.
5 *vt MIL (troops)* estacionar.
♦ **to be based in** *(troops)* tener la base en: **they were based in Germany** tenían su base en Alemania.
to get to first base superar el primer reto.
■ **base rate** tipo base.
base unit unidad *f* base.
base² [beɪs]
1 *adj* bajo,-a, vil.
2 *adj (metal)* común, de baja ley.
baseball ['beɪsbɔːl] *n* béisbol *m.*
■ **baseball bat** bate *m.*
baseboard ['beɪsbɔːð] *n US* zócalo.
Basel ['bɑːzəl] *n* Basilea.
baseless ['beɪsləs] *adj* infundado,-a, sin fundamento.
baseline ['beɪslaɪn]
1 *n SP (tennis)* línea de saque; *(baseball)* línea de base.
2 *n (surveying)* base *f.*
3 *n (diagram)* línea cero.
4 *n ART* punto de fuga.
basely ['beɪslɪ] *adv* vilmente, rastreramente.
basement ['beɪsmənt] *n* sótano.
baseness ['beɪsnəs] *n* vileza, bajeza.
bash [bæʃ]
1 *vt fam* golpear, aporrear.
2 *n fam (blow)* golpe *m.*
3 *n fam (try)* intento.
4 *n sl (party, social event)* jarana, juerga.
▶ **to bash about** *vt sep* dar una paliza: **he really bashed him about** le dio una buena paliza.
to bash down *vt sep* derribar, echar abajo: **they bashed the door down** derribaron la puerta.
to bash in *vt sep* abollar: **he bashed his car in** abolló su coche.
to bash into *vt insep* estrellarse contra: **he bashed into the car in front** se estrelló contra el coche de delante.
♦ **to have a bash at something** *fam* probar suerte con algo.
to bash somebody's head in romperle la crisma a alguien.
bashful ['bæʃfʊl] *adj* vergonzoso,-a, tímido,-a, modesto,-a.
bashfulness ['bæʃfʊlnəs] *n* vergüenza, timidez *f.*
basic ['beɪsɪk]
1 *adj* básico,-a.

2 *adj (elementary)* elemental, para principiantes: **basic English** inglés elemental.

3 the basics *npl* lo esencial.

BASIC ['beɪsɪk] *abbr* (**Beginner's All-purpose Symbolic Instruction Code**) código de instrucción simbólico multiuso para principiantes; *(abbreviation)* BASIC.

basically ['beɪsɪklɪ] *adv* básicamente.

basil ['bæzəl] *n BOT* albahaca.

basilica [bə'zɪlɪkə] *n* basílica.

basilisk ['bæzɪlɪsk] *n* basilisco.

basin ['beɪsən]
1 *n (bowl)* cuenco; *(washbowl)* palangana.
2 *n (washbasin)* lavabo.
3 *n GEOG* cuenca.

basis ['beɪsɪs] *n* base *f*, fundamento: on a weekly basis semanalmente, cada semana; on a regular basis regularmente; all this has no basis in fact todo esto carece de base.
✦ on the basis of ... *(according to)* según; *(in accordance with)* de acuerdo con; *(starting from)* a partir de; *(because of)* por, a causa de: on the basis of the evidence según las pruebas; we chose him on the basis of his experience lo escogimos por su experiencia.
▲ *pl* **bases** ['beɪsiːs].

bask [bɑːsk] *vi* tumbarse al sol.
✦ to bask in reflected glory participar del éxito ajeno.
to bask in the sun tomar el sol.

basket ['bɑːskɪt]
1 *n* cesta, cesto.
2 *n (basketball)* canasta, cesta.
3 *n (of balloon)* barquilla.
4 *n sl* imbécil *mf*, capullo.
■ **basket case** caso perdido.
basket maker cestero,-a.
basket making cestería.

basketball ['bɑːskɪtbɔːl] *n* baloncesto.

basketwork ['bɑːskɪtwɜːk] *n* cestería, mimbre *m* o *f*.

Basle [bɑːl] *n* → **Basel**.

Basque [bɑːsk]
1 *adj* vasco,-a.
2 *n (person)* vasco,-a.
3 *n (language)* vasco, eusquera *m*, euskera *m*, vascuence *m*.
■ **the Basque Country** el País *m* Vasco, Euskadi *m*.
the Basque provinces *(in Spain)* las provincias *fpl* Vascongadas.

bas-relief [bæsrɪ'liːf] *n* bajorrelieve *m*.

bass¹ [beɪs]
1 *n MUS (singer)* bajo.
2 *n MUS (notes)* graves *mpl*.
3 *n MUS (guitar)* bajo.
4 *adj MUS* bajo,-a.
■ **bass clef** clave *f* de fa.

bass² [bæs] *n (fish)* róbalo, lubina; *(freshwater)* perca.

basset ['bæsɪt] *n ZOOL* perro basset.

bassoon [bə'suːn] *n* fagot *m*.

bassoonist [bə'suːnɪst] *n* fagotista *mf*.

bastard ['bɑːstəd]
1 *n* bastardo,-a.
2 *n taboo* cabrón *m*: poor bastard! ¡pobre desgraciado!
3 *adj* ilegítimo,-a, bastardo,-a.

bastardise ['bɑːstədaɪz] *vt* → **bastardize**.

bastardize ['bɑːstədaɪz]
1 *vt (debase)* corromper, degradar.
2 *vt (text, piece of work)* destrozar.

bastardy ['bɑːstədɪ] *n* bastardía.

baste¹ [beɪst] *vt CULIN* rociar, bañar.

baste² [beɪst] *vt SEW* hilvanar.

baste³ [beɪst] *vt* apalear, dar una paliza a.

bastion ['bæstɪən] *n* baluarte *m*.

bat¹ [bæt] *n ZOOL* murciélago.
✦ like a bat out of hell a toda leche.
to be as blind as a bat no ver ni torta.
■ **old bat** *fam* vieja bruja.

bat² [bæt]
1 *n SP* bate *m*; *(table tennis)* pala.
2 *vi* batear.
✦ off one's own bat por su cuenta.
▲ *pt & pp* **batted**, *ger* **batting**.

bat³ [bæt] *vt* pestañear.
✦ without batting an eyelid sin inmutarse.
▲ *pt & pp* **batted**, *ger* **batting**.

batch [bætʃ] *n (gen)* lote *m*, remesa; *(of bread etc)* hornada.
■ **batch processing** *COMPUT* procesamiento por lotes.

bated ['beɪtɪd] **with bated breath** *phr* con ansiedad.

bath [bɑːθ]
1 *n* baño.
2 *n (tub)* bañera.
3 *vt* bañar, dar un baño a.
4 *vi* bañarse.
5 baths *npl* piscina *f sing* municipal.
✦ to have a bath/take a bath bañarse.
to run a bath preparar un baño.
■ **bath gel** gel *m* de baño.
bath mat alfombra de baño.
bath salts sales *fpl* de baño.
bath towel toalla de baño.

bathe [beɪð]
1 *vt MED (cut, wound)* lavar.
2 *vt (eyes)* bañarse.
3 *vt fig (with light)* bañar.
4 *vi (in sea)* bañarse.

bather ['beɪðəʳ] *n* bañista *mf*.

bathing ['beɪðɪŋ] *n* baño.
✦ "No bathing" "Prohibido bañarse".
■ **bathing costume** traje *m* de baño.
bathing suit traje *m* de baño.

bathmat ['bɑːθmæt] *n* alfombra de baño.

bathos ['beɪθɒs]
1 *n* paso de lo sublime a lo trivial.
2 *n (sentimentality)* sensiblería.
3 *n (anticlimax)* decepción *f*.

bathrobe ['bɑːθrəʊb] *n* albornoz *m*.

bathroom ['bɑːθruːm] *n* cuarto de baño.

bathtub ['bɑːθtʌb] *n US* bañera.

bathyscaph ['bæθɪskæf] *n* batiscafo.

bathyscaphe ['bæθɪskeɪf] *n* batiscafo.

batik [bə'tiːk] *n* batik *m*.

batiste [bə'tiːst] *n* batista.

batman ['bætmæn] *n MIL* ordenanza *m*.
▲ *pl* **batmen** ['bætmen].

baton ['bætən, 'bætɒn]
1 *n (truncheon)* porra.
2 *n MUS* batuta.
3 *n SP* testigo.

batracian [bə'treɪʃən]
1 *adj* batracio,-a.
2 *n* batracio.

batsman ['bætsmən] *n* bateador *m*.
▲ *pl* **batsmen** ['bætsmən].

batswoman ['bætswʊmən] *n* bateadora.
▲ *pl* **batswomen** ['bætswɪmɪn].

battalion [bə'tæljən] *n* batallón *m*.

batten ['bætən]
1 *n* listón *m*.
2 *vt* listonar.
▶ to batten down *vt sep* sujetar con listones.
✦ to batten down the hatches atrancar las escotillas.
to batten on somebody prosperar a costa de alguien: he battened on his family prosperó a costa de su familia.

batter¹ ['bætəʳ] *n CULIN* rebozado.
✦ in batter rebozado,-a: squid in batter calamares a la romana.

batter² ['bætəʳ] *vt (person)* golpear, apalear; *(bruise)* magullar; *(object)* maltratar, estropear.
✦ to batter somebody about dar una buena paliza a alguien.
to batter at something golpear algo: the police battered at the door la policía golpeó la puerta.
to batter something in echar algo abajo: they had to batter the door in tuvieron que echar la puerta abajo.
to batter somebody to death matar a alguien a palos.

batter³ ['bætəʳ] *n SP (baseball, cricket)* bateador,-ra.

battered¹ ['bætəd] *adj CULIN* rebozado, -a: battered fish pescado rebozado.

battered² ['bætəd]
1 *adj (shabby, in bad repair)* estropeado,-a; *(carpet, coat)* raído,-a: a pair of battered shoes un par de zapatos estropeados.
2 *adj (dented)* abollado,-a.
3 *adj (bruised)* lleno,-a de magulladuras.
■ **battered baby** bebé *m* maltratado.
battered wife mujer *f* maltratada.

battering ['bætərɪŋ] *n (beating)* apaleamiento.
■ **battering ram** ariete *m*.

battery ['bætərɪ]
1 n ELEC (wet) batería; (dry) pila.
2 n MIL (of artillery) batería.
3 n THEAT (row of lights) batería.
4 n (series) batería: the system includes a battery of questions el sistema incluye una batería de preguntas.
■ battery farming cría intensiva de animales.
battery hen gallina de criadero.
▲ pl batteries.

battle ['bætəl]
1 n batalla, combate m.
2 n fig lucha: the battle for the party leadership has begun la lucha por el liderazgo del partido ya ha empezado.
3 vi pelearse, batirse: they battled for weeks se pelearon durante semanas.
▸ to battle on vi seguir luchando.
✦ in battle dress en uniforme de campaña.
that's half the battle fig ya hay medio camino andado.
to battle against something fig luchar contra algo: he battled against the illness for years luchó contra la enfermedad durante años.
to battle for something/somebody luchar por algo/alguien: he's battling for human rights lucha por los derechos humanos.
to battle one's way through abrirse camino a empujones: he had to battle his way through the crowd tuvo que abrirse camino entre la multitud a empujones.
to battle over something disputar algo a golpes.
to do battle for luchar por.
to do battle with librar batalla con.
to fight a battle luchar.
to fight a losing battle fig luchar por una causa perdida.
■ a battle of wills una lucha de voluntades.
battle cry grito de guerra.
battle of wits duelo de ingenio.

battle-ax ['bætəlæks] n US → battle-axe.

battle-axe ['bætəlæks]
1 n hacha de combate.
2 n fig bruja, arpía.

battledress ['bætəldres] n traje m de campaña.

battlefield ['bætəlfi:ld] n campo de batalla.

battlements ['bætəlmənts] npl ARCH almenas fpl.

battleship ['bætəlʃɪp] n acorazado.

batty ['bætɪ] adj fam chiflado,-a, chalado,-a.
▲ comp battier, superl battiest.

bauble ['bɔːbəl]
1 n (trinket) baratija.
2 n (Christmas decoration) bola de Navidad.

baud [bɔːd] n baudio.
■ baud rate velocidad f de transmissión.

baulk [bɔːk] vt → balk.

bauxite ['bɔːksaɪt] n bauxita.

Bavaria [bə'veərɪə] n Baviera.

Bavarian [bə'veərɪən]
1 adj bávaro,-a.
2 n bávaro,-a.

bawd [bɔːd] n arch alcahueta, celestina.

bawdy ['bɔːdɪ] adj obsceno,-a, grosero,-a: she told us a bawdy joke nos contó un chiste verde.
■ bawdy house arch mancebía.
▲ comp bawdier, superl bawdiest.

bawl [bɔːl]
1 vi (shout) chillar, gritar.
2 vi (weep loudly) llorar a lágrima viva.
3 vt gritar.
✦ to bawl at somebody gritarle a alguien.
to bawl out somebody's name gritar el nombre de alguien.
to bawl somebody out pegarle una bronca a alguien.

bay[1] [beɪ] n GEOG bahía; (large) golfo.
■ Bay of Biscay golfo de Vizcaya.

bay[2] [beɪ] n (tree) laurel m.
■ bay leaf hoja de laurel.

bay[3] [beɪ] vi (howl) aullar.
✦ to bay at the moon ladrar a la luna.
to keep something/somebody at bay mantener algo/alguien a raya.

bay[4] [beɪ]
1 n ARCH (recess) hueco, nicho.
2 n (in factory) nave f.
■ bay window ventana saliente.
parking bay área de aparcamiento.
sick bay enfermería.

bay[5] [beɪ]
1 adj (colour) bayo.
2 n (colour) bayo.
3 n (horse) caballo bayo.

bayonet ['beɪənət]
1 n MIL bayoneta.
2 vt MIL pasar a la bayoneta.
■ bayonet charge carga a la bayoneta.
bayonet wound bayonetazo.

bazaar [bə'zɑːʳ]
1 n (eastern) bazar m.
2 n (at church etc) venta benéfica.

bazooka [bə'zuːkə] n MIL bazuca, lanzagranadas m.

BBC ['biː'biː'siː] abbr (British Broadcasting Corporation) compañía británica de radiodifusión; (abbreviation) BBC f.

BC[1] ['biː'siː] abbr (before Christ) antes de Cristo, antes de Jesucristo; (abbreviation) a.d.C., a.d.J.C.

BC[2] ['biː'siː] abbr (British Columbia) Columbia Británica.

be [biː]
1 vi (permanent characteristic) ser: she's clever es inteligente; he's blind es ciego; I'm deaf soy sordo.
2 vi (essential quality) ser: diamonds are hard los diamantes son duros.
3 vi (nationality) ser: John's English John es inglés; they are Japanese son japoneses.
4 vi (occupation) ser: he's an engineer es ingeniero; we are both teachers los dos somos profesores.
5 vi (origin) ser: they are from York son de York.
6 vi (ownership) ser: it's my pencil es mi lápiz.
7 vi (authorship) ser: this painting is by Botero este cuadro es de Botero.
8 vi (composition) ser: this cupboard is oak este armario es de roble.
9 vi (use) ser: this product is for tiles este producto es para baldosas.
10 vi (location) estar: Whitby is on the coast Whitby está en la costa.
11 vi (temporary state) estar: your supper's cold tu cena está fría; how are you? ¿cómo estás?; you're a bit deaf today estás un poco sordo hoy; prawns are cheap today las gambas están bien de precio hoy.
12 vi (age) tener: Philip is 22 Philip tiene 22 años.
13 vi (price) costar, valer: a single ticket is £9.50 un billete de ida cuesta 9.50 libras.
14 vi tener: he's hot/cold tiene calor/frío; we're hungry/thirsty tenemos hambre/sed; she's in a hurry tiene prisa; he's right tiene razón.
15 be + pres part aux (action in progress or near future) estar: it is raining está lloviendo; he's working está trabajando; the train is coming viene el tren; I am going on Thursday iré el jueves; she's meeting Mr Broddle tomorrow se reunirá con el señor Broddle mañana.
16 to be + pp aux (passive) ser: she was arrested at the border fue detenida en la frontera, la detuvieron en la frontera; he's hated by everybody es odiado por todos, todos lo odian; he was discharged fue dado de alta, lo dieron de alta; the house has been sold la casa ha sido vendida, la casa se ha vendido, han vendido la casa; he was given a clock le dieron un reloj; thirty children were injured treinta niños fueron heridos, treinta niños resultaron heridos; the two areas of the town are divided by a wall las dos zonas de la ciudad están divididas por un muro.
17 be + to + inf aux (obligation) deber, tener que: you are not to come here again no debes volver aquí; you are to do as I say tienes que hacer lo que yo te diga.
18 aux (future): the King is to visit Egypt el Rey visitará Egipto.
19 there is/there are phr hay: there's some wine in the bottle hay algo de vino en la botella; there are two policemen following us hay dos policías que nos siguen; is there much traffic ¿hay mucho tráfico?

20 there was/there were *phr* había: there was no money no había dinero; there were twenty five candles on the cake había veinticinco velas en la tarta; were there many people? ¿había mucha gente?

21 there will be *phr* habrá: there will be snow in the mountains habrá nieve en las montañas.

22 there would be *phr* habría: there would be time to see the castle habría tiempo para ver el castillo; if Mike came, there would be ten of us si viniera Mike, seríamos diez.

▶ **to be after** *vi* querer, estar buscando: what are you after? ¿que estás buscando?

to be away *vi* estar fuera.

to be back *vi* estar de vuelta, haber vuelto: is Mr Robinson back? ¿ha vuelto el señor Robinson?

to be for *vt insep* ser partidario,-a de, estar a favor de.

to be in
1 *vi (at home)* estar en casa.
2 *vi (in fashion)* estar de moda.

to be in for *vt insep* estar a punto de tener: he's in for a surprise le espera una sorpresa; it looks as if we're in for snow parece que va a nevar.

to be off *vi (leave)* salir, marcharse; *(be stale, bad)* estar pasado,-a.

to be out
1 *vi (away)* no estar, estar fuera: John's out at the moment John no está en estos momentos.
2 *vi (published)* haber salido: the record was out last week el disco salió la semana pasada.
3 *vi (extinguished)* estar apagado,-a, haberse apagado: the fire was out el fuego se había apagado.
4 *vi (unconscious)* estar sin conocimiento: when she was admitted she was out cuando la ingresaron estaba sin conocimiento.

to be over *vi* haber acabado, haber terminado: the film's over la película ha acabado.

to be up *vi (out of bed)* estar levantado,-a.

to be up to
1 *vt insep (capacitated)* estar a la altura de, ser apto,-a para: he's not up to the job no está a la altura del trabajo.
2 *vt insep (doing)* hacer: what are they up to? ¿qué están haciendo?

✦ **to be about to** + *inf* estar para + *inf*, estar a punto de + *inf*: the train is about to arrive el tren está a punto de llegar.

to be or not to be ser o no ser.

▲ *pres 1ᵃ pers* am, *2ᵃ pers sing y todas del pl* are, *3ᵃ pers sing* is; *pt 1ᵃ y 3ᵃ pers sing* was, *2ᵃ pers sing y todas del pl* were; *pp* been.

beach [biːtʃ]
1 *n* playa.
2 *vt* varar.
✦ **on the beach** en la playa.

■ **beach hut** caseta de playa.
beach umbrella sombrilla, quitasol *m*.

beachcomber ['biːtʃkəʊməʳ]
1 *n (person)* raquero,-a.
2 *n (wave)* ola.

beachhead ['biːtʃhed] *n MIL* cabeza de playa.

beachwear ['biːtʃweə] *n* ropa de playa.

beacon ['biːkən]
1 *n (fire)* almenara.
2 *n (light)* baliza.
3 *n (lighthouse)* faro.
4 *n (hill)* hacho.

bead [biːd]
1 *n (on rosary, necklace)* cuenta; *(glass)* abalorio: a string of beads una sarta de cuentas.
2 *n (of liquid)* gota: a bead of sweat una gota de sudor.
✦ **to thread beads** ensartar cuentas.

beading ['biːdɪŋ] *n* junquillo, tapajuntas *m*.

beady ['biːdɪ] *adj (eye)* pequeño,-a y brillante.
▲ *comp* beadier, *superl* beadiest.

beady-eyed [biːdɪˈaɪd] *adj* de ojos pequeños y brillantes.

beagle ['biːgəl] *n* beagle *m*.

beak¹ [biːk]
1 *n* pico.
2 *n fam (nose)* nariz *f* ganchuda.

beak² [biːk] *n sl (magistrate)* juez,-za; *(teacher)* profe,-a.

beaker ['biːkəʳ]
1 *n* taza alta.
2 *n (for measuring, playing dice)* cubilete *m*.
3 *n CHEM* vaso de precipitación.

be-all ['biːɔːl] **the be-all and end-all** *phr* la única cosa que importa, lo único que vale: having possessions isn't the be-all and end-all in life hay más cosas en la vida que tener posesiones.

beam [biːm]
1 *n (wooden)* viga.
2 *n (of light)* rayo.
3 *n (width of ship)* manga.
4 *n (smile)* sonrisa radiante.
5 *n PHYS* haz *m*.
6 *vi (shine)* brillar.
7 *vi (smile)* sonreír.
8 *vt* irradiar, emitir.
✦ **to be broad in the beam** ser ancho,-a de caderas.
■ **electron beam** haz *m* de electrones.

beam-ends [biːmˈendz] *npl MAR* cabezas *fpl* de los baos.
✦ **on her beam-ends** *MAR* escorado,-a.
to be on one's beam ends estar sin un duro.

beaming ['biːmɪŋ] *adj* radiante, sonriente.

bean [biːn]
1 *n (vegetable)* alubia, judía, haba.
2 *n (of coffee)* grano.
✦ **not a bean** *GB* ni un duro.

not to know beans about something *US* no saber ni jota de algo.
to be full of beans rebosar vitalidad.
to spill the beans descubrir el pastel.
■ **bean curd** tofu *m*.
bean shoot brote *m* de soja.
broad bean haba.
French bean judía verde.
green bean judía verde.
kidney bean frijol *m*.
runner bean judía verde.
string bean judía verde.

beanfeast ['biːnfiːst] *n fam* comilona.

beanpole ['biːnpəʊl]
1 *n (stick)* rodrigón *m*, rodriga.
2 *n fam (person)* espárrago.
✦ **to be like a beanpole** estar hecho,-a un espárrago.

beansprout ['biːnspraʊt] *n* brote *m* de soja.

bear¹ [beəʳ]
1 *n ZOOL* oso.
2 *n FIN* bajista *mf*, especulador,-ra a la baja.
3 *n (rough person)* bruto.
4 *vi FIN* vender al iniciarse una bajada de precios para *volver* a comprar luego a un precio más bajo.
✦ **to be like a bear with a sore head** estar de un humor de perros.
■ **bear account** posición *f* de vendedor.
bear cub *ZOOL* osezno.
bear hug apretujón *m*, abrazo muy fuerte.
grizzly bear oso pardo.
the Great Bear la Osa Mayor.
the Little Bear la Osa Menor.

bear² [beəʳ]
1 *vt (carry)* llevar: the officer bore the flag el oficial llevaba la bandera.
2 *vt (name, date)* llevar: the document bore the date of the meeting el documento llevaba la fecha de la reunión.
3 *vt (show signs of)* mostrar, revelar: the body bore no signs of violence el cadáver no mostraba señales de violencia.
4 *vt (weight)* soportar, aguantar; *(responsibility, cost)* asumir.
5 *vt (tolerate)* soportar, aguantar: I can't bear him no lo soporto; how do you bear the job? ¿cómo aguantas el trabajo?
6 *vt (fruit)* producir.
7 *vt FIN (interest)* devengar.
8 *vt (give birth)* tener, dar a luz: she has borne a son ha tenido un niño; her daughter was born deaf su hija nació sorda.
9 *vi (turn)* torcer a: bear left at the next set of traffic lights tuerza hacia la izquierda al próximo semáforo.
▶ **to bear down** *vt sep lit* vencer, derrotar.

to bear out *vt sep* confirmar, corroborar: his wife bore out the facts su mujer confirmó los hechos.

to bear up *vi* ir tirando: John's bearing up in spite of his problems John va tirando a pesar de sus problemas.
to bear with *vt insep* tener paciencia con.
✦ **it doesn't bear thinking about** me da escalofríos nada más pensar en ello.
to bear a grudge guardar rencor.
to bear a resemblance to parecerse a.
to bear hard on oprimir.
to bear in mind tener presente.
to bear no relation to no tener nada que ver con: the facts bear no relation to this case los hechos no tienen nada que ver con este caso.
to bear witness to something ser testigo de algo.
to bring pressure to bear ejercer presión (**on**, a), presionar (**on**, a): they brought pressure to bear on the government ejercieron presión sobre el gobierno.
▲ *pt* bore [bɔːʳ], *pp* borne [bɔːn].

bearable [ˈbeərəbəl] *adj* soportable, llevadero,-a.

beard [bɪəd]
1 *n (on face)* barba.
2 *n (of corn)* arista, raspa.
3 *vt (oppose)* oponerse a.
4 *vt (challenge)* desafiar.
✦ **to beard the lion in his den** entrar en el cubil de la fiera.

bearded [ˈbɪədɪd] *adj* barbudo,-a, con barba.

beardless [ˈbɪədləs] *adj* sin barba, imberbe.

bearer [ˈbeərəʳ]
1 *n (of news, cheque, etc)* portador,-ra; *(of passport)* titular *mf.*
2 *n (porter)* portador,-ra.
■ **bearer bond** *FIN* título al portador.

beargarden [ˈbeəgɑːdən] *n* casa de locos, la casa de Tócame Roque.

bearing [ˈbeərɪŋ]
1 *n (posture)* porte *m.*
2 *n (relevance)* relación *f.*
3 *n (importance)* trascendencia.
4 *n TECH* cojinete *m.*
5 *n ARCH* soporte *m*, columna.
6 *n MAR* orientación *f.*
✦ **to have no bearing on** no tener la menor influencia sobre: the events had no bearing on his decision los acontecimientos no tenían la menor influencia sobre su decisión.
to lose one's bearings desorientarse; *fig* perder el norte.

bearish [ˈbeərɪʃ] *adj FIN* bajista.
■ **bearish tendency** tendencia a la baja.

bear-like [ˈbeəlaɪk] *adj* osuno,-a.

beast [biːst]
1 *n* bestia, animal *m.*
2 *n (unpleasant person)* sinvergüenza *mf.*
■ **beast of burden** bestia de carga.

beastly [ˈbiːstlɪ]
1 *adj* bestial.
2 *adj (unpleasant)* antipático,-a.

3 *adj sl (damn)* dichoso, -a, maldito,-a.
4 *adj (weather, job)* espantoso, -a, horroroso,-a.
✦ **to be beastly to somebody** tratar a alguien a patadas.
▲ *comp* beastlier, *superl* beastliest.

beat [biːt]
1 *n (of heart)* latido.
2 *n (noise)* golpe *m*, ruido; *(of rain)* tamborileo; *(of wings)* aleteo.
3 *n MUS* ritmo.
4 *n (of policeman)* ronda.
5 *vt (hit)* golpear; *(metals)* martillear; *(person)* azotar; *(drum)* tocar; *(wings)* batir.
6 *vt CULIN* batir.
7 *vt (defeat)* vencer, derrotar; *(in competition)* ganar: he beat him by 10 points le ganó por diez puntos.
8 *vt fam (puzzle)* extrañar, dejar perplejo,-a: the problem beats me el problema me deja perplejo.
9 *vi (heart)* latir.
10 *vi (wings)* batir.
11 *adj fam* agotado,-a, rendido,-a: he was beat after the match estaba rendido después del partido.
▶ **to beat back** *vt sep* hacer retroceder: they beat back the enemy hicieron retroceder al enemigo.
to beat down
1 *vt sep (door)* derribar, echar abajo.
2 *vt sep (price)* conseguir un precio más bajo: I managed to beat him down to £20 conseguí que me lo dejara en veinte libras.
3 *vi (sun)* hacer un sol de justicia; *(rain)* llover a cántaros.
to beat up *vt sep* dar una paliza a, vapulear.
✦ **beat it!** ¡lárgate!
it beats me how … no me cabe en la cabeza cómo …
off beat raro,-a, extraño,-a.
that beats everything! ¡esto es el colmo!
to beat about the bush andarse por las ramas.
to beat against something golpear contra algo: the hail beat against the shutters el granizo golpeaba contra las persianas.
to beat on something dar golpes en algo: the bailiffs beat on the door los administradores dieron golpes en la puerta.
to beat somebody's brains out romperle la crisma a alguien.
to beat somebody to death matar a alguien a palos.
to beat somebody to it sentar la mano a alguien.
to beat some sense into somebody meter un poco de sentido común en la cabeza de alguien.
to beat the record batir el récord.
to beat time *MUS* llevar el compás.
■ **the beat generation** la generación *f* de los beatniks.
▲ *pt* beat, *pp* beaten.

beaten [ˈbiːtən]
1 *adj (defeated)* vencido,-a, derrotado,-a.
2 *adj (metal)* martillado,-a.
3 *adj (exhausted)* rendido,-a, agotado,-a.
✦ **off the beaten track** apartado,-a, aislado,-a: his house is a bit off the beaten track su casa está un poco apartada.

beater [ˈbiːtəʳ]
1 *n CULIN* batidora.
2 *n (in hunting)* ojeador,-ra.

beatific [bɪəˈtɪfɪk] *adj* beatífico,-a.

beatification [bɪætɪfɪˈkeɪʃən] *n* beatificación *f.*

beatify [bɪˈætɪfaɪ] *vt* beatificar.
▲ *pt & pp* beatified, *ger* beatifying.

beating [ˈbiːtɪŋ]
1 *n (thrashing)* paliza.
2 *n (defeat)* derrota.
3 *n (of heart)* latidos *mpl.*
✦ **to give somebody a good beating** dar una buena paliza a alguien.
to take a beating sufrir una derrota.

beatitude [bɪˈætɪtjuːd] *n* beatitud *f.*
■ **the Beatitudes** las Bienaventuranzas.

beatnik [ˈbiːtnɪk] *n* beatnik *mf.*

beau [bəʊ]
1 *n* galán *m.*
2 *n (suitor)* pretendiente *m.*
▲ *pl* beaux [bəʊz] o beau [bəʊ].

beautician [bjuːˈtɪʃən] *n* esteticista *mf.*

beautification [bjuːtɪfɪˈkeɪʃən] *n* embellecimiento.

beautiful [ˈbjuːtɪful]
1 *adj (person, object, place)* hermoso,-a, bonito,-a, precioso,-a; *(person)* guapo, -a: a beautiful girl una chica hermosa, una chica guapa; a beautiful place un sitio bonito; a beautiful painting un cuadro precioso.
2 *adj (wonderful)* maravilloso,-a, magnífico,-a.
3 *adj (delicious)* delicioso,-a.

beautifully [ˈbjuːtɪfulɪ] *adv* maravillosamente, perfectamente, muy bien.

beautify [ˈbjuːtɪfaɪ]
1 *vt* embellecer.
2 *vi* embellecerse.
▲ *pt & pp* beautified, *ger* beautifying.

beauty [ˈbjuːtɪ]
1 *n* belleza, hermosura: a sculpture of great beauty una escultura de una gran belleza.
2 *n (person)* belleza.
✦ **beauty is only skin deep** las apariencias engañan.
that's a beauty! *(object)* ¡es una maravilla!; *(shot in game)* ¡qué golpe más bueno!
that's the beauty of it esto es el encanto que tiene.
to get one's beauty sleep dormir para estar guapo,-a.
■ **beauty consultant** esteticista *mf.*
beauty contest concurso de belleza.
beauty cream crema de belleza.
beauty parlour sala de belleza.

beauty queen miss *f*, ganadora de un concurso de belleza.

beauty spot *(on face)* lunar *m*; *(place)* lugar *m* pintoresco.

beauty treatment tratamiento de belleza.

Beauty and the Beast la Bella y la Bestia.

▲ *pl* **beauties**.

beaver ['biːvəʳ] *n* castor *m*.

bebop ['biːbɒp] *n MUS* bebop *m*.

became [bɪ'keɪm] *pt* → **become**.

because [bɪ'kɒz]

1 *conj* porque: **she hasn't come because she's ill** no ha venido porque está enferma.

2 because of *prep* a causa de: **they were late because of the snow** llegaron tarde a causa de la nieve.

bechamel ['beɪʃəmel] *n CULIN* bechamel *f*, besamela.

beck¹ [bek] **to be at somebody's beck and call** *phr* estar a la entera disposición de alguien.

beck² [bek] *n* arroyo.

beckon ['bekən]

1 *vt* llamar con señas: **he beckoned the boy to come nearer** llamó al niño con señas para que se acercase.

2 *vi fig* llamar, atraer: **the theatre world beckoned** el mundo del teatro llamaba.

3 *vi* hacer señas: **to beckon to somebody** hacer señas a alguien.

become [bɪ'kʌm]

1 *vi (with noun)* convertirse en, hacerse, llegar a ser: **to become a doctor/teacher** hacerse médico,-a/maestro,-a; **to become friends** hacerse amigos; **to become president** llegar a la presidencia.

2 *vi (change into)* convertirse en, transformarse en: **chrysalises become butterflies** las crisálidas se transforman en mariposas; **when he got married he became a different man** cuando se casó se convirtió en otro hombre.

3 *vi (irrevocable state)* volverse; *(temporary state)* ponerse; *(involuntary state)* quedarse: **to become mad** volverse loco,-a, enloquecer; **to become fat** ponerse gordo,-a, engordar; **to become angry** ponerse enfadado,-a, enfadarse; **to become sad** ponerse triste, entristecerse; **to become deaf** quedarse sordo,-a, ensordecerse; **to become blind** quedarse ciego,-a.

4 *vt dated (suit)* sentarle bien, favorecer: **that blouse becomes you** esta blusa te favorece.

5 *vt dated (befit)* ser propio,-a de, convenir: **that kind of behaviour doesn't become you** ese tipo de comportamiento no te conviene.

✦ what has become of …? ¿qué ha sido de …?: **what has become of your sister?** ¿qué ha sido de tu hermana?

▲ *pt* **became** [bɪ'keɪm], *pp* **become**.

becoming [bɪ'kʌmɪŋ]

1 *adj (dress etc)* que sienta bien, favorecedor,-ra.

2 *adj (behaviour, language)* apropiado,-a.

bed [bed]

1 *n* cama.

2 *n (for animals)* lecho.

3 *n (of flowers)* arriate *m*, macizo.

4 *n (of river)* lecho, cauce *m*; *(of sea)* fondo.

5 *n GEOL* capa, yacimiento.

6 *vt sl* acostarse con.

▶ **to bed down** *vi (in camping)* acostarse.

to bed out *vt sep (plants)* plantar en un arriate.

✦ to get out of bed on the wrong side *fam* levantarse con el pie izquierdo.

to go to bed acostarse.

to make one's bed and lie in it quien mala cama hace en ella yace.

to make the bed hacer la cama.

to put a newspaper to bed *fig* terminar la redacción de un número.

to put somebody to bed acostar a alguien.

to take to one's bed guardar cama.

■ **a bed of roses** *fig* un lecho de rosas.

bed and board pensión *f* completa.

bed and breakfast alojamiento con desayuno incluido.

bunk bed litera.

double bed cama de matrimonio.

single bed cama individual.

twin beds camas *fpl* separadas.

▲ *pt & pp* **bedded**, *ger* **bedding**.

bedazzle [bɪ'dæzəl] *vt* deslumbrar, encandilar.

bedbug ['bedbʌg] *n* chinche *f*.

bedclothes ['bedkləʊðz] *npl* ropa de cama.

bedding ['bedɪŋ]

1 *n* ropa de cama.

2 *n (for animals)* lecho.

bedeck [bɪ'dek] *vt* engalanar, adornar.

bedevil [bɪ'devəl]

1 *vt (pester, bother)* importunar, incomodar.

2 *vt (confuse, bewilder)* dejar perplejo,-a.

3 *vt (with evil spirit)* endiablar, endemoniar.

▲ *pt & pp* **bedevilled** (*US* **bedeviled**), *ger* **bedevilling** (*US* **bedeviling**).

bedfellow ['bedfeləʊ] *n* compañero,-a de viaje.

✦ to make strange bedfellows hacer una extraña pareja.

bedhead ['bedhed] *n* cabecera de cama.

bedlam ['bedləm]

1 *n (confusion)* alboroto, jaleo.

2 *n dated* manicomio.

Bedouin ['beduɪn]

1 *adj* beduino,-a.

2 *adj (wandering)* nómada.

3 *n* beduino,-a.

4 *n (wanderer)* nómada *mf*.

bedpan ['bedpæn] *n* cuña, orinal *m* de cama.

bedpost ['bedpəʊst] *n* columna de la cama.

bedraggled [bɪ'drægəld] *adj* desaliñado,-a.

bedridden ['bedrɪdən] *adj* postrado,-a en cama.

bedrock ['bedrɒk]

1 *n GEOL* roca de fondo.

2 *n fig* fondo de la cuestión.

✦ to get down to bedrock ir al grano.

bedroom ['bedruːm] *n* dormitorio, habitación *f*.

■ **bedroom comedy** comedia de enredos.

bedroom eyes ojos *mpl* seductores.

bedroom slippers zapatillas.

bedroom suite mobiliario de dormitorio.

bedside ['bedsaɪd] *n* cabecera.

✦ to have a good bedside manner tener buen trato con los enfermos.

■ **bedside lamp** lámpara de noche.

bedside table mesita de noche.

bedsitter ['bedsɪtəʳ] *n* estudio.

bedsock ['bedsɒk] *n* patuco.

bedsore ['bedsɔː] *n MED* llaga, úlcera.

bedspread ['bedspred] *n* cubrecama.

bedstead ['bedsted] *n* armazón *m* de la cama.

bedtime ['bedtaɪm] *n* la hora de acostarse.

bed-wetting ['bedwetɪŋ] *n MED* enuresis *f*.

bee [biː]

1 *n* abeja.

2 *n US* círculo de amigos.

✦ to be as busy as a bee estar muy ocupado,-a.

to have a bee in one's bonnet *fam* tener una obsesión.

to think one's the bees' knees *fam* creerse el rey del mambo.

■ **carpenter bee** abeja carpintera.

Beeb [biːb] **the Beeb** *n* la BBC *f*.

beech [biːtʃ] *n (wood)* haya.

■ **beech grove** hayal *m*, hayedo.

beech tree haya.

beechnut ['biːtʃnʌt] *n* hayuco.

bee-eater ['biːiːtəʳ] *n* abejaruco.

beef [biːf]

1 *n (meat)* carne *f* de buey, carne *f* de vaca.

2 *n (animal)* buey *m*, vaca; *(cattle)* ganado vacuno.

3 *n US (complaint)* queja.

4 *vi fam* quejarse: **to beef about something** quejarse de algo.

▶ **to beef up** *vt sep* reforzar, impulsar.

■ **beef tea** caldo de carne.

bully beef *US* carne *f* de vaca en conserva.

corned beef carne *f* de vaca en conserva.

beefburger [ˈbiːfbɜːgəʳ] *n* hamburguesa.

beefeater [ˈbiːfiːtəʳ] *n* alabardero de la Torre de Londres.

beefsteak [ˈbiːfsteɪk] *n* bistec *m*.

beefy [ˈbiːfɪ] *adj* cachas, fornido,-a.
▲ *comp* beefier, *superl* beefiest.

beehive [ˈbiːhaɪv]
1 *n* colmena.
2 *n (hairstyle)* peinado encrespado, peinado cardado.

beekeeper [ˈbiːkiːpəʳ] *n* colmenero,-a, apicultor,-ra.

bee-keeper [ˈbiːkiːpəʳ] *n* apicultor,-ra.

beekeeping [ˈbiːkiːpɪŋ] *n* apicultura.

bee-keeping [ˈbiːkiːpɪŋ] *n* apicultura.

beeline [ˈbiːlaɪn] *n* línea recta.
✦ **to make a beeline for somebody/something** ir derecho hacia alguien algo.

Beelzebub [bɪˈelzɪbʌb] *n* Belcebú.

been [biːn, bɪn] *pp* → **be.**

beep [biːp]
1 *n* pitido.
2 *vi* pitar, tocar el pito.
✦ **to beep the horn** tocar el claxon.

beer [bɪəʳ] *n* cerveza.
✦ **life isn't all beer and skittles** la vida no es un lecho de rosas.
to think no small beer of oneself creerse muy importante.

beery [ˈbɪərɪ]
1 *adj* que huele a cerveza: he had beery breath su aliento olía a cerveza.
2 *adj (party)* en que se bebe mucha cerveza.
▲ *comp* beerier, *superl* beeriest.

beeswax [ˈbiːzwæks] *n* cera de abejas.

beet [biːt] *n* remolacha.

beetle [ˈbiːtəl] *n* escarabajo.
▶ **to beetle about** *vi* ir a toda prisa.

beetroot [ˈbiːtruːt] *n* remolacha.

befall [bɪˈfɔːl]
1 *vt lit* acontecer a, suceder a: he never knew what had befallen her nunca supo lo que le había sucedido.
2 *vi* acontecer.
▲ *pt* befell, *pp* befallen.

befallen [bɪˈfɔːlən] *pp* → **befall.**

befell [bɪˈfel] *pt* → **befall.**

befit [bɪˈfɪt] *vt lit* convenir a, ser digno,-a de: such treatment doesn't befit a man of your station semejantes tratos no son dignos de un hombre de su posición social.
▲ *pt & pp* befitted, *ger* befitting; se usa únicamente en tercera persona.

befitting [bɪˈfɪtɪŋ] *adj* propio,-a, digno,-a, conveniente.

before [bɪˈfɔːʳ]
1 *prep (earlier)* antes de: spring comes before summer la primavera viene antes del verano; they arrived the night before the party llegaron la noche antes de la fiesta.

2 *prep (in front of)* delante de; *(in the presence of)* ante; *(for the attention of)* ante: he's before me in the queue va delante de mi en la cola; he appeared before the judge compareció ante el juez; he presented the project before the committee presentó el proyecto ante el comité.
3 *prep (rather than)* antes que: death before dishonour la muerte antes que la deshonra.
4 *prep (ahead)* por delante: he's got all his life before him tiene toda su vida por delante.
5 *prep (first)* primero: ladies before gentlemen las señoras primero.
6 *conj (earlier than)* antes de + *inf*, antes de que + *subj*: don't forget to say goodbye before you go no te olvides de despedirte antes de irte; he left before we arrived se fue antes de que llegásemos nosotros.
7 *conj (rather than)* antes de + *inf*: he would starve before he asked them for money preferiría morir de hambre antes de pedirles dinero.
8 *adv (earlier)* antes: he had arrived two hours before había llegado dos horas antes.
9 *adv (previous)* anterior: the day before el día anterior.
10 *adv (already)* ya: we've seen it before ya lo hemos visto.
11 *adv (position)* delante, por delante: they were attacked before and behind les atacaron por delante y por detrás.
✦ **as never before** como nunca.
Before Christ antes de Cristo.
before God ante Dios.
before long dentro de poco.
long before mucho antes de.
not long before poco antes de.
pride comes before a fall un exceso de orgullo conduce a la caída.
to put the cart before the horse empezar la casa por el tejado.
▪ **the one before** el anterior, la anterior.

beforehand [bɪˈfɔːhænd]
1 *adv (earlier)* antes.
2 *adv (in advance)* de antemano, con antelación: payment must be made a month beforehand los pagos deben efectuarse con un mes de antelación.
3 *adv (before)* antes: they arrived two hours beforehand llegaron dos horas antes.

befriend [bɪˈfrend] *vt* ofrecer su amistad a.

befuddle [bɪˈfʌdəl] *vt* ofuscar, aturdir.

befuddled [bɪˈfʌdəld] *adj* aturdido,-a, atontado,-a,.

beg [beg]
1 *vt* mendigar: she begged some food from the shop mendigó algo de comida de la tienda.
2 *vt (ask for)* pedir: she begged forgiveness pidió perdón.

3 *vt lit (beseech)* suplicar, rogar: she begged him to help her le suplicó que le ayudara.
4 *vi* mendigar: she spent all day begging in the streets pasó todo el día mendigando por las calles.
5 *vi (dog)* sentarse *(con las patas delanteras levantadas).*
▶ **to beg off** *vi US* escabullirse.
✦ **I beg to differ** no estoy de acuerdo.
to beg the question ser una petición de principio.
▲ *pt & pp* begged, *ger* begging.

began [bɪˈgæn] *pt* → **begin.**

beget [bɪˈget] *vt* engendrar.
▲ *pt* begot [bɪˈgɒt], *pp* begotten [bɪˈgɒtən], *ger* begetting.

beggar [ˈbegəʳ]
1 *n* mendigo,-a, pordiosero,-a.
2 *n fam* tipo, individuo,-a: he's a funny beggar es un tipo raro.
3 *vt* empobrecer, arruinar.
4 *vt fig* hacer imposible.
✦ **beggars can't be choosers** a caballo regalado no le mires el dentado.
to beggar description superar toda descripción.

beggarly [ˈbegəlɪ] *adj* pobre, miserable.

begging [ˈbegɪŋ] *n* mendigar *m*.
✦ **to go begging** sobrar: is this sandwich going begging? ¿sobra este bocadillo?, ¿no quiere nadie este bocadillo?
▪ **begging bowl** plato de las limosnas.

begin [bɪˈgɪn]
1 *vt* empezar, comenzar: he began his job on Monday comenzó el trabajo el lunes; he began to feel ill empezó a sentirse mal; he began working when he was sixteen empezó a trabajar cuando tenía dieciséis años.
2 *vi* empezar, comenzar: the performance begins at nine la representación empieza a las nueve.
✦ **beginning from** a partir de: beginning from next week a partir de la semana que viene.
not to begin to … estar lejos de …: he can't begin to compete with us está muy lejos de poder competir con nosotros.
to begin by + -ing empezar por + *inf*, empezar + *ger*: he began by asking them some questions empezó por hacerles algunas preguntas.
to begin with *(firstly)* en primer lugar; *(take as starting point)* empezar con: we're going to begin with the alphabet empezaremos con el alfabeto.
▲ *pt* began [bɪˈgæn], *pp* begun [bɪˈgʌn], *ger* beginning.

beginner [bɪˈgɪnəʳ] *n* principiante *mf*.
▪ **beginner's luck** la suerte del principiante.

beginning [bɪˈgɪnɪŋ]
1 *n* principio, comienzo: the beginning of the film el principio de la película.

2 n (cause) origen m, causa: the beginning of the quarrel la causa de la disputa.

3 beginnings npl (origins) orígenes mpl: he never discussed his humble beginnings nunca habló de sus orígenes humildes.

✦ **at the beginning of** a principios de: at the beginning of December a principios de diciembre.

from beginning to end desde el principio hasta el final.

the beginning of the end el principio del fin.

begone [bɪ'gɒn] interj arch ¡retiraos!

begonia [bə'gəʊnɪə] n BOT begonia.

begot [bɪ'gɒt] pt → **beget**.

begotten [bɪ'gɒtən] pp → **beget**.

begrudge [bɪ'grʌdʒ]
1 vt (envy) envidiar: he begrudges him his success le envidia su éxito.
2 vt (disapprove) desaprobar, no ver con buenos ojos: he begrudges what they have done no ve con buenos ojos lo que han hecho.
✦ **to begrudge doing something** hacer algo a regañadientes, hacer algo de mala gana.

begrudgingly [bɪ'grʌdʒɪŋlɪ] adv a regañadientes, de mala gana.

beguile [bɪ'gaɪl]
1 vt (seduce) seducir, atraer; (bewitch) embrujar.
2 vt (cheat) engañar.
✦ **to beguile somebody into doing something** engatusar a alguien para que haga algo.

beguiling [bɪ'gaɪlɪŋ] adj atractivo,-a, seductor,-ra.

begun [bɪ'gʌn] pp → **begin**.

behalf [bɪ'hɑːf] **on behalf of** phr (acting for) en nombre de, de parte de; (in favour of) por, en favor de; (for the benefit of) para, en beneficio de: he spoke on behalf of all those involved habló en nombre de todos los implicados; he went to see her on my behalf fue de mi parte a verla; she intervened on their behalf intervino por ellos; a collection on behalf of the poor una colecta para los pobres.

behave [bɪ'heɪv]
1 vi (people) comportarse, portarse.
2 vi (equipment, machinery) funcionar bien: this computer won't behave este ordenador no funciona bien.
✦ **to behave badly** comportarse mal, portarse mal: they behaved badly at the party se portaron mal en la fiesta.
to behave oneself comportarse, portarse bien: behave yourselves while I'm away portaos bien mientras estoy fuera.
to behave towards somebody tratar a alguien: I don't like how he behaves towards them no me gusta como les trata.

behavior [bɪ'heɪvjəʳ] n US → **behaviour**.

behavioral [bɪ'heɪvjərəl] adj US behaviorista, conductista.

behaviorism [bɪ'heɪvjərɪzəm] n US behaviorismo, conductismo.

behaviorist [bɪ'heɪvjərɪst] n US behaviorista mf, conductista mf.

behavioristic [bɪheɪvjəˈrɪstɪk] adj US behaviorístico,-a.

behaviour [bɪ'heɪvjəʳ]
1 n (of person) conducta, comportamiento.
2 n (of equipment, machine) funcionamiento.
3 n (treatment) trato.
4 n PHYS comportamiento.
✦ **to be on one's best behaviour** comportarse de la mejor manera posible.
▪ **behaviour therapy** terapia de comportamiento.

behavioural [bɪ'heɪvjərəl] adj behaviorístico,-a, conductista.

behaviourism [bɪ'heɪvjərɪzəm] n behaviorismo, conductismo.

behaviourist [bɪ'heɪvjərɪst] n behaviorista mf, conductista mf.

behaviouristic [bɪheɪvjəˈrɪstɪk] adj behaviorístico,-a.

behead [bɪ'hed] vt decapitar, descabezar.

beheld [bɪ'held] pt & pp → **behold**.

behest [bɪ'hest] n lit orden m, petición f.
✦ **at somebody's behest** por orden de, a petición de alguien: he went at the King's behest fue por orden del rey.

behind [bɪ'haɪnd]
1 prep detrás de: he's over there behind that tree está allí detrás de ese árbol; I don't know what's behind his statements no sé qué hay detrás de sus declaraciones.
2 adv detrás, atrás: look at all those people behind mira toda aquella gente que hay detrás.
3 adv (late) atrasado,-a: she's behind with her mortgage payments está atrasada en el pago de la hipoteca.
4 n fam (buttocks) trasero.
✦ **behind somebody's back** a espaldas de alguien.
behind the scenes entre bastidores.
to attack somebody from behind atacar a alguien por la espalda.
to be behind schedule estar atrasado,-a.
to be behind somebody fig apoyar a alguien.
to be behind something fig ser el/la responsable de algo, estar detrás de algo.
to be behind the times ser anticuado,-a.
to fall behind quedarse atrás.
to leave behind (person, thing, animal) dejar algo; (in competition) dejar atrás: when they went back to England

they had to leave their dog behind cuando regresaron a Inglaterra tuvieron que dejar su perro; he left the other athletes far behind dejó a los otros atletas muy atrás.
to look behind mirar hacia atrás.
to put something behind one (events, worries,) olvidarse de algo, dejar de lado algo: put your problems behind you! ¡olvídate de tus problemas!
to stay behind quedarse: he had to stay behind after school tuvo que quedarse después de la clase.

behindhand [bɪ'haɪndhænd]
1 adv en retraso, retrasado,-a: he's behindhand with the payments está retrasado en los pagos.
2 adj atrasado,-a, retrasado,-a.

behind-the-scenes [bɪhaɪndðəˈsiːnz] adj en secreto: a behind-the-scenes investigation una investigación en secreto.

behold [bɪ'həʊld] vt lit contemplar, observar.
▲ pt & pp **beheld** [bɪ'held].

beholden [bɪ'həʊldən] **to be beholden to somebody** phr estar en deuda con alguien.

beholder [bɪ'həʊldəʳ] n lit observador,-ra.
✦ **beauty is in the eye of the beholder** la belleza está en el ojo del que mira.

beige [beɪʒ]
1 n beige m.
2 adj (de color) beige.

being ['biːɪŋ]
1 n (living thing) ser m.
2 n (existence) existencia.
✦ **being as** ya que, puesto que: being as they arrived late … puesto que llegaron tarde …
for the time being por ahora, de momento.
to bring into being llevar a cabo, crear.
to come into being nacer.
▪ **human being** ser m humano.

Beirut [beɪ'ruːt] n Beirut.

Belarus ['belərʌs] n → **Byelorussia**.

belated [bɪ'leɪtɪd] adj fam tardío,-a, atrasado,-a.

belay [bɪ'leɪ] vt (boat) amarrar; (rope in mountaineering) asegurar, fijar.

belch [beltʃ]
1 n eructo.
2 vi eructar.
✦ **to belch (out)** vomitar, arrojar: the burning building belched out smoke el edificio en llamas arrojaba humo.

beleaguer [bɪ'liːgəʳ]
1 vt (besiege) sitiar, cercar.
2 vt (harass) perseguir, hostigar.

beleaguered [bɪ'liːgəd]
1 adj (besieged) sitiado,-a, cercado,-a.
2 adj (harassed) perseguido,-a, hostigado,-a.

belfry ['belfrɪ] n campanario.

✦ **to have bats in the belfry** estar como una cabra.
▲ *pl* **belfries**.
Belgian [ˈbeldʒən]
1 *adj* belga.
2 *n* belga *mf*.
Belgium [ˈbeldʒəm] *n* Bélgica.
Belgrade [belˈgreɪd] *n* Belgrado.
belie [bɪˈlaɪ]
1 *vt (contradict)* mostrar como falso.
2 *vt (misrepresent)* no reflejar, ocultar.
3 *vt (fail to justify)* defraudar.
belief [bɪˈliːf]
1 *n (gen)* creencia: his political beliefs sus creencias políticas.
2 *n (opinion)* opinión *f*: it is his belief that they are guilty en su opinión son culpables.
3 *n (confidence)* confianza: he has no belief in the legal system no tiene confianza en el sistema jurídico.
✦ **to the best of my belief** que yo sepa.
it is my firm belief that creo firmemente que.
it is beyond belief parece mentira.
believable [bɪˈliːvəbəl] *adj* creíble, verosímil.
believe [bɪˈliːv]
1 *vt (accept as true, think)* creer: I don't believe you no te creo; I believe it's going to rain creo que va a llover.
2 *vt (suppose)* creer, suponer: they believe he has left the country creen que ha abandonado el país.
3 *vi* creer (in, en): we believe in God creemos en Dios; she still believes in him todavía cree en él.
4 *vi (trust)* confiar (in, en): they don't believe in the president any more ya no confían en el presidente.
5 *vi (support, be in favour of)* ser partidario,-a (in, de): they believe in free trade son partidarios del libre comercio.
6 *vi REL* tener fe.
✦ **believe it or not** por extraño que pueda parecer.
believe me! ¡créeme!
don't you believe it! ¡no te lo creas!
it is believed that se cree que: it is believed that they were caught in the avalanche se cree que se quedaron atrapados por el alud.
not to believe one's eyes no dar crédito a sus ojos.
to make believe fingir.
you'd better believe it! ¡esto va en serio!
believer [bɪˈliːvəʳ]
1 *n* creyente *mf*.
2 *n (supporter)* partidario,-a.
belittle [bɪˈlɪtəl] *vt* menospreciar, despreciar: they belittled his contributions to the project despreciaron sus aportaciones al proyecto.
✦ **to belittle oneself** rebajarse.
Belize [beˈliːz] *n* Belice.

Belizean [beˈliːzɪən]
1 *adj* belicense, beliceño,-a.
2 *n* belicense *mf*, beliceño,-a.
bell¹ [bel]
1 *n (church etc)* campana.
2 *n (handbell)* campanilla.
3 *n (on bicycle, door, etc)* timbre *m*.
4 *n (on toy, hat)* cascabel *m*.
5 *n (cowbell)* cencerro.
6 *n (flower)* campanilla.
✦ **sound as a bell** más sano,-a que una manzana.
that rings a bell esto me suena.
to bell the cat poner el cascabel al gato.
to be saved by the bell salvarse por los pelos.
to give somebody a bell *fam (phone somebody)* dar un toque a alguien.
to ring the bell tocar el timbre.
bell² [bel]
1 *n (of stag)* bramido.
2 *vi* bramar.
belladonna [beləˈdɒnə] *n BOT* belladona.
bell-bottomed [belˈbɒtəmd] *adj (trousers)* acampanado,-a.
bell-bottoms [belˈbɒtəmz] *npl* pantalones *mpl* acampanados.
bellboy [ˈbelbɔɪ] *n* botones *m*.
belle [bel] *n (beautiful woman)* belleza, beldad *f*.
✦ **the belle of the ball** la reina del baile.
bellhop [ˈbelhɒp] *n US* botones *m*.
bellicose [ˈbelɪkəʊs] *adj* belicoso,-a, pendenciero,-a.
belligerence [bɪˈlɪdʒərəns] *n* beligerancia.
belligerent [bɪˈlɪdʒərənt] *adj* beligerante.
bell-jar [ˈbeldʒɑː] *n* campana de cristal.
bellow [ˈbeləʊ]
1 *n* bramido.
2 *vi* bramar.
3 *vi fig* vociferar.
4 **bellows** *npl* fuelle *m sing*.
bell-pull [ˈbelpʊl] *n* tirador *m* del timbre.
bell-push [ˈbelpʊʃ] *n* botón *m* del timbre.
bell-ringer [ˈbelrɪŋəʳ] *n* campanólogo,-a.
belly [ˈbelɪ]
1 *n (person)* vientre *m*, barriga.
2 *n (animal)* panza.
■ **belly laugh** carcajada.
▲ *pl* **bellies**.
bellyache [ˈbelɪeɪk]
1 *n fam* dolor *m* de barriga.
2 *vi fam* quejarse.
bellybutton [ˈbelɪbʌtən] *n fam* ombligo.
bellyful [ˈbelɪfʊl] *n* panzada, hartazgo.
✦ **to have had a bellyful of something** estar hasta la coronilla de algo.

belong [bɪˈlɒŋ]
1 *vi* pertenecer (**to**, a), ser (**to**, de): the house belongs to both of us la casa nos pertenece a los dos; this book belongs to him este libro es de él.
2 *vi (be a member of a club)* ser socio,-a (**to**, de); *(be a member of political party)* ser miembro (**to**, de).
3 *vi (have suitable qualities)* ser apto,-a (in, para): he doesn't belong in this job no es apto para este trabajo.
4 *vi (fit specific environment)* estar en su ambiente natural.
5 *vi (be correctly placed)* estar en su sitio, deber colocarse en: these files don't belong here estos archivos no están en su sitio aquí; these books belong on that shelf estos libros deben colocarse en aquel estante.
belongings [bɪˈlɒŋɪŋz] *npl* pertenencias *fpl*, bártulos *mpl*.
✦ **to pack up one's belongings** liar el petate, preparar los bártulos.
beloved [bɪˈlʌvd]
1 *adj* querido,-a, amado,-a.
2 *n* amado,-a.
▲ *(sustantivo)* [bɪˈlʌvɪd].
below [bɪˈləʊ]
1 *prep* debajo de, bajo: my parents live in the flat below us mis padres viven en el piso debajo de nosotros.
2 *prep* por debajo (de): the drainage system runs below our house la alcantarilla pasa por debajo de nuestra casa.
3 *prep (lower than)* bajo: temperatures are 5 degrees below freezing las temperaturas están a 5 grados bajo cero.
4 *adv* abajo: there are some protesters below in the street hay unos manifestantes abajo en la calle.
5 *adv* de abajo: the old lady in the flat below la anciana del piso de abajo.
✦ **below sea-level** por debajo del nivel del mar.
see below véase abajo.
that was a bit below the belt fue un golpe bajo.
belt [belt]
1 *n* cinturón *m*.
2 *n TECH* correa.
3 *n (area)* zona.
4 *vt fam (hit)* arrear un tortazo.
▶ **to belt along** *vi fam* ir a todo gas.
to belt up *vi fam* cerrar el pico.
■ **a blow below the belt** un golpe *m* bajo.
diving belt cinturón *m* de lastre.
industrial belt zona industrial.
belvedere [ˈbelvɪdɪəʳ] *n* belvedere *m*.
bemoan [bɪˈməʊn] *vt* lamentar.
bemused [bɪˈmjuːzd] *adj* perplejo,-a.
bench [bentʃ]
1 *n* banco.
2 *n JUR* tribunal *m*.
3 *n SP* banquillo.
✦ **to be on the bench** ser juez,-za.

■ **back benches** GB escaños de los diputados que no forman parte del consejo de ministros.
front benches GB escaños ocupados por los miembros del consejo de ministros.
bench mark cota de referencia, punto de referencia.
bench mark test prueba patrón.
bench test prueba de banco.

bend [bend]
1 n (in road etc) curva.
2 n (in pipe) ángulo.
3 vt doblar, curvar: he couldn't bend the iron bar no consiguió doblar la barra de hierro.
4 vt (head) inclinar; (back) doblar, encorvar; (knee) doblar, flexionar: he couldn't bend his back after the accident no pudo doblar la espalda tras el accidente.
5 vi doblarse, combarse: the legs of the chair bent when he sat down las patas de la silla se combaron cuando se sentó.
6 vi (head) inclinarse; (back) encorvarse: his back had bent under the weight se le había encorvado la espalda bajo el peso.
7 vi (road) torcer.
▸ **to bend down** vi agacharse.
to bend over vi inclinarse.
✦ **on bended knee** arrodillado,-a.
"Please do not bend" (on package) "No doblar".
to bend over backwards for somebody hacer todo lo posible por alguien.
to be round the bend estar loco,-a perdido,-a.
to bend something back doblar algo hacia atrás.
to bend something straight enderezar algo.
to bend the rules for somebody hacer una excepción por alguien.
to send somebody round the bend sacar a alguien de quicio.
■ **wide bend** curva abierta.
▲ pt & pp **bent** [bent].

bender ['bendə'] **to go on a bender** phr irse de juerga, irse de borrachera.

beneath [bɪ'niːθ]
1 prep bajo, debajo de: they sleep in the room beneath ours duermen en la habitación debajo de la nuestra.
2 prep por debajo de: the underground line runs beneath our house la línea de metro va por debajo de nuestra casa.
3 prep fig indigno,-a de, no digno,-a de: it's beneath you to behave like this es indigno de ti comportarte de esta manera.
4 adv de abajo: she lives in the flat beneath vive en el piso de abajo.
✦ **to marry beneath oneself** casarse con alguien de clase inferior.

Benedictine [benɪ'dɪktɪn]
1 adj benedictino,-a.
2 n benedictino.
benediction [benɪ'dɪkʃən] n bendición f.
benefactor ['benɪfæktə'] n benefactor m.
benefactress ['benɪfæktrəs] n benefactora.
benefice ['benɪfɪs] n REL beneficio.
beneficence [bɪ'nefɪsəns] n beneficencia.
beneficent [bɪ'nefɪsənt] adj benefactor,-ra.
beneficial [benɪ'fɪʃəl] adj beneficioso,-a, provechoso,-a.
beneficiary [benɪ'fɪʃərɪ] n beneficiario,-a.
▲ pl **beneficiaries**.
benefit ['benɪfɪt]
1 n (advantage) beneficio, provecho.
2 n (good) bien m.
3 n (allowance) subsidio.
4 n (charity performance) función f benéfica; (charity game) partido benéfico.
5 vt beneficiar: his actions benefited the poor sus acciones beneficiaron a los pobres.
6 vi beneficiarse (**from**, de): he benefited from their help se benefició de su ayuda.
✦ **to do something for somebody's benefit** hacer algo por el bien de alguien.
to gain benefit from something sacar provecho de algo.
to reap the benefits of something sacar el máximo provecho de algo.
for the benefit of somebody en beneficio de alguien.
to give somebody the benefit of the doubt dar a alguien el beneficio de la duda.
■ **benefit of clergy** fuero eclesiástico.
▲ pt & pp **benefited** (US **benefitted**), ger **benefiting** (US **benefitting**).
benevolence [bɪ'nevələns] n benevolencia.
benevolent [bɪ'nevələnt] adj benévolo,-a.
■ **benevolent society** sociedad f benéfica.
Bengal [beŋ'ɡɔːl] n Bengala.
■ **Bay of Bengal** golfo de Bengala.
Bengali [beŋ'ɡɔːlɪ]
1 adj bengalí.
2 n (person) bengalí mf.
3 n (language) bengalí m.
benign [bɪ'naɪn] adj benigno,-a.
Benin ['benɪn] n Benín.
Beninese [benɪ'niːz]
1 adj benimeño,-a.
2 n benimeño,-a.
3 the Beninese npl los benimeños mpl.
bent [bent]
1 pt & pp → **bend**.
2 adj torcido,-a, doblado,-a.

3 adj sl (corrupt) corrupto,-a.
4 adj sl (homosexual) de la acera de enfrente.
5 n (innate ability) facilidad f, don m: she's got a bent for maths tiene facilidad para las matemáticas.
✦ **to be bent on** + -ing estar empeñado, -a en +inf: he's bent on getting what he wants está empeñado en conseguir lo que quiere.
Benzedrine ['benzədriːn] n MED Bencedrina.
▲ Es marca registrada.
benzene ['benziːn] n CHEM benceno.
benzine ['benziːn] n CHEM bencina.
bequeath [bɪ'kwiːð] vt legar.
✦ **to bequeath something to somebody** legar algo a alguien.
bequest [bɪ'kwest] n legado.
berate [bɪ'reɪt] vt reprender, regañar.
Berber ['bɜːbə']
1 adj beréber, bereber.
2 n (person) beréber mf, bereber mf.
3 n (language) beréber m, bereber m.
bereave [bɪ'riːv] vt lit privar: the loss of his fortune had bereft him of all hope la pérdida de su fortuna le había privado de toda esperanza.
▲ pt & pp **bereft** [bɪ'reft].
bereaved [bɪ'riːvd]
1 adj desconsolado,-a, afligido,-a: his bereaved wife su desconsolada esposa.
2 the bereaved npl los afligidos mpl, la desconsolada familia.
bereavement [bɪ'riːvmənt]
1 n (loss) pérdida.
2 n (mourning) duelo.
bereft [bɪ'reft] pt & pp → **bereave**.
✦ **to be bereft of something/somebody** ser privado,-a de algo/alguien.
beret ['bereɪ] n boina.
bergamot ['bɜːɡəmɒt]
1 n (fruit) bergamota.
2 n (tree) bergamoto, bergamote m.
beriberi [berɪ'berɪ] n MED beriberi m.
berk [bɜːk] n fam capullo.
Berlin [bɜː'lɪn] n Berlín.
Berliner [bɜː'lɪnə'] n berlinés,-esa.
Bermuda [bə'mjuːdə] n las Bermudas.
■ **Bermuda grass** grama, argentina.
Bermuda shorts bermudas mpl.
Bermuda Triangle el triángulo de las Bermudas.
Bermudan [bə'mjuːdən]
1 adj de las Bermudas.
2 n nativo,-a de las Bermudas.
Bern [bɜːn] n Berna.
Berne [bɜːn] n Berna.
berry ['berɪ] n baya.
▲ pl **berries**.
berserk [bə'zɜːk] adj enloquecido,-a.
✦ **to drive somebody berserk** sacar a alguien de quicio.
to go berserk perder los estribos.

berth [bɜ:θ]
1 n *(in harbour)* amarradero.
2 n *(on ship)* camarote m, litera.
3 vt poner en dique.
4 vi atracar.
✦ to give somebody a wide berth esquivar a alguien.

beryl [ˈberəl] n GEOL berilo.

beryllium [bəˈrɪlɪəm] n CHEM berilio.

beseech [bɪˈsi:tʃ] vt lit implorar, suplicar.
▲ pt & pp **besought** [bɪˈsɔ:t] o **beseeched.**

beset [bɪˈset]
1 vt *(attack, harass)* acosar, asaltar.
2 vt *(hem in, surround)* acorralar, cercar.
✦ to be beset by worries/doubts estar acosado,-a por preocupaciones/dudas.
▲ pt & pp **beset,** ger **besetting.**

beside [bɪˈsaɪd]
1 prep al lado de: they live beside the football stadium viven al lado del estadio de fútbol.
2 prep *(compared to)* frente a, comparado,-a con: his contribution looks insignificant beside yours su aportación parece insignificante frente a la tuya.
✦ that's beside the point esto no viene al caso.
to be beside oneself estar fuera de sí.
to be beside oneself with joy estar loco,-a de alegría.

besides [bɪˈsaɪdz]
1 prep *(as well as)* además de, aparte de: who was at the party besides your family and friends? ¿quién estaba en la fiesta además de tu familia y tus amigos?; besides history, we have to study geography and maths además de historia, tenemos que estudiar geografía y matemáticas.
2 adv además: he's a swindler and a crook besides es un estafador y además es un ladrón.

besiege [bɪˈsi:dʒ]
1 vt MIL sitiar.
2 vt fig asediar, inundar.

besmirch [bɪˈsmɜ:tʃ] vt ensuciar.

besom [ˈbi:zəm] n escoba.

besotted [bɪˈsɒtɪd] adj locamente enamorado,-a (**with**, de).

besought [bɪˈsɔ:t] pt & pp → **beseech.**

bespatter [bɪˈspætəʳ] vt salpicar (**with**, de): the car bespattered him with mud el coche le salpicó de barro.

bespectacled [bɪˈspektəkəld] adj con gafas, que lleva gafas.

bespoke [bɪsˈpəʊk] adj hecho,-a a medida: he wore a bespoke suit llevaba un traje hecho a medida.
■ bespoke tailor sastre m *(que confecciona ropa a medida).*

best [best]
1 adj *(superl of good)* mejor: this is a selection of his best works es una muestra de sus mejores obras; we need to find the best solution tenemos que encontrar la mejor solución.
2 adv *(superl of well)* mejor: he works best at night trabaja mejor por la noche.
3 adv *(to a greater extent)* más: of all the girls she is the one he likes best de todas las chicas ella es la que le gusta más.
4 n lo mejor: the best is yet to come lo mejor aún queda por venir; it's the best there is es lo mejor que hay.
5 n *(person)* el mejor, la mejor: she's the best in the class at maths es la mejor de la clase en mates.
6 n *(in sport)* plusmarca.
7 vt fam ganar, vencer.
✦ all the best! ¡que te vaya bien!; *(in letter)* un saludo.
as best you can lo mejor que puedas.
at best en el mejor de los casos.
best before ... consumir preferentemente antes de ...
it is best that ... más vale que ...: it's best that you leave home más vale que te marches de casa.
it's for the best más vale que sea así.
may the best man win! ¡que gane el mejor!
not to be at one's best no estar en forma, estar en baja forma.
the best part of casi: it cost me the best part of £5,000 me costó casi 5.000 libras.
to act for the best obrar con la mejor intención.
to be at one's best estar en su mejor momento.
to be past one's best estar quemado,-a.
to be the best of friends ser excelentes amigos.
to do one's best esmerarse, hacer lo mejor que uno puede.
to do something to the best of one's ability hacer algo lo mejor que uno puede.
to get the best of somebody imponerse a alguien.
to get the best of something sacar el máximo provecho de algo.
to know what is best for one saber lo que más le conviene a uno.
to make the best of a bad job conformarse.
to the best of my knowledge que yo sepa.
with the best of them como él que más: he can drink with the best of them él sabe beber como él que más.
■ best boy CINEM ayudante mf del electricista.
best man padrino de boda.
Sunday best galas fpl de domingo.
the best one el mejor, la mejor.

bestial [ˈbestɪəl] adj bestial, brutal.

bestiality [bestɪˈælɪtɪ] n bestialidad f.

bestiary [ˈbestɪərɪ] n bestiario.
▲ pl **bestiaries.**

bestow [bɪˈstəʊ] vt *(honour, award)* otorgar (**on**, a); *(favour)* hacer (**on**, a); *(title)* conferir (**on**, a).

best-seller [bestˈseləʳ] n best-séller m, superventas m.

best-selling [bestˈselɪŋ] adj más vendido,-a: this is the best-selling novel of the year esta es la novela más vendida del año.

bet [bet]
1 n apuesta.
2 vt apostar: he bet twenty pounds on that horse apostó veinte libras a aquel caballo.
3 vi apostar: how much do you want to bet? ¿cuánto quieres apostar?
4 vi *(feel sure)* estar seguro,-a, estar convencido,-a: I bet they've missed their train estoy seguro de que han perdido el tren.
✦ I bet you can't do it! ¿a qué no puedes?
to make a bet hacer una apuesta.
your best bet is to... lo mejor que puedes hacer es...: your best bet is to forget about it lo mejor que puedes hacer es olvidarte del asunto.
you bet! ¡ya lo creo!
▲ pt & pp **bet** o **betted,** ger **betting.**

beta [ˈbi:tə] n beta.
■ beta rays rayos mpl beta.

beta-blocker [ˈbi:təblɒkəʳ] n MED beta-bloqueante m.

betel [ˈbi:təl] n *(plant)* betel m.
■ betel nut areca.

bête-noir [betˈnwɑ:ʳ] n bestia negra.

Bethlehem [ˈbeθlɪhem] n Belén m.

betide [bɪˈtaɪd] vt lit acontecer, acaecer.
▲ Se usa únicamente en tercera persona del singular.

betray [bɪˈtreɪ]
1 vt traicionar: he betrayed his friends traicionó a sus amigos.
2 vt *(secret)* revelar.
3 vt *(show signs of)* dejar ver, acusar.
4 vt *(deceive)* engañar.
5 vt *(trust)* defraudar.

betrayal [bɪˈtreɪəl]
1 n traición f.
2 n *(deceit)* engaño.

betrayer [bɪˈtreɪəʳ] n traidor,-ra, traicionero,-a.

betroth [bɪˈtrəʊð] vt prometer en matrimonio.
✦ to be betrothed contraer matrimonio, desposarse.

betrothal [bɪˈtrəʊðəl] n enlace m, esponsales mpl.

betrothed [bɪˈtrəʊð]
1 adj prometido,-a.
2 n prometido,-a.

better[1] [ˈbetəʳ]
1 adj *(comp of good)* mejor: his new novel is better than his last one su úl-

tima novela es mejor que la anterior; you won't find a better product no encontrarás un producto mejor.

2 *adj (more healthy)* mejor: he's feeling better today hoy se encuentra mejor.

3 *adv (comp of well)* mejor: he works better than I do trabaja mejor que yo.

4 *adv (to a greater extent)* más: I like this one better me gusta más éste.

5 *n* el mejor, la mejor: it's hard to decide who is the better of the two es difícil decidir quién es el mejor de los dos.

6 *vt (improve)* mejorar: he has bettered their working conditions ha mejorado sus condiciones de trabajo.

7 *vt (surpass)* superar: he bettered his own record superó su propio récord.

8 betters *npl* superiores *mpl*: you must listen to your betters debes escuchar a tus superiores.

✦ **better and better** cada vez mejor.
better late than never más vale tarde que nunca.
for better or for worse para lo bueno o para lo malo.
for want of something better a falta de otra cosa mejor.
so much the better tanto mejor.
the better part of la mayor parte de.
to be better off than somebody tener más dinero que alguien.
to be no better than no ser más que: he's no better than a thief no es más que un ladrón.
to better oneself mejorar su posición social
to get better recuperarse, mejorarse.
to get the better of somebody llevar la ventaja a alguien, salir ganando a alguien.
to go one better hacer mejor todavía.
to like something/somebody better preferir algo/a alguien.
you know better than me tú sabes más que yo.

▪ **better feelings** conciencia.
better half media naranja.

better² [ˈbetəʳ] *n* apostante *mf*.

betterment [ˈbetəmənt] *n* mejoría, mejora.

betting [ˈbetɪŋ] *n* apuestas *fpl*.
✦ **what's the betting that he** (she, it, etc)...?, ¿qué te apuestas a que ...?: what's the betting that he arrives late? ¿qué te apuestas a que llega tarde?

▪ **betting shop** *GB* administración *f* de apuestas hípicas.
betting slip boleto de la quiniela hípica.

bettor [ˈbetəʳ] *n* apostante *mf*.

between [bɪˈtwiːn]
1 *prep* entre: we broke down between London and Brighton se nos averió el coche entre Londres y Brighton; choose a number between one and ten escoge un número entre uno y diez; we

fixed it between the four of us lo arreglamos entre los cuatro; they shared the food between themselves se repartieron la comida; is there a difference between a crocodile and an alligator? ¿hay alguna diferencia entre un cocodrilo y un caimán?

2 in between *adv* de en medio: we could see the sea if it wasn't for the houses (in) between podríamos ver el mar si no fuera por las casas de en medio.

✦ **between now and then** de aquí a entonces.
between ourselves entre nosotros.
between the lines entre líneas.
between times de vez en cuando.
between you and me entre tú y yo, en confianza.
in between en medio de, entre.
to be between the devil and the deep blue sea estar entre la espada y la pared.
to fall between two stools no saber a qué santo confesarse.
to tell the difference between A and B diferenciar A de B.

betwixt [bɪˈtwɪkst]
1 *prep arch* entre.
2 *adv arch* en medio.
✦ **betwixt and between** *fam* ni chicha ni limonada.

bevel [ˈbevəl]
1 *n* bisel *m*, chaflán *m*.
2 *vt* biselar.
▪ **bevel square** falsa escuadra.
▲ *pt & pp* **bevelled** (*US* **beveled**), *ger* **bevelling** (*US* **beveling**).

bevel-edged [bevəlˈedʒd] *adj* biselado,-a.

beverage [ˈbevərɪdʒ] *n* bebida.

bevvy [ˈbevɪ]
1 *n sl (drink)* trago, trinquis *m*: fancy a bevvy? ¿te apetece un trago?
2 *vi sl* beber.
✦ **to get bevvied** *sl* cogerse una curda.
▲ (*verbo*) *pt & pp* **bevvied**, *ger* **bevvying**; (*sustantivo*) *pl* **bevvies**.

bevy [ˈbevɪ]
1 *n (of birds)* bandada.
2 *n (of women)* grupo: a bevy of beauties un grupo de chicas guapas.
▲ *pl* **bevies**.

bewail [bɪˈweɪl] *vt fml* lamentar.

beware [bɪˈweəʳ]
1 *vi* tener cuidado (**of**, con): beware of the dog! ¡cuidado con el perro!
2 *interj* ¡ojo!, ¡cuidado!

bewilder [bɪˈwɪldəʳ] *vt* desconcertar, dejar perplejo,-a.

bewildered [bɪˈwɪldəd] *adj* desconcertado,-a, perplejo,-a.

bewilderment [bɪˈwɪldəmənt] *n* desconcierto, perplejidad *f*, confusión *f*.

bewitch [bɪˈwɪtʃ]
1 *vt* hechizar, embrujar.
2 *vt fig* hechizar, fascinar.

bewitching [bɪˈwɪtʃɪŋ] *adj* hechicero,-a, fascinante.

beyond [bɪˈjɒnd]
1 *prep* más allá de: they live beyond the mountains viven más allá de las montañas.
2 *prep (outside)* fuera de: it's beyond my jurisdiction está fuera de mi jurisdicción.
3 *adv* más allá, más lejos: the lake and the trees beyond el lago y más allá los árboles.
4 the beyond *n* el más allá.
✦ **at the back of beyond** en el quinto pino.
it's beyond belief parece mentira, es increíble.
it's beyond doubt es indudable, es seguro, no cabe duda.
it's beyond me no lo entiendo.
to be beyond a joke ser el colmo.
to be beyond help ser un caso perdido.
to live beyond one's means vivir por encima de sus posibilidades.

bezel [ˈbezəl] *n* bisel *m*.

Bhutan [buːˈtɑːn] *n* Bhután.

Bhutanese [buːtæˈniːz]
1 *adj* bhutanés,-esa.
2 *n* bhutanés,-esa.
3 the Bhutanese *npl* los bhutaneses *mpl*.

biannual [baɪˈænjʊəl] *adj* bianual.

bias [ˈbaɪəs]
1 *n (prejudice)* parcialidad *f*, prejuicio.
2 *n (inclination)* tendencia, predisposición *f*.
3 *n (in statistics)* margen *f* de error.
4 *vt* predisponer, influenciar.
✦ **on the bias** al bies, al sesgo.
to be biased against something/somebody tener prejuicio en contra de algo/alguien.
to be biased in favour of something/somebody ser partidario,-a de algo/alguien.
to bias somebody against something/somebody predisponer a alguien en contra de algo/alguien.
▲ *pt & pp* **biased** o **biassed**, *ger* **biasing** o **biassing**.

biased [ˈbaɪəst] *adj* parcial.

biassed [ˈbaɪəst] *adj* → **biased**.

biathlon [baɪˈæθlɒn] *n* biatlón *m*.

bib [bɪb]
1 *n (for baby)* babero.
2 *n (top of apron, overall)* peto.
✦ **to be in one's best bib and tucker** ir de punta en blanco.

Bible [ˈbaɪbəl] *n* Biblia.
▪ **the Holy Bible** la Sagrada Biblia.
Bible basher fanático,-a religioso,-a.
the Bible belt *zona de los Estados Unidos y Canadá donde impera el fundamentalismo protestante*.

biblical [ˈbɪblɪkəl] *adj* bíblico,-a.

bibliographer [bɪblɪˈɒɡrəfəʳ] n bibliógrafo,-a.

bibliographic [bɪblɪəˈɡræfɪk] adj bibliográfico,-a.

bibliographical [bɪblɪəˈɡræfɪkəl] adj bibliográfico,-a.

bibliography [bɪblɪˈɒɡrəfɪ] n bibliografía.
▲ pl bibliographies.

bibliophile [ˈbɪblɪəfaɪl] n bibliófilo,-a.

bicameral [baɪˈkæmərəl] adj POL bicameral.

bicameralism [baɪˈkæmərəlɪzəm] adj POL bicameralismo.

bicarbonate [baɪˈkɑːbənət] n CHEM bicarbonato.
▪ **bicarbonate of soda** bicarbonato sódico.

bicentenary [baɪsenˈtiːnərɪ] n bicentenario.
▲ pl bicentenaries.

bicentennial [baɪsenˈtenɪəl] n US → bicentenary.

bicephalous [baɪˈsefələs] adj bicéfalo,-a.

biceps [ˈbaɪseps] n bíceps m.

bicker [ˈbɪkəʳ] vi discutir, porfiar.
✦ **to bicker over something** porfiar sobre algo.

bickering [ˈbɪkərɪŋ] n discusión f, altercado: that's enough bickering! ¡basta ya de discutir!

bicycle [ˈbaɪsɪkəl] n bicicleta.
✦ **to ride a bicycle** montar en bicicleta.
▪ **bicycle chain** cadena de bicicleta.
bicycle clip pinza para ir en bicicleta.
bicycle pump bomba de bicicleta.

bid [bɪd]
1 n (at auction) puja: he made a bid for the Chinese vase hizo una puja por el jarrón chino.
2 n (attempt) intento: a failed bid for freedom un intento fracasado por conseguir la libertad.
3 n (offer) oferta: his bid for the company was unsuccessful la oferta que hizo por la empresa fracasó.
4 n (in card game) declaración f.
5 vi (at auction) pujar (**for**, por).
6 vi (in card game) declarar.
7 vt (at auction) pujar, hacer una oferta de: he bid fifty pounds hizo una oferta de cincuenta libras.
8 vt lit (ask) rogar: I bid you go le ruego que se vaya.
9 vt lit (order) ordenar, mandar: she bade him come le ordenó que viniera.
✦ **to bid somebody farewell** lit despedirse de alguien.
to bid somebody good-day lit dar a alguien los buenos días.
to bid somebody welcome lit dar la bienvenida a alguien.
to put in a bid for something hacer una oferta por algo.
▲ pt & pp bid, ger bidding; en 9 también pt bade [beɪd] y pp bidden [ˈbɪdən].

bidder [ˈbɪdəʳ] n postor,-ra, pujador,-ra, licitador,-ra.
▪ **highest bidder** mayor postor,-ra.
successful bidder rematante mf.

bidding [ˈbɪdɪŋ]
1 n (at auction) puja, oferta: the bidding opened at fifty pounds la primera oferta fue de cincuenta libras.
2 n (order) orden f.
3 n (card game) declaración f.
✦ **to do somebody's bidding** cumplir las órdenes de alguien.

biddy [ˈbɪdɪ] old biddy n fam vieja carca.
▲ pl biddies.

bide [baɪd] **to bide one's time** vt esperar el momento oportuno.
▲ pt bided o bode [bəʊd], pp bided, ger biding.

bidet [ˈbiːdeɪ] n bidé m.

biennial [baɪˈenɪəl]
1 adj bienal.
2 n bienal f.

biennium [baɪˈenɪəm] n bienio.

bier [bɪəʳ] n féretro.

biff [bɪf]
1 n fam bofetada.
2 vt pegar una bofetada.
✦ **to biff somebody about the ears** dar un cachete a alguien.

bifocal [baɪˈfəʊkəl]
1 adj bifocal.
2 bifocals npl lentes fpl bifocales.

bifurcate [ˈbaɪfəkeɪt]
1 vi bifurcarse.
2 adj bifurcado,-a.

bifurcation [baɪfɜːˈkeɪʃən] n bifurcación f.

big [bɪg]
1 adj (size, importance) grande; (before sing noun) gran: a big car un coche grande; a big day un gran día; this skirt is too big for me esta falda me va grande.
2 adj (older) mayor: my big brother mi hermano mayor.
✦ **to be big with child** lit estar encinta.
to be too big for one's boots ser muy fanfarrón,-ona.
to go over big tener un gran éxito.
to talk big fanfarronear.
▪ **big bang theory** teoría del big bang.
big drum bombo.
big end cabeza de biela.
big game caza mayor.
big noise/big shot pez m gordo.
big talk fanfarronadas fpl.
big toe dedo gordo del pie.
big top carpa de circo.
big wheel noria.
the Big Board US fam la bolsa de Nueva York.
▲ comp bigger, superl biggest.

bigamist [ˈbɪgəmɪst] n bígamo,-a.

bigamous [ˈbɪgəməs] adj bígamo,-a.

bigamy [ˈbɪgəmɪ] n bigamia.

bigarreau cherry [ˈbɪgərəʊˈtʃerɪ] n picota.

big-bellied [bɪgˈbelɪd] adj barrigón, -ona, barrigudo,-a.

big-boned [bɪgˈbəʊnd] adj huesudo,-a.

big-breasted [ˈbɪgˈbrestɪd] adj pechugón,-ona.
▲ Se escribe big breasted cuando no se antepone a un sustantivo.

big-eared [bɪgˈɪəd] adj orejudo,-a.

big-head [ˈbɪghed] n sabihondo,-a, creído,-a.

big-headed [bɪgˈhedɪd] adj sabihondo,-a, creído,-a.

big-hearted [bɪgˈhɑːtɪd] adj de buen corazón, generoso,-a.

bighorn [ˈbɪghɔːn] n ZOOL oveja de las Montañas Rocosas.

bight [baɪt] n GEOG ensenada, bahía.
▪ **Great Australian Bight** Gran Bahía Australiana.

bigmouth [ˈbɪgmaʊθ] n bocazas mf.

big-nosed [ˈbɪgˈnəʊzd] adj narigudo,-a, narigón,-ona.
▲ Se escribe big nosed cuando no se antepone a un sustantivo.

bigot [ˈbɪgət] n intolerante, fanático,-a.

bigoted [ˈbɪgətɪd] adj intolerante, fanático,-a.

bigotry [ˈbɪgətrɪ] n intolerancia, fanatismo.

big-sounding [bɪgˈsaʊndɪŋ] adj iron rimbombante, altisonante.

bigwig [ˈbɪgwɪg] n fam pez m gordo.

bike [baɪk]
1 n fam (bicycle) bici f.
2 n (motorcycle) moto f.
✦ **on your bike!** fam ¡vete a freír espárragos!

bikeway [ˈbaɪkweɪ] n carril-bici m.

bikini [bɪˈkiːnɪ] n biquini m, bikini m.

bilabial [baɪˈleɪbɪəl] adj bilabial.

bilateral [baɪˈlætərəl] adj bilateral.

bilberry [ˈbɪlbərɪ] n arándano.
▲ pl bilberries.

bile [baɪl] n bilis f, hiel f.
▪ **bile duct** conducto biliar.

bilge [bɪldʒ]
1 n MAR (inner) sentina; (outer) pantoque m.
2 n fig tonterías fpl.
▪ **bilge block** picadero del pantoque.
bilge keel quilla de pantoque.
bilge water agua de sentina.

biliary [ˈbɪlɪərɪ] adj biliar, biliario,-a.

bilingual [baɪˈlɪŋgwəl] adj bilingüe.

bilingualism [baɪˈlɪŋgwəlɪzəm] n bilingüismo.

bilious [ˈbɪlɪəs]
1 adj MED bilioso,-a.
2 adj fig (bad-tempered) malhumorado,-a.

bilirubin [bɪlɪˈruːbɪn] n bilirrubina.

bill¹ [bɪl]
1 n factura; (in restaurant) cuenta: the electricity/telephone bill la factura

de la luz/del teléfono; could we have the bill please? ¿nos trae la cuenta por favor?

2 n (law) proyecto de ley.
3 n US (banknote) billete m.
4 n (poster) cartel m.
5 n (leaflet) volante m.
6 vt facturar, pasar la factura.
7 vt THEAT programar.
✦ "Post no bills" "Prohibido fijar carteles".
to fit the bill cumplir los requisitos.
to top the bill THEAT encabezar el reparto.
to give somebody a clean bill of health declarar sano,-a a alguien.
to run up a bill of ... contraer deudas de ...: he's run up a bill of a thousand pounds ha contraído deudas de mil libras.
■ bill of exchange letra de cambio.
bill of fare lista de platos, carta.
bill of lading conocimiento de embarque.
Bill of Rights declaración f de derechos.
bill of sale escritura de venta.

bill² [bɪl]
1 n (of bird) pico.
2 n (headland) cabo, promontorio.
✦ to bill and coo acariciarse.

Bill [bɪl] n (William) Guillermo.
■ the Old Bill GB sl la bofia, la pasma.

billabong ['bɪləbɒŋ] n (in Australia) remanso.

billboard ['bɪlbɔːd] n US valla publicitaria.

billet ['bɪlɪt]
1 n MIL alojamiento, acuartelamiento.
2 vt MIL alojar, acuartelar.
✦ to be billetted in alojarse en.
▲ pt & pp billetted, ger billetting.

billet-doux [bɪlɪ'duː] n carta de amor.
▲ pl billets-doux [bɪl'duːz].

billfold ['bɪlfəʊld] n US billetero, cartera.

billhook ['bɪlhʊk] n podadera.

billiard ['bɪlɪəd]
1 adj de billar: a billiard player jugador de billar.
2 billiards n billar m.
■ billiard ball bola de billar.
billiard cue taco de billar.
billiard table mesa de billar.

billing ['bɪlɪŋ]
1 n (invoicing) facturación f.
2 n THEAT orden de aparición en cartel.
✦ to get top billing salir primero,-a en cartel.

billion ['bɪlɪən]
1 n mil millones mpl.
2 n GB (formerly) billón m.
✦ billions of fig un mogollón de, la tira de: there were billions of people había la tira de gente.
▲ En el uso actual, tanto en EEUU como en Gran Bretaña, un billion equivale a mil millones.

billionaire [bɪlɪə'neər] n multimillonario,-a.

billow ['bɪləʊ]
1 n (of water) ola.
2 n (of smoke) nube f.
3 vt (sea) ondear.
4 vt (sail) hincharse.

billowy ['bɪləʊɪ]
1 adj (waves) encrespado,-a; (sea) ondoso,-a.
2 adj (sail) hinchado,-a.

billposter ['bɪlpəʊstər] n cartelero,-a.

billsticker ['bɪlstɪkər] n → billposter.

billycan ['bɪlɪkæn] n cazo.

billy goat ['bɪlɪɡəʊt] n macho cabrío.

billy-ho ['bɪlɪhəʊ] like billy-ho phr fam a toda pastilla: he ran like billy-ho se fue corriendo a toda pastilla; it's raining like billy-ho llueven chuzos de punta.

billy-o ['bɪlɪəʊ] n fam → billy-ho.

bimbo ['bɪmbəʊ] n fam pej chica guapa pero tonta.
▲ pl bimbos o bimboes.

bimonthly [baɪ'mʌnθlɪ]
1 adj (twice monthly) bimensual.
2 adj (every two months) bimestral.
3 adv (twice monthly) dos veces al mes.
4 adv (every two months) cada dos meses.
5 n (twice monthly) publicación f bimensual.
6 n (every two months) publicación f bimestral.

bin [bɪn]
1 n (for rubbish) cubo de la basura; (for paper) papelera.
2 n (large container) recipiente m.
3 vt fam (throw away) tirar; (reject plan, project, etc) desechar, descartar.
■ wine bin botellero.
▲ pt & pp binned, ger binning.

binary ['baɪnərɪ] adj binario,-a.
■ binary code código binario.
binary element elemento binario.
binary fission bipartición f.
binary number número binario.
binary star estrella binaria, estrella doble.

bind [baɪnd]
1 n fam fastidio, molestia.
2 vt (tie up) atar; (cereals, corn) agavillar.
3 vt CULIN (sauce) ligar.
4 vt (book etc) encuadernar.
5 vt (bandage) vendar.
6 vt (require) obligar.
▸ to bind over vt sep JUR obligar por ley a hacer algo: they bound him over to keep the peace lo obligaron por ley a mantener el orden público.
to bind up vt sep (with bandage) vendar.
▲ pt & pp bound [baʊnd].

binder ['baɪndər]
1 n (file) carpeta.
2 n (of books) encuadernador,-ra.
3 n AGR (machine) agavilladora.
4 n CHEM aglutinante m.

bindery ['baɪndərɪ] n taller m de encuadernación.
▲ pl binderies.

binding ['baɪndɪŋ]
1 n (of book) encuadernación f.
2 n SEW ribete m.
3 n (of skis) fijación f.
4 adj obligatorio,-a (on, para): an investment binding on all members una inversión obligatoria para todos los miembros.
5 adj que se tiene que cumplir: a binding agreement un compromiso que se tiene que cumplir.

bindle ['bɪndəl] n sl papelina.

bindweed ['baɪndwiːd] n BOT correhuela.

binge [bɪndʒ]
1 n (drinking) borrachera; (eating) atracón m.
2 vi atiborrarse, hartarse de comida.
✦ to go on a binge ir de farra.

bingo ['bɪŋɡəʊ] n bingo.
✦ to play bingo jugar al bingo.
■ bingo card cartón m de bingo.
bingo hall bingo.
▲ pl bingos.

bin-liner ['bɪnlaɪnər] n bolsa para la basura.

binnacle ['bɪnəkəl] n bitácora.

binocular [bɪ'nɒkjʊlər]
1 adj binocular.
2 binoculars npl prismáticos mpl, gemelos mpl.

binomial [baɪ'nəʊnɪəl] adj binomial.

biochemical [baɪəʊ'kemɪkəl] adj bioquímico,-a.

biochemist [baɪəʊ'kemɪst] n bioquímico,-a.

biochemistry [baɪəʊ'kemɪstrɪ] n bioquímica.

biodegradable [baɪəʊdɪ'greɪdəbəl] adj biodegradable.

biofeedback [baɪəʊ'fiːdbæk] n biorretroacción f.

biographer [baɪ'ɒɡrəfər] n biógrafo,-a.

biographical [baɪə'ɡræfɪkəl] adj biográfico,-a.

biography [baɪ'ɒɡrəfɪ] n biografía.
▲ pl biographies.

biological [baɪə'lɒdʒɪkəl] adj biológico,-a.

biologically [baɪə'lɒdʒɪkəlɪ] adv biológicamente.

biologist [baɪ'ɒlədʒɪst] n biólogo,-a.

biology [baɪ'ɒlədʒɪ] n biología.

biomass ['baɪəʊmæs] n biomasa.

biomechanics [baɪəʊmɪ'kænɪks] n biomecánica.

biometric [baɪəʊ'metrɪk] adj biométrico,-a.

biometry [baɪ'ɒmətrɪ] n biometría.

bionic [baɪ'ɒnɪk] adj biónico,-a.

bionics [baɪ'ɒnɪks] n biónica.

biophysical [baɪəʊˈfɪzɪkəl] *adj* biofísico,-a.

biophysicist [baɪəʊˈfɪzɪsɪst] *n* biofísico,-a.

biophysics [baɪəʊˈfɪzɪks] *n* biofísica.

biopsy [ˈbaɪɒpsɪ] *n* biopsia.
▲ *pl* biopsies.

biorhythm [ˈbaɪərɪðəm] *n* biorritmo.

biosphere [ˈbaɪəsfɪəʳ] *n* biosfera.

bipartisan [baɪˈpɑːtɪzən] *adj POL* de dos partidos políticos.

bipartite [baɪˈpɑːtaɪt] *adj* bipartito,-a.

biped [ˈbaɪped]
1 *adj* bípedo,-a.
2 *n* bípedo.

biplane [ˈbaɪpleɪn] *n* biplano.

bipolar [baɪˈpəʊləʳ] *adj* bipolar.

birch [bɜːtʃ]
1 *n (tree)* abedul *m.*
2 *n (rod)* vara de abedul.
3 *vt* azotar.

bird [bɜːd]
1 *n (large)* ave *f, (small)* pájaro.
2 *n GB sl (girl)* chica.
3 *n sl (person)* tipo: he's a funny old bird es un tipo raro; he's a wily old bird es un viejo zorro.
✦ **a bird in the hand is worth two in the bush** más vale pájaro en mano que ciento volando.
a little bird told me me lo ha dicho un pajarito.
birds of a feather flock together Dios los cría y ellos se juntan.
to do bird *sl* estar en chirona.
to get the bird ser rechazado,-a.
to kill two birds with one stone matar dos pájaros de un tiro.
▪ **bird of ill-omen** pájaro de mal agüero.
bird of paradise ave *f* del paraíso.
bird of passage ave *f* de paso.
bird of prey ave *f* de rapiña, ave *f* de presa.
bird's nest nido de pájaro.
bird's nest soup sopa de nido de golondrina.
the birds and the bees *euph* la sexualidad.

birdbath [ˈbɜːdbɑːθ] *n* pila para pájaros.

birdbrain [ˈbɜːdbreɪn] *n* cabeza de chorlito.

birdcage [ˈbɜːdkeɪdʒ] *n* jaula de pájaro.

birdie [ˈbɜːdɪ]
1 *n (little bird)* pajarito.
2 *n (in golf)* birdie *m.*
✦ **to score a birdie** hacer menos uno: Olazábal scored a birdie at the sixth hole Olazábal hizo menos uno en el hoyo seis.
watch the birdie! ¡mira el pajarito!

birdseed [ˈbɜːdsiːd] *n BOT* alpiste *m.*

bird's-eye view [bɜːdzaɪˈvjuː] *n* vista panorámica.

✦ **to get a bird's-eye view of something** ver algo a vista de pájaro.

bird-watcher [ˈbɜːdwɒtʃəʳ] *n* ornitólogo,-a *(cuya afición es observar las aves).*

bird-watching [ˈbɜːdwɒtʃɪŋ] *n* ornitología *(como afición).*

birefringence [baɪrɪˈfrɪndʒəns] *n* refracción *f* doble.

biretta [bɪˈretə] *n REL* birrete *m.*

Biro [ˈbaɪrəʊ] *n fam* boli *m.*
▲ *pl* Biros; es marca registrada; también se escribe biro.

birth [bɜːθ]
1 *n* nacimiento: he was present at his son's birth asistió al nacimiento de su hijo; the birth of civilization el nacimiento de la civilización.
2 *n MED* parto: it was a difficult birth el parto fue difícil.
3 *n (descent)* linaje *m*: he is of noble birth es de linaje noble.
✦ **to be of humble birth** ser de origen humilde.
to give birth to *(child)* dar a luz a; *fig* dar lugar a.
▪ **birth certificate** partida de nacimiento.
birth control control *m* de la natalidad.

birthday [ˈbɜːθdeɪ] *n* cumpleaños *m*: it's my twenty-fifth birthday today hoy cumplo veinticinco años.
✦ **to be in one's birthday suit** estar como Dios le trajo al mundo.
▪ **birthday card** tarjeta de cumpleaños, felicitación *f* de cumpleaños.
birthday party fiesta de cumpleaños.
birthday present regalo de cumpleaños.

birthmark [ˈbɜːθmɑːk] *n* mancha de nacimiento, antojo.

birthplace [ˈbɜːθpleɪs] *n* lugar *m* de nacimiento.

birthright [ˈbɜːθraɪt] *n* derechos *mpl* de nacimiento.

birthstone [ˈbɜːθstəʊn] *n* piedra preciosa correspondiente al mes de nacimiento o signo zodiacal.

Biscay [ˈbɪskeɪ] **Bay of Biscay** *n* golfo de Vizcaya.

biscuit [ˈbɪskɪt]
1 *n* galleta.
2 *n (ceramics)* porcelana mate.
3 *n (colour)* beige *m.*
✦ **to take the biscuit** ser el colmo.

bisect [baɪˈsekt] *vt* bisecar.

bisection [baɪˈsekʃən] *n* bisección *f.*

bisector [baɪˈsektəʳ] *n* bisector.

bisectrix [baɪˈsektrɪks] *n* bisectriz *f.*
▲ *pl* bisectrices [baɪˈsektrɪsiːz].

bisexual [baɪˈseksjuəl]
1 *adj* bisexual.
2 *n* bisexual *mf.*

bishop [ˈbɪʃəp]
1 *n* obispo.
2 *n (chess)* alfil *m.*

bishopric [ˈbɪʃəprɪk] *n* obispado.

bismuth [ˈbɪzməθ] *n CHEM* bismuto.

bison [ˈbaɪsən] *n* bisonte *m.*

bisque [biːsk] *n* sopa de marisco.

bissextile [baɪˈsekstaɪl] *adj* bisiesto,-a.

bistro [ˈbiːstrəʊ] *n* pequeño restaurante *m.*
▲ *pl* bistros.

bisulfate [baɪˈsʌlfeɪt] *n US →* bisulphate.

bisulphate [baɪˈsʌlfeɪt] *n CHEM* bisulfato.

bit¹ [bɪt]
1 *n (small piece)* trozo, pedacito: a bit of cheese un trozo de queso.
2 *n (small amount)* poco: they've only got a bit of money solo tienen un poco de dinero; he wants a bit of wine quiere un poco de vino.
3 *n fam (time)* un poco, un ratito: wait a bit espera un poco.
4 *n (part of film, play, book)* parte *f.*
5 *n (coin)* moneda: a five-cent bit una moneda de cinco céntimos.
6 **a bit** *adv fam (rather)* algo, un poco: he's a bit tired está un poco cansado; I'm a bit older than her soy un poco mayor que ella; it's a bit warmer today hoy hace un poco más calor.
✦ **a bit of** algo de: he's got a bit of a headache tiene un ligero dolor de cabeza; it's a bit of a problem es un problemita bastante peliagudo; she's a bit of a painter la pintura le sale bastante bien; it's not a bit of use no sirve para nada en absoluto.
bit by bit poco a poco.
not a bit of it nada de eso.
quite a bit/a good bit *fam* bastante: it's a good bit more expensive es bastante más caro.
that's a bit much esto ya es pasarse.
to be a bit of all right *fam* estar como un tren.
to come to bits hacerse pedazos, romperse.
to do one's bit aportar su granito de arena.
to go to bits *fig* ponerse histérico,-a.
to smash something to bits hacer algo añicos.
to take something to bits desmontar algo.
▪ **a bit of advice** un consejo.
a bit on the side *fam* un rollo, amante *mf.*
bit of stuff *fam* amante *mf.*
bit part papel *m* secundario.
bits and pieces trastos *mpl*, bártulos *mpl.*

bit² [bɪt]
1 *n (of bridle)* bocado.
2 *n (of drill)* broca; *(of brace)* barrena.
3 *n (of key)* paletón *m.*
✦ **to take the bit between one's teeth** coger el toro por los cuernos.

bit³ [bɪt] *n COMPUT* bit *m.*

bit⁴ [bɪt] *pt* → bite.

bitch [bɪtʃ]
  1 *n (gen)* hembra; *(of dog)* perra.
  2 *n pej (woman)* bruja, lagarta.
  3 *vi fam* quejarse.
  ✦ **life's a bitch** *sl* la vida es una mierda.
    to bitch about somebody poner a alguien a parir.
  ■ **son of a bitch** *taboo* hijo de perra, hijo de puta.

bitchy [ˈbɪtʃɪ] *adj fam* malicioso,-a, rencoroso,-a.
  ▲ *comp* bitchier, *superl* bitchiest.

bite [baɪt]
  1 *n (act)* mordisco.
  2 *n (of insect)* picadura.
  3 *n (of dog etc)* mordedura.
  4 *n (of food)* bocado.
  5 *n (incisiveness)* mordacidad *f.*
  6 *n (grip of wheel, cog)* agarre *m.*
  7 *vt* morder: the dog bit him in the leg el perro le mordió la pierna.
  8 *vt (insect, snake)* picar.
  9 *vt (grip)* agarrar.
  10 *vi* morder: be careful, it bites ten cuidado, que muerde.
  11 *vi (insect, snake)* picar: mosquitoes bite los mosquitos pican.
  12 *vi (fish)* picar.
  13 *vi (grip)* agarrarse.
  14 *vi (recession etc)* apretar, hacerse sentir, hacerse notar.
  ▶ **to bite off** *vt sep* arrancar con los dientes: he bit the top off arrancó la tapa con los dientes.
    to bite through *vt insep* cortar de un mordisco: he bit through the rope cortó la cuerda de un mordisco.
  ✦ **once bitten twice shy** gato escaldado del agua fría huye.
    to be bitten by something *(hobby, interest)* estar obsesionado,-a por algo.
    to bite off more than one can chew abarcar demasiado.
    to bite somebody's head off echar un rapapolvo a alguien.
    to bite the bullet apechugar.
    to bite the dust morder el polvo.
    to bite the hand that feeds one volverse en contra de su bienhechor.
    to have a bite probar bocado: she hasn't had a bite all day no ha probado bocado en todo el día.
    what's bitten you? ¿qué mosca te ha picado?
  ▲ *pt* bit, *pp* bitten [ˈbɪtən].

biting [ˈbaɪtɪŋ]
  1 *adj (wind)* cortante, penetrante.
  2 *adj (comment)* mordaz.

bitten [ˈbɪtən] *pp* → bite.

bitter [ˈbɪtəʳ]
  1 *adj (gen)* amargo,-a; *(fruit)* ácido,-a, agrio,-a.
  2 *adj (weather)* glacial.
  3 *adj (person)* amargado,-a.
  4 *adj (fight)* enconado,-a.
  5 *n* cerveza amarga.
  ✦ **to carry on to the bitter end** seguir hasta el final.
    to feel bitter about something guardar rencor por algo.

bitterly [ˈbɪtəlɪ]
  1 *adv* con amargura, amargamente: she complained bitterly se quejó amargamente.
  2 *adv (very)* muy: it's bitterly cold hace un frío glacial; she was bitterly disappointed estaba terriblemente decepcionada.

bittern [ˈbɪtən] *n* avetoro.
  ■ **little bittern** avetorillo.

bitterness [ˈbɪtənəs]
  1 *n (gen)* amargura; *(of fruit)* acidez *f.*
  2 *n (of person)* amargura, rencor *m.*
  3 *n (of weather)* crudeza.
  4 *n (resentment)* rencor *m*, resentimiento.

bittersweet [ˈbɪtəswiːt] *adj* agridulce.

bitty [ˈbɪtɪ] *adj* fragmentario,-a, incompleto,-a.
  ▲ *comp* bittier, *superl* bittiest.

bitumen [ˈbɪtjʊmɪn] *n* betún *m.*

bituminous [bɪˈtjuːmɪnəs] *adj* bituminoso,-a, betuminoso,-a.

bivalent [baɪˈveɪlənt] *adj* bivalente.

bivalve [ˈbaɪvælv]
  1 *adj* bivalvo,-a.
  2 *n* bivalvo.

bivalvular [baɪˈvælvjʊləʳ] *adj* bivalvo,-a.

bivouac [ˈbɪvʊæk]
  1 *n* vivaque *m.*
  2 *vi* hacer vivaque.
  ▲ *pt & pp* bivouacked, *ger* bivouacking.

biweekly [baɪˈwiːklɪ]
  1 *adj (twice weekly)* bisemanal.
  2 *adj (fortnightly)* quincenal.
  3 *adv (twice weekly)* dos veces por semana.
  4 *adv (fortnightly)* cada quincena.
  5 *n (twice weekly)* publicación *f* bisemanal.
  6 *n (fortnightly)* publicación *f* quincenal.

bizarre [bɪˈzɑːʳ]
  1 *adj* raro,-a, extraño,-a.
  2 *adj (eccentric)* estrafalario,-a, extravagante.
  3 *adj (grotesque)* grotesco,-a.

blab [blæb]
  1 *vi fam (gossip)* cotillear, chismear.
  2 *vi fam (talk constantly)* rajar, parlotear.
  3 *vi (tell secret)* tirar de la manta, descubrir el pastel.
  4 *vi (inform police)* chivar, soplar.
  ▲ *pt & pp* blabbed, *ger* blabbing.

blabbermouth [ˈblæbəmaʊθ]
  1 *n fam (talkative person)* cotorra.
  2 *n (informant)* chivato,-a, soplón,-ona.

black [blæk]
  1 *adj* negro,-a.
  2 *adj (gloomy)* aciago,-a, negro,-a.
  3 *adj (dirty)* sucio,-a.
  4 *adj (threatening)* amenazador,-ra.
  5 *n (colour)* negro.
  6 *n (person)* negro,-a.

7 *vt (make black)* ennegrecer.
8 *vt (boycott)* boicotear.
  ▶ **to black out**
    1 *vt sep (windows of house)* tapar; *(electrical supply)* apagar el alumbrado.
    2 *vt sep (cause power cut)* dejar sin luz, causar un apagón: the heavy snow blacked out the town la fuerte nevada causó un apagón en todo el pueblo.
    3 *vi (faint)* desmayarse, sufrir un desmayo.
  ✦ **as black as pitch/coal/night** negro,-a como el carbón.
    black and white blanco y negro.
    to put something down in black and white *fam* poner algo por escrito.
    to be in somebody's black books estar en la lista negra de alguien.
    to black somebody's eye ponerle a alguien el ojo amoratado.
    to give somebody a black look apuñalar a alguien con la mirada.
    to look black no ser nada prometedor,-ra.
    to wear black *(be in mourning)* estar de luto.
  ■ **Black Africa** Africa Negra.
    black beetle cucaracha.
    black belt *SP* cinturón *m* negro.
    black box *AV* caja negra.
    Black Country *GB* zona industrial de la región central de Inglaterra.
    Black Death *HIST* peste *f* negra.
    black diamonds *euph* carbón *m.*
    black economy economía sumergida.
    black eye ojo morado, ojo a la funerala.
    Black Forest *GEOG* Selva Negra.
    Black Forest gateau tarta de la Selva Negra.
    Black Friar fraile *m* dominico.
    black hole agujero negro.
    black humour humor *m* negro.
    black ice hielo (en la carretera).
    black magic magia negra.
    black mark mala nota.
    black market mercado negro.
    black marketeer estraperlista *mf.*
    Black Maria *fam* furgón *m* de la policía.
    Black power movimiento de poder negro.
    black pepper *CULIN* pimienta negra.
    black pudding morcilla.
    Black Sea Mar Negro.
    black sheep *fig* oveja negra.
    black spot *fig (on road)* punto negro.
    black velvet cóctel de champán y cerveza negra, black velvet *m.*
    black widow *ZOOL (spider)* viuda negra.

black-and-blue [blækənˈbluː] *adj* amoratado,-a.

blackball [ˈblækbɔːl]
  1 *vt POL* dar bola negra a un candidato, rechazar a un candidato en una votación.
  2 *vt (ostracise)* excluir, rechazar.

blackberry [ˈblækbərɪ] n zarzamora, mora.
- blackberry bush zarza.
▲ pl blackberries.

blackbird [ˈblækbɜːd] n mirlo.

blackboard [ˈblækbɔːd] n pizarra.

blackcap [ˈblækkæp] n curruca capirotada.

blackcurrant [blækˈkʌrənt] n grosella negra.
- blackcurrant bush grosellero negro, casis m.

blacken [ˈblækən]
1 vt ennegrecer.
2 vt fig (defame) manchar: they blackened his reputation mancharon su reputación.

blackguard [ˈblægɑːd] n truhan m, pillo.

blackhead [ˈblækhed] n espinilla.

blackish [ˈblækɪʃ] adj negruzco,-a.

blackjack¹ [ˈblækdʒæk] n (card game) veintiuna.

blackjack² [ˈblækdʒæk] n US (bludgeon) cachiporra.

blackjack³ [ˈblækdʒæk] n (pirate flag) pabellón m pirata.

blackleg [ˈblækleg]
1 n esquirol m.
2 vi ser un esquirol.
▲ pt & pp blacklegged, ger blacklegging.

blacklist [ˈblæklɪst]
1 n lista negra.
2 vt poner en la lista negra.

blackmail [ˈblækmeɪl]
1 n chantaje m.
2 vt hacer chantaje a, chantajear: they are still blackmailing him todavía le hacen chantaje.
✦ to blackmail somebody into doing something chantajear a alguien para que haga algo: they blackmailed him into going le chantajearon para que fuera.

blackmailer [ˈblækmeɪlər] n chantajista mf.

blackness [ˈblæknəs]
1 n negrura, oscuridad f.
2 n (black culture) negritud f.

blackout [ˈblækaʊt]
1 n (through electrical fault) apagón m; (in wartime) oscurecimiento general de una ciudad.
2 n (fainting) pérdida de conocimiento, desmayo.

Blackshirt [ˈblækʃɜːt] n HIST camisa m negra.

blacksmith [ˈblæksmɪθ] n herrero.
- blacksmith's forge herrería.

blackthorn [ˈblækθɔːn] n BOT endrino.

black-tie [ˈblæktaɪ] adj de etiqueta: a black-tie dinner cena de etiqueta.

bladder [ˈblædər]
1 n vejiga.
2 n (in tyre, football) cámara de aire.

blade [bleɪd]
1 n (of sword, knife, etc) hoja.
2 n (of ices kate) cuchilla.
3 n (of propeller, fan, oar, hoe) pala.
4 n (of grass) brizna.
5 n (of machine, guillotine) cuchilla.
6 n dated (young man) galán m.

blame [bleɪm]
1 n culpa.
2 vt culpar, echar la culpa a: they blamed the wrong man culparon al hombre equivocado.
✦ to be to blame tener la culpa: I'm to blame soy el culpable, tengo la culpa, las culpa es mía.
to blame oneself reprocharse: there's no need for you to blame yourself no tienes por qué reprocharte.
to put the blame on echar la culpa a, inculpar a: they always put the blame on me siempre me echan la culpa a mí.
you've only got yourself to blame tú te lo has buscado.
I don't blame you no me extraña: I didn't want to go. —I don't blame you no quise ir. —No me extraña.

blameless [ˈbleɪmləs]
1 adj (not guilty) libre de culpa, inocente.
2 adj (virtuous) intachable.

blameworthy [ˈbleɪmwɜːðɪ] adj censurable, reprobable.

blanch [blɑːntʃ]
1 vt CULIN escaldar.
2 vi palidecer.

blancmange [bləˈmɒnʒ] n CULIN manjar m blanco.

bland [blænd] adj soso,-a.

blandishments [ˈblændɪʃments] n lit halago, lisonja.

blank [blæŋk]
1 adj (page etc) en blanco.
2 adj (look etc) vacío,-a.
3 adj (cassette, tape) virgen.
4 n (on paper) espacio en blanco.
5 n (bullet) bala de fogueo.
6 n (coin, disc) cospel m.
7 vt fingir no ver a, hacer como si no hubiera visto a: I said hello but she just blanked me la saludé pero hizo como si no me hubiera visto.
▶ to blank out vt sep tapar, esconder: the clouds blanked out the sun las nubes taparon el sol.
✦ my mind went blank me quedé en blanco.
to draw a blank fam no tener éxito.
- blank cartridge cartucho de fogueo.
blank cheque cheque m en blanco.
blank denial denegación f categórica.
blank refusal rotunda negativa.
blank verse verso libre.

blanket [ˈblæŋkɪt]
1 n manta, AM frazada.
2 n (layer) capa, manto: a blanket of snow una capa de nieve.
3 adj (overall) general, global; (unanimous) unánime: a blanket agreement un acuerdo global; blanket condemnation una condena unánime.
4 vt cubrir con un manto: the hills were blanketed with snow las colinas estaban cubiertas con un manto de nieve.
5 vt (stifle rumours) acallar.
✦ to be a wet blanket ser un aguafiestas.
to be born on the wrong side of the blanket nacer fuera del matrimonio.
- blanket bath lavado de un paciente en su cama.
blanket bombing bombardeo masivo.
blanket insurance póliza de seguro a todo riesgo.
blanket of fog banco de niebla.
blanket stitch punto de festón.

blankly [ˈblæŋklɪ] adv con la mirada vacía, sin expresión.

blare [bleər]
1 n (loud noise) estruendo, fragor m.
2 n (of trumpet) trompetazo.
3 vi resonar, sonar.
▶ to blare out vi sonar muy fuerte.

blarney [ˈblɑːnɪ]
1 n fam halago, coba.
2 vt fam dar coba.

blasé [ˈblɑːzeɪ]
1 adj indiferente, poco impresionado,-a.
2 adj (satiated) hastiado,-a.
✦ to be blasé about something serle indiferente a alguien algo: he's blasé about the whole thing el asunto le es indiferente.

blaspheme [blæsˈfiːm] vi blasfemar (against, contra).

blasphemer [blæsˈfiːmər] n blasfemo, -a, blasfemador,-ra.

blasphemous [ˈblæsfəməs] adj blasfemo,-a, blasfemador,-ra.

blasphemy [ˈblæsfəmɪ] n blasfemia.
▲ pl blasphemies.

blast [blɑːst]
1 n (of wind) ráfaga.
2 n (of water, air, etc) chorro.
3 n (of horn) toque m.
4 n (of trumpet) trompetazo.
5 n (explosion) explosión f, voladura.
6 n (shock wave) onda expansiva.
7 n (reprimand) bronca.
8 vt (explode) volar, hacer volar.
9 vt (criticize) criticar.
10 vt (reprimand) echar una bronca.
11 vt (ruin, spoil) echar a perder, dar al traste con: they blasted her hopes dieron al traste con sus esperanzas.
12 vt (shoot) pegar un tiro a, disparar contra; (wound) herir en: they blasted him le pegaron un tiro; they blasted him in the leg le hirieron en la pierna.
13 vt (shrivel, wither) marchitar.
14 vi (shoot) disparar.
15 interj ¡maldita sea!

▸ **to blast away on** *vt insep (brass instrument)* tocar con estrépito.
to blast off *vi (rocket)* despegar.
✦ **at full blast** a todo volumen.
to blast a hole in abrir con carga explosiva.
to get a blast out of something pasarlo bomba con algo.
▪ **blast furnace** alto horno.
blast hole agujero *(hecho por una explosión)*.
blasted [ˈblɑːstɪd] *adj* maldito,-a, dichoso,-a.
blasting [ˈblɑːstɪŋ] *n* voladura, explosión *f*.
▪ **blasting charge** carga explosiva.
blast-off [ˈblɑːstɒf] *n (of rocket, missile)* despegue *m*.
blastula [ˈblæstjʊlə] *n* blástula.
▲ *pl* blastulas o blastulae [ˈblæstjʊliː].
blatancy [ˈbleɪtənsɪ] *n* descaro.
blatant [ˈbleɪtənt]
1 *adj* descarado,-a, flagrante: **a blatant abuse of power** un abuso de poder descarado.
2 *adj (obtrusive)* llamativo,-a, intruso,-a.
blatantly [ˈbleɪtəntlɪ] *adv* descaradamente, patentemente.
blather [ˈblæðə]
1 *n* chuminadas *fpl*, chorradas *fpl*.
2 *vi* decir chuminadas, decir chorradas.
blaze¹ [bleɪz]
1 *n (fire)* incendio.
2 *n (flame)* llamarada.
3 *n (of light)* resplandor *m*.
4 *n (outburst)* arranque *m*, acceso.
5 *vi (fire)* arder.
6 *vi (sun)* brillar con fuerza.
7 *vi (light)* resplandecer.
▸ **to blaze away** *vi* seguir disparando.
to blaze past *vi* pasar volando, ir disparado,-a.
✦ **go to blazes!** *fam* ¡vete a la porra!
to be a blaze of colour estar resplandeciente de color.
to blaze with anger echar chispas.
to go like blazes ir a toda pastilla, ir a todo gas.
in a blaze of publicity a bombo y platillo.
what the blazes …? *fam* ¿qué demonios …?
blaze² [bleɪz] *n (on animal's face)* mancha blanca en la frente.
✦ **to blaze a trail** abrir un camino.
blaze³ [bleɪz] *n (of trumpets)* fanfarria, toque *m* de trompeta.
blazer [ˈbleɪzə] *n* americana de sport, blazer *m*.
blazing [ˈbleɪzɪŋ]
1 *adj (fire)* ardiente.
2 *adj (light)* brillante.
3 *adj (sun, heat)* abrasador,-ra.
4 *adj (argument)* violento,-a.

blazon [ˈbleɪzən]
1 *n* blasón *m*.
2 *vt* blasonar.
bleach [bliːtʃ]
1 *n* lejía.
2 *vt (whiten)* blanquear.
3 *vt (remove colour)* desteñir, decolorar.
4 *vt (hair)* decolorar.
5 *vi (whiten)* blanquearse.
6 *vi (lose colour)* desteñirse, descolorarse.
bleachers [ˈbliːtʃəz] *npl US* gradas *fpl*.
bleak [bliːk]
1 *adj (countryside)* desolado,-a.
2 *adj (weather)* desapacible.
3 *adj (future)* poco prometedor,-ra.
4 *adj (welcome, reception)* frío,-a.
bleary [ˈblɪərɪ]
1 *adj (from tears)* nubloso,-a.
2 *adj (from tiredness)* legañoso,-a.
▲ *comp* blearier, *superl* bleariest.
bleary-eyed [ˈblɪərɪaɪd] *adj* con los ojos legañosos.
bleat [bliːt]
1 *n* balido.
2 *vi* balar.
3 *vi fig* gimotear.
bled [bled] *pt & pp →* **bleed**.
bleed [bliːd]
1 *vi MED* sangrar: **his leg was bleeding** le sangraba la pierna.
2 *vi (colour, dye)* desteñirse: "**Wash separately as colour will bleed**" "Lavar por separado, se destiñe fácilmente".
3 *vi (plant, tree)* exudar, sudar.
4 *vt MED* sacar sangre, sangrar.
5 *vt (cistern, radiator)* sacar el agua.
6 *vt (tree, plant)* exudar, sudar.
✦ **my heart bleeds for you!** *iron* ¡te lo has buscado!
to bleed somebody dry sacarle a alguien hasta el último céntimo.
to bleed to death morir desangrado,-a.
▲ *pt & pp* bled [bled].
bleeder [ˈbliːdə] *n sl* hijo,-a de tal, capullo.
▪ **little bleeder** *sl (naughty child)* mocoso,-a.
bleeding [ˈbliːdɪŋ]
1 *adj* sangriento,-a.
2 *adj sl (blasted)* puñetero,-a.
3 *n MED* sangría.
bleed-valve [ˈbliːdvælv] *n TECH* válvula de purga.
bleep [bliːp]
1 *n* pitido.
2 *vi* pitar.
3 *vt* localizar con un busca.
bleeper [ˈbliːpə] *n* busca *m*, buscapersonas *m*.
blemish [ˈblemɪʃ]
1 *n* desperfecto, imperfección *f*.
2 *n (on fruit)* maca.
3 *n fig* mancha.

4 *vt (spoil)* estropear, desmejorar.
5 *vt fig (reputation)* manchar, tiznar.
✦ **without a blemish** *fig* intachable.
blench [blenʃ]
1 *vi (recoil)* retroceder.
2 *vi (flinch)* pestañear, inmutarse: **he didn't blench** no se inmutó.
blend [blend]
1 *n* mezcla, combinación *f*.
2 *vt (mix)* mezclar, combinar.
3 *vt (match)* matizar, armonizar.
4 *vi* mezclarse, combinarse.
5 *vi* armonizarse.
blender [ˈblendə] *n CULIN* batidora, minipimer *m*.
blenorrhagia [blenəˈreɪdʒə] *n* blenorragia.
blenorrhea [blenəˈrɪə] *n US* blenorrea.
blenorrhoea [blenəˈrɪə] *n* blenorrea.
bless [bles] *vt* bendecir.
✦ **bless my soul!** *dated* ¡Dios mío!
bless you! *(on sneezing)* ¡Jesús!
to bless oneself persignarse, santiguarse.
well, I'll be blessed! ¡caramba!
blessed [ˈblesɪd]
1 *adj (holy)* bendito,-a, santo,-a.
2 *adj (content, happy)* bienaventurado,-a: **blessed are the pure in heart** bienaventurados los puros de corazón.
3 *adj fam (damn)* santo,-a; *(more strongly)* maldito,-a: **the whole blessed day** todo el santo día; **that blessed man** ese maldito hombre; **every blessed day** todos los días; **he doesn't know a blessed thing about it** no sabe ni jota de ello.
✦ **blessed be thy name** bendito sea su nombre.
of blessed memory de feliz memoria.
▪ **Blessed Sacrament** Santísimo Sacramento.
blessing [ˈblesɪŋ]
1 *n* bendición *f*.
2 *n (advantage)* beneficio, ventaja: **the blessings of central heating** las ventajas de la calefacción central.
✦ **it's a blessing in disguise** no hay mal que por bien no venga.
to be a blessing ser una bendición: **the rain was a blessing** la lluvia fue una bendición.
to count one's blessings considerarse afortunado,-a.
to give one's blessing to something/somebody dar su bendición a algo/alguien: **they gave their blessing to the marriage** dieron su bendición al matrimonio.
to give the blessing dar la bendición.
what a blessing! ¡qué suerte!
blew [bluː] *pt →* **blow**.
blight [blaɪt]
1 *n (mildew)* tizón *m*, añublo.
2 *n fig (person)* azote *m*; *(calamity)* plaga.
3 *vt (mildew)* atizonar, añublar.

4 vt fig (ruin, spoil) echar a perder, estropear: he blighted her life le estropeó la vida.
5 vt (harm) perjudicar, dañar.
blighter ['blaɪtə']
1 n fam (man) tipo, individuo.
2 n fam (rogue) sinvergüenza m.
■ **stupid blighter** cretino.
Blighty ['blaɪtɪ] n fam Inglaterra.
blimey ['blaɪmɪ] interj ¡jolines!, ¡caray!
blimp [blɪmp] n reaccionario,-a, chauvinista mf.
blind [blaɪnd]
1 adj ciego,-a.
2 n (on window) persiana.
3 vt cegar, dejar ciego,-a.
4 vt (dazzle) deslumbrar.
✦ **blind in one eye** tuerto,-a.
blind with jealousy ciego,-a de celos.
blind with rage ciego,-a de ira.
in the kingdom of the blind the one eyed man is king en el reino de los ciegos el tuerto es rey.
it's a case of the blind leading the blind fig tan ciego el uno como el otro.
not to take a blind bit of notice fig no hacer el menor caso.
to bake blind cocer sin el relleno.
to be as blind as a bat no ver ni torta.
to be blind drunk estar borracho,-a, como una cuba.
to be blind to something fig estar inconsciente de algo, no darse cuenta de algo.
to blind somebody with science deslumbrar a alguien con sus conocimientos.
to get blind drunk ponerse ciego,-a, coger una tajada.
to go blind quedarse ciego,-a.
to turn a blind eye fig hacer la vista gorda, hacerse el sueco.
■ **blind alley** callejón m sin salida.
blind corner curva sin visibilidad.
blind date cita a ciegas.
blind man ciego.
blind man's buff el juego de la gallina ciega.
blind spot punto ciego.
blind woman ciega.
blinder ['blaɪndə']
1 n SP (game) partido excepcional; (shot) golpe m excepcional: Mike played a blinder Mike tuvo un partido excepcional; his second goal was a blinder su segundo gol fue increíble.
2 blinders npl US anteojeras fpl.
blindfold ['blaɪndfəʊld]
1 n venda.
2 vt vendar los ojos a.
3 adv con los ojos vendados: I could do it blindfold lo sabría hacer con los ojos vendados.
✦ **to do something blindfold** fig hacer algo a ojos cerrados.

blindfolded ['blaɪndfəʊldɪd] adj con los ojos vendados.
blinding ['blaɪndɪŋ]
1 adj cegador,-ra, deslumbrante.
2 n deslumbramiento.
blindly ['blaɪndlɪ] adv ciegamente, a ciegas.
✦ **to go into something blindly** emprender algo sin reflexionar.
blindness ['blaɪndnəs] n ceguera.
blink [blɪŋk]
1 n parpadeo.
2 n (gleam, glimmer) destello.
3 vi parpadear.
4 vi (gleam, glimmer) destellar.
✦ **on the blink** fam averiado,-a.
blinkered ['blɪŋkəd] adj fig estrecho,-a de miras.
blinkers ['blɪŋkəz] npl anteojeras fpl.
blinking ['blɪŋkɪŋ] adj sl maldito,-a, puñetero,-a: the blinking phone won't work este puñetero teléfono no funciona.
■ **blinking idiot** tonto de remate.
blip [blɪp]
1 n (on radar screen) punto luminoso.
2 n (noise) bip m.
bliss [blɪs] n felicidad f, dicha: it was bliss fue maravilloso.
✦ **what bliss!** ¡qué dicha!
blissful ['blɪsfʊl] adj feliz, dichoso,-a.
blister ['blɪstə']
1 n (on skin) ampolla.
2 n (on paint, surface) burbuja.
3 vt producir ampollas en.
4 vi ampollarse, formarse ampollas.
blistering ['blɪstərɪŋ] adj (heat) abrasador,-ra.
blithe [blaɪð]
1 adj lit alegre.
2 adj (indifferent) desinteresado,-a, indiferente.
blithering ['blɪðərɪŋ] blithering idiot n imbécil mf.
blitz [blɪts]
1 n bombardeo masivo.
2 vt bombardear.
✦ **to have a blitz on something** limpiar algo a fondo.
■ **the Blitz** HIST los bombardeos aéreos alemanes de ciudades británicas en los años 1940-41.
blitzkrieg ['blɪtskriːg] n guerra relámpago.
blizzard ['blɪzəd] n tempestad f de nieve, ventisca.
bloated ['bləʊtɪd] adj hinchado,-a.
✦ **bloated with pride** hinchado,-a de orgullo.
to become bloated abotagarse, hincharse.
bloater ['bləʊtə'] n arenque m ahumado.
blob [blɒb]
1 n (drop) gota.
2 n (smudge) borrón m.
3 n (of colour) mancha.

bloc [blɒk] n POL bloque m.
block [blɒk]
1 n bloque m: a block of ice un bloque de hielo.
2 n (of wood, stone) taco.
3 n (building) edificio, bloque m.
4 n (group of buildings) manzana: it's three blocks away está a tres calles de aquí.
5 n (obstruction) obstrucción f.
6 vt (pipe etc) obstruir, atascar: he blocked the sink atascó el fregadero.
7 vt (streets etc) bloquear.
▶ **to block off** vt sep (street) cortar.
to block out vt sep (view, light) tapar; (erase memories) borrar: the building blocks out the light el edificio nos tapa la luz; she's trying to block out the past intenta borrar el pasado.
to block up vt sep (hole, window, door) tapar.
✦ **to become blocked** obstruirse, atascarse.
to block the way cerrar el paso.
to knock somebody's block off romperle la crisma a alguien.
to take a walk around the block dar una vuelta.
■ **block and tackle** aparejo de poleas.
block booking reserva en grupo.
block letters mayúsculas fpl.
block of flats bloque m de pisos.
block of seats grupo de asientos.
block operation COMPUT operación f de bloque.
block vote voto por cabeza de delegación.
building blocks juego de construcción.
mental block bloqueo mental.
note block taco, bloc m de notas.
blockade [blɒ'keɪd]
1 n MIL bloqueo.
2 vt bloquear.
✦ **to lift a blockade** levantar un bloqueo.
blockage ['blɒkɪdʒ] n obstrucción f, atasco.
blockbuster ['blɒkbʌstə']
1 n fig (novel) best seller m, éxito de ventas.
2 n fig (film) película de acción.
3 n (bomb) bomba de demolición.
blockhead ['blɒkhed] n zoquete mf, tarugo.
blockhouse ['blɒkhaʊs] n MIL blocao, fortín m.
blocking ['blɒkɪŋ] n bloqueo, obstrucción f.
bloke [bləʊk] n GB fam tipo, tío.
blond [blɒnd]
1 adj rubio,-a.
2 n rubio,-a.
▲ **Suele escribirse blonde cuando se refiere a una mujer.**
blonde [blɒnd] adj-n → blond.

blood [blʌd]
1 *n* sangre *f*.
2 *n (ancestry)* parentesco, alcurnia.
✦ **blood is thicker than water** la sangre tira.
  in cold blood a sangre fría.
  it runs in his blood lo lleva en la sangre.
  my blood ran cold se me heló la sangre.
  to have blood on one's hands *fig* tener las manos manchadas de sangre.
  to make somebody's blood boil hacerle hervir la sangre a alguien.
  to shed blood derramar sangre.
▪ **bad blood** mala sangre *f*.
  blood bank banco de sangre *f*.
  blood brother hermano de sangre.
  blood cell glóbulo.
  blood clot coágulo.
  blood donor donante *mf* de sangre.
  blood group grupo sanguíneo.
  blood money dinero pagado a un asesino a sueldo.
  blood orange sanguina.
  blood plasma plasma sanguíneo.
  blood pressure tensión *f* arterial.
  blood relative pariente *mf* consanguíneo,-a.
  blood sausage morcilla.
  blood serum suero de sangre.
  blood sugar *MED* glucemia.
  blood test análisis *m* de sangre.
  blood transfusion transfusión *f* de sangre.
  blood vessel vaso sanguíneo.
  high blood pressure tensión *f* alta.
  low blood pressure tensión *f* baja.
  one's own flesh and blood gente *f* de su propia sangre.

bloodbath [ˈblʌdbɑːθ] *n* matanza, masacre *f*.

bloodcurdling [ˈblʌdkɜːdəlɪŋ] *adj* horripilante, escalofriante.

bloodhound [ˈblʌdhaʊnd] *n* sabueso.

bloodily [ˈblʌdɪlɪ] *adv* cruentamente.

bloodiness [ˈblʌdɪnəs] *n* sanguinolencia.

bloodless [ˈblʌdləs]
1 *adj (pale)* pálido,-a.
2 *adj (revolution etc)* incruento,-a, sin derramamiento de sangre.

bloodletting [ˈblʌdletɪŋ] *n MED* sangría.

blood-red [ˈblʌdred]
1 *n* rojo sangre.
2 *adj* de color rojo sangre.

bloodshed [ˈblʌdʃed] *n* derramamiento de sangre.

bloodshot [ˈblʌdʃɒt] *adj* inyectado,-a de sangre.

bloodstain [ˈblʌdsteɪn] *n* mancha de sangre.

bloodstained [ˈblʌdsteɪnd] *adj* manchado,-a de sangre.

bloodstone [ˈblʌdstəʊn] *n* sanguinaria.

bloodstream [ˈblʌdstriːm] *n* corriente *f* sanguínea.

bloodsucker [ˈblʌdsʌkəʳ] *n* sanguijuela.

bloodthirsty [ˈblʌdθɜːstɪ] *adj* sanguinario,-a, ávido,-a de sangre.
▲ *comp* **bloodthirstier**, *superl* **bloodthirstiest**.

bloody [ˈblʌdɪ]
1 *adj (battle)* sangriento,-a.
2 *adj sl (damned)* puñetero,-a, mierda de: **the bloody car won't start** este mierda de coche no arranca; **answer the bloody phone!** ¡coge el teléfono, coño!
✦ **it's a bloody nuisance** es un coñazo.
  bloody hell! ¡hostia!
▪ **Bloody Mary** *HIST* María Tudor; *(drink)* bloody mary *m (vodka con zumo de tomate)*.
▲ *comp* **bloodier**, *superl* **bloodiest**.

bloody-minded [blʌdɪˈmaɪndɪd]
1 *adj (stubborn)* tozudo,-a, terco,-a.
2 *adj (bad-tempered)* de malas pulgas.

bloody-mindedness [blʌdɪˈmaɪndɪdnəs]
1 *n (bad temper)* mal genio.
2 *n (stubbornness)* terquedad *f*.

bloom [bluːm]
1 *n (flower)* flor *f*.
2 *n (on fruit)* pelusa.
3 *n (freshness)* frescura, lozanía.
4 *vi* florecer.
✦ **in the bloom of youth** en la flor de la edad.
  to be in bloom estar en flor.
  to burst into bloom florecer.
  to take the bloom off something quitar la frescura de algo.

bloomer [ˈbluːməʳ] *n GB fam* metedura de pata, pifia.

bloomers [ˈbluːməz] *npl* pololos *mpl*.

blooming [ˈbluːmɪŋ]
1 *adj (flower)* floreciente.
2 *adj (radiant)* radiante, resplandeciente: **she was blooming** estaba radiante.
3 *adj fam* repajolero,-a, puñetero,-a: **this blooming radio** esta puñetera radio.

blooper [ˈbluːpəʳ] *n US fam* metedura de pata.

blossom [ˈblɒsəm]
1 *n* flor *f*.
2 *vi* florecer.
▸ **to blossom out** *vi* alcanzar su plenitud.
✦ **to be in blossom** florecer.
  to blossom into *fig* convertirse en.

blot [blɒt]
1 *n (of ink)* borrón *m*; *(on reputation)* mancha: **the power station's a blot on the landscape** la central eléctrica afea el paisaje.
2 *vt (stain)* manchar.
3 *vt (dry)* secar.
▲ *pt & pp* **blotted**, *ger* **blotting**.

▸ **to blot out**
1 *vt sep (hide)* ocultar.
2 *vt sep (memory)* borrar.

blotch [blɒtʃ]
1 *n* mancha.
2 *vi (become stained)* mancharse.
3 *vi (skin)* salir manchas.

blotchy [ˈblɒtʃɪ] *adj* lleno,-a de manchas.

blotter [ˈblɒtəʳ]
1 *n* papel *m* secante.
2 *n US* registro.

blotting-paper [ˈblɒtɪŋpeɪpəʳ] *n* papel *m* secante.

blotto [ˈblɒtəʊ] *adj fam* trompa.

blouse [blaʊz] *n* blusa.

blow¹ [bləʊ] *n* golpe *m*: **he suffered a blow to the head** recibió un golpe en la cabeza; **her death was a severe blow** su muerte fue un golpe muy duro; **a blow with the fist** un puñetazo; **a blow with a hammer** un martillazo; **a blow with an axe** un hachazo.
✦ **to come to blows** llegar a las manos.
  to strike somebody a blow asestar un golpe a alguien.

blow² [bləʊ]
1 *vi (wind)* soplar.
2 *vi (instrument)* tocar, sonar; *(whistle)* pitar; *(horn)* sonar.
3 *vi (fuse)* fundirse.
4 *vi (tyre)* reventarse.
5 *vi (puff, pant)* jadear.
6 *vt (instrument)* tocar; *(whistle)* pitar; *(horn)* sonar.
7 *vt fam (money)* despilfarrar, malgastar.
▸ **to blow away**
1 *vt sep* arrastrar: **the wind blew away the leaves** el viento arrastró las hojas.
2 *vt sep fam fig* mandar al otro barrio: **the gangsters blew him away** los gángsters lo mandaron al otro barrio.
3 *vi* ser arrastrado,-a, ser llevado,-a.
  to blow in *vt sep* derribar: **the gusts of wind blew in the door** las ráfagas de viento derribaron la puerta.
  to blow off *vi (lid, hat)* salir volando.
  to blow out
1 *vt sep (flame)* apagar; *(candle)* soplar.
2 *vt sep (cheeks)* hinchar.
3 *vi (candle, flame)* apagarse.
4 *vi (tyre)* reventarse.
  to blow over
1 *vt sep* derribar, echar a tierra: **the wind blew over the flowerpots** el viento echó a tierra las macetas.
2 *vi* derrumbarse: **the hoardings blew over** las vallas se derrumbaron.
3 *vi (storm)* amainar.
4 *vi (scandal)* olvidarse.
  to blow up
1 *vt sep (explode)* (hacer) volar: **they blew up the building** hicieron volar el edificio.

2 *vt sep (inflate)* hinchar.
3 *vt sep (photograph)* ampliar.
4 *vi (explode)* explotar.
5 *vi (lose one's temper)* salirse de sus casillas.
♦ **blow you!** *fam* ¡vete a hacer puñetas! **I'll be blowed!** *arch* ¡válgame Dios! **to be blown up with pride** ser un,-a engreído,-a, estar henchido,-a de orgullo. **to blow hot and cold** vacilar, no saber qué hacer. **to blow one's nose** sonarse las narices. **to blow it** *fam* pifiarla, cagarla: now you've blown it! ¡ahora la has cagado! **to blow one's top** perder los estribos. **to blow somebody's mind** *fam* flipar a alguien. **to blow the lid off something** desvelar algo: he threatened to blow the lid off the affair amenazó con tirar de la manta.
▲ *pt blew* [blu:], *pp blown* [bləʊn].

blow-by-blow [ˈbləʊbaɪˈbləʊ] *adj* con pelos y señales: he gave us a blow-by-blow explanation of what happened nos explicó con pelos y señales lo que había sucedido.

blow-dry [ˈbləʊdraɪ]
1 *n* secado del pelo con secador.
2 *vt* secar el pelo con secador.
▲ *pt & pp blow-dried, ger blow-drying.*

blower [ˈbləʊəʳ]
1 *n (glass worker)* soplador,-ra.
2 *n fam* teléfono.

blowfly [ˈbləʊflaɪ] *n ZOOL* moscarda de la carne.
▲ *pl blowflies.*

blowhole [ˈbləʊhəʊl]
1 *n (of whale)* orificio nasal.
2 *n (hole, air vent)* respiradero.

blow-job [ˈbləʊjɒb] *n taboo* mamada.
♦ **to give somebody a blow-job** *taboo* mamársela a alguien.

blowlamp [ˈbləʊlæmp] *n* soplete *m.*

blown [bləʊn] *pp* → blow.

blowout [ˈbləʊaʊt]
1 *n AUTO* reventón *m,* pinchazo.
2 *n sl* comilona, atracón *m.*

blowpipe [ˈbləʊpaɪp] *n* cerbatana.

blowsy [ˈblaʊzɪ] *adj* → blowzy.
▲ *comp blowsier, superl blowsiest.*

blowtorch [ˈbləʊtɔːtʃ] *n* soplete *m.*

blow-up [ˈbləʊʌp] *n (photograph)* ampliación *f.*

blowy [ˈbləʊɪ] *adj* ventoso,-a.
▲ *comp blowier, superl blowiest.*

blowzy [ˈblaʊzɪ]
1 *adj (coarse)* basto,-a.
2 *adj (dishevelled)* desaliñado,-a.
▲ *comp blowzier, superl blowziest.*

BLT [ˈbiːˈelˈtiː] *abbr* (**bacon, lettuce and tomato**) sándwich de beicon, lechuga y tomate.

blubber [ˈblʌbəʳ]
1 *n* grasa de ballena.
2 *vi* lloriquear.

bludgeon [ˈblʌdʒən]
1 *n* cachiporra.
2 *vt* aporrear.

blue [bluː]
1 *adj* azul.
2 *adj (sad)* triste.
3 *adj (depressed)* deprimido,-a.
4 *adj (obscene)* verde: a blue joke un chiste verde.
5 *n* azul *m:* light/dark blue azul claro/oscuro.
6 *blues npl MUS* blues *m.*
7 *the blues npl* la depresión *f.*
♦ **out of the blue** como llovido del cielo. **to be blue with cold** estar amoratado,-a de frío. **to have the blues** estar deprimido,-a. **to say something until one is blue in the face** repetir algo hasta la saciedad. ▪ **blue baby** *MED* bebé *m* cianótico. **blue blood** sangre *f* azul. **blue mould** moho. **blue movie** película porno. **laundry blue** azulete *m,* añil *m.*

bluebell [ˈbluːbel] *n BOT* campanilla.

blueberry [ˈbluːbərɪ] *n BOT* arándano.
▲ *pl blueberries.*

bluebird [ˈbluːbɜːd] *n* azulejo.

blue-blooded [ˈbluːblʌdɪd] *adj* de sangre azul.

bluebottle [ˈbluːbɒtəl] *n ZOOL* moscarda.

blue-chip [ˈbluːtʃɪp] *adj FIN* de rentabilidad segura: blue-chip shares acciones de rentabilidad segura.

blue-collar [ˈbluːkɒləʳ] *adj* obrero,-a.
▪ **blue-collar worker** obrero,-a de una fábrica.

blue-eyed [ˈbluːaɪd] *adj* de ojos azules.
▪ **blue-eyed boy** niño mimado, ojo derecho, niña de los ojos.

blueprint [ˈbluːprɪnt]
1 *n* cianotipo.
2 *n fig* anteproyecto.
3 *vt US (project, plan)* elaborar, desarrollar.

blues [bluːz] *npl* → blue.

bluestocking [ˈbluːstɒkɪŋ] *n pej* marisabidilla.

bluff¹ [blʌf]
1 *n* camelo, farol *m,* bluff *m.*
2 *vt* engañar a, hacer un bluff a.
3 *vi* tirarse un farol, fanfarronear, *AM* blofear.
♦ **to call somebody's bluff** hacer que alguien ponga las cartas boca arriba.

bluff² [blʌf]
1 *adj (blunt)* brusco,-a, que no tiene pelos en la lengua.
2 *adj (hearty)* campechano,-a.
3 *n (cliff)* acantilado.

bluffer [ˈblʌfəʳ] *n* farolero,-a, *AM* blofeador,-ra.

bluish [ˈbluːɪʃ] *adj* azulado,-a.

blunder [ˈblʌndəʳ]
1 *n* plancha, metedura de pata.
2 *vi* meter la pata.

▸ **to blunder about** *vi* andar a ciegas. **to blunder into** *vt insep vi* tropezar con.

blunderbuss [ˈblʌndəbʌs] *n* trabuco naranjero.

blunderer [ˈblʌndərəʳ] *n* gafe *m,* torpe *m.*

blunt [blʌnt]
1 *adj (knife)* desafilado,-a; *(pencil)* despuntado,-a.
2 *adj fig (person)* directo,-a, que no tiene pelos en la lengua.
3 *vt* desafilar, embotar; *(pencil)* despuntar.
▪ **blunt angle** *MATH* ángulo obtuso. **blunt instrument** instrumento contundente.

bluntly [ˈblʌntlɪ] *adv* sin rodeos, sin andarse por las ramas.

bluntness [ˈblʌntnəs]
1 *n (of knife, weapon)* embotadura; *(of pencil)* despunte *m,* despuntadura.
2 *n fig* brusquedad *f,* franqueza.

blur [blɜːʳ]
1 *n* borrón *m,* mancha.
2 *vt (make indistinct)* difuminar.
3 *vi (mark, stain)* emborronar, manchar.
4 *vi (become indistinct)* difuminarse.
♦ **to be a blur** ser confuso,-a, quedar confuso,-a: everything was a blur after the accident todo quedó confuso tras el accidente.
▲ *pt & pp blurred, ger blurring.*

blurb [blɜːb] *n fam pej* información *f* publicitaria.

blurred [blɜːd]
1 *adj* borroso,-a.
2 *adj fig (memories)* vago,-a, confuso,-a.

blurt [blɜːt] **to blurt out** *vt sep* soltar algo bruscamente, espetar algo.

blush [blʌʃ]
1 *n* rubor *m,* sonrojo.
2 *vi* ruborizarse, sonrojarse.
♦ **to blush with embarrassment** ponerse rojo,-a de vergüenza. **to make somebody blush** hacer sonrojar a alguien.

blusher [ˈblʌʃəʳ] *n* colorete *m.*

blushing [ˈblʌʃɪŋ]
1 *n* rubor *m,* sonrojo.
2 *adj* ruborizado,-a, rojo,-a de vergüenza.

bluster [ˈblʌstəʳ]
1 *n* fanfarronadas *fpl.*
2 *vi* fanfarronear.
3 *vi (wind)* soplar con fuerza, bramar.

blustery [ˈblʌstərɪ] *adj (windy)* ventoso,-a.

boa [ˈbəʊə]
1 *n ZOOL* boa.
2 *n BIOL (feather stole)* boa *m.*

boar [bɔːʳ] *n ZOOL* verraco.

board [bɔːd]
1 *n (piece of wood)* tabla, tablero.
2 *n (food)* comida, pensión *f.*
3 *n (committee)* junta, consejo.
4 *n (company)* compañía: the gas board la compañía del gas.

5 vt (ship etc) subirse a, embarcar en.
6 vi (lodge) alojarse; (at school) ser interno,-a.
▸ **to board up** vt sep (door, window) entablar.
✦ **above board** fig en regla, legal.
across the board fig general, global.
on board MAR a bordo.
to go back to the drawing board volver a empezar de cero.
to go by the board irse al traste.
to sweep the board (be successful) arrasar; (in competition) llevarse todos los premios; (in election) conseguir la mayoría de los escaños.
to take on board (responsibility) asumir; (concept, idea) abarcar.
▪ **board and lodging** pensión completa.
board of directors junta directiva.
board of trade US cámara de comercio.

boarder ['bɔːdəʳ]
1 n (gen) huésped mf.
2 n (at school) interno,-a.

boardgame ['bɔːdgeɪm] n juego de mesa.

boarding ['bɔːdɪŋ]
1 n (ship, plane, etc) embarque m.
2 n (lodging) pensión f, alojamiento.
▪ **boarding card** tarjeta de embarque.
boarding house casa de huéspedes.
boarding school internado.

boardroom ['bɔːdruːm] n sala de juntas.

boardsailing ['bɔːdseɪlɪŋ] n SP windsurf m.

boardwalk ['bɔːdwɔːk] n US paseo entablado, muelle m hecho de tablas de madera.

boast [bəʊst]
1 n jactancia.
2 vi jactarse (**about**, de), presumir (**about**, de): he's always boasting (about his investments) no deja de presumir (de sus inversiones).
3 vt fig presumir de: the city boasts new roadways and facilities la ciudad presume de sus nuevas vías de circulación y equipamientos.

boaster ['bəʊstəʳ] n jactancioso,-a, presumido,-a.

boastful ['bəʊstfʊl] adj jactancioso,-a, presumido,-a.

boastfulness ['bəʊstfʊlnəs] n jactancia.

boasting ['bəʊstɪŋ] n fanfarronadas fpl, jactancia.

boat [bəʊt]
1 n barco, nave f; (small) bote m, barca; (large) buque m, navío m; (launch) lancha.
2 n (for sauce, gravy) salsera.
✦ **to burn one's boats** quemar las naves.
to miss the boat perder el tren.

to push the boat out echar la casa por la ventana.
to rock the boat fig ser una influencia desestabilizadora.
▪ **boat people** refugiados vietnamitas (que huyeron a bordo de barcas).
boat race regata.
boat shoes náuticos mpl.
boat train tren m que enlaza con un barco.
cargo boat buque m de carga.

boatbuilder ['bəʊtbɪldəʳ] n constructor,-ra de barcos.

boater ['bəʊtəʳ] n canotié m.

boathook ['bəʊthʊk] n bichero.

boathouse ['bəʊthaʊs] n cobertizo para embarcaciones.

boating ['bəʊtɪŋ] n ir en barca.
✦ **to go boating** dar un paseo en barca.

boatload ['bəʊtləʊd]
1 n barcada.
2 n fam fig montón m: a boatload of tourists got off at Piccadilly un montón de turistas bajó en Piccadilly; people came in boatloads vino la tira de gente.

boatman ['bəʊtmən] n barquero.
▲ pl boatmen ['bəʊtmen].

boatswain ['bəʊsən] n contramaestre m.

boatwoman ['bəʊtwʊmən] n barquera.
▲ pl boatwomen ['bəʊtwɪmɪn].

boatyard ['bəʊtjɑːd] n astillero.

bob¹ [bɒb]
1 n (jerking movement) sacudida; (bouncing movement) rebote m.
2 n (curtsy) reverencia.
3 vi (jerk) moverse a sacudidas; (bounce) rebotar.
4 vi (curtsy) hacer una reverencia.
▸ **to bob about** vi (on water) fluctuar, flotar; (in air) ondear.
to bob along vi balancearse.
to bob down vi agacharse repentinamente.
to bob up
1 vi aparecer de pronto.
2 vi (in water) salir a la superficie.
▲ pt & pp bobbed, ger bobbing.

bob² [bɒb]
1 n (haircut) pelo a lo chico.
2 n (bobsleigh) bobsleigh m.
3 vt (hair) cortar a lo chico.
▲ pt & pp bobbed, ger bobbing.

bob³ [bɒb] n fam chelín m.

Bob [bɒb] n (diminutive of Robert) Roberto.
✦ **Bob's your uncle!** ¡y listo!: put it in the pan, boil for five minutes and Bob's your uncle! lo viertes en el cazo, lo hierves durante cinco minutos, ¡y listo!

bob-a-job ['bɒbədʒɒb] **bob-a-job week** n GB semana en que los scouts se dedican a hacer pequeñas tareas para la gente a cambio de dinero.

bobbin ['bɒbɪn] n (for textiles, wire etc.) carrete m, bobina; (for lace) bolillo, palillo.

bobbin-lace ['bɒbɪnleɪs] n encaje m de bolillos.

bobby ['bɒbɪ] n GB fam poli m.
✦ **to be a bobby's job** ser un chollo.
▪ **bobby socks** US calcetines mpl cortos.
bobby sox US calcetines mpl cortos.
▲ pl bobbies.

bobby-soxer ['bɒbɪsɒksəʳ] n US quinceañera.

bobcat ['bɒbkæt] n gato montés.

bobsled ['bɒbsled] n-vi US → bobsleigh.

bobsleigh ['bɒbsleɪ]
1 n bobsleigh m.
2 vi practicar el bobsleigh.

bobtail ['bɒbteɪl]
1 adj rabicorto,-a, descolado,-a.
2 n animal m que tiene la cola cortada.
3 n (docked tail) rabo cortado, cola cortada.

bobtailed ['bɒbteɪld] adj rabicorto,-a, descolado,-a.

bode [bəʊd]
1 pt → bide.
2 vt (foretell) presagiar, augurar: her predictions bode no good sus predicciones no presagiaban nada bueno.
✦ **to bode ill/well** ser de buen/mal agüero.

bodice ['bɒdɪs] n corpiño.

bodily ['bɒdɪlɪ]
1 adj físico,-a, corporal.
2 adv (in person) físicamente.
3 adv (en masse) como un solo hombre, en pleno.
▪ **bodily harm** lesiones fpl corporales.
bodily waste excrementos mpl.

body ['bɒdɪ]
1 n cuerpo.
2 n (corpse) cadáver m.
3 n (organization) organismo, entidad f, ente m; (association) agrupación f: public body ente m público; state body organismo estatal; parliamentary body agrupación f parlamentaria.
4 n (of wine) cuerpo.
5 n (of people) grupo, conjunto.
6 n AUTO (of car) carrocería.
7 n AV fuselaje m.
8 n (main part) parte f principal, grueso: the body of the play la parte principal de la obra.
✦ **in a body** todos juntos, en pleno.
to keep body and soul together hacer equilibrios para vivir.
▪ **body bag** bolsa hermética para cadáveres.
body clock reloj m interior.
body corporate cuerpo jurídico.
body count balance m de los muertos.
body language lenguaje m corporal.
body lotion loción f corporal.
body odour olor m corporal.

body of opinion la opinión generalizada.
body of facts conjunto de hechos.
body of water masa de agua.
body piercing piercing *m*.
body scanner escáner *m*.
body search cacheo.
body shop taller *m* de reparaciones.
the body politic el estado.
▲ *pl* bodies.

body-blow ['bɒdɪbləʊ] *n* revés *m*.
✦ **to suffer a body-blow** sufrir un revés.

body-builder ['bɒdɪbɪldə'] *n* SP culturista *mf*.

body-building ['bɒdɪbɪldɪŋ] *n* SP culturismo.

bodyguard ['bɒdɪgɑːd] *n* guardaespaldas *m*.

body-snatcher ['bɒdɪsnætʃə'] *n* profanador,-ra de tumbas.

bodystocking ['bɒdɪstɒkɪŋ] *n* malla.

bodywave ['bɒdɪweɪv] *n* peinado ondulado.

bodywork ['bɒdɪwɜːk] *n* AUTO carrocería.

Boer ['bəʊə]
1 *adj* bóer.
2 *n* bóer *m*.

boffin ['bɒfɪn] *n* GB fam (scientist) científico,-a,; (luminary) lumbrera.

bog [bɒg]
1 *n* pantano, cenagal *m*.
2 *n sl* (toilet) meódromo.
▶ **to bog down** *vt sep* atascar.
✦ **to get bogged down** atascarse, encallarse.
bog off! *sl* ¡vete a freír espárragos!

bogey[1] ['bəʊgɪ]
1 *n* (spirit) espíritu *m* maligno; (goblin) duende *m*.
2 *n sl* moco.

bogey[2] ['bəʊgɪ] *n* (in golf) bogey *m*, golpe *m* más del par.
✦ **to score a bogey** hacer más uno.

bogeyman ['bəʊgɪmæn] *n* coco, hombre *m* del saco.
▲ *pl* bogeymen ['bəʊgɪmen].

boggle ['bɒgəl] *vi* sobresaltarse, quedarse boquiabierto,-a.
✦ **the mind boggles!** ¡alucina!

boggy ['bɒgɪ] *adj* pantanoso,-a, cenagoso,-a.
▲ *comp* boggier, *superl* boggiest.

bogie ['bəʊgɪ] *n* GB bogie *m*, carretón *m*.

bogus ['bəʊgəs]
1 *adj* (fake) falso,-a, apócrifo,-a.
2 *adj* (fictitious) ficticio,-a.
3 *adj* (sham) simulado,-a, fingido,-a.

bogy ['bəʊgɪ] *n* → bogey 1.
▲ *pl* bogies.

Bohemia [bəʊ'hiːmɪə] *n* HIST Bohemia.

bohemian [bəʊ'hiːmɪən]
1 *adj* bohemio,-a: they lived a bohemian lifestyle llevaron una vida bohemia.
2 *n* bohemio,-a.

Bohemian [bəʊ'hiːmɪən]
1 *adj* HIST bohemio,-a.
2 *n* HIST bohemio,-a.
■ **Bohemian crystal** cristal *m* de Bohemia.

boil[1] [bɔɪl] *n* MED furúnculo, forúnculo.

boil[2] [bɔɪl]
1 *vt* (liquid) hervir; (food) hervir, cocer; (egg) pasar por agua, cocer.
2 *vi* (liquid) hervir; (food) hervir, cocerse.
3 *vi fig* (undulate, seethe) bullir.
▶ **to boil away** *vi* evaporarse, reducirse.
to boil down to *vt insep vi fig* reducirse a: the events boil down to the following los acontecimientos se reducen a lo siguiente.
to boil over *vi* (liquid) salirse, rebosar; (become over-excited) exaltarse.
✦ **to bring to the boil** llevar a ebullición.
to be on the boil estar hirviendo.
to come to the boil empezar a hervir.
to go off the boil (literally) dejar de hervir; (figuratively) perder las ganas.
to keep something on the boil (literally) mantener algo hirviendo; (figuratively) no dejar que algo se enfríe.
it makes my blood boil me da rabia.
to boil with rage estar hecho,-a una fiera.

boiled [bɔɪld] *adj* hervido,-a.
■ **boiled sweet** GB caramelo con sabor a frutas.

boiler ['bɔɪlə']
1 *n* caldera.
2 *n* (fowl) gallina (que solo sirve para el caldo).
■ **boiler suit** (overalls) mono.

boilermaker ['bɔɪləmeɪkə'] *n* calderero.

boilerplate ['bɔɪləpleɪt]
1 *n* texto estándar.
2 *adj* estándar.

boiler-room ['bɔɪləruːm] *n* sala de calderas.

boiling ['bɔɪlɪŋ] *adj* hirviendo, hirviente.
✦ **to be boiling (hot)** hacer un calor achicharrante.
■ **boiling point** punto de ebullición.

boisterous ['bɔɪstərəs]
1 *adj* (noisy, rowdy) bullicioso,-a, alborotador,-ra.
2 *adj* (unruly) revoltoso,-a.
3 *adj* (exuberant) exuberante.
4 *adj* (weather) borrascoso,-a; (sea) agitado,-a.

bold [bəʊld]
1 *adj* (brave) valiente.
2 *adj* (daring) audaz, atrevido,-a.
3 *adj* (cheeky) descarado,-a, fresco,-a.
4 *adj* (vivid) vivo,-a: bold colours colores vivos.
5 *adj* (print) en negrita.
✦ **as bold as brass** tan fresco,-a: he went up to her as bold as brass se acercó a ella tan fresco.

to make so bold as to do something *lit* permitirse hacer algo: if I may make so bold as to enquire si se me permite preguntar.
■ **bold face** negrita.
bold features rasgos *mpl* marcados.

boldface ['bəʊldfeɪs] *adj* (printing) en negrita.

bold-faced ['bəʊldfeɪst] *adj* impudente, descarado,-a.

boldly ['bəʊldlɪ]
1 *adv* (bravely) con valentía, valientemente.
2 *adv* (daringly) audazmente, atrevidamente.
3 *adv* (cheekily) descaradamente.

boldness ['bəʊldnəs]
1 *n* (courage) valor *m*.
2 *n* (daring) audacia.
3 *n* (cheek) descaro.

bolero
1 *n* MUS bolero.
2 *n* (short jacket) bolero.
▲ *pl* boleros; en 2 también ['bɒlərəʊ].

Bolivia [bə'lɪvɪə] *n* Bolivia.

Bolivian [bə'lɪvɪən]
1 *adj* boliviano,-a.
2 *n* boliviano,-a.

bollard ['bɒlɑːd]
1 *n* MAR noray *m*.
2 *n* AUTO (on traffic island, roadside) poste *m*.

bollocks ['bɒləks]
1 *npl taboo* (testicles) cojones *mpl*.
2 *npl taboo* (nonsense) gilipolleces *fpl*, chuminadas *fpl*.
3 *interj taboo* ¡cojones!, ¡y un huevo!

boloney [bə'ləʊnɪ]
1 *n* US sl chorradas *fpl*.
2 *interj sl* ¡una mierda!

Bolshevik ['bɒlʃəvɪk]
1 *adj* POL bolchevique.
2 *n* POL bolchevique *mf*.

Bolshevism ['bɒlʃəvɪzəm] *n* POL bolchevismo.

Bolshevist ['bɒlʃəvɪst] *adj-n* → Bolshevik.

bolshie ['bɒlʃɪ]
1 *adj* GB fam (rebellious) rebelde.
2 *adj* GB (quarrelsome) pendenciero,-a.
3 *adj* GB (left-wing) de izquierdas.
4 *n* GB fam (left-winger) izquierdista *mf*.
▲ (sustantivo) *pl* bolshies; (adjetivo) *comp* bolshier, *superl* bolshiest.

bolshy ['bɒlʃɪ] *adj-n* GB fam → bolshie.

bolster ['bəʊlstə']
1 *n* (pillow) cabezal *m*, travesaño.
2 *n* TECH soporte *m*.
3 *vt* (strengthen) reforzar.
4 *vt* (support) apoyar.
▶ **to bolster up** *vt sep* (support) apoyar; (encourage) animar, alentar.

bolt [bəʊlt]
1 *n* (on door etc) cerrojo; (small) pestillo.
2 *n* (screw) perno, tornillo.
3 *n* (lightning) rayo.

4 *vt (lock)* cerrar con cerrojo, cerrar con pestillo.

5 *vt (screw)* sujetar con pernos, sujetar con tornillos.

6 *vt fam (food)* engullir.

7 *vi (person)* escaparse; *(horse)* desbocarse.

▸ **to bolt in**

1 *vt sep (lock in)* encerrar echando el cerrojo: she bolted him in lo encerró echando el cerrojo.

2 *vi (rush in)* entrar de golpe.

to bolt out *vi* salir precipitadamente.

✦ **like a bolt from the blue** como una bomba.

bolt upright tieso,-a, rígido,-a.

to bolt together unir con tornillos, unir con pernos.

to make a bolt for it darse a la fuga.

to make a bolt for something precipitarse hacia algo: she made a bolt for the exit se precipitó hacia la salida.

to shoot one's bolt quemar su último cartucho.

to sit bolt upright incorporarse de repente.

bolt-hole [ˈbəʊlthəʊl] *n* escondrijo.

bolus [ˈbəʊləs] *n* bolo alimenticio.

bomb [bɒm]

1 *n* bomba.

2 *n US (failure)* fracaso.

3 *vt MIL* bombardear; *(terrorist)* colocar una bomba en.

4 *vi US fam (fail)* fracasar.

▸ **to bomb along** *vi* ir a toda leche.

to bomb out *vt sep* (hacer) volar la casa: the guerrillas bombed them out la guerrilla les voló la casa.

✦ **to be worth a bomb** valer un dineral.

to cost a bomb costar un ojo de la cara.

to earn a bomb ganar un pastón.

to go down a bomb tener mucho éxito, arrasar.

to go like a bomb *(go smoothly)* marchar como una seda, ir sobre ruedas; *(go fast)* ir a toda pastilla.

■ **bomb attack** bombardeo.

bomb bay compartimento de bombas.

bomb crater cráter *m* de bomba.

bomb disposal desactivación *f* de bombas.

bomb disposal expert artificiero.

bomb scare aviso de bomba.

bomb squad brigada de bombas.

bomb threat amenaza de bomba.

bombard [bɒmˈbɑːd]

1 *vt* bombardear.

2 *vt fam fig* acosar (**with**, con), asediar (**with**, con): they bombarded him with questions lo acosaron con preguntas.

bombardment [bɒmˈbɑːdmənt] *n* bombardeo.

bombast [ˈbɒmbæst] *n* ampulosidad *f*.

bombastic [bɒmˈbæstɪk] *adj* rimbombante, ampuloso,-a.

bomber [ˈbɒmə^r]

1 *n MIL* bombardero.

2 *n (terrorist)* terrorista *mf* que coloca bombas.

■ **bomber jacket** cazadora de aviador.

bombing [ˈbɒmɪŋ]

1 *n MIL* bombardeo.

2 *n (terrorist act)* atentado con bomba.

■ **bombing raid** ataque *m* aéreo.

bombproof [ˈbɒmpruːf] *adj* a prueba de bombas.

bombshell [ˈbɒmʃel]

1 *n fig* bomba: the news came as a bombshell la noticia cayó como una bomba.

2 *n MIL (artillery bomb)* obús *m*.

3 *n fam (attractive woman)* mujer *f* explosiva: blonde bombshell rubia explosiva.

bona fide [bəʊnəˈfaɪdɪ] *adj* genuino,-a, auténtico,-a.

bonanza [bəˈnænzə]

1 *n (prosperity)* prosperidad *f*.

2 *n (source of wealth)* mina.

3 *n (run of good luck)* buena racha.

4 *n (mineral deposit)* bonanza.

5 *adj (prosperous)* próspero,-a.

6 *adj (productive)* productivo,-a.

bonbon [ˈbɒnbɒn] *n* caramelo.

bonce [bɒns] *n fam* coco, mollera.

bond [bɒnd]

1 *n (link)* lazo, vínculo: bonds of friendship vínculos de amistad.

2 *n FIN* bono, obligación *f*.

3 *n JUR* fianza.

4 *n (agreement)* pacto, compromiso.

5 *n (adhesion)* unión *f*.

6 *vt (stick, join)* pegar, unir.

7 *vt (deposit in customs)* depositar.

8 *vi (stick, join)* pegarse, unirse.

✦ **to be in bond** estar en depósito.

■ **convertible bond** obligación *f* convertible.

industrial bond obligación *f* industrial.

mortgage bond cédula hipotecaria.

municipal bond obligación *f* municipal.

Treasury bonds bonos del Tesoro.

bondage [ˈbɒndɪdʒ] *n* esclavitud *f*, servidumbre *f*.

bonded [ˈbɒndɪd]

1 *adj (goods)* en depósito.

2 *adj (debt)* avalado,-a, garantizado,-a.

3 *adj (material)* reforzado,-a.

■ **bonded warehouse** almacén *m* de depósito.

bondholder [ˈbɒndhəʊldə^r] *n* obligacionista *mf*.

bone [bəʊn]

1 *n* hueso.

2 *n (of fish)* espina, raspa; *(of whale)* barba.

3 *n (of corset)* ballena.

4 *vt (meat)* deshuesar; *(fish)* quitar la espina.

5 **bones** *npl (remains)* huesos *mpl*, restos *mpl* mortales.

▸ **to bone up on** *vt insep* empollar: you'll have to bone up on your chemistry tendrás que empollar química.

✦ **near the bone** *(joke, humour)* verde, picante.

to be a bag of bones estar en los huesos.

to be as dry as a bone estar más seco,-a que una pasa.

to break every bone in one's body romperse todos los huesos.

to break every bone in somebody's body molerle a alguien los huesos, no dejarle a alguien un hueso sano.

to feel something in one's bones tener un presentimiento de algo.

to have a bone to pick with somebody tener que ajustarle las cuentas a alguien.

to make no bones about doing something no vacilar en hacer algo.

to make no bones about it no andarse por las ramas.

to work one's fingers to the bone trabajar como un esclavo.

■ **bone china** porcelana, loza fina.

bone marrow médula ósea.

bone of contention *fig* manzana de la discordia.

the bare bones lo esencial.

boned [bəʊnd] *adj (meat)* deshuesado,-a; *(fish)* sin espina.

bone-dry [bəʊnˈdraɪ] *adj* totalmente seco,-a.

bonehead [ˈbəʊnhed] *n* imbécil *mf*.

bone-idle [bəʊnˈaɪdəl] *adj* holgazán, -ana, vago,-a.

✦ **to be bone-idle** no rascar bola, ser un,-a vago,-a.

boner [ˈbəʊnə^r] *n sl* pifia, plancha.

bonesetter [ˈbəʊnsetə^r] *n* ensalmador,-ra.

boneshaker [ˈbəʊnʃeɪkə^r] *n fam (car)* cacharro, trasto.

bonfire [ˈbɒnfaɪə^r] *n* hoguera.

■ **bonfire night** *GB* la noche del cinco de noviembre; se celebra con hogueras y fuegos de artificio.

bongo [ˈbɒŋgəʊ] *n MUS* bongó *m*.

▲ *pl* bongos o bongoes.

bonhomie [ˈbɒnhɒmiː] *n* campechanería, afabilidad *f*.

bonito [bəˈniːtəʊ] *n* bonito.

bonkers [ˈbɒŋkəz] *adj GB sl* chalado,-a.

Bonn [bɒn] *n* Bonn.

bonnet [ˈbɒnɪt]

1 *n (child's, woman's)* gorro, gorra.

2 *n (maid's)* cofia.

3 *n AUTO* capó *m*.

bonny [ˈbɒnɪ] *adj* hermoso,-a, lindo,-a.

▲ *comp* bonnier, *superl* bonniest.

bonsai [ˈbɒnsaɪ] *n* bonsái *m*.

▲ *pl* bonsai [ˈbɒnsaɪ].

bonus [ˈbəʊnəs]

1 *n (gratuity)* plus *m*, sobresueldo, prima.

2 *n (benefit)* beneficio.

3 *n FIN (extra dividend)* dividendo extraordinario.
4 *adj* extra, adicional.

bony [ˈbəʊnɪ]
1 *adj (thin)* esquelético,-a.
2 *adj (with a lot of bone)* huesudo,-a.
3 *adj (like bone)* óseo,-a.
4 *adj (meat)* lleno,-a de huesos; *(fish)* lleno,-a de espinas.
▲ *comp* bonier, *superl* boniest.

bonze [bɒnz] *n* bonzo.

boo [buː]
1 *n* abucheo.
2 *vt* abuchear: they booed the actor abuchearon al actor.
3 *vi* abuchear.
4 *interj* ¡bu!
✦ he *(she, etc)* wouldn't say boo to a goose es un,-a miedica.
▲ *pt & pp* booed, *ger* booing.

boob¹ [buːb]
1 *n (mistake)* metedura de pata, plancha.
2 *vi* meter la pata, hacer una plancha.
✦ to make a boob cometer una pifia.

boob² [buːb] *n fam (breast)* teta.
■ boob tube camiseta-tubo *f.*

booboo [ˈbuːbuː] *n* → boob 1.
▲ *pl* booboos.

booby [ˈbuːbɪ]
1 *n (person)* bobo,-a.
2 *n (bird)* alcatraz *m.*
■ booby hatch *US fam* manicomio.
booby prize premio de consolación, premio al peor.
booby trap *(bomb)* trampa explosiva; *(practical joke)* broma.
▲ *pl* boobies.

booby-trap [ˈbuːbɪtræp] *vt* colocar una trampa en.
▲ *pt & pp* booby-trapped, *ger* booby-trapping.

boogie [ˈbuːgɪ]
1 *n fam* bugui *m.*
2 *vt fam* menear el esqueleto.

boogie-woogie [ˈbuːgɪwuːgɪ] *n MUS* bugui-bugui *m.*

boohoo [buːˈhuː]
1 *n* lloriqueo.
2 *interj* ¡ay!
3 *vi* lloriquear.
▲ *pt & pp* boohooed, *ger* boohooing.

book [bʊk]
1 *n* libro.
2 *n (of tickets)* taco; *(of matches)* cajetilla.
3 *vt (table, room, holiday)* reservar; *(entertainer, speaker)* contratar.
4 *vt (police)* multar; *(football)* advertir, amonestar.
5 books *npl COMM* libros *mpl,* cuentas *fpl.*
✦ in my book *fig* a mi parecer.
to be a closed book to somebody *fig* estar muy pez en algo: computing's a closed book to him está muy pez en la informática.
to be booked up *(hotel, restaurant)* estar completo; *(theatre, cinema)* no haber localidades.

to be in somebody's bad books *fig* estar en la lista negra de alguien.
to be in somebody's good books *fig* estar en buena relación con alguien.
to bring somebody to book *fig* pedir cuentas a alguien.
to go by the book *fig* proceder según las reglas.
to make a book registrar apuestas.
to read somebody like a book *fig* leer los pensamientos de alguien.
to take a leaf out of somebody's book *fig* tomar ejemplo de alguien.
to throw the book at somebody *fig* castigar duramente a alguien: they're going to throw the book at him se le va a caer el pelo!
■ address book libro de direcciones.
book club círculo de lectores.
book lover bibliófilo,-a.
book token *GB* cheque *m* regalo *(para comprar libros).*
complaints book libro de reclamaciones.
savings book libreta de ahorro.
the good Book la Biblia.

to book in
1 *vt sep (in hotel)* hacer la reserva: can you book me in next week? ¿me pueden hacer la reserva para la semana que viene?
2 *vi* registrarse: he booked in last night se registró anoche.

bookable [ˈbʊkəbəl] *adj* que se puede reservar.

bookbinder [ˈbʊkbaɪndəʳ] *n* encuadernador,-ra.

bookbinding [ˈbʊkbaɪndɪŋ] *n* encuadernación *f.*

bookcase [ˈbʊkkeɪs] *n* librería, estantería.

bookend [ˈbʊkend] *n* sujetalibros *m.*

bookie [ˈbʊkɪ] *n fam* corredor,-ra de apuestas.

booking [ˈbʊkɪŋ] *n (table, room, holiday)* reserva, reservación *f; (entertainer, speaker)* contratación *f.*
■ booking clerk taquillero,-a de estación.
booking office taquilla.

bookish [ˈbʊkɪʃ]
1 *adj (fond of reading)* aficionado,-a a la lectura.
2 *adj (studious)* estudioso,-a.
3 *adj (literary)* literario,-a, culto,-a.

bookkeeper [ˈbʊkkiːpəʳ] *n* contable *mf,* tenedor,-ra de libros.

bookkeeping [ˈbʊkkiːpɪŋ] *n* contabilidad *f,* teneduría de libros.

booklet [ˈbʊklət] *n* folleto.

bookmaker [ˈbʊkmeɪkəʳ] *n GB* corredor,-ra de apuestas.

bookmark [ˈbʊkmɑːk]
1 *n (for book)* punto de libro; *(electronic)* marcador.

2 *vt (electronically)* poner un marcador, agregar un marcador.

bookmobile [ˈbʊkməbiːl] *n US* biblioteca ambulante.

bookplate [ˈbʊkpleɪt] *n* ex libris *m.*

bookrest [ˈbʊkrest] *n* atril *m.*

bookseller [ˈbʊkseləʳ] *n* librero,-a.

bookshelf [ˈbʊkʃelf]
1 *n* estante *m* para libros.
2 bookshelves *npl* estantería.
▲ *pl* bookshelves.

bookshop [ˈbʊkʃɒp] *n* librería.

bookstall [ˈbʊkstɔːl]
1 *n (stand selling books)* puesto de libros.
2 *n (newsagent's)* quiosco, puesto de periódicos.

bookstand [ˈbʊkstænd]
1 *n (stall)* quiosco, puesto de periódicos.
2 *n (bookrest)* atril *m.*

bookstore [ˈbʊkstɔːʳ] *n US* librería.

bookworm [ˈbʊkwɜːm] *n fig* ratón *m* de biblioteca.

boom¹ [buːm]
1 *n (noise)* estampido, retumbo.
2 *vi* tronar, retumbar.
3 *interj* ¡bum!
4 to boom (out) *vi (voice)* resonar.

boom² [buːm]
1 *n MAR* botalón *m.*
2 *n (of microphone)* jirafa.
3 *n (of crane)* brazo.
4 *n (barrier)* barrera.
■ boom operator jirafista *mf.*

boom³ [buːm]
1 *n fig (prosperity, increase)* boom *m,* auge *m.*
2 *vi (prosper)* estar en auge.
■ boom town ciudad que experimenta un boom económico.
boom years años de prosperidad.
population boom explosión *f* demográfica.

boomerang [ˈbuːməræŋ]
1 *n* bumerán *m.*
2 *n fig* resultado contraproducente.
3 to boomerang on somebody *vi* salirle a alguien el tiro por la culata.

booming [ˈbuːmɪŋ]
1 *adj (noisy)* que truena, que retumba.
2 *adj (voice)* resonante.
3 *adj (prosperous)* próspero,-a, en auge.

boon [buːn]
1 *n (blessing)* bendición *f.*
2 *n (advantage)* ventaja.
✦ to be a boon to somebody ser muy provechoso,-a para alguien.

boondocks [ˈbuːndɒks] out in the boondocks *US phr* allí donde Cristo perdió el gorro.

boor [bʊəʳ] *n* patán *m.*

boorish [ˈbʊərɪʃ] *adj* tosco,-a, zafio,-a.

boost [buːst]
1 *n (incentive)* incentivo, estímulo.
2 *n (promotion)* promoción *f,* fomento.

3 *n (increase)* aumento.
4 *n (push up)* empujón *m* hacia arriba, empuje *m* hacia arriba.
5 *vt (create an incentive)* incentivar, estimular.
6 *vt (promote)* promocionar, fomentar.
7 *vt (increase)* aumentar.
8 *vt (push up)* empujar hacia arriba.
9 *vt ELEC* aumentar el voltaje.
10 *vt (morale)* levantar.
✦ **to give somebody a boost** *(raise spirits)* dar aliento a alguien; *(help up)* aupar a alguien.

booster ['bu:stə^r]
1 *n ELEC* elevador *m* de voltaje.
2 *n RAD* repetidor *m*.
3 *n TECH* motor *m* auxiliar de propulsión.
■ **booster injection** *MED* revacunación *f*.

boot [bu:t]
1 *n (footwear)* bota.
2 *n GB (of car)* maletero, portaequipajes *m*.
3 *n (kick)* patada.
4 *vt (kick)* dar una patada a.
5 *vt COMPUT* cargar el sistema operativo.
▶ **to boot out** *vt sep* echar, echar a patadas.
✦ **I wouldn't like to be in his boots** no me gustaría estar en su pellejo.
to be as tough as old boots *(food)* ser duro,-a como,-a, la suela de un zapato; *(person)* ser duro,-a de pelar.
to be too big for one's boots ser un,-a creído,-a, ser un engreído,-a.
to boot y además: he was a good father to boot y además, era buen padre.
to get the boot ser puesto,-a de patitas en la calle.
to give somebody the boot poner a alguien de patitas en la calle.
to lick somebody's boots hacer la pelota a alguien.
to put the boot in *(attack)* romperle la crisma a alguien; *(criticize severely)* poner a alguien a caldo.
the boot is on the other foot se han vuelto las tornas.

bootblack ['bu:tblæk] *n US* limpiabotas *m*, *AM* lustrabotas *m*.

bootee [bu:'ti:]
1 *n (baby's)* calzado de punto.
2 *n (lady's)* botín *m*.

booth [bu:ð]
1 *n* cabina.
2 *n (at fair)* puesto.
■ **telephone booth** locutorio.

bootlace ['bu:tleɪs] *n* cordón *m*.

bootleg ['bu:tleg]
1 *n (illegal recording)* grabación *f* pirata.
2 *adj (alcohol)* de contrabando; *(recording)* pirata, ilegal.
3 *vi (smuggle alcohol)* pasar licor de contrabando.
4 *vi (manufacture alcohol)* fabricar licor de contrabando.
5 *vi (sell alcohol)* vender licor de contrabando.

6 *vt (record illegally)* hacer una grabación pirata de.
▲ *pt & pp* bootlegged, *ger* bootlegging.

bootlegger ['bu:tlegə^r] *n* contrabandista *mf* de licores.

bootlicker ['bu:tlɪkə^r] *n* pelotillero,-a.

booty ['bu:tɪ] *n* botín *m*.
▲ *pl* booties.

booze [bu:z]
1 *n fam* trinque *m*, alcohol *m*.
2 *vi fam* mamar.
✦ **to go on the booze** irse de farra.

boozer ['bu:zə^r]
1 *n fam (person)* bebedor,-ra: he's a bit of a boozer se da a la bebida.
2 *n (pub)* bar *m*, tasca.

booze-up ['bu:zʌp] *n fam* borrachera.

bop [bɒp]
1 *n fam (dance)* baile *m*.
2 *n fam (thump)* cachete *m*.
3 *vi fam (dance)* bailar.
4 *vt fam (thump)* dar un cachete.
✦ **to have a bop** mover el esqueleto.
▲ *pt & pp* bopped, *ger* bopping.

boracic ['bɒræsɪk] *adj CHEM* bórico,-a.
■ **boracic acid** ácido bórico.

borage ['bɒrɪdʒ] *n BOT* borraja.

borax ['bɔ:ræks] *n CHEM* bórax *m*.

borborygmus [bɔ:bə'rɪgməs] *n* borborigmo.

Bordeaux [bɔ:'dəʊ]
1 *n* Burdeos.
2 *n (wine)* vino de Burdeos.

border ['bɔ:də^r]
1 *n (of country)* frontera.
2 *n (edge)* borde *m*.
3 *n (in sewing)* ribete *m*, orla.
4 *n (of flowers, plants)* arriate *m*.
5 *adj* fronterizo,-a: border town pueblo fronterizo.
6 *vt (sew)* ribetear, orlar.
▶ **to border on**
1 *vt insep* lindar con: the settlement borders on the forest el campamento linda con el bosque.
2 *vt insep fig* rayar en: this borders on the ridiculous esto raya en lo ridículo.
✦ **to cross the border** cruzar la frontera.
■ **the Borders** *GB* zona fronteriza entre Inglaterra y Escocia.
Border collie perro pastor escocés.

borderland ['bɔ:dəlænd] *n* área fronteriza.

borderline ['bɔ:dəlaɪn]
1 *n* línea de demarcación.
2 *adj* fronterizo,-a.
3 *adj fig* incierto,-a, dudoso,-a,: a borderline case un caso dudoso.

bore¹ [bɔ:^r] *pt →* bear.

bore² [bɔ:^r]
1 *n (of gun)* ánima, alma; *(calibre)* calibre *m*.
2 *n (hole)* taladro.
3 *vt (perforate)* perforar, taladrar, horadar: they are boring the rock están perforando la roca.

4 *vi* perforar, taladrar, horadar.
✦ **to bore a hole in** barrenar, abrir un agujero en.

bore³ [bɔ:^r]
1 *n (person)* pelmazo,-a, pesado,-a, plasta *mf*; *(thing)* lata, rollo, tostón *m*: that bloke's a real bore ese tío es un pelmazo; what a bore! ¡vaya lata!; don't be such a bore! ¡no seas tan plasta!
2 *vt* aburrir, fastidiar: this job bores me este trabajo me aburre.

boreal ['bɔ:rɪəl] *adj* boreal, septentrional.

bored [bɔ:d] *adj* aburrido,-a.
✦ **to be bored stiff** aburrirse como una ostra.
to get bored aburrirse.

boredom ['bɔ:dəm] *n* aburrimiento.

borehole ['bɔ:həʊl] *n* perforación *f*.

borer ['bɔ:rə^r]
1 *n (tool)* taladro, barrena.
2 *n (machine)* taladradora.
3 *n ZOOL* barrenillo.

boric ['bɔ:rɪk] *adj CHEM* bórico,-a.
■ **boric acid** ácido bórico.

boring ['bɔ:rɪŋ] *adj* aburrido,-a.

born [bɔ:n] *adj* nato,-a: she's a born leader es una líder nata.
✦ **born and bred** de pura cepa: she's Spanish born and bred es española de pura cepa.
he's English-born es inglés de nacimiento.
in all my born days en mi vida.
not to be born yesterday *fig* no tener ni un pelo de tonto.
to be born nacer: he was born in 1960 nació en 1960.
to be born again volver a nacer.
to be born to be something nacer para ser algo: he was born to be king nació para ser rey.
■ **the first-born** el/la primogénito,-a.

born-again ['bɔ:nəgen] *adj* renacido,-a.

borne [bɔ:n] *pp →* bear 2.

boron ['bɔ:rɒn] *n* boro.

borough ['bʌrə]
1 *n (district)* barrio, distrito.
2 *n (town, city)* ciudad *f*.
3 *n (municipality)* municipio.

borrow ['bɒrəʊ]
1 *vt* pedir prestado,-a, tomar prestado,-a: he borrowed my suit me pidió el traje prestado; I don't like borrowing things no me gusta pedir las cosas prestadas; can I borrow your pen? ¿me dejas tu boli?; you can borrow it if you like te lo presto si quieres.
2 *vt (appropriate, plagiarize)* apropiarse de, plagiar: he borrowed all my ideas plagió todas mis ideas.

borrower ['bɒrəʊə^r]
1 *n* persona que pide algo prestado.
2 *n FIN* prestatario,-a.

borstal ['bɔ:stəl] *n* reformatorio, correccional *m* de menores.

bosh [bɒʃ]
1 *n sl* tonterías *fpl.*
2 *interj* ¡tonterías!
Bosnia [ˈbɒznɪə] *n* Bosnia.
Bosnian [ˈbɒznɪən]
1 *adj* bosnio,-a.
2 *n* bosnio,-a.
bosom [ˈbuzəm]
1 *n* pecho.
2 *n (centre)* seno: **in the bosom of the family** en el seno de la familia.
■ **bosom friend** amigo,-a del alma.
bosomy [ˈbuzəmɪ] *adj* pechugón,-ona.
Bosphorus [ˈbɒsfərəs] *n* Bósforo.
boss[1] [bɒs]
1 *n* jefe,-a.
2 *n (of criminal organization)* capo.
▶ **to boss around** *vt sep* mangonear.
boss[2] [bɒs]
1 *n (protuberance)* bulto, protuberancia.
2 *n ARCH* crucería.
boss-eyed [ˈbɒsaɪd] *adj fam* bizco,-a.
bossy [ˈbɒsɪ] *adj* mandón,-ona.
■ **bossy boots** mandón,-ona.
▲ *comp* **bossier,** *superl* **bossiest.**
Bostonian [bɒsˈtəʊnɪən]
1 *adj* bostoniano,-a.
2 *n* bostoniano,-a.
bosun [ˈbəʊsən] *n MAR* contramaestre *m.*
botanic [bəˈtænɪk] *adj* botánico,-a.
botanical [bəˈtænɪkəl] *adj* botánico,-a.
■ **botanical gardens** jardín *m* botánico.
botanist [ˈbɒtənɪst] *n* botánico,-a.
botany [ˈbɒtənɪ] *n* botánica.
botch [bɒtʃ]
1 *n* chapuza.
2 *vt (repair badly)* chapucear, hacer una chapuza.
3 **to botch (up)** *vt (bungle)* pifiarla, fastidiarla.
▶ **to make a botch of something** chapucear algo, fastidiar algo.
botcher [ˈbɒtʃəʳ] *n* chapucero,-a.
botch-up [ˈbɒtʃʌp] *n* chapuza, pegote *m.*
botfly [ˈbɒtflaɪ] *n* estro.
both [bəʊθ]
1 *adj* ambos,-as, los dos, las dos: **both films are interesting** ambas películas son interesantes.
2 *pron* ambos,-as, los dos, las dos: **both are boring** los dos son aburridos; **both of us** nosotros,-as dos; **both of you** vosotros,-as dos; **both of them** los dos, las dos, ambos,-as.
3 *adv* a la vez: **it's both cheap and good** es bueno y barato a la vez.
▶ **both ... and** tanto ... como: **both she and her sister are teachers** tanto ella como su hermana son profesoras.
bother [ˈbɒðəʳ]
1 *n (nuisance)* molestia, fastidio.
2 *n (problems)* problemas *mpl.*
3 *interj GB* ¡mecachis!
4 *vt (be a nuisance)* molestar, fastidiar.
5 *vt (worry)* preocupar.

6 *vi (take trouble)* molestarse, tomar la molestia: **he didn't even bother to ring** ni se molestó en llamar; **you needn't bother to phone for a cab,** **I'll walk** no te tomes la molestia de llamar un taxi, voy andando.
7 *vi (worry)* preocuparse.
▶ **to bother about** *vt insep (worry)* preocuparse por: **don't bother about me,** **I'm all right** no te preocupes por mí, estoy bien.
✦ **to be no bother** no costar nada: **it's no bother to give you a lift** no cuesta nada llevarte en coche.
to give somebody bother *fam* darle la lata a alguien.
bothersome [ˈbɒðəsəm] *adj* fastidioso,-a, latoso,-a.
Bothnia [ˈbɒθnɪə] *n* Botnia.
■ **Gulf of Bothnia** golfo de Botnia.
Botswana [bɒtˈswɑːnə] *n* Botsuana.
Botswanan [bɒtˈswɑːnən]
1 *adj* botsuanés,-esa, botsuano,-a.
2 *n* botsuanés,-esa, botsuano,-a.
bottle [ˈbɒtəl]
1 *n* botella; *(small)* frasco; *(for baby)* biberón *m*; *(for gas)* bombona.
2 *n sl (nerve)* agallas *fpl*: **she's got a lot of bottle** tiene muchas agallas; **he's got no bottle** no tiene agallas.
3 *vt (wine etc)* embotellar; *(fruit)* envasar.
▶ **to bottle out** *vi* dar marcha atrás, acobardarse, rajarse: **when the moment of truth came, he bottled out** en el momento de la verdad, dio marcha atrás.
to bottle up *vt sep* reprimir: **he always bottles up his emotions** siempre reprime sus sentimientos.
✦ **to hit the bottle** darse a la bebida.
■ **bottle party** fiesta *(a la que cada invitado lleva su botella).*
bottle rack botellero.
bottle-bank [ˈbɒtəlbæŋk] *n* contenedor *m* para la recogida de vidrio usado.
bottlebrush [ˈbɒtəlbrʌʃ] *n* limpiabotellas *m.*
bottled [ˈbɒtəld] *adj (wine etc)* embotellado,-a; *(fruit)* envasado,-a.
■ **bottled gas** gas *m* butano.
bottle-fed [ˈbɒtəlfed] *adj* criado,-a con biberón.
bottle-feed [ˈbɒtəlfiːd] *vt* criar con biberón.
▲ *pt & pp* **bottle-fed** [ˈbɒtəlfed].
bottle-green [bɒtəlˈgriːn]
1 *n* verde *m* botella.
2 *adj* de color verde botella.
bottleneck [ˈbɒtəlnek] *n fig* cuello de botella.
bottle-opener [ˈbɒtələʊpənəʳ] *n* abrebotellas *m.*
bottler [ˈbɒtləʳ] *n (of wine etc.)* embotellador,-ra; *(of fruit)* envasador,-ra.
bottling [ˈbɒtəlɪŋ] *n (of wine etc)* embotellamiento; *(of fruit)* envase *m.*

■ **bottling machine** *(for wine etc)* embotelladora; *(for fruit, jam etc)* envasadora.
bottling plant planta embotelladora.
bottom [ˈbɒtəm]
1 *n (of sea, box, garden, street, etc)* fondo; *(of bottle)* culo; *(of hill, steps, page)* pie *m*; *(of ship)* quilla.
2 *n (of dress)* bajo; *(of trousers)* bajos *mpl.*
3 *n (buttocks)* trasero, culo.
4 *n (last)* último,-a: **he's bottom of the class** es el último de la clase.
5 *n (underneath)* parte *f* inferior, parte *f* de abajo.
6 *adj (position)* de abajo: **the bottom shelf** el estante de abajo.
7 *adj (number, result)* más bajo,-a: **the bottom score** la puntuación más baja.
8 *vt (chair)* poner fondo a.
9 *vt (ship)* hacer tocar fondo.
10 *vi (ship)* tocar fondo.
▶ **to bottom** *vt insep (theory, argument)* basarse en.
to bottom out *vi (economy)* tocar fondo.
✦ **at bottom** en el fondo: **at bottom he's not so bad** en el fondo no es tan malo.
bottoms up! ¡salud!
to be at the bottom of something *fig* estar detrás de algo, ser la causa de algo.
to bet one's bottom dollar apostar hasta el último céntimo.
to get to the bottom of something *fig* llegar al fondo de algo.
to go to the bottom *(sink)* hundirse, irse a pique.
to knock the bottom out of something *fig* echar por tierra algo.
■ **bottom drawer** ajuar *m.*
bottom gear *AUTO* primera marcha.
bottom line *(in accounts)* balance *m*; *(result)* resultado final: **that's the bottom line!** ¡esto es lo que hay!, ¡esto es así!; **the bottom line is that ...** en resumidas cuentas ...
bottomless [ˈbɒtəmləs] *adj* sin fondo, insondable.
bottommost [ˈbɒtəmməʊst] *adj* inferior, último,-a: **the bottommost drawer** el último cajón.
botulism [ˈbɒtjʊlɪzəm] *n MED* botulismo.
boudoir [ˈbuːdwɑːʳ] *n* tocador *m.*
bougainvillaea [ˌbuːgənˈvɪljə] *n BOT* buganvilla.
bougainvillea [ˌbuːgənˈvɪljə] *n BOT* buganvilla.
bough [baʊ] *n* rama.
bought [bɔːt] *pt & pp* → **buy.**
bouillabaisse [ˈbuːjəbeɪs] *n CULIN* bullabesa.
bouillon [ˈbuːjɒn] *n CULIN* caldo.
boulder [ˈbəʊldəʳ] *n* canto rodado.
boulevard [ˈbuːləvɑːd] *n* bulevar *m.*
boulter [ˈbəʊltəʳ] *n* palangre *m.*

bounce [baʊns]
1 n (of ball) bote m.
2 n fig (energy) vitalidad f.
3 vi (ball) rebotar, botar.
4 vt (cheque) ser rechazado por el banco.
5 vt (ball) hacer botar.
▸ **to bounce back** vi fig recuperarse.

bouncer [ˈbaʊnsəʳ] n sl gorila m.

bouncing [ˈbaʊnsɪŋ]
1 adj (strong) fuerte, robusto,-a.
2 adj (healthy) sano,-a.
3 adj (boisterous) bullicioso,-a.
✦ **to be bouncing with health** rebosar de salud.

bouncy [ˈbaʊnsɪ]
1 adj (ball) que rebota.
2 adj (chair, mattress) mullido,-a.
3 adj fig (person) lleno,-a de vigor, vital.
▲ comp bouncier, superl bounciest.

bound¹ [baʊnd]
1 pt & pp → bind.
2 adj (tied) atado,-a.
3 adj (forced) obligado,-a.
4 adj (book) encuadernado,-a.
✦ **to be bound by contract** estar obligado,-a por contrato.
to be bound to ser seguro que: Susan's bound to win seguro que ganará Susan.
to be bound up in something estar absorbido,-a por: he's bound up in the project está absorbido por el proyecto.
to be bound up with something estar vinculado,-a con algo: he's bound up with the mafia está vinculado con la mafia.
to be duty bound to + inf estar obligado,-a a + inf: he was duty bound to visit her estaba obligado a visitarla.

bound² [baʊnd] adj (destined) destinado,-a: he knew he was bound to succeed sabía que estaba destinado a tener éxito.
✦ **to be bound for** ir con destino, navegar con rumbo a: the ship was bound for Southampton el barco navegaba con rumbo a Southampton.
-bound con rumbo a: Paris-bound con rumbo a París.

bound³ [baʊnd]
1 n (jump) salto, brinco.
2 vi saltar.
▸ **to bound about** vi dar saltos, brincar.
✦ **to bound into** entrar dando saltos: the children bounded into the room los niños entraron en la habitación dando saltos.
to bound over saltar por encima de: he bounded over the fence saltó por encima de la valla.
with a bound de un salto, de un brinco: he got out of bed with a bound se levantó de la cama de un salto.

bound⁴ [baʊnd] vt (mark the boundary) delimitar: the Roman wall bounds the old quarter la muralla romana delimita el casco antiguo.

boundary [ˈbaʊndərɪ] n límite m, frontera.
■ **boundary stone** hito, mojón m.
▲ pl boundaries.

bounder [ˈbaʊndəʳ] n dated canalla m, sinvergüenza mf.

boundless [ˈbaʊndləs] adj sin límites, ilimitado,-a: there are boundless possibilities las posibilidades son ilimitadas.

bounds [baʊndz] npl (border) frontera; (boundary) límites mpl.
✦ **beyond the bounds of possibility** más allá de los límites de la posibilidad.
out of bounds fuera de los límites, en zona prohibida.

bounteous [ˈbaʊntɪəs]
1 adj lit generoso,-a.
2 adj lit (abundant) abundante.

bountiful [ˈbaʊntɪfʊl] adj → bounteous.

bounty [ˈbaʊntɪ]
1 n (generosity) generosidad f.
2 n (reward) prima.
3 n (gift) regalo.
▲ pl bounties.

bouquet [buːˈkeɪ]
1 n (flowers) ramo.
2 n (wine) aroma m, buqué m.
3 n (compliment) cumplido.
■ **bouquet garni** ramito de hierbas.

bourbon [ˈbɜːbən] n bourbon m.

Bourbon [ˈbʊəbən]
1 n Borbón m.
2 adj Borbónico,-a.

bourgeois [ˈbʊəʒwaːʳ]
1 adj burgués,-esa.
2 n burgués,-esa.

bourgeoisie [bʊəʒwaːˈziː] n burguesía.

bout [baʊt]
1 n (period) rato.
2 n MED (of flu, measles, etc) ataque m.
3 n (boxing) encuentro.

boutique [buːˈtiːk] n boutique f, tienda.

bovine [ˈbəʊvaɪn]
1 adj bovino,-a, vacuno,-a.
2 adj fig (dim, stupid) torpe, lerdo,-a.
3 n bovino.

bovver [ˈbɒvəʳ] n sl (troublemaking) camorra, jaleo.
✦ **to cause bovver** armar jaleo.
■ **bovver boot** bota de suela gruesa que se asocia con los jóvenes camorristas.
bovver boy gamberro.

bow¹ [bəʊ]
1 n (for arrows) arco.
2 n (of violin) arco.
3 n (knot) lazo.
4 vt (cause to bend) arquear, doblar.
5 vi (violin) pasar el arco (por las cuerdas).
6 vi (wall) arquearse, combarse.
■ **bow saw** sierra de arco.

bow² [baʊ] n MAR proa.
✦ **a shot across the bows** un aviso.

bow³ [baʊ]
1 n (with body) reverencia.
2 vt inclinar: he bowed his head inclinó la cabeza.
3 vi (in respect) inclinarse, hacer una reverencia.
4 **to bow to** vi fig (submit) someterse a: he had to bow to their wishes tuvo que someterse a sus deseos.
▸ **to bow out** vi (withdraw) retirarse: he bowed out of the championship se retiró del campeonato.
✦ **to bow down** inclinarse.
to bow and scrape (to somebody) hacer la pelota (a alguien).

bowdlerise [ˈbaʊdləraɪz] vt → bowdlerize.

bowdlerize [ˈbaʊdləraɪz] vt (book etc) expurgar.

bowed [baʊd] adj encorvado,-a.

bowel [ˈbaʊəl]
1 n intestino.
2 **bowels** npl (entrails) entrañas fpl.
✦ **the bowels of the earth** las entrañas de la tierra.
■ **bowel movement** evacuación f intestinal.

bower¹ [ˈbaʊəʳ] n MAR (anchor) ancla de proa.

bower² [ˈbaʊəʳ] n (arbour) cenador m, pérgola.

bowing¹ [ˈbaʊɪŋ] n reverencia.

bowing² [ˈbəʊɪŋ] n (of violin) arqueada.

bowl¹ [bəʊl]
1 n (for food etc) cuenco, fuente f, bol m; (for soup) escudilla; (large drinking bowl) tazón m; (small drinking bowl) taza.
2 n (for washing) palangana, barreño.
3 n (of toilet) taza.
4 n (of pipe) cazoleta.
5 n (of spoon) cuenco.
6 n US (amphitheatre) anfiteatro.

bowl² [bəʊl]
1 n (ball) bocha.
2 vi (cricket) lanzar la pelota.
▸ **to bowl along** vt insep circular: the car bowled along the road el coche circulaba por la carretera.
to bowl over vt sep dejar pasmado,-a: the news bowled him over la noticia lo dejó pasmado.

bow-legged [bəʊˈlegd, bəʊˈlegɪd] adj patizambo,-a, estevado,-a.

bowler¹ [ˈbəʊləʳ] n (hat) bombín m.

bowler² [ˈbəʊləʳ]
1 n (cricket) lanzador,-ra.
2 n (bowls player) jugador,-ra de bochas.

bowline [ˈbəʊlaɪn] n bolina.

bowling [ˈbəʊlɪŋ] n (ten-pin) bolos mpl; (bowls) las bochas.
✦ **to go bowling** (tenpin) jugar a los bolos; (bowls) jugar a las bochas.
■ **bowling alley** bolera.
bowling green pista de bochas.

bowls ['bəʊlz] *npl (game)* las bochas.
✦ to play bowls jugar a las bochas.
bowsprit ['bəʊsprɪt] *n MAR* bauprés *m*.
bow-tie [bəʊ'taɪ] *n* pajarita.
bow-wow ['baʊwaʊ]
1 *n (dog)* perrito.
2 *n (barking noise)* guau guau *m*.
box¹ [bɒks]
1 *n* caja; *(large)* cajón *m*.
2 *n (of matches)* cajetilla.
3 *n THEAT* palco.
4 *n (for sentry)* garita.
5 *n (of coach)* pescante *m*.
6 *n GB fam (telly)* tele *f*.
7 *n (in baseball - pitcher's)* puesto del lanzador; *(- batter's)* puesto del bateador,-a; *(in football)* área de penalti.
8 *vt* meter en cajas, encajonar.
▸ to box in *vt sep fig (vehicle)* bloquear la salida, impedir la salida: **a lorry had boxed him in** un camión le había bloqueado la salida.
to box off *vt sep* compartimentar: **they boxed off the room** compartimentaron la habitación.
to box up *vt sep* meter en cajas, embalar.
■ box camera cámara de cajón.
box girder viga de caja.
box junction cruce *m* con parrilla.
box number número de apartado de correos.
box office taquilla.
box spanner llave *f* de tubo.
pencil box plumier *m*.
post-office box apartado de correos.
box² [bɒks] *vi* boxear.
✦ a box on the ears un cachete.
to box clever actuar de una forma astuta.
to box somebody's ears zurrarle la badana a alguien.
box³ [bɒks] *n BOT* boj *m*.
boxcar ['bɒkskɑ:'] *n US* furgón *m*.
boxer ['bɒksə']
1 *n* boxeador,-ra.
2 *n (dog)* bóxer *m*.
boxing ['bɒksɪŋ] *n* boxeo.
■ Boxing Day *GB* el día 26 de diciembre.
boxing gloves guantes *mpl* de boxeo.
boxing ring ring *m*.
box-office ['bɒksɒfɪs] *adj* taquillero,-a, de taquilla: **his last film was a box-office success** su última película fue un éxito de taquilla.
boxroom ['bɒksruːm] *n GB* trastero.
boxwood ['bɒkswʊd]
1 *n* boj *m*.
2 *adj* de boj.
boy [bɔɪ] *n (baby)* niño; *(child)* chico, muchacho; *(youth)* joven *m*.
✦ boy oh boy! ¡vaya, vaya!
■ boy scout scout *m*, explorador *m*.
the boys *fam* los colegas: **he had a night out with the boys yesterday** se fue de farra con sus colegas anoche.
the boys in blue *fam* la poli.

boyar ['bɔʊjə] *n* boyardo.
boycott ['bɔɪkɒt]
1 *n* boicoteo, boicot *m*.
2 *vt* boicotear.
boyfriend ['bɔɪfrend]
1 *n (fiancé)* novio.
2 *n (male friend)* amigo.
boyhood ['bɔɪhʊd]
1 *n* infancia, niñez *f*.
2 *adj* de la infancia: **a boyhood friend** un amigo de la infancia.
boyish ['bɔɪʃ] *adj* muchachil, juvenil.
bps ['biː'piː'es] *abbr* (**bits per second**) bps.
bra [brɑː] *n* sostén *m*, sujetador *m*.
brace [breɪs]
1 *n (clamp)* abrazadera.
2 *n ARCH (support)* riostra.
3 *n (drill)* berbiquí *m*.
4 *n (on teeth)* aparato.
5 *n (pair of game)* par *m*: **a brace of pheasants** un par de faisanes.
6 *n MAR* braza.
7 *n MUS* corchete *m*.
8 *vt (fasten tightly)* tensar.
9 *vt (make steady)* estabilizar.
10 *vt ARCH* reforzar.
11 *vt MAR (rope, sail)* bracear.
12 *vt (invigorate)* dar vigor, tonificar.
13 braces *npl* tirantes *mpl*.
✦ to brace oneself for something prepararse para algo.
■ brace and bit berbiquí *m* y barrena.
▲ (sustantivo) pl braces; en 5 brace.
bracelet ['breɪslət]
1 *n* pulsera, brazalete *m*.
2 *n (armband)* brazalete *m*.
3 bracelets *npl sl (handcuffs)* esposas *fpl*.
brachial ['breɪkɪəl] *adj* braquial.
bracing ['breɪsɪŋ] *adj (wind, weather)* tonificante, vigorizador,-ra.
bracken ['brækən] *n BOT* helechos *mpl*.
bracket ['brækɪt]
1 *n (round)* paréntesis *m*.
2 *n (for shelf)* escuadra, soporte *m*.
3 *n (group, category)* grupo, categoría *m*: **tax bracket** banda impositiva.
4 *vt (put in brackets)* poner entre paréntesis.
5 *vt (classify)* clasificar.
6 *vt (group together)* agrupar.
■ square bracket corchete *m*.
curly bracket llave *f*.
brackish ['brækɪʃ] *adj (water)* salobre.
brackishness ['brækɪʃnəs] *n* salobridad *f*.
bradawl ['brædɔːl] *n* punzón *m*.
bradycardia [brædɪ'kɑːdɪə] *n MED* bradicardia.
brag [bræg]
1 *n* jactancia, fanfarria.
2 *vi* jactarse (**about**, de).
▲ pt & pp bragged, ger bragging.

braggart ['brægət] *n* fanfarrón,-ona.
Brahma ['brɑːmə] *n REL* Brahma *m*.
Brahman ['brɑːmən]
1 *n REL* brahmán *m*.
2 *n REL (Hindu deity)* Brahma *m*.
▲ pl brahmans.
Brahmanic [brɑː'mænɪk] *adj* brahmánico.
Brahmanism ['brɑːmənɪzəm] *n* brahmanismo.
Brahmin ['brɑːmɪn]
1 *n REL* brahmín *m*, brahmán *m*.
2 *n US* lumbrera.
Brahminic [brɑː'mɪnɪk] *adj* brahmánico.
Brahminism ['brɑːmɪnɪzəm] *n* brahmanismo.
braid [breɪd]
1 *n (on clothing)* galón *m*.
2 *n (plait)* trenza.
3 *vt (clothing)* galonear.
4 *vt (plait hair)* trenzar.
Braille [breɪl] *n* braille *m*.
brain [breɪn]
1 *n (organ)* cerebro, seso.
2 brains *npl (intellect)* cerebro, seso, inteligencia.
3 *npl (as food)* sesos *mpl*.
✦ to blow one's brains out pegarse un tiro.
to blow somebody's brains out volar la tapa de los sesos a alguien.
to brain somebody *fam* partirle la cara a alguien.
to have brains ser un cerebro, ser inteligente.
to have something on the brain estar obsesionado,-a con algo.
to pick somebody's brains hacer una consulta a alguien.
■ brain cell célula cerebral.
brain death muerte *f* cerebral.
brain drain fuga de cerebros.
brain scan electroencefalograma *m*.
brain scanner escáner *m* cerebral.
brain tumour tumor *m* cerebral.
brain trust *US* panel *m* de expertos.
brains trust *GB* panel *m* de expertos.
brain wave idea genial.
electronic brain cerebro electrónico.
the brains *(instigator, originator)* el cerebro gris: **he was the brains behind the robbery** era el cerebro gris del asalto.
brainchild ['breɪntʃaɪld] *n (idea, invention, plan)* (propia) idea, (propio) invento, (propio) proyecto: **the new road network was his brainchild** la nueva red de carreteras fue su (propia) idea.
▲ pl brainchildren ['breɪntʃɪldrən].
brain-dead ['breɪnded] *adj* clínicamente muerto,-a.
brainless ['breɪnləs] *adj* memo,-a, cretino,-a.
brainpower ['breɪnpaʊə'] *n* capacidad *f* intelectual.

brainstorm [ˈbreɪnstɔːm]
1 n (violent outburst) telele m, ataque m, patatús m.
2 n (mental confusion) cacao mental, empanada mental.
3 n US (brainwave) idea genial.
4 n (brainstorming) reunión f creativa.
✦ **to have a brainstorm** coger un patatús.

brainstorming [ˈbreɪnstɔːmɪŋ] n reunión f creativa.

brain-teaser [ˈbreɪntiːzəʳ] n rompecocos m.

brainwash [ˈbreɪnwɒʃ] vt lavar el cerebro a, comer el coco a.

brainwashing [ˈbreɪnwɒʃɪŋ] n lavado de cerebro, comida de coco.

brainwork [ˈbreɪnwɜːk] n trabajo intelectual.

brainy [ˈbreɪnɪ] adj fam inteligente, sesudo,-a.
▲ comp brainier, superl brainiest.

braise [breɪz] vt CULIN freír y luego cocer a fuego lento.

brake¹ [breɪk]
1 n freno.
2 vi frenar: the car skidded and the driver couldn't brake el coche derrapó y el conductor no pudo frenar.
3 vt frenar, hacer frenar.
✦ **to apply the brake/put on the brake** frenar, echar el freno.
to release the brake soltar el freno.
to put a brake on something/somebody fig poner trabas a algo/alguien.
■ **back brake** freno trasero.
brake arm palanca del freno.
brake axle árbol m del freno.
brake band cinta del freno.
brake block pastilla de freno.
brake disc disco del freno.
brake drum tambor m de freno.
brake fluid líquido de freno.
brake horsepower potencia al freno.
brake lights luces fpl de frenado.
brake lining forro del freno.
brake pedal pedal m de freno.
brake shaft árbol m del freno.
brake shoe zapata del freno.
foot brake freno de pedal.
front brake freno delantero.

brake² [breɪk] n (estate car) furgoneta.

braking [ˈbreɪkɪŋ] n frenado.

bramble [ˈbræmbəl] n BOT zarzamora, mora.
■ **bramble bush** zarza.
bramble patch zarzal m.

brambling [ˈbræmblɪŋ] n BOT pinzón m real.

bran [bræn] n salvado.

branch [brɑːntʃ]
1 n (tree) rama.
2 n (of family) ramo.
3 n (road, railway) ramal m; (stream, river) brazo.
4 n (of shop) sucursal f; (of bank) oficina, sucursal f.
5 n (field of science etc) ramo.
6 n (of candelabra) brazo.
7 vi (road) bifurcarse.
▶ **to branch off** vi salir de la carretera.
to branch out vi extender su campo de interés.
■ **branch line** ramal m.

branchial [ˈbræŋkɪəl] adj branquial.

brand [brænd]
1 n marca: he always buys that brand of jeans siempre compra aquella marca de tejanos.
2 n (type) clase f, tipo: a particular brand of humour un tipo de humor peculiar.
3 n (for livestock) hierro de marcar.
4 n (piece of burning wood) tea.
5 n (stigma) estigma m.
6 n (blight) tizón m.
7 n lit (sword) hierro.
8 vt (livestock) marcar con un hierro candente.
✦ **to brand somebody something** tildar a alguien de algo: they branded him a thief lo tildaron de ladrón.
to brand something as something calificar algo de algo: they branded it a success lo calificaron de éxito.

Brandenburg [ˈbrændənbɜːg] n Brandeburgo, Brandemburgo: the Brandenburg Gate la puerta de Brandeburgo.

branding-iron [ˈbrændɪŋaɪən] n (for livestock) hierro de marcar.

brandish [ˈbrændɪʃ] vt blandir.

brand-new [brænˈnjuː] adj flamante.

brandy [ˈbrændɪ] n coñac m, brandy m.
▲ pl brandies.

brash [bræʃ]
1 adj pej (ostentatious, showy) ostentoso,-a, rimbombante.
2 adj (hasty, thoughtless) irreflexivo,-a.
3 adj (imprudent) imprudente.

brass [brɑːs]
1 n latón m.
2 n sl (money) pasta.
3 n MUS metales mpl.
4 n fam fig cara, jeta: he had the brass to ask me for more money tuvo la cara de pedirme más dinero.
5 n de cobre.
✦ **he's got a brass neck** tiene mucho morro.
not a brass farthing fam ni un duro: he hasn't got a brass farthing no tiene ni un duro.
to be brassed off fam estar cabreado,-a, estar mosca.
to be brass monkeys sl hacer un frío que pela.
to get down to brass tacks ir al grano.
■ **brass band** banda (municipal).

brassiere [ˈbræzɪəʳ] n sujetador m, sostén m.

brass-rubbing [ˈbrɑːsrʌbɪŋ] n calco de planchas.
✦ **to do brass-rubbings** calcar planchas sobre un papel.

brassy [ˈbrɑːsɪ]
1 adj (impudent) descarado,-a, impudente.
2 adj (ostentatious, showy) ostentoso,-a, rimbombante.
3 adj (vulgar, coarse) grosero,-a, basto,-a.
4 adj (made of brass) de latón.
▲ comp brassier, superl brassiest.

brat [bræt] n fam pej mocoso,-a.

bravado [brəˈvɑːdəʊ] n baladronada, fanfarronada.
✦ **to do something with bravado** hacer algo con audacia.
■ **a piece of bravado** una bravata.

brave [breɪv]
1 adj valiente.
2 n guerrero indio.
3 vt (defy) desafiar.
4 vt (confront) afrontar, hacer frente a.
✦ **to brave death** desafiar a la muerte.
to brave it out (person under suspicion) aguantar la tormenta: the minister will have to brave it out el ministro tendrá que aguantar la tormenta.
to brave the elements aguantar el mal tiempo.
to put a brave face on poner a mal tiempo buena cara.

bravely [ˈbreɪvlɪ] adv con valentía, valientemente.

bravery [ˈbreɪvərɪ] n valentía.

bravo [brɑːˈvəʊ] interj ¡bravo!

brawl [brɔːl]
1 n reyerta, pelea.
2 vi pelearse.

brawler [ˈbrɔːləʳ] n peleador,-ra, alborotador,-ra.

brawn [brɔːn]
1 n (muscular strength) fuerza muscular.
2 n (muscle) músculo.
3 n CULIN carne f de cabeza de cerdo en gelatina.

brawny [ˈbrɔːnɪ] adj fornido,-a, musculoso,-a.
▲ comp brawnier, superl brawniest.

bray [breɪ]
1 vi (donkey, ass) rebuznar.
2 vi (laugh) carcajearse.

braying [ˈbreɪɪŋ]
1 n rebuzno.
2 n (harsh laugh) carcajada.

brazen [ˈbreɪzən] adj desvergonzado,-a, descarado,-a.
✦ **to brazen it out** aguantar las acusaciones con descaro.

brazen-faced [ˈbreɪzənfeɪst] adj desvergonzado,-a, descarado,-a.

brazier [ˈbreɪzɪəʳ] n brasero.

Brazil [brəˈzɪl] n Brasil.
■ **Brazil nut** BOT nuez f del Brasil.

Brazilian [brəˈzɪlɪən]
1 adj brasileño,-a.
2 n brasileño,-a.

breach [briːtʃ]
1 n (opening) brecha, abertura.
2 n MIL brecha.
3 n (in promise, undertaking) incumplimiento; (in law) violación f, infracción f.
4 n (in relationship) ruptura.
5 vt (break a hole) romper.
6 vt JUR violar, infringir.
7 vt MIL abrir brecha en.
+ to stand in the breach estar en la brecha.
to step into the breach hacer de suplente, acudir en sustitución.
■ breach of contract incumplimiento de contrato.
breach of faith/breach of trust abuso de confianza.
breach of privilege POL abuso de privilegio parlamentario.
breach of promise incumplimiento de una promesa.
breach of the peace alteración f del orden público.

bread [bred]
1 n pan m.
2 n sl (money) guita, pasta.
+ man cannot live by bread alone no solo de pan vive el hombre.
to be on bread and water estar a pan y agua.
to cast one's bread upon the water hacer el bien sin mirar a quién.
to earn one's bread and butter ganarse el pan.
to know which side one's bread is buttered saber lo que más le conviene a uno.
to take the bread out of somebody's mouth quitarle el pan de la boca a alguien.
■ bread and wine REL Eucaristía.
bread bin caja para guardar el pan.
bread sauce salsa hecha con migas de pan, cebolla y leche.
brown bread pan m moreno.
communion bread pan m bendito.
fresh bread pan m tierno.
linseed bread pan m de linaza.
white bread pan m blanco.
wholemeal bread pan m integral.

bread-and-butter ['bredənbʌtəʳ] adj (commonplace) rutinario,-a, corriente y moliente.
■ a bread-and-butter letter carta de agradecimiento.

breadbasket ['bredbɑːskɪt] n panera.

breadboard ['bredbɔːd] n tabla (para cortar el pan).

breadbun ['bredbʌn] n panecillo, bollo.

breadcrumb ['bredkrʌm]
1 n miga de pan, migaja de pan.
2 breadcrumbs npl CULIN pan m rallado.
+ in breadcrumbs CULIN empanado,-a.

breadfruit ['bredfruːt] n BOT fruto del árbol del pan.
■ breadfruit tree BOT árbol m del pan.

breadline ['bredlaɪn] n US cola para recibir alimentos gratuitos.
+ to live on the breadline vivir en la miseria.

breadth [bredθ]
1 n (broadness) ancho, anchura.
2 n (space) extensión f, amplitud f.
■ breadth of mind generosidad f de espíritu, largueza.

breadthwise ['bredθwaɪz] adv a lo ancho.

breadwinner ['bredwɪnəʳ] n el/la que gana el pan.

break [breɪk]
1 n (in leg etc) rotura.
2 n (in relationship) ruptura.
3 n (in meeting) descanso, pausa; (in broadcast) interrupción f; (at school) recreo.
4 n SP (billiards, snooker) tacada.
5 n METEOR (in clouds) claro; (in weather) cambio.
6 n (chance) oportunidad f.
7 n (on stock exchange) baja.
8 n SP (tennis) break m.
9 n MUS (jazz) break m.
10 n (in voice) gallo.
11 vt romper.
12 vt (record) batir.
13 vt (promise, word) faltar a.
14 vt (law, contract) violar, infringir.
15 vt (news) comunicar.
16 vt (code) descifrar.
17 vt (mystery, case) resolver.
18 vt (fall) amortiguar.
19 vt (journey) interrumpir.
20 vt (tame) domar.
21 vt ELEC (circuit) cortar, interrumpir.
22 vi romperse.
23 vi (storm) estallar.
24 vi (stock exchange) bajar.
25 vi (meeting, session) parar.
26 vi (disperse) dispersarse.
27 vi (voice) cambiar.
28 vi (health) quebrantarse.
29 vi (spot, abscess) reventar.
30 vi (waves) romper, reventar.
▸ to break away vi (escape) escaparse, darse a la fuga; (leave family, job) irse.
to break away from vt insep (family, group) romper con; (athlete) salir del pelotón.
to break down
1 vt sep (door) derribar, echar abajo.
2 vt sep (resistance) vencer.
3 vt sep (analyse) desglosar.
4 vi (car) averiarse; (driver) tener una avería.
5 vi (appliance) estropearse.
6 vi (health) quebrantarse.
7 vi (burst into tears) romper a llorar.
8 vi (talks, negotiations) fracasar.
to break in
1 vt sep (animal) domar.
2 vi (intervene) intervenir.
3 vi (force entry) entrar por la fuerza.
to break into vt insep (house) entrar por la fuerza en, allanar; (safe) forzar.

to break off
1 vt sep (relationship) romper.
2 vt sep (discussions, negotiations) interrumpir.
3 vi (discussions, negotiations) interrumpirse.
4 vi (become detached) desprenderse.
5 vi (stop talking) detenerse.
to break out
1 vi (prisoners) escaparse.
2 vi (war, fire etc) estallar.
to break through
1 vt insep (obstacle, fence) atravesar, abrirse paso por.
2 vt insep (sunlight) atravesar.
to break up
1 vt sep (chair, table, etc) romper; (ship, boat) desguazar.
2 vt sep (gathering, meeting) disolver.
3 vi (marriage) fracasar; (couple) separarse.
4 vi (gathering, meeting) disolverse.
5 vi (school) empezar las vacaciones.
6 vi US echarse a reír.
to break with vt insep (friends, family) romper con.
+ at break of day al amanecer.
break it up! (in fight) ¡basta ya!
it's make or break time es la hora de la verdad.
to break a strike romper una huelga.
to break cover salir al descubierto.
to break even salir sin ganar ni perder.
to break free evadirse.
to break ground fig abrirse un nuevo camino.
to break into song ponerse a cantar.
to break it off terminar una relación.
to break one's neck (in fall etc) desnucarse; (make a great effort) matarse.
to break one's word no cumplir su palabra.
to break open abrir forzando.
to break out in spots salirle a uno granos.
to break ranks MIL romper filas.
to break somebody's heart partir el corazón a alguien.
to break somebody's neck fig (assault) romperle el hocico a alguien.
to break something to pieces hacer algo añicos.
to break the back of a job haber hecho la parte más difícil de un trabajo.
to break the bank hacer quebrar la banca.
to break the ice fig romper el hielo.
to give somebody a break dar una oportunidad a alguien.
to make a break for it intentar fugarse.
to take a break tomarse una pausa, tomarse un descanso.
without a break sin descansar, sin parar.
▲ pt broke [brəuk], pp broken ['brəukən].

breakable ['breɪkəbəl] adj frágil, rompible.

breakage [ˈbreɪkɪdʒ] *n* rotura.
breakaway [ˈbreɪkəweɪ]
  1 *adj (group, faction)* separatista, disidente.
  2 *n (with group, faction)* ruptura.
break-dance [ˈbreɪkdɑːns] *vi MUS* hacer break-dance.
break-dancing [ˈbreɪkdɑːnsɪŋ] *n MUS* break-dance *m*.
breakdown [ˈbreɪkdaʊn]
  1 *n (of car, machine)* avería.
  2 *n MED* crisis *f* nerviosa.
  3 *n (in negotiations)* ruptura.
  4 *n (chemical analysis)* análisis *m; (of accounts, expenses)* desglose *m*.
  5 *n (in negotiations)* fracaso.
  ▪ **breakdown service** (servicio de) asistencia en carretera.
  breakdown van/breakdown truck grúa.
breaker [ˈbreɪkəʳ]
  1 *n MAR (heavy wave)* cachón *m*.
  2 *n (of horse)* domador,-ra.
  3 *n (of cars, materials)* persona que trabaja en un desguace.
  ▪ **breaker's yard** desguace *m*.
breakfast [ˈbrekfəst]
  1 *n* desayuno.
  2 *vi* desayunar.
  ✦ **to have breakfast** desayunar.
  ▪ **breakfast cereal** cereales *mpl* para el desayuno.
  breakfast television televisión *f* matinal.
break-in [ˈbreɪkɪn] *n* entrada forzada.
breaking [ˈbreɪkɪŋ]
  1 *n (of leg, object)* rotura.
  2 *n (of relationship)* ruptura.
  ▪ **breaking point** punto de ruptura.
  breaking and entering *JUR* allanamiento de domicilio.
breakneck [ˈbreɪknek] **at breakneck speed** *phr* a toda pastilla.
break-out [ˈbreɪkaʊt] *n (from prison)* fuga.
breakthrough [ˈbreɪkθrʊː] *n* avance *m* importante.
break-up [ˈbreɪkʌp] *n (of relationship, negotiations)* ruptura; *(of couple)* separación *f*.
breakwater [ˈbreɪkwɔːtəʳ] *n* rompeolas *m*.
bream [briːm] *n (river fish)* brema.
  ▪ **Couch's sea bream** pagro, pargo.
  gilt-head bream dorada.
  Ray's bream castañeta, castañola, japuta, palometa negra.
  red bream besugo.
  two-banded bream mojarra.
breast [brest]
  1 *n (chest)* pecho; *(of woman)* pecho, seno.
  2 *n (of chicken etc)* pechuga.
  3 *n (of armour)* peto.
  4 *n (of chimney)* antepecho.
  ✦ **to make a clean breast of it** desembuchar.

breastbone [ˈbrestbəʊn] *n ANAT* esternón *m*.
breast-fed [ˈbrestfed] *adj* amamantado,-a, criado,-a a pecho.
breast-feed [ˈbrestfiːd] *vt* amamantar, dar el pecho a.
  ▲ *pt & pp* **breast-fed** [ˈbrestfed].
breast-feeding [ˈbrestfiːdɪŋ] *n* amamantamiento.
breastplate [ˈbrestpleɪt] *n* peto.
breaststroke [ˈbreststrəʊk] *n (swimming)* braza.
breath [breθ]
  1 *n (of person)* aliento; *(of animal)* hálito.
  2 *n (of air)* soplo.
  3 *n (of perfume)* olor *m*, olorcillo.
  4 *n (life)* aliento, vida.
  5 *n (breathing)* resuello, respiración *f*.
  6 *n (of scandal)* rumor *m*.
  ✦ **in the next breath** a continuación, inmediatamente después.
  in the same breath todo a la vez, al mismo tiempo.
  out of breath sin aliento, sin resuello.
  short of breath corto,-a de resuello.
  under one's breath en voz baja.
  to catch one's breath *(restore breathing)* recobrar el aliento; *(with surprise)* quedarse atónito,-a.
  to draw breath respirar, vivir.
  to draw one's last breath exhalar el último suspiro.
  to get one's breath back recobrar el aliento.
  to take a deep breath respirar hondo.
  to take one's breath away dejar pasmado,-a a uno.
  ▪ **a breath of fresh air** una bocanada de aire fresco.
  bad breath mal aliento, halitosis *f*.
  breath of life cosa imprescindible, requisito indispensable.
  breath test *GB* prueba del alcohol.
breathalyse [ˈbreθəlaɪz] *vt* hacer la prueba de alcoholemia a.
Breathalyzer [ˈbreθəlaɪzəʳ] *n GB* alcoholímetro.
  ▲ *Es marca registrada.*
breathe [briːð]
  1 *vt (air, etc)* respirar: it's wonderful to breathe fresh air es maravilloso respirar aire puro; they breathed in the fumes respiraron el humo tóxico.
  2 *vi (air, etc)* respirar: it was impossible to breathe fue imposible respirar.
  3 *vi (be alive)* respirar, vivir: is he still breathing? ¿respira aún?
  4 *vi (wine)* airear.
  ✦ **don't breathe a word!** ¡punto en boca!
  not to breath a word about no decir ni una palabra de.
  to breathe air into *(balloon etc)* inflar soplando.
  to breathe a sigh dar un suspiro.
  to breath down somebody's neck no dejar a alguien a sol ni a sombra.

to breathe in aspirar.
  to breath new life into something infundir un espíritu nuevo a algo.
  to breathe one's last exhalar el último suspiro.
  to breathe out espirar.
breather [ˈbriːðəʳ] *n* respiro, pausa.
  ✦ **to take a breather** tomarse un respiro.
breathing [ˈbriːðɪŋ] *n* respiración *f*.
  ✦ **to give somebody breathing space** *fig* dejar respirar a alguien.
  to need breathing space *fig* necesitar tiempo.
breathless [ˈbreθləs] *adj* sin aliento, jadeante.
breathlessness [ˈbreθləsnəs] *n* ahogo.
breathtaking [ˈbreθteɪkɪŋ]
  1 *adj (amazing)* impresionante: the countryside was breathtaking el paisaje era impresionante.
  2 *adj (exciting)* emocionante: a breathtaking experience una experiencia emocionante.
bred [bred] *pt & pp* → **breed.**
breech [briːtʃ] *n (of gun)* recámara.
  ▪ **breech birth** parto invertido.
breeches [ˈbrɪtʃɪz]
  1 *npl (knee-length trousers)* calzones *mpl*.
  2 *npl fam (trousers)* pantalones *mpl*.
  ▪ **riding breeches** pantalones *mpl* de montar.
breech-loading [ˈbriːtʃləʊdɪŋ] *adj (gun)* de retrocarga.
breed [briːd]
  1 *n (of animal)* raza; *(of plant)* variedad *f*.
  2 *vt (animals)* criar.
  3 *vt fig (cause)* engendrar, resultar en.
  4 *vi (animals)* reproducirse.
  5 *vi (disease)* propagarse, difundirse.
  ▲ *pt & pp* **bred** [bred].
breeder [ˈbriːdəʳ]
  1 *n (of animals)* criador,-ra; *(of cattle)* ganadero,-a.
  2 *n (animal)* animal *m* criadero.
breeding [ˈbriːdɪŋ]
  1 *n (of animals)* cría; *(of plants)* propagación *f*.
  2 *n (social background)* clase *f; (manners)* modales *mpl*: he lacks breeding le falta clase.
  ▪ **breeding ground** *fig (for germs, infection)* caldo de cultivo.
  breeding place criadero.
  breeding season época de la reproducción.
breeze [briːz] *n METEOR* brisa.
  ▶ **to breeze in** *vi* entrar como Pedro por su casa.
  to breeze out *vi* salir como Pedro por su casa.
  to breeze through *vt insep (exam etc)* hacer sin ningún esfuerzo: she breezed through her driving test el examen de conducir no le supuso ningún esfuerzo.

✦ **to be a breeze** *fig* estar chupado,-a, ser pan comido.

breeze-block [ˈbriːzblɒk] *n* bloque *m* de cemento.

breezy [ˈbriːzɪ] *adj* METEOR ventoso,-a.
▲ *comp* breezier, *superl* breeziest.

Bren gun [ˈbrengʌn] *n* MIL fusil *m* ametrallador.

brethren [ˈbreðrən] *npl arch* hermanos *mpl*.

Breton [ˈbretɒn]
1 *adj* bretón,-ona.
2 *n (person)* bretón,-ona.
3 *n (language)* bretón *m*.

breve [briːv]
1 *n (note, accent)* breve *f*.
2 *n (papal letter)* breve *m*.

breviary [ˈbriːvjərɪ] *n* REL breviario.
▲ *pl* breviaries.

brevity [ˈbrevɪtɪ] *n fml* brevedad *f*.

brew [bruː]
1 *n (tea etc)* infusión *f*.
2 *n (potion)* brebaje *m*.
3 *vt (beer)* elaborar.
4 *vt (tea etc)* preparar.
5 *vi (tea etc)* reposar.
6 *vi (storm)* prepararse, acercarse.
▶ **to brew up** *vi* preparar el té.
✦ **there's trouble brewing** corren malos vientos.

brewer [ˈbruɔʳ] *n* fabricante *mf* de cerveza, cervecero,-a.
■ **brewer's yeast** levadura de cerveza.

brewery [ˈbruɔrɪ] *n* fábrica de cerveza, cervecería.
▲ *pl* breweries.

brewing [ˈbruɪŋ] *n* elaboración *f* de cerveza.

briar [ˈbraɪɔʳ]
1 *n* BOT *(heather)* brezo.
2 *n* BOT *(briar-rose bush)* escaramujo.
■ **briar pipe** pipa de brezo.

bribable [ˈbraɪbəbəl] *adj* sobornable.

bribe [braɪb]
1 *n* soborno.
2 *vt* sobornar.
✦ **to take bribes** dejarse sobornar.
to slip somebody a bribe untar la mano a alguien.

bribery [ˈbraɪbərɪ] *n* soborno.

bric-a-brac [ˈbrɪkəbræk] *n* baratijas *fpl*.

brick [brɪk]
1 *n* ladrillo.
2 *n (toy)* cubo (de madera).
3 *n fam fig (person)* buena persona.
4 *adj* de ladrillos: **a brick wall** una pared de ladrillo.
5 *vt* enladrillar.
▶ **to brick up** *vt sep* tapar con ladrillos.
✦ **it's like talking to a brick wall** es como hablar con la pared.
to come down on somebody like a ton of bricks poner a alguien a caldo.
to drop a brick GB *fam* meter la pata.

brickbat [ˈbrɪkbæt] *n (comment)* crítica.

brickie [ˈbrɪkɪ] *n fam* albañil *m*.

bricklayer [ˈbrɪkleɪɔʳ] *n* albañil *m*.

brickwork [ˈbrɪkwɜːk] *n* enladrillado.

bridal [ˈbraɪdəl] *adj* nupcial.
■ **bridal gown** vestido de novia.
bridal suite suite *f* nupcial.

bride [braɪd] *n* novia, desposada.
✦ **the bride and groom** los novios.

bridegroom [ˈbraɪdgruːm] *n* novio, desposado.

bridesmaid [ˈbraɪdzmeɪd] *n* dama de honor.

bridge [brɪdʒ]
1 *n* puente *m*.
2 *n (of nose)* caballete *m*.
3 *n (on ship)* puente *m* de mando.
4 *n (game)* bridge *m*.
5 *vt (river)* tender un puente sobre.
✦ **to bridge the gap** colmar un vacío.
we'll cross that bridge when we come to it nos ocuparemos del problema cuando surja.
■ **railway bridge** puente *m* ferroviario.
rope bridge puente *m* de cuerdas.
stone-arch bridge puente *m* de arcos.

bridgehead [ˈbrɪdʒhed] *n* MIL cabeza de puente.

bridging [ˈbrɪdʒɪŋ] **bridging loan** *n* préstamo puente, préstamo provisional.

bridle [ˈbraɪdəl]
1 *n* brida.
2 *vt (horse)* embridar.
3 *vi* mostrar desagrado (**at**, por).

brief [briːf]
1 *adj (short)* breve; *(concise)* conciso,-a; *(scanty)* diminuto,-a.
2 *n (report)* informe *m*.
3 *n* JUR expediente *m*.
4 *n* MIL instrucciones *fpl*.
5 *vt (inform)* informar (**about**, sobre).
6 *vt (instruct)* dar instrucciones a.
✦ **in brief** en resumen.
to hold a brief for JUR representar a.

briefcase [ˈbriːfkeɪs] *n* maletín *m*, cartera.

briefing [ˈbriːfɪŋ] *n* reunión *f* informativa, briefing *m*.

briefly [ˈbriːflɪ] *adv* brevemente.

briefness [ˈbriːfnəs] *n* brevedad *f*.

brier [ˈbriːɔʳ] *adj-n* → briar.

brig [brɪgəˈdɪɔʳ] *abbr* (**Brigadier**) General *m* de Brigada; *(abbreviation)* Gral. Brig.

brigade [brɪˈgeɪd]
1 *n* MIL brigada.
2 *vt* MIL formar una brigada con.

brigadier [brɪgəˈdɪɔʳ] *n* GB general *m* de brigada.

brigand [ˈbrɪgənd] *n* bandido, bandolero.

brigantine [ˈbrɪgəntiːn] *n* MAR bergantín *m*.

bright [braɪt]
1 *adj (light, eyes, etc)* brillante.
2 *adj* METEOR *(sky, day)* claro,-a, despejado,-a; *(sunny)* soleado,-a, de sol.

3 *adj (colour)* vivo,-a.
4 *adj (future)* prometedor,-ra.
5 *adj (clever)* inteligente, listo,-a.
6 *adj (cheerful)* alegre, animado,-a.
✦ **bright and early** muy de mañana.
to look on the bright side mirar el lado positivo de las cosas.
■ **bright spark** *fig* listillo.
the bright lights *fig* el atractivo de la gran ciudad.

brighten [ˈbraɪtən] *vt (colour)* avivar.
▶ **to brighten up**
1 *vt sep* METEOR despejar: **the sun brightened up the sky** el sol despejó el cielo.
2 *vt sep (room, house)* dar un aspecto más alegre a: **a coat of paint will brighten up the lounge** una mano de pintura dará un aspecto más alegre al salón.
3 *vt sep (enliven)* alegrar, animar: **he's guaranteed to brighten up the party** seguro que animará la fiesta.
4 *vi* METEOR despejarse, aclarar, salir el sol.
5 *vi (person)* animarse.

brightness [ˈbraɪtnəs]
1 *n (light)* luminosidad *f*.
2 *n (of sun)* resplandor *m*.
3 *n (of day)* claridad *f*.
4 *n (of colour)* viveza.
5 *n (cleverness)* inteligencia.

brill[1] [brɪl] *n* ZOOL *(fish)* rémol *m*.

brill[2] [brɪl] *adj fam (brilliant)* guay, chachi.

brilliance [ˈbrɪljəns] *n* brillo, brillantez *f*.

brilliant [ˈbrɪljənt]
1 *adj (light)* brillante, reluciente.
2 *adj (colour)* vivo,-a.
3 *adj (person)* brillante, genial.
4 *adj fam* estupendo,-a, fantástico,-a.

brilliantine [ˈbrɪljəntiːn] *n* brillantina.

brilliantly [ˈbrɪljəntlɪ] *adv* brillantemente.

brim [brɪm]
1 *n (of cup, glass, etc)* borde *m*.
2 *n (of hat)* ala.
3 *vi* rebosar (**with**, de): **he was brimming with pride** rebosaba de orgullo.
▶ **to brim over** *vi (liquid)* rebosar, desbordarse.
to brim (over) with *vt insep (health, happiness)* rebosar de.
▲ *pt & pp* brimmed, *ger* brimming.

brimful [brɪmˈful] *adj* lleno,-a hasta el borde.

brimstone [ˈbrɪmstəun]
1 *n arch (sulphur)* azufre *m*.
2 *n* **brimstone (butterfly)** limonera.
✦ **fire and brimstone** *fig* fuego del infierno.

brine [braɪn] *n* salmuera.

bring [brɪŋ]
1 *vt* traer: **he brought his sister to the party** trajo a su hermana a la fiesta.

2 *vt (lead)* llevar, conducir: he was brought before the court fue llevado ante el tribunal; this path brings you to the church este camino te lleva a la iglesia.

3 *vt (be sold for)* dar: the Van Gogh is expected to bring over four million se espera que el Van Gogh dé más de cuatro millones.

▸ **to bring about** *vt sep (accident, change, etc)* provocar, causar.

to bring along *vt sep (friend, colleague)* traer.

to bring back
1 *vt sep (book, record, etc)* devolver.
2 *vt sep (law, legislation)* volver a introducir.
3 *vt sep (past experience, childhood, etc)* recordar, hacer recordar.

to bring down
1 *vt sep (chair, book, etc)* bajar.
2 *vt sep (door, house, government)* derribar.
3 *vt sep (prices, temperature)* hacer bajar.

to bring forward
1 *vt sep (meeting, appointment)* adelantar.
2 *vt sep (theme, question)* presentar, plantear.

to bring in
1 *vt sep (person)* hacer pasar.
2 *vt sep (coal, food etc into house)* traer.
3 *vt sep (law, legislation)* introducir.
4 *vt sep (yield)* rendir, producir.
5 *vt sep JUR (verdict)* emitir, pronunciar.
6 *vt sep (crowds)* atraer.

to bring off *vt sep (victory, result)* conseguir, lograr.

to bring on *vt sep (illness)* provocar.

to bring out
1 *vt sep (record)* sacar al mercado, sacar; *(book)* publicar.
2 *vt sep (talents, qualities)* sacar a relucir.

to bring round
1 *vt sep (persuade)* persuadir, convencer.
2 *vt sep (revive)* hacer volver en sí.

to bring through *vt sep (help survive)* ayudar a sobrevivir.

to bring to *vt sep* hacer volver en sí.

to bring up
1 *vt sep (chair, book etc)* subir.
2 *vt sep (child)* criar, educar.
3 *vt sep (subject, topic)* plantear.
4 *vt sep (vomit)* devolver.

✦ **brought forward** *COMM* suma y sigue.

to bring a charge against somebody *JUR* acusar a alguien.

to bring a complaint hacer una reclamación.

to bring nearer/bring closer acercar.

to bring nothing but trouble no hacer más que causar problemas.

to bring oneself to do something armarse de suficiente valor para hacer

algo: he couldn't bring himself to do it no pudo armarse de suficiente valor para hacerlo.

to bring somebody to their senses hacer que alguien entre en razón: let's see if that brings you to your senses a ver si esto te hace entrar en razón.

to bring something home to somebody hacer que alguien se dé cuenta de algo.

to bring something into play poner algo en juego.

to bring something on oneself buscárselo.

to bring something to light sacar algo a la luz.

to bring something to mind recordarle algo a alguien: it brings his last film to mind me recuerda su última película.

to bring the house down *THEAT* hacer desternillarse de risa al público.

to bring to a conclusion llevar a una conclusión.

to bring to bear ejercer.

▲ *pt & pp* **brought** [brɔːt].

brink [brɪŋk] *n* borde *m*.
✦ **on the brink of** a punto de, al borde de: he's on the brink of bankruptcy está al borde de la quiebra.

brinkmanship [ˈbrɪŋkmənʃɪp] *n POL* política en la cuerda floja.

briny [ˈbraɪnɪ]
1 *adj (salty)* salobre, salado,-a.
2 the briny *n GB fam* el mar.
▲ *comp* **brinier**, *superl* **briniest**.

brioche [brɪˈɒʃ] *n* brioche *m*.

briquette [brɪˈket] *n* briqueta.

brisk [brɪsk]
1 *adj (energetic)* enérgico,-a, vigoroso,-a.
2 *adj (invigorating)* vigorizador,-ra.
3 *adj (business, trade)* activo,-a.
✦ **to go for a brisk walk** caminar a paso ligero.

briskness [ˈbrɪsknəs]
1 *n (energy)* energía, vigor *m*.
2 *n (of business, trade)* actividad *f*.
3 *n (of walk)* ligereza.

bristle [ˈbrɪsəl]
1 *n* cerda.
2 *vi (hair)* erizarse, ponerse de punta.
3 *vi (show annoyance)* mosquearse.
▸ **to bristle with** *vt insep (difficulties, problems)* estar erizado,-a de.

bristly [ˈbrɪslɪ] *adj* cerdoso,-a.
▲ *comp* **bristlier**, *superl* **bristliest**.

Britain [ˈbrɪtən] *n* Gran Bretaña.
■ **Great Britain** Gran Bretaña.

British [ˈbrɪtɪʃ]
1 *adj* británico,-a.
2 the British *npl* los británicos *mpl*.
✦ **and the best of British (luck)!** *fam* ¡y buen provecho te haga!
■ **British English** inglés *m* británico.
the British Isles las Islas *fpl* Británicas.

Britisher [ˈbrɪtɪʃəʳ] *n US* británico,-a.

Briton [ˈbrɪtən] *n* británico,-a.

Brittany [ˈbrɪtənɪ] *n* Bretaña.

brittle [ˈbrɪtəl] *adj* quebradizo,-a, frágil.

brittleness [ˈbrɪtəlnəs] *n* fragilidad *f*.

broach [brəutʃ]
1 *n (drill bit)* broca.
2 *n (roasting-spit)* espetón *m*.
3 *vt (subject, theme for discussion)* abordar.

broad [brɔːd]
1 *adj (street, avenue)* ancho,-a; *(surface, water, plateau)* extenso,-a.
2 *adj fig (field of study, debate)* amplio,-a.
3 *adj (measurement)* de ancho: three metres broad tres metros de ancho.
4 *adj (general)* general: a broad outline un esquema general; in broad terms en términos generales.
5 *adj (main)* principal: the broad facts los hechos principales.
6 *adj (explicit)* claro,-a: a broad indication una clara indicación; a broad hint una indirecta clara.
7 *adj (accent)* marcado,-a, cerrado,-a: he spoke in broad Irish habló con un marcado acento irlandés.
8 *adj (smile)* abierto,-a.
9 *adj (vowel)* abierto,-a.
10 *n US fam (woman)* tía, gachí *f*.
✦ **in a broad sense** en sentido amplio.
in the broadest sense of the word en el sentido más amplio de la palabra.
■ **a broad outline** un esquema general.

broad-brimmed [ˈbrɔːdˈbrɪmd] *adj* de ala ancha.
▲ *Se escribe* **broad brimmed** *cuando no se antepone a un sustantivo.*

broadcast [ˈbrɔːdkɑːst]
1 *n (by TV, radio)* emisión *f*.
2 *vt (by TV, radio)* emitir, transmitir.
3 *vt (make known)* difundir.
▲ *pt & pp* **broadcast**.

broadcaster [ˈbrɔːdkɑːstəʳ] *n* locutor, -ra, presentador,-ra.

broadcasting [ˈbrɔːdkɑːstɪŋ]
1 *n RAD* radiodifusión *f*.
2 *n TV* transmisión *f*.

broaden [ˈbrɔːdən]
1 *vt* ensanchar.
2 *vt fig* ampliar.
▸ **to broaden out** *vi* ensancharse.
✦ **to broaden one's horizons** ampliar sus perspectivas.

broadly [ˈbrɔːdlɪ] *adv* en términos generales.

broadly-based [ˈbrɔːdlɪbeɪst] *adj* de base amplia.

broad-minded [brɔːdˈmaɪndɪd] *adj* liberal, tolerante.

broad-mindedness [brɔːdˈmaɪndɪdnəs] *n* tolerancia.

broadness [ˈbrɔːdnəs]
1 *n* anchura.
2 *n fig (of accent)* lo marcado, lo cerrado.

broadsheet [ˈbrɔːdʃiːt] n periódico de gran formato.

broad-shouldered [brɔːdˈʃəʊldəd] adj ancho,-a de espaldas.

broadside [ˈbrɔːdsaɪd]
1 n MAR (gunfire) andanada.
2 n fig (insult) improperio, andanada verbal, lanzada.
3 n MAR costado.
✦ broadside on de costado.

broadsword [ˈbrɔːdsɔːd] n sable m.

brocade [brəˈkeɪd] n brocado.

broccoli [ˈbrɒkəlɪ] n brécol m, brócoli m.

brochette [brɒˈʃet] n pincho, brocheta.

brochure [ˈbrəʊʃəʳ] n folleto.

brogue¹ [brəʊg] n (shoe) zapato fuerte de suela gruesa.

brogue² [brəʊg] n (Irish accent) acento irlandés.

broil [brɔɪl] vt US asar a la parrilla.

broiler [ˈbrɔɪləʳ]
1 n CULIN pollo.
2 n (gridiron) parrilla.

broke [brəʊk]
1 pt → break.
2 adj fam sin un duro, sin blanca: he's flat broke no tiene ni un duro.
✦ to go for broke ir a por todas.

broken [ˈbrəʊkən]
1 pp → break.
2 adj (plate, window, etc) roto,-a.
3 adj (machine) estropeado,-a.
4 adj (bone) fracturado,-a.
5 adj (person) destrozado,-a.
6 adj (health) quebrantado,-a.
7 adj (language) chapurreado,-a: he speaks broken Spanish chapurrea el español.
8 adj (sleep, pattern) interrumpido, -a.

broken-down [ˈbrəʊkəndaʊn]
1 adj (vehicle) estropeado,-a.
2 adj (building) desmoronado,-a.
3 adj (person) destrozado,-a.

broken-hearted [brəʊkənˈhɑːtəd] adj desolado,-a, con el corazón destrozado.

broker [ˈbrəʊkəʳ] n COMM (on Stock Exchange) corredor,-ra, agente mf de Bolsa; (middleman) intermediario,-a sin riesgo.

brokerage [ˈbrəʊkərɪdʒ] n COMM corretaje m.

brolly [ˈbrɒlɪ] n GB fam paraguas m.
▲ pl brollies.

bromide [ˈbrəʊmaɪd] n CHEM bromuro.

bromine [ˈbrəʊmaɪn] n CHEM bromo.

bronchial [ˈbrɒŋkɪəl] adj ANAT bronquial.
■ bronchial tubes ANAT bronquios mpl.

bronchitic [brɒnˈkɪtɪk] adj MED bronquítico,-a.

bronchitis [brɒŋˈkaɪtəs] n MED bronquitis f.

bronchopulmonary [brɒŋkəʊˈpʌlmənərɪ] adj broncopulmonar.

bronchus [ˈbrɒŋkəs] n bronquio.
▲ pl bronchi [ˈbrɒŋkaɪ].

brontosaurus [brɒntəˈsɔːrəs] n brontosaurio.

bronze [brɒnz]
1 n (metal) bronce m.
2 n (statue, sculpture) talla de bronce.
3 n (colour) color m de bronce.
4 adj (colour) de color de bronce, bronceado,-a.
5 vt (colour bronze) broncear.
6 vi (get a suntan) broncearse.
■ the Bronze Age HIST la Edad del Bronce.

bronzed [brɒnzd] adj (suntanned) bronceado,-a.

brooch [brəʊtʃ] n broche m.

brood [bruːd]
1 n (birds) nidada.
2 n fam fig (children) prole f.
3 vi (hen) empollar.
4 vi fig (worry) apurarse, preocuparse.
▶ to brood about vt insep dar vueltas a: stop brooding about it! ¡no le des más vueltas!
to brood over vt insep rumiar, reflexionar sobre.
■ brood mare ZOOL yegua de cría.

broody [ˈbruːdɪ]
1 adj (hen) clueco,-a.
2 adj (thoughtful) pensativo,-a.
3 adj (melancholy) melancólico,-a.
4 adj (depressed) deprimido,-a.
5 adj fam (woman) ansiosa de tener un hijo.
■ broody hen gallina clueca.
▲ comp broodier, superl broodiest.

brook [brʊk] n arroyo, riachuelo.

broom [bruːm]
1 n (for sweeping) escoba.
2 n BOT hiniesta.

broomstick [ˈbruːmstɪk]
1 n (handle) palo de escoba.
2 n (of witch) escoba.

Bros [brɒs] abbr (Brothers) Hermanos mpl; (abbreviation) Hnos.: Jones Bros Hnos. Jones.

broth [brɒθ] n CULIN caldo.

brothel [ˈbrɒθəl] n burdel m.

brothel-creeper [ˈbrɒθəlkriːpəʳ] n fam zapato de ante de suela gruesa que se asocia con los rockeros.

brother [ˈbrʌðəʳ]
1 n (sibling) hermano.
2 n (member of society, religious order, etc) hermano.
3 n US fam (friend) colega m, hermano, tío: what's happening brother? ¿qué pasa colega?
■ brothers and sisters hermanos mpl.
older brother hermano mayor.
younger brother hermano menor.

brotherhood [ˈbrʌðəhʊd] n hermandad f, cofradía.

brother-in-law [ˈbrʌðərɪnlɔː] n cuñado.
▲ pl brothers-in-law [ˈbrʌðəzɪnlɔː].

brotherly [ˈbrʌðəlɪ] adj fraternal.
■ brotherly love amor m fraternal.

brought [brɔːt] pt & pp → bring.

brow [braʊ]
1 n (eyebrow) ceja.
2 n (forehead) frente f.
3 n (of hill) cresta.

browbeat [ˈbraʊbiːt] vt intimidar.
▲ pt browbeat, pp browbeaten [ˈbraʊbiːtən].

brown [braʊn]
1 adj marrón.
2 adj (hair etc) castaño,-a.
3 adj (skin) moreno,-a.
4 n marrón m.
5 n (hair) castaño.
6 n (skin) color m moreno.
7 vt CULIN dorar.
8 vt (skin) poner moreno,-a, broncear.
9 vi CULIN quedarse dorado,-a, dorarse.
10 vi (tan) ponerse moreno,-a, broncearse.
▶ to brown off vt sep fam fastidiar, molestar.
✦ to go brown (in sun) ponerse moreno.
■ brown ale cerveza negra.
brown bear oso pardo.
brown rice arroz m integral.

browned-off [ˈbraʊndɒf] adj fam mosqueado,-a, fastidiado,-a.
✦ to be browned off estar hasta la coronilla.

brownie [ˈbraʊnɪ] n US pastel de chocolate y nueces.

Brownie [ˈbraʊnɪ] n niña exploradora.

brownish [ˈbraʊnɪʃ]
1 adj pardusco,-a.
2 n color m pardusco.

brownout [ˈbraʊnaʊt] n US apagón m parcial.

browse [braʊz]
1 vi (grass) pacer; (leaves) ramonear.
2 vi (person in shop) mirar: "Can I help you?" —"No, thanks, I'm just browsing" "¿Le puedo ayudar en algo?" —"No gracias, solo estoy mirando".
▶ to browse through vt insep (book, magazine) hojear.
✦ to have a browse (in shop) ir a echar un vistazo, entrar para mirar.

browser [ˈbraʊzəʳ] n (Internet) navegador m, explorador m.

brucellosis [bruːsəˈləʊsɪs] n brucelosis f, fiebre f de Malta.

bruise [bruːz]
1 n morado, magulladura, contusión f.
2 n (on fruit) magulladura, machucadura.
3 vt (body) magullar, contusionar.
4 vt (fruit) magullar, machucar.
5 vi (body) magullarse, salirle cardenales.
6 vi (fruit) magullarse.

bruised [bruːzd] adj magullado,-a.

bruiser [ˈbruːzəʳ] *n fam* gorila *m*, matón *m*.

brunch [brʌnʃ] *n* brunch *m*, *(desayuno que se toma sobre las doce y sustituye el almuerzo)*.

Brunei [bruːˈnaɪ] *n* Brunei.

brunette [bruːˈnet]
1 *n* morena.
2 *adj* moreno,-a.

brunt [brʌnt] *n* lo más duro, lo peor.
✦ **to bear the brunt of** llevar el peso de, aguantar lo más recio de: **they bore the brunt of the bombing** llevaron el peso de los bombardeos.
the brunt of the work el grueso del trabajo.

brush [brʌʃ]
1 *n (for teeth, clothes, etc)* cepillo.
2 *n (artist's)* pincel *m*; *(house painter's)* brocha.
3 *n (fox's tail)* hopo.
4 *n (undergrowth)* maleza.
5 *n (unpleasant encounter)* roce *m*: **he had a brush with the police** tuvo un roce con la policía.
6 *vt (gen)* cepillar; *(teeth)* cepillar, limpiar, lavar.
7 *vt (touch lightly)* rozar: **he brushed the glass with his sleeve and knocked it off the table** rozó la copa con la manga y la hizo caer de la mesa.
▸ **to brush aside** *vt sep (person, problem)* dejar de lado.
to brush away *vt sep (dirt, dust)* quitar, limpiar.
to brush off
1 *vt sep (dust, dirt)* quitar, limpiar.
2 *vt sep (rebuff, snub a person)* desairar.
to brush over *vt sep (paint lightly)* dar una ligera mano de pintura; *(conceal)* ocultar, encubrir: **he tried to brush over what had happened** intentó ocultar lo que había sucedido.
to brush up *vt sep (knowledge)* refrescar, repasar.
✦ **to brush up against** rozar al pasar.

brush-off [ˈbrʌʃɒf] *n (rebuff, snub)* desaire *m*.
✦ **to get the brush-off** aguantar un desaire.
to give somebody the brush-off quitar a alguien de encima.

brushstroke [ˈbrʌʃstrəʊk] *n (of artist's brush)* pincelada; *(house painter's brush)* brochazo.

brush-up [ˈbrʌʃʌp] **to have a wash and brush-up** *phr* arreglarse.

brushwood [ˈbrʌʃwʊd]
1 *n (twigs)* broza.
2 *n (undergrowth)* maleza.

brusque [brʌsk] *adj* brusco,-a, áspero,-a.

brusquely [ˈbrʌsklɪ] *adv* bruscamente.

brusqueness [ˈbrʌsknəs] *n* brusquedad *f*.

Brussels [ˈbrʌsəlz] *n* Bruselas.
▪ **Brussels sprouts** coles *fpl* de Bruselas.

brutal [ˈbruːtəl] *adj* brutal, cruel.

brutality [bruːˈtælɪtɪ] *n* brutalidad *f*, crueldad *f*.

brutalise [ˈbruːtəlaɪz] *vt →* **brutalize.**

brutalize [ˈbruːtəlaɪz] *vt* brutalizar.

brutally [ˈbruːtəlɪ] *adv* brutalmente.

brute [bruːt]
1 *n* bruto,-a, bestia *mf*.
2 *adj* brutal, bruto,-a.
▪ **brute force** fuerza bruta.

brutish [ˈbruːtɪʃ]
1 *adj* brutal, bestial.
2 *adj (stupid)* bruto,-a.

BSc [ˈbiːˈesˈsiː] *abbr* (**Bachelor of Science**) licenciado,-a en ciencias.

BSE [ˈbiːˈesˈiː] *abbr* (**bovine spongiform encephalopathy**) encefalopatía espongiforme bovina.

BSI [ˈbiːˈesˈaɪ] *abbr* (**British Standards Institution**) ≈ Aenor.

BST [ˈbiːˈesˈtiː] *abbr* (**British Summer Time**) hora británica de verano.

Bt [ˈbærənət] *abbr* (**Baronet**) baronet *m*.

BT [ˈbiːˈtiː] *abbr* (**British Telecom**) compañía británica de telecomunicaciones.

BTA [ˈbiːˈtiːˈeɪ] *abbr* (**British Tourist Authority**) *organismo británico que regula el turismo.*

BThu [ˈbiːtiːeɪtʃˈjuː] *abbr* (**British Thermal Unit**) → **btu.**

btu [ˈbiːˈtiːˈjuː] *abbr* (**British Thermal Unit**) *unidad calorífica británica que equivale a 251,997 calorías.*

bubble [ˈbʌbəl]
1 *n (in liquid)* burbuja; *(of soap)* pompa.
2 *vi* burbujear.
3 *vi (boil)* borbotear.
▸ **to bubble over** *vi (water, liquid)* desbordarse, rebosar; *(with happiness, emotion)* rebosar de.
▪ **bubble bath** espuma de baño.
bubble chamber *PHYS* cámara de burbujas.
bubble gum chicle *m* de globos.
bubble wrap plástico de burbujas.

bubble-and-squeak [ˈbʌbələnskwiːk] *n plato hecho de col con patatas y, a veces, carne picada, todo frito.*

bubbly [ˈbʌblɪ]
1 *adj* burbujeante, espumoso,-a.
2 *adj (person)* vivaz.
3 *n fam (champagne)* champán *m*.
▲ *comp* **bubblier,** *superl* **bubbliest.**

bubonic [bjuːˈbɒnɪk] *adj* MED bubónico,-a.
▪ **bubonic plague** peste *f* bubónica.

buccaneer [bʌkəˈnɪəʳ] *n* bucanero.

Bucharest [buːkəˈrest] *n* Bucarest.

buck¹ [bʌk]
1 *n (rabbit, hare)* macho; *(deer)* ciervo; *(goat)* macho cabrío.
2 *n arch (young man)* galán *m*, señorito.
3 *adj (animal)* macho.
4 *vi (horse)* corcovear.

5 *vt (rider)* desarzonar.
6 *vt US fig (system, authority)* oponerse a, resistir a.
✦ **to buck one's ideas up** espabilarse.
▪ **buck soldier** *US* soldado raso.

to buck up
1 *vt sep fam* dar ánimos a: **he tried to buck her up** intentó darle ánimos.
2 *vi* animarse: **buck up!** ¡anímate!

buck² [bʌk] *n US fam* dólar *m*.
✦ **the buck stops here!** ¡la responsabilidad es mía!
to make a fast buck hacer dinero fácil.
to pass the buck to somebody pasar la pelota a alguien, cargarle el muerto a alguien.

bucket [ˈbʌkɪt]
1 *n* cubo.
2 *n (on dredger, waterwheel)* canguilón *m*.
✦ **to cry buckets** *fam* llorar a lágrima viva.
to kick the bucket *fam* palmarla, estirar la pata.
to rain buckets *fam* llover chuzos de punta, llover a cántaros.
▪ **bucket seat** *(in car)* asiento envolvente.

bucketful [ˈbʌkɪtful] *n (contents)* cubo (lleno): **a bucketful of water** un cubo de agua.
✦ **by the bucketful** *fam* a punta de pala: **they sell them by the bucketful** los venden a punta de pala.

bucket-shop [ˈbʌkɪtʃɒp] *n* agencia de viajes *(que vende billetes a precios más bajos).*

buckle [ˈbʌkəl]
1 *n (on shoe, belt)* hebilla.
2 *vt (belt)* abrochar.
3 *vt (metal, object)* torcerse, combarse.
4 *vi (knees)* doblarse.
▸ **to buckle down** *vi* ponerse a trabajar en serio: **come on, buckle down to it!** ¡venga, a trabajar!

buckshee [bʌkˈʃiː]
1 *adj* GB *fam* gratuito,-a.
2 *adv* gratis, de balde.

buckshot [ˈbʌkʃɒt] *n* perdigón *m*.

buckskin [ˈbʌkskɪn] *n* ante *m*.

bucktooth [bʌkˈtuːθ] *n* diente *m* protuberante.
▲ *pl* **buckteeth** [bʌkˈtiːθ].

bucktoothed [bʌkˈtuːðd] *adj* dentón, -ona.

buckwheat [ˈbʌkwiːt] *n* BOT trigo sarraceno, alforfón *m*.

bucolic [bjuːˈkɒlɪk] *adj* bucólico,-a.

bud¹ [bʌd]
1 *n (on tree, plant)* brote *m*, yema; *(of flower)* botón *m*, capullo.
2 *vi (trees, plants)* echar brotes, brotar; *(flower)* empezar a echar flor.
✦ **to be in bud** *(tree, plant)* estar en brote; *(flower)* estar a punto de florecer.
to nip something in the bud *fig* cortar algo a raíz.
▲ *pt & pp* **budded,** *ger* **budding.**

bud² [bʌd] *n US fam* colega *mf*: hi bud! ¡hola colega!

Budapest [buːdəˈpest] *n* Budapest.

Buddha [ˈbudə] *n REL* Buda *m*.

Buddhism [ˈbudizəm] *n REL* budismo.

Buddhist [ˈbudist]
1 *adj REL* budista.
2 *n REL* budista *mf*.

budding [ˈbʌdɪŋ] *adj* en ciernes: he's a budding politician es un político en ciernes.

buddy [ˈbʌdɪ] *n US fam* amigote *m*, colega *mf*.
▲ *pl* buddies.

budge [bʌdʒ]
1 *vt (move)* mover: they couldn't budge the piano no podían mover el piano.
2 *vt (make change opinion)* hacer cambiar de opinión: there's no way of budging him no hay manera de hacerle cambiar de opinión.
3 *vi (move)* moverse: it won't budge no se mueve.
4 *vi (change opinion)* cambiar de opinión: he won't budge no cambiará de opinión.
▸ **to budge up** *vi (move over)* moverse, echarse: budge up a bit! ¡muévete un poco!, ¡hazme un poco de sitio a tu lado!

budgerigar [ˈbʌdʒərɪgɑː] *n ZOOL* periquito.

budget [ˈbʌdʒɪt]
1 *n* presupuesto: a budget of 2,000 pounds un presupuesto de 2.000 libras.
2 *adj (good-value)* bien de precio.
3 **to budget for** *vt* presupuestar, hacer el presupuesto para: we'll have to budget for the coming year tendremos que hacer el presupuesto para el año que viene.
✦ **to be on a tight budget** tener fondos limitados.
▪ **budget account/budget plan** cuenta presupuestaria.
  the Budget *GB* el presupuesto general del Estado.

budgetary [ˈbʌdʒɪtərɪ] *adj* presupuestario,-a.

budgie [ˈbʌdʒɪ] *n ZOOL fam* periquito.

buff [bʌf]
1 *n (leather)* piel *f* de ante.
2 *n (colour)* color *m* de ante.
3 *n (enthusiast)* aficionado,-a: a theatre buff un aficionado al teatro; a film buff un cinéfilo.
4 *adj* de color de ante.
5 *vt (metal, floor, etc)* dar brillo a.
6 *vt (leather)* aterciopelar.
✦ **in the buff** *fam* en pelotas.

buffalo [ˈbʌfələʊ] *n ZOOL* búfalo.
▲ *pl* buffalo o buffaloes.

buffer¹ [ˈbʌfə]
1 *n (for train)* tope *m*.
2 *n COMPUT* memoria intermedia.

3 *n CHEM* regulador *m*.
▪ **buffer state** *POL* estado tapón.

buffer² [ˈbʌfə] *n GB fam (old man)* carca *m*, carcamal *m*.

buffet¹ [ˈbʌfeɪ]
1 *n (bar)* bar *m*; *(at station)* bar *m*, cantina.
2 *n (meal)* bufé *m* libre, bufé *m*.
3 *n (sideboard)* aparador *m*.
▪ **buffet car** *GB* coche *m* comedor.

buffet² [ˈbʌfɪt]
1 *n (slap)* bofetada.
2 *vt (slap)* abofetear.
3 *vt (strike)* azotar, zarandear: the wind buffeted the trees el viento azotaba los árboles.

buffoon [bəˈfuːn]
1 *n (idiot)* payaso.
2 *n (jester)* bufón *m*.

buffoonery [ˈbʌfuːnərɪ] *n* payasada, bufonada.

bug [bʌg]
1 *n (insect)* bicho.
2 *n fam (microbe)* microbio.
3 *n (microphone)* micrófono oculto.
4 *n fam (interest)* afición *f*.
5 *n (in computer program)* error *m*.
6 *vt fam* ocultar micrófonos en.
7 *vt US (annoy)* molestar, fastidiar: stop bugging me! ¡deja de fastidiarme!; what's bugging her? ¿qué mosca le ha picado?
▲ *pt & pp* bugged, *ger* bugging.

bugbear [ˈbʌgbeə] *n* bestia negra.

bugger [ˈbʌgə]
1 *n (sodomite)* sodomita *m*.
2 *n taboo (person - in general)* tipo; *(- unpleasant)* cabrón,-ona: he's a funny bugger es un bicho raro; the poor bugger lost everything el pobre desgraciado lo perdió todo; don't be such a silly bugger no seas gilipollas; what a bugger! ¡qué cabrón!
3 *n taboo (job, thing)* coñazo.
4 *interj taboo* ¡joder!, ¡mierda!
5 *vt* sodomizar.
▸ **to bugger about**
1 *vi taboo* hacer el gilipollas.
2 *vt sep taboo* tocarle los huevos.
  to bugger off *vi taboo* pirárselas.
  to bugger up *vt sep taboo* joderla.
✦ **bugger all** *taboo* nada de nada.
  bugger off! *taboo* ¡vete a la porra!
  bugger me! ¡hostia!
  not to give a bugger *taboo* importar un huevo: I don't give a bugger me importa un huevo.
  to be buggered *taboo* estar hecho,-a polvo.

buggery [ˈbʌgərɪ] *n* sodomía.

buggy [ˈbʌgɪ]
1 *n (horse-drawn)* calesa.
2 *n (open-top vehicle)* ≈ jeep *m*.
3 *n US (pram)* cochecito (de bebé).
▲ *pl* buggies.

bug-infested [ˈbʌgɪnfestɪd] *adj* infestado,-a de bichos.

bugle [ˈbjuːgəl]
1 *n MUS* corneta, clarín *m*.
2 *vi MUS* tocar la corneta.

bugler [ˈbjuːgələ] *n MUS* corneta *mf*.

bug-ridden [ˈbʌgrɪdən] *adj* infestado, -a de bichos.

build [bɪld]
1 *n (physique)* constitución *f*, complexión *f*: a strong build una complexión fuerte.
2 *vt (car, ship, etc)* construir; *(house, block of flats, etc)* construir, edificar.
▸ **to build in** *vt sep (as part of structure)* incorporar: they've built in an alarm system han incorporado un sistema de alarmas.
  to build on
1 *vt sep (extension, part of house)* añadir: they're going to build an extra bedroom on van a añadir otro dormitorio.
2 *vt sep fig (base on, found)* basarse en, fundarse en: their partnership is built on mutual trust su asociación se basa en la confianza mutua.
3 *vt insep (use profitably)* saber aprovechar: we need to build on foreign investment tenemos que saber aprovechar la inversión exterior.
  to build up
1 *vt sep (business)* desarrollar; *(reputation)* establecer; *(sales)* aumentar; *(collection, objects)* reunir, acumular; *(speed)* coger.
2 *vi (business)* desarrollarse; *(reputation)* establecerse; *(sales, profits)* aumentarse; *(collection, objects)* acumularse.
▪ **to build up one's hopes** hacerse ilusiones.
▲ *pt & pp* built [bɪlt].

builder [ˈbɪldə]
1 *n (owner of company)* constructor,-ra.
2 *n (bricklayer)* albañil *m*.
3 *n (foreman)* maestro de obras.
4 *n (contractor)* contratista *mf*.
5 *n fig (of company, state)* fundador,-ra.
▪ **builder's** empresa constructora.
  builder's yard almacén *m* de materiales de construcción.

building [ˈbɪldɪŋ]
1 *n* edificio.
2 *n (action)* construcción *f*, edificación *f*.
▪ **building land** terrenos *mpl* edificables.
  building permit permiso de obras.
  building site *(before construction)* solar *m*; *(during construction)* obra.
  building society sociedad *f* hipotecaria.
  the building industry/the building trade la construcción.

build-up [ˈbɪldʌp]
1 *n (increase)* aumento: a build-up in pollution un aumento de la contaminación; a build-up in tension un aumento de la tensión.
2 *n (of gas)* acumulación *f*.

3 *n (of troops)* concentración *f.*

4 *n (of plot in film, play)* desarrollo.

5 *n (favourable publicity)* bombo, publicidad *f.*

✦ **to give something big build-up** *(film, concert, event)* anunciar algo a bombo y platillo.

built [bɪlt] *pt & pp* → **build.**

✦ **-built** de construcción ..., de fabricación ...: **a Spanish-built rocket** un cohete de construcción española.

built-in [bɪlt'ɪn]

1 *adj (as component)* incorporado,-a: **the telephone has a built-in answering machine** el teléfono tiene contestador incorporado.

2 *adj (recessed)* empotrado,-a: **built-in cupboards** armarios empotrados.

built-up [bɪlt'ʌp] *adj* urbanizado,-a.

■ **built-up area** zona urbanizada.

Bujumbura [ˈbʊdʒəmbʊərə] *n* Buyumbura.

bulb [bʌlb]

1 *n BOT* bulbo.

2 *n ELEC* bombilla.

bulbholder [ˈbʌlbhəʊldəʳ] *n* portalámparas.

bulbous [ˈbʌlbəs] *adj* bulboso,-a.

Bulgaria [bʌl'geərɪə] *n* Bulgaria.

Bulgarian [bʌl'geərɪən]

1 *adj* búlgaro,-a.

2 *n (person)* búlgaro,-a.

3 *n (language)* búlgaro.

bulge [bʌldʒ]

1 *n (lump)* bulto; *(protuberance)* protuberancia.

2 *n (in surface)* pandeo.

3 *vi (protrude)* sobresalir; *(eyes)* saltar: **his stomach bulges** le sobresale la barriga; **his eyes bulged when he saw all the money** se le saltaron los ojos al ver todo el dinero.

4 *vi (swell)* hincharse.

5 *vi (warp)* pandearse.

6 *vi* estar abultado,-a: **his pockets were bulging with sweets** sus bolsillos estaban abultados de caramelos.

bulging [ˈbʌldʒɪŋ]

1 *adj (lumpy, bulky)* abultado,-a.

2 *adj (eyes, features)* saltón,-ona.

3 *adj (swollen)* hinchado,-a.

4 *adj (surface)* pandeado,-a.

5 *n (with bulk)* abultamiento.

6 *n (swelling)* hinchazón *m.*

7 *n (of wall, surface)* pandeo.

bulimia [bjuː'liːmɪə] *n* bulimia.

bulk [bʌlk]

1 *n (mass)* masa, bulto; *(amount, quantity)* volumen *m*, cantidad *f.*

2 *n (object)* mole *f.*

3 *n (weight of person)* peso.

4 *n (greater part)* mayor parte *f.*

5 *n MAR* carga.

▶ **to bulk out** *vt sep (book, article)* hinchar, llenar de paja.

✦ **in bulk** *COMM (loose)* a granel; *(in large quantities)* en grandes cantidades.

to bulk large ocupar un lugar importante.

bulk-buying [ˈbʌlkbaɪɪŋ] *n* compra en grandes cantidades: **bulk-buying usually works out cheaper** suele salir más barato comprar en grandes cantidades.

bulkhead [ˈbʌlkhed] *n (of plane, ship)* mamparo.

bulkiness [ˈbʌlkɪnəs] *n* abultamiento, volumen *m.*

bulky [ˈbʌlkɪ] *adj* abultado,-a, voluminoso,-a.

▲ *comp* **bulkier**, *superl* **bulkiest.**

bull¹ [bʊl]

1 *n* toro.

2 *n (elephant, whale, etc)* macho.

3 *n FIN* alcista *mf.*

4 *n GB fam (target)* blanco, diana.

5 *adj (elephant, whale, etc)* macho.

6 *adj FIN* alcista, en alza.

7 *vt FIN* provocar un alza en el precio de los valores, jugar al alza.

8 *vi FIN* especular en el mercado para provocar un alza.

✦ **to be like a bull at a gate** ser muy impetuoso,-a.

to be like a bull in a china shop ser un,-a manazas: **he's like a bull in a china shop** destroza todo lo que toca.

to take the bull by the horns coger el toro por los cuernos.

■ **bull calf** becerro.

bull market *FIN* mercado alcista.

fighting bull toro bravo, toro de lidia.

the Bull *(constellation, sign)* Tauro.

bull² [bʊl] *n REL (papal)* bula.

bull³ [bʊl] *n sl (nonsense)* chorradas *fpl.*

✦ **to shoot the bull** *sl* rajar, charlar.

bulldog [ˈbʊldɒg]

1 *n* buldog *m.*

2 *n fig (person)* persona tenaz, persona porfiada.

■ **bulldog clip** clip *m* de pinza.

the bulldog breed los ingleses *(como arquetipos de tenacidad y coraje).*

bulldoze [ˈbʊldəʊz] *vt (dig)* excavar con un bulldozer; *(clear land)* allanar con un bulldozer; *(demolish)* derribar con un bulldozer.

✦ **to bulldoze one's way in** *fig* entrar a empujones.

to bulldoze one's way into a conversation *fig* meter baza.

to bulldoze one's way through *fig* abrirse paso a empujones.

to bulldoze somebody into doing something *fig* intimidar a alguien para que haga algo: **they bulldozed him into giving them the money** lo intimidaron para que les diera el dinero.

bulldozer [ˈbʊldəʊzəʳ] *n* bulldozer *m*, máquina excavadora.

bullet [ˈbʊlɪt] *n* bala.

✦ **to bite the bullet** *fig* mostrar estoicismo.

■ **bullet hole** agujero de bala.

bullet train tren *m* bala.

plastic bullet bala de plástico.

rubber bullet bala de goma.

bulletin [ˈbʊlɪtɪn]

1 *n (publication)* boletín *m.*

2 *n (medical etc)* parte *m.*

3 *n (communiqué)* comunicado.

bulletin-board [ˈbʊlətɪnbɔːd] *n US* tablón *m* de anuncios.

bulletproof [ˈbʊlɪtpruːf] *adj* antibalas.

■ **bulletproof vest** chaleco antibalas.

bullfight [ˈbʊlfaɪt] *n* corrida de toros, lidia.

✦ **to go to a bullfight** ir a los toros.

bullfighter [ˈbʊlfaɪtəʳ] *n* torero,-a.

bullfighting [ˈbʊlfaɪtɪŋ] *n* los toros *mpl*; *(art)* tauromaquia.

bullfinch [ˈbʌlfɪntʃ] *n* camachuelo.

bullfrog [ˈbʌlfrɒg] *n ZOOL* rana mugidora.

bullion [ˈbʊljən] *n (gold)* oro en lingotes; *(silver)* plata en lingotes.

bullish [ˈbʊlɪʃ]

1 *adj COMM* alcista, en alza.

2 *adj (optimistic)* optimista.

3 *adj (impetuous)* impetuoso,-a.

bullock [ˈbʊlək] *n* toro castrado, buey *m.*

bullpen [ˈbʊlpen] *n* toril *m.*

bullring [ˈbʊlrɪŋ] *n* plaza de toros.

bull's-eye [ˈbʊlzaɪ]

1 *n (target)* diana.

2 *n (score)* acierto.

3 *n MAR (porthole)* portilla.

✦ **to score a bull's-eye** dar en el blanco.

■ **bull's-eye glass** vidrio de ojo de buey.

bull's-eye window ojo de buey.

bullshit [ˈbʊlʃɪt]

1 *n taboo (nonsense)* chorradas *fpl.*

2 *vt taboo* liar a alguien (con historias): **stop bullshitting me!** ¡no me líes con tus historias!

3 *vi taboo* parir chorradas.

✦ **to talk bullshit** *taboo* decir chorradas.

▲ *pt & pp* **bullshitted**, *ger* **bullshitting.**

bullshitter [ˈbʊlʃɪtəʳ] *n fam* cantamañanas *mf*, farolero,-a.

bully¹ [ˈbʊlɪ]

1 *n* matón,-ona.

2 *vt (intimidate)* intimidar, atemorizar.

3 *vt (force, coerce)* coaccionar.

✦ **to bully somebody into doing something** coaccionar a alguien para que haga algo: **they bullied him into going** lo coaccionaron para que se fuera.

▲ *(sustantivo) pl* **bullies**; *(verbo) pt & pp* **bullied**, *ger* **bullying.**

bully² [ˈbʊlɪ]

1 *n SP (hockey)* saque *m* inicial.

2 *vi SP (hockey)* hacer el saque inicial.

▲ *(sustantivo) pl* **bullies**; *(verbo) pt & pp* **bullied**, *ger* **bullying.**

bully³ ['bʊlɪ] *adj US* estupendo,-a.
✦ **bully for you!** *fam* ¡pues fíjate!
bully-beef ['bʊlɪbiːf] *n* carne *f* de vacuno en conserva.
bully-boy ['bʊlɪbɔɪ] *n* matón *m*, gorila *m*.
bullying ['bʊlɪŋ]
 1 *n (intimidation)* amenazas *fpl*, intimidación *f*.
 2 *n (coercion)* coacción *f*.
 3 *n (in school)* acoso escolar *f*.
bully-off ['bʊlɪɒf]
 1 *n SP (hockey)* saque *m* inicial.
 2 *vi SP (hockey)* hacer el saque inicial.
 ▲ *(sustantivo)* pl bully-offs; *(verbo)* pt & pp bullied-off, ger bullying-off.
bulrush ['bʊlrʌʃ] *n BOT* anea.
bulwark ['bʊlwɔːk]
 1 *n (rampart)* baluarte *m*.
 2 *n (breakwater)* rompeolas *m*.
bum¹ [bʌm] *n GB fam (bottom)* culo, trasero.
bum² [bʌm]
 1 *n US fam (tramp)* vagabundo,-a.
 2 *n US fam (idler)* vago,-a, holgazán,-ana.
 3 *n US fam (wretch)* (pobre) desgraciado,-a.
 4 *adj US fam (faulty)* defectuoso,-a.
 5 *adj US fam (shoddy)* de pacotilla, de mala calidad.
 6 *adj US fam (useless object, information)* que no vale, inútil.
 7 *vt fam (scrounge)* gorrear, sablear: **can I bum a cigarrette?** ¿te puedo gorrear un pitillo?
 ▸ **to bum around**
  1 *vt insep US fam (roam)* recorrer sin propósito fijo por, vagar por: **he's bumming around the States** está vagando por los Estados Unidos.
  2 *vi (roam)* ir de un sitio a otro sin rumbo.
  3 *vi US fam (be idle)* rascarse la barriga, no rascar bola: **he just bums around all day** pasa todo el día rascándose la barriga.
 ✦ **to be on the bum** *US fam* vivir de gorra.
 to bum something off somebody *fam* gorronear algo a alguien.
 to give somebody the bum's rush mandar a alguien a hacer puñetas.
 ■ **bum rap** *US fam* acusación *f* falsa.
 bum steer *US fam* información *f* falsa.
bumbag ['bʌmbæg] *n* riñonera.
bumble ['bʌmbəl]
 1 *vi (blunder)* hacer una plancha.
 2 *vi (speak incoherently)* farfullar.
 ▸ **to bumble along** *vi* andar a tropezones.
bumblebee ['bʌmbəlbiː] *n ZOOL* abejorro.
bumbler ['bʌmbələʳ] *n* torpe *mf*, manazas *mf*.
bumbling ['bʌmblɪŋ] *adj* torpe, manazas.
bumf [bʌmf] *n GB fam* propaganda, papeleo.

bummer ['bʌməʳ] *n fam* lata, latazo.
bump [bʌmp]
 1 *n (blow)* golpe *m*, batacazo.
 2 *n (collision)* choque *m*, colisión *f*.
 3 *n (on head)* chichón *m*; *(swelling)* hinchazón *m*; *(lump)* bulto.
 4 *n (dent)* abolladura.
 5 *n (on road)* bache *m*.
 6 *vt* darse un golpe en: **he bumped his head** se dio un golpe en la cabeza.
 7 *vt* dar un golpe a: **he bumped me with his shopping trolley** me dio un golpe con el carro de la compra.
 8 *vi* chocar (**into**, con), topar (**into**, contra): **his car bumped into my moped** su coche chocó con mi moto.
 9 *vi (collide)* chocar, colisionar.
 ▸ **to bump along** *vi (vehicle)* traquetear.
 to bump into *vt insep fam* encontrar por casualidad, tropezar con.
 to bump off *vt sep sl* cargar, liquidar.
 to bump up *vt sep (prices)* aumentar.
 ✦ **to bump something against/on something** darse con algo contra algo: **she bumped her knee on the table** se dio con la rodilla contra la mesa.
 with a bump dándose un batacazo, ¡cataplum!
bumper ['bʌmpəʳ]
 1 *n* parachoques *m*.
 2 *adj* abundante: **a bumper crop** una cosecha abundante.
 ■ **bumper cars** autochoques *mpl*, coches *mpl* de choque, autos de choque.
 bumper issue *(of magazine)* edición *f* especial.
bumper-to-bumper ['bʌmpətə'bʌmpəʳ] *adv (vehicles)* en caravana.
bumph [bʌmf] *n GB fam* → **bumf**.
bumpkin ['bʌmpkɪn] *n* paleto,-a, palurdo,-a.
bumptious ['bʌmtʃəs] *adj* presumido,-a, engreído,-a.
bumpy ['bʌmpɪ]
 1 *adj (surface)* desigual, accidentado,-a.
 2 *adj (road)* lleno,-a de baches.
 3 *adj (journey)* con muchos baches; *(flight)* con turbulencias.
 ▲ *comp* bumpier, *superl* bumpiest.
bun [bʌn]
 1 *n (bread)* panecillo; *(sweet)* bollo.
 2 *n (cake)* ma(g)dalena.
 3 *n (hair)* moño.
 ✦ **to have a bun in the oven** *fam (be pregnant)* estar preñada, estar en estado.
bunch [bʌntʃ]
 1 *n* manojo: **a bunch of leeks** un manojo de puerros; **a bunch of keys** un manojo de llaves.
 2 *n (flowers)* ramo.
 3 *n (fruit)* racimo: **a bunch of grapes/bananas** un racimo de uvas/plátanos.
 4 *n fam (group of people)* grupo; *(gang)* pandilla.

 5 *vt* atar en un manojo.
 6 **bunches** *npl (hair)* coletas *fpl*.
 ▸ **to bunch together**
  1 *vt sep* agrupar: **they bunched together all the 11 year-olds** agruparon a todos los niños de 11 años.
  2 *vi* apretujarse.
 to bunch up *vi (sit close together)* apretujarse, estar apretujado,-a; *(make room)* hacer sitio: **they were bunched up on the sofa** estaban apretujados en el sofá; **bunch up a bit!** ¡hazme un poco de sitio!
 ✦ **to wear one's hair in bunches** llevar coletas.
 a whole bunch of *fam* un montón de, mogollón de: **there were a whole bunch of fans waiting for him** había un montón de fans esperándole.
 the best of the bunch lo mejor de lo mejor.
 a bunch of fives *sl* un puñetazo.
bundle ['bʌndəl]
 1 *n (clothes)* fardo, bulto.
 2 *n (wood)* haz *m*.
 3 *n (papers, banknotes)* fajo.
 4 *n (keys)* manojo.
 5 *vt* atar en un fardo, atar en un bulto.
 ▸ **to bundle into** *vt sep (push forcibly)* introducir a empujones, meter a empujones: **they bundled him into a taxi** lo introdujeron a empujones en un taxi.
 to bundle off *vt sep* echar, despachar: **they bundled them off the premises** les echaron del local.
 ✦ **to be a bundle of nerves** estar hecho,-a un manojo de nervios.
 to go a bundle on something *fam* chiflarle a uno algo: **they go a bundle on second-hand clothes** les chifla la ropa de segunda mano.
bung [bʌŋ]
 1 *n (stopper)* tapón *m*; *(of barrel)* bitoque *m*.
 2 *n GB (bribe)* soborno.
 3 *vt* taponar.
 4 *vt GB fam (put)* poner, meter: **bung it on the table** ponlo encima de la mesa.
 5 *vt GB fam (serve)* poner: **bung me another beer in here** ponme otra cerveza aquí.
 6 *vt GB fam (throw)* tirar: **bung it in the bin** tíralo a la papelera.
 ▸ **to bung up** *vt sep fam* atascar: **they've bunged up the drains** han atascado el desagüe.
 ✦ **to be bunged up** *(pipes, drains, etc)* estar atascado,-a; *(with cold, flu)* estar congestionado,-a.
 to have a bunged up nose tener la nariz tapada.
bungalow ['bʌŋgələʊ] *n* bungalow *m*.
bungee ['bʌndʒɪ] *n* correa elástica, goma.
 ■ **bungee jumping** salto elástico.

bungle [ˈbʌŋgəl]
  1 *vt (botch)* chapucear: they bungled the job chapucearon el trabajo.
  2 *vt (mess up)* pifiar: they bungled the robbery pifiaron el atraco.
  ✦ to bungle it pifiarla.
    to make a bungle of something salir fatal algo a alguien: he made a bungle of the exam el examen le salió fatal.

bungler [ˈbʌŋgələ^r] *n* chapucero,-a.

bungling [ˈbʌŋgəlɪŋ]
  1 *n (clumsiness)* torpeza.
  2 *adj (clumsy)* torpe.
  3 *adj (worker)* chapucero,-a.

bunion [ˈbʌnjən] *n MED* juanete *m*.

bunk¹ [bʌŋk] *n (bed)* litera.

bunk² [bʌŋk] *n (nonsense)* tonterías *fpl*.

bunk³ [bʌŋk] to do a bunk *phr* irse a la francesa, poner pies en polvorosa.

bunk-bed [ˈbʌŋkbed] *n* litera.
  ▲ *pl* bunk-beds.

bunker [ˈbʌŋkə^r]
  1 *n MIL* búnker *m*.
  2 *n (golf)* búnker *m*.
  3 *n (for coal)* carbonera; *(on ship)* pañol *m* del carbón.
  4 *vt (ship)* abastecer de carbón.
  ✦ to be bunkered *fig* estar en un callejón sin salida.

bunkum [ˈbʌŋkəm] *n* tonterías *fpl*, desatinos *mpl*.

bunk-up [ˈbʌŋkʌp] to give somebody a bunk-up *phr* aupar a alguien.

bunny [ˈbʌnɪ] *n fam* conejito.
  ■ bunny girl chica de club.
  ▲ *pl* bunnies.

bunting¹ [ˈbʌntɪŋ] *n (flags)* banderines *mpl*.

bunting² [ˈbʌntɪŋ] *n (bird)* escribano.
  ■ cirl bunting escribano soteño.
    corn bunting triguero.
    ortolan bunting escribano hortelano.
    reed bunting escribano palustre.

buoy [bɔɪ]
  1 *n (navigation mark)* boya, baliza.
  2 *n (lifebuoy)* boya salvavidas.
  3 *vt* señalar con balizas, señalar con boyas, abalizar.

to buoy up
  1 *vt sep* mantener a flote.
  2 *vt sep fig* dar aliento a, dar ánimos a: she tried to buoy him up intentó darle ánimos.

buoyancy [ˈbɔɪənsɪ]
  1 *n* flotabilidad *f*.
  2 *n (cheerfulness)* buen humor *m*.
  3 *n (optimism)* optimismo.
  4 *n FIN* tendencia alcista.

buoyant [ˈbɔɪənt]
  1 *adj* flotante.
  2 *adj (cheerful)* animado,-a.
  3 *adj (optimistic)* optimista.
  4 *adj FIN* con tendencia alcista.

burble [ˈbɜːbəl]
  1 *n (incoherent speech)* murmullo.
  2 *vi (speak incoherently)* murmullar, farfullar.
  ▶ to burble on *vi* divagar.

burden [ˈbɜːdən]
  1 *n* carga.
  2 *vt* cargar.
  ✦ to be a burden to somebody ser una carga para alguien.
    to be burdened with tener que cargar con: he's burdened with responsibilities tiene que cargar con muchas responsabilidades.
    to burden somebody with problems cargar a alguien con problemas: he burdened her with his problems la cargó con sus problemas.
  ■ burden of proof *JUR* carga de la prueba.
    tax burden *FIN* gravamen *m*.

burdensome [ˈbɜːdənsəm] *adj* pesado,-a, oneroso,-a.

burdock [ˈbɜːdɒk] *n* bardana.

bureau [ˈbjʊərəʊ]
  1 *n (desk)* escritorio.
  2 *n US (office)* oficina.
  3 *n US (agency)* agencia.
  4 *n US (chest of drawers)* cómoda.
  5 *n US* departamento del estado.
  ■ bureau de change oficina de cambio.
    employment bureau oficina de empleo.
  ▲ *pl* bureaus o bureaux [ˈbjʊəˌrəʊ].

bureaucracy [bjʊəˈrɒkrəsɪ]
  1 *n (body, administration)* burocracia.
  2 *n (paperwork)* burocracia, papeleo.
  ▲ *pl* bureaucracies; *en 2 es invariable.*

bureaucrat [ˈbjʊərəkræt] *n* burócrata *mf*.

bureaucratic [bjʊərəˈkrætɪk] *adj* burocrático,-a.

buret [bjuˈret] *n US* bureta.

burette [bjuˈret] *n* bureta.

burgeon [ˈbɜːdʒən]
  1 *vi lit (flower)* florecer; *(plant, tree)* retoñar.
  2 *vi fig (talent, potential)* desarrollarse.

burgeoning [ˈbɜːdʒənɪŋ]
  1 *adj lit (flower)* en flor; *(plant, tree)* en brote.
  2 *adj fig* en ciernes: a burgeoning poet un poeta en ciernes.

burger [ˈbɜːgə^r] *n* hamburguesa.
  ■ burger bar hamburguesería, burger *m*.

burglar [ˈbɜːglə^r] *n* ladrón,-ona.
  ■ burglar alarm alarma antirrobo.

burglarise [ˈbɜːgləraɪz] *vt* → burglarize.

burglarize [ˈbɜːgləraɪz] *vt US* → burgle.

burglar-proof [ˈbɜːgləpruːf] *adj* antirrobo.

burglary [ˈbɜːglərɪ] *n (gen)* robo.
  ▲ *pl* burglaries.

burgle [ˈbɜːgəl] *vt* robar: they burgled his house entraron en su casa a robar.

burgomaster [ˈbɜːgəmɑːstə^r] *n* burgomaestre *m*.

Burgundian [bɜːˈgʌndɪən]
  1 *adj* borgoñón,-ona.
  2 *n* borgoñón,-ona.

Burgundy [ˈbɜːgəndɪ]
  1 *n* Borgoña.
  2 *n (wine)* borgoña *m*.

burial [ˈberɪəl] *n* entierro.
  ■ burial ground cementerio.
    burial mound túmulo.
    burial place lugar *m* de sepultura.
    burial vault cripta.

burin [ˈbjʊərɪn] *n* buril *m*.

Burkina-Faso [bɜːkiːnəˈfæsəʊ] *n* Burkina Faso.

Burkinese [bɜːkɪˈniːz]
  1 *adj* burkinés,-esa.
  2 *n* burkinés,-esa.

burl [bɜːl]
  1 *n* mota.
  2 *vt* desborrar.

burlap [ˈbɜːlæp] *n* arpillera, harpillera.

burlesque [bɜːˈlesk]
  1 *n* parodia burlesca.
  2 *n (genre)* género burlesco, vodevil *m*.
  3 *n US (show)* revista.
  4 *adj* burlesco,-a, de vodevil.
  5 *vt* parodiar.

burly [ˈbɜːlɪ] *adj* fornido,-a, corpulento,-a.
  ▲ *comp* burlier, *superl* burliest.

Burma [ˈbɜːmə] *n* Birmania.

Burmese [bɜːˈmiːz]
  1 *adj* birmano,-a.
  2 *n (person)* birmano,-a.
  3 *n (language)* birmano.
  4 the Burmese *npl* los birmanos *mpl*.

burn¹ [bɜːn]
  1 *n* quemadura: he suffered third-degree burns sufrió quemaduras de tercer grado.
  2 *vt* quemar: they burnt all the old magazines quemaron todas las revistas viejas.
  3 *vt* quemarse: he burnt his fingers se quemó los dedos.
  4 *vt (coal)* quemar; *(fuel)* gastar, consumir.
  5 *vt (food)* quemar: he's burnt the toast se le han quemado las tostadas.
  6 *vt (land, plants)* abrasar.
  7 *vt (body)* incinerar.
  8 *vt MED (cauterise)* cauterizar.
  9 *vt (harden bricks)* cocer.
  10 *vt (put to death)* quemar: she was burnt at the stake la quemaron en la hoguera.
  11 *vi (blaze, glow)* arder: we saw the building burning from the rooftop vimos como ardía el edificio desde el terrado; the building burnt for two days el edificio ardió durante dos días.

12 *vi (candle, light)* estar encendido,-a.
13 *vi (food)* quemarse: **the steak has burnt** el bistec se ha quemado.
14 *vi fig (passion, rage, desire)* arder (**with**, de).
▶ **to burn away**
   1 *vt sep* consumir: **the flames burnt part of door away** las llamas consumieron parte de la puerta.
   2 *vi* consumirse.
   3 *vi (keep burning)* seguir quemando, seguir ardiendo.
to burn down
   1 *vt sep* incendiar, quemar totalmente: **they burnt the house down** incendiaron la casa.
   2 *vi* quemarse, quedarse totalmente destruido,-a por las llamas.
to burn off *vt sep (paint, varnish)* quitar (con soplete); *(calories)* quemar.
to burn out
   1 *vi (fire)* extinguirse.
   2 *vi (fuse, bulb)* fundirse.
   3 *vi fig (person)* quemarse; *(machine)* gastarse.
to burn up
   1 *vi (building, etc)* abrasarse, quedarse totalmente destruido,-a por las llamas.
   2 *vi fig (with heat)* abrasarse de calor, achicharrarse.
   3 *vt sep (fuel)* consumir.
✦ **to be burned alive** ser quemado,-a vivo,-a.
   to burn a hole in one's pocket *fig* quemarle a uno el bolsillo.
   to burn a hole in something hacer un agujero en algo quemándolo.
   to burn low no quemar bien.
   to burn one's boats *fig* quemar el último cartucho.
   to burn one's fingers *fig* pillarse los dedos.
   to burn the candle at both ends *fig* hacer de la noche día.
   to burn the midnight oil *fig* quemarse las pestañas.
   to burn to a cinder calcinar, reducir a cenizas.
   to burn well quemar bien.
   to get burnt quemarse: **if you touch it you'll get burnt** si lo tocas te quemarás.
   to have a burnt taste saber a quemado.
▲ *pt & pp* burnt [bɜ:nt] o burned.
burn² [bɜ:n] *n (stream)* arroyo.
burner [ˈbɜ:nəʳ] *n (on cooker, lamp)* quemador *m*.
✦ **to put something on the back burner** aparcar algo, dejar algo aparcado.
■ **Bunsen burner** mechero Bunsen.
burning [ˈbɜ:nɪŋ]
   1 *n (of waste, body)* incineración *f*.
   2 *n (of building)* incendio.
   3 *n (of skin)* quemadura.
   4 *n (sensation)* escozor *m*.
   5 *adj (on fire)* en llamas, ardiendo.

6 *adj (sun)* abrasador,-ra, de justicia; *(heat)* achicharrante.
7 *adj (desire, need)* ardiente.
✦ **to be burning hot** hacer un calor achicharrante.
■ **burning issue/burning question** cuestión *f* candente.
burnish [ˈbɜ:nɪʃ]
   1 *n* bruñido.
   2 *vt* bruñir.
burnt [bɜ:nt] *pt & pp →* burn.
burnt-out [ˈbɜ:ntaʊt]
   1 *adj (building, car)* carbonizado,-a.
   2 *adj fig (person)* quemado,-a, caduco,-a.
burp [bɜ:p]
   1 *n fam* eructo.
   2 *vt fam (baby)* hacer eructar.
   3 *vi fam* eructar.
burr [bɜ:ʳ]
   1 *n (whirring)* zumbido, runrún *m*.
   2 *n (accent)* acento regional que pronuncia la "r" de forma gutural.
   3 *n* TECH *(rough edge)* rebaba.
   4 *n* TECH *(dental drill)* fresa.
   5 *vi (whirr)* zumbar, runrunear.
   6 *vi (accent)* pronunciar la "r" de forma gutural.
burrow [ˈbʌrəʊ]
   1 *n* madriguera.
   2 *vt* excavar, cavar.
   3 *vi* excavar una madriguera.
✦ **to burrow into something** *fig* investigar.
bursar [ˈbɜ:səʳ]
   1 *n (at college, university)* tesorero,-a.
   2 *n (holder of scholarship)* bursario,-a.
bursary [ˈbɜ:sərɪ] *n (scholarship)* beca.
▲ *pl* bursaries.
bursitis [bɜ:ˈsaɪtɪs] *n* bursitis *f*.
burst [bɜ:st]
   1 *n (of balloon, pipe)* reventón *m*; *(of tyre)* pinchazo, reventón *m*.
   2 *n (explosion)* estallido, explosión *f*.
   3 *n (of activity, anger)* arranque *m*.
   4 *n (of speed)* arrancada.
   5 *n (of applause)* salva.
   6 *n (of gunfire)* ráfaga.
   7 *vt (balloon, pipe)* reventar; *(tyre)* pinchar, reventar.
   8 *vi (balloon, pipe)* reventarse; *(tyre)* pincharse, reventarse.
▶ **to burst in** *vi* entrar precipitadamente.
   to burst into *vt insep* irrumpir en: **the police burst into the room** la policía irrumpió en la habitación.
to burst open
   1 *vi (bud, flower)* abrirse.
   2 *vi fig* abrirse de golpe: **the door burst open and they marched in** la puerta se abrió de golpe y entraron.
to burst through *vt insep*
   1 *vt insep (cordon, barrier)* atravesar a empujones, romper.
   2 *vt insep fig (sun)* brillar a través de: **the sun burst through the clouds** el sol brilló a través de las nubes.
   3 *vi (sun)* brillar repentinamente.

✦ **to burst forth** *(water)* brotar, salir a chorro.
   to burst into flames estallar en llamas.
   to burst its banks *(river)* salirse de madre.
   to burst into song empezar a cantar.
   to burst into tears echarse a llorar.
   to burst out crying/laughing echarse a llorar/reír.
▲ *pt & pp* burst [bɜ:st].
bursting [ˈbɜ:stɪŋ] *adj* muy lleno,-a, lleno,-a a rebosar.
✦ **to be bursting at the seams** *fig* estar a tope.
   to be bursting to do something reventar por hacer algo: **he was bursting to tell her** reventaba por decírselo.
   to be bursting with health rebosar de salud.
burton [ˈbɜ:tən] **to go for a burton** *phr* GB *fam (gen)* estropearse; *(hopes, plans)* ir al traste.
Burundi [bəˈrʊndɪ] *n* Burundi.
Burundian [bəˈrʊndɪən]
   1 *n* burundés,-esa.
   2 *adj* burundés,-esa.
bury [ˈberɪ]
   1 *vt* enterrar: **they buried the treasure under that tree** enterraron el tesoro bajo aquel árbol.
   2 *vt (body)* sepultar, enterrar.
   3 *vt fig (outlive)* enterrar: **she's buried five husbands** ha enterrado a cinco maridos.
✦ **to be buried** recibir sepultura.
   to be buried alive ser enterrado,-a vivo,-a.
   to be buried at sea recibir sepultura en el mar.
   to be buried in thought *fig* estar ensimismado,-a.
   to bury oneself in ones' work *fig* enfrascarse en el trabajo.
   to bury one's face in one's hands *fig* taparse el rostro con las manos.
▲ *pt & pp* buried, ger burying.
bus [bʌs]
   1 *n* autobús *m*, bus *m*.
   2 *n* COMPUT bus *m*.
   3 *vt* transportar en autobús, llevar en autobús: **they bus them to school** les llevan a la escuela en autobús.
■ **bus conductor** cobrador.
   bus conductress cobradora.
   bus lane carril *m* de autobuses.
   bus route línea de autobús.
   bus shelter parada de autobús cubierta.
   bus station estación *f* de autobuses.
   bus stop parada de autobús.
▲ *(sustantivo) pl* buses (US busses); *(verbo) pt & pp* bussed, ger bussing.
busby [ˈbʌzbɪ] *n* GB gorro alto de piel negra.
▲ *pl* busbies.

bush¹ [bʊʃ]
1 n (plant) arbusto.
2 n (land) breña.
3 bushes npl (thicket) matorral m, maleza.
■ the bush (in Australia) el monte.
bush telegraph radio macuto.

bush² [bʊʃ]
1 n TECH (lining) forro.
2 vt TECH forrar.

bush-baby [ˈbʊʃbeɪbɪ] n ZOOL lemúrido.
▲ pl bush-babies.

bushed [bʊʃt] to be bushed phr fam estar hecho,-a polvo.

bushel [ˈbʊʃəl] n medida de capacidad para áridos.
▲ En Gran Bretaña equivale a 36,37 litros y en Estados Unidos a 35,24 litros.

Bushman [ˈbʊʃmən]
1 n (person) bosquimano,-a.
2 n (language) bosquimano.
3 adj bosquimano,-a.
▲ pl Bushmen [ˈbʊʃmen].

bushy [ˈbʊʃɪ] adj espeso,-a, tupido,-a.
✦ to have bushy eyebrows ser cejudo,-a.
▲ comp bushier, superl bushiest.

busily [ˈbɪzɪlɪ] adv con afán.

business [ˈbɪznəs]
1 n (commerce) negocios mpl: the business world el mundo de los negocios.
2 n (firm) negocio, empresa: he's got a small business on the coast tiene un pequeño negocio en la costa.
3 n (affair) asunto, tema m: I've got business to discuss with the manager tengo asuntos que tratar con el director; it's none of your business no es asunto tuyo; does he know about the business with the money? ¿se ha enterado del asunto del dinero?
✦ business before pleasure primero es la obligación que la devoción.
business is business el negocio es el negocio.
it's my (your, etc) business to … me (te, etc) incumbe …: it's my business to investigate the case me incumbe investigar el caso.
mind your own business! ¡no te metas donde no te llaman!
to be away on business estar (fuera) de viaje.
to be big business ser un buen negocio.
to be in business dedicarse al mundo de los negocios.
to be the business fam molar, ser muy guay: these shoes really are the business estos zapatos son muy guays.
to do business with somebody comerciar con alguien, tener relaciones comerciales con alguien.
to get down to business entrar en materia.
to go out of business quebrar.
to have no business to + inf no tener ningún derecho a + inf: you had no

business to tell him no tenías ningún derecho a decírselo.
to mean business ir en serio.
to put somebody out of business hacer que alguien quiebre.
to run a business llevar un negocio.
to send somebody about his (her, etc) business mandar a alguien de paseo.
to set up a business montar un negocio.
■ big business grandes negocios mpl.
business administration administración f de negocios.
business card tarjeta de presentación, tarjeta comercial.
business centre centro de negocios.
business consultant asesor,-ra de empresas.
business consultancy asesoría de empresas.
business deal trato comercial.
business district área de negocios, zona comercial.
business hours horario comercial.
business manager director,-ra de empresas.
business of the day orden m del día.
business school escuela de negocios.
business studies estudios mpl empresariales, empresariales mpl.
business trip viaje m de negocios.
line of business profesión f: what line of business are you in? ¿a qué te dedicas?

businesslike [ˈbɪznəslaɪk]
1 adj (responsible) formal, serio,-a.
2 adj (systematic) metódico,-a, sistemático,-a.
3 adj (efficient) eficaz.
4 adj (practical) práctico,-a.

businessman [ˈbɪznəsmən] n hombre m de negocios, empresario.
▲ pl businessmen [ˈbɪznəsmen].

business-minded [bɪznəsˈmaɪndɪd] adj comerciante.

businesswoman [ˈbɪznəswʊmən] n mujer m de negocios, empresaria.
▲ pl businesswomen [ˈbɪznəswɪmɪn].

busk [bʌsk] vi tocar música por la calle.

busker [ˈbʌskə⁻] n GB músico callejero,-a.

busman [ˈbʌsmən] n conductor m de autobús.
■ busman's holiday tiempo libre dedicado a una actividad similar a la del trabajo habitual.

bust¹ [bʌst]
1 n (bosom) busto, pecho.
2 n (sculpture) busto.

bust² [bʌst]
1 n fam (bankruptcy) quiebra, bancarrota.
2 n fam (police raid) redada.
3 adj fam (broken) roto,-a.
4 adj (burst) reventado,-a.
5 adj fam (bankrupt) en quiebra, arruinado,-a.
6 vt fam (break) romper.

7 vt (burst) reventar.
8 vt fam (make bankrupt) llevar a la quiebra.
9 vt fam (raid) organizar una redada en, registrar: the police busted the club la policía organizó una redada en el club.
10 vt fam (arrest) pillar, pescar.
11 vi (break) romperse.
12 vi (burst) reventarse.
▶ to bust up
1 vt sep fam (marriage, relationship) romper.
2 vi fam (marriage, relationship) irse al traste.
✦ to go bust fam quebrar.
▲ pt & pp bust [bʌst] o busted.

bustard [ˈbʌstəd] n avutarda.

busted [ˈbʌstɪd] adj → bust 2.

bustle¹ [ˈbʌsəl] n bullicio, ajetreo: the bustle of the city el bullicio de la gran ciudad.
▶ to bustle about
1 vt insep andar ajetreado,-a en: she bustled about the kitchen andaba ajetreada en la cocina.
2 vi ir y venir, no parar: she's always bustling about es que no para.
to bustle into vt sep introducir sin miramientos: they bustled her into the court la introdujeron en el juzgado sin miramientos.
▲ pt & pp busied, ger busying.

bustle² [ˈbʌsəl] n (of skirt) polizón m.

bustling [ˈbʌsəlɪŋ]
1 adj (place) bullicioso,-a.
2 adj (person) ajetreado,-a, activo,-a.

bust-up [ˈbʌstʌp] n fam riña, camorra.
✦ to have a bust-up fam reñir.

busty [ˈbʌstɪ] adj tetón,-ona, pechugón, -ona.
▲ comp bustier, superl bustiest.

busy [ˈbɪzɪ]
1 adj (person) ocupado,-a, atareado,-a.
2 adj (street, place) concurrido,-a.
3 adj (day) ajetreado,-a.
4 adj US (telephone) comunicando: the line was busy estaba comunicando.
5 n fam (police officer) poli mf.
✦ to be as busy as a bee estar que no para, estar muy ocupado,-a.
to be busy doing something estar ocupado,-a en hacer algo: she was busy revising her notes estaba ocupada en repasar los apuntes.
to busy oneself doing something ocuparse en hacer algo: he busied himself washing the dishes se ocupó en fregar los platos.
to get busy fam (work) ponerse a trabajar; (hurry) darse prisa.
to keep oneself busy mantenerse ocupado,-a.
to keep somebody busy mantener ocupado,-a alguien.

- **busy Lizzie** *BOT* alegría de la casa.
  the busies *fam (police)* la poli, la pasma.
▲ *comp busier, superl busiest.*

busybody [ˈbɪzɪbɒdɪ] *n* entremetido,-a, fisgón,-ona.
▲ *pl busybodies.*

but [bʌt]
1 *conj* pero: it's cold, but dry hace frío, pero no llueve; I'd like to, but I can't me gustaría, pero no puedo.
2 *conj (after negative)* sino: not two, but three no dos, sino tres.
3 *conj (after negative with verb)* sino que: she told him not to wait, but to go home le dijo que no se esperara, sino que se fuera para casa.
4 *adv* (nada) más que, no … sino, solamente, solo,: he spoke nothing but the truth no dijo nada más que la verdad; she is but three days old solo tiene tres días; he spoke to her but a few days ago solo hace un par de días que habló con ella.
5 *prep* excepto, salvo, menos: everyone but me todos menos yo; I can meet you any day but Friday te puedo ver cualquier día excepto el viernes; he'll do anything but scrub the floor hará cualquier cosa salvo fregar el suelo.
6 *n* pero: there are no buts about it no hay pero que valga.
✦ **but for** de no ser por, si no fuera por: but for him, we would have failed de no ser por él, habríamos fracasado; but for his help we would be bankrupt si no fuera por su ayuda estaríamos en la ruina.
  had I but + pp … si lo + *imperf subj …:* had I but known si lo hubiera sabido.
  the last but one el/la penúltimo,-a.
  there is nothing for it but to + inf no hay más remedio que + *inf:* there's nothing for it but to report him no hay más remedio que denunciarlo.

butane [ˈbjuːteɪn] *n CHEM* butano.
■ **butane bottle** bombona (de butano).
  butane gas gas *m* butano.

butch [bʊtʃ] *adj fam (man)* machote; *(woman)* hombruna.

butcher [ˈbʊtʃəʳ]
1 *n* carnicero,-a.
2 *vt (meat)* matar.
3 *vt (massacre)* masacrar, hacer una carnicería con.
4 *vt fig (book, play)* destrozar.

butcher's [ˈbʊtʃəz] *n* carnicería.
✦ **give me a butcher's** *GB fam* déjame ver.
  to have a butcher's *GB fam* echar un vistazo.
■ **butcher's block** tajo.

butchery [ˈbʊtʃərɪ] *n* carnicería.

butler [ˈbʌtləʳ] *n* mayordomo.

butt¹ [bʌt]
1 *n (with head)* cabezazo, topetazo.
2 *vt (goat, ram)* topetar, dar un topetazo; *(person)* dar un cabezazo.

3 *vi (goat, ram)* dar topetazos; *(person)* dar un cabezazo.
▶ **to butt into** *vt insep* meterse en: he butted into our conversation se metió en nuestra conversación.
  to butt in *vi* meter baza.

butt² [bʌt]
1 *n (of rifle)* culata.
2 *n (of cigarette)* colilla.
3 *n US fam (bottom)* culo.
✦ **to work one's butt off** *US fam* herniarse, romperse los cuernos.

butt³ [bʌt]
1 *n (target)* blanco.
2 **butts** *npl (shooting range)* campo de tiro.
✦ **to be the butt of somebody's jokes** ser el blanco de las bromas de alguien.

butt⁴ [bʌt]
1 *n (barrel)* tonel *m*.
2 *n (for water)* aljibe *m*.

butter [ˈbʌtəʳ]
1 *n* mantequilla.
2 *vt* untar con mantequilla.
▶ **to butter up** *vt sep fam* dar coba a.
✦ **to look as if butter wouldn't melt in one's mouth** parecer no haber roto nunca un plato, parecer una mosquita muerta.
■ **butter dish** mantequera.
  butter knife cuchillo para la mantequilla.
  salted butter mantequilla con sal.
  unsalted butter mantequilla sin sal.

butter-bean [ˈbʌtəbiːn] *n* judión *m*.

buttercup [ˈbʌtəkʌp] *n BOT* botón *m* de oro, ranúnculo.

butterfingered [ˈbʌtəfɪŋɡəd] *adj* manazas, torpe.

butterfingers [ˈbʌtəfɪŋɡəz] *n* manazas *mf*, torpe *mf*.

butterfly [ˈbʌtəflaɪ]
1 *n* mariposa.
2 *n SP (swimming)* braza mariposa, mariposa.
✦ **to have butterflies in one's stomach** *fig* sentir un cosquilleo en el estómago, estar nervioso,-a.
▲ *pl butterflies.*

buttermilk [ˈbʌtəmɪlk] *n* suero de la leche.

buttery [ˈbʌtərɪ] *adj* mantecoso,-a.

buttock [ˈbʌtək]
1 *n (of person)* nalga.
2 *n (of animal)* anca.
3 **buttocks** *npl (bottom)* trasero, nalgas *fpl*.

button [ˈbʌtən]
1 *n (on clothing, machine)* botón *m*; *(on doorbell)* pulsador *m*, botón *m*: press the button pulse el botón.
2 *n BOT (bud)* botón *m*, yema.
3 *vi* abrocharse: how does it button? ¿cómo se abrocha?
4 **to button (up)** *vt* abrochar, abrocharse: button (up) your coat abróchate el abrigo.

✦ **button your lip!** ¡punto en boca!
■ **button mushroom** champiñón *m* pequeño.
  button nose nariz *f* chata.

buttonhole [ˈbʌtənhəʊl]
1 *n* ojal *m*.
2 *n (flower)* flor *f* que se lleva en el ojal.
3 *vt fig* abordar y detener, enganchar: I was buttonholed by two pollsters me engancharon dos encuestadores.

buttress [ˈbʌtrəs]
1 *n ARCH* contrafuerte *m*.
2 *vt ARCH* apuntalar.

butty [ˈbʌtɪ] *n fam* bocata *m*.
▲ *pl butties.*

buxom [ˈbʌksəm]
1 *adj (plump)* metida en carnes.
2 *n (busty)* pechugona.

buy [baɪ]
1 *n* compra.
2 *vt* comprar: they've just bought a new flat acaban de comprar un piso nuevo.
3 *vt (bribe)* sobornar.
4 *vt fam (accept, believe)* tragárselo: he's so gullible he bought it es tan ingenuo que se lo tragó.
▶ **to buy back** *vt sep* volver a comprar.
  to buy into *vt insep FIN* comprar acciones de: they bought into the business compraron acciones de la empresa.
  to buy off *vt sep* quitar a alguien de en medio pagándole, deshacerse de alguien pagándole: he bought off the blackmailers se deshizo de los chantajistas pagándoles.
  to buy out *vt sep* comprar la parte de: he bought out his brother compró la parte de su hermano.
  to buy up *vt sep* comprar todas las existencias de: he bought up the shop compró todas las existencias de la tienda.
✦ **to buy it** *fam (die)* palmarla.
■ **a good buy** una ganga.
▲ *pt & pp bought* [bɔːt].

buyer [ˈbaɪəʳ] *n* comprador,-ra.
■ **buyer's market** mercado favorable al comprador.

buying power [ˈbaɪɪŋpaʊəʳ] *n* poder *m* adquisitivo.

buzz [bʌz]
1 *n* zumbido.
2 *n (of voices)* murmullo.
3 *n fam* telefonazo, toque *m*: give me a buzz dame un toque.
4 *n fam (thrill)* emoción *f*, sensación *f*.
5 *vi* zumbar.
▶ **to buzz around** *vi (bee)* ir zumbando de un sitio a otro; *(person)* ir y venir, no parar.
✦ **to get a buzz out of something** *fam* estar entusiasmado,-a por algo: he really gets a buzz out of hang-gliding está entusiasmado por el ala delta.
  buzz off! *fam* ¡lárgate!

buzzard [ˈbʌzəd] *n* ratonero.

buzzer [ˈbʌzəʳ] *n* zumbador *m*, timbre *m*.
buzzing [ˈbʌzɪŋ] *n* zumbido.
buzz-saw [ˈbʌzsɔː] *n* sierra circular.
buzz-word [ˈbʌzwɜːd] *n* palabra pegadiza, palabra que está de moda.
by [baɪ]
1 *prep (agent)* por: **painted by Constable** pintado por Constable; **bought by a tycoon** comprado por un magnate.
2 *prep (means)* por: **by air/road** por avión/carretera; **by car/train** en coche/tren; **by hand** a mano; **by heart** de memoria.
3 *prep (showing difference)* por: **I won by 3 points** gané por tres puntos; **better by far** muchísimo mejor.
4 *prep (not later than)* para: **I need it by ten** lo necesito para las diez.
5 *prep (during)* de: **by day/night** de día/noche.
6 *prep (near)* junto a, al lado de: **sit by me** siéntate a mi lado.
7 *prep (according to)* según: **by the rules** según las reglas.
8 *prep (measurements)* por: **6 metres by 4** 6 metros por 4.
9 *prep (rate)* por: **paid by the hour** pagado por horas.
10 *prep MATH* por: **12 divided by 3** 12 dividido por 3.
11 *prep (progression)* a: **day by day** día a día; **little by little** poco a poco.
12 *prep (in sets)* en: **two by two** de dos en dos.
13 *prep (introducing gerund)*: **you can find out by reading the papers** te enterarás leyendo los periódicos.
14 *adv* al lado, delante.
✦ **by and by** con el tiempo.
by the by a propósito.
by oneself solo,-a.
to go by pasar delante.
bye [baɪ] *interj fam* ¡adiós!, ¡hasta luego!
bye-bye [ˈbaɪbaɪ] *interj fam* ¡adiós!, ¡hasta luego!
✦ **to go to bye-byes** ir a dormir, ir a la cama.
to say bye-bye *fam* decir adiós.
by-election [ˈbaɪɪlekʃən] *n POL* elección *f* parcial.
Byelorussia [bjeləʊˈrʌʃə] *n* Bielorrusia.
Byelorussian [bjeləʊˈrʌʃən]
1 *adj* bielorruso,-a.
2 *n (person)* bielorruso,-a.
3 *n (language)* bielorruso.
bygone [ˈbaɪgɒn]
1 *adj* pasado,-a: **a bygone age** tiempos pasados.
2 *n (object)* antigualla.
✦ **in bygone times** antiguamente.
let bygones be bygones lo pasado, pasado está.

bylaw [ˈbaɪlɔː] *n* ley *f* municipal.
bypass [ˈbaɪpɑːs]
1 *n AUTO* variante *f*.
2 *n TECH* tubo de desviación.
3 *n MED* by-pass *m*.
4 *vt (traffic, road)* desviar.
5 *vt (avoid)* esquivar, evitar.
by-product [ˈbaɪprɒdʌkt]
1 *n* subproducto, derivado.
2 *n fig* consecuencia.
byre [ˈbaɪəʳ] *n* establo.
by-road [ˈbaɪrəʊd] *n* carretera secundaria.
bystander [ˈbaɪstændəʳ] *n* espectador, -ra, curioso,-a.
byte [baɪt] *n COMPUT* byte *m*.
by-way [ˈbaɪweɪ]
1 *n (road)* carretera secundaria.
2 *n (remote path)* camino poco frecuentado.
byword [ˈbaɪwɜːd]
1 *n* arquetipo, mayor *mf* exponente.
2 *n (proverb)* refrán *m*, proverbio.
✦ **to be a byword in** ser sinónimo de: **their products are a byword in luxury** sus productos son sinónimo de lujo.
Byzantine [bɪˈzæntaɪn]
1 *n* bizantino,-a.
2 *adj* bizantino,-a.
Byzantium [bɪˈzæntɪəm] *n* Bizancio.

C, c [si:]
  1 *n (the letter)* C, c f.
  2 *n MUS* do.
c¹ [sent] *abbr* (**cent**) céntimo.
c² ['sɜːkə] *abbr* (**circa**) hacia; *(abbreviation)* h.
c³ ['kɒpɪraɪt] *abbr* (**copyright**) propiedad f literaria, copyright *m; (abbreviation)* c.
c. ['sentʃərɪ] *abbr* (**century**) siglo; *(abbreviation)* s.: **c. 18 literature** la literatura del s. XVIII.
c/a [kərəntə'kaʊnt] *abbr* (**current account**) cuenta corriente; *(abbreviation)* c/c.
cab [kæb]
  1 *n (taxi)* taxi *m.*
  2 *n (in vehicle)* cabina.
  3 *n HIST* cabriolé *m.*
  ✦ **to go by cab** ir en taxi.
  ▪ **cab driver** taxista *mf.*
  cab rank parada de taxis.
cabala [kə'bɑːlə] *n* cábala.
cabalist ['kæbəlɪst] *n* cabalista *mf.*
cabaret ['kæbəreɪ] *n* cabaret *m.*
cabbage ['kæbɪdʒ] *n* col *f*, repollo, berza.
  ▪ **cabbage white** *(butterfly)* mariposa de la col.
cabbala [kə'bɑːlə] *n* cábala.
cabbalist ['kæbəlɪst] *n* cabalista *mf.*
cabbalistic [kæbə'lɪstɪk] *adj* cabalístico,-a.
cabbie ['kæbɪ] *n fam* taxista *mf.*
caber ['keɪbə'] *n (in Scotland)* tronco.
  ✦ **tossing the caber** lanzamiento de tronco.
cabin ['kæbɪn]
  1 *n (wooden house)* cabaña.
  2 *n (on ship)* camarote *m.*
  3 *n (on plane)* cabina.
  ▪ **cabin boy** grumete *m.*
  cabin crew personal *m* de cabina.
  cabin cruiser yate *m* de motor.
cabinet ['kæbɪnət]
  1 *n (furniture - gen)* armario; *(glass fronted)* vitrina.
  2 *n POL* gabinete *m* (ministerial), consejo de ministros.

cabinet meeting consejo de ministros.
  cabinet minister ministro,-a.
  cabinet reshuffle remodelación *f* ministerial, remodelación *f* del gobierno.
  cocktail cabinet mueble bar *m.*
  shadow cabinet gobierno en la sombra.
cabinet-maker ['kæbɪnətmeɪkə'] *n* ebanista *mf.*
cabinet-maker's ['kæbɪnətmeɪkəz] *n* ebanistería.
cabinet-making ['kæbɪnətmeɪkɪŋ] *n* ebanistería.
cable ['keɪbəl]
  1 *n (rope, wire)* cable *m.*
  2 *n (telegram)* cable *m*, cablegrama *m*, telegrama *m.*
  3 *vt (message)* cablegrafiar, telegrafiar.
  ✦ **to cable somebody** enviar un cable a alguien, telegrafiar a alguien.
  ▪ **cable car** teleférico, telecabina.
  cable television televisión *f* por cable, cablevisión *f.*
cablegram ['keɪbəlgræm] *n* cablegrama *m.*
caboodle [kə'buːdəl] **the whole caboodle** *n* toda la pesca.
cabotage ['kæbətɑːʒ] *n* cabotaje *f.*
cabriolet ['kæbrɪəʊleɪ] *n* cabriolé *m.*
cacao [kə'kɑːəʊ] *n BOT* cacao.
cachalot ['kætʃəlɒt] *n* cachalote *m.*
cache [kæʃ]
  1 *n (store)* alijo.
  2 *n (computer memory)* caché *m.*
  ▪ **cache memory** memoria caché.
cachet ['kæʃeɪ] *n* cachet *m*, caché *m.*
cachexia [kə'keksɪə] *n* caquexia.
cachexy [kə'keksɪ] *n* caquexia.
cacique [kə'siːk] *n* cacique *m.*
caciquism [kə'sɪkɪzəm] *n* caciquismo.
cack-handed [kæk'hændɪd] *adj fam* torpe, patoso,-a.
cackle ['kækəl]
  1 *n (of hen)* cacareo.
  2 *n (of person)* risotada, carcajada.

  3 *vi (of hen)* cacarear.
  4 *vi (of person)* reírse a carcajadas, carcajearse.
cacophonic [kækə'fɒnɪk] *adj* cacofónico,-a.
cacophonous [kə'kɒfənəs] *adj* cacofónico,-a.
cacophony [kə'kɒfənɪ] *n LING* cacofonía.
cactus ['kæktəs] *n* cactus *m.*
  ▲ *pl* **cacti** o **cactuses.**
CAD [kæd] *abbr* (**computer-aided design**) diseño con ayuda de ordenador; *(abbreviation)* CAD.
cad [kæd] *n GB fam dated* canalla *m.*
cadaster [kə'dæstə'] *n* catastro.
cadastral [kə'dæstrəl] *adj* catastral.
cadastre [kə'dæstə'] *n* catastro.
cadaver [kə'deɪvə'] *n MED* cadáver *m.*
cadaverous [kə'dævərəs] *adj* cadavérico,-a.
CAD/CAM ['kædkæm] *abbr* (**computer-aided design and manufacture**) diseño y fabricación con ayuda de ordenador; *(abbreviation)* CAD/CAM.
caddie ['kædɪ]
  1 *n (in golf)* cadi *m.*
  2 *vi* hacer de cadi (**for**, de).
  ▪ **caddie car/caddie cart** carrito de golf.
caddy ['kædɪ] *n (for tea)* cajita (para guardar el té), lata (para guardar el té).
  ▲ *pl* **caddies.**
cadence ['keɪdəns] *n* cadencia.
cadenza [kə'denzə] *n MUS* cadencia.
cadet [kə'det] *n* cadete *m.*
  ▪ **cadet school** escuela militar.
cadge [kædʒ]
  1 *vt fam* gorronear: **she's always cadging cigarettes** siempre está gorroneando cigarrillos.
  2 *vi fam* gorronear (**from/off**, a).
  ✦ **to cadge a lift off somebody** conseguir que alguien te lleve en coche: **I cadged a lift off Kathryn** Kathryn me llevó en coche.
  to cadge money off somebody darle un sablazo a alguien.

cadger ['kædʒəʳ] n fam gorrón,-ona.

cadi ['kɑːdɪ, 'keɪdɪ] n cadí m.

cadmium ['kædmɪəm] n cadmio.

cadre ['kɑːdəə] n cuadro, plantel m.

caduceus [kə'djuːsɪəs] n caduceo.

caecum ['siːkəm] n ciego, intestino ciego.

Caesarean [sɪ'zeərɪən] Caesarean (section) n cesárea.
  ✦ to have a Caesarean hacerle a una la cesárea: I had a Caesarean me hicieron la cesárea.

caesium ['siːzɪəm] n cesio.

caesura [sɪ'zjʊərə] n cesura.
  ▲ pl caesuras o caesurae ['sɪzjʊəraɪ].

café ['kæfeɪ] n cafetería, café m.

cafeteria [kæfə'tɪərɪə] n (in factory, college, etc) cafetería, cantina; (restaurant) autoservicio, self-service m.

caffeine ['kæfiːn] n cafeína.

caftan ['kæftæn] n → **kaftan**.

cage [keɪdʒ]
  1 n (gen) jaula.
  2 vt enjaular.
  ✦ to feel caged in sentirse enjaulado,-a.

cagey ['keɪdʒɪ] adj fam reservado,-a, cauteloso,-a, precavido,-a: she was very cagey about what happened at the meeting se mostró reacia a explicar lo que pasó en la reunión.
  ▲ comp cagier, superl cagiest.

cagoule [kə'guːl] n chubasquero.

cahoots [kə'huːts] to be in cahoots with somebody phr estar confabulado,-a con alguien, estar conchabado,-a con alguien.

Cain [keɪn] n Caín.

cairn [keən] n hito formado por piedras apiladas.

Cairo ['kaɪrəʊ] n el Cairo.

caisson [kə'suːn, 'keɪsən]
  1 n (cofferdam) ataguía.
  2 n (arms chest) caja de municiones.
  3 n (vehicle) cureña.
  4 n (chamber) cajón m de aire comprimido.

cajole [kə'dʒəʊl] vt engatusar.
  ✦ to cajole somebody into doing something engatusar a alguien para que haga algo.

cajolery [kə'dʒəʊlərɪ] n engatusamiento, zalamería.

cake [keɪk]
  1 n CULIN pastel m, tarta, torta.
  2 n (of soap) pastilla.
  3 vi endurecerse.
  ✦ to be a piece of cake estar tirado,-a, estar chupado,-a.
  to be caked with something estar cubierto,-a de algo, estar recubierto,-a de algo.
  to go like hot cakes/sell like hot cakes venderse como rosquillas.
  to have one's cake and eat it querer nadar y guardar la ropa, querer estar en misa y repicando.

  to want a slice of the cake fig querer una tajada del pastel.
  ▪ cake shop pastelería.
  cake tin molde m.

cal ['kælərɪ] abbr (**calorie**) caloría; (abbreviation) cal.

CAL [kæl] abbr (**computer-aided learning**) aprendizaje m con ayuda de ordenador.

calamine ['kæləmaɪn] n calamina.

calamitous [kə'læmɪtəs] adj calamitoso,-a.

calamity [kə'læmɪtɪ] n calamidad f.
  ▲ pl calamities.

calamus ['kæləməs] n cálamo.

calash [kə'læʃ] n calesa.

calcaneus [kæl'keɪnɪəs] n calcáneo.

calcareous [kæl'keərɪəs] adj calcáreo,-a.

calcic ['kælsɪk] adj cálcico,-a.

calcification [kælsɪfɪ'keɪʃən] n calcificación f.

calcify ['kælsɪfaɪ]
  1 vt calcificar.
  2 vi calcificarse.
  ▲ pt & pp calcified, ger calcifying.

calcination [kælsɪ'neɪʃən] n calcinamiento, calcinación f.

calcine ['kælsɪn]
  1 vt calcinar.
  2 vi calcinar.

calcite ['kælsaɪt] n calcita.

calcium ['kælsɪəm] n calcio.

calculable ['kælkjələbəl] adj calculable.

calculate ['kælkjəleɪt]
  1 vt calcular.
  2 vi calcular.
  ▶ to calculate on vt insep contar con.

calculated ['kælkjəleɪtɪd] adj (risk) calculado,-a; (insult) intencionado,-a; (act) premeditado,-a, deliberado,-a.
  ✦ to be calculated to do something (designed) estar pensado,-a para hacer algo, estar planeado,-a para hacer algo, estar hecho,-a con la intención de hacer algo.

calculating ['kælkjəleɪtɪŋ] adj (shrewd) calculador,-ra.

calculation [kælkjə'leɪʃən] n cálculo.

calculator ['kælkjəleɪtəʳ] n calculador m, calculadora.

calculus ['kælkjələs]
  1 n MATH cálculo matemático.
  2 n MED cálculo.
  ▲ pl calculi.

Calcutta [kæl'kʌtə] n Calcuta.

caldron ['kɔːldrən] n → **cauldron**.

calèche [ke'leʃ] n calesa.

calendar ['kælɪndəʳ] n (gen) calendario.
  ▪ calendar year año civil.

calender ['kæləndəʳ]
  1 n calandria.
  2 vt calandrar.

calends ['kælɪndz] npl calendas fpl.

calendula [kə'lendjʊlə] n caléndula.

calf[1] [kɑːf] n ZOOL (of cattle) ternero,-a, becerro,-a; (of whale) ballenato; (of other animals) cría.
  ✦ to be in calf/be with calf estar preñada.
  ▲ pl calves.

calf[2] [kɑːf] n ANAT pantorrilla.
  ▲ pl calves.

calfskin ['kɑːfskɪn] n piel f de becerro.

caliber ['kælɪbəʳ] n US → **calibre**.

calibrate ['kælɪbreɪt] vt (gun) calibrar; (thermometer) graduar.

calibrator ['kælɪbreɪtəʳ] n vitola.

calibre ['kælɪbəʳ] n (gen) calibre m.

calico ['kælɪkəʊ] n calicó m.
  ▲ pl calicoes o calicos.

California [kælɪ'fɔːnɪə] n California.

Californian [kælɪ'fɔːnɪən]
  1 adj californiano,-a.
  2 n californiano,-a.

calipers ['kælɪpəz] npl US → **callipers**.

caliph ['keɪlɪf, 'kælɪf] n califa f.

caliphate ['keɪlɪfeɪt, 'kælɪfeɪt] n califato.

calisthenics [kælɪs'θenɪks] n US → **callisthenics**.

call [kɔːl]
  1 n (shout, cry) grito, llamada: a call for help un grito de socorro.
  2 n (by telephone) llamada (telefónica): there was a call for you te han llamado por teléfono; she hasn't returned your call no te ha devuelto la llamada.
  3 n (of bird) reclamo.
  4 n (demand) demanda; (need) motivo: there's not much call for typewriters nowadays hoy en día no hay mucha demanda de máquinas de escribir; there's no call for that language no hay por qué utilizar ese lenguaje.
  5 n (summons, vocation) llamada; (lure) llamada, atracción f: he felt the call of the priesthood sintió la llamada al sacerdocio; the call of the wild el atractivo de la naturaleza.
  6 n (request, demand) llamamiento: the community leader made a call for calm el líder de la comunidad hizo un llamamiento a la calma; there have been calls for his resignation han pedido su dimisión.
  7 n (short visit) visita: the doctor has several (house) calls to make el médico tiene que hacer varias visitas (a domicilio).
  8 vt (shout) llamar: I heard you call my name oí que me llamabas.
  9 vt (by telephone) llamar: I'll call you when we get home te llamaré cuando lleguemos a casa.
  10 vt (summon - meeting, strike, election) convocar; (announce - flight) anunciar.
  11 vt (send for - police etc) llamar: she's been called to the manager's office la han llamado al despacho del director.

12 *vt (name, describe as)* llamar: what have they called their baby? ¿qué nombre le han puesto al bebé?; what's Peter's girlfriend called? ¿cómo se llama la novia de Peter?; what's this called in Spanish? ¿cómo se llama esto en español?

13 *vi (shout)* llamar: why didn't you come when I called? ¿por qué no viniste cuando te llamé?

14 *vi (by phone)* llamar: I just called to say I love you solo he llamado para decirte que te quiero; who's calling please? ¿de parte de quién?

15 *vi (visit)* pasar, hacer una visita: I called round at Martin's this afternoon he pasado por casa de Martin esta tarde.

16 *vi (train)* parar (**at**, en).

▸ **to call away** *vt sep* llamar: he's been called away on business ha tenido que ausentarse por motivos de trabajo.

to call back
1 *vt sep (by phone)* llamar, devolver la llamada.
2 *vi (by phone)* volver a llamar; *(visit)* volver a pasar.

to call for
1 *vt insep (pick up)* pasar a buscar, pasar a recoger.
2 *vt insep (need, require)* exigir, requerir; *(demand)* pedir: a statement calling for his release una declaración que pide su puesta en libertad; this calls for a celebration esto hay que celebrarlo; that kind of language isn't called for esta clase de lenguaje no es necesario.

to call in
1 *vt sep (summon, send for)* llamar.
2 *vt sep (recall - books, banknotes)* retirar; *(loan)* exigir el pago de.

to call off
1 *vt sep (suspend - gen)* suspender; *(- strike)* desconvocar.
2 *vt sep (dog)* llamar.

to call on
1 *vt insep (visit)* visitar, ir a ver a.
2 *vt insep fml (invite)* invitar; *(request)* pedir; *(appeal to, urge)* apelar a, recurrir a: I now call on Mr Smith to say a few words ahora invito al Señor Smith a que diga unas palabras.

to call out
1 *vt sep (summon - fire brigade)* llamar; *(army, troops)* hacer intervenir; *(doctor)* hacer venir; *(workers)* llamar a la huelga.
2 *vt sep (shout)* gritar, llamar.

to call up
1 *vt sep MIL* llamar a filas.
2 *vt sep (recall)* traer a la memoria.
✦ **let's call it a day** démoslo por terminado, dejémoslo.
let's call it quits dejémoslo estar.
the call of duty la llamada del deber.
to answer a call of nature hacer sus necesidades.

to be on call estar de guardia.
to call a halt to something atajar algo, acabar con algo.
to call for something/somebody pasar a recoger algo/a alguien.
to call in on somebody ir a ver a alguien.
to call oneself considerarse: he calls himself an anarchist se considera un anarquista.
to call somebody names poner verde a alguien, insultar a alguien.
to call somebody's bluff devolver la pelota a alguien.
to call somebody to account pedirle cuentas a alguien.
to call something into question poner algo en duda.
to call something one's own tener algo de propiedad.
to call something to mind traer algo a la memoria.
to call the shots/call the tune llevar la batuta, llevar la voz cantante.
to give somebody a call llamar a alguien.
to have first call on something tener prioridad sobre algo.
to have too many calls on one's time tener muchas obligaciones, estar muy ocupado,-a.
to pay a call on ir a ver a alguien, hacer una visita a alguien.
what time do you call this? ¿qué horas son éstas?
▪ **call box** *GB* cabina telefónica.
call girl prostituta.

calla [ˈkælə] *n* cala, lirio de agua.

callboy [ˈkɔːlbɔɪ] *n THEAT* traspunte *m*.

caller [ˈkɔːləʳ]
1 *n (visitor)* visita, visitante *mf*.
2 *n (by telephone)* persona que llama.

calligrapher [kəˈlɪɡrəfəʳ] *n* calígrafo,-a.

calligraphic [kælɪˈɡræfɪk] *adj* caligráfico,-a.

calligraphist [kəˈlɪɡrəfɪst] *n* calígrafo,-a.

calligraphy [kəˈlɪɡrəfɪ] *n* caligrafía.

calling [ˈkɔːlɪŋ] *n (vocation)* vocación *f*, llamada; *(profession)* profesión *f*.
▪ **calling card** *US* tarjeta de visita.

callipers [ˈkælɪpəz]
1 *npl TECH* calibrador *m*.
2 *npl MED* aparato ortopédico (para la pierna).

callisthenics [kælɪsˈθenɪks] *n* gimnasia sueca.

callous [ˈkæləs] *adj* duro,-a, insensible.

callousness [ˈkæləsnəs] *n* insensibilidad *f*, dureza.

call-up [ˈkɔːlʌp] *n MIL* llamamiento a filas.

callus [ˈkæləs] *n* callo.
▲ *pl* **calluses**.

calm [kɑːm]
1 *adj (sea)* en calma, tranquilo,-a, apacible; *(weather)* en calma, apacible.

2 *adj (person)* tranquilo,-a, sosegado,-a, calmado,-a: keep calm! ¡tranquilo!, ¡calma!
3 *n (of sea, weather)* calma: the calm before the storm la calma que precede a la tormenta.
4 *n (peace and quiet)* tranquilidad *f*, sosiego, serenidad *f*.
5 *vt* calmar, tranquilizar, sosegar.
✦ **to calm oneself** tranquilizarse, calmarse.

to calm down
1 *vt* tranquilizar, calmar.
2 *vi* tranquilizarse, calmarse.

calmly [ˈkɑːmlɪ] *adv* con calma, tranquilamente.

calmness [ˈkɑːmnəs] *n* tranquilidad *f*, calma.

Calor Gas [ˈkæləɡæs] *n (gas m)* butano.
▲ *Es marca registrada.*

caloric [kəˈlɒrɪk] *adj* calórico,-a.

calorie [ˈkælərɪ] *n* caloría.

calorific [kæləˈrɪfɪk] *adj* calorífico,-a.

calorimeter [kæləˈrɪmɪtəʳ] *n* calorímetro.

calorimetry [kæləˈrɪmətrɪ] *n* calorimetría.

calumniate [kəˈlʌmnɪeɪt] *vt* calumniar.

calumniator [kəˈlʌmnɪeɪtəʳ] *n* calumniador,-ra.

calumniatory [kəˈlʌmnɪeɪtərɪ] *adj* calumniador,-ra, calumnioso,-a.

calumnious [kəˈlʌmnɪəs] *adj* calumniador,-ra, calumnioso,-a.

calumny [ˈkæləmnɪ] *n (false statement)* calumnia; *(slander)* difamación *f*.
▲ *pl* **calumnies**.

Calvados [ˈkælvədɒs] *n* calvados.

calvary [ˈkælvərɪ] *n* calvario.

calve [kɑːv] *vi* parir (un becerro).

calves [ˈkɑːvz] *npl* → **calf**.

Calvinism [ˈkælvɪnɪzəm] *n* calvinismo.

Calvinist [ˈkælvɪnɪst]
1 *adj* calvinista.
2 *n* calvinista *mf*.

calypso [kəˈlɪpsəʊ] *n* calipso.
▲ *pl* **calypsos**.

calyx [ˈkeɪlɪks, ˈkælɪks] *n* cáliz *m*.

cam [kæm] *n* leva.

camaraderie [kæməˈrɑːdərɪ] *n* compañerismo, camaradería.

camber [ˈkæmbəʳ]
1 *n (curvature - of road)* peralte *m*.
2 *n ARCH* combadura.

Cambodia [kæmˈbəʊdɪə] *n* Camboya.

Cambodian [kæmˈbəʊdɪən]
1 *adj* camboyano,-a.
2 *n (person)* camboyano,-a.
3 *n (language)* camboyano.

cambric [ˈkæmbrɪk] *n* batista.

camcorder [ˈkæmkɔːdəʳ] *n* videocámara.

came [keɪm] *pt* → **come**.

camel [ˈkæməl]
1 n zool camello,-a.
2 n (colour) (color m) leonado.
3 adj leonado,-a.

camel-driver [ˈkæməldraɪvəʳ] n camellero.

camelhair [ˈkæməlheəʳ] n pelo de camello.

camellia [kəˈmiːlɪə] n bot camelia.

cameo [ˈkæmɪəʊ] n camafeo.
▲ pl cameos.

camera [ˈkæmərə]
1 n (gen) cámara (fotográfica), máquina fotográfica.
2 n (cine, television) cámara.
✦ **in camera** a puerta cerrada.

cameraman [ˈkæmərəmən] n cámara mf.

Cameroon [kæməˈruːn] n Camerún m.

Cameroonian [kæməˈruːnɪən]
1 adj camerunés,-esa.
2 n camerunés,-esa.

camomile [ˈkæməmaɪl] n bot manzanilla, camomila.
▪ **camomile tea** (infusión f de) manzanilla.

camouflage [ˈkæməflɑːʒ]
1 n camuflaje m.
2 vt camuflar.

camp¹ [kæmp]
1 n (gen) campamento.
2 n (group, faction) bando.
3 vi acampar.
✦ **to break camp/strike camp** levantar el campamento.
  to pitch camp acampar.
▪ **army camp** campamento militar.
  camp bed cama plegable.
  camp site camping m, campamento.
  holiday camp/summer camp (gen) colonia de verano, colonia de vacaciones; (in tents) campamento de verano.

camp² [kæmp]
1 adj (affected, effeminate) amanerado,-a, afeminado,-a; (affectedly theatrical) afectado,-a, exagerado,-a.
2 n amaneramiento, afectación f.

campaign [kæmˈpeɪn]
1 n (gen) campaña.
2 vi hacer una campaña (**for**, en favor de).

campaigner [kæmˈpeɪnəʳ] n (supporter) defensor,-ra.
▪ **old campaigner** veterano,-a.

camper [ˈkæmpəʳ]
1 n (person) campista mf.
2 n **camper (van)** (vehicle) caravana.

campfire [ˈkæmpfaɪəʳ] n fogata, hoguera.

camphor [ˈkæmfəʳ] n alcanfor m.

camphorated [ˈkæmfəreɪtɪd] adj alcanforado,-a.

camping [ˈkæmpɪŋ] n camping m.
✦ **"No camping"** "Prohibido acampar".
  to go camping ir de camping.

▪ **camping site** camping m, campamento.

campus [ˈkæmpəs] n campus m, ciudad f universitaria.
▲ pl campuses.

camshaft [ˈkæmʃɑːft] n árbol m de levas.

can¹ [kæn]
1 n (tin - for food, drinks) lata, bote m.
2 n (container - for oil, petrol, etc) bidón m.
3 n us sl (prison) chirona, trullo.
4 n us sl (toilet) trono.
5 vt (put in cans) enlatar.
✦ **can it!** ¡basta ya!
  to be in the can cinem estar listo,-a.
  to carry the can cargar con las culpas, pagar el pato.
  to open up a can of worms destapar un escándalo.
▲ pt & pp **canned**, ger **canning**.

can² [kæn]
1 aux (be able to) poder: can you come tomorrow? ¿puedes venir mañana?; can we afford it? ¿nos lo podemos permitir?; they're doing all they can hacen todo lo que pueden.
2 aux (know how to) saber: he can speak Chinese sabe hablar chino; can you swim? ¿sabes nadar?; I can't drive no sé conducir.
3 aux (be allowed to) poder, estar permitido,-a: you can't smoke here no se puede fumar aquí; you can go now ya te puedes ir; female nurses couldn't wear trousers a las enfermeras no les estaba permitido llevar pantalones.
4 aux (in requests) poder: can I borrow your car tonight? ¿me dejas el coche esta noche?; can you get that box down for me? ¿me puedes bajar esa caja?; can I have a cheese sandwich, please? (me pone) un bocadillo de queso, por favor.
5 aux (with verbs of perception or mental activity): she couldn't see anything no veía nada; I can smell burning huele a quemado; can you hear me? ¿me oyes?; I can't remember no me acuerdo.
6 aux (possibility) poder: who can it be? ¿quién será?; smoking can cause cancer fumar puede causar cáncer; you can get tickets on the door se puede comprar las entradas en la taquilla.
7 aux (expressing bewilderment, incredulity) poder: he can't be here already! ¡no puede ser que ya haya llegado!; you cannot be serious! ¡no hablarás en serio!
8 aux (indicating typical behaviour) poder: he can be very annoying sometimes a veces es muy pesado; it can be very cold in Madrid puede llegar a hacer mucho frío en Madrid.
▲ pt & cond **could** [kʊd].

Canada [ˈkænədə] n Canadá.

Canadian [kəˈneɪdɪən]
1 adj canadiense.
2 n canadiense mf.

canal [kəˈnæl] n canal m.

canapé [ˈkænəpeɪ] n canapé m.

canary [kəˈneərɪ] n canario.
▪ **canary yellow** amarillo canario.
▲ pl canaries.

Canary Islands [kəˈneərɪaɪləndz] npl Islas fpl Canarias.

canasta [kəˈnæstə] n canasta.

cancan [ˈkænkæn] n cancán m.

cancel [ˈkænsəl]
1 vt (gen) cancelar.
2 vt comm anular.
3 vt (revoke - permission) retirar; (order, decree) revocar.
4 vt (stamp) matasellar.
5 vt (delete) tachar.
6 vt math eliminar.
▸ **to cancel out** vt sep anular, compensar, contrarrestar.
▲ pt & pp **cancelled** (us **canceled**), ger **cancelling** (us **canceling**).

cancellation [kænsəˈleɪʃən]
1 n (gen) cancelación f.
2 n comm anulación f.
3 n (of stamp) matasellos m.
4 n (returned ticket) devolución f.

cancer [ˈkænsəʳ]
1 n med cáncer m.
2 **Cancer** n (constellation, sign) Cáncer m.
▪ **breast cancer** cáncer m de mama.
  cancer research cancerología.

cancerous [ˈkænsərəs] adj canceroso,-a.

candelabra [kændəˈlɑːbrə] n candelabro.

candelabrum [kændəˈlɑːbrəm] n candelabro.

candid [ˈkændɪd] adj franco,-a, sincero,-a.
▪ **candid camera** cámara indiscreta.

candidacy [ˈkændɪdəsɪ] n candidatura.
▲ pl candidacies.

candidate [ˈkændɪdət]
1 n (job, election) candidato,-a.
2 n (in exam) opositor,-ra.

candidature [ˈkændɪdətʃəʳ] n candidatura.

candidly [ˈkændɪdlɪ] adv con franqueza.

candied [ˈkændɪd] adj confitado,-a, escarchado,-a.

candle [ˈkændəl] n (gen) vela; (in church) cirio.
✦ **not to hold a candle to somebody** no llegar a alguien a la suela del zapato.
  to burn the candle at both ends trabajar de sol a sol.

candlelight [ˈkændəlaɪt] n luz f de vela.
✦ **by candlelight** a la luz de una vela.

Candlemas [ˈkændəlməs] n rel candelaria.

candlestick [ˈkændəlstɪk] n (gen) candelero, palmatoria; (in church) cirial m.

candlewick [ˈkændəlwɪk]
1 n (fabric) tela afelpada.
2 n (wick) pábilo, mecha.

candor [ˈkændəʳ] n US → candour.

candour [ˈkændəʳ] n franqueza, sinceridad f.

candy [ˈkændɪ] n US (sweets) caramelos mpl, golosinas fpl, dulces mpl; (a sweet) caramelo, dulce m.
▲ pl candies.

candyfloss [ˈkændɪflɒs] n GB algodón m de azúcar.

candy-striped [ˈkændɪstraɪpt] adj de rayas multicolores.

cane [keɪn]
1 n BOT (of bamboo) caña; (of raspberry, blackberry, etc) tallo leñoso.
2 n (stick) bastón m; (for punishment) vara.
3 n (furniture) mimbre m.
4 n (for plants) rodrigón m.
5 vt castigar con la palmeta.
■ cane chair silla de mimbre.

canine [ˈkeɪnaɪn] adj ZOOL canino,-a.
■ canine tooth (diente m) canino, colmillo.

caning [ˈkeɪnɪŋ] n palmetazo.

canister [ˈkænɪstəʳ] n (for tea, coffee, etc) bote m, lata.

canker [ˈkæŋkəʳ]
1 n BOT cancro.
2 n MED úlcera, llaga.
3 n fig (evil) cáncer m.

cannabis [ˈkænəbɪs] n (plant) cáñamo indio; (drug) hachís m.

canned [kænd]
1 adj enlatado,-a, envasado,-a, en lata.
2 adj (music) grabado,-a, enlatado,-a; (laughter) grabado,-a.
3 adj sl (drunk) mamado,-a.
■ canned food conservas fpl.

cannelloni [kænəˈləʊnɪ] npl canelones mpl, canalones mpl.

cannery [ˈkænərɪ] n fábrica de conservas.
▲ pl canneries.

cannibal [ˈkænɪbəl] n caníbal mf.

cannibalism [ˈkænɪbəlɪzəm] n canibalismo.

cannibalise [ˈkænɪbəlaɪz] vt → cannibalize.

cannibalize [ˈkænɪbəlaɪz] vt reutilizar piezas sueltas de.

canning [ˈkænɪŋ] n enlatado.
■ canning factory fábrica de conservas.
canning industry industria conservera.

cannon [ˈkænən]
1 n MIL cañón m.
2 n (in billiards) carambola.
3 vi chocar (against, contra).
■ cannon fodder carne f de cañón.
▲ pl cannon o cannons.

cannonball [ˈkænənbɔːl] n bala de cañón.

cannot [ˈkænɒt] aux → can not.

canny [ˈkænɪ] adj astuto,-a.
▲ comp cannier, superl canniest.

canoe [kəˈnuː]
1 n canoa, piragua.
2 vi ir en canoa, ir en piragua.

canoeing [kəˈnuːɪŋ] n piragüismo.

canoeist [kəˈnuːɪst] n piragüista mf.

canola [kəˈnəʊlə] n US semilla de colza.
■ canola oil aceite m de colza.

canon[1] [ˈkænən]
1 n (rule, standard) canon m.
2 n REL (decree) canon m.
■ cannon law derecho canónico.

canon[2] [ˈkænən] n (priest) canónigo.

canonization [kænənaɪˈzeɪʃən] n canonización.

canonise [ˈkænənaɪz] vt → canonize.

canonize [ˈkænənaɪz] vt canonizar.

can-opener [ˈkænəʊpənəʳ] n abrelatas m.

canopy [ˈkænəpɪ]
1 n (over throne, bed, altar) dosel m, baldaquín m, baldaquino; (ceremonial) palio; (of terrace, balcony) toldo.
2 n AV (of cockpit) cubierta transparente.
3 n fig (of sky) bóveda.
▲ pl canopies.

cant [kænt]
1 n (hypocrisy) hipocresías fpl.
2 n (jargon) jerga.

can't [kɑːnt] aux → can.

Cantab [ˈkæntæb] abbr (Cantabrigiensis) de la Universidad de Cambridge.

Cantabria [kænˈtæbrɪə] n Cantabria.

Cantabrian [kænˈtæbrɪən]
1 adj cántabro,-a.
2 n cántabro,-a.

Cantabrigian [kæntəˈbrɪdʒɪən]
1 adj GB (city) de Cambridge.
2 adj (university) de la Universidad de Cambridge.
3 adj US (city) de Cambridge, Massachusetts.
4 adj (university) de la Universidad de Harvard.
5 n habitante mf de Cambridge.

cantankerous [kənˈtæŋkərəs] adj de mal genio, irascible, cascarrabias.

cantata [kænˈtɑːtə] n cantata.

canteen [kænˈtiːn]
1 n (restaurant) cantina, comedor m.
2 n (set of cutlery) juego de cubiertos.
3 n (flask) cantimplora.

canter [ˈkæntəʳ]
1 n medio galope.
2 vi ir a medio galope.

canticle [ˈkæntɪkəl] n cántico.

cantilever [ˈkæntɪliːvəʳ] n ARCH voladizo.
■ cantilever bridge puente m voladizo.

canton [ˈkæntɒn] n cantón m.

cantor [ˈkæntɔːʳ] n chantre m.

canvas [ˈkænvəs]
1 n (cloth) lona.
2 n ART lienzo.

◆ under canvas (in a tent) en una tienda (de campaña); (of ship) con velamen desplegado.

canvass [ˈkænvəs]
1 vi POL hacer propaganda electoral (for, a favor de), hacer campaña (for, a favor de).
2 vt POL (try to obtain - support, vote) solicitar, tratar de conseguir, tratar de obtener.
3 vt POL (ask - opinion) sondear, hacer un sondeo de.
4 vt (idea, plan) proponer, presentar.

canvasser [ˈkænvəsəʳ] n POL persona que hace campaña a favor de un partido.

canvassing [ˈkænvəsɪŋ] n petición f de votos.
◆ to go out canvassing hacer campaña de puerta en puerta.

canyon [ˈkænjən] n GEOG cañón m.
■ the Grand Canyon el Gran Cañón.

canyoning [ˈkænjənɪŋ] n barranquismo.

cap [kæp]
1 n (type of hat - gen) gorra; (- soldier's, policeman's) gorra de plato; (- nurse's) cofia; (- academic, judge's) birrete m; (- cardinal's) capelo, birrete m.
2 n (cover - of pen) capuchón m; (- of bottle) tapón m, chapa; (- of lens) tapa.
3 n GEOG casquete m.
4 n (for toy gun) fulminante m.
5 n (upper limit) tope m.
6 n MED diafragma m.
7 vt (mountains etc) cubrir, coronar.
8 vt (tooth) poner una corona en.
9 vt (joke, story) superar.
10 vt GB (in sport) seleccionar para el equipo nacional.
11 vt (limit) poner un tope a, limitar.
◆ if the cap fits (wear it) el que se pica, ajos come, a quien le pique, que se rasque.
to cap it all para colmo.
to go cap in hand ir a mendigar, pedir de rodillas.
■ cloth cap/flat cap gorra.
Dutch cap diafragma mf.
swimming cap gorro de baño.
▲ pt & pp capped, ger capping.

capability [keɪpəˈbɪlɪtɪ]
1 n (ability) capacidad f (to, para/de).
2 n MIL capacidad f.
3 capabilities npl (potential) aptitudes fpl, posibilidades fpl.
▲ pl capabilities.

capable [ˈkeɪpəbəl]
1 adj (able) capaz (of, de): he's capable of breaking the world record es capaz de batir el récord mundial.
2 adj (competent) competente, capaz: a very capable person una persona muy competente.

capacious [kəˈpeɪʃəs] adj fml espacioso,-a.

capacitor [kəˈpæsɪtəʳ] n ELEC condensador m.

capacity [kə'pæsɪtɪ]

1 n (maximum content - of container) capacidad f, cabida; (- of theatre) aforo, capacidad f, cabida: the cinema has a seating capacity of 300 el cine tiene un aforo de 300 localidades.

2 n (ability) capacidad f (for, de): he has a great capacity for hard work tiene una gran capacidad de trabajo.

3 n (position, role) calidad f: speaking in my capacity as club secretary hablando en calidad de secretario del club.

✦ **in a personal capacity** a título personal.

to be filled to capacity estar al completo.

to work at full capacity trabajar a pleno rendimiento.

▪ **capacity crowd/capacity audience** lleno completo, lleno total.

▲ pl capacities.

cape[1] [keɪp] n (garment) capa.

cape[2] [keɪp] n cabo.

▪ **Cape Canaveral** Cabo Cañaveral.
Cape Horn Cabo de Hornos.
Cape of Good Hope Cabo de Buena Esperanza.
Cape Province Provincia del Cabo.
Cape Town Ciudad f del Cabo.
Cape Verde Cabo Verde.
Cape Verdean caboverdiano,-a.

caper[1] ['keɪpəʳ]

1 n (for cooking) alcaparra.

2 n (plant) alcaparro.

▪ **caper berry** alcaparrón m.

caper[2] ['keɪpəʳ]

1 n (jump) brinco.

2 n fam (prank) travesura, broma; (scheme) ardid m, estratagema, truco: what's your little caper? ¿qué estás tramando?

3 vi brincar, dar brincos.

capercaillie [kæpə'keɪljɪ] n urogallo.

capillary [kə'pɪlərɪ] n vaso capilar, capilar m.

▲ pl capillaries.

capital[1] ['kæpɪtəl]

1 n (of country etc) capital f: what's the capital of Greece? ¿cuál es la capital de Grecia?

2 n FIN capital m: starting capital capital inicial.

3 n (letter) mayúscula: write it in capitals escríbelo con mayúsculas.

4 adj JUR (offence) capital.

5 adj (letter) mayúscula: capital A A mayúscula.

6 adj (very serious) grave.

7 adj (primary, chief, principal) primordial, capital.

✦ **to make capital out of something** sacar provecho de algo, sacar partido de algo.

▪ **capital city** capital f.
capital expenditure/capital investment inversión f de capital.
capital goods bienes mpl de equipo.

capital stock capital m social.
capital transfer tax impuesto sobre sucesiones.

capital[2] ['kæpɪtəl] n ARCH capitel m.

capitalism ['kæpɪtəlɪzəm] n capitalismo.

capitalist ['kæpɪtəlɪst]

1 adj capitalista.

2 n capitalista mf.

capitalise ['kæpɪtəlaɪz] vt → **capitalize.**

capitalize ['kæpɪtəlaɪz]

1 vt FIN capitalizar.

2 vt (write in capital letters) escribir con mayúsculas.

▸ **to capitalize on** vt insep sacar provecho de, sacar partido de, sacar beneficio de.

capitol ['kæpɪtəl] n capitolio.

capitulate [kə'pɪtjəleɪt] vi capitular.

capitulation [kəpɪtjə'leɪʃən] n capitulación f.

capon ['keɪpən] n capón m.

caprice [kə'priːs] n capricho, antojo.

capricious [kə'prɪʃəs] adj caprichoso,-a, antojadizo,-a.

Capricorn ['kæprɪkɔːn] n (constellation, sign) Capricornio.

capsicum ['kæpsɪkəm] n pimiento.

capsize [kæp'saɪz]

1 vi zozobrar.

2 vt hacer zozobrar.

capstan ['kæpstən] n cabrestante m.

capsule ['kæpsjuːl] n cápsula.

Capt ['kæptɪn] abbr (**Captain**) Capitán m; (abbreviation) Cap.

captain ['kæptɪn]

1 n (rank) capitán m; (leader) capitán, -ana.

2 vt capitanear.

captaincy ['kæptɪnsɪ] n capitanía.

caption ['kæpʃən]

1 n (under picture) leyenda, pie m de foto; (short title, headline) título.

2 n CINEM subtítulo.

captivate ['kæptɪveɪt] vt cautivar, fascinar.

captivating ['kæptɪveɪtɪŋ] adj encantador,-ra, cautivador,-ra.

captive ['kæptɪv]

1 adj cautivo,-a.

2 n cautivo,-a.

✦ **to have a captive audience** tener un público obligado (a escuchar).

to hold somebody captive tener a alguien cautivo,-a, mantener a alguien cautivo,-a.

to take somebody captive hacer prisionero,-a a alguien.

captivity [kæp'tɪvɪtɪ] n cautiverio, cautividad f.

✦ **in captivity** en cautiverio.

captor ['kæptəʳ] n captor,-ra.

capture ['kæptʃəʳ]

1 n (seizure - of person) captura, apresamiento; (of town) toma, conquista.

2 vt (seize - person) capturar, apresar; (- town) tomar.

3 vt (gain - share of market) hacerse con; (- votes) conseguir, captar.

4 vt fig (attract - attention, etc) captar, atraer, acaparar; (preserve - mood, etc) captar, reproducir; (on film, in painting, in words) captar, plasmar.

car [kɑːʳ]

1 n AUTO coche m, automóvil m.

2 n US (railway carriage) vagón m, coche m.

✦ **to go by car** ir en coche.

▪ **car bomb** coche m bomba.
car park parking m, aparcamiento.
car wash túnel m de lavado.
dining car coche m restaurante.

carafe [kə'ræf] n garrafa.

caramel ['kærəmel]

1 n CULIN (burnt sugar) azúcar m quemado.

2 n (toffee) caramelo.

caramelise ['kærəmələɪz] vt → **caramelize.**

caramelize ['kærəmələɪz] vt caramelizar.

carapace ['kærəpeɪs] n carapacho, caparazón m.

carat ['kærət] n quilate m.

caravan [kærə'væn]

1 n GB (trailer) caravana, roulotte f.

2 n GB (covered cart) carromato.

3 n (in desert) caravana.

▪ **caravan site** camping m para caravanas.

caravanserai [kærə'vænsəraɪ] n caravansar m.

caravel ['kærəvel] n carabela.

caraway ['kærəweɪ] n BOT alcaravea.

▪ **caraway seed** carvi m.

carbide ['kɑːbaɪd] n carburo.

carbine ['kɑːbaɪn] n carabina.

carbohydrate [kɑːbəʊ'haɪdreɪt] n hidrato de carbono, carbohidrato.

carbolic acid [kɑː'bɒlɪk'æsɪd] n fenol m.

carbon ['kɑːbən] n CHEM carbono.

✦ **to be a carbon copy of somebody/ something** ser un calco de alguien/ algo.

▪ **carbon copy** copia (hecha con papel carbón).
carbon dioxide dióxido de carbono.
carbon monoxide monóxido de carbono.
carbon paper papel m carbón.

carbonate ['kɑːbəneɪt]

1 n carbonato.

2 vt carbonatar.

carbonated ['kɑːbəneɪtɪd] adj (fizzy) gaseoso,-a, con gas.

carboniferous [kɑːbə'nɪfərəs] adj (yielding coal) carbonífero,-a.

Carboniferous [kɑːbə'nɪfərəs] adj GEOL carbonífero,-a.

▪ **the Carboniferous** el carbonífero.

carbonise [ˈkɑːbənaɪz] vt → **carbonize**.

carbonize [ˈkɑːbənaɪz] vt carbonizar.

car-boot sale [kɑːˈbuːtseɪl] n GB tipo de mercadillo donde se venden cosas desde el maletero de los coches.

carboy [ˈkɑːbɔɪ] n garrafón m.

carbuncle [ˈkɑːbʌŋkəl]
1 n MED carbunco.
2 n (gem) granate m.

carburetor [ˈkɑːbəreɪtəʳ] n US carburador m.

carburettor [kɑːbəˈretəʳ] n carburador m.

carcase [ˈkɑːkəs] n → **carcass**.

carcass [ˈkɑːkəs]
1 n (dead animal) res f muerta; (at butcher's) res f abierta en canal; (of cooked bird) huesos mpl.
2 n (frame, shell) armazón f.

carcinogen [kɑːˈsɪnədʒən] n carcinógeno.

carcinogenic [kɑːsɪnəˈdʒenɪk] adj MED cancerígeno,-a, carcinógeno,-a.

carcinoma [kɑːsɪˈnəʊmə] n carcinoma m.

Card [ˈkɑːdɪnəl] abbr (**Cardinal**) Cardenal m; (abbreviation) Card.

card¹ [kɑːd]
1 n (gen) tarjeta: my telephone number is on the card mi número de teléfono está en la tarjeta.
2 n (greetings card) tarjeta de felicitación, felicitación f.
3 n (postcard) tarjeta postal.
4 n (index card) ficha.
5 n (of membership, identity) carnet m, carné m.
6 n (stiff paper) cartulina.
7 n (playing) card carta, naipe m: shuffle the cards and deal them out baraja los naipes y repártelos.
8 cards npl (card-playing) cartas fpl: shall we play cards? ¿jugamos a cartas?
♦ to be on the cards estar previsto,-a.
to get one's cards ser despedido,-a.
to lay one's cards on the table poner las cartas boca arriba, poner las cartas sobre la mesa.
to play one's cards right jugar bien las cartas.
■ card index fichero.
debit card tarjeta de débito.
picture card cromo.
playing card carta, naipe m.

card² [kɑːd]
1 n (for wool) carda.
2 vt cardar.

cardamom [ˈkɑːdəmən] n cardamomo.

cardboard [ˈkɑːdbɔːd] n cartón m.
■ cardboard box caja de cartón.

cardiac [ˈkɑːdɪæk] adj cardíaco,-a.
■ cardiac arrest paro cardíaco.

cardigan [ˈkɑːdɪgən] n rebeca, chaqueta de punto.

cardinal [ˈkɑːdɪnəl]
1 adj (most important) capital, fundamental, principal.
2 n REL cardenal m.
■ cardinal number número cardinal.
cardinal point punto cardinal.
cardinal sin pecado capital.
cardinal virtues virtudes fpl cardinales.

cardiogram [ˈkɑːdɪəgræm] n cardiograma m.

cardiograph [ˈkɑːdɪəgræf] n cardiografía.

cardiography [kɑːdɪˈɒgrəfɪ] n cardiografía.

cardiologist [kɑːdɪˈɒlədʒɪst] n cardiólogo,-a.

cardiology [kɑːdɪˈɒlədʒɪ] n cardiología.

cardiovascular [kɑːdɪəʊˈvæskjələʳ] adj cardiovascular.

cardsharp [ˈkɑːdʃɑːp] n fullero,-a, tramposo,-a.

care [keəʳ]
1 n (attention, carefulness) cuidado, atención f: she drew the picture with great care dibujó el cuadro con mucho cuidado; he should take more care over his handwriting debería cuidar más su letra; take care when driving at night (ten) cuidado al conducir de noche; take care not to burn your fingers ten cuidado de no quemarte los dedos.
2 n (sympathetic concern, protection) cuidado, atención f: old people need a lot of care los ancianos necesitan mucha atención.
3 n (charge, protection, responsibility) cuidado: I left the baby in the care of my mother dejé al bebé al cuidado de mi madre; under the doctor's care al cuidado del médico; we are responsible for children in our care somos responsables de los niños que están a nuestro cargo.
4 n (worry, grief) preocupación f, inquietud f: free of care sin preocupaciones; she hasn't a care in the world no hay nada que le preocupe.
5 vi (be worried, be concerned) preocuparse (about, por), importar: don't you care about the environment? ¿no te preocupa el medio ambiente?; she only cares about her appearance lo único que le preocupa es su aspecto físico; he doesn't care about me no le importo; I don't care no me importa, me da igual; see if I care! ¡me trae sin cuidado!, ¡me da igual!; who cares! ¡y a mí qué!; you can starve for all I care por mí puedes morirte de hambre.
6 vt (feel concern, mind) importar: no-one cares if you're late a nadie le importa si llegas tarde; I don't care what you do no me importa lo que hagas; he

doesn't care what people think no le importa lo que piense la gente.
7 vt fml (like, want) gustar: would you care to dance? ¿te gustaría bailar?
▸ to care for
1 vt insep (look after) cuidar, atender.
2 vt insep (like) gustar; (feel affection for) querer, sentir cariño por.
3 vt insep (in polite offers) apetecer: would you care for a drink? ¿le apetece una copa?
♦ care of ... (on envelopes): Judith Brown, care of Mrs M. Wells Sra. M. Wells (a la atención de Judith Brown). "Handle with care" "Frágil".
not to care less importarle a uno un bledo, traerle a uno sin cuidado.
take care! (be careful) ¡ten cuidado!; (look after yourself) ¡cuídate!
to take care of oneself cuidarse.
to take care of somebody (child) cuidar a/de alguien, estar al cuidado de alguien; (patient) atender a, cuidar de.
to take care of something (business, matters, etc) ocuparse de algo, encargarse de algo; (pet, plant, car, etc) cuidar.
to take somebody into care internar a alguien en un centro de protección de menores.
■ medical care asistencia médica.

career [kəˈrɪəʳ]
1 n (profession) carrera: a career in politics una carrera en (la) política.
2 n (working life) vida profesional.
3 adj de carrera.
4 vi ir a toda velocidad: the car careered off the road el coche salió disparado de la carretera.
■ careers advice orientación f profesional.
careers adviser/careers officer persona que orienta profesionalmente.
career ladder escalafón m.

careerist [kəˈrɪərɪst] n ambicioso,-a, trepa mf.

carefree [ˈkeəfriː] adj despreocupado,-a, libre de preocupaciones.

careful [ˈkeəful]
1 adj (cautious) prudente, cuidadoso,-a: a careful driver un conductor prudente.
2 adj (painstaking) cuidadoso,-a, esmerado,-a: a careful worker un,-a trabajador,-ra cuidadoso,-a; after careful consideration después de considerarlo detenidamente.
♦ to be careful tener cuidado: be careful crossing the street ten cuidado al cruzar la calle; be careful with the plates ten cuidado con los platos; be careful about what you say ten cuidado con lo que dices; be careful not to wake the baby procura no despertar al bebé.
to be careful with one's money (thrifty) ser ahorrador,-ra; (mean) ser tacaño,-a, mirar mucho el dinero.

carefully [ˈkeəfʊlɪ]
1 adv (cautiously) con cuidado, con precaución: **drive carefully** conduce con cuidado.
2 adv (with great attention) cuidadosamente, detenidamente; (painstakingly) con esmero: **think it over carefully** piénsatelo bien; **listen carefully** presta mucha atención.

careless [ˈkeələs] adj (inattentive, thoughtless - person) descuidado,-a, poco cuidadoso,-a; (driving) negligente; (work) dejado,-a, poco cuidado,-a: **he's careless with his money** es muy descuidado con el dinero.
✦ **careless talk costs lives** las indiscreciones cuestan vidas.
■ **careless mistake** descuido.

carelessly [ˈkeələslɪ]
1 adv (inattentively - gen) descuidadamente, a la ligera; (- drive) sin la debida atención, de forma imprudente.
2 adv (unconcernedly) despreocupadamente.

carelessness [ˈkeələsnəs]
1 n (lack of attention) descuido, negligencia, falta de atención.
2 n (lack of concern) despreocupación f.

carer [ˈkeərəʳ] n persona encargada de cuidar a alguien.

caress [kəˈres]
1 n caricia.
2 vt acariciar.

caretaker [ˈkeəteɪkəʳ] n conserje m, portero,-a.
■ **caretaker government** gobierno provisional.

cargo [ˈkɑːɡəʊ] n (goods) carga; (load) cargamento.
■ **cargo ship** buque m de carga, carguero.
▲ pl **cargoes** o **cargos**.

Caribbean [kærɪˈbɪən, US kəˈrɪbɪən] adj caribeño,-a.
■ **the Caribbean (Sea)** el (mar) Caribe.

caribou [ˈkærɪbuː] n caribú m.

caricature [ˈkærɪkətjʊəʳ]
1 n caricatura.
2 vt caricaturizar.

caricaturist [ˈkærɪkətjʊərɪst] n caricaturista mf.

caries [ˈkeərɪz] n caries f.

caring [ˈkeərɪŋ] adj (kind) bondadoso,-a, comprensivo,-a, atento,-a; (loving) cariñoso,-a, afectuoso,-a.
■ **caring professions** profesiones fpl de vocación social.

carjacking [ˈkɑːdʒækɪŋ] n robo de coche.

carload [ˈkɑːləʊd] n coche m lleno: **they came back from France with a carload of beer** volvieron de Francia con el coche lleno de cerveza.

carmine [ˈkɑːmaɪn]
1 n (color m) carmín m.
2 adj (de color) carmín.

carnage [ˈkɑːnɪdʒ] n carnicería, matanza.

carnal [ˈkɑːnəl] adj carnal.

carnation [kɑːˈneɪʃən] n clavel m.

carnival [ˈkɑːnɪvəl] n carnaval m.

carnivore [ˈkɑːnɪvɔːʳ] n carnívoro,-a.

carnivorous [kɑːˈnɪvərəs] adj carnívoro,-a.

carob [ˈkærəb] n BOT (bean) algarroba; (tree) algarrobo.

carol [ˈkærəl] n villancico.

Carolina [kærəˈlaɪnə] n Carolina.
■ **North Carolina** Carolina del Norte. **South Carolina** Carolina del Sur.

carom [ˈkærəm] n US carambola.

carotene [ˈkærətiːn] n caroteno, carotina.

carousel [kærəˈsel]
1 n US (roundabout) tiovivo, caballitos mpl, carrusel m.
2 n (for baggage) cinta transportadora.
3 n (for slides) carrete m de diapositivas.

carp¹ [kɑːp] n (fish) carpa.

carp² [kɑːp] vi (complain) quejarse (about/at, de).

Carpathians [kɑːˈpeɪðɪənz] **the Carpathians** n los (montes mpl) Cárpatos.

carpenter [ˈkɑːpɪntəʳ] n carpintero,-a.

carpentry [ˈkɑːpɪntrɪ] n carpintería.

carpet [ˈkɑːpɪt]
1 n (gen) alfombra; (fitted) moqueta.
2 n fig alfombra.
3 vt alfombrar, enmoquetar.
4 vt fig cubrir, alfombrar.
5 vt fam (reprimand) echarle una bronca a.
✦ **to be on the carpet** caerle a uno una buena.
to sweep something under the carpet correr un velo sobre algo, echar tierra encima de algo.
■ **carpet slippers** zapatillas fpl.
carpet sweeper cepillo mecánico (para alfombras).

carpeting [ˈkɑːpɪtɪŋ] n alfombrado.

carport [ˈkɑːpɔːt] n cobertizo para coches.

carriage [ˈkærɪdʒ]
1 n HIST (horse-drawn) carruaje m.
2 n GB (railway vehicle) vagón m, coche m.
3 n (of typewriter) carro; (of gun) cureña.
4 n (cost of transport) porte m, transporte m.
5 n dated (bearing, deportment) porte m.
✦ **carriage forward** cobro al destinatario.
carriage free franco de porte, sin porte.
carriage paid porte pagado.
■ **carriage clock** reloj m de mesa.

carriageway [ˈkærɪdʒweɪ] n GB calzada: **northbound carriageway** calzada en dirección norte.

carrier [ˈkærɪəʳ]
1 n (company, person) transportista mf.
2 n AV compañía aérea, línea aérea.
3 n MED (of disease) portador,-ra.
4 n (on bicycle) cesta, canasta.
■ **aircraft carrier** MAR portaaviones m.
carrier bag bolsa de papel, bolsa de plástico.
carrier pigeon paloma mensajera.

carrion [ˈkærɪən] n carroña.

carrot [ˈkærət]
1 n (vegetable) zanahoria.
2 n fig incentivo, aliciente m, estímulo.

carroty [ˈkærətɪ] adj (hair) rojizo,-a.

carrousel [kærəˈsel]
1 n (roundabout) tiovivo, carrusel.
2 n (for baggage reclaim) cinta.

carry [ˈkærɪ]
1 vt (take, bear - gen) llevar; (- money, passport, gun, etc) llevar (encima).
2 vt (transport - goods, load, passengers) transportar, acarrear.
3 vt (conduct, convey - water, oil, blood) llevar; (- electricity) conducir.
4 vt (disease) ser portador,-ra de.
5 vt ARCH (support - weight) soportar, sostener.
6 vt (take - blame, responsibility) cargar con.
7 vt (entail, involve - responsibility) conllevar; (- penalty, consequences) implicar, conllevar.
8 vt (vote, bill, motion, etc) aprobar.
9 vt COMM (have for sale) tener, vender.
10 vt (news, story, report, etc) traer, publicar.
11 vt (be pregnant with) estar embarazada de.
12 vt MATH llevar(se).
13 vi (sound, voice) oírse, tener alcance.
▶ **to carry forward/carry over** vt sep llevar a la columna siguiente, llevar a la página siguiente: **carry this figure forward to the next page** lleva esta cifra a la página siguiente.
to carry off
1 vt sep (part, action, duty) realizar con éxito, salir airoso,-a de: **she carried the speech off well** salió airosa del discurso.
2 vt sep (prize) llevarse, hacerse con.
to carry on
1 vt insep (continue) continuar con, seguir con; (conversation) mantener.
2 vi continuar, seguir.
3 vi fam (make a fuss) hacer una escena, montar un número.
4 vi fam (have an affair) tener un lío.
to carry on with
1 vt insep (have affair with) estar liado,-a con.
2 vt insep (continue) seguir con.
to carry out vt sep (plan, work) llevar a cabo, realizar; (test) verificar; (fulfil - order, threat, promise) cumplir; (- duty) cumplir con.
to carry through vt sep (plan etc) llevar a cabo.

◆ **carried forward** suma y sigue.
to carry coals to Newcastle llevar leña al monte.
to carry the can for something pagar el pato.
to carry weight (with somebody) *fig* tener importancia: my opinion doesn't carry much weight mi opinión no cuenta para mucho.
to get carried away exaltarse, desmadrarse.
▲ *pt & pp* carried, *ger* carrying.

carryall ['kærɪɔːl] *n US* bolsa de viaje.

carrycot ['kærɪkɒt] *n* capazo (de bebé).

carryings-on [kærɪɪŋz'ɒn] *npl fam (affairs)* enredos *mpl*, líos *mpl*; *(noisy behaviour)* escándalo.

carry-on [kærɪ'ɒn] *n GB fam* lío, jaleo, follón *m*.

carry-out ['kærɪaʊt]
1 *n US (food)* comida para llevar.
2 *n (drink)* bebida para llevar.

carsick ['kɑːsɪk] *adj* mareado,-a (al ir en coche).
◆ **to get carsick** marearse en coche.

cart [kɑːt]
1 *n (horse-drawn)* carro, carreta; *(handcart)* carretilla.
2 *n US (for shopping)* carrito, carro.
3 *vt (carry in cart)* carretear, transportar.
4 *vt fam (carry in hands)* llevar: I've been carting this umbrella around all day he llevado el paraguas arriba y abajo todo el día; they carted him off to the police station se lo llevaron a la comisaría.
◆ **to put the cart before the horse** empezar la casa por el tejado.
■ **cart track** camino de carros.

carte blanche [kɑːt'blɑːntʃ] *n* carta blanca.

cartel [kɑː'tel] *n* cártel *m*.

Cartesian [kɑː'tiːʒən] *adj* cartesiano,-a.

Carthage ['kɑːθɪdʒ] *n* Cartago.

Carthaginian [kɑːθə'dʒɪnɪən]
1 *adj* cartaginense.
2 *n* cartaginense *mf*.

carthorse ['kɑːθɔːs] *n* caballo de tiro.

Carthusian [kɑː'θjuːʒən]
1 *adj* cartujo,-a, cartujano,-a.
2 *n* cartujo,-a, cartujano,-a.

cartilage ['kɑːtɪlɪdʒ] *n* cartílago.

cartilaginous [kɑːtɪ'lædʒɪnəs] *adj* cartilaginoso,-a.

cartload ['kɑːtləʊd] *n* carretada.

cartographer [kɑː'tɒgrəfə'] *n* cartógrafo,-a.

cartographic [kɑːtə'græfɪk] *adj* cartográfico,-a.

cartographical [kɑːtə'græfɪkəl] *adj* cartográfico,-a.

cartography [kɑː'tɒgrəfɪ] *n* cartografía.

carton ['kɑːtən] *n (of cream, yoghurt)* bote *m*; *(of milk, juice, cigarettes)* cartón *m*; *(of cereals etc)* caja.

cartoon [kɑː'tuːn]
1 *n (drawing)* viñeta, chiste *m*; *(strip)* tira cómica, historieta.
2 *n (animated)* dibujos *mpl* animados.
3 *n ART* cartón *m*.

cartoonist [kɑː'tuːnɪst]
1 *n (of drawings)* dibujante *mf*, humorista *mf* gráfico,-a.
2 *n (of animations)* dibujante *mf* de dibujos animados.

cartridge ['kɑːtrɪdʒ]
1 *n MIL* cartucho.
2 *n (for record-player)* portaagujas *m*; *(for pen)* recambio; *(for magnetic tape)* cartucho; *(for camera)* carrete *m*.
■ **cartridge belt** canana, cartuchera.
cartridge paper papel *m* de dibujo.

cartwheel ['kɑːtwiːl]
1 *n (sideways somersault)* voltereta lateral, rueda.
2 *n (wheel of cart)* rueda (de carreta).
3 *vi* hacer volteretas (laterales).
◆ **to do a cartwheel** hacer la rueda, hacer una voltereta lateral.

cartwright ['kɑːtraɪt] *n* carretero.

carve [kɑːv]
1 *vt (wood, stone)* tallar; *(statue etc)* esculpir; *(initials)* grabar: this statue was carved from stone esta estatua está esculpida en piedra.
2 *vt (meat)* cortar, trinchar.
3 *vi* trinchar la carne, cortar la carne.
▶ **to carve out** *vt sep fig (reputation)* forjarse; *(name)* hacerse.
to carve up *vt sep (divide)* dividir, repartir.

carver ['kɑːvə']
1 *n (of wood)* tallista *mf*; *(of stone)* escultor,-ra.
2 *n (knife)* trinchante *m*, cuchillo de trinchar.

carving ['kɑːvɪŋ] *n (of wood)* talla, tallado; *(of stone)* escultura.
■ **carving knife** trinchante *m*.

cascade [kæs'keɪd]
1 *n* cascada.
2 *vi* caer en cascada.

case¹ [keɪs]
1 *n (instance, situation, circumstances)* caso: it was a case of mistaken identity fue un caso de identificación equivocada; that's not the case no es así; in your case en tu caso.
2 *n (problem)* caso: an extreme case of food poisoning un caso extremo de intoxicación por alimentos; a hopeless case un caso perdido; a borderline case un caso límite.
3 *n JUR (lawsuit)* causa, litigio, pleito; *(set of arguments)* argumentos *mpl*, razones *fpl*: he won his case ganó el pleito; you have a good case tus argumentos son buenos.
4 *n LING* caso.
5 *n fam (person)* caso.
◆ **a case in point** un buen ejemplo.

as the case may be según (sea) el caso.
in any case en todo caso, en cualquier caso.
in case ... por si ..., en caso de que ...: in case it rains por si llueve.
in case of something en caso de algo.
in no case bajo ninguna circunstancia, en ninguna circunstancia.
in that case en ese caso.
to make out a case for something exponer los argumentos en favor de algo.
■ **case history** *MED* historial *m* clínico.
case law *JUR* jurisprudencia.
case study estudio, trabajo.
the case for the defence la defensa.
the case for the prosecution la acusación *f*.

case² [keɪs]
1 *n (suitcase)* maleta.
2 *n (box)* caja, cajón *m*; *(small, hard container)* estuche *m*; *(soft container)* funda: a case of wine una caja de botellas de vino.
3 *n (in printing)* caja: lower case caja baja, minúscula; upper case caja alta, mayúscula.
◆ **to case the joint** *sl* reconocer el terreno (antes de cometer un robo).

casein ['kæseɪn] *n* caseína.

caseload ['keɪsləʊd] *n* número de casos.

casement window ['keɪsməntwɪndəʊ] *n* ventana de bisagras.

casework ['keɪswɜːk] *n* asistencia social que trata el estudio de casos individuales.

caseworker ['keɪswɜːkə'] *n* asistente,-a social.

cash [kæʃ]
1 *n (notes and coins)* dinero (en) efectivo, metálico.
2 *n fam (money)* dinero: I'm a bit short of cash ando algo corto de dinero, ando escaso de dinero.
3 *vt (cheque)* cobrar, hacer efectivo.
▶ **to cash in** *vi* sacar provecho (on, de).
to cash up *vi* hacer caja.
◆ **cash down** a toca teja, al contado.
cash on delivery entrega contra reembolso.
to pay cash/pay in cash pagar al contado, pagar en efectivo.
■ **cash and carry** *(shop)* almacén *m* de venta al por mayor.
cash crop cultivo industrial, cultivo comercial.
cash desk caja.
cash dispenser cajero automático.
cash flow movimiento de efectivo, flujo de efectivo.
cash register caja registradora.
cash sale venta al contado.

cash-and-carry [kæʃən'kærɪ]
1 *adj* de venta al por mayor.
2 *adv* de venta al por mayor.

cashew [kəˈʃuː] **cashew (nut)** *n* anacardo.

cashier[1] [kæˈʃɪəʳ] *n* cajero,-a.

cashier[2] [kæˈʃɪəʳ] *vt* MIL dar de baja.

cashmere [kæʃˈmɪəʳ]
1 *n* cachemir *m*, cachemira.
2 *adj* de cachemir, de cachemira.

casino [kəˈsiːnəʊ] *n* casino.
▲ *pl* casinos.

cask [kɑːsk] *n* tonel *m*, barril *m*.

casket [ˈkɑːskɪt]
1 *n (box)* cofre *m*.
2 *n (coffin)* ataúd *m*.

Caspian Sea [ˈkæspɪənˈsiː] *n* mar *m* Caspio.

cassava [kəˈsɑːvə] *n* mandioca.

casserole [ˈkæsərəʊl]
1 *n (dish)* cazuela.
2 *n (food)* guiso, guisado: chicken casserole pollo a la cazuela.
3 *vt* guisar.

cassette [kəˈset] *n* casete *f*.
▪ **cassette deck** platina.
cassette player/cassette recorder casete *m*.

cassock [ˈkæsək] *n* sotana.

cassowary [ˈkæsəwərɪ] *n* casuario.

cast [kɑːst]
1 *n (throw)* lanzamiento.
2 *n* THEAT reparto.
3 *n* TECH *(mould)* molde *m*; *(product)* pieza.
4 *n* ART *(product)* vaciado.
5 *vt (throw - gen)* lanzar, arrojar, tirar; *(- fishing line)* lanzar; *(- net)* echar; *(- dice)* tirar, echar.
6 *vt (shadow, light)* proyectar.
7 *vt (vote)* emitir.
8 *vt* THEAT *(play)* hacer el reparto de; *(part, role)* asignar el papel a, dar el papel de.
9 *vt (shed - snake's skin)* mudar, mudar de; *(horse's shoe)* perder.
10 *vt* TECH fundir.
11 *vt* ART vaciar.
▸ **to cast about for/cast around for** *vt insep* buscar, andar buscando.
to cast aside *vt sep (person)* abandonar; *(inhibitions, doubts, etc)* desechar, descartar.
to cast off
1 *vt sep (clothes)* desechar; *(person)* dejar, abandonar; *(stitch)* cerrar.
2 *vi (in knitting)* cerrar los puntos.
3 *vi* MAR soltar amarras.
to cast on *vi*
1 *vi (in knitting)* montar los puntos.
2 *vt sep (stitch)* montar.
to cast out *vt sep fml* expulsar.
✦ **to be cast away** naufragar.
to cast a shadow on something *fig* ensombrecer algo.
to cast a spell on something/somebody hechizar algo/a alguien.
to cast doubts on something poner algo en duda.

to cast one's eye over something echar un vistazo a algo, echar una ojeada a algo.
to cast one's mind back to something tratar de recordar algo.
to cast somebody in a different light mostrar a alguien de manera distinta.
to cast suspicion on somebody levantar sospechas sobre alguien.
to have a cast in one's eye ser algo bizco,-a.
▪ **cast iron** hierro colado.
▲ *pt & pp* cast.

castanets [kæstəˈnets] *npl* castañuelas *fpl*.

castaway [ˈkɑːstəweɪ] *n* náufrago,-a.

caste [kɑːst] *n* casta.

caster [ˈkɑːstəʳ] *n (wheel)* ruedecilla.
▪ **caster sugar** azúcar *m* extrafino.

castigate [ˈkæstɪɡeɪt] *vt fml* castigar.

Castile [kæˈstiːl] *n* Castilla.
▪ **New Castile** Castilla la Nueva.
Old Castile Castilla la Vieja.

Castilian [kæˈstɪlɪən]
1 *adj* castellano,-a.
2 *n (person)* castellano,-a.
3 *n (language)* castellano.

casting [ˈkɑːstɪŋ]
1 *n* TECH *(process)* fundición *f*; *(object)* pieza fundida.
2 *n* ART vaciado.
3 *n* THEAT *(selection)* selección *f*, casting *m*, reparto de papeles.
▪ **casting vote** voto de calidad.

cast-iron [ˈkɑːstaɪən]
1 *adj* de hierro fundido, de hierro colado.
2 *adj fig (constitution, stomach)* de hierro; *(will)* férreo,-a; *(alibi)* a toda prueba; *(evidence)* irrefutable; *(guarantee, promise)* sólido,-a.

castle [ˈkɑːsəl]
1 *n (gen)* castillo.
2 *n (chess)* torre *f*.
3 *vi (chess)* enrocar.
▪ **castles in the air** castillos *mpl* en el aire.

cast-off [ˈkɑːstɒf] *adj* desechado,-a.

castoffs [ˈkɑːstɒfs] *npl (clothes)* ropa desechada.

castor[1] [ˈkɑːstəʳ] *n* → caster.

castor[2] [ˈkɑːstəʳ] *n* ZOOL castor *m*.
▪ **castor oil** aceite *m* de ricino.

castrate [kæˈstreɪt] *vt* castrar, capar.

castration [kæˈstreɪʃən] *n* castración *f*.

casual [ˈkæʒʊəl]
1 *adj (chance - visit, visitor)* ocasional; *(- meeting)* fortuito,-a, casual.
2 *adj (unconcerned)* despreocupado,-a; *(irresponsible)* descuidado,-a, informal: a casual remark un comentario hecho de pasada.
3 *adj (superficial)* superficial; *(glance)* rápido,-a; *(reader)* ocasional: a casual acquaintance un,-a conocido,-a.

4 *adj (informal)* informal; *(clothes)* (de) sport, informal, desenfadado,-a.
5 *adj (labour)* eventual, ocasional; *(worker)* eventual.
▪ **casual wear** ropa de sport.

casually [ˈkæʒʊəlɪ]
1 *adv (dress)* de manera informal, informalmente.
2 *adv (unconcernedly)* despreocupadamente; *(indifferently)* con indiferencia.
3 *adv (employed)* de forma eventual.

casualty [ˈkæʒʊəltɪ]
1 *n* MIL baja.
2 *n (of accident)* herido,-a.
3 *n fig* víctima.
4 *n* casualties *npl* pérdidas *fpl*.
▪ **casualty department** departamento de traumatología.
▲ *pl* casualties.

casuistry [ˈkæzjʊɪstrɪ] *n* casuística.

cat [kæt] *n (domestic)* gato,-a; *(lion, tiger)* felino,-a: the cat family los felinos.
✦ **has the cat got your tongue?** ¿te ha comido la lengua el gato?
there's not enough room to swing a cat in here no cabe ni un alfiler.
to be like a cat on hot bricks/be like a cat on a hot tin roof estar sobre ascuas.
to let the cat out of the bag descubrir el pastel.
to play cat and mouse with somebody jugar al gato y al ratón con alguien.
to put the cat among the pigeons meter los perros en danza, provocar un revuelo.
to think one is the cat's whiskers creerse el ombligo del mundo.
when the cat's away, the mice will play cuando el gato duerme, bailan los ratones.
▪ **cat burglar** ladrón,-ona que escala edificios.

cataclysm [ˈkætəklɪzəm] *n* cataclismo.

catacombs [ˈkætəkuːm] *n* catacumbas *fpl*.

Catalan [ˈkætəlæn]
1 *adj* catalán,-ana.
2 *n (person)* catalán,-ana.
3 *n (language)* catalán *m*.

catalepsy [ˈkætəlepsɪ] *n* catalepsia.

cataleptic [kætəˈleptɪk] *adj* cataléptico,-a.

catalog [ˈkætəlɒɡ] *n* US → catalogue.

catalogue [ˈkætəlɒɡ]
1 *n* catálogo.
2 *vt* catalogar.

Catalonia [kætəˈləʊnɪə] *n* Cataluña.

Catalonian [kætəˈləʊnɪən] *adj* → Catalan.

catalpa [kəˈtælpə] *n* catalpa.

catalyse [ˈkætəlaɪz] *vt* catalizar.

catalysis [kəˈtælɪsɪs] *n* catálisis *f*.

catalyst [ˈkætəlɪst] *n* catalizador *m*.

catalyze [ˈkætəlaɪz] *vt* US catalizar.

catamaran [ˌkætəməˈræn] *n* catamarán *m*.

catapult [ˈkætəpʌlt]
1 *n (for aircraft)* catapulta (de lanzamiento).
2 *n (toy)* tirador *m*, tiragomas *m*, tirachinas *m*.
3 *vt* catapultar.
4 *vi* salir disparado,-a.

cataract [ˈkætərækt]
1 *n (waterfall)* catarata; *(in river)* rápido.
2 *n MED* catarata.
✦ **to have a cataract operation** operarse de cataratas.

catarrh [kəˈtɑːʳ] *n* catarro.

catastrophe [kəˈtæstrəfɪ] *n* catástrofe *f*.

catastrophic [ˌkætəˈstrɒfɪk] *adj* catastrófico,-a.

catcall [ˈkætkɔːl]
1 *n* silbido.
2 catcalls *npl* silbas *fpl*, abucheos *mpl*.

catch [kætʃ]
1 *n (of ball)* parada.
2 *n (of fish)* presa.
3 *n fam (difficulty)* pega, trampa.
4 *n (fastener on door)* pestillo.
5 *vt (grasp, take hold of)* coger, agarrar; *(capture, trap)* coger, atrapar; *(fish)* pescar: **the cat caught a mouse** el gato atrapó un ratón; **bet you can't catch me!** ¡a que no me coges!
6 *vt (surprise)* pillar, sorprender, coger, pescar; *(catch up with)* alcanzar, pillar: **they were caught trying to steal a car** los pillaron intentando robar un coche; **I got caught in a traffic jam** me cogió un atasco.
7 *vt (train, plane - take)* coger, tomar; *(- be in time for)* alcanzar: **I just caught the last train** cogí el último tren con el tiempo justo.
8 *vt fam (manage to see, hear, attend)* pescar: **we caught the end of the news** pescamos el final de las noticias; **I'll catch you later** te veré luego.
9 *vt (hear, understand)* oír, entender, captar: **sorry, I didn't quite catch that** perdona, no lo he entendido bien.
10 *vt (entangle, get stuck - clothes, hair)* engancharse; *(- fingers)* pillarse.
11 *vt (become infected with)* contagiarse de, contraer.
12 *vt (hit)* dar con, darse con: **he caught his head on the ceiling** se dio con la cabeza en el techo.
13 *vt (mood, likeness, etc)* captar, reflejar.
14 *vi (take hold of)* coger.
15 *vi (sleeve etc)* engancharse (**on**, en).
16 *vi (burn)* prender.
▶ **to catch on**
1 *vi (understand)* entender, darse cuenta (**to**, de).
2 *vi (become popular)* ponerse de moda, imponerse.

to catch out
1 *vt sep (doing something wrong)* pillar, coger, pescar, sorprender; *(trick)* hacer que uno caiga.
2 *vt sep SP (in cricket)* eliminar.

to catch up
1 *vt sep (person)* alcanzar.
2 *vi (with news, studies, work)* ponerse al día; *(with person, country)* alcanzar: **he's staying late to catch up on some work** se queda hasta tarde para ponerse al día con el trabajo; **she needs to catch up on some sleep** necesita recuperar el sueño perdido.
✦ **to be a good catch** *(boyfriend, girlfriend)* ser un buen partido.
to be caught out by something ser sorprendido,-a por algo.
to be caught up in something verse envuelto,-a en algo, estar envuelto,-a en algo.
to catch a cold resfriarse, coger un resfriado.
to catch hold of something agarrar algo, echar mano a algo.
to catch it ganarse una bronca.
to catch one's breath sostener la respiración.
to catch one's death (of cold) coger una pulmonía doble.
to catch somebody napping coger a alguien desprevenido,-a.
to catch somebody red-handed coger a alguien con las manos en la masa, coger a alguien in fraganti.
to catch somebody with their trousers down coger a alguien in fraganti.
to catch somebody's attention/eye atraer la atención de alguien, captar la atención de alguien.
to catch sight of something/somebody/catch a glimpse of something/somebody entrever algo/a alguien.
to get caught up in something verse envuelto,-a en algo.
▲ *pt & pp* **caught** [kɔːt].

catcher [ˈkætʃəʳ] *n SP* receptor,-ra, cátcher *mf*.

catching [ˈkætʃɪŋ] *adj (contagious)* contagioso,-a.

catchment area [ˈkætʃməntɛərɪə]
1 *n (of school, hospital, etc)* zona de captación.
2 *n GEOG* cuenca.

catchword [ˈkætʃwɜːd] *n* eslogan *m*.

catchy [ˈkætʃɪ] *adj* pegadizo,-a.
▲ *comp* **catchier**, *superl* **catchiest**.

catechism [ˈkætəkɪzəm] *n* catecismo.

categoric [ˌkætəˈgɒrɪk] *adj* categórico,-a.

categorical [ˌkætəˈgɒrɪkəl] *adj* categórico,-a.

categorically [ˌkætəˈgɒrɪkəlɪ] *adv* categóricamente.

categorise [ˈkætəgəraɪz] *vt* → **categorize**.

categorize [ˈkætəgəraɪz] *vt* clasificar.

category [ˈkætəgərɪ] *n* categoría.
▲ *pl* **categories**.

cater [ˈkeɪtəʳ] *vi (food)* proveer comida (**for**, para).
▶ **to cater for** *vt insep (needs, interests, tastes)* atender a, satisfacer: **a magazine that caters for young people** una revista dirigida a jóvenes.
to cater to *vt insep (desires, needs, demands, etc)* satisfacer.

caterer [ˈkeɪtərəʳ] *n* proveedor,-ra.

catering [ˈkeɪtərɪŋ] *n (business, course)* hostelería; *(service)* catering *m*.
✦ **to do the catering** encargarse del catering, encargarse del servicio de comida y bebida.

caterpillar [ˈkætəpɪləʳ] *n* oruga.

catfish [ˈkætfɪʃ] *n* barbo.

catgut [ˈkætgʌt] *n (cord)* cuerda de tripa.

Cath [ˈkæθəlɪk] *abbr* (**Catholic**) católico,-a.

catharsis [kəˈθɑːsɪs] *n* catarsis *f*.
▲ *pl* **catharses** [kəˈθɑːsiːz].

cathartic [kəˈθɑːtɪk] *adj* catártico,-a.

cathedral [kəˈθiːdrəl] *n* catedral *f*.
cathedral city ciudad catedralicia.

Catherine wheel [ˈkæθrɪnwiːl] *n* rueda.

catheter [ˈkæθətəʳ] *n* catéter *m*.

cathode [ˈkæθəʊd] *n* cátodo.
■ **cathode ray** rayo catódico.

Catholic [ˈkæθəlɪk]
1 *adj REL* católico,-a.
2 *n REL* católico,-a.

catholic [ˈkæθəlɪk] *adj (views)* liberal; *(interests)* amplio,-a y variado,-a: **we have a catholic taste in music** nos gusta todo tipo de música.

Catholicism [kəˈθɒlɪsɪzəm] *n REL* catolicismo.

Catholicise [kəˈθɒlɪsaɪz] *vt* → **Catholicize**.

Catholicize [kəˈθɒlɪsaɪz] *vt* catolizar.

catkin [ˈkætkɪn] *n BOT* candelilla, amento.

catnap [ˈkætnæp] *n fam* siestecita, cabezada.
✦ **to have a catnap** echar una siestecita, echar una cabezada.

Catseye [ˈkætsaɪ] *n GB* catafaro.

catsuit [ˈkætsuːt] *n GB* prenda ajustada que cubre todo el cuerpo.

cattery [ˈkætərɪ] *n* residencia para gatos.
▲ *pl* **catteries**.

cattle [ˈkætəl] *npl* ganado (vacuno): **fifty head of cattle** cincuenta cabezas de ganado, cincuenta reses.
■ **cattle breeding** ganadería.
cattle market feria de ganado.
cattle shed cobertizo para ganado.

cattle-grid [ˈkætəlgrɪd] *n* reja en la calzada para impedir que pase el ganado.

catty [ˈkætɪ] *adj (remark)* malicioso,-a, malintencionado,-a; *(person)* malicioso,-a, rencoroso,-a, malo,-a.
▲ *comp* **cattier**, *superl* **cattiest**.

catwalk [ˈkætwɔːk] *n* pasarela.

Caucasia [kɔːˈkeɪʒə] *n* el Cáucaso.

Caucasian [kɔːˈkeɪʒən]
1 *adj (race)* caucásico,-a.
2 *adj GEOG* caucáseo,-a, caucasiano,-a.
3 *n (race)* caucásico,-a.

Caucasus [ˈkɔːkəsəs]
1 the **Caucasus** *n (region)* el Cáucaso.
2 *n (mountains)* las montañas del Cáucaso.

caucus [ˈkɔːkəs]
1 *n GB* comité *m*.
2 *n US* reunión *f* del comité central.

caught [kɔːt] *pt & pp* → **catch.**

cauldron [ˈkɔːldrən] *n* caldero.

cauliflower [ˈkɒlɪflaʊəʳ] *n* coliflor *f*.
▪ **cauliflower cheese** coliflor *f* con bechamel.
cauliflower ear oreja deformada.

caulk [kɔːk] *vt* calafatear.

causal [ˈkɔːzəl] *adj* causal.

causality [kɔːˈzælɪtɪ] *n* causalidad *f*.

cause [kɔːz]
1 *n (origin)* causa: we still do not know the cause of the accident todavía desconocemos la causa del accidente.
2 *n (reason, grounds)* razón *f*, motivo: you have cause for complaint tienes motivos para quejarte; there's no cause for alarm no hay por qué asustarse; without good cause sin motivo justificado.
3 *n (principle, movement)* causa: it's for a good cause es para una buena causa.
4 *n JUR* causa, pleito.
5 *vt* causar.
✦ to **cause somebody to do something** hacer que alguien haga algo.

causeway [ˈkɔːzweɪ] *n (road)* carretera elevada.

caustic [ˈkɔːstɪk]
1 *adj CHEM* cáustico,-a.
2 *adj fig* cáustico,-a, mordaz.
▪ **caustic soda** sosa cáustica.

cauterisation [kɔːtəraɪˈzeɪʃən] *n* → **cauterization.**

cauterise [ˈkɔːtəraɪz] *vt* → **cauterize.**

cauterization [kɔːtəraɪˈzeɪʃən] *n* cauterización *f*.

cauterize [ˈkɔːtəraɪz] *vt* cauterizar.

caution [ˈkɔːʃən]
1 *n (care, prudence)* cautela, precaución *f*, prudencia: proceed with caution procedan con cautela.
2 *n (warning)* aviso, advertencia.
3 *n GB (from judge etc)* advertencia, reprensión *f*.
4 *vt (warn)* advertir: they cautioned her against accepting lifts from strangers le advirtieron que no subiera a coches de desconocidos.
5 *vt GB (judge etc)* amonestar.

✦ to **caution against something** desaconsejar algo.

cautionary [ˈkɔːʃənərɪ] *adj* aleccionador,-ra: a cautionary tale un cuento con moraleja.

cautious [ˈkɔːʃəs] *adj* cauteloso,-a, prudente, cauto,-a.

cautiously [ˈkɔːʃəslɪ] *adv* cautelosamente.

cautiousness [ˈkɔːʃəsnəs] *n* cautela, precaución *f*, prudencia.

cavalcade [kævəlˈkeɪd] *n (procession - gen)* desfile *m*; *(- on horseback)* cabalgata.

cavalier [kævəˈlɪəʳ]
1 *n* caballero.
2 *adj* arrogante, indiferente.

cavalry [ˈkævəlrɪ] *n* caballería.
▲ *pl* **cavalries.**

cavalryman [ˈkævəlrɪmən] *n* soldado de caballería.

cave [keɪv] *n* cueva.
▶ to **cave in** *vi (roof etc)* hundirse, derrumbarse; *(opposition etc)* ceder.
▪ **cave dweller** cavernícola *mf*, troglodita *mf*.
cave painting pintura rupestre.

caveat [ˈkævɪæt] *n (warning)* advertencia, salvedad *f*.

caveman [ˈkeɪvmæn] *n* cavernícola *m*, troglodita *m*, hombre *m* de las cavernas.

cavern [ˈkævən] *n* caverna.

cavernous [ˈkævənəs] *adj* cavernoso,-a.

caviar [ˈkævɪɑːʳ] *n* caviar *m*.

caviare [ˈkævɪɑːʳ] *n* caviar *m*.

cavil [ˈkævɪl] *vi* poner reparos (**about/at**, a).
▲ *pt & pp* **cavilled** *(US* **caviled)**, *ger* **cavilling** *(US* **caviling).**

caving [ˈkeɪvɪŋ] *n* espeleología.
✦ to **go caving** hacer espeleología.

cavity [ˈkævɪtɪ]
1 *n (hole)* cavidad *f*.
2 *n (in tooth)* caries *f*.
▪ **cavity wall** pared *f* de tabique doble, pared *f* con cámara de aire.
▲ *pl* **cavities.**

cavort [kəˈvɔːt] *vi* retozar.

caw [kɔː]
1 *n* graznido.
2 *vi* graznar.

cayenne [keɪˈen] **cayenne (pepper)** *n* pimienta de cayena.

cayman [ˈkeɪmən] *n* caimán *m*.
▪ **Cayman Islands** Islas *fpl* Cayman.

CBI [ˈsiːbiːˈaɪ] *abbr GB* (**Confederation of British Industry**) confederación británica de organizaciones empresariales.

CBS [ˈsiːbiːˈes] *abbr US* (**Columbia Broadcasting System**) sociedad norteamericana de radiodifusión; *(abbreviation)* CBS.

cc¹ [ˈsiːˈsiː] *abbr* (**cubic centimetre**) centímetro cúbico; *(abbreviation)* cc.

cc² [ˈsiːˈsiː] *abbr* (**carbon copy**) copia a papel carbón.

CD [ˈsiːˈdiː] *abbr* (**compact disc**) disco compacto; *(abbreviation)* CD *m*.

Cdr [kəˈmɑːndəʳ] *abbr* (**Commander**) Comandante *m*; *(abbreviation)* Cte.

Cdre [ˈkɒmədɔːʳ] *abbr* (**Commodore**) Comodoro.

CD-ROM [ˈsiːˈdiːˈrɒm] *abbr* (**compact disc read-only memory**) CD-ROM *m*.

CE [ˈsiːəvˈiː] *abbr* (**Church of England**) Iglesia Anglicana.

cease [siːs]
1 *vt (production etc)* suspender.
2 *vi* cesar.
✦ to **cease fire** *MIL* cesar el fuego.
to **cease to do something** dejar de hacer algo.
without cease sin cesar.

cease-fire [ˈsiːsˈfaɪəʳ] *n* alto el fuego.

ceaseless [ˈsiːsləs] *adj* incesante.

cecum [ˈsiːkəm] *n US* ciego, intestino ciego.

cedar [ˈsiːdəʳ] *n BOT* cedro.

cedarwood [ˈsiːdəwʊd] *n* (madera de) cedro.

cede [siːd] *vt* ceder.

cedilla [səˈdɪlə] *n LING* cedilla.

ceiling [ˈsiːlɪŋ]
1 *n (of room)* techo.
2 *n (upper limit)* tope *m*, límite *m*.
✦ to **hit the ceiling** ponerse histérico,-a, poner el grito en el cielo.

celebrate [ˈselɪbreɪt]
1 *vt* celebrar, festejar.
2 *vt REL* celebrar.
3 *vi* divertirse: let's celebrate! ¡vamos a celebrarlo!

celebrated [ˈselɪbreɪtɪd] *adj* célebre, famoso,-a.

celebration [selɪˈbreɪʃən]
1 *n (event)* fiesta, festejo; *(activity)* celebración *f*.
2 **celebrations** *npl* festividades *fpl*, festejos *mpl*.

celebrity [səˈlebrɪtɪ] *n* celebridad *f*, personaje *m* famoso.
▲ *pl* **celebrities.**

celery [ˈselərɪ] *n* apio.

celestial [sɪˈlestɪəl]
1 *adj (heavenly)* celestial.
2 *adj (of the skies)* celeste.

celiac [ˈsiːlɪæk] *adj US* celíaco,-a.

celibacy [ˈselɪbəsɪ] *n* celibato.

celibate [ˈselɪbət]
1 *adj* célibe.
2 *n* célibe *mf*.

cell [sel]
1 *n (in prison, monastery)* celda.
2 *n (of honeycomb)* celdilla.
3 *n (of organism)* célula.
4 *n ELEC (in battery)* pila.

cellar [ˈseləʳ]
1 *n (basement)* sótano.
2 *n (for wine)* bodega.

cellist ['tʃelɪst] *n* violoncelista *mf*.

cello ['tʃeləʊ] *n* violoncelo.
▲ *pl cellos*.

Cellophane ['seləfeɪn] *n* celofán *m*.
▲ *Es marca registrada*.

cellphone ['selfəʊn] *n* teléfono móvil.

cellular ['seljələr] *adj* celular.
■ **cellular telephone** teléfono móvil.

cellulite ['seljʊlaɪt] *n* (*fat*) celulitis *f*.

cellulitis [selju'laɪtɪs] *n* (*inflammation*) celulitis *f*.

celluloid ['seljəlɔɪd] *n* celuloide *m*.
▲ *Es marca registrada*.

cellulose ['seljələʊs] *n* celulosa.

Celsius ['selsɪəs] *adj* Celsius: **30 degrees Celsius** 30 grados Celsius.

Celt [kelt] *n* celta *mf*.

Celtiberian [keltɪ'bɪərɪən]
1 *n* (*person*) celtibérico,-a, celtíbero,-a, celtibero,-a.
2 *n* (*language*) celtíbero, celtibero.

Celtic ['keltɪk]
1 *adj* celta.
2 *n* (*language*) celta *m*.

cement [sɪ'ment]
1 *n* (*in building*) cemento.
2 *n* (*glue*) adhesivo; (*for filling teeth*) empaste *m*.
3 *vt* (*bind*) unir con cemento; (*cover*) revestir de cemento.
4 *vt fig* cimentar.
■ **cement mixer** hormigonera.

cemetery ['semətrɪ] *n* cementerio.
▲ *pl cemeteries*.

cenotaph ['senətɑ:f] *n* cenotafio.

censer ['sensər] *n REL* incensario.

censor ['sensər]
1 *n* censor,-ra.
2 *vt* censurar.

censorship ['sensəʃɪp] *n* censura.

censure ['senʃər]
1 *n fml* censura.
2 *vt fml* censurar.

census ['sensəs] *n* censo, padrón *m*.
✦ **to take a census** realizar el censo.

cent [sent] *n* centavo, céntimo.

centaur ['sentɔ:r] *n* centauro.

centaury ['sentɔ:rɪ] *n* centaura.

centenarian [sentə'neərɪən] *n* centenario,-a.

centenary [sen'ti:nərɪ] *n* centenario.
▲ *pl centenaries*.

centennial [sen'tenɪəl]
1 *n US* centenario.
2 *adj* del centenario.

center ['sentər] *n US* → **centre**.

centerfold ['sentəfəʊld] *n US* → **centrefold**.

centerpiece ['sentəpi:s] *n US* → **centrepiece**.

centigrade ['sentɪgreɪd] *adj* centígrado,-a.

centigram ['sentɪgræm] *n* centigramo.

centigramme ['sentɪgræm] *n* centigramo.

centiliter ['sentɪli:tər] *n US* → **centilitre**.

centilitre ['sentɪli:tər] *n* centilitro.

centimeter ['sentɪmi:tər] *n US* → **centimetre**.

centimetre ['sentɪmi:tər] *n* centímetro.

centipede ['sentɪpi:d] *n* ciempiés *m*.

central ['sentrəl]
1 *adj* (*government, bank, committee*) central.
2 *adj* (*of, at or near centre*) céntrico,-a: **her flat is very central** su piso es muy céntrico; **she lives in central London** vive en el centro de Londres.
3 *adj* (*main, principal*) principal, fundamental: **central character** personaje central, personaje principal.
✦ **to be central to something** ser fundamental para algo.
■ **Central African Republic** República Centroafricana.
central heating calefacción *f* central.
central locking cierre *m* centralizado.
central nervous system sistema *m* nervioso central.
central processing unit unidad *f* central de proceso.
central reservation *GB* mediana.

centralism ['sentrəlɪzəm] *n* centralismo.

centralist ['sentrəlɪst]
1 *adj* centralista.
2 *n* centralista *mf*.

centralisation [sentrəlaɪ'zeɪʃən] *n* → **centralization**.

centralise ['sentrəlaɪz] *vt* → **centralize**.

centralization [sentrəlaɪ'zeɪʃən] *n* centralización *f*.

centralize ['sentrəlaɪz] *vt* centralizar.

centrally ['sentrəlɪ] *adv*: **a centrally heated house** una casa con calefacción central; **it's very centrally located** es muy céntrico.

centre ['sentər]
1 *n GB* (*gen*) centro: **I work in the city centre** trabajo en el centro de la ciudad.
2 *vt* (*put in centre*) centrar.
3 *vi* (*focus on*) centrarse (**on/upon**, en); (*revolve round*) girar (**around**, alrededor de/en torno a): **our attention centres on the forthcoming elections** nuestra atención se centra en las próximas elecciones.
✦ **to be the centre of attention** ser el centro de atención, ser el centro de todas las miradas.
■ **centre forward** *SP* delantero centro.
centre half *SP* medio centro.
centre party *POL* partido centrista.
sports centre polideportivo.

centrefold ['sentəfəʊld] *n* página central.

centrepiece ['sentəpi:s]
1 *n* (*decoration*) centro de mesa.

2 *n* (*most important, noticeable, attractive part*) plato fuerte.

centrifugal [sentrɪ'fju:gəl] *adj* centrífugo,-a.

centripetal [sen'trɪpɪtəl] *adj* centrípeto,-a.

centrist ['sentrɪst]
1 *adj* centrista.
2 *n* centrista *mf*.

centurion [sen'tjʊərɪən] *n* centurión *m*.

century ['sentʃərɪ]
1 *n* siglo: **the twentieth century** el siglo veinte.
2 *n SP* (*in cricket*) centena.
▲ *pl centuries*.

ceramic [sə'ræmɪk]
1 *adj* de cerámica.
2 *n* cerámica.

ceramics [sə'ræmɪks] *n* (*art*) cerámica; (*objects*) objetos *mpl* de cerámica.

cereal ['sɪərɪəl] *n* (*plant, grain*) cereal *m*; (*breakfast food*) cereales *mpl*.

cerebral ['serɪbrəl] *adj* cerebral.
■ **cerebral haemorrhage** hemorragia cerebral.
cerebral palsy parálisis *f* cerebral.

ceremonial [serɪ'məʊnɪəl]
1 *adj* (*gen*) ceremonioso,-a; (*dress*) de gala; (*occasion*) solemne.
2 *n* ceremonial *m*.

ceremonious [serɪ'məʊnɪəs] *adj* ceremonioso,-a.

ceremony ['serɪmənɪ] *n* ceremonia.
✦ **to stand on ceremony** ser muy ceremonioso,-a.
▲ *pl ceremonies*.

cerise [sə'ri:z]
1 *adj* de color cereza.
2 *n* color *m* cereza.

cert [sɜ:t] **to be a cert** *phr fam* no caber duda: **Induráin's a dead cert to win the Tour** no cabe duda de que Induráin ganará el Tour.

certain ['sɜ:tən]
1 *adj* (*sure to happen, definite*) seguro,-a: **she's certain to pass** seguro que aprobará; **prices are certain to rise** seguro que los precios suben; **it's not certain that he's leaving** no es seguro que se vaya.
2 *adj* (*completely sure, convinced, true*) seguro,-a: **I'm certain** estoy seguro,-a; **are you certain they're coming?** ¿estás seguro (de) que vendrán?; **we're not certain where she lives** no sabemos con certeza dónde vive.
3 *adj* (*specific, particular*) cierto,-a.
4 *adj* (*named*) tal: **a certain Robert Smith** un tal Robert Smith.
5 *adj* (*limited, some, slight*) cierto,-a.
✦ **for certain** con certeza, con toda seguridad: **I can't say for certain** no lo puedo decir a ciencia cierta.
to a certain extent hasta cierto punto.
to make certain of something asegurarse de algo.

certainly ['sɜ:tənlɪ]
1 *adv (definitely, surely)* seguro: he'll certainly pass seguro que aprobará; I'll certainly do my best por supuesto que haré todo lo posible.
2 *adv (when answering questions)* desde luego, por supuesto: **certainly not** por supuesto que no, de ninguna manera.

certainty ['sɜ:təntɪ]
1 *n (state of being certain)* certeza, seguridad *f*.
2 *n (certain thing)* cosa segura.
+ **it's a certainty that ...** es seguro que ..., no cabe duda que ...
▲ *pl* **certainties**.

certifiable ['sɜ:tɪfaɪəbəl]
1 *adj* certificable.
2 *adj MED* demente.

certificate [sə'tɪfɪkət] *n (gen)* certificado: **birth certificate** partida de nacimiento; **death certificate** certificado de defunción; **marriage certificate** certificado de matrimonio.

certified ['sɜ:tɪfaɪd]
1 *adj (cheque)* certificado,-a; *(document)* legalizado,-a.
2 *adj MED* declarado,-a demente.

certify ['sɜ:tɪfaɪ] *vt* certificar.
+ **to certify somebody insane** declarar demente a alguien.
▲ *pt & pp* **certified**, *ger* **certifying**.

certitude ['sɜ:tɪtjuːd] *n* certeza.

cervical ['sɜ:vɪkəl]
1 *adj (of neck)* cervical.
2 *adj (of uterus)* del (cuello del) útero.
■ **cervical cancer** cáncer *m* de útero.
cervical smear frotis *m* cervical, citología.

cervix ['sɜ:vɪks]
1 *n fml (neck)* cerviz *f*, cuello.
2 *n (uterus)* cuello del útero.
▲ *pl* **cervixes** o **cervices**.

Cesarian [sɪ'zeərɪən] *n US* → **Caesarean**.

cesium ['siːzɪəm] *n US* cesio.

cessation [se'seɪʃən] *n fml* cese *m*.

cesspit ['sespɪt] *n* pozo negro.

cesspool ['sespuːl] *n* pozo negro.

cetacean [sɪ'teɪʃən]
1 *adj* cetáceo,-a.
2 *n* cetáceo.

Ceylon [sɪ'lɒn] *n* Ceilán *m*.

Ceylonese [selə'niːz]
1 *adj* ceilanés,-esa.
2 *n* ceilanés,-esa.
3 **the Ceylonese** *npl* los ceilaneses *mpl*.

cf. ['siː'ef] *abbr* (**confer**) compárese; *(abbreviation)* cfr.

CFC ['siː'ef'siː] *abbr* (**chlorofluorocarbon**) clorofluorocarbono; *(abbreviation)* CFC *m*.

CFE ['siː'ef'iː] *abbr GB* (**College of Further Education**) escuela de estudios superiores.

ch ['tʃæptə'] *abbr* (**chapter**) capítulo; *(abbreviation)* cap.

Chad [tʃæd] *n* Chad.

Chadian ['tʃædɪən]
1 *adj* chadiano,-a.
2 *n (persona)* chadiano,-a.

chafe [tʃeɪf]
1 *vt (make sore)* rozar, excoriar.
2 *vt (make warm)* frotar, friccionar.
3 *vi (become sore)* irritarse.
4 *vi (become irritated)* irritarse (**at**, por/con), enfadarse (**at**, por).

chaff [tʃæf] *n (husks)* barcia, granzas *fpl*; *(fodder)* paja.

chaffinch ['tʃæfɪntʃ] *n* pinzón *m* vulgar.

chagrin ['ʃægrɪn] *n* disgusto, desilusión *f*.

chain [tʃeɪn]
1 *n (metal rings)* cadena.
2 *n (of shops, hotels, etc)* cadena; *(of events)* cadena, serie *f*.
3 *vt* encadenar, atar: I don't want to be chained to a desk no quiero estar atado a una mesa de trabajo.
+ **in chains** encadenado,-a.
to pull the chain tirar de la cadena.
■ **chain gang** cadena de presos.
chain letter carta (de una cadena).
chain mail cota de malla.
chain reaction reacción *f* en cadena.
chain saw motosierra, sierra de cadena.
chain stitch punto de cadeneta.
chain store tienda (de una cadena).
mountain chain cordillera, cadena montañosa.

chain-smoke ['tʃeɪnsməʊk] *vi* fumar un cigarrillo tras otro.

chair [tʃeə']
1 *n (gen)* silla; *(with arms)* sillón *m*, butaca.
2 *vt (meeting)* presidir.
3 **the chair** *n (in meeting)* presidencia; *(at university)* cátedra.
+ **to address the chair** dirigirse al presidente, dirigirse a la presidencia.
■ **chair lift** telesilla.
folding chair silla plegable.

chairman ['tʃeəmən] *n* presidente *m*.

chairmanship ['tʃeəmənʃɪp] *n* presidencia.

chairperson ['tʃeəpɜ:sən] *n* presidente,-a.

chairwoman ['tʃeəwʊmən] *n* presidenta.
▲ *pl* **chairwomen** ['tʃeəwɪmɪn].

chaise longue [ʃeɪz'lɒŋ] *n* diván *m*.

Chaldean [kæl'diːən]
1 *adj* caldeo,-a.
2 *n* caldeo,-a.

chalet ['ʃæleɪ] *n (in mountains)* chalet *m*, chalé *m*; *(in holiday camp)* bungaló *m*, bungalow *m*.

chalice ['tʃælɪs] *n* cáliz *m*.

chalk [tʃɔːk]
1 *n (mineral)* creta, roca caliza.
2 *n (for writing)* tiza.
3 *vt* escribir con tiza.
4 *vi* escribir con tiza.
▶ **to chalk out** *vt sep* marcar con tiza.
to chalk up *vt insep fam (victory, success)* apuntarse.
+ **not by a long chalk** ni mucho menos, con mucho.
to be as different as chalk and cheese ser la noche y el día, parecerse como un huevo a una castaña.

chalky ['tʃɔːkɪ] *adj (soil)* calcáreo,-a; *(fingers)* lleno,-a de tiza.
▲ *comp* **chalkier**, *superl* **chalkiest**.

challenge ['tʃælɪndʒ]
1 *n (gen)* reto, desafío: he rose to the challenge aceptó el reto.
2 *n MIL* alto, quién vive *m*.
3 *n JUR* recusación *f*.
4 *vt (invite to compete)* retar, desafiar: I challenge you to beat me te desafío a que me ganes; he challenged me to a game of chess me retó a una partida de ajedrez.
5 *vt (question, dispute - person, authority)* poner a prueba, cuestionar; *(- statement)* poner en duda, cuestionar, poner en tela de juicio.
6 *vt (stimulate)* suponer un reto para, constituir un reto para.
7 *vt MIL* dar el alto a, dar el quién vive a.
8 *vt JUR* recusar.
+ **to issue a challenge to somebody** desafiar a alguien, retar a alguien.

challenger ['tʃælɪndʒə'] *n (for title, leadership)* aspirante *mf*; *(opponent, rival)* contrincante *mf*, rival *mf*.

challenging ['tʃælɪndʒɪŋ] *adj (task, job, problem)* que supone un reto, que supone un desafío; *(idea)* provocativo, -a, estimulante; *(look, tone)* provocativo,-a, desafiante.

chamber ['tʃeɪmbə']
1 *n arch (room)* cámara.
2 *n (hall)* sala; *(body)* cámara.
3 *n ANAT* cámara.
4 *n (of gun)* recámara.
5 **chambers** *npl JUR (barrister's office)* gabinete *m*, bufete *m*; *(judge's room)* despacho del juez.
+ **in chambers** a puerta cerrada.
■ **chamber music** música de cámara.
chamber of commerce cámara de comercio.
Lower Chamber/Upper Chamber cámara baja/cámara alta.

chambermaid ['tʃeɪmbəmeɪd] *n* camarera (de hotel).

chamberpot ['tʃeɪmbəpɒt] *n* orinal *m*.

chameleon [kə'miːlɪən] *n* camaleón *m*.

chamois ['ʃæmwɑː]
1 *n (animal)* gamuza.
2 **chamois (leather)** ['ʃæmɪ 'leðər] gamuza.

champ¹ [tʃæmp] *n fam* campeón,-ona.

champ² [tʃæmp]
1 *vt* mascar, masticar.
2 *vi* mordisquear.

◆ **to be champing to do something** estar impaciente por hacer algo.
to champ at the bit *fig* consumirle a uno la impaciencia.

champagne [ʃæmˈpeɪn] *n (French)* champán *m*, champaña; *(Catalan)* cava *m*.

champion [ˈtʃæmpɪən]
1 *n* campeón,-ona: **the world 100 metres champion** el campeón mundial de los 100 metros lisos.
2 *n fig (defender)* defensor,-ra, paladín, -ina.
3 *adj* premiado,-a: **a champion boxer** un campeón de boxeo.
4 *vt fig* defender, abogar por.

championship [ˈtʃæmpɪənʃɪp]
1 *n SP* campeonato.
2 *n fig* defensa.

chance [tʃɑːns]
1 *n (fate, fortune)* azar *m*, casualidad *f*: **it was pure chance that I saw you** te vi por pura casualidad; **we left nothing to chance** no dejamos nada al azar.
2 *n (opportunity)* oportunidad *f*, ocasión *f*: **I never miss a chance to travel** nunca desperdicio una oportunidad de viajar; **the chance of a lifetime** una oportunidad única en la vida; **you won't get another chance like this** no se te presentará otra oportunidad como ésta.
3 *n (possibility, likelihood)* posibilidad *f*: **any chance of a lift?** no me podrías llevar, ¿verdad?; **what are our chances of winning?** ¿qué posibilidades tenemos de ganar?; **he's got no chance** lo tiene muy difícil.
4 *n (risk, gamble)* riesgo: **that's a chance I'll have to take** es un riesgo que tendré que correr.
5 *adj (meeting, discovery, occurrence)* fortuito,-a, casual.
6 *vt (risk)* arriesgar: **let's chance it** arriesguémonos.
◆ **as chance would have it** da la casualidad.
by any chance por casualidad.
by chance por casualidad.
chance would be a fine thing ¡ojalá!
no chance ¡ni en broma!
on the (off) chance por si acaso.
(the) chances are that ... lo más posible es que ...
to chance on something encontrar algo por casualidad.
to chance to do something hacer algo por casualidad.
to have/stand a good chance of doing something tener muchas posibilidades de hacer algo.
to take chances arriesgarse, correr riesgos.
■ **chance meeting** encuentro casual.
game of chance juego de azar.

chancel [ˈtʃɑːnsəl] *n* presbiterio.

chancellor [ˈtʃɑːnsələʳ]
1 *n POL* canciller *m*.
2 *n GB (of university)* rector,-ra.
■ **Chancellor of the Exchequer** *GB* ministro,-a de Hacienda.

chancy [ˈtʃɑːnsɪ] *adj fam* arriesgado,-a.
▲ *comp* **chancier**, *superl* **chanciest**.

chandelier [ʃændəˈlɪəʳ] *n* araña (de luces).

change [tʃeɪndʒ]
1 *n (gen)* cambio: **there's going to be a change in the weather** va a cambiar el tiempo; **a change of address** un cambio de dirección; **this city has seen great changes** esta ciudad ha vivido grandes cambios.
2 *n (of clothes)* muda.
3 *n (coins)* cambio, monedas *fpl*; *(money returned)* cambio, vuelta: **have you got any loose change?** ¿tienes monedas sueltas?; **have you got change of a ten-pound note?** ¿me puedes cambiar un billete de diez libras?; **you've given me the wrong change** te has equivocado con el cambio.
4 *vt* cambiar (de): **he's changed his job** ha cambiado de trabajo; **let's change the subject** cambiemos de tema; **you should change gear now** deberías cambiar de marcha ahora; **I've got to change some pounds into euros** tengo que cambiar unas libras en euros.
5 *vi* cambiar, cambiarse: **she's changed a lot** ha cambiado mucho; **you have to change at Mile End** tienes que hacer transbordo en Mile End; **all change!** ¡cambio de tren!; **have I got time to change?** ¿tengo tiempo para cambiarme (de ropa)?; **he changed into a suit** se cambió y se puso un traje.
▸ **to change down** *vi AUTO* reducir (marcha).
to change over *vi* cambiar (**to**, a).
to change up *vi AUTO* cambiar (a una velocidad superior).
◆ **a change for the better/worst** un cambio para mejor/peor.
a change of air una cambio de aire(s).
for a change para variar.
the change of life *euph* la menopausia.
to change into something convertirse en algo, transformarse en algo.
to change hands cambiar de dueño, cambiar de manos.
to change one's mind cambiar de opinión.
to change one's tune cambiar de parecer.
to have a change of heart cambiar de idea.
to get changed cambiarse (de ropa).

changeability [tʃeɪndʒəˈbɪlɪtɪ] *n* variabilidad *f*.

changeable [ˈtʃeɪndʒəbəl] *adj (weather)* variable; *(person)* inconstante, voluble.

changed [tʃeɪndʒd] *adj* nuevo,-a: **he's a changed man** es otro, es un hombre nuevo.

changeless [ˈtʃeɪndʒləs] *adj* inmutable.

changeover [ˈtʃeɪndʒəʊvəʳ]
1 *n (gen)* cambio, conversión *f*.
2 *n SP (in relay)* relevo.

changing [ˈtʃeɪndʒɪŋ]
1 *adj* cambiante.
2 *n MIL* cambio, relevo.
■ **changing room** vestuario.

channel [ˈtʃænəl]
1 *n GEOG (sea passage)* canal *m*; *(passage for water, liquid)* canal *m*, acequia; *(bed of river etc)* cauce *m*, lecho.
2 *n fig (course, way)* vía, conducto: **through the official channels** por los conductos oficiales.
3 *n (on television)* canal *m*, cadena.
4 *vt* canalizar, encauzar, dirigir.
■ **the Channel Islands** las Islas *fpl* Anglonormandas.
the Channel Tunnel el Eurotúnel *m*.
▲ *pt & pp* **channelled** (*US* **channeled**), *ger* **channelling** (*US* **channeling**).

chant [tʃɑːnt]
1 *n REL* canto litúrgico, cántico.
2 *n (of crowd)* eslogan *m*, consigna.
3 *vt REL* cantar.
4 *vt (crowd)* corear, gritar, repetir.
5 *vi REL* cantar.
6 *vi (crowd)* corear, gritar.

chaos [ˈkeɪɒs] *n* caos *m*.

chaotic [keɪˈɒtɪk] *adj* caótico,-a.

chap¹ [tʃæp] *n fam* tío, tipo.

chap² [tʃæp]
1 *vt* agrietar, partir.
2 *vi* agrietarse, partirse.
■ **chapped lips** labios *mpl* cortados.
▲ *pt & pp* **chapped**, *ger* **chapping**.

chap³ [ˈtʃæptəʳ] *abbr* (**chapter**) capítulo; *(abbreviation)* cap.

chapel [ˈtʃæpəl]
1 *n REL (building, room)* capilla.
2 *n GB (branch of trade union)* sección *f* sindical.

chaperon [ˈʃæpərəʊn] *n* → **chaperone**.

chaperone [ˈʃæpərəʊn]
1 *n* carabina, dama de compañía.
2 *vt* ir de carabina con, acompañar.

chaplain [ˈtʃæplɪn] *n* capellán *m*.

chapter [ˈtʃæptəʳ]
1 *n (of book, of history)* capítulo.
2 *n REL* cabildo.
◆ **a chapter of accidents** una serie de desgracias.
to quote chapter and verse citar textualmente.

chapterhouse [ˈtʃæptəhaʊs] *n REL* sala capitular.

char¹ [tʃɑːʳ]
1 *vt* chamuscar, carbonizar.

2 *vi* chamuscarse, carbonizarse.
▲ *pt & pp charred, ger charring.*
char² [tʃɑːʳ] *vi* trabajar de asistenta.
▲ *pt & pp charred, ger charring.*

character [ˈkærəktəʳ]
1 *n (nature)* carácter *m*: the British character el carácter británico.
2 *n (reputation)* reputación *f*; *(integrity, moral strength)* carácter *m*, personalidad *f*: a person of good character una persona de buena reputación; a person of great character una persona de gran carácter.
3 *n (in film, book, play)* personaje *m*.
4 *n fam (person)* tipo: an odd character un tipo raro; a real character todo un carácter.
5 *n (letter)* carácter *m*.
✦ to be in/out of character ser/no ser típico,-a.
▪ character actor/actress actor/actriz especializado,-a en personajes raros.
character reference referencias *fpl*.

characteristic [kærəktəˈrɪstɪk]
1 *adj* característico,-a.
2 *n* característica.

characterisation [kærəktəraɪˈzeɪʃən]
n → characterization.

characterise [ˈkærəktəraɪz] *vt* → characterize.

characterization [kærəktəraɪˈzeɪʃən]
n caracterización *f*.

characterize [ˈkærəktəraɪz] *vt (be typical of)* caracterizar; *(describe character of)* calificar (**as**, de); *(in fiction)* caracterizar, describir.

characterless [ˈkærəktələs] *adj (person)* de poco carácter, sin personalidad; *(place)* sin carácter.

charade [ʃəˈrɑːd]
1 *n (farce)* farsa.
2 charades *npl (game)* charadas *fpl*.

charcoal [ˈtʃɑːkəʊl]
1 *n* carbón *m* (vegetal).
2 *n ART* carboncillo.
▪ charcoal drawing dibujo al carboncillo.
charcoal grey gris *m* marengo.

chard [tʃɑːd] *n* acelga.

charge [tʃɑːdʒ]
1 *n (price)* precio; *(fee(s))* honorarios *mpl*.
2 *n (responsibility)* cargo: my husband has charge of the children at weekends mi marido se hace cargo de los niños los fines de semana; who is in charge? ¿quién es la persona encargada?; I'm leaving you in charge dejo todo a tu cargo.
3 *n JUR* cargo, acusación *f*: he was on a murder charge fue acusado de asesinato.
4 *n MIL (attack)* carga.
5 *n (explosive)* carga explosiva.
6 *n ELEC* carga.
7 *vt (ask as a price - customer, amount)* cobrar; *(record as debit)* cargar: they charged me £20 for a haircut me co-

braron 20 libras por un corte de pelo; how much do you charge? ¿cuánto cobras?; charge it to my account cárguelo en mi cuenta.
8 *vt JUR* acusar (**with**, de): she's been charged with stealing la han acusado de robo.
9 *vt ELEC* cargar.
10 *vt MIL* cargar contra, atacar.
11 *vi (ask in payment)* cobrar: we don't charge for delivery el reparto es gratis.
12 *vi ELEC* cargar.
13 *vi (soldiers, police, etc)* cargar (**at**, contra), arremeter (**at**, contra), atacar; *(animal)* arremeter (**at**, contra), embestir; charge! ¡al ataque!, ¡a la carga!
14 *vi (rush)* irrumpir: he came charging into the office irrumpió en la oficina; the children charged off los niños salieron corriendo.
✦ to be in charge of estar al cargo de.
to bring a charge against somebody formular una acusación contra alguien.
to charge somebody to do something ordenar a alguien que haga algo.
to drop charges retirar la acusación, retirar los cargos.
to take charge of something hacerse cargo de algo.
▪ admission charge/entry charge entrada.
charge account cuenta de crédito.
charge card tarjeta de pago.
charge hand encargado,-a.
charge nurse enfermero,-a jefe.
charge sheet atestado policial.

chargeable [ˈtʃɑːdʒəbəl]
1 *adj JUR (offence)* perseguible, punible: if you steal, you are chargeable with theft si robas, te pueden acusar de robo.
2 *adj FIN (expenses, debt)* a cargo (**to**, de).

charged [tʃɑːdʒd]
1 *adj ELEC* cargado,-a.
2 *adj fig (voice, atmosphere)* cargado,-a (**with**, de).
3 *adj fig (issue)* emotivo,-a.

chargé d'affaires [ʃɑːʒeɪdæˈfeəʳ] *n* encargado,-a de negocios.

charger [ˈtʃɑːdʒəʳ]
1 *n ELEC* cargador *m*.
2 *n (horse)* corcel *m*.

chariot [ˈtʃærɪət] *n* cuadriga, carro (de guerra).

charisma [kəˈrɪzmə] *n* carisma *m*.

charismatic [kærɪzˈmætɪk] *adj* carismático,-a.

charitable [ˈtʃærɪtəbəl]
1 *adj (person)* caritativo,-a; *(attitude)* benévolo,-a, comprensivo,-a.
2 *adj (organization)* benéfico,-a.

charity [ˈtʃærɪtɪ]
1 *n (generosity, kindness)* caridad *f*.
2 *n (help given, alms)* limosna, caridad *f*.

3 *n (organization)* institución *f* benéfica, institución *f* de beneficencia; *(relief projects)* obras *fpl* de beneficencia.
✦ charity begins at home la caridad (bien entendida) empieza por uno mismo.
to raise money for charity recaudar fondos para un fin benéfico.
▪ charity performance función *f* benéfica.
▲ *pl charities.*

charlady [ˈtʃɑːleɪdɪ] *n GB* → charwoman.
▲ *pl charladies.*

charlatan [ˈʃɑːlətən] *n (quack)* curandero,-a.

charm [tʃɑːm]
1 *n (quality)* encanto.
2 *n (object)* amuleto.
3 *n (spell)* hechizo.
4 *vt (delight)* encantar, cautivar, embelesar.
5 *vt (influence or protect by magic)* encantar, hechizar.
✦ to charm somebody into doing something utilizar sus encantos para que alguien haga algo.
to have a charmed life tener mucha suerte en la vida.
to work like a charm funcionar a las mil maravillas.
▪ charm bracelet pulsera de dijes.

charmer [ˈtʃɑːməʳ]
1 *n (charming person)* persona encantadora.
2 *n (of snakes)* encantador,-ra.

charming [ˈtʃɑːmɪŋ] *adj (delightful)* encantador,-ra.

chart [tʃɑːt]
1 *n (table)* tabla; *(graph)* gráfico; *(map)* carta, mapa *m*.
2 *n (navigational)* carta de navegación.
3 *vt (make a map of)* trazar un mapa de; *(plan, plot on map)* trazar.
4 *vt (record)* registrar gráficamente; *(follow)* seguir; *(show)* mostrar, reflejar: this book charts her rise to fame este libro describe su ascenso a la fama.
5 the charts *npl MUS* la lista de éxitos, el hit parade *m*.

charter [ˈtʃɑːtəʳ]
1 *n (of town)* fuero; *(of company)* escritura de constitución, estatutos *mpl*; *(of university)* estatutos *mpl*: by royal charter por cédula real.
2 *n (constitution)* carta.
3 *n (hiring of plane etc)* fletamiento.
4 *vt (grant rights, privileges to)* aprobar los estatutos de.
5 *vt (hire plane, boat, etc)* fletar, alquilar.
▪ charter flight vuelo chárter.

chartered [ˈtʃɑːtəd] *adj (qualified)* colegiado,-a.
▪ chartered accountant contable *mf* diplomado,-a.

Charterhouse [ˈtʃɑːtəhaʊs] *n* cartuja.

charwoman ['tʃɑ:wʊmən] *n GB* asistenta, mujer *f* de la limpieza.
▲ *pl* **charwomen** ['tʃɑ:wɪmɪn].

chary ['tʃeəri] *adj fml (cautious)* cauteloso,-a, cauto,-a.
▲ *comp* **charier**, *superl* **chariest**.

chase¹ [tʃeis]
1 *n (gen)* persecución *f*; *(hunt)* caza.
2 *vt (gen)* perseguir, dar caza a; *(hunt)* cazar.
3 *vt fam (job, client, etc)* ir a la caza de; *(success)* ir en busca de, perseguir.
4 *vi* ir (**after**, tras), perseguir (**after**, -).
▸ **to chase about/chase around** *vi* correr de un lado para otro.
   to chase away/chase off/chase out *vt sep* ahuyentar.
   to chase up *vt sep (person)* recordar; *(order etc)* averiguar qué pasa con: I must chase him up about that money he owes me tengo que recordarle lo del dinero que me debe.
♦ **a wild goose chase** una empresa descabellada, una empresa inútil.
   to give chase salir en persecución de alguien/algo.

chase² [tʃeis] *vt (engrave, emboss)* cincelar, grabar.

chaser ['tʃeisə']
1 *n GB* copa de licor *que se toma típicamente después de una cerveza.*
2 *n US* bebida suave *que se toma después de otra fuerte.*

chasm ['kæzəm]
1 *n GEOG* sima.
2 *n fig* abismo.

chassis ['ʃæsi] *n* chasis *m*.
▲ *pl* **chassis**.

chaste [tʃeist]
1 *adj (pure)* casto,-a, puro,-a.
2 *adj (not ornate)* sobrio,-a, sencillo,-a.

chasten ['tʃeisən] *vt (discipline)* castigar, escarmentar.

chastise [tʃæs'taiz] *vt fml* castigar.

chastisement [tʃæs'taizmənt] *n* castigo, escarmiento.

chastity ['tʃæstɪtɪ] *n* castidad *f*.
▪ **chastity belt** cinturón *m* de castidad.

chat [tʃæt]
1 *n (in general)* charla.
2 *n (on Internet)* charla, chat.
3 *vi* charlar, hablar: **they were soon chatting away like old friends** pronto estaban charlando como viejos amigos.
4 *vi (on Internet)* chatear.
▸ **to chat up** *vt sep fam* intentar ligar con.
♦ **to have a chat with somebody** charlar con alguien, hablar con alguien.
▪ **chat room** sala de chat.
   chat show programa *m* de entrevistas.
▲ *pt & pp* **chatted**, *ger* **chatting**.

chattels ['tʃætəlz] *npl JUR* bienes *mpl* muebles.

chatter ['tʃætə']
1 *n (rapid talk)* cháchara, parloteo.

2 *n (noise - of teeth)* castañeteo; *(- of machine gun)* tableteo; *(- of birds)* gorjeo; *(- of monkeys)* chillidos *mpl*.
3 *vi (talk rapidly)* chacharear, parlotear, cotorrear.
4 *vi (teeth)* castañetear; *(birds)* piar, gorjear; *(monkeys)* chillar.

chatterbox ['tʃætəbɒks] *n fam* parlanchín,-ina, charlatán,-ana, tarabilla *mf*, cotorra *mf*.

chatty ['tʃæti] *adj (person)* hablador,-ra, parlanchín,-ina, conversador,-ra; *(style)* informal.
▲ *comp* **chattier**, *superl* **chattiest**.

chauffeur ['ʃəʊfə']
1 *n* chófer *mf*, chofer *mf*.
2 *vt* hacer de chófer para.

chauvinism ['ʃəʊvɪnɪzəm] *n* chovinismo, chauvinismo, patriotería.
▪ **male chauvinism** machismo.

chauvinist ['ʃəʊvɪnɪst]
1 *n* chovinista *mf*, chauvinista *mf*, patriotero,-a.
2 *adj* chovinista, chauvinista, patriotero,-a.
▪ **male chauvinist** machista *m*.

cheap [tʃi:p]
1 *adj (gen)* barato,-a; *(fare, ticket)* económico,-a: **it's cheaper by coach** sale más barato en autocar.
2 *adj (of poor quality, shoddy)* ordinario,-a, de baratillo.
3 *adj (contemptible - trick, gibe, crook)* vil, bajo,-a; *(vulgar - joke, remark)* de mal gusto.
4 *adj (worthless, insincere)* fácil.
5 *adv* barato.
♦ **to be cheap at half the price** estar muy bien de precio.
   to buy something on the cheap comprar algo barato.
   to feel cheap avergonzarse, sentir vergüenza.
   to go cheap venderse barato,-a.

cheapen ['tʃi:pən]
1 *vt (in price)* abaratar, rebajar el precio de.
2 *vt (degrade)* degradar, rebajar.
♦ **to cheapen oneself** degradarse, rebajarse.

cheaply ['tʃi:pli] *adv (for a low price)* barato, a bajo precio; *(in a cheap manner)* económicamente, en plan barato.

cheapness ['tʃi:pnəs]
1 *n (low cost)* baratura, lo barato.
2 *n (low quality)* baja calidad *f*.
3 *n (vulgarity)* vulgaridad *f*, ordinariez *f*; *(bad taste)* mal gusto.

cheat [tʃi:t]
1 *n (person - at cards)* tramposo,-a, fullero,-a; *(in exam etc)* tramposo,-a; *(swindler)* estafador,-ra, timador,-ra.
2 *n (trick)* trampa; *(swindle)* estafa, timo.
3 *vt (trick, deceive)* engañar; *(swindle)* estafar, timar.
4 *vi (gen)* hacer trampa(s); *(in exam)* hacer trampa, copiar.

♦ **to cheat death** burlar a la muerte.
   to cheat on somebody engañar a alguien, pegársela a alguien, ponerle los cuernos a alguien.
   to cheat somebody out of something estafarle algo a alguien.

cheating ['tʃi:tiŋ]
1 *adj* tramposo,-a.
2 *n (gen)* trampa; *(with money)* estafa, timo.

Chechnya ['tʃetʃniə] *n* Chechenia.

check [tʃek]
1 *n (examination - of documents, goods, people)* revisión *f*, control *m*; *(of work)* examen *m*, revisión *f*; *(of machine)* verificación *f*, inspección *f*; *(of results, facts, information)* comprobación *f*, verificación *f*.
2 *n (stop, restraint)* control *m*, freno.
3 *n US →* **cheque**.
4 *n US (bill)* cuenta, nota.
5 *n US (receipt, ticket)* ticket *m*, resguardo.
6 *n (chess)* jaque *m*.
7 *n (pattern)* cuadro; *(cloth)* tela a cuadros, tela de cuadros: **a check shirt** una camisa a cuadros.
8 *n US →* **tick**.
9 *interj (in chess)* ¡jaque!
10 *vt (examine - gen)* revisar, comprobar; *(exam, list)* repasar; *(machine, accounts)* revisar, verificar; *(result, facts)* comprobar, verificar: **have you checked the oil?** ¿has comprobado el nivel del aceite?; **she checked the parcel to see if everything was there** revisó el paquete para ver si estaba todo.
11 *vt (stop, restrain)* detener, frenar.
12 *vt (hold back)* contener, controlar.
13 *vt (chess)* dar jaque a.
14 *vt US (leave coat etc)* dejar en el guardarropa; *(leave luggage)* dejar en consigna.
15 *vi (make sure)* comprobar, verificar: **I'll just go and check** iré a comprobarlo; **check that the gas is turned off** mira bien que esté apagado el gas; **I'll check with Andrew first** primero se lo preguntaré a Andrew.
▸ **to check in**
1 *vi (at airport)* facturar el equipaje; *(at hotel)* registrarse.
2 *vt sep* facturar.
   to check off *vt sep* ir tachando (de una lista).
   to check on *vt insep (baby etc)* ir a mirar; *(progress)* vigilar, controlar.
   to check out
1 *vi* pagar la cuenta e irse, dejar el hotel.
2 *vt sep (facts, information)* verificar, comprobar; *(place)* ir a ver; *(person)* hacer averiguaciones sobre.
   to check over *vt sep* repasar.
   to check up *vi* confirmar.
   to check up on *vt insep (person - watch)* controlar, vigilar; *(- find out about)* hacer averiguaciones sobre; *(information, facts)* averiguar, confirmar.

+ **to check something against something** cotejar algo con algo.
to hold in check/keep in check *(emotions, disease)* contener, controlar; *(enemy)* mantener a raya.
to keep a check on vigilar, controlar, llevar el control de.

checkbook ['tʃekbʊk] *n US* → **chequebook**.

checked [tʃekt] *adj* a cuadros.

checker ['tʃekəʳ] *n US* → **chequer**.

checkerboard ['tʃekəbɔːd] *n US* damero.

checkered ['tʃekəd] *adj US* → **chequered**.

checkers ['tʃekəz] *npl US* damas *fpl*.

check-in ['tʃekɪn] *n (at airport)* facturación *f* de equipaje; *(in hotel)* recepción *f*.
■ **check-in desk** *(at airport)* mostrador *m* para la facturación de equipajes; *(in hotel)* recepción *f*.

checking account ['tʃekɪŋəkaʊnt] *n US* → **current account**.

checklist ['tʃeklɪst] *n* lista de control.

checkmate ['tʃekmeɪt]
1 *n (jaque m)* mate *m*.
2 *vt* dar (jaque) mate a.

checkout ['tʃekaʊt] *n (in supermarket)* caja.
■ **checkout boy/girl** cajero,-a.

checkpoint ['tʃekpɔɪnt] *n* control *m*.

checkroom ['tʃekruːm] *n US* guardarropa.

checkup ['tʃekʌp] *n (by doctor)* chequeo, revisión *f* médica, reconocimiento médico; *(by dentist)* chequeo, revisión *f*.
+ **to have a checkup** hacerse un chequeo.

cheek [tʃiːk]
1 *n ANAT (on face)* mejilla; *(buttock)* nalga.
2 *n fam (nerve, impudence)* descaro, frescura, cara: **what a cheek!** ¡qué cara!; **she had the cheek to call me fat!** ¡tuvo el descaro de decir que yo era gorda!; **that's enough of your cheek!** ¡basta de impertinencias!
3 *vt* insolentarse con, replicar.
+ **cheek by jowl (with somebody)** uno junto al otro.
to turn the other cheek poner la otra mejilla.
with tongue in cheek con la boca pequeña.

cheekbone ['tʃiːkbəʊn] *n* pómulo.

cheekily ['tʃiːkɪlɪ] *adv* con descaro.

cheekiness ['tʃiːkɪnəs] *n* descaro, frescura.

cheeky ['tʃiːkɪ] *adj (person)* descarado,-a, fresco,-a; *(smile)* pícaro,-a; *(remark)* impertinente.
■ **cheeky devil** caradura *mf*.
▲ *comp* **cheekier**, *superl* **cheekiest**.

cheep [tʃiːp]
1 *n* pío, piada, gorjeo.
2 *vi* piar, gorjear.

cheer [tʃɪəʳ]
1 *n (shout of joy)* viva *m*, vítor *m*, hurra *m*: **three cheers for Harry!** ¡tres hurras para Harry!, ¡viva Harry!
2 *n (happiness)* alegría.
3 *vt (applaud with shouts)* vitorear, aclamar.
4 *vt (gladden)* animar, alegrar.
5 *vi* aplaudir, aclamar.
▸ **to cheer on** *vt sep* alentar, animar.
to cheer up
1 *vt sep* animar, alegrar.
2 *vi* animarse, alegrarse: **cheer up!** ¡ánimo!, ¡alegra esa cara!

cheerful ['tʃɪəfʊl]
1 *adj (happy - person)* alegre, animado,-a, risueño,-a; *(colour, room, disposition)* alegre; *(news)* alentador,-ra.
2 *adj (willing)* contento,-a, entusiasta.

cheerfully ['tʃɪəfʊlɪ] *adv (happily)* alegremente; *(willingly)* con buena disposición, con entusiasmo.

cheerfulness ['tʃɪəfʊlnəs] *n* alegría, buen humor *m*.

cheering ['tʃɪərɪŋ]
1 *n* ovaciones *fpl*, aplausos *mpl*, vítores *mpl*.
2 *adj* alentador,-ra.

cheerio [tʃɪərɪ'əʊ] *interj GB fam* ¡adiós!, ¡hasta luego!

cheerleader ['tʃɪəliːdəʳ] *n* animador,-ra (de un equipo deportivo).

cheerless ['tʃɪələs] *adj (gen)* triste; *(news)* poco alentador,-ra.

cheers [tʃɪəz]
1 *interj fam (as toast)* ¡salud!
2 *interj fam (thanks)* ¡gracias!
3 *interj fam (goodbye)* ¡adiós!, ¡hasta luego!

cheery ['tʃɪərɪ] *adj (smile, mood, colour)* alegre; *(greeting)* lleno,-a de alegría; *(manner)* optimista.
▲ *comp* **cheerier**, *superl* **cheeriest**.

cheese [tʃiːz]
1 *n* queso: **a slice of cheese** una loncha de queso; **a cheese sandwich** un bocadillo de queso.
▸ **to cheese off** *vt sep fam* fastidiar.
+ **say cheese!** *(for photo)* ¡patata!, ¡Luis!
to be cheesed off estar harto,-a.
to cut the cheese *US sl* tirarse un pedo.

cheeseboard ['tʃiːzbɔːd] *n* tabla de quesos.

cheeseburger ['tʃiːzbɜːgəʳ] *n* hamburguesa con queso.

cheesecake ['tʃiːzkeɪk] *n* tarta de queso.

cheesecloth ['tʃiːzklɒθ] *n* estopilla.

cheesed off [tʃiːzd'ɒf] *adj GB fam* harto,-a (**with**, de).

cheeseparing ['tʃiːzpeərɪŋ]
1 *adj* tacaño,-a.
2 *n* tacañería.

cheesy ['tʃiːzɪ] *adj (taste)* con sabor a queso; *(smell)* con olor a queso.
▲ *comp* **cheesier**, *superl* **cheesiest**.

cheetah ['tʃiːtə] *n* guepardo.

chef [ʃef] *n* chef *m*, jefe,-a de cocina.

chemical ['kemɪkəl]
1 *adj* químico,-a.
2 *n* producto químico, sustancia química.
■ **chemical engineer** ingeniero,-a químico,-a.
chemical engineering ingeniería química.

chemically ['kemɪkəlɪ] *adv* químicamente.

chemist ['kemɪst]
1 *n CHEM* químico,-a.
2 *n GB (pharmacist)* farmacéutico,-a.
■ **chemist's (shop)** *GB* farmacia.

chemistry ['kemɪstrɪ] *n* química.

chemotherapy [kiːməʊ'θerəpɪ] *n* quimioterapia.

cheque [tʃek] *n* cheque *m*, talón *m*: **can I pay by cheque?** ¿puedo pagar con talón?; **I'll write you a cheque for 30 pounds** te extenderé un talón por valor de 30 libras; **a blank cheque** un cheque en blanco.
+ **to give somebody a blank cheque to do something** darle a alguien carta blanca para hacer algo.
■ **cheque book** talonario (de cheques).
cheque (guarantee) card tarjeta de identificación bancaria.

chequerboard ['tʃekəbɔːd] *n* tablero de damas.

chequered ['tʃekəd]
1 *adj (cloth, pattern)* a cuadros.
2 *adj fig (past, history, career)* con altibajos, accidentado,-a.

chequers ['tʃekəz] *npl* damas *fpl*.

cherish ['tʃerɪʃ]
1 *vt (person)* apreciar, querer, tenerle mucho cariño a.
2 *vt (hope, memory, illusion)* abrigar, albergar, acariciar.

cherry ['tʃerɪ] *n (fruit)* cereza, guinda; *(wood)* cerezo.
■ **cherry blossom** flor *f* de cerezo.
cherry brandy aguardiente *m* de guindas, licor *m* de guindas.
cherry orchard cerezal *m*.
cherry red rojo cereza.
cherry tree cerezo.
▲ *pl* **cherries**.

cherub ['tʃerəb] *n* querubín *m*.
▲ *pl* **cherubs** o **cherubim**.

cherubic [tʃə'ruːbɪk] *adj* de querubín, de ángel.

chervil ['tʃɜːvɪl] *n* cerafolio.

chess [tʃes] *n* ajedrez *m*: **a game of chess** una partida de ajedrez.

chessboard ['tʃesbɔːd] *n* tablero de ajedrez.

chessmen ['tʃesmən] *npl* piezas *fpl* de ajedrez.

chesspiece ['tʃespi:s] n pieza de ajedrez.

chest [tʃest]
1 n (large) arca, arcón m; (small) cofre m; (tea chest, packing case) cajón m; (trunk) baúl m.
2 n ANAT pecho: **chest pains** dolores de pecho.
✦ **to get something off one's chest** desahogarse.
▪ **chest of drawers** cómoda.

chestnut ['tʃesnʌt]
1 n BOT (tree, wood) castaño; (nut) castaña.
2 n (colour) castaño.
3 n (horse) alazán,-ana.
4 n (story) historia vieja; (joke) chiste m viejo.
5 adj (colour) castaño,-a; (horse) castaño,-a, zaino,-a, alazán,-ana.

chesty ['tʃesti] adj GB de pecho: **a chesty cough** una tos de pecho.
✦ **to be chesty** tener congestión de pecho.
▲ comp chestier, superl chestiest.

chevron ['ʃevrən] n galón m.

chew [tʃu:]
1 vt (food) mascar, masticar; (nails, pencil) morder; (gum, tobacco) mascar.
2 n (of tobacco) mascada; (sweet) caramelo.
✦ **to chew something over** darle vueltas a algo.
to chew the cud rumiar.

chewing gum ['tʃu:ɪŋgʌm] n chicle m, goma de mascar.

chewy ['tʃu:i] adj (difficult to chew) correoso,-a, duro,-a; (sweet, toffee) masticable.
▲ comp chewier, superl chewiest.

chic [ʃi:k]
1 adj chic, elegante.
2 n elegancia.

chick [tʃik] n (young chicken) pollito, polluelo; (young bird) polluelo.

chicken ['tʃikɪn]
1 n (hen) gallina; (food) pollo.
2 n fam (coward) gallina mf.
3 adj fam gallina.
▶ **to chicken out** vi fam rajarse, no atreverse a: **he chickened out of jumping** no se atrevió a saltar.
✦ **to be no (spring) chicken** no ser ninguna niña.
▪ **chicken feed** una miseria.
chicken stock caldo de gallina.
chicken wire alambrera.

chickenpox ['tʃikɪnpɒks] n varicela.

chickpea ['tʃikpi:] n garbanzo.

chickweed ['tʃikwi:d] n pamplina.

chicory ['tʃikəri] n achicoria, chicoria.

chide [tʃaɪd] vt lit regañar (for, por), reprender (for, por).
▲ pt chided o chid [tʃid], pp chided o chidden ['tʃidən], ger chiding.

chief [tʃi:f]
1 n (gen) jefe,-a; (of party) líder mf; (of tribe) cacique m.
2 adj principal.
▪ **Chief Constable** jefe,-a de policía.
Chief of Staff MIL jefe m del estado mayor.

chiefly ['tʃi:fli] adv (mainly) principalmente; (especially) sobre todo.

chieftain ['tʃi:ftən] n cacique m, jefe,-a.

chiffon ['ʃifɒn] n gasa.

chihuahua [tʃɪ'wa:wə] n chihuahua m.

chilblain ['tʃilbleɪn] n sabañón m.

child [tʃaɪld]
1 n (boy) niño; (girl) niña: **some children** unos niños; **he was very shy as a child** de niño era muy tímido.
2 n (son) hijo; (daughter) hija: **they've got three children** tienen tres hijos.
▪ **child abuse** malos tratos mpl, abusos mpl a menores.
child benefit subsidio que se recibe del Estado por cada hijo.
child care puericultura.
child labour explotación f de menores.
child minder persona que cuida a niños en su casa mientras los padres trabajan.
child's play juego de niños.
children's clothes ropa de niños.
children's games juegos mpl infantiles.
children's home residencia de menores.
child seat silla de seguridad.
▲ pl children.

childbearing ['tʃaɪldbeərɪŋ] n maternidad f.
✦ **of childbearing age** en edad fértil, en edad de tener hijos.

childbirth ['tʃaɪldbɜ:θ] n parto, alumbramiento.
✦ **in childbirth** de parto.

childhood ['tʃaɪldhʊd] n infancia, niñez f.
✦ **to be in one's second childhood** estar en la segunda infancia.

childish ['tʃaɪldɪʃ] adj (of a child) infantil; (immature) pueril, infantil: **don't be childish!** ¡no seas niño!

childishly ['tʃaɪldɪʃli] adv de manera infantil, de manera pueril, como un niño.

childishness ['tʃaɪldɪʃnəs] n infantilismo, puerilidad f.

childless ['tʃaɪldləs] adj sin hijos.

childlike ['tʃaɪldlaɪk] adj infantil, ingenuo,-a.

childproof ['tʃaɪldpru:f] adj a prueba de niños.

children ['tʃildrən] npl → child.

Chile ['tʃili] n Chile m.

Chilean ['tʃiliən]
1 adj chileno,-a.
2 n chileno,-a.

chili ['tʃili] n US → chilli.

chill [tʃil]
1 n MED (cold) resfriado; (shiver) escalofrío.
2 n (coldness) fresco, frío: **there was a chill in the air** hacía un poco de fresco.
3 adj (wind etc) frío,-a.
4 vt (make cold) enfriar.
5 vt (wine, beer) enfriar, poner a enfriar; (meat) refrigerar: **serve chilled** sírvase frío.
6 vt fig hacer sentir escalofríos.
✦ **to be chilled to the bone** estar helado,-a de frío.
to cast a chill over something fig (sadden) ensombrecer algo; (make tense) crispar el ambiente de algo.
to catch a chill resfriarse.

chilli ['tʃili] n chile m.

chilling ['tʃilɪŋ]
1 adj glacial.
2 adj fig espeluznante, escalofriante.

chilly ['tʃili] adj (gen) frío,-a: **it's chilly today** hoy hace fresquito.
✦ **to feel chilly** tener frío.
▲ comp chillier, superl chilliest.

chime [tʃaɪm]
1 n (bells) carillón m; (sound of bells) repique m; (of clock) campanada; (of doorbell) campanilla.
2 vi (bells) sonar, repicar; (clock) dar la hora, sonar.
3 vt (bells) tocar; (clock) dar.
▶ **to chime in** vi (interrupt) intervenir, interrumpir.

chimney ['tʃimni] n chimenea.
✦ **to smoke like a chimney** fumar como un carretero.
▪ **chimney stack** fuste m.
chimney sweep deshollinador m.

chimneypot ['tʃimnipɒt] n cañón m.

chimp ['tʃimp] n chimpancé m.

chimpanzee [tʃimpæn'zi:] n chimpancé m.

chin [tʃin] n barbilla, mentón m.
✦ **to keep one's chin up** no desanimarse.
▪ **chin strap** barboquejo.

china ['tʃaɪnə]
1 n (white clay) loza; (fine) porcelana.
2 n (crockery) vajilla, objetos mpl de porcelana, loza.

China ['tʃaɪnə] n China.
▪ **East China Sea** Mar m de la China Oriental.
South China Sea Mar m de la China Meridional.

chinaware ['tʃaɪnəweə'] n objetos mpl de porcelana, vajilla de porcelana, loza.

Chinese [tʃaɪ'ni:z]
1 adj chino,-a.
2 n (person) chino,-a.
3 n (language) chino.
4 **the Chinese** npl los chinos mpl.
▪ **Chinese lantern** farolillo de papel.

chink[1] [tʃɪŋk] *n (crack - in wall, fence)* grieta, abertura; *(- in door)* rendija, resquicio.
✦ **a chink in somebody's armour** el punto débil de alguien.

chink[2] [tʃɪŋk]
1 *n (noise)* tintineo.
2 *vt* hacer tintinear, hacer sonar.
3 *vi* tintinear, sonar.

chintz [tʃɪnts] *n* chintz *m*.

chinwag [ˈtʃɪnwæg] *n GB fam* charla, cháchara.

chip [tʃɪp]
1 *n GB (fried potato)* patata frita.
2 *n US* patata frita (de bolsa).
3 *n COMPUT* chip *m*: **silicon chip** chip de silicio.
4 *n (of wood)* astilla; *(of stone)* lasca; *(of china)* pedacito, trocito.
5 *n (flaw - in plate, glass)* desportilladura; *(- in furniture)* astilladura: **this plate has a chip in it** este plato está desportillado.
6 *n (in gambling)* ficha.
7 *n* **chip (shot)** *SP (in football - gen)* sombrero; *(- scoring a goal)* vaselina; *(in golf)* chip *m*.
8 *vt GB (potatoes)* cortar.
9 *vt (china, glass)* desportillar, resquebrar; *(paint)* desconchar; *(tooth)* romper un trocito de.
10 *vt SP (in football)* levantar el balón de manera que describa un arco y pase por encima de otro jugador: **he chipped the ball into the goal** metió un gol de vaselina; **he chipped the ball over the goalkeeper** le hizo un sombrero al portero.
11 *vi (china, glass)* desportillarse (**off**, -); *(paint)* descascarillarse, desc014charse, saltarse.
▶ **to chip away** *vt sep* desconchar.
to chip away at *vt insep (rock, marble, etc)* ir desconchando; *(authority)* ir minando, ir socavando.
to chip in *vi (in conversation)* meter cuchara; *(with money)* contribuir, poner algo.
✦ **a chip off the old block** de tal palo tal astilla.
to have a chip on one's shoulder ser un,-a resentido,-a, estar amargado,-a.
when the chips are down a la hora de la verdad.
■ **chip shop** pescadería *donde se venden patatas fritas*.
▲ *pt & pp* chipped, *ger* chipping.

chipboard [ˈtʃɪpbɔːd] *n* aglomerado, madera aglomerada.

chipmunk [ˈtʃɪpmʌŋk] *n* ardilla listada.

chippings [ˈtʃɪpɪŋz] *npl (of stone)* gravilla, cascajo: **loose chippings** gravilla suelta.

chiropodist [kɪˈrɒpədɪst] *n* podólogo,-a, pedicuro,-a, callista *mf*.

chiropody [kɪˈrɒpədɪ] *n* pedicura.

chirp [tʃɜːp]
1 *vi (insect)* chirriar; *(bird)* gorjear.
2 *n (of grasshopper)* chirrido; *(of bird)* gorjeo.

chirpy [ˈtʃɜːpɪ] *adj GB fam* alegre, animado,-a.
▲ *comp* chirpier, *superl* chirpiest.

chirrup [ˈtʃɪrəp] *vi* → chirp.

chisel [ˈtʃɪzəl]
1 *n (for stone)* cincel *m*; *(for wood)* formón *m*, escoplo.
2 *vt (stone)* cincelar; *(wood, metal)* labrar, tallar; *(hole etc)* grabar, cincelar: **a figure chiselled out of rock** una figura esculpida en roca.
✦ **to chisel something out of somebody** timarle algo a alguien, estafarle algo a alguien.
▲ *pt & pp* chiselled (*US* chiseled), *ger* chiselling (*US* chiseling).

chit [tʃɪt] *n fam (note)* nota; *(memo)* memorándum *m*; *(receipt)* recibo, resguardo.

chitchat [ˈtʃɪttʃæt] *n fam* palique *m*, cháchara.

chivalrous [ˈʃɪvəlrəs] *adj* caballeroso,-a.

chivalry [ˈʃɪvəlrɪ] *n* caballerosidad *f*.

chives [tʃaɪvz] *npl BOT* cebollino, cebolleta.

chloral [ˈklɔːrəl] *n* cloral *m*.

chloramphenicol [klɔːræmˈfenɪkɒl] *n* cloramfenicol *m*.

chloric [ˈklɔːrɪk] *adj* clórico,-a cloram.

chloride [ˈklɔːraɪd] *n* cloruro.

chlorinate [ˈklɔːrɪneɪt] *vt* tratar con cloro.

chlorine [ˈklɔːriːn] *n* cloro.

chlorofluorocarbon [klɔːrəfluərəˈkɑːbən] *n* clorofluorocarbono.

chloroform [ˈklɒrəfɔːm] *n* cloroformo.

chlorophyll [ˈklɒrəfɪl] *n* clorofila.

chlorosis [kləˈreʊsɪs] *n* clorosis *f*.

choc-ice [ˈtʃɒkaɪs] *n* bombón *m* helado.

chock [tʃɒk] *n* calzo, cuña.

chock-a-block [tʃɒkəˈblɒk] *adj fam* hasta los topes, de bote en bote.

chock-full [tʃɒkˈfʊl] *adj fam* hasta los topes.

chocolate [ˈtʃɒkələt]
1 *n (substance)* chocolate *m*: **a bar of chocolate** una chocolatina, una tableta de chocolate.
2 *n (individual sweet)* bombón *m*.
3 *adj* de chocolate: **the cake was decorated with chocolate flowers** la tarta estaba adornada con flores de chocolate.
■ **dark chocolate** chocolate *m* amargo.
drinking chocolate chocolate *m* a la taza.
milk chocolate chocolate *m* con leche.
plain chocolate chocolate *m* amargo.

choice [tʃɔɪs]
1 *n (act)* elección *f*, opción *f*; *(option)* opción *f*, alternativa: **if I had the choice si pudiera escoger**; **you've got no choice** no tienes opción, no tienes más remedio.
2 *n (person, thing chosen)* elección *f*: **he's my choice for the post** es el candidato que recomiendo para el puesto; **the people's choice** la elección del pueblo.
3 *n (variety, range)* surtido, selección *f*.
4 *adj (top quality)* selecto,-a, de primera calidad.
5 *adj iron (rude)* exquisito,-a.
✦ **by choice/from choice** por decisión propia, por gusto.
of one's choice a elección.
to make a choice escoger, elegir.

choir [ˈkwaɪəʳ] *n (gen)* coro.
■ **choir practice** ensayo de coro.

choirboy [ˈkwaɪəbɔɪ] *n* niño de coro.

choirmaster [ˈkweɪəmɑːstəʳ] *n (gen)* director *m* de coro; *(in church)* maestro de coro.

choke [tʃəʊk]
1 *vt (person)* ahogar, asfixiar, estrangular.
2 *vt (block - pipe, drain, etc)* atascar, obstruir.
3 *vi* ahogarse, asfixiarse.
4 *n AUTO* stárter *m*.
▶ **to choke back** *vt sep* contener, tragarse.
✦ **to choke on something** atragantarse con algo.
to choke to death morir asfixiado,-a.

choked [tʃəʊkt] *adj (upset)* disgustado,-a; *(disappointed)* decepcionado,-a; *(angry)* furioso,-a.

choker [ˈtʃəʊkəʳ] *n (necklace)* gargantilla.

cholera [ˈkɒlərə] *n* cólera *m*.

cholesterol [kəˈlestərɒl] *n* colesterol *m*.

chomp [tʃɒmp]
1 *vt* masticar, mascar.
2 *vi* masticar, mascar.

choose [tʃuːz]
1 *vt (select)* escoger, elegir; *(elect)* elegir: **I don't know which one to choose** no sé cuál escoger.
2 *vt (decide)* decidir, optar por: **they chose to stay at home** decidieron quedarse en casa.
3 *vi* escoger, elegir: **she had to choose between them** tuvo que elegir entre ellos; **there are so many to choose from** hay tantos para elegir.
4 *vi (prefer, like)* querer, preferir: **do as you choose** haz lo que quieras.
✦ **there's not much to choose between them** son muy parecidos,-as, no hay gran diferencia entre ellos.
▲ *pt* chose [tʃəʊz], *pp* chosen [ˈtʃəʊzən], *ger* choosing.

choosey [ˈtʃuːzɪ] *adj* → choosy.

choosy ['tʃuːzɪ] *adj fam* exigente, difícil de contentar: **he's very choosy about his food** es muy maniático con la comida.
▲ *comp* **choosier,** *superl* **choosiest.**

chop¹ ['tʃɒp]
1 *n (blow)* tajo, golpe *m*; *(with axe)* hachazo.
2 *n CULIN* chuleta.
3 *vt* cortar (**up,** -): **he's chopping firewood** está cortando leña.
4 *vt CULIN (meat)* cortar en trozos (**up,** -); *(onions)* picar (**up,** -).
5 *vt GB fam (reduce)* recortar, reducir.
▶ **to chop down**
1 *vt sep (tree etc)* cortar, talar.
2 *vt sep SP (player)* derribar.
to chop off *vt sep* cortar.
✦ **to get the chop** *(person)* ser despedido,-a del trabajo; *(shop, factory, etc)* cerrar; *(thing)* quitar, suprimir: **we all got the chop** nos echaron a todos; **that programme's for the chop** van a quitar ese programa.
■ **chop chop** rápido.
▲ *pt & pp* **chopped,** *ger* **chopping.**

chop² ['tʃɒp] **to chop and change** *vi* cambiar continuamente.

chopper ['tʃɒpə']
1 *n (short axe)* hacha pequeña; *(butcher's)* cuchilla de carnicero.
2 *n fam (helicopter)* helicóptero.

chopping board ['tʃɒpɪŋbɔːd] *n* tabla de picar.

choppy ['tʃɒpɪ] *adj (sea)* picado,-a.
▲ *comp* **choppier,** *superl* **choppiest.**

chops [tʃɒps] *npl fam* morro *m sing,* boca *f sing.*
✦ **to lick/smack one's chops** relamerse.

chopsticks ['tʃɒpstɪks] *npl* palillos *mpl.*

choral ['kɔːrəl] *adj* coral.
■ **choral society** coral *f,* orfeón *m.*

chorale [kəˈrɑːl] *n* coral *f.*

chord¹ [kɔːd]
1 *n MATH* cuerda.
2 *n ANAT* → **cord.**
✦ **to strike/touch a chord with somebody** afectar a alguien, calar hondo en alguien.
to strike/touch a chord with somebody conmover a alguien, tocarle la fibra sensible a alguien.

chord² [kɔːd] *n MUS* acorde *m.*

chore [tʃɔːʳ] *n (job)* quehacer *m,* tarea; *(boring job)* lata.
✦ **to do the chores** hacer los quehaceres domésticos, limpiar la casa.

choreograph ['kɒrɪəgrɑːf] *vt* coreografiar, hacer la coreografía de.

choreographer [kɒrɪˈɒgrəfəʳ] *n* coreógrafo,-a.

choreography [kɒrɪˈɒgrəfɪ] *n* coreografía.

chorister ['kɒrɪstəʳ] *n* corista *mf.*

chortle ['tʃɔːtəl] *vi* reírse, reírse con ganas.

chorus ['kɔːrəs]
1 *n (choir)* coro.
2 *n (of song)* estribillo.
3 *n (outburst)* coro.
✦ **in chorus** a coro.
■ **chorus girl** corista.

chose [tʃəuz] *pt* → **choose.**

chosen ['tʃəuzən]
1 *pp* → **choose.**
2 *adj* elegido,-a, escogido,-a: **the chosen few** los elegidos.

Christ [kraɪst] *n* Cristo, Jesucristo.

christen ['krɪsən] *vt* bautizar.

christening ['krɪsənɪŋ] *n (ritual)* bautismo; *(celebration)* bautizo.

Christian ['krɪstɪən]
1 *adj* cristiano,-a.
2 *n* cristiano,-a.
■ **Christian name** nombre *m* de pila.

Christianity [krɪstɪˈænɪtɪ] *n* cristianismo.

Christmas ['krɪsməs] *n* Navidad *f,* Navidades *fpl:* **we usually spend Christmas with my parents** normalmente pasamos las Navidades con mis padres; **did you see Emma at Christmas?** ¿viste a Emma en Navidad?
✦ **"Merry Christmas!"** "¡Felices Fiestas!", "¡Feliz Navidad!".
■ **Christmas box** aguinaldo.
Christmas card tarjeta de Navidad, crismas *m.*
Christmas carol villancico.
Christmas Day día *m* de Navidad.
Christmas Eve Nochebuena.
Christmas pudding pastel *m* tradicional de Navidad *hecho de frutas, pasas y cocido al vapor.*
Christmas tree árbol *m* de Navidad.

chrome [krəum] *n* cromo.

chromium ['krəumɪəm] *n* cromo.
■ **chromium plating** cromado.

chromosome ['krəuməsəum] *n* cromosoma *m.*

chronic ['krɒnɪk]
1 *adj (disease, person, problem)* crónico,-a.
2 *adj GB fam (terrible)* malísimo,-a, terrible.

chronicle ['krɒnɪkəl]
1 *n* crónica.
2 *vt* hacer la crónica de.

chronicler ['krɒnɪkləʳ] *n HIST* cronista *mf.*

chronological [krɒnəˈlɒdʒɪkəl] *adj* cronológico,-a.

chronology [krəˈnɒlədʒɪ] *n* cronología.

chronometer [krəˈnɒmɪtəʳ] *n* cronómetro.

chrysalis ['krɪsəlɪs] *n* crisálida.
▲ *pl* **chrysalises.**

chrysanthemum [krɪˈsænθəməm] *n* crisantemo.

chubby ['tʃʌbɪ] *adj (person)* regordete,-a, gordinflón,-ona, llenito,-a,; *(part of body)* regordete, llenito,-a: **chubby cheeks** mofletes.
▲ *comp* **chubbier,** *superl* **chubbiest.**

chuck¹ [tʃʌk] *n (of drill)* portabrocas *m.*

chuck² [tʃʌk]
1 *vt fam (throw)* tirar.
2 *vt fam (give up)* dejar, plantar.
▶ **to chuck away** *vt sep (rubbish)* tirar; *(money)* derrochar.
to chuck in/chuck up *vt sep* dejar.
to chuck out *vt sep (person)* echar; *(rubbish)* tirar.
to chuck up *vi US sl (vomit)* devolver.
✦ **chuck it!** ¡basta ya!

chuckle ['tʃʌkəl]
1 *vi* reírse (entre dientes).
2 *n* risita.

chuddah ['tʃʌdə] *n* chador *m.*

chuddar ['tʃʌdə] *n* chador *m.*

chudder ['tʃʌdə] *n* chador *m.*

chuffed [tʃʌft] *adj GB fam* contento,-a, satisfecho,-a.
✦ **to be chuffed about/at something** estar contento,-a por algo.

chug [tʃʌg]
1 *n* resoplido.
2 *vi (engine)* resoplar, dar resoplidos.
▲ *pt & pp* **chugged,** *ger* **chugging.**

chum [tʃʌm] *n fam* compinche *mf,* compañero,-a, amigote *m.*
▶ **to chum up with** *vi* hacerse amigo,-a de.
▲ *pt & pp* **chummed,** *ger* **chumming.**

chummy ['tʃʌmɪ] *adj* amigo,-a.
✦ **to be chummy with somebody** ser amigo,-a de alguien.
▲ *comp* **chummier,** *superl* **chummiest.**

chump [tʃʌmp] *n fam* imbécil *mf.*
✦ **to be off one's chump** estar mal de la azotea.
■ **chump chop** chuletón *m.*

chunk [tʃʌŋk] *n fam (thick piece)* cacho, pedazo; *(large amount)* buena parte *f.*

chunky ['tʃʌŋkɪ] *adj (person, build)* fornido,-a, macizo,-a, cuadrado,-a; *(marmalade)* con trozos grandes de fruta; *(sweater etc)* grueso,-a, gordo,-a; *(jewellery)* grueso,-a.
▲ *comp* **chunkier,** *superl* **chunkiest.**

church [tʃɜːtʃ] *n* iglesia.
✦ **to enter the Church** hacerse sacerdote, hacerse monja, etc.
to go to church ir a misa.
to have a church wedding casarse por la iglesia.
■ **church hall** sala parroquial.
Church of England Iglesia Anglicana.
church service oficio religioso.

churchgoer ['tʃɜːtʃgəuəʳ] *n* practicante *mf.*

churchwarden [tʃɜːtʃˈwɔːdən] *n REL* persona que ayuda al cura en asuntos seculares.

churchyard ['tʃɜːtʃjɑːd] *n* cementerio, camposanto.

churlish ['tʃɜ:lɪʃ] *adj* grosero,-a, maleducado,-a.

churlishness ['tʃɜ:lɪʃnəs] *n* grosería, mala educación *f.*

churn [tʃɜ:n]
1 *n GB (for milk)* lechera.
2 *n (for butter)* mantequera.
3 *vt (butter)* hacer; *(milk, cream)* batir.
4 *vt (water, earth)* agitar (**up**, -), revolver (**up**, -).
5 *vi (liquid)* arremolinarse.
6 *vi (stomach)* revolverse.
▸ **to churn out** *vt sep* producir en serie, hacer como churros.

chute [ʃuːt]
1 *n (slide)* tobogán *m.*
2 *n (for waste, rubbish)* conducto.
3 *n fam* paracaídas *m.*

chutney ['tʃʌtnɪ] *n* conserva agridulce *hecha a base de frutas, especias, vinagre y azúcar.*

CIA ['si:'aɪ:'eɪ] *abbr* (**Central Intelligence Agency**) agencia central de información; *(abbreviation)* CIA *f.*

cicada [sɪ'kɑːdə] *n* cigarra.

cider ['saɪdə'] *n* sidra.

cig [sɪg] *n fam (cigarette)* pitillo.

cigar [sɪ'gɑː'] *n* puro, cigarro.

cigarette [sɪgə'ret] *n* cigarrillo.
▪ **cigarette butt/cigarette end** colilla.
  cigarette case pitillera.
  cigarette holder boquilla.
  cigarette lighter encendedor *m*, mechero.
  cigarette paper papel *m* de fumar.

C-in-C ['si:ɪn'si:] *abbr* (**Commander-in-Chief**) Comandante *m* en jefe.

cinch [sɪntʃ] **it's a cinch** *phr fam* está chupado,-a, está tirado,-a.

cinder ['sɪndə']
1 *n* ceniza, pavesa.
2 **cinders** *npl* ceniza *f sing,* carbonilla *f sing.*
✦ **to burn something to a cinder** carbonizar algo.

Cinderella [sɪndə'relə] *n* (la) Cenicienta.

cine camera ['sɪnɪkæmərə] *n* cámara cinematográfica, tomavistas *m.*

cine film ['sɪnɪfɪlm] *n* película (cinematográfica).

cinema ['sɪnəmə] *n* cine *m:* let's go to the cinema vamos al cine.

cinematographic [sɪnəmætə'græfɪk] *adj* cinematográfico,-a.

cinematography [sɪnəmə'tɒgrəfɪ] *n* cinematografía.

cinnabar ['sɪnəbɑː'] *n* cinabrio.

cinnamon ['sɪnəmən] *n* canela.

cipher ['saɪfə']
1 *n (code)* código, cifra, clave *f:* written in cipher cifrado,-a, en clave.
2 *n (zero)* cero; *(numeral)* cifra.

circa ['sɜ:kə] *prep* hacia, alrededor de.

circle ['sɜ:kəl]
1 *n (shape)* círculo; *(in geometry)* circunferencia.
2 *n (ring)* círculo; *(of people)* corro.
3 *n (group)* círculo: in business circles en el mundo de los negocios.
4 *n THEAT* piso.
5 *vt (encircle)* rodear, cercar; *(move in a circle)* dar vueltas alrededor de: the lion circled its prey el león dio vueltas alrededor de su presa.
6 *vt (ring with pen, pencil)* trazar un círculo alrededor de, marcar con un círculo: she circled his name in red marcó su nombre con un círculo rojo.
7 *vi (gen)* dar vueltas (**around**, alrededor de): an eagle circled overhead un águila daba círculos en lo alto.
✦ **to come/go full circle** volver al punto de partida.
  to go round (and round) in circles *(person)* volver sobre lo mismo; *(discussion)* no ir a ninguna parte.
  to run round in circles dar vueltas como loco,-a.

circuit ['sɜ:kɪt]
1 *n (route, journey round)* recorrido; *(of running track)* vuelta.
2 *n ELEC* circuito.
3 *n JUR (regular journey made by judge)* recorrido; *(area covered)* distrito.
4 *n SP (series of tournaments)* circuito.
5 *n (motor racing track)* circuito.
▪ **circuit breaker** cortacircuitos *m.*
  circuit judge juez *mf* de distrito.
  circuit training tabla de ejercicios.

circuitous [sə'kju:ɪtəs] *adj fml* tortuoso,-a, indirecto,-a.

circular ['sɜ:kjələ']
1 *adj (gen)* circular; *(bus, train route)* de circunvalación.
2 *adj fig (argument)* que no lleva a ninguna parte, que no conduce a nada.
3 *n* circular *f.*
▪ **circular tour** circuito.

circulate ['sɜ:kjəleɪt]
1 *vi (gen)* circular; *(rumour, story)* circular, correr.
2 *vt (pass round)* hacer circular.
3 *vt (send circular to)* enviar una circular a.

circulation [sɜ:kjə'leɪʃən]
1 *n (gen)* circulación *f.*
2 *n (of newspaper, magazine)* tirada.

circulatory [sɜ:kjə'leɪtərɪ] *adj* circulatorio,-a.

circumcise ['sɜ:kəmsaɪz] *vt* circuncidar.

circumcision [sɜ:kəm'sɪʒən] *n* circuncisión *f.*

circumference [sə'kʌmfərəns] *n* circunferencia.

circumflex ['sɜ:kəmfleks] *n* circunflejo.

circumlocution [sɜ:kəmlə'kju:ʃən] *n* circunloquio.

circumnavigate [sɜ:kəm'nævɪgeɪt] *vt* circunnavegar.

circumscribe ['sɜ:kəmskraɪb]
1 *vt MATH* circunscribir.
2 *vt fml (restrict)* restringir, limitar.

circumspect ['sɜ:kəmspekt] *adj* circunspecto,-a, prudente, cauto,-a, cauteloso,-a.

circumspection [sɜ:kəm'spekʃən] *n* circunspección *f.*

circumstance ['sɜ:kəmstəns]
1 *n (condition, fact)* circunstancia: in certain circumstances en algunas circunstancias; force of circumstance razones de fuerza mayor.
2 **circumstances** *npl (financial position)* situación *f* económica.
✦ **in/under no circumstances** en ningún caso, bajo ningún concepto.
  in/under the circumstances dadas las circunstancias.

circumstantial [sɜ:kəm'stænʃəl] *adj (evidence)* circunstancial; *(description)* detallado,-a, circunstanciado,-a.

circumvent [sɜ:kəm'vent] *vt fml (law, rule, regulation)* burlar; *(problem, difficulty, obstacle)* salvar, sortear.

circus ['sɜ:kəs]
1 *n (entertainment)* circo.
2 *n GB (in town)* glorieta, plaza redonda.

cirque [sɜ:k] *n* circo.

cirrhosis [sɪ'rəʊsɪs] *n* cirrosis *f.*

cirrus ['sɪrəs] *n* cirro.
▲ *pl* cirri.

Cistercian [sɪs'tɜ:ʃən]
1 *adj* cisterciense.
2 *n* cisterciense *mf.*

cistern ['sɪstən] *n* cisterna.

citadel ['sɪtədəl] *n* ciudadela.

citation [saɪ'teɪʃən]
1 *n (quotation)* cita.
2 *n US (military)* mención *f.*
3 *n JUR* citación *f.*

cite [saɪt]
1 *vt (quote)* citar.
2 *vt US (military)* mencionar.
3 *vt JUR* citar.

citizen ['sɪtɪzən] *n (of country)* ciudadano,-a, súbdito,-a; *(of town, city)* habitante *mf,* vecino,-a.

citizenship ['sɪtɪzənʃɪp] *n* ciudadanía.

citric ['sɪtrɪk] *adj* cítrico,-a.
▪ **citric acid** ácido cítrico.

citrous ['sɪtrəs] *adj* cítrico,-a.

citrus fruit ['sɪtrəsfru:t] *n* agrio, cítrico.

city ['sɪtɪ] *n* ciudad *f:* city centre centro de la ciudad, centro urbano.
▪ **city council** *GB* ayuntamiento, municipio.
  city desk *GB* sección *f* de economía, *US* sección *f* de noticias locales.
  city editor *GB* redactor,-ra financiero,-a, *US* redactor,-ra de noticias locales.
  city hall *US* ayuntamiento.
  the City *GB* el centro financiero de Londres.
▲ *pl* cities.

civet [ˈsɪvɪt] n algalia.
- **civet cat** civeta, gato de algalia.

civic [ˈsɪvɪk] adj (duty, pride) cívico,-a; (leader, event) municipal: civic event acto municipal oficial.
- **civic centre** centro cívico.

civics [ˈsɪvɪks] n educación f cívica.

civil [ˈsɪvəl]
1 adj (of citizens) civil.
2 adj (polite) cortés,-esa, educado,-a.
- **civil defence** defensa civil.
civil disobedience resistencia pasiva, desobediencia civil.
civil engineer ingeniero,-a de caminos, canales y puertos.
civil engineering ingeniería civil.
civil law derecho civil.
civil liberties libertades fpl civiles.
civil rights derechos mpl civiles.
civil servant funcionario,-a.
the civil service (government departments) la administración f pública; (employees) el funcionariado, los funcionarios mpl.
civil war guerra civil.

civilian [sɪˈvɪljən]
1 adj (government, life) civil.
2 n civil mf.
3 civilians npl población f sing civil.
- in civilian dress de paisano.

civility [sɪˈvɪlɪtɪ] n cortesía.

civilisation [sɪvɪlaɪˈzeɪʃən] n → civilization.

civilise [ˈsɪvɪlaɪz] vt → civilize.

civilization [sɪvɪlaɪˈzeɪʃən] n civilización f.

civilize [ˈsɪvɪlaɪz] vt civilizar.

civvies [ˈsɪvɪz] npl GB fam ropa f sing de paisano, traje m sing de paisano.

cl [ˈsiːˈel] symb (**centilitre**) centilitro; (symbol) cl.

clad [klæd]
1 pt & pp → **clothe**.
2 adj vestido,-a.

claim [kleɪm]
1 n (demand - for insurance) reclamación f; (for wages) demanda, reivindicación f; (for benefit, allowance) solicitud f.
2 n (right - to title, right, property) derecho.
3 n (assertion) afirmación f: everyone scoffed at his claim to be descended from the Royal Family todos se burlaron de él cuando afirmó que descendía de la familia real.
4 n (thing claimed - land) concesión f.
5 vt (right, property, title) reclamar; (land) reclamar, reivindicar; (compensation) exigir, reclamar; (immunity) alegar.
6 vt (apply for - benefit, allowance) solicitar; (- expenses) pedir, solicitar; (receive) cobrar.
7 vt (of disaster, accident, etc) cobrar.
8 vt (assert) afirmar, sostener, decir.
9 vt (attention) reclamar; (time) exigir.
10 vi presentar un reclamación, reclamar.

- somebody's only claim to fame lo más cerca que alguien ha estado de la fama.
to claim for something reclamar algo.
to claim on one's insurance reclamar el seguro.
to claim responsibility for reivindicar.
to have a claim on something tener derecho a algo.
to lay claim to something (property etc) reclamar el derecho a algo, reivindicar algo; (to knowledge etc) pretender algo.
to make a claim for damages presentar una demanda por daños, demandar por daños.

claimant [ˈkleɪmənt]
1 n (of benefit, allowance) solicitante mf; (of insurance) reclamante mf.
2 n (to throne) pretendiente mf.
3 n JUR demandante mf.

clairvoyance [kleəˈvɔɪəns] n clarividencia.

clairvoyant [kleəˈvɔɪənt]
1 adj clarividente.
2 n clarividente mf.

clam [klæm] n almeja.
- **to clam up** vi fam callarse, quedarse mudo,-a.
▲ pt & pp **clammed**, ger **clamming**.

clamber [ˈklæmbər] vi trepar gateando (**over**, a).

clammy [ˈklæmɪ] adj (weather) bochornoso,-a; (hands) pegajoso,-a.
▲ comp **clammier**, superl **clammiest**.

clamor [ˈklæmər] n US → **clamour**.

clamorous [ˈklæmərəs] adj (demand) clamoroso,-a; (crowd) vociferante, ruidoso,-a.

clamour [ˈklæmər]
1 n (shouting) clamor m, griterío; (loud protest) clamor m.
2 vi clamar, gritar, dar voces, vociferar.
- **to clamour for justice** pedir justicia, clamar por justicia.
to clamour for something pedir algo a gritos, exigir algo a gritos.

clamp [klæmp]
1 n (gen) abrazadera; (in carpentry) tornillo de banco.
2 vt (gen) sujetar con abrazaderas; (wheel) poner un cepo a.
- **to clamp down on** vt insep poner freno a, tomar medidas drásticas contra.

clampdown [ˈklæmpdaun] n medidas fpl drásticas: the police have announced that there is going to be a clampdown on drunken driving la policía ha anunciado que va a tomar medidas drásticas contra los conductores ebrios.

clan [klæn] n clan m.

clandestine [klænˈdestɪn] adj clandestino,-a.

clang [klæŋ]
1 n sonido metálico (fuerte).
2 vi sonar.
3 vt hacer sonar.

clanger [ˈklæŋər] n fam metedura de pata.
- **to drop a clanger** meter la pata.

clank [klæŋk]
1 n sonido seco y metálico.
2 vi hacer ruido, sonar.
3 vt hacer sonar.

clannish [ˈklænɪʃ] adj cerrado,-a, exclusivista.

clansman [ˈklænzmən] n miembro de un clan.
▲ pl **clansmen** [ˈklænzmən].

clap¹ [klæp]
1 n (noise) ruido seco.
2 n (applause) aplauso.
3 n (slap) palmada, golpecito con la mano.
4 vt (applaud) aplaudir.
5 vt (slap) dar una palmada a.
6 vi aplaudir.
▶ **to clap on** vt sep(add) agregar.
- **to clap eyes on something/somebody** ver algo/a alguien.
to clap hold of something coger algo.
to clap one's hands (applaud) aplaudir; (to music) dar palmadas.
to clap somebody on the back dar una palmada en la espalda a alguien.
- **clap of thunder** trueno.

clap² [klæp] n sl (disease) gonorrea.

clapped-out [klæptˈaut] adj GB fam (car, machine) destartalado,-a; (person) rendido,-a, reventado,-a, hecho,-a polvo.

clapper [ˈklæpər] n badajo.
- **to go like the clappers** ir como un bólido.

clapperboard [ˈklæpəbɔːd] n claqueta.

clapping [ˈklæpɪŋ] n aplausos mpl.

claptrap [ˈklæptræp] n fam disparates mpl, tonterías fpl, paparruchas fpl.

claret [ˈklærət] n (wine) clarete m; (colour) granate m, color m burdeos.

clarification [klærɪfɪˈkeɪʃən] n aclaración f.

clarify [ˈklærɪfaɪ]
1 vt aclarar.
2 vi aclararse.
▲ pt & pp **clarified**, ger **clarifying**.

clarinet [klærɪˈnet]
1 n (instrument) clarinete m.
2 n (musician) clarinete mf, clarinetista mf.

clarinetist [klærɪˈnetɪst] n clarinetista m, clarinete m.

clarinettist [klærɪˈnetɪst] n clarinetista m, clarinete m.

clarity [ˈklærɪtɪ] n claridad f.

clary sage [ˈkleərɪseɪdʒ] n amaro.

clash [klæʃ]
1 *n (fight)* enfrentamiento, choque *m*; *(disagreement, argument)* desacuerdo.
2 *n (conflict - of interests)* conflicto; *(- of personalities, cultures)* choque *m*; *(- of opinions)* disparidad *f*, choque *m*; *(coinciding - of times, dates, classes)* coincidencia; *(bad match - of colours)* falta de armonía.
3 *n (loud noise)* sonido.
4 *vi (opposing forces - fight)* chocar; *(- disagree)* discutir, enfrentarse (**with**, a): some angry demonstrators clashed with police hubo choques entre algunos manifestantes enfadados y la policía.
5 *vi (interests)* estar en conflicto.
6 *vi (dates, events)* coincidir: the party clashes with my cousin's wedding la fiesta coincide con la boda de mi primo.
7 *vi (colours)* desentonar (**with**, con).
8 *vi (cymbals)* sonar.

clasp [klɑːsp]
1 *n (on necklace)* broche *m*; *(on belt)* cierre *m*, hebilla.
2 *n (grasp)* apretón *m*; *(embrace)* abrazo.
3 *vt (object)* agarrar, sujetar; *(person)* abrazar.
4 *vt (necklace etc)* abrochar.
✦ **to clasp hands** juntar las manos.

class [klɑːs]
1 *n (in society)* clase *f*: working/middle/upper class clase obrera/media/alta.
2 *n EDUC* clase *f*: we're in the same class estamos en la misma clase; I've got a history class tengo clase de historia; the class of '88 la promoción del 88.
3 *n (kind)* clase *f*, tipo: he's not in the same class as Pele no está a la altura de Pele.
4 *n (of plant, animal)* clase *f*.
5 *n (style)* clase *f*, estilo.
6 *vt* clasificar, catalogar.
✦ **to be in a class of its/one's own** no tener igual, ser único,-a, ser inigualable.
■ **the class struggle** la lucha de clases.

class-conscious [klɑːsˈkɒnʃəs] *adj* con conciencia de clase, clasista.

classic [ˈklæsɪk]
1 *adj (high quality)* clásico,-a.
2 *adj (typical)* clásico,-a, típico,-a.
3 *n (novel, film, play)* clásico.
4 classics *npl (literature)* clásicos *mpl*, obras *fpl* clásicas; *(languages)* clásicas *fpl*; *(clothes)* prendas *fpl* clásicas.

classical [ˈklæsɪkəl] *adj (gen)* clásico,-a.
■ **classical studies** lenguas *fpl* clásicas.

classification [klæsɪfɪˈkeɪʃən] *n* clasificación *f*.

classified [ˈklæsɪfaɪd]
1 *adj (categorized)* clasificado,-a.
2 *adj (secret)* secreto,-a, confidencial.
■ **classified advertisements** anuncios *mpl* por palabras.

classify [ˈklæsɪfaɪ]
1 *vt (categorize)* clasificar, catalogar.
2 *vt (declare secret)* clasificar como secreto,-a.
▲ *pt & pp* classified, *ger* classifying.

classless [ˈklɑːsləs] *adj (society)* sin clases.

classmate [ˈklɑːsmeɪt] *n* compañero,-a de clase.

classroom [ˈklɑːsruːm] *n* aula, clase *f*.

classy [ˈklɑːsɪ] *adj sl* con clase, con estilo.
▲ *comp* classier, *superl* classiest.

clatter [ˈklætəʳ]
1 *n (of pans, dishes, etc)* ruido; *(of something falling)* estrépito; *(of trains)* traqueteo; *(of hooves)* chacoloteo; *(of typewriter)* repiqueteo.
2 *vi (pans, dishes, etc)* hacer ruido; *(things falling)* hacer estrépito; *(trains)* traquetear; *(hooves)* chacolotear; *(typewriter)* repiquetear.
3 *vt* hacer ruido con.

clause [klɔːz]
1 *n (in document)* cláusula.
2 *n LING* oración *f*, cláusula.

claustrophobia [klɔːstrəˈfəʊbɪə] *n* claustrofobia.

claustrophobic [klɔːstrəˈfəʊbɪk] *adj* claustrofóbico,-a.
✦ **to get claustrophobic** tener claustrofobia.

clavichord [ˈklævɪkɔːd] *n* clavicordio.

clavicle [ˈklævɪkəl] *n* clavícula.

claw [klɔː]
1 *n (of lion, tiger, etc)* garra, zarpa; *(of cat)* uña; *(of bird)* garra; *(of crab, lobster)* pinza.
2 *n TECH* garfio.
3 *vt* arañar: the cat's clawed the sofa to pieces el gato ha destrozado el sofá con las uñas.
4 *vi (scratch)* arañar (**at**, -); *(grab)* intentar agarrarse (**at**, a).
▶ **to claw back** *vt sep (logra)* recuperar.
✦ **to claw a hole in something** desgarrar algo con las uñas.
to claw one's way through life/up *fig* abrirse paso en la vida con uñas y dientes.
to get one's claws into somebody caer en las garras de alguien.
■ **claw hammer** martillo de orejas.

clay [kleɪ] *n* arcilla.
■ **clay pigeon** plato.
clay pigeon shooting tiro al plato.
clay pipe pipa de cerámica, pipa de barro.

clean [kliːn]
1 *adj (not dirty - gen)* limpio,-a; *(air)* limpio,-a, puro,-a; *(sheet of paper)* nuevo,-a, en blanco.
2 *adj (not rude - gen)* decente; *(joke)* inocente; *(life)* sano,-a; *(match, fight)* limpio,-a.

3 *adj (well-formed)* bien definido,-a, nítido,-a; *(regular, even)* limpio,-a: a clean cut un corte limpio.
4 *adv (fight, play)* limpio, limpiamente.
5 *adv fam (completely)* por completo.
6 *n* limpieza.
7 *vt (gen)* limpiar; *(teeth, car)* lavar: have you cleaned your teeth? ¿te has lavado los dientes?; will you clean these marks off the wall? ¿quieres quitar estas marcas de la pared?
8 *vi* limpiarse.
▶ **to clean out**
1 *vt sep (room etc)* limpiar a fondo.
2 *vt sep fam (take all money)* dejar limpio,-a, dejar sin blanca; *(steal everything)* desplumar.
to clean up *vt sep*
1 *vt sep (room, mess, etc)* limpiar.
2 *vt sep fam (money, fortune)* hacer, sacar.
3 *vi (room etc)* limpiar.
4 *vi fam (make money)* forrarse, barrer con todo.
✦ **as clean as a new pin** limpio,-a como una patena.
to come clean about something confesar algo.
to give somebody a clean bill of health declarar a alguien en perfecto estado de salud.
to have a clean (driving) licence no hacer cometido infracciones (de tráfico).
to have a clean record *JUR* no tener antecedentes penales.
to have a clean slate tener un historial sin mancha.
to have something cleaned *(dry-cleaned)* llevar algo a la tintorería, hacer limpiar algo en seco.
to make a clean break cortar por lo sano.
to make a clean break with something cortar con algo, romper con algo.
to make a clean breast of something confesar algo.
to start with a clean sheet hacer borrón y cuenta nueva.

clean-cut [kliːnˈkʌt] *adj (outline, feature)* bien definido,-a, nítido,-a; *(person, appearance)* limpio,-a, muy cuidado,-a.

cleaner [ˈkliːnəʳ]
1 *n (person)* encargado,-a de la limpieza.
2 *n (product)* limpiador *m*.
3 **cleaner's** *n (place, shop)* tintorería, tinte *m*.
✦ **to take somebody to the cleaners** dejar limpio,-a a alguien, dejar sin blanca a alguien.

cleaning [ˈkliːnɪŋ] *n* limpieza.
✦ **to do the cleaning** limpiar, hacer la limpieza.
■ **cleaning fluid** líquido limpiador.
cleaning lady/cleaning woman señora de la limpieza, asistenta.

cleanliness ['klenlɪnəs] *n* limpieza: personal cleanliness aseo personal.

cleanly ['klenlɪ]
1 *adj* limpio,-a.
2 *adv (gen)* limpiamente.
3 *adv SP* con limpieza.
▲ *(adverbio)* ['kli:nlɪ].

cleanse [klenz] *vt* limpiar (of, de).

cleanser ['klenzəʳ] *n (detergent)* producto de limpieza; *(lotion for skin)* leche *f* limpiadora, crema limpiadora.

clean-shaven [kli:n'ʃeɪvən] *adj (recently shaved)* bien afeitado,-a; *(without beard or moustache)* sin barba ni bigote.

cleansing ['klenzɪŋ] *n* limpieza.
■ **cleansing lotion** loción *f* limpiadora.
cleansing milk leche *f* limpiadora.

clear [klɪəʳ]
1 *adj (glass, plastic, liquid)* transparente; *(sky, day, etc)* despejado,-a; *(skin, complexion)* bueno,-a: you can see the Pyrenees on a clear day cuando el día es claro, se ven los Pirineos.
2 *adj (not blocked - road, desk)* despejado,-a; *(free - time)* libre: the roads are clear today las carreteras están despejadas hoy; we had a clear view of the stage pudimos ver muy bien el escenario.
3 *adj (picture, outline)* nítido,-a.
4 *adj (voice, sound, speaker)* claro,-a: in a clear voice con voz clara.
5 *adj (understandable - explanation, instruction, ideas)* claro,-a: is that clear? ¿está claro?, ¿queda claro?; she made it quite clear that we were not to leave the house dejó bien claro que no podíamos salir de la casa.
6 *adj (not confused - thinking, mind)* lúcido,-a, claro,-a: I need to keep a clear head necesito estar despejado.
7 *adj (obvious, evident)* claro,-a, patente; *(certain)* claro,-a: it's a clear case of bribery es un caso claro de soborno; it's quite clear what has happened está muy claro lo que ha pasado; she's not clear about what she wants to do no tiene muy claro lo que quiere hacer.
8 *adj (complete - day)* entero,-a; *(- profit)* neto,-a; *(- majority)* amplio,-a: he earns a clear £250 a week saca 250 libras netas por semana.
9 *adv (clearly - speak)* claramente; *(hear)* perfectamente, bien.
10 *adv (not touching)* a distancia: he jumped well clear of the bar saltó muy por encima de la barra; she parked clear of the kerb aparcó a bastante distancia del bordillo.
11 *vt (table)* quitar; *(floor, road)* despejar; *(pipe, drain)* desatascar; *(building, room - of people)* desalojar, despejar, desocupar; *(house, room - of furniture)* vaciar: they cleared the pavement of snow limpiaron la acera de nieve; this will clear your nose esto te despejará la nariz; I like to clear my desk before I

leave me gusta acabar todo el trabajo antes de marcharme; the rain has really cleared the air la lluvia ha limpiado el aire muchísimo; can you clear a space for the salad? ¿puedes hacer sitio para la ensalada?
12 *vt (accused person)* absolver, descargar, exculpar; *(one's name)* limpiar.
13 *vt (approve - plans)* aprobar; *(authorize)* autorizar, dar el visto bueno a; *(plane)* dar autorización: you'd better clear it with Pat first más vale que se lo preguntes a Pat primero.
14 *vt (debt)* liquidar, saldar; *(earn - money)* sacar; *(- cheque)* conformar, dar por bueno.
15 *vt (obstacle)* salvar.
16 *vt SP (ball)* despejar.
17 *vi (sky, weather)* despejarse; *(fog)* disiparse; *(water)* aclararse; *(skin)* mejorar.
18 *vi (cheque)* ser compensado,-a.
19 *vi COMPUT (screen)* borrarse.
▶ **to clear away** *vt sep (dishes etc)* recoger, quitar.
to clear off
1 *vi fam* largarse: clear off! ¡largo!, ¡lárgate!, ¡fuera de aquí!
2 *vt sep (debt)* liquidar.
to clear out
1 *vi sep fam* largarse.
2 *vt sep (cupboard, drawers, room)* vaciar; *(old things)* tirar.
to clear up *vt sep*
1 *vt sep (mystery, crime)* resolver, esclarecer; *(issue, misunderstanding)* aclarar; *(loose ends)* atar.
2 *vt sep (tidy)* recoger.
3 *vi (tidy)* ordenar.
4 *vi (weather)* despejar, mejorar; *(cold, illness)* mejorarse, irse.
✦ **as clear as a bell** muy claro.
as clear as day más claro que el agua.
as clear as mud nada claro.
"Keep clear" "Vado permanente".
"Reduced to clear" "Rebajado por liquidación".
"Stand clear" "Apártense".
to be in the clear *fam (from danger)* estar fuera de peligro; *(from suspicion)* estar fuera de toda sospecha.
to clear customs pasar por la aduana.
to clear one's throat aclararse la garganta, carraspear.
to clear the air *(argument)* aclarar las cosas.
to clear the way abrir camino.
to have a clear conscience tener la conciencia tranquila.
to keep/stay/steer clear of something/somebody evitar algo/a alguien, apartarse de algo/alguien.
to make oneself clear explicarse.
■ **clear soup** consomé *m*.

clearance ['klɪərəns]
1 *n SP* despeje *m*.
2 *n (of land, area)* despeje *m*.

3 *n (space, distance)* espacio (libre): a clearance of a few inches un espacio de unos pulgares.
4 *n (permission)* autorización *f*.
5 *n (of cheque)* compensación *f*.
■ **slum clearance** erradicación *f* de chabolas.

clear-cut [klɪə'kʌt] *adj* claro,-a, bien definido,-a.

clear-headed ['klɪə'hedɪd] *adj* lúcido,-a, despejado,-a.

clearing ['klɪərɪŋ]
1 *n (in wood)* claro.
2 *n (of cheque)* compensación *f*.
■ **clearing bank** *GB* banco de compensación.
clearing house *FIN* cámara de compensación.

clearly ['klɪəlɪ]
1 *adv (speak, write, think)* claramente, con claridad; *(see)* claramente.
2 *adv (obviously)* evidentemente: it was clearly very risky estaba claro que era muy arriesgado.

clearness ['klɪənəs] *n* claridad *f*.

clear-sighted [klɪə'saɪtɪd] *adj* perspicaz, lúcido,-a.

clearway ['klɪəweɪ] *n GB* tramo de carretera donde está prohibido detenerse.

cleavage ['kli:vɪdʒ]
1 *n fam (in dress)* escote *m*.
2 *n (split, division)* división *f*; *(in rock)* hendidura, grieta.

cleave [kli:v] *vt (split)* hender, partir.
▲ *pt* cleft [kleft], cleaved o clove [kləuv], *pp* cleft [kleft], cleaved o cloven ['kləuvən], *ger* cleaving.

cleaver ['kli:vəʳ] *n* cuchillo de carnicero.

clef [klef] *n MUS* clave *f*: bass/treble clef clave de fa/de sol.

cleft [kleft]
1 *pt & pp* → **cleave**.
2 *adj (chin, lip)* partido,-a.
3 *n* hendidura, grieta.
■ **cleft palate** paladar *m* hendido, fisura del paladar.

clematis ['klemətɪs] *n* clemátide *f*.

clemency ['klemənsɪ]
1 *n (mercy)* clemencia.
2 *n (of weather)* benignidad *f*.

clement ['klemənt] *adj (weather)* suave, benigno,-a.

clementine ['klemɒntaɪn] *n* clementina.

clench [klentʃ]
1 *vt (teeth, fist)* apretar.
2 *vt (grip)* apretar, agarrar.

clepsydra ['klepsɪdrə] *n* clepsidra.
▲ *pl* clepsydras o clepsydrae ['klepsɪdri:].

clergy ['klɜːdʒɪ] *n* clero.

clergyman ['klɜːdʒɪmən] *n* clérigo.
▲ *pl* clergymen ['klɜːdʒɪmən].

clerical ['klerɪkəl]
1 *adj REL* clerical, eclesiástico,-a.

2 adj (of a clerk) de oficina, administrativo,-a: **clerical staff** personal administrativo; **clerical error** error administrativo.
- **clerical collar** alzacuello.

clerk [klɑːk, US klɜːrk] n (office worker) oficinista mf, administrativo,-a.
- **bank clerk** empleado,-a de banco.
  clerk of the court secretario,-a de juzgado.
  sales clerk US (in shop) dependiente,-a, vendedor,-ra.

clever ['klevəʳ]
1 adj (person - intelligent) listo,-a, inteligente, espabilado,-a; (skilful) hábil: **she's clever at maths** es muy buena en mates; **he's clever with his hands** es hábil con las manos; **clever boy/ girl!** ¡muy bien!
2 adj (idea, plan, gadget) ingenioso,-a; (move) hábil.
✦ **to be too clever by half** pasarse de listo,-a.
- **clever clogs** sabelotodo mf, sabihondo,-a.
  clever Dick sabelotodo mf, sabihondo,-a.

cleverly ['klevəlɪ] adv (intelligently) con inteligencia; (skilfully) hábilmente, ingeniosamente.

cleverness ['klevənəs]
1 n (of person - intelligence) inteligencia; (- skill) habilidad f.
2 n (of plan, gadget, etc) ingenio.

cliché ['kliːʃeɪ] n cliché m, tópico.

click [klɪk]
1 n (sound - gen) clic m; (of tongue, fingers) chasquido.
2 vt (tongue, fingers) chasquear.
3 vi (make noise) hacer clic.
4 vi (understand, realize) caer en la cuenta, darse cuenta de: **I suddenly clicked** de repente caí en la cuenta; **it finally clicked that she'd left him for good** finalmente se dio cuenta de que lo había dejado para siempre.
5 vi (become friendly) congeniar; (become popular) tener éxito.
✦ **to click into place** fig encajar.
  to click one's heels taconear.

client ['klaɪənt] n cliente,-a.

clientele [kliːən'tel] n clientela.

cliff [klɪf] n acantilado, precipicio.

cliffhanger ['klɪfhæŋəʳ] n situación f de suspense: **the match was a cliffhanger** fue un partido de nervios.

climactic [klaɪ'mæktɪk] adj culminante.

climate ['klaɪmət]
1 n GEOG clima m.
2 n fig clima m, situación f: **the current economic climate** la situación económica actual.

climatic [klaɪ'mætɪk] adj climático,-a.

climatological [klaɪmətə'lɒdʒɪkəl] adj climatológico,-a.

climatology [klaɪmə'tɒlədʒɪ] n climatología.

climax ['klaɪmæks]
1 n (peak) clímax m, punto culminante.
2 n (orgasm) orgasmo.
3 vi (career, show, etc) culminar (**in**, en), (**with**, con).
4 vi (have orgasm) tener un orgasmo.

climb [klaɪm]
1 n (gen) subida.
2 n SP escalada.
3 vt (ladder, stairs) subir; (tree) trepar a, subirse a; (mountain) escalar, subir a.
4 vi (move) trepar: **can you climb up the ladder?** ¿puedes subir la escalera?; **he climbed into the lorry** se subió al camión; **she climbed into bed** se metió en la cama.
5 vi (socially) escalar, ascender.
6 vi (of things) subir, ascender; (of plants) trepar.
▸ **to climb down**
1 vi (descend) bajar.
2 vi fig (admit mistake, withdraw) ceder, volverse atrás.
3 vt insep bajarse de.
✦ **to climb into one's clothes** ponerse la ropa.

climb-down ['klaɪmdaʊn] n fig marcha atrás, vuelta atrás.

climber ['klaɪməʳ]
1 n SP alpinista mf, escalador,-ra.
2 n BOT enredadera, trepadora.

climbing ['klaɪmɪŋ] n SP alpinismo, montañismo.
✦ **to go climbing** hacer alpinismo, hacer escalada.
- **climbing frame** barras fpl.
  climbing plant planta trepadora.

clinch [klɪntʃ]
1 n fam (embrace) abrazo apasionado.
2 n SP (in boxing) cuerpo a cuerpo.
3 vt fam (deal) cerrar; (argument) resolver; (title) hacerse con: **the offer of a company car clinched it for him and he took the job** la oferta de un coche de la empresa lo decidió y aceptó el empleo.
4 vi SP (in boxing) abrazarse.

clincher ['klɪntʃəʳ] n fam factor m decisivo.

cling [klɪŋ]
1 vi (hold tightly) agarrarse (**to**, a): **they clung together** se agarraban el uno al otro.
2 vi (stick - clothes) pegarse, ceñirse; (- smell) pegarse: **the smell of smoke clings** el olor a humo se pega.
3 vi pej (stay too close to) pegarse a.
4 vi fig (retain - hope, belief) aferrarse (**to**, a).
▲ pt & pp **clung** [klʌŋ].

clingfilm ['klɪŋfɪlm] n film m transparente.

clinging ['klɪŋɪŋ]
1 adj (clothes) ceñido,-a, ajustado,-a.
2 adj (child) enmadrado,-a; (person) pegajoso,-a.

clingy ['klɪŋɪ] adj fam (child) enmadrado,-a; (person) pegajoso,-a.
▲ comp **clingier**, superl **clingiest**.

clinic ['klɪnɪk]
1 n (private, specialized) clínica.
2 n (in state hospital) ambulatorio, dispensario.
3 n MED (of students) clase f práctica.

clinical ['klɪnɪkəl]
1 adj MED clínico,-a.
2 adj (manner, detachment) frío,-a; (room, building) frío,-a, aséptico,-a.
- **clinical depression** depresión f clínica.
  clinical thermometer termómetro (clínico).

clinically ['klɪnɪkəlɪ]
1 adv MED clínicamente.
2 adv (coldly) fríamente.

clink¹ [klɪŋk]
1 n (noise) tintineo.
2 vt hacer tintinear.
3 vi tintinear.

clink² [klɪŋk] n sl (prison) chirona, trena, trullo.

clinker ['klɪŋkəʳ] n escoria de hulla.

clip¹ [klɪp]
1 n (with scissors) tijeretada.
2 n (of film) fragmento.
3 n fam (blow) cachete m.
4 vt (cut - gen) cortar; (ticket) picar; (animals) esquilar.
5 vt (cut out) recortar.
6 vt fam (hit) dar un cachete a.
✦ **at a fair clip/at a good clip** a buen paso.
  to clip somebody's wings cortarle las alas a alguien.
  to give somebody a clip round the ear darle un tortazo a alguien.
▲ pt & pp **clipped**, ger **clipping**.

clip² [klɪp]
1 n (for papers etc) clip m, sujetapapeles m; (for hair) pasador m, clip m.
2 n (brooch) broche m, alfiler m de pecho, prendedor m.
3 n (cartridge) clip (in rifle) cargador m.
4 vt sujetar: **clip the papers together** sujeta los papeles con un clip.
5 vi sujetarse mediante un clip: **do your earrings clip on?** ¿tus pendientes son de clip?
▲ pt & pp **clipped**, ger **clipping**.

clipboard ['klɪpbɔːd] n tablilla con sujetapapeles.

clip-clop ['klɪpklɒp] n ruido de cascos.

clip-on ['klɪpɒn] adj de clip.

clipped [klɪpt] adj (accent, tone, style) entrecortado,-a.

clipper ['klɪpəʳ] n MAR clíper m.

clippers ['klɪpəz] npl (for nails) cortaúñas m sing; (for hair) maquinilla f sing; (for hedge) tijeras de podar.

clipping ['klɪpɪŋ]
1 n (cutting) recorte m de periódico, recorte m de prensa.

2 clippings *npl (of nails, sheep's wool)* recortes *mpl*; *(of grass)* hierba cortada.

clique [kli:k] *n pej* camarilla.

cliquey [ˈkli:kɪ] *adj pej* exclusivista.

▲ *comp* **cliquier,** *superl* **cliquiest.**

cliquish [ˈkli:kɪʃ] *adj* → **cliquey.**

clitoridectomy [klɪtərɪˈdektəmɪ] *n* ablación *f* del clítoris.

clitoris [ˈklɪtərɪs] *n* clítoris *m*.

Cllr [ˈkaʊnsələˈ] *abbr GB* (**councillor**) concejal,-la.

cloak [kləʊk]
1 *n (garment)* capa.
2 *n fig (cover)* capa, manto.
3 *vt* encubrir.
✦ **to be cloaked in something** estar envuelto,-a en algo.
under the cloak of darkness al amparo de la noche.

cloak-and-dagger [kləʊkənˈdægəˈ]
1 *adj (meeting)* secreto,-a.
2 *adj (play, book)* de capa y espada.

cloakroom [ˈkləʊkrʊːm]
1 *n (gen)* guardarropa.
2 *n GB euph (toilet)* lavabo, servicios *mpl*.

clobber [ˈklɒbəˈ]
1 *n GB fam* trastos *mpl*, bártulos *mpl*.
2 *n GB fam dated (clothes)* ropa.
3 *vt fam (hit, beat, defeat)* dar una paliza a, cascar.
4 *vt fam fig (harm, affect)* afectar gravemente a, ser un golpe para; *(criticize severely)* criticar duramente, atacar; *(punish)* castigar.

clock [klɒk]
1 *n (gen)* reloj *m* (de pared).
2 *n AUTO fam (mileometer)* cuentakilómetros *m*; *(speedometer)* velocímetro; *(taximeter)* taxímetro: **this car's only got 8,000 miles on the clock** este coche solo ha hecho 8.000 millas.
3 *vt (time - athlete, race)* cronometrar.
4 *vt (register - speed, time)* registrar, hacer.
▸ **to clock in/on** *vi* fichar (al llegar al trabajo).
to clock out/off *vi* fichar (al salir del trabajo).
to clock up *vt insep (miles, hours)* hacer.
✦ **against the clock** contra reloj.
around/round the clock día y noche.
to put the clock back/forward atrasar/adelantar el reloj.
to watch the clock tener ganas de acabar el trabajo.
▪ **clock radio** radiodespertador *f*.

clockface [ˈklɒkfeɪs] *n* esfera.

clockmaker [ˈklɒkmeɪkəˈ] *n* relojero,-a.

clocktower [ˈklɒktaʊəˈ] *n* torre *f* del reloj.

clock-watcher [ˈklɒkwɒtʃəˈ] *n fam* empleado,-a que solo piensa en la hora de terminar.

clockwise [ˈklɒkwaɪz]
1 *adv* en el sentido de las agujas del reloj.
2 *adj* en el sentido de las agujas del reloj.

clockwork [ˈklɒkwɜːk] *n* mecanismo de relojería.
✦ **to go like clockwork** ir como una seda, ir sobre ruedas.
to run like/as regular as clockwork funcionar como un reloj.
▪ **clockwork toy** juguete *m* de cuerda.

clod [klɒd] *n* terrón *m*, tepe *m*.

clodhopper [ˈklɒdhɒpəˈ]
1 *n (shoe)* zapatón *m*.
2 *n fam (clumsy person)* patán *m*.

clog [klɒg]
1 *n (shoe)* zueco.
2 clog (up) *vt* obstruir, atascar.
3 clog (up) *vi* obstruirse, atascarse.
▲ *pt & pp* **clogged,** *ger* **clogging.**

cloister [ˈklɔɪstəˈ] *n* claustro.

clone [kləʊn]
1 *n* clon *m*.
2 *vt* clonar.

clonk [klɒŋk]
1 *n* ruido seco.
2 *vi* hacer un ruido seco.

close¹ [kləʊz]
1 *n (end)* fin *m*, final *m*: **the close of the day** al caer el día; **at the close of the century** a finales de siglo.
2 *n (precincts)* recinto.
3 *vt (shut - gen)* cerrar: **close your eyes** cierra los ojos; **I'd like to close my account** quisiera cerrar mi cuenta.
4 *vt (end - deal)* cerrar; *(meeting)* cerrar, poner fin a; *(course, conference)* clausurar.
5 *vi (gen)* cerrar, cerrarse: **what time do you close?** ¿a qué hora cierran?; **this drawer doesn't close properly** este cajón no cierra bien.
6 *vi (end)* concluir, terminar: **the book closes with a murder** el libro termina con un asesinato.
7 *vi FIN* cerrar (**at**, a).
▸ **to close down**
1 *vt sep* cerrar (definitivamente).
2 *vi (shop, factory, etc)* cerrar (definitivamente).
3 *vi (stop broadcasting)* cerrar la emisión.
▸ **to close in**
1 *vi (days)* acortarse.
2 *vi (get nearer)* acercarse, aproximarse.
▸ **to close up**
1 *vi (of wound)* cicatrizar, cerrarse.
2 *vi (shop etc)* cerrar.
✦ **to bring something to a close** concluir algo, poner fin a algo.
to close ranks cerrar filas.
to close in on something/somebody rodear algo/a alguien, cercar algo/a alguien.
to close one's eyes to something cerrar los ojos a algo.
to close one's mind to something cerrarse a algo.
to come to a close/draw to a close tocar a su fin, llegar a su fin.
▪ **close season** veda, época de veda.

close² [kləʊs]
1 *adj (near)* cercano,-a (**to**, a), próximo,-a (**to**, a): **our flat is close to the park** nuestro piso está cerca del parque; **the houses are in close proximity to each other** las casas están muy próximas las unas de las otras.
2 *adj (friend)* íntimo,-a, allegado,-a; *(relation, family)* cercano,-a; *(link, tie, cooperation, collaboration)* estrecho,-a; *(contact)* directo,-a: **it's a close community** es una comunidad muy unida; **we're very close friends** somos íntimos amigos; **he's very close to his father** está muy unido a su padre.
3 *adj (haircut)* (cortado,-a) al rape; *(shave)* apurado,-a.
4 *adj (texture, weave)* tupido,-a, cerrado,-a, compacto,-a; *(print)* apretado,-a.
5 *adj (similar)* parecido,-a: **she bears a close resemblance to Madonna** se parece mucho a Madonna.
6 *adj MIL (formation)* cerrado,-a.
7 *adj (weather)* bochornoso,-a, sofocante; *(room, air)* cargado,-a.
8 *adj (thorough, careful - study, examination, etc)* detallado,-a, atento,-a; *(look)* de cerca; *(watch)* atento,-a; *(translation)* fiel: **pay close attention** presta mucha atención; **on closer examination** al mirarlo más de cerca.
9 *adj (game, contest, finish)* reñido,-a; *(result)* apretado,-a.
10 *adj (secretive)* reservado,-a.
11 *adj LING (vowel)* cerrado,-a.
12 *adv (in position)* cerca: **their parents live close** sus padres viven cerca; **don't get too close to me** no te me acerques demasiado; **hold me close** abrázame.
13 *adv (in time)* cerca: **the elections are getting close** se acercan las elecciones.
✦ **at close quarters** de cerca.
at close range a quemarropa.
close at/to hand al alcance de la mano, cerca.
close by cerca.
close on/to casi, cerca de: **she's close on fifty** anda rondando los cincuenta.
close up de cerca.
to be/have a close shave/call/thing salvarse por los pelos.
to be close to tears estar a punto de llorar.
to keep a close eye/watch on vigilar de cerca.
to keep something a close secret mantener algo en el más riguroso secreto.

closed [kləʊzd] *adj (gen)* cerrado,-a.
✦ **to be a closed book** *(unknown)* ser desconocido,-a, ser chino; *(concluded)* estar zanjado,-a.
▪ **closed circuit** circuito cerrado.
closed shop *lugar de trabajo donde solo se emplean a afiliados del sindicato.*

closed-circuit television [klǝʊzd-sɜːkɪt'telɪvɪʒǝn] *n* televisión *f* por circuito cerrado.

closedown ['klǝʊzdaʊn] *n* cierre *m*.

close-fitting [klǝʊs'fɪtɪŋ] *adj* ceñido,-a, ajustado,-a.

close-knit [klǝʊs'nɪt] *adj* unido,-a.

closely ['klǝʊslɪ]
1 *adv (connect)* estrechamente, muy: we're closely related somos parientes próximos; she worked closely with local artists trabajó en estrecha colaboración con artistas locales; it was a closely contested match fue un partido muy reñido.
2 *adv (resemble)* mucho.
3 *adv (carefully - watch, listen)* atentamente; *(follow)* de cerca; *(question)* a fondo.

closeness ['klǝʊsnǝs]
1 *n (nearness)* proximidad *f*.
2 *n (of relationship)* intimidad *f*.
3 *n (of translation)* fidelidad *f*.
4 *n (of weather)* falta de aire, bochorno.

close-set [klǝʊs'set] *adj (eyes)* junto,-a.

closet ['klɒzɪt]
1 *n US* armario.
2 *adj fam (secret)* encubierto,-a.
✦ **to be closeted with somebody** estar encerrado,-a con alguien.
  to closet oneself encerrarse, recluirse.

close-up ['klǝʊsʌp] *n* primer plano.

closing ['klǝʊzɪŋ] *n* cierre *m*.
▪ **closing ceremony** acto de clausura.
  closing day/closing date fecha límite.
  closing price precio al cierre.
  closing time hora de cierre.

closure ['klǝʊʒǝ'] *n (gen)* cierre *m*; *(debate)* clausura.

clot [klɒt]
1 *n (of blood)* coágulo.
2 *n GB fam* tonto,-a, bobo,-a.
3 *vt* coagular.
4 *vi (blood)* coagularse; *(cream)* cuajar.
✦ **to have a blood clot on the brain** tener una embolia cerebral.
▲ *pt & pp* clotted, *ger* clotting.

cloth [klɒθ]
1 *n (fabric)* tela; *(thick)* paño.
2 *n (rag)* trapo; *(for dishes)* trapo de cocina, bayeta; *(tablecloth)* mantel *m*.
3 **the cloth** *n* el clero: a man of the cloth deserves respect un clérigo merece nuestro respeto.
▪ **cloth cap** gorra.

clothe [klǝʊð]
1 *vt (dress, provide clothes for)* vestir (**in**/**with**, de).
2 *vt (cover)* revestir (**in**, de), cubrir (**in**, de).
▲ *pt & pp* clothed *o* clad [klæd], *ger* clothing.

cloth-eared ['klɒθɪǝd] *adj fam* sordo,-a.

clothes [klǝʊðz] *npl* ropa *f sing*.
✦ **to put one's clothes on** ponerse la ropa, vestirse.

to take one's clothes off quitarse la ropa, desnudarse.
  with no clothes on desnudo,-a.
  with one's clothes on vestido,-a.
▪ **clothes airer** tendedero.
  clothes brush cepillo de la ropa.
  clothes hanger percha, colgador *m*.
  clothes peg pinza.
  clothes rack perchero.
  clothes shop tienda de moda, boutique *f*.

clotheshorse ['klǝʊðzhɔːs] *n* tendedero plegable.

clothesline ['klǝʊðzlaɪn] *n* tendedero.

clothing ['klǝʊðɪŋ] *n* ropa: article/item of clothing prenda de vestir.
▪ **clothing industry** industria de la confección.

cloud [klaʊd]
1 *n METEOR (single)* nube *f*; *(mass)* nubes *fpl*, nubosidad *f*.
2 *n (of insects, smoke, dust, etc)* nube *f*.
3 *vt (view, vision, eyes)* nublar; *(mirror)* empañar.
4 *vt fig (confuse, make difficult)* complicar; *(spoil, threaten)* obscurecer.
5 *vi* enturbiarse.
▪ **to cloud over** *vi (sky)* nublarse; *(face, eyes)* empañarse.
✦ **every cloud has a silver lining** no hay mal que por bien no venga.
  to be on cloud nine estar en el séptimo cielo.
  to be under a cloud estar bajo sospecha.
  to cloud the issue complicar el tema, embrollar el asunto.
  to cloud somebody's judgement obnubilar a alguien.
▪ **cloud chamber** *PHYS* cámara de Wilson.

cloudburst ['klaʊdbɜːst] *n* tromba, chaparrón *m*.

cloud-cuckoo-land [klaʊd'kʊkuːlænd] **to live in cloud-cuckoo-land** *phr* vivir en las nubes.

cloudiness ['klaʊdɪnǝs]
1 *n (of sky)* nubosidad *f*.
2 *n (of liquid)* lo turbio.

cloudless ['klaʊdlǝs] *adj (sky)* sin una nube, totalmente despejado,-a, limpio,-a.

cloudy ['klaʊdɪ]
1 *adj (sky, weather, day)* nublado,-a.
2 *adj (liquid)* turbio,-a.
▲ *comp* cloudier, *superl* cloudiest.

clout [klaʊt]
1 *n fam* tortazo.
2 *n fam (influence)* influencia, peso.
3 *vt fam* dar un tortazo a.

clove¹ [klǝʊv] *n (spice)* clavo.

clove² [klǝʊv] *n (of garlic)* diente *f*.

clove³ [klǝʊv] *pt* → **cleave**.

cloven ['klǝʊvǝn] *pp* → **cleave**.
▪ **cloven hoof** pezuña partida, pezuña hendida.

clover ['klǝʊvǝ'] *n* trébol *m*.
✦ **to be/live in clover** vivir como un rey.

cloverleaf ['klǝʊvǝliːf]
1 *n BOT* hoja de trébol.
2 *n (on motorway)* trébol *m*.

clown [klaʊn] *n* payaso, clown *m*.
▪ **to clown about/clown around** *vi* hacer el payaso, hacer payasadas.

clownish ['klaʊnɪʃ] *adj* bufonesco,-a.

cloy [klɔɪ] *vi* empalagar.

cloying ['klɔɪɪŋ] *adj* empalagoso,-a.

club [klʌb]
1 *n (group, society)* club *m*: sports club club deportivo; youth club club juvenil.
2 *n (nightclub)* club *m* nocturno.
3 *n (stick)* porra, garrote *m*.
4 *n SP (in golf)* palo.
5 *n (in cards - English pack)* trébol *m*; *(- Spanish pack)* basto.
6 *vt* aporrear, dar garrotazos a, pegar garrotazos a.
▪ **to club together** *vi* pagar entre varios: we clubbed together to buy the teacher a present le compramos un regalo al profesor entre todos.
✦ **to be in the club** estar en estado, estar embarazada.
  to club somebody to death aporrear a alguien hasta matarlo.
▪ **club car** *US* vagón *m* de primera.
  club foot *MED* pie *m* zopo, pie *m* deforme.
  club sandwich *US* sándwich *m* de dos pisos.
  club soda *US* soda.
▲ *pt & pp* clubbed, *ger* clubbing.

clubbing ['klʌbɪŋ] **to go clubbing** *phr* ir de marcha, ir de juerga.

clubhouse ['klʌbhaʊs] *n SP* sede *f* de un club.

cluck [klʌk]
1 *n* cloqueo.
2 *vi* cloquear.

clue [kluː]
1 *n (gen)* pista; *(in crossword)* clave *f*: he hasn't got a clue no tiene (ni) idea.
▪ **to clue up** *vt sep* informar, poner al tanto.
✦ **to be clued up (about/on something)** estar al tanto (de algo).

clueless ['kluːlǝs] *adj fam* despistado,-a, que no se entera de nada, que no tiene ni idea.

clump [klʌmp]
1 *n (of trees)* grupo; *(of plants)* mata, macizo.
2 *n (of earth)* terrón *m*.
3 *n (noise)* ruido de pisadas fuertes.
4 *vi* andar pesada y ruidosamente, caminar pisando fuerte.
✦ **to be clumped together** estar amontonados,-as.

clumsily ['klʌmzɪlɪ] *adv* torpemente, con torpeza.

clumsiness ['klʌmzɪnǝs] *n* torpeza.

clumsy [ˈklʌmzɪ]
1 adj (person, movement) torpe, patoso,-a.
2 adj (tool, shape) pesado,-a y difícil de manejar; (furniture) mal diseñado,-a.
3 adj (apology, attempt, speech) torpe, sin tacto; (forgery, translation) burdo,-a.
▲ comp clumsier, superl clumsiest.

clung [klʌŋ] pt & pp → cling.

clunk [klʌŋk]
1 n golpe m metálico.
2 vi golpetear.

cluster [ˈklʌstə']
1 n (of trees, stars, buildings, people) grupo; (of berries, grapes) racimo; (of plants) macizo.
2 vi agruparse, apiñarse (round, alrededor de/en torno a).
♦ to be clustered round somebody/ something estar agrupado,-a alrededor de alguien/algo.
■ cluster bomb bomba de dispersión.
consonant cluster LING grupo consonántico.

clutch¹ [klʌtʃ]
1 n AUTO embrague m.
2 n (grasp, grip) agarrón m.
3 vt (seize) agarrar; (hold tightly) estrechar, apretar.
▶ to clutch at vt insep tratar de agarrar.
♦ to clutch at straws aferrarse a cualquier cosa.
to fall into somebody's clutches caer en las garras de alguien.
to let in the clutch AUTO embragar.
to let out the clutch AUTO desembragar.
■ clutch bag cartera.

clutch² [klʌtʃ] n (of eggs) nidada.

clutter [ˈklʌtə']
1 n (things) cosas fpl, trastos mpl; (untidy state) desorden m, revoltijo.
2 to clutter (up) vt llenar, atestar, abarrotar.
♦ to be in a clutter estar desordenado,-a.

cluttered [ˈklʌtəd] adj atestado,-a (with, de), abarrotado,-a (with, de).

cm [ˈsiːˈem] symb (centimetre) centímetro; (symbol) cm.

CND [ˈsiːˈenˈdiː] abbr GB (Campaign for Nuclear Disarmament) campaña para el desarme nuclear.

CO [ˈsiːˈəʊ] abbr (Commanding Officer) Comandante m; (abbreviation) Cte.

Co¹ [kəʊ] abbr (Company) Compañía; (abbreviation) Cía.

Co² [ˈkaʊntɪ] abbr (County) condado.

c/o [ˈkeərɒv] abbr (care of) en casa de; (abbreviation) c/d.

coach [kəʊtʃ]
1 n GB (bus) autocar m.
2 n (carriage) carruaje m, coche m de caballos.
3 n (on train) coche m, vagón m.
4 n EDUC (tutor) profesor,-ra particular.
5 n SP (trainer) entrenador,-ra.
6 vt EDUC dar clases particulares a, preparar.
7 vt SP entrenar.
■ coach station terminal f de autobuses.
coach tour circuito en autocar.
coach trip excursión f en autocar.

coach-builder [ˈkəʊtʃbɪldə'] n carrocero,-a.

coaching [ˈkəʊtʃɪŋ]
1 n (tutoring) preparación f, clases fpl particulares.
2 n (training) entrenamiento.

coachman [ˈkəʊtʃmən] n cochero.

coachwork [ˈkəʊtʃwɜːk] n carrocería.

coagulant [kəʊˈægjələnt] n coagulante m.

coagulate [kəʊˈægjəleɪt]
1 vt coagular.
2 vi coagularse.

coagulation [kəʊægjəˈleɪʃən] n coagulación f.

coagulum [kəʊˈægjʊləm] n coágulo.
▲ pl coagula [kəʊˈægjʊlə].

coal [kəʊl] n carbón m, hulla.
♦ as black as coals negro,-a como el carbón.
to carry coals to Newcastle llevar leña al monte.
■ coal bunker/coal cellar carbonera.
coal dust carbonilla.
coal gas gas m de hulla.
coal industry industria minera.
coal merchant carbonero.
coal mine mina de carbón.
coal mining explotación f hullera.
coal scuttle cubo para el carbón.
coal tar alquitrán m de hulla.

coalesce [kəʊəˈles]
1 vi fml (groups) coaligarse, unirse.
2 vi CHEM fundirse.

coalescence [kəʊəˈlesəns]
1 n (of groups) unión f.
2 n CHEM fusión f.

coalface [ˈkəʊlfeɪs] n frente m de explotación de una mina de carbón.

coalfield [ˈkəʊlfiːld] n yacimiento de carbón.

coal-fired [ˈkəʊlfaɪd] adj de carbón.

coalition [kəʊəˈlɪʃən] n coalición f.
■ coalition government gobierno de coalición.

coarse [kɔːs]
1 adj (fabric) basto,-a, burdo,-a; (skin) áspero,-a; (sand, salt) grueso,-a.
2 adj (language, joke) grosero,-a, vulgar, ordinario,-a, basto,-a; (manners, tastes) ordinario,-a, basto,-a.
■ coarse fish pez de agua dulce (excepto el salmón y la trucha).
coarse fishing pesca de agua dulce.

coarse-grained [ˈkɔːsgreɪnd] adj de grano grueso.

coarsely [ˈkɔːslɪ]
1 adv (chop) en trozos grandes.
2 adv (speak) de manera ordinaria.

coarseness [ˈkɔːsnəs]
1 n (of manner) ordinariez f, grosería.
2 n (of cloth) tosquedad f.

coast [kəʊst]
1 n costa, litoral m: a village on the coast un pueblo de la costa; we spent the day by the coast pasamos el día en la costa; it sank a few miles off the coast se hundió a unas millas de la costa.
2 vi (in car) ir en punto muerto; (on bicycle) deslizarse sin pedalear.
3 vi fig avanzar sin ningún esfuerzo: she coasted through her exams aprobó sus exámenes sin ningún problema.
4 vi MAR costear, bordear la costa.
♦ the coast is clear no hay moros en la costa.

coastal [ˈkəʊstəl] adj costero,-a.

coaster [ˈkəʊstə']
1 n MAR barco de cabotaje.
2 n (small mat) posavasos m.

coastguard [ˈkəʊstgɑːd]
1 n guardacostas mf.
2 the coastguard n (organization) los guardacostas mpl.

coastline [ˈkəʊstlaɪn] n costa, litoral m.

coat [kəʊt]
1 n (overcoat) abrigo; (short) chaquetón m: fur coat abrigo de pieles.
2 n (of paint) capa, mano f; (of dust) capa.
3 n (of animal) pelo, pelaje m.
4 vt (cover - gen) cubrir (in/with, de).
5 vt CULIN (with liquid) cubrir (in/with, de), bañar (in/with, en); (in breadcrumbs or batter) rebozar.
♦ to cut one's coat according to one's cloth vivir según sus posibilidades.
■ coat hanger percha.
coat of arms escudo de armas.
coat of mail cota de malla.
white coat bata blanca.

coating [ˈkəʊtɪŋ]
1 n CULIN capa, baño.
2 n (of paint, dust, wax) capa; (of metal) revestimiento.

coat-tails [ˈkəʊteɪlz] npl faldones mpl.

coauthor [kəʊˈɔːθə']
1 n coautor,-ra.
2 vt escribir conjuntamente.

coax [kəʊks] vt (person) engatusar.
♦ to coax a machine to work lograr que una máquina funcione.
to coax somebody into doing something engatusar a alguien para que haga algo.
to coax something out of somebody sonsacar algo a alguien.

coaxial [kəʊˈæksəl] adj coaxial.

coaxing [ˈkəʊksɪŋ]
1 n persuasión f, mano f izquierda.
2 adj persuasivo,-a.

cob [kɒb]
1 n (of corn) mazorca (de maíz).
2 n (cobnut) avellana.

3 *n (horse)* jaca.

4 *n (male swan)* cisne *m* macho.

cobalt [ˈkəʊbɔːlt] *n* cobalto.

■ **cobalt blue** azul *m* cobalto.

cobble [ˈkɒbəl]

1 *n* adoquín *m*.

2 *vt (street)* adoquinar.

▶ **to cobble together** *vt sep (meal)* improvisar; *(essay)* redactar a toda prisa.

cobbled [ˈkɒbəld] *adj* adoquinado,-a.

cobbler [ˈkɒblə'] *n dated (shoe repairer)* zapatero (remendón).

cobblers [ˈkɒbələz] *npl GB sl (nonsense)* chorradas *fpl*, gilipolleces *fpl*; *(rubbish)* birria, bodrio, asco: his argument's a load of cobblers su argumento no son más que chorradas; that programme's a load of cobblers ese programa es un bodrio.

cobblestone [ˈkɒbəlstəʊn] *n* adoquín *m*.

cobnut [ˈkɒbnʌt] *n* avellana.

cobra [ˈkəʊbrə] *n* cobra.

cobweb [ˈkɒbweb] *n* telaraña.

coca [ˈkəʊkə] *n BOT* coca.

Coca Cola [ˈkəʊkəkəʊlə] *n* Coca Cola.

▲ *Es marca registrada.*

cocaine [kəˈkeɪn] *n* cocaína.

coccyx [ˈkɒksɪks] *n* coxis *m*, cóccix *m*. ·

▲ *pl* coccyxes *o* coccyges.

cochineal [kɒtʃɪˈniːl] *n* cochinilla.

■ **cochineal insect** cochinilla.

cochlea [ˈkɒklɪə] *n* caracol *m* del oído.

cock [kɒk]

1 *n (rooster)* gallo; *(any male bird)* macho.

2 *n (on firearm)* percutor *m*, percusor *m*.

3 *n GB fam (mate)* macho.

4 *n sl (penis)* polla.

5 *vt (of firearm)* amartillar, montar.

6 *vt (head, hat)* ladear; *(ears, leg)* levantar.

▶ **to cock up** *vt sep GB sl* fastidiar, joder, cagarla: you've cocked it up la has cagado.

✦ **cock of the walk** gallito.

cockade [kɒˈkeɪd] *n MIL* escarapela.

cock-a-doodle-doo [kɒkəduːdəlˈduː] *interj* quiquiriquí.

cock-a-hoop [kɒkəˈhuːp] *adj* como unas pascuas, más contento,-a que unas pascuas.

cock-and-bull story [kɒkənˈbʊlstɔːrɪ] *n* cuento chino, camelo.

cockatoo [kɒkəˈtuː] *n* cacatúa.

▲ *pl* cockatoos.

cockcrow [ˈkɒkkrəʊ] *n* amanecer *m*.

cocked hat [kɒktˈhæt] *n* sombrero de tres picos.

✦ **to knock something into a cocked hat** dar mil vueltas a algo.

cockerel [ˈkɒkərəl] *n* gallito.

cocker spaniel [kɒkə''spænjəl] *n* cocker *m*.

cockeyed [ˈkɒkaɪd]

1 *adj fam (crooked)* torcido,-a; *(impractical, ridiculous)* disparatado,-a.

2 *adj fam (squinting, cross-eyed)* bizco,-a.

3 *adj fam (drunk)* borracho,-a, trompa.

cockfight [ˈkɒkfaɪt] *n* pelea de gallos.

cockfighting [ˈkɒkfaɪtɪŋ] *n* peleas *fpl* de gallos.

cockiness [ˈkɒkɪnəs] *n* engreimiento, petulancia, prepotencia.

cockle [ˈkɒkəl] *n* berberecho.

✦ **to warm the cockles of somebody's heart** enternecer a alguien, llenar a alguien de alegría.

Cockney [ˈkɒknɪ]

1 *adj* del barrio obrero del este de Londres.

2 *n (person)* persona del barrio obrero del este de Londres.

3 *n (dialect)* dialecto que se habla en el barrio obrero del este de Londres.

cockpit [ˈkɒkpɪt] *n (in plane)* cabina del piloto, carlinga; *(in racing car)* cabina.

cockroach [ˈkɒkrəʊtʃ] *n* cucaracha.

cockscomb [ˈkɒkskəʊm] *n (on cock)* cresta.

cocksure [kɒkˈʃʊə'] *adj fam* creído,-a, petulante, presumido,-a, engreído,-a.

cocktail [ˈkɒkteɪl] *n* cóctel *m*.

■ **cocktail lounge** bar *m*.
  cocktail party cóctel *m*.
  cocktail shaker coctelera.
  cocktail stick palillo.

cockup [ˈkɒkʌp] *n GB sl* chapuza: he made a complete cockup of it la cagó totalmente.

cocky [ˈkɒkɪ] *adj fam* creído,-a, chulo,-a.

✦ **to get cocky** ponerse chulo,-a.

▲ *comp* cockier, *superl* cockiest.

cocoa [ˈkəʊkəʊ] *n (powder)* cacao; *(drink)* chocolate *m*.

■ **cocoa butter** manteca de cacao.

coconut [ˈkəʊkənʌt] *n* coco.

■ **coconut ice** dulce *m* de coco.
  coconut matting estera de fibra de coco.
  coconut palm cocotero.
  coconut shy tiro al coco.

cocoon [kəˈkuːn]

1 *n* capullo.

2 *vt fig* envolver, arropar.

COD [ˈsiːʔəʊˈdiː] *abbr GB* (**cash on delivery**, *US* **collect on delivery**) contra reembolso.

cod [kɒd] *n* bacalao.

▲ *pl* cod.

coda [ˈkəʊdə] *n* coda.

coddle [ˈkɒdəl] *vt (person)* mimar.

■ **coddled eggs** huevos *mpl* escaldados.

code [kəʊd]

1 *n (set of laws, rules, principles)* código: a code of conduct código de conducta; a code of practice código de práctica; moral code código de ética.

2 *n (system of words, letters, signs, numbers)* clave *f*, código: it's written in code está escrito en clave.

3 *n (telephone)* prefijo; *(postal)* código (postal).

4 *vt (message etc)* poner en clave, cifrar.

5 *vt (mark)* codificar.

✦ **to break a code/crack a code/decipher a code** descifrar una clave, descifrar un código.

■ **code name** nombre *m* en clave.
  highway code código de la circulación.

codeine [ˈkəʊdiːn] *n* codeína.

codex [ˈkəʊdeks] *n* códice *m*.

codfish [ˈkɒdfɪʃ] *n* bacalao.

codicil [ˈkəʊdɪsɪl] *n* codicilo.

codification [kəʊdɪfɪˈkeɪʃən] *n* codificación *f*.

codifier [ˈkəʊdɪfaɪə'] *n (person)* codificador,-ra; *(machine)* codificador *m*.

codify [ˈkəʊdɪfaɪ] *vt* codificar.

▲ *pt & pp* codified, *ger* codifying.

codifying [ˈkəʊdɪfaɪɪŋ] *adj* codificador,-a.

cod-liver oil [kɒdlɪvər'ɔɪl] *n* aceite *m* de hígado de bacalao.

codswallop [ˈkɒdzwɒləp] *n fam (nonsense)* chorradas *fpl*, paparruchas *fpl*.

co-ed [kəʊˈed]

1 *adj fam (coeducational)* mixto,-a.

2 *n GB fam (school)* colegio mixto.

3 *n US fam (female student)* alumna (de un colegio o universidad mixta).

coeducation [kəʊedjəˈkeɪʃən] *n* enseñanza mixta.

coeducational [kəʊedjəˈkeɪʃənəl] *adj* mixto,-a.

coefficient [kəʊɪˈfɪʃənt] *n* coeficiente *m*.

coeliac [ˈsiːlɪæk] *adj* celíaco,-a.

coerce [kəʊˈɜːs] *vt* coaccionar.

✦ **to coerce somebody into doing something** coaccionar a alguien para que haga algo.

coercion [kəʊˈɜːʃən] *n* coacción *f*.

coercive [kəʊˈɜːsɪv] *adj* coercitivo,-a.

coexist [kəʊɪgˈzɪst] *vi* coexistir.

coexistence [kəʊɪgˈzɪstəns] *n* coexistencia.

C of E [ˈsiːəvˈiː] *abbr* (**Church of England**) Iglesia Anglicana.

coffee [ˈkɒfɪ] *n* café *m*: would you like your coffee white or black? ¿quieres el café solo o con leche?

■ **black coffee** café *m* solo.
  coffee bar cafetería, café *m*.
  coffee bean grano de café.
  coffee beans café *m* en grano.
  coffee break descanso (para tomar el café), pausa (para tomar el café).
  coffee cup taza para café.
  coffee filter filtro de café.
  coffee grinder molinillo de café.
  coffee mill molinillo de café.
  coffee percolator cafetera de filtro.
  coffee shop cafetería, café *m*.
  coffee table mesita de café.
  filter coffee café *m* (hecho con cafetera de filtro).

instant **coffee** café *m* instantáneo, café *m* soluble.
white **coffee** café *m* con leche.
coffeepot [ˈkɒfɪpɒt] *n* cafetera.
coffer [ˈkɒfəʳ]
1 *n* arca, cofre *m*.
2 **coffers** *npl* fondos *mpl*, arcas *fpl*.
cofferdam [ˈkɒfədæm] *n* ataguía.
coffin [ˈkɒfɪn] *n* ataúd *m*, féretro.
cog [kɒg]
1 *n (teeth)* diente *m*.
2 *n fig* pieza.
cogent [ˈkəʊdʒənt] *adj* convincente, contundente.
cognac [ˈkɒnjæk] *n* coñac *m*.
cognate [ˈkɒgneɪt]
1 *adj* afín (**with**, a), relacionado,-a (**with**, con).
2 *adj LING* cognado,-a (**with**, con).
3 *n LING* palabra afín.
cognition [kɒgˈnɪʃən] *n* cognición *f*.
cognitive [ˈkɒgnɪtɪv] *adj* cognitivo,-a.
cogwheel [ˈkɒgwiːl] *n* rueda dentada.
cohabit [kəʊˈhæbɪt] *vi* cohabitar.
cohabitation [kəʊhæbɪˈteɪʃən] *n* cohabitación *f*.
cohere [kəʊˈhɪəʳ]
1 *vi (hold together)* adherirse.
2 *vi (be consistent)* ser coherente, ser congruente.
coherence [kəʊˈhɪərəns]
1 *n (connection)* coherencia, congruencia.
2 *n (cohesion)* cohesión *f*.
coherent [kəʊˈhɪərənt] *adj* coherente, congruente.
cohesion [kəʊˈhiːʒən] *n* cohesión *f*.
cohesive [kəʊˈhiːsɪv]
1 *adj PHYS* cohesivo,-a.
2 *adj (group)* unido,-a.
coil [kɔɪl]
1 *n (of rope, wire)* rollo; *(of cable)* carrete *m*; *(of hair)* rizo, moño; *(of smoke)* espiral *m*, voluta.
2 *n (single loop)* vuelta, lazada.
3 *n TECH* bobina.
4 *n* **the coil** *MED (contraceptive)* espiral *f*, dispositivo intrauterino, DIU *m*.
5 **to coil (up)** *vi (snake)* enroscarse (**round**, alrededor de).
6 **to coil (up)** *vt* enrollar.
coin [kɔɪn]
1 *n* moneda.
2 *vt (money)* acuñar.
3 *vt (invent)* crear, acuñar.
✦ **to coin a phrase** como se suele decir, por así decirlo.
to toss a coin echar a cara o cruz.
coinage [ˈkɔɪnɪdʒ]
1 *n (coins)* monedas *fpl*; *(making coins)* acuñación *f*.
2 *n (system of coins)* sistema monetario.
3 *n (inventing of new word)* acuñación *f*; *(new word)* palabra de nuevo cuño; *(new phrase)* frase *f* de nuevo cuño.

coincide [kəʊɪnˈsaɪd] *vi* coincidir (**with**, con).
coincidence [kəʊˈɪnsɪdəns]
1 *n (chance)* coincidencia, casualidad *f*.
2 *n (coinciding)* coincidencia.
coincidental [kəʊɪnsɪˈdentəl] *adj* casual, fortuito,-a.
coincidentally [kəʊɪnsɪˈdentəlɪ] *adv* por casualidad, casualmente: coincidentally, we went to the same restaurant dio la casualidad de que fuimos al mismo restaurante.
coitus [ˈkɔɪɪtəs] *n* coito.
Coke [kəʊk] *n* Coca Cola.
▲ *Es marca registrada.*
coke¹ [kəʊk] *n (coal)* coque *m*.
coke² [kəʊk] *n sl (cocaine)* coca.
Col [ˈkɜːnəl] *abbr* (**Colonel**) Coronel *m*; *(abbreviation)* Cnel.
col [kɒl] *abbr* (**column**) columna; *(abbreviation)* col.
cola [ˈkəʊlə] *n* cola.
colander [ˈkʌləndəʳ] *n* colador *m*.
cold [kəʊld]
1 *adj (gen)* frío,-a: are you cold? ¿tienes frío?; my hands are cold tengo las manos frías; it's cold today, isn't it? hoy hace frío, ¿verdad?; the coffee's cold el café está frío; drink your tea or it'll get cold bébete el té o se te enfriará.
2 *adj (unenthusiastic, unfriendly)* frío,-a: we got a cold reception nos recibieron con frialdad.
3 *n (weather)* frío: don't stand out there in the cold no te quedes allí fuera con el frío que hace.
4 *n MED* resfriado, catarro, constipado: I've got a cold estoy resfriado; she's got a stinking cold tiene un catarro espantoso.
✦ **as cold as ice** helado,-a.
to be cold comfort no servir de consuelo, ser poco consuelo.
to be left out in the cold quedarse al margen.
to catch a cold resfriarse, coger un resfriado, acatarrarse.
to catch cold coger frío.
to do something in cold blood hacer algo a sangre fría.
to feel the cold ser friolero,-a.
to get cold feet (about doing something) entrarle miedo a alguien (de hacer algo).
to give somebody the cold shoulder tratar a alguien con frialdad.
to go cold turkey *sl* estar con el mono.
to have a cold estar resfriado,-a.
to knock somebody out cold dejar a alguien inconsciente (de un golpe).
to leave somebody cold dejar a alguien frío,-a, no darle a alguien ni frío no calor.
to pour cold water on something poner trabas a algo, poner pegas a algo, poner reparos a algo.

■ **cold cream** crema limpiadora, crema hidratante, crema facial.
cold cuts *US* embutidos *mpl*, fiambres *mpl*.
cold fish persona fría, persona seca.
cold frame *(for plants)* cajonera.
cold front frente *m* frío.
cold meat embutido, fiambre *m*.
cold snap ola de frío.
cold sore herpes *m* labial.
cold storage almacenamiento en cámaras frigoríficas.
cold sweat sudor *m* frío.
cold truth verdad *f* (desagradable).
cold war guerra fría.
cold-blooded [kəʊldˈblʌdɪd]
1 *adj ZOOL* de sangre fría.
2 *adj fig (person)* frío,-a, insensible; *(murderer)* despiadado,-a, desalmado,-a, cruel; *(crime)* a sangre fría.
cold-hearted [kəʊldˈhɑːtɪd] *adj* frío,-a, insensible.
coldly [ˈkəʊldlɪ] *adv* con frialdad, fríamente.
coldness [ˈkəʊldnəs] *n* frialdad *f*.
cold-shoulder [kəʊldˈʃəʊldəʳ] *vt* hacer el vacío a.
coleslaw [ˈkəʊlslɔː] *n* ensaladilla de col y zanahoria.
colic [ˈkɒlɪk] *n* cólico.
coliseum [kɒlɪˈsiːəm] *n* coliseo.
colitis [kɒˈlaɪtɪs] *n* colitis *f*.
collaborate [kəˈlæbəreɪt] *vi* colaborar (**with**, con).
collaboration [kəlæbəˈreɪʃən]
1 *n (gen)* colaboración *f*.
2 *n (with enemy)* colaboracionismo.
collaborator [kəˈlæbəreɪtəʳ]
1 *n* colaborador,-ra.
2 *n (with enemy)* colaboracionista *mf*.
collage [ˈkɒlɑːdʒ] *n ART* collage *m*.
collapse [kəˈlæps]
1 *n (falling down)* derrumbamiento; *(falling in)* hundimiento.
2 *n (failure, breakdown)* fracaso.
3 *n (prices, currency)* caída en picado; *(business, company)* quiebra.
4 *n MED* colapso.
5 *vi (building, bridge, etc)* derrumbarse, desplomarse; *(roof)* hundirse, venirse abajo; *(tired person)* desplomarse: she collapsed in an armchair se desplomó en un sillón.
6 *vi MED (person)* sufrir un colapso.
7 *vi (fail - project, talks, etc)* fracasar, venirse abajo; *(- hopes)* desvanecerse: I felt as if my whole world had collapsed sentí como si el mundo entero se hundiera; all opposition to the plan collapsed toda la oposición al plan fracasó.
8 *vi (prices, currency)* caer en picado; *(business, company)* quebrar, ir a la bancarrota.
9 *vi (chair, table)* plegarse.
10 *vt (table)* plegar.

◆ **to collapse with laughter** desternillarse de risa.

■ **collapsed lung** colapso pulmonar.

collapsible [kə'læpsəbəl] *adj* plegable.

collar ['kɒlə']
1 *n (of shirt etc)* cuello.
2 *n (for dog)* collar *m*.
3 *n TECH* collar *m*, abrazadera.
4 *vt fam* pescar, echar el guante a, pillar.
◆ **to get hot under the collar** enfadarse.
to grab somebody by the collar agarrar a alguien por el cuello.
■ **detachable collar** cuello falso.

collarbone ['kɒləbəʊn] *n* clavícula.

collate [kɒ'leɪt]
1 *vt (compare)* cotejar, confrontar.
2 *vt (collect together)* reunir; *(order)* compaginar.

collateral [kə'lætərəl]
1 *n FIN* garantía subsidiaria.
2 *adj (relative)* colateral.
3 *adj (additional)* circunstancial, colateral.
■ **collateral damage** daños *mpl* colaterales.

collation [kɒ'leɪʃən]
1 *n (comparison)* cotejo, comparación *f*.
2 *n (collecting together)* reunión *f*, recopilación *f*; *(putting in order)* compaginación *f*.

colleague ['kɒliːg] *n* colega *mf*, compañero,-a.

collect [kə'lekt]
1 *vt (glasses, plates, belongings, etc)* recoger; *(information, data)* reunir, recopilar: can you collect (up) the empty cups? ¿puedes recoger las tazas vacías?; that piano is just collecting dust aquel piano solo está acumulando polvo.
2 *vt (stamps, records, etc)* coleccionar.
3 *vt (taxes)* recaudar; *(rent)* cobrar.
4 *vt (for charity - money)* recaudar, hacer una colecta de; *(- old clothes, jumble)* juntar.
5 *vt (pick up, fetch)* ir a buscar, recoger: I'll collect you from the airport te vendré a buscar al aeropuerto; they collect the rubbish on Fridays pasan a recoger la basura los viernes.
6 *vi (dust, water)* acumularse; *(people)* reunirse, congregarse.
7 *vi (for charity)* recaudar dinero, hacer una colecta.
◆ **to call collect** *US* llamar a cobro revertido.
to collect one's thoughts ponerse en orden las ideas.
to collect oneself serenarse, recobrar la calma.

collected [kə'lektɪd]
1 *adj (composed)* sereno,-a, sosegado,-a, tranquilo,-a.
2 *adj LIT* completo,-a: the collected works las obras completas.

collection [kə'lekʃən]
1 *n (of stamps, paintings, etc)* colección *f*; *(of poems, short stories)* recopilación *f*; *(of people)* grupo.
2 *n (range of new clothes)* colección *f*.
3 *n (for charity)* colecta.
4 *n (of mail, of refuse)* recogida: it will be ready for collection tomorrow puede pasar a recogerlo mañana.
5 *n (of taxes)* recaudación *f*; *(of rent)* cobro.
■ **collection box** cepillo.

collective [kə'lektɪv]
1 *adj* colectivo,-a.
2 *n (enterprise)* cooperativa; *(people)* colectivo, cooperativa.
■ **collective bargaining** negociación *f* colectiva.
collective farm granja colectiva.
collective noun nombre *m* colectivo, sustantivo colectivo.
collective ownership propiedad *f* colectiva.

collectivism [kə'lektɪvɪzəm] *n* colectivismo.

collectivise [kə'lektɪvaɪz] *vt* → **collectivize.**

collectivize [kə'lektɪvaɪz] *vt* colectivizar.

collector [kə'lektə']
1 *n (of stamps etc)* coleccionista *mf*.
2 *n (of rent, debts, tickets)* cobrador,-ra.
■ **collector's item/collector's piece** pieza de coleccionista.

college ['kɒlɪdʒ]
1 *n (for higher education or vocational training)* escuela, instituto.
2 *n US (university)* universidad *f*; *(within university)* facultad *f*, departamento.
3 *n GB (within university)* colegio universitario.
4 *n (group of professional people)* colegio.
■ **art college** escuela de bellas artes.

collide [kə'laɪd]
1 *vi (crash)* colisionar, chocar.
2 *vi (of people, aims, opinions, etc)* estar en conflicto, chocar.

collie ['kɒlɪ] *n* pastor *m* escocés, collie *m*.

collier ['kɒlɪə']
1 *n GB (miner)* minero (de carbón).
2 *n (ship)* barco carbonero.

colliery ['kɒljərɪ] *n GB* mina de carbón.
▲ *pl* **collieries.**

collision [kə'lɪʒən] *n (between cars, trains, etc)* colisión *f*, choque *m*; *(between ships)* abordaje *m*.

collocation [kɒlə'keɪʃən] *n* colocación *f*, combinación *f*.

colloquial [kə'ləʊkwɪəl] *adj* familiar, coloquial.

colloquialism [kə'ləʊkwɪəlɪzəm] *n (expression)* expresión *f* coloquial; *(word)* palabra coloquial.

collude [kə'luːd] *vi* coludir (**with**, con).

collusion [kə'luːʒən] *n* colusión *f*, connivencia.

◆ **to act in collusion with somebody** actuar en connivencia con alguien.

collywobbles ['kɒlɪwɒbəlz] *npl fam* malestar *m* de estómago.
◆ **to have the collywobbles** estar muy nervioso,-a.

Cologne [kə'ləʊn] *n* Colonia.

cologne [kə'ləʊn] *n* (agua de) colonia.

Colombia [kə'lʌmbɪə] *n* Colombia.

Colombian [kə'lʌmbɪən]
1 *adj* colombiano,-a.
2 *n* colombiano,-a.

colon[1] ['kəʊlən] *n ANAT* colon *m*.

colon[2] ['kəʊlən] *n LING* dos puntos *mpl*.

colonel ['kɜːnəl] *n* coronel *m*.

colonial [kə'ləʊnɪəl]
1 *adj* colonial.
2 *n* colono,-a.

colonialism [kə'ləʊnɪəlɪzəm] *n* colonialismo.

colonialist [kə'ləʊnɪəlɪst]
1 *n* colonialista *mf*.
2 *adj* colonialista.

colonist ['kɒlənɪst] *n (inhabitant)* colono; *(colonizer)* colono,-a, colonizador, -ra.

colonisation [kɒlənaɪ'zeɪʃən] *n* → **colonization.**

colonise ['kɒlənaɪz] *vt* → **colonize.**

colonization [kɒlənaɪ'zeɪʃən] *n* colonización *f*.

colonize ['kɒlənaɪz] *vt* colonizar.

colonnade [kɒlə'neɪd] *n* columnata.

colony ['kɒlənɪ] *n (gen)* colonia.
▲ *pl* **colonies.**

colophon ['kɒləfɒn] *n* colofón *f*.

color ['kʌlə'] *n US* → **colour.**

coloration [kʌlə'reɪʃən] *n* coloración *f*.

color-blind ['kʌləblaɪnd] *adj US* → **colour-blind.**

colored ['kʌləd] *adj US* → **coloured.**

colorful ['kʌləful] *adj US* → **colourful.**

colorfully ['kʌləfʊlɪ] *adv US* vistosamente, con mucho colorido.

coloring ['kʌlərɪŋ] *n US* → **colouring.**

colorless ['kʌləlɪs] *adj US* → **colourless.**

colossal [kə'lɒsəl] *adj* colosal, descomunal.

colosseum [kɒlə'siːəm] *n* coliseo.

colossus [kə'lɒsəs] *n* coloso.

colour ['kʌlə']
1 *n* color *m*: what colour is it? ¿de qué color es?; what colour is her hair? ¿de qué color tiene el pelo?; have you got it in any other colours? ¿lo tienen en otros colores?; is the film in colour or in black and white? ¿la película es en color o en blanco y negro?
2 *n (skin - racial characteristic, complexion)* color *m*: he has a high colour tiene el color subido.
3 *adj (television, film, etc)* en color.

4 *vt (with pen, paint, crayon)* pintar, colorear; *(dye)* teñir.

5 *vt fig (affect negatively, influence)* influir en: don't let emotions colour your judgement no dejes que las emociones te ofusquen.

6 *vi (blush)* enrojecer, ruborizarse, sonrojarse, ponerse rojo,-a, ponerse colorado,-a.

7 *vi (of leaves)* ponerse amarillo,-a; *(fruit)* coger color.

8 colours *npl GB (worn by team, school)* colores *mpl*.

9 *npl MIL (flag)* bandera, enseña.

▶ **to colour in** *vt sep* pintar, colorear.

✦ **in full colour** a todo color.
　let's see the colour of your money! ¡a ver ese dinero!, ¡primero el dinero!
　to be off colour no encontrarse bien.
　to lend colour to something dar credibilidad a algo, hacer que algo parezca verdad.
　to lose colour palidecer.
　to nail one's colours to the mast tomar partido, definirse.
　to show one's true colours mostrarse tal como se es, mostrarse uno como es en realidad.

■ **colour bar** discriminación *f* racial.
　colour blindness daltonismo.
　colour code código de colores.
　colour prejudice prejuicio racial.
　colour printing cromolitografía.
　colour scheme combinación *f* de colores.
　colour supplement suplemento en color.

colour-blind [ˈkʌləblaɪnd] *adj* daltónico,-a.

coloured [ˈkʌləd]

1 *adj (pencils, crayons)* de color, de colores.

2 *adj dated (person)* de color.

3 *adj (biased)* parcial; *(exaggerated)* exagerado,-a.

4 *n dated* persona de color.

5 Coloured *adj POL (in South Africa)* mestizo,-a.

6 Coloured *n POL (in South Africa)* mestizo,-a.

colourful [ˈkʌləful]

1 *adj (full of colour, bright)* lleno,-a de color, vistoso,-a; *(brightly coloured)* de colores vivos.

2 *adj (interesting, exciting)* lleno,-a de color, lleno,-a de colorido; *(person)* pintoresco,-a: a neighbour gave a very colourful account of the events una vecina dio una versión muy colorista de los hechos.

colourfully [ˈkʌləfulɪ] *adv* vistosamente, con mucho colorido.

colouring [ˈkʌlərɪŋ]

1 *n (substance, dye)* colorante *m*.

2 *n (person's skin, hair and eye colour)* color *m*.

3 *n (of animal's skin, fur, plumage)* colorido, color *m*.

4 *n ART (act)* coloración *f*; *(use of colour)* colorido.

■ **colouring book** libro para colorear.

colourless [ˈkʌləles]

1 *adj (without colour)* incoloro,-a, sin color; *(pale)* pálido,-a.

2 *adj fig (dull, uninteresting)* soso,-a, anodino,-a, gris.

colt [kəult] *n* potro.

column [ˈkɒləm] *n (gen)* columna.

columnist [ˈkɒləmnɪst] *n* columnista *mf*.

coma [ˈkəumə] *n MED* coma *m*.

✦ **to go into a coma** caer en coma, entrar en coma.

comatose [ˈkəumətəus]

1 *adj MED* en estado comatoso.

2 *adj fam (drowsy)* grogui.

comb [kəum]

1 *n (for hair)* peine *m*; *(ornamental)* peineta.

2 *n (for wool, cotton)* carda.

3 *n (of bird)* cresta.

4 *n (of honeycomb)* panal *m*.

5 *vt (hair)* peinar.

6 *vt (wool, cotton)* cardar, peinar.

7 *vt (search - area)* rastrear, peinar; *(- files)* rebuscar: the police combed the area for the missing child la policía peinó la zona en busca del niño desaparecido.

✦ **to comb one's hair** peinarse.
　to give one's hair a comb pasarse un peine, peinarse.

combat [ˈkɒmbæt]

1 *n* combate *m*.

2 *adj* de combate.

3 *vt* combatir, luchar contra.

4 *vi* combatir (**against**, contra).

■ **armed combat** combate *m* armado.
　close combat combate *m* cuerpo a cuerpo.
　combat dress uniforme *m* de campaña.
　combat duty servicio de frente.
　combat jacket guerrera.

combatant [ˈkɒmbətənt] *n* combatiente *mf*.

combative [ˈkɒmbətɪv] *adj* combativo,-a.

combination [kɒmbɪˈneɪʃən]

1 *n (gen)* combinación *f*.

2 *n GB (motorbike with sidecar)* moto *f* con sidecar.

3 combinations *npl (undergarment)* combinación *f*.

✦ **to work in combination with somebody** trabajar en asociación con alguien, trabajar en colaboración con alguien.

■ **combination lock** cerradura de combinación.

combine [kəmˈbaɪn]

1 *vt (gen)* combinar; *(efforts)* combinar, aunar; *(ingredients)* mezclar: the awful weather, combined with the bad food, ruined the holiday for us el mal tiempo, junto con la mala comida, nos estropeó las vacaciones.

2 *vt (qualities, features)* reunir; *(activities)* combinar: he combines intelligence with sensitivity reúne inteligencia y sensibilidad; we can combine business with pleasure podemos combinar el trabajo con la diversión.

3 *vi (gen)* combinarse; *(teams, forces)* unirse; *(companies)* fusionarse: hydrogen combines with oxygen el hidrógeno se combina con el oxígeno.

4 *n COMM* grupo industrial, asociación *f*.

■ **combine harvester** cosechadora.

▲ *(sustantivo)* [ˈkɒmbaɪn].

combined [kəmˈbaɪnd] *adj* combinado,-a, conjunto,-a: a living room and dining room combined un comedor-living.

■ **combined efforts** esfuerzos *mpl* combinados.
　combined operations operaciones *fpl* conjuntas.

combustible [kəmˈbʌstɪbəl] *adj* combustible, inflamable.

combustion [kəmˈbʌstʃən] *n* combustión *f*.

■ **combustion chamber** cámara de combustión.
　combustion engine motor *m* de combustión.

come [kʌm]

1 *vi (gen)* venir: you must come and visit us! ¡tienes que venir a visitarnos!; can you come to dinner on Saturday? ¿puedes venir a cenar el sábado?; come here a minute ven un momento; are you coming? ¿(te) vienes?; we came by plane vinimos en avión; I've come to read the meter vengo a mirar el contador; can I come with you? ¿puedo ir contigo?; coming! ¡ya voy!

2 *vi (arrive)* llegar: they still haven't come aún no han llegado; what time does he come home? ¿a qué hora llega a casa?; winter came early el invierno llegó temprano; Christmas is coming ya llega la Navidad; the time has come to decide ha llegado el momento de decidir.

3 *vi (occupy place, position)* llegar: my horse came first mi caballo llegó el primero; my family comes first primero está mi familia.

4 *vi (reach)* llegar: the water came up to our waist el agua nos llegaba a la cintura; his hair comes down to his shoulders el pelo le llega a los hombros.

5 *vi (happen)* suceder: it came to pass that ... sucedió que ...; how did you come to live here? ¿cómo es que vives aquí?

6 *vi (be available)* venir, suministrarse: it comes in three sizes viene en tres tamaños.

7 *vi (become)* hacerse: your laces have come undone se te han desatado los cordones; the picture's come unstuck el cuadro se ha despegado; the

screw had come loose el tornillo se había aflojado; **it'll all come right in the end** todo saldrá bien al final.

8 *vi fam (used with expressions of time)* para: **come next month** para el mes que viene.

9 *vi sl (have orgasm)* correrse.

10 *vt (behave, play the part)* hacerse: **don't come the innocent with me** no te hagas el inocente conmigo.

▶ **to come about** *vi (happen)* ocurrir, suceder.

to come across

1 *vt insep (thing)* encontrar, tropezar con; *(person)* encontrar, encontrarse con, tropezar con.

2 *vi (be understood)* ser comprendido,-a.

3 *vi (make an impression)* causar una impresión: **she came across very well** causó muy buena impresión; **he came across as an idiot** dio la impresión de ser un imbécil.

to come after *vt insep* seguir.

to come along

1 *vi (progress)* ir, marchar.

2 *vi (hurry up)* darse prisa; *(give encouragement)* ir, venir: **come along!** ¡date prisa!, ¡vamos!, ¡venga!

3 *vi (arrive)* venir, llegar; *(appear)* aparecer.

to come apart *vi* deshacerse.

to come at *vt insep* atacar.

to come away

1 *vi (become detached)* despegarse, desprenderse, soltarse, separarse: **the plaster's coming away from the wall** el yeso se desprende de la pared.

2 *vi (leave, depart)* salir (**from**, de), irse (**from**, de); *(move away)* apartarse (**from**, de): **when the fight started we came away** cuando empezó la pelea nos fuimos; **come away from the edge!** ¡apártate del borde!

to come back

1 *vi (return)* volver (**from**, de): **he's coming back on Saturday** volverá el sábado; **mini skirts are coming back** vuelven las minifaldas.

2 *vi (remember)* volver a la memoria: **it's all coming back to me now** estoy volviendo a recordarlo todo.

3 *vi (return to topic, question, idea)* volver (**to**, a); *(reply, retort)* replicar, contestar.

to come before

1 *vt insep JUR* comparecer ante.

2 *vt insep (be more important than)* ser más importante que.

to come between *vt insep* interponerse entre, separar.

to come by *vt insep (obtain)* conseguir, obtener: **jobs are hard to come by** los trabajos son difíciles de conseguir; **how did you come by that ring?** ¿cómo te hiciste con ese anillo?

to come down

1 *vi (gen)* bajar; *(collapse)* caerse, hundirse, venirse abajo; *(fall - rain, snow)* caer.

2 *vi (plane - land)* aterrizar; *(- fall)* caer.

3 *vi (price, temperature, etc)* bajar.

4 *vi (be passed down, inherited)* llegar (**to**, a).

to come down on *vt insep (rebuke)* pegar una bronca a; *(punish)* castigar: **they came down hard on him** le pegaron una bronca.

to come down to *vt insep (be a question of)* ser cuestión de, tratarse de, reducirse a.

to come down with *vt insep (illness)* caer enfermo,-a de, contraer, coger.

to come forward *vi (witness)* presentarse; *(volunteer)* ofrecerse, presentarse: **she came forward with some information** facilitó alguna información.

to come from *vt insep (originate from - person)* ser de; *(- thing)* venir de; *(descend from)* descender de.

to come in

1 *vi (enter)* entrar: **come in!** ¡pase!, ¡adelante!

2 *vi (ship, train)* llegar; *(tide)* subir; *(person - to work)* venir; *(- in race)* llegar: **I came in fourth** llegué en cuarta posición, llegué el cuarto.

3 *vi (be elected)* subir al poder.

4 *vi (become fashionable)* ponerse de moda; *(come into season)* empezar la temporada de.

5 *vi (be received - income)* entrar; *(- news, report)* llegar.

6 *vi (contribute to discussion)* intervenir.

7 *vi (have a part to play)* entrar: **where do I come in?** ¿qué pinto yo?

to come in for *vt insep (receive)* ser objeto de.

to come in on *vt insep* participar en.

to come into

1 *vt insep (inherit)* heredar.

2 *vt insep (enter)* entrar en: **I said the first thing that came into my head** dije la primera cosa que se me ocurrió.

3 *vt insep (be relevant)* ser cuestión de, tratar de.

to come of *vt insep (result)* resultar de: **no good will come of it** de ahí no saldrá nada bueno.

to come off

1 *vi (happen, take place)* tener lugar, suceder; *(turn out)* salir: **the play came off well** la obra salió bien.

2 *vi (end up)* salir: **he came off worse than his rival** salió peor parado que su rival.

3 *vi (fall - button)* caerse; *(- handle, wheel)* salirse, soltarse; *(- wallpaper, plaster)* caerse, soltarse, despegarse, desprenderse: **the handle came off in my hand** me quedé con el asa en la mano.

4 *vt insep (fall from)* caerse de.

5 *vt insep (stop taking)* dejar de tomar.

to come on

1 *vi (make progress)* avanzar.

2 *vi (hurry up)* darse prisa; *(give encouragement)* ir, venir: **come on!** ¡date prisa!, ¡vamos!, ¡venga!

3 *vi (follow on)* ir, venir.

4 *vi (of actor)* entrar en escena, salir a escena; *(of sports player)* entrar.

5 *vi fam (start - cold, winter)* empezar, comenzar; *(- rain, snow)* ponerse a: **it came on to rain** se puso a llover.

6 *vi (lights, heating, etc)* encenderse.

to come out

1 *vi (leave)* salir (**of**, de); *(tooth, hair)* caerse; *(stain)* salir, quitarse; *(colour, dye)* desteñirse.

2 *vi (sun, moon, stars)* salir; *(flowers)* aparecer, salir.

3 *vi (new book, record, magazine, figures)* salir, publicarse; *(film)* estrenarse.

4 *vi (news, truth, secret)* revelarse, salir a la luz.

5 *vi (of photographs)* resultar, salir; *(of person in photo)* salir.

6 *vi (be revealed, shown clearly)* mostrarse, revelarse; *(of words, speech)* salir: **it just came out** se me escapó.

7 *vi (end, finish, have as outcome)* salir: **the figures have come out wrong** han salido mal los números; **she came out top in the exam** sacó la mejor nota en el examen.

8 *vi GB (stop work, strike)* declararse en huelga.

9 *vi (in society)* presentarse en sociedad.

10 *vi (declare openly that one is gay)* declararse homosexual.

to come out in *vt insep (spots, rash)* salirle a uno; *(cold sweat)* entrarle a uno.

to come out with *vt insep (say)* soltar, salir con.

to come over

1 *vi (arrive)* venir, llegar: **I'll come over at about ten** llegaré sobre las diez.

2 *vi (visit)* hacer una visita: **come over and see us** ven a visitarnos.

3 *vi (project oneself)* dar la impresión: **he came over as very capable** dio la impresión de ser muy capaz.

4 *vi (with adjective)* ponerse: **I came over faint** me sentí mareado.

5 *vi (change sides, opinions)* pasarse (**to**, a).

6 *vt insep (affect)* pasar, sobrevenir: **I don't know what came over me** no sé qué me pasó.

to come round

1 *vi (regain consciousness)* volver en sí.

2 *vi (be persuaded, change one's mind)* dejarse convencer, convencerse: **she eventually came round to our point of view** finalmente aceptó nuestro punto de vista.

3 *vi (visit)* visitar, venir.
4 *vi (happen regularly, recur)* volver.
5 *vt insep (corner)* doblar, dar la vuelta a; *(bend)* tomar.
to come through
1 *vi (arrive)* llegar.
2 *vi (survive)* sobrevivir.
3 *vi (into other room)* pasar.
4 *vt insep (operation, accident)* sobrevivir, salir con vida de; *(illness)* recuperarse de; *(difficult period)* pasar por, atravesar.
to come to
1 *vi (regain consciousness)* volver en sí.
2 *vt insep (enter mind)* ocurrirse: the answer suddenly came to her de repente se le ocurrió la respuesta.
3 *vt insep (reach a situation)* llegar a: you'll come to love him llegarás a quererlo; it has come to my notice that ... me he enterado de que ...; hopefully, it won't come to that se espera que no sea necesario; what is the world coming to? ¿a dónde vamos a ir a parar?
4 *vt insep (amount to, total)* subir a, ascender a, ser: how much does it come to? ¿cuánto es?
to come under
1 *vt insep (be controlled by)* estar bajo; *(be included within)* venir en, estar comprendido,-a en.
2 *vt insep (be target of)* ser objeto de, ser víctima de, ser blanco de.
to come up
1 *vi (person - gen)* subir; *(- approach)* acercarse.
2 *vi (sun)* salir; *(flowers)* crecer, brotar; *(bruise, swelling)* hincharse.
3 *vi (occur, arise - problem, question)* presentarse, surgir; *(- vacancy)* producirse: something's come up ha surgido algo.
4 *vi (be raised, be mentioned - point)* surgir; *(- name)* ser mencionado,-a, salir.
5 *vi JUR (case)* verse; *(person)* comparecer ante.
6 *vi (of food)* marchar.
to come up against *vt insep* topar con, encontrarse con, tropezarse con.
to come up for *vt insep (promotion, parole)* considerar para.
to come up to
1 *vt insep (equal)* alcanzar, llegar a, estar a la altura de.
2 *vt insep (approach - in space)* acercarse a; *(- in time)* ser casi.
to come up with *vt insep (idea)* tener, ocurrirse; *(solution)* encontrar; *(plan)* idear; *(proposal)* presentar, plantear.
to come upon *vt insep vi* encontrarse con, encontrar.
✦ **come again?** ¿cómo?, ¿qué?
come off it! ¡venga ya!, ¡anda ya!
come what may pase lo que pase.
to be as ... as they come ser lo más ... que hay: he's as silly as they come es lo más tonto que hay.

to come *(in the future)* venidero,-a: in years to come en el futuro.
to come a long way *(progress)* progresar mucho.
to come and go ir y venir: I don't know if I'm coming or going estoy hecho un lío; fashions come and go las modas cambian.
to come as a shock/surprise to somebody ser un susto/sorpresa para alguien: her death came as a shock to me lo su muerte me sorprendió.
to come clean confesar, cantar.
to come down in the world venir a menos.
to come down on somebody's side ponerse de parte de alguien.
to come easily to somebody resultarle fácil a alguien.
to come in handy/come in useful ser útil, resultar útil, venir bien.
to come into being nacer, ver la luz.
to come into fashion ponerse de moda.
to come into force entrar en vigor.
to come into the world nacer, ver la luz.
to come of age llegar a la mayoría de edad.
to come out in favour of something/come out against something declararse a favor de algo/declararse en contra de algo.
to come to an end acabar, terminar, tocar a su fin.
to come to nothing llegar a nada, quedar en nada, quedar en agua de borrajas.
to come to one's senses *(regain consciousness)* volver en sí; *(see sense)* recobrar la razón.
to come together *(people)* juntarse, reunirse; *(ideas)* cuajar.
to come true hacerse realidad.
to have it coming (to one) tenérselo merecido.
to see something coming ver algo venir.
to take life as it comes aceptar la vida tal y como se presenta.
when it comes to ... en cuanto a ...
▲ *pt* **came** [keɪm], *pp* **come** [kʌm], *ger* **coming**.

comeback [ˈkʌmbæk]
1 *n fam (of person)* reaparición *f*, vuelta, retorno.
2 *n (way of obtaining compensation)* reclamación *f*.
3 *n (reply)* réplica, respuesta.

comedian [kəˈmiːdɪən] *n* cómico, humorista *m*.

comedienne [kəmiːdɪˈen] *n* cómica, humorista.

comedown [ˈkʌmdaʊn] *n* degradación *f*, humillación *f*.

comedy [ˈkɒmədɪ] *n* comedia.
■ **comedy of manners** comedia de costumbres.
▲ *pl* **comedies**.

comer [ˈkʌmər] *n* participante *mf*, asistente *mf*: the race is open to all comers la carrera está abierta a todo el que se presente.

comet [ˈkɒmɪt] *n* cometa *m*.

comeuppance [kʌmˈʌpəns] *n* merecido, justo castigo.
✦ **to get one's comeuppance** recibir su merecido.

come-uppance [kʌmˈʌpəns] *n fam* merecido.
✦ **to get one's come-uppance** llevar su merecido.

comfort [ˈkʌmfət]
1 *n (well-being)* comodidad *f*, confort *m*, bienestar *m*.
2 *n (thing, luxury)* comodidad *f*.
3 *n (consolation)* consuelo: if it's any comfort to you si te sirve de consuelo.
4 *vt* consolar.
✦ **to live in comfort** vivir cómodamente.
to take comfort in/from something consolarse con algo.
■ **comfort station** *US* servicios *mpl*, aseos *mpl*.

comfortable [ˈkʌmfətəbəl]
1 *adj (furniture, clothes, etc)* cómodo,-a.
2 *adj (patient)* tranquilo,-a.
3 *adj (job, income)* bueno,-a; *(life)* desahogado,-a, acomodado,-a: they're comfortable viven bien, viven con desahogo.
4 *adj (lead, majority)* amplio,-a.
✦ **to feel comfortable** estar a gusto.
to make oneself comfortable ponerse cómodo,-a.

comfortably [ˈkʌmfətəblɪ]
1 *adv (sit, lie)* cómodamente.
2 *adv (live)* holgadamente.
3 *adv (win)* fácilmente.
✦ **to be comfortably off** estar en una situación holgada, vivir cómodamente, vivir holgadamente.

comforter [ˈkʌmfətər]
1 *n (person)* consolador,-ra.
2 *n (scarf)* bufanda.
3 *n (dummy)* chupete *m*.

comforting [ˈkʌmfətɪŋ] *adj* reconfortante.

comfortless [ˈkʌmfətləs] *adj* incómodo,-a, sin comodidades.

comfy [ˈkʌmfɪ] *adj fam* cómodo,-a.
▲ *comp* **comfier**, *superl* **comfiest**.

comic [ˈkɒmɪk]
1 *adj* cómico,-a.
2 *n (comedian)* cómico,-a, humorista *mf*.
3 *n (magazine)* tebeo, cómic *m*.
■ **comic opera** ópera bufa.
comic strip tira cómica, historieta.

comical [ˈkɒmɪkəl] *adj* cómico,-a.

coming [ˈkʌmɪŋ]
1 *adj (gen)* próximo,-a; *(generation)* venidero,-a, futuro,-a: this coming Sunday el domingo que viene, el próximo domingo.

2 *n (arrival)* llegada.

3 *n REL* advenimiento.

✦ **coming and going** ir y venir, ajetreo, vaivén.

comings and goings idas y venidas.

coming-of-age [ˈkʌmɪŋəvˈeɪdʒ] *n* mayoría de edad.

coming-out [kʌmɪŋˈaʊt]

1 *n (in society)* presentación *f* en sociedad.

2 *n (of homosexual)* declaración *f* pública.

comma [ˈkɒmə] *n* coma.

■ **inverted comma** comilla.

command [kəˈmɑːnd]

1 *n (order)* orden *f*: your wish is my command tus deseos son órdenes.

2 *n (control, authority)* mando: under the command of the king bajo el mando del rey; who is in command? ¿quién está al mando?

3 *n MIL (part of army, group of officers)* mando.

4 *n (knowledge, mastery)* dominio: he has a good command of Greek domina el griego.

5 *n COMPUT* orden *f*.

6 *vt (order)* mandar, ordenar: he commanded them to shoot les ordenó que dispararan.

7 *vt MIL (have authority over)* estar al mando de, tener el mando de, comandar.

8 *vt (have at one's disposal)* disponer de, contar con, tener: the hotel commands a fantastic view of the city el hotel tiene una vista fantástica de la ciudad.

9 *vt (deserve - respect, admiration)* infundir, imponer, inspirar; *(- confidence)* inspirar; *(- sympathy)* merecer: it commanded a high price alcanzó un precio muy alto; he can command a high salary puede exigir un sueldo alto.

10 *vt (of place, fort)* dominar.

11 *vi* mandar.

✦ **at somebody's command** por orden de alguien.

to be at somebody's command estar a las órdenes de alguien.

to be in command of oneself ser dueño,-a de sí mismo,-a.

to be in command of the situation dominar la situación.

to take command tomar el mando.

■ **command module** módulo de maniobra y mando.

command performance actuación a petición de un miembro de la familia real.

command post puesto de mando.

commandant [ˈkɒməndænt] *n MIL* comandante *m*.

commandeer [kɒmənˈdɪəʳ] *vt MIL* requisar.

commander [kəˈmɑːndəʳ]

1 *n MIL* comandante *m*.

2 *n MAR* capitán *m* de fragata.

■ **commander in chief** comandante *m* en jefe.

commanding [kəˈmɑːndɪŋ]

1 *adj (voice, manner, appearance)* autoritario,-a, imperioso,-a.

2 *adj (position)* dominante, de superioridad.

■ **commanding officer** oficial *m* al mando, comandante *m*.

commandment [kəˈmɑːndmənt] *n REL* mandamiento.

commando [kəˈmɑːndəʊ] *n* comando.

▲ *pl* commandos o commandoes.

commemorate [kəˈmeməreɪt] *vt* conmemorar.

commemoration [kəmemərˈeɪʃən] *n* conmemoración *f*.

commemorative [kəˈmemərətɪv] *adj* conmemorativo,-a.

commence [kəˈmens]

1 *vt fml* comenzar, iniciar, empezar.

2 *vi fml* comenzar, iniciarse, empezar.

commencement [kəˈmensmənt]

1 *n fml (beginning)* comienzo, inicio.

2 *n US (graduation)* (ceremonia de) graduación *f*.

commend [kəˈmend]

1 *vt (praise)* alabar (**for**, por), elogiar (**for**, por); *(recommend)* recomendar.

2 *vt (entrust)* encomendar (**to**, a).

commendable [kəˈmendəbəl] *adj* encomiable, loable.

commendation [kɒmenˈdeɪʃən]

1 *n (praise)* elogio, elogios *mpl*.

2 *n (award, prize)* mención *f* de honor, distinción *f*: a commendation for bravery una distinción por su valor.

commensurate [kəˈmenʃərət] *adj fml* acorde.

✦ **commensurate with** acorde con: salary commensurate with experience sueldo según experiencia.

comment [ˈkɒment]

1 *n* comentario, observación *f*.

2 *vt* comentar, observar.

3 *vi* hacer comentarios (**on**, sobre).

✦ **no comment** sin comentarios.

to be fair comment ser razonable.

to cause comment dar lugar a habladurías.

to make a comment about somebody/something hacer un comentario sobre alguien/algo, hacer una observación sobre alguien/algo.

to refuse to comment negarse a hacer declaraciones.

commentary [ˈkɒməntərɪ]

1 *n (spoken description)* comentario, comentarios *mpl*.

2 *n (set of written remarks)* comentario, crítica.

■ **commentary box** cabina de prensa.

▲ *pl* commentaries.

commentate [ˈkɒmənteɪt] *vi* comentar un partido, retransmitir un partido, hacer los comentarios (**on**, de): he commentates on all the international matches él comenta todos los partidos internacionales.

commentator [ˈkɒmənteɪtəʳ] *n* comentarista *mf*.

commerce [ˈkɒmɜːs] *n* comercio.

commercial [kəˈmɜːʃəl]

1 *adj COMM* comercial, mercantil.

2 *adj (intended to make money)* comercial.

3 *n (advertisement)* anuncio, spot *m* publicitario.

■ **commercial art** arte *m* publicitario.

commercial break pausa para la publicidad.

commercial law derecho mercantil.

commercial traveller viajante *mf* de comercio.

commercial vehicle vehículo para transporte de mercancías etc.

commercialism [kəˈmɜːʃəlɪzəm] *n* comercialismo.

commercialisation [kəˈmɜːʃəlaɪzeɪʃən] *n* → **commercialization**.

commercialise [kəˈmɜːʃəlaɪz] *vt* → **commercialize**.

commercialization [kəˈmɜːʃəlaɪzeɪʃən] *n* comercialización *f*.

commercialize [kəˈmɜːʃəlaɪz] *vt* comercializar.

commercially [kəˈmɜːʃəlɪ] *adv* comercialmente.

✦ **to be commercially available** estar a la venta.

commiserate [kəˈmɪzəreɪt] *vi* compadecerse (**with**, de): I commiserated with her over the news le dije cuánto sentía la noticia.

commiseration [kəmɪzəˈreɪʃən]

1 *n (sympathy)* conmiseración *f*.

2 **commiserations** *interj* ¡mala suerte!

✦ **to give/offer somebody one's commiserations** decirle a alguien cuánto se siente algo.

commissar [ˈkɒmɪsɑːʳ] *n* comisario político.

commissariat [kɒmɪˈseərɪət] *n* comisariado.

commission [kəˈmɪʃən]

1 *n COMM* comisión *f*: he gets a 10% commission cobra el 10% de comisión.

2 *n (piece of work)* encargo.

3 *n (group of people)* comisión *f*.

4 *n MIL (rank)* grado de oficial; *(document)* nombramiento.

5 *n fml (act of committing a crime)* perpetración *f*.

6 *vt (order)* encargar: she's been commissioned to design a statue le han encargado el diseño de una estatua.

7 *vt MIL* nombrar.

8 *vt MAR (ship)* poner en servicio.

✦ **to be in commission** estar en servicio.

to be out of commission estar fuera de servicio.

- **commissioned officer** oficial *m* (del ejército).

commissionaire [kəmɪʃə'neə^r] *n GB* portero, conserje *m*.

commissioner [kə'mɪʃənə^r]
1 *n (public official)* comisario.
2 *n (member of a commission)* comisionado,-a, miembro de la comisión.
- **Commissioner for Oaths** *GB* ≈ notario,-a.

commit [kə'mɪt]
1 *vt (crime, error, sin)* cometer.
2 *vt (send to prison etc)* internar.
3 *vt (bind)* comprometer, obligar; *(pledge)* asignar, consignar, destinar.
+ **to commit oneself (to do/doing something)** comprometerse (a hacer algo).
to commit something to memory memorizar algo.
to commit something to paper poner algo por escrito.
to commit somebody to prison encarcelar a alguien.
to commit something to somebody's care confiar algo al cuidado de alguien.
to commit suicide suicidarse.
▲ *pt & pp committed, ger committing.*

commitment [kə'mɪtmənt]
1 *n (undertaking, obligation)* compromiso, obligación *f*; *(responsibility)* responsabilidad *f*.
2 *n (dedication)* dedicación *f*, entrega.

committal [kə'mɪtəl] *n (to mental hospital)* reclusión *f*; *(to prison)* encarcelamiento.
+ **committal for trial** ≈ procesamiento.
- **committal proceedings** ≈ sumario.

committed [kə'mɪtɪd] *adj (to a cause)* comprometido,-a; *(dedicated)* dedicado,-a, entregado,-a.
+ **to be committed to do/doing something** estar comprometido,-a a hacer algo.

committee [kə'mɪtɪ]
1 *n* comité *m*, comisión *f*: **parliamentary committee** comisión parlamentaria.
2 *adj* del comité, de la comisión: **committee room** sala de reuniones.
+ **to be on a committee/sit on a committee** ser miembro de un comité, ser miembro de una comisión.

commode [kə'məʊd]
1 *n (chest of drawers)* cómoda.
2 *n (chair)* silla con orinal.

commodious [kə'məʊdɪəs] *adj fml* espacioso,-a, amplio,-a.

commodity [kə'mɒdɪtɪ]
1 *n COMM* producto, artículo, mercancía.
2 *n FIN* materia prima.
- **commodities market** mercado de materias primas.
▲ *pl commodities.*

commodore [kɒmədɔ:^r] *n GB* comodoro.

common [kɒmən]
1 *adj (ordinary, average)* corriente: **the common people** la gente corriente; **a common soldier** un soldado raso.
2 *adj (usual, not scarce)* común, corriente: **the common cold** el resfriado común; **it's quite common for mothers to suffer from postnatal depression** es bastante común que las madres padezcan una depresión posparto.
3 *adj (shared, joint)* común: **common ground** puntos en común; **for the common good** por el bien común, por el bien de todos.
4 *adj pej (vulgar)* ordinario,-a.
5 *n (land)* campo comunal, terreno comunal, tierras *fpl* comunales.
+ **as common as dirt/as common as muck** muy ordinario,-a.
common or garden normal y corriente.
in common en común.
in common with *(like)* al igual que.
to be common knowledge ser de dominio público.
to have something in common with somebody tener algo en común con alguien.
to make common cause with somebody hacer causa común con alguien.
- **common decency** educación *f*.
common denominator denominador *m* común.
common factor factor *m* común.
common law derecho consuetudinario.
Common Market Mercado Común.
common noun nombre *m* común.
common room *GB* sala de reunión.
common sense sentido común.
common time *MUS* cuatro por cuatro.
the common touch el contacto con el pueblo.

commoner [kɒmənə^r] *n* plebeyo,-a.

common-law [kɒmənlɔ:] *adj (couple)* de hecho.
- **common-law husband** marido de hecho.
common-law wife mujer *f* de hecho.

commonly [kɒmənlɪ]
1 *adv (usually)* comúnmente, vulgarmente.
2 *adv pej (vulgarly)* de manera ordinaria.

commonplace [kɒmənpleɪs]
1 *adj* común, corriente.
2 *n (platitude)* lugar *m* común, tópico.

Commons [kɒmənz] **the Commons** *npl GB* los Comunes.
- **the House of Commons** la Cámara de los Comunes.

Commonwealth [kɒmənwelθ] *n GB* Commonwealth *f*.
- **the Commonwealth of Nations** la Mancomunidad *f* Británica de Naciones.

commotion [kə'məʊʃən] *n (scandal)* escándalo; *(noise, excitement)* alboroto, jaleo; *(confusion)* confusión *f*: **what a commotion!** ¡qué jaleo!
+ **to make a commotion** *(scandal)* armar un escándalo; *(noise)* armar jaleo.

communal [kɒmjənəl] *adj (shared)* comunal, común; *(of a community)* comunitario,-a.

commune¹ [kɒmju:n] *n* comuna.

commune² [kə'mju:n] *vi lit* estar en comunión (**with**, con).

communicable [kə'mju:nɪkəbəl]
1 *adj MED* transmisible.
2 *adj (ideas etc)* comunicable.

communicant [kə'mju:nɪkənt] *n REL* comulgante *mf*.

communicate [kə'mju:nɪkeɪt]
1 *vt (make known, convey)* comunicar.
2 *vt MED* transmitir, contagiar.
3 *vi (person)* comunicarse (**with**, con).
4 *vi (of rooms)* comunicarse.

communicating [kə'mju:nɪkeɪtɪŋ] *adj (rooms)* que se comunican; *(door)* que comunica.

communication [kəmju:nɪ'keɪʃən]
1 *n (gen)* comunicación *f*.
2 *n (message)* comunicación *f*, comunicado.
3 **communications** *npl* comunicaciones *fpl*.
- **communication cord** *GB* ≈ timbre *m* de alarma.

communicative [kə'mju:nɪkətɪv] *adj* comunicativo,-a.

communion [kə'mju:njən]
1 *n fml* comunión *f*.
2 **Communion** *n REL* Comunión *f*.
+ **to take Communion** comulgar.
- **Holy Communion** Sagrada Comunión *f*, Santa Comunión *f*.

communiqué [kə'mju:nɪkeɪ] *n* comunicado.

communism [kɒmjənɪzəm] *n* comunismo.

communist [kɒmjənɪst]
1 *adj* comunista.
2 *n* comunista *mf*.

community [kə'mju:nɪtɪ]
1 *n (people living in one place)* comunidad *f*: **all sections of the community** todas las secciones de la comunidad.
2 *n (group of people)* comunidad *f*, colectividad *f*: **the Muslim community** la comunidad musulmana; **the business community** la colectividad empresarial.
- **community centre** centro social.
community policing sistema *m* de policía de barrio.
community service trabajos *mpl* al servicio de la comunidad.
community spirit espíritu *m* comunitario.
the local community el vecindario.
▲ *pl communities.*

commute [kəˈmjuːt]
1 *vi* desplazarse diariamente al lugar de trabajo: **he commutes from Cambridge to London** se desplaza cada día de Cambridge a Londres para trabajar.
2 *vt (sentence, punishment)* conmutar.
3 *vt fml (money payment, pension)* conmutar (**for/into**, por).

commuter [kəˈmjuːtəʳ] *n* persona que se desplaza diariamente a su lugar de trabajo.
■ **the commuter belt** los barrios *mpl* periféricos.

compact¹ [kəmˈpækt]
1 *adj (gen)* compacto,-a; *(style)* conciso,-a.
2 *n (for powder)* polvera de bolsillo.
3 *n US* coche *m* utilitario.
4 *vt* compactar, comprimir.
■ **compact disc** disco compacto, compact disc *m*.
compact disc player reproductor *m* de compact disc.
▲ *(sustantivo)* [ˈkɒmpækt].

compact² [ˈkɒmpækt] *n (agreement)* pacto, acuerdo, convenio.

companion [kəmˈpænjən]
1 *n (partner, friend)* compañero,-a.
2 *n (person employed)* persona de compañía.
3 *n (either of pair or set)* compañero,-a, pareja.
4 *n (guide)* guía, manual *m*.

companionable [kəmˈpænjənəbəl] *adj* sociable, agradable.

companionship [kəmˈpænjənʃɪp] *n (relationship)* compañerismo, camaradería; *(company)* compañía.

company [ˈkʌmpənɪ]
1 *n (companionship)* compañía: **I enjoy his company** me gusta su compañía.
2 *n (visitors)* visita: **we've got company** tenemos visita.
3 *n (business)* empresa, compañía, sociedad *f*: **public limited company** sociedad anónima; **trading company** sociedad mercantil.
4 *n THEAT* compañía.
5 *n MIL* compañía.
✦ **in company** en público.
in company with *(together with)* junto,-a con.
to be good company ser muy sociable, ser muy agradable.
to be in good company no ser el/la único,-a.
to keep bad company andar con malas compañías.
to keep somebody company hacerle (mucha) compañía a alguien.
to part company *(separate)* separarse (**with**, de); *(disagree)* diferir (**on**, sobre).
two's company, three's a crowd dos son compañía, tres multitud.

you know a man by the company he keeps dime con quién andas y te diré quién eres.
■ **company car** coche *m* de la compañía, coche *m* de la empresa.
▲ *pl* companies.

comparable [ˈkɒmpərəbəl] *adj* comparable (**to**, a) (**with**, con), equiparable (**to**, a) (**with**, con): **the two players are not comparable** los dos jugadores no se pueden comparar.

comparative [kəmˈpærətɪv]
1 *adj (relative)* relativo,-a: **he's a comparative stranger** es prácticamente un desconocido.
2 *adj (making a comparison)* comparado,-a: **a comparative study** un estudio comparativo.
3 *adj LING* comparativo,-a.
4 *n LING* comparativo.

comparatively [kəmˈpærətɪvlɪ] *adv* comparativamente.

compare [kəmˈpeəʳ]
1 *vt* comparar (**to/with**, con): **I'm going to compare prices in some other shops** voy a comparar los precios en otras tiendas; **she's always being compared to Marilyn Monroe** siempre la comparan con Marilyn Monroe; **you can't compare them** no los puedes comparar.
2 *vi* compararse (**with**, con): **cheap red wine just doesn't compare with Rioja** el vino tinto barato no se puede comparar con el Rioja; **how does his new film compare with his previous ones?** ¿qué tal su nueva película comparada con las anteriores?; **it compares favourably with the others** es mejor que los otros.
✦ **beyond compare** sin comparación, incomparable.
compared with comparado,-a con, en comparación con.

comparison [kəmˈpærɪsən] *n* comparación *f*.
✦ **by comparison/in comparison** en comparación.
not to bear comparison with/not stand comparison with no admitir comparación con.
there's no comparison no hay punto de comparación.

compartment [kəmˈpɑːtmənt] *n (in wallet, fridge, desk)* compartimento, compartimiento; *(in train)* departamento, compartimento, compartimiento.

compartmentalise [kɒmpɑːtˈmentəlaɪz] *vt* → **compartmentalize.**

compartmentalize [kɒmpɑːtˈmentəlaɪz] *vt* compartimentar.

compass [ˈkʌmpəs]
1 *n (magnetic)* brújula, compás *m*: **the points of the compass** los puntos cardinales.

2 *n (for drawing)* compás *m*: **a pair of compasses, a compass** un compás.
3 *n fig (range, scope)* alcance *m*.
■ **compass rose** rosa de los vientos.
▲ *En 2 también se usa en pl con el mismo significado.*

compassion [kəmˈpæʃən] *n* compasión *f*.

compassionate [kəmˈpæʃənət] *adj* compasivo,-a.
■ **compassionate leave** *GB* permiso por asuntos familiares.

compatibility [kəmpætəˈbɪlɪtɪ] *n* compatibilidad *f*.

compatible [kəmˈpætɪbəl] *adj* compatible (**with**, con).

compatriot [kəmˈpætrɪət] *n* compatriota *mf*.

compel [kəmˈpel]
1 *vt (force)* obligar, forzar, compeler.
2 *vt fig (inspire - respect)* imponer, infundir, inspirar; *(- admiration)* despertar, inspirar, infundir.
✦ **to be compelled to do something** verse obligado,-a a hacer algo.
to compel somebody to do something obligar a alguien a hacer algo, forzar a alguien a hacer algo.
▲ *pt & pp* compelled, *ger* compelling.

compelling [kəmˈpelɪŋ] *adj (novel, account, story)* irresistible; *(reason, argument)* convincente, persuasivo,-a, de peso.

compendium [kəmˈpendɪəm]
1 *n (book, account, summary)* compendio.
2 *n GB (set of games)* juegos *mpl* reunidos.
▲ *pl* compendiums o compendia.

compensate [ˈkɒmpənseɪt]
1 *vt (recompense, indemnify)* indemnizar (**for**, por), compensar (**for**, por): **he was compensated for the injury** lo indemnizaron por la lesión.
2 *vt (counterbalance)* compensar.
3 *vi* compensar (**for**, -): **her enthusiasm compensates for her lack of experience** su entusiasmo compensa su falta de experiencia.

compensation [kɒmpənˈseɪʃən]
1 *n (money, damages)* indemnización *f* (**for**, por): **you are entitled to compensation** tienes derecho a una indemnización; **he received $10,000 in compensation** le dieron 10.000 dólares de indemnización.
2 *n (way of compensating)* compensación *f* (**for**, por).

compensatory [kɒmpenˈseɪtərɪ] *adj* compensador,-ra.
■ **compensatory payment** indemnización *f*.

compere [ˈkɒmpeəʳ]
1 *n GB* presentador,-ra.
2 *vt GB* presentar.

compete [kəmˈpiːt] *vi (try to win)* disputarse; *(take part in)* competir, participar: **some children compete for their**

parents' attention algunos hijos se disputan la atención de sus padres; he has competed in three Olympic Games ha participado en tres Juegos Olímpicos.
+ **to compete against somebody/something** competir contra alguien/algo.
to compete with somebody/something competir con alguien/algo.

competence ['kɒmpɪtəns]
1 n (ability) competencia, capacidad f, aptitud f: a fair level of competence in German un buen nivel de alemán.
2 n JUR (legal authority) competencia.

competent ['kɒmpɪtənt]
1 adj (person) competente; (work, novel, etc) aceptable, bastante bien: he is very competent at his job es muy competente en su trabajo.
2 adj JUR competente.
+ **to be competent to do something** estar capacitado,-a para hacer algo.

competition [kɒmpəˈtɪʃən]
1 n (gen) concurso; (race, sporting event) competición f; (literary) certamen m.
2 n (rivalry) competencia.
+ **to be in competition with somebody/something** competir con alguien/algo.

competitive [kəmˈpetɪtɪv]
1 adj (gen) competitivo,-a; (person) competitivo,-a, que tiene espíritu competitivo.
2 adj COMM (price, goods, etc) competitivo,-a.
■ **competitive examination** oposición f.

competitiveness [kəmˈpetɪtɪvnəs]
1 n (of person) espíritu m competitivo.
2 n COMM competitividad f.

competitor [kəmˈpetɪtəʳ]
1 n COMM (rival) competidor,-ra, rival mf.
2 n SP (in race etc) participante mf; (opponent) contrincante mf.
3 n (in quiz etc) concursante mf, participante mf; (in competitive examination) opositor,-ra.

compilation [kɒmpɪˈleɪʃən]
1 n (act) compilación f, recopilación f.
2 n (record etc) recopilación f.

compile [kəmˈpaɪl]
1 vt (produce book, list, etc) compilar; (collect information) recopilar.
2 vt COMPUT compilar.

compiler [kəmˈpaɪləʳ] n compilador,-ra.

complacency [kəmˈpleɪsənsɪ] n autocomplacencia, suficiencia.

complacent [kəmˈpleɪsənt] adj (person) satisfecho,-a de sí mismo,-a, suficiente; (manner, attitude) de complacencia.

complacently [kəmˈpleɪsəntlɪ] adv con suficiencia.

complain [kəmˈpleɪn]
1 vi quejarse (about/of, de): I can't complain no me puedo quejar; he complained about the noise se quejó

del ruido; she complained of chest pains se quejó de dolores en el pecho.
2 vt quejarse, protestar.

complaint [kəmˈpleɪnt]
1 n (gen) queja (about, de); (formal) reclamación f: we have had complaints about your appearance hemos recibido quejas de tu aspecto; he wrote a letter of complaint escribió una carta quejándose.
2 n MED enfermedad f (leve), achaque m, dolencia.
+ **to have cause for complaint** tener motivo de queja.
to lodge a complaint presentar una queja, hacer una reclamación.
to make a complaint quejarse.

complaisance [kəmˈpleɪzəns] n fml sumisión f.

complaisant [kəmˈpleɪzənt] adj fml sumiso,-a.

complement ['kɒmplɪmənt]
1 n (gen) complemento (to, de).
2 vt complementar.
+ **a full complement of something** la totalidad de algo.

complementary [kɒmplɪˈmentərɪ] adj (gen) complementario,-a.

complete [kəmˈpliːt]
1 adj (entire) completo,-a: the complete works of Lorca las obras completas de Lorca.
2 adj (finished) acabado,-a, terminado,-a.
3 adj (thorough, absolute, total) total, completo,-a: he's a complete stranger es un completo desconocido; you're a complete idiot eres tonto de remate; a complete surprise una verdadera sorpresa.
4 vt (make whole) completar.
5 vt (finish) acabar, terminar.
6 vt (fill in - form) rellenar.
+ **complete with something** con algo incluido,-a: a large house complete with swimming pool una casa enorme con piscina incluida.

completely [kəmˈpliːtlɪ] adv completamente, totalmente, por completo: he's completely mad está completamente loco.

completion [kəmˈpliːʃən] n (act, state) finalización f, terminación f: the hotel is nearing completion falta poco para acabar el hotel.
+ **on completion** en cuanto se termine.
to bring something to completion terminar algo.

complex ['kɒmpleks]
1 adj (gen) complejo,-a.
2 n (group, system) complejo: sports complex complejo deportivo.
3 n (in psychology) complejo: inferiority complex complejo de inferioridad.
+ **to have a complex about something** tener complejo de algo.

complexion [kəmˈplekʃən]
1 n (quality of skin) cutis m; (colour or tone of skin) tez f.

2 n (aspect, character) aspecto, cariz m, naturaleza, carácter m: that puts a different complexion on things eso le da otro cariz a las cosas.

complexity [kəmˈpleksɪtɪ] n complejidad f.
▲ pl complexities.

compliance [kəmˈplaɪəns]
1 n (obedience) conformidad f.
2 n (tendency to agree, willingness) buena voluntad, buena disposición f.
+ **in compliance with** de acuerdo con, conforme con, en conformidad con.

compliant [kəmˈplaɪənt] adj sumiso,-a, dócil.

complicate ['kɒmplɪkeɪt] vt complicar.

complicated ['kɒmplɪkeɪtɪd] adj complicado,-a.

complication [kɒmplɪˈkeɪʃən]
1 n (gen) complicación f.
2 complications npl MED complicaciones fpl.

complicity [kəmˈplɪsɪtɪ] n complicidad f (in, en).

compliment ['kɒmplɪmənt]
1 vt felicitar (on, por): he complimented her on her speech la felicitó por su discurso.
2 n (praise) cumplido, halago.
3 compliments npl saludos mpl, felicitaciones mpl: my compliments to the chef felicite al cocinero de mi parte, felicitaciones al cocinero.
+ **compliments of the season** Felices Fiestas.
to pay somebody a compliment hacerle un cumplido a alguien, halagar a alguien.
with the compliments of obsequio de, gentileza de, cortesía de.
■ **compliments slip** tarjeta comercial.

complimentary [kɒmplɪˈmentərɪ]
1 adj (expressing praise) elogioso,-a, halagüeño,-a.
2 adj (free) gratuito,-a, de regalo.
■ **complimentary ticket** invitación f.

comply [kəmˈplaɪ] vi (order) obedecer (with, -), cumplir (with, con), acatar (with, -); (request) acceder (with, a); (law) acatar (with, -); (standards) cumplir (with, con): it complies with European standards cumple con la normativa europea.
▲ pt & pp complied, ger complying.

component [kəmˈpəʊnənt]
1 adj componente.
2 n (gen) componente m.
3 n AUTO pieza.
■ **component part** componente m, parte f componente.

compose [kəmˈpəʊz]
1 vt (music, poem) componer; (letter) redactar.
2 vt (constitute) componer.
3 vt (one's thoughts) poner en orden.
4 vi MUS componer.

✦ **to be composed of** componerse de, estar compuesto,-a de.
to compose oneself calmarse, serenarse, recobrar la compostura.

composed [kəmˈpəʊzd] *adj (calm)* sereno,-a, sosegado,-a, tranquilo,-a.

composer [kəmˈpəʊzəˈ] *n* compositor, -ra.

composite [ˈkɒmpəzɪt]
1 *adj* compuesto,-a.
2 *n* combinación *f*, conjunto.
■ **composite picture** *US* retrato robot.

composition [kɒmpəˈzɪʃən]
1 *n (gen)* composición *f*.
2 *n (essay)* redacción *f*.
3 *n (substance)* mezcla.
4 *adj* sintético,-a.

compositor [kəmˈpɒzɪtəˈ] *n* cajista *mf*.

compost [ˈkɒmpɒst] *n* abono orgánico, abono vegetal.

composure [kəmˈpəʊʒəˈ] *n* calma, serenidad *f*, compostura.

compound[1] [ˈkɒmpaʊnd]
1 *adj* compuesto,-a.
2 *n CHEM* compuesto.
3 *n (substance)* mezcla.
4 *n LING* palabra compuesta.
5 *vt (mix)* componer, combinar, mezclar.
6 *vt (worsen, exacerbate - problem)* agravar, exacerbar; *(- difficulty)* acrecentar, aumentar.
7 *vi COMM (reach agreement)* transigir (**for**, en).
✦ **to be compounded of** estar compuesto,-a de.
■ **compound fracture** fractura complicada.
compound interest interés *m* compuesto.
compound sentence frase *f* compuesta.
▲ *(verbo)* [kəmˈpaʊnd].

compound[2] [ˈkɒmpaʊnd] *n (enclosed area)* recinto.

comprehend [kɒmprɪˈhend]
1 *vt (understand)* comprender.
2 *vt fml (include)* comprender, abarcar.

comprehensible [kɒmprɪˈhensəbəl] *adj* comprensible.

comprehension [kɒmprɪˈhenʃən] *n* comprensión *f*: **it's beyond my comprehension** me resulta incomprensible.

comprehensive [kɒmprɪˈhensɪv] *adj (thorough)* detallado,-a, global, completo,-a; *(broad)* amplio,-a, extenso,-a.
■ **comprehensive school** instituto de enseñanza secundaria *(para alumnos de cualquier nivel académico)*.
comprehensive insurance seguro a todo riesgo.

comprehensively [kɒmprɪˈhensɪvlɪ] *adv* exhaustivamente.

compress [ˈkɒmpres]
1 *n* compresa.
2 *vt (air, straw)* comprimir.
3 *vt (text, argument, speech)* condensar.

compression [kəmˈpreʃən] *n* compresión *f*.

compressor [kəmˈpresəˈ] *n* compresor *m*.

comprise [kəmˈpraɪz] *vt (consist of, be made up of)* comprender, constar de; *(constitute, form)* componer, constituir: **the committee comprises 20 members** el comité consta de 20 miembros; **pensioners comprise 30% of the total population** los jubilados componen un 30% de la población total.

compromise [ˈkɒmprəmaɪz]
1 *n* acuerdo mutuo, término medio, compromiso, solución *f* de compromiso.
2 *vi* llegar a un acuerdo, transigir: **we compromised on a price** llegamos a un acuerdo en el precio.
3 *vt (endanger, weaken)* comprometer.
✦ **to compromise oneself** comprometerse.
to reach a compromise llegar a un acuerdo, llegar a un compromiso.

compromising [ˈkɒmprəmaɪzɪŋ] *adj (situation)* comprometido,-a, comprometedor,-ra; *(evidence, details, document)* comprometedor,-ra.

compulsion [kəmˈpʌlʃən]
1 *n (force)* obligación *f*, coacción *f*: **there's no compulsion to buy** no hay obligación de comprar; **he acted under compulsion** actuó bajo coacción.
2 *n (urge)* compulsión *f*.

compulsive [kəmˈpʌlsɪv]
1 *adj (compelling, fascinating)* fascinante, irresistible, absorbente: **it's compulsive viewing** no se lo puede perder, hay que verlo.
2 *adj (obsessive)* obsesivo,-a: **she's a compulsive eater** come por obsesión; **he's a compulsive gambler** es adicto al juego.

compulsory [kəmˈpʌlsərɪ] *adj (subject, military service)* obligatorio,-a; *(retirement, redundancy)* forzoso,-a.
■ **compulsory purchase** expropiación *f*.
compulsory purchase order orden *f* de expropiación.

compunction [kəmˈpʌŋkʃən] *n fml* remordimiento.
✦ **without compunction** sin escrúpulos.

computation [kɒmpjʊˈteɪʃən] *n* cálculo, cómputo.

compute [kəmˈpjuːt] *vt* computar, calcular.

computer [kəmˈpjuːtəˈ] *n* ordenador *m*, computadora.
■ **computer game** juego de ordenador.
computer programmer programador, -ra de ordenadores.
computer science informática.

computerisation [kəmpjʊtəraɪˈzeɪʃən] *n* → **computerization**.

computerise [kəmˈpjuːtəraɪz] *vt* → **computerize.**

computerization [kəmpjuːtəraɪˈzeɪʃən] *n (of data)* computerización *f*, computadorización *f*; *(of system, business)* informatización *f*.

computerize [kəmˈpjuːtəraɪz] *vt (data)* computarizar, computerizar; *(system, business)* informatizar.

computing [kəmˈpjuːtɪŋ] *n* informática.

comrade [ˈkɒmreɪd]
1 *n POL* camarada *mf*, compañero,-a.
2 *n dated* compañero,-a.

comrade-in-arms [kɒmreɪdɪnˈɑːmz] *n* compañero,-a de armas.

comradeship [ˈkɒmreɪdʃɪp] *n* camaradería.

Con [kɒn] *abbr GB* (**Conservative**) conservador,-ra.

con[1] [kɒn]
1 *n fam* estafa, timo.
2 *vt fam (money)* estafar, timar; *(person)* embaucar, engañar: **I was conned out of £20** me estafaron 20 libras; **we were conned into thinking we'd won a prize** nos engañaron haciéndonos creer que habíamos ganado un premio.
■ **con man/con artist/con merchant** *fam* estafador *m*.
con trick *fam* estafa, timo.
▲ *pt & pp* **conned**, *ger* **conning**.

con[2] [kɒn] *n sl* → **convict.**

con[3] [kɒn] *n (disadvantage)* contra *m*.
▲ *Véase también* **pro.**

concave [ˈkɒnkeɪv] *adj* cóncavo,-a.

concavity [kɒnˈkævɪtɪ] *n* concavidad *f*.

conceal [kənˈsiːl] *vt (gen)* ocultar; *(facts)* encubrir; *(feelings)* disimular.
✦ **to conceal something from somebody** ocultar algo a alguien.

concealed [kənˈsiːld] *adj (gen)* oculto, -a; *(lighting)* indirecto,-a.
■ **"Concealed entrance"** "Entrada sin visibilidad".
"Concealed exit" "Salida sin visibilidad".

concealment [kənˈsiːlmənt] *n* ocultación *f*.
✦ **in concealment** oculto,-a.

concede [kənˈsiːd]
1 *vt (admit)* reconocer, admitir.
2 *vt (allow, give away)* conceder.
3 *vi* ceder, rendirse.
✦ **to concede defeat** admitir la derrota.

conceit [kənˈsiːt] *n (pride)* vanidad *f*, presunción *f*, engreimiento.

conceited [kənˈsiːtɪd] *adj* engreído,-a, presuntuoso,-a, vanidoso,-a.

conceitedly [kənˈsiːtɪdlɪ] *adv* engreídamente.

conceivable [kənˈsiːvəbəl] *adj* concebible, imaginable: **there's no conceivable reason** no hay ninguna razón;

it's conceivable that … cabe la posibilidad de que …, existe la posibilidad de que …

conceivably [kən'si:vəblɪ] adv posiblemente: she can't conceivably be serious no puede ser que lo diga en serio.

conceive [kən'si:v]
1 vt (child) concebir.
2 vt (devise, think up) concebir.
3 vt (understand) entender: I cannot conceive how you could do such a thing no entiendo cómo pudiste hacer tal cosa.
4 vi concebir.
▶ **to conceive of** vt insep imaginar, concebir.

concentrate ['kɒnsəntreɪt]
1 n concentrado.
2 vt (gen) concentrar (**on**, en).
3 vi (person) concentrarse (**on**, en); (talks, book, government) centrarse (**on**, en): please be quiet, I can't concentrate cállate por favor, no puedo concentrarme.
4 vi (gather together) concentrarse.
✦ **to concentrate the mind** concentrarse.

concentrated ['kɒnsəntreɪtɪd] adj (solution etc) concentrado,-a; (study, effort, fire) intenso,-a.

concentration [kɒnsən'treɪʃən] n (gen) concentración f (**on**, en).
■ **concentration camp** campo de concentración.

concentric [kən'sentrɪk] adj concéntrico,-a.

concept ['kɒnsept] n concepto.

conception [kən'sepʃən]
1 n (of child, idea, plan) concepción f.
2 n (idea) concepto, idea, noción f.

conceptual [kən'septʃuəl] adj conceptual.

concern [kən'sɜːn]
1 n (worry) preocupación f, inquietud f: there's no cause for concern no hay motivo de preocupación, no hay motivo para preocuparse; a matter of some concern un tema que preocupa.
2 n (interest) interés m; (affair) asunto: it's no concern of mine no es asunto mío; what concern is it of yours? ¿y a ti qué te importa?
3 n COMM (company, business) negocio: a going concern un negocio en marcha.
4 vt (affect, involve) afectar, concernir, importar; (interest) interesar: that doesn't concern you eso no te importa; this concerns all of us esto nos afecta a todos.
5 vt (worry) preocupar.
6 vt (book, film, article, etc) tratar de.
✦ **to concern oneself (about something)** preocuparse (por algo).
to whom it may concern a quien corresponda.

concerned [kən'sɜːnd]
1 adj (affected) afectado,-a; (involved) involucrado,-a: the people concerned los interesados.
2 adj (worried) preocupado,-a (**about/ for**, por): I'm concerned for her wellbeing me preocupa su bienestar; they're concerned about you están preocupados por ti.
✦ **as far as I'm concerned** por lo que a mí se refiere, por lo que a mí respecta.
where something is concerned en cuanto a algo.
to be concerned in something estar involucrado,-a en algo.
to be concerned with something interesarle a uno algo.

concerning [kən'sɜːnɪŋ] prep referente a, con respecto a, en cuanto a, respecto a.

concert ['kɒnsət] n concierto.
✦ **at concert pitch** (prepared, ready) completamente preparado,-a.
in concert (live) en concierto, en directo.
in concert with somebody (together) conjuntamente con alguien, de común acuerdo con alguien.
■ **concert grand** piano de cola, piano de concierto.
concert hall sala de conciertos.

concerted [kən'sɜːtɪd] adj concertado,-a, coordinado,-a.

concertgoer ['kɒnsɜːtgəuəʳ] n persona que asiste a conciertos a menudo.

concertina [kɒnsə'ti:nə] n concertina.

concerto [kən'tʃeətəu] n concierto: a piano concerto un concierto para piano.
▲ pl concertos o concerti [kən'tʃeəti].

concession [kən'seʃən]
1 n (act or thing granted) concesión f (**to**, a): they refused to make any concessions se negaron a hacer concesiones.
2 n COMM concesión f.
✦ **"Concessions"** (reduced entrance price) "Tarifa reducida" para estudiantes, jubilados, parados.

concessionaire [kənseʃə'neəʳ] n concesionario,-a.

concessionary [kən'seʃənərɪ] adj (rates etc) reducido,-a.

conciliate [kən'sɪlɪeɪt]
1 vt conciliar.
2 vi conciliar.

conciliation [kənsɪlɪ'eɪʃən] n conciliación f.

conciliatory [kən'sɪlɪətərɪ] adj conciliatorio,-a, conciliador,-ra.

concise [kən'saɪs] adj conciso,-a.
■ **concise dictionary** diccionario abreviado.

concisely [kən'saɪslɪ] adv con concisión.

conciseness [kən'saɪsnəs] n concisión f.

concision [kən'sɪʒən] n concisión f.

conclave ['kɒnkleɪv] n REL cónclave m.

conclude [kən'klu:d]
1 vt (end) concluir, finalizar.
2 vt (settle - deal) cerrar; (- agreement) llegar a; (- treaty) firmar.
3 vt (deduce) concluir, llegar a la conclusión de.
4 vi concluir, terminar.

concluding [kən'klu:dɪŋ] adj final.

conclusion [kən'klu:ʒən]
1 n (decision) conclusión f: I've come to the conclusion that … he llegado a la conclusión de que …; everybody can draw their own conclusions todos pueden sacar sus propias conclusiones.
2 n (end) final m, conclusión f: a foregone conclusion un desenlace esperado.
3 n (settling - of deal) cierre m; (- of treaty) firma.
✦ **in conclusion** para concluir, como conclusión, en conclusión.
to jump to conclusions precipitarse (a sacar conclusiones), sacar conclusiones precipitadas.

conclusive [kən'klu:sɪv] adj (evidence, proof) concluyente, definitivo,-a; (argument) concluyente, decisivo,-a.

conclusively [kən'klu:sɪvlɪ] adv definitivamente.

concoct [kən'kɒkt]
1 vt (dish, sauce, drink) confeccionar, preparar.
2 vt (story, excuse, explanation) inventar, inventarse.

concoction [kən'kɒkʃən] n pej (food) mejunje m, mezcolanza; (drink) brebaje m.

concomitant [kən'kɒmɪtənt] adj fml concomitante.

concord ['kɒŋkɔːd]
1 n fml (harmony) concordia.
2 n LING concordancia.

concordance [kən'kɔːdəns]
1 n (similarity, concord) concordancia.
2 n (index) concordancias fpl.

concordant [kən'kɔːdənt] adj fml concordante.

concourse ['kɒŋkɔːs]
1 n (hall) vestíbulo; (in station) explanada.
2 n fml (gathering) concurrencia, concurso.

concrete ['kɒŋkri:t]
1 adj (definite, not abstract) concreto,-a.
2 adj (made of concrete) de hormigón.
3 n hormigón m.
4 vt (wall) revestir de hormigón; (ground) pavimentar con hormigón.
■ **concrete mixer** hormigonera.

concretely [kɒn'kri:tlɪ] adv concretamente.

concubine ['kɒŋkjəbaɪn] n concubina.

concur [kən'kɜːʳ]
1 *vi (agree)* estar de acuerdo, coincidir.
2 *vi (coincide)* coincidir, concurrir.
▲ *pt & pp concurred, ger concurring.*

concurrence [kən'kʌrəns]
1 *n (agreement)* acuerdo, coincidencia.
2 *n (of events etc)* concurrencia, coincidencia.

concurrent [kən'kʌrənt] *adj (in time)* simultáneo,-a, concurrente.

concurrently [kən'kʌrəntlɪ] *adv* simultáneamente.

concussion [kən'kʌʃən] *n MED* conmoción *f* cerebral.

condemn [kən'dem]
1 *vt (criticize, denounce)* condenar, censurar: the terrorist attack was condemned by all the political parties todos los partidos políticos condenaron el atentado.
2 *vt (sentence)* condenar: they were condemned to death los condenaron a muerte.
3 *vt (building)* declarar en ruina.

condemnation [kɒndem'neɪʃən]
1 *n (strong disapproval)* condena, repulsa; *(criticism)* crítica.
2 *n JUR* condena.

condemned [kən'demd]
1 *adj (person)* condenado,-a.
2 *adj (building)* que ha sido declarado,-a en ruina.
■ **condemned cell** celda de los condenados a muerte.

condensation [kɒnden'seɪʃən]
1 *n CHEM (process)* condensación *f*; *(on glass)* vaho.
2 *n (of report, history, etc)* condensación *f*.

condense [kən'dens]
1 *vt CHEM* condensar.
2 *vt (shorten)* condensar, abreviar, resumir.
3 *vi CHEM* condensarse.

condensed [kən'denst] *adj* condensado,-a.

condenser [kən'densəʳ] *n* condensador *m*.

condescend [kɒndɪ'send]
1 *vi (deign)* condescender, dignarse: she condescended to eat with us se dignó a comer con nosotros.
2 *vi (patronize)* tratar con condescendencia.

condescending [kɒndɪ'sendɪŋ] *adj (attitude, answer)* condescendiente: he's condescending to his employees es condescendiente con sus empleados.

condescension [kɒndɪ'senʃən] *n* condescendencia.

condiment ['kɒndɪmənt] *n* condimento.

condition [kən'dɪʃən]
1 *n (state)* condición *f*, estado: it's in good/bad condition está en buen/mal estado; you're in no condition to play no estás en condiciones de jugar.

2 *n (requirement, provision)* condición *f*: the conditions of the lease las condiciones del contrato de arrendamiento; I'll lend you the money on one condition te dejaré el dinero con una condición.
3 *n MED* afección *f*, enfermedad *f*: he has a heart condition tiene una afección cardíaca.
4 *vt (determine, accustom)* condicionar.
5 *vt (treat - hair)* acondicionar, suavizar.
6 conditions *npl (circumstances)* condiciones *fpl*: working conditions condiciones de trabajo.
✦ **on condition that** a condición de que.
on no condition de ningún modo.
to be out of condition *(unfit)* no estar en forma.
■ **conditioned reflex** reflejo condicionado.

conditional [kən'dɪʃənəl]
1 *adj* condicional.
2 the conditional *n LING* el condicional *m*.
✦ **to be conditional upon something** estar condicionado,-a a algo.

conditioner [kən'dɪʃənəʳ] *n (for hair)* acondicionador *m*, suavizante *m*.

condolence [kən'dəʊləns]
1 *n* condolencia, pésame *m*: a letter of condolence una carta de pésame.
2 condolences *npl* pésame *m sing*.
✦ **please accept my condolences** le acompaño en el sentimiento.
to send one's condolences dar el pésame.

condom ['kɒndəm] *n* condón *m*, preservativo.

condominium [kɒndə'mɪnɪəm]
1 *n POL* condominio.
2 *n US (apartment block)* bloque *m* de pisos; *(apartment)* apartamento, piso.

condone [kən'dəʊn] *vt (person)* aprobar, consentir; *(action, behaviour)* consentir: we cannot be seen to condone violence es necesario que la gente vea que no consentimos la violencia.

condor ['kɒndɔːʳ] *n* cóndor *m*.

conducive [kən'djuːsɪv] *adj* propicio,-a (**to**, para): this atmosphere is not conducive to study este ambiente no favorece el estudio.

conduct ['kɒndʌkt]
1 *n (behaviour)* conducta, comportamiento.
2 *n (management)* dirección *f*, gestión *f*, administración *f*: the UN's conduct of the negotiations la manera en que las Naciones Unidas han llevado las negociaciones.
3 *vt (direct - survey, campaign)* llevar a cabo, realizar; *(- business)* administrar.
4 *vt (lead, guide)* conducir, guiar.
5 *vt (transmit - heat etc)* conducir.
6 *vt MUS* dirigir.
7 *vi MUS* dirigir.
✦ **to conduct oneself** comportarse, conducirse.

■ **conducted tour** visita acompañada.
▲ *(verbo)* [kɒn'dʌkt].

conduction [kən'dʌkʃən] *n PHYS* conducción *f*.

conductive [kən'dʌktɪv] *adj* conductivo,-a.

conductor [kən'dʌktəʳ]
1 *n (of heat, electricity)* conductor *m*.
2 *n (of orchestra)* director,-ra de orquesta.
3 *n (on bus)* cobrador,-ra.
4 *n US (on train)* jefe,-a de tren.

conductress [kən'dʌktrəs] *n (on bus)* cobradora.

conduit ['kɒndjʊɪt] *n* conducto.

cone [kəʊn]
1 *n (shape, for traffic)* cono.
2 *n (for ice cream)* cucurucho.
3 *n BOT (fruit of pine etc)* piña.

confab ['kɒnfæb] *n fam* charla, plática.

confectioner [kən'fekʃənəʳ] *n* confitero,-a, pastelero,-a.
■ **confectioner's (shop)** confitería, pastelería.
confectioner's sugar *US* azúcar *m* glas.

confectionery [kən'fekʃənərɪ] *n* dulces *mpl*.

confederacy [kən'fedərəsɪ] *n* confederación *f*.
▲ *pl confederacies.*

confederate [kən'fedərət]
1 *adj* confederado,-a.
2 *n* confederado,-a.
3 *n JUR (accomplice)* cómplice *mf*.
4 *vi* confederarse.
■ **Confederate States** Estados *mpl* Confederados.

confederation [kənfedə'reɪʃən] *n* confederación *f*.

confer [kən'fɜːʳ]
1 *vt (award, grant, bestow)* conferir, conceder.
2 *vi (consult, discuss)* consultar (**with**, con) (**about/on**, sobre).
▲ *pt & pp conferred, ger conferring.*

conference ['kɒnfərəns]
1 *n (large event, convention)* congreso, conferencia.
2 *n (meeting)* reunión *f*, conferencia, junta.
✦ **to be in conference** estar reunido,-a.
■ **conference room** sala de reuniones.

confess [kən'fes]
1 *vt* confesar.
2 *vi (admit)* confesar: he confessed to a weakness for chocolate confesó que tenía debilidad por el chocolate; she confessed to the murder confesó el asesinato.
3 *vi REL* confesarse.

confessed [kən'fest] *adj* declarado,-a.

confession [kən'feʃən] *n* confesión *f*.
✦ **to go to confession** ir a confesarse.
to hear somebody's confession confesar a alguien.
to make a confession confesar, hacer una confesión.

confessional [kənˈfeʃənəl] *n* confesionario.

confessor [kənˈfesəʳ] *n REL* confesor *m*.

confetti [kənˈfetɪ] *n* confeti *m*.

confidant [ˈkɒnfɪdænt] *n* confidente *m*.

confidante [ˈkɒnfɪdænt] *n* confidenta.

confide [kənˈfaɪd]
1 *vt (tell)* confiar: she confided to me that she was in love me confió que estaba enamorada; I have never confided my secret to anyone but you nunca he confiado mi secreto a nadie más que a ti.
2 *vt fml (entrust)* confiar (**to**, a).
▸ **to confide in** *vi* confiar en: can I confide in you? ¿puedo confiar en ti?

confidence [ˈkɒnfɪdəns]
1 *n (trust, faith)* confianza (**in**, en), fe *f* (**in**, en): I have every confidence in you tengo absoluta confianza en ti.
2 *n (self-confidence)* confianza, seguridad *f*: he lacks confidence le falta seguridad.
3 *n (secrecy)* confianza: I told you in confidence te lo dije en confianza.
4 *n (secret)* confidencia.
✦ **to take somebody in to one's confidence** depositar su confianza en alguien.
▪ **confidence trick** estafa, timo.

confident [ˈkɒnfɪdənt]
1 *adj (certain)* seguro,-a: we are confident that the record will be a hit estamos seguros de que el disco será un éxito.
2 *adj (self-confident)* seguro,-a de sí mismo,-a.
✦ **to be confident of something** confiar en algo.

confidential [kɒnfɪˈdenʃəl] *adj* confidencial.

confidentiality [kɒnfɪdenʃɪˈælətɪ] *n* confidencialidad *f*, reserva.

confidentially [kɒnfɪˈdenʃəlɪ] *adv* confidencialmente, en confianza.

confidently [ˈkɒnfɪdəntlɪ] *adv* con seguridad.

confiding [kənˈfaɪdɪŋ] *adj* confiado,-a.

confine [kənˈfaɪn]
1 *vt (person)* confinar, recluir; *(animal)* encerrar: he was confined to barracks estaba retenido en el cuartel.
2 *vt (limit, restrict)* limitar: kindly confine yourself to the subject por favor, limítese al tema.
✦ **to be confined to bed** tener que guardar cama.

confined [kənˈfaɪnd] *adj (space)* reducido,-a, limitado,-a.

confinement [kənˈfaɪnmənt]
1 *n (imprisonment)* reclusión *f*.
2 *n MED (in childbirth)* parto.
✦ **to be in solitary confinement** estar incomunicado,-a.

confines [ˈkɒnfaɪnz] *npl* límites *mpl*, confines *mpl*.

confirm [kənˈfɜːm]
1 *vt (prove true, verify)* confirmar: this only confirms my suspicions esto no hace más que confirmar mis sospechas; I'd like to confirm a booking quisiera confirmar una reserva.
2 *vt (ratify)* ratificar.
3 *vt REL* confirmar.

confirmation [kɒnfəˈmeɪʃən]
1 *n (proof, verification)* confirmación *f*.
2 *n (ratification)* ratificación *f*.
3 *n REL* confirmación *f*.

confirmed [kənˈfɜːmd] *adj (inveterate)* empedernido,-a.

confiscate [ˈkɒnfɪskeɪt] *vt* confiscar.

confiscation [kɒnfɪsˈkeɪʃən] *n* confiscación *f*.

conflagration [kɒnfləˈgreɪʃən] *n* conflagración *f*.

conflict [ˈkɒnflɪkt]
1 *n* conflicto.
2 *vi* chocar (**with**, con), estar en conflicto (**with**, con), entrar en desacuerdo (**with**, con).
✦ **to come into conflict with somebody/something** entrar en conflicto con alguien/algo.
▲ *(verbo)* [kənˈflɪkt].

conflicting [kənˈflɪktɪŋ] *adj (evidence, accounts)* contradictorio,-a; *(opinions, interests)* contrario,-a, opuesto,-a.

confluence [ˈkɒnfluəns] *n* confluencia.

conform [kənˈfɔːm]
1 *vi (comply with rules, standards, regulations)* ajustarse (**to/with**, a), someterse (**to/with**, a), cumplir (**to/with**, con): all models conform to official safety standards todos los modelos cumplen con las normas de seguridad oficiales; you must conform to the rules hay que someterse a las reglas.
2 *vi (agree, be consistent with)* avenirse (**to**, a), conformarse (**to/with**, con), concordar (**with**, con): your ideas do not conform with mine tus ideas no concuerdan con las mías; that proposal would not conform with most people's wishes esa propuesta no se avendría a los deseos de la mayoría de la gente.
3 *vi (fit in, behave like other people)* ser conformista.

conformist [kənˈfɔːmɪst]
1 *adj* conformista, convencional.
2 *n* conformista *mf*.

conformity [kənˈfɔːmɪtɪ] *n* conformidad *f*.
✦ **in conformity with** conforme a, en conformidad con.

confound [kənˈfaʊnd]
1 *vt (puzzle, perplex)* confundir, desconcertar.
2 *vt dated (defeat)* frustrar.
✦ **confound it!** ¡maldita sea!
to confound something with something confundir algo con algo.

confounded [kənˈfaʊndɪd] *adj fam* maldito,-a, condenado,-a.

confront [kənˈfrʌnt]
1 *vt (enemy, opponent)* hacer frente a, plantar cara a, enfrentarse a: you're going to have to confront him about it tendrás que planteárselo cara a cara; the actress had to confront a crowd of reporters la actriz tuvo que enfrentarse a un grupo de periodistas.
2 *vt (task, difficulty, reality)* enfrentar, enfrentarse a, afrontar, hacer frente a: I had to confront many dangers tuve que enfrentarme a muchos peligros; the government has refused to confront the problem el gobierno se ha negado a hacer frente al problema; it's a problem that confronts all of us éste es un problema que se nos plantea a todos.
✦ **to be confronted by/with something** verse frente a algo: his mind went blank when confronted by the TV cameras se quedó en blanco al verse frente a las cámaras de televisión.
to confront somebody with somebody/something poner a alguien cara a cara con alguien/algo: she broke down when the police confronted her with the evidence perdió el control cuando la policía le mostró las pruebas.

confrontation [kɒnfrʌnˈteɪʃən]
1 *n (dispute, conflict, opposition)* confrontación *f*, enfrentamiento.
2 *n JUR (of witnesses)* careo.

confuse [kənˈfjuːz]
1 *vt (make unclear, muddle)* confundir, complicar, enredar: don't confuse the issue no compliques el asunto.
2 *vt (bewilder)* desconcertar, confundir, desorientar: you've completely confused me me has desconcertado por completo.
3 *vt (mix up, mistake)* confundir: he always confuses Sweden with Switzerland siempre confunde Suecia con Suiza; I think you're confusing me with someone else creo que me has confundido con otra persona.

confused [kənˈfjuːzd]
1 *adj (person)* confundido,-a, desconcertado,-a, turbado,-a.
2 *adj (mind, ideas, account)* confuso,-a.
✦ **to get confused** confundirse.

confusing [kənˈfjuːzɪŋ] *adj* confuso,-a.

confusion [kənˈfjuːʒən] *n* confusión *f*.

congeal [kənˈdʒiːl] *vi (blood)* coagularse; *(fat)* solidificarse.

congenial [kənˈdʒiːnɪəl] *adj (person)* simpático,-a, agradable; *(climate, environment, hobby)* agradable.

congenital [kənˈdʒenɪtəl]
1 *adj MED* congénito,-a.
2 *adj fig* instintivo,-a, natural: **a congenital liar** un mentiroso por naturaleza.

conger [ˈkɒŋɡəʳ] **conger (eel)** *n* congrio.

congested [kənˈdʒestɪd]
1 *adj (with traffic)* colapsado,-a, congestionado,-a; *(with people)* abarrotado,-a de gente, repleto,-a de gente.
2 *adj MED* congestionado,-a.

congestion [kənˈdʒestʃən]
1 *n (with traffic)* congestión *f*; *(with people)* aglomeración *f*.
2 *n MED* congestión *f*.

conglomerate [kənˈɡlɒmərət]
1 *n COMM* conglomerado (de empresas).
2 *n GEOL* conglomerado.
3 *vi* conglomerarse.
▲ *(verbo)* [kənˈɡlɒməreɪt].

conglomeration [kənɡlɒməˈreɪʃən] *n* conglomerado.

Congo [ˈkɒŋɡəʊ] *n* Congo.

Congolese [kɒŋɡəˈliːz]
1 *adj* congoleño,-a.
2 *n* congoleño,-a.
3 **the Congolese** *npl* los congoleños *mpl*.

congratulate [kənˈɡrætjəleɪt] *vt* felicitar (**on**, por), dar la enhorabuena a (**on**, por).
✦ **to congratulate oneself** felicitarse, congratularse.

congratulation [kənɡrætjəleɪˈʃənz]
1 *n* felicitación *f*.
2 **congratulations** *npl* felicitaciones *fpl*, enhorabuena.
3 **congratulations!** *interj* ¡felicidades! *fpl*, ¡enhorabuena!
✦ **to offer somebody one's congratulations on something** dar a alguien la enhorabuena por algo.

congratulatory [kənɡrætjəˈleɪtəri] *adj* de felicitación, de enhorabuena.

congregate [ˈkɒŋɡrɪɡeɪt] *vi* congregarse.

congregation [kɒŋɡrɪˈɡeɪʃən] *n REL (people gathered)* fieles *mpl*; *(parishioners)* feligreses *mpl*.

congress [ˈkɒŋɡres]
1 *n* congreso.
2 **Congress** *n US* el Congreso.

congressional [kənˈɡreʃənəl] *adj US* del Congreso.
■ **Congressional district** distrito electoral.

Congressman [ˈkɒŋɡresmən] *n* miembro del Congreso, congresista *m*.

Congresswoman [ˈkɒŋɡreswʊmən] *n* miembro *f* del Congreso, congresista.
▲ *pl* **Congresswomen** [ˈkɒŋɡreswɪmɪn].

congruent [ˈkɒŋɡrʊənt] *adj MATH* congruente.

congruous [ˈkɒŋɡrʊəs] *adj fml* congruente (**with**, con).

conic [ˈkɒnɪk] *adj* cónico,-a.

conical [ˈkɒnɪkəl] *adj* cónico,-a.

conifer [ˈkɒnɪfəʳ] *n* conífera.

coniferous [kəˈnɪfərəs] *adj* conífero,-a.

conjectural [kənˈdʒektʃərəl] *adj* conjetural, basado,-a en conjeturas.

conjecture [kənˈdʒektʃəʳ]
1 *n* conjetura, suposición *f*: **it's pure conjecture** no son más que conjeturas.
2 *vt* conjeturar.
3 *vi* hacer conjeturas.

conjugal [ˈkɒndʒəɡəl] *adj* conyugal.

conjugate [ˈkɒndʒəɡeɪt]
1 *vt* conjugar.
2 *vi* conjugarse.

conjugation [kɒndʒəˈɡeɪʃən] *n* conjugación *f*.

conjunction [kənˈdʒʌŋkʃən] *n* conjunción *f*.
✦ **in conjunction with** conjuntamente con.

conjunctivitis [kəndʒʌŋktɪˈvaɪtɪs] *n* conjuntivitis *f*.

conjure [ˈkʌndʒəʳ]
1 *vi* hacer magia, hacer juegos de manos.
2 **to conjure (up)** *vt (by magic)* hacer aparecer como por arte de magia; *(meal etc)* preparar, improvisar.
▸ **to conjure up** *vt sep (evoke - memories)* evocar, traer a la memoria; *(summon - spirits)* invocar.
■ **a name to conjure with** *(influential)* un nombre todopoderoso, un nombre que abre puertas; *(difficult)* un nombre difícil de pronunciar.

conjurer [ˈkʌndʒərəʳ] *n* mago,-a, prestidigitador,-ra.

conjuring [ˈkʌndʒərɪŋ] *n* magia, prestidigitación *f*.
■ **conjuring trick** truco de magia, juego de manos.

conjuror [ˈkʌndʒərəʳ] *n* → **conjurer.**

conk [kɒŋk]
1 *vt GB fam (nose)* napias *fpl*.
2 *vt fam* pegarle una piña a.
▸ **to conk out**
1 *vi fam (machine, car)* averiarse.
2 *vi fam (person)* quedarse como un tronco, quedarse roque.

conker [ˈkɒŋkəʳ] *n fam* castaña (de Indias).

connect [kəˈnekt]
1 *vt (join, attach - gen)* unir, enlazar, conectar; *(- wires, cables, pipes)* empalmar, conectar; *(- rooms, buildings)* comunicar, unir; *(- cities)* unir, conectar: **the new road connects our village with the capital** la nueva carretera conecta nuestro pueblo con la capital; **I connected my computer to her printer** conecté mi ordenador a su impresora.
2 *vt (join to power supply)* conectar, enchufar: **the phone hasn't been connected yet** todavía no han conectado el teléfono; **make sure it's connected to**

the mains asegúrate de que esté conectado a la red.
3 *vt (associate)* relacionar, asociar.
4 *vt (on telephone)* poner (**with**, con): **I'm just connecting you** en seguida le pongo.
5 *vi (join, link - gen)* unirse; *(- rooms)* comunicarse; *(- wires, cables, pipes)* empalmar, conectarse.
6 *vi (be fitted)* estar conectado,-a (**to**, a).
7 *vi (train, flight)* enlazar (**with**, con), empalmar (**with**, con).
8 *vi fam (blow, punch)* arrear.

connected [kəˈnektɪd]
1 *adj (related, joined)* relacionado,-a, conectado,-a.
2 *adj (to power supply)* conectado,-a, enchufado,-a.
3 *adj (related by birth)* emparentado,-a.
✦ **to be well connected** tener buenos contactos, tener enchufe.

connecting [kəˈnektɪŋ] *adj (rooms)* que se comunican; *(door)* que comunica; *(flight, train)* de enlace.

connection [kəˈnekʃən]
1 *n (link)* unión *f*, enlace *m*.
2 *n (electrical)* conexión *f*, empalme *m*: **there's a faulty connection** hay una mala conexión.
3 *n (relation)* relación *f*, conexión *f*.
4 *n (train, plane)* conexión *f*, enlace *m*: **they missed their connection** perdieron la conexión.
5 **connections** *npl (professional)* contactos *mpl*; *(relatives)* familia, parientes *mpl*.
✦ **in connection with** en relación con, con relación a.
in that connection a este respecto, con respecto a esto.
to have connections *fam* tener enchufe.

connective [kəˈnektɪv] *n* conector *m*.
■ **connective tissue** tejido conjuntivo.

connexion [kəˈnekʃən] *n GB* → **connection.**

connivance [kəˈnaɪvəns] *n* complicidad *f*, connivencia.

connive [kəˈnaɪv] *vi (conspire)* conspirar, confabularse.
✦ **to connive at something** *(disregard)* hacer la vista gorda con algo.

conniving [kəˈnaɪvɪŋ] *adj* intrigante, maquinador,-ra.

connoisseur [kɒnəˈsɜːʳ] *n* entendido,-a, conocedor,-ra.

connotation [kɒnəˈteɪʃən] *n* connotación *f*.

conquer [ˈkɒŋkəʳ] *vt (country, mountain, heart)* conquistar; *(enemy, disease, fear)* vencer.

conquering [ˈkɒŋkərɪŋ] *adj* conquistador,-ra.

conqueror [ˈkɒŋkərəʳ] *n* conquistador, -ra, vencedor,-ra.

conquest [ˈkɒŋkwest] *n* conquista.

consanguinity [kɒnsæŋˈgwɪnɪtɪ] *n* consanguinidad *f*.

conscience [ˈkɒnʃəns] *n* conciencia.
+ **in all conscience** en conciencia.
to have a clear conscience tener la conciencia limpia, tener la conciencia tranquila.
to have a guilty conscience sentirse culpable, remorderle a uno la conciencia.
to have something on one's conscience remorderle a uno la conciencia.
■ **conscience money** *dinero pagado para sentirse menos culpable*.

conscience-stricken [ˈkɒnʃənsstrɪkən] *adj* lleno,-a de remordimientos.

conscientious [kɒnʃɪˈenʃəs] *adj (work)* concienzudo,-a; *(person)* aplicado,-a, serio,-a.
■ **conscientious objector** objetor,-ra de conciencia.

conscientiously [kɒnʃɪˈenʃəslɪ] *adv* a conciencia, concienzudamente.

conscientiousness [kɒnʃɪˈenʃəsnəs] *n* escrupulosidad *f*.

conscious [ˈkɒnʃəs]
1 *adj MED* consciente.
2 *adj (aware)* consciente: **I was conscious of being watched** era consciente de que me vigilaban; **workers are becoming less politically conscious** los trabajadores tienen cada vez menos conciencia política.
3 *adj (intentional, deliberate)* deliberado, -a: **we made a conscious effort to be friendly** nos esforzamos por ser simpáticos.
+ **to be conscious of something** ser consciente de algo, tener conciencia de algo.
to become conscious of something darse cuenta de algo.

consciousness [ˈkɒnʃəsnəs]
1 *n MED* conocimiento.
2 *n (awareness)* conciencia.
+ **to lose consciousness** perder el conocimiento.

conscript [ˈkɒnskrɪpt;]
1 *n* recluta.
2 *vt* reclutar.
▲ *(verbo)* [kənˈskrɪpt].

conscription [kənˈskrɪpʃən] *n* servicio militar obligatorio.

consecrate [ˈkɒnsɪkreɪt] *vt* consagrar.

consecration [kɒnsɪˈkreɪʃən] *n* consagración *f*.

consecutive [kənˈsekjətɪv] *adj* consecutivo,-a: **on three consecutive days** tres días seguidos.

consecutively [kənˈsekjətɪvlɪ] *adv* consecutivamente.

consensus [kənˈsensəs] *n* consenso: **the consensus of opinion** la opinión general.

consent [kənˈsent]
1 *n* consentimiento.

2 *vi* consentir (**to**, en), acceder (**to**, en).
+ **by common consent** de común acuerdo.
■ **consenting adults** adultos que actúan libremente.

consequence [ˈkɒnsɪkwəns]
1 *n (result)* consecuencia: **this policy could have disastrous consequences** esta política podría tener consecuencias desastrosas.
2 *n (importance)* importancia, trascendencia: **it is of no consequence** no tiene importancia; **a person of consequence** una persona importante, una persona de peso.
+ **in consequence** por consiguiente.
in consequence (of something) a consecuencia (de algo).
to take the consequences aceptar las consecuencias, atenerse a las consecuencias.

consequent [ˈkɒnsɪkwənt] *adj* consiguiente.
+ **to be consequent on** ser debido a, ser resultado de, resultar de.

consequential [kɒnsɪˈkwenʃəl]
1 *adj (resultant)* consiguiente, resultante.
2 *adj fml (important)* importante, trascendente.

consequently [ˈkɒnsɪkwəntlɪ] *adv* por consiguiente.

conservation [kɒnsəˈveɪʃən] *n* conservación *f*.
■ **conservation area** zona protegida.

conservationist [kɒnsəˈveɪʃənɪst] *n* ecologista *mf*.

conservatism [kənˈsɜːvətɪzəm] *n POL* conservadurismo.

conservative [kənˈsɜːvətɪv]
1 *adj (traditional)* conservador,-ra.
2 *adj (cautious)* cauteloso,-a, prudente.
3 *n (traditionalist)* conservador,-ra.
4 Conservative *adj POL* conservador,-ra.
5 Conservative *n POL* conservador,-ra.
+ **at a conservative estimate** calculando por lo bajo.

conservatoire [kənˈsɜːvətwɑːʳ] *n* conservatorio.

conservatory [kənˈsɜːvətrɪ]
1 *n MUS* conservatorio.
2 *n (greenhouse)* invernadero.
▲ *pl* **conservatories**.

conserve [kənˈsɜːv]
1 *vt (nature, wildlife, etc)* conservar, proteger; *(save)* conservar, ahorrar; *(resources)* conservar, preservar.
2 *n CULIN (jam)* confitura.
+ **to conserve one's strength** reservar las fuerzas, ahorrar energías.

consider [kənˈsɪdəʳ]
1 *vt (think about, examine, contemplate)* considerar: **I'm considering buying a flat** estoy pensando en comprar un piso; **we had considered that possibility** habíamos considerado esa posibilidad.

2 *vt (regard as)* considerar: **do you consider it likely?** ¿crees que es posible?; **she is considered to be the finest soprano in the world** está considerada la mejor soprano del mundo; **consider yourself lucky** puedes considerarte afortunado; **consider it done!** ¡dalo por hecho!
3 *vt (take into account)* tener en cuenta, considerar: **if you consider that ...** teniendo en cuenta que ...
+ **all things considered** pensándolo bien, bien mirado.
it is my considered opinion that ... después de pensarlo mucho, opino que ...

considerable [kənˈsɪdərəbəl] *adj* considerable.

considerably [kənˈsɪdərəblɪ] *adv* bastante, considerablemente.

considerate [kənˈsɪdərət] *adj* considerado,-a, atento,-a.

consideration [kənsɪdəˈreɪʃən]
1 *n (thoughtfulness)* consideración *f*: **out of consideration for his family** en consideración a su familia; **try to show some consideration for others** intenta tratar a los demás con más consideración.
2 *n (factor to consider)* factor *m* a tener en cuenta, factor *m* que se tiene en cuenta: **time is an important consideration** el tiempo es un factor que hay que tener muy en cuenta.
3 *n (attention, thought)* consideración *f*, atención *f*: **I'll give it my careful consideration** lo estudiaré detenidamente; **the proposal is under consideration** se está estudiando la propuesta.
+ **in consideration of** en consideración a.
to take something into consideration tomar algo en consideración.

considering [kənˈsɪdərɪŋ]
1 *prep* teniendo en cuenta.
2 *conj* teniendo en cuenta que, dado que.
3 *adv* después de todo.

consign [kənˈsaɪn]
1 *vt COMM (send - goods)* consignar.
2 *vt fml (entrust, hand over, give up)* confiar, encomendar.
+ **to be consigned to oblivion** ser relegado,-a al olvido.

consignment [kənˈsaɪnmənt] *n COMM* remesa, envío.
+ **on consignment** en consignación.
■ **consignment note** talón *m* de expedición.

consist [kənˈsɪst]
1 *vi fml (have as chief element)* consistir (**in**, en).
2 *vi (comprise, be composed of)* constar (**of**, de), estar compuesto,-a (**of**, de).

consistency [kənˈsɪstənsɪ]
1 *n (of actions, behaviour, policy)* consecuencia, coherencia, lógica.
2 *n (of mixture)* consistencia.

consistent [kən'sɪstənt] *adj (of person, behaviour, beliefs)* coherente (**with**, con), consecuente (**with**, con); *(denial, improvement)* constante: the government has always been consistent on this matter el gobierno siempre ha mantenido una actitud coherente al respecto.
+ **to be consistent with something** ser consecuente con algo.

consistently [kən'sɪstəntlɪ] *adv (unchangingly)* consecuentemente, coherentemente; *(constantly)* constantemente.

consolation [kɒnsə'leɪʃən] *n* consuelo: you were a great consolation to me fuiste un gran consuelo para mí.
■ **consolation prize** premio de consolación.

console¹ ['kɒnsəʊl] *n (electrical)* consola; *(video games)* consola.

console² [kən'səʊl] *vt* consolar.

consolidate [kən'sɒlɪdeɪt]
1 *vt (gen)* consolidar.
2 *vt COMM (merge)* fusionar.
3 *vi (gen)* consolidarse.
4 *vi COMM (merge)* fusionarse.

consolidation [kənsɒlɪ'deɪʃən]
1 *n (gen)* consolidación *f.*
2 *n COMM* fusión *f.*

consoling [kən'səʊlɪŋ] *adj* de consuelo, consolador,-ra.

consommé ['kɒnsɒmeɪ] *n* consomé *m.*

consonant ['kɒnsənənt] *n* consonante *f.*

consort ['kɒnsɔːt]
1 *n* consorte *mf.*
2 *vi* asociarse (**with**, con).
■ **prince consort** príncipe *m* consorte.
▲ *(verbo)* [kən'sɔːt].

consortium [kən'sɔːtɪəm] *n* consorcio.
▲ *pl* consortia.

conspicuous [kəns'pɪkjuəs] *adj (clothes)* llamativo,-a; *(mistake, difference, lack)* evidente, obvio,-a: wear something a little less conspicuous next time ponte algo menos llamativo la próxima vez; in a conspicuous position en un lugar visible, a la vista.
+ **to be conspicuous by one's absence** brillar por su ausencia.
to be conspicuous for something destacar por algo.
to make oneself conspicuous llamar la atención.
■ **conspicuous consumption** consumo ostentoso.

conspicuously [kəns'pɪkjuəslɪ] *adv (loudly)* de forma llamativa; *(markedly)* notoriamente.

conspiracy [kən'spɪrəsɪ] *n* conspiración *f:* a conspiracy to murder una conspiración de asesinato.
■ **conspiracy theory** teoría de la conspiración.
▲ *pl* conspiracies.

conspirator [kən'spɪrətəʳ] *n* conspirador,-ra.

conspiratorial [kənspɪrə'tɔːrɪəl] *adj* conspirador,-ra.

conspire [kən'spaɪəʳ] *vi (people)* conspirar (**against**, contra); *(events)* conspirar, confabularse: they conspired to blackmail the King conspiraron para chantajear al Rey.

constable ['kʌnstəbəl] *n* policía *mf,* guardia *mf,* agente *mf* (de policía).

constabulary [kən'stæbjələrɪ] *n GB* policía.
▲ *pl* constabularies.

constancy ['kɒnstənsɪ]
1 *n (freedom from change)* constancia.
2 *n (faithfulness, loyalty)* fidelidad *f,* lealtad *f.*

constant ['kɒnstənt]
1 *adj (continual)* continuo,-a, constante.
2 *adj (unchanging)* constante.
3 *adj (loyal)* leal, fiel.
4 *n* constante *f.*

Constantinople [kɒnstæntɪ'nəʊpəl] *n* Constantinopla.

constantly ['kɒnstəntlɪ] *adv* constantemente, continuamente.

constellation [kɒnstə'leɪʃən] *n* constelación *f.*

consternation [kɒnstə'neɪʃən] *n* consternación *f.*

constipated ['kɒnstɪpeɪtɪd] *adj* estreñido,-a.

constipation [kɒnstɪ'peɪʃən] *n* estreñimiento.

constituency [kən'stɪtjʊənsɪ] *n* circunscripción *f,* distrito electoral.
▲ *pl* constituencies.

constituent [kəns'tɪtjʊənt]
1 *adj (part etc)* constitutivo,-a, constituyente.
2 *adj POL* constituyente.
3 *n (component)* componente *m.*
4 *n POL* elector,-ra.

constitute ['kɒnstɪtjuːt] *vt* constituir.

constitution [kɒnstɪ'tjuːʃən]
1 *n (gen)* constitución *f.*
2 *n (of person)* constitución *f,* complexión *f.*

constitutional [kɒnstɪ'tjuːʃənəl]
1 *adj* constitucional.
2 *n dated* paseo.

constrain [kəns'treɪn]
1 *vt (oblige, force)* constreñir, obligar, forzar.
2 *vt (restrict, hold back)* contener.

constrained [kəns'treɪnd]
1 *adj (voice, manner)* forzado,-a, poco natural.
2 *adj (forced)* forzado,-a, obligado,-a: I felt constrained to attend me vi obligado a asistir.

constraint [kəns'treɪnt]
1 *n (compulsion, coercion)* constreñimiento, coacción *f,* obligación *f.*

2 *n (restriction)* restricción *f,* limitación *f.*
3 *n fml (uneasiness, unnatural manner)* inquietud *f,* confusión *f:* he showed constraint in her presence se sintió incómodo ante ella.

constrict [kən'strɪkt]
1 *vt (blood vessels)* estrangular; *(breathing, movement)* dificultar; *(neck)* apretar, oprimir.
2 *vt fig (action, behaviour)* limitar, coartar.

constriction [kən'strɪkʃən]
1 *n MED (narrow part)* estrangulamiento; *(tightness)* opresión *f.*
2 *n fig (limitation)* restricción *f,* limitación *f,* constricción *f.*

construct [kəns'trʌkt] *vt (gen)* construir; *(model)* armar, montar.

construction [kən'strʌkʃən]
1 *n (gen)* construcción *f.*
2 *n fig (meaning)* interpretación *f.*
+ **to be under construction** estar en construcción.
to put a wrong construction on something malinterpretar algo.
■ **construction industry** industria de la construcción.
construction site obra.

constructive [kən'strʌktɪv] *adj* constructivo,-a.

constructively [kən'strʌktɪvlɪ] *adv* constructivamente, de manera constructiva.

constructor [kən'strʌktəʳ] *n* constructor,-ra.

construe [kən'struː] *vt* interpretar.

consul ['kɒnsəl] *n* cónsul *mf.*

consular ['kɒnsjələʳ] *adj* consular.

consulate ['kɒnsjələt] *n* consulado.

consult [kən'sʌlt]
1 *vt* consultar.
2 *vi* consultar.

consultant [kən'sʌltənt]
1 *n (expert, advisor)* asesor,-ra, consultor, -ra.
2 *n GB (doctor)* especialista *mf.*

consultation [kɒnsəl'teɪʃən]
1 *n (act, process)* consulta.
2 *n MED* consulta.
3 *n (discussion)* discusión *f,* conversación *f; (meeting)* reunión *f:* after consultations with my lawyer después de consultar con mi abogado.
+ **in consultation with somebody** con la aprobación de alguien.

consultative [kən'sʌltətɪv] *adj* consultivo,-a.

consulting [kən'sʌltɪŋ] *adj (architect, engineer)* asesor,-ra, consultor,-ra.
■ **consulting room** *MED* consulta.

consume [kən'sjuːm] *vt (gen)* consumir; *(fire)* consumir, reducir a cenizas.
+ **to be consumed with something** *fig* estar muerto,-a de algo: she was consumed with jealousy estaba muerta de celos, los celos la consumían.

consumer [kən'sjuːməʳ] *n* consumidor,-ra.

■ **consumer advice** orientación *f* al consumidor.

consumer durables bienes *mpl* de consumo duraderos.

consumer goods artículos *mpl* de consumo, bienes *mpl* de consumo.

consumer rights derechos *mpl* del consumidor.

consuming [kən'sjuːmɪŋ] *adj (interest)* arrollador,-ra; *(passion)* devorador,-ra.

consummate ['kɒnsəmət]
1 *adj fml* consumado,-a.
2 *vt fml* consumar.
▲ *(verbo)* ['kɒnsəmeɪt].

consummation [kɒnsə'meɪʃən] *n* consumación *f*.

consumption [kən'sʌmpʃən]
1 *n (of food, energy, resources)* consumo: water consumption must be reduced hay que reducir el consumo de agua; it's not fit for human consumption no es apto para el consumo humano.
2 *n MED dated* tisis *f*.

cont¹ ['kɒntents] *abbr* (**contents**) contenido.

cont² [kɒn'tɪnjuːd] *abbr* (**continued**) sigue.

contact ['kɒntækt]
1 *n (gen)* contacto: have you been in contact with Susie? ¿has estado en contacto con Susie?; I lost contact with her years ago perdí el contacto con ella hace años; her father's got contacts su padre tiene contactos; I've got a contact in the ministry tengo un contacto en el ministerio.
2 *vt* ponerse en contacto con, contactar con.
✦ **to avoid eye contact with somebody** evitar mirar a alguien a los ojos.
to break contact *ELEC* interrumpir el contacto.
to come into contact with something *(touch)* hacer contacto con algo.
to get in contact with somebody ponerse en contacto con alguien.
to make contact *ELEC* hacer contacto.
to make contact with *(touch)* tocar; *(get in touch)* establecer contacto con, entrar en contacto con.
■ **contact lenses** lentillas *fpl*, lentes *fpl* de contacto.
contact number teléfono de contacto.
contact print contacto.
contact sport deporte *m* en el que hay contacto físico.

contagion [kən'teɪdʒən] *n* contagio.

contagious [kən'teɪdʒəs] *adj* contagioso,-a.

contain [kən'teɪn]
1 *vt (hold)* contener.
2 *vt (hold back, restrain, control)* contener.
✦ **to contain oneself** contenerse.

container [kən'teɪnəʳ]
1 *n (receptacle)* recipiente *m*; *(packaging)* envase *m*.
2 *n (for transporting goods)* contenedor *m*, contáiner *m*.
■ **container ship** portacontenedores *m*.

containment [kən'teɪnmənt] *n* contención *f*.

contaminate [kən'tæmɪneɪt] *vt* contaminar.

contamination [kəntæmɪ'neɪʃən] *n* contaminación *f*.

contd [kɒn'tɪnjuːd] *abbr* (**continued**) sigue.

contemplate ['kɒntempleɪt]
1 *vt (look at)* contemplar; *(consider thoughtfully)* considerar, contemplar.
2 *vt (consider possibility of)* considerar, pensar (en); *(expect)* prever: she's contemplating early retirement está pensando en la jubilación anticipada; I'm not contemplating having children yet aún no pienso tener hijos.
3 *vt (meditate)* meditar sobre.
4 *vi* pensar: it's too awful to contemplate me horroriza pensarlo.
5 *vi (meditate)* meditar.

contemplation [kɒntem'pleɪʃən]
1 *n (act of looking at)* contemplación *f*; *(deep thought, meditation)* reflexión *f*, meditación *f*.
2 *n (consideration, intention)* intención *f*.
✦ **to be deep in contemplation** estar absorto,-a, estar ensimismado,-a.

contemplative ['kɒntempleɪtɪv]
1 *adj (thoughtful)* pensativo,-a, meditabundo,-a.
2 *adj REL* contemplativo,-a.

contemporaneous [kɒntempə'reɪnɪəs] *adj fml* contemporáneo,-a, coetáneo,-a.

contemporary [kən'tempərəri]
1 *adj (of the same period)* contemporáneo,-a, coetáneo,-a.
2 *adj (modern)* contemporáneo,-a, actual.
3 *n* contemporáneo,-a.
▲ *pl* contemporaries.

contempt [kən'tempt] *n* desprecio, desdén *m*, menosprecio: she felt contempt for her boss sentía desprecio por su jefe.
✦ **to be beneath contempt** ser despreciable.
to hold something/somebody in contempt despreciar algo/a alguien.
■ **contempt of court** *JUR* desacato al tribunal

contemptible [kən'temptəbəl] *adj* despreciable.

contemptuous [kən'temptjʊəs] *adj (attitude)* despreciativo,-a, despectivo,-a; *(person)* desdeñoso,-a.
✦ **to be contemptuous of something/somebody** despreciar algo/a alguien, desdeñar algo/a alguien.

contend [kən'tend]
1 *vi (compete)* contender, competir: 22 teams are contending for the championship 22 equipos compiten por el campeonato.
2 *vi (deal with, struggle against)* enfrentarse a, lidiar con: he had a lot of problems to contend with tuvo que lidiar con muchos problemas.
3 *vt (claim, state)* sostener, afirmar.

contender [kən'tendəʳ] *n* contendiente *mf* (**for**, por).

content¹ ['kɒntent]
1 *n* contenido: cheese has a very high fat content el queso contiene mucha grasa.
2 **contents** *npl* contenido *m sing*: she emptied out the contents of her handbag vació su bolso; have you read the contents of the letter? ¿has leído la carta?

content² [kən'tent]
1 *adj* contento,-a, satisfecho,-a: he's content to watch the match at home se conforma con mirar el partido en casa.
2 *n* contento.
3 *vt* contentar, satisfacer.
✦ **not content with ...** no contento,-a con ...
to be content with contentarse con, conformarse con.
to content oneself with contentarse con, conformarse con.
to one's heart content todo lo que uno,-a quiera, hasta quedar satisfecho,-a.

contented [kən'tentɪd] *adj* contento,-a, satisfecho,-a: a contented smile una sonrisa de satisfacción.

contention [kən'tenʃən]
1 *n (opinion, assertion)* opinión *f*: it is my contention that ... sostengo que ..., mi opinión es que ...
2 *n (dispute, disagreement)* discusión *f*, controversia: there's been a lot of contention about the results se ha discutido mucho sobre los resultados; that matter is not in contention ese asunto no se discute.
3 *n (competition)* competición *f*: they are in contention for the title compiten por el título.
✦ **bone of contention** manzana de la discordia.

contentious [kən'tenʃəs] *adj (issue, decision, view)* contencioso,-a, polémico, -a, muy discutido,-a; *(person)* discutidor,-ra.

contentment [kən'tentmənt] *n* contento, satisfacción *f*.

contest ['kɒntest]
1 *n (competition - gen)* concurso; *(- sports)* competición *f*, *(- boxing)* combate *m*.
2 *n (struggle, attempt)* contienda, lucha.

3 *vt (championship, seat)* competir por, luchar por, disputarse; *(election)* presentarse como candidato,-a a: **a keenly contested game** un partido muy reñido.
4 *vt (dispute)* refutar, rebatir.
5 *vt JUR (appeal against)* impugnar.
✦ **no contest!** ¡ni comparación!
▲ *(verbo)* [kən'test].

contestant [kən'testənt] *n (in competition, quiz, game)* concursante *mf*; *(for post, position)* candidato,-a, aspirante *mf*.

context ['kɒntekst] *n* contexto: **the newspaper took my words out of context** el periódico me citó fuera de contexto.

contiguous [kən'tɪgjuəs] *adj* contiguo,-a.

continent ['kɒntɪnənt]
1 *n* continente *m*.
2 the Continent *n GB* Europa (continental).

continental [kɒntɪ'nentəl]
1 *adj* continental.
2 Continental *adj GB* europeo,-a.
■ **continental breakfast** desayuno continental *(café con croissants o bollos, mantequilla y mermelada)*.
continental drift deriva de los continentes.
continental quilt edredón *m* nórdico.

contingency [kən'tɪndʒənsɪ] *n* contingencia, eventualidad *f*.
■ **contingency plan** plan *m* de emergencia.

contingent [kən'tɪndʒənt]
1 *adj* contingente.
2 *n* contingente *m*.
✦ **to be contingent on something** depender de algo.

continual [kən'tɪnjuəl] *adj* continuo,-a, constante.

continually [kən'tɪnjuəlɪ] *adv* continuamente, constantemente.

continuance [kən'tɪnjuəns] *n fml* continuación *f*.

continuation [kəntɪnju'eɪʃən]
1 *n (resumption)* continuación *f*; *(prolongation)* prolongación *f*.
2 *n (extension)* prolongación *f*, continuación *f*.
3 *n US (adjournment)* aplazamiento.

continue [kən'tɪnjuː]
1 *vt* continuar, seguir con: **they voted to continue the strike** votaron para continuar con la huelga.
2 *vi* continuar, seguir: **the article continues on page 12** el artículo continúa en la página 12; **please continue** siga, por favor; **I continued on my way** reanudé el camino.
✦ **to be continued** continuará.
to continue doing something, continue to do something continuar haciendo algo, seguir haciendo algo.

continued [kən'tɪnjuːd] *adj* continuo,-a, ininterrumpido,-a.

continuing [kən'tɪnjuɪŋ] *adj* continuado,-a.
■ **continuing education** educación *f* para adultos.

continuity [kɒntɪ'njuːɪtɪ] *n* continuidad *f*.
■ **continuity announcer** locutor,-ra de continuidad.
continuity girl *CINEM* secretaria de rodaje.
continuity man *CINEM* secretario de rodaje.

continuous [kən'tɪnjuəs] *adj* continuo,-a.
■ **continuous performance** *CINEM* sesión *f* continua.
past continuous *LING* pasado continuo.
present continuous *LING* presente *m* continuo.

continuously [kən'tɪnjuəslɪ] *adv* continuamente, sin interrupción.

contort [kən'tɔːt]
1 *vt (face)* contraer.
2 *vi* contraerse.
✦ **to contort one's body** contorsionarse.

contorted [kən'tɔːtɪd] *adj (face)* contraído,-a; *(limb)* contorsionado,-a, deformado,-a; *(branches)* torcido,-a.

contortion [kən'tɔːʃən] *n* contorsión *f*.

contortionist [kən'tɔːʃənɪst] *n* contorsionista *mf*.

contour ['kɒntuər] *n* contorno.
■ **contour line** línea de nivel.
contour map mapa topográfico.

contraband ['kɒntrəbænd] *n* contrabando.

contraception [kɒntrə'sepʃən] *n* anticoncepción *f*.

contraceptive [kɒntrə'septɪv]
1 *adj* anticonceptivo,-a.
2 *n* anticonceptivo,-a.

contract ['kɒntrækt]
1 *n (gen)* contrato; *(for public work, services)* contrata.
2 *vt (place under contract)* contratar.
3 *vt (make smaller)* contraer.
4 *vt fml (debt, habit, illness)* contraer.
5 *vi (enter into agreement)* hacer un contrato, firmar un contrato.
6 *vi (become smaller)* contraerse.
▶ **to contract out** *vt sep (job, work)* subcontratar.
✦ **breach of contract** incumplimiento de contrato.
to be under contract (to somebody) tener un contrato (con alguien).
to contract to do something comprometerse por contrato a hacer algo.
to enter into a contract (with somebody) hacer un contrato (con alguien).
to put a contract out on somebody ponerle un precio a la cabeza de alguien.

to put something out to contract sacar algo a concurso (público).
■ **contract bridge** contrato.
▲ *(verbo)* [kən'trækt].

contraction [kən'trækʃən] *n* contracción *f*.

contractor [kən'træktər] *n* contratista *mf*.

contractual [kən'træktuəl] *adj* contractual.

contradict [kɒntrə'dɪkt]
1 *vt (gen)* contradecir: **don't contradict the teacher** no contradigas al profesor; **their stories contradict each other** sus versiones se contradicen.
2 *vi* contradecir.
✦ **to contradict oneself** contradecirse.

contradiction [kɒntrə'dɪkʃən] *n* contradicción *f*.
✦ **to be a contradiction in terms** ser contradictorio,-a, no tener lógica.

contradictory [kɒntrə'dɪktərɪ] *adj* contradictorio,-a.

contraflow ['kɒntrəfləu] *n GB sistema por el que los vehículos circulan en dos sentidos por un lado de la carretera mientras el otro está en obras.*

contralto [kən'træltəu]
1 *n (voice)* contralto *m*; *(woman singer)* contralto *f*.
2 *adj* de contralto.
▲ *pl* **contraltos** o **contralti** [kɒn'trɑːltiː].

contraption [kən'træpʃən] *n fam* cacharro, artefacto, aparato, artilugio.

contrariness [kɒn'treərɪnəs] *n* terquedad *f*, obstinación *f*.

contrary ['kɒntrərɪ]
1 *adj (opposite)* contrario,-a.
2 *adj (stubborn)* terco,-a, obstinado,-a, tozudo,-a.
3 the contrary *n* lo contrario.
✦ **contrary to** en contra de, al contrario de, contrariamente a.
on the contrary *(however)* por el contrario; *(quite the reverse)* todo lo contrario, al contrario.
to the contrary en contra: **if I don't hear anything to the contrary** si no me dices lo contrario; **there is no evidence to the contrary** no hay pruebas en contra.
▲ *(sustantivo)* [kɒn'treərɪ].

contrast ['kɒntrɑːst]
1 *n* contraste *m*.
2 *vt* contrastar, comparar.
3 *vi* contrastar.
✦ **by contrast/in contrast** por contraste.
in contrast to/with en contraste con, a diferencia de.
to be a contrast to somebody/something contrastar con alguien/algo.
to contrast somebody/something with somebody/something comparar alguien/algo con alguien/algo.
▲ *(verbo)* [kən'trɑːst].

contrasting [kən'trɑːstɪŋ] *adj* opuesto,-a.

contravene [kɒntrə'viːn] *vt JUR* contravenir, infringir, violar.

contravention [kɒntrə'venʃən] *n JUR* contravención *f*, infracción *f*.

contribute [kən'trɪbjuːt]
1 *vt (money)* contribuir (**to**, a), (**towards**, para); *(ideas, information)* aportar.
2 *vt (article, poem, etc)* escribir.
3 *vi (gen)* contribuir (**to**, a), (**towards**, para); *(in discussion)* participar (**to**, en): **we all contributed towards his present** todos contribuimos con dinero para su regalo.
4 *vi (to newspaper, magazine, etc)* colaborar (**to**, en), escribir (**to**, para).

contribution [kɒntrɪ'bjuːʃən]
1 *n (of money)* contribución *f*; *(of ideas, experience, etc)* aportación *f*: **Heaney's contribution to Irish literature** la aportación de Heaney a la literatura irlandesa.
2 *n (to newspaper etc)* colaboración *f*.
3 *n (participation)* participación *f*, intervención *f*.

contributor [kən'trɪbjətə']
1 *n (to charity, appeal, etc)* donante *mf*.
2 *n (to newspaper, magazine, etc)* colaborador,-ra.

contributory [kən'trɪbjətərɪ] *adj (factor, cause)* contribuyente, que contribuye.
■ **contributory negligence** *JUR* negligencia de la parte actora.
contributory pension scheme plan *m* de pensiones.

contrite ['kɒntraɪt] *adj fml* contrito,-a.

contrition [kən'trɪʃən] *n* contrición *f*.

contrivance [kən'traɪvəns]
1 *n (device, tool)* artefacto, invento, cacharro, artilugio, aparato.
2 *n (plan)* estratagema, artimaña, treta.

contrive [kən'traɪv]
1 *vt (way, device)* idear, inventar; *(meeting)* arreglar; *(meal, dress, etc)* improvisar.
2 *vt (manage)* conseguir, lograr: **he somehow contrived an interview with the singer** se las arregló para entrevistarse con el cantante.

contrived [kən'traɪvd] *adj* artificial, forzado,-a, afectado,-a.

control [kən'trəul]
1 *vt (govern, rule)* controlar: **he controlled the country for 36 years** controló el país durante 36 años; **a state-controlled industry** una industria bajo control estatal.
2 *vt (have control over - person, animal, vehicle)* controlar; *(- emotions)* controlar, dominar: **a good teacher can control his class** un buen profesor sabe controlar su clase; **you must try to control your temper** debes intentar dominar tu mal genio.
3 *vt (regulate - temperature, volume, pressure, rate, flow)* controlar, regular; *(- traf-*

fic) dirigir; *(- prices, inflation, spending)* controlar.
4 *vt (verify, check)* controlar.
5 *n (power, command)* poder *m*, dominio, mando; *(authority)* autoridad *f*: **the military have gained control** los militares se han hecho con el poder; **his son took control of the business** su hijo se hizo con el control de la empresa; **more parental control should be exercised** los padres deberían imponer su autoridad.
6 *n (restriction, means of regulating)* control *m*.
7 *n (place, people in control)* control *m*.
8 *n TECH (standard of comparison)* patrón *m* de comparación.
9 *n (switch, button)* botón *m*, mando: **the volume control doesn't work** el mando del volumen no funciona.
10 controls *npl (of vehicle)* mandos *mpl*.
♦ **out of control** fuera de control.
to be at the controls *(of car)* estar al volante; *(of plane, etc)* estar al mando.
to be beyond somebody's control estar fuera del control de alguien.
to be in control estar al mando, mandar.
to bring something under control conseguir controlar algo, llegar a controlar algo.
to control oneself controlarse.
to gain control of something hacerse con el control de algo.
to go out of control descontrolarse.
to lose control of oneself perder el control de sí mismo,-a, perder los estribos.
to lose control of something perder el control de algo.
under control bajo control.
■ **control panel** tablero de instrumentos.
control room *(military)* centro de operaciones; *(in broadcasting)* sala de control.
control tower torre *f* de control.
import control control *m* de importaciones.
passport control control *m* de pasaportes.
price controls control *m* de precios.
traffic control control *m* de tráfico.
wage controls regulación *f sing* salarial.

controllable [kən'trəuləbəl] *adj* controlable.

controller [kən'trəulə']
1 *n (financial)* interventor,-ra.
2 *n (in broadcasting)* director,-ra de programación.
■ **air traffic controller** controlador,-ra aéreo,-a.

controlling [kən'trəulɪŋ] *adj* controlador,-ra.
■ **controlling interest** participación *f* mayoritaria.

controversial [kɒntrə'vɜːʃəl] *adj* controvertido,-a, polémico,-a.

controversy [kən'trɒvəsɪ] *n* controversia, polémica.
▲ *pl* **controversies**.

controvert [kɒntrə'vɜːt] *vt* controvertir, contradecir.

contusion [kən'tjuːʒən] *n* contusión *f*.

conundrum [kə'nʌndrəm] *n* enigma *m*, problema *m*, adivinanza, acertijo.

conurbation [kɒnɜː'beɪʃən] *n* conurbación *f*.

convalesce [kɒnvə'les] *vi* convalecer, recuperarse.

convalescence [kɒnvə'lesəns] *n* convalecencia.

convalescent [kɒnvə'lesənt]
1 *adj* convaleciente.
2 *n* convaleciente *mf*.
■ **convalescent home** clínica de reposo.

convection [kən'vekʃən] *n* convección *f*.
■ **convection heater** estufa de convección.

convector [kən'vektə'] *n* estufa de convección.

convene [kən'viːn]
1 *vt* convocar.
2 *vi* reunirse.

convenience [kən'viːnɪəns] *n* conveniencia, comodidad *f*: **marriage of convenience** matrimonio de conveniencia.
♦ **all modern conveniences** totalmente equipado,-a.
at your convenience cuando le convenga, cuando le sea posible.
at your earliest convenience a la mayor brevedad posible.
■ **convenience food** comida precocinada.
public conveniences *GB* servicios *mpl* públicos.

convenient [kən'viːnɪənt] *adj (time, arrangement)* conveniente, oportuno, -a; *(thing)* práctico,-a, cómodo,-a; *(place - near, easy to reach)* bien situado,-a: **is 11 o'clock convenient for you?** ¿las once le va bien?; **our flat is very convenient for the station** nuestro piso queda muy cerca de la estación.

conveniently [kən'viːnɪəntlɪ]
1 *adv (handily)* convenientemente.
2 *adv (expediently)* oportunamente.

convent ['kɒnvənt] *n* convento.
■ **convent school** colegio de monjas.

convention [kən'venʃən]
1 *n (conference)* convención *f*, congreso.
2 *n (tacit agreement, custom)* convención *f*.
3 *n (treaty)* convención *f*.

conventional [kən'venʃənəl] *adj (gen)* convencional; *(style)* tradicional, clásico,-a.

converge [kən'vɜːdʒ] *vi (lines, roads)* convergir (**on**, en), converger (**on**, en); *(people)* reunirse.

convergence [kənˈvɜːdʒəns] n convergencia.

convergent [kənˈvɜːdʒənt] adj convergente.

conversant [kənˈvɜːsənt] adj familiarizado,-a (**with**, con), versado,-a (**with**, en).
+ **to become conversant with something** familiarizarse con algo.

conversation [kɒnvəˈseɪʃən] n conversación f.
+ **to get into conversation with somebody** entablar conversación con alguien.
to have a conversation about something hablar de algo, conversar sobre algo.
to hold a conversation mantener una conversación.
■ **conversation piece** tema m de conversación.

conversationalist [kɒnvəˈseɪʃənəlɪst] n conversador,-ra.

conversational [kɒnvəˈseɪʃənəl] adj coloquial, familiar.

converse[1] [ˈkɒnvɜːs]
1 adj opuesto,-a, contrario,-a.
2 **the converse** n lo opuesto, lo contrario.

converse[2] [kənˈvɜːs] vi conversar, hablar.

conversely [kənˈvɜːslɪ] adv a la inversa.

conversion [kənˈvɜːʃən]
1 n (gen) conversión f (**to**, a), (**into**, en); (of buildings) transformación f: **a company that carries out house conversions** una empresa que transforma casas.
2 n REL conversión f.
3 n SP (in rugby) transformación f, conversión f.
■ **conversion table** tabla de conversión.

convert [kənˈvɜːt]
1 vt (gen) convertir (**into**, en) (**to**, a); (building) convertir, transformar: **can you convert dollars into euros?** ¿sabes convertir dólares en euros?; **I've been converted to classical music** me han convertido a la música clásica; **the warehouse has been converted into a nightclub** han transformado el almacén en un club nocturno.
2 vt SP (in rugby) transformar, convertir.
3 vi convertirse (**into/to**, en): **this sofa converts into a bed** este sofá se convierte en cama; **many people have converted to Catholicism** mucha gente se ha convertido al catolicismo.
4 n REL converso,-a.
▲ (sustantivo) [ˈkɒnvɜːt].

converted [kənˈvɜːtɪd] adj (building) transformado,-a en vivienda; (flat) reformado,-a.

converter [kənˈvɜːtər] n convertidor m.

convertible [kənˈvɜːtəbəl]
1 adj (gen) convertible; (car) descapotable.
2 n AUTO descapotable m.

convex [ˈkɒnveks] adj convexo,-a.

convey [kənˈveɪ]
1 vt (goods, people, electricity) transportar, conducir; (sound) transmitir, llevar.
2 vt (opinion, feeling, idea) comunicar, expresar, transmitir; (thanks) hacer llegar, transmitir.
3 vt JUR (property, land) preparar escrituras de traspaso, transferir.

conveyance [kənˈveɪəns]
1 n (transport) transporte m.
2 n fml (vehicle) vehículo.
3 n JUR traspaso, transferencia.

conveyancing [kənˈveɪənsɪŋ] n JUR preparación f de escrituras de traspaso.

conveyor [kənˈveɪər] n transportista mf.
■ **conveyor belt** cinta transportadora.

convict [ˈkɒnvɪkt]
1 n presidiario,-a, recluso,-a.
2 vt JUR declarar culpable, condenar: **a convicted murderer** un asesino convicto.
+ **to be convicted of something** ser condenado,-a por algo.
▲ (verbo) [kənˈvɪkt].

conviction [kənˈvɪkʃən]
1 n (belief) convicción f, creencia.
2 n JUR condena (**for**, por): **he had no previous convictions** no tenía antecedentes penales.

convince [kənˈvɪns] vt convencer: **he convinced me of his innocence** me convenció de su inocencia; **I convinced her that I was serious** la convencí de que hablaba en serio.
+ **to convince somebody to do something** convencer a alguien para que haga algo.

convinced [kənˈvɪnst] adj convencido,-a.

convincing [kənˈvɪnsɪŋ] adj convincente.

convivial [kənˈvɪvɪəl] adj (party, atmosphere) alegre, jovial, festivo,-a, cordial; (person) sociable.

conviviality [kɒnvɪvɪˈælɪtɪ] n alegría, jovialidad f.

convocation [kɒnvəˈkeɪʃən]
1 n (summoning) convocatoria.
2 n (of academics) asamblea.
3 n (of clerics) sínodo, asamblea.

convoke [kənˈvəʊk] vt convocar.

convoluted [ˈkɒnvəluːtɪd]
1 adj (complicated) complicado,-a, enredado,-a, intrincado,-a, enrevesado,-a.
2 adj BIOL (twisted, coiled) enrollado,-a.

convoy [ˈkɒnvɔɪ]
1 n convoy m.
2 vt escoltar, convoyar.
+ **in convoy** en convoy.

convulse [kənˈvʌls]
1 vt MED convulsionar.
2 vt fig convulsionar, sacudir.
3 vi MED tener convulsiones.
+ **to be convulsed with laughter** troncharse de risa.
to convulse with pain retorcerse de dolor.

convulsion [kənˈvʌlʃən] n convulsión f.
+ **to be in convulsions** partirse de risa.
to have convulsions tener convulsiones.

convulsive [kənˈvʌlsɪv] adj convulsivo,-a.

coo [kuː]
1 vi (dove, pigeon) arrullar; (baby) hacer gorgoritos.
2 vt susurrar.
+ **to coo over somebody/something** babear por alguien/algo.

cooing [ˈkuːɪŋ] n (of dove, pigeon) arrullo; (of baby) gorjeos mpl.

cook [kʊk]
1 n cocinero,-a: **you're a good cook** guisas bien.
2 vt (food) guisar, cocinar; (meals) preparar, hacer.
3 vi (person) cocinar, guisar, cocer; (food) hacerse, cocerse.
4 vi fam (be planned) cocerse, tramarse: **what's cooking?** ¿qué se está cocinando?
◗ **to cook up** vt sep (excuse) inventarse; (scheme) tramar.
+ **to cook somebody's goose** estropearle los planes a alguien.
to cook the books amañar la cuentas, falsificar las cuentas.
too many cooks spoil the broth muchas manos en un plato hacen mucho garabato.

cookbook [ˈkʊkbʊk] n US libro de cocina.

cooked [kʊkt] adj (gen) cocido,-a; (meal, breakfast) caliente: **I don't think the chicken is cooked** creo que el pollo no está hecho.

cooker [ˈkʊkər]
1 n (stove) cocina.
2 n (apple) manzana ácida para cocinar.

cookery [ˈkʊkərɪ] n cocina.
■ **cookery book** libro de cocina.

cookie [ˈkʊkɪ]
1 n US (biscuit) galleta.
2 n (in computing) cookie m & f, galleta.

cooking [ˈkʊkɪŋ]
1 n cocina: **home cooking** cocina casera.
2 adj (apple, sherry) para cocinar; (oil) comestible.
+ **to do the cooking** cocinar.

cookout [ˈkʊkaʊt] n US comida al aire libre, barbacoa.

cool [kuːl]
1 adj (weather, breeze, clothes) fresco,-a; (drink) fresco,-a, frío,-a: the weather's turning cool está refrescando.
2 adj (unfriendly, reserved) frío,-a.
3 adj (calm) tranquilo,-a, sereno,-a: keep cool! ¡tranquilo!
4 adj fam (great) guay: he looked so cool estaba super guay; cool, man! ¡guay, tío!
5 adj (self-confident) impasible.
6 adj fam (with numbers): a cool million dollars la friolera de un millón de dólares.
7 n (of weather etc) fresco, frescor m.
8 n (calmness) calma.
9 vt (air, room) refrescar, refrigerar; (drink, food, engine) enfriar.
10 vi (air, room) refrigerarse; (drink, food, engine) enfriarse.
▶ to cool down
  1 vt sep (food) enfriar; (person) refrescar.
  2 vt sep (person) calmar.
  3 vi (food, feelings) enfriarse; (person) calmarse.
  to cool off vi (person) calmarse; (feelings) enfriarse.
✦ a cool customer un,-a fresco,-a.
  as cool as a cucumber fresco,-a como una lechuga.
  cool it! ¡calma!, ¡tranquilo,-a!
  to keep one's cool mantener la calma.
  to lose one's cool perder la calma.
  to play it cool tomarse las cosas con calma.
  ▪ cool bag/cool box nevera portátil.
coolant [ˈkuːlənt] n líquido refrigerante.
cooler [ˈkuːləʳ]
1 n refrigerador m, nevera.
2 n sl (prison) chirona.
✦ to be in the cooler (in prison) estar a la sombra.
cooling [ˈkuːlɪŋ] n (of engine) refrigeración f.
  ▪ cooling system circuito de refrigeración.
  cooling tower torre f de refrigeración.
cooling-off [kuːlɪŋˈɒf] n (of love, enthusiasm, relations) enfriamiento.
  ▪ cooling-off period período de reflexión.
coolly [ˈkuːllɪ]
1 adv (unenthusiastically) fríamente, con frialdad.
2 adv (calmly) con serenidad, con calma.
3 adv (boldly) descaradamente.
coolness [ˈkuːlnəs]
1 n (of air etc) frescura, frescor m.
2 n (unfriendliness) frialdad f.
3 n (calm) serenidad f, sangre f fría.
4 n (boldness) frescura, descaro.
coop¹ [kuːp] n gallinero.
  ▶ to coop up vt sep encerrar.
coop² [ˈkəʊp] n cooperativa.
  ▲ También se escribe co-op.

cooperate [kəʊˈɒpəreɪt] vi cooperar, colaborar.
  ▲ También se escribe co-operate.
cooperation [kəʊɒpəˈreɪʃən] n cooperación f, colaboración f.
  ▲ También se escribe co-operation.
cooperative [kəʊˈɒpərətɪv]
1 adj (helpful) cooperador,-ra, dispuesto,-a a cooperar.
2 adj (joint) conjunto,-a.
3 adj COMM cooperativo,-a.
4 n cooperativa.
  ▪ cooperative society cooperativa.
  ▲ También se escribe co-operative.
coopt [kəʊˈɒpt] vt nombrar como nuevo miembro (onto, de).
  ▲ También se escribe co-opt.
coordinate [kəʊˈɔːdɪneɪt]
1 vt coordinar.
2 n MATH coordenada.
3 coordinates npl prendas de mujer que pueden formar conjunto con otras, pero que se venden sueltas.
  ▪ coordinate clause LING cláusula coordinada.
  ▲ También se escribe co-ordinate; (sustantivo) [kəʊˈɔːdɪnət].
coordinating [kəʊˈɔːdɪneɪtɪŋ] adj a juego.
  ▲ También se escribe co-ordinating.
coordination [kəʊɔːdɪˈneɪʃən] n coordinación f.
  ▲ También se escribe co-ordination.
coordinator [kəʊˈɔːdɪneɪtəʳ] n coordinador,-ra.
  ▲ También se escribe co-ordinator.
coot [kuːt] n focha común.
cop¹ [kɒp]
1 n sl (policeman) poli mf.
2 vt sl (arrest) pillar, pescar.
3 vt sl (take) llevarse.
4 the cops npl sl la pasma f sing.
  ▶ to cop out vi sl rajarse.
✦ it's a fair cop me han pillado.
  to cop hold of something coger algo.
  to cop it ganarse una buena, llevarse una buena.
  ▪ cop shop sl comisaría.
  ▲ pt & pp copped, ger copping.
cop² [kɒp] not to be much cop phr GB sl no ser nada del otro jueves, no ser gran cosa, no matar.
cope [kəʊp] vi arreglárselas, poder: I don't know how you cope no sé cómo te las arreglas; he couldn't cope with the extra work no podía con el trabajo adicional; I just can't cope! ¡es que no doy abasto!
Copenhagen [kəʊpənˈheɪgən] n Copenhague.
copier [ˈkɒpɪəʳ] n copiadora.
copilot [ˈkəʊpaɪlət] n copiloto.
coping [ˈkəʊpɪŋ] n albardilla, remate m.
copious [ˈkəʊpɪəs] adj copioso,-a, abundante.

cop-out [ˈkɒpaʊt] n sl escaqueo: what a cop-out! ¡vaya escaqueo!
copper [ˈkɒpəʳ]
1 n (metal) cobre m.
2 n GB fam (coin) penique m, pela, perra.
3 n sl (policeman) poli mf.
copperplate [ˈkɒpəpleɪt] n (writing) letra inglesa.
coppice [ˈkɒpɪs] n → copse.
coprocessor [kəʊˈprəʊsesəʳ] n coprocesador m.
copse [kɒps] n arboleda, bosquecillo.
copulate [ˈkɒpjəleɪt] vi copular.
copulation [kɒpjəˈleɪʃən] n cópula.
copy [ˈkɒpɪ]
1 n (reproduction) copia.
2 n (of book, magazine, etc) ejemplar m.
3 n TECH (written text to be printed) manuscrito, texto; (text) artículo, texto.
4 vt (make a copy of) copiar; (photocopy) fotocopiar.
5 vt (imitate, cheat) copiar: he copied the answers from his friend le copió las respuestas a su amigo.
6 vi copiar.
✦ to make good copy ser de interés: disasters make good copy los desastres venden bien.
  to write good copy redactar bien.
  ▲ (sustantivo) pl copies; (verbo) pt & pp copied, ger copying.
copybook [ˈkɒpɪbʊk]
1 n cuaderno.
2 adj clásico,-a, modélico,-a.
✦ to blot one's copybook manchar su reputación.
copycat [ˈkɒpɪkæt]
1 n fam copión,-ona.
2 adj (crime) inspirado,-a en otro.
copyright [ˈkɒpɪraɪt]
1 n copyright m, derechos mpl de autor.
2 adj protegido,-a por el copyright.
3 vt obtener el copyright de, registrar los derechos de autor.
✦ to hold the copyright on something tener el copyright de algo, tener los derechos de algo.
copywriter [ˈkɒpɪraɪtəʳ] n redactor,-ra publicitario,-a.
cor [kɔːʳ] interj fam ¡guau!, ¡ostras!
coral [ˈkɒrəl]
1 n coral m.
2 adj (made of coral) de coral, coralino,-a.
3 adj (pink, reddish orange) de color coral.
  ▪ coral island isla coralina, isla de coral.
  coral reef arrecife m de coral.
corbel [ˈkɔːbəl] n ménsula.
cord [kɔːd]
1 n (string, rope) cuerda.
2 n ELEC cable m.
3 n (corduroy) pana.
4 cords npl fam pantalones mpl de pana.

cordial [ˈkɔːdɪəl]
1 *adj* cordial.
2 *n (soft drink)* refresco; *(liqueur)* licor *m*.
cordless [ˈkɔːdləs] *adj* inalámbrico,-a.
cordon [ˈkɔːdən] *n* cordón *m*.
▸ **to cordon off** *vt sep* acordonar.
corduroy [ˈkɔːdərɔɪ] *n* pana.
core [kɔːˈ]
1 *n (of earth)* núcleo, centro; *(of magnet, nuclear reactor)* núcleo; *(of computer)* núcleo magnético.
2 *n (of apple, pear, etc)* corazón *m*.
3 *n (most important part)* núcleo, meollo: **the core of the problem** el meollo del problema.
4 *vt* quitarle el corazón a.
✦ **to the core** *fig* hasta la médula: **he's rotten to the core** está totalmente corrompido, está corrompido hasta la médula.
■ **core curriculum** programa *m* de estudios obligatorios.
co-respondent [kəʊrɪˈspɒndənt] *n JUR en un juicio de divorcio, persona con quien el cónyuge demandado ha cometido supuestamente adulterio.*
Corfu [kɔːˈfuː] *n* Corfú.
corgi [ˈkɔːgɪ] *n* corgi *mf*.
coriander [kɒrɪˈændəˈ] *n* cilantro, culantro.
cork [kɔːk]
1 *n (material)* corcho.
2 *n (stopper)* tapón *m*, corcho.
3 *adj* de corcho.
4 *vt* poner el corcho a, encorchar.
▸ **to cork up** *vt sep (feelings)* reprimir.
corked [kɔːkt] *adj (wine)* que sabe a corcho.
corkscrew [ˈkɔːkskruː] *n* sacacorchos *m*, tirabuzón *m*.
■ **corkscrew curl** tirabuzón *m*.
corm [kɔːm] *n* bulbo.
cormorant [ˈkɔːmərənt] *n* cormorán *m* grande.
corn[1] [kɔːn] *n (gen)* cereales *mpl*; *(wheat)* trigo; *(oats)* avena; *(maize)* maíz *m*.
■ **Corn Exchange** lonja de granos.
corn oil aceite *m* de maíz.
corn on the cob mazorca de maíz.
corn[2] [kɔːn] *n MED* callo.
corncob [ˈkɔːnkɒb] *n* mazorca de maíz.
corncrake [ˈkɔːnkreɪk] *n* guion *m* de codornices.
cornea [ˈkɔːnɪə] *n* córnea.
corned beef [kɔːndˈbiːf] *n* carne *f* en conserva.
corner [ˈkɔːnəˈ]
1 *n (of street)* esquina; *(bend in road)* curva, recodo; *(of table etc)* esquina, punta: **let's meet on the corner** quedemos en la esquina; **it's just round the corner** está a la vuelta de la esquina.
2 *n (of room, cupboard, etc)* rincón *m*; *(of mouth)* comisura; *(of eye)* rabillo; *(of

page, envelope)* ángulo: **write the address in the top right-hand corner** escribe la dirección en el ángulo superior derecho.
3 *n SP (kick - in football)* córner *m*, saque *m* de esquina.
4 *n SP (in boxing)* esquina.
5 *n COMM* monopolio.
6 *vt (enemy, animal)* arrinconar, acorralar; *(person)* arrinconar.
7 *vt COMM* acaparar, monopolizar.
✦ **from all corners of the world** de todas partes del mundo.
to be in a tight corner estar en un aprieto.
to cut corners tomar atajos.
to see something out of the corner of one's eye ver algo con el rabillo del ojo.
to turn the corner *fig* empezar a levantarse, empezar a repuntar.
■ **corner kick** córner *m*, saque *m* de esquina.
corner piece *(of book)* cantonera.
corner shop tienda de la esquina.
corner table mesa rinconera.
corner unit rinconera.
cornerstone [ˈkɔːnəstəʊn]
1 *n ARCH* piedra angular.
2 *n fig* base *f*, pilar *m*.
cornet [ˈkɔːnɪt]
1 *n MUS* corneta.
2 *n GB (for ice-cream)* cucurucho.
cornfield [ˈkɔːnfiːld]
1 *n GB (of wheat)* trigal *m*; *(of oats)* avenal *m*; *(of barley)* cebadal *m*.
2 *n US* campo de maíz, maizal *m*.
cornflakes [ˈkɔːnfleɪks] *npl* copos *mpl* de maíz.
cornflour [ˈkɔːnflaʊəˈ] *n* harina de maíz, maicena®.
cornflower [ˈkɔːnflaʊəˈ] *n* aciano.
cornice [ˈkɔːnɪs] *n* cornisa.
Cornish [ˈkɔːnɪʃ] *adj* de Cornualles.
■ **Cornish pasty** empanadilla de carne y verduras.
cornstarch [ˈkɔːnstɑːtʃ] *n US* harina de maíz, maicena.
Cornwall [ˈkɔːnwəl] *n* Cornualles.
corny [ˈkɔːnɪ] *adj fam (joke, story)* gastado,-a, sobado,-a, malo,-a; *(film)* cursi, hortera.
▲ *comp* **cornier**, *superl* **corniest**.
corolla [kəˈrɒlə] *n* corola.
corollary [kəˈrɒlərɪ] *n* corolario.
▲ *pl* **corollaries**.
coronary [ˈkɒrənərɪ]
1 *adj MED* coronario,-a.
2 **coronary (thrombosis)** *n MED* trombosis *f* coronaria.
▲ *(sustantivo)* *pl* **coronaries**.
coronation [kɒrəˈneɪʃən] *n* coronación *f*.
coroner [ˈkɒrənəˈ] *n* juez *mf* de instrucción.
Corp[1] [ˈkɔːpərəl] *abbr* (**Corporal**) cabo.

Corp[2] [kɔːpeˈreɪʃən] *abbr* (**Corporation**) sociedad *f* anónima; *(abbreviation)* S.A.
corporal[1] [ˈkɔːpərəl] *adj* corporal.
corporal[2] [ˈkɔːpərəl] *n MIL* cabo.
corporal[3] [ˈkɔːpərəl] *n REL* corporal *m*.
corporale [kɔːpəˈreɪlɪ] *n REL* corporal *m*.
corporate [ˈkɔːpərət]
1 *adj (collective)* colectivo,-a.
2 *adj (of a corporation)* de la empresa, de la compañía.
■ **corporate body** corporación *f*.
corporate image imagen *f* corporativa, imagen *f* de empresa.
corporation [kɔːpəˈreɪʃən]
1 *n COMM* corporación *f*, sociedad *f* anónima.
2 *n GB (council)* ayuntamiento, corporación *f* municipal.
3 *adj GB* municipal.
■ **corporation tax** impuesto de sociedades.
corporeal [kɔːˈpɔːrɪəl] *adj fml* corpóreo,-a.
corps [kɔːˈ] *n* cuerpo.
▲ *pl* **corps** [kɔːz].
corpse [kɔːps] *n* cadáver *m*.
corpulence [ˈkɔːpjələns] *n* corpulencia.
corpulent [ˈkɔːpjələnt] *adj* corpulento,-a.
corpus [ˈkɔːpəs] *n* corpus *m*.
■ **corpus delicti** cuerpo del delito.
Corpus Christi [ˈkɔːpəsˈkrɪstɪ] *n* Corpus *m*, Corpus Christi.
corpuscle [ˈkɔːpəsəl] *n* corpúsculo, glóbulo.
corral [kəˈrɑːl] *n US* corral *m*.
correct [kəˈrekt]
1 *adj (true, right, accurate)* correcto,-a, exacto,-a: **would I be correct in thinking that …** ¿estaría en lo cierto si pensara que …, sería correcto si pensara que …; **that's correct** eso es, correcto.
2 *adj (of behaviour, manners, dress)* correcto,-a, formal.
3 *vt (person, mistake, defect)* corregir, rectificar; *(exams etc)* corregir: **correct me if I'm wrong but …** puede que me equivoque, pero creo que …; **I stand corrected** reconozco mi error.
correction [kəˈrekʃən] *n* corrección *f*.
■ **correction fluid** líquido corrector.
corrective [kəˈrektɪv] *adj* correctivo,-a.
correctly [kəˈrektlɪ] *adv* correctamente.
correctness [kəˈrektnəs]
1 *n (accuracy)* exactitud *f*.
2 *n (behaviour, dress)* corrección *f*.
correlate [ˈkɒrəleɪt]
1 *vt* correlacionar.
2 *vi* guardar correlación (**with**, con).
3 *n* correlato.
correlation [kɒrəˈleɪʃən] *n* correlación *f*.

correspond [kɒrɪsˈpɒnd]
1 *vi (match, be consistent)* corresponderse (**with**, con), concordar (**with**, con); *(be equivalent, be similar)* corresponder (**to**, a), equivaler (**to**, a): the two stories don't correspond las dos versiones no concuerdan.
2 *vi (write)* escribirse (**with**, con), mantener correspondencia (**with**, con).

correspondence [kɒrɪsˈpɒndəns]
1 *n (agreement, similarity)* correspondencia.
2 *n (letters)* correo, correspondencia.
▪ **correspondence course** curso por correspondencia.

correspondent [kɒrɪsˈpɒndənt] *n* corresponsal *mf*: war correspondent corresponsal de guerra.
▪ **special correspondent** enviado,-a especial.

corresponding [kɒrɪsˈpɒndɪŋ] *adj (related)* correspondiente (**to**, a); *(equivalent)* equivalente (**to**, a).

correspondingly [kɒrɪˈspɒndɪŋlɪ] *adv (proportionately)* proporcionalmente, en proporción; *(as a result)* por consiguiente, en consecuencia; *(used as linker)* de la misma manera.

corridor [ˈkɒrɪdɔːʳ] *n* pasillo, corredor *m*.
✦ **the corridors of power** las altas esferas.

corroborate [kəˈrɒbəreɪt] *vt* corroborar.

corroboration [kərɒbəˈreɪʃən] *n* corroboración *f*.

corroborative [kəˈrɒbərətɪʌ] *adj* corroborativo,-a.

corrode [kəˈrəʊd]
1 *vt* corroer.
2 *vi* corroerse.

corrosion [kəˈrəʊʒən]
1 *n (process)* corrosión *f*.
2 *n (substance)* herrumbre *f*, orín *m*.
3 *n fig* ruina, destrucción *f*.

corrosive [kəˈrəʊsɪv]
1 *adj* CHEM corrosivo,-a.
2 *adj fig (fierce)* cáustico,-a, mordaz; *(destructive)* destructivo,-a, negativo,-a.

corrugated [ˈkɒrəgeɪtɪd] *adj (iron, paper)* ondulado,-a.

corrupt [kəˈrʌpt]
1 *adj (person, government, system, etc)* corrompido,-a, corrupto,-a; *(actions, morals, behaviour)* deshonesto,-a.
2 *adj (language, text, manuscript)* viciado,-a.
3 *vt (gen)* corromper; *(bribe)* sobornar.
4 *vt (language etc)* viciar.
5 *vi* corromper.
✦ **to become corrupted** corromperse.
▪ **corrupt practices** corrupción *f*.

corruption [kəˈrʌpʃən]
1 *n (gen)* corrupción *f*.
2 *n (of language)* deformación *f*.

corruptness [kəˈrʌptnəs] *n* corrupción *f*.

corset [ˈkɔːsɪt] *n* corsé *m*.

Corsica [ˈkɔːsɪkə] *n* Córcega.

Corsican [ˈkɔːsɪkən]
1 *adj* corso,-a.
2 *n* corso,-a.

cortege [kɔːˈteɪʒ] *n* cortejo.
▲ *También se escribe* **cortège**.

cortex [ˈkɔːteks] *n* corteza.

cortisone [ˈkɔːtɪzəʊn] *n* cortisona.

Corunna [kəˈrʌnə] *n* La Coruña.

cos[1] [kɒs] **cos (lettuce)** *n* lechuga romana.

cos[2] [ˈkəʊsaɪn] *abbr* (**cosine**) coseno; *(abbreviation)* cos.

cosh [kɒʃ]
1 *n* GB porra.
2 *vt* GB dar un porrazo a, aporrear.

cosine [ˈkəʊsaɪn] *n* MATH coseno.

cosmetic [kɒzˈmetɪk]
1 *adj (for skin, hair, etc)* cosmético,-a.
2 *adj (superficial)* superficial.
3 **cosmetics** *npl* cosméticos *mpl*, productos *mpl* de belleza.
▪ **cosmetic surgery** cirugía estética.

cosmic [ˈkɒzmɪk] *adj* cósmico,-a.

cosmonaut [ˈkɒzmənɔːt] *n* cosmonauta *mf*.

cosmopolitan [kɒzməˈpɒlɪtən] *adj* cosmopolita.

cosmos [ˈkɒzmɒs] *n* cosmos *m*.

Cossack [ˈkɒsæk]
1 *adj* cosaco,-a.
2 *n* cosaco,-a.

cosset [ˈkɒsɪt] *vt* mimar.

cost [kɒst]
1 *vt (have as a price)* costar, valer: how much does this book cost? ¿cuánto cuesta este libro?; it cost me ten pounds to send a telegram me costó diez libras enviar un telegrama; but it'll cost you pero te va a salir caro.
2 *vt (result in the loss of)* costar: it cost him his job le costó el trabajo; reckless driving costs lives conducir con imprudencia cuesta muchas vidas; her decision cost her dear pagó cara su decisión.
3 *vt (calculate cost of)* calcular el coste de.
4 *vi* costar, valer.
5 *n (price)* coste *m*, costo, precio; *(expense)* gasto: the cost of running a car los gastos de mantenimiento de un coche.
6 **costs** *npl* JUR costas *fpl*.
✦ **at all costs** a toda costa, a cualquier precio.
at cost price a precio de coste.
at no extra cost sin cargo adicional.
at the cost of something a costa de algo: at the cost of his own life a costa de su propia vida.
to cost an arm and a leg/cost the earth/cost a packet costar un ojo de

la cara, costar un riñón, costar una fortuna.
to cover one's costs cubrir los gastos.
to cut costs reducir (los) gastos.
to learn something to one's cost aprender algo por experiencia propia.
to pay costs JUR pagar las costas.
whatever the cost cueste lo que cueste.
▪ **cost of living** coste *m* de la vida.
▲ *pt & pp* **cost** [kɒst].

co-star [ˈkəʊstɑːʳ]
1 *n* coprotagonista *mf*.
2 *vt* coprotagonizar.
▲ *pt & pp* **co-starred**, *ger* **co-starring**.

Costa Rica [kɒstəˈriːkə] *n* Costa Rica.

Costa Rican [kɒstəˈriːkən]
1 *adj* costarricense.
2 *n* costarricense *mf*.

cost-effective [kɒstɪˈfektɪv] *adj* rentable.

costing [ˈkɒstɪŋ] *n* cálculo de costes.

costliness [ˈkɒstlɪnəs] *n* alto precio.

costly [ˈkɒstlɪ] *adj* costoso,-a.
▲ *comp* **costlier**, *superl* **costliest**.

cost-of-living index [ˈkɒstəvˈlɪvɪŋɪndeks] *n* índice *m* del coste de la vida.

costume [ˈkɒstjuːm]
1 *n* traje *m*.
2 **costumes** *npl* THEAT vestuario.
✦ **in full costume** con el traje de salir a escena.
▪ **bathing costume** bañador *m*, traje *m* de baño.
costume drama drama *m* de época.
costume jewellery bisutería.
costume party US fiesta de disfraces.
fancy-dress costume disfraz *m*.
swimming costume bañador *m*, traje *m* de baño.

cosy [ˈkəʊzɪ]
1 *adj (room, house, atmosphere)* acogedor,-ra: it's nice and cosy in here aquí se está muy bien.
2 *adj (chat)* íntimo,-a y agradable.
3 *adj pej (arrangement, deal)* de lo más conveniente.
4 *n (for teapot)* cubreteteras *m*; *(for boiled egg)* cubrehuevos *m*.
▲ *comp* **cosier**, *superl* **cosiest**.

cot [kɒt]
1 *n (for baby)* cuna.
2 *n* US *(camp bed)* cama de campaña.
▪ **cot death** muerte *f* súbita de un bebé.

cottage [ˈkɒtɪdʒ] *n* casita, casa de campo.
▪ **cottage cheese** queso fresco, queso cottage.
cottage hospital GB hospital *m* rural.
cottage industry industria casera.
cottage pie → **shepherd's pie**.

cotton [ˈkɒtən]
1 *n (cloth, plant)* algodón *m*.
2 *n (thread)* hilo (de coser).
3 *adj (shirt etc)* de algodón.

▸ **to cotton on** *vi* caer en la cuenta (**to**, de), darse cuenta (**to**, de).
■ **cotton bud** bastoncillo.
cotton candy *US* algodón *m* de azúcar.
cotton gin almarrá *m*.
cotton industry industria algodonera.
cotton plant algodonero.
cotton wool algodón *m* hidrófilo.

couch [kautʃ]
1 *n* (*sofa*) canapé *m*, sofá *m*; (*bed-like seat*) diván *m*.
2 *vt* expresar, formular.
■ **couch potato** teleadicto,-a.

couchette [kuːˈʃet] *n* litera.

cougar [ˈkuːgəʳ] *n* puma *m*.

cough [kɒf]
1 *n* tos *f*.
2 *vi* toser.
▸ **to cough up**
1 *vt sep fam* (*money*) soltar, aflojar.
2 *vt sep MED* escupir.
3 *vi fam* (*pay*) soltar la pasta, aflojar la pasta.
4 *vi sl* (*confess*) cantar.
✦ **to have a (bad) cough** tener (mucha) tos.
■ **cough medicine/cough mixture** jarabe *m* para la tos.
cough sweet/cough drop pastilla para la tos.

could [kud]
1 *pt* → **can.**
2 *aux* (*asking permission*) poder: could I ask you a question? ¿podría hacerte una pregunta?; could I use your 'phone? ¿me dejas llamar por teléfono?
3 *aux* (*requests*) poder: could I see the manager? ¿podría ver al director?; could you close the door, please? ¿te importa cerrar la puerta?
4 *aux* (*possibility*) poder: I could fit you in on Monday te podría hacer un hueco el lunes; it could rain podría llover; that could be why … quizá sea por eso que …; they could have missed the train puede que hayan perdido el tren; it could have dropped out of your bag a lo mejor se te ha caído del bolso; it couldn't have been Glen, he's on holiday no pudo ser Glen, está de vacaciones.
5 *aux* (*suggestions*) poder: you could always try next door podrías probar en la casa de al lado.
6 *aux* (*conditional use*): I'm so hungry I could eat a horse tengo tanta hambre que me comería un buey; honestly, I could have hit her de verdad, le hubiera pegado; you could have told me! ¡podías habérmelo dicho!
✦ **could do with something** necesitar algo: I could do with a coffee necesito un café; this towel could do with a wash hay que lavar esta toalla.

council [ˈkaunsəl]
1 *n* (*elected group*) consejo.
2 *n GB* (*of town, city*) ayuntamiento: he's on the council es concejal del ayuntamiento.
3 *n REL* concilio.
■ **council chamber** sala consistorial.
council estate *conjunto de viviendas propiedad del ayuntamiento alquiladas a bajo precio.*
council flat/council house *vivienda propiedad del ayuntamiento alquilada a bajo precio.*
council of war consejo de guerra.

councillor [ˈkaunsələʳ] *n* concejal,-la.

councilor [ˈkaunsələʳ] *n US* → **councillor.**

counsel [ˈkaunsəl]
1 *n* (*advice*) consejo.
2 *n JUR* abogado,-a.
3 *vt* (*advise*) aconsejar.
4 *vt* (*give professional advice*) orientar, aconsejar.
✦ **to keep one's own counsel** guardar silencio, reservarse la opinión.
to take counsel with somebody consultar con alguien.
■ **counsel for the defence** abogado,-a defensor,-ra.
counsel for the prosecution fiscal *mf.*

counselling [ˈkaunsəlɪŋ] *n* orientación *f.*

counsellor [ˈkaunsələʳ]
1 *n* (*adviser*) consejero,-a, asesor,-ra.
2 *n US* (*lawyer*) abogado,-a.

count¹ [kaunt] *n*
1 *n* (*act of counting*) recuento, cómputo; (*of votes*) escrutinio; (*total*) total *m*, suma: at the final count the liberals had won 98 seats en el recuento final los liberales habían ganado 98 escaños.
2 *n JUR* (*crime*) cargo.
3 *n* (*point in discussion, argument*) punto; (*way, reason*) motivo, razón *f.* I agree with you on both counts estoy de acuerdo contigo en los dos puntos.
4 *vt* (*gen*) contar: I'm going to count the money voy a contar el dinero; have you tried counting sheep? ¿has intentado contar ovejas?
5 *vt* (*include*) contar: there are five in our family, counting me somos cinco en nuestra familia, contándome a mí; there'll be 100 people, not counting the children seremos 100 personas, sin contar a los niños.
6 *vt* (*consider*) considerar: I count you among my best friends te cuento entre mis amigos íntimos.
7 *vi* (*enumerate*) contar: she can count up to 20 sabe contar hasta 20.
8 *vi* (*be valid*) contar, valer, importar: that doesn't count eso no cuenta, eso no vale; it's the thought that counts lo que importa es el detalle; you're the only one who counts eres el único que me importa.
▸ **to count against**
1 *vt insep* perjudicar.

2 *vt sep* tomar en cuenta, tener en cuenta.
to count down *vi* contar atrás.
to count in *vt sep fam* incluir, contar con: count me in! ¡yo me apunto!
to count on *vt insep* (*rely on*) contar con; (*depend on*) confiar en.
to count out
1 *vt sep* (*money, objects*) contar (uno por uno).
2 *vt sep* (*boxer*) declarar fuera de combate.
3 *vt insep fam* no incluir, no contar con.
✦ **don't count your chickens before they're hatched** no hay que vender la piel de oso (antes de cazarlo).
on the count of three! ¡a la de tres!
to be out for the count (*in boxing*) estar fuera de combate; (*be asleep*) estar frito,-a.
to count oneself lucky considerarse afortunado,-a.
to count the cost of something (*consider all likely effects*) considerar todos los posibles riesgos de algo; (*suffer consequences*) sufrir las consecuencias de algo.
to keep count of something llevar la cuenta de algo.
to lose count of something perder la cuenta de algo.
■ **blood count** recuento de hemoglobina.
count noun nombre *m* contable.
sperm count cuenta espermática.

count² [kaunt] *n* (*nobleman*) conde *m.*

countable [ˈkauntəbəl] *adj* contable.

countdown [ˈkauntdaun] *n* cuenta atrás: the countdown to the election la cuenta atrás para las elecciones.

countenance [ˈkauntənəns]
1 *n fml* (*face*) rostro, semblante *m.*
2 *n fml* (*support, approval*) aprobación *f.*
3 *vt fml* aprobar, dar aprobación a.
✦ **to give countenance to something** aprobar algo, dar aprobación a algo.
to keep one's countenance no perder la compostura, guardar la calma.

counter¹ [ˈkauntəʳ]
1 *n* (*in shop*) mostrador *m*; (*individual*) ventanilla.
2 *n* (*in board games*) ficha.
✦ **to be available over the counter** (*medicines*) poderse comprar sin receta médica.
under the counter bajo mano, clandestinamente.

counter² [ˈkauntəʳ] *n* (*apparatus*) contador *m.*

counter³ [ˈkauntəʳ]
1 *n SP* contraataque *m*, contragolpe *m.*
2 *adv* en contra (**to**, de).
3 *vt* (*claim, accusation*) rebatir, refutar; (*tendency, threat*) contrarrestar: we must counter the rise in violence hay que contrarrestar el aumento de violencia.

4 *vi* contestar, replicar: she countered that ... replicó que ...
+ **to act as a counter to something** contrarrestar algo.
to run counter to something ser contrario,-a a algo.
counteract [kaʊntə'rækt] *vt* contrarrestar.
counterattack ['kaʊntərətæk]
1 *n* contraataque *m*.
2 *vt* contraatacar.
3 *vi* contraatacar.
counterbalance ['kaʊntəbæləns]
1 *n* contrapeso (**to**, a).
2 *vt* contrapesar.
counterclockwise [kaʊntə'klɒkwaɪz]
1 *adj US* en sentido contrario a las agujas del reloj.
2 *adv US* en sentido contrario a las agujas del reloj.
counterespionage [kaʊntər'espɪənɑːʒ] *n* contraespionaje *m*.
counterfeit ['kaʊntəfɪt]
1 *adj* falso,-a, falsificado,-a.
2 *n* falsificación *f*.
3 *vt* falsificar.
counterfoil ['kaʊntəfɔɪl] *n* matriz *f*.
counterintelligence [kaʊntərɪn'telɪdʒəns] *n* contraespionaje *m*.
countermand [kaʊntə'mɑːnd]
1 *vt* contramandar.
2 *n* contraorden *f*.
countermeasure ['kaʊntəmeʒəʳ] *n* contramedida.
counteroffensive ['kaʊntərəfensɪv] *n* contraofensiva.
counterpane ['kaʊntəpeɪn] *n GB* cubrecama *m*.
counterpart ['kaʊntəpɑːt] *n* homólogo,-a: the President met his French counterpart el Presidente se reunió con su homólogo francés.
counterpoint ['kaʊntəpɔɪnt] *n MUS* contrapunto.
counterproductive [kaʊntəprə'dʌktɪv] *adj* contraproducente.
counter-revolution [kaʊntərevə'luːʃən] *n* contrarrevolución *f*.
counter-revolutionary [kaʊntərevə'luːʃənəri]
1 *adj* contrarrevolucionario,-a.
2 *n* contrarrevolucionario,-a.
▲ *pl counter-revolutionaries.*
countersign ['kaʊntəsaɪn]
1 *vt* refrendar.
2 *n* contraseña.
countess ['kaʊntəs] *n* condesa.
countless ['kaʊntləs] *adj* incontable, innumerable: on countless occasions en infinidad de ocasiones.
countrified ['kʌntrɪfaɪd] *adj* rústico,-a, rural.
country ['kʌntri]
1 *n* (*state, nation*) país *m*; (*people*) pueblo; (*native land*) país *m*, patria, tierra.

2 *n* (*rural area*) campo: she lives in a very big house in the country vive en una casa muy grande en el campo.
3 *n* (*region, area of land*) región *f*, zona, territorio: this is lion country, be careful esta es zona de leones, ten cuidado; the wooded country in the north is cooler la zona boscosa del norte es más fresca.
4 *n* **country (music)** *MUS* música country, country *m*.
5 *adj* (*rural - life, lane*) rural; (*- house*) de campo.
+ **to fight for one's country** luchar por la patria.
to go to the country celebrar elecciones generales.
■ **country dance** baile *m* regional.
country dancing los bailes *mpl* regionales.
country seat casa solariega.
▲ *pl countries; en 2 y 3 no tiene pl.*
countryfolk ['kʌntrɪfəʊk] *n* gente *f* del campo.
countryman ['kʌntrɪmən]
1 *n* (*man from country*) campesino.
2 *n* (*compatriot*) compatriota *m*.
countryside ['kʌntrɪsaɪd] *n* (*area*) campo, campiña; (*scenery*) paisaje *m*.
countrywoman ['kʌntrɪwʊmən]
1 *n* (*woman from country*) campesina.
2 *n* (*compatriot*) compatriota.
▲ *pl countrywomen* ['kʌntrɪwɪmɪn].
county ['kaʊntɪ] *n* condado.
■ **county council** *GB* ≈ municipio.
county court ≈ audiencia provincial.
county town capital *f* del condado.
▲ *pl counties.*
coup [kuː] *n* golpe *m*.
■ **coup d'état** golpe *m* de estado.
coup de grace golpe *m* de gracia.
coupé ['kuːpeɪ] *n* cupé *m*.
couple ['kʌpəl]
1 *n* (*two things*) par *m*; (*a few*) unos,-as: a couple of days un par de días; a couple of minutes unos minutos, un par de minutos.
2 *n* (*two people*) pareja.
3 *vt* (*gen*) conectar, acoplar; (*railway carriage*) enganchar, acoplar; (*names, people, events*) asociar.
4 *vi arch* (*mate*) aparearse.
+ **coupled with** junto con, unido a: no rainfall coupled with high temperatures has led to forest fires la falta de lluvia junto con las altas temperaturas ha provocado incendios forestales.
to have had a couple *fam* haber bebido más de la cuenta.
■ **a married couple** un matrimonio.
couplet ['kʌplɪt] *n* pareado.
coupling ['kʌplɪŋ]
1 *n* (*for railway carriages*) enganche *m*, acoplamiento.
2 *n arch* (*mating*) apareamiento.

coupon ['kuːpɒn]
1 *n COMM* (*for discount, free gift, etc*) cupón *m*, vale *m*.
2 *n* (*form to send off for information*) cupón *m*.
3 *n GB* (*for competition, football pools*) boleto.
courage ['kʌrɪdʒ] *n* coraje *m*, valor *m*, valentía.
+ **to have the courage of one's convictions** ser fiel a sus convicciones, tener el valor de atenerse a sus principios.
to lack the courage of one's convictions no ser consecuente con sus principios.
to pluck up courage to do something armarse de valor para hacer algo.
to take one's courage in both hands hacer de tripas corazón.
courageous [kə'reɪdʒəs] *adj* (*person*) valiente, corajudo,-a; (*act, decision*) valeroso,-a, de valor, de valentía; (*words*) valiente.
courgette [kʊə'ʒet] *n* calabacín *m*.
courier ['kʊərɪəʳ]
1 *n* (*messenger*) mensajero,-a.
2 *n* (*guide*) guía *mf* turístico,-a.
course [kɔːs]
1 *n* (*direction - gen*) curso, dirección *f*, (*of ship*) rumbo; (*of river*) curso: they were sailing a southerly course navegaban con rumbo sur.
2 *n fig* (*direction - person's life*) rumbo.
3 *n* (*way of acting, plan of action*) plan *m* de acción, línea de acción: we may have to adopt a similar course puede que tengamos que adoptar una línea parecida; what courses are open to us? ¿qué opciones tenemos?; your best course of action is to forget about it lo mejor que puedes hacer es olvidarlo; it's the only course of action open to us es lo único que podemos hacer.
4 *n* (*development, progress*) curso, marcha: in the course of time con el tiempo; the course of events la marcha de los acontecimientos; the course of history el curso de la historia; in the course of the meeting en el curso de la reunión.
5 *n EDUC* (*year-long*) curso; (*short*) cursillo; (*series*) ciclo; (*at university*) carrera; (*individual subject*) asignatura: the sociology course lasts three years la carrera de sociología es de tres cursos.
6 *n MED* serie *f*, tanda: a course of injections una tanda de inyecciones.
7 *n* (*of meal*) plato: a three-course meal una comida de dos platos y postre.
8 *n SP* (*for golf*) campo; (*racecourse*) hipódromo; (*stretch, distance*) curso, recorrido: obstacle course pista de obstáculos.
9 *n* (*of bricks*) hilada.
10 *vi* correr, fluir.

✦ **in due course** a su debido tiempo.
of course claro, desde luego, por supuesto, naturalmente: **yes, of course!** ¡claro que sí!; **of course not!** ¡claro que no!
to be off course perder el rumbo, desviarse del rumbo.
to be on course *(ship, plane)* seguir el rumbo; *(plan, company, etc)* ir encaminado,-a, llevar camino (**for**, de): **the government is on course for trouble with the unions** el gobierno lleva camino de tener problemas con los sindicatos.
to change course cambiar de rumbo.
to set course for poner rumbo a.
to take its course/run its course seguir su curso.
■ **course of treatment** *MED* tratamiento.
first course primer plato, entrante *m*.
refresher course *EDUC* cursillo de reciclaje.
second course segundo plato.
sweet course postre *m*.

court [kɔːt]
1 *n* *JUR (place, people)* tribunal *m*; *(building)* juzgado: **he had to appear in court** tuvo que comparecer ante el tribunal; **the court adjourned** el tribunal levantó la sesión; **silence in court!** ¡silencio!
2 *n (royal)* corte *f*: **at court** en la corte.
3 *n SP (tennis, squash, etc)* pista, cancha.
4 *n (courtyard)* patio.
5 *vt (woman)* cortejar, hacer la corte a; *(influential person)* tratar de ganarse el favor de, tratar de ganarse la aceptación de.
6 *vt (support, approval, popularity)* tratar de ganarse, buscar; *(favour, publicity)* buscar.
7 *vt (failure, disaster, death, danger)* exponerse a, buscarse.
8 *vi* tener novio, tener novia: **are you courting yet?** ¿ya tienes novio,-a?
✦ **to go to court** acudir a los tribunales.
to hold court *(entertain admirers)* estar rodeado,-a de admiradores.
to settle out of court llegar a un acuerdo antes de ir a juicio.
to take somebody to court llevar a alguien a juicio, llevar a alguien a los tribunales.
■ **court card** figura.
court case causa, juicio.
court jester bufón *m*.
court martial consejo de guerra.
court of inquiry comisión *f* de investigación.
court order orden *f* judicial.
court shoe zapato salón.
court usher ujier *mf*.
high court tribunal *m* supremo.

courteous [ˈkɜːtɪəs] *adj (person, behaviour)* cortés,-esa, fino,-a, educado,-a; *(thing)* cortés,-esa.

courtesy [ˈkɜːtəsɪ]
1 *n (good manners)* cortesía, educación *f*: **he didn't even have the courtesy to say thank you** ni siquiera tuvo la cortesía de dar las gracias.
2 *n (polite act or remark)* favor *m*, atención *f*.
✦ **(by) courtesy of** *(favour)* por gentileza de; *(permission)* con permiso de.
■ **courtesy call** visita de cortesía.
courtesy light *AUTO* luz *f* interior.
courtesy title tratamiento de cortesía.
courtesy visit visita de cortesía.
▲ *pl* **courtesies**.

courthouse [ˈkɔːthaʊs] *n* juzgado.

courtier [ˈkɔːtɪəʳ] *n* cortesano,-a.

courtly [ˈkɔːtlɪ] *adj* fino,-a, distinguido,-a.

court-martial [kɔːtˈmɑːʃəl] *vt* someter a consejo de guerra.

courtroom [ˈkɔːtruːm] *n* sala de justicia, tribunal *m*.

courtship [ˈkɔːtʃɪp]
1 *n (of people)* noviazgo.
2 *n (of animals)* cortejo.

courtyard [ˈkɔːtjɑːd] *n* patio.

cousin [ˈkʌzən] *n* primo,-a.
■ **first cousin** primo,-a hermano,-a.
second cousin primo,-a segundo,-a.

couture [kuːˈtʊəʳ] **(haute) couture** *n* alta costura.

cove [kəʊv] *n* cala, caleta, ensenada.

coven [ˈkʌvn] *n* aquelarre *m*.

covenant [ˈkʌvənənt] *n JUR (formal agreement)* convenio, pacto; *(clause)* cláusula, provisión *f*.

Coventry [ˈkɒvəntrɪ] **to send somebody to Coventry** *phr* hacer el vacío a alguien.

cover [ˈkʌvəʳ]
1 *n (lid)* tapa, cubierta.
2 *n (thing that covers - gen)* funda; *(- book)* forro, cubierta.
3 *n (outside pages - of book)* cubierta, tapa; *(- of magazine)* portada: **look who's on the front cover!** ¡mira quién sale en la portada!
4 *n (insurance)* cobertura.
5 *n (shelter, protection)* abrigo, protección *f*.
6 *n MIL* cobertura.
7 *n (front)* tapadera, pantalla; *(false identity)* identidad *f* falsa.
8 *n (substitution, reserve duty)* suplencia, sustitución *f*.
9 *n (envelope)* sobre *m*: **under plain cover** en sobre sin membrete.
10 *vt (place over - gen)* cubrir (**with**, de); *(- floor, wall)* revestir (**with**, de); *(- sofa)* tapizar; *(- cushion)* ponerle una funda a; *(- book)* forrar.
11 *vt (with lid, hands)* tapar.
12 *vt (hide)* tapar; *(mask)* disimular, ocultar, tapar.
13 *vt (extend over surface)* cubrir.
14 *vt (protect by shooting)* cubrir; *(aim gun at)* apuntar a.
15 *vt (financially)* cubrir: **do you think 50 pounds will cover it?** ¿crees que alcanzará con 50 libras?
16 *vt (insurance)* asegurar, cubrir: **are you covered against theft?** ¿estás asegurado contra robo?
17 *vt (deal with - book)* abarcar; *(- syllabus)* cubrir; *(- topic)* tratar; *(include)* incluir, comprender; *(provide for, take into account)* contemplar, tener en cuenta: **this book covers the period 1931-1936** este libro abarca el período de 1931-1936; **the regulations don't cover this case** las reglas no contemplan este caso.
18 *vt (of journalist)* cubrir, hacer un reportaje sobre.
19 *vt (travel - distance)* recorrer.
20 *vt SP (opponent)* marcar.
21 *vt MUS* versionar, hacer una versión de.
22 *vi (substitute for)* sustituir (**for**, a), suplir (**for**, a).
23 *vi (conceal truth)* encubrir (**for**, a).
24 **the covers** *npl (bedclothes)* las mantas *fpl*.
▶ **to cover up**
1 *vt sep (cover - gen)* cubrir; *(hide - facts, truth, scandal)* ocultar, tapar; *(- feeling, mistake, flaw)* disimular.
2 *vi (body)* abrigarse, taparse.
to cover up for *vt insep (person)* encubrir a.
✦ **to cover oneself (up)** cubrirse.
to cover one's tracks no dejar rastro.
to read something from cover to cover leer algo de cabo a rabo.
to take cover abrigarse, refugiarse, guarecerse, ponerse a cubierto.
under cover bajo cubierto.
under cover of darkness al abrigo de la oscuridad.
under separate cover por separado.
■ **cover charge** precio del cubierto.
cover girl chica de portada.
cover note *GB* seguro provisional.
cover story tema *m* de portada.
cover version *MUS* versión *f*.

coverage [ˈkʌvərɪdʒ]
1 *n (in press)* cobertura: **television coverage of the elections** cobertura televisiva de las elecciones; **the death of the Prime Minister got blanket coverage** la muerte del primer ministro recibió una cobertura exhaustiva.
2 *n (insurance)* cobertura.

coveralls [ˈkʌvərɔːlz] *npl US* → **overalls**.

covered [ˈkʌvəd] *adj (gen)* cubierto,-a (**in/with**, de); *(roofed)* cubierto,-a, techado,-a.
■ **covered market** mercado cubierto.
covered wagon carromato.

covering [ˈkʌvərɪŋ] *n (protective)* cubierta, envoltura; *(layer)* capa.
■ **covering letter** carta adjunta.

coverlet [ˈkʌvələt] *n* cubrecama *m*, colcha, cobertor *m*.

covert [ˈkʌvət] *adj* secreto,-a, disimulado,-a, encubierto,-a.

covertly [kəʊˈvɜːtlɪ] *adv* secretamente, encubiertamente.

cover-up [ˈkʌvərʌp] *n* encubrimiento: *accusations of a cover-up have been denied* se han desmentido las acusaciones de encubrimiento.

covet [ˈkʌvət] *vt* codiciar.

covetous [ˈkʌvətəs] *adj* codicioso,-a.

covetousness [ˈkʌvətəsnəs] *n* codicia.

cow¹ [kau]
1 *n (female adult of ox family)* vaca.
2 *n (female adult elephant, rhinoceros, whale, etc)* hembra.
3 *n GB fam pej* arpía, bruja: *silly cow!* ¡tonta!, ¡bruja!
✦ **until the cows come home** hasta el día del juicio final.

cow² [kau] *vt* intimidar, acobardar.

coward [ˈkauəd] *n* cobarde *mf*.

cowardice [ˈkauədɪs] *n* cobardía.

cowardliness [ˈkauədlɪnəs] *n* cobardía.

cowardly [ˈkauədlɪ] *adj* cobarde.

cowbell [ˈkaubel] *n* cencerro.

cowboy [ˈkaubɔɪ]
1 *n (gen)* vaquero.
2 *n GB fam pej (dishonest person)* estafador,-ra, timador,-ra.
■ **cowboy boots** botas *fpl* camperas, camperas *fpl*.

cower [ˈkauəʳ] *vi (cringe)* agacharse; *(in fear)* encogerse de miedo.

cowgirl [ˈkaugɜːl] *n* vaquera.

cowhide [ˈkauhaɪd] *n* piel *f* de vaca.

cowl [kaul]
1 *n (hood)* capucha.
2 *n (of chimney etc)* sombrerete *m*.

co-worker [ˈkəuwɜːkəʳ] *n (workmate)* compañero,-a de trabajo, colega *mf*; *(collaborator)* colaborador,-ra.

cowpat [ˈkaupæt] *n* boñiga.

cowshed [ˈkauʃed] *n* establo.

cowslip [ˈkauslɪp] *n* primavera, prímula.

cox [kɒks]
1 *n* timonel *mf*.
2 *vt* timonear.
3 *vi* timonear.

coy [kɔɪ] *adj (shy)* tímido,-a; *(affectedly demure)* recatado,-a, remilgado,-a; *(secretive)* evasivo,-a.

coyote [kaɪˈəutɪ] *n* coyote *m*.

cozy [ˈkəuzɪ] *adj US* → **cosy.**
▲ *comp* **cozier,** *superl* **coziest.**

CP [ˈsiːˈpiː] *abbr* (**Communist Party**) Partido Comunista; *(abbreviation)* PC *m*.

Cpl¹ [ˈkɔːpərəl] *abbr* (**corporal**) cabo.

cpu [ˈsiːˈpiːˈjuː] *abbr* (**central processing unit**) unidad *f* central de procesamiento; *(abbreviation)* cpu *f*.

crab [kræb] *n (shellfish)* cangrejo.
■ **crab stick** palito de cangrejo.

crab apple [ˈkræbæpəl] *n* manzana silvestre.

crabbed [ˈkræbɪd]
1 *adj (of writing)* apretado,-a.
2 *adj* → **crabby.**

crabby [ˈkræbɪ] *adj (irritable, bad-tempered)* rezongón,-ona, refunfuñón,-ona, irritable, malhumorado,-a.
▲ *comp* **crabbier,** *superl* **crabbiest.**

crack [kræk]
1 *vt (break - cup, glass, etc)* rajar; *(- bone)* fracturar, romper: *she's cracked a bone in her foot* se ha fracturado un hueso del pie.
2 *vt (break open - safe)* forzar; *(- egg)* cascar, romper; *(- nut)* cascar, partir; *(- bottle)* destapar, abrir, descorchar.
3 *vt (hit)* pegar, golpear: *he cracked his head on the pavement* se golpeó la cabeza contra el suelo.
4 *vt (whip)* hacer restallar, hacer chasquear; *(knuckles)* hacer crujir.
5 *vt fig (solve - problem)* solucionar, resolver, dar con la solución de; *(- code)* descifrar, dar con.
6 *vt (tell - joke)* contar.
7 *vi (break - cup, glass)* rajarse, resquebrarse; *(- rock, plaster, paint, skin)* agrietarse; *(- lips)* partirse, agrietarse.
8 *vi (whip)* restallar, chasquear; *(bone)* crujir.
9 *vi (voice)* cascarse, quebrarse.
10 *vi (relationship, system)* venirse abajo; *(person)* sufrir una crisis nerviosa; *(witness, suspect, spy)* no poder contenerse más, perder el control.
11 *n (in cup, glass)* raja; *(in ice, wall, ground, pavement, etc)* grieta.
12 *n (slit, narrow opening)* rendija.
13 *n (of whip)* restallido, chasquido; *(of shot)* estallido; *(of thunder)* estruendo; *(of bone)* crujido.
14 *n (blow)* golpetazo.
15 *n (wisecrack)* réplica aguda, comentario socarrón.
16 *n (attempt)* intento.
17 *n fig (defect)* defecto.
18 *n (drug)* crack *m*.
19 *adj (troops, regiment, shot)* de primera.
▶ **to crack down** *vi* tomar medidas enérgicas (**on**, contra), actuar con severidad (**on**, contra).
to crack up
1 *vi (person)* desquiciarse, venirse abajo, sufrir una crisis nerviosa.
2 *vi (burst out laughing)* partirse (de risa).
3 *vt sep (make laugh)* matar de risa.
✦ **at the crack of dawn** al amanecer.
not to be all something is cracked up to be no ser tan bueno,-a como se dice.
to crack a smile sonreír.
to crack the whip *fig* apretar las clavijas, apretar las tuercas.
to get cracking *(start working)* poner manos a la obra; *(hurry)* moverse.
to give somebody a fair crack of the whip darle una oportunidad a alguien.

to have a crack at something intentar algo.

crackbrained [ˈkrækbreɪnd] *adj fam (idea, scheme)* descabellado,-a; *(person)* chalado,-a, chiflado,-a.

crackdown [ˈkrækdaun] *n* medidas *fpl* enérgicas (**on**, contra).

cracked [krækt] *adj fam (mad, crazy)* chiflado,-a, chalado,-a, loco,-a.

cracker [ˈkrækəʳ]
1 *n (biscuit)* galleta seca.
2 *n (firework)* petardo, buscapiés *m*.
3 *n fam (attractive person)* pimpollo; *(woman)* bombón *m*; *(man)* guaperas *m*; *(thing)* chulada, maravilla: *that's a cracker of a bike!* ¡qué chulada de bici!; *her latest novel is a cracker* su última novela es buenísima.
■ **Christmas cracker** sorpresa detonante.

crackers [ˈkrækəz] *adj fam* chiflado,-a, chalado,-a, loco,-a.

cracking [ˈkrækɪŋ] *adj fam (shot, goal)* de primera, sensacional; *(pace)* muy rápido,-a.

crackle [ˈkrækəl]
1 *n (of twigs etc)* crujido, chasquido; *(of fire)* chisporroteo; *(of radio, telephone)* ruido, interferencia; *(of gunfire)* traqueteo.
2 *vi (twigs etc)* chasquear; *(fire)* chisporrotear, crepitar; *(radio, telephone)* hacer ruido.

crackling [ˈkrækəlɪŋ]
1 *n (skin of pork)* chicharrones *mpl*, cortezas *fpl* de cerdo.
2 *n (sound of fire)* chisporroteo.

crackpot [ˈkrækpɒt]
1 *n fam* chiflado,-a, chalado,-a.
2 *adj fam (idea etc)* excéntrico,-a, descabellado,-a.

cradle [ˈkreɪdəl]
1 *n (for baby)* cuna.
2 *n (for telephone)* soporte *m*.
3 *n (scaffold)* andamio volante; *(for ship)* basada.
4 *vt (baby)* acunar (en los brazos), mecer.
✦ **from the cradle to the grave** *(durante)* toda la vida.
the cradle of something *lit* la cuna de algo.
■ **cradle snatcher** asaltacunas *mf*.

craft [krɑːft]
1 *n (occupation)* oficio.
2 *n (art)* arte *m*; *(skill)* habilidad *f*, destreza.
3 *n (boat)* embarcación *f*.
4 *n* nave *f*.
5 *vt* trabajar.
■ **craft fair** feria artesanal, feria de artesanía.

craftily [ˈkrɑːftɪlɪ] *adv* astutamente, con astucia.

craftiness [ˈkrɑːftɪnəs] *n* astucia, picardía.

craftsman ['krɑːftsmən] n artesano.
▲ pl craftsmen ['krɑːftsmən].

craftsmanship ['krɑːftsmənʃɪp] n (skill) arte m, habilidad f, destreza; (signs of skill) artesanía.

craftswoman ['krɑːftswʊmən] n artesana.
▲ pl craftswomen ['krɑːftswɪmɪn].

crafty ['krɑːftɪ] adj (person) astuto,-a, taimado,-a, mañoso,-a; (child) pícaro,-a, pillo,-a; (method, idea, etc) hábil, artero,-a.
▲ comp craftier, superl craftiest.

crag [kræg] n peña, risco, peñasco.

craggy ['krægɪ]
1 adj GEOG (hills etc) peñascoso,-a, escarpado,-a.
2 adj fig (feature) (bien) marcado,-a; (face) de facciones (bien) marcadas.
▲ comp craggier, superl craggiest.

cram [kræm]
1 vt (stuff, fill) henchir (**with**, de), atestar (**with**, de), atiborrar (**with**, de): she crammed the sandwich into her mouth se embutió el bocadillo en la boca; they crammed six people into the car metieron a seis personas en el coche; the drawer was crammed with papers el cajón estaba atestado de papeles.
2 vi fam (learn for exam) empollar.
▲ pt & pp crammed, ger cramming.

cram-full [kræm'fʊl] adj fam atiborrado,-a, atestado,-a.

cramp[1] [kræmp]
1 n MED calambre m, rampa: I got (a) cramp me dio (una) rampa.
2 cramps npl (gen) retortijones mpl; (period pains) molestias fpl menstruales.

cramp[2] [kræmp] vt obstaculizar.
✦ to cramp somebody's style cortarle las alas a alguien.

cramp[3] [kræmp] cramp (iron) n grapa.

cramped [kræmpt]
1 adj (closed in, restricted) apretujado,-a, apretado,-a, estrecho,-a; (schedule) apretado,-a: it's very cramped in here hay muy poco espacio aquí; the cramped conditions in the office meant that they had to work shifts por la falta de espacio en la oficina tuvieron que trabajar por turnos.
2 adj (writing) apretado,-a.
✦ to be cramped for space tener muy poco sitio.

crampon ['kræmpɒn] n crampón m.

cranberry ['krænbərɪ] n arándano.
▲ pl cranberries.

crane [kreɪn]
1 n ZOOL grulla común.
2 n (machine) grúa.
3 vt (neck) estirar.
4 vi estirarse.
✦ crane fly típula.

cranium ['kreɪnɪəm] n cráneo.
▲ pl craniums o crania ['kreɪnɪə].

crank [kræŋk]
1 n (crankshaft) cigüeñal m.
2 n (starting handle) manivela.
3 n fam (person) maniático,-a, bicho raro.
4 n US (grouch) gruñón,-ona, cascarrabias mf.
5 crank (up) vt (car) arrancar con la manivela.

crankshaft ['kræŋkʃɑːft] n (árbol m del) cigüeñal m.

cranky ['kræŋkɪ]
1 adj fam (person - eccentric) chiflado,-a, excéntrico,-a, maniático,-a, raro,-a.
2 adj US (bad-tempered) malhumorado,-a.
3 adj (machine, apparatus, etc) poco fiable.
▲ comp crankier, superl crankiest.

cranny ['krænɪ] n grieta, ranura.
✦ in every nook and cranny en todos los rincones.
▲ pl crannies.

crap [kræp]
1 n fam (excrement) mierda; (act) cagada.
2 n fam (nonsense) estupideces fpl, gilipolleces fpl; (rubbish) porquerías fpl, basura, mierda: the film was a load of crap la película era una mierda.
3 adj fam malísimo,-a, de mierda: it's a crap job es una mierda de trabajo.
4 vi fam cagar.
✦ to have a crap cagar.
▲ pt & pp crapped, ger crapping.

crappy ['kræpɪ] adj fam malísimo,-a, de mierda.
▲ comp crappier, superl crappiest.

crash [kræʃ]
1 n (noise) estrépito; (of thunder) trueno, estallido.
2 n (collision) choque m, colisión f, accidente m: I had a slight crash tuve un pequeño accidente.
3 n COMM (collapse) quiebra.
4 vi (make loud noise) retumbar.
5 vi (fall noisily) chocar: the waves crashed against the rocks las olas chocaban contra las rocas; the building came crashing down el edificio se derrumbó estrepitosamente.
6 vi (collide) chocar (**into**, con/contra); (car, plane) estrellarse (**into**, contra): two cars crashed into each other dos coches chocaron.
7 vi COMM quebrar.
8 vi COMPUT fallar.
9 vi fam (stay the night) quedarse a dormir.
10 vt (smash - car) estrellar (**into**, contra): she crashed the car tuvo un accidente con el coche.
11 vt (make noise) hacer ruido con; (drop noisily) dejar caer estrepitosamente.
12 vt fam (party) colarse en.
▶ to crash out vi fam quedarse frito,-a, quedarse roque.
✦ crash! ¡cataplum!

■ car crash accidente m de coche.
crash barrier barrera de protección.
crash course curso intensivo.
crash diet régimen m muy estricto.
crash helmet casco, casco protector.

crashing bore ['kræʃɪŋ] n pelma mf, pelmazo, plomo mf, pesado,-a.

crash-land [kræʃ'lænd] vi hacer un aterrizaje forzoso.

crash-landing [kræʃ'lændɪŋ] n aterrizaje m forzoso.

crass [kræs] adj (remark, person) grosero,-a; (error) craso,-a, garrafal; (stupidity) extremo,-a; (ignorance) supino,-a.

crate [kreɪt]
1 n caja, cajón m (para embalar).
2 vt embalar.

crater ['kreɪtər] n cráter m.

cravat [krə'væt] n pañuelo de hombre para el cuello.

crave [kreɪv] vt (admiration, attention) ansiar, tener ansias de.
✦ to crave for something (gen) morirse de ganas de algo; (in pregnancy) tener antojo de algo.

craving ['kreɪvɪŋ] n (gen) ansia (**for**, de), ansias fpl (**for**, de); (in pregnancy) antojo (**for**, de).

crawfish ['krɔːfɪʃ] n → crayfish.

crawl [krɔːl]
1 vi (move slowly - person, snake) arrastrarse; (- baby) gatear, andar a gatas; (- insect) andar: she felt an insect crawling along her arm notó cómo un insecto le subía por el brazo.
2 vi (car, traffic) avanzar lentamente, ir a paso de tortuga.
3 vi (be covered with, be full of) estar lleno,-a de, estar plagado,-a de: the town was crawling with tourists la ciudad estaba llena de turistas.
4 vi fam pej (try to gain favour) arrastrarse (**to**, ante), rebajarse (**to**, ante), humillarse (**to**, ante).
5 n SP (in swimming) crol m.
✦ to do the crawl nadar a crol.
to make somebody's flesh crawl ponerle los pelos de punta a alguien.
to move at a crawl avanzar muy lentamente, ir a paso de tortuga.

crawler ['krɔːlər] n fam pej (sycophant) pelota mf, cobista mf, adulador,-ra.

crayfish ['kreɪfɪʃ] n cangrejo de río.
▲ pl crayfish.

crayon ['kreɪɒn] n (charcoal) carboncillo; (chalk) pastel m, lápiz m pastel; (wax) lápiz m de cera.

craze [kreɪz] n (fashion) moda; (game, sport, hobby, etc) manía: the piercing craze la moda de hacerse agujeros en el cuerpo; tattoos are the latest craze los tatuajes son el último grito.

crazed [kreɪzd] adj (look, expression) de loco,-a; (person) enloquecido,-a.

✦ **to be crazed with something** estar enloquecido,-a por algo.
to become crazed enloquecer.
crazily ['kreɪzɪlɪ] adv como (un) loco.
craziness ['kreɪzɪnəs] n locura.
crazy ['kreɪzɪ] adj fam loco,-a: you must be crazy estás loco.
✦ **like crazy** como (un) loco.
to be crazy about somebody/something estar loco,-a por alguien/algo.
to drive somebody crazy volver loco,-a a alguien.
to go crazy volverse loco,-a, enloquecer.
▪ **crazy paving** GB enlosado (de diseño irregular).
▲ comp **crazier**, superl **craziest**.
creak [kriːk]
1 vi (floorboard, stairs, joints) crujir, hacer un crujido; (door, hinge) chirriar.
2 n (of floorboards, boots, joints) crujido; (of door, hinge) chirrido.
creaky ['kriːkɪ] adj (floorboard, bed, stairs) que cruje; (door, hinge) que chirría, chirriante.
▲ comp **creakier**, superl **creakiest**.
cream [kriːm]
1 n (of milk) nata, crema (de leche).
2 n (cosmetic) crema; (medical) pomada, crema.
3 n (colour) color m crema.
4 adj crema, (de) color crema.
5 vt CULIN (beat) batir.
6 **the cream** n fig la crema, la flor y nata.
▸ **to cream off** vt sep fig seleccionar.
▪ **cream cake** (individual) pastelito de nata; (large) tarta de nata, pastel m de nata.
cream cheese queso cremoso, queso para untar.
cream cracker galleta salada.
cream of ... soup crema de ...: cream of mushroom soup crema de champiñones.
creamed potatoes puré m de patatas.
cream soda refresco con sabor a vainilla.
cream tea GB merienda (consistente en té con bollos, pastelitos, mermelada y nata montada).
hand cream crema para las manos.
suntan cream bronceador m.
whipped cream nata montada.
creamer ['kriːmə']
1 n (powdered milk) leche f en polvo.
2 n US (container) jarrito.
creamery ['kriːmərɪ] n (shop) lechería, mantequería; (factory) fábrica de productos lácteos.
▲ pl **creameries**.
creamy ['kriːmɪ] adj (like cream) cremoso,-a; (containing cream) con nata.
▲ comp **creamier**, superl **creamiest**.
crease [kriːs]
1 n (wrinkle) arruga; (fold) pliegue m; (ironed) raya.
2 n SP (in cricket) línea.

3 vt (make wrinkled) arrugar; (fold) doblar, plegar; (with iron) hacer la raya.
4 vi arrugarse.
▸ **to crease up**
1 vi GB fam partirse (de risa).
2 vt sep GB fam matar de risa.
create [kriː'eɪt]
1 vt (make - gen) crear.
2 vt (cause - sensation, impression) producir, causar; (- difficulty, problem) crear, causar; (- fuss, scandal) armar.
3 vt (invest) nombrar.
4 vi GB fam armar (un) jaleo.
✦ **to create a diversion** distraer la atención.
creation [kriː'eɪʃən] n creación f.
creative [kriː'eɪtɪv] adj creativo,-a: creative writing creación literaria.
▪ **creative accounting** manipulación f de las cuentas.
creativity [kriːeɪ'tɪvətɪ] n creatividad f.
creator [kriː'eɪtə'] n creador,-ra.
creature ['kriːtʃə']
1 n (animal) criatura.
2 n (human being) ser m.
✦ **to be a creature of habit** ser un animal de costumbres.
▪ **creature comforts** comodidades fpl.
crèche [kreʃ] n GB guardería.
credence ['kriːdəns] n crédito.
✦ **to add/lend credence to something** dar crédito a algo.
to give credence to something creer algo.
credentials [krɪ'denʃəlz]
1 npl (qualifications) credenciales fpl.
2 npl (documents) cartas fpl credenciales.
credibility [kredɪ'bɪlətɪ] n credibilidad f.
▪ **credibility gap** falta de credibilidad.
credible ['kredɪbəl] adj creíble.
credit ['kredɪt]
1 n (praise, approval) mérito, reconocimiento: I can't claim all the credit el mérito no es solo mío.
2 n (cause of honour) honor m: our nurses do the hospital credit nuestras enfermeras hacen honor al hospital.
3 n (belief, trust, confidence) crédito.
4 n FIN (gen) crédito; (in accountancy) haber m; (on statement) saldo acreedor.
5 n EDUC crédito.
6 vt (believe) creer, dar crédito a.
7 vt FIN abonar, acreditar.
8 **credits** npl (of film, programme) ficha técnica.
▸ **to credit with** vt sep atribuir.
✦ **credit where credit's due** reconocimiento al mérito.
"No credit given" "No se fía".
on credit a crédito.
to be a credit to somebody/something hacer honor a alguien/algo: your son is a credit to you puedes estar orgulloso de su hijo, su hijo le hace honor.

to be in credit tener saldo positivo.
to buy something on credit comprar algo a crédito.
to give somebody credit for something reconocer a alguien el mérito por algo: he was given no credit for the work he did no le reconocieron el trabajo que hizo.
to have something to one's credit tener algo a sus espaldas.
to somebody's credit dicho sea en honor de alguien.
to take credit for something atribuirse el mérito de algo: his boss took all the credit for the slogan su jefe se atribuyó el mérito de haber ideado el eslogan.
▪ **credit account** cuenta a crédito.
credit and debit debe y haber m.
credit balance saldo positivo.
credit card tarjeta de crédito.
credit note vale m de devolución.
credit squeeze restricciones fpl al crédito.
credit terms facilidades fpl de pago.
interest-free credit crédito sin intereses.
creditable ['kredɪtəbəl] adj loable, digno,-a de crédito, encomiable, meritorio,-a.
creditor ['kredɪtə'] n acreedor,-ra.
creditworthy ['kredɪtwɜːðɪ] adj solvente.
credo ['kriːdəʊ] n credo.
▲ pl **credos**.
credulity [krɪ'djuːlətɪ] n credulidad f.
credulous ['kredjələs] adj crédulo,-a.
creed [kriːd] n credo.
creek [kriːk]
1 n GB cala.
2 n US riachuelo, arroyo.
✦ **to be up shit creek without a paddle** sl estar jodido,-a.
to be up the creek estar en un apuro.
creel [kriːl] n nasa.
creep [kriːp]
1 vi (move quietly) moverse sigilosamente, deslizarse.
2 vi (move with the body close to the ground) arrastrarse, reptar.
3 vi (move slowly) moverse poco a poco, ir muy despacio: the traffic crept along el tráfico iba a paso de tortuga.
4 vi (plants, vine) trepar.
5 vi fig (slip in) introducirse, deslizarse: new words creep into the language all the time nuevas palabras se introducen en el idioma continuamente; mistakes creep in when you're tired se deslizan errores cuando estás cansado.
6 n fam pej (crawler) pelota mf, pelotillero,-a; (unpleasant person) ser m repulsivo.
✦ **to creep down/creep up** bajar sigilosamente/subir sigilosamente: they crept downstairs bajaron la escalera

sigilosamente; inflation has crept up to 15% la inflación ha alcanzado un 15%.

to creep in/creep out entrar sigilosamente/salir sigilosamente.

to creep up on somebody/something sorprender a alguien: he crept up behind me me sorprendió por detrás; old age creeps up on us envejecemos sin darnos cuenta.

to give somebody the creeps dar asco a alguien, ponerle la piel de gallina a alguien.

▲ pt & pp **crept** [krept].

creeper ['kri:pə'] n (planta) trepadora.

creeping ['kri:pɪŋ] adj progresivo,-a.

■ **creeping paralysis** parálisis f progresiva.

creepy ['kri:pɪ] adj escalofriante, espeluznante.

▲ comp **creepier**, superl **creepiest**.

creepy-crawly [kri:pɪ'krɔ:lɪ] n fam bicho.

cremate [krɪ'meɪt] vt incinerar.

cremation [krɪ'meɪʃən] n incineración f.

crematorium [kremə'tɔ:rɪəm] n (horno) crematorio.

▲ pl **crematoriums** o **crematoria**.

crème [krem] n crema.

■ **crème caramel** flan m.
crème de la crème la flor y nata.
crème de menthe crema de menta.

creole ['kri:əʊl]

1 n (language) criollo.
2 **Creole** n (person) criollo,-a.
3 **Creole** adj criollo,-a.

creosote ['krɪəsəʊt] n creosota.

crepe [kreɪp]

1 n (fabric) crepé m, crespón m.
2 n (rubber) crepé m.
3 n (pancake) crepe m.

■ **crepe paper** papel m crespón.
crepe rubber crepé m.

creperie ['kreɪpərɪ] n crepería.

crept [krept] pt & pp → **creep**.

crescendo [krɪ'ʃendəʊ]

1 n MUS crescendo.
2 n fig punto culminante.

▲ pl **crescendos** o **crescendi** [krɪ'ʃendɪ].

crescent ['kresənt]

1 n (shape) medialuna.
2 n (street) calle f en forma de medialuna.
3 adj creciente.

■ **crescent moon** luna creciente.

cress [kres] n berro.

crest [krest]

1 n (of cock) cresta; (of helmet) penacho, cimera.
2 n (of hill) cima, cumbre f, (of wave) cresta.
3 n (insignia) blasón m.

✦ **on the crest of a wave** en la cresta de la ola.

crested ['krestɪd]

1 adj (notepaper) con timbre.
2 adj (of bird) con cresta.

crestfallen ['krestfɔ:lən] adj abatido,-a, desanimado,-a, alicaído,-a.

Cretan ['kri:tən] adj cretense.

Crete [kri:t] n Creta.

cretin ['kretɪn]

1 n (stupid person) cretino,-a, imbécil mf.
2 n MED cretino,-a.

cretinous ['kretɪnəs] adj cretino,-a.

crevasse [krə'væs] n grieta, fisura.

crevice ['krevɪs] n grieta, raja, hendedura.

crew[1] [kru:]

1 n (of ship etc) tripulación f.
2 n (working team) equipo.
3 n SP (rowing team) equipo de remo.
4 n fam (gang) banda, pandilla: a motley crew una banda variopinta; ground crew personal m de tierra.

■ **camera crew** equipo de filmación.
crew cut (hair style) corte m al rape.
crew member miembro de la tripulación, tripulante mf.
crew neck (on sweater) cuello redondo.
film crew equipo de rodaje.

crew[2] [kru:] pt → **crow**.

crib [krɪb]

1 n (manger) pesebre m; (Nativity scene) belén m, pesebre m.
2 n (for baby) cuna.
3 n (for cheating) chuleta; (copied answer) copia.
4 vt plagiar, copiar.
5 vi copiar.

■ **crib note** chuleta.

▲ pt & pp **cribbed**, ger **cribbing**.

crick [krɪk]

1 n (in neck) tortícolis f.
2 vt hacer un mal gesto con.

cricket[1] ['krɪkɪt] n (insect) grillo.

cricket[2] ['krɪkɪt]

1 n SP cricket m.
2 adj de cricket.

✦ **that's not cricket** eso no se hace.

cricketer ['krɪkɪtə'] n SP jugador,-ra de cricket.

cried [kraɪd] pp → **cry**.

crikey ['kraɪkɪ] interj ¡caramba!, ¡ostras!

crime [kraɪm]

1 n (act, offence) delito, crimen m; (lawbreaking, criminal activity) delincuencia: a life of crime una vida de delincuencia.
2 n fam (sin) crimen m, pecado.

✦ **crime doesn't pay** no hay crimen sin castigo.
to commit a crime cometer un delito.
to prevent crime prevenir la criminalidad.

■ **crime fiction** novelas fpl policíacas.
crime rate índice m de criminalidad.
crime wave ola delictiva.

criminal ['krɪmɪnəl]

1 adj (case, organization) criminal; (act, behaviour) delictivo,-a.
2 adj (law) penal.
3 adj (disgraceful) vergonzoso,-a, criminal.
4 n delincuente mf, criminal mf.

■ **criminal court** juzgado de lo penal.
criminal damage delito(s) contra la propiedad.
Criminal Investigation Department Brigada de Investigación Criminal.
criminal law derecho penal.
criminal lawyer abogado,-a criminalista, abogado,-a penalista.
criminal negligence negligencia criminal.
criminal offence delito.
criminal offender infractor,-ra.
criminal record antecedentes mpl penales, penales mpl.

criminologist [krɪmɪ'nɒlədʒɪst] n criminólogo,-a.

criminology [krɪmɪ'nɒlədʒɪ] n criminología.

crimp [krɪmp] vt (hair) rizar, ondular; (cloth, paper) plisar.

crimson ['krɪmzən]

1 adj carmesí.
2 n carmesí m.

cringe [krɪndʒ]

1 vi (cower) encogerse, agacharse; (in fear) encogerse de miedo.
2 vi pej (without self-respect) rebajarse (**before/to**, ante), arrastrarse (**before/to**, ante).
3 vi (with embarrassment) morirse de vergüenza: I cringed at the thought of meeting his parents me moría de vergüenza solo de pensar en conocer a sus padres.

crinkle ['krɪŋkəl]

1 n arruga.
2 vt arrugar.
3 vi arrugarse.

crinkle-cut ['krɪŋkəlkʌt] adj ondulado,-a.

crinkly ['krɪŋkəlɪ] adj (cloth, paper) arrugado,-a; (hair) rizado,-a.

▲ comp **crinklier**, superl **crinkliest**.

crinoline ['krɪnəlɪn] n crinolina.

cripple ['krɪpəl]

1 n lisiado,-a, tullido,-a.
2 vt (person) dejar cojo,-a, lisiar: she was crippled for life quedó lisiada de por vida.
3 vt fig (industry, country) paralizar.

crippled ['krɪpəld] adj lisiado,-a, tullido,-a.

crippling ['krɪpəlɪŋ]

1 adj (pain) atroz; (attack, disease) que deja lisiado,-a.
2 adj fig (debts, costs, prices) agobiante.

crisis ['kraɪsɪs] n crisis f: economic crisis crisis económica; housing crisis crisis de la vivienda; cabinet crisis crisis ministerial.

✦ **to reach crisis point** hacer crisis.
▲ pl *crises* ['kraɪsi:z].

crisp [krɪsp]
1 adj *(pastry, biscuits, etc)* crujiente; *(lettuce)* fresco,-a; *(paper, banknote)* nuevo, -a; *(clothes etc)* recién planchado,-a.
2 adj *(weather, air)* frío,-a y seco,-a; *(snow)* crujiente.
3 adj *(of curls)* apretado,-a; *(of hair)* muy rizado,-a.
4 adj *(style, manner, reply, answer, speech)* directo,-a, escueto,-a, resuelto,-a; *(picture)* nítido,-a.
5 n GB patata frita *(de bolsa o churrería)*.

crispbread ['krɪspbred] n biscote m delgado y crujiente.

crisply ['krɪsplɪ] adv *(say)* resueltamente, decididamente.

crispy ['krɪspɪ] adj crujiente.
▲ comp *crispier*, superl *crispiest*.

crisscross ['krɪskrɒs]
1 vt entrecruzar.
2 vi entrecruzarse.
3 adj entrecruzado,-a.
4 adv de forma entrecruzada.

criterion [kraɪ'tɪərɪən] n criterio.
▲ pl *criteria*.

critic ['krɪtɪk]
1 n *(reviewer)* crítico,-a.
2 n *(negative person)* criticón,-ona.

critical ['krɪtɪkəl]
1 adj *(analysis, essay, work, etc)* crítico,-a.
2 adj *(negative, finding fault)* criticón,-ona, quisquilloso,-a.
3 adj *(decisive, crucial, very serious)* crítico,-a: **he's in a critical condition** se encuentra en estado crítico.
✦ **to be critical of something/somebody** criticar algo/a alguien.
to be very critical ser dado,-a a las críticas.
to go critical *(of nuclear reactor)* iniciar una reacción en cadena.
to receive critical acclaim recibir buenas críticas.
■ **critical temperature** temperatura crítica.

critically ['krɪtɪklɪ]
1 adv *(look)* con ojo crítico; *(speak)* en tono de crítica; *(analyse)* desde un punto de vista crítico.
2 adv *(ill)* gravemente; *(important)* fundamentalmente.

criticism ['krɪtɪsɪzəm] n crítica: **she can't take criticism** no soporta que la critiquen.
■ **literary criticism** crítica literaria.

criticise ['krɪtɪsaɪz] vt → **criticize.**

criticize ['krɪtɪsaɪz]
1 vt *(express disapproval)* criticar.
2 vt *(film, play, etc)* criticar, hacer la crítica de.

critique [krɪ'ti:k] n crítica.

croak [krəuk]
1 n *(of raven)* graznido; *(of frog)* canto.
2 n *(of person)* voz f ronca.

3 vi *(raven)* graznar; *(frog)* croar.
4 vi *(person)* hablar con voz ronca.
5 vi sl *(die)* estirar la pata, diñarla.
6 vt *(person)* decir con voz ronca.

Croat ['krəuæt]
1 adj croata.
2 n *(person)* croata mf.
3 n *(language)* croata m.

Croatia [krəu'eɪʃə] n Croacia.

Croatian [krəu'eɪʃən]
1 adj croata.
2 n *(person)* croata mf.
3 n *(language)* croata m.

crochet ['krəuʃeɪ]
1 n ganchillo.
2 vi hacer ganchillo.
3 vt hacer a ganchillo.
■ **crochet hook** aguja de ganchillo.

crock¹ [krɒk]
1 n *(earthenware pot)* cántaro, vasija de barro.
2 **crocks** npl *(crockery)* vajilla f sing.

crock² [krɒk] n GB fam *(old car)* trasto, cacharro; *(old person)* carca mf, carroza mf.

crockery ['krɒkərɪ] n loza, vajilla.

crocodile ['krɒkədaɪl]
1 n ZOOL cocodrilo.
2 n GB fam *(line)* fila (de dos en dos).
✦ **crocodile tears** lágrimas de cocodrilo.

crocus ['krəukəs] n azafrán m.

croissant ['krwɑ:sɒŋ] n croissant m, cruasán m.

crone [krəun] n pej vieja, bruja.

crony ['krəunɪ] n fam compinche mf, amigote mf.
▲ pl *cronies*.

crook [kruk]
1 n *(of shepherd)* cayado, gancho; *(of bishop)* báculo.
2 n fam *(criminal)* sinvergüenza mf, caco, delincuente mf; *(cheat, dishonest person)* estafador,-ra, timador,-ra.
3 n *(bend, curve - in river, path)* curva; *(- in arm)* parte f interior del codo.
4 vt *(finger, arm)* doblar.

crooked ['krukɪd]
1 adj *(not straight - stick, picture)* torcido,-a; *(- path, road)* tortuoso,-a, sinuoso,-a.
2 adj fam *(person, deal, etc)* deshonesto,-a, corrupto,-a.

croon [kru:n]
1 vt canturrear.
2 vi canturrear.

crooner ['kru:nər] n cantante mf melódico,-a, cantante mf de música ligera.

crop [krɒp]
1 n *(plant)* cultivo; *(harvest)* cosecha: **their main crops are corn and wheat** sus cultivos principales son el maíz y el trigo; **a bumper crop** una cosecha récord.
2 n *(group, batch)* tanda.
3 n *(hairstyle)* corte m al rape; *(haircut)* pelo al rape.
4 n *(of bird)* buche m.

5 n *(whip)* fusta.
6 vt *(grass, plants)* pacer, pastar; *(hair)* cortar al rape, rapar; *(horse's tail, ears)* cortar.
7 vi *(of plants, fields)* darse.
▶ **to crop up** vi *(happen, appear)* surgir.
■ **crop rotation** rotación f de cultivos.
crop spraying fumigación f de cultivos.
▲ pt & pp *cropped*, ger *cropping*.

cropper ['krɒpər] n *(plant)* planta.
✦ **to come a cropper** *(fall over)* darse un porrazo, pegarse un porrazo; *(fail)* fracasar.

croquet ['krəukeɪ] n croquet m.

croquette [krəu'ket] n croqueta.

crosier ['krəuzɪər] n báculo.

cross [krɒs]
1 n *(gen)* cruz f.
2 n BIOL *(hybrid)* cruce m.
3 n fig *(mixture)* mezcla, cruce m: **it's a cross between heavy rock and rap es** una mezcla de rock duro y rap.
4 n SP *(in football)* pase m cruzado.
5 n SEW sesgo: **cut on the cross** cortado al sesgo.
6 n *(source of worry etc)* cruz f: **we all have our cross to bear** todos llevamos nuestra cruz.
7 vt *(street, river, bridge, etc)* cruzar, atravesar; *(arms, legs)* cruzar.
8 vt *(cheque)* cruzar.
9 vt BIOL *(animal, plant)* cruzar.
10 vt *(thwart - person)* contrariar; *(- plans, wishes)* frustrar.
11 vt SP *(pass - ball)* cruzar.
12 vi *(walk across)* cruzar (**over**, -); *(intersect, pass each other)* cruzarse: **they crossed into Spain** pasaron la frontera a España.
13 adj *(angry)* enojado,-a, enfadado,-a, furioso,-a: **he makes me so cross** me da tanta rabia.
14 adj *(transverse)* cruzado,-a, transversal; *(winds)* lateral.
▶ **to cross off/cross out** vt sep tachar.
✦ **cross my heart (and hope to die)** te lo juro.
fingers crossed con los dedos cruzados.
to cross one's mind ocurrírsele a uno: **it has crossed my mind that ...** se me ha ocurrido que ...
to cross oneself santiguarse, persignarse, hacer la señal de la cruz.
to cross swords with somebody pelearse con alguien, reñir con alguien.
to get cross about something enfadarse por algo.
to have/get a crossed line *(on phone)* haberse cruzado las líneas.
to have/get one's lines/wires crossed no hablar de lo mismo.

crossbar ['krɒsbɑ:r] n *(of goal)* travesaño, larguero; *(of bicycle)* barra.

crossbeam ['krɒsbi:m] n viga transversal.

crossbow [ˈkrɒsbəʊ] n ballesta.

crossbred [ˈkrɒsbred] adj híbrido,-a.

crossbreed [ˈkrɒsbriːd]
1 vt cruzar.
2 n cruce m.
▲ pt & pp crossbred [ˈkrɒsbred].

crosscheck [ˈkrɒstʃek]
1 vt comprobar por otro sistema, verificar por otro sistema.
2 n comprobación f (on, de), verificación f (on, de).

cross-country [krɒsˈkʌntrɪ]
1 adj (running, drive, route) campo (a) través, a campo traviesa; (skiing) de fondo.
2 adv campo (a) través, a campo traviesa.
■ cross-country race cross m.
▲ pl cross-countries.

cross-dressing [krɒsˈdresɪŋ] n travestismo.

cross-examination [krɒsɪgzæmɪˈneɪsən] n interrogatorio.

cross-examine [krɒsɪgˈzæmɪn] vt interrogar.

cross-eyed [ˈkrɒsaɪd] adj bizco,-a.

crossfire [ˈkrɒsfaɪəʳ] n MIL fuego cruzado.
✦ to be caught in the crossfire fig estar entre dos fuegos.

crossing [ˈkrɒsɪŋ]
1 n MAR travesía.
2 n (intersection, crossroads) cruce m.
■ border crossing paso fronterizo.

cross-legged [krɒsˈlegɪd] adj con las piernas cruzadas.

crossly [ˈkrɒslɪ] adv de mal humor, enojado,-a, enfadado,-a.

cross-purposes [krɒsˈpɜːpəsɪz] to be at cross-purposes phr hablar de cosas distintas.

cross-reference [krɒsˈrefərəns]
1 n remisión f.
2 vt remitir.

crossroads [ˈkrɒsrəʊdz] n encrucijada, cruce m.

cross-section [ˈkrɒssekʃən]
1 n (drawing) sección f, corte m transversal.
2 n (representative part, group) muestra representativa.

crosswind [ˈkrɒswɪnd] n viento lateral.

crosswise [ˈkrɒswaɪz] adv de través, transversal.

crossword [ˈkrɒswɜːd] **crossword (puzzle)** n crucigrama m.

crotch [krɒtʃ] n entrepierna.

crotchet [ˈkrɒtʃɪt] n MUS negra.

crotchety [ˈkrɒtʃɪtɪ] adj fam cascarrabias, malhumorado,-a, gruñón,-ona.

crouch [kraʊtʃ] **crouch (down)** vi (person) agacharse, ponerse en cuclillas; (cat) agazaparse.

croup [kruːp] n MED crup m.

croupier [ˈkruːpɪəʳ] n crupier mf, crupié mf.

crouton [ˈkruːtɒn] n picatoste m.

crow¹ [krəʊ] n (bird) cuervo.
✦ as the crow flies en línea recta.
to eat crow US humillarse.
■ crow's-feet patas fpl de gallo.
crow's nest vigía, cofa.

crow² [krəʊ] vi (cock) cantar, cacarear; (baby) gorjear; (person) alardear, pavonearse.
✦ to crow about/over something alardear de algo, jactarse de algo.
▲ pt crowed o crew [kruː], pp crowed.

crowbar [ˈkrəʊbaːʳ] n palanca.

crowd [kraʊd]
1 n (large number of people) multitud f, muchedumbre f, gentío; (at match, concert, etc) público: a crowd gathered se formó una muchedumbre; the local derby drew a large crowd el derby atrajo mucho público; there were crowds of people había muchísima gente.
2 n (particular group) gente f, (clique) pandilla, grupo.
3 vt (fill) llenar, atestar, abarrotar; (cram) meter, apiñar.
4 vt fam (push, put pressure on) acosar, hostigar.
5 vi apiñarse, aglomerarse, agolparse: people crowded round her la gente se aglomeraba a su alrededor.
▶ to crowd out vt sep (keep out) desplazar, hacer salir.
✦ to follow the crowd/move with the crowd seguir a la mayoría, dejarse llevar por la corriente.
■ crowd control control m de multitudes.
crowd scene CINEM escena de masas.

crowded [ˈkraʊdɪd] adj atestado,-a de gente, abarrotado,-a de gente, concurrido,-a: the shops are crowded today hoy las tiendas están abarrotadas de gente.
✦ to get crowded llenarse de gente.

crown [kraʊn]
1 n (of king, queen) corona.
2 n ANAT (of head) coronilla; (of tooth) corona.
3 n (top - of hat, tree) copa; (- of hill) cima; (- of road) parte f central.
4 n GB (coin) corona.
5 vt (monarch) coronar.
6 vt (form top of, be on the top of) coronar, rematar.
7 vt (complete, conclude) coronar.
8 vt (tooth) poner una corona en.
9 vt fam (hit on head) dar un golpe en la cabeza a, dar un coscorrón a.
10 the Crown n la corona.
✦ to crown it all y para colmo.
■ crown court tribunal m superior.
crowned head testa coronada.
crown jewels joyas fpl de la corona.
crown prince príncipe m heredero.

crown princess princesa heredera.
crown prosecutor JUR fiscal mf.

crowning [ˈkraʊnɪŋ] adj (achievement, success) supremo,-a, final, mayor; (moment) culminante; (touch) último,-a.
✦ to be somebody's crowning glory coronar la belleza de alguien.

crucial [ˈkruːʃəl]
1 adj (critical) crucial, decisivo,-a, crítico,-a.
2 adj GB sl (excellent) guay.

crucible [ˈkruːsɪbəl] n crisol m.

crucifix [ˈkruːsɪfɪks] n crucifijo.

crucifixion [kruːsɪˈfɪkʃən] n crucifixión f.

crucify [ˈkruːsɪfaɪ]
1 vt (kill) crucificar.
2 vt fig (criticize severely) destrozar; (punish severely) matar; (beat easily) dar una paliza a.
▲ pt & pp crucified, ger crucifying.

crude [kruːd]
1 n (manners, style) tosco,-a, grosero,-a; (joke) grosero,-a, ordinario,-a.
2 n (oil) crudo,-a.
3 adj (tool, device) primitivo,-a, rudimentario,-a; (figure, amount) aproximado,-a.
4 n (oil) crudo.

crudely [ˈkruːdlɪ]
1 adv (speak etc) groseramente.
2 adv (make etc) de manera rudimentaria.

crudeness [ˈkruːdnəs]
1 n (of method, drawing, etc) crudeza, tosquedad f.
2 n (rude remark, act, etc) grosería, ordinariez f.

crudités [ˈkruːdɪteɪ] npl verduras fpl crudas.

crudity [ˈkruːdɪtɪ] n → crudeness.

cruel [ˈkruːəl] adj (gen) cruel; (winter) crudo,-a; (blow) duro,-a; (luck) malo,-a.
✦ to be cruel to somebody ser cruel con alguien.
you've got to be cruel to be kind quien bien te quiere te hará llorar.
▲ comp crueller, superl cruellest.

cruelly [ˈkʊəlɪ] adv cruelmente.

cruelty [ˈkruːəltɪ] n crueldad f (to, hacia).
▲ pl cruelties.

cruet [ˈkruːɪt] n (for vinegar) vinagrera; (for oil) aceitera.
■ cruet stand vinagreras fpl.

cruise [kruːz]
1 vi MAR (for pleasure) hacer un crucero; (in wartime) navegar, patrullar.
2 vi (travel at steady speed - car) ir, circular (a una velocidad constante y sin forzar el motor); (- plane) volar, desplazarse: we shall be cruising at a speed of 500 miles per hour nuestra velocidad de crucero será de 500 millas por hora.
3 vi sl (look for sexual partner) buscar plan, ir de ligue.
4 n MAR crucero.

✦ **to cruise to victory** lograr cómodamente la victoria.
to go on a cruise hacer un crucero.
■ **cruise missile** misil *m* de crucero.
cruiser [ˈkruːzəˈ]
1 *n (warship)* crucero.
2 *n (pleasure boat)* yate *m*.
cruising speed [ˈkruːzɪŋspiːd] *adj* velocidad *f* de crucero.
crumb [krʌm]
1 *n (of bread etc)* miga, migaja.
2 *n (of information, comfort, hope)* pizca.
3 crumbs *interj GB fam* ¡recórcholis!
crumble [ˈkrʌmbəl]
1 *vt (gen)* desmenuzar, deshacer; *(bread)* desmigar, desmigajar.
2 *vi (food)* desmenuzarse, deshacerse; *(cliff, building)* desmoronarse.
3 *vi fig (empire, support, marriage)* derrumbarse; *(hopes)* desvanecerse, derrumbarse, venirse abajo.
4 *n CULIN* compota de fruta cubierta de una masa de harina, mantequilla y azúcar.
crumbly [ˈkrʌmbəlɪ] *adj (gen)* que se deshace fácilmente; *(bread)* que se desmigaja.
▲ *comp* **crumblier,** *superl* **crumbliest.**
crummy [ˈkrʌmɪ] *adj* chungo,-a, malo, -a, horrible.
▲ *comp* **crummier,** *superl* **crummiest.**
crumpet [ˈkrʌmpɪt]
1 *n GB (cake)* bollo de forma aplastada y de cierto grosor que se come tostado.
2 *n GB sl pej (women)* tías *fpl* buenas.
crumple [ˈkrʌmpəl]
1 *vt (clothes)* arrugar; *(paper)* estrujar: he crumpled the letter up into a ball hizo una bola estrujando la carta.
2 *vi (clothes, material, face)* arrugarse; *(car)* abollarse.
crunch [krʌntʃ]
1 *vt (food)* mascar, ronzar.
2 *vt (with feet, tyres)* hacer crujir.
3 *vi (eat noisily)* mascar, ronzar (**on,** -); *(of snow etc)* crujir.
4 *n* crujido.
✦ **when it comes to the crunch** a la hora de la verdad.
crunchy [ˈkrʌntʃɪ] *adj* crujiente.
▲ *comp* **crunchier,** *superl* **crunchiest.**
crusade [kruːˈseɪd]
1 *n* cruzada.
2 *vi* hacer una cruzada (**against,** en contra) (**for,** a favor de), hacer una campaña (**against,** en contra), (**for,** a favor de).
crusader [kruːˈseɪdəˈ]
1 *n HIST* cruzado.
2 *n (campaigner)* defensor,-ra, paladín, -ina.
crush [krʌʃ]
1 *vt (squash - gen)* aplastar; *(squeeze)* estrujar, apretujar; *(- garlic)* machacar; *(- grapes)* prensar; *(- clothes)* arrugar: we crushed everyone into the car los apretujamos a todos en el coche.

2 *vt (smash, pound - gen)* triturar; *(- ice)* picar.
3 *vt (defeat)* aplastar; *(shock badly)* abatir: her hopes were crushed sus esperanzas se vieron destruidas.
4 *vi (material)* arrugarse.
5 *n (of people)* aglomeración *f:* there was a terrible crush at the front había una aglomeración horrible delante.
6 *n GB (soft drink)* refresco.
✦ **to have a crush on somebody** estar chiflado,-a por alguien.
■ **crush barrier** valla de protección.
crushing [ˈkrʌʃɪŋ] *adj (defeat, blow)* aplastante, abrumador,-ra; *(reply, remark, look)* demoledor,-ra, apabullante.
crust [krʌst]
1 *n (of bread)* corteza, cuscurro, costra; *(of pie)* pasta.
2 *n (of earth, snow)* corteza.
crustacean [krʌˈsteɪʃən] *n* crustáceo.
crusty [ˈkrʌstɪ]
1 *adj (bread, roll, pastry)* crujiente.
2 *adj fam (person)* brusco,-a, malhumorado,-a.
▲ *comp* **crustier,** *superl* **crustiest.**
crutch [krʌtʃ]
1 *n (for walking)* muleta: he's on crutches anda con muletas.
2 *n fig* apoyo.
3 *n GB* → **crotch.**
crux [krʌks] *n* quid *m,* meollo: the crux of the matter el quid de la cuestión.
cry [kraɪ]
1 *vt (shout, call)* gritar.
2 *vt (weep)* llorar.
3 *vi (shout, call)* gritar; *(of bird)* chillar, gritar.
4 *vi (weep)* llorar (**about/at/over,** por): she was crying with pain lloraba de dolor; he made me cry me hizo llorar; I feel like crying me entran ganas de llorar.
5 *n (shout, call)* grito; *(of bird)* chillido.
6 *n (weep)* llanto.
▶ **to cry down** *vt sep* despreciar.
to cry off *vi* echarse atrás.
to cry out *vi* gritar.
to cry out for *vt insep* pedir a gritos.
✦ **a cry for help** un grito/una llamada de socorro.
for crying out loud! ¡por el amor de Dios!
it's no use/good crying over spilt milk a lo hecho, pecho.
to be in full cry pedir a gritos.
to cry one's eyes/heart out llorar a lágrima viva, deshacerse en lágrimas.
to cry oneself to sleep llorar hasta quedarse dormido,-a.
to cry wolf llamar "al lobo", dar una falsa alarma.
to have a (good) cry desahogarse llorando.
▲ *(verbo)* *pt & pp* **cried,** *ger* **crying;** *(sustantivo)* *pl* **cries.**

crybaby [ˈkraɪbeɪbɪ] *n fam* llorón,-ona, llorica *mf.*
▲ *pl* **crybabies.**
crying [ˈkraɪɪŋ]
1 *n (weeping)* llanto, llorera.
2 *adj fig (need)* urgente, apremiante; *(injustice)* que clama al cielo: it's a crying shame es una vergüenza.
crypt [krɪpt] *n* cripta.
cryptic [ˈkrɪptɪk] *adj* enigmático,-a, críptico,-a.
crystal [ˈkrɪstəl]
1 *n* cristal *m.*
2 *adj (vase, ball)* de cristal; *(water)* cristalino,-a.
■ **crystal gazing** predicciones *fpl* del futuro mirando una bola de cristal.
crystal-clear [krɪstəlˈklɪəˈ] *adj (water)* cristalino,-a; *(meaning, evidence)* claro,-a, transparente, obvio,-a: she made it crystal-clear lo dejó muy claro.
crystalline [ˈkrɪstəlaɪn] *adj* cristalino,-a.
crystallise [ˈkrɪstəlaɪz] *vt* → **crystallize.**
crystallize [ˈkrɪstəlaɪz]
1 *vt (minerals)* cristalizar; *(fruit etc)* confitar, escarchar.
2 *vt fig (ideas, plans, etc)* materializar.
3 *vi (gen)* cristalizarse.
ct^1 [ˈkærət] *abbr* (**carat**) quilate *m; (abbreviation)* quil.
ct^2 [sent] *abbr* (**cent**) céntimo, centavo.
cu [ˈkjuːbɪk] *abbr* (**cubic**) cúbico,-a.
cub [kʌb]
1 *n ZOOL* cachorro,-a.
2 *n* **Cub (Scout)** (niño) explorador *m.*
Cuba [ˈkjuːbə] *n* Cuba.
Cuban [ˈkjuːbən]
1 *adj* cubano,-a.
2 *n* cubano,-a.
cubbyhole [ˈkʌbɪhəʊl] *n* chiribitil *m.*
cube [kjuːb]
1 *n (shape)* cubo; *(of sugar)* terrón *m; (of ice)* cubito; *(of cheese, meat, etc)* dado.
2 *n MATH* cubo.
3 *vt CULIN (cut into cubes)* cortar en dados.
4 *vt MATH* elevar al cubo.
■ **cube root** raíz *f* cúbica.
cubic [ˈkjuːbɪk] *adj* cúbico,-a.
■ **cubic capacity** *AUTO* cubicaje *m.*
cubicle [ˈkjuːbɪkəl] *n (compartment)* cubículo; *(changing-room in shop)* probador *m.*
cubism [ˈkjuːbɪzəm] *n* cubismo.
cubist [ˈkjuːbɪst]
1 *n* cubista *mf.*
2 *adj* cubista.
cuckoo [ˈkʊkuː]
1 *n (bird)* cuco (común), cuclillo; *(call)* cucú *m.*
2 *adj fam (foolish)* majareta.
■ **cuckoo clock** reloj *m* de cuco.
▲ *pl* **cuckoos.**
cucumber [ˈkjuːkʌmbəˈ] *n* pepino.

cud [kʌd] **to chew the cud** *phr (cow)* rumiar; *(person)* rumiar el asunto.

cuddle [ˈkʌdəl]
1 *vt* abrazar, acariciar.
2 *vi* abrazarse.
3 *n* abrazo.
✦ **to cuddle up to somebody** acurrucarse contra alguien.
to have a cuddle hacerse arrumacos.

cuddly [ˈkʌdlɪ] *adj (loveable)* adorable, encantador,-ra; *(nice to cuddle)* mimoso,-a.
■ **cuddly toy** muñeco de peluche.
▲ *comp* **cuddlier**, *superl* **cuddliest**.

cudgel [ˈkʌdʒəl]
1 *n* porra, garrote *m*.
2 *vt* aporrear.
✦ **to cudgel one's brains** devanarse los sesos.
to take up the cudgels for/on behalf of somebody/something salir en defensa de alguien/algo, romper una lanza por alguien/algo.
▲ *pt & pp* **cudgelled** (*US* **cudgeled**), *ger* **cudgelling** (*US* **cudgeling**).

cue[1] [kjuː]
1 *n (for actor)* pie *m*; *(for musician)* entrada.
2 *n (signal)* señal *f*.
3 *n (example)* ejemplo.
▶ **to cue in** *vt sep* dar entrada a.
✦ **right on cue** en el momento justo, justo en aquel instante.
to miss one's cue salir a destiempo a escena.
to take one's cue from seguir el ejemplo de.

cue[2] [kjuː] *n (in billiards etc)* taco.
■ **cue ball** bola blanca.

cuff[1] [kʌf]
1 *n (of sleeve)* puño.
2 *n US (of trousers)* dobladillo.
3 **cuffs** *npl sl* esposas *fpl*.
✦ **off the cuff** improvisando.

cuff[2] [kʌf]
1 *vt* abofetear, dar un bofetada a.
2 *n* bofetada, cachete *m*, bofetón *m*.

cufflinks [ˈkʌflɪŋks] *npl* gemelos *mpl*.

cuisine [kwɪˈziːn] *n* cocina.

cul-de-sac [ˈkʌldəsæk] *n* calle *f* sin salida.

culinary [ˈkʌlɪnərɪ] *adj* culinario,-a.

cull [kʌl]
1 *vt (kill)* eliminar.
2 *vt (select)* seleccionar, escoger.
3 *n* reducción controlada de la población de un animal.

culminate [ˈkʌlmɪneɪt] *vi* culminar (**in**, en).

culmination [kʌlmɪˈneɪʃən] *n* culminación *f*, punto culminante, apogeo.

culottes [kjuːˈlɒts] *npl* falda pantalón *f sing*.

culpability [kʌlpəˈbɪlətɪ] *n* culpabilidad *f*.

culpable [ˈkʌlpəbəl] *adj* culpable.

culprit [ˈkʌlprɪt] *n* culpable *mf*.

cult [kʌlt] *n (gen)* culto; *(sect)* secta: **personality cult** culto a la personalidad.
■ **cult figure** ídolo.
cult film película de culto.
cult following seguidores *mpl* fanáticos.

cultivate [ˈkʌltɪveɪt] *vt* cultivar.
▲ *pt & pp* **cupped**, *ger* **cupping**.

cultivated [ˈkʌltɪveɪtɪd]
1 *adj (person)* culto,-a, cultivado,-a.
2 *adj (land etc)* cultivado,-a.

cultivation [kʌltɪˈveɪʃən] *n* cultivo.
✦ **to be under cultivation** estar en cultivo.

cultivator [ˈkʌltɪveɪtəʳ]
1 *n (person)* cultivador,-ra.
2 *n (machine)* cultivadora.

cultural [ˈkʌltʃərəl] *adj* cultural.

culture [ˈkʌltʃəʳ]
1 *n (gen)* cultura: **a person of culture** una persona culta.
2 *n (growth)* cultivo.
■ **culture gap** diferencia cultural.
culture shock choque *m* cultural.
culture vulture devorador,-ra de cultura.

cultured [ˈkʌltʃəd] *adj (person)* culto,-a.
■ **cultured pearl** perla cultivada.

cumbersome [ˈkʌmbəsəm]
1 *adj (thing)* incómodo,-a, voluminoso, -a, pesado,-a.
2 *adj (procedure)* torpe, engorroso,-a.

cumin [ˈkʌmɪn] *n* comino.

cumulative [ˈkjuːmjələtɪv] *adj* acumulativo,-a.

cumulus [ˈkjuːmjələs] *n* cúmulo.

cunning [ˈkʌnɪŋ]
1 *adj (person)* astuto,-a; *(thing)* ingenioso,-a.
2 *n* astucia.

cunt [kʌnt]
1 *n taboo (vagina)* coño.
2 *n taboo pej (person)* hijo,-a de puta.

cup [kʌp]
1 *n (for drinking)* taza.
2 *n SP (trophy)* copa.
3 *n (chalice)* cáliz *m*.
4 *n (drink)* ponche *m*.
5 *n (of bra)* copa.
✦ **to be somebody's cup of tea** ser del gusto de alguien, ser santo de la devoción de alguien.
to cup one's hands *(to drink etc)* ahuecar las manos; *(to shout)* hacer bocina con las manos.
■ **Cup Final** final *f* de la copa.
cup holder campeón,-ona de la copa.
cup tie partido de copa.
paper cup vaso de papel.
plastic cup vaso de plástico.

cupboard [ˈkʌbəd] *n (for clothes etc)* armario; *(for food)* alacena; *(for crockery)* aparador *m*: **there's loads of cupboard space** hay mucho sitio en los armarios.
■ **cupboard love** amor *m* interesado.

cupful [ˈkʌpfʊl] *n* taza.

Cupid [ˈkjuːpɪd] *n* Cupido.

cupidity [kjuːˈpɪdɪtɪ] *n* codicia.

cupola [ˈkjuːpələ] *n* cúpula.

cuppa [ˈkʌpə] *n fam* taza de té.

cur [kɜːʳ]
1 *n dated (dog)* chucho, perro callejero.
2 *n fig (person)* canalla *mf*.

curable [ˈkjʊərəbəl] *adj* curable, que tiene cura.

curate [ˈkjʊərət] *n* coadjutor *m*.
✦ **to be a curate's egg/be like the curate's egg** tener cosas buenas y malas.

curative [ˈkjʊərətɪv] *adj* curativo,-a.

curator [kjʊˈreɪtəʳ] *n (of museum)* conservador,-ra.

curb [kɜːb]
1 *n (for horse)* barbada.
2 *n (control)* freno.
3 *n US* bordillo.
4 *vt (horse)* refrenar.
5 *vt (excess, abuse)* poner freno a, frenar; *(feelings)* dominar, refrenar, contener.
✦ **to put a curb on something** poner freno a algo, poner coto a algo.

curd [kɜːd] *n (from milk)* cuajada; *(from eggs, butter, sugar)* crema: **lemon curd** crema de limón.
■ **curd cheese** requesón *m*.
curds and whey cuajada y suero (de la leche).

curdle [ˈkɜːdəl]
1 *vt (cause to form curds)* cuajar; *(cause to go bad)* cortar.
2 *vi (form curds)* cuajarse; *(go bad)* cortarse.
✦ **to make one's blood curdle** helarle la sangre a uno.

cure [kjʊəʳ]
1 *vt (illness)* curar (**of**, de); *(habit)* quitar.
2 *vt fig (problem, inflation, etc)* remediar, poner remedio a.
3 *vt (meat, fish, tobacco, etc)* curar.
4 *n (for disease, illness)* cura; *(for problem)* remedio; *(return to health)* curación *f*, restablecimiento; *(course of treatment)* cura: **there's still no cure for Aids** el sida aún no tiene cura.

cure-all [ˈkjʊərɑːl] *n* panacea.

curfew [ˈkɜːfjuː] *n* toque *m* de queda.

curiosity [kjʊərɪˈɒsətɪ] *n* curiosidad *f*.
✦ **curiosity killed the cat** por querer saber, la zorra perdió la cola.
▲ *pl* **curiosities**.

curious [ˈkjʊərɪəs]
1 *adj (inquisitive)* curioso,-a.
2 *adj (strange, odd)* curioso,-a, extraño,-a; *(interesting)* interesante: **the curious thing is that …** lo curioso es que …
✦ **to be curious to know something** tener curiosidad por saber algo.

curiously [ˈkjʊərɪəslɪ]
1 *adv (inquisitively)* con curiosidad.
2 *adv (strangely)* curiosamente.
✦ **curiously enough** aunque parezca mentira.

curium [ˈkjʊərɪəm] *n* curio.

curl [kɜ:l]
1 *vt (hair)* rizar; *(leaves, paper)* enrollar.
2 *vi (hair)* rizarse; *(smoke)* formar volutas, hacer volutas; *(leaves, paper)* enrollarse, ondularse, rizarse; *(plants, tendrils)* enrollarse; *(river, path)* serpentear.
3 *n (of hair)* rizo; *(ringlet)* bucle *m*, tirabuzón *m*; *(of smoke)* espiral *f*, voluta.
✦ **to curl one's lip** hacer una mueca.
with a curl of the lip con una mueca.
▶ **to curl up**
1 *vi (person)* acurrucarse; *(cat)* hacerse un ovillo: **I feel like curling up on the sofa with a good book** me apetece acurrucarme en el sofá con un buen libro.
2 *vi (laugh)* partirse (de risa).
curler [ˈkɜ:ləʳ] *n* rulo.
curlew [ˈkɜ:lju:] *n* zarapito real.
curling [ˈkɜ:lɪŋ] *n SP* curling *m*.
▪ **curling tongs** tenacillas *fpl* para rizar el pelo.
curly [ˈkɜ:lɪ] *adj (hair)* rizado,-a; *(tail, leaves)* enroscado,-a; *(pattern)* con volutas.
▲ *comp* **curlier,** *superl* **curliest.**
currant [ˈkʌrənt]
1 *n (dried grape)* pasa (de Corinto).
2 *n (fruit)* grosella.
▪ **currant bun** bollo con pasas.
currant bush grosellero.
currency [ˈkʌrənsɪ]
1 *n FIN* moneda.
2 *n (acceptance)* aceptación *f*.
✦ **to gain currency** ganar fuerza, extenderse.
▪ **hard currency** divisa fuerte.
▲ *pl* **currencies.**
current [ˈkʌrənt]
1 *adj (present, existing - gen)* actual; *(- month, year)* en curso; *(most recent - issue)* último,-a; *(- legislation, licence)* vigente.
2 *adj (generally accepted)* corriente, común, habitual, general.
3 *n (gen)* corriente *f*.
▪ **current account** cuenta corriente.
currently [ˈkʌrəntlɪ]
1 *adv (at present)* actualmente, en la actualidad.
2 *adv (commonly)* comúnmente.
curriculum [kəˈrɪkjələm] *n EDUC* plan *m* de estudios.
▪ **curriculum vitae** currículum *m*, historial *m*.
curry¹ [ˈkʌrɪ]
1 *n CULIN* curry *m*: **we had a very hot chicken curry** comimos un pollo al curry muy picante.
2 *vt* preparar al curry.
▪ **curry powder** curry *m*.
▲ *pl* **curries.**
curry² [ˈkʌrɪ] *vt (leather)* curtir; *(horse)* almohazar.

✦ **to curry favour with somebody** congraciarse con alguien.
▲ *pt & pp* **curried,** *ger* **currying.**
currycomb [ˈkʌrɪkəʊm] *n* almohaza.
curse [kɜ:s]
1 *n (evil spell)* maldición *f*.
2 *n (oath)* palabrota.
3 *n fig (cause of trouble)* azote *m*, plaga, lacra; *(burden)* cruz *f*, carga.
4 *vt (put evil spell on)* maldecir.
5 *vt (utter curses)* maldecir; *(swear at)* insultar: **I cursed him for making me late** lo maldije por hacerme llegar tarde.
6 *vi* maldecir, decir palabrotas, blasfemar.
7 **the curse** *n (period)* la regla.
cursed [kɜ:st] *adj (damned)* maldito,-a.
✦ **to be cursed with something** padecer de algo.
cursive [ˈkɜ:sɪv] *adj* cursivo,-a.
cursor [ˈkɜ:səʳ] *n* cursor *m*.
cursorily [ˈkɜ:sərəlɪ] *adv* someramente, por encima, superficialmente.
cursory [ˈkɜ:sərɪ] *adj (glance, look)* rápido,-a; *(study, reading)* superficial, por encima.
curt [kɜ:t] *adj* seco,-a, brusco,-a, cortante.
curtail [kɜ:ˈteɪl] *vt (spending)* reducir; *(rights, freedom)* restringir; *(speech, holiday, text)* abreviar, acortar.
curtain [ˈkɜ:tən]
1 *n (gen)* cortina.
2 *n THEAT* telón *m*.
3 *n fig (of rain, mist, smoke)* cortina, velo; *(of fog)* manto; *(of secrecy)* halo, velo.
▶ **to curtain off** *vt sep* separar con una cortina.
✦ **"Curtain up at ..."** *THEAT* "La obra empieza a ...".
to be curtains for somebody/something ser el fin de alguien/algo: **it's curtains for you** estás acabado.
to draw the curtains correr las cortinas.
▪ **curtain call** llamada a escena, salida a escena.
curtain rail riel *m*.
curtain raiser *(in theatre)* entremés *m*, sainete *m*; *(foretaste)* aperitivo.
curtain rod varilla de la cortina.
net curtain visillo.
the Iron Curtain el telón de acero.
curtly [ˈkɜ:tlɪ] *adv* secamente, bruscamente.
curtsey [ˈkɜ:tsɪ]
1 *n* reverencia.
2 *vi* hacer una reverencia.
curtsy [ˈkɜ:tsɪ] *n* → **curtsey.**
▲ *pl* **curtsies.**
curvaceous [kɜ:ˈveɪʃəs] *adj* curvilíneo,-a.
curvature [ˈkɜ:vətʃəʳ]
1 *n (of surface)* curvatura.
2 *n MED* encorvamiento.

curve [kɜ:v]
1 *n (gen)* curva.
2 *vt* encorvar.
3 *vi (of road, river, ball)* describir una curva, torcer; *(surface)* estar curvado,-a, combarse, encorvarse.
curved [kɜ:vd] *adj (line)* curvo,-a; *(surface)* curvado,-a.
curvy [ˈkɜ:vɪ] *adj (line)* curvo,-a; *(road)* con muchas curvas; *(figure)* curvilíneo,-a.
▲ *comp* **curvier,** *superl* **curviest.**
cushion [ˈkuʃən]
1 *n (gen)* cojín *m*; *(large)* almohadón *m*.
2 *n (on billiard table)* banda.
3 *n fig (protection)* amortiguador *m*.
4 *vt fig (blow, fall)* suavizar, amortiguar; *(person)* proteger.
▪ **air cushion** colchón *m* de aire.
cushy [ˈkuʃɪ] *adj* fácil, cómodo,-a.
▪ **cushy number** chollo.
▲ *comp* **cushier,** *superl* **cushiest.**
cusp [kʌsp]
1 *n (in astrology)* cúspide *f*.
2 *n (of curves)* vértice *m*; *(of moon)* cuerno.
cussed [ˈkʌsɪd] *adj fam* terco,-a, tozudo,-a, difícil.
custard [ˈkʌstəd] *n (cold, set)* natillas *fpl*; *(hot, liquid)* crema.
▪ **custard apple** chirimoya.
custodian [kʌsˈtəʊdɪən] *n (of museum)* conservador,-ra; *(of morals)* guardián, -ana.
custody [ˈkʌstədɪ]
1 *n (care)* custodia, guarda.
2 *n (imprisonment)* encarcelamiento.
✦ **to award/grant custody of somebody to somebody** otorgar la custodia de alguien a alguien.
to be in (police) custody estar detenido,-a en prisión preventiva.
to leave something in safe custody dejar algo en un lugar seguro.
to remand in custody decretar la prisión preventiva: **he was remanded in custody** se decretó su prisión preventiva.
to take somebody into custody detener a alguien.
custom [ˈkʌstəm]
1 *n (tradition, habit)* costumbre *f*: **it is his custom retire to bed early** tiene por costumbre acostarse pronto.
2 *n COMM (patronage)* clientela.
✦ **to lose custom** perder clientes, perder clientela.
to withdraw one's custom/take one's custom elsewhere dejar de ser cliente de una tienda.
customary [ˈkʌstəmərɪ] *adj (habitual)* acostumbrado,-a, habitual, de costumbre; *(traditional)* tradicional.
custom-built [kʌstəmˈbɪlt] *adj* hecho,-a por encargo.

customer [ˈkʌstəmə']
1 *n (client)* cliente *mf*.
2 *n fam (person)* tipo,-a.
■ **customer card** tarjeta de cliente.
customer services servicio al cliente.

customise [ˈkʌstəmaɪz] *vt* → **customize**.

customize [ˈkʌstəmaɪz] *vt* hacer por encargo, hacer a la medida.

custom-made [kʌstəmˈmeɪd] *adj (clothes etc)* hecho,-a a medida; *(furniture)* hecho,-a de encargo, hecho,-a a medida.

customs [ˈkʌstəmz] *n* aduana.
✦ **to go through customs** pasar por la aduana.
■ **customs duty** derechos de aduana.
customs house aduana.
customs officer agente *mf* de aduana. *Puede ser tanto singular como plural.*

cut [kʌt]
1 *vt (gen)* cortar; *(stone, glass)* tallar; *(record)* grabar; *(key, hole)* hacer: I've cut my hand me he cortado la mano; you've had your hair cut te has cortado el pelo.
2 *vt (divide)* cortar, partir, dividir: cut it in two córtalo por la mitad; he cut the cake into eight pieces cortó el pastel en ocho trozos.
3 *vt (reduce - level, number)* reducir; *(- budget, spending)* recortar; *(- price)* rebajar, reducir: the firm cut the workforce by 50% la empresa redujo la plantilla en un 50%.
4 *vt (shorten)* acortar; *(remove)* cortar; *(edit)* editar; *(censor)* hacer cortes en, censurar: a scene has been cut from the film han cortado una escena de la película.
5 *vt (hurt feelings of, cause pain)* herir.
6 *vt (adulterate)* mezclar, cortar.
7 *vi (knife, scissors)* cortar.
8 *vi (of food)* cortarse.
9 *vi CINEM* cortar: cut! ¡corten!
10 *n (wound, incision)* corte *m*; *(deep cut)* tajo; *(knife wound)* cuchillada.
11 *n (of meat - joint)* corte *m*; *(- piece cut off)* trozo.
12 *n (share)* parte *f*, tajada.
13 *n (reduction - in budget, services, wages)* recorte *m*; *(- in level, number, price)* reducción *f*: tax cuts reducción de impuestos; fight the cuts! ¡luchad contra los recortes!
14 *n (deletion, removal)* corte *m*; *(part deleted)* trozo omitido.
15 *n ELEC* corte *m*, apagón *m*: there's been a power cut han cortado la luz.
16 *n (of hair, garment)* corte *m*.
17 *n (insult)* desaire *m*, corte *m*.
18 *adj (flowers)* cortado,-a; *(glass)* tallado,-a.
▶ **to cut across**
1 *vt insep (go across limits of)* trascender.
2 *vt insep (take short cut)* cortar por, tomar un atajo a través de.

to cut back
1 *vt sep (prune)* podar, recortar.
2 *vt sep (reduce - budget, spending)* recortar, reducir.
3 *vi* reducir gastos.
to cut back on *vt insep (reduce)* reducir, recortar: the government plans to cut back on non-essential services el gobierno piensa hacer recortes en los servicios no esenciales.
to cut down *vt sep (tree)* talar, cortar; *(kill)* matar.
to cut down on *vt insep (reduce)* reducir el consumo de, consumir menos: you must cut down on cigarettes tienes que fumar menos.
to cut in
1 *vi (interrupt)* interrumpir.
2 *vi AUTO meterse delante de otro coche cerrándole el paso*: that car just cut in in front of me! ¡ese coche acaba de meterse delante mío!, ¡ese coche me acaba de cerrar!
to cut off
1 *vt sep (sever)* cortar; *(limb)* amputar, cortar.
2 *vt sep (disconnect, discontinue)* cortar: our phone's been cut off nos han cortado el teléfono; we were cut off se cortó la comunicación.
3 *vt sep (isolate, separate)* aislar: she felt cut off se sentía aislada.
4 *vt sep fig (disinherit)* desheredar.
to cut out
1 *vt sep (from newspaper)* recortar; *(in sewing)* cortar.
2 *vt sep (exclude)* suprimir, eliminar: cut it out! ¡basta ya!, ¡corta el rollo!
3 *vi (of machine, engine)* pararse.
to cut up
1 *vt sep (in small pieces)* cortar en pedazos.
2 *vt sep fam (upset)* disgustar.
✦ **cut the crap!** ¡corta el rollo!
to be a cut above somebody/something ser superior a alguien/algo.
to be cut out for something estar hecho,-a para algo.
to be cut up about something estar disgustado por algo, estar afectado,-a por algo.
to cut a long story short en resumidas cuentas.
to cut a tooth salirle un diente a uno.
to cut both/two ways ser de doble filo.
to cut classes/school/lessons hacer novillos.
to cut it fine llegar con el tiempo justo, dejar poco margen.
to cut one's hair cortarse el pelo (uno,-a mismo,-a).
to cut no ice (with somebody) no convencer (a alguien).
to cut off one's nose to spite one's face tirar piedras sobre su tejado.
to cut one's losses reducir las pérdidas.

to cut somebody dead desairar a alguien, volverle la cara a alguien.
to cut somebody down in their prime segar la juventud de alguien.
to cut somebody down to size bajarle los humos a alguien.
to cut somebody loose/free soltar a alguien.
to cut something/somebody short interrumpir algo/a alguien, cortar algo/a alguien en seco.
to cut the ground from under somebody's feet echar por tierra los planes de alguien.
to have one's work cut out costarle a uno, tener que trabajar mucho.
the cut and thrust (of something) el toma y daca (de algo).
▲ *pt & pp* cut, *ger* cutting.

cutaneous [kjʊ'teɪnɪəs] *adj* cutáneo,-a.

cutback [ˈkʌtbæk] *n* reducción *f*, recorte *m*.

cute [kjuːt]
1 *adj (sweet)* mono,-a, rico,-a; *(good-looking)* guapo,-a, lindo,-a.
2 *adj US (clever)* listo,-a.

cuticle [ˈkjuːtɪkəl] *n* cutícula.

cutlass [ˈkʌtləs] *n* alfanje *m*.

cutlery [ˈkʌtlərɪ] *n* cubiertos *mpl*, cubertería.

cutlet [ˈkʌtlət]
1 *n CULIN (meat chop)* chuleta.
2 *n (croquette)* croqueta *(de forma aplastada)*.

cutoff [ˈkʌtɒf]
1 *n (level, point)* límite *m*, tope *m*.
2 *n (stopping)* corte *m*, cese *m*.
3 **cutoffs** *npl (shorts)* bermudas *fpl* vaqueras.
■ **cutoff date** fecha límite, fecha tope.

cutout [ˈkʌtaʊt]
1 *n (shape)* recortable *m*, figura para recortar.
2 *n (device, switch)* cortacircuitos *m*.

cut-price [kʌt'praɪs] *adj (goods)* a precio rebajado; *(shop)* de ocasión.

cutter [ˈkʌtə']
1 *n (person)* cortador,-ra.
2 *n (tool)* cúter *m*; *(machine, knife)* cortadora: cigar cutter cortapuros.
3 *n MAR (ship's boat)* bote *m*; *(sailing boat)* cúter *m*; *(government ship)* patrullero, guardacostas *m*.
4 **cutters** *npl (for wire)* cizalla, cortaalambres *m*.

cutthroat [ˈkʌtθrəʊt] *adj* feroz, salvaje.
■ **cutthroat razor** navaja.

cutting [ˈkʌtɪŋ]
1 *n (from newspaper)* recorte *m*.
2 *n BOT* esqueje *m*.
3 *n (for road, railway)* tajo.
4 *adj (tool, blade)* cortante; *(wind)* penetrante, cortante; *(remark)* mordaz, hiriente: the cutting edge el filo.
■ **cutting room** sala de montaje.

cuttlefish [ˈkʌtəlfɪʃ] *n* jibia, sepia.

cv ['siː'viː] *abbr* (**curriculum vitae**) currículum *m* vitae.

cwt ['hʌndrədweɪt] *abbr* (**hundredweight**) quintal *m*.

cyanide ['saɪənaɪd] *n* cianuro.

cybernetics [saɪbə'netɪks] *n* cibernética.

cyclamen ['sɪkləmən] *n* ciclamen *m*.

cycle ['saɪkəl]
  1 *n* (*series of events, of songs etc*) ciclo; (*of washing machine*) programa *m*.
  2 *n* (*bicycle*) bicicleta; (*motorcycle*) moto *f*.
  3 *vi* ir en bicicleta.
  ▪ **cycle lane/path/way** carril *m* para bicicletas.
  cycle track velódromo.

cyclic ['sɪklɪk, 'saɪklɪk] *adj* cíclico,-a.

cyclical ['sɪklɪkəl, 'saɪklɪkəl] *adj* cíclico,-a.

cycling ['saɪklɪŋ] *n* ciclismo.
  ✦ **to go cycling** ir en bicicleta.

cyclist ['saɪklɪst] *n* ciclista *mf*.

cyclone ['saɪkləun] *n* (*windstorm*) ciclón *m*; (*low pressure area*) ciclón *m*, borrasca.

cyclostyle ['saɪkləstaɪl]
  1 *vt* ciclostilar.
  2 *n* ciclostil *m*.
  ▲ *Es marca registrada.*

cygnet ['sɪgnət] *n* pollo de cisne.

cylinder ['sɪlɪndə']
  1 *n* (*shape*) cilindro.
  2 *n* (*in engine*) cilindro.
  3 *n* (*for gas*) bombona.
  4 *n* (*of gun*) tambor *m*.

cylindrical [sɪ'lɪndrɪkəl] *adj* cilíndrico,-a.

cymbal ['sɪmbəl] *n* címbalo, platillo.

cynic ['sɪnɪk] *n* cínico,-a.

cynical ['sɪnɪkəl] *adj* cínico,-a.

cynicism ['sɪnɪsɪzəm] *n* cinismo.

cypress ['saɪprəs] *n* ciprés *m*.

Cypriot ['sɪprɪət]
  1 *adj* chipriota,-a.

2 *n* (*person*) chipriota *mf*.
3 *n* (*language*) chipriota *m*.

Cyprus ['saɪprəs] *n* Chipre *m*.

cyst [sɪst] *n* quiste *m*.

cystic fibrosis [sɪstɪkfaɪ'brəusɪs] *n* fibrosis *f* quística.

cystitis [sɪ'staɪtɪs] *n* cistitis *f*.

czar [zɑː'] *n* zar *m*.

Czech [tʃek]
  1 *adj* checo,-a.
  2 *n* (*person*) checo,-a.
  3 *n* (*language*) checo.
  ▪ **Czech Republic** República Checa.

Czechia ['tʃekɪə] *n* Chequia.

Czechoslovak [tʃekə'sləuvæk]
  1 *adj* checoslovaco,-a.
  2 *n* checoslovaco,-a.

Czechoslovakia [tʃekəslə'vækɪə] *n* Checoslovaquia.

Czechoslovakian [tʃekəslə'vækɪən]
  1 *adj* checoslovaco,-a.
  2 *n* checoslovaco,-a.

D, d [diː]
1 *n (the letter)* D, d *f.*
2 *n MUS* re *m.*

'd [əd]
1 *aux* → **would**: I'd go iría.
2 *aux* → **had**: he'd seen había visto.
3 *aux fam* → **did**: what'd you do? ¿qué hiciste?

D.A. [ˈdiːˈeɪ] *abbr US* (**District Attorney**) fiscal *mf.*

dab¹ [dæb]
1 *n (of paint)* toque *m*; *(of perfume)* gota; *(of butter)* poquito.
2 *vt (touch gently)* tocar ligeramente, dar ligeros toques en: she dabbed the sweat from his brow le secó suavemente el sudor de la frente.
3 *vt (apply with light strokes)* dar unos toques de, aplicar un poquito de: she dabbed some perfume behind her ears se puso unas gotas de perfume detrás de las orejas; he dabbed the wound with antiseptic aplicó un poquito de antiséptico en la herida.
4 *vi* dar ligeros toques (**at**, en): the nurse dabbed at the cut with cotton wool le enfermera limpió suavemente la herida con algodón.
5 dabs *npl GB sl (fingerprints)* huellas *fpl* dactilares.
▲ *pt & pp* dabbed, *ger* dabbing.

dab² [dæb] *n (fish)* ≈ acedía.

dab³ [dæb] **to be a dab hand at something** *phr* tener buena mano para algo, ser un manitas para algo.

dabble [ˈdæbəl]
1 *vi (in activity)* aficionarse (**in**, a), tener escarceos (**in**, con): he dabbled in politics when he was young tuvo sus escarceos con la política cuando era joven.
2 *vt (in water)* chapotear.

dabbler [ˈdæblər] *n* aficionado,-a, amateur *mf*, diletante *mf.*

dachshund [ˈdækshʊnd] *n* perro salchicha.

dad [dæd] *n fam* papá *m.*

Dadaism [ˈdɑːdɑːɪzəm] *n* dadaísmo.

Dadaist [ˈdɑːdɑːɪst]
1 *adj* dadaísta.
2 *n* dadaísta *mf.*

daddy [ˈdædɪ] *n fam* papá *m*, papi *m.*
▲ *pl* daddies.

daddy-longlegs [dædɪˈlɒŋlegz] *n GB fam* típula.
▲ *pl* daddy-longlegs.

daffodil [ˈdæfədɪl] *n* narciso.

daft [dɑːft] *adj GB fam (person)* chalado, -a, chiflado,-a; *(idea, action)* tonto,-a.

dagger [ˈdægər]
1 *n (weapon)* daga, puñal *m.*
2 *n (obelisk)* cruz *f.*
✦ **to be at daggers drawn with somebody** estar a matar con alguien.
to look daggers at somebody fulminar a alguien con la mirada, asesinar a alguien con la vista.

daguerrotype [dəˈgerəʊtaɪp] *n* daguerrotipo.

dahlia [ˈdeɪljə] *n* dalia.

daily [ˈdeɪlɪ]
1 *adj (newspaper, prayers)* diario,-a; *(routine)* diario,-a, cotidiano,-a: our daily bread el pan nuestro de cada día; he is paid on a daily basis le pagan por días.
2 *adv* diariamente, a diario: twice daily dos veces al día.
3 *n (newspaper)* diario.
4 **daily (help)** *n GB fam (cleaning woman)* asistenta, mujer *f* de la limpieza.
✦ **to earn one's daily bread** ganarse la vida, ganarse el pan.
▲ *pl* dailies.

daintily [ˈdeɪntɪlɪ] *adv* delicadamente, finamente.

daintiness [ˈdeɪntɪnəs] *n* fineza.

dainty [ˈdeɪntɪ]
1 *adj (delicate - thing)* delicado,-a, fino,-a; *(- person)* precioso,-a, delicado,-a, refinado,-a.
2 *adj (refined)* refinado,-a; *(fastidious)* remilgado,-a, melindroso,-a.
3 **dainties** *npl (small cakes)* pastelitos *mpl.*
▲ *comp* daintier, *superl* daintiest.

daiquiri [ˈdækərɪ, ˈdaɪkɪrɪ] *n* daiquiri *m.*

dairy [ˈdeərɪ]
1 *n (on farm)* vaquería.
2 *n (shop)* lechería; *(company)* central *f* lechera.
■ **dairy cattle** ganado lechero.
dairy farm granja lechera.
dairy farming industria lechera.
dairy produce productos *mpl* lácteos.
▲ *pl* dairies.

dairymaid [ˈdeərɪmeɪd] *n* lechera.

dairyman [ˈdeərɪmən] *n* lechero.
▲ *pl* dairymen [ˈdeərɪmən].

dais [ˈdeɪɪs] *n (raised platform)* tarima; *(stage)* estrado, tribuna.
▲ *pl* daises.

daisy [ˈdeɪzɪ] *n* margarita.
✦ **to be pushing up (the) daisies** estar criando malvas.
■ **daisy chain** guirnalda de margaritas.
▲ *pl* daisies.

daisywheel [ˈdeɪzɪwiːl] *n* margarita.
■ **daisywheel printer** impresora de margarita.

Dakota [dəˈkəʊtə] *n* Dakota.
■ **North Dakota** Dakota del Norte.
South Dakota Dakota del Sur.

Dalai Lama [ˈdælaɪˈlɑːmə] *n* Dalai Lama *m.*

dale [deɪl] *n* valle *m.*

dally [ˈdælɪ] *vi (waste time)* perder el tiempo; *(linger)* entretenerse (**about**, -): he dallied over the work tardó mucho en hacer el trabajo.
▶ **to dally with** *vt insep (person)* jugar con; *(idea)* acariciar.
▲ *pt & pp* dallied, *ger* dallying.

Dalmatian [dælˈmeɪʃən] *n* perro dálmata, dálmata *m.*

daltonic [dɔːlˈtɒnɪk] *adj* daltónico,-a, daltoniano.

daltonism [ˈdɔːltənɪzəm] *n* daltonismo.

dam¹ [dæm]
1 *n (barrier)* dique *m.*
2 *n (reservoir)* embalse *m*, presa.
3 *vt (river)* represar, embalsar.
▶ **to dam up**
1 *vt sep (river)* represar, embalsar.
2 *vt sep(emotions)* reprimir, contener.
▲ *pt & pp* dammed, *ger* damming.

dam² [dæm] n ZOOL madre f.

damage ['dæmɪdʒ]
1 n (gen) daño; (to reputation, cause, health) perjuicio, daños mpl; (destruction) destrozos mpl, daños mpl, estragos mpl: the scandal did a great deal of damage to his reputation el escándalo causó grave perjuicio a su reputación; the storm caused serious damage to several buildings la tormenta produjo daños importantes en varios edificios.
2 vt (gen) dañar, hacer daño a; (health, reputation, cause) dañar, perjudicar: smoking damages your health el tabaco perjudica la salud; the theatre was severely damaged by the fire el teatro sufrió grandes daños en el incendio; it has damaged her self-confidence su autoestima se ha visto mermada.
3 damages npl JUR daños mpl y perjuicios.
✦ to be damaged/get damaged dañarse.
what's the damage? (asking for bill) tráeme la dolorosa, ¿cuánto se debe?
■ brain damage lesión f cerebral.

damaging ['dæmɪdʒɪŋ] adj perjudicial (to, para).

damascene ['dæməsiːn]
1 vt damasquinar.
2 adj damasquinado,-a.

Damascus [də'mæskəs] n Damasco.

damask ['dæməsk] n damasco.

dame [deɪm]
1 n US fam mujer f, tía, tipa.
2 n (in pantomime) vieja (representada por un hombre).
3 Dame n GB (title) título honorífico concedido a una mujer.
■ dame's violet juliana.
dame's rocket juliana.

damewort ['deɪmwɜːt] n juliana.

dammit ['dæmɪt] interj fam ¡mecachis!
✦ as near as dammit poco más o menos.

damn [dæm]
1 interj fam ¡mecachis!, ¡caray!
2 adj fam maldito,-a, condenado,-a, puñetero,-a: damn fool! ¡maldito imbécil!
3 adv fam muy, sumamente: you know damn well what I'm talking about sabes muy bien de qué estoy hablando; you were damn lucky tuviste mucha suerte.
4 vt REL condenar.
5 vt (curse) maldecir: damn it! ¡maldita sea!
6 vt (criticize, condemn) condenar.
✦ damn all nada de nada, absolutamente nada.
not to care a damn/not give a damn no importarle a uno un bledo/pito/comino/rábano: I don't give a damn me importa un bledo.
not to be worth a damn no valer nada.

damnation [dæm'neɪʃən]
1 n condenación f.
2 interj ¡maldición!

damned [dæmd]
1 adj fam maldito,-a, condenado,-a, puñetero,-a: you've got a damned cheek! ¡qué cara tienes!
2 adj REL condenado,-a.
3 the damned n los condenados mpl.
✦ well, I'm damned/I'll be damned! ¡mecachis!, ¡vaya por Dios!: I'm damned if I'm going to pay for it! ¡yo no pienso pagarlo de ninguna manera!

damnedest ['dæmdɪst] to do one's damnedest phr hacer todo lo posible (to, para).

damning ['dæmɪŋ] adj (evidence, facts) irrefutable, condenatorio,-a; (criticism, indictment) adverso,-a, mordaz, feroz, duro,-a; (remark) crítico,-a, mordaz.

Damocles ['dæməkliːz] n Damocles.
■ Sword of Damocles espada de Damocles.

damp [dæmp]
1 adj (gen) húmedo,-a; (wet) mojado,-a.
2 n humedad f.
3 vt (dampen) humedecer.
4 to damp (down) vt (fire) sofocar.
5 vt (reduce - noise) amortiguar; (- instrument) poner una sordina a.
6 vt (enthusiasm, energy, ardour) apagar, enfriar, hacer perder: it really damped our spirits nos desanimó.
■ a damp squib un fiasco.

dampcourse ['dæmpkɔːs] n aislante m hidrófugo.

dampen ['dæmpən]
1 vt (make damp) humedecer.
2 vt fig (enthusiasm, ardour, etc) hacer perder, apagar, enfriar; (person's spirits) desanimar: the accident dampened his enthusiasm for adventure sports el accidente le hizo perder el entusiasmo por los deportes de aventura; the incident with the police really dampened everyone's spirits el incidente con la policía nos desanimó a todos.

damper ['dæmpər]
1 n (of chimney) regulador m de tiro.
2 n MUS sordina.
✦ to put the damper on something estropear, amargar, aguar: the bad weather put the damper on our holiday el mal tiempo nos estropeó las vacaciones.

dampness ['dæmpnəs] n humedad f.

damp-proof course ['dæmppruːf kɔːs] n → dampcourse.

damsel ['dæmzəl] n doncella.
✦ a damsel in distress una chica en apuros.

damson ['dæmzən] n (fruit) ciruela damascena; (tree) ciruelo damasceno.

dance [dɑːns]
1 n (gen) baile m; (classical, tribal) danza: may I have the pleasure of this dance? ¿me concede este baile?

2 vi (gen) bailar: we danced the whole night long bailamos toda la noche; why don't you ask her to dance ¿por qué no la sacas a bailar?
3 vi fig (trees, leaves, flowers, etc) agitarse, mecerse, moverse; (waves) agitarse, moverse.
4 vt (kind of dance) bailar: can you dance the waltz? ¿sabes bailar el vals?
5 vt (child etc) hacer bailar.
✦ to dance attendance on somebody desvivirse por complacer a alguien.
to dance to somebody's tune obedecer a alguien.
to lead somebody a merry dance traer a alguien al retortero.
■ dance band orquesta de baile.
dance floor pista de baile.
dance hall salón m de baile.
dance music música de baile.

danceable ['dænsəbəl] adj bailable.

dancer ['dɑːnsər]
1 n (person dancing) bailador,-ra.
2 n (professional) bailarín,-ina; (flamenco) bailador,-ra.

dancing ['dɑːnsɪŋ]
1 n baile m: she loves going dancing le encanta ir a bailar.
2 adj de baile.

dandelion ['dændɪlaɪən] n diente m de león.

dandruff ['dændrəf] n caspa.

dandy ['dændɪ]
1 n dandy m, petimetre m.
2 adj US estupendo,-a.
✦ fine and dandy perfecto,-a, de perlas.
▲ pl dandies.

Dane [deɪn] n danés,-esa.

danger ['deɪndʒər] n (peril, hazard) peligro; (risk) riesgo: are you aware of the dangers of smoking ¿eres consciente de los riesgos de fumar?; there's no danger of him working too hard no hay peligro de que trabaje demasiado.
✦ "Danger" "Peligro".
to be in danger estar en peligro.
to be in danger of doing something correr peligro de hacer algo.
to be on the danger list estar en estado crítico.
to be out of danger estar fuera de peligro.
■ danger money plus m de peligrosidad, prima de peligrosidad.
danger sign señal f de peligro.

dangerous ['deɪndʒərəs] adj (gen) peligroso,-a; (risky) arriesgado,-a; (illness) grave.
■ dangerous driving JUR conducción f temeraria.

dangerously ['deɪndʒərəslɪ] adv (gen) peligrosamente; (ill) gravemente; (drive) con temeridad.
✦ to live dangerously llevar una vida arriesgada.

dangerousness [ˈdeɪndʒərəsnəs] *n* peligrosidad *f.*

dangle [ˈdæŋɡəl]
1 *vt (hang)* colgar; *(swing)* balancear: the children dangled their legs over the wall los niños colgaban las piernas del muro.
2 *vi* colgar, pender: she had long earrings dangling from her ears llevaba unos pendientes largos que le colgaban de las orejas.
✦ **to dangle something in front of somebody** ofrecerle algo a alguien (como incentivo).

Danish [ˈdeɪnɪʃ]
1 *adj* danés,-esa.
2 *n (language)* danés *m.*
3 the Danish *npl* los daneses *mpl.*
▪ **Danish blue** tipo de queso azul.
Danish pastry bollo relleno cubierto de azúcar glas, almendras, etc.

dank [dæŋk] *adj* húmedo,-a y frío,-a.

Dantesque [dænˈtesk] *adj* dantesco.

Danube [ˈdænjuːb] *n* el Danubio.

dapper [ˈdæpəʳ] *adj (smart)* atildado,-a, pulcro,-a.

dappled [ˈdæpəld] *adj (mottled - colour, shade, sunlight)* moteado,-a; *(horse)* rodado,-a, moteado,-a.

dapple-grey [dæpəlˈɡreɪ]
1 *adj* tordo,-a.
2 *n* caballo tordo.

dare [deəʳ]
1 *vi* atreverse (**to**, a), osar (**to**, -): how dare you speak to me like that! ¡cómo te atreves a hablarme así!; I didn't dare tell him the price no me atreví a decirle el precio; I daren't say anything no me atrevo a decir nada; just you dare! ¡atrévete y verás!; don't you dare! ¡ni se te ocurra!
2 *vt (challenge)* desafiar: they dared him to steal an apple lo desafiaron a que robara una manzana; go on, I dare you! ¡venga, a que no te atreves!
3 *n* desafío, reto.
✦ **I dare say** *(perhaps)* quizá, posiblemente; *(I suppose)* supongo, me imagino; *(I bet)* ya lo creo: I dare say you're right supongo que tienes razón.

daredevil [ˈdeədevəl] *n* atrevido,-a, temerario,-a.

daresay [deəˈseɪ] *vt* → **dare say.**

daring [ˈdeərɪŋ]
1 *adj (bold, brave)* audaz, osado,-a, atrevido,-a; *(provocative)* atrevido,-a.
2 *n* osadía, arrojo, atrevimiento, audacia.

dark [dɑːk]
1 *adj (without light)* oscuro,-a.
2 *adj (colour)* oscuro,-a.
3 *adj (hair, skin)* moreno,-a; *(eyes)* negro,-a; *(glasses)* oscuro,-a.
4 *adj (gloomy)* triste, sombrío,-a; *(future)* negro,-a, tenebroso,-a.

5 *adj (sinister)* siniestro,-a, oscuro,-a, tenebroso,-a.
6 *adj (secret)* misterioso,-a, secreto,-a, oscuro,-a.
7 *n (darkness)* oscuridad *f*: she's afraid of the dark le da miedo la oscuridad.
8 *n (nightfall)* anochecer *m.*
✦ **after dark** después del anochecer.
before dark antes del anochecer, antes de que anochezca.
to be in the dark *fig* no saber nada.
to get dark oscurecer, hacerse de noche.
to keep somebody in the dark *fig* ocultarle algo a alguien.
to keep something dark mantener algo en secreto.
▪ **a dark horse** *(secretive person)* un enigma, una incógnita; *(surprise winner)* un,-a ganador,-ra sorpresa.
the Dark Ages la Alta Edad *f* Media, la Edad *f* de las tinieblas.
dark meat carne *f* más oscura.

dark-colored [ˈdɑːkˈkʌləd] *adj US* de color oscuro.

dark-coloured [ˈdɑːkˈkʌləd] *adj* de color oscuro.

darken [ˈdɑːkən]
1 *vt* oscurecer, hacer más oscuro,-a.
2 *vt fig* entristecer, ensombrecer.
3 *vi (sky)* oscurecerse, ponerse más oscuro,-a.
4 *vi fig (face)* ensombrecerse.
✦ **to darken somebody's door** poner los pies en casa de alguien: never darken my door again! ¡no vuelvas a poner los pies en mi casa!

dark-haired [ˈdɑːkˈheəd] *adj* moreno,-a.

darkish [ˈdɑːkɪʃ] *adj (colour)* tirando a oscuro,-a, bastante oscuro,-a; *(hair, skin)* tirando a moreno,-a, bastante moreno,-a.

darkness [ˈdɑːknəs] *n* oscuridad *f.*
✦ **in darkness** a oscuras.

darkroom [ˈdɑːkruːm] *n* cuarto oscuro.

dark-skinned [ˈdɑːkˈskɪnd] *adj* moreno,-a, de tez morena.

darling [ˈdɑːlɪŋ]
1 *n (lover)* querido,-a, amor *m*, cariño; *(popular person)* niño,-a mimado,-a.
2 *adj (loved)* querido,-a.
3 *adj fam (charming)* precioso,-a, encantador,-ra, mono,-a.

darn¹ [dɑːn]
1 *n* zurcido.
2 *vt (sock etc)* zurcir.

darn² [dɑːn] *interj fam euph* → **damn.**

darnel [ˈdɑːnəl] *n* cizaña.

darning [ˈdɑːnɪŋ]
1 *n (act)* zurcido.
2 *n (clothes)* ropa para zurcir.
▪ **darning needle** aguja de zurcir.

dart [dɑːt]
1 *n (object)* dardo, flechilla, rehilete *m.*
2 *n (rush)* movimiento rápido.
3 *n SEW (fold)* pinza.

4 *vt (look, glance)* lanzar; *(tongue)* disparar.
5 *vi (move quickly - person)* lanzarse, precipitarse; *(- butterfly etc)* revolotear: he darted across the road cruzó la calle corriendo; she darted out the door salió por la puerta como una flecha.
6 darts *npl (game)* dardos *mpl.*
✦ **to make a dart for something** abalanzarse sobre algo, precipitarse hacia algo.
to play darts jugar a los dardos.

dartboard [ˈdɑːtbɔːd] *n* diana, blanco de tiro.

Darwinian [dɑːˈwɪnɪst]
1 *adj* darviniano,-a.
2 *n* darvinista *mf.*

Darwinism [ˈdɑːwɪnɪzəm] *n* darvinismo.

dash¹ [dæʃ]
1 *n (sudden run)* carrera.
2 *n SP* carrera, sprint *m.*
3 *n (small amount)* poco, poquito; *(of salt, spice, etc)* pizca; *(of liquid)* chorrito, chorrillo, gota.
4 *n (horizontal mark)* raya; *(hyphen)* guion *m*; *(in Morse code)* raya.
5 *n (style, panache)* elegancia, garbo, salero; *(energy, vitality)* brío, dinamismo.
6 *n US (dashboard)* salpicadero.
7 *vt (hit)* lanzar, arrojar; *(smash)* romper, estrellar: he dashed the vase to pieces hizo el florero añicos.
8 *vt (hopes)* truncar: our hopes of peace were dashed nuestras esperanzas de conseguir la paz se truncaron.
9 *vi (rush)* correr: everyone dashed to the window todo el mundo corrió hacia la ventana; I've been dashing around all day llevo todo el día corriendo de un lado a otro; I must dash me voy pitando.
10 *vi (waves)* romper.
▶ **to dash off**
1 *vt sep (essay etc)* escribir deprisa y corriendo, escribir en un momento.
2 *vi* irse corriendo.
✦ **to cut a dash** causar sensación, llamar la atención.
to make a dash for something precipitarse hacia algo.

dash² [dæʃ] **dash it!** *interj* ¡mecachis!

dashboard [ˈdæʃbɔːd] *n* salpicadero.

dashing [ˈdæʃɪŋ] *adj (person)* gallardo,-a, garboso,-a; *(clothes)* elegante.

data [ˈdeɪtə] *npl* datos *mpl*, información *f.*
▪ **data bank** *COMPUT* banco de datos.
data capture recolección *f* de datos, recogida *f* de datos.
data management gestión *f* de datos.
data processing procesamiento de datos.
data projector cañón *m.*
▲ *sing* **datum.**

database [ˈdeɪtəbeɪs] n COMPUT base f de datos.

date¹ [deɪt]
1 n (in time) fecha: what's the date today? ¿a qué fecha estamos?
2 n (appointment) cita, compromiso: we've made a date to go to the cinema hemos quedado para ir al cine; she's got a date with David tonight tiene una cita con David esta noche; he's out on a date ha salido con una chica; right, it's a date! ¡vale, quedamos fijo!
3 n US (person) ligue m, amigo,-a, pareja: have you got a date for the dance? ¿tienes pareja para el baile?
4 n (performance, booking) actuación f.
5 vt (write a date on) fechar.
6 vt (determine the date of) datar.
7 vt (show the age of) demostrar la edad de.
8 vt US fam (go out with) salir con.
9 vi (have existed since) datar (**from**, de), remontarse (**back to**, a).
10 vi (go out of fashion) pasar de moda.
11 vi US (go out together) salir juntos, ser novios.
◆ **at a later date** más tarde, en una fecha posterior.
out of date (ideas) anticuado,-a; (clothes) pasado,-a de moda; (technology) desfasado,-a, obsoleto,-a; (ticket, food) caducado,-a.
to date hasta la fecha.
to be up to date (on something) estar al tanto (de algo), estar al corriente (de algo).
to set a date for something fijar la fecha para algo.
up to date actualizado,-a, al día.
■ **closing date** fecha tope, fecha límite.
date of birth fecha de nacimiento.
date rape violación f en una cita.
date stamp (date) fecha; (instrument) matasellos m inv.
sell-by date fecha de caducidad.

date² [deɪt] n (fruit) dátil m.

dated [ˈdeɪtɪd] adj (ideas) anticuado,-a; (clothes) pasado,-a de moda; (expression) anticuado,-a desusado,-a.

dateline [ˈdeɪtlaɪn] n (in newspaper) data.
■ **International Dateline** línea internacional del cambio de fecha.

dative [ˈdeɪtɪv] n LING dativo.
■ **dative case** caso dativo.

datum [ˈdeɪtəm] n dato.
▲ pl data.

daub [dɔːb]
1 n (small bit, smear) mancha.
2 n (bad painting) pintarrajo.
3 vt (cover - with mud, paint, ink) embadurnar (**with**, con/de); (with oil, grease) untar (**with**, con): the library had been daubed with graffiti habían cubierto la biblioteca de grafitis.
4 vi fam (paint badly) pintarrajear.

dauber [ˈdɔːbəʳ] n pintamonas mf.

daughter [ˈdɔːtəʳ] n hija.

daughter-in-law [ˈdɔːtərɪnlɔː] n nuera.

daunt [dɔːnt] vt (frighten) intimidar; (dishearten) desanimar, desalentar.
◆ **nothing daunted** impertérrito,-a, sin inmutarse.
to be daunted by something amilanarse ante algo.

daunting [ˈdɔːntɪŋ] adj desalentador,-ra.

dauntless [ˈdɔːntləs] adj impávido,-a, intrépido,-a.

dauntlessness [ˈdɔːntləsnəs] n impavidez f, intrepidez f.

dauphin [ˈdɔːfɪn] n delfín m.

dawdle [ˈdɔːdəl] vi (walk slowly) andar despacio; (waste time) perder el tiempo, entretenerse.
◆ **to dawdle over something** eternizarse haciendo algo.

dawn [dɔːn]
1 n alba, aurora, amanecer m: we got up as dawn was breaking nos levantamos al romper el alba; from dawn till dusk de sol a sol.
2 n fig (beginning) amanecer m, albores mpl, aurora.
3 vi (day) amanecer, alborear, clarear: the day dawned bright and sunny el día amaneció muy soleado.
4 vi (new age, year) alborear, nacer.
5 vi (become known, obvious) brillar: the truth dawned la verdad brilló.
▶ **to dawn on** vt insep caer en la cuenta: it dawned on me that … caí en la cuenta de que …
■ **dawn raid** MIL ataque m militar de madrugada.
the dawn chorus el canto de los pájaros al amanecer.

day [deɪ]
1 n (24 hours) día m: in a few day's time dentro de unos días.
2 n (time between sunrise and sunset) día m: it's been raining all day lleva lloviendo todo el día; how was your day? ¿qué tal tu día?
3 n (period of work) jornada, día m: we work an eight-hour day trabajamos una jornada de ocho horas.
4 n (period of success) día m: he was very famous in his day fue muy famoso en su día.
5 n (period of time) época, tiempo: in my day … en mis tiempos …
6 **days** npl (period) época, tiempos mpl: in the old days antiguamente; the good old days los viejos tiempos.
◆ **a nine days' wonder** un prodigio efímero.
any day now cualquier día de éstos.
by day de día, durante el día.
day after day día tras día.
day and night día y noche.
day by day día a día, de día en día.
day in, day out todos los días.
every day todos los días.

every other day un día sí un día no, cada dos días.
from one day to the next de un día para (el) otro.
have a nice day! ¡que tengas un buen día!
in this day and age hoy (en) día.
in those days en aquellos tiempos, en aquella época.
it's all in a day's work todo forma parte del trabajo.
on the following day al día siguiente.
these days hoy en día.
not to be my (your, his, etc) **day** no ser mi (tu, su, etc) día.
somebody's/something's days are numbered tener alguien/algo los días contados.
that'll be the day cuando las ranas críen pelos.
the day after tomorrow pasado mañana.
… to the day hoy hace exactamente …
to be … if one's a day tener como mínimo … años: she's 50 if she's a day tiene como mínimo 50 años, no puede tener menos de 50 años.
to be one of those days ser un día de aquéllos.
to call it a day dar algo por terminado.
to carry the day/win the day prevalecer.
to have had one's day haber pasado a la historia, haber pasado de moda.
to have one of those days tener un día de aquéllos.
to make a day of it quedarse todo el día.
to make somebody's day alegrarle la vida a alguien.
to this day hasta el día de hoy.
■ **day labourer** jornalero,-a.
day nursery guardería (infantil).
day off día libre.
day of reckoning día m del juicio final.
day release sistema que permite a un,-a empleado,-a asistir a un curso un día de la semana.
day return billete m de ida y vuelta para el mismo día.
day room sala comunal en hospitales etc.
day school colegio sin internado.
day shift turno de día.
day trip excursión f (de un día).

daybreak [ˈdeɪbreɪk] n amanecer m, alba.

daydream [ˈdeɪdriːm]
1 n ensueño, ensoñación f.
2 vi soñar despierto,-a, fantasear.

daylight [ˈdeɪlaɪt] n luz f de día: let's go while it's still daylight vamos mientras aún sea de día.
◆ **in broad daylight** en pleno día, a plena luz del día.
it's daylight robbery! ¡es un (auténtico) robo!, ¡es un timo!

to beat/knock the living daylights out of somebody pegarle una soberana paliza a alguien.

to scare/frighten the living daylights out of somebody darle un susto de muerte a alguien.

daytime ['deɪtaɪm]

1 *n* día *m*.

2 *adj (flight)* diurno,-a.

✦ **in the daytime** de día, durante el día.

day-to-day ['deɪtədeɪ]

1 *adj (daily)* cotidiano,-a, diario,-a; *(ordinary)* de cada día.

2 *adj (existence)* rutinario,-a.

✦ **to do something on a day-to-day basis** hacer algo de día en día.

daze [deɪz]

1 *n* aturdimiento.

2 *vt* aturdir: **we were dazed by the terrible news** las terribles noticias nos aturdieron.

✦ **to be in a daze** estar aturdido,-a.

dazed [deɪzd] *adj* aturdido,-a.

dazzle ['dæzəl]

1 *n (brilliance)* resplandor *m*, brillo.

2 *vt* deslumbrar.

dazzling ['dæzlɪŋ] *adj (light, sky, jewels)* deslumbrante, resplandeciente; *(success, intellect)* deslumbrante, deslumbrador,-ra.

dB ['diː'biː] *abbr* (**decibel**) decibelio; *(abbreviation)* dB.

D-day ['diːdeɪ]

1 *n (in war)* día *m* D.

2 *n (important date)* el día *m* señalado.

DDT ['diː'diː'tiː] *abbr* (**dichlorodiphenyltrichloroethane**) diclorodietiltricloroetano; *(abbreviation)* DDT *m*.

DEA ['diː'iː'eɪ] *abbr US* (**Drug Enforcement Administration**) agencia norteamericana contra el narcotráfico; *(abbreviation)* DEA.

deacon ['diːkən] *n* diácono.

deaconess ['diːkənɪs] *n* diaconisa.

deaconry ['diːkənrɪ] *n* diaconado.

deactivate [diː'æktɪveɪt] *vt* desactivar.

dead [ded]

1 *adj (not alive)* muerto,-a: **she's dead** está muerta; **he was shot dead** lo mataron de un tiro, lo mataron a tiros; **he was dead on arrival at the hospital** ingresó cadáver en el hospital.

2 *adj (obsolete - language)* muerto,-a; *(- custom)* desusado,-a, en desuso; *(finished with - topic, issue, debate)* agotado,-a, pasado,-a; *(- glass, bottle)* terminado,-a, acabado,-a: **is this glass dead?** ¿has terminado con el vaso?

3 *adj (numb)* entumecido,-a, dormido,-a: **my feet have gone dead** se me han dormido los pies.

4 *adj (not functioning - telephone)* desconectado,-a, cortado,-a; *(- machine)* averiado,-a; *(- battery)* descargado,-a, gastado,-a; *(- match)* gastado,-a: **the line's dead** no hay línea.

5 *adj fam (very tired)* muerto,-a.

6 *adj (dull, quiet, not busy)* muerto,-a: **the town's dead at night** la ciudad está muerta por la noche.

7 *adj (sounds)* sordo,-a; *(colours)* apagado,-a.

8 *adj SP (ball)* muerto,-a.

9 *adj (total)* total, completo,-a, absoluto,-a: **there was dead silence** se hizo un silencio sepulcral.

10 *adv (completely, absolutely)* completamente, sumamente; *(as intensifier)* muy: **I'm dead sure** estoy segurísimo; **he was dead drunk** estaba completamente borracho; **it's dead easy** está tirado.

11 *adv (exactly)* justo: **we arrived dead on time** llegamos puntualísimos.

12 **the dead** *n* los,-las muertos,-as.

✦ **a dead duck** un fracaso total.

in the dead of winter en pleno invierno, en lo más crudo del invierno.

not to be seen dead doing something no hacer algo por nada del mundo: **I wouldn't be seen dead with him!** ¡no saldría con él por nada del mundo!, ¡no saldría con él ni muerta!

over my dead body! ¡sobre mi cadáver!

to be a dead cert ser algo seguro,-a: **this horse is a dead cert** segurísimo que gana este caballo.

to be a dead loss no servir para nada, ser un desastre.

to be a dead ringer for somebody ser idéntico,-a a alguien.

to be dead beat estar hecho,-a polvo.

to be dead on one's feet estar hecho,-a polvo.

to be dead (set) against something oponerse totalmente a algo.

to be dead set on doing something estar empeñado,-a en hacer algo, estar decidido,-a a hacer algo.

to be dead to the world estar dormido,-a como un tronco.

to be the dead spit of somebody ser el vivo retrato de alguien.

to come to a dead end llegar a un callejón sin salida.

to come to a dead stop detenerse en seco.

to drop dead caer muerto,-a: **drop dead!** ¡vete al cuerno!

to stop dead parar(se) en seco.

▪ **dead body** cadáver *m*.

dead calm calma chicha.

dead end callejón *m* sin salida.

dead heat empate *m*.

dead letter *JUR* letra muerta.

dead weight peso muerto.

dead wood *(trees etc)* ramas *fpl* secas; *(useless people)* personal *m* inútil; *(useless things)* trastos *mpl*.

the Dead Sea el Mar Muerto.

deadbeat ['dedbiːt] *n US fam (idler)* vago,-a, flojo,-a; *(dropout)* marginado,-a.

deaden ['dedən] *vt (pain)* calmar, aliviar; *(noise, blow)* amortiguar.

dead-end job [dedend'dʒɒb] *n* trabajo sin porvenir, trabajo sin futuro.

deadline ['dedlaɪn] *n (date)* fecha límite, fecha tope, plazo de entrega; *(time)* hora límite, hora tope.

✦ **to meet a deadline** acabar un trabajo dentro del plazo previsto.

to work to a deadline trabajar con miras a un plazo determinado.

deadlock ['dedlɒk] *n* punto muerto, impasse *m*.

✦ **to break the deadlock** salir del impasse.

to end in deadlock acabar en un punto muerto.

deadly ['dedlɪ]

1 *adj (disease)* mortal; *(weapon, gas)* mortífero,-a; *(enemy)* a muerte, mortal; *(aim)* certero,-a.

2 *adj (as intensifier)* enorme, total: **deadly silence** en absoluto silencio.

3 *adj fam (dull)* aburridísimo,-a.

4 *adv (as intensifier)* terriblemente: **he was deadly serious** lo decía muy en serio.

▪ **deadly nightshade** belladona.

deadly sin pecado capital.

▲ *comp* **deadlier**, *superl* **deadliest**.

deadpan ['dedpæn]

1 *adj (face, look)* de póquer, de palo, sin expresión; *(tone)* inexpresivo,-a.

2 *adv* de manera inexpresiva.

▪ **deadpan humour** humor *m* socarrón.

deaf [def]

1 *adj* sordo,-a.

2 **the deaf** *n* los sordos *mpl*.

✦ **to be as deaf as a post** estar más sordo,-a que una tapia.

to be deaf in one ear ser sordo,-a de un oído.

to be deaf to something hacer oídos sordos a algo.

to be stone deaf estar más sordo,-a que una tapia.

to fall on deaf ears caer en oídos sordos.

to go deaf quedarse sordo,-a.

to turn a deaf ear hacerse el sordo.

deaf-aid ['defeɪd] *n* audífono.

deaf-and-dumb [defən'dʌm] *adj* sordomudo,-a.

deafen ['defən] *vt* ensordecer.

deafening ['defənɪŋ] *adj* ensordecedor,-ra.

deaf-mute ['defmjuːt] *n* sordomudo,-a.

deaf-mutism ['defmjuːtɪzəm] *n* sordomudez *f*.

deafness ['defnəs] *n* sordera.

deal [diːl]

1 *n (agreement)* trato, acuerdo, pacto; *(financial)* acuerdo: **it's a deal!** ¡trato hecho!; **the deal's off!** ¡no hay trato!; **management and unions have**

reached a pay deal la patronal y los sindicatos han llegado a un acuerdo salarial.

2 *n (treatment)* trato: she's had a bit of a rough deal lo ha pasado bastante mal.

3 *n (amount)* cantidad *f*: a great deal of money mucho dinero; she's a great deal better está mucho mejor; he learnt a great deal from his father aprendió mucho de su padre.

4 *n (in card games)* reparto: it's your deal te toca a ti repartir.

5 *vt (cards)* repartir, dar.

6 *vt (drugs)* traficar.

7 *vi (cards)* repartir, dar.

8 *vi (drugs)* traficar.

▸ to deal in *vt insep (trade in)* comerciar en, tratar en.

to deal out *vt sep (money, presents, etc)* repartir, distribuir; *(sentence)* dictar.

to deal with

  1 *vt insep* COMM *(trade with)* tratar con, tener relaciones comerciales con.

  2 *vt insep (tackle - problem etc)* abordar, ocuparse de, atacar; *(- task)* encargarse de, ocuparse de; *(- person)* tratar (con), lidiar con.

  3 *vt insep (be about, have as subject)* tratar de; *(discuss)* tratar.

✦ big deal! ¡vaya cosa!, ¡y qué!

it's no big deal no es nada de otro mundo.

to deal somebody a blow/deal a blow to somebody asestarle un golpe a alguien.

to do a deal with somebody/make a deal with somebody llegar a un acuerdo con alguien, hacer un trato con alguien.

to make a big deal out of something hacer un problema de algo.

▪ fair deal/square deal trato justo.

▲ *pt & pp* dealt [delt].

dealer [ˈdiːləʳ]

1 *n* COMM comerciante *mf*, negociante *mf*: used-car dealer vendedor,-ra de coches de ocasión; antiques dealer anticuario,-a.

2 *n (illegal - in drugs)* traficante *mf*; *(- in stolen goods)* perista *mf*.

3 *n* FIN corredor,-ra de bolsa, corredor,-ra de valores.

4 *n (cards)* repartidor,-ra.

dealing [ˈdiːlɪŋ]

1 *n* COMM *(way of behaving)* negocios *mpl*.

2 *n* FIN transacciones *fpl*.

3 dealings *npl (relations)* trato, relaciones *fpl*.

✦ to have dealings with somebody tener trato con alguien.

dealt [delt] *pt & pp →* deal.

dean [diːn]

1 *n* REL deán *m*.

2 *n* EDUC decano,-a.

deanery [ˈdiːnəri] *n* decanato.

deanship [ˈdiːnʃɪp] *n* decanato.

dear [dɪəʳ]

1 *adj (loved - person)* querido,-a; *(- thing)* preciado,-a: she's a dear friend es una amiga muy querida; what a dear little cat! ¡qué gatito más mono!

2 *adj (as form of address)* querido,-a: my dear Charles! ¡mi querido Charles!; Diana my dear Diana, querida; my dear Mrs Spencer mi buena señora Spencer.

3 *adj fam (in letter)* querido,-a; *(more formally)* apreciado,-a, estimado,-a: Dear John Querido John; Dear Sir Muy señor mío; Dear Mrs Smith Estimada Sra. Smith.

4 *adj (expensive)* caro,-a.

5 *n (as form of address - to loved one)* querido,-a, cariño, cielo; *(- to anyone)* chato,-a, guapo,-a.

6 *n (nice person)* cielo, sol *m*: be a dear and put the kettle on sé bueno y pon el agua a hervir; she's such a dear es un cielo.

7 *interj* ¡Dios mío!: oh dear! ¡ay!, ¡uy!; dear me! ¡vaya por Dios!

8 *adv* caro.

✦ to be dear to somebody significar mucho para alguien.

to hold somebody dear tener mucha estima a alguien, apreciar mucho a alguien.

dearly [ˈdɪəli]

1 *adv (very much)* mucho.

2 *adv (at a cost)* caro.

✦ dearly beloved REL (amados) hermanos.

dearth [dɜːθ] *n* escasez *f*.

death [deθ]

1 *n (gen)* muerte *f*; *(decease, demise)* fallecimiento, defunción *f*: he died a natural death murió de muerte natural.

2 *n (end - of custom, institution)* fin *m*.

✦ at death's door a las puertas de la muerte.

on pain of death bajo pena de muerte.

to be bored to death aburrirse como una ostra.

to be scared to death estar muerto,-a de miedo.

to be sick to death of somebody/ something estar hasta la coronilla de alguien/algo.

to be the death of somebody acabar con alguien.

to be worried to death estar preocupadísimo,-a.

to beat/kick/stab somebody to death matar a alguien a golpes/patadas/puñaladas.

to bleed to death morir desangrado,-a.

to do something to death repetir algo hasta la saciedad.

to drink oneself to death matarle a alguien la bebida.

to fight to the death luchar hasta la muerte.

to freeze to death morir(se) de frío.

to look like death warmed up parecer un muerto viviente, parecer un cadáver.

to put somebody to death ejecutar a alguien.

to sentence somebody to death condenar a alguien a muerte.

▪ death bell toque de difuntos, doble *m*.

death certificate certificado de defunción.

death knell toque de difuntos, doble *m*: video clubs spell the death knell of many cinemas los videoclubs suponen la muerte de muchos cines.

death mask mascarilla.

death penalty pena de muerte.

death rate índice *m* de mortalidad.

death rattle estertor *m* de la muerte.

death row corredor *m* de la muerte.

death squad escuadrón *m* de la muerte.

death throes agonía.

death toll número de víctimas (mortales).

death warrant sentencia de muerte.

death wish ganas *fpl* de morir.

deathbed [ˈdeθbed] *n* lecho de muerte.

deathblow [ˈdeθbləʊ] *n* golpe *m* mortal.

deathly [ˈdeθli] *adj (silence)* sepulcral, de muerte, mortal; *(pallor)* cadavérico,-a, de muerte.

✦ to be deathly pale estar blanco,-a como el papel.

▲ *comp* deathlier, *superl* deathliest.

deathtrap [ˈdeθtræp] *n fam* lugar peligroso.

deathwatch beetle [ˈdeθwɒtʃ biːtəl] *n* escarabajo del reloj de la muerte.

debacle [deɪˈbɑːkəl] *n* debacle *m*, desastre *m*, fiasco.

debar [dɪˈbɑːʳ] *vt (from place)* excluir (from, de); *(of right)* privar; *(from profession)* incapacitar, inhabilitar: he has been debarred from holding public office ha sido inhabilitado para ocupar cargos públicos; I was debarred from the club me prohibieron entrar en el club.

▲ *pt & pp* debarred, *ger* debarring.

debase [dɪˈbeɪs]

1 *vt (degrade, devalue - idea, principle)* desvalorizar, envilecer; *(- language)* corromper, viciar; *(word, phrase)* quitar el sentido de.

2 *vt (coinage)* alterar.

3 *vt (demean, humiliate - person)* degradar.

✦ to debase oneself rebajarse, degradarse.

debasement [dɪˈbeɪsmənt] *n* degradación *f*.

debatable [dɪˈbeɪtəbəl] *adj* discutible.

debate [dɪˈbeɪt]

1 *n (public meeting, in Parliament)* debate *m*; *(discussion)* debate *m*, discusión *f*.

that's a matter for debate eso es un asunto discutible; **the nuclear power debate** el debate de la energía nuclear.

2 *vt (discuss)* debatir, discutir.

3 *vt (consider, think over)* considerar, dar vueltas a.

4 *vt (discuss)* discutir (**about/on**, sobre).

debater [dɪ'beɪtə'] *n* persona que participa en un debate.

debating [dɪ'beɪtɪŋ] *n* discusión *f*.

■ **debating society** grupo de debate y discusión.

debauch [dɪ'bɔ:tʃ]

1 *vt* corromper, pervertir.

2 *n* orgía.

debauched [dɪ'bɔ:tʃt] *adj* vicioso,-a, libertino,-a.

debauchee [debɔ:'tʃi:] *n* disoluto.

debauchery [dɪ'bɔ:tʃərɪ] *n* libertinaje *m*, disipación *f*.

debenture [dɪ'bentʃə'] *n FIN (bond)* obligación *f*, bono.

debilitate [dɪ'bɪlɪteɪt] *vt (weaken)* debilitar; *(exhaust)* extenuar.

debilitating [dɪ'bɪlɪteɪtɪŋ] *adj (disease)* debilitante; *(heat, climate)* extenuante.

debilitation [dɪbɪlɪ'teɪʃən] *n* debilitación *f*.

debility [dɪ'bɪlɪtɪ] *n* debilidad *f*, decaimiento *f*.

▲ *pl* **debilities**.

debit ['debɪt]

1 *n FIN* débito.

2 *vt* cargar en cuenta: **they debited his account with the amount** cargaron la suma en su cuenta.

■ **debit balance** saldo deudor.

debit side debe *m*.

debonair [debə'neə'] *adj* apuesto,-a, gallardo,-a, garboso,-a.

debrief [di:'bri:f] *vt* interrogar, pedir un informe a: **the soldiers are debriefed after every mission** los soldados son interrogados después de cada misión.

debriefing [di:'bri:fɪŋ] *n* interrogatorio.

■ **debriefing session** *sesión en que se informa sobre una misión terminada.*

debris ['deɪbri:] *n (ruins)* escombros *mpl*; *(wreckage)* restos *mpl*.

debt [det] *n (something owed)* deuda; *(indebtedness)* endeudamiento.

✦ **to be in debt** tener deudas, estar endeudado,-a.

to be in somebody's debt estar en deuda con alguien.

to get into debt contraer deudas, endeudarse.

to pay off a debt saldar una deuda.

to run up debts contraer deudas, endeudarse.

■ **debt collector** cobrador,-ra de deudas.

debtor ['detə'] *n* deudor,-ra.

debug [di:'bʌg]

1 *vt (computer programme, system)* depurar.

2 *vt (room, building, etc)* quitar los micrófonos ocultos de.

▲ *pt & pp* **debugged**, *ger* **debugging**.

debunk [di:'bʌŋk] *vt fam (person)* desmitificar, desenmascarar; *(idea, belief)* desacreditar, desprestigiar.

debut ['deɪbju:] *n* debut *m*.

✦ **to make one's debut** debutar, hacer su debut.

debutante ['debjutɑ:nt] *n* debutante *f*.

Dec [dɪ'sembə'] *abbr* (**December**) diciembre.

decade ['dekeɪd] *n* década, decenio.

decadence ['dekədəns] *n* decadencia.

decadent ['dekədənt] *adj* decadente.

decaffeinate [di:'kæfɪneɪt] *vt* descafeinar.

decaffeinated [dɪ'kæfɪneɪtɪd] *adj (coffee, tea)* descafeinado,-a; *(cola)* sin cafeína.

decagon ['dekəgɒn] *n* decágono.

decagonal [dɪ'kægənəl] *adj* decagonal.

decagram ['dekəgræm] *n* decagramo.

decagramme ['dekəgræm] *n* decagramo.

decahedron [dekə'hi:drən] *n* decaedro.

decalcification [di:kælsɪfɪ'keɪʃən] *n* descalcificación *f*.

decalcify [di:'kælsɪfaɪ] *vt* descalcificar.

decaliter ['dekəlɪtə'] *n US* decalitro.

decalitre ['dekəlɪtə'] *n* decalitro.

Decalogue ['dekəlɒg] *n* decálogo.

decameter ['dekəmi:tə'] *n US* decámetro.

decametre ['dekəmi:tə'] *n* decámetro.

decamp [dɪ'kæmp]

1 *vi fam (leave suddenly)* esfumarse, largarse.

2 *vi MIL (leave camp)* levantar campamento.

decant [dɪ'kænt]

1 *vt (wine)* decantar.

2 *vi CHEM* transvasar.

decanter [dɪ'kæntə'] *n* decantador *m*.

decapitate [dɪ'kæpɪteɪt] *vt* decapitar.

decapitation [dɪkæpɪ'teɪʃən] *n* decapitación *f*.

decapod ['dekəpɒd] *n* decápodo.

decarbonate [di:'kɑ:bəneɪt] *vt* descarbonatar.

decarbonise [di:'kɑ:bənaɪz] *vt* → **decarbonize**.

decarbonize [di:'kɑ:bənaɪz] *vt* descarburar.

decarburise [di:'kæbjʊraɪz] *vt* → **decarburize**.

decarburize [di:'kæbjʊraɪz] *vt* descarburar.

decasyllabic [dekəsɪ'læbɪk] *adj* decasilábico,-a.

decasyllable [dekə'sɪləbəl] *n* decasílabo.

decathlete [dɪ'kæθli:t] *n* decatleta *m*.

decathlon [dɪ'kæθlɒn] *n* decatlón *m*.

decay [dɪ'keɪ]

1 *n (of organic matter)* descomposición *f*; *(of teeth)* caries *f*.

2 *n (of building)* deterioro, desmoronamiento.

3 *n fig (of culture, values)* decadencia.

4 *vi (gen)* descomponerse, pudrirse; *(wood)* pudrirse; *(teeth)* cariarse.

5 *vi (buildings)* deteriorarse, desmoronarse.

6 *vi fig* decaer, declinar, estar en decadencia.

7 *vt (gen)* descomponer; *(wood)* pudrir; *(teeth)* cariar.

✦ **to fall into decay** *(building)* estar en un estado ruinoso.

decease [dɪ'si:s] *n* fallecimiento, defunción *f*.

deceased [dɪ'si:st]

1 *adj* difunto,-a, fallecido,-a.

2 **the deceased** *n (man)* el difunto; *(woman)* la difunta.

3 **the deceased** *npl (gen)* los difuntos; *(women)* las difuntas.

deceit [dɪ'si:t] *n (trick)* engaño; *(deceiving)* falsedad *f*: **he made his money by deceit** hizo su fortuna mediante engaños.

deceitful [dɪ'si:tful] *adj (person)* falso,-a, embustero,-a, mentiroso,-a; *(action)* engañoso,-a.

deceitfully [dɪ'si:tfulɪ] *adv* engañosamente.

deceitfulness [dɪ'si:tfulnəs] *n* falsedad *f*, engaño.

deceive [dɪ'si:v] *vt* engañar.

✦ **to deceive oneself** engañarse.

to deceive somebody into doing something engañar a alguien para que haga algo: **they deceived her into believing that** le hicieron creer que.

deceiver [dɪ'si:və'] *n* impostor,-ra.

decelerate [di:'seləreɪt]

1 *vi* reducir la velocidad, desacelerar.

2 *vt* reducir la velocidad de, desacelerar.

deceleration [di:selə'reɪʃən] *n* desaceleración *f*.

December [dɪ'sembə'] *n* diciembre *m*.

▲ *Para ejemplos de uso, véase* **May**.

decency ['di:sənsɪ]

1 *n (seemliness)* decencia, decoro.

2 *n (politeness)* buena educación *f*, cortesía, consideración *f*: **she didn't even have the decency to apologize** ni siquiera tuvo la educación de disculparse.

3 **decencies** *npl* convenciones *fpl* sociales.

▲ *pl* **decencies**.

decennial [dɪˈsenɪəl] *n* decenal.
decent [ˈdiːsənt]
1 *adj (socially acceptable- dress, behaviour, language)* decente, decoroso,-a; *(person)* decente, honrado,-a: **are you decent?** ¿estás presentable?
2 *adj (adequate - meal, wage, housing)* decente, adecuado,-a: **I haven't had a decent night's sleep for ages** hace mucho que no duermo una noche entera.
3 *adj fam (nice, kind)* bueno,-a, amable: **that's jolly decent of you, old chap!** ¡muy amable de tu parte, querido amigo!
✦ to do the decent thing hacer lo que es correcto, hacer lo que se debe.
decently [ˈdiːsəntlɪ]
1 *adv (respectably)* decentemente, con decencia.
2 *adv (acceptably)* bastante bien.
3 *adv (kindly)* amablemente.
decentralisation [diːsentrəlaɪˈzeɪʃən] *n →* **decentralization.**
decentralise [diːˈsentrəlaɪz] *vt →* **decentralize.**
decentralization [diːsentrəlaɪˈzeɪʃən] *n* descentralización *f.*
decentralize [diːˈsentrəlaɪz]
1 *vt* descentralizar.
2 *vi* descentralizarse.
✦ to become decentralized descentralizarse.
deception [dɪˈsepʃən] *n (trick)* engaño; *(deceiving)* falsedad *f.*
deceptive [dɪˈseptɪv] *adj* engañoso,-a: **appearances can be deceptive** las apariencias engañan.
deceptively [dɪˈseptɪvlɪ] *adv* aparentemente: **it looks deceptively easy** parece fácil, pero engaña.
decerebrate [diːˈserɪbreɪt] *vt* descerebrar.
decibel [ˈdesɪbel] *n* decibelio, decibel *m.*
decide [dɪˈsaɪd]
1 *vt (person)* decidir: **have you decided what to do?** ¿has decidido qué hacer?; **they decided to go to Greece** decidieron ir a Grecia.
2 *vt (cause to reach a decision)* decidir: **what decided you to study philosophy?** ¿qué es lo que te decidió a estudiar filosofía?
3 *vt (settle, determine - of event, action)* decidir, determinar: **the penalty decided the game** el penalti decidió el partido.
4 *vi* decidirse, tomar una decisión: **I don't mind - you decide** me da igual - decide tú; **they decided against buying the house** decidieron no comprar la casa; **the judge decided in favour of the defendant** el juez resolvió a favor del demandado.
▸ to decide on *vt insep (date, place)* decidir; *(candidate)* decidirse por.

decided [dɪˈsaɪdɪd]
1 *adj (resolute, determined - person)* decidido,-a, resuelto,-a.
2 *adj (clear - change, improvement, opinion, etc)* marcado,-a, claro,-a.
decidedly [dɪˈsaɪdɪdlɪ]
1 *adv (in a very decided manner)* decididamente, con decisión.
2 *adv (clearly, definitely)* sin duda, decididamente.
deciding [dɪˈsaɪdɪŋ] *adj (factor, influence, vote, point)* decisivo,-a; *(match)* de desempate.
deciduous [dɪˈsɪdjʊəs] *adj* de hoja caduca.
decigram [ˈdesɪgræm] *n* decigramo.
decigramme [ˈdesɪgræm] *n* decigramo.
deciliter [ˈdesɪliːtəʳ] *n US* decilitro.
decilitre [ˈdesɪliːtəʳ] *n* decilitro.
decimal [ˈdesɪməl]
1 *adj* decimal: **accurate to four decimal places** exacto hasta la cuarta cifra (decimal).
2 *n* decimal *m.*
▪ decimal point coma decimal.
decimalisation [desɪməlaɪˈzeɪʃən] *n →* **decimalization.**
decimalise [ˈdesɪməlaɪz] *vt →* **decimalize.**
decimalization [desɪməlaɪˈzeɪʃən] *n* conversión *f* al sistema decimal.
decimalize [ˈdesɪməlaɪz] *vt* convertir al sistema decimal.
decimate [ˈdesɪmeɪt] *vt* diezmar.
decimation [desɪˈmeɪʃən] *n* reducción *f* catastrófica, acción de diezmar.
decimeter [ˈdesɪmiːtəʳ] *n US* decímetro.
decimetre [ˈdesɪmiːtəʳ] *n* decímetro.
decipher [dɪˈsaɪfəʳ] *vt* descifrar.
decipherable [diːˈsaɪfərəbəl] *adj* descifrable.
decision [dɪˈsɪʒən]
1 *n (choice, verdict)* decisión *f.*
2 *n (resolution, ability to decide, decisiveness)* resolución *f*, decisión *f*, determinación *f.*
✦ to come to a decision/reach a decision llegar a una decisión.
to make a decision/take a decision tomar una decisión.
decisive [dɪˈsaɪsɪv]
1 *adj (conclusive - gen)* decisivo,-a; *(- victory)* contundente.
2 *adj (firm, resolute - person)* decidido,-a, resuelto,-a; *(- reply, action)* firme.
decisively [dɪˈsaɪsɪvlɪ]
1 *adv (win)* contundentemente.
2 *adv (act, say)* con decisión.
decisiveness [dɪˈsaɪsɪvnəs]
1 *n (of victory)* contundencia.
2 *n (of person)* decisión *f*, firmeza.
deck [dek]
1 *n (of ship)* cubierta: **below deck** bajo cubierta; **on deck** en cubierta; **which**

deck is the restaurant on? ¿en qué cubierta está el restaurante?
2 *n (of bus, coach)* piso: **top deck** piso de arriba.
3 *n US (of cards)* baraja.
4 *n (of record player)* plato.
5 *n US (raised roofless area)* terraza.
6 *vt US fam (knock down)* tumbar.
7 *vt* **deck (out)** *(decorate)* adornar (**with**, con), engalanar (**in/with**, con).
✦ to be decked out in all one's finery ir de punta en blanco.
to clear the decks prepararse para algo.
to hit the deck caerse al suelo.
▪ deck chair tumbona, silla de playa.
deckhand [ˈdekhænd] *n* marinero.
declaim [dɪˈkleɪm]
1 *vt* declamar.
2 *vi* declamar.
declamation [deklaˈmeɪʃən] *n* declamación *f.*
declamatory [dɪˈklæmətərɪ] *adj* declamatorio,-a.
declarant [dɪˈkleərənt] *n* declarante *mf.*
declaration [deklaˈreɪʃən] *n* declaración *f.*
declarative [dɪˈklærətɪv] *adj* declarativo,-a.
declaratory [dɪˈklærətərɪ]
1 *adj →* **declarative.**
2 *adj (in law)* declaratorio,-a.
declare [dɪˈkleəʳ]
1 *vt (gen)* declarar; *(opinion)* manifestar: **he declared himself bankrupt** se declaró en bancarrota; **Thompson was declared the winner** Thompson fue declarado ganador; **they declared their support for the campaign** manifestaron su apoyo a la campaña.
2 *vt (at customs)* declarar.
3 *vi SP (in cricket)* dejar de batear un equipo creyendo que ya tiene suficiente puntos.
4 *vi* pronunciarse (**against**, en contra), (**for**, a favor de).
✦ I (do) declare! ¡vaya por Dios!
to declare war on declarar la guerra a.
declared [dɪˈkleəd] *adj* declarado,-a.
declarer [dɪˈleərəʳ] *n* declarante *mf.*
declassify [dɪˈklæsɪfaɪ] *vt* levantar el secreto oficial de.
▲ *pt & pp* **declassified,** *ger* **declassifying.**
declension [dɪˈklenʃən] *n LING* declinación *f.*
declinable [dɪˈklaɪnəbəl] *adj* declinable.
declination [deklɪˈneɪʃən] *n* declinación *f*, variación *f.*
▪ magnetic declination variación *f* magnética.
decline [dɪˈklaɪn]
1 *n (decrease)* disminución *f*, descenso.
2 *n (deterioration - gen)* deterioro, declive *m*, decadencia; *(in health)* deterioro, empeoramiento: **the decline of the empire** la decadencia del imperio.

3 *vi (decrease - gen)* disminuir, decrecer; *(interest)* disminuir, decaer: **the party's popularity has declined** la popularidad del partido ha disminuido.

4 *vi (deteriorate - gen)* deteriorarse; *(health)* deteriorarse, empeorarse; *(standard, quality)* decaer, disminuir.

5 *vi (refuse)* rehusar una invitación, declinar una invitación.

6 *vi LING* declinarse.

7 *vt (refuse)* rehusar, declinar.

8 *vt LING* declinar.

✦ **to be in decline** estar en declive, estar en decadencia.

to be on the decline *(fall, decrease)* ir disminuyendo, estar descendiendo; *(become less important)* ir a menos; *(worsen)* empezar a empeorar.

to fall into decline entrar en decadencia.

declining [dɪ'klaɪnɪŋ] *adj (decreasing)* decreciente, en declive; *(deteriorating)* en decadencia.

✦ **in one's declining years** en sus últimos años.

declutch [dɪ'klʌtʃ] *vi* desembragar.

decode [di:'kəʊd] *vt* decodificar, descodificar, descifrar.

decoder [di:'kəʊdəʳ] *n* decodificador *m*, descodificador *m*.

decolonisation [di:kɒlənaɪ'zeɪʃən] *n* → **decolonization.**

decolonise [di:'kɒlənaɪz] *vt* → **decolonize.**

decolonization [di:kɒlənaɪ'zeɪʃən] *n* descolonización *f*.

decolonize [di:'kɒlənaɪz] *vt* descolonizar.

decompose [di:kəm'pəʊz]
1 *vt* descomponer.
2 *vi* descomponerse, pudrirse.
3 *vi CHEM* descomponerse.

decomposition [di:kɒmpə'zɪʃən] *n* descomposición *f*.

decompress [di:kəm'pres] *vt* someter a descompresión.

decompression [di:kəm'preʃən] *n* descompresión *f*.
■ **decompression chamber** cámara de descompresión.
decompression sickness aeroembolismo.

decongestant [di:kən'dʒestənt]
1 *n* descongestionante *m*.
2 *adj* descongestionante.

decongestion [di:kən'dʒetʃən] *n* descongestión *f*.

decontaminate [di:kən'tæmineɪt] *vt* descontaminar.

decontamination [di:kəntæmɪ'neɪʃən] *n* descontaminación *f*.

decor ['deɪkɔːʳ]
1 *n (furnishings)* decoración *f*.
2 *n THEAT* decorado.

décor ['deɪkɔːʳ] *n* → **decor.**

decorate ['dekəreɪt]
1 *vt (adorn, make beautiful)* decorar (**with**, con), adornar (**with**, con).
2 *vt (paint)* pintar; *(wallpaper)* empapelar.
3 *vt (honour)* condecorar (**for**, por).
4 *vi (paint)* pintar; *(wallpaper)* empapelar.

decorating ['dekəreɪtɪŋ] *n (painting)* pintura; *(wallpapering)* empapelado.
✦ **to do the decorating** decorar, pintar, empapelar *(la casa, habitación, etc)*.

decoration [dekə'reɪʃən]
1 *n (act, art)* decoración *f*.
2 *n (ornament)* adorno: **have you put up the Christmas decorations yet?** ¿ya has puesto los adornos navideños?
3 *n (medal)* condecoración *f*.

decorative ['dekərətɪv] *adj* decorativo,-a, ornamental.

decorator ['dekəreɪtəʳ] *n (designer)* decorador,-ra, interiorista *mf*; *(painter)* pintor,-ra; *(wallpaperer)* empapelador,-ra.

decorous ['dekərəs] *adj fml* decoroso,-a.

decorum [dɪ'kɔːrəm] *n fml* decoro.

decoy ['di:kɔɪ]
1 *n (bird)* cimbel *m*; *(in hunting)* señuelo, reclamo.
2 *n fig (lure)* señuelo, carnada, gancho.
3 *vt* atraer con señuelo.

decrease [dɪ'kri:s]
1 *n* disminución *f*, descenso.
2 *vt* disminuir, reducir.
3 *vi (amount, numbers, power, etc)* disminuir, decrecer; *(quality)* disminuir, bajar; *(interest)* disminuir, decaer; *(prices)* bajar; *(in knitting)* menguar: **the speed at which he was travelling decreased suddenly** la velocidad a la que iba disminuyó de repente.

decreasing [dɪ'kri:sɪŋ] *adj* decreciente.

decreasingly [dɪ'kri:sɪŋlɪ] *adv* cada vez menos.

decree [dɪ'kri:]
1 *n (command)* decreto.
2 *n US (judgement)* sentencia.
3 *vt* decretar.
✦ **to issue a decree** promulgar un decreto.
■ **decree absolute** sentencia definitiva de divorcio.
decree nisi sentencia provisional de divorcio.

decrepit [dɪ'krepɪt] *adj (person)* decrépito,-a; *(furniture)* destartalado,-a; *(house)* deteriorado,-a, desvencijado,-a.

decrepitude [dɪ'krepɪtju:d] *n (of person)* decrepitud *f*; *(of house etc)* deterioro.

decrescendo [dekrɪ'ʃendəʊ]
1 *adj* decrescendo.
2 *n* decrescendo.

decriminalisation [di:krɪmɪnəlaɪ'zeɪʃən] *n* → **decriminalization.**

decriminalise [di:'krɪmɪnəlaɪz] *vt* → **decriminalize.**

decriminalization [di:krɪmɪnəlaɪ'zeɪʃən] *n* despenalización *f*.

decriminalize [di:'krɪmɪnəlaɪz] *vt* despenalizar.

decry [dɪ'kraɪ] *vt (condemn, criticize)* censurar, criticar, condenar; *(disparage)* menospreciar, despreciar.
▲ *pt & pp* **decried,** *ger* **decrying.**

decurrent [dɪ'kʌrənt] *adj* decurrente.

dedicate ['dedɪkeɪt]
1 *vt (devote - oneself, time, effort)* dedicar, consagrar: **she dedicated her life to helping the poor** consagró su vida a ayudar a los pobres.
2 *vt (book, poem, performance, etc)* dedicar.
3 *vt REL (consecrate)* dedicar.

dedicated ['dedɪkeɪtɪd]
1 *adj (devoted, committed)* dedicado,-a (**to**, -a), entregado,-a (**to**, a): **they are dedicated to getting rid of nuclear weapons** están dedicados a eliminar las armas nucleares; **he's a dedicated father** es un padre entregado; **she's a dedicated teacher** es una maestra dedicada a su trabajo.
2 *adj COMPUT* dedicado,-a.

dedication [dedɪ'keɪʃən]
1 *n (devotion)* dedicación *f*, entrega.
2 *n (act of dedicating)* dedicación *f*.
3 *n (written message in book etc)* dedicatoria.

dedicatory ['dedɪkətərɪ] *adj* dedicatorio,-a.

deduce [dɪ'dju:s] *vt* deducir (**from**, de), inferir (**from**, de).

deduct [dɪ'dʌkt] *vt (gen)* descontar, deducir; *(from taxes)* desgravar.

deductible [dɪ'dʌktəbəl] *adj* deducible.

deduction [dɪ'dʌkʃən]
1 *n (subtraction)* deducción *f*, descuento; *(from taxes)* desgravación *f*.
2 *n (reasoning)* deducción *f*.

deductive [dɪ'dʌktɪv] *adj* deductivo,-a.

deed [di:d]
1 *n lit (act)* acto, acción *f*, obra; *(feat)* hazaña, proeza.
2 *n JUR* escritura.
✦ **to do one's good deed for the day** hacer la buena acción del día.
■ **deed box** caja de caudales, caja fuerte.
deed poll escritura unilateral: **she changed her name by deed poll** se cambió el nombre por escritura oficial.

deejay ['di:dʒeɪ] *n* pinchadiscos *mf*, discjockey *mf*.

deem [di:m] *vt fml* juzgar, considerar.

deep [di:p]
1 *adj (river, hole, well, etc)* hondo,-a, profundo,-a; *(wound, cut)* profundo,-a; *(dish)* hondo,-a: **it's ten metres deep**

tiene diez metros de profundidad; **the deep end of the swimming pool** la parte honda de la piscina.

2 *adj (shelf, wardrobe)* de fondo; *(hem, border)* ancho,-a: **it's 50 cms deep** tiene 50 cms de fondo.

3 *adj (sound, voice)* grave, bajo,-a, profundo,-a; *(note)* grave; *(breath)* hondo,-a; *(sigh)* profundo,-a, hondo,-a.

4 *adj (colour)* intenso,-a, subido,-a.

5 *adj (intense - sleep, love, impression)* profundo,-a; *(- interest)* vivo,-a, profundo,-a; *(- outrage, shame)* grande; *(- mourning)* riguroso,-a: **she had a deep distrust of policemen** desconfiaba mucho de los policías; **he felt a deep sense of pride** se sintió profundamente orgulloso; **you have my deepest sympathies** mi más sentido pésame.

6 *adj (profound - thought, mind, mystery, secret)* profundo,-a; *(person)* profundo,-a, serio,-a.

7 *adv (to a great depth)* profundamente: **the knife cut deep into his flesh** el cuchillo le hizo un corte profundo en la carne.

8 *adv (far from the outside)* lejos: **he kicked the ball deep into the other half** lanzó el balón lejos al campo contrario; **deep in the forest** en lo profundo del bosque.

9 *adv (far in time, late)* tarde: **we talked deep into the night** hablamos hasta bien entrada la noche.

10 the deep *n* las profundidades *fpl*, el piélago.

✦ **deep down** en el fondo (de su corazón).

to be deep in debt estar muy endeudado,-a.

to be deep in thought estar absorto, -a, estar ensimismado,-a.

to be in deep trouble estar en un serio apuro, estar en un buen lío.

to be in deep water(s) estar con el agua al cuello.

to dig deep cavar hondo.

to go deep into something profundizar en algo.

to go off at the deep end salirse de sus casillas, perder los estribos, ponerse como una fiera.

to look deep into somebody's eyes penetrar a alguien con la mirada, mirar a alguien fijamente a los ojos.

to park two/three deep aparcar en doble/triple fila.

to be thrown in at the deep end tener que empezar por lo más difícil.

deepen [ˈdiːpən]

1 *vt (well, channel, river)* profundizar, hacer más profundo,-a, hacer más hondo,-a.

2 *vt (knowledge)* profundizar, ahondar; *(sympathy)* aumentar; *(colour, emotion)* intensificar; *(sound, voice)* hacer más grave.

3 *vi (river, water, sea)* hacerse más profundo,-a, volverse más profundo,-a.

4 *vi (love)* crecer, hacerse más profundo,-a; *(mystery, understanding, knowledge, concern)* crecer, aumentar; *(crisis, despair)* acentuarse; *(colour)* intensificarse; *(voice)* hacerse más grave.

deep-freeze [ˈdiːpˈfriːz]

1 *n* congelador *m*.

2 *vt (at home)* congelar; *(commercially)* ultracongelar.

▲ *pt* **deep-froze** [diːpˈfrəʊz], *pp* **deep-frozen** [diːpˈfrəʊzən].

deep-fry [diːpˈfraɪ] *vt* freír en abundante aceite.

▲ *pt & pp* **deep-fried**, *ger* **deep-frying**.

deeply [ˈdiːplɪ]

1 *adv (cut, bite)* profundamente.

2 *adv (sigh)* profundamente, hondo; *(breathe)* hondo; *(look)* fijamente.

3 *adv (intensely - grateful, concerned, love)* profundamente; *(- interested)* sumamente; *(profoundly - think, consider)* a fondo: **he's deeply religious** es profundamente religioso; **she was deeply hurt** la hirió en lo más vivo.

deep-rooted [diːpˈruːtɪd] *adj* profundamente arraigado,-a.

deep-sea [ˈdiːpsiː] *n (fishing, diving)* de altura.

deep-seated [diːpˈsiːtɪd] *adj* profundamente arraigado,-a.

deep-set [diːpˈset] *adj (eyes)* hundido,-a.

deer [dɪəʳ] *n* ciervo, venado.

▲ *pl* **deer**.

deface [dɪˈfeɪs] *vt (damage, spoil)* desfigurar; *(scrawl on)* pintarrajear.

de facto [deɪˈfæktəʊ]

1 *adj* de hecho.

2 *adv* de hecho.

defamation [defəˈmeɪʃən] *n fml* difamación *f*.

defamatory [dɪˈfæmətərɪ] *adj fml* difamatorio,-a.

defame [dɪˈfeɪm] *vt fml* difamar.

default [dɪˈfɔːlt]

1 *n (failure to act)* omisión *f*, negligencia.

2 *n (failure to pay)* incumplimiento de pago, mora, demora.

3 *n JUR* rebeldía.

4 *n SP* incomparecencia.

5 *vi (fail to act)* faltar a sus compromisos, incumplir un acuerdo.

6 *vi (fail to pay)* no pagar (**on**, -), demorarse (**on**, en).

7 *vi JUR* declararse en rebeldía.

8 *vi SP* no comparecer, no presentarse.

✦ **in default of** a falta de.

to be in default on something demorarse en el pago de algo.

to win by default *SP* ganar por incomparecencia del rival.

■ **default setting** *COMPUT* valor *m* por defecto.

default value *COMPUT* valor *m* por defecto.

defaulter [dɪˈfɔːltəʳ]

1 *n (on loan, rent)* moroso,-a.

2 *n JUR* rebelde *mf*.

defeat [dɪˈfiːt]

1 *n (of army, team)* derrota; *(of motion, bill)* rechazo.

2 *n fig (of hopes, plans)* fracaso.

3 *vt (opponent)* derrotar, vencer; *(opposition, government)* derrotar; *(bill, motion)* rechazar.

4 *vt fig (hopes, plans)* frustrar.

✦ **to defeat the object/defeat the purpose** ir en contra del propósito.

defeatism [dɪˈfiːtɪzəm] *n* derrotismo.

defeatist [dɪˈfiːtɪst] *n* derrotista *mf*.

defecate [ˈdefəkeɪt] *vi fml* defecar.

defecation [defəˈkeɪʃən] *n fml* defecación *f*.

defect [ˈdiːfekt]

1 *n (gen)* defecto; *(flaw)* desperfecto, tara: **she has a speech defect** tiene un defecto en el habla; **it's a defect in his character** es un defecto de su carácter; **there's a defect in this glass** esta copa tiene una tara.

2 *vi (party, team)* desertar, pasarse al bando contrario; *(country)* huir.

▲ *(verbo)* [dɪˈfekt].

defection [dɪˈfekʃən] *n (from party, team)* deserción *f*, defección *f*; *(from country)* fuga, huida.

defective [dɪˈfektɪv]

1 *adj (faulty)* defectuoso,-a; *(flawed)* con desperfectos; *(incomplete, lacking)* deficiente.

2 *adj LING* defectivo,-a.

defector [dɪˈfektəʳ] *n POL* tránsfuga *mf*, trásfuga *mf*.

defence [dɪˈfens]

1 *n (gen)* defensa; *(protection)* defensa, protección *f*: **she carried a gun for defence** llevaba una pistola para defenderse; **government spending on defence** los gastos de defensa del gobierno; **the body's defences** las defensas del organismo.

2 *n JUR* defensa: **counsel for the defence** abogado,-a defensor,-ra; **witness for the defence** testigo de la defensa.

3 *n SP* defensa: **he plays in defence** juega de defensa.

✦ **to come to somebody's defence** salir en defensa de alguien.

■ **defence lawyer** abogado,-a defensor,-ra.

defence mechanism mecanismo de defensa.

Ministry of Defence Ministerio de Defensa.

defenceless [dɪˈfensləs] *adj* indefenso,-a.

defencelessness [dɪˈfensləsnəs] *n* indefensión *f*.

defend [dɪˈfend]

1 *vt (gen)* defender; *(protect)* defender, proteger: **the militia defended the**

town la milicia defendió la ciudad; he was defending his title defendía su título.

2 *vi SP* jugar de defensa.

✦ **to defend oneself** defenderse.

defendant [dɪˈfendənt] *n JUR (in civil case)* demandado,-a; *(in criminal case)* acusado,-a.

defender [dɪˈfendə']
1 *n (gen)* defensor,-ra.
2 *n SP* defensa *mf.*

defending [dɪˈfendɪŋ] *adj que defiende.*
▪ **defending champion** *SP* campeón,-ona actual.
defending counsel abogado,-a defensor,-ra.

defenestration [diːfenɪˈstreɪʃən] *n* defenestración *f.*

defense [dɪˈfens] *n US →* **defence.**

defenseless [dɪˈfensləs] *adj US →* **defence.**

defenselessness [dɪˈfensləsnəs] *n →* **defencelessness.**

defensible [dɪˈfensəbəl] *adj (town, position)* defendible; *(idea, opinion, system)* defendible, justificable.

defensive [dɪˈfensɪv] *adj* defensivo,-a.
✦ **to be defensive/get defensive** ponerse a la defensiva.
to be on the defensive estar a la defensiva.

defer¹ [dɪˈfɜː'] *vt (postpone)* aplazar, posponer, retrasar: we deferred our departure aplazamos nuestra partida; the judge deferred sentence el juez aplazó la sentencia.
▲ *pt & pp deferred, ger deferring.*

defer² [dɪˈfɜː'] *vi (submit to)* deferir (**to,** a): I defer to your judgement defiero a tu juicio.
▲ *pt & pp deferred, ger deferring.*

deference [ˈdefərəns] *n* deferencia.
✦ **in deference to** por deferencia a.

deferential [defəˈrenʃəl] *adj* deferente.

deferment [dɪˈfɜːmənt] *n* aplazamiento.

deferral [dɪˈfɜːrəl] *n* aplazamiento.

deferred [dɪˈfɜːd]
1 *adj FIN* diferido,-a.
2 *adj JUR* aplazado,-a.

defiance [dɪˈfaɪəns] *n* desafío.
✦ **in defiance of** a despecho de.

defiant [dɪˈfaɪənt] *adj (attitude, behaviour)* desafiante, de desafío; *(person)* rebelde.

deficiency [dɪˈfɪʃənsɪ]
1 *n (lack)* deficiencia; *(shortage)* escasez *f,* falta, déficit *m.*
2 *n (fault, shortcoming)* defecto, deficiencia.
▲ *pl deficiencies.*

deficient [dɪˈfɪʃənt] *adj* deficiente, insuficiente.
✦ **to be deficient in something** carecer de algo, estar falto,-a de algo.

deficit [ˈdefɪsɪt] *n* déficit *m.*

defile¹ [dɪˈfaɪl]
1 *vt (make dirty, pollute - countryside)* dañar; *(- water, river)* contaminar; *(corrupt - mind)* corromper, envilecer; *(spoil - reputation, honour)* mancillar, manchar; *(- memory)* profanar.
2 *vt REL (desecrate)* profanar.

defile² [dɪˈfaɪl] *n* desfiladero.

definable [dɪˈfaɪnəbəl] *adj* definible.

define [dɪˈfaɪn]
1 *vt (word, expression, concept)* definir.
2 *vt (duties, role, rights, etc)* delimitar.
3 *vt (outline)* definir, perfilar.

definite [ˈdefɪnət]
1 *adj (final, fixed - gen)* definitivo,-a; *(- opinions)* fijo,-a: the date is now definite la fecha ya es definitiva.
2 *adj (clear, distinct)* claro,-a; *(clear, appreciable)* notable, sensible; *(exact, specific)* específico,-a, preciso,-a: there's a definite smell of burning huele claramente a quemado.
3 *adj (sure, certain)* seguro,-a, confirmado,-a: is it definite? ¿es seguro?; she was very definite about it estaba muy segura.

definitely [ˈdefɪnətlɪ]
1 *adv (without doubt)* sin duda, indudablemente, seguramente: she definitely said that she'd be here at 4.00pm seguro que dijo que estaría aquí a las cuatro; it was definitely him sin duda era él; I'm definitely going! ¡yo voy, seguro!
2 *adv (definitively)* definitivamente.
3 *interj* ¡desde luego!, ¡claro que sí!, ¡por supuesto!: definitely not! ¡claro que no!, ¡de ninguna manera!

definition [defɪˈnɪʃən]
1 *n (explanation)* definición *f.* what's the definition of irony? ¿cómo se define la ironía?; what's your definition of a night on the town? ¿tú qué entiendes por una noche de marcha?; by definition por definición.
2 *n (description of features)* definición *f;* *(delimitation)* delimitación *f.*
3 *n (clarity of shape, colour)* nitidez *f,* definición *f; (of sound)* nitidez *f,* claridad *f.*

definitive [dɪˈfɪnɪtɪv]
1 *adj (final, conclusive)* definitivo,-a.
2 *adj (ultimate - study etc)* de mayor autoridad; *(- performance)* inmejorable, insuperable.

definitively [dɪˈfɪnɪtɪvlɪ] *adv* definitivamente.

deflagrate [ˈdefləgreɪt] *vi* deflagrar.

deflate [dɪˈfleɪt]
1 *vt (balloon, tyre)* desinflar, deshinchar.
2 *vt fig (humble)* rebajar, humillar, bajar los humos a; *(discourage)* desanimar, desalentar.
3 *vt (economy)* provocar la deflación de.
4 *vi* desinflarse, deshincharse.
✦ **to feel deflated** sentirse desilusionado,-a, sentirse por los suelos.

deflation [dɪˈfleɪʃən]
1 *n (of balloon, tyre)* desinflamiento.
2 *n (economic)* deflación *f.*

deflationary [dɪˈfleɪʃənərɪ] *adj* deflacionario,-a, deflacionista.

deflect [dɪˈflekt]
1 *vt* desviar.
2 *vi* desviarse.

deflection [dɪˈflekʃən] *n* desviación *f.*

deflector [dɪˈflektə'] *n* deflector *m.*

deflower [dɪˈflauə'] *vt* desflorar, desvirgar.

defoliant [diːˈfəʊlɪənt] *n* defoliante *m.*

defoliate [diːˈfəʊlɪeɪt] *vt* defoliar.

defoliation [diːfəʊlɪˈeɪʃən] *n* defoliación *f.*

deforest [diːˈfɒrɪst] *vt* deforestar.

deforestation [diːfɒrɪsˈteɪʃən] *n* deforestación *f,* despoblación *f* forestal.

deform [dɪˈfɔːm] *vt* deformar.

deformation [diːfɔːˈmeɪʃən] *n* deformación *f.*

deformed [dɪˈfɔːmd] *adj* deforme.

deformity [dɪˈfɔːmɪtɪ] *n* deformidad *f.*
▲ *pl deformities.*

DEFRA [ˈdiːfrə] *abbr GB* (**Department of Environment, Food and Rural Affairs**) departamento del medio ambiente.

defraud [dɪˈfrɔːd] *vt* estafar.
✦ **to defraud somebody of something** estafarle algo a alguien.

defray [dɪˈfreɪ] *vt* sufragar, costear.

defrock [diːˈfrɒk] *vt* expulsar del sacerdocio.

defrost [diːˈfrɒst]
1 *vt (freezer, food)* descongelar.
2 *vt US (windscreen)* desempañar.
3 *vi* descongelarse.

deft [deft] *adj* diestro,-a, hábil.
✦ **to be deft at doing something** ser hábil haciendo algo.

defunct [dɪˈfʌŋkt] *adj (person)* difunto,-a; *(practice, law)* (que ha caído,-a) en desuso, caduco,-a; *(organization, scheme)* desaparecido,-a, extinto,-a.

defuse [diːˈfjuːz]
1 *vt (bomb)* desactivar.
2 *vt (situation)* distender, reducir la tensión de; *(anger, crisis)* calmar.

defy [dɪˈfaɪ]
1 *vt (ignore, refuse to give in to)* desafiar; *(disobey - law, order, authority)* desobedecer, desacatar: the members defied their union leader los miembros desobedecieron a su líder sindical; it seems to defy the law of gravity parece desafiar la ley de la gravedad.
2 *vt (make impossible)* ser imposible: the mess in your room defies description el desorden en tu habitación es indescriptible; the problem defied solution no hubo manera de resolver el problema; it defies reason se escapa a la razón.

3 *vt (challenge)* retar, desafiar: **I defy you to disprove my theory** te desafío a que refutes mi teoría.
✦ **to defy all logic** ir en contra de la lógica.
▲ *pt & pp* **defied,** *ger* **defying.**

degeneracy [dɪˈdʒenərəsɪ] *n* degeneración *f.*

degenerate [dɪˈdʒenərət]
1 *adj* degenerado,-a.
2 *n* degenerado,-a.
3 *vi (gen)* degenerar (**into**, en); *(health)* deteriorarse.
▲ *(verbo)* [dɪˈdʒenəreɪt].

degeneration [dɪdʒenəˈreɪʃən] *n* degeneración *f.*

degenerative [dɪˈdʒenərətɪv] *adj* degenerativo,-a.

degradation [degrəˈdeɪʃən] *n* degradación *f.*

degrade [dɪˈgreɪd]
1 *vt (debase)* degradar, envilecer.
2 *vt (break down)* degradar.
3 *vi (break down)* degradarse.
✦ **to degrade oneself** degradarse, rebajarse.

degrading [dɪˈgreɪdɪŋ] *adj* degradante.

degree [dɪˈgriː]
1 *n (unit of measurement)* grado: **an angle of 45 degrees** un ángulo de 45 grados; **it's 25 degrees today** hoy estamos a 25 grados; **the city lies at a latitude of 20 degrees North** la ciudad se encuentra a 20 grados latitud norte.
2 *n (extent, level, point)* grado, nivel *m*, punto; *(amount)* algo: **I agree with you to some degree** estoy de acuerdo contigo hasta cierto punto; **to a lesser degree** en menor grado; **a degree of danger** algo de peligro; **a certain degree of optimism** un cierto optimismo; **some degree of truth** algo de verdad; **a high degree of skill** un alto nivel de habilidad; **I'm not in the slightest degree worried** no estoy preocupada en absoluto; **there isn't the slightest degree of doubt** no hay la más mínima duda.
3 *n (stage, grade, step)* grado, etapa: **third-degree burns** quemaduras de tercer grado; **first-degree murder** homicidio en primer grado.
4 *n* EDUC título: **she has a degree in physics** es licenciada en física.
✦ **by degrees** poco a poco, gradualmente, paulatinamente.
to take a degree licenciarse (**in**, en).
▪ **first degree** licenciatura.
honorary degree título honoris causa.

dehiscent [dɪˈhɪsənt] *adj* dehiscente.

dehorn [diːˈhɔːn] *vt* descornar.

dehumanisation [diːhjuːmənaɪˈzeɪʃən] *n* → **dehumanization.**

dehumanise [diːˈhjuːmənaɪz] *vt* → **dehumanize.**

dehumanization [diːhjuːmənaɪˈzeɪʃən] *n* deshumanización *f.*

dehumanize [diːˈhjuːmənaɪz] *vt* deshumanizar.

dehydrate [diːhaɪˈdreɪt]
1 *vt* deshidratar.
2 *vi* deshidratarse.

dehydrated [diːhaɪˈdreɪtɪd] *adj (person, vegetables)* deshidratado,-a; *(milk)* en polvo.

dehydration [diːhaɪˈdreɪʃən] *n* deshidratación *f.*

dehydrogenate [diːhaɪˈdrɒdʒəneɪt] *vt* deshidrogenar.

dehydrogenise [diːhaɪˈdrɒdʒənaɪz] *vt* → **dehydrogenize.**

dehydrogenize [diːhaɪˈdrɒdʒənaɪz] *vt* deshidrogenar.

de-ice [diːˈaɪs] *vt* quitar el hielo a, deshelar.

de-icer [diːˈaɪsəʳ] *n* descongelante *m.*

de-icing [diːˈaɪsɪŋ] *n* deshielo.

deification [diːɪfɪˈkeɪʃən] *n* deificación *f*, divinización *f.*

deify [ˈdeɪɪfaɪ] *vt* deificar, divinizar.
▲ *pt & pp* **deified,** *ger* **deifying.**

deign [deɪn] *vi* dignarse (**to**, a).

deism [ˈdiːɪzəm, ˈdeɪzəm] *n* deismo.

deist [ˈdiːɪst, deɪst]
1 *adj* deísta.
2 *n* deísta *mf.*

deistic [diːˈɪstɪk, deˈɪstɪk] *adj* deísta.

deity [ˈdeɪɪtɪ]
1 *n* deidad *f.*
2 the Deity *n* Dios *m.*
▲ *pl* **deities.**

dejecta [dɪˈdʒektə] *npl* deyecciones *fpl*, heces *fpl.*

dejected [dɪˈdʒektɪd] *adj* abatido,-a, desalentado,-a, desanimado,-a.

dejection [dɪˈdʒekʃən] *n* abatimiento, desaliento, desánimo.

dekko [ˈdekəʊ] **to have a dekko at something** *n* echar un vistazo a algo.

delay [dɪˈleɪ]
1 *n (act, state)* demora, tardanza, dilación *f*; *(amount of time)* retraso, demora; *(traffic hold-up)* embotellamiento, atasco: **without delay** sin demora, sin dilación; **a delay of two hours** dos horas de retraso; **trains are subject to delay** los trenes pueden retrasarse; **heavy traffic is causing delays on the M15** el denso tráfico está provocando retrasos en la M15.
2 *vt (defer, postpone - gen)* aplazar, retrasar; *(payment)* aplazar, diferir.
3 *vt (make late - flight, train)* retrasar, demorar; *(person)* entretener: **our plane was delayed** nuestro avión se retrasó; **I've been delayed** me han entretenido.
4 *vi (be late)* tardar; *(act slowly)* entretenerse: **don't delay!** ¡no tardes!

delayed [dɪˈleɪd] *adj* retardado,-a.
▪ **delayed action** acción *f* retardada.

delaying [dɪˈleɪɪŋ] *adj* dilatorio,-a.

delectable [dɪˈlektəbəl] *adj* delicioso,-a.

delectation [diːlekˈteɪʃən] *n* delectación *f.*

delegate [ˈdelɪgət]
1 *n* delegado,-a.
2 *vt (duties, responsibility, etc)* delegar (**to**, en).
3 *vi* delegar.
✦ **to delegate somebody to do something** delegar en alguien para que haga algo.
▲ *(verbo)* [ˈdelɪgeɪt].

delegation [delɪˈgeɪʃən] *n* delegación *f.*

delete [dɪˈliːt] *vt (remove)* eliminar, suprimir; *(cross out)* tachar: **delete as appropriate** táchese lo que no proceda.

deleterious [delɪˈtɪərɪəs] *adj fml* nocivo,-a, perjudicial.

deletion [dɪˈliːʃən]
1 *n (act)* eliminación *f* supresión *f.*
2 *n (word, letter crossed out)* tachadura.

deliberate [dɪˈlɪbərət]
1 *adj (intentional)* deliberado,-a, intencionado,-a; *(studied)* premeditado,-a: **a deliberate lie** una mentira descarada; **I think it was deliberate** creo que lo hizo adrede.
2 *adj (slow, unhurried)* pausado,-a, lento, -a; *(careful)* reflexivo,-a.
3 *vt* deliberar, considerar.
4 *vi* deliberar (**on**, sobre).
▲ *(verbo)* [dɪˈlɪbəreɪt].

deliberately [dɪˈlɪbərətlɪ]
1 *adv (intentionally)* a propósito, adrede, aposta, deliberadamente.
2 *adv (slowly)* pausadamente.

deliberation [dɪlɪbəˈreɪʃən]
1 *n (consideration)* deliberación *f.*
2 *n (slowness, carefulness)* calma, parsimonia.

deliberative [dɪˈlɪbərətɪv] *adj* deliberativo,-a, deliberante.

delicacy [ˈdelɪkəsɪ]
1 *n (softness, tenderness)* delicadeza.
2 *n (fragility)* fragilidad *f.*
3 *n (skill, careful treatment)* lo delicado.
4 *n (tact, restraint, sensitivity)* delicadeza.
5 *n (of colours, food, smells)* lo delicado.
6 *n (food)* manjar *m* (exquisito), exquisitez *f.*
▲ *pl* **delicacies.**

delicate [ˈdelɪkət]
1 *adj (fine - gen)* delicado,-a; *(- embroidery, handiwork)* fino,-a, esmerado,-a, delicado,-a.
2 *adj (easily damaged)* frágil; *(easily made ill)* delicado,-a.
3 *adj (requiring careful treatment)* delicado,-a.
4 *adj (subtle - colour)* suave, delicado,-a; *(- flavour, taste)* delicado,-a, fino,-a; *(- perfume)* delicado,-a.
5 *adj (sensitive - instrument)* sensible; *(- sense of smell, taste)* fino,-a.

delicately [ˈdelɪkətlɪ]
1 adv (make, carve, paint, etc) delicadamente, con finura.
2 adv (act, behave, treat, handle, word, etc) con delicadeza, con consideración.
3 adv (balance) con sensibilidad.
4 adv (patterned, perfumed, flavoured) delicadamente.

delicatessen [delɪkəˈtesən] n charcutería selecta.

delicious [dɪˈlɪʃəs]
1 adj (food) delicioso,-a, riquísimo,-a; (taste, smell) exquisito,-a.
2 adj (delightful, attractive, pleasant) delicioso,-a, agradable.

deliciousness [dɪˈlɪʃəsnəs] n ricura.

delight [dɪˈlaɪt]
1 n (great pleasure, joy) placer m, gusto, alegría, deleite m.
2 n (source of pleasure) encanto, delicia, placer m.
3 vt (give pleasure to) deleitar, encantar, dar gusto; (make very happy) llenar de alegría.
4 vi deleitarse (in, en/con).

delighted [dɪˈlaɪtɪd] adj (person) encantado,-a, contentísimo,-a; (smile, shout, look) de alegría: I'd be delighted! ¡estaría encantado!; delighted to meet you encantado,-a (de conocerle), mucho gusto (en conocerle); we'd be delighted to help out ayudaríamos encantados; I'm delighted that you can make it to the party me alegro mucho de que puedas venir a la fiesta; I'd be delighted to come to dinner on Saturday me encantaría ir a cenar el sábado; the children were delighted with their toys los niños estaban encantados con sus juguetes; we were delighted by your news tu noticia nos causó una enorme alegría.

delightful [dɪˈlaɪtfʊl] adj (person, place) encantador,-ra; (evening, weather, time) muy agradable; (meal) delicioso,-a; (dress etc) precioso,-a.

delightfully [dɪˈlaɪtfʊlɪ] adv de maravilla, deliciosamente.

delimit [dɪˈlɪmɪt] vt delimitar.

delimitation [dɪlɪmɪˈteɪʃən] n delimitación f.

delineate [dɪˈlɪnɪeɪt]
1 vt (by drawing) delinear, esbozar, perfilar.
2 vt (by describing) trazar, describir.

delineation [dɪlɪnɪˈeɪʃən] n delineación f.

delinquency [dɪˈlɪŋkwənsɪ]
1 n (behaviour) delincuencia.
2 n (act) delito.

delinquent [dɪˈlɪŋkwənt]
1 adj (youth) delincuente; (activity) delictivo,-a.
2 adj FIN (person) moroso,-a.
3 n delincuente mf.

delirious [dɪˈlɪrɪəs]
1 adj MED delirante.
2 adj fig (happy) loco,-a de alegría.
✦ to be delirious MED delirar, desvariar.

deliriously [dɪˈlɪrɪəslɪ]
1 adv MED delirantemente.
2 adv fig locamente.
✦ to be deliriously happy estar loco,-a de alegría.

delirium [dɪˈlɪrɪəm]
1 n MED delirio, desvarío.
2 n (excited happiness) delirio.
✦ to go into delirium fig enloquecer.
■ delirium tremens delírium trémens m.

deliver [dɪˈlɪvər]
1 vt (take, give, hand over - goods etc) entregar; (- message) dar, entregar; (distribute) repartir (a domicilio).
2 vt (hit, kick, push) dar; (blow, punch) propinar, atestar; (shot, fast ball) lanzar.
3 vt (say - speech, sermon, verdict) pronunciar; (lecture, sermon, ultimatum) dar; (warning) hacer; (judgement) dictar, pronunciar, emitir.
4 vt (produce, provide, fulfil) cumplir.
5 vt MED (baby) asistir en el parto de, atender en el parto de.
6 vt fml (free, save) liberar.
7 vi (goods, groceries, etc) hacer repartos a domicilio.
8 vi (fulfil promise etc) cumplir.

deliverance [dɪˈlɪvərəns] n fml liberación f.

delivery [dɪˈlɪvərɪ]
1 n (act - gen) entrega, reparto; (- of mail) reparto: we get two postal deliveries a day recibimos dos repartos diarios; this order is ready for delivery este pedido está preparado para entregar; delivery is free when you spend over 20 pounds el reparto es gratuito si gasta más de 20 libras.
2 n (consignment) partida, remesa.
3 n (manner of speaking) modo de hablar.
4 n (of baby) parto, alumbramiento.
5 n (throwing, launching - of ball, missile) lanzamiento.
✦ to pay on delivery pagar a la entrega de la mercancía.
to take delivery of something recibir algo.
■ delivery charges gastos mpl de envío, gastos mpl de transporte.
delivery man repartidor m.
delivery note albarán m de entrega.
delivery period plazo de entrega.
delivery room sala de partos.
delivery service servicio de reparto a domicilio.
delivery van GB camioneta de reparto, furgoneta de reparto.
▲ pl deliveries.

dell [del] n lit valle m pequeño, hondonada.

delouse [diːˈlaʊs] vt espulgar, despiojar.

delphinium [delˈfɪnɪəm] n espuela de caballero.

delta [ˈdeltə]
1 n GEOG delta m.
2 n (Greek letter) delta.

deltoid [ˈdeltɔɪd]
1 adj deltoides.
2 n deltoides m.

delude [dɪˈluːd] vt engañar: he was deluded into thinking that everything was going smoothly le hicieron creer que todo iba sobre ruedas.
✦ to delude oneself dejarse engañar, engañarse, hacerse ilusiones.

deluge [ˈdeljuːdʒ]
1 n (rain) diluvio; (flood) inundación f.
2 n fig avalancha, alud m, aluvión m.
3 vt (flood) inundar (with, de).
4 vt fig inundar (with, de), abrumar (with, con): we've been deluged with applications hemos recibido un aluvión de solicitudes.

delusion [dɪˈluːʒən]
1 n (false belief) falsa ilusión f; (mistaken idea) error m: she's under the delusion that he loves her piensa equivocadamente que él la quiere.
2 n (act, state) engaño.
✦ to have delusions of grandeur tener delirios de grandeza.

delusive [dɪˈluːsɪv]
1 adj (misleading) engañoso,-a.
2 adj (illusory) ilusorio,-a.

deluxe [dəˈlʌks] adj de lujo.

delve [delv]
1 vi (rummage, search) hurgar (into, en).
2 vi (study - gen) ahondar (into, en); (the past) hurgar (into, en), escarbar (into, en).

demagnetise [diːˈmægnətaɪz] vt → demagnetize.

demagnetize [diːˈmægnətaɪz] vt desimanar, desimantar, desmagnetizar.

demagogic [deməˈgɒgɪk] adj demagógico,-a.

demagogical [deməˈgɒgɪkəl] adj demagógico,-a.

demagogue [ˈdeməgɒg] n demagogo,-a.

demagoguery [deməˈgɒgərɪ] n demagogia.

demagogy [ˈdeməgɒgɪ] n demagogia.

demand [dɪˈmaːnd]
1 n (request) solicitud f, petición f; (claim) exigencia; (for pay rise, rights, etc) reclamación f: by popular demand a petición del público; they refuse to agree to the highjackers' demands se niegan a aceptar las exigencias de los secuestradores; the committee makes great demands on my time el comité me absorbe gran parte del tiempo.
2 n COMM demanda: there's a big demand for computers hay una gran demanda de ordenadores; Spanish products are in great demand los productos españoles están muy solicitados.

3 *n (note, warning)* aviso.

4 *vt (call for, insist on)* exigir; *(rights, conditions, etc)* reclamar: **I demand to see the manager** exijo ver al director; **the union is demanding a 6% increase** el sindicato exige un aumento del 6%; **he demanded to see their identity cards** exigió que le enseñaran sus carnets de identidad.

5 *vt (need, require)* exigir, requerir: **this work demands a high degree of concentration** este trabajo requiere un alto grado de concentración.

✦ **on demand** a petición: **they want abortion on demand** quieren que el aborto sea libre.

to make demands of/on somebody pedir mucho de alguien.

demanding [dɪˈmaːndɪŋ]

1 *adj (person - gen)* exigente; *(awkward)* difícil.

2 *adj (tiring - job etc)* agotador,-ra.

demarara [deməˈreərə] **demarara (sugar)** *n* azúcar *mf* moreno,-a.

demarcate [ˈdiːmaːkeɪt] *vt* demarcar, acotar.

demarcation [diːmaːˈkeɪʃən] *n* demarcación *f*.

■ **demarcation dispute** conflicto de competencias.
demarcation line línea de demarcación.

demean [dɪˈmiːn] *vi fml* degradar, rebajar.

✦ **to demean oneself** rebajarse, degradarse.

demeaning [dɪˈmiːnɪŋ] *adj* humillante, vergonzoso,-a, degradante.

demeanour [dɪˈmiːnəʳ]

1 *n fml (behaviour)* comportamiento, conducta.

2 *n (bearing)* porte *m*.

demeanor [dɪˈmiːnr] *n US fml* → **demeanour**.

demented [dɪˈmentɪd]

1 *adj MED* demente.

2 *adj fig (agitated)* histérico,-a.

dementia [dɪˈmenʃɪə] *n* demencia.

demerit [dɪˈmerɪt] *n* demérito.

demigod [ˈdemɪɡɒd] *n* semidiós *m*.

demijohn [ˈdemɪdʒɒn] *n* damajuana, garrafón *m*.

demilitarisation [diːmɪlɪtəraɪˈzeɪʃən] *n* → **demilitarization**.

demilitarise [diːˈmɪlɪtəraɪz] *vt* → **demilitarize**.

demilitarization [diːmɪlɪtəraɪˈzeɪʃən] *n* desmilitarización *f*.

demilitarize [diːˈmɪlɪtəraɪz] *vt* desmilitarizar.

demineralisation [diːmɪnərəlaɪˈzeɪ-ʃən] *n* → **demineralization**.

demineralise [diːˈmɪnərəlaɪz] *vt* → **demineralize**.

demineralization [diːmɪnərəlaɪˈzeɪ-ʃən] *n* desmineralización *f*.

demineralize [diːˈmɪnərəlaɪz] *vt* desmineralizar.

demise [dɪˈmaɪz]

1 *n (death)* fallecimiento, defunción *f*.

2 *n fig (end)* desaparición *f*; *(failure)* fracaso.

demisemiquaver [demɪsemɪˈkweɪvəʳ] *n* fusa.

demist [diːˈmɪst] *vt* desempañar.

demiurge [ˈdemɪɜːdʒ] *n* demiurgo.

demo [ˈdeməʊ]

1 *n (recording, tape)* maqueta.

2 *n fam (demonstration)* mani *f*, manifestación *f*.

▲ *pl* **demos**.

demob [dɪˈmɒb] *vt* desmovilizar.

▲ *pt & pp* **demobbed**, *ger* **demobbing**.

demobilisation [diːməʊbɪlaɪˈzeɪʃən] *n* → **demobilization**.

demobilise [diːˈməʊbɪlaɪz] *vt* → **demobilize**.

demobilization [diːməʊbɪlaɪˈzeɪʃən] *n* desmovilización *f*.

demobilize [diːˈməʊbɪlaɪz] *vt* desmovilizar.

democracy [dɪˈmɒkrəsɪ] *n* democracia.

▲ *pl* **democracies**.

democrat [ˈdeməkræt] *n* demócrata *mf*.

■ **Christian Democrat** democratacristiano,-a.

democratic [deməˈkrætɪk] *adj* democrático,-a.

■ **Democratic party** *US* partido demócrata.

democratically [deməˈkrætɪklɪ] *adv* democráticamente.

democratisation [dɪmɒkrətaɪˈzeɪʃən] *n* → **democratization**.

democratise [dɪˈmɒkrətaɪz] *vt* → **democratize**.

democratization [dɪmɒkrətaɪˈzeɪʃən] *n* democratización *f*.

democratize [dɪˈmɒkrətaɪz] *vt* democratizar.

demographic [deməˈɡræfɪk] *adj* demográfico,-a.

demography [dɪˈmɒɡrəfɪ] *n* demografía.

demolish [dɪˈmɒlɪʃ]

1 *vt (building)* derribar, demoler, echar abajo.

2 *vt fig (theory, proposal)* destruir, echar por tierra.

3 *vt fam (eat)* zamparse.

demolition [deməˈlɪʃən]

1 *n (of building)* demolición *f*, derribo.

2 *n fig (of argument, idea, belief)* demolición *f*, destrucción *f*.

demon [ˈdiːmən]

1 *n (evil spirit)* demonio, diablo.

2 *n fam (naughty child)* diablillo.

3 *n (energetic person)* fiera, bestia; *(talented person)* fiera, hacha: **he's a demon**

for work es una bestia trabajando; **she's a demon at tennis** es una fiera jugando al tenis.

■ **the demon drink** el demonio de la bebida.

demoniac [dɪˈməʊnɪæk] *adj (person)* endemoniado,-a, demoniaco,-a; *(laughter)* diabólico,-a, demoniaco,-a; *(activity)* desenfrenado,-a.

demoniacal [diːməˈnaɪəkəl] *adj* → **demoniac**.

demonic [dɪˈmɒnɪk] *adj* demoniaco,-a.

demonstrable [dɪˈmɒnstrəbəl] *adj* demostrable.

demonstrate [ˈdemənstreɪt]

1 *vt (show, prove)* demostrar: **these figures clearly demonstrate the enormity of the problem** estas cifras demuestran claramente la magnitud del problema.

2 *vt (express, display)* demostrar, dar prueba de: **his reply demonstrated a complete lack of sensitivity** su respuesta demostró una falta total de sensibilidad.

3 *vt (in shop etc)* hacer una demostración de.

4 *vi (protest)* manifestarse.

demonstration [demənˈstreɪʃən]

1 *n (act of showing)* demostración *f*, muestra.

2 *n (in shop etc)* demostración *f*.

3 *n (march)* manifestación *f*.

demonstrative [dɪˈmɒnstrətɪv]

1 *adj (person - showing feelings)* abierto,-a, franco,-a, efusivo,-a, expresivo,-a.

2 *adj fml (proving something)* concluyente: **the results are demonstrative of the need for more training** los resultados demuestran la necesidad de mayor preparación.

3 *adj LING* demostrativo,-a.

demonstrator [ˈdemənstreɪtəʳ]

1 *n POL* manifestante *mf*.

2 *n (in shop etc)* demostrador,-ra.

demoralisation [dɪmɒrəlaɪzˈeɪʃən] *n* → **demoralization**.

demoralise [dɪˈmɒrəlaɪz] *vt* → **demoralize**.

demoralising [dɪˈmɒrəlaɪzɪŋ] *adj* → **demoralizing**.

demoralization [dɪmɒrəlaɪˈeɪʃən] *n* desmoralización *f*.

demoralize [dɪˈmɒrəlaɪz] *vt* desmoralizar.

✦ **to become demoralized** desmoralizarse.

demoralizing [dɪˈmɒrəlaɪzɪŋ] *adj* desmoralizante, desmoralizador,-ra, desalentador,-ra.

demote [dɪˈməʊt]

1 *vt (gen)* bajar de categoría.

2 *vt MIL* degradar.

demotion [dɪˈməʊʃən]

1 *n (gen)* descenso de categoría.

2 *n MIL* degradación *f*.

demur [dɪ'mɜːʳ] vi fml (object) oponerse, objetar.
✦ **to demur at something/doing something** poner reparos a algo/hacer algo. **without demur** sin poner reparos, sin poner objeciones.
▲ pt & pp **demurred**, ger **demurring**.

demure [dɪ'mjʊəʳ] adj (person) recatado,-a; (behaviour) tímido,-a, discreto,-a.

demurrage [dɪ'mʌrɪdʒ] n estadía.

demystify [dɪ'mɪstɪfaɪ] vt desmitificar.
▲ pt & pp **demystified**, ger **demystifying**.

den [den]
1 n (of animals) guarida.
2 n (secret meeting-place) antro; (of thieves) guarida: **a den of iniquity** un antro de perdición.
3 n fam (room) cuarto; (for study) estudio.

denarius [dɪ'neərɪəs] n denario.

denationalisation [diːnæʃənəlaɪ'zeɪʃən] n → **denationalization**.

denationalise [diː'næʃənəlaɪz] vt → **denationalize**.

denationalization [diːnæʃənəlaɪ'zeɪʃən] n desnacionalización f.

denationalize [diː'næʃənəlaɪz] vt desnacionalizar.

denaturation [diːneɪtʃə'reɪʃən] n desnaturalización f.

denature [diː'neɪtʃəʳ] vt desnaturalizar.

denaturise [diː'neɪtʃəraɪz] vt → **denaturize**.

denaturize [diː'neɪtʃəraɪz] vt desnaturalizar.

dendrite ['dendraɪt] n dendrita.

dengue ['dengɪ] n dengue.

denial [dɪ'naɪəl]
1 n (of accusation) mentís m, desmentido, refutación f: **the minister's denial changes nothing** el desmentido del ministro no cambia nada; **the politician issued a denial of the rumours** el político desmintió los rumores; **she made a denial of all the charges** negó todos los cargos.
2 n (of principle) negación f: **a denial of the principle of equality** una negación del principio de igualdad.
3 n (of rights, justice) denegación f.
4 n (of request) negativa, rechazo.

denier ['denɪəʳ] n denier m.

denigrate ['denɪgreɪt] vt (person, character) denigrar; (achievements, efforts) menospreciar.

denigration [denɪ'greɪʃən] n denigración f.

denim ['denɪm]
1 n tela vaquera, tela tejana.
2 adj tejano,-a, vaquero,-a.
3 **denims** npl vaqueros mpl, tejanos mpl.

denizen ['denɪzən] n lit habitante mf, morador,-ra.

Denmark ['denmɑːk] n Dinamarca.

denominate [dɪ'nɒmɪneɪt] vt denominar.

denomination [dɪnɒmɪ'neɪʃən]
1 n REL confesión f.
2 n (standard of value) valor m.
3 n (classification) denominación f.

denominational [dɪnɒmɪ'neɪsənəl] adj REL confesional.

denominator [dɪ'nɒmɪneɪtəʳ] n MATH denominador m.

denote [dɪ'nəʊt]
1 vt fml (indicate, represent) denotar, indicar.
2 vt LING (mean) denotar, significar.

denouement [deɪ'nuːmənt] n desenlace m.

denounce [dɪ'naʊns] vt denunciar: **they denounced the execution of the writer** denunciaron la ejecución del escritor.

dense [dens]
1 adj (closely packed - population, traffic) denso,-a; (- forest, jungle, vegetation) denso,-a, espeso,-a; (- crowd) compacto,-a, apretado,-a.
2 adj (thick - fog, smoke) espeso,-a, denso,-a.
3 adj PHYS (heavy - substance, rock, star) denso,-a.
4 adj fam (stupid - person) corto,-a (de luces), torpe, estúpido,-a, burro,-a, duro,-a de entendederas.

densely ['denslɪ] adv (populated, forested, etc) densamente; (packed) apretadamente.

denseness ['densnəs]
1 n (stupidity) falta de luces.
2 n → **density**.

density ['densɪtɪ] n (gen) densidad f: **the density of the fog** la densidad de la niebla.
■ **population density** densidad f de población.
▲ pl **densities**.

dent [dent]
1 n (in car, metal) abolladura.
2 vt (car, metal) abollar.
3 vt (pride, reputation) hacer mella en; (confidence) hacer perder.
4 vi (metal) abollarse.
✦ **to make a dent in** (car etc) abollar; (savings etc) comerse una parte de, menguar, mermar.

dental¹ ['dentəl] adj (gen) dental: **I've got a dental appointment** tengo hora con el dentista.
■ **dental floss** hilo dental, seda dental. **dental hygienist** ayudante mf de dentista, asistente mf de dentista. **dental surgeon** odontólogo,-a. **dental surgery** consultorio odontológico, clínica dental.

dental² ['dentəl]
1 adj LING dental.
2 n LING dental f.

dentine ['dentiːn] n dentina.

dentist ['dentɪst] n dentista mf, odontólogo,-a.

dentistry ['dentɪstrɪ] n odontología.

denture ['dentʃəʳ]
1 n (plate) prótesis f dental.
2 **dentures** npl dentadura f sing postiza.

denuclearise [diː'njuːklɪəraɪz] vt → **denuclearize**.

denuclearize [diː'njuːklɪəraɪz] vt desnuclearizar.

denude [dɪ'njuːd]
1 vt GEOG desnudar, denudar.
2 vt (strip) despojar ((of, de).

denunciation [dɪnʌnsɪ'eɪʃən] n denuncia.

deny [dɪ'naɪ]
1 vt (repudiate - accusation, fact) negar; (rumour, report) desmentir; (charge) rechazar: **the minister denied the allegations** el ministro negó las acusaciones; **she denies all involvement** niega toda participación.
2 vt (refuse - request) denegar; (- rights, equality) privar de; (- access) negar: **I was denied access to the information** me negaron el acceso a la información; **she was denied the opportunity** le privaron de la oportunidad.
3 vt fml (disown - person) desconocer, negar a; (- faith, country) renegar de; (not admit, disclaim) negar: **he denied all knowledge of the affair** negó tener conocimiento del asunto; **she denied all responsibility** negó toda responsabilidad.
✦ **there's no denying that ...** es innegable que …
to deny oneself sacrificarse.
to deny oneself something privarse de algo.
▲ pt & pp **denied**, ger **denying**.

deodorant [diː'əʊdərənt] n desodorante m.

deodorise [diː'əʊdəraɪz] vt → **deodorize**.

deodorize [diː'əʊdəraɪz] vt desodorizar.

deoxyribonucleic [diːɒksɪraɪbəʊnjuː'kleɪk] n desoxirribonucleico,-a.

dep [dɪ'pɑːtʃəʳ] abbr (**departure**) salida.

depart [dɪ'pɑːt]
1 vi fml (leave) partir, salir.
▶ **to depart from** vt insep (truth) apartarse de, alejarse de; (subject) desviarse de; (tradition) apartarse de; (routine) salirse de.
✦ **to depart this life** dejar de existir.

departed [dɪ'pɑːtɪd]
1 adj euph difunto,-a.
2 adj fml (youth) perdido,-a; (glories) pasado,-a.
3 **the departed** n (man) el difunto; (woman) la difunta.
4 **the departed** npl (gen) los difuntos; (women) las difuntas.

department [dɪ'pɑːtmənt]
1 n (in shop) sección f; (in company, organization) departamento, sección f;

(in university, school, hospital) departamento; *(in government)* ministerio: **Mrs Scott is the new head of the English Department** la Señora Scott es la nueva jefa del departamento de inglés; **I'm just going up to the toy department** subo un momento a la sección de juguetes.
2 *n fam (responsibility)* campo, esfera, terreno: **the cleaning is Andy's department** la limpieza es cosa de Andy.
▪ **department store** grandes almacenes *mpl.*

departmental [diːpɑːt'mentəl] *adj* departamental: **departmental manager** jefe,-a de departamento.

departure [dɪ'pɑːtʃər]
1 *n (of person)* partida, marcha; *(of plane, train, etc)* salida: **their departure was delayed** su salida fue retrasada; **we were shocked by her sudden departure** su marcha repentina nos conmocionó.
2 *n fig (divergence)* desviación *f; (venture, type of activity)* innovación *f:* **this represents a departure from our usual practice** esto supone una desviación con respecto a nuestra práctica habitual.
✦ **to take one's departure** retirarse.
▪ **departure lounge** sala de embarque.
departure time hora de salida.
point of departure punto de partida.

depend [dɪ'pend] *vi* depender: **it depends** depende; **it depends what time I finish work** depende de la hora en que termine de trabajar.
▸ **to depend on**
1 *vt insep (trust)* confiar en/con, fiarse de; *(count on)* contar con: **I'm depending on you to keep it a secret** confío en que lo mantengas en secreto; **I knew I could depend on you** sabía que podía contar contigo; **you can depend on it** cuenta con ello.
2 *vt insep (be dependent on)* depender de: **we depend on them for money** dependemos de su dinero; **she depends too much on her mother** depende demasiado de su madre.
3 *vt insep (be decided by)* depender de: **it depends on the price** depende del precio; **it depends on where you live** depende de dónde vivas.
✦ **that depends** según, eso depende.

dependability [dɪpendə'bɪlətɪ] *n (of people)* formalidad *f,* seriedad *f; (of things, cars, machines)* fiabilidad *f.*

dependable [dɪ'pendəbəl] *adj (person)* responsable, formal, digno,-a de confianza; *(source of income)* seguro,-a; *(thing, car, machine)* fiable.

dependant [dɪ'pendənt] *n* dependiente *mf,* persona a su cargo.

dependence [dɪ'pendəns] *n* dependencia (**on**, de).

▪ **drug dependence** drogodependencia.

dependency [dɪ'pendənsɪ] *n* dependencia.
▲ *pl* **dependencies.**

dependent [dɪ'pendənt] *adj* dependiente.
✦ **to be dependent on somebody/something** depender de alguien/algo. **to be dependent on drugs** ser drogodependiente.
▪ **dependent clause** LING oración *f* subordinada.

depict [dɪ'pɪkt]
1 *vt (portray visually, in music)* pintar, representar, retratar.
2 *vt (describe in writing)* describir, pintar, retratar.

depict [dɪ'pɪkʃən] *n* representación *f.*

depilatory [dɪ'pɪlətərɪ]
1 *adj* depilatorio,-a.
2 *n* depilatorio.

deplete [dɪ'pliːt] *vt fml* reducir, agotar: **we are depleting the Earth's natural resources** estamos agotando los recursos naturales de la Tierra.

depleted [dɪ'pliːtɪd] *adj (weakened, exhausted)* debilitado,-a, agotado,-a.

depletion [dɪ'pliːʃən] *n fml (reduction)* reducción *f,* disminución *f; (exhaustion)* agotamiento.

deplorable [dɪ'plɔːrəbəl] *adj (appalling, disgraceful)* deplorable, vergonzoso,-a; *(regrettable)* lamentable.

deplore [dɪ'plɔːr] *vt (condemn, criticize)* deplorar, condenar; *(regret)* lamentar, deplorar.

deploy [dɪ'plɔɪ]
1 *vt MIL* desplegar.
2 *vt (use effectively)* utilizar, hacer uso de.
3 *vi MIL* desplegarse.

deployment [dɪ'plɔɪmənt]
1 *n MIL* despliegue *m.*
2 *n (use)* utilización *f.*

depoliticisation [diːpəlɪtɪsaɪ'zeɪʃən] *n* → **depoliticization.**

depoliticise [diːpə'lɪtɪsaɪz] *vt* → **depoliticize.**

depoliticization [diːpəlɪtɪsaɪ'zeɪʃən] *n* despolitización *f.*

depoliticize [diːpə'lɪtɪsaɪz] *vt* despolitizar.

depopulate [diː'pɒpjəleɪt] *vt* despoblar.

deport [dɪ'pɔːt] *vt* deportar.

deportation [diːpɔː'teɪʃən] *n* deportación *f.*

deportee [diːpɔː'tiː] *n* deportado,-a.

deportment [dɪ'pɔːtmənt]
1 *n GB fml* porte *m.*
2 *n US* comportamiento, conducta.

depose [dɪ'pəʊz]
1 *vt (remove from power - leader, president)* deponer, destituir; *(- king)* destronar.
2 *vt JUR* declarar, deponer.

deposit [dɪ'pɒzɪt]
1 *n (sediment)* sedimento, depósito; *(in wine bottle)* poso, heces *mpl; (layer)* capa.
2 *n (mining - of gold, copper, tin, etc)* yacimiento; *(of gas)* depósito.
3 *n FIN (payment into account)* depósito, ingreso.
4 *n COMM (returnable payment)* depósito, fianza; *(on smaller purchase)* paga y señal *f; (first payment)* entrada: **we put a deposit of £1,000 on the house** dimos una entrada de 1.000 libras para la casa; **if you leave a deposit, we can keep it for you** si dejas una paga y señal, te lo podemos guardar.
5 *vt (leave - gen)* depositar, dejar; *(put down, set down, drop)* depositar, poner; *(of silt, sediment)* depositar: **she deposited her suitcase in the left luggage office** depositó su maleta en la consigna; **the bus deposited me right outside their house** el autobús me dejó justo delante de su casa.
6 *vt (pay money into account)* ingresar.
7 *vt (pay as a deposit)* entregar como depósito, pagar un depósito de.
▪ **deposit account** cuenta de ahorros.

deposition [depə'zɪʃən]
1 *n (from power - of leader, president)* deposición *f,* destitución *f; (- of king)* destronamiento.
2 *n JUR* declaración *f.*

depositor [dɪ'pɒzɪtər] *n* depositante *mf.*

depot ['depəʊ]
1 *n (storehouse)* almacén *m.*
2 *n MIL* depósito.
3 *n US (railway station)* estación *f* de ferrocarriles; *(bus station)* estación *f* de autobuses, terminal *f* de autobuses.
4 *n GB (bus garage)* cochera de autobuses; *(train)* depósito de locomotoras.

depravation [deprə'veɪʃən] *n* depravación *f.*

deprave [dɪ'preɪv] *vt* depravar.

depraved [dɪ'preɪvd] *adj* depravado,-a.

depravity [dɪ'prævɪtɪ]
1 *n (state)* depravación *f.*
2 *n (act)* acto depravado.
▲ *pl* **depravities.**

deprecate ['deprɪkeɪt]
1 *vt fml (deplore)* censurar, condenar, criticar, reprobar.
2 *vt fml (belittle)* menospreciar, despreciar.

deprecatory ['deprɪkətərɪ]
1 *adj (disapproving - remark, view)* desaprobatorio,-a, reprobatorio,-a.
2 *adj (smile, laugh)* de desprecio.

depreciate [dɪ'priːʃɪeɪt]
1 *vi FIN* depreciarse.
2 *vt FIN* depreciar, amortizar.
3 *vt fml (denigrate)* menospreciar.

depreciation [dɪpriːʃɪ'eɪʃən] *n FIN (loss of value)* depreciación *f; (of currency)* desvalorización *f,* depreciación *f; (on balance sheet)* depreciación *f.*

depreciatory [dɪˈpriːʃətərɪ] *adj* de desaprobación, desaprobatorio,-a.

depress [dɪˈpres]
1 *vt (make sad)* deprimir, desanimar, abatir.
2 *vt (reduce - prices, sales, wages)* reducir, hacer bajar, disminuir; *(- market)* deprimir.
3 *vt fml (press down)* pulsar, apretar.

depressant [dɪˈpresənt]
1 *n* depresivo.
2 *adj* depresivo,-a.

depressed [dɪˈprest]
1 *adj (person)* deprimido,-a, desanimado,-a, abatido,-a.
2 *adj (area)* deprimido,-a; *(market)* paralizado,-a.
3 *adj (flattened)* hundido,-a, deprimido,-a.
♦ **to become/get depressed** deprimirse.

depressing [dɪˈpresɪŋ] *adj* deprimente.

depression [dɪˈpreʃən]
1 *n (sadness)* depresión *f*, abatimiento.
2 *n (economic)* depresión *f*, crisis *f*.
3 *n (hollow place)* depresión *f*.
4 *n METEOR* depresión *f* (atmosférica).

depressive [dɪˈpresɪv]
1 *adj* depresivo,-a.
2 *(person)* depresivo,-a.

depressurise [diːˈpreʃəraɪz] *vt* → **depressurize.**

depressurize [diːˈpreʃəraɪz] *vt* despresurizar.

deprivation [deprɪˈveɪʃən]
1 *n (lack)* privación *f*; *(loss)* pérdida.
2 *n (hardship, poverty)* privación *f*, penuria.

deprive [dɪˈpraɪv] *vt (take away)* privar (**of**, de); *(prevent from having or using)* despojar de, privar de: he had been deprived of his civil rights lo privaron de sus derechos civiles; you're not depriving us of your company! ¡no nos prives de tu compañía!
♦ **to deprive oneself of something** privarse de algo.

deprived [dɪˈpraɪvd] *adj (child)* necesitado,-a; *(background, area)* pobre, necesitado,-a.

Dept [dɪˈpɑːtmənt] *abbr* (**Department**) departamento; *(abbreviation)* dpt.

depth [depθ]
1 *n (of hole, swimming pool, mine, etc)* profundidad *f*; *(of cupboard, shelf)* fondo; *(of hem, border)* ancho.
2 *n (of sound, voice)* profundidad *f*.
3 *n (of emotion, colour)* intensidad *f*; *(of shame, silence, mystery)* profundidad *f*.
4 *n (of ideas, knowledge, understanding)* profundidad *f*.
5 **depths** *npl (lowest part)* profundidades *fpl*: the depths of the sea las profundidades del mar.
♦ **in depth** a fondo, en profundidad.
in the depth(s) of something en las profundidades de algo: in the depth(s) of the forest en la espesura del bosque; in the depth(s) of night en lo más profundo de la noche; in the depth(s) of winter en lo más crudo del invierno, en pleno invierno; in the depth(s) of despair hundido,-a en la desesperación, completamente desesperado,-a.
to be out of one's depth/be beyond one's depth *(in subject, topic, conversation)* perderse, no entender nada.
to go/get out of one's depth *(in water)* perder pie.
to sink to such depths/a depth caer tan bajo.
■ **depth charge** carga de profundidad.

deputation [depjuˈteɪʃən] *n* delegación *f*.

depute [dɪˈpjuːt] *vt fml (work, authority)* delegar (**to**, en), encomendar (**to**, a); *(person)* diputar (**to**, para), comisionar (**to**, para).

deputise [ˈdepjətaɪz] *vi* → **deputize.**

deputize [ˈdepjətaɪz] *vi* reemplazar (**for**, a), sustituir (**for**, a).

deputy [ˈdepjətɪ]
1 *n (substitute)* sustituto,-a, suplente *mf*.
2 *n POL* diputado,-a.
3 *n US* ayudante *mf* del shérif.
■ **deputy chairman** vicepresidente,-a.
deputy director subdirector,-ra, director,-ra adjunto,-a.
deputy head *EDUC* subdirector,-ra.
deputy manager subdirector,-ra.
▲ *pl* **deputies.**

derail [dɪˈreɪl] *vt (train)* hacer descarrilar.

derailment [dɪˈreɪlmənt] *n* descarrilamiento.

derange [dɪˈreɪndʒ]
1 *vt (drive mad)* alienar, volver loco,-a.
2 *vt (disturb order)* trastornar.

deranged [dɪˈreɪndʒd] *adj* trastornado,-a, desquiciado,-a, loco,-a.

derangement [dɪˈreɪndʒmənt]
1 *n (madness)* perturbación *f* mental, enajenación *f*, alienación *f*.
2 *n (disturbance)* trastorno.

derby [ˈdɑːbɪ]
1 *n SP (between two local teams)* derby *m*.
2 *n US (horse race)* carrera (de caballos).
3 *n US (bowler hat)* bombín *m*, hongo, sombrero (de) hongo.
4 **the Derby** *n GB (horse race)* el Derby *m*.
▲ *pl* **derbies.**

deregulate [diːˈregjəleɪt] *vt* desregular, liberalizar.

deregulation [diːˈregjəleɪʃən] *n* desregularización *f*, liberalización *f*.

derelict [ˈderɪlɪkt] *adj (building)* abandonado,-a, en ruinas.

dereliction [derɪˈlɪkʃən] *n (ruin)* abandono.
♦ **dereliction of duty** incumplimiento del deber.

deride [dɪˈraɪd] *vt* burlarse de, ridiculizar, reírse de, mofarse de.

de rigueur [də riːˈgɜːr] *adj* de rigor.

derision [dɪˈrɪʒən] *n* escarnio, mofa, burla, irrisión *f*: they treated his proposal with derision se burlaron de su propuesta.
♦ **to be an object of derision** ser el hazmerreír de todos, ser objeto de escarnio.

derisive [dɪˈraɪsɪv] *adj* burlón,-ona, irónico,-a.

derisory [dɪˈraɪzərɪ] *adj (offer etc)* irrisorio,-a, ridículo,-a.

derivation [derɪˈveɪʃən] *n (process)* derivación *f*; *(origin)* origen *m*.

derivative [dɪˈrɪvətɪv]
1 *adj (art, writing, music)* carente de originalidad, poco original; *(plot, theme)* manido,-a, trillado,-a.
2 *n (word)* derivado; *(language)* lengua derivada.
3 *n (substance)* derivado.

derive [dɪˈraɪv]
1 *vt (get, obtain)* sacar, recibir: she derives great pleasure from painting pintar le proporciona mucho placer; we can derive comfort from the fact that he is still in good health es un consuelo para nosotros que aún esté bien de salud.
2 *vi LING (word)* derivar, derivarse (**from**, de).
3 *vi (stem from - problem, attitude)* provenir (**from**, de); *(- idea)* tener su origen (**from**, en).
♦ **to be derived from** *(language, word)* derivarse de; *(substance)* obtenerse (a partir) de.

dermatitis [dɜːməˈtaɪtɪs] *n* dermatitis *f*.

dermatologist [dɜːməˈtɒlədʒɪst] *n* dermatólogo,-a.

dermatology [dɜːməˈtɒlədʒɪ] *n* dermatología.

dermatosis [dɜːməˈtəʊsɪs] *n* dermatosis *f*.

dermis [ˈdɜːmɪs] *n* dermis *f*.

dermoskeleton [dɜːməˈskelɪtən] *n* dermoesqueleto.

derogatory [dɪˈrɒgətərɪ] *adj (remark, attitude, article)* despectivo,-a; *(meaning, sense)* peyorativo,-a.

derrick [ˈderɪk]
1 *n (crane)* grúa.
2 *n (tower over oil well)* torre *f* de perforación.

dervish [ˈdɜːvɪʃ] *n* derviche *m*.

DES [ˈdiːˈiːˈes] *abbr GB* (**Department of Education and Science**) ≈ Ministerio de Educación y Ciencia; *(abbreviation)* MEC.

descale [diːˈskeɪl] *vt* quitar el sarro a.

descant [ˈdeskænt] *n MUS* contrapunto.

descend [dɪˈsend]
1 *vi (road, sun, plane, etc)* descender, bajar.
2 *vi (in importance)* descender.

3 *vi (night, darkness)* caer; *(mist)* descender; *(rain)* caer; *(silence, gloom)* abatirse (**on/upon**, sobre).

4 *vi (of properties, qualities, rights, etc)* provenir: **the title descended to him from his father** heredó el título de su padre.

5 *vt* descender, bajar.

▶ **to descend on**

1 *vt insep (attack)* atacar, caer sobre, lanzarse sobre.

2 *vt insep (visit)* visitar, invadir: **they descended on us around midnight** se dejaron caer por casa alrededor de medianoche.

to descend to *vt insep* rebajarse a: **I never thought he would descend to stealing** nunca me hubiera imaginado que se rebajaría a robar.

✦ **to be descended from somebody** ser descendiente de alguien, descender de alguien.

descendant [dɪˈsendənt] *n* descendiente *mf*.

descending [dɪˈsendɪŋ] *adj* descendiente, descendente.

✦ **in descending order** en orden decreciente.

descent [dɪˈsent]

1 *n (by plane, climbers, etc)* descenso, bajada; *(slope)* pendiente *f*, declive *m*, bajada.

2 *n fig (decline)* caída.

3 *n (family origins)* ascendencia: **she is of Irish descent** es de ascendencia irlandesa.

4 *n fig (attack)* incursión *f*, asalto.

describe [dɪˈskraɪb]

1 *vt (depict in words)* describir: **can you describe the man to me?** ¿me puedes describir al hombre?; **he described how he had escaped** describió cómo se había escapado.

2 *vt (call, characterize)* calificar, definir: **I would hardly describe her as generous** no la calificaría precisamente de generosa; **the estate agent described it as perfect** el agente inmobiliario lo calificó de perfecto; **he describes himself as normal** se define como alguien normal.

3 *vt (move in shape of arc, circle, curve, etc)* describir; *(draw)* trazar.

description [dɪˈskrɪpʃən]

1 *n (portrayal, account)* descripción *f*: **the book gives a detailed description of their journey** el libro da una descripción detallada de su viaje; **they have issued a description of the man** han hecho pública una descripción del hombre.

2 *n (type, sort)* clase *f*, tipo: **of all descriptions** de toda clase, de todo tipo; **things of that description** cosas de ese tipo, cosas con esas características; **a flat of some description** alguna clase de piso.

✦ **to answer a description** responder a una descripción.

to be beyond/past description ser indescriptible.

descriptive [dɪˈskrɪptɪv] *adj* descriptivo,-a.

desecrate [ˈdesɪkreɪt] *vt* profanar.

desecration [desɪˈkreɪʃən] *n* profanación *f*.

desecrator [ˈdesɪkreɪtəʳ] *n* profanador,-ra.

desegregate [diːˈsegrɪgeɪt] *vt* suprimir la segregación racial de.

desensitise [diːˈsensɪtaɪz] *vt* → **desensitize**.

desensitize [diːˈsensɪtaɪz] *vt* insensibilizar.

desert¹ [ˈdezət] *n* desierto: **the Sahara Desert** el desierto del Sáhara.

▪ **desert island** isla desierta.

desert² [dɪˈzɜːt]

1 *vt (family, person, place)* abandonar; *(political party, idea)* desertar (**from**, de).

2 *vt (quality, attribute)* abandonar.

3 *vi MIL* desertar.

deserted [dɪˈzɜːtɪd] *adj (place)* desierto,-a.

deserter [dɪˈzɜːtəʳ] *n* desertor,-ra.

desertification [dɪzɜːtɪfɪˈkeɪʃən] *n* desertificación *f*.

desertion [dɪˈzɜːʃən]

1 *n (of family, partner)* abandono.

2 *n MIL* deserción *f*.

3 *n POL* defección *f*.

deserts [dɪˈzɜːts] *npl* merecido.

✦ **to get one's just deserts** llevarse su merecido, recibir su merecido.

deserve [dɪˈzɜːv] *vt (gen)* merecer, merecerse; *(attention)* merecer, ser digno,-a de: **you deserve a break** te mereces un descanso; **he deserved to win** merecía ganar; **she deserves it** lo tiene merecido, se lo merece.

✦ **to deserve well/ill of somebody** merecer el reconocimiento/la condena de alguien.

to get what one deserves llevarse su merecido.

deservedly [dɪˈzɜːvədlɪ] *adv* merecidamente.

deserving [dɪˈzɜːvɪŋ]

1 *adj (person)* que vale, de valía.

2 *adj (action, cause)* meritorio,-a.

✦ **to be deserving of something** ser digno,-a de.

desiccated [ˈdesɪkeɪtɪd] *adj* deshidratado,-a: **desiccated coconut** coco rallado.

desiccation [desɪˈkeɪʃən] *n* desecación *f*.

design [dɪˈzaɪn]

1 *n ART (gen)* diseño, dibujo; *(of fashion)* diseño de modas, creación *f*.

2 *n (arrangement, planning)* diseño: **the design of the car** el diseño del coche.

3 *n (plan, drawing)* plano, proyecto; *(sketch)* boceto; *(of dress)* patrón *m*; *(of product, model)* modelo.

4 *n (decorative pattern)* diseño, dibujo, motivo.

5 *n fig (purpose, intention)* plan *m*, intención, proyecto: **was it by accident or by design?** ¿ocurrió por casualidad o bien a propósito?

6 *vt (make drawing, plan, model)* diseñar, proyectar; *(fashion, set, product)* diseñar; *(course, programme)* planear, estructurar: **Jean-Paul designed the costumes** Jean-Paul diseñó el vestuario.

7 *vt (develop for a purpose)* diseñar, concebir, idear; *(intend, mean)* pensar, destinar: **the programme is designed for use in schools** el programa está pensado para ser utilizado en institutos; **the prison was originally designed to hold 500 inmates** la cárcel fue concebida al principio para 500 presos.

8 *vi* diseñar.

✦ **to have designs on somebody/something** tener las miradas puestas en alguien, tener los ojos puestos en alguien/algo.

designate [ˈdezɪgneɪt]

1 *vt fml (indicate, mark, show)* indicar, señalar.

2 *vt (appoint)* designar, nombrar.

3 *adj fml* designado,-a, nombrado,-a.

▲ *(adjetivo)* [ˈdezɪgnət].

designation [dezɪgˈneɪʃən]

1 *n fml (appointment)* designación *f*, nombramiento.

2 *n fml (title, name)* denominación *f*.

designer [dɪˈzaɪnəʳ]

1 *n* diseñador,-ra: **she wants to be a dress designer** quiere ser diseñadora de modas.

2 *adj (clothes etc)* de marca.

▪ **designer drug** droga de diseño.

set designer/stage designer escenógrafo,-a.

designing [dɪˈzaɪnɪŋ] *adj pej* intrigante, maquinador,-ra.

desirable [dɪˈzaɪərəbəl]

1 *adj (location, asset, job)* atractivo,-a; *(residence)* de alto standing.

2 *adj (person)* deseable, seductor,-ra; *(habit)* atractivo,-a.

3 *adj (necessary, useful)* conveniente, deseable; *(advisable)* aconsejable: **it is desirable that you should speak English** sería deseable que hablaras inglés.

desire [dɪˈzaɪəʳ]

1 *n (wish, urge, longing)* deseo, anhelo, ansia; *(sexual)* deseo: **I've got a burning desire to visit India** mi mayor deseo es visitar la India; **his desire for fame and fortune** sus deseos de ser famoso y rico; **several listeners have expressed a desire to participate** varios oyentes han manifestado su deseo de participar.

2 *vt fml (gen)* desear, anhelar, ansiar; *(sexually)* desear: **he desired nothing**

other than to continue writing no deseaba nada más que seguir escribiendo.

3 vt fml (request) rogar, solicitar.

✦ **one's heart's desire** su mayor deseo, su deseo ferviente.

to leave a lot to be desired dejar mucho que desear.

desired [dɪˈsaɪəd] adj deseado,-a: it had the desired effect tuvo el efecto deseado.

desirous [dɪˈzaɪərəs] adj fml deseoso,-a.

desist [dɪˈzɪst] vi fml desistir (**from**, de).

desk [desk]

1 n (in school) pupitre m; (in office) escritorio.

2 n (service area) mostrador m.

3 n (newspaper office) sección f.

▪ **desk clerk** recepcionista mf.

desk job/desk work trabajo de oficina.

desktop publishing [ˈdesktɒpˈpʌblɪʃɪŋ] n autoedición f.

desolate [ˈdesələt]

1 adj (place) deshabitado,-a, desierto,-a, despoblado,-a, solitario,-a.

2 adj (person - sad) triste, desconsolado,-a, afligido,-a; (lonely) solitario,-a.

3 vt desolar.

desolation [desəˈleɪʃən]

1 n (of place) desolación f.

2 n (of person) desconsuelo, aflicción f.

desoxyribonucleic [dezɒksɪraɪbəʊnjuːˈkleɪɪk] n desoxirribonucleico,-a.

despair [dɪsˈpeəʳ]

1 n desesperación f, desesperanza: he was in despair estaba desesperado.

2 vi desesperar (**of**, de), desesperarse (**of**, por), perder la esperanza (**of**, de): he began to despair of ever being released empezó a perder las esperanzas de ser liberado algún día; don't despair! ¡no te desanimes!, ¡no te desesperes!

✦ **to be the despair of somebody** ser una cruz para alguien.

to drive somebody to despair sacar de quicio a alguien, volver loco,-a a alguien: her behaviour drove them to despair su conducta les sacaba de quicio.

despairing [dɪˈspeərɪŋ] adj (look, cry, voice) de desesperación; (attempt) desesperado,-a.

despairingly [dɪˈspeərɪŋlɪ] adv con desesperación, desesperadamente.

despatch [dɪsˈpætʃ] n → **dispatch**.

desperado [despəˈrɑːdəʊ] n forajido,-a.

desperate [ˈdespərət]

1 adj (reckless, risky) desesperado,-a: he made one last desperate attempt hizo un último intento desesperado; **desperate measures** medidas tomadas en la desesperación.

2 adj fam (in urgent need) desesperado,-a (**for**, por).

3 adj (critical, grave - situation, state) grave, desesperado,-a; (- need) apremiante, urgente: a desperate shortage of water una grave escasez de agua.

✦ **to be desperate for something** necesitar urgentemente algo, necesitar desesperadamente algo: they're desperate for money necesitan dinero desesperadamente.

to be desperate to do something estar que uno se muere por hacer algo: he's desperate to get out of the army está que se muere por salir del ejército; I'm desperate to go to the toilet! ¡estoy que no aguanto más!

to do something desperate cometer un acto de desesperación, hacer alguna locura.

to get desperate empezar a desesperarse.

desperately [ˈdespərətlɪ] adv (struggle, fight, try) desesperadamente; (need) urgentemente, con urgencia; (ill) gravemente, de gravedad; (as intensifier - difficult, serious, urgent) sumamente, extremadamente; (in love) locamente: she desperately wants a baby está que se muere por tener un niño; they're desperately busy before Christmas están ocupadísimos antes de Navidad.

desperation [despəˈreɪʃən] n desesperación f.

✦ **in desperation** a la desesperada.

out of desperation de desesperación.

despicable [dɪˈspɪkəbəl] adj (person, act) despreciable, vil, infame, bajo,-a; (behaviour) indigno,-a.

despicably [dɪˈspɪkəblɪ] adv vilmente, de manera despreciable, de manera infame.

despise [dɪˈspaɪz] vt despreciar, menospreciar.

despite [dɪˈspaɪt] prep a pesar de: she went to work despite having a bad cold se fue a trabajar a pesar de estar muy resfriada; demand for cars is still high despite the recession aún hay mucha demanda de coches a pesar de la crisis económica; despite what people say, she still loves him a pesar de lo que dice la gente, todavía lo quiere.

despondency [dɪˈspɒndənsɪ] n desaliento, abatimiento.

despondent [dɪˈspɒndənt] adj desalentado,-a, desanimado,-a, abatido,-a, descorazonado,-a.

despondently [dɪˈspɒndəntlɪ] adv con desánimo.

despot [ˈdespɒt] n déspota mf.

despotic [desˈpɒtɪk] adj despótico,-a.

despotically [desˈpɒtɪklɪ] adv despóticamente.

despotism [ˈdespətɪzəm] n despotismo.

dessert [dɪˈzɜːt] n postre m: what would you like for dessert? ¿qué quiere de postre?

▪ **dessert wine** vino dulce.

dessertspoon [dɪˈzɜːtspuːn]

1 n (spoon) cuchara de postre.

2 n (measure) cucharada de postre.

destabilisation [diːsteɪbəlaɪˈzeɪʃən] n → **destabilization**.

destabilise [diːˈsteɪbəlaɪz] vt → **destabilize**.

destabilization [diːsteɪbəlaɪˈzeɪʃən] n desestabilización f.

destabilize [diːˈsteɪbəlaɪz] vt desestabilizar.

destination [destɪˈneɪʃən] n destino.

destined [ˈdestɪnd]

1 adj (intended, meant) destinado,-a: the money was destined for a local charity el dinero iba destinado a una organización benéfica del barrio; a building destined for demolition un edificio destinado a ser derribado.

2 adj (fated) condenado,-a, destinado,-a: we were destined to meet estábamos destinados a conocernos; the project was destined to fail el proyecto estaba condenado al fracaso.

3 adj (bound) con destino (**for**, a): a train destined for Liverpool un tren con destino a Liverpool.

destiny [ˈdestɪnɪ] n destino, sino.

▲ pl **destinies**.

destitute [ˈdestɪtjuːt]

1 adj indigente, mísero,-a.

2 the **destitute** npl los desposeídos mpl.

✦ **to be destitute of something** carecer de algo.

to be left destitute quedarse en la miseria.

destitution [destɪˈtjuːʃən] n indigencia, miseria.

destroy [dɪsˈtrɔɪ]

1 vt (gen) destruir; (vehicle, old furniture) destrozar.

2 vt (plans, hopes, chances) destruir, destrozar; (life) arruinar, destrozar; (reputation, confidence, friendship) acabar con; (health, career, reputation) destruir, arruinar.

3 vt (animal) matar, abatir.

destroyer [dɪsˈtrɔɪəʳ]

1 n (warship) destructor m.

2 n (person, thing) destructor,-ra.

destructible [dɪsˈtrʌktəbəl] adj destructible.

destruction [dɪsˈtrʌkʃən]

1 n (of city, books, documents, forest) destrucción f; (of reputation, civilization) destrucción f, ruina.

2 n (cause of downfall) ruina, perdición f.

3 n (damage) daños mpl, estragos mpl, destrozos mpl.

destructive [dɪsˈtrʌktɪv] adj (storm, fire, weapon) destructor,-ra; (tendency,

power) destructivo,-a; *(child)* destrozón,-ona; *(criticism)* destructivo,-a, negativo,-a.

destructively [dɪ'strʌktɪvlɪ] *adv* destructivamente, de manera destructiva.

destructiveness [dɪ'strʌktɪvnəs] *n* *(physical)* capacidad *f* destructora; *(of criticism)* carácter *m* destructivo, carácter *m* negativo.

desultorily ['desəltərəlɪ]
1 *adv fml (randomly)* vagamente.
2 *adv fml (half-heartedly)* sin entusiasmo, sin ganas, con poco entusiasmo, con desgana.

desultory ['desəltərɪ]
1 *adj fml (without clear plan, purpose)* poco sistemático,-a, poco metódico,-a, irregular.
2 *adj fml (showing little interest)* desganado,-a, poco entusiasta.

detach [dɪ'tætʃ]
1 *vt (separate, remove)* separar, quitar; *(unstick)* despegar: **you can detach the collar from the coat** se puede quitar el cuello del abrigo.
2 *vt MIL* destacar.
✦ **to detach oneself from something** distanciarse de algo.

detachable [dɪ'tætʃəbəl] *adj (handle)* separable; *(cover)* de quita y pon; *(lining)* desmontable: **detachable collar** cuello postizo, cuello de quita y pon.

detached [dɪ'tætʃt]
1 *adj (separated - gen)* separado,-a, suelto,-a.
2 *adj (house)* independiente.
3 *adj (person, manner - impartial)* objetivo,-a, imparcial; *(- aloof)* distante, indiferente: **a detached observer** un observador desinteresado.
✦ **to become detached** *(separated)* separarse; *(unstuck)* despegarse.
■ **detached retina** *MED* desprendimiento de retina.

detachment [dɪ'tætʃmənt]
1 *n (act)* separación *f*.
2 *n (impartiality)* objetividad *f*, imparcialidad *f*; *(aloofness)* distancia, indiferencia, desapego.
3 *n MIL* destacamento.

detail ['diːteɪl]
1 *n (point, fact, item)* detalle *m*, pormenor *m*: **she described her operation in great detail** me describió su operación con todo detalle; **spare me all the gory details** ahórrate los detalles morbosos.
2 *n ART (of picture, pattern)* detalle *m*.
3 *n MIL* destacamento, cuadrilla.
4 *vt (describe)* detallar, exponer en detalle.
5 *vt MIL* destacar.
6 **details** *npl (information)* información *f*; *(particulars)* datos *mpl*: **I'll send you full details** le enviaré información detallada; **may I have your details please?** ¿puede darme sus datos por favor?

✦ **to describe/explain something in detail** describir/explicar algo detalladamente.
to go into detail entrar en detalles, pormenorizar.
to have an eye for detail fijarse en los detalles, ser muy detallista.

detailed ['diːteɪld] *adj (description, account)* detallado,-a, minucioso,-a, pormenorizado,-a; *(explanation)* minucioso,-a, detenido,-a.

detain [dɪ'teɪn]
1 *vt (hold - in custody)* detener.
2 *vt (delay)* entretener, demorar, retener.

detainee [diːteɪ'niː] *n* detenido,-a.

detect [dɪ'tekt]
1 *vt (notice, sense - gen)* detectar, advertir; *(- sarcasm, difference)* notar; *(- sound, small)* percibir: **I detected a note of irritation in her voice** noté un cierto tono de irritación en su voz; **dogs can detect very high-pitched sounds** los perros perciben sonidos muy agudos.
2 *vt (find - object, substance)* detectar, encontrar: **small quantities of morphine were detected in his blood** detectaron pequeñas cantidades de morfina en su sangre.
3 *vt (discover - crime, criminal, fraud)* descubrir.

detectable [dɪ'tektəbəl] *adj* detectable, perceptible.

detection [dɪ'tekʃən]
1 *n (of error)* descubrimiento; *(of substance)* detección *f*; *(of small, sound)* percepción *f*.
2 *n (discovery of crime, criminal, fraud)* descubrimiento.
■ **detection work** investigaciones *fpl*.

detective [dɪ'tektɪv] *n (private)* detective *mf*; *(in police force)* agente *mf*, oficial *mf*.
■ **detective agency** agencia de detectives.
detective novel/story novela policíaca.
detective work investigaciones *fpl*.

detector [dɪ'tektəʳ] *n* detector *m*: **metal detector** detector *m* de metales.

detente ['deɪtɒnt] *n* distensión *f*.

detention [dɪ'tenʃən]
1 *n JUR (of suspect)* detención *f*, arresto.
2 *n EDUC (of pupil)* castigo.
✦ **to be in detention** *EDUC* estar castigado,-a.
to get detention *EDUC* quedar castigado,-a.
■ **detention home/centre** *JUR (gen)* centro de detención; *(for young offenders)* correccional *m*.

deter [dɪ'tɜːʳ]
1 *vt (person - dissuade)* disuadir (**from**, de): **they tried to deter him from smoking** trataron de disuadirlo de fumar; **high prices deter people from buying new houses** los altos precios hacen que la gente desista de comprar

casas nuevas; **he was not deterred** no desistió (de su propósito).
2 *vt (prevent, stop)* impedir.
▲ *pt & pp* **deterred,** *ger* **deterring**.

deterge [dɪ'tɜːdʒ] *vt* deterger.

detergent [dɪ'tɜːdʒənt] *n* detergente *m*.

deteriorate [dɪ'tɪərɪəreɪt] *vi (economy, health, situation, relations, material)* deteriorarse; *(weather, work)* empeorar.
✦ **to deteriorate into something** degenerar en algo.

deterioration [dɪtɪərɪə'reɪʃən] *n (gen)* empeoramiento; *(of material)* deterioro.

determination [dɪtɜːmɪ'neɪʃən]
1 *n (resolution)* determinación *f*, resolución *f*, decisión *f*: **with an air of determination** con (un) aire decidido.
2 *n fml (setting, deciding)* determinación *f*.

determine [dɪ'tɜːmɪn]
1 *vt (find out, ascertain - cause, position, meaning)* determinar, establecer, averiguar: **they still haven't determined the cause of death** aún no han determinado la causa de la muerte.
2 *vt (influence)* determinar, condicionar: **your character is determined in part by heredity** el carácter viene en parte determinado por la herencia.
3 *vt (settle, fix - date, price)* decidir, fijar; *(mark - boundary, limit)* determinar, definir, demarcar: **they determined a date for the wedding** fijaron una fecha para la boda.
4 *vt fml (resolve, decide)* decidir, resolver, tomar la determinación de: **the jury determined that the man was innocent** el jurado decidió que el hombre era inocente.

determined [dɪ'tɜːmɪnd] *adj (person)* decidido,-a, resuelto,-a; *(attempt, effort)* enérgico,-a, persistente: **she was determined to succeed** estaba decidida a triunfar; **he was determined that his children would not go without** estaba resuelto a que sus hijos no pasaran privaciones.

determinedly [dɪ'tɜːmɪndlɪ] *adv* resueltamente, con determinación, con decisión.

determiner [dɪ'tɜːmɪnəʳ] *n LING* determinante *m*.

determinism [dɪ'tɜːmɪnɪzəm] *n* determinismo.

determinist [dɪ'tɜːmɪnɪst]
1 *adj* determinista *mf*.
2 *n* determinista.

deterrent [dɪ'terənt]
1 *adj* disuasivo,-a, disuasorio,-a.
2 *n* fuerza disuasoria, fuerza disuasiva, fuerza de disuasión: **the death penalty is supposed to act as a deterrent** se supone que la pena de muerte sirve como fuerza disuasoria.
■ **nuclear deterrent** arma *m* nuclear disuasoria.

detest [dɪ'test] *vt* detestar, odiar, aborrecer: **I detest cooking** odio cocinar.

detestable [dɪ'testəbəl] *adj* detestable, odioso,-a, aborrecible.

detestation [di:tes'teɪʃən] *n* aversión *f*, odio.

dethrone [dɪ'θrəʊn] *vt* destronar.

dethronement [dɪ'θrəʊnmənt] *n* destronamiento.

detonate ['detəneɪt]
1 *vi* estallar, detonar, explotar.
2 *vt* hacer estallar, hacer explotar.

detonation [detə'neɪʃən] *n* detonación *f*.

detonator ['detəneɪtə'] *n* detonador *m*.

detour ['di:tʊə'] *n* (in traffic) desvío.
✦ **to make a detour** dar un rodeo.

detract [dɪ'trækt] **to detract from** *vt* (achievement) quitar mérito(s) a, restar valor a; (beauty) deslucir.

detractor [dɪ'træktə'] *n* detractor,-ra.

detriment ['detrɪmənt] *n fml* detrimento (**to**, para), perjuicio (**to**, para).

detrimental [detrɪ'mentəl] *adj fml* perjudicial (**to**, para).

detritus [dɪ'traɪtəs]
1 *n* GEOL detrito, detritus *m*.
2 *n* (debris) deshechos *mpl*.

deuce [dju:s]
1 *n* (in tennis) cuarenta *mpl* iguales.
2 *n* (in games) dos *m*.

devaluation [di:vælju:'eɪʃən] *n* FIN devaluación *f*, desvaloración *f*.

devalue [di:'vælju:]
1 *vt* FIN (currency) devaluar, desvalorizar.
2 *vt* (person, achievement) subvalorar.

devastate ['devəsteɪt]
1 *vt* (city, area, country) devastar.
2 *vt fam fig* (person) anonadar, apabullar: **we were devastated** (nos) quedamos anonadados.

devastating ['devəsteɪtɪŋ]
1 *adj* (destructive) devastador,-ra, asolador,-ra, desastroso,-a; (causing severe shock) espeluznante: **this could have devastating effects on the economy** esto podría tener efectos desastrosos para la economía.
2 *adj* (criticism, argument) demoledor,-ra, apabullante, aplastante; (wit) tremendo,-a.
3 *adj fam* (beauty, charm) irrestible; (insight) brillante: **she looked devastating!** ¡estaba guapísima!

devastatingly ['devəsteɪtɪŋlɪ] *adv* (witty) tremendamente; (beautiful) irresistiblemente.

devastation [devə'steɪʃən] *n* devastación *f*, asolación *f*, asolamiento.

develop [dɪ'veləp]
1 *vt* (cultivate, cause to grow - gen) desarrollar; (foster - trade, arts) fomentar, promover; (expand - business, industry) ampliar; (build up, improve - skill, ability, talent) perfeccionar.

2 *vt* (elaborate, expand - idea, argument, story) desarrollar; (- theory, plan) desarrollar, elaborar.
3 *vt* (start - roots) echar; (devise, invent - policy, method, strategy) idear, desarrollar; (- drug, product, technology) crear.
4 *vt* (acquire - habit, quality, feature) contraer, adquirir; (- talent, interest) mostrar; (- tendency) revelar, manifestar; (get - illness, disease) contraer; (- immunity, resistance) desarrollar: **he's developed a sudden interest in tennis** muestra un repentino interés por el tenis; **the machine has developed a fault** ha surgido un problema con la máquina.
5 *vt* (exploit - resources) explotar; (- site, land) urbanizar.
6 *vt* (film, photograph) revelar.
7 *vi* (grow - person, body, nation, region, etc) desarrollarse; (- system) perfeccionarse; (feeling, interest) aumentar, crecer.
8 *vi* (evolve - emotion) convertirse (**into**, en), transformarse (**into**, en), evolucionar; (plot, novel) desarrollarse.
9 *vi* (appear - problem, complication, symptom) aparecer, surgir; (situation, crisis) producirse.
10 *vi* (of film, photograph) salir.
✦ **to develop a taste for something** cogerle gusto a algo: **she developed a taste for cocktails** le cogió el gusto a los cócteles.

developer [dɪ'veləpə']
1 *n* (of land, property - company) promotora inmobiliaria, empresa constructora; (- person) constructor,-ra.
2 *n* (for photographs) revelador *m*.
3 *n* (child): **a slow/late developer** un niño de desarrollo lento/tardío.

developing [dɪ'veləpɪŋ] *adj* (country) en vías de desarrollo.

development [dɪ'veləpmənt]
1 *n* (growth, formation - gen) desarrollo; (- of skill, system) perfección *f*; (fostering) fomento, promoción *f*; (growth, expansion - of firm, industry, country) desarrollo; (evolution) evolución *f*.
2 *n* (elaboration - of idea, argument, play) desarrollo, elaboración *f*; (evolution - of situation, events) desarrollo, evolución *f*.
3 *n* (invention - of product) creación *f*.
4 *n* (event, incident) acontecimiento, suceso; (advance) avance *m*, conquista: **let me know if there are any developments** hazme saber si hay novedades.
5 *n* (of resources) explotación *f*; (of site, land, etc) urbanización *f*.
■ **development area** zona de reindustrialización.
housing development urbanización *f*, conjunto residencial.

developmental [dɪveləp'mentəl] *adj* del desarrollo.

deviance ['di:vɪəns] *n* desviación *f*.

deviant ['di:vɪənt]
1 *adj* anormal.
2 *n* pervertido,-a.

deviate ['di:vɪeɪt] *vi* (from course) desviarse (**from**, de); (from norm) apartarse ((from de)).

deviation [di:vɪ'eɪʃən] *n* desviación *f*.

device [dɪ'vaɪs]
1 *n* (object, equipment) aparato, artefacto; (mechanism) mecanismo, dispositivo: **electronic device** dispositivo electrónico; **explosive device** artefacto explosivo; **nuclear device** arma nuclear.
2 *n* (scheme, trick) ardid *m*, estratagema.
3 *n lit* (method) recurso.
4 *n* (on shield) emblema *m*.
✦ **to leave somebody to his own devices** dejar que alguien que se las arregle solo, abandonar a alguien a sus propios recursos.

devil[1] ['devəl]
1 *n* (Satan, evil spirit) diablo, demonio.
2 *n fam* (person) diablo: **he's a little devil** es un diablillo; **poor devil** pobre diablo; **you lucky devil!** ¡qué suerte tienes!
3 *n fam* (for emphasis): **what the devil are you doing?** ¿qué diablos estás haciendo?; **I had a devil of a job changing the wheel** las pasé negras cambiando la rueda; **it's a devil of a problem** es un problema de mil demonios.
✦ **better the devil you know (than the devil you don't)** más vale malo conocido (que bueno por conocer).
between the devil and the deep blue sea entre la espada y la pared.
talk/speak of the devil! ¡hablando del rey de Roma!
to be a devil atreverse: **go on, be a devil!** ¡anda, atrévete!
to play devil's advocate hacer de abogado,-a del diablo.

devil[2] ['devəl] *vt* GB cocer en una salsa picante: **devilled eggs** huevos duros con salsa picante.
▲ *pt & pp* **devilled** (US **deviled**), *ger* **devilling** (US **deviling**).

devilish ['devəlɪʃ]
1 *adj* (wicked, cruel) diabólico,-a, malvado,-a.
2 *adj* (very difficult) diabólico,-a.
3 *adv* endemoniadamente.

devilishly ['devəlɪʃlɪ] *adv* muy, sumamente.

devil-may-care ['devəlmeɪkeə'] *adj* despreocupado,-a.

devilment ['devəlmənt] *n* diablura.

devilry ['devəlrɪ] *n* diablura.
✦ **to be full of devilry** ser un diablillo, ser de la piel del diablo.

devious ['di:vɪəs]
1 *adj* (of route, path, etc) tortuoso,-a, sinuoso,-a.
2 *adj pej* (cunning, dishonest - person) taimado,-a, artero,-a, zorro,-a; (- plan, method, scheme) astuto,-a.
✦ **by devious means** con artimañas.

deviousness [ˈdiːvɪəsnəs] *n* artería, astucia, retorcimiento.

devise [dɪˈvaɪz] *vt (plan, scheme, system)* idear, concebir, crear; *(object, tool, machine)* inventar.
+ **to devise and bequeath** *JUR* legar.

devoid [dɪˈvɔɪd] *adj* carente (**of**, de), desprovisto,-a (**of**, de).
+ **to be devoid of something** carecer de algo.

devolution [diːvəˈluːʃən]
1 *n GB* traspaso de competencias del gobierno central a un gobierno regional.
2 *n (delegation)* delegación *f*, transferencia.

devolve [dɪˈvɒlv]
1 *vi (work, duties)* recaer (**on/upon**, sobre); *(power, responsibility)* pasar (**to**, a).
2 *vi (land, goods, property)* pasar (**to**, a).
3 *vt (power, responsibility)* delegar, transferir (**to**, a).
+ **to devolve government on/to the regions** dar autonomía a las regiones.

devote [dɪˈvəʊt] *vt (time, effort)* dedicar, consagrar: he dedicated his life to looking after his mother consagró su vida a cuidar a su madre; she decided to devote more time to her family decidió dedicar más tiempo a su familia; four whole pages are devoted to yesterday's tragic shooting cuatro páginas enteras están dedicadas al tiroteo trágico de ayer.
+ **to devote oneself to something** dedicarse a algo.

devoted [dɪˈvəʊtɪd] *adj (loyal - friend)* fiel (**to**, a), leal (**to**, a); *(- couple)* unido,-a; *(- follower, supporter)* ferviente; *(selfless)* abnegado,-a: your devoted daughter tu hija que te quiere; he's devoted to her la quiere mucho.

devotee [devəˈtiː]
1 *n REL* devoto,-a.
2 *n (enthusiast)* adepto,-a, aficionado,-a, partidario,-a.

devotion [dɪˈvəʊʃən]
1 *n (loyalty)* lealtad *f*, fidelidad *f*; *(love)* cariño, afecto, amor *m*.
2 *n (to work, research, cause)* dedicación *f*, entrega.
3 *n REL (devoutness)* devoción *f*; *(prayer)* oración *f*, rezo.
+ **to be at one's devotions** estar rezando.

devour [dɪˈvaʊəʳ]
1 *vt (food)* devorar, zampar.
2 *vt (book etc)* devorar.
3 *vt (destroy - of fire)* devorar, destruir.
+ **to be devoured by something** devorarle a uno algo, consumirle a uno algo: I was devoured by jealousy me consumían los celos.

devouring [dɪˈvaʊərɪŋ] *adj* devorador,-ra.

devout [dɪˈvaʊt]
1 *adj REL* devoto,-a, piadoso,-a.
2 *adj (hope, prayer, wish)* sincero,-a.

devoutly [dɪˈvaʊtlɪ]
1 *adv REL* muy.
2 *adv (sincerely)* sinceramente, con todo corazón, fervientemente.

devoutness [dɪˈvaʊtnəs] *n* devoción *f*.

dew [djuː] *n* rocío.

dewdrop [ˈdjuːdrɒp] *n* gota de rocío, aljófar *m* de rocío.

dewlap [ˈdjuːlæp] *n* papo.

dewy [ˈdjuːɪ] *adj* cubierto,-a de rocío.
▲ *comp* dewier, *superl* dewiest.

dewy-eyed [djuːɪˈaɪd]
1 *adj (naive, trusting)* ingenuo,-a.
2 *adj (with tears)* con los ojos húmedos.

dexterity [dekˈsterɪtɪ] *n (manual)* destreza, habilidad *f*, maña; *(intellectual)* habilidad *f*.

dexterous [ˈdekstrəs] *adj (skilful with hands)* diestro,-a, hábil; *(with mind)* hábil.

dextrose [ˈdekstrəʊz] *n* dextrosa.

dextrous [ˈdekstrəs] *adj* → dexterous.

diabetes [daɪəˈbiːtiːz] *n* diabetes *f*.
▲ *pl* diabetes.

diabetic [daɪəˈbetɪk]
1 *adj (gen)* diabético,-a; *(food)* para diabéticos.
2 *n* diabético,-a.

diabolical [daɪəˈbɒlɪkəl]
1 *adj (evil)* diabólico,-a, satánico,-a.
2 *adj GB fam (extremely bad)* espantoso,-a, atroz.

diabolically [daɪəˈbɒlɪkəlɪ]
1 *adv (evilly)* diabólicamente.
2 *adv (badly)* espantosamente, malísimamente.

diabolo [dɪˈæbələʊ] *n* diábolo, diávolo.

diacritic [daɪəˈkrɪtɪk]
1 *adj* diacrítico,-a.
2 *n* signo diacrítico.

diacritical [daɪəˈkrɪtɪkəl] *adj* diacrítico,-a.

diadem [ˈdaɪədem] *n* diadema.

diaeresis [daɪˈerəsɪs] *n* diéresis *fpl*.

diagnose [ˈdaɪəgnəʊz]
1 *vt MED* diagnosticar: it was diagnosed as cancer le diagnosticaron cáncer.
2 *vt (fault)* descubrir.
3 *vi MED* diagnosticar.

diagnosis [daɪəgˈnəʊsɪs] *n MED* diagnóstico: to make/give a diagnosis hacer un diagnóstico.
▲ *pl* diagnoses [daɪəgˈnəʊsiːz].

diagnostic [daɪəgˈnɒstɪk] *adj* diagnóstico,-a.

diagonal [daɪˈægənəl]
1 *adj (line)* diagonal; *(path)* en diagonal.
2 *n* diagonal *f*.

diagonally [daɪˈægənəlɪ] *adv (cut)* en diagonal; *(go across)* diagonalmente.

diagram [ˈdaɪəgræm] *n (gen)* diagrama *m*; *(graph)* gráfico, gráfica; *(of process, system)* esquema *m*.

diagrammatic [daɪəgrəˈmætɪk] *adj* esquemático,-a.

dial [ˈdaɪəl]
1 *n (of clock, watch, barometer)* esfera; *(on radio)* dial *m*; *(of telephone)* disco; *(of measuring instrument)* cuadrante *m*.
2 *vt (number)* marcar; *(make call)* llamar.
3 *vi (dialling number)* marcar (el número); *(make call)* llamar: you can dial direct hay línea directa.
▲ *pt & pp* dialled *(US* dialed), *ger* dialling *(US* dialing).

dialect [ˈdaɪəlekt] *n* dialecto.

dialectal [daɪəˈlektəl] *adj* dialectal.

dialectic [daɪəˈlektɪk] *n* dialéctica.

dialectics [daɪəˈlektɪks] *n* dialéctica.

dialectology [daɪəlekˈtɒlədʒɪ] *n* dialectología.

dialling [ˈdaɪəlɪŋ] **dialling (code)** *n* prefijo.
▪ **dialling tone** señal *f* de marcar.

dialog [ˈdaɪəlɒg] *n US* → dialogue.

dialogue [ˈdaɪəlɒg]
1 *n (conversation)* diálogo.
2 *n (communication, talks)* diálogo, negociaciones *fpl*.
3 *n (discussion)* discusión *f*, debate *m*.

dialysis [daɪˈælɪsɪs] *n* diálisis *f*.
▪ **dialysis machine** dializador *m*.

diameter [daɪˈæmɪtəʳ] *n* diámetro.

diametrically [daɪəˈmetrɪkəlɪ] *adv* diametralmente.

diamond [ˈdaɪəmənd]
1 *n (stone)* diamante *m*, brillante *m*.
2 *n (shape)* rombo.
3 *n (in cards)* diamante *m*.
+ **to be a rough diamond** ser un diamante (en) bruto.
▪ **diamond ring** anillo de diamantes, anillo de brillantes.
diamond wedding (anniversary) bodas *fpl* de diamante.

diapason [daɪəˈpeɪzən] *n* diapasón *m*.

diaper [ˈdaɪəpəʳ] *n US* pañal *m*.

diaphanous [daɪˈæfənəs] *adj* diáfano,-a, transparente.

diaphragm [ˈdaɪəfræm] *n (gen)* diafragma *m*.

diarrhea [daɪəˈrɪə] *n* → diarrhoea.

diarrhoea [daɪəˈrɪə] *n* diarrea.

diary [ˈdaɪərɪ]
1 *n (of thoughts, events, etc)* diario.
2 *n (for appointments)* agenda: desk diary agenda de sobremesa, agenda de escritorio.
+ **to keep a diary** llevar un diario, escribir un diario.
▲ *pl* diaries.

Diaspora [diːˈæspərə] *n* diáspora.

diatribe [ˈdaɪətraɪb] *n* diatriba, invectiva.

dice [daɪs]
1 *n* dado.
2 *vt* cortar en dados.
+ **to dice with death** jugar con la muerte.
to play dice jugar a los dados.
▲ *pl* dice.

dicey ['daɪsɪ] *adj (risky)* arriesgado,-a; *(dangerous)* peligroso,-a; *(uncertain)* dudoso,-a, incierto,-a.
▲ *comp* dicier, *superl* diciest.

dichotomy [daɪ'kɒtəmɪ] *n* dicotomía.
▲ *pl* dichotomies.

dick[1] [dɪk]
1 *n sl (penis)* polla.
2 *n sl (stupid man)* imbécil *m*, gilipollas *m*.

dick[2] [dɪk] *n us sl (detective)* sabueso.

dickhead ['dɪkhed] *n sl* imbécil *m*, gilipollas *m*.

dictate [dɪk'teɪt]
1 *vt (letter etc)* dictar.
2 *vt (state, lay down - law, demands, trends)* ordenar; *(terms, conditions)* imponer: the government wants to dictate what is taught in schools el gobierno quiere ordenar lo que se enseña en las escuelas.
3 *vt (determine, influence)* determinar, condicionar: the money we had dictated the kind of house we could buy el dinero de que disponíamos determinó el tipo de casa que compramos.
4 *vi (read out)* dictar.
5 *n* mandato.
▶ **to dictate to** *vt insep* mandar, dar órdenes a: I won't be dictated to! ¡a mí no me manda nadie!
▲ *(sustantivo)* ['dɪkteɪt].

dictation [dɪk'teɪʃən]
1 *n (of letter, passage, etc)* dictado.
2 *n (giving orders)* mandato.
♦ **to take dictation** escribir al dictado.

dictator [dɪk'teɪtə'] *n* dictador,-ra.

dictatorial [dɪktə'tɔːrɪəl] *adj* dictatorial.

dictatorship [dɪk'teɪtəʃɪp] *n* dictadura.

diction ['dɪkʃən] *n* dicción *f*.

dictionary ['dɪkʃənərɪ] *n* diccionario.
▲ *pl* dictionaries.

dictum ['dɪktəm]
1 *n (saying, maxim)* máxima, dicho; *(statement of opinion)* sentencia, afirmación *f*.
2 *n JUR* dictamen *m*.

did [dɪd] *pt* → do.

didactic [dɪ'dæktɪk] *adj* didáctico,-a.

diddle ['dɪdəl] *vt fam* estafar, timar.
♦ **to diddle somebody out of something** estafar algo a alguien.

didn't ['dɪdənt] *contr* → did not.

die[1] [daɪ]
1 *vi (person, animal, plant)* morir, morirse: he died of AIDS murió de sida; she died in her sleep murió mientras dormía.
2 *vi fam fig (be overcome)* morirse: I nearly died! ¡casi me muero!
3 *vi fig (love, tradition, custom)* morir; *(flame)* extinguirse, apagarse; *(engine)* apagarse, dejar de funcionar: her secret died with her se llevó el secreto a la tumba.

4 *vi (engine, motor)* apagarse, dejar de funcionar.
5 *vt* morir: he died a natural death murió de muerte natural.
▶ **to die away** *vi (noise)* desvanecerse, irse apagando; *(breeze)* amainar.
to die down *vi (fire, flames, noise)* extinguirse, apagarse, irse apagando; *(storm, wind)* amainar; *(anger, excitement)* calmarse; *(rumours)* disminuir.
to die off *vi* morir uno por uno, ir muriendo.
to die out *vi (race, species)* perderse, extinguirse; *(custom, tradition)* morir, caer en desuso.
♦ **to be dying for something/be dying to do something** morirse por algo, morirse de ganas de hacer algo.
to die a death quedar en nada.
to die hard tardar en desaparecer: old habits die hard las viejas costumbres no se pierden fácilmente.
to die laughing morirse de risa.
to die with one's boots on morirse con las botas puestas.
to do or die vencer o morir.

die[2] [daɪ]
1 *n (for coins)* cuño, troquel *m*.
2 *n arch* dado.
♦ **the die is cast** la suerte está echada.
▲ *1 pl* dies; *2 pl* dice.

die-hard ['daɪhɑːd] *n* intransigente *mf*.

dieresis [daɪ'erəsɪs] *n* diéresis *f*.

diesel ['diːzəl]
1 *n (fuel)* gasóleo, gasoil *m*.
2 *n (car)* coche *m* diesel; *(lorry)* camión *m* diesel.
■ **diesel engine** motor *m* diesel.

diet ['daɪət]
1 *n (food)* dieta (alimenticia), alimentación *f*: the Mediterranean diet la dieta mediterránea.
2 *n (restricted food)* régimen *m*, dieta: a low-calorie diet un régimen bajo en calorías.
3 *adj (food)* de régimen, bajo,-a en calorías; *(drinks)* bajo,-a en calorías, light.
4 *vi* estar a régimen, estar a dieta, hacer régimen, hacer dieta.
♦ **to be on a diet/go on a diet** estar a régimen/ponerse a régimen.

dietary ['daɪətərɪ] *adj* alimenticio,-a.
■ **dietary fibre** fibra dietética.

dietician [daɪə'tɪʃən] *n* dietista *mf*, experto,-a en dietética.

differ ['dɪfə']
1 *vi (be unlike)* ser distinto,-a (**from**, de), ser diferente (**from**, de), diferir (**from**, de): my taste in music differs from hers mis gustos musicales son distintos de los suyos; people's interpretations differ greatly las interpretaciones de la gente son muy diferentes; they differ in that this one has pockets se diferencian en que éste tiene bolsillos.

2 *vi (disagree)* discrepar (**about/on**, en): they differ about many things discrepan en muchas cosas; I beg to differ lamento discrepar.

difference ['dɪfərəns]
1 *n (dissimilarity)* diferencia: what's the difference in price? ¿qué diferencia de precio hay?; can you tell the difference? ¿notas la diferencia?; a hotel with a difference un hotel diferente.
2 *n (disagreement)* desacuerdo, diferencia: we have our differences tenemos nuestras diferencias.
♦ **to have a difference of opinion** discrepar.
to make a difference *(have effect on)* afectar, cambiar; *(be important, matter)* importar: what difference does it make? ¿qué importa?; it makes a big difference importa mucho; it would've made all the difference eso lo hubiera cambiado todo; it makes no difference da lo mismo, lo mismo da, da igual.
to split the difference dividirse la diferencia (a partes iguales).

different ['dɪfərənt]
1 *adj (unlike, not the same)* diferente (**from**, de), distinto,-a (**from**, de): the two brothers are quite different los dos hermanos son muy diferentes; you look completely different estás muy cambiado,-a, pareces otro,-a; this sweater comes in ten different colours este jersey viene en diez colores distintos.
2 *adj (various, several)* distinto,-a, vario,-a: different people have mentioned it to me varias personas me lo han mencionado.
3 *adj fam (unusual, original)* diferente, original: well, it's different bueno, es original.

differential [dɪfə'renʃəl]
1 *adj* diferencial.
2 *n FIN* diferencial *m*.
3 *n* **differential (gear)** *AUTO* diferencial *m*.
■ **differential calculus** cálculo diferencial.

differentiate [dɪfə'renʃɪeɪt]
1 *vt* diferenciar (**from**, de), distinguir (**from**, de).
2 *vi* distinguir (**between**, entre).

differentiation [dɪfərenʃɪ'eɪʃən] *n* diferenciación *f*.

differently ['dɪfrəntlɪ] *adv* de otra manera, de otra forma, de manera diferente.

difficult ['dɪfɪkəlt] *adj (gen)* difícil: she's difficult to please es difícil de complacer; it was difficult for him to find a job le fue difícil encontrar un empleo; the difficult part is ... lo difícil es ..., la dificultad está en ...; she's at that difficult age está en esa edad difícil.
♦ **to find something difficult** costarle (trabajo) a uno hacer algo: I find it difficult to believe me cuesta creerlo;

he finds English very difficult le cuesta mucho el inglés.
to make life difficult for somebody hacerle la vida imposible a alguien.
to make something difficult for somebody dificultar algo a alguien: not knowing French makes my job difficult desconocer el francés me dificulta el trabajo.

difficulty ['dɪfɪkəltɪ]
1 n (trouble) dificultad f: he has difficulty breathing respira con dificultad; I had great difficulty (in) getting hold of him tuve dificultad para localizarlo, me costó mucho localizarlo; she did it, but with some difficulty consiguió hacerlo, pero con dificultad.
2 n (problem) dificultad f, problema m: financial difficulties problemas económicos; learning difficulties dificultades de aprendizaje.
✦ to be in difficulties tener problemas, estar en un apuro, pasar dificultades.
to get into difficulties meterse en dificultades.
to make difficulties crear problemas, poner pegas.
▲ pl difficulties.

diffidence ['dɪfɪdəns] n falta de seguridad en sí mismo,-a, confianza en sí mismo,-a.

diffident ['dɪfɪdənt] adj poco seguro,-a de sí mismo,-a.

diffuse [dɪ'fjuːs]
1 adj (light, gas) difuso,-a.
2 adj pej (speech, style, writer) prolijo,-a.
3 vt (light, heat, news) difundir.
4 vi difundirse.
▲ (verbo) [dɪ'fjuːz].

diffuser [dɪ'fjuːzə'] n difusor m.

diffusion [dɪ'fjuːʒən] n difusión f.

dig [dɪg]
1 n (poke, prod) codazo.
2 n fam (gibe) pulla; (hint) indirecta.
3 n (by archaeologists) excavación f.
4 vt (ground, garden) cavar (en); (by machine - tunnel, trench) excavar; (by hand - hole) hacer, cavar; (potatoes etc) sacar; (site) excavar.
5 vt (thrust, jab, press) clavar, hincar.
6 vt fam dated (like, enjoy) gustar, molar; (understand) entender.
7 vi (person - by hand) cavar; (- by machine) excavar; (animal) escarbar; (on site) hacer excavaciones, excavar.
8 vi (cut) clavarse.
9 vi (mine - for oil) hacer prospecciones de; (- for minerals) extraer.
10 vi (search) buscar (for, -).
11 vi fam dated (understand) entender.
12 digs npl GB (lodgings) alojamiento m sing, pensión f sing; (room) habitación f sing alquilada.
to dig in
1 vi MIL atrincherarse.
2 vi fam (start eating) atacar.
to dig into
1 vt insep (investigate, examine) investigar;

2 vt insep (resources, savings, reserves) echar mano de.
to dig out vt sep (trapped person, car) sacar, desenterrar; (information, truth) encontrar, descubrir, sacar; (old photo, clothes, etc) sacar, desempolvar, desenterrar.
to dig up vt sep (weeds, bulbs) arrancar; (buried object, treasure) desenterrar; (land, earth, lawn, pavement, road) levantar; (facts, information, scandal) sacar a la luz.
✦ to be dug in (settled) estar instalado,-a.
to dig deep into one's pockets (willingly) contribuir generosamente; (reluctantly) rascarse el bolsillo.
to dig oneself in MIL atrincherarse.
to dig oneself into a hole meterse en un apuro.
to dig one's heels in mantenerse en sus trece.
to dig one's own grave cavarse su propia tumba.
to dig somebody in the ribs darle un codazo a alguien.
to dig (up) (the) dirt on somebody sacarle los trapos sucios a relucir a alguien.
to have/take/make a dig at somebody meterse con alguien.
▲ pt & pp dug, ger digging.

digest ['daɪdʒest]
1 n (summary) resumen m, compendio.
2 vt (food) digerir; (facts, information) asimilar, digerir.
▲ (verbo) [dɪ'dʒest].

digestible [dɪ'dʒestəbəl] adj digerible.

digestion [dɪ'dʒestʃən] n digestión f.

digestive [daɪ'dʒestɪv] adj digestivo,-a.
■ **digestive biscuit** galleta integral.
digestive system aparato digestivo.

digger ['dɪgə']
1 n (machine) excavadora.
2 n (person) excavador,-ra.

digit ['dɪdʒɪt]
1 n MATH dígito.
2 n ANAT (finger) dedo; (thumb) pulgar m.

digital ['dɪdʒɪtəl]
1 adj (watch, display, recording) digital.
2 adj ANAT dactilar, digital.

digitally ['dɪdʒɪtəlɪ] adv digitalmente.

digitise ['dɪdʒɪtaɪz] vt → digitize.

digitize ['dɪdʒɪtaɪz] vt digitalizar.

dignified ['dɪgnɪfaɪd] adj (showing dignity - manner) solemne, serio,-a; (- person) digno,-a, circunspecto,-a; (- speech) solemne; (stately) majestuoso,-a.

dignify ['dɪgnɪfaɪ]
1 vt (ennoble) dignificar, ennoblecer; (make respectable) dar categoría a.
2 vt (give important name to) dar un nombre importante a.
▲ pt & pp dignified, ger dignifying.

dignitary ['dɪgnɪtərɪ] n dignatario,-a.
▲ pl dignitaries.

dignity ['dɪgnɪtɪ]
1 n (seriousness, calmness - of person) dignidad f; (of occasion) solemnidad f: she

behaved with great dignity se comportó con gran dignidad.
2 n (self-respect) dignidad f, amor m propio: have you no dignity? ¡qué poca dignidad la tuya!; work gives a person dignity el trabajo dignifica a la persona.
3 n fml (high rank, title) dignidad f.
✦ to be beneath one's dignity ser una degradación.
to stand on one's dignity hacerse respetar, mantener las distancias.

digress [daɪ'gres] vi divagar, desviarse del tema, hacer digresiones: but I digress pero estoy divagando.

digression [daɪ'greʃən] n digresión f.

dike [daɪk] n US → dyke.

dilapidated [dɪ'læpɪdeɪtɪd] adj (furniture) desvencijado,-a, en mal estado; (building) ruinoso,-a; (car) desvencijado,-a, destartalado,-a.

dilapidation [dɪlæpɪ'deɪʃən] n deterioro, mal estado.

dilate [daɪ'leɪt]
1 vt dilatar.
2 vi dilatarse.
▶ to dilate on vt insep extenderse sobre.

dilation [daɪ'leɪʃən] n dilatación f.

dilatory ['dɪlətərɪ] adj (causing delay) dilatorio,-a; (slow in acting) tardío,-a.
✦ to be dilatory in doing something tardar en hacer algo.

dildo ['dɪldəʊ] n consolador m.

dilemma [dɪ'lemə] n dilema m.

dilettante [dɪlɪ'tæɪnt] n diletante mf.
▲ pl dilettantes o dilettanti [dɪlə'tɪntɪ].

diligence ['dɪlɪdʒəns] n diligencia f.

diligent ['dɪlɪdʒənt] adj (worker, student) diligente, aplicado,-a; (work, study, etc) esmerado,-a, concienzudo,-a, hecho,-a a conciencia; (search) minucioso,-a, cuidadoso,-a.

diligently ['dɪlɪdʒəntlɪ] adv diligentemente, con diligencia.

dill [dɪl] n eneldo.

dilute [daɪ'luːt]
1 vt (liquid, concentrate) diluir.
2 vt fig (criticism, effect, influence) atenuar, suavizar.
3 vi diluirse.
4 adj diluido,-a.

dilution [daɪ'luːʃən]
1 n dilución f.
2 n fig atenuación f.

dim [dɪm]
1 adj (light) débil, tenue; (room, corridor, corner) oscuro,-a, poco iluminado,-a; (shape, outline, memory, recollection, etc) borroso,-a; (idea, awareness) vago,-a; (eyesight) defectuoso,-a: her eyes are growing dim le falla la vista.
2 adj fam (person) tonto,-a, corto,-a de (luces).
3 adj (prospects, prospectives) nada halagüeño,-a, nada prometedor,-ra, sombrío,-a.

4 *vt (light)* atenuar, bajar; *(eyes)* nublar, empañar; *(memory)* borrar, ir borrando, difuminar.

5 *vi (light)* bajarse, irse atenuando; *(eyesight)* nublarse, empañarse; *(memory)* borrarse, difuminarse, irse borrando; *(hopes)* apagarse.

✦ **to take a dim view of something** ver algo con malos ojos.

▲ *(adjetivo) comp* **dimmer,** *superl* **dimmest;** *(verbo) pt & pp* **dimmed,** *ger* **dimming.**

dime [daɪm] *n US* moneda de diez centavos.

✦ **to be a dime a dozen** *(common)* haber a porrillo/a montones/a patadas/ a punta de pala; *(cheap)* ser baratísimo,-a.

dimension [dɪˈmenʃən]
1 *n* dimensión *f.*
2 dimensions *npl* dimensiones *fpl.*

dimensional [daɪˈmenʃənəl] *adj* dimensional.

diminish [dɪˈmɪnɪʃ]
1 *vt (reduce - size, cost)* disminuir, reducir; *(- enthusiasm)* disminuir, apagar; *(- resolve)* disminuir; *(- horror)* hacer perder: nothing could ever diminish the horror of that place nada podría hacer olvidar los horrores de aquel sitio.
2 *vt (belittle - person)* denigrar, rebajar; *(- achievements, work)* menospreciar.
3 *vi (cost, number, amount)* disminuir, reducirse; *(enthusiasm)* disminuir, apagarse: the value of property has diminished greatly el valor de las propiedades ha disminuido mucho.

■ **diminished responsibility** *JUR* responsabilidad *f* disminuida.
diminishing returns rendimientos *mpl* decrecientes.

diminution [dɪmɪˈnjuːʃən] *n* disminución *f,* reducción *f.*

diminutive [dɪˈmɪnjətɪv]
1 *adj* diminuto,-a.
2 *adj LING* diminutivo,-a.
3 *n LING* diminutivo.

dimmer [ˈdɪməʳ] **dimmer (switch)** *n* regulador *m* de intensidad (de la luz).

dimness [ˈdɪmnəs]
1 *n (of light)* palidez *f; (of room)* penumbra; *(of shape, outline)* lo borroso; *(of memory)* imprecisión *f; (of eyesight)* debilidad *f.*
2 *n (of prospects, future)* lo sombrío.
3 *n fam (of person)* torpeza, cortedad *f.*

dimple [ˈdɪmpəl] *n* hoyuelo.

dimwit [ˈdɪmwɪt] *n fam* tonto,-a, mentecato,-a, imbécil *mf.*

dim-witted [ˈdɪmˈwɪtɪd] *adj* corto,-a de luces, majadero,-a, zote.

din [dɪn] *n (of voices)* barullo, bulla, alboroto; *(of traffic)* estruendo, ruido.

dine [daɪn] *vi fml (gen)* comer (**on,** -); *(in evening)* cenar (**on,** -): we dined on salmon comimos salmón.

▸ **to dine out** *vi* cenar fuera.

diner [ˈdaɪnəʳ]
1 *n (person)* comensal *mf.*
2 *n US* restaurante *m* barato.

dinghy [ˈdɪŋgɪ] *n* bote *m.*
■ **rubber dinghy** bote *m* neumático.
sailing dinghy bote *m* con vela.
▲ *pl* **dinghies.**

dingo [ˈdɪŋgəʊ] *n* dingo.
▲ *pl* **dingoes.**

dingy [ˈdɪndʒɪ] *adj (dark, depressing - room, house, street)* lúgubre, sombrío,-a, deprimente, oscuro,-a, sórdido,-a; *(drab - colour, wall, curtains)* deslucido,-a; *(dirty)* sucio,-a.
▲ *comp* **dingier,** *superl* **dingiest.**

dining car [ˈdaɪnɪŋkɑːʳ] *n* vagón *m* restaurante.

dining room [ˈdaɪnɪŋruːm] *n* comedor *m.*

dining table [ˈdaɪnɪŋ teɪbəl] *n* mesa de comedor.

dinner [ˈdɪnəʳ] *n (at midday)* comida; *(in evening)* cena: we're having a few friends round for dinner hemos invitado a unos amigos a cenar a casa.
✦ **to have dinner** *(midday)* comer; *(evening)* cenar.
to have done something more than you've had hot dinners haber hecho algo muchas veces: I've had more jobs than you've had hot dinners he tenido más trabajos que tú pelos en la cabeza.
■ **dinner dance** cena con baile.
dinner jacket esmoquin *m,* smoking *m.*
dinner party cena.
dinner service/set vajilla.
dinner table mesa: don't read at the dinner table no leas en la mesa.

dinosaur [ˈdaɪnəsɔːʳ] *n* dinosaurio.

dint [dɪnt] **by dint of** *n* a fuerza de.

diocesan [daɪˈɒsɪsən] *adj* diocesano,-a.

diocese [ˈdaɪəsɪs] *n* diócesis *f.*

diode [ˈdaɪəʊd] *n* diodo.

diopter [daɪˈɒptəʳ] *n US* dioptría.

dioptre [daɪˈɒptəʳ] *n* dioptría.

dioxide [daɪˈɒksaɪd] *n* dióxido, bióxido: carbon dioxide dióxido de carbono, anhídrido carbónico.

dip [dɪp]
1 *n (downward slope)* declive *m,* pendiente *f; (in ground)* depresión *f,* hondonada; *(drop - in prices, temperature, sales, production, profits)* caída, descenso.
2 *n fam (quick swim)* chapuzón *m.*
3 *n (for sheep)* baño desinfectante; *(for cleaning silver)* baño.
4 *n CULIN (sauce)* salsa.
5 *vt (put into liquid - pen, brush, bread)* mojar; *(- hand, spoon)* meter.
6 *vt (sheep)* desinfectar.
7 *vt (lower - head)* agachar, bajar.
8 *vi (slope down)* descender, bajar; *(move down - bird, plane)* bajar en picado; *(- sun)* desaparecer; *(drop - sales, prices, etc)* bajar.

▸ **to dip into**
1 *vt insep (book, magazine, report)* hojear, leer por encima; *(subject)* estudiar superficialmente.
2 *vt insep (savings, reserves, etc)* echar mano de.
✦ **to dip the headlights** *AUTO* poner las luces de cruce, poner las cortas.
▲ *pt & pp* **dipped,** *ger* **dipping.**

Dip Ed [dɪpˈed] *abbr GB* (**Diploma in Education**) ≈ certificado de aptitud pedagógica.

diphtheria [dɪpˈθɪərɪə] *n* difteria.

diphtheric [dɪfˈθerɪk] *adj* diftérico,-a.

diphthong [ˈdɪfθɒŋ] *n LING* diptongo.

diphthongisation [dɪfθɒŋaɪˈzeɪʃən] *n* → **diphthongization.**

diphthongise [ˈdɪfθɒŋaɪz] *vt* → **diphthongize.**

diphthongization [dɪfθɒŋaɪˈzeɪʃən] *n LING* diptongación *f.*

diphthongize [ˈdɪfθɒŋaɪz] *vt LING* diptongar.

diplodocus [dɪpləˈdɒkəs] *n* diplodoco.

diploma [dɪˈpləʊmə] *n* diploma *m.*

diplomacy [dɪˈpləʊməsɪ] *n* diplomacia.

diplomat [ˈdɪpləmæt]
1 *n (ambassador etc)* diplomático,-a.
2 *n (tactful person)* persona diplomática.

diplomatic [dɪpləˈmætɪk] *adj* diplomático,-a.
■ **diplomatic bag** valija diplomática.
diplomatic corps/diplomatic body cuerpo diplomático.
diplomatic immunity inmunidad *f* diplomática.

dipper [ˈdɪpəʳ]
1 *n (for sherry)* venencia; *(for soup)* cazo, cacillo, cucharón *m.*
2 *n (bird)* mirlo acuático.
■ **big dipper** *(at fairground)* montaña rusa.
the Big Dipper *(constellation)* la Osa Mayor.

dipsomania [dɪpsəʊˈmeɪnɪə] *n* dipsomanía.

dipsomaniac [dɪpsəʊˈmeɪnɪæk] *n* dipsómano,-a, dipsomaníaco,-a.

dipstick [ˈdɪpstɪk] *n AUTO* varilla del aceite.

dipteral [ˈdɪptərəl] *adj* díptero,-a.

dipteran [ˈdɪptərən] *n* díptero.

dipterous [ˈdɪptərəs] *adj* díptero,-a.

diptych [ˈdɪptɪk] *n* díptico.

Dir [daɪˈrektəʳ] *abbr* (**Director**) Director, -ra; *(abbreviation)* Dir.

dire [ˈdaɪəʳ]
1 *adj (desperate, extreme)* extremo,-a, urgente: they live in dire poverty viven en la más extrema pobreza.
2 *adj (serious, ominous)* serio,-a, grave: he issued a dire warning hizo una grave advertencia; this will have dire consequences esto tendrá graves consecuencias.

3 *adj (terrible, dreadful)* terrible, espantoso,-a, atroz: *that play was absolutely dire!* ¡vaya película más espantosa!
✦ **to be in dire straits** estar en una situación desesperada.

direct [dɪ'rekt, daɪ'rekt]
1 *adj (gen)* directo,-a: *a direct flight* un vuelo directo; *this is a direct result of your carelessness* esto es consecuencia directa de tu falta de atención; *there is a direct link between smoking and cancer* hay una relación directa entre el tabaco y el cáncer; *keep the plant out of direct sunlight* no expongas la planta directamente al sol.
2 *adj (exact, complete)* exacto,-a: *he's very sweet - the direct opposite of his wife* es encantador - la antítesis de su mujer.
3 *adj (straightforward - person, manner)* franco,-a, sincero,-a; *(- question)* directo,-a; *(- answer)* claro,-a.
4 *adv (go, write, phone)* directamente; *(broadcast)* en directo: *does this train go direct to Bristol?* ¿este tren va directo a Bristol?
5 *vt (show the way)* indicar el camino a.
6 *vt (letter, parcel)* mandar, dirigir.
7 *vt (attention, remark)* dirigir.
8 *vt (traffic, organization, inquiry)* dirigir.
9 *vt (play, actors)* dirigir.
10 *vt fml (order, command)* ordenar.
11 *vi (play, actors)* dirigir.
✦ **to be a direct descendent of somebody** ser descendiente directo,-a de alguien, descender de alguien por línea directa.
to make/score a direct hit dar en el blanco.
■ **direct current** corriente *f* continua.
direct debit domiciliación *f* de pagos.
direct object complemento directo.
direct speech estilo directo.

direction [dɪ'rekʃən, daɪ'rekʃən]
1 *n (way, course)* dirección *f*: *in all directions* en todas direcciones; *in the direction of ...* en dirección a ...; *sense of direction* sentido de la orientación; *it's a step in the right direction* es un paso hacia adelante.
2 *n (control, management)* dirección *f*: *under the direction of ...* bajo la dirección de ...
3 directions *npl (to place)* señas *fpl*, indicaciones *fpl*; *(for use, assembly)* instrucciones *fpl*, indicaciones *fpl*: *we had to ask someone for directions* tuvimos que preguntar el camino.
✦ **"Directions for use"** "Modo de empleo", "Instrucciones de uso".

directional [dɪ'rekʃənəl] *adj* direccional.

directive [dɪ'rektɪv] *adj* directiva, directriz *f*.

directly [dɪ'rektlɪ, daɪ'rektlɪ]
1 *adv (go, fly, drive)* directamente, directo.
2 *adv (without intermediaries)* directamente: *you are directly responsible to the manager* eres el responsable directo ante el gerente; *we buy directly from the manufacturers* compramos directamente del fabricante.
3 *adv (exactly - opposite, above)* justo: *he sat directly in front of me* se sentó justo delante de mí; *the sun was directly overhead* el sol caía de pleno.
4 *adv (descend)* directamente, por línea directa.
5 *adv (speak)* francamente, claro; *(ask)* directamente.
6 *adv (very soon, shortly)* en seguida, dentro de poco; *(immediately, at once)* inmediatamente: *he'll be with you directly* en seguida está contigo; *she went directly to bed* se fue inmediatamente a la cama.
7 *conj GB (as soon as)* en cuanto, tan pronto como: *I came directly I heard* vine en cuanto me enteré.

directness [dɪ'rektnəs, daɪ'rektnəs] *n (of manner, character, comment, etc)* franqueza, sinceridad *f*.

director [dɪ'rektər, daɪ'rektər] *n (gen)* director,-ra; *(of company)* director,-ra, directivo,-a.
■ **director general** director,-ra general.
Director of Public Prosecutions Fiscal *mf* General de Estado.

directorate [dɪ'rektərət] *n* dirección *f*, consejo de administración, junta directiva.

directorship [dɪ'rektəʃɪp] *n (position)* dirección *f*, cargo de director; *(time)* dirección *f*.

directory [dɪ'rektərɪ, daɪ'rektərɪ]
1 *n (telephone)* guía telefónica, listín *m* (de teléfonos); *(book, lost, index)* directorio, guía.
2 street directory *n* callejero.
■ **directory enquiries** información *f* telefónica.
▲ *pl* directories.

dirge [dɜ:dʒ] *n* canto fúnebre.

dirt [dɜ:t]
1 *n (dirtiness)* suciedad *f*; *(filth, grime)* mugre *f*, roña, porquería; *(mud)* barro; *(dust)* polvo: *the carpet's covered in dirt* la alfombra está toda sucia; *this coat shows the dirt* en este abrigo se nota la suciedad.
2 *n (earth)* tierra.
3 *n fam (excrement)* porquería, mierda, caca.
4 *n fam (scandal, gossip)* chismes *mpl*, trapos *mpl* sucios: *the press managed to get all the dirt on the actor* la prensa consiguió sacar a relucir todos los trapos sucios del actor.
5 *n fam (obscene thought, talk)* porquerías *fpl*, guarradas *fpl*.
✦ **to be as common as dirt** ser muy ordinario,-a.
to fling/throw dirt at somebody manchar la reputación de alguien.
to treat somebody like dirt tratar a alguien como a un perro, tratar a alguien como a una zapatilla.
■ **dirt track** camino de tierra.

dirt-cheap ['dɜ:t'tʃi:p] *adj* baratísimo,-a, tirado,-a, regalado,-a.
✦ **to sell something dirt cheap** vender algo regalado.
▲ *Se escribe* dirt cheap *cuando no se antepone al sustantivo.*

dirtiness ['dɜ:tɪnəs] *n* suciedad *f*.

dirty ['dɜ:tɪ]
1 *adj (not clean, soiled)* sucio,-a; *(stained)* manchado,-a: *a dirty mark* una mancha; *your bedroom is filthy dirty* tu habitación está hecha un asco; *cleaning the oven is dirty work* limpiar el horno es trabajo sucio.
2 *adj (obscene - magazine, film)* porno; *(story, book)* indecente, cochino,-a, guarro,-a; *(- joke)* verde; *(- mind, sense of humour)* pervertido,-a: *you've got a dirty mind!* ¡tienes una mente pervertida!
3 *adj (night, weather)* asqueroso,-a, de perros.
4 *adj fam (unfair, dishonest - gen)* sucio,-a, deshonesto,-a; *(- player, fighter)* sucio,-a, tramposo,-a; *(- thief, cheat)* vil, despreciable; *(- lie)* descarado,-a; *(- deed)* malo,-a: *you dirty rat!* ¡canalla!
5 *adv fam (very)* muy: *a dirty great hole* un agujero enorme.
6 *adv (play)* sucio.
7 *vt* ensuciar.
8 *vi* ensuciarse.
✦ **a dirty old man** un viejo verde.
to do somebody's dirty work hacerle el trabajo sucio a alguien.
to do the dirty on somebody jugarle una mala pasada a alguien.
to get dirty ensuciarse.
to give somebody a dirty look fulminar a alguien con la mirada, lanzar a alguien una mirada asesina.
to talk dirty decir guarradas.
■ **dirty language** palabrotas *fpl*.
dirty trick cochinada, guarrada.
dirty weekend aventura de fin de semana.
dirty word *(swear word)* palabrota, taco; *(disapproved word)* palabra tabú.
▲ *comp* dirtier, *superl* dirtiest.

disability [dɪsə'bɪlɪtɪ] *n (state)* invalidez *f*, discapacidad *f*, incapacidad *f*, minusvalía; *(handicap)* desventaja, hándicap *m*: *she doesn't let her disability stop her from going out* no deja que su minusvalía le impida de salir.
■ **disability allowance/disability pension** subsidio por invalidez/pensión *f* por invalidez.
▲ *pl* disabilities.

disabled [dɪs'eɪbəld]
1 *adj* minusválido,-a: *mentally disabled people* los disminuidos psíquicos.
2 the disabled *npl* los minusválidos.

■ **disabled access** acceso para minusválidos.

disabuse [dɪsəˈbjuːz] *vt fml* desengañar.
✦ **to disabuse somebody of something** quitarle algo a alguien de la cabeza.

disadvantage [dɪsədˈvɑːntɪdʒ] *n* (*drawback*) desventaja; (*obstacle*) inconveniente *m*.
✦ **to be at a disadvantage** estar en desventaja.
to place/put somebody at a disadvantage poner a alguien en (una) situación de desventaja.
to somebody's disadvantage en perjuicio de alguien.

disadvantaged [dɪsədˈvɑːntɪdʒd]
1 *adj* desfavorecido,-a, desheredado,-a, discriminado,-a.
2 **the disadvantaged** *npl* los desfavorecidos *mpl*.

disadvantageous [dɪsædvɑːnˈteɪdʒəs] *adj* desventajoso,-a (**to**, para), desfavorable (**to**, para).

disaffected [dɪsəˈfektɪd] *adj* desafecto,-a.

disaffection [dɪsəˈfekʃən] *n* desafección *f*.

disagree [dɪsəˈgriː]
1 *vi* (*not agree*) no estar de acuerdo (**on**, en), (**with**, con), disentir (**with**, de), discrepar (**with**, de), (**on**, en): we disagreed on/over what film to see no estuvimos de acuerdo en qué película ir a ver; I disagree with you discrepo contigo, no estoy de acuerdo contigo.
2 *vi* (*differ, not match - statements, reports, figures*) no coincidir (**with**, con), no corresponder (**with**, a), discrepar (**with**, de).
3 *vi* (*food*) sentar mal (**with**, a); (*weather*) no convenir (**with**, a): spicy food disagrees with me la comida picante me sienta mal.

disagreeable [dɪsəˈgrɪəbəl] *adj* desagradable.

disagreement [dɪsəˈgriːmənt]
1 *n* (*difference of opinion*) desacuerdo, disconformidad *f*; (*argument*) discusión *f*, riña, altercado: we've never had a serious disagreement nunca hemos discutido en serio.
2 *n* (*lack of similarity*) discrepancia.
✦ **to be in disagreement with somebody/something** estar en desacuerdo con alguien/algo, no estar de acuerdo con alguien/algo.

disallow [dɪsəˈlaʊ] *vt* (*objection, claim, evidence*) denegar, rechazar, desestimar; (*goal*) anular.

disappear [dɪsəˈpɪəʳ] *vi* (*gen*) desaparecer; (*worries, fears*) desvanecerse.
✦ **to disappear from sight/view** perderse de vista.
to disappear without trace desaparecer sin dejar rastro, esfumarse.
to do a disappearing act esfumarse como por arte de magia.

disappearance [dɪsəˈpɪərəns] *n* desaparición *f*.

disappoint [dɪsəˈpɔɪnt] *vt* (*person*) decepcionar, defraudar, desilusionar; (*hope, desire, plan, ambition*) defraudar, frustrar: the hotel disappointed my expectations el hotel me decepcionó.

disappointed [dɪsəˈpɔɪntɪd] *adj* (*person*) decepcionado,-a, desilusionado,-a; (*hope, plan*) frustrado,-a: she was disappointed at/about her exam results los resultados de los exámenes la decepcionaron; his parents are disappointed in/with him sus padres están decepcionados con él; I felt really disappointed me llevé un buen chasco.

disappointing [dɪsəˈpɔɪntɪŋ] *adj* decepcionante: the response was very disappointing la reacción fue muy decepcionante.

disappointment [dɪsəˈpɔɪntmənt] *n* (*state, emotion*) desilusión *f*, decepción *f*; (*person, thing*) decepción *f*, chasco: book early to avoid disappointment haga su reserva ahora para no llevarse una decepción.

disapproval [dɪsəˈpruːvəl] *n* desaprobación *f*.
✦ **to express/voice one's disapproval of somebody/something** expresar su desaprobación respecto a alguien/algo.

disapprove [dɪsəˈpruːv]
1 *vt* desaprobar (**of**, -): I disapprove estoy en contra, no me parece bien; her parents disapproved of her boyfriend a sus padres no les gustaba su novio.
2 *vt US* (*legislation, plan, etc*) rechazar, no aprobar.

disapproving [dɪsəˈpruːvɪŋ] *n* de desaprobación.

disarm [dɪsˈɑːm]
1 *vt* (*person, group, etc*) desarmar; (*bomb*) desactivar.
2 *vt fig* (*criticism*) desbaratar.
3 *vt* (*charm, win over*) desarmar.
4 *vi* (*nation*) desarmarse.

disarmament [dɪsˈɑːməmənt] *n* desarme *m*: nuclear disarmament desarme nuclear; disarmament conference conferencia de desarme.

disarming [dɪsˈɑːmɪŋ] *adj* (*smile*) que desarma; (*person*) encantador,-ra.

disarray [dɪsəˈreɪ] *n* (*organization, group, etc*) desorganización *f*; (*of appearance*) desaliño; (*of room, papers, affairs, etc*) desorden *m*, caos *m*; (*of thoughts*) confusión *f*: her hair was in complete disarray su pelo estaba todo revuelto.
✦ **to throw something into disarray** desbaratar algo, trastornar algo.

disassociate [dɪsəˈsəʊsɪeɪt] *vt* → **dissociate**.

disassociation [dɪsəsəʊsɪˈeɪʃən] *n* → **dissociation**.

disaster [dɪˈzɑːstəʳ]
1 *n* (*flood, earthquake*) desastre *m*, catástrofe *f*; (*crash, sinking, fire*) desastre *m*, siniestro: the worst air disaster since 1990 el peor desastre aéreo desde 1990; it was then that disaster struck fue entonces cuando se produjo la catástrofe.
2 *n fam* (*failure*) desastre *m*.
✦ **to be a recipe for disaster** buscarse problemas.
to spell disaster for somebody/something resultar desastroso,-a para alguien/algo.
■ **disaster area** (*site of disaster*) zona siniestrada; (*mess*) desastre *m*.
disaster fund fondo para los damnificados.

disastrous [dɪˈzɑːstrəs] *adj* desastroso, -a, catastrófico,-a.

disastrously [dɪˈzɑːstrəslɪ] *adv* desastrosamente, catastróficamente.

disavow [dɪsəˈvaʊ] *vt fml* negar tener: he disavows any part in the robbery niega tener nada que ver con el robo.

disband [dɪsˈbænd]
1 *vt* (*group, organization*) disolver, deshacer; (*army*) licenciar.
2 *vi* (*group, organization*) disolverse, deshacerse; (*army*) licenciarse.

disbelief [dɪsbɪˈliːf] *n* incredulidad *f*: she stared at me in disbelief me miró incrédula, me miro con incredulidad.

disbelieve [dɪsbɪˈliːv]
1 *vt* no creer.
2 *vi* no creer (**in**, en), no dar crédito (**in**, a).

disbeliever [dɪsbɪˈliːvəʳ] *n* incrédulo, -a, descreído,-a.

disbud [dɪsˈbʌd] *vt* desyemar.

disburse [dɪsˈbɜːs] *vt* desembolsar.

disbursement [dɪsˈbɜːsmənt] *n* desembolso.

disc [dɪsk] *n* (*gen*) disco.
■ **disc brake** freno de disco.
disc jockey disc-jockey *m*, pinchadiscos *mf*.

discard [dɪsˈkɑːd]
1 *vt* (*old things, unwanted things*) desechar, deshacerse de; (*theory, idea, belief*) desechar, descartar, rechazar; (*playing card*) descartarse de.
2 *vi* (*in card games*) descartarse.

discern [dɪˈsɜːn] *vt* (*see*) percibir, distinguir; (*tell difference*) distinguir, discernir; (*realize*) percibir, darse cuenta: he discerned that she was lying se dio cuenta de que mentía.

discernible [dɪˈsɜːnəbəl] *adj* (*shape*) visible; (*fault, drawback, merit, influence*) perceptible; (*likeness, difference, change, improvement*) apreciable: there is no discernible reason no está claro.

discerning [dɪˈsɜːnɪŋ] *adj* (*person*) exigente, con criterio, entendido,-a; (*palate,*

taste) exigente, fino,-a, refinado,-a; *(eye, ear)* educado,-a.

discernment [dɪˈsɜːnmənt] *n* (buen) criterio, discernimiento.

discharge [ˈdɪstʃɑːdʒ]
1 *n (of electric current)* descarga; *(of smoke, fumes, gases)* emisión *f*, *(of sewage, waste)* vertido.
2 *n* MED *(of wound)* supuración *f*; *(secretion)* secreción *f*.
3 *n (of cargo)* descarga.
4 *n (of weapon)* descarga.
5 *n (of prisoner)* liberación *f*, puesta en libertad; *(of patient)* alta; *(of soldier)* licencia (absoluta); *(of injured soldier)* baja.
6 *n (of worker)* despido.
7 *n (of debt)* liquidación *f*, pago; *(of duties)* cumplimiento, ejercicio.
8 *vt (give, send out - sewage, waste, oil)* verter; *(smoke, fumes)* despedir; *(- electric current)* descargar.
9 *vt (unload - cargo)* descargar; *(- passengers)* desembarcar.
10 *vt (fire - arrow)* arrojar, lanzar; *(- shot)* descargar.
11 *vt (allow to go - prisoner)* liberar, soltar, poner en libertad; *(patient)* dar de alta; *(juror)* dispensar; *(soldier)* licenciar; *(injured soldier)* dar de baja.
12 *vt (dismiss)* despedir.
13 *vt fml (pay - debt)* saldar, liquidar; *(perform - duty, responsibility, obligation)* cumplir con.
14 *vi (river)* desembocar; *(sewer)* verter.
15 *vi (wound)* supurar.
16 *vi* ELEC *(battery)* descargarse.
■ **absolute discharge** JUR libertad *f* absoluta.
  conditional discharge JUR libertad *f* condicional.
  unconditional discharge JUR libertad *f* incondicional.
  vaginal discharge flujo vaginal.
▲ *(verbo)* [dɪsˈtʃɑːdʒ].

disciple [dɪˈsaɪpəl]
1 *n* REL discípulo,-a.
2 *n (follower)* seguidor,-ra, discípulo,-a.

disciplinary [ˈdɪsɪplɪnərɪ] *adj* disciplinario,-a.

discipline [ˈdɪsɪplɪn]
1 *n (training, behaviour)* disciplina.
2 *n (punishment)* castigo.
3 *n (subject)* disciplina.
4 *vt (train, control)* disciplinar.
5 *vt (punish - child, pupil)* castigar; *(- worker)* sancionar; *(- official)* expedientar.
✦ **to discipline oneself to do something** imponerse la disciplina de hacer algo, obligarse a hacer algo.

disclaim [dɪsˈkleɪm] *vt (knowledge, responsibility)* negar: he disclaimed ownership of the weapon negó que el arma fuera suya.

disclaimer [dɪsˈkleɪməʳ]
1 *n (denial)* mentís *m*, desmentido.
2 *n (rejection of responsibility)* descargo de responsabilidad.

✦ **to issue a disclaimer** publicar un desmentido.

disclose [dɪsˈkləʊz]
1 *vt (make known)* revelar, dar a conocer.
2 *vt (show)* mostrar, dejar ver.

disclosure [dɪsˈkləʊʒəʳ] *n* revelación *f*.

disco [ˈdɪskəʊ] *n fam* disco *f*, discoteca.
▲ *pl* discos.

discolor [dɪsˈkʌləʳ] *vt* US → **discolour.**

discoloration [dɪskʌləˈreɪʃən] *n (process, fading)* decoloración *f*; *(stain)* mancha.

discolour [dɪsˈkʌləʳ]
1 *vt (fade, bleach)* decolorar, descolorar; *(stain)* manchar: smoking discolours your teeth fumar mancha los dientes.
2 *vi (lose colour)* decolorarse, descolorarse; *(become stained)* volverse amarillento,-a, mancharse.

discomfiture [dɪsˈkʌmfɪtʃəʳ] *n fml* desconcierto, turbación *f*.

discomfort [dɪsˈkʌmfət]
1 *n (lack of comfort)* incomodidad *f*.
2 *n (pain)* malestar *m*, molestia.
3 *n (unease, embarrassment)* inquietud *f*, desasosiego, preocupación *f*.

disconcert [dɪskənˈsɜːt] *vt* desconcertar.

disconcerting [dɪskənˈsɜːtɪŋ] *adj* desconcertante.

disconnect [dɪskəˈnekt] *vt (from mains)* desconectar; *(gas, electricity, phone, etc)* cortar: operator, we were disconnected operadora, se cortó la comunicación.

disconnected [dɪskəˈnektɪd]
1 *adj (from power supply)* desconectado,-a; *(gas, electricity, phone, etc)* cortado,-a.
2 *adj (from reality)* desconectado,-a.
3 *adj fig (of speech, writing)* deshilvanado,-a; *(thoughts, remarks)* inconexo,-a.

disconnection [dɪskəˈnekʃən] *n* desconexión *f*.

disconsolate [dɪsˈkɒnsələt] *adj* desconsolado,-a.

discontent [dɪskənˈtent] *n* descontento.

discontented [dɪskənˈtentɪd] *adj* descontento,-a (with, con).

discontentment [dɪskənˈtentmənt] *n* descontento.

discontinuance [dɪʃkənˈtɪnjʊəns] *n* suspensión *f*.

discontinue [dɪskənˈtɪnjuː] *vt (service)* suspender, interrumpir; *(model)* dejar de fabricar: discontinued lines restos de serie.

discontinuity [dɪskɒntɪˈnjuːɪtɪ]
1 *n (lack of continuity)* discontinuidad *f*.
2 *n (gap, break)* interrupción *f*.

discontinuous [dɪskənˈtɪnjʊəs] *adj (line, pattern)* discontinuo,-a; *(process)* con interrupciones, interrumpido,-a.

discord [ˈdɪskɔːd]
1 *n (disagreement)* discordia.
2 *n* MUS disonancia, discordancia.

discordant [dɪsˈkɔːdənt] *n (gen)* discordante; *(atmosphere)* de discordia.
✦ **to strike a discordant note** dar la nota discordante.

discotheque [ˈdɪskətek] *n fml* discoteca.

discount [ˈdɪskaʊnt]
1 *n* descuento: staff get a 15% discount los empleados tienen un descuento del 15%; they gave me a discount on the coat because it was shopsoiled me hicieron un descuento en el precio del abrigo por estar deteriorado.
2 *vt (goods)* rebajar; *(price)* reducir; *(amount, bill of exchange)* descontar.
3 *vt (disregard - possibility)* descartar; *(ignore)* no tener en cuenta.
✦ **to be at a discount** *(goods etc)* tener descuento, estar rebajado,-a; *(qualities)* no contar.
■ **discount shop/discount store** tienda de saldos.
▲ *(verbo)* [dɪsˈkaʊnt].

discourage [dɪsˈkʌrɪdʒ]
1 *vt (dishearten)* desanimar, desalentar.
2 *vt (prevent - action)* poner freno a; *(investment, initiative)* no fomentar, no estimular, desanimar; *(advances)* rechazar, resistirse a: this government's policies discourage investors la política de este gobierno no estimula a los inversores.
3 *vt (dissuade)* disuadir (**from**, de), hacer desistir (**from**, de): his parents discouraged him from getting a motorbike sus padres no lo disuadieron de comprarse una moto; we discourage smoking in this school en esta escuela se quiere evitar que la gente fume.
✦ **to be discouraged** desanimarse.

discouragement [dɪsˈkʌrɪdʒmənt]
1 *n (dejection)* desaliento, desánimo.
2 *n (dissuasion)* disuasión *f*, desaprobación *f*.
3 *n (deterrent)* freno; *(obstacle)* obstáculo, contrariedad *f*.

discouraging [dɪsˈkʌrɪdʒɪŋ] *adj* desalentador,-ra, descorazonador,-ra, desmoralizador,-ra.

discourse [ˈdɪskɔːs]
1 *n fml (spoken - speech)* discurso; *(- discussion)* discusión *f*, debate *m*; *(written)* disertación *f*.
2 *n* LING discurso.
3 *vt* disertar (**on/upon**, sobre).

discourteous [dɪsˈkɜːtɪəs] *adj* descortés.

discourtesy [dɪsˈkɜːtəsɪ] *n* descortesía.

discover [dɪsˈkʌvəʳ]
1 *vt (find - gen)* descubrir; *(mistake, loss, fact)* descubrir, darse cuenta de; *(missing object, person)* encontrar, hallar: Columbus discovered America Colón descubrió América; he discovered that his flat had been broken into descubrió que le habían entrado en el piso.

2 *vt (find out)* descubrir, enterarse de: when man discovered how to cultivate the fields cuando el hombre descubrió el cultivo del campo; did you discover what happened at the end? ¿descubriste qué pasó al final?

discoverer [dɪˈskʌvərəʳ] *n* descubridor,-ra.

discovery [dɪˈskʌvərɪ] *n* descubrimiento.
▲ *pl* discoveries.

discredit [dɪsˈkredɪt]
1 *n (dishonour, disgrace)* descrédito: the English hooligans brought discredit on their team los hinchas ingleses trajeron el descrédito a su equipo.
2 *n (person, thing)* vergüenza (**to**, para).
3 *n (disbelief, doubt)* duda.
4 *vt (theory, claim)* desacreditar; *(person, government)* desacreditar, desprestigiar.
5 *vt (refuse to believe)* poner en duda, poner en tela de juicio.
✦ **to be to somebody's discredit** ir en descrédito de alguien.

discreditable [dɪsˈkredɪtəbəl] *adj* vergonzoso,-a, deshonroso,-a.

discreet [dɪˈskriːt] *adj (person, enquiries, silence)* discreto,-a; *(distance)* prudencial; *(perfume, colour)* discreto,-a.

discreetly [dɪˈskriːtlɪ] *adv* discretamente.

discrepancy [dɪˈskrepənsɪ] *n* discrepancia.
▲ *pl* discrepancies.

discrete [dɪsˈkriːt] *adj* diferenciado,-a, distinto,-a.

discretion [dɪˈskreʃən]
1 *n (quality of being discreet)* discreción *f*; *(prudence)* prudencia: she's the soul of discretion es la discreción personificada.
2 *n (judgement)* criterio, juicio: use your own discretion usa tu propio criterio.
✦ **at the discretion of** a juicio de, a criterio de, a discreción de.
discretion is the better part of valour la prudencia es la madre de la ciencia.

discretionary [dɪsˈkreʃənərɪ] *adj* discrecional.

discriminate [dɪˈskrɪmɪneɪt]
1 *vi (treat differently)* discriminar (**against**, a) (**between**, entre): he was sure he had been discriminated against because of his race estaba seguro de que lo habían discriminado a causa de su raza; some companies discriminate in favour of women algunas empresas favorecen a las mujeres.
2 *vt (see a difference)* distinguir (**from**, de), discriminar.

discriminating [dɪˈskrɪmɪneɪtɪŋ] *adj (person)* entendido,-a, exigente; *(judgement)* sagaz; *(taste)* refinado,-a, educado,-a, fino,-a; *(palate)* exigente; *(eye)* educado,-a.

discrimination [dɪskrɪmɪˈneɪʃən]
1 *n (bias)* discriminación *f*.
2 *n (distinction)* diferenciación *f*, distinción *f*.
3 *n (judgement)* discernimiento, criterio.

discriminatory [dɪˈskrɪmɪnətərɪ] *adj* discriminatorio,-a.

discursive [dɪˈskɜːsɪv]
1 *adj pej (speaker, writer)* que se va por las ramas, divagador,-ra, que divaga; *(account, writing, essay)* prolijo,-a, extenso,-a, repleto,-a de digresiones.
2 *adj (in philosophy)* discursivo,-a.

discus [ˈdɪskəs]
1 *n (object)*
2 **the discus** *n (event, sport)* el lanzamiento de disco.
▲ *pl* discuses o disci [ˈdɪskaɪ].

discuss [dɪˈskʌs]
1 *vt (talk about - person)* hablar de; *(- subject, topic)* hablar de, tratar; *(- plan, problem)* discutir: have you discussed this with your parents? ¿has hablado de eso con tus padres?; he refused to discuss the matter any further se negó a discutir más el asunto.
2 *vt (examine)* analizar, examinar.
3 *vt (in writing)* tratar de: this chapter discusses the problems facing single-parent families este capítulo trata de los problemas con que se enfrentan las familias monoparentales.

discussion [dɪˈskʌʃən] *n (gen)* discusión *f*, debate *m*: after much discussion después de mucho discutirlo; management are holding discussions with the unions la patronal mantiene negociaciones con los sindicatos; the subject is still under discussion el tema aún se está discutiendo.
■ **discussion group** grupo de discusión.

disdain [dɪsˈdeɪn]
1 *n* desdén *m*, desprecio, menosprecio.
2 *vt* desdeñar, despreciar, menospreciar.
✦ **to disdain to do something** no dignarse a hacer algo.

disdainful [dɪsˈdeɪnfʊl] *adj* desdeñoso,-a, despectivo,-a.
✦ **to be disdainful of** *(thing)* despreciar, desdeñar; *(person)* mostrarse desdeñoso,-a con, tratar con desdén.

disdainfully [dɪsˈdeɪnfʊlɪ] *adv* con desdén.

disease [dɪˈziːz]
1 *n (illness)* enfermedad *f*.
2 *n fig* mal *m*, enfermedad *f*.

diseased [dɪˈziːzd]
1 *adj MED (part of body)* afectado,-a; *(plant, animal)* enfermo,-a.
2 *adj fig (imagination, mind)* enfermizo,-a, morboso,-a; *(society)* enfermo,-a.

disembark [dɪsɪmˈbɑːk]
1 *vt* desembarcar.
2 *vi* desembarcar (**from**, de).

disembarkation [dɪsɪmbɑːˈkeɪʃən] *n (of people)* desembarco; *(of goods)* desembarque *m*.

disembodied [dɪsɪmˈbɒdɪd] *adj* incorpóreo,-a.

disembowel [dɪsɪmˈbaʊəl] *vt* destripar.
▲ *pt & pp* disembowelled (US disemboweled), ger disembowelling (US disemboweling).

disenchanted [dɪsɪnˈtʃɑːntɪd] *adj* desencantado,-a, desilusionado,-a.

disenchantment [dɪsɪnˈtʃɑːntmənt] *n* desencanto, desilusión *f*.

disenfranchise [dɪsɪnˈfræntʃaɪz] *vt* privar del derecho al voto.

disengage [dɪsɪnˈgeɪdʒ]
1 *vt (free - gen)* soltar (**from**, de); *(gears, mechanism)* desconectar.
2 *vt MIL (troops)* retirar (**from**, de).
3 *vi MIL* retirarse.
✦ **to disengage oneself from something** conseguir soltarse de algo.
to disengage the clutch desembragar, soltar el embrague.

disentail [dɪsənˈteɪl] *vt* desamortizar.

disentailable [dɪsənˈteɪləbəl] *adj* desamortizable.

disentailment [dɪsənˈteɪlmənt] *n* desamortización *f*.

disentangle [dɪsɪnˈtæŋgəl]
1 *vt (unravel)* desenredar, desenmarañar.
2 *vt fig (separate - truth, facts)* separar.
✦ **to disentangle oneself from something** lograr salir de algo, lograr soltarse de algo.

disfavor [dɪsˈfeɪvəʳ] *n US →* disfavour.

disfavour [dɪsˈfeɪvəʳ] *n* desaprobación *f*: he regarded the proposal with disfavour desaprobaba la propuesta.
✦ **to be in disfavour** haber caído en desgracia.
to fall into disfavour caer en desgracia.

disfigure [dɪsˈfɪgəʳ] *vt (face, person)* desfigurar; *(building, town, landscape)* afear, estropear.

disfigurement [dɪsˈfɪgəmənt] *n (of face, person)* desfiguración *f*; *(of building, town, landscape)* afeamiento.

disgorge [dɪsˈgɔːdʒ]
1 *vt (liquid, waste)* verter; *(smoke, fumes)* emitir; *(people)* echar.
2 *vt (vomit)* devolver, arrojar.
3 *vt fam (give up, hand over)* entregar.
4 *vi (of river)* desembocar.
5 *vt fig (crowds)* salir.

disgrace [dɪsˈgreɪs]
1 *n (loss of favour)* desgracia; *(loss of honour)* deshonra, deshonor *m*; *(public dishonour)* ignominia.
2 *n (shame)* escándalo, vergüenza.
3 *vt (bring shame on)* deshonrar.
4 *vt (discredit)* desacreditar.
✦ **to be a disgrace (to somebody/something)** ser una vergüenza (para alguien/algo).

to be in disgrace *(adult)* estar desacreditado,-a, haber caído en desgracia; *(child)* estar castigado,-a.
to bring disgrace on somebody traer la deshonra a alguien.
to disgrace oneself hacer el ridículo.
to fall into disgrace caer en desgracia.

disgraceful [dɪs'greɪsfʊl] *adj* vergonzoso,-a: it's disgraceful es vergonzoso, es una vergüenza.

disgruntled [dɪs'grʌntəld] *adj (upset)* contrariado,-a, disgustado,-a; *(dissatisfied)* descontento,-a; *(annoyed)* fastidiado,-a, contrariado,-a; *(resentful)* resentido,-a, ofendido,-a.

disguise [dɪs'gaɪz]
1 *n* disfraz *m*.
2 *vt (person)* disfrazar (**as**, de); *(voice, handwriting)* cambiar.
3 *vt (feelings, opinions)* disfrazar, disimular; *(mistake)* ocultar: there's no disguising the fact that ... no se puede ocultar el hecho de que ...
+ in disguise disfrazado,-a.
to disguise oneself disfrazarse.

disgust [dɪs'gʌst]
1 *n (revulsion)* asco, repugnancia; *(strong disapproval)* indignación *f*: she left the room in disgust salió indignada de la habitación; the demonstrators wanted to show their disgust at the killings los manifestantes querían mostrar su indignación por los asesinatos.
2 *vt (revolt)* repugnar, dar asco a; *(disapprove)* indignar: he disgusts me me da asco.
+ to fill somebody with disgust dar asco a alguien, repugnar a alguien.

disgusted [dɪs'gʌstɪd] *adj (revolted)* asqueado,-a; *(indignant)* indignado,-a.
+ to be disgusted at/by something indignarle a uno algo: I'm disgusted at the way he treats his wife me indigna la manera en que trata a su mujer.
to be disgusted with somebody estar furioso,-a con alguien, estar indignado,-a con alguien: I'm disgusted with myself estoy indignado conmigo mismo.

disgusting [dɪs'gʌstɪŋ]
1 *adj (loathsome)* asqueroso,-a, repugnante; *(unpleasant)* desagradable; *(awful)* horroroso,-a; *(weather)* asqueroso,-a, horrible: how disgusting! ¡qué asco!
2 *adj (intolerable, unacceptable)* intolerable; *(causing outrage)* vergonzoso,-a.

disgustingly [dɪs'gʌstɪŋlɪ] *adv* asquerosamente.

dish [dɪʃ]
1 *n (plate)* plato *m*; *(for serving)* fuente *f*.
2 *n CULIN (food)* plato.
3 *n TV* antena parabólica.
4 *n fam (attractive man)* guaperas *m*; *(attractive woman)* bombón *m*.

5 dishes *npl (crockery)* platos *mpl*, vajilla *f sing*.
▶ to dish out *vt sep (distribute - insults, abuse, awards, money, leaflets, etc)* repartir; *(advice, compliments)* dar; *(food)* servir.
to dish up *vt sep (food)* servir; *(arguments)* ofrecer.
+ to dish it out *(verbally)* criticar; *(physically)* dar una buena paliza.
to do the dishes lavar los platos.
■ dish rack escurreplatos *m*.

dishcloth ['dɪʃklɒθ] *n* trapo, bayeta, paño.

dishearten [dɪs'hɑːtən] *vt* descorazonar, desanimar, desalentar.

disheartening [dɪs'hɑːtənɪŋ] *adj* desalentador,-ra, descorazonador,-ra.

dishevel [dɪ'ʃevəl] *vt* despeinar.
▲ pt & pp dishevelled *(US* disheveled*)*, *ger* dishevelling *(US* disheveling*)*.

disheveled [dɪ'ʃevəld] *adj US* → **dishevelled**.

dishevelled [dɪ'ʃevəld] *adj (referring to hair)* despeinado,-a, desmelenado,-a; *(referring to appearance, clothes)* desaliñado,-a, desarreglado,-a.

dishonest [dɪs'ɒnɪst] *adj (person, answer)* deshonesto,-a, poco honrado,-a; *(means etc)* fraudulento,-a, deshonesto,-a.

dishonestly [dɪs'ɒnɪstlɪ] *adv* fraudulentamente, deshonestamente.

dishonesty [dɪs'ɒnɪstɪ] *n (gen)* deshonestidad *f*, falta de honradez; *(of statement)* falsedad *f*; *(of means)* fraudulencia.

dishonor [dɪs'ɒnər] *n US* → **dishonour**.

dishonorable [dɪs'ɒnərəbəl] *adj US* → **dishonourable**.

dishonour [dɪs'ɒnər]
1 *n* deshonra, deshonor *m*.
2 *vt (family, country, team, etc)* deshonrar.
3 *vt (renege on - agreement)* no respetar; *(- promise)* no cumplir, faltar a; *(- cheque, debt)* no pagar.

dishonourable [dɪs'ɒnərəbəl] *adj* deshonroso,-a.

dishtowel ['dɪʃtaʊəl] *n US* paño de cocina.

dishwasher ['dɪʃwɒʃər] *n (machine)* lavaplatos *m*, lavavajillas *m*; *(person)* lavaplatos *mf*.

dishwater ['dɪʃwɔːtər] *n* aguachirle *m*.

dishy ['dɪʃɪ] *adj GB fam* guapo,-a: he's really dishy está muy bueno, está como un tren.
▲ comp dishier, superl dishiest.

disillusion [dɪsɪ'luːʒən] *vt* desilusionar.
+ to become disillusioned desilusionarse.

disillusionment [dɪsɪ'luːzənmənt] *n* desilusión *f*.

disincentive [dɪsɪn'sentɪv] *n* freno.
+ to be a disincentive to something ser un freno para algo.

disinclination [dɪsɪnklɪ'neɪʃən] *n* aversión *f*, desgana.
+ to have a disinclination for something ser reacio,-a a algo.
to have a disinclination to do something no estar dispuesto,-a a hacer algo.

disinfect [dɪsɪn'fekt] *vt* desinfectar.

disinfectant [dɪsɪn'fektənt]
1 *adj* desinfectante.
2 *n* desinfectante *m*.

disinfection [dɪsɪn'fekʃən] *n* desinfección *f*.

disinformation [dɪsɪnfə'meɪʃən] *n* desinformación *f*.

disingenuous [dɪsɪn'dʒenjʊəs] *adj* falso,-a, insincero,-a.

disinherit [dɪsɪn'herɪt] *vt* desheredar.

disintegrate [dɪs'ɪntɪgreɪt]
1 *vt* desintegrar.
2 *vi* desintegrarse.

disintegration [dɪsɪntɪ'greɪʃən] *n* desintegración *f*.

disinter [dɪsɪn'tɜːr] *vt fml* desenterrar.
▲ pt & pp disinterred, *ger* disinterring.

disinterested [dɪs'ɪntrəstɪd] *adj (action)* desinteresado,-a; *(decision, advice)* imparcial.

disjointed [dɪs'dʒɔɪntɪd] *adj (speech, writing)* inconexo,-a, deshilvanado,-a.

disk [dɪsk] *n (gen)* disco.
■ disk drive *COMPUT* disquetera.

diskette [dɪs'ket] *n COMPUT* disquete *m*.

dislike [dɪs'laɪk]
1 *n* aversión *f*, antipatía: my mother took an immediate dislike to him mi madre le cogió antipatía inmediatamente; he has an extreme dislike of cats no le gustan nada los gatos, tiene aversión a los gatos; we all have our likes and dislikes todos tenemos cosas que nos gustan y que no nos gustan.
2 *vt (thing)* no gustarle a; *(person)* tener antipatía a, caerle mal a: I dislike wearing a skirt no me gusta llevar falda; she dislikes him le cae mal.

dislocate ['dɪsləkeɪt]
1 *vt MED* dislocar: she dislocated her hip se dislocó la cadera.
2 *vt fig (system, plan, traffic)* trastornar.

dislocation [dɪslə'keɪʃən]
1 *n MED* dislocación *f*.
2 *n fig* trastorno.

dislodge [dɪs'lɒdʒ]
1 *vt (object)* sacar.
2 *vt (person)* desalojar (**from**, de), desplazar (**from**, de).

disloyal [dɪs'lɔɪəl] *adj* desleal (**to**, a/ con).

disloyalty [dɪs'lɔɪəltɪ] *n* deslealtad *f* (**to**, a/con).

dismal ['dɪzməl]
1 *adj (gloomy - place)* sombrío,-a, deprimente, lúgubre; *(person)* triste; *(tone, look, manner)* sombrío,-a, deprimente;

(prospect, outlook, news) sombrío,-a; *(future)* negro,-a.

2 *adj fam (very bad - weather)* malísimo,-a, pésimo,-a; *(performance, music, result, etc)* pésimo,-a, lamentable: a dismal failure un fracaso estrepitoso.

dismantle [dɪsˈmæntəl]
1 *vt (take apart - machinery)* desmontar; *(- furniture)* desarmar.
2 *vt (strip - building, ship)* desmantelar.
3 *vt fig (system, organization, legislation)* desmantelar.
4 *vi* desmontarse, desarmarse.

dismast [dɪsˈmɑːst] *vt* desarbolar.

dismay [dɪsˈmeɪ]
1 *n* consternación f: to our dismay para nuestra consternación; they watched in/with dismay miraron consternados.
2 *vt* consternar.
✦ to be dismayed consternarse, quedarse consternado,-a.
to be filled with dismay dejarle a uno consternado,-a, consternarle a uno.

dismember [dɪsˈmembəʳ]
1 *vt (person's body)* desmembrar; *(animal)* descuartizar.
2 *vt (country, empire)* desmembrar, dividir.

dismemberment [dɪsˈmembəmənt] *n* desmembración f.

dismiss [dɪsˈmɪs]
1 *vt (reject - idea, possibility, suggestion)* descartar, desechar; *(- subject)* despachar; *(- thoughts, feelings)* apartar, desterrar; *(- theory, request)* rechazar: he was dismissed as a no-hoper quedó descartado como un caso perdido.
2 *vt (sack - employee)* despedir; *(- official, executive, minister)* destituir.
3 *vt (send away, allow to go)* dar permiso para retirarse: the teacher dismissed the class early el maestro dejó salir a su clase antes de la hora; troops dismissed! ¡rompan filas!
4 *vt JUR (case)* desestimar; *(charge, appeal)* desestimar, denegar.

dismissal [dɪsˈmɪsəl]
1 *n (of idea, suggestion)* descarte m, abandono; *(of theory, request, plan)* rechazo.
2 *n (sacking - of employee)* despido; *(- of official, executive, minister)* destitución f.
3 *n (sending away)* autorización f para retirarse.
4 *n JUR (of claim)* desestimación f.

dismissive [dɪsˈmɪsɪv] *adj (attitude, smile)* desdeñoso,-a: he was dismissive of her se mostró desdeñoso con ella.

dismount [dɪsˈmaʊnt] *vi* desmontarse **(from**, de), apearse **(from**, de), bajarse **(from**, de).

disobedience [dɪsəˈbiːdɪəns] *n* desobediencia.

disobedient [dɪsəˈbiːdɪənt] *adj* desobediente.

✦ to be disobedient to somebody desobedecer a alguien.

disobey [dɪsəˈbeɪ]
1 *vt* desobedecer.
2 *vi* desobedecer.

disobliging [dɪsəˈblaɪdʒɪŋ] *adj fml (unhelpful)* poco complaciente, desatento,-a, poco servicial.

disorder [dɪsˈɔːdəʳ]
1 *n (untidiness)* desorden m.
2 *n (confusion)* desorden m, confusión f, caos m.
3 *n (disturbance of public order)* alteración f, *(riot)* disturbios mpl, desórdenes mpl: civil disorder desórdenes públicos.
4 *n MED (illness)* indisposición f, afección f, problema m; *(of mind)* trastorno.
✦ to retreat in great disorder retirarse a la desbandada.

disordered [dɪsˈɔːdəd]
1 *adj (untidy)* desordenado,-a, desarreglado,-a.
2 *adj (disorganized)* desordenado,-a, caótico,-a.
3 *adj (ill)* indispuesto,-a; *(mind)* trastornado,-a, enfermo,-a, enfermizo,-a.

disorderly [dɪsˈɔːdəlɪ]
1 *adj (untidy)* desordenado,-a.
2 *adj (unruly - crowd)* alborotado,-a, escandaloso,-a; *(- person)* revoltoso,-a.
✦ to be drunk and disorderly estar en estado de embriaguez y alterando el orden público.
■ disorderly house *(brothel)* casa de lenocinio, prostíbulo; *(gaming house)* casa de juegos.

disorganisation [dɪsɔːgənaɪˈzeɪʃən] *n* → **disorganization.**

disorganise [dɪsˈɔːgənaɪz] *vt* → **disorganize.**

disorganised [dɪsˈɔːgənaɪzd] *adj* → **disorganized.**

disorganization [dɪsɔːgənaɪˈzeɪʃən] *n* desorganización f.

disorganize [dɪsˈɔːgənaɪz] *vt* desorganizar.

disorganized [dɪsˈɔːgənaɪzd] *adj* desorganizado,-a.

disorient [dɪsˈɔːrɪənt] *vt* desorientar.

disorientate [dɪsˈɔːrɪənteɪt] *vt* desorientar.
✦ to get disorientated desorientarse.

disorientation [dɪsɔːrɪənˈteɪʃən] *n* desorientación f.

disown [dɪsˈəʊn] *vt (child, person, country)* renegar de, repudiar; *(signature, comment, opinion)* no reconocer como propio,-a.

disparage [dɪsˈpærɪdʒ] *vt* menospreciar, despreciar.

disparagement [dɪsˈpærɪdʒmənt] *n* denigración f.

disparaging [dɪsˈpærɪdʒɪŋ] *adj* despectivo,-a, despreciativo,-a, desdeñoso,-a.

disparagingly [dɪsˈpærədʒɪŋlɪ] *adv* en tono despectivo, despectivamente, en tono despreciativo, en tono desdeñoso.

disparate [ˈdɪspərɪt] *adj fml* dispar, distinto,-a, diferente.

disparity [dɪsˈpærɪtɪ] *n fml (inequality)* disparidad f, *(difference)* discrepancia.
▲ *pl* **disparities.**

dispassionate [dɪsˈpæʃənət] *adj (account, analysis)* desapasionado,-a, objetivo,-a; *(observer)* imparcial.

dispassionately [dɪsˈpæʃənətlɪ] *adv* desapasionadamente.

dispatch [dɪsˈpætʃ]
1 *n (message)* mensaje m; *(official message)* despacho.
2 *n MIL* parte m.
3 *n (journalist's report)* noticia, reportaje m.
4 *n (sending)* despacho, envío, expedición f.
5 *n fml (speed)* prontitud f, rapidez f.
6 *vt (send)* enviar, despachar, expedir.
7 *vt (finish quickly - task, duty, job)* despachar; *(- food)* despacharse, zampar.
8 *vt euph (kill)* despachar, matar.
■ dispatch box valija ministerial.
dispatch case portafolios m.
dispatch note aviso de envío.
dispatch rider mensajero,-a.

dispel [dɪsˈpel] *vt* disipar.
▲ *pt & pp* **dispelled,** *ger* **dispelling.**

dispensable [dɪsˈpensəbəl] *adj* prescindible, innecesario,-a.

dispensary [dɪsˈpensərɪ] *n (in hospital)* dispensario; *(in school)* enfermería.
▲ *pl* **dispensaries.**

dispensation [dɪspenˈseɪʃən]
1 *n fml (act of handing out)* administración f.
2 *n fml (arrangement of events, fate)* bendición f.
3 *n (exemption, permission)* exención f, dispensa.
4 *n REL (exemption, permission)* dispensa.
5 *n POL (system)* administración f, régimen m.

dispense [dɪsˈpens]
1 *vt (give out, distribute - supplies, funds)* distribuir, repartir; *(- money, grants, alms)* dar; *(- advice, wisdom)* ofrecer; *(- favours)* conceder; *(of machine)* expender.
2 *vt JUR (justice)* administrar.
3 *vt fml (system, public service)* suministrar, administrar.
4 *vt (medicines)* preparar y despachar.
▶ to dispense with *vt insep (manage without)* prescindir de, pasar sin; *(get rid of)* desechar, deshacerse de; *(make unnecessary)* eliminar.

dispenser [dɪsˈpensəʳ]
1 *n (machine)* máquina expendedora.
2 *n (pharmacist)* farmacéutico,-a.
■ soap dispenser dosificador m de jabón.

dispensing chemist [dɪspensɪŋˈkemɪst] *adj GB* farmacéutico,-a.

dispersal [dɪˈspɜːsəl] *n* dispersión *f*.

disperse [dɪˈspɜːs]
1 *vt* dispersar.
2 *vi* dispersarse.

dispersed [dɪsˈpɜːst] *adj* disperso,-a.

dispirited [dɪˈspɪrɪtɪd] *adj* abatido,-a, desanimado,-a.

displace [dɪsˈpleɪs]
1 *vt (gen)* desplazar; *(bone)* dislocar.
2 *vt (replace)* sustituir, reemplazar; *(official)* destituir.
■ **displaced person** expatriado,-a, refugiado,-a, desplazado,-a.

displacement [dɪsˈpleɪsmənt]
1 *n (removal)* desplazamiento.
2 *n (supplanting, replacement)* sustitución *f*, reemplazo.
3 *n PHYS* desplazamiento.

display [dɪˈspleɪ]
1 *n (of goods, paintings, etc)* exposición *f*, muestra; *(arrangement)* arreglo.
2 *n (of strength, force)* exhibición *f*, despliegue *m*; *(of feelings, skills)* demostración *f*, exteriorización *f*.
3 *n COMPUT* visualización *f*.
4 *vt (put on show - china, medals)* exhibir; *(goods, paintings)* exponer; *(notice, advertisement, permit)* colocar.
5 *vt (flaunt)* hacer alarde de, hacer gala de, hacer despliegue de.
6 *vt (show - feelings, emotions)* demostrar, exteriorizar; *(- anger, interest, concern)* demostrar, manifestar; *(- skill, tact, courage)* - demostrar, dar prueba de; *(- qualities, talent)* lucir, mostrar.
7 *vt (headlines)* hacer resaltar.
8 *vt COMPUT* visualizar.
✦ **to be on display** estar expuesto,-a.
■ **display cabinet** vitrina.
display window escaparate *m*.
firework display fuegos *mpl* artificiales.

displease [dɪsˈpliːz] *vt fml* disgustar, contrariar.
✦ **to be displeased at something** molestarle a uno algo.
to be displeased with somebody estar disgustado,-a con alguien.

displeasure [dɪsˈpleʒəʳ] *n* disgusto, desagrado.

disport [dɪˈspɔːθ] **to disport oneself** *vt* entretenerse, divertirse.

disposable [dɪˈspəʊzəbəl]
1 *adj (throwaway)* desechable, de usar y tirar.
2 *adj (available - income)* disponible.
■ **disposable camera** cámara de usar y tirar, cámara desechable.

disposal [dɪˈspəʊzəl]
1 *n (removal of waste etc)* eliminación *f*.
2 *n (of possessions)* enajenación *f*; *(of property)* traspaso.
3 *n fml (arrangement - gen)* disposición *f*; *(of troops)* despliegue *m*.

4 *n (availability)* disponibilidad *f*.
✦ **at somebody's disposal** a disposición de alguien: I had a car at my disposal tenía un coche a mi disposición.

dispose [dɪˈspəʊz]
1 *vt (arrange)* disponer, colocar.
2 *vt fml (incline)* predisponer (**to/towards**, hacia).
▸ **to dispose of**
1 *vt insep (get rid of - rubbish)* tirar; *(- unwanted object)* deshacerse de; *(- rival, opponent)* deshacerse de, liquidar; *(kill)* liquidar, despachar; *(sell)* vender.
2 *vt insep (deal with - argument, problem, task, question)* despachar.
3 *vt insep fml (have available)* disponer de.

disposed [dɪˈspəʊzd]
1 *adj (willing)* dispuesto,-a (**to**, a): I didn't feel disposed to help them no me sentía dispuesta a ayudarlos.
2 *adj (prone, liable)* propenso,-a (**to**, a).
✦ **to be favourably/well disposed towards somebody/something** estar bien dispuesto,-a hacia alguien/algo.
to be ill disposed towards somebody/something estar mal dispuesto,-a hacia alguien/algo.

disposition [dɪspəˈzɪʃən]
1 *n fml (nature, temperament)* carácter *m*, genio, naturaleza, manera de ser, temperamento: she is of a cheerful/nervous disposition es de temperamento alegre/nervioso.
2 *n fml (inclination, tendency)* predisposición *f* (**to**, a), intención *f* (**to**, de).
3 *n (arrangement, placing)* disposición *f*.

dispossess [dɪspəˈzes]
1 *vt* desposeer, despojar.
2 **the dispossessed** *npl* los desposeídos *mpl*.

dispossession [dɪspəˈzeʃən] *n* desposeimiento.

disproportion [dɪsprəˈpɔːsən] *n* desproporción *f*, desmesura.

disproportionately
[dɪsprəˈpɔːʃəntlɪ] *adv* desproporcionadamente, desmesuradamente.

disproportionate [dɪsprəˈpɔːʃənət] *adj* desproporcionado,-a (**to**, a): there are a disproportionate number of men in the government hay un número desproporcionado de hombres en el gobierno; we spend a disproportionate amount of money on rent lo que gastamos en el alquiler es desproporcionado.
✦ **to be disproportionate to something** ser desproporcionado,-a respecto a algo.

disprove [dɪsˈpruːv] *vt (theory)* refutar, rebatir, impugnar; *(allegation, claim, charge)* desmentir.

disputable [dɪˈspjuːtəbəl] *adj* discutible.

dispute [ˈdɪspjuːt]
1 *n (disagreement)* discusión *f*; *(controversy)* controversia, polémica, disputa; *(quarrel)* disputa, discusión *f*: there's been a lot of dispute over the name of the coin ha habido mucha polémica respecto al nombre de la moneda; the land has been the object of a long-running dispute el terreno ha sido objeto de una larga disputa; a border dispute un conflicto fronterizo.
2 *n (industrial action)* conflicto (laboral): a pay dispute un conflicto salarial.
3 *vt (question - claim, right)* refutar; *(- statement, fact, theory)* discutir, cuestionar; *(- result)* poner en duda; *(- will, decision)* impugnar.
4 *vt (argue about - matter, question, point)* discutir, debatir: a hotly disputed affair un asunto muy controvertido.
5 *vt (fight for - territory, possession)* disputar(se).
6 *vt (argue)* discutir (**about/over**, de/sobre), (**with**, con).
✦ **beyond/past/without dispute** indiscutiblemente.
to be in/under dispute estar en litigio: the territory in dispute el territorio en litigio.
to be open to dispute ser discutible.
▲ *(verbo)* [dɪˈspjuːt].

disqualification [dɪskwɒlɪfɪˈkeɪʃən] *n (from exam, competition, championship)* descalificación *f*; *(from office, service, driving)* inhabilitación *f*.

disqualify [dɪsˈkwɒlɪfaɪ] *vt (bar - from exam, competition, championship)* descalificar; *(- from office, service, driving)* inhabilitar, incapacitar; *(prevent)* impedir: he was disqualified from holding public office fue inhabilitado para ocupar cargos públicos; she was disqualified from driving for a year le retiraron el carnet por un año.
▲ *pt & pp* disqualified, *ger* disqualifying.

disquiet [dɪsˈkwaɪət]
1 *n* inquietud *f*, preocupación *f*, desasosiego, intranquilidad *f*.
2 *vt fml* inquietar.

disquieting [dɪsˈkwaɪətɪŋ] *adj* preocupante, inquietante.

disquisition [dɪskwɪˈzɪʃən] *n fml* disquisición *f* (**on**, sobre/acerca de).

disregard [dɪsrɪˈɡɑːd]
1 *n (gen)* indiferencia (**for**, hacia); *(for risk, safety)* despreocupación *f*: with a complete disregard for my feelings sin tener en cuenta mis sentimientos; with a total disregard of the law con una indiferencia total hacia la ley.
2 *vt (danger, difficulty)* ignorar, despreciar; *(advice, wishes, warning)* hacer caso omiso de, no presta atención a; *(feelings, behaviour)* no tener en cuenta: they completely disregarded our objections hicieron caso omiso de nuestras objeciones.

disrepair [dɪsrɪ'peəʳ] *n* mal estado.
✦ to fall into **disrepair** deteriorarse.

disreputable [dɪs'repjətəbəl] *adj (person, place)* de mala fama; *(firm, company)* de dudosa reputación; *(behaviour, action)* vergonzoso,-a.

disrepute [dɪsrɪ'pjuːt] *n* mala reputación *f*, oprobio, descrédito, desprestigio.
✦ to bring something into **disrepute** desacreditar algo.
  to fall into **disrepute** caer en descrédito.

disrespect [dɪsrɪ'spekt] *n* falta de respeto (**for**, hacia), desacato (**for**, a): no disrespect (to you) sin ánimo de ofender; I didn't mean any disrespect no quise ofenderle, no fue mi intención ofenderle.

disrespectful [dɪsrɪ'spektfʊl] *adj (person)* irrespetuoso,-a (**to/towards**, para con); *(attitude)* irreverente.

disrobe [dɪs'rəʊb] *vi* desnudarse, desvestirse.

disrupt [dɪs'rʌpt] *vt (meeting, class)* interrumpir, perturbar el desarrollo de; *(traffic, communications)* crear problemas de, afectar a; *(schedule, plans, order)* desbaratar, trastocar, trastornar: I will not have you disrupting my class! ¡no permitiré que interrumpas mi clase!

disruption [dɪs'rʌpʃən] *n (of meeting)* interrupción *f*; *(of traffic)* problemas *mpl*; *(of schedule, plans, order)* trastorno, desbaratamiento: the mass strikes are causing serious disruption las huelgas masivas están provocando serios trastornos.

disruptive [dɪs'rʌptɪv] *adj (influence, behaviour)* perjudicial, nocivo,-a; *(child, student, etc)* perturbador,-ra, que trastorna todo: your son is a disruptive influence on the other pupils su hijo ejerce una influencia nociva sobre los otros alumnos.

dissatisfaction [dɪssætɪs'fækʃən] *n* insatisfacción *f*, descontento.

dissatisfied [dɪs'sætɪsfaɪd] *adj* insatisfecho,-a, descontento,-a.

dissect [dɪ'sekt, daɪ'sekt]
  1 *vt (cut open)* disecar, diseccionar.
  2 *vt (analyse)* examinar minuciosamente, analizar minuciosamente, diseccionar.

dissemble [dɪ'sembəl]
  1 *vt fml (feelings, emotions)* disimular; *(intentions, motives, truth)* ocultar.
  2 *vi fml* fingir.

disseminate [dɪ'semɪneɪt] *vt fml (information, knowledge, ideas)* divulgar, difundir, diseminar.

dissemination [dɪsemɪ'neɪʃən] *n fml* diseminación *f*, difusión *f*.

dissension [dɪ'senʃən] *n* disensión *f*, desacuerdo.

dissent [dɪ'sent]
  1 *n* desacuerdo, disconformidad *f*, disensión *f*: there is some dissent within the party hay disensión dentro del partido.
  2 *vi* disentir, discrepar.

dissenter [dɪ'sentəʳ] *n* disidente *mf*.

dissenting [dɪ'sentɪŋ] *adj* discrepante.

dissertation [dɪsə'teɪʃən]
  1 *n (formal discourse)* disertación *f*.
  2 *n* EDUC *(for lower degree, master's)* tesina; *(for PhD)* tesis *f* (doctoral).

disservice [dɪs'sɜːvɪs] *n* perjuicio.
✦ to do somebody/something a **disservice** *(person)* perjudicar; *(cause)* perjudicar: you've done a disservice to the cause has perjudicado la causa por la que luchamos.

dissidence ['dɪsɪdəns] *n* disidencia.

dissident ['dɪsɪdənt]
  1 *adj* disidente.
  2 *n* disidente *mf*.

dissimilar [dɪ'sɪmɪləʳ] *adj* diferente (**to**, de), distinto,-a (**to**, de/a).

dissimilarity [dɪsɪmɪ'lærɪtɪ] *n* diferencia, disimilitud *f*.

dissimulate [dɪ'sɪmjəleɪt]
  1 *vt fml (feelings)* disimular; *(truth, fact)* ocultar, encubrir.
  2 *vi fml* disimular.

dissimulation [dɪsɪmjə'leɪʃən] *n fml* disimulo, disimulación *f*.

dissipate ['dɪsɪpeɪt]
  1 *vt (crowd)* dispersar; *(heat)* difundir.
  2 *vt (dispel - fears, anxiety)* disipar, (hacer) desvanecer.
  3 *vt (squander, waste - fortune, wealth)* derrochar, disipar, dilapidar; *(energies, efforts)* desperdiciar.
  4 *vi (mist, fog)* disiparse; *(crowd)* dispersarse; *(enthusiasm, anger, doubts, fears)* disiparse, desvanecerse.

dissipated ['dɪsɪpeɪtɪd] *adj* disoluto,-a, disipado,-a.

dissipation [dɪsɪ'peɪʃən]
  1 *n (of fear, hope, anxiety)* disipación *f*.
  2 *n (of fortune)* dilapidación *f*, derroche *m*; *(of energy)* derroche *m*.
  3 *n (dissipated living, debauchery)* disolución *f*, libertinaje *m*.

dissociate [dɪ'səʊʃɪeɪt] *vt (separate)* disociar (**from**, de), separar (**from**, de).
✦ to **dissociate** oneself from somebody/something desvincularse de alguien/algo, desligarse de alguien/algo.

dissociation [dɪsəʊʃɪ'eɪʃən] *n* disociación *f*.

dissoluble [dɪ'sɒljəbəl] *adj* disoluble.

dissolute ['dɪsəluːt] *adj* disoluto,-a.

dissolution [dɪsə'luːʃən] *n (gen)* disolución *f*; *(of empire)* desintegración *f*.

dissolve [dɪ'zɒlv]
  1 *vt (in liquid)* disolver.
  2 *vt (end - partnership, marriage, parliament, etc)* disolver.
  3 *vi (in liquid)* disolverse.
  4 *vi (come to end, break up)* disolverse.
  5 *vi (disappear)* desvanecerse, esfumarse.
✦ to **dissolve** into tears/laughter deshacerse en lágrimas/risas.

dissuade [dɪ'sweɪd] *vt* disuadir (**from**, de): we couldn't dissuade him from buying the car no pudimos disuadirlo de que se comprara el coche.

dissuasion [dɪ'sweɪʒən] *n* disuasión *f*.

dissuasive [dɪ'sweɪsɪv] *adj* disuasorio, -a, disuasivo,-a.

distance ['dɪstəns]
  1 *n (gen)* distancia: what's the distance between London and Bristol? ¿qué distancia hay entre Londres y Bristol?; it's no distance to the station la estación queda muy cerquita, la estación está a dos pasos; she lives within walking distance of the school puede ir andando desde casa a la escuela.
  2 *n fig (coldness, aloofness)* distancia, distanciamiento.
  3 *vt* distanciar.
✦ at/from a **distance** de lejos.
  in the **distance** a lo lejos, en la distancia.
  to **distance** oneself from somebody/something *(emotionally)* distanciarse de alguien/algo; *(dissociate oneself)* desvincularse de alguien/algo.
  to go the **distance** *(race)* acabar la carrera; *(boxing match)* llegar al último round; *(course, project, etc)* acabar la prueba, aguantar hasta el final.
  to keep one's **distance** mantenerse alejado,-a, guardar las distancias.
  to keep somebody at a **distance** guardar las distancias con alguien, tratar a alguien con frialdad.
■ **distance** learning enseñanza a distancia.

distant ['dɪstənt]
  1 *adj (place)* lejano,-a, distante, remoto, -a, apartado,-a; *(time, past)* lejano,-a, remoto,-a; *(look)* distraído,-a, ausente; *(cousin, relative)* lejano,-a: a distant journey un viaje muy largo; he could hear the distant sound of the sea oía el mar a lo lejos.
  2 *adj (cold, aloof)* distante, frío,-a.

distantly ['dɪstəntlɪ]
  1 *adv (see, hear)* a lo lejos, de lejos.
  2 *adv (coldly)* con frialdad; *(absent-mindedly)* distraídamente; *(remember)* vagamente.
  3 *adv (connected)* vagamente: we are distantly related somos parientes lejanos.

distaste [dɪs'teɪst] *n* aversión *f*, desagrado.

distasteful [dɪs'teɪstfʊl] *adj (idea, task)* desagradable; *(joke, remark)* de mal gusto.

distemper[1] [dɪsˈtempəʳ]
1 n ART (paint) temple m; (method) pintura al temple.
2 vt pintar al temple.
distemper[2] [dɪsˈtempəʳ] n (disease) moquillo.
distend [dɪˈstend]
1 vt dilatar, hinchar.
2 vi dilatarse, hincharse.
distil [dɪsˈtɪl]
1 vt (liquid, spirits) destilar.
2 vt (draw, derive - information, ideas, advice) extraer; (reduce) sintetizar.
■ **distilled water** agua destilada.
▲ pt & pp distilled, ger distilling.
distill [dɪsˈtɪl] vt US → distil.
distillation [dɪstɪˈleɪʃən]
1 n (process) destilación f.
2 n (substance) destilado.
3 n (reduction, essence) síntesis f.
distiller [dɪsˈtɪləʳ] n destilador,-ra.
distillery [dɪˈstɪləɪ] n destilería.
▲ pl distilleries.
distinct [dɪˈstɪŋkt]
1 adj (different, separate) distinto,-a (from, a), diferente (from, de): there are two distinct trends hay dos tendencias distintas; this problem is quite distinct from the other one este problema es totalmente distinto al otro.
2 adj (noticeable - likeness, change) marcado,-a; (- smell) inconfundible, fuerte; (idea, sign, intention, thought) claro,-a, evidente; (tendency) bien determinado,-a; (improvement) decidido,-a, marcado,-a: there's a distinct smell of gas hay un fuerte olor a gas; I had the distinct impression that she didn't like me tenía el convencimiento de que no le caía bien.
3 adj (possibility, advantage) innegable: there's a distinct possibility of a strike es muy probable que haya huelga.
✦ **as distinct from** a diferencia de.
distinction [dɪˈstɪŋkʃən]
1 n (difference, contrast) diferencia, distinción f: there's a clear distinction between the dialects hay una diferencia muy clara entre los dialectos.
2 n (worth, excellence) distinción f; (honour) honor m: a poet of distinction un poeta distinguido.
3 n GB ≈ matrícula de honor.
✦ **to draw/make a distinction between something** distinguir entre algo.
distinctive [dɪˈstɪŋktɪv] adj (smell, taste, marking, etc) distintivo,-a, característico,-a; (laugh, walk, gesture) personal, inconfundible; (dress, decor) particular.
distinctly [dɪˈstɪŋktlɪ] adv (clearly - speak) con claridad; (- remember, hear) perfectamente, claramente; (decidedly) decididamente: I distinctly remember putting it here recuerdo perfectamente que lo puse aquí; she looked distinctly

nervous se veía claramente que estaba nerviosa.
distinguish [dɪˈstɪŋgwɪʃ]
1 vt (differentiate) distinguir (from, de), diferenciar (from, de): can children distinguish right from wrong? ¿los niños saben distinguir el bien del mal?
2 vt (manage to see, make out) distinguir.
3 vi distinguir (between, entre).
✦ **to distinguish oneself** distinguirse, destacarse.
distinguishable [dɪˈstɪŋgwɪʃəbəl] adj distinguible.
✦ **to be distinguishable (from somebody/something)** distinguirse (de alguien/algo).
distinguished [dɪˈstɪŋgwɪʃt] adj (appearance) distinguido,-a; (career, position, person) distinguido,-a, eminente.
distinguishing [dɪˈstɪŋgwɪʃɪŋ] adj distintivo,-a, característico,-a.
distort [dɪˈstɔːt]
1 vt (deform - shape, object) deformar; (face) distorsionar; (image) distorsionar, deformar; (sound) distorsionar.
2 vt (misrepresent - words, statement) distorsionar, tergiversar; (truth) desfigurar, distorsionar.
distortion [dɪˈstɔːʃən]
1 n (of shape, object) deformación f; (of features) distorsión f, alteración f; (of image) distorsión f, deformación f; (of sound) distorsión f.
2 n (of case, motive, truth) deformación f, distorsión f; (of words, facts, news) distorsión f, tergiversación f.
distract [dɪˈstrækt] vt (person) distraer (from, de).
✦ **to distract somebody from something** distraer a alguien de algo.
to distract somebody's attention distraer a alguien, distraer la atención de alguien.
distracted [dɪˈstræktɪd] adj (not concentrating) distraído,-a; (nervous, anxious, confused) trastornado,-a (with, por).
distracting [dɪˈstræktɪŋ] adj (noise) molesto,-a; (presence) que distrae.
distraction [dɪˈstrækʃən]
1 n (interruption) distracción f, interrupción f.
2 n (amusement, entertainment) distracción f, entretenimiento, diversión f.
3 n (mental distress) desconsuelo, aflicción f.
✦ **to bore somebody to distraction** aburrir a alguien como una ostra.
to drive somebody to distraction sacar a alguien de quicio.
to love somebody to distraction estar loco,-a por alguien, estar perdidamente enamorado,-a de alguien.
distraught [dɪˈstrɔːt] adj afligido,-a, consternado,-a, angustiado,-a: we were distraught with worry estábamos consternados por la preocupación.

distress [dɪˈstres]
1 n (mental) aflicción f, angustia; (physical) dolor m; (exhaustion) agotamiento.
2 n (poverty) penuria, miseria.
3 n (danger) peligro.
4 vt (upset) afligir, dar pena a; (grieve) consternar.
✦ **to distress oneself** afligirse.
■ **distress call/distress signal** señal f de socorro.
distressed [dɪˈstrest] adj afligido,-a, consternado,-a: I was most distressed to hear of your loss la noticia de tu pérdida me afligió mucho.
■ **distressed area** zona deprimida, zona empobrecida.
distressing [dɪˈstresɪŋ] adj penoso,-a, angustioso,-a.
distribute [dɪˈstrɪbjuːt]
1 vt (hand out) distribuir, repartir; (share out) repartir.
2 vt COMM (supply for sale) distribuir.
3 vt (spread out) distribuir.
distribution [dɪstrɪˈbjuːʃən]
1 n (gen) distribución f, reparto; (of dividends) reparto.
2 n COMM distribución f.
3 n (spread) distribución f.
■ **distribution network/distribution system** red f de distribución/sistema m de distribución.
distributor [dɪˈstrɪbjətəʳ]
1 n (in general) distribuidor,-ra; (of films) distribuidora.
2 n (auto part) delco.
district [ˈdɪstrɪkt] n (of town, city) distrito, barrio; (of country) región f, zona.
■ **district attorney** US fiscal mf del distrito.
district council municipio.
district nurse enfermero,-a que realiza visitas a domicilio en una zona.
Federal District distrito federal.
postal district distrito postal.
distrust [dɪsˈtrʌst]
1 n desconfianza, recelo: her deep distrust of politicians su desconfianza en los políticos.
2 vt desconfiar de, no fiarse de.
distrustful [dɪsˈtrʌstful] adj desconfiado,-a, receloso,-a.
✦ **to be distrustful of somebody** desconfiar de alguien, recelar de alguien.
disturb [dɪsˈtɜːb]
1 vt (interrupt - concentration) interrumpir, distraer, hacer perder; (sleep) despertar; (silence) romper; (calm) perturbar: if he's asleep, don't disturb him si está durmiendo, no lo despiertes.
2 vt (inconvenience) molestar, estorbar; (burst in on) sorprender: I'm sorry to disturb you siento molestarte.
3 vt (disarrange - papers etc) desordenar, tocar; (- lake, grass) agitar, mover.
4 vt (worry, trouble) perturbar, inquietar, preocupar.
✦ **"Do not disturb"** "Se ruega no molestar".

to **disturb the peace** alterar el orden público.

disturbance [dɪˈstɜːbəns]
1 n (noisy disruption) alboroto, tumulto; (nuisance) molestia; (noise) ruido; (interruption) interrupción f.
2 n (riot, unrest) disturbio.
3 n (of routine) alteración f.
4 n (mental illness) trastorno.

disturbed [dɪˈstɜːbd]
1 adj (person, mind) trastornado,-a, con trastornos emocionales: **mentally disturbed** con trastornos mentales.
2 adj (worried, anxious) perturbado,-a, preocupado,-a.

disturbing [dɪˈstɜːbɪŋ] adj (worrying) inquietante, perturbador,-ra; (alarming) alarmante: **she found the film very disturbing** encontró la película muy inquietante.

disunite [dɪsjuːˈnaɪt] vt desunir.
disunity [dɪsˈjuːnɪtɪ] n desunión f.
disuse [dɪsˈjuːs] n desuso.
✦ **to fall into disuse** (words, customs, laws) caer en desuso.

disused [dɪsˈjuːzd] adj (factory, warehouse, mine) abandonado,-a; (machinery, railway line) en desuso.

ditch [dɪtʃ]
1 n (gen) zanja, foso, cuneta; (at roadside) cuneta; (for irrigation) acequia.
2 vt fam (get rid of - object) deshacerse de, tirar; (boyfriend, girlfriend) plantar, abandonar.
3 vt fam (plan) abandonar, desechar.
4 vi AV hacer un amerizaje forzoso.
✦ **to ditch a plane** hacer un amerizaje forzoso.
to the last ditch hasta el final.

dither [ˈdɪðəʳ] vi vacilar, titubear: **stop dithering!** ¡decídete ya!
✦ **to be all of a dither** estar neura, estar nervioso,-a.
to have the dithers vacilar, titubear.

ditto [ˈdɪtəʊ]
1 n (in list) ídem m.
2 adv fam lo mismo, ídem.
■ **ditto marks** comillas fpl.

ditty [ˈdɪtɪ] n cantinela, cancioncilla.
▲ pl **ditties**.

diuretic [daɪjəˈretɪk]
1 adj diurético,-a.
2 n diurético: **coffee acts as a diuretic** el café tiene efectos diuréticos.

diurnal [daɪˈɜːnəl] adj diurno,-a.

divan [dɪˈvæn]
1 n (couch) diván m, canapé m.
2 n **divan (bed)** cama turca.

dive [daɪv]
1 n (into water) zambullida, salto (de cabeza); (in competition) salto (de trampolín); (underwater) buceo; (of submarine, whale) inmersión f.
2 n (of plane) picado; (of bird) descenso (en picado).

3 n (sudden movement, lunge) embestida, arremetida.
4 n SP (of goalkeeper) estirada.
5 n fam (seedy bar, club) antro.
6 vi (into water) zambullirse, tirarse (de cabeza); (in competition) saltar; (underwater) bucear; (submarine, whale) sumergirse.
7 vi (birds, planes) bajar en picado.
8 vi (move suddenly) precipitarse hacia, abalanzarse hacia; (put hand into) meter la mano en, echar mano a: **he dived under the bed** se precipitó debajo de la cama; **she dived for the phone** se abalanzó hacia el teléfono.
9 vi SP (goalkeeper) lanzarse; (player looking for penalty) tirarse.
10 vi (drop suddenly - currency, sales, prices) caer en picado.
▸ **to dive in**
  1 vi (into water) zambullirse, tirarse de cabeza, tirarse al agua.
  2 vi fam (eat) atacar: **dive in!** ¡al ataque!
  3 vi (involve oneself completely) meterse de lleno en la tarea.
✦ **to go diving** ir a hacer submarinismo, ir a bucear.
to take a dive (in boxing) hacer tongo, dejarse ganar.
▲ US pt **dove** [dəʊv].

diver [ˈdaɪvəʳ]
1 n (person) buceador,-ra; (professional) buzo, submarinista mf; (in competition) saltador,-ra.
2 n (bird) colimbo.

diverge [daɪˈvɜːdʒ]
1 vi (lines) divergir; (roads) bifurcarse.
2 vi (opinion, views) divergir.
✦ **to diverge from something** discrepar de algo.

divergence [daɪˈvɜːdʒəns] n divergencia.

divergent [daɪˈvɜːdʒənt] adj divergente.

diverse [daɪˈvɜːs] adj (varied) diverso,-a, variado,-a; (unlike, different) distinto,-a, diferente.

diversification [daɪvɜːsɪfɪˈkeɪʃən]
1 n (variety) variedad f.
2 n COMM diversificación f.

diversify [daɪˈvɜːsɪfaɪ]
1 vt diversificar.
2 vi diversificarse.
▲ pt & pp **diversified**, ger **diversifying**.

diversion [daɪˈvɜːʃən]
1 n (of river) desviación f; (of flights, railway line) desvío.
2 n GB (detour) desvío.
3 n (distraction) distracción f.
4 n (entertainment) diversión f, entretenimiento.

diversity [daɪˈvɜːsɪtɪ] n diversidad f.

divert [daɪˈvɜːt]
1 vt (redirect) desviar.
2 vt (distract - attention) distraer.
3 vt (amuse) divertir, entretener.

divest [daɪˈvest] vt (take away) despojar (**of**, de), privar (**of**, de): **they divested him of all his powers** lo despojaron de todos sus poderes.
✦ **to divest oneself of something** despojarse de algo, quitarse algo.

divide [dɪˈvaɪd]
1 vt (split) dividir (**into**, en), (**up**, -); (separate) separar (**from**, de): **divide it in half** divídelo en dos; **a fence divides our garden from next door's** una cerca separa nuestro jardín del de los vecinos.
2 vt (share) repartir (**among/between**, entre), dividir: **they divided the sweets among all the children** repartieron los caramelos entre todos los niños; **I divide my time between home and the hospital** me reparto el tiempo entre casa y el hospital.
3 vt (cause to disagree) dividir: **the issue of abortion divided the coalition** el tema del aborto dividió la coalición.
4 vt MATH dividir: **divide 20 by 4** dividir 20 entre 4, dividir 20 por 4; **35 divided by 5 is 7** 35 dividido entre 5 son 7, 35 dividido por 5 son 7.
5 vi (fork - road, stream) dividirse, bifurcarse; (split - particles, group, people) dividirse (**up**, -): **I want you to divide up into small groups** quiero que os dividáis en pequeños grupos.
6 vi GB (vote) proceder a la votación.
7 vi MATH dividir.
8 n fml (difference, split) división f, diferencia.
9 n US (watershed) (línea) divisoria de (las) aguas.
✦ **divide and rule** divide y vencerás.
to cross the great divide emprender el último viaje.

divided [dɪˈvaɪdɪd] adj (opinion) dividido,-a.
■ **divided highway** US autovía.

dividend [ˈdɪvɪdend] n dividendo.
✦ **to pay dividends** dar dividendos, reportar beneficios.

divider [dɪˈvaɪdəʳ] n (in file) separador m; (in room) mampara.

dividers [dɪˈvaɪdəz] npl compás m de punta (fija).

dividing line [dɪˈvaɪdɪŋ laɪn] n línea divisoria.

divination [dɪvɪˈneɪʃən] n adivinación f.

divine¹ [dɪˈvaɪn]
1 adj REL divino,-a: **divine retribution** castigo divino.
2 adj dated (wonderful) divino,-a, precioso,-a: **you look divine!** ¡estás divina!
■ **divine service/divine worship** oficio religioso.

divine² [dɪˈvaɪn]
1 vt fml (guess - truth) adivinar; (- future) adivinar.
2 vt (dowse) descubrir con una varilla de zahorí.

3 *vi* buscar agua con una varilla de zahorí.

divinely [dɪ'vaɪnlɪ]
1 *adv REL* por Dios.
2 *adv fam* divinamente.

diviner [dɪ'vaɪnəʳ] *n* zahorí *m*.

diving ['daɪvɪŋ]
1 *n (underwater)* buceo, submarinismo.
2 *n (in competition)* saltos *mpl* (de trampolín).
■ **diving bell** campana de inmersión, campana de buzo.
diving board trampolín *m*.
diving suit escafandra, traje *m* de buzo.

divining-rod [dɪ'vaɪnɪŋrɒd] *n* varilla de zahorí.

divinity [dɪ'vɪnɪtɪ]
1 *n (quality, state)* divinidad *f*.
2 *n (subject)* teología.
▲ *pl divinities.*

divisible [dɪ'vɪzəbəl] *adj* divisible.

division [dɪ'vɪʒən]
1 *n (separation)* división *f*, *(sharing)* reparto: the division of Bosnia la división de Bosnia; the division of the chores el reparto de las tareas.
2 *n (section, part, group)* sección *f*: she works in the export division trabaja en la sección de exportación.
3 *n MIL* división *f*.
4 *n SP (in football)* división *f*.
5 *n (dividing line, boundary)* división *f*: class divisions divisiones de clase.
6 *n (difference, split)* división *f*, *(disagreement)* desacuerdo, diferencia: the divisions in society las divisiones en la sociedad; there are divisions in the party hay diferencias en el seno del partido.
7 *n MATH* división *f*.
8 *n GB (vote)* votación *f*.
■ **division sign** signo de división, signo de dividir.
the division of labour la distribución *f* del trabajo.

divisional [dɪ'vɪʒənəl] *adj MIL* de división.

divisive [dɪ'vaɪsɪv] *adj* divisivo,-a.

divisor [dɪ'vaɪzəʳ] *n* divisor *m*.

divorce [dɪ'vɔːs]
1 *n JUR* divorcio.
2 *n (separation)* divorcio.
3 *vt JUR* divorciarse de: he divorced her se divorció de ella.
4 *vt (separate)* divorciar (**from**, de).
5 *vi* divorciarse.

divorcé [dɪ'vɔːseɪ] *n* divorciado.

divorced [dɪ'vɔːst] *adj* divorciado,-a.
✦ **to get divorced** divorciarse.

divorcée [dɪvɔː'siː] *n* divorciada.

divulge [daɪ'vʌldʒ] *vt* divulgar, revelar.

DIY ['diː'aɪ'waɪ] *abbr GB* (**do-it-yourself**) bricolaje *m*.

dizziness ['dɪzɪnəs] *n (giddiness)* mareo; *(of heights)* vértigo.

dizzy ['dɪzɪ]
1 *adj (person)* mareado,-a.
2 *adj (speed, pace)* vertiginoso,-a; *(height)* de vértigo.
✦ **to feel dizzy** *(giddy)* estar mareado,-a; *(because of heights)* sentir vértigo.
to have a dizzy spell darle a uno,-a un mareo, darle a uno,-a un vahído.
to get dizzy marearse.
▲ *comp* dizzier, *superl* dizziest.

DJ¹ ['diː'dʒeɪ] *abbr GB fam* (**dinner jacket**) esmoquin *m*, smoking *m*.

DJ² ['diː'dʒeɪ] *abbr* (**disc jockey**) pinchadiscos *m*, disc-jockey *m*.

Djakarta [dʒə'kɑːtə] *n* Yakarta.

Djibouti [dʒɪ'buːtɪ] *n* Djibuti.

D Litt ['diː'lɪt] *abbr* (**Doctor of Letters**) doctor,-ra en literatura.

DNA ['diː'en'eɪ] *abbr* (**deoxyribonucleic acid**) ácido desoxirribonucleico; *(abbreviation)* ADN *m*.

do [duː]
1 *aux (used in questions) no se traduce*: do you smoke? ¿fumas?; do you know Susan? ¿conoces a Susan?; what do they want? ¿qué quieren?; where does Neil live? ¿dónde vive Neil?; what film did you see? ¿qué película viste?; when did they leave? ¿cuándo se fueron?
2 *aux (used in negatives) no se traduce*: I don't want to go no quiero ir; I don't play tennis no juego al tenis; they don't like meat no les gusta la carne; she doesn't live in London no vive en Londres; he didn't watch the match no vio el partido; we didn't go out yesterday no salimos ayer.
3 *aux (emphatic)*: do come with us! ¡ánimo, vente con nosotros!; I do like your dress me encanta tu vestido; I did post it, I swear! ¡sí que lo mandé, te lo juro!
4 *aux (substituting main verb)*: do you like basketball? - yes, I do ¿te gusta el baloncesto? - sí, me gusta; did you see the film? - no, I didn't ¿viste la película? - no, no la vi; he plays chess and so do I él juega al ajedrez y yo también; I don't feel well - neither do I no me encuentro bien - yo tampoco; she likes jazz and so does he a ella le gusta el jazz y a él también; they went to the concert and so did we ellos fueron al concierto y nosotros también; who wears glasses? - Brian does ¿quién lleva gafas? - Brian; who broke the vase? - I did ¿quién rompió el florero? - yo.
5 *aux (in question tags)*: you don't smoke, do you? no fumas, ¿verdad?; you like fish, don't you? a ti te gusta el pescado, ¿verdad?; she lives in Madrid, doesn't she? vive en Madrid, ¿verdad?; you went to their wedding, didn't you? tú fuiste a su boda, ¿verdad?; they didn't believe you, did they? no te creyeron, ¿verdad?

6 *vt (gen)* hacer: what are you doing here? ¿qué haces aquí?; what are you doing this weekend? ¿qué vas a hacer este fin de semana?; we'll have to do something about that door tendremos que hacer algo con esa puerta; do the right thing haz lo que debas; there's nothing to do in this town no hay nada que hacer en este pueblo; you do nothing but complain no haces más que quejarte; whatever you do, don't drink alcohol hagas lo que hagas, no bebas alcohol; what can I do about it? ¿qué quieres que haga yo?
7 *vt (as job)* hacer, dedicarse: what do you do (for a living)? ¿a qué te dedicas?; what does he want to do when he leaves university? ¿a qué quiere dedicarse cuando deje la universidad?
8 *vt (carry out - job, task)* hacer, realizar, llevar a cabo; *(- duty)* cumplir con: I've got to do the cooking/cleaning tengo que cocinar/limpiar; have you done your homework? ¿has hecho los deberes?; we do the shopping on Saturdays hacemos la compra los sábados.
9 *vt (study)* estudiar: do you do biology at school? ¿estudias biología en el instituto?; we're doing Shakespeare this year estamos estudiando a Shakespeare este curso; she's doing French at university estudia filología francesa en la Universidad; he did Politics at Oxford estudió Ciencias Políticas en Oxford.
10 *vt (solve - puzzle)* solucionar; *(- crossword, sum)* hacer.
11 *vt (produce, make - meal)* preparar, hacer; *(drawing, painting, translation, etc)* hacer; *(offer - service)* servir, tener, hacer; *(- discount)* hacer: does this pub do food? ¿sirven comidas en este pub?
12 *vt (attend to)* atender, servir: what can I do for you? ¿en qué le puedo servir?
13 *vt (put on, produce - play, opera, etc)* presentar, dar, poner en escena; *(play the part of)* hacer el papel de.
14 *vt (finish, complete)* terminar: have you done moaning? ¿has terminado de protestar?
15 *vt (achieve)* lograr, conseguir: he's done it! ¡lo ha conseguido!
16 *vt (travel over - distance)* recorrer, hacer; *(complete - journey)* hacer, ir; *(travel at - speed)* ir a: that car was doing at least 150 kph aquel coche iba como mínimo a 150 kilómetros por hora; we did London to Nottingham in two and a half hours fuimos de Londres a Nottingham en dos horas y media.
17 *vt (be sufficient for)* ser suficiente; *(be satisfactory for, acceptable to)* ir bien a: will 6 glasses do you? ¿será suficiente con seis vasos?; yes, that will do me nicely sí, eso me irá perfectamente.
18 *vt fam (cheat, swindle)* estafar, timar; *(rob)* robar; *(arrest, convict)* coger,

(fine) encajar una multa; *(serve time in prison)* cumplir: **you've been done!** ¡te han timado!

19 *vi (act, behave)* hacer: **you'll do as you're told** harás lo que te digan; **do as I do** haz lo que yo hago; **do as you would be done by** trata a los demás como tú quisieras ser tratado.

20 *vi (progress)* ir: **how are you doing?** ¿qué tal vas?, ¿cómo te van las cosas?; **she did badly in the exams** le fueron mal los exámenes; **both mother and baby are doing well** madre e hija se encuentran bien; **how are we doing for time?** ¿cómo andamos de tiempo?; **he's done really well for himself** ha prosperado mucho; **we did quite well out of that** hemos salido bastante bien parados de eso.

21 *vi (complete, finish)* terminar: **have you done with the hairdryer?** ¿has terminado con el secador?

22 *vi (be sufficient)* bastar, ser suficiente, alcanzar: **will one slice do for you?** ¿tendrás suficiente con una rebanada?; **that'll do!** ¡basta!

23 *vi (be satisfactory, suitable)* servir, estar bien: **well, I suppose it'll have to do** bueno, supongo que tendrá que servir; **it doesn't do to be late** no hay que llegar tarde; **it (just/simply) won't do** no puede ser; **this cushion will do as/for a pillow** este cojín servirá de almohada.

24 *n fam (party)* fiesta, guateque *m*.

▸ **to do away with**
1 *vt insep (abolish - tax)* abolir, suprimir; *(- need)* eliminar, acabar con.
2 *vt insep fam (kill)* eliminar, matar.
to do down *vt sep* hablar mal de, ser crítico,-a con.
to do for
1 *vt insep (manage)* arreglárselas para conseguir: **what do you do for money?** ¿de dónde sacas el dinero?
2 *vt insep fam (ruin, destroy)* acabar con, destrozar; *(kill)* matar: **if I don't finish this today, I'm done for** si no acabo esto hoy, estoy perdido.
3 *vt insep GB (do cleaning for)* venir a limpiar.
to do in *vt sep fam (kill)* matar, cargarse, liquidar; *(tire)* agotar, reventar; *(injure)* hacerse daño en; *(ruin)* estropear, cargarse: **I'm done in** estoy hecho,-a polvo.
to do out *vt sep GB (clean)* hacer una limpieza a fondo de; *(decorate)* decorar.
to do out of *vt sep fam* quitar, birlar.
to do over *vt sep fam* dar una paliza a.
to do up
1 *vt sep fam (fasten, belt)* abrochar(se); *(zip)* subir; *(laces)* atar.
2 *vt sep (wrap)* envolver.
3 *vt sep (dress up)* arreglar; *(decorate)* renovar, arreglar.

to do with *vt insep (need)* venir bien a: **I could do with a rest** un descanso me vendría muy bien; **this room could do with a good clean** no le vendría mal una limpieza a fondo a esta habitación.
to do without
1 *vt insep* pasar sin, prescindir de, arreglárselas sin: **do you think you could do without cigarettes?** ¿crees que podrías pasar sin tabaco?; **I could do without this!** ¡esto no me hacía ninguna falta!
2 *vi* arreglárselas sin.
✦ **how do you do?** *(greeting)* ¿cómo está usted?; *(answer)* mucho gusto, encantado,-a.
that does it! ¡esto ya es la gota que colma el vaso!, ¡ya está bien!
to be/have to do with somebody/something tener que ver con alguien/algo: **it has nothing to do with you** no tiene nada que ver contigo; **his job has something to do with computers** su trabajo está relacionado con los ordenadores.
to do business with somebody negociar con alguien.
to do drugs drogarse, consumir drogas.
to do one's best hacer lo mejor posible.
to do one's hair peinarse.
to do one's military service hacer el servicio militar.
to do one's nails arreglarse las uñas.
to do something again volver a hacer algo.
to do something for somebody *(help)* hacer algo por alguien; *(flatter, suit)* favorecer a alguien, quedarle bien a alguien; *(please)* atraer a alguien, decirle algo a alguien.
what's done is done a lo hecho, pecho.
you've done it now ahora sí que la has hecho buena.
▪ **do's and don'ts** reglas *fpl* de conducta, normas *fpl*.
▲ *3rd pers sing pres does, pt did* [dɪd], *pp done* [dʌn], *ger doing*.

Doberman ['dəʊbəmən] **Doberman (pinscher)** *n* doberman *m*.

doc [dɒk] *n fam* doctor,-ra.

docile ['dəʊsaɪl] *adj (person)* dócil, sumiso,-a; *(animal)* manso,-a.

dock¹ [dɒk]
1 *n MAR (gen)* muelle *m*; *(for cargo)* dársena.
2 *n JUR* banquillo (de los acusados).
3 *vt (ship)* atracar (**at**, a); *(spaceship)* acoplar.
4 *vi (ship)* atracar, fondear; *(spaceship)* acoplarse.
5 docks *npl* puerto.
✦ **to be in dock** *(ship)* estar en puerto; *(car)* estar en reparaciones.
▪ **dock worker** trabajador,-ra portuario,-a.

dock² [dɒk]
1 *vt (animal's tail)* cortar.
2 *vt (wages)* descontar dinero de.

dock³ [dɒk] *n BOT* acedera.

docker ['dɒkə'] *n* estibador,-ra, cargador,-ra.

docket ['dɒkɪt]
1 *n GB (label)* rótulo, etiqueta; *(contents list)* lista de contenido; *(delivery note)* resguardo de entrega.
2 *n US (list of cases)* lista de casos.
3 *vt* rotular, etiquetar.
▪ **customs docket** certificado de aduanas.

dockland ['dɒklænd] *n* zona del puerto, zona portuaria.
▲ *En Londres Docklands es la antigua zona portuaria cerca del río Támesis donde se han establecido muchas grandes empresas, sobre todo del sector financiero.*

dockside ['dɒksaɪd] *n* dársena.

dockyard ['dɒkjɑːd] *n* astillero.

doctor ['dɒktə']
1 *n MED* médico,-a, doctor,-ra: **family doctor** médico,-a de cabecera; **you should go to the doctor's** deberías ir al médico.
2 *n EDUC* doctor,-ra (**of**, en).
3 *vt pej (change - results, evidence)* falsificar, amañar; *(text, document)* arreglar, amañar; *(food, drink)* adulterar.
4 *vt euph (animal)* castrar.
✦ **to be under the doctor** ser atendido, -a por un,-a médico,-a.

doctoral ['dɒktərəl] *adj* doctoral.

doctorate ['dɒktərət] *n* doctorado.
✦ **to get a doctorate** doctorarse.

doctrinaire [dɒktrɪ'neə']
1 *adj* doctrinario,-a.
2 *n* doctrinario,-a.

doctrinal [dɒk'traɪnəl] *adj* doctrinal.

doctrine ['dɒktrɪn] *n* doctrina.

document ['dɒkjəmənt]
1 *n (gen)* documento.
2 *n JUR* escritura.
3 *vt* documentar.

documentary [dɒkjə'mentərɪ]
1 *adj (gen)* documental.
2 *n* documental *m*.
▲ *pl documentaries.*

documentation [dɒkjəmən'teɪʃən] *n* documentación *f*.

dodder ['dɒdə'] *vi fam* andar tambaleándose, andar con paso inseguro.

dodderer ['dɒdərə'] *n fam* vejestorio,-a.

doddering ['dɒdərɪŋ] *adj fam* chocho,-a.

doddery ['dɒdərɪ] *adj fam* chocho,-a.

doddle ['dɒdəl] **it's a doddle** *n fam* es pan comido, está chupado,-a está tirado,-a.

dodecagon [dəʊ'dekəgɒn] *n* dodecágono.

dodecagonal [dəʊde'kægənəl] *adj* dodecágono,-a.

dodecahedron [dəʊdekə'hiːdrən] *n* dodecaedro.

dodecaphonic [dəʊdekə'fɒnɪk] *adj* dodecafónico,-a.

dodecasyllable [dəʊdekə'sɪləbəl] *n* dodecasílabo.

dodecasyllablic [dəʊdekəsɪ'læbɪk] *n* dodecasílabo,-a.

dodge [dɒdʒ]
1 *n (quick movement)* regate *m*.
2 *n fam (trick)* truco, astucia, treta, artimaña.
3 *vt (avoid - blow etc)* esquivar; *(pursuer)* despistar, dar esquinazo a, sacudirse.
4 *vt (question)* esquivar, soslayar; *(problem, issue)* soslayar, eludir; *(work, duty, responsibility)* eludir, rehuir; *(tax)* evadir.
5 *vi (move quickly)* echarse a un lado, apartarse: **he dodged into a betting shop** se metió en una tienda de apuestas.
✦ **to be up to all the dodges** sabérselas todas.
▪ **tax dodge** evasión *f* fiscal.

dodgems ['dɒdʒəmz] *npl* coches *mpl* de choque, autos *mpl* de choque.

dodger ['dɒdʒəʳ] *n* persona que intenta eludir algo: **tax dodger** evasor,-ra de impuestos.

dodgy ['dɒdʒɪ]
1 *adj fam (risky)* arriesgado,-a, inseguro, -a; *(tricky)* peliagudo,-a, difícil, problemático,-a; *(dangerous)* peligroso,-a; *(bad)* chungo,-a.
2 *adj fam (dishonest - person)* que no es de fiar, poco fiable, de poca confianza, sospechoso,-a; *(- business)* sospechoso,-a, poco fiable.
▲ *comp* **dodgier**, *superl* **dodgiest**.

dodo ['dəʊdəʊ] *n* dodo.
✦ **as dead as a dodo** muerto,-a y bien muerto,-a, requetemuerto,-a.
▲ *pl* **dodos** o **dodoes**.

doe [dəʊ] *n (of deer)* gama; *(of hare)* liebre *f*, *(of rabbit)* coneja.

doer ['duːəʳ] *n* persona emprendedora, persona dinámica.

does [dʌz] *pres* → **do**.

doesn't ['dʌzənt] *contr* → **does not**.

doff [dɒf] *vt* quitar.
✦ **to doff one's hat to somebody** quitarse el sombrero ante alguien, descubrirse ante alguien.

dog [dɒg]
1 *n (gen)* perro,-a: **a guard dog** un perro guardián; **a pedigree dog** un perro de raza; **a police dog** un perro policía.
2 *n (male canine)* macho: **dog fox** zorro; **dog wolf** lobo.
3 *n fam (person)* tipo,-a: **dirty dog** canalla, sinvergüenza.
4 *vt (pursue)* perseguir.
5 **the dogs** *npl* las carreras *fpl* de galgos.
✦ **a dog's life** una vida de perros.
it's dog eat dog hay una competencia despiadada.

every dog has his/its day a todos les llega su momento de gloria.
let sleeping dogs lie peor es meneallo, deja las cosas como están.
not to have a dog's chance no tener ni la más remota posibilidad.
to be dressed up like a dog's dinner estar hecho,-a un mamarracho.
to go to the dogs venirse abajo.
to put on the dog darse pisto.
▪ **dog biscuit** galleta para perros.
dog collar *(dog's)* collar *m* de perro; *(priest's)* alzacuello.
dog tag placa de identificación.
dog paddle estilo perro *(al nadar)*.
dog sled/dog sledge trineo.
the dog days la canícula.
the Dog Star Sirio.
▲ *pt & pp* **dogged**, *ger* **dogging**.

dogcart ['dɒgkɑːt] *n* carro de dos ruedas tirado por un caballo.

dog-catcher ['dɒgkætʃəʳ] *n* lacero,-a.

doge [dəʊdʒ] *n* dux *m*.

dog-eared ['dɒgɪəd] *adj (book)* sobado,-a y con las esquinas dobladas.

dog-end ['dɒgend] *n* colilla.

dogfight ['dɒgfaɪt]
1 *n (between dogs)* pelea de perros; *(between people)* refriega, reyerta.
2 *n AV* combate *m* aéreo.

dogfish ['dɒgfɪʃ] *n (fish)* cazón *m*, perro marino.

dogged ['dɒgɪd] *adj (determined, tenacious)* terco,-a, obstinado,-a.

doggerel ['dɒgərəl] *n* malos versos *mpl*.

doggie ['dɒgɪ] *n* → **doggy**.

doggy ['dɒgɪ] *n* perrito,-a.
▪ **doggy bag** bolsita para el perro.
doggy paddle estilo perrito *(al nadar)*.
▲ *pl* **doggies**.

doghouse ['dɒghaʊs] *n US* perrera, casita del perro.
✦ **to be in the doghouse** haber caído en desgracia: **I'm in the doghouse again!** ¡vuelvo a tener problemas con la parienta!, ¡la parienta vuelve a estar enfadada conmigo!

dogma ['dɒgmə] *n* dogma *m*.

dogmatic [dɒg'mætɪk] *adj* dogmático,-a.

dogmatism ['dɒgmətɪzəm] *n* dogmatismo.

do-gooder [duː'gʊdəʳ] *n* bienhechor, -ra, persona bien intencionada.

dogsbody ['dɒgzbɒdɪ] *n GB fam* burro de carga.
▲ *pl* **dogsbodies**.

dog-tired ['dɒgtaɪəd] *adj* rendido,-a, hecho,-a polvo, muerto,-a de cansancio.

doh [dəʊ] *n MUS* do.

doily ['dɔɪlɪ] *n* tapete *m* (decorativo).
▲ *pl* **doilies**.

doing ['duːɪŋ]
1 *n (action)* obra: **is this your doing?** ¿lo has hecho tú?

2 *n (hard work)* trabajo: **it'll take some doing** costará trabajo hacerlo, va a dar trabajo.
3 **doings** *npl (activities)* actividades *fpl*.

do-it-yourself [duːɪtjɔː'self] *n* bricolaje *m*.
▪ **do-it-yourself shop** tienda de bricolaje.

doldrums ['dɒldrəmz] **the doldrums** *npl* la zona de las calmas ecuatoriales.
✦ **to be in the doldrums** *(person)* estar abatido,-a, estar deprimido,-a; *(business, trade)* estar estancado,-a.

dole [dəʊl]
1 **the dole** *n GB fam* el subsidio de desempleo, el paro.
▶ **to dole out** *vt sep* repartir, dar.
✦ **to be on the dole** estar en el paro.
to go on the dole apuntarse para cobrar el paro.
▪ **dole money** dinero del paro, subsidio del paro.
dole queue número de parados.

doleful ['dəʊlfʊl] *adj* triste, compungido,-a, afligido,-a.

doll [dɒl] *n* muñeca.
▶ **to doll up** *vt sep fam* poner guapo,-a.
✦ **to doll oneself up** ponerse guapo,-a, emperifollarse.
to get dolled up ponerse guapo,-a, emperifollarse.
▪ **doll's house** casa de muñecas.

dollar ['dɒləʳ] *n* dólar *m*.
✦ **to feel like a million dollars** sentirse en el séptimo cielo, sentirse en las nubes.
to look like a million dollars tener un aspecto maravilloso, estar despampanante.
▪ **dollar bill** billete *m* de un dólar.
the sixty-four thousand dollar question la pregunta del millón.

dollarisation [dɒləraɪ'zeɪʃən] *n* dolarización.

dollop ['dɒləp] *n fam (spoonful)* cucharada; *(serving, measure)* ración *f*.

dolly ['dɒlɪ]
1 *n (doll)* muñeca, muñequita.
2 *n CINEM (moveable support)* dolly *m*, plataforma móvil.
▲ *pl* **dollies**.

dolmen ['dɒlmən] *n* dolmen *m*.

Dolomites [dɒlə'maɪts] **the Dolomites** *n* los Dolomitas *mpl*.

dolphin ['dɒlfɪn] *n* delfín *m*.

domain [də'meɪn]
1 *n (lands)* dominios *mpl*.
2 *n (in computing)* dominio.
3 *n (sphere of knowledge)* campo, esfera; *(area of activity)* ámbito: **that's outside my domain** eso está fuera de mi campo; **in the public domain** de(l) dominio público.

dome [dəʊm] *n ARCH (roof)* cúpula; *(ceiling)* bóveda.

domestic [də'mestɪk]
1 *adj (of the home)* doméstico,-a: **domestic animal** animal doméstico; **domestic bliss** felicidad conyugal.

2 *adj (home-loving)* hogareño,-a, casero,-a.

3 *adj (news, flight)* nacional; *(trade, policy)* interior; *(affairs, policy, market)* interno,-a.

4 *n* empleado,-a doméstico,-a.

■ **domestic science** economía doméstica, hogar *m*.

domestic service servicio doméstico.

domestic violence violencia en el hogar.

domesticate [dəˈmestɪkeɪt]

1 *vt (animal)* domesticar.

2 *vt (person)* volver hogareño,-a a, volver casero,-a a.

✦ **to become domesticated** volverse hogareño,-a, volverse casero,-a.

domesticity [dəʊmeˈstɪsɪtɪ] *n (of person)* vida de hogar, vida casera; *(of animal)* domesticidad *f*.

domicile [ˈdɒmɪsaɪl] *n JUR* domicilio.

dominance [ˈdɒmɪnəns]

1 *n (power, control)* dominio, control *m*: their dominance of the market su control del mercado.

2 *n (importance, predominance)* predominio, preponderancia.

dominant [ˈdɒmɪnənt]

1 *adj (gen)* dominante: brown eyes are dominant los ojos marrones son dominantes.

2 *adj (predominant, most important)* predominante, preponderante, dominante.

dominate [ˈdɒmɪneɪt]

1 *vt* dominar: he dominates the meetings domina las reuniones; the huge cathedral dominates the city la enorme catedral domina la ciudad.

2 *vi (have control)* dominar; *(predominate)* predominar.

✦ **to dominate over somebody** ser muy dominante con alguien.

dominating [ˈdɒmɪneɪtɪŋ] *adj* dominante.

domination [dɒmɪˈneɪʃən] *n* dominación *f*.

domineer [dɒmɪˈnɪər] *vi* avasallar.

domineering [dɒmɪˈnɪərɪŋ] *adj* dominante.

Dominica [dɒmɪˈniːkə] *n* Dominica.

Dominican [dəˈmɪnɪkən]

1 *adj* dominicano,-a.

2 *n* dominicano,-a.

■ **Dominican Republic** República Dominicana.

dominion [dəˈmɪnjən] *n* dominio.

domino [ˈdɒmɪnəʊ]

1 *n* ficha de dominó.

2 dominoes *npl (game)* dominó *m*.

■ **domino effect** efecto dominó.

▲ *pl* **dominoes.**

don¹ [dɒn] *n* profesor,-ra universitario,-a.

don² [dɒn]

1 *vt (put on)* ponerse.

2 *vt fig* asumir.

▲ *pt & pp* **donned,** *ger* **donning.**

donate [dəʊˈneɪt] *vt (blood, organ)* donar; *(money)* donar, hacer un donativo de; *(services)* prestar desinteresadamente.

donation [dəʊˈneɪʃən]

1 *n (act)* donación *f*.

2 *n (gift)* donativo.

done [dʌn]

1 *pp* → **do.**

2 *adj (finished)* terminado,-a, acabado,-a, hecho,-a: are you done in there yet? ¿ya has acabado allí dentro?; it's nearly done casi está (acabado); this has got to be done by tomorrow esto tiene que estar terminado para mañana.

3 *adj fam (tired)* agotado,-a.

4 *adj (cooked - vegetables)* cocido,-a; *(- meat)* hecho,-a: the turkey's done to a turn el pavo está en su punto.

5 *adj (socially acceptable)* bien visto,-a: it isn't done to … es de mal gusto …, no está bien visto …

6 *interj fam* ¡trato hecho!, ¡vale!

✦ **it's over and done with** se acabó.

to be the done thing ser de rigor, ser lo que se hace.

to be/have done with something acabar con algo.

to have something done hacerse hacer algo: have you had you hair done? ¿te has arreglado el pelo?

donkey [ˈdɒŋkɪ]

1 *n (animal)* burro,-a, asno.

2 *n (stupid person)* burro,-a.

✦ **donkey's years** siglos, mucho tiempo: we've known each other for donkey's years nos conocemos desde hace siglos.

■ **donkey jacket** chaquetón *m* de obrero, chaqueta gruesa de obrero.

donkey work trabajo pesado.

donor [ˈdəʊnər] *n* donante *m*.

don't [dəʊnt] *aux (do + not)* → **do.**

donut [ˈdəʊnʌt] *n* → **doughnut.**

doodle [ˈduːdəl]

1 *vi* garabatear.

2 *n* garabato.

doom [duːm]

1 *n (fate)* destino, sino; *(ruin)* perdición *f*, fatalidad *f*; *(death)* muerte *f*.

2 *vt (destine)* destinar; *(condemn)* condenar.

✦ **doom and gloom** pesimismo.

to meet one's doom encontrar la muerte.

doomed [duːmd] *adj* condenado,-a.

✦ **to be doomed to failure** estar condenado,-a al fracaso.

doomsday [ˈduːmzdeɪ] *n* día *m* del juicio final.

door [dɔːr]

1 *n (gen)* puerta: front/back door puerta principal/trasera; will you answer the door? ¿quieres abrir la puerta?; there's someone at the door hay alguien en la puerta.

2 *n (entrance)* puerta, entrada.

✦ **behind closed doors** a puerta cerrada.

(from) door to door de puerta en puerta.

by the back door *fig* de forma ilegal, ilegalmente.

next door al lado: who lives next door? ¿quién vive en la casa de al lado?; we live next door to a supermarket vivimos al lado de un supermercado.

out of doors al aire libre.

to be on the door hacer de portero,-a.

to lay something at somebody's door echar la culpa de algo a alguien.

to show somebody the door echar a alguien, enseñarle la puerta a alguien.

to show somebody to the door acompañar a alguien hasta la puerta.

to shut/slam the door in somebody's face dar a alguien con la puerta en las narices.

■ **door handle** manilla de la puerta.

door key llave de la puerta.

doorbell [ˈdɔːbel] *n* timbre *m*.

doorknob [ˈdɔːnɒb] *n* pomo.

doorman [ˈdɔːmən] *n* portero.

doormat [ˈdɔːmæt] *n* felpudo, esterilla.

✦ **to treat somebody like a doormat** tratar a alguien como un trapo.

doornail [ˈdɔːneɪl] **as dead as a doornail** *phr* muerto,-a y bien muerto,-a, requetemuerto,-a.

doorstep [ˈdɔːstep]

1 *n* peldaño, umbral *m*.

2 *n GB fam (thick slice of bread)* rebanada gruesa de pan.

✦ **on the/one's doorstep** al lado de casa, a la vuelta de la esquina.

doorstop [ˈdɔːstɒp] *n (wedge)* cuña; *(on floor, wall)* tope *m* (de la puerta).

door-to-door [dɔːtəˈdɔː] *adj* de puerta en puerta, a domicilio.

■ **door-to-door salesman** vendedor *m* a domicilio.

doorway [ˈdɔːweɪ] *n* entrada, portal *m*.

dope [dəʊp]

1 *n sl (drug - gen)* droga; *(marijuana)* hachís *m*, chocolate *m*.

2 *n fam (person)* imbécil *mf*, tarugo,-a, pelmazo *mf*.

3 *vt fam (food, drink)* adulterar con drogas, poner droga en.

4 *vt SP (athlete, horse)* dopar, drogar.

dopey [ˈdəʊpɪ]

1 *adj sl (with drugs, sleep)* grogui, atontado,-a.

2 *adj (stupid)* estúpido,-a, tonto,-a, lelo,-a, bobo,-a.

▲ *comp* **dopier,** *superl* **dopiest.**

doping [ˈdəʊpɪŋ] *n* dopaje *m*, doping *m*.

dopy [ˈdəʊpɪ] *adj* → **dopey.**

▲ *comp* **dopier,** *superl* **dopiest.**

Dordogne [dɔːˈdɔɪn] *n* el Dordoña *m*.

dormant [ˈdɔːmənt]

1 *adj (volcano)* inactivo,-a; *(animal, plant)* aletargado,-a.

2 *adj fig (idea, emotion, rivalry)* latente.

dormer ['dɔːmə'] **dormer (window)** *n* buhardilla.

dormitory ['dɔːmɪtərɪ]
1 *n (in boarding school, hostel)* dormitorio.
2 *n US* residencia de estudiantes, colegio mayor.
■ **dormitory town** ciudad *f* dormitorio.
▲ *pl* **dormitories.**

dormouse ['dɔːmaʊs] *n* lirón *m*.

dorsal ['dɔːsəl] *adj* dorsal.

dosage ['dəʊsɪdʒ] *n (amount)* dosis *f*; *(on medicine bottle)* posología.
✦ **do not exceed the stated dosage** no exceder la dosis recomendada.

dose [dəʊs]
1 *n MED* dosis *f*.
2 *n fig (amount)* cantidad *f*: **a nasty dose of flu** una gripe muy fuerte.
3 *vt* medicar (**up**, -).
✦ **to dose oneself up** automedicarse.

dosh [dɒʃ] *n sl (money)* pasta.

doss [dɒs]
1 *n fam (short sleep)* cabezada.
2 *vi fam (sleep)* dormir.
3 *vi fam (be lazy)* haraganear, holgazanear, gandulear.
▶ **to doss down** *vi GB fam* echarse a dormir, dormir.
✦ **to be a doss** ser pan comido, estar tirado,-a.

dosser ['dɒsə']
1 *n fam (tramp)* vagabundo,-a, indigente *mf*.
2 *n fam (lazy person)* vago,-a, gandul,-la, manta *m*.

dosshouse ['dɒshaʊs] *n* pensión *f* barata, pensión *f* de mala muerte.

dossier ['dɒsɪeɪ] *n* expediente *m*, dossier *m*.
✦ **to keep a dossier on somebody** llevar un expediente sobre alguien.

dot [dɒt]
1 *n (spot)* punto.
2 *vt (letter)* poner el punto a.
3 *vt (scatter)* esparcir, salpicar.
✦ **on the dot** en punto.
since the year dot desde el año de la pera, desde el año de María Castaña.
▲ *pt & pp* **dotted,** *ger* **dotting.**

dotage ['dəʊtɪdʒ] *n* chochez *f*.
✦ **to be in one's dotage** estar chocho,-a.

dote [dəʊt] **to dote on** *vi* adorar.

dotted ['dɒtɪd] *adj (line)* de puntos.
✦ **to be dotted with something** estar salpicado,-a de algo.

dotty ['dɒtɪ] *adj GB fam* chiflado,-a.
▲ *comp* **dottier,** *superl* **dottiest.**

double ['dʌbəl]
1 *adj (gen)* doble: **double doors** puertas dobles; **double whisky** whisky doble; **double four three five two six (44 35 26)** cuarenta y cuatro treinta y cinco veintiséis.
2 *adv* doble: **I thought I was seeing double** pensaba que veía doble; **she**

folded the sheet double **dobló la sábana por la mitad.**
3 *n (amount)* doble *m*.
4 *n (person - lookalike)* viva imagen *f*, vivo retrato; *(- substitute)* doble *mf*.
5 *n SP (in games)* doble *m*.
6 *vt (increase twofold)* doblar, duplicar: **we need to double our profits** hay que doblar los beneficios.
7 *vt (fold in half)* doblar por la mitad.
8 *vi (increase twofold)* doblarse, duplicarse: **sales have doubled** las ventas se han doblado.
9 *vi (have dual function - thing)* hacer las veces de, usarse de; *(- person)* doblar (**for**, -): **the sofa doubles as a bed** el sofá también se usa como cama.
10 *vi (in bridge)* doblar.
11 doubles *npl (tennis)* partido de dobles.
▶ **to double back** *vi* volver sobre sus pasos.
▶ **to double up**
1 *vt sep* doblar.
2 *vi (with pain, laughter)* doblarse; *(with laughter)* partirse, mondarse.
3 *vi (share)* compartir la habitación.
✦ **at/on the double** enseguida.
double or quits (el) doble o nada.
to be bent double estar encorvado,-a.
to be doubled up with laughter morirse de risa, desternillarse de risa.
to be doubled up with pain retorcerse de dolor.
to do a double take reaccionar (tardíamente).
to do the double *SP* hacer el doblete.
to have double standards tener una doble moral.
to run a double check on something verificar algo dos veces.
■ **double act** pareja de humoristas, pareja de cómicos.
double agent agente *mf* doble.
double bass contrabajo.
double bill programa *m* doble.
double booking doble reserva.
double chin papada.
double cream nata para montar.
double Dutch *(gibberish)* chino.
double entendre doble sentido.
double entry entrada doble.
double fault *SP* doble falta.
double glazing doble vidrio.
double room habitación *f* doble.
double talk palabras *fpl* ambiguas, ambigüedades *fpl*.
double time *(wage rate)* paga doble; *(slow run)* paso ligero.
double vision doble visión *f*.

double-barrelled ['dʌbəlbærəld]
1 *adj (gun)* de dos cañones.
2 *adj (surname)* compuesto,-a.

double-breasted ['dʌbəlbrestɪd] *adj* cruzado,-a.

double-check ['dʌbəl'tʃek] *vt* volver a revisar.

double-click ['dʌbəlklɪk] *vi* hacer doble clic.

double-cross [dʌbəl'krɒs] *vt fam* engañar, traicionar.

double-dealing [dʌbəl'diːlɪŋ] *n* doble juego.

double-decker [dʌbəl'dekə'] **double-decker (bus)** *n GB* autobús *m* de dos pisos.
■ **double-decker sandwich** sándwich *m* doble, sándwich *m* de dos pisos.

double-edged [dʌbəl'edʒd]
1 *adj (knife, blade)* de doble filo.
2 *adj (law)* de doble filo.
3 *adj fig (of remark, argument)* con doble sentido, con segundas.

double-jointed [dʌbəl'dʒɔɪntɪd] *adj* con articulaciones dobles.

double-park [dʌbəl'pɑːk] *vt* aparcar en doble fila.

double-quick ['dʌbəlkwɪk]
1 *adj* muy rápido,-a.
2 *adv* volando.

doubloon [də'bluːn] *n* doblón *m*.

doubly ['dʌblɪ] *adv* doblemente: **you must be doubly careful** hay que tener el doble de cuidado; **you're doubly wrong** te equivocas doblemente, te equivocas en dos puntos.
✦ **to make doubly sure of something** asegurarse bien de algo.

doubt [daʊt]
1 *n (gen)* duda; *(uncertainty)* incertidumbre *f*: **I have my doubts about him** tengo mis dudas acerca de él; **there's no doubt about it/that** de eso no cabe duda, de eso no hay duda; **there's still some doubt about his fitness** aún existen ciertas dudas acerca de su forma física.
2 *vt (be uncertain about, not trust)* dudar de: **I'm sorry I doubted your word** siento haber dudado de tu palabra.
3 *vt (consider unlikely)* dudar: **I doubt whether he'll come** dudo que venga, no creo que venga; **I very much doubt it** lo dudo mucho.
4 *vi* dudar.
✦ **beyond (a/any) doubt** sin duda alguna, fuera de (toda) duda.
beyond all reasonable doubt *JUR* más allá de toda duda fundada.
if/when in doubt en caso de duda.
no doubt sin duda, seguramente.
to be in doubt *(fact, integrity)* estar en duda, estar en tela de juicio, ser dudoso,-a; *(outcome, result)* ser incierto,-a.
to be in doubt about something dudar algo.
to cast doubt on something poner algo en duda, poner algo en tela de juicio.
to give somebody the benefit of the doubt conceder a alguien el beneficio de la duda.
without (a) doubt sin duda alguna, sin la menor duda, indudablemente.

doubter ['daʊtə'] *n* escéptico,-a.

doubtful [ˈdaʊtfʊl]

1 *adj (uncertain - outcome, result, future)* dudoso,-a, incierto,-a; *(unlikely)* poco probable; *(look, feeling, expression, etc)* de duda, dubitativo,-a: **I'm doubtful if they'll come** dudo que vengan; **it is doubtful that they know** no es seguro que lo sepan.

2 *adj (questionable, dubious)* dudoso,-a, sospechoso,-a.

✦ **to be doubtful about something** tener dudas acerca de algo.

doubtfully [ˈdaʊtfʊlɪ] *adv* dudosamente.

doubtless [ˈdaʊtləs] *adv* sin duda, indudablemente.

doubtlessly [ˈdaʊtləslɪ] *adv* sin duda, indudablemente.

dough [dəʊ]

1 *n CULIN* masa.

2 *n sl (money)* pasta.

doughiness [ˈdəʊɪnəs] *n* pastosidad *f*.

doughnut [ˈdəʊnʌt] *n* rosquilla, donut *m*.

doughy [ˈdəʊɪ] *adj* pastoso,-a.

dour [dʊəʳ] *adj* hosco,-a, adusto,-a.

Douro [ˈdʊərəʊ] *n* el Duero.

douse [daʊs]

1 *vt (extinguish - light, candle)* apagar.

2 *vt (soak)* mojar, empapar.

dove¹ [dʌv]

1 *n (bird)* paloma (blanca).

2 *n POL fig (person)* paloma.

■ **turtle dove** tórtola común.

dove² [dəʊv] *pp US →* **dive.**

dovecote [ˈdʌvkəʊt] *n* palomar *m*.

dovetail [ˈdʌvteɪl]

1 *vt (wood)* ensamblar a cola de milano.

2 *vt fig (plans, schedules, etc)* sincronizar, encajar.

3 *vi* encajar (**into**, en) (**with**, con).

4 **dovetail (joint)** *n* cola de milano.

dowager [ˈdaʊədʒəʳ]

1 *n (widow)* viuda (de un noble): **dowager countess/duchess** condesa/duquesa viuda.

2 *n (rich old lady)* vieja dama.

dowdy [ˈdaʊdɪ] *adj pej (clothes)* sin gracia, poco elegante, poco atractivo,-a; *(person)* sin gracia, sin estilo.

▲ *comp* **dowdier,** *superl* **dowdiest.**

dowel [ˈdaʊəl] *n* clavija.

down¹ [daʊn]

1 *prep (to a lower level)* (hacia) abajo: **the car rolled down the hill** el coche se fue rodando cuesta abajo; **tears streamed down her face** las lágrimas le corrían por la cara; **he ran down the stairs** corrió escaleras abajo; **she ran her finger down the list** recorrió la lista con el dedo.

2 *prep (at a lower level)* abajo: **can you see that cottage down below in the valley?** ¿ves aquella casita allá abajo en el valle?

3 *prep (along)* por: **cut it down the middle** córtalo por la mitad; **we drove down the coast** condujimos por la costa; **she walked down the street** iba por la calle.

4 *prep GB fam (to, in)* a, en: **we went down the pub** fuimos al pub.

5 *prep (in time)* a través de: **down the ages** a través de los tiempos.

6 *adv (to lower level)* (hacia) abajo; *(to the floor)* al suelo; *(to the ground)* a tierra: **he looked down at his feet** miró a sus pies; **why don't you go and lie down?** ¿por qué no te echas?; **the boy fell down** el chico se cayó (al suelo); **she bent down to pick up the coin** se agachó para recoger la moneda; **the girl was knocked down** la chica fue atropellada; **the river flows down to the sea** el río fluye hasta el mar; **let's walk down instead of getting the lift** bajemos a pie en vez de coger el ascensor.

7 *adv (at lower level)* abajo: **down here/there** aquí/allí abajo; **it's in the third drawer down** está en el tercer cajón; **she'll be down in a minute** enseguida baja.

8 *adv (in or towards the south)* a: **we're moving down to Southampton** nos mudamos a Southampton.

9 *adv (less - of price, quantity, volume, etc)*: **sales are down by 10%** las ventas han bajado un diez por ciento; **profits are down on last year's** las ganancias han bajado desde el año pasado; **they were two goals down after 10 minutes** iban perdiendo por dos goles después de 10 minutos; **turn the volume down** baja el volumen.

10 *adv (on paper, in writing)*: **she wrote his phone number down** apuntó su teléfono; **put me down for the lottery** apúntame para la lotería.

11 *adv (of money - to be paid at once in cash)* al contado; *(- out of pocket)* menos: **you have to pay 100 pounds down** hay que pagar un depósito de cien libras; **at the end I was a fiver down** al final había perdido cinco libras.

12 *adj (to a lower level - escalator)* de bajada; *(- train)* que va hacia las afueras.

13 *adj fam (finished, dealt with)* acabado,-a, hecho,-a: **seven down, three to go!** ¡he hecho siete, faltan tres!

14 *adj (not in operation)* no operativo,-a: **the lines are down** las líneas están cortadas; **the system's down** el sistema no funciona.

15 *adj fam (depressed)* deprimido,-a: **she's feeling a bit down** anda un poco deprimida.

16 *vt (knock over, force to ground)* derribar, tumbar.

17 *vt fam (drink)* tragarse rápidamente, beberse rápidamente: **he downed the glass in one** se bebió la copa de un trago.

18 *interj (to dog)* ¡quieto!

✦ **down to** *(as far as)* hasta.

down under (en) Australia.

down with …! ¡abajo …!

to be down on somebody tenerle ojeriza a alguien.

to be down to something quedar solo algo: **I'm down to my last pound** no me queda más que una sola libra.

to be down to somebody *(responsibility)* ser responsabilidad de; *(fault)* ser culpa de: **it's all down to me now** ya todo depende de mi.

to be/come/go down with something *MED* estar con algo.

to down tools dejar de trabajar.

to have a down on somebody tenerle ojeriza a alguien, tenerle manía a alguien.

to keep food down retener comida: **he can't keep any food down** no puede retener nada de comida.

to put something down dejar algo: **can you put that book down for a second?** ¿puedes dejar ese libro un momento?

to put the phone down colgar: **she put the phone down on me** me colgó.

down² [daʊn] *n (on bird)* plumón *m*; *(on peach)* pelusa; *(on body, face)* vello, pelusilla; *(on upper lip)* bozo, pelusilla.

down-and-out [ˈdaʊnənaʊt] *n* vagabundo,-a, indigente *mf*.

✦ **to be down-and-out** estar en la miseria.

down-at-heel [daʊnətˈhiːl] *adj (person)* desastrado,-a, desaliñado,-a.

downbeat [ˈdaʊnbiːt]

1 *adj fam (depressed, gloomy)* deprimente; *(low-key, relaxed, unemphatic)* relajado,-a.

2 *n MUS* compás *m* acentuado.

downcast [ˈdaʊnkɑːst] *adj (dejected)* abatido,-a, alicaído,-a.

✦ **with downcast eyes** con la mirada baja, mirando al suelo.

downer [ˈdaʊnəʳ]

1 *n fam (drug)* calmante *m*, sedante *m*.

2 *n (blow, depressing experience)* palo.

✦ **to be on a downer** estar depre.

downfall [ˈdaʊnfɔːl]

1 *n fig (of person)* perdición *f*, ruina.

2 *n (of regime, dictator, etc)* caída.

downgrade [daʊnˈgreɪd]

1 *vt (demote)* bajar de categoría.

2 *vt (make seem unimportant)* restar importancia.

downhearted [daʊnˈhɑːtɪd] *adj* desanimado,-a, desmoralizado,-a, descorazonado,-a.

downhill [daʊnˈhɪl]

1 *adv* cuesta abajo.

2 *adj (path etc)* cuesta abajo, en pendiente; *(in skiing)* de descenso.

3 *adj fam (easy)* fácil: **it's all downhill from now on** de aquí en adelante todo va a marchar sobre ruedas.

4 *n (in skiing)* descenso contrareloj.

✦ **to go downhill** *(get worse, deteriorate)* empeorar, ir de mal en peor.

download [ˈdaʊnˈləʊd] *vt* bajar; *(internet)* descargar.

downmarket [daʊnˈmɑːkɪt] *adj (newspaper, book)* popular; *(products, services)* barato,-a.

✦ **to go/move downmarket** perder categoría.

downpour [ˈdaʊnpɔːʳ] *n* chaparrón *m*, aguacero.

downright [ˈdaʊnraɪt]

1 *adj fam (lie, insolence)* descarado,-a; *(liar, thief, etc)* redomado,-a, de tomo y lomo; *(madness, stupidity)* total y absoluto,-a: **it's a downright disgrace!** ¡es una verdadera vergüenza!

2 *adv fam* muy, absolutamente: **she was downright rude** estuvo de lo más grosera.

downs [daʊnz] *npl GB* colinas *fpl*.

Down's syndrome [ˈdaʊnz sɪndrəʊm] *n MED* síndrome *m* de Down.

downstairs [daʊnˈsteəz]

1 *adv (down the stairs)* abajo; *(on or to lower floor)* a la planta baja: **he's downstairs** está abajo; **can you come downstairs?** ¿puedes bajar?

2 *adj (room)* (del piso) de abajo.

3 *n* planta baja.

downstream [daʊnˈstriːm] *adv* río abajo.

down-to-earth [daʊntuˈɜːθ] *adj* práctico,-a, realista.

downtown [daʊnˈtaʊn]

1 *adv US (movement)* al centro de la ciudad; *(situation)* en el centro de la ciudad.

2 *adj US* céntrico,-a.

3 *n US* centro de la ciudad.

downtrodden [ˈdaʊntrɒdən] *adj* oprimido,-a.

downturn [ˈdaʊntɜːn] *n (in economy)* bajón *m*, bache *m* económico.

downward [ˈdaʊnwəd]

1 *adj (movement)* descendente; *(direction, pressure)* hacia abajo.

2 *adj FIN* a la baja.

3 *adv* → **downwards**.

■ **downward mobility** movilidad *f* social descendente.

downwards [ˈdaʊnwədz] *adv* hacia abajo.

✦ **face downwards** boca abajo.

downy [ˈdaʊnɪ] *adj* aterciopelado,-a.

▲ *comp* **downier**, *superl* **downiest**.

dowry [ˈdaʊərɪ] *n* dote *f*.

▲ *pl* **dowries**.

dowse¹ [daʊs] *vt* → **douse**.

dowse² [daʊs] **to dowse for water** *vi* buscar agua con una varilla de zahorí.

doyley [ˈdɔɪlɪ] *n* → **doily**.

doz [ˈdʌzən] *abbr* (**dozen**) docena; *(abbreviation)* doc.

doze [dəʊz]

1 *n* cabezada.

2 *vi* dormitar, echar una cabezada.

▶ **to doze off** *vi* quedarse dormido,-a, dormirse.

✦ **to have a doze** echar una cabezada.

dozen [ˈdʌzən] *n (set of twelve)* docena: **a dozen eggs** una docena de huevos; **half a dozen** media docena.

✦ **a baker's dozen** una docena del fraile.

by the dozen *(in sets of twelve)* por docena(s); *(like hot cakes)* como rosquillas, como pan caliente.

dozens of *(things)* montones de; *(times)* miles de.

to talk nineteen to the dozen hablar por los codos.

dozy [ˈdəʊzɪ]

1 *adj (sleepy)* adormilado,-a.

2 *adj GB fam (stupid)* tonto,-a.

▲ *comp* **dozier**, *superl* **dozier**.

D Ph [ˈdiːˈpiːˈeɪtʃ] *abbr* (**Doctor of Philosophy**) Doctor,-ra en Filosofía.

D Phil [ˈdiːˈfɪl] *abbr* (**Doctor of Philosophy**) Doctor,-ra en Filosofía.

DPP [ˈdiːˈpiːˈpiː] *abbr GB* (**Director of Public Prosecutions**) ≈ Fiscal General del Estado.

Dr [ˈdɒktəʳ] *abbr* (**Doctor**) Doctor,-ra; *(abbreviation)* Dr., Dra.

drab [dræb]

1 *adj (colour)* apagado,-a; *(building, clothes, appearance)* soso,-a, sin gracia.

2 *adj (dreary - life, existence)* monótono,-a, gris.

drachma [ˈdrækmə] *n* dracma.

▲ *pl* **drachmas** o **drachmae** [ˈdrækmiː].

Draconian [dræˈkəʊnɪən] *adj* draconiano,-a.

draft [drɑːft]

1 *n (rough copy - of letter, speech, etc)* borrador *m*; *(of plot)* bosquejo, esbozo; *(of plan, project)* anteproyecto.

2 *n FIN (bill of exchange)* letra de cambio, giro.

3 *n US (conscription)* (reclutamiento para el) servicio militar obligatorio.

4 *n US* → **draught**.

5 *vt (letter, document, contract)* hacer un borrador de, redactar (el borrador de); *(speech)* preparar; *(plan, plot)* esbozar, bosquejar.

6 *vt (police)* hacer intervenir (**in**, -); *(new staff)* contratar (**in**, -).

7 *vt US (conscript)* reclutar, llamar a filas.

8 *adj (version, copy)* preliminar.

■ **draft bill** *JUR* anteproyecto de ley.

draft dodger prófugo,-a.

draftsman [ˈdrɑːftsmən] *n US* → **draughtsman**.

draftsmanship [ˈdrɑːftsmənʃɪp] *n US* → **draughtsmanship**.

drafty [ˈdrɑːftɪ] *adj US* → **draughty**.

drag [dræg]

1 *n (hindrance)* estorbo (**on**, para), carga (**on**, para).

2 *n fam (boring thing)* lata, rollo, plomo, coñazo; *(boring person)* plomo, pelmazo.

3 *n fam (on cigarette)* calada, chupada.

4 *n TECH (resistance)* resistencia (aerodinámica).

5 *n (dragnet)* rastra, red *f* barredera.

6 *n US sl (road, street)* calle *f*.

7 *vt (pull, cause to trail)* arrastrar, llevar a rastras: **he was dragging a sledge along behind him** arrastraba un trineo.

8 *vt (persuade to do unwillingly)* sacar, llevar a rastras: **if I can drag you away from the TV** si consigo sacarte de enfrente del televisor; **he dragged me out to the pub** me llevó a rastras al pub.

9 *vt (trawl, dredge)* rastrear, dragar.

10 *vi (trail - coat, dress, etc)* arrastrar: **her skirt dragged in the mud** arrastraba la falda por el lodo.

11 *vi (go slowly - person)* rezagarse; *(- play, film, etc)* hacerse largo,-a; *(- work)* hacerse pesado,-a: **today's really dragged!** ¡hoy se ha hecho eterno!

▶ **to drag down** *vt sep* arrastrar.

to drag in *vt sep (subject)* traer por los pelos; *(person)* meter.

to drag on *vi* alargarse, prolongarse, hacerse interminable.

to drag out *vt sep* alargar, prolongar.

to drag up

1 *vt sep (revive, recall)* sacar a relucir.

2 *vt sep GB (raise)* criar (a la buena de Dios).

✦ **not to be able to drag oneself away** no tener ninguna gana de irse, serle imposible a uno marcharse.

to be in drag estar vestido de mujer.

to drag one's feet/heels *fig* dar largas al asunto.

to drag something out of somebody sacarle algo a alguien con sacacorchos.

■ **drag artist** transformista *mf*.

drag lift telearrastre *m*.

drag queen reinona.

drag race carrera de coches trucados.

drag show espectáculo de transformistas.

▲ *pt & pp* **dragged**, *ger* **dragging**.

dragnet [ˈdrægnet]

1 *n (net)* red barredera, rastra.

2 *n (system)* operación *f* policial de captura.

dragon [ˈdrægən]

1 *n (mythology)* dragón *m*.

2 *n fam (woman)* bruja.

dragonfly [ˈdrægənflaɪ] *n* libélula.

▲ *pl* **dragonflies**.

dragoon [drəˈguːn]

1 *n MIL* dragón *m*.

2 *vt* presionar, obligar.

✦ **to dragoon somebody into doing something** presionar a alguien para que haga algo.

dragster [ˈdrægstəʳ] *n* coche *m* de carreras trucado.

drain [dreɪn]
1 n (pipe - for water) (tubería de) desagüe m, desaguadero; (underground pipe - for sewage) alcantarilla; (grating) alcantarilla, sumidero.
2 n US (plughole) desagüe.
3 n fig (thing, person) desgaste m, agotamiento, sangría: the boys are a drain on her energy los niños la dejan agotada; defence spending is a drain on our country los gastos de defensa son una sangría para nuestro país; the mortgage is a real drain on your income la hipoteca es una sangría para los ingresos.
4 vt (empty - radiator, engine, tank, etc) vaciar; (- wound, bladder, blood) drenar.
5 vt (rice, pasta, vegetables, etc) escurrir.
6 vt (dry out - swamp, marshes) drenar, avenar; (pond, river, channel, reservoir, region) desecar, desaguar.
7 vt (drink up - glass, etc) apurar, vaciar.
8 vt fig (exhaust - strength, energy, resources) agotar, consumir; (weaken - person) agotar: looking after her grandchildren drains all her energy cuidar a los niños la agota.
9 vi (discharge - pipes, rivers) desaguar; (flow away) irse: the sewage drains off into the sea las aguas residuales desaguan en el mar; the blood drained from her face perdió el color de la cara.
10 vi (dry out) escurrir (off, -), escurrirse (off, -): leave the glasses to drain deja que los vasos se escurran.
11 vi fig (strength, energy, etc) irse agotando.
12 the drains npl (of town) el alcantarillado m sing; (of building) las tuberías fpl del desagüe.
✦ to go down the drain (business etc) venirse abajo.
that's money down the drain eso es tirar el dinero.

to drain away
1 vi (liquid - empty) vaciarse; (- dry up) irse: the bathwater gradually drained away la bañera se fue vaciando poco a poco.
2 vi fig (strength, energy, etc) irse agotando, agotarse, desaparecer: she felt the tension slowly draining away notó cómo la tensión desaparecía lentamente; his strength is draining away se está quedando sin fuerzas.

drainage [ˈdreɪnɪdʒ]
1 n (drying out - of marshes, fields) avenamiento, drenaje m; (- of pond, river, channel, region, reservoir) desagüe m; (- of land) desecación f.
2 n (drains - of town) alcantarillado; (of building) desagüe m.
■ drainage basin cuenca hidrográfica.
drainage channel canal m de drenaje.

drained [dreɪnd] adj agotado,-a.
draining board [ˈdreɪnɪŋ bɔːd] n escurridero.

drainpipe [ˈdreɪnpaɪp]
1 n (pipe) tubo de desagüe.
2 drainpipes npl (trousers) pantalones mpl pitillo.
drake [dreɪk] n pato (macho).
dram [dræm] n fam trago, traguito, copita, chupito.
drama [ˈdrɑːmə]
1 n THEAT (play) obra de teatro, drama m, obra dramática; (plays, literature) teatro, drama m.
2 n (as school subject) expresión f corporal; (at drama school) arte m dramático.
3 n fig (exciting situation) drama m; (excitement) dramatismo: don't make a drama out of a crisis no hagas un drama de una crisis.
■ drama critic crítico mf teatral.
drama school academia de arte dramático.

dramatic [drəˈmætɪk]
1 adj THEAT dramático,-a, teatral.
2 adj (moment, escape, development, event, announcement) emocionante, dramático,-a; (change, reduction, recovery) impresionante, espectacular, drástico,-a.
3 adj (entrance, pause) teatral, afectado, -a, histriónico,-a.

dramatics [drəˈmætɪks]
1 n THEAT teatro: amateur dramatics teatro amateur, teatro de aficionados.
2 n (histrionics) afectación f, teatro.

dramatist [ˈdræmətɪst] n dramaturgo,-a.
dramatisation [dræmətaɪˈzeɪʃən] n → dramatization.
dramatise [ˈdræmətaɪz] vt → dramatize.
dramatization [dræmətaɪˈzeɪʃən] n adaptación f teatral, dramatización f.
dramatize [ˈdræmətaɪz]
1 vt THEAT hacer una adaptación teatral de.
2 vt (exaggerate) dramatizar, exagerar.
3 vi dramatizar, exagerar.
drank [dræŋk] pt → drink.
drape [dreɪp]
1 vt (decorate) drapear, colocar formando pliegues; (cover) cubrir (in/with, con): the coffin was draped in/with a flag el ataúd estaba cubierto con una bandera.
2 vt (part of body) descansar, acomodar: he draped his feet over the seat in front acomodó los pies sobre el asiento de delante.
3 n (of cloth) caída.
4 drapes npl US (curtains) cortinas fpl.
draper [ˈdreɪpə[r]] n GB pañero,-a.
■ draper's (shop) pañería.
drapery [ˈdreɪpərɪ]
1 n GB (trade, goods) pañería.
2 n (cloth) tela; (hanging) colgadura.
3 draperies npl US cortinas fpl.
▲ pl draperies.

drastic [ˈdræstɪk]
1 adj (extreme, radical) drástico,-a, severo,-a, radical.
2 adj (dramatic, striking) radical, drástico,-a, espectacular.
drastically [ˈdræstɪklɪ] adv drásticamente.
draught [drɑːft]
1 n (of cold air) corriente f (de aire).
2 n (swallow of beer etc) trago.
3 n (medicine) pócima.
4 n MAR (depth) calado.
5 n (haulage) tiro.
6 n (piece in game) dama, pieza.
7 adj (animal) de tiro.
8 draughts npl GB damas fpl.
✦ on draught a presión, de barril.
to make a draught hacer aire.
■ draught beer cerveza de barril.
draughtboard [ˈdrɑːftbɔːd] n damero, tablero de damas.
draughtsman [ˈdrɑːftsmən]
1 n (artist) delineante mf.
2 n GB (in game) ficha de damas.
▲ pl draughtsmen [ˈdrɑːftsmən].
draughtsmanship [ˈdrɑːftsmənʃɪp] n (drawing) dibujo lineal; (skill) ejecución f gráfica.
draughtswoman [ˈdrɑːftswʊmən] n ARCH delineante.
▲ pl draughtswomen [ˈdrɑːftswɪmɪn].
draughty [ˈdrɑːftɪ] adj con corrientes de aire: it's draughty hay corriente.
▲ comp draughtier, superl draughtiest.
draw [drɔː]
1 n (raffle, lottery) sorteo.
2 n SP (tie - gen) empate m; (- in chess) tablas fpl.
3 n (attraction) atracción f, gancho.
4 n (on cigarette, pipe, etc) calada, chupada.
5 vt (sketch - picture) dibujar; (- line, circle, plans) trazar; (- map) hacer; (describe) pintar.
6 vt (move) llevar: she drew me aside me llevó a un lado.
7 vt (pull along - cart, sledge, plough) tirar de; (- train, carriage) arrastrar.
8 vt (curtains - open) descorrer; (- close) correr; (blinds) bajar.
9 vt (pull out, take out - gen) sacar, extraer; (gun) desenfundar, sacar; (sword, dagger) desenvainar, sacar; (bow) tensar.
10 vt FIN (receive - salary, wage, pension) cobrar; (write out - cheque) librar, extender, girar; (withdraw - money) sacar, retirar: I need to draw 100 pounds from my account necesito sacar cien libras de mi cuenta.
11 vt SP (tie) empatar.
12 vt (attract - crowd, customers, audience) atraer; (- attention) llamar:: I must draw your attention to paragraph three les ruego se fijen en el tercer apartado.
13 vt (produce, elicit - response, reaction) provocar, obtener; (- praise) conseguir;

(criticism, protest) provocar, suscitar; *(applause, laughter)* arrancar: I won't be drawn into your argument no quiero que me enredéis en vuestra discusión.

14 *vt (derive, gain, obtain - support)* obtener; *(- strength)* sacar: he drew comfort from his family se consoló con su familia; I drew courage from their example su ejemplo me dio ánimo; she draws inspiration from her journeys abroad se inspira en sus viajes al extranjero.

15 *vt (make somebody say more)* sacar información a.

16 *vt (choose - gen)* escoger; *(playing card)* sacar; *(in contest, tournament)* tocar en el sorteo: the little girl drew the winning number la niña sacó el número ganador; Spain have been drawn against Croatia a España le ha tocado Croacia en el sorteo.

17 *vt (formulate, establish - comparison)* hacer; *(- conclusion)* sacar, llegar a; *(parallel, distinction, analogy)* establecer: we drew a valuable lesson from the experience sacamos una lección valiosa de la experiencia.

18 *vt MAR (of ship)* tener un calado de.
19 *vi (sketch)* dibujar.
20 *vi (move)* moverse, desplazarse: the sports car drew ahead of the others el coche deportivo se adelantó a los otros; we drew alongside a Mercedes alcanzamos un Mercedes.
21 *vi SP (tie - gen)* empatar; *(- in chess)* hacer tablas: they drew two all empataron a dos.
22 *vi (choose)* tirar a suertes: we drew to see who would go first tiramos a suertes a ver quién iba primero.
23 *vi (take in air - chimney, fireplace)* tirar; *(cigar, pipe)* tirar (**at/on**, -).
▸ **to draw back**
1 *vi (move away)* retirarse, retroceder.
2 *vi (pull out)* echarse atrás, volverse atrás.
to draw in
1 *vi (of days)* acortarse, hacerse más corto,-a.
2 *vi (train)* llegar.
▪ **to draw off** *vt sep (liquid)* sacar, extraer.
to draw on
1 *vt insep (make use of - experience etc)* recurrir a, hacer uso de, inspirarse en, aprovecharse de; *(- money, savings)* utilizar, recurrir a, hacer uso de.
2 *vi (approach - winter, night, etc)* acercarse.
to draw out
1 *vt sep (prolong)* alargar, estirar.
2 *vt sep (make talk, bring out)* hacer hablar, desatar la lengua.
3 *vt sep (withdraw - money)* sacar; *(information)* sacar, sonsacar; *(confession)* arrancar.
4 *vi (of days)* hacerse más largo,-a.

5 *vi (train)* salir.
to draw up
1 *vt sep (draft - contract, treaty, etc)* preparar, redactar; *(- list)* hacer; *(- plan)* esbozar.
2 *vi (of vehicle)* detenerse, pararse.
✦ **the luck of the draw** toca a quien toca, es cuestión de suerte.
to be drawn (on something) decir algo (sobre algo).
to be drawn to/towards somebody/ something sentirse atraído,-a por/hacia alguien/algo.
to be quick on the draw *(with gun)* ser rápido,-a en desenfundar; *(with reply)* pescarlas al vuelo.
to draw a blank seguir sin saber algo.
to draw apart separarse (**from**, de), alejarse (**from**, de), distanciarse (**from**, de).
to draw blood hacer sangrar, sacar sangre.
to draw breath respirar.
to draw close/near acercarse.
to draw lots (for something) echar (algo) a suerte.
to draw oneself up to one's full height enderezarse totalmente.
to draw the line (at something) decir basta (a algo).
to draw to an end/close terminar, finalizar.
▲ *pt* drew [druː], *pp* drawn [drɔːn].

drawback ['drɔːbæk] *n* inconveniente *m*, desventaja.

drawbridge ['drɔːbrɪdʒ] *n* puente *m* levadizo.

drawee [drɔː'iː] *n* librado,-a, girado,-a.

drawer ['drɔːəʳ]
1 *n (in furniture)* cajón *m*.
2 *n (draughtsperson)* dibujante *mf*.

drawers [drɔːz] *npl dated (pants - men's)* calzoncillos *mpl*; *(- women's)* bragas *fpl*.

drawing ['drɔːɪŋ] *n* dibujo: she's good at drawing dibuja muy bien.
✦ **to go back to the drawing board** volver a empezar, empezar de nuevo.
▪ **drawing board** tablero de dibujo.
drawing pin *GB* chincheta.
drawing room sala de estar, salón *m*.

drawl [drɔːl]
1 *n manera de hablar lenta en que se arrastran las palabras*: a southern/Texan drawl un acento sureño/tejano.
2 *vi* hablar arrastrando las palabras.
3 *vt* decir arrastrando las palabras.

drawn [drɔːn]
1 *pp* → **draw**.
2 *adj (face - tired, haggard)* ojeroso,-a, cansado,-a, demacrado,-a; *(- worried)* preocupado,-a: a face drawn with grief una cara transida de dolor.
3 *adj SP (match etc)* empatado,-a.

drawstring ['drɔːstrɪŋ] *n* cordón *m*.
▪ **drawstring waist** talle *m* fruncido con un cordón.

dread [dred]
1 *n* terror *m*, pavor *m*: her dread of growing old su terror a hacerse vieja.
2 *vt* temer, tener pavor a, tener terror a: he's dreading the exam el examen le da terror; she's dreading his parents' visit espera la visita de sus padres con aprensión; I dread to think what would happen no quiero ni pensar en lo que pasaría.

dreadful ['dredfʊl]
1 *adj (shocking)* terrible, espantoso,-a, atroz.
2 *adj fam (awful)* fatal, horrible, malísimo,-a: how dreadful! ¡qué horror!

dreadfully ['dredfʊlɪ] *adv fam (horribly)* terriblemente, fatal; *(very)* muy, sumamente: I'm dreadfully sorry lo siento muchísimo.

dream [driːm]
1 *n (while asleep)* sueño: I had a bad dream tuve una pesadilla; sweet dreams! ¡felices sueños!, ¡que duermas bien!, ¡que sueñes con los angelitos!
2 *n (daydream)* ensueño, sueño: he lives in a dream vive en las nubes.
3 *n (hope, fantasy)* sueño (dorado), deseo, ilusión *f*: she was happy beyond her wildest dreams era más feliz de lo que jamás había soñado; it's like a dream come true! ¡es como un sueño hecho realidad!; the house of your dreams la casa de tus sueños.
4 *n fam (wonderful thing, person)* sueño, encanto, maravilla: it all went like a dream todo salió a las mil maravillas.
5 *adj (imaginary)* imaginario,-a; *(ideal)* ideal, de ensueño: your dream holiday las vacaciones de tus sueños.
6 *vt (while asleep)* soñar: I dreamt that I was flying soñé que volaba.
7 *vt (imagine)* imaginarse: I never dreamt you'd actually do it nunca me imaginé que lo harías de verdad.
8 *vi (while asleep)* soñar (**about/of**, con); *(daydream)* soñar (despierto,-a): I dreamt about you last night soñé contigo anoche; dream on sigue soñando.
9 *vi (imagine)* soñar (**of**, con); *(contemplate)* soñar, ocurrírsele a uno: I often dream of having my own business sueño a menudo con tener mi propia empresa; I wouldn't dream of asking him no se lo pediría ni en sueños.
▸ **to dream away** *vt sep* pasarse soñando.
to dream up *vt sep fam pej (excuse)* inventarse; *(plan)* idear.
✦ **to have a dream (about somebody/ something)** soñar (con alguien/algo).
to live in a dream world vivir en las nubes.
▪ **dream team** *SP* equipo de ensueño.
dream ticket *POL* lista de ensueño.
▲ *pt & pp* dreamed *o* dreamt.

dreamer [ˈdriːməʳ] *n* soñador,-ra.

dreamlike [ˈdriːmlaɪk] *adj* de ensueño, irreal.

dreamt [dremt] *pt & pp* → **dream**.

dreamy [ˈdriːmɪ]
 1 *adj (person)* soñador,-ra, fantasioso,-a.
 2 *adj (dreamlike - gen)* de ensueño, irreal; *(music)* etéreo,-a, sutil.
 3 *adj fam (wonderful, desirable)* maravilloso,-a.
 ▲ *comp* **dreamier**, *superl* **dreamiest**.

dreariness [ˈdrɪərɪnəs] *n* lo deprimente, lo aburrido.

dreary [ˈdrɪərɪ]
 1 *adj (gloomy - weather, day)* triste, deprimente; *(- room, landscape)* deprimente, lóbrego,-a, sombrío,-a.
 2 *adj fam (dull, uninteresting)* pesado,-a, monótono,-a, aburrido,-a.
 ▲ *comp* **drearier**, *superl* **dreariest**.

dredge¹ [dredʒ]
 1 *vt (river, lake, etc)* dragar, rastrear.
 2 *vi (in river, lake, etc)* dragar, rastrear.
 ▸ **to dredge up**
  1 *vt sep (body)* sacar del agua.
  2 *vt sep fig (scandal etc)* desenterrar, sacar a la luz.

dredge² [dredʒ] *vt CULIN (with sugar)* espolvorear; *(with flour)* enharinar, rebozar.

dredger [ˈdredʒəʳ]
 1 *n (machine)* draga; *(ship)* draga, dragador m.
 2 *n CULIN* espolvoreador m.

dregs [dregz]
 1 *npl (in liquid)* heces *fpl*, sedimento, poso.
 2 *npl fig (scum)* escoria, hez *f*.

drench [drentʃ] *vt* empapar.
 ✦ **to be/get drenched** empaparse.
  to be drenched to the skin estar calado,-a hasta los huesos.

Dresden [ˈdrezdən] *n* Dresde.

dress [dres]
 1 *n (for women)* vestido.
 2 *n (clothing)* ropa, vestimenta.
 3 *adj (shirt, suit)* de etiqueta.
 4 *vt (person)* vestir.
 5 *vt MED (wound)* vendar.
 6 *vt CULIN (poultry, crab)* aderezar, preparar; *(salad)* aliñar.
 7 *vt (shop window)* arreglar, decorar; *(Christmas tree)* decorar, adornar; *(hair)* arreglar.
 8 *vi (gen)* vestirse; *(formally)* vestirse de etiqueta.
 ▸ **to dress down**
  1 *vt sep (scold)* regañar; *(rebuke)* echar una bronca, echar una regañina a.
  2 *vi (dress informally)* vestirse informalmente.
  to dress up
  1 *vi (in fancy dress)* disfrazarse (**as**, de); *(dress formally)* ponerse de tiros largos, ir de tiros largos, ponerse elegante.
  2 *vt sep fig (truth, facts, etc)* disfrazar.

 ✦ **all dressed up and nowhere to go** compuesta y sin novio.
  to be dressed estar vestido,-a.
  to be dressed in red, black, etc ir vestido,-a de rojo, negro, etc.
  to be dressed to kill ir de punta en blanco, ir de tiros largos.
  to be dressed up to the nines vestirse de tiros largos, ponerse de punta en blanco.
  to be well/badly dressed ir bien/mal vestido,-a.
  to get dressed vestirse.
  to have good dress sense tener buen gusto para vestirse.
 ■ **dress circle** *THEAT* primer piso, piso principal.
  dress rehearsal *THEAT* ensayo general.
  period dress traje m de época.
  sun dress vestido sin mangas.

dresser [ˈdresəʳ]
 1 *n GB (in kitchen)* aparador m.
 2 *n US (chest of drawers)* tocador m.
 3 *n THEAT* ayudante *mf* de camerino.
 ✦ **to be a snappy/fashionable dresser** vestir(se) con estilo/a la moda.

dressing [ˈdresɪŋ]
 1 *n (gen)* apósito; *(bandage)* vendaje m.
 2 *n (act of getting dressed)* el vestir(se) m.
 3 *n CULIN (for salad)* aliño.
 4 *n US (stuffing)* relleno.
 ■ **dressing gown** bata.
  dressing room *THEAT* camerino.
  dressing table tocador m.

dressing-down [ˈdresɪŋdaʊn] *n* reprimenda, rapapolvo, bronca.
 ✦ **to give somebody a dressing-down** echarle un rapapolvo a alguien.

dressmaker [ˈdresmeɪkəʳ] *n (woman)* modista *f*, modisto; *(man)* modista *m*, modisto.

dressmaking [ˈdresmeɪkɪŋ] *n* costura.

dressy [ˈdresɪ] *adj (clothes)* elegante, de vestir; *(person)* arreglado,-a, elegante.
 ▲ *comp* **dressier**, *superl* **dressiest**.

drew [druː] *pt* → **draw**.

dribble [ˈdrɪbəl]
 1 *n (saliva)* saliva, baba.
 2 *n (of water, blood)* gotas *fpl*, hilo, chorrito.
 3 *n SP* regate m.
 4 *vi (baby)* babear.
 5 *vi (liquid)* gotear.
 6 *vt (liquid)* chorrear, dejar caer: **he's dribbling saliva** babea; **she's dribbling milk** la leche le chorrea por la boca.
 7 *vt SP (ball)* driblar.

dribs [drɪbz] **in dribs and drabs** *phr* poco a poco.

dried [draɪd]
 1 *pp* → **dry**.
 2 *adj (fruit)* seco,-a; *(milk)* en polvo.

drier [ˈdraɪəʳ] *n* → **dryer**.

drift [drɪft]
 1 *n (of snow)* ventisquero; *(of sand)* montón m.

 2 *n MAR (flow of water)* deriva; *(deviation - of ship)* desviación *f*.
 3 *n (movement)* movimiento, desplazamiento; *(tendency)* tendencia; *(shift)* cambio: **the drift of people from the country to cities** el desplazamiento de la gente del campo a las ciudades; **the drift towards war** la marcha hacia la guerra.
 4 *n (meaning, gist)* significado, sentido, idea: **do you get my drift?** ¿me entiendes?, ¿entiendes lo que quiero decir?
 5 *n GEOL (deposits of earth, gravel, rock, etc)* terreno de acarreo.
 6 *vi (float on water)* dejarse llevar por la corriente; *(be or go adrift)* ir a la deriva, derivar; *(float in air)* moverse empujado,-a por el viento: **we drifted out to sea** íbamos a la deriva hacia alta mar.
 7 *vi (pile up - of snow, sand, leaves, etc)* amontonarse.
 8 *vi fig (person)* ir sin rumbo, vivir sin rumbo, vagar; *(government)* ir a la deriva: **he drifts in and out of jobs** cambia de trabajo continuamente; **the conversation drifted from one subject to another** la conversación iba derivando de un tema a otro; **the crowds began to drift away** poco a poco la gente empezó a marcharse; **she just drifts in when she feels like it** se deja caer por aquí cuando le apetece; **I drifted into teaching** por aquello que pasa acabé dando clases.
 9 *vt (snow, sand, etc)* amontonar.
 ✦ **to drift apart** distanciarse.
  to drift off to sleep quedarse dormido,-a.

drifter [ˈdrɪftəʳ]
 1 *n (person - wanderer)* trotamundos *mf*, vagabundo,-a; *(- without fixed job)* persona sin ocupación fija.
 2 *n MAR* trainera, (barco) pesquero.

driftwood [ˈdrɪftwʊd] *n* madera flotante.

drill¹ [drɪl]
 1 *n (handtool)* taladro; *(large machine)* barreno, perforadora; *(dentist's)* fresa; *(drill head, bit)* broca: **pneumatic drill** taladradora.
 2 *n MIL* instrucción *f*.
 3 *n EDUC (exercise)* ejercicio.
 4 *n (rehearsal, practice)* simulacro; *(procedures to be followed)* procedimiento: **fire drill** simulacro de incendio; **safety drill** instrucciones de seguridad.
 5 *n GB fam (procedure)* procedimiento, trámite *m*: **what's the drill for getting paid?** ¿qué hay que hacer para cobrar?
 6 *vt (wood, metal, etc)* taladrar, perforar, barrenar; *(hole)* hacer, perforar.
 7 *vt MIL* instruir.
 8 *vt (teach)* hacer ejercicios (**in**, de), hacer practicar.
 9 *vi (for oil, coal)* perforar, hacer perforaciones, sondar: **drilling for** perforar en busca de.

10 *vi MIL* entrenarse.
✦ **to drill something into somebody** inculcarle algo a alguien.
drill² [drɪl] *n (material)* dril *m.*
drill³ [drɪl] *n AGR (machine)* sembradora; *(furrow)* hilera, surco.
drily ['draɪlɪ] *adj* → **dryly.**
drink [drɪŋk]
  1 *n (gen, alcohol)* bebida; *(alcoholic drink)* copa, trago; *(soft drink)* refresco: **let's go for a drink!** ¡vamos a tomar algo!, ¡vamos a tomar una copa!; **would you like a drink?** ¿quieres tomar algo?; **we just had one drink** solo tomamos una (copa); **I want a drink of water** quiero (beber) agua; **she has a drink problem** tiene problemas con la bebida.
  2 *vt (gen)* beber, tomar: **you haven't drunk your tea** no te has bebido el té; **what do you want to drink?** ¿qué quieres beber?, ¿qué quieres tomar?
  3 *vi* beber: **she doesn't drink (alcohol)** no bebe (alcohol); **don't drink and drive** si bebes, no conduzcas.
  4 the drink *n fam (the sea)* el mar, la mar.
  ▶ **to drink in** *vt sep (scene, sights, sounds etc)* apreciar, empaparse de; *(success)* saborear.
  to drink up
    1 *vi* bebérselo todo,-a, terminar la copa.
    2 *vt sep* beberse.
  ✦ **to drink a toast to somebody** brindar por alguien.
  to drink like a fish beber como un cosaco, beber como una esponja.
  to drink oneself into a stupor ponerse como una cuba, beber hasta perder el conocimiento.
  to drink oneself to death matar a uno la bebida.
  to drive somebody to drink empujar a alguien a la bebida.
  to drink somebody under the table aguantar más bebiendo que alguien.
  to drink to something/somebody brindar por algo/alguien.
  to have something to drink tomar(se) algo.
  ▲ *pt* **drank** [dræŋk], *pp* **drunk** [drʌŋk].
drinkable ['drɪŋkəbəl] *adj (water)* potable; *(wine, beer, etc)* aceptable.
drink-driving [drɪŋk'draɪvɪŋ] *n JUR* conducción *f* bajo la influencia del alcohol, conducción *f* en estado de embriaguez.
drinker ['drɪŋkə'] *n* bebedor,-ra: **he's a social drinker** bebe solo en compañía; **she's a heavy drinker** es una gran bebedora, es una bebedora empedernida.
drinking ['drɪŋkɪŋ] *n (alcohol)* bebida; *(action)* beber *m*: **we did a lot of drinking** bebimos mucho.
  ✦ **to give up drinking** dejar la bebida.

▪ **drinking and driving** → **drink-driving.**
  drinking companion compañero,-a de copas.
  drinking fountain fuente *f* de agua potable.
  drinking water agua potable.
drip [drɪp]
  1 *n (drop of liquid)* goteo; *(sound)* gotear *m.*
  2 *n MED* gota a gota *m*: **they put him on a drip** le pusieron el gota a gota.
  3 *n fam (person)* soso,-a.
  4 *vi (fall in drops)* gotear, caer; *(fall heavily)* chorrear: **water is dripping from the ceiling** caen gotas del techo, el techo gotea; **the tap drips** el grifo gotea; **she was dripping with sweat** estaba chorreando de sudor.
  5 *vt* dejar caer gota a gota: **he dripped blood everywhere** chorreaba sangre por todas partes.
  ✦ **to drip with flattery** rezumar halagos.
  to drip with jewels ir cargado,-a de joyas.
  ▲ *pt & pp* **dripped**, *ger* **dripping.**
drip-dry ['drɪpdraɪ] *adj* de lavar y poner, que se seca rápidamente y no necesita plancha.
dripping ['drɪpɪŋ]
  1 *n GB (fat)* pringue *mf*, grasa de carne asada.
  2 *adj* empapado,-a.
  3 *adv* chorreando.
  ✦ **to be dripping wet** estar chorreando.
drive [draɪv]
  1 *n (trip)* paseo en coche, vuelta en coche; *(journey)* viaje *m*: **we went for a drive** dimos una vuelta en coche; **it's only a 20-minute's drive (away)** solo está a 20 minutos en coche; **it's a two-hour drive** es un viaje de dos horas.
  2 *n (road)* calle *f*; *(driveway)* camino de entrada.
  3 *n SP (golf)* golpe *m* inicial, tiro de salida; *(tennis)* golpe *m* fuerte, drive *m.*
  4 *n (campaign)* campaña: **sales drive** promoción; **membership drive** campaña para atraer socios; **a no-smoking drive** una campaña antitabaco.
  5 *n MIL* ofensiva, avanzada.
  6 *n (energy, initiative)* energía, ímpetu *m*, empuje *m*, dinamismo.
  7 *n (need, compulsion)* necesidad *f*, impulso, instinto: **sex drive** instinto sexual.
  8 *n (propulsion system)* transmisión *f*, propulsión *f*; *(of wheeled vehicle)* tracción *f*: **front-wheel drive** tracción delantera; **four-wheel drive** tracción en las cuatro ruedas; **right/left-hand drive** con el volante a la derecha/izquierda.
  9 *n GB (competition, tournament)* torneo: **whist drive** torneo de whist.

10 *vt (operate - vehicle)* conducir: **she can drive a lorry** sabe conducir un camión; **what car do you drive?** ¿qué coche tienes?; **he drives a bus** es conductor de autobús.
  11 *vt (take - person)* llevar (en coche): **I'll drive you home** te llevaré a casa; **could you drive me to the airport?** ¿podrías llevarme al aeropuerto?
  12 *vt (cause to move - person)* hacer, obligar a; *(- animal)* arrear: **he was driven back by the flames** le hicieron retroceder; **the war is driving prices up** la guerra está haciendo subir los precios.
  13 *vt (of wind - blow)* llevar; *(of water)* llevarse: **the wind drove the boat off course** el viento alejó al barco de su rumbo.
  14 *vt (provide power for, keep going)* hacer funcionar, mover: **the river drives the waterwheel** el río mueve el molino.
  15 *vt (strike in - stake)* hincar; *(- nail)* clavar; *(hit - ball)* mandar.
  16 *vt (construct - tunnel)* perforar, abrir; *(- motorway)* construir.
  17 *vt (force, compel to act)* forzar, obligar; *(cause to be in state)* llevar, empujar: **you're driving me crazy** me estás volviendo loco; **the pain was driving her mad** el dolor la enloquecía; **he is driven by greed** lo impulsa la codicia.
  18 *vt (make work hard, overwork)* hacer trabajar: **you've been driving yourself to hard** te has estado exigiendo demasiado.
  19 *vi (vehicle)* conducir: **can you drive?** ¿sabes conducir?; **he's learning to drive** está aprendiendo a conducir; **I drove here** vine en coche; **don't drive so fast** no vayas tan rápido, no corras; **in England, people drive on the left** en Inglaterra, la gente conduce por la izquierda.
  20 *vi (of rain, hail, snow)* azotar, barrer.
  ▶ **to drive at** *vt insep* insinuar, querer decir.
  to drive away *vt sep (fend off - attacker, animal)* ahuyentar; *(throw out)* alejar.
  to drive off
    1 *vt sep* ahuyentar.
    3 *vi (car, driver)* irse.
  to drive on
    1 *vi* seguir (adelante).
    2 *vt sep* empujar, llevar a.
  to drive out *vt sep* expulsar.
  ✦ **to drive a coach and horses through something** saltarse algo a la torera.
  to drive a hard bargain saber cómo conseguir lo que uno,-a quiere, ser buen,-na negociador,-ra.
  to drive something home hacer entender algo.
  ▲ *pt* **drove** [drəʊv], *pp* **driven** ['drɪvən].
drive-in ['draɪvɪn] *n US (cinema)* autocine *m*; *(restaurant)* restaurante *m* donde se atiende a los clientes desde el coche.
▪ **drive-in bank** autobanco.

drivel [ˈdrɪvəl]
1 *n* tonterías *fpl*, bobadas *fpl*, memeces *fpl*.
2 **to drivel (on)** *vi* decir tonterías, decir bobadas, decir memeces.
▲ *pt & pp* **drivelled** (*US* **driveled**), *ger* **drivelling** (*US* **driveling**).

driven [ˈdrɪvən] *pp* → **drive**.

driver [ˈdraɪvəʳ]
1 *n (of bus, car)* conductor,-ra; *(of taxi)* taxista *mf*; *(of lorry)* camionero,-a; *(of racing car)* piloto *mf*; *(of train)* maquinista *mf*: **he's a very good driver** conduce muy bien.
2 *n SP (golf club)* madera número 1.
✦ **to be in the driver's seat** estar al frente, llevar las riendas.
▪ **driver's licence** *US* carnet *m* de conducir, permiso de conducir.

driveway [ˈdraɪvweɪ] *n* camino de entrada.

driving [ˈdraɪvɪŋ]
1 *n AUTO* conducción *f*: **what do you think of Mum's driving?** ¿te gusta como conduce mamá?, ¿qué te parece la manera de conducir de mamá?; **we shared the driving** nos turnamos para conducir; **he was found guilty of dangerous driving** lo declararon culpable de conducción temeraria.
2 *adj (dynamic - personality)* dinámico,-a; *(force)* motriz: **she was the driving force behind the company** ella era la impulsora de la empresa.
3 *adj (rain)* torrencial; *(snow, wind)* que azota.
▪ **driving licence** carnet *m* de conducir, permiso de conducir.
driving range *(in golf)* campo de prácticas.
driving school autoescuela.
driving test examen *m* de conducir.

drizzle [ˈdrɪzəl]
1 *n* llovizna, chirimiri *m*.
2 *vi* lloviznar.

droll [drəʊl] *adj (amusing)* gracioso,-a, chistoso,-a; *(odd, quaint)* curioso,-a.

dromedary [ˈdrɒmədərɪ] *n* dromedario.
▲ *pl* **dromedaries**.

drone¹ [drəʊn]
1 *n (bee)* zángano.
2 *n GB pej (parasite)* zángano,-a, parásito,-a.

drone² [drəʊn]
1 *n (noise - of bee, engine)* zumbido; *(- of traffic, plane)* ruido, zumbido.
2 *n (monotonous talk)* cantinela, sonsonete *m*.
3 *vi (bee, plane, engine)* zumbar.
▸ **to drone on** *vi* hablar con monotonía, hablar en tono monótono.

drool [druːl]
1 *n (of baby)* baba, babas *fpl*.
2 *n (drivel)* tonterías *fpl*, bobadas *fpl*, memeces *fpl*.
3 *vi (of baby, dog)* babear.

4 *vi (of person)* babear (**over**, por), caérsele la baba a (**over**, por): **the boys were drooling over the pin-up** a los chicos se les caía la baba mirando la foto.

droop [druːp]
1 *n (of shoulders)* caída, inclinación *f*, encorvamiento.
2 *vi (head)* inclinarse, caerse; *(shoulders)* encorvarse; *(eyelids)* cerrar.
3 *vi (flower)* marchitarse, ponerse mustio,-a; *(branches)* inclinarse.
4 *vi (spirits)* flaquear, decaer.

droopy [ˈdruːpɪ] *adj* caído,-a.
▲ *comp* **droopier**, *superl* **droopiest**.

drop [drɒp]
1 *n (of liquid)* gota: **she carried the cup without spilling a drop** llevó la taza sin derramar ni una gota; **we could do with a drop of rain** nos iría bien un poco de lluvia; **I never touch a drop** no pruebo ni gota (de alcohol); **a tear drop** una lágrima.
2 *n (sweet)* pastilla, caramelo.
3 *n (descent, distance down)* desnivel *m*, caída: **a sheer drop** una caída a plomo.
4 *n (fall - gen)* caída; *(in price)* bajada, caída; *(in sales)* disminución *f*, descenso; *(in temperature)* descenso.
5 *n US (collection point)* lugar *m* de recogida: **mail drop** dirección postal.
6 *n US (delivery - from plane)* lanzamiento; *(- from van)* entrega, reparto.
7 *vt (let fall - accidentally)* caérsele a uno: **he dropped the glass** se le cayó el vaso; **don't drop it!** ¡que no se te caiga!; **I must have dropped it** se me debe haber caído; **the goalkeeper dropped the ball** al portero se le escapó el balón.
8 *vt (let fall - deliberately)* dejar caer, tirar; *(let go of)* soltar; *(launch - bomb, supplies)* lanzar: **she dropped her handkerchief by his chair** dejó caer su pañuelo al lado de su silla; **drop it!** ¡suéltalo!
9 *vt (lower - voice)* bajar; *(- speed)* reducir; *(- prices)* bajar, reducir.
10 *vt fam (set down - passenger)* dejar (**off**, -); *(- delivery)* dejar, pasar a dejar (**off**, -): **where shall I drop you?** ¿dónde quieres que te deje?
11 *vt (give up, abandon - school subject, course, etc)* dejar, abandonar; *(- idea, plan)* abandonar, renunciar a; *(- case)* abandonar; *(- charge)* retirar; *(- boyfriend, girlfriend)* plantar: **let's drop the subject** cambiemos de tema; **drop everything** dejarlo todo plantado; **drop it!** ¡déjalo ya!, ¡basta ya!, ¡ya está bien!
12 *vt (omit, leave out - in speaking)* no pronunciar, comerse; *(in writing)* omitir: **don't drop your "h's"** no te comas las "haches"; **the gerund drops the final "e"** el gerundio pierde la "e" final.
13 *vt SP (player from team)* echar, sacar, no seleccionar; *(lose)* perder.

14 *vt (in knitting)* soltar, dejar escapar.
15 *vt sl (take drug)* tomarse.
16 *vi (fall - object)* caer, caerse; *(- person)* dejarse caer, tirarse: **an orange dropped out of her bag** se le cayó una naranja de la bolsa; **he dropped to his knees** cayó de rodillas.
17 *vi (collapse)* desplomarse, caer rendido,-a: **dance till you drop** baila hasta que no puedas más; **she dropped into an armchair** se desplomó en un sillón.
18 *vi (prices)* bajar, caer, descender; *(wind)* amainar; *(temperature)* bajar, descender; *(speed)* reducirse, disminuir; *(voice)* bajar.
19 *vi (land, ground)* caer.
20 *vi (lapse)* dejar: **let it drop!** ¡déjalo ya!, ¡basta ya!
21 **drops** *npl MED* gotas *fpl*: **I'll give you some eye drops** te daré un colirio.
▸ **to drop away**
1 *vi (support, interest)* disminuir.
2 *vi (ground)* caer.
to drop back/drop behind *vi* rezagarse, quedarse atrás.
to drop by
1 *vi* pasar.
2 *vt insep* pasar por.
to drop in
1 *vi (visit)* pasar.
2 *vt sep (deliver)* dejar en casa (de alguien), pasar a dejar.
to drop in on *vt insep* pasar a ver a, dejarse caer por casa de.
to drop off
1 *vi fam (fall asleep)* quedarse dormido,-a, dormirse.
2 *vi (sales, interest, etc)* disminuir.
to drop out *vi (of school, etc)* dejar los estudios, abandonar los estudios, colgar los libros; *(of group)* dejar el grupo; *(of race, competition)* abandonar; *(of society)* marginarse.
to drop round
1 *vi* pasar.
2 *vt sep* pasar a dejar.
✦ **a drop in the ocean** una gota de agua en el mar, un grano de arena en el desierto.
to do something at the drop of a hat hacer algo en cualquier momento, hacer algo sin más ni más.
to drop a brick/drop a clanger hacer una plancha, meter la pata.
to drop a hint soltar una indirecta.
to drop dead caerse muerto,-a: **drop dead!** ¡vete a la porra!, ¡vete al demonio!
to drop names mencionar a gente importante.
to drop somebody a line/drop somebody a note escribir cuatro/unas líneas a alguien.
to have a drop too much beber más de la cuenta.
to let drop that ... dejar caer/escapar que ...

- **drop curtain** *THEAT* telón *m*.
  drop kick *(in rugby)* bote pronto.
  drop shot dejada.
  ▲ *pt & pp dropped, ger dropping.*
droplet ['drɒplət] *n* gotita.
dropout ['drɒpaʊt] *n (from school)* alumno,-a que no termina el curso, alumno,-a que no completa los estudios; *(from university)* estudiante *mf* que deja los estudios; *(from society)* marginado,-a.
dropper ['drɒpəʳ] *n* cuentagotas *m*.
droppings ['drɒpɪŋz] *npl (of birds)* excremento, caca, cagadas *fpl*; *(of sheep, goats, rabbits)* cagarrutas *fpl*, caca, cacas *fpl*.
dropsy ['drɒpsɪ] *n* hidropesía.
dross [drɒs]
  1 *n (of metal)* escoria.
  2 *n (rubbish)* basura.
drought [draʊt] *n* sequía.
drove [drəʊv]
  1 *pt → drive.*
  2 *n (of cattle)* manada.
  3 *n (of people)* multitud *f*: they came in droves vinieron a montones.
drown [draʊn]
  1 *vt (person, animal)* ahogar.
  2 *vt (submerge - place)* inundar, anegar.
  3 *vt (smother - food)* ahogar; *(drink)* aguar.
  4 *vt (sound, noise, voice, etc)* ahogar (out, -).
  5 *vi* ahogarse, morir ahogado,-a.
  ✦ **to be drowned** ahogarse, morir ahogado,-a.
  to drown one's sorrows ahogar las penas.
drowning ['draʊnɪŋ] *adj* que se ahoga.
drowse [draʊz] *vi* dormitar.
drowsiness ['draʊzɪnəs] *n* somnolencia, sopor *m*, modorra.
drowsy ['draʊzɪ]
  1 *adj (person, look)* somnoliento,-a, soñoliento,-a, adormilado,-a: these tablets make me drowsy estas pastillas me dan sueño.
  2 *adj (atmosphere, day)* somnoliento,-a, soñoliento,-a; *(village, scene)* aletargado,-a, amodorrado,-a, somnoliento,-a, soñoliento,-a.
  ✦ **to feel drowsy** tener ganas de dormir, tener sueño.
  ▲ *comp drowsier, superl drowsiest.*
drudge [drʌdʒ]
  1 *n (person)* esclavo,-a, machaca *mf*, burro de carga.
  2 *vi* trabajar como un,-a esclavo,-a.
drudgery ['drʌdʒərɪ] *n* trabajo duro y pesado.
drug [drʌg]
  1 *n (medicine)* medicamento, medicina, fármaco.
  2 *n (narcotic)* droga, estupefaciente *m*, narcótico: **hard/soft drugs** drogas duras/blandas.
  3 *vt (person, animal)* drogar.

4 *vt (food, drink)* adulterar con drogas.
✦ **to be on/do/take drugs** drogarse.
■ **drug abuse** consumo de drogas.
  drug addict drogadicto,-a, toxicómano,-a.
  drug addiction drogadicción *f*, toxicomanía.
  drug dealer traficante *mf* de drogas.
  drug pusher camello *mf*.
  drug squad brigada de estupefacientes.
  ▲ *pt & pp drugged, ger drugging.*
druggist ['drʌgɪst] *n US* farmacéutico,-a.
drugstore ['drʌgstɔːʳ] *n US* establecimiento donde se puede comprar medicamentos, cosméticos, periódicos y otras cosas.
druid ['druːɪd] *n* druida *m*.
drum [drʌm]
  1 *n (instrument)* tambor *m*.
  2 *n (container)* bidón *m*.
  3 *n TECH* tambor.
  4 *vi (play a drum)* tocar el tambor, tamborilear.
  5 *vi (rain, hooves)* repiquetear; *(person)* tamborilear, tabalear.
  6 **drums** *npl (set)* batería.
  ▶ **to drum out** *vt sep* expulsar (of, de).
  to drum up *vt insep (support, votes)* conseguir, obtener; *(enthusiasm)* despertar; *(business)* fomentar, atraer.
  ✦ **to drum one's fingers** tamborilear con los dedos.
  to drum something into somebody hacerle aprender algo a alguien a fuerza de repetírselo, hacerle aprender algo a alguien a fuerza de machacárselo.
  to play the drums tocar la batería.
■ **drum major** tambor *m* mayor.
  drum majorette bastonera.
  ▲ *pt & pp drummed, ger drumming.*
drumbeat ['drʌmbiːt] *n* son *m* del tambor.
drummer ['drʌməʳ] *n (in marching band)* tambor *mf*; *(in pop group, jazz band)* batería *mf*.
drumstick ['drʌmstɪk]
  1 *n MUS* baqueta, palillo (de tambor).
  2 *n CULIN* muslo (de ave).
drunk [drʌŋk]
  1 *pp → drink.*
  2 *adj (gen)* borracho,-a.
  3 *adj fig (elated)* ebrio,-a, borracho,-a (with, de).
  4 *n (person)* borracho,-a.
  ✦ **to be blind drunk/dead drunk** estar borracho,-a perdido,-a, estar como una cuba.
  to be drunk and disorderly *JUR* estar en estado de embriaguez y alterando el orden público.
  to get drunk emborracharse.
drunkard ['drʌŋkəd] *n* borracho,-a.
drunken ['drʌŋkən] *adj (person)* borracho,-a; *(party)* de borrachos: **drunken driver** conductor,-ra en estado de embriaguez.

✦ **in a drunken stupor** atontado,-a por la bebida.
drunkenness ['drʌŋkənnəs] *n* embriaguez *f*.
dry [draɪ]
  1 *adj (gen)* seco,-a; *(bread - stale)* duro,-a; *(- without butter)* sin mantequilla: to-morrow will be hot and dry mañana hará un tiempo cálido y seco; **dry white wine** vino blanco seco.
  2 *adj (cow)* sin leche, que no da leche.
  3 *adj (dull, uninteresting)* aburrido,-a, árido,-a.
  4 *adj (amusing, ironic)* agudo,-a, mordaz, cáustico,-a.
  5 *vt (gen)* secar: **dry your hands on this towel** sécate las manos en esta toalla.
  6 *vi (become dry)* secarse (off, -): just leave the glasses to dry deja que los vasos se sequen.
  7 *vi* **to dry (up)** *(dry the dishes)* secar (los platos).
  ▶ **to dry out**
    1 *vi (gen)* secarse.
    2 *vi (alcoholic)* curarse.
  to dry up
    1 *vi (reservoir, river, etc)* secarse; *(funds, supply, resources, etc)* agotarse.
    2 *vi (actor etc)* quedarse en blanco: dry up! ¡cállate!, ¡cierra el pico!
  ✦ **as dry as a bone** completamente seco,-a.
  as dry as dust muy árido,-a.
  there wasn't a dry eye in the house no hubo quien no llorara.
  to be dry/feel dry *(thirsty)* tener la garganta seca, tener sed.
  to dry one's eyes enjugarse las lágrimas.
  to dry oneself (off) secarse.
  to run dry *(river, well)* secarse.
  to wipe something dry secar algo.
■ **dry dock** dique *m* seco.
  dry goods *GB* comestibles *mpl* no perecederos; *US* artículos *mpl* de mercería.
  dry ice hielo seco.
  dry land tierra firme.
  dry law *US* ley *f* seca.
  dry rot putrefacción *f* de la madera.
  dry run simulacro.
  ▲ *(verbo)* pt & pp *dried*, ger *drying*; *(adjetivo)* comp *drier*, superl *driest*.
dry-clean [draɪ'kliːn] *vt* limpiar en seco.
dry-cleaner's [draɪ'kliːnəz] *n* tintorería, tinte *m*.
dryer ['draɪəʳ] *n (for clothes)* secadora; *(for hair)* secador *m*.
dry-eyed [draɪ'aɪd] *adj* sin una lágrima.
dryly ['draɪlɪ] *adv (coldly)* secamente, con sequedad; *(ironically)* con guasa, irónicamente.
dryness ['draɪnəs]
  1 *n (gen)* sequedad *f*.
  2 *n (coldness)* sequedad *f*; *(irony)* ironía, guasa.
  3 *n (dullness)* aridez *f*.

D Sc ['di:'es'si:] *abbr* (**Doctor of Science**) doctor,-ra en ciencias.

DTI ['di:'ti:'aɪ] *abbr* GB (**Department of Trade and Industry**) departamento de comercio e industria.

DTP ['di:'ti:'pi:] *abbr* (**desktop publishing**) autoedición *f*.

DTs ['di:'ti:z] *abbr* (**delirium tremens**) delírium *m* trémens.

dual ['djʊəl] *adj (gen)* doble.
■ **dual carriageway** GB carretera de doble calzada.

dual-control [djʊ:əlkən'trəʊl] *adj* de doble mando, de doble control.

dual-purpose [djʊ:əl'pɜ:pəs] *adj (utensil)* de doble uso; *(furniture)* de doble función.

dub¹ [dʌb] *vt (soundtrack)* doblar (**into**, a).
▲ *pt & pp dubbed, ger dubbing*.

dub² [dʌb]
1 *vt (give nickname)* apodar.
2 *vt (knight)* armar.
▲ *pt & pp dubbed, ger dubbing*.

dub³ [dʌb] *n MUS* dub *m*.

dubbing ['dʌbɪŋ] *n (of soundtrack)* doblaje *m*.

dubious ['djʊ:bɪəs]
1 *adj (questionable, suspect - morals, activities, origin)* dudoso,-a, sospechoso,-a; *(past, record)* turbio,-a; *(compliment)* ambiguo,-a, equívoco,-a; *(character)* sospechoso,-a.
2 *adj (unsure)* dudoso,-a, indeciso,-a.
✦ **to be dubious about something** tener dudas sobre algo, tener reservas sobre algo.

Dublin ['dʌblɪn] *n* Dublín.

Dubliner ['dʌblɪnəʳ] *n (person)* dublinés,-esa.

ducal ['djʊ:kəl] *adj* ducal.

ducat ['dʌkət] *n* ducado.

duchess ['dʌtʃəs] *n* duquesa.

duchy ['dʌtʃɪ] *n* ducado.
▲ *pl duchies*.

duck¹ [dʌk]
1 *n (bird)* pato,-a.
2 *n CULIN* pato.
3 *n GB fam (as term of address)* majo,-a, guapo,-a.
4 *n SP (in cricket)* cero.
✦ **to be like water off a duck's back** serle indiferente a uno.
to take to something like a duck to water adaptarse bien a algo.

duck² [dʌk]
1 *vi (bend down)* agacharse; *(hide)* esconderse: **she ducked behind the sofa** se escondió detrás del sofá.
2 *vt (head)* agachar, bajar.
3 *vt (in water)* hundir, sumergir, zambullir.
4 *vt (dodge - duty, responsibility)* evadir, eludir; *(- question)* eludir, esquivar.
✦ **to duck out of something** escabullirse de algo.

duckie ['dʌkɪ] *n fam* chato, chati.

ducking ['dʌkɪŋ] *n* chapuzón *m*.

duckling ['dʌklɪŋ] *n* patito.

duct [dʌkt] *n (gen)* conducto.

ductile ['dʌktaɪl]
1 *adj (metal)* dúctil.
2 *adj fig (person)* dúctil, dócil.

dud [dʌd]
1 *n fam (object)* trasto inútil, engañifa; *(person)* desastre *m*, inútil *mf*.
2 *n (grenade, bomb, firework, etc)* granada, bomba, fuego artificial, etc que no estalla.
3 *adj (defective)* defectuoso,-a; *(worthless, useless)* inútil, que no sirve; *(valueless - note, coin)* falso,-a; *(grenade, bomb, firework)* que no estalla.
■ **dud cheque** cheque *m* sin fondos.

dude [djʊ:d]
1 *n US (city man)* ciudadano.
2 *n (guy, man)* tío, tipo.
■ **dude ranch** rancho para turistas.

due [djʊ:]
1 *adj (expected, supposed to happen)* esperado,-a: **her new book is due out in December** su nuevo libro saldrá en diciembre; **the train is due (in) at five o'clock** el tren debe llegar a las cinco; **he's due back any minute** volverá en cualquier momento; **when is the baby due?** ¿para cuándo espera el bebé?; **we were due there at nine o'clock** teníamos que estar allí a las nueve.
2 *adj fml (proper, correct)* debido,-a: **he was driving without due care and attention** conducía de forma imprudente y sin prestar la debida atención; **after due consideration** con las debidas consideraciones.
3 *adj (payable, requiring immediate payment)* pagadero,-a, que vence: **a bill due today** una factura que vence hoy; **the rent isn't due till next week** no hay que pagar el alquiler hasta la semana que viene.
4 *adj (owed as right)* merecido,-a; *(owed as debt)* debido,-a: **thanks are due to all the staff at London Hospital** gracias a todo el personal del Hospital de Londres; **credit where credit's due** hay que reconocer su mérito; **I'm due for a rise** me corresponde un aumento de sueldo; **how much are you due?** ¿cuánto te deben?; **I'm still due 5 days' holiday** aún me deben cinco días de vacaciones.
5 *n* merecido.
6 *adv* derecho hacia: **due north** derecho hacia el norte.
7 dues *npl (charges, payments, fees)* cuota: **have you paid your dues?** ¿has pagado la cuota?
✦ **due to** debido a.
to become due FIN vencer, hacerse efectivo,-a.
to be due to deberse a, ser causado,-a por.

to give somebody his/her due dar a alguien su merecido, ser justo,-a con alguien, hacer justicia a alguien.
with all due respect con el debido respeto, con todo el respeto que se merece, sin ganas de ofender.
■ **due date** (fecha de) vencimiento.

duel ['djʊ:əl]
1 *n* duelo.
2 *vi* batirse en duelo (**with**, con).
▲ *pt & pp duelled* (US *dueled*), *ger duelling* (US *dueling*).

duet [djʊ:'et] *n* dúo.
✦ **to play/sing a duet** tocar/cantar a dúo.

duff [dʌf] *adj GB fam (useless)* inútil, que no sirve; *(defective)* defectuoso,-a.
▶ **to duff up** *vt sep* dar una paliza a.

duffel ['dʌfəl] *n* tela gruesa de lana, muletón *m*.
■ **duffel bag** talego, petate *m*.
duffel coat trenca.

duffle ['dʌfəl] *n* → **duffel**.

dug [dʌg] *pt & pp* → **dig**.

dugout ['dʌgaʊt]
1 *n* MIL *(shelter)* refugio subterráneo.
2 *n* SP *(in sportsground)* banquillo *(a un nivel inferior al del campo)*.
3 *n* **dugout (canoe)** *(boat)* piragua.

duke [djʊ:k] *n* duque *m*.

dukedom ['djʊ:kdəm] *n* ducado.

dull [dʌl]
1 *adj (boring - job)* monótono,-a, pesado,-a; *(- person, life, film)* pesado,-a, aburrido,-a, soso,-a; *(- place, town)* aburrido,-a, sin interés.
2 *adj (not bright - colours)* apagado,-a; *(light)* pálido,-a; *(overcast - weather, day)* gris, triste, feo,-a; *(- sky)* cubierto,-a, nublado,-a; *(not shiny - hair, complexion, eyes)* sin brillo.
3 *adj (muffled - sound)* sordo,-a, amortiguado,-a; *(- pain, ache)* sordo,-a; *(blunt - edge, blade)* romo,-a, embotado,-a.
4 *adj (slow-witted)* torpe, lerdo,-a.
5 *adj* COMM *(sluggish - trade)* flojo,-a.
6 *vt (pain)* aliviar, calmar; *(sound)* amortiguar; *(hearing)* embotar.

dullness ['dʌlnəs]
1 *n (boredom)* lo soso, lo aburrido.
2 *n (lack of shine)* falta de brillo.

duly ['djʊ:lɪ]
1 *adv fml (properly)* debidamente.
2 *adv (as expected)* como era de esperar.

dumb [dʌm]
1 *adj (unable to speak)* mudo,-a.
2 *adj (silent)* callado,-a.
3 *adj US fam (stupid)* tonto,-a, estúpido,-a, bobo,-a.
4 the dumb *npl* los mudos *mpl*.
✦ **to act dumb** hacerse el tonto.
to be struck dumb quedarse mudo,-a, enmudecer.

dumbbell ['dʌmbel]
1 *n* SP pesa.
2 *n* US *(stupid person)* tonto,-a, imbécil *mf*, estúpido,-a.

dumbfound [dʌmˈfaʊnd] vt pasmar, dejar sin habla.

dumbfounded [dʌmˈfaʊndɪd] adj pasmado,-a, atónito,-a.

dumbly [ˈdʌmlɪ] adv sin decir nada.

dumbstruck [ˈdʌmstrʌk] adj estupefacto,-a.

dumdum [ˈdʌmdʌm] **dumdum (bullet)** n dumdum m.

dummy [ˈdʌmɪ]
1 n (in shop window, dressmaker's) maniquí m; (ventriloquist's, for tests) muñeco.
2 n (fake) imitación f.
3 n (in printing) maqueta.
4 n GB (for baby) chupete m.
5 n fam imbécil mf.
6 n SP (in football, rugby) regateo, finta.
7 n (in bridge - cards) mano f de muerto; (player) muerto.
8 adj falso,-a, de imitación.
■ **dummy run** ensayo, prueba, simulacro.
▲ pl dummies.

dump [dʌmp]
1 n (tip - for rubbish) vertedero, basurero; (- for cars) cementerio (de coches).
2 n MIL depósito.
3 n fam pej (place) lugar m de mala muerte; (town) poblacho; (dwelling) tugurio.
4 n COMPUT volcado de memoria.
5 vt (drop, unload - rubbish) verter, descargar; (leave) dejar, poner: **he dumped his dirty washing on the floor** dejó su ropa sucia en el suelo.
6 vt (get rid of, abandon - gen) deshacerse de, tirar, abandonar; (- boyfriend, girlfriend) plantar, dejar.
7 vt COMM pej inundar el mercado con algo barato: **they dump these medicines in the Third World** inundan el mercado del Tercer Mundo con estos medicamentos baratos.
8 vt COMPUT volcar.
✦ **to dump oneself on somebody** plantarse en casa de alguien.

dumper-truck [ˈdʌmpətrʌk] n volquete m.
▲ También **dumper**

dumping [ˈdʌmpɪŋ] n vertido.
✦ **"No dumping"** "Prohibido arrojar basuras".
■ **dumping ground** vertedero, basurero.

dumpling [ˈdʌmplɪŋ] n CULIN (in stew) bola de masa hervida para acompañar carnes etc; (as dessert) (tipo de) budín m relleno.

dumps [dʌmps] **to be down in the dumps** phr estar depre.

dumpy [ˈdʌmpɪ] adj fam rechoncho,-a, regordete.
▲ comp **dumpier**, superl **dumpiest**.

dunce [dʌns] n tonto,-a, burro,-a.

dune [djuːn] **(sand) dune** n duna.

dung [dʌŋ] n (manure) estiércol m; (excrement) excremento, boñiga.

dungarees [dʌŋgəˈriːz] n (garment) pantalones mpl de peto, peto; (overalls) mono.

dungeon [ˈdʌndʒən] n calabozo, mazmorra.

dunk [dʌŋk] vt (bread, biscuit, etc) mojar.

dunlin [ˈdʌnlɪn] n correlimos m.

dunnock [ˈdʌnək] n acentor m.

duo [ˈdjuːəʊ] n dúo.
▲ pl **duos**.

duodena [djuːəˈdiːnə] npl → **duodenum**.

duodenal [djuːəˈdiːnəl] adj duodenal.

duodenum [djuːəˈdiːnəm] n duodeno.
▲ pl **duodenums** o **duodena**.

dupe [djuːp]
1 n ingenuo,-a, inocentón,-ona, primo,-a.
2 vt engañar, embaucar.
✦ **to dupe somebody into doing something** embaucar a alguien para que haga algo.

duplex [ˈdjuːpleks] n US (house) casa adosada; (flat, apartment) dúplex m.

duplicate [ˈdjuːplɪkət]
1 adj duplicado,-a: **a duplicate key** una copia de una llave.
2 n copia, duplicado.
3 vt (copy) duplicar, hacer copias de.
4 vt (repeat) repetir.
✦ **in duplicate** por duplicado.
▲ (verbo) [ˈdjuːplɪkeɪt].

duplication [djuːplɪˈkeɪʃən]
1 n (of document) copia, duplicación f.
2 n (repetition) repetición f.

duplicator [ˈdjuːplɪkeɪtəʳ] n multicopista.

duplicity [djuːˈplɪsɪtɪ] n fml duplicidad f.

durability [djuːərəˈbɪlɪtɪ] n durabilidad f.

durable [ˈdjuːərəbəl]
1 adj duradero,-a.
2 **durables** npl bienes mpl (de consumo) duraderos.

duration [djuːəˈreɪʃən] n duración f.
✦ **for the duration** MIL mientras dure la guerra.

duress [djuːˈres] **under duress** phr fml bajo coacción.

during [ˈdjuːərɪŋ] prep durante: **I lived in France during the war** viví en Francia durante la guerra; **she's out at work during the day** trabaja fuera de casa durante el día.

dusk [dʌsk] n anochecer m.
✦ **at dusk** al anochecer.

dust [dʌst]
1 n (gen) polvo: **a cloud of dust** una polvareda.
2 vt (room, furniture, ornaments, etc) quitar el polvo a, limpiar el polvo a.
3 vt (cake, plant) espolvorear.
4 vi (clean) quitar el polvo.

✦ **not to see somebody for dust** poner los pies en polvorosa.
to bite the dust (person) morder el polvo; (plan etc) irse a pique.
to dust oneself down sacudirse el polvo.
to gather dust llenarse de polvo.
to give something a dust quitar el polvo a algo, limpiar el polvo a algo.
when the dust has settled cuando se calme la borrasca, cuando haya pasado la tormenta.
■ **dust bowl** GEOG región f de sequía, zona semi-árida, zona semidesértica.
dust cover (for furniture) funda; (for book) sobrecubierta.
dust jacket sobrecubierta.
dust storm tormenta de polvo.

dustbin [ˈdʌstbɪn] n GB cubo de la basura.
■ **dustbin man** basurero.

dustcart [ˈdʌstkɑːt] n camión m de la basura.

duster [ˈdʌstəʳ] n (for dusting) paño, trapo (del polvo); (for blackboard) borrador m.

dustman [ˈdʌstmən] n GB basurero.

dustpan [ˈdʌstpæn] n recogedor m, pala.

dust-up [ˈdʌstʌp] n GB fam (fight) pelea.

dusty [ˈdʌstɪ]
1 adj (track, town) polvoriento,-a; (room) lleno,-a de polvo; (furniture) cubierto,-a de polvo.
2 adj (of colour) grisáceo,-a, ceniciento,-a.
✦ **to get a dusty answer** recibir una evasiva.
▲ comp **dustier**, superl **dustiest**.

Dutch [dʌtʃ]
1 adj holandés,-esa, neerlandés,-esa.
2 n (language) holandés m.
3 **the Dutch** npl los holandeses mpl.
✦ **to go Dutch (with somebody)** pagar cada uno lo suyo, pagar a escote, pagar a la catalana.
■ **Dutch courage** valor m que da la bebida.
Dutch elm olmo.
Dutch elm disease grafiosis f del olmo.

Dutchman [ˈdʌtʃmən] n holandés m, neerlandés m.
✦ **I'm a Dutchman** yo soy el Papa de Roma.
▲ pl **Dutchmen** [ˈdʌtʃmən].

Dutchwoman [ˈdʌtʃwʊmən] n holandesa.
▲ pl **Dutchwomen** [ˈdʌtʃwɪmɪn].

dutiable [ˈdjuːtɪəbəl] adj sujeto,-a a derechos arancelarios.

dutiful [ˈdjuːtɪfʊl] adj consciente de sus deberes, obediente y respetuoso,-a.

duty [ˈdjuːtɪ]
1 n (obligation) deber m, obligación f: **I feel it's my duty to go** creo que es mi obligación ir; **he went to the funeral out of a sense of duty** asistió al funeral porque le parecía que era su deber.

2 *n (task)* función *f*, cometido: her duties include dealing with the public sus funciones incluyen atender al público.

3 *n (service)* guardia, servicio.

4 *n (tax)* impuesto: there's duty to pay on that hay que pagar un impuesto por eso.

✦ **to be off duty** *(doctor, nurse, etc)* no estar de guardia; *(police, firefighter, etc)* no estar de servicio.

to be on duty *(doctor, nurse, etc)* estar de guardia; *(police, firefighter)* estar de servicio: she's on night duty tiene guardia nocturna.

to do duty as something servir de algo, hacer las veces de algo.

to do one's duty cumplir con su deber.

to make it one's duty to do something encargarse de hacer algo.

to neglect one's duties descuidar sus responsabilidades.

to take up one's duties entrar en funciones.

■ **customs duties** derechos *mpl* de aduana, aranceles *mpl*.

duty roster lista de guardias.

▲ *pl* duties.

duty-bound [ˈdjuːtɪbaʊnd] *adj* moralmente obligado,-a.

duty-free [ˈdjuːtɪfriː]

1 *adj* libre de impuestos.

2 *adv* libre de impuestos, sin pagar impuestos.

3 *n (object)* artículo libre de impuestos.

■ **duty-free shop** duty-free *m*, tienda libre de impuestos.

duvet [ˈduːveɪ] *n GB* edredón *m*.

■ **duvet cover** funda de edredón.

DV [ˈdiːˈviː] *abbr* (**Deo volente**) Dios mediante; *(abbreviation)* Dm.

DVD [ˈdiːˈviːˈdiː] *n* (**Digital Video Disc**) DVD *m*.

■ **DVD player** lector *m* de DVD.

dwarf [dwɔːf]

1 *n (gen)* enano,-a.

2 *adj* enano,-a.

3 *vt* hacer parecer pequeño,-a.

▲ *pl* dwarfs o dwarves [dwɔːvz].

dwell [dwel] *vi fml* morar, habitar, vivir.

▶ **to dwell on** *vt insep (think about)* pensar demasiado en; *(talk about)* hablar extensamente de, detenerse demasiado en: let's not dwell on it olvidémoslo.

▲ *pt & pp* dwelt [dwelt].

dweller [ˈdwelər] *n* morador,-ra, habitante *mf*: cave dweller cavernícola; city dweller persona que vive en la ciudad.

dwelling [ˈdwelɪŋ] *n fml* morada, vivienda.

dwelt [dwelt] *pt & pp* → **dwell**.

dwindle [ˈdwɪndəl] *vi* menguar, disminuir, reducirse.

✦ **to dwindle away to nothing** quedar reducido,-a a nada.

dwindling [ˈdwɪndlɪŋ] *adj (numbers, population)* cada vez más reducido,-a; *(resources)* cada vez más limitado,-a.

DWP [ˈdiːˈdʌbəljuːˈpiː] *abbr GB* (**Department for Work and Pensions**) departamento de servicios sociales.

dye [daɪ]

1 *n* tinte *m*, tintura, colorante *m*.

2 *vt* teñir: she dyed her hair green se tiñó el pelo de verde.

3 *vi* teñirse.

dyed-in-the-wool [daɪdɪnðəˈwʊl] *adj pej* acérrimo,-a, inflexible, intransigente.

dying [ˈdaɪɪŋ]

1 *adj (person, animal)* moribundo,-a, agonizante; *(race, breed, art, industry)* en vías de extinción; *(custom)* en vías de desaparición; *(flame, embers)* mortecino,-a; *(words, breath)* último,-a, postrero,-a.

2 *n* muerte *f*.

3 **the dying** *npl* los moribundos *mpl*.

✦ **to be somebody's dying wish** ser el último deseo de alguien.

to one's dying day hasta el fin de sus días, hasta que se muera.

dyke [daɪk]

1 *n (bank)* dique *m*, barrera; *(causeway)* terraplén *m*.

2 *n sl pej (lesbian)* tortillera.

dynamic [daɪˈnæmɪk]

1 *adj (gen)* dinámico,-a.

2 *n TECH* dinámica.

dynamics [daɪˈnæmɪks] *n (science)* dinámica.

dynamism [ˈdaɪnəmɪzəm] *n* dinamismo.

dynamite [ˈdaɪnəmaɪt]

1 *n (explosive)* dinamita.

2 *n fam (shocking thing)* una bomba; *(wonderful thing, person)* sensación *f*: if the press got hold of this, it could be dynamite si se enterara la prensa de esto, podría ser una bomba; their new singer is dynamite! ¡su nuevo cantante es sensacional!

3 *vt* dinamitar, volar con dinamita.

dynamo [ˈdaɪnəməʊ] *n* dinamo *f*, dínamo *f*.

▲ *pl* dynamos.

dynastic [dɪˈnæstɪk] *adj* dinástico,-a.

dynasty [ˈdɪnəstɪ] *n* dinastía.

▲ *pl* dynasties.

dyne [daɪn] *n* dina.

dysentery [ˈdɪsəntrɪ] *n* disentería.

dysfunction [dɪsˈfʌnkʃən] *n* disfunción *f*.

dyslexia [dɪsˈleksɪə] *n* dislexia.

dyslexic [dɪsˈleksɪk] *adj* disléxico,-a.

dysphasia [dɪsˈfeɪzɪə] *n* disfasia.

dysplasia [dɪsˈpleɪzɪə] *n* displasia.

dystrophy [ˈdɪstrəfɪ] *n* distrofia.

E, e [i:]
  1 *n (the letter)* E, e *f.*
  2 *n MUS* mi *m.*
E [i:st] *abbr* (**east**) este *m*; *(abbreviation)* E.
each [i:tʃ]
  1 *adj* cada: **each day** cada día, todos los días; **each year** cada año, todos los años; **each person brought something different** cada persona trajo algo diferente.
  2 *pron* cada uno,-a: **they each have their own car** cada uno tiene su coche; **each with his wife** cada uno con su esposa.
  3 *adv* cada uno,-a: **apples cost 15p each** las manzanas cuestan 15 peniques la pieza; **the girls bought two each** las niñas se compraron dos cada una.
  ✦ **each and every one (of them)** todos, -as y cada uno,-a (de ellos,-as): **I love each and every one of them** los quiero a todos y a cada uno de ellos.
  each other el uno al otro, la una a la otra, mutuamente: **they back each other up** se respaldan mutuamente; **we saw each other yesterday** nos vimos ayer; **they've known each other for years** se conocen desde hace años.
  each to his own cada uno,-a a lo suyo.
eager [ˈiːgəʳ]
  1 *adj (anxious)* ávido,-a (**to**, de), ansioso,-a (**to**, de); *(desirous)* deseoso,-a (**to**, de); *(impatient)* impaciente (**to**, por): **he's eager to please** se muestra deseoso por complacer; **she was eager to see him go** ansiaba que se marchara; **they are eager for success** tienen muchas ansias de éxito.
  2 *adj (excited, full of interest)* ilusionado,-a, entusiasta: **it was nice to see their eager faces** daba gusto ver sus caras ilusionadas.
  ✦ **to be eager to do something** ansiar hacer algo, desear hacer algo.
  ■ **eager beaver** *fam* trabajador,-ra incansable.
eagerly [ˈiːgəlɪ] *adv (enthusiastically)* con afán, con entusiasmo; *(anxiously)* con impaciencia.

eagerness [ˈiːgənəs] *n (enthusiasm)* afán *m*, ilusión *f*, *(anxiety)* impaciencia, ansia.
eagle [ˈiːgəl]
  1 *n (bird)* águila.
  2 *n (in golf)* eagle *m.*
  ■ **golden eagle** águila real.
eagle-eyed [iːgəlˈaɪd] *adj* con ojos de lince.
eaglet [ˈiːglət] *n* aguilucho.
ear[1] [ɪəʳ]
  1 *n ANAT* oreja.
  2 *n (sense)* oído.
  ✦ **by ear** de oído.
  somebody's ears are burning le silban los oídos a alguien.
  to be all ears ser todo,-a oídos.
  to be out on one's ear encontrarse de patitas en la calle.
  to be up to one's ears in something estar hasta el cuello de algo.
  to go in at one ear and out at the other entrarle por un oído y salirle por el otro.
  to have a good ear for something tener oído para algo: **he's got a good ear for music** tiene oído para la música.
  to have the ear of somebody hacerse escuchar por alguien.
  to keep one's ear to the ground estar al corriente.
  to play it by ear *fig* improvisar.
  to play something by ear tocar algo de oído.
  to turn a deaf ear hacer oídos sordos.
  ■ **ear lobe** lóbulo.
  ear, nose and throat specialist otorrinolaringólogo,-a.
  ear shell oreja de mar.
  ear trumpet trompetilla.
  thick ear bofetada.
ear[2] [ɪəʳ] *n (of cereal)* espiga.
earache [ˈɪəreɪk] *n* dolor *m* de oídos.
eardrops [ˈɪədrɒps] *npl* gotas *fpl* para el oído.
eardrum [ˈɪədrʌm] *n* tímpano.
earflap [ˈɪəflæp] *n* orejera.
earful [ˈɪəfʊl]

  ✦ **to give somebody an earful** *fam (bore)* pegarle un rollo a alguien; *(tell off)* cantarle las cuarenta a alguien, decirle a alguien cuatro verdades.
earwax [ˈɪəwæks] *n* cerumen *m*, cera, cerilla.
earl [ɜːl] *n* conde *m.*
earldom [ˈɜːldəm] *n* condado.
early [ˈɜːlɪ]
  1 *adj (before expected)* temprano,-a, pronto,-a: **we were early** llegamos temprano; **the baby was a fortnight early** el bebé se adelantó quince días; **early daffodils** narcisos tempranos; **an early reply** una respuesta pronta.
  2 *adj (initial)* primero,-a: **take the early train** coge el primer tren de la mañana; **what are your earliest memories?** ¿cuáles son tus primeros recuerdos?; **in the early stages** en los comienzos.
  3 *adj (near beginning)* **she's in her early forties** tiene poco más de cuarenta años; **in early January** a principios de enero; **in the early 1960's** a principios de los sesenta; **he started working at an early age** se puso a trabajar siendo muy joven.
  4 *adv (before expected)* temprano, pronto; *(soon)* pronto: **the train left ten minutes early** el tren salió con diez minutos de adelanto; **she got up early** se levantó temprano; **they left early** se fueron pronto; **I'll be there as early as possible** llegaré tan pronto como sea posible.
  5 *adv (near beginning)* temprano: **early in the morning** a primera hora de la mañana, por la mañana temprano; **early in the season** al principio de la temporada; **earlier that day** antes de ese mismo día; **as early as 1920** ya en 1920.
  6 *adv (in good time)* con tiempo, con anticipación: **book early to avoid disappointment** reserve con tiempo para evitarse una desilusión; **we got there early to get a good seat** llegamos con tiempo para coger buen sitio.

✦ **at the earliest** como muy pronto.
at your earliest convenience con la mayor brevedad.
earlier on antes.
it's still early days aún es pronto.
the early bird catches the worm a quien madruga Dios le ayuda.
to have an early night acostarse pronto.
to make an early start salir temprano.
▪ **early bird/early riser** madrugador,-ra.
early closing day GB día en que los comercios abren solo por la mañana: **Wednesday is early closing day here** aquí los miércoles por la tarde todo cierra.
early man el hombre m primitivo.
early retirement jubilación f anticipada.
early warning system sistema de alerta roja.
the early hours/the early morning la madrugada.
▲ comp earlier, superl earliest.

earmark ['ɪəmɑːk] vt destinar (**for**, a), reservar (**for**, para).

earmuff ['ɪəmʌf] n orejera.

earn [ɜːn]
1 vt (money, wages) ganar: **how much do you earn a month?** ¿cuánto ganas al mes?
2 vt (interest) devengar.
3 vt (respect, approval, gratitude, etc) ganarse, valer; (deserve) merecer, merecerse: **it earned her the praise of all the faculty** le valió el elogio de todo el cuerpo docente; **a well-earned holiday** unas vacaciones bien merecidas.
✦ **to earn one's living** ganarse la vida.

earner ['ɜːnəʳ]
1 n (person) persona que gana dinero: **I'm the only earner in the family** soy el único de la familia que gana un sueldo.
2 n (thing) cosa rentable.

earnest ['ɜːnɪst] adj serio,-a, formal.
✦ **in earnest** en serio, de veras.
to be in earnest ir en serio.

earnestly ['ɜːnɪstlɪ] adv seriamente.

earnestness ['ɜːnɪstnəs] n seriedad f.
✦ **in all earnestness** con toda seriedad.

earnings ['ɜːnɪŋz]
1 npl (personal) ingresos mpl.
2 npl (of company) ganancias fpl.
▪ **take-home earnings** ingresos mpl netos.
earnings-related pension scheme plan de jubilación de acuerdo con los ingresos.

earphones ['ɪəfəʊnz] npl auriculares mpl.

earpiece ['ɪəpiːs] n (of telephone) auricular m.

earplug ['ɪəplʌg] n tapón m para los oídos.

earring ['ɪərɪŋ] n pendiente m.

earshot ['ɪəʃɒt]
✦ **out of earshot** fuera del alcance del oído.
within earshot al alcance del oído.

earth [ɜːθ]
1 n (gen) tierra: **the rocket returned to Earth** el cohete volvió a la Tierra; **the highest mountain on earth** la montaña más alta de la tierra; **plant the seeds in damp earth** siembra las semillas en tierra húmeda.
2 n GB toma de tierra, tierra.
3 n GB (of fox, badger) madriguera.
4 vt GB conectar a tierra.
✦ **to come back/down to earth** fig volver a la realidad.
to cost the earth costar un ojo de la cara, costar un riñón.
to feel/look like nothing on earth fam estar fatal.
to promise somebody the earth prometer a alguien el oro y el moro.
to run somebody/something to earth dar con alguien/algo.
to run to earth acorralar.
what/where/who (etc) on earth ...? fam ¿qué/dónde/quién (etc) demonios ...?
▲ A menudo se escribe con mayúscula cuando se refiere al planeta Tierra.

earthbound ['ɜːθbaʊnd]
1 adj (confined to Earth) que no puede despegar; (heading for Earth) que se dirige hacia la Tierra.
2 adj fig (dull) corriente, poco imaginativo,-a, prosaico,-a.

earthen ['ɜːðən]
1 adj (of earth) de tierra.
2 adj (of baked clay) de barro, de arcilla.

earthenware ['ɜːðənweəʳ]
1 n loza.
2 adj de arcilla, de barro.

earthiness ['ɜːθɪnəs] n desinhibición f.

earthling ['ɜːθlɪŋ] n terrícola mf.

earthly ['ɜːθlɪ]
1 adj (on earth) terrenal.
2 adj fam posible.
✦ **not to have an earthly** GB fam no tener ninguna posibilidad, tenerlo muy negro.
to be/see no earthly reason to no haber/ver razón alguna para.
to be no earthly use no servir para nada.

earthquake ['ɜːθkweɪk] n terremoto.

earthshattering ['ɜːθʃætərɪŋ] adj trascendental.

earthward ['ɜːθwəd] adj hacia la tierra.

earthworm ['ɜːθwɜːm] n lombriz f.

earthy ['ɜːθɪ]
1 adj (colour) terroso,-a; (smell) a tierra.
2 adj (frank, straightforward) desinhibido,-a: **an earthy sense of humour** un sentido del humor desenfadado.
▲ comp earthier, superl earthiest.

earwig ['ɪəwɪg] n tijereta.

ease [iːz]
1 n (lack of difficulty) facilidad f: **she jumped over the fence with ease** saltó la valla con facilidad; **for ease of access** para facilitar el acceso.
2 n (natural manner) soltura, naturalidad f, desenvoltura: **he handled the situation with ease** manejó la situación con soltura.
3 n (freedom from pain) alivio: **the medicine will bring immediate ease** la medicina te aliviará de inmediato.
4 n (leisure, affluence) comodidad f, desahogo: **a life of ease** una vida cómoda, una vida desahogada.
5 vt (relieve, alleviate) aliviar (**of**, de), calmar: **the drug eased the pain** la droga alivió el dolor.
6 vt (improve) mejorar, facilitar; (make easier) facilitar.
7 vt (move gently) mover con cuidado: **we eased the old lady into the car** metimos a la anciana en el coche con cuidado; **she eased the bandage off as gently as possible** quitó la venda con el mayor cuidado.
8 vt (loosen) aflojar.
9 vi (pain) aliviarse, calmarse, disminuir; (tension etc) disminuir.
10 vi (become easier) mejorar.
▸ **to ease off/ease up**
1 vi (pain) aliviarse, calmarse, disminuir; (tension etc) disminuir; (rain) amainar: **the amount of work has eased off** el volumen de trabajo ha disminuido; **the rain began to ease up** la lluvia empezó a amainar.
2 vi (slow down) ir más despacio.
to ease up on vt insep fam (go easy, be more moderate) aflojar, no pasarse con: **ease up on the work!** ¡deja de trabajar tanto!; **ease up on the children!** ¡no riñas tanto a los niños!
✦ **at ease!** MIL ¡descansen!
to be ill at ease sentirse incómodo,-a, sentirse molesto,-a.
to be at (one's) ease/feel at (one's) ease estar cómodo,-a, sentirse a gusto, sentirse a sus anchas.
to ease somebody's mind tranquilizar a alguien.
to put somebody at their ease lograr que alguien se sienta cómodo,-a.
to put/set somebody's mind at ease tranquilizar a alguien.
to stand at ease MIL quedarse en posición de descanso.
to take one's ease fml tomarse un respiro.
▪ **ease of mind** tranquilidad f.

easel ['iːzəl] n caballete m.

easily ['iːzɪlɪ]
1 adv (without difficulty) fácilmente, con facilidad.
2 adv (by far) con mucho; (without doubt) sin duda: **this is easily the best flat we've seen** es con mucho el mejor piso que hemos visto.

3 *adv (possibly)* fácilmente, perfectamente.

easiness ['iːzɪnəs]
1 *n (of task)* facilidad *f.*
2 *n (of manner)* soltura, naturalidad *f.*

east [iːst]
1 *adj (gen)* este, oriental; *(wind)* del este: I'm from the East Coast soy de la costa este; a cold east wind un viento frío del este.
2 *adv* hacia el este, en dirección este: they headed east se dirigieron al este; the room faces east la habitación da al este; Liverpool is east of Manchester Liverpool está el este de Manchester.
3 *n (gen)* este *m.*
4 the East *n (Asia)* Oriente *m*; *(Eastern Europe)* el Este *m.*
▪ **East End** *zona popular del este de Londres.*
East Ender *persona del este de Londres.*
East Timor Timor Oriental.
the Far East el Lejano Oriente.
the Middle East Oriente Medio.

eastbound ['iːstbaʊnd] *adj (train)* que va en dirección este; *(carriageway)* en dirección este.

Easter ['iːstə']
1 *n REL* Pascua, Pascua de Resurrección.
2 *n (holiday)* Semana Santa.
▪ **Easter egg** huevo de Pascua.
Easter Sunday Domingo de Pascua, Domingo de Resurrección.

easterly ['iːstəlɪ]
1 *adj (to the east)* al este, hacia el este.
2 *adj (from the east)* del este.
3 *n* viento del este.
▲ *pl* **easterlies.**

eastern ['iːstən] *adj* oriental, del este.
▪ **Eastern Bloc** *POL* el Este *m*, bloque *m* de los países del Este.

Easterner ['iːstənə'] *n US* nativo,-a del Este de los Estados Unidos.

east-northeast [iːstnɔːθ'iːst]
1 *n* estenordeste *m.*
2 *adv* al estenordeste, hacia el estenordeste.

east-north east [iːstnɔːθ'iːst]
1 *n* estenordeste *m.*
2 *adj* del estenordeste.
3 *adv* al estenordeste, hacia el estenordeste.

east-southeast [iːstsaʊθ'iːst]
1 *n* estesudeste *m.*
2 *adv* al estesudeste, hacia el estesudeste.

east-south east [iːstsaʊθ'iːst]
1 *n* estesudeste *m.*
2 *adj* del estesudeste.
3 *adv* al estesudeste, hacia el estesudeste.

eastward ['iːstwəd] *adj* hacia el este.
eastwards ['iːstwədz] *adv* hacia el este.

easy ['iːzɪ]
1 *adj (not difficult)* fácil, sencillo: it's an easy dish to make es un plato fácil de hacer; is it easy to get a bank loan? ¿es fácil conseguir un crédito del banco?; getting here was no easy matter llegar aquí no ha sido nada fácil; she's really easy to talk to resulta fácil hablar con ella.
2 *adj (comfortable)* cómodo,-a, holgado,-a: she leads a very easy life tiene una vida muy cómoda.
3 *adj (unworried, relaxed)* tranquilo,-a: an easy temperament un temperamento tranquilo; at an easy pace tranquilamente; with an easy mind con la mente tranquila.
4 *adj (readily exploited, cheated)* fácil: an easy victim una víctima fácil.
5 *adv* con cuidado, con calma: go easy with that vase, it's valuable ten cuidado con aquel jarrón - es valioso; easy on the whisky! ¡no te pases con el whisky!
◆ **easy come, easy go** así como viene se va.
easy does it poco a poco, con cuidado.
easy on the ear agradable al oído.
easy on the eye agradable a la vista.
easy to please poco exigente.
I'm easy *fam* me da igual.
it's easier said than done del dicho al hecho hay mucho trecho.
stand easy *MIL* descansen.
take it easy! ¡tranquilo,-a!
to be easy as pie *fam* estar chupado,-a.
to go easy on somebody no reñir tanto a alguien.
to go easy on something no pasarse con algo.
to take it easy/take things easy tomar(se) las cosas con calma.
▪ **easy chair** sillón *m*, butaca.
easy game/easy prey presa fácil.
easy listening música ligera.
easy money dinero fácil.
easy terms facilidades *fpl* de pago.
▲ *comp* **easier**, *superl* **easiest.**

easy-going [iːzɪ'gəʊɪŋ] *adj (relaxed)* tranquilo,-a; *(easy to please)* fácil de complacer, poco exigente.

eat [iːt]
1 *vt* comer: I don't eat fish no como pescado; he's eating an ice-cream está comiendo un helado; she eats cereals for breakfast desayuna cereales.
2 *vi* comer: don't eat so quickly no comas tan deprisa; we always eat at 7.00 siempre cenamos a las 7.00; have you eaten? ¿has comido?
3 **eats** *npl fam* comida *sing.*
▸ **to eat away** *vt sep (mice)* roer; *(termites)* carcomer; *(acid)* corroer; *(sea)* desgastar.
to eat into
1 *vt insep (acid, rust)* corroer.
2 *vt insep fig (cost)* comerse: the holiday has eaten into our savings las vacaciones se nos han comido parte de los ahorros.

to eat out *vi (lunch)* comer fuera; *(dinner)* cenar fuera.
to eat up
1 *vt sep (finish food)* comerse: eat it all up! ¡cómetelo todo!
2 *vt sep (consume)* consumir, tragar, devorar: this heater eats up electricity esta estufa devora electricidad.
◆ **I'll eat my hat!** ¡que me maten!
to be eaten up with jealousy/envy consumirle a uno los celos/la envidia.
to eat crow *US fam* humillarse.
to eat humble pie humillarse.
to eat like a horse comer como una vaca.
to eat like a bird comer como un pajarito.
to eat one's heart out morirse de envidia.
to eat one's words tragarse lo dicho.
to eat somebody alive comerse a alguien vivo,-a.
to eat somebody out of house and home más vale hacerle un traje a alguien.
to have somebody eating out of one's hand tener a alguien en el bolsillo.
what's eating you? ¿qué mosca te ha picado?
▲ *pt* **ate** [et, eɪt], *pp* **eaten** ['iˈtn].

eatable ['iːtəbəl] *adj* comestible.

eaten ['iːtən] *pp* → **eat.**

eater ['iːtə'] *n* comedor,-ra.
◆ **to be a big eater** ser un,-a comilón,-ona.
to be a fussy eater ser maniático,-a para la comida.
to be a slow eater comer lento, ser lento,-a comiendo.

eating ['iːtɪŋ] *n* el comer *m.*
▪ **eating apple** manzana de mesa.
eating disorder problema *m* alimentario.
eating place restaurante *m.*

eau de Cologne [əʊdəkə'ləʊn] *n* colonia.

eau-de-vie [əʊdə'viː] *n* orujo.

eaves [iːvz] *npl* alero *m sing.*

eavesdrop ['iːvzdrɒp] *vi* escuchar a escondidas (**on**, -).
▲ *pt & pp* **eavesdropped**, *ger* **eavesdropping.**

eavesdropper ['iːvzdrɒpə'] *n* fisgón, -ona.

ebb [eb]
1 *n* reflujo.
2 *vi (water)* bajar.
3 *vi fig* disminuir, decaer.
▸ **to ebb away** *vi fig* ir disminuyendo: his strength ebbed away fue perdiendo las fuerzas.
◆ **to be at a low ebb** *fig* estar en un punto bajo.
to be on the ebb estar bajando.
▪ **ebb tide** marea menguante.
the ebb and flow el flujo y reflujo.
the ebb and flow of something *fig* los cambios continuos de algo.

ebonite [ˈebənaɪt] *n* ebonita.

ebony [ˈebənɪ]
1 *n* ébano.
2 *adj* de ébano.

ebullience [ɪˈbʌljəns] *n* exaltación *f*, euforia.

ebullient [ɪˈbʌljənt] *adj* exaltado,-a, eufórico,-a.

eccentric [ɪkˈsentrɪk]
1 *adj (unusual)* excéntrico,-a, estrafalario,-a.
2 *adj (of circles)* excéntrico,-a.
3 *n (person)* excéntrico,-a.

eccentricity [eksenˈtrɪsɪtɪ] *n* excentricidad *f*.
▲ *pl* eccentricities.

ecclesiastic [ɪkliːzɪˈæstɪk]
1 *adj* eclesiástico,-a.
2 *n* eclesiástico, clérigo.

ecclesiastical [ɪkliːzɪˈæstɪkəl] *adj* eclesiástico,-a.

ECG [iːsiːˈdʒiː]
1 *abbr* (**electrocardiograph**) electrocardiógrafo.
2 *abbr* (**electrocardiogram**) electrocardiograma *m*.

echelon [ˈeʃəlɒn]
1 *n MIL* escalón *m*.
2 **echelons** *npl (levels)* niveles *mpl*, esferas *fpl*, estratos *mpl*, capas *fpl*.
✦ **in echelon** *MIL* en escalafón.

echo [ˈekəʊ]
1 *n* eco.
2 *n fig* resonancia.
3 *vt* repetir (**back**, -).
4 *vt fig (words)* repetir, imitar; *(opinions)* hacerse eco de.
5 *vi* hacer eco, resonar: **the valley echoed with laughter** la risa resonaba en el valle; **her shout echoed around the cave** su grito resonó en la cueva.
▲ *pl* echoes.

éclair [ɪˈkleəʳ] *n* petisú *m* de nata.
▪ **chocolate éclair** petisú *m* con chocolate.

eclectic [ɪˈklektɪk]
1 *adj fml* ecléctico,-a.
2 *n* ecléctico,-a.

eclecticism [ɪˈklektɪsɪzəm] *n fml* eclecticismo.

eclipse [ɪˈklɪps]
1 *n* eclipse *m*.
2 *n fig* eclipse *m*.
3 *vt* eclipsar.
4 *vt fig* eclipsar, brillar más que, hacer sombra a.
✦ **to be in eclipse** *fig* estar en declive: **in the late seventies, her career was in eclipse** al final de los años setenta, su carrera estaba en declive.
▪ **lunar eclipse** eclipse *m* lunar.
solar eclipse eclipse *m* solar.

ecliptic [ɪˈklɪptɪk] *n* eclíptica.

ecofriendly [ekəʊˈfrendlɪ] *adj* no perjudicial para el medio ambiente, que no perjudica el medio ambiente.

ecological [iːkəˈlɒdʒɪkəl] *adj* ecológico,-a.

ecologically [iːkəˈlɒdʒɪklɪ] *adv* ecológicamente.

ecologist [ɪˈkɒlədʒɪst] *n* ecologista *mf*.

ecology [ɪˈkɒlədʒɪ] *n* ecología.

economic [ekəˈnɒmɪk, iːkəˈnɒmɪk]
1 *adj (gen)* económico,-a.
2 *adj (profitable)* rentable.

economical [ekəˈnɒmɪkəl, iːkəˈnɒmɪkəl]
1 *adj (gen)* económico,-a; *(cheap)* barato,-a.
2 *adj (frugal, careful, not wasteful)* económico,-a, ahorrador,-ra.
✦ **to be economical with something** economizar en algo.

economically [ekəˈnɒmɪklɪ, iːkəˈnɒmɪk̩lɪ] *adv* económicamente: **economically speaking** en términos económicos.

economics [ekəˈnɒmɪks, iːkəˈnɒmɪks]
1 *n (science)* economía.
2 *n EDUC* económicas *fpl*, ciencias *fpl* económicas.
3 *npl (financial aspect)* aspecto económico.

economise [ɪˈkɒnəmaɪz] *vi* → **economize.**

economist [ɪˈkɒnəmɪst] *n* economista *mf*.

economize [ɪˈkɒnəmaɪz] *vi* economizar (**on**, en), ahorrar (**on**, en).

economy [ɪˈkɒnəmɪ]
1 *n (saving)* economía, ahorro: **buying cheap batteries is a false economy** comprarse pilas baratas sale más caro.
2 *n (science)* economía; *(system)* sistema *m* económico, economía: **Spain's economy relies heavily on tourism** la economía española depende mucho del turismo; **experts say that the economy is recovering** los expertos dicen que la economía se está recuperando.
▪ **economy class** clase *f* turista.
economy drive ajuste *m* económico.
economy size tamaño familiar.
▲ *pl* economies.

ecosystem [ˈiːkəʊsɪstəm] *n* ecosistema *m*.

ecstasy [ˈekstəsɪ] *n* éxtasis *m*.
✦ **to be in ecstasies** estar extasiado,-a.
to go into ecstasies extasiarse (**over**, ante), quedarse extasiado,-a (**over**, ante).
▲ *pl* ecstasies.

ecstatic [ekˈstætɪk] *adj* extasiado,-a.

ECT [iːsiːˈtiː] *abbr MED* (**electro-convulsive therapy**) terapia electroconvulsiva, electrochoque *m*.

ectoplasm [ˈektəplæzəm] *n* ectoplasma *m*.

ECU [ˈeɪkjuː] *abbr* (**European Currency Unit**) unidad de cuenta europea, ECU.

Ecuador [ˈekwədɔːʳ] *n* Ecuador *m*.

Ecuadorian [ekwəˈdɔːrɪən]
1 *adj* ecuatoriano,-a.
2 *n* ecuatoriano,-a.

ecumenic [iːkjuˈmenɪk] *adj* ecuménico,-a.

ecumenical [iːkjuˈmenɪkəl] *adj* ecuménico,-a.

ecumenicalism [iːkjuˈmenɪkəlɪzəm] *n* ecumenismo.

ecumenicism [iːkjuˈmenɪsɪzəm] *n* ecumenismo.

eczema [ˈeksɪmə] *n* eccema *m*.

Edam [ˈiːdæm] *n* queso de bola.

eddy [ˈedɪ]
1 *n* remolino.
2 *vi* arremolinarse.
▲ *(sustantivo)* *pl* eddies; *(verbo)* pt & pp eddied, ger eddying.

edelweiss [ˈeɪdəlvaɪs] *n BOT* edelweiss *m*.

edema [ɪˈdiːmə] *n US* edema *m*.

Eden [ˈiːdən] *n* el Edén *m*.
▲ *También* the garden of Eden.

edge [edʒ]
1 *n (of cliff, wood, etc)* borde *m*.
2 *n (of coin, step, etc)* canto.
3 *n (of knife)* filo.
4 *n (of water)* orilla.
5 *n (of town)* afueras *fpl*: **he lives on the edge of town** vive en las afueras (del pueblo).
6 *n (of paper)* margen *m*.
7 *n (brink)* borde *m*.
8 *n (to voice)* tono.
9 *vt (supply with border)* bordear: **a garden edged with flowers** un jardín bordeado de flores.
10 *vt SEW* ribetear.
11 *vi (move in small stages)* moverse con cautela, moverse poco a poco.
▸ **to edge away** *vi* alejarse poco a poco.
to edge forward *vi* avanzar lentamente, avanzar poco a poco.
to edge out *vt sep (displace)* eliminar, apartar, quitar: **I've been edged out of my job** me han apartado del trabajo.
✦ **to be on edge** estar nervioso,-a, tener los nervios de punta.
to be on the edge of something estar a punto de algo.
to have the edge on/over somebody llevar ventaja a alguien.
to take the edge off something suavizar algo: **that'll take the edge off your hunger** eso te engañará el estómago.

edgeways [ˈedʒweɪz] *adv* de lado.
✦ **to (not) get a word in edgeways** (no) poder meter baza.

edgewise [ˈedʒwaɪz] *adv* → **edgeways.**

edging [ˈedʒɪŋ] *n* ribete *m*, orla.
▪ **edging shears** tijeras *fpl* de podar.

edgy [ˈedʒɪ] *adj* nervioso,-a.
▲ *comp* edgier, *superl* edgiest.

edible [ˈedɪbəl] *adj* comestible.

edict [ˈiːdɪkt]
1 *n* edicto.
2 *n JUR* decreto.
edification [edɪfɪˈkeɪʃən] *n fml (improvement of mind)* edificación *f*.
edifice [ˈedɪfɪs]
1 *n fml (building)* edificio, gran edificio.
2 *n fig* estructura.
edify [ˈedɪfaɪ] *vt fml* edificar.
▲ *pt & pp edified, ger edifying.*
edifying [ˈedɪfaɪɪŋ] *adj fml* edificante.
Edinburgh [ˈedɪnbərə] *n* Edimburgo.
edit [ˈedɪt]
1 *vt (prepare for printing)* preparar para la imprenta.
2 *vt (correct)* corregir; *(put together)* editar.
3 *vt (run newspaper etc)* dirigir: **edited by** bajo la dirección de.
4 *vt (film, programme)* montar, editar.
▶ **to edit out** *vt sep* cortar.
edition [ɪˈdɪʃən] *n* edición *f*.
▪ **first edition** primera edición *f*.
limited edition edición *f* limitada.
revised edition edición *f* revisada.
editor [ˈedɪtəʳ]
1 *n (of book)* editor,-ra; *(writer)* redactor, -ra; *(proofreader)* corrector,-ra.
2 *n (of newspaper etc)* director,-ra.
3 *n (of film, programme)* montador,-ra.
▪ **editor in chief** redactor,-ra jefe.
editor's note nota de la redacción.
editorial [edɪˈtɔːrɪəl]
1 *adj* editorial.
2 *n* editorial *m*.
▪ **editorial staff** redacción *f*.
educate [ˈedjʊkeɪt] *vt* educar, formar: she was educated at a private school se educó en una escuela privada; we must educate people about the environment tenemos que educar a la gente en el medio ambiente.
educated [ˈedjʊkeɪtɪd] *adj* culto,-a, cultivado,-a.
✦ **an educated guess** una conjetura fundamentada.
education [edjʊˈkeɪʃən]
1 *n (system of teaching)* educación *f*, enseñanza: education is not compulsory after the age of 16 la enseñanza no es obligatoria a partir de los 16 años.
2 *n (training)* formación *f*, preparación *f*, instrucción *f*.
3 *n (acquisition of knowledge)* estudios *mpl*, formación *f* académica.
4 *n (theory of teaching)* pedagogía *f*.
5 *n (knowledge, culture)* cultura.
▪ **Minister of Education** Ministro,-a de Educación.
Ministry of Education and Science Ministerio de Educación y Ciencia.
university education estudios *mpl* universitarios.
educational [edjʊˈkeɪʃənəl] *adj* educativo,-a.
educationalist [edʒʊˈkeɪʃənəlɪst] *n* pedagogo,-a.

educationist [edʒʊˈkeɪʃənɪst] *n* pedagogo,-a.
educator [ˈedʒʊkeɪtəʳ] *n* educador,-ra.
eel [iːl] *n* anguila.
eerie [ˈɪərɪ] *adj* misterioso,-a, siniestro,-a.
efface [ɪˈfeɪs] *vt fml* borrar.
✦ **to efface oneself** pasar desapercibido,-a.
effect [ɪˈfekt]
1 *n (gen)* efecto: he was acting under the effects of alcohol actuaba bajo los efectos del alcohol; the effects of smoking los efectos del tabaco; we tried to put out the fire, but with little effect tratamos de apagar el fuego, pero sin éxito.
2 *n (impression)* impresión *f*, efecto: the background gives the effect of being in the jungle el fondo da la impresión de estar en la selva; don't move, or you'll spoil the effect no te muevas, estropearás el efecto.
3 *vt fml* efectuar, provocar.
4 **effects** *npl (property)* efectos *mpl*.
✦ **for effect** para impresionar.
in effect *(in fact)* de hecho; *(in use)* en vigor.
or words to that effect o algo por el estilo.
to come into effect entrar en vigor.
to good effect con buenos resultados.
to have an effect on afectar, producir un efecto en: the violence in the film had no effect on her la violencia de la película no la afectó.
to no effect sin resultado alguno.
to put something into effect aplicar algo.
to take effect *(drug etc)* surtir efecto, hacer efecto; *(law)* entrar en vigor.
to the effect that ... en el sentido de que ...
with effect from ... con efecto a partir de ...
effective [ɪˈfektɪv]
1 *adj (successful)* eficaz: effective ways of bringing down inflation métodos eficaces para reducir la inflación.
2 *adj (real, actual)* efectivo,-a: effective income after taxes ingresos efectivos deducidos los impuestos.
3 *adj (operative)* vigente: the law became effective from midnight la ley entró en vigor a medianoche.
4 *adj (impressive)* impresionante; *(striking)* llamativo,-a.
effectively [ɪˈfektɪvlɪ]
1 *adv (efficiently)* eficazmente.
2 *adv (in effect)* de hecho, en efecto.
effectiveness [ɪˈfektɪvnəs] *n* eficacia.
effectual [ɪˈfektʊəl] *adj fml* eficaz.
effectuate [ɪˈfektjʊeɪt] *vt* efectuar, realizar.
effeminacy [ɪˈfemɪnəsɪ] *n* afeminación *f*.

effeminate [ɪˈfemɪnət] *adj* afeminado,-a.
effervesce [efəˈves]
1 *vi (of liquids)* entrar en efervescencia.
2 *vi fig (of people)* ser efervescente, ser muy vivo,-a.
effervescence [efəˈvesəns] *n* efervescencia.
effervescent [efəˈvesənt] *adj* efervescente.
effete [eˈfiːt] *adj (weak)* débil, impotente; *(feeble)* agotado,-a.
efficacious [efɪˈkeɪʃəs] *adj* eficaz.
efficacy [ˈefɪkəsɪ] *n* eficacia.
efficiency [ɪˈfɪʃənsɪ]
1 *n (of person)* eficiencia, competencia.
2 *n (of system, product)* eficacia.
3 *n (of machine)* rendimiento.
efficient [ɪˈfɪʃənt]
1 *adj (person)* eficiente, competente.
2 *adj (system, product)* eficaz.
3 *adj (machine)* de buen rendimiento.
efficiently [ɪˈfɪʃəntlɪ]
1 *adv (of person)* eficientemente, competentemente.
2 *adv (of system, product)* eficazmente.
3 *adv (of machine)* con buen rendimiento.
effigy [ˈefɪdʒɪ] *n* efigie *f*.
▲ *pl effigies.*
efflorescence [eflɔːˈresəns] *n lit* florecimiento.
effluent [ˈefluənt]
1 *n (waste matter)* aguas *fpl* residuales, residuos *mpl*.
2 *n (stream)* corriente *f*.
effort [ˈefət]
1 *n (exertion)* esfuerzo: put a bit more effort into it! ¡un poco más de esfuerzo!; what a waste of time and effort! ¡vaya pérdida de tiempo y esfuerzo!
2 *n (attempt, struggle)* intento, tentativa: in an effort to combat unemployment en un intento de combatir el desempleo.
3 *n (achievement)* obra.
✦ **an effort of will** una fuerza de voluntad.
to be worth the effort valer la pena.
to make an effort hacer un esfuerzo, esforzarse: we'll make an effort to go haremos un esfuerzo para ir; she made no effort to enjoy herself no intentó siquiera divertirse.
to make every effort to do something no regatear medios para hacer algo, hacer todo lo posible para hacer algo.
effortless [ˈefətləs] *adj* fácil, sin esfuerzo.
effortlessly [ˈefətləslɪ] *adv* fácilmente, sin esfuerzo.
effrontery [ɪˈfrʌntərɪ] *n* descaro, desfachatez *f*, frescura.
effusion [ɪˈfjuːʒən] *n* efusión *f*.
effusive [ɪˈfjuːsɪv] *adj* efusivo,-a.

effusively [ɪˈfjuːsɪvlɪ] *adv* efusivamente, con efusividad.

EFL [ˈiːˈefˈel] *abbr* (**English as a foreign language**) inglés como idioma extranjero.

egalitarian [ɪɡælɪˈteərɪən] *adj* igualitario,-a.

egalitarianism [ɪɡælɪˈteərɪənɪzəm] *n* igualitarismo.

egg¹ [eɡ]
 1 *n* (*laid by birds etc*) huevo.
 2 *n* BIOL (*ovum*) óvulo.
 ✦ **to be a bad egg** ser una mala persona, ser un sinvergüenza.
  to have egg on one's face quedar en ridículo.
  to put all one's eggs in one basket jugárselo todo a una carta.
 ▪ **boiled egg** huevo pasado por agua.
  egg cup huevera.
  egg custard natillas *fpl*.
  egg timer reloj *m* de arena.
  egg whisk batidor *m*.
  egg white clara de huevo.
  egg yolk yema de huevo.
  fried egg huevo frito.
  hard-boiled egg huevo duro.
  poached egg huevo escalfado.
  scrambled eggs huevos *mpl* revueltos.

egg² [eɡ] **to egg on** *vt* animar, incitar: everyone was egging me on to ask her out todos me animaban a pedirle una cita.

egghead [ˈeɡhed] *n pej* intelectual *mf*.

eggnog [eɡˈnɒɡ] *n* ponche *m* de huevo.

eggplant [ˈeɡplɑːnt] *n* berenjena.

eggshell [ˈeɡʃel] *n* cáscara de huevo.
 ▪ **eggshell china/eggshell porcelain** porcelana fina.

egg-slicer [ˈeɡslaɪsəʳ] *n* cortahuevos *m*.

ego [ˈiːɡəʊ]
 1 *n* (*in psychology*) ego.
 2 *n fam* amor *m* propio: it was a blow to my ego fue un golpe para mi amor propio.
 ✦ **to boost somebody's ego** levantar la moral a alguien.
  to deflate somebody's ego bajar los humos a alguien.
 ▪ **alter ego** alter ego.
  ego trip autobombo.
 ▲ *pl* egos.

egocentric [iːɡəʊˈsentrɪk] *adj* egocéntrico,-a.

egocentrical [iːɡəʊˈsentrɪkəl] *adj* egocéntrico,-a.

egocentricity [iːɡəʊsenˈtrɪsɪtɪ] *n* egocentrismo.

egoism [ˈiːɡəʊɪzəm] *n* egoísmo.

egoist [ˈiːɡəʊɪst] *n* egoísta *mf*.

egoistic [eɡəʊˈɪstɪk] *adj* egoísta.

egoistical [eɡəʊˈɪstɪkəl] *adj* egoísta.

egomania [iːɡəʊˈmeɪnɪə] *n* egolatría.

egomaniac [iːɡəʊˈmeɪnɪæk] *n*ególatra *mf*.

egomaniacal [iːɡəʊməˈnaɪəkəl] *adj* ególatra.

egotism [ˈiːɡətɪzəm] *n* egotismo.

egotist [ˈiːɡətɪst] *n* egoísta *mf*.

egotistic [iːɡəˈtɪstɪk] *adj* egoísta.

egotistical [iːɡəˈtɪstɪkəl] *adj* egoísta.

Egypt [ˈiːdʒɪpt] *n* Egipto.

Egyptian [ɪˈdʒɪpʃən]
 1 *adj* egipcio,-a.
 2 *n* (*person*) egipcio,-a.
 3 *n* (*language*) egipcio.

Egyptologist [iːdʒɪpˈtɒlədʒɪst] *n* egiptólogo,-a.

Egyptology [iːdʒɪpˈtɒlədʒɪ] *n* egiptología.

eider [ˈaɪdəʳ] **eider (duck)** *n* eider *m*.

eiderdown [ˈaɪdədaʊn] *n* edredón *m*.

eight [eɪt]
 1 *adj* ocho.
 2 *n* ocho.
 3 *n* SP (*oarsmen*) ocho.
 ✦ **to have one over the eight** llevar una copa de más.
 ▲ *Véase también* six.

eighteen [eɪˈtiːn]
 1 *adj* dieciocho.
 2 *n* dieciocho.
 ▲ *Véase también* six.

eighteenth [eɪˈtiːnθ]
 1 *adj* decimoctavo,-a.
 2 *adv* en decimoctavo lugar.
 3 *n* (*in series*) decimoctavo,-a.
 4 *n* (*fraction*) decimoctavo; (*one part*) decimoctava parte *f*.
 ▲ *Véase también* sixth.

eighth [eɪtθ]
 1 *adj* octavo,-a.
 2 *adv* octavo, en octavo lugar.
 3 *n* (*in series*) octavo,-a.
 4 *n* (*fraction*) octavo; (*one part*) octava parte *f*.
 ▲ *Véase también* sixth.

eighties [ˈeɪtɪz] **the eighties** *npl* los años *mpl* ochenta, los ochenta *mpl*.
 ✦ **to be in one's eighties** tener entre ochenta y noventa años, tener ochenta y tantos años, estar en los ochenta.
 ▲ *Véase también* sixties.

eightieth [ˈeɪtɪɪθ]
 1 *adj* octogésimo,-a.
 2 *adv* en octogésimo lugar.
 3 *n* (*in series*) octogésimo,-a.
 4 *n* (*fraction*) octogésimo; (*one part*) octogésima parte *f*.
 ▲ *Véase también* sixtieth.

eighty [ˈeɪtɪ]
 1 *adj* ochenta.
 2 *n* ochenta.
 ▲ *Véase también* sixty.

einsteinium [aɪnˈstaɪnɪəm] *n* einsteinio.

Eire [ˈeərə] *n* Eire *m*.

either [ˈaɪðəʳ, ˈiːðəʳ]
 1 *pron* (*affirmative*) cualquiera: **either of them** cualquiera de los dos; **either is fine** cualquiera está bien.

2 *pron* (*negative*) ni el uno ni el otro, ni la una ni la otra, ninguno de los dos, ninguna de las dos: she doesn't like **either of them** no le gusta ninguno de los dos; I can't stand **either** no aguanto ni al uno ni al otro.

3 *adj* cualquier: **either way**, I think you should go de cualquier manera, creo que deberías ir; **in either case** en cualquiera de los dos casos.

4 *adj* (*both*) cada, los dos, las dos, ambos,-as: with a gun in **either hand** con una pistola en cada mano; there were candelabras at **either end of the table** había candelabros en los dos extremos de la mesa.

5 *adj* (*neither*) ninguno de los dos, ninguna de las dos: he didn't agree with **either statement** no estaba de acuerdo con ninguna de las dos afirmaciones.

6 *conj* (*affirmative*) o: **either** fruit or icecream o fruta o helado; he'll arrive **either** today or tomorrow llegará u hoy o mañana.

7 *conj* (*negative*) ni: I didn't go to **either** the wedding or the party no fui ni a la boda ni a la fiesta.

8 *adv* (*after negative*) tampoco: Ann didn't come **either** tampoco vino Ann; I can't ski **either** yo tampoco sé esquiar; he's not ugly, but he's not exactly good-looking **either** no es que sea feo, pero tampoco es muy guapo.

ejaculate [ɪˈdʒækjʊleɪt]
 1 *vi* (*eject fluid*) eyacular.
 2 *vi* (*exclaim*) exclamar.

ejaculation [ɪdʒækʊˈleɪʃən]
 1 *n* (*ejection*) eyaculación *f*.
 2 *n* (*exclamation*) exclamación *f*.

eject [ɪˈdʒekt]
 1 *vt* (*person*) expulsar, echar: the landlord ejected the boys from the pub el dueño expulsó a los chicos del pub.
 2 *vt* (*thing*) expulsar.
 3 *vi* AV eyectar(se).

ejection [ɪˈdʒekʃən]
 1 *n* (*gen*) expulsión *f*.
 2 *n* (*from plane*) eyección *f*.

ejector [ɪˈdʒektəʳ] *n* eyector *m*.
 ▪ **ejector seat** asiento eyectable.

eke [iːk] **to eke out** *vt* (*make last*) hacer alcanzar, estirar, racionar: we had to eke out the last bit of food tuvimos que racionar lo que quedaba de comida; try to eke your money out procura estirar el dinero.
 ✦ **to eke out a living/eke out an existence** ganar lo justo para vivir.

EKG [iːkeɪˈdʒiː] *n* US → ECG.

elaborate [ɪˈlæbərət]
 1 *adj* (*detailed, extensive*) detallado,-a.
 2 *adj* (*ornate, intricate*) muy trabajado,-a, esmerado,-a.
 3 *adj* (*complex, intricate*) complicado,-a.
 4 *vt* (*work out in detail, refine*) elaborar, desarrollar.

5 *vi (discuss in detail)* explicarse, explicar detalladamente; *(expand)* ampliar, dar más detalles, explicar con más detalles: **there's no need to elaborate** no hace falta dar más detalles.
▲ *(verbo)* [ɪ'læbəreɪt].

elaborately [ɪ'læbərətlɪ]
1 *adv (in detail, extensively)* detalladamente, con todo detalle.
2 *adv (ornately, richly)* esmeradamente.
3 *adv (complexly, intricately)* de manera complicada.

elaboration [ɪlæbə'reɪʃən]
1 *n (working out in detail)* elaboración *f*, desarrollo.
2 *n (additional detail)* complicación *f*, detalle *m*.

elapse [ɪ'læps] *vi* transcurrir.

elastic [ɪ'læstɪk]
1 *adj* elástico,-a.
2 *adj fig* flexible.
3 *n* elástico.
▪ **elastic band** goma elástica.

elasticity [ɪlæ'stɪsətɪ]
1 *n* elasticidad *f*.
2 *n fig* flexibilidad *f*.

Elastoplast [ɪ'læstəplɑ:st] *n* tirita.

elated [ɪ'leɪtɪd] *adj* eufórico,-a, jubiloso,-a: **the students were elated at the news** los estudiantes se regocijaron con la noticia.

elation [ɪ'leɪʃən] *n* euforia, júbilo.

elbow ['elbəʊ]
1 *n* ANAT codo.
2 *n (bend)* recodo.
3 *vt (jostle)* dar un codazo a, empujar con el codo.
▸ **to elbow aside** *vt sep* apartar a codazos.
◆ **at one's elbow** a mano.
out at the elbows raído,-a.
to elbow one's way through abrirse paso a codazos (por).
to give somebody the elbow *(dismiss)* echar a alguien; *(break up with)* romper con alguien.
▪ **elbow grease** sudor *m*.

elbowroom ['elbəʊru:m] *n* espacio, sitio.

elder¹ ['eldə']
1 *adj* mayor: **my elder brother** mi hermano mayor; **she is the elder of my two daughters** es la mayor de mis dos hijas.
2 *n* mayor *m*: **he is my elder by three years** es tres años mayor que yo.
3 *n* REL anciano,-a.
4 elders *npl* ancianos,-as, mayores *mpl*: **the elders of the tribe** los ancianos de la tribu; **we should respect our elders** deberíamos respetar a nuestros mayores.
5 the elder *adj fml* el viejo: **William the elder** William el viejo.
▪ **elder statesman** viejo estadista *m*.

elder² ['eldə'] *n* BOT saúco.

elderberry ['eldəbərɪ] *n* baya del saúco.
▲ *pl* **elderberries**.

elderly ['eldəlɪ]
1 *adj* mayor, anciano,-a.
2 the elderly *n* los ancianos *mpl*.

eldest ['eldɪst]
1 *adj* mayor: **David is my eldest son** David es mi hijo mayor.
2 *n* el mayor, la mayor: **my eldest has just had a baby** mi hija mayor acaba de dar a luz.

elect [ɪ'lekt]
1 *adj* electo,-a: **the president elect** el presidente electo.
2 *vt (vote for)* elegir: **Jack's been elected (as) treasurer** Jack ha sido elegido tesorero; **they elected her (to be) Mayoress** la eligieron alcaldesa.
3 *vt (choose, decide)* decidir: **she elected to take early retirement** decidió acogerse a la jubilación anticipada.
4 the elect *n* los elegidos *mpl*.

election [ɪ'lekʃən]
1 *n* elección *f*: **who did you vote for at the last election?** ¿a quién votaste en las últimas elecciones?
2 *adj* electoral.
✦ **to hold an election/hold elections** convocar elecciones.
to stand for election presentarse a las elecciones.
▪ **general election** elecciones *fpl* generales.

electioneer [ɪlekʃə'nɪə'] *n* electorero,-a.

electioneering [ɪlekʃə'nɪərɪŋ]
1 *n* electoralismo, maniobras *fpl* electorales.
2 *adj* electoralista.

elector [ɪ'lektə'] *n* elector,-ra.

electoral [ɪ'lektərəl] *adj* electoral.
▪ **electoral college** colegio electoral.
electoral roll/electoral register censo electoral.

electorate [ɪ'lektərət] *n* electorado.

electric [ɪ'lektrɪk]
1 *adj* eléctrico,-a.
2 *adj fig* electrizante.
▪ **electric blanket** manta eléctrica.
electric blue azul *m* eléctrico.
electric chair silla eléctrica.
electric field campo eléctrico.
electric fire estufa eléctrica.
electric guitar guitarra eléctrica.
electric shock *(treatment)* electrochoque *m*; *(accident)* descarga eléctrica.
electric storm tormenta eléctrica.

electrical [ɪ'lektrɪkəl] *adj* eléctrico,-a.
▪ **electrical appliance** electrodoméstico.
electric engineer ingeniero electrotécnico.
electrical engineering ingeniería electrotécnica.
electrical fault fallo eléctrico.

electrically [ɪ'lektrɪkəlɪ] *adv* por electricidad: **it's electrically operated** funciona con electricidad.

electrician [ɪlek'trɪʃən] *n* electricista *mf*.
electricity [ɪlek'trɪsɪtɪ] *n* electricidad *f*.
▪ **electricity bill** factura de la luz.
electricity supply suministro eléctrico.

electrification [ɪlektrɪfɪ'keɪʃən] *n* electrificación *f*.

electrify [ɪ'lektrɪfaɪ]
1 *vt* electrificar.
2 *vt fig* electrizar.
▲ *pt & pp* **electrified**, *ger* **electrifying**.

electrifying [ɪ'lektrɪfaɪɪŋ] *adj fig* electrizante.

electrocardiograph [ɪlektrəʊ'kɑ:dɪəʊgrɑ:f] *n* MED electrocardiógrafo.

electrocardiogram [ɪlektrəʊ'kɑ:dɪəʊgræm] *n* MED electrocardiograma *m*.

electro-convulsive [ɪlektrəʊkən'vʌlsɪv] *adj* electroconvulsivo,-a.
▪ **electro-convulsive therapy** terapia electroconvulsiva, electrochoque *m*.

electrocute [ɪ'lektrəkju:t] *vt* electrocutar: **he was electrocuted on the railway line** se electrocutó en la vía del tren; **the prisoner is going to be electrocuted** el preso será electrocutado.

electrocution [ɪlektrə'kju:sən] *n* electrocución *f*.

electrode [ɪ'lektrəʊd] *n* electrodo.

electroencephalogram [ɪlektrəʊen'sefələgræm] *n* MED electroencefalograma *m*.

electroencephalograph [ɪlektrəʊen'sefələgrɑ:f] *n* MED electroencefalógrafo.

electroencephalography [ɪlektrəʊensefə'lɒgrəfɪ] *n* electroencefalografía.

electrolysis [ɪlek'trɒləsɪs] *n* electrólisis *f*.

electrolyte [ɪ'lektrəlaɪt] *n* electrolito, electrólito.

electromagnet [ɪlektrəʊ'mægnɪt] *n* electroimán *m*.

electromagnetism [ɪlektrəʊ'mægnɪtɪzəm] *n* electromagnetismo.

electromagnetic [ɪlektrəʊmæg'netɪk] *adj* electromagnético,-a.

electron [ɪ'lektrɒn] *n* electrón *m*.
▪ **electron gun** cañón *m* de electrones.
electron microscope microscopio electrónico.

electronic [ɪlek'trɒnɪk] *adj* electrónico,-a.
▪ **electronic mail** correo electrónico.
electronic mailbox buzón *m* electrónico.

electronics [ɪlek'trɒnɪks]
1 *n (science, technology)* electrónica.
2 *npl (circuits and devices)* componentes *mpl* electrónicos.
▪ **electronics industry** industria electrónica.

electrotherapy [ˌɪlektrəʊˈθerəpɪ] *n* electroterapía.

electuary [ɪˈlektjʊərɪ] *n* electuario.
▲ *pl* electuaries.

elegance [ˈelɪɡəns] *n* elegancia.

elegant [ˈelɪɡənt] *adj* elegante.

elegantly [ˈelɪɡəntlɪ] *adv* con elegancia.

elegiac [elɪˈdʒaɪək] *adj* elegiaco,-a, elegíaco,-a.

elegy [ˈeladʒɪ] *n* elegía.
▲ *pl* elegies.

element [ˈelɪmənt]
1 *n CHEM* elemento.
2 *n (necessary part of a whole)* parte *f*, componente *m*.
3 *n (important feature or quality)* factor *m*.
4 *n (small amount, hint)* parte *f*, algo: there's an element of truth in it hay algo de verdad en ello.
5 *n ELEC* resistencia.
6 *n (group, section)* fracción *f*.
7 *n (earth, air, fire, water)* elemento.
8 elements *npl (weather)* los elementos *mpl*.
9 *npl (basics)* rudimentos *mpl*.
✦ to be in one's element estar en su elemento, estar muy a gusto.
to be out of one's element estar como pez fuera del agua.

elemental [elɪˈmentəl] *adj* elemental, básico,-a.

elementary [elɪˈmentərɪ]
1 *adj (basic)* elemental, básico,-a.
2 *adj (easy)* fácil, sencillo,-a.
▪ elementary education enseñanza primaria.
elementary mathematics matemáticas *fpl* elementales.
elementary particle partícula elemental.
elementary school escuela primaria.

elephant [ˈelɪfənt] *n* elefante *m*.
▪ elephant seal elefante *m* marino.

elephantiasis [elɪfənˈtaɪəsɪs] *n* elefancía, elefantiasis *f*.

elephantine [elɪˈfæntaɪn]
1 *adj (huge)* mastodóntico,-a, descomunal.
2 *adj (clumsy)* torpe, patoso,-a.

elevate [ˈelɪveɪt]
1 *vt fml (raise)* elevar; *(promote)* ascender, promover.
2 *vt fig (improve in quality)* elevar.

elevated [ˈelɪveɪtɪd] *adj fml (fine, noble)* elevado,-a, noble.
▪ elevated railway/elevated railroad ferrocarril *m* elevado.

elevating [ˈelɪveɪtɪŋ] *adj (uplifting)* elevador,-ra, edificante.

elevation [elɪˈveɪʃən]
1 *n fml (nobility)* elevación *f*.
2 *n (angle)* elevación *f*.
3 *n fml (in rank)* ascenso.
4 *n (height)* altitud *f*, altura.
5 *n fml (hill, high place)* elevación *f*.
6 *n ARCH* alzado.

elevator [ˈelɪveɪtə']
1 *n US* ascensor *m*.
2 *n (machine)* montacargas *m*.
3 *n AV* timón *m* de profundidad.

eleven [ɪˈlevən]
1 *adj* once.
2 *n* once *m*.
3 *n SP* equipo, once *m*.
▲ *Véase también* six.

elevenses [ɪˈlevənzɪz] *npl GB fam* desayuno, almuerzo.

eleventh [ɪˈlevənθ]
1 *adj* undécimo,-a.
2 *adv* en undécimo lugar.
3 *n (in series)* undécimo,-a, onceno,-a.
4 *n (fraction)* onceavo, undécimo; *(one part)* onceava parte *f*, undécima parte *f*.
✦ at the eleventh hour en el último momento.
▲ *Véase también* sixth.

elf [elf] *n* duende *m*, elfo.
▲ *pl* elves [elvz].

elfin [ˈelfɪn] *adj fig* delicado,-a.

elfish [ˈelfɪʃ] *adj* travieso,-a.

elicit [ɪˈlɪsɪt]
1 *vt fml (facts, information)* sonsacar, obtener: we managed to elicit the truth from her logramos sonsacarle la verdad.
2 *vt (reaction, response)* provocar.

elide [ɪˈlaɪd]
1 *vt* elidir.
2 *vi* elidirse.

eligibility [elɪdʒəˈbɪlɪtɪ] *n* elegibilidad *f*, idoneidad *f*.

eligible [ˈelɪdʒəbəl]
1 *adj (qualified, suitable)* idóneo,-a, apto,-a.
2 *adj (desirable)* deseable: an eligible young man un buen partido.
✦ to be eligible for something tener derecho a algo, cumplir los requisitos para algo: you might be eligible for a grant puede que tengas derecho a una beca.

eliminate [ɪˈlɪmɪneɪt]
1 *vt (remove, get rid of)* eliminar, erradicar; *(expel)* expulsar: you must eliminate fat from your diet tienes que eliminar la grasa de tu dieta.
2 *vt (rule out)* descartar, excluir, eliminar: that man has been eliminated from our enquiries hemos eliminado a aquel hombre de la investigación.
3 *vt fam (kill)* eliminar, suprimir.
4 *vt (knock out)* eliminar, derrotar: they were eliminated in the first round fueron eliminados en la primera vuelta.

elimination [ɪlɪmɪˈneɪʃən] *n* eliminación *f*: a process of elimination un proceso de eliminación.

eliminatory [ɪˈlɪmɪnətrɪ] *adj* eliminatorio,-a.

elision [ɪˈlɪʒən] *n* elisión *f*.

elite [eɪˈliːt]
1 *n* elite *f*.
2 *adj* exclusivo,-a, selecto,-a.

élite [eɪˈliːt] *n* → elite.

elitism [eɪˈliːtɪzəm] *n* elitismo.

elitist [eɪˈliːtɪst] *adj* elitista.

elixir [ɪˈlɪksə'] *n* elixir *m*.

Elizabethan [ɪlɪzəˈbiːθən]
1 *adj* isabelino,-a.
2 *n* isabelino,-a.

elk [elk] *n GB* alce *m*.

ellipse [ɪˈlɪps] *n* elipse *f*.

ellipsis [ɪˈlɪpsɪs] *n* elipsis *f*.
▲ *pl* ellipses [ɪˈlɪpsiːz].

elliptic [ɪˈlɪptɪk] *adj* elíptico,-a.

elliptical [ɪˈlɪptɪkəl] *adj* elíptico,-a.

elm [elm] *n* olmo.

elocution [eləˈkjuːʃən] *n* elocución *f*: elocution lessons clases de elocución.

elongate [ˈiːlɒŋɡeɪt] *vt* alargar, extender.

elongated [ˈiːlɒŋɡeɪtɪd] *adj* alargado,-a.

elongation [iːlɒŋˈɡeɪʃən] *n* alargamiento, elongación *f*.

elope [ɪˈləʊp] *vi* fugarse (para casarse).

elopement [ɪˈləʊpmənt] *n* fuga (para casarse).

eloquence [ˈeləkwəns] *n* elocuencia.

eloquent [ˈeləkwənt] *adj* elocuente.

eloquently [ˈeləkwəntlɪ] *adv* con elocuencia, elocuentemente.

El Salvador [elˈsælvədɔː'] *n* El Salvador.

else [els] *adv* más, otro,-a: anything else? ¿algo más?; nothing else, thank you nada más, gracias; does anyone else want to go? ¿alguien más quiere ir?; nobody else cares a nadie más le importa; is there someone else? ¿hay alguien más?; let's go somewhere else vamos a otro sitio; there's nothing else to eat no hay nada más para comer; what else do you expect? ¿qué más esperas?; where else have you been? ¿en qué otro(s) sitio(s) has estado?; don't say anything else no digas nada más; everyone else is going todos los demás van; who else knows? ¿quién más lo sabe?; everything else was all right todo lo demás estaba bien.
✦ or else *(otherwise, if not)* si no, o; *(used as threat)* si no: behave yourself or else … pórtate bien, si no (ya verás); hurry up or else we'll be late! ¡date prisa, si no llegaremos tarde!; either you come today, or else don't bother coming o vienes hoy, o no te molestes en venir; he must be drunk, or else he's gone mad debe de estar borracho, si no es que se ha vuelto loco.
if nothing else como mínimo.

elsewhere [elsˈweə'] *adv* en otro sitio, en otra parte.

elucidate [ɪˈluːsɪdeɪt] *vt fml* aclarar, dilucidar, poner en claro.

elucidation [ɪluːsɪˈdeɪʃən] n aclaración f, dilucidación f.

elude [ɪˈluːd]
1 vt (escape from) escaparse de: to elude the police, he crossed the border para escaparse de la policía, cruzó la frontera.
2 vt (avoid) eludir: you can't elude your responsibilities no puedes eludir tus responsabilidades.
3 vt (not remember) no recordar, no acordarse; (not understand) no entenderse: the title eludes me no me acuerdo del título; his reasons for leaving elude me no entiendo por qué se fue.

elusive [ɪˈluːsɪv]
1 adj (difficult to capture) huidizo,-a, esquivo,-a, escurridizo,-a.
2 adj (difficult to remember) difícil de recordar; (difficult to understand) difícil de entender.

elver [ˈelvəʳ] n angula.

emaciated [ɪˈmeɪsɪeɪtɪd] adj (body) enflaquecido,-a; (face) demacrado,-a.
+ to become emaciated (get thin) enflaquecer; (waste away) demacrarse.

emaciation [ɪmeɪsɪˈeɪʃən] n (of body) enflaquecimiento; (of face) demacración f.

e-mail [ˈiːmeɪl] n correo electrónico.

emanate [ˈeməneɪt] vi fml emanar (from, de), provenir (from, de), proceder (from, de).

emanation [eməˈneɪʃən] n emanación f.

emancipate [ɪˈmænsɪpeɪt] vt emancipar.

emancipation [ɪmænsɪˈpeɪʃən] n emancipación f.

emasculate [ɪˈmæskjʊleɪt]
1 vt fml (weaken) debilitar.
2 vt (castrate) capar, castrar, emascular.

emasculation [ɪmæskjʊˈleɪʃən] n castración f, emasculación f.

embalm [ɪmˈbɑːm] vt embalsamar.

embalmer [ɪmˈbɑːməʳ] n embalsamador,-ra.

embankment [ɪmˈbæŋkmənt]
1 n (wall, earth, etc) terraplén m.
2 n (river bank) dique m.

embargo [emˈbɑːgəʊ]
1 n embargo, prohibición f: there's an embargo on arms está prohibido comerciar con armas.
2 vt (prohibit) prohibir, imponer un embargo sobre.
3 vt (seize) embargar.
+ to impose/put/lay an embargo on something (forbid trade) imponer un embargo sobre algo; (prohibit) prohibir algo.
to lift/raise/remove an embargo on something levantar un embargo sobre algo.
■ **trade embargo** embargo comercial.
▲ (sustantivo) pl embargoes; (verbo) pt & pp embargoed, ger embargoing.

embark [ɪmˈbɑːk]
1 vt (take on board) embarcar.
2 vi (board) embarcar (**for**, con rumbo a), embarcarse (**for**, con rumbo a): we embarked at Bilbao nos embarcamos en Bilbao; they embarked for Dover se embarcaron con rumbo a Dover.
▶ to embark on vt insep emprender: he decided to embark on a new career decidió emprender una nueva carrera.

embarkation [embɑːˈkeɪʃən] n embarque m, embarco.

embarrass [ɪmˈbærəs] vt (make ashamed) avergonzar, azorar, abochornar, hacer pasar vergüenza a; (make awkward) desconcertar: don't embarrass me in public! ¡no me hagas pasar vergüenza en público!; it embarrasses me to talk about such things me da vergüenza hablar de tales cosas; the demonstration clearly embarrassed the minister la manifestación desconcertó al ministro.

embarrassed [ɪmˈbærəst] adj (behaviour, action) embarazoso,-a; (person) avergonzado,-a, violento,-a, molesto, -a: an embarrassed laugh una risa nerviosa; an embarrassed silence un silencio embarazoso.
+ to feel embarrassed tener vergüenza, pasar vergüenza, sentirse avergonzado,-a: she felt embarrassed about what had happened se sintió avergonzada por lo (que había) ocurrido; I was so embarrassed when he asked me out me sentí muy violenta cuando me pidió que saliera con él; come on, don't be embarrassed! ¡venga, no tengas vergüenza!
to get embarrassed avergonzarse, azorarse, abochornarse.

embarrassing [ɪmˈbærəsɪŋ] adj embarazoso,-a, violento,-a, desconcertante: you've put me in a very embarrassing position me has puesto en una situación muy violenta; what an embarrassing question! ¡vaya pregunta más embarazosa!; how embarrassing! ¿qué vergüenza!; I hate being late - it's embarrassing odio llegar tarde - me resulta violento.

embarrassingly [ɪmˈbærəsɪŋlɪ] adv con vergüenza, con embarazo.

embarrassment [ɪmˈbærəsmənt]
1 n (state) turbación f, vergüenza, desconcierto: his large nose was the cause of much embarrassment su narizota le hacía pasar mucha vergüenza; I couldn't hide my obvious embarrassment no pude disimular mi desconcierto; much to her embarrassment para gran vergüenza suya.
2 n (person, object) vergüenza, estorbo: you're an embarrassment to your parents eres una vergüenza para tus padres.

3 n (event, situation) disgusto, vergüenza.
+ an embarrassment of riches un exceso de riquezas.

embassy [ˈembəsɪ] n embajada.
▲ pl embassies.

embed [ɪmˈbed]
1 vt (jewels, stones) incrustar; (weapon, nails) clavar (**in**, en).
2 vt fig fijar, grabar: that day was embedded in my mind aquel día lo tengo grabado en la mente.
▲ pt & pp embedded, ger embedding.

embellish [ɪmˈbelɪʃ]
1 vt (adorn) adornar, embellecer.
2 vt fig (add details) adornar.

embellishment [ɪmˈbelɪʃmənt] n adorno.

ember [ˈembəʳ]
1 n brasa, ascua, rescoldo.
2 n fig vestigio.

embezzle [ɪmˈbezəl] vt desfalcar, malversar: he'd been embezzling money from the bank where he worked for years llevaba años malversando dinero del banco donde trabajaba.

embezzlement [ɪmˈbezəlmənt] n desfalco, malversación f.

embezzler [ɪmˈbezələʳ] n desfalcador, -ra, malversador,-ra.

embitter [ɪmˈbɪtəʳ] vt amargar, acibarar.

embittered [ɪmˈbɪtəd] adj amargado, -a, resentido,-a.

emblem [ˈembləm] n emblema m.

emblematic [embləˈmætɪk] adj emblemático,-a, simbólico,-a.

embodiment [ɪmˈbɒdɪmənt] n encarnación f, personificación f.

embody [ɪmˈbɒdɪ]
1 vt (give visible form to) encarnar, personificar.
2 vt (express) expresar, manifestar.
3 vt (include) incorporar, incluir, abarcar, comprender.
▲ pt & pp embodied, ger embodying.

embolden [ɪmˈbəʊldən] vt fml envalentonar, dar confianza a, encorajar.

embolism [ˈembəlɪzəm] n embolia.

emboss [ɪmˈbɒs] vt (leather, metal) repujar; (initials) grabar en relieve.

embrace [ɪmˈbreɪs]
1 n abrazo.
2 vt (hug) abrazar, dar un abrazo a: she embraced him lovingly lo abrazó tiernamente.
3 vt (include) abarcar, incluir.
4 vt fml (accept - opportunity etc) aprovechar; (- offer) aceptar.
5 vt fml (adopt - religion etc) convertirse a; (- political doctrine) adherirse a; (- new idea) abrazar.
6 vi abrazarse: the two friends embraced los dos amigos se abrazaron.

embrasure [ɪmˈbreɪʒəʳ] n aspillera, barbacana, saetera, tronera.

embroider [ɪmˈbrɔɪdəʳ]
1 *vt SEW* bordar.
2 *vt fig* adornar.
3 *vi SEW* bordar.

embroiderer [ɪmˈbrɔɪdərəʳ] *n* bordador,-ra.

embroidery [ɪmˈbrɔɪdərɪ]
1 *n SEW* bordado.
2 *n fig* adorno.

embroil [ɪmˈbrɔɪl] *vt* enredar, liar: they embroiled him in the argument lo enredaron en la discusión.
✦ **to be embroiled in something** estar enredado,-a en algo, estar liado,-a en algo.
to become embroiled in something enredarse en algo, liarse en algo.

embryo [ˈembrɪəʊ]
1 *n* embrión *m*.
2 *n fig* germen *m*.
3 *adj* embrionario,-a.
✦ **in embryo** en embrión.
▲ *pl embryos*.

embryology [embrɪˈɒlədʒɪ] *n* embriología.

embryonic [embrɪˈɒnɪk] *adj* embrionario,-a.

emend [ɪˈmend] *vt* corregir, enmendar.

emendation [iːmenˈdeɪʃən] *n* corrección *f*, enmienda.

emerald [ˈemərəld]
1 *n (stone)* esmeralda *f*.
2 *n (colour)* esmeralda *m*.
3 *adj* (de color) esmeralda.
■ **the Emerald Isle** Irlanda.

emerge [ɪˈmɜːdʒ]
1 *vi (come out)* emerger, aparecer, salir, surgir: the monster emerged from the water el monstruo emergió del agua; she emerged from behind a tree apareció de detrás de un árbol; the Greens emerged as the only real political force los Verdes surgieron como la única fuerza política; he emerged from the accident unharmed salió ileso del accidente.
2 *vi (become known)* resultar: it emerged that ... resultó que ...; no new evidence of any significance has emerged no se ha descubierto ninguna prueba nueva.

emergence [ɪˈmɜːdʒəns] *n* aparición *f*, surgimiento.

emergency [ɪˈmɜːdʒənsɪ]
1 *n* emergencia, crisis *f*.
2 *n MED* caso de urgencia, caso urgente, urgencia.
3 *adj* de emergencia, de urgencia.
✦ **in an emergency/in case of emergency** en caso de emergencia.
■ **emergency exit** salida de emergencia.
emergency landing aterrizaje *m* forzoso.
emergency measures medidas *fpl* de urgencia.
emergency room *US* urgencias *fpl*.

emergency services servicios *mpl* de urgencia.
emergency stop *AUTO* parada en seco.
emergency supplies provisiones *mpl* (para imprevistos).
emergency talks negociaciones *fpl* de emergencia.
emergency ward sala de urgencias.
▲ *pl emergencies*.

emergent [ɪˈmɜːdʒənt]
1 *adj (emerging)* emergente.
2 *adj (of countries, nations)* en vías de desarrollo.

emeritus [ɪˈmerɪtəs] *adj* emérito,-a.

emery [ˈeməri] *n* esmeril *m*.
■ **emery board** lima de uñas.
emery paper papel *m* de lija, papel *m* esmerilado.

emetic [ɪˈmetɪk]
1 *adj* vomitivo,-a.
2 *n* vomitivo.

emigrant [ˈemɪgrənt] *n* emigrante *mf*.

emigrate [ˈemɪgreɪt] *vi* emigrar.

emigration [emɪˈgreɪʃən] *n* emigración *f*.

émigré [ˈemɪgreɪ] *n* emigrado,-a.

eminence [ˈemɪnəns] *n* eminencia.
■ **Your Eminence** Su Eminencia.

eminent [ˈemɪnənt]
1 *adj (of person)* eminente.
2 *adj (of qualities)* destacado,-a.

eminently [ˈemɪnəntlɪ] *adv* sumamente, eminentemente.

emir [eˈmɪəʳ] *n* emir *m*.

emirate [ˈemɪrət] *n* emirato.
■ **United Arab Emirates** Emiratos *mpl* Árabes Unidos.

emissary [ˈemɪsərɪ] *n* emisario,-a.
▲ *pl emissaries*.

emission [ɪˈmɪʃən] *n* emisión *f*.

emit [ɪˈmɪt] *vt (signal, heat, light, smoke)* emitir, producir; *(sound, noise)* producir; *(smell)* despedir; *(cry)* dar.
▲ *pt & pp emitted, ger emitting*.

emoluments [ɪˈmɒljəmənts] *npl* emolumentos, honorarios.

emoticon [ɪˈmɒtɪkɒn] *n COMPUT* emoticón *m*, emoticono.

emotion [ɪˈməʊʃən]
1 *n (feeling)* sentimiento.
2 *n (strong feeling)* emoción *f*: she trembled with emotion temblaba de emoción.

emotional [ɪˈməʊʃənəl]
1 *adj (connected with feelings)* emocional, afectivo,-a: she's got emotional problems tiene problemas emocionales.
2 *adj (moving)* conmovedor,-ra, emotivo,-a: it's a very emotional scene es una escena muy conmovedora.
3 *adj (sensitive)* emotivo,-a, sentimental, muy sensible.
4 *adj (upset)* emocionado,-a, exaltado,-a.
✦ **to get emotional** emocionarse, exaltarse.

emotionalism [ɪˈməʊʃənəlɪzəm] *n* emotividad *f*, sentimentalismo.

emotionally [ɪˈməʊʃənəlɪ]
1 *adv (psychologically)* emocionalmente: he's emotionally disturbed tiene problemas emocionales.
2 *adv (emotively)* emotivamente, con emoción.
3 *adv (sentimentally)* sentimentalmente.

emotionless [ɪˈməʊʃənləs] *adj* impasible.

emotive [ɪˈməʊtɪv] *adj* emotivo,-a.

empathy [ˈempəθɪ] *n* empatía.

emperor [ˈempərəʳ] *n* emperador *m*.

emphasis [ˈemfəsɪs]
1 *n (importance)* énfasis *m*, importancia: there is more emphasis on coursework than exams se le concede más importancia al trabajo de curso que a los exámenes.
2 *n LING* acento, énfasis *m*.
✦ **to lay/place/put emphasis on something** hacer hincapié en algo, poner énfasis en algo.
▲ *pl emphases* [ˈemfəsiːz].

emphasise [ˈemfəsaɪz] *vt* → emphasize.

emphasize [ˈemfəsaɪz]
1 *vt (of words)* enfatizar, poner énfasis en: he emphasized the word "not" puso énfasis en la palabra "no".
2 *vt (stress importance)* hacer hincapié en, enfatizar, subrayar, destacar, recalcar, insistir en: she emphasized the importance of punctuality hizo hincapié en la importancia de la puntualidad; I really must emphasize this point debo insistir en este punto.
3 *vt (highlight)* poner de relieve; *(bring out)* resaltar: the report emphasizes the need for safety measures el informe pone de relieve la necesidad de medidas de seguridad; that colour emphasizes your eyes ese color te resalta los ojos.

emphatic [emˈfætɪk]
1 *adj (forceful - tone, gesture)* enfático,-a, enérgico,-a.
2 *adj (insistent - refusal, rejection, assertion)* categórico,-a, rotundo,-a: an emphatic reply una respuesta rotunda; she was most emphatic that she should speak to you insistió en que tenía que hablar con usted.
3 *adj (definite, clear)* rotundo,-a: an emphatic victory una victoria rotunda.

emphatically [ɪmˈfætɪklɪ]
1 *adv (forcefully)* enérgicamente, en tono enfático.
2 *adv (definitely)* categóricamente, rotundamente.

emphysema [emfɪˈsiːmə] *n* enfisema *m*.

empire [ˈempaɪəʳ] *n* imperio: the British Empire el Imperio Británico.

empirical [emˈpɪrɪkəl] *adj* empírico,-a.

empirically [emˈpɪrɪkəlɪ] *adv* empíricamente.

empiricism [em'pɪrɪsɪzəm] *n* empirismo.

empiricist [em'pɪrɪsɪst] *n* empírico,-a.

emplacement [ɪm'pleɪsmənt] *n* emplazamiento.

employ [ɪm'plɔɪ]
1 *n fml* empleo.
2 *vt (give work to)* emplear; *(appoint)* contratar: the firm employs 50 workers la empresa emplea a 50 trabajadores; we've just employed someone acabamos de contratar a alguien; she was employed to enrol students la contrataron para matricular a los estudiantes; he was employed as a waiter trabajaba de camarero; you're employed to clean the house te pagamos para limpiar la casa.
3 *vt fml (make use of, use)* emplear, usar: he had to employ drastic measures tuvo que emplear medidas drásticas.
4 *vt (occupy)* ocupar: looking after his birds employs a lot of his time cuidar los pájaros le ocupa mucho tiempo.
✦ **to be in somebody's employ** ser empleado de alguien, trabajar para alguien.

employable [ɪm'plɔɪəbl] *adj* que reúne *las condiciones para ser contratado:* when you're over 50 you're no longer employable a partir de los cincuenta ya no te quieren contratar.

employed [em'plɔɪd]
1 *adj (in work)* empleado,-a.
2 *adj (busy)* ocupado,-a.

employee [em'plɔɪi:, emplɔɪ'i:] *n* empleado,-a.

employer [em'plɔɪə^r]
1 *n (manager, boss)* empresario,-a; *(of domestic worker)* patrón,-ona.
2 *n (company, organization)* empresa, organismo.

employment [em'plɔɪmənt]
1 *n (work)* trabajo; *(availability of work)* empleo: the new factory will provide employment for local people la nueva fábrica dará trabajo a la gente del pueblo; are you in regular employment? ¿tienes un trabajo fijo?
2 *n (use)* empleo, uso.
■ **employment agency** agencia de trabajo, agencia de colocación.
employment exchange bolsa de trabajo.
full employment pleno empleo.

emporium [ɪm'pɔ:rɪəm] *n fml* emporio (comercial), gran almacén *m*.

empower [ɪm'paʊə^r] *vt fml* autorizar, facultar, habilitar: the new law empowered police to detain suspects for 7 days la nueva ley autorizó a la policía a detener a los sospechosos durante 7 días.

empress ['emprəs] *n* emperatriz *f*.

emptiness ['emptɪnəs]
1 *n (nothingness)* vacío.
2 *n (meaninglessness)* vacuidad *f*.

empty ['emptɪ]
1 *adj (gen)* vacío,-a; *(place)* desierto,-a; *(house)* desocupado,-a, deshabitado, -a; *(seat, table, place)* libre, desocupado: the roads were empty las carreteras estaban desiertas; the pub is almost empty el pub está casi vacío; see if you can find an empty seat a ver si encuentras un asiento libre.
2 *adj fam (hungry)* hambriento,-a: ten minutes after a Chinese meal I feel empty again diez minutos después de una comida china vuelvo a tener hambre.
3 *adj (purposeless)* vano,-a, inútil; *(meaningless)* carente de sentido; *(words, threats, promises)* vano,-a: empty threats amenazas vanas; her life was empty su vida carecía de sentido.
4 *vt* vaciar: empty your pockets vacía los bolsillos; he emptied the bottle in one go vació la botella de un trago; his speech emptied the hall su discurso dejó la sala vacía; he emptied the box into the dustbin vació la caja en el cubo de la basura.
5 *vi* vaciarse: the cinema slowly began to empty el cine se fue vaciando poco a poco.
6 *vi (of rivers)* desembocar (**into**, en).
7 **empties** *npl* envases *mpl*, cascos *mpl*.
▲ *comp* **emptier**, *superl* **emptiest**.

empty-handed ['emptɪ'hændɪd] *adj* con las manos vacías.

empty-headed ['emptɪ'hedɪd] *adj (foolish)* tonto,-a; *(frivolous)* frívolo,-a: an empty-headed boy un cabeza hueca.

emu ['i:mju:] *n* emú *m*.

EMU ['i:'em'ju:] *abbr* (**European Monetary Union**) unión monetaria europea; *(abbreviation)* UME *f*.

emulate ['emjəleɪt] *vt fml* emular: she's always trying to emulate her peers siempre intenta emular a sus coetáneos.

emulation [emjə'leɪʃən] *n* emulación *f*.

emulsifier [ɪ'mʌlsɪfaɪə^r] *n* emulsionante *m*, emulsivo.

emulsify [ɪ'mʌlsɪfaɪ] *vt* emulsionar.
▲ *pt & pp* **emulsified**, *ger* **emulsifying**.

emulsion [ɪ'mʌlʃən] *n (gen)* emulsión *f*.
■ **emulsion paint** pintura para techos y paredes.

enable [ɪ'neɪbəl] *vt* permitir: this will enable us to cut costs esto nos permitirá reducir gastos.

enabling [ɪ'neɪblɪŋ] *adj* que posibilita, que permite.
■ **enabling legislation** legislación *f* que *permite hacer algo:* the enabling legislation has not yet been passed la legislación que lo permitiría aún no ha sido aprobada.

enact [ɪ'nækt]
1 *vt (law)* promulgar.
2 *vt (play)* representar.

enamel [ɪ'næməl]
1 *n* esmalte *m*.
2 *vt* esmaltar.

enamoured [ɪ'næməd] *adj* enamorado,-a.
✦ **to be enamoured of/with something** estar entusiasmado,-a con algo, encantarle algo a uno,-a.

encamp [ɪn'kæmp] *vi* acampar.

encampment [ɪn'kæmpmənt] *n* campamento.

encapsulate [ɪn'kæpsjʊleɪt] *vt* encapsular.

encephalic [ensɪ'fælɪk] *adj* encefálico,-a.

encephalitis [ensefə'laɪtəs] *n* encefalitis *f*.

encephalogram [en'sefələgræm] *n* electroencefalograma.

encephalography [ensefə'lɒgrəfɪ] *n* encefalografía.

encephalograph [en'sefələgrɑ:f] *n* encefalógrafo.

enchant [ɪn'tʃɑ:nt]
1 *vt (delight)* encantar, cautivar: the little girl's voice enchanted the audience la voz de la niña cautivó al público.
2 *vt (cast spell on)* hechizar.

enchanted [ɪn'tʃɑ:ntɪd] *adj* encantado,-a.
✦ **to be enchanted by/with something** estar encantado,-a con algo.

enchanter [ɪn'tʃɑ:ntə^r] *n* hechicero, mago.

enchanting [ɪn'tʃɑ:ntɪŋ] *adj* encantador,-ra.

enchantment [ɪn'tʃɑ:ntmənt]
1 *n (delight)* encanto.
2 *n (spell)* hechizo.

enchantress [ɪn'tʃɑ:ntrəs] *n* hechicera.

encircle [ɪn'sɜ:kəl] *vt* rodear, cercar.

enclave ['enkleɪv] *n* enclave *m*.

enclitic [en'klɪtɪk] *adj* enclítico,-a.

enclose [ɪn'kləʊz]
1 *vt (surround)* encerrar; *(with wall or fence)* cercar, rodear.
2 *vt (include in letter)* adjuntar: please find cheque enclosed le envío talón adjunto; enclosed herewith adjunto a la presente.

enclosed [ɪn'kləʊzd] *adj* cerrado.
■ **enclosed order** *REL* orden *f* de clausura.

enclosure [ɪn'kləʊʒə^r]
1 *n (land)* cercado; *(area)* recinto.
2 *n (act)* cercamiento, encierro.
3 *n (with letter)* anexo, documento adjunto.

encode [ɪŋ'kəʊd] *vt* codificar.

encoder [ɪŋ'kəʊdə^r] *n* codificador *m*.

encompass [ɪn'kʌmpəs] *vt (include)* abarcar.

encore ['ɒŋkɔ:^r]
1 *interj* ¡otra!
2 *n* repetición *f*, bis *m*.

encounter [ɪnˈkaʊntəʳ]
1 *n* encuentro.
2 *vt (meet)* encontrar, encontrarse con; *(be faced with)* tropezar con.

encourage [ɪnˈkʌrɪdʒ]
1 *vt (cheer, inspire)* animar, alentar: my parents encouraged me to learn to drive mis padres me animaron a aprender a conducir; when he saw his friends, it encouraged him to finish the race ver a sus amigos le animó a terminar la carrera; don't encourage him! ¡no le des cuerda!
2 *vt (develop, stimulate)* fomentar, favorecer, estimular: we need to encourage attendance hay que fomentar la asistencia; the management encourages rivalry la dirección estimula la rivalidad.

encouragement [ɪnˈkʌrɪdʒmənt]
1 *n (act)* aliento, ánimo.
2 *n (development)* fomento, estímulo.

encouraging [ɪnˈkʌrɪdʒɪŋ] *adj (hopeful)* alentador,-ra; *(promising)* prometedor,-ra.

encouragingly [ɪnˈkʌrɪdʒɪŋlɪ] *adv* de un modo alentador.

encroach [ɪnˈkrəʊtʃ] **to encroach on** *vi (territory, property)* pasar los límites de, invadir; *(rights)* cercenar, usurpar, abusar; *(time, freedom)* quitar, robar.

encroachment [ɪnˈkrəʊtʃmənt] *n (of land)* invasión *f*, *(of rights etc)* cercenamiento, usurpación *f*, abuso; *(of time)* abuso.

encrust [ɪnˈkrʌst] *vt* incrustar.

encrusted [ɪnˈkrʌstɪd] *adj* incrustado,-a (with, de).

encrypt [enˈkrɪpt] *vt* cifrar.

encryption [enˈkrɪpʃən] *n* cifrado.

encumber [ɪnˈkʌmbəʳ]
1 *vt (physically)* estorbar.
2 *vt (financially)* gravar.

encumbrance [ɪnˈkʌmbrəns]
1 *n* estorbo.
2 *n* gravamen *m*.

encyclopaedia [ensaɪkləˈpiːdɪə] *n* enciclopedia.

encyclopaedic [ensaɪkləˈpiːdɪk] *adj* enciclopédico,-a.

encyclopedia [ensaɪkləˈpiːdɪə] *n* enciclopedia.

encyclopedic [ensaɪkləˈpiːdɪk] *adj* enciclopédico,-a.

end [end]
1 *n (extremity - of rope)* cabo; *(- of street, room, queue)* final *m*; *(- of table, sofa, bed, line)* extremo; *(- of stick, tail, hair)* punta; *(- of box)* lado: we sat at opposite ends of the table estábamos sentados en los extremos opuestos de la mesa; let's meet at the end of the road quedamos al final de la calle.
2 *n (final part, finish)* fin *m*, final *m*, conclusión *f*: have you got enough money to last until the end of the month?

¿tienes suficiente dinero para llegar hasta final del mes?; what did you think of the end of the film? ¿qué te pareció el final de la película?
3 *n (aim)* objeto, objetivo, fin *m*: for political ends para fines políticos.
4 *n (remnant)* resto, cabo; *(of cigarette)* colilla.
5 *n euph* muerte *f*.
6 *n (on telephone)* lado (de la línea).
7 *n (half of sports pitch)* lado.
8 *adj* final, último,-a: they live in the end house viven en la última casa.
9 *vt (conclude)* acabar, terminar.
10 *vt (stop)* terminar, poner fin a, acabar con: they decided to end the strike decidieron terminar la huelga.
11 *vi* acabar, terminar: when does term end? ¿cuándo acaba el trimestre?; our journey ends here nuestro viaje acaba aquí.
▶ **to end in** *vi* acabar en, terminar con: the word ends in "-ing" la palabra acaba en "-ing"; the holiday ended in disaster las vacaciones acabaron mal.
to end off
1 *vt sep* acabar: they ended the meal off with coffee and liqueurs acabaron la comida con café y licores.
2 *vi* acabar: he ends off by saying that he misses us all acaba diciendo que nos echa de menos a todos.
to end up *vi* acabar, terminar, ir a parar: if you carry on like that, you'll end up out of a job si continuas así, acabarás sin trabajo; she ended up marrying him terminó casándose con él; we ended up in Bournemouth acabamos en Bournemouth.
✦ **at the end of** al final de.
at the end of one's tether hasta la coronilla.
at the end of the day al fin y al cabo, al final.
end on de frente.
end to end juntando los dos extremos.
in the end al fin.
no end muchísimo: it annoys me no end me molesta muchísimo.
no end of la mar de, la tira de, cantidad de: no end of problems cantidad de problemas.
(not) to be the end of the world (no) ser el fin del mundo.
on end *(upright)* sobre el extremo; *(continuously)* enteros,-as: for hours on end durante horas y horas.
till the end of time para siempre más.
to be an end in itself ser un fin en sí mismo.
to be at a loose end no tener nada que hacer.
to be at an end estar acabado,-a.
to be the end ser el colmo.
to come/draw to an end acabarse.
to end it all suicidarse.

to go to the ends of the earth ir hasta el fin del mundo, ir hasta los confines de la tierra.
to keep one's end up seguir animado,-a.
to make ends meet llegar a final de mes.
to put an end to something poner fin a algo, acabar con algo.
■ **end product** producto final.
loose ends cabos *mpl* sueltos.

endanger [ɪnˈdeɪndʒəʳ] *vt* poner en peligro.

endangered [ɪnˈdeɪndʒəd] *adj* en peligro.
■ **endangered species** especie *f* en peligro (de extinción).

endear [ɪnˈdɪəʳ] *vt* ganar las simpatías de, hacerse querer.
✦ **to endear oneself to somebody** granjearse el cariño de alguien.

endearing [ɪnˈdɪərɪŋ] *adj* simpático,-a, atractivo,-a.

endearingly [ɪnˈdɪərɪŋlɪ] *adv* con simpatía.

endearment [ɪnˈdɪəmənt] *n* expresión *f* cariñosa, palabra cariñosa.

endeavor [ɪnˈdevəʳ] *n-vi US fml* → **endeavour**.

endeavour [ɪnˈdevəʳ]
1 *n GB fml* esfuerzo, empeño.
2 *vi* esforzarse, intentar, procurar.

endemic [enˈdemɪk] *adj* endémico,-a.

ending [ˈendɪŋ]
1 *n* final *m*, conclusión *f*, desenlace *m*.
2 *n LING* terminación *f*.

endive [ˈendaɪv] *n* endibia.
■ **curly endive** escarola.

endless [ˈendləs]
1 *adj (wait, questions, etc)* sin fin, interminable, eterno,-a; *(resources, patience, etc)* inacabable, inagotable: the wait seemed endless la espera se hizo interminable; I've had endless interviews he tenido un sinfín de entrevistas.
2 *adj (with ends joined)* continuo,-a.

endlessly [ˈendləslɪ] *adv* interminablemente, eternamente.

endocardium [endəʊˈkɑːdɪəm] *n* endocardio.

endocarp [ˈendəʊkɑːp] *n* endocarpo, endocarpio.

endocrine [ˈendəʊkrɪn] *adj* endocrino,-a.
■ **endocrine gland** glándula endocrina.

endocrinologist [endəkrɪˈnɒlədʒɪst] *n* endocrinólogo,-a.

endocrinology [endəkrɪˈnɒlədʒɪ] *n* endocrinología.

endogamy [enˈdɒɡəmɪ] *n* endogamia.

endoplasm [ˈendəʊplæzəm] *n* endoplasma *m*.

endorse [ɪnˈdɔːs]
1 *vt (of cheque etc)* endosar.
2 *vt (approve)* aprobar, apoyar, respaldar.

3 *vt GB (driving license)* escribir la sanción en.

endorsement [ɪn'dɔːsmənt]
1 *n (of cheque etc)* endoso.
2 *n (approval)* aprobación *f*, apoyo, respaldo.
3 *n AUTO* nota de sanción.

endoscope ['endəskəup] *n* endoscopio.

endoscopy [en'dɒskəpɪ] *n* endoscopia.

endow [ɪn'dau]
1 *vt (bless)* dotar.
2 *vt (give money)* dotar (de fondos).
✦ to be endowed with something estar dotado,-a de algo.

endowment [ɪn'daumənt]
1 *n (attribute)* atributo, dote *m & f*.
2 endowments *npl (money)* donaciones *fpl*.
■ endowment mortgage hipoteca de inversión.
endowment policy póliza diferida.

endpaper ['endpeɪpə'] *n* guarda.

endurable [ɪn'djurəbəl] *adj* soportable, tolerable.

endurance [ɪn'djuərəns]
1 *n* resistencia, aguante *m*.
2 *adj* de resistencia.
✦ beyond endurance/past endurance intolerable, insoportable.
■ endurance test prueba de resistencia.

endure [ɪn'djuə']
1 *vt (suffer patiently)* soportar, resistir.
2 *vt (bear, tolerate)* soportar, aguantar.
3 *vi (continue to exist, survive)* durar, perdurar.

enduring [ɪn'djuərɪŋ] *adj* duradero,-a, perdurable.

endways ['endweɪz] *adv* de lado, de canto.

endwise ['endwaɪz] *adv* → **endways**.

enema ['enɪmə] *n* enema *m*, lavativa.

enemy ['enəmɪ]
1 *n* enemigo,-a.
2 *adj* enemigo,-a.
✦ to make enemies hacerse enemigos.
■ enemy forces fuerzas *fpl* enemigas.
▲ pl enemies.

energetic [enə'dʒetɪk] *adj* enérgico,-a, activo,-a.

energetically [enə'dʒetɪklɪ] *adv* enérgicamente, con energía.

energise ['enədʒaɪz] *vt* → **energize**.

energize ['enədʒaɪz] *vt* activar, dar energía a.

energy ['enədʒɪ]
1 *n (gen)* energía.
2 energies *npl (efforts)* energías *fpl*, fuerzas *fpl*.
■ energy crisis crisis *f* energética.
▲ pl energies.

enervate ['enəveɪt] *vt* enervar, debilitar.

enervating ['enəveɪtɪŋ] *adj* enervador, -ra, enervante.

enfeeble [ɪn'fiːbəl] *vt* debilitar.

enfold [ɪn'fəuld]
1 *vt (embrace)* estrechar.
2 *vt (enclose)* envolver.

enforce [ɪn'fɔːs]
1 *vt (force to obey)* hacer cumplir, hacer respetar: **the role of the police is to enforce the law** el papel de la policía es hacer cumplir la ley.
2 *vt (impose, make happen)* imponer: **you can't enforce loyalty on your staff** no se puede imponer la lealtad al personal.

enforceable [ɪn'fɔːsəbəl] *adj* que se puede hacer cumplir.

enforced [ɪn'fɔːst] *adj* forzado,-a, impuesto,-a.

enforcement [ɪn'fɔːsmənt] *n* imposición *f*: **the police are responsible for the enforcement of the law** la policía es responsable de hacer cumplir la ley.

enfranchise [ɪn'fræntʃaɪz]
1 *vt POL* conceder el derecho de votar.
2 *vt (set free)* liberar.

enfranchisement [ɪn'fræntʃɪzmənt]
1 *n POL* concesión *f* del derecho a voto.
2 *n* liberación *f*.

engage [ɪn'geɪdʒ]
1 *vt (hire)* contratar: **he engaged a new chauffeur** contrató a un nuevo chófer.
2 *vt (take up, occupy)* ocupar, entretener: **the game engaged his attention for hours** el juego lo ocupó durante horas.
3 *vt (attract)* llamar, atraer, captar.
4 *vt fml (attack)* entablar combate con.
5 *vt AUTO (gear)* engranar, meter; *(clutch)* apretar.
6 *vt TECH* engranar con.
7 *vi TECH* engranar.
8 *vi fml (attack)* entablar combate.
▶ to engage in *vi (take part, participate)* ocuparse en, dedicarse a: **I have no wish to engage in politics** no deseo dedicarme a la política.
✦ to engage somebody in conversation entablar conversación con alguien.
to engage the clutch embragar.

engaged [ɪn'geɪdʒd]
1 *adj (to be married)* prometido,-a: **we're engaged** estamos prometidos.
2 *adj (busy)* ocupado,-a: **sorry, I'm otherwise engaged** lo siento, tengo un compromiso.
3 *adj (of toilet)* ocupado,-a.
✦ to be engaged *(of telephone)* estar comunicando.
to get engaged prometerse.
■ engaged tone *(telephone)* señal *f* de estar comunicando.

engagement [ɪn'geɪdʒmənt]
1 *n (to be married)* petición *f* de mano; *(period)* noviazgo: **they announced their engagement at the party** anunciaron su compromiso en la fiesta.
2 *n (appointment)* compromiso, cita: **I have a prior engagement** tengo una cita previa.

3 *n MIL* combate *m*.
4 *n (employment)* contrato, empleo.
■ engagement ring anillo de compromiso.

engaging [ɪn'geɪdʒɪŋ] *adj* atractivo,-a, simpático,-a, encantador,-ra.

engagingly [ɪn'geɪdʒɪŋlɪ] *adv* atractivamente, simpáticamente.

engender [ɪn'dʒendə'] *vt fml* engendrar.

engine ['endʒɪn]
1 *n* motor *m*.
2 *n (of train)* máquina, locomotora.
■ engine driver maquinista *mf*.
engine room sala de máquinas.

engineer [endʒɪ'nɪə']
1 *n (graduate)* ingeniero,-a; *(technician)* técnico,-a.
2 *n US* maquinista *mf*.
3 *vt (contrive)* maquinar, tramar, urdir: **you engineered the whole thing** tú lo maquinaste todo.
4 *vt (plan as engineer)* crear por ingeniería.
■ Royal Engineers Cuerpo de Ingenieros.

engineering [endʒɪ'nɪərɪŋ] *n* ingeniería.

England ['ɪŋglənd] *n* Inglaterra.

English ['ɪŋglɪʃ]
1 *adj* inglés,-esa.
2 *n (language)* inglés *m*.
3 the English *npl* los ingleses *mpl*.
■ English breakfast desayuno inglés.
the English Channel el Canal *m* de la Mancha.

Englishman ['ɪŋglɪʃmən] *n* inglés *m*.
▲ pl Englishmen.

English-speaking ['ɪŋglɪʃspiːkɪŋ] *adj* de habla inglesa.

Englishwoman ['ɪŋglɪʃwumən] *n* inglesa.
▲ pl Englishwomen ['ɪŋglɪʃwɪmɪn].

engrave [ɪn'greɪv] *vt (gen)* grabar.

engraver [ɪn'greɪvə'] *n* grabador,-ra.

engraving [ɪn'greɪvɪŋ]
1 *n (picture)* grabado.
2 *n (art)* grabación *f*.

engross [ɪn'grəus] *vt (occupy completely)* absorber.

engrossed [ɪn'grəust] *adj* absorto,-a (in, en): **she was engrossed in her work** estaba absorta en su trabajo.
✦ to become engrossed in something enfrascarse en algo.

engrossing [ɪn'grəusɪŋ] *adj* fascinante, apasionante.

engulf [ɪn'gʌlf] *vt* envolver.

enhance [ɪn'hɑːns]
1 *vt (beauty, taste)* realzar; *(quality, performance, chances)* mejorar; *(power, reputation, value)* aumentar.
2 *vt COMPUT* procesar.

enhancement [ɪn'hɑːnsmənt] *n (of beauty, taste)* realce *m*; *(of quality, performance)* mejora; *(of value)* aumento.

enigma [ɪ'nɪgmə] *n* enigma *m*.

enigmatic [enɪgˈmætɪk] *adj* enigmáti-co,-a.

enjoy [ɪnˈdʒɔɪ]
1 *vt (get pleasure from)* disfrutar de; *(like)* gustarle a uno: he enjoys life to the full disfruta de la vida al máximo; did you enjoy the show? ¿te gustó el espectáculo?; I enjoy swimming me gusta nadar; I hope you enjoy your stay (espero) que tengas una buena estancia.
2 *vt (benefit from)* gozar de, tener: they enjoy a high standard of living gozan de un alto nivel de vida.
✦ enjoy your meal que aproveche.
to enjoy oneself divertirse, pasarlo bien: enjoy yourself! ¡pásalo bien!, ¡que te diviertas!; the children thoroughly enjoyed themselves los niños se lo pasaron la mar de bien.

enjoyable [ɪnˈdʒɔɪəbəl] *adj* agradable, divertido,-a.

enjoyably [ɪnˈdʒɔɪəblɪ] *adv* de manera agradable.

enjoyment [ɪnˈdʒɔɪmənt] *n* placer *m*, goce *m*, disfrute *m*, gusto: the enjoyment on their faces el placer en sus caras.
✦ to spoil somebody's enjoyment quitarle el gusto a alguien.

enlarge [ɪnˈlɑːdʒ]
1 *vt (gen)* extender, aumentar, ampliar; *(photograph)* ampliar.
2 *vi* extenderse, aumentar, ampliarse.
▶ to enlarge on *vt insep* extenderse sobre, explicar con más detalles.

enlargement [ɪnˈlɑːdʒmənt]
1 *n (photograph)* ampliación *f*.
2 *n* extensión *f*, aumento, ampliación *f*.

enlarger [ɪnˈlɑːdʒəʳ] *n (photo)* ampliadora.

enlighten [ɪnˈlaɪtən]
1 *vt (free from ignorance)* iluminar, ilustrar.
2 *vt (inform)* informar, instruir.
✦ to enlighten somebody about/on something aclararle algo a alguien.

enlightened [ɪnˈlaɪtənd]
1 *adj (factually well-informed)* bien informado,-a; *(learned)* culto,-a, ilustrado,-a.
2 *adj (tolerant)* liberal, tolerante.

enlightening [ɪnˈlaɪtənɪŋ] *adj* instructivo,-a, informativo,-a.

enlightenment [ɪnˈlaɪtənmənt]
1 *n fml (act)* aclaración *f*, explicación *f*.
2 *n (liberalism)* tolerancia.
3 the Enlightenment *n* la Ilustración *f*.
▪ the Age of Enlightenment el Siglo de las Luces, el Siglo de la Ilustración.

enlist [ɪnˈlɪst]
1 *vt MIL* alistar, reclutar.
2 *vt (help, support, etc)* conseguir, lograr: we enlisted their help conseguimos su ayuda.
3 *vi MIL* alistarse.

enlisted [ɪnˈlɪstɪd] *adj MIL* alistado,-a.
▪ enlisted man *US* soldado raso, soldado de tropa.

enliven [ɪnˈlaɪvən] *vt* avivar, animar.

enmity [ˈenmɪtɪ] *n* enemistad *f*, hostilidad *f*.
▲ *pl* enmities.

ennoble [ɪˈnəʊbəl] *vt* ennoblecer.

enormity [ɪˈnɔːmɪtɪ]
1 *n fam (enormousness)* enormidad *f*, inmensidad *f*, magnitud *f*.
2 *n (extreme wickedness)* atrocidad *f*.
3 *n fml (crime)* atrocidad *f*, barbaridad *f*.
▲ *pl* enormities.

enormous [ɪˈnɔːməs] *adj* enorme, inmenso,-a, descomunal: they live in an enormous house viven en una casa enorme; we made an enormous paella hicimos una paella enorme.

enormously [ɪˈnɔːməslɪ] *adv* enormemente: The Beatles are still enormously popular los Beatles aún son enormemente populares; you've changed enormously has cambiado muchísimo.

enormousness [ɪˈnɔːməsnəs] *n* enormidad *f*, inmensidad *f*, magnitud *f*.

enough [ɪˈnʌf]
1 *adj* bastante, suficiente: I think there are enough chairs for everyone creo que hay bastantes sillas para todos; have you got enough money? ¿tienes suficiente dinero?; I didn't have enough time to finish no tuve tiempo suficiente para acabar; she had enough photocopies tenía bastantes fotocopias.
2 *adv* bastante, suficientemente: is it big enough? ¿es bastante grande?; you aren't old enough no eres bastante mayor; he's not good enough for the first team no es lo suficientemente bueno para el primer equipo; she seemed honest enough parecía bastante honesta.
3 *pron* lo bastante, lo suficiente: do you have enough to live on? ¿tienes lo suficiente para vivir?; that'll be enough con eso ya hay bastante; I've got enough to be getting on with tengo bastante para ir haciendo; you've drunk more than enough has bebido más que suficiente; it was enough to drive you round the bend era para volverse loco.
✦ enough is enough! ¡ya está!, ¡basta! enough said no digas más, no hace falta que digas más.
oddly enough/curiously enough/strangely enough por extraño que parezca, curiosamente.
to have had enough (of something/somebody) estar harto,-a (de algo/alguien).

enquire [ɪŋˈkwaɪəʳ]
1 *vt* preguntar.
2 *vi* preguntar, informarse.
3 *vi JUR* investigar (**into**, -).

enquiry [ɪŋˈkwaɪərɪ]
1 *n* pregunta.
2 *n JUR* investigación *f*.
✦ to make enquiries preguntar, informarse.
"Enquiries" "Información".
▪ enquiry desk información *f*.
▲ *pl* enquiries.

enrage [ɪnˈreɪdʒ] *vt* enfurecer.

enrich [ɪnˈrɪtʃ] *vt* enriquecer.

enrol [ɪnˈrəʊl]
1 *vt* matricular, inscribir.
2 *vi* matricularse, inscribirse, apuntarse.
▲ *pt & pp* enrolled, *ger* enrolling.

enroll [ɪnˈrəʊl] *vt US* → enrol.

enrollment [ɪnˈrəʊlmənt] *n US* → enrolment.

enrolment [ɪnˈrəʊlmənt] *n* matrícula, inscripción *f*.

ensemble [ɒnˈsɒmbəl] *n* conjunto.

ensign [ˈensaɪn]
1 *n (flag)* bandera, pabellón *m*.
2 *n US (naval officer)* alférez *m*.

enslave [ɪnˈsleɪv] *vt* esclavizar.

ensue [ɪnˈsjuː]
1 *vi (follow)* seguir.
2 *vi (result)* resultar (**from**, de).

ensuing [ɪnˈsjuːɪŋ] *adj* consiguiente, subsiguiente.

ensure [ɪnˈʃʊəʳ]
1 *vt (make sure)* asegurarse: please ensure that no-one enters this room asegúrate de que nadie entre en esta habitación.
2 *vt (assure)* asegurar: the publicity campaign assured commercial success la campaña publicitaria aseguraba el éxito comercial.

ENT [ˈiːˈenˈtiː] *abbr* (**ear, nose and throat**) otorrinolaringología *f*.

entail [ɪnˈteɪl]
1 *vt (involve, mean)* suponer, implicar; *(make necessary, bring about)* ocasionar, acarrear: moving house entails great expense cambiar de casa acarrea muchos gastos.
2 *vt JUR* vincular.
3 *n JUR* vínculo.

entangle [ɪnˈtæŋgəl]
1 *vt* enredar, enmarañar.
2 *vt fig* enredar, involucrar.
✦ to get/become entangled in something *(in net, vegetation, etc)* enredarse en algo; *(in affair, etc)* enredarse en algo, verse involucrado,-a en algo.

entanglement [ɪnˈtæŋgəlmənt]
1 *n (gen)* enredo.
2 *n (in barbed wire)* alambrada.

entente [ɒnˈtɒnt] *n* entente *m*.
▪ entente cordiale entente *m* cordial.

enter [ˈentəʳ]
1 *vt (gen)* entrar en: she entered the room entró en la habitación; he entered my life entró en mi vida.

2 *vt (join)* ingresar en; *(school etc)* matricularse en; *(army etc)* alistarse en.

3 *vt (participate)* participar en, tomar parte en; *(register)* inscribirse en: **how many people have entered the race?** ¿cuántos se han inscrito en la carrera?

4 *vt (write down, record)* anotar, apuntar: **have you entered it in the account?** ¿lo has anotado en la cuenta?

5 *vt fml (present for consideration, submit)* formular, presentar.

6 *vi (gen)* entrar: **he entered without knocking** entró sin llamar.

7 *vi (theatre)* entrar en escena.

▸ to enter for
   1 *vt sep* inscribir en.
   2 *vi (race)* inscribirse en; *(exam)* presentarse a: **I'm going to enter for the competition** me voy a presentar al concurso.

to enter into
   1 *vt insep (negotiations)* iniciar; *(contract)* firmar; *(agreement)* llegar a, concertar; *(relations)* establecer (**with**, con); *(conversation)* entablar (**with**, con).
   2 *vt insep (figure in)* entrar en; *(matter)* importar, contar: **money didn't enter into the conversation** el dinero no entró en la conversación; **what you think doesn't enter into it** no importa nada lo que tú puedas pensar.

   to enter on/enter upon *vt insep fml (career)* emprender; *(term of office)* empezar.

✦ to enter into the spirit of something entrar en el ambiente de algo.

   to enter somebody's head/enter somebody's mind pasarse por la cabeza de alguien, ocurrírsele a alguien.

enterprise ['entəpraɪz]
   1 *n (venture)* empresa, proyecto.
   2 *n (initiative)* energía, iniciativa, espíritu *m* emprendedor.
   3 *n (firm)* empresa.
   ■ enterprise zone zona de urgente reindustrialización.
   private enterprise el sector privado, la iniciativa privada.
   public enterprise el sector público.

enterprising ['entəpraɪzɪŋ] *adj* emprendedor,-ra.

entertain [entə'teɪn]
   1 *vt (amuse)* entretener, divertir: **Peter never fails to entertain us with his jokes** Peter nunca deja de divertirnos con sus chistes.
   2 *vt fml (suggestion etc)* considerar, tener en cuenta; *(doubts etc)* abrigar.
   3 *vt (invite)* recibir, invitar: **they're always entertaining somebody** siempre tienen algún invitado.
   4 *vi (act as host)* tener invitados: **they used to entertain a lot** solían tener muchos invitados.

entertainer [entə'teɪnə'] *n (presenter)* animador,-ra; *(on stage)* artista *mf*.

entertaining [entə'teɪnɪŋ] *adj* divertido,-a, entretenido,-a.

entertainment [entə'teɪnmənt]
   1 *n (amusement)* entretenimiento, diversión *f*.
   2 *n THEAT* espectáculo, función *f*.
   ■ entertainment business negocio del espectáculo.
   local entertainments *(in newspaper)* guía de espectáculos.

enthral [ɪn'θrɔːl] *vt* cautivar.
   ▲ *pt & pp* **enthralled**, *ger* **enthralling**.

enthrall [ɪn'trɔːl] *vt US →* **enthral**.

enthralling [ɪn'θrɔːlɪŋ] *adj* cautivador,-ra, fascinante.

enthrone [ɪn'θrəun] *vt* entronizar.

enthronement [ɪn'θrəunmənt] *n* entronización *f*.

enthuse [ɪn'θjuːz]
   1 *vi fam (be enthusiastic)* entusiasmarse (**over**, por), (**about**, con): **he was enthusing about his new car** se entusiasmaba con su nuevo coche.
   2 *vt* entusiasmar, animar.

enthusiasm [ɪn'θjuːzɪæzəm] *n* entusiasmo (**about/for**, por).

enthusiast [ɪn'θjuːzɪæst] *n* entusiasta *mf*: **she's a gardening enthusiast** es una entusiasta de la jardinería.

enthusiastic [ɪnθjuːzɪ'æstɪk]
   1 *adj (reaction)* entusiástico,-a, caluroso,-a.
   2 *adj (person)* entusiasta.
   ✦ to be enthusiastic about/over something entusiasmarse por algo.

enthusiastically [ɪnθjuːzɪ'æstɪklɪ] *adv* con entusiasmo, entusiasmado,-a.

entice [ɪn'taɪs] *vt* persuadir, tentar, engatusar: **he enticed her away from her studies** la persuadió para que dejara sus estudios.
   ✦ to entice somebody into doing something lograr persuadir a alguien para que haga algo.

enticing [ɪn'taɪsɪŋ] *adj* tentador,-ra, atractivo,-a, seductor,-ra.

entire [ɪn'taɪə'] *adj* entero,-a, completo,-a, íntegro,-a, todo,-a: **it wiped out the entire population** exterminó a toda la población; **an entire day** un día entero; **in my entire life** en toda mi vida; **his entire support** su apoyo total.

entirely [ɪn'taɪəlɪ]
   1 *adv (totally)* enteramente, totalmente, completamente: **I entirely agree** estoy totalmente de acuerdo; **they're entirely different** son completamente distintos.
   2 *adj (exclusively)* únicamente, exclusivamente: **it's made entirely of recycled paper** está hecho exclusivamente con papel reciclado.

entirety [ɪn'taɪrətɪ] *n* totalidad *f*: **in its entirety** en su totalidad.

entitle [ɪn'taɪtəl]
   1 *vt (give right to)* dar derecho (**to**, a): **this ticket entitles you to a free drink** este tíquet te da derecho a una consumición.
   2 *vt (book etc)* titular.
   ✦ to be entitled *(book etc)* titularse; *(person)* tener derecho (**to**, a): **you're not entitled to benefit** no tienes derecho a un subsidio; **I feel entitled to an explanation** creo que se me debe una explicación.

entitlement [ɪn'taɪtəlmənt] *n* derecho (**to**, a).

entity ['entɪtɪ] *n* entidad *f*.
   ▲ *pl* **entities**.

entomological [entəmə'lɒdʒɪkəl] *adj* entomológico,-a.

entomologist [entə'mɒlədʒɪst] *n* entomólogo,-a.

entomology [entə'mɒlədʒɪ] *n* entomología.

entourage [ɒntu'rɑːʒ] *n* séquito.

entrails ['entreɪlz] *npl* entrañas *fpl*, tripas *fpl*, vísceras *fpl*.

entrance¹ ['entrəns]
   1 *n (way in)* entrada; *(door, gate)* puerta, entrada; *(hall)* vestíbulo, hall *m*, entrada: **where's the entrance?** ¿dónde está la entrada?; **we went in the back entrance** entramos por la puerta trasera.
   2 *n (act of entering)* entrada; *(on stage)* entrada en escena, aparición *f*.
   3 *n (admission)* entrada, admisión *f*; *(to school, university)* ingreso: **we were refused entrance** no nos dejaron entrar.
   ■ entrance examination examen *m* de ingreso.
   entrance fee *(of museum etc)* entrada; *(of club, society, etc)* cuota, inscripción *f*.
   entrance hall vestíbulo.
   main entrance puerta principal.

entrance² [ɪn'trɑːns] *vt* arrebatar, extasiar, encantar.

entrancing [ɪn'trɑːnsɪŋ] *adj* fascinante, encantador,-ra.

entrant ['entrənt] *n (competitor)* participante *mf*; *(applicant)* aspirante *mf*.

entreat [ɪn'triːt] *vt fml* suplicar, rogar.

entreaty [ɪn'triːtɪ] *n* súplica.

entrée ['ɒntreɪ] *n* entrante *m*, entrada.

entrench [ɪn'trentʃ]
   1 *vt (with trench)* atrincherar.
   2 *vt fig (establish firmly)* reafirmar, consolidar.

entrenched [ɪn'trentʃt] *adj* firmemente enraizado,-a: **entrenched ideas** ideas muy enraizadas.
   ✦ to be entrenched in something atrincherarse en algo.

entrepreneur [ɒntrəprə'nɜː'] *n (business person)* empresario,-a.

entrepreneurial [ɒntrəprə'nɜːrɪəl] *adj* empresarial.

entrust [ɪn'trʌst] vt confiar, encargar, encomendar: the boss entrusted her with the task of locking up el jefe le confió la tarea de cerrar; he entrusted me with the key me confió la llave; I entrust the children to your care dejo a los niños a tu cuidado, te confío el cuidado de los niños.

entry ['entrɪ]
1 n (entrance) entrada; (joining) ingreso: she made a grand entry hizo una entrada triunfal; Spain's entry into the EC el ingreso de España en la CE.
2 n (right to enter) admisión f, acceso: he was refused entry to the club le negaron el acceso al club.
3 n US (door, gate) puerta, entrada.
4 n (item in accounts) entrada, asiento; (in diary) anotación f, entrada; (in dictionary) entrada: I need to check all yesterday's entries tengo que revisar todas las entradas de ayer.
5 n (in competition - participant) participante mf; (- total number of participants) participación f, número de participantes; (- thing entered) ejemplar m: how many entries are there for the race? ¿cuántos participantes hay en la carrera?; this is the winning entry éste es el ejemplar ganador; Madge's entry was a chocolate cake Madge presentó un pastel de chocolate.
✦ "No entry" (traffic) "Dirección prohibida"; (people) "Prohibido el paso"; (on door) "Prohibida la entrada".
   to force an entry allanar la morada.
■ entry fee inscripción f, cuota.
   entry form formulario de inscripción.
▲ pl entries.

entryphone ['entrɪfəʊn] n portero automático.

entwine [en'twaɪn] vt entrelazar.

enumerate [ɪ'njuːməreɪt] vt enumerar.

enunciate [ɪ'nʌnsɪeɪt]
1 vt (pronounce) pronunciar, articular.
2 vt (express) expresar, enunciar.

envelop [ɪn'veləp] vt envolver.

envelope ['envələʊp] n (of letter) sobre m; (covering) envoltura.

enviable ['envɪəbəl] adj envidiable.

envious ['envɪəs] adj (person) envidioso,-a; (look etc) de envidia.
✦ to be envious of somebody/something tener envidia de alguien/algo.

enviously ['envɪəslɪ] adv con envidia, envidiosamente.

environment [ɪn'vaɪrənmənt]
1 n (ecology) medio ambiente m: we need to protect the environment hemos de proteger el medio ambiente.
2 n (surroundings) ambiente m, entorno; (habitat) hábitat m: a happy home environment is essential un ambiente familiar feliz es esencial.
✦ environment friendly no perjudicial para el medio ambiente.

■ Department of the Environment Departamento de Medio Ambiente.

environmental [ɪnvaɪrən'mentəl]
1 adj (ecological) del medio ambiente, ambiental: environmental pollution contaminación del medio ambiente.
2 adj (of surroundings) ambiental.
■ Environmental Health Officer Inspector,-ra de Sanidad.
   Environmental Health Service Departamento de Sanidad.

environmentalist [ɪnvaɪrən'mentəlɪst]
1 n ecologista mf.
2 adj ecologista.

environmentally [ɪnvaɪrən'mentəlɪ] adv en lo que se refiere al medio ambiente: this detergent is environmentally friendly este detergente no es perjudicial para el medio ambiente; people are becoming more environmentally aware la gen-te está cada vez más sensibilizada con los problemas del medio ambiente.

environs [ɪn'vaɪrənz] npl alrededores mpl.

envisage [ɪn'vɪzɪdʒ]
1 vt (foresee) prever.
2 vt (imagine) imaginarse.

envoy ['envɔɪ] n enviado,-a.
■ special envoy enviado,-a especial.

envy ['envɪ]
1 n envidia (at/of, de).
2 vt envidiar, tener envidia de: I don't envy you no te envidio.
✦ to be green with envy estar corroído,-a por la envidia, morirse de envidia.
   to be the envy of somebody ser la envidia de alguien.
▲ (sustantivo) pl envies; (verbo) pt & pp envied, ger envying.

enzyme ['enzaɪm] n enzima m & f.

eon [ɪən] n eón m.

epaulet [epə'let] n US → epaulette.

epaulette [epə'let] n charretera.

épée ['epeɪ] n florete m.

ephemeral [ɪ'femərəl] adj efímero,-a.

epic ['epɪk]
1 adj (poem, film, novel) épico,-a; (achievement) colosal.
2 n (poem) epopeya, poema m épico; (film) película épica; (novel) epopeya.

epicentre ['epɪsentər] n epicentro.

epicure ['epɪkjʊər] n sibarita mf.

Epicurean [epɪkjə'rɪən] adj epicúreo,-a.

epidemic [epɪ'demɪk]
1 n epidemia.
2 adj epidémico,-a.

epidermis [epɪ'dɜːmɪs] n epidermis f.

epiglottis [epɪ'glɒtɪs] n epiglotis f.

epigram ['epɪgræm] n epigrama m.

epigraph ['epɪgrɑːf] n epígrafe m.

epilepsy ['epɪlepsɪ] n epilepsia.

epileptic [epɪ'leptɪk]
1 adj epiléptico,-a.
2 n epiléptico,-a.
■ epileptic fit ataque m epiléptico, ataque m de epilepsia.

epilog ['epɪlɒg] n US → epilogue.

epilogue ['epɪlɒg] n epílogo.

Epiphany [ɪ'pɪfənɪ] n epifanía.

episcopacy [ɪ'pɪskəpəsɪ] n episcopado.

episcopal [ɪ'pɪskəpəl] adj episcopal.

episcopate [ɪ'pɪskəpət] n episcopado.

episode ['epɪsəʊd]
1 n episodio.
2 n (of series) capítulo.

episodic [epɪ'sɒdɪk] adj episódico,-a.

epistle [ɪ'pɪsəl] n epístola.

Epistle [ɪ'pɪsəl] n REL epístola.

epitaph ['epɪtɑːf] n epitafio.

epithet ['epɪθet] n epíteto.

epitome [ɪ'pɪtəmɪ] n (model, perfect example) personificación f: he's the epitome of laziness es la pereza en persona, es la personificación de la pereza.

epitomise [ɪ'pɪtəmaɪz] vt → epitomize.

epitomize [ɪ'pɪtəmaɪz] vt personificar, ejemplificar, ser la personificación de.

epoch ['iːpɒk] n época.

epoch-making ['iːpɒkmeɪkɪŋ] adj histórico,-a, trascendental, que hace historia.

eponymous [ɪ'pɒnɪməs] adj epónimo,-a.

Epsom ['epsəm] Epsom (salts) npl epsomita.

equable ['ekwebəl]
1 adj (climate) uniforme, regular.
2 adj (person) ecuánime.

equal ['iːkwəl]
1 adj (identical) igual; (same) mismo,-a: divide it into equal parts divídelo en partes iguales; they are equal in size son de igual tamaño; with equal enthusiasm con el mismo entusiasmo; now we're equal! ¡ya estamos iguales!
2 adj (capable) capaz.
3 n igual mf: she is your equal es igual que tú; he has no intellectual equal intelectualmente no tiene igual.
4 vt MATH ser igual a, equivaler a: 10 + 10 equals 20 10 + 10 son 20; x equals y x es igual a y.
5 vt (match) igualar: no-one can equal him nadie lo iguala; he's equalled the world record ha igualado el récord mundial.
✦ all (other) things being equal si todo sigue igual.
   to be equal to (situation, task) estar a la altura de; (effort) sentirse con fuerzas para: she's equal to the occasion está a la altura de las circunstancias; are you equal to climbing these stairs? ¿te sientes con fuerzas para subir esta escalera?

to be on equal terms (with somebody) estar en igualdad de condiciones con alguien.
to treat somebody as an equal tratar a alguien de igual a igual.
■ equal opportunities igualdad *f* de oportunidades.
equal opportunity la misma oportunidad.
equal pay igualdad *f* de salario.
equal sign signo de igualdad.
equal rights igualdad *f* de derechos.

equalise [ˈiːkwəlaɪz] *vi-vt* → equalize.

equality [ɪˈkwɒlɪtɪ] *n* igualdad *f*.
▲ *pl* equalities.

equalize [ˈiːkwəlaɪz]
1 *vi SP* empatar, igualar el marcador, lograr el empate: they've equalized! ¡han empatado!
2 *vt* igualar.

equalizer [ˈiːkwəlaɪzəʳ] *n SP* gol *m* del empate.

equally [ˈiːkwəlɪ]
1 *adv* igualmente, igual de: my children are equally bright mis hijos son igual de listos; we are both equally responsible somos igualmente responsables.
2 *adv* en partes iguales, equitativamente: divide the money equally divide el dinero en partes iguales.
3 *adv (similarly)* del mismo modo, asimismo.

equanimity [ekwəˈnɪmɪtɪ] *n* ecuanimidad *f*.

equate [ɪˈkweɪt] *vt* equiparar (with, con), comparar (with, con).

equation [ɪˈkweɪʒən]
1 *n MATH* ecuación *f*.
2 *n fml (relationship)* relación *f*.
■ simple equation ecuación *f* de primer grado.

equator [ɪˈkweɪtəʳ] *n* ecuador *m*.

equatorial [ekwəˈtɔːrɪəl] *adj* ecuatorial.

equestrian [ɪˈkwestrɪən]
1 *adj* ecuestre.
2 *n (man)* jinete *m*; *(woman)* amazona.

equidistant [iːkwɪˈdɪstənt] *adj* equidistante.

equilateral [iːkwɪˈlætərəl] *adj* equilátero,-a.
■ equilateral triangle triángulo equilátero.

equilibrium [iːkwɪˈlɪbrɪəm] *n* equilibrio.

equine [ˈekwaɪn] *adj* equino,-a.

equinox [ˈiːkwɪnɒks] *n* equinoccio.
■ autumnal equinox equinoccio de otoño.
spring equinox/vernal equinox equinoccio de primavera.

equip [ɪˈkwɪp]
1 *vt (fit out, supply)* equipar (with, con), proveer (with, de): they equipped us with torches nos equiparon con linternas; it'll cost millions to equip

the hospital equipar el hospital costará millones.
2 *vt (prepare)* preparar (for/to, para): a good education equips you for the real world una buena educación te prepara para el mundo real.
✦ to be equipped with something disponer de algo.
to equip oneself with something proveerse de algo.
▲ *pt & pp* equipped, *ger* equipping.

equipment [ɪˈkwɪpmənt]
1 *n (materials)* equipo, material *m*.
2 *n (act of equipping)* equipamiento.
■ office equipment material *m* de oficina.
sports equipment material deportivo.

equipped [ɪˈkwɪpt]
1 *adj (supplied)* equipado,-a, provisto,-a: a well-equipped school un colegio bien equipado; I'm not equipped to go diving no tengo el equipo necesario para hacer submarinismo.
2 *adj (prepared)* preparado,-a (for, para).

equitable [ˈekwɪtəbəl] *adj fml* equitativo,-a.

equity [ˈekwətɪ]
1 *n* equidad *f*.
2 **Equity** *n GB* sindicato de actores.
3 equities *npl* acciones *fpl* ordinarias.
▲ *pl* equities.

equivalence [ɪˈkwɪvələns] *n* equivalencia.

equivalent [ɪˈkwɪvələnt]
1 *adj* equivalente.
2 *n* equivalente *m*.
✦ to be equivalent to something equivaler a algo.

equivocal [ɪˈkwɪvəkəl]
1 *adj (ambiguous)* equívoco,-a.
2 *adj (questionable, dubious)* dudoso,-a.

era [ˈɪərə] *n* era, época.

eradicate [ɪˈrædɪkeɪt] *vt (eliminate)* erradicar, extirpar; *(uproot)* desarraigar.

eradication [ɪrædɪˈkeɪʒən] *n* erradicación *f*, extirpación *f*.

erase [ɪˈreɪz] *vt* borrar.

eraser [ɪˈreɪzəʳ] *n* goma de borrar.

erasure [ɪˈreɪʒə] *n fml* borradura *f*.

erect [ɪˈrekt]
1 *adj (upright)* derecho,-a, erguido,-a.
2 *adj ANAT* erecto,-a.
3 *vt (build)* erigir, levantar; *(put up - tent)* armar; *(- flagstaff)* izar.

erectile [ɪˈrektaɪl] *adj* erectil.

erection [ɪˈrekʃən]
1 *n ANAT* erección *f*.
2 *n (building)* construcción *f*.

erethism [ˈerɪθɪzəm] *n* eretismo.

erg [ɜːg] *n* erg *m*, ergio.

ergonomic [ɜːgəˈnɒmɪk] *adj* ergonómico,-a.

ergonomics [ɜːgəˈnɒmɪks] *n* ergonomía.

erica [ˈerɪkə] *n* erica.

Eritrea [erɪˈtreɪə] *n* Eritrea.

Eritrean [erɪˈtreɪən]
1 *adj* eritreo,-a.
2 *n* eritreo,-a.

ermine [ˈɜːmɪn]
1 *n* armiño.
2 *adj* de armiño.

erode [ɪˈrəʊd]
1 *vt (rock, soil)* erosionar.
2 *vt (metal)* corroer, desgastar.
3 *vt fig (power, confidence, rights, etc)* minar.

to erode away
1 *vi (rock, soil)* erosionarse.
2 *vi (metal)* corroerse, desgastarse.
3 *vi fig* irse minando.

erogenous [ɪˈrɒdʒənəs] *adj* erógeno,-a.
■ erogenous zones zonas *fpl* erógenas.

erosion [ɪˈrəʊʒən]
1 *n (of rock, soil)* erosión *f*.
2 *n (of metal)* corrosión *f*, desgaste *m*.
3 *n fig* desgaste *m*.

erosive [ɪˈrəʊsɪv] *adj* erosivo,-a, corrosivo,-a.

erotic [ɪˈrɒtɪk] *adj* erótico,-a.

eroticise [ɪˈrɒtɪsaɪz] *vt* → eroticize.

eroticism [ɪˈrɒtɪsɪzəm] *n* eroticismo.

eroticize [ɪˈrɒtɪsaɪz] *vt* erotizar.

err [ɜːʳ] *vi fml* errar, equivocarse.
✦ to err on the side of something pecar por exceso de algo, pecar de algo.
to err is human (to forgive divine) errar es humano (perdonar, divino).

errand [ˈerənd] *n* encargo, recado.
✦ an errand of mercy una misión de socorro.
to run an errand hacer un recado.
■ errand boy recadero.

errant [ˈerənt]
1 *adj fig* errante.
2 *adj (of knight)* andante.

errata [ɪˈrɑːtə] *npl* fe *f sing* de erratas.

erratic [ɪˈrætɪk] *adj (behaviour, performance)* irregular, inconstante; *(weather)* muy variable.

erratically [ɪˈrætɪklɪ] *adv* de manera irregular.

erratum [ɪˈrɑːtəm] *n* errata.
▲ *pl* errata [eˈrɑːtə].

erroneous [ɪˈrəʊnɪəs] *adj* erróneo,-a, equivocado,-a.

erroneously [ɪˈrəʊnɪəslɪ] *adv* erróneamente, equivocadamente.

error [ˈerəʳ] *n* error *m*, equivocación *f*: typing error un error de máquina.
✦ an error of judgement un error.
in error por error, por equivocación.
to be in error estar equivocado,-a, estar en un error.
to make an error cometer un error.
to see the error of one's ways reconocer sus errores.

error-free [ˈerərfriː] *adj* sin errores.

erudite [ˈerʊdaɪt] *adj* erudito,-a.

eruditely [ˈerʊdaɪtlɪ] *adv* eruditamente.

erudition [eru'dɪʃən] *n* erudición *f*.

erupt [ɪ'rʌpt]
1 *vi (volcano)* entrar en erupción.
2 *vi fig (war, violence, fire)* estallar; *(sudden movement)* irrumpir: when the police moved in, violence erupted al intervenir la policía, la violencia estalló; in the late seventies punk erupted on the scene al final de los setenta el movimiento punk irrumpió en la escena.
3 *vi fam (people - in anger)* estallar en cólera; *(- in laughter)* estallar de risa; *(- in enthusiasm)* volverse loco,-a, exaltarse: he erupted when I told him estalló en cólera cuando se lo dije; when Elvis came out, the crowd erupted cuando salió Elvis, el público se volvió loco.
4 *vi MED (rash, spots, etc)* brotar, salir; *(tooth)* salir.

eruption [ɪ'rʌpʃən]
1 *n (volcano)* erupción *f*.
2 *n fig (war)* estallido, comienzo; *(violence)* estallido, brote *m*; *(anger)* estallido, explosión *f*; *(new force etc)* irrupción *f*.
3 *n (disease)* brote *m*, epidemia; *(rash, spots, etc)* erupción *f*.

erythropoietin [ɪ'rɪθrəupɔətɪn] *n* eritropoyetina, EPO *f*.

escalate ['eskəleɪt]
1 *vt (war)* intensificar, agravar.
2 *vi (war, violence, etc)* intensificarse, agravarse.
3 *vi (prices etc)* aumentar, subir.
+ to escalate in/into terminar en, degenerar en.

escalation [eskə'leɪʃən]
1 *n (war)* intensificación *f*, agravamiento, escalada.
2 *n (prices)* subida, aumento.

escalator ['eskəleɪtə'] *n* escalera mecánica.

escalope ['eskələp] *n* escalopa.

escapade ['eskəpeɪd, eskə'peɪd] *n* aventura.

escape [ɪ'skeɪp]
1 *n (flight)* fuga, huida (**from**, de): it was a spectacular escape fue una fuga espectacular.
2 *n (of gas)* fuga, escape *m*.
3 *n (escapism)* evasión *f*: television is an escape from reality la televisión es una evasión de la realidad.
4 *vi (get free, get away)* escaparse, fugarse, huir: three prisoners have escaped from jail tres presos se han escapado de la cárcel; the thief received a tip-off and escaped el ladrón recibió un aviso y huyó; we managed to escape unharmed conseguimos huir ilesos; they escaped to South America huyeron a Sudamérica.
5 *vi (gas etc)* escapar.
6 *vt (avoid)* escapar a, salvarse de, librarse de: he was lucky and escaped punishment tuvo suerte y se libró del

castigo; he escaped death by inches se salvó de la muerte por muy poco.
7 *vt (be forgotten or unnoticed)* escaparse, no recordar: the exact figure escapes me ahora mismo no recuerdo la cifra exacta; his name escaped me no recordaba su nombre; nothing escapes you no se te escapa nada.
+ to escape one's notice pasarle a uno desapercibido.
    to have a narrow escape salvarse por los pelos.
    to make (good) one's escape escaparse.
■ **escape clause** cláusula de excepción.
    escape hatch escotilla de salvamento.
    escape route vía de escape.
    escape valve válvula de escape.
    escape vehicle vehículo de la fuga.

escapee [ɪ'skeɪpiː] *n* fugitivo,-a.

escapism [ɪ'skeɪpɪzəm] *n* evasión *f*.

escapist [ɪ'skeɪpɪst] *adj* de evasión.

escarpment [ɪ'skɑːpmənt] *n* escarpa.

eschatological [eskætə'lɒdʒɪkəl] *adj* escatológico,-a.

eschatology [eskə'tɒlədʒɪ] *n* escatología.

eschew [ɪs'tʃuː] *vt fml* evitar, abstenerse de.

escort [e'skɔːt]
1 *n* acompañante *mf*.
2 *n MIL* escolta.
3 *vt* acompañar: I'll escort you home te acompañaré a casa.
4 *vt MIL* escoltar.
+ under police escort escoltado,-a por la policía, con escolta policial.
▲ *(verbo)* [ɪ'skɔːt].

escudo [e'skuːdəʊ] *n* escudo.

Eskimo ['eskɪməʊ]
1 *n (person)* esquimal *mf*.
2 *n (language)* esquimal *m*.
3 *adj* esquimal.
▲ *pl* Eskimos o Eskimo.

ESL ['iː'es'el] *abbr* (**English as a second language**) inglés como segundo idioma.

esophagus [ɪ'sɒfəgəs] *n US* esófago.

esoteric [esəʊ'terɪk] *adj* esotérico,-a.

ESP¹ ['iː'es'piː] *abbr* (**extrasensory perception**) percepción *f* extrasensorial.

ESP² ['iː'es'piː] *abbr* (**English for Specific Purposes**) cursos de inglés especializados.

espadrille [espə'drɪl] *n* alpargata.

espagnolette [espænjə'let] *n* falleba.

especial [ɪ'speʃəl] *adj* especial, particular.

especially [ɪ'speʃəlɪ] *adv* especialmente, sobre todo.

Esperanto [espə'ræntəʊ] *n* esperanto.

espionage ['espɪənɑːʒ] *n* espionaje *m*.

esplanade [esplə'neɪd] *n* paseo marítimo.

espousal [ɪ'spauzəl] *n fml (taking up)* adhesión *f* (**of**, a), adopción *f* (**of**, de); *(support)* apoyo (**of**, de).

espouse [ɪ'spauz] *vt fml (take up)* abrazar, adoptar, adherirse a; *(support)* apoyar, propugnar.

espresso [es'presəʊ] *n* café *m* exprés, exprés *m*.
▲ *pl* espressos.

esquire [ɪ'skwaɪə'] *n GB fml* señor *m* don: Mr Richard Broddle Esquire Sr. Don Richard Broddle.

essay ['eseɪ]
1 *n (school)* redacción *f*, composición *f*; *(university)* trabajo.
2 *n (literary)* ensayo.
3 *n fml (attempt)* intento.
4 *vt fml* intentar.

essence ['esəns]
1 *n (central quality)* esencia; *(perfect model)* personificación *f*: the essence of his philosophy la esencia de su filosofía; she is the essence of gentleness es la ternura personificada, es la ternura en persona.
2 *n (extract)* esencia, perfume *m*.
+ in essence esencialmente, fundamentalmente.
    to be of the essence ser esencial: time is of the essence el tiempo es esencial.

essential [ɪ'senʃəl]
1 *adj (necessary)* esencial, imprescindible: experience is essential for this job la experiencia es imprescindible en este trabajo; it is essential that you are punctual es imprescindible que llegues puntual.
2 *adj (most important, basic)* fundamental, central, básico,-a: the essential difference la diferencia fundamental.
3 *n (necessary thing)* necesidad *f* básica: a knowledge of English is an essential el conocimiento del inglés es imprescindible; do you consider a dishwasher an essential? ¿crees que un lavaplatos es una necesidad?; just take the bare essentials lleva solo lo imprescindible.
4 **essentials** *npl* lo esencial *m sing*, lo fundamental *m sing*: the essentials of Spanish lo fundamental del español.
■ **essential oil** aceite *m* esencial.

essentially [ɪ'senʃəlɪ] *adv* esencialmente, fundamentalmente.

EST ['iː'es'tiː] *abbr US* (**Eastern Standard Time**) hora del meridiano 75 al oeste de Greenwich.

establish [ɪ'stæblɪʃ]
1 *vt (set up)* establecer, fundar, crear: this company was established in 1895 esta empresa fue fundada en 1895.
2 *vt (find out, determine)* determinar, averiguar; *(prove correct, show to be true)* probar, demostrar, verificar: we must establish the cause of death hay que averiguar la causa de la muerte; he set out to establish the truth of the matter se propuso demostrar la verdad del caso; can we just establish the facts? ¿podemos verificar los

hechos?; they established the prisoner's innocence probaron la inocencia del preso.

3 *vt (cause to be accepted - precedent, theory)* sentar; *(- fame, reputation)* consolidar, consagrar; *(- habit, belief, custom)* establecer: his second film established his fame as a director su segunda película consagró su fama como director; we've established a precedent hemos sentado un precedente; they established the custom of eating strawberries and cream at Wimbledon establecieron la costumbre de comer fresas con nata en Wimbledon.

4 *vt (set up - contact, communication, etc)* establecer, entablar: we've established a close working relationship hemos establecido una estrecha relación laboral.

✦ **to establish oneself** establecerse (como algo): she established herself as a photographer se estableció como fotógrafa.
to establish somebody ayudar a alguien a establecerse.

established [ɪˈstæblɪʃt]
1 *adj (practice, custom)* consolidado,-a, arraigado,-a.
2 *adj (person - set up)* establecido,-a; *(- well known)* reconocido,-a: he's well established as a lawyer es un abogado conocido, tiene buena reputación como abogado; he's an established author es un autor reconocido.
3 *adj (business)* establecido,-a, sólido,-a; *(clientele)* fijo,-a.
4 *adj (order, authority)* establecido,-a; *(theory)* sentado,-a.
5 *adj (fact)* comprobado,-a.
▪ **Established Church** iglesia oficial del estado.

establishment [ɪˈstæblɪʃmənt]
1 *n (setting up)* establecimiento, fundación *f.*
2 *n (premises)* establecimiento; *(business)* negocio.
3 *n (staff)* plantilla, personal *m.*
4 **the Establishment** *n GB* el sistema, el poder.
▪ **educational establishment** centro de estudios.
research establishment centro de investigación.

estate [ɪˈsteɪt]
1 *n (land)* finca.
2 *n GB (with houses)* urbanización *f.*
3 *n (money and property)* propiedad *f*, bienes *mpl; (inheritance)* herencia.
▪ **estate agent** agente *mf* inmobiliario,-a.
estate agent's agencia inmobiliaria.
estate car *GB* coche *m* familiar.

esteem [ɪˈstiːm]
1 *vt (respect)* apreciar, estimar.
2 *vt (regard)* considerar, estimar.
3 *n* aprecio, estima, estimación *f.*

✦ **to hold somebody in great/high esteem** tener a alguien en gran estima, apreciar mucho a alguien, estimar (en) mucho a alguien.

ester [ˈestəʳ] *n* éster *m.*

esthete [ˈiːsθiːt] *n US* esteta *mf.*

esthetic [iːsˈθetɪk] *adj US* estético,-a.

estheticism [iːsˈθetɪsɪzəm] *n US* esteticismo.

estimate [ˈestɪmət]
1 *n (calculation - of amount, size)* cálculo, estimación *f; (- of value, cost)* valoración *f*, estimación *f; (- for work)* presupuesto.
2 *n (judgement)* evaluación *f*, juicio, opinión *f.*
3 *vt (calculate)* calcular.
4 *vt (judge, form opinion about)* pensar, creer, estimar.
5 *vi (for work)* hacer un presupuesto (**for**, de).

✦ **at a rough estimate** según un cálculo aproximado.
▲ *(verbo)* [ˈestɪmeɪt].

estimated [ˈestɪmeɪtɪd] *adj* aproximado,-a: its estimated cost is £1M su coste aproximado es de un millón de libras; there are an estimated five thousand deer in the park se calcula que hay cinco mil ciervos en el parque; the estimated time of arrival la hora de llegada prevista.

estimation [estɪˈmeɪʃən]
1 *n* opinión *f*, juicio: in my estimation a mi juicio.
2 *n (esteem)* estima, estimación *f*, aprecio.

✦ **to go down in somebody's estimation** perder la estima de alguien.
to go up in one's estimation ganarse la estima de alguien.

Estonia [eˈstəʊnɪə] *n* Estonia.

Estonian [eˈstəʊnɪən]
1 *adj* estonio,-a.
2 *n (person)* estonio,-a.
3 *n (language)* estonio.

estrange [ɪˈstreɪndʒ] *vt* alejar (**from**, de).

estranged [ɪˈstreɪndʒd] *adj* alejado,-a, separado,-a: his estranged wife su mujer, de quien está separado.

✦ **to be estranged from somebody** estar separado,-a de alguien.

estrangement [ɪˈstreɪndʒmənt] *n* alejamiento, separación *f.*

Estremadura [estrəməˈdʊərə] *n* Extremadura.

Estremaduran [estrəməˈdʊərən]
1 *adj* extremeño,-a.
2 *n* extremeño,-a.

estrogen [ˈiːstrədʒən] *n US* estrógeno.

estrus [ˈestrəs] *n* estro.

estuary [ˈestjʊərɪ] *n* estuario.
▲ *pl* **estuaries.**

ETA [ˈiːˈtiːˈeɪ] *abbr* **(estimated time of arrival)** hora prevista de llegada.

etcetera [etˈsetrə] *adv* etcétera.

etch [etʃ]
1 *vt* grabar al agua fuerte.
2 *vt fig* grabar.
3 *vi* grabar al agua fuerte.

etching [ˈetʃɪŋ] *n* aguafuerte *m & f.*

eternal [ɪˈtɜːnəl]
1 *adj (everlasting)* eterno,-a: eternal love amor eterno.
2 *adj fam (unceasing)* incesante: stop your eternal arguing! ¡basta de vuestras incesantes riñas!
3 *adj (immutable)* inmutable: eternal truths verdades inmutables.
4 **the Eternal** *n* Dios.

✦ **the eternal triangle** el triángulo amoroso.

eternally [ɪˈtɜːnəlɪ]
1 *adv* eternamente.
2 *adv fam (always)* siempre.

eternity [ɪˈtɜːnətɪ] *n* eternidad *f*: it seemed like an eternity parecía una eternidad.
▪ **eternity ring** anillo de brillantes.

ether [ˈiːθəʳ] *n* éter *m.*

ethereal [ɪˈθɪərɪəl] *adj* etéreo,-a.

ethic [ˈeθɪk] *n* ética.

ethical [ˈeθɪkəl] *adj* ético,-a, moral.

ethically [ˈeθɪkəlɪ] *adv* éticamente, moralmente.

ethics [ˈeθɪks]
1 *n (science)* ética.
2 *npl (moral correctness)* moralidad *f.*
▪ **medical ethics** ética profesional médica.

Ethiopia [iːθɪˈəʊpɪə] *n* Etiopía.

Ethiopian [iːθɪˈəʊpɪən]
1 *adj* etíope.
2 *n (person)* etíope *mf*, etiope *mf.*
3 *n (language)* etíope *m.*

ethnic [ˈeθnɪk] *adj* étnico,-a.
▪ **ethnic minority** minoría étnica.

ethnically [ˈeθnɪklɪ] *adv* étnicamente.

ethnographer [eθˈnɒɡrəfəʳ] *n* etnógrafo,-a.

ethnographic [eθnəˈɡræfɪk] *adj* etnográfico,-a.

ethnographical [eθnəˈɡræfɪkəl] *adj* etnográfico,-a.

ethnography [eθˈnɒɡrəfɪ] *n* etnografía.

ethnologic [eθnəˈlɒdʒɪk] *adj* etnológico,-a.

ethnological [eθnəˈlɒdʒɪkəl] *adj* etnológico,-a.

ethnologist [eθˈnɒlədʒɪst] *n* etnólogo,-a.

ethnology [eθˈnɒlədʒɪ] *n* etnología.

ethos [ˈiːθɒs] *n* carácter *m* distintivo, espíritu *m.*

ethyl [ˈiːθaɪl, ˈeθɪl] *n CHEM* etilo.
▪ **ethyl alcohol** alcohol *m* etílico.

etiquette [ˈetɪket] *n* protocolo, etiqueta.
▪ **professional etiquette** ética profesional.

Etruscan [ɪˈtrʌskən]
1 *adj* etrusco,-a.
2 *n (person)* etrusco,-a.
3 *n (language)* etrusco.

etymological [etɪməˈlɒdʒɪkəl] *adj* etimológico,-a.

etymologist [etɪˈmɒlədʒɪst] *n* etimólogo,-a.

etymology [etɪˈmɒlədʒɪ] *n* etimología.
▲ *pl* etymologies.

eucalyptus [juːkəˈlɪptəs] *n* eucalipto.
■ **eucalyptus oil** aceite *m* de eucalipto.
eucalyptus tree eucalipto.

EU [ˈiːˈjuː] *abbr* (**European Union**) Unión Europea; *(abbreviation)* UE *f*.

Eucharist [ˈjuːkərɪst] *n* Eucaristía.

Eucharistic [juːkəˈrɪstɪk] *adj* eucarístico,-a.

eulogise [ˈjuːlədʒaɪz] *vt* → **eulogize**.

eulogize [ˈjuːlədʒaɪz] *vt* elogiar.

eulogy [ˈjuːlədʒɪ] *n* elogio.
▲ *pl* eulogies.

eunuch [ˈjuːnək] *n* eunuco.

euphemism [ˈjuːfəmɪzəm] *n* eufemismo.

euphemistic [juːfɪˈmɪstɪk] *adj* eufemístico,-a.

euphemistically [juːfəˈmɪstɪklɪ] *adv* de manera eufemística.

euphonium [juːˈfəʊnɪəm] *n* bombardino.

euphony [ˈjuːfənɪ] *n* eufonía.

euphoria [juːˈfɔːrɪə] *n* euforia.

euphoric [juːˈfɒrɪk] *adj* eufórico,-a.

Euphrates [juːˈfreɪtiːz] *n* el Éufrates *m*.

Eurasian [juəˈreɪʒən]
1 *n* euroasiático,-a.
2 *adj* euroasiático,-a.

eureka [juəˈriːkə] *interj* ¡eureka!

eurhythmics [juəˈrɪðmɪks] *n* gimnasia rítmica.

euro [ˈjuərəu] *n* euro.

Eurocheque [ˈjuərəutʃek] *n* eurocheque *m*.

Eurocommunism [juərəuˈkɒmjənɪzəm] *n* POL eurocomunismo.

Eurocommunist [juərəuˈkɒmjənɪst]
1 *n* POL eurocomunista *mf*.
2 *adj* POL eurocomunista.

Eurocrat [ˈjuərəkræt] *n* eurócrata *mf*.

Eurocurrency [ˈjuərəukʌrənsɪ] *n* FIN eurodivisa.

Eurodollar [ˈjuərəudɒləʳ] *n* FIN eurodólar *m*.

Europe [ˈjuərəp] *n* Europa.

European [juərəˈpɪən]
1 *adj* europeo,-a.
2 *n (person)* europeo,-a.
■ **European Economic Community** Comunidad *f* Económica Europea.
European Parliament Parlamento Europeo.
European Union Unión *f* Europea.

Europeanisation [juərəpɪənaɪˈzeɪʃən] *n* → **Europeanization**.

Europeanise [juərəˈpɪənaɪz] *vt* → **Europeanize**.

Europeanization [juərəpɪənaɪˈzeɪʃən] *n* europeización *f*.

Europeanize [juərəˈpɪənaɪz] *vt* europeizar.

Eurosceptic [juərəuˈskeptɪk] *n* euroescéptico,-a.

Eurovision [ˈjuərəvɪʒən] *n* eurovisión *f*.

euthanasia [juːθəˈneɪzɪə] *n* eutanasia.

evacuate [ɪˈvækjueɪt]
1 *vt (people)* evacuar.
2 *vt (place)* desalojar; *(mil)* desocupar.

evacuation [ɪvækjuˈeɪʃən]
1 *n (of people)* evacuación *f*.
2 *n (of place)* desalojamiento, desalojo.

evacuee [ɪvækjuˈiː] *n* evacuado,-a.

evade [ɪˈveɪd]
1 *vt (gen)* evadir, eludir, esquivar: they successfully evaded the police consiguieron esquivar a la policía; he spent years evading military service pasó años eludiendo el servicio militar.
2 *vt (question)* eludir.
3 *vt (tax)* evadir.

evaluate [ɪˈvæljueɪt]
1 *vt (assess)* evaluar, juzgar; *(estimate value)* valorar, calcular (el valor de), tasar: the teachers evaluated their students' abilities los profesores evaluaron la capacidad de sus alumnos; he evaluated the property tasó la propiedad.
2 *vt* MATH hallar el valor numérico de.

evaluation [ɪvæljuˈeɪʃən] *n* evaluación *f*.

evanescent [iːvəˈnesənt] *adj* evanescente.

evangelical [iːvænˈdʒelɪkəl] *adj* evangélico,-a.

evangelism [ɪˈvændʒəlɪzəm] *n* evangelismo.

evangelise [ɪˈvændʒəlaɪz] *vt* → **evangelize**.

evangelist [ɪˈvændʒəlɪst] *n* evangelista *mf*.

evangelisation [ɪvændʒəlaɪˈzeɪsən] *n* → **evangelization**.

evangelization [ɪvændʒəlaɪˈzeɪsən] *n* evangelización *f*.

evangelize [ɪˈvændʒəlaɪz] *vt* evangelizar.

evaporate [ɪˈvæpəreɪt]
1 *vt* evaporar.
2 *vi* evaporarse.
3 *vi* fig desvanecerse, esfumarse: all our hopes evaporated todas nuestras esperanzas se desvanecieron.

evaporated milk [ɪˈvæpəraɪtɪdˈmɪlk] *n* leche *f* evaporada.

evaporation [ɪvæpəˈreɪʃən] *n* evaporación *f*.

evasion [ɪˈveɪʒən]
1 *n (gen)* evasión *f*.
2 *n (excuse etc)* evasiva.

evasive [ɪˈveɪsɪv] *adj* evasivo,-a: she became very evasive se comportó de forma muy evasiva; the minister gave an evasive answer el ministro respondió con evasivas.
✦ **to take evasive action** MIL realizar maniobras para eludir un ataque.

evasively [ɪˈveɪsɪvlɪ] *adv* de manera evasiva.

evasiveness [ɪˈveɪsɪvnəs] *n* condición *f* de evasivo.

eve [iːv] *n* víspera, vigilia.
✦ **on the eve of something** en vísperas de algo.

even [ˈiːvən]
1 *adj (level, flat)* llano,-a, plano,-a; *(smooth)* liso,-a: this surface isn't even esta superficie no es plana.
2 *adj (regular, steady)* uniforme, regular, constante: an even temperature una temperatura constante; an even pace un ritmo regular.
3 *adj (evenly balanced)* igual, igualado,-a: it was an even match fue un partido igualado; the scales are even la balanza está igualada.
4 *adj (equal in measure, quantity, number)* igual: add even amounts of milk and water añadir igual cantidad de leche y agua, añadir leche y agua a partes iguales; the distribution of income is fairly even la distribución de la renta es bastante igual; the scores were even iban iguales.
5 *adj (number)* par.
6 *adj (placid - character)* apacible, tranquilo,-a; *(- voice)* imperturbable.
7 *adj (on the same level as)* a nivel (**with**, de).
8 *adv* hasta, incluso, aun: even the Queen was there hasta la reina estaba allí; it's always sunny, even in winter siempre hace sol, incluso en invierno; it's open every day, even on Sundays abren cada día, incluso los domingos; even a child knows that hasta un niño lo sabe.
9 *adv (with negative)* siquiera, ni siquiera: he didn't even ask me the score ni siquiera me preguntó el resultado; without even opening the present sin abrir el regalo siquiera; even you wouldn't understand ni siquiera tú lo entenderías; she never even said hello ni siquiera me saludó.
10 *adv (before comparative)* aun, todavía: she's even more beautiful than I remembered es aun más guapa de lo que recordaba; I'm even angrier now ahora estoy todavía más enfadada.
11 *vt (level)* nivelar, allanar.
12 *vt (score)* igualar; *(situation)* equilibrar.

▶ **to even out**
1 *vt sep (make level)* nivelar; *(make equal)* igualar; *(spread equally)* repartir equitativamente.
2 *vi (become level)* nivelarse; *(become equal)* igualarse; *(balance out)* estabilizarse: **prices have evened out quite a bit** los precios se han estabilizado bastante.
to even up *vt sep*
1 *vi (balance)* equilibrar; *(make equal)* igualar: **if I pay for the next round that'll even things up** si yo pago la próxima ronda quedamos en paz.
2 *vi* igualarse.
✦ **even as** mientras, justo cuando: **even as we speak** en este mismo momento.
even chances cincuenta por ciento de posibilidades.
even if aun si, aunque.
even now incluso ahora, aun ahora.
even so incluso así, aun así, a pesar de eso.
even then incluso entonces, aun entonces.
even though aunque, aun cuando.
to be even with somebody estar en paz con alguien.
to break even cubrir gastos.
to get even with somebody desquitarse con alguien: **I'll get even with you!** ¡me las pagarás!
even-handed [ˈiːvənhændɪd] *adj* imparcial.
evening [ˈiːvnɪŋ] *n (early)* tarde *f*; *(late)* noche *f*: **we went out in the evening** salimos por la noche; **are you coming round this evening?** ¿vendrás a casa esta tarde?; **tomorrow evening** mañana por la noche; **yesterday evening** ayer por la noche.
✦ **good evening!** ¡buenas tardes!, ¡buenas noches!
■ **evening class** clase *f* nocturna.
evening dress *(woman's)* vestido de noche; *(man's)* traje *m* de etiqueta.
evening paper periódico de la tarde.
evening performance función *f* de noche.
evening service misa vespertina.
evening star estrella vespertina.
evenly [ˈiːvənlɪ]
1 *adv (uniformly)* uniformemente, de modo uniforme, regularmente.
2 *adv (fairly, equally)* equitativamente, igualmente.
3 *adj (of voice)* en el mismo tono, con calma.
evenness [ˈiːvənnəs]
1 *n (uniformity)* uniformidad *f*.
2 *adj (equality, fairness)* igualdad *f*, ecuanimidad *f*, imparcialidad *f*.
evensong [ˈiːvənsɒŋ] *n* vísperas *fpl*.
event [ɪˈvent]
1 *n (happening)* suceso, acontecimiento: **the main events of 2006** los principales sucesos de 2006; **the most important social event of the year** el

acontecimiento social más importante del año; **the events leading up to his resignation** los sucesos que llevaron a su dimisión.
2 *n SP* prueba.
✦ **at all events** en todo caso.
in any event pase lo que pase.
in either event en cualquiera de los dos casos.
in that event en ese caso.
in the event tal como resultó después.
in the event of en caso de: **in the event of fire** en caso de incendio.
in the event that something happens en caso de que pase algo: **in the event of his arriving late** en el caso de que llegue tarde.
in the normal course of events si todo sigue su curso normal.
even-tempered [ˈiːvəntempərd] *adj* plácido,-a, ecuánime, apacible.
eventful [ɪˈventfʊl] *adj (memorable)* lleno,-a (de acontecimientos), memorable; *(busy)* ajetreado,-a, agitado,-a; *(troubled)* accidentado,-a: **an eventful year** un año memorable; **an eventful day** un día ajetreado; **an eventful journey** un viaje accidentado.
eventual [ɪˈventʃʊəl]
1 *adj (final, ultimate)* final.
2 *adj (resulting)* consiguiente.
3 *adj (possible)* posible.
eventuality [ɪventʃʊˈælɪtɪ] *n* eventualidad *f*: **we must be prepared for all eventualities** hemos de estar preparados para cualquier eventualidad.
▲ *pl* eventualities.
eventually [ɪˈventʃʊəlɪ] *adv* finalmente, con el tiempo.
ever [ˈevəʳ]
1 *adv (in negative sentences)* nunca, jamás: **nobody ever comes** no viene nunca nadie; **nothing like this has ever happened before** nunca ha pasado nada semejante; **don't ever do that again** no vuelves a hacer esto jamás.
2 *adv (in questions)* alguna vez: **have you ever seen "Dracula"?** ¿has visto "Drácula" alguna vez?; **have you ever been to London?** ¿has estado en Londres alguna vez?; **do you ever think about life after death?** ¿piensas alguna vez en la vida después de la muerte?; **if you ever go to England, come and visit me** si vas alguna vez a Inglaterra, ven a visitarme; **did you ever meet my ex-husband?** ¿llegaste a conocer a mi ex marido?
3 *adv (always)* siempre: **and they lived happily ever after** y vivieron felices para siempre; **I'll love you for ever** te amaré para siempre.
4 *adv (after comparative and superlative)* nunca: **this is the best meal I've ever tasted** ésta es la mejor comida que he probado nunca; **I'm feeling better than ever** estoy mejor que nunca; **it's**

hurting more than ever me duele más que nunca.
5 *adv (emphatic use)* **what ever shall I do?** ¿qué demonios hago?; **how ever did you lose your coat?** ¿cómo demonios has perdido el abrigo?; **why ever not?** ¿y por qué no?
✦ **all somebody ever does is ...** lo único que alguien hace es ...
as ever como siempre.
as *(adjective)* **as ever** tan *(adjetivo)* como siempre: **he's still as boring as ever** aún es tan aburrido como siempre.
did you ever ...! ¡hábráse visto!
ever more más y más, cada vez más.
ever since desde, desde entonces: **ever since the war** desde la guerra; **I've been here ever since** estoy aquí desde entonces.
ever so ... muy ...: **I'm ever so pleased** estoy muy contenta; **thanks ever so (much)** muchas gracias.
ever such ... muy ...: **she's ever such a nice person** es muy simpática.
ever yours, .../yours ever, ... *(in letters)* recibe un abrazo de ...
for ever (and ever) para siempre (jamás).
evergreen [ˈevəɡriːn]
1 *adj BOT* de hoja perenne.
2 *n (tree)* árbol *m* de hoja perenne; *(bush)* arbusto de hoja perenne.
everlasting [evəˈlɑːstɪŋ]
1 *adj (eternal, lasting for ever)* eterno,-a, perpetuo,-a.
2 *adj (lasting for long time)* duradero,-a, perdurable.
3 *adj pej (incessant)* continuo,-a, incesante.
■ **the Everlasting** Dios.
everlastingly [evəˈlɑːstɪŋlɪ]
1 *adv* eternamente.
2 *adv pej* continuamente, incesantemente.
evermore [evəˈmɔːʳ] *adv* eternamente.
✦ **for evermore** para siempre.
every [ˈevrɪ]
1 *adj (each)* cada; *(all)* todos,-as: **every day** cada día, todos los días; **every weekend** cada fin de semana, todos los fines de semana; **she cries every time** llora cada vez; **I re-read every letter** volví a leer cada carta; **every student passed** todos los estudiantes aprobaron; **we enjoyed every minute of the film** nos gustó la película de principio a fin; **he drank every last drop** bebió hasta la última gota.
2 *adj (once (in) each)* cada: **there are elections every five years** hay elecciones cada cinco años; **she has a check-up once every six months** le hacen un chequeo cada seis meses; **one in every twelve women suffer from cancer** una de cada doce mujeres padece de cáncer.
3 *adj (all possible)* **you have every chance of passing** tienes grandes posibilidades de aprobar; **we encourage**

people to help in every way animamos a la gente a que ayude de cualquier manera; **I have every confidence in them** tengo plena confianza en ellos; **you had every right to be pleased** tenías todo el derecho a estar contento.

✦ **every now and then** de vez en cuando.
every other day un día sí un día no, cada dos días.
every other week cada dos semanas.
every so often de cuando en cuando.
to be every bit as … as … ser igual de … que …: **it's every bit as good as the other one** es igual de bueno que el otro; **I'm every bit as clever as him** yo soy tan inteligente como él.

everybody ['evrɪbɒdɪ] *pron* todos,-as, todo el mundo: **have you met everybody?** ¿conoces a todos?; **everybody has a car** todo el mundo tiene coche.

everyday ['evrɪdeɪ] *adj (day-to-day)* diario,-a, de todos los días; *(ordinary)* corriente, cotidiano,-a: **for everyday use** para uso diario; **our everyday routine** nuestra rutina diaria; **they wanted to get back to their normal everyday life** querían volver a su vida de cada día; **an everyday occurrence** un suceso cotidiano.

everyone ['evrɪwʌn] *pron* → **everybody**.

everyplace ['evrɪpleɪs] *adv US* → **everywhere**.

everything ['evrɪθɪŋ] *pron* todo: **is everything all right?** ¿todo (va) bien?; **everything's ready** todo está preparado; **I'll see to everything** yo me ocuparé de todo; **she remembered to bring everything** se acordó de traer todo; **you're everything to me** tú lo eres todo para mí; **we've tried everything** lo hemos intentado todo.

everywhere ['evrɪweəʳ]
1 *adv (place)* en todas partes, por todas partes: **he's been everywhere** ha estado en todas partes; **she looked everywhere** buscó por todas partes; **it's the same everywhere** en todas partes pasa lo mismo; **children everywhere love Mickey Mouse** los niños de todo el mundo quieren a Mickey Mouse.
2 *adv (movement)* a todas partes: **she took her baby everywhere** llevó a su bebé a todas partes; **he follows me everywhere** me sigue a todas partes.

evict [ɪ'vɪkt] *vt* desahuciar, desalojar.

eviction [ɪ'vɪkʃən] *n* desahucio, desalojo.
■ **eviction order** orden *f* de desahucio.

evidence ['evɪdəns]
1 *n (proof)* prueba, pruebas *fpl*: **we don't have enough evidence against him** no tenemos suficientes pruebas en contra suya; **anything you say may be used in evidence against you** cualquier cosa que digas puede ser utiliza-

do en contra tuyo; **the video was part of the prosecution's evidence** el vídeo formaba parte de las pruebas del fiscal; **you haven't got a shred of evidence** no tenéis ni la más mínima prueba.
2 *n (sign, indication)* indicio, indicios *mpl*, señal *f*: **there is no evidence to suggest that …** no hay indicios que sugieran que …; **she showed no evidence of being upset** no daba muestras de estar disgustada.
3 *n JUR (testimony)* testimonio, declaración *f*.
4 *vt (prove)* demostrar, probar.
5 *vt (give proof of)* justificar.
✦ **in evidence** visible.
on the evidence of something basándose en algo.
to be in evidence estar a la vista, hacerse notar.
to give evidence prestar declaración, declarar como testigo.
to turn King's/Queen's evidence delatar a un cómplice.
to turn state's evidence *US* delatar a un cómplice.

evident ['evɪdənt] *adj* evidente, patente, manifiesto,-a: **it was evident that he had been lying to us** era evidente que nos había mentido; **his motives were not evident** sus motivos no eran evidentes.

evidently ['evɪdəntlɪ]
1 *adv (obviously, clearly)* evidentemente.
2 *adv (apparently)* por lo visto, al parecer.

evil ['iːvəl]
1 *adj (wicked)* malo,-a, malvado,-a.
2 *adj (harmful)* malo,-a, pernicioso,-a, nocivo,-a.
3 *adj (foul - smell)* horrible, fétido,-a, repugnante; *(- temper)* geniudo,-a, terrible, de perros; *(- weather)* malo,-a, de perros.
4 *adj (unlucky)* aciago,-a, de mal agüero.
5 *n (wickedness)* mal *m*, maldad *f*: **good and evil** el bien y el mal; **the evils of drink** los males de la bebida.
✦ **to give somebody the evil eye** echar mal de ojo a alguien.
to have an evil tongue tener una lengua viperina.
to speak evil of somebody hablar mal de alguien.

evildoer ['iːvəlduːəʳ] *n* malhechor,-ra.

evilly ['iːvəlɪ] *adv* con maldad.

evil-minded ['iːvəlmaɪndɪd] *adj* malvado,-a, malpensado,-a.

evocation [evə'keɪʃən] *n* evocación *f*.

evocative [ɪ'vɒkətɪv] *adj* evocador,-ra.

evoke [ɪ'vəʊk]
1 *vt (bring to mind)* evocar.
2 *vt fml (produce, cause)* provocar.

evolution [iːvə'luːʃən]
1 *n BIOL* evolución *f*: **Darwin's theory of evolution** la teoría de la evolución de Darwin.
2 *n (gradual development)* desarrollo.

evolutionary [iːvə'luːʃənərɪ] *adj* evolutivo,-a.

evolve [ɪ'vɒlv]
1 *vt (develop)* desarrollar.
2 *vt (give off)* desprender.
3 *vi (develop)* desarrollarse.
4 *vi (biol)* evolucionar.

ewe [juː] *n* oveja.

ex[1] [eks] *n fam (husband)* ex marido; *(wife)* ex mujer *f*.

ex[2] [eks] *prep FIN* sin: **ex dividend** sin dividendo, sin cupón; **ex interest** sin interés.
■ **ex factory price** precio de fábrica.
ex warehouse price precio de almacén.

exacerbate [ɪg'zæsɜːbeɪt] *vt* exacerbar, agravar.

exact [ɪg'zækt]
1 *adj (precise)* exacto,-a: **an exact copy** una copia exacta; **the exact sum** la cantidad exacta; **my exact words** mis palabras exactas.
2 *adj (meticulous)* meticuloso,-a: **an exact student** un estudiante meticuloso.
3 *adj (accurate)* preciso,-a: **an exact definition** una definición precisa; **an exact science** una ciencia exacta.
4 *adj (specific, particular)* justo: **this is the exact spot where …** fue en este mismo lugar donde …, fue justo en este lugar donde …; **that's the exact type of material I need** ese es justamente el tipo de tela que necesito.
5 *vt (demand, insist on)* exigir (**from**, a): **they exacted a sum of £1000** exigieron una cantidad de 1000 libras; **he exacts obedience from his children** exige obediencia a sus hijos.
6 *vt (require)* exigir, requerir: **this job exacts great patience** este trabajo requiere mucha paciencia.
✦ **to be exact** para ser preciso, para ser exacto, concretamente.

exacting [ɪg'zæktɪŋ] *adj* exigente.

exactitude [ɪg'zæktɪtjuːd] *n* exactitud *f*.

exactly [ɪg'zæktlɪ]
1 *adv (in precise detail, correctly, accurately)* exactamente, precisamente: **you have exactly two hours from now** tenéis exactamente dos horas a partir de ahora; **where exactly in London do you live?** ¿exactamente dónde vives en Londres?; **she arrived at exactly 9.00 am** llegó a las 9.00 en punto; **what exactly are you trying to do?** ¿exactamente qué intentas hacer?; **your baby's exactly like you** tu bebé es igual que tú.
2 *adv (precisely)* justo, exactamente: **that's exactly what I wanted** eso es justo lo que quería; **that's exactly what she said** eso es exactamente lo que dijo.
3 *interj* ¡exacto!, ¡exactamente!
✦ **not exactly** *iron* precisamente: **it wasn't exactly what I had in mind** no era

precisamente lo que tenía pensado; she wasn't exactly thrilled with the present no es que le gustara mucho el regalo.

exactness [ɪgˈzæktnəs] *n* exactitud *f*, precisión *f*.

exaggerate [ɪgˈzædʒəreɪt]
1 *vt* exagerar: I think you're exaggerating the problem somewhat creo que estás exagerando un tanto el problema.
2 *vi* exagerar: come on! don't exaggerate! ¡venga ya! ¡no exageres!

exaggerated [ɪgˈzædʒəreɪtɪd] *adj* exagerado,-a: exaggerated figures cifras exageradas; an exaggerated movement un movimiento exagerado.

exaggeratedly [ɪgˈzædʒəreɪtɪdlɪ] *adv* exageradamente.

exaggeration [ɪgzædʒəˈreɪʃən] *n* exageración *f*.

exalt [ɪgˈzɔːlt]
1 *vt fml (elevate)* exaltar, elevar.
2 *vt (praise, extol)* ensalzar.

exaltation [egzɔːlˈteɪʃən] *n* exaltación *f*.

exam [ɪgˈzæm] *n fam* examen *m*.

examination [ɪgzæmɪˈneɪʃən]
1 *n EDUC* examen *m*: I've got an English examination tomorrow tengo un examen de inglés mañana.
2 *n (inspection)* inspección *f*, examen *m*; *(of house, room)* registro: detailed examination of the gun revealed new fingerprints en un examen detallado del arma se descubrieron nuevas huellas dactilares.
3 *n MED* reconocimiento: the doctor gave him a full examination el doctor le hizo un reconocimiento completo.
4 *n JUR* interrogatorio: the prosecution subjected the witness to yet another examination el fiscal sometió al testigo a otro interrogatorio.
✦ **to be under examination** *(questioned)* estar sometido,-a a un interrogatorio; *(looked at, investigated)* estar sometido,-a a examen.
 to sit an examination/take an examination examinarse.
▪ **examination paper** examen *m*.

examine [ɪgˈzæmɪn]
1 *vt (inspect)* inspeccionar, examinar; *(check)* comprobar; *(consider)* examinar, estudiar: experts are still examining the plane's black box los expertos aún están examinando la caja negra del avión; have you examined all the facts? ¿has comprobado todos los hechos?; we have examined your proposal very carefully hemos estudiado su propuesta muy detalladamente.
2 *vt (customs)* registrar: they examined my things me registraron el equipaje.
3 *vt EDUC* examinar (**in/on**, de).
4 *vt MED* hacer un reconocimiento a.
5 *vt JUR* interrogar.

examinee [ɪgzæmɪˈniː] *n* examinado,-a.

examiner [ɪgˈzæmɪnəʳ] *n* examinador,-ra.

example [ɪgˈzɑːmpəl]
1 *n (gen)* ejemplo: give me an example of a verb dame un ejemplo de un verbo; his courage should be an example to us all su coraje debería servirnos de ejemplo a todos; that was an example of what not to do eso ha sido un ejemplo de lo que no hay que hacer.
2 *n (specimen)* ejemplo: this building is a perfect example of modernist architecture este edificio es un ejemplo perfecto de la arquitectura modernista.
✦ **for example** por ejemplo.
 let this be an example to you que esto te sirva de ejemplo.
 to make an example of somebody dar un castigo ejemplar a alguien.
 to set a bad example dar mal ejemplo.
 to set a good example dar buen ejemplo.

exasperate [ɪgˈzɑːspəreɪt] *vt* exasperar, irritar.
✦ **to get exasperated** exasperarse, irritarse.

exasperating [ɪgˈzæspəreɪtɪŋ] *adj* exasperante, irritante.

exasperation [ɪgˈzæspəreɪʃən] *n* exasperación *f*, irritación *f*.
✦ **in exasperation** exasperado,-a, irritado,-a.

excavate [ˈekskəveɪt] *vt* excavar.

excavation [ekskəˈveɪʃən] *n* excavación *f*.

excavator [ˈekskəveɪtəʳ]
1 *n (person)* excavador,-ra.
2 *n (machine)* excavadora.

exceed [ɪkˈsiːd] *vt (be greater than)* exceder, sobrepasar; *(go beyond)* exceder, sobrepasar: the price must not exceed £100 el precio no debe exceder las 100 libras; do not exceed the speed limit no sobrepasar el límite de velocidad.

exceedingly [ɪkˈsiːdɪŋlɪ] *adv* extremadamente, sumamente.

excel [ɪkˈsel]
1 *vt (surpass)* aventajar, superar.
2 *vi (be very good at)* destacar (**at/in**, en), sobresalir (**at/in**, en), descollar (**at/in**, en): he excels at swimming destaca en natación; he excels as a doctor es un gran médico.
✦ **to excel oneself** superarse.
▲ *pt & pp* excelled, *ger* excelling.

excellence [ˈeksələns] *n* excelencia *f*.

Excellency [ˈeksələnsɪ] *n* Excelencia *f*.
▲ *pl* Excellencies.

excellent [ˈeksələnt]
1 *adj* excelente, sobresaliente.
2 *interj fam* ¡estupendo!, ¡fantástico!

excellently [ˈeksələntlɪ] *adv* excelentemente, estupendamente.

except [ɪkˈsept]
1 *prep* excepto, salvo, a excepción de, menos: everyone went to the pub except Jim todos se fueron al pub menos Jim; she knew all the answers except one sabía todas las respuestas excepto una; everything was fine except for the weather todo estuvo bien menos el tiempo; I remember very little about him, except that he was bald me acuerdo muy poco de él, salvo que era calvo.
2 *vt fml* excluir, exceptuar.

exception [ɪkˈsepʃən] *n* excepción *f*.
✦ **the exception proves the rule** la excepción confirma la regla.
 to make an exception of hacer una excepción de.
 to take exception to something ofenderse por algo.
 with the exception of a excepción de.

exceptionable [ɪkˈsepʃənəbəl] *adj* censurable.

exceptional [ɪkˈsepʃənəl] *adj* excepcional, extraordinario,-a.

exceptionally [ɪkˈsepʃənəlɪ] *adv* excepcionalmente, extraordinariamente.

excerpt [ˈeksɜːpt] *n* extracto.

excess [ɪkˈses]
1 *n* exceso: an excess of fat un exceso de grasa.
2 *n COMM* excedente *m*.
3 *adj* excedente, sobrante.
4 **excesses** *npl* excesos *mpl*.
✦ **in excess** en exceso.
 in excess of superior a.
 to do something to excess hacer algo con/en exceso.
 to excess con exceso, en exceso.
■ **excess baggage** exceso de equipaje.
 excess demand exceso de demanda.
 excess fare suplemento.
 excess supply exceso de oferta.

excessive [ɪkˈsesɪv] *adj* excesivo,-a.

excessively [ɪkˈsesɪvlɪ] *adv* excesivamente, en exceso.

exchange [ɪksˈtʃeɪndʒ]
1 *n (gen)* cambio.
2 *n (of ideas, information, etc)* intercambio.
3 *n (of prisoners)* canje *m*.
4 *n FIN* cambio.
5 *n (dialogue)* intercambio de palabras; *(argument)* enfrentamiento.
6 *n (building)* lonja.
7 *n (telephone)* central *f* telefónica.
8 *n EDUC (reciprocal visit)* intercambio.
9 *n (of gunfire)* tiroteo.
10 *vt (gen)* cambiar: can I exchange this shirt for a bigger one? ¿puedo cambiar esta camisa por una más grande?
11 *vt (ideas, information, etc)* intercambiar.
12 *vt (prisoners)* canjear.
✦ **in exchange** a cambio.
 in exchange for a cambio de.
 to exchange blows golpearse.

to **exchange glances** mirarse.
to **exchange greetings** saludarse.
to **exchange words** cruzar unas palabras.
▪ **exchange rate** tipo de cambio.

exchangeable [ɪksˈtʃeɪndʒəbəl] *adj* cambiable, canjeable.

exchequer [ɪksˈtʃekəʳ]
1 *n (treasury)* tesoro público.
2 **the Exchequer** *n* Hacienda.

excise¹ [ɪkˈsaɪz] *vt fml* extirpar.

excise² [ˈeksaɪz] *n* impuesto sobre el consumo.
▪ **excise duty** impuesto sobre el consumo.

excision [ɪkˈsɪʒən] *n fml* extirpación *f*, excisión *f*.

excitability [ɪksaɪtəˈbɪlətɪ] *n* excitabilidad *f*.

excitable [ɪkˈsaɪtəbəl] *adj* excitable, nervioso,-a.

excite [ɪkˈsaɪt]
1 *vt (enthuse, thrill)* emocionar, entusiasmar, apasionar: **the idea of travelling abroad excited her** la idea de viajar al extranjero le entusiasmaba.
2 *vt fml (bring about)* provocar: **troublemakers excited a riot** unos alborotadores provocaron un motín.
3 *vt (cause, arouse)* provocar, despertar: **the case has excited great public interest** el juicio ha provocado un gran interés público.
4 *vt (arouse sexually)* excitar.
5 *vt MED (stimulate)* excitar.

excited [ɪkˈsaɪtɪd]
1 *adj* emocionado,-a, entusiasmado,-a, ilusionado,-a: **I'm really excited about Christmas this year** este año estoy muy ilusionado con las Navidades; **the children are so excited!** ¡los niños están tan ilusionados!
2 *adj (sexually)* excitado,-a, caliente.
✦ **to get excited** *(enthusiastically)* emocionarse, entusiasmarse, apasionarse; *(sexually)* excitarse, ponerse caliente.

excitedly [ɪkˈsaɪtɪdlɪ] *adv* con emoción, con entusiasmo, con ilusión.

excitement [ɪkˈsaɪtmənt]
1 *n (strong feeling)* emoción *f*, entusiasmo, ilusión *f*: **we couldn't hide our excitement** no podíamos ocultar nuestra emoción.
2 *n (commotion)* agitación *f*, conmoción *f*, revuelo: **the discovery caused great excitement** el descubrimiento causó gran revuelo.

exciting [ɪkˈsaɪtɪŋ] *adj* emocionante, apasionante: **how exciting!** ¡qué ilusión!

exclaim [ɪkˈskleɪm]
1 *vt* exclamar, gritar.
2 *vi* exclamar.

exclamation [eksklaˈmeɪʃən] *n* exclamación *f*.

▪ **exclamation mark** signo de admiración.
exclamation point *US* signo de admiración.

exclamatory [ɪkˈsklæmətrɪ] *adj* exclamatorio,-a.

exclude [ɪkˈskluːd]
1 *vt (leave out, not include)* excluir, no incluir.
2 *vt (debar, prevent from entering)* no admitir.
3 *vt (reject)* excluir, descartar.

excluding [ɪkˈskluːdɪŋ] *prep (excepting)* excepto, con excepción de.

exclusion [ɪkˈskluːʒən] *n* exclusión *f*.
✦ **to the exclusion of** excluyendo.

exclusive [ɪkˈskluːsɪv]
1 *adj (not shared, sole)* exclusivo,-a.
2 *adj (select)* selecto,-a, exclusivo,-a.
3 *adj (press)* en exclusiva.
4 *n (press)* exclusiva.
✦ **exclusive of** excluyendo, sin incluir.
to be exclusive to ser exclusivo,-a de.

exclusively [ɪkˈskluːsɪvlɪ] *adv* exclusivamente.

exclusiveness [ɪkˈskluːsɪvnəs] *n* exclusividad *f*.

exclusivity [ɪkskluːˈsɪvɪtɪ] *n* exclusividad *f*.

excommunicate [ekskəˈmjuːnɪkeɪt] *vt* excomulgar.

excommunication
[ekskəmjuːnɪˈkeɪʃən] *n* excomunión *f*.

excoriation [ɪksko:rɪˈeɪʃən] *n* excoriación *f*.

excrement [ˈekskrɪmənt] *n* excremento.

excrescence [ɪkˈskresəns] *n* excrecencia.

excrete [ɪkˈskriːt] *vt* excretar.

excretion [ɪkˈskriːʃən] *n* excreción *f*.

excretory [ɪkˈskriːtərɪ] *adj* excretorio,-a, excretor,-ra.

excruciating [ɪkˈskruːʃɪeɪtɪŋ]
1 *adj* insoportable, atroz, agudísimo,-a.
2 *adj euph* fatal, horrible.

excruciatingly [ɪkˈskruːʃɪeɪtɪŋlɪ] *adv* atrozmente, horriblemente.

excursion [ɪkˈskɜːʒən] *n (outing)* excursión *f*, viaje *m*: **we went on an excursion round the island** hicimos una excursión por la isla.
▪ **shopping excursion** excursión *f* para hacer compras.

excusable [ɪkˈskjuːzəbəl] *adj* perdonable, disculpable.

excuse [ɪkˈskjuːs]
1 *n (apology)* disculpa: **there's simply no excuse for this** esto no admite ninguna disculpa.
2 *n (pretext)* excusa: **his excuse for being late was that he had missed the train** su excusa por llegar tarde fue que había perdido el tren.
3 *vt* perdonar, disculpar: **please excuse my handwriting** perdone mi letra; **excuse me for being late** siento llegar tarde.

4 *vt (justify)* justificar: **nothing can excuse such violent conduct** no hay nada que justifique una conducta tan violenta.
5 *vt (exempt)* dispensar, eximir; *(military)* rebajar: **you may be excused gym today** hoy te dispensamos (de) la clase de gimnasia.
✦ **excuse me** *(when interrupting)* perdone; *(when leaving)* disculpe, con permiso; *(to get somebody's attention)* oiga, por favor; *(to apologize)* perdón, perdone; *(asking for repetition)* ¿cómo?, ¿perdón?
to make one's excuses pedir disculpas.
may I be excused? ¿puedo salir un momento?
▲ *(verbo)* [ɪkˈskjuːz].

ex-directory [eksdaɪˈrektərɪ] *adj (tel)* que no figura en la guía telefónica.

execrable [ˈeksɪkrəbəl] *adj* execrable.

execrate [ˈeksɪkreɪt] *vt* execrar.

execute [ˈeksɪkjuːt]
1 *vt (put to death)* ejecutar, ajusticiar.
2 *vt (carry out)* ejecutar; *(orders)* cumplir; *(tasks)* realizar, llevar a cabo.
3 *vt (music etc)* interpretar.
4 *vt JUR (will)* cumplir.

execution [eksɪˈkjuːʃən]
1 *n (carrying out)* ejecución *f*; *(of order)* cumplimiento; *(of task)* realización *f*.
2 *n (putting to death)* ejecución *f*.
3 *n JUR (of will)* cumplimiento.
4 *n (of music etc)* interpretación *f*.

executioner [eksɪˈkjuːʃənəʳ] *n* verdugo.

executive [ɪgˈzekjətɪv]
1 *adj* ejecutivo,-a.
2 *n (person)* ejecutivo,-a; *(committee)* ejecutiva.
3 **the executive** *n (government)* el poder ejecutivo, el ejecutivo.

executor [ɪgˈzekjətəʳ] *n JUR* albacea.

exemplary [ɪgˈzemplərɪ] *adj* ejemplar.

exemplification [ɪgzemplɪfɪˈkeɪʃən] *n* ejemplificación *f*, ejemplo.

exemplify [ɪgˈzemplɪfaɪ] *vt* ejemplificar, servir de ejemplo para.
▲ *pt & pp* **exemplified**, *ger* **exemplifying**.

exempt [ɪgˈzempt]
1 *adj* exento,-a, libre (**from**, de).
2 *vt* eximir, dispensar (**from**, de).

exemption [ɪgˈzempʃən] *n* exención *f* (**from**, de).

exercise [ˈeksəsaɪz]
1 *n (gen)* ejercicio: **you should take more exercise** deberías hacer más ejercicio; **have you finished this exercise?** ¿has acabado este ejercicio?
2 *n (use, application)* ejercicio, uso: **the exercise of one's rights** el ejercicio de sus derechos.
3 *vt (employ, make use of)* ejercer, emplear: **he had to exercise restraint** tuvo que emplear mucha moderación; **you must exercise great care** hay que tener mucho cuidado.

4 *vt (give exercise to - dog)* sacar de paseo; *(- horse)* entrenar.

5 *vi* hacer ejercicio, entrenarse: **how often do you exercise?** ¿con qué frecuencia haces ejercicio?

6 *vt fml (trouble)* inquietar.

7 exercises *npl US (ceremonies)* ceremonia.

■ **exercise book** cuaderno.

exert [ɪgˈzɜːt] *vt* ejercer: **he exerted pressure on his players** ejerció presión sobre sus jugadores.

✦ **to exert oneself** esforzarse.

exertion [ɪgˈzɜːʃən]

1 *n (great effort)* esfuerzo.

2 *n (use, application)* ejercicio, uso.

ex gratia [eksˈgreɪʃə] **ex gratia payment** *n* pago discrecional.

exhalation [ekshəˈleɪʃən] *n* exhalación *f*.

exhale [eksˈheɪl]

1 *vt (breathe out)* exhalar.

2 *vi (give off)* despedir.

exhaust [ɪgˈzɔːst]

1 *n (pipe)* (tubo de) escape *m*.

2 *n (fumes)* gases *mpl* de combustión.

3 *vt (gen)* agotar: **the long walk exhausted me** la caminata me agotó; **they exhausted the food supplies** agotaron las provisiones de comida; **you've exhausted my patience** has agotado mi paciencia; **we've exhausted that subject** hemos agotado aquel tema.

4 *vt (empty)* vaciar.

✦ **to exhaust oneself** agotarse.

exhausted [ɪgˈzɔːstɪd] *adj* agotado,-a.

exhausting [ɪgˈzɔːstɪŋ] *adj* agotador,-ra.

exhaustion [ɪgˈzɔːstʃən] *n* agotamiento.

exhaustive [ɪgˈzɔːstɪv] *adj* exhaustivo, -a, completo,-a: **an exhaustive enquiry** una investigación exhaustiva.

exhaustively [ɪgˈzɔːstɪvlɪ] *adv* de modo exhaustivo, exhaustivamente.

exhibit [ɪgˈzɪbɪt]

1 *n ART* objeto expuesto.

2 *n JUR* prueba instrumental.

3 *vt (display, show)* exponer, presentar: **she has exhibited her work in several countries** ha expuesto su obra en varios países.

4 *vt fml (manifest)* manifestar, mostrar, presentar, dar muestras de: **the patient exhibits signs of stress** el paciente presenta síntomas de estrés.

5 *vi (of artist)* exponer.

exhibition [eksɪˈbɪʃən]

1 *n (art etc)* exposición *f*.

2 *n (display)* demostración *f*, muestra.

✦ **to be on exhibition** estar expuesto,-a.

to make an exhibition of oneself ponerse en ridículo, hacer el ridículo.

exhibitionism [eksɪˈbɪʃənɪzəm] *n* exhibicionismo.

exhibitionist [eksɪˈbɪʃənɪst] *n* exhibicionista *mf*.

exhibitor [ɪgˈzɪbɪtəʳ] *n* expositor,-ra.

exhilarate [ɪgˈzɪləreɪt] *vt (make cheerful)* animar, alegrar; *(enliven, stimulate)* avivar, estimular.

exhilarating [ɪgˈzɪləreɪtɪŋ] *adj (invigorating)* estimulante; *(exciting)* emocionante.

exhilaration [ɪgzɪləˈreɪʃən] *n (state)* alegría, regocijo; *(act)* estímulo.

exhort [ɪgˈzɔːt] *vt fml* exhortar.

exhortation [ɪgzɔːˈteɪsən] *n* exhortación *f*.

exhume [eksˈhjuːm] *vt* exhumar, desenterrar.

exigency [ˈeksɪdʒənsɪ, ɪgˈzɪdʒənsɪ]

1 *n fml (need)* exigencia.

2 *n fml (emergency)* caso de emergencia.

▲ *pl* **exigencies**.

exigent [ˈeksɪdʒənt]

1 *adj fml (demanding)* exigente.

2 *adj fml (urgent)* urgente.

exiguous [ekˈsɪgjʊəs] *adj fml* exiguo,-a.

exile [ˈeksaɪl]

1 *n (action)* destierro, exilio.

2 *n (person)* desterrado,-a, exiliado,-a.

3 *vt* desterrar, exiliar.

exist [ɪgˈzɪst]

1 *vi (gen)* existir.

2 *vi (subsist)* subsistir (**on**, a base de).

existence [ɪgˈzɪstəns] *n* existencia.

✦ **to be in existence** existir.

to come into existence nacer.

existent [ɪgˈzɪstənt] *adj* existente.

existential [egzɪˈstenʃəl] *adj* existencial.

existentialism [egzɪˈstenʃəlɪzəm] *n* existencialismo.

existentialist [egzɪˈstenʃəlɪst] *n* existencialista *mf*.

existing [egzɪˈstɪŋ] *adj* existente, actual.

exit [ˈeksɪt]

1 *n (gen)* salida.

2 *n THEAT* mutis *m*.

3 *vi THEAT* hacer mutis, salir de escena.

■ **exit sign** indicador *m* de salida.

exodus [ˈeksədəs] *n* éxodo.

ex officio [eks əˈfɪʃɪəʊ]

1 *adj* de oficio.

2 *adv* de oficio.

exonerate [ɪgˈzɒnəreɪt] *vt* exonerar, exculpar.

exoneration [ɪgzɒnəˈreɪʃən] *n* exoneración *f*, exculpación *f*.

exorbitance [ɪgˈzɔːbɪtəns] *n* exorbitancia.

exorbitant [ɪgˈzɔːbɪtənt] *adj* exorbitante, desorbitado,-a, excesivo,-a: **the rent is exorbitant** el alquiler es excesivo.

exorbitantly [ɪgˈzɔːbɪtəntlɪ] *adv* excesivamente.

exorcise [ˈeksɔːsaɪz]

1 *vt* exorcizar.

2 *vt fig (memory)* borrar; *(feeling)* quitar, librar.

exorcism [ˈeksɔːsɪzəm] *n* exorcismo.

exorcist [ˈeksɔːsɪst] *n* exorcista *mf*.

exorcize [ˈeksɔːsaɪz] *vt* → **exorcise**.

exoskeleton [ˈeksəʊskelɪtən] *n* dermatoesqueleto.

exotic [egˈzɒtɪk] *adj* exótico,-a.

expand [ɪkˈspænd]

1 *vt (enlarge - business)* ampliar; *(- number)* aumentar, incrementar.

2 *vt (gas, metal)* dilatar, expandir.

3 *vi (grow larger)* crecer, aumentar: **the business has expanded greatly** el negocio ha crecido mucho; **the population expanded rapidly** la población creció rápidamente.

4 *vi (metal)* dilatarse; *(gas)* expandirse, expansionarse.

5 *vi (spread out)* extenderse.

6 *vi (become friendlier)* abrirse, volverse expansivo,-a.

▸ **to expand on** *vt insep* ampliar, desarrollar.

expanse [ɪkˈspæns] *n* extensión *f*.

expansion [ɪkˈspænʃən]

1 *n* crecimiento, aumento.

2 *n (gas, metal)* dilatación *f*, expansión *f*.

3 *n (trade)* desarrollo.

expansionism [ɪkˈspænʃənɪzəm] *n* expansionismo.

expansionist [ɪkˈspænʃənɪst] *n* expansionista *mf*.

expansive [ɪkˈspænsɪv]

1 *adj (friendly, talkative)* expansivo,-a, hablador,-ra, comunicativo,-a.

2 *adj (able to expand)* expansivo,-a.

expatiate [ɪkˈspeɪʃɪeɪt] *vi fml* extenderse.

expatriate [ekˈspætrɪət]

1 *adj* expatriado,-a.

2 *n* expatriado,-a.

3 *vt* desterrar, expatriar.

▲ *(verbo)* [eksˈpætrɪeɪt].

expect [ɪkˈspekt]

1 *vt (anticipate)* esperar: **I never expected to win** no esperaba ganar; **she expected him to pass** esperaba que él aprobara; **the hotel wasn't as good as we expected** el hotel no era tan bueno como esperábamos; **I was expecting you two hours ago** te esperaba hace dos horas; **were you expecting a parcel?** ¿esperabas un paquete?; **she's expecting a baby** está esperando un niño.

2 *vt (demand)* esperar, contar con: **I don't expect you to pay** no espero que pagues; **what did you expect me to do?** ¿qué esperabas que hiciera?; **you are expected to help out in the house** se cuenta con que ayudes en la casa; **he expects you to be punctual** cuenta con que seas puntual.

3 *vt GB fam (suppose)* suponer, imaginar: I expect he's at lunch me imagino que habrá salido a comer; I expect it was Susan supongo que era Susan.
✦ **I expect so** supongo que sí.
(only) to be expected ser de esperar, ser natural.
to be expecting *fam* estar embarazada.
to expect too much (of somebody) esperar demasiado (de alguien).

expectancy [ɪk'spektənsɪ] *n (anticipation)* expectación *f*, expectativa; *(hope)* ilusión *f*.

expectant [ɪk'spektənt] *adj (expecting)* expectante; *(hopeful)* ilusionado,-a.
▪ **expectant mother** futura madre *f*, mujer *f* embarazada.

expectation [ekspek'teɪʃən]
1 *n (hope, firm belief)* esperanza: we watched in expectation observamos esperanzados.
2 expectations *npl (confident feelings)* expectativas *fpl*: I had great expectations for the future tenía grandes expectativas de futuro.
✦ **contrary to expectations** contrariamente a lo que se esperaba.
in expectation of con la esperanza de.
not to come up to somebody's expectations no alcanzar las expectativas de alguien.
to be beyond somebody's expectations ser mejor de lo esperado.
to fall short of somebody's expectations no alcanzar las expectativas de alguien.

expectorant [ɪk'spektərənt] *n* expectorante *m*.

expectorate [ɪk'spektəreɪt] *vt MED* expectorar.

expectoration [ɪkspektə'reɪsən] *n* expectoración *f*.

expedience [ɪk'spiːdɪəns] *n* → **expediency.**

expediency [ɪk'spiːdɪənsɪ] *n* conveniencia, oportunidad *f*.

expedient [ɪk'spiːdɪənt]
1 *adj* conveniente, oportuno,-a.
2 *n* expediente *m*, recurso.

expediently [ɪk'spiːdɪəntlɪ] *adv* oportunamente, convenientemente.

expedite ['ekspədaɪt] *vt fml (hasten, speed up)* acelerar.

expedition [ekspɪ'dɪʃən]
1 *n (gen)* expedición *f*.
2 *n fml (speed)* aceleración *f*, prontitud *f*.
▪ **shopping expedition** excursión *f* para hacer compras.

expeditionary [ekspɪ'dɪʃənərɪ] *adj* expedicionario,-a.
▪ **expeditionary force** cuerpo expedicionario.

expeditious [ekspɪ'dɪʃəs] *adj fml* expeditivo,-a, expedito,-a.

expeditiously [ekspɪ'dɪʃəslɪ] *adv fml* expeditivamente.

expel [ɪk'spel]
1 *vt (dismiss officially)* expulsar: the boys were expelled for fighting los chicos fueron expulsados por pelearse.
2 *vt (force out)* expulsar.
▲ *pt & pp* **expelled,** *ger* **expelling.**

expend [ɪk'spend]
1 *vt fml (spend, use)* gastar, emplear.
2 *vt fml (use up, exhaust)* agotar.

expendable [ɪk'spendəbəl] *adj fml* prescindible.

expenditure [ɪk'spendɪtʃəʳ] *n* gasto, desembolso.

expense [ɪk'spens]
1 *n* gasto, desembolso.
2 expenses *npl* gastos *mpl*.
✦ **at great expense to somebody** costándole caro a alguien, pagándolo caro alguien.
at little expense to somebody costándole poco a alguien.
at no expense to somebody sin costarle nada a alguien.
at somebody's expense *(with somebody paying)* corriendo alguien con los gastos; *(to make seem foolish)* a costa de alguien.
at the expense of something *fig* a expensas de algo, a costa de algo.
no expense spared sin escatimar gastos, sin parar en gastos.
to go to the expense of something/doing something gastar mucho dinero en algo.
to put somebody to the expense of something/doing something hacer que alguien gaste dinero en algo.
to spare no expense no escatimar gastos.
with all expenses paid con todos los gastos pagados.
▪ **expense account** cuenta de gastos de representación, dietas *fpl*.

expensive [ɪk'spensɪv] *adj* caro,-a, costoso,-a.

expensively [ɪk'spensɪvlɪ] *adv* she was expensively dressed llevaba ropa cara; expensively priced goods artículos caros.

experience [ɪk'spɪərɪəns]
1 *n* experiencia: he's got three years' experience tiene tres años de experiencia; I know from experience sé por experiencia.
2 *vt (sensation, situation, etc)* experimentar; *(difficulty)* tener; *(loss)* sufrir.

experienced [ɪk'spɪərɪənst] *adj* experimentado,-a, con experiencia.

experiment [ɪk'sperɪmənt]
1 *n* experimento.
2 *vi* experimentar, hacer experimentos.

experimental [ɪksperɪ'mentəl] *adj* experimental.

experimentally [ɪksperɪ'mentəlɪ] *adv* de forma experimental.

experimentation
[ɪksperɪmen'teɪʃən] *n fml* experimentación *f*.

expert ['ekspɜːt]
1 *n* experto,-a (**at/in/on**, en).
2 *adj* experto,-a: you should seek expert advice deberías solicitar el consejo de un experto; visible only to the expert eye visible solo para un ojo experto.

expertise [ekspɜː'tiːz] *n (skill)* pericia, habilidad *f*; *(knowledge)* conocimiento (práctico).

expertly ['ekspɜːtlɪ] *adv* expertamente.

expertness ['ekspɜːtnəs] *n* pericia.

expiate ['ekspɪeɪt] *vt fml* expiar.

expiation [ekspɪ'eɪʃən] *n fml* expiación *f*.

expiration [ekspɪ'reɪʃən]
1 *n fml* vencimiento, caducidad *f*.
2 *n MED* espiración *f*.

expire [ɪk'spaɪəʳ]
1 *vi (come to end)* terminar, acabarse; *(die)* expirar, morir.
2 *vi (run out - contract)* vencer; *(- passport, ticket)* caducar.
3 *vi MED (breathe out)* espirar.

expiry [ɪk'spaɪərɪ]
1 *n (ending)* expiración *f*, terminación *f*.
2 *n (of contract, bill of exchange)* vencimiento; *(of passport, driving licence, etc)* caducidad *f*.
▪ **expiry date** fecha de caducidad.

explain [ɪk'spleɪn]
1 *vt (gen)* explicar; *(clarify)* aclarar: could you explain this word to me? ¿me puedes explicar esta palabra?; she explained what had happened explicó lo que había pasado; that would explain why he hasn't phoned eso explicaría por qué no ha llamado; he tried to explain the situation intentó aclarar la situación.
2 *vi* explicar(se): let me explain deja que me explique.
▸ **to explain away** *vt sep* dar razones por, justificar.
✦ **to explain oneself** *(clarify)* explicarse; *(justify)* justificarse.

explanation [eksplə'neɪʃən]
1 *n (gen)* explicación *f*: there must be some explanation tiene que haber alguna explicación.
2 *n (clarification)* aclaración *f*.

explanatory [ɪk'splænətərɪ] *adj* explicativo,-a.

expletive [ɪk'spliːtɪv] *n fml* taco, palabrota.

explicable [ɪk'splɪkəbəl] *adj fml* explicable.

explicate ['eksplɪkeɪt] *vt fml* aclarar, explicar.

explicit [ɪk'splɪsɪt] *adj* explícito,-a.

explicitly [ɪk'splɪsɪtlɪ] *adv* explícitamente.

explicitness [ɪkˈsplɪsɪtnəs] *n* lo explícito.

explode [ɪkˈspləʊd]
1 *vt (blow up - bomb etc)* hacer estallar, hacer explotar; *(- mine)* hacer volar.
2 *vt (refute - theory)* refutar; *(- rumour)* desmentir.
3 *vi (blow up)* estallar, explotar, hacer explosión.
4 *vi (react violently)* reventar, explotar, estallar: he exploded with anger reventó de rabia; they exploded with laughter estallaron en risas.
5 *vi (increase rapidly)* aumentar rápidamente, crecer rápidamente.

exploit [ˈeksplɔɪt]
1 *n* hazaña, proeza.
2 *vt (work, develop fully)* explotar.
3 *vt (use unfairly)* aprovecharse de, explotar.
▲ *(verbo)* [ɪkˈsplɔɪt].

exploitable [ɪkˈsplɔɪtəbəl] *adj* explotable.

exploitation [eksplɔɪˈteɪʃən] *n* explotación *f.*

exploration [ekspləˈreɪʃən] *n* exploración *f.*

exploratory [ɪkˈsplɒrətərɪ] *adj* exploratorio,-a.

explore [ɪkˈsplɔːʳ]
1 *vt (gen)* explorar.
2 *vt (examine)* examinar.
3 *vi* explorar.

explorer [ɪkˈsplɔːrəʳ] *n* explorador,-ra.

explosion [ɪkˈspləʊʒən]
1 *n (gen)* explosión *f,* estallido.
2 *n (violent outburst)* ataque *m,* arrebato: an explosion of rage un ataque de rabia.
3 *n (increase)* aumento rápido, crecimiento rápido: population explosion explosión demográfica.

explosive [ɪkˈspləʊsɪv]
1 *adj (gen)* explosivo,-a: an explosive situation una situación explosiva.
2 *n* explosivo.

explosively [ɪkˈspləʊsɪvlɪ] *adv* explosivamente.

exponent [ɪkˈspəʊnənt]
1 *n (gen)* exponente *m; (supporter)* defensor,-ra (of, de), partidario,-a (of, de).
2 *n (performer)* intérprete *mf, (expert)* experto,-a.
3 *n MATH* exponente *m.*

exponential [ekspəˈnenʃəl] *adj MATH* exponencial.

export [ˈekspɔːt]
1 *n (trade)* exportación *f.*
2 *n (article)* artículo de exportación.
3 *vt* exportar.
■ **export duties** aranceles *mpl* de exportación.
export licence licencia de exportación.
export subsidy ayudas *fpl* a la exportación.
▲ *(verbo)* [ɪkˈspɔːt].

exportation [ekspɔːˈteɪʃən] *n* exportación *f.*

exporter [ekˈspɔːtəʳ] *n* exportador,-ra.

expose [ɪkˈspəʊz]
1 *vt (uncover, make visible)* exponer: we shouldn't expose our skin to the sun no deberíamos exponer la piel al sol.
2 *vt (make known - secret etc)* revelar, descubrir, desvelar, destapar; *(- person)* desenmascarar: her secret has been exposed su secreto se ha desvelado; they exposed the scandal to the press revelaron el secreto a la prensa; she exposed him as a fraud descubrió que era un impostor.
3 *vt fig (lay open)* exponerse: he exposed himself to criticism se expuso a ser criticado.
4 *vt (introduce, acquaint with)* exponer (to, a), verse expuesto,-a: he has never been exposed to these problems so he doesn't know what to do como nunca se ha visto expuesto a estos problemas, no sabe qué hacer.
5 *vt (photo)* exponer.
✦ **to expose oneself** exhibirse desnudo,-a.

exposé [ekˈspəʊzeɪ] *n (disclosure)* revelación *f, (statement)* exposición *f.*

exposed [ɪkˈspəʊzd] *adj (not sheltered)* desabrigado,-a, al descubierto; *(not protected)* expuesto,-a (to, a).

exposition [ekspəˈzɪʃən]
1 *n (exhibition)* exposición *f.*
2 *n (account)* explicación *f.*

expository [ɪkˈspɒzɪtərɪ] *adj* enunciativo,-a.

expostulate [ɪkˈspɒstjʊleɪt] *vi fml* protestar (about/on, por), discutir (about/on, por), reconvenir (about/on, por).
✦ **to expostulate with somebody about something** reconvenir a alguien por algo.

expostulation [ɪkspɒstjʊˈleɪʃən] *n* protesta, reconvención *f.*

exposure [ɪkˈspəʊʒəʳ]
1 *n (being exposed)* exposición *f.*
2 *n (revelation, disclosure)* revelación *f,* descubrimiento; *(exposé)* desenmascaramiento: he was threatened with public exposure if he didn't cooperate lo amenazaron con desenmascararlo públicamente si no cooperaba.
3 *n (in photography - picture)* fotografía; *(- time)* exposición *f.*
4 *n (position of house etc)* situación *f,* orientación *f.*
5 *n (publicity)* publicidad *f, (coverage)* cobertura.
✦ **to die of exposure** morir de frío.
■ **exposure meter** fotómetro.

expound [ɪkˈspaʊnd] *vt fml* exponer.

express [ɪkˈspres]
1 *adj (explicit)* expreso,-a, claro,-a.
2 *adj (fast - mail)* urgente; *(- train, coach)* expreso: she sent it by express delivery lo envió por correo urgente.

3 *adv* urgente.
4 *n (rail)* (tren *m*) expreso.
5 *vt* expresar: you should express your views deberías expresar tus opiniones; he couldn't express his sadness no pudo expresar su tristeza.
6 *vt fml (juice)* exprimir.
✦ **to express oneself** expresarse: she expresses herself well se expresa bien; I can express myself better in English me expreso mejor en inglés.

expression [ɪkˈspreʃən]
1 *n (gen)* expresión *f, (manifestation)* manifestación *f:* freedom of expression libertad de expresión; it's a slang expression es una expresión coloquial; did you see the expression on her face? ¿has visto la expresión de su cara?; this painting is an expression of the artist's pain este cuadro expresa el dolor del artista; she plays with real expression toca con mucho sentimiento.
2 *n MATH* expresión *f.*

expressionism [ɪkˈspreʃənɪzəm] *n* expresionismo.

expressionist [ɪkˈspreʃənɪst] *n* expresionista *mf.*

expressionless [ɪkˈspreʃənləs] *adj (of face)* sin expresión; *(of voice, music, etc)* sin emoción.

expressive [ɪkˈspresɪv] *adj* expresivo,-a.
✦ **expressive of something** que expresa algo.

expressively [ɪkˈspresɪvlɪ] *adv* expresivamente.

expressiveness [ɪkˈspresɪvnəs] *n* expresividad *f.*

expressly [ɪkˈspreslɪ] *adv* expresamente, claramente.

expresso [ɪkˈspresəʊ] *n* café *m* exprés, exprés *m.*
▲ *pl* expressos.

expressway [ɪkˈspresweɪ] *n US* autopista.

expropriate [ɪkˈsprəʊprɪeɪt] *vt* expropiar.

expropriation [ɪksprəʊprɪˈeɪʃən] *n* expropiación *f.*

expulsion [ɪkˈspʌlʃən] *n* expulsión *f.*

expurgate [ˈekspəgeɪt] *vt* expurgar.

expurgation [ekspəˈgeɪʃən] *n* expurgación *f.*

exquisite [ekˈskwɪzɪt, ˈekskwɪzɪt]
1 *adj (delicate etc)* exquisito,-a, perfecto,-a.
2 *adj fml (of emotion)* intenso,-a; *(of power to feel)* delicado,-a.

exquisitely [ekˈskwɪzɪtlɪ, ˈekskwɪzɪtlɪ] *adv* exquisitamente.

exquisiteness [ekˈskwɪzɪtnəs] *n* exquisitez *f.*

ex-serviceman [eksˈsɜːvɪsmən] *n* ex combatiente *m.*
▲ *pl* ex-servicemen [eksˈsɜːvɪsmən].

ex-servicewoman [eksˈsɜːvɪswʊmən] *n* ex-combatiente *f.*
▲ *pl* ex-servicewomen [eksˈsɜːvɪswɪmɪn].

extant [ek'stænt] *adj* existente.

extemporaneous [ekstempə'reɪnɪəs] *adj fml* improvisado,-a.

extemporaneously [ekstempə'reɪnɪəslɪ] *adv* de manera improvisada, de forma improvisada.

extempore [ɪk'stempərɪ]
1 *adj* improvisado,-a.
2 *adv* de improviso, improvisadamente.

extemporise [ɪk'stempəraɪz] *vi* → extemporize.

extemporize [ɪk'stempəraɪz] *vi* improvisar.

extend [ɪk'stend]
1 *vt (enlarge)* ampliar; *(lengthen - line, road)* prolongar, alargar: we'd like to extend our house nos gustaría ampliar la casa; they've extended the railway han prolongado el ferrocarril.
2 *vt (over time)* prolongar, alargar; *(deadline)* prorrogar: they agreed to extend his visa han consentido en prorrogar su visado; you can extend a car's life if you look after it se puede alargar la vida de un coche si se cuida; can't you extend your visit? ¿no puedes prolongar tu visita?
3 *vt (stretch out - arm, hand)* alargar, tender; *(- leg)* estirar; *(- wing)* desplegar, extender; *(- rope, ladder, etc)* extender: he extended his hand to the President tendió su mano al Presidente; extend the ladder as far as it will go extiende la escalera al máximo.
4 *vt (offer, give)* dar, ofrecer, rendir.
5 *vt (enlarge - scope, range, influence)* ampliar, extender: the military have extended controls to the city centre los militares han extendido los controles al centro de la ciudad; pub opening hours have been extended han ampliado el horario de apertura de los bares.
6 *vt (stretch mentally)* exigir el máximo esfuerzo, apretar: the course doesn't extend the students enough el curso no exige suficiente esfuerzo a los estudiantes; she has never been extended nunca le han apretado.
7 *vi (in space)* continuar, extenderse, llegar hasta: the road extends far beyond the village la carretera continúa más allá del pueblo; his land extends as far as the river su tierra se extiende hasta el río.
8 *vi (in time)* prolongarse, alargarse, durar: the winter extended into March el invierno se alargó hasta marzo; my working day often extends well into the night mi jornada laboral se alarga muchas veces hasta bien entrada la noche.
9 *vi (become extended - ladder etc)* extenderse.
10 *vi (include, affect)* incluir, abarcar, extenderse a: the consequences of the recession extend beyond pure eco-

nomics las consecuencias de la crisis se extienden más allá de la pura economía.
✦ to extend a warm welcome to somebody darle una calurosa bienvenida a alguien.
to extend an invitation to somebody invitar a alguien.
to extend oneself trabajar al máximo, esforzarse: all athletes should extend themselves more todos los atletas deberían esforzarse más.
■ extended family familia en el sentido más amplio.

extended [ɪk'stendɪd] *adj (time)* prolongado,-a; *(wide, broad)* amplio,-a, extenso,-a; *(stretched out)* extendido,-a: extended leave permiso prolongado; the story received extended news coverage la historia recibió una amplia cobertura.

extended-play [ɪkstendɪd'pleɪ] *n* maxi single.

extension [ɪk'stenʃən]
1 *n (widening)* ampliación *f*, extensión *f*.
2 *n (of line, road, etc)* prolongación *f*.
3 *n (of time)* prórroga, prolongación *f*: I asked for an extension to my visa solicité una prórroga de mi visado; he asked for an extension on his essay pidió una prórroga del plazo de entrega de la composición.
4 *n (of school, hospital, etc)* anexo; *(of house)* ampliación *f*: the house is too small, we need an extension la casa es demasiado pequeña, nos hace falta un anexo; we had an extension built hicimos ampliaciones.
5 *n (telephone line)* extensión *f*; *(telephone)* supletorio: extension 241, please con la extensión 241 por favor.
✦ by extension por extensión.
■ extension ladder escalera extensible.
extension lead alargador *m*, alargadera, extensión *f*.

extensive [ɪk'stensɪv]
1 *adj (area)* extenso,-a, amplio,-a: the manor has extensive grounds la casa solariega tiene una gran extensión de terreno.
2 *adj (wide-ranging)* vasto,-a, amplio,-a, extenso,-a; *(thorough)* exhaustivo, minucioso,-a: extensive knowledge of a subject conocimientos extensos de un tema; extensive coverage in the press amplia cobertura en la prensa.
3 *adj (very great in effect, widespread)* importante, múltiple: extensive damage daños importantes; extensive alterations reformas importantes.
✦ to make extensive use of something hacer abundante uso de algo.
■ extensive agriculture agricultura extensiva.

extensively [ɪk'stensɪvlɪ]
1 *adv (widely)* extensamente, ampliamente: she has travelled extensively ha viajado mucho.

2 *adv (thoroughly, at length)* exhaustivamente, en detalle, a fondo: the drug is being extensively researched se está investigando la droga exhaustivamente.

extent [ɪk'stent]
1 *n (expanse)* extensión *f*.
2 *n (range, scale, scope)* amplitud *f*, vastedad *f*, alcance *m*: the full extent of the damage is not known no se conoce el alcance total de los daños; the extent of her knowledge la amplitud de sus conocimientos.
3 *n (point)* punto.
✦ to a certain extent hasta cierto punto.
to a large extent en gran parte, en gran medida.
to some extent hasta cierto punto.
to such an extent that ... hasta tal punto que ...
to that extent hasta tal punto.
to the extent that ... hasta el punto de que ...
to what extent? ¿hasta qué punto?

extenuate [ɪk'stenjʊeɪt] *vt fml* atenuar.

extenuating [ɪk'stenjʊeɪtɪŋ] *adj* JUR atenuante.
■ extenuating circumstances circunstancias *fpl* atenuantes.

exterior [ɪk'stɪərɪəʳ]
1 *adj* exterior, externo,-a: exterior walls paredes exteriores.
2 *n* exterior *m*.
3 *n (of person)* aspecto externo, apariencia.

exterminate [ɪk'stɜːmɪneɪt] *vt* exterminar.

extermination [ɪkstɜːmɪ'neɪʃən] *n* exterminación *f*, exterminio.

external [ek'stɜːnəl]
1 *adj* externo,-a, exterior: for external use only de uso externo; external pressures presiones externas.
2 **externals** *npl fml* aspecto *m sing* externo.
■ external ear oído externo.
external examiner examinador,-ra de otra institución académica.

externally [ek'stɜːnəlɪ] *adv* externamente.

extinct [ɪk'stɪŋkt]
1 *adj (of animal)* extinguido,-a.
2 *adj (of volcano)* extinguido,-a, apagado,-a.

extinction [ɪk'stɪŋkʃən] *n* extinción *f*.

extinguish [ɪk'stɪŋgwɪʃ] *vt* extinguir, apagar.

extinguisher [ɪk'stɪŋgwɪʃəʳ] *n* extintor *m*.

extirpate ['ekstəpeɪt] *vt fml* extirpar.

extol [ɪks'təʊl] *vt fml* ensalzar, alabar.
▲ *pt & pp* extolled, *ger* extolling.

extoll [ɪks'təʊl] *vt US* → extol.

extort [ɪk'stɔːt] *vt (money)* sacar, conseguir a la fuerza, conseguir con amenazas; *(promise, confession)* arrancar,

obtener: **he's extorted money from us** nos ha extorsionado, nos ha sacado dinero.

extortion [ɪkˈstɔːʃən] *n* extorsión *f*.

extortionate [ɪkˈstɔːʃənət] *adj* exorbitante, desorbitado,-a, excesivo,-a: **extortionate prices** precios desorbitados.

extra [ˈekstrə]
1 *adj (additional)* extra, más, otro,-a; *(spare)* de sobra; *(on top)* aparte: **we need some extra books** necesitamos algunos libros más; **take an extra jumper in case it's cold** llévate otro jersey por si hace frío; **get an extra pint of milk** compra otra botella de leche; **can you make an extra copy?** ¿puedes hacer una copia más?; **they put on extra trains** pusieron más trenes; **they took on 10 extra people** contrataron a diez personas más; **you'll be paid an extra ten pounds** cobrarás diez libras más; **I've got an extra ticket** me sobra una entrada; **breakfast is extra** el desayuno se cobra aparte; **there are no extra costs** no hay gastos extras.
2 *adv (more than usually)* extra, muy; *(additional)* aparte: **I promise to work extra hard** prometo trabajar muy duro; **be extra nice to the customer** sé muy amable con el cliente; **this beer is extra strong** esta cerveza es muy fuerte; **delivery is extra** el reparto va aparte; **postage and packing extra** gastos de envío aparte.
3 *n (additional thing)* extra *m*, complemento; *(additional charge)* suplemento; *(luxury)* lujo: **the new car had many extras** el nuevo coche tenía muchos extras; **there are no hidden extras** no hay suplementos.
4 *n* CINEM extra *mf*.
5 *n (press)* edición *f* especial.
▪ **extra time** SP prórroga.

extract [ˈekstrækt]
1 *n (product)* extracto: **beef extract** extracto de carne.
2 *n (excerpt)* extracto, fragmento, trozo: **an extract from her new book** un fragmento de su nuevo libro.
3 *vt (pull out)* extraer, sacar: **he's had a tooth extracted** le han extraído un diente.
4 *vt (obtain - confession, promise, etc)* arrancar, obtener; *(- information, passage, quotation)* extraer, sacar: **they extracted a confession from him** le arrancaron una confesión.
5 *vt (produce)* extraer, sacar: **they extract gold from the rocks** de las rocas extraen oro; **oil is extracted from olives** el aceite se extrae de las aceitunas.
▲ *(verbo)* [ɪkˈstrækt].

extraction [ɪkˈstrækʃən]
1 *n (gen)* extracción *f*.
2 *n (of tooth)* extracción *f*: **you need two extractions** hay que extraerte dos muelas.

3 *n (descent)* origen *m*: **to be of Irish extraction** ser de origen irlandés.

extractor [ɪkˈstræktər] *n* extractor *m*.
▪ **extractor fan** extractor *m* de humos.

extracurricular [ekstrəkəˈrɪkjʊlər] *adj* extracurricular, extraescolar.

extradite [ˈekstrədaɪt] *vt* extraditar, extradir.

extradition [ekstrəˈdɪʃən] *n* extradición *f*.

extramarital [ekstrəˈmærɪtəl] *adj* extramatrimonial.

extraneous [ɪkˈsteɪnɪəs] *adj* ajeno,-a, extraño,-a.

extraordinarily [ɪkˈstrɔːdnərəlɪ] *adv* extraordinariamente.

extraordinary [ɪkˈstrɔːdənrɪ]
1 *adj (exceptional)* extraordinario,-a, fuera de lo común; *(very strange, unusual)* raro,-a: **it's a truly extraordinary film** es una película realmente extraordinaria.
2 *adj fml (special, additional)* extraordinario,-a, especial.

extrapolate [ɪkˈstræpəleɪt]
1 *vt fml (maths)* extrapolar.
2 *vt fml (estimate)* extrapolar.

extrasensory [ekstrəˈsensərɪ] *adj* extrasensorial.
▪ **extrasensory perception** percepción *f* extrasensorial.

extraterrestrial [ekstrətəˈrestrɪəl]
1 *adj* extraterrestre.
2 *n* extraterrestre *mf*.

extraterritorial [ekstrətərɪˈtɔːrɪəl] *adj* extraterritorial.

extra-uterine [ekstrəˈjuːtəraɪn] *adj* extrauterino,-a.

extravagance [ɪkˈstrævəgəns] *n (spending)* derroche *m*, despilfarro, lujo; *(behaviour)* extravagancia.

extravagant [ɪkˈstrævəgənt]
1 *adj (wasteful - person)* derrochador,-ra, despilfarrador,-ra; *(- thing)* ineficaz, ineficiente.
2 *adj (extreme)* extravagante, exagerado,-a, estrafalario,-a.
3 *adj (luxurious)* lujoso,-a, suntuoso,-a.

extravagantly [ɪkˈstrævəgəntlɪ]
1 *adv (luxuriously)* lujosamente; *(wastefully)* de manera excesiva.
2 *adv (extremely)* excesivamente; *(unusually)* de manera estrafalaria, de manera exagerada.

extravaganza [ɪkstrævəˈgænzə] *n* espectáculo fantástico, fantasía.

extreme [ɪkˈstriːm]
1 *adj (furthest, very great)* extremo,-a: **in the extreme north** en el extremo norte; **in extreme old age** en la vejez extrema; **extreme heat** calor intensísimo; **extreme pain** dolor agudo; **extreme poverty** pobreza extrema; **take extreme care** ten extremo cuidado.
2 *adj (not moderate)* extremo,-a, radical: **extreme views** opiniones radicales.

3 *adj (severe, unusual)* excepcional: **they had to use extreme methods** tuvieron que emplear métodos excepcionales; **an extreme case** un caso excepcional; **extreme weather conditions** condiciones atmosféricas extremas.
4 *n* extremo: **extremes of temperature** temperaturas extremas.
✦ **in the extreme** en sumo grado, en extremo: **he is tightfisted in the extreme** es extremadamente tacaño.
to go to extremes llegar a extremos.
to go from one extreme to the other pasar de un extremo a otro.
to take something to extremes ser extremado,-a en algo.

extremely [ɪkˈstriːmlɪ] *adv* extremadamente, sumamente: **I'm extremely sorry** lo siento de veras; **this is extremely important** esto es de suma importancia; **she's extremely tired** está cansadísima.

extremism [ɪkˈstriːmɪzəm] *n* extremismo, radicalismo.

extremist [ɪkˈstriːmɪst] *n* extremista *mf*.

extremity [ɪkˈstremɪtɪ]
1 *n fml (furthest point)* extremo.
2 *n fml (extreme degree, situation)* extremo, situación *f* extrema, situación *f* límite.
3 **extremities** *npl* ANAT extremidades *fpl*.
▲ *pl* **extremities**.

extricate [ˈekstrɪkeɪt] *vt fml* librar, sacar.
✦ **to extricate oneself** lograr salir (**from**, de).

extrinsic [ɪkˈstrɪnzɪk] *adj* extrínseco,-a.

extrovert [ˈekstrəvɜːt]
1 *adj* extrovertido,-a.
2 *n* extrovertido,-a.

extrude [ɪkˈstruːd] *vt* extrudir.

extrusion [ɪkˈstruːzən] *n* extrusión *f*.

exuberance [ɪgˈzjuːbərəns] *n (vigour)* exuberancia; *(high spirits)* euforia.

exuberant [ɪgˈzjuːbərənt]
1 *adj (of person)* eufórico,-a.
2 *adj (of plants)* exuberante.
3 *adj fig* vivo,-a.

exude [ɪgˈzjuːd]
1 *vt fml (of sweat etc)* exudar, rezumar.
2 *vt fig (of feeling)* rebosar: **she exudes confidence** rebosa de confianza.
3 *vi (of sweat etc)* exudar, rezumar.

exult [ɪgˈzʌlt] *vi fml* regocijarse (**in**, con).

exultant [ɪgˈzʌltənt] *adj* jubiloso,-a, regocijado,-a, triunfante.

exultation [ɪgzʌlˈteɪʃən] *n* exultación *f*, júbilo.

ex-works [eksˈwɜːks] *adj* franco fábrica.
▲ Written **ex works** when not used to qualify a noun.

eye [aɪ]
1 *n* ANAT ojo: **open your eyes** abre los ojos.
2 *n (sense)* vista.
3 *n (of needle, potato, storm)* ojo.
4 *vt (observe)* mirar, observar; *(look longingly)* echar el ojo a.

✦ **all eyes were on ...** todas las miradas estaban puestas en ...

an eye for an eye ojo por ojo.

as far as the eye can see hasta donde alcanza la vista.

before somebody's very eyes delante de los propios ojos de alguien.

eyes right/left/front vista a la derecha/izquierda/al frente.

for somebody's eyes only solo para los ojos de alguien.

if you had half an eye si tuvieras dos dedos de frente.

in the eyes of somebody/in somebody's eyes a ojos de alguien, para alguien.

in the eyes of the law según la Ley.

my eye! ¡y un pepino!

not to be able to believe one's eyes no poder dar crédito a sus ojos, no poder creer lo que uno está viendo.

not to take one's eyes off something/somebody no quitar la vista de encima de algo/a alguien, no perder de vista algo/a alguien.

somebody's eyes are bigger than their stomach comer con los ojos.

to be all eyes ser todo,-a ojos.

to be one in the eye for somebody suponer un chasco para alguien.

to be unable to look somebody in the eye no poder mirar a alguien a la cara.

to be unable to take one's eyes off somebody/something no poder quitar la vista de encima de alguien/algo.

to be up to one's eyes in something estar hasta el cuello de algo.

to cast one's eyes over something/run one's eyes over something ojear algo, echar una ojeada a algo.

to catch somebody's eye llamar la atención de alguien.

to clap/lay/set eyes on somebody/something ver a alguien/algo, poner los ojos en alguien/algo.

to close one's eyes to something hacer la vista gorda a algo.

to eye somebody up and down comerse a alguien con los ojos.

to give somebody the eye lanzar miraditas a alguien.

to have an eye for something tener buen ojo para algo.

to have eyes in the back of one's head darse cuenta de todo, tener cien ojos.

to have one's eye on (watch) observar, vigilar; fig echar el ojo: I've got my eye on you te estoy vigilando; I've had my eye on that house for some time hace tiempo que le tengo el ojo echado a esa casa.

to keep an eye on (watch) vigilar; (not let out of sight) no perder de vista.

to keep an eye open/out for somebody/something mantener los ojos bien abiertos por si se ve a alguien/algo.

to keep one's eyes peeled estar ojo avizor.

to look somebody in the eye mirar a alguien a los ojos.

to make eyes at somebody/make sheep's eyes at somebody dirigir miraditas a alguien.

to only have eyes for somebody/have eyes only for somebody solo tener ojos para alguien.

to open somebody's eyes abrirle los ojos a alguien.

to see eye to eye with somebody estar de acuerdo con alguien.

to turn a blind eye to something hacer la vista gorda a algo.

with an eye to doing something con la intención de hacer algo, con miras a hacer algo.

with one's eyes open con los ojos abiertos.

with one's eyes shut con los ojos cerrados.

with the naked eye a simple vista.

▪ **eye contact** contacto ocular.

eye shadow sombra de ojos.

eye socket cuenca del ojo, órbita.

eyeball ['aɪbɔːl] *n* globo ocular.

eyebath ['aɪbæθ] *n* lavaojos *m*.

eyebolt ['aɪbəʊlt] *n* armella, hembrilla.

eyebrow ['aɪbraʊ] *n* ceja.

eye-catching ['aɪkætʃɪŋ] *adj* llamativo,-a.

eyeful ['aɪfʊl]

1 *n* (of dust, sand, etc) I fell on the beach and got an eyeful of sand me caí en la playa y se me llenó el ojo de arena.

2 *n* (attractive sight) cosa atractiva: the new secretary's an eyeful la nueva secretaria está como un tren.

✦ **to get an eyeful of something** echar un vistazo a algo.

eyeglass ['aɪglɑːs] *n* monóculo.

eyelash ['aɪlæʃ] *n* pestaña.

eyelet ['aɪlət] *n* ojete *m*.

eyelid ['aɪlɪd] *n* párpado.

eyeliner ['aɪlaɪnəʳ] *n* lápiz *m* de ojos.

eye-opener ['aɪəʊpənəʳ] *n* revelación *f*, gran sorpresa.

eyepiece ['aɪpiːs] *n* ocular *m*.

eyeshade ['aɪʃeɪd] *n* visera.

eyesight ['aɪsaɪt] *n* vista.

eyesore ['aɪsɔːʳ] *n* monstruosidad *f*.

eyestrain ['aɪstreɪn] *n* vista cansada.

eyetooth [aɪ'tuːθ] *n* colmillo.

eyewash ['aɪwɒʃ]

1 *n* MED colirio.

2 *n* fam (nonsense) tonterías *fpl*: it's all eyewash! ¡eso son disparates!

eyewitness ['aɪwɪtnəs] *n* testigo presencial, testigo ocular.

eyrie ['ɪərɪ] *n* aguilera.

F, f [ef]
1 *n (the letter)* F, f f.
2 *n MUS* fa m.

F ['færənhaɪt] *abbr* (**Fahrenheit**) Fahrenheit; *(abbreviation)* F.

f ['femɪnɪn] *abbr* LING (**feminine**) femenino; *(abbreviation)* f.

FA ['ef'eɪ] *abbr* GB (**Football Association**) Federación f de fútbol.

fab [fæb] *adj fam dated (abbr of fabulous)* fabuloso,-a, bestial, bárbaro,-a.
▲ *comp* **fabber**, *superl* **fabbest**.

fable ['feɪbəl] *n* fábula.

fabled ['feɪbəld] *adj* legendario,-a.

fabric ['fæbrɪk]
1 *n (material)* tela, tejido.
2 *n (structure)* fábrica, estructura.
3 *n fig* estructura.

fabricate ['fæbrɪkeɪt]
1 *vt (story)* inventar; *(document)* falsificar.
2 *vt (build)* fabricar.

fabrication [fæbrɪ'keɪʃən] *n* invención f. it was a complete fabrication eran puras invenciones.

fabulous ['fæbjʊləs] *adj* fabuloso,-a.

facade [fə'sɑːd] *n* fachada.

façade [fə'sɑːd] *n* fachada.

face [feɪs]
1 *n (of person)* cara, rostro: she's got a lovely face tiene una cara muy bonita.
2 *n (surface)* superficie f.
3 *n (side)* cara.
4 *n (of card, coin)* cara.
5 *n (of dial)* cuadrante m.
6 *n (of watch)* esfera.
7 *n fig (of earth)* faz f. he disappeared off the face of the earth desapareció de la faz de la tierra.
8 *n (look)* cara, expresión f. he looked at me with a worried face me miró con cara de preocupación.
9 *vt (look towards)* mirar hacia: she turned to face me se volvió hacia mí, se volvió para mirarme; everybody face the blackboard! ¡todo el mundo mira cara a la pizarra!

10 *vt (look onto)* mirar hacia, estar orientado,-a hacia, dar a: our house faces south nuestra casa está orientada hacia el sur.
11 *vt (be opposite to)* estar enfrente de: the two children sat facing each other los dos niños estaban sentados cara a cara.
12 *vt (confront)* presentarse, plantearse; *(deal with)* enfrentarse a: many difficulties faced him se le presentaron muchas dificultades; the problems facing this government seem insurmountable los problemas a los que se enfrenta este gobierno parecen insuperables; we must face facts tenemos que aceptar la realidad; he faces three charges of robbery se le acusa de tres delitos de robo.
13 *vt (tolerate)* soportar: I can't face another day in this hotel no puedo soportar otro día en este hotel; she couldn't face the thought of seeing him again no soportaba la idea de volver a verlo.
14 *vt (cover - building)* revestir (**with**, de), recubrir (**with**, de); *(- material)* forrar (**with**, de).
▶ **to face up to** *vt insep* afrontar, enfrentar, enfrentarse a: you must face up to your responsibilities tienes que enfrentarte a tus responsabilidades.
✦ **face down** *(person, card)* boca abajo.
face to face cara a cara.
face up *(person, card)* boca arriba.
in the face of ante.
let's face it seamos realistas, reconozcámoslo.
on the face of it a primera vista.
shut your face! ¡cierra el pico!
to face the music dar la cara.
to have a long face andar con cara larga.
to have the face to do something tener la cara de hacer algo.
to keep a straight face mantenerse serio,-a, contener la risa.
to look somebody in the face poder mirar a alguien en la cara.
to lose face quedar mal.

to make faces hacer muecas.
to pull faces hacer muecas.
to put on a brave face poner al mal tiempo buena cara.
to save face salvar las apariencias.
to say something to somebody's face decirle algo a alguien a la cara.
to show one's face aparecer: he'll never show his face round here again no volverá a aparecer por aquí jamás.
■ **face cloth** toallita.
face cream crema facial.
face flannel toallita.
face pack mascarilla facial.
face value valor m nominal.

faceless ['feɪsləs] *adj* anónimo,-a.

facelift ['feɪslɪft]
1 *n* lifting m, estiramiento facial.
2 *n fig (building)* lavado de cara.

face-saver ['feɪsseɪvər] *n* acto o situación que permite salvar las apariencias.

face-saving ['feɪsseɪvɪŋ] *adj* para salvar las apariencias.

facet ['fæsɪt] *n* faceta.

facetious [fə'siːʃəs] *adj* burlón,-ona.

facial ['feɪʃəl]
1 *adj* facial.
2 *n* masaje m facial, tratamiento facial.

facile ['fæsaɪl]
1 *adj pej (meaningless)* superficial.
2 *adj (easy)* fácil.

facilitate [fə'sɪlɪteɪt] *vt* facilitar.

facility [fə'sɪlɪtɪ]
1 *n* facilidad f.
2 **facilities** *npl (equipment)* instalaciones fpl, servicios mpl.
3 *npl (means)* facilidades fpl.
▲ *pl* **facilities**.

facing ['feɪsɪŋ]
1 *n (of garment)* forro, entretela.
2 *n (of building)* revestimiento.
3 **facings** *npl (of garment)* vueltas fpl.

facsimile [fæk'sɪmɪlɪ] *n* facsímil m, facsímile m.
■ **facsimile edition** edición f facsímil.

fact [fækt]
1 *n (event, happening)* hecho: and these are the facts y éstos son los hechos;

it's the fact that he lied that worries me lo que me preocupa es el hecho de que mintiera.

2 *n (the truth)* realidad *f*. **fact or fiction?** ¿realidad o ficción?; **a story based on fact** una historia basada en hechos reales.

✦ **as a matter of fact** en realidad.
for a fact a ciencia cierta.
in fact de hecho, en realidad.
it's a fact of life es la realidad.
the fact of the matter is that ... el hecho es que ..., lo cierto es que ...
the fact remains that ... a pesar de eso ..., no obstante ...
the facts speak for themselves los hechos hablan por sí mismos.

▪ **fact sheet** hoja informativa.
the facts of life *euph (sex)* los misterios de la vida.

fact-finding ['fæktfaɪndɪŋ] *adj* investigador,-ra: **fact-finding commission** comisión *f* investigadora.

faction ['fækʃən] *n (group)* facción *f*.

factious ['fækʃəs] *adj* faccioso,-a.

factitious [fæk'tɪʃəs] *adj* facticio,-a.

factor ['fæktə'] *n* factor *m*.

factorise ['fæktəraɪz] *vt* → **factorize.**

factorize ['fæktəraɪz] *vt* descomponer en factores.

factory ['fæktərɪ] *n* fábrica.
▪ **factory farm** granja donde se practica la cría intensiva.
factory farming cría intensiva de animales.
factory floor *(workplace)* taller *m*; *(workers)* obreros *mpl*, trabajadores *mpl*: **the decision was badly received on the factory floor** la decisión no fue bien recibida por los trabajadores.
factory prices precios *mpl* de fábrica.
factory ship buque *m* factoría.
factory worker obrero,-a.
▲ *pl* **factories.**

factotum [fæk'təʊtəm] *n* factótum *m*.

factual ['fæktʃʊəl] *adj* factual.

faculty ['fækəltɪ]
1 *n (power, ability)* facultad *f*.
2 *n (univ)* facultad *f*.
3 *n US (at university)* profesorado.
▲ *pl* **faculties.**

fad [fæd]
1 *n (fashion)* moda pasajera.
2 *n (personal)* manía.

faddy ['fædɪ] *adj* maniático,-a.
▲ *comp* **faddier,** *superl* **faddiest.**

fade [feɪd]
1 *vt (colour)* descolorar, descolorir, desteñir: **the sun has faded the curtains** el sol ha descolorido las cortinas.
2 *vi (colour)* desteñirse, descolorarse, descolorirse: **my jeans have faded** mis tejanos se han desteñido.
3 *vi (light)* irse apagando, perder intensidad: **it was six o'clock and the light was fading** eran las seis y oscurecía.

4 *vi (sound)* desvanecerse, apagarse.
5 *vi (hopes, memory, etc)* acabarse, esfumarse, desvanecerse: **hopes for an early settlement faded** se esfumaron las esperanzas de llegar rápidamente a un acuerdo; **his interest in her soon faded** su interés por ella pronto se esfumó.
6 *vi (looks, smile)* desaparecer.
7 *vi (flower)* marchitarse.
▸ **to fade away**
1 *vi (become less intense, strong, etc)* desvanecerse, esfumarse: **time fades away** el tiempo se esfuma.
2 *vi (die)* morirse: **she's very ill and fading away** está muy enferma y su vida se apaga.
to fade in *vt sep (camera image)* fundir.
to fade out
1 *vt sep (camera image)* fundir.
2 *vi (sound)* desvanecerse.

faded ['feɪdɪd]
1 *adj (colour)* desteñido,-a.
2 *adj (flower)* marchito,-a.

faecal ['fiːkəl] *adj* fecal.

faeces ['fiːsiːz] *npl* heces *fpl*.

faff [fæf] **faff about/faff around** *vi* perder el tiempo: **stop faffing about with that and come here** deja de perder el tiempo con eso y ven aquí.

fag [fæg]
1 *n GB fam (cigarette)* pitillo.
2 *n sl (drag)* lata, rollo.
3 *n US fam (gay)* marica *m*.
4 *n GB (public school)* fámulo.
5 *vi fam (work hard)* trabajar mucho.
6 *vi GB (work as a fag)* hacer de fámulo.
▸ **to fag out** *vt sep fam* dejar hecho,-a polvo: **I'm fagged out** estoy hecho polvo.
▪ **fag end** *fam* colilla.
▲ *pt & pp* **fagged,** *ger* **fagging.**

fagged [fægd] *adj* hecho,-a polvo, molido,-a.

faggot¹ ['fægət]
1 *n (sticks)* haz *m* de leña.
2 *n (meat)* especie de albóndiga.

faggot² ['fægət] *n US pej (homosexual)* marica *m*, maricón *m*.

Fahrenheit ['færənhaɪt] *adj* Fahrenheit: **32 degrees Fahrenheit** 32 grados Fahrenheit.

fail [feɪl]
1 *n EDUC* suspenso.
2 *vt (let down)* fallar, decepcionar; *(desert)* fallar, faltar: **he won't fail us** no nos fallará; **his strength failed him** le abandonaron las fuerzas; **words fail me** no encuentro las palabras, me faltan palabras.
3 *vt EDUC* suspender: **I failed my driving test** suspendí el examen de conducir; **she failed English** la suspendieron en inglés; **the teacher failed him on the oral** el profesor lo suspendió en el examen oral.

4 *vi (neglect)* dejar de: **she never fails to phone every Sunday** nunca deja de llamar cada domingo.
5 *vi (not succeed)* fracasar, no hacer algo: **the plan failed** el plan fracasó; **he failed to finish the race** no acabó la carrera; **the team failed to reach the final** el equipo no consiguió llegar a la final.
6 *vi (crops)* fallar, echarse a perder.
7 *vi (stop working)* fallar: **the brakes failed** los frenos fallaron.
8 *vi (light)* acabarse, irse apagando: **the light was failing fast and they had to abandon the search** oscurecía por momentos y tuvieron que abandonar la búsqueda.
9 *vi (become weak)* debilitarse, fallar: **his sight is failing** le falla la vista.
10 *vi COMM (become bankrupt)* quebrar, fracasar.
✦ **I fail to see ...** no veo ..., no comprendo ...
without fail sin falta.

failed [feɪld] *adj* fracasado,-a.

failing ['feɪlɪŋ]
1 *n (fault)* defecto, fallo; *(weakness)* punto débil.
2 *prep* a falta de: **failing that ...** si eso no es posible ...

fail-safe ['feɪlseɪf] *adj (device, mechanism)* de seguridad; *(plan)* infalible.

failure ['feɪljə']
1 *n (lack of success)* fracaso.
2 *n COMM* quiebra.
3 *n EDUC* suspenso.
4 *n (person)* fracasado,-a.
5 *n (breakdown)* fallo, avería: **the delay is due to engine failure** el retraso se debe a un fallo mecánico.
6 *n (of crops)* pérdida.
7 *n (inability)* incapacidad *f*, *(neglect)* falta: **her failure to answer** el hecho de que no pudiera contestar; **failure to attend** falta de asistencia; **failure to pay** falta de pago.
▪ **heart failure** paro cardíaco.

faint [feɪnt]
1 *adj (sound, voice)* débil, tenue.
2 *adj (colour)* pálido,-a; *(outline)* borroso,-a.
3 *adj (slight - memory etc)* vago,-a; *(- hope)* poco,-a; *(- resemblance)* ligero,-a: **I haven't the faintest idea** no tengo ni la más mínima idea.
4 *adj (half-hearted)* débil, poco entusiasta.
5 *adj (unsteady, giddy)* mareado,-a.
6 *n* mareo.
7 *vi* desmayarse (**from,** de).

faint-hearted ['feɪnt'hɑːtɪd] *adj (person)* timorato,-a, medroso,-a; *(attempt)* tímido,-a.

faintness ['feɪntnəs]
1 *n* debilidad *f*, lo débil: **the faintness of his voice made it hard to distinguish what he said** su voz era tan débil que era difícil distinguir lo que decía.

2 *n MED* mareos *mpl*: this drug can cause faintness esta droga puede causar mareos.

fair¹ [feəʳ]

1 *adj (just)* justo,-a, equitativo,-a; *(impartial)* imparcial; *(reasonable)* razonable: it's not fair no es justo, no hay derecho; that's a fair question es una pregunta razonable; they gave him a fair trial tuvo un juicio justo.

2 *adj (considerable)* considerable: there were a fair number of people había bastante gente.

3 *adj (idea, guess, etc)* bastante bueno,-a, más o menos acertado,-a: I had a fair idea of what was going on tenía bastante idea de lo que sucedía.

4 *adj (average)* regular.

5 *adj (weather)* bueno,-a.

6 *adj (hair)* rubio,-a; *(skin)* blanco,-a.

7 *adj fml* bello,-a: the fair sex el bello sexo.

✦ a fair crack of the whip una buena oportunidad.
by fair means or foul por las buenas o por las malas.
by one's own fair hand con las propias manos.
fair and square *(sincerely)* sinceramente, francamente; *(directly)* directamente, claramente; *(correctly)* honradamente.
fair enough *(okay)* de acuerdo, vale; *(true)* muy bien.
fair to middling regular.
fair's fair! ¡por favor!, ¡ya está bien!
to have (more than) one's fair share of something tener (más de) lo que le corresponde a uno,-a.
to play fair jugar limpio.
■ **fair copy** copia en limpio.
fair game presa fácil, blanco de burlas.
fair play juego limpio.
fair rent alquiler *m* razonable.

fair² [feəʳ]

1 *n (market)* mercado, feria.

2 *n (show)* feria; *(funfair)* parque *m* de atracciones.

fairground [ˈfeəɡraʊnd] *n (site)* recinto ferial; *(show)* feria; *(funfair)* parque *m* de atracciones.

fair-haired [ˈfeəheəd] *adj* rubio,-a.

fairly [ˈfeəlɪ]

1 *adv (justly)* justamente.

2 *adv (moderately)* bastante.

3 *adv (completely)* completamente.

fair-minded [feəˈmaɪndɪd] *adj* justo,-a.

fairness [ˈfeənəs]

1 *n* justicia, imparcialidad *f*.

2 *n (of hair)* color *m* rubio; *(of skin)* palidez *f*, blancura.

✦ in all fairness para ser justo,-a.

fair-sized [ˈfeəsaɪzd] *adj* bastante grande, de buen tamaño.

fair-skinned [ˈfeəskɪnd] *adj* de piel blanca.

fairway [ˈfeəweɪ]

1 *n (golf)* calle *f*.

2 *n (sea)* canal *m* navegable.

fair-weather friend [ˈfeəweðəˈfrend] *n* amigo,-a de conveniencia.

fairy [ˈfeərɪ]

1 *n* hada.

2 *n fam* marica *m*.

■ **fairy godmother** hada madrina.
fairy lights bombillas *fpl* de colores.
fairy story cuento de hadas.
fairy tale cuento de hadas.

▲ *pl* fairies.

fairyland [ˈfeərɪlænd] *n* el país *m* de las hadas.

fait accompli [feɪtəˈkɒmpliː] *n* hecho consumado.

faith [feɪθ]

1 *n* fe *f*.

2 *n (trust, confidence)* confianza (**in**, en), fe *f* (**in**, en).

3 *n REL* fe *f*.

✦ in good faith/in bad faith de buena fe/de mala fe.
to break faith with somebody traicionar a alguien, ser infiel a alguien.
to keep faith with somebody ser fiel a alguien.

faithful [ˈfeɪθful]

1 *adj (loyal)* fiel (**to**, a), leal (**to**, a/con): have you been faithful to me? ¿me has sido fiel?; my faithful dog mi perro fiel.

2 *adj (accurate)* fiel, exacto,-a.

3 the faithful *npl REL* los fieles *mpl*.

faithfully [ˈfeɪθfulɪ] *adv* fielmente.

✦ yours faithfully *(in letter)* le saluda atentamente, atentamente.

faithfulness [ˈfeɪθfulnəs] *n* fidelidad *f*.

faith-healer [ˈfeɪθhiːləʳ] *n* curandero,-a.

faith-healing [ˈfeɪθhiːlɪŋ] *n* curación *f* por fe.

fake [feɪk]

1 *n* falsificación *f*.

2 *n (person)* impostor,-ra, farsante *mf*.

3 *adj* falso,-a, falsificado,-a.

4 *vt (falsify)* falsificar.

5 *vt (pretend)* fingir: she faked illness fingió estar enferma.

fakir [fəˈkɪəʳ] *n* fakir *m*, faquir *m*.

falcon [ˈfɔːlkən] *n* halcón *m*.

falconer [ˈfɔːlkənəʳ] *n* halconero,-a.

falconry [ˈfɔːlkənrɪ] *n* halconería.

Falklander [ˈfɔːlkləndəʳ] *n* malvinero, -a, malvinense *mf*.

Falkland Islands [ˈfɔːlkləndaɪləndz] *npl* Islas *fpl* Malvinas.

fall [fɔːl]

1 *n (act of falling)* caída: she had a nasty fall sufrió una mala caída.

2 *n (of rock)* desprendimiento; *(of snow)* nevada.

3 *n (decrease)* baja, descenso, disminución *f*: a fall in output una disminución de la producción; a fall in tem-

perature un descenso de temperaturas, una bajada de temperaturas.

4 *n (defeat)* caída: the fall of the government la caída del gobierno.

5 *n US (autumn)* otoño.

6 *vi (gen)* caer, caerse: he fell 20 metres cayó 20 metros; she listened to the rain falling escuchó como caía la lluvia; the cat fell off the balcony el gato se cayó del balcón; the boy has fallen into the river el niño ha caído al río.

7 *vi (hang loosely)* caer: her hair falls over her shoulders el pelo le cae sobre los hombros.

8 *vi (decrease)* bajar, descender: the price of shares has fallen el precio de las acciones ha descendido.

9 *vi (slope downwards)* bajar, descender: the land fell away to the left el terreno descendía hacia la izquierda.

10 *vi (be defeated)* caer; *(be killed)* caer, perecer: the regime fell el régimen cayó; the city fell to the enemy la ciudad cayó en manos del enemigo.

11 *vi (happen)* caer: this year Christmas Day falls on a Sunday este año el día de Navidad cae en domingo.

12 *vi (figurative uses)* night fell cayó la noche, anocheció, se hizo de noche; a silence fell on the guests el silencio se apoderó de los invitados; my eyes fell on a ring on the table mis ojos se fijaron en un anillo que había sobre la mesa; his face fell when he heard the news puso cara larga cuando oyó la noticia.

13 *vi (wind)* amainar.

14 *vi fig (at cricket)* caerse: two wickets fell in half an hour se eliminaron dos jugadores en media hora.

15 the Fall *n REL* la Caída.

16 falls *npl (waterfall)* cascada *f sing*, cataratas *fpl*.

▶ to fall about *vi* troncharse, partirse (de risa): they fell about laughing se troncharon de risa.
to fall apart *vi* romperse, deshacerse, caerse a pedazos: this jacket is falling apart esta chaqueta se está cayendo a trozos; our relationship has fallen apart nuestra relación se ha ido a pique.
to fall away
1 *vi (desert, leave)* disminuir: attendance has fallen away la asistencia ha disminuido.
2 *vi (disappear)* desaparecer: many old customs have fallen away muchas costumbres antiguas han desaparecido.
3 *vi (break off)* desprenderse.
to fall back *vi (retreat)* retroceder, retirarse.
to fall back on *vt insep (resort to)* recurrir a, echar mano de, apoyarse en: she had no money to fall back on no tenía dinero al que echar mano.

to fall behind *vi (be overtaken)* retrasarse, quedarse atrás, rezagarse.

to fall behind with *vi* retrasarse: we've fallen behind with the repayments nos hemos retrasado en los pagos.

to fall down

1 *vi (person)* caer, caerse; *(building)* hundirse, derrumbarse, venirse abajo.

2 *vi (fail)* fallar: his plan fell down su proyecto falló.

to fall for

1 *vt insep (be tricked)* dejarse engañar por, picar: it was obviously a trick, but I fell for it estaba claro que era un timo, pero piqué.

2 *vt insep fam (fall in love)* enamorarse de: he fell for her in a big way se enamoró locamente de ella.

to fall in

1 *vi (collapse)* desplomarse, venirse abajo.

2 *vi MIL* alinearse, formar filas, ponerse en filas.

to fall in with

1 *vt insep (meet, become involved with)* encontrarse con, juntarse con: he's fallen in with a bad crowd se ha juntado con mala gente.

2 *vt insep (agree with, support)* convenir en, aprobar, aceptar: we fell in with the general consensus aceptamos la opinión general.

to fall into

1 *vt insep (be divided into)* dividirse en, clasificarse en: they fall into four types se dividen en cuarto tipos.

2 *vt insep (develop, acquire)* adquirir: I've fallen into bad habits he adquirido malos hábitos.

to fall off

1 *vi (decrease in quantity)* bajar, disminuir; *(in quality)* empeorar: numbers have fallen off this term el número de estudiantes ha bajado este trimestre.

2 *vi (become detached)* desprenderse, caerse.

to fall on

1 *vt insep (be borne by)* incidir en, recaer en, tocar a: it fellon me to decide where to go me tocó a mí decidir dónde ir.

2 *vt insep (attack)* atacar, caer sobre.

to fall out

1 *vi (quarrel)* reñir (**with**, con), pelearse (**with**, con): let's not fall out over this no nos vayamos a pelear por eso.

2 *vt sep MIL* romper filas.

3 *vi (drop)* caerse.

to fall over

1 *vt insep* caer, tropezar con: she fell over the children's toys tropezó con los juguetes de los niños.

2 *vi* caerse: I slipped and fell over resbalé y me caí.

to fall through *vi (come to nothing)* fracasar, quedar en nada: the deal fell through el acuerdo quedó en nada.

to fall to

1 *vt insep (begin)* empezar a, ponerse a: she fell to thinking about the past se puso a pensar en el pasado.

2 *vt insep (become duty of)* corresponder a, incumbir a, tocar a: it fell to Andrew to break the news le tocó a Andrew comunicar la noticia.

to fall under *vt insep* clasificarse en, estar incluido,-a en: which category does this fall under? ¿en qué categoría se clasifica esto?

✦ **to fall asleep** dormirse.

to fall flat *fig* salir mal, no tener el éxito deseado: her joke fell flat su chiste no hizo gracia.

to fall foul of tener problemas con, tener líos con.

to fall ill caer enfermo,-a, enfermar.

to fall from one's lips salir de la boca de uno.

to fall in love enamorarse.

to fall into conversation with somebody entablar una conversación con alguien.

to fall into the clutches of caer en las garras de.

to fall into the hands of caer en manos de.

to fall on one's feet tener mucha suerte.

to fall over backwards to do something hacer todo lo posible para hacer algo, desvivirse por hacer algo.

to fall over oneself to do something desvivirse por hacer algo.

to fall short no alcanzar (**of**, -).

to fall silent callarse.

to fall to one's knees caerse de rodillas.

▪ **fall from grace** caída en desgracia.

fall guy cabeza de turco, chivo expiatorio.

▲ *pt fell* [fel], *pp fallen* [ˈfɔːlən].

fallacious [fəˈleɪʃəs] *adj* erróneo,-a, engañoso,-a.

fallacy [ˈfæləsɪ] *n* falacia.

▲ *pl fallacies.*

fallen [ˈfɔːlən]

1 *pp* → **fall.**

2 *adj (not virtuous)* perdido,-a.

3 **the fallen** *npl* los caídos *mpl.*

▪ **fallen arches** pies *mpl* planos.

fallibility [fælɪˈbɪlɪtɪ] *n* falibilidad *f.*

fallible [ˈfælɪbəl] *adj* falible.

falling-off [ˈfɔːlɪŋɒf] *n (in quantity)* disminución *f*; *(in price, quality)* descenso.

Fallopian tube [fələʊpɪənˈtjuːb] *n* trompa de Falopio.

fallout [ˈfɔːlaʊt] *n* lluvia radiactiva.

▪ **fallout shelter** refugio atómico.

fall-out [ˈfɔːlaʊt] **(radioactive) fall-out** *n* lluvia radioactiva.

▪ **fall-out shelter** refugio atómico.

fallow [ˈfæləʊ] *adj* en barbecho.

▪ **fallow deer** gamo.

false [fɔːls]

1 *adj (untrue)* falso,-a.

2 *adj (artificial)* postizo,-a.

✦ **to play somebody false** traicionar a alguien, engañar a alguien.

under false pretences por medio de engaños.

▪ **false alarm** falsa alarma.

false bottom doble fondo.

false friend *LING* falso amigo.

false move/false step paso en falso.

false start salida nula.

false teeth dentadura postiza.

falsehood [ˈfɔːlshʊd]

1 *n (lying)* falsedad *f.*

2 *n (lie)* mentira.

falsely [ˈfɔːlslɪ] *adv* falsamente.

falseness [ˈfɔːlsnəs] *n* falsedad *f.*

falsetto [fɔːlˈsetəʊ] *n* falsete.

▲ *pl falsettos.*

falsies [ˈfɔːlsɪz] *npl fam* rellenos *mpl.*

falsification [fɔːlsɪfɪˈkeɪʃən] *n* falsificación *f.*

falsify [ˈfɔːlsɪfaɪ]

1 *vt (alter falsely)* falsificar.

2 *vt (misrepresent)* falsear.

▲ *pt & pp falsified, ger falsifying.*

falter [ˈfɔːltəʳ] *vi (person)* vacilar, titubear; *(voice)* fallar.

fame [feɪm] *n* fama.

famed [feɪmd] *adj* famoso,-a (**for**, por).

familiar [fəˈmɪlɪəʳ]

1 *adj (well-known)* familiar, conocido,-a (**to**, a): I was glad to see a familiar face me alegré de ver una cara familiar; your voice sounds familiar me suena tu voz.

2 *adj (aware)* al corriente (**with**, de), familiarizado,-a (**with**, con): I am familiar with your work estoy familiarizado con sus obras.

3 *adj (intimate)* íntimo,-a; *(too informal)* fresco,-a.

✦ **to become familiar with something** familiarizarse con algo.

to be on familiar terms with somebody tener confianza con alguien.

to get too familiar with somebody tomarse demasiadas libertades con alguien.

familiarity [fəmɪlɪˈærɪtɪ]

1 *n* familiaridad *f.*

2 *n (knowledge)* conocimiento (**with**, de).

✦ **familiarity breeds contempt** la confianza da asco.

familiarise [fəˈmɪlɪəraɪz] *vt* → **familiarize.**

familiarize [fəˈmɪlɪəraɪz]

1 *vt (become acquainted)* familiarizarse (**with**, con): I need time to familiarize myself with the surroundings necesito tiempo para familiarizarme con el entorno.

2 *vt (divulge)* popularizar.

family [ˈfæmɪlɪ]
1 *n* familia.
2 *adj* familiar.
+ **to be in the family way** estar embarazada.
to be one of the family ser de la familia.
to run in the family venir de familia.
▪ **family business** negocio familiar.
family car coche *m* familiar.
family circle familia, familiares *mpl*.
family doctor médico de cabecera.
family film película apta para todos los públicos, película tolerada.
family life vida familiar, vida en familia.
family likeness parecido de familia.
family man hombre *m* casado con familia, hombre *m* hogareño.
family name *us* apellido.
family planning planificación *f* familiar.
family ties lazos *mpl* familiares.
family tree árbol *m* genealógico.
▲ *pl* families.

famine [ˈfæmɪn] *n* hambruna, hambre *f*.

famished [ˈfæmɪʃt] *adj fam* muerto,-a de hambre.

famous [ˈfeɪməs] *adj* famoso,-a (**for**, por), célebre (**for**, por).
+ **famous last words!** ¡habrá que verlo!, ¡ya lo veremos!

famously [ˈfeɪməslɪ] *adv fam* estupendamente.

fan [fæn]
1 *n (object)* abanico.
2 *n* ELEC ventilador *m*.
3 *n (follower)* aficionado,-a; *(of pop star etc)* admirador,-ra, fan *mf*.
4 *n (of football)* hincha *mf*.
5 *vt (face)* abanicar; *(elec)* ventilar; *(fire)* avivar.
6 *vt fig* avivar, atizar.
7 *vi* abanicarse.
▸ **to fan out**
1 *vi* desplegarse en abanico.
2 *vt sep* desplegar.
+ **to fan the flames** *fig* echar leña al fuego.
▪ **fan belt** correa del ventilador.
fan club club *m* de fans.
fan heater calefactor *m*.
fan mail cartas *fpl* de los fans.
▲ *pt & pp* fanned, *ger* fanning.

fanatic [fəˈnætɪk]
1 *n* fanático,-a: they are religious fanatics son fanáticos religiosos; my brother's a sports fanatic mi hermano es un fanático de los deportes.
2 *adj* fanático,-a (**about**, de).

fanatical [fəˈnætɪkəl] *adj* fanático,-a.

fanaticism [fəˈnætɪsɪzəm] *n* fanatismo.

fancier [ˈfænsɪəʳ] *n* aficionado,-a.

fanciful [ˈfænsɪful]
1 *adj (idea)* imaginario,-a, fantástico,-a.
2 *adj (extravagant)* caprichoso,-a, rebuscado,-a, estrafalario,-a.

fancy [ˈfænsɪ]
1 *n (imagination)* fantasía, imaginación *f*.
2 *n (whim)* capricho, antojo.
3 *adj (jewels, goods etc)* de fantasía.
4 *adj (unusual)* estrafalario,-a.
5 *adj (high-class, posh)* elegante, de lujo.
6 *adj (prices)* exagerado,-a, excesivo,-a, exorbitante.
7 *vt (want)* apetecer, querer: do you fancy a drink? ¿te apetece una copa?; I don't fancy going there no me apetece ir allí.
8 *vt (find attractive)* encontrar atractivo, -a: my friend fancies you a mi amigo le gustas mucho.
9 *vt (think)* creer, suponer: I'm not sure, but I fancy she was wearing blue no estoy seguro, pero creo que iba vestida de azul.
10 *vt (think likely to do well)* creer, parecer: who do you fancy for the 400 metres hurdles? ¿quién crees que ganará los 400 metros vallas?
+ **fancy!** ¿quién lo habría dicho?, ¡vaya!, ¡qué casualidad!: fancy Nigel losing his job! ¿quién habría dicho que Nigel perdiera su trabajo?
fancy that! ¡fíjate!, ¡pues vaya!
to take a fancy to somebody/something encapricharse con alguien/algo.
to catch somebody's fancy/take somebody's fancy hacerle gracia a alguien, encantarle a alguien.
to fancy oneself ser creído,-a, ser presumido,-a.
to fancy oneself as something dárselas de algo, creerse algo.
▪ **fancy cake** pastelito fino.
fancy dress disfraz *m*.
fancy dress ball baile *m* de disfraces.
fancy man amante *m*.
fancy woman amante *f*.
flights of fancy ilusiones *fpl*.
▲ *(sustantivo) pl* fancies; *(verbo) pt & pp* fancied, *ger* fancying.

fancy-free [fænsɪˈfriː] *adj* sin compromiso.

fanfare [ˈfænfeəʳ] *n* fanfarria.

fang [fæŋ] *n* colmillo.

fanlight [ˈfænlaɪt] *n* montante *m*.

fanny [ˈfænɪ]
1 *n* GB *sl (vulva)* chocho, coño.
2 *n* US *sl (bottom)* culo, trasero.
▲ *pl* fannies.

fantasise [ˈfæntəsaɪz] *vi* → fantasize.

fantasize [ˈfæntəsaɪz] *vi* fantasear (**about**, sobre).

fantastic [fænˈtæstɪk] *adj* fantástico,-a.

fantastically [fænˈtæstɪkəlɪ] *adv* fantásticamente.

fantasy [ˈfæntəsɪ] *n* fantasía.
▲ *pl* fantasies.

FAO [ˈefeɪˈəʊ] *abbr* (**Food and Agriculture Organization**) Organización para la Agricultura y la Alimentación; *(abbreviation)* FAO *f*.

FAQ [ˈefeɪˈkjuː] *n* (**frequently asked questions**) archivo de preguntas frecuentes.
▲ *También se llama FAQ file*.

far [fɑːʳ]
1 *adj (distant)* lejano,-a, remoto,-a: a far country un país lejano.
2 *adj (more distant)* opuesto,-a, extremo, -a: the far end of the hall el otro extremo de la sala.
3 *adv (a long way)* lejos: is it far from here? ¿está lejos de aquí?; how far is it? ¿a qué distancia está?; how far is it to Rome? ¿cuánto hay de aquí a Roma?; how far have we travelled? ¿cuántos kilómetros hemos hecho?; it isn't as far as it looks no está tan lejos como parece.
4 *adv (a long time)* lejos: they existed as far back as the 12th century existían ya en el siglo doce; the day when we'll be able to shop by computer is not so far off el día en que se pueda comprar por ordenador no está tan lejos; they talked far into the night estuvieron hablando hasta muy entrada la noche.
5 *adv (much)* mucho: it's far better than the other está mucho mejor que el otro; far bigger mucho más grande.
+ **as far as ... is concerned** en cuanto a ..., por lo que a ... se refiere: as far as I am concerned por lo que a mí se refiere.
as far as I know que yo sepa.
as far as the eye can see hasta donde alcanza la vista.
by far mucho, con mucho: it's cheaper by far to go by coach es mucho más barato ir en autocar; it's by far the tallest building es con mucho el edificio más alto.
far and away con mucho, con diferencia: she's far and away the best es con mucho la mejor.
far and wide/far and near por todas partes.
far away lejos.
far be it from me to ... no es que yo quiera ...
far from ... lejos de ...: far from causing problems, he was very helpful lejos de causar problemas, fue muy amable.
far from it de eso nada, nada de eso, qué va: was the film bad? —far from it, it was excellent! ¿era mala la película? —¡de eso nada, era buenísima!
far off a lo lejos.
not to be not far out/not to be far wrong/not to be far off no ir descaminado,-a.
so far *(until now)* hasta ahora; *(to a point)* hasta cierto punto.
so far, so good hasta aquí bien, hasta ahora bien.
to be a far cry from no tener nada que ver con.
to go far *(money)* comprar mucho; *(food, supplies, etc)* cundir; *(person)* llegar lejos.

to go too far pasarse de la raya.
to take something too far llevar las cosas demasiado lejos.
■ **the far left/the far right** la extrema izquierda/la extrema derecha.
▲ *comp* farther o further, *superl* farthest o furthest.

farad ['færæd] *n* farad *m*, faradio.

faraway ['fɑːrəweɪ] *adj* lejano,-a, remoto,-a; *(look)* distraído,-a, en las nubes.

farce [fɑːs] *n* farsa.

farcical ['fɑːsɪkəl] *adj* absurdo,-a, ridículo,-a.

fare [feəʳ]
1 *n (price)* tarifa, precio del billete, precio del viaje; *(boat)* pasaje *m*.
2 *n (passenger)* viajero,-a, pasajero,-a.
3 *n (food)* comida.
4 *vi (progress, get on)* desenvolverse: he fared well in the exam le fue bien el examen.

farewell [feəˈwel]
1 *interj* ¡adiós!
2 *n* despedida.

far-fetched [fɑːˈfetʃt]
1 *adj (strained)* rebuscado,-a, forzado,-a.
2 *adj (incredible)* inverosímil.

far-flung ['fɑːflʌŋ]
1 *adj (distant)* lejano,-a.
2 *adj (vast)* vasto,-a.

far-gone ['fɑːgɒn] *adj (very ill)* en las últimas; *(very drunk)* borracho,-a.

farm [fɑːm]
1 *n* granja.
2 *adj* agrícola, de granja: fresh farm eggs huevos frescos de granja.
3 *vt (use land)* cultivar, labrar.
4 *vt (breed animals)* criar.
5 *vi (grow crops)* cultivar la tierra.
▶ **to farm out** *vt sep (work)* encargar a terceros, encargar fuera; *(children)* dejar con alguien.

farmer ['fɑːməʳ] *n* granjero,-a, agricultor,-ra.

farm-hand ['fɑːmhænd] *n* peón *m* agrícola.

farmhouse ['fɑːmhaʊs] *n* granja.

farming ['fɑːmɪŋ] *n* agricultura.
■ **farming industry** industria agropecuaria.

farmstead ['fɑːmsted] *n* alquería.

farmyard ['fɑːmjɑːd] *n* corral *m*.

far-off ['fɑːrɒf] *adj* lejano,-a, remoto,-a.

far-out ['fɑːraʊt] *adj* extravagante, atrevido,-a.

far-reaching [fɑːˈriːtʃɪŋ] *adj* de gran alcance.

farrier ['færɪəʳ] *n* herrero.

farrow ['færəʊ]
1 *vi* parir.
2 *vt* parir.

far-sighted [fɑːˈsaɪtɪd] *adj* previsor,-ra.

far-sightedness [fɑːˈsaɪtɪdnəs] *n* previsión *f*.

fart [fɑːt]
1 *n fam* pedo.
2 *n (fool)* carcamal *m*, carroza *m*.
3 *vi* tirarse un pedo.
▶ **to fart about/fart around** *vi* hacer el indio, hacer el gilipollas.
■ **old fart** muermo.

farther ['fɑːðəʳ]
1 *adj comp* → **far**: Bilbao is farther than Valencia Bilbao está más lejos que Valencia.
2 *adv comp* → **far**: I can't walk any farther no puedo andar más.

farthest ['fɑːðɪst]
1 *adj* → **far**: Pluto is the farthest planet from the Sun Plutón es el planeta más alejado del Sol.
2 *adv* → **far**: who lives farthest from the school? ¿quién vive más lejos de la escuela?

farthing ['fɑːðɪŋ] *n* cuarto de penique.
✦ **it's not worth a brass farthing** no vale un real.

fascicle ['fæsɪkəl] *n* fascículo.

fascicule ['fæsɪkjuːl] *n* fascículo.

fascinate ['fæsɪneɪt] *vt* fascinar.

fascinating ['fæsɪneɪtɪŋ] *adj* fascinante.

fascination [fæsɪˈneɪʃən] *n* fascinación *f*.

fascism ['fæʃɪzəm] *n* fascismo.

fascist ['fæʃɪst]
1 *n* fascista *mf*.
2 *adj* fascista.

fashion ['fæʃən]
1 *n (style)* moda.
2 *n (way)* modo.
3 *vt (clay)* formar; *(metal)* labrar.
✦ **after a fashion** en cierto modo.
after the fashion of/in the fashion of a la manera de.
to be all the fashion estar muy de moda.
to be in fashion estar de moda.
to be out of fashion estar pasado,-a de moda.
to come into fashion ponerse de moda.
to go out of fashion pasar de moda.

fashionable ['fæʃənəbəl] *adj* de moda.

fashionably ['fæʃənəblɪ] *adv* a la moda.

fast¹ [fɑːst]
1 *adj (gen)* rápido,-a: he drives a fast car conduce un coche rápido; I paid her a fast visit le hice una visita rápida.
2 *adj (tight, secure)* firme, seguro,-a: the boat was fast el barco estaba bien amarrado.
3 *adj (clock)* adelantado,-a: my watch is fast llevo el reloj adelantado.
4 *adj (colours)* sólido,-a.
5 *adj (active)* muy activo,-a, ajetreado,-a.
6 *adv* rápidamente, deprisa: how fast was he going? ¿a qué velocidad iba?; news travels fast las noticias vuelan; don't drive so fast no corras tanto; he can run faster than me él corre más rápido que yo.

7 *adv (securely)* firmemente; *(thoroughly)* profundamente: they're fast asleep duermen profundamente.
✦ **fast and furious** a un ritmo vertiginoso.
not so fast! *fam* ¡un momento!
to be stuck fast estar bien encajado,-a, estar atrancado,-a.
to hold fast to something agarrarse bien a algo.
to live in the fast lane vivir deprisa, vivir a tope.
to play fast and loose with somebody jugar con alguien.
to pull a fast one on somebody jugar una mala pasada a alguien.
to stand fast mantenerse firme.
■ **fast food** comida rápida.
fast lane carril *m* rápido.

fast² [fɑːst]
1 *n* ayuno.
2 *vi* ayunar.

fasten ['fɑːsən]
1 *vt (attach)* fijar, sujetar.
2 *vt (tie)* atar.
3 *vt (box, door, window)* cerrar; *(belt, dress)* abrochar: please fasten your seatbelts abróchense los cinturones, por favor.
4 *vi (box, door etc)* cerrarse; *(dress etc)* abrocharse.
▶ **to fasten on/onto** *vt insep* agarrarse a, aferrarse a.
✦ **to fasten one's eyes on** fijar los ojos en.
to fasten the blame on somebody echar la culpa a alguien.

fastener ['fɑːsənəʳ] *n* cierre *m*.

fastidious [fæˈstɪdɪəs] *adj* quisquilloso,-a, melindroso,-a.

fastidiousness [fæˈstɪdɪəsnəs] *n* melindres *mpl*.

fat [fæt]
1 *adj (person)* gordo,-a.
2 *adj (thick)* grueso,-a, gordo,-a.
3 *adj (meat)* que tiene mucha grasa.
4 *adj (profit, cheque, etc)* sustancioso,-a.
5 *adj (rich, fertile)* fértil.
6 *adj fam iron (very little)* poco,-a: fat chance you stand of passing your test! ¡muchas posibilidades tienes tú de sacarte el carnet!; fat lot of good it'll do her! ¡no le servirá de nada!
7 *n (of meat)* grasa; *(of person)* carnes *fpl*.
8 *n (for cooking)* manteca; *(lard)* lardo.
✦ **the fat is in the fire** se va a armar la de Dios, se va a armar una buena.
to get fat engordar, engordarse.
to live off the fat of the land vivir como un rey.
to run to fat echar carnes.
■ **fat cat** pez *m* gordo.
▲ *comp* fatter, *superl* fattest.

fatal ['feɪtəl]
1 *adj (causing disaster)* fatal, funesto,-a; *(serious)* grave.
2 *adj (causing death)* mortal.
3 *adj (fateful)* fatídico,-a.

fatalism ['feɪtəlɪzəm] n fatalismo.
fatalist ['feɪtəlɪt] n fatalista mf.
fatalistic [feɪtə'lɪstɪk] adj fatalista.
fatality [fə'tælɪtɪ] n víctima mortal.
▲ pl fatalities.
fatally ['feɪtəlɪ] adv mortalmente.
fate [feɪt]
 1 n (destiny) destino: fate was against me el destino iba en contra mía.
 2 n (person's lot) suerte f: the jury would decide my fate el jurado decidiría mi suerte.
 3 The Fates npl las Parcas fpl.
 ✦ a fate worse than death lo peor que pudiera pasar.
  to tempt fate tentar a la suerte.
fated ['feɪtɪd] adj predestinado,-a, condenado,-a: we were fated to meet estábamos predestinados a conocernos; it was fated that we would lose estábamos condenados a perder.
fateful ['feɪtful] adj fatídico,-a, aciago,-a.
fatefully ['feɪθfulɪ] adv fatídicamente.
fathead ['fæthed] n fam imbécil mf.
father ['fɑːðəʳ]
 1 n (male parent) padre m.
 2 n (priest) padre m.
 3 vt (beget) engendrar.
 4 vt fig (create, originate) inventar, crear.
 5 fathers npl (ancestors) antepasados mpl.
 ✦ from father to son de padre a hijo.
  like father like son de tal palo, tal astilla.
  to be a father to somebody ser un padre para alguien.
  to father something on somebody atribuir algo a alguien.
 ▪ father figure figura paterna.
  Father's Day el día del padre.
  Father Christmas Papá m Noel.
  Father Time el Tiempo.
fatherhood ['fɑːðəhud] n paternidad f.
father-in-law ['fɑːðərɪnlɔː] n suegro.
fatherland ['fɑːðəlænd] n patria.
fatherless ['fɑːðələs] adj huérfano,-a de padre.
fatherly ['fɑːðəlɪ] adj paternal.
fathom ['fæðəm]
 1 n (measurement) brazo.
 2 vt (measure) sondear.
 3 vt fig penetrar en, comprender.
 ▶ to fathom out vt sep comprender, entender: I can't fathom it out no lo entiendo.
fatigue [fə'tiːg]
 1 n fatiga, cansancio.
 2 n TECH fatiga.
 3 n MIL faena.
 4 vt fml fatigar, cansar.
 5 fatigues npl US (uniform) traje m de faena.
 ▪ metal fatigue fatiga del metal.
fatso ['fætsəu] n fam gordo,-a, gordinflón,-ona.
▲ pl fatsos o fatsoes.

fat-soluble [fæt'sɒljəbəl] adj liposoluble.
fatten ['fætən]
 1 vt (animal) cebar (up, -).
 2 vt (person) engordar (up,-).
fattening ['fætənɪŋ] adj que engorda: biscuits are fattening las galletas engordan.
fatty ['fætɪ]
 1 adj (greasy) graso,-a.
 2 n fam pej gordinflón,-ona.
 ▲ (adjetivo) comp fattier, superl fattiest; pl (sustantivo) fatties.
fatuous ['fætjuəs] adj fatuo,-a, necio,-a.
faucet ['fɔːsɪt] n US grifo.
fault [fɔːlt]
 1 n (in character, system etc) defecto.
 2 n (in merchandise) defecto, desperfecto, tara.
 3 n (blame) culpa: it's his fault es culpa suya.
 4 n (mistake) error m, falta.
 5 n (in earth) falla.
 6 n (in tennis etc) falta.
 7 vt criticar, encontrar defectos a: he cannot be faulted on reasoning su razonamiento es intachable.
 ✦ to a fault en exceso.
  to be at fault tener la culpa.
  to find fault with somebody/something poner reparos a alguien/algo.
fault-finding ['fɔːltfaɪndɪŋ] adj criticón,-ona.
faultless ['fɔːltləs] adj perfecto,-a, intachable, impecable.
faulty ['fɔːltɪ] adj defectuoso,-a.
 ▲ comp faultier, superl faultiest.
faun [fɔːn] n fauno.
fauna ['fɔːnə] n fauna.
faux pas [fəu'pɑː] n metedura de pata.
 ▲ pl faux pas [fəu'pɑː].
favor ['feɪvəʳ] n-vt US → favour.
favorable ['feɪvərəbəl] adj US → favourable.
favorably ['feɪvərəblɪ] adv US → favourably.
favorite ['feɪvrɪt] adj & n US → favourite.
favoritism ['feɪvrɪtɪzəm] n US → favouritism.
favour ['feɪvəʳ]
 1 n (kindness) favor m: can you do me a favour? ¿puedes hacerme un favor?; I need to ask you a favour necesito pedirte un favor.
 2 n (approval) aprobación f, favor m: are you trying to win his favour? ¿intentas ganar su aprobación?; your parents will look with favour on your decision tus padres aprobarán tu decisión.
 3 n (favouritism) parcialidad f, favoritismo: the youngest was treated with favour se trató al más joven con favoritismo.

 4 vt (prefer) preferir, inclinarse por: I favour the second option me inclino por la segunda opción.
 5 vt (benefit, aid) favorecer; (treat with partiality) dar un trato de favor: the wind favoured the server el viento favoreció al saque; a teacher should never favour any one pupil un profesor nunca debería dar un trato de favor a ningún alumno.
 6 favours npl (sexual pleasure) favores mpl.
 ✦ do me a favour! ¡venga ya!
  in favour of a favor de: the judge found in our favour el juez dictó a nuestro favor.
  to be in favour estar en auge, estar de moda.
  to be in favour of ser partidario,-a de, estar a favor de.
  to be in favour with somebody tener la aceptación de alguien, contar con el apoyo de alguien.
  to be out of favour no estar de moda.
  to be out of favour with somebody no contar con el apoyo de alguien, perder el apoyo de alguien.
  to fall out of favour with somebody perder el favor de alguien.
  to find favour with somebody caer en gracia a alguien, ganar el apoyo de alguien.
favourable ['feɪvərəbəl]
 1 adj favorable (to/towards, a).
 2 adj (suitable) propicio,-a (for, para).
favourably ['feɪvərəblɪ] adv favorablemente.
favourite ['feɪvərɪt]
 1 n preferido,-a, favorito,-a.
 2 adj preferido,-a, predilecto,-a, favorito,-a.
favouritism ['feɪvərɪtɪzəm] n favoritismo.
fawn [fɔːn]
 1 n ZOOL cervato.
 2 n (colour) beige m, color m café claro.
 3 adj beige, de color café claro.
 ▶ to fawn on vt insep adular, lisonjear.
fax [fæks]
 1 n fax m.
 2 vt enviar por fax.
 ▪ fax machine fax m.
faze [feɪz] vt fam desconcertar, perturbar: nothing fazes him nada le desconcierta.
FBI ['ef'biː'aɪ] abbr (Federal Bureau of Investigation) oficina federal de investigación; (abbreviation) FBI f.
FC ['ef'siː] abbr GB (Football Club) Club m de Fútbol; (abbreviation) CF.
fealty ['fɪəltɪ] n lealtad f.
fear [fɪəʳ]
 1 n miedo, temor m: fear of flying miedo a volar; he showed no fear no mostraba ningún miedo; it confirmed our fears confirmó nuestros temores.

2 *vt* temer, tener miedo a: **she fears death** teme a la muerte; **she feared he was dead** temía que hubiera muerto.

3 *vi* temer, tener miedo: **fear not!** ¡no temas!, ¡no tengas miedo!

▶ **to fear for** *vt insep* temer por: **I fear for the children's safety** temo por la seguridad de los niños.

◆ **for fear of ...** por miedo de ..., por temor a ...

for fear that por miedo de que.

I fear that ... me temo que ...

never fear no hay cuidado, no temas.

no fear! ¡ni hablar!, ¡ni loco,-a!, ¡ni muerto,-a!

there's no fear of ... no hay peligro de que ...

to be in fear of one's life temer por su vida.

to fear the worst temer lo peor.

to hold no fears for somebody no dar miedo a alguien.

to put the fear of God into somebody dar un susto mortal a alguien.

fearful [ˈfɪəful]

1 *adj (frightened)* temeroso,-a (**of**, de).

2 *adj (terrible)* terrible, espantoso,-a, tremendo,-a.

fearfully [ˈfɪəfulɪ] *adv* temerosamente.

fearless [ˈfɪələs] *adj* intrépido,-a, audaz.

◆ **fearless of ...** sin temor a ...

fearlessly [ˈfɪələslɪ] *adv* sin temor.

fearlessness [ˈfɪələsnəs] *n* intrepidez *f*, audacia.

fearsome [ˈfɪəsəm] *adj* temible.

feasibility [fiːzəˈbɪlɪtɪ] *n* viabilidad *f*.

■ **feasibility study** estudio de viabilidad.

feasible [ˈfiːzəbəl]

1 *adj (viable)* factible, viable.

2 *adj (plausible)* verosímil.

feast [fiːst]

1 *n* festín *m*, banquete *m*.

2 *n fam* comilona.

3 *n REL* fiesta de guardar, día *m* de fiesta.

4 *vi* banquetear, festejar.

◆ **to feast one's eyes on something** regalarse la vista con algo.

to feast on something *fig* regalarse con algo.

feat [fiːt] *n* proeza, hazaña.

feather [ˈfeðəʳ]

1 *n* pluma.

2 *vt* emplumar.

3 *vt (oar)* alzar.

◆ **birds of a feather, flock together** Dios los cría y ellos se juntan.

to be a feather in somebody's cap ser un triunfo para alguien.

to be birds of a feather ser de la misma calaña.

to feather one's own nest *pej* barrer para casa.

you could've knocked me down with a feather me quedé patidifuso,-a.

■ **feather bed** colchón *m* de plumas.

feather boa boa *mf*.

feather duster plumero.

feather-brained [ˈfeðəbreind] *adj fam* cabeza hueca, despistado,-a.

featherweight [ˈfeðəweit] *n (boxing)* peso pluma.

feature [ˈfiːtʃəʳ]

1 *n (of face)* rasgo, facción *f*.

2 *n (characteristic)* rasgo, característica, aspecto.

3 *n (press)* artículo especial, especial *m*.

4 *vt (have)* tener; *(film)* tener como protagonista: **this car features the latest safety devices** este coche incorpora los últimos dispositivos de seguridad; **a film featuring Kenneth Williams** una película con Kenneth Williams como protagonista.

5 *vi (appear)* figurar (**in**, en): **his name featured in the police report** su nombre figuró en el informe policial.

■ **feature (film)** largometraje *m*.

featureless [ˈfiːtʃələs] *adj* monótono,-a.

Feb [feb] *abbr* (**February**) febrero.

February [ˈfebruərɪ] *n* febrero.

▲ *Para ejemplos de uso, véase* May.

feckless [ˈfekləs] *adj* incompetente, inútil.

fecund [ˈfiːkənd] *adj* fecundo,-a, fértil.

fecundity [feˈkʌndɪtɪ] *n* fecundidad *f*.

fed [fed] *pt & pp* → **feed.**

◆ **to be fed up with** *fam* estar harto,-a de.

federal [ˈfedərəl] *adj* federal.

federalism [ˈfedərəlɪzəm] *n* federalismo.

federalist [ˈfedərəlɪst] *n* federalista *mf*.

federate [ˈfedəreit]

1 *vt* federar.

2 *adj* federado,-a.

▲ *(adjetivo)* [ˈfedərət].

federation [fedəˈreiʃən] *n* federación *f*.

fee [fiː]

1 *n (doctor's etc)* honorarios *mpl*; *(for tuition)* derechos *mpl* (de matrícula).

2 *n (membership)* cuota, cuota de socio.

■ **registration fee** matrícula.

feeble [ˈfiːbəl]

1 *adj (person)* débil.

2 *adj (light, sound)* tenue, débil.

3 *adj (argument, excuse)* de poco peso.

feeble-minded [fiːbəlˈmaindid] *adj* imbécil.

feebleness [ˈfiːbəlnəs] *n* debilidad *f*.

feed [fiːd]

1 *n* comida.

2 *n fam* comilona.

3 *n (for cattle)* pienso.

4 *n TECH* alimentación *f*.

5 *vt* alimentar, dar de comer a: **could you feed our cat while we're away?** ¿podrías dar de comer a nuestro gato mientras estamos fuera?; **I'll be glad when the baby can feed himself** me alegraré cuando el bebé pueda comer por sí solo.

6 *vt (breastfeed)* amamantar a, dar de mamar a; *(bottle-feed)* dar el biberón a.

7 *vt fig (fire, passion)* alimentar.

8 *vt TECH* alimentar, suministrar.

9 *vt (insert)* introducir; *(coins)* meter.

10 *vi (people)* comer, alimentarse (**on**, de); *(animals)* pacer.

▶ **to feed up** *vt sep (animal)* cebar; *(person)* engordar.

■ **feed pipe** tubo de alimentación.

▲ *pt & pp* **fed** [fed].

feedback [ˈfiːdbæk]

1 *n TECH* retroalimentación *f*, retroacción *f*.

2 *n fig* reacción *f*, respuesta, impresión *f*.

feeder [ˈfiːdəʳ]

1 *n TECH* alimentador *m*.

2 *n (road)* ramal *m*, carretera.

feeding [ˈfiːdɪŋ] **feeding bottle** *n* biberón *m*.

■ **feeding time** hora de la comida, hora de dar de comer.

feel [fiːl]

1 *n (sense, texture)* tacto: **I like the feel of it** me gusta el tacto que tiene; **it has a rough feel** tiene un tacto áspero; **have a feel of this material** toca esta tela.

2 *n (atmosphere)* aire *m*, ambiente *m*: **you'll love the feel of the place** te encantará el ambiente que hay.

3 *vt (touch)* tocar, palpar: **the doctor felt my back** el médico me palpó la espalda; **feel how soft this is** toca y verás qué suave.

4 *vt (search with fingers)* buscar.

5 *vt (sense, experience)* sentir, experimentar, tener la impresión: **she felt something crawling up her leg** sentía cómo algo se le subía por la pierna; **I love to feel the wind on my face** me encanta sentir el viento en la cara; **he felt a sudden pain in his arm** sintió un dolor súbito en el brazo.

6 *vt (notice)* notar, apreciar: **everyone will feel the knock-on effects of this investment** todo el mundo notará las consecuencias de esta inversión.

7 *vt (suffer)* sentir, afectar: **she feels the cold** es muy friolera; **he felt the death of his father very much** le afectó mucho la muerte de su padre.

8 *vt (believe)* creer: **I feel you are making a mistake** creo que te equivocas; **she felt sure that he would pass** estaba segura de que aprobaría.

9 *vi (be)* sentir(se), encontrarse, experimentar: **how are you feeling?** —**I feel terrible** ¿cómo te encuentras? —me encuentro fatal; **she felt happy** se sentía feliz; **we were feeling cold, tired and hungry** teníamos frío, sueño y hambre; **you'll feel much better after a nice bath** te sentirás mucho mejor después de un buen baño; **he doesn't feel quite himself** no se encuentra del todo bien; **how does it feel to be famous?** ¿qué se siente cuando se es famoso?; **I felt a right idiot** me sentí una idiota.

10 vi (seem) parecer: it feels like leather parece piel; it feels like summer parece verano; it feels like rain me parece que va a llover; your feet feel cold tienes los pies fríos.

11 vi (perceive, sense) sentir: as I walked in, I felt the tension in the room al entrar, sentí la tensión en la sala; he felt a sudden urge to scream sintió un deseo apremiante de gritar; she could feel all eyes upon her sentía que todos la miraban.

12 vi (opinion) opinar, pensar: how do you feel about exams? ¿qué opinas de los exámenes?

▶ **to feel for** vt insep (have sympathy for) compadecer a, compadecerse de.

to feel up to vt insep sentirse con ánimos para, sentirse con fuerzas para: are you sure you feel up to it? ¿seguro que te sientes con fuerzas?

✦ **feel free** como quieras.

to feel as if/feel as though sentir como si, tener la impresión de.

to feel bad about sentir, saber mal.

to feel like doing something tener ganas de hacer algo.

to feel like something apetecerle algo, tener ganas de algo: I feel like an ice cream me apetece un helado.

to feel one's age sentirse mayor.

to feel one's way (walk carefully) andar a tientas; (proceed cautiously) tantear el terreno.

to feel strongly about something parecer importante algo.

to get the feel of something acostumbrarse a algo.

to have a feel for something tener facilidad para algo.

▲ pt & pp felt [felt].

feeler ['fiːlə'] n antena.

✦ **to put out feelers** hacer un sondeo, tantear el terreno.

■ **feeler gauge** galga de espesores.

feeling ['fiːlɪŋ]

1 n (emotion) sentimiento, emoción f: she suffered from a feeling of guilt padecía un sentimiento de culpabilidad; the feeling's mutual el sentimiento es mutuo; she spoke with feeling about the war habló con pasión sobre la guerra.

2 n (sensation) sensación f: he had a feeling of nausea tenía una sensación de náusea.

3 n (sense) sensibilidad: I've lost all feeling in my legs he perdido la sensibilidad en las piernas.

4 n (concern) compasión f, ternura: you have no feeling! ¡qué insensible eres!

5 n (impression) impresión f, sensación f, presentimiento: I have the feeling that ... tengo la impresión de que ...

6 n (artistic) sensibilidad f, talento: she plays with great feeling toca con una gran sensibilidad.

7 n (opinion) sentir m, opinión f, actitud f, parecer m: my own feeling is that ... en mi opinión ...; the general feeling was ... la opinión general era ...

8 n (atmosphere) ambiente m.

9 adj sensible, compasivo,-a: he's a very feeling person es una persona muy sensible.

10 feelings npl sentimientos mpl: you hurt my feelings me has herido los sentimientos, me has ofendido; don't try to hide your feelings no intentes ocultar tus sentimientos; feelings were running high los ánimos estaban muy exaltados.

✦ **I know the feeling** te entiendo perfectamente.

no hard feelings fam no nos guardemos rencor.

to have a feeling for something tener sensibilidad por algo.

to have mixed feelings tener sentimientos enfrentados.

■ **bad feeling/ill feeling** resentimiento, rencor m.

fee-paying ['fiːpeɪɪŋ]

1 adj (pupil) que paga.

2 adj (school) de pago.

feet [fiːt] npl → foot.

feign [feɪn] vt fingir, aparentar: she feigned illness to get off school fingió estar enferma para no ir a la escuela.

feint [feɪnt]

1 n fml (fencing) finta; (boxing) treta, estratagema.

2 adj (paper) rayado,-a.

feisty ['fiːstɪ] adj (forceful) batallador,-ra; (irritable) irritable.

▲ comp feistier, superl feistiest.

feldspar ['feldspɑː'] n feldespato.

feline ['fiːlaɪn]

1 adj felino,-a.

2 n felino,-a.

fell¹ [fel] adj feroz, cruel.

✦ **at one fell swoop** de un solo golpe.

fell² [fel]

1 vt (tree) talar.

2 vt (enemy) derribar.

fell³ [fel] n GEOG (moorland) páramo alto; (hilly land) monte m, colina.

fell⁴ [fel] pt → fall.

fellatio [fə'leɪʃɪəu] n felación f.

felling ['felɪŋ] n tala.

fellow ['feləu]

1 n fam (chap) tipo, tío: my dear fellow! ¡hombre!; old fellow viejo amigo; poor fellow! ¡pobrecito!

2 n (companion, comrade) compañero,-a, camarada mf.

3 n (member) socio,-a.

4 n (univ) miembro (del claustro de profesores).

5 n US (graduate) graduado,-a.

6 n fml (one of a pair) pareja.

■ **fellow citizen** conciudadano,-a.

fellow countryman/fellow countrywoman compatriota mf.

fellow student compañero,-a de estudios.

fellow traveller compañero,-a de viaje.

fellow worker compañero,-a de trabajo.

fellowship ['feləuʃɪp]

1 n (group) asociación f, sociedad f.

2 n (companionship) compañerismo, camaradería.

3 n EDUC (scholarship) beca.

felon ['felən] n criminal mf.

felony ['felənɪ] n crimen m, delito mayor.

▲ pl felonies.

felspar ['felspɑː'] n feldespato.

felt¹ [felt] pt & pp → feel.

felt² [felt]

1 n fieltro.

2 adj de fieltro.

felt-tip ['felttɪp] felt-tip (pen) n rotulador m.

fem ['femɪn] abbr (feminine) femenino; (abbreviation) f.

female ['fiːmeɪl]

1 n hembra.

2 n (woman) mujer f; (girl) chica.

3 adj femenino,-a.

4 adj ZOOL hembra.

feminine ['femɪnɪn]

1 adj femenino,-a.

2 n femenino,-a.

femininity [femə'nɪnətɪ] n feminidad f.

feminism ['femɪnɪzəm] n feminismo.

feminist ['femɪnɪst] n feminista mf.

femme fatale [fæmfə'tɑːl] n mujer f fatal, tigresa, vampiresa.

femur ['fiːmə'] n fémur m.

fen [fen]

1 n GEOG terreno pantanoso.

2 the Fens npl zona llana y pantanosa del este de Inglaterra.

fence [fens]

1 n (structure) valla, cerca.

2 n sl (buyer and seller of stolen goods) perista mf.

3 vi SP practicar la esgrima.

4 vi (land) cercar.

▶ **to fence in** vt sep (animals) encerrar en un cercado, meter en un cercado; (land) cercar.

to fence off vt sep separar mediante cercas.

✦ **to sit on the fence** ver los toros desde la barrera.

fencer ['fensə'] n SP esgrimidor,-ra.

fencing ['fensɪŋ]

1 n SP esgrima.

2 n (structure) cercado.

3 n (material) material m para cercas.

■ **fencing foil** florete m.

fend [fend] **to fend for oneself** vi valerse por sí mismo,-a, apañárselas por su cuenta.

▶ **to fend off** *vt sep (blow)* parar, desviar; *(question)* esquivar; *(attack)* rechazar, defenderse de.

fender ['fendər]
1 *n (for fire)* pantalla.
2 *n US (on automobile)* parachoques *m*.
3 *n (on boat)* defensa.

fennel ['fenəl] *n* hinojo.

ferment ['fɜ:mənt]
1 *n (substance)* fermento.
2 *n (unrest)* agitación *f*.
3 *vt* fermentar.
4 *vi* fermentar.
▲ *(verbo)* [fə'ment].

fermentation [fɜ:men'teɪʃən] *n* fermentación *f*.

fern [fɜ:n] *n* helecho.

ferocious [fə'rəʊʃəs] *adj* feroz.

ferociously [fə'rəʊʃəslɪ] *adv* ferozmente.

ferocity [fə'rɒsɪtɪ] *n* ferocidad *f*.

ferret ['ferɪt]
1 *n* hurón *m*.
2 *vi* huronear.
▶ **to ferret about** *vi* buscar (**for**, -), husmear (**for**, -).
to ferret out *vt sep* descubrir.

ferric ['ferɪk] *adj* férrico,-a.

ferrite ['feraɪt] *n* ferrita.

ferroconcrete [ferəʊ'kɒŋkri:t] *n* ferrohormigón *m*.

ferrous ['ferəs] *adj* ferroso,-a.

ferrule ['feru:l] *n* casquillo.

ferry ['ferɪ]
1 *n (small)* barca de pasaje; *(large)* transbordador *m*, ferry *m*.
2 *vt* transportar.
▲ *(sustantivo)* *pl* ferries; *(verbo)* *pt & pp* ferried, *ger* ferrying.

ferryboat ['ferɪbəʊt] *n* → **ferry**.

ferryman ['ferɪmæn] *n* barquero.
▲ *pl* ferrymen ['ferɪmən].

fertile ['fɜ:taɪl] *adj* fértil, fecundo,-a.

fertility [fə'tɪlɪtɪ] *n* fertilidad *f*.

fertilisation [fɜ:təlaɪ'zeɪʃən] *n* → **fertilization**.

fertilise ['fɜ:tɪlaɪz] *vt* → **fertilize**.

fertilization [fɜ:təlaɪ'zeɪʃən]
1 *n (soil)* fertilización *f*.
2 *n (egg)* fecundación *f*.

fertilize ['fɜ:tɪlaɪz]
1 *vt (soil)* fertilizar, abonar.
2 *vt (egg)* fecundar.

fertilizer ['fɜ:tɪlaɪzər] *n* fertilizante *m*, abono.

ferule[1] ['feru:l] *n* férula.

ferule[2] ['feru:l] *n* → **ferrule**.

fervent ['fɜ:vənt] *adj* fervoroso,-a.

fervently ['fɜ:vəntlɪ] *adv* fervientemente, ardientemente.

fervour ['fɜ:vər] *n* fervor *m*.

fester ['festər]
1 *vi MED* supurar, enconarse.
2 *vi fig* amargarse.

festival ['festɪvəl]
1 *n (event)* festival *m*.
2 *n (celebration)* fiesta.

festive ['festɪv] *adj* festivo,-a.
■ **the festive season** las Navidades *fpl*, las fiestas *pl* de Navidad.

festivity [fe'stɪvɪtɪ]
1 *n (celebration)* fiesta, festividad *f*.
2 **festivities** *npl* fiestas *fpl*, festejos *mpl*.
▲ *pl* festivities.

festoon [fe'stu:n]
1 *n (decoration)* adorno, guirnalda.
2 *n (in sewing)* festón *m*.
3 *vt (decorate)* adornar, decorar (**with**, de).
4 *vt (in sewing)* festonear.

fetch [fetʃ]
1 *vt (go and get)* ir por, ir a buscar, buscar; *(bring)* traer: she's gone to fetch the children from school ha ido a buscar a los niños de la escuela; do you want me to fetch you anything? ¿quieres que te traiga algo?
2 *vt fam (sell for)* venderse por, alcanzar: this should fetch a good price esto se debería vender por un buen precio.
▶ **to fetch up** *vi* ir a parar.
✦ **to fetch and carry** trajinar.
to fetch and carry for somebody ser el machaca de alguien.

fetching ['fetʃɪŋ] *adj* atractivo,-a.

fête [feɪt]
1 *n (party)* fiesta; *(fair)* feria.
2 *vt* festejar.

fetid ['fetɪd] *adj* fétido,-a.

fetish ['fetɪʃ] *n* fetiche *m*.

fetishism ['fetɪʃɪzəm] *n* fetichismo.

fetishist ['fetɪʃɪst] *n* fetichista *mf*.

fetlock ['fetlɒk] *n* espolón *m*.

fetter ['fetər]
1 *vt* encadenar.
2 *vt fig* estorbar, poner trabas a.
3 **fetters** *npl* grillo *m sing*, grilletes *mpl*, cadenas *fpl*: they were in fetters estaban encadenados.
4 *npl fig* trabas *fpl*.

fettle ['fetəl] *n* estado, condiciones *fpl*.
✦ **to be in fine fettle** *(thing)* estar en buenas condiciones; *(person)* estar en buena forma.

fetus ['fi:təs] *n US* → **foetus**.

feud [fju:d]
1 *n* enemistad *f* (duradera): there's been a feud between the two families for years hace años que existe una enemistad entre ambas familias.
2 *vi* disentir, reñir, pelear.

feudal ['fju:dəl] *adj* feudal.

feudalism ['fju:dəlɪzəm] *n* feudalismo.

fever ['fi:vər]
1 *n (temperature)* fiebre *f*: he's got a fever tiene fiebre.
2 *n (nervous excitement)* fiebre *f*, excitación *f*.
✦ **at fever pitch** al rojo vivo.
■ **hay fever** fiebre *f* del heno.

feverish ['fi:vərɪʃ]
1 *adj (having a fever)* febril.
2 *adj (excited)* nervioso,-a, excitado,-a, febril.

feverishly ['fi:vərɪʃlɪ] *adv* febrilmente.

few [fju:]
1 *adj (not many)* poco,-a, pocos,-as: few people poca gente; very few cars muy pocos coches.
2 *adj (some)* uno,-as cuantos,-as, algunos,-as: a few days ago hace unos días; a few friends algunos amigos; in the next few days dentro de unos días.
3 *pron (not many)* pocos,-as: many try but few succeed muchos lo intentan pero pocos lo consiguen; the few who were there enjoyed themselves los pocos que asistieron lo pasaron bien.
4 *pron (some)* unos,-as cuantos,-as, algunos,-as: a few of them algunos de ellos; there are a few left quedan unos cuantos.
✦ **a good few** un buen número.
as few as solamente.
few and far between poquísimos,-as, contadísimos,-as, muy escasos,-as.
no fewer than no menos de.
quite a few un buen número, bastantes: there were quite a few people there había bastante gente.
to have had a few too many haber tomado una copa de más.
■ **the chosen few** los elegidos *mpl*.

fey [feɪ] *adj (whimsical)* fantasioso,-a; *(clairvoyant)* clarividente.

fez [fez] *n* fez *m*.
▲ *pl* fezzes.

fiancé [fɪ'ænseɪ] *n* prometido, novio.

fiancée [fɪ'ænseɪ] *n* prometida, novia.

fiasco [fɪ'æskəʊ] *n* fiasco, fracaso.
▲ *pl* fiascos, *US* fiascoes.

fib [fɪb]
1 *n fam* bola, trola.
2 *vi fam* contar bolas, contar trolas.
▲ *pt & pp* fibbed, *ger* fibbing.

fibber ['fɪbər] *n fam* trolero,-a, mentiroso,-a.

fiber ['faɪbər] *n US* → **fibre**.

fibre ['faɪbər]
1 *n* fibra.
2 *n fig (moral)* nervio, carácter *m*.
■ **fibre optics** fibra óptica.
man-made fibre fibra artificial.

fibreglass ['faɪbəɡlɑ:s] *n* fibra de vidrio.

fibrosis [faɪ'brəʊsɪs] *n* fibrosis *f*.

fibrositis [faɪbrə'saɪtɪs] *n* fibrositis *f*.

fibrous ['faɪbrəs] *adj* fibroso,-a.

fickle ['fɪkəl] *adj* inconstante, voluble.

fickleness ['fɪkəlnəs] *n* inconstancia, volubilidad *f*.

fiction ['fɪkʃən]
1 *n (novels)* novela, narrativa.
2 *n (invention)* ficción *f*.

fictional ['fɪkʃənəl] *adj* ficticio,-a.

fictitious [fɪk'tɪʃəs] *adj* ficticio,-a.

fiddle [ˈfɪdəl]
1 *n fam* violín *m*.
2 *n fam (fraud)* estafa, trampa.
3 *vi* tocar el violín.
4 *vi fam (play)* juguetear (**with**, con).
5 *vt fam (cheat)* amañar, falsificar.
▸ **to fiddle about/fiddle around** *vi fam* perder el tiempo.
✦ **to be on the fiddle** hacer trampas, estar metido,-a en chanchullos.
to play second fiddle desempeñar un papel secundario, ser el segundón.
■ **tax fiddle** evasión *f* fiscal.

fiddler [ˈfɪdləʳ]
1 *n fam (violinist)* violinista *mf*.
2 *n fam (cheat)* tramposo,-a.

fiddlesticks [ˈfɪdlstɪks] *interj* tonterías *fpl*, bobadas *fpl*.

fiddly [ˈfɪdlɪ] *adj fam* difícil, complicado,-a.
▲ *comp* **fiddlier**, *superl* **fiddliest**.

fidelity [fɪˈdelɪtɪ] *n* fidelidad *f*.

fidget [ˈfɪdʒɪt]
1 *n* persona inquieta.
2 *vi (move about)* moverse, no poder estar(se) quieto,-a; *(play about)* jugar (**with**, con): **stop fidgeting!** ¡estáte quieto!
✦ **to be a fidget** ser culo de mal asiento.

fidgety [ˈfɪdʒɪtɪ] *adj* inquieto,-a.

fiduciary [fɪˈduːʃɪərɪ] *adj* fiduciario,-a.

fief [fiːf] *n* feudo.

field [fiːld]
1 *n (gen)* campo: **a corn field** un campo de maíz; **they work in the fields** trabajan en los campos; **our school has a sports field** nuestra escuela tiene un campo de deportes.
2 *n (for mining)* yacimiento.
3 *n MIL* campo: **the field of battle** el campo de batalla.
4 *n (subject, area)* campo, terreno: **he's famous in the field of politics** es famoso en el campo de la política; **what's your field?** ¿cuál es tu especialidad?; **that's outside my field** eso no es de mi competencia.
5 *n SP (competitors)* competidores *mpl*; *(horses)* participantes *mpl*.
6 *n TECH* campo: **a magnetic field** un campo magnético; **the earth's gravitational field** el campo gravitacional de la tierra; **our field of vision** nuestro campo visual.
7 *vt SP* parar y devolver.
8 *vi SP* parar y devolver la pelota.
9 *vt SP (select to play)* presentar.
✦ **to have a field day** *fam (enjoyment)* divertirse mucho, estar encantado,-a; *(financially)* hacer su agosto.
to play the field salir con mucha gente.
to take the field salir al campo.
■ **field day** *MIL* día *m* de maniobras.
field event *SP* prueba de atletismo.
field glasses gemelos *mpl*, prismáticos *mpl*.

field gun cañón *m* de campaña.
field hockey hockey *m* sobre hierba.
field marshal mariscal *m* de campo.
field officer oficial *mf* superior.
field sports caza y pesca.
field trip viaje *m* de estudios.
field work trabajo de campo.
field worker trabajador,-ra de campo.

fielder [ˈfiːldəʳ] *n SP* jugador,-ra del equipo que no batea.

fieldfare [ˈfiːldfeəʳ] *n* zorzal *m* real.

fieldmouse [ˈfiːldmaʊs] *n* ratón *m* de campo.
▲ *pl* **fieldmice**.

field-test [ˈfiːldtest]
1 *n* prueba sobre el terreno.
2 *vt* testar sobre el terreno.

fiend [fiːnd]
1 *n* demonio, diablo.
2 *n fam* fanático,-a.

fiendish [ˈfiːndɪʃ] *adj* diabólico,-a.

fierce [fɪəs]
1 *adj (gen)* feroz.
2 *adj fig (heat, competition, etc)* fuerte, intenso,-a; *(argument)* acalorado,-a.

fiercely [ˈfɪəslɪ]
1 *adv (gen)* con ferocidad.
2 *adv (fight)* con fiereza.
3 *adv fig (burn)* con virulencia.
4 *adv (argue)* acaloradamente.

fierceness [ˈfɪəsnəs]
1 *n* ferocidad *f*.
2 *n (of heat, competition, etc)* intensidad *f*, fuerza.

fiery [ˈfaɪərɪ]
1 *adj (colour)* encendido,-a, rojo,-a.
2 *adj (burning)* ardiente.
3 *adj (food)* muy picante; *(drink)* muy fuerte.
4 *adj fig (person)* acalorado,-a, fogoso,-a; *(words)* vehemente, apasionado,-a.
▲ *comp* **fierier**, *superl* **fieriest**.

fife [faɪf] *n* pífano.

fifteen [fɪfˈtiːn]
1 *adj* quince.
2 *n* quince *m*.
▲ *Véase también* **six**.

fifteenth [fɪfˈtiːnθ]
1 *adj* decimoquinto,-a.
2 *adv* en decimoquinto lugar.
3 *n (in series)* decimoquinto,-a.
4 *n (fraction)* decimoquinto; *(one part)* decimoquinta parte *f*.
▲ *Véase también* **sixth**.

fifth [fɪfθ]
1 *adj* quinto,-a.
2 *adv* quinto, en quinto lugar.
3 *n (in series)* quinto,-a.
4 *n (fraction)* quinto; *(one part)* quinta parte *f*.
▲ *Véase también* **sixth**.

fifth-former [ˈfɪfθfɔːməʳ] *n GB* alumno,-a de quinto curso.

fifties [ˈfɪftɪz] **the fifties** *npl* los años *mpl* cincuenta, los cincuenta *mpl*.

✦ **to be in one's fifties** estar en la cincuentena, tener entre cincuenta y sesenta años.
▲ *Véase también* **sixties**.

fiftieth [ˈfɪftɪəθ]
1 *adj* quincuagésimo,-a.
2 *adv* en quincuagésimo lugar.
3 *n (in series)* quincuagésimo,-a.
4 *n (fraction)* quincuagésimo; *(one part)* quincuagésima parte *f*.
▲ *Véase también* **sixtieth**.

fifty [ˈfɪftɪ]
1 *adj* cincuenta.
2 *n* cincuenta *m*
▲ *Véase también* **sixty**.

fifty-fifty [ˈfɪftɪˈfɪftɪ]
1 *adv fam* mitad y mitad, a medias.
2 *adj fam* del cincuenta por ciento: **we've got a fifty-fifty chance of winning** tenemos un cincuenta por ciento de posibilidades de ganar.
✦ **to go fifty-fifty on something** pagar algo a medias.

fig¹ [ˈfɪgəʳ] *abbr* (**figure**) dibujo, figura; *(abbreviation)* fig.

fig² [fɪg]
1 *n* higo.
2 *n (tree)* higuera.
✦ **not to care a fig/not give a fig** no importarle un rábano a uno, no importarle un pimiento a uno.

fight [faɪt]
1 *n (struggle)* lucha: **the fight for Barcelona** la lucha por Barcelona; **the fight against poverty** la lucha contra la pobreza.
2 *n (physical violence)* pelea; *(quarrel)* riña; *(argument)* disputa: **the police broke up the fight** la policía disolvió la pelea.
3 *n (boxing)* combate *m*.
4 *n (resistance)* combatividad *f*, ánimo: **he had plenty of fight left in him** aún le quedaba mucho ánimo.
5 *vi (quarrel)* pelear(se) (**about/over**, por), discutir (**about/over**, por): **they're always fighting about money** siempre discuten por dinero; **it's not worth fighting over** no vale la pena discutir por eso.
6 *vi (in boxing)* pelear (**against**, contra).
7 *vi (with physical violence)* pelearse (**with**, con) (**against**, contra), luchar (**with**, con) (**against**, contra): **he's always fighting with the other children** siempre se está peleando con los otros niños.
8 *vi fig* luchar (**for**, por) (**against**, contra), combatir: **fight for human rights** luchar por los derechos humanos.
9 *vt (bull)* lidiar.
10 *vt (engage in - battle)* librar; *(- war)* hacer; *(- election)* presentarse a.
11 *vt (with physical violence)* pelearse, luchar: **fight the enemy** luchar contra el enemigo; **they were fighting some kids from another school** se peleaban con unos chicos de otro colegio.

12 *vt fig (strive to overcome, prevent)* luchar, combatir: **fight racism** combatir el racismo; **fight drug trafficking** luchar contra el narcotráfico.
13 *vt JUR* recurrir contra.
14 *vt (fire)* apagar, combatir.
▸ **to fight back**
  1 *vi* defenderse, resistir.
  2 *vt sep (tears)* contener.
to fight off
  1 *vt sep* vencer, rechazar.
  2 *vt sep fig (illness)* librarse de, combatir; *(sleep)* sacudirse.
✦ **to fight a case** *JUR* defenderse contra un cargo.
  to fight a losing battle luchar por una causa perdida.
  to fight it out decidirlo, resolverlo.
  to fight one's way through lograr abrirse paso.
  to fight for one's life luchar por la vida.
  to fight like a tiger luchar como un jabato.
  to fight shy of something/somebody evitar algo/a alguien.
  to fight to the finish luchar hasta el final.
  to pick a fight with somebody meterse con alguien.
  to put up a fight oponer resistencia.
▲ *pt & pp* **fought** [fɔːt].

fighter [ˈfaɪtəˀ]
1 *n (war)* combatiente *mf.*
2 *n (boxing)* boxeador,-ra, púgil *mf.*
3 *n fig* luchador,-ra.
■ **fighter plane** *AV* (avión *m* de) caza *m.*
  fighter pilot piloto de caza.

fighting [ˈfaɪtɪŋ]
1 *n* peleas *fpl:* **I don't want any fighting in this pub** no quiero peleas en este bar; **there's been a lot of street fighting** ha habido muchas peleas callejeras.
2 *adj* de combate, militar.
✦ **to be in with a fighting chance/have a fighting chance** tener posibilidades de ganar.
■ **fighting spirit** combatividad *f.*

fig-leaf [ˈfɪɡliːf] *n* hoja de parra.

figment [ˈfɪɡmənt] *n cosa imaginada*: **it's a figment of your imagination** es producto de tu imaginación.

figurative [ˈfɪɡərətɪv] *adj* figurado,-a.

figuratively [ˈfɪɡərətɪvlɪ] *adv* metafóricamente, en sentido figurado.

figure [ˈfɪɡəˀ, *US* ˈfɪɡjr]
1 *n (number, sign)* cifra, número.
2 *n (money, price)* cantidad *f,* precio, suma.
3 *n (in art)* figura.
4 *n (human form)* figura, tipo, línea: **she's got a good figure** tiene buen tipo; **I'm trying to keep my figure** intento guardar la línea; **he's a fine figure of a man** es un hombre bien plantado.
5 *n (personality)* figura, personaje *m.*
6 *n (diagram)* diagrama *m,* dibujo, grabado, ilustración *f.*

7 *n (shape)* forma, figura.
8 *n (pattern)* figura.
9 *vi (appear)* figurar, constar: **does your name figure in the list?** ¿tu nombre figura en la lista?; **he figured among the prize-winners** figuraba entre los ganadores.
10 *vt US (think)* suponer, imaginarse: **I figured you'd be late** ya me imaginaba que llegarías tarde.
11 **figures** *npl (arithmetic)* matemáticas *fpl.*
▸ **to figure on** *vt insep* contar con, esperar: **he figures on being back by Tuesday** espera estar de vuelta el martes.
  to figure out *vt sep fam (gen)* comprender, explicarse; *(problem)* resolver, calcular: **I can't figure him out!** ¡no lo comprendo!; **have you figured out what happened?** ¿has podido saber lo que pasó?
✦ **that figures!** ¡ya me parecía a mí!, ¡eso tiene sentido!
■ **figure of speech** figura retórica.
  figure skating patinaje *m* artístico.

figurehead [ˈfɪɡəhed]
1 *n MAR* mascarón *m* de proa.
2 *n fig* figura decorativa.

Fiji [ˈfiːdʒiː] *n* Fiyi.

Fijian [fiːˈdʒiːən]
1 *adj* fiyiano,-a.
2 *n (person)* fiyiano,-a.
3 *n (language)* fiyiano.

filament [ˈfɪləmənt] *n* filamento.

filch [fɪltʃ] *vt fam (steal)* birlar, afanar, chorizar.

file [faɪl]
1 *n (tool)* lima.
2 *n (folder)* carpeta.
3 *n (archive)* archivo, expediente *m.*
4 *n COMPUT* archivo.
5 *n (line)* fila.
6 *vt (smooth)* limar.
7 *vt (put away)* archivar; *(in card index)* fichar.
8 *vt JUR* presentar.
9 *vi (walk in line)* desfilar.
✦ **to be on file** estar archivado,-a.
  to have a file on somebody tener a alguien fichado,-a.
■ **single file** fila india.

filet [ˈfɪlɪt] *n US* → **fillet.**

filial [ˈfɪlɪəl] *adj* filial.

filibuster [ˈfɪlɪbʌstəˀ]
1 *n POL (person)* obstruccionista *mf.*
2 *n (speech)* intervención parlamentaria hecha para impedir que una moción se vote.
3 *vt* obstaculizar.
4 *vi* practicar una política obstruccionista.

filigree [ˈfɪlɪɡriː] *n* filigrana.

filing [ˈfaɪlɪŋ]
1 *n* clasificación *f.*
2 **filings** *npl* limaduras *fpl.*
■ **filing cabinet** archivador *m.*
  filing clerk archivero,-a.

Filipino [fɪlɪˈpiːnəʊ]
1 *adj* filipino,-a.
2 *n (person)* filipino,-a.
3 *n (language)* filipino.
▲ *pl* **Filipinos.**

fill [fɪl]
1 *vt (make full)* llenar (**with,** de).
2 *vt (time)* ocupar.
3 *vt (cover)* cubrir.
4 *vt CULIN* rellenar.
5 *vt (tooth)* empastar.
6 *vt (hold a position)* ocupar; *(appoint)* cubrir.
7 *vt (fulfil)* satisfacer.
8 *vi* llenarse (**with,** de).
▸ **to fill in**
  1 *vt sep (space, form)* rellenar.
  2 *vt sep (inform)* poner al corriente (**on,** de).
  to fill in for *vt insep* sustituir a.
to fill out
  1 *vi* engordar.
  2 *vt sep* rellenar.
to fill up
  1 *vt sep* llenar.
  2 *vi* llenarse.
✦ **to drink one's fill** beber hasta saciarse.
  to eat one's fill comer hasta saciarse.
  to fill somebody's shoes ocupar el puesto de alguien.
  to have had one's fill of something/somebody *fam* estar harto,-a de algo/alguien.

filler [ˈfɪləˀ]
1 *n (for cracks)* masilla.
2 *n (for bulk)* relleno.

fillet [ˈfɪlɪt]
1 *n* filete *m.*
2 *vt* cortar en filetes, filetear.

filleted [ˈfɪlɪtɪd] *adj* en filetes, fileteado,-a.

filling [ˈfɪlɪŋ]
1 *n (in tooth)* empaste *m.*
2 *n CULIN* relleno.
■ **filling station** gasolinera.

filly [ˈfɪlɪ] *n* potra.
▲ *pl* **fillies.**

film [fɪlm]
1 *n CINEM* película, filme *m,* film *m.*
2 *n (coating of dust etc)* capa, película.
3 *n (of photos)* carrete *m,* rollo.
4 *vt CINEM* rodar, filmar; *(tv program)* grabar.
5 *vt (event)* filmar.
6 *vi CINEM* rodar.
■ **film industry** industria cinematográfica.
  film library cinemateca.
  film set plató *m.*
  film star estrella de cine.
  film strip película.
  film studio estudio de cine.
  film test prueba (cinematográfica).
  film unit equipo de rodaje.

film-maker [ˈfɪlmmeɪkəˀ] *n* cineasta *mf.*

film-making [ˈfɪlmmeɪkɪŋ] *n* cinematografía.

filmography [fɪl'mɒgrəfɪ] *n* filmografía.

filmsetting ['fɪlmsetɪŋ] *n* fotocomposición *f.*

filter ['fɪltə']
1 *n* filtro.
2 *vt* filtrar.
3 *vi* filtrarse.
4 *vi (move gradually)* moverse poco a poco: **people filtered into the church** la gente iba entrando poco a poco en la iglesia.
5 *vi GB* girar a la derecha o a la izquierda *(mientras el semáforo principal está cerrado).*
▶ **to filter out**
1 *vt sep (remove)* eliminar.
2 *vi fig (news etc)* llegar a saberse, trascender.
to filter through
1 *vi fig (news etc)* llegar.
2 *vi (sunlight etc)* filtrarse.
■ **filter paper** papel *m* de filtro.
filter tip *(tip)* boquilla filtro; *(cigarette)* cigarrillo emboquillado.
traffic filter semáforo para girar.

filter-tipped ['fɪltətɪpt] *adj* emboquillado,-a.

filth [fɪlθ]
1 *n (dirt)* suciedad *f,* porquería.
2 *n fig (obscenity)* obscenidades *fpl,* porquerías *fpl.*
3 *n sl (police)* pasma, bofia.

filthiness ['fɪlθɪnəs] *n* suciedad *f.*

filthy ['fɪlθɪ]
1 *adj (dirty)* sucio,-a, asqueroso,-a.
2 *adj (obscene)* obsceno,-a, grosero,-a, asqueroso,-a.
3 *adj fam (very bad)* malo,-a.
✦ **filthy dirty** asquerosamente sucio.
filthy rich podrido,-a de dinero.
▲ *comp* **filthier,** *superl* **filthiest.**

filtration [fɪl'treɪʃən] *n* filtración *f.*

fin [fɪn] *n* aleta.

final ['faɪnəl]
1 *adj (last)* final, último,-a.
2 *adj (definitive)* definitivo,-a.
3 *n SP* final *f.*
4 **finals** *npl (at university)* exámenes *mpl* finales.
✦ **and that's final!** ¡y no hay nada más que decir!

finale [fɪ'nɑːlɪ] *n* final *m.*

finalist ['faɪnəlɪst] *n* finalista *mf.*

finality [faɪ'nælətɪ] *n* carácter *m* definitivo.
✦ **to say with finality** decir de modo definitivo.

finalise ['faɪnəlaɪz] *vt* → **finalize.**

finalize ['faɪnəlaɪz] *vt (plans, arrangements)* ultimar; *(date)* fijar.

finally ['faɪnəlɪ]
1 *adv (at last)* por fin, al final.
2 *adv (lastly)* por último, finalmente.
3 *adv (definitively)* definitivamente, de forma definitiva.

finance ['faɪnæns]
1 *n (management of money)* finanzas *fpl.*
2 *vt* financiar.
3 **finances** *npl (money available)* fondos *mpl.*
■ **finance company** sociedad *f* financiera.
Minister of Finance Ministro,-a de Hacienda.

financial [faɪ'nænʃəl] *adj* financiero,-a.
■ **financial year** ejercicio, año fiscal.

financier [faɪ'nænsɪə'] *n* financiero,-a.

finback ['fɪnbæk]
■ **finback whale** yubarta.

finch [fɪntʃ] *n* pinzón *m.*

find [faɪnd]
1 *n (act, thing found)* hallazgo: **this shop is a real find** esta tienda es un hallazgo.
2 *vt (locate)* encontrar, hallar: **she found a note on her door** encontró una nota en la puerta; **did you find your keys?** ¿encontraste tus llaves?
3 *vt (discover)* descubrir, encontrar: **they still haven't found a cure for the common cold** aún no han descubierto a un remedio para el resfriado; **oil's been found nearby** se ha descubierto petróleo cerca.
4 *vt (exist)* hallarse, encontrarse, existir: **this species is found all over England** esta especie se encuentra por toda Inglaterra.
5 *vt (obtain, get)* encontrar: **she can never find the time to do her homework** nunca tiene tiempo para hacer sus deberes; **could you find me a job?** ¿podrías encontrarme un trabajo?; **we managed to find the money to pay for the trip** conseguimos reunir el dinero para pagar el viaje; **he found the strength to tell her the truth** encontró el valor para decirle la verdad.
6 *vt (think, consider)* encontrar, parecer: **she did not find him at all funny** no lo encontró nada gracioso; **she found the exam quite easy** encontró muy fácil el examen; **I find the rice a little salty** el arroz está un poco salado.
7 *vt (become aware, realize)* encontrar, darse cuenta: **I'm finding him much nicer than I thought** lo encuentro mucho más simpático de lo que pensaba; **he found it impossible to make himself understood** le fue imposible hacerse entender.
8 *vt (end up, arrive at, reach)* ir a parar a, llegar a: **I doubt whether the supplies actually find their way to Bosnia** dudo que las provisiones lleguen a Bosnia.
9 *vt JUR* declarar: **he was found guilty** lo declararon culpable.
▶ **to find out**
1 *vt sep (enquire)* preguntar, averiguar; *(discover)* descubrir, enterarse de: **shall I find out the price?** ¿pregunto el precio?; **find out her telephone**

number averigua su teléfono; **I'll find out what happened** me enteraré de lo que pasó; **we found out that he had been lying to us** descubrimos que nos había mentido.
2 *vt sep (rumble)* calar, pillar, descubrir el juego: **the boss found him out** el jefe lo caló, el jefe le descubrió el juego.
3 *vi (enquire)* informarse (**about,** sobre), averiguar: **I've got to find out about the times of flights** tengo que informarme sobre las horas de los vuelos.
4 *vi (discover)* enterarse (**about,** de), *(llegar a)* saber: **oh God!, if Mary ever finds out ...** Dios mío!, si llega a enterarse Mary ...; **his parents found out about the party** sus padres se enteraron de la fiesta.
✦ **all found** todo incluido.
to be nowhere to be found no estar en ninguna parte.
to find fault with criticar.
to find for somebody/find against somebody *JUR* fallar a favor de alguien/fallar en contra de alguien.
to find oneself *(gen)* encontrarse, verse; *(true self)* encontrarse a sí mismo,-a.
to find it in one's heart to do something tener el valor de hacer algo.
to find one's tongue soltarse a hablar.
to find one's way about/around *(town etc)* orientarse; *(office etc)* familiarizarse.
to find out for oneself averiguarlo por sus propios medios.
to take somebody as one finds them no prejuzgar a alguien, aceptar a alguien tal como es.
▲ *pt & pp* **found** [faʊnd].

finder ['faɪndə'] *n* descubridor,-ra.
✦ **finders keepers** quien lo encuentra se lo queda.

finding ['faɪndɪŋ]
1 *n (of inquiry)* conclusión *f,* resultado: **the report's main findings are ...** las principales conclusiones del informe son ...
2 *n JUR* fallo, veredicto.
▲ *Se usa en plural con el mismo significado.*

fine¹ [faɪn]
1 *adj (thin - hair, thread, sand, rain)* fino,-a: **she's got very fine hair** tiene el pelo muy fino; **a pen with a fine nib** una estilográfica con el plumín fino.
2 *adj (delicate)* fino,-a, delicado,-a: **fine workmanship** artesanía fina; **fine china** porcelana fina.
3 *adj (subtle)* sutil, delicado,-a: **a fine distinction** una diferencia sutil.
4 *adj (high-quality)* excelente: **a fine performance** una actuación excelente; **we use only the finest ingredients** solo utilizamos los mejores ingredientes.

5 *adj (metals)* puro,-a, refinado,-a: **fine gold** oro puro.

6 *adj (weather)* bueno,-a: **if it's fine we'll go for a walk** si hace bueno saldremos a pasear.

7 *adj (healthy)* bien: **I'm fine, thanks** estoy bien, gracias.

8 *adj fam (all right)* bien: **yeah, that'll be fine for me** sí, ya me está bien.

9 *adj iron (terrible)* menudo,-a: **that's another fine mess you've got me into!** ¡en menudo lío me has metido!; **you're a fine one to talk!** ¡mira quién habla!

10 *adv (in small bits)* fino, finamente: **chop the parsley fine** pica el perejil muy fino.

11 *adv fam (very well)* muy bien, a la perfección: **that suits me fine** me va muy bien; **it was working fine before** funcionaba muy bien antes.

✦ **not to put too fine a point on it** hablando en plata.

to cut it fine dejar algo para muy tarde: **you're cutting it a bit fine, the train leaves in half an hour!** ¡has dejado muy poco tiempo, el tren sale en media hora!

to get something down to a fine art hacer algo a la perfección.

■ **fine arts** bellas artes *fpl*.

fine print letra menuda.

fine² [faɪn]

1 *n (punishment)* multa.

2 *vt* multar, poner una multa: **he was fined 50 pounds** le pusieron una multa de 50 libras.

finely ['faɪnlɪ]

1 *adv (very thin, in small bits)* fino, finamente.

2 *adv (well, splendidly)* elegantemente: **finely dressed** elegantemente vestido.

3 *adv (with precision, subtly)* delicadamente, minuciosamente: **a finely tuned guitar** una guitarra bien afinada; **a finely tuned engine** un motor ajustado con mucha precisión.

finery ['faɪnərɪ] *n* galas *fpl*.

✦ **in all one's finery** con sus mejores galas.

finesse [fɪ'nes] *n* delicadeza, diplomacia, sutileza.

fine-tooth comb ['faɪntuː'θkəʊm] *n* peine *m* de púas finas.

✦ **to go through something with a fine-tooth comb** mirar algo con lupa.

finger ['fɪŋgə']

1 *n* dedo: **index finger** dedo índice; **middle finger** dedo del corazón; **ring finger** dedo anular; **little finger** dedo meñique.

2 *vt (touch)* tocar.

3 *vt pej* manosear.

✦ **to be all fingers and thumbs** ser torpe.

to burn one's fingers/get one's fingers burnt pillarse los dedos.

to get one's finger out espabilarse.

to have a finger in every pie estar metido,-a en todo.

to have green fingers tener buena mano para las plantas.

to have light fingers tener las manos largas.

to have one's finger on the pulse estar al corriente de lo que sucede.

to have one's fingers in the till robar *(de la empresa)*, meter mano en la caja.

to lay a finger on somebody/something tocar a alguien/algo.

to lift a finger/raise a finger mover un dedo.

to point the finger at somebody señalar a alguien con el dedo.

to put one's finger on something dar en el clavo, poner el dedo en la llaga.

to work one's fingers to the bone dejarse los codos trabajando.

■ **finger bowl** lavadedos *m*.

fingerboard ['fɪŋgəbɔːd] *n* diapasón *m*.

finger-mark ['fɪŋgəmɑːk] *n* huella (del dedo).

fingernail ['fɪŋgəneɪl] *n* uña.

fingerprint ['fɪŋgəprɪnt] *n* huella digital, huella dactilar.

fingerstall ['fɪŋgəstɔːl] *n* dedil *m*.

fingertip ['fɪŋgətɪp] *n* punta del dedo, yema del dedo.

✦ **to have something at one's fingertips** *fig* saberse algo al dedillo.

finicky ['fɪnɪkɪ]

1 *adj (person)* remilgado,-a, quisquilloso,-a, melindroso,-a.

2 *adj (job)* engorroso,-a.

finish ['fɪnɪʃ]

1 *n* fin *m*, final *m*, conclusión *f*.

2 *n SP* llegada.

3 *n (for surface)* acabado: **matt/gloss finish** acabado mate/brillo.

4 *vt (end)* acabar, terminar: **I must finish this book** tengo que acabar este libro; **what time do you finish work?** ¿a qué hora sales del trabajo?; **we finished the meal and left** acabamos la comida y nos fuimos.

5 *vt (consume the remainder of)* acabar (**off/up**, -), terminar (**off/up**, -): **finish (up) your potatoes** cómete todas las patatas, termínate las patatas; **who finished (off) the wine?** ¿quién ha acabado el vino?

6 *vt (complete)* acabar (**off**, -), terminar (**off**, -): **he finished the essay as quickly as possible** acabó la redacción lo más rápido posible; **when will this building be finished?** ¿cuándo acabarán este edificio?

7 *vt fam (exhaust)* agotar (**off**, -), acabar con: **that last lap just about finished me off** esta última vuelta me ha dejado hecho polvo.

8 *vi (end)* acabar, terminar: **when does term finish?** ¿cuándo acaba el trimestre?; **the film finishes at 10.00 pm** la película termina a las 10.00; **I haven't**

finished reading that yet! ¡aún no he terminado de leerlo!; **she finished by saying that ...** terminó diciendo ...

9 *vi SP* llegar: **he finished second** llegó en segundo lugar, llegó el segundo.

▸ **to finish off** *vt sep fam (kill)* rematar, despachar, acabar con.

to finish up *vi (end up)* ir a parar a/en: **we caught the wrong train and finished up in Madrid** nos equivocamos de tren y fuimos a parar a Madrid; **he finished up working in the Ritz** acabó trabajando en el Ritz.

to finish with

1 *vt insep* acabar con: **put that book back when you've finished with it** devuelve el libro a su sitio cuando hayas acabado con él; **hold on - I haven't finished with you yet** espera - aún no he acabado contigo.

2 *vt insep (person)* romper con: **I've finished with Jim** he roto con Jim.

✦ **to the finish** hasta el final.

■ **close finish** *SP* final *m* muy reñido.

finished ['fɪnɪʃt]

1 *adj (ended)* acabado,-a: **I'm finished with men** he acabado con los hombres; **if the press find out, he's finished** si se entera la prensa, está acabado.

2 *adj (properly made, completed)* acabado,-a.

finishing ['fɪnɪʃɪŋ] *adj* final.

■ **finishing line** (línea de) meta.

finishing school escuela privada de modales para señoritas.

finite ['faɪnaɪt] *adj* finito,-a.

Finland ['fɪnlənd] *n* Finlandia.

Finn [fɪn] *n (person)* finlandés,-esa.

Finnish ['fɪnɪʃ]

1 *adj* finlandés,-esa.

2 *n (language)* finlandés *m*.

3 **the Finnish** *npl* los finlandeses *mpl*.

fiord [fɪ'ɔːd] *n* fiordo.

fir [fɜː'] *n* abeto.

fire ['faɪə']

1 *n (gen)* fuego.

2 *n (blaze)* incendio, fuego.

3 *n (heater)* estufa.

4 *n MIL* fuego.

5 *n (strong emotion)* ardor *m*, pasión *f*, entusiasmo.

6 *vt (weapon)* disparar; *(rocket)* lanzar.

7 *vt (questions etc)* disparar, bombardear.

8 *vt (pottery)* cocer.

9 *vt fig (stimulate)* inflamar, enardecer, excitar, exaltar.

10 *vt fam (dismiss)* despedir.

11 *vi (shoot)* disparar (**at**, sobre), hacer fuego.

12 *vi AUTO* encenderse.

13 *interj* ¡fuego!

✦ **fire away!** ¡va! ¡adelante!

to be on fire estar ardiendo, estar en llamas.

to be under fire ser atacado,-a.

to come under fire *fig* ser criticado,-a.

to catch fire incendiarse, encenderse.
to open fire abrir fuego.
to play with fire jugar con fuego.
to set fire to something/set something on fire prender fuego a algo, incendiar algo.
■ fire alarm alarma de incendios.
fire brigade cuerpo de bomberos, los bomberos mpl.
fire drill simulacro de incendio.
fire engine camión m de bomberos.
fire escape escalera de incendios.
fire exit salida de emergencia.
fire extinguisher extintor m.
fire fighter bombero mf.
fire hydrant boca de incendio.
fire raiser incendiario,-a.
fire station parque m de bomberos.

firearm ['faɪərɑːm] n arma de fuego.
firebomb ['faɪəbɒm] n bomba incendiaria.
firebreak ['faɪəbreɪk] n cortafuego.
firecracker ['faɪəkrækəʳ] n petardo.
firecrest ['faɪəkrest] n reyezuelo listado.
firedamp ['faɪədæmp] n grisú m.
firefighter ['faɪəfaɪtə'] n bombero mf.
fire-fighting ['faɪəfaɪtɪŋ] n tareas fpl de extinción.
firefly ['faɪəflaɪ] n luciérnaga.
▲ pl fireflies.
fireguard ['faɪəgɑːd] n pantalla.
fireman ['faɪəmən] n bombero.
▲ pl firemen ['faɪəmən].
fireplace ['faɪəpleɪs]
1 n (structure) chimenea.
2 n (hearth) hogar m.
fireproof ['faɪəpruːf] adj incombustible.
fireside ['faɪəsaɪd] n hogar m.
+ by the fireside al calor de la lumbre.
■ fireside chair sillón m.
firewall ['faɪəwɔːl] n cortafuego.
firewoman ['faɪəwʊmən] n mujer bombero.
▲ pl firewomen ['faɪəwɪmɪn].
firewood ['faɪəwʊd] n leña.
fireworks ['faɪəwɜːks]
1 npl fuegos mpl artificiales, fuegos mpl de artificio.
2 npl fig escándalo m sing.
firing ['faɪərɪŋ] n tiroteo.
+ to be in the firing line estar en la línea de fuego.
■ firing line línea de fuego.
firing squad pelotón m de fusilamiento.
firm¹ [fɜːm] n (business) empresa.
firm² [fɜːm]
1 adj (strong, solid, steady) firme, sólido,-a: firm soil tierra firme; firm foundations fundamentos sólidos.
2 adj (definite, not changing) firme, en firme: firm offer oferta en firme; firm decision decisión firme; firm date fecha definitiva.

3 adj (strict, strong) duro,-a: firm discipline disciplina dura; you must be firm with them tienes que tratarlos con firmeza.
4 adj FIN (steady) firme, estable: the pound remained firm against the dollar la libra se mantuvo frente al dólar.
▶ to firm up vt sep (deal etc) concretar, confirmar.
+ to be on firm ground estar seguro,-a.
■ firm hand mano f dura.
firmament ['fɜːməmənt] n firmamento.
firmer chisel ['fɜːmətʃɪzəl] n formón m.
firmly ['fɜːmlɪ] adv firmemente, con firmeza.
firmness ['fɜːmnəs] n firmeza.
first [fɜːst]
1 adj primero,-a: what was your first job? ¿cuál fue tu primer trabajo?; who was the first man on the moon? ¿quién fue el primer hombre que pisó la luna?; she was his first wife fue su primera esposa; for the first time in my life ... por primera vez en mi vida ...; my first reaction was to ... mi reacción inicial fue ...
2 adv (before anything else) primero: Jane spoke first Jane habló primero; when you get up, what do you do first? al levantarte, ¿qué es lo primero que haces?; first, I have to go to the bank primero, tengo que ir al banco.
3 adv (for the first time) por primera vez: when we first met, he hated me cuando nos conocimos, me odiaba; the book was first published in 1990 el libro fue editado por primera vez en 1990.
4 adv (in first place) primero, en primer lugar: there are several reasons: first, ... hay varias razones: en primer lugar, ...
5 adv (in preference to) antes: he said he'd die first dijo que antes, preferiría morir.
6 n la primera vez: it's a first for me too! ¡es la primera vez para mí también!
7 pron el primero, la primera, lo primero: Jack was the first to arrive Jack fue el primero en llegar; the first I knew about it lo primero que supe; that's the first I've heard about it primera noticia; Elizabeth I (the First) Isabel I (primera).
8 n (first-class degree) ≈ sobresaliente m (título universitario que corresponde a la nota más alta).
9 n (gear) primera: I can't put it into first no puedo meter primera.
+ at first al principio.
at first sight a primera vista.
first come, first served el que llega primero tiene prioridad.
first of all en primer lugar.
first thing a primera hora (de la mañana).
first things first lo primero es lo primero.
from the first desde el principio.
from first to last de principio a fin, desde el principio hasta el final.

to come first (in race) llegar el primero; (in order) estar primero.
■ first aid primeros auxilios mpl.
first class primera clase f.
First Communion primera comunión f.
first floor GB primer piso; US planta baja.
First Lady Primera Dama.
first lieutenant teniente m de navío.
first mate primer oficial m.
first name nombre m de pila.
first night estreno.
first offender delincuente m sin antecedentes.
first person LING primera persona.
First World War Primera Guerra Mundial.
first-aid [fɜːst'eɪd] adj de primeros auxilios.
■ first-aid kit botiquín m.
first-born ['fɜːstbɔːn]
1 adj primogénito,-a.
2 n primogénito,-a.
first-class ['fɜːstklɑːs]
1 adj de primera clase: a first-class ticket is more expensive un billete de primera clase es más caro.
2 adj fig de primera, excelente: your work really is first-class tu trabajo es realmente excelente.
3 adv en primera: to travel first-class viajar en primera, viajar en preferente.
■ first-class mail GB servicio de correo en que las cartas se reparten al día siguiente.
first-class (honours) degree ≈ sobresaliente m (título universitario que corresponde a la nota más alta).
first-former ['fɜːstfɔːmə'] n GB alumno,-a del primer curso.
first-hand [fɜːst'hænd]
1 adj de primera mano.
2 adv de primera mano, directamente: she got the information first-hand consiguió la información de primera mano; he experienced it first-hand lo experimentó él mismo.
firstly ['fɜːstlɪ] adv en primer lugar, ante todo.
first-rate ['fɜːstreɪt]
1 adj de primera, excelente: that was a first-rate meal ha sido una comida de primera.
2 adv de primera: I feel first-rate me encuentro de primera.
fiscal ['fɪskəl] adj fiscal.
■ fiscal year año fiscal.
fish [fɪʃ]
1 n pez m: did you catch any fish? ¿pescaste algo?
2 n CULIN pescado: she prefers fish to meat prefiere el pescado a la carne.
3 vt pescar en.
4 vi pescar (for, -).
▶ to fish for vt insep buscar.
to fish out vt sep sacar.
+ like a fish out of water como pez fuera del agua, como gallo en corral ajeno.

to drink like a fish beber como una esponja.

to have other fish to fry tener cosas más importantes que hacer.

there are plenty of other fish in the sea hay mucho más donde elegir.

■ fish and chips pescado con patatas.

fish cake ≈ croqueta de pescado y patatas.

fish farm piscifactoría.

fish shop pescadería.

fish slice pala de cocina.

fish tank pecera.

odd fish/queer fish tipo raro.

▲ pl fish o fishes.

fishbowl ['fɪʃbəʊl] n pecera.

fish-eating ['fɪʃiːtɪŋ] adj ictiófago,-a.

fisherman ['fɪʃəmən] n pescador m.

▲ pl fishermen ['fɪʃəmən].

fishery ['fɪʃərɪ]

1 n (industry) industria pesquera.

2 n (place) pesquería.

▲ pl fisheries.

fishfinger [fɪʃ'fɪŋgə'] n palito de pescado rebozado.

fish-hook ['fɪʃhʊk] n anzuelo.

fishing ['fɪʃɪŋ] n pesca.

✦ to go fishing ir de pesca.

■ fishing line sedal m.

fishing net red f de pesca.

fishing rod caña de pescar.

fishing tackle aparejo de pescar.

fishmonger ['fɪʃmʌŋgə'] n GB pescadero,-a.

■ fishmonger's (shop) pescadería.

fishnet ['fɪʃnet]

1 n US red f de pesca.

2 n (mesh fabric) red f.

■ fishnet stockings medias fpl de malla de red.

fishplate ['fɪʃpleɪt] n eclisa.

fishwife ['fɪʃwaɪf]

1 n pescadera.

2 n pej verdulera.

▲ pl fishwives.

fishy ['fɪʃɪ]

1 adj (taste, smell) a pescado: it smells fishy in here aquí huele a pescado.

2 adj (suspicious) sospechoso,-a: it sounds a bit fishy to me a mí me da que hay gato encerrado.

▲ comp fishier, superl fishiest.

fission ['fɪʃən] n fisión f.

fissure ['fɪʃə'] n fisura, grieta.

fist [fɪst] n puño.

fistful ['fɪstfʊl] n puñado.

fisticuffs ['fɪstɪkʌfs] npl dated puñetazos mpl.

fistula ['fɪstjələ] n fístula.

fit¹ [fɪt]

1 n MED ataque m, acceso.

2 n (of laughter) arrebato, ataque m; (of rage, panic) arranque m arrebato.

✦ to be in fits (of laughter) desternillarse de risa, troncharse de risa.

by fits and starts/in fits and starts a trompicones.

to give somebody a fit darle un susto a alguien.

to have a fit/throw a fit darle un ataque a uno: she'd have a fit if she knew si lo supiera le daría un ataque.

fit² [fɪt]

1 adj (suitable, appropriate) adecuado,-a, apto,-a, apropiado,-a; (qualified for) capacitado,-a hábil, capaz; (worthy, deserving) digno,-a: it's not fit for human consumption no es apto para el consumo humano; a meal fit for a king una comida digna de un rey.

2 adj (in good health) sano,-a, bien de salud, en (plena) forma; (physically) en forma: are you sure you're fit enough to go back to work? ¿seguro que estás bien para volver al trabajo?; he keeps fit by jogging every day se mantiene en forma haciendo footing cada día.

3 adj fam (ready) a punto de: they looked fit to drop parecían a punto de caerse.

4 vt (be right size for) sentar bien, quedar bien, ir bien a: this dress fits me perfectly este vestido me queda perfectamente; he was wearing a coat which didn't fit him llevaba un abrigo que no le sentaba bien.

5 vt (try (clothing) on somebody) probar: he's being fitted for a suit le están probando un traje.

6 vt (key) abrir: does this key fit the lock? ¿esta llave abre la cerradura?

7 vt (install) instalar, poner, colocar: we're having a carpet fitted nos van a colocar moqueta; they had a new lock fitted pusieron una nueva cerradura.

8 vt fig (be appropriate) cuadrar con, corresponder a, responder a: the facts fit the theory los hechos cuadran con la teoría; make the punishment fit the crime hacer que el castigo corresponda al crimen; he doesn't fit the description no responde a la descripción.

9 vt (adapt) ajustar, adaptar, adecuar; (make suitable) capacitar: you have to fit the ideas to the philosophy hay que adaptar las ideas a la filosofía; her experience fits her for the job su experiencia la capacita para el puesto.

10 vi (be right size/shape) sentar bien, ir bien: does this piece fit here? ¿esta pieza va bien aquí?; these shoes don't fit estos zapatos no me van bien.

11 vi (be of right size in space) caber, encajar, ajustar: do all your clothes fit in that drawer? ¿toda tu ropa cabe en ese cajón?; the new sofa wouldn't fit through the door el nuevo sofá no cabía por la puerta; if it doesn't fit, don't force it si no cabe, no lo fuerces; only four people can fit in solo caben cuatro personas.

12 vi (be right) cuadrar, corresponder, encajar: something doesn't quite fit hay algo que no cuadra; it didn't fit no encajó.

13 n (of clothes) it's a perfect fit me va perfectamente.

14 n (in space) it'll be a tight fit vamos a estar muy apretados.

▶ to fit in

1 vi (get on) llevarse bien, integrarse: he doesn't fit in with the other children no se lleva bien con los otros niños.

2 vi (suit) encajar; (harmonize) pegar, quedar bien; (tally) cuadrar: it doesn't fit in with our ideas no encaja con nuestras ideas; it doesn't fit in with the room's colour scheme no pega con los colores de la habitación; that does not fit in with what I've been told eso no cuadra con lo que me han dicho.

3 vt sep (physically) hacer sitio para, meter: I think we can fit one more in creo que hay sitio para una persona más; she fitted everything in the box consiguió meter todo en la caja.

4 vt sep (in timetable) hacer un hueco para, tener tiempo para: the doctor can fit you in on Friday el doctor te podrá ver el viernes, el doctor puede hacerte un hueco el viernes; how do you fit in so many activities in one day? ¿cómo puedes hacer tantas cosas en un solo día?

5 vt sep (harmonize) encajar, cuadrar.

to fit out vt sep (ship) equipar, pertrechar; (person) equipar: they fitted us out with uniforms nos equiparon con uniformes.

to fit up

1 vt sep (building) acondicionar.

2 vt sep GB sl (frame) incriminar.

✦ to fit somebody like a glove irle a alguien como un guante.

to be as fit as a fiddle estar fuerte como un roble.

to be fit to do something estar en condiciones de hacer algo.

to see fit/think fit estimar conveniente, parecer conveniente: do as you think fit haga lo que mejor le parezca.

▲ (adjetivo) comp fitter, superl fittest; (verbo) pt & pp fitted, ger fitting.

fitful ['fɪtfʊl] adj irregular, discontinuo, -a, intermitente.

fitfully ['fɪtfəlɪ] adv a rachas, por intervalos, de manera irregular.

fitment ['fɪtmənt] n mueble m.

fitness ['fɪtnəs]

1 n (health) buena forma física, buen estado físico.

2 n (suitability) capacidad f (for, para).

fitted ['fɪtɪd] adj (cupboard) empotrado, -a; (room) amueblado,-a; (clothes) entallado,-a.

■ fitted carpet moqueta.

fitted sheet sábana ajustable.

fitter [ˈfɪtəʳ]
1 n TECH montador,-ra.
2 n SEW probador,-ra.

fitting [ˈfɪtɪŋ]
1 adj (appropriate, proper) apropiado,-a, adecuado,-a: it was fitting that he should get the prize fue justo que él ganara el premio.
2 n SEW prueba.
3 fittings npl (accessories) accesorios mpl.
4 fittings npl (furnishings) muebles, cortinas y alfombras.

five [faɪv]
1 n cinco.
2 adj cinco.
■ five o'clock shadow sombra de barba.
▲ Véase también six.

five-a-side [faɪvəˈsaɪd] five-a-side (football) n fútbol sala m, futbito.

fiver [ˈfaɪvəʳ] n GB fam billete m de cinco libras.

fix [fɪks]
1 n fam (difficult situation) apuro, aprieto: I'm in a real fix estoy en un apuro.
2 n (position of ship, aircraft) posición f.
3 n (dishonest arrangement) tongo: it's a fix! ¡hay tongo!
4 n sl (of drugs) dosis f, chute m, pico.
5 vt (fasten) fijar, sujetar: could you fix this sign on the door? ¿podrías sujetar este letrero en la puerta?
6 vt fig (stick) fijar, grabar: I fixed the name in my mind me grabé el nombre en la cabeza.
7 vt (direct - eyes, attention) fijar, clavar, poner: his eyes were fixed on the scoreboard tenía los ojos clavados en el marcador.
8 vt (decide) decidir; (date, meeting, etc) fijar: we just need to fix the time of the next meeting solo nos falta fijar la hora de la próxima reunión; let's fix a price fijemos un precio.
9 vt (organize) arreglar, organizar: do you want me to fix you a date? ¿quieres que te arregle una cita?; I'll fix it ya lo arreglaré.
10 vt (dishonestly) amañar: the game was fixed el partido estaba amañado.
11 vt (repair) arreglar: can you fix this tap? ¿puedes arreglar este grifo?
12 vt US (prepare) preparar: let me fix you a sandwich te preparo un bocadillo.
13 vt (tidy) arreglar: I'll just fix my hair me arreglaré el pelo.
14 vt (photo) fijar.
▸ **to fix on** vt insep (decide, select - person) decidir, optar por, escoger; (- date) fijar.

to fix up
1 vt sep (accommodate, provide with) proveer (with, de), conseguir: they fixed me up with somewhere to stay for the night me consiguieron un sitio donde dormir.
2 vt sep (organize) arreglar, organizar: I've fixed up an outing to the seaside he organizado una excursión a la costa.

3 vt sep (repair, redecorate) arreglar; (install) poner: we spend our weekends fixing up the flat pasamos los fines de semana arreglando el piso.
✦ to fix the blame on somebody echarle la culpa a alguien.

fixation [fɪkˈseɪʃən] n obsesión f, idea fija.

fixative [ˈfɪksətɪv] n fijador m, fijativo.

fixed [fɪkst]
1 adj (set) fijo,-a: a fixed rate un precio fijo; fixed ideas ideas fijas.
2 adj (dishonestly) amañado,-a.
✦ of no fixed address sin domicilio fijo. to be fixed for something andar de algo: how are you fixed for money? ¿cómo andas de dinero?
■ fixed costs gastos mpl generales.

fixedly [ˈfɪksədlɪ] adv fijamente.

fixture [ˈfɪkstʃəʳ]
1 n SP encuentro.
2 fixtures npl (furniture) muebles mpl empotrados.

fizz [fɪz]
1 n burbujeo, efervesencia.
2 vi burbujear.

fizziness [ˈfɪzɪnəs] n efervescencia.

fizzle [ˈfɪzəl] vi burbujear.
▸ **to fizzle out** vi esfumarse, perder fuerza, quedar en nada.

fizzy [ˈfɪzɪ] adj (gen) gaseoso,-a, con gas; (wine) espumoso,-a.
▲ comp fizzier, superl fizziest.

fjord [fɪˈɔːd] n fiordo.

flab [flæb] n fam pej michelines mpl.

flabbergasted [ˈflæbəɡɑːstɪd] adj pasmado,-a, atónito,-a.

flabbiness [ˈflæbɪnəs] n flaccidez f, flojedad f.

flabby [ˈflæbɪ]
1 adj (part of body) fofo,-a.
2 adj fig (weak) débil, soso,-a.
▲ comp flabbier, superl flabbiest.

flaccid [ˈflæksɪd] adj fláccido,-a.

flaccidity [flækˈsɪdɪtɪ] n flaccidez f.

flaccidness [ˈflæksɪdnəs] n flaccidez f.

flag¹ [flæɡ] n (rock) → flagstone.

flag² [flæɡ]
1 n (gen) bandera.
2 n MAR pabellón m.
3 n (for charity) banderita.
4 vt (put up flags) decorar con banderas.
5 vt (mark) señalar.
▸ **to flag down** vt sep hacer señales para que un coche se detenga.
✦ to fly the flag/show the flag/wave the flag hacer acto de presencia. to keep the flag flying mantener el pabellón alto.
■ flag day día m de la banderita. flag of convenience bandera de conveniencia.
▲ pt & pp flagged, ger flagging.

flag³ [flæɡ] n BOT lirio.

flag⁴ [flæɡ]
1 vi (lose strength) decaer, flaquear, languidecer: her spirits flagged sus ánimos decayeron; the conversation was flagging la conversación decaía.
2 vi (plants) marchitarse.
▲ pt & pp flagged, ger flagging.

flagellate [ˈflædʒəleɪt] vt flagelar.

flagellation [flædʒəˈleɪʃən] n flagelación f.

flagon [ˈflæɡən] n jarro, jarra.

flagpole [ˈflæɡpəʊl] n asta de bandera.

flagrant [ˈfleɪɡrənt] adj flagrante, escandaloso,-a, descarado,-a.

flagship [ˈflæɡʃɪp] n buque m insignia.

flagstone [ˈflæɡstəʊn] n (large) losa; (small) loseta.

flail [fleɪl]
1 n mayal m.
2 vt golpear, azotar.
3 to flail about vi agitarse, debatirse.

flair [fleəʳ] n talento, don m, facilidad f.

flak [flæk]
1 n MIL fuego antiaéreo.
2 n (criticism) críticas fpl (negativas): the minister came in for a lot of flak el ministro recibió muchas críticas.
■ flak jacket chaleco antibalas.

flake [fleɪk]
1 n (of snow, oats) copo.
2 n (of skin, soap) escama.
3 n (of paint) desconchón m, trozo desprendido.
4 to flake away/off vi (gen) descamarse; (paint) desconcharse.
▸ **to flake out** vi (collapse) caer rendido,-a.

flaky [ˈfleɪkɪ] adj (paint) desconchado,-a; (skin) escamoso,-a.
■ flaky pastry hojaldre m.
▲ comp flakier, superl flakiest.

flambé [ˈflɒmbeɪ] adj CULIN flameado,-a.

flamboyance [flæmˈbɔɪəns] n extravagancia.

flamboyant [flæmˈbɔɪənt] adj llamativo,-a, extravagante.

flame [fleɪm]
1 n llama: the building was in flames el edificio estaba en llamas; the car burst into flames el coche estalló en llamas; everything went up in flames todo se incendió.
2 n fig (intense feeling) llama.
3 vi (burn) arder.
4 vi (glow, shine) brillar, encenderse.
5 vi (become angry) montar en cólera.
■ old flame antiguo amor.

flameproof [ˈfleɪmpruːf] adj ignífugo,-a.

flame-thrower [ˈfleɪmθrəʊəʳ] n lanzallamas m.

flaming [ˈfleɪmɪŋ]
1 adj (burning) en llamas; (glowing) ardiente.
2 adj (colour) encendido,-a.

3 *adj (passionate, violent)* apasionado,-a, violento,-a, ardiente: **he's got a flaming temper** tiene muy mal genio.

4 *adj fam (damn)* maldito,-a, condenado,-a.

flamingo [fləˈmɪŋgəʊ] *n* flamenco.
▲ *pl flamingos o flamingoes.*

flammable [ˈflæməbəl] *adj* inflamable.

flan [flæn] *n CULIN* tarta rellena.

Flanders [ˈflɑːndəz] *n* Flandes *m*.

flange [flændʒ] *n (on wheel)* pestaña; *(on pipe)* reborde *m*.

flank [flæŋk]
1 *n (of animal)* ijada, ijar *m*.
2 *n MIL* flanco.
3 *n (of building, mountain etc)* lado, falda.
4 *vt* flanquear, bordear.

flannel [ˈflænəl]
1 *n (material)* franela.
2 *n (for face)* toallita.
3 *n fam (words)* palabrería: **he gave me a lot of old flannel** me dio mucha coba.
4 **flannels** *npl* pantalón *m sing* de franela.

flannelette [flænəˈlet] *n* muletón *m*, franela de algodón.

flap [flæp]
1 *n (of envelope, pocket)* solapa.
2 *n (of tent)* faldón *m*.
3 *n (of plane)* alerón *m*.
4 *n (of table)* hoja (abatible).
5 *n (action, sound)* aleteo.
6 *n fam* pánico.
7 *vt (wings)* batir; *(arms)* agitar.
8 *vi (wings)* aletear.
9 *vi (flag, sails)* ondear.
10 *vi fam* inquietarse.
✦ **to get into a flap** ponerse nervioso,-a.
▪ **cat flap** gatera.
▲ *pt & pp* **flapped,** *ger* **flapping.**

flapjack [ˈflæpdʒæk]
1 *n US* hojuela, tortita.
2 *n GB* galleta hecha de copos de avena, mantequilla y miel.

flare [fleəʳ]
1 *n (flame)* llamarada.
2 *n (signal)* bengala.
3 *vi* llamear.
4 *vi fig* estallar, encenderse: **tempers flared** los ánimos se encendieron.
▶ **to flare up** *vi (blow up, erupt)* estallar, encenderse; *(get angry)* enfadarse, montar en cólera: **trouble flared up outside the ground** estalló la violencia fuera del estadio.
▪ **flare path** pista iluminada para aterrizar.

flared [fleəd] *adj* acampanado,-a.

flare-up [ˈfleərʌp]
1 *n (of flame)* llamarada.
2 *n (of violence)* estallido.

flash [flæʃ]
1 *n (of light)* destello, centelleo; *(of lightning)* relámpago.
2 *n (from firearm)* fogonazo.
3 *n fig* destello, rayo: **a flash of inspiration** una inspiración.

4 *n (photography)* flash *m*.
5 *n MIL (patch)* distintivo.
6 *adj fam pej (showy)* ostentoso,-a, chulo,-a.
7 *vi* relampaguear, destellar.
8 *vi fig (eyes)* brillar.
9 *vi (dash)* pasar como un rayo.
10 *vi (expose oneself)* exhibirse.
11 *vt (shine - light)* dirigir, lanzar; *(- torch)* encender, dirigir.
12 *vt (communicate with light)* hacer señales con: **that driver's flashing his lights at you** aquel conductor te está haciendo señales con las luces.
13 *vt (transmit message)* transmitir.
14 *vt fig (look, smile)* lanzar.
15 *vt (show quickly)* enseñar rápidamente.
▶ **to flash about/flash around** *vt sep* hacer ostentación de.
to flash back *vi CINEM* retroceder.
✦ **in a flash/like a flash** en un instante, como un relámpago, como un rayo.
▪ **flash card** tarjeta.
flash in the pan triunfo fugaz, éxito pasajero.
flash point punto álgido.
news flash flash *m*, noticia de última hora.

flashback [ˈflæʃbæk] *n* escena retrospectiva, flashback *m*.

flasher [ˈflæʃəʳ] *n* exhibicionista *m*.

flashlight [ˈflæʃlaɪt]
1 *n (torch)* linterna.
2 *n (photo)* flash *m*.

flashy [ˈflæʃɪ] *adj* llamativo,-a, ostentoso,-a.
▲ *comp* **flashier,** *superl* **flashiest.**

flask [flɑːsk]
1 *n* frasco.
2 *n CHEM* matraz *m*.
▪ **(thermos) flask** termo.

flat¹ [flæt] *n (apartment)* piso.

flat² [flæt]
1 *adj (level, even)* llano,-a, plano,-a; *(smooth)* liso,-a: **people thought the earth was flat** la gente creía que la tierra era plana; **he's got flat feet** tiene los pies planos; **put it on a flat surface** ponlo en una superficie plana.
2 *adj (shallow)* llano,-a: **a flat dish** un plato llano.
3 *adj (shoes)* sin tacón.
4 *adj (tyre, ball etc)* desinflado,-a.
5 *adj (battery)* descargado,-a.
6 *adj (drink)* sin gas: **this beer's flat** esta cerveza no tiene gas.
7 *adj fig (dull)* monótono,-a, soso,-a: **he spoke in a flat voice** habló en voz monótona; **it was a very flat performance** fue una actuación muy insulsa.
8 *adj (having single price)* fijo,-a: **there's a flat fare** hay un precio fijo.
9 *adj (firm, absolute, categorical)* rotundo,-a: **he gave us a flat denial** se negó categóricamente.
10 *adj (exact)* justo,-a: **a flat thirty minutes** unos treinta minutos justos.

11 *adj MUS (key)* bemol; *(voice, instrument)* desafinado,-a.
12 *n (plain)* llano, llanura.
13 *n (of hand)* palma.
14 *n MUS* bemol *m*.
15 *n US (tyre)* pinchazo.
16 *adv (completely)* categóricamente: **he told me flat** me lo dijo categóricamente; **she turned me down flat** me rechazó de plano.
17 *adv MUS* desafinadamente.
18 *adv (exactly)* exactamente: **in ten seconds flat** en diez segundos justos.
19 **flats** *npl (low level plain)* llano *sing*.
✦ **and that's flat** no hay más que decir.
as flat as a pancake liso,-a como la palma de la mano.
flat broke sin blanca.
to be in a flat spin *(person)* estar hecho,-a un lío.
to fall flat *(joke etc)* caer mal, no hacer gracia.
to fall flat on one's face caer de bruces.
to go flat out ir a toda pastilla, ir a todo gas.
to lay flat estirar, extender.
to play flat/sing flat desafinar.
▪ **flat cap** gorra.
flat racing carreras *fpl* de caballos sin vallas.
flat spin *AV* barrena.
mud flats marismas *fpl*.
▲ *comp* **flatter,** *superl* **flattest.**

flat-bottomed [ˈflætˈbɒtəmd] *adj (boat)* de poco calado.

flatfish [ˈflætfɪʃ] *n* pez *m* de cuerpo plano.

flat-footed [ˈflætˈfʊtɪd]
1 *adj (having flat feet)* que tiene los pies planos.
2 *adj (clumsy)* torpe, patoso,-a.

flatly [ˈflætlɪ]
1 *adv (categorically)* categóricamente, rotundamente.
2 *adv (voice)* con voz monótona.

flatmate [ˈflætmaɪt] *n* compañero,-a de piso.

flatten [ˈflætən]
1 *vt (make flat)* allanar, aplanar (**out**, -); *(smooth)* alisar: **she tried to flatten her hair** intentó alisarse el pelo; **he flattened himself against the wall** se arrimó contra la pared.
2 *vt (crush)* aplastar; *(knock down)* derribar, tumbar; *(knock over)* atropellar.
3 *vt fig (defeat)* desconcertar.
4 *vi* allanarse, aplanarse (**out**, -): **the land flattens out here** la tierra se aplana aquí.

flatter [ˈflætəʳ]
1 *vt (praise)* halagar, adular.
2 *vt (give pleasure)* halagar: **I was extremely flattered that he remembered my name** me sentí muy halagada al ver que recordaba mi nombre.

3 *vt (suit)* favorecer: **that new hairstyle really flatters you** ese nuevo peinado te favorece de verdad.

4 *vt (believe)* felicitarse, preciarse de; *(delude oneself)* hacerse ilusiones: **he flatters himself on his objectivity** se felicita por su objetividad.

flatterer ['flætərə'] *n* adulador,-ra.

flattering ['flætərɪŋ]
1 *adj (words)* lisonjero,-a, halagüeño,-a.
2 *adj (clothes etc)* favorecedor,-ra.

flattery ['flætərɪ] *n* adulación *f*, halagos *mpl*: **flattery will get you nowhere** la adulación no te va a conseguir nada.

flatulence ['flætjələns] *n fml* flatulencia.

flaunt [flɔːnt] *vt* hacer alarde de, hacer ostentación de.

flautist ['flɔːtɪst] *n* flautista *mf*.

flavour ['fleɪvə']
1 *n* sabor *m*, gusto.
2 *n fig* atmósfera.
3 *vt* sazonar, condimentar (**with**, con).

flavouring ['fleɪvərɪŋ] *n* condimento.
■ **artificial flavouring** aromatizante *m* artificial.

flaw [flɔː]
1 *n (fault - in material, product, etc)* defecto, desperfecto, tara, fallo.
2 *n (failing - in character)* defecto; *(- in argument)* error *m*.

flawed [flɔːd]
1 *adj (product etc)* defectuoso,-a.
2 *adj (argument)* erróneo,-a.

flawless ['flɔːləs] *adj* sin defecto, impecable, perfecto,-a: **a flawless complexion** una cara perfecta; **a flawless performance** una actuación impecable.

flax [flæks] *n* lino.

flaxen ['flæksən] *adj* muy rubio,-a.

flay [fleɪ]
1 *vt (remove skin)* desollar, despellejar; *(whip)* azotar.
2 *vt fig (criticize)* despellejar.

flea [fliː] *n* pulga.
✦ **with a flea in one's ear** con cajas destempladas.
■ **flea collar** collar *m* antipulgas.
flea market rastro, mercadillo.

fleck [flek]
1 *n* mota, punto.
2 *vt* salpicar (**with**, de), motear (**with**, de).

fledged [fledʒd] *adj* plumado,-a.

fledgeling ['fledʒlɪŋ]
1 *n (bird)* pajarito.
2 *n (inexperienced person)* novato,-a.

fledgling ['fledʒlɪŋ] → **fledgeling**.

flee [fliː]
1 *vt (run away)* huir de: **hundreds fled the country** cientos de personas huyeron del país.
2 *vi (run away, escape)* huir: **the people fled in fear** la gente huyó espantada; **she had to flee to America** tuvo que huir a América.

3 *vi (vanish)* desaparecer.
▲ *pt & pp* **fled** [fled].

fleece [fliːs]
1 *n (sheep's coat, fabric)* lana.
2 *n (sheared)* vellón *m*.
3 *vt (shear)* esquilar.
4 *vt fam (swindle)* desplumar, robar, timar.

fleecy ['fliːsɪ]
1 *adj (material)* lanoso,-a.
2 *adj (cloud)* aborregado,-a.
▲ *comp* **fleecier**, *superl* **fleeciest**.

fleet [fliːt]
1 *n (of ships)* flota.
2 *n (of vehicles)* flota, parque *m* móvil.
■ **fleet admiral** almirante *m* de la flota.

fleeting ['fliːtɪŋ] *adj* fugaz, breve, efímero,-a.

Fleming ['flemɪŋ] *n (person)* flamenco,-a.

Flemish ['flemɪʃ]
1 *adj* flamenco,-a.
2 *n (language)* flamenco.
3 **the Flemish** *npl* los flamencos *mpl*.

flesh [fleʃ]
1 *n (of animals)* carne *f*.
2 *n (of fruit)* carne *f*, pulpa.
3 **the flesh** *n fig* la carne *f*.
▶ **to flesh out** *vt sep (add more details)* desarrollar.
✦ **in the flesh** en persona, en carne y hueso.
to be one's own flesh and blood ser de la propia sangre de uno.
to make somebody's flesh creep ponerle a alguien la piel de gallina.
■ **flesh and blood** carne *f* y hueso.
flesh wound herida superficial.

fleshy ['fleʃɪ] *adj (plump)* gordo,-a, metido,-a en carnes; *(pulpy)* carnoso,-a.
▲ *comp* **fleshier**, *superl* **fleshiest**.

flew [fluː] *pt* → **fly**.

flex [fleks]
1 *n GB* cable *m*.
2 *vt (body, joints)* doblar; *(muscles)* flexionar.

flexibility [fleksɪ'bɪlɪtɪ] *n* flexibilidad *f*.

flexible ['fleksəbəl] *adj* flexible.

flexitime ['fleksɪtaɪm] *n* horario flexible.

flick [flɪk]
1 *n (jerk)* movimiento rápido, movimiento brusco: **with a flick of the wrist** con un golpe de muñeca; **at the flick of a switch** con solo apretar un botón.
2 *n (of fingers)* capirotazo; *(of whip)* latigazo, chasquido; *(of tail)* coletazo.
3 *n (of pages)* hojeada.
4 *vt (with finger)* dar un capirotazo a: **he flicked a pea at me** me dio un capirotazo con un guisante.
5 *vt (switch)* dar al interruptor: **she flicked the light on/off** encendió/apagó la luz.
6 *vt (whip)* chasquear, dar con el látigo; *(tail)* dar un coletazo: **the horse flicked its tail** el caballo dio un coletazo.

7 *vt (remove)* sacudirse: **she flicked the ash from her sleeve** se sacudió la ceniza de la manga.
8 **the flicks** *npl dated* el cine *m sing*.
▶ **to flick away** *vt sep* quitar, sacudirse.
to flick through *vt insep* hojear: **she flicked through the magazine** hojeó la revista.
✦ **to flick channels** cambiar de canal, hacer zapping.
■ **flick knife** navaja automática.

flicker ['flɪkə']
1 *n (of flame, eyelids)* parpadeo; *(of light)* titileo, parpadeo.
2 *n fig (slight sign)* señal *f*, muestra; *(faint emotion)* chispa, pizca: **a flicker of hope** una chispa de esperanza.
3 *vi (flame)* vacilar, parpadear; *(light)* titilar, parpadear; *(shadow)* bailar.
4 *vi (eyelids)* parpadear.
5 *vi (smile)* esbozarse: **a smile flickered across her face** en su rostro se esbozó una sonrisa.

flier [flaɪə']
1 *n (pilot)* aviador,-ra.
2 *n (bird, insect etc)* volador,-ra.
3 *n (leaflet)* folleto.

flight [flaɪt]
1 *n (journey by air)* vuelo: **he caught the next flight to London** cogió el siguiente vuelo a Londres; **our flight has been delayed** nuestro vuelo se ha retrasado.
2 *n (path)* trayectoria.
3 *n (flock of birds)* bandada.
4 *n (of stairs)* tramo.
5 *n (escape)* huida, fuga.
✦ **to be in full flight** *(escaping)* huir; *(speaking)* estar en pleno discurso.
to take flight *(escape)* darse a la fuga; *(fly)* emprender el vuelo.
■ **flight attendant** auxiliar *mf* de vuelo.
flight deck cubierta de vuelo.
flight lieutenant capitán *m* (de la Fuerza Aérea).
flight of fancy fantasía, sueño, ilusión *f*.
flight path ruta.
flight recorder caja negra.
flight simulator simulador *m* de vuelo.
in-flight service servicio a bordo.

flightless ['flaɪtləs] *adj* no volador,-ra.

flighty ['flaɪtɪ] *adj (not serious)* frívolo,-a, poco serio,-a, casquivano,-a.
▲ *comp* **flightier**, *superl* **flightiest**.

flimsy ['flɪmzɪ]
1 *adj (thin)* fino,-a, ligero,-a.
2 *adj (structure)* poco sólido,-a.
3 *adj fig (unconvincing)* flojo,-a, pobre, poco convincente.
4 *n* papel *m* cebolla.
▲ *comp* **flimsier**, *superl* **flimsiest**.

flinch [flɪntʃ]
1 *vi (wince)* estremecerse.
2 *vi (shun)* retroceder (**from**, ante).

fling [flɪŋ]
1 *n (throw)* lanzamiento.
2 *n (wild time)* juerga.

3 n (affair) aventura (amorosa), romance m: **we had a brief fling** tuvimos una aventura.

4 vt (throw) arrojar, tirar, lanzar: **he flung the ball away** lanzó la pelota con violencia; **the teacher flung the door open** el profesor abrió la puerta de golpe; **she flung her coat on the chair** echó su abrigo a la silla.

5 vt (move) echar, lanzar: **she flung her arms around me** me echó los brazos encima; **he flung himself in front of a car** se arrojó a un coche.

6 vt (say) lanzar: **don't fling accusations at me** no me lances acusaciones.

▸ **to fling off** vt sep (clothes) quitarse de prisa.
to fling on vt sep (clothes) ponerse de prisa.
to fling out vt sep (thing) tirar; (person) echar, expulsar.

✦ **to fling oneself at somebody** arrojarse sobre alguien.
to fling oneself into something entregarse a algo.
to fling up one's hands in horror horrorizarse.
to have a fling echar una cana al aire, correrla.

▲ pt & pp **flung** [flʌŋ].

flint [flɪnt]
1 n (stone) sílex m; (piece) pedernal m.
2 n (tool) sílex m.
3 n (of lighter) piedra, piedra de mechero.
■ **flint axe** hacha de sílex.

flintlock ['flɪntlɒk] n escopeta de chispa, fusil m de chispa.

flinty ['flɪntɪ]
1 adj (material) silíceo,-a, de pedernal.
2 adj (person) insensible, cruel.
▲ comp **flintier**, superl **flintiest**.

flip [flɪp]
1 n (light blow) golpecito: **by the flip of a coin** echándolo a cara o cruz.
2 n (somersault) voltereta (en el aire).
3 adj fam (flippant) frívolo,-a, poco serio,-a.
4 interj fam ¡ostras!
5 vt (toss - gen) echar, tirar al aire; (- coin) echar a cara o cruz.
6 vt (switch) dar a: **he flipped a switch and the light came on** le dio al interruptor y se encendió la luz.
7 vt (turn over) dar la vuelta a.
8 vi fam (get angry) perder los estribos; (go mad) volverse loco,-a.
▸ **to flip through** vt insep echar un vistazo a.
✦ **to flip one's lid** (go crazy) volverse loco,-a; (get angry) explotar, reventar.
to flip open abrir de golpe.
■ **flip side** cara B.
▲ pt & pp **flipped**, ger **flipping**.

flip-flop ['flɪpflɒp] n chancla.

flippancy ['flɪpənsɪ] n falta de seriedad.

flippant ['flɪpənt] adj frívolo,-a, poco serio,-a.

flipper ['flɪpə'] n aleta.

flipping ['flɪpɪŋ] adj GB fam maldito,-a.

flirt [flɜːt]
1 n coqueto,-a, ligón,-ona.
2 vi (coquette) flirtear (**with**, con), coquetear (**with**, con).
✦ **to flirt with an idea** acariciar una idea.
to flirt with death jugar con la muerte.

flirtation [flɜː'teɪʃən] n coqueteo, flirteo.

flirtatious [flɜː'teɪʃəs] adj coqueto,-a, ligón,-ona.

flit [flɪt]
1 n (escape) escapada.
2 vi (birds, insects) revolotear, volar; (people) mover: **the bird flitted from one tree to another** el pájaro revoloteaba de árbol en árbol; **she flits from one subject to another** salta de un tema a otro.
✦ **to do a moonlight flit** irse a la chita callando.
▲ pt & pp **flitted**, ger **flitting**.

float [fləʊt]
1 n (for fishing) boya, flotador m.
2 n (for swimming) flotador m.
3 n (of aircraft) pontón m, flotador m.
4 n (vehicle - in procession) carroza; (- for delivery) furgoneta.
5 n (money) cambio.
6 n (plasterer's tool) llana.
7 vi (gen) flotar: **wood floats** la madera flota; **a bottle floated to the surface** una botella salió a la superficie; **the parasol floated out to sea** la sombrilla se hizo a la mar.
8 vt poner a flote, hacer flotar: **they floated some paper boats down the river** hicieron flotar algunos barquitos de papel en el río.
9 vt FIN (company) lanzar a bolsa; (shares) emitir; (currency) dejar flotar.
10 vt (suggest, present) sugerir: **several ideas have been floated** se han sugerido varias ideas.
▸ **to float about/float around**
1 vi (rumour) circular; (object) estar: **there's a rumour floating around that ...** circula el rumor de que ...; **is my pencil floating around here?** ¿está por aquí mi lápiz?
2 vi (do nothing) holgazanear: **I floated about all summer** pasé el verano holgazaneando.

flock¹ [flɒk]
1 n (of sheep, goats) rebaño; (of birds) bandada.
2 n fam (crowd) multitud f, tropel m: **people came in flocks** la gente acudió en tropel.
3 n REL grey f rebaño.
✦ **to flock together** congregarse, reunirse.

flock² [flɒk]
1 n (material) borra.
2 n (stuffing) relleno.

floe [fləʊ] n témpano.

flog [flɒg]
1 vt (beat) azotar.
2 vt GB fam (sell) vender.
✦ **to flog a dead horse** perder el tiempo, machacar en hierro frío.
▲ pt & pp **flogged**, ger **flogging**.

flogging ['flɒgɪŋ] n azotaina, flagelación f.
✦ **to give somebody a flogging** azotar a alguien.

flood [flʌd]
1 n (overflow of water) inundación f.
2 n (of river) riada.
3 n fig (great quantity) torrente m, avalancha, diluvio: **a flood of refugees** una avalancha de refugiados.
4 vt (gen) inundar, anegar; (engine) ahogar: **the washing machine flooded the kitchen** la lavadora inundó la cocina.
5 vt fig (with calls, applications, etc) llover, inundar (**with**, de): **we've been flooded with offers** nos han llovido las ofertas.
6 vi (river) desbordarse.
7 vi fig (cover, fill) invadir, inundar: **relief flooded over her** sintió un gran alivio.
▸ **to flood in** vi (things) llegar a montones, llover; (people) entrar a raudales, entrar en tropel: **donations have been flooding in** ha habido una avalancha de donativos; **peasants flooded in from the surrounding area** los campesinos llegaron en tropel de las afueras; **daylight flooded in** la luz entraba a raudales.
to flood out vt sep vi inundar: **we're flooded out** estamos inundados.
✦ **to be in floods of tears** llorar a mares.
to flood the market inundar el mercado, saturar el mercado.

floodgate ['flʌdgeɪt] n compuerta.
✦ **to open the floodgates** abrir las compuertas.

flooding ['flʌdɪŋ] n inundación f.

floodlight ['flʌdlaɪt]
1 n foco.
2 vt iluminar con focos.

floor [flɔː']
1 n (surface) suelo.
2 n GEOG fondo.
3 n (storey) piso, planta.
4 n (dance) pista.
5 vt (provide with floor) solar, entarimar (**with**, de).
6 vt (knock down) derribar, tumbar.
7 vt fig (confuse, defeat) apabullar, desconcertar, dejar perplejo,-a.
8 **the floor** n POL la sala, el hemiciclo.
✦ **to have the floor** tener la palabra.
to hold the floor tener la palabra durante mucho rato.
to take the floor (get up to speak) tomar la palabra, hacer uso de la palabra; (get up to dance) salir a bailar.

to **wipe the floor with somebody** hacer morder polvo a alguien.
- **floor show** espectáculo de cabaret.

floorboard ['flɔːbɔːd] *n* tabla (del suelo).

floorcloth ['flɔːklɒθ] *n* aljofifa, trapo, rodilla.

flooring ['flɔːrɪŋ] *n* suelo, pavimento.

flop [flɒp]
1 *n fam* fracaso.
2 *vi (fall clumsily)* abalanzarse, arrojarse (**into**, en); *(sit or lie clumsily)* tumbarse, dejarse caer: I was so tired I flopped down on the sofa estaba tan cansado que me dejé caer en el sofá; she flopped into bed se tumbó en la cama.
3 *vi fam (fail)* fracasar.
▲ *pt & pp* flopped, *ger* flopping.

floppy ['flɒpɪ] *adj* blando,-a, flexible.
- **floppy disk** COMPUT disco flexible, disquete *m*.
▲ *comp* floppier, *superl* floppiest.

flora ['flɔːrə] *n* flora.

floral ['flɔːrəl] *adj* floral.
- **floral tribute** ofrenda floral.

Florence ['flɒrəns] *n* Florencia.

Florentine ['flɒrəntaɪn]
1 *adj* florentino,-a.
2 *n* florentino,-a.

florid ['flɒrɪd]
1 *adj (style)* florido,-a, recargado,-a.
2 *adj (ruddy)* rojizo,-a, colorado,-a.

florin ['flɒrɪn] *n* florín *m*.

florist ['flɒrɪst] *n* florista *mf*.
- **florist's (shop)** floristería.

floss [flɒs] *n* seda floja.

flotation [fləʊ'teɪʃən] *n* FIN *(of shares)* emisión *f*.

flotsam ['flɒtsəm] *n* MAR desechos *mpl* en el mar.
- **flotsam and jetsam** *(people)* gente *f* sin oficio ni beneficio; *(things)* restos *mpl*, trastos *mpl*.

flounce [flaʊns]
1 *n* SEW volante *m*.
2 *n (jerk)* gesto exagerado, gesto de enfado.
3 *vi* moverse exageradamente.
▶ to **flounce in/flounce out** *vi* entrar airadamente/salir airadamente.

flounder ['flaʊndə']
1 *n (fish)* platija.
2 *vi (struggle, move with difficulty)* forcejear.
3 *vi fig (hesitate, dither)* vacilar: the candidate floundered for a moment el candidato vaciló un momento.

flour ['flaʊə']
1 *n* harina.
2 *vt* enharinar.

flourish ['flʌrɪʃ]
1 *n (gesture)* ademán *m*, gesto teatral, gesto exagerado.

2 *n (signature)* rúbrica; *(of pen)* plumada.
3 *n* MUS *(guitar)* floreo; *(fanfare)* toque *m* de trompeta; *(singing)* floritura.
4 *vt (wave about)* agitar, blandir.
5 *vi (be successful)* florecer, prosperar: business is flourishing el negocio está prosperando.
6 *vi (plant)* crecer bien.

flourishing ['flʌrɪʃɪŋ] *adj* floreciente, próspero,-a.

floury ['flaʊərɪ] *adj* harinoso,-a.
▲ *comp* flourier, *superl* flouriest.

flout [flaʊt] *vt (rule)* mofarse de, burlarse de; *(convention, tradition)* ignorar, no hacer caso de; *(law)* desacatar: she flouted the school rules se mofaba de las reglas del colegio.

flow [fləʊ]
1 *n (gen)* flujo.
2 *n (of river)* corriente *f*.
3 *n (of traffic)* circulación *f*.
4 *n (of words)* torrente *m*.
5 *n (of people, goods)* afluencia.
6 *n (of capital)* movimiento.
7 *n (of tide)* flujo.
8 *vi (move freely - liquid, river, blood)* fluir, discurrir, correr: blood flows through our veins la sangre fluye por las venas.
9 *vi (pour out - blood)* manar; *(- tears)* correr: blood flowed from the wound la sangre manaba de la herida.
10 *vi (tide)* subir.
11 *vi (traffic)* circular; *(electricity)* fluir.
12 *vi (speech, writing, thoughts)* fluir.
13 *vi (hair, clothes)* ondear.
14 *vi (be available, abound)* abundar (**with**, -): the drink was really flowing abundaba la bebida.
▶ to **flow in** *vi* entrar a raudales.
to **flow into** *vi (river)* desembocar en: the Ebro flows into the sea at Amposta el Ebro desemboca en el mar en Amposta.
to **flow out** *vi* salir a raudales.
✦ to **be in full flow** estar en pleno discurso.
- **flow chart** organigrama *m*, diagrama *m* de flujo.

flower [flaʊə']
1 *n* flor *f*.
2 *vi* florecer.
✦ to **be in flower** estar en flor, estar florido,-a.
to **come into flower** florecer.
say it with flowers dígaselo con flores.
- **flower show** exposición *f* de flores.
the flower of youth la flor de la juventud.

flowerbed ['flaʊəbed] *n* parterre *m*, macizo.

flowered ['flaʊəd] *adj (patterned)* floreado,-a.

flowering ['flaʊərɪŋ] *n* floración *f*, florecimiento.

flowerpot ['flaʊəpɒt] *n* maceta, tiesto.

flowery ['flaʊərɪ]
1 *adj (pattern)* de flores, floreado,-a.
2 *adj (style)* florido,-a.
▲ *comp* flowerier, *superl* floweriest.

flowing ['fləʊɪŋ]
1 *adj (liquid)* que fluye.
2 *adj (style)* fluido,-a, suelto,-a.
3 *adj (dress)* de mucho vuelo.

flown [fləʊn] *pp* → fly.

flu [fluː] *n* gripe *f*: he's got (the) flu tiene la gripe.

fluctuate ['flʌktjʊeɪt] *vi* fluctuar, variar.

fluctuation [flʌktjʊ'eɪʃən] *n* fluctuación *f*, variación *f*.

flue [fluː]
1 *n (of chimney)* cañón *m*.
2 *n (of stove, boiler)* conducto de humos.

fluency ['fluːənsɪ]
1 *n* fluidez *f*.
2 *n (of language)* dominio (**in**, de).

fluent ['fluːənt]
1 *adj (gen)* fluido,-a.
2 *adj (language)* fluido,-a: he speaks fluent English habla inglés con soltura.
✦ to **be fluent** dominar: he is fluent in English domina el inglés.

fluently ['fluːəntlɪ] *adv* con soltura.

fluff [flʌf]
1 *n (down, material)* pelusa, lanilla.
2 *n fam (mistake, blunder)* pifia, fallo.
3 *vt fam (do badly, fail)* hacer mal: the actor fluffed his lines el actor se equivocó en su papel; she fluffed her exam suspendió el examen, cateó el examen.
▶ to **fluff out/fluff up** *vt sep (pillow, cushion)* ahuecar, mullir.

fluffy ['flʌfɪ]
1 *adj (feathery)* mullido,-a.
2 *adj (toys)* de peluche.
3 *adj (light, airy)* esponjoso,-a.
▲ *comp* fluffier, *superl* fluffiest.

fluid ['fluːɪd]
1 *adj (not solid)* fluido,-a, líquido,-a.
2 *adj (smooth, graceful)* natural, con soltura.
3 *adj (not fixed)* flexible.
4 *n* fluido, líquido.

fluke [fluːk] *n fam* chiripa.

flummox ['flʌməks] *vt* desconcertar, confundir.

flung [flʌŋ] *pt & pp* → fling.

flunk [flʌŋk] *vt* suspender, catear: he flunked maths suspendió las mates.
▶ to **flunk out** *vi* suspender, catear.

fluorescence [fluə'resəns] *n* fluorescencia.

fluorescent [fluə'resənt] *adj* fluorescente.
- **fluorescent light/lamp** fluorescente *m*.

fluoridation [fluərɪ'deɪʃən] *n* fluorización *f*.

fluoride [ˈflʊəraɪd]
1 n CHEM fluoruro.
2 n (in toothpaste) flúor m.

fluorine [ˈflʊəriːn] n flúor m.

fluorspar [ˈflʊəspɑːʳ] n espato.

flurry [ˈflʌrɪ]
1 n (of wind) ráfaga; (of snow) nevisca.
2 n fig (burst) nerviosismo, agitación f, frenesí m.
✦ to be in a flurry estar nervioso,-a.
to get in a flurry ponerse nervioso,-a, aturullarse.
▲ pl flurries.

flush[1] [flʌʃ] n (in cards) color m.

flush[2] [flʌʃ] flush with adj (level) al mismo nivel que, alineado,-a con.
✦ to be flush (have money) andar bien de dinero, ir desahogado,-a.

flush[3] [flʌʃ]
1 n (blush) rubor m.
2 n (of emotion) acceso, arrebato.
3 n (of toilet) cisterna.
4 vt (cause to blush) ruborizar, sonrojar.
5 vt (clean) limpiar con agua.
6 vt (toilet) tirar (de) la cadena: flush the toilet after use tira la cadena después de utilizar el váter; flush it down the toilet tíralo al váter.
7 vi (blush) ruborizarse.
8 vi (toilet) funcionar: the toilet won't flush la cisterna del váter no funciona.
▸ to flush out vt sep (enemy) hacer salir.
✦ in the full flush of youth en la primera juventud.
▪ hot flush sofoco.

flushed [flʌʃt]
1 adj (excited) emocionado,-a (with, por).
2 adj (blushing) sonrojado,-a.

fluster [ˈflʌstəʳ]
1 vt poner nervioso,-a.
2 n confusión f, agitación f.
✦ to get in a fluster ponerse nervioso, -a, aturullarse.

flute [fluːt]
1 n flauta.
2 vt ARCH acanalar: fluted columns columnas acanaladas.

fluting [ˈflʌtɪŋ] n acanaladuras fpl, estrías fpl.

flutter [ˈflʌtəʳ]
1 n (excitement) agitación f, emoción f.
2 n (of wings) aleteo.
3 n (of eyelashes) pestañeo.
4 n fam (bet) apuesta.
5 n (of aircraft) vibración f.
6 vt (eyelashes) parpadear.
7 vt (wings) aletear.
8 vi (flag) ondear.
9 vi (wings) aletear.
10 vi (flit) revolotear.
11 vi (heart) palpitar.
✦ to be in a flutter fig estar nervioso,-a.

fluvial [ˈfluːvɪəl] adj fluvial.

flux [flʌks]
1 n (flow) flujo.
2 n (instability) inestabilidad f.

✦ to be in a state of flux estar cambiando constantemente.

fly[1] [flaɪ]
1 vi volar: birds fly south in winter los pájaros vuelan hacia el sur en invierno; we will be flying at an altitude of 9,000 metres volaremos a una altitud de 9.000 metros.
2 vi (go by plane) ir en avión: you can fly to Madrid in an hour se puede ir a Madrid en avión en una hora.
3 vi (flag, hair) ondear.
4 vi (sparks) saltar.
5 vi (rush, move quickly) irse volando, irse a toda prisa: I really must fly me tengo que ir volando; the express train flew past el expreso pasó volando; she came flying through the door entró a toda prisa por la puerta.
6 vi (time) volar, pasar volando: time flies when you're having fun el tiempo pasa volando cuando te diviertes; the holiday has flown by las vacaciones han pasado volando.
7 vi (flee) huir: when the police arrived, the thieves had flown cuando llegó la policía los ladrones habían huido.
8 vt (plane) pilotar: can you fly a plane? ¿sabes pilotar un avión?
9 vt (send by plane) transportar.
10 vt (travel over) sobrevolar: planes fly the Atlantic in a few hours los aviones sobrevuelan el Atlántico en pocas horas.
11 vt (kite) hacer volar.
12 vt (flag) enarbolar, izar.
13 vt (flee) huir (from, de), salir de, abandonar.
14 n (of tent) doble techo.
15 flies npl (on trousers) bragueta f sing.
16 flies npl (theatre) telar m sing.
▸ to fly at vt insep lanzarse sobre.
to fly away vi irse volando.
to fly off vi (bird etc) irse volando; (object) volar.
✦ to fly in the face of something burlarse de algo.
to fly into a rage/fly into a temper ponerse furioso,-a, montar en cólera, subirse por las paredes.
to fly off the handle perder los estribos.
to let fly at somebody arremeter contra alguien: she let fly at him with a paperweight le tiró un pisapapeles.
to go flying caerse: her glasses went flying le cayeron las gafas.
to send somebody flying mandar a alguien por los aires.
▪ fly sheet doble techo.
▲ pt flew [fluː], pp flown [fləʊn], ger flying.

fly[2] [flaɪ] adj GB fam (smart) astuto,-a.
▲ comp flier, superl fliest.

fly[3] [flaɪ] n mosca.
✦ not to hurt a fly ser incapaz de matar una mosca.

there are no flies on ... ... no se chupa el dedo.
to drop/fall like flies caer como moscas.
▪ fly spray spray m matamoscas, matamoscas m, insecticida m.
fly in the ointment dificultad f, problema m.
▲ pl flies.

flyaway [ˈflaɪəweɪ]
1 adj (hair) suelto,-a.
2 adj fig (frivolous) frívolo,-a.

fly-by-night [ˈflaɪbaɪnaɪt]
1 n persona de poco fiar.
2 adj de poca confianza, sospechoso,-a.

flycatcher [ˈflaɪkætʃəʳ] n papamoscas m.
▪ pied flycatcher papamoscas m cerrojillo.
spotted flycatcher papamoscas m gris.

fly-fish [ˈflaɪfɪʃ] vi pescar con moscas.

flying [ˈflaɪɪŋ]
1 n AV aviación f.
2 n (action) vuelo: she's scared of flying tiene miedo a volar.
3 adj (soaring) volante; (animal, machine) volador,-ra, que vuela: it's some kind of flying insect es un tipo de insecto volador.
4 adj (quick) rápido,-a.
✦ to do something with flying colours salir airoso,-a de algo.
to get off to a flying start empezar con buen pie.
to take a flying jump tomar impulso y saltar.
▪ flying buttress arbotante m.
flying doctor médico,-a que viaja en avión.
flying fish pez m volador.
flying picket piquete m informativo.
flying saucer platillo volante.
flying squad patrulla volante.
flying tackle placaje m en el aire.
flying visit visita relámpago.

flyleaf [ˈflaɪliːf] n guarda.

flyover [ˈflaɪəʊvəʳ] n GB paso elevado.

fly-past [ˈflaɪpɑːst] n desfile m aéreo, desfile m de aviones.

flyposting [ˈflaɪpəʊstɪŋ] n pegar carteles ilegalmente.

flyswatter [ˈflaɪswɒtəʳ] n matamoscas m.

flytrap [ˈflaɪtræp] n BOT atrapamoscas f.

flyweight [ˈflaɪweɪt] n SP peso mosca.

flywheel [ˈflaɪwiːl] n volante m.

FM [ˈefˈem] abbr (Frequency Modulation) modulación f de frecuencia; (abbreviation) FM f.

FO [ˈefˈəʊ] abbr GB (Foreign Office) ≈ Ministerio de Asuntos Exteriores.

foal [fəʊl]
1 n potro,-a.
2 vi parir.

foam [fəʊm]
1 n espuma.
2 vi (liquid) hacer espuma.

3 *vi (person)* echar espumarajos, espumajear.
✦ to foam at the mouth estar que rabia.
▪ foam rubber gomaespuma.
foamy ['fəʊmɪ] *adj* espumoso,-a.
▲ *comp* **foamier,** *superl* **foamiest.**
fob¹ [fɒb] *n* cadenilla de reloj.
▪ fob watch reloj *m* de bolsillo.
fob² [fɒb] *vt* engañar, engatusar.
✦ to fob somebody off with excuses darle largas a alguien.
to fob something off on somebody endilgar algo a alguien, colocar algo a alguien.
▲ *pt & pp* **fobbed,** *ger* **fobbing.**
focal ['fəʊkəl] *adj* focal.
▪ focal distance distancia focal.
focal point centro, foco.
focus ['fəʊkəs]
1 *n* foco.
2 *n (centre)* centro: **she's always the focus of attention** ella es siempre el centro de atención.
3 *vt (camera etc)* enfocar (**on**, -).
4 *vt fig (concentrate)* fijar (**on**, en), centrar (**on**, en): **all eyes were focused on her** todas las miradas se fijaron en ella.
5 *vi (camera, eyes, etc)* enfocar (**on**, -), fijar (**on**, en).
6 *vi (concentrate)* centrarse, concentrarse (**on**, en).
✦ in focus enfocado,-a.
out of focus desenfocado,-a.
▲ *(sustantivo)pl* **focuses** o **foci** ['fəʊsaɪ]; *(verbo) pt & pp* **focused** o **focussed,** *ger* **focussing** o **focusing.**
fodder ['fɒdə'] *n* pienso, forraje *m*.
foe [fəʊ] *n* enemigo.
foetal ['fiːtəl] *adj* fetal.
foetus ['fiːtəs] *n* feto.
fog [fɒg]
1 *n* niebla.
2 *vt (mirror etc)* empañar.
3 *vt (photo)* velar.
4 *vt fig* complicar.
5 *vi* empañarse (**up/over**, -).
▪ fog bank banco de niebla.
▲ *pt & pp* **fogged,** *ger* **fogging.**
fogbound ['fɒgbaʊnd] *adj* inmovilizado,-a a causa de la niebla, paralizado,-a a causa de la niebla.
fogey ['fəʊgɪ] *n* carca *mf*, persona chapada a la antigua.
▪ old fogey carroza *mf*.
foggy ['fɒgɪ]
1 *adj* de niebla: **it's foggy** hay niebla.
2 *adj (confused)* confuso,-a.
✦ not to have the foggiest idea no tener la más mínima idea.
▲ *comp* **foggier,** *superl* **foggiest.**
foghorn ['fɒghɔːn] *n* sirena de niebla.
foglamp ['fɒglæmp] *n* faro antiniebla.
fogy ['fəʊgɪ] *n* → **fogey.**
▲ *pl* **fogies.**

foible ['fɔɪbəl] *n (peculiarity)* manía; *(weakness)* punto flaco, debilidad *f*.
foil¹ [fɔɪl] *n (fencing)* florete *m*.
foil² [fɔɪl] *vt (prevent, frustrate)* frustrar: **he was foiled in his attempt to steal the ring** frustraron su tentativa de robar el anillo.
foil³ [fɔɪl]
1 *n (metal paper)* hoja de metal, papel *m* de plata.
2 *n (contrast)* contraste *m*.
✦ to act as a foil to realzar, hacer resaltar.
▪ tin foil papel *m* de estaño.
foist [fɔɪst] **to foist something on somebody** *phr* endilgar algo a alguien, encajar algo a alguien.
fold¹ [fəʊld]
1 *n (for sheep)* redil *m*, aprisco.
2 the fold *n REL* el redil *m*.
fold² [fəʊld]
1 *n (crease)* pliegue *m*, doblez *m*.
2 *n GEOG* pliegue *m*.
3 *vt* doblar, plegar (**up**, -): **will you help me fold the sheet?** ¿me ayudas a doblar la sábana?
4 *vt (wrap)* envolver.
5 *vi* doblarse, plegarse.
6 *vi (go bankrupt)* quebrar.
▸ to fold away *vi* plegarse: **this bed folds away** esta cama se pliega.
to fold in *vt sep vi CULIN* incorporar sin batir: **fold the flour into the egg whites** incorpora la harina a las claras sin batir.
to fold up *vi (collapse - person)* doblarse; *(- business)* fracasar, quebrar.
✦ to fold one's arms cruzar los brazos.
foldaway ['fəʊldəweɪ] *adj* plegable.
folder ['fəʊldə'] *n* carpeta.
folding ['fəʊldɪŋ] *adj* plegable.
▪ folding door puerta plegable.
foliage ['fəʊlɪɪdʒ] *n fml* follaje *m*.
folio ['fəʊlɪəʊ]
1 *n (sheet)* folio.
2 *n (book)* libro en folio.
▲ *pl* **folios.**
folk [fəʊk]
1 *npl* gente *f sing*.
2 *adj* popular.
3 folks *npl fam (family)* familia *f sing*; *(friends)* amigos *mpl*.
▪ folk dance baile *m* popular, baile *m* tradicional.
folk music música folk.
folk singer cantante *mf* de música folk.
folk song canción *f* tradicional, canción *f* folk.
folklore ['fəʊklɔː'] *n* folklor(e) *m*.
follicle ['fɒlɪkəl] *n* folículo.
follow ['fɒləʊ]
1 *vt (gen)* seguir: **follow me!** ¡sígueme!; **follow that car** sigue aquel coche; **spring follows winter** la primavera sigue al invierno; **the road follows the coast** la carretera va por la costa.

2 *vt (understand)* entender, seguir: **I don't follow you** no te entiendo; **he couldn't follow what the teacher was saying** no entendía lo que decía el profesor.
3 *vt (pursue)* perseguir: **the police were following them** la policía los perseguían.
4 *vt (advice, example, etc)* seguir: **follow the instructions** sigue las instrucciones.
5 *vt (take interest in)* seguir, estar al corriente de: **we followed the World Cup closely** seguimos muy de cerca los mundiales.
6 *vi (gen)* seguir: **you go on ahead and I'll follow** tú pasa delante y yo te seguiré; **in the days that followed** durante los días siguientes.
7 *vi (understand)* entender: **I don't follow** no entiendo.
8 *vi (be logical)* resultar, derivarse: **it follows that ...** resulta que ...
▸ to follow through
1 *vt sep (complete)* llevar a cabo.
2 *vi SP* acompañar el golpe.
to follow up
1 *vt sep (develop)* profundizar en.
2 *vt sep (investigate)* investigar.
✦ as follows como sigue, así.
to follow in somebody's footsteps seguir los pasos a alguien.
to follow one's nose seguir todo recto.
to follow suit *(at cards)* jugar del mismo palo; *(figuratively)* hacer lo mismo.
follower ['fɒləʊə'] *n* seguidor,-ra.
following ['fɒləʊɪŋ]
1 *adj* siguiente: **the following day** el día siguiente; **you will need to bring the following items** tendrás que traer las siguientes cosas.
2 *adj (winds, currents)* de cola.
3 *prep* después de: **she never went out following her husband's death** no volvió a salir después de la muerte de su marido.
4 *n (supporters)* seguidores *mpl*: **this group has a large following** este grupo tiene muchos seguidores.
5 the following *n* lo siguiente *m sing*, los siguientes *mpl*: **will the following please remain behind?** ¿las siguientes personas podrán quedarse, por favor?; **the following appeared in a national newspaper:** lo siguiente apareció en un periódico nacional:.
follow-through ['fɒləʊθruː] *n SP* acompañamiento del golpe.
follow-up ['fɒləʊʌp] *n (sequel)* continuación *f*, *(further treatment)* seguimiento.
▪ follow-up interview segunda entrevista.
follow-up letter segunda carta.
follow-up visit visita de seguimiento.
folly ['fɒlɪ] *n fml* locura, desatino: **it would be folly to get involved** sería una locura enredarse.
▲ *pl* **follies.**

foment [fəʊ'ment] *vt* instigar, provocar.

fond [fɒnd]

1 *adj (loving)* cariñoso,-a.

2 *adj (indulgent)* indulgente.

3 *adj (hope, belief)* vano,-a.

◆ **to be fond of somebody** tenerle cariño a alguien.

to be fond of something ser aficionado,-a a algo, gustarle mucho algo a uno.

fondle ['fɒndəl] *vt* acariciar.

fondly ['fɒndlɪ]

1 *adv (lovingly)* cariñosamente.

2 *adv (naively)* ingenuamente.

fondness ['fɒndnəs]

1 *n* cariño (**for**, a).

2 *n (liking)* afición *f* (**for**, a/por).

fondue ['fɒndjuː] *n CULIN* fondue *f*.

font [fɒnt] *n* pila (bautismal).

food [fuːd] *n* comida, alimento: what's your favourite food? ¿cuál es tu comida preferida?; we haven't got any food in the house no tenemos nada de comida en casa; do you like Chinese food? ¿te gusta la comida china?; health food comida sana.

◆ **to be off one's food** no tener apetito.

▪ **food additive** aditivo (alimenticio).

food chain cadena alimentaria, cadena trófica.

food for thought algo en qué pensar.

food mixer batidora.

food poisoning intoxicación *f* alimenticia.

food processor robot *m* de cocina.

food supplies víveres *mpl*, provisiones *fpl*.

foodstuffs ['fuːdstʌfs] *npl* alimentos *mpl*, productos *mpl* alimenticios.

fool¹ [fuːl] *n CULIN* mousse *f* de fruta.

fool² [fuːl]

1 *n* tonto,-a, imbécil *mf*: don't be a fool no seas tonto.

2 *n (jester)* bufón,-ona.

3 *vt* engañar.

4 *vi* bromear: I was only fooling lo decía en broma.

◆ **a fool and his money are soon parted** a los tontos no les dura el dinero.

more fool somebody peor para alguien: my car's been stolen. —more fool you, you should have locked it me han robado el coche. —peor para ti, debiste cerrarlo con llave.

to act the fool/play the fool hacer el tonto.

to be nobody's fool no dejarse engañar por nadie, no chuparse el dedo.

to make a fool of somebody poner en ridículo a alguien, dejar a alguien en ridículo.

there is no fool like an old fool no hay peor tonto que un viejo tonto.

▸ **to fool about/fool around**

1 *vi (be stupid)* hacer el tonto, hacer el payaso.

2 *vi (waste time)* perder el tiempo neciamente.

foolhardy ['fuːlhɑːdɪ]

1 *adj (risky)* temerario,-a.

2 *adj (person)* intrépido,-a.

foolish ['fuːlɪʃ]

1 *adj (silly)* tonto,-a: he did something foolish hizo una tontería.

2 *adj (stupid)* estúpido,-a; *(unwise)* imprudente.

3 *adj (ridiculous)* ridículo,-a.

foolishly ['fuːlɪʃlɪ] *adv* tontamente.

foolishness ['fuːlɪʃnəs] *n* tontería, estupidez *f*.

foolproof ['fuːlpruːf]

1 *adj (plan, method, idea)* infalible.

2 *adj (machine)* seguro,-a.

foolscap ['fuːlskæp] *n* papel *m* tamaño folio, folio.

foot [fʊt]

1 *n ANAT* pie *m*: my left foot hurts me duele el pie izquierdo.

2 *n (measurement)* pie *m*: the mountain is 1,000 feet high la montaña tiene 1.000 pies de altura; he's six foot tall ≈ mide dos metros.

3 *n (bottom)* pie *m*: she sat at the foot of the stairs estaba sentada al pie de la escalera; the answer is at the foot of the page la respuesta está al pie de la página.

4 *n (of animal)* pata.

◆ **in bare feet** descalzo,-a.

my foot! ¡qué va!, ¡ni hablar!

on foot a pie.

to be on one's feet estar de pie.

to be on one's feet again estar recuperado,-a.

to drag one's feet querer echarse atrás, hacerse el remolón,-ona.

to fall on one's feet/land on one's feet caer de pie, tener buena suerte.

to find one's feet acostumbrarse, habituarse.

to foot it ir a pie, ir andando.

to foot the bill pagar, pagar la cuenta, correr con los gastos.

to get a foot in the door abrirse una brecha.

to get cold feet entrarle miedo a uno, dar marcha atrás.

to get off on the wrong foot *fam* empezar con mal pie.

to get to one's feet levantarse, ponerse de pie, ponerse en pie.

to have both feet on the ground ser realista.

to have feet of clay tener pies de barro.

to have one foot in the grave estar con un pie en la tumba.

to keep one's feet mantenerse en pie.

to put a foot wrong equivocarse.

to put one's feet up descansar.

to put one's foot down *fam* imponerse, ponerse firme.

to put one's foot in it meter la pata.

to rush somebody off his feet hacer ir de culo a alguien.

to set foot pisar: when man first set foot on the moon cuando el hombre pisó por primera vez la luna; I've never set foot in that club nunca he pisado ese club.

to stand on one's own two feet ser independiente, valerse por sí mismo.

▪ **foot fault** falta de pie.

foot pump bomba de pie.

foot soldier soldado de infantería.

▲ *pl* feet.

footage ['fʊtɪdʒ] *n* metraje *m*.

foot-and-mouth disease [fʊtən-'maʊθdɪziːz] *n* fiebre *f* aftosa.

football ['fʊtbɔːl]

1 *n (game)* fútbol *m*.

2 *n (ball)* balón *m*.

▪ **football ground** campo de fútbol.

football match partido de fútbol.

football player futbolista *mf*, jugador, -ra de fútbol.

football pools quinielas *fpl*.

footballer ['fʊtbɔːləʳ] *n* futbolista *mf*, jugador,-ra de fútbol.

footbridge ['fʊtbrɪdʒ] *n* puente *m* para peatones.

foothill ['fʊthɪl] *n* estribaciones *fpl*.

foothold ['fʊthəʊld]

1 *n* hueco para apoyar el pie.

2 *n (in job)* posición *f* segura.

◆ **to get a foothold/gain a foothold** afianzarse, introducirse.

footing ['fʊtɪŋ]

1 *n* equilibrio.

2 *n (basis)* base *f*, nivel *m*.

3 *n (relationship)* relación *f*.

◆ **to be on an equal footing with somebody** estar en igualdad de condiciones con alguien.

footle ['fuːtl] *vi* perder el tiempo, hacer el tonto.

footlights ['fʊtlaɪts] *npl* candilejas *fpl*.

footling ['fuːlɪŋ] *adj* trivial.

footloose ['fʊtluːs] *adj* libre.

◆ **footloose and fancy-free** libre y sin compromiso.

footman ['fʊtmən] *n* lacayo, criado.

▲ *pl* footmen ['fʊtmən].

footmark ['fʊtmɑːk] *n* huella, pisada.

footnote ['fʊtnəʊt] *n* nota a pie de página.

footpath ['fʊtpɑːθ] *n* sendero, camino.

footplate ['fʊtpleɪt] *n* plataforma.

footprint ['fʊtprɪnt] *n* huella, pisada.

footrest ['fʊtrest] *n* reposapiés *m*.

footslog ['fʊtslɒg] *vi* andar.

▲ *pt & pp* footslogged, *ger* footslogging.

footsore ['fʊtsɔːʳ] *adj* con los pies doloridos.

footstep ['fʊtstep] *n* paso, pisada.

footstool ['fʊtstuːl] *n* taburete *m* para los pies, banqueta para los pies.

footway ['fʊtweɪ] *n* acera.

footwear [ˈfʊtweəʳ] n calzado.

footwork [ˈfʊtwɜːk] n SP juego de pies, juego de piernas.

fop [fɒp] n lechuguino, petimetre m, pisaverde m.

foppish [ˈfɒpɪʃ] adj dated (vain) presumido,-a.

for [fɔːʳ]

1 prep (intended) para: it's a present for you es un regalo para ti; save some cake for me guarda un poco de pastel para mí; there's a phone call for Mr. Smith hay una llamada para el Sr. Smith.

2 prep (purpose) para: what's this for? ¿para qué sirve esto?; I need something for a cough necesito algo para la tos; shall we meet for lunch? ¿quedamos para comer?

3 prep (destination) para: he's left for work ha salido para el trabajo; where do I catch the train for Newcastle? ¿dónde se coge el tren para Newcastle?; passengers for London now boarding pasajeros con destino a Londres pueden embarcar; it's a novel for teenagers es una novela para quinceañeros; flat for rent piso para alquilar.

4 prep (in order to help, on behalf of) por: do it for me hazlo por mí; I'll get that for you if you can't reach yo te lo cogeré si no llegas; I think I speak for everyone creo que hablo en nombre de todos; it's for your own good es por tu propio bien.

5 prep (because of, on account of) por, a causa de: York is famous for its cathedral York es famoso por su catedral; he dare not speak for fear of waking the baby no se atreve a hablar por miedo a despertar al bebé; I couldn't sleep for the noise no pude dormir por el ruido; if it weren't for him si no fuera por él.

6 prep (past time) durante; (future time) por; (specific point in time) para: we went for two weeks fuimos por dos semanas; we talked for a while hablamos durante un rato; we're going for a fortnight vamos por quince días; I'd like to go away for a few days me gustaría ir fuera unos días; I'll love you forever te amaré para siempre; I've booked a table for tomorrow he reservado una mesa para mañana; a meeting has been called for 10.00 se ha convocado una reunión para las 10.00; that's all for today es todo por hoy; I've lived here for 5 years hace 5 años que vivo aquí, vivo aquí desde hace 5 años; she hadn't seen him for a year hacía un año que no le veía; it's the first accident here for a long time es el primer accidente que ocurre aquí desde hace mucho tiempo.

7 prep (distance) I walked for five miles caminé cinco millas.

8 prep (in exchange, as replacement of) por: I got it for £500 lo conseguí por 500 libras; the record went for $50 el disco se vendió por 50 dólares; he exchanged his old car for a new one cambió su viejo coche por uno nuevo; you shouldn't translate word for word no deberías traducir palabra por palabra; the manager substituted Jones for Lee el entrenador sustituyó a Jones por Lee.

9 prep (in favour of, in support of) por, a favor de: this is a campaign for peace es una campaña a favor de la paz; who did you vote for? ¿a quién votaste?; he'd give his life for him daría su vida por él; he fought for his country luchó por la patria; he's played for his country ha jugado en la selección nacional; are you for or against the new laws? ¿estás a favor o en contra de las nuevas leyes?; I'm all for a state lottery soy partidario de una lotería estatal.

10 prep (despite) a pesar de, para; (considering, contrast) para: she's very tall for her age es muy alta para su edad; he does it really well for a child lo hace muy bien por ser un niño; he's quite nice for a policeman es bastante simpático para ser policía; I still love him, for all his faults lo quiero, a pesar de todos sus defectos.

11 prep (as) de, como, por: what do they use for fuel? ¿qué utilizan de combustible?; he was left for dead lo dieron por muerto.

12 prep (in order to obtain) para: for further details ... para más información ...; she went to her mother for advice acudió a su madre para que le aconsejara; 100 people applied for the job 100 personas solicitaron el puesto; we ran for our lives tuvimos que correr para salvarnos; I only did it for the money lo hice solamente por el dinero; she sent for the doctor llamó al médico.

13 prep (representing) por; (meaning) de: she's the MP for Southampton es la diputada por Southampton; I can't go to the meeting - will you go for me? no puedo asistir a la reunión - ¿quieres ir en mi lugar?; a cheque for 20 pounds un talón (por valor) de 20 libras; B for Barcelona B de Barcelona; what's the Spanish for "pool"? ¿cómo se dice "pool" en castellano?; red for danger rojo de peligro.

14 prep (as regards, concerning) por, en cuanto a: for my part, he can do as he likes por mí, que haga lo que quiera; as for him, who cares? en cuanto a él, ¿a quién le importa?; luckily for us, it didn't rain afortunadamente para nosotros, no llovió.

15 prep (as part of, as being) por, para: I took him for the manager lo tomé por el director; do you know that for a fact? ¿lo sabes a ciencia cierta?; what do you want for dinner? ¿qué quieres para comer?

16 prep para: it's easy for you to say that para ti es fácil decir eso; it's impossible for me to come to the wedding me es imposible asistir a la boda; there's no need for you to do that no hace falta que hagas eso; it's time for you to go es hora de que te marches; I bought it for you to wear tonight la compré para que te lo pusieras esta noche; it's for you to use at work es para que lo uses en el trabajo; that's no reason for you to get so upset no es motivo para que te preocupes tanto.

17 conj fml lit ya que, puesto que.

◆ **as for me** por mi parte, en cuanto a mí.
for all I know que yo sepa.
for all that a pesar de todo, con todo.
for good para siempre.
for the first time por primera vez.
for the last time por última vez.
oh for ...! ¡ojalá tuviera ...!: oh for a star to guide my way! ¡ojalá tuviera una estrella que me guiara los pasos!
there's nothing for it but ... no hay más remedio que ...
to be for it cargársela: he'll be for it if they find out se la va a cargar si se enteran.

forage [ˈfɒrɪdʒ]
1 n (food) forraje m.
2 vi (search, hunt) buscar (**for**, -).
3 vt (rummage) hurgar, revolver.

foray [ˈfɒreɪ]
1 n (attack, raid) incursión f, correría f.
2 n (involvement in activity) incursión f.
3 vi asaltar.

forbade [fɔːˈbeɪd] pt → forbid.

forbear [fɔːˈbeəʳ] vi fml abstenerse (**from**, de).
▲ pt forbore [fɔːˈbɔːʳ], pp forborne [fɔːˈbɔːn].

forbearance [fɔːˈbeərəns] n paciencia, tolerancia.

forbearing [fɔːˈbeərɪŋ] adj paciente, tolerante.

forbid [fəˈbɪd]
1 vt (prohibit) prohibir: I forbid you to see my daughter again te prohíbo que vuelvas a ver a mi hija; smoking is forbidden (está) prohibido fumar.
2 vt (make impossible) impedir: decency forbids me to give more details la decencia me impide dar más detalles.
◆ **God forbid/Heaven forbid** Dios no lo quiera: Heaven forbid that Mother should find out Dios no quiera que se entere mamá.
■ **forbidden fruit** fruta prohibida.
forbidden ground (place) lugar m prohibido; (subject) tema m tabú.

▲ *pt forbade* [fɔːˈbeɪd], *pp forbidden* [fəˈbɪdən], *ger forbidding*.

forbidding [fəˈbɪdɪŋ] *adj (stern)* severo,-a; *(unfriendly)* formidable; *(dangerous)* peligroso,-a.

forbore [fɔːˈbɔːˈ] *pt* → **forbear**.

forborne [fɔːˈbɔːn] *pp* → **forbear**.

force [fɔːs]
1 *n (strength, power, violence)* fuerza.
2 *n PHYS* fuerza.
3 *n MIL* cuerpo.
4 *vt (oblige)* forzar, obligar: he was forced to resign lo obligaron a dimitir; they forced me to tell them me obligaron a decírselo.
5 *vt (break open)* forzar.
6 *vt (produce unnaturally)* forzar.
7 *vt (plants)* hacer madurar temprano.
▶ **to force back**
　1 *vt sep* hacer retroceder.
　2 *vt sep (emotion)* contener.
　to force down
　1 *vt sep (food)* tragar por fuerza.
　2 *vt sep (aircraft)* hacer aterrizar.
　to force on *vt sep* imponer.
◆ **by force** por la fuerza, a la fuerza.
　from force of habit/by force of habit por la fuerza de costumbre.
　in force *(people)* en gran número; *(law, rule)* en vigor, vigente: the police arrived in force llegó un gran contingente de policías; this law is still in force esta ley sigue vigente.
　to come into force entrar en vigor.
　to force oneself to do something hacer un esfuerzo por hacer algo, obligarse a hacer algo.
　to force somebody into doing something obligar a alguien a hacer algo.
　to force somebody's hand forzar la mano de alguien.
　to force the pace apretar el paso.

forced [fɔːst]
1 *adj (smile, laugh)* forzado,-a.
2 *adj (landing)* forzoso,-a.
■ **forced labour** trabajos *mpl* forzados.
　forced march marcha forzada.

force-feed [ˈfɔːsfiːd] *vt* alimentar a la fuerza.
▲ *pt & pp force-fed* [ˈfɔːsfed].

forceful [ˈfɔːsfʊl] *adj (person, manner)* enérgico,-a; *(speech)* contundente; *(argument)* convincente.

forcefully [ˈfɔːsfʊlɪ] *adv (act)* enérgicamente; *(speak)* convincentemente.

forceps [ˈfɔːseps] *npl* fórceps *m inv*.

forcible [ˈfɔːsəbəl]
1 *adj (violent)* forzoso,-a.
2 *adj (convincing)* convincente.
■ **forcible entry** *JUR* allanamiento de morada.

forcibly [ˈfɔːsəblɪ]
1 *adv (violently)* a la fuerza.
2 *adv* convincentemente.

ford [fɔːd]
1 *n* vado.
2 *vt* vadear.

fore¹ [fɔːˈ] *adj (on plane)* anterior, delantero,-a; *(on ship)* de proa.
◆ **fore and aft** de popa a proa.
　to come to the fore saltar a primera plana, empezar a destacar.

fore² [fɔːˈ] *interj (golf)* ¡atención!

forearm [ˈfɔːrɑːm] *n* antebrazo.

forebear [fɔːˈbeəˈ] *n* antepasado,-a.

forebode [fɔːˈbəʊd] *vt* presagiar, anunciar.

foreboding [fɔːˈbəʊdɪŋ] *n* presentimiento.

forecast [ˈfɔːkɑːst]
1 *n* pronóstico, previsión *f*.
2 *vt* pronosticar.
▲ *pt & pp forecast o forecasted*.

forecaster [ˈfɔːkɑːstəˈ] *n* pronosticador,-ra.

forecourt [ˈfɔːkɔːt] *n (of garage)* área de servicio.

forefathers [ˈfɔːfɑːðəz] *npl* antepasados *mpl*.

forefinger [ˈfɔːfɪŋgəˈ] *n* (dedo) índice *m*.

forefront [ˈfɔːfrʌnt] *n* vanguardia.

forego¹ [fɔːˈgəʊ] *vt (precede)* preceder.
▲ *pt forewent* [fɔːˈwent], *pp foregone* [fɔːˈgɒn], *ger foregoing*.

forego² [fɔːˈgəʊ] *vt* → **forgo**.
▲ *pt forewent* [fɔːˈwent], *pp foregone* [fɔːˈgɒn], *ger foregoing*.

foregoing [fɔːˈgəʊɪŋ] *adj* precedente.

foregone [ˈfɔːgɒn]
1 *pp* → **forego**.
2 *adj* inevitable.
■ **foregone conclusion** resultado inevitable.

foreground [ˈfɔːgraʊnd] *n* primer plano, primer término.

forehand [ˈfɔːhænd] *n SP* golpe *m* de derecho.

forehead [ˈfɒrɪd, ˈfɔːhed] *n* frente *f*.

foreign [ˈfɒrɪn]
1 *adj (from abroad)* extranjero,-a.
2 *adj (dealing with other countries)* exterior.
3 *adj (strange)* ajeno,-a, extraño,-a.
■ **foreign affairs** asuntos *mpl* exteriores.
　foreign aid ayuda exterior.
　foreign body cuerpo extraño.
　foreign correspondent corresponsal *mf* extranjero,-a.
　foreign currency divisas *fpl*.
　foreign exchange divisas *fpl*.
　foreign language lengua extranjera, idioma *m* extranjero.
　foreign legion legión *f* extranjera.
　Foreign Minister Ministro,-a de Asuntos Exteriores.
　Foreign Ministry Ministerio de Asuntos Exteriores.
　Foreign Office *GB* Ministerio de Asuntos Exteriores.
　foreign policy política exterior.

Foreign Secretary *GB* Ministro,-a de Asuntos Exteriores.
　foreign trade comercio exterior.

foreigner [ˈfɒrɪnəˈ] *n* extranjero,-a.

foreleg [ˈfɔːleg] *n* pata delantera.

forelock [ˈfɔːlɒk] *n* copete *m*.

foreman [ˈfɔːmən]
1 *n (of workers)* capataz *m*.
2 *n (of jury)* presidente *m* del jurado.
▲ *pl foremen* [ˈfɔːmən].

foremost [ˈfɔːməʊst] *adj* principal.
◆ **first and foremost** ante todo.

forename [ˈfɔːneɪm] *n* nombre *m* (de pila).

forensic [fəˈrensɪk] *adj* forense.

forerunner [ˈfɔːrʌnəˈ] *n* precursor,-ra.

foresaw [fɔːˈsɔː] *pt* → **foresee**.

foresee [fɔːˈsiː] *vt* prever.
▲ *pt foresaw* [fɔːˈsɔː], *pp foreseen* [fɔːˈsiːn], *ger foreseeing*.

foreseeable [fɔːˈsiːəbəl] *adj* previsible.
◆ **in the foreseeable future** en un futuro inmediato.

foreseen [fɔːˈsiːn] *pp* → **foresee**.

foreshorten [fɔːˈʃɔːtən] *vt* escorzar.

foresight [ˈfɔːsaɪt] *n* previsión *f*.

foreskin [ˈfɔːskɪn] *n* prepucio.

forest [ˈfɒrɪst]
1 *n (gen)* bosque *m*.
2 *n (jungle)* selva.
3 *adj* forestal.
■ **forest fire** incendio forestal.
　forest ranger guardabosque *mf*.

forestall [fɔːˈstɔːl]
1 *vt (preempt)* anticiparse a.
2 *vt (prevent)* prevenir.

forestry [ˈfɒrɪstrɪ] *n* silvicultura, selvicultura.

foretaste [ˈfɔːteɪst] *n* anticipo, muestra.

foretell [fɔːˈtel] *vt* predecir, pronosticar.
▲ *pt & pp foretold* [fɔːˈtəʊld].

forethought [ˈfɔːθɔːt]
1 *n* previsión *f*.
2 *n JUR* premeditación *f*.

foretold [fɔːˈtəʊld] *pt & pp* → **foretell**.

forever [fəˈrevəˈ]
1 *adv (all the time)* siempre.
2 *adv (for good)* para siempre.

forewarn [fɔːˈwɔːn] *vt* prevenir.
◆ **forewarned is forearmed** hombre prevenido vale por dos.

forewent [fɔːˈwent] *pp* → **forego**.

foreword [ˈfɔːwɜːd] *n* prólogo.

forfeit [ˈfɔːfɪt]
1 *n (penalty)* pena, multa.
2 *n (in games)* prenda.
3 *vt* perder, perder (el derecho de): you've forfeited your deposit has perdido tu depósito.
◆ **to pay a forfeit** pagar una prenda.

forgave [fəˈgeɪv] *pt* → **forgive**.

forge¹ [fɔːdʒ] *vi* avanzar, adelantar(se).

▸ **to forge ahead** *vi (go ahead)* seguir adelante; *(make good progress)* hacer grandes progresos.

forge² [fɔ:dʒ]
1 *n (apparatus)* fragua.
2 *n (smithy)* forja.
3 *vt (counterfeit)* falsificar.
4 *vt (metal)* forjar, fraguar.
5 *vt fig (links etc)* forjar, formar.

forger ['fɔ:dʒə'] *n* falsificador,-ra.

forgery ['fɔ:dʒərɪ] *n* falsificación *f*.
▲ *pl* forgeries.

forget [fə'get]
1 *vt (gen)* olvidar, olvidarse de: I'm sorry but I've forgotten your name lo siento pero he olvidado tu nombre; I'll never forget the day we met nunca olvidaré el día en que nos conocimos.
2 *vt (leave behind)* dejar: I forgot my bag he dejado el bolso.
3 *vi* olvidarse de, no recordar, descuidar: don't forget to water the plants no te olvides de regar las plantas; he forgot to give her the key se olvidó de darle la llave; I forget no me acuerdo; I'd forgotten se me había olvidado; I forgot all about it se me olvidó por completo.
✦ **and don't you forget it!** ¡y que no se te olvide!
forget it! ¡olvídalo!, ¡déjalo!
not forgetting ... sin olvidar ...
to forget oneself *fig* perder el control.
▲ *pt* forgot [fə'gɒt], *pp* forgotten [fə'gɒtən], *ger* forgetting.

forgetful [fə'getfʊl] *adj* despistado,-a, olvidadizo,-a.

forgetfulness [fə'getfəlnəs] *n (lack of memory)* falta de memoria; *(absent-mindedness)* despiste *m*.

forget-me-not [fə'getmɪnɒt] *n BOT* nomeolvides *f*.

forgivable [fə'gɪvəbəl] *adj* perdonable.

forgive [fə'gɪv]
1 *vt (pardon)* perdonar: I'll never forgive you no te perdonaré nunca; she forgave him for forgetting her birthday lo perdonó por haberse olvidado de su cumpleaños; he can't forgive himself for what he did no se puede perdonar por lo que hizo; one could be forgiven for thinking that ... se le puede perdonar pensar que ...
2 *vt (let off debt)* perdonar: he forgave me the debt me perdonó la deuda.
✦ **to forgive and forget** perdonar y olvidar.
▲ *pt* forgave [fə'geɪv], *pp* forgiven [fə'gɪvən].

forgiveness [fə'gɪvnəs] *n* perdón *m*.

forgo [fɔ:'gəʊ] *vt* renunciar a, sacrificar.
▲ *pt* forwent [fɔ:'went], *pp* forgone [fɔ:'gɒn], *ger* forgoing.

forgone [fɔ:'gɒn]
1 *pp* → forgo.

2 *adj* que era de prever, que estaba cantado,-a: the result was a foregone conclusion el resultado ya se sabía de antemano.
▲ *(adjetivo)* [fɔ:'gɒn].

forgot [fə'gɒt] *pt* → forget.

forgotten [fə'gɒtən] *pp* → forget.

fork [fɔ:k]
1 *n (for eating)* tenedor *m*.
2 *n AGR* horca, horquilla.
3 *n (in road, river etc)* bifurcación *f*.
4 *vi (road, river etc)* bifurcarse.
5 *vi (person, car)* torcer, girar: fork right at the junction tuerce a la derecha en el próximo cruce.
6 **forks** *npl (on bike)* horquilla.
▸ **to fork out**
1 *vt sep fam (money)* soltar, aflojar.
2 *vi fam* desembolsar, soltar dinero: I had to fork out for her driving lessons tuve que soltar dinero para sus clases de conducir.

forked [fɔ:kt]
1 *adj (road)* bifurcado,-a.
2 *adj (tongue)* bífido,-a.
■ **forked lightning** relámpago en zigzag.

fork-lift truck [fɔ:klɪft'trʌk] *n* carretilla elevadora.

forlorn [fə'lɔ:n]
1 *adj (forsaken)* abandonado,-a.
2 *adj (desolate)* triste.
3 *adj (hopeless)* desesperado,-a.
■ **forlorn hope** esperanza inútil, esperanza vana.

form [fɔ:m]
1 *n (shape, mode etc)* forma: it's a cake in the form of a train es un pastel en forma de tren.
2 *n (kind)* clase *f*, tipo: she hates exercise in any form odia cualquier tipo de ejercicio.
3 *n (formality)* formas *fpl*; *(behaviour)* educación *f*: what is the form? ¿qué hay que hacer?
4 *n (physical condition)* forma: she's in excellent form está en muy buena forma.
5 *n (mood, spirit)* humor *m*: your father is in fine form tonight tu padre está de muy buen humor esta noche.
6 *n (document)* formulario, impreso, hoja: sign this form, please firme esta hoja, por favor.
7 *n EDUC (age group)* curso; *(class)* clase *f*.
8 *n (bench)* banco.
9 *n GB sl (criminal record)* antecedentes *mpl* penales.
10 *vt (mould)* moldear, modelar; *(make)* hacer, formar; *(character)* formar: the child formed the clay into a bowl el niño moldeó el barro en un bol; try to form complete sentences intenta hacer frases completas; the children formed themselves into groups los niños formaron grupos; early experiences form a person's character las primeras experiencias forman el carácter de una persona.

11 *vt (set up)* formar: the committee was formed in 1980 el comité se formó en 1980; he was asked to form a government le pidieron que formara un gobierno.
12 *vt (be, constitute)* formar, constituir: socialists formed the bulk of the group los socialistas formaban la mayor parte del grupo; interviews and letters form the basis of the book la mayor parte del libro la forman entrevistas y cartas.
13 *vt fig (idea)* hacerse; *(impression, opinion)* formarse; *(relationship)* hacer; *(habit)* adquirir; *(plan)* concebir: I formed the wrong impression of you me formé una mala impresión de ti.
14 *vi* formarse: a long queue had formed una larga cola se había formado; a crowd formed se formó una multitud.
✦ **as a matter of form** por educación, por cortesía.
in any shape or form de cualquier forma.
to be bad form ser de mala educación.
to be off form estar en baja forma.
to be on form estar en forma.
to take form tomar forma.

formal ['fɔ:məl]
1 *adj (official)* formal, oficial: there will have to be a formal inquiry tendrá que realizarse una investigación oficial; the minister made a formal denial el ministro hizo una renuncia oficial; he has had no formal education as such no ha recibido una educación convencional.
2 *adj (correct)* formal; *(traditional)* tradicional: a formal letter una carta formal; the wedding was extremely formal la boda fue muy tradicional.
3 *adj (dress, dinner)* de etiqueta.
4 *adj (visit)* de cumplido.
5 *adj (person, language)* ceremonioso,-a, formalista: she has a very formal manner es muy ceremoniosa.
6 *adj (ordered)* formal, ordenado,-a.

formaldehyde [fɔ:'mældɪhaɪd] *n* formaldehído.

formalin ['fɔ:məlɪn] *n* formalina.

formality [fɔ:'mælɪtɪ] *n (correctness)* formalidad *f*; *(convention)* ceremonia: it was just a formality fue una mera formalidad.
▲ *pl* formalities.

formalise ['fɔ:məlaɪz] *vt* → formalize.

formalize ['fɔ:məlaɪz]
1 *vt (make official)* formalizar.
2 *vt (make formal)* dar carácter formal a.
3 *vt (give form to)* dar forma a.

formally ['fɔ:məlɪ]
1 *adv (correctly)* formalmente.
2 *adv (officially)* oficialmente.

format ['fɔ:mæt]
1 *n* formato.
2 *vt COMPUT* formatear.
▲ *pt & pp* formatted, *ger* formatting.

formation [fɔːˈmeɪʃən]
1 *n (gen)* formación *f.*
2 *n (establishment)* creación *f.*
formative [ˈfɔːmətɪv] *adj* formativo,-a.
former [ˈfɔːməʳ]
1 *adj (earlier)* antiguo,-a; *(person)* ex: this museum was a former palace este museo es un antiguo palacio; the former champion el ex campeón; the former president el ex presidente.
2 *adj (of two)* primero,-a: the former suggestion seems better la primera sugerencia parece mejor.
3 the former *pron* aquél, aquélla.
✦ in former times en otros tiempos, antiguamente.
formerly [ˈfɔːməlɪ] *adv (previously)* antiguamente, antes.
Formica [fɔːˈmaɪkə] *n* formica.
▲ *Es marca registrada.*
formidable [ˈfɔːmɪdəbəl]
1 *adj (impressive)* formidable.
2 *adj (daunting)* temible, imponente.
3 *adj (difficult to overcome)* enorme.
Formosa [fɔːˈməʊzə] *n* Formosa.
formula [ˈfɔːmjələ] *n* fórmula.
▪ formula one fórmula uno.
▲ *pl formulas o formulae* [ˈfɔːmjuliː].
formulate [ˈfɔːmjəleɪt] *vt* formular.
formulation [fɔːmjəˈleɪʃən] *n* formulación *f.*
formulism [ˈfɔːmjʊlɪzəm] *n* formulismo.
formwork [ˈfɔːmwɜːk] *n* encofrado.
fornicate [ˈfɔːnɪkeɪt] *vi fml* fornicar.
fornication [fɔːnɪˈkeɪʃən] *n fml* fornicación *f.*
forsake [fəˈseɪk]
1 *vt fml (abandon)* abandonar.
2 *vt (give up)* renunciar a.
▲ *pt forsook* [fəsʊk], *pp forsaken* [fəˈseɪkən].
forswear [fɔːˈsweəʳ] *vt fml* renunciar a, abjurar a.
▲ *pt forswore* [fɔːˈswɔːʳ], *pp forsworn* [fɔːˈswɔːn].
fort [fɔːt] *n* fuerte *m.*
✦ to hold the fort quedarse vigilando, hacerse cargo.
forte[1] [ˈfɔːteɪ] *n* fuerte *m*: English was never my forte el inglés no ha sido nunca mi fuerte.
forte[2] [ˈfɔːteɪ]
1 *adj MUS* forte.
2 *adv* forte.
forth [fɔːθ] *adv (onwards)* en adelante: from that day forth de ese día en adelante, a partir de aquel día.
✦ and so forth y cosas así.
and so on and so forth y así sucesivamente.
to go back and forth ir de acá para allá.

forthcoming [fɔːθˈkʌmɪŋ]
1 *adj fml (happening in near future)* próximo,-a: the forthcoming elections las próximas elecciones; his forthcoming book su próximo libro.
2 *adj (available)* disponible.
3 *adj (communicative)* comunicativo,-a, dispuesto,-a a hablar.
forthright [ˈfɔːθraɪt]
1 *adj (person)* franco,-a.
2 *adj (speech, action etc)* directo,-a.
forthwith [fɔːθˈwɪθ] *adv fml* inmediatamente.
forties [ˈfɔːtɪz] the forties *npl* los años *mpl* cuarenta, los cuarenta *mpl.*
✦ to be in one's forties tener entre cuarenta y cincuenta años, tener cuarenta y tantos años.
▲ *Véase también sixties.*
fortieth [ˈfɔːtɪəθ]
1 *adj* cuadragésimo,-a.
2 *adv* en cuadragésimo lugar.
3 *n (fraction)* cuadragésimo; *(one part)* cuadragésima parte *f.*
▲ *Véase también sixtieth.*
fortification [fɔːtɪfɪˈkeɪʃən] *n* fortificación *f.*
fortify [ˈfɔːtɪfaɪ]
1 *vt MIL* fortificar.
2 *vt (strengthen)* fortalecer.
3 *vt (wine)* fortificar, encabezar; *(food)* enriquecer.
▲ *pt & pp fortified, ger fortifying.*
fortissimo [fɔːˈtɪsɪməʊ]
1 *adv* fortísimo.
2 *adj* fortísimo,-a.
fortitude [ˈfɔːtɪtjuːd] *n* fortaleza, fuerza.
fortnight [ˈfɔːtnaɪt] *n GB* quincena, quince días *mpl*: we're going for a fortnight nos vamos por quince días; he comes for dinner once a fortnight viene a comer cada quince días; a fortnight today de hoy en quince días.
fortnightly [ˈfɔːtnaɪtlɪ]
1 *adj* quincenal: a fortnightly visit una visita quincenal.
2 *adv* cada quince días: I go home fortnightly voy a casa cada quince días.
fortress [ˈfɔːtrəs] *n* fortaleza.
fortuitous [fɔːˈtjuːɪtəs]
1 *adj (lucky)* fortuito,-a, casual.
2 *adj (accidental)* accidental.
fortunate [ˈfɔːtʃənət] *adj* afortunado,-a: I was fortunate to … tuve la suerte de …; it was fortunate for him that … … afortunadamente para él …; those less fortunate than ourselves aquellos menos afortunados que nosotros.
fortunately [ˈfɔːtʃənətlɪ] *adv* afortunadamente, por suerte.
fortune [ˈfɔːtʃən]
1 *n (fate)* fortuna; *(luck)* suerte *f*. I had the good fortune to find a friend tuve la suerte de encontrar un amigo; have you ever had your fortune told? ¿te han dicho la buenaventura alguna vez?

2 *n (money)* fortuna: he inherited a fortune heredó una fortuna; that painting's worth a fortune aquel cuadro vale un dineral.
3 fortunes *npl (luck)* suerte *f*; *(ups and downs)* vicisitudes *fpl*: Richard's fortunes were looking up la suerte de Richard iba mejorando; we follow the hero's fortunes through a series of adventures seguimos las vicisitudes del protagonista a través de una serie de aventuras.
▪ fortune cookie galleta de la buenaventura.
fortunes of war peripecias *fpl* de la guerra.
fortune-hunter [ˈfɔːtʃənhʌntəʳ] *n (gen)* aventurero,-a; *(through marriage)* cazadotes *mf.*
fortune-teller [ˈfɔːtʃənteləʳ] *n* adivino,-a.
forty [ˈfɔːtɪ]
1 *adj* cuarenta.
2 *n* cuarenta *m.*
▲ *Véase también sixty.*
forum [ˈfɔːrəm] *n* foro.
forward [ˈfɔːwəd]
1 *adv (gen)* hacia adelante: to go forward ir hacia adelante; it's a step forward es un paso (hacia) adelante.
2 *adv (time)* en adelante: from this day forward de hoy en adelante.
3 *adj (position)* delantero,-a, frontal; *(movement)* hacia delante.
4 *adj (future)* a largo plazo: forward planning planificación a largo plazo.
5 *adj (advanced)* adelantado,-a, precoz: a forward child un niño precoz.
6 *adj (too bold, too eager)* atrevido,-a, descarado,-a, fresco,-a.
7 *n SP* delantero,-a.
8 *vt (send on to new address)* remitir; *(send goods)* enviar, expedir.
9 *vt fml (further, advance)* adelantar, fomentar.
✦ to bring something forward *(in time)* adelantar algo.
to put the clock forward adelantar el reloj.
▪ forward roll *SP* voltereta *(hacia delante).*
▲ *Como adverbio también forwards.*
forwarding [ˈfɔːwədɪŋ] *n* transporte *m* de mercancías.
▪ forwarding address nueva dirección *f.*
forwarding agent agente *mf* transporte.
forward-looking [ˈfɔːwədlʊkɪŋ] *adj* previsor,-ra.
forwards [ˈfɔːwədz] *adv* → forward.
forwent [fɔːˈwent] *pt* → forgo.
fossa [ˈfɒsə] *n* fosa.
fossil [ˈfɒsəl]
1 *n* fósil *m.*
2 *adj* fósil.
▪ fossil fuel combustible *m* fósil.

fossilization [fɒsəlaɪ'zeɪʃən] n fosilización f.
fossilise ['fɒsəlaɪz] vt → fossilize.
fossilize ['fɒsəlaɪz]
1 vt fosilizar.
2 vi fosilizarse.
foster ['fɒstə']
1 vt (child) acoger temporalmente.
2 vt (encourage) fomentar, promover.
3 adj adoptivo,-a.
■ foster child hijo,-a adoptivo,-a.
foster father padre m adoptivo.
foster home hogar m adoptivo.
foster mother madre f adoptiva.
fought [fɔːt] pt & pp → fight.
foul [faʊl]
1 adj (dirty, disgusting) asqueroso,-a; (smell) fétido,-a.
2 adj (unpleasant, very bad) horrible; (weather) feo,-a, horrible, de perros; (temper) mal, de perros.
3 adj (language) grosero,-a, obsceno,-a.
4 adj SP (unfair) sucio,-a, tramposo,-a.
5 adj fml (evil) vil, atroz.
6 adj (chimney, pipe etc) atascado,-a.
7 n SP falta (on, contra).
8 vt (dirty) ensuciar; (pollute) contaminar.
9 vt (snag) enredar.
10 vt SP cometer una falta contra.
11 vi enredarse en.
▶ to foul up vt sep am estropear, fastidiar.
✦ to fall foul of (gen) tener problemas con; (person) ganarse la enemistad de.
to foul one's own nest tirar piedras contra su propio tejado.
■ foul play SP juego sucio; JUR hecho delictivo.
foul-mouthed [faʊl'maʊðd] adj malhablado,-a.
foul-smelling [faʊl'smelɪŋ] adj hediondo,-a, maloliente.
foul-up ['faʊlʌp] n metedura de pata, cagada.
found¹ [faʊnd] vt (metals) fundir.
found² [faʊnd]
1 vt (establish) fundar: this company was founded in 1894 esta empresa fue fundada en 1894.
2 vt (base) basar (on, en): a film founded on fact una película basada en un hecho real.
found³ [faʊnd] pt & pp → find.
foundation [faʊn'deɪʃən]
1 n (act, organization) fundación f.
2 n (basis) fundamento, base f.
3 n (make-up) base f.
4 foundations npl cimientos mpl.
■ foundation course curso de introducción.
foundation stone primera piedra.
founder¹ ['faʊndə']
1 vi (plan etc) irse a pique, fracasar, malograrse.
2 vi (ship) hundirse.
3 vi (horse) dar un traspié.

founder² ['faʊndə'] n (person) fundador,-ra.
■ founder member miembro fundador,-ra.
founding father ['faʊndɪŋ'faːðə'] n fundador m.
■ the Founding Fathers los Padres mpl de la Constitución Americana.
foundry ['faʊndrɪ] n fundición f.
▲ pl foundries.
fountain ['faʊntən]
1 n fuente f.
2 n (jet) surtidor m, chorro.
3 n (source, origin) fuente f.
■ fountain pen pluma estilográfica.
four [fɔː']
1 adj cuatro.
2 n cuatro.
✦ on all fours a gatas.
▲ Véase también six.
four-eyes ['fɔːraɪz] n cuatro ojos mf inv.
fourfold ['fɔːfəʊld]
1 adj cuádruple.
2 adv cuatro veces.
four-legged [fɔː'legɪd] adj de cuatro patas.
four-letter word ['fɔːletə'wɜːd] n euph taco.
four-poster bed ['fɔːpəʊstə'bed] n cama con dosel.
foursome ['fɔːsəm] n grupo de cuatro personas.
four-square ['fɔːskweə'] adj cuadrado,-a.
fourteen [fɔː'tiːn]
1 adj catorce.
2 n catorce m.
▲ Véase también six.
fourteenth [fɔː'tiːnθ]
1 adj decimocuarto,-a.
2 adv en decimocuarto lugar.
3 n (in series) decimocuarto,-a.
4 n (fraction) decimocuarto; (one part) decimocuarta parte f.
▲ Véase también sixth.
fourth [fɔːθ]
1 adj cuarto,-a.
2 adv cuarto, en cuarto lugar.
3 n (in series) cuarto,-a.
4 n (fraction) cuarto; (one part) cuarta parte f.
▲ Véase también sixth.
fourth-former ['fɔːθfɔːmə'] n GB alumno,-a del cuarto curso.
four-wheel drive [fɔːwiːl'draɪv] n tracción f integral.
fowl [faʊl] n ave f de corral.
▲ pl fowl.
fox [fɒks]
1 n (animal) zorro,-a.
2 n (person) zorro,-a.
3 vt fam (trick) engañar.
4 vt (confuse) dejar perplejo,-a, confundir, despistar.

■ fox hunt caza de zorras.
fox terrier fox m terrier.
foxglove ['fɒksglʌv] n dedalera, digital f.
foxhole ['fɒkshəʊl] n raposera, zorrera.
foxhound ['fɒkshaʊnd] n perro raposero.
fox-hunting ['fɒkshʌntɪŋ] n caza del zorro.
foxtrot ['fɒkstrɒt] n fox-trot m.
foxy ['fɒksɪ]
1 adj fam astuto,-a.
2 adj US sl (sexy) sexy.
▲ comp foxier, superl foxiest.
foyer ['fɔɪeɪ, 'fɔɪə'] n vestíbulo.
Fr¹ ['faːðə'] abbr REL (Father) Padre m; (abbreviation) P, Pe.
Fr² [frentʃ] abbr (French) francés,-esa; (abbreviation) fr.
fracas ['frækɑː] n reyerta.
fraction ['frækʃən]
1 n (division) fracción f.
2 n (small part, bit) poquito.
fractional ['frækʃənəl]
1 adj (in fractions) fraccionario,-a.
2 adj (very small) muy pequeño,-a, ínfimo,-a.
fractionally ['frækʃənəlɪ] adv mínimamente, ligeramente.
fractious ['frækʃəs] adj irritable, malhumorado,-a.
fracture ['fræktʃə']
1 n fractura.
2 vt fracturar: she fractured her hip se fracturó la cadera.
3 vi fracturarse.
fragile ['frædʒaɪl]
1 adj frágil.
2 adj fig (health) delicado,-a.
fragility [frə'dʒɪlɪtɪ] n fragilidad f.
fragment ['frægmənt]
1 n fragmento.
2 vi fragmentarse.
▲ (verbo) [fræg'ment].
fragmentary ['frægməntərɪ, fræg'mentərɪ] adj fragmentario,-a.
fragmentation [frægmən'teɪʃən] n fragmentación f.
fragrance ['freɪgrəns] n fragancia.
fragrant ['freɪgrənt] adj fragante.
frail [freɪl]
1 adj frágil, delicado,-a.
2 adj (morally weak) débil.
frailty ['freɪltɪ] n fragilidad f, debilidad f, delicadeza.
■ human frailties flaquezas fpl humanas.
▲ pl frailties.
frame [freɪm]
1 n (of building, machine, tent) armazón f.
2 n (of bed) armadura.
3 n (of bicycle) cuadro.
4 n (of spectacles) montura.
5 n (of human, animal - body) cuerpo; (- build) constitución f.

6 *n (of window, door, picture etc)* marco.

7 *n (order, system)* estructura, sistema *m*, marco.

8 *n CINEM* fotograma *m*.

9 *n (of comic)* viñeta.

10 *n (in billiards - triangle)* triángulo; (- *round)* jugada.

11 *vt (picture)* enmarcar.

12 *vt (door)* encuadrar.

13 *vt (face, scene)* enmarcar, encuadrar.

14 *vt fam (set up)* tender una trampa a alguien para incriminarlo.

15 *vt fml (question, proposal)* formular; *(plan)* elaborar.

■ **frame of mind** estado de ánimo.
frame of reference marco de referencia.

frame-up [ˈfreɪmʌp] *n fam* trampa.

framework [ˈfreɪmwɜːk]

1 *n* armazón *f*.

2 *n fig* estructura, sistema *m*, marco.

franc [fræŋk] *n* franco.

France [frɑːns] *n* Francia.

franchise [ˈfræntʃaɪz]

1 *n COMM* concesión *f*, franquicia.

2 *n (vote)* derecho de voto.

Francophone [ˈfræŋkəʊfəʊn]

1 *adj* francófono,-a.

2 francófono,-a.

frank [fræŋk]

1 *adj* franco,-a.

2 *vt* franquear.

Frank [fræŋk] *n (person)* franco,-a.

Frankfurt [ˈfræŋkfɜːt] *n* Francfort.

frankfurter [ˈfræŋkfɜːtəʳ] *n* salchicha de Frankfurt.

frankincense [ˈfræŋkɪnsens] *n* incienso.

frankly [ˈfræŋklɪ] *adv* francamente.

frankness [ˈfræŋknəs] *n* franqueza.

frantic [ˈfræntɪk]

1 *adj (hectic)* frenético,-a: it's been a frantic week ha sido una semana de locos.

2 *adj (anxious)* desesperado,-a.

✦ to be frantic with worry estar preocupadísimo,-a.

frantically [ˈfræntɪklɪ] *adv* desesperadamente, como un,-a loco,-a: he rushed around frantically corría de lado a otro como un loco.

fraternal [frəˈtɜːnəl] *adj* fraternal.

fraternally [frəˈtɜːnəlɪ] *adv* fraternalmente.

fraternity [frəˈtɜːnɪtɪ]

1 *n (brotherhood)* fraternidad *f*.

2 *n (society)* asociación *f*.

3 *n REL* hermandad *f*, cofradía.

4 *n US (university)* club *m* de estudiantes.

▲ *pl* fraternities.

fraternisation [frætənaɪˈzeɪʃən] *n →* fraternization.

fraternise [ˈfrætənaɪz] *vi →* fraternize.

fraternization [frætənaɪˈzeɪʃən] *n* fraternización *f*.

fraternize [ˈfrætənaɪz] *vi* fraternizar.

fratricidal [frætrɪˈsaɪdəl] *adj* fratricida.

fratricide [ˈfrætrɪsaɪd]

1 *n (crime)* fratricidio.

2 *n (person)* fratricida *mf*.

fraud [frɔːd]

1 *n (act)* fraude *m*.

2 *n (person)* impostor,-ra, farsante *mf*.

fraudulent [ˈfrɔːdjələnt] *adj* fraudulento,-a.

fraudulently [ˈfrɔːdjələntlɪ] *adv* fraudulentamente.

fraught [frɔːt]

1 *adj (filled, charged)* lleno,-a (**with**, de), cargado,-a (**with**, de): a situation fraught with danger una situación llena de peligro.

2 *adj fam (worried)* nervioso,-a, alterado, -a, tenso,-a.

fray¹ [freɪ]

1 *vi (cloth)* deshilacharse, raerse.

2 *vi (tempers, nerves, etc)* crisparse.

fray² [freɪ] *n* contienda, lucha.

✦ to enter the fray entrar en liza.
to return to the fray volver al ataque.

frazzle [ˈfræzəl] *n* agotamiento.

✦ to be burnt to a frazzle quedar carbonizado,-a, quedar achicharrado,-a.
to be worn to a frazzle quedarse reventado,-a, quedarse hecho,-a polvo.

FRCS [ˈefˈɑːˈsiːˈes] *abbr GB* (**Fellow of the Royal College of Surgeons**) miembro del colegio oficial de cirujanos.

freak [friːk]

1 *n (monster)* monstruo; *(strange person)* bicho raro.

2 *n (strange event)* anomalía.

3 *n fam (fan)* fanático,-a: he's a Rolling Stones freak es un fanático de los Rolling Stones.

4 *n (eccentric)* estrafalario,-a.

5 *adj (unusual)* insólito,-a, extraño,-a, anormal; *(unexpected)* inesperado,-a, imprevisto,-a.

▸ to freak out

1 *vt sep* flipar, alucinar.

2 *vi* fliparse, alucinarse.

freakish [ˈfriːkɪʃ] *adj* insólito,-a, extraño,-a, anormal.

freckle [ˈfrekəl] *n* peca.

freckled [ˈfrekəld] *adj* pecoso,-a.

freckly [ˈfreklɪ] *adj* pecoso,-a.

▲ *comp* frecklier, *superl* freckliest.

free [friː]

1 *adj (gen)* libre: it's a free country, isn't it? es un país libre, ¿verdad?; you're free to do what you like eres libre de hacer lo que quieras.

2 *adj (without cost)* gratuito,-a, gratis; *(exempt)* libre (**from**, de): help yourself to tea and coffee - it's free sírvete té o café - es gratis.

3 *adj (not occupied)* libre: is that seat free? ¿está libre esa silla?; do you know when the hall is free? ¿sabes cuándo la sala está libre?

4 *adj (not busy)* libre: she'll be free after 4.00 pm estará libre después de las 4.00; I don't have much free time no tengo mucho tiempo libre; are you free for dinner? ¿estás libre para comer?

5 *adj (translations)* libre.

6 *adj (in chemistry)* libre.

7 *adv (gratis)* gratis: children travel free los niños viajan gratis.

8 *adv (loose)* suelto,-a: the screws have worked themselves free los tornillos se han aflojado.

9 *adv (in free manner)* libremente, con toda libertad: animals in the wild can roam free los animales salvajes pueden vagar libremente.

10 *vt (liberate, release - person)* poner en libertad, liberar; (- *animal)* soltar: the prisoner was freed el prisionero fue puesto en libertad.

11 *vt (rid)* deshacerse (**of/from**, de), librarse (**of/from**, de).

12 *vt (loosen, untie)* soltar, desatar.

13 *vt (exempt)* eximir (**from**, de).

✦ feel free! ¡tú mismo,-a!
for free gratis.
free and easy despreocupado,-a.
free of charge gratuito,-a, gratis.
free of tax libre de impuestos.
free on board franco a bordo.
to be free from/be free of estar libre de, quedar libre de: I was free from all my responsibilities quedé libre de todas mis responsabilidades.
to be free with repartir generosamente, ser generoso,-a con: he's very free with his money es muy generoso con su dinero.
to have a free hand in something tener carta blanca en algo.
to run free andar suelto,-a.
to set somebody free liberar a alguien, poner en libertad a alguien.

■ **free admission** entrada libre.
free agent persona libre de hacer lo que quiera.
free enterprise libre empresa.
free fall caída libre.
free gift regalo.
free house *pub independiente que sirve varias marcas diferentes de cerveza.*
free kick saque *m* de falta.
free love amor *m* libre.
free market economy economía libre de mercado.
free port puerto franco.
free speech libertad *f* de expresión.
free ticket invitación *f*.
free trade libre cambio.
free verse verso libre.
free vote voto libre.
free will libre albedrío.
Free World Mundo Libre.

freebie [ˈfriːbɪ] *n fam* regalo.

freedom [ˈfriːdəm] *n* libertad *f*.

■ **freedom fighter** luchador,-ra por la libertad.

free-for-all [ˈfriːfərɔːl] *n fam* pelea, batalla campal.

freehand [ˈfriːhænd] *adj* a mano alzada.

free-handed [ˈfriːhændɪd] *adj (generous)* generoso,-a, liberal.

freehold [ˈfriːhəʊld] *n JUR* derecho de dominio absoluto.

freeholder [ˈfriːhəʊldəʳ] *n* propietario,-a absoluto,-a.
▲ *Véase también leaseholder.*

freelance [ˈfriːlɑːns]
1 *adj* independiente, autónomo,-a.
2 *n* persona que trabaja por cuenta propia.
3 *vi* trabajar por cuenta propia.

freeload [ˈfriːləʊd] *vi fam* gorrear.

freeloader [ˈfriːləʊdəʳ] *n fam* gorrón, -ona, buitre *m*.

freely [ˈfriːlɪ]
1 *adv (without obstruction)* libremente, con libertad; *(easily)* con facilidad.
2 *adv (willingly, readily)* voluntariamente.
3 *adv (openly, honestly)* abiertamente, francamente.
4 *adv (generously)* liberalmente; *(abundantly)* abundantemente.

Freemason [ˈfriːmeɪsən] *n* masón,-ona, francmasón,-ona.

Freemasonry [ˈfriːmeɪsənrɪ] *n* masonería, francmasonería.

free-range [ˈfriːreɪndʒ] *adj* de granja.
■ **free-range eggs** huevos de granja.

freesia [ˈfriːʒə] *n* fresia.

freestanding [friːˈstændɪŋ] *adj* independiente.

freestyle [ˈfriːstaɪl] *n (swimming)* estilo libre.

freethinker [friːˈθɪŋkəʳ] *n* librepensador,-ra.

freethinking [friːˈθɪŋkɪŋ] *adj* librepensador,-ra.

freeway [ˈfriːweɪ] *n US* autopista.

freewheel [friːˈwiːl] *vi (cycle)* ir a rueda libre; *(car)* ir en punto muerto.

freewheeling [friːˈwiːlɪŋ] *adj fam* despreocupado,-a.

freeze [friːz]
1 *n METEOR* helada.
2 *n COMM* congelación *f*: **price freeze** congelación de precios.
3 *vt (gen)* congelar: **can you freeze fish?** ¿se puede congelar el pescado?; **the government has frozen wages** el gobierno ha congelado los salarios.
4 *vi (liquid)* helarse; *(food)* congelarse: **water freezes at zero degrees** el agua se hiela a cero grados; **fruit doesn't freeze very well** la fruta no se congela bien; **the earth is frozen** la tierra está helada.
5 *vi METEOR* helar.
6 *vi fig (stop suddenly)* quedarse inmóvil, quedarse paralizado,-a.
▸ **to freeze out** *vt sep fam (exclude)* excluir de un negocio.

to freeze over *vi* helarse: **the lake froze over** el lago se heló.
to freeze up *vi* helarse: **the water-pipes have frozen up** las cañerías se han helado.
✦ **to freeze somebody's blood/make somebody's blood freeze** hacer que se le hiela la sangre a alguien: **when I saw them it made my blood freeze** cuando los vi se me heló la sangre.
to freeze to death morirse de frío.
▲ *pt* **froze** [frəʊz], *pp* **frozen** [ˈfrəʊzən], *ger* **freezing.**

freeze-dry [ˈfriːzdraɪ] *vt* liofilizar.
▲ *pt & pp* **freeze-dried**, *ger* **freeze-drying.**

freeze-frame [ˈfriːzfreɪm] *n* imagen *f* congelada.

freezer [ˈfriːzəʳ] *n* congelador *m*.

freeze-up [ˈfriːzʌp] *n* helada.

freezing [ˈfriːzɪŋ]
1 *adj* glacial.
2 *adj fam (very cold)* helado,-a: **I'm freezing** estoy helado.
3 *n* congelación *f*.
■ **freezing point** punto de congelación.

freight [freɪt]
1 *n (transport)* transporte *m*.
2 *n (goods)* carga, flete *m*.
3 *n (price)* flete *m*.
4 *vt* transportar.
■ **freight car** *US* vagón *m* de mercancías.
freight train *US* tren *m* de mercancías.

freightage [ˈfreɪtɪdʒ] *n* flete.

freighter [ˈfreɪtəʳ] *n (ship)* buque *m* de carga; *(aircraft)* avión *m* de carga.

French [frentʃ]
1 *adj* francés,-esa.
2 *n (language)* francés *m*.
3 the French *npl* los franceses *mpl*.
✦ **to take French leave** despedirse a la francesa.
■ **French bread** pan *m* francés.
French dressing vinagreta.
French fries patatas *fpl* fritas.
French horn trompa de pistones.
French letter *fam* condón *m*.
French loaf/French stick barra de pan (francés).
French toast torrija.
French window puerta vidriera.

Frenchman [ˈfrentʃmən] *n* francés *m*.
▲ *pl* **Frenchmen** [ˈfrentʃmən].

Frenchwoman [ˈfrentʃwʊmən] *n* francesa.
▲ *pl* **Frenchwomen** [ˈfrentʃwɪmɪn].

frenetic [frəˈnetɪk] *adj* frenético,-a.

frenetically [frəˈnetɪklɪ] *adv* frenéticamente.

frenzied [ˈfrenzɪd] *adj* frenético,-a.

frenzy [ˈfrenzɪ] *n* frenesí *m*.
✦ **to be in a frenzy** estar frenético,-a.
▲ *pl* **frenzies.**

frequency [ˈfriːkwənsɪ] *n* frecuencia.
▲ *pl* **frequencies.**

frequent [ˈfriːkwənt]
1 *adj* frecuente.
2 *vt* frecuentar.
▲ *(verbo)* [frɪˈkwent].

frequently [ˈfriːkwəntlɪ] *adv* frecuentemente, con frecuencia.

fresco [ˈfreskəʊ] *n* fresco.
▲ *pl* **frescos** o **frescoes.**

fresh [freʃ]
1 *adj (food)* fresco,-a: **fresh bread** pan del día; **fresh fruit** fruta fresca.
2 *adj (water)* dulce.
3 *adj (air)* puro,-a.
4 *adj (weather)* fresco,-a; *(wind)* recio,-a.
5 *adj (complexion)* sano,-a.
6 *adj (clothes)* limpio,-a.
7 *adj fig (new)* nuevo,-a: **open a fresh packet** abre otro paquete; **I'll make a fresh pot of tea** haré otra tetera; **there's some fresh evidence** hay nuevas pruebas.
8 *adj (made recently)* reciente, fresco,-a: **fresh tracks** huellas recientes; **fresh paint** recién pintado.
9 *adj (original)* nuevo,-a: **a fresh approach** un nuevo énfasis.
10 *adj (refreshed, alert)* fresco,-a, lleno,-a de vigor.
11 *adj (bold, forward, cheeky)* fresco,-a, carota: **don't get fresh with me!** ¡basta de familiaridades!
✦ **as fresh as a daisy** fresco,-a como una rosa.
fresh from/fresh out of recién salido,-a de, recién llegado,-a de: **she's fresh out of college** acaba de salir de la universidad.
in the fresh air al aire libre.
to be fresh out of something habérsele acabado algo a uno: **we're fresh out of coffee** se nos ha acabado el café.
to make a fresh start volver a empezar, empezar de nuevo.

freshen [ˈfreʃən]
1 *vt* refrescar.
2 *vi* refrescarse.
▸ **to freshen up**
1 *vt sep* refrescar: **that shower has really freshened me up** aquella ducha me ha refrescado mucho.
2 *vi* asearse, refrescarse: **I think I'll go and freshen up before dinner** me parece que me refrescaré un poco antes de cenar.

freshener [ˈfreʃənəʳ] *n* ambientador *m*.

fresher [ˈfreʃəʳ] *n GB* estudiante *mf* de primer curso (de universidad), novato,-a.

freshly [ˈfreʃlɪ] *adv* recién: **freshly cut flowers** flores recién cortadas; **freshly made tea** té recién hecho; **freshly squeezed orange juice** zumo de naranja recién exprimido.

freshman [ˈfreʃmən] *n US* estudiante *mf* de primer curso (de universidad), novato,-a.
▲ *pl* **freshmen.**

freshness ['freʃnəs]
1 n (brightness) frescura.
2 n (cool) frescor m.
3 n (newness) novedad f.
4 n fam (cheek) descaro.

freshwater ['freʃwɔːtəʳ] adj de agua dulce: freshwater fish pez de agua dulce.

fret¹ [fret]
1 vi preocuparse (about/at/over, por): don't fret no te preocupes; she was fretting about her sick cat estaba preocupada por su gato enfermo.
2 vt (wear away) raer, desgastar.
3 n (worry) preocupación f.
✦ to be in a fret estar preocupado,-a.
▲ pt & pp fretted, ger fretting.

fret² [fret] n (on guitar) traste m.

fret³ [fret] n (fretwork) calado.
■ fret saw sierra de calar.

fretful ['fretful]
1 adj (worried) preocupado,-a.
2 adj (irritable) irritable, malhumorado,-a.

fretwork ['fretwɜːk] n calado.

Freudian ['frɔɪdiən] adj freudiano,-a.
■ Freudian slip lapsus m.

FRG ['efɑːˈdʒiː] abbr (Federal Republic of Germany) República Federal de Alemania; (abbreviation) RFA.

Fri ['fraɪdɪ] abbr (Friday) viernes m; (abbreviation) viern.

friable ['fraɪəbəl] adj friable.

friar ['fraɪəʳ] n fraile m.

friary ['fraɪərɪ] n monasterio.
▲ pl friaries.

fricassee ['frɪkəsiː] n estofado.

fricative ['frɪkətɪv]
1 adj fricativo,-a.
2 n fricativa.

friction ['frɪkʃən]
1 n (conflict) fricción f, roces mpl.
2 n (rubbing) rozamiento, roce m.

Friday ['fraɪdɪ] n viernes m.
▲ Para ejemplos de uso, véase Saturday.

fridge [frɪdʒ] n nevera, frigorífico.

fried [fraɪd] adj frito,-a.

friend [frend]
1 n amigo,-a, compañero,-a: I'd like to introduce you to a friend of mine me gustaría presentarte a un amigo mío; Maria and I have been best friends for years Maria y yo somos amigas íntimas desde hace años; they say that they're just good friends dicen que solo son buenos amigos.
2 n (helper, supporter) amigo,-a (of/to, de): friends of the arts amigos de las artes.
3 n (Quaker) cuáquero,-a.
✦ a friend in need (is a friend indeed) en la necesidad se conoce a los amigos.
my honourable friend POL mi respetable colega.
my learned friend JUR mi eminente colega.

to be friends with somebody ser amigo,-a de alguien.
to have friends in high places tener enchufe.
to make friends with somebody trabar amistad con alguien, hacerse amigo,-a de alguien.
■ Friends of the Earth Los Amigos de la Tierra.

friendless ['frendləs] adj sin amigos.

friendliness ['frendlɪnəs] n cordialidad f.

friendly ['frendlɪ]
1 adj (person) simpático,-a, amable.
2 adj (atmosphere) acogedor,-ra.
3 adj (smile, manner etc) amable.
4 adj (relationship) amistoso,-a.
✦ to become friendly hacerse amigos, -as.
to be on friendly terms with somebody estar en buenos términos con alguien.
■ friendly game/friendly match SP partido amistoso.
Friendly Society mutua.
▲ comp friendlier, superl friendliest.

friendship ['frendʃɪp] n amistad f.

Friesian ['friːʒən]
1 adj frisón,-ona, frisio,-a.
2 n (person) frisón,-ona, frisio,-a,.
3 n (language) frisón m, frisio.

Friesland ['friːzlənd] n Frisia.

frieze [friːz] n friso.

frigate ['frɪgət] n fragata.

fright [fraɪt]
1 n (shock) susto: I got quite a fright me pegué un buen un susto.
2 n (fear) miedo.
✦ to look a fright fam estar hecho,-a un adefesio, estar hecho,-a una facha.
to take fright asustarse (at, de).

frighten ['fraɪtən] vt asustar, espantar: you frightened me! ¡me has asustado!
▶ to frighten away/frighten off vt sep ahuyentar, espantar: be quiet, or you'll frighten the birds away cállate, o espantarás a los pájaros.
✦ to frighten somebody into doing something hacer que alguien haga algo con amenazas.
to frighten somebody to death dar un susto de muerte a alguien.
to frighten the life out of somebody dar un susto de muerte a alguien.

frightened ['fraɪtənd] adj asustado,-a.
✦ to be frightened tener miedo (of, de).

frightening ['fraɪtənɪŋ]
1 adj (scary) terrorífico,-a.
2 adj (awful) espantoso,-a.

frightful ['fraɪtful] adj espantoso,-a, horroroso,-a.

frightfully ['fraɪtfulɪ] adv fam muchísimo.

frigid ['frɪdʒɪd]
1 adj (sexually) frígido,-a.

2 adj (icy) glacial, muy frío,-a.
3 adj (unfriendly) glacial.

frigidity [frɪˈdʒɪdɪtɪ] n frigidez f.

frill [frɪl]
1 n (on dress) volante m.
2 frills npl (decorations) adornos mpl.
✦ with no frills sencillo,-a, sin adornos.

frilly ['frɪlɪ] adj con volantes.
▲ comp frillier, superl frilliest.

fringe [frɪndʒ]
1 n (decorative) fleco.
2 n (of hair) flequillo.
3 n (edge) borde m.
4 vt poner un fleco.
✦ to be fringed by/with something estar rodeado,-a de algo.
to live on the fringe of society vivir al margen de la sociedad.
■ fringe benefits extras mpl.
fringe group grupo marginal.
fringe theatre teatro experimental, teatro alternativo.

Frisbee ['frɪzbiː] n Frisbee m.
▲ Es marca registrada.

frisk [frɪsk]
1 vt (search) registrar, cachear.
2 vi (frolic) brincar, retozar.

frisky ['frɪskɪ] adj (child, animal) retozón, -ona, juguetón,-ona; (adult) vivo,-a, vital.
▲ comp friskier, superl friskiest.

fritter ['frɪtəʳ] n CULIN buñuelo.
▶ to fritter away vi pej (money) malgastar; (time) desperdiciar.

frivolity [frɪˈvɒlɪtɪ] n frivolidad f.
▲ pl frivolities.

frivolous ['frɪvələs] adj frívolo,-a.

frizzle ['frɪzəl] vi achicharrarse.

frizzy ['frɪzɪ] adj crespo,-a, rizado,-a.
▲ comp frizzier, superl frizziest.

fro [frəʊ] to and fro adv de un lado para otro.

frock [frɒk] n vestido.

frock-coat ['frɒkkəʊt] n levita.

frog [frɒg] n rana.
✦ to have a frog in one's throat tener carraspera.

frogman ['frɒgmən] n hombre m rana.
▲ pl frogmen ['frɒgmen].

frogmarch ['frɒgmɑːtʃ] vt llevar a alguien a la fuerza sujetándole los brazos.

frogspawn ['frɒgspɔːn] n huevas fpl de rana.

frolic ['frɒlɪk]
1 vi juguetear, retozar.
2 n aventura.

frolicsome ['frɒlɪksəm] adj juguetón, -ona.

from [frɒm]
1 prep (starting at) de; (train, plane) procedente de: what time does he get home from work? ¿a qué hora llega del trabajo?; we're travelling from London to Rome viajamos desde Londres hasta Roma; the train from Madrid el tren procedente de Madrid.

2 *prep (origin, source)* de, desde: **where are you from?** ¿de dónde eres?; **this water comes from a spring** esta agua es de manantial; **it's a quote from Burns** es una cita de Burns; **I bought it from Jack** se lo compré a Jack.

3 *prep (number, price, etc)* de, desde, a partir de: **prices start from $10** precios a partir de 10 dólares; **it's reduced from £25 to £20** está rebajado de 25 a 20 libras.

4 *prep (time)* de, desde: **we work from 9.00 until 5.00** trabajamos de 9.00 a 5.00; **from next Monday onwards** a partir del próximo lunes; **she's been blind from birth** es ciega de nacimiento.

5 *prep (sent or given by)* de: **I've got a letter from my mum** tengo una carta de mi madre; **say hello to him from me** dale recuerdos de mi parte; **this is Mr Singh from the Council** es el Sr. Singh del Ayuntamiento.

6 *prep (using, out of)* de, con: **beer is made from hops** la cerveza se hace con cebada; **cheese is made from milk** de la leche se hace el queso.

7 *prep (distance)* de: **the hotel is 500 yards from the beach** el hotel está a 500 metros de la playa.

8 *prep (indicating separation, removal, etc)* de; *(subtraction)* a: **she is separated from her husband** está separada de su marido; **I've borrowed some books from the library** he cogido prestado unos libros de la biblioteca; **take five from ten** réstale cinco a diez.

9 *prep (because of)* por, a causa de: **the boys died from exposure** los chicos murieron de frío.

10 *prep (considering, according to)* según, por: **from what I can gather** por lo que yo entiendo; **from the look of him, I'd say he's a tramp** por su aspecto, diría que es indigente; **I know from experience** lo sé por experiencia.

11 *prep (indicating difference)* de; *(when distinguishing)* entre: **how different is Catalan from Spanish?** ¿en qué se diferencia el catalán del español?

12 *prep (indicating position)* desde: **from above, you can see the whole stadium** desde encima, se puede ver todo el estadio; **from my point of view** desde mi punto de vista.

frond [frɒnd] *n* fronda.

front [frʌnt]

1 *n (forward part)* parte *f* delantera, frente *m*: **she prefers to sit at the front of the class** prefiere sentarse en las primeras filas de la clase; **there are trees at the front of the house** hay árboles en la parte de delante de la casa; **he wants to sit in the front of the car** quiere sentarse en la parte delantera del coche; **I want you to turn to the front of your books** quiero que vayáis al principio del libro.

2 *n (of shirt etc)* pechera.

3 *n METEOR* frente *m*.

4 *n (facade)* fachada: **the front of the building is very ornate** la fachada del edificio es muy ornamentada.

5 *n MIL* frente *m*: **he was sent to the front** lo mandaron al frente.

6 *n (promenade)* paseo marítimo: **let's go for a walk along the front** vamos al dar una vuelta por el paseo marítimo.

7 *n fig (illegal business etc)* tapadera: **the bar was a front for drug deals** el bar servía de tapadera para el tráfico de drogas.

8 *n fig (outward appearance)* apariencia; *(pretence)* fachada: **his offhandedness is just a front** su brusquedad es pura fachada.

9 *n (specific field of activity)* asunto, terreno: **what's happening on the domestic front?** ¿qué pasa en el terreno nacional?

10 *adj* delantero,-a, de delante: **front seat** asiento delantero; **we sat in the front row** nos sentamos en la primera fila.

11 *vi (face)* dar (**on/onto**, a): **the hotel fronts onto the lake** el hotel da al lago.

12 *vt (lead, head)* encabezar: **the organization is fronted by an ex-policeman** la organización está encabezada por un ex policía.

13 *vt (present)* presentar: **Tom Jenkins is going to front "News Today"** Tom Jenkins presentará "News Today".

✦ at the front delante, por delante: **this dress does up at the front** este vestido se abrocha por delante.

in front (of) delante (de).

out front *(in theatre)* entre el público.

to put on a bold front hacer de tripas corazón.

up front *(in advance)* por adelantado.

▪ front door puerta principal.

front garden jardín *m* pequeño en la parte de delante.

front line *(of fighting)* frente *m*; *(vanguard)* vanguardia.

front man hombre *m* al frente.

front page primera plana, portada.

front room salón *m*.

front tooth incisivo.

front wheel rueda delantera, rueda de delante.

the front bench *GB* las dos primeras filas de escaños ocupadas por miembros del gobierno y de la oposición.

frontal [ˈfrʌntəl] *adj* frontal.

▪ full frontal desnudo total.

front-bench [ˈfrʌntbentʃ] *adj GB* de las dos primeras filas de escaños.

frontier [ˈfrʌntɪəʳ]

1 *n* frontera.

2 *adj* fronterizo,-a: **a frontier zone** una zona fronteriza.

3 the frontiers *npl* fronteras *fpl*, límites *mpl*: **the frontiers of science** las fronteras de la ciencia.

▪ frontier post puesto fronterizo.

frontispiece [ˈfrʌntɪspiːs] *n* portada.

front-line [ˈfrʌntlaɪn] *adj* de la primera línea: **front-line troops** tropas de primera línea de combate.

front-page [ˈfrʌntpeɪdʒ] *adj* de portada, de primera plana: **front-page news** noticias de primera plana.

frontrunner [ˈfrʌntˈrʌnəʳ] *n* favorito,-a.

frost [frɒst]

1 *n (covering)* escarcha: **the windscreen is covered with frost** el parabrisas está cubierto de escarcha.

2 *n (freezing)* helada: **there was a heavy frost last night** la noche pasada heló.

3 *vt* helar, cubrir de escarcha: **the cold has frosted the pavement** el frío ha helado la acera.

4 *vt (plants)* quemar.

5 *vt (glass)* esmerilar.

6 *vt (cake etc)* recubrir con azúcar glas, escarchar.

▶ to frost over/frost up *vi* cubrirse de escarcha, helar.

frostbite [ˈfrɒstbaɪt] *n* congelación *f*.

frostbitten [ˈfrɒstbɪtən] *adj* congelado,-a.

frosted [ˈfrɒstɪd]

1 *adj (glass)* esmerilado,-a.

2 *adj CULIN* recubierto,-a de azúcar glas, escarchado,-a.

frostily [ˈfrɒstɪlɪ] *adv* fríamente.

frostiness [ˈfrɒstɪnəs] *n* frialdad *f*.

frosty [ˈfrɒstɪ]

1 *adj METEOR (cold with frost)* de helada; *(very cold)* helado,-a, muy frío,-a: **it's frosty today** hoy es día de helada; **the air is frosty** el aire está helado.

2 *adj METEOR (covered with frost)* escarchado,-a, cubierto,-a de escarcha: **frosty grass** hierba cubierta de escarcha.

3 *adj fig (unfriendly)* glacial: **she gave me a frosty welcome** me dio una bienvenida glacial.

▲ comp frostier, superl frostiest.

froth [frɒθ]

1 *n (gen)* espuma.

2 *n (from mouth)* espumarajos *mpl*.

3 *n fig (worthless ideas etc)* banalidades *fpl*.

4 *vi (liquid)* hacer espuma.

5 *vi (from mouth)* espumajear, echar espumarajos por la boca.

✦ to be frothing at the mouth *fig (angry)* echar humo.

frothy [ˈfrɒθɪ]

1 *adj* espumoso,-a.

2 *adj fig* superficial, vacío,-a.

▲ comp frothier, superl frothiest.

frown [fraʊn]

1 *n* ceño.

2 *vi* fruncir el ceño.

+ **to frown at somebody** mirar a alguien con el ceño fruncido, mirar a alguien frunciendo el ceño.
‣ **to frown on** *vt insep fig* desaprobar, censurar: promiscuity is frowned upon la promiscuidad se desaprueba.

froze [frəʊz] *pt* → **freeze**.

frozen [ˈfrəʊzən]
1 *pp* → **freeze**.
2 *adj (water, ground)* helado,-a.
3 *adj (food)* congelado,-a.

FRS [ˈefaːrˈes] *abbr GB* (**Fellow of the Royal Society**) miembro de la *Royal Society*.

fructify [ˈfrʌktɪfaɪ] *vi* fructificar, dar fruto.
▲ *pt & pp* **fructified**, *ger* **fructifying**.

fructose [ˈfrʌktəʊz] *n* fructosa.

frugal [ˈfruːgəl] *adj* frugal.

frugality [fruːˈgælɪtɪ] *n* frugalidad *f*.

frugally [ˈfruːgəlɪ] *adv* frugalmente.

fruit [fruːt]
1 *n (food)* fruta: a piece of fruit una fruta.
2 *n BOT* fruto.
3 *n (result, reward)* fruto.
4 *adj* de fruta.
5 *vi* dar fruto.
+ **to bear fruit** *(tree)* dar fruto; *(plan, idea)* dar fruto, dar resultados.
▪ **fruit bowl/fruit dish** frutero.
fruit cake plum cake *m*.
fruit cocktail macedonia (de frutas).
fruit cup *(drink)* ≈ sangría.
fruit fly mosca de la fruta.
fruit juice zumo de fruta.
fruit knife cuchillo de fruta.
fruit machine máquina tragaperras.
fruit salad macedonia (de frutas).
fruit tree árbol *m* frutal.

fruitcake [ˈfruːtkeɪk]
1 *n (cake)* plum cake *m*, pastel *m* de frutas pasas.
2 *n fam (eccentric person)* excéntrico,-a.

fruiterer [ˈfruːtərəʳ] *n* frutero,-a.

fruitful [ˈfruːtfʊl] *adj* fructífero,-a, provechoso,-a.

fruition [fruːˈɪʃən] *n* realización *f*.
+ **to bring something to fruition** llevar algo a buen término, realizar algo.
to come to fruition llevarse a cabo, realizarse.

fruitless [ˈfruːtləs] *adj* infructuoso,-a.

fruity [ˈfruːtɪ]
1 *adj (taste)* a fruta, afrutado,-a.
2 *adj (jokes etc)* picante.
3 *adj (voice)* pastoso,-a.
▲ *comp* **fruitier**, *superl* **fruitiest**.

frump [frʌmp] *n fam pej* adefesio, espantajo.

frumpish [ˈfrʌmpɪʃ] *adj* anticuado,-a.

frustrate [frʌˈstreɪt]
1 *vt (thwart)* frustrar.
2 *vt (upset)* frustrar: not having any money frustrated him no tener dinero le frustraba.

frustrated [frʌˈstreɪtɪd] *adj (dissatisfied)* frustrado,-a, insatisfecho,-a, descontento,-a; *(unfulfilled)* frustrado,-a: she felt frustrated in her job se sentía frustrada en su trabajo; he's a frustrated actor es un actor frustrado.

frustrating [frʌˈsteɪtɪŋ] *adj (irritating)* frustrante.

frustration [frʌˈstreɪʃən] *n* frustración *f*.

frustum [ˈfrʌstəm] *n* tronco.

fry¹ [fraɪ]
1 *vt* freír.
2 *vi* freírse.
3 *vi fig (in sun)* asarse, achicharrarse.
▲ *pt & pp* **fried**, *ger* **frying**.

fry² [fraɪ] *npl (fish)* alevines *mpl*.
▲ *pl* **fry**.

fryer [fraɪəʳ]
1 *n (frying pan)* sartén *f*.
2 *n US* pollo tomatero.
▪ **deep fat fryer** freidora.

frying pan [ˈfraɪɪŋpæn] *n* sartén *f*.
+ **to jump out of the frying pan into the fire** salir del fuego y meterse en las brasas, ir de Guatemala a Guatepeor.

fry-up [ˈfraɪʌp] *n GB fam (mixed fried food)* fritada.

ft [ˈfʊt, ˈfiːt] *abbr* (**foot, feet**) pie *m*, pies *mpl*.

fuchsia [ˈfjuːʃə] *n* fucsia.

fuck [fʌk]
1 *vt taboo* joder, follar.
2 *vi taboo* joder, follar.
3 *n taboo (act)* polvo.
4 **the fuck** *phr taboo (used as intensifier)* coño, hostias: where the fuck have you been? ¿dónde hostias has estado?; what the fuck's going on? ¿qué coño pasa?
‣ **to fuck about/fuck around**
1 *vi taboo (behave stupidly)* joder.
2 *vt sep taboo (treat badly)* joder: they've fucked me around me han jodido.
to fuck off *vi taboo* largarse, pirarse, darse el piro.
to fuck up *vt sep taboo* joder, cagar, jorobar: you've really fucked it up this time! ¡ahora sí que la has cagado de verdad!
+ **fuck it!** *taboo* ¡joder!
fuck off! *taboo* ¡vete a la mierda!, ¡vete a tomar por culo!
fuck this for a game of soldiers! *taboo* ¡a joderse!, ¡a tomar por culo!
fuck you! *taboo* ¡vete a tomar por culo!
not to give a fuck/not care a fuck *taboo* importarle a uno una mierda, importarle a uno una hostia: I don't give a fuck about politics! me importa una mierda la política!

fuck-all [ˈfʌkɔːl]
1 *n taboo (nothing at all)* ni hostia, ni folla: we've done fuck-all this weekend no hemos hecho ni folla en todo el fin de semana; you know fuck-all! ¡no tienes ni puta idea!

2 *adj taboo* puto,-a: this car's fuck-all use now! ¡este coche no vale una puta mierda!

fucked [fʊkt] *adj taboo* jodido,-a.

fucker [ˈfʌkəʳ] *n taboo* hijo de puta, gilipollas *m*, cabrón *m*.

fucking [ˈfʌkɪŋ]
1 *adj taboo* jodido,-a, puto,-a, de mierda: where's my fucking dinner? ¿dónde está la jodida comida?
2 *adv taboo (intensifier)* a fucking good goal! ¡un golazo de puta madre!; I'm fucking pissed off with you estoy hasta los cojones de ti.

fuck-up [ˈfʌkʌp] *n taboo (mess)* chapuza, cagada.

fuddle [ˈfʌdəl]
1 *vt (confuse)* confundir; *(intoxicate)* emborrachar.
2 *n* confusión *f*.

fuddled [ˈfʊdəld] *adj* confuso,-a.

fuddy-duddy [ˈfʌdɪdʌdɪ] *n fam* persona chapada a la antigua.
▲ *pl* **fuddy-duddies**.

fudge¹ [fʌdʒ] *n* dulce hecho con azúcar, leche y mantequilla.

fudge² [fʌdʒ]
1 *vt (do clumsily)* pifiar, fallar.
2 *vt (falsify)* amañar.
3 *vt (evade)* eludir: the minister completely fudged the issue el ministro eludió por completo el problema.

fuel [fjʊəl]
1 *n (gen)* combustible *m*.
2 *n (for motors)* carburante *m*.
3 *n fig* pábulo.
4 *vt (plane)* abastecer de combustible; *(car)* echar gasolina.
5 *vt fig (make worse)* empeorar; *(encourage)* alimentar: the rumours of riots were fuelled by the press la prensa alimentó los rumores de disturbios.
6 *vi* abastecerse de combustible, repostar: planes must fuel before departure los aviones deben abastecerse de combustible antes de despegar.
+ **to add fuel to the flames** echar leña al fuego.

fug [fʌg] *n fam* aire *m* cargado, aire *m* viciado.

fuggy [ˈfʌgɪ] *adj* cargado,-a.
▲ *comp* **fuggier**, *superl* **fuggiest**.

fugitive [ˈfjuːdʒɪtɪv]
1 *n (from danger, war, etc)* fugitivo,-a; *(from justice)* prófugo,-a.
2 *adj* fugitivo,-a.
3 *adj lit (fleeting)* fugaz, efímero,-a.

fugue [fjuːg] *n* fuga.

fulcrum [ˈfʊlkrəm] *n* fulcro.

fulfil [fʊlˈfɪl]
1 *vt (promise, duty)* cumplir.
2 *vt (task, plan, ambition)* realizar.
3 *vt (role, function, order)* efectuar, desempeñar.
4 *vt (need, desire, wish)* satisfacer.

◆ **to fulfil oneself** realizarse, sentirse realizado,-a.

▲ *pt & pp* *fulfilled*, *ger* *fulfilling*.

fulfill [fʊlˈfɪl] *vt* *US* → fulfil.

fulfilled [fʊlˈfɪld]
1 *pt & pp* → fulfil.
2 *adj* realizado,-a, satisfecho,-a.

fulfilment [fʊlˈfɪlmənt]
1 *n (of plan, ambition, etc)* realización *f*.
2 *n (of duty, promise, etc)* cumplimiento.
3 *n (of order etc)* ejecución *f*.
4 *n (of need, wish, etc)* satisfacción *f*.
5 *n (feeling of satisfaction)* satisfacción *f*.

full [fʊl]
1 *adj (gen)* lleno,-a: my suitcase is already full mi maleta ya está llena; the cupboard is full of old toys el armario está lleno de juguetes viejos; the trains are always full at this time los trenes siempre van llenos a esta hora; hey! this glass is only half full! ¡ey! ¡este vaso solo está medio lleno!; the room's full of smoke la habitación está llena de humo.
2 *adj (week, day)* cargado,-a, movido,-a: we've had a very full week hemos tenido una semana muy movida.
3 *adj (entire, complete)* completo,-a: I need your full name necesito su nombre completo; full instructions are included instrucciones completas incluidas; the hotel is full el hotel está completo; I'd like a full English breakfast quisiera un desayuno inglés completo; she swam the full length of the pool nadó toda la piscina; I wanted them to get the full meaning of what I was saying quería que me entendieran perfectamente; we've been waiting a full hour llevamos esperando una hora entera.
4 *adj (highest or greatest possible)* máximo,-a: the radio was on at full volume la radio estaba al máximo.
5 *adj (plump - figure)* llenito,-a, relleno,-a; *(- face)* redondo,-a, lleno,-a; *(- lips)* grueso,-a.
6 *adj (clothing - loose fitting)* holgado,-a, amplio,-a; *(skirt)* de mucho vuelo; *(sleeve)* ancho,-a.
7 *adv (directly)* justo, de lleno: he hit me full in the face me pegó de lleno en la cara.
◆ **at full blast** a toda potencia, al máximo.
at full pelt/at full speed/at full tilt a toda velocidad, a toda pastilla.
at full stretch al máximo de capacidad.
full of beans/full of life rebosante de salud, lleno,-a de vigor.
full of the joys of spring lleno,-a de alegría.
full speed ahead/full steam ahead adelante a toda máquina.
full to the brim lleno,-a hasta los topes.
full up completamente lleno,-a.

full well muy bien, perfectamente, de sobra: you know full well you shouldn't do that sabes perfectamente que no debes hacer eso.
in full completo,-a, en su totalidad.
in full sail a toda vela, con todas las velas desplegadas.
in full swing *fam* en pleno auge.
in full view of ... delante mismo de ...
to be full of oneself ser engreído,-a, creérselo.
to be full of one's own importance ser prepotente.
to be full of something no hablar más que de algo, no parar de hablar de algo: she was full of her holiday no paraba de hablar de sus vacaciones; the whole school is full of the news toda la escuela habla de la noticia.
to come full circle volver al punto de partida.
to come to a full stop pararse por completo.
to fall full length caer de bruces.
to the full al máximo.
■ **full board** pensión *f* completa.
full dress traje *m* de etiqueta.
full house *(in theatre)* lleno, llenazo; *(in bingo)* bingo; *(in poker)* full *m*.
full marks *(in exam)* sobresaliente; *(when praising somebody)* buena nota.
full moon luna llena.
full score partitura de orquesta.
full stop *(punctuation mark)* punto: full stop, new paragraph punto y aparte; full stop, new sentence punto y seguido.
full time final *m* de partido.

fullback [ˈfʊlbæk] *n* *SP* defensa *mf* central.

full-blooded [ˈfʊlblʌdɪd]
1 *adj (thoroughbred)* de pura sangre.
2 *adj (vigorous, hearty)* vigoroso,-a.

full-blown [ˈfʊlbləʊn]
1 *adj (having all characteristics)* auténtico,-a, verdadero,-a.
2 *adj (in full bloom)* en flor.

full-bodied [ˈfʊlbɒdɪd] *adj (wine)* con cuerpo.

fuller [ˈfʊləʳ] *n* abatanador *m*.
■ **fuller's earth** tierra de batán.

full-grown [fʊlˈɡrəʊn]
1 *adj (plant)* crecido,-a.
2 *adj (person, animal)* adulto,-a.

fulling machine [ˈfʊlɪŋməʃiːn] *n* batán *m*.

full-length [fʊlˈleŋθ]
1 *adj (mirror, portrait)* de cuerpo entero.
2 *adj (garment)* largo,-a.
3 *adj (film)* de largo metraje.
■ **full-length feature film** largometraje *m*.

fullness [ˈfʊlnəs]
1 *n (being full)* plenitud *f*, abundancia.
2 *n (width)* amplitud *f*.
◆ **in the fullness of time** con el tiempo.

full-page [ˈfʊlpeɪdʒ] *adj* de una página.
■ **full-page advertisement** anuncio de una página entera.

full-scale [fʊlˈskeɪl]
1 *adj (actual size)* de tamaño natural.
2 *adj (complete, total - gen)* completo,-a, total; *(- investigation, search)* a fondo: full-scale war guerra total, guerra generalizada.

full-time [fʊlˈtaɪm]
1 *adj* a tiempo completo, de jornada completa: it's a full-time job es un trabajo de jornada completa.
2 *adv* a tiempo completo.
◆ **to work full-time** trabajar a tiempo completo, hacer una jornada completa.

fully [ˈfʊlɪ]
1 *adv (completely)* completamente, enteramente, plenamente: I am fully aware of the consequences soy plenamente consciente de las consecuencias; she was fully dressed estaba completamente vestida.
2 *adv (at least, quite)* por lo menos: it was fully an hour before the bus arrived el autobús tardó por lo menos una hora en llegar.
◆ **to be fully qualified** ser titulado,-a, ser diplomado,-a.

fully-fledged [ˈfʊlɪfledʒd] *adj* hecho,-a y derecho,-a, de verdad, con todas las de la ley.

fulmar [ˈfʊlmɑːʳ] *n* fulmar *m*.

fulminate [ˈfʌlmɪneɪt] *vi* tronar (**against**, contra).

fulmination [fʌlmɪˈneɪʃən] *n* fulminación *f*.

fulsome [ˈfʊlsəm] *adj* exagerado,-a, excesivo,-a.

fumble [ˈfʌmbəl]
1 *vt* dejar caer: the goalkeeper fumbled the ball el portero dejó caer el balón.
2 **to fumble for** *vi* buscar a tientas: she fumbled in her purse for some coins buscó a tientas unas monedas en su monedero.
3 **to fumble with** *vi* hacer torpemente: he fumbled with his keys intentó torpemente meter la llave.
▶ **to fumble about/fumble around** *vi* andar a tientas.

fume [fjuːm]
1 *vi (produce smoke etc)* echar humo.
2 *vi fig (show anger)* echar humo, subirse por las paredes: when I got home my father was fuming cuando llegué a casa mi padre estaba que se subía por las paredes.
3 **fumes** *npl* humos *mpl*.

fumigate [ˈfjuːmɪɡeɪt] *vt* fumigar.

fun [fʌn]
1 *n (enjoyment, pleasure)* diversión *f*: she gets a lot of fun out of painting lo

pasa muy bien pintando; it'll be good fun when we go camping lo pasaremos muy bien cuando nos vayamos de camping; skiing is great fun! ¡esquiar es divertidísimo!

2 *n (amusement)* gracia: it's no fun staying in alone on Saturday night no tiene gracia quedarse solo en casa el sábado por la noche; well it's not much fun for me pues yo no le veo la gracia.

3 *adj (humorous, amusing)* divertido,-a: she's great fun to be with es una persona muy divertida; swimming is a fun sport nadar es un deporte divertido; the outing was fun la excursión fue divertida.

+ **in fun** en broma: he didn't mean what he said, it was just in fun no lo decía en serio, solo era en broma.
for fun/for the fun of it *(for pleasure)* para divertirse; *(for a joke)* para hacer la gracia: I'm learning Russian just for fun aprendo ruso porque me gusta.
to have fun divertirse, pasarlo bien: we had great fun at the party nos divertimos mucho en la fiesta.
to make fun of reírse de, mofarse de, burlarse de.
to poke fun at burlarse de, mofarse de.
to spoil the fun aguar la fiesta: don't spoil all the fun! ¡no seas un aguafiestas!
what fun! ¡qué divertido!

function ['fʌŋkʃən]
1 *n (purpose, use, duty)* función *f*: that is not the function of a mere assistant eso no corresponde a un simple ayudante; in my function as chairperson en mi calidad de presidente.
2 *n (ceremony)* acto, ceremonia; *(reception)* recepción *f*.
3 *n MATH* función *f*.
4 *vi (work)* funcionar: do you know how this machine functions? ¿sabes cómo funciona esta máquina?
5 *vi (act)* funcionar: the human brain functions as a computer el cerebro humano funciona como un ordenador.
+ **to fulfil a function** desempeñar una función.
▪ **function key** tecla.

functional ['fʌŋkʃənəl]
1 *adj (operational)* funcional.
2 *adj (practical, useful)* práctico,-a.

functionalism ['fʌŋkʃənəlɪzəm] *n* funcionalismo.

functionalist ['fʌŋkʃənəlɪst] *n* funcionalista *mf*.

functionality [fʌŋkʃə'nælɪtɪ] *n* funcionalidad *f*.

functionary ['fʌŋkʃənərɪ] *n* funcionario,-a.
▲ *pl functionaries.*

fund [fʌnd]
1 *n (sum of money)* fondo.
2 *n (supply)* fuente *f*.
3 *vt (finance)* patrocinar.
4 *vt (debt)* consolidar.
5 **funds** *npl (financial resources)* fondos *mpl*.
+ **to be short of funds** andar corto,-a de dinero.

fundamental [fʌndə'mentəl]
1 *adj (central, basic)* fundamental, básico,-a.
2 *adj (necessary, essential)* esencial (**to**, para).
3 **fundamentals** *npl (essential part, basic rule)* fundamentos *mpl*, reglas *fpl* básicas.

fundamentalism [fʌndə'mentəlɪzəm] *n REL* fundamentalismo, integrismo.

fundamentalist [fʌndə'mentəlɪst]
1 *adj REL* fundamentalista, integrista.
2 *n REL* fundamentalista *mf*, integrista *mf*.

fundamentally [fʌndə'mentəlɪ]
1 *adv (basically)* básicamente.
2 *adv (radically)* fundamentalmente.

funeral ['fjuːnərəl]
1 *n* entierro, funeral *m*.
2 *adj* fúnebre.
+ **it's your** *(his, her, etc)* **funeral!** ¡es tu *(su etc)* problema!, ¡allá tú *(él, ella, etc)*!
▪ **funeral director** director de funeraria.
funeral procession cortejo fúnebre.
funeral parlour *US* funeraria.
funeral pyre pira funeraria.

funereal [fjuː'nɪərɪəl] *adj* fúnebre.

funfair ['fʌnfeər] *n GB* feria, parque *m* de atracciones.

fungicidal [fʌndʒ'saɪdəl] *adj* fungicida.

fungicide ['fʌndʒɪsaɪd] *n* fungicida *m*.

fungus ['fʌŋgəs] *n* hongo.
▲ *pl funguses o fungi* ['fʌndʒaɪ].

funicular [fjuː'nɪkjələr] *n* funicular *m*.

funk¹ [fʌŋk]
1 *n fam (fear, anxiety)* canguelo, acojone *m*.
2 *n (coward)* cagado,-a, gallina.
3 *vt (avoid through fear)* rajarse ante, cagarse.
+ **to be in a funk** estar cagado,-a de miedo, estar acojonado,-a.

funk² [fʌŋk] *n MUS* funky *m*.

funky ['fʌŋkɪ]
1 *adj MUS* funky.
2 *adj fam (fashionable)* guay, chulo,-a.
▲ *comp funkier, superl funkiest.*

funnel ['fʌnəl]
1 *n (for liquid)* embudo.
2 *n (chimney)* chimenea.
3 *vt* verter por un embudo.
4 *vi* verterse.
5 *vt fig (channel)* encauzar.
▲ *pt & pp funnelled (US funneled), ger funnelling (US funneling).*

funnily ['fʌnɪlɪ] *adv (strangely)* de manera extraña, de modo raro.
+ **funnily enough** curiosamente, aunque parezca extraño.

funny ['fʌnɪ]
1 *adj (amusing)* gracioso,-a, divertido,-a: it's a very funny film es una película muy divertida; my little niece is so funny mi sobrinita es tan graciosa; I don't find your remarks at all funny tus comentarios no son nada graciosos.
2 *adj (strange)* raro,-a, extraño,-a, curioso,-a: that's funny - it was here a minute ago qué raro - estaba aquí hace un momento; what's that funny noise? ¿qué es aquel ruido extraño?; I think there's something funny going on creo que pasa algo raro; the funny thing is that ... lo curioso es que ...
3 *adj fam (slightly ill)* rarillo,-a, malito,-a; *(slightly mad)* chiflado,-a: I feel funny no me encuentro bien.
▪ **funny bone** hueso de la alegría.
funny business negocios *mpl* sucios, chanchullos *mpl*, tejemanejes *mpl*.
funny farm *fam* manicomio.
▲ *comp funnier, superl funniest.*

fur [fɜːr]
1 *n (of living animal)* pelo, pelaje *m*.
2 *n (of dead animal)* piel *f*.
3 *n (garment)* abrigo de piel.
4 *n (on appliance)* sarro; *(on tongue)* sarro, saburra.
5 *adj* de piel.
6 *vi* calcificarse.
▪ **fur coat** abrigo de pieles.

furbish ['fɜːbɪʃ] *vt* pulir.
▶ **to furbish up** *vt sep* renovar, restaurar.

furious ['fjuərɪəs]
1 *adj (very angry)* furioso,-a: she'll be furious if we break anything se pondrá furiosa si rompemos algo; he's got a furious temper tiene muy mal genio.
2 *adj (violent, wild, uncontrolled)* furioso,-a, violento,-a; *(vigorous)* vertiginoso,-a, frenético,-a: he drove at a furious speed conducía a una velocidad vertiginosa; they're going at a furious pace van a toda velocidad.

furiously ['fjuərɪəslɪ]
1 *adv (angrily)* con furia, furiosamente.
2 *adv (vigorously)* frenéticamente.

furl [fɜːl]
1 *vt* arrollar, enrollar.
2 *vi* arrollarse, enrollarse.

furlong ['fɜːlɒŋ] *n* ≈ 201 metros.

furnace ['fɜːnəs] *n* horno.

furnish ['fɜːnɪʃ]
1 *vt (house etc)* amueblar (**with**, de): I'd like to rent a furnished flat quisiera alquilar un piso amueblado.
2 *vt fml (supply - material)* suministrar, proveer; *(- information etc)* facilitar, proporcionar.

furnishings [ˈfɜːnɪʃɪŋz] *npl* muebles, cortinas y alfombras.

furniture [ˈfɜːnɪtʃəʳ] *n* mobiliario, muebles *mpl*: **I need some new furniture** necesito unos muebles nuevos.
+ **to be a part of the furniture** formar parte del decorado.
■ **a piece of furniture** un mueble.
furniture polish cera para muebles.
furniture shop tienda de muebles.
furniture van camión *m* de mudanzas.

furor [ˈfjuːrɔːʳ] *n US* → **furore**.

furore [fjuˈrɔːrɪ] *n* (uproar - anger) ola de protestas; (- enthusiasm) ola de entusiasmo.

furrier [ˈfʌrɪəʳ] *n* peletero,-a.

furrow [ˈfʌrəʊ]
1 *n AGR* surco.
2 *n* (wrinkle) arruga.
3 *vt AGR* surcar.
4 *vt* (forehead) arrugar.

furry [ˈfɜːrɪ]
1 *adj* (hairy) peludo,-a.
2 *adj* (scaly) sarroso,-a.
▲ *comp* furrier, *superl* furriest.

further [ˈfɜːðəʳ]
1 *adj* (farther) más lejos: **she lives further down the road** vive más abajo de la calle.
2 *adj* (more, additional) más, adicional; (new) nuevo,-a: **I have just one further question** tengo una pregunta más; **this office will remain closed until further notice** esta oficina permanecerá cerrada hasta nuevo aviso; **for further information, please contact ...** para más información, póngase en contacto con ...; **he had nothing further to say on the matter** no tuvo nada más que decir sobre el asunto; **we had to wait a further 3 hours** tuvimos que esperar otras tres horas más.
3 *adv* (farther) más lejos: **is it much further?** ¿queda mucho más?; **don't go any further** no vayas más lejos; **it's further to the East** está más al este; **nothing could be further from my mind** nada más lejos de mi intención; **looking further ahead** mirando más adelante.
4 *adv* (more, to a greater degree) más: **the police want to take the matter further** la policía quiere investigar más el asunto; **I'd like to go further into this subject** me gustaría estudiar el tema más a fondo; **and she hasn't heard anything further** y no ha vuelto a saber nada más; **the situation is still further complicated than we thought** la situación es aún más complicada de lo que pensábamos; **I don't want to detain you any further** no quiero entretenerle más.

5 *adv fml* (besides) además: **further, I'd like to complain about the lack of parking spaces** además, quisiera quejarme de la falta de aparcamientos.
6 *vt* (advance, promote) fomentar, promover: **he would have gone to any lengths to further his career** hubiera hecho cualquier cosa para promover su propia carrera.
+ **this must not go any further** esto tiene que quedar entre nosotros, esto no tiene que salir de aquí.
further to con referencia a, referente a: **further to your letter of the 6th inst** con referencia a su carta del día 6 del corriente.
■ **further education** estudios *mpl* superiores.
▲ *Véase también* far.

furtherance [ˈfɜːðərəns] *n* promoción *f*, fomento, avance *m*.

furthermore [fɜːðəˈmɔːʳ] *adv fml* además.

furthermost [ˈfɜːðəməʊst] *adj* → **far**, **further**.

furthest [ˈfɜːðɪst]
1 *adj* → **far**, **further**.
2 *adv* → **far**, **further**.

furtive [ˈfɜːtɪv] *adj* furtivo,-a.

furtively [ˈfɜːtɪvlɪ] *adv* furtivamente.

furtiveness [ˈfɜːtɪvnəs] *n* sigilo.

fury [ˈfjʊərɪ]
1 *n* (rage) furia, rabia, ira: **there was fury in her eyes** tenía los ojos llenos de furia; **he was speechless with fury** estaba mudo de ira.
2 *n* (wild force) furor *m*, violencia, frenesí *m*: **the fury of the storm** el furor de la tormenta.
3 The Furies *npl* las Furias *fpl*.
+ **to be in a fury** estar furioso,-a.
to do something like fury hacer algo con furia, hacer algo como un,-a loco,-a.
to fly into a fury ponerse hecho,-a una furia.
▲ *pl* furies.

furze [fɜːz] *n* aulaga, tojo.

fuse [fjuːz]
1 *n ELEC* fusible *m*, plomo: **I've blown a fuse** he hecho saltar el fusible; **the fuses blew** saltaron los fusibles, se fundieron los plomos.
2 *n* (wick) mecha; (detonator) espoleta.
3 *vt* (cause to stop working, melt) fundir: **you could fuse the light** podrías fundir los plomos; **the heat has fused all the metal** el calor ha fundido todo el metal.
4 *vt fig* (merge) fusionar.
5 *vi* (stop working, melt) fundirse: **the lights have fused** se han fundido los plomos.
6 *vi fig* (merge) fusionarse: **the two companies fused** las dos empresas se fusionaron.

+ **to blow a fuse** (appliance) saltar el fusible de, fundirse el plomo de; (person) estallar, explotar.
■ **fuse box** caja de fusibles.
fuse wire alambre *m* de fusible.

fuselage [ˈfjuːzəlɑːʒ] *n* fuselaje *m*.

fusilier [fjuːzəˈlɪəʳ] *n* fusilero.

fusillade [fjuːzəˈleɪd]
1 *n* tiroteo, descarga cerrada, cortina de fuego.
2 *n fig* lluvia, torrente *m*.

fusion [ˈfjuːʒən]
1 *n* fusión *f*, fundición *f*.
2 *n fig* fusión *f*.

fuss [fʌs]
1 *n* (commotion, nervous excitement) alboroto, jaleo, bulla, ruido: **what's all the fuss about?** ¿por qué tanto jaleo?; **don't get in(to) such a fuss** no te pongas así, no hay para tanto; **a lot of fuss about nothing** mucho ruido y pocas nueces.
2 *n* (angry scene, dispute) escándalo, problemas *mpl*; (complaints) quejas *fpl*: **there'll be a right fuss if Dad finds out** habrá un escándalo si se entera papá; **there was a fuss about the bill** hubo quejas por la cuenta.
3 *vt* (pester, annoy, bother) molestar: **stop fussing me** no me molestes.
4 *vi* (worry, fret) preocuparse, inquietarse: **don't fuss, we'll get there on time** no te preocupes, llegaremos a tiempo; **she's always fussing about her hair** siempre se preocupa por su pelo.
5 *vi* (pay excessive attention to) mimar (con exceso), preocuparse excesivamente (over, de): **she loves to fuss over her grand-daughter** le encanta mimar a su nieta; **I think they fuss over him too much** creo que le miman demasiado.
+ **not to be fussed** darle igual a uno: **what do you want to do? —I'm not fussed** ¿qué quieres hacer? —me da igual.
to make a fuss/kick up a fuss (complain strongly) armar un escándalo, armar un lío, montar una escena: **he kicked up a fuss about his hotel room** armó un escándalo por su habitación; **please don't make a fuss** no montes una escena por favor.
to make a fuss of somebody hacer mimos a alguien, deshacerse por alguien: **everyone made a fuss of the new baby** todos hicieron mimos al nuevo bebé.

fusspot [ˈfʌspɒt] *n* quisquilloso,-a, tiquismiquis *mf*.

fussy [ˈfʌsɪ]
1 *adj* (concerned with details) quisquilloso,-a, exigente, especial, particular: **he's very fussy about his food** es muy exigente con la comida; **she's very fussy about punctuality** es muy quisquillosa con la puntualidad.
2 *adj* (nervous about small things) nervioso,-a.

3 *adj (too elaborate)* recargado,-a.
▲ *comp fussier, superl fussiest.*

fusty ['fʌstɪ]
1 *adj (musty)* mohoso,-a, rancio,-a; *(stale)* que huele a cerrado.
2 *adj (old-fashioned)* chapado,-a a la antigua.
▲ *comp fustier, superl fustiest.*

futile ['fjuːtaɪl]
1 *adj (pointless)* vano,-a, inútil: a futile attempt to save him un intento inútil de salvarlo.
2 *adj (inane)* necio,-a, fatuo,-a, inútil.

futility [fjuːˈtɪlətɪ] *n* inutilidad *f*, lo inútil.

futon [fʊˈtɒn] *n* futón *m*.

future ['fjuːtʃə']
1 *adj* futuro,-a: my future husband mi futuro marido; we arranged to meet at some future time quedamos para vernos en un futuro.
2 *n* futuro, porvenir *m*: the future is promising el futuro es prometedor; who knows what the future holds? ¿quién sabe lo que tiene reservado el futuro?; it's a good idea to save for the future es buena idea ahorrar para el futuro; my job has no future mi trabajo no tiene porvenir.
3 *n (verb tense)* futuro.
✦ **in future** en el futuro, de aquí en adelante.
in the future en el futuro.
in the distant future en un futuro lejano.
in the near future en un futuro próximo.
in the not too distant future en un futuro no muy lejano.

futurism ['fjuːtʃərɪzəm] *n* futurismo.

futurist ['fjuːtʃərɪst] *adj* futurista.

futuristic [fjuːtʃəˈrɪstɪk] *adj* futurista.

futurologist [fjuːtʃeˈrɒlədʒɪst] *n* futurólogo,-a.

futurology [fjuːtʃeˈrɒlədʒɪ] *n* futurología.

fuzz [fʌz] *n (fluff)* pelusa; *(fine hair)* vello.
■ **the fuzz** *sl* la bofia.

fuzzy ['fʌzɪ]
1 *adj (frizzy)* rizado,-a, crespo,-a; *(fluffy)* con pelusilla.
2 *adj (blurred)* borroso,-a, movido,-a.
▲ *comp fuzzier, superl fuzziest.*

fwd ['fɔːwəd] *abbr* (**forward**) adelante.

FYI ['efˈwaɪˈaɪ] *abbr* (**for your information**) para su información, para que lo sepa.

G, g [giː]
1 *n (the letter)* G, g *f.*
2 *n MUS* sol *m.*

g [græm] *symb* (**gram, gramme**) gramo; *(abbreviation)* g.

gab [gæb]
1 *n* labia, palique *m.*
2 *vi* charlar, parlotear.
✦ **to have the gift of the gab** tener un pico de oro, tener mucha labia.
▲ *pt & pp* **gabbed,** *ger* **gabbing.**

gabardine [ˈgæbədiːn] *n* gabardina, impermeable *m.*

gabble [ˈgæbəl]
1 *n* chapurreo, charloteo, farfulla.
2 *vt* farfullar, charlotear, hablar atropelladamente.

gaberdine [ˈgæbədiːn] *n* → **gabardine.**

gable [ˈgeɪbəl] *n ARCH* aguilón *m.*
▪ **gable roof** tejado de dos aguas.

Gabon [gəˈbɒn] *n* Gabón.

Gabonese [gæbəˈniːz]
1 *adj* gabonés,-esa.
2 *n* gabonés,-esa.
3 **the Gabonese** *npl* los gaboneses *mpl.*

gad [gæd] **to gad about/gad around** *vi fam* callejear.
▲ *pt & pp* **gadded,** *ger* **gadding.**

gadabout [ˈgædəbaʊt] *n fam* callejero,-a.

gadfly [ˈgædflaɪ] *n ZOOL* tábano.
▲ *pl* **gadflies.**

gadget [ˈgædʒɪt] *n fam* aparato, artilugio, dispositivo, chisme *m.*

gadgetry [ˈgædʒɪtrɪ] *n fam* artilugios *mpl,* chismes *mpl.*

gadwall [ˈgædwɔːl] *n* ánade *m* friso.

Gaelic [ˈgeɪlɪk]
1 *adj* gaélico,-a.
2 *n (language)* gaélico.

gaff [gæf] *n (fishing)* garfio, arpón *m.*
✦ **to blow the gaff** *fam* descubrir el pastel.

gaffe [gæf] *n* metedura de pata, plancha.
✦ **to make a gaffe** meter la pata.

gaffer [ˈgæfəʳ]
1 *n (in film-making)* jefe *m* de eléctricos.

2 *n GB fam (foreman)* jefe *m,* encargado.
3 *n GB fam (old man)* vejete *m.*

gag [gæg]
1 *n (cover for the mouth)* mordaza.
2 *n (joke)* chiste *m,* gag *m,* broma.
3 *n THEAT fam* morcilla.
4 *vt* amordazar.
5 *vi* tener náuseas.
▲ *pt & pp* **gagged,** *ger* **gagging.**

gaga [ˈgɑːgɑː] *adj fam* chocho,-a.
✦ **to be gaga** chochear.
  to go gaga empezar a chochear.

gage [geɪdʒ] *n US* → **gauge.**

gaggle [ˈgægəl] *n (geese)* manada: a gaggle of geese una manada de ocas; a gaggle of schoolgirls un corro de colegialas.

gaiety [ˈgeɪətɪ] *n* alegría, diversión *f,* regocijo.
▲ *pl* **gaieties.**

gaily [ˈgeɪlɪ] *adv* alegremente.

gain [geɪn]
1 *n (achievement)* logro.
2 *n (profit)* ganancia, beneficio: the sale of the company brought him considerable gains la venta de la empresa le supuso unas ganancias considerables.
3 *n (increase)* aumento.
4 *vt (achieve)* lograr, conseguir.
5 *vt (obtain)* ganar.
6 *vt (increase)* aumentar.
7 *vt (clock)* adelantar.
8 *vi (clock)* adelantar.
9 *vi (shares)* subir.
✦ **to gain ground** ganar terreno.
  to gain weight aumentar de peso, engordar.
  to stand to gain tener probabilidad de ganar.
▪ **capital gain** plusvalía.
  capital gains tax impuesto sobre plusvalías.
  windfall gain ganancia inesperada.

gainful [ˈgeɪnfʊl] *adj fml* lucrativo,-a, remunerado,-a, retribuido,-a.
▪ **gainful activity** actividad *f* lucrativa.

gainsay [geɪnˈseɪ] *vt fml (generally negative)* negar: there's no gainsaying his talent su talento es innegable.
▲ *pt & pp* **gainsaid** [geɪnˈsed].

gait [geɪt] *n* andares *mpl,* forma de andar.

gaiter [ˈgeɪtəʳ] *n* polaina.

gal¹ [gæl] *n fam dated* chica, muchacha, tía.

gal² [gæl] *abbr* (**gallon**) galón *m.*

gala [ˈgɑːlə]
1 *n* gala, fiesta.
2 *n SP* competición *f,* festival *m,* certamen *m.*
▪ **gala dress** traje *m* de etiqueta.
  gala night noche *f* de gala.

galactic [gəˈlæktɪk] *adj* galáctico,-a.

Galapagos [gəˈlæpəgəs] **the Galapagos Islands** *npl* las Islas Galápagos.

galaxy [ˈgæləksɪ] *n* galaxia.
▲ *pl* **galaxies.**

gale [geɪl] *n (wind)* vendaval *m; (storm)* tempestad *f.*
▪ **gales of laughter** carcajadas *fpl:* we could hear gales of laughter from next door oímos carcajadas que venían de al lado.

Galicia [gəˈlɪsɪə] *n* Galicia.

Galician [gəˈlɪsɪən]
1 *adj* gallego,-a.
2 *n (person)* gallego,-a.
3 *n (language)* gallego.

Galilean [gælɪˈliːən]
1 *adj* galileo,-a.
2 *n* galileo,-a.

Galilee [ˈgælɪliː] *n* Galilea.
▪ **Sea of Galilee** Mar *m* de Galilea.

gall¹ [gæl, ˈgælən] *abbr* (**gallon**) galón *m.*

gall² [gɔːl] *n fig* descaro, caradura.
▪ **gall bladder** vesícula biliar.

gall³ [gɔːl] *vt* irritar, molestar.

gallant [ˈgælənt]
1 *adj (brave)* valiente.
2 *adj (chivalrous)* galante.

gallantly [ˈgæləntlɪ] *adv* galantemente.

gallantry [ˈgæləntrɪ]
1 *n (bravery)* valentía.
2 *n (chivalry)* galantería.

galleon ['gælɪən] *n* galeón *m*.

gallery ['gælərɪ]
1 *n (gen)* galería.
2 *n (in theatre)* gallinero.
3 *n (for spectators)* tribuna.
✦ **to play to the gallery** actuar de cara a la galería.
▲ *pl* **galleries**.

galley ['gælɪ]
1 *n (ship)* galera.
2 *n (kitchen on ships)* cocina.
■ **galley proof** galerada.
galley slave galeote *m*.

Gallic ['gælɪk] *adj* gálico,-a, galo,-a.

Gallicism ['gælɪsɪzəm] *n* galicismo.

galling ['gɔːlɪŋ] *adj* irritante.

gallivant [gælɪ'vænt] *vi fam* callejear, corretear.

gallon ['gælən] *n* galón *m*.
▲ *Equivale en GB a 4,55 litros y en US* 3,78 litros.

gallop ['gæləp]
1 *n* galope *m*.
2 *vi* galopar.

galloping ['gæləpɪŋ] *adj* galopante.
■ **galloping leukaemia** leucemia galopante.

gallows ['gæləʊz] *npl* horca *sing*, patíbulo *sing*, cadalso *sing*.

gallstone ['gɔːlstəʊn] *n* cálculo biliar.

Gallup poll ['gæləppəʊl] *n* encuesta, sondeo.
▲ *Es marca registrada*.

galore [gə'lɔːʳ] *adj* en abundancia, en gran cantidad: **there was food galore at the party** había un montón de comida en la fiesta.

galosh [gə'lɒʃ] *n* chanclo.

galvanisation [gælvənaɪ'zeɪʃən] *n* → **galvanization**.

galvanise ['gælvənaɪz] *vt* → **galvanize**.

galvanization [gælvənaɪ'zeɪʃən] *n* galvanización *f*.

galvanize ['gælvənaɪz] *vt* galvanizar.
✦ **to galvanize somebody into action** galvanizar a alguien.

galvanized ['gælvənaɪzd] *adj* galvanizado,-a.

Gambia ['gæmbɪə] *n* Gambia.

Gambian ['gæmbɪən]
1 *adj* gambiano,-a.
2 *n* gambiano,-a.

gambit ['gæmbɪt]
1 *n (in chess)* gambito.
2 *n fig* táctica, estratagema, truco.

gamble ['gæmbəl]
1 *n (risky undertaking)* empresa arriesgada: **he took a big gamble when he decided to change jobs** se arriesgó mucho cuando decidió cambiar de trabajo.
2 *n (risk)* riesgo.
3 *n (bet)* jugada, apuesta.
4 *vt* jugar(se): **he gambled away the entire family fortune** se jugó toda la fortuna familiar.

5 *vi (bet)* apostar, jugar: **she loves gambling on anything** le encanta apostar a cualquier cosa.
6 *vi (take a risk)* arriesgarse, confiar: **he gambled on the idea that he wouldn't be found out** confió en que no lo descubrirían.

gambler ['gæmbləʳ] *n* jugador,-ra.
■ **pathological gambler** ludópata *mf*.

gambling ['gæmblɪŋ] *n* juego: **gambling was his ruin** el juego le perdió.
■ **gambling den** garito.
gambling game juego de envite.
gambling house casa de juego.

gambol ['gæmbəl] *vi* brincar, saltar.
▲ *pt & pp* **gambolled** (*US* **gamboled**), *ger* **gambolling** (*US* **gamboling**).

game [geɪm]
1 *n* juego: **it's just a game** es solo un juego.
2 *n (match)* partido.
3 *n (of cards, chess, etc)* partida.
4 *n (hunting)* caza.
5 *n fig* presa: **she was easy game** era una presa fácil.
6 *adj* dispuesto,-a, listo,-a.
7 *games npl GB* educación *f sing* física.
✦ **to be game for** estar listo,-a para, estar preparado,-a para.
to be game for anything estar dispuesto,-a a todo.
to be on the game *GB sl* ejercer la prostitución.
the game is up *fig* se acabó el juego.
to give the game away *fig* enseñar las cartas.
to play the game *fig* jugar limpio.
two can play at that game *fig* donde las dan las toman.
what's her game? ¿a qué juega?, ¿qué pretende?
■ **board games** juegos *mpl* de mesa.
game bird ave *f* de caza.
game of chance juego de azar.
game reserve coto de caza.
games console consola de videojuegos.
the Olympic Games los Juegos *mpl* Olímpicos.

gamekeeper ['geɪmkiːpəʳ] *n* guardabosque *mf*.

gamete ['gæmiːt] *n* gameto.

gamma ['gæmə] *n* gamma.
■ **gamma globulin** gammaglobulina.
gamma rays rayos *mpl* gamma.

gammon ['gæmən] *n GB* jamón *m (ahumado o curado a la sal)*.

gammy ['gæmɪ] *adj GB fam* lisiado,-a, tullido,-a.
▲ *comp* **gammier**, *superl* **gammiest**.

gamut ['gæmət] *n* gama, serie *f*.
✦ **to run the (whole) gamut of ...,** pasar por toda la gama de ...,.

gander ['gændəʳ] *n* ganso.

gang [gæŋ]
1 *n (criminals)* banda.
2 *n (youths)* pandilla.

3 *n (workers)* cuadrilla, brigada.
4 *n (friends)* pandilla, grupo.
▶ **to gang up on** *vt insep (join forces)* unirse contra; *(plot against)* confabularse contra, conspirar contra.
to gang up with *vi* unirse a.

gang-bang ['gæŋbæŋ] *n GB sl* violación *f* múltiple *(cometida por un grupo de violadores)*.

ganger ['gæŋəʳ] *n GB fam* capataz *m*.

Ganges ['gændʒiːz] *n* el Ganges *m*.

gangland ['gæŋlænd] *n fam* hampa, submundo, bajos fondos *mpl*.

gangling ['gæŋglɪŋ] *adj (esp of boys)* desgarbado,-a, larguirucho,-a.

ganglion ['gæŋglɪən] *n* ganglio.

gangplank ['gæŋplæŋk] *n (on ship)* plancha.

gangrene ['gæŋgriːn] *n* gangrena.

gangrenous ['gæŋgrɪnəs] *adj* gangrenoso,-a.

gangster ['gæŋstəʳ] *n* gángster *m*.

gangway ['gæŋweɪ]
1 *n GB (aisle, passage)* pasillo.
2 *n (on ship)* pasarela.
✦ **gangway!** *GB* ¡paso!

gannet ['gænɪt]
1 *n (bird)* alcatraz *m*.
2 *n fam (person)* tragón,-ona, zampón,-ona, comilón,-ona.

gantry ['gæntrɪ] *n (for barrels)* caballete *m*, poíno; *(for rocket)* torre *f* de lanzamiento; *(for railway signals)* puente *m* de señales.
■ **gantry crane** grúa de pórtico.
▲ *pl* **gantries**.

gaol [dʒeɪl] *n GB* cárcel *f*.
▲ *Véase también* **jail**.

gaoler ['dʒeɪləʳ] *n* carcelero,-a.

gap [gæp]
1 *n (hole)* abertura, hueco.
2 *n (crack)* brecha.
3 *n (empty space)* espacio.
4 *n (blank)* blanco.
5 *n (time)* intervalo.
6 *n (deficiency)* laguna: **there are certain gaps in his education** su formación presenta algunas lagunas.
7 *n (emptiness)* vacío; *(gulf)* diferencia.
✦ **to bridge a gap/fill a gap** llenar un hueco.
■ **age gap** diferencia de edades.

gape [geɪp]
1 *vi* abrirse.
2 *vi (stare)* mirar boquiabierto,-a.

gaping ['geɪpɪŋ]
1 *adj (mouth)* abierto,-a; *(hole)* enorme.
2 *adj (person)* boquiabierto,-a.
3 *adj fig* profundo,-a, hondo,-a.
■ **a gaping wound** una herida profunda.

garage ['gærɑːʒ, 'gærɪdʒ]
1 *n* garaje *m*.
2 *n (for repairs)* taller *m* mecánico.
3 *n (for petrol etc)* gasolinera.

garb [gɑːb]
1 *n fml* atavío, atuendo, traje *m*, vestido.
2 *vt fml* ataviar, vestir: **the prince was garbed in blue** el príncipe vestía de azul.

garbage ['gɑːbɪdʒ]
1 *n us* basura.
2 *n GB* desperdicios *mpl*.
3 *n fig* tonterías *fpl*, majaderías *fpl*, sandeces *fpl*.
▪ **garbage can** *us* cubo de la basura.
garbage collector *us* basurero.
garbage truck *us* camión *m* de la basura.

garbled ['gɑːbəld] *adj* confuso,-a, incomprensible.

garden ['gɑːdən]
1 *n* jardín *m*.
2 *vi* cuidar el jardín.
3 **gardens** *npl (public park)* jardines *mpl*.
✦ **to lead somebody up the garden path** enredar a alguien, embaucar a alguien.
▪ **garden city** ciudad *f* jardín.
garden party recepción *f* al aire libre.

gardener ['gɑːdənəʳ] *n (gen)* jardinero, -a; *(of vegetables)* hortelano,-a.

gardenia [gɑːˈdiːnɪə] *n* gardenia.

gardening ['gɑːdənɪŋ] *n* jardinería.
✦ **to do the gardening** cuidar el jardín.

garfish ['gɑːfɪʃ] *n (fish)* aguja.

gargle ['gɑːgəl]
1 *vi* hacer gárgaras, gargarizar.
2 *n (act)* gárgaras *fpl*.
3 *n (liquid)* gargarismo.

gargoyle ['gɑːgɔɪl] *n* gárgola.

garish ['geərɪʃ] *adj (colour)* chillón,-ona, llamativo,-a; *(light)* cegador,-ra, deslumbrante.

garland ['gɑːlənd]
1 *n* guirnalda.
2 *vt* adornar con guirnaldas.

garlic ['gɑːlɪk] *n* ajo: **a clove of garlic** un diente de ajo.
▪ **garlic bread** pan *m* de ajo.

garment ['gɑːmənt] *n (clothes)* prenda.

garnet ['gɑːnɪt] *n* granate *m*.

garnish ['gɑːnɪʃ]
1 *n* guarnición *f*.
2 *vt* guarnecer.

Garonne [gæˈrɒn] *n* el Garona *m*.

garotte [gəˈrɒt] *n* → **garrotte**.

garret ['gærət] *n (room)* buhardilla; *(attic, loft)* desván *m*.

garrison ['gærɪsən]
1 *n* guarnición *f*.
2 *vt* guarnecer.
▪ **garrison town** ciudad *f* de guarnición.

garrotte [gəˈrɒt]
1 *n* garrote *m*.
2 *vt* dar garrote a, agarrotar.

garrulous ['gærələs] *adj fml* gárrulo,-a, locuaz, parlanchín,-ina.

garter ['gɑːtəʳ] *n* liga.
▪ **garter belt** liguero, portaligas *m*.

the Order of the Garter la Orden de la Jarretera.

gas [gæs]
1 *n (substance)* gas *m*.
2 *n us* gasolina.
3 *n (anaesthetic)* anestesia: **he had gas** lo anestesiaron.
4 *n us fig* algo divertido: **the party was a real gas** la fiesta fue muy divertida; **we had a real gas** lo pasamos bomba, lo pasamos pipa.
5 *vt* asfixiar con gas.
6 *vi fam* charlotear.
✦ **to step on the gas** *fam* pisar el acelerador a fondo.
▪ **Calor gas** gas *m* butano.
gas chamber cámara de gas.
gas cooker cocina de gas.
gas fire estufa de gas.
gas mask careta antigás, máscara antigás.
gas meter contador *m* de gas.
gas ring fogón *m*.
gas pipeline gasoducto.
gas station *us* gasolinera.
▲ *pl* **gases** o **gasses**.

gasbag ['gæsbæg] *n fam* cotorra, parlanchín,-ina.

Gascon ['gæskən]
1 *adj* gascón,-ona.
2 *n* gascón,-ona.

Gascony ['gæskənɪ] *n* Gascuña.

gaseous ['gæsɪəs] *adj* gaseoso,-a.

gash [gæʃ]
1 *n* cuchillada, herida profunda, raja.
2 *vt* acuchillar, rajar.

gasket ['gæskɪt] *n* junta.

gaslight ['gæslaɪt] *n* luz *f* de gas, alumbrado de gas.

gasoline ['gæsəliːn] *n us* gasolina.

gasometer [gæˈsɒmɪtəʳ] *n* gasómetro.

gasp [gɑːsp]
1 *vi (in astonishment)* quedar boquiabierto,-a.
2 *vi (to pant)* jadear.
3 *n (cry of surprise etc)* grito; *(last breath)* boqueada.
✦ **to be at one's last gasp** *fig* estar en las últimas.
to gasp for air hacer esfuerzos por respirar.

gassy ['gæsɪ] *adj* gaseoso,-a.
▲ *comp* **gassier**, *superl* **gassiest**.

gastric ['gæstrɪk] *adj* gástrico,-a.
▪ **gastric juice** jugo gástrico.
gastric ulcer úlcera gástrica.

gastritis [gæsˈtraɪtəs] *n* gastritis *f*.

gastroenteritis [gæstrəʊentəˈraɪtəs] *n* gastroenteritis *f*.

gastronome ['gæstrənəʊm] *n* gastrónomo,-a *mf*.

gastronomic [gæstrəˈnɒmɪk] *n* gastronómico,-a.

gastronomy [gæsˈtrɒnəmɪ] *n* gastronomía.

gastropod ['gæstrəpɒd] *n* gasterópodo.

gasworks ['gæswɜːks] *n* fábrica de gas.

gate [geɪt]
1 *n (door)* puerta, verja.
2 *n (at airport)* puerta; *(at stadium)* entrada.
3 *n GB (attendance)* asistencia: **we're expecting a big gate next Saturday** esperamos una gran asistencia el sábado que viene.
▪ **gate money** recaudación *f*, taquilla.

gateau ['gætəʊ] *n* pastel *m*, tarta.
▲ *pl* **gateaux** ['gjtəʊz].

gatecrash ['geɪtkræʃ]
1 *vt fam* colarse en.
2 *vi fam* colarse.

gatecrasher ['geɪtkræʃəʳ] *n fam* persona que se cuela.

gatepost ['geɪtpəʊst] *n* poste *m*.
✦ **between you, me, and the gatepost** *fam* entre nosotros, en confianza.

gateway ['geɪtweɪ]
1 *n* entrada, puerta.
2 *n fig* camino, pasaporte *m*, puerta: **the gateway to happiness** el camino hacia la felicidad.

gather ['gæðəʳ]
1 *vt (collect)* juntar.
2 *vt (call together)* reunir.
3 *vt (pick up)* recoger.
4 *vt (fruit, flowers)* coger.
5 *vt (taxes)* recaudar.
6 *vt (gain)* ganar, cobrar.
7 *vt (in sewing)* fruncir.
8 *vt (deduce)* deducir, inferir, suponer.
9 *vi (come together)* reunirse, juntarse.
10 *vi (build up)* acumularse.
11 *vi (form)* formarse: **a large crowd gathered** se formó una gran muchedumbre; **a big storm was gathering on the horizon** una gran tormenta se formaba en el horizonte.
▸ **to gather round** *vi* acercarse, agruparse.
to gather up *vt sep* recoger.
✦ **to gather speed** ganar velocidad.
to gather strength cobrar fuerzas.

gathering ['gæðərɪŋ]
1 *n* reunión *f*, asamblea: **a family gathering** una reunión familiar.
2 *n (in sewing)* pliegue *m*, frunce *m*.
3 *adj* creciente: **gathering uncertainty** una incertidumbre creciente.

GATT [gæt] *abbr* (**General Agreement on Tariffs and Trade**) Acuerdo General sobre Aranceles Aduaneros y Comercio; *(abbreviation)* GATT *m*.

gauche [gəʊʃ] *adj (awkward)* torpe, desmañado,-a; *(tactless)* sin tacto, torpe.

gaucheness ['gəʊʃnəs] *n (awkwardness)* torpeza; *(tactlessness)* falta de tacto, falta de delicadeza, insensibilidad *f*.

gaudily ['gɔːdɪlɪ] *adv* llamativamente: **gaudily dressed** vestido,-a llamativamente.

gaudy [ˈgɔːdɪ] *adj* chillón,-ona, llamativo,-a.
▲ *comp* **gaudier,** *superl* **gaudiest.**

gauge [geɪdʒ]
1 *n (device)* indicador *m*, calibrador *m*.
2 *n (measure)* medida estándar.
3 *n (railways)* ancho de vía.
4 *n fig (indication)* indicación *f*, muestra.
5 *vt (measure)* medir, calibrar.
6 *vt fig* apreciar, calcular, determinar, estimar, juzgar.
■ **narrow gauge** *(railways)* de vía estrecha.
tyre gauge manómetro para neumáticos.

Gaul [gɔːl]
1 *n (place)* Galia.
2 *n (person)* galo,-a.

Gaulish [ˈgɔːlɪʃ]
1 *adj* galo,-a.
2 *n (language)* galo.

gaunt [gɔːnt]
1 *adj (lean)* demacrado,-a.
2 *adj fig (desolate)* lúgubre; *(grim)* siniestro,-a.

gauntlet [ˈgɔːntlət] *n (armour)* guantelete *m*; *(glove)* guante *m*.
✦ **to run the gauntlet of** *fig* sufrir, experimentar, estar sometido,-a a.
to take up the gauntlet *fig* recoger el guante.
to throw down the gauntlet *fig* arrojar el guante.

gauze [gɔːz] *n* gasa.

gave [geɪv] *pt* → **give.**

gavel [ˈgævəl] *n (for judges and auctioneers)* martillo.

gawky [ˈgɔːkɪ] *adj* desgarbado,-a.
▲ *comp* **gawkier,** *superl* **gawkiest.**

gawp [gɔːp] **to gawp at** *vi GB* mirar boquiabierto,-a.

gay [geɪ]
1 *adj fam (homosexual)* gay, homosexual.
2 *adj (happy, lively)* alegre.
3 *adj (bright)* vistoso,-a.
4 *n fam (man)* gay *m*, homosexual *m*.
5 *n fam (woman)* lesbiana.

gayness [ˈgeɪnəs] *n* homosexualidad *f*.

gaze [geɪz]
1 *n* mirada fija.
2 *vi* mirar fijamente.

gazebo [gəˈziːbəʊ] *n* belvedere *m*.
▲ *pl* **gazebos** o **gazeboes.**

gazelle [gəˈzel] *n* gacela.

gazette [gəˈzet]
1 *n* gaceta.
2 *n US* periódico.

gazetteer [gæzəˈtɪəʳ] *n* diccionario geográfico.

gazump [gəˈzʌmp] *vt GB fam* romper un compromiso de venta para vender a otro comprador a un precio más alto.

GB [ˈdʒiːˈbiː] *abbr GB* (**Great Britain**) Gran Bretaña.

GCE [ˈdʒiːˈsiːˈiː] *abbr GB* (**General Certificate of Education**) ≈ segundo de Bachillerato.

GCSE [ˈdʒiːˈsiːˈesˈiː] *abbr GB* (**General Certificate of Secondary Education**) ≈ Enseñanza Secundaria Obligatoria; *(abbreviation)* ESO *f*.

Gdns [ˈgɑːdənz] *abbr* (**Gardens**) ≈ calle; *(abbreviation)* c/.

GDP [ˈdʒiːˈdiːˈpiː] *abbr* (**gross domestic product**) producto interior bruto; *(abbreviation)* PIB *m*.

GDR [ˈdʒiːˈdiːˈɑːʳ] *abbr* (**German Democratic Republic**) República Democrática Alemana; *(abbreviation)* RDA.

gear [gɪəʳ]
1 *n TECH* engranaje *m*.
2 *n AUTO* marcha, velocidad *f*.
3 *n (equipment)* equipo.
4 *n fam (belongings)* efectos *mpl* personales, cosas *fpl*, pertenencias *fpl*; *(clothes)* ropa.
▶ **to gear to** *vt insep* adaptar, ajustar: public spending should be geared to people's needs el gasto público debe ajustarse a las necesidades de la gente.
to gear up *vt sep fam* preparar: I was all geared up to start estaba preparado para empezar.
✦ **to gear somebody up with something** suministrar algo a alguien, dar algo a alguien: they geared me up with boots, skis and sticks me dieron botas, esquís y bastones.
■ **gear lever** palanca de cambio.

gearbox [ˈgɪəbɒks] *n* caja de cambios.

gearshift [ˈgɪəʃɪft] *n US* cambio de marchas.

gearstick [ˈgɪəstɪk] *n AUTO* palanca de cambio.

gearwheel [ˈgɪəwiːl] *n* rueda dentada.

gecko [ˈgekəʊ] *n* salamanquesa.

gee¹ [dʒiː] *interj US fam* ¡caramba!

gee² [dʒiː] **to gee up** *vt* arrear.
✦ **gee up!** ¡arre!

gee-gee [ˈdʒiːdʒiː] *n GB fam* caballo.

geese [giːs] *npl* → **goose.**

geezer [ˈgiːzəʳ] *n fam* tío.
■ **an old geezer** un viejo.

geisha [ˈgeɪʃə] *n* geisha.

gel [dʒel]
1 *n* gel *m*.
2 *n (for hair)* gomina, fijador *m*.
3 *vi CHEM* gelificarse.
4 *vi fig (ideas etc)* cuajar.
5 *vt (hairdressing)* engominar.
▲ *pt & pp* **gelled,** *ger* **gelling.**

gelatine [ˈdʒelətiːn] *n* gelatina.

gelatinous [dʒəˈlætɪnəs] *adj* gelatinoso,-a.

geld [geld] *vt* castrar, capar.

gelding [ˈgeldɪŋ] *n* caballo castrado.

gelignite [ˈdʒelɪgnaɪt] *n* gelignita.

gem [dʒem]
1 *n (jewel)* gema, piedra preciosa.
2 *n fig (person, thing)* joya, alhaja.

Gemini [ˈdʒemɪnaɪ] *n* Géminis *m*.

gemology [dʒemˈɒlədʒɪ] *n* gemología.

gen [dʒen] *n GB fam dated* información *f*, datos *mpl*: she gave me all the gen I asked for me proporcionó todos los datos que necesitaba.

Gen¹ [ˈdʒenərəl] *abbr* (**General**) General *m*; *(abbreviation)* Gral., Genl.

Gen² [dʒen] *abbr* (**Genesis**) Génesis.

gendarme [ʒɒnˈdɑːm] *n* gendarme *m*.

gender [ˈdʒendəʳ]
1 *n LING* género.
2 *n (sex)* sexo.

gene [dʒiːn] *n* gene *m*, gen *m*.

genealogical [dʒiːnɪəˈlɒdʒɪkəl] *adj* genealógico,-a.

genealogist [dʒiːnɪˈælədʒɪst] *n* genealogista *mf*.

genealogy [dʒiːnɪˈælədʒɪ] *n* genealogía.

genera [ˈdʒenərə] *npl* → **genus.**

general [ˈdʒenərəl]
1 *adj* general: could you give me a general idea? ¿me podrías dar una idea general?; it's in the general interest es en beneficio de todos.
2 *n MIL* general *m*.
✦ **as a general rule** por regla general, como norma.
in general por lo general.
■ **general knowledge** conocimientos *mpl* generales.
general practice medicina general.
general practitioner médico,-a de cabecera.

generality [dʒenəˈrælɪtɪ] *n* generalidad *f*.
▲ *pl* **generalities.**

generalisation [dʒenərəlaɪˈzeɪʃən] *n* → **generalization.**

generalise [ˈdʒenərəlaɪz] *vt* → **generalize.**

generalization [dʒenərəlaɪˈzeɪʃən] *n* generalización *f*.

generalize [ˈdʒenərəlaɪz]
1 *vt* generalizar.
2 *vi* generalizar.

generally [ˈdʒenərəlɪ] *adv* generalmente, por lo general, en general.
✦ **generally speaking ...** hablando en términos generales ...

general-purpose [dʒenərəlˈpɜːpəs] *adj* de uso general.

generate [ˈdʒenəreɪt]
1 *vt (gen)* generar.
2 *vt fig* producir, generar.

generating [ˈdʒenəreɪtɪŋ] *adj* generador,-ra.
■ **generating plant** instalación *f* productora de energía eléctrica, grupo electrógeno.

generating station central *f* generadora, central *f* eléctrica.

generation [dʒenə'reɪʃən] *n* generación *f*: from generation to generation de generación en generación.
- **the younger generation** los jóvenes *mpl*, la juventud *f*, la nueva generación *f*.

generator ['dʒenəreɪtəʳ] *n* generador *m*.

generic [dʒə'nerɪk] *adj* genérico,-a.

generically [dʒə'nerɪkəlɪ] *adv* genéricamente.

generosity [dʒenə'rɒsətɪ] *n* generosidad *f*.

generous ['dʒenərəs]
1 *adj* generoso,-a.
2 *adj (abundant)* abundante, copioso,-a.

generously ['dʒenərəslɪ] *adv* generosamente.

Genesis ['dʒenəsɪs] *n* REL Génesis *m*.

genesis ['dʒenəsɪs] *n* génesis *f*, origen *m*.
▲ *pl* geneses ['dʒenɪsiːz].

genetic [dʒə'netɪk] *adj* genético,-a.
- **genetic code** código genético.
  genetic engineering ingeniería genética.

genetically [dʒə'netɪklɪ] *adv* genéticamente.
♦ **genetically modified** transgénico,-a.

geneticist [dʒə'netɪsɪst] *n* genetista *mf*.

genetics [dʒə'netɪks] *n* genética.

Geneva [dʒə'viːvə] *n* Ginebra.

genial ['dʒiːnɪəl] *adj* afable, amable, cordial, simpático,-a.

geniality [dʒiːnɪ'ælɪtɪ] *n* afabilidad *f*, amabilidad *f*, cordialidad *f*, simpatía.

genie ['dʒiːnɪ] *n* genio, duende *m*.

genital ['dʒenɪtəl]
1 *adj* genital.
2 **genitals** *npl* órganos *mpl* genitales, genitales *mpl*.

genitive ['dʒenɪtɪv]
1 *adj* genitivo,-a.
2 *n* genitivo.

genius ['dʒiːnɪəs]
1 *n (person)* genio.
2 *n (gift)* don *m*.
♦ **to have a genius for something** tener un don para algo.
▲ *pl* geniuses.

Genoa ['dʒenəʊə] *n* Génova.

genocide ['dʒenəsaɪd] *n* genocidio.

Genoese [dʒenəʊ'iːz]
1 *adj* genovés,-esa.
2 *n* genovés,-esa.
3 **the Genoese** *npl* los genoveses *mpl*.

genome ['dʒiːnəʊm] *n* genoma *m*.

genotype ['dʒenətaɪp] *n* genotipo.

Genovese [dʒenəʊ'viːz] *adj* → genoese.

genre ['ʒɑːnrə] *n* género.

gent [dʒent] *n fam* caballero, señor *m*.
- **the gents** *GB* el servicio de caballeros.
  gents' underwear ropa interior de hombre.

genteel [dʒen'tiːl]
1 *adj dated (refined)* fino,-a, distinguido,-a.
2 *adj pej* afectado,-a, cursi.

gentian ['dʒenʃən] *n* genciana.

Gentile ['dʒentaɪl]
1 *adj (not Jewish)* no judío,-a; *(pagan)* pagano,-a.
2 *n (not Jew)* no judío,-a; *(pagan)* gentil *mf*, pagano,-a.

gentle ['dʒentəl]
1 *adj (person)* bondadoso,-a, dulce, tierno,-a.
2 *adj (breeze, movement, touch, etc)* suave.
3 *adj (hint)* discreto,-a.
4 *adj (noble)* noble: **of gentle birth** de buena familia, de buena cuna, bien nacido,-a.
- **the gentle sex** *dated* el sexo débil.

gentleman ['dʒentəlmən] *n* caballero, señor *m*.
- **gentlemen's agreement** acuerdo entre caballeros.

gentleness ['dʒentəlnəs]
1 *n (kindness)* amabilidad *f*, *(goodness)* bondad *f*, ternura.
2 *n (mildness)* suavidad *f*.

gently ['dʒentlɪ]
1 *adv (smoothly)* suavemente.
2 *adv (slowly)* despacio, poco a poco.
3 *adv (kindly)* amablemente.
♦ **gently does it!** ¡con cuidado!

gentry ['dʒentrɪ] *n (of high birth)* pequeña nobleza; *(of high standing)* alta sociedad *f*.

genuflect ['dʒenjʊflekt] *vi* REL *fml* hacer una genuflexión.

genuflection [dʒenjʊ'flekʃən] *n* genuflexión *f*.

genuflexion [dʒenjʊ'flekʃən] *n* → genuflection.

genuine ['dʒenjʊɪn]
1 *adj (authentic, true)* genuino,-a, auténtico,-a, verdadero,-a: **he has several genuine Picassos in his house** tiene varios originales de Picasso en su casa, tiene varios picassos auténticos en su casa.
2 *adj (sincere)* sincero,-a: **her devotion to her father was genuine** su devoción hacia su padre era sincera.

genuinely ['dʒenjʊɪnlɪ] *adv* auténticamente, verdaderamente, realmente, sinceramente: **he was genuinely pleased with the gift** estaba realmente contento con el regalo.

genus ['dʒiːnəs] *n* género.
▲ *pl* genera.

geocentric [dʒiːəʊ'sentrɪk] *adj* geocéntrico,-a.

geodesic [dʒiːəʊ'desɪk] *adj* geodésico,-a.

geographer [dʒɪ'ɒgrəfəʳ] *n* geógrafo,-a.

geographic [dʒɪə'græfɪk] *adj* geográfico,-a.

geographical [dʒɪə'græfɪkəl] *adj* geográfico,-a.

geography [dʒɪ'ɒgrəfɪ] *n* geografía.

geologic [dʒɪə'lɒdʒɪk] *adj* geológico,-a.

geological [dʒɪə'lɒdʒɪkəl] *adj* geológico,-a.

geologist [dʒɪ'ɒlədʒɪst] *n* geólogo,-a.

geology [dʒɪ'ɒlədʒɪ] *n* geología.

geomagnetic [dʒiːəmæg'netɪk] *adj* geomagnético,-a.

geometric [dʒɪə'metrɪk] *adj* geométrico,-a.

geometrical [dʒɪə'metrɪkəl] *adj* geométrico,-a.

geometrician [dʒɪəmɪ'trɪʃən] *n* geómetra *mf*.

geometry [dʒɪ'ɒmətrɪ] *n* geometría.

geomorphic [dʒiː'mɔːfɪk] *adj* geomórfico,-a.

geophysical [dʒiː'fɪzɪkəl] *adj* geofísico,-a.

geophysicist [dʒiːəʊ'fɪzɪsɪst] *n* geofísico,-a.

geophysics [dʒiː'fɪzɪks] *n* geofísica.

geopolitical [dʒiːəʊpə'lɪtɪkəl] *adj* geopolítico,-a.

geopolitics [dʒiːəʊ'pɒlɪtɪks] *n* geopolítica.

Georgia ['dʒɔːdʒə] *n* Georgia.
- **South Georgia** Georgia del Sur.

Georgian ['dʒɔːdʒən]
1 *adj* georgiano,-a.
2 *n (person)* georgiano,-a.
3 *n (language)* georgiano.

geranium [dʒə'reɪnɪəm] *n* geranio.

gerbil ['dʒɜːbəl] *n* gerbo, jerbo.

geriatric [dʒerɪ'ætrɪk]
1 *adj* geriátrico,-a.
2 *adj pej* caduco,-a, viejo,-a.

geriatrician [dʒerɪə'trɪʃən] *n* geriatra *mf*.

geriatrics [dʒerɪ'ætrɪks] *n* geriatría.

germ [dʒɜːm]
1 *n (gen)* germen *m*.
2 *n (of a disease)* bacilo, microbio; *(bacteria)* bacteria.
3 *n fig* germen *m*, principio.

German ['dʒɜːmən]
1 *adj* alemán,-ana.
2 *n (person)* alemán,-ana.
3 *n (language)* alemán *m*.
- **East German** alemán,-ana del este.
  German shepherd *US* pastor *m* alemán.
  West German alemán,-ana occidental.

Germanic [dʒɜː'mænɪk] *adj* germánico,-a, germano,-a.

germanium [dʒɜː'meɪnɪəm] *n* germanio.

Germany ['dʒɜːmənɪ] *n* Alemania.
- **East Germany** Alemania oriental.
  West Germany Alemania occidental.

germ-free ['dʒɜːmfriː] *adj* esterilizado,-a.

germicidal [dʒɜːmɪ'saɪdəl] *adj* germicida, bactericida.

germicide [ˈdʒɜːmɪsaɪd] *n* germicida *m*.
germinate [ˈdʒɜːmɪneɪt]
1 *vi* germinar.
2 *vt* hacer germinar.
germination [dʒɜːmɪˈneɪʃən] *n* germinación *f*.
gerontocracy [dʒerɒnˈtɒkrəsɪ] *n* gerontocracia.
▲ *pl* gerontocracies.
gerontologist [dʒerɒnˈtɒlədʒɪst] *n* gerontólogo,-a.
gerontology [dʒerɒnˈtɒlədʒɪ] *n* gerontología.
gerrymandering [dʒerɪˈmændərɪŋ] *n* *pej* división de los distritos electorales *para perjudicar a algún partido*.
gerund [ˈdʒerənd] *n* gerundio.
gestate [ˈdʒesteɪt]
1 *vt* BIOL gestar.
2 *vt* *fig* (*idea etc*) meditar, idear.
gestation [dʒesˈteɪʃən]
1 *n* BIOL gestación *f*.
2 *n* *fig* (*of idea etc*) gestación *f*.
gestatorial [dʒestəˈtɔːrɪəl] *adj* gestatorio,-a.
gesticulate [dʒesˈtɪkjəleɪt] *vi* gesticular.
gesticulation [dʒestɪkjəˈleɪʃən] *n* gesticulación *f*.
gesture [ˈdʒestʃəʳ]
1 *n* ademán *m*, gesto.
2 *n* *fig* (*token*) detalle *m*, gesto, muestra.
3 *vi* hacer gestos, hacer ademanes.
✦ **as a gesture of** en señal de.
get [get]
1 *vt* (*obtain*) obtener, conseguir: I want to get a job quiero conseguir un trabajo; she got £1,000 for her car le dieron mil libras por su coche; he got a bank loan le concedieron un crédito bancario; what did you get in maths? ¿qué sacaste en mates?
2 *vt* (*receive*) recibir: I got your letter yesterday recibí tu carta ayer; I got a bike for my birthday me regalaron una bici para mi cumpleaños; I got the sack me despidieron; he got a life sentence for murder le echaron cadena perpetua por asesinato; how did you get that cut? ¿cómo te hiciste ese corte?
3 *vt* (*buy*) comprar: where did you get your jeans? ¿dónde compraste tus vaqueros?; I've got him a CD le he comprado un compact; she got herself a new dress se compró un vestido nuevo.
4 *vt* (*fetch*) traer: get the car traiga el coche; get the fire brigade llama a los bomberos; I've got to go and get Liam tengo que ir a buscar a Liam.
5 *vt* (*catch illnesses, means of transport*) coger: she got the flu cogió la gripe; he always gets a taxi when it rains siempre coge un taxi cuando llueve.
6 *vt* (*receive signal*) captar, recibir, coger.
7 *vt* (*ask*) pedir, decir; (*persuade*) persuadir, convencer: get your brother

to help you pídele a tu hermano que te ayude; get him to phone me dile que me llame; can you get her to lend us the money? ¿puedes convencerla para que nos deje el dinero?
8 *vt* (*meals, drinks*) preparar: can I get you something to eat? ¿te preparo algo para comer?
9 *vt* *fam* (*jokes etc*) entender, captar, coger: I don't get it no lo entiendo.
10 *vt* *fam* (*annoy*) poner nervioso,-a, fastidiar: what really gets me is his laziness lo que me fastidia es su pereza; this bad weather gets on my nerves este mal tiempo me pone de mal humor.
11 *vt* (*earn*) ganar, cobrar: he gets a good salary gana un buen sueldo.
12 *vt* (*telephone - contact*) poner con; (*- answer*) contestar, atender, coger; (*door*) abrir: can you get me the Embassy Hotel? ¿me puede poner con el Hotel Embassy?
13 *vt* (*make do something*) conseguir, lograr: I can't get the car to start no consigo arrancar el coche.
14 *vt* (*have something done*) hacer algo a uno: she loves getting her hair done le encanta que le arreglen el pelo; he got his car repaired in no time le repararon el coche en un santiamén.
15 *vt* (*wound, injure*) dar, alcanzar: she got hit by a stray bullet le alcanzó una bala perdida.
16 *vi* (*become*) ponerse, volverse: she gets very angry if we're late se pone furiosa si llegamos tarde.
17 *vi* (*go*) ir: how do you get there? ¿cómo se va hasta allí?; can you get there by bus? ¿se puede ir en autobús?
18 *vt* *fig* ir, llevar: this isn't getting us anywhere esto no nos lleva a ninguna parte; where do you think she's got to? ¿dónde crees que se ha metido?
19 *vi* (*arrive*) llegar: we'll get there soon pronto llegaremos; how did you get home? ¿cómo llegaste a casa?
20 *vi* (*come to*) llegar a: you'll get to like it in the end acabará gustándote; I got to know him very well llegué a conocerlo muy bien.
21 *vi* (*manage*) llegar a: we never got to visiting the museum no llegamos a visitar el museo; I get to travel quite a bit in my job tengo la oportunidad de viajar bastante en mi trabajo.
22 *vi* (*start*) empezar a: we got talking empezamos a hablar, nos pusimos a hablar.
▶ **to get about**
1 *vi* (*person*) moverse, desplazarse, salir; (*travel*) viajar.
2 *vi* (*news etc*) difundirse.
to get across
1 *vt insep* (*cross - street, road*) cruzar; (*- bridge*) atravesar.
2 *vt sep* (*idea etc*) hacer comprender, hacer entender.
3 *vi* hacerse entender.

to get ahead *vi* adelantar, progresar.
to get along
1 *vi* (*manage*) arreglárselas, apañárselas.
2 *vi* (*leave*) marcharse, irse: we'll have to be getting along soon tenemos que marcharnos pronto.
to get along with
1 *vt insep* (*person*) llevarse (bien) con.
2 *vt insep* (*progress*) marchar, ir con: how are you getting along with your project? ¿qué tal te va con el proyecto?
to get around
1 *vi* (*person*) moverse, desplazarse; (*travel*) viajar.
2 *vi* (*news*) difundirse.
3 *vt insep* (*avoid*) evitar, sortear.
to get around to *vi* encontrar tiempo para: we didn't get around to seeing the Tower no encontramos tiempo para ver la Torre.
to get at
1 *vt insep* (*reach*) alcanzar, llegar a: he couldn't get at it no lo pudo coger; he wanted to get at the heart of the matter quería llegar al fondo de la cuestión.
2 *vt insep* (*insinuate*) insinuar: what is she trying to get at? ¿qué insinúa?, ¿adónde quiere llegar?
3 *vt insep* (*criticize*) criticar; (*tease*) meterse con: stop getting at me! ¡deja de meterte conmigo!
to get away
1 *vi* escaparse, irse: she likes to get away now and again le gusta hacer una escapada de vez en cuando; he got away from us se nos escapó.
2 *vt sep* alejar, quitar, sacar: get him away from the fire! ¡aléjalo del fuego!
to get away with *vt insep* salir impune de: you won't get away with this! ¡no saldrás impune de ésta!
to get back
1 *vi* (*return*) volver, regresar: he didn't get back home until yesterday no volvió a casa hasta ayer.
2 *vi* (*move backwards*) moverse hacia atrás, retroceder: everyone get back! ¡todos atrás!
3 *vt sep* (*recover*) recuperar: did you get your money back? ¿te devolvieron el dinero?
to get behind *vi* atrasarse.
to get by
1 *vi* (*manage*) arreglárselas: he can get by with very little money se las arregla con muy poco dinero.
2 *vi* (*pass*) pasar: could you let me get by, please? ¿por favor, me deja pasar?
to get down
1 *vt sep* (*depress*) deprimir, desanimar: it's getting him down se está desanimando.
2 *vt sep* (*gen*) bajar: can you get that case down for me? ¿me puedes ba-

jar esa maleta?; **they've got infla-tion down to 4%** han conseguido reducir la inflación a 4%.

3 *vt sep (write down)* apuntar, anotar.

4 *vt sep (swallow)* tragar.

5 *vi (descend)* bajarse: **she got down quickly** se bajó rápidamente.

to get down to *vi* ponerse a: **he's finally got down to studying** por fin se ha puesto a estudiar; **let's get down to details** vayamos a los detalles.

to get in

1 *vi (arrive)* llegar: **the coach gets in at eight** el autocar llega a las ocho.

2 *vi (enter)* entrar; *(car)* subir; *(be elected)* ser elegido,-a: **get in the car** sube al coche; **the Conservatives got in by a narrow margin** los conservadores ganaron por un margen muy estrecho.

3 *vt sep (insert)* meter.

4 *vt sep (harvest)* recoger, cosechar; *(washing)* recoger; *(supplies)* comprar.

5 *vt sep (summon)* llamar.

to get into

1 *vt insep (arrive)* llegar a.

2 *vt insep (enter)* entrar en; *(car)* subir a: **he opened the door and got into the car** abrió la puerta y subió al coche; **I can't get into these jeans** estos vaqueros ya no me entran; **she's getting into bad habits** está adquiriendo malas costumbres.

to get off *vt sep*

1 *vt sep (remove)* quitarse: **he couldn't get the dirt off his hands** no pudo quitarse la suciedad de las manos.

2 *vt insep (vehicle, horse, etc)* bajarse de.

3 *vi* bajarse: **he got on the roundabout, but he couldn't get off** subió al tiovivo, pero no pudo bajarse; **I told him where to get off** lo mandé a hacer puñetas.

4 *vi (leave)* salir: **we must be getting off now** tenemos que irnos ya; **I get off at 6.00 pm** salgo (de trabajar) a las seis.

5 *vi (begin)* comenzar: **they got off to a flying start** empezaron con viento en popa; **he couldn't get off to sleep** no pudo conciliar el sueño.

6 *vi (escape)* escaparse: **he got off lightly** salió bien librado; **he got off with a small fine** se libró con una multa pequeña.

to get off with *vt insep fam* ligar: **John got off with Mary** John ligó con Mary.

to get on

1 *vt insep (vehicle)* subir a, subirse a; *(bicycle, horse, etc)* montar a.

2 *vi (make progress)* progresar, avanzar, ir: **how is she getting on?** ¿cómo le van las cosas?

3 *vi (succeed)* tener éxito.

4 *vi (be friendly)* llevarse bien, avenirse, entenderse: **they get on very well** se llevan muy bien.

5 *vi (continue)* seguir, continuar: **get on with what you are doing!** ¡seguid con lo que estáis haciendo!

6 *vi (grow old)* hacerse mayor, envejecerse.

to get on for *vt insep* ser casi: **it's getting on for 5 o'clock** son casi las cinco; **she's getting on for forty** le falta poco para los cuarenta; **there were getting on for 600 people** había casi seiscientas personas.

to get on to

1 *vt insep (person)* ponerse en contacto con, localizar: **try to get on to him as soon as possible** intenta localizarlo lo antes posible.

2 *vt insep (subject)* empezar a hablar de, pasar a: **let's get on to the matter in hand** pasemos al tema en cuestión.

to get out

1 *vt sep (thing)* sacar; *(stain)* quitar: **she got her purse out** sacó su monedero.

2 *vi (leave)* salir: **the lift broke down and he couldn't get out** el ascensor se averió y no pudo salir.

3 *vi (of car etc)* bajar de, bajarse de: **the taxi stopped and a man got out** se paró el taxi y bajó un hombre.

4 *vi (escape)* escapar(se): **the prisoner tried to dig a tunnel to get out** el prisionero intentó cavar un túnel para escaparse.

5 *vi (news, rumours etc)* llegar a saberse, hacerse público,-a.

to get out of

1 *vt insep (avoid)* librarse de: **he tried to get out of doing the dishes** intentó librarse de lavar los platos.

2 *vt insep (stop)* dejar, perder la costumbre: **he got out of the habit of going to sleep in class** perdió la costumbre de dormirse en clase.

to get over

1 *vt insep (illness)* recuperarse de.

2 *vt insep (recover from)* sobreponerse a; *(forget)* olvidar: **she can't get over it** no lo puede olvidar; **he'll get over it in the long run** se le pasará con el tiempo.

3 *vt sep (obstacle)* salvar; *(difficulty)* vencer.

4 *vt sep (idea etc)* comunicar, hacer comprender.

to get over with *vt sep* acabar con: **let's get the speeches over with and then the party can start** acabemos con los discursos y luego empezar la fiesta.

to get round

1 *vt insep (obstacle)* salvar.

2 *vt insep (law, regulation)* evitar, soslayar.

3 *vt insep (person)* convencer, persuadir.

4 *vi (news)* difundirse, hacerse público, -a, llegar a saber: **if this gets round,**

we'll be in trouble si ésto sale a la luz pública, tendremos problemas.

to get round to *vt insep* encontrar tiempo para: **he got round to doing it in the end** finalmente encontró tiempo para hacerlo.

to get through

1 *vi (gen)* llegar: **he got through to the semifinals** llegó a las semifinales; **the general sent reinforcements, but they never got through** el general mandó refuerzos, pero nunca llegaron.

2 *vi (on 'phone)* conseguir hablar (**to**, con).

3 *vi (communicate)* hacerse comprender (**to**, a): **I've tried talking to her, but I just can't get through** he intentado hablar con ella, pero no consigo hacer que me comprenda.

4 *vt insep (finish)* acabar, terminar: **he got through the book in a day** terminó el libro en un día.

5 *vt insep (consume)* consumir; *(money)* gastar; *(drink)* beber.

6 *vt insep (exam)* aprobar: **he studied hard, but he didn't get through the exam** estudió mucho, pero no aprobó el examen.

to get together

1 *vi (people)* reunirse, juntarse.

2 *vt sep (people)* juntar, reunir.

3 *vt sep (assemble)* montar; *(money)* recoger, reunir: **they got enough money together to buy him a present** reunieron suficiente dinero para comprarle un regalo.

to get up

1 *vi (rise)* levantarse; *(climb up)* subir: **what time do you get up?** ¿a qué hora te levantas?

2 *vi (become stronger - wind, storm)* levantarse.

3 *vt sep (wake up)* despertar; *(get out of bed)* levantar: **get me up early tomorrow** despiértame temprano mañana.

4 *vt sep (disguise oneself)* disfrazarse.

to get up to

1 *vt insep* hacer: **what have you been getting up to?** ¿qué has estado haciendo?

2 *vt insep (reach)* llegar a.

◆ **get along with you!** ¡déjate de bobadas!, ¡no seas bobo,-a!

to get along without something pasar sin algo: **we can get along without a dishwasher** nos podemos pasar sin un lavaplatos.

to get better mejorar(se).

to get dark oscurecer.

to get dirty ensuciarse.

to get divorced divorciarse.

to get down on one's knees arrodillarse.

to get dressed vestirse.

to get drunk emborracharse.

to get **into trouble** meterse en un lío.
to get **late** hacerse tarde.
to get **lost** perderse.
to get **married** casarse.
to get **old** hacerse mayor, envejecer.
to get **one's own way** salirse con la suya.
to get **on somebody's nerves** irritar a alguien, poner nervioso,-a a alguien.
to get **paid** cobrar.
to get **ready** preparar, prepararse.
to get **rid of** deshacerse de.
to get **tired** cansarse.
to get **wet** mojarse.
to get **worse** empeorar(se).
▲ pt got [gɒt], pp got [gɒt] (US gotten ['gɒtən], ger getting.

get-at-able [get'ætəbəl] adj fam accesible.

getaway ['getəweɪ] n fam fuga, huida.
✦ to make one's **getaway** fugarse.
■ **getaway car** coche m usado en una fuga.

get-together ['gettəgeðəʳ] n fam (meeting) reunión f; (party) fiesta.

getup ['getʌp] n fam atavío, atuendo.

get-well card [get'welkɑːd] n tarjeta (deseando la pronta recuperación de alguien).

geyser ['giːzəʳ, GB 'gaɪzəʳ]
1 n (natural spring) géiser m.
2 n (water heater) calentador m de agua.

Ghana ['gɑːnə] n Ghana.

Ghanaian [gɑːˈneɪən]
1 adj ghanés,-esa.
2 n ghanés,-esa.

ghastly ['gɑːstlɪ]
1 adj espantoso,-a, horrible, horroroso,-a.
2 adj (pale) pálido,-a, mortecino,-a.
▲ comp ghastlier, superl ghastliest.

Ghent [gent] n Gante.

gherkin ['gɜːkɪn] n pepinillo.

ghetto ['getəʊ] n gueto.
▲ pl ghettos o ghettoes.

ghost [gəʊst]
1 n fantasma m, espectro.
2 n (duplicate image on a TV screen) sombra.
3 vt (literature) escribir: the journalist ghosted the politician's memoirs el periodista escribió las memorias del político.
✦ to give up the **ghost** fam entregar el alma.
the **ghost of a chance** fam la más remota posibilidad.
■ **ghost town** pueblo fantasma.
the **Holy Ghost** REL el Espíritu Santo.

ghostly ['gəʊstlɪ] adj espectral, fantasmal.
▲ comp ghostlier, superl ghostliest.

ghostwrite ['gəʊstraɪt] vt (literature) hacer de negro, escribir para otro.

ghostwriter ['gəʊstraɪtəʳ] n (literature) negro,-a mf.

ghoul [guːl]
1 n fam persona de gustos macabros.
2 n (evil spirit) espíritu m maligno.

ghoulish ['guːlɪʃ] adj macabro,-a.

GHQ ['dʒiːeɪtʃ'kjuː] abbr (General Headquarters) Cuartel m General.

giant ['dʒaɪənt]
1 n gigante,-a.
2 adj gigante, gigantesco,-a.

gibber ['dʒɪbəʳ] vi farfullar, mascullar, hablar atropelladamente.

gibberish ['dʒɪbərɪʃ] n galimatías m, guirigay m.

gibbet ['dʒɪbɪt] n horca, patíbulo.

gibbon ['gɪbən] n ZOOL gibón m.

gibe [dʒaɪb]
1 n mofa, sarcasmo, pulla.
2 vi mofarse (**about/at**, de).

giblets ['dʒɪbləts] npl menudillos mpl.

Gibraltar [dʒɪˈbrɔːltəʳ] n Gibraltar m.

Gibraltarian [dʒɪbrɔːlˈteərɪən]
1 adj gibraltareño,-a.
2 n gibraltareño,-a.

giddiness ['gɪdɪnəs] n mareo, vértigo.

giddy ['gɪdɪ] adj (dizzy) mareado,-a: heights make me giddy me dan vértigo las alturas.
✦ to feel **giddy** sentirse mareado,-a.
▲ comp giddier, superl giddiest.

gift [gɪft]
1 n (present) regalo, obsequio.
2 n (talent) don m.
3 n REL ofrenda.
4 n JUR donación f.
5 n GB fam (bargain) ganga.
✦ to have the **gift of the gab** tener un pico de oro.
■ **gift shop** tienda de artículos de regalo.
gift token vale m, cupón m de regalo.
gift voucher vale m, cupón m de regalo.

gifted ['gɪftɪd] adj dotado,-a, talentoso,-a.

gift-wrapped ['gɪftræpt] adj envuelto,-a para regalo.

gig¹ [gɪg] n (carriage) calesa, calesín m.

gig² [gɪg] n fam (booking) bolo; (performance) actuación f.

gigabyte ['gɪgəbaɪt] n gigabyte m, giga m.

gigantic [dʒaɪˈgæntɪk] adj gigantesco,-a.

giggle ['gɪgəl]
1 n risita, risa tonta: she got the giggles le dio por reírse, le dio la risa tonta.
2 n GB fam broma, diversión f: we did it for a giggle lo hicimos en broma, lo hicimos para divertirnos.
3 vi reírse tontamente.

gigolo ['dʒɪgələʊ] n gigoló.
▲ pl gigolos.

gild [gɪld] vt dorar.
✦ to gild the **lily** GB sobrecargar.

gill¹ [gɪl] n (of fish) agalla, branquia.
✦ to look pale about the **gills/look green about the gills** tener mala cara.

gill² [dʒɪl] n (measurement) cuarto de pinta (equivale a 0,142 litros).

gilt [gɪlt]
1 adj dorado,-a.
2 n dorado.

gilt-edged ['gɪltedʒd] adj FIN de máxima garantía: gilt-edged securities títulos de crédito de máxima garantía.

gilthead bream ['gɪlthed 'briːm] n dorada.

gimlet ['gɪmlət] n TECH barrena de mano.

gimmick ['gɪmɪk] n fam (device) reclamo, truco; (gadget) artilugio.
■ **sales gimmick** truco para aumentar ventas.

gimmicky ['gɪmɪkɪ] adj fam truculento,-a.

gin [dʒɪn] n ginebra.

ginger ['dʒɪndʒəʳ]
1 n (spice) jengibre m.
2 adj (hair) rojo,-a; (person) pelirrojo,-a.
▶ to ginger up vt sep animar, estimular.
■ **ginger ale** ginger ale m.

gingerbread ['dʒɪndʒəbred] n pan m de jengibre.

gingerly ['dʒɪndʒəlɪ]
1 adv cautelosamente.
2 adj cauteloso,-a.

gingernut ['dʒɪndʒənʌt] n galleta de jengibre.

gingersnap ['dʒɪndʒəsnæp] n US galleta de jengibre.

gingham ['gɪŋəm] n (kind of cotton) guinga, guingán m.

gingival ['dʒɪndʒɪvəl] adj gingival.

gingivitis [dʒɪndʒɪˈvaɪtəs] n MED gingivitis f.

gingko ['gɪŋkəʊ] n gingko.

gipsy ['dʒɪpsɪ] n gitano,-a.
▲ pl gipsies.

giraffe [dʒɪˈrɑːf] n jirafa.

gird [gɜːd]
1 vt lit (fasten) ceñir.
2 vt (surround) rodear (**de**, with).
✦ to gird (up) one's **loins** fig prepararse para la lucha.
to gird oneself for **something** prepararse para algo.
▲ pt & pp girt [gɜːt] o girded.

girder ['gɜːdəʳ] n (construction) viga.

girdle ['gɜːdəl]
1 n (clothes) faja.
2 n fig cinturón m.
3 vt fig rodear.

girl [gɜːl]
1 n chica, muchacha, joven f; (small) niña.
2 n (daughter) hija.
■ **girl guide** GB exploradora.
girl scout US exploradora.
girl Friday (in office) chica para todo.

girlfriend ['gɜːlfrend]
1 *n (partner)* novia.
2 *n (friend)* amiga, compañera.
3 *n (lover)* amante *f.*

girlhood ['gɜːlhʊd] *n (childhood)* niñez *f*; *(youth)* juventud *f.*

girlie magazine ['gɜːlɪmægəziːn] *n fam* revista de destape.

girlish ['gɜːlɪʃ] *adj (of girl)* de niña; *(effeminate)* afeminado,-a.

giro ['dʒaɪrəʊ] *n GB* giro.
■ **bank giro** giro bancario, transferencia bancaria.
▲ *pl giros.*

girt [gɜːt] *pt & pp* → **gird.**

girth [gɜːθ]
1 *n TECH (measure)* contorno, circunferencia, perímetro.
2 *n fig* gordura, obesidad *f.*
3 *n (of saddle)* cincha.

gismo ['gɪzməʊ] *n fam* chisme *m.*
▲ *pl gismos.*

gist [dʒɪst] *n (general idea)* idea general, sentido general; *(fundamental idea)* lo esencial: I got the gist of things me enteré de lo esencial; the gist of what he said is that we must work harder la esencia de lo que dijo es que debemos trabajar más.

give [gɪv]
1 *n (flexibility)* elasticidad *f*, flexibilidad *f.*
2 *vt (gen)* dar: you've given me a great idea! ¡me has dado una idea estupenda!; his training gave him a good start in life su formación le proporcionó un buen comienzo en la vida.
3 *vt (deliver, convey)* dar: could you give him a message? ¿le podrías dar un mensaje?
4 *vt (as a gift)* dar, regalar: he gave her a pretty dress le regaló un vestido bonito.
5 *vt (provide)* dar, suministrar: she gave him a meal le dio de comer; to give one's word dar su palabra.
6 *vt (pay)* pagar, dar: how much did you give for it? ¿cuánto pagó por ello?; many people would give anything for a decent job mucha gente daría cualquier cosa por tener un buen empleo.
7 *vt (perform a concert etc)* dar; *(speech)* pronunciar.
8 *vt (dedicate)* dedicar, consagrar: he gave a lot of thought to the project reflexionó largo y tendido sobre el proyecto.
9 *vt (cause)* causar, ocasionar: she gave him to understand that she wasn't interested le dio a entender que no le interesaba.
10 *vt (yield)* ceder, conceder: I'll give you that it isn't easy te concedo que no es fácil, te doy la razón en que no es fácil.
11 *vi (yield)* ceder; *(cloth, elastic)* dar de sí.
▸ **to give away**
   1 *vt sep (gen)* distribuir, repartir; *(present)* regalar; *(prize)* entregar.

2 *vt sep (betray)* delatar, traicionar; *(disclose)* revelar, descubrir: his voice gave him away lo delató su voz.
▸ **to give back** *vt sep (return)* devolver.
▸ **to give in**
   1 *vi (admit defeat)* darse por vencido, -a, rendirse; *(yield)* ceder.
   2 *vt sep (hand in)* entregar.
▸ **to give in to** *vi* ceder ante.
▸ **to give off** *vt sep (smell, heat, etc)* despedir, desprender, emitir.
▸ **to give onto** *vi* dar a: her flat gives onto a park su piso da a un parque.
▸ **to give out**
   1 *vt sep (distribute)* distribuir, repartir.
   2 *vt sep (announce)* anunciar.
   3 *vt sep (supplies)* acabarse, agotarse; *(break down)* averiarse, sufrir una avería.
▸ **to give over**
   1 *vt sep (hand over)* entregar; *(allocate)* dedicar, asignar: houses given over to the down-and-out casas asignadas a los desahuciados.
   2 *vi fam (stop)* dejar de: give over! ¡basta ya!, ¡para ya!
▸ **to give up**
   1 *vt sep (renounce)* dejar; *(idea)* abandonar, renunciar a: to give up smoking dejar de fumar.
   2 *vi (relinquish, hand over)* ceder, renunciar a: he gave up his life to save her dio su vida para salvarla.
   3 *vi (devote)* dedicar: he gave up every spare minute of his time to aiding the sick dedicó cada minuto de su tiempo libre a ayudar a los enfermos.
   4 *vi (surrender)* entregarse: he gave himself up to the police se entregó a la policía.
   5 *vi (admit defeat)* darse por vencido, -a, rendirse: he never gave up nunca se dio por vencido; I give up! ¡me rindo!
▸ **to give up on** *vt insep* abandonar, desistir: she gave up on the idea of ever finishing the book abandonó la idea de acabar el libro algún día.
✦ **don't give me that!** *fam* ¡no me vengas con esas!
give me ... every time! *fam* ¡para mí no hay nada como ...!
"Give way" *(road sign)* "Ceda el paso".
not to give a damn importarle a uno un bledo.
to give evidence prestar declaración.
to give it all one's got dar lo mejor de sí.
to give somebody one's support prestarle apoyo a alguien.
to give somebody up for dead dar por muerto,-a a alguien: the climbers were given up for dead dieron por muertos a los montañeros.
to give the game away descubrir el pastel.

to give way *(gen)* ceder, conceder; *(ground)* hundirse; *(ladder)* romperse; *(legs)* doblarse.
what gives? *fam* ¿qué pasa?
▲ *pt* **gave** [geɪv], *pp* **given** ['gɪvən], *ger* **giving.**

giveaway ['gɪvəweɪ]
1 *n fam (unintentional disclosure)* revelación *f* involuntaria.
2 *n (gift)* regalo.
■ **giveaway price** precio de saldo.

given ['gɪvən]
1 *pp* → **give.**
2 *adj (fixed)* dado,-a, determinado,-a, previsto,-a: the march began at the given time la marcha empezó a la hora prevista; at any given moment en cualquier momento.
3 *adj (prone)* dado,-a, propenso,-a: he is given to fits of anger es propenso a arrebatos de ira.
4 *prep (considering)* dado,-a, teniendo en cuenta: given his age, he's pretty fit dada su edad está bastante en forma.
5 *prep (if)* si: given half a chance, he would do something else si tuviera la oportunidad, haría otra cosa.
✦ **given that** dado que.
■ **given name** *US* nombre *m* de pila.

gizmo ['gɪzməʊ] *n fam* → **gismo.**
▲ *pl gizmos.*

gizzard ['gɪzəd] *n (of bird)* molleja.
✦ **it sticks in my gizzard** no lo puedo tragar.

Gk [griːk] *abbr* (**Greek**) griego,-a.

glacé ['glæseɪ] *adj CULIN* escarchado,-a, glaseado,-a.
■ **glacé cherry** cereza escarchada.

glacial ['gleɪʃəl]
1 *adj GEOL* glaciar.
2 *adj (icy)* glacial: glacial winds swept the plains vientos glaciales barrieron las llanuras.
3 *adj fam fig* glacial: she gave him a glacial look le lanzó una mirada glacial.
■ **glacial periods** períodos *mpl* glaciares.

glacier ['glæsɪəʳ, 'gleɪʃəʳ] *n GEOL* glaciar *m.*

glad [glæd] *adj (pleased)* contento,-a, alegre; *(happy)* feliz.
✦ **to be glad** alegrarse.
to be glad of agradecer.
■ **glad rags** ropa *f sing* de fiesta.

gladden ['glædən] *vt* alegrar.

glade [gleɪd] *n (clearing)* claro.

gladiator ['glædɪeɪtəʳ] *n HIST* gladiador *m.*

gladiolus [glædɪ'əʊləs] *n BOT* gladiolo.
▲ *pl gladioli* [glædɪ'əʊlaɪ].

gladly ['glædlɪ] *adv* de buena gana, con mucho gusto.

gladness ['glædnəs] *n (pleasure)* satisfacción *f*; *(happiness)* alegría.

glamorise ['glæməraɪz] *vt* → **glamorize.**

glamorize ['glæməraɪz] *vt GB* adornar, embellecer, hacer más atractivo,-a.

glamorous ['glæmərəs]
1 *adj* atractivo,-a.
2 *adj (charming)* encantador,-ra.

glamour [ˈglæməʳ]
1 *n* atractivo.
2 *n (charm)* encanto.

glance [glɑːns]
1 *n* mirada, vistazo, ojeada.
2 *vi* dar una mirada, echar un vistazo (**at**, a).
▶ **to glance off** *vt insep (ball, bullet etc)* rebotar en.
✦ **at a glance** de un vistazo.
at first glance a primera vista.
to glance through ojear.

glancing [ˈglɑːnsɪŋ] *adj (blow)* oblicuo,-a.

gland [glænd] *n ANAT* glándula.

glandular [ˈglændjʊləʳ] *adj* glandular.
■ **glandular fever** *MED* mononucleosis *f* infecciosa.

glare [gleəʳ]
1 *n (light)* luz *f* deslumbrante.
2 *n AUTO* deslumbramiento.
3 *n (look)* mirada furiosa, mirada hostil.
4 *vi (dazzle)* deslumbrar.
5 *vi (look)* lanzar una mirada furiosa: she glared at me me miró furiosa.

glaring [ˈgleərɪŋ]
1 *adj (dazzling)* deslumbrador,-ra, deslumbrante; *(colour)* chillón,-ona; *(bright)* brillante, resplandeciente.
2 *adj (blatant)* patente, evidente.

glass [glɑːs]
1 *n (material)* vidrio, cristal *m*.
2 *n (for drinking)* vaso; *(with stem)* copa: a glass of milk un vaso de leche.
3 *n GB* barómetro.
4 **glasses** *npl* gafas *fpl*.

glassblower [ˈglɑːsbləʊəʳ] *n* soplador, -ra de vidrio.

glassblowing [ˈglɑːsbləʊɪŋ] *n* soplado del vidrio.

glasshouse [ˈglɑːshaʊs]
1 *n (gardening)* invernadero.
2 *n GB sl (military)* prisión *f* militar.

glassware [ˈglɑːsweəʳ] *n* cristalería.

glassworks [ˈglɑːswɜːks] *n* vidriería, cristalería.

glassy [ˈglɑːsɪ]
1 *adj fig (eyes)* vidrioso,-a.
2 *adj (like glass)* vítreo,-a; *(smooth)* liso, -a; *(water)* cristalino,-a, transparente.
▲ *comp* **glassier**, *superl* **glassiest**.

glaucoma [glɔːˈkəʊmə] *n MED* glaucoma *m*.

glaucous [ˈglɔːkəs] *adj* glauco,-a.

glaze [gleɪz]
1 *n (for pottery)* vidriado; *(lustre)* brillo, lustre *m*; *(varnish)* barniz *m*, esmalte *m*.
2 *vt (pottery)* vidriar, esmaltar.
3 *vt (windows)* poner cristales a.
4 *vt CULIN* glasear.
■ **glaze kiln** *(pottery)* horno de esmaltar, horno de vidriar.

glazed [gleɪzd]
1 *adj (of eyes, look, etc)* vidrioso,-a, ausente; *(of surface)* vidriado,-a.

2 *adj (of paper)* satinado,-a; *(of leather)* barnizado,-a.

glazier [ˈgleɪzɪəʳ] *n* vidriero,-a, cristalero,-a.

glazing [ˈgleɪzɪŋ] *n (windows)* colocación *f* de cristales; *(windowpanes)* cristales *mpl*, vidriería.

gleam [gliːm]
1 *n* destello, rayo.
2 *n fig* rayo, resquicio, vislumbre *m*.
3 *vi* brillar, destellar, relucir.
✦ **a gleam of hope** un rayo de esperanza.

gleaming [ˈgliːmɪŋ] *adj* brillante, reluciente.

glean [gliːn]
1 *vt AGR* espigar.
2 *vt fig* recoger, cosechar: he wasn't able to glean much information on his trip no pudo recoger mucha información en su viaje.

glee [gliː] *n* alegría, júbilo, regocijo.

gleeful [ˈgliːfʊl] *adj* alegre, jubiloso,-a, regocijado,-a.

gleefully [ˈgliːfʊlɪ] *adv* con alegría, con júbilo, con regocijo.

glen [glen] *n* cañada.

glib [glɪb] *adj (person)* de mucha labia, charlatán,-ana; *(reply etc)* superficial, fácil.
▲ *comp* **glibber**, *superl* **glibbest**.

glibness [ˈglɪbnəs] *n (of person)* labia; *(shallowness)* falta de sinceridad *f*, superficialidad *f*.

glide [glaɪd]
1 *n* deslizamiento.
2 *n AV* planeo, vuelo sin motor.
3 *n LING* semivocal *f*.
4 *vi* deslizarse.
5 *vi AV* planear.

glider [ˈglaɪdəʳ] *n AV* planeador *m*.

gliding [ˈglaɪdɪŋ]
1 *n AV* planeo.
2 *n SP* vuelo sin motor.

glimmer [ˈglɪməʳ]
1 *n (light)* luz *f* tenue.
2 *vi* brillar con luz tenue.
✦ **a glimmer of hope** un rayo de esperanza.

glimpse [glɪmps]
1 *n* vislumbre *f*, visión *f* fugaz.
2 *vt* vislumbrar, entrever.
✦ **to catch a glimpse of** vislumbrar.

glint [glɪnt]
1 *n* destello, centelleo.
2 *vi* destellar, centellear.

glisten [ˈglɪsən] *vi* brillar, relucir.

glitter [ˈglɪtəʳ]
1 *n* brillo.
2 *vi* brillar, relucir.

glittering [ˈglɪtərɪŋ] *adj* brillante, reluciente.

glittery [ˈglɪtərɪ] *adj* brillante, reluciente.

gloat [gləʊt] *vi* regodearse (**over**, con), regocijarse (**over**, con), recrearse (**over**, con).

global [ˈgləʊbəl]
1 *adj* mundial.
2 *adj (total)* global.

globalization [gləʊbəlaɪˈzeɪʃən] *n* globalización *f*.

globe [gləʊb]
1 *n* globo, esfera.
2 *n (map)* globo terrestre.

globe-trotter [ˈgləʊbtrɒtəʳ] *n fam* trotamundos *mf*.

globular [ˈglɒbjʊləʳ] *adj* globular.

globule [ˈglɒbjuːl] *n* glóbulo.

globulin [ˈgflɒbjəlɪn] *n* globulina.

gloom [gluːm]
1 *n (darkness)* penumbra, tenebrosidad *f*.
2 *n (sadness)* tristeza, melancolía.
3 *n (hopelessness)* desolación *f*, pesimismo.

gloominess [ˈgluːmɪnəs] *n* lobreguez *f*.

gloomy [ˈgluːmɪ]
1 *adj (dark)* lóbrego,-a, oscuro,-a, tenebroso,-a.
2 *adj (sad)* melancólico,-a, triste; *(depressing)* deprimente, desalentador,-ra.
3 *adj (pessimistic)* pesimista: the country's prospects are gloomy las perspectivas del país son pesimistas.
4 *adj (weather)* gris, encapotado,-a.
▲ *comp* **gloomier**, *superl* **gloomiest**.

Gloria [ˈglɔːrɪə] *n* gloria.

glorified [ˈglɔːrɪfaɪd] *adj pej* pretencioso,-a.

glorify [ˈglɔːrɪfaɪ] *vt (God)* glorificar; *(praise)* alabar.
▲ *pt & pp* **glorified**, *ger* **glorifying**.

glorious [ˈglɔːrɪəs]
1 *adj* glorioso,-a.
2 *adj (wonderful)* espléndido,-a, magnífico,-a.

gloriously [ˈglɔːrɪəslɪ] *adv* gloriosamente.

glory [ˈglɔːrɪ]
1 *n (gen)* gloria.
2 *n fig* esplendor *m*.
3 *vi* gloriarse (**in**, de).
▲ *(sustantivo)* *pl* **glories**; *(verbo)* *pt & pp* **gloried**, *ger* **glorying**.

gloss [glɒs]
1 *n* lustre *m*, brillo.
2 *n (explanation)* glosa.
3 *n fig* oropel *m*.
4 *vt (text)* glosar, comentar.
▶ **to gloss over** *vt insep (play down)* paliar, suavizar; *(hide)* encubrir; *(ignore)* pasar por alto.
■ **gloss paint** esmalte *m*, pintura brillante.

glossary [ˈglɒsərɪ] *n* glosario.
▲ *pl* **glossaries**.

glossy [ˈglɒsɪ] *adj* brillante, lustroso,-a.
■ **glossy magazine** revista de lujo.
glossy paper papel *m* glaseado, papel *m* satinado.
▲ *comp* **glossier**, *superl* **glossiest**.

glottis [ˈglɒtɪs] *n ANAT* glotis *f*.

glove [glʌv] *n* guante *m*.

✦ **to fit like a glove** sentar como anillo al dedo, sentar como un guante.

▪ **glove compartment** *AUTO* guantera.

glow [gləʊ]
1 *n (of lamp)* luz *f*; *(of jewel)* brillo.
2 *n (of fire)* calor *m* vivo; *(of sky)* arrebol *m*; *(of fire, metal etc)* incandescencia.
3 *n (of face)* rubor *m*.
4 *n fig* sensación *f* de bienestar, satisfacción *f*.
5 *vi (jewel, sun etc)* brillar; *(of metal)* estar al rojo vivo; *(fire)* arder.
6 *vi fig* rebosar de.
✦ **to glow with health** rebosar de salud.

glower ['glaʊəʳ] *vi* mirar con el ceño fruncido.

glowing ['gləʊɪŋ]
1 *adj fig (report etc)* entusiasta; *(style)* cálido,-a.
2 *adj (fire)* incandescente; *(metal)* al rojo vivo.
3 *adj (fire, colour)* vivo,-a; *(light)* brillante.
4 *adj (complexion)* rojo,-a; *(cheeks)* encendido,-a.

glow-worm ['gləʊwɜ:m] *n ZOOL* luciérnaga, gusano de luz.

glucose ['glu:kəʊz] *n CHEM* glucosa.

glue [glu:]
1 *n* cola, pegamento.
2 *vt* encolar, pegar.
✦ **to be glued to** *fam* estar pegado,-a a: she had her eyes glued to the road tenía los ojos pegados a la carretera.

glue-sniffing ['glu:snɪfɪŋ] *n* inhalación *f* de cola.

gluey ['glu:ɪ] *adj* pegajoso,-a, viscoso,-a.
▲ *comp* **gluier**, *superl* **gluiest**.

glum [glʌm] *adj (mood)* abatido,-a, desanimado,-a, triste; *(by nature)* taciturno,-a, melancólico,-a.
▲ *comp* **glummer**, *superl* **glummest**.

glumly ['glʌmlɪ] *adv* con desánimo, con abatimiento.

glut [glʌt]
1 *n (of the market)* superabundancia, exceso; *(of food)* saciedad *f*, hartazgo.
2 *vt (market)* inundar, saturar.
✦ **to glut oneself** hartarse, saciarse.
▲ *pt & pp* **glutted**, *ger* **glutting**.

gluten ['glu:tən] *n* gluten *m*.

gluteus ['glu:tɪəs] *n* glúteo.

glutinous ['glu:tɪnəs] *adj fml* pegajoso, -a, glutinoso,-a.

glutton ['glʌtən] *n* glotón,-ona: he's a glutton for work es un trabajador incansable; she's a glutton for punishment es masoquista.

gluttonous ['glʌtənəs] *adj* glotón, -ona, goloso,-a.

gluttony ['glʌtənɪ] *n* glotonería, gula.

glycemia [glaɪ'si:mɪə] *n* glucemia.

glycerin [glɪsə'rɪn] *n* → **glycerine**.

glycerine [glɪsə'rɪn] *n* glicerina.

GM ['dʒi:'em] *abbr* (**genetically modifed**) genéticamente modificado.

GMT ['dʒi:'em'di:] *abbr* (**Greenwich Mean Time**) hora media de Greenwich; *(abbreviation)* GMT.

gnarled [nɑ:ld] *adj* nudoso,-a, retorcido,-a.

gnash [næʃ] *vt (teeth)* hacer rechinar.

gnat [næt] *n ZOOL* mosquito.

gnaw [nɔ:]
1 *vt (bite)* roer.
2 *vt fig (worry)* corroer: his hatred kept gnawing away inside su odio lo corroía por dentro.

gnawing ['nɔ:ɪŋ] *adj (anxiety, fear)* constante, permanente; *(pain)* insistente.

gneiss [naɪs] *n* gneiss *m*.

gnocchi ['njɒkɪ] *npl* ñoquis *mpl*.

gnome [nəʊm] *n* gnomo.

gnosis ['nəʊsɪs] *n* gnosis.

Gnostic ['nɒstɪk]
1 *n* gnóstico,-a.
2 *adj* gnóstico,-a.

Gnosticism ['nɒstɪsɪzəm] *n* gnosticismo.

GNP ['dʒi:'en'pi:] *abbr* (**gross national product**) producto nacional bruto; *(abbreviation)* PNB *m*.

gnu [nu:] *n* ñu *m*.

GNVQ ['dʒi:'en'vi:'kju:] *abbr* (**General National Vocational Qualification**) curso de formación profesional de dos años para mayores de dieciséis años.

go [gəʊ]
1 *n (energy)* energía, empuje *m*: they're always on the go no paran nunca.
2 *n (turn)* turno: it's my go me toca a mí.
3 *n (try)* intento: I'd like to have a go at hang gliding me gustaría intentar vuelo con ala delta.
4 *n (start)* principio: we knew from the word go lo sabíamos desde el principio.
5 *vi (gen)* ir: you can come and go as you please puedes ir y venir a tu antojo; to go by underground ir en metro; to go for a walk dar un paseo; to go on holiday irse de vacaciones.
6 *vi (leave)* marcharse, irse; *(bus, train, etc)* salir: let's go! ¡vámonos!; we'd better be going now más vale que nos vayamos ya.
7 *vi (vanish)* desaparecer: my car has gone mi coche ha desaparecido.
8 *vi (function)* funcionar, marchar: his business is going very well su negocio marcha muy bien; he can't get the engine to go no le arranca el motor.
9 *vi (become)* volverse, ponerse, quedarse: to go deaf volverse sordo,-a.
10 *vi (fit)* entrar, caber: the bed won't go into the room la cama no cabrá en la habitación.
11 *vi (break)* romperse, estropearse; *(yield)* ceder; *(blow)* fundirse.
12 *vi (be kept)* guardarse: the knives and forks go here los cuchillos y los tenedores se guardan aquí.

13 *vi (sell)* venderse: clothes are going cheap at the moment la ropa se está vendiendo barata actualmente.
14 *vi (progress)* ir, marchar, andar: the party went well la fiesta fue un éxito; things aren't going too well for him no le van muy bien las cosas.
15 *vi (be spent on)* irse, gastarse: all his money goes on records se gasta todo el dinero en discos.
16 *vi (be available)* quedar, haber: there are very few good jobs going hay muy pocos empleos buenos; is there any more meat going? ¿queda algo de carne?
17 *vi (be acceptable)* valer: almost anything goes to win para ganar, casi todo vale.
18 *vi (make a noise, gesture, etc)* hacer: go like this with your head haz así con la cabeza.
19 *vi (time - pass)* pasar; *(- be remaining)* faltar: the years went by slowly los años pasaron lentamente; only two weeks to go solo faltan dos semanas; it's just gone ten acaban de dar las diez.
20 *vi (say)* decir: as the saying goes según el dicho; there she goes again otra vez con el mismo rollo, otra vez con la misma canción.
21 *vt (make a noise)* hacer: it goes ticktock hace tic-tac.
22 *vt (travel)* hacer, recorrer: they had only gone a mile when the car stopped solo habían recorrido una milla cuando se les paró el coche.
23 **go!** *interj (starting races)* ¡ya!: ready, steady, go! ¡preparados, listos, ya!
▸ **to go about**
1 *vt insep (task)* emprender, hacer: how do you go about finding a job? ¿qué hay que hacer para encontrar trabajo?
2 *vt insep (everyday activities)* continuar: she went about her business as though nothing had happened continuó con su cometido, como si nada hubiera ocurrido.

to go after *vt insep (pursue)* perseguir, andar tras: she went after him until he said yes anduvo tras él hasta que dijo que sí.

to go against *vt insep (oppose)* ir en contra de; *(sentence)* ser desfavorable a.

to go ahead *vi (proceed)* proceder: go ahead! ¡adelante!

to go ahead with *vi (proceed)* proceder: she went ahead with her idea llevó adelante su idea.

to go along
1 *vt insep (street etc)* pasar por; *(progress)* progresar, ir.
2 *vi (accompany)* ir.

to go along with *vt insep* estar de acuerdo con.

to go around
1 *vi (be enough)* bastar, ser suficiente, haber: **is there enough cake to go round?** ¿hay suficiente pastel para todos?
2 *vi (rumour, illness)* correr, circular.
3 *vi (travel round)* ir, andar.
4 *vi (spend time)* salir (**with**, con), andar (**with**, con).
5 *vi (revolve)* girar, dar vueltas.
6 *vt insep* recorrer.
to go away *vi* marcharse.
to go back *vi (return)* volver, regresar; *(date from)* datar de, remontarse a: **his family goes back to the last century** el origen de su familia se remonta al siglo pasado.
to go back on *vt insep (break)* romper, no cumplir: **he's always going back on his word** siempre falta a su palabra.
to go by
1 *vi (time)* pasar.
2 *vt insep (rules)* atenerse a, seguir; *(instinct)* dejarse llevar por; *(appearances)* juzgar por.
to go down
1 *vi (gen)* bajar; *(tyre)* deshincharse; *(sun)* ponerse; *(ship)* hundirse.
2 *vi (be received)* ser acogido,-a.
to go down with *vi (catch)* coger, pillar: **he went down with a serious bout of flu** cogió una gripe de campeonato.
to go for
1 *vt insep (attack)* atacar.
2 *vt insep (fetch)* ir a buscar.
3 *vt insep fam (like)* gustar.
4 *vt insep fam (be valid)* valer para.
to go in *vi* entrar.
to go in for *vt insep (enter - race, competition)* participar en, tomar parte en; *(- exam)* presentarse a; *(- career)* dedicarse a; *(like, agree with)* ser partidario,-a de: **I don't go in for that** eso no me va.
to go into
1 *vt insep (gen)* entrar en.
2 *vt insep (investigate)* investigar.
3 *vt insep (crash)* chocar contra.
to go off *vi*
1 *vi (leave)* marcharse.
2 *vi (bomb)* estallar; *(alarm)* sonar; *(gun)* disparar.
3 *vi (food)* estropearse, pasarse; *(milk)* cortarse.
4 *vi (stop operating)* apagarse.
5 *vt insep (stop liking)* perder el gusto por, perder el interés por.
to go off with *vi fam (elope)* escaparse con.
to go on
1 *vi (continue)* seguir, continuar.
2 *vi (happen)* pasar, ocurrir: **what's going on?** ¿qué pasa?
3 *vi (complain)* quejarse (**about**, de); *(talk at length)* hablar sin parar.
4 *vi (light etc)* encenderse.

5 *vi (age)* estar a punto de cumplir: **she's ten going on eleven** está a punto de cumplir los once años.
to go out
1 *vi (leave)* salir: **he goes out a lot** sale mucho; **they've been going out for some time now** llevan saliendo juntos algún tiempo ya.
2 *vi (fire, light)* apagarse.
to go over *vt insep (check, revise)* revisar, repasar.
to go over to
1 *vt insep (betray)* pasarse a: **he went over to the opposition** se pasó a la oposición.
2 *vt insep (change to)* cambiar a, pasar a: **they went over to gas central heating** cambiaron a calefacción de gas.
to go round
1 *vi (gyrate)* dar vueltas, girar.
2 *vi (visit)* pasar por casa de, visitar.
to go through
1 *vt insep (undergo)* pasar por, sufrir, padecer.
2 *vt insep (examine)* examinar; *(search)* registrar; *(spend)* gastar; *(explain)* explicar.
3 *vi (act, law)* ser aprobado,-a.
to go through with *vt insep* llevar a cabo.
to go towards *vi (reserve for)* destinar a, reservar para.
to go under
1 *vi (ship)* hundirse.
2 *vi fig* fracasar.
to go up
1 *vi (gen)* subir; *(approach)* acercarse: **he went up to her and kissed her** se acercó a ella y la besó.
2 *vi (curtain in theatre)* levantarse.
3 *vi (explode)* estallar; *(burst into flames)* prenderse fuego: **to go up in flames** incendiarse.
to go with
1 *vt insep (accompany)* acompañar; *(be part of)* ir con, estar incluido,-a: **the house goes with the post** la casa va con el puesto.
2 *vt insep (match)* hacer juego con: **that outfit goes with your hat** ese conjunto hace juego con tu sombrero.
to go without *vt insep* pasar sin, prescindir de: **he can't go without his daily game of tennis** no puede pasar sin su partido diario de tenis.
✦ **go on!** *(incredulity)* ¡no me digas!, ¡vaya!, ¡anda ya!; *(coaxing)* ¡venga!, ¡adelante!
it's no go es inútil, no hay nada que hacer.
to be all the go estar muy de moda.
to be going to estar a punto de: **they were just going to start, when it started to rain** estaban a punto de empezar, cuando la lluvia hizo acto de presencia.
to go about one's business ocuparse de sus asuntos.

to go one better than somebody superar a alguien.
to go too far ir demasiado lejos, pasarse de la raya, pasarse.
to go to sleep dormirse.
to have a go at somebody criticar a alguien, meterse con alguien.
to make a go of something tener éxito en algo.
▲ *pt* **went** [went], *pp* **gone** [gɒn], *ger* **going**.

goad [gəʊd]
1 *n (stick)* aguijada.
2 *vt* aguijonear.
go-ahead [ˈgəʊəhed]
1 *n* visto bueno.
2 *adj* emprendedor,-ra.
✦ **to give somebody/something the go-ahead** dar el visto bueno a alguien/algo.
goal [gəʊl]
1 *n SP (area)* meta, portería.
2 *n SP (point)* gol *m*, tanto.
3 *n (aim)* fin *m*, objetivo, meta.
✦ **to score a goal** marcar un gol, marcar un tanto.
■ **goal area** área del gol.
goal average promedio de goles.
goal kick saque *m* de puerta.
goal line línea de gol.
goalie [ˈgəʊlɪ] *n SP fam* → **goalkeeper**.
goalkeeper [ˈgəʊlkiːpəʳ] *n* portero,-a, guardameta *mf*.
goalpost [ˈgəʊlpəʊst] *n SP* poste *m*.
goat [gəʊt] *n (female)* cabra; *(male)* macho cabrío.
✦ **to get on somebody's goat** *fig* fastidiar a alguien.
goatee [gəʊˈtiː] *n (beard)* perilla.
goatherd [ˈgəʊthɜːd] *n* guardacabras *mf*, cabrero,-a.
goatskin [ˈgəʊtskɪn] *n* piel *f* de cabra.
gob¹ [gɒb] *n GB sl (mouth)* pico: **shut your gob!** ¡cierra el pico!
gob² [gɒb]
1 *n GB sl (spit)* escupitajo, gargajo.
2 *vi GB sl (spit)* escupir.
gobble¹ [ˈgɒbəl] *vt* engullir, zamparse: **he gobbled up all the sandwiches** se zampó todos los bocadillos; **she gobbled it down in one go** se lo zampó de un solo bocado.
gobble² [ˈgɒbəl]
1 *n (turkey)* gluglú *m*.
2 *vi (turkey)* glugluguear.
gobbledegook¹ [ˈgɒbəldɪguːk] *n fam* → **gobbledygook**.
gobbledygook² [ˈgɒbəldɪguːk] *n fam* jerga burocrática: **it's complete gobbledygook** esto me suena a chino.
go-between [ˈgəʊbɪtwiːn]
1 *n* intermediario,-a.
2 *n (between lovers)* alcahuete,-ta.
Gobi [ˈgəʊbɪ] **Gobi Desert** *n GEOG* desierto de Gobi.

goblet ['gɒblət] *n* copa.

goblin ['gɒblɪn] *n* duende *m*, trasgo.

gobsmacked ['gɒbsmækt] *adj* patidifuso,-a, pasmado,-a, alucinado,-a: **I was gobsmacked** me quedé patidifuso.

gobstopper ['gɒbstɒpə'] *n* bola de caramelo.

goby ['gəubɪ] *n* ZOOL gobio.
▲ *pl* **gobies** ['gəubɪz].

go-by ['gəuka:t] **to give something/somebody the go-by** *phr* prescindir de algo/alguien.

go-cart ['gəuka:t] *n* SP kart *m*.

go-carting ['gəuka:tɪŋ] *n* SP karting *m*, carrera de karts.

god [gɒd]
1 *n (deity, idol)* dios *m*: **a Greek god** un dios griego.
2 **God** *n* Dios *m*.
3 **the gods** *npl* THEAT el gallinero.
✦ **act of God** obra de Dios.
God be praised! ¡alabado sea Dios!
God bless! ¡un abrazo!
God bless you! ¡que Dios le bendiga!
God help us! ¡que Dios nos coja confesados!
God only knows solo Dios sabe.
God willing si Dios quiere.
he thinks he's God's gift cree que es el rey del mambo.
may God be with you! ¡vaya con Dios!
may God repay you! ¡que Dios se lo pague!
my God! ¡Dios mío!
thank God! ¡gracias a Dios!
to give thanks to God dar gracias a Dios.
■ **Almighty God** Dios *m* Todopoderoso.
God's Acre el cementerio.
God's truth la verdad pura y simple.

god-awful ['gɒdɔ:fəl] *adj* US *sl (film, book, etc)* espantoso,-a, horroroso,-a; *(place, town)* de mala muerte.

godchild ['gɒdtʃaɪld] *n* ahijado,-a.
▲ *pl* **godchildren** ['gɒdtʃɪldrən].

goddamn ['gɒdæm]
1 *interj* US *sl* ¡maldito sea!
2 *adj* US *sl* maldito,-a: **this goddamn radio won't work** esta maldita radio no funciona.
✦ **goddamn you!** US *sl* ¡maldito seas!

goddamned ['gɒdæm] *adj* US *sl* maldito,-a.

goddaughter ['gɒdɔ:tə'] *n* ahijada.

goddess ['gɒdəs] *n* diosa.

godfather ['gɒdfɑ:ðə'] *n* padrino.

godfearing ['gɒdfɪərɪŋ] *adj* timorato,-a.

godforsaken ['gɒdfəseɪkən] *adj* de mala muerte, dejado,-a de la mano de Dios.

godhead ['gɒdhed] *n* divinidad *f*.

godless ['gɒdləs] *n* ateo,-a.

godmother ['gɒdmʌðə'] *n* madrina.

godparents ['gɒdpeərənts] *npl* padrinos *mpl*.

godsend ['gɒdsend] *n* regalo llovido del cielo.

godson ['gɒdsʌn] *n* ahijado.

godwit ['gɒdwɪt] *n* aguja.

go-getter ['gəugetə'] *n* buscavidas *mf*, trepa *mf*.

goggle ['gɒgəl] *vi* quedarse atónito,-a.
✦ **to goggle at something/somebody** mirar algo/a alguien con asombro.

goggle-box ['gɒgəlbɒks] *n* GB *fam (television)* caja tonta.

goggle-eyed ['gɒgəlaɪd] *adj* asombrado,-a.

goggles ['gɒgəlz] *npl* gafas *fpl* protectoras.

going ['gəuɪŋ]
1 *n (departure)* ida, salida.
2 *n (pace)* paso, ritmo.
3 *n (path, road)* estado del camino.
4 *adj (price, rate)* actual, corriente.
5 *adj (business)* que marcha bien.
✦ **he's** *(she's, etc)* **got a lot going for him** *(her, etc)* tiene muchos puntos a su favor.
to be hard going *(path, road)* ser accidentado,-a, ser difícil de atravesar.
to be heavy going *(book, film, person)* ser pesado,-a.
that was good going *(on journey)* hemos llegado rápido.
to be going on with de momento: **that's enough to be going on with** con esto tenemos bastante de momento.
when the going gets tough ... cuando las cosas se pongan difíciles ...
while the going is good mientras podamos, mientras tengamos la oportunidad.
■ **going concern** COMM empresa que funciona bien.

going-over [gəuɪŋ'əuvə']
1 *n fam (inspection)* repaso, inspección *f*.
2 *n (thrashing)* paliza.

goings-on [gəuɪŋz'ɒn] *npl fam* tejemanejes *mpl*, chanchullos *mpl*.

goiter ['gɔɪtə'] *n* US → **goitre**.

goitre ['gɔɪtə'] *n* MED bocio.

go-kart ['gəuka:t] *n* SP kart *m*.

go-karting ['gəuka:tɪŋ] *n* SP karting *m*, carrera de karts.

Golan ['gəulæn] **the Golan Heights** *n* GEOG los altos de Golán.

gold [gəuld]
1 *n (metal)* oro.
2 *adj (colour)* dorado,-a.
3 *adj (made of gold)* de oro: **a gold bracelet** una pulsera de oro.
✦ **all that glitters is not gold** no es oro todo lo que reluce.
to be worth its weight in gold valer su peso en oro.
■ **gold disc** disco de oro.
gold leaf pan *m* de oro.
gold medal medalla de oro.
gold mine mina de oro.

gold rush fiebre *f* del oro.
black gold *(oil)* oro negro.
white gold oro blanco.

goldcrest ['gəuldkrest] *n* reyezuelo, reyezuelo sencillo.

gold-digger ['gəulddɪgə']
1 *n (miner)* buscador,-ra de oro.
2 *n fig (woman)* aventurera.

golden ['gəuldən]
1 *adj* de oro.
2 *adj (colour)* dorado,-a.
3 *adj (hair)* rubio,-a.
■ **golden age** época dorada.
Golden Age *(in Spain)* Siglo de Oro.
golden boy niño bonito.
golden girl niña bonita.
golden calf becerro de oro.
golden delicious *(apple)* manzana golden.
Golden Fleece *(mythology)* el Vellocino de Oro.
golden goose la gallina de los huevos de oro.
golden handshake gratificación *f* extraordinaria *que uno recibe al dejar el trabajo en reconocimiento de su largo servicio*.
golden oldie *(record)* viejo éxito.
golden opportunity ocasión *f* de oro.
golden rule regla de oro.
Golden State California.
golden wedding bodas *fpl* de oro.

goldfinch ['gəuldfɪntʃ] *n* jilguero.

goldfish ['gəuldfɪʃ] *n* pez *m* de colores.
▲ *pl* **goldfish** ['gəuldfɪʃ].

gold-plated ['gəuld'pleɪtɪd] *adj* chapado,-a en oro.

goldsmith ['gəuldsmɪθ] *n* orfebre *mf*.

golf [gɒlf]
1 *n* golf *m*.
2 *vi* jugar al golf.
■ **golf ball** bola de golf.
golf cart carro de golf.
golf club *(stick)* palo de golf; *(place)* club *m* de golf.
golf course campo de golf.

golfer ['gɒlfə'] *n* jugador,-ra de golf.

golfing ['gɒlfɪŋ] *n* el golf.
✦ **to go golfing** jugar al golf.
■ **golfing tournament** torneo de golf.

golly ['gɒlɪ] *interj* GB ¡caramba!

gonad ['gəunæd] *n* ANAT gónada.

gondola ['gɒndələ] *n* góndola.

gondolier [gɒndə'lɪə] *n* gondolero.

gone [gɒn]
1 *pp* → **go**.
2 *adj (time)* pasado,-a: **he won't arrive until gone six** no llegará hasta pasadas las seis.
3 *adj (dead)* muerto,-a.
4 *adj fam (pregnant)* **she's three months gone** está de tres meses.
5 *adj fam (entranced)* entusiasmado,-a, flipado,-a.
✦ **to be gone** estar fuera: **he'll be gone for a week** estará una semana fuera.

to be gone on something/somebody *fam* estar loco,-a por algo/alguien.

to be too far gone ser un caso perdido.

goner ['gɒnəʳ] *n fam (dead)* muerto,-a: he's a goner está muerto.

gong [gɒŋ]
1 *n* gong *m*, batintín *m*.
2 *n fam fig (award, prize)* galardón *m*.

gonococcus [gɒnə'kɒkəs] *n* gonococo.

gonorrhea ['gɒnəriːə] *n US* → **gonorrhoea.**

gonorrhoea ['gɒnəriːə] *n MED* gonorrea.

good [gʊd]
1 *adj* bueno,-a; *(before m sing noun)* buen: she's a good daughter es una buena hija; he's a good son es un buen hijo.
2 *adj (healthy)* sano,-a: olive oil is good for you el aceite de oliva es muy sano.
3 *adj (beneficial)* bueno,-a: taking exercise is good for your health hacer ejercicio es bueno para la salud.
4 *adj (kind)* amable: they've been very good to him han sido muy amables con él; he was so good as to help us tuvo la amabilidad de ayudarnos.
5 *adj (well-behaved)* bueno,-a: be good! ¡sé bueno!
6 *adj (useful)* servible: the only good plate in the cupboard el único plato servible en el armario.
7 *adv* muy: a pair of good strong boots un par de botas muy resistentes.
8 *interj* ¡bien!
9 *n* bien *m*: good and evil el bien y el mal; its for your own good es por tu propio bien.
10 **goods** *npl (property)* bienes *mpl*.
11 *npl COMM (in shop)* género *m sing*, artículos *mpl*.
12 *npl COMM (merchandise)* mercancías *fpl*.
✦ **a good deal** bastante: a good deal of money bastante dinero; he worked a good deal harder than she did él trabajó bastante más que ella.
all in good time todo a su debido tiempo.
as good as como si, prácticamente, casi: it's as good as finished está casi acabado.
for good para siempre.
for the good of en bien de: for the good of the people en bien del pueblo.
good afternoon buenas tardes.
good evening buenas tardes.
Good Friday Viernes Santo.
good heavens!, good grief! ¡cielo santo!
good morning buenos días.
good night buenas noches.
it's a good job menos mal: it's a good job that we brought an umbrella menos mal que trajimos un paraguas.
that's a good one! *(joke)* ¡ésta sí que es buena!
to be as good as gold ser un ángel.

to be as good as new estar como nuevo,-a: the clock is as good as new el reloj está como nuevo.
to be good at tener aptitudes para: she's good at maths tiene aptitudes para las matemáticas.
to be good for *(last)* durar; *(be useful for)* servir: it'll be good for another couple of years durará un par de años más; he'll be good for a long time yet tiene mucha vida por delante; it's good for getting rid of stains sirve para quitar las manchas; he's good for nothing no sirve para nada, es un inútil.
to be good for a laugh *fam* ser muy divertido,-a, ser muy cachondo,-a.
to be up to no good estar tramando algo.
to deliver the goods *(literally)* repartir las mercancías; *(fig)* cumplir sus compromisos.
to do good hacer bien.
to feel good sentirse bien.
to have a good time pasarlo bien.
to look good *(person)* tener buen aspecto; *(food)* tener buena pinta.
to make good *(be successful)* tener éxito, salir bien; *(reform)* reformarse; *(compensate)* indemnizar.
what's the good of + *ger*? ¿de qué sirve + *inf*?: what's the good of denying it? ¿de qué sirve negarlo?
■ **goods train** tren *m* de mercancías.
goods wagon furgón *m*, vagón *m* de mercancías.
goods yard estación *f* de mercancías.
stolen goods objetos *mpl* robados.
▲ *comp* better, *superl* best.

goodbye [gʊd'baɪ]
1 *n* adiós *m*.
2 *interj* ¡adiós!
✦ **to say goodbye to** despedirse de.
▲ *También se escribe good-bye.*

good-for-nothing ['gʊdfənʌθɪŋ]
1 *n* inútil *mf*.
2 *adj* inútil.

good-hearted [gʊd'hɑːtɪd] *adj* de buen corazón.

good-humoured [gʊd'hjuːməd] *adj* de buen humor, campechano,-a.

good-looking [gʊd'lʊkɪŋ] *adj* guapo, -a, bien parecido,-a.

good-natured [gʊd'neɪtʃəd] *adj* bondadoso,-a.

goodness ['gʊdnəs]
1 *n (virtue)* bondad *f*.
2 *n (in food)* lo nutritivo.
✦ **for goodness sake!** ¡por Dios!
my goodness! ¡Dios mío!

goods [gʊdz] *npl* → **good.**

good-tempered [gʊd'tempəd] *adj* de buen carácter.

goodwill [gʊd'wɪl] *n* buena voluntad *f*. a goodwill mission una visita de buena voluntad.

goody ['gʊdɪ]
1 *n fam (in film, story)* el bueno: the goody and the baddy el bueno y el malo.
2 **goodies** *npl fam (sweets)* golosinas *fpl*, chucherías *fpl*.
▲ *pl* goodies.

goody-goody ['gʊdɪgʊdɪ]
1 *n fam* santurrón,-ona, gazmoño,-a.
2 *interj fam* ¡qué guay!, ¡estupendo!
▲ *pl* goody-goodies.

gooey ['guːɪ]
1 *adj fam (sticky)* pegajoso,-a, viscoso,-a; *(of food)* empalagoso,-a.
2 *adj fam (sentimental)* sensiblero,-a, empalagoso,-a,.
▲ *comp* gooier, *superl* gooiest.

goof [guːf]
1 *n US fam (mistake)* pifia, plancha.
2 *n (person)* zoquete *m*.
3 *vt US fam (botch)* chapucear, chafallar.
4 *vi* pifiarla.
✦ **to make a goof** hacer una plancha.

goof-ball ['guːfbɔːl] *n US fam (person)* zoquete *m*.
■ **goof-ball comedy** comedia alocada.

goofy ['guːfɪ]
1 *adj fam (stupid)* necio,-a, bobo,-a.
2 *adj (teeth)* salido,-a; *(person)* dentón, -ona: he's got goofy teeth tiene los dientes salidos.
▲ *comp* goofier, *superl* goofiest.

goolies ['guːlɪ] *npl GB sl* cojones *mpl*.

goon [guːn]
1 *adj fam (idiot)* zoquete *m*, imbécil *mf*.
2 *adj US* matón *m* contratado para atemorizar a políticos y empresarios.

goosander ['guːsændəʳ] *n* serreta grande.

goose [guːs] *n* ganso, oca.
✦ **to cook somebody's goose** hacerle la pascua a alguien.
to kill the goose that lays the golden eggs matar la gallina de los huevos de oro.
■ **goose barnacle** *ZOOL* percebe *m*.
goose pimples piel *f* de gallina: he came out in goose pimples se le puso la piel de gallina.
▲ *pl* geese.

gooseberry ['gʊzbrɪ, 'guːsbərɪ]
1 *n BOT* grosella espinosa.
2 *n GB fam fig (person)* carabina.
✦ **to play gooseberry** *GB fam* ir de carabina, hacer de carabina, llevar la cesta.
they found him *(her)* under a gooseberry bush lo *(la)* trajo la cigüeña.
■ **gooseberry bush** grosellero espinoso.
▲ *pl* gooseberries.

gooseflesh ['guːsfleʃ] *n* piel *f* de gallina.

goose-step ['guːsstep]
1 *n* paso de la oca.
2 *vi* marchar a paso de la oca.
▲ *pt & pp* goose-stepped, *ger* goose-stepping.

gopher ['gəʊfəʳ] *n ZOOL* ardilla terrera.

Gordian knot ['gɔːdɪən 'nɒt] *n* nudo gordiano.

gore[1] [gɔːʳ] *n* sangre *f* derramada.

gore[2] [gɔːʳ] *vt* cornear, dar una cornada a.
+ **to be gored** recibir una cornada.

gorge [gɔːdʒ] *n (mountain pass)* desfiladero; *(ravine)* barranco.
+ **to gorge oneself on** atiborrarse de, atracarse de: **he gorged himself on cakes and biscuits** se atiborró de pasteles y galletas.

gorgeous ['gɔːdʒəs]
1 *adj* magnífico,-a, espléndido,-a.
2 *adj (person)* guapísimo,-a.
3 *n fam* guapo,-a: **hello gorgeous!** ¡hola guapa!

gorgon ['gɔːgən]
1 *n (mythology)* Gorgona.
2 *n fig (woman)* arpía.

gorilla [gə'rɪlə] *n ZOOL* gorila *m.*

gormless ['gɔːmləs] *adj GB fam* lerdo,-a.

gorse [gɔːs] *n BOT* tojo, aulaga.

gory ['gɔːrɪ] *adj* sangriento,-a.
▲ *comp* gorier, *superl* goriest.

gosh [gɒʃ] *interj fam* ¡cielos!

goshawk ['gɒshɔːk] *n* azor *m.*

gosling ['gɒzlɪŋ] *n* ansarón *m.*

go-slow ['gəʊ'sləʊ] *n* huelga de celo.

gospel ['gɒspəl]
1 *n REL* evangelio: **the Gospel according to Saint Mark** el Evangelio según San Marcos.
2 *n MUS* música gospel.
+ **and that's gospel truth** y eso va a misa, y eso es la pura verdad.
to speak the gospel truth decir como el evangelio.

gossamer ['gɒsəməʳ]
1 *n (spiders' webs)* hilos *mpl* de telaraña.
2 *n (cloth)* gasa fina.
3 *adj* muy fino,-a.

gossip ['gɒsɪp]
1 *n (talk)* cotilleo, chismorreo.
2 *n (person)* cotilla *mf*, chismoso,-a.
3 *vi* cotillear, chismorrear.
+ **to gossip about something/somebody** cotillear sobre algo/alguien, chismorrear sobre algo/alguien.
■ **a piece of gossip** un chisme.
gossip column crónica de sociedad.
gossip columnist cronista *mf* de sociedad.

gossipmonger ['gɒsɪpmʌŋgəʳ] *n (in general)* chismoso,-a, comadrero,-a; *(woman)* comadre *f.*

gossipy ['gɒsɪpɪ]
1 *adj fam (person)* chismoso,-a.
2 *adj fam (style)* informal.

got [gɒt] *pt & pp →* **get.**

Goth [gɒθ]
1 *n (person)* godo,-a.
2 *n (music)* música siniestra; *(person)* siniestro,-a.

Gothic ['gɒθɪk]
1 *adj* godo,-a.

2 *adj (language, architecture, type)* gótico,-a.
3 *n (language)* gótico.

gotten ['gɒtən] *pp US →* **get.**

gouache [gʊ'æʃ] *n ART* aguada, guache *m.*

gouge [gaʊdʒ]
1 *n (hollow chisel)* gubia.
2 *vt* escoplear con gubia.
+ **to gouge somebody's eyes out** arrancar los ojos a alguien.

gourd [gʊəd] *n* calabaza.

gourmand ['gʊəmənd] *n* goloso,-a.

gourmet ['gʊəmeɪ] *n* gastrónomo,-a, gurmet *mf.*

gout [gaʊt] *n MED* gota.

Gov[1] ['gʌvənəʳ] *abbr* (**Governor**) Gobernador,-ra; *(abbreviation)* Gobr.

Gov[2] ['gʌvənmənt] *abbr* (**Government**) Gobierno; *(abbreviation)* Gob, Gobno.

govern ['gʌvən]
1 *vt* gobernar, dirigir.
2 *vt LING* regir.
3 *vt (determine)* dictar.
4 *vi* gobernar.
5 *vi (predominate)* predominar, prevalecer.

governable ['gʌvənəbəl] *adj* gobernable.

governance ['gʌvənəns] *n* gobernanza.

governess ['gʌvənəs] *n* institutriz *f.*

governing ['gʌvənɪŋ] *adj* gobernante, dirigente.
■ **governing body** consejo de administración.
the governing classes las clases *fpl* dirigentes.

government ['gʌvənmənt]
1 *n* gobierno.
2 *adj (of government)* del gobierno, gubernamental: **government affairs** asuntos gubernamentales; **government policy** política del gobierno.
3 *adj (of a governor)* del gobernador.
■ **government department** ministerio.

governmental [gʌvən'mentəl] *adj* gubernamental.

governor ['gʌvənəʳ]
1 *n (town, state, bank)* gobernador,-ra.
2 *n (prison)* director,-ra.
3 *n (school)* administrador,-ra.
4 *n GB fam (employer)* jefe *m.*

Governor-General
['gʌvənə'dʒenərəl] *n GB* gobernador,-ra general.
▲ *pl* Governors-General o Governor-Generals.

Govt ['gʌvənmənt] *abbr* (**Government**) Gobierno; *(abbreviation)* Gob, Gobno.

gown [gaʊn]
1 *n* vestido largo.
2 *n (judge's, academic's)* toga.
3 *n (surgeon's)* bata.
4 *n (at hairdresser's)* peinador *m.*

GP ['dʒiː'piː] *abbr* (**general practitioner**) médico,-a de cabecera.
▲ *pl* GPs.

GPO ['dʒiː'piː'əʊ] *abbr GB* (**General Post Office**) Oficina Central de Correos.

grab [græb]
1 *vt (seize, snatch)* coger, agarrar, asir: **she grabbed him by the hair** lo agarró por los cabellos; **he grabbed her handbag** le cogió el bolso.
2 *vt (capture, arrest)* pillar, coger: **they grabbed the thieves** pillaron a los ladrones.
3 *vt fam* entusiasmar: **the idea doesn't grab me** no me entusiasma la idea; **how does that grab you?** ¿qué te parece eso?
4 *n* asimiento, agarrón *m.*
5 *n TECH* cuchara.
▶ **to grab at** *vt insep* intentar coger.
+ **to be up for grabs** estar disponible.
▲ *pt & pp* grabbed, *ger* grabbing.

grace [greɪs]
1 *n* gracia, elegancia.
2 *n (deportment)* garbo.
3 *n (courtesy)* delicadeza, cortesía: **he had the grace to apologize** tuvo la delicadeza de disculparse.
4 *n (blessing)* bendición *f.*
5 *n REL* gracia: **by the grace of God** por la gracia de Dios; **in a state of grace** en estado de gracia.
6 *n (delay)* plazo: **he gave them two weeks grace to pay** les dio un plazo de dos semanas para pagar, les dio dos semanas de plazo para pagar.
7 *vt (adorn)* adornar: **a candelabra graced the table** un candelabro adornaba la mesa.
8 *vt (honour)* honrar: **he graced us with his presence** nos honró con su presencia.
+ **to fall from grace** caer en desgracia.
to say grace *REL* bendecir la comida, bendecir la mesa.
with good grace de buena gana.
with bad grace a regañadientes, de mala gana.
■ **the Three Graces** *(mythology)* las tres Gracias.
Your Grace *(bishop)* Su Ilustrísima; *(duke, duchess)* Su Excelencia.

graceful ['greɪsfʊl] *adj* elegante, garboso,-a.

gracefully ['greɪsfʊlɪ]
1 *adv (dance etc)* con garbo, garbosamente, grácilmente.
2 *adv (recognize error)* gentilmente; *(give in)* con dignidad.

gracefulness ['greɪsfʊlnəs] *n* garbo, elegancia.

graceless ['greɪsləs] *adj* desgarbado,-a, sin gracia.

gracious ['greɪʃəs]
1 *adj* gracioso,-a: **Her Gracious Majesty** Su Graciosa Majestad.
2 *adj (polite)* cortés.
3 *adj (kind)* amable.
4 *adj (benevolent)* benévolo,-a.
5 *interj* ¡Dios mío!

graciousness [ˈɡreɪʃəsnəs]
1 *n* gracia.
2 *n (kindness)* amabilidad *f*, bondad *f*.
3 *n (benevolence)* benevolencia.

gradation [ɡrəˈdeɪʃən] *n* gradación *f*.

grade [ɡreɪd]
1 *n (degree, level)* grado.
2 *n (quality)* calidad *f*.
3 *n (class, category)* clase *f*, categoría.
4 *n (rank)* rango, grado.
5 *n (mark)* nota.
6 *n US (gradient)* pendiente *f*.
7 *n US (form)* clase *f*.
8 *vt (sort, classify)* clasificar.
9 *vt (road)* nivelar.
10 *vt (student)* calificar, poner una nota.
11 *vt (colours)* degradar.
▶ **to grade down** *vt sep* bajar de categoría.
to grade up *vt sep* subir de categoría.
✦ **to make the grade** *(reach desired standard)* alcanzar el nivel necesario; *(succeed)* tener éxito.
▪ **grade crossing** *US* paso a nivel.
grade school *US* escuela primaria.

gradient [ˈɡreɪdɪənt]
1 *n* declive *m*, pendiente *f*: a gradient of one in ten una pendiente del diez por ciento.
2 *n PHYS* gradiente *m*.

gradual [ˈɡrædjʊəl] *adj* gradual, paulatino,-a.

gradually [ˈɡrædjʊəlɪ] *adv* poco a poco, gradualmente, paulatinamente.

graduate [ˈɡrædjʊət]
1 *n EDUC (after 3 year course)* diplomado, -a; *(after 4 year course)* licenciado,-a: a graduate in Spanish un licenciado en filología española.
2 *vt (grade, classify)* graduar.
3 *vi (after 3 year course)* diplomarse (**in**, en); *(after 4 year course)* licenciarse (**in**, en): he's just graduated in physics acaba de licenciarse en física.
▪ **graduate school** *US* escuela para graduados.
▲ *(verbo)* [ˈɡrædjʊeɪt].

graduation [ɡrædjʊˈeɪʃən]
1 *n EDUC* graduación *f*, ceremonia de entrega de un título universitario.
2 *n TECH* graduación *f*.

graffiti [ɡrəˈfiːtɪ]
1 *npl* grafitis *mpl*, pintadas *fpl*.
2 *vt* hacer grafitis.

graft¹ [ɡrɑːft]
1 *n (of plant, tissue)* injerto.
2 *vt* injertar (**onto**, en).
3 *vi* injertarse.
4 *vi (make a graft)* hacer un injerto.

graft² [ɡrɑːft]
1 *n US (bribery)* soborno.
2 *n US (corruption)* corrupción *f*.
3 *n US (illicit dealings)* tejemanejes *mpl*, chanchullos *mpl*.
4 *n GB fam* trabajo.
5 *vt US (bribe)* sobornar.
6 *vt US (swindle)* timar, estafar.
7 *vt GB fam* trabajar duro, currar, pringar.

grafter [ˈɡrɑːftəʳ]
1 *n US (swindler)* timador,-ra, estafador,-ra.
2 *n (worker)* persona trabajadora.

Grail [ɡreɪl] *n REL* grial *m*.
▪ **the Holy Grail** el Santo Grial.

grain [ɡreɪn]
1 *n (gen)* grano: a grain of rice un grano de arroz.
2 *n (cereals)* cereales *mpl*.
3 *n (in wood)* veta, fibra; *(in stone)* filón *m*, veta; *(of leather)* flor *f*.
4 *vt (give granular texture)* granular.
5 *vi (become granular)* granularse.
✦ **to go against the grain** ir en contra de los principios de alguien: it goes against the grain va en contra de mis principios.
there's not a grain of truth in it no tiene ni pizca de verdad.
to saw against the grain *(wood)* serrar contra veta.
to saw with the grain *(wood)* serrar en el sentido de la veta.

gram [ɡræm] *n* gramo.

grammar [ˈɡræməʳ] *n* gramática.
▪ **grammar school** *GB* instituto de enseñanza secundaria *(para alumnos de cierto nivel académico)*.

grammarian [ɡrəˈmeərɪən] *n* gramático,-a.

grammatical [ɡrəˈmætɪkəl]
1 *adj* gramatical.
2 *adj (correct)* correcto,-a: he doesn't speak grammatical Spanish no habla un español correcto.

gramme [ɡræm] *n* gramo.

gramophone [ˈɡræməfəʊn]
1 *n* gramófono.
2 *n dated (record-player)* tocadiscos *m*.

Grampians [ˈɡræmpɪənz] **the Grampians** *npl* los montes Grampianos.

gran [ɡræn] *n fam* abuela.

Granada [ɡrəˈnɑːdə] *n* Granada.

granary [ˈɡrænərɪ]
1 *n* granero.
2 **Granary** *adj (loaf)* que contiene granos de trigo malteado.
▲ *pl* **granaries**. *Es marca registrada*.

grand [ɡrænd]
1 *adj (splendid)* grandioso,-a, espléndido,-a, magnífico,-a.
2 *adj (impressive)* impresionante.
3 *adj (important - person)* distinguido,-a, importante.
4 *adj fam (great)* fenomenal.
✦ **on a grand scale** a gran escala.
▪ **a grand** *sl (pounds)* mil libras; *(dollars)* mil dólares: a couple of grand dos mil libras, dos mil dólares.
grand duchess gran duquesa.
grand duke gran duque *m*.
grand jury *US* jurado de acusación.
grand piano piano de cola.
Grand Prix gran premio.
grand staircase escalera principal.

grand total total *m*.
the Grand Canyon *GEOG* el Gran Cañón.

grandchild [ˈɡræntʃaɪld] *n* nieto,-a.

granddad [ˈɡrændæd] *n fam* abuelo.

granddaughter [ˈɡrændɔːtəʳ] *n* nieta.

grandee [ɡrænˈdiː] *n (nobleman)* grande *m*: a Spanish grandee un grande de España.

grandeur [ˈɡrændʒəʳ]
1 *n (nobility)* grandeza, nobleza.
2 *n (splendour)* grandiosidad *f*, magnificencia.

grandfather [ˈɡrændfɑːðəʳ] *n* abuelo.
▪ **grandfather clock** reloj *m* de caja.

grandiloquent [ɡrænˈdɪləkwənt] *adj* grandilocuente.

grandiose [ˈɡrændɪəʊs] *adj* grandioso,-a.

grandma [ˈɡrænmɑː] *n fam* abuela.

grandmaster [ɡrændˈmɑːstəʳ] *n (chess)* gran maestro.

grandmother [ˈɡrænmʌðəʳ] *n* abuela.

grandpa [ˈɡrænpɑː] *n fam* abuelo.

grandparents [ˈɡrændpeərənts] *npl* abuelos *mpl*.

grandson [ˈɡrændsʌn] *n* nieto.

grandstand [ˈɡrændstænd] *n* tribuna.

grange [ɡreɪndʒ] *n* cortijo.

granite [ˈɡrænɪt]
1 *n* granito.
2 *adj* de granito.

granite-like [ˈɡrænɪtlaɪk] *n* granítico,-a.

granny [ˈɡrænɪ] *n fam* abuela.
▪ **granny flat/granny annexe** parte de la casa familiar transformada en vivienda para la abuela o el abuelo.
Granny Smith manzana Granny Smith, manzana ácida.
▲ *pl* **grannies**.

grant [ɡrɑːnt]
1 *n EDUC* beca.
2 *n (subsidy)* subvención *f*.
3 *n JUR (rights, property)* cesión *f*.
4 *vt* conceder, otorgar: they granted him the scholarship le concedieron la beca.
5 *vt JUR* ceder, transferir: they granted him the house le cedieron la casa.
✦ **granted** de acuerdo: granted, I didn't believe you when you told me de acuerdo, no te creí cuando me lo dijiste.
I grant you that ... reconozco que: I grant you that I didn't agree at first reconozco que al principio no estuve de acuerdo.
to take somebody for granted no apreciar a alguien como es debido.
to take something for granted dar algo por sentado,-a.

grant-aided [ɡrɑːntˈeɪdɪd] *adj* subvencionado,-a.

granting [ˈɡrɑːntɪŋ]
1 *n (awarding - grant, money)* concesión *f*, otorgamiento.
2 *n JUR (rights, property)* concesión *f*.

granular [ˈgrænjʊləʳ]
1 *adj (with grains)* granular.
2 *adj (texture)* granulado,-a.

granulated [ˈgrænjʊleɪtɪd] *adj* granulado,-a.

granulation [grænjʊˈleɪʃən] *n* granulación *f*.

granule [ˈgrænjuːl] *n* gránulo.

grape [greɪp] *n* uva: **a bunch of grapes** un racimo de uvas.
■ **grape juice** zumo de uva, mosto.
the grape harvest la vendimia.

grapefruit [ˈgreɪpfruːt] *n* pomelo.
▲ *pl* **grapefruits** o **grapefruit**.

grapevine [ˈgreɪpvaɪn] *n (gen)* parra; *(vine)* vid *f*.
✦ **to hear it on the grapevine** enterarse por radio macuto, escucharlo en radio macuto.

graph [grɑːf] *n* gráfica, gráfico.
■ **graph paper** papel *m* milimetrado.

graphic [ˈgræfɪk]
1 *adj (gen)* gráfico,-a.
2 *adj (vivid)* muy gráfico,-a, vívido,-a: **a graphic description** una descripción muy gráfica.
■ **graphic arts** artes *fpl* gráficas.
graphic design diseño gráfico.
graphic equalizer ecualizador *m* gráfico.

graphics [ˈgræfɪks]
1 *n (graphic design)* diseño gráfico, grafismo.
2 *npl* COMPUT gráficos *mpl*.
■ **graphics card** tarjeta gráfica.

graphite [ˈgræfaɪt] *n* grafito.

graphologist [grəˈfɒlədʒɪst] *n* grafólogo,-a.

graphology [grəˈfɒlədʒɪ] *n* grafología.

grapple [ˈgræpəl]
1 *vi (person)* luchar (**with**, con), forcejear (**with**, con).
2 *vi (problem etc)* lidiar (**with**, con).

grappling iron [ˈgræplɪnaɪən] *n* garfio.

grasp [grɑːsp]
1 *n (grip, hold)* asimiento, apretón *m*: **he's got a strong grasp** agarra muy fuerte; **he lost his grasp on the rope** se le escapó la cuerda.
2 *n fig (control, power)* control *m*, dominio: **he had her in his grasp** la tenía en sus garras.
3 *n (reach)* alcance *m*: **success is within our grasp** el éxito está a nuestro alcance; **victory was beyond their grasp** la victoria estaba fuera de su alcance.
4 *n (understanding)* comprensión *f*, *(knowledge)* conocimientos *mpl*: **she has a sound grasp of economics** tiene sólidos conocimientos de economía; **you have a good grasp of the problem** comprendes bien el problema.
5 *vt (seize - with hands)* agarrar, asir; *(opportunity, offer)* aprovechar: **he grasped me by the arm** me agarró del brazo.

6 *vt (understand)* comprender, captar: **he failed to grasp the significance of the problem** no comprendió la importancia del problema.
▶ **to grasp at**
1 *vt insep* tratar de agarrar.
2 *vt insep fig (opportunity)* aprovechar.
✦ **to lose one's grasp on reality** perder contacto con la realidad.

grasping [ˈgrɑːspɪŋ] *adj* avaricioso,-a, avaro,-a, codicioso,-a.

grass [grɑːs]
1 *n (plant)* hierba, yerba; *(lawn)* césped *m*; *(pasture)* pasto; *(dried)* paja: **a blade of grass** una brizna de hierba.
2 *n sl (marijuana)* hierba, maría.
3 *n GB sl (informer)* soplón,-ona.
4 *vt (turf)* plantar césped en (**over**, -).
5 *vi sl (inform)* chivarse (**on**, a), soplar (**on**, a).
✦ **keep off the grass** prohibido pisar el césped.
not to let the grass grow under one's feet no perder el tiempo, no quedarse dormido,-a.
the grass is always greener on the other side (of the fence) nadie está contento con su suerte.
to put somebody out to grass jubilar a alguien.
■ **grass court** pista de hierba.
grass roots POL las bases *fpl*.
grass snake culebra.
grass widow *(separated)* mujer *f* separada; *(divorced)* mujer divorciada; *(husband away)* mujer que está sola porque su marido está fuera.
grass widower *(separated)* hombre separado; *(divorced)* hombre divorciado; *(wife away)* Rodríguez *m*.

grasshopper [ˈgrɑːshɒpəʳ] *n* saltamontes *m*.

grassland [ˈgrɑːslænd] *n (land covered with grass)* prado; *(for grazing)* pasto, pastizal *m*.

grass-roots [ˈgrɑːsruːts] *adj* POL de las bases: **at grass-roots level** a nivel de las bases.

grassy [ˈgrɑːsɪ] *adj* cubierto,-a de hierba.
▲ *comp* **grassier**, *superl* **grassiest**.

grate¹ [greɪt]
1 *vt* CULIN rallar.
2 *vt (scrape - gen)* rascar; *(- teeth)* hacer rechinar.
3 *vi (screech)* chirriar, rechinar.
4 *vi fig (annoy)* ser crispante: **her voice really grates on me** me crispa su voz.
✦ **to grate on one's nerves** crisparle a uno los nervios.

grate² [greɪt] *n (metal frame)* rejilla; *(fireplace)* chimenea.

grateful [ˈgreɪtfʊl] *adj (person)* agradecido,-a; *(letter, smile)* de agradecimiento.
✦ **to be grateful** agradecer: **I'd be grateful if you could send me a brochure** le agradecería que me enviara un folleto; **I'm grateful for all your help** te agra-

dezco toda tu ayuda; **I'd be grateful if you could finish it today** te agradecería que lo acabaras hoy.

gratefully [ˈgreɪtfʊlɪ] *adv (accept, take)* con gratitud; *(smile)* agradecido,-a: **all suggestions will be gratefully received** agradecemos cualquier sugerencia.

grater [ˈgreɪtəʳ] *n* rallador *m*.

gratification [grætɪfɪˈkeɪʃən] *n* gratificación *f*, satisfacción *f*, placer *m*.

gratified [ˈgrætɪfaɪd] *adj* satisfecho,-a, complacido,-a.

gratify [ˈgrætɪfaɪ]
1 *vt (satisfy - desire etc)* satisfacer.
2 *vt (give pleasure to)* complacer, gratificar.
▲ *pt & pp* **gratified**, *ger* **gratifying**.

gratifying [ˈgrætɪfaɪɪŋ] *adj (gen)* grato, -a; *(task)* gratificante.

grating¹ [ˈgreɪtɪŋ] *n* rejilla, reja.

grating² [ˈgreɪtɪŋ] *adj (irritating)* crispante; *(harsh)* chirriante, rechinante.

gratis [ˈgrætɪs, ˈgrɑːtɪs] *adv* gratis.

gratitude [ˈgrætɪtjuːd] *n* gratitud *f*, agradecimiento: **please accept this as a token of my gratitude** por favor acepta esto como muestra de mi agradecimiento; **we wanted to show our gratitude for the help you've given us** queríamos demostrar nuestra gratitud por la ayuda que nos has prestado.

gratuitous [grəˈtjuːɪtəs] *adj* gratuito,-a.

gratuitously [grəˈtjuːɪtəslɪ] *adv* gratuitamente.

gratuitousness [grəˈtruːɪtəsnəs] *n* gratuidad *f*.

gratuity [grəˈtjuːɪtɪ]
1 *n (tip)* propina.
2 *n GB (gift of money)* gratificación *f*.
▲ *pl* **gratuities**.

grave¹ [greɪv]
1 *n (tomb)* tumba, sepultura.
2 *n lit (death)* tumba.
✦ **as silent as the grave** como una tumba.
from the cradle to the grave *(durante)* toda la vida.
to have one foot in the grave estar con un pie en la sepultura, tener un pie en la tumba.
to turn in one's grave revolverse en su tumba.
■ **grave robber** profanador,-ra de tumbas.

grave² [greɪv]
1 *adj (solemn - voice, look, etc)* grave.
2 *adj (serious - situation, consequences, error, etc)* grave, serio,-a.
3 *adj (accent)* grave.
▲ *En 3* [grɑːv].

gravedigger [ˈgreɪvdɪgəʳ] *n* sepulturero,-a, enterrador,-ra.

gravel [ˈgrævəl]
1 *n* grava, gravilla, guijo.
2 *vt* cubrir de grava, cubrir de gravilla.
■ **gravel pit** gravera.

▲ *pt & pp* gravelled *(US* graveled), *ger* gravelling *(US* graveling).

gravely ['greɪvlɪ] *adv* gravemente, seriamente.

gravestone ['greɪvstəʊn] *n* lápida.

graveyard ['greɪvjɑːd] *n* cementerio.
- **graveyard shift** turno de noche.

gravitate ['grævɪteɪt] *vi PHYS* gravitar (**towards**, hacia).
▶ **to gravitate to/gravitate towards** *vt insep (be drawn to)* sentirse atraído,-a por; *(move towards)* desplazarse hacia: **people gravitated to the cities** la gente se desplazaba hacia las ciudades.

gravitation [grævɪ'teɪʃən] *n PHYS* gravitación *f.*

gravitational [grævɪ'teɪsənəl] *adj* gravitacional.

gravity ['grævɪtɪ]
- **1** *n PHYS* gravedad *f.* **the law of gravity** la ley de la gravedad.
- **2** *n (importance, seriousness - of situation)* gravedad *f;* *(of person, manner)* gravedad *f,* circunspección *f.*

gravy ['greɪvɪ] *n CULIN* salsa de carne, jugo de la carne.
- **gravy boat** salsera.
  gravy train *US sl* chollo.

gray [greɪ] *adj US* → **grey.**

graze¹ [greɪz]
- **1** *n* rasguño, roce *m.*
- **2** *vt (scrape)* rascar, rasguñar: **he grazed his knee** se rasguñó la rodilla.
- **3** *vt (touch lightly)* rozar.

graze² [greɪz]
- **1** *vi* pacer, pastar.
- **2** *vt (sheep, cattle)* pastar, pastorear, apacentar.

grazing ['greɪzɪŋ] *n* pastoreo.
- **grazing land** tierra de pasto, tierra de pastoreo.

grease [griːs]
- **1** *n (gen)* grasa.
- **2** *vt (part of car, machine, device)* engrasar.
- **3** *vt CULIN* untar con mantequilla, untar con manteca.
- **grease gun** pistola engrasadora.
  grease monkey ayudante *mf* de mecánico.

greasepaint ['griːspeɪnt] *n THEAT* maquillaje *m.*

greaseproof paper ['griːspruːf'peɪpə'] *n* papel *m* de cera, papel *m* encerado, papel *m* parafinado.

greasy ['griːsɪ]
- **1** *adj (oily - hands)* grasiento,-a; *(hair, skin, food)* graso,-a.
- **2** *adj (slippery)* resbaladizo,-a.
- **3** *adj fam pej (smarmy)* adulador,-ra, pelota.
▲ *comp* greasier, *superl* greasiest.

great [greɪt]
- **1** *adj (large)* grande; *(before sing noun)* gran: **a great deal of money** muchísimo dinero; **a great many people** muchísima gente; **the great majority** la gran mayoría; **in a great number of cases** en un gran número de casos.
- **2** *adj (considerable, profound, intense)* grande; *(before sing noun)* gran: **it gives me great pleasure to ...** tengo el gran placer de ...; **he felt great sorrow** sintió un gran dolor.
- **3** *adj (famous, important, outstanding)* grande, importante; *(before sing noun)* gran, importante: **he was a great politician** fue un gran político; **Ireland's greatest living poet** el poeta vivo más importante de Irlanda.
- **4** *adj fam (excellent, wonderful)* estupendo,-a, fantástico,-a, sensacional, fabuloso,-a: **I had a great time last night** lo pasé fenomenal anoche; **it's great to see you!** ¡me alegro mucho de verte!; **this stuff is great for cleaning pots and pans** esto es fantástico para limpiar cacharros; **she's great at maths** es muy buena en mates; **how was the film? - great!** ¿qué tal la película! - ¡fenomenal!; **what a great idea!** ¡qué idea más buena!
- **5** *adj (for emphasis)* grande; *(before sing noun)* gran: **we're great friends** somos grandes amigos; **he's a great player** es un gran jugador; **a great big cockroach** una cucaracha enorme; **you great brute!** ¡pedazo de animal!
- **6** *adv fam* muy bien, estupendamente, fenomenal: **they're doing just great** están muy bien; **she's not feeling too great** no se encuentra muy bien.
- **7** *n (person)* grande *mf.*
- **8** **the great** *npl (people)* los grandes *mpl,* la gente *f* importante.
✦ **to be no great shakes** no ser gran cosa.
- **to go great guns** ir a las mil maravillas, ir viento en popa.
  great circle círculo máximo.
  Great Dane gran danés *m.*
  the Great Barrier Reef la Gran Barrera de Coral.
  the Great War la Gran Guerra, la primera Guerra Mundial.

great-aunt [greɪt'ɑːnt] *n* tía abuela.

greatcoat ['greɪtkəʊt] *n* abrigo, sobretodo, gabán *m.*

great-grandchild [greɪt'græntʃaɪld] *n* bisnieto,-a, biznieto,-a.

great-granddaughter [greɪt'grændɔːtə'] *n* bisnieta, biznieta.

great-grandfather [greɪt'grændfɑːðə'] *n* bisabuelo.

great-grandmother [greɪt'grænmʌðə'] *n* bisabuela.

great-grandparents [greɪt'grænpeərənts] *npl* bisabuelos *mpl.*

great-grandson [greɪt'grændsʌn] *n* bisnieto, biznieto.

great-great-grandmother [greɪt greɪt'grænmʌðə'] *n* tatarabuela.

great-great-grandchild [greɪtgreɪt'græntʃaɪld] *n* tataranieto.
▲ *pl* great-great-grandchildren.

great-great-grandfather [greɪt greɪt'grændfɑːðə'] *n* tatarabuelo.

great-great-grandparents [greɪt greɪt'grænpeərənts] *npl* tatarabuelos *mpl.*

great-great-grandson [greɪtgreɪt'grænsʌn] *n* tataranieto.

great-great-granddaughter [greɪt greɪt'grændɔːtə'] *n* tataranieta.

greatly ['greɪtlɪ] *adv* mucho, enormemente: **he greatly admires his father** admira mucho a su padre; **I greatly regret giving up the piano** me arrepiento mucho de haber dejado de tocar el piano.

greatness ['greɪtnəs] *n (importance)* grandeza; *(size)* enormidad *f,* magnitud *f.*

great-uncle [greɪt'ʌŋkəl] *n* tío abuelo.

greave [griːv] *n* greba.

grebe [griːb] *n* somormujo, somorgujón *m,* zampullín.
- **black-necked grebe** zampullín cuellinegro.
  great crested grebe somormujo lavanco.
  little grebe zampullín chico, zampullín común.
  red-necked grebe somormujo cuellirrojo.
  Slavonian grebe zampullín cuellirojo.

Greece [griːs] *n* Grecia.

greed [griːd]
- **1** *n (for money, power)* codicia, avaricia.
- **2** *n (for food)* gula, glotonería.

greedily ['griːdɪlɪ]
- **1** *adv (avariciously)* con avaricia, avariciosamente.
- **2** *adv (eat, look)* con gula, con glotonería.

greediness ['griːdɪnəs]
- **1** *n (for money, power)* codicia, avaricia.
- **2** *n (for food)* gula, glotonería.

greedy ['griːdɪ]
- **1** *adj (for money, possessions)* codicioso,-a (**for**, de); *(for power, knowledge)* ávido, -a (**for**, de).
- **2** *adj (for food)* glotón,-ona.
▲ *comp* greedier, *superl* greediest.

greedy-guts ['griːdɪgʌts] *n fam* tragón, -ona, zampatortas *mf.*

Greek [griːk]
- **1** *adj* griego,-a.
- **2** *n (person)* griego,-a.
- **3** *n (language)* griego.
✦ **it's all Greek to me** me suena a chino.

green [griːn]
- **1** *adj (colour)* verde.
- **2** *adj (unripe, not dried)* verde.
- **3** *adj (environment friendly)* verde, ecológico,-a.
- **4** *adj (pale)* pálido,-a.
- **5** *adj (inexperienced)* novato,-a, verde; *(gullible)* ingenuo,-a, crédulo,-a.
- **6** *adj (jealous)* envidioso,-a.

7 *n (colour)* verde *m*.
8 *n (stretch of grass)* césped *m*; *(in golf)* green *m*; *(in village)* césped público ubicado en medio de un pueblo.
9 greens *npl (vegetables)* verduras *fpl*.
10 the Greens *npl POL* los verdes *mpl*.
+ **to be green with envy** morirse de envidia: **she was green with envy** se moría de envidia, se la comía la envidia.
to give something the green light dar luz verde a algo.
to have green fingers *GB* tener buena mano con las plantas.
to have green thumbs *US* tener buena mano con las plantas.
■ **green belt** zona verde.
green card *US* permiso de residencia y trabajo.
green paper *GB* libro verde.
green pepper pimiento verde.
green salad ensalada verde.

greenback [ˈgriːnbæk] *n US fam* dólar *m*, verde *m*, lechuga.
greenery [ˈgriːnərɪ] *n* follaje *m*, vegetación *f*.
green-eyed [ˈgriːnaɪd] *adj* de ojos verdes.
greenfinch [ˈgriːnfɪntʃ] *n* verderón *m* común.
greenfly [ˈgriːnflaɪ] *n* pulgón *m*.
▲ *pl* **greenflies**.
greengage [ˈgriːngeɪdʒ] *n* ciruela claudia.
greengrocer [ˈgriːngrəʊsəʳ] *n* verdulero,-a.
■ **greengrocer's (shop)** verdulería.
greenhorn [ˈgriːnhɔːn] *n fam* novato,-a.
greenhouse [ˈgriːnhaʊs] *n* invernadero.
■ **greenhouse effect** efecto invernadero.
greenish [ˈgriːnɪʃ] *adj* verdoso,-a.
Greenland [ˈgriːnlənd] *n* Groenlandia.
Greenlander [ˈgriːnləndəʳ] *n* groenlandés,-esa.
Greenlandic [griːˈlændɪk]
1 *adj* groenlandés,-esa.
2 *n (language)* groenlandés *m*.
greenness [ˈgriːnnəs] *n* verdor *m*.
greenroom [ˈgriːnruːm] *n THEAT dated* camerino.
greenstuff [ˈgriːnstʌf] *n* verdura.
greet [griːt]
1 *vt (wave at, say hello to)* saludar; *(welcome)* dar la bienvenida a; *(receive)* recibir.
2 *vt (react)* acoger, recibir.
3 *vt fig (meet)* llegar, presentarse a: **I was greeted by a strong smell of burning** me llegó un fuerte olor a quemado.
greeting [ˈgriːtɪŋ]
1 *n* saludo.
2 greetings *npl* saludos *mpl*, recuerdos *mpl*.
+ **birthday greetings** feliz cumpleaños.
■ **greetings card** tarjeta de felicitación.

gregarious [greˈgeərɪəs] *adj* gregario, -a, sociable.
Gregorian [grɪˈgɔːrɪən] *adj* gregoriano,-a.
■ **Gregorian chant** canto gregoriano.
gremlin [ˈgremlɪn] *n* duende *m*, duendecillo.
Grenada [grəˈneɪdə] *n* Granada.
grenade [grəˈneɪd] *n MIL* granada.
Grenadian [grəˈneɪdɪən]
1 *adj* granadino,-a.
2 *n* granadino,-a.
grenadier [grenəˈdɪəʳ] *n MIL* granadero.
grenadine [ˈgrenədiːn] *n (syrup)* granadina.
grew [gruː] *pt* → **grow**.
grey [greɪ]
1 *adj (colour)* gris; *(hair)* cano,-a; *(sky)* nublado,-a, gris.
2 *adj (gloomy)* triste, gris.
3 *n (colour)* gris *m*.
4 *n (horse)* caballo tordo.
+ **to go grey** *(hair, person)* encanecer, volverse cano,-a; *(sky)* nublarse.
■ **grey area** zona gris.
grey matter materia gris.
grey-haired [ˈgreɪheəd] *adj* de pelo cano, canoso,-a.
greyhound [ˈgreɪhaʊnd] *n* galgo.
greying [ˈgreɪɪŋ] *adj* canoso,-a.
greyish [ˈgreɪɪʃ] *adj (gen)* grisáceo,-a; *(hair)* entrecano,-a.
greylag goose [ˈgreɪlæg ˈguːs] *n* ánsar *m* común.
grid [grɪd]
1 *n (grating)* reja, parrilla, rejilla.
2 *n ELEC (network)* red *f* nacional de tendido eléctrico.
3 *n (on map)* cuadrícula.
■ **grid reference** coordenadas *fpl* cartográficas.
griddle [ˈgrɪdəl] *n CULIN* plancha.
gridiron [ˈgrɪdaɪən]
1 *n (for cooking)* plancha.
2 *n US (football)* campo.
grief [griːf] *n* dolor *m*, pena.
+ **good grief!** *fam* ¡Dios mío!, ¡por Dios!
to come to grief *(vehicle)* sufrir un accidente; *(plans)* irse al traste, fracasar.
grief-stricken [ˈgriːfstrɪkən] *adj (person)* desconsolado,-a, consternado,-a.
grievance [ˈgriːvəns] *n (ground for complaint)* motivo de queja; *(complaint)* queja: **she had a grievance against society** estaba resentida con la sociedad.
+ **to air one's grievances** quejarse.
to harbour a grievance/nurse a grievance guardar rencor.
grieve [griːv]
1 *vt* afligir, apenar, dar pena a, entristecer.
2 *vi* apenarse, afligirse.
+ **to grieve for somebody** llorar a alguien, llorar la muerte de alguien.

to grieve over something lamentar algo.
grievous [ˈgriːvəs]
1 *adj (causing grief - loss, news, wrongs)* penoso,-a, doloroso,-a.
2 *adj (severe, serious - injury, wound)* de extrema gravedad; *(- error, fault, crime, sin)* grave.
■ **grievous bodily harm** *JUR* lesiones *fpl* corporales graves.
griffin [ˈgrɪfɪn] *n* grifo.
grill [grɪl]
1 *n CULIN (over cooker)* gratinador *m*, grill *m*; *(on charcoal)* parrilla.
2 *n CULIN (dish)* parrillada.
3 *n (grillroom)* asador *m*, grill *m*.
4 *n* → **grille**.
5 *vt CULIN (in grill over cooker)* hacer al grill; *(over charcoal)* asar a la parrilla.
6 *vt fam (interrogate)* interrogar.
grille [grɪl]
1 *n (partition)* reja, verja, enrejado; *(protective covering)* rejilla.
2 (radiator grille) *n AUTO* calandra, parrilla.
grilling [ˈgrɪlɪŋ] *n* interrogatorio.
+ **to give somebody a good grilling** acribillar a alguien a preguntas.
grillroom [ˈgrɪlruːm] *n* asador *m*, grill *m*.
grim [grɪm]
1 *adj (serious - person, manner)* austero,-a, adusto,-a, severo,-a; *(expression, look)* ceñudo,-a.
2 *adj (unpleasant, depressing - news, picture)* horroroso,-a, pesimista; *(- prospect, outlook)* nefasto,-a, desalentador,-ra; *(- reality)* crudo,-a, duro,-a.
3 *adj (gloomy - landscape, place)* lúgubre, sombrío,-a.
4 *adj (resolute, unyielding)* inflexible, inexorable: **with a grim determination** con una voluntad de hierro; **with a grim smile** con una sonrisa sardónica.
5 *adj (sinister - joke)* macabro,-a.
6 *adj fam (very bad)* malísimo,-a, penoso,-a, desastroso,-a; *(ill)* fatal.
+ **to hang on like grim death/hold on like grim death** aferrarse con todas sus fuerzas, agarrarse con todas sus fuerzas.
■ **Grim Reaper** la Parca, la muerte.
▲ *comp* **grimmer**, *superl* **grimmest**.
grimace [ˈgrɪməs]
1 *n* mueca.
2 *vi* hacer una mueca.
grime [graɪm] *n* mugre *f*, suciedad *f*.
grimly [ˈgrɪmlɪ]
1 *adv (severely - speak)* con gravedad, en tono grave.
2 *adj (resolutely)* inexorablemente.
grimy [ˈgraɪmɪ] *adj* mugriento,-a, sucio,-a.
▲ *comp* **grimier**, *superl* **grimiest**.
grin [grɪn]
1 *n (genuine)* sonrisa (abierta); *(mocking)* sonrisa burlona.
2 *vi* sonreír (abiertamente).
+ **to grin and bear it** aguantarse, poner al mal tiempo buena cara.
▲ *pt & pp* **grinned**, *ger* **grinning**.

grind [graɪnd]
1 vt (mill) moler; (crush) machacar, triturar; (crystals, ore) pulverizar; (lens, mirror) pulir; (knife, blade) afilar.
2 vt US (mince - beef) picar.
3 vt (teeth) hacer rechinar: she grinds her teeth le rechinan los dientes.
4 vt (press down hard on) incrustar, aplastar; (press in) meter: the dirt had been ground into the carpet la suciedad estaba bien metida en la alfombra.
5 vi (crush) triturarse.
6 vi (make harsh noise) rechinar, chirriar.
7 vi US (swot) empollar, machacar.
8 n fam (work) trabajo pesado; (effort) paliza: the daily grind la rutina diaria.
9 n US fam (swot) empollón,-ona.
▶ to grind down vt sep (oppress) oprimir.
to grind out vt sep (music) tocar.
✦ to grind the faces of the poor into the dust oprimir a los pobres.
to grind to a halt/grind to a standstill (vehicle) detenerse ruidosamente, pararse ruidosamente; (production) irse parando poco a poco; (negotiations) estancarse, llegar a un punto muerto.
to have an axe to grind tener un interés personal.
▲ pt & pp **ground** [graʊnd].

grinder [ˈgraɪndəʳ] n (machine - for coffee) molinillo; (person - for knives etc) afilador,-ra.

grinding [ˈgraɪndɪŋ] adj (screeching) chirriante.
✦ grinding poverty miseria absoluta.
to bring something to a grinding halt (strike etc) paralizar algo.
to come to a grinding halt → **to grind to a halt.**

grindstone [ˈgraɪndstəʊn] n muela, piedra de afilar.
✦ to keep one's nose to the grindstone trabajar sin levantar cabeza.

gringo [ˈgrɪŋgəʊ] n pej gringo,-a.
▲ pl **gringos.**

grip [grɪp]
1 n (tight hold) asimiento: he released his grip on her la soltó; I had a firm grip on the rail tenía la barra bien agarrada; she tightened her grip on my arm me agarró el brazo más fuerte.
2 n (of tyre) adherencia, agarre m.
3 n fig (control, force) control m, dominio: he took a firm grip on the company se hizo con el control de la empresa; the country was in the grip of a depression una crisis económica asolaba el país.
4 n SP (way of holding) la forma en que uno coge la raqueta etc; (part of handle) asidero, empuñadura.
5 n (hairgrip) horquilla.
6 n US (large bag) bolsa de viaje.
7 n (in filming) ayudante mf de cámara.
8 vt (hold tightly - gen) agarrar, asir, sujetar: he gripped my arm me agarró del brazo.

9 vt (adhere to) tener agarre, agarrarse, adherirse.
10 vt fig (film, story, play) captar el interés de, captar la atención de.
11 vi adherirse.
✦ to be gripped by something ser presa de algo.
to come to grips with/get to grips with (problem, challenge) abordar, atacar; (subject, system) entender; (situation) aceptar, asumir.
to get a grip on oneself/take a grip on oneself controlarse.
to lose one's grip perder el control.
▲ pt & pp **gripped,** ger **gripping.**

gripe [graɪp]
1 vi fam (complain) quejarse, refunfuñar.
2 n fam (complaint) queja.
3 the gripes npl (stomach pains) retortijones mpl.
■ **gripe water** calmante m para el cólico infantil.

gripping [ˈgrɪpɪŋ] adj (film, story, etc) apasionante.

grisly [ˈgrɪzlɪ] adj espeluznante, horripilante, truculento,-a.
▲ comp **grislier,** superl **grisliest.**

grist [grɪst] **it's all grist to the mill** phr todo ayuda, todo es útil.

gristle [ˈgrɪsəl] n cartílago, ternilla.

gristly [ˈgrɪslɪ] adj con mucho cartílago, cartilaginoso,-a, ternilloso,-a.
▲ comp **gristlier,** superl **gristliest.**

grit [grɪt]
1 n (fine) arena; (coarse) gravilla; (dirt) polvo.
2 n fam (determination) valor m, agallas fpl.
3 vt (road) echar arenilla en.
✦ to grit one's teeth apretar los dientes.
▲ pt & pp **gritted,** ger **gritting.**

gritty [ˈgrɪtɪ]
1 adj (flour) arenoso,-a; (mussels, cockles) lleno,-a de arena.
2 adj (determination etc) enérgico,-a.
▲ comp **grittier,** superl **grittiest.**

grizzle [ˈgrɪzəl] vi GB fam (whine) lloriquear; (complain) refunfuñar.

grizzly [ˈgrɪzlɪ] **grizzly bear** n oso pardo.

groan [grəʊn]
1 n (of pain) gemido, quejido.
2 n fam (of disapproval) gruñido.
3 n (creak) crujido.
4 vi (in pain) gemir, quejarse; (with disapproval) gruñir.
5 vi (creak) crujir.
6 vi fam (complain) quejarse (**about**, de), refunfuñar (**about**, por), rezongar (**about**, de).

grocer [ˈgrəʊsəʳ] n tendero,-a.
■ **grocer's (shop)** tienda de ultramarinos, tienda de comestibles, colmado.

groceries [ˈgrəʊsərɪz] npl comestibles mpl.

grocery [ˈgrəʊsərɪ] n US tienda de ultramarinos, tienda de comestibles, colmado.
▲ pl **groceries.**

grog [grɒg] n grog.

groggy [ˈgrɒgɪ] adj fam grogui.
▲ comp **groggier,** superl **groggiest.**

groin [grɔɪn]
1 n ANAT ingle f.
2 n US → **groyne.**

groom [gruːm]
1 n (bridegroom) novio.
2 n (for horses) mozo de cuadra.
3 vt (horse) almohazar; (dog) cepillar.
4 vt (person) arreglar.
✦ to groom somebody for something preparar a alguien para algo.

groomed [gruːmd] adj arreglado,-a.

groove [gruːv]
1 n (gen) ranura; (for door) guía; (in column) acanaladura.
2 n (on record) surco.
✦ to be (stuck) in a groove anquilosarse, estancarse en la rutina.

groovy [ˈgruːvɪ] adj fam guay, genial.
▲ comp **groovier,** superl **grooviest.**

grope [grəʊp]
1 vi (fumble) andar a tientas.
2 vt fam (touch up) meter mano a, magrear, sobar.
3 n magreo.
✦ to grope for something buscar algo a tientas.
to grope one's way towards something avanzar a tientas hacia algo.

gross [grəʊs]
1 adj (flagrant - injustice) flagrante; (- ignorance) craso,-a; (- error) grave.
2 adj (fat) muy gordo,-a, obeso,-a.
3 adj (coarse, crude, vulgar - person, behaviour, manners) grosero,-a, tosco,-a, basto,-a; (- language) soez; (disgusting) asqueroso,-a: **oh gross!** ¡qué asco!
4 adj FIN (total) bruto,-a.
5 n (144 units) gruesa, doce docenas fpl.
6 vt (person) ganar en bruto, obtener unos ingresos brutos de; (film etc) recaudar, obtener unos ingresos de: the film grossed over $200 million la película recaudó más de 200 millones de dólares.
▶ to gross out vt sep US fam asquear, dar asco a.
■ **gross indecency** ultraje m contra la moral pública.
gross national product producto nacional bruto.
gross negligence negligencia temeraria.
▲ pl **gross.**

grossly [ˈgrəʊslɪ]
1 adv (extremely) terriblemente, extremadamente, enormemente.
2 adv (bluntly, crudely) groseramente.

grotesque [grəʊˈtesk]
1 adj grotesco,-a: a grotesque distortion of the truth una distorsión grotesca de la verdad.

2 *adj ART* grotesco,-a.

3 *n* personaje *m* grotesco.

4 the grotesque *n ART* el grotesco.

grotto [ˈgrɒtəʊ] *n* gruta.

▲ *pl* **grottoes** o **grottos**.

grotty [ˈgrɒti] *adj GB fam* asqueroso,-a, de mala muerte.

✦ **to feel grotty** encontrarse fatal.

▲ *comp* **grottier**, *superl* **grottiest**.

grouch [graʊtʃ]

1 *n fam (person)* gruñón,-ona, cascarrabias *mf*.

2 *n fam (complaint)* queja, protesta.

3 *vi fam* refunfuñar, quejarse, rezongar.

grouchy [ˈgraʊtʃi] *adj fam* refunfuñón, -ona, quejica, protestón,-ona, rezongón,-ona, cascarrabias.

▲ *comp* **grouchier**, *superl* **grouchiest**.

ground¹ [graʊnd]

1 *n (surface of earth)* suelo; *(soil, earth)* tierra; *(terrain, land)* terreno: **at ground level** a nivel del suelo; **the glass fell to the ground** la copa cayó al suelo.

2 *n (land used for particular purpose)* campo, terreno: **football ground** campo de fútbol; **waste ground** terreno baldío.

3 *n US (electrical)* tierra.

4 *n ART (background)* fondo.

5 *n (area of knowledge, experience)* terreno: **you're on dangerous ground** estás pisando terreno peligroso; **you have to find some common ground** hay que encontrar puntos en común.

6 *n (position of advantage)* terreno.

7 *n (matter, subject)* aspecto, punto: **the first lecture covered a lot of ground** la primera conferencia trató muchos aspectos del tema.

8 *vt (plane)* obligar a quedarse en tierra; *(boat)* varar, hacer encallar: **all planes were grounded by fog** no pudo despegar ningún avión a causa de la niebla.

9 *vt US fam (child, teenager)* castigar, no dejar salir.

10 *vt (base)* fundar.

11 *vi (instruct)* dar buenos conocimientos (**in**, de), enseñar los conocimientos básicos.

12 *vt US (electrical apparatus)* conectar a tierra.

13 *vi (ship)* encallar.

14 grounds *npl (reason, justification)* razón *f*, motivo: **you have no grounds for complaint** no tienes motivo de queja; **he sued them on grounds of unfair dismissal** les demandó por motivos de despido improcedente; **grounds for divorce** motivo de divorcio; **on grounds of ill health** por motivos de mala salud.

15 *npl (of coffee)* poso, posos *mpl*.

16 *npl (gardens)* jardines *mpl*; *(area of land)* terreno.

✦ **above ground** vivo,-a.

below ground muerto,-a.

on the ground sobre el terreno.

to be on one's own ground estar en su elemento.

to break new ground abrir nuevos caminos, abrir nuevos horizontes.

to burn something to the ground reducir algo a cenizas: **the house was burnt to the ground** la casa quedó reducida a cenizas.

to cut the ground from under somebody's feet tomarle la delantera a alguien.

to drive/run/work oneself into the ground dejarse el pellejo en el trabajo.

to gain ground ganar terreno.

to get off the ground *(plan, project, scheme)* llevarse a cabo, realizarse.

to go to ground esconderse.

to hold/keep/stand one's ground mantenerse firme.

to lose ground perder terreno.

to prepare the ground (for something) preparar el terreno (para algo).

to shift/change one's ground cambiar de postura.

to suit somebody down to the ground *(situation)* venirle a alguien de perlas; *(clothes)* quedarle a alguien que ni pintado.

to touch ground *MAR* tocar fondo.

■ **ground control** control *m* de tierra.

ground floor planta baja.

ground glass vidrio molido, cristal *m* molido.

ground rule directriz *f*.

ground staff *(at airport)* personal *m* de tierra; *(at sports stadium)* personal *m* de mantenimiento.

ground swell mar *m & f* de fondo.

ground² [graʊnd]

1 *pp →* **grind**.

2 *adj (coffee)* molido,-a.

3 *adj US (beef)* picado,-a.

groundhog [ˈgraʊndhɒg] *n* marmota.

■ **Groundhog Day** día *m* dos de febrero.

grounding [ˈgraʊndɪŋ] *n* base *f*, conocimientos *mpl*.

✦ **to have a good grounding in something** tener una sólida base en algo, tener buenos conocimientos de algo.

groundless [ˈgraʊndləs] *adj* infundado,-a.

groundnut [ˈgraʊndnʌt] *n GB* cacahuete *m*, maní *m*.

groundsheet [ˈgraʊndʃiːt] *n GB* tela impermeable.

groundsman [ˈgraʊndzmən] *n* encargado (del mantenimiento del campo).

groundwork [ˈgraʊndwɜːk] *n* trabajo preliminar, trabajo preparatorio.

group [gruːp]

1 *n (gen)* grupo.

2 *n MUS* grupo, conjunto.

3 *n POL* agrupación *f*, asociación *f*, colectivo, grupo: **pressure group** grupo de presión.

4 *vt* agrupar.

5 *vi* agruparse, formar un grupo.

■ **group practice** *MED* gabinete *m* médico *(donde trabajan varios médicos)*.

group therapy terapia de grupo.

grouper [ˈgruːpə²] *n* mero.

groupie [ˈgruːpi] *n fam* grupi *mf*.

grouping [ˈgruːpɪŋ] *n* agrupación *f*.

grouse¹ [graʊs] *n* lagópodo.

■ **black grouse** gallo lira.

red grouse lagópodo escocés.

grouse² [graʊs]

1 *n fam (complaint)* queja.

2 *vi fam* quejarse (**about**, de), refunfuñar (**about**, por).

grout [graʊt]

1 *n* lechada.

2 *vt* enlechar.

grove [grəʊv] *n* arboleda: **an olive grove** un olivar; **an orange grove** un naranjal.

grovel [ˈgrɒvəl]

1 *vi (behave humbly)* humillarse, rebajarse, arrastrarse: **he made me grovel for forgiveness** hizo que me humillara a pedirle perdón; **stop grovelling to the teacher!** ¡deja de humillarte ante el profesor!

2 *vi (lie, crawl)* arrastrarse, postrarse, prosternarse.

✦ **to grovel at somebody's feet** postrarse a los pies de alguien.

▲ *pt & pp* **grovelled** (*US* **groveled**), *ger* **grovelling** (*US* **groveling**).

groveller [ˈgrɒvələ²] *n* adulador,-ra, pelota *mf*.

grovelling [ˈgrɒvəlɪŋ] *adj* servil, rastrero,-a.

grow [grəʊ]

1 *vi (gen)* crecer: **hasn't your hair grown!** ¡cómo te ha crecido el pelo!

2 *vi (increase, expand - quantity, population)* aumentar; *(city, company, money)* crecer: **the club's popularity continues to grow** la popularidad del club sigue creciendo.

3 *vi (become)* hacerse, volverse: **she grew impatient** se impacientó; **he grew old** envejeció; **it grew dark** oscureció, anocheció, se hizo de noche; **I grew tired of waiting** me cansé de esperar.

4 *vi (begin gradually)* llegar a: **I grew to hate him** llegué a odiarlo; **she grew to like cabbage** llegó a gustarle la col.

5 *vt (crop, plant, flower)* cultivar.

6 *vt (beard etc)* dejarse (crecer); *(hair, nails)* dejarse crecer.

▶ **to grow apart** *vi* distanciarse.

to grow away from *vt insep* distanciarse de.

to grow into

1 *vt insep (become)* convertirse en, hacerse: **tadpoles grow into frogs** los renacuajos se convierten en ranas.

2 *vt insep (clothes etc)* **she'll grow into it** le quedará bien al crecer un poco.

to grow on *vt insep* llegar a gustar.

to grow out of *vt insep (habit)* perder, quitarse; *(clothes)* quedarle pequeño,-a a.

to grow up
1 *vi (become adult)* hacerse mayor; *(spend childhood)* criarse, crecer: what do you want to be when you grow up? ¿qué quieres ser cuando seas mayor?; **oh grow up!** ¡no seas infantil!
2 *vi (spring up)* surgir, nacer, desarrollarse.
✦ **money doesn't grow on trees** el dinero no cae del cielo.
▲ *pt* **grew** [gruː], *pp* **grown** [grəʊn].

grower ['grəʊə'] *n (farmer)* cultivador, -ra: **a wine grower** vinicultor,-ra, viticultor,-ra.

growing ['grəʊɪŋ] *adj* creciente, que crece.
■ **growing pains** *(pains)* dolores *mpl* de crecimiento; *(problems)* dificultades *fpl* iniciales, problemas *mpl* iniciales.

growl [graʊl]
1 *n* gruñido.
2 *vi* gruñir.
3 *vt* decir refunfuñando.

grown [grəʊn]
1 *pp* → **grow.**
2 *adj* adulto,-a.

grown-up ['grəʊnʌp]
1 *adj* mayor, adulto,-a.
2 *n* persona mayor, adulto.

growth [grəʊθ]
1 *n (gen)* crecimiento; *(increase)* aumento; *(development)* desarrollo: **population growth** aumento de población; **smoking stunts your growth** fumar atrofia el crecimiento; **personal growth** crecimiento personal.
2 *n MED (tumour)* bulto, tumor *m*.
3 *n (of beard)* barba.
■ **growth area** sector *m* en expansión. **growth industry** industria en crecimiento, industria en expansión.

groyne [grɔɪn] *n* espigón *m*.

grub [grʌb]
1 *n (larva)* larva, gusano.
2 *n fam (food)* manduca, papeo.
3 *vi (by digging)* escarbar, hurgar.
4 *vi fig* rebuscar.
▶ **to grub out** *vt sep* arrancar.
to grub up *vt sep* sacar (de la tierra), desenterrar.
▲ *pt & pp* **grubbed**, *ger* **grubbing.**

grubby ['grʌbɪ]
1 *adj (rather dirty)* mugriento,-a, sucio,-a.
2 *adj fig (seamy, sordid)* asqueroso,-a.
▲ *comp* **grubbier**, *superl* **grubbiest.**

grudge [grʌdʒ]
1 *n* resentimiento, rencor *m*.
2 *vt (begrudge, resent)* dar a regañadientes, dar de mala gana: **she grudged having to pay so much** le daba rabia tener que pagar tanto.
3 *vt (envy)* envidiar: **I don't grudge you your house** no te envidio la casa.
✦ **to bear a grudge** guardar rencor. **to hold/bear a grudge against somebody** guardarle rencor a alguien.

grudging ['grʌdʒɪŋ] *adj* hecho,-a a regañadientes, hecho,-a de mala gana: **I don't like him, but I have a grudging respect for him** no me gusta, pero lo respeto; **she was grudging in her thanks** le costó mucho dar las gracias.

grudgingly ['grʌdʒɪŋlɪ] *adv* de mala gana, a regañadientes.

gruel ['gruːəl] *n* gachas *fpl*.

gruelling ['gruːəlɪŋ] *adj (race, journey)* agotador,-ra; *(ordeal, experience)* duro, -a, penoso,-a.

gruesome ['gruːsəm] *adj* espantoso,-a, horrible, horripilante.

gruff [grʌf] *adj (manner)* brusco,-a; *(voice)* áspero,-a, bronco,-a.

gruffly ['grʌflɪ] *adv* en un tono brusco, bruscamente, ásperamente.

gruffness ['grʌfnəs] *n (of manner)* brusquedad *f*, *(of voice)* aspereza.

grumble ['grʌmbəl]
1 *n (complaint)* queja, rezongo.
2 *n (of thunder)* estruendo.
3 *vi (moan, complain)* refunfuñar, rezongar, quejarse (**about**, de): **he's always grumbling about something** siempre se está quejando de algo; **mustn't grumble** no puedo quejarme.
4 *vi (rumble - thunder)* retumbar; *(- stomach)* hacer ruido.

grumbler ['grʌmblə'] *n* refunfuñón, -ona, rezongón,-ona.

grumbling ['grʌmbəlɪŋ]
1 *adj (person)* gruñón,-ona, refunfuñón, -ona.
2 *n (complaints)* quejas *fpl*.
3 *n (of thunder)* estruendo.

grumpily ['grʌmpɪlɪ] *adv* de mal humor, malhumoradamente.

grumpy ['grʌmpɪ] *adj* gruñón,-ona, malhumorado,-a, de mal humor.
▲ *comp* **grumpier**, *superl* **grumpiest.**

grunge [grʌndʒ] *n MUS* grunge *m*.

grunt [grʌnt]
1 *n* gruñido.
2 *vi* gruñir.
3 *vt* decir gruñendo.

Gruyère [gruː'jeə'] *n* gruyere *m*.

Guadaloupe [gwa:də'luːp] *n* Guadalupe.

guarantee [gærən'tiː]
1 *n (gen)* garantía; *(certificate)* certificado de garantía: **manufacturer's guarantee** garantía de fábrica; **we want a guarantee that something will be done** queremos que nos garanticen que se hará algo; **there's no guarantee that it'll be sunny tomorrow** no hay ninguna garantía de que haga sol mañana.
2 *vt (gen)* garantizar; *(assure, promise)* asegurar, garantizar: **I guarantee that you'll enjoy it** te aseguro que lo pasarás bien; **they guarantee to deliver within 30 minutes** garantizan entregarlo dentro de 30 minutos.

3 *vt (debt)* avalar, garantizar.
✦ **to be under guarantee** estar bajo garantía.

guaranteed [gærən'tiːd]
1 *adj COMM* garantizado,-a.
2 *adj (certain)* asegurado,-a, garantizado,-a.

guarantor [gærən'tɔː'] *n* garante *mf*, fiador,-ra.

guard [ga:d]
1 *n (sentry, soldier)* guardia *mf*, *(security guard)* guarda *mf*, guarda jurado,-a, guarda de seguridad; *(prison officer)* carcelero,-a.
2 *n (group of sentries)* guardia.
3 *n (duty)* guardia.
4 *n GB (on train)* jefe,-a de tren.
5 *n (on machine)* dispositivo de seguridad; *(on gun)* seguro.
6 *n (position)* guardia.
7 *vt (watch over - building, prisoner)* vigilar, custodiar; *(protect - person, reputation)* proteger; *(keep - secret)* guardar: **a dog guarded the house** un perro vigilaba la casa.
8 *vt (control - tongue)* cuidar, controlar.
▶ **to guard against** *vt insep (injury)* evitar; *(risks)* protegerse contra; *(infection, disease)* prevenir.
✦ **to be off one's guard** estar desprevenido,-a.
to be on guard estar de guardia.
to be on one's guard estar en guardia, estar en alerta.
to keep guard over something/stand guard over something montar (la) guardia ante algo, vigilar algo.
■ **guard dog** perro guardián.
guard duty guardia.
guard's van furgón *m* de cola.
the changing of the guard el relevo de la guardia.

guarded ['ga:dɪd] *adj (person, remark)* cauteloso,-a.

guardhouse ['ga:dhaʊs] *n MIL (quarters)* cuartel *m*; *(prison)* prisión *f* militar, cárcel *f* militar.

guardian ['ga:dɪən]
1 *n (defender)* guardián,-ana, defensor,-ra.
2 *n JUR (of child)* tutor,-ra.
■ **guardian angel** ángel *m* de la guarda.

guardianship ['ga:dɪənʃɪp] *n* tutela, tutoría.

guardrail ['ga:dreɪl] *n* barandilla.

guardsman ['ga:dzmən] *n* guardia *m*.

Guatemala [gwəʊtə'ma:lə] *n* Guatemala.

Guatemalan [gwætə'ma:lən]
1 *adj* guatemalteco,-a.
2 *n* guatemalteco,-a.

guava ['gwa:və] *n (fruit)* guayaba.
■ **guava tree** guayabo.

gudgeon[1] ['gʌdʒən] *n (fish)* gobio.

gudgeon[2] ['gʌdʒən] *n TECH* gorrón *m*.

guerilla [gə'rɪlə] *n* → **guerrilla.**

Guernsey ['gɜːnzɪ] *n* Guernesey.

guerrilla [gəˈrɪlə]
  1 n guerrillero,-a.
  2 adj guerrillero,-a: **guerrilla warfare** guerrilla.
guess [ges]
  1 n (conjetura) conjetura; (estimate) cálculo: **have a guess!** ¡a ver si adivinas!; **he made a wild guess** hizo una conjetura al azar; **I'll give you three guesses** te doy tres oportunidades para adivinarlo; **my guess is that they'll arrive around 8.00 pm** calculo que llegarán a eso de las ocho.
  2 vt (gen) adivinar: **guess who I saw today!** ¡adivina a quién he visto hoy!; **guess what!** ¿sabes qué?; **I bet you can't guess how old I am** ¿a que no adivinas cuántos años tengo?; **you'll never guess what happened** no te puedes imaginar lo que pasó.
  3 vt US fam (suppose) suponer, pensar, creer: **I guess so** supongo que sí; **I guess not** supongo que no; **I guess I'd better be going** supongo que debería irme.
  4 vi adivinar: **when did you guess?** ¿cuándo lo adivinaste?; **we can only guess at the number of victims** solo podemos hacer conjeturas sobre el número de víctimas.
  ✦ **at a guess** a primera vista, al ojo.
  at a rough guess a ojo de buen cubero.
  ... is anybody's guess vete tú a saber ...: **why he did it is anybody's guess** vete tú a saber por qué lo hizo.
  to guess right acertar, adivinar.
  to guess wrong equivocarse.
  to keep somebody guessing tener a alguien en suspenso, tener a alguien en la incertidumbre.
  your guess is as good as mine ¿quién sabe?, vete tú a saber.
guesstimate [ˈgestɪmət] n fam cálculo aproximado.
guesswork [ˈgeswɜːk] n conjeturas fpl, suposiciones fpl.
guest [gest]
  1 n (at home, to theatre, restaurant, etc) invitado,-a; (in hotel) cliente,-a, huésped, -da: **guest of honour** invitado,-a de honor; **paying guest** huésped,-da de pago.
  2 n (on TV programme) invitado,-a.
  ✦ **be my guest!** ¡por supuesto!, ¡faltaría más!
  ▪ **guest appearance** aparición f especial.
  guest speaker orador,-ra invitado,-a.
  guest star estrella invitada.
guesthouse [ˈgesthaʊs] n casa de huéspedes, pensión f.
guestroom [ˈgestruːm] n cuarto de (los) invitados.
guffaw [gʌˈfɔː]
  1 n carcajada, risotada.
  2 vi reírse a carcajadas.
Guiana [gaɪˈænə, gɪˈɑːnə] n Guayana.
  ▪ **French Guiana** Guayana francesa.
Guianan [gaɪˈɑːnən] adj-n → **Guianese**.

Guianese [gaɪəˈniːz]
  1 adj guayanés,-esa.
  2 n guayanés,-esa.
  3 **the Guianese** npl los guayaneses mpl.
guidance [ˈgaɪdəns] n (help, advice) orientación f, consejos mpl: **vocational guidance** orientación profesional.
  ▪ **guidance system** (of missile) sistema m de teledirección.
guide [gaɪd]
  1 n (person) guía mf.
  2 n (book) guía: **a guide to Portugal** una guía de Portugal.
  3 n (indicator) guía, modelo: **use this pattern as a guide** utiliza este patrón como modelo; **I used the recipe as a rough guide** la receta me sirvió de guía.
  4 vt (show the way) guiar; (lead) conducir: **the woman guided us round the museum** la mujer nos hizo de guía en el museo.
  5 vt (advise, influence) guiar, orientar, aconsejar.
  ▪ **guide dog** perro lazarillo.
guidebook [ˈgaɪdbʊk] n guía.
guided [ˈgaɪdɪd] adj dirigido,-a.
  ✦ **to give somebody a guided tour of something** enseñar algo a alguien de arriba a abajo.
  ▪ **guided missile** misil m teledirigido.
  guided tour visita guiada, visita con guía.
guideline [ˈgaɪdlaɪn] n pauta, directriz f.
guiding [ˈgaɪdɪŋ] adj que guía, que sirve de guía.
  ▪ **guiding light** norte m.
  guiding principle principio rector.
guild [gɪld] n (of workers) gremio; (association) asociación f, agrupación f.
guile [gaɪl] n (craftiness) astucia; (trickery) mañas fpl, engaño.
guileless [ˈgaɪlləs] adj ingenuo,-a, cándido,-a.
guillemot [ˈgɪlɪmɒt] n arao común.
guillotine [ˈgɪlətiːn]
  1 n guillotina.
  2 vt (person, paper) guillotinar.
guilt [gɪlt]
  1 n JUR culpabilidad f.
  2 n (blame) culpa; (remorse) remordimiento: **I felt a terrible sense of guilt** me sentí muy culpable, tuve un gran sentimiento de culpabilidad; **guilt feelings** sentimiento de culpa, sentimiento de culpabilidad.
  ▪ **guilt complex** complejo de culpa.
guilty [ˈgɪltɪ] adj culpable (**of**, de).
  ✦ **to feel guilty** sentirse culpable.
  to have a guilty conscience tener remordimientos de conciencia, tener la conciencia sucia.
  to plead guilty/not guilty declararse culpable/no culpable.
  ▲ comp guiltier, superl guiltiest.
Guinea [ˈgɪnɪ] n Guinea.
  ▪ **Equatorial Guinea** Guinea Ecuatorial.

Gulf of Guinea golfo de Guinea.
  New Guinea Nueva Guinea.
guinea [ˈgɪnɪ] n (coin) guinea.
  ▪ **guinea fowl** gallina de Guinea, pintada.
  guinea pig conejillo de Indias, cobayo,-a.
Guinea-Bissau [gɪnɪbɪˈsaʊ] n Guinea Bissau.
Guinean [ˈgɪnɪən]
  1 adj guineano,-a.
  2 n guineano,-a.
guise [gaɪz] n apariencia, forma, aspecto: **in various guises** de varias formas.
  ✦ **in the guise of** disfrazado,-a de: **in the guise of a doctor** disfrazado de médico.
  under the guise of so pretexto de: **under the guise of philosophy** bajo capa de filosofía.
guitar [gɪˈtɑːʳ] n guitarra.
guitarist [gɪˈtɑːrɪst] n guitarrista mf.
gulf [gʌlf]
  1 n GEOG golfo.
  2 n fig abismo.
  ▪ **Gulf of Mexico** Golfo de Méjico.
  Persian Gulf Golfo Pérsico.
  the Gulf States (in Middle East) los países del Golfo Pérsico; (in United States) los estados que lindan con el golfo de Méjico.
  Gulf Stream Corriente f del Golfo.
  the Gulf War la guerra del Golfo.
gull [gʌl] n gaviota.
  ▪ **black-headed gull** gaviota reidora.
  common gull gaviota cana.
  herring gull gaviota argéntea.
  little gull gaviota enana.
  Mediterranean gull gaviota cabecinegra.
gullet [ˈgʌlɪt] n garganta, gaznate m.
gulley [ˈgʌlɪ] n → **gully.**
gullible [ˈgʌlɪbəl] adj crédulo,-a.
gully [ˈgʌlɪ]
  1 n GEOG (small valley, ravine) barranco, torrentera.
  2 n (deep ditch, waterway, channel) surco, cauce m.
  ▲ pl gullies.
gulp [gʌlp]
  1 n (of drink) trago; (of air) bocanada: **he drank his glass in one gulp** se bebió la copa de un trago.
  2 vt (drink) beberse de un trago (**down**, -), tomarse de un trago (**down**, -); (food) engullir (**down**, -).
  3 vi (swallow air) tragar aire; (with fear) tragar saliva.
  ▸ **to gulp back** vt insep tragarse.
gum¹ [gʌm] n ANAT encía.
gum² [gʌm]
  1 n (natural substance) goma, resina.
  2 n (chewing gum) goma de mascar, chicle m.

3 *n (glue)* goma (de pegar), pegamento.
4 *n (gumdrop)* pastilla de goma.
5 *n (gumtree)* gomero, árbol *m* del caucho.
6 *vt* pegar (con goma).
▸ **to gum up** *vt sep* pegar: her eyes were all gummed up tenía los ojos llenos de legañas.
✦ **by gum!** ¡caramba!
to gum up the works fastidiarlo todo.
▲ *pt & pp* **gummed**, *ger* **gumming**.
gumboil ['gʌmbɔɪl] *n* flemón *m*.
gumboot ['gʌmbuːt] *n* bota de agua.
gummed [gʌmd] *adj* engomado,-a.
gummy ['gʌmɪ]
1 *adj (sticky)* pegajoso,-a.
2 *adj (smile)* muy amplio,-a.
▲ *comp* **gummier**, *superl* **gummiest**.
gumption ['gʌmpʃən] *n fam (good sense)* sentido común, juicio, seso; *(courage)* agallas *fpl*.
gumshield ['gʌmʃiːld] *n* protector.
gumtree ['gʌmtriː] *n* gomero, árbol *m* del caucho.
✦ **to be up a gumtree** estar en un aprieto, estar metido,-a en un lío.
gun [gʌn]
1 *n (gen)* arma de fuego; *(handgun)* pistola, revólver *m*; *(rifle)* rifle *m*, fusil *m*; *(shotgun)* escopeta; *(cannon)* cañón *m*.
2 *n SP* pistola.
▸ **to gun down** *vt sep* matar a tiros.
to gun for *vt insep* andar a la caza de.
✦ **to carry a gun** ir armado,-a.
to jump the gun *(gen)* adelantarse (a los acontecimientos), precipitarse; *(in race)* salir en falso, salir antes de tiempo, tomar la salida en falso.
to pull a gun on somebody apuntar a alguien con una pistola.
to stick to one's guns mantenerse en sus trece.
▪ **gun carriage** cureña.
gun dog perro de caza.
gun licence licencia de armas.
gunboat ['gʌnbəʊt] *n* (lancha) cañonera.
▪ **gunboat diplomacy** diplomacia de cañón.
gunfight ['gʌnfaɪt] *n* tiroteo.
gunfire ['gʌnfaɪəʳ] *n (gen)* fuego, disparos *mpl*; *(shooting)* tiroteo; *(shellfire)* cañoneo, cañonazos *mpl*.
gunge [gʌndʒ] *n GB fam* porquería.
gunk [gʌŋk] *n US fam* porquería.
gunman ['gʌnmən] *n* pistolero.
gunner ['gʌnəʳ] *n* artillero.
gunnery ['gʌnərɪ] *n* artillería.
gunpoint ['gʌnpɔɪnt] **at gunpoint** *phr* a punta de pistola.
gunpowder ['gʌnpaʊdəʳ] *n* pólvora.
gunrunner ['gʌnrʌnəʳ] *n* traficante *mf* de armas.
gunrunning ['gʌnrʌnɪŋ] *n* tráfico de armas, contrabando de armas.

gunshot ['gʌnʃɒt] *n* disparo, tiro.
▪ **gunshot wound** herida de bala.
gunsmith ['gʌnsmɪθ] *n* armero,-ra.
gunwale ['gʌnəl] *n MAR* borda.
gurgle ['gɜːgəl]
1 *n (of water)* gorgoteo, borboteo; *(of baby)* gorjeo.
2 *vi (water, brook)* gorgotear, borbotar; *(baby)* gorjear.
gurnard ['gɜːnəd] *n* rubio, arete.
guru ['guːruː] *n* gurú *m*.
gush [gʌʃ]
1 *n (of liquid)* chorro, borbotón *m*; *(of words)* torrente *m*; *(of emotion)* efusión *f*.
2 *vi (liquid)* salir a borbotones, brotar a chorros, salir a chorros.
3 *vi (person)* ser efusivo,-a: everyone was gushing over her new baby todos se deshacían en elogios con su nuevo bebé.
4 *vt* chorrear, derramar.
gushing ['gʌʃɪŋ] *adj (person)* efusivo,-a.
gusset ['gʌsɪt] *n (gen)* escudete *m*; *(in briefs)* cuadradillo.
gust [gʌst]
1 *n (of wind)* ráfaga, racha; *(of rain)* chaparrón *m*.
2 *n fig (of anger)* arrebato: gust of laughter carcajada.
3 *vi* soplar.
gusto ['gʌstəʊ] *n* entusiasmo.
gusty ['gʌstɪ] *adj (wind)* racheado,-a; *(day)* ventoso,-a.
▲ *comp* **gustier**, *superl* **gustiest**.
gut [gʌt]
1 *n ANAT* intestino, tripa.
2 *n fam (belly)* panza, barriga, tripa.
3 *n (catgut)* cuerda de tripa.
4 *vt (fish)* destripar, limpiar; *(rabbit)* destripar.
5 *vt (building)* destruir el interior de.
6 *adj* visceral: gut reaction reacción visceral.
7 guts *npl (entrails)* entrañas *fpl*, tripas *fpl*, vísceras *fpl*.
8 *npl fam (courage)* agallas *fpl*: it takes guts to do what you did hay que tener agallas para hacer lo que hiciste.
✦ **to cough one's guts up** reventar tosiendo.
to hate somebody's guts odiar a alguien a muerte, no poder ni ver a alguien.
to have somebody's guts for garters sacarle las tripas a alguien.
to work/slog one's guts out echar los bofes.
▲ *pt & pp* **gutted**, *ger* **gutting**.
gutsy ['gʌtsɪ] *adj fam (person)* con agallas.
▲ *comp* **gutsier**, *superl* **gutsiest**.
gutter ['gʌtəʳ]
1 *n (in street)* arroyo, cuneta; *(on roof)* canal *m*, canalón *m*.
2 the gutter *n (in society)* los bajos fondos *mpl*, el arroyo, la cloaca.

▪ **gutter press** prensa amarilla, prensa sensacionalista.
guttural ['gʌtərəl] *adj* gutural.
guy[1] [gaɪ]
1 *n fam (man)* tipo, tío: he's a great guy es un tío estupendo; a tough guy un tipo duro.
2 *n US fam (person)* tío,-a: come on you guys venga tíos.
3 *n GB (effigy)* efigie *m* de Guy Fawkes.
guy[2] [gaɪ] **guy rope** *n* viento, cuerda (tensora).
Guyana [gaɪˈænə] *n* Guyana, Guayana.
Guyanan [gaɪˈænən] *adj-n* → **Guyanese**.
Guyanese [gaɪəˈniːz]
1 *adj* guayanés,-esa, guyanés,-esa.
2 *n* guayanés,-esa, guyanés,-esa.
3 the Guyanese *npl* los guayaneses *mpl*, los guyaneses *mpl*.
guzzle ['gʌzəl]
1 *vt fam (eat)* zamparse, engullirse; *(drink)* chupar, tragar.
2 *vi fam (eat)* engullir; *(drink)* chupar, tragar.
guzzler ['gʌzələʳ] *n fam (person - big eater)* comilón,-ona, glotón,-ona; *(- drinker)* tragón,-ona; *(car)* que traga mucho.
gym [dʒɪm]
1 *n fam (gymnasium)* gimnasio.
2 *n (gymnastics)* gimnasia.
▪ **gym shoes** zapatillas *fpl* de deporte.
gymkhana [dʒɪmˈkɑːnə] *n* gymkhana.
gymnasium [dʒɪmˈneɪzɪəm] *n* gimnasio.
▲ *pl* **gymnasiums** *o* **gymnasia**.
gymnast ['dʒɪmnæst] *n* gimnasta *mf*.
gymnastics [dʒɪmˈnæstɪks] *n* gimnasia.
gymnosperm ['dʒɪmnəʊspɜːm] *n* gimnospermo.
gynaecological [gaɪnəkəˈlɒdʒɪkəl] *adj* ginecológico,-a.
gynaecologist [gaɪnɪˈkɒlədʒɪst] *n* ginecólogo,-a.
gynaecology [gaɪnɪˈkɒlədʒɪ] *n* ginecología.
gyp[1] [dʒɪp] *n GB fam (pain, trouble)* dolor *m*; *(punishment)* bronca: my leg's been giving me gyp la pierna me ha estado fastidiando.
gyp[2] [dʒɪp]
1 *n fam (swindle)* estafa, timo.
2 *vt* estafar, timar.
gypsum ['dʒɪpsəm] *n* yeso.
gypsy ['dʒɪpsɪ]
1 *n* gitano,-a.
2 *adj* gitano,-a.
▲ *pl* **gypsies**.
gyrate [dʒaɪˈreɪt] *vi* girar.
gyration [dʒaɪˈreɪʃən] *n* giro, rotación *f*.
gyratory ['dʒaɪrətərɪ] *adj* giratorio,-a.
gyrocompass ['dʒaɪrəʊkʌmpəs] *n* girocompás *m*, brújula giroscópica.
gyroscope ['dʒaɪrəskəʊp] *n* giroscopio, giróscopo.
gyroscopic [dʒaɪrəˈskɒpɪk] *adj* giroscópico,-a.

H, h [eɪtʃ] *n (the letter)* H, h *f.*

ha [ˈhektɑːʳ] *abbr* (**hectare**) hectárea; *(abbreviation)* ha.

habeas corpus [ˈhæbɪəsˈkɔːpəs] *phr* habeas corpus.

haberdasher [ˈhæbədæʃəʳ]
1 *n GB (shopkeeper)* mercero,-a.
2 *n US (person)* camisero.

haberdashery [ˈhæbəˈdæʃərɪ]
1 *n GB (shop)* mercería; *(materials)* artículos *mpl* de mercería.
2 *n US (shop)* tienda de ropa para caballero; *(clothes)* ropa para caballero.

habit [ˈhæbɪt]
1 *n (custom)* hábito, costumbre *f.*
2 *n REL (garment)* hábito.
✦ **to be in the habit of** tener la costumbre de.
to get into the habit of coger la costumbre de, acostumbrarse a.
to get out of the habit of perder la costumbre de.
▪ **bad habit** vicio, mala costumbre *f.*

habitable [ˈhæbɪtəbəl] *adj fml* habitable.

habitat [ˈhæbɪtæt] *n* hábitat *m.*

habitation [hæbɪˈteɪʃən] *n fml (the act of living in a place)* habitación *f, (dwelling)* morada: **this flat is unfit for human habitation** este piso no es apto para ser habitado, este piso es inhabitable.

habit-forming [ˈhæbɪtfɔːmɪŋ] *adj* que crea hábito, que crea dependencia.

habitual [həˈbɪtʃʊəl]
1 *adj (usual)* habitual, acostumbrado,-a.
2 *adj (liar etc)* empedernido,-a, inveterado,-a.

habitually [həˈbɪtʃʊəlɪ] *adv* habitualmente, por costumbre.

habituate [həˈbɪtʃʊeɪt] *vt fml* acostumbrarse (**to**, a), habituarse (**to**, a): **many animals have become habituated to living in zoos** muchos animales se han acostumbrado a vivir en zoos.

habitué [həˈbɪtʃʊeɪ] *n* asiduo,-a, cliente,-a habitual.

hack¹ [hæk]
1 *n (cut)* corte *m,* tajo; *(with axe)* hachazo; *(with machete)* machetazo.

2 *vt (cut)* cortar, acuchillar, rajar: **they hacked their way through the undergrowth** se abrieron paso a hachazos entre la maleza.
3 *vt (notch)* mellar.
▪ **to hack about** *vt sep (in writing)* cortar, mutilar.

hack² [hæk]
1 *n (horse - worn-out)* penco, jamelgo, rocín *m; (- hired)* caballo de alquiler.
2 *n fam (writer)* escritorzuelo,-a; *(journalist)* gacetillero,-a, periodista de pacotilla; *(politician)* politicastro,-a.
3 *vi GB fam* montar a caballo.

hacker [ˈhækəʳ] *n fam (in computers)* pirata *mf.*

hacking¹ [ˈhækɪŋ] *adj (horseriding)* de montar.
▪ **hacking jacket** chaqueta de montar.

hacking² [ˈhækɪŋ] *adj (cough)* áspero,-a, seco,-a.

hackles [ˈhækəlz] *n ZOOL (feathers)* collar *m,* plumas *fpl* del cuello; *(fur)* pelo del cuello.
✦ **to make somebody's hackles rise/ put somebody's hackles up** poner furioso,-a a alguien, enfurecer a alguien.

hackneyed [ˈhæknɪd] *adj* gastado,-a, trillado,-a.

hacksaw [ˈhæksɔː] *n* sierra de arco para metales.

had [hæd] *pt & pp* → **have.**

haddock [ˈhædək] *n (fish)* eglefino.

Hades [ˈheɪdiːz] *n* averno.

haematite [ˈhiːmətaɪt] *n* hematites *f.*

haematologist [hiːməˈtɒlədʒɪst] *n* hematólogo,-a.

haematology [hiːməˈtɒlədʒɪ] *n* hematología.

haematoma [hiːməˈtəʊmə] *n* hematoma *mf.*

haematosis [hiːməˈtəʊsɪs] *n* hematosis *f.*

haemodialysis [hiːməʊdaɪˈælɪsɪs] *n* hemodiálisis *f.*

haemoglobin [hiːməʊˈgləʊbɪn] *n* hemoglobina.

haemophilia [hiːməʊˈfiːlɪə] *n* hemofilia.

haemophiliac [hiːməʊˈfɪlɪæk]
1 *adj* hemofílico,-a.
2 *n* hemofílico,-a.

haemorrhage [ˈhemərɪdʒ] *n* hemorragia.

haemorrhoids [ˈhemərɔɪdz] *npl* hemorroides *fpl,* almorranas *fpl.*

haft [hɑːft, hæft] *n TECH (of knife)* mango; *(of sword)* puño, empuñadura.

hag [hæg] *n pej (ugly and evil old woman)* bruja, arpía.

haggard [ˈhægəd] *adj (look exhausted)* ojeroso,-a, trasnochado,-a; *(look drawn and pale)* macilento,-a.

haggis [ˈhægɪs] *n CULIN* plato típico escocés hecho con las asaduras del cordero.

haggish [ˈhægɪʃ] *adj* de bruja.

haggle [ˈhægəl] *vi* regatear (**over** -).
✦ **to haggle over the price of something** regatear el precio de algo.

haggling [ˈhægəlɪŋ] *n* regateo.

hagiography [hægɪˈɒgrəfɪ] *n* hagiografía.
▲ *pl* hagiographies.

Hague [heɪg] **The Hague** *n* La Haya.

hah [hɑː] *interj* ¡ja!

ha-ha [hɑːˈhɑː] *interj* ¡ja ja!

hail¹ [heɪl]
1 *n (greeting)* saludo; *(shout)* grito.
2 *vi (call a taxi)* llamar.
3 *vi (acclaim)* aclamar.
✦ **hail Caesar!** ¡Salve César!
to hail from ser de.
▪ **Hail Mary** avemaría.

hail² [heɪl]
1 *n METEOR* granizo, pedrisco.
2 *n fig* lluvia: **the soldiers were met by a hail of bullets** los soldados se encontraron con una lluvia de balas.
3 *vi METEOR* granizar.

hailstone [ˈheɪlstəʊn] *n* granizo, piedra.

hailstorm [ˈheɪlstɔːm] *n* granizada.

hair [heəʳ]
1 *n (on head)* cabello, pelo, cabellera.

2 *n (on body)* vello.

3 *n (horse's mane)* crin *f*.

✦ **keep your hair on!** *fam* ¡tranquilo,-a! ¡cálmate!

not to turn a hair no inmutarse.

to have long hair tener el pelo largo, tener melena.

to have one's hair cut cortarse el pelo.

to have white hair/have grey hair tener canas.

to let one's hair down *fig* desmadrarse.

to make somebody's hair stand on end *fig* ponerle a alguien los pelos de punta.

to split hairs *fig* hilar muy fino, buscar tres pies al gato.

to tear one's hair out *fig* desesperarse, volverse loco,-a.

■ **hair lacquer** laca.

hair pin horquilla.

hair remover depilatorio.

hairband [ˈheəbænd] *n (for hair)* cinta.

hairbrush [ˈheəbrʌʃ] *n* cepillo para el pelo.

hairclip [ˈheəklɪp] *n* horquilla.

haircut [ˈheəkʌt] *n* corte *m* de pelo.

■ **to have a haircut** cortarse el pelo.

hairdo [ˈheəduː] *n fam* peinado.

▲ *pl* hairdos.

hairdresser [ˈheədresə'] *n* peluquero,-a.

■ **hairdresser's (shop)** peluquería.

hairdressing [ˈheədresɪŋ] *n (profession)* peluquería.

hairdryer [ˈheədraɪə'] *n* secador *m* (de pelo).

hairgrip [ˈheəgrɪp] *n* horquilla.

hair-grip [ˈheəgrɪp] *n* horquilla, pasador *m*.

hairless [ˈheələs] *adj* sin pelo, calvo,-a.

hairline [ˈheəlaɪn]

1 *n* nacimiento del pelo.

2 *n* TECH grieta fina.

3 *adj* fino,-a, preciso,-a, exacto,-a.

■ **hairline crack** *(gen)* grieta imperceptible; *(in metals)* grieta capilar interna.

receding hairline entradas *fpl*.

hairnet [ˈheənet] *n* redecilla.

hairpiece [ˈheəpiːs] *n* peluquín *m*, postizo.

hairpin [ˈheəpɪn] *n* horquilla.

■ **hairpin bend** AUTO curva muy cerrada.

hair-raising [ˈheəreɪzɪŋ] *adj* espeluznante, que pone los pelos de punta.

hair-remover [ˈheərɪmuːvə'] *n* depilatorio.

hairslide [ˈheəslaɪd] *n* pasador *m*.

hair-splitting [ˈheəsplɪtɪŋ]

1 *n* sutilezas *fpl*.

2 *adj pej* sutil, nimio,-a.

hairspray [ˈheəspreɪ] *n* laca para el pelo.

hairstyle [ˈheəstaɪl] *n* peinado.

hairy [ˈheərɪ]

1 *adj* peludo,-a.

2 *adj fig (scary)* espeluznante, espantoso,-a.

▲ *comp* hairier, *superl* hairiest.

Haiti [ˈheɪtɪ] *n* Haití *m*.

Haitian [ˈheɪʃən]

1 *adj* haitiano,-a.

2 *n (person)* haitiano,-a.

3 *n (language)* haitiano.

hake [heɪk] *n (fish)* merluza; *(young)* pescadilla.

halberd [ˈhælbəd] *n* alabarda.

halberdier [hælbəˈdɪə'] *n* alabardero,-a.

halcyon [ˈhælsɪən]

1 *n (in mythology)* alción *m*.

2 *adj lit (weather)* sereno,-a, tranquilo,-a; *(times)* próspero,-a, rico,-a.

3 *adj lit (days)* feliz, despreocupado,-a: halcyon days of childhood los días dorados de la infancia.

hale [heɪl] *adj* sano,-a, fuerte, robusto,-a.

✦ **hale and hearty** fuerte y sano.

half [hɑːf]

1 *n* mitad *f*: she gave me half me dio la mitad; a kilo and a half un kilo y medio.

2 *n* SP *(period)* parte *f*, mitad *f*, tiempo.

3 *n (beer)* media pinta.

4 *adj* medio,-a: children usually pay half fare on public transport normalmente los niños pagan media tarifa en los transportes públicos; he's been gone for half an hour lleva fuera media hora.

5 *adv* medio, a medias: they left him half dead lo dejaron medio muerto; she's half Spanish es medio española.

✦ **and a half** *fam* muy bueno,-a: that was a meal and a half ¡vaya comida que nos hemos pegado!

in half por la mitad.

not half *fam (very)* muy; *(emphatic reply)* ¡y tanto!, ¡ya lo creo!, ¡ni que lo digas!: it isn't half cold today! ¡vaya frío que hace hoy!; she isn't half ugly es feísima; do you fancy a beer? —not half! ¿te apetece una cerveza? —¡y tanto!; it doesn't half use some petrol gasta muchísima gasolina; she can't half sing canta fenomenal.

to do things by halves hacer las cosas a medias.

to go halves on pagar a medias.

■ **first half** primer tiempo.

half measures medias tintas *fpl*.

▲ *pl* halves.

half-baked [hɑːfˈbeɪkt]

1 *adj* CULIN medio cocido,-a.

2 *adj fam fig (idea, plan etc)* disparatado,-a, mal concebido,-a.

half-breed [ˈhɑːfbriːd]

1 *n* mestizo,-a.

2 *adj* mestizo,-a.

half-brother [ˈhɑːfbrʌðə'] *n* hermanastro.

half-caste [ˈhɑːfkɑːst]

1 *n* mestizo,-a.

2 *adj* mestizo,-a.

half-closed [hɑːfˈkləʊzd] *adj* entreabierto,-a.

half-cock [hɑːfˈkɒk] *n (guns)* seguro.

✦ **at half-cock** con el seguro echado.

to go off at half-cock *fig (ideas, plans)* salir mal, fracasar.

half-day [hɑːfˈdeɪ] *n* media jornada.

half-empty [hɑːfˈemptɪ] *adj* medio vacío,-a.

half-hearted [hɑːfˈhɑːtɪd] *adj* poco entusiasta.

half-heartedly [hɑːfˈhɑːtɪdlɪ] *adv* sin entusiasmo, sin ganas.

half-hour [hɑːfˈaʊə']

1 *n* media hora.

2 *adj* de media hora: half-hour trip viaje de media hora.

half-hourly [hɑːfˈaʊəlɪ] *adv* cada media hora.

half-life [ˈhɑːflaɪf] *n* CHEM media vida, período.

half-light [ˈhɑːflaɪt] *n* media luz *f*, luz *f* crepuscular, penumbra.

half-mast [hɑːfˈmɑːst] **at half-mast** *phr* a media asta.

half-note [ˈhɑːfnəʊt] *n* US blanca.

halfpenny [ˈheɪpnɪ] *n (coin)* medio penique *m*.

✦ **not to have two halfpennies to rub together** *fam* no tener ni cinco.

▲ *pl* halfpennies.

half-price [hɑːfˈpraɪs] *adv* a mitad de precio.

half-sister [ˈhɑːfsɪstə'] *n* hermanastra.

half-time [hɑːfˈtaɪm] *n* SP descanso, media parte *f*.

half-tone [ˈhɑːftəʊn]

1 *n (in printing)* medio tono, media tinta.

2 *n* MUS semitono.

halfway [ˈhɑːfˈweɪ]

1 *adj* medio,-a, intermedio,-a: the runners got to the halfway mark within record time los corredores pasaron por el ecuador de la carrera con un crono récord.

2 *adv* a medio camino, a mitad de camino.

✦ **to meet somebody halfway** *fig* llegar a un acuerdo mutuo.

■ **halfway point** punto medio.

halfway stage etapa intermedia.

half-wit [ˈhɑːfwɪt] *n pej* imbécil *mf*, tonto,-a.

half-witted [ˈhɑːfwɪtɪd] *adj pej* imbécil, tonto,-a.

half-yearly [hɑːfˈjɪəlɪ]

1 *adj* semestral.

2 *adv* semestralmente.

halibut [ˈhælɪbət] *n (fish)* halibut *m*.

halitosis [hælɪˈtəʊsɪs] *n* halitosis *f*.

hall [hɔːl]

1 *n (entrance)* vestíbulo, entrada.

2 *n (for concerts etc)* sala.

3 *n (mansion)* casa solariega, mansión *f*.

4 *n* US *(corridor)* pasillo, corredor *m*.

■ **hall of residence** colegio mayor, residencia universitaria.

hallmark [ˈhɔːlmɑːk]
1 *n (on gold etc)* contraste *m*.
2 *n fig* sello.

hallo [həˈləʊ] *interj* → **hello**.

hallowed [ˈhæləʊd] *adj fml dated* santo,-a, santificado,-a, bendito,-a: some centuries ago, suicides weren't buried in hallowed ground siglos atrás, los suicidas no recibían sepultura en campo santo.
✦ **hallowed be Thy Name** santificado sea Tu Nombre.

Halloween [hæləʊˈiːn] *n* víspera de Todos los Santos.

Hallowe'en [hæləʊˈiːn] *n* → **Halloween**.

hallstand [ˈhɔːlstænd] *n* perchero.

hallucinate [həˈluːsɪneɪt] *vi* alucinar.

hallucination [həluːsɪˈneɪʃən] *n* alucinación *f*.

hallucinatory [həˈluːsɪnətərɪ] *adj (drug)* alucinógeno,-a; *(state)* de alucinación.

hallucinogenic [həluːsɪnəˈdʒenɪk] *adj* alucinógeno,-a.

hallway [ˈhɔːlweɪ] *n US* vestíbulo.

halo [ˈheɪləʊ]
1 *n (round moon etc)* halo.
2 *n REL* aureola.
▲ *pl* haloes o halos.

halogen [ˈhælədʒen] *n* halógeno.

halogenous [həˈlɒdʒənəs] *adj* halógeno,-a.

halt [hɔːlt]
1 *n* alto, parada.
2 *n (railway)* apeadero.
3 *vt* parar, detener, interrumpir.
4 *vi* hacer alto, pararse, interrumpirse.
✦ **to call a halt to something** poner fin a algo.
to come to a halt pararse.

halter [ˈhɔːltəʳ] *n* cabestro, ronzal *m*.

halterneck [ˈhɔːltənek] *adj* sin espalda.

halting [ˈhɔːltɪŋ] *adj* vacilante, titubeante.

halve [hɑːv]
1 *vt (cut in two)* partir en dos.
2 *vt (reduce)* reducir a la mitad.
3 *vt (share)* compartir.
4 *vt (golf)* empatar.

halves [hɑːvz] *npl* → **half**.

halyard [ˈhæljəd] *n* driza.

ham¹ [hæm] *n (food)* jamón *m*.
■ **boiled ham** jamón *m* cocido, jamón *m* de York, jamón *m* en dulce.
cured ham jamón *m* serrano.
Parma ham jamón *m* serrano.

ham² [hæm]
1 *n RAD* radioaficionado,-a.
2 *n (actor)* comicastro,-a, histrión *m*.
3 *n (acting)* histrionismo.
4 *vi* sobreactuar.
5 *vt* sobreactuar.

✦ **to ham it up** exagerar.
▲ *pt & pp* hammed, *ger* hamming.

Hamburg [ˈhæmbɜːg] *n* Hamburgo.

hamburger [ˈhæmbɜːgəʳ] *n (food)* hamburguesa.

ham-fisted [hæmˈfɪstɪd]
1 *adj fam* torpe, desmañado,-a.
2 *adj fig* torpe, poco delicado,-a, manazas.

ham-handed [hæmˈhændɪd] *adj* → **ham-fisted**.

hamlet [ˈhæmlət] *n* aldea, pueblecito.

hammer [ˈhæməʳ]
1 *n (tool)* martillo; *(piano)* macillo.
2 *n (gun)* percusor *m*; *(sport)* martillo.
3 *vt (gen)* martillar, martillear; *(nail)* clavar.
4 *vt fam (beat)* dar una paliza, machacar.
5 *vi (gen)* martillar, martillear, golpear.
▸ **to hammer away** *vi* trabajar con ahínco.
to hammer out *vt sep (metal, dent)* trabajar con el martillo, desabollar; *(deal, plan, etc)* lograr, alcanzar, llegar a.
✦ **the hammer and the sickle** *POL* la hoz y el martillo.
to come under the hammer *fig* salir a subasta.
to go at it hammer and tongs *fig* luchar a brazo partido.
to hammer at the door aporrear la puerta.
to hammer something home *fig* insistir en algo.
to hammer something into somebody hacer entender a alguien a fuerza de repetirlo.

hammerhead [ˈhæməhed] *n ZOOL* pez *m* martillo.

hammering [ˈhæmərɪŋ]
1 *n (knocking noise)* martilleo, golpeteo.
2 *n fig* paliza.

hammock [ˈhæmək]
1 *n* hamaca.
2 *n MAR* coy *m*.

hamper¹ [ˈhæmpəʳ] *n* cesta, canasta.
■ **Christmas hamper** cesta de Navidad.

hamper² [ˈhæmpəʳ] *vt* estorbar, obstaculizar.

hamster [ˈhæmstəʳ] *n ZOOL* hámster *m*.

hamstring [ˈhæmstrɪŋ]
1 *n ANAT* tendón *m* de la corva.
2 *vt* desjarretar.
3 *vt fig* paralizar, limitar, incapacitar.
▲ *pt & pp* hamstrung [ˈhæmstrʌŋ].

hand [hænd]
1 *n* mano *f*.
2 *n (worker)* trabajador,-ra, operario,-a; *(sailor)* tripulante *mf*, marinero,-a.
3 *n (of clock)* manecilla, aguja.
4 *n (handwriting)* letra.
5 *n (of cards)* mano *f*, cartas *fpl*.
6 *n (applause)* aplauso.
7 *vt* dar, entregar.
▸ **to hand around** *vt sep* repartir, ofrecer, pasar.

to hand back *vt sep* devolver.
to hand down *vt sep (songs etc)* transmitir; *(clothes)* pasar; *(possessions)* dejar en herencia.
to hand in *vt sep (work etc)* entregar; *(resignation etc)* presentar, notificar.
to hand on *vt sep (traditions etc)* transmitir, heredar; *(give)* pasar, dar.
to hand out *vt sep (distribute)* repartir, distribuir; *(give - gen)* dar; *(- punishment)* aplicar.
to hand over *vt sep (give)* entregar; *(one's possessions etc)* ceder.
to hand round *vt sep (sweets etc)* → **hand around**.
✦ **all hands on deck!** ¡todos a cubierta!
at first hand de primera mano.
at hand a mano.
by hand a mano.
hands off! ¡no toques!, ¡quita las manos!
hands up! ¡manos arriba!
on hand disponible.
on the one hand ... on the other hand por una parte ... por otra parte.
the job in hand *fig* lo que nos ocupa.
to ask for somebody's hand *fig* pedir la mano de alguien.
to force somebody's hand *fig* forzarle la mano a alguien.
to get out of hand *fig* descontrolarse, desmadrarse.
to give somebody a big hand dedicar a alguien una gran ovación.
to have a hand in *fig* intervenir en, participar en.
to hand it to somebody *fam* quitar el sombrero ante alguien, felicitar a alguien.
to have one's hands full *fam* estar muy ocupado,-a.
to have the upper hand llevar ventaja.
to have time in hand *fig* sobrarle tiempo.
to hold hands estar cogidos,-as de la mano.
to keep one's hand in *fig* no perder la práctica.
to know something like the back of one's hand *fig* conocer algo como la palma de la mano.
to lend a hand echar una mano.
to shake hands estrecharse la mano, darse la mano.
to show one's hand *fig* poner las cartas sobre la mesa, poner las cartas boca arriba.
to turn one's hand to *fig* dedicarse a, meterse en.
to wash one's hands *fig* lavarse las manos.
■ **a free hand** carta blanca.
farm hand *AGR* peón *m*.
hand wash lavado a mano.

handbag [ˈhændbæg] *n* bolso.

handball [ˈhændbɔːl] *n SP* balonmano.

handbook [ˈhændbʊk] *n (guidebook)* guía; *(reference book)* manual *m*.

handbrake [ˈhændbreɪk] *n* freno de mano.

handclap [ˈhændklæp] *n* aplauso.

handcuff [ˈhændkʌf]
1 *vt* esposar.
2 **handcuffs** *npl* esposas *fpl.*

handful [ˈhændfʊl] *n* puñado.
✦ **to be quite a handful** ser difícil de controlar, dar mucha guerra.

hand-grenade [ˈhændgrəneɪd] *n* granada de mano.

handgun [ˈhændgʌn] *n* pistola.

handicap [ˈhændɪkæp]
1 *n (physical)* discapacidad *f, (mental)* deficiencia, disminución *f* psíquica.
2 *n (in sport)* hándicap *m.*
3 *n fig* obstáculo.
4 *vt* obstaculizar, impedir, perjudicar.
5 *vt (in sport)* handicapar, conceder un hándicap a.
▲ *pt & pp* handicapped, *ger* handicapping.

handicapped [ˈhændɪkæpt]
1 *adj (physically)* minusválido,-a, discapacitado,-a, disminuido,-a físico,-a; *(mentally)* disminuido,-a psíquico,-a.
2 *adj fig* desfavorecido,-a.
■ **the handicapped** *(physically)* los minusválidos *mpl,* los discapacitados *mpl,* los disminuidos *mpl* físicos; *(mentally)* los disminuidos psíquicos *mpl.*

handicraft [ˈhændɪkrɑːft]
1 *n (job, art)* artesanía; *(objects)* objetos *mpl* de artesanía.
2 *n (manual skill)* habilidad *f* manual, destreza manual.
■ **handicraft teacher** profesor,-ra de manualidades.

handiwork [ˈhændɪwɜːrk] *n (work)* trabajo, obra; *(craft)* artesanía.

handkerchief [ˈhæŋkətʃiːf] *n* pañuelo.

handle [ˈhændəl]
1 *n (of door)* pomo, manilla.
2 *n (of drawer)* tirador *m.*
3 *n (of cup)* asa.
4 *n (of knife)* mango.
5 *n (lever)* palanca.
6 *n (crank)* manivela.
7 *n fig* pretexto.
8 *vt (gen)* manejar, manipular.
9 *vt (people)* tratar.
10 *vt (tolerate)* aguantar.
11 *vt (control)* controlar, dominar.
12 *vt (deal with)* ocuparse de.
13 *vt (manage)* poder con, tener la capacidad para.
14 *vt (responsibility)* encargarse de.
15 *vt fam* soportar, aguantar.
16 *vi (car)* comportarse, manejarse.
✦ "Handle with care" "Frágil".
to fly off the handle salirse de sus casillas.

handlebar [ˈhændəlbɑːr] *n* manillar *m.*

handler [ˈhændlər] *n* cuidador,-ra.
■ **baggage handler** mozo de equipajes.
dog handler cuidador,-ra de perros.

handmade [hændˈmeɪd] *adj* hecho,-a a mano.

handmaiden [ˈhændmeɪdən] *n dated* criada.

hand-me-down [ˈhændmɪdaʊn]
1 *adj* usado,-a, heredado,-a.
2 **hand-me-downs** *npl fam* ropa usada, ropa heredada.

handout [ˈhændaʊt]
1 *n (leaflet)* folleto, prospecto; *(political)* octavilla.
2 *n EDUC* material *m.*
3 *n (press)* comunicado de prensa, nota de prensa.
4 *n (charity)* limosna, dádiva, caridad *f.*

handover [ˈhændəʊvər] *n (power, responsibility etc)* traspaso, transferencia.

hand-picked [hændˈpɪkt] *adj* escogido,-a a mano.

handrail [ˈhændreɪl] *n* pasamano, barandilla.

handsaw [ˈhændsɔː] *n* serrucho.

handset [ˈhændset] *n* microteléfono.

handshake [ˈhændʃeɪk] *n* apretón *m* de manos.

handsome [ˈhænsəm]
1 *adj (man)* apuesto, guapo, de buen ver; *(woman)* bella, hermosa, guapa.
2 *adj (elegant)* elegante.
3 *adj (generous)* considerable, generoso,-a.

handsomely [ˈhænsəmlɪ]
1 *adv (elegantly)* con elegancia, elegantemente.
2 *adv (generously)* generosamente.

hands-on [ˈhændzɒn] *adj (for computers)* práctico,-a: **the computer course included lots of hands-on training** el curso de informática ofrecía mucha formación práctica.

handspring [ˈhændsprɪŋ] *n SP* voltereta sobre las manos, salto mortal.

handstand [ˈhændstænd] *n SP* pino, vertical.

hand-to-hand [ˈhændtəhænd]
1 *adj* cuerpo a cuerpo.
2 *adv* cuerpo a cuerpo.
■ **hand-to-hand combat** combate *m* cuerpo a cuerpo.

hand-wash [ˈhændwɒʃ] *vt* lavar a mano.

handwriting [ˈhændraɪtɪŋ] *n* letra, escritura.

handwritten [ˈhændˈrɪtən] *adj* escrito,-a a mano, manuscrito,-a.

handy [ˈhændɪ]
1 *adj (person)* hábil.
2 *adj (close at hand)* a mano, cercano,-a.
3 *adj (useful)* práctico,-a, cómodo,-a, útil: **mopeds are very handy for getting around cities** los ciclomotores son muy prácticos para desplazarse por la ciudad.
✦ **to come in handy** venir bien.

to keep something handy tener algo a mano.
▲ *comp* handier, *superl* handiest.

handyman [ˈhændɪmæn] *n* manitas *mf.*
▲ *pl* handymen [ˈhændɪmen].

hang [hæŋ]
1 *vt (gen)* colgar.
2 *vt (wallpaper)* colocar.
3 *vt JUR* ahorcar.
4 *vi* colgar, pender; *(float)* flotar.
5 *vi (dress etc)* caer.
6 *vi JUR* ser ahorcado,-a.
7 *n (of dress etc)* caída.
▶ **to hang about/hang around**
1 *vi* esperar.
2 *vi (waste time)* perder el tiempo.
3 *vt insep* frecuentar.
to hang back
1 *vi* quedarse atrás.
2 *vi fig* vacilar.
to hang down *vi* colgar, caer.
to hang on
1 *vi (hold tight)* agarrarse.
2 *vi (wait)* esperar.
to hang out
1 *vt sep (washing)* tender.
2 *vi fam* soler estar: **this is where the local rockers hang out** aquí es donde suelen estar los roqueros de la zona.
to hang up
1 *vt sep* colgar.
2 *vi* colgar.
✦ **hang loose!** *fam* ¡tranqui!
to get the hang of something cogerle el tranquillo a algo.
to hang in the air flotar en el aire.
to hang up one's boots colgar las botas.
▲ *pt & pp* hung [hʌŋ]; *en 3 y 4 pt & pp* hanged.

hangar [ˈhæŋər] *n* hangar *m.*

hangdog [ˈhændɒg] *adj (expression on face)* avergonzado,-a, triste.

hanger [ˈhæŋər] *n* percha.

hanger-on [hæŋərˈɒn] *n fam pej (person)* lapa, parásito.
▲ *pl* hangers-on.

hang-glider [ˈhæŋglaɪdər] *n* ala delta.

hang-gliding [ˈhæŋglaɪdɪŋ] *n* vuelo con ala delta.

hanging [ˈhæŋɪŋ]
1 *adj* colgante.
2 *n* ejecución *f* en la horca, ahorcamiento.
3 **hangings** *npl (on wall)* colgaduras *fpl.*
■ **hanging bridge** puente *m* colgante.

hangman [ˈhæŋmən]
1 *n* verdugo.
2 *n (game)* el ahorcado.
▲ *pl* hangmen [ˈhæŋmən].

hangnail [ˈhæŋneɪl] *n* padrastro.

hangout [ˈhæŋaʊt] *n fam* guarida, lugar *m* de reunión habitual.

hangover [ˈhæŋəʊvər]
1 *n (after too much drinking)* resaca.
2 *n (remains)* resto, vestigio.

hang-up [ˈhæŋʌp]
1 n fam (problem) problema m.
2 n (complex) complejo.

hank [hæŋk] n madeja.

hanker [ˈhæŋkəʳ] **to hanker after/ hanker for** vi ansiar, anhelar.

hankering [ˈhæŋkərɪŋ] n anhelo, ansia.

hankie [ˈhæŋkɪ] n fam → **handkerchief**.

hanky-panky [hæŋkɪˈpæŋkɪ] n fam tejemanejes mpl.

haphazard [hæpˈhæzəd]
1 adj desordenado,-a.
2 adj (plans etc) improvisado,-a.

haphazardly [hæpˈhæzədlɪ] adv sin orden ni concierto.

hapless [ˈhæpləs] adj desdichado,-a.

happen [ˈhæpən]
1 vi (occur) ocurrir, pasar, suceder: what's happening? ¿qué pasa?; what happened to Jim? ¿qué le pasó a Jim?
2 vi (by chance) dar la casualidad de: he happened to go to the same school dio la casualidad de que iba al mismo colegio.
✦ **as it happens, …** da la casualidad de que …

happening [ˈhæpənɪŋ] n acontecimiento.

happily [ˈhæpɪlɪ]
1 adv (in a happy way) felizmente, con alegría.
2 adv (luckily) afortunadamente.
✦ **and they lived happily ever after** y vivieron felices para siempre más, vivieron felices y comieron perdices.

happiness [ˈhæpɪnəs] n felicidad f, alegría.

happy [ˈhæpɪ]
1 adj (cheerful) feliz, alegre, dichoso,-a, afortunado,-a: we were happy to hear of your success nos alegramos mucho al enterarnos de tu éxito.
2 adj (glad) contento,-a, satisfecho,-a: he was very happy with his performance estuvo muy satisfecho con su actuación.
✦ **happy birthday!** ¡feliz cumpleaños!
to be as happy as a lark estar más feliz que unas pascuas.
■ **happy ending** final m feliz, desenlace m feliz.
happy medium término medio.
▲ comp happier, superl happiest.

happy-go-lucky [hæpɪgəʊˈlʌkɪ] adj despreocupado,-a.
✦ **a happy-go-lucky type** un viva la virgen.

hara-kiri [hærəˈkɪrɪ] n harakiri m.

harangue [həˈræŋ]
1 vt arengar.
2 n arenga.

harass [ˈhærəs]
1 vt acosar, hostigar.
2 vt (military) hostilizar, hostigar: the soldiers harassed the enemy los soldados hostigaron al enemigo.

3 vt (worries, problems) atormentar, agobiar.

harassment [ˈhærəsmənt] n acoso, hostigamiento.

harbinger [ˈhɑːbɪndʒəʳ] n lit (person) heraldo, nuncio, precursor,-ra; (thing) presagio.

harbor [ˈhɑːbəʳ] vt-n US → **harbour**.

harbour [ˈhɑːbəʳ]
1 n puerto.
2 vt (criminal) encubrir.
3 vt (doubts) abrigar.
4 vt (suspicions) tener; (contain, hide) contener, esconder: harbouring criminals is a punishable offence esconder a criminales es castigable por la ley.
✦ **to harbour a grudge** guardar rencor.
■ **harbour master** capitán m de puerto.

hard [hɑːd]
1 adj (gen) duro,-a; (solid) sólido,-a.
2 adj (difficult) difícil.
3 adj (harsh) severo,-a.
4 adj (work) arduo,-a, penoso,-a, agotador,-ra.
5 adj fig cruel, rudo,-a.
6 adj (fight, match) reñido,-a, disputado,-a; (decision) injusto,-a.
7 adj (fact) innegable; (luck) malo,-a.
8 adj (final decision) definitivo,-a, irrevocable; (person) severo,-a, inflexible.
9 adj LING fuerte.
10 adv (forcibly) fuerte; (diligently) mucho, de firme, concienzudamente, con ahínco.
✦ **hard of hearing** duro,-a de oído.
to be hard done by sentirse mal tratado,-a, ser tratado,-a injustamente.
to be hard hit by fig quedar muy afectado,-a por.
to be hard on somebody fig tratar a alguien con severidad, tratar a alguien con dureza.
to be hard on somebody's heels fig pisar los talones a alguien.
to be hard pushed to do something fig verse apurado,-a para realizar algo.
to be hard up fam estar sin blanca.
to drive a hard bargain fig negociar con dureza.
to have a hard time fam pasarlo canutas, pasarlo mal.
to take something very hard tomar algo muy a pecho, encajar algo muy mal.
to work hard trabajar mucho.
■ **hard core** (group) núcleo; (material) lecho de grava.
hard drinker bebedor,-ra empedernido,-a.
hard evidence pruebas fpl definitivas.
hard labour trabajos mpl forzados.
hard luck mala suerte.
hard shoulder arcén m.

hard-and-fast [hɑːdənˈfɑːst] adj fijo, -a, rígido,-a, inflexible.

hardback [ˈhɑːdbæk] n (in printing) edición f en tela, edición f de tapas duras.

hard-bitten [hɑːdˈbɪtən] adj tenaz, duro,-a.

hardboard [ˈhɑːdbɔːd] n chapa de madera dura, contrachapado.

hard-boiled [ˈhɑːdbɔɪld] adj (egg) duro,-a; (person) duro,-a, insensible.

hard-core [ˈhɑːdkɔːʳ] adj irreductible, incondicional.
■ **hard-core supporter** partidario,-a a ultranza, partidario,-a acérrimo,-a.

hardcourt [ˈhɑːdkɔːt] n SP (tennis) pista dura, cancha dura.

harden [ˈhɑːdən]
1 vt endurecer.
2 vt fig insensibilizar.
3 vi endurecerse.

hardened [ˈhɑːdənd] adj (gen) endurecido,-a; (criminal) habitual.

hard-headed [ˈhɑːdˈhedɪd] adj frío,-a, cerebral, práctico,-a.

hardhearted [ˈhɑːdˈhɑːtɪd] adj cruel, duro,-a, insensible.

hardheartedness [hɑːdˈhɑːtɪdnəs] n dureza de corazón.

hardliner [hɑːdˈlaɪnəʳ] n (ideas, especially in politics) duro,-a, partidario,-a de la línea dura.

hardly [ˈhɑːdlɪ] adv (scarcely) apenas, casi; (not easily) difícilmente, duramente, con dificultad: he can hardly see anymore ya casi no ve nada; she had hardly opened the door when the phone rang apenas había abierto la puerta cuando sonó el teléfono; he could hardly believe his ears apenas pudo dar crédito a lo que oía.
✦ **hardly anyone** casi nadie.
hardly ever casi nunca.
hardly! ¡ni hablar!, ¡qué va!

hardness [ˈhɑːdnəs]
1 n (gen) dureza.
2 n (difficulty) dificultad f.
3 n (severity) severidad f; (of winter) rigor m.
4 n (of heart) insensibilidad f.

hard-nosed [ˈhɑːdˈnəʊzd] adj fam realista, práctico,-a, nada sentimental.

hard-on [ˈhɑːdɒn] n taboo erección f.

hard-pressed [ˈhɑːdˈprest] adj en aprietos, en apuros, apurado,-a: she is always hard-pressed to make ends meet siempre está en apuros para llegar a final de mes.

hardship [ˈhɑːdʃɪp] n (usually economic) privación f, apuro, dificultad f.

hardware [ˈhɑːdweəʳ]
1 n (goods) ferretería, quincallería.
2 n COMPUT hardware m, soporte m físico.
3 n MIL armamento.
4 n TECH equipos mpl, maquinaria.
■ **hardware dealer** ferretero,-a.
hardware shop ferretería.

hardwearing [hɑːdˈweərɪŋ] adj (especially articles of clothing) duradero,-a, resistente.

hard-working [ˈhɑːdˈwɜːkɪŋ] *adj* trabajador,-ra.

hardy [ˈhɑːdɪ]
1 *adj* fuerte, robusto,-a.
2 *adj (plant)* resistente.
▲ *comp* hardier, *superl* hardiest.

hare [heəʳ]
1 *n ZOOL* liebre *f*.
2 *vi* correr muy deprisa, ir muy deprisa: he went haring past me me pasó a toda pastilla.
✦ as mad as a March Hare loco,-a como una cabra.

harebrained [ˈheəbreɪnd] *adj* irreflexivo,-a, atolondrado,-a, absurdo,-a.

harelip [ˈheəlɪp] *n MED* labio leporino.

harem [hɑːˈriːm, ˈheərəm] *n* harén *m*.

haricot bean [hærɪkəʊˈbiːn] *n* alubia, judía.

hark [hɑːk] *vi arch* escuchar.
▶ to hark at *vt insep fam* escuchar a, oír: hark at her talking! ¡mira quién habla!, ¡mira cómo habla aquélla!
to hark back *vi fam* volver a, recordar: he's always harking back to his childhood siempre está recordando su infancia.

harlequin [ˈhɑːlɪkwɪn] *n* arlequín *m*.

harlot [ˈhɑːlət] *n arch* ramera.

harm [hɑːm]
1 *n* mal *m*, daño, perjuicio: the frost caused a lot of harm to the crops las heladas causaron mucho daño en los cultivos; there's no harm in trying no hay nada malo en intentarlo; the little girl came to no harm no le pasó nada a la pequeña.
2 *vt* dañar, perjudicar.
✦ to be out of harm's way estar a salvo. he/she wouldn't harm a fly es inofensivo,-a.

harmful [ˈhɑːmful] *adj* dañino,-a, nocivo,-a, perjudicial.

harmless [ˈhɑːmləs] *adj* inocuo,-a, inofensivo,-a.

harmonic [hɑːˈmɒnɪk] *adj* armónico,-a.

harmonica [hɑːˈmɒnɪkə] *n MUS* armónica.

harmonics [hɑːˈmɒnɪks] *n MUS* armonía.

harmonious [hɑːˈməʊnɪəs] *adj* armonioso,-a.

harmoniously [hɑːˈməʊnɪəslɪ] *adv* armoniosamente.

harmonium [hɑːˈməʊnɪəm] *n* armonio.

harmonise [ˈhɑːmənaɪz] *vt* → harmonize.

harmonize [ˈhɑːmənaɪz]
1 *vt* armonizar.
2 *vi* armonizar.

harmony [ˈhɑːmənɪ] *n* armonía.
▲ *pl* harmonies.

harness [ˈhɑːnəs]
1 *n (for animals)* arreos *mpl*, guarniciones *fpl*, arneses *mpl*.
2 *n (for children)* andadores *mpl*.

3 *vt (horse)* enjaezar, poner los arreos a.
4 *vt (hitch)* enganchar.
5 *vt fig (resources)* aprovechar, utilizar.
✦ to die in harness *fig* morir con las botas puestas, morir al pie del cañón.
to get back in harness *fam* volver al trabajo.
to work in harness with colaborar con.

harp [hɑːp] *n MUS* arpa.
✦ to harp on about something insistir en algo, machacar algo.

harpist [ˈhɑːpɪst] *n MUS* arpista *mf*.

harpoon [hɑːˈpuːn]
1 *n* arpón *m*.
2 *vt* arponear.
■ harpoon gun cañón *m* lanzaarpones.

harpooner [hɑːˈpuːnəʳ] *n* arponero,-a.

harpsichord [ˈhɑːpsɪkɔːd] *n MUS* clavicordio, clavicémbalo.

harpy [ˈhɑːpɪ]
1 *n lit* arpía.
2 *n fig* arpía.
▲ *pl* harpies.

harrier¹ [ˈhærɪəʳ] *n (bird)* aguilucho.

harrier² [ˈhærɪəʳ]
1 *n (dog)* perro de caza.
2 *n (runner)* corredor,-ra de cros.

harrow [ˈhærəʊ]
1 *n AGR* grada, rastrillo.
2 *vt* rastrillar.

harrowing [ˈhærəʊɪŋ] *adj* angustioso,-a, desgarrador,-ra, terrible.

harry [ˈhærɪ] *vt fml fig (to harass)* acosar, hostigar; *(devastate)* arrasar, asolar, hostilizar.
▲ *pt & pp* harried, *ger* harrying.

harsh [hɑːʃ]
1 *adj (cruel)* cruel, duro,-a, severo,-a.
2 *adj (sound)* discordante.
3 *adj (rough)* áspero,-a.

harshly [ˈhɑːʃlɪ] *adv (gen)* ásperamente, duramente, severamente.

harshness [ˈhɑːʃnəs]
1 *n (gen)* severidad *f*, dureza; *(of touch, taste)* aspereza.
2 *n (of sound)* discordancia.

hart [hɑːt] *n ZOOL* ciervo.

harvest [ˈhɑːvɪst]
1 *n (gen)* cosecha, siega; *(vegetables)* recolección *f*, cosecha.
2 *n (grapes)* vendimia.
3 *n fig* cosecha.
4 *vt* cosechar, recoger.
5 *vt (grapes)* vendimiar.
■ harvest festival fiesta de la cosecha. harvest time siega.

harvester [ˈhɑːvɪstəʳ]
1 *n (person)* segador,-ra.
2 *n (machine)* segadora, cosechadora.

has [hæz] *pres* → have.

has-been [ˈhæzbiːn] *n fam* vieja gloria.

hash¹ [hæʃ]
1 *n CULIN* sofrito de carne picada.
2 *n fam (mess)* embrollo, lío.

▶ to hash up *vt sep fam* hacer mal, estropear, pifiar.
✦ to make a hash of something estropear algo.

hash² [hæʃ] *n fam (drug)* hachís *m*.

hashish [ˈhæʃiːʃ] *n* hachís *m*.

hasp [hɑːsp]
1 *n (of window)* falleba; *(of door)* picaporte *m*, cierre *m*.
2 *n (of padlock)* aldaba, cerrojo, pestillo; *(of album etc)* broche *m*, cierre *m*.

hassle [ˈhæsəl]
1 *n fam (nuisance)* rollo, follón *m*, jaleo; *(problem)* problema *m*, lío.
2 *n (argument)* bronca, discusión *f*, pelea, riña.
3 *vt* molestar, fastidiar: stop hassling me! ¡deja de fastidiarme!

hassock [ˈhæsək] *n REL* cojín *m*, almohadilla.

haste [heɪst] *n* prisa, precipitación *f*.
✦ to make haste apresurarse, darse prisa. more haste, less speed vísteme despacio que tengo prisa.

hasten [ˈheɪsən]
1 *vt fml* apresurar, acelerar el paso de, dar prisa a.
2 *vi* darse prisa, apresurarse: he hastened home volvió a casa de prisa.

hastily [ˈheɪstɪlɪ] *adv (quickly)* de prisa, apresuradamente; *(rashly)* sin reflexionar, a la ligera, precipitadamente.

hastiness [ˈheɪstɪnəs] *n* prisa, rapidez *f*, precipitación *f*.

hasty [ˈheɪstɪ]
1 *adj (hurried)* apresurado,-a, precipitado,-a.
2 *adj (rash)* apresurado,-a, imprudente, irreflexivo,-a.
3 *adj (hot-headed)* impaciente, con genio; *(superficial)* ligero,-a.
▲ *comp* hastier, *superl* hastiest.

hat [hæt] *n* sombrero.
✦ I'll eat my hat if ... *fig* que me ahorquen si ..., que me maten si ...
to be old hat *fam* ser historia.
to keep something under one's hat *fml* guardar un secreto.
to take one's hat off to *fig* descubrirse ante.
to talk through one's hat decir tonterías.

hatband [ˈhætbænd] *n* cinta de sombrero.

hatbox [ˈhætbɒks] *n* sombrerera.

hatch [hætʃ]
1 *n (on ship)* escotilla.
2 *n (of chickens, brood)* pollada.
3 *vt (eggs)* empollar, incubar.
4 *vt fig (plot, plan)* idear, tramar.
5 *vi* salir del cascarón, salir del huevo.
✦ down the hatch! *fam* ¡salud!
■ serving hatch ventanilla.

hatchback [ˈhætʃbæk] *n AUTO* coche con portón trasero.

hatchery [ˈhætʃərɪ] n criadero, piscifactoría.
▲ pl **hatcheries**.

hatchet [ˈhætʃɪt] n hacha.
◆ **to bury the hatchet** enterrar el hacha de la guerra, hacer las paces.
■ **hatchet job** fam diatriba.
hatchet man fam matón m.

hatchway [ˈhætʃweɪ] n escotilla.

hate [heɪt]
1 n odio.
2 vt fam (detest) odiar, detestar, aborrecer: **she hates school dinners** no soporta las comidas del colegio.
3 vt fam (regret) lamentar, sentir: **I hate to trouble you, but …** lamento molestarle, pero …

hateful [ˈheɪtfʊl] adj odioso,-a, repugnante.

hatpin [ˈhætpɪn] n alfiler m de sombrero.

hatred [ˈheɪtrəd] n odio.

hatstand [ˈhætstænd] n percha (para sombreros).

haughtiness [ˈhɔːtɪnəs] n altanería, arrogancia, altivez f.

haughty [ˈhɔːtɪ] adj altanero,-a, arrogante, altivo,-a, engreído,-a.
▲ comp **haughtier**, superl **haughtiest**.

haul [hɔːl]
1 n (pull) tirón m, estirón m.
2 n (distance) recorrido, trayecto, trecho, camino: **it's a long haul yet** aún falta mucho camino.
3 n (fish) redada.
4 n (loot) botín m.
5 vt (drag) tirar de, arrastrar.
6 vt (boat) halar; (car, caravan etc) remolcar.
▶ **to haul up** vt sep fam llevar ante el tribunal, llevar a juicio, llevar ante el juez: **he was hauled up for drunken driving** lo llevaron ante el juez por conducir en estado de embriaguez.
◆ **to haul somebody over the coals** echarle un rapapolvo a alguien.

haulage [ˈhɔːlɪdʒ]
1 n (activity) transporte m, acarreo.
2 n (cost) (gastos mpl de) transporte m.
■ **haulage contractor** transportista mf.

haulier [ˈhɔːljəʳ] n transportista mf.

haunch [hɔːntʃ]
1 n ANAT cadera y muslo, anca.
2 n CULIN pierna, pernil m.
◆ **to sit on one's haunches** ponerse en cuclillas.

haunt [hɔːnt]
1 n (of people) sitio preferido, lugar m predilecto; (of criminals, animals) guarida.
2 vt (frequent - gen) frecuentar; (- ghost) aparecer en, rondar por: **the house is haunted by ghosts** aparecen fantasmas en la casa.
3 vt (memory, thought) obsesionar, perseguir: **she is haunted by the memories of her childhood** la obsesionan los recuerdos de su infancia.

haunted [ˈhɔːntɪd] adj encantado,-a, embrujado,-a.
■ **haunted castle** castillo encantado.

haunting [ˈhɔːntɪŋ] adj obsesionante.

Havana [həˈvænə] n La Habana.
■ **Havana cigar** puro, puro habano, habano: **he enjoys a Havana now and again** le encanta fumarse un puro habano de vez en cuando.

have [hæv]
1 vt (possess) tener, poseer: **she has a house in Whitby** tiene una casa en Whitby; **he had blue eyes** tenía los ojos azules.
2 vt (food) comer, tomar; (drink) beber, tomar: **I think I'll have the turbot** creo que tomaré el rodaballo; **will you have a brandy?** ¿quieres tomar un coñac?; **to have breakfast/lunch/tea/dinner** desayunar/comer/merendar/cenar.
3 vt (cigarette) fumar: **how many cigarettes have you had today?** ¿cuántos cigarros has fumado hoy?
4 vt (shower, bath, etc) tomar: **when she got home she had a shower** cuando llegó a casa se dio una ducha, cuando llegó a casa se duchó; **in Finland I had a sauna** en Finlandia hice una sauna; **have you had a wash and a shave?** ¿te has lavado y afeitado?; **I'll have a swim before lunch** me bañaré antes de comer.
5 vt (treatment) recibir: **I had an injection** me dieron una inyección; **she had a heart operation** la operaron del corazón; **I have a massage every Thursday** cada jueves voy al masajista; **she's having physiotherapy** acude a fisioterapia.
6 vt (illness) tener: **he didn't come because he had flu** no vino porque tenía la gripe; **I have a headache** tengo dolor de cabeza.
7 vt (experience) tener: **I had a scare** tuve un susto, me asusté; **have a good time!** ¡diviértos!, ¡pasadlo bien!; **I had quite a surprise** me llevé una gran sorpresa.
8 vt (receive, invite) recibir, invitar: **we had John and Mary for dinner last night** invitamos a John y Mary a cenar anoche.
9 vt (borrow) pedir prestado, dejar: **can I have your book for a second, please?** ¿me dejas tu libro un segundo, por favor?
10 vt (party) celebrar, tener, dar; (meeting) celebrar, tener: **they're always having parties** no paran de dar fiestas; **are you going to have a party for your birthday?** ¿vas a hacer una fiesta para tu cumpleaños?; **they had their annual meeting last week** celebraron su reunión anual la semana pasada.
11 vt (according to) según: **rumour has it that … corre el rumor de que …**

12 vt (baby) tener, dar a luz.
13 vt (cause to happen) hacer, mandar: **he had the house painted** hizo pintar la casa; **she had her hair cut** se cortó el cabello; **they had him killed** lo mandaron matar.
14 vt (allow) permitir, consentir: **I can't have you walking about naked** no puedo permitir que vayas por ahí desnudo.
15 vt fam (cheat) timar: **if you paid £200 pounds for that you were had** si has pagado doscientas libras por eso te han timado.
16 aux haber: **I have seen her** la he visto; **I hadn't seen the film so I went to the cinema** no había visto la película así que fui al cine.
▶ **to have on**
1 vt sep (wear) llevar puesto,-a.
2 vt sep (tease) tomar el pelo a: **you're having me on** me estás tomando el pelo, estás bromeando.
to have out vt sep (tooth) sacarse; (appendix) operarse de.
◆ **had better** más vale que: **you'd better come alone** más vale que vengas solo; **we'd better not tell her about it** sería mejor no decírselo.
have got GB tener: **Sue's got a new car** Sue tiene un coche nuevo; **you've got a stain on your shirt** tienes una mancha en la camisa; **he said he'd got a hangover** dijo que tenía resaca.
to have done with acabar con.
to have had it (broken) estar hecho,-a polvo, estar fastidiado,-a; (in trouble) haberlo,-a cagado,-a; (finished) estar acabado,-a: **this radio's had it, I'll have to get a new one** esta radio está en las últimas, tendré que comprar una nueva; **your dad's seen you, you've had it now!** te ha visto tu padre, ¡la has cagado!; **if this scandal gets out he's had it as an MP** si la gente se entera de este escándalo, se han acabado sus días de diputado.
to have it away/have it off taboo echar un polvo.
to have it in for somebody tenerla tomada con alguien.
to have it out with somebody ajustar las cuentas con alguien.
to have it over and done with acabar algo de una vez y para siempre.
to have just acabar de: **she's just finished the letter** acaba de terminar la carta.
to have somebody over to one's house/have somebody round to one's house invitar a alguien a casa.
to have somebody up for something JUR llevar a alguien ante los tribunales por algo, procesar a alguien por algo.
to have something on tener algo planeado, tener algo que hacer.

to have something on somebody tener información comprometedora sobre alguien, saber algo comprometedor acerca de alguien.
to have to tener que, haber de: I have to see you tengo que verte.
to have to do with tener que ver con: that has nothing to do with you eso no tiene nada que ver contigo.
▲ *3rd pers pres sing* has [hæz], *pt & pp* had [hæd], *ger* having.

haven ['heɪvən]
1 *n fig* refugio, asilo.
2 *n (harbour)* puerto.

have-nots ['hævnɒts] *npl* desposeídos *mpl*, pobres *mpl*, desvalidos *mpl*.

haversack ['hævəsæk] *n* mochila.

havoc ['hævək] *n* estragos *mpl*.
✦ **to play havoc with** hacer estragos en.

Hawaian [hə'waɪən]
1 *adj* hawaiano,-a.
2 *n* hawaiano,-a.

Hawaii [hə'waɪɪ] *n* Hawai.

Hawaiian [hə'waɪən] *adj* → **Hawaian.**

hawfinch ['hɔːfɪntʃ] *n* picogordo.

hawk¹ [hɔːk] *n* halcón *m*.
✦ **to have eyes like a hawk** tener ojo de lince.
■ **hawks and doves** halcones *mpl* y palomas.

hawk² [hɔːk]
1 *vt (in the street)* vender en la calle; *(door to door)* vender de puerta en puerta.
2 *vt (gossip, news)* divulgar, pregonar, difundir.
3 *vi* carraspear.

hawker ['hɔːkəʳ] *n* vendedor,-ra ambulante.

hawk-eyed ['hɔːkaɪd] *adj fig* con ojos de lince.

hawser ['hɔːzəʳ] *n* guindaleza.

hawthorn ['hɔːθɔːn] *n BOT* espino.

hay [heɪ] *n BOT* heno.
✦ **to hit the hay** *fam* acostarse.
to make hay while the sun shines *fam* la ocasión la pintan calva.

hay-fever ['heɪfiːvəʳ] *n MED* fiebre *f* del heno.

hayfork ['heɪfɔːk] *n AGR* bieldo.

hayloft ['heɪlɒft] *n* pajar *m*, henar *m*.

haymaker ['heɪmeɪkəʳ] *n* heneador,-ra, labrador,-ra, segador,-ra.

haymaking ['heɪmeɪkɪŋ] *n AGR* henificación *f*, siega del heno.

haystack ['heɪstæk] *n* almiar *m*.

haywire ['heɪwaɪəʳ] *adj fam (confused)* en desorden, confuso,-a; *(mad)* chalado,-a, loco,-a.
✦ **to go haywire** *fam (person)* volverse loco,-a, volverse majara; *(machine)* estropearse; *(plan, scheme)* embrollarse, liarse.

hazard ['hæzəd]
1 *n (risk)* riesgo, peligro.
2 *n (in sports in general)* obstáculo.

3 *vt fml* arriesgar, poner en peligro.
4 *vt fml (guess, remark)* aventurar, atreverse a hacer.

hazardous ['hæzədəs] *adj* arriesgado, -a, peligroso,-a, aventurado,-a.

haze [heɪz]
1 *n* neblina.
2 *n fig* confusión *f*, vaguedad *f*.
3 *vt US* hacer una novatada a.

hazel ['heɪzəl]
1 *n BOT* avellano.
2 *adj* (de color de) avellana.

hazelnut ['heɪzəlnʌt] *n BOT* avellana.

hazily ['heɪzɪlɪ] *adv fig* vagamente.

haziness ['heɪzɪnəs]
1 *n* nebulosidad *f*, calina.
2 *n fig* nebulosidad *f*, vaguedad *f*.

hazy ['heɪzɪ]
1 *adj* brumoso,-a, calinoso,-a, nebuloso,-a.
2 *adj fig* vago,-a, nebuloso,-a, vago,-a.
▲ *comp* hazier, *superl* haziest.

H-bomb ['eɪtʃbɒm] *n MIL* bomba H.

he [hiː]
1 *pron* él: he came yesterday (él) vino ayer.
2 *pron (gen)* el que, quien: he who wants to come, raise his hand el que quiera venir, que levante la mano.
3 *n (male animals)* macho: is it a he or a she? ¿es macho o hembra?
4 *n (man)* hombre *m*, varón *m*.
5 *adj* macho.
■ **he-goat** macho cabrío.

HE [hɪz'eksələnsɪ, hɜː'eksələnsɪ] *abbr* (**His Excellency, Her Excellency**) Su Excelencia; *(abbreviation)* S.E.

head [hed]
1 *n (gen)* cabeza; *(mind)* mente *f*: my head was spinning la cabeza me daba vueltas.
2 *n (on tape recorder, video)* cabezal *m*.
3 *n (of bed, table)* cabecera.
4 *n (of page)* principio.
5 *n (on beer)* espuma.
6 *n (cape)* cabo, punta.
7 *n (of school, company)* director,-ra.
8 *n (cattle)* res *f*: four hundred head of cattle cuatrocientas reses, cuatrocientas cabezas de ganado.
9 *n (coin)* cara.
10 *n (of cabbage, lettuce)* cogollo; *(of cauliflower)* pella.
11 *adj* principal, jefe: he's the head gardener es el jardinero jefe.
12 *vt (company, list etc)* encabezar: she heads the list of winners ella encabeza la lista de ganadores.
13 *vt (ball)* rematar de cabeza, dar un cabezazo a, cabecear: he headed the ball into the net metió un gol de un cabezazo.
▶ **to head for** *vt insep* dirigirse hacia: where are you heading for? ¿adónde te diriges?; the company is heading for big trouble la compañía se enfrenta a graves problemas, la compañía va a tener problemas.

to head off
1 *vi* marcharse, irse: it's time I was heading off es hora de que me marche.
2 *vt sep (divert)* interceptar; *(avoid)* evitar: if we take this short cut we can head them off at the river si tomamos este atajo le interceptaremos en el río; can we head off disaster? ¿podemos evitar el desastre?
✦ **from head to toe/from head to foot** de pies a cabeza.
heads or tails? ¿cara o cruz?
off the top of one's head sin pensárselo, así de entrada.
on your own head be it! ¡allá te las compongas!
per head por barba, por cabeza: it cost us £12 per head nos costó doce libras por barba.
to be head over heels in love with somebody estar locamente enamorado,-a de alguien.
to be off one's head estar chiflado,-a.
to bite somebody's head off *fam* echar una bronca a alguien.
to do something standing on one's head hacer algo con los ojos vendados.
to have a good head for figures tener facilidad para los números.
to have a head for heights no padecer vértigo.
to keep one's head mantener la calma.
to keep one's head above water mantenerse a flote.
to laugh one's head off reírse a carcajadas.
two heads are better than one cuatro ojos ven más que dos.
■ **head office** oficina central.
head teacher director,-ra.
head start ventaja.

headache ['hedeɪk]
1 *n* dolor *m* de cabeza.
2 *n fig* quebradero de cabeza.

headband ['hedbænd] *n* cinta (para la cabeza).

headboard ['hedbɔːd] *n* cabecera.

headcase ['hedkeɪs] *n* chiflado,-a.

headdress ['heddres] *n* tocado.

headed ['hedɪd] *adj (paper)* con membrete.

header ['hedəʳ] *n (football)* cabezazo; *(dive)* salto de cabeza.

head-first [hed'fɜːst] *adv* de cabeza.

headgear ['hedgɪəʳ] *n (hat)* sombrero; *(for women)* tocado.

head-hunter [hed'hʌntəʳ]
1 *n* cazador,-ra de cabezas, jíbaro,-a.
2 *n fam fig* cazatalentos *mf*.

heading ['hedɪŋ]
1 *n (of chapter)* encabezamiento, título.
2 *n (letterhead)* membrete *m*.

headlamp ['hedlæmp] *n AUTO* faro.

headland [ˈhedlənd] n cabo, punta, promontorio.

headlight [ˈhedlaɪt] n AUTO faro.

headline [ˈhedlaɪn]
1 n titular m.
2 vt (newspaper) poner en los titulares.
3 vt (emphasize) remarcar, subrayar.
4 vt US encabezar la lista de artistas de: Bruce Springsteen headlines tomorrow's Charity Performance Bruce Springsteen encabezará el Concierto Benéfico de mañana.
♦ to hit the headlines ser noticia de actualidad, ser noticia de primera plana.
▪ news headlines resumen m de las noticias más destacadas.

headlong [ˈhedlɒŋ]
1 adj (headfirst) de cabeza; (hasty) precipitado,-a, impetuoso,-a.
2 adv (hastily) precipitadamente, impetuosamente: they rushed headlong into setting up the new venture se volcaron precipitadamente en el montaje de la nueva empresa.
3 adv (headfirst) de cabeza.

headmaster [hedˈmɑːstəʳ] n director m.

headmistress [hedˈmɪstrəs] n directora.

head-on [hedˈɒn]
1 adj frontal: the car was involved in a head-on collision el coche se vio involucrado en un choque frontal.
2 adj fig frontal: management and unions are set for a head-on confrontation la patronal y los sindicatos están encaminados hacia una confrontación frontal.
3 adv de frente.

headphones [ˈhedfəʊnz] npl auriculares mpl, cascos mpl.

headquarters [ˈhedkwɔːtəz]
1 n (of an organization) sede f; (main office) oficina central.
2 n (of a firm) razón f social, domicilio social.
3 n MIL cuartel m general.
4 n fig centro de operaciones, cuartel m general.
▲ Puede usarse indistintamente con verbo en singular o en plural: our headquarters is/ are in New York nuestra sede está en Nueva York.

headrest [ˈhedrest] n cabecero, cabezal m.

headroom [ˈhedrʊm]
1 n altura libre sobre la cabeza, espacio libre sobre la cabeza.
2 n (bridges etc) altura libre de paso, luz f.

headscarf [ˈhedskɑːf] n pañuelo.
▲ pl headscarves [ˈhedskɑːvz].

headset [ˈhedset] n auriculares mpl.

headship [ˈhedʃɪp] n (gen) dirección f.

headstand [ˈhedstænd] n posición f de cabeza.

headstone [ˈhedstəʊn]
1 n (tombstone) lápida mortuoria.
2 n ARCH piedra angular.

headstrong [ˈhedstrɒŋ] adj cabezota, obstinado,-a, testarudo,-a.

headway [ˈhedweɪ] n (progress - gen) progreso; (of - ship) salida.
♦ to make headway fig avanzar, progresar, hacer progresos.

headwind [ˈhedwɪnd] n viento de proa, viento contrario.

headword [ˈhedwɜːd] n entrada, lema.

heady [ˈhedɪ] adj (intoxicating) embriagador,-ra, fuerte.
▲ comp headier, superl headiest.

heal [hiːl]
1 vt (disease, patient) curar; (wound) cicatrizar, curar.
2 vt fig curar, remediar.
3 vi (wounds) cicatrizar, cicatrizarse; (people) curarse, sanar.
4 vi fig remediarse.
▶ to heal up vi curarse, cicatrizarse.

healer [ˈhiːləʳ] n curador,-ra, sanador, -ra.

healing [ˈhiːlɪŋ]
1 n (of disease) curación f, cura; (of wound) cicatrización f.
2 adj (ointment) cicatrizante; (remedy) curativo,-a; (soothing) apaciguador,-ra, conciliador,-ra.

health [helθ]
1 n salud f.
2 n (service) sanidad f.
3 n fig prosperidad f.
♦ to be in good/bad health estar bien/ mal de salud.
to drink to somebody's health beber a la salud de alguien.
to your health! ¡a tu salud!
▪ health authorities autoridades fpl sanitarias.
health centre ambulatorio, centro médico.
health certificate certificado médico.
health foods alimentos mpl naturales.
health service Dirección f General de Sanidad.
health visitor A.T.S., enfermero,-a visitante.

healthful [ˈhelθfʊl] adj fml dated saludable, sano,-a.

healthy [ˈhelθɪ]
1 adj (gen) sano,-a.
2 adj (good for health) saludable.
3 adj (appetite) bueno,-a: he has a healthy appetite tiene buen apetito.
4 adj (prosperous) próspero,-a; (disposition) sensato,-a.
5 adj fig sano,-a: she has a very healthy outlook on life su actitud de cara a la vida es muy sana.
▲ comp healthier, superl healthiest.

heap [hiːp]
1 n montón m.
2 vt (pile) amontonar, apilar.
3 vt (spoons) colmar; (plate) llenar.
4 vt (praise, presents) colmar: the president heaped praises on him el presidente lo colmó de elogios.

♦ heaps of fam montones de, cantidad de, muchísimo,-a: she's got heaps of money tiene montones de dinero.
to be at the bottom of the heap fam ser el último mono.

hear [hɪəʳ]
1 vt (gen) oír: do you hear me? ¿me oyes?
2 vt (perceive) sentir; (listen to) escuchar.
3 vt (lecture) asistir a; (a news item) saber.
4 vt JUR (case) ver; (witness, defendant) oír.
5 vt (refuse) negarse a: she wouldn't hear of moving house se negó rotundamente a trasladarse; I won't hear of it! ¡ni hablar!
6 vt (find out) enterarse: I've heard she's leaving me he enterado que se marcha.
▶ to hear out vt sep escuchar hasta el final.
♦ have you heard the one about ... (humour) sabes el chiste de ...
hear, hear! ¡muy bien!
I can't hear myself think fam no puedo pensar con tanto ruido.
to hear from tener noticias de.
to hear of oír hablar de.
▲ pt & pp heard [hɜːd].

hearer [ˈhɪərəʳ] n oyente mf.

hearing [ˈhɪərɪŋ]
1 n (sense) oído.
2 n (act of hearing) audición f.
3 n JUR audiencia, vista.
♦ to be hard of hearing ser duro,-a de oído, ser sordo,-a.
to give somebody a fair hearing fig escuchar a alguien con imparcialidad, dejar hablar a alguien.
within hearing distance al alcance del oído.
▪ hearing aid audífono.

hearsay [ˈhɪəseɪ] n rumores mpl: it's just hearsay son solo rumores.
♦ by hearsay de oídas.

hearse [hɜːs] n coche m fúnebre.

heart [hɑːt]
1 n ANAT corazón m: he has serious heart trouble padece gravemente del corazón.
2 n (centre of feeling) corazón m: she broke his heart le rompió el corazón; he has a kind heart tiene buen corazón.
3 n (courage) valor m, corazón m.
4 n (of lettuce etc) cogollo; (of place) corazón m, centro; (of question) fondo, quid m, meollo: we soon got to the heart of the matter pronto llegamos al fondo de la cuestión.
5 hearts npl (cards) corazones mpl; (Spanish cards) copas fpl.
♦ a change of heart un cambio de opinión.
after my own heart de los/las que me gustan: he's a man after my own heart es un hombre de los que me gustan.
at heart en el fondo.
by heart de memoria.

have a heart! ¡ten piedad!

his (her etc) heart sank se le cayó el alma a los pies.

to get to the heart of something llegar al fondo de algo.

to have one's heart in one's mouth tener el alma en un hilo.

to have one's heart in something volcarse en cuerpo y alma en algo.

to have one's heart in the right place ser buena persona.

to lose heart descorazonarse, desanimarse.

to pour one's heart out abrir el corazón.

to take something to heart tomarse algo muy a pecho.

to wear one's heart on one's sleeve ir con el corazón en la mano.

■ **heart attack** infarto de miocardio.

heart transplant trasplante *m* de corazón.

heartache ['hɑːteɪk]
1 *n* angustia, pena, pesar *m*.
2 *n (deep feeling of sorrow)* congoja.

heartbeat ['hɑːtbiːt] *n* latido del corazón.

heartbreak ['hɑːtbreɪk] *n* angustia, congoja.

heartbreaking ['hɑːtbreɪkɪŋ] *adj* angustioso,-a, desgarrador,-ra, penoso,-a: it was heartbreaking to see them like this daba pena verlos así.

heartbroken ['hɑːtbrəukən] *adj* hundido,-a, angustiado,-a.
✦ to be heartbroken tener el corazón destrozado.

heartburn ['hɑːtbɜːn] *n* ardor *m* de estómago, acedía, ardores *mpl*.

hearten ['hɑːtən] *vt* animar, alentar.

heartening ['hɑːtənɪŋ] *adj* alentador,-ra.

heartfelt ['hɑːtfelt] *adj* sincero,-a, cordial, sentido,-a: my heartfelt thanks mi más efusivo agradecimiento; my most heartfelt sympathy mi más sentido pésame.

hearth [hɑːθ]
1 *n (of fireplace)* hogar *m*, chimenea.
2 *n fig* hogar *m*.
✦ without hearth or home sin casa ni hogar.

heartily ['hɑːtɪlɪ]
1 *adv (warmly)* cordialmente; *(sincerely)* sinceramente.
2 *adv (strongly)* enérgicamente, fuertemente; *(hungrily)* con ganas.
3 *adv (effusively)* efusivamente; *(enthusiastically)* con entusiasmo.

heartiness ['hɑːtɪnəs]
1 *n (warmth)* cordialidad *f*; *(sincerity)* sinceridad *f*.
2 *n (enthusiasm)* entusiasmo *m*; *(friendliness)* campechanía, afabilidad *f*.

heartless ['hɑːtləs] *adj* cruel, insensible, despiadado,-a, inhumano,-a.

heartlessly ['hɑːtləslɪ] *adv* cruelmente, despiadadamente.

heartlessness ['hɑːtləsnəs] *n* crueldad *f*, inhumanidad *f*.

heart-rending ['hɑːtrendɪŋ] *adj* angustioso,-a, desgarrador,-ra, conmovedor,-ra.

heartstrings ['hɑːtstrɪŋz] *npl* corazón *m*, fibras *fpl* del corazón.
✦ it tugs at your heartstrings cala muy hondo, toca la fibra sensible.

heart-throb ['hɑːtθrɒb] *n fam* ídolo, rompecorazones *mf*.

heart-to-heart [hɑːttə'hɑːt]
1 *n* charla íntima y franca: we must get together and have a good heart-to-heart tenemos que quedar y sincerarnos el uno con el otro.
2 *adj* franco,-a, sincero,-a, íntimo,-a.

hearty ['hɑːtɪ]
1 *adj (person)* campechano,-a.
2 *adj (welcome)* cordial.
3 *adj (meal)* abundante.
▲ *comp* heartier, *superl* heartiest.

heat [hiːt]
1 *n (warmth)* calor *m*.
2 *n fig* calor *m*, pasión *f*, ardor *m*, vehemencia: in the heat of the moment she said things she later regretted en un arrebato de furia dijo cosas de las que luego se arrepintió; in the heat of the moment I left the keys inside con las prisas olvidé las llaves dentro de casa.
3 *n (heating)* calefacción *f*.
4 *n SP* eliminatoria, serie *f*.
5 *n ZOOL* celo *m*.
6 *vt* calentar.
7 *vt fig* acalorar.
▸ to heat up
1 *vi (warm up)* calentarse; *(to raise excitement etc)* acalorarse.
2 *vt sep* calentar.
3 *vt sep fig* acalorar.
✦ on heat/in heat en celo.
to turn on the heat presionar, ejercer presiones.
■ **heat rash** sarpullido.

heated ['hiːtɪd]
1 *adj fig (argument)* acalorado,-a.
2 *adj (room)* con calefacción *f*.
✦ to get heated about something acalorarse por algo.

heater ['hiːtəʳ] *n* calentador *m*.

heath [hiːθ]
1 *n (land)* brezal *m*.
2 *n (plant)* brezo.

heathen ['hiːðən]
1 *n (non Christian)* pagano,-a.
2 *n fig* bárbaro, salvaje *m*.
3 *adj (not Christian)* pagano,-a.
4 *adj fig* bárbaro,-a, salvaje.
■ the heathen los paganos *mpl*.

heather ['heðəʳ] *n BOT* brezo.

heating ['hiːtɪŋ] *n* calefacción *f*.

heatproof ['hiːtpruːf] *adj* atérmico,-a.

heat-resistant ['hiːtrɪzɪstənt] *adj* refractario,-a.

heatstroke ['hiːtstrəuk] *n MED* insolación *f*.

heatwave ['hiːtweɪv] *n* ola de calor.

heave [hiːv]
1 *n (pull)* tirón *m*; *(push)* empujón *m*.
2 *vt (pull)* tirar; *(lift)* levantar.
3 *vt (push)* empujar.
4 *vt fam (throw)* lanzar, arrojar.
5 *vi (rise and fall)* subir y bajar; *(pant)* jadear.
6 *vi (retch)* tener náuseas; *(chest)* jadear.
7 *vi MAR* cabecear.
▸ to heave to *vi MAR* ponerse al pairo.
✦ to heave a sigh of relief *fig* suspirar con alivio.
▲ *pt & pp* hove [həuv].

heaven ['hevən]
1 *n* cielo.
2 *n fam* gloria, paraíso.
3 *n* heavens *npl* cielo.
✦ for heaven's sake! *fam* ¡por el amor de Dios!
good heavens! *fam* ¡santo cielo!, ¡por Dios!, ¡madre mía!
heaven forbid! ¡no lo quiera Dios!
heaven knows! *fam* ¡ni idea!
this is heaven! *fam* ¡esto es la gloria!
heavens! ¡cielos!
thank heavens! ¡gracias a Dios!
to be in seventh heaven estar en el séptimo cielo.
to stink to high heaven *fam* apestar.
to move heaven and earth mover cielo y tierra.

heavenly ['hevənlɪ]
1 *adj* celestial.
2 *adj fig* divino,-a.
■ **heavenly body** cuerpo celeste.

heaven-sent ['hevən'sent] *adj fig* llovido,-a del cielo, milagroso,-a.

heavenward ['hevənwəd] *adv* hacia el cielo.

heavenwards ['hevənwədz] *adv* → heavenward.

heavily ['hevɪlɪ]
1 *adv (fall, move, step, etc)* pesadamente; *(rain)* fuertemente, mucho.
2 *adv (sleep etc)* profundamente; *(drink)* con exceso, mucho; *(breathe)* con dificultad *f*.
✦ to lose heavily *SP* sufrir una fuerte derrota; *(in gambling)* perder muchísimo dinero.

heaviness ['hevɪnəs] *n (of body)* pesadez *f*, *(of weight)* peso.
■ **heaviness of heart** tristeza.

heavy ['hevɪ]
1 *adj (gen)* pesado,-a.
2 *adj (rain, blow)* fuerte, pesado,-a.
3 *adj (traffic)* denso,-a.
4 *adj (sleep)* profundo,-a: he's a very heavy sleeper tiene el sueño muy profundo.
5 *adj (crop)* abundante.
6 *adj (atmosphere)* cargado,-a.

7 adj *(loss, expenditure)* grande, considerable, cuantioso,-a: **he got a heavy fine for speeding** le pusieron una multa elevada por exceso de velocidad.
✦ **to be a heavy drinker/smoker** beber/fumar mucho.
▪ **heavy industry** industria pesada.
heavy water agua pesada.
▲ comp **heavier**, superl **heaviest**.

heavy-duty ['hevɪ'djuːtɪ] adj *(clothes, shoes, etc)* de faena, resistente; *(equipment, machinery etc)* reforzado,-a, robusto,-a, para grandes cargas.

heavy-handed ['hevɪ'hændɪd] adj *(harsh, unkind)* severo,-a, poco amable, autoritario,-a; *(clumsy)* torpe; *(tactless)* poco considerado,-a, poco delicado,-a.

heavyweight ['hevɪweɪt]
1 n SP peso pesado.
2 n fig peso pesado.

Hebrew ['hiːbruː]
1 adj hebreo,-a.
2 n *(person)* hebreo,-a.
3 n *(language)* hebreo.

Hebrides ['hebrɪdiːz] n Islas Hébridas, Hébridas.

heck [hek] interj fam ¡jolín!
✦ **a heck of a lot** fam ¡cantidad! ¡un montón!
what the heck! fam ¡qué más da!, ¡qué demonios!

heckle ['hekəl] vt interrumpir, provocar.

heckler ['heklə'] n persona que interrumpe a un orador con gritos e insultos.

heckling ['heklɪŋ] n altercado, interrupción f con gritos e insultos.

hectare ['hektɑː'] n hectárea.

hectic ['hektɪk] adj agitado,-a, ajetreado,-a, movido,-a: **it's been a hectic week** ha sido una semana muy movida.

hectogram ['hektəgræm] n hectogramo.

hector ['hektə'] vt intimidar, tiranizar.

hectoring ['hektərɪŋ] adj tiránico,-a, intimidatorio,-a.

he'd [hiːz]
1 contr he had.
2 contr he would.

hedge [hedʒ]
1 n seto vivo.
2 n fig protección f, barrera.
3 vi contestar con evasivas.
4 vt cercar, separar con un seto.
5 vt fig *(protect)* proteger, guardar; *(protect oneself against)* protegerse.
▸ **to hedge in** vt sep cercar, rodear.
✦ **to be hedged about with/be hedged around with** estar rodeado,-a de.
to hedge one's bets cubrir las apuestas.

hedgehog ['hedʒhɒg] n ZOOL erizo.
hedgerow ['hedʒrəʊ] n seto vivo.
hedonism ['hiːdənɪzəm] n hedonismo.
hedonist ['hiːdənɪst] n hedonista mf.
hedonistic [hiːdən'ɪstɪk] adj hedonista.

heed [hiːd]
1 n atención f: **he paid no heed to his father's advice** hizo caso omiso a los consejos de su padre.
2 vt prestar atención a, hacer caso de.

heedless ['hiːdləs] adj desatento,-a, descuidado,-a, despreocupado,-a.
✦ **to be heedless of** no hacer caso de.

heedlessly ['hiːdləslɪ] adv a la ligera, despreocupadamente.

hee-haw ['hiːhɔː] n rebuzno.

heel¹ [hiːl]
1 n ANAT talón m.
2 n *(on shoe)* tacón m; *(of sock)* talón m.
3 vt poner tacón a.
4 vt *(in rugby)* talonear.
5 vt MAR inclinar.
6 vi MAR escorar.
✦ **to be down at heel** ir mal vestido,-a, estar desaseado,-a.
to be head over heels in love estar locamente enamorado,-a.
to be on somebody's heels pisarle a alguien los talones.
to bring somebody to heel controlar a alguien, meter a alguien en cintura.
to dig one's heels in ser tozudo,-a.
to kick one's heels matar el tiempo.
to take to one's heels darse a la fuga, salir pitando.
under the heel of bajo el control férreo de.
▪ **heel bar** establecimiento donde se repara el calzado en el acto.
high heels zapatos mpl de tacón alto.

heel² [hiːl]
1 vt MAR inclinar.
2 vi MAR escorar.
▸ **to heel over** vi *(gen)* inclinarse; *(ship)* escorar.

heeled [hiːld] adj *(shoe)* de tacón.

hefty ['heftɪ] adj *(person)* fuerte, fornido,-a, robusto,-a; *(object)* pesado,-a; *(large quantity)* grande, importante, considerable: **he won a hefty amount of money** ganó una suma importante de dinero; **he received a hefty blow on the chin** encajó un golpe fuerte en la barbilla.
▲ comp **heftier**, superl **heftiest**.

hegemony [hɪ'gemənɪ] n hegemonía.
Hegira ['hedʒɪrə] n hégira, héjira.
heifer ['hefə'] n novilla, vaquilla.

height [haɪt]
1 n *(gen)* altura.
2 n *(altitude)* altitud f.
3 n *(of person)* estatura: **what height is he?** ¿cuánto mide?, ¿qué estatura tiene?
4 n GEOG cumbre f, cima.
5 n fig *(highest point)* colmo, cumbre f, cima: **the height of stupidity** el colmo de la tontería.
✦ **to be afraid of heights** tener vértigo.
to gain height subir.
to lose height bajar.
▪ **the Golan Heights** Los Altos de Golán.

average height estatura media, estatura normal.

heighten ['haɪtən]
1 vt fig *(enhance)* intensificar, realzar.
2 vt fig *(enjoyment)* aumentar.
3 vt elevar, levantar, hacer más alto.
4 vi *(to increase)* aumentar; *(intensify)* intensificarse.

heinous ['heɪnəs] adj fml lit atroz.

heir [eə'] n heredero.
▪ **heir apparent** JUR heredero forzoso.
heir presumptive JUR presunto heredero.

heiress ['eəres] n heredera.

heirloom ['eəluːm]
1 n reliquia, joya de familia.
2 n fig herencia.

Hejira ['hedʒɪrə] n hégira, héjira.

held [held] pt & pp → hold.

helicopter ['helɪkɒptə'] n helicóptero.

heliograph ['hiːlɪəgrɑːf] n heliógrafo.

heliography [hiːlɪ'ɒgrəfɪ] n heliografía.

heliotrope ['hiːlɪətrəʊp] n heliotropo.

heliport ['helɪpɔːt] n helipuerto.

helium ['hiːlɪəm] n CHEM helio.

helix ['hiːlɪks] n hélice f.

hell [hel] n infierno.
✦ **a hell of a** fam *(good)* estupendo,-a, fantástico,-a, genial; *(bad)* fatal, horrible.
go to hell! ¡vete al diablo!
like hell! fam ¡ni hablar!
to give somebody hell hacerle pasar un mal rato a alguien.
to have a hell of a time *(good)* pasarlo a lo grande, pasarlo pipa, pasarlo bomba; *(bad)* pasarlo fatal, pasarlas canutas.
to knock the hell out of dejar hecho,-a polvo.
to play hell with hacer estragos en.
... the hell? ¿ ... demonios?: **what the hell do you think you're doing?** ¿qué demonios crees que estás haciendo?; **who the hell does she think she is?** ¿quién demonios se cree que es?; **where the hell is he?** ¿dónde demonios está?

he'll [hiːl] contr he will, he shall.

hell-bent [hel'bent] adj fam empeñado,-a, totalmente convencido,-a: **she's hell-bent on making it to the top** está empeñada en llegar a la cima.

Hellenic [he'lenɪk] adj helénico,-a.

Hellenism ['helənɪzəm] n helenismo.

Hellenist ['helənɪst] n helenista mf.
▲ pl **hellos**.

Hellenistic [helə'nɪstɪk] adj helenista, helenístico,-a.

hellish ['helɪʃ] adj fam infernal.

hellishly ['helɪʃlɪ] adv fam muy: **it's hellishly cold there in winter** hace un frío de mil demonios allí en invierno.

hello [he'ləʊ]
1 interj ¡hola!

2 *interj (on telephone - answering)* ¡diga!; *(- calling)* ¡oiga!

3 *interj (to get somebody's attention)* ¡oiga!, ¡oye!

4 *interj (expressing surprise)* ¡vaya!: hello, hello, hello! What's going on here? ¡vaya, vaya, vaya! ¿Qué pasa aquí?

helm [helm] *n MAR* timón *m*.
+ to be at the helm *fig* llevar el timón, gobernar.

helmet ['helmɪt] *n* casco.

helmsman ['helmzmən] *n* timonel *m*.
▲ *pl helmsmen* ['helmzmən].

help [help]
1 *n (gen)* ayuda: I asked him for help le pedí ayuda; there's no help for it no hay más remedio.
2 *n (servant)* asistenta, criada.
3 *interj* ¡socorro!
4 *vt (gen)* ayudar: can you help us? ¿nos puedes ayudar?; can I help you? ¿qué desea?, ¿le puedo servir en algo?
5 *vt (be of use)* ayudar, servir: his ideas didn't help us at all sus ideas no nos sirvieron de nada.
6 *vt (to relieve)* aliviar: this ointment will help the pain esta pomada aliviará el dolor.
7 *vt (avoid)* evitar.
▸ to help out *vt sep* ayudar, echar una mano a.
+ I (he etc) can't help it *(I can't stop myself)* no puedo *(puede etc)* evitarlo; *(not my fault)* no es culpa mía *(suya etc)*.
I couldn't help + ger no pude por menos que + *inf*: I couldn't help wondering no pude por menos que preguntarme.
it can't be helped no hay nada que hacer.
to help oneself servirse a sí mismo,-a: help yourself! ¡sírvete tú mismo!

helper ['helpər]
1 *n* ayudante,-a *mf*, auxiliar *mf*.
2 *n (collaborator)* colaborador,-ra.

helpful ['helpful]
1 *adj (thing)* útil, práctico,-a,.
2 *adj (person)* amable.

helpfully ['helpfulɪ] *adv* amablemente.

helpfulness ['helpfulnəs] *n (usefulness)* utilidad *f*, *(kindness)* amabilidad *f*.

helping ['helpɪŋ]
1 *n* ración *f*, porción *f*: would you like a second helping? ¿quiere repetir?
2 *adj* ayuda.
+ to give somebody a helping hand echarle una mano a alguien.

helpless ['helpləs]
1 *adj (unprotected)* desamparado,-a, indefenso,-a, desvalido,-a.
2 *adj (powerless)* impotente, incapaz, inútil: to feel helpless sentirse inútil.

helplessly ['helpləslɪ] *adv* en vano, inútilmente.

helplessness ['helpləsnəs] *n (powerlessness)* impotencia, desamparo; *(incapability)* incapacidad *f*, inutilidad *f*.

helpline ['helplaɪn] *n* teléfono de asistencia.

Helsinki [hel'sɪŋkɪ] *n* Helsinki.

helter-skelter [heltə'skeltər]
1 *adv* atropelladamente, en desbandada.
2 *adj* ajetreado,-a.
3 *n (at fair)* tobogán *m*; *(confusion)* desbandada.

Helvetia [hel'viːʃə] *n* Helvecia.

Helvetian [hel'viːʃən]
1 *adj* helvético,-a.
2 *n* helvético,-a.

hem [hem]
1 *n SEW* dobladillo.
2 *vt* hacer un dobladillo en.
▸ to hem in *vt sep fig* cercar, rodear.
▲ *pt & pp* hemmed, *ger* hemming.

he-man ['hiːmæn] *n* machote *m*.
▲ *pl he-men* ['hiːmen].

hematite ['hiːmətaɪt] *n* hematites *f*.

hematologist [hiːmə'tɒlədʒɪst] *n US* hematólogo,-a.

hematology [hiːmə'tɒlədʒɪ] *n US* hematología.

hematoma [hiːmə'təʊmə] *n US* hematoma *mf*.

hematosis [hiːmə'təʊsɪs] *n US* hematosis *f*.

hemidemisemiquaver [hemɪdemɪ'semɪkweɪvər] *n* semifusa.

hemiplegia [hemɪ'pliːdʒɪə] *n* hemiplejía.

hemiplegic [hemɪ'pliːdʒɪk] *adj* hemipléjico,-a.

hemisphere ['hemɪsfɪər] *n* hemisferio.

hemispherical [hemɪs'ferɪkəl] *adj* hemisférico,-a.

hemline ['hemlaɪn] *n (of garment)* bajo.

hemlock ['hemlɒk] *n BOT (plant)* cicuta; *(tree)* tsuga.

hemmorrhage ['hemərɪdʒ] *n US* hemorragia.

hemmorrhoids ['hemərɔɪdz] *n US* hemorroides *fpl*, almorranas.

hemodialysis [hiːməʊdaɪ'ælɪsɪs] *n US* hemodiálisis *f*.

hemoglobin [hiːməʊ'ɡləʊbɪn] *n US* hemoglobina.

hemophilia [hiːməʊ'fɪlɪə] *n US* hemofilia.

hemophiliac [hiːməʊ'fɪlɪæk]
1 *adj US* hemofílico,-a.
2 *n US* hemofílico,-a.

hemorrhage ['hemərɪdʒ] *n US →* haemorrhage.

hemorrhoids ['hemərɔɪdz] *npl US →* haemorrhoids.

hemp [hemp]
1 *n BOT* cáñamo.
2 *n (drug)* hachís *m*, marihuana.

hemstitch ['hemstɪtʃ] *n SEW* vainica.

hen [hen] *n (chicken)* gallina; *(female bird)* hembra.

▪ hen party *fam* reunión *f* de mujeres, despedida de soltera.

hence [hens]
1 *adv fml (so)* por eso, por lo tanto, de ahí: he lost his house, hence his worry perdió su casa, de ahí su preocupación.
2 *adv (from now)* de aquí a, dentro de: five years hence de aquí a cinco años.

henceforth [hens'fɔːθ] *adv* de ahora en adelante.

henchman ['hentʃmən]
1 *n pej* secuaz *m*, partidario.
2 *n (bodyguard)* guardaespaldas *m*.
▲ *pl* henchmen.

henhouse ['henhaʊs] *n* gallinero.

henna ['henə] *n BOT* alheña.

hennin ['henɪn] *n* capirote *m*.

henpecked ['henpekt] *adj* dominado por la mujer: a henpecked husband un calzonazos.

hepatic [hɪ'pætɪk] *adj MED* hepático,-a.

hepatitis [hepə'taɪtəs] *n MED* hepatitis *f*.

heptagon ['heptəɡən] *n* heptágono.

heptagonal [hep'tæɡənəl] *adj* heptagonal.

her [hɜːr]
1 *pron (direct object)* la: I love her la quiero.
2 *pron (indirect object)* le; *(with other third person pronouns)* se: give her the money dale el dinero; give it to her dáselo.
3 *pron (after preposition)* ella: go with her vete con ella.
4 *pron fam (as subject)* ella: listen, that's her! ¡escucha, es ella!
5 *adj* su, sus; *(emphatic)* de ella: she lent me her car me dejó su coche; she took her children to school acompañó a sus hijos al colegio.

herald ['herəld]
1 *n* heraldo.
2 *n fig* precursor *m*, anunciador *m*.
3 *vt fml lit* anunciar, proclamar.

heraldic [he'rældɪk] *adj* heráldico,-a.

heraldry ['herəldrɪ] *n* heráldica.

herb [hɜːb] *n* hierba.
▪ herb tea infusión de hierbas.

herbaceous [hɜː'beɪʃəs] *adj* herbáceo,-a.

herbal ['hɜːbəl] *adj* herbario,-a.

herbalist ['hɜːbəlɪst] *n* herbolario,-a.

herbicide ['hɜːbɪsaɪd] *n* herbicida *m*.

herbivore ['hɜːbɪvɔːr] *n ZOOL* herbívoro,-a.

herbivorous [hɜː'bɪvərəs] *adj ZOOL* herbívoro,-a.

Herculean [hɜːkjʊ'liːən] *adj* hercúleo,-a.

Hercules ['hɜːkjʊliːz] *n* Hércules *m*.

herd [hɜːd]
1 *n (cattle)* manada; *(goats)* rebaño; *(pigs)* piara.
2 *n fam (people)* montón *m*, multitud *f*.
3 *vt (animals - group)* juntar en manada; *(- drive)* conducir en manada; *(people)* llevar.

4 *vi* juntarse en manada, juntarse en rebaño.
+ **to go with the herd** ir con las masas.
■ **herd instinct** instinto gregario.

herdsman ['hɜːdzmən] *n (of cattle)* vaquero; *(of sheep)* pastor *m*; *(of goats)* cabrero.
▲ *pl* **herdsmen** ['hɜːdzmən].

here [hɪəʳ] *adv* aquí: **here's the bus!** ¡aquí viene el autobús!; **here are the envelopes you asked for** aquí tienes los sobres que pediste; **there are lots around here** hay muchos por aquí.
+ **here and there** aquí y allá.
here's to ...! ¡brindemos por ...!: **here's to the future!** ¡brindemos por el futuro!
look here! ¡oye!, ¡oiga!
to be neither here nor there no venir al caso.

hereafter [hɪərˈɑːftəʳ]
1 *adv* de ahora en adelante.
2 the hereafter *n* el más allá *m*.

hereby [hɪəˈbaɪ] *adv* por la presente.

hereditary [hɪˈredɪtərɪ] *adj* hereditario,-a.

heredity [hɪˈredɪtɪ] *n* herencia.

herein [hɪəˈrɪn] *adv (inside)* aquí; *(in letter etc)* aquí mencionado,-a.

heresy ['herəsɪ] *n* herejía.
▲ *pl* **heresies**.

heretic ['herətɪk] *n* hereje *mf*.

heretical [heˈretɪkəl] *adj* herético,-a.

herewith [hɪəˈwɪð] *adv* adjunto,-a.

heritage ['herɪtɪdʒ] *n* herencia, patrimonio.

hermaphrodite [hɜːˈmæfrədaɪt]
1 *adj* hermafrodita.
2 *n* hermafrodita *mf*.

hermeneutic [hɜːmɪˈnjuːtɪk] *adj* hermenéutico,-a.

hermeneutics [hɜːmɪˈnjuːtɪks] *n* hermenéutica.

hermetic [hɜːˈmetɪk] *adj* hermético,-a.

hermetically [hɜːˈmetɪklɪ] *adv* herméticamente.

hermit ['hɜːmɪt] *n* ermitaño,-a, eremita *mf*.
■ **hermit crab** ermitaño, paguro.

hermitage ['hɜːmɪtɪdʒ] *n* ermita.

hernia ['hɜːnɪə] *n* hernia.

hero ['hɪərəʊ]
1 *n (gen)* héroe *m*.
2 *n (in novel)* protagonista *m*, personaje *m* principal.
■ **hero worship** idolatría, mitomanía.
▲ *pl* **heroes**.

Herod ['herəd] *n* Herodes *m*.
+ **to out-Herod Herod** ser más papista que el papa.

heroic [hɪˈrəʊɪk] *adj* heroico,-a.

heroics [hɪˈrəʊɪks] *npl (words)* grandilocuencia *f sing*; *(deeds)* actos heroicos *mpl*.

heroically [heˈrəʊɪkəlɪ] *adv* heroicamente.

heroin ['herəʊɪn] *n (drug)* heroína.
■ **heroin addict** heroinómano,-a.

heroine ['herəʊɪn]
1 *n* heroína.
2 *n (in novel)* protagonista, personaje *m* principal.

heroism ['herəʊɪzəm] *n* heroísmo.

heron ['herən] *n* garza.
■ **night heron** martinete *m*.
purple heron garza imperial.

hero-worship ['hɪərəʊwɜːʃɪp]
1 *n* mitificación *f*, idolatría.
2 *vt* mitificar, idolatrar.

hero-worshipper ['hɪərəʊwɜːʃɪpəʳ] *n* mitómano,-a.

herpes ['hɜːpiːz] *n* herpe *m*, herpes *m*.

herring ['herɪŋ] *n* arenque *m*.
▲ *pl* **herring** o **herrings**.

herringbone ['herɪŋbəʊn] *n (pattern)* espinapez *m*; *(in cloth)* espiga, espiguilla.

hers [hɜːz] *pron (sing)* (el) suyo, (la) suya; *(pl)* (los) suyos, (las) suyas; *(emphatic)* de ella: **this pencil is hers** este lápiz es suyo; **this pen is hers, not his** esta pluma es de ella, no de él; **he's a friend of hers** es amigo suyo; **hers are the nicest flowers in the street** las suyas son las flores más bonitas de la calle.

herself [hɜːˈself]
1 *pron (reflexive use)* se: **she poisoned herself** se envenenó.
2 *pron (emphatic)* ella misma: **she made it all herself** lo hizo todo ella misma.

hertz [hɜːts] *n* hertz *m*, hercio *m*.

he's [hiːz]
1 *contr* he is.
2 *contr* he has.

hesitant ['hezɪtənt] *adj* indeciso,-a.

hesitantly ['hezɪtəntlɪ] *adv* indecisamente, con indecisión.

hesitate ['hezɪteɪt] *vi* vacilar, dudar: **please don't hesitate to call me** no dudes en llamarme.

hesitation [hezɪˈteɪʃən] *n* duda, indecisión.
+ **without hesitation** sin dudar.

hessian ['hesɪən] *n* arpillera.

heterodox ['hetərədɒks] *adj* heterodoxo,-a.

heterodoxy ['hetərədɒksɪ] *n* heterodoxia.

heterogeneous [hetərəʊˈdʒiːnɪəs] *adj* heterogéneo,-a.

heterosexual [hetərəʊˈseksjʊəl]
1 *adj* heterosexual.
2 *n* heterosexual *mf*.

heterosexuality [hetərəʊseksjuˈælɪtɪ] *n* heterosexualidad *f*.

het up [hetˈʌp] *adj fam* nervioso,-a.

heuristic [hjuˈrɪstɪk] *adj* heurístico,-a.

heuristics [hjuˈrɪstɪks] *n* heurística.

hew [hjuː] *vt* talar.
▲ *pt* **hewed**, *pp* **hewed** o **hewn** [hjuːn].

hexagon ['heksəgən] *n* hexágono.

hexagonal [hekˈsægənəl] *adj* hexagonal.

hexameter [hekˈsæmɪtəʳ] *n* hexámetro.

hey [heɪ] *interj* ¡eh!, ¡oye!, ¡oiga!

heyday ['heɪdeɪ]
1 *n* auge *m*, apogeo.
2 *n fig* flor *f*, los mejores años: **she was in the heyday of youth when an accident ended it all** estaba en la flor de la juventud cuando un accidente lo truncó todo.

HGV ['eɪtʃˈdʒiːˈviː] *abbr GB* (**heavy goods vehicle**) vehículo de carga pesada.

HH [hɪzˈhaɪnəs, hɜːˈhaɪnəs] *abbr* (**His Highness, Her Highness**) Su Alteza; *(abbreviation)* SA.

hi [haɪ] *interj fam* ¡hola!

hiatus [haɪˈeɪtəs]
1 *n LING* hiato.
2 *n fml fig (gap)* laguna, interrupción *f*, vacío.
▲ *pl* **hiatuses** o **hiatus**.

hibernate ['haɪbəneɪt] *vi* hibernar.

hibernation [haɪbəˈneɪʃən] *n* hibernación *f*.

hibiscus [haɪˈbɪskəs] *n BOT* hibisco.

hiccough ['hɪkʌp] *n-vi* → hiccup.

hiccup ['hɪkʌp]
1 *n* hipo: **to have hiccups** tener hipo.
2 *vi* tener hipo, hipar.
▲ *pt & pp* **hiccupped**, *ger* **hiccupping**.

hick [hɪk]
1 *n US fam (yokel)* cateto,-a, paleto,-a, palurdo,-a.
2 *adj* cateto,-a, paleto,-a, palurdo,-a.

hickory ['hɪkərɪ] *n BOT* nogal *m* americano.
▲ *pl* **hickories**.

hid [hɪd] *pt & pp* → hide.

hidden ['hɪdən]
1 *pp* → hide.
2 *adj* escondido,-a.
3 *adj fig* oculto,-a.

hide¹ [haɪd]
1 *n (concealed place)* puesto de observación, escondrijo, escondite *m*.
2 *vt (conceal)* esconder; *(obscure)* ocultar, tapar: **he's good at hiding his feelings** sabe muy bien cómo ocultar sus sentimientos; **the clouds hid the sun all day** las nubes taparon el sol todo el día.
3 *vi* esconderse, ocultarse.
▲ *pt* **hid** [hɪd], *pp* **hid** [hɪd] o **hidden** ['hɪdən].

hide² [haɪd]
1 *n* piel *f*, cuero.
2 *n fig (of a person)* pellejo.
+ **to see neither hide nor hair of somebody** *fig* no haberle visto el pelo a alguien.

to have a hide like an elephant *fig* tener la sensibilidad de un paquidermo.

hide-and-seek [haɪdən'siːk] *n* escondite *m*.

✦ **to play hide-and-seek** jugar al escondite.

hidebound ['haɪdbaʊnd] *adj* chapado,-a a la antigua, conservador,-ra, rígido,-a.

hideous ['hɪdɪəs]
1 *adj (terrible)* horroroso,-a, atroz.
2 *adj (ugly)* horrendo,-a, espantoso.

hideously ['hɪdɪəslɪ] *adv* horrorosamente, horriblemente, terriblemente: **he was hideously deformed** era terriblemente deforme.

hide-out ['haɪdaʊt] *n* escondrijo, escondite *m*, guarida.

hiding[1] ['haɪdɪŋ] *n (beating)* paliza.
✦ **to give somebody a good hiding** propinarle a alguien una buena paliza.

hiding[2] ['haɪdɪŋ] *n* ocultación *f*.
✦ **to go into hiding** esconderse.

hierarchic [haɪə'rɑːkɪk] *adj* jerárquico,-a.

hierarchical [haɪ'rɑːkɪkəl] *adj* jerárquico,-a.

hierarchy ['haɪərɑːkɪ] *n* jerarquía.
▲ *pl* **hierarchies**.

hieroglyph ['haɪərəglɪf] *n* jeroglífico.

hieroglyphics [haɪərə'glɪfɪks] *npl* jeroglíficos *mpl*.

hi-fi ['haɪfaɪ] *n* hifi *m*, alta fidelidad *f*.
▪ **hi-fi equipment** equipo de alta fidelidad.

higgledy-piggledy [hɪgəldɪ'pɪgəldɪ]
1 *adj* desordenado,-a, revuelto,-a.
2 *adv* a la buena de Dios, en desorden.

high [haɪ]
1 *adj* alto,-a: **there are many high buildings in New York** Nueva York tiene muchos edificios altos; **how high is that mountain?** ¿qué altura tiene aquella montaña?
2 *adj (elevated, intense)* alto,-a, elevado,-a: **he's always had high blood pressure** siempre ha tenido la presión sanguínea alta; **consumer prices are high** los precios al consumo son elevados.
3 *adj (important)* alto,-a, importante; *(strong)* fuerte: **she has a high position in life** ostenta una posición elevada en la vida; **high winds swept in from the north** soplaron vientos fuertes del norte; **he has a very high opinion of his wife** habla muy bien de su esposa.
4 *adj* MUS alto,-a.
5 *adj (very good)* bueno,-a,: **she has a very high standard** ella tiene un nivel muy alto; **to have high principles** tener buenos principios.
6 *adj (going rotten - food)* pasado,-a; *(- game)* manido,-a.
7 *adj (of time)* pleno,-a.
8 *adj sl (on drugs)* flipado,-a, colocado,-a.

9 *adv* alto: **feelings often run high at football games** a menudo los ánimos se exaltan en los partidos de fútbol.
10 *n* punto máximo, récord *m*: **the stock market reached an all-time high** la Bolsa marcó un récord absoluto.
11 *n* METEOR zona de alta presión, anticiclón *m*.
✦ **to be in for the high jump** *fam* tener los días contados.
to be in high spirits estar de buen humor.
to be on a high sentirse muy bien.
to fly high *(bird, plane)* volar alto, volar a gran altura; *(person)* picar alto.
to have friends in high places estar muy bien relacionado,-a.
to leave somebody high and dry dejar plantado,-a a alguien.
to search high and low for something buscar algo por todas partes.
▪ **high chair** silla alta.
High Commissioner Alto Comisario, Alto Comisionado.
High Court Tribunal *m* Supremo.
high fidelity alta fidelidad *f*.
high jump SP salto de altura.
high noon mediodía *m*.
high priest sumo sacerdote *m*.
high road carretera principal.
high school GB instituto de enseñanza secundaria *(para alumnos de entre 11 y 18 años)*; US instituto de enseñanza secundaria *(para alumnos de entre 15 y 18 años)*.
high season temporada alta.
high tea merienda-cena.
the high life la buena vida.
the High Street la Calle Mayor.

high-and-mighty [haɪən'maɪtɪ] *adj (arrogant)* engreído,-a.

highball ['haɪbɔːl] *n (us)* whisky *m* con sifón y hielo.

highborn ['haɪbɔːn] *adj* linajudo,-a, de alta alcurnia.

highbrow ['haɪbraʊ]
1 *adj* intelectual.
2 *n* intelectual *mf*.

high-class [haɪ'klɑːs] *adj (classy)* de categoría; *(superior)* de calidad *f*, de categoría superior.

higher ['haɪə']
1 *adj* → **high**.
2 *adj* superior.
3 *adj (bigger)* más alto,-a; *(number, velocity etc)* mayor.
▪ **higher education** enseñanza superior.

highfalutin [haɪfə'luːtən] *adj fam pej* pomposo,-a, presumido,-a, presuntuoso,-a.

highfaluting [haɪfə'luːtɪŋ] *adj* → **highfalutin**.

high-flown ['haɪ'fləʊn] *adj* altisonante, rimbombante.

high-flyer [haɪ'flaɪə'] *n fig* persona muy ambiciosa.

high-flying ['haɪ'flaɪɪŋ] *adj (aircraft)* de vuelo alto; *(person)* ambicioso,-a.

high-frequency [haɪ'friːkwensɪ] *adj* RAD de alta frecuencia.

high-grade ['haɪgreɪd] *adj* de calidad superior.

high-handed [haɪ'hændɪd] *adj (arbitrary)* arbitrario,-a; *(authoritarian)* autoritario,-a, despótico,-a, tiránico,-a.

high-heeled ['haɪ'hiːld] *adj* de tacón alto.

highland ['haɪlənd] *adj* montañoso,-a.

highlander ['haɪləndə'] *n* montañés, -esa.

highlands ['haɪləndz] *npl* GEOG tierras *fpl* altas.

highlight ['haɪlaɪt]
1 *vt* destacar, hacer resaltar: **her words highlighted the importance of the event** sus palabras pusieron de relieve la importancia del acontecimiento.
2 *vt (with pen)* marcar *(con un rotulador fosforescente)*.
3 *n* ART toque *m* de luz.
4 *n (hairdressing)* reflejo.
5 *n fig (especially in show business)* atracción *f* principal; *(most outstanding)* punto culminante, momento culminante; *(aspect or feature)* característica notable, aspecto notable: **the highlights of the game will be shown again tonight** las jugadas más interesantes serán transmitidas de nuevo esta noche.
▪ **highlight bar** barra seleccionadora.

highly ['haɪlɪ] *adv (very)* muy; *(favourably)* muy bien: **he thinks very highly of you** le tiene en mucho a Vd; **she was highly pleased** estuvo muy contenta.

highly-strung [haɪlɪ'strʌŋ] *adj* tenso, -a, hipertenso,-a, muy nervioso,-a.

high-minded [haɪ'maɪndɪd] *adj* noble, magnánimo,-a.

Highness ['haɪnəs] *n* Alteza *mf*.
✦ **Your Highness** Su Alteza *mf*.

high-pitched ['haɪ'pɪtʃt] *adj (sound, voice)* agudo,-a, estridente; *(roof)* empinado,-a.

high-powered ['haɪ'paʊəd]
1 *adj (engine)* de gran potencia.
2 *adj (person)* dinámico,-a.

high-ranking [haɪ'ræŋkɪŋ] *adj* de alta graduación, superior, de categoría.
▪ **high-ranking official** alto funcionario.

high-rise ['haɪraɪz]
1 *adj (buildings)* alto,-a.
2 *n* rascacielos *m*, bloque *m* de pisos: **lots of people live in high-rises** mucha gente vive en bloques de pisos.

high-roast ['haɪrəʊst] *adj* torrefacto,-a.

high-speed ['haɪspiːd]
1 *adj* rápido,-a, de gran velocidad.
2 *adv* rápido,-a, de gran velocidad.
▪ **high-speed lens** objetivo ultrarrápido.

high-speed train tren *m* de alta velocidad.

high-spirited [haɪˈspɪrɪtɪd] *adj (person)* muy animado,-a, alegre; *(horse)* fogoso,-a.

highway [ˈhaɪweɪ]
1 *n US* autovía.
2 *n JUR* vía pública.
■ **Highway Code** *GB* código de la circulación.

highwayman [ˈhaɪweɪmən] *n* salteador *m* de caminos, bandido.

hijack [ˈhaɪdʒæk]
1 *n* secuestro.
2 *vt* secuestrar.

hijacker [ˈhaɪdʒækəʳ] *n (gen)* secuestrador,-ra; *(of plane)* secuestrador,-ra, pirata *m* del aire.

hijacking [ˈhaɪdʒækɪŋ] *n* secuestro.

hike [haɪk]
1 *n (walk)* excursión *f* a pie.
2 *n US fam* aumento de precio.
3 *vi* ir de excursión, hacer una excursión.
4 *vt fam* aumentar los precios: **many stores hiked up their prices after the summer** muchas tiendas aumentaron sus precios después del verano.
✦ **to go on a hike/go for a hike** ir de excursión, hacer una excursión a pie.

hiker [ˈhaɪkəʳ] *n* excursionista *mf*.

hiking [ˈhaɪkɪŋ] *n* excursionismo a pie.
✦ **to go hiking** ir de excursión, hacer una excursión.

hilarious [hɪˈleərɪəs] *adj* graciosísimo,-a, hilarante, divertidísimo,-a.

hilariously [hɪˈleərɪəslɪ] **hilariously funny** *adv* graciosísimo,-a, divertidísimo,-a, para partirse de risa.

hilarity [hɪˈlærɪtɪ] *n* hilaridad *f*.

hill [hɪl]
1 *n* colina, cerro.
2 *n (slope)* cuesta.
✦ **to be as old as the hills** ser más viejo,-a que Matusalén.
to be over the hill *fam* ser viejo,-a ya.
to take to the hills echarse al monte.
■ **hill climb** subida en cuesta.

hillbilly [ˈhɪlbɪlɪ] *n US pej* palurdo,-a, paleto,-a, cateto,-a.
▲ *pl* **hillbillies**.

hillock [ˈhɪlək] *n (small hill)* altozano, collado; *(mound)* montículo.

hillside [ˈhɪlsaɪd] *n* ladera.

hilltop [ˈhɪltɒp] *n* cumbre *f*, cima.

hilly [ˈhɪlɪ] *adj* montañoso,-a, accidentado,-a: **it's very hilly country** es una zona muy montañosa.
▲ *comp* **hillier**, *superl* **hilliest**.

hilt [hɪlt] *n* puño, empuñadura.
✦ **up to the hilt** al máximo, totalmente: **he's up to the hilt in debts** está endeudado hasta el cuello.

him [hɪm]
1 *pron (direct object)* lo: **I love him** lo quiero.

2 *pron (indirect object)* le; *(with other pronouns)* se: **give him the money** dale el dinero; **give it to him** dáselo.
3 *pron (after preposition)* él: **we went with him** fuimos con él.
4 *pron fam (as subject)* él: **it's him!** ¡es él!

Himalayan [hɪməˈleɪən] *adj* himalayo,-a.

Himalayas [hɪməˈleɪəz] **the Himalayas** *npl* el Himalaya *m sing*.

himself [hɪmˈself]
1 *pron (reflexive)* se; *(alone)* solo, por sí mismo: **he cut himself** se cortó; **he did it by himself** lo hizo solo.
2 *pron (emphatic)* él mismo, sí mismo, en persona: **he told me so himself** me lo dijo en persona, me lo dijo él mismo.

hind¹ [haɪnd] *adj* trasero,-a.
✦ **to talk the hind legs off a donkey** hablar por los codos.

hind² [haɪnd] *n (deer)* cierva.

hinder [ˈhɪndəʳ]
1 *vt* dificultar, entorpecer, estorbar, impedir: **to hinder somebody from doing something** impedir a alguien hacer algo.
2 *vi* ser un estorbo.

Hindi [ˈhɪndɪ] *n* hindi *m*.

hindquarters [ˈhaɪndkwɔːtəz] *npl* cuartos *mpl* traseros.

hindrance [ˈhɪndrəns] *n* estorbo, obstáculo.

hindsight [ˈhaɪndsaɪt] *n* retrospectiva.

Hindu [hɪnˈduː, ˈhɪnduː]
1 *n* hindú *mf*.
2 *adj* hindú.

Hinduism [ˈhɪnduɪzəm] *n* hinduismo.

hinge [hɪndʒ]
1 *n TECH* gozne *m*, bisagra.
2 *n (for stamps)* fijasello.
3 *n fig* eje *m*.
4 *vt* engoznar.
5 *vi* girar sobre goznes.
▶ **to hinge on** *vt insep* depender de: **the result of the test hinges on many factors** el resultado de la prueba depende de muchos factores.

hinged [hɪndʒd] *adj* de bisagra, con goznes *mpl*.

hint [hɪnt]
1 *n* insinuación *f*, indirecta: **to drop a hint** lanzar una indirecta.
2 *n (advice)* consejo, sugerencia: **hints for tourists** consejos para turistas.
3 *n (clue)* pista: **he gave me lots of useful hints** me dio muchas pistas útiles.
4 *n (trace)* pizca: **the sauce had a hint of curry** la salsa tenía una pizca de curry.
5 *n (sign)* sombra: **there isn't a hint of truth in her story** no hay una sombra de verdad en su historia.
6 *vt (imply)* insinuar, aludir a: **she hinted at the need for change** aludió a la necesidad de efectuar cambios.

7 *vi (suggest indirectly)* lanzar indirectas: **she hinted at going out with him** ella le lanzó indirectas para salir con él.
✦ **to take a hint** darse por aludido,-a.

hinterland [ˈhɪntəlænd] *n GEOG* interior *m*.

hip¹ [hɪp] *n ANAT* cadera.
■ **hip bath** baño de asiento.
hip flask petaca.

hip² [hɪp] *n BOT* escaramujo.

hip³ [hɪp] **hip hip hooray!** *phr* ¡hurra!

hip⁴ [hɪp] *adj sl* marchoso,-a, en la onda: **he's a hip guy** es un tío marchoso.

hipbone [ˈhɪpbəʊn] *n ANAT* hueso de la cadera.

hippie [ˈhɪpɪ]
1 *n fam* hippie *mf*.
2 *adj* hippie.

hippo [ˈhɪpəʊ] *n ZOOL fam* hipopótamo.
▲ *pl* **hippos**.

hippopotamus [hɪpəˈpɒtəməs] *n ZOOL* hipopótamo.

hippy [ˈhɪpɪ]
1 *n fam* hippie *(mf)*.
2 *adj* hippie.
▲ *pl* **hippies**.

hire [ˈhaɪəʳ]
1 *n* alquiler *m*: **in-line skates for hire** se alquilan patines en línea; **taxi for hire** taxi libre.
2 *vt (rent)* alquilar: **we hired a sailing boat** alquilamos un velero.
3 *vt (employ)* contratar: **he hired five workers** contrató cinco trabajadores.
▶ **to hire out** *vt sep (equipment, vehicles etc)* alquilar; *(people)* contratar.
■ **car hire** alquiler *m* de coches.
hire purchase compra a plazos.

hired [ˈhaɪəd] *adj* alquilado,-a, de alquiler.
■ **hired assassin** asesino,-a a sueldo.

hireling [ˈhaɪəlɪŋ] *n pej* mercenario,-a.

hirsute [ˈhɜːsjuːt] *adj fml* hirsuto,-a.

his [hɪz]
1 *adj* su, sus: **his dog** su perro.
2 *adj (emphatic)* de él.
3 *pron* (el) suyo, (la) suya, (los) suyos, (las) suyas.

Hispanic [hɪsˈpænɪk]
1 *adj* hispánico,-a.
2 *n US* hispano,-a, latino,-a.

Hispanicise [hɪˈspænɪsaɪz] *vt* → **Hispanicize**.

Hispanicist [hɪˈspænɪsɪst] *n* hispanista *mf*.

Hispanicize [hɪˈspænɪsaɪz] *vt* españolizar.

Hispaniola [hɪspænˈjəʊlə] *n* la Española.

hispanism [ˈhɪspənɪsm] *n* hispanismo.

Hispanist [ˈhɪspænɪst] *n* hispanista *mf*.

Hispano-Arabic [hɪspænəʊˈærəbɪk] *adj* hispanoárabe.

Hispanophile [hɪˈspænəfaɪl] *n* hispanófilo,-a.

Hispanophobe [hɪˈspænəfəʊb] *n* hispanófobo,-a.

Hispanophobic [hɪspænəˈfəʊbɪk] *adj* hispanófobo,-a.

hiss [hɪs]
  1 *n (gen)* siseo.
  2 *n (air, snake, steam etc)* silbido.
  3 *n (protest)* silbido.
  4 *vt* sisear, silbar.
  5 *vt (in protest)* silbar, pitar, abuchear.
  6 *vi* silbar.

hissing [ˈhɪsɪŋ] *n (gen)* siseo; *(of snake, steam etc)* silbido.

histamine [ˈhɪstəmiːn] *n BIOL* histamina.

histological [hɪstəˈlɒdʒɪkəl] *adj* histológico,-a.

histology [hɪˈstɒlədʒɪ] *n MED* histología.

historian [hɪˈstɔːrɪən] *n* historiador,-ra.

historic [hɪˈstɒrɪk] *adj* histórico,-a.

historical [hɪˈstɒrɪkəl] *adj* histórico,-a.
  ▪ **historical novel** novela histórica.

historically [hɪˈstɒrɪkəlɪ] *adj* históricamente.

historiography [hɪstɒrɪˈɒɡrəfɪ] *n* historiografía.

history [ˈhɪstərɪ]
  1 *n (in general)* historia.
  2 *n COMPUT* historial *m*.
  ✦ **that's past history/that's ancient history** eso es cosa vieja.
  to go down in history pasar a la historia.
  ▪ **medical history** *(of patient)* historial *m* médico, historial *m* clínico.
  ▲ *pl* **histories**.

hit [hɪt]
  1 *n (blow)* golpe *m*.
  2 *n (success)* éxito, acierto: **she was a hit with children's audiences** tuvo mucho éxito con el público infantil.
  3 *n (shot)* impacto.
  4 *n (visit to web page)* acceso.
  5 *n fig (damaging remark)* pulla.
  6 *n US sl* asesinato.
  7 *vt (strike)* golpear, pegar: **he hit his head on the door** dio con la cabeza contra la puerta; **the idea suddenly hit me** de pronto me vino la idea.
  8 *vt (crash into)* chocar contra: **the car hit the tree** el coche chocó contra el árbol.
  9 *vt (affect)* afectar, perjudicar: **farmers were badly hit by the drought** la sequía perjudicó mucho a los agricultores.
  10 *vt (reach)* alcanzar.
  ▶ **to hit back** *vi (strike in return)* devolver golpe por golpe; *(reply to criticism)* defenderse.
  to hit on *vt insep* dar con: **he hit on a great idea** se le ocurrió una idea brillante.
  to hit out at/hit out against *vt insep (condemn verbally)* condenar a, atacar a; *(try to attack)* atacar a: **she hit out at him to protect herself** ella lo atacó

para protegerse; **the Trade Unions hit out at what they consider unfair measures** los sindicatos atacaron lo que ellos consideran medidas injustas.
  ✦ **it hits you in the eye** *fam* salta a la vista.
  it suddenly hit him *fig* de pronto se dio cuenta.
  to hit below the belt *fam* dar un golpe bajo.
  to hit it off with llevarse bien con, caer bien a alguien.
  to hit the bottle *fam* darse a la bebida.
  to hit the headlines ser noticia.
  to hit the nail on the head *fig* dar en el clavo.
  to hit the road *fam* ponerse en camino.
  to hit the roof *fam* explotar, subirse por las paredes.
  to hit the sack *fam* irse al catre.
  to make a hit with caer simpático,-a a alguien.
  to score a direct hit dar en el blanco.
  ▪ **direct hit** impacto directo.
  hit man *sl* asesino a sueldo.
  hit parade hit-parade *m*, lista de éxitos.
  hit record disco de éxito.
  ▲ *pt & pp* **hit**, *ger* **hitting**.

hit-and-miss [ˈhɪtənˈmɪs] *adj* al azar, casual, a la buena de Dios.

hit-and-run [ˈhɪtənˈrʌn] *adj AUTO que* atropella a alguien y se da a la fuga.

hitch [hɪtʃ]
  1 *n* obstáculo, tropiezo, dificultad *f*.
  2 *vt (tie)* enganchar, atar.
  3 *vi fam* hacer autoestop, ir a dedo, hacer dedo.
  ▶ **to hitch up** *vt sep* arremangarse, remangarse.
  ✦ **without a hitch** sin problema alguno.

hitched [hɪtʃt] **to get hitched** *phr fam* casarse.

hitchhike [ˈhɪtʃhaɪk] *vi* hacer autoestop.

hitchhiker [ˈhɪtʃhaɪkəʳ] *n* autoestopista *mf*.

hitchhiking [ˈhɪtʃhaɪkɪŋ] *n* autoestop *m*.

hitherto [hɪðəˈtuː] *adv fml* hasta ahora, hasta la fecha.

hit-or-miss [hɪtɔːˈmɪs] *adj* → **hit-and-miss**.

Hittite [ˈhɪtaɪt]
  1 *adj* hitita.
  2 *n (person)* hitita *mf*.
  3 *n (language)* hitita *m*.

HIV [ˈeɪtʃaɪˈviː] *abbr* (**human immunodeficiency virus**) virus *m* de inmunodeficiencia humana; *(abbreviation)* VIH *m*.
  ✦ **to be diagnosed HIV negative** dar negativo,-a en la prueba del sida.
  to be HIV positive ser seropositivo,-a, ser portador,-ra del virus del sida.
  ▪ **HIV carrier** seropositivo,-a, portador,-ra del virus del sida.

hive [haɪv]
  1 *n* colmena.
  2 *n fig* lugar *m* muy activo.
  ▶ **to hive off**
    1 *vt sep* separar.
    2 *vi GB fam* largarse, pirarse: **John's hived off again** John se ha largado otra vez.

hives [haɪvz] *npl MED* urticaria *f sing*.

HM [ˈeɪtʃˈem] *abbr* (**His Majesty, Her Majesty**) Su Majestad; *(abbreviation)* SM.

HMS [ˈeɪtʃˈemˈes] *abbr GB* (**His/Her Majesty's Ship**) barco de su majestad.

HNC [ˈeɪtʃˈenˈsiː] *abbr GB* (**Higher National Certificate**) título de formación profesional.

HND [ˈeɪtʃˈenˈdiː] *abbr GB* (**Higher National Diploma**) título de formación profesional.

hoard [hɔːd]
  1 *n (provisions)* reserva.
  2 *n (money)* tesoro escondido: **the pirate's hoard has never been found** nunca se ha encontrado el tesoro escondido del pirata.
  3 *vt (objects)* acumular, amontonar.
  4 *vt (money)* atesorar.

hoarder [ˈhɔːdəʳ] *n* acaparador,-ra *m*, acumulador,-ra *m*.

hoarding [ˈhɔːdɪŋ] *n (billboard)* valla publicitaria; *(construction)* valla.

hoarfrost [ˈhɔːfrɒst] *n* escarcha.

hoarse [hɔːs] *adj* ronco,-a, áspero,-a: **we were all hoarse after the concert** todos teníamos la voz ronca después del concierto.

hoarseness [ˈhɔːsnəs]
  1 *n MED* ronquera.
  2 *n (quality of voice)* ronquedad *f*.

hoary [ˈhɔːrɪ] *adj lit* cano,-a, canoso,-a; *(very old person)* viejo,-a; *(joke)* viejo,-a, pasado,-a.
  ▲ *comp* **hoarier**, *superl* **hoariest**.

hoax [həʊks]
  1 *n (trick)* trampa, engaño; *(joke)* broma pesada.
  2 *vt* engañar a, gastar una broma a.
  ✦ **to play a hoax on somebody** gastarle una broma a alguien.

hob [hɒb] *n (of cooker)* encimera; *(next to fireplace)* repisa.

hobble [ˈhɒbəl]
  1 *vi (limp)* cojear, andar con dificultad *f*.
  2 *vt (tie)* trabar, manear.
  3 *vt fig* poner trabas a, obstaculizar.

hobby[1] [ˈhɒbɪ] *n* afición *f*, hobby *m*, pasatiempo favorito.

hobby[2] [ˈhɒbɪ] *n* alcotán *m*.
  ▲ *pl* **hobbies**.

hobbyhorse [ˈhɒbɪhɔːs]
  1 *n (toy)* caballito de juguete.
  2 *n fig (fixed idea)* caballo de batalla.

hobgoblin [hɒbˈɡɒblɪn] *n* duende *m*.

hobnailed [ˈhɒbneɪld] *adj* con clavos, con tachuelas.
  ▪ **hobnailed boots** botas *fpl* con clavos.

hobnob ['hɒbnɒb] *vi fam* codearse: she hobnobs a lot with the managers of the company se codea mucho con los jefes de su compañía.
▲ *pt & pp* **hobnobbed,** *ger* **hobnobbing.**

hobo ['həʊbəʊ] *n US* vagabundo,-a.
▲ *pl* **hoboes** o **hobos.**

hock¹ [hɒk] *n (of animal)* jarrete *m*.

hock² [hɒk] *n (wine)* vino blanco del Rin.

hock³ [hɒk] *vt US fam (pawn)* empeñar.
✦ **in hock** *(pawned)* empeñado,-a; *(in debt)* endeudado,-a; *(in prison)* en chirona.

hockey ['hɒkɪ] *n SP* hockey *m*.
▪ **roller skate hockey** hockey *m* sobre patines.

hocus-pocus [həʊkəs'pəʊkəs]
  1 *n (trickery)* trampa.
  2 *n (magic word)* abracadabra *m*.

hod [hɒd] *n (trough)* artesa; *(for bricks)* capacho de albañil.

hoe [həʊ]
  1 *n* azada, azadón *m*.
  2 *vt (earth)* azadonar, cavar; *(weeds)* sachar.

hog [hɒg]
  1 *n* cerdo, puerco, marrano.
  2 *n fam pej (not a nice person)* indeseable *mf*.
  3 *vt* acaparar.
  ✦ **to go the whole hog** llegar hasta el final, liarse la manta a la cabeza.
  ▲ *pt & pp* **hogged,** *ger* **hogging.**

Hogmanay ['hɒgməneɪ] *n (Scotland)* Nochevieja.

hogwash ['hɒgwɒʃ] *n US fam pej* disparates *mpl*, tonterías *fpl*, pamplinas *fpl*.

hoi polloi [hɔɪpə'lɔɪ] *n fam pej* el vulgo, la plebe.

hoist [hɔɪst]
  1 *n (crane)* grúa.
  2 *n (lift)* montacargas *m*.
  3 *vt* levantar, subir.
  4 *vt (flag)* izar.

hoity-toity [hɔɪtɪ'tɔɪtɪ] *adj fam pej (haughty)* arrogante, presumido,-a.

hold [həʊld]
  1 *n (grip)* asimiento.
  2 *n (place to grip)* asidero.
  3 *n (in ship, plane)* bodega.
  4 *n (control)* autoridad *f*, control *m*; *(influence)* influencia: **governments should exert a strong hold on public expenditure** los gobiernos deben aplicar un control riguroso sobre el gasto público; **she has a strong hold over him** ella ejerce una influencia poderosa sobre él.
  5 *n (in wrestling)* llave *f*.
  6 *vt (keep in one's hand)* aguantar, sostener; *(grip tightly)* agarrar; *(support)* soportar, aguantar: **hold my bag** aguántame el bolso.
  7 *vt (maintain - opinion)* sostener.
  8 *vt (contain)* dar cabida a, tener capacidad para: **the stadium holds a lot of people** el estadio tiene capacidad para mucha gente.
  9 *vt fig* deparar: **I don't know what the future holds for me** no sé lo que el futuro me deparará, no sé lo que me espera en el futuro.
  10 *vt (meeting)* celebrar; *(conversation)* mantener: **political parties often hold meetings in parks** los partidos políticos celebran a menudo sus mítines en los parques; **she loves holding long chats with her best friend** le encanta mantener largas charlas con su mejor amiga.
  11 *vt (think)* creer, considerar.
  12 *vt (keep)* guardar.
  13 *vi (withstand attack, pressure)* resistir.
  14 *vi (remain true)* seguir siendo válido,-a.
  ▸ **to hold back**
    1 *vt sep (suspect)* retener.
    2 *vt sep (information)* ocultar; *(restrain)* contener; *(feelings)* reprimir; *(keep)* guardar.
    3 *vt sep (hesitate)* vacilar, no atreverse; *(abstain)* abstenerse.
  to hold down *vt sep (control)* dominar; *(job)* desempeñar: **he can't hold down a job** es incapaz de mantener un empleo.
  to hold forth *vi* hablar largo y tendido **(on/about,** sobre**).**
  to hold off
    1 *vt sep (maintain separate)* mantener alejado,-a.
    3 *vi (refrain)* refrenarse: **he held off from joining the club** aplazó la decisión de hacerse socio del club; **I hope the snow holds off** espero que no nieve.
  to hold on
    1 *vi (grip tightly)* agarrarse fuerte, agarrarse bien: **hold on tight!** ¡agárrate bien!
    2 *vi (wait)* esperar; *(on 'phone)* no colgar.
  to hold on to
    1 *vt insep (grasp)* cogerse a, agarrarse a.
    2 *vt insep (keep)* guardar: **I think I'll hold onto this, it might be valuable** creo que guardaré esto, podría tener algún valor.
  to hold out
    1 *vt sep (hand)* tender, ofrecer.
    2 *vi (last - things)* durar; *(- person)* resistir: **he held out till the rescue team arrived** resistió hasta que llegó el equipo de rescate.
  to hold over *vt sep (meeting etc)* aplazar.
  to hold up
    1 *vt sep (rob)* atracar, asaltar.
    2 *vt sep (delay)* retrasar: **we were held up by bad weather** el mal tiempo nos retrasó.
    3 *vt sep (raise)* levantar: **he held up his hand to answer the question** levantó la mano para contestar la pregunta.
    4 *vt sep (support)* aguantar, sostener: **the roof is held up by four pillars** cuatro columnas sostienen el techo.
    5 *vi* aguantar, resistir.
  to hold with *vt insep* estar de acuerdo con.
  ✦ **to catch hold of** agarrar, asir, coger.
  to get hold of *(grab)* agarrar, asir, coger; *(obtain)* hacerse con, encontrar, localizar: **wait till I get hold of you!** ¡espera a que te coja!; **I can't get hold of that book anywhere** no encuentro ese libro en ninguna parte; **she couldn't get hold of him all afternoon** no lo pudo localizar en toda la tarde.
  to hold one's head high llevar bien alta la cabeza.
  to hold one's own *fig* defenderse: **he can hold his own in Spanish** se defiende en español.
  to hold somebody abrazar a alguien.
  to hold somebody's hand cogerle la mano a alguien.
  to hold the road *AUTO* agarrarse a la carretera.
  ▲ *pt & pp* **held** [held].

holdall ['həʊldɔ:l] *n GB* bolsa de viaje.

holdback ['həʊldbæk] *n fig* estorbo, inconveniente *m*, obstáculo.

holder ['həʊldə']
  1 *n (owner)* poseedor,-ra; *(of passport)* titular *mf*.
  2 *n (container)* recipiente *m*, receptáculo.
  3 *n (bearer - gen)* portador,-ra; *(- of bonds)* tenedor,-ra.
  4 *n (handle)* asidero.
  5 *n (tenant - on land)* arrendatario,-a; *(- of a flat)* inquilino,-a.

holding ['həʊldɪŋ]
  1 *n (possession)* posesión *f*; *(piece of land)* propiedad *f*, terreno.
  2 *n (of an event)* celebración *f*.
  3 *n (stocks, shares, bonds)* valor *m* en cartera.
  ▪ **holding company** holding *m*, sociedad *f* de cartera de valores.

hold-up ['həʊldʌp]
  1 *n (robbery)* atraco; *(of train etc)* asalto.
  2 *n (delay)* retraso.
  3 *n AUTO* atasco.

hole [həʊl]
  1 *n (gen)* agujero; *(in ground)* hoyo.
  2 *n (golf)* hoyo: **hole in two** hoyo en dos.
  3 *n (in road)* bache *m*.
  4 *n (of rabbits)* madriguera; *(cavity)* cavidad *f*.
  5 *n fam (town)* poblacho.
  6 *n fam (place to live)* cuchitril *m*; *(unsavoury place)* antro.
  7 *n (a tight spot)* aprieto, apuro.
  8 *vt (make holes - small)* agujerear; *(large)* hacer un boquete en.

9 *vt (at golf)* meter en el hoyo.

10 *vi (at golf)* meter la pelota en el hoyo.

▶ **to hole up** *vi (animal)* hibernar; *(to go into hiding)* esconderse.

✦ **to be in a hole** estar en apuros.

to make a hole in *(literally)* agujerear; *(figuratively)* comerse gran parte, agotar gran parte: **the rent for this month will make a hole in my salary** el alquiler de este mes se comerá gran parte de mi sueldo.

to pick holes in something encontrar defectos en algo, criticar algo.

holiday ['hɒlɪdeɪ]

1 *n (one day)* fiesta, día *m* de fiesta, día *m* festivo: **Friday is a holiday** el viernes es fiesta.

2 *n (period)* vacaciones *fpl*: **they spend their summer holidays in Spain** suelen veranear en España.

3 *vi GB (gen)* pasar las vacaciones; *(in summer)* veranear.

✦ **to be on holiday** estar de vacaciones.

to go on holiday ir de vacaciones.

to take a holiday coger unas vacaciones.

■ **holiday atmosphere** ambiente *m* festivo.

holiday pay paga extra (de vacaciones).

holiday resort lugar *m* turístico.

holiday-maker ['hɒlɪdɪmeɪkər] *n GB (gen)* turista *mf*; *(in summer)* veraneante *mf*.

holier-than-thou [hɒlɪəðən'ðaʊ] *adj pej* gazmoño,-a, mojigato,-a, santurrón,-ona.

holiness ['həʊlɪnəs] *n REL* santidad *f*: **His Holiness Pope John XXIII** Su Santidad el Papa Juan XXIII.

holistic [həʊ'lɪstɪk] *adj* holístico,-a.

■ **holistic learning** aprendizaje *m* holístico.

Holland ['hɒlənd] *n* Holanda.

hollandaise sauce [hɒləndeɪz'sɔːs] *n* salsa holandesa.

hollow ['hɒləʊ]

1 *adj (sound, thing)* hueco,-a.

2 *adj (cheeks etc)* hundido,-a.

3 *adj fig (laugh)* falso,-a; *(promise)* vacío,-a.

4 *n* hueco.

5 *n GEOG* hondonada.

6 to hollow out *vt* vaciar.

holly ['hɒlɪ] *n* acebo.

▲ *pl* **hollies**.

hollyhock ['hɒlɪhɒk] *n* malvarrosa.

holocaust ['hɒləkɔːst] *n* holocausto.

hologram ['hɒləgræm] *n* holograma *m*.

holograph ['hɒləgrɑːf] *n* hológrafo.

holographic [hɒlə'græfɪk] *adj* holográfico,-a.

holography [hɒ'lɒgrəfɪ] *n* holografía.

holster ['həʊlstər] *n* pistolera.

holy ['həʊlɪ]

1 *adj REL (sacred)* santo,-a, sagrado,-a.

2 *adj (blessed)* bendito,-a.

■ **Holy Ghost** Espíritu Santo.

Holy Land Tierra Santa.

holy man santón *m*.

holy orders órdenes *fpl* sagradas.

Holy See Santa Sede *f*.

holy war guerra santa.

Holy Week Semana Santa.

▲ *comp* **holier**, *superl* **holiest**.

homage ['hɒmɪdʒ] *n* homenaje *m*.

✦ **to pay homage to/do homage to** rendir homenaje a.

home [həʊm]

1 *n (house)* hogar *m*, casa.

2 *n fml* domicilio.

3 *n (institution)* asilo: **she lives in an old people's home** vive en un asilo de ancianos.

4 *n (country, village etc)* patria, tierra: **she's a long way from home** ella está lejos de su tierra.

5 *n ZOOL* hábitat *m*.

6 *n SP* casa: **to play at home** jugar en casa.

7 *adj* casero,-a.

8 *adj POL* (del) interior.

9 *adj (native)* natal.

10 *adj SP* de casa, en casa.

11 *adv* en casa, a casa, de casa: **she's (at) home** está en casa; **he went home** se fue a casa; **I want to leave home** quiero irme de casa.

✦ **at home** en casa.

home sweet home hogar dulce hogar.

to be nothing to write home about no ser nada del otro mundo, no ser nada del otro jueves.

to come home to somebody darse cuenta: **it suddenly came home to me that I was all alone** de repente me di cuenta de que estaba totalmente solo.

to feel at home *fig* estar a gusto, sentirse en casa.

to make oneself at home ponerse cómodo,-a.

■ **home base** *(in baseball)* base *f* del bateador.

home help asistenta.

Home Office *GB* Ministerio del Interior.

home page *(Internet)* página inicial, página principal.

home rule autonomía.

home run *(in baseball)* carrera completa.

Home Secretary *GB* Ministro *mf* del Interior.

home team equipo local, equipo de casa.

home town pueblo natal, patria chica.

homecoming ['həʊmkʌmɪŋ] *n* regreso (a casa).

home-grown ['həʊm'grəʊn] *adj (produced locally)* del país; *(cultivated in one's own garden)* de cosecha propia, casero,-a.

homeland ['həʊmlænd] *n (gen)* patria; *(birthplace)* tierra natal.

homeless ['həʊmləs] *adj* sin hogar, sin techo.

■ **the homeless** los sin techo, los desvalidos, los desamparados.

home-loving ['həʊmlʌvɪŋ] *adj* casero,-a, hogareño,-a.

homely ['həʊmlɪ]

1 *adj GB (attractive, cosy, domesticated)* sencillo,-a, casero,-a, familiar.

2 *adj US (unattractive)* feo,-a, sin atractivo.

home-made ['həʊm'meɪd] *adj* casero,-a, de fabricación casera, hecho,-a en casa.

homeopath ['həʊmɪəpæθ] *n MED* homeópata *mf*.

homeopathic [həʊmɪə'pæθɪk] *adj* homeopático,-a.

homeopathy [həʊmɪ'ɒpəθɪ] *n MED* homeopatía.

homesick ['həʊmsɪk] *adj* nostálgico,-a.

✦ **to be homesick** tener morriña.

homesickness ['həʊmsɪknəs] *n* añoranza, morriña, nostalgia.

homestead ['həʊmsted] *n US* granja.

homeward ['həʊmwəd] *adv* hacia casa.

homewards ['həʊmwədz] *adv* → **homeward**.

homework ['həʊmwɜːk] *n* deberes *mpl*: **to do one's homework** hacer los deberes.

homicidal [hɒmɪ'saɪdəl] *adj* homicida.

homicide ['hɒmɪsaɪd]

1 *n (crime)* homicidio.

2 *n (criminal)* homicida *mf*.

homily ['hɒmɪlɪ] *n* homilía.

▲ *pl* **homilies**.

homing ['həʊmɪŋ] *adj TECH* buscador,-ra.

■ **homing device** *(gen)* indicador *m* automático de ruta; *(in missile)* cabeza buscadora.

homing pigeon paloma mensajera.

homoeopath ['həʊmɪəpæθ] *n* → **homeopath**.

homoeopathy [həʊmɪ'ɒpəθɪ] *n* → **homeopathy**.

homogeneous [hɒmə'dʒiːnɪəs] *adj* homogéneo,-a.

homogenisation [hɒmɒdʒənaɪ'zeɪʃən] *n* → **homogenization**.

homogenise [hɒ'mɒdʒənaɪz] *vt* → **homogenize**.

homogenization [hɒmɒdʒənaɪ'zeɪʃən] *n* homogeneización *f*.

homogenize [hɒ'mɒdʒənaɪz] *vt* homogeneizar.

homogenous [hə'mɒdʒənəs] *adj* → **homogeneous**.

homograph ['hɒməgræf] *n* homógrafo.

homographic [hɒmə'græfɪk] *adj* homográfico,-a.

homologate [hɒˈmɒləgeɪt] *vt* homologar.

homological [həʊməˈlɒdʒɪkəl] *adj* homológico,-a.

homologous [həʊˈmɒləgəs] *adj* → **homological**.

homology [həʊˈmɒlədʒɪ] *n* homología.

homonym [ˈhɒmənɪm] *n* homónimo.

homonymous [həˈmɒnɪməs] *adj* homónimo,-a.

homophone [ˈhɒməfəʊn] *n* homófono.

homophonous [həˈmɒfənəs] *adj* homófono,-a.

homophony [həˈmɒfənɪ] *n* homofonía.

homosexual [həʊməʊˈseksjʊəl]
1 *adj* homosexual.
2 *n* homosexual *mf*.

homosexuality [həʊməʊseksjʊˈælɪtɪ] *n* homosexualidad *f*.

Hon [ˈɒnərɪ, ˈɒnərəbəl]
1 *abbr* (**Honorary**) *(member)* honorario, -a; *(secretary etc)* no remunerado,-a.
2 *abbr* (**Honourable**) ilustre.

Honduran [hɒnˈdjʊərən]
1 *adj* hondureño,-a.
2 *n* hondureño,-a.

Honduras [hɒnˈdjʊərəs] *n* Honduras *m*.

hone [həʊn]
1 *vt (blade)* afilar.
2 *vt (intuition, mind)* agudizar; *(skill)* pulir; *(text, ideas)* afinar: **honed to perfection** trabajado,-a hasta conseguir la perfección, perfeccionado,-a.

honest [ˈɒnɪst]
1 *adj (trustworthy)* honrado,-a, honesto, -a: **she has an honest face** ella tiene cara de honrada; **to do an honest day's work** ganarse la jornada honradamente.
2 *adj (frank)* sincero,-a, franco,-a: **I'll be honest with you** seré sincero contigo.
3 *adj (fair)* justo,-a, equitativo,-a, decente.
4 *adv fam* de verdad: **I didn't take it, honest!** te juro que no lo cogí yo.
✦ **the honest truth** la pura verdad.

honestly [ˈɒnɪstlɪ]
1 *adv (fairly)* honradamente.
2 *adv (frankly)* sinceramente, francamente, con franqueza: **quite honestly, I don't think you should do it** con toda franqueza, no creo que debieras hacerlo.
3 *adv (truthfully)* de verdad, a decir verdad.
4 *interj (question)* ¿de verdad?; *(exclamation)* ¡hay que ver!

honesty [ˈɒnɪstɪ] *n* honradez *f*, rectitud *f*.

honey [ˈhʌnɪ]
1 *n* miel *f*.
2 *n US fam (dear)* cariño, cielo.

honeycomb [ˈhʌnɪkəʊm] *n* panal *m*.

honeyed [ˈhʌnɪd] *adj* dulzón,-ona, meloso,-a, melifluo,-a: **honeyed words** palabras melosas.

honeymoon [ˈhʌnɪmuːn]
1 *n* luna de miel, viaje *m* de novios.
2 *vi* pasar la luna de miel, hacer el viaje de novios.

honeymooner [ˈhʌnɪmuːnəʳ] *n* recién casado,-a.

honeysuckle [ˈhʌnɪsʌkəl] *n BOT* madreselva.

honied [ˈhʌnɪd] *adj* → **honeyed**.

honk [hɒŋk]
1 *n (goose)* graznido.
2 *n (car horn)* bocinazo.
3 *vi (goose)* graznar.
4 *vi (car)* tocar la bocina.

honky [ˈhɒŋkɪ] *n US sl pej* blanco,-a.
▲ *pl* **honkies**.

honor [ˈɒnəʳ] *vt-n US* → **honour**.

honorable [ˈɒnərəbəl] *adj US* → **honourable**.

honorably [ˈɒnərəblɪ] *adv US* → **honourably**.

honorarium [ɒnəˈreərɪəm] *n* honorarios *mpl*.
▲ *pl* **honorariums** o **honoraria** [ɒnəˈreərɪə].

honorary [ˈɒnərərɪ] *adj (member)* honorario,-a; *(duties)* honorífico,-a.
✦ **to receive an honorary degree** ser nombrado,-a doctor,-ra honoris causa.

honour [ˈɒnəʳ]
1 *n (virtue)* honor *m*, honra: **in honour of** en honor de; **to defend one's honour** defender su honra; **to have the honour of doing something** tener el honor de hacer algo.
2 *n (title)* Su Señoría: **Her Honour, His Honour, Your Honour** Su Señoría.
3 *vt (respect)* honrar.
4 *vt (cheque)* pagar, aceptar; *(promise, word, agreement)* cumplir.
5 **honours** *npl MIL* honores *mpl*: **he was buried with full military honours** lo enterraron con honores militares.
✦ **to do honour to** rendir honores a.
to do the honours hacer los honores.
■ **Honours degree** licenciatura.

honourable [ˈɒnərəbəl]
1 *adj (person)* honrado,-a; *(title)* honorable.
2 *adj (actions)* honorífico,-a, honroso,-a.
■ **the honourable member** *POL* el/la ilustre diputado,-a, el/la ilustre representante.
honourable mention mención *f* honorífica.

honourably [ˈɒnərəblɪ] *adv* honorablemente.

Hons [hɒnz] *abbr GB* (**Honours**) licenciado,-a.

hooch [huːtʃ] *n US sl* → **hootch**.

hood [hʊd]
1 *n (of clothes)* capucha.
2 *n (on pram etc)* capota.

3 *n US (car bonnet)* capó *m*.
4 *n (of hawk)* capirote *m*, capillo.

hooded [ˈhʊdɪd]
1 *adj (person)* con capucha, encapuchado,-a; *(clothes)* con capucha.
2 *adj (hawk)* encapirotado,-a.

hoodlum [ˈhuːdləm] *n sl* matón *m*, gorila *m*.

hoodwink [ˈhʊdwɪŋk] *vt* engañar, tomar el pelo.

hoof [huːf]
1 *n (of sheep, cow, goat, etc)* pezuña; *(of horse)* casco.
2 *vt sl* caminar.
✦ **to hoof it** ir a pie, ir a pata.
▲ *pl* **hoofs** o **hooves**.

hoofed [huːft] *adj* ungulado,-a.

hoofer [ˈhuːfəʳ] *n US sl* bailarín,-ina de claqué.

hoo-ha [ˈhuːhaː] *n fam* follón *m*, jaleo.

hook [hʊk]
1 *n (gen)* gancho.
2 *n (for fishing)* anzuelo.
3 *n (boxing)* gancho.
4 *vt (catch)* enganchar: **his shirt got hooked on the fence** se le enganchó la camisa en la valla.
5 *vt (fishing)* pescar, coger.
6 *vt (in boxing)* pegar un gancho.
7 *vt (in rugby)* talonear.
▶ **to hook up** *vt sep (connect)* conectar: **his computer is hooked up to international networks** su ordenador está conectado a redes internacionales.
✦ **by hook or by crook** *fig* por las buenas o por las malas.
to be off the hook *sl* haberse librado.
to get one's hooks into somebody tener a alguien en las garras.
to let somebody off the hook dejar salir a alguien del atolladero.
to take the phone off the hook descolgar el teléfono.
■ **hooks and eyes** *(sewing)* corchetes *mpl*.

hookah [ˈhʊkə] *n* narguile *m*.

hooked [hʊkt]
1 *adj (nose)* aquilino,-a; *(hook-shaped)* ganchudo,-a.
2 *adj (on drug etc)* enganchado,-a; *(attracted)* prendado,-a, encariñado,-a.
✦ **to get hooked (on)** engancharse.

hooker [ˈhʊkəʳ]
1 *n (in rugby)* taloneador,-ra.
2 *n sl (us)* puta.

hookey [ˈhʊkɪ] **to play hookey** *phr US fam* hacer novillos.

hook-up [ˈhʊkʌp]
1 *n (in electronics, computers etc)* conexión *f*.
2 *n (by TV, radio)* emisión *f* transmitida a distintos países.

hookworm [ˈhʊkwɜːm] *n* anquilostoma *m*.

hooky [ˈhʊkɪ] *n* → **hookey**.

hooligan ['huːlɪgən] *n* gamberro,-a.

hooliganism ['huːlɪgənɪzəm] *n* gamberrismo.

hoop [huːp]
1 *n (gen)* aro; *(of barrel)* fleje *m*; *(of wheel)* llanta.
2 *vt (a cask)* enarcar.
✦ **to put somebody through the hoop(s)** hacérselas pasar canutas a alguien.

hoopoe ['huːpuː] *n* abubilla.

hoorah [hu'rɑː] *interj* ¡hurra!

hooray [hu'reɪ] *interj* ¡hurra!

hoot [huːt]
1 *n (of owl)* ululato, grito.
2 *n (of car)* bocinazo.
3 *n fam (funny thing)* cosa divertida; *(funny person)* persona divertida: **the show was a hoot** el espectáculo era divertidísimo.
4 *vi (owl)* ulular, gritar.
5 *vi (car)* dar un bocinazo; *(driver)* tocar la bocina; *(train)* silbar; *(siren)* pitar.
✦ **not to give a hoot/not to give two hoots** importar a alguien un carajo, importar a alguien un pepino.
▪ **hoots of laughter** carcajadas *fpl*, risotadas *fpl*.

hootch [huːtʃ] *n sl* aguardiente *m*.

hooter ['huːtəʳ]
1 *n (siren)* sirena.
2 *n (on car)* bocina, claxon *m*.
3 *n GB (nose)* narizota, napias *fpl*.

Hoover ['huːvəʳ]
1 *n GB* aspiradora.
2 *vt* pasar la aspiradora.
▲ *Es marca registrada.*

hop[1] [hɒp]
1 *n* salto, brinco: **he crossed the puddle in one hop** atravesó el charco de un salto.
2 *n fam (dance)* baile *m*.
3 *n AV* vuelo corto.
4 *vi* saltar, dar brincos, dar saltos.
5 *vt US fam (train etc)* coger.
6 *vt AV* cruzar.
✦ **hop in!** *fam (into car)* ¡sube!
hop it! *GB sl* ¡lárgate! ¡esfúmate!
to be on the hop *fam* estar muy atareado,-a.
to catch somebody on the hop *GB fam* coger desprevenido,-a a alguien.
to hop on one leg andar a la pata coja.
to hop on the bus/train *fam* subirse al autobús/tren.
▲ *pt & pp hopped, ger hopping.*

hop[2] [hɒp] *n (plant)* lúpulo.

hope [həʊp]
1 *n (gen)* esperanza; *(false)* ilusión *f*: **don't get your hopes up too soon** no te hagas ilusiones antes de tiempo; **she had high hopes for her son** tenía grandes esperanzas puestas en su hijo.
2 *vt* esperar: **I hope you're well** espero que estés bien.
3 *vi* esperar.
✦ **I hope not** espero que no.

I hope so espero que sí.
not a hope! *fam* ¡ni hablar!
some hope! *fam* ¡qué va!
to have little hope of doing something tener pocas posibilidades de hacer algo.
▪ **hope chest** *US* ajuar *m*.

hopeful ['həʊpfʊl]
1 *adj (promising)* esperanzador,-ra, prometedor,-ra, alentador,-ra.
2 *adj (confident)* optimista.
3 *n* persona que promete.
▪ **young hopeful** joven *mf* promesa.

hopefully ['həʊpfʊlɪ]
1 *adv (confidently)* con esperanza, con ilusión, con optimismo.
2 *adv fam (all being well)* se espera que: **hopefully it won't rain** espero que no llueva.

hopeless ['həʊpləs]
1 *adj* desesperado,-a.
2 *adj fam (useless)* inútil: **he's hopeless at sports** es negado para los deportes.
✦ **it's hopeless** es imposible.
▪ **a hopeless case** un caso perdido.

hopelessly ['həʊpləslɪ] *adv* sin esperanza, con desesperación, desesperadamente.
✦ **hopelessly in love** locamente enamorado,-a.
hopelessly lost totalmente perdido,-a.

hopper ['hɒpəʳ] *n TECH* tolva.

hop-picker ['hɒppɪkəʳ] *n* recogedor,-ra de lúpulo.

hop-picking ['hɒppɪkɪŋ] *n* cosecha de lúpulo.

hopping ['hɒpɪŋ] *n* brincos *mpl*, saltos *mpl*.
✦ **to be hopping mad** estar que se sube por las paredes, estar que trina, estar que bota.

hopscotch ['hɒpskɒtʃ] *n (game)* infernáculo, rayuela.

horde [hɔːd]
1 *n* horda.
2 *n fig* multitud *f*, muchedumbre *f*.

horizon [hə'raɪzən] *n* horizonte *m*.

horizontal [hɒrɪ'zɒntəl] *adj* horizontal.
▪ **horizontal bar** barra fija.

horizontally [hɒrɪ'zɒntəlɪ] *adv* horizontalmente.

hormonal [hɔː'məʊnəl] *adj* hormonal.

hormone ['hɔːməʊn] *n* hormona.

horn [hɔːn]
1 *n ZOOL* asta, cuerno.
2 *n AUTO* bocina, claxon *m*.
3 *n MUS* cuerno, trompa.
✦ **to be on the horns of a dilemma** estar entre la espada y la pared.
to sound the horn dar un bocinazo.
to take the bull by the horns coger el toro por los cuernos.

hornbeam ['hɔːnbiːm] *n BOT* carpe *m*.

horned [hɔːnd] *adj* con cuernos.

hornet ['hɔːnɪt] *n ZOOL* avispón *m*.

✦ **to stir up a hornet's nest** *fig* meterse en un avispero.

hornpipe ['hɔːnpaɪp]
1 *n (instrument)* chirimía.
2 *n (dance)* baile de marineros.

horn-rimmed ['hɔːnrɪmd] *adj (glasses)* de concha, con montura de concha.

horny ['hɔːnɪ]
1 *adj (skin, hands)* calloso,-a.
2 *adj fam (sexually)* cachondo,-a, caliente.
▲ *comp* hornier, *superl* horniest.

horology [hɒ'rɒlədʒɪ] *n* relojería.

horoscope ['hɒrəskəʊp] *n* horóscopo.

horrendous [hə'rendəs] *adj* horrendo,-a.

horrible ['hɒrɪbəl] *adj (gen)* horrible, horroroso,-a; *(person)* antipático,-a: **what a horrible person!** ¡qué persona más antipática!

horribly ['hɒrɪblɪ] *adv* horriblemente: **it was horribly cold** hacía un frío horroroso.

horrid ['hɒrɪd] *adj (horrible)* horroroso,-a, horrible; *(unkind)* antipático,-a, odioso,-a; *(child)* inaguantable, insoportable.

horrific [hə'rɪfɪk] *adj* horrendo,-a, horroroso,-a.

horrify ['hɒrɪfaɪ] *vt* horrorizar, espantar: **I was horrified at the thought** me horrorizaba solo de pensarlo.
▲ *pt & pp* horrified, *ger* horrifying.

horror ['hɒrəʳ]
1 *n* horror *m*, terror *m*.
2 **horrors** *interj* ¡qué horror!
✦ **to have a horror of something** tener horror a algo.
▪ **horror film** película de terror, película de miedo.
little horror diablillo, monstruito,-a.

horror-stricken ['hɒrəstrɪkən] *adj* horrorizado,-a.

horror-struck ['hɒrəstrʌk] *adj* → **horror-stricken.**

hors d'oeuvre [ɔː'dɜːvʳ] *n CULIN* entremés *m*.
▲ *pl* hors d'oeuvre *o* hors d'oeuvres.

horse [hɔːs]
1 *n ZOOL* caballo.
2 *n (in gym)* potro.
3 *n TECH* caballete *m*.
4 *n sl (heroin)* caballo.
▶ **to horse about/horse around** *vi* hacer el indio, hacer el payaso.
✦ **hold your horses!** *fig* ¡para el carro!
to eat like a horse comer como una lima, tener buen saque.
to get on one's high horse *fig* darse ínfulas, tener muchos humos.
to get something straight from the horse's mouth *fig* saber algo de buena tinta.
wild horses wouldn't ... nada en el mundo ...: **wild horses wouldn't make me go back to him** no volvería con él por nada en el mundo.

■ **horse chestnut** *BOT (tree)* castaño de Indias; *(fruit)* castaña de Indias.
horse doctor veterinario,-a.
horse race carrera de caballos.
horse racing carreras *fpl* de caballos.
horse rider *(man)* jinete; *(woman)* amazona.
horse riding equitación *f.*
horse sense sentido común.
horseback ['hɔːsbæk] *n* a caballo.
✦ **on horseback** a caballo.
■ **horseback riding** equitación *f.*
horsebox ['hɔːsbɒks] *n* furgón *m* remolque para caballos.
horseflesh ['hɔːsfleʃ] *n* carne *f* de caballo.
horsefly ['hɔːsflaɪ] *n ZOOL (insect)* tábano.
▲ *pl* **horseflies.**
horsehair ['hɔːsheəʳ] *n* crin *m* de caballo.
■ **horsehair mattress** colchón *m* de crin de caballo.
horseman ['hɔːsmən] *n* jinete *m*, caballista *m.*
▲ *pl* **horsemen** ['hɔːsmən].
horsemanship ['hɔːsmənʃɪp] *n* equitación *f.*
horseplay ['hɔːspleɪ] *n* payasadas *fpl.*
✦ **to indulge in horseplay** hacer el payaso.
horsepower ['hɔːspauəʳ]
1 *n AUTO* caballo de vapor, caballo.
2 *n* potencia.
horseradish ['hɔːsrædɪʃ] *n BOT* rábano picante.
horseshoe ['hɔːsʃuː] *n* herradura.
horsewoman ['hɔːswumən] *n* amazona, caballista.
▲ *pl* **horsewomen** ['hɔːswɪmɪn].
horsey ['hɔːsɪ]
1 *adj pej (horse-like)* caballuno,-a.
2 *adj (keen on horses)* aficionado,-a a los caballos.
■ **horsey features** rasgos caballunos.
▲ *comp* **horsier,** *superl* **horsiest.**
horsy ['hɔːsɪ] *adj* → **horsey.**
▲ *comp* **horsier,** *superl* **horsiest.**
horticultural [hɔːtɪ'kʌltʃərəl] *adj* hortícola.
horticulture ['hɔːtɪkʌltʃəʳ] *n* horticultura.
horticulturist [hɔːtɪ'kʌltʃərɪst] *n* horticultor,-ra.
hose¹ [həuz]
1 *n (pipe)* manguera.
2 *vt* regar, lavar.
✦ **to hose down** *(grass, lawn, etc with water)* regar con una manguera; *(wash)* lavar con una manguera.
▲ *pl* **hose.**
hose² [həuz] *npl (socks)* calcetines *mpl*; *(stockings)* medias *fpl.*
hosepipe ['həuzpaɪp] *n* manguera.
hosiery ['həuzɪərɪ] *n (socks)* calcetines *mpl*; *(stockings)* medias *fpl.*

hospice ['hɒspɪs]
1 *n (hostel)* hospicio.
2 *n (hospital)* residencia para enfermos terminales.
hospitable [hɒ'spɪtəbəl] *adj* hospitalario,-a, acogedor,-ra.
hospitably [hɒ'spɪtəblɪ] *adv* con hospitalidad.
hospital ['hɒspɪtəl] *n* hospital *m.*
hospitalise ['hɒspɪtəlaɪz] *vt* → **hospitalize.**
hospitality [hɒspɪ'tælɪtɪ] *n* hospitalidad *f.*
hospitalize ['hɒspɪtəlaɪz] *vt* hospitalizar, ingresar.
host¹ [həust]
1 *n (person)* anfitrión,-ona; *(place)* sede *f.*
2 *n (TV presenter)* presentador,-ra.
3 *n (animal, plant)* huésped *m.*
4 *vt TV* presentar.
5 *vt* celebrar, albergar: **Atlanta hosted the 1996 Olympic Games** Atlanta albergó los Juegos Olímpicos de 1996.
■ **host country** país *m* organizador, país *m* anfitrión.
host² [həust] *n (large number)* multitud *f.* **he gave her a host of things** le regaló muchísimas cosas.
Host [həust] *n REL* hostia.
hostage ['hɒstɪdʒ] *n* rehén *mf.*
✦ **to hold somebody hostage** tener a alguien como rehén.
to take somebody hostage tomar a alguien como rehén.
hostel ['hɒstəl] *n* residencia, hostal *m.*
hostelry ['hɒstəlrɪ] *n* hospedería.
▲ *pl* **hostelries.**
hostess ['həustəs]
1 *n (at home)* anfitriona.
2 *n (on plane etc)* azafata.
3 *n (in club)* camarera.
4 *n TV* presentadora.
hostile ['hɒstaɪl] *adj* hostil, enemigo,-a.
hostility [hɒ'stɪlɪtɪ] *n* hostilidad *f.* **the peace conference put an end to two years' hostilities** la conferencia de paz puso fin a dos años de hostilidades.
▲ *pl* **hostilities.**
hot [hɒt]
1 *adj (gen)* caliente.
2 *adj METEOR* caluroso,-a, cálido,-a.
3 *adj (food - spicy)* picante; *(- not cold)* caliente: **Mexican food is hot** la comida mexicana es picante; **people prefer hot meals in winter** en invierno la gente prefiere comer caliente.
4 *adj (news)* de última hora.
5 *adj (temper)* fuerte; *(anger)* rabioso,-a, colérico,-a.
6 *adj (good)* bueno,-a, enterado,-a: **he's not as hot as I thought** no es tan bueno como pensaba; **that film isn't so hot** esa película no mata.
7 *adj (dangerous)* peligroso,-a.
8 *adj sl (stolen)* robado,-a.

▶ **to hot up** *vi fam* animarse, ponerse interesante: **things are really hotting up** se está animando el asunto.
✦ **to be hot** *(person)* tener calor; *(weather)* hacer calor: **it's very hot today** hoy hace mucho calor.
to be hot on something saber mucho de algo.
to be hot stuff *sl* estar bueno,-a, estar como un tren.
to be in the hot seat *fam* estar en la línea de fuego.
to blow hot and cold *fig* ser veleta.
to get hot under the collar *fam* ponerse nervioso,-a, acalorarse.
to get into hot water *fig* meterse en líos.
to make things hot for somebody *fig* hacerle la vida difícil a alguien.
■ **hot air** *fig* palabrería.
hot dog perrito caliente.
hot potato *fam* patata caliente, asunto delicado.
hot rod *US sl* bólido.
hot sauce salsa picante.
hot spot *(nightclub)* club *m* nocturno.
▲ *comp* **hotter,** *superl* **hottest.**
hotbed ['hɒtbed] *n fig* hervidero, semillero.
hot-blooded [hɒt'blʌdɪd] *adj* de sangre caliente.
✦ **to be hot-blooded** tener la sangre caliente.
hotchpotch ['hɒtʃpɒtʃ]
1 *n fam fig* revoltijo, mezcolanza, batiburrillo.
2 *n CULIN (stew)* estofado de carne.
hotel [həu'tel] *n* hotel *m.*
■ **hotel business/hotel trade** hostelería.
hotelier [həu'telɪeɪ] *n* hotelero,-a.
hotelkeeper [həutel'kiːpəʳ] *n* → **hotelier.**
hotfoot ['hɒtfut]
1 *adv fam* a toda prisa.
2 *vi* ir corriendo.
hothead ['hɒthed] *n fam* exaltado,-a, fanático,-a, cabeza *mf* loca.
hot-headed ['hɒthedɪd] *adj* impetuoso,-a, impulsivo,-a.
hothouse ['hɒthaus] *n* invernadero.
hotline ['hɒtlaɪn] *n* línea directa.
hotplate ['hɒtpleɪt] *n (cooker)* placa de cocina; *(to keep food warm)* calientaplatos *m.*
hotpot ['hɒtpɒt] *n GB* estofado.
hotshot ['hɒtʃɒt]
1 *n US sl* hacha *m*, lince *m.*
2 *adj US sl* excelente, de primera.
hot-tempered [hɒt'tempəd] *adj* de genio violento, de genio vivo.
hot-water [hɒt'wɔːtəʳ] *adj* de agua caliente.
■ **hot-water bottle** bolsa de agua caliente.

hound [haʊnd]
1 *n* perro de caza.
2 *vt (harass)* acosar, perseguir: he was hounded by the mass media los medios de comunicación lo acosaron; they were hounded out of their homes los obligaron a abandonar sus casas.

hour [aʊəʳ] *n* hora: an hour and a half una hora y media; a quarter of an hour un cuarto de hora; every hour cada hora; half an hour media hora; her hour had come le había llegado su hora; in an hour/in an hour's time dentro de una hora; on the hour a la hora en punto; 50 miles an hour 50 millas por hora; the clock struck the hour el reloj dio la hora; she gets paid by the hour cobra por horas.
■ **hour hand** aguja horaria, manecilla.
office hours/business hours horas *fpl* de oficina.
small hours la madrugada.

hourglass [ˈaʊəɡlɑːs] *n* reloj *m* de arena.

hourly [ˈaʊəlɪ]
1 *adj* cada hora: there's an hourly bus service pasa el autobús cada hora.
2 *adv* a cada hora, por horas: many people get paid hourly mucha gente cobra por horas.

house [haʊs]
1 *n (gen)* casa; *(official use)* domicilio: at our house en nuestra casa.
2 *n* POL cámara.
3 *n* THEAT sala.
4 *n (company)* empresa, casa.
5 *vt (gen)* alojar, albergar; *(supply housing)* proveer de vivienda.
6 *vt (store)* guardar, almacenar; *(fit)* dar cabida a.
♦ **"House full"** "Agotadas las localidades".
on the house *fig* invita la casa.
to bring the house down ser un exitazo.
to get on with somebody like a house on fire *fam* llevarse de maravilla con alguien.
to keep house for somebody llevar la casa a alguien.
to move house mudarse de casa, trasladarse.
■ **house arrest** JUR arresto domiciliario.
house of cards castillo de naipes.
House of Commons Cámara de los Comunes.
House of Lords Cámara de los Lores.
House of Representatives US Cámara de Representantes.
house plant planta de interior.
house rules normas *fpl* de la casa.
Houses of Parliament Parlamento.
publishing house editorial *f*.
▲ *(verbo)* [haʊz].

houseboat [ˈhaʊsbəʊt] *n* casa flotante.

housebreaker [ˈhaʊsbreɪkəʳ] *n* ladrón, -ona *mf*.

housebreaking [ˈhaʊsbreɪkɪŋ] *n* JUR allanamiento de morada.

housecoat [ˈhaʊskəʊt] *n* bata.

houseful [ˈhaʊsfʊl] *n* casa llena: we have a houseful of guests tenemos la casa llena de invitados.

household [ˈhaʊshəʊld]
1 *n* casa, familia, hogar *m*: the whole household joined in the celebration toda la familia participó en la celebración.
2 *adj* de la casa, doméstico,-a.
♦ **to become a household name** *fig* ser archiconocido,-a, ser muy popular.
■ **household chores** las tareas de la casa.
household expenses los gastos domésticos.
household waste residuos *mpl* domésticos.

householder [ˈhaʊshəʊldəʳ] *n* dueño, -a de la casa.

househusband [ˈhaʊshʌzbənd] *n fam* hombre *m* que hace de ama de casa.

housekeeper [ˈhaʊskiːpəʳ] *n* ama de llaves.

housekeeping [ˈhaʊskiːpɪŋ]
1 *n* administración *f* de la casa.
2 *n* **housekeeping money** dinero para los gastos de la casa.

housemaid [ˈhaʊsmeɪd] *n* criada.
■ **housemaid's knee** MED bursitis *f* de rodilla.

houseman [ˈhaʊsmən] *n* MED interno.

housemaster [ˈhaʊsmɑːstəʳ] *n* EDUC tutor *m*.

housemistress [ˈhaʊsmɪstrəs] *n* EDUC tutora.

houseroom [ˈhaʊsruːm] *n fam* sitio en casa: I wouldn't give it houseroom no lo tendría en casa.

house-to-house [ˈhaʊstəˈhaʊs] *adj* de casa en casa, de puerta en puerta.
■ **a house-to-house salesman** vendedor a domicilio.

house-train [ˈhaʊstreɪn] *vt (pet)* educar, enseñar.

house-trained [ˈhaʊstreɪnd] *adj (pet)* adiestrado,-a, limpio,-a.

house-warming [ˈhaʊswɔːmɪŋ] *n* inauguración *f* de una casa.
■ **house-warming party** fiesta para estrenar una casa.

housewife [ˈhaʊswaɪf] *n* ama de casa.

housework [ˈhaʊswɜːk] *n* quehaceres *mpl* domésticos, faenas *fpl* de la casa.

housing [ˈhaʊzɪŋ]
1 *n* vivienda.
2 *n* TECH bastidor *m*, caja.
■ **housing estate** urbanización *f*.
Ministry of Housing Ministerio de la Vivienda.

hovel [ˈhɒvəl] *n* casucha, cuchitril *m*.

hover [ˈhɒvəʳ]
1 *vi (aircraft)* permanecer inmóvil *(en el aire)*.

2 *vi (bird)* cernerse, revolotear: the hawk hovered over its prey el halcón se cernía sobre su presa.
3 *vi (move around)* rondar.
4 *vi (hesitate)* dudar, vacilar: he's hovering between one job and another está dudando entre uno u otro trabajo.

hovercraft [ˈhɒvəkrɑːft] *n* aerodeslizador *m*, hovercraft *m*.

how [haʊ]
1 *adv (in questions - direct)* ¿cómo?; *(- indirect)* cómo: how are you? ¿cómo estás?; how can I help you? ¿cómo la puedo ayudar?; how old are you? ¿cuántos años tienes?; how long is it? ¿cuánto mide de largo?; how often do you go to the cinema? ¿con qué frecuencia vas al cine?, ¿cada cuánto vas al cine?; I don't know how to thank you no sé cómo agradecérselo; tell me how to do it dime cómo se hace.
2 *adv (in exclamations)* qué: how odd! ¡qué extraño!, ¡qué raro!; how kind of you! ¡qué amable de tu parte!; how well she dances! ¡qué bien baila!
♦ **and how!** *fam* ¡y tanto!
how about ... ¿y sí?, ¿qué te parece si ...?: how about a drink? ¿y si nos tomáramos una copa?; how about going for a drive? ¿qué te parece si damos una vuelta con el coche?
how about that! ¡vaya!
how come ...? *fam* ¿por qué ...?, ¿cómo es que ...?: how come this door's not locked? ¿cómo es que esta puerta no está cerrada?
how come? ¿y eso?, ¿por qué?
how many? *(number)* cuántos,-as.
how much? *(quantity)* cuánto,-a.

howdy [ˈhaʊdɪ] *interj* US *fam* ¿qué hay?, ¿qué tal?, ¡hola!

however [haʊˈevəʳ]
1 *adv (nevertheless)* sin embargo, no obstante: there are, however, other facts to consider sin embargo, hay otros hechos que considerar.
2 *adv (with adj)* por: however hard it may be por difícil que sea; however much por más que, por mucho que.
3 *adv (how)* ¿cómo?: however did she do it? ¿cómo diablos lo hizo?

howl [haʊl]
1 *n (cry)* aullido.
2 *vi* aullar.
to howl down *vt sep* abuchear.
♦ **to be a howl** *sl (funny person, thing etc)* ser la monda.
to howl with laughter *fam* reír a carcajadas.

howler [ˈhaʊləʳ] *n fam* despiste *m*, pifia, plancha.
♦ **to make a howler** cometer un error garrafal.

howling [ˈhaʊlɪŋ]
1 *adj (that howls)* aullador,-ra; *(wind)* rugiente.

2 n (of dog, wolf etc) aullido; (of pain) alaridos mpl.

3 n (of wind) rugido, rumor m.

HP¹ ['eɪtʃ'piː] abbr GB (**hire-purchase**) compra a plazos.

HP² ['eɪtʃ'piː] abbr (**horsepower**) caballos mpl de vapor; (abbreviation) cv mpl.

HQ ['eɪtʃ'kjuː]
1 abbr (**headquarters**) cuartel m general.
2 abbr (**headquarters**) fig centro de operaciones.

hr [aʊəʳ] abbr (**hour**) hora; (abbreviation) h.
▲ pl hrs.

HRH ['eɪtʃ'ɑːr'eɪts] abbr (**His/Her Royal Highness**) Su Alteza Real; (abbreviation) S.A.R.

HTML ['eɪtʃ'tiː'em'el] abbr (**hypertext markup language**) HTML.

HTTP ['eɪtʃ'tiː'tiː'piː] abbr (**hypertext transfer protocol**) HTTP.

hub [hʌb]
1 n AUTO cubo.
2 n fig centro, eje m.

hubbub ['hʌbʌb] n (tumult) alboroto, bullicio, jaleo; (voices) vocerío, griterío.

hubby ['hʌbɪ] n fam marido.
▲ pl hubbies.

hubcap ['hʌbkæp] n AUTO tapacubos m.

huckleberry ['hʌkəlberɪ] n BOT arándano.
▲ pl huckleberries.

huddle ['hʌdəl]
1 n grupo.
2 vi (crouch) acurrucarse, apiñarse, amontonarse.
3 vi (cluster) apiñarse.
✦ **to go into a huddle** conferenciar, discutir en conferencia.

Hudson ['hʌdsən] n el río Hudson.
▪ **Hudson Bay** la Bahía de Hudson.

hue [hjuː] n (colour) tinte m; (shade) matiz m.

hue and cry [hjuːən'kraɪ] n protesta clamorosa, revuelo.

huff [hʌf] n enfado, enojo.
✦ **to be in a huff** estar enojado,-a, estar indignado,-a.
to go into a huff enfadarse, enfurruñarse.
to huff and puff resoplar.

huffy ['hʌfɪ] adj enojadizo,-a, enfadadizo,-a, malhumorado,-a.
▲ comp huffier, superl huffiest.

hug [hʌg]
1 n abrazo.
2 vt abrazar.
3 vt fig (kerb, coast) pegarse a, ceñirse a.
✦ **to hug oneself** fig congratularse, sentirse satisfecho,-a.
▲ pt & pp hugged, ger hugging.

huge [hjuːdʒ] adj enorme, inmenso,-a: a huge undertaking una empresa gigantesca.
▪ **a huge success** un exitazo, un éxito rotundo.

hugely ['hjuːdʒlɪ] adv enormemente.

Huguenot ['hjuːɡənəʊ] n hugonote mf.

huh [hʌ] interj fam (expressing surprise or disapproval) ¡vaya!, ¡caramba!; (inquiry) ¿eh?, ¿qué?

hulk [hʌlk]
1 n (ship) buque m viejo, casco.
2 n (thing, person) armatoste m, mole f, masa.

hulking ['hʌlkɪŋ] adj grueso,-a, pesado,-a.

hull [hʌl]
1 n (of ship) casco.
2 n BOT (shell) cáscara; (pod) vaina.
3 vt (peas, beans, etc) desvainar.
▲ pl hullos.

hullabaloo [hʌləbə'luː] adj griterío, follón m, escándalo, lío.

hullo [hʌ'ləʊ] interj → **hello**.

hum [hʌm]
1 n (of bees, engine) zumbido.
2 vi (bees, engine etc) zumbar.
3 vi (sing) tararear, canturrear.
4 vi (bustling with activity) hervir.
5 vt (tune) tararear, canturrear.
6 vi fam (smell) apestar.
✦ **to hum and haw** vacilar.
▲ pt & pp hummed, ger humming.

human ['hjuːmən]
1 adj humano,-a.
2 n ser m humano, humano.
▪ **human being** ser m humano, humano.
human interest interés m humano.
human nature naturaleza humana.
human race raza humana.
human rights derechos mpl humanos.

humane [hjuː'meɪn] adj humano,-a.

humanely [hjuː'meɪnlɪ] adv de forma humanitaria.

humanism ['hjuːmənɪzəm] n humanismo.

humanist ['hjuːmənɪst]
1 n humanista mf.
2 adj humanista.

humanitarian [hjuːmænɪ'teərɪən]
1 adj humanitario,-a, filantrópico,-a.
2 n filántropo,-a.

humanity [hjuː'mænɪtɪ]
1 n (virtue) humanidad f.
2 n (mankind) género humano, raza humana.
▪ **the humanities** las humanidades.
▲ pl humanities.

humanisation [hjuːmənaɪ'zeɪʃən] n → **humanization**.

humanise ['hjuːmənaɪz] vt → **humanize**.

humanization [hjuːmənaɪ'zeɪʃən] n humanización f.

humanize ['hjuːmənaɪz] vt humanizar.

humanly ['hjuːmənlɪ] adv humanamente: it's not humanly possible no es humanamente posible.

humanoid ['hjuːmənɔɪd] n humanoide mf.

humble ['hʌmbəl]
1 adj humilde.
2 vt humillar.
✦ **to eat humble pie** admitir estar equivocado,-a.

humbleness ['hʌmbəlnəs] n humildad f.

humbly ['hʌmblɪ] adv humildemente.

humbug ['hʌmbʌg]
1 n fam (lie) bola, embuste m.
2 n (person) farsante mf, embaucador,-ra.
3 n (nonsense) tonterías fpl, disparates mpl.
4 n GB (sweet) caramelo de menta.

humdrum ['hʌmdrʌm] adj monótono,-a, aburrido,-a.

humerus ['hjuːmərəs] n ANAT (bone) húmero.
▲ pl humeri ['hjuːməraɪ].

humid ['hjuːmɪd] adj húmedo,-a.

humidifier [hjuː'mɪdɪfaɪəʳ] n humidificador m.

humidify [hjuː'mɪdɪfaɪ] vt humidificar.
▲ pt & pp humidified, ger humidifying.

humidity [hjuː'mɪdɪtɪ] n humedad f.

humiliate [hjuː'mɪlɪeɪt] vt humillar.

humiliate [hjuː'mɪlɪeɪtɪŋ] adj humillante.

humiliation [hjuːmɪlɪ'eɪʃən] n humillación f.

humility [hjuː'mɪlɪtɪ] n humildad f.

hummingbird ['hʌmɪŋbɜːd] n colibrí m.

humor ['hjuːməʳ] n US → **humour**.

humorist ['hjuːmərɪst]
1 n (writer or teller of funny stories) humorista mf.
2 n (joker) bromista mf.

humorous ['hjuːmərəs]
1 adj (funny) gracioso,-a, divertido,-a.
2 adj (writer) humorístico,-a, humorista.

humorously ['hjuːmərəslɪ] adv jocosamente.

humour ['hjuːməʳ]
1 n humor m.
2 n (of a joke) gracia.
3 n (whim) capricho.
4 vt complacer, seguir el humor a.
✦ **to be out of humour** estar de mal humor.
▪ **sense of humour** sentido del humor.

hump [hʌmp]
1 n (on back) giba, joroba.
2 n (hillock) montículo.
3 vt GB fam (carry) cargar.
4 vt taboo joder, follar.
5 vi taboo joder, follar.
✦ **to be over the hump** haber hecho lo más difícil.
to have the hump GB fam estar de mal humor.

humpback ['hʌmpbæk] n jorobado,-a.

humpbacked ['hʌmpbækt] adj jorobado,-a, corcovado,-a.

- **humpbacked bridge** puente *m* peraltado.

humus [ˈhjuːməs] *n AGR* mantillo, humus *m*.

Hun [hʌn]
1 *n HIST* huno,-a.
2 *n fam pej* alemán,-ana.

hunch [hʌntʃ]
1 *n* presentimiento, intuición *f*: he acts on his hunches actúa por intuición.
2 *vt* encorvar.
✦ **to have a hunch** tener una corazonada.

hunchback [ˈhʌntʃbæk] *n (person)* jorobado,-a.

hundred [ˈhʌndrəd]
1 *n* cien: a hundred volunteers cien voluntarios; a hundred and ten kilos ciento diez kilos; five hundred years ago hace quinientos años; it costs two hundred euros cuesta doscientos euros; a hundred and fifty cars ciento cincuenta coches; in the eighteen hundreds en el siglo diecinueve; he lived to be a hundred llegó a los cien años.
2 **hundreds** *npl (many)* centenares *mpl*, cientos *mpl*: there were hundreds of cyclists había centenares de ciclistas; there are hundreds of ways to save money hay cientos de maneras de ahorrar dinero.
✦ **a hundred per cent** *(literally)* ciento por ciento; *(figuratively)* totalmente: a hundred per cent of the votes have been counted el ciento por ciento de los votos han sido escrutados; I agree with you a hundred per cent estoy totalmente de acuerdo contigo.

hundredth [ˈhʌndrədθ]
1 *adj* centésimo,-a.
2 *adv* en centésimo lugar.
3 *n (in series)* centésimo,-a.
4 *n (fraction)* centésimo; *(one part)* centésima parte *f*.
5 *n (of time)* centésima.

hundredweight [ˈhʌndrədweɪt] *n* quintal *m*.
▲ *pl hundredweight* o *hundredweights;* en Gran Bretaña equivale a 50,8 kg; en Estados Unidos equivale a 45,4 kg.

hung [hʌŋ] *pt & pp* → **hang.**
✦ **to be hung over** tener resaca, estar con resaca.
to be hung up estar acomplejado,-a.
to be hung up on estar obsesionado,-a con.
to be well hung estar bien dotado.
- **hung jury** *jurado cuyos miembros no se ponen de acuerdo.*
hung parliament *parlamento en el que ningún partido cuenta con una mayoría suficiente para formar gobierno.*

Hungarian [hʌŋˈgeərɪən]
1 *adj* húngaro,-a.
2 *n (person)* húngaro,-a.
3 *n (language)* húngaro.

Hungary [ˈhʌŋgərɪ] *n* Hungría.

hunger [ˈhʌŋgəʳ]
1 *n* hambre *f*: to die of hunger morirse de hambre *f*.
2 *n fig* sed *f*: hunger for revenge sed de venganza.
▸ **to hunger after/hunger for** *vt insep* ansiar, anhelar, tener hambre de.
- **hunger strike** huelga de hambre.

hungry [ˈhʌŋgrɪ]
1 *adj* hambriento,-a.
2 *adj fig* ávido,-a, sediento,-a: we're hungry for news from him estamos ávidos de recibir noticias suyas.
✦ **to be hungry** tener hambre.
to go hungry pasar hambre.
to make somebody hungry abrir el apetito a alguien, dar hambre a alguien.
▲ *comp hungrier, superl hungriest.*

hunk [hʌŋk]
1 *n fam (piece)* pedazo (grande), buen trozo.
2 *n fam (man)* cachas *m*, machote *m*.

Hunnish [ˈhʌnɪʃ] *adj* huno,-a.

hunt [hʌnt]
1 *n (gen)* caza, cacería.
2 *n (search)* búsqueda.
3 *vt* cazar.
4 *vi (for game)* cazar; *(search)* buscar.
▸ **to hunt down** *vt sep (corner)* acorralar, perseguir; *(to find)* dar con, encontrar.
to hunt out/hunt up *vt sep (to find)* encontrar; *(to look for)* buscar.
✦ **to be on the hunt for** ir en busca de, ir a la búsqueda de.
to hunt for buscar.
to hunt high and low for buscar por todas partes.

hunter [ˈhʌntəʳ]
1 *n* cazador,-ra *mf*.
2 *n ZOOL* caballo de caza.
3 *n (watch)* saboneta.

hunting [ˈhʌntɪŋ] *n (gen)* caza; *(expedition)* cacería, montería.
✦ **a happy hunting ground for** *fig* un terreno propicio para.
to go hunting ir de caza.
- **hunting ground** terreno de caza, coto de caza.
hunting horn cuerno de caza.
hunting knife cuchillo de caza, navaja de caza, navaja de monte.

huntress [ˈhʌntrəs] *n* cazadora.

huntsman [ˈhʌntsmən] *n (gen)* cazador *m*; *(of big game)* montero *m*.
▲ *pl huntsmen* [ˈhʌntsmən].

hurdle [ˈhɜːdəl]
1 *n SP* valla.
2 *n fig* obstáculo.
3 *vt SP (barrier)* saltar.

hurdler [ˈhɜːdləʳ] *n SP* corredor,-ra de vallas.

hurdling [ˈhɜːdlɪŋ] *n SP* carrera de vallas.

hurdy-gurdy [ˈhɜːdɪgɜːdɪ] *n MUS* organillo.
▲ *pl hurdy-gurdies.*

hurl [hɜːl]
1 *vt* lanzar, arrojar, tirar: he hurled himself from the top of the building se arrojó de lo alto del edificio.
2 *vt (insults)* soltar.
✦ **to hurl abuse at somebody** soltar una retahíla de insultos a alguien.

hurling [ˈhɜːlɪŋ] *n SP juego irlandés parecido al rugby con quince jugadores en cada equipo.*

hurly-burly [ˈhɜːlɪbɜːlɪ] *n* alboroto, ajetreo, bullicio.

hurrah [huˈrɑː]
1 *interj* ¡hurra!: hurrah for Peter! ¡viva Peter!
2 *vt* vitorear, aclamar.
3 *vi* dar vítores.

hurray [huˈreɪ] *interj* ¡hurra!

hurricane [ˈhʌrɪkən, ˈhʌrɪkeɪn] *n* huracán *m*.
- **hurricane lamp** lámpara protegida contra el viento.

hurried [ˈhʌrɪd] *adj* apresurado,-a, hecho,-a de prisa.

hurriedly [ˈhʌrɪdlɪ] *adv* apresuradamente, deprisa.

hurry [ˈhʌrɪ]
1 *n prisa:* what's the hurry! ¿a qué viene tanta prisa?; are you in a hurry for the report? ¿le corre prisa el informe?; I won't do that again in a hurry me lo pensaré dos veces la próxima vez.
2 *vi* apresurarse, darse prisa: he hurried through his meal comió a toda prisa; hurry! ¡date prisa!
3 *vt* dar prisa, meter prisa: he's always hurrying me siempre me mete prisa; they hurried her to hospital la llevaron a toda prisa al hospital.
▸ **to hurry up**
1 *vi* darse prisa.
2 *vt sep* dar prisa a, apresurar.
✦ **in a hurry** de prisa.
to be in a hurry tener prisa.
▲ *pt & pp hurried, ger hurrying.*

hurt [hɜːt]
1 *n (harm)* daño, dolor *m*, mal *m*.
2 *n (wound)* herida.
3 *n fig* daño, perjuicio.
4 *adj (physically)* herido,-a.
5 *adj (offended)* dolido,-a.
6 *vt (cause injury)* lastimar, hacer daño; *(to wound)* herir: he has hurt his arm se ha hecho daño en el brazo.
7 *vt SP* lesionar.
8 *vt (offend)* herir, ofender: you hurt her feelings la has ofendido, le has herido los sentimientos.
9 *vi* doler: my eyes hurt me duelen los ojos.
10 *vi fam* venir mal, ir mal: it doesn't hurt to have a drink now and again no viene mal tomarse un trago de vez en cuando; it wouldn't hurt for him to work a little harder no le iría nada mal trabajar un poco más.

✦ **not to hurt a fly** ser incapaz de matar una mosca.
to hurt oneself hacerse daño, lastimarse.
▲ *pt & pp* **hurt**.

hurtful ['hɜːtful] *adj (remark)* hiriente; *(experience)* doloroso,-a.

hurtle ['hɜːtəl]
1 *vi* lanzarse, precipitarse: **they hurtled down the road** se lanzaron a toda velocidad por la carretera.
2 *vt* lanzar.

husband ['hʌzbənd] *n* marido, esposo.

husbandry ['hʌzbəndrɪ] *n AGR fml* agricultura.
■ **animal husbandry** cría de ganado.

hush [hʌʃ]
1 *n* quietud *f*, silencio.
2 *vt* callar, silenciar.
3 *interj* ¡silencio! ¡cállate! ¡cállese! ¡chito!
▶ **to hush up** *vt sep (affair)* echar tierra a; *(person)* hacer callar.
■ **hush money** *fam* soborno *(que se paga para que alguien no hable).*

hush-hush ['hʌʃ'hʌʃ] *adj fam* confidencial, secreto,-a.

husk [hʌsk]
1 *n (of cereals etc)* cáscara; *(of beans etc)* vaina.
2 *vt (nuts, cereals)* descascarar, descascarillar; *(beans, peas)* pelar, desvainar.

huskiness ['hʌskɪnəs] *n* ronquera.

husky[1] ['hʌskɪ] *adj* ronco,-a: **he has a husky voice** tiene la voz ronca.
▲ *comp* **huskier**, *superl* **huskiest**.

husky[2] ['hʌskɪ] *n (dog)* perro esquimal.
▲ *pl* **huskies**.

hussar [hʊ'zɑːʳ] *n MIL* húsar *m*.

hussy ['hʌzɪ] *n dated (woman)* fresca, descarada.
▲ *pl* **hussies**.

hustings ['hʌstɪŋz] *npl GB (platform)* tribuna *f sing* electoral; *(election)* elecciones *fpl*: **there have been heated debates at the hustings this year** ha habido debates acalorados durante la campaña electoral este año.

hustle ['hʌsəl]
1 *n* bullicio.
2 *vt (hurry)* dar prisa a.
3 *vt (jostle)* empujar, dar empujones a.
4 *vt US fam* hacerse con.
5 *vi* apresurarse.
■ **hustle and bustle** ajetreo.

hustler ['hʌsləʳ]
1 *n (cheat)* estafador,-ra, buscavidas *mf*.
2 *n US sl (prostitute - man)* puto, chapero; *(- woman)* puta.

hut [hʌt]
1 *n* cabaña.
2 *n (in garden)* cobertizo.
3 *n MIL* barraca.

hutch [hʌtʃ] *n* jaula.

hyacinth ['haɪəsɪnθ] *n BOT* jacinto.

hyaena [haɪ'iːnə] *n* hiena.

hybrid ['haɪbrɪd]
1 *adj* híbrido,-a.
2 *n* híbrido.

hydra ['haɪdrə] *n* hidra.

hydrangea [haɪ'dreɪndʒə] *n BOT* hortensia.

hydrant ['haɪdrənt] *n* boca de riego.

hydrate ['haɪdreɪt] *vt* hidratar.

hydration [haɪ'dreɪʃən] *n* hidratación *f*.

hydraulic [haɪ'drɔːlɪk] *adj* hidráulico,-a.
■ **hydraulic brake** freno hidráulico.

hydraulics [haɪ'drɔːlɪks] *n (science)* hidráulica.

hydric ['haɪdrɪk] *adj* hídrico,-a.

hydro ['haɪdrəʊ] *n GB (spa)* balneario, estación *f* termal.
▲ *pl* **hydros**.

hydrocarbon [haɪdrəʊ'kɑːbən] *n CHEM* hidrocarburo.

hydrochloric [haɪdrə'klɒrɪk] *adj* clorhídrico,-a.
■ **hydrochloric acid** ácido clorhídrico.

hydroelectric [haɪdrəʊɪ'lektrɪk] *adj* hidroeléctrico,-a.
■ **hydroelectric power station** central *f* hidroeléctrica.

hydroelectricity [haɪdrəʊɪlek'trɪsɪtɪ] *n* hidroelectricidad *f*.

hydrofoil ['haɪdrəfɔɪl] *n* hidroala *m*.

hydrogen ['haɪdrədʒən] *n CHEM* hidrógeno.
■ **hydrogen bomb** bomba de hidrógeno.
hydrogen peroxide agua oxigenada, peróxido de hidrógeno.

hydrogenate [haɪ'drɒdʒəneɪt] *vt* hidrogenar.

hydrographer [haɪ'drɒgrəfəʳ] *n* hidrógrafo,-a.

hydrographic [haɪdrə'græfɪk] *adj* hidrográfico,-a.

hydrography [haɪ'drɒgrəfɪ] *n* hidrografía.

hydrology [haɪ'drɒlədʒɪ] *n* hidrología.

hydrolyse ['haɪdrəlaɪz] *vt* hidrolizar.

hydrolysis [haɪ'drɒlɪsɪs] *n CHEM* hidrólisis *f*.

hydrometer [haɪ'drɒmɪtəʳ] *n* hidrómetro.

hydrometry [haɪ'drɒmɪtrɪ] *n* hidrometría.

hydrophobia [haɪdrə'fəʊbɪə] *n MED* hidrofobia.

hydrophobic [haɪdrə'fəʊbɪk] *adj* hidrófobo,-a.

hydroplane ['haɪdrəpleɪn] *n* hidroavión *m*, hidroplano.

hydroponics [haɪdrə'pɒnɪks] *n* hidroponía.

hydrotherapy [haɪdrəʊ'θerəpɪ] *n MED* hidroterapia.

hydroxide [haɪ'drɒksaɪd] *n* hidróxido.

hyena [haɪ'iːnə] *n ZOOL* hiena.

hygiene ['haɪdʒiːn] *n* higiene *f*.

hygienic [haɪ'dʒiːnɪk] *adj* higiénico,-a.

hygienist [haɪ'dʒiːnɪst] *n* higienista *mf*.

hygrometer [haɪ'grɒmɪtəʳ] *n* higrómetro.

hygrometry [haɪ'grɒmɪtrɪ] *n* higrometría.

hymen ['haɪmən] *n ANAT* himen *m*.

hymenopteran [haɪmə'nɒptərən] *n* himenóptero.

hymenopterous [haɪmə'nɒptərəs] *adj* himenóptero,-a.

hymn [hɪm] *n* himno.
■ **hymn book** cantoral *m*.

hymnal ['hɪmnəl] *n* cantoral *m*.

hype [haɪp]
1 *vt fam* exagerar, dar mucho bombo a.
2 *n fam* campaña publicitaria, bombo.
✦ **to be hyped up** *fig* estar excitado,-a.

hyperactive [haɪpə'æktɪv] *adj* hiperactivo,-a.

hyperbola [haɪ'pɜːbələ] *n* hipérbola.
▲ *pl* **hyperbole** [haɪ'pɜːbəlɪ] o **hyperbolas**.

hyperbole [haɪ'pɜːbəlɪ] *n* hipérbole *f*.

hypercorrection [haɪpəkə'rekʃən] *n* ultracorrección *f*.

hypercritical [haɪpə'krɪtɪkəl] *adj* hipercrítico,-a.

hyperglycaemia [haɪpəglaɪ'siːmɪə] *n* hiperglucemia.

hyperglycemia [haɪpəglaɪ'siːmɪə] *n US* hiperglucemia.

hyperlink ['haɪpəlɪŋk] *n* hiperenlace.

hypermarket ['haɪpəmɑːkɪt] *n GB* hipermercado.

hypermedia ['haɪpəmiːdɪə] *n* hipermedia.

hypersensitive [haɪpə'sensɪtɪv] *adj* hipersensible.

hypersonic [haɪpə'sɒnɪk] *adj* hipersónico,-a.

hyperspace ['haɪpəspeɪs] *n* hiperespacio.

hypertension [haɪpə'tenʃən] *n MED* hipertensión *f*.

hypertensive [haɪpə'tensɪv] *adj* hipertenso,-a.

hypertext ['haɪpətekst] *n* hipertexto.

hyphen ['haɪfən] *n* guion *m*.

hyphenate ['haɪfəneɪt] *vt* escribir con guion, unir con guion.

hypnosis [hɪp'nəʊsɪs] *n MED* hipnosis *f*.

hypnotic [hɪp'nɒtɪk] *adj* hipnótico,-a.

hypnotise ['hɪpnətaɪz] *vt* → **hypnotize**.

hypnotism ['hɪpnətɪzəm] *n* hipnotismo.

hypnotist ['hɪpnətɪst] *n* hipnotizador,-ra.

hypnotize ['hɪpnətaɪz] *vt* hipnotizar.

hypo[1] ['haɪpəʊ] *n (photography)* fijador *m*.

hypo² ['haɪpəʊ] *n fam (syringe)* jeringa.
▲ *pl* **hypos.**

hypoallergenic [haɪpəælə'dzenɪk] *adj (cosmetics etc)* hipoalergénico,-a.

hypochondria [haɪpə'kɒndrɪə] *n* hipocondría.

hypochondriac [haɪpə'kɒndrɪæk]
1 *n* hipocondríaco,-a.
2 *adj* hipocondríaco,-a.

hypocrisy [hɪ'pɒkrɪsɪ] *n* hipocresía.

hypocrite ['hɪpəkrɪt] *n* hipócrita *mf*.

hypocritical [hɪpə'krɪtɪkəl] *adj* hipócrita.

hypodermic [haɪpə'dɜːmɪk] *adj* hipodérmico,-a.

hypodermis [haɪpəʊ'dɜːmɪs] *n* hipodermis *f*.

hyponym ['haɪpənɪm] *n* hipónimo.

hypotension [haɪpəʊ'tenʃən] *n MED* hipotensión *f*.

hypotensive [haɪpəʊ'tensɪv] *adj* hipotenso,-a.

hypotenuse [haɪ'pɒtənjuːz] *n (geometry)* hipotenusa.

hypothalamus [haɪpəʊ'θæləməs] *n* hipotálamo.

hypothermia [haɪpəʊ'θɜːmɪə] *n MED* hipotermia.

hypothesis [haɪ'pɒθəsɪs] *n* hipótesis *f*.
▲ *pl* **hypotheses** [haɪ'pɒθisiːz].

hypothetic [haɪpə'θetɪk] *adj* hipotético,-a.

hypothetical [haɪpə'θetɪkəl] *adj* hipotético,-a.

hyssop ['hɪsəp] *n* hisopo.

hysterectomy [hɪstə'rektəmɪ] *n* histerectomía.
▲ *pl* **hysterectomies.**

hysteria [hɪ'stɪərɪə] *n* histeria.

hysterical [hɪ'sterɪkəl] *adj* histérico,-a.
■ **hysterical laughter** risa incontrolable.

hysterically [hɪ'sterɪkəlɪ] *adv* histéricamente.

hysterics [hɪ'sterɪks]
1 *n (attack)* ataque *m* de histeria.
2 *n fam* ataque *m* de risa.
✦ **to have hysterics** mondarse de risa.

Hz ['eɪtʃ'zed] *abbr* (**hertz**) hercio, hercios; *(abbreviation)* Hz.

I, i [aɪ] *n (the letter)* I, i *f.*

I [aɪ] *pron* yo: **my name's Paul, I'm English** me llamo Paul, soy inglés; **I'm going home** me voy a casa; **my husband and I** mi marido y yo.
 ✦ **I, for one** personalmente.

iambic [aɪ'æmbɪk] *adj* yámbico,-a.

IATA [i:'ɑ:tə] *abbr* (**International Air Transport Association**) Asociación *f* del Transporte Aéreo Internacional; *(abbreviation)* IATA *f.*

IBA ['aɪ'bi:'eɪ] *abbr GB* (**Independent Broadcasting Authority**) *ente que regulaba las televisiones privadas.*
 ▲ *Véase también* ITC.

Iberia [aɪ'bɪərɪə] *n* Iberia.

Iberian [aɪ'bɪərɪən]
 1 *adj (modern)* ibérico,-a; *(historically)* ibero,-a, íbero,-a, ibérico,-a.
 2 *n (person - now)* ibérico,-a; *(- historically)* ibero,-a, íbero,-a.
 3 *n (language)* ibero, íbero.
 ▪ **Iberian Peninsula** Península Ibérica.

ibex ['aɪbeks] *n* íbice *m.*
 ▲ *pl* **ibex** ['aɪbeks] *o* **ibexes** ['aɪbeksɪz].

ibis ['aɪbɪs] *n* ibis *f.*
 ▲ *pl* **ibis** ['aɪbɪs] *o* **ibises** ['aɪbɪsɪz].

Ibiza [ɪ'bi:θə] *n* Ibiza.

Ibizan [ɪ'bi:θən]
 1 *adj* ibicenco,-a.
 2 *n* ibicenco,-a.

ICBM ['aɪ'si:'bi:'em] *abbr* (**intercontinental ballistic missile**) proyectil *m* balístico intercontinental; *(abbreviation)* PBI *m.*

ice [aɪs]
 1 *n (frozen water)* hielo: **there was ice on the road** la carretera estaba helada.
 2 *n (ice-cream)* helado.
 3 *vt (cake)* glasear.
 ▸ **to ice over** *vi (lake etc)* helarse; *(windscreen etc)* cubrirse de hielo.
 to ice up *vi* → **ice over.**
 ✦ **to break the ice** romper el hielo.
 to cut no ice (with somebody) dejar frío,-a (a alguien).
 to keep on ice *(wine)* mantener en frío; *(project, plan, etc)* congelar.

to put something on ice *(wine)* poner a enfriar; *(project, plan, etc)* congelar.
 to skate on thin ice/tread on thin ice pisar un terreno resbaladizo, estar en la cuerda floja.
 ▪ **ice age** período glacial.
 ice axe piolet *m*, piqueta de alpinista.
 ice cube cubito de hielo, cubito.
 ice field banquisa.
 ice floe témpano.
 ice hockey hockey *m* sobre hielo.
 ice man *US* vendedor *m* de hielo, repartidor *m* de hielo.
 ice pack bolsa de hielo.
 ice pick picahielos *m.*
 ice show espectáculo sobre hielo.
 ice skate patín *m* de hielo.
 ice water *US* agua *m* helada.

iceberg ['aɪsbɜ:g]
 1 *n* iceberg *m.*
 2 *n fig* persona fría.
 ▪ **iceberg lettuce** lechuga iceberg.

icebound ['aɪsbaʊnd] *adj (harbour etc)* bloqueado,-a por el hielo; *(ship)* atrapado,-a por el hielo.

icebox ['aɪsbɒks]
 1 *n US* nevera.
 2 *n (freezing compartment)* congelador *m.*

icebreaker ['aɪsbreɪkə'] *n* rompehielos *m inv.*

icecap ['aɪskæp] *n* casquete *m* polar.

ice-cold ['aɪskəʊld] *adj* helado,-a.

ice-cream ['aɪskri:m] *n* helado.
 ▪ **ice-cream cone** cucurucho de helado.
 ice-cream cornet cucurucho de helado.
 ice-cream parlour heladería.
 ice-cream van *furgoneta ambulante para la venta de helados.*

iced [aɪst] *n (drink)* con hielo; *(cake)* glaseado,-a.

Iceland ['aɪslənd] *n* Islandia.

Icelander ['aɪsləndə'] *n (person)* islandés,-esa.

Icelandic [aɪs'lændɪk]
 1 *adj* islandés,-esa.
 2 *n (language)* islandés *m.*

ice-skate ['aɪsskeɪt] *vi* patinar sobre hielo.

ice-skater ['aɪsskeɪtə'] *n* patinador,-ra sobre hielo.

ice-skating ['aɪskeɪtɪŋ] *n* patinaje *m* sobre hielo.

icicle ['aɪsɪkəl] *n* carámbano.

icing ['aɪsɪŋ] *n* cobertura.
 ▪ **icing sugar** azúcar *m & f* glas, azúcar *m & f* lustre.
 the icing on the cake remate *m*, guinda.

icon ['aɪkən] *n* icono.

iconoclasm [aɪ'kɒnəklæzəm] *n* iconoclasia.

iconoclast [aɪ'kɒnəklæst] *n* iconoclasta *mf.*

iconoclastic [aɪkɒnə'klæstɪk] *adj* iconoclasta.

iconography [aɪkə'nɒgrəfɪ] *n* iconografía.

icy ['aɪsɪ]
 1 *adj (very cold - hand etc)* helado,-a; *(- wind)* glacial.
 2 *adj (covered with ice)* cubierto,-a de hielo.
 3 *adj fig* glacial: **an icy look** una mirada glacial.
 ▲ *comp* **icier**, *superl* **iciest.**

ID ['aɪ'di:] *abbr* (**identification**) identificación *f.*
 ▪ **ID card** documento nacional de identidad, DNI *m.*

I'd [aɪd] *contr* I would, I had.

idea [aɪ'dɪə]
 1 *n (gen)* idea; *(opinion)* idea, opinión *f*: **that's a good idea!** ¡es una buena idea!; **I've got an idea!** ¡tengo una idea!, ¡se me ocurre una idea!; **whose idea was this anyway?** ¿de quién era la idea?, ¿a quién se le ocurrió esto?; **people have some very odd ideas** la gente tiene ideas muy raras; **you've got no idea what I'm talking about** no tienes ni idea de lo que estoy hablando; **this sketch will give you a rough idea** este dibujo te dará una idea aproximada; **he didn't have the**

faintest idea what time it was no tenía ni la menor idea de la hora que era; **we're toying with the idea of moving** estamos acariciando la idea de mudarnos; **whatever gave you that idea?** ¿cómo se te ha ocurrido (pensar) eso?, ¿de dónde has sacado esta idea?; **do you know where he is? —no, but I've got a very good idea!** ¿sabes dónde está? —no, pero tengo una ligera sospecha; **well, you might as well get used to the idea** bueno, ya puedes irte haciendo a la idea.

2 *n (intuition)* impresión *f*, sensación *f*: **she had the idea that something was wrong** tenía la impresión de que pasaba algo; **I've an idea you threw it away** creo que lo tiraste, tengo la impresión de que lo tiraste.

3 *n (concept)* concepto: **what's your idea of happiness?** ¿cuál es tu concepto de la felicidad?; **this is not my idea of having fun** esto no es lo que yo entiendo por diversión.

4 the idea *n (aim, purpose)* idea, intención *f*, objetivo: **the idea was to lose weight** la idea era perder peso; **the idea of the game is to get the ball in the goal** el objetivo del juego es meter la pelota en la portería.

✦ **not to have the first idea about something** no tener ni la más mínima idea de algo.

that's the idea! ¡eso es!, ¡así se hace!

the (very) idea of it! ¡vaya ocurrencia!, ¡qué ocurrencia!, ¡a quién se le ocurre!, ¡ni hablar!

to get ideas hacerse ilusiones.

to get the idea *(understand)* comprender, entender, captar; *(learn)* aprender.

to give somebody ideas dar ilusiones a alguien.

to have no idea no tener idea, no tener ni idea: **I've no idea!** ¡ni idea!

to hit on the idea of something ocurrírsele la idea a alguien: **then we hit on the idea of using silicon** entonces se nos ocurrió la idea de usar silicona.

to put ideas into somebody's head meter ideas en la cabeza a alguien.

what's the big idea? ¿qué pasa aquí?, ¿qué es esto?, ¿qué te has creído?

ideal [aɪˈdiːl]

1 *adj* ideal, perfecto,-a: **the ideal relationship** la relación ideal; **the ideal person for the job** la persona idónea para el trabajo; **in an ideal world** en un mundo perfecto.

2 *n (perfect example)* ideal *m*: **she's many men's ideal of what a woman should look like** ella representa el ideal femenino para muchos hombres.

3 *n (principle)* principio, ideal *m*: **we are committed to our socialist ideals** estamos comprometidos con nuestros principios socialistas; **I used to have high ideals** yo tuve grandes ideales.

idealise [aɪˈdɪəlaɪz] *n* → **idealize**.

idealism [aɪˈdɪəlɪzəm] *n* idealismo: **youthful idealism** idealismo juvenil.

idealist [aɪˈdɪəlɪst] *n* idealista *mf*.

idealistic [aɪdɪəˈlɪstɪk] *adj* idealista.

idealistically [aɪdɪəˈlɪstɪklɪ] *adv* de forma idealista.

idealization [aɪdɪəlaɪˈzeɪʃən] *n* idealización *f*.

idealize [aɪˈdɪəlaɪz] *vt* idealizar: **they tend to idealize the past** tienden a idealizar el pasado.

ideally [aɪˈdɪəlɪ]

1 *adv (perfectly)* idealmente, perfectamente: **he's ideally suited to the job** está hecho para este puesto; **the house is ideally situated** la casa está situada en el lugar perfecto.

2 *adv (preferably)* a ser posible: **ideally, everyone would have a job** lo ideal sería que todo el mundo tuviera trabajo; **you can either … or … or, ideally, both** o puedes … o … o, a ser posible, las dos cosas.

identical [aɪˈdentɪkəl]

1 *adj (exactly alike)* idéntico,-a (**to/with**, a): **they were wearing identical dresses** llevaban vestidos idénticos.

2 *adj (the same)* mismísimo,-a: **he is the identical man who was here last week** es el mismísimo hombre que estuvo aquí la semana pasada.

■ **identical twins** gemelos,-as.

identically [aɪˈdentɪkəlɪ] *adv* idénticamente.

identifiable [aɪˈdentɪfaɪəbəl] *adj* identificable.

identification [aɪdentɪfɪˈkeɪʃən]

1 *n (gen)* identificación *f*.

2 *n (papers)* documentación *f*: **have you got any means of identification?** ¿tiene alguna documentación?

■ **identification parade** rueda de reconocimiento.

identify [aɪˈdentɪfaɪ]

1 *vt (prove or show identity of, recognize)* identificar: **she identified him as the man who had attacked her** lo identificó como el hombre que la había atacado; **he has been identified as The Fox** se le ha identificado como El Zorro; **I had to identify the body** tuve que identificar el cadáver; **she can identify a bird by its call** sabe identificar un pájaro por su canto.

2 *vt (discover)* descubrir, averiguar, identificar: **they've identified the cause of the epidemic** han identificado la causa de la epidemia.

3 *vt (associate)* asociar (**with**, con), relacionar (**with**, con): **do you identify money with happiness?** ¿relacionas el dinero con la felicidad?

▸ **to identify with**

1 *vt sep (associate)* relacionar con, asociar con: **people tend to identify him with the far left** suelen relacionarlo con la extrema izquierda.

2 *vi (sympathize)* identificarse con: **I couldn't identify with the protagonist of the film** no podía identificarme con el protagonista de la película.

✦ **to identify oneself** identificarse.

▲ *pt & pp* **identified**, *ger* **identifying**.

Identikit [aɪˈdentɪkɪt] **Identikit picture** *n* retrato robot.

▲ *Es marca registrada.*

identity [aɪˈdentɪtɪ] *n* identidad *f*: **you must give proof of identity** tiene que acreditar su identidad; **it was a case of mistaken identity** fue un error de identificación.

■ **identity card** carnet *m* de identidad.

▲ *pl* **identities**.

ideogram [ˈɪdɪəʊɡræm] *n* ideograma *m*.

ideolect [ˈɪdɪəʊlekt] *n* ideolecto.

ideological [aɪdɪəˈlɒdʒɪkəl] *adj* ideológico,-a.

ideologist [aɪdɪˈɒlədʒɪst] *n* ideólogo,-a.

ideology [aɪdɪˈɒlədʒɪ] *n* ideología: **according to Marxist ideology** según la ideología marxista.

▲ *pl* **ideologies**.

idiocy [ˈɪdɪəsɪ]

1 *n (stupidity)* idiotez *f*.

2 *n (stupid act etc)* estupidez *f*.

▲ *pl* **idiocies**.

idiom [ˈɪdɪəm]

1 *n (phrase)* locución *f*, modismo, frase *f* hecha.

2 *n (language)* lenguaje *m*, idioma *m*; *(style)* estilo.

idiomatic [ɪdɪəˈmætɪk] *adj* idiomático,-a.

■ **idiomatic expression** locución *f*, modismo, frase *f* hecha.

idiosyncrasy [ɪdɪəˈsɪŋkrəsɪ] *n* idiosincrasia, rareza, manía.

▲ *pl* **idiosyncrasies**.

idiosyncratic [ɪdɪəsɪŋˈkrætɪk] *adj* idiosincrásico,-a.

idiot [ˈɪdɪət]

1 *n fam* idiota *mf*, imbécil *mf*, tonto,-a.

2 *n MED* idiota *mf*.

idiotic [ɪdɪˈɒtɪk] *adj* idiota, imbécil, tonto,-a.

idiotically [ɪdɪˈɒtɪklɪ] *adv* como un idiota.

idle [ˈaɪdəl]

1 *adj (lazy)* perezoso,-a, holgazán,-ana, vago,-a: **my brother's so idle** mi hermano es tan vago.

2 *adj (not working - person)* parado,-a, desempleado,-a, sin trabajo, inactivo,-a; *(- machinery)* parado,-a; *(- money)* improductivo,-a.

3 *adj (groundless - threat, hope, promise)* vano,-a, inútil; *(- fear, suspicion)* infundado,-a: **it's idle to speculate** es inútil especular.

4 *adj (frivolous, trivial)* frívolo,-a, trivial, sin importancia, insignificante: **idle curiosity** pura curiosidad; **idle pleasures** placeres frívolos, frivolidades; **it's**

only **idle gossip** no son más que habladurías.
5 *vi (waste time)* gandulear, holgazanear, perder el tiempo.
6 *vi (engine)* funcionar en vacío.
▸ **to idle away** *vt sep* desperdiciar, perder.
✦ **to be bone idle** no dar ni golpe, ser gandul,-la.

idleness [ˈaɪdəlnəs]
1 *n (laziness)* holgazanería.
2 *n (unemployment)* paro, desempleo.
3 *n (inactivity)* inactividad *f*; *(leisure)* holganza, ociosidad *f*.

idler [ˈaɪdələʳ] *n* holgazán,-ana, vago,-a, gandul,-la.

idly [ˈaɪdəlɪ]
1 *adv (abstractedly)* distraídamente.
2 *adv (doing nothing)* sin hacer nada.
3 *adv (nonchalantly)* despreocupadamente.
✦ **to stand idly by** quedarse cruzado de brazos.

idol [ˈaɪdəl] *n* ídolo.

idolater [aɪˈdɒlətəʳ] *n* idólatra *mf*.

idolatress [aɪˈdɒlətrəs] *n* idólatra *mf*.

idolatrous [aɪˈdɒlətrəs] *adj* idólatra.

idolatry [aɪˈdɒlətrɪ] *n* idolatría.
▲ *pl idolatries.*

idolise [ˈaɪdəlaɪz] *vt* → **idolize.**

idolize [ˈaɪdəlaɪz] *vt* idolatrar.

idyll [ˈɪdɪl] *n* idilio.

idyllic [ɪˈdɪlɪk] *adj* idílico,-a.

idyllically [ɪˈdɪlɪklɪ] *adv* idílicamente.

ie [ˈaɪˈiː] *abbr* (**id est**) esto es, a saber; *(abbreviation)* i.e.

if [ɪf]
1 *conj (supposing)* si: **if it rains, we'll stay at home** si llueve, nos quedaremos en casa; **if anyone phones, I'm out** si llama alguien, no estoy; **if she should arrive …** si llegase …; **you can come if you want** puedes venir si quieres; **if my mother were here, she'd know what to do** si estuviera mi madre, sabría qué hacer; **what would you do if you won the lottery?** ¿qué harías si ganaras la lotería?; **if you hadn't gone to bed so late, you wouldn't be so tired** si no te hubieras acostado tan tarde, no estarías tan cansado; **if you'd studied harder, you would have passed the exam** si hubieras estudiado más, habrías aprobado el examen; **if you heat water to 100 degrees, it boils** si calientas el agua a 100 grados, hierve; **if you're not sure about anything, don't hesitate to ask** si no estás seguro de algo, no dudes en preguntar.
2 *conj (whether)* si: **do you know if she got the job?** ¿sabes si consiguió el trabajo?; **I'll ask him if he's going to the concert** le preguntaré si va al concierto; **find out if she's free tonight** entérate de si está libre esta noche.

3 *conj (used after verbs expressing feelings)* que: **I'd appreciate it if you didn't tell anyone** te agradecería que no se lo dijeras a nadie; **I'm sorry if I woke you** siento haberte despertado, perdona que te haya despertado; **do you mind if I open the window?** ¿te importa que abra la ventana?
4 *conj (but)* aunque, pero: **a clever if rather talkative child** un niño inteligente aunque demasiado hablador; **it's good, if a little slow at times** es bueno pero algo lento a veces.
5 *conj (in exclamations)* well, **if it isn't Jimmy Jazz!** vaya, ¡pero si es Jimmy Jazz!
6 *n fam (uncertainty)* expresa duda: **if she passes - and it's a big if …** suponiendo que apruebe - y ya es suponer …
✦ **if and when** si y cuando.
if any en caso de que …, si es que …: **there were very few mistakes, if any** había muy pocos errores, si es que había alguno.
if anything más bien, en todo caso: **she's no better, if anything, she's worse** no está mejor, en todo caso está peor.
if ever si alguna vez.
if I were you yo que tú, yo en tu lugar.
if not si no.
if only *(present or future time)* ¡ojalá!, ¡si al menos!; *(past events)* si: **if only we were rich** ojalá fuéramos ricos; **if only I'd known** si lo hubiera sabido, de haberlo sabido; **if only you'd told me!** ¡si me lo hubieras dicho!, ¡habérmelo dicho!; **if only it were Friday** ¡ojalá fuese viernes!; **come to the wedding, if only to please your mother** ven a la boda, aunque solo sea para complacer a tu madre.
if so de ser así, si así fuese.
it's not as if …/it isn't as if … no es que …
■ **ifs and buts** pegas *fpl*, dudas *fpl*, peros *mpl*, reservas *fpl*.

iffy [ˈɪfɪ] *adj fam* dudoso,-a.
▲ *comp iffier, superl iffiest.*

igloo [ˈɪgluː] *n* iglú *m*.
▲ *pl igloos.*

igneous [ˈɪgnɪəs] *adj* ígneo,-a.

ignite [ɪgˈnaɪt]
1 *vt* encender, prender fuego.
2 *vi* encenderse, prender.

ignition [ɪgˈnɪʃən]
1 *n* ignición *f*.
2 *n AUTO* encendido, arranque *m*.
■ **ignition key** llave *f* de contacto.

ignoble [ɪgˈnəʊbəl] *adj* innoble, vil, infame.

ignobly [ɪgˈnəʊblɪ] *adv* innoblemente, vilmente.

ignominious [ɪgnəˈmɪnɪəs] *n* ignominioso,-a, vergonzoso,-a.

ignominiously [ɪgnəˈmɪnɪəslɪ] *adv* ignominiosamente, vergonzosamente.

ignominy [ˈɪgnəmɪnɪ] *n* ignominia, oprobio.
▲ *pl ignominies.*

ignoramus [ɪgnəˈreɪməs] *n* ignorante *mf*, analfabeto,-a.

ignorance [ˈɪgnərəns] *n* ignorancia.
✦ **to be in ignorance of** ignorar, desconocer, no saber.
ignorance is bliss bendita ignorancia.

ignorant [ˈɪgnərənt]
1 *adj (unaware)* ignorante (**of**, de).
2 *adj fam (rude)* descortés, maleducado,-a.
✦ **to be ignorant of** desconocer, ignorar, no saber.

ignore [ɪgˈnɔːʳ]
1 *vt (order, warning)* no hacer caso de, hacer caso omiso de; *(behaviour, fact)* pasar por alto: **he chose to ignore my question** decidió no hacer caso de mi pregunta; **they ignored my advice and went ahead** no hicieron caso de mi consejo y siguieron adelante; **he ignored the speed limit** no respetó el límite de velocidad; **we can ignore that point for the moment** de momento podemos pasar por alto este punto; **this report ignores the fact that …** este informe no tiene en cuenta el hecho de que …
2 *vt (person)* hacer como si no existiese: **she completely ignored me** hizo como si no existiera, hizo como si no me viera; **just ignore him** no le hagas caso.

iguana [ɪˈgwɑːnə] *n* iguana.

ileum [ˈɪlɪəm] *n* íleon *m*.

ilex [ˈaɪleks]
1 *n (holm oak)* encina.
2 *n (holly)* acebo.

ilium [ˈɪlɪəm] *n* ilion *m*, íleon *m*.

ilk [ɪlk] **of that ilk** *phr* de esa clase, de ese jaez.

ill [ɪl]
1 *adj (sick)* enfermo,-a: **she's been very ill** ha estado muy enferma; **he was taken ill last night** se puso enfermo anoche; **I feel ill** me encuentro mal; **she looked quite ill** hacía muy mala cara.
2 *adj (harmful, unpropitious)* malo,-a: **he suffers from ill health** está mal de salud; **we suffered no ill effects** no experimentamos efectos desfavorables; **ill repute** mala fama; **ill luck** mala suerte.
3 *n fml (harm, evil)* mal *m*.
4 *adv (badly)* mal: **the proposal was ill received** la propuesta fue mal recibida.
5 *adv (unfavourably)* mal: **I won't speak ill of her** no hablaré mal de ella.
6 *adv (with difficulty, hardly)* mal, a duras penas: **I can ill afford it** difícilmente me lo puedo permitir, a duras penas puedo permitírmelo.
7 **ills** *npl (problems, misfortunes)* desgracias *fpl*.

✦ **it's an ill wind that blows nobody any good** no hay mal que por bien no venga.
    to be ill at ease estar incómodo,-a.
    to bear somebody no ill will no guardarle a alguien ningún rencor.
    to fall ill caer enfermo,-a.
▪ **bird of ill omen** pájaro agorero, pájaro de mal agüero.
    ill feeling resentimiento.
    ill humour mal humor *m*.
    ill temper mal humor *m*.
    ill will rencor *m*.

I'll [aɪl] *contr* I will, I shall.

ill-advised [ɪləd'vaɪzd] *adj* desaconsejable, poco aconsejable, desacertado,-a: **you would be ill-advised to leave your job now** no sería aconsejable que dejaras tu trabajo ahora; **an ill-advised project** un proyecto descabellado.

ill-behaved [ɪlbɪ'heɪvd] *adj* maleducado,-a.

ill-bred [ɪl'bred] *adj* maleducado,-a, malcriado,-a.

ill-considered [ɪlkən'sɪdəd] *adj* poco meditado,-a, poco pensado,-a, imprudente.

ill-defined [ɪldɪ'faɪnd] *adj* indefinido,-a.

ill-disposed [ɪldɪ'spəʊzd] *adj fml (unfriendly)* mal dispuesto,-a, poco dispuesto,-a; *(unsympathetic)* indiferente, impasible.
✦ **to be ill-disposed towards somebody** estar predispuesto,-a en contra de alguien, tener una actitud poco favorable hacia alguien.

illegal [ɪ'li:gəl] *adj* ilegal.

illegality [ɪlɪ'gælɪti] *n* ilegalidad *f*.
▲ *pl* illegalities.

illegally [ɪ'li:gəlɪ] *adv* ilegalmente.

illegible [ɪ'ledʒɪbəl] *adj* ilegible.

illegitimacy [ɪlɪ'dʒɪtɪməsɪ] *n* ilegitimidad *f*.

illegitimate [ɪlɪ'dʒɪtɪmət] *adj* ilegítimo,-a.

ill-equipped [ɪlɪ'kwɪpt] *adj (equipment)* mal equipado,-a; *(ability)* mal preparado,-a.

ill-fated [ɪl'feɪtɪd] *adj (doomed)* funesto,-a, malhadado,-a, desafortunado,-a.

ill-founded [ɪl'faʊndɪd] *adj (fear, suspicion, accusation, rumour, etc)* infundado,-a; *(confidence, hope)* vano,-a.

ill-gotten [ɪl'gɒtən] *adj* mal adquirido, -a, adquirido,-a ilegalmente: **ill-gotten gains** bienes adquiridos de forma ilícita.

illicit [ɪ'lɪsɪt] *adj* ilícito,-a.

illicitly [ɪ'lɪsɪtlɪ] *adv* ilícitamente.

illiteracy [ɪ'lɪtərəsɪ] *n* analfabetismo.

illiterate [ɪ'lɪtərət]
    1 *adj (unlettered)* analfabeto,-a.
    2 *adj (uneducated)* ignorante, inculto,-a.

    3 *adj (poor style)* inculto,-a, pobre.
    4 *n (unlettered person)* analfabeto,-a.

ill-mannered [ɪl'mænəd] *adj* maleducado,-a, descortés.

illness ['ɪlnəs] *n* enfermedad *f*.
▲ *pl* illnesses.

illogical [ɪ'lɒdʒɪkəl] *adj* ilógico,-a.

illogically [ɪ'lɒdʒɪklɪ] *adv* ilógicamente.

ill-omened [ɪl'əʊmənd] *adj* de mal agüero, nefasto,-a.

ill-starred [ɪl'stɑːd] *adj* desdichado,-a, malhadado,-a.

ill-tempered [ɪl'tempəd] *adj (person)* de mal genio; *(remark etc)* malhumorado,-a.

ill-timed [ɪl'taɪmd] *adj* inoportuno,-a.

ill-treat [ɪl'triːt] *vt* maltratar.

ill-treatment [ɪl'triːtmənt] *n* malos tratos *mpl*.

illuminate [ɪ'luːmɪneɪt] *vt* iluminar.

illuminating [ɪ'luːmɪneɪtɪŋ] *adj (revealing)* revelador,-ra; *(instructive)* instructivo,-a.

illumination [ɪluːmɪ'neɪʃən]
    1 *n (light)* iluminación *f*.
    2 *n (clarification)* aclaración.
    3 **illuminations** *npl* iluminación *f sing*, luces *fpl*, iluminaciones *fpl*, alumbrado decorativo.

illusion [ɪ'luːʒən] *n* ilusión *f*, falsa impresión *f*: **it's not real, it's just an illusion** no es real, no es más que un engaño.
✦ **to be under the illusion that ...** creer equivocadamente que ..., engañarse pensando que ...
    to have no illusions about something no hacerse ilusiones respecto a algo.

illusionist [ɪ'luːʒənɪst] *n* ilusionista *mf*.

illusive [ɪ'luːsɪv] *adj* ilusorio,-a.

illusory [ɪ'luːsərɪ] *adj* ilusorio,-a.

illustrate ['ɪləstreɪt] *vt* ilustrar.

illustrated ['ɪləstreɪt] *adj* ilustrado,-a.

illustration [ɪləs'treɪʃən]
    1 *n (gen)* ilustración *f*.
    2 *n (example)* ejemplo.

illustrative ['ɪləstrətɪv]
    1 *adj (gen)* ilustrativo,-a, ilustrador,-ra.
    2 *adj (example)* aclaratorio,-a.

illustrator ['ɪləstreɪtəʳ] *n* ilustrador,-ra.

illustrious [ɪ'lʌstrɪəs] *adj* ilustre.

ILO ['aɪel'əʊ] *abbr* (**International Labour Organization**) Organización *f* Internacional del Trabajo; *(abbreviation)* OIT *f*.

I'm [aɪm] *contr* I am.

image ['ɪmɪdʒ]
    1 *n (gen)* imagen *f*.
    2 *n (reputation)* imagen *f*, fama, reputación *f*: **we need to improve our public image** tenemos que mejorar nuestra imagen pública.
✦ **to be the spitting image of ...** ser la viva imagen de ...

imagery ['ɪmɪdʒərɪ] *n lit* imágenes *fpl*.

imaginable [ɪ'mædʒɪnəbəl] *adj* imaginable, concebible.

imaginary [ɪ'mædʒɪnərɪ] *adj* imaginario,-a, inventado,-a.

imagination [ɪmædʒɪ'neɪʃən] *n (gen)* imaginación *f*; *(inventiveness)* inventiva: **it's your imagination** son imaginaciones tuyas; **her drawings reveal a vivid imagination** sus dibujos revelan una imaginación viva.
✦ **to let one's imagination run away with one** dejarse llevar por la imaginación.

imaginative [ɪ'mædʒɪnətɪv] *adj (person)* imaginativo,-a, de gran inventiva; *(creation)* lleno,-a de imaginación, lleno,-a de fantasía.

imagine [ɪ'mædʒɪn]
    1 *vt (visualize)* imaginar: **try to imagine you're lying on the beach** intenta imaginar que estás tumbado en la playa; **I can't imagine her at a disco** no la puedo imaginar en una discoteca; **he often imagined what it would be like to be rich** solía imaginar cómo sería ser rico; **she couldn't imagine life without George** no podía imaginar la vida sin George; **you're imagining things** son imaginaciones tuyas.
    2 *vt (suppose)* suponer, imaginar(se), figurarse: **I imagine Dave'll be going** me imagino que Dave irá; **she was far nicer than I imagined** era mucho más simpática de lo que me imaginaba; **you can just imagine how I felt** ya te puedes imaginar cómo me sentía.
✦ **just imagine!** ¡imagínate!, ¡fíjate!

imam [ɪ'mɑːm] *n* imán *m*.

imbalance [ɪm'bæləns] *n* desequilibrio, falta de equilibrio.

imbecile ['ɪmbəsiːl] *n* imbécil *mf*.

imbibe [ɪm'baɪb]
    1 *vt fml (liquids)* beber.
    2 *vt (knowledge)* asimilar, absorber, imbuirse de.
    3 *vi* beber.

imbue [ɪm'bjuː] *vt fml* imbuir (**with**, de), infundir.
✦ **to become imbued with something** imbuirse de algo.
    to be imbued with something estar lleno,-a de algo, estar empapado,-a de algo.

IMF ['aɪem'ef] *abbr* (**International Monetary Fund**) Fondo Monetario Internacional; *(abbreviation)* FMI *m*.

IMHO ['aɪem'eɪtʃəʊ] *abbr* (**in my humble opinion**) a mi modesto entender.

imitate ['ɪmɪteɪt] *vt (gen)* imitar, copiar; *(for fun)* imitar: **he can imitate Elvis really well** sabe imitar muy bien a Elvis.

imitation [ɪmɪˈteɪʃən]
1 n (gen) imitación f, copia; (for fun) imitación f: **she does a good imitation of Margaret Thatcher** hace una buena imitación de Margaret Thatcher.
2 n (reproduction) reproducción f.
3 adj de imitación: **imitation leather** piel de imitación.
◆ **beware of cheap imitations** desconfíe de las imitaciones.

imitative [ˈɪmɪtətɪv] adj imitativo,-a.

immaculate [ɪˈmækjʊlət]
1 adj (perfectly clean, spotless) inmaculado, -a; (perfectly tidy) perfectamente ordenado,-a; (clothes, appearance) impecable.
2 adj (perfect, flawless) perfecto,-a.
■ **the Immaculate Conception** la Inmaculada Concepción.

immaculately [ɪˈmækjʊlətlɪ]
1 adv (spotlessly) inmaculadamente; (clothes, appearance) impecablemente: **immaculately dressed** impecablemente vestido,-a.
2 adv (perfectly, flawlessly) perfectamente.

immaterial [ɪməˈtɪərɪəl]
1 adj (unimportant) irrelevante: **the price is immaterial** da igual el precio, el precio no importa; **it's immaterial to me what you do** me trae sin cuidado lo que hagas, me es indiferente lo que hagas.
2 adj (incorporeal) inmaterial, incorpóreo,-a.

immature [ɪməˈtjʊəʳ]
1 adj (gen) inmaduro,-a; (- plant) joven.
2 adj (childish) inmaduro,-a, pueril: **adolescent boys are so immature** los chicos adolescentes son tan inmaduros.

immaturity [ɪməˈtjʊərətɪ] n inmadurez f, falta de madurez.

immeasurable [ɪˈmeʒərəbəl] adj inconmensurable, incalculable.

immediacy [ɪˈmiːdɪəsɪ]
1 n (urgency) urgencia, carácter m urgente.
2 n (nearness) proximidad f, inmediación f.

immediate [ɪˈmiːdɪət]
1 adj (instant) inmediato,-a; (urgent) urgente: **his immediate reaction was to phone the police** su reacción inmediata fue llamar a la policía; **we must take immediate action** hay que actuar inmediatamente; **a more immediate matter** un asunto más urgente.
2 adj (nearest) inmediato,-a, más próximo,-a: **the immediate future** el futuro inmediato; **in the immediate vicinity** en las inmediaciones; **my immediate family** mi familia directa; **there is no immediate danger of fire** no existe peligro inminente de incendio.
3 adj (direct) primero,-a, principal: **immediate cause** causa inmediata.
■ **immediate heir** heredero,-a en línea directa.

immediately [ɪˈmiːdɪətlɪ]
1 adv (instantly, at once) inmediatamente, de inmediato, en seguida, en el acto: **I have to leave immediately** me tengo que ir de inmediato; **he responded immediately** respondió en seguida; **phone home immediately** llama a casa inmediatamente; **the connection may not be immediately obvious** puede que la relación no sea obvia a primera vista.
2 adv (nearest in time or space) directamente, inmediatamente; (directly, very closely) directamente, muy de cerca: **this information immediately concerns us** esta información nos afecta directamente; **the years immediately following the war** los años inmediatamente posteriores a la guerra; **he sat down immediately behind me** se sentó inmediatamente detrás de mí.
3 conj (as soon as) en cuanto, tan pronto como: **I came immediately I knew** vine en cuanto lo supe.

immemorial [ɪməˈmɔːrɪəl] adj fml inmemorial.
◆ **from time immemorial** desde tiempos inmemoriales.

immense [ɪˈmens] adj inmenso,-a, enorme.

immensely [ɪˈmenslɪ] adv (extremely) enormemente, sumamente: **he's immensely pleased** está sumamente agradecido; **I enjoyed myself immensely** me lo pasé en grande.

immensity [ɪˈmensɪtɪ] n inmensidad f.

immerse [ɪˈmɜːs] vt sumergir (**in**, en), hundir (**in**, en).
◆ **to be immersed in something** fig estar absorto,-a en algo.
to immerse oneself in something fig sumergirse en algo.

immersion [ɪˈmɜːʃən]
1 n inmersión f, sumersión f.
2 n fig absorción f.
■ **immersion heater** calentador m de agua eléctrico.

immigrant [ˈɪmɪɡrənt]
1 adj inmigrante.
2 n inmigrante mf.

immigrate [ˈɪmɪɡreɪt] vi inmigrar.

immigration [ɪmɪˈɡreɪʃən] n inmigración f.
■ **immigration control** control m de inmigración.

imminence [ˈɪmɪnəns] n inminencia.

imminent [ˈɪmɪnənt] adj inminente.

immobile [ɪˈməʊbaɪl] adj inmóvil.

immobility [ɪməˈbɪlɪtɪ] n inmovilidad f.

immobilisation [ɪməʊbɪlaɪˈzeɪʃən] n → **immobilization**.

immobilise [ɪˈməʊbɪlaɪz] vt → **immobilize**.

immobilization [ɪməʊbɪlaɪˈzeɪʃən] n inmovilización f.

immobilize [ɪˈməʊbɪlaɪz] vt inmovilizar.

immoderate [ɪˈmɒdərət] adj (gen) excesivo,-a, desmesurado,-a, descomedido,-a; (language) soez.

immoderately [ɪˈmɒdərətlɪ] adv excesivamente, desmedidamente.

immodest [ɪˈmɒdɪst]
1 adj (conceited) presumido,-a, engreído,-a, creído,-a.
2 adj (indecent) indecente, impúdico,-a, deshonesto,-a.

immodesty [ɪˈmɒdɪstɪ]
1 n (conceitedness) presunción f, engreimiento.
2 n (indecency) indecencia, falta de pudor.

immoral [ɪˈmɒrəl] adj inmoral.
■ **immoral earnings** ganancias ilícitas.

immorality [ɪməˈrælətɪ] n inmoralidad f.
▲ pl **immoralities**.

immortal [ɪˈmɔːtəl]
1 adj (god, soul, etc) inmortal.
2 adj fig (fame, memory, etc) imperecedero,-a, perdurable.
3 n inmortal mf.

immortalise [ɪˈmɔːtəlaɪz] vt → **immortalize**.

immortality [ɪmɔːˈtælɪtɪ] n inmortalidad f.

immortalize [ɪˈmɔːtəlaɪz] vt inmortalizar.

immovable [ɪˈmuːvəbəl]
1 adj (object) inamovible.
2 adj (person) inconmovible, inflexible; (opinion) inflexible, inamovible.

immune [ɪˈmjuːn]
1 adj (gen) inmune (**to**, a): **she's immune to measles** es inmune al sarampión; **he's immune to criticism** es inmune a la crítica, no le afecta la crítica.
2 adj (exempt) exento,-a: **immune from taxes** exento de impuestos.

immunisation [ɪmjənaɪˈzeɪʃən] n → **immunization**.

immunise [ˈɪmjənaɪz] vt → **immunize**.

immunity [ɪˈmjuːnɪtɪ]
1 n (gen) inmunidad f.
2 n (exemption) exención f.

immunization [ɪmjənaɪˈzeɪʃən] n inmunización f.

immunize [ˈɪmjənaɪz] vt inmunizar (**against**, contra).

immunodeficient [ɪmjʊnəʊdɪˈfɪʃənt] adj inmunodeficiente.

immunodeficiency [ɪmjʊnəʊdɪˈfɪʃənsɪ] n inmunodeficiencia.

immunology [ɪmjʊˈnɒlədʒɪ] n inmunología.

immunosuppressant [ɪmjʊnəʊsəˈpresnət] n inmunodepresor m.

immunosuppressive [ɪmjʊnəʊsəˈpresɪv] adj inmunodepresor,-ra.

immunotherapy [ɪmjʊnəʊˈθerəpɪ] *n* inmunoterapia.

immutability [ɪmjʊːtəˈbɪlɪtɪ] *n* inmutabilidad *f*.

immutable [ɪˈmjuːtəbəl] *adj fml* inmutable, inalterable.

imp [ɪmp]
1 *n (small devil)* diablillo, duendecillo.
2 *n fig (naughty child)* pillo,-a, diablillo.

impact [ˈɪmpækt]
1 *n (gen)* impacto; *(crash)* choque *m*: the bomb exploded on impact la bomba hizo explosión al chocar.
2 *n (impression, effect)* efecto, impresión *f*, impacto: the impact of confidence on the housing market el impacto de la confianza en el mercado de la vivienda.
3 *vt US (have impact on)* impresionar.
✦ to make an impact on somebody producir un impacto a alguien, impresionar a alguien.
▲ *(verbo)* [ɪmˈpækt].

impacted [ɪmˈpæktɪd] *adj* impactado,-a.

impair [ɪmˈpeəʳ]
1 *vt (damage - gen)* afectar; *(- health)* afectar, perjudicar.
2 *vt (weaken)* debilitar: he suffers from impaired hearing tiene problemas de oído.

impairment [ɪmˈpeəmənt] *n (dysfunction)* disfunción *f*; *(damage)* daños *mpl*.

impala [ɪmˈpɑːlə] *n* impala.

impale [ɪmˈpeɪl] *vt (gen)* empalar; *(with sword etc)* atravesar.

impalpable [ɪmˈpælpəbəl]
1 *adj fml* impalpable, intangible.
2 *adj (difficult to understand)* abstruso,-a.

impart [ɪmˈpɑːt]
1 *vt fml (inform)* comunicar, hacer saber; *(teach)* impartir, transmitir.
2 *vt fml (give - flavour)* dar; *(- quality)* otorgar, conferir.

impartial [ɪmˈpɑːʃəl] *adj* imparcial.

impartiality [ɪmpɑːʃɪˈælətɪ] *n* imparcialidad *f*.

impartially [ɪmˈpɑːʃəlɪ] *adv* imparcialmente.

impassable [ɪmˈpɑːsəbəl] *adj (road etc)* intransitable, impracticable; *(barrier)* infranqueable.

impasse [æmˈpɑːs] *n* punto muerto, impasse *m*.

impassioned [ɪmˈpæʃənd] *adj (gen)* apasionado,-a.

impassive [ɪmˈpæsɪv] *adj (expressionless)* impasible, imperturbable; *(indifferent)* indiferente.

impassiveness [ɪmˈpæsɪvnəs] *n* impasividad *f*.

impatience [ɪmˈpeɪʃəns]
1 *n (eagerness)* impaciencia, ansiedad *f*.
2 *n (irritation)* impaciencia, irritación *f*.

impatient [ɪmˈpeɪʃənt]
1 *adj (eager)* impaciente, ansioso,-a: she was impatient to arrive estaba impaciente por llegar; the children are impatient for Christmas los niños están ansiosos de que llegue Navidad.
2 *adj (irritable)* irritable: I get impatient with other drivers los demás conductores me hacen perder la paciencia.
3 *adj fml (intolerant)* intolerante.
✦ to become impatient with somebody perder la paciencia con alguien. to grow impatient at something impacientarse por algo.

impatiently [ɪmˈpeɪʃəntlɪ] *adv* con impaciencia, impacientemente.

impeach [ɪmˈpiːtʃ]
1 *vt JUR (accuse)* acusar; *(try)* procesar.
2 *vt fml (question)* poner en tela de juicio.

impeachment [ɪmˈpiːtʃmənt] *n JUR (accusation)* acusación *f*, denuncia; *(trial)* proceso.

impeccable [ɪmˈpekəbəl] *adj (gen)* impecable, perfecto,-a: impeccable behaviour conducta intachable.

impeccably [ɪmˈpekəblɪ] *adv* impecablemente.

impecunious [ɪmpɪˈkjuːnɪəs] *adj fml* indigente, necesitado,-a.

impede [ɪmˈpiːd] *vt (hinder)* estorbar, dificultar, impedir; *(obstruct)* poner obstáculos a, poner trabas a, obstaculizar: the search was seriously impeded by bad weather la búsqueda se vio seriamente obstaculizada por el mal tiempo.

impediment [ɪmˈpedɪmənt]
1 *n (gen)* impedimento, estorbo, obstáculo (**to**, para).
2 *n MED* defecto.

impel [ɪmˈpel] *vt* impeler, impulsar: she felt impelled to speak out against the plan se veía impelida a hablar en contra del proyecto.
▲ *pt & pp* impelled, *ger* impelling.

impending [ɪmˈpendɪŋ] *adj* inminente.

impenetrable [ɪmˈpenɪtrəbəl]
1 *adj (gen)* impenetrable.
2 *adj (mystery, problem, etc)* insondable, inescrutable, impenetrable.

impenitent [ɪmˈpenɪtənt] *adj fml* impenitente.

imperative [ɪmˈperətɪv]
1 *adj (indispensable)* imprescindible: it's imperative that you come immediately es imprescindible que vengas de inmediato.
2 *adj (authoritative)* imperativo,-a, imperioso,-a: an imperative tone of voice un tono de voz imperativo.
3 *adj LING* imperativo,-a.
4 *n LING* imperativo.

imperceptible [ɪmpəˈseptəbəl] *adj* imperceptible, insensible.

imperceptibly [ɪmpəˈseptəblɪ] *adv* imperceptiblemente, insensiblemente.

imperfect [ɪmˈpɜːfekt]
1 *adj (gen)* imperfecto,-a; *(goods, sight)* defectuoso,-a.
2 *adj LING* imperfecto,-a.
3 the imperfect *n LING* el imperfecto.

imperfection [ɪmpəˈfekʃən] *n (gen)* imperfección *f*; *(defect)* defecto, tara, tacha; *(blemish)* mancha.

imperial [ɪmˈpɪərɪəl]
1 *adj (gen)* imperial.
2 *adj (weight, measure) del sistema métrico británico*: an imperial gallon is equivalent to about four and a half litres un galón británico equivale a unos cuatro litros y medio.

imperialism [ɪmˈpɪərɪəlɪzəm] *n* imperialismo.

imperialist [ɪmˈpɪərɪəlɪst]
1 *n* imperialista *mf*.
2 *adj* imperialista.

imperil [ɪmˈperəl] *vt fml* poner en peligro, arriesgar.

imperious [ɪmˈpɪərɪəs] *adj* imperioso,-a, autoritario,-a.

imperishable [ɪmˈperɪʃəbəl] *adj* imperecedero,-a.

impermanent [ɪmˈpɜːmənənt] *adj* efímero,-a.

impermeability [ɪmpɜːmɪəˈbɪlɪtɪ] *n* impermeabilidad *f*.

impermeable [ɪmˈpɜːmɪəbəl] *adj* impermeable.

impermissible [ɪmpəˈmɪsəbəl] *adj fml* prohibido,-a.

impersonal [ɪmˈpɜːsənəl] *adj* impersonal.

impersonate [ɪmˈpɜːsəneɪt]
1 *vt (imitate to deceive)* hacerse pasar por.
2 *vt (imitate to entertain)* imitar.

impersonation [ɪmpɜːsəˈneɪʃən] *n* imitación *f*.

impersonator [ɪmˈpɜːsəneɪtəʳ] *n* imitador,-ra.

impertinence [ɪmˈpɜːtɪnəns] *n* impertinencia, descaro.

impertinent [ɪmˈpɜːtɪnənt] *adj* impertinente, descarado,-a: impertinent remark impertinencia.

impertinently [ɪmˈpɜːtɪnəntlɪ] *adv* impertinentemente.

imperturbable [ɪmpəˈtɜːbəbəl] *adj* imperturbable.

impervious [ɪmˈpɜːvɪəs]
1 *adj (rock etc)* impermeable.
2 *adj (person)* insensible (**to**, a).

impetigo [ɪmpɪˈtaɪgəʊ] *n* impétigo.

impetuosity [ɪmpetjʊˈɒsɪtɪ] *n* impetuosidad *f*, irreflexión *f*.

impetuous [ɪmˈpetjʊəs] *adj* impetuoso,-a, irreflexivo,-a, impulsivo,-a.

impetuously [ɪmˈpetjʊəslɪ] *adv* impetuosamente, irreflexivamente.

impetus ['ɪmpətəs]
1 n (drive) ímpetu m, impulso, estímulo.
2 n (force) ímpetu m.
impiety [ɪm'paɪətɪ] n fml impiedad f.
impinge [ɪm'pɪndʒ]
1 vi (affect) afectar (**on**, a), repercutir (**on**, en), incidir (**on**, en).
2 vi (encroach on) vulnerar (**on**, -).
implacable [ɪm'plækəbəl] adj implacable.
implant [ɪm'plɑːnt]
1 vt MED implantar, injertar.
2 vt (ideas etc) inculcar (**in**, en).
3 n MED implantación f, injerto.
▲ (sustantivo) ['ɪmplɑːnt].
implausible [ɪm'plɔːzəbəl] adj inverosímil, poco probable, poco convincente.
implement ['ɪmpləmənt]
1 n (instrument) instrumento, utensilio; (tool) herramienta: **farm implements** aperos mpl de labranza.
2 vt (plan, suggestion, etc) llevar a cabo, poner en práctica; (law, policy) aplicar.
▲ (verbo) ['ɪmplɪment].
implementation [ɪmpləmen'teɪʃən] n (of plan etc) puesta en práctica, desarrollo; (of law etc) aplicación f.
implicate ['ɪmplɪkeɪt] vt implicar, (**in**, en).
✦ **to be implicated in something** estar implicado,-a en algo.
implication [ɪmplɪ'keɪʃən]
1 n (in crime etc) implicación f.
2 n (inference, suggestion) implicación f, inferencia.
3 n (consequence) consecuencia, repercusión f.
✦ **by implication** por inferencia.
implicit [ɪm'plɪsɪt]
1 adj (implied) implícito,-a, tácito,-a.
2 adj (absolute) absoluto,-a, incondicional.
implicitly [ɪm'plɪsɪtlɪ]
1 adv (not directly) implícitamente.
2 adv (absolutely) absolutamente, incondicionalmente.
implied [ɪm'plaɪd] adj implícito,-a, tácito,-a: **implied criticism** crítica implícita.
implode [ɪm'pləʊd] vi implosionar.
implore [ɪm'plɔːʳ] vt implorar, suplicar.
imploring [ɪm'plɔːrɪŋ] adj suplicante, de súplica.
imploringly [ɪm'plɔːrɪŋlɪ] adv (look) de modo suplicante; (beg) en tono suplicante.
implosion [ɪm'pləʊʒən] n implosión f.
implosive [ɪm'pləʊsɪv] adj implosivo,-a.
imply [ɪm'plaɪ]
1 vt (involve, entail) implicar, suponer, presuponer: **the fact that you came implies you're interested** el hecho de que hayas venido implica que estás interesado.
2 vt (mean) significar, querer decir; (hint) insinuar, dar a entender: **what**

are you implying? ¿qué insinúas?; she didn't mean to imply that Fred was stupid no quería dar a entender que Fred fuera un estúpido.
▲ pt & pp **implied**.
impolite [ɪmpə'laɪt] adj maleducado,-a, descortés.
impolitely [ɪmpə'laɪtlɪ] adv descortésmente.
impoliteness [ɪmpə'laɪtnəs] n descortesía, mala educación f.
imponderable [ɪm'pɒndərəbəl]
1 adj imponderable.
2 **imponderables** npl imponderables mpl.
import[1] ['ɪmpɔːt]
1 n (article) artículo de importación: **foreign imports** importaciones extranjeras.
2 n (activity) importación f: **you can only get this record on import** solo puedes obtener este disco de importación.
3 vt importar: **we import this cheese from Holland** importamos este queso de Holanda; **this meat is imported** esta carne es de importación.
▪ **import controls** controles mpl de importación.
import trade comercio de importación.
import[2] [ɪm'pɔːt]
1 n fml (meaning) significado.
2 n fml (importance) importancia.
3 vt fml (mean) significar.
importance [ɪm'pɔːtəns] n (gen) importancia: **it is of the utmost importance** es de suma importancia; **we attach great importance to experience** concedemos mucha importancia a la experiencia.
✦ **to be full of one's own importance** ser muy engreído,-a.
important [ɪm'pɔːtənt]
1 adj (gen) importante: **it is important that you understand** es importante que entiendas; **your health is the most important thing** tu salud es lo más importante; **this is a very important decision** esta es una decisión muy importante; **I hope you realize how important this is to me** espero que sepas cuánto significa esto para mí; **it's not important** no importa, no tiene importancia.
2 adj (influential) de categoría: **he's a very important person** es un hombre de mucha categoría; **he tries to look important** intenta darse aires de importancia.
importantly [ɪm'pɔːtəntlɪ] adv (speak, say, etc) dándose aires: "**put it on my account**", **she said importantly** "añádalo a mi cuenta," dijo dándose aires.
✦ **and more importantly** y lo que es más importante.
importation [ɪmpɔː'teɪʃən] n importación f.

importer [ɪm'pɔːtəʳ] n importador,-ra.
importune [ɪm'pɔːtjuːn] vt importunar.
impose [ɪm'pəʊz] vt (gen) imponer (**on**, a): **the judge imposed a twelve-year sentence** el juez impuso una condena de doce años; **he's always imposing his opinions on us** siempre nos impone sus opiniones.
▸ **to impose on** vt insep (take advantage of) abusar de, aprovecharse de: **don't let her impose on you** no dejes que se aproveche de ti.
✦ **to impose oneself on somebody** aprovecharse de alguien.
imposing [ɪm'pəʊzɪŋ] adj imponente, impresionante.
imposition [ɪmpə'zɪʃən]
1 n (gen) imposición f: **the imposition of a fine** la imposición de una multa.
2 n (unfair demand) imposición f, abuso, molestia: **I hope it's not going to be an imposition** espero que no sea demasiada molestia; **if it's not too much of an imposition** si no es pedir demasiado.
impossibility [ɪmpɒsə'bɪlɪtɪ] n imposibilidad f.
impossible [ɪm'pɒsɪbəl]
1 adj (gen) imposible: **it's impossible for me to finish this today** me es imposible acabar esto hoy; **it's impossible to predict the future** es imposible predecir el futuro; **it's an impossible situation** es una situación imposible.
2 adj (intolerable) insoportable, inaguantable: **you're impossible!** ¡eres insoportable!
3 **the impossible** n lo imposible m.
✦ **to ask for the impossible** pedir lo imposible.
to make life impossible for somebody hacerle la vida imposible a alguien.
impossibly [ɪm'pɒsɪblɪ] adv (intolerably) insoportablemente; (inconceivably) increíblemente; (hopelessly) desesperadamente: **life became impossibly difficult** la vida se hizo desesperadamente difícil; **she is getting impossibly thin** se está quedando increíblemente delgada; **he was impossibly misbehaved** se comportó de una manera insoportable.
impostor [ɪm'pɒstəʳ] n impostor,-ra.
imposture [ɪm'pɒstʃəʳ] n fml impostura.
impotence ['ɪmpətəns] n impotencia.
impotent ['ɪmpətənt] adj impotente.
impotently ['ɪmpətəntlɪ] adv con impotencia.
impound [ɪm'paʊnd] vt JUR confiscar, incautarse de, embargar.
impoverish [ɪm'pɒvərɪʃ]
1 vt (person) empobrecer.
2 vt (land) agotar.

impoverished [ɪmˈpɒvərɪst]
1 adj (person, country) empobrecido,-a, necesitado,-a.
2 adj (land, resources) agotado,-a.
✦ to become impoverished empobrecerse.

impoverishment [ɪmˈpɒvərɪsmənt] n empobrecimiento.

impracticability [ɪmpræktɪkəˈbɪlɪtɪ] n inviabilidad f.

impracticable [ɪmˈpræktɪkəbəl] adj irrealizable, inviable, no factible.

impractical [ɪmˈpræktɪkəl]
1 adj (person) poco práctico,-a, nada práctico,-a.
2 adj (project etc) inviable, poco viable, poco factible.

impracticality [ɪmpræktɪˈkælətɪ]
1 n (of person) falta de sentido práctico.
2 n (of project etc) lo inviable.

imprecation [ɪmprɪˈkeɪʃən] n imprecación f.

imprecise [ɪmprəˈsaɪs] adj impreciso, -a, inexacto,-a.

imprecisely [ɪmprəˈsaɪslɪ] adv de forma imprecisa.

imprecision [ɪmprəˈsɪʒən] n imprecisión f, falta de precisión.

impregnable [ɪmˈpregnəbəl]
1 adj (structure) inexpugnable.
2 adj fig inexpugnable, invulnerable.

impregnate [ˈɪmpregneɪt]
1 vt (saturate) impregnar (with, de), empapar (with, de); (pervade) penetrar en.
2 vt fig (influence) extenderse por.
3 vt fml (fertilize) fecundar.
✦ to become impregnated with something impregnarse de algo.

impregnation [ɪmpregˈneɪʃən] n impregnación f.

impresario [ɪmprəˈsɑːrɪəʊ] n empresario,-a.
▲ pl impresarios.

impress [ɪmˈpres]
1 vt (cause respect) impresionar: she impressed her boss impresionó a su jefe, causó buena impresión a su jefe; I'm impressed! ¡estoy impresionada!; he was not at all impressed le causó mala impresión, no le causó buena impresión; his charm never fails to impress su encanto no deja nunca de impresionar; she's easily impressed se deja impresionar con facilidad.
2 vt (emphasize, stress) subrayar, convencer, recalcar: he impressed on them the danger of going near the edge les recalcó el peligro de acercarse al borde; she impressed the importance of punctuality on him le subrayó la importancia de la puntualidad.
3 vt fig grabar: her words remained impressed on my mind sus palabras quedaron grabadas en mi mente.

impression [ɪmˈpreʃən]
1 n (gen) impresión f: first impressions primeras impresiones; what's your impression of the new teacher? ¿qué te parece el nuevo profesor?; he had the impression that the boss didn't like him tenía la sensación de que no le gustaba al jefe; I don't want you to get the wrong impression no quiero que me interpretes mal.
2 n (imitation) imitación f: he does a good impression of Julio Iglesias hace una buena imitación de Julio Iglesias.
3 n (imprint, mark) marca, señal f, impresión f; (in wax, plaster) molde m; (of foot etc) huella.
4 n (reprint) impresión f, edición f.
✦ to be under the impression that ... tener la impresión de que ...
to create a good/bad impression causar buena/mala impresión.
to make an impression on somebody impresionar a alguien.

impressionability [ɪmpreʃənəˈbɪlɪtɪ] n impresionabilidad f.

impressionable [ɪmˈpreʃənəbəl] adj impresionable, influenciable.

impressionism [ɪmˈpreʃənɪzəm] n ART impresionismo.

impressionist [ɪmˈpreʃənɪst]
1 adj ART impresionista.
2 n ART impresionista.
3 n (mimic) imitador,-ra.

impressionistic [ɪmpreʃənˈɪstɪk] adj impresionista.

impressive [ɪmˈpresɪv] adj impresionante.

impressively [ɪmˈpresɪvlɪ] adv de modo impresionante.

impressiveness [ɪmˈpresɪvnəs] n grandiosidad f, solemnidad f.

imprint [ˈɪmprɪnt]
1 vt (mark) dejar huella (on, en), marcar (on, en); (stamp) imprimir (on, en), estampar (on, en): the footprints imprinted on the sand las huellas marcadas en la arena.
2 vt fig grabar: his face was imprinted on my mind su cara quedó grabada en mi mente.
3 n (physical mark) marca, huella, señal f, sello, impresión f; (stamp) marca, sello; (of hand etc) huella.
4 n fig huella, marca: he left an imprint on all of us dejó huella en todos nosotros.
5 n pie m de imprenta.
▲ (sustantivo) [ˈɪmprɪnt].

imprison [ɪmˈprɪzən] vt encarcelar, meter en la cárcel.

imprisonment [ɪmˈprɪzənmənt] n encarcelamiento.

improbability [ɪmprɒbəˈbɪlɪtɪ]
1 n (of event) improbabilidad f.
2 n (of story, explanation) inverosimilitud f.
▲ pl improbabilities.

improbable [ɪmˈprɒbəbəl]
1 adj (event) improbable.
2 adj (story, explanation) inverosímil.

impromptu [ɪmˈprɒmptjuː]
1 adj (improvised) improvisado,-a, no preparado,-a; (unexpected) imprevisto,-a.
2 adv (spontaneously) improvisadamente; (unexpectedly) de improviso.
3 n MUS impromptu m, improvisación f.

improper [ɪmˈprɒpəʳ]
1 adj (behaviour) impropio,-a; (method, conditions) inadecuado,-a; (remark) inoportuno,-a; (dress) incorrecto,-a.
2 adj (use) incorrecto,-a, indebido,-a.
3 adj (language) indecente.
4 adj (proposal) deshonesto,-a.

improperly [ɪmˈprɒpəlɪ]
1 adv (incorrectly) incorrectamente.
2 adv (indecently) indecentemente.
3 adv (dishonestly) deshonestamente.

impropriety [ɪmprəˈpraɪətɪ] n fml (indecent behaviour) impropiedad f, falta de decoro; (dishonest practice) deshonestidad f, indecencia.
▲ pl improprieties.

improve [ɪmˈpruːv]
1 vt (quality etc) mejorar: we have improved the quality hemos mejorado la calidad; the council intends to improve public transport el ayuntamiento se propone mejorar el transporte público.
2 vt (skill, knowledge) perfeccionar: I'd like to improve my French quisiera perfeccionar mi francés.
3 vt (mind) cultivar: he reads to improve his mind lee para cultivarse.
4 vt (property) hacer mejoras en.
5 vt (increase) aumentar: start practising if you want to improve your chances empieza a practicar si quieres aumentar tus posibilidades.
6 vi (get better) mejorar, mejorarse: her health has improved quite a lot su salud ha mejorado bastante; if the weather doesn't improve, we'll go home si el tiempo no mejora, volveremos a casa; his work has improved during the last year su trabajo ha mejorado durante el último año; Michael's German is improving Michael está haciendo progresos en alemán.
▸ to improve on vt insep vi (better) superar: can he improve on his last jump? ¿puede superar su último salto?; I think we've improved on our last effort creo que nos hemos superado en nuestro último intento; it cannot not be improved on es inmejorable, es insuperable.
✦ to improve oneself (in mind) cultivarse, educarse; (in wealth) mejorar.
to improve with age mejorar con el tiempo.

improvement [ɪmˈpruːvmənt]
1 n (gen) mejora, mejoramiento; (in health) mejoría: we demand an improvement in working conditions exigimos una mejora en las condi-

ciones laborales; **there's still room for improvement** aún se puede mejorar; **this patient is showing signs of improvement** este paciente muestra señales de mejoría.
2 *n (in knowledge)* perfeccionamiento.
3 *n (increase)* aumento.
✦ **to be an improvement on something** ser mejor que algo: **it's certainly an improvement on the old one** ciertamente, es un una mejoría respecto al antiguo.
▪ **home improvements** reformas *fpl* domésticas.

improvidence [ɪmˈprɒvɪdəns] *n* imprevisión *f*.

improvident [ɪmˈprɒvɪdənt] *adj fml (wasteful)* despilfarrador,-ra; *(short-sighted)* imprevisor,-ra, incauto,-a.

improvidently [ɪmˈprɒvɪdəntlɪ]
1 *adv (wastefully)* con prodigalidad.
2 *adv (short-sightedly)* sin previsión.

improvisation [ɪmprəvaɪˈzeɪʃən] *n* improvisación *f*.

improvise [ˈɪmprəvaɪz]
1 *vt* improvisar.
2 *vi* improvisar.

improvised [ˈɪmprəvaɪzd] *adj* improvisado,-a.

imprudence [ɪmˈpruːdəns] *n (unwise behaviour)* imprudencia; *(rashness)* precipitación *f*.

imprudent [ɪmˈpruːdənt] *adj fml (unwise)* imprudente; *(rash)* precipitado,-a.

imprudently [ɪmˈpruːdəntlɪ] *adv (unwisely)* imprudentemente, con imprudencia; *(rashly)* precipitadamente.

impudence [ˈɪmpjʊdəns] *n* insolencia, frescura, descaro.

impudent [ˈɪmpjʊdənt] *adj* insolente, fresco,-a, descarado,-a.

impudently [ˈɪmpjʊdəntlɪ] *adv* insolentemente, descaradamente.

impugn [ɪmˈpjuːn] *vt fml* impugnar.

impulse [ˈɪmpʌls]
1 *n (sudden urge)* impulso, capricho; *(stimulus, drive)* impulso, estímulo, ímpetu *m*: **she felt a sudden impulse to hit him** de repente le entraron ganas de pegarle; **I bought it on impulse** lo compré por capricho.
2 *n TECH* impulso.
✦ **to act on impulse** dejarse llevar por un impulso.
to do something on impulse hacer algo por capricho, hacer algo por impulso.
to check an impulse controlar un impulso.
to yield to an impulse ceder a un impulso.
▪ **impulse buying** compra por impulso.

impulsion [ɪmˈpʌlʃən] *n fml* impulsión *f*.

impulsive [ɪmˈpʌlsɪv] *adj* impulsivo,-a, irreflexivo,-a.

impulsively [ɪmˈpʌlsɪvlɪ] *adv* por impulso, sin reflexión.

impulsiveness [ɪmˈpʌlsɪvnəs] *n* irreflexión *f*.

impunity [ɪmˈpjuːnɪtɪ] *n* impunidad *f*.
✦ **with impunity** con impunidad, impunemente.

impure [ɪmˈpjʊəʳ]
1 *adj (contaminated)* contaminado,-a; *(adulterated)* adulterado,-a.
2 *adj (morally - act)* impuro,-a; *(- thought)* impúdico,-a, deshonesto,-a.

impurity [ɪmˈpjʊərətɪ]
1 *n (substance)* impureza.
2 *n (moral)* deshonestidad *f*, falta de pudor.
▲ *pl* **impurities**.

impute [ɪmˈpjuːt] *vt fml* imputar, atribuir.
✦ **to impute something to somebody/something** *(crime, blame)* imputar algo a alguien/algo; *(cause, false motive)* atribuir algo a alguien/algo.

in¹ [ɪn]
1 *prep (place)* en, dentro de: **it's in the box** está en la caja; **we live in Spain** vivimos en España; **the children are in bed** los niños están en la cama; **she's in hospital** está en el hospital; **wait in the car** espera en el coche; **who's in the film?** ¿quién sale en la película?
2 *prep (motion)* en, a: **put it in your pocket** mételo en el bolsillo; **we arrived in Bonn** llegamos a Bonn; **he went in the shop** entró en la tienda; **she dived in the water** se tiró al agua; **you're going in the wrong direction** vas mal encaminado, vas en dirección equivocada.
3 *prep (time - during)* en, durante: **in May** en mayo; **in the morning** por la mañana; **in 1980** en 1980; **in summer** en verano; **she learnt to ski in a week** aprendió a esquiar en una semana; **we haven't heard from them in months** hace meses que no sabemos nada de ellos.
4 *prep (time - within)* en, dentro de: **we'll be back in 20 minutes** volveremos dentro de 20 minutos; **ring me back in half an hour** vuelve a llamarme en media hora.
5 *prep (wearing)* en, vestido,-a de: **the woman in black** la mujer vestida de negro; **he's in uniform** está de uniforme; **the one in the hat** el del sombrero; **you look good in red** el rojo te sienta bien.
6 *prep (manner)* en: **in public** en público; **in writing** por escrito; **written in pencil** escrito en lápiz; **in French** en francés; **pay in cash** paga en metálico, paga en efectivo; **in Swiss francs** en francos suizos; **in a loud voice** en voz alta; **this title is no longer in print** este título ya no se edita; **chicken in wine** pollo al vino.

7 *prep (state, condition)* en: **everything's in order** todo está en orden; **they're in love** están enamorados; **in shock** en estado de shock; **in danger** en peligro; **I'm in pain** sufro; **she's in a good/bad mood** está de buen/mal humor; **I'm in a hurry** tengo prisa.
8 *prep (ratio, measurement, number)* varias traducciones: **in twos** de dos en dos; **cut it in two** córtalo por la mitad; **one in ten people** una de cada diez personas; **you have a one in twenty chance** tienes una posibilidad entre veinte; **they arrived in hundreds** llegaron por cientos; **she's in her thirties** tiene treinta y tantos años.
9 *prep (form, shape)* varias traducciones: **in rows** en filas; **in a queue** en una cola; **wear one's hair in a bun** llevar el pelo recogido en un moño; **they were sitting in a circle** estaban sentados en círculo.
10 *prep (profession)* en: **she's in television** trabaja en la televisión; **he's in business** se dedica a los negocios; **they're in the army** son militares.
11 *prep (weather, light)* varias traducciones: **walking in the rain** caminando bajo la lluvia; **sit in the sun/shade** siéntate al sol/a la sombra; **in the dark** en la oscuridad; **I can't work in this heat** no puedo trabajar con este calor.
12 *prep (regarding)* varias traducciones: **low in calories** bajo,-a en calorías; **deaf in one ear** sordo,-a de un oído; **a change in direction** un cambio de dirección; **it measures six feet in length** mide dos metros de largo.
13 *prep (after superlative)* de: **the best player in the world** el mejor jugador del mundo; **the tallest in the class** el más alto de la clase.
14 *prep (with pres part)* al, cuando: **I made a mistake in doing that** al hacer eso cometí un error.
15 *adv (motion)* dentro: **throw it in there** tíralo allí dentro; **come in!** ¡adelante!, ¡pase!; **let me in!** ¡déjame entrar!
16 *adv (transport)* **the train's in** el tren ha llegado; **what time does the plane get in?** ¿a qué hora aterriza el avión?
17 *adv SP (ball, shuttlecock)* **the ball was in!** ¡la pelota entró!, ¡la pelota fue buena!
18 *adv (tide)* alto,-a.
19 *adv (fashionable)* de moda: **hats are in** los sombreros están de moda.
20 *adv (in power)* en el poder: **the Tories got in** los conservadores ganaron las elecciones.
21 *adv (letters etc)* **applications must be in by Friday** las solicitudes deben recibirse antes del viernes.
22 *adv (on sale, obtainable)* disponible: **have you got that book in?** ¿tienes aquel libro?, ¿ha llegado aquel libro?; **it hasn't come in yet** aún no me ha llegado.
23 *adv (crops)* recogido,-a.

24 adj (fashionable) de moda: it's the in bar es el bar de moda; **platform shoes are the in thing** los zapatos con plataforma están de moda; **the in crowd** la gente de moda.

25 adj (private) particular: **an in joke** un chiste particular.

26 ins and outs npl (details) detalles mpl, pormenores mpl.

27 to be in phr (at home) estar en casa; (at work) estar: **you're never in** nunca estás en casa; **is Jack in?** ¿está Jack?; **the manager won't be in until this afternoon** el jefe no estará hasta esta tarde; **she's not in yet** aún no ha llegado.

✦ **to be all in** estar agotado,-a, estar rendido,-a.

to be in for something (be about to experience) estar a punto de recibir algo, estar a punto de tener algo: **she's in for a surprise** le espera una sorpresa; **we're in for some rain** vamos a tener lluvia; **you're in for it!** ¡la que te espera!; **are you in for this game?** ¿vas a jugar?

to be in on something estar enterado,-a de algo, estar al tanto de algo: **were you in on it too?** ¿también estabas enterado?

to be (well) in with somebody llevarse (muy) bien con alguien, tener (mucha) confianza con alguien.

to have it in for somebody tenerla tomada con alguien.

what's in it for me? ¿y yo qué saco?, ¿y yo qué gano?

in² [ɪntʃ] abbr (**inch**) pulgada.

inability [ɪnəˈbɪlɪtɪ] n incapacidad f: **my inability to escape** mi incapacidad para escapar.

inaccessibility [ɪnæksesəˈbɪlɪtɪ] n inaccesibilidad f.

inaccessible [ɪnækˈsesəbəl] adj inaccesible.

inaccessibly [ɪnækˈsesəblɪ] adv inaccesiblemente.

inaccuracy [ɪnˈækjərəsɪ]
1 n (gen) inexactitud f.
2 n (error) error m, incorrección f.
▲ pl **inaccuracies**.

inaccurate [ɪnˈækjərət] adj (gen) inexacto,-a; (incorrect) incorrecto,-a, erróneo,-a.

inaction [ɪnˈækʃən] n inacción f.

inactive [ɪnˈæktɪv] adj inactivo,-a.

inactivity [ɪnækˈtɪvətɪ] n inactividad f.

inadequacy [ɪnˈædɪkwəsɪ]
1 n (lack) insuficiencia.
2 n (of person) incapacidad f, incompetencia.
3 n (defect) defecto, imperfección f.
▲ pl **inadequacies**.

inadequate [ɪnˈædɪkwət]
1 adj (not sufficient) insuficiente; (not appropriate) inadecuado,-a.

2 adj (person) incapaz, incompetente: **he makes her feel inadequate** le hace sentir incapaz; **he's socially inadequate** es un inadaptado.
3 adj (defective) defectuoso,-a, imperfecto,-a.

inadequately [ɪnˈædɪkwətlɪ] adv (insufficiently) insuficientemente, inadecuadamente.

inadmissibility [ɪnədmɪsəˈbɪlətɪ]
1 n inadmisibilidad f.
2 n JUR improcedencia.

inadmissible [ɪnədˈmɪsəbəl]
1 adj inadmisible, intolerable.
2 adj JUR improcedente.

inadmissibly [ɪnədˈmɪsəblɪ] adv inadmisiblemente.

inadvertence [ɪnədˈvɜːtəns] n (oversight) descuido, error m, distracción f; (lack of attention) falta de atención.

inadvertent [ɪnədˈvɜːtənt] adj (unintentional) involuntario,-a; (inattentive) desatento,-a, distraído,-a.

inadvertently [ɪnædˈvɜːtəntlɪ] adv (unintentionally) involuntariamente, sin querer, por descuido; (unconsciously) inconscientemente; (inattentively) sin prestar atención.

inadvisability [ɪnədvaɪzəˈbɪlətɪ] n inconveniencia, imprudencia.

inadvisable [ɪnədˈvaɪzəbəl] adj poco aconsejable, imprudente, inconveniente.

inalienable [ɪnˈeɪlɪənəbəl] adj inalienable.

inane [ɪˈneɪn] adj fatuo,-a, necio,-a, tonto,-a, estúpido,-a.

inanely [ɪˈneɪnlɪ] adv neciamente, tontamente.

inanimate [ɪnˈænɪmət] adj inanimado,-a.

inanity [ɪˈnænətɪ] n necedad f, fatuidad f, tontería, estupidez f.
▲ pl **inanities**.

inapplicability [ɪnæplɪkəˈbɪlətɪ] n inaplicabilidad f.

inapplicable [ɪnˈæplɪkəbəl] adj inaplicable (**to**, a).

inappropriate [ɪnəˈprəʊprɪət] adj (unsuitable - clothes, behaviour) poco apropiado,-a, no apropiado,-a; (- time, remark) inoportuno,-a, inconveniente: **it would be inappropriate for you to come** no sería oportuno que vinieras.

inappropriately [ɪnəˈprəʊprɪətlɪ] adv (dress, behave) inapropiadamente, inadecuadamente; (arrive, speak) inoportunamente.

inappropriateness
[ɪnəˈprəʊprɪətnəs] n (of clothes, behaviour) lo inadecuado; (of timing) lo inoportuno.

inapt [ɪnˈæpt] adj poco apto,-a.

inarticulate [ɪnɑːˈtɪkjʊlət]
1 adj (person) incapaz de expresarse.
2 adj (speech, words, writing) mal expresado,-a, incoherente.
3 adj (cry, sound) inarticulado,-a.
4 adj (joints) inarticulado,-a.

inarticulately [ɪnɑːˈtɪkjʊlətlɪ] adv incoherentemente.

inasmuch as [ɪnəzˈmʌtʃəz]
1 conj fml (since) puesto que, ya que, como que.
2 conj fml (to the extent that) en la medida en que, en tanto que.

inattention [ɪnəˈtenʃən] n falta de atención.

inattentive [ɪnəˈtentɪv] adj (not paying attention) poco atento,-a, distraído,-a; (not attentive) poco atento,-a.

inattentively [ɪnəˈtentɪvlɪ] adv distraídamente.

inattentiveness [ɪnəˈtentɪvnəs] n falta de atención.

inaudibility [ɪnɔːdəˈbɪlətɪ] n inaudibilidad f.

inaudible [ɪnˈɔːdəbəl] adj inaudible, imperceptible.

inaudibly [ɪnˈɔːdəblɪ] adv de modo inaudible.

inaugural [ɪˈnɔːgjʊrəl] adj inaugural, de inauguración, de apertura: **she made the inaugural speech** hizo el discurso de apertura.

inaugurate [ɪˈnɔːgjʊreɪt]
1 vt (building, exhibition, etc) inaugurar.
2 vt (president etc) investir.

inauguration [ɪnɔːgjʊˈreɪʃən]
1 n (of building etc) inauguración f.
2 n (of president etc) investidura, toma de posesión.

inaugurator [ɪnɔːgjʊˈreɪtəʳ] n inaugurador,-ra.

inauspicious [ɪnɔːˈspɪʃəs] adj (start, moment) poco propicio,-a; (circumstance) desfavorable, adverso,-a.

inauspiciously [ɪnɔːˈspɪʃəslɪ] adv de modo poco propicio.

inborn [ˈɪnbɔːn] adj innato,-a.

inbox [ˈɪnbɒks] n bandeja de entrada.

inbred [ˈɪnbred]
1 adj (innate) innato,-a.
2 adj (produced by inbreeding) endogámico,-a.

inbreeding [ˈɪnbriːdɪŋ] n endogamia.

Inc [ɪnkˈɔːpəreɪtɪd] abbr US (**Incorporated**) ≈ sociedad f anónima; (abbreviation) S.A.

Inca [ˈɪŋkə]
1 n (person) inca mf.
2 n (language) inca m.

incalculable [ɪnˈkælkjʊləbəl]
1 adj (beyond calculation) incalculable.
2 adj (uncertain, unpredictable) imprevisible.

incalculably [ɪnˈkælkjʊləblɪ] adv incalculablemente.

incandescence [ɪnkæn'desəns] *n* incandescencia.

incandescent [ɪnkæn'desənt] *adj* incandescente.

■ **incandescent lamp** lámpara incandescente.

incantation [ɪnkæn'teɪʃən] *n* conjuro, ensalmo.

incapability [ɪnkeɪpə'bɪlətɪ] *n* incapacidad *f*.

incapable [ɪn'keɪpəbəl]
1 *adj (unable)* incapaz: he's incapable of lying es incapaz de mentir; I'm incapable of murder soy incapaz de matar.
2 *adj (incompetent)* incompetente: he's incapable as a doctor como médico, es incompetente.
3 *adj (helpless)* impotente, imposibilitado,-a.

incapacitate [ɪnkə'pæsɪteɪt]
1 *vt (gen)* incapacitar, inhabilitar, imposibilitar; *(disable)* imposibilitar: the accident incapacitated him for work el accidente lo incapacitó para trabajar.
2 *vt (disqualify)* inhabilitar.

incapacity [ɪnkə'pæsɪtɪ] *n* incapacidad *f*.

incarcerate [ɪn'kɑːsəreɪt] *vt fml* encarcelar.

incarceration [ɪnkɑːsə'reɪʃən] *n fml* encarcelamiento, encarcelación *f*.

incarnate [ɪn'kɑːnət]
1 *adj (embodied)* encarnado,-a.
2 *adj (personified)* personificado,-a.
3 *vt fml (give bodily form to)* encarnar.
4 *vt (personify)* personificar.
■ **the Devil incarnate** el mismísimo diablo.

incarnation [ɪnkɑː'neɪʃən]
1 *n (embodiment)* encarnación *f*.
2 *n (personification)* personificación *f*.
■ **the Incarnation** la Encarnación.

incautious [ɪn'kɔːʃəs] *adj* incauto,-a, imprudente.

incautiously [ɪn'kɔːʃəslɪ] *adv* incautamente, imprudentemente.

incendiary [ɪn'sendɪərɪ]
1 *adj* incendiario,-a: an incendiary speech un discurso incendiario.
2 *n (bomb)* bomba incendiaria.
3 *n (person - arsonist)* incendiario,-a, pirómano,-a; *(- agitator)* agitador,-ra.
■ **incendiary device** artefacto incendiario.

incense[1] ['ɪnsens] *n* incienso.

incense[2] [ɪn'sens] *vt (make angry)* enfurecer, poner furioso,-a, sacar de quicio.
✦ **to be incensed at/by something** enfurecerse por algo.

incentive [ɪn'sentɪv]
1 *n (stimulus)* incentivo, estímulo, aliciente *m*: there's no incentive to study no hay estímulos para estudiar.
2 *n (payment)* incentivo económico.
✦ **to give somebody an incentive** incentivar a alguien.
■ **incentive scheme** plan *m* de incentivos.

inception [ɪn'sepʃən] *n fml* principio, comienzo.

incessant [ɪn'sesənt] *adj (continuous)* incesante, ininterrumpido,-a; *(continual)* constante, continuo,-a.

incessantly [ɪn'sesətlɪ] *adv* sin cesar, sin parar, incesantemente.

incest ['ɪnsest] *n* incesto.

incestuous [ɪn'sestjʊəs]
1 *adj (gen)* incestuoso,-a.
2 *adj pej (group)* endogámico,-a, cerrado,-a.

incestuously [ɪn'sestjʊəslɪ] *adv* incestuosamente.

inch [ɪntʃ]
1 *n (measurement)* pulgada.
2 *n (small amount)* poco, pelo, ápice *m*.
▶ **to inch along/inch forward** *vi* avanzar poco a poco.
✦ **by inches/by an inch** por poco: the bullet missed me by inches por poco me toca la bala.
every inch todo,-a: he's every inch a champion es todo un campeón.
every inch of *(all of)* todo,-a, cada rincón de, cada centímetro de: we searched every inch of the house registramos cada centímetro de la casa.
give him *(her etc)* **an inch and he'll** *(she'll etc)* **take a mile** le das la mano y te coge el brazo.
inch by inch poco a poco.
not to budge an inch no ceder ni un ápice.
within an inch of something a dos dedos de algo: she came within an inch of death estuvo a dos dedos de la muerte.
▲ *Equivale a 2,54 cm.*

incidence ['ɪnsɪdəns]
1 *n (occurrence)* frecuencia, extensión *f*: there is a high incidence of crime in this area hay un alto índice de delincuencia en esta zona.
2 *n PHYS* incidencia.

incident ['ɪnsɪdənt] *n (event)* incidente *m*; *(violent episode)* altercado: an international incident un incidente internacional.
✦ **to go off without incident** pasar sin incidentes.
■ **incident room** centro de operaciones.

incidental [ɪnsɪ'dentəl]
1 *adj (unimportant)* secundario,-a, incidental, de poca importancia.
2 *adj (inherent)* inherente.
3 *adj (fortuitous)* fortuito,-a, casual.
4 **incidentals** *npl* imprevistos *mpl*.
■ **incidental music** música de fondo.

incidentally [ɪnsɪ'dentəlɪ]
1 *adv (by the way)* a propósito, por cierto, dicho sea de paso.
2 *adv (by chance)* por casualidad.

incinerate [ɪn'sɪnəreɪt] *vt* incinerar, quemar.

incineration [ɪnsɪnə'reɪʃən] *n* incineración *f*, quema.

incinerator [ɪn'sɪnəreɪtər] *n* incinerador *m*.

incipient [ɪn'sɪpɪənt] *adj fml* incipiente.

incise [ɪn'saɪz] *vt (cut)* cortar; *(carve, engrave)* grabar, tallar.

incision [ɪn'sɪʒən] *n* incisión *f*.

incisive [ɪn'saɪsɪv]
1 *adj (comment, wit)* incisivo,-a, mordaz.
2 *adj (mind)* penetrante.

incisively [ɪn'saɪsɪvlɪ] *adv (comment)* con agudeza, incisivamente; *(attack)* mordazmente.

incisiveness [ɪn'saɪsɪvnəs] *n (of comment)* agudeza; *(of attack)* mordacidad *f*.

incisor [ɪn'saɪzər] *n* (diente *m*) incisivo.

incite [ɪn'saɪt]
1 *vt (urge, encourage)* incitar, provocar: they incited the crowd to violence incitaron a la multitud a la violencia.
2 *vt (cause, lead to)* instigar (**to**, a): incite a riot instigar a un disturbio.

incitement [ɪn'saɪtmənt] *n* incitación *f*, provocación *f*, instigación *f*.

incivility [ɪnsɪ'vɪlɪtɪ] *n fml* descortesía, falta de cortesía.
▲ *pl* incivilities.

inclemency [ɪn'klemənsɪ] *n* inclemencia.

inclement [ɪn'klemənt] *adj fml* inclemente.

inclination [ɪnklɪ'neɪʃən]
1 *n (tendency)* inclinación *f*, tendencia; *(disposition)* disposición *f*, propensión *f*: I have no inclination to marry no tengo intención de casarme; people tend to follow their inclinations la gente tiende a seguir sus inclinaciones.
2 *n (slope)* inclinación *f*, pendiente *f*.
3 *n (bow)* inclinación *f*.

incline ['ɪnklaɪn]
1 *n* pendiente *f*, inclinación *f*, cuesta.
2 *vt (bend forward)* inclinar.
3 *vt fml (persuade, influence)* inclinar, predisponer: something about him inclines me to believe his story hay algo en él que me inclina a creer su historia; her speech inclined me towards the ecologists su discurso hizo que me inclinara hacia los ecologistas.
4 *vi (slope)* inclinarse, estar inclinado,-a.
5 *vi (tend)* tender a, tener tendencia a: she inclines towards frivolity tiende a ser frívola; he inclines to meanness tiende a ser tacaño.
▲ *(verbo)* [ɪn'klaɪn].

inclined [ɪn'klaɪnd]
1 *adj (disposed, encouraged)* dispuesto,-a (**to**, a): I'm inclined to believe him estoy dispuesto a creerle; I'm inclined to agree with you estoy bastante de acuerdo contigo; she only cleans the house when she feels inclined solo limpia la casa cuando le apetece.

2 adj (tending to) propenso,-a: she's inclined to be lazy tiene tendencia a ser perezosa.

3 adj (having natural ability) dotado,-a: he's musically inclined tiene aptitud para la música, se le da muy bien la música.

4 adj (sloping) inclinado,-a.

◆ **if you feel so inclined** si quieres, si Vd quiere.

to be that way inclined ser así.

inclose [ɪnˈkləʊz] vt → **enclose**.

inclosure [ɪnˈkləʊʒəʳ] n → **enclosure**.

include [ɪnˈkluːd] vt incluir: the crew includes two women la tripulación incluye dos mujeres; government proposals include lowering taxes entre las propuestas gubernamentales se incluye la reducción de impuestos; the price includes post and packaging el precio incluye gastos de envío y embalaje; they're going to include my article van a publicar mi artículo; all of us, myself included, decided to complain todos nosotros, incluso yo, decidimos quejarnos; batteries are not included las pilas no van incluidas.

including [ɪnˈkluːdɪŋ]

1 prep incluyendo, inclusive, con inclusión de: it comes to £200 including VAT sube a 200 libras con IVA incluido; it's £35.00 per night including breakfast son 35 libras la noche con desayuno incluido; there are ten of us including me somos diez contándome a mí; up to and including last week hasta la semana pasada inclusive.

2 prep (giving example) entre ellos/ellas, incluido: several paintings were stolen, including a Goya se robaron varios cuadros, entre ellos un Goya; lots of people, including myself, think it is wonderful mucha gente, yo incluido, cree que es maravilloso.

◆ **not including** sin contar.

inclusion [ɪnˈkluːʒən] n inclusión f.

inclusive [ɪnˈkluːsɪv] adj inclusivo,-a: closed from 14th until 29th inclusive cerrado desde el 14 hasta el 29 ambos inclusive; read pages 10 to 20 inclusive lee de la página 10 a la 20 ambas inclusive.

◆ **to be inclusive of** incluir: the price is inclusive of tax el precio incluye impuestos.

inclusively [ɪnˈkluːsɪvlɪ] adv inclusivamente, incluso.

incognito [ɪnkɒgˈniːtəʊ]

1 adv de incógnito.

2 adj incógnito,-a.

3 n incógnito.

incoherence [ɪnkəʊˈhɪərəns]

1 n (lack of cohesion) incoherencia.

2 n (inarticulateness) ininteligibilidad f.

incoherent [ɪnkəʊˈhɪərənt]

1 adj (unclear) incoherente, inconexo,-a.

2 adj (unintelligible) ininteligible, incoherente.

incoherently [ɪnkəʊˈhɪərəntlɪ] adv incoherentemente, de manera incoherente.

incombustible [ɪnkəmˈbʌstəbəl] adj fml incombustible.

income [ˈɪnkʌm] n (from work) ingresos mpl, renta; (from investment) réditos mpl: do you have any other income apart from your salary? ¿tienes otros ingresos aparte del salario?; she has a very small income tiene unos ingresos muy bajos; his monthly income is about 1,000 pounds sus ingresos mensuales son de unas mil libras.

▪ **earned income** ingresos gananciales. **income support** ayuda gubernamental a personas de bajos ingresos. **income tax** impuesto sobre la renta. **income tax return** declaración f de renta.

incoming [ˈɪnkʌmɪŋ]

1 adj (tide) ascendente; (plane) de llegada; (passenger) que llega; (missile, fire) enemigo,-a; (message, mail, etc) recibido,-a.

2 adj (to post, job) entrante.

▪ **incoming mail server** servidor m de correo entrante.

incommensurable [ɪnkəˈmenʃərəbəl] adj fml inconmensurable.

◆ **to be incommensurable with something** no guardar relación con algo.

incommensurate [ɪnkəˈmenʃərət] adj fml desproporcionado,-a.

◆ **to be incommensurate with something** no guardar relación con algo.

incommode [ɪnkəˈməʊd] vt fml incomodar, molestar.

incommunicable [ɪnkəˈmjuːnɪkəbəl] adj incomunicable.

incommunicado [ɪnkəmjuːnɪˈkɑːdəʊ]

1 adj incomunicado,-a.

2 adv sin comunicación.

incomparable [ɪnˈkɒmpərəbəl] adj incomparable, inigualable, sin par.

incomparably [ɪnˈkɒmpərəblɪ] adv sin comparación: incomparably better muchísimo mejor.

incompatibility [ɪnkəmpætəˈbɪlɪtɪ] n incompatibilidad f.

▲ pl incompatibilities.

incompatible [ɪnkəmˈpætəbəl] adj incompatible (**with**, con).

incompetence [ɪnˈkɒmpətəns] n incompetencia, ineptitud f, incapacidad f.

incompetent [ɪnˈkɒmpətənt]

1 adj incompetente, inepto,-a, incapaz.

2 n incompetente mf, inepto,-a.

incompetently [ɪnˈkɒmpətəntlɪ] adv incompetentemente, de manera inepta.

incomplete [ɪnkəmˈpliːt]

1 adj (not whole) incompleto,-a; (not finished) inacabado,-a, sin terminar.

2 adj (partial) parcial.

incompletely [ɪnkəmˈpliːtlɪ] adv de manera incompleta.

incompleteness [ɪnkəmˈpliːtnəs] n lo incompleto.

incomprehensible [ɪnkɒmprɪˈhensəbəl] adj incomprensible.

incomprehension [ɪnkɒmprɪˈhenʃən] n incomprensión f.

inconceivable [ɪnkənˈsiːvəbəl]

1 adj inconcebible.

2 adj fam imposible, increíble.

inconceivably [ɪnkənˈsiːvəblɪ] adv increíblemente.

inconclusive [ɪnkənˈkluːsɪv]

1 adj (debate, vote, etc) no decisivo,-a.

2 adj (evidence, result, etc) no concluyente.

incongruity [ɪnkɒnˈgruːɪtɪ] n incongruencia.

▲ pl incongruities.

incongruous [ɪnˈkɒngruəs] adj incongruente, incongruo,-a, fuera de lugar.

incongruously [ɪnˈkɒngruəslɪ] adv incongruentemente.

inconsequent [ɪnˈkɒnsɪkwənt]

1 adj (not following logically) inconsecuente.

2 adj (inconsequential) de poca importancia, sin trascendencia.

inconsequential [ɪnkɒnsɪˈkwenʃəl] adj de poca importancia, sin trascendencia.

inconsiderable [ɪnkənˈsɪdərəbəl] adj insignificante: it's not an inconsiderable amount of money no es una cantidad insignificante.

inconsiderate [ɪnkənˈsɪdərət] adj desconsiderado,-a, inconsiderado,-a, poco atento,-a: you're so inconsiderate! ¡eres tan desconsiderado!

inconsiderately [ɪnkənˈsɪdərətlɪ] adv con poca consideración.

inconsiderateness [ɪnkənˈsɪdərətnəs] n falta de consideración.

inconsistency [ɪnkənˈsɪstənsɪ]

1 n (gen) inconsecuencia.

2 n (contradiction) contradicción f, discrepancia.

▲ pl inconsistencies.

inconsistent [ɪnkənˈsɪstənt]

1 adj (not agreeing with, at variance with) inconsecuente; (contradictory) contradictorio,-a: it's inconsistent with the facts no concuerda con los hechos; behaviour inconsistent with that of a monarch comportamiento inconsecuente con el de un monarca.

2 adj (changeable - weather) variable; (- person) inconstante, voluble, irregular; (- behaviour) imprevisible, irregular.

inconsistently [ɪnkən'sɪstəntlɪ]
1 adv (contradictorily) de manera contradictoria.
2 adv (irregularly) de manera irregular.
inconsolable [ɪnkən'səʊləbəl] adj inconsolable, desconsolado,-a.
inconsolably [ɪnkən'səʊləblɪ] adv desconsoladamente.
inconspicuous [ɪnkən'spɪkjʊəs] adj (not noticeable) que pasa desapercibido,-a, que no llama la atención; (unobtrusive) discreto,-a.
➔ **to make oneself inconspicuous** pasar desapercibido,-a, no llamar la atención.
inconspicuously [ɪnkən'spɪkjʊəslɪ] adv sin llamar la atención.
inconstancy [ɪn'kɒnstənsɪ] n inconstancia.
▲ pl inconstancies.
inconstant [ɪn'kɒnstənt]
1 adj (person) inconstante, veleidoso,-a, mudable.
2 adj (not fixed) variable.
incontinence [ɪn'kɒntɪnəns] n incontinencia.
incontinent [ɪn'kɒntɪnənt] adj incontinente.
incontrovertible [ɪnkɒntrə'vɜːtəbəl] adj incontrovertible.
incontrovertibly [ɪnkɒntrə'vɜːtəblɪ] adv incontrovertiblemente.
inconvenience [ɪnkən'viːnɪəns]
1 n (gen) inconveniente m; (trouble, difficulty) molestia, dificultad f; (hindrance) estorbo, obstáculo; (discomfort) incomodidad f: I'm sorry to cause you so much inconvenience siento causarle tanta molestia; it's no inconvenience no es ninguna molestia.
2 vt (annoy) causar molestia a, molestar; (cause difficulty) incomodar: the neighbours were inconvenienced by the noise el ruido molestaba a los vecinos.
➔ **to go to great inconvenience to do something** sufrir muchos inconvenientes para hacer algo.
to put somebody to great inconvenience molestar a alguien, incomodar a alguien.
inconvenient [ɪnkən'viːnɪənt]
1 adj (gen) inconveniente, molesto,-a, incómodo,-a; (place) mal situado,-a; (time) mal, inoportuno,-a; (arrangement) poco práctico,-a: it's very inconvenient living so far from the station es muy incómodo vivir tan lejos de la estación; it's rather an inconvenient time esta hora me viene un poco mal; it's a bit inconvenient at the moment no es muy conveniente ahora.
2 adj (fact) incómodo,-a.
inconveniently [ɪnkən'viːnɪəntlɪ] adv (gen) de forma inconveniente; (time) a deshora, inoportunamente.

incorporate [ɪn'kɔːpəreɪt]
1 vt (make part of, include in) incorporar (in/into, a), incluir (in/into, en); (include, contain) incluir, contener: they incorporated some of her ideas incorporaron algunas de sus ideas; the design incorporates the company's logo el diseño incluye el logotipo de la empresa.
2 vt US (company) constituir, constituir en sociedad.
3 adj US (company) constituido,-a, constituido,-a en sociedad.
incorporated [ɪn'kɔːpəreɪtɪd] adj US (company) constituido,-a en sociedad.
■ **incorporated company** ≈ sociedad f anónima.
incorporation [ɪnkɔːpə'reɪʃən]
1 n incorporación f, inclusión f.
2 n US (of company) constitución f, constitución f en sociedad.
incorporeal [ɪnkɔː'pɔːrɪəl] adj fml incorpóreo,-a.
incorrect [ɪnkə'rekt]
1 adj (wrong, untrue) incorrecto,-a, erróneo,-a, equivocado,-a: incorrect English inglés incorrecto; he gave an incorrect answer su respuesta fue incorrecta; the information was incorrect la información fue errónea.
2 adj (improper - behaviour) incorrecto,-a; (- dress) impropio,-a, inadecuado,-a.
incorrectly [ɪnkə'rektlɪ]
1 adv (wrongly) incorrectamente, erróneamente, equivocadamente: it's incorrectly spelt está mal escrito.
2 adv (improperly) incorrectamente.
incorrectness [ɪnkə'rektnəs] n incorrección f.
incorrigible [ɪn'kɒrɪdʒəbəl] adj incorregible.
incorruptible [ɪnkə'rʌptəbəl] adj incorruptible.
increase ['ɪnkriːs]
1 n (gen) aumento, incremento; (in price, temperature) subida, alza: they want a wage increase quieren un aumento de sueldo; an increase in the numbers of old-age pensioners un incremento en el número de pensionistas; an increase of 10% on last year un aumento del 10% respecto al año pasado; new techniques have led to an increase in output nuevas técnicas han resultado en un aumento de producción.
2 vt (gen) aumentar; (temperature) subir: he increased his speed aumentó la velocidad; they have increased the number of police in the neighbourhood han aumentado el número de policías en el barrio.
3 vi (gen) aumentar, incrementar; (price) aumentar, subir; (temperature) subir: the population has increased la población ha crecido; unemployment is increasing el paro está aumentando;

prices have increased los precios han subido.
➔ **to be on the increase** ir en aumento, ir en alza.
▲ (verbo) [ɪn'kriːs].
increasing [ɪn'kriːsɪŋ] adj creciente: there is increasing interest in the subject hay un interés creciente en el tema, cada vez hay más interés en el tema.
increasingly [ɪn'kriːsɪŋlɪ] adv cada vez más: it is becoming increasingly difficult se está haciendo cada vez más difícil.
incredible [ɪn'kredɪbəl] adj (unbelievable) increíble, inverosímil; (amazing, fantastic) increíble, fantástico,-a: he made up some incredible excuse inventó una excusa increíble; she's got an incredible voice tiene una voz increíble; it's incredible that she's got four children parece mentira que tenga cuatro hijos.
incredibly [ɪn'kredɪblɪ] adv (extremely) increíblemente; (amazingly) sorprendentemente, aunque parece mentira: it's incredibly cold hace un frío increíble; incredibly, no-one had ever been there before sorprendentemente nadie había estado allí antes.
incredulity [ɪnkrɪ'djuːlətɪ] n incredulidad f.
incredulous [ɪn'kredjələs] adj incrédulo,-a: she sounded incredulous parecía incrédula; an incredulous look una mirada de incredulidad.
incredulously [ɪn'kredjələslɪ] adv con incredulidad.
increment ['ɪnkrɪmənt] n aumento, incremento: salary increment aumento de salario.
incriminate [ɪn'krɪmɪneɪt] vt incriminar: he incriminated his brother incriminó a su hermano.
➔ **to incriminate oneself** autoincriminarse.
incriminating [ɪn'krɪmɪneɪtɪŋ] adj JUR incriminatorio,-a: incriminating evidence pruebas incriminatorias.
incrimination [ɪnkrɪmɪ'neɪʃən] n incriminación f.
incriminatory [ɪn'krɪmɪnətərɪ] adj JUR incriminatorio,-a.
incrust [ɪn'krʌst] vt incrustar.
incrustation [ɪnkrʌ'steɪʃən] n incrustación f.
incubate ['ɪnkjʊbeɪt]
1 vt incubar.
2 vi (of eggs) incubar; (of bird) empollar.
incubation [ɪnkjʊ'beɪʃən] n incubación f.
■ **incubation period** período de incubación.
incubator ['ɪnkjʊbeɪtə'] n incubadora.
incubus ['ɪnkjʊbəs] n íncubo.
▲ pl incubuses o incubai ['ɪnkjʊbaɪ].

inculcate [ˈɪnkʌlkeɪt] *vt fml* inculcar (**in/into**, a) (**with**, en): they inculcated the idea of honesty in their children inculcaron a sus hijos la idea de honestidad.

incumbency [ɪnˈkʌmbənsɪ]
1 *n (office, duty, tenure)* titularidad *f*, mandato.
2 *n REL* beneficio.

incumbent [ɪnˈkʌmbənt]
1 *n (holder of office)* titular *mf*; *(clergyman)* beneficiado.
2 *adj (holding office)* actual, titular, en ejercicio: the incumbent president el presidente actual.
✦ **to be incumbent on/upon somebody to do something** incumbir a alguien hacer algo, corresponder a alguien hacer algo.

incur [ɪnˈkɜːʳ]
1 *vt (blame, anger)* incurrir en, provocar: incur the wrath of God incurrir en la ira de Dios.
2 *vt (debt, expense)* contraer, incurrir en.
3 *vt (injury, loss)* sufrir.
4 *vt (risk)* correr.
▲ *pt & pp* incurred, *ger* incurring.

incurable [ɪnˈkjʊərəbəl]
1 *adj (disease)* incurable.
2 *adj fig (loss)* irremediable; *(habit, optimist)* incorregible.
3 *n* enfermo,-a incurable.

incurably [ɪnˈkjʊərəblɪ]
1 *adv (ill)* incurablemente.
2 *adj fig* irremediablemente.

incursion [ɪnˈkɜːʃən]
1 *n fml* incursión *f*, invasión *f* (**in/into**, en).
2 *n fig* invasión *f*.

incurved [ɪnˈkɜːvd] *adj* curvado,-a.

Ind [ɪndɪˈpendənt] *abbr GB* (**Independent**) independiente *mf*.

indebted [ɪnˈdetɪd]
1 *adj (in debt)* endeudado,-a.
2 *adj fig (grateful)* agradecido,-a: I am deeply indebted to you for your help le agradezco muchísimo su ayuda.
✦ **to be indebted to somebody for something** estar en deuda con alguien por algo, agradecer algo a alguien.

indebtedness [ɪnˈdetɪdnəs]
1 *n (money)* deuda, endeudamiento.
2 *n (gratitude)* agradecimiento.

indecency [ɪnˈdiːsənsɪ] *n* indecencia, obscenidad *f*.

indecent [ɪnˈdiːsənt]
1 *adj (obscene)* indecente, indecoroso, -a, obsceno,-a.
2 *adj (improper)* impropio,-a, indebido,-a, injustificado,-a; *(undue)* excesivo,-a: in indecent haste con premura excesiva.
■ **indecent exposure** exhibicionismo.

indecently [ɪnˈdiːsəntlɪ]
1 *adv (obscenely)* indecentemente.
2 *adv (excessively)* excesivamente, demasiado.

indecipherable [ɪndɪˈsaɪfərəbəl] *adj* indescifrable.

indecision [ɪndɪˈsɪʒən] *n* indecisión *f*, irresolución *f*.

indecisive [ɪndɪˈsaɪsɪv]
1 *adj (hesitant)* indeciso,-a, irresoluto,-a.
2 *adj (inconclusive)* poco concluyente, no concluyente, no decisivo,-a.

indecisively [ɪndɪˈsaɪsɪvlɪ]
1 *adv (hesitantly)* de manera indecisa.
2 *adv (inconclusively)* sin resultados definitivos.

indecisiveness [ɪndɪˈsaɪsɪvnɪs] *n* indecisión *f*, falta de decisión.

indecorous [ɪnˈdekərəs] *adj fml* indecoroso,-a.

indecorum [ɪndɪˈkɔːrəm] *n fml* indecoro, falta de decoro.

indeed [ɪnˈdiːd]
1 *adv (yes, certainly)* efectivamente, en efecto: are you Mr Fox? yes, indeed ¿es el Sr Fox? sí, efectivamente; do you like chocolates? yes, indeed I do ¿te gustan los bombones? sí, mucho; did you hear that bang? indeed I did! ¡has oído esa explosión? ¡ya lo creo!; may I? indeed you may ¿puedo? claro que puedes.
2 *adv (intensifier)* realmente, de veras, de verdad: that is praise indeed eso sí que es un elogio; thank you very much indeed muchísimas gracias; it's very hot indeed hace muchísimo calor; very expensive indeed verdaderamente caro.
3 *adv fml (in fact)* realmente, en realidad, de hecho; *(what is more)* es más: I was happy, indeed delighted, that you won me alegré, en realidad me encantó, tu victoria.
4 *interj (showing surprise, disbelief, etc)* ¿de verdad?, ¿de veras?, ¡no me digas!: he said you gave it to him - did he indeed? dijo que se lo habías regalado - ¿de veras?; a new car indeed! whatever next! ¡un coche nuevo dices! ¡vaya, vaya!

indefatigable [ɪndɪˈfætɪgəbəl] *adj fml* incansable, infatigable.

indefensible [ɪndɪˈfensəbəl]
1 *adj (idea, statement, view, etc)* insostenible; *(behaviour)* injustificable, inexcusable.
2 *adj (place, building, position)* indefendible, indefensable, indefensable.

indefensibly [ɪndɪˈfensəblɪ] *adv (behaviour)* injustificablemente, inexcusablemente.

indefinable [ɪndɪˈfaɪnəbəl] *adj* indefinible.

indefinite [ɪnˈdefɪnət]
1 *adj (vague, not precise)* indefinido,-a, vago,-a, impreciso,-a: an indefinite answer una respuesta imprecisa.
2 *adj (not fixed - period of time, amount, number)* indefinido,-a, indeterminado,-a: they called an indefinite strike declararon una huelga indefinida.

indefinitely [ɪnˈdefɪnətlɪ] *adv* indefinidamente: it's been closed indefinitely lo han cerrado por tiempo indefinido; we can't carry on like this indefinitely no podemos seguir así indefinidamente.

indelible [ɪnˈdelɪbəl]
1 *adj (ink etc)* indeleble, imborrable.
2 *adj fig (memory etc)* inolvidable, imborrable.

indelibly [ɪnˈdeləblɪ] *adv* indeleblemente, imborrablemente.

indelicacy [ɪnˈdelɪkəsɪ] *n (act)* indelicadeza, falta de delicadeza; *(remark)* indiscreción *f*.
▲ *pl* indelicacies.

indelicate [ɪnˈdelɪkət]
1 *adj (rude, embarrassing)* poco delicado,-a, indelicado,-a.
2 *adj (tactless)* indiscreto,-a.

indemnification [ɪndemnɪfɪˈkeɪʃən]
1 *n (act)* indemnización *f*.
2 *n (compensation, repayment)* indemnización *f*, reparación *f*, compensación *f*.

indemnify [ɪnˈdemnɪfaɪ]
1 *vt fml (insure)* asegurar (**against**, contra).
2 *vt fml (compensate)* indemnizar (**for**, por/de).
▲ *pt & pp* indemnified, *ger* indemnifying.

indemnity [ɪnˈdemnɪtɪ]
1 *n (insurance, guarantee)* indemnidad *f* (**against**, contra).
2 *n (compensation)* indemnización *f* (**for**, por), reparación *f*, compensación *f*.
▲ *pl* indemnities.

indent [ɪnˈdent]
1 *vt (text)* sangrar.
2 *vi GB (order)* hacer un pedido (**for**, de), encargar (**for**, -).
3 *n GB (order)* pedido.
▲ *(sustantivo)* [ˈɪndent].

indentation [ɪndenˈteɪʃən]
1 *n (in text)* sangría.
2 *n (notch in edge, mark)* mella, muesca.

indented [ɪnˈdentɪd]
1 *adj (text)* sangrado,-a.
2 *adj (edge)* mellado,-a, marcado,-a.

indenture [ɪnˈdentʃə]
1 *vt* contratar como aprendiz,-za.
2 **indentures** *npl* contrato *m sing* de aprendizaje.

independence [ɪndɪˈpendəns] *n* independencia (**from**, de).
✦ **to obtain independence** obtener la independencia.
■ **Independence Day** día *m* de la Independencia.

independent [ɪndɪˈpendənt]
1 *adj (gen)* independiente: they called for an independent inquiry pidieron una investigación independiente; she's financially independent es económicamente independiente; young people are fairly independent of their par-

ents los jóvenes son bastante independientes de sus padres.
2 *n POL* (candidato,-a) independiente *mf*.
✦ **to become independent** independizarse.
to be of independent means disponer de rentas.
■ **independent school** *GB* colegio no subvencionado.
independent television televisión *f* privada.

independently [ɪndɪˈpendəntlɪ] *adv*
(gen) independientemente; *(separately)* por separado, cada uno por un lado.

in-depth [ɪnˈdepθ] *adj* minucioso,-a, exhaustivo,-a, a fondo: **an in-depth study** un estudio minucioso.

indescribable [ɪndɪˈskraɪbəbəl]
1 *adj (gen)* indescriptible.
2 *adj (too good)* inefable.
3 *adj pej (too bad)* indecible, incalificable.

indescribably [ɪndɪˈskraɪbeblɪ]
1 *adv (gen)* indescriptiblemente.
2 *adv (too good)* inefablemente.
3 *adv pej (too bad)* inefablemente, indeciblemente: **indescribably awful** tan malo que no se puede explicar.

indestructible [ɪndɪˈstrʌktəbəl] *adj* indestructible.

indeterminable [ɪndɪˈtɜːmɪnəbəl] *adj fml* indeterminable.

indeterminate [ɪndɪˈtɜːmɪnət] *adj* indeterminado,-a.

index [ˈɪndeks]
1 *n (in book)* índice *m*; *(list)* lista; *(in library)* índice *m*, catálogo.
2 *n (economic)* índice *m*: **cost-of-living index** índice del coste de la vida.
3 *n fig* indicación *f*, señal *f*: **the sale of new cars is an index of economic prosperity** la venta de coches nuevos es una indicación de la prosperidad económica.
4 *n (math)* índice *m*.
5 *vt (book)* poner un índice a; *(collection)* catalogar, clasificar.
6 *vt (wages, pensions, etc)* vincular: **the indexing of wages to inflation** el vínculo de los salarios a la inflación.
■ **index finger** dedo índice.
▲ *pl* **indices** [ˈɪndɪsiːz].

index-linked [ˈɪndekslɪŋkt] *adj* vinculado,-a al índice de precios al consumo.

India [ˈɪndɪə] *n* (la) India.
■ **India rubber** caucho.

Indian [ˈɪndɪən]
1 *adj* indio,-a, hindú *mf*.
2 *n* indio,-a, hindú.
✦ **Indian file** fila india.
Indian summer veranillo de San Martín.
■ **Indian corn** *US* maíz *m*.
Indian hemp *(hemp)* cannabis *m*, cáñamo índico; *(drug)* cannabis *m*, hachís *m*.
the Indian Ocean el océano Índico.

indicate [ˈɪndɪkeɪt]
1 *vt (point to, draw attention to)* indicar, señalar: **I sat down on the chair she indicated** me senté en la silla que me indicó.
2 *vt (show, make clear)* indicar, ser indicio de, ser señal de: **this front indicates a change in the weather** este frente indica un cambio en el tiempo; **all the evidence indicates that he is guilty** todas las pruebas indican su culpabilidad.
3 *vt (mark)* señalar; *(register)* indicar, marcar: **the thermometer indicated 39°** el termómetro marcaba 39º.
4 *vt (require, call for)* necesitarse: **given all the problems, a new approach is indicated** dados los problemas, se necesita un nuevo enfoque.
5 *vt AUTO* indicar, señalizar.
6 *vi AUTO* poner el intermitente.

indication [ɪndɪˈkeɪʃən] *n (gen)* indicio, señal *f*, indicación *f*: **there's every indication that the economy is on the upturn** todo indica que la economía está mejorando; **he gave no indication to the contrary** no dio ninguna indicación en contra.

indicative [ɪnˈdɪkətɪv]
1 *adj fml* indicativo,-a *(of*, de): **this attitude is indicative of her apathy** esta actitud indica su apatía.
2 *adj LING* indicativo,-a.
3 *n LING* indicativo.

indicator [ˈɪndɪkeɪtəʳ]
1 *n (gen)* indicador *m*.
2 *n AUTO* intermitente *m*.

indict [ɪnˈdaɪt] *vt JUR* acusar *(for*, de): **he was indicted for murder** fue acusado de asesinato.

indictable [ɪnˈdaɪtəbəl] *adj JUR (offence)* que constituye delito; *(person)* procesable.

indictment [ɪnˈdaɪtmənt]
1 *n JUR* acusación *f*, sumario.
2 *n fig (criticism)* crítica.
✦ **to be under indictment for something** ser acusado,-a de algo.
to bring in an indictment against somebody presentar cargos contra alguien, formular cargos contra alguien.

indifference [ɪnˈdɪfərəns] *n* indiferencia *(to*, ante): **he treats her with complete indifference** la trata con absoluta indiferencia.

indifferent [ɪnˈdɪfərənt]
1 *adj (gen)* indiferente *(to*, a): **he was indifferent to my plea** fue indiferente a mi súplica; **the divers seemed indifferent to the cold** a los submarinistas parecía no importarles el frío.
2 *adj (mediocre, average)* mediocre, regular, pobre.

indifferently [ɪnˈdɪfərəntlɪ]
1 *adv (uninterestedly)* con indiferencia.
2 *adv (averagely)* regular, de forma mediocre, sin pena ni gloria.

indigenous [ɪnˈdɪdʒənəs] *adj fml* indígena, autóctono,-a *(to*, de).

indigent [ˈɪndɪdʒənt] *adj fml* indigente.

indigestible [ɪndɪˈdʒestəbəl] *adj (food)* indigesto,-a, no digerible; *(facts)* difícil de digerir.

indigestion [ɪndɪˈdʒestʃən] *n* indigestión *f*, empacho: **rich food gives me indigestion** la comida fuerte me sienta mal; **you'll get indigestion!** ¡te vas a indigestar!
✦ **to suffer from indigestion** tener una indigestión, tener un empacho.
■ **indigestion pills/tablets** pastillas para la indigestión.

indignant [ɪnˈdɪgnənt] *adj (person)* indignado,-a; *(look etc)* de indignación: **I was most indignant at having to wait so long** me indigné por tener que esperar tanto; **he got very indignant with me** se indignó conmigo.
✦ **to become/get indignant about/at/over something** indignarse por algo.

indignantly [ɪnˈdɪgnəntlɪ] *adv* con indignación, indignado,-a.

indignation [ɪndɪgˈneɪʃən] *n* indignación *f* **(about/over**, por) **(at**, ante/por): **public indignation at the terrorist attack** indignación pública por el ataque terrorista.

indignity [ɪnˈdɪgnətɪ] *n* indignldad *f*, humillación *f*.
▲ *pl* **indignities**.

indigo [ˈɪndɪgəu]
1 *n* añil *m*.
2 *adj (de color)* añil.

indirect [ɪndɪˈrekt] *adj* indirecto,-a: **indirect lighting** alumbrado indirecto; **an indirect route** una ruta indirecta; **she gave an indirect answer** dio una respuesta evasiva.
■ **indirect object** *LING* objeto indirecto, complemento indirecto.
indirect question *LING* pregunta indirecta.
indirect speech *LING* estilo indirecto.
indirect tax impuesto indirecto.

indirectly [ɪndɪˈrektlɪ] *adv* indirectamente.

indiscernible [ɪndɪˈsɜːnəbəl] *adj* imperceptible, indiscernible.

indiscipline [ɪnˈdɪsəplɪn] *n* indisciplina.

indiscreet [ɪndɪˈskriːt] *adj (person)* indiscreto,-a, poco discreto,-a, poco diplomático,-a, falto de tacto; *(question, remark)* indiscreto,-a.

indiscreetly [ɪndɪˈskriːtlɪ] *adv* indiscretamente, con indiscreción.

indiscretion [ɪndɪˈskreʃən] *n* indiscreción *f*.

indiscriminately [ɪndɪˈskrɪmɪnətlɪ] *adv (randomly)* indiscriminadamente; *(without careful choice)* sin criterio, sin discernimiento.

indiscriminate [ɪndɪˈskrɪmɪnət] *adj (violence, attack, etc)* indiscriminado,-a; *(praise, reading, viewing, etc)* sin criterio, sin discernimiento.

indispensable [ɪndɪˈspensəbəl] *adj* indispensable, imprescindible (**to**, para).

indisposed [ɪndɪˈspəʊzd]
1 *adj (ill)* indispuesto,-a.
2 *adj fml (not willing)* poco dispuesto,-a (**to**, a): indisposed to help con pocas ganas de ayudar.

indisposition [ɪndɪspəˈzɪʃən] *n (illness)* indisposición *f.*

indisputable [ɪndɪˈspjuːtəbəl] *adj (gen)* indiscutible, indisputable, incuestionable; *(winner, leader, etc)* indiscutible; *(fact)* irrefutable.

indisputably [ɪndɪˈspjuːtəblɪ] *adv* indiscutiblemente.

indissolubility [ɪndɪsɒljəˈbɪlətɪ] *n* indisolubilidad *f.*

indissoluble [ɪndɪˈsɒljəbəl] *adj fml (cannot be dissolved)* indisoluble; *(cannot be broken)* inseparable.

indistinct [ɪndɪˈstɪŋkt] *adj (gen)* indistinto,-a, impreciso,-a; *(memory)* confuso,-a, vago,-a; *(shape, area, etc)* borroso,-a; *(sound, speech)* confuso,-a, poco claro,-a: I have a very indistinct memory of my grandmother tengo unos recuerdos muy vagos de mi abuela; his voice was so indistinct that I couldn't understand a word su voz era tan confusa que no pude entender ni una palabra.

indistinctly [ɪndɪˈstɪŋktlɪ] *adv (gen)* indistintamente, imprecisamente; *(remember)* vagamente; *(see)* con poca claridad; *(speak)* confusamente.

indistinguishable [ɪndɪˈstɪŋgwɪʃəbəl] *adj* indistinguible (**from**, de).

individual [ɪndɪˈvɪdjʊəl]
1 *adj (single, separate)* por separado: each individual student cada uno de los estudiantes, cada estudiante por separado.
2 *adj (for one person)* individual: individual portions raciones individuales; individual tuition clases particulares; individual attention atención individual.
3 *adj (particular, personal)* personal, propio,-a.
4 *adj (different, unique)* personal, original.
5 *n (person)* individuo, persona: rights of the individual derechos del individuo; you should treat people as individuals deberías tratar a la gente como personas.
6 *n fam* individuo, tipo, tío,-a.

individualism [ɪndɪˈvɪdjʊəlɪzəm] *n* individualismo.

individualist [ɪndɪˈvɪdjʊəlɪst] *n* individualista *mf.*

individualistic [ɪndɪvɪdjʊəˈlɪstɪk] *adj* individualista.

individuality [ɪndɪvɪdjʊˈælətɪ] *n* individualidad *f,* personalidad *f.*

individualise [ɪndɪˈvɪdjʊəlaɪz] *vt* → individualize.

individualize [ɪndɪˈvɪdjʊəlaɪz] *vt* individualizar, personalizar.

individually [ɪndɪˈvɪdjʊəlɪ] *adv (separately)* individualmente, por separado; *(one by one)* uno por uno: I want you to work individually quiero que trabajéis por separado; each chocolate comes individually wrapped cada bombón viene individualmente envuelto.

indivisible [ɪndɪˈvɪzəbəl] *adj* indivisible.

indoctrinate [ɪnˈdɒktrɪneɪt] *vt* adoctrinar.

indoctrination [ɪndɒktrɪˈneɪʃən] *n* adoctrinamiento.

Indo-European [ɪndəʊjʊərəˈpɪən] *adj* indoeuropeo,-a.

indolence [ˈɪndələns] *n fml* indolencia, pereza.

indolent [ˈɪndələnt] *adj fml* indolente, perezoso,-a.

indolently [ˈɪndələntlɪ] *adv fml* perezosamente, con pereza.

indomitable [ɪnˈdɒmɪtəbəl] *adj fml* indomable, indómito,-a.

indomitably [ɪnˈdɒmɪtəblɪ] *adv fml* de forma indomable.

Indonesia [ɪndəˈniːzɪə] *n* Indonesia.

Indonesian [ɪndəˈniːzɪən]
1 *adj* indonesio,-a.
2 *n* indonesio,-a.

indoor [ˈɪndɔːʳ]
1 *adj (aerial, plant, photography, etc)* interior; *(clothes etc)* de estar por casa.
2 *adj SP (swimming pool, running track)* cubierto,-a.
■ **indoor football** fútbol *m* sala.
indoor games juegos *mpl* de salón.
indoor record récord *m* en pista cubierta.

indoors [ɪnˈdɔːz] *adv (inside house)* dentro (de casa); *(at home)* en casa; *(inside building)* a cubierto, dentro: if it rains, the concert will be held indoors si llueve, el concierto se celebrará a cubierto.
✦ **to go indoors** ir adentro, entrar en (la) casa.
to stay indoors quedarse en casa.

indorse [ɪnˈdɔːs] *vt* → endorse.

indubitable [ɪnˈdjuːbɪtəbəl] *adj fml* indudable.

indubitably [ɪnˈdjuːbɪtəblɪ] *adv* indudablemente, sin duda.

induce [ɪnˈdjuːs]
1 *vt (persuade)* inducir, persuadir, llevar: what induced you to go there? ¿qué te indujo a ir allí?
2 *vt (cause)* causar, producir, provocar: lunchtime drinking induces drowsiness beber a mediodía produce somnolencia.

3 *vt MED (childbirth)* provocar, inducir.
✦ **to induce somebody to do something** inducir a alguien a hacer algo.

inducement [ɪnˈdjuːsmənt]
1 *n* incentivo, estímulo, aliciente *m:* an inducement to invest un incentivo para invertir.
2 *n MED* inducción *f.*
3 *n euph* soborno.

induct [ɪnˈdʌkt]
1 *vt (introduce to organization)* admitir, instalar.
2 *vt US (recruit)* reclutar.

induction [ɪnˈdʌkʃən]
1 *n (initiation - gen)* admisión *f,* ingreso; *(- of priest)* instalación *f.*
2 *n MED (of childbirth)* provocación *f,* inducción *f.*
3 *n US (recruitment)* reclutamiento.
4 *n (logic)* inducción *f.*
5 *n (magnetic etc)* inducción *f.*
6 *n (in engine)* admisión *f.*
■ **induction coil** bobina de inducción.
induction course curso de iniciación *f.*
induction motor motor *m* de inducción.

inductive [ɪnˈdʌktɪv] *adj* inductivo,-a.

indulge [ɪnˈdʌldʒ]
1 *vt (satisfy - desire, whim)* satisfacer, ceder a, consentir; *(- passion)* dar rienda suelta a: it pleases me to indulge your wishes me gusta satisfacer tus deseos; he indulges her every whim le consiente todos los caprichos; he spent a week indulging his passion for skiing pasó una semana dando rienda suelta a su pasión por el esquí.
2 *vt (pamper - person)* complacer; *(- child)* mimar, consentir: they indulge their children too much miman demasiado a sus hijos; she indulged him in/with presents ella lo mimaba con regalos.
3 *vi (gen)* permitirse; *(eat)* comer (lo que uno quiera); *(drink)* beber (lo que uno quiera): she sometimes indulges in the luxury of a beauty treatment a veces se permite el lujo de un tratamiento de belleza; he always indulges at Christmas siempre bebe (demasiado) en Navidad.
✦ **to indulge oneself** permitirse un lujo, darse algún gusto.

indulgence [ɪnˈdʌldʒəns]
1 *n (luxury)* (pequeño) lujo; *(bad habit)* vicio: smoking is my only indulgence fumar es mi único vicio; you have to allow yourself small indulgences hay que permitirse pequeños lujos.
2 *n (of desire, whim)* satisfacción *f,* complacencia; *(partaking - of food, drink)* abuso; *(of person)* consentimiento; *(of child)* mimo: indulgence in rich food can lead to obesity abusar de la comida puede provocar la obesidad.
3 *n REL* indulgencia.

indulgent [ɪn'dʌldʒənt] *adj* indulgente (**towards**, con).

Indus ['ɪndʌs] *n* el Indo.

industrial [ɪn'dʌstrɪəl] *adj* industrial.
- **industrial accident** accidente *m* laboral, accidente de trabajo.
industrial action huelga: **they took industrial action** se declararon en huelga.
industrial dispute conflicto laboral.
industrial estate polígono industrial, zona industrial.
industrial relations relaciones *fpl* laborales.
Industrial Revolution Revolución *f* Industrial.
industrial unrest conflictividad *f* laboral.
industrial tribunal tribunal *m* laboral.
industrial waste residuos *mpl* industriales.

industrialisation [ɪndʌstrɪəlaɪ'zeɪʃən] *n* → **industrialization.**

industrialise [ɪn'dʌstrɪəlaɪz] *vt* → **industrialize.**

industrialised [ɪn'dʌstrɪəlaɪzd] *adj* → **industrialized.**

industrialism [ɪn'dʌstrɪəlɪzəm] *n* industrialismo.

industrialist [ɪn'dʌstrɪəlɪst] *n* industrial *mf*, empresario,-a.

industrialization [ɪndʌstrɪəlaɪ'zeɪʃən] *n* industrialización *f*.

industrialize [ɪn'dʌstrɪəlaɪz]
1 *vt* industrializar.
2 *vi* industrializarse.

industrialized [ɪn'dʌstrɪəlaɪz] *adj* industrializado,-a.
✦ **to become industrialized** industrializarse.

industrially [ɪn'dʌstrɪəlɪ] *adv* industrialmente.

industrious [ɪn'dʌstrɪəs] *adj (hard-working)* trabajador,-ra, laborioso,-a; *(diligent)* diligente, aplicado,-a.

industriously [ɪn'dʌstrɪəslɪ] *adv* con diligencia.

industriousness [ɪn'dʌstrɪəsnəs] *n* diligencia.

industry ['ɪndəstrɪ]
1 *n (gen)* industria.
2 *n fml (hard work)* diligencia.
▲ *pl* **industries.**

inebriate [ɪ'ni:brɪət]
1 *adj fml* ebrio,-a.
2 *n fml* ebrio,-a.
3 *vt fml* embriagar.

inebriated [ɪn'i:brɪeɪtɪd] *adj fml* ebrio, -a, embriagado,-a.

inebriation [ɪni:brɪ'eɪʃən] *n* embriaguez *f*.

inedible [ɪn'edəbəl] *adj* incomible, incomestible.

ineffable [ɪn'efəbəl] *adj fml* inefable.

ineffably [ɪn'efəblɪ] *adv fml* inefablemente.

ineffective [ɪnɪ'fektɪv]
1 *adj (method, cure)* ineficaz, inútil; *(attempt)* infructuoso,-a: **the treatment proved ineffective** el tratamiento no surtió efecto.
2 *adj (person)* incapaz, incompetente, ineficiente: **he's completely ineffective as a lawyer** es un abogado totalmente incompetente.

ineffectively [ɪnɪ'fektɪvlɪ] *adv* ineficazmente, inútilmente.

ineffectiveness [ɪnɪ'fektɪvnəs]
1 *n (of method, cure)* ineficacia, inutilidad *f*.
2 *n (of person)* incapacidad *f*, incompetencia.

ineffectual [ɪnɪ'fektʃuəl]
1 *adj (policy, protest, attempt, etc)* ineficaz, inútil.
2 *adj (person)* incapaz, incompetente.

ineffectually [ɪnɪ'fektʃuəlɪ] *adv* ineficazmente, inútilmente.

inefficiency [ɪnɪ'fɪʃənsɪ]
1 *n (gen)* ineficacia.
2 *n (of person)* incompetencia, ineficiencia, ineptitud *f*.

inefficient [ɪnɪ'fɪʃənt]
1 *adj (gen)* ineficaz.
2 *adj (person)* incompetente, ineficiente, poco eficiente.

inefficiently [ɪnɪ'fɪʃəntlɪ]
1 *adv (gen)* ineficazmente.
2 *adv (person)* incompetentemente.

inelastic [ɪnɪ'læstɪk]
1 *adj PHYS* no elástico,-a.
2 *adj fig (rigid)* rígido,-a, poco flexible.

inelegant [ɪn'elɪgənt] *adj* poco elegante.

ineligibility [ɪnelɪdʒə'bɪlətɪ] *n* inelegibilidad *f*.

ineligible [ɪn'elɪdʒəbəl] *adj* que no tiene derecho, inelegible: **he is ineligible for a pension** no tiene derecho a una pensión; **she's ineligible for the competition** no puede participar en el concurso.

inept [ɪ'nept] *adj (person)* inepto,-a, incapaz; *(remark)* torpe.

ineptitude [ɪ'neptɪtju:d] *n (incompetence)* ineptitud *f*, incapacidad *f*; *(of remark)* torpeza.

inequality [ɪnɪ'kwɒlətɪ] *n* desigualdad *f*.
▲ *pl* **inequalities.**

inequitable [ɪn'ekwɪtəbəl] *adj fml* injusto,-a.

inequitably [ɪn'ekwɪtəblɪ] *adv* injustamente.

inequity [ɪn'ekwətɪ] *n* injusticia.
▲ *pl* **inequities.**

ineradicable [ɪnɪ'rædɪkəbəl] *adj* inextirpable.

inert [ɪ'nɜ:t]
1 *adj (gas, matter, etc)* inerte.

2 *adj (immobile)* inerte, inmóvil: **he lay inert** yacía inerte.
3 *adj pej (sluggish, without vigour)* poco enérgico,-a, sin vigor.

inertia [ɪ'nɜ:ʃə]
1 *n PHYS* inercia.
2 *n (lethargy)* inercia, letargo, apatía: **he lay on the sofa all day through sheer inertia** se quedó tumbado en el sofá todo el día por pura apatía.

inescapable [ɪnɪ'skeɪpəbəl] *adj* ineludible, inevitable.

inescapably [ɪnɪ'skeɪpəblɪ] *adv* ineludiblemente, inevitablemente.

inessential [ɪnɪ'senʃəl]
1 *adj* no esencial, innecesario,-a.
2 **inessentials** *npl* cosas *fpl* sin importancia.

inestimable [ɪn'estɪməbəl] *adj fml (gen)* inestimable, inapreciable; *(damage)* incalculable.

inevitability [ɪnevɪtə'bɪlətɪ] *n* inevitabilidad *f*.

inevitable [ɪn'evɪtəbəl]
1 *adj (unavoidable)* inevitable: **the break up of their marriage was inevitable** el fracaso de su matrimonio era inevitable.
2 *adj fam (usual)* sempiterno,-a, consabido,-a, de siempre: **with the inevitable cigarette in his hand** con el cigarrillo de siempre en la mano.
3 **the inevitable** *n* lo inevitable *m sing*.

inevitably [ɪn'evɪtəblɪ] *adv* inevitablemente.

inexact [ɪnɪg'zækt] *adj* inexacto,-a.

inexactitude [ɪnɪg'zæktɪtju:d] *n* inexactitud *f*.

inexcusable [ɪnɪk'skju:zəbəl] *adj* inexcusable, imperdonable, injustificable.

inexhaustible [ɪnɪg'zɔ:stəbəl] *adj* inagotable.

inexorable [ɪn'eksərəbəl] *adj fml* inexorable, implacable.

inexpensive [ɪnɪk'spensɪv] *adj* barato, -a, económico,-a.

inexperience [ɪnɪk'spɪərɪəns] *n* inexperiencia, falta de experiencia.

inexperienced [ɪnɪk'spɪərɪənst] *adj* inexperto,-a, sin experiencia: **he's inexperienced in marketing** no tiene mucha experiencia en mercadotecnia.

inexpert [ɪn'ekspɜ:t] *adj (person)* inexperto,-a, inhábil (**at**, en); *(advice etc)* inexperto,-a.

inexpertly [ɪn'ekspɜ:tlɪ] *adv* sin habilidad.

inexplicable [ɪnɪk'splɪkəbəl] *adj* inexplicable.

inexplicably [ɪnɪk'splɪkəblɪ] *adv* inexplicablemente.

inexpressible [ɪnɪk'spresəbəl] *adj* inexpresable, inefable.

inexpressive [ɪnɪk'spresɪv] *adj* inexpresivo,-a.

inextinguishable [ɪnɪkˈstɪŋgwɪʃə-bəl] *adj fml* inextinguible, inapagable.

inextricable [ɪnˈekstrɪkəbəl] *adj* inextricable.

inextricably [ɪnɪkˈstrɪkəblɪ] *adv* inextricablemente: **a series of factors which are inextricably linked** una serie de factores inextricablemente relacionados.

infallibility [ɪnfæləˈbɪlətɪ] *n* infalibilidad *f*.

infallible [ɪnˈfæləbəl] *adj* infalible, indefectible.

infamous [ˈɪnfəməs]
1 *adj (notorious)* infame.
2 *adj fml (wicked)* infame, ruin.

infamy [ˈɪnfəmɪ]
1 *n fml (wickedness)* infamia, maldad *f*.
2 *n fml (disgrace)* infamia, desgracia.
▲ *pl* infamies.

infancy [ˈɪnfənsɪ]
1 *n (childhood)* infancia, niñez *f*.
2 *n GB* minoría de edad.
✦ **to be in its infancy** *fig* estar en mantillas.

infant [ˈɪnfənt]
1 *n (baby)* bebé *m*, niño,-a; *(at infant school)* niño,-a, párvulo,-a.
2 *n GB* menor *mf* de edad.
■ **infant mortality** mortalidad *f* infantil.
infant prodigy niño,-a prodigio,-a.
infant school parvulario.
infant teacher maestro,-a, de párvulos.

infanticide [ɪnˈfæntɪsaɪd]
1 *n (crime)* infanticidio.
2 *n (person)* infanticida *mf*.

infantile [ˈɪnfəntaɪl]
1 *adj* infantil.
2 *adj pej* infantil, pueril.
■ **infantile paralysis** parálisis *f* infantil.

infantry [ˈɪnfəntrɪ] *n* infantería.

infantryman [ˈɪnfəntrɪmən] *n* soldado de infantería.
▲ *pl* infantrymen [ˈɪnfəntrɪmən].

infarction [ɪnˈfɑːkʃən] *n* infarto.

infatuated [ɪnˈfætjʊeɪtɪd] *adj* encaprichado,-a (**with/by**, con), locamente enamorado,-a (**with/by**, de).

infatuation [ɪnfætjʊˈeɪʃən] *n* encaprichamiento (**with/by**, con), enamoramiento (**with/by**, de).

infect [ɪnˈfekt]
1 *vt (wound, cut, etc)* infectar; *(food, water, etc)* contaminar; *(person)* contagiar: **this wound is infected** esta herida está infectada; **he became infected with malaria** contrajo paludismo.
2 *vt fig (emotions)* contagiar: **her laughter infected everyone** su risa contagió a todos.
3 *vt (poison)* envenenar: **minds infected by hatred** mentes envenenadas por el odio.

infection [ɪnˈfekʃən]
1 *n (of wound, cut, etc)* infección *f*; *(of food, water, etc)* contaminación *f*; *(with illness)* infección *f*, contagio.
2 *n (disease)* infección *f*.

infectious [ɪnˈfekʃəs]
1 *adj (disease)* infeccioso,-a, contagioso,-a.
2 *adj fig* contagioso,-a: **she's got an infectious laugh** tiene una risa contagiosa.

infer [ɪnˈfɜː] *vt* inferir (**from**, de), deducir (**from**, de).
▲ *pt & pp* inferred, *ger* inferring.

inference [ˈɪnfərəns] *n* inferencia, deducción *f*.
✦ **to draw inferences from something** sacar conclusiones de algo.

inferential [ɪnfəˈrenʃəl] *adj* ilativo,-a, deductivo,-a.

inferior [ɪnˈfɪərɪə]
1 *adj* inferior (**to**, a).
2 *n* inferior *mf*.
✦ **to make somebody feel inferior** hacer que alguien se sienta inferior.

inferiority [ɪnfɪərɪˈɒrətɪ] *n* inferioridad *f*.
■ **inferiority complex** complejo de inferioridad.

infernal [ɪnˈfɜːnəl]
1 *adj* infernal.
2 *adj fam (tiresome)* maldito,-a.

inferno [ɪnˈfɜːnəʊ]
1 *n (like hell)* infierno.
2 *n (fire)* llamas *fpl*: **the building was a blazing inferno** el edificio ardía en llamas.
▲ *pl* infernos.

infertile [ɪnˈfɜːtaɪl] *adj* estéril.

infertility [ɪnfəˈtɪlətɪ] *n* esterilidad *f*.

infest [ɪnˈfest] *vt* infestar (**with**, de), plagar (**with**, de).

infestation [ɪnfeˈsteɪʃən] *n* plaga, infestación *f*.

infidel [ˈɪnfɪdəl] *n* infiel *mf*.

infidelity [ɪnfɪˈdelətɪ] *n* infidelidad *f*.
▲ *pl* infidelities.

infighting [ˈɪnfaɪtɪŋ]
1 *n fam fig* luchas *fpl* internas.
2 *n SP (boxing)* lucha cerrada.

infill [ˈɪnfɪl] *n* relleno.

infiltrate [ˈɪnfɪltreɪt]
1 *vt* infiltrarse (**into**, en): **there were fears of police having infiltrated the party** temían que la policía se hubiese infiltrado en el partido.
2 *vi* infiltrarse.

infiltration [ɪnfɪlˈtreɪʃən] *n* infiltración *f*.

infiltrator [ɪnfɪlˈtreɪtə] *n* infiltrado,-a.

infinite [ˈɪnfɪnət]
1 *adj (endless)* infinito,-a; *(very great)* sin límites: **infinite wisdom** sabiduría infinita; **an infinite number of demeaning jobs** una infinidad de trabajos humillantes.
2 the Infinite *n* Dios *m*.

infinitely [ˈɪnfɪnətlɪ] *adv* infinitamente: **this is infinitely preferable to working** esto es infinitamente mejor que trabajar.

infinitesimal [ɪnfɪnɪˈtesɪməl] *adj* infinitesimal, infinitésimo,-a.

infinitive [ɪnˈfɪnɪtɪv] *n LING* infinitivo.

infinitude [ɪnˈfɪnɪtjuːd] *n fml* infinidad *f*.

infinity [ɪnˈfɪnɪtɪ]
1 *n (gen)* infinidad *f*.
2 *n MATH* infinito.

infirm [ɪnˈfɜːm]
1 *adj* débil, endeble, enfermizo,-a, achacoso,-a.
2 the infirm *npl* los enfermos, los que necesitan atención médica.
■ **infirm of purpose** indeciso,-a.

infirmary [ɪnˈfɜːmərɪ]
1 *n (hospital)* hospital *m*.
2 *n (in school etc)* enfermería.
▲ *pl* infirmaries.

infirmity [ɪnˈfɜːmɪtɪ] *n (weakness)* debilidad *f*; *(illness)* enfermedad *f*: **the infirmities of old age** los achaques de la vejez.
▲ *pl* infirmities.

infix [ˈɪnfɪks] *n* infijo.

inflame [ɪnˈfleɪm] *vt (anger)* encender; *(passion)* inflamar: **his gesture inflamed the crowd** su gesto inflamó al público.

inflamed [ɪnˈfleɪmd]
1 *adj MED* inflamado,-a.
2 *adj fig (passion)* inflamado,-a, encendido,-a; *(anger)* encendido,-a.
✦ **to become inflamed** inflamarse.

inflammable [ɪnˈflæməbəl]
1 *adj* inflamable.
2 *adj fam fig* explosivo,-a.

inflammation [ɪnfləˈmeɪʃən] *n* inflamación *f*.

inflammatory [ɪnˈflæmətərɪ]
1 *adj MED* inflamatorio,-a.
2 *adj fig* incendiario,-a.

inflatable [ɪnˈfleɪtəbəl] *adj* inflable.

inflate [ɪnˈfleɪt]
1 *vt* inflar, hinchar.
2 *vt fig* inflar, hinchar, exagerar.
3 *vt (economy)* inflar.
4 *vi* inflarse, hincharse.

inflated [ɪnˈfleɪtɪd]
1 *adj (blown up)* inflado,-a, hinchado,-a.
2 *adj (prices)* inflacionista, inflacionario,-a.
3 *adj fig* exagerado,-a.
✦ **to have an inflated opinion of oneself** ser muy engreído,-a.

inflation [ɪnˈfleɪʃən] *n* inflación *f*.

inflationary [ɪnˈfleɪʃənərɪ] *adj* inflacionista, inflacionario,-a.

inflationism [ɪnˈfleɪʃənɪzəm] *n* inflacionismo.

inflationist [ɪnˈfleɪʃənɪst]
1 *adj* inflacionista.
2 *n* inflacionista *mf*.

inflect [ɪnˈflekt]
1 *vt* LING *(verb)* conjugar; *(noun)* declinar.
2 *vt (voice)* modular.
3 *vi* LING *(verb)* conjugarse; *(noun)* declinarse.
4 *vi (voice)* modularse.
inflected [ɪnˈflektɪd] *adj* LING flexional.
inflection [ɪnˈflekʃən]
1 *n* LING inflexión *f*, flexión *f*.
2 *n (of voice)* inflexión *f*.
inflexibility [ɪnfleksəˈbɪlɪtɪ] *n* inflexibilidad *f*.
inflexible [ɪnˈfleksɪbəl] *adj* inflexible, rígido,-a.
inflict [ɪnˈflɪkt]
1 *vt (grief, suffering, pain)* causar (**on**, a); *(blow)* dar a, asestar a, propinar a; *(defeat, punishment)* infligir (**on**, a), imponer (**on**, a); *(grief, suffering, pain)* causar (**on**, a).
2 *vt fig (view etc)* imponer (**on**, a).
✦ **to inflict oneself on somebody** imponer su presencia a alguien.
infliction [ɪnˈflɪkʃən]
1 *n (act)* imposición *f*.
2 *n (thing inflicted)* castigo.
in-flight [ɪnˈflaɪt] *adj* durante el vuelo.
inflorescence [ɪnfləˈresəns] *n* BOT florescencia.
inflow [ˈɪnfləʊ] *n* afluencia.
influence [ˈɪnfluəns]
1 *n (gen)* influencia: he used his influence to get his son a job se valió de su influencia para conseguir un trabajo para su hijo; television has had a great influence on our lives la televisión ha tenido mucha influencia en nuestras vidas; you're a bad influence on me ejerces una mala influencia sobre mí; it's easy to see his musical influences sus influencias musicales son evidentes.
2 *vt (decision etc)* influir en/sobre; *(person)* influenciar: I don't want to influence your decision no quiero influir en tu decisión; she's been influenced by her parents sus padres la han influenciado.
✦ **to be easily influenced** ser influenciable.
to be under the influence (of alcohol) estar bajo la influencia del alcohol, estar bajo los efectos del alcohol.
■ **influence peddling** tráfico de influencias.
influential [ɪnfluˈenʃəl] *adj* influyente.
✦ **to be influential** tener influencias, ser influyente.
influenza [ɪnfluˈenzə] *n* gripe *f*.
influx [ˈɪnflʌks] *n* afluencia, oleada.
info [ˈɪnfəʊ] *n fam* información *f*.
inform [ɪnˈfɔːm] *vt* informar, notificar, avisar: please inform your teacher if you're going to be away por favor informa a tu profesor si vas a faltar; kindly keep me informed por favor

manténganme al corriente; why was I not informed? ¿por qué no me avisaron?
✦ **to inform against/on somebody** denunciar a alguien, delatar a alguien: he informed on his mates denunció a sus colegas.
to inform oneself informarse.
informal [ɪnˈfɔːməl]
1 *adj (speech)* informal, familiar; *(discussion)* informal.
2 *adj (manner, tone, atmosphere, person)* informal, relajado,-a, familiar; *(gathering, meeting, occasion, visit)* informal, sin etiqueta, sin ceremonia; *(dress)* sin etiqueta.
3 *adj (unofficial)* informal.
informality [ɪnfɔːˈmælɪtɪ] *n (of person)* sencillez *f*, *(of occasion)* falta de ceremonia; *(treatment)* familiaridad *f*.
informally [ɪnˈfɔːməlɪ]
1 *adv (talk, discuss)* de manera informal, sin ceremonias; *(dress)* de manera informal.
2 *adv (unofficially)* informalmente.
informant [ɪnˈfɔːmənt] *n* informante *mf*.
information [ɪnfəˈmeɪʃən] *n (gen)* información *f*, *(facts)* datos *mpl*: for your information para su información; according to my information según mis datos; I'd like some information about summer courses quisiera informarme sobre cursos de verano; for further information ... para más información ...; a useful piece/bit of information una información útil, un dato útil.
■ **classified information** información *f* secreta.
information bureau centro de información.
information desk información *f*.
information science/information technology informática.
information society sociedad *f* de la información.
information superhighway superautopista de la información.
informative [ɪnˈfɔːmətɪv] *adj* informativo,-a.
informed [ɪnˈfɔːmd] *adj (gen)* informado,-a; *(well-informed)* enterado,-a, al corriente, al tanto.
✦ **an informed guess** una suposición bien fundada.
informer [ɪnˈfɔːməʳ]
1 *n (gen)* delator,-ra.
2 *n (to police)* informador,-ra, chivato,-a, soplón,-ona.
infraction [ɪnˈfrækʃən] *n fml* infracción *f*.
infra dig [ɪnfrəˈdɪg] *adj* degradante.
infrared [ɪnfrəˈred] *adj* infrarrojo,-a.
infrastructure [ˈɪnfrəstrʌktʃəʳ] *n* infraestructura.
infrequency [ɪnˈfriːkwənsɪ] *n* infrecuencia.

infrequent [ɪnˈfriːkwənt] *adj* infrecuente, poco frecuente, raro,-a.
infrequently [ɪnˈfriːkwəntlɪ] *adv* rara vez, con poca frecuencia.
infringe [ɪnˈfrɪndʒ]
1 *vt (law, rule, etc)* infringir, transgredir, violar; *(copyright, agreement, etc)* no respetar; *(liberty, rights)* violar, usurpar.
2 **to infringe on/upon** *vi (rights)* usurpar, abusar; *(privacy, territory)* invadir.
infringement [ɪnˈfrɪndʒmənt] *n (of law, rule, etc)* infracción *f*, transgresión *f*, violación *f*; *(of copyright, agreement)* violación *f*; *(of rights, liberty)* violación *f*, usurpación *f*, abuso; *(of privacy)* invasión *f*.
infuriate [ɪnˈfjʊərɪeɪt] *vt* enfurecer, poner furioso,-a, sacar de quicio: you really infuriate me me sacas de quicio.
✦ **to be infuriated** estar furioso,-a.
infuriating [ɪnˈfjʊərɪeɪtɪŋ] *adj* exasperante: you can be infuriating at times a veces eres exasperante.
infuriatingly [ɪnˈfjʊərɪeɪtɪŋlɪ] *adv* con exasperación.
infuse [ɪnˈfjuːz]
1 *vt (life, energy, etc)* infundir (**into**, a).
2 *vt (tea, herbs)* hacer una infusión.
3 *vi (tea, herbs)* reposar.
infusion [ɪnˈfjuːʒən]
1 *n (of tea, herbs)* infusión *f*, tisana.
2 *n (of capital, resources, etc)* inversión *f*; *(of life, energy, etc)* inyección *f*.
ingenious [ɪnˈdʒiːnɪəs] *adj (person, thing)* ingenioso,-a; *(idea)* genial.
ingeniously [ɪnˈdʒiːnɪəslɪ] *adv* ingeniosamente.
ingenuity [ɪndʒɪˈnjuːɪtɪ] *n* ingenio, ingeniosidad *f*, inventiva.
ingenuous [ɪnˈdʒenjuəs] *adj fml* ingenuo,-a.
ingenuousness [ɪnˈdʒenjuənsnəs] *n* ingenuidad *f*, candidez *f*.
ingest [ɪnˈdʒest] *vt fml* ingerir.
inglorious [ɪnˈglɔːrɪəs] *adj* vergonzoso,-a, ignominioso,-a.
ingot [ˈɪŋgət] *n* lingote *m*.
ingrained [ɪnˈgreɪnd]
1 *adj (dirt, stains, etc)* incrustado,-a.
2 *adj (habit, tendency, etc)* arraigado,-a.
ingratiate [ɪnˈgreɪʃɪeɪt] **to ingratiate oneself with somebody** *phr fml* congraciarse con alguien.
ingratitude [ɪnˈgrætɪtjuːd] *n* ingratitud *f*.
ingredient [ɪnˈgriːdɪənt]
1 *n* CULIN ingrediente *m*.
2 *n fig* componente *m*, elemento.
ingrowing [ˈɪngrəʊɪŋ] *adj* que crece hacia dentro.
■ **ingrowing toenail** uña encarnada, uñero.
inhabit [ɪnˈhæbɪt] *vt* habitar, vivir en, ocupar, poblar.
inhabitable [ɪnˈhæbɪtəbəl] *adj* habitable.

inhabitant [ɪnˈhæbɪtənt] *n* habitante *mf.*

inhalation [ɪnhəˈleɪʃən] *n* inhalación *f.*

inhale [ɪnˈheɪl]
1 *vt (air)* aspirar, respirar; *(gas, vapour)* inhalar; *(cigarette smoke)* tragar.
2 *vi (cigarette smoke)* tragar(se) el humo; *(air)* aspirar, respirar.

inhaler [ɪnˈheɪləʳ] *n* inhalador *m.*

inherent [ɪnˈhɪərənt] *adj* inherente (**in**, a), intrínseco,-a (**in**, as), propio,-a (**in**, de): **the dangers inherent in sport** los peligros propios del deporte.

inherently [ɪnˈhɪərəntlɪ] *adv* intrínsecamente.

inherit [ɪnˈherɪt] *vt* heredar (**from**, de): **he inherited a large sum of money** heredó una gran cantidad de dinero.

inheritance [ɪnˈherɪtəns] *n (money, property, etc)* herencia (**from**, de); *(succession)* sucesión *f.*
✦ **to come into an inheritance** heredar.

inheritor [ɪnˈherɪtəʳ] *n* heredero,-a.

inhibit [ɪnˈhɪbɪt]
1 *vt (person)* inhibir, cohibir.
2 *vt (hold back - attempt)* inhibir: **this drug will inhibit the spread of the disease** este fármaco inhibirá la propagación de la enfermedad.
3 *vt (prevent)* impedir, restringir.

inhibited [ɪnˈhɪbɪtɪd] *adj* inhibido,-a, cohibido,-a.
✦ **to be/feel inhibited** sentirse cohibido,-a.

inhibition [ɪnhɪˈbɪʃən] *n* inhibición *f*, cohibición *f.*

inhospitable [ɪnˈhɒspɪtəbəl]
1 *adj (people)* inhospitalario,-a.
2 *adj (place)* inhóspito,-a.

inhuman [ɪnˈhjuːmən] *adj* inhumano,-a.

inhumane [ɪnhjuːˈmeɪn] *adj* inhumano,-a.

inhumanity [ɪnhjuːˈmænətɪ] *n* inhumanidad *f.*
▲ *pl* **inhumanities.**

inimical [ɪˈnɪmɪkəl]
1 *adj fml (hostile)* hostil (**to**, a).
2 *adj (harmful, unfavourable)* desfavorable (**to**, a), perjudicial (**to**, para), contrario,-a (**to**, a).

inimitable [ɪˈnɪmɪtəbəl] *adj* inimitable.

iniquitous [ɪˈnɪkwɪtəs] *adj fml (wicked)* inicuo,-a; *(unjust)* injusto,-a.

iniquity [ɪˈnɪkwətɪ] *n (wickedness)* iniquidad *f*, *(unjustness)* injusticia.
▲ *pl* **iniquities.**

initial [ɪˈnɪʃəl]
1 *adj* inicial, primero,-a: **my initial reaction** mi primera reacción; **after the initial shock** después del susto inicial; **at the initial stage** al principio.
2 *n* inicial *f*, letra inicial.
3 *vt* firmar con las iniciales.
4 initials *npl (of name)* iniciales *fpl*; *(of abbreviation)* siglas *fpl.*

initially [ɪˈnɪʃəlɪ] *adv* al principio, en primer lugar.

initiate [ɪˈnɪʃɪeɪt;]
1 *vt (gen)* iniciar; *(reform, plan, etc)* promover: **our school has initiated a scheme to save energy** nuestra escuela ha iniciado un proyecto para ahorrar energía.
2 *vt* JUR entablar.
3 *vt (admit, introduce)* admitir (**into**, en); *(give instruction or knowledge)* iniciar (**into**, en).
4 *n* iniciado,-a.
▲ *(sustantivo)* [ɪˈnɪʃɪət].

initiated [ɪˈnɪʃɪetɪd] **the initiated** *npl* los iniciados *mpl.*

initiation [ɪnɪʃɪˈeɪʃən]
1 *n (start)* iniciación *f* (**of**, de), principio (**of**, de).
2 *n (admission)* admisión *f* (**into**, en), iniciación *f* (**into**, en).
■ **initiation ceremony** ceremonia de iniciación.

initiative [ɪˈnɪʃɪətɪv] *n* iniciativa: **we welcome the initiative** aplaudimos la iniciativa; **it's clear who has the initiative está** claro quien tiene la iniciativa; **he showed great initiative** demostró una gran iniciativa.
✦ **on one's own initiative** por iniciativa propia.
to take the initiative tomar la iniciativa.

inject [ɪnˈdʒekt]
1 *vt (drug etc)* inyectar; *(person)* poner una inyección a, pinchar.
2 *vt fig (new ideas, enthusiasm, etc)* infundir, inyectar; *(money, resources, etc)* invertir.

injection [ɪnˈdʒekʃən]
1 *n* MED inyección *f*: **I had an injection** me pusieron una inyección.
2 *n fig (of new ideas, interest, etc)* inyección *f*, *(of money, resources, etc)* inversión *f.*
✦ **to give somebody an injection** ponerle una inyección a alguien.

injudicious [ɪndʒuːˈdɪʃəs] *adj fml (gen)* poco discreto,-a, imprudente; *(time, moment)* inoportuno,-a.

injunction [ɪnˈdʒʌŋkʃən] *n* JUR mandamiento judicial, requerimiento judicial.
✦ **to seek/obtain out an injunction against somebody** solicitar/obtener un mandamiento judicial contra alguien.

injure [ˈɪndʒəʳ]
1 *vt* herir, lesionar, lastimar.
2 *vt fig (feelings)* herir; *(health, reputation, etc)* perjudicar.
✦ **to injure oneself** hacerse daño, lesionarse.

injured [ˈɪndʒəd]
1 *adj (hurt)* herido,-a, lesionado,-a, lastimado,-a: **two of the best players are injured** dos de los mejores jugadores están lesionados.
2 *adj fig (offended - feeling)* herido,-a; *(- look, tone, etc)* ofendido,-a.

3 *adj (wronged)* ofendido,-a.
4 the injured *npl* los heridos.
✦ **to be/get injured** lesionarse.

injurious [ɪnˈdʒʊərɪəs]
1 *adj fml (harmful)* perjudicial.
2 *adj fml (insulting)* injurioso,-a, ofensivo,-a.

injury [ˈɪndʒərɪ]
1 *n* herida, lesión *f*: **a head injury** una lesión en la cabeza; **she suffered severe injuries** sufrió heridas graves; **he won't be playing due to injury** no jugará a causa de una lesión.
2 *n fig (to feelings etc)* daño; *(to reputation)* agravio.
✦ **to do oneself an injury** hacerse daño, lastimarse.
■ **injury time** SP tiempo de descuento.
▲ *pl* **injuries.**

injustice [ɪnˈdʒʌstɪs] *n* injusticia.
✦ **to do somebody an injustice** *(judge unfairly)* ser injusto,-a con alguien, juzgar mal a alguien; *(fail to show true merits)* hacerle una injusticia a alguien.

ink [ɪŋk]
1 *n* tinta.
2 *vt* entintar.
▸ **to ink in** *vt sep* repasar con tinta.
✦ **to write in ink** escribir con tinta.
■ **Indian ink** tinta china.

inkblot [ˈɪŋkblɒt] *n* borrón *m.*

inkjet printer [ˈɪŋkdʒet ˈprɪntəʳ] *n* impresora de chorro de tinta.

inkling [ˈɪŋklɪŋ] *n (vague idea)* noción *f*, idea; *(suspicion)* sospecha; *(hint)* señal *m*, indicio, atisbo: **I had no inkling whatsoever of what was going on** no tenía ni la menor idea de lo que pasaba.
✦ **to have an inkling of something** presentir algo.

inkpad [ˈɪŋkpæd] *n* tampón *m* de entintar, almohadilla.

inkstand [ˈɪŋkstænd] *n* escribanía.

inkwell [ˈɪŋkwel] *n* tintero.

inky [ˈɪŋkɪ]
1 *adj (dirty)* manchado,-a de tinta.
2 *adj (black)* negro,-a.
▲ *comp* **inkier**, *superl* **inkiest.**

inlaid [ɪnˈleɪd]
1 *adj (embedded - with wood)* taraceado,-a; *(- gems, ivory)* incrustado,-a; *(- iron, gold)* damasquinado,-a.
2 *adj (decorated)* adornado,-a (con marquetería).
3 *pp* → **inlay.**

inland [*(adj)* ˈɪnlənd; *(adv)* ɪnˈlænd]
1 *adj* (del) interior.
2 *adv (travel)* tierra adentro, hacia el interior; *(live)* en el interior.
■ **Inland Revenue** GB Hacienda.

in-laws [ˈɪnlɔːz] *npl fam* familia *f sing* política.

inlay [ˈɪnleɪ]
1 *n (in wood)* taracea; *(of gems)* incrustación *f*, *(in metal)* damasquinado; *(of marquetry)* marquetería.

2 *n (in tooth)* empaste *m*.

3 *vt (wood)* taracear; *(gems, ivory)* incrustar; *(iron, gold)* damasquinar.

4 *vt (decorate)* adornar (con marquetería).

▲ *pt & pp* **inlaid** [ɪnˈleɪd], *ger* **inlaying**; *(verbo)* [ɪnˈleɪ].

inlet [ˈɪnlet]

1 *n (from sea or lake)* cala, ensenada; *(between islands)* brazo de mar.

2 *n* TECH entrada, admisión *f*.

inmate [ˈɪnmeɪt]

1 *n (gen)* residente *mf*.

2 *n (of prison)* preso,-a, interno,-a.

3 *n (of hospital)* enfermo,-a.

4 *n (of asylum, camp)* internado,-a.

inmost [ˈɪnməʊst] *adj* → **innermost**.

inn [ɪn] *n (with lodgings)* posada, fonda, mesón *m*; *(in country)* venta; *(pub)* taberna.

▪ **Inns of Court** Colegio de Abogados.

innards [ˈɪnədz] *npl* entrañas *fpl*, tripas *fpl*.

innate [ɪˈneɪt] *adj* innato,-a.

inner [ˈɪnəʳ]

1 *adj (room, region, etc)* interior; *(organization)* interno,-a: **an inner courtyard** un patio interior.

2 *adj (feelings etc)* interior, íntimo,-a.

▪ **inner circle** círculo íntimo.

inner ear oído interno.

inner tube cámara de aire.

the inner man *(woman) (soul)* alma; *(appetite)* hambre *f*, estómago.

inner-city [ɪnəˈsɪti] *adj* del centro de la ciudad: **depressed inner-city areas** zonas deprimidas del centro de las ciudades.

innermost [ˈɪnəməʊst]

1 *adj (most inward)* más interior.

2 *adj fig (most private)* más íntimo,-a, más secreto,-a.

innings [ˈɪnɪŋz] *npl* SP entrada, turno.

✦ **to have had a good innings** *fig* haber disfrutado de una vida larga y feliz.

innkeeper [ˈɪnkiːpəʳ] *n (of lodgings)* posadero,-a, mesonero,-a; *(in country)* ventero,-a; *(of pub)* tabernero,-a.

innocence [ˈɪnəsəns] *n* inocencia: **he protested his innocence** protestó de su inocencia; **I did it in all innocence** lo hice con toda inocencia.

innocent [ˈɪnəsənt]

1 *adj (gen)* inocente; *(harmless)* inocuo,-a, inofensivo,-a; *(naive)* ingenuo,-a: **she was so young and innocent** era tan joven e inocente; **innocent until proved guilty** inocente hasta que se pruebe lo contrario; **innocent passersby were injured** transeúntes inocentes resultaron heridos; **an innocent question** una pregunta ingenua.

2 *n* inocente *mf*, ingenuo,-a.

innocently [ˈɪnəsəntlɪ] *adv* inocentemente.

innocuous [ɪˈnɒkjʊəs] *adj* inocuo,-a, inofensivo,-a.

innovate [ˈɪnəveɪt] *vi* innovar.

innovation [ɪnəˈveɪʃən] *n* innovación *f*.

innovative [ˈɪnəvətɪv] *adj* innovador,-ra.

innovator [ˈɪnəveɪtəʳ] *n* innovador,-ra.

innovatory [ˈɪnəveɪtərɪ] *adj* innovador,-ra.

innuendo [ɪnjuˈendəʊ] *n* indirecta, insinuación *f*.

▲ *pl* **innuendoes**.

innumerable [ɪˈnjuːmərəbəl] *adj* innumerable.

innumeracy [ɪˈnjuːmərəsɪ] *n* incapacidad para realizar operaciones aritméticas.

innumerate [ɪˈnjuːmərət] *adj* incapaz de realizar operaciones aritméticas.

inoculate [ɪˈnɒkjʊleɪt] *vt* inocular, vacunar.

inoculation [ɪnɒkjʊˈleɪʃən] *n* inoculación *f*.

inoffensive [ɪnəˈfensɪv] *adj* inofensivo,-a.

inoperable [ɪnˈɒpərəbəl] *adj* inoperable.

inoperative [ɪnˈɒpərətɪv] *adj* inoperante.

inopportune [ɪnˈɒpətjuːn] *adj* inoportuno,-a.

inopportunely [ɪnˈɒpətjuːnlɪ] *adv* inoportunamente, a deshora.

inordinate [ɪnˈɔːdɪnət] *adj fml (beyond normal limits)* desmesurado,-a; *(excessive)* excesivo,-a.

inordinately [ɪnˈɔːdɪnətlɪ] *adv* desmesuradamente, excesivamente.

inorganic [ɪnɔːˈɡænɪk] *adj* inorgánico,-a.

▪ **inorganic chemistry** química inorgánica.

inpatient [ˈɪnpeɪʃənt] *n (paciente)* interno,-a.

input [ˈɪnpʊt]

1 *n (of power)* entrada; *(of money, resources)* inversión *f*, *(of data)* input *m*.

2 *vt* COMPUT entrar, introducir.

▲ *pt & pp* **input** o **inputted**.

inquest [ˈɪnkwest]

1 *n* investigación *f* judicial, encuesta judicial.

2 *n fam* investigación *f*.

inquire [ɪnˈkwaɪəʳ]

1 *vt fml (ask)* preguntar: **he inquired my name** me preguntó el nombre; **I inquired the way to the station** pregunté el camino hasta la estación.

2 *vi (ask for information)* preguntar (**about**, por); *(find out)* averiguar (**about**, -), informarse (**about**, de): **I'll inquire** preguntaré, me informaré; **she inquired about train times** preguntó por el horario de los trenes; **there was a man inquiring after you** vino un hombre que preguntaba por ti.

▸ **to inquire into** *vt insep* investigar.

✦ **to inquire something of somebody** preguntar algo a alguien.

"Inquire within" "Razón aquí".

inquirer [ɪnˈkwaɪərəʳ] *n* persona que pregunta.

inquiring [ɪnˈkwaɪərɪŋ] *adj (mind)* curioso,-a; *(look etc)* inquisidor,-ra.

inquiry [ɪnˈkwaɪərɪ]

1 *n fml (question)* pregunta: **in answer to your inquiry** en respuesta a su pregunta; **we've had quite a few inquiries** ha habido bastante gente interesada.

2 *n (investigation)* investigación *f*: **there will be a public inquiry** se hará una investigación pública.

✦ **"All inquiries to ..."** "Dirigirse a ...". **"Inquiries"** "Información".

to call for an inquiry exigir una investigación.

to make inquiries about something investigar algo, pedir informes sobre algo.

to hold an inquiry into something investigar algo, examinar algo.

to set up an inquiry abrir una investigación.

▪ **directory inquiries** *(tel)* información *f*. **inquiry desk/inquiry office** información *f*.

▲ *pl* **inquiries**.

inquisition [ɪnkwɪˈzɪʃən]

1 *n* investigación *f*, inquisición *f*.

2 *n* **the Inquisition** HIST la Inquisición *f*.

inquisitive [ɪnˈkwɪzɪtɪv] *adj (curious)* curioso,-a, inquisidor,-ra; *(nosy)* preguntón,-ona.

inquisitively [ɪnˈkwɪzətɪvlɪ] *adv* con curiosidad *f*.

inquisitiveness [ɪnˈkwɪzətɪvnəs] *n* curiosidad *f*.

inroads [ˈɪnrəʊdz]

1 *npl (raid)* incursión *f sing*.

2 *n fig (encroachment)* intrusión *f*.

✦ **to make inroads into/on something** *(have effect on)* hacer avances en algo; *(use up)* mermar algo; *(reduce)* reducir algo: **the company is making inroads into the computer market** la empresa está haciendo avances en el mercado de la informática; **training makes great inroads into my free time** entrenar me quita mucho tiempo libre; **the repairs on the car made deep inroads into my savings** las reparaciones del coche se comieron buena parte de mis ahorros.

insalubrious [ɪnsəˈluːbrɪəs] *adj fml* insalubre.

insane [ɪnˈseɪn]

1 *adj (person)* loco,-a, demente; *(act)* insensato,-a.

2 *adj fam (idea etc)* loco,-a.

3 **the insane** *npl* los enfermos *mpl* mentales.

✦ **to drive somebody insane** volver loco,-a a alguien.

to go insane enloquecer, volverse loco,-a.

insanitary [ɪnˈsænɪtərɪ] *adj* insalubre, antihigiénico,-a.

insanity [ɪn'sænɪtɪ] n *(of person)* locura, demencia; *(of act)* insensatez f.
+ **to enter a plea of insanity** declararse demente.

insatiable [ɪn'seɪʃəbəl] adj insaciable **(for,** de).

inscribe [ɪn'skraɪb] vt *(tombstone, ring, etc)* inscribir, grabar; *(book)* dedicar.

inscription [ɪn'skrɪpʃən] n *(gen)* inscripción f, *(in book)* dedicatoria.

inscrutable [ɪn'skruːtəbəl] adj inescrutable, insondable, impenetrable.

insect ['ɪnsekt] n insecto.
■ **insect bite** picadura.

insecticide [ɪn'sektɪsaɪd] n insecticida m.

insectivore [ɪn'sektɪvɔːʳ] n insectívoro.

insectivorous [ɪnsekk'tɪvərəs] adj insectívoro,-a.

insecure [ɪnsɪ'kjʊəʳ] adj inseguro,-a: she feels very insecure se siente muy insegura.

insecurely [ɪnsɪ'kjʊəlɪ] adv de manera insegura: the window was insecurely closed la ventana estaba mal cerrada.

insecurity [ɪnsɪ'kjʊərɪtɪ] n inseguridad f: job insecurity inseguridad laboral.

inseminate [ɪn'semɪneɪt] vt inseminar.

insemination [ɪnsemɪ'neɪʃən] n inseminación f.

insensibility [ɪnsensə'bɪlətɪ]
1 n fml *(unconsciousness)* inconsciencia, pérdida de conciencia.
2 n fml *(lack of feeling)* insensibilidad f **(to,** hacia); *(indifference)* indiferencia **(to,** ante).

insensible [ɪn'sensəbəl]
1 adj fml *(unconscious)* inconsciente, sin conocimiento.
2 adj fml *(unaware)* inconsciente; *(not able to feel)* insensible.

insensitive [ɪn'sensɪtɪv] adj insensible.

insensitively [ɪn'sensɪtɪvlɪ] adv con poca sensibilidad.

insensitivity [ɪnsensɪ'tɪvɪtɪ] n insensibilidad f.

inseparable [ɪn'sepərəbəl] adj inseparable **(from,** de): they are inseparable friends son amigos inseparables.

inseparably [ɪn'sepərəblɪ] adv inseparablemente, estrechamente: we're inseparably close estamos estrechamente unidos.

insert [ɪn'sɜːt]
1 vt *(gen)* introducir en, meter en; *(comment, clause, paragraph, etc)* incluir **(in,** en), insertar **(in,** en); *(advertisement)* poner **(in,** en).
2 n *(in book, newspaper)* encarte m; *(in clothing)* añadido.
▲ *(verbo)* ['ɪnsɜːt].

insertion [ɪn'sɜːʃən]
1 n *(gen)* introducción f, *(of comment, clause, paragraph, etc)* inclusión f, inserción f.
2 n *(advertisement)* anuncio.

in-service training ['ɪnsɜːvɪs'treɪnɪŋ] n formación f profesional en el trabajo.

inset ['ɪnset]
1 n *(diagram etc)* recuadro.
2 vt insertar **(into,** en).
▲ pt & pp **inset,** ger **insetting;** *(verbo)* [ɪn'set].

inshore [ɪn'ʃɔːʳ]
1 adj *(fishing, navigation)* costero,-a; *(wind)* de mar.
2 adv *(fish, sail)* cerca de la costa; *(blow, flow)* hacia la costa.

inside [ɪn'saɪd]
1 n interior m, parte f interior: she locked the door from the inside cerró la puerta con llave por dentro; the inside of this pan is dirty el interior de esta olla está sucio.
2 n *(driving on left)* la izquierda; *(driving on right)* la derecha; *(on running track)* interior: he was fined for overtaking on the inside lo multaron por adelantar por la izquierda; the American is coming up on the inside el americano avanza por el interior.
3 adj interior, interno,-a: the article is on one of the inside pages el artículo está en una de las páginas interiores.
4 adv *(position)* dentro; *(movement)* adentro: come inside entra, pasa adentro; let's look inside miremos dentro.
5 adv sl *(in prison)* en la cárcel, en chirona.
6 prep dentro de: put it inside the box mételo dentro de la caja; they're inside the house están dentro de la casa; get some food inside you cómete algo, mete algo de comida en el estómago; I always travel inside the speed limit siempre circulo dentro del límite de velocidad.
7 prep *(time)* en menos de, dentro de: it'll be finished inside a week estará acabado dentro de una semana.
8 insides npl fam entrañas fpl, tripas fpl.
+ **inside out** al revés: you've got your socks on inside out llevas los calcetines al revés; turn the jeans inside out vuelve los vaqueros del revés; she turned the cupboard inside out revolvió todo el armario.
on the inside dentro: we need someone on the inside necesitamos a alguien de dentro.
to know something inside out conocer algo al dedillo.
■ **inside information** información f privilegiada: the robbery was an inside job el robo fue organizado por alguien de dentro.
inside lane *(on motorway - driving on left)* carril m de la izquierda; (- driving on right) carril m de la derecha; *(on racetrack)* calle f interior.
inside left SP interior mf izquierda.
inside leg measurement entrepierna.
inside pocket bolsillo interior.
inside right SP interior mf derecha.
inside toilet lavabo interior.

insider [ɪn'saɪdəʳ] n persona enterada.
■ **insider dealing/insider trading** uso indebido de información privilegiada y confidencial para operaciones bursátiles.

insidious [ɪn'sɪdɪəs] adj insidioso,-a.

insidiously [ɪn'sɪdɪəslɪ] adv insidiosamente.

insight ['ɪnsaɪt]
1 n *(deep understanding, perception)* perspicacia, penetración f.
2 n *(sudden understanding)* idea.
+ **to gain/get an insight into something** llegar a comprender algo, hacerse una idea de algo: I got an insight into what it would be like to win the lottery me hice una idea de lo que debía ser ganar la lotería.

insignia [ɪn'sɪgnɪə] n insignia, insignias fpl.
▲ pl **insignia** [ɪn'sɪgnɪə].

insignificance [ɪnsɪg'nɪfɪkəns] n insignificancia.
+ **to pale into insignificance** perder toda su importancia.

insignificant [ɪnsɪg'nɪfɪkənt] adj insignificante.

insincere [ɪnsɪn'sɪəʳ] adj poco sincero,-a, insincero,-a, falso,-a.

insincerely [ɪnsɪn'sɪəlɪ] adv con poca sinceridad, insinceramente.

insincerity [ɪnsɪn'serɪtɪ] n falta de sinceridad, insinceridad f, falsedad f.

insinuate [ɪn'sɪnjʊeɪt]
1 vt *(hint, suggest)* insinuar, dar a entender: she insinuated that my husband had been cheating on me insinuó que mi marido me había engañado.
2 vt *(worm, install)* insinuarse **(into,** en).
+ **to insinuate oneself into somebody's favour** insinuarse en favor de alguien.

insinuation [ɪnsɪnjʊ'eɪʃən] n insinuación f, indirecta.

insipid [ɪn'sɪpɪd] adj *(food, drink)* insípido,-a, soso,-a; *(person, activity)* insulso,-a, soso,-a.

insipidity [ɪnsɪ'pɪdətɪ] n insipidez f, sosería, insulsez f.

insist [ɪn'sɪst]
1 vt *(declare firmly)* insistir en: he insisted that he was right insistió en que tenía razón.
2 vt *(demand forcefully)* insistir en, exigir: I insist that you leave immediately insisto en que te vayas inmediatamente; he insisted that I should apply for the job insistió en que solicitara el puesto.
3 vi *(declare firmly)* insistir **(on,** en): she insisted on his innocence insistió en su inocencia.
4 vi *(demand forcefully)* insistir **(on,** en), exigir; *(persist)* empeñarse **(on,** en), obstinarse **(on,** en): if you insist si insistes; he insisted on paying se empeñó en pagar; I insisted on a contract exigí un contrato; he will insist

on wearing the most awful ties se obstina en llevar las corbatas más horribles.

insistence [ɪn'sɪstəns] *n* insistencia (**on**, en), empeño (**on**, en).

✦ **at somebody's insistence** ante la insistencia de alguien.

insistent [ɪn'sɪstənt]

1 *adj (person)* insistente: she was insistent that we (should) talk insistió en que habláramos; he was most insistent about that se empeñó mucho en ello.

2 *adj (urgent, compelling)* apremiante, urgente; *(repeated)* persistente: insistent demands peticiones urgentes; insistent ringing sonido persistente.

insistently [ɪn'sɪstəntlɪ] *adv* con insistencia.

insofar as [ɪnsəʊ'fɑːrəz] *adv* en la medida en que, en tanto que.

insole ['ɪnsəʊl] *n* plantilla.

insolence ['ɪnsələns] *n* insolencia, descaro, frescura.

insolent ['ɪnsələnt] *adj* insolente, descarado,-a, fresco,-a.

insoluble [ɪn'sɒljəbəl]

1 *adj (of substances)* insoluble, indisoluble.

2 *adj fig* sin solución, insoluble.

insolvency [ɪn'sɒlvənsɪ] *n* insolvencia.

insolvent [ɪn'sɒlvənt] *adj* insolvente.

insomnia [ɪn'sɒmnɪə] *n* insomnio.

insomniac [ɪn'sɒmnɪæk] *n* insomne *mf*.

insomuch [ɪnsəʊ'mʌtʃ]

1 insomuch as *phr* puesto que, visto que, ya que.

2 insomuch that *phr* hasta tal punto que.

insouciance [ɪn'suːsɪəns] *n fml* despreocupación *f*, indiferencia.

Insp [ɪn'spektə'] *abbr* (**Inspector**) Inspector,-ra; *(abbreviation)* Inspec.

inspect [ɪn'spekt]

1 *vt (gen)* inspeccionar, examinar, revisar: he inspected the gun for fingerprints examinó la pistola en busca de huellas; she inspected the work for errors revisó el trabajo en busca de errores.

2 *vt (factory etc)* inspeccionar.

3 *vt (luggage)* registrar.

4 *vt (troops)* pasar revista a.

inspection [ɪn'spekʃən]

1 *n (gen)* inspección *f*, examen, revisión *f*: the policeman made a detailed inspection of the room el policía examinó la habitación minuciosamente; on inspection, the gun turned out to be a toy al inspeccionar la pistola, resultó que era de juguete; closer inspection revealed signs of malnutrition un examen más minucioso reveló síntomas de malnutrición.

2 *n (of factory, school, etc)* inspección *f*: the Fire Brigade carry out frequent inspections los bomberos hacen inspecciones con frecuencia; a tour of inspection una visita de inspección.

3 *n (of luggage)* registro.

4 *n (of troops)* revista.

inspector [ɪn'spektə'] *n (gen)* inspector,-ra; *(on train)* revisor,-ra; *(in police)* inspector,-ra de policía.

■ **customs inspector** aduanero,-a.

inspector of taxes/tax inspector inspector,-ra de hacienda.

inspectorate [ɪn'spektərət] *n* cuerpo de inspectores.

inspiration [ɪnspɪ'reɪʃən]

1 *n (gen)* inspiración *f*: your work shows true inspiration tu trabajo demuestra verdadera inspiración; she should be an inspiration to us all ella debería inspirarnos a todos.

2 *n fam (good idea)* genialidad *f*.

✦ **to draw/find/get inspiration from somebody/something** inspirarse en alguien/algo.

inspire [ɪn'spaɪə']

1 *vt (gen)* inspirar: his example inspired us all su ejemplo nos inspiró a todos; the beauty of the English countryside inspired Constable la belleza del paisaje inglés inspiró a Constable.

2 *vt (encourage)* estimular, animar, mover: she was inspired to work harder la animó a esforzarse más.

3 *vt (fill with - fear)* infundir; *(- confidence, respect)* inspirar.

✦ **to be inspired by somebody/something** inspirarse en alguien/algo: Dalí was inspired by Gala Dalí se inspiraba en Gala.

inspired [ɪn'spaɪəd]

1 *adj (filled with creative power)* inspirado,-a: an inspired writer un escritor inspirado.

2 *adj (based on intuition)* genial: an inspired guess una inspiración.

inspiring [ɪn'spaɪərɪŋ] *adj* inspirador,-ra.

Inst ['ɪnstɪtjuːt] *abbr* (**Institute**) Instituto; *(abbreviation)* Inst.

instability [ɪnstə'bɪlɪtɪ] *n* inestabilidad *f*.

install [ɪn'stɔːl]

1 *vt (equipment etc)* instalar: they've installed a new air conditioning system han instalado un nuevo sistema de aire acondicionado; we're going to have central heating installed vamos a instalar calefacción central.

2 *vt (person)* instalar, colocar.

✦ **to be installed** estar instalado,-a.

to install oneself instalarse: she installed herself in the armchair se instaló en el sillón.

▲ *También se escribe* instal.

installation [ɪnstə'leɪʃən]

1 *n (of equipment etc)* instalación *f*.

2 *n MIL* instalación *f* militar.

3 *adj* de instalación: installation costs gastos de instalación.

installment [ɪn'stɔːlmənt] *n* → **instalment**.

instalment [ɪn'stɔːlmənt]

1 *n (of payment)* plazo.

2 *n (of book, story, etc)* entrega; *(of collection)* fascículo.

✦ **to pay for something by/in instalments** pagar algo a plazos.

■ **annual instalment** anualidad *f*.

instalment plan *us* compraventa a plazos.

monthly instalment mensualidad *f*.

instance ['ɪnstəns]

1 *n* ejemplo, caso.

2 *vt* poner por caso, citar como ejemplo.

✦ **at the instance of somebody** a instancia de alguien, a petición de alguien.

for instance por ejemplo.

in the first instance en primer lugar.

in this instance en este caso.

instant ['ɪnstənt]

1 *n* instante *m*, momento: come back this instant! ¡vuelve ahora mismo!; I recognized him the instant I saw him lo reconocí en cuanto lo vi; I'll be back in an instant vuelvo en un instante; he hesitated for an instant vaciló por un segundo; not an instant too soon justo a tiempo.

2 *adj (at once)* inmediato,-a: an instant success un éxito inmediato; instant relief alivio inmediato; I took an instant dislike to her me cayó mal enseguida.

3 *adj (coffee etc)* instantáneo,-a.

4 *adj fml (urgent)* urgente: we're in instant need of help necesitamos urgentemente ayuda.

5 *adj COMM (of the present month)* del corriente.

instantaneous [ɪnstən'teɪnɪəs] *adj* instantáneo,-a.

instantaneously [ɪnstən'teɪnɪəslɪ] *adv* instantáneamente.

instantly ['ɪnstəntlɪ]

1 *adv* al instante, inmediatamente: he died instantly se murió al instante, su muerte fue instantánea; she instantly regretted having said that inmediatamente se arrepintió de haberlo dicho.

2 *conj* en cuanto: tell me instantly they arrive avísame en cuanto lleguen.

instead [ɪn'sted]

1 *adv* en cambio, en su lugar: I haven't got any tea. Would you like coffee instead? no tengo té. ¿Quieres café en lugar de té?; Mrs Jones couldn't do the class so I did it instead la Señora Jones no pudo dar la clase así que yo la di en su lugar; the theatre was full so we went to the cinema instead el teatro estaba lleno así que fuimos al cine; Suzie doesn't like sport. Instead she prefers to sunbathe a Suzie no le gusta el deporte. Prefiere tomar el sol.

2 instead of *prep* en vez de, en lugar de: let's go out instead of staying in every night salgamos en vez de quedarnos en casa cada noche; we should eat more fish instead of meat deberíamos comer más pescado en lugar de carne.

instep [ˈɪnstep] *n* empeine *m*.

instigate [ˈɪnstɪgeɪt] *vt* instigar.

instigation [ɪnstɪˈgeɪʃən] *n* instigación *f*: we did so at his instigation lo hicimos a instigación suya.

instigator [ˈɪnstɪgeɪtəʳ] *n* instigador,-ra.

instil [ɪnˈstɪl] *vt (idea)* inculcar (**in**, a/en); *(respect etc)* infundir (**in**, a): she instilled a sense of pride in her children inculcó en sus hijos un sentimiento de orgullo.
▲ *pt & pp* instilled, *ger* instilling.

instill [ɪnˈstɪl] *vt* → instil.

instinct [ˈɪnstɪŋkt] *n* instinto: by instinct por instinto; trust your instincts fíate de tus instintos.
✦ to act on instinct reaccionar instintivamente.
to have an instinct for something tener un don para algo.
■ maternal instinct instinto maternal.

instinctive [ɪnˈstɪŋktɪv] *adj* instintivo,-a, intuitivo,-a.

instinctively [ɪnˈstɪŋktɪvlɪ] *adv* instintivamente, por instinto.

institute [ˈɪnstɪtjuːt]
1 *n (gen)* instituto, centro.
2 *n (professional body)* colegio, asociación *f*, *(educational)* escuela.
3 *vt fml (organize, establish)* instituir, establecer, fundar; *(initiate - enquiry)* iniciar, empezar; *(- proceedings)* iniciar, entablar: we've instituted a new system hemos instituido un nuevo sistema; the Pope instituted the Holy Year of Compostela el papa instituyó el Año Santo Compostelano; they're going to institute legal proceedings against him van a entablar un proceso contra él.

institution [ɪnstɪˈtjuːʃən]
1 *n (act - gen)* institución *f*, establecimiento, introducción *f*; *(- of inquiry, proceedings)* iniciación *f*.
2 *n (organization)* institución *f*, organismo, asociación *f*.
3 *n (home)* asilo; *(asylum)* hospital *m* psiquiátrico, manicomio; *(orphanage)* orfanato.
4 *n (custom, practice)* institución *f*, tradición *f*, costumbre *f*: the institution of marriage la institución del matrimonio.
5 *n fam* institución *f*.

institutional [ɪnstɪˈtjuːʃənəl] *adj* institucional.

institutionalise [ɪnstɪˈtjuːsənəlaɪz] *vt* → institutionalize.

institutionalize [ɪnstɪˈtjuːsənəlaɪz] *vt* institucionalizar.

instruct [ɪnˈstrʌkt]
1 *vt (teach)* instruir, enseñar; *(inform)* informar: he instructs them in physics les enseña física.
2 *vt MIL* instruir.
3 *vt (order)* ordenar, mandar, dar instrucciones: we've been instructed to wait here nos han ordenado esperar aquí; I've instructed them to take you home les he mandado llevarte a casa.
4 *vt JUR (solicitor, barrister)* dar instrucciones a; *(jury)* instruir.

instruction [ɪnˈstrʌkʃən]
1 *n (teaching)* instrucción *f*, enseñanza.
2 *n (order)* orden *f*, mandato, instrucción *f*: I'm just going on the boss's instructions solo cumplo órdenes del jefe.
3 instructions *npl (information)* instrucciones *fpl*: have you read the instructions? ¿has leído las instrucciones?
✦ "Instructions for use" "Modo de empleo", "Instrucciones de uso".
"Operating instructions" "Instrucciones de funcionamiento".

instructive [ɪnˈstrʌktɪv] *adj* instructivo,-a, formativo,-a.

instructor [ɪnˈstrʌktəʳ] *n (gen)* instructor,-ra; *(of driving)* profesor,-ra; *(of sport)* monitor,-ra.

instrument [ˈɪnstrəmənt] *n* instrumento: musical instrument instrumento musical; surgical instrument instrumento quirúrgico; (set of) instruments instrumental *m*.
■ instrument panel tablero de mandos.

instrumental [ɪnstrəˈmentəl]
1 *adj MUS* instrumental.
2 *adj (helpful, significant)* decisivo,-a.
✦ to be instrumental in something contribuir decisivamente a algo, jugar un papel decisivo en algo: he was instrumental in bringing about the minister's downfall jugó un papel decisivo en la caída del ministro.

instrumentalist [ɪnstrʊˈmentəlɪst] *n* instrumentista *mf*.

instrumentation [ɪnstrʊmenˈteɪʃən]
1 *n MUS* instrumentación *f*.
2 *n (in car etc)* instrumentos *mpl*.

insubordinate [ɪnsəˈbɔːdɪnət] *adj* insubordinado,-a, indisciplinado,-a, desobediente, rebelde.

insubordination [ɪnsəbɔːdɪˈneɪʃən] *n* insubordinación *f*, indisciplina, desobediencia, rebeldía.

insubstantial [ɪnsəbˈstænʃəl]
1 *adj (gen)* insustancial; *(meal)* poco nutritivo,-a; *(structure)* poco sólido,-a, poco seguro,-a, frágil.
2 *adj fig (tenuous)* poco convincente, flojo,-a.
3 *adj (imaginary, unreal)* imaginario,-a.

insufferable [ɪnˈsʌfərəbəl] *adj* insoportable, inaguantable, insufrible.

insufferably [ɪnˈsʌfərəblɪ] *adv* de manera insoportable: he was insufferably rude fue insoportablemente grosero.

insufficiency [ɪnsəˈfɪʃənsɪ] *n* insuficiencia, carencia, falta.
▲ *pl* insufficiencies.

insufficient [ɪnsəˈfɪʃənt] *adj* insuficiente: we have insufficient funds no tenemos suficientes fondos; insufficient evidence falta de pruebas.

insufficiently [ɪnsəˈfɪʃəntlɪ] *adv* insuficientemente.

insular [ˈɪnsjʊləʳ]
1 *adj (of island)* insular.
2 *adj pej (narrow-minded)* estrecho,-a de miras.

insularity [ɪnsjʊˈlærɪtɪ] *n pej* estrechez *f* de miras.

insulate [ˈɪnsjʊleɪt]
1 *vt TECH* aislar (**against/from**, de).
2 *vt fig (protect)* proteger (**against**, contra), (**from**, de).

insulated [ˈɪnsjʊleɪtɪd] *adj TECH* aislado,-a.

insulating [ˈɪnsjʊleɪtɪŋ] *adj TECH* aislante.
■ insulating tape cinta aislante.

insulation [ɪnsjəˈleɪʃən] *n TECH* aislamiento.

insulator [ˈɪnsjəleɪtəʳ] *n TECH* aislante *m*, aislador *m*.

insulin [ˈɪnsjəlɪn] *n* insulina.

insult [ˈɪnsʌlt]
1 *n (words)* insulto.
2 *n (action)* afrenta, ofensa, ultraje *m*: don't take it as an insult no te ofendas.
3 *vt* insultar, ofender, injuriar: he just insulted me me acaba de insultar; she felt deeply insulted se sintió muy ofendida.
✦ an insult to somebody's intelligence una ofensa a la inteligencia de alguien.
to add insult to injury para colmo de males, por si fuera poco.
▲ *(verbo)* [ɪnˈsʌlt].

insulting [ɪnˈsʌltɪŋ] *adj* insultante, ofensivo,-a, injurioso,-a: insulting language lenguaje ofensivo.

insuperable [ɪnˈsuːpərəbəl] *adj fml (problems etc)* insuperable; *(barrier etc)* infranqueable.

insupportable [ɪnsəˈpɔːtəbəl] *adj fml* insoportable.

insurance [ɪnˈʃʊərəns]
1 *n* seguro: insurance against theft/fire seguro contra robo/incendios; he works in insurance trabaja en una compañía de seguros.
2 *n fig (safeguard)* salvaguarda, protección *f*, garantía.
✦ to take out insurance hacerse un seguro, contratar un seguro.
■ fully comprehensive insurance seguro a todo riesgo.
insurance broker agente *mf* de seguros.
insurance company compañía de seguros.
insurance policy póliza (de seguro).
insurance premium prima (de seguro).
car insurance seguro de coche.
national insurance seguridad *f* social.
private health insurance seguro médico privado.

third-party insurance seguro a terceros.

insure [ɪnˈʃʊəʳ]
1 *vt* asegurar (**against**, contra): we've insured the house hemos asegurado la casa.
2 *vt US (ensure)* asegurar.
3 *vi* asegurarse (**against**, contra): they planted extra to insure against crop failure plantaron de más para asegurarse contra una mala cosecha.
✦ **to insure oneself/one's life** hacerse un seguro de vida.

insured [ɪnˈʃʊəd]
1 *adj* asegurado,-a: are you insured? ¿estás asegurado?; the car's insured against theft el coche está asegurado contra robo.
2 the insured *n* el/la asegurado,-a.

insurer [ɪnˈʃʊərəʳ] *n* asegurador,-ra.

insurgent [ɪnˈsɜːdʒənt]
1 *adj* insurgente, insurrecto,-a.
2 *n* insurgente *mf*, insurrecto,-a.

insurmountable [ɪnsəˈmaʊntəbəl] *adj fml* insuperable.

insurrection [ɪnsəˈrekʃən] *n* insurrección *f*.

insurrectionist [ɪnsəˈrekʃənɪst] *adj* insurrecto,-a.

intact [ɪnˈtækt] *adj* intacto,-a: the parcel arrived intact el paquete llegó intacto; he survived with his reputation intact su reputación quedó intacta.

intake [ˈɪnteɪk]
1 *n (of food etc)* consumo; *(of breath)* inhalación *f*.
2 *n TECH (of air, water)* entrada; *(of electricity, gas, water)* toma.
3 *n (number of people)* número de personas inscritas: the yearly intake of students el número de alumnos matriculados anualmente; this year's intake of soldiers la leva de este año.

intangible [ɪnˈtændʒɪbəl] *adj* intangible.

integer [ˈɪntɪdʒəʳ] *n MATH* entero, número entero.

integral [ˈɪntɪgrəl]
1 *adj (intrinsic, essential)* integral, esencial, fundamental: elections are an integral part of democracy las elecciones son parte integral de la democracia.
2 *adj (built-in)* incorporado,-a.
3 *adj MATH* integral.
4 *n MATH* integral *f*.
■ **integral calculus** cálculo integral.

integrate [ˈɪntɪgreɪt]
1 *vt* integrar (**into/with**, en), incorporar (**into/with**, a): they've integrated computer technology into the school curriculum han incorporado informática al plan de estudios del centro; we should integrate all ethnic minorities into society deberíamos integrar a todas las minorías étnicas en la sociedad.
2 *vt MATH* integrar.

3 *vi* integrarse (**into/with**, en), incorporarse (**into/with**, a): some immigrants integrate very quickly into the community algunos inmigrantes se integran con gran rapidez en la comunidad.

integrated [ˈɪntɪgreɪtɪd]
1 *adj (gen)* integrado,-a.
2 *adj (psychologically)* equilibrado,-a.
■ **integrated circuit** circuito integrado.
integrated school escuela a la que acuden alumnos sin ningún tipo de segregación.

integration [ɪntɪˈgreɪʃən] *n* integración *f* (**into**, en).

integrity [ɪnˈtegrɪtɪ]
1 *n (honesty)* integridad *f*, honradez *f*: a man of integrity un hombre de integridad.
2 *n (completeness)* totalidad *f*: the integrity of the nation la totalidad de la nación.

intellect [ˈɪntəlekt]
1 *n (intelligence)* intelecto, inteligencia.
2 *n (person)* intelectual *mf*.

intellectual [ɪntəˈlektjʊəl]
1 *adj* intelectual.
2 *n* intelectual *mf*.

intellectualise [ɪntɪˈlektʃʊəlaɪz] *vt* → **intellectualize.**

intellectualize [ɪntɪˈlektʃʊəlaɪz] *vt* intelectualizar.

intellectually [ɪntəˈlektʃʊəlɪ] *adv* intelectualmente.

intelligence [ɪnˈtelɪdʒəns]
1 *n (gen)* inteligencia: a person of average intelligence una persona de inteligencia media.
2 *n (information)* información *f*, espionaje *m*: military intelligence servicio de información.
■ **intelligence officer** oficial del servicio de información.
intelligence test prueba de inteligencia.

intelligent [ɪnˈtelɪdʒənt] *adj* inteligente: an intelligent question una pregunta inteligente; is there intelligent life on other planets? ¿hay vida inteligente en otros planetas?

intelligently [ɪnˈtelɪdʒəntlɪ] *adv* inteligentemente, con inteligencia: you deal with problems very intelligently te enfrentas a los problemas de manera muy inteligente.

intelligentsia [ɪntelɪˈdʒentsɪə] **the intelligentsia** *n* la intelectualidad *f*.

intelligibility [ɪntelɪdʒəˈbɪlɪtɪ] *n* inteligibilidad *f*.

intelligible [ɪnˈtelɪdʒəbəl] *adj* inteligible, comprensible: intelligible speech pronunciación inteligible.

intelligibly [ɪnˈtelɪdʒəblɪ] *adv* de manera inteligible.

intemperate [ɪnˈtempərət]
1 *adj fml (behaviour, emotion)* inmoderado,-a, desaforado,-a, excesivo,-a; *(speech)*

violento,-a, ultrajante; *(drinker)* dado,-a a la bebida.
2 *adj (climate)* riguroso,-a.

intend [ɪnˈtend]
1 *vt (plan, mean, have in mind)* tener la intención de, tener el propósito de, proponerse, pensar, querer: I didn't intend staying so long no tenía la intención de quedarme tanto tiempo; they intend to marry tienen la intención de casarse; it didn't quite turn out as they intended no salió tal y como lo habían pensado; I don't intend to put up with this any longer no pienso soportar esto ni un momento más; what do you intend to do/doing about it? ¿qué piensas hacer al respecto?; I intend you to inherit everything quiero que heredes todo; what did she intend by that? ¿qué ha querido decir con eso?; it was intended as a joke solo era una broma; no offence was intended no quería ofenderte.
2 *vt (destine for)* ir dirigido,-a a: that comment was intended for you aquel comentario iba dirigido a ti, eso lo ha dicho por ti; that shot was intended for the President ese disparo iba dirigido al Presidente; the course is intended for writers el curso va dirigido a escritores.

intended [ɪnˈtendɪd]
1 *adj (meant, desired)* intencionado,-a, deseado,-a: intended effect efecto deseado.
2 *adj (planned for future)* previsto,-a, proyectado,-a: our intended visit la visita que tenemos prevista.
3 *adj (planned for, designed for)* para, dirigido,-a a: a book intended for beginners un libro para principiantes.
4 *n dated (fiancé,-e)* prometido,-a.

intense [ɪnˈtens]
1 *adj (gen)* intenso,-a, fuerte; *(stare)* penetrante: intense heat calor intenso; intense activity actividad intensa; an intense discussion una fuerte discusión.
2 *adj (emotions)* profundo,-a, grande, vivo,-a: intense grief pena grande; intense bitterness profunda amargura.
3 *adj (person)* muy serio,-a: she is so intense es muy seria.

intensely [ɪnˈtenslɪ] *adv* extremadamente, sumamente: he's intensely jealous es extremadamente celoso; I dislike her intensely me cae muy mal.

intensification [ɪntensɪfɪˈkeɪʃən] *n* intensificación *f*.

intensifier [ɪnˈtensɪfaɪəʳ] *n LING* partícula enfática.

intensify [ɪnˈtensɪfaɪ]
1 *vt (search, campaign)* intensificar; *(effort)* redoblar; *(production, pollution, pain)* aumentar: we've intensified our sales campaign hemos intensificado nuestra campaña de ventas; the

police intensified their search la policía intensificó su búsqueda.
2 *vi* intensificarse, aumentar.
▲ *pt & pp* intensified, *ger* intensifying.

intensity [ɪn'tensɪtɪ]
1 *n* intensidad *f*: intensity of feeling intensidad de sentimiento; with renewed intensity con nuevas fuerzas.
2 *n (of person)* seriedad *f*.
▲ *pl* intensities.

intensive [ɪn'tensɪv]
1 *adj (course, training, etc)* intensivo,-a: intensive farming cultivo intensivo.
2 *adj (search)* minucioso,-a; *(study)* profundo,-a.
■ **intensive care** cuidados *mpl* intensivos.
intensive care unit unidad *f* de vigilancia intensiva, unidad *f* de cuidados intensivos.

intensively [ɪn'tensɪvlɪ] *adv (gen)* intensivamente; *(study)* profundamente.

intent [ɪn'tent]
1 *adj (look etc)* atento,-a.
2 *adj (determined)* decidido,-a, resuelto,-a, empeñado,-a: she's intent on winning the race está decidida a ganar la carrera; he's intent on becoming President tiene el firme propósito de llegar a ser presidente.
3 *adj (absorbed)* absorto,-a, concentrado,-a: I was intent on my work estaba concentrado en mi trabajo.
4 *n* intención *f*, propósito: a declaration of intent una declaración de intenciones; with intent to kill con la intención de matar.
✦ **to all intents (and purposes)** a todos los efectos.
to loiter with intent merodear con fines delictivos.

intention [ɪn'tenʃən] *n (purpose, aim, plan, determination)* intención *f*, propósito: I have no intention of staying in this place another day no pienso quedarme aquí otro día más, no tengo intención de quedarme aquí otro día más; she had every intention of going tenía la firme intención de asistir; he's full of good intentions está lleno de buenas intenciones; his intentions are strictly honourable sus intenciones son total mente honradas.
✦ **to do something with the best of intentions** hacer algo con buena voluntad.

intentional [ɪn'tenʃənəl] *adj* intencional, deliberado,-a: it wasn't intentional fue sin querer, no lo hice *(hizo etc)* a propósito.

intentionally [ɪn'tenʃənəlɪ] *adv* adrede, a propósito, expresamente.

intently [ɪn'tentlɪ] *adv* atentamente.

inter [ɪn'tɜːʳ] *vt fml* enterrar, sepultar.
▲ *pt & pp* interred, *ger* interring.

interact [ɪntər'ækt]
1 *vi (people)* relacionarse, interaccionar.
2 *vi CHEM* reaccionar.

interaction [ɪntər'ækʃən] *n* interacción *f*: social interaction interacción social.

interactive [ɪntər'æktɪv] *adj* interactivo,-a: interactive programme programa interactivo.

intercede [ɪntə'siːd] *vi fml* interceder: he interceded on my behalf intercedió por mí.

intercept [ɪntə'sept] *vt* interceptar: he discovered that someone had been intercepting his mail descubrió que alguien había estado interceptando su correspondencia.

interception [ɪntə'sepʃən] *n* interceptación *f*.

interceptor [ɪntə'septəʳ] *n AV* avión *m* interceptor.

intercession [ɪntə'seʃən] *n* intercesión *f*, mediación *f*.

interchange ['ɪntətʃeɪndʒ]
1 *n (exchange)* intercambio.
2 *n (on motorway)* enlace *m*.
3 *vt* intercambiar (**with**, con): they interchanged presents intercambiaron regalos.

interchangeable [ɪntə'tʃeɪndʒəbəl] *adj* intercambiable.

inter-city [ɪntə'sɪtɪ]
1 *adj* interurbano,-a, de largo recorrido.
2 *n* tren *m* interurbano, tren *m* de largo recorrido.

intercom ['ɪntəkɒm] *n* interfono.

interconnect [ɪntəkə'nekt] *vi* interconectar.

interconnecting [ɪntəkə'nektɪŋ] *adj* que comunica.

interconnection [ɪntəkə'nekʃən] *n* interconexión *f*.

intercontinental [ɪntəkɒntɪ'nentəl] *adj* intercontinental.
■ **intercontinental ballistic missile** misil *m* balístico intercontinental.

intercostal [ɪntə'kɒstəl] *adj* intercostal.

intercourse ['ɪntəkɔːs]
1 *n (dealings)* trato.
2 *n (sexual)* coito, relaciones *fpl* sexuales.

interdental [ɪntə'dentəl] *adj* interdental.

interdependence [ɪntədɪ'pendəns] *n* interdependencia.

interdependent [ɪntədɪ'pendənt] *adj* interdependiente.

interdict [ɪntə'dɪkt]
1 *n (judicial)* interdicto; *(religious)* interdicto, entredicho.
2 *vt* prohibir.

interdisciplinary [ɪntədɪsɪ'plɪnərɪ] *adj* interdisciplinario,-a.

interest ['ɪntrɪst]
1 *n (gen)* interés *m*: only three students showed any interest in the subject solo tres estudiantes mostraron interés

en el tema; I haven't the slightest interest in cars los coches no me interesan en lo más mínimo; there's never anything of any interest on TV nunca hacen nada interesante por la televisión; football is of no interest for her el fútbol no le interesa en absoluto; this article might be of interest to you este artículo te podría interesar.
2 *n (hobby)* afición *f*, interés *m*: what are your interests? ¿cuáles son tus aficiones?; he has a variety of interests le interesan muchas cosas.
3 *n (advantage, benefit)* provecho, beneficio: it's in your own interest es por tu propio bien, es en tu propio beneficio; unions look after the interests of their members los sindicatos se ocupan de los intereses de sus afiliados; in the interests of national security por razones de seguridad nacional.
4 *n COMM (share, stake)* participación *f*, interés *m*: he has business interests in Spain tiene negocios en España; I've got financial interests in that company tengo acciones en esa empresa.
5 *n FIN (money)* interés *m*, rédito: they pay interest at 10% on their mortgage pagan un interés del 10% sobre su hipoteca.
6 *vt* interesar: politics doesn't interest me no me interesa la política; it may interest you to know puede que te interese saber; can I interest you in this catalogue? ¿le interesaría este catálogo?
✦ **to bear/earn/pay interest** dar interés, devengar interés.
to lose interest in something perder interés en algo.
to take an interest in something interesarse por algo.
to repay something with interest devolver algo con creces.
■ **interest group** grupo de intereses.
vested interest *(personal)* interés *m* (personal); *(legal)* derecho adquirido.

interested ['ɪntrəstɪd] *adj* interesado,-a (**in**, en): she simply isn't interested in literature sencillamente no le interesa la literatura; I'm interested to know what will happen now me interesa saber qué pasará ahora; Lorca was interested in popular Andalusian song Lorca se interesó por la canción popular andaluza; an interested look una mirada de interés; the interested party la parte interesada.

interest-free ['ɪntrɪstfriː] *adj* sin intereses.
■ **interest-free loan** préstamo sin intereses.

interesting ['ɪntrəstɪŋ] *adj* interesante: an interesting question una pregunta interesante; he's a really interesting person es una persona muy interesante; the interesting thing is that … lo curioso (del caso) es que …

interestingly [ˈɪntrəstɪŋlɪ] *adv* de manera interesante.
+ **interestingly enough** curiosamente, por raro que parezca.

interface [ˈɪntəfeɪs]
1 *n COMPUT* interface *f*, interfaz *f*.
2 *n fig* terreno común.

interfacing [ˈɪntəfeɪsɪŋ] *n* entretela.

interfere [ɪntəˈfɪər]
1 *vi (meddle)* entrometerse (in, en), entremeterse (in, en), meterse (in, en), inmiscuirse (in, en): **stop interfering!** ¡deja de entrometerte!; **don't interfere in my affairs!** ¡no te metas en mis asuntos!
2 *vi (prevent advancement)* afectar (with, -), dificultar (with, -), estorbar (with, -), impedir (with, -), interferir (with, en): **having children will not interfere with my career** tener hijos no dificultará mi carrera; **that noise is interfering with my work** aquel ruido me impide trabajar.
3 *vi (fiddle with, mess about with)* tocar (with, -), manosear (with, -): **who's been interfering with my papers?** ¿quién ha tocado mis papeles?
4 *vi (broadcasts)* interferir (with, -).
5 *vi GB euph (sexually assault)* abusar (with, de).

interference [ɪntəˈfɪərəns]
1 *n (meddling)* intromisión *f*, entrometimiento, entremetimiento, injerencia: **state interference in people's lives** la injerencia del estado en la vida de las personas.
2 *n (with broadcast)* interferencia.

interfering [ɪntəˈfɪərɪŋ] *adj* entrometido,-a.

intergovernmental [ɪntəɡʌvənˈmentəl] *adj* intergubernamental.

interim [ˈɪntərɪm]
1 *adj* interino,-a, provisional: **an interim arrangement** un arreglo provisional.
2 *n* ínterim *m*.
+ **in the interim** en el ínterin, mientras tanto.

interior [ɪnˈtɪərɪər]
1 *adj* interior.
2 *n* interior *m*, parte *f* interior: **the car has a luxurious interior** el coche tiene un interior lujoso.
3 **the interior** *n (inland)* el interior.
■ **Department of the Interior** *US* Ministerio del Interior.
interior decorator decorador *mf*.
interior design interiorismo.
interior designer interiorista *mf*.
Minister of the Interior *US* Ministro del Interior.

interject [ɪntəˈdʒekt] *vt* interponer.

interjection [ɪntəˈdʒekʃən]
1 *n (part of speech)* interjección *f*.
2 *n (comment)* interposición *f*.

interlace [ɪntəˈleɪs]
1 *vt* entrelazar.
2 *vi* entrelazarse.

interlink [ɪntəˈlɪŋk]
1 *vt* entrelazar, unir.
2 *vi* entrelazarse, unirse.

interlock [ɪntəˈlɒk]
1 *vt (fingers)* entrelazar; *(cogs)* engranar, endentar; *(parts, pieces, units)* enganchar, trabar.
2 *vi (fingers)* entrelazarse; *(cogs)* engranarse, endentarse; *(units)* engancharse, trabarse.

interlocutor [ɪntəˈlɒkjʊtər] *n fml* interlocutor,-ra.

interloper [ˈɪntələupər] *n* intruso,-a.

interlude [ˈɪntəlu:d]
1 *n (break)* intervalo, pausa; *(respite)* respiro, tregua.
2 *n (music)* interludio; *(play etc)* intermedio, descanso.

intermarriage [ɪntəˈmærɪdʒ]
1 *n (between different groups, races, etc)* matrimonio mixto.
2 *n (within family)* matrimonio entre consanguíneos.

intermediary [ɪntəˈmi:dɪərɪ]
1 *n* intermediario,-a.
2 *adj* intermediario,-a.
▲ *pl* intermediaries.

intermediate [ɪntəˈmi:dɪət] *adj* intermedio,-a.
■ **intermediate range (ballistic) missile** misil *m* de medio alcance.

interment [ɪnˈtɜ:mənt] *n fml* entierro.

interminable [ɪnˈtɜ:mɪnəbəl] *adj* interminable, inacabable, sin fin: **the wait seemed interminable** la espera se hacía interminable.

interminably [ɪnˈtɜ:mɪnəblɪ] *adv* interminablemente: **I waited interminably** esperé una eternidad.

intermingle [ɪntəˈmɪŋɡəl]
1 *vi* entremezclarse.
2 *vt* entremezclar.

interministerial [ɪntəmɪnɪˈstɪərɪəl] *adj* interministerial.

intermission [ɪntəˈmɪʃən] *n US (interval)* intermedio, descanso.

intermittent [ɪntəˈmɪtənt] *adj* intermitente: **intermittent showers** chubascos ocasionales.

intermittently [ɪntəˈmɪtəntlɪ] *adv* intermitentemente.

intern [ˈɪntɜ:n]
1 *n US* interno,-a.
2 *vt* internar, recluir.
▲ *(verbo)* [ɪnˈtɜ:n].

internal [ɪnˈtɜ:nəl] *adj* interno,-a.
■ **internal audit** auditoría interna.
internal inquiry investigación interna.
internal combustion combustión *f* interna.
internal examiner examinador,-ra interno,-a.
internal medicine medicina interna.
internal organ órgano interno.
Internal Revenue *US* Hacienda.

internalisation [ɪntɜ:nəlaɪˈzeɪʃən] *n* → **internalization**.

internalise [ɪnˈtɜ:nəlaɪz] *vt* → **internalize**.

internalization [ɪntɜ:nəlaɪˈzeɪʃən] *n* interiorización *f*.

internalize [ɪnˈtɜ:nəlaɪz] *vt (feelings)* interiorizar.

internally [ɪnˈtɜ:nəlɪ] *adv* interiormente, internamente.

international [ɪntəˈnæʃənəl]
1 *adj* internacional: **international relations** relaciones internacionales.
2 *n SP (player)* internacional *mf*; *(match)* partido internacional.
3 **the International** *n POL* la Internacional *f*.
■ **International Brigade(s)** Brigada(s) Internacional(es).
International Date Line línea internacional de cambio de fecha.
international law derecho internacional.
International Monetary Fund Fondo Monetario Internacional.

Internationale [ɪntənæʃəˈnɑːl] **the Internationale** *n* la Internacional *f*.

internationalise [ɪntəˈnæʃənəlaɪz] *vt* → **internationalize**.

internationalist [ɪntəˈnæʃənəlɪst] *n* internacionalista *mf*.

internationalize [ɪntəˈnæʃənəlaɪz] *vt* internacionalizar.

internationalism [ɪntəˈnæʃənəlɪzəm] *n* internacionalismo.

internationally [ɪntəˈnæʃənəlɪ] *adv* internacionalmente.

internaut [ˈɪntənɔ:t] *n* internauta *mf*.

internecine [ɪntəˈni:saɪn] *adj* de destrucción recíproca.

internee [ɪntɜ:ˈni:] *n* interno,-a, preso,-a.

Internet [ˈɪntənet] *n* Internet *f*.
■ **Internet café** cibercafé *m*.
■ **Internet service provider** proveedor *m* de servicios de Internet

internment [ɪnˈtɜ:nmənt] *n* internamiento.

interparliamentary [ɪntəpɑ:lɪˈmentrɪ] *adj* interparlamentario,-a.

interpellate [ɪnˈtɜ:pəleɪt] *vt* interpelar.

interpellation [ɪntɜ:pəˈleɪʃən] *n* interpelación *f*.

interpersonal [ɪntəˈpɜ:sənəl] *adj* interpersonal.

interplanetary [ɪntəˈplænɪtrɪ] *adj* interplanetario,-a.

interplay [ˈɪntəpleɪ] *n* interacción *f*.

Interpol [ˈɪntəpɒl] *abbr* (**International Criminal Police Organization**) Interpol *f*.

interpolate [ɪnˈtɜ:pəleɪt] *vt fml* interpolar, intercalar.

interpolation [ɪntɜ:pəˈleɪʃən] *n* interpolación *f*.

interpose [ɪntəˈpəʊz]
1 *vt (place between)* interponer.
2 *vt (interrupt)* interrumpir.
3 *vi* interrumpir.
✦ **to interpose oneself** interponerse.

interposition [ɪntəpəˈzɪʃən] *n fml* interposición *f.*

interpret [ɪnˈtɜːprət]
1 *vt (gen)* interpretar; *(understand)* interpretar, entender: **she interpreted the song in her own way** interpretó la canción a su manera; **she can interpret dreams** sabe interpretar los sueños; **I interpreted his silence as a no** interpreté su silencio como un no; **it all depends on how you interpret the law** todo depende de cómo se interprete la ley.
2 *vi* actuar de intérprete, hacer de intérprete: **could you interpret for us?** ¿podrías hacernos de intérprete?

interpretation [ɪntɜːprəˈteɪʃən] *n* interpretación *f.*: **this text is open to interpretation** este texto está abierto a interpretaciones; **what is your interpretation of González's statement?** ¿cómo interpretas la declaración de González?; **he gave a brilliant interpretation of Hamlet** hizo una interpretación brillante de Hamlet.

interpretative [ɪnˈtɜːprətɪtɪv] *adj* interpretativo,-a.

interpreter [ɪnˈtɜːprətəʳ] *n* intérprete *mf.*

interpreting [ɪnˈtɜːprətɪŋ] *n* interpretación *f.*

interracial [ɪntəˈreɪʃəl] *adj* interracial.

interregnum [ɪntəˈregnəm] *n* interregno.

interrelate [ɪntəriˈleɪt]
1 *vt* interrelacionar.
2 *vi* interrelacionarse.

interrelated [ɪntəriˈleɪtɪd] *adj* estrechamente relacionado,-a.

interrogate [ɪnˈterəgeɪt] *vt* interrogar.

interrogation [ɪnterəˈgeɪʃən] *n* interrogatorio.

interrogative [ɪntəˈrɒgætɪv]
1 *adj fml* interrogativo,-a.
2 *n LING (word)* palabra interrogativa; *(phrase)* oración *f* interrogativa.

interrogator [ɪnˈterəgeɪtəʳ] *n* interrogador,-ra.

interrupt [ɪntəˈrʌpt]
1 *vt* interrumpir: **we interrupt this programme with a news flash** interrumpimos este programa con una noticia de última hora; **work on the building was interrupted by the war** la construcción del edificio fue interrumpida por la guerra; **the speaker was constantly interrupted** el orador fue interrumpido constantemente; **a flat landscape interrupted only by a few trees** un paisaje llano interrumpido solamente por unos árboles.

2 *vi* interrumpir: **don't interrupt when I'm talking** no interrumpas cuando estoy hablando; **sorry to interrupt** perdona (por) la interrupción.

interruption [ɪntəˈrʌpʃən] *n* interrupción *f.*

intersect [ɪntəˈsekt]
1 *vt (road etc)* cruzar, atravesar.
2 *vt (in geometry)* cruzar, intersecar.
3 *vi (road etc)* cruzarse, juntarse.
4 *vi (in geometry)* intersecarse.

intersection [ɪntəˈsekʃən]
1 *n (of roads)* cruce *m.*
2 *n (in geometry)* intersección *f.*

intersperse [ɪntəˈspɜːs]
1 *vt (scatter)* esparcir, entremezclar: **intersperse flowers among shrubs** entremezclar arbustos y flores; **mainly sunshine interspersed with the odd shower** predominio del sol con alguna posibilidad de chubascos dispersos.
2 *vt (diversify)* salpicar: **he interspersed his speech with anecdotes** salpicó el discurso de anécdotas.

interstate [ˈɪntəsteɪt] *adj (esp us)* interestatal, entre estados.

interstice [ɪnˈtɜːstɪs] *n fml* intersticio.

intertwine [ɪntəˈtwaɪn]
1 *vt* entrelazar (**with**, con).
2 *vi* entrelazarse (**with**, con).

interval [ˈɪntəvəl]
1 *n (in time, space)* intervalo (**between**, entre): **he returned after an interval of three hours** volvió pasado un intervalo de tres horas; **the interval between his escape and recapture** el intervalo entre su huida y su captura.
2 *n (in play, film, etc)* intermedio, descanso; *(in play)* entreacto.
3 *n (pause, break)* pausa; *(silence)* silencio; *(rest)* descanso.
4 *n MUS* intervalo.
5 intervals *npl METEOR* intervalos *mpl*: **sunny intervals** intervalos de sol.
✦ **at intervals** *(in time)* a intervalos, a ratos, de vez en cuando; *(in space)* a intervalos: **at 10-minute intervals** cada 10 minutos, a intervalos de 10 minutos; **at weekly intervals** cada semana; **at 6 ft intervals** cada 2 metros. **at regular intervals** con regularidad.

intervene [ɪntəˈviːn]
1 *vi (person)* intervenir (**in**, en): **he was forced to intervene** se vio obligado a intervenir; **I intervened on her behalf** intervine por (parte de) ella; **she intervened in their quarrel** intervino en la riña.
2 *vi (event etc)* sobrevenir, ocurrir: **the war intervened** la guerra sobrevino.
3 *vi fml (time)* transcurrir, mediar.

intervening [ɪntəˈviːnɪŋ] *adj* intermedio,-a: **in the intervening period** en el ínterin; **in the intervening years** en los años que transcurrieron.

intervention [ɪntəˈvenʃən] *n* intervención *f.*: **armed intervention** intervención armada; **divine intervention** intervención divina.

interventionist [ɪntəˈvenʃənɪst]
1 *n* intervencionista *mf.*
2 *adj* intervencionista.

interview [ˈɪntəvjuː]
1 *n (gen)* entrevista; *(press)* entrevista: **I've got an interview for a job** tengo una entrevista para un trabajo.
2 *vt* entrevistar, hacer una entrevista a, entrevistarse con: **she interviewed several candidates** entrevistó a varias candidatas; **he's going to interview the President** va a hacerle una entrevista al presidente.
3 *vi* entrevistarse: **I'm interviewing all day** tengo entrevistas todo el día.
✦ **to give an interview** conceder una entrevista.
to have an interview with somebody entrevistarse con alguien.

interviewee [ɪntəvjuːˈiː] *n* entrevistado,-a.

interviewer [ˈɪntəvjuːəʳ] *n* entrevistador,-ra.

intervocalic [ɪntəvəˈkælɪk] *adj* intervocálico,-a.

interweave [ɪntəˈwiːv]
1 *vt* entretejer.
2 *vt fig* entrelazar, cruzar.
3 *vi* entretejer.
▲ *pt* **interwove** [ɪntəˈwəʊv], *pp* **interwoven** [ɪntəˈwəʊvən].

intestate [ɪnˈtesteɪt] *adj JUR* intestado,-a.

intestinal [ɪnˈtestɪnəl] *adj* intestinal.

intestine [ɪnˈtestɪn] *n* intestino.
■ **large intestine** intestino grueso. **small intestine** intestino delgado.

intimacy [ˈɪntɪməsɪ]
1 *n (closeness)* intimidad *f.*
2 *n euph (sexual activity)* relaciones *fpl* íntimas.
3 intimacies *npl (actions)* intimidades *fpl.*

intimate¹ [ˈɪntɪmət]
1 *adj (gen)* íntimo,-a; *(link etc)* estrecho,-a: **intimate friend** amigo,-a íntimo,-a; **intimate details** detalles íntimos; **intimate restaurant** restaurante íntimo.
2 *adj (knowledge)* profundo,-a.
3 *n (friend)* amigo,-a íntimo,-a, íntimo,-a.
✦ **to be intimate with somebody** *(friendly)* ser muy amigos,-as con alguien; *(having sexual relations)* tener relaciones (íntimas) con alguien.
to be/get on intimate terms with somebody intimar con alguien.

intimate² [ˈɪntɪmeɪt] *vi fml* insinuar, dar a entender: **she intimated (to me) that we should leave** me insinuó que deberíamos marcharnos.

intimately [ˈɪntɪmətlɪ]
1 *adv (familiarly)* íntimamente.
2 *adv (closely)* estrechamente.
3 *adv (in detail)* profundamente, a fondo.

intimation [ɪntɪ'meɪʃən]
1 *n fml (sign)* indicio; *(hint)* sugerencia, indirecta.
2 *n fml (feeling)* presentimiento.
✦ **to have an intimation of something** presentir algo.

intimidate [ɪn'tɪmɪdeɪt] *vt* intimidar: they tried to intimidate him into confessing intentaron intimidarlo para que confesara.

intimidating [ɪn'tɪmɪdeɪtɪŋ]
1 *adj* amenazador,-ra, intimidatorio,-a.
2 *adj fig* que infunde temor.

intimidation [ɪntɪmɪ'deɪʃən] *n* intimidación *f.*

intimidatory [ɪntɪmɪ'deɪtərɪ] *adj* amenazador,-ra.

into ['ɪntʊ]
1 *prep (indicating movement)* en, dentro de, a; *(in direction of)* a, hacia; *(against)* contra, con: I'm going into town voy al centro; they went into the house entraron en la casa; she's got to go into hospital tienen que ingresarla en el hospital; he jumped into the water saltó al agua; they climbed into bed se metieron en la cama; I bit into the apple mordí la manzana, di un mordisco a la manzana; the cheque must be paid into a bank account hay que ingresar el cheque en una cuenta bancaria; look into my eyes mira a mis ojos; speak into the receiver habla al auricular; I bumped into him me topé con él; he crashed into a tree chocó contra un árbol; I walked into a door me topé con una puerta.
2 *prep (time, age)* hasta: she worked long into the night trabajó hasta muy avanzada la noche; he remained a bachelor until well into middle age permaneció soltero hasta bien entrada la mediana edad; I can see into the future puedo ver el futuro; three days into our holiday ... a los tres días de empezar las vacaciones ...
3 *prep (indicating change)* en, a: he turned water into wine transformó el agua en vino; he changed into a monster se convirtió en un monstruo; translate this into Spanish traduce esto al español; she wants to change some pounds into euros quiere cambiar libras en euros; cut it into small pieces cortadlo en trozos pequeños; a house divided into flats una casa dividida en pisos; I'll change into a dress me pondré un vestido; they came into power llegaron al poder; she went into journalism se dedicó al periodismo; an inquiry into the disaster una investigación sobre la catástrofe.
4 *prep MATH* entre: what's four into twenty? ¿cuánto son veinte entre cuatro?; four into eight goes two ocho entre cuatro son dos.

✦ **to be into something** *fam (keen on)* gustarle a uno algo; *(interested in)* ser aficionado,-a a algo: she's into skating le gusta patinar; he's into heavy rock le gusta el rock duro.

intolerable [ɪn'tɒlərəbəl] *adj* intolerable, insoportable, inaceptable, inadmisible.

intolerably [ɪn'tɒlərəblɪ] *adv* insoportablemente.

intolerance [ɪn'tɒlərəns] *n* intolerancia, intransigencia.

intolerant [ɪn'tɒlərənt] *adj* intolerante, intransigente.

intonation [ɪntə'neɪʃən] *n* entonación *f.*

intone [ɪn'təʊn] *vt* entonar.

intoxicate [ɪn'tɒksɪkeɪt]
1 *vt fml* embriagar, emborrachar.
2 *vt fig* embriagar.

intoxicated [ɪn'tɒksɪkeɪtɪd] *adj* ebrio, -a, borracho,-a.

intoxicating [ɪn'tɒksɪkeɪtɪŋ] *adj* embriagador,-ra.
▪ **intoxicating liquor** bebida alcohólica.

intoxication [ɪntɒksɪ'keɪʃən] *n* embriaguez *f.*

intractable [ɪn'træktəbəl] *adj fml* intratable.

intramuscular [ɪntrə'mʌskjʊə'] *adj* intramuscular.

intranet ['ɪntrənet] *n* red *f* local.

intransigence [ɪn'trænsɪdʒəns] *n* intransigencia, intolerancia.

intransigent [ɪn'trænsɪdʒent] *adj* intransigente, intolerante.

intransitive [ɪn'trænsɪtɪv] *adj LING* intransitivo,-a.

intrauterine [ɪntrə'juːtəraɪn] *adj MED* intrauterino,-a.
▪ **intraurine device** dispositivo intrauterino.

intravenous [ɪntrə'viːnəs] *adj MED* intravenoso,-a.

intrepid [ɪn'trepɪd] *adj* intrépido,-a, audaz.

intrepidity [ɪntrə'pɪdətɪ] *n* intrepidez *f.*

intricacy ['ɪntrɪkəsɪ]
1 *n* complejidad *f.*
2 *intricacies npl* complicaciones *fpl,* detalles *mpl,* pormenores *mpl.*
▲ *pl* intricacies.

intricate ['ɪntrɪkət] *adj (plot etc)* complejo,-a, complicado,-a; *(pattern)* intrincado,-a.

intricately ['ɪntrɪkətlɪ] *adv* intrincadamente.

intrigue [ɪn'triːg]
1 *n (gen)* intriga; *(conspiracy)* conspiración *f.*
2 *n (love affair)* amorío, aventura.
3 *vt (fascinate)* intrigar, fascinar, interesar: you intrigue me me fascinas; I'm intrigued by this story me intriga esta historia.
4 *vi (scheme, plot)* intrigar.

intriguer [ɪn'triːgə'] *n* intrigante *mf.*

intriguing [ɪn'triːgɪŋ] *adj* intrigante, fascinante, interesante: what an intriguing idea qué idea más interesante; that sounds intriguing eso parece fascinante.

intrinsic [ɪn'trɪnsɪk] *adj* intrínseco,-a, inherente.

intrinsically [ɪn'trɪnsɪklɪ] *adv* intrínsecamente.

intro ['ɪntrəʊ]
1 *n fam (of person)* presentación *f.*
2 *n MUS* introducción *f.*
▲ *pl* intros.

introduce [ɪntrə'djuːs]
1 *vt (person, programme)* presentar: allow me to introduce Dr. Kelly déjeme presentarle al doctor Kelly; I don't think we've been introduced me parece que no nos han presentado; I'd like to introduce you to a few people me gustaría presentarle a algunas personas.
2 *vt (bring in - gen)* introducir; *(- new product etc)* presentar, lanzar; *(law, procedure, etc)* introducir, instituir: we're going to introduce some innovations vamos a introducir algunas innovaciones; potatoes were introduced into Europe 400 years ago las patatas fueron introducidas en Europa hace 400 años; when was decimal currency introduced? ¿cuándo se introdujo el sistema decimal?; the government has introduced a ban on smoking in public places el gobierno ha prohibido fumar en lugares públicos.
3 *vt (to hobby, habit)* iniciar (**to**, en): he introduced him to alcohol le iniciaron en el alcohol.
4 *vt (bring up)* proponer, sugerir, plantear, introducir: he tactfully introduced the subject of money into the conversation sacó a colación con mucho tacto el tema del dinero; her comment introduced a note of sadness into our conversation su comentario dio un tono de tristeza a nuestra conversación.
5 *vt POL (propose)* presentar: he introduced a bill to Parliament presentó un proyecto de ley ante el parlamento.
6 *vt fml (insert)* introducir, meter, insertar: introduce a needle into the vein introduce una aguja en la vena.

introduction [ɪntrə'dʌkʃən]
1 *n (of person, programme)* presentación *f.* she's a person who needs no introduction es una persona que no necesita presentación; a letter of introduction una carta de recomendación.
2 *n (to book, speech, etc)* introducción *f:* the plot is explained in the short introduction se explica el argumento en la introducción; an introduction to Spanish Literature una introducción a la literatura española.

3 *n (bringing in - gen)* introducción *f*; *(- of new product etc)* presentación *f*, lanzamiento; *(- of law, procedure, etc)* introducción *f*, institución *f*: **the possible introduction of identity cards** la posible introducción de carnets de identidad; **the introduction of new technology** la introducción de la nueva tecnología.
4 *n (first experience)* iniciación *f*: **my introduction into the world of drugs** mi iniciación en el mundo de las drogas.
5 *n MUS* introducción *f*.

introductory [ɪntrəˈdʌktərɪ] *adj (gen)* introductorio,-a; *(words, remarks, etc)* preliminar; *(offer, price)* de lanzamiento.

introspect [ɪntrəˈspekt] *vi* practicar la introspección.

introspection [ɪntrəˈspekʃən] *n* introspección *f*.

introspective [ɪntəˈspektɪv] *adj* introspectivo,-a.

introversion [ɪntrəˈvɜːʃən] *n* introversión *f*.

introvert [ˈɪntrəvɜːt] *n* introvertido,-a.

introverted [ˈɪntrəvɜːtɪd] *adj* introvertido,-a.

intrude [ɪnˈtruːd]
1 *vi (disturb)* importunar, molestar: **I don't want to intrude** no quiero molestar; **she didn't want to intrude on their grief** no quería importunarles en su dolor.
2 *vi (interfere)* entrometerse, inmiscuirse, meterse.
3 *vt fml* importunar, introducir.

intruder [ɪnˈtruːdər] *n* intruso,-a.

intrusion [ɪnˈtruːʒən]
1 *n (into place)* intrusión *f*.
2 *n (on privacy, mood, etc)* invasión *f*: **I consider that to be an intrusion into my private life** eso lo considero una invasión de mi vida privada.

intrusive [ɪnˈtruːsɪv] *adj (intruding)* intruso,-a; *(nosy)* entrometido,-a; *(annoying, unwelcome)* que molesta, que estorba, molesto,-a.

intuit [ɪnˈtjuːɪt]
1 *vt fml* intuir.
2 *vi fml* intuir.

intuition [ɪntjuːˈɪʃən] *n* intuición *f*: **intuition told me something was wrong** mi intuición me dijo que pasaba algo; **female intuition** intuición femenina.

intuitive [ɪnˈtjuːɪtɪv] *adj* intuitivo,-a.

intuitively [ɪnˈtjuːɪtvlɪ] *adv* intuitivamente.

inundate [ˈɪnʌndeɪt]
1 *vt* inundar (**with**, de).
2 *vt fig* inundar (**with**, de): **I was inundated with letters** recibí un montón de cartas.

inundation [ɪnʌnˈdeɪʃən] *n* inundación *f*.

inure [ɪˈnjʊər] *vt fml* acostumbrar (**to**, a), habituar (**to**, a).

invade [ɪnˈveɪd]
1 *vt (gen)* invadir: **the Germans invaded France** los alemanes invadieron Francia; **a small village invaded by tourists** un pueblo invadido por turistas; **she felt that the questions invaded her privacy** creía que las preguntas invadían su intimidad.
2 *vi* invadir.

invader [ɪnˈveɪdər] *n* invasor,-ra.

invalid¹ [ˈɪnvəlɪd]
1 *n (disabled person)* inválido,-a, minusválido,-a; *(sick person)* enfermo,-a.
2 *adj (disabled)* inválido,-a, minusválido,-a; *(sick)* enfermo,-a.
▶ **to invalid out** *vt sep MIL* licenciar por invalidez.
▪ **invalid chair** silla de ruedas.

invalid² [ɪnˈvælɪd] *adj (gen)* inválido,-a, no válido,-a, nulo,-a; *(out of date)* caducado,-a.

invalidate [ɪnˈvælɪdeɪt] *vt (result, rule, etc)* invalidar, anular; *(argument)* refutar, demostrar el error de.

invalidation [ɪnvælɪˈdeɪʃən] *n* invalidación *f*, anulación *f*.

invalidity¹ [ɪnvəˈlɪdətɪ] *n (of invalid)* invalidez *f*.
▪ **invalidity pension** pensión *f* de invalidez.

invalidity² [ɪnvəˈlɪdətɪ] *n (not valid)* invalidez *f*, nulidad *f*.

invaluable [ɪnˈvæljuəbəl] *adj* inestimable, inapreciable.

invariability [ɪnveərɪəˈbɪlətɪ] *n* invariabilidad *f*, constancia.

invariable [ɪnˈveərɪəbəl] *adj* invariable, constante.

invariably [ɪnˈveərɪəblɪ] *adv* invariablemente, siempre: **he invariably wins** siempre gana.

invasion [ɪnˈveɪʒən] *n (gen)* invasión *f*: **an invasion of privacy** una invasión de la intimidad.

invasive [ɪnˈveɪsɪv] *adj* invasivo,-va.

invective [ɪnˈvektɪv] *n fml* invectiva, improperio.

inveigle [ɪnˈveɪgəl] *vt* engatusar, embaucar.
◆ **to inveigle somebody into doing something** embaucar a alguien para que haga algo.

invent [ɪnˈvent] *vt* inventar, inventarse: **who invented the telephone?** ¿quién inventó el teléfono?; **she invented the whole story** se lo inventó todo.

invention [ɪnˈvenʃən]
1 *n (gen)* invento, invención *f*, *(lying)* invención *f*, mentira: **the answerphone is a fantastic invention** el contestador es un invento fantástico; **the article is a complete invention** el artículo es pura invención.
2 *n (capacity for inventing)* inventiva.

inventive [ɪnˈventɪv] *adj* inventivo,-a.

inventiveness [ɪnˈventɪvnəs] *n* inventiva.

inventor [ɪnˈventər] *n* inventor,-ra.

inventory [ˈɪnvəntrɪ]
1 *n* inventario.
2 *vt* inventariar.
▲ *(sustantivo)* pl **inventories**; *(verbo)* pt & pp **inventoried**, ger **inventorying**.

inverse [ɪnˈvɜːs]
1 *adj* inverso,-a.
2 **the inverse** *n* lo inverso, lo contrario.
◆ **in inverse ratio/proportion** en proporción inversa.

inversely [ɪnˈvɜːslɪ] *adv* inversamente.

inversion [ɪnˈvɜːʒən] *n* inversión *f*.

invert [ɪnˈvɜːt] *vt* invertir.

invertebrate [ɪnˈvɜːtɪbrət]
1 *adj* invertebrado,-a.
2 *n* invertebrado,-a.

inverted [ɪnˈvɜːtɪd] *adj* invertido,-a.
▪ **inverted commas** comillas *fpl*.

invest [ɪnˈvest]
1 *vt (money)* invertir (**in**, en): **we invested all our money in the business** invertimos todo nuestro dinero en el negocio.
2 *vt (time, effort, etc)* emplear (**in**, en), invertir (**in**, en): **I invested a year in that project** invertí un año en ese proyecto.
3 *vt fml (right, rank, power, etc)* investir (**with**, con), conferir (**with**, -), otorgar (**with**, -): **he was invested with full authority** le confirieron plena autoridad.
4 *vt fml (quality, characteristic, etc)* revestir (**with**, con), envolver (**with**, de).
5 *vt MIL dated* sitiar, cercar.
6 *vi* hacer una inversión (**in**, en), invertir dinero (**in**, en): **it's not a good time to invest** no es un buen momento para invertir.
7 *vi fam (buy)* comprar (**in**, -): **I'm thinking of investing in a gold watch** estoy pensando en comprarme un reloj de oro.

investigate [ɪnˈvestɪgeɪt]
1 *vt (crime)* investigar; *(cause, possibility)* examinar, estudiar.
2 *vi fam (check)* mirar.

investigation [ɪnvestɪˈgeɪʃən] *n (of crime)* investigación *f* (**into**, sobre); *(of cause, possibility)* examen *m* (**into**, de), estudio (**into**, de): **police investigations into the crime** investigaciones policiales sobre el crimen.

investigative [ɪnˈvestɪgətɪv] *adj* investigador,-ra: **investigative journalism** periodismo de investigación.

investigator [ɪnˈvestɪgeɪtər] *n* investigador,-ra.

investiture [ɪnˈvestɪtʃər] *n* investidura.

investment [ɪnˈvestmənt]
1 *n (of money)* inversión *f*.
2 *n (investiture)* investidura.

investor [ɪnˈvestər] *n* inversor,-ra, inversionista *mf*.

inveterate [ɪn'vetərət] *adj (person)* empedernido,-a; *(habit, feeling, etc)* arraigado,-a, consolidado,-a.

invidious [ɪn'vɪdɪəs]
1 *adj (task, job, etc)* odioso,-a, ingrato,-a.
2 *adj (comparison, choice, etc)* injusto,-a.

invigilate [ɪn'vɪdʒɪleɪt]
1 *vt GB* vigilar.
2 *vi GB* vigilar.

invigilator [ɪn'vɪdʒɪleɪtəʳ] *n GB* vigilante *mf*.

invigorate [ɪn'vɪgəreɪt] *vt* tonificar, vigorizar.

invigorating [ɪn'vɪgəreɪtɪŋ] *adj* tonificante, vigorizante, estimulante.

invincible [ɪn'vɪnsəbəl] *adj* invencible.

inviolability [ɪnvaɪələ'bɪlɪtɪ] *n* inviolabilidad *f*.

inviolable [ɪn'vaɪələbəl] *adj* inviolable.

inviolate [ɪn'vaɪələt] *adj fml* inviolado,-a.
✦ **to remain inviolate** permanecer intacto,-a.

invisibility [ɪnvɪzə'bɪlətɪ] *n* invisibilidad *f*.

invisible [ɪn'vɪzəbəl] *adj* invisible.
▪ **invisible ink** tinta simpática.
invisible mending zurcido invisible.

invisibly [ɪn'vɪzəblɪ] *adv* invisiblemente.

invitation [ɪnvɪ'teɪʃən] *n* invitación *f*: they sent out the invitations enviaron las invitaciones; we have a standing invitation to visit her podemos visitarla cuando queramos; leaving the door unlocked is an open invitation to thieves dejar la puerta sin cerrar es tentar a los ladrones.
✦ **by invitation only** entrada por invitación.

invite [ɪn'vaɪt]
1 *vt (guest etc)* invitar, convidar; *(candidate, participant)* pedir, invitar: have they invited you to their wedding? ¿te han invitado a su boda?; we've been invited for/to dinner nos han invitado a cenar; she was invited to speak at a conference le pidieron que hablara en una conferencia; let's invite a few friends round invitemos a algunos amigos a casa.
2 *vt (comment, suggestion, etc)* solicitar: questions will be invited at the end las preguntas se solicitarán al final.
3 *vt (criticism, disaster, etc)* provocar, incitar: if you leave the window open, you're just inviting trouble si dejas la ventana abierta, te estás buscando problemas.
4 *n fam* invitación *f*.
▲ *(sustantivo)* ['ɪnvaɪt].

inviting [ɪn'vaɪtɪŋ] *adj (tempting)* tentador,-ra; *(attractive)* atractivo,-a, atrayente; *(tasty)* apetitoso,-a.

in vitro [ɪn'viːtrəʊ] *phr* in vitro.
▪ **in vitro fertilization** fertilización *f* in vitro.

invoice ['ɪnvɔɪs]
1 *n COMM* factura.
2 *vt COMM* facturar, pasar factura.
✦ **as per invoice** según factura.
to draw up/make out an invoice extender una factura.
▪ **pro forma invoice** factura pro forma.

invoke [ɪn'vəʊk] *vt* invocar.

involuntarily [ɪn'vɒləntrəlɪ] *adv* sin querer.

involuntary [ɪn'vɒləntərɪ] *adj* involuntario,-a, sin querer.

involve [ɪn'vɒlv]
1 *vt (entail)* suponer, implicar, conllevar; *(give rise to)* acarrear, ocasionar: organizing a party involves a lot of work organizar una fiesta supone mucho trabajo; what does the job involve? ¿en qué consiste el trabajo?; this course involves studying abroad esta carrera comprende un período de estudio en el extranjero.
2 *vt (include, affect, concern)* tener que ver con, afectar a: a police operation involving officers from different countries una operación policial que incluía a oficiales de diferentes países; listen carefully because this involves you escucha bien porque esto te afecta a ti; an accident involving three cars un accidente en el que se vieron implicados tres coches.
3 *vt (implicate)* implicar, involucrar, meter: don't involve me in your argument no me metas en vuestra discusión; she didn't want to involve the children no quería involucrar a los niños.
✦ **to involve oneself in something** tomar parte en algo.

involved [ɪn'vɒlvd]
1 *adj (complicated)* complicado,-a, enrevesado,-a.
2 *adj (implicated, associated)* implicado,-a, involucrado,-a; *(mixed up in)* metido,-a, envuelto,-a, mezclado,-a: several politicians are involved hay varios políticos implicados; the people allegedly involved las personas presuntamente implicadas; are you involved in some kind of trouble? ¿estás metido en algún lío?; you should get more involved in the club's social activities deberías participar más en las actividades sociales del club; don't get involved in anything illegal no te metas en nada ilegal.
3 *adj (engrossed)* absorto,-a, enfrascado,-a; *(busy)* ocupado,-a: you're too involved in your work estás demasiado ocupado con tu trabajo.
4 *adj (included, entailed)* I don't think you understand what's involved creo que no entiendes lo que esto implica; he had no idea of the work involved no tenía ni idea del trabajo que suponía; there's too much money involved hay demasiado dinero en juego.

5 *adj (emotionally)* enredado,-a, liado,-a, enrollado,-a: she's involved with a married man tiene relaciones con un hombre casado; I don't want to get involved with anyone right now no quiero una relación seria con alguien ahora mismo.
✦ **to be involved in an accident** sufrir un accidente.

involvement [ɪn'vɒlvmənt]
1 *n (participation)* participación *f*: the active involvement of hundreds of children la participación activa de cientos de niños.
2 *n (in crime)* complicidad *f*, implicación *f*: his involvement in the swindle su implicación en la estafa.
3 *n (affair)* enredo, lío, relación *f*.
▪ **military involvement** intervención *f* militar.

invulnerability [ɪnvʌlnərə'bɪlɪtɪ] *n* invulnerabilidad *f*.

invulnerable [ɪn'vʌlnərəbəl] *adj* invulnerable.

inward ['ɪnwəd]
1 *adj* interior.
2 *adv* hacia dentro.

inwardly ['ɪnwədlɪ] *adv* interiormente, por dentro.

inwardness ['ɪnwədnəs] *n* espiritualidad *f*.

inwards ['ɪnwədz] *adv* hacia dentro.

iodide ['aɪədaɪd] *n* yoduro.

iodine ['aɪədiːn] *n* yodo.

iodise ['aɪədaɪz] *vt* → **iodize**.

iodize ['aɪədaɪz] *vt* yodar.

ion [aɪən] *n* ion *m*.

Ionian [aɪ'əʊnɪən] *adj* jónico,-a.

Ionic [aɪ'ɒnɪk] *adj* jónico,-a.

ionisation [aɪənaɪ'zeɪʃən] *n* → **ionization**.

ionise ['aɪənaɪz] *vt* → **ionize**.

ioniser ['aɪənaɪzəʳ] *n* → **ionizer**.

ionization [aɪənaɪ'zeɪʃən] *n* ionización *f*.

ionize ['aɪənaɪz] *vt* ionizar.

ionizer ['aɪənaɪzəʳ] *n* ionizador *m*.

ionosphere [aɪ'ɒnəsfɪəʳ] *n* ionosfera.

iota [aɪ'əʊtə] *n* pizca, ápice *m*.
✦ **not an iota** ni jota.

IOU ['aɪəʊ'juː] *abbr* (**I owe you**) pagaré *m*.

IPA ['aɪpiː'eɪ] *abbr* (**International Phonetic Alphabet**) Alfabeto Fonético Internacional; *(abbreviation)* AFI *m*.

IQ ['aɪ'kjuː] *abbr* (**intelligence quotient**) coeficiente *m* de inteligencia; *(abbreviation)* CI *m*.

IRA ['aɪ'ɑːr'eɪ] *abbr* (**Irish Republican Army**) Ejército Republicano irlandés; *(abbreviation)* IRA *m*.

Iran [ɪ'rɑːn] *n* Irán.

Iranian [ɪ'reɪnɪən]
1 *adj* iranio,-a, iraní.
2 *n (person)* iranio,-a, iraní.
3 *n (language)* iranio.

Iraq [ɪˈrɑːk] *n* Irak.
Iraqi [ɪˈrɑːkɪ]
  1 *adj* iraquí.
  2 *n* iraquí *mf*.
irascibility [ɪræsɪˈbɪlɪtɪ] *n* irascibilidad *f*.
irascible [ɪˈræsɪbəl] *adj fml* irascible, colérico,-a, iracundo,-a.
irate [aɪˈreɪt] *adj fml* airado,-a, iracundo,-a, furioso,-a.
irately [aɪˈreɪtlɪ] *adv* airadamente.
IRBM [ˈaɪˈɑːˈbiːˈem] *abbr* (**intermediate-range ballistic missile**) proyectil *m* balístico de alcance intermedio; *(abbreviation)* PBAI *m*.
ire [aɪəʳ] *n fml* ira, cólera, enojo, enfado.
Ireland [ˈaɪələnd] *n* Irlanda.
  ■ **Northern Ireland** Irlanda del norte.
iridescence [ɪrɪˈdesəns] *n fml* iridiscencia.
iridescent [ɪrɪˈdesənt] *adj fml* iridiscente.
iris [ˈaɪərɪs]
  1 *n (of eye)* iris *m inv*.
  2 *n BOT* lirio.
Irish [ˈaɪrɪʃ]
  1 *adj* irlandés,-esa.
  2 *n (language)* irlandés *m*.
  3 the Irish *npl* los irlandeses *mpl*.
  ■ **Irish coffee** café *m* irlandés.
  Irish Sea Mar *m* de Irlanda.
  Irish setter setter *m* irlandés.
  Irish stew estofado irlandés.
  Northern Irish norirlandés,-esa.
  Northern Irishman norirlandés *m*.
  Northern Irishwoman norirlandesa.
Irishman [ˈaɪrɪʃmən] *n* irlandés *m*.
  ▲ *pl* **Irishmen** [ˈaɪrɪʃmən].
Irishwoman [ˈaɪrɪʃwumən] *n* irlandesa.
  ▲ *pl* **Irishwomen** [ˈaɪrɪʃwɪmɪn].
irk [ɜːk] *vt* fastidiar, molestar: it irks me to see people drop rubbish on the pavement me fastidia ver gente que tira la basura en la acera.
irksome [ˈɜːksəm] *adj* fastidioso,-a, molesto,-a, pesado,-a: an irksome journey un viaje molesto; how irksome! ¡qué fastidio!
iron [ˈaɪən]
  1 *n (metal)* hierro: cast iron hierro colado; scrap iron chatarra; wrought iron hierro forjado.
  2 *n (appliance)* plancha.
  3 *n (for golf)* hierro, palo de hierro.
  4 *adj* de hierro.
  5 *vt (clothes)* planchar.
  6 *vi* planchar.
  7 irons *npl (fetters)* grillos *mpl*, grilletes *mpl*.
  ▸ **to iron out**
    1 *vt sep (clothes)* planchar.
    2 *vt sep fig (problem, difficulty, etc)* resolver, solucionar.
  ✦ **to have an iron constitution** ser de hierro, tener una salud de hierro.
  to have a will of iron/have an iron will tener una voluntad de hierro.

to have many irons in the fire tener muchas cosas entre manos.
to put/clap somebody in irons encadenar a alguien.
to strike while the iron is hot lo mejor es actuar de inmediato.
■ **Iron Age** Edad de Hierro.
Iron Cross cruz *f* de hierro.
Iron Curtain telón *m* de acero.
iron foundry fundición *f* (de hierro).
iron grey gris oscuro.
iron lung pulmón *m* de acero.
iron maiden dama de hierro.
iron ore mineral *m* de hierro.
ironic [aɪˈrɒnɪk] *adj* irónico,-a.
ironical [aɪˈrɒnɪkəl] *adj* irónico,-a.
ironically [aɪˈrɒnɪklɪ]
  1 *adv (sarcastically)* irónicamente, con ironía.
  2 *adv (strangely)* curiosamente.
ironing [ˈaɪənɪŋ] *n (clothes to be ironed)* ropa por planchar, plancha; *(clothes ironed)* ropa planchada, plancha.
  ✦ **to do the ironing** planchar (la ropa).
  ■ **ironing board** tabla de planchar.
ironmonger [ˈaɪənmʌŋgəʳ] *n GB* ferretero,-a.
  ■ **ironmonger's (shop)** ferretería.
ironmongery [ˈaɪənmʌŋgərɪ] *n GB* ferretería.
ironstone [ˈaɪənstəun] *n* mineral *m* de hierro.
ironware [ˈaɪənweəʳ] *n* objetos *mpl* de hierro, ferretería.
ironwork [ˈaɪənwɜːk] *n* herraje *m*.
ironworks [ˈaɪənwɜːks] *npl GB* fundición *f* (de hierro).
irony [ˈaɪrənɪ] *n* ironía: the irony (of it) is that … lo irónico (del caso) es que …; one of life's little ironies una de las pequeñas ironías de la vida.
  ▲ *pl* **ironies**.
irradiate [ɪˈreɪdɪeɪt] *vt fml* irradiar.
irrational [ɪˈræʃənəl] *adj* irracional.
irrationality [ɪræʃəˈnælɪtɪ] *n* irracionalidad *f*.
irreconcilable [ɪˈrekənsaɪləbəl] *adj fml* irreconciliable, inconciliable.
irrecoverable [ɪrɪˈkʌvərəbəl] *adj fml (gen)* irrecuperable; *(debt)* incobrable.
irredeemable [ɪrɪˈdiːməbəl]
  1 *adj fml* irremediable.
  2 *adj FIN* irredimible, no amortizable.
irreducible [ɪrɪˈdjuːsəbəl] *adj fml* irreducible, irreductible.
irrefutable [ɪrɪˈfjuːtəbəl] *adj fml* irrefutable.
irrefutably [ɪrɪˈfjuːtəblɪ] *adv* irrefutablemente.
irregular [ɪˈregjələʳ]
  1 *adj (gen)* irregular; *(uneven)* desigual: irregular hours horario irregular; irregular coastline costa recortada.
  2 *adj (unusual, abnormal)* raro,-a, anormal; *(against the rules)* inadmisible.

  3 *adj (troops)* irregular.
  4 irregulars *npl (troops)* tropas *fpl* irregulares.
  ■ **irregular verb** verbo irregular.
irregularity [ɪregjəˈlærɪtɪ]
  1 *n (gen)* irregularidad *f*; *(unevenness)* desigualdad *f*.
  2 *n (abnormality)* anormalidad *f*, anomalía.
  ▲ *pl* **irregularities**.
irregularly [ɪˈregjələlɪ] *adv* irregularmente, con irregularidad, sin regularidad.
irrelevance [ɪˈreləvəns] *n* falta de pertinencia.
irrelevancy [ɪˈreləvənsɪ]
  1 *n (state)* falta de pertinencia.
  2 *n (remark)* observación *f* que no viene al caso.
  3 *n (matter)* cosa que no viene al caso.
irrelevant [ɪˈreləvənt]
  1 *adj (unimportant)* eso no tiene nada que ver, eso no viene al caso.
irrelevantly [ɪˈreləvəntlɪ] *adv* sin venir al caso: she said irrelevantly dijo, sin que eso viniera al caso.
irreligious [ɪrɪˈlɪdʒəs] *adj* irreligioso,-a.
irremediable [ɪrɪˈmiːdɪəbəl] *adj* irremediable.
irremediably [ɪrɪˈmiːdɪəblɪ] *adv* irremediablemente.
irremovable [ɪrɪˈmuːvəbəl] *adj* inamovible.
irreparable [ɪˈrepərəbəl] *adj* irreparable.
irreplaceable [ɪrɪˈpleɪsəbəl] *adj* irremplazable, insustituible.
irrepressible [ɪrɪˈpresəbəl] *adj* incontenible, incontrolable.
irreproachable [ɪrɪˈprəutʃəbəl] *adj* irreprochable, intachable.
irresistible [ɪrɪˈzɪstəbəl]
  1 *adj (temptation, impulse, etc)* irresistible: an irresistible urge un impulso irrefrenable.
  2 *adj (person, thing)* irresistible.
irresistibly [ɪrɪˈzɪstəblɪ] *adv* irresistiblemente.
irresolute [ɪˈrezəluːt] *adj fml* indeciso,-a, vacilante, irresoluto,-a.
irresolution [ɪrezəˈluːʃən] *n* vacilación *f*, indeterminación *f*.
irrespective [ɪrɪˈspektɪv] **irrespective of** *prep* sin tener en cuenta, sin tomar en consideración, independientemente de.
irresponsibility [ɪrɪspɒnsəˈbɪlɪtɪ] *n* irresponsabilidad *f*, falta de seriedad.
irresponsible [ɪrɪˈspɒnsəbəl] *adj* irresponsable, poco serio,-a.
irresponsibly [ɪrɪˈspɒnsəblɪ] *adv* irresponsablemente.
irretrievable [ɪrɪˈtriːvəbəl] *adj fml (object)* irrecuperable; *(mistake, damage, harm, etc)* irreparable; *(loss, situation, breakdown, etc)* irremediable.

irreverence [ɪˈrevərəns] n irreverencia, falta de respeto.

irreverent [ɪˈrevərənt] adj irreverente.

irreverently [ɪˈrevərəntlɪ] adv irreverentemente.

irreversible [ɪrɪˈvɜːsəbəl] adj (process, damage) irreversible; (judgement, decision) irrevocable.

irrevocable [ɪˈrevəkəbəl] adj fml irrevocable, inalterable.

irrigable [ˈɪrɪgəbəl] adj irrigable, regadío,-a.

irrigate [ˈɪrɪgeɪt]
1 vt AGR regar, irrigar.
2 vt MED irrigar.

irrigation [ɪrɪˈgeɪʃən] n AGR riego, irrigación f.
■ **irrigation channel** acequia, canal m de riego.
irrigation farming cultivo de regadío.
irrigation system sistema m de regadío.

irritability [ɪrɪtəˈbɪlətɪ] n irritabilidad f, mal humor m.

irritable [ˈɪrɪtəbəl] adj irritable, de mal humor.

irritably [ˈɪrɪtəblɪ] adv con tono malhumorado, de mal humor.

irritant [ˈɪrɪtənt]
1 adj irritante.
2 n agente m irritante.
3 n fig molestia, motivo de irritación.

irritate [ˈɪrɪteɪt]
1 vt (annoy) irritar, molestar, fastidiar.
2 vt MED (cause discomfort) irritar; (make inflamed) inflamar.
✦ **to get irritated** (angry) irritarse, enfadarse.

irritating [ˈɪrɪteɪtɪŋ]
1 adj (annoying) irritante, molesto,-a, fastidioso,-a, pesado,-a.
2 adj MED irritante.

irritation [ɪrɪˈteɪʃən]
1 n MED irritación f.
2 n (cause of annoyance) molestia, fastidio.
3 n (anger) mal humor m, enfado, irritación f.

irruption [ɪˈrʌpʃən] n fml irrupción f.

IRS [ˈaɪˈɑːˈes] abbr (US Internal Revenue Service; GB Inland Revenue Office) Agencia Estatal de Administración Tributaria; (abbreviation) AEAT f.

is [ɪz] pres → **be.**

Islam [ˈɪzlɑːm] n islam m.

Islamic [ɪzˈlæmɪk] adj islámico,-a.

island [ˈaɪlənd]
1 n isla.
2 adj isleño,-a.
■ **safety island** US isla de peatones, isleta, refugio.
traffic island isla de peatones, isleta, refugio.

islander [ˈaɪləndə'] n isleño,-a.

isle [aɪl] n isla.

islet [ˈaɪlət] n islote m.

isobar [ˈaɪsəbɑː'] n isobara.

isolate [ˈaɪsəleɪt] vt aislar (**from**, de): the boy has been isolated from the others el niño ha sido aislado de los otros; scientists have isolated the germ los científicos han aislado el microbio.

isolated [ˈaɪsəleɪtɪd]
1 adj (solitary) aislado,-a, apartado,-a: an isolated house una casa aislada; I live a very isolated life llevo una vida muy solitaria.
2 adj (single) aislado,-a, único,-a, excepcional: an isolated case un caso aislado.

isolation [aɪsəˈleɪʃən] n aislamiento (**from**, de): a feeling of isolation from the real world una sensación de aislamiento del mundo real; she prefers to work in complete isolation prefiere trabajar completamente aislada; the gradual isolation of the radicals el aislamiento gradual de los extremistas.
✦ **in isolation** (separately) por separado: each problem must be looked at in isolation hay que examinar cada problema por separado.
■ **isolation hospital** hospital de aislamiento.
isolation ward sala de aislamiento.

isolationism [aɪsəˈleɪʃənɪzəm] n aislacionismo.

isolationist [aɪsəˈleɪʃənɪst]
1 adj aislacionista.
2 n aislacionista mf.

isometric [aɪsəˈmetrɪk] adj isométrico,-a.

isosceles [aɪˈsɒsəliːz] adj isósceles.
■ **isosceles triangle** triángulo isósceles.

isotherm [ˈaɪsəθɜːm] n isotermo.

isothermal [aɪsəˈθɜːməl] adj isotérmico,-a.

isotope [ˈaɪsətəʊp] n isótopo.

Israel [ˈɪzrɪəl] n Israel.

Israeli [ɪzˈreɪlɪ]
1 adj israelí.
2 n israelí mf.

Israelite [ˈɪzrɪəlaɪt]
1 adj israelita.
2 n israelita mf.

issue [ˈɪʃuː]
1 n (subject, topic) tema m, cuestión f, asunto: where do you stand on this issue? ¿cuál es tu postura respecto a esta cuestión?; she raised the issue of the sackings planteó el tema de los despidos; the issue is whether we're going to support them or not la cuestión es si vamos a apoyarlos o no; we must settle this issue once and for all hay que zanjar este asunto de una vez por todas.
2 n (of newspaper, magazine, etc) número: have you got this month's issue of Vax? ¿tienes el Vax de este mes?; do you sell back issues? ¿vendéis números atrasados?

3 n (of stamps, shares, back notes, etc) emisión f; (of book) publicación f.
4 n (of passport, licence) expedición f.
5 n (of equipment, supplies, etc) distribución f, reparto, suministro: the issue of firearms to soldiers el suministro de armas de fuego a los soldados; where's the point of issue? ¿dónde está el punto de reparto?
6 n fml (emergence - of water, blood) flujo.
7 n fml (children) descendencia.
8 n fml (result, outcome) resultado, consecuencia, desenlace m.
9 vt (book, article) publicar.
10 vt (stamps, shares, banknotes, etc) emitir.
11 vt (passport, visa) expedir.
12 vt (equipment, supplies, etc) distribuir, repartir, suministrar, proporcionar: each soldier will be issued with a gun a cada soldado se le suministrará un arma; the homeless were issued with blankets distribuyeron mantas entre los sin techo.
13 vt (order, instruction) dar; (statement, warning) dar, hacer público; (writ, summons) dictar, expedir; (decree) promulgar; (warrant) expedir.
14 vi fml (liquid, blood) fluir, manar; (smell etc) salir.
15 vi fml (result) resultar (**from**, de), provenir (**from**, de), derivar(se) (**from**, de).
✦ **at issue** en cuestión, en discusión: his ability is not at issue su capacidad no está en tela de juicio; our children's future is at issue here aquí estamos hablando del futuro de nuestros hijos.
to address an issue tratar una cuestión.
to cloud/confuse the issue complicar el asunto.
to die without issue morir sin dejar descendencia.
to evade/duck the issue eludir el problema, evitar el tema.
to force the issue forzar una decisión.
to make an issue (out) of something dar demasiada importancia a algo, insistir demasiado sobre algo.
to take issue with somebody manifestar su desacuerdo con alguien, discrepar con alguien: she took issue with him about his ideas discrepó con él por sus ideas.

Istanbul [ɪstænˈbʊl] n Estambul.

isthmus [ˈɪsməs] n istmo.

it [ɪt]
1 pron (subject) él, ella, ello: where's my supper? it's in the oven! ¿dónde está mi cena? ¡está en el horno!; whose is this coat? it's mine! ¿de quién es este abrigo? ¡es mío!; is it a boy or a girl? ¿es niño o niña?; who's that? who is it? it's me! ¿quién eres? ¿quién es? ¡soy yo!
2 pron (object - direct) lo, la; (- indirect) le: I doubt it lo dudo; I've just got this letter. Can you read it for me? acabo de recibir esta carta. ¿Me la puedes

leer?; do you like skiing? yes, I love it ¿te gusta esquiar? sí, me encanta; she went up to the horse and patted it se acercó al caballo y lo acarició; can you manage that bag? Give it to me ¿puedes con esa bolsa? Dámela.

3 *pron (after prep)* él, ella, ello: a vase with flowers in it un florero con flores dentro; the train was still there so I ran for it el tren aún estaba allí así que corrí para cogerlo; you're not frightened of it, are you? no le tienes miedo, ¿verdad?; tell me about it explícamelo, cuéntamelo.

4 *pron (abstract)* ello: let's get on with it vamos a por ello.

5 *pron (impersonal) no se traduce*: it's cold hace frío; it's too early es demasiado temprano; it's six o'clock son las seis; it's Wednesday es miércoles; it's cloudy está nublado; it's not far no está lejos; it's impossible es imposible; it's important es importante; it's worth it vale la pena; it doesn't matter no importa; what's it like? ¿cómo es?; it cost a fiver costó cinco libras; it's true es verdad; it seems (that) she failed parece que suspendió.

✦ **how's it going?** ¿qué tal?, ¿cómo va todo?

if it weren't for/if it hadn't been for si no fuera por/si no hubiera sido por.

that's it *(that is the end)* ya está, se acabó; *(agreeing)* eso es, eso mismo; *(disapproving)* basta ya.

this is it ha llegado el momento, ha llegado la hora.

IT [ˌaɪˈtiː] *abbr* (**information technology**) informática.

Italian [ɪˈtælɪən]
1 *adj* italiano,-a.
2 *n (person)* italiano,-a.
3 *n (language)* italiano.

italic [ɪˈtælɪks] *adj* (letra) cursiva.
✦ **in italics** en cursiva.
my italics la cursiva es mía.

Italy [ˈɪtəlɪ] *n* Italia.

ITC [ˌaɪtiːˈsiː] *abbr GB* (**Independent Television Commission**) *ente que regulaba las televisiones privadas.*
▲ *Véase también* **IBA**.

itch [ɪtʃ]
1 *n MED* picazón *f*, picor *m*.
2 *n fam fig (strong desire)* deseo, anhelo, ansia: an itch to travel un deseo de viajar.
3 *vi* picar: my feet itch me pican los pies; I'm itching all over me pica todo; this blanket itches esta manta pica.
✦ **to be itching for something/to do something** estar impaciente por hacer algo, morirse de ganas de hacer algo: I'm itching to go me muero por ir; he was itching to tell her se moría de ganas de decírselo.

itchiness [ˈɪtʃɪnəs] *n* picor *m*, picazón *m*.

itchy [ˈɪtʃɪ] *adj* que pica: this jumper's itchy este jersey me pica.
✦ **to feel itchy** picar, tener picor.
to get/have itchy feet tener ganas de viajar.
▲ *comp* **itchier**, *superl* **itchiest**.

it'd [ˈɪtəd]
1 *contr* it had.
2 *contr* it would.

item [ˈaɪtəm]
1 *n (on list)* artículo, cosa; *(in collection)* pieza.
2 *n (on agenda)* asunto, punto.
3 *n (on bill)* partida, asiento.
4 *n (in show)* número.
5 *adv* también.
■ **item of clothing** prenda de vestir.

itemise [ˈaɪtəmaɪz] *vt* → **itemize**.

itemize [ˈaɪtəmaɪz]
1 *vt (contents)* hacer una lista de.
2 *vt (bill)* detallar.

iterate [ˈɪtəreɪt] *vt fml* iterar.

itinerant [ɪˈtɪnərənt] *adj* itinerante, ambulante.

itinerary [aɪˈtɪnərərɪ] *n* itinerario, ruta.
▲ *pl* **itineraries**.

it'll [ˈɪtəl] *contr* it will.

its [ɪts] *adj (one thing)* su; *(more than one thing)* sus: the cat washed its paws el gato se lavó las patas; the baby's in its pram el bebé está en su cochecito; the film has its good points la película tiene sus puntos buenos.

it's [ɪts]
1 *contr* → **it is**.
2 *contr* → **it has**.

itself [ɪtˈself]
1 *pron (reflexive)* se: the bird preened itself el pájaro se arregló las plumas; Barcelona has opened itself up to the sea Barcelona se ha abierto al mar.
2 *pron (emphatic)* en sí: the house itself is quite old la casa en sí es bastante vieja; the job itself isn't that difficult el trabajo en sí no es muy difícil; she is politeness itself es la cortesía personificada.
3 *pron (after prep)* sí: the committee wants to keep all the profits for itself el comité quiere guardar todos los beneficios para sí; each dog has a kennel to itself cada perro tiene su propia casita; the idea in itself isn't bad la idea en sí no está mal; the first course was a meal in itself el primer plato ya era una comida de por sí.
✦ **by itself** solo,-a: it switches off by itself se apaga solo, se apaga automáticamente; the baby did it all by itself el niño lo hizo él solo.

ITV [ˌaɪtiːˈviː] *abbr GB* (**Independent Television**) *conjunto de televisiones privadas.*

I've [aɪv] *contr* I have.

ivory [ˈaɪvərɪ]
1 *n (substance)* marfil *m*; *(colour)* color *m* marfil.
2 *adj* de marfil.
3 **ivories** *npl (objects)* objetos *mpl* de marfil; *(teeth)* dientes *mpl*; *(piano keys)* teclas *fpl*.
✦ **an ivory tower** una torre de marfil.
■ **Ivory Coast** Costa de Marfil.

ivy [ˈaɪvɪ] *n* hiedra, yedra.
■ **Ivy League** *ocho prestigiosas universidades privadas del nordeste de los Estados Unidos.*

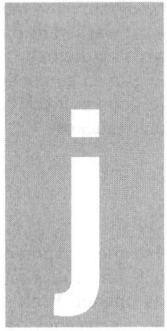

J, J [dʒeɪ] *n (the letter)* J, j *f.*

jab [dʒæb]
1 *n* pinchazo; *(with elbow)* codazo.
2 *n fam* inyección *f.* a flu jab una inyección contra la gripe.
3 *n (in boxing)* gancho.
4 *vt* pinchar; *(with elbow)* dar un codazo a: someone jabbed me in the back with their elbow me dieron un codazo en la espalda; she jabbed a knife into the tyre clavó un cuchillo en el neumático.
▲ *pt & pp* jabbed, *ger* jabbing.

jabber [ˈdʒæbəʳ]
1 *n* parloteo.
2 *vt* farfullar, decir atropellada e ininteligiblemente: she jabbered out a confused explanation farfulló una explicación confusa e ininteligible.
3 *vi* hablar atropellada e ininteligiblemente: loads of people jabbering away in foreign languages un montón de gente parloteando en lenguas extranjeras.

jabbering [ˈdʒæbərɪŋ] *n* parloteo.

jacaranda [dʒækəˈrændə] *n* jacarandá.

jack [dʒæk]
1 *n AUTO* gato.
2 *n (in cards)* jota; *(Spanish pack)* sota.
3 *n (in bowls)* boliche *m.*
4 *n (flag)* banderín *m* de popa.
5 *n ELEC* enchufe *m.*
▶ to jack in *vt sep GB sl* dejar, colgar: he jacked in his job and joined the navy dejó su trabajo y se alistó en la armada.
to jack off
1 *vi US taboo* meneársela.
2 *vt sep US taboo* masturbar.
to jack up
1 *vt sep (car)* levantar con gato.
2 *vt sep (prices)* subir.
■ jack plug *ELEC* jack *m,* clavija.

Jack [dʒæk] *n* Juanito.
✦ before you can say Jack Robinson en un periquete, en un santiamén.
every man Jack (of them) hasta el último.
I'm all right Jack! ¡aquí me las den todas!

Jack of all trades, master of none quien mucho abarca poco aprieta.
■ Jack Frost *personificación del hielo.*
Jack the Ripper Jack el Destripador.

jackal [ˈdʒækɔːl] *n* chacal *m.*

jackass [ˈdʒækæs] *n fam* burro, mastuerzo.

jackboot [ˈdʒækbuːt]
1 *n* bota militar.
2 *n fig* represión *f.*

jackdaw [ˈdʒækdɔː] *n* grajilla.

jacket [ˈdʒækɪt]
1 *n (in general)* chaqueta; *(of suit)* americana; *(leather etc)* cazadora.
2 *n (of book)* sobrecubierta.
3 *n US (of record)* funda.
■ jacket potato patata asada *(con su piel).*

jackhammer [ˈdʒækhæməʳ] *n* martillo neumático.

jack-knife [ˈdʒæknaɪf]
1 *n* navaja.
2 *vi (lorry)* dar un coletazo.

jack-of-all-trades [ˈdʒækəvɔːltreɪdz]
1 *n (handyman)* manitas *m.*
2 *n pej* persona de muchos oficios.

jackpot [ˈdʒækpɒt] *n* (premio) gordo.
✦ to hit the jackpot tocarle a alguien el gordo.

Jacobean [dʒækəˈbɪən]
1 *adj* de la época de Jacobo I de Inglaterra *(1603-1625).*
2 *n persona que vivió durante el reinado de Jacobo I.*

Jacobin [ˈdʒækəbɪn]
1 *adj* jacobino,-a.
2 *n* jacobino,-a.

Jacobinism [ˈdʒækəbɪnɪzəm] *n* jacobinismo.

Jacobite [ˈdʒækəbaɪt]
1 *adj* jacobita.
2 *n* jacobita *mf.*

Jacuzzi [dʒəˈkuːzɪ] *n* jacuzzi *m,* bañera de hidromasaje.
▲ *Es marca registrada.*

jade¹ [dʒeɪd] *n* jade *m.*

jade² [dʒeɪd]
1 *n (horse)* rocín *m.*
2 *n (whore)* mujerzuela.

jaded [ˈdʒeɪdɪd] *adj* agotado,-a, cansado,-a.

Jaffa [ˈdʒæfə] **Jaffa (orange)** *n* naranja grande *(procedente de Israel).*

jag [dʒæg] *n GB fam* juerga, borrachera.

jagged [ˈdʒægɪd] *adj* irregular, dentado,-a.

jaguar [ˈdʒægjuəʳ] *n* jaguar *m.*

jaguarondi [dʒægwəˈrɒndɪ] *n* yaguarundi *m.*

jail [dʒeɪl]
1 *n* cárcel *f,* prisión *f.*
2 *vt* encarcelar: he was jailed for life lo condenaron a cadena perpetua.

jailbird [ˈdʒeɪlbɜːd] *n* preso,-a reincidente.

jailbreak [ˈdʒeɪlbreɪk] *n* fuga de la cárcel.

jailer [ˈdʒeɪləʳ] *n* carcelero,-a.

jailhouse [ˈdʒeɪlhaʊs] *n US* cárcel *f.*

Jainism [ˈdʒaɪnɪzəm] *n* jainismo.

Jakarta [ˈdʒəkɑːtə] *n* Yakarta.

jalopy [dʒəˈlɒpɪ] *n fam (car)* cacharro.
▲ *pl* jalopies.

jam¹ [dʒæm]
1 *n* mermelada, confitura.
2 *n fam (luck)* churra.
■ jam jar bote *m* de mermelada.

jam² [dʒæm]
1 *n (tight spot)* aprieto, apuro.
2 *vt (fill)* abarrotar, atestar: thousands of people jammed the streets miles de personas abarrotaban las calles.
3 *vt (cram)* embutir, meter a la fuerza: she jammed all her things into the bag embutió todas sus cosas en la bolsa.
4 *vt RAD* interferir: the rebels jammed government radio broadcasts los rebeldes interfirieron las emisiones de radio del gobierno.
5 *vt (block)* bloquear: the switchboard was jammed with calls of complaint las llamadas de protesta bloquearon la centralita.
6 *vi (stick)* atrancarse: the door is jammed, I can't open it la puerta se ha atrancado, no puedo abrirla.

7 *vi (machine parts)* atascarse, agarrotarse: **the lock has jammed, it won't open** se ha atascado la cerradura, no abre.

8 *vi* MUS tocar en una sesión improvisada de jazz o rock.

✦ **to get into a jam** meterse en un apuro.
to jam the brakes on pegar un frenazo, frenar de golpe.

▪ **jam session** *sesión improvisada de jazz o rock.*

Jamaica [dʒəˈmeɪkə] *n* Jamaica.

Jamaican [dʒəˈmeɪkən]
1 *adj* jamaicano,-a.
2 *n* jamaicano,-a.

jamb [dʒæm] *n* jamba.

jamboree [dʒæmbəˈriː]
1 *n* juerga.
2 *n (scout meeting)* reunión *f* de boy scouts.

jamming [ˈdʒæmɪŋ] *n (of radio)* interferencia.

jammy [ˈdʒæmɪ]
1 *adj* lleno,-a de mermelada: **don't touch that book with your jammy fingers!** ¡no toques el libro con los dedos llenos de mermelada!
2 *adj fam* suertudo,-a: **what a jammy so-and-so he is!** ¡vaya suerte que tiene el tío!
▲ *comp jammier, superl jammiest.*

jam-packed [dʒæmˈpækt] *adj fam* de bote en bote, abarrotado,-a (**with**, de).

Jan [ˈdʒænjʊərɪ] *abbr* (**January**) enero.

jangle [ˈdʒæŋɡəl]
1 *vi* sonar de un modo discordante.
2 *vt* hacer sonar de un modo discordante.
3 *n* sonido discordante.

janitor [ˈdʒænɪtəʳ] *n* conserje *m*, portero.

January [ˈdʒænjʊərɪ] *n* enero.
▲ *Para ejemplo de uso, véase* **May**.

japan [dʒəˈpæn]
1 *n* laca de China.
2 *vt* barnizar con laca de China.

Japan [dʒəˈpæn] *n* (el) Japón *m*.
▪ **Sea of Japan** Mar *m* del Japón.

Japanese [dʒæpəˈniːz]
1 *adj* japonés,-esa.
2 *n (person)* japonés,-esa.
3 *n (language)* japonés *m*.
4 the Japanese *npl* los japoneses *mpl*.

jape [dʒeɪp]
1 *n dated* chanza.
2 *vi dated* chancearse.

jar [dʒɑːʳ]
1 *n (glass)* tarro, bote *m*: **a jar of strawberry jam** un tarro de mermelada de fresa.
2 *n (earthenware)* vasija, tinaja.
3 *n fam (shake, shock)* sacudida: **it gave me a bit of a jar** me chocó bastante.
4 *n fam (drink)* copa: **let's go and have a few jars!** ¡vamos a tomar unas copas!
5 *vt (shake)* golpear, dar un golpe a: **the bus braked sharply and jarred me against the window** el autobús frenó en seco y me di un golpe contra la ven-

tana; **he fell and jarred his knee** se cayó y le crujió la rodilla.
6 *vi (sounds)* chirriar, discordar: **this kind of music jars on my nerves** este tipo de música me pone los nervios de punta.
7 *vi (colours)* no pegar, desentonar.
▲ *pt & pp jarred, ger jarring.*

jargon [ˈdʒɑːɡən] *n* jerga, jerigonza.

jarring [ˈdʒɑːrɪŋ] *adj* discordante.

jasmine [ˈdʒæzmɪn] *n* jazmín *m*.

jasper [ˈdʒæspəʳ] *n* jaspe *m*.

jaundice [ˈdʒɔːndɪs] *n* ictericia.

jaundiced [ˈdʒɔːndɪst] *adj fig* cínico,-a.

jaunt [dʒɔːnt]
1 *n* excursión *f*.
2 *vi* ir de excursión.

jaunty [ˈdʒɔːntɪ] *adj* garboso,-a.
▲ *comp jauntier, superl jauntiest.*

Java [ˈdʒɑːvə] *n* Java.
▪ **Java man** Hombre *m* de Java.
Java Sea Mar *m* de Java.

Javan [ˈdʒɑːvən]
1 *adj* javanés,-esa.
2 *n* javanés,-esa.

Javanese [dʒɑːvəˈniːz]
1 *adj* javanés,-esa.
2 *n (person)* javanés,-esa.
3 *n (language)* javanés *m*.
4 the Javanese *npl* los javaneses *mpl*.

javelin [ˈdʒævəlɪn] *n* jabalina.
✦ **to throw the javelin** lanzar la jabalina.
▪ **javelin competition** lanzamiento de jabalina.

jaw [dʒɔː]
1 *n* ANAT mandíbula.
2 *n* ZOOL mandíbula, quijada, carrillera.
3 *n fam (talk)* charla: **we had a really good jaw** tuvimos una buena charla.
4 *vi fam (talk)* charlar, darle a la sinhueso.
▪ **upper jaw** maxilar *m* superior.
lower jaw maxilar *m* inferior.

jawbone [ˈdʒɔːbəʊn]
1 *n (of person)* mandíbula, maxilar *m*.
2 *n (of animal)* quijada.

jawbreaker [ˈdʒɔːbreɪkəʳ] *n sl* trabalenguas *m*.

jay [dʒeɪ] *n* arrendajo común.

jaywalk [ˈdʒeɪwɔːk] *vt* cruzar la calle de manera imprudente: **he was fined for jaywalking** lo multaron por cruzar la calle de manera imprudente.

jaywalker [ˈdʒeɪwɔːkəʳ] *n* peatón *m* imprudente.

jazz [dʒæz]
1 *n* jazz *m*.
2 *adj* de jazz, jazzístico,-a.
▶ **to jazz up** *vt sep (in general)* hacer más alegre, dar vida a; *(party)* animar.
✦ **and all that jazz** y demás, y toda la pesca, y todo el rollo.
don't give me that jazz! ¡no me vengas con cuentos!
▪ **jazz band** conjunto de jazz.

jazzy [ˈdʒæzɪ]
1 *adj fam fig* llamativo,-a.
2 *adj* MUS jazzístico,-a.
▲ *comp jazzier, superl jazziest.*

jealous [ˈdʒeləs]
1 *adj* celoso,-a.
2 *adj (envious)* envidioso,-a.
✦ **to be jealous of somebody** tener celos de alguien, estar celoso,-a de alguien.
to make somebody jealous poner celoso,-a a alguien.

jealously [ˈdʒeləslɪ]
1 *adv* celosamente.
2 *adv (enviously)* con envidia.

jealousy [ˈdʒeləsɪ]
1 *n* celos *mpl*.
2 *n (envy)* envidia.
▲ *pl jealousies.*

jeans [dʒiːnz] *npl* vaqueros *mpl*, tejanos *mpl*.

Jedda [ˈdʒedə] *n* Yeda.

jeep [dʒiːp] *n* jeep *m*, todoterreno.
▲ *Es marca registrada.*

jeer [dʒɪəʳ]
1 *vi (mock)* burlarse (**at**, de), mofarse (**at**, de).
2 *vt (boo)* abuchear.
3 *vi (boo)* abuchear.
4 jeers *npl (booing)* abucheos *mpl*; *(mocking)* burlas *fpl*, mofas *fpl*, befas *fpl*.

jeering [ˈdʒɪərɪŋ]
1 *n (booing)* abucheos *mpl*; *(mocking)* burlas *fpl*, mofas *fpl*, befas *fpl*.
2 *adj* burlón,-ona.

Jehovah [dʒɪˈhəʊvə] *n* REL Jehová *m*.
▪ **Jehovah's Witness** testigo *mf* de Jehová.

jejune [dʒəˈdʒuːn]
1 *adj fml (dull)* insulso,-a, insípido,-a.
2 *adj (childish)* inmaduro,-a.

jejunum [dʒɪˈdʒuːnəm] *n* yeyuno.

jell [dʒel] *vi* cuajar.

jellaba [ˈdʒeləbə] *n* chilaba.

jellabah [ˈdʒeləbə] *n* chilaba.

jellied [ˈdʒelɪd] *adj* CULIN en gelatina.

jello [ˈdʒeləʊ] *n* US gelatina, jalea.

jelly [ˈdʒelɪ]
1 *n (in general)* jalea.
2 *n (fruit)* gelatina.
▪ **jelly baby** gominola *en forma de niño*.
jelly bean gominola *en forma de judía*.
jelly roll US ≈ brazo de gitano.
▲ *pl jellies.*

jellyfish [ˈdʒelɪfɪʃ] *n* medusa.

jemmy [ˈdʒemɪ] *n* GB palanqueta.
▲ *pl jemmies.*

je ne sais quoi [ʒənəseɪˈkwɑː] *n* algo, no sé qué: **it has a certain je ne sais quoi** tiene un algo, tiene un no sé qué.

jeopardise [ˈdʒepədaɪz] *vt* → **jeopardize**.

jeopardize [ˈdʒepədaɪz] *vt* poner en peligro, hacer peligrar.

jeopardy [ˈdʒepədɪ] *n* peligro.
✦ **to be in jeopardy** estar en peligro, peligrar.

to put in jeopardy poner en peligro, hacer peligrar.

jerboa [dʒɜːˈbəʊə] n jerbo, gerbo.

Jeremiad [dʒerɪˈmaɪæd] n fml jeremiada.

jerk [dʒɜːk]
1 n (pull) tirón m; (jolt) sacudida.
2 n fam imbécil mf, subnormal mf.
3 vt dar una sacudida a, tirar de.
4 vi dar una sacudida.
▸ **to jerk off**
  1 vi taboo hacerse una paja.
  2 vt sep hacer una paja a.
✦ **with a jerk** bruscamente.

jerkily [ˈdʒɜːkɪlɪ] adv bruscamente, a tirones, a sacudidas.

jerkin [ˈdʒɜːkɪn]
1 n chaleco.
2 n (historically) jubón m.

jerky [ˈdʒɜːkɪ] adj espasmódico,-a.
▲ comp jerkier, superl jerkiest.

Jerry [ˈdʒerɪ] n fam pej alemán,-ana.
▲ pl Jerries.

jerry-build [ˈdʒerɪbɪld] vt construir mal.
▲ pt & pp jerry-built [ˈdʒerɪbɪlt].

jerry-builder [ˈdʒerɪbɪldəʳ] n chapucero,-a.

jerry-built [ˈdʒerɪbɪlt] adj mal construido,-a.

jerrycan [ˈdʒerɪkæn] n bidón m.

jersey [ˈdʒɜːzɪ] n jersey m, suéter m.

Jersey [ˈdʒɜːzɪ]
1 n Jersey.
2 n (cow) vaca jersey.

Jerusalem [dʒɜəˈruːsələm] n Jerusalén.

jest [dʒest]
1 n broma.
2 vi bromear.
✦ **in jest** en broma.

jester [ˈdʒestəʳ] n HIST bufón m.

Jesuit [ˈdʒezjʊɪt] n jesuita m.

Jesuitic [dʒezjuˈɪtɪk] adj jesuítico,-a.

Jesuitical [dʒezjuˈɪtɪkəl] adj jesuítico,-a.

Jesus [ˈdʒiːzəs]
1 n Jesús m, Jesucristo.
2 **Jesus!** interj fam ¡joder!
▪ **Jesus Christ** Jesucristo.

jet¹ [dʒet]
1 n (aircraft) reactor m.
2 n (stream) chorro.
3 n (outlet) boquilla, mechero.
4 vi salir a chorro.
5 vi fam viajar en avión.
▪ **jet engine** reactor m, propulsor m a chorro.
  jet foil deslizador m.
  jet lag jet lag m, desarreglo horario.
  jet set la jet set f, la jet f.
  jet propulsion propulsión f a chorro.
  jet ski moto f acuática.
  jet stream corriente f en chorro.

jet² [dʒet] n (mineral) azabache m.

jet-black [ˈdʒetˈblæk] adj negro,-a como el azabache.

jet-lagged [ˈdʒetlægd] adj que tiene jet lag: he was jet-lagged after the flight from Sydney tenía jet lag después del vuelo desde Sydney.

jet-propelled [ˈdʒetprəˈpeld] adj de propulsión a chorro.

jetsam [ˈdʒetsəm] n MAR echazón m.

jet-setter [ˈdʒetsetəʳ] n miembro mf de la jet set.

jettison [ˈdʒetɪsən]
1 vt MAR echar por la borda.
2 vt fig deshacerse de, echar por la borda.
3 vt (idea) olvidarse de.

jetty [ˈdʒetɪ] n (stone) malecón m; (wooden) embarcadero.
▲ pl jetties.

Jew [dʒuː] n REL judío,-a.
▪ **Jew's harp** birimbao.

jewel [ˈdʒuːəl]
1 n joya, alhaja.
2 n (stone) piedra preciosa.
3 n (in watch) rubí m.
▪ **jewel box** joyero.
  jewel case joyero.

jewelled [ˈdʒuːəld] adj adornado,-a con piedras preciosas.

jeweller [ˈdʒuːələʳ] n joyero,-a.
▪ **jeweller's (shop)** joyería.

jewellery [ˈdʒuːəlrɪ] n joyas fpl.

Jewess [ˈdʒues] n judía.

Jewish [ˈdʒuɪʃ] adj judío,-a.

Jewry [ˈdʒuərɪ] n los judíos mpl, el pueblo judío.

Jezebel [ˈdʒezəbel] n Jezabel.

jib¹ [dʒɪb] n MAR (sail) foque m.
▪ **jib boom** botalón m de foque.

jib² [dʒɪb] n (beam) aguilón m, brazo.

jib³ [dʒɪb] vi (animal) plantarse; (person) resistirse, negarse: she jibbed at wearing the new uniform se resistió a llevar el nuevo uniforme.

jibe [dʒaɪb] n-vi → gibe.

Jibouti [dʒɪˈbuːtɪ] n Djibuti.

Jiddah [ˈdʒɪdə] n Jeddah, Jiddah.

jiffy [ˈdʒɪfɪ] n fam instante m.
✦ **in a jiffy** en un santiamén.
▲ pl jiffies.

jig [dʒɪg]
1 n giga.
2 n TECH plantilla.
3 vi bailar la giga.
▲ pt & pp jigged, ger jigging.

jigger [ˈdʒɪgəʳ]
1 n US medida de licores.
2 n US chisme m.

jiggered [ˈdʒɪgəd] adj (tired) cansado,-a, rendido,-a.
✦ **well, I'm jiggered!** ¡vaya por dios!, ¡caramba!

jiggery-pokery [dʒɪgərɪˈpəʊkərɪ] n trampas fpl.

jiggle [ˈdʒɪgəl] vt menear, zangolotear.
▸ **to jiggle about** vi menearse.

jigsaw [ˈdʒɪgsɔː]
1 n (saw) sierra de vaivén.
2 n (puzzle) rompecabezas m, puzzle m.

jihad [dʒɪˈhɑːd] n guerra santa, yihad f.

jilt [dʒɪlt] vt abandonar, dejar plantado,-a a.

jimjams [ˈdʒɪmdʒæmz]
1 npl sl delírium trémens m.
2 npl sl (jitters) canguelo, nervios mpl: it gives me the jimjams me da canguelo.

jimmy [ˈdʒɪmɪ] n US → jemmy.
▲ pl jimmies.

jingle [ˈdʒɪŋgəl]
1 n tintineo.
2 n TV tonadilla publicitaria.
3 vi tintinear.
4 vt hacer sonar.

jingoism [ˈdʒɪŋgəʊɪzəm] n patriotería, jingoísmo.

jingoist [ˈdʒɪŋgəʊɪst] n jingoísta mf.

jingoistic [dʒɪŋgəʊˈɪstɪk] adj patriotero,-a, jingoísta mf.

jinks [dʒɪŋks] **(high) jinks** npl jolgorio, juerga.
✦ **to get up to high jinks** organizar una juerga.

jinn [dʒɪn] n → genie.

jinx [dʒɪŋks]
1 n (person) gafe mf.
2 n (bad luck) mala suerte f: there's a jinx on this computer este ordenador está gafado.
3 vt gafar.

jinxed [dʒɪŋkst] adj gafado,-a.

jitters [ˈdʒɪtəz] npl fam nervios mpl.
✦ **to get the jitters** ponerse nervioso,-a.

jittery [ˈdʒɪtərɪ] adj nervioso,-a.

jiujitsu [dʒuːˈdʒɪtsuː] n SP yiu-yitsu m.

jive [dʒaɪv]
1 n (dance) swing m.
2 n US sl (drug) hierba, chocolate m.
3 n (back talk) rollo.
4 n US sl (lies) embustes mpl.
5 vi bailar el swing.
▪ **jive talk** US sl argot m, jerga.

Jnr [ˈdʒuːnɪəʳ] abbr GB (junior) hijo.

job [dʒɒb]
1 n (employment) empleo, (puesto de) trabajo: what's your job? ¿en qué trabajas?; he lost his job perdió su empleo; I can't find a job no encuentro trabajo.
2 n (piece of work) trabajo; (task) tarea: he did a good job (of work) hizo un buen trabajo; the bricklayer made a good job of the wall el albañil dejó muy bien la pared.
3 n (difficult thing) trabajo: it snowed so much that we had a job to get home nevó tanto que nos costó trabajo llegar a casa; you'll have a job to persuade him te va a costar trabajo convencerlo.
4 n (duty) deber m, responsabilidad f, misión f: it's your job to lock all the doors es responsabilidad tuya cerrar todas las puertas.

5 n fam (robbery) robo; (hold-up) atraco: he did four bank jobs before he got caught atracó cuatro bancos antes de que lo cogieran.

6 n fam (plastic surgery) cirugía estética: she's had a nose job se ha operado la nariz.

7 n fam (example) espécimen m, ejemplar m: this car's a lovely job este coche es una maravilla.

✦ it's a good job that ... menos mal que ...

just the job! ¡perfecto!, ¡estupendo!: this is just the job! ¡esto es justo lo que hacía falta!

on the job trabajando.

out of a job parado,-a.

to give something up as a bad job dejar algo por inútil.

to make the best of a bad job poner a mal tiempo buena cara.

■ job centre oficina de empleo.

job creation creación f de empleo.

job description descripción f del trabajo.

job hunting búsqueda de trabajo.

job losses pérdida de puestos de trabajo.

job lot lote m mixto a precio de saldo.

job satisfaction satisfacción f profesional.

job security seguridad f en el trabajo.

jobs for the boys amiguismo, enchufismo.

job sharing empleo compartido.

Job [dʒəʊb] n Job.

jobber ['dʒɒbəʳ] n GB corredor,-ra de bolsa.

jobbing ['dʒɒbɪŋ] adj GB que trabaja a destajo: a jobbing plumber un fontanero que trabaja a destajo.

jobless ['dʒɒbləs] adj parado,-a.

■ the jobless los parados mpl.

joblessness ['dʒɒbləsnəs] n desempleo.

Jo'burg ['dʒəʊbɜːg] n fam Johanesburgo.

jock [dʒɒk] n US fam pej deportista mf (universitario,-a).

jockey ['dʒɒkɪ]

1 n jockey m.

2 vt persuadir: we finally managed to jockey them into signing the contract por fin pudimos convencerles para que firmaran el contrato.

✦ to jockey for position maniobrar para colocarse en buena posición.

jockstrap ['dʒɒkstræp] n suspensorio.

jocose [dʒəˈkəʊs] adj jocoso,-a.

jocosely [dʒəˈkəʊslɪ] adv jocosamente.

jocoseness [dʒəˈkəʊsnəs] n jocosidad f.

jocosity [dʒəˈkɒsɪtɪ] n jocosidad f.

jocular ['dʒɒkjələʳ] adj (person) gracioso,-a; (comment) humorístico,-a.

jocularity [dʒɒkjəˈlærɪtɪ] n gracia.

jocularly ['dʒɒkjələlɪ] adv jocosamente.

jocund ['dʒɒkənd] adj LIT jocundo.

jocundity [dʒəʊˈkʌndɪtɪ] n LIT jocundidad f.

jodhpurs ['dʒɒdpəz] npl pantalones mpl de montar.

Joe [dʒəʊ] n (diminutive of Joseph) Pepe.

■ Joe Bloggs/Joe Public GB fam el hombre de la calle.

jog [dʒɒg]

1 n (push) empujoncito, sacudida.

2 n (pace) trote m.

3 vt empujar, sacudir.

4 vi hacer footing.

✦ at a jog trot a trote corto.

to go for a jog (ir a) hacer footing.

to jog somebody's memory refrescarle la memoria a alguien.

jogger ['dʒɒgəʳ] n persona que hace footing.

jogging ['dʒɒgɪŋ] n footing m.

✦ to go jogging hacer footing.

joggle ['dʒɒgəl] vt menear.

Johannesburg [dʒəʊˈhænəzbɜːg] n Johanesburgo.

john [dʒɒn] n US wáter m.

John [dʒɒn] n Juan.

■ John Doe US el hombre de la calle.

John Dory (fish) gallo, pez m de San Pedro.

John Hancock US firma, autógrafo.

John the Baptist San Juan Bautista.

johnny ['dʒɒnɪ] (rubber) johnny n GB sl condón m, goma.

▲ pl johnnies.

joie de vivre [ʒwɑːdəˈvɪvrə] n alegría de vivir.

join [dʒɔɪn]

1 vt (bring together) juntar, unir.

2 vt (connect) unir, conectar: the two cities are joined by a bridge las dos ciudades están unidas por un puente.

3 vt (company etc) incorporarse a: Mr Osuna joined the company last year el Sr Osuna se incorporó a la empresa el año pasado.

4 vt (armed forces) alistarse en; (police) ingresar en.

5 vt (club) hacerse socio,-a de.

6 vt (party) afiliarse a, ingresar en.

7 vt (be with somebody) reunirse con, unirse a: would you like to join us for the evening? ¿les gustaría pasar la tarde con nosotros?; will you join me in a whisky? ¿quiere tomar un whisky conmigo?

8 vi juntarse, unirse.

9 vi (rivers) confluir; (roads) juntarse, empalmar.

10 n juntura: you can't see the join no se ve la juntura.

▸ to join in

1 vi participar.

2 vt insep (debate) intervenir en.

to join up vi alistarse.

✦ join the club! ¡ya somos dos etc!

to join battle with trabar batalla con.

to join forces aunar esfuerzos.

to join forces with somebody unirse a alguien.

to join hands cogerse de las manos.

joiner ['dʒɔɪnəʳ] n carpintero que se dedica a puertas, ventanas etc.

joinery ['dʒɔɪnərɪ] n carpintería.

joint [dʒɔɪnt]

1 n junta, juntura, unión f; (wood) ensambladura.

2 n ANAT articulación f.

3 n CULIN (raw) corte m de carne para asar; (when cooked) asado.

4 n sl (drugs) porro.

5 n sl (place) antro, tugurio.

6 adj colectivo,-a, mutuo,-a.

7 vt CULIN descuartizar.

✦ to put out of joint (elbow, shoulder etc) dislocar: she put her shoulder out of joint se dislocó el hombro.

to put somebody's nose out of joint disgustar a alguien, molestar a alguien.

■ joint account cuenta conjunta, cuenta indistinta.

joint owner copropietario,-a.

joint ownership copropiedad f.

joint resolution resolución f conjunta.

jointed ['dʒɔɪntɪd]

1 adj articulado,-a.

2 adj (chicken etc) cortado,-a a piezas.

jointly ['dʒɔɪntlɪ] adv conjuntamente.

joint-stock company ['dʒɔɪntˈstɒk ˈkʌmpənɪ] n sociedad f anónima.

joist [dʒɔɪst] n vigueta.

joke [dʒəʊk]

1 n chiste m: shall I tell you a joke? ¿te cuento un chiste?

2 n (practical) broma: John can't take a joke John no aguanta una broma.

3 n (person) payaso.

4 vi bromear.

✦ it's no joke (not funny) no tiene gracia; (difficult, serious) no es ningún chiste, no es para reírse.

to be beyond a joke pasar de castaño oscuro.

to be joking estar de broma.

to crack a joke contar un chiste.

to joke about something reírse de algo.

to make a joke of something reírse de algo.

to play a joke on somebody gastar una broma a alguien.

to tell a joke contar un chiste.

you must be joking! ¡venga ya!

joker ['dʒəʊkəʳ]

1 n bromista mf: some joker put salt in the sugar algún gracioso ha puesto sal en el azúcar.

2 n (card) comodín m.

3 n fam idiota mf.

- **the joker in the pack** un elemento desconocido.

jokey ['dʒəʊkɪ] *adj* gracioso,-a.

joking ['dʒəʊkɪŋ] *n* bromas *fpl*.
+ **joking apart** bromas aparte.

jokingly ['dʒəʊkɪŋlɪ] *adv* en broma, de broma.

jollification [dʒɒlɪfɪˈkeɪʃən] *n* jolgorio, festividades *fpl*.

jollily ['dʒɒlɪlɪ] *adv* alegremente.

jollity ['dʒɒlɪtɪ] *n* alegría.

jolly ['dʒɒlɪ]
1 *adj (cheerful)* alegre, animado,-a: she was a very jolly person era una persona muy animada.
2 *adj dated (amusing)* divertido,-a: we had a terribly jolly time nos divertimos muchísimo.
3 *adv GB fam* muy: it's jolly difficult es la mar de difícil; they played jolly well jugaron fenomenal.
▶ **to jolly along** *vt sep* dar ánimos a, animar.
   to jolly up *vt sep* alegrar, animar.
+ **jolly well** decididamente: if you don't leave right now, I'll jolly well call the police si no te vas ya, te juro que llamaré a la policía; don't answer me back, you'll jolly well do as I say! ¡no me repliques, harás lo que yo te diga!
- **Jolly Roger** bandera pirata, bandera negra.
▲ *(adjetivo) comp* **jollier**, *superl* **jolliest**; *(verbo) pt & pp* **jollied**, *ger* **jollying**.

jolt [dʒəʊlt]
1 *n* sacudida.
2 *n (fright)* susto.
3 *vt* sacudir.
4 *vi* dar tumbos.
5 *vt fig* dar un choque a: I was jolted out of my daydreams by a loud noise un fuerte ruido me sacó de mis ensoñaciones; he was jolted into action by the terrible news la terrible noticia hizo que se pusiera en acción.

Joneses ['dʒəʊnzɪz] to keep up with the Joneses *phr* no ser menos que el vecino.

Jordan ['dʒɔːdən]
1 *n (country)* Jordania.
2 *n (river)* el Jordán *m*.

Jordanian [dʒɔːˈdeɪnɪən]
1 *adj* jordano,-a.
2 *n* jordano,-a.

joss stick ['dʒɒsstɪk] *n* varita de incienso.

jostle ['dʒɒsəl]
1 *vt* empujar.
2 *vi* dar empujones: the crowds jostled to get into the stadium el gentío daba empujones para entrar en el estadio.
3 *vi fig* competir.

jot [dʒɒt]
1 *n* pizca: there isn't a jot of truth in it no hay pizca de verdad en esto; I don't care a jot me importa un bledo.
2 *vt* apuntar, anotar.

▶ **to jot down** *vt sep* apuntar.
▲ *pt & pp* **jotted**, *ger* **jotting**.

jotter ['dʒɒtər] *n GB* bloc *m*.

jottings ['dʒɒtɪŋz] *npl* apuntes *mpl*.

joule [dʒuːl] *n* julio.

journal ['dʒɜːnəl]
1 *n (magazine)* revista.
2 *n (diary)* diario.

journalese [dʒɜːnəlˈiːz] *n* lenguaje *m* periodístico.

journalism ['dʒɜːnəlɪzəm] *n* periodismo.

journalist ['dʒɜːnəlɪst] *n* periodista *mf*.

journalistic [dʒɜːnəˈlɪstɪk] *adj* periodístico,-a.

journey ['dʒɜːnɪ]
1 *n* viaje *m*: it's a 100 mile journey es un viaje de 100 millas.
2 *vi* viajar.
+ **to break a journey in ...** hacer escala en ...
   to go on a journey hacer un viaje.

journeyman ['dʒɜːnɪmən] *n* jornalero.
▲ *pl* **journeymen** ['dʒɜːnɪmən].

joust [dʒaʊst] *vi HIST* justar, justear.

Jove [dʒəʊv] *n* Jove, Júpiter.
+ **by Jove!** ¡por Dios!

jovial ['dʒəʊvɪəl] *adj* jovial, alegre.

joviality [dʒəʊvɪˈælətɪ] *n* jovialidad *f*.

jovially ['dʒəʊvɪəlɪ] *adv* jovialmente, con jovialidad.

jowl [dʒaʊl] *n (cheek)* carrillo.

joy [dʒɔɪ]
1 *n* alegría, júbilo: her face was a picture of joy estaba radiante de alegría; he's a joy to work with da gusto trabajar con él.
2 *n fam (satisfaction)* satisfacción *f*, *(luck)* suerte *f*, *(success)* éxito *m*: you can complain all you like, but you'll get no joy quéjate todo lo que quieras, pero no te servirá de nada.

joyful ['dʒɔɪfʊl] *adj* jubiloso,-a, alegre.

joyfully ['dʒɔɪfʊlɪ] *adv* con júbilo, alegremente.

joyfulness ['dʒɔɪfʊlnəs] *n* alegría.

joyless ['dʒɔɪləs] *adj* triste.

joylessly ['dʒɔɪləslɪ] *adv* tristemente, sin alegría.

joylessness ['dʒɒɪləsnəs] *n* tristeza.

joyous ['dʒɔɪəs] *adj lit* alegre.

joyously ['dʒɔɪəslɪ] *adv lit* con alegría, alegremente.

joyride ['dʒɔɪraɪd] *n fam* paseo en un coche robado.

joyrider ['dʒɔɪraɪdər] *n fam* persona que se da un paseo en un coche robado.

joyriding ['dʒɔɪraɪdɪŋ] *n fam* darse un paseo en un coche robado.

joystick ['dʒɔɪstɪk]
1 *n AV* palanca de mando.
2 *n COMPUT* joystick *m*.

JP ['dʒeɪ'piː] *abbr* (**Justice of the Peace**) juez *mf* de paz.

Jr ['dʒuːnɪər] *abbr US* (**junior**) hijo.

jubilant ['dʒuːbɪlənt] *adj* radiante de alegría.

jubilantly ['dʒuːbɪləntlɪ] *adv* con júbilo, jubilosamente.

jubilation [dʒuːbɪˈleɪʃən] *n* júbilo.

jubilee ['dʒuːbɪliː]
1 *n* festejos *mpl*.
2 *n (anniversary)* aniversario.
- **diamond jubilee** sesenta aniversario.
   golden jubilee cincuenta aniversario.
   silver jubilee veinticinco aniversario.

Judaea [dʒuːˈdɪə] *n* Judea.

Judaean [dʒuːˈdɪən]
1 *adj* judío,-a.
2 *n* judío,-a.

Judah ['dʒuːdə] *n* Judá *f*.

Judaic [dʒuːˈdeɪk] *adj* judaico,-a.

Judaism ['dʒuːdeɪɪzəm] *n* judaísmo.

Judas ['dʒuːdəs] *n* Judas.
- **Judas tree** árbol *m* del amor, árbol *m* de Judas, ciclamor *m*.

judder ['dʒʌdər]
1 *vi* vibrar *(violentamente)*.
2 *n* vibración *f (violenta)*.

judge [dʒʌdʒ]
1 *n (man)* juez *m*; *(woman)* juez *f*, jueza.
2 *n (in competition)* jurado, miembro del jurado: the judges' decision is final la decisión del jurado es inapelable.
3 *vt (court case)* juzgar.
4 *vt (calculate)* calcular: it's hard to judge how much we need es difícil calcular cuánto necesitamos.
5 *vt (consider)* considerar: the meat was judged unfit for human consumption la carne se consideró no apta para el consumo humano.
6 *vt (competition)* hacer de jurado en: the competition was judged by my mother mi madre hizo de jurado en el concurso.
+ **judging from ...** a juzgar por ...
   to be a good judge of ... ser buen,-a conocedor,-ra de ..., entender mucho de ...
   to be a good judge of character saber juzgar a la gente.
   to judge by ... a juzgar por ...

judgement ['dʒʌdʒmənt]
1 *n (ability)* (buen) juicio, (buen) criterio.
2 *n (opinion)* juicio, opinión *f*: my personal judgement is that ... mi opinión es que ...; in my judgement ... a mi juicio ...
3 *n (decision)* fallo.
4 *n (criticism)* crítica.
+ **against my** *(his etc)* **better judgement** a pesar de mis *(sus etc)* reservas.
   to reserve judgement reservarse la opinión.
   to pass judgement on ... *(in court)* pronunciar sentencia sobre ...; *(give opinion)* pronunciarse sobre ..., opinar sobre ...
   to sit in judgement on ... erigirse en juez de ..., juzgar a ...

- error of judgement error *m* de cálculo.
judgement day día *m* del juicio.
Last Judgement juicio final.
▲ *También se escribe judgment.*

judgemental [dʒʌdʒ'mentəl] *adj* crítico,-a.
▲ *También se escribe judgmental.*

judgment ['dʒʌdʒmənt] *n* → **judgement**.

judgmental [dʒʌdʒ'mentəl] *adj* → **judgemental**.

judicature ['dʒuːdɪkətʃə] *n* judicatura.

judicial [dʒuː'dɪʃəl] *adj* judicial.
- **judicial inquiry** investigación *f* judicial.

judicially [dʒuː'dɪʃəlɪ] *adv* judicialmente.

judiciary [dʒuː'dɪʃərɪ] *n* judicatura.

judicious [dʒuː'dɪʃəs] *adj* juicioso,-a, sensato,-a, prudente.

judiciously [dʒuː'dɪʃəslɪ] *adv* prudentemente.

judiciousness [dʒuː'dɪʃəsnəs] *n* (buen) juicio, prudencia.

judo ['dʒuːdəʊ] *n* yudo, judo.

jug [dʒʌg]
1 *n* jarra, jarro.
2 *n sl (prison)* chirona.
3 *vt CULIN* estofar.
4 **jugs** *npl sl (breasts)* cántaros *mpl*, tetas *fpl*.

jugful ['dʒʌgfʊl] *n* jarra: I drank a jugful of milk me bebí una jarra (entera) de leche.

juggernaut ['dʒʌgənɔːt] *n GB* camión *m* pesado.

juggle ['dʒʌgəl]
1 *vi* hacer juegos malabares (**with**, con).
2 *vi fig (figures etc)* jugar (**with**, con).

juggler ['dʒʌglə] *n* malabarista *mf*.

jugular ['dʒʌgjələ]
1 *adj* yugular.
2 *n* yugular *f*.
✦ **to go for the jugular** saltarle a alguien a la yugular.
- **jugular vein** vena yugular.

juice [dʒuːs]
1 *n (gen)* jugo.
2 *n (of fruit)* zumo, *AM* jugo.
3 *n fam (petrol)* gasolina; *(electricity)* fuerza, luz *f*.
- **juice extractor** licuadora.

juicer ['dʒuːsə] *n* exprimidera, exprimidor *m*.

juiciness ['dʒuːsɪnəs] *n* jugosidad *f*.

juicy ['dʒuːsɪ]
1 *adj* jugoso,-a.
2 *adj fam (gossip etc)* picante, escabroso,-a.
▲ *comp juicier, superl juiciest.*

jujitsu [dʒuː'dʒɪtsuː] *n* yiu-yitsu *m*, jiu-jitsu *m*.

juju ['dʒuːdʒuː]
1 *n (charm)* talismán *m*.
2 *n (magic)* magia.

jujube ['dʒuːdʒuːb]
1 *n (tree)* azufaifo.
2 *n (pastille)* pastilla de goma.

jukebox ['dʒuːkbɒks] *n* máquina de discos.

Jul [dʒuː'laɪ] *abbr* (**July**) julio.

julep ['dʒuːlɪp] *n* julepe *m*.

July [dʒuː'laɪ] *n* julio.
▲ *Para ejemplos de uso, véase May.*

jumble ['dʒʌmbəl]
1 *n* revoltijo, mezcolanza.
2 *vt* desordenar.
- **jumble sale** rastrillo benéfico.

jumbo ['dʒʌmbəʊ]
1 *adj* gigante.
2 **(jumbo) jet** *n (plane)* jumbo.

jumbo-sized ['dʒʌmbəʊsaɪzd] *adj* gigante.

jump [dʒʌmp]
1 *n* salto: a parachute jump un salto en paracaídas.
2 *n (in prices etc)* salto, aumento importante, disparo: there's been a tremendous jump in profits ha habido un aumento importante de los beneficios.
3 *n (fence)* valla, obstáculo: the horse refused at the first jump el caballo se plantó en el primer obstáculo.
4 *vi* saltar: she jumped out of the window saltó por la ventana.
5 *vi (rise sharply)* dar un salto: inflation jumped 2% last month la inflación dio un salto de un 2% el mes pasado.
6 *vt* saltar: he tried to jump the wall, but it was too high intentó saltar el muro, pero era demasiado alto.
▶ **to jump at** *vt insep* aceptar sin pensarlo: when they offered him the job, he jumped at it cuando le ofrecieron el trabajo lo aceptó sin pensar.
✦ **to give somebody a jump** pegar un susto a alguien.
to jump down somebody's throat saltar a alguien, echársele encima a alguien.
to jump for joy saltar de alegría.
to jump out of one's skin pegarse un susto de muerte.
to jump rope *US* saltar a la comba.
to jump the gun precipitarse, adelantarse.
to jump the lights saltarse el semáforo en rojo.
to jump the queue colarse.
to jump the rails descarrilar.
to jump to conclusions llegar a conclusiones precipitadas.
to keep one jump ahead of somebody ir un paso por delante de alguien.
to make somebody jump dar un susto a alguien.
- **jump leads** cables *mpl* de emergencia.
jump seat asiento plegable.
jump suit mono.

jumped-up ['dʒʌmptʌp] *adj* presuntuoso,-a.

jumper¹ ['dʒʌmpə]
1 *n GB* jersey *m*.
2 *n US (skirt)* pichi *m*.

jumper² ['dʒʌmpə] *n SP* saltador,-ra.

jumpiness ['dʒʌmpɪnəs] *n* nerviosismo.

jumping-off [dʒʌmpɪŋ'ɒf] **jumping-off place/jumping-off point** *n* punto de partida.

jumpy ['dʒʌmpɪ] *adj* nervioso,-a.
▲ *comp jumpier, superl jumpiest.*

Jun¹ [dʒuːn] *abbr* (**June**) junio.

Jun² ['dʒuːnɪə] *abbr* (**junior**) hijo.

junction ['dʒʌŋkʃən]
1 *n (railways)* empalme *m*.
2 *n (roads)* cruce *m*.
3 *n (motorway - entry)* acceso; *(- exit)* salida.
- **junction box** caja de empalmes.

juncture ['dʒʌŋktʃə] *n* coyuntura.
✦ **at this juncture** en esta coyuntura.

June [dʒuːn] *n* junio.
▲ *Para ejemplo de uso, véase May.*

jungle ['dʒʌŋgəl] *n* selva, jungla.

junior ['dʒuːnɪə]
1 *adj (in rank)* subalterno,-a.
2 *adj (in age)* menor, más joven.
3 *adj US (after name)* hijo: Cyrus P. Doberman, Jr. Cyrus P. Doberman, hijo.
4 *n (in rank)* subalterno,-a.
5 *n (in age)* menor *mf*: she is three years my junior tiene tres años menos que yo.
6 *n GB* alumno,-a de EGB.
7 *n US* hijo: where's your mom, Junior? ¿dónde está tu mamá, hijo?
- **junior college** *US* colegio universitario para los dos primeros cursos.
junior high school *US* instituto de enseñanza secundaria.
junior minister *GB* subsecretario,-a.
junior school *GB* escuela primaria.

juniper ['dʒuːnɪpə] *n* enebro.
- **juniper berry** nebrina.

junk¹ [dʒʌŋk] *n* trastos *mpl*.
- **junk food** comida basura.
junk mail correo basura.
junk shop chamarilería.

junk² [dʒʌŋk] *n (boat)* junco.

junket ['dʒʌŋkɪt]
1 *n (dessert)* postre *m* de leche cuajada.
2 *n fam (trip)* viaje de lujo pagado con dinero público.
3 *vi* ir de juerga.

junketing ['dʒʌŋkɪtɪŋ] *n fam* juergas *fpl*.

junkie ['dʒʌŋkɪ] *n sl* yonqui *mf*.

junkyard ['dʒʌŋkjɑːd] *n* chatarrería.

junta ['dʒʌntə] *n POL* junta (militar).

Jupiter ['dʒuːpɪtə] *n* Júpiter *m*.

Jurassic [dʒʊ'ræsɪk] *adj* jurásico,-a.

juridical [dʒʊ'rɪdɪkəl] *adj* jurídico,-a.

jurisdiction [dʒʊərɪs'dɪkʃən] *n* jurisdicción *f*.

jurisdictional [dʒʊərɪs'dɪkʃənəl] *adj* jurisdiccional.

jurisprudence [dʒʊərɪs'pruːdəns] *n* jurisprudencia.

jurist ['dʒʊərɪst] *n* jurista *mf*.

juror ['dʒʊərə] *n* jurado.

jury ['dʒʊərɪ] *n* jurado.

✦ **to sit on a jury** ser miembro de un jurado.
to do jury service formar parte de un jurado popular.
▪ **jury box** tribuna del jurado.
▲ *pl* **juries**.

juryman ['dʒʊərɪmən] *n* jurado, miembro del jurado.
▲ *pl* **jurymen** ['dʒʊərɪmən].

jurywoman ['dʒʊərɪwʊmən] *n* jurado.
▲ *pl* **jurywomen** ['dʒʊərwɪmɪn].

just¹ [dʒʌst]
1 *adj (fair)* justo,-a: **a just man** un hombre justo.
2 *adj (justifiable)* fundado,-a, justificado, -a: **just criticism** una crítica justificada.
3 *adj (deserved)* merecido,-a.
✦ **to get one's just desserts** llevar su merecido.

just² [dʒʌst]
1 *adv (exactly)* exactamente, precisamente, justo: **just as I expected** tal como esperaba; **just as you like** como quieras; **just over there** allí mismo; **this is just what I needed** esto es justo lo que necesitaba.
2 *adv (only)* solamente, solo: **just a moment, please** un momento, por favor; **no sugar for me, please, just milk** no quiero azúcar, gracias, solo leche; **don't worry, it's just a scratch!** ¡no te preocupes, no es más que un rasguño!
3 *adv (barely)* apenas, por poco: **I ran all the way and (only) just caught the bus** fui corriendo y cogí el autobús por poco.
4 *adv (right now)* en este momento: **I'm just finishing it** lo acabo ahora mismo.
5 *adv (simply)* sencillamente: **we could just stay here and wait for her** pues, sencillamente podríamos quedarnos aquí y esperarla.
6 *adv (for emphasis)* **I just don't know** es que no lo sé; **he's just as clever as you are** él es tan inteligente como tú.
7 *adv (used to interrupt)* **just shut up, will you?** ¡cállese, por favor!
8 *adv fam (really)* realmente, verdaderamente: **the weather's just marvellous** hace un tiempo realmente maravilloso.
9 to have just + *pres part phr* acabar de + *infin*: **he has just telephoned** acaba de telefonear.
✦ **just about** prácticamente.
just as well menos mal.
just in case por si acaso.
just like that! ¡sin más!
just so *(tidy)* ordenado,-a, arreglado, -a; *(as a reply)* sí, exactamente.
just then en ese momento.
just the same *(not different)* exactamente igual; *(nevertheless)* sin embargo, no obstante.
just the thing justo lo que hacía falta.

justice ['dʒʌstɪs]
1 *n* justicia.
2 *n (judge - man)* juez *m*; *(- woman)* juez *f*, jueza.
✦ **to bring to justice** llevar ante los tribunales.
to do justice to somebody hacer justicia a alguien.
▪ **Justice of the Peace** juez *mf* de paz.

justifiable [dʒʌstɪ'faɪəbəl] *adj* justificable.

justifiably [dʒʌstɪ'faɪəblɪ] *adv* con razón.

justification [dʒʌstɪfɪ'keɪʃən] *n* justificación *f*.

justified ['dʒʌstɪfaɪd] *adj* justificado,-a.

justify ['dʒʌstɪfaɪ] *vt* justificar.
▲ *pt & pp* **justified**, *ger* **justifying**.

justly ['dʒʌstlɪ] *adv* justamente, con razón, con justicia.

justness ['dʒʌstnəs] *n* justicia.

jut [dʒʌt] *vi* sobresalir, proyectarse.
▲ *pt & pp* **jutted**, *ger* **jutting**.

jute [dʒuːt] *n* yute *m*.

Jute [dʒuːt] *n (person)* yuto,-a.

juvenile ['dʒuːvənaɪl]
1 *adj* juvenil.
2 *adj (childish)* infantil.
3 *n* menor *mf*.
▪ **juvenile court** tribunal *m* (tutelar) de menores.
juvenile delinquency delincuencia juvenil.
juvenile delinquent delincuente *mf* juvenil.

juxtapose ['dʒʌkstəpəʊz] *vt* yuxtaponer.

juxtaposition [dʒʌkstəpə'zɪʃən] *n* yuxtaposición *f*.

K, k [keɪ] *n (the letter)* K, k *f.*

kaftan [ˈkæftæn] *n* caftán *m.*

Kaiser [ˈkaɪzəʳ] *n* káiser *m.*

kale [keɪl] *n* col *f* rizada.

kaleidoscope [kəˈlaɪdəskəʊp] *n* calidoscopio.

kaleidoscopic [kəlaɪdəˈskɒpɪk] *adj* calidoscópico,-a.

kamikaze [kæmɪˈkɑːzɪ]
  1 *n* kamikaze *m.*
  2 *adj* kamikaze.

Kampuchea [kæmpuˈtʃɪə] *n* Kampuchea.

Kampuchean [kæmpuˈtʃɪən]
  1 *adj* kampucheo,-a.
  2 *n* kampucheo,-a.

kangaroo [kæŋgəˈruː] *n* canguro.
  ■ **kangaroo court** tribunal *m* desautorizado.
  ▲ *pl* kangaroos.

kaolin [ˈkeɪəlɪn] *n* caolín *m.*

kapok [ˈkeɪpɒk] *n* kapok *m.*

kaput [kəˈpʊt] *adj fam* roto,-a, estropeado,-a.

karaoke [kærɪˈəʊkɪ] *n* karaoke *m.*
  ■ **karaoke bar** karaoke *m.*
  karaoke machine karaoke *m.*

karat [ˈkærət] *n US →* **carat.**

karate [kəˈrɑːtɪ] *n* kárate *m.*

karma [ˈkɑːmə] *n* karma *m.*

karst [kɑːst] *n* karst *m.*

karstic [ˈkɑːstɪk] *adj* kárstico,-a.

kart [kɑːt] *n* kart *m.*
  ▲ *Es marca registrada.*

karting [ˈkɑːtɪŋ] *n* kárting *m.*

kasbah [ˈkæzbɑː] *n* casba, casbah *f.*

Kashmir [kæʃˈmɪəʳ] *n* Cachemira.

Kashmiri [kæʃˈmɪərɪ]
  1 *adj* cachemir.
  2 *n* cachemir *mf.*

Kathmandu [kætmænˈduː] *n →* **Katmandu.**

Katmandu [kætmænˈduː] *n* Katmandú.

kayak [ˈkaɪæk] *n* kayac *m.*

Kazakh [kæˈzæk]
  1 *adj* kazajio,-a.
  2 *n (person)* kazajio,-a.
  3 *n (language)* kazajio.

Kazakhstan [kæzækˈstæn] *n* Kazajstán.

kazoo [kəˈzuː] *n* mirlitón *m.*
  ▲ *pl* kazoos.

KC [ˈkeɪˈsiː] *abbr GB* (**King's Counsel**) abogado,-a del estado.

kebab [kɪˈbæb] *n* pincho moruno, broqueta.

kedgeree [ˈkedʒəriː] *n plato de pescado, arroz y huevo duro.*

keel [kiːl] *n* quilla.
  ▸ **to keel over** *vi (ship)* zozobrar; *(person)* desplomarse.
  ✦ **on an even keel** en equilibrio.

keen¹ [kiːn]
  1 *adj (eager)* entusiasta, aficionado,-a: he's a very keen pupil es un alumno muy entusiasta; she's a keen tennis player es muy aficionada al tenis; the children are keen to go to the circus los niños tienen muchas ganas de ir al circo.
  2 *adj (sharp - mind, senses etc)* agudo,-a, vivo,-a; *(- look)* penetrante; *(- wind)* cortante; *(- edge, point)* afilado,-a.
  3 *adj (feeling)* profundo,-a, intenso,-a.
  4 *adj (competition)* fuerte, reñido,-a.
  5 *adj (price)* competitivo,-a.
  ✦ **to be as keen as mustard** ser muy entusiasta.
    to be keen on something ser aficionado,-a a algo, gustarle algo a alguien: she's very keen on the idea le entusiasma la idea.
    to be keen on somebody gustarle alguien a alguien: he's very keen on your sister le gusta mucho tu hermana.
    to take a keen interest in mostrar un gran interés por.

keen² [kiːn]
  1 *n canción fúnebre acompañada de lamentaciones.*
  2 *vi llorar la pérdida de una persona de esta manera.*

keenly [ˈkiːnlɪ] *adv (feel)* profundamente, intensamente; *(look)* atentamente; *(work)* con entusiasmo, con interés: a keenly contested race una carrera muy reñida.

keenness [ˈkiːnnəs]
  1 *n (eagerness)* entusiasmo, interés *m*, afición *f.*
  2 *n (sharpness)* agudeza; *(competition)* fuerza.

keep [kiːp]
  1 *n (board)* sustento, mantenimiento: to earn one's keep ganarse el pan.
  2 *n (of castle)* torreón *m*, torre *f* del homenaje.
  3 *vt (not throw away)* guardar: I kept all your letters guardé todas tus cartas.
  4 *vt (not give back)* quedarse con: you can keep that book I lent you quédate con aquel libro que te dejé; keep the change quédese con el cambio.
  5 *vt (have)* tener; *(carry)* llevar: you should always keep paper and pencil handy siempre hay que tener a mano lápiz y papel; I keep a spare pair of glasses in the car llevo unas gafas de recambio en el coche.
  6 *vt (look after, save)* guardar: can you keep me a loaf of bread for Friday? ¿me guarda una barra de pan para el viernes?; John kept my place while I made a phone call John me guardó el sitio mientras hacía una llamada.
  7 *vt (put away, store)* guardar: where do you keep the glasses? ¿dónde guardas los vasos?; I always keep a little brandy for emergencies siempre guardo un poco de coñac para una emergencia.
  8 *vt (reserve)* reservar: I keep this whisky for special occasions reservo este whisky para las ocasiones especiales.
  9 *vt (detain)* retener, hacer esperar; *(hold up)* entretener: they kept her in hospital overnight la retuvieron en el hospital toda la noche; she kept me talking for hours me entretuvo hablando durante horas; what kept you? ¿cómo es que llegas tan tarde?; sorry to keep

you waiting discúlpeme por hacerle esperar.

10 *vt (shop, hotel etc)* tener, llevar: **they keep a small hotel on the coast** tienen un pequeño hotel en la costa.

11 *vt (have in stock)* tener, vender: **I'm afraid we don't keep cigars** lo siento, pero no vendemos puros.

12 *vt (support)* mantener: **I don't know how they manage to keep a family on their wage** no sé cómo pueden mantener una familia con lo que ganan.

13 *vt (animals)* tener: **children love keeping pets** a los niños les encanta tener animales de compañía; **our eggs are really fresh, we keep our own hens** nuestros huevos son fresquísimos, tenemos gallinas.

14 *vt (promise)* cumplir: **promises are made to be kept** las promesas se deben cumplir.

15 *vt (secret)* guardar: **can you keep a secret?** ¿sabes guardar un secreto?

16 *vt (appointment)* acudir a, no faltar a: **please 'phone if you are unable to keep your appointment** por favor, llame si no puede acudir a la visita.

17 *vt (order)* mantener: **teachers must keep order in their classes** los profesores deben mantener el orden en sus clases.

18 *vt (tradition)* observar: **many old traditions are not kept nowadays** muchas tradiciones antiguas ya no se observan.

19 *vt (with adj, verb, etc)* mantener: **these doors must be kept locked** estas puertas deben mantenerse cerradas; **the stove keeps the whole house warm** la estufa mantiene la casa caliente toda la casa; **this game will keep the children amused** este juego entretendrá a los niños; **this yoghurt must be kept cold** este yogur debe conservarse en frío.

20 *vi (do repeatedly)* no dejar de; *(do continuously)* seguir, continuar: **I keep thinking about her** no dejo de pensar en ella; **don't keep interrupting me!** ¡deja de interrumpirme!; **she was exhausted but kept swimming** estaba agotada pero siguió nadando; **keep trying until you succeed** sigue intentándolo hasta que lo consigas.

21 *vi (stay fresh)* conservarse: **this food will keep for five days in the fridge** esta comida se conserva durante cinco días en la nevera; **I've got some news for you, but it'll keep till tomorrow** tengo algo que decirte, pero puede esperar hasta mañana.

22 *vi (continue in direction)* continuar, seguir: **keep left/right** circula por la izquierda/derecha; **keep to the path** no abandonar el sendero.

23 *vi (with adj, verb etc)* quedarse, permanecer: **please keep quiet** cállese por favor; **keep still!** ¡estáte quieto!;

we must keep calm debemos mantener la calma.

▸ **to keep at** *vt insep (work, study etc)* perseverar en algo; *(person)* no dejar en paz, machacar: **keep at it!** ¡persevera!; **she kept at him until he gave her back her money** lo estuvo machacando hasta que le devolvió el dinero.

to keep away

1 *vt sep* mantener a distancia (**from**, de), no dejar a uno acercarse (**from**, a): **keep plastic bags away from children** mantenga las bolsas de plástico fuera del alcance de los niños.

2 *vi* mantenerse a distancia, evitar contacto con: **keep away from the fire** manténganse alejados del fuego.

to keep back

1 *vt sep (money etc)* retener, guardar; *(information)* ocultar, no revelar; *(emotions)* contener: **the press kept back the identity of the victim** la prensa no reveló el nombre de la víctima.

2 *vt sep (enemy)* tener a raya; *(work, progress etc)* estorbar, impedir: **I don't want to keep you back from your work** no quiero impedir que trabajes.

3 *vt sep* mantener atrás, contener: **the police could not keep the crowd back** la policía no podía contener la multitud.

4 *vi* mantenerse atrás, alejarse: **children! keep back from the edge!** ¡niños! ¡alejaos del borde!

to keep down

1 *vt sep (oppress)* oprimir, sujetar; *(price, voice)* mantener bajo; *(growth, spending)* limitar, controlar; *(food)* mantener en el estómago: **the government has failed to keep down inflation** el gobierno no ha podido controlar la inflación.

2 *vi (lie low)* agacharse, no levantar la cabeza.

to keep from *vt insep (refrain from)* abstenerse de, guardarse de: **I couldn't keep from laughing** no pude contener la risa.

to keep in

1 *vt sep (gen)* no dejar salir; *(in school)* hacer quedar.

2 *vt sep (feelings)* contener.

3 *vt sep (pay for)* costear, pagar: **he doesn't earn enough to keep his wife in hats** no gana para pagar los sombreros de su mujer.

to keep in with *vi* mantener buenas relaciones con.

to keep off

1 *vi (stay away)* mantenerse a distancia; *(of rain)* no llover: **if the rain keeps off, we'll be able to play tennis** si no llueve, podremos jugar a tenis.

2 *vt sep (make stay away)* no dejar entrar, no dejar acercarse; *(avoid)* no tocar, no hablar de: **keep that dog off!** ¡no dejes que se acerque el pe-

rro!; **"Keep off the grass"** "No pisar la hierba"; **try to keep him off that subject** procura que no hable de aquel tema.

to keep on

1 *vi* seguir, continuar.

2 *vt sep (clothes)* no quitarse.

to keep on about *vi* insistir en, no parar de hablar de.

to keep on at *vt insep* no dejar en paz, machacar: **keep on at him until he pays you** no lo dejes en paz hasta que te pague.

to keep out

1 *vt sep* no dejar entrar, no dejar pasar.

2 *vi* no entrar.

to keep out of *vi (place)* no entrar en; *(affair)* no meterse en.

to keep to *vt insep (rules)* atenerse a, cumplir; *(path)* no dejar, no salir de.

to keep together *vi* mantenerse juntos, -as, no separarse.

to keep under *vt sep* tener subyugado.

to keep up

1 *vt sep (gen)* mantener, seguir.

2 *vt sep (from sleeping)* mantener despierto, -a, tener en vela.

3 *vt sep (not fall behind)* aguantar el ritmo.

4 *vt sep (stay in touch)* mantenerse al día.

to keep up with

1 *vt insep (not fall behind)* seguir: **I can't keep up with you, you run too fast** no te puedo seguir, corres demasiado.

2 *vt insep (be aware of)* mantenerse al corriente de: **there are so many changes I can't keep up with them** hay tantos cambios que no puedo mantenerme al día.

3 *vt insep (stay in touch)* mantener el contacto con: **we still keep up with each other** aún estamos en contacto.

◆ **for keeps** para siempre.

how are you keeping? ¿cómo estás?

keep it up! ¡ánimo!

keep the change quédese con la vuelta.

to keep going seguir (adelante).

to keep one's head no perder la cabeza.

to keep quiet callarse, no hacer ruido.

to keep somebody company hacerle compañía a alguien.

to keep somebody from doing something impedir que alguien haga algo.

to keep something from somebody ocultar algo a alguien.

to keep something clean conservar algo limpio, -a.

to keep something to oneself no decir algo, guardar algo para sí.

to keep oneself to oneself ser discreto, -a.

you can't keep a good man down los buenos siempre salen adelante.

▲ *pt & pp* **kept** [kept].

keeper [ˈki:pəˈ]
 1 *n (in zoo)* guardián,-ana.
 2 *n (in park)* guarda *mf*.
 3 *n (in museum)* conservador,-ra; *(in archives)* archivador,-ra.
 ✦ **I am not my brother's keeper** no soy guardián de mi hermano.

keep-fit [ki:pˈfɪt] *n SP* ejercicios *mpl* de mantenimiento, mantenimiento.

keeping [ˈki:pɪŋ] *n* cuidado, custodia: he left his keys in his mother's keeping le dejó las llaves a su madre; I entrusted the money to John for safe keeping confié el dinero a John para mayor seguridad.
 ✦ **in keeping with** conforme a, en armonía con.
  out of keeping with en desacuerdo con.

keepsake [ˈki:pseɪk] *n* recuerdo.

kefir [ˈkefɪə] *n* kéfir *m*.

keg [keg] *n* barrilete *m*, cuñete *m*.
 ▪ **keg beer** cerveza de barril.

kelp [kelp] *n* alga *(especialmente del género Laminaria)*.

ken [ken]
 1 *n* conocimiento.
 2 *vt (Scot)* saber, conocer.
 ✦ **beyond one's ken** incomprensible para uno.

kendo [ˈkendəʊ] *n* kendo.

kennel [ˈkenəl]
 1 *n* caseta del perros.
 2 **kennels** *npl (boarding)* residencia *f sing* canina.

Kenya [ˈkenjə] *n* Kenia.

Kenyan [ˈkenjən]
 1 *adj* keniano,-a.
 2 *n* keniano,-a.

kepi [ˈkeɪpi] *n* quepis *m*.

kept [kept] *pt & pp* → **keep.**
 ▪ **kept woman** mantenida.

kerb [kɜ:b] *n* bordillo.

kerb-crawler [ˈkɜ:bkrɔ:ləˈ] *n persona que busca una prostituta desde su coche.*

kerb-crawling [ˈkɜ:bkrɔ:lɪŋ] *n acción de circular despacio junto al bordillo en busca de una prostituta.*

kerchief [ˈkɜ:tʃɪf] *n* pañuelo.

kerfuffle [kəˈfʌfəl] *n fam* bulla, lío, jaleo.

kermes [ˈkɜ:mɪz] *n* quermes *m*.

kermis [ˈkɜ:mɪs] *n* quermés *m*.

kernel [ˈkɜ:nəl]
 1 *n (of nut, fruit)* semilla.
 2 *fig* núcleo, grano.

kerosene [ˈkerəsi:n] *n US* queroseno.
 ▪ **kerosene lamp** lámpara de petróleo.

kestrel [ˈkestrəl] *n* cernícalo vulgar.

ketch [ketʃ] *n* queche *m*, quechemarín *m*.

ketchup [ˈketʃəp] *n* ketchup *m*, catsup *m*.

kettle [ˈketəl] *n* tetera *(para hervir agua)*, hervidor *m*: will you put the kettle on to make some tea? ¿quieres poner el agua a hervir para hacer té?
 ✦ **that's a different kettle of fish** eso es harina de otro costal.

kettledrum [ˈketəldrʌm] *n* timbal *m*.

key¹ [ki:]
 1 *n (of door, car, etc)* llave *f*.
 2 *n (of clock, mechanical)* llave *f*.
 3 *n fig (to problem, map, code)* clave *f*; *(to exercises)* respuestas *fpl*.
 4 *n (on computer, piano, etc)* tecla.
 5 *n MUS (on wind instrument)* llave *f*, pistón *m*; *(set of notes)* clave *f*; *(tone, style)* tono.
 6 *adj* clave, principal: the key word is … la palabra clave es …; tourism is the country's key industry el turismo es la industria principal del país.
 7 *vt* introducir, teclear: she keyed in the data introdujo los datos.
 ▶ **to key to** *vt sep* adaptar: the course is keyed to the needs of the students el curso se adapta a las necesidades de los estudiantes.
 ▪ **key money** entrada.
  key ring llavero.
  key signature armadura.

key² [ki:] *n GEOG* cayo, isleta.

keyboard [ˈki:bɔ:d]
 1 *n* teclado.
 2 **keyboards** *npl* teclados *mpl*.
 ▪ **keyboard player** teclista *mf*.

keyed up [ki:dˈʌp] *adj* nervioso,-a, excitado,-a.

keyhole [ˈki:həʊl] *n* ojo de la cerradura.

keynote [ˈki:nəʊt]
 1 *n* tónica, clave *f*.
 2 *n MUS* tónica.
 ▪ **keynote speech** discurso que da la tónica de un congreso etc.

keystone [ˈki:stəʊn]
 1 *n ARCH* clave *f*.
 2 *n fig* piedra angular.

keyword [ˈki:wɜ:d] *n* palabra clave.

kg [ˈkɪləgræm] *abbr* (**kilogram, kilogramme**) kilo, kilogramo; *(abbreviation)* kg.

khaki [ˈka:kɪ]
 1 *n* caqui *m*.
 2 *adj* caqui.

Khartoum [ka:ˈtu:m] *n* Khartum.

kHz [ˈkɪləhɜ:ts] *abbr* (**kilohertz**) kilohercio, kilohercios; *(abbreviation)* kHz.

kibbutz [kɪˈbʊts] *n* kibutz *m*.

kick [kɪk]
 1 *n (by person)* puntapié *m*, patada: if the door won't open, give it a kick si no se abre la puerta, dale una patada; I gave him a kick up the backside le di una patada en el culo.
 2 *n (sp)* golpe *m*, tiro.
 3 *n (by animal)* coz *f*.
 4 *n fam (pleasure)* diversión *f*, emoción *f*: he gets a kick out of driving fast se divierte conduciendo rápido; she does it just for kicks lo hace solo para divertirse.
 5 *n (new interest)* moda, manía: my mother's on a health-food kick a mi madre le ha dado por comer sano.

 6 *n (of drink)* fuerza: this cocktail's got a real kick to it este cóctel es muy fuerte.
 7 *n (of gun)* culatazo.
 8 *vt (hit ball)* dar un puntapié a, golpear, golpear con el pie; *(score)* marcar: he kicked the ball so hard it broke the net golpeó la pelota tan fuerte que rompió la red.
 9 *vt (hit person)* dar una patada a; *(move legs)* patalear: the boy kicked his sister el niño dio una patada a su hermana.
 10 *vt (by animal)* dar coces a, cocear.
 11 *vt (gun)* dar un culatazo.
 ▶ **to kick against something** *vt insep* protestar contra, reaccionar contra.
  to kick around *vi*
 1 *vi (exist, be there)* andar por ahí.
 2 *vt sep (discuss ideas etc)* dar vueltas a.
  to kick in *vt sep* romper a patadas.
  to kick off
 1 *vi (sp)* sacar, hacer el saque inicial; *(begin)* empezar, comenzar: they kicked off by talking about the fires empezaron hablando de los incendios.
 2 *vt sep (begin)* empezar, comenzar, iniciar.
 3 *vt sep (remove - shoes)* quitarse.
  to kick out *vt sep* echar: they were kicked out of the pub los echaron del pub.
 ✦ **a kick in the teeth** una patada en el estómago.
  to kick a habit quitarse un vicio.
  to kick one's heels rascarse la barriga.
  to kick oneself darse contra la pared.
  to kick somebody when they are down ensañarse con alguien.
  to kick the bucket *fam* estirar la pata.
  to kick up a fuss/kick up a stink *fam* armar un lío, armar un jaleo.

kickback [ˈkɪkbæk]
 1 *n (from gun)* culatazo.
 2 *n (bribe)* soborno.

kickboxing [ˈkɪkbɒksɪŋ] *n* kickboxing *m*, boxeo tailandés.

kick-off [ˈkɪkɒf] *n SP* saque *m* inicial.

kickstand [ˈkɪkstænd] *n* caballete *m*.

kick-start [ˈkɪksta:t]
 1 *n* arranque *m*.
 2 *vt (start engine)* arrancar, poner en marcha; *(begin, launch)* dar un impulso a.

kick-starter [ˈkɪksta:təˈ] *n* pedal *m* de arranque.

kid¹ [kɪd]
 1 *n fam* crío,-a, niño,-a, chico,-a, chaval,-la.
 2 *n (animal)* cabrito.
 3 *n (leather)* cabritilla.
 4 *adj (brother, sister)* menor.
 ✦ **to treat somebody with kid gloves** tratar a alguien con guantes de seda.
  kids' stuff cosas de niños.

kid² [kɪd]
 1 *vt (deceive, tease)* tomar el pelo a, engañar.
 2 *vt (fool oneself)* engañarse a sí mismo, hacerse ilusiones.

3 *vi* estar de broma: **you're kidding!** ¡estás de broma!, ¡no me digas!; **no kidding!** ¡en serio!

kiddie ['kɪdɪ] *n* → **kiddy**.

kiddy ['kɪdɪ] *n* niño,-a.
▲ *pl kiddies.*

kidnap ['kɪdnæp] *vt* secuestrar, raptar.
▲ *pt & pp kidnapped, ger kidnapping.*

kidnapper ['kɪdnæpəʳ] *n* secuestrador,-ra.

kidnapping ['kɪdnæpɪŋ] *n* secuestro.

kidney ['kɪdnɪ] *n* riñón *m*.
▪ **kidney disease** enfermedad *f* renal.
kidney failure fallo renal.
kidney machine riñón *m* artificial.
kidney transplant transplante *m* de riñón.

kill [kɪl]
1 *n (act)* matanza; *(animal)* pieza.
2 *vt* matar, asesinar.
3 *vt fig (hope, conversation etc)* destruir, acabar con; *(pain)* aliviar.
4 *vt (hurt)* doler mucho: **my back's killing me** me duele mucho la espalda.
▸ **to kill off** *vt sep* exterminar, rematar.
✦ **I'll do it if it kills me** lo haré pase lo que pase.
to be in at the kill estar presente en el momento de la verdad.
to kill oneself matarse, suicidarse.
to kill oneself laughing morirse de risa.
to kill time pasar el rato, matar el tiempo.
to kill two birds with one stone matar dos pájaros de un tiro.
to move in for the kill entrar a matar.

killer ['kɪləʳ] *n (person)* asesino,-a; *(thing)* mortal, que mata.
▪ **killer bee** abeja asesina.
killer instinct instinto asesino.
killer whale orca.

killing ['kɪlɪŋ]
1 *n* matanza; *(of person)* asesinato.
2 *adj fig* agotador,-ra, duro,-a.
✦ **to make a killing** ganar una fortuna, hacer el negocio del siglo.

killjoy ['kɪldʒɔɪ] *n* aguafiestas *mf*.

kiln [kɪln] *n* horno.

kilo ['ki:ləʊ] *n* kilo.
▲ *pl kilos.*

kilobyte ['kɪləbaɪt] *n* kilobyte.

kilocalorie ['kɪləkælərɪ] *n* kilocaloría.

kilogram ['kɪləgræm] *n* kilogramo.

kilohertz ['kɪləhɜ:ts] *n* kilohercio.

kiloliter ['kɪləliːtəʳ] *n US* kilolitro.

kilolitre ['kɪləliːtəʳ] *n* kilolitro.

kilometre [kɪ'lɒmɪtəʳ] *n* kilómetro.

kilowatt ['kɪləwɒt] *n* kilowatt *m*, kilovatio.

kilt [kɪlt] *n* falda escocesa.

kimono [kɪ'məʊnəʊ] *n* quimono.
▲ *pl kimonos.*

kin [kɪn] *n* parientes *mpl*, familia.
▪ **next of kin** pariente *m* más próximo.

kind [kaɪnd]
1 *adj (person)* amable: **she is the sweetest, kindest person I know** es la persona más dulce y amable que conozco; **that's very kind of you** eres muy amable.
2 *n (sort)* tipo, género, clase *f*: **what kind of …?** ¿qué clase de …?; **he's the kind who'll look after you** es de ese tipo de personas que te protegerán; **she met all kinds of people** conoció a todo tipo de personas; **it's a kind of fruit** es una clase de fruta.
3 **kind of** *adv* bastante, algo, un poco: **it's kind of difficult** es un poco difícil; **have you finished? —Kind of …** ¿has acabado? —Más o menos; **… and that kind of thing** … y cosas por el estilo.
✦ **nothing of the kind** nada por el estilo.
to be one of a kind ser único,-a.
to be so kind as to … tener la bondad de …, hacer el favor de …, tener la amabilidad de …
to be two of a kind ser tal para cual.
to pay in kind pagar en especie; *(treatment)* pagar con la misma moneda.

kindergarten ['kɪndəgɑ:tən] *n* parvulario, guardería.

kind-hearted [kaɪnd'hɑ:tɪd] *adj* bondadoso,-a.

kindle ['kɪndəl] *vt* encender.

kindliness ['kaɪndlɪnəs] *n* bondad *f*, amabilidad *f*.

kindling ['kɪndlɪŋ] *n* leña, astilla.

kindly ['kaɪndlɪ]
1 *adj* bondadoso,-a, amable.
2 *adv* con amabilidad: **she very kindly lent me £5** tuvo la amabilidad de prestarme cinco libras.
3 *adv (please)* por favor: **kindly shut up!** ¡haz el favor de callarte!
✦ **not to take kindly to somebody/something** no gustar de algo/alguien: **she doesn't take kindly to being told what to do** no le gusta nada que le digan lo que tiene que hacer.
to look kindly on mirar con buenos ojos.
▲ *comp kindlier, superl kindliest.*

kindness ['kaɪndnəs]
1 *n* bondad *f*, amabilidad *f*.
2 *n (favour)* favor *m*.

kindred ['kɪndrəd]
1 *n* familiares *mpl*.
2 *adj (related)* emparentado,-a; *(similar)* semejante, afín.
✦ **kindred spirits** almas gemelas.

kinematics [kɪnə'mætɪks] *n* cinemática.

kinetic [kɪ'netɪk] *adj* cinético,-a.

kinetics [kɪ'netɪks] *n* cinética.

king [kɪŋ] *n* rey *m*.
▪ **the king and queen** los reyes *mpl*.
the Three Kings los Reyes *mpl* Magos.

kingdom ['kɪŋdəm] *n* reino.

kingfisher ['kɪŋfɪʃəʳ] *n* martín pescador *m*.

kingpin ['kɪŋpɪn] *n (bolt)* clavija maestra; *(essential person)* persona clave.

king-size ['kɪŋsaɪz] *adj* extragrande, extralargo,-a.

kink [kɪŋk]
1 *n (in rope, wire etc)* coca, enroscadura; *(in hair)* rizo.
2 *n (peculiarity)* peculiaridad *f*, manía; *(sexual)* perversión *f*.

kinky ['kɪŋkɪ] *adj fam* peculiar; *(sexual)* pervertido,-a.
▲ *comp kinkier, superl kinkiest.*

kinship ['kɪnʃɪp] *n* parentesco.

kiosk ['ki:ɒsk]
1 *n* quiosco.
2 *n (telephone)* cabina telefónica.

kip [kɪp]
1 *vi fam* dormir.
2 *n* cabezada.
✦ **to have a kip** dormir, echar una cabezada.
▲ *pt & pp kipped, ger kipping.*

kipper ['kɪpəʳ] *n* arenque *m* ahumado.

Kirghiz ['kɜ:gɪz]
1 *adj* kirguís.
2 *n (person)* kirguís *mf*.
3 *n (language)* kirguís *m*.
▲ *pl Kirghiz.*

Kirghizia [kɜ:'gɪzɪə] *n* Kirguizistán.

Kirghizstan [kɜ:gɪz'stæn] *n* Kirguizistán.

Kiribati [kɪrɪ'bætɪ] *n* Kiribati.

kirk [kɜ:k] *n (in Scotland)* iglesia.

kiss [kɪs]
1 *n* beso.
2 *vt* besar, dar un beso a: **he kissed her on the cheek** le dio un beso en la mejilla.
3 *vi* besarse, darse un beso.
✦ **to give somebody a kiss** dar un beso a alguien.
to kiss somebody goodbye despedirse de alguien con un beso.
to kiss something goodbye despedirse de algo.
▪ **kiss of death** beso de la muerte.
kiss of life *(resuscitation)* respiración *f* artificial; *(new life)* beso de la vida.

kit [kɪt]
1 *n (equipment, gear)* equipo, equipaje *m*.
2 *n (clothes)* ropa.
3 *n MIL* avíos *mpl*.
4 *n (model)* maqueta, kit *m*.
▸ **to kit out** *vt sep* equipar.

kitbag ['kɪtbæg] *n* mochila.

kitchen ['kɪtʃɪn] *n* cocina.
✦ **to take everything but the kitchen sink** ir con la casa a cuestas.
▪ **kitchen garden** huerto.
kitchen unit módulo de cocina.

kitchenette [kɪtʃɪ'net] *n* cocina pequeña.

kite [kaɪt]
1 *n (bird)* milano.
2 *n (toy)* cometa: **to fly a kite** hacer volar una cometa.

+ **go fly a kite!** ¡vete por ahí!.
to be as high as a kite *(on drugs, alcohol)* estar totalmente colocado,-a; *(excited)* estar entusiasmado,-a.
to fly a kite *lanzar una idea para sondear la opinión*
to kite a check *US* extender un cheque sin fondos.

Kitemark ['kaɪtmɑːk] *n marchamo oficial de calidad.*

kith [kɪθ]
■ **kith and kin** parientes *mpl* y amigos.

kitsch [kɪtʃ]
1 *n* kitsch *m*, cursilería.
2 *adj* kitsch, cursi.

kitten ['kɪtən] *n* gatito,-a.
+ **to have kittens** tener un ataque: **I nearly had kittens!** ¡por poco me da un ataque!

kittenish ['kɪtənɪʃ] *adj (playful)* juguetón,-a,; *(flirtatious)* coqueta.

kittiwake ['kɪtɪweɪk] *n* gaviota tridáctila.

kitty ['kɪtɪ]
1 *n fam (cat)* minino,-a.
2 *n (in card games)* bote *m*; *(for bills, drinks)* fondo común.
▲ *pl* kitties.

kiwi ['kiːwiː]
1 *n (bird)* kiwi *m*.
2 *n (fruit)* kiwi *m*.
3 *n (New Zealander)* neozelandés,-a.
■ **kiwi fruit** kiwi *m*.

klaxon ['klæksən] *n* claxon *m*.

Kleenex ['kliːneks] *n* kleenex *m*.
▲ *Es marca registrada.*

kleptomania [kleptə'meɪnɪə] *n* cleptomanía.

kleptomaniac [kleptə'meɪnɪæk] *n* cleptómano,-a.
▲ *pl* km o kms.

km [kɪ'lɒmɪtəʳ, 'kɪləmiːtəʳ] *abbr* (**kilometre**) kilómetro; *(abbreviation)* km.

knack [næk] *n (skilful method)* maña, truco, tino, tranquillo; *(talent)* don *m*: **he has a knack of turning up at the right time** tiene el don de aparecer en el momento justo; **it's easy to do once you've got the knack of it** es fácil hacerlo cuando le coges el tranquillo.

knacker ['nækəʳ]
1 *n* matarife *m* de caballos.
2 *vt fam* agotar, reventar.
3 **knackers** *npl taboo* cojones *mpl*, huevos *mpl*.
■ **knacker's yard** matadero.

knackered ['nækəd] *adj fam* reventado,-a, agotado,-a, hecho,-a polvo.

knapsack ['næpsæk] *n* mochila.

knave [neɪv]
1 *n (cards)* jota; *(Spanish pack)* sota.
2 *n arch (dishonest man)* pícaro, bribón *m*.

knavery ['neɪvərɪ] *n arch* picardía.

knavish ['neɪvɪʃ] *adj arch* pícaro,-a.

knead [niːd] *vt* amasar.

knee [niː]
1 *n ANAT* rodilla.
2 *n (of trousers)* rodillera: **on one's knees** de rodillas.
3 *vt* dar un rodillazo a.
+ **to go down on one's knees** arrodillarse.
to bring somebody to their knees humillar a alguien.
to bring the country to its knees llevar el país al borde de la ruina.

knee-breeches ['niːbrɪtʃɪz] *n arch* calzones *mpl*.

kneecap ['niːkæp]
1 *n* rótula.
2 *vt* disparar a las rótulas a.

knee-deep ['niːdiːp] *adj* que cubre hasta las rodillas.
+ **to be knee-deep in work** estar muy ocupado,-a.
to be knee-deep in trouble estar metido,-a en problemas.

knee-high ['niːhaɪ] *adj* que llega hasta las rodillas.
+ **knee-high to a grasshopper** muy pequeño,-a: **when I was knee-high to a grasshopper** cuando era apenas un renacuajo.

knee-jerk ['niːdʒɜːk]
1 *n* reflejo rotular.
2 *adj fig* instintivo,-a, automático,-a.

kneel [niːl] *vi* arrodillarse.
▲ *pt & pp* knelt [nelt].

knee-length ['niːleŋθ] *adj* hasta las rodillas.

kneeling ['niːlɪŋ] *adj* de rodillas, arrodillado,-a.

kneepad ['niːpæd] *n* rodillera.

knees-up ['niːzʌp] *n fam* guateque *m*, fiesta.

knell [nel] *n* toque *m* de difuntos.

knelt [nelt] *pt & pp* → **kneel**.

knew [njuː] *pt* → **know**.

knickerbocker ['nɪkəbɒkə] **knickerbockers** *npl arch* pantalones *mpl* cortos.
■ **knickerbocker glory** copa de helado con fruta, nueces etc.

knickers ['nɪkəz] *npl* bragas *fpl*: **she bought three pairs of knickers** compró tres bragas.
+ **to get one's knickers in a twist** ponerse nervioso,-a.

knick-knack ['nɪknæk] *n* chuchería.

knife [naɪf]
1 *n (gen)* cuchillo; *(folding)* navaja.
2 *vt* apuñalar, acuchillar.
+ **to get one's knife into somebody** ensañarse con alguien.
to go under the knife someterse a cirugía.
to twist the knife in the wound hurgar en las heridas.
you could cut the atmosphere with a knife el ambiente se podía cortar con un cuchillo.

■ **knife and fork** cubierto.
knife grinder afilador,-ra.
▲ *pl* knives.

knife-edge ['naɪfedʒ] *n* filo de cuchillo, filo.
+ **to be on a knife-edge** estar nervioso, -a, estar preocupado,-a.
to be balanced on a knife-edge pender de un hilo.

knight [naɪt]
1 *n arch* caballero.
2 *n (chess)* caballo.
3 *n* caballero, *(hombre que lleva el título de Sir)*.
4 *vt arch* armar caballero.
5 *vt* nombrar caballero a.
■ **knight in shining armour** príncipe *m* azul.

knight-errant [naɪt'erənt] *n* caballero andante.

knighthood ['naɪthʊd] *n* título de caballero.

knit [nɪt]
1 *vt* tejer.
2 *vi* hacer punto, hacer media.
3 *vi MED* soldarse.
4 *vi fig* unirse.
+ **to knit one's brow** fruncir.
▲ *pt & pp* knit o knitted, *ger* knitting.

knitted ['nɪtɪd] *adj* de punto.

knitter ['nɪtəʳ] *n* persona que hace punto: **she's a real knitter** le encanta hacer punto.

knitting ['nɪtɪŋ] *n (material)* punto; *(activity)* labor *f* de punto.
■ **knitting machine** tricotosa, máquina de tejer.
knitting needle aguja de tejer, aguja de hacer punto.
plain knitting punto de media, punto del derecho.
purl knitting punto del revés.

knitwear ['nɪtweəʳ] *n* género de punto.

knob [nɒb]
1 *n (on door - large)* pomo; *(- small)* tirador *m*.
2 *n (on stick)* puño.
3 *n (natural)* bulto, protuberancia.
4 *n (on radio etc)* botón *m*.
5 *n taboo* polla.

knobbly ['nɒblɪ] *adj* nudoso,-a.

knock [nɒk]
2 *n (blow)* golpe *m*: **the boy got a knock on his leg** el niño recibió un golpe en la pierna.
3 *n (on door)* llamada: **was that a knock at the door?** ¿han llamado a la puerta?; **knock, knock!** ¡toc, toc!
4 *n fig (bad luck)* revés *m*: **you have to learn to take a few knocks in this business** hay que aprender a aguantar muchos reveses en esta profesión.
5 *vt (to hit)* golpear, darse un golpe en: **he knocked his head on the ceiling** se golpeó la cabeza contra el techo; **the mugger knocked her to the ground** el atracador la tiró al suelo.

6 *vt fam (criticize)* criticar, hablar mal de: **the newspapers are forever knocking the England manager** los periódicos siempre critican al entrenador de la selección inglesa.
7 *vi (at door)* llamar: **please knock before entering** por favor, llamen antes de entrar.
8 *vi (of car engine)* golpear, martillear.
▸ **to knock about**
  1 *vi (travel)* rodar, recorrer; *(spend time)* andar con: **he's knocked about the world a bit** ha rodado mucho mundo; **she's knocking about with that new boy** anda con aquel chico nuevo.
  2 *vt sep (beat up)* pegar, maltratar: **they say he knocks his wife about** dicen que pega a su mujer.
to knock around *vt-vi* → **knock about.**
to knock back
  1 *vt sep (drink)* beberse *de un trago, rápidamente o en grandes cantidades:* **he knocked back a double whisky** se bebió un whisky doble de un trago; **you were knocking it back last night, mate!** ¡cómo trincabas anoche, macho!
  2 *vt sep (cost)* soplar, costar: **how much did that car knock you back?** ¿cuánto te soplaron por aquel coche?
to knock down
  1 *vt sep (building)* derribar.
  2 *vt sep (person - with a car)* atropellar; *(- with a blow)* derribar.
  3 *vt sep (price)* rebajar: **the stallholder knocked the price down to a pound** el vendedor rebajó el precio a una libra.
  4 *vt sep (sell at auction)* adjudicar (**to,** a): **the painting was knocked down to an anonymous bidder** el cuadro se adjudicó a un pujador anónimo.
to knock off
  1 *vt sep (make fall)* tirar, hacer caer: **he accidentally knocked the glass off the table** tiró el vaso de la mesa sin querer.
  2 *vt insep fam (steal)* birlar, mangar, chorizar, afanar: **they knocked off a load of videos** mangaron cantidad de vídeos.
  3 *vt sep sl (kill)* cargarse, liquidar.
  4 *vt sep (deduct - money)* descontar; *(reduce - time)* quitar: **I'll knock five pounds off the price** te descuento cinco libras del precio, te rebajo el precio en cinco libras; **she knocked two seconds off the record** rebajó el récord en dos segundos.
  5 *vi (stop work)* acabar, salir del trabajo: **what time do you knock off work?** ¿a qué hora sales del trabajo?
▸ **to knock out**
  1 *vt sep (make unconscious)* dejar sin conocimiento; *(put to sleep)* dejar dormido,-a; *(boxing)* poner fuera de combate, dejar K.O.

2 *vt sep (from competition)* eliminar: **Spain were knocked out in the semifinal** la selección española fue eliminada en la semifinal.
  3 *vt sep (make or do quickly)* hacer rápidamente, producir rápidamente: **they knocked out 100 models in an hour** produjeron 100 modelos en una hora.
  4 *vt sep (astonish)* dejar pasmado,-a, dejar boquiabierto,-a: **the news simply knocked me out** la noticia me dejó completamente pasmado.
to knock over *vt sep*
  1 *vi (overturn)* volcar, tirar: **as she reached for the salt, she knocked over the bottle of wine** mientras alargaba la mano para coger la sal, volcó la botella de vino.
  2 *vi (run over)* atropellar.
to knock together
  1 *vt sep (do quickly)* hacer de prisa, hacer rápidamente.
  2 *vi (knees)* entrechocarse.
to knock up
  1 *vt sep GB fam* despertar, llamar.
  2 *vt sep (prepare quickly)* hacer deprisa, preparar preparar: **I'll knock us up something to eat** preparé algo rápido para comer.
  3 *vt sep US sl* dejar embarazada.
  4 *vi (tennis etc)* pelotear: **we always knock up for half an hour before starting a match** siempre peloteamos durante media hora antes de empezar un partido.
✦ **he's knocking on 70** va para los 70 años.
  to knock on the head *(project)* matar; *(plans)* echar por tierra.
  to knock some sense into somebody hacer entrar en vereda a alguien.
  to knock spots off dar mil vueltas a.
  to knock the bottom out of the market reventar los precios.
  knock it off! ¡basta ya!

knockabout ['nɒkəbaʊt]
  1 *adj* bullicioso,-a.
  2 *n SP* peloteo.
  ▪ **knockabout comedy** payasadas *fpl.*
knock-back ['nɒkbæk] *n* rechazo.
knockdown ['nɒkdaʊn] *adj* rebajado.
  ▪ **knockdown price** precio de saldo.
knocker ['nɒkəʳ]
  1 *n* aldaba.
  2 *n (critic)* detractor,-ra.
  3 knockers *npl sl* tetas *fpl*, melones *mpl.*
knocking ['nɒkɪŋ]
  1 *n* golpeo.
  2 *n (at door)* llamada.
  3 *n (car)* golpeteo.
knock-kneed [nɒk'niːd] *adj* patizambo,-a.
knock-on ['nɒk'ɒn] *n SP* autopase *m.*
  ▪ **knock-on effect** repercusiones *fpl*, consecuencias *fpl.*

knockout ['nɒkaʊt]
  1 *n SP* knock-out *m*, fuera de combate *m.*
  2 *n fam* maravilla: **it's a knockout!** ¡es alucinante!
  3 *adj SP* que deja K.O.
  4 *adj (competition)* eliminatorio,-a.
  5 *adj fam* maravilloso,-a, estupendo,-a.
  ▪ **knockout drops** somnífero *m sing.*
knock-up ['nɒkʌp] *n* peloteo.
knoll [nəʊl] *n* otero.
knot [nɒt]
  1 *n (gen)* nudo.
  2 *n (people)* corrillo, grupo.
  3 *vt* anudar.
  ✦ **get knotted!** ¡vete a la porra! ¡fastídiate!
  to get tied up in knots liarse, embrollarse, hacerse un lío.
  to tie the knot casarse.
  ▲ *pt & pp* **knotted,** *ger* **knotting.**
knotty ['nɒtɪ]
  1 *adj* nudoso,-a.
  2 *adj (problem)* difícil, espinoso,-a.
  ▲ *comp* **knottier,** *superl* **knottiest.**
know [nəʊ]
  1 *vt (be acquainted with)* conocer: **do you know Colin?** conoces a Colin?; **we've known each other for years** nos conocemos desde hace años; **this building is known as "La Pedrera"** este edificio se conoce como "La Pedrera"; **their terrorist activities were known to the police** la policía tenía conocimiento de sus actividades terroristas.
  2 *vt (recognize)* reconocer: **I'd know him if I saw him again** lo reconocería si lo volviera a ver.
  3 *vt (have knowledge of)* saber: **I don't know the answer** no sé la respuesta; **do you know English?** ¿sabes inglés?; **do you know where the station is?** ¿sabe dónde está la estación?
▸ **to know about**
  1 *vt insep* saber de, entender de: **ask Patrick, he knows about cars** pregúntaselo a Patrick, él entiende de coches.
  2 *vt insep (have heard about)* saber de: **do you know about the meeting on Friday?** ¿sabes lo de la reunión del viernes?
  to know of *vt insep* saber de, haber oído hablar de: **do you know of any good restaurants near here?** ¿sabes de algún restaurante por aquí que esté bien?; **I know of him, but I've never met him** he oído hablar de él, pero no lo conozco.
  ✦ **as far as I know** que yo sepa.
  don't I know it! ¿y me lo dices a mí?; ¡ni que lo digas!
  for all I know ¡vete a saber!: **he could be dead for all I know** podría estar muerto, ¡vete a saber!
  how should I know? ¿yo qué sé?
  if only I'd known! ¡haberlo sabido!
  I know! ¡lo sé!, ¡ya lo sé!
  I know what! ¡ya lo tengo!
  I might've known debí imaginármelo.

not that I know of que yo sepa, no.
you never know nunca se sabe.
to be in the know estar enterado,-a.
to get to know somebody (llegar a) conocer a alguien.
to know apart saber distinguir: **they're so similar that I never know them apart** se parecen tanto que no los sé distinguir.
to know better tener más juicio: **you ought to know better at your age!** ¡a tu edad deberías saber comportarte mejor!
to know by sight conocer de vista.
to know … from … distinguir entre … y …
to know how to do something saber hacer algo.
to know what one's talking about hablar con conocimiento de causa.
to make oneself known presentarse, darse a conocer.
who knows? ¿quién sabe?
you know what? ¿sabes qué?
you know best tú sabes mejor que yo, sabes lo que más te conviene.
■ **don't know** (in survey) persona que no sabe, no contesta.
▲ pt **knew** [nju:], pp **known** [nəʊn].

know-all ['nəʊɔ:l] n sabelotodo mf.
know-how ['nəʊhaʊ] n saber hacer m, conocimiento práctico.
knowing ['nəʊɪŋ]
1 adj (smile, look) de complicidad; (person) sagaz, astuto,-a.
2 n manera de saber.
✦ **there's no knowing** no hay manera de saberlo, es imposible saberlo.
to be worth knowing valer la pena saberse.
knowingly ['nəʊɪŋlɪ] adv (intentionally) a sabiendas, adrede; (look etc) con complicidad.
know-it-all ['nəʊɪtɔ:l] n us sabelotodo mf.
knowledge ['nɒlɪdʒ]
1 n (learning, information) conocimientos mpl: **his knowledge of football is amazing** sus conocimientos de fútbol son increíbles.
2 n (awareness) conocimiento: **at that time I had no knowledge of what was**

happening entonces no tenía conocimiento de lo que estaba pasando.
✦ **to my knowledge** que yo sepa.
not to my knowledge que yo sepa, no.
to the best of my knowledge según mi leal entender y saber.
to be common knowledge that … ser notorio que …, todo el mundo sabe que …
it has come to my knowledge that … he llegado a saber que …
to have a good knowledge of something conocer algo bien.
to have a working knowledge of something dominar los fundamentos de algo.
knowledgeable ['nɒlɪdʒəbəl] adj entendido,-a: **he's very knowledgeable about music** es muy entendido en música.
knowledgeably ['nɒlɪdʒəblɪ] adv de forma entendida, entendidamente.
known [nəʊn]
1 pp → **know.**
2 adj conocido,-a: **he's a known criminal** es un conocido delincuente; **there is no known cure for AIDS** el sida no tiene cura conocida; **the deadliest poison known to man** el veneno más mortífero que se conoce.
✦ **the known facts** los hechos establecidos.
knuckle ['nʌkəl] n nudillo.
▶ **to knuckle down** vi fam ponerse a trabajar en serio.
to knuckle under vi pasar por el aro.
✦ **to be near the knuckle** rayar en la indecencia.
knuckleduster ['nʌkldʌstə'] n puño de hierro.
KO ['keɪ'əʊ] abbr (**knockout**) fuera de combate m; (abbreviation) KO m.
koala [kəʊ'ɑ:lə] n koala m.
kohlrabi [kəʊlr'ɑ:bɪ] n colinabo.
kook [kuːk] n us sl chiflado,-a, majara mf, majareta mf.
kookaburra ['kʊkəbʌrə] n cucaburra m.

kooky ['kuːkɪ] adj us sl chiflado,-a, majara, majareta.
▲ comp **kookier**, superl **kookiest.**
kopeck ['kəʊpek] n copec m, copeck m.
kopek ['kəʊpek] n copec m, copeck m.
Koran [kɔ:'rɑːn] n Alcorán m, Corán m.
Koranic [kɔ:'rænɪk] adj alcoránico,-a, coránico,-a.
koranic [kə'rænɪk] adj coránico,-a.
Korea [kə'rɪə] n Corea.
■ **North Korea** Corea del Norte.
South Korea Corea del Sur.
Korean [kə'rɪən]
1 adj coreano,-a.
2 n (person) coreano,-a.
3 n (language) coreano.
■ **North Korean** norcoreano,-a.
South Korean surcoreano,-a.
kosher ['kəʊʃə']
1 adj (meat) cosher (permitido por la ley dietética judía).
2 adj fam (genuine) legal, auténtico,-a.
kowtow [kaʊ'taʊ] vi humillarse (**to,** ante), rebajarse (**to,** ante).
kph ['keɪpi:'eɪtʃ] abbr (**kilometres per hour**) kilómetros mpl por hora; (abbreviation) km/h.
kraut [kraʊt]
1 n pej alemán,-ana.
2 adj pej alemán,-ana.
krypton ['krɪptən] n criptón m.
kudos ['kjuːdɒs] n prestigio, gloria.
kumquat ['kʌmkwɒt] n tipo de naranja china.
kung fu [kʊŋ'fuː] n kung-fu m.
Kurd [kɜːd]
1 adj kurdo,-a.
2 n (person) kurdo,-a.
Kurdish ['kɜːdɪʃ]
1 adj kurdo,-a.
2 n (language) kurdo.
Kuwait [kʊ'weɪt] n Kuwait.
Kuwaiti [kʊ'weɪtɪ]
1 adj kuwaití.
2 n kuwaití mf.
kW ['kɪləwɒt] abbr (**kilowatt**) kilovatio, kilowatt; (abbrwviation) kW.
kWh [kɪləwɒt'aʊə'] abbr (**kilowatt-hour**) kilovatio hora, kilowatt-hora m; (abbreviation) kW/h.

L, l [el] *n (the letter)* L, l *f.*

l [ˈliːtəʳ] *symb* (**litre** *US* **liter**) litro; *(symbol)* l.

L¹ [el] *abbr* (**Learner driver**) conductor en prácticas.

L² [lɑːdʒ] *abbr* (**large size**) talla grande; *(abbreviation)* G.

lab¹ [læb] *n fam (abbr of laboratory)* laboratorio.

lab² [ˈleɪbəʳ] *abbr* (**Labour**) laborista.

label [ˈleɪbəl]
1 *n* etiqueta.
2 *n (record company)* casa discográfica.
3 *vt* etiquetar, poner etiqueta a.
4 *vt fig* calificar (**as**, de): most people unjustly labelled him (as) a fool la mayoría le calificaba injustamente de imbécil.
▲ *pt & pp* **labelled** (*US* **labeled**), *ger* **labelling** (*US* **labeling**).

labial [ˈleɪbɪəl] *adj* labial.

labiodental [ˌleɪbɪəʊˈdentəl]
1 *adj* labiodental.
2 *n* labiodental *f.*

labor [ˈleɪbəʳ] *n & vb US* → **labour.**
■ **Labor Day** Día *m* del Trabajador *(primer lunes de septiembre).*
labor union sindicato.

laboratory [ləˈbɒrətərɪ, *US* ˈlæbrətɒrɪ] *n* laboratorio.
■ **laboratory assistant** ayudante *mf* de laboratorio.
▲ *pl* **laboratories.**

laborious [ləˈbɔːrɪəs] *adj* laborioso,-a, penoso,-a.

laboriously [ləˈbɔːrɪəslɪ] *adv* con gran dificultad, penosamente.

labour [ˈleɪbəʳ]
1 *n (work)* trabajo.
2 *n (task)* labor *f*, tarea, faena; *(involving manual work)* mano *f* de obra.
3 *n (workforce)* mano *f* de obra.
4 *n (childbirth)* parto.
5 *n (effort)* esfuerzo: you must be quite exhausted after your labours! ¡debes estar muy agotado después de tanto esfuerzo!
6 *vi (work hard)* trabajar duro.

7 *vi (move slowly)* avanzar penosamente; *(engine)* funcionar con dificultad: she laboured up the stairs subió penosamente las escaleras.
8 *vt* machacar.
9 **Labour** *n GB* los laboristas *mpl*, el Partido Laborista.
▷ **to labour under** *vt insep* dejarse llevar por: it became apparent that he was labouring under a delusion se hizo patente que solo se dejaba llevar por las ilusiones.
✦ **to be in labour** estar de parto.
to labour the point insistir en el tema.
■ **labour camp** campo de trabajos forzados.
labour costs coste *m* de la mano de obra.
labour exchange *GB* oficina de empleo.
labour force mano *f* de obra.
labour market mercado laboral.
labour of love trabajo placentero.

laboured [ˈleɪbəd]
1 *adj (breathing)* fatigoso,-a.
2 *adj (style)* forzado,-a.

labourer [ˈleɪbərəʳ] *n* peón *m*, jornalero,-a, bracero.
■ **farm labourer** peón *m* agrícola.

labour-intensive [ˌleɪbərɪnˈtensɪv] *adj* con mucha mano de obra.

labour-saving [ˈleɪbəseɪvɪŋ] *adj* que ahorra trabajo.
■ **labour-saving device** electrodoméstico.

laburnum [ləˈbɜːnəm] *n* laburno, codeso.

labyrinth [ˈlæbərɪnθ] *n* laberinto.

lace [leɪs]
1 *n (material)* encaje *m.*
2 *n (shoestring)* cordón *m.*
3 *vt (pull string through)* poner los cordones a.
4 *vt (drink)* añadir alcohol a: he laced the coffee with a bit of brandy añadió un poco de coñac al café.
▷ **to lace into** *vt insep fam* meterse con, atacar.

to lace up *vt sep* acordonar, atar los cordones de: he forgot to lace up his shoes se olvidó de atarse los cordones (de los zapatos).

lacerate [ˈlæsəreɪt] *vt* lacerar.

laceration [ˌlæsəˈreɪʃən] *n* laceración *f.*

lachrymal [ˈlækrɪməl] *adj* lagrimal, lacrimal.

lachrymose [ˈlækrɪməus]
1 *adj (tearful)* llorón,-ona, lacrimoso,-a.
2 *adj pej* lacrimógeno,-a.

lack [læk]
1 *n* falta, carencia, escasez *f*: she has no lack of self-confidence no le falta confianza en sí misma.
2 *vt* carecer de.
✦ **for lack of** por falta de.
to lack for nothing no hacerle falta nada a uno.
through lack of por falta de.

lackadaisical [ˌlækəˈdeɪzɪkəl] *adj pej* indiferente, apático,-a.

lackey [ˈlækɪ] *n pej* lacayo.

lacking [ˈlækɪŋ] *adj* carente de: there was something lacking in the room en la habitación faltaba algo; he's somewhat lacking in enthusiasm carece de algo de entusiasmo.

lackluster [ˈlæklʌstəʳ] *adj US* → **lacklustre.**

lacklustre [ˈlæklʌstəʳ] *adj* sin interés, insulso,-a.

laconic [ləˈkɒnɪk] *adj* lacónico,-a.

laconically [ləˈkɒnɪklɪ] *adv* lacónicamente.

laconicism [ləˈkɒnɪsɪzəm] *n* laconismo.

laconism [ˈlækənɪzəm] *n* laconismo.

lacquer [ˈlækəʳ]
1 *n* laca.
2 *vt (metal, wood)* lacar, pintar con laca; *(hair)* poner laca a.

lacrimal [ˈlækrɪməl] *adj* lacrimal.

lacrosse [ləˈkrɒs] *n* lacrosse *m.*

lactation [lækˈteɪʃən] *n* lactancia.

lactic [ˈlæktɪk] *adj* láctico,-a.
■ **lactic acid** ácido láctico.

lactose [ˈlæktəʊs] *n* lactosa.
lacuna [ləˈkjuːnə] *n* laguna, hueco.
▲ *pl lacunas o lacunae* [ləˈkjuːniː].
lacy [ˈleɪsɪ]
 1 *adj (of lace)* de encaje.
 2 *adj (like lace)* parecido,-a al encaje.
 ▲ *comp lacier, superl laciest.*
lad [læd]
 1 *n GB fam* muchacho, chaval *m*, chico: he's just a lad no es más que un chaval; he's out with the lads ha salido con los muchachos.
 2 *n GB fam* diablillo, pillo: John's a bit of a lad, don't you think? John es un poco pillo, ¿no te parece?
 3 *n (stable boy)* mozo de cuadra.
ladder [ˈlædəʳ]
 1 *n* escalera (de mano).
 2 *n GB (in stocking)* carrera.
 3 *n fig* escala.
 4 *vi GB* hacerse una carrera.
 5 *vt GB* hacerse una carrera en.
 ▪ **rope ladder** escalera de cuerda.
ladderproof [ˈlædəpruːf] *adj* indesmallable.
laddie [ˈlædɪ] *n fam (in Scotland)* chaval *m*, muchacho.
laden [ˈleɪdən] *adj* cargado,-a (**with**, de).
 ✦ **to be fully laden** estar lleno,-a hasta el tope, estar hasta los topes.
la-di-da [lɑːdɪˈdɑː] *adj fam pej* pijo,-a.
ladies [ˈleɪdɪz] *n GB (toilet)* lavabo (de señoras).
 ▪ **ladies room** *US* lavabo (de señoras).
lading [ˈleɪdɪŋ] *n* embarque *m*.
ladle [ˈleɪdəl]
 1 *n* cucharón *m*.
 2 *vt* servir con cucharón.
 ▸ **to ladle out** *vt sep* repartir.
lady [ˈleɪdɪ] *n* señora; *(of high social position)* dama.
 ✦ **ladies and gentlemen** señoras y señores.
 my old lady *fam* mi vieja.
 ▪ **ladies' man** mujeriego.
 ladies' fingers quingombó.
 lady friend *fam* amiguita.
Lady [ˈleɪdɪ] *n (title)* lady *f*: Lady Elizabeth Hastings lady Elizabeth Hastings.
 ▲ *pl ladies.*
ladybird [ˈleɪdɪbɜːd] *n* mariquita.
ladybug [ˈleɪdɪbʌg] *n US* mariquita.
lady-in-waiting [leɪdɪɪnˈweɪtɪŋ] *n* dama de honor.
 ▲ *pl ladies-in-waiting.*
lady-killer [ˈleɪdɪkɪləʳ] *n* donjuán *m*.
ladylike [ˈleɪdɪlaɪk] *adj* delicado,-a, elegante.
ladyship [ˈleɪdɪʃɪp] *n* señoría: Her Ladyship has arrived ha llegado su señoría.
lag [læg]
 1 *n* retraso.
 2 *n GB sl* preso.
 3 *vt TECH* revestir.

 ✦ **to lag behind** rezagarse, quedarse atrás.
 ▪ **old lag** *fam* reincidente *m*.
 time lag retraso, demora.
 ▲ *pt & pp lagged, ger lagging.*
lager [ˈlɑːgəʳ] *n* cerveza rubia.
lagging [ˈlægɪŋ] *n TECH* revestimiento (calorífugo).
lagoon [ləˈguːn] *n* laguna.
laid [leɪd]
 1 *pt & pp* → lay 2.
 2 **to be laid up** *vi fam* guardar cama.
 ✦ **to get laid** *taboo* echar un polvo: so she meets this guy and gets laid and … así que conoce a un tío y echan un polvo y …
laid-back [leɪdˈbæk] *adj fam (relaxed)* tranquilo,-a; *(easy-going)* flexible.
lain [leɪn] *pp* → lie 2.
lair [leəʳ] *n* guarida.
laird [leɪd] *n* terrateniente *m (escocés)*.
laissez-faire [leɪseɪˈfeəʳ] *adj (policy etc)* liberal.
lake [leɪk] *n* lago.
lam [læm] **to lam into** *vt sl (physically)* apalear; *(verbally)* machacar, fustigar.
 ▲ *pt & pp lammed, ger lamming.*
lama [ˈlɑːmə] *n* lama *m*.
lamb [læm]
 1 *n (animal)* cordero,-a.
 2 *n (meat)* carne *f* de cordero.
 3 *n fam (person)* cordero,-a: poor lamb! ¡pobrecito,-a!
 4 *vi* parir.
 ▪ **lamb chop** chuleta de cordero.
 lamb's wool lambswool *m*.
lambast [ˈlæmbæst] *vt fam* → lambaste.
lambaste [ˈlæmbeɪst] *vt fam* fustigar.
lambskin [ˈlæmskɪn] *n* piel *f* de cordero.
lamb's-wool [ˈlæmswʊl] *adj* de lamb-swool.
lame [leɪm]
 1 *adj* cojo,-a: lame in one leg cojo,-a de una pierna.
 2 *adj fig* débil; *(excuse)* poco convincente; *(business)* fallido,-a.
 ▪ **lame duck** inútil *mf*.
 lame duck president *US* presidente saliente cuyo sucesor ya ha sido elegido.
lamely [ˈleɪmlɪ] *adv fig* sin convicción.
lameness [ˈleɪmnəs]
 1 *n* cojera.
 2 *n fig* debilidad *f*, poca convicción *f*.
lament [ləˈment]
 1 *n* lamento.
 2 *n MUS* endecha.
 3 *vt* lamentar, llorar.
 4 *vi* lamentarse (**over**, de).
 ▪ **the late lamented** el/la recientemente fallecido,-a.
lamentable [ˈlæməntəbəl] *adj* lamentable.

lamentation [læmənˈteɪʃən] *n* lamentación *f*.
laminate [ˈlæmɪnət]
 1 *vt* laminar.
 2 *n* laminado.
 ▲ *(verbo)* [ˈlæmɪneɪt].
laminated [ˈlæmɪneɪtɪd]
 1 *adj (metal)* laminado,-a; *(glass)* inastillable.
 2 *adj (paper)* plastificado,-a.
lamination [læmɪˈneɪʃən] *n* laminación *f*.
lammergeier [ˈlæməgaɪəʳ] *n* quebrantahuesos *m*.
lamp [læmp]
 1 *n* lámpara.
 2 *n (on car, train)* faro.
lamplight [ˈlæmplaɪt] *n* luz *f* de lámpara.
lamplighter [ˈlæmplaɪtəʳ] *n* farolero,-a.
lamplit [ˈlæmplɪt] *adj* iluminado,-a con luz de lámpara.
lampoon [læmˈpuːn]
 1 *n* pasquín *m*, sátira.
 2 *vt* satirizar.
lamp-post [ˈlæmppəʊst] *n (poste m de)* farol *m*.
lamprey [ˈlæmprɪ] *n (fish)* lamprea.
lampshade [ˈlæmpʃeɪd] *n* pantalla (de lámpara).
LAN [læn] *abbr* (**local area network**) red *f* local.
lance [lɑːns]
 1 *n (spear)* lanza.
 2 *n MED* lanceta.
 3 *vt MED* abrir con lanceta.
 ▪ **lance corporal** *GB* cabo interino.
lancer [ˈlɑːnsəʳ] *n* lancero,-a.
lancet [ˈlɑːnsɪt] *n* lanceta.
land [lænd]
 1 *n (gen)* tierra: by land and sea por tierra y por mar; on dry land en tierra firme.
 2 *n (soil)* suelo, tierra.
 3 *n (country, region)* tierra: in foreign lands en tierras extranjeras.
 4 *n (property)* terreno, tierras *fpl*: a piece of land un terreno; a plot of land una parcela.
 5 *vi (plane etc)* aterrizar, tomar tierra; *(bird)* posarse.
 6 *vi (disembark)* desembarcar.
 7 *vi (fall)* caer.
 8 *vt (plane etc)* hacer aterrizar.
 9 *vt (disembark)* desembarcar; *(unload)* descargar.
 10 *vt (fish)* sacar del agua.
 11 *vt fam (get)* conseguir: she's landed a good job in a bank ha conseguido un buen puesto en un banco.
 12 *vt fam (hit)* asestar: he landed me a punch in the face me asestó un puñetazo en la cara.
 ▸ **to land in** *vt sep* causar, traer: he's bound to land you in trouble seguro que te traerá problemas.

to land up *vi* acabar: *his business landed up deeply in debt* su negocio acabó cargado de deudas.
+ **land ahoy!** ¡tierra a la vista!
the land of milk and honey la tierra de la leche y la miel.
to be in the land of the living estar entre los vivos.
to get landed with something *fam* (tener que) cargar con algo.
to land on one's feet caer de pies.
to land on the moon alunizar.
to make a living from the land vivir de la tierra.
to make land llegar a tierra.
to see how the land lies tantear el terreno.
■ **farm land** tierras *fpl* de cultivo.
land agent *GB* encargado,-a de una granja, cortijero,-a.
land forces *MIL* ejército de tierra.
land mass masa continental.
land reform reforma agraria.
land register registro de la propiedad.
native land tierra natal, patria.

landau [ˈlændaʊ] *n* landó *m*.

landed [ˈlændɪd] *adj* hacendado,-a.
■ **landed property** bienes *mpl* raíces.
the landed gentry los terratenientes *mpl*.

landfall [ˈlændfɔːl] *n MAR* recalada.

landing [ˈlændɪŋ]
1 *n (plane)* aterrizaje *m*.
2 *n (on stairs)* descansillo, rellano.
3 *n (of people)* desembarco.
■ **crash landing** aterrizaje *m* de emergencia.
forced landing aterrizaje *m* forzoso.
landing card tarjeta de inmigración.
landing craft lancha de desembarco.
landing field pista de aterrizaje.
landing gear tren *m* de aterrizaje.
landing net salabardo, redeña.
landing stage desembarcadero.
landing strip pista de aterrizaje.

landlady [ˈlændleɪdɪ]
1 *n (of flat)* propietaria, dueña; *(of house)* casera.
2 *n (of boarding house)* patrona.
3 *n (of pub)* dueña.
▲ *pl* **landladies.**

landlocked [ˈlændlɒkt] *adj* sin salida al mar.

landlord [ˈlændlɔːd]
1 *n (of flat)* propietario, dueño; *(of house)* casero.
2 *n (of boarding house)* patrón *m*.
3 *n (of pub)* patrón *m*, dueño.

landlubber [ˈlændlʌbəʳ] *n* marinero de agua dulce.

landmark [ˈlændmɑːk]
1 *n fig (building, place)* monumento o edificio muy conocido: *the Statue of Liberty is New York's most famous landmark* la Estatua de la Libertad es el monumento más famoso de Nueva York.

2 *n (reference point)* punto de referencia: *in the desert there are no landmarks to orient yourself by* en el desierto no hay puntos de referencia para orientarse.
3 *n fig (milestone)* hito.

landmine [ˈlændmaɪn] *n* mina (de tierra).

landowner [ˈlændəʊnəʳ] *n* propietario, -a, terrateniente *mf*, hacendado,-a.

landscape [ˈlændskeɪp]
1 *n* paisaje *m*.
2 *vt* ajardinar.
■ **landscape gardener** jardinista *mf*, arquitecto,-a paisajista.
landscape gardening jardinería paisajista.
landscape painter paisajista *mf*.
landscape painting paisaje *m*.

landslide [ˈlændslaɪd] *n* desprendimiento de tierras.
■ **landslide victory** triunfo arrollador, triunfo aplastante.

landward [ˈlændwəd] *adj* hacia la tierra.

lane [leɪn]
1 *n (in country)* camino, sendero, vereda; *(in town)* callejuela, callejón *m*.
2 *n (on road)* carril *m*.
3 *n (in athletics, swimming)* calle *f*.
4 *n (sea or air route)* ruta.
+ **to live in the fast lane** vivir deprisa.

language [ˈlæŋgwɪdʒ]
1 *n (faculty, way of speaking)* lenguaje *m*: *watch your language!* ¡no digas palabrotas!
2 *n (tongue)* idioma *m*, lengua: *the French language* el (idioma) francés.
3 *n (school subject)* lengua.
+ **to use bad language** ser mal hablado,-a.
■ **bad language** palabrotas *fpl*, tacos *mpl*.
language laboratory laboratorio de idiomas.
language school academia de idiomas, escuela de idiomas.

Languedocian [læŋɡəˈdəʊʃən]
1 *adj* occitano,-a.
2 *n (person)* occitano,-a.
3 *n (language)* occitano.

languid [ˈlæŋgwɪd] *adj* lánguido,-a.

languidly [ˈlæŋgwɪdlɪ] *adv* lánguidamente.

languish [ˈlæŋgwɪʃ] *vi* languidecer; *(in prison)* pudrirse.

languor [ˈlæŋgəʳ] *n* languidez *f*.

lank [læŋk] *adj* lacio,-a.

lanky [ˈlæŋkɪ] *adj* larguirucho,-a.
▲ *comp* **lankier,** *superl* **lankiest.**

lanolin [ˈlænəlɪn] *n* lanolina.

lanoline [ˈlænəlɪn] *n* lanolina.

lantern [ˈlæntən] *n* linterna, farol *m*.

lantern-jawed [ˈlæntəndʒɔːd] *adj* de cara larga.

Lao [laʊ] *n (language)* laosiano.

Laos [laʊz, laʊs] *n* Laos.

Laotian [ˈlaʊʃɪən]
1 *adj* laosiano,-a.
2 *n* laosiano,-a.

lap¹ [læp] *n* regazo; *(knees)* rodillas *fpl*; *(skirt)* falda.
+ **it's in the lap of the gods** el destino lo dirá, está en manos de Dios.
to live in the lap of luxury *fam* vivir como un pachá.

lap² [læp]
1 *n SP* vuelta.
2 *n fig (stage)* etapa.
3 *vt SP (overtake)* doblar.
4 *vi (go round)* dar la vuelta.
▲ *pt & pp* **lapped,** *ger* **lapping.**

lap³ [læp]
1 *vt (animal)* beber a lengüetadas.
2 *vt (waves)* lamer, besar.
3 *vi (waves)* chapalear.
▶ **to lap up**
1 *vt sep* beber a lengüetadas.
2 *vt sep fig (wallow in)* disfrutar con.
3 *vt sep fig (believe)* tragar, tragarse.
▲ *pt & pp* **lapped,** *ger* **lapping.**

laparoscopy [læpəˈrɒskəpɪ] *n* laparoscopia.
▲ *pl* **laparoscopies.**

lapdog [ˈlæpdɒg] *n* perrito faldero.

lapel [ləˈpel] *n* solapa.

Lapland [ˈlæplænd] *n* Laponia.

Laplander [ˈlæplændəʳ] *n* lapón,-ona.

Lapp [læp]
1 *adj* lapón,-ona.
2 *n (person)* lapón,-ona.
3 *n (language)* lapón *m*.

lapse [læps]
1 *n (in time)* intervalo, lapso.
2 *n (slip)* desliz *m*.
3 *n (when speaking)* lapsus *m*; *(of memory)* fallo.
4 *vi (time)* transcurrir.
5 *vi (err)* cometer un desliz.
6 *vi (contract etc)* caducar.
7 *vi (fall back)* volver a caer (**into,** en): *after only one hit record he lapsed into obscurity* después de su único gran éxito, volvió a caer en la oscuridad; *everyone lapsed into silence* todos se quedaron callados.

lapsed [læpst]
1 *adj REL* no practicante.
2 *adj JUR* caducado,-a.

laptop [ˈlæptɒp] **laptop (computer)** *n* ordenador *m* portátil.

lapwing [ˈlæpwɪŋ] *n* avefría.

larceny [ˈlɑːsənɪ] *n* latrocinio.
■ **grand larceny** robo importante.
petty larceny robo de menor cuantía.
▲ *pl* **larcenies.**

larch [lɑːtʃ] *n* alerce *m*.

lard [lɑːd]
1 *n* manteca de cerdo.
2 *vt* mechar.
3 *vt fig* cargar, recargar (**with,** de).

larder ['lɑːdəʳ] *n* despensa.

lardoon [lɑːˈduːn] *n* mecha.

large [lɑːdʒ]
1 *adj* grande; *(before sing noun)* gran; *(sum, amount)* importante; *(meal)* abundante.
2 *adj (family)* numeroso,-a.
3 *adj (extensive)* amplio,-a, extenso,-a.
✦ **(as) large as life** *fam* en persona.
at large *(as a whole)* en general.
by and large por lo general.
on a large scale a gran escala.
to be at large andar suelto,-a, estar en libertad.
to be larger than life ser exagerado,-a.
■ **large employers** grandes empresas *fpl*.

largely ['lɑːdʒlɪ] *adv (mainly)* en gran parte, en gran medida; *(chiefly)* principalmente.

largeness ['lɑːdʒnəs]
1 *n (size)* magnitud *f*, amplitud *f*.
2 *n (importance)* importancia.

large-scale ['lɑːdʒskeɪl]
1 *adj* de gran escala.
2 *adj (map)* a gran escala.

largesse [lɑːˈdʒes] *n fml* generosidad *f*.

lark¹ [lɑːk] *n (bird)* alondra.
■ **calandra lark** calandria.
crested lark cogujada común.
wood lark totovía.

lark² [lɑːk] *n fam (bit of fun)* broma: **what a lark!** ¡qué risa!
▶ **to lark about/lark around** *vi fam* hacer el indio.

larva ['lɑːvə] *n* larva.
▲ *pl* **larvae** ['lɑːviː].

larval ['lɑːvəl] *adj* larval.

laryngeal [ləˈrɪndʒɪəl] *adj* laríngeo,-a.

larynges [ləˈrɪndʒiːz] *npl* → **larynx.**

laryngitis [lærɪnˈdʒaɪtəs] *n* laringitis *f*.

larynx ['lærɪŋks] *n* laringe *f*.
▲ *pl* **larynxes** o **larynges** [ləˈrɪndʒiːz].

lasagna [ləˈzænjə] *n* lasaña.

lasagne [ləˈzænjə] *n* lasaña.

lascivious [ləˈsɪvɪəs] *adj* lascivo,-a.

lasciviousness [ləˈsɪvɪəsnəs] *n* lascivia, lujuria.

laser ['leɪzəʳ] *n* láser *m*.

lash [læʃ]
1 *n (blow with whip)* latigazo, azote *m*; *(with tail)* coletazo.
2 *n (whip)* látigo; *(thong)* tralla.
3 *n (eyelash)* pestaña.
4 *vt (in general)* azotar.
5 *vt (fasten)* sujetar.
6 *vi (fall hard)* caer con fuerza (**against,** contra).

to lash out
1 *vi* arremeter (**against/at,** contra).
2 *vi (splurge)* gastarse un montón (de dinero) (**on,** en).

lashing ['læʃɪŋ] *n (beating)* azotes *mpl*.
✦ **lashings of** *GB fam* un montón enorme de.

lash-up ['læʃʌp] *n fam* chapuza.

lass [læs] *n fam* chica, chavala.

lassitude ['læsɪtjuːd] *n* lasitud *f*.

lasso [læˈsuː]
1 *n* lazo.
2 *vt* lazar, coger con el lazo.
▲ *(sustantivo) pl* **lassos** o **lassoes**; *(verbo) pt & pp* **lassoed,** *ger* **lassoing.**

last¹ [lɑːst]
1 *adj (final)* último,-a.
2 *adj (most recent)* último,-a: **the last time** la última vez.
3 *adj (past)* pasado,-a; *(previous)* anterior: **last Monday** el lunes pasado; **last night** anoche; **last week** la semana pasada; **the night before last** anteanoche; **the month/year before last** hace dos meses/años; **she's been studying hard for the last week** hace una semana que estudia mucho; **Spielberg's new film is much better than his last one** la nueva película de Spielberg es mucho mejor que la anterior.
4 *adv* por última vez: **that's when he last came to see me** eso es cuando me vino a ver por última vez.
5 *adv (at the end)* en último lugar; *(in race)* en última posición: **who came last in the 1000 metres?** ¿quién acabó último en la carrera de los 1000 metros?
6 *n (person)* el/la último,-a; *(thing)* lo último: **are you the last?** ¿eres tú el último?; **the first shall be last and the last shall be first** los primeros serán los últimos y los últimos serán los primeros; **he drank the last of the wine** se bebió lo que quedaba del vino; **the last I heard he was back in Ireland** lo último que sé es que volvió a Irlanda; **I'm sure we haven't heard the last of it** estoy seguro de que aquí no se ha acabado la historia.
7 *vi (continue)* durar; *(hold out)* aguantar, resistir.
8 *vt* durar.
▶ **to last out** *vi* resistir, aguantar.
✦ **at last** al fin, por fin.
at long last por fin.
if it's the last thing I do cueste lo que cueste, aunque sea lo último que haga.
last but not least por último lugar, pero no por eso menos importante.
last but one penúltimo,-a.
to be the last straw *fam* ser el colmo.
to be the last word *fam* ser el último grito.
to breathe one's last dar el último suspiro.
to have seen the last of somebody haber visto a alguien por última vez.
to have the last word decir la última palabra.
to the last hasta el final.
■ **the Last Judgment** el Juicio Final.
the last rites la extremaunción *f*.

last² [lɑːst] *n (shoemaker's)* horma.

last-ditch [lɑːstˈdɪtʃ] *adj* último,-a, desesperado,-a.

lasting ['lɑːstɪŋ] *adj* duradero,-a, perdurable.

lastly ['lɑːstlɪ] *adv* por último, finalmente.

last-minute [lɑːstˈmɪnɪt] *adj* de última hora.

latch [lætʃ] *n* pestillo: **come in, the door's on the latch** entra, el pestillo no está echado.
▶ **to latch on** *vi fam* caer en la cuenta.
to latch onto
1 *vt insep fam (understand)* captar.
2 *vt insep fam (cling to)* pegarse a.
3 *vt insep (take an interest in)* poner interés en, interesarse por.

latchkey ['lætʃkiː] *n* llavín *m*.
■ **latchkey child** niño que pasa mucho tiempo solo en casa porque los padres trabajan.

late [leɪt]
1 *adj (not on time)* tardío,-a: **you're ten minutes late** llegas diez minutos tarde; **it was late** llegó con retraso.
2 *adj (far on in time)* tarde: **in late May** a finales de mayo; **it's getting late** se hace tarde; **he's in his late thirties** tiene cerca de cuarenta años.
3 *adj euph (dead)* difunto,-a, fallecido,-a: **the late minister** el ministro fallecido.
4 *adj (former)* anterior.
5 *adj (last-minute)* de última hora.
6 *adv* tarde: **I stayed up late last night** anoche me acosté muy tarde; **late in life** a una edad avanzada; **late at night** a altas horas de la noche.
7 *adv (recently)* recientemente: **as late as yesterday** ayer mismo.
✦ **of late** últimamente.
to be late in doing something tardar en hacer algo.
to keep late hours acostarse tarde.

latecomer ['leɪtkʌməʳ] *n* tardón,-ona, persona que llega tarde.

lately ['leɪtlɪ] *adv* últimamente, recientemente: **until lately** hasta hace poco.

latency ['leɪtənsɪ] *n* latencia.

lateness ['leɪtnəs]
1 *n (of arrival)* retraso; *(of delivery)* atraso.
2 *n (of hour)* lo avanzado.

late-night ['leɪtnaɪt] *adj* de noche, de madrugada: **the late-night film** la película de medianoche.

latent ['leɪtənt]
1 *adj* latente.
2 *adj (hidden)* oculto,-a.
■ **latent heat** calor *m* latente.

later ['leɪtəʳ]
1 *adj* más tardío,-a: **we'll discuss that at a later date** hablaremos de eso más adelante.
2 *adj (more recent)* más reciente.
3 *adj (in series)* posterior.
4 *adv* más tarde: **five minutes later** cinco minutos más tarde; **see you later!**

¡hasta luego!; I'll tell you later ya te lo diré; no later than tomorrow mañana a más tardar.

5 *adv (afterwards)* después, luego.

✦ **later on** más adelante, más tarde.

lateral ['lætərəl] *adj* lateral.

■ **lateral thinking** pensamiento lateral.

laterally ['lætərəlɪ] *adv* lateralmente.

latest ['leɪtɪst]

1 *adj* último,-a, más reciente.

2 *n* lo último: it's the latest in computers es el último grito en informática, es lo último en informática.

✦ **at the latest** a más tardar, como máximo.

latex ['leɪteks] *n* látex *m*.

lath [læθ, lɑ:θ] *n* listón *m*.

lathe [leɪð] *n* torno.

■ **lathe operator** tornero,-a.

lather ['lɑ:ðəʳ]

1 *n (of soap)* espuma.

2 *n (sweat)* sudor *m*.

3 *vt* enjabonar.

4 *vi* hacer espuma: this soap lathers easily este jabón hace mucha espuma.

✦ **in a lather** *fam* agobiado,-a y sudando.

to work oneself into a lather *fam* agobiarse.

Latin ['lætɪn]

1 *adj* latino,-a: the Latin Quarter el barrio latino.

2 *n (person)* latino,-a.

3 *n (language)* latín *m*.

■ **Latin American** latinoamericano,-a.

Latinisn ['lætɪnɪʒəm] *n* latinismo.

latitude ['lætɪtju:d] *n* latitud *f*.

latitudinal [lætɪ'tju:dɪnəl] *adj* latitudinal.

latrine [lə'tri:n] *n* retrete *m*.

latter ['lætəʳ]

1 *adj (last)* último,-a: the latter days of his life were very happy los últimos días de su vida fueron muy felices.

2 *adj (second)* segundo,-a: in the latter half of September durante la segunda quincena de septiembre.

3 the latter *pron* éste,-a, este,-a último,-a.

latter-day ['lætədeɪ] *adj* actual, de hoy.

lattice ['lætɪs] *n* celosía, enrejado.

■ **lattice window** ventana de celosía.

latticework ['lætɪswɜ:k] *n* enrejado.

Latvia ['lætvɪə] *n* Letonia.

Latvian ['lætvɪən]

1 *adj* letón,-ona.

2 *n (person)* letón,-ona.

3 *n (language)* letón *m*.

laud [lɔ:d] *vt arch* alabar, elogiar.

✦ **to laud something to the skies** poner algo por las nubes.

laudable ['lɔ:dəbəl] *adj* laudable, loable.

laudanum ['lɔ:dənəm] *n* láudano.

laugh [lɑ:f]

1 *vi* reír, reírse: it makes me laugh me da risa; don't laugh no te rías; he'll laugh

in your face se te reirá en la cara; you've got to laugh, haven't you? es mejor tomárselo a risa; don't make me laugh! ¡no me hagas reír!

2 *n* risa: we had a really good laugh nos reímos muchísimo; we did it for a laugh lo hicimos para divertirnos; what a laugh! ¡qué risa!; she's a good laugh es muy divertida, tiene mucha gracia.

▸ **to laugh at**

1 *vt insep* reírse de: she laughs at all his jokes le ríe todos sus chistes.

2 *vt insep (scoff at)* mofarse de.

to laugh off *vt sep* tomar a risa.

✦ **he who laughs last laughs longest** quien ríe último ríe mejor.

to burst out laughing echarse a reír.

to have the last laugh reír el/la último,-a.

to laugh like a drain *GB fam* reírse a carcajada limpia.

to laugh one's head off *fam* partirse de risa, troncharse de risa, desternillarse de risa.

to laugh on the other side of one's face llevarse un chasco.

to laugh up one's sleeve reír disimuladamente.

laughable ['lɑ:fəbəl] *adj* ridículo,-a, irrisible; *(sum)* irrisorio,-a.

laughably ['lɑ:fəblɪ] *adv* ridículamente, irrisoriamente.

laughing ['lɑ:fɪŋ]

1 *adj* risueño,-a.

2 *n* risas *fpl*; *(loud)* carcajadas *fpl*.

✦ **not to be a laughing matter** no ser (cosa) de risa.

■ **laughing gas** gas *m* hilarante.

laughingly ['lɑ:fɪŋlɪ] *adv* con risas, riéndose.

laughing-stock ['lɑ:fɪŋstɒk] *n* hazmerreír *m*.

laughter ['lɑ:ftəʳ] *n* risas *fpl*: a fit of laughter un ataque de risa.

✦ **to die of laughter** *fam* morirse de risa.

launch [lɔ:ntʃ]

1 *vt* lanzar: it will be launched on the market next year se lanzará al mercado el año que viene.

2 *vt (ship)* botar; *(lifeboat)* echar al mar.

3 *vt (film etc)* estrenar; *(book)* presentar.

4 *vt (company)* fundar.

5 *vt (scheme, attack)* iniciar.

6 *n (boat)* lancha.

7 *n →* **launching.**

launcher ['lɔ:ntʃəʳ] *n* lanzador *m*.

■ **grenade launcher** lanzagranadas *m*.

launching ['lɔ:ntʃɪŋ]

1 *n* lanzamiento.

2 *n (of ship)* botadura.

3 *n (of film)* estreno; *(of book)* presentación *f*.

launchpad ['lɔ:ntʃpæd] *n* plataforma de lanzamiento.

launder ['lɔ:ndəʳ]

1 *vt (clothes)* lavar (y planchar).

2 *vt fig (money)* blanquear.

launderette [lɔ:n'dəret] *n* lavandería automática.

laundromat ['lɔ:drəmæt] *n US →* **launderette.**

laundry ['lɔ:ndrɪ]

1 *n (place)* lavandería.

2 *n (dirty)* ropa sucia, colada; *(clean)* ropa limpia, ropa lavada.

✦ **to do the laundry** lavar la ropa.

■ **laundry basket** cesto de la ropa sucia.

▲ *pl* **laundries.**

laureate ['lɔ:rɪət] *n* ganador,-ra: he was a Nobel laureate in literature fue (ganador del) premio Nobel de literatura.

laurel ['lɒrəl] *n* laurel *m*.

✦ **to look to one's laurels** no dormirse en los laureles.

to rest on one's laurels dormirse en los laureles.

■ **laurel wreath** corona de laureles.

Lausanne [ləʊ'zæn] *n* Lausana.

lava ['lɑ:və] *n* lava.

lavatory ['lævətərɪ]

1 *n* váter *m*.

2 *n (room)* lavabo, baño.

3 *n (public)* servicios *mpl*, aseos *mpl*.

▲ *pl* **lavatories.**

lavender ['lævɪndəʳ]

1 *n* espliego, lavanda.

2 *adj (colour)* de color lavanda.

■ **lavender water** agua de lavanda.

lavish ['lævɪʃ]

1 *adj (generous)* pródigo,-a, generoso,-a.

2 *adj (abundant)* abundante.

3 *adj (luxurious)* lujoso,-a.

4 *vt* prodigar (**on**, a).

lavishly ['lævɪʃlɪ] *adv* espléndidamente, magníficamente.

lavishness ['lævɪʃnəs] *n* magnificencia, fastuosidad *f*.

law [lɔ:]

1 *n* ley *f*.

2 *n EDUC* derecho.

3 the law *n fam* la poli *f*, la pasma.

✦ **against the law** contra la ley.

by law por ley.

in law por ley.

laws are made to be broken hecha la ley, hecha la trampa.

the law of the jungle la ley del más fuerte.

to be a law unto oneself dictar sus propias leyes.

to be outside the law estar fuera de la ley.

to go to law recurrir a la ley.

to keep within the law obrar según la ley.

to take the law into one's own hands tomarse la justicia por su mano.

■ **law and order** orden *m* público.
law court tribunal *m* de justicia.
law firm bufete *m* de abogados.
law school *US* facultad *f* de derecho.

law-abiding [ˈlɔːəbaɪdɪŋ] *adj* respetuoso,-a de la ley.

law-breaker [ˈlɔːbreɪkəʳ] *n* infractor,-ra de la ley.

lawful [ˈlɔːfʊl]
  1 *adj* legal.
  2 *adj (allowed by law)* lícito,-a.

lawfully [ˈlɔːfʊlɪ] *adv* legalmente.

lawless [ˈlɔːləs]
  1 *adj* sin ley; *(ungovernable)* ingobernable.
  2 *adj (person)* anárquico,-a.

lawlessness [ˈlɔːləsnəs] *n* anarquía, desorden *m*.

lawmaker [ˈlɔːmeɪkəʳ] *n* legislador,-ra.

lawn [lɔːn] *n* césped *m*.
  ■ **lawn party** *US* fiesta *(en el jardín)*.
  lawn tennis tenis *m* sobre hierba.

lawnmower [ˈlɔːnməʊəʳ] *n* cortacésped *m & f*.

lawsuit [ˈlɔːsjuːt] *n* pleito, juicio.

lawyer [ˈlɔːjəʳ] *n* abogado,-a.
  ■ **labour lawyer** abogado,-a laboralista.

lax [læks]
  1 *adj (unstrict)* poco disciplinario,-a, flojo,-a; *(relaxed)* relajado,-a.
  2 *adj (negligent)* negligente.
  3 *adj (of intestine)* suelto,-a.

laxative [ˈlæksətɪv]
  1 *adj* laxante.
  2 *n* laxante *m*.

laxity [ˈlæksɪtɪ]
  1 *n (lacking strictness)* poca disciplina, flojedad *f*; *(relaxation)* relajamiento, relajación *f*.
  2 *n (negligence)* negligencia.

laxness [ˈlæksnəs] *n* laxitud *f*.

lay¹ [leɪ]
  1 *adj REL* laico,-a, seglar.
  2 *adj (non-professional)* lego,-a, no profesional.
  ■ **lay brother** hermano lego.
  lay figure maniquí.
  lay preacher predicador,-ra seglar.
  lay sister hermana lega.

lay² [leɪ]
  1 *vt (gen)* poner, colocar; *(spread out)* extender.
  2 *vt (bricks, carpet)* poner; *(cable, pipe)* tender; *(foundations, basis)* echar; *(bomb)* colocar.
  3 *vt (prepare)* preparar; *(curse)* lanzar.
  4 *vt (eggs)* poner.
  5 *vt (bet)* apostar.
  6 *vt (charge)* formular.
  7 *vt taboo* follar.
  8 *vi (hen)* poner huevos.
  ▶ **to lay about** *vt insep* agredir.
    to lay aside
      1 *vt sep* dejar a un lado.
      2 *vt sep fig* dejar de lado.

to lay before *vt insep* presentar.
to lay by *vt sep* guardar; *(money)* ahorrar.
to lay down
  1 *vt sep (let go)* dejar, soltar: they were forced to lay down their arms se les obligó a deponer las armas.
  2 *vt sep (give up)* entregar: he would lay down his life for his best friend daría la vida por su mejor amigo.
  3 *vt sep (establish)* imponer, fijar; *(principles etc)* sentar.
  4 *vt sep (wine)* guardar (en bodega).
to lay in *vt insep* proveerse de.
to lay into *vt insep* atacar.
to lay off
  1 *vt sep (worker)* despedir.
  2 *vt insep fam (stop)* dejar en paz, dejar de molestar: lay off my brother! ¡deja ya de molestar a mi hermano!
  3 *vi fam* parar: lay off kicking me! ¡deja ya de darme patadas!; lay off! ¡ya está bien!, ¡para ya!
to lay on
  1 *vt sep (provide)* facilitar, suministrar.
  2 *vt insep (burden)* cargar: that's a hard job to lay on one person alone es un trabajo demasiado duro para que se lo cargue una sola persona.
to lay out
  1 *vt sep (spread out)* tender, extender.
  2 *vt sep (arrange)* disponer, colocar.
  3 *vt sep (present)* presentar, exponer.
  4 *vt sep (town etc)* hacer el trazado de; *(garden)* diseñar.
  5 *vt sep fam (knock down)* dejar fuera de combate.
  6 *vt sep fam (spend)* desembolsar.
to lay over *vi US (gen)* hacer una parada (**at/in**, en); *(plane)* hacer escala (**at/in**, en).
to lay up *vt sep (store)* almacenar.
✦ **to be a great lay** *taboo* ser muy bueno,-a en la cama.
to be laid low estar enfermo,-a (**with**, de).
to be laid up tener que guardar cama.
to lay claim to something hacer valer su derecho a algo.
to lay down the law dictar la ley.
to lay emphasis on something hacer hincapié en algo.
to lay it on/lay it on a bit thick *fam* cargar la mano, cargar las tintas; *(praise)* hacer la pelota.
to lay one on somebody *GB fam* hacerle una jugarreta a alguien.
to lay one's hands on somebody pillar a alguien.
to lay open to ... exponer a ...: this would lay us open to criticism esto nos expondría a las críticas.
to lay something flat derribar algo.
to lay something on the line *(make clear)* dejar algo bien claro; *(risk)* arriesgar: she laid her life on the line for

her children se jugó la vida por sus hijos.
to lay the table poner la mesa.
to lay the blame on somebody echar la culpa a alguien.
to lay up trouble for oneself crearse problemas.
to lay waste to arrasar, asolar.
■ **the lay of the land** *US* la topografía.
▲ *pt & pp laid* [leɪd].

lay³ [leɪ] *pt →* **lie 2**.

lay⁴ [leɪ] *n LIT (ballad)* romance *m*.

layabout [ˈleɪəbaʊt] *n GB fam* gandul, -la, holgazán,-ana.

lay-by [ˈleɪbaɪ] *n* área de descanso.
▲ *pl lay-bys*.

layer [ˈleɪəʳ]
  1 *n* capa.
  2 *n (of rock)* estrato.
  3 *n (installer)* instalador,-ra: he's a carpet layer es instalador de moquetas, coloca moquetas.
  4 *n (hen)* gallina ponedora.
  5 *vt (cake, dish)* dividir en capas.
  6 *vt (hair)* hacer un corte escalonado a.

layette [leɪˈet] *n* canastilla.

layman [ˈleɪmən]
  1 *n REL* laico.
  2 *n (not expert)* profano.
  ✦ **in layman's language** en lenguaje llano.
  ▲ *pl laymen* [ˈleɪmən].

lay-off [ˈleɪɒf] *n* despido.

layout [ˈleɪaʊt]
  1 *n (arrangement)* disposición *f*, *(presentation)* presentación *f*.
  2 *n (printing)* composición *f*, formato.
  3 *n (plan)* trazado.

layover [ˈleɪəʊvəʳ] *n US* parada; *(in flight)* escala.

layperson [ˈleɪpɜːsən] *n REL* laico,-a.
▲ *pl laypeople* [ˈleɪpiːpl].

laywoman [ˈleɪwumən] *n REL* laica.
▲ *pl laywomen* [ˈleɪwɪmɪn].

laze [leɪz]
  1 *vi* gandulear, holgazanear.
  2 *n* siesta.
  ▶ **to laze about/laze around** *vi* hacer el vago.
  to laze away *vt sep* pasar ganduleando: she lazed the afternoon away in her hammock se pasó la tarde ganduleando en su hamaca.

lazily [ˈleɪzɪlɪ] *adv* perezosamente.

laziness [ˈleɪzɪnəs] *n* pereza.

lazy [ˈleɪzɪ]
  1 *adj* gandul,-la, vago,-a, perezoso,-a.
  2 *adj (river)* perezoso,-a.
  ■ **lazy eye** ojo gandul.
  ▲ *comp lazier, superl laziest*.

lazybones [ˈleɪzɪbəʊnz] *n* perezoso,-a, gandul,-la.
▲ *pl lazybones*.

lb [paʊnd] *abbr* (**pound**) libra.
▲ *pl lb o lbs*.

LCD [elsiːˈdiː] *abbr* (**liquid crystal display**) pantalla de cristal líquido.

LCM [elsiːˈem] *abbr* (**lowest common multiple**) mínimo común múltiplo.

L-driver [ˈeldraɪvəʳ] *n* GB conductor,-ra novato,-a.

leach [liːtʃ] *vt* TECH lixiviar.

lead¹ [led]
1 *n* (*metal*) plomo.
2 *n* (*in pencil*) mina.
3 *n sl* (*bullets*) plomo.
✦ **to swing the lead** *fam* hacer el vago.
▪ **lead poisoning** saturnismo.

lead² [liːd]
1 *vt* (*guide*) llevar, conducir: **our tour guide led the way to the cathedral** la guía nos llevó a la catedral.
2 *vt* (*be leader of*) liderar, dirigir.
3 *vt* (*be first in*) ocupar el primer puesto en.
4 *vt* (*influence*) llevar: **he is easily led** se deja llevar fácilmente.
5 *vt* (*life*) llevar: **I lead a very busy life** llevo una vida muy ajetreada.
6 *vt* MUS (*orchestra*) ser el primer violín de.
7 *vt* (*us mus*) dirigir.
8 *vt* (*cards*) salir con.
9 *vi* (*road*) conducir, llevar (**to**, a): **this path leads to the beach** este sendero lleva a la playa; **this could lead to the president's resignation** esto podría llevar a la dimisión del presidente.
10 *vi* (*command*) tener el mando.
11 *vi* (*go first*) ir primero,-a; (*in race*) llevar la delantera.
12 *vi* (*cards*) salir.
13 *n* (*front position*) delantera.
14 *n* SP liderato; (*difference*) ventaja.
15 *n* THEAT primer papel *m*.
16 *n* GB (*for dog*) correa.
17 *n* ELEC cable *m*.
18 *n* (*clue*) pista.
19 *n* (*cards*) mano *f*: **it's my lead** es mi turno.
▪ **to lead off**
1 *vi* (*begin*) empezar.
2 *vt insep* (*room, door*) dar a.
to lead on *vt sep*
1 *vt sep* (*deceive*) engañar, tomar el pelo a.
2 *vt sep* (*coerce*) coaccionar.
3 *vi* ir adelante: **lead on!** ¡adelante!
to lead up to *vt insep* llevar a, conducir a.
✦ **to be in the lead** ir en cabeza.
to follow somebody's lead seguir el ejemplo de alguien.
to lead a dog's life llevar una vida de perros.
to lead somebody to believe something llevar a alguien a creer algo.
to lead the way enseñar el camino.
to take the lead (*in race*) tomar la delantera; (*in score*) adelantarse en el marcador.

▪ **lead time** tiempo de planificación y producción.
▲ *pt & pp* **led** [led].

leaded [ˈledɪd] *adj* (*window*) emplomado,-a.

leaden [ˈledən]
1 *adj* (*colour*) plomizo,-a.
2 *adj fig* de plomo, pesado,-a.

leader [ˈliːdəʳ]
1 *n* POL líder *mf*, dirigente *mf*: **he's a born leader** es un líder nato.
2 *n* (*in race*) líder *mf* (**of/in**, de).
3 *n* GB (*of orchestra*) primer violín *m*.
4 *n* US (*conductor*) director,-ra.
5 *n* GB (*in newspaper*) editorial *m*.

leadership [ˈliːdəʃɪp]
1 *n* (*position*) liderato, liderazgo.
2 *n* (*qualities*) dotes *mpl* de mando.
3 *n* (*leaders*) dirección *f*.

lead-free [ˈledfriː] *adj* sin plomo.

lead-in [ˈliːdɪn] *n* introducción *f*, presentación *f*.

leading [ˈliːdɪŋ] *adj* destacado,-a, principal.
▪ **leading lady** actriz *f* principal.
leading light *fam* cerebro.
leading man actor *m* principal.
leading question pregunta tendenciosa.

leaf [liːf]
1 *n* (*of plant*) hoja.
2 *n* (*of book*) hoja, página.
3 *n* (*of table*) hoja abatible.
▪ **to leaf through** *vt insep* hojear.
✦ **to be in leaf** tener hojas.
to come into leaf echar hojas.
to take a leaf out of somebody's book seguir el ejemplo de alguien.
to turn over a new leaf hacer borrón y cuenta nueva, volver la página.
▪ **leaf mould** mantillo.
▲ *pl* **leaves** [liːvz].

leaflet [ˈliːflət]
1 *n* (*folded*) folleto; (*single sheet*) octavilla, hoja suelta.
2 *vi* GB repartir folletos, repartir octavillas.

leafleting [ˈliːflətɪŋ] *n* buzoneo.

leafy [ˈliːfɪ] *adj* frondoso,-a.
▲ *comp* **leafier**, *superl* **leafiest**.

league [liːg]
1 *n* liga.
2 *n fam* (*level*) altura: **they're not in the same league as French bakeries** no están a la altura de las panaderías francesas.
3 *n* (*measure*) legua.
✦ **to be in league with somebody** estar conchabado,-a con alguien.
to be out of one's league no estar a la altura.
▪ **league championship** campeonato de liga.
league match partido de liga.
League of Nations Sociedad *f* de Naciones.

leak [liːk]
1 *vi* (*container*) tener un agujero; (*pipe*) tener un escape.
2 *vi* (*roof*) gotear.
3 *vi* (*boat*) hacer agua; (*shoes*) dejar entrar agua.
4 *vi* (*gas, fluid*) escaparse.
5 *vt* (*let out*) dejar salir, dejar escapar; (*spill out*) derramar.
6 *vt fig* (*information etc*) pasar (**to**, a): **was sacked for leaking information to the press** fue despedido por pasar información a la prensa.
7 *n* (*hole*) agujero.
8 *n* (*in roof*) gotera.
9 *n* (*of gas*) fuga, escape *m*; (*of liquid*) escape *m*.
10 *n* (*spill*) derrame *m*.
11 *n fig* (*of information etc*) filtración *f*.
▪ **to leak out**
1 *vi* (*gas, fluid*) escaparse.
2 *vi fig* filtrarse.
✦ **to have a leak/take a leak** *sl* mear, echar una meada.

leakage [ˈliːkɪdʒ]
1 *n* (*of gas*) fuga, escape *m*; (*of liquid*) escape *m*.
2 *n* (*spill*) derrame *m*.

leaky [ˈliːkɪ]
1 *adj* (*container*) agujereado,-a; (*pipe*) con un escape.
2 *adj* (*roof*) que tiene goteras.
3 *adj* (*pipe*) que tiene escapes.
4 *adj* (*boat*) que hace agua; (*shoe*) que deja entrar agua.
▲ *comp* **leakier**, *superl* **leakiest**.

lean¹ [liːn]
1 *adj* (*person*) delgado,-a, flaco,-a.
2 *adj* (*meat*) magro,-a.
3 *adj* (*harvest*) malo,-a, escaso,-a; (*year*) malo,-a, pobre: **it was a lean year for car sales** fue un mal año para la venta de coches.
4 *n* (*meat*) carne *f* magra.

lean² [liːn]
1 *vi* inclinarse.
2 *vi* (*for support*) apoyarse (**on**, en) (**against**, contra).
3 *vt* apoyar.
4 *n* inclinación *f*.
▪ **to lean on**
1 *vt insep* (*depend on*) depender de.
2 *vt insep* (*pressure*) presionar a.
to lean towards *vt insep* estar a favor de, tirar hacia.
✦ **to lean back** reclinarse, recostarse.
to lean down agacharse.
to lean forward inclinarse hacia delante.
to lean out asomarse (-, por).
to lean over inclinarse.
to lean over backwards (*to help somebody*) desvivirse (por ayudar a alguien).
▲ *pt & pp* **leaned** o **leant** [lent].

leaning [ˈliːnɪŋ]
1 *adj* inclinado,-a.
2 *n* inclinación *f*, tendencia.
leant [lent] *pt & pp* → **lean 2.**
lean-to [ˈliːntʊ] *n* cobertizo.
▲ *pl* lean-tos.
leap [liːp]
1 *vi* saltar, brincar: the children leapt for joy los niños dieron saltos de alegría; the dog can't leap over the fence el perro no puede saltar la valla; everyone leapt to their feet todos se levantaron de un salto; my heart leapt mi corazón dio un vuelco; those gaudy illustrations leap off the page at you esas ilustraciones chillonas saltan de la página.
2 *n* salto, brinco.
3 *n fig* salto: these reforms are a leap forward for the country estas reformas significan un paso hacia adelante para el país.
▶ to leap at *vt insep* no dejar escapar, aprovechar.
✦ a leap in the dark un salto en el vacío.
by leaps and bounds a pasos agigantados.
to leap up *(person)* levantarse de un salto; *(flame)* brotar, saltar.
■ leap year año bisiesto.
▲ *pt & pp* leaped o leapt [lept].
leapfrog [ˈliːpfrɒg]
1 *n* pídola.
2 *vt fig (skip)* saltarse.
▲ *pt & pp* leapfrogged, *ger* leapfrogging.
leapt [lept] *pt & pp* → **leap.**
learn [lɜːn]
1 *vt* aprender: I'd love to learn (how) to ice-skate me encantaría aprender a patinar sobre hielo; he's learning how to play the flute estudia flauta; you must learn this poem by heart debes aprenderte este poema de memoria.
2 *vt (find out about)* enterarse de, saber.
3 *vi* aprender.
4 *vi (find out)* enterarse (about/of, de).
✦ to learn from one's mistakes aprender de sus errores.
to learn from experience aprender por experiencia.
to learn one's lesson/learn the hard way aprender de sus errores.
▲ *pt & pp* learned o learnt [lɜːnt].
learned [ˈlɜːnəd] *adj* erudito,-a.
learner [ˈlɜːnəʳ] *n* estudiante *mf*: he's a slow learner tiene dificultades para aprender.
■ learner driver aprendiz,-za de conductor.
learning [ˈlɜːnɪŋ] *n* saber *m*: she was a woman of great learning fue una gran erudita.
learnt [lɜːnt] *pt & pp* → **learn.**
lease [liːs]
1 *n* contrato de arrendamiento *que transfiere la propiedad al arrendatario por un*

cierto período de tiempo: they've taken a lease on the office han arrendado la oficina; they bought the house on a 99-year lease firmaron un contrato que les concede la propiedad de la casa durante 99 años.
2 *vt* arrendar.
✦ to give somebody a new lease on life dar nueva vida a alguien.
leasehold [ˈliːshəʊld]
1 *adj* arrendado,-a.
2 *adv* en arriendo.
▲ *Véase también* lease.
leaseholder [ˈliːshəʊldəʳ] *n* arrendatario *cuya titularidad se especifica mediante un lease.*
leash [liːʃ] *n* correa.
leasing [ˈliːsɪŋ]
1 *n* arrendamiento, arriendo.
2 *n FIN* leasing *m*.
least [liːst]
1 *adj* menor, menos: he makes the least money es el que gana menos dinero.
2 *adv* menos: when you least expect it cuando menos lo esperas; nobody was interested, least of all him no le interesó a nadie, y a él menos; tourism is on the rise, not least because of the new exchange rate el turismo está en alza, debido en gran parte al nuevo tipo de cambio.
3 *n* lo menos: it's the least I can do es lo menos que puedo hacer; the least you could have done was phone once in a while ¿qué menos que llamar de vez en cuando?; that's the least of my problems eso es lo de menos.
✦ at (the) least por lo menos, al menos, cuando menos.
not in the least! ¡en absoluto!, ¡qué va!: he's not in the least tired no está cansado en lo más mínimo.
not least en gran parte.
to say the least por no decir más.
leather [ˈleðəʳ]
1 *n* piel *f*, cuero.
2 *adj* de piel, de cuero.
leatherette [leðəˈret] *n* imitación *f* de piel, polipiel *f*.
leathery [ˈleðərɪ]
1 *adj (skin)* curtido,-a.
2 *adj (meat)* correoso,-a.
leave¹ [liːv]
1 *vt (go away from)* dejar, abandonar; *(go out of)* salir de: she left home when she was 16 se marchó de casa a los 16 años.
2 *vt (stop being with)* irse de, marcharse de: when I left New York cuando me fui de Nueva York.
3 *vt (forget)* dejarse, olvidar, olvidarse: yesterday I left my handbag on the train ayer me dejé el bolso en el tren.
4 *vt (allow to remain)* dejar: let's leave that until tomorrow dejemos eso para mañana; please leave the door

open por favor, deja la puerta abierta; shall I leave him a message? ¿quiere que le dé algún recado?; leave the washing up to me deja que yo lave los platos; let's leave it at that! ¡dejémoslo así!
5 *vt (cause to remain)* dejar: the glass left a ring on the table el vaso dejó un cerco en la mesa.
6 *vt (be survived by)* dejar.
7 *vt (bequeath)* dejar, legar.
8 *vt MATH* dar: two from six leaves four seis menos dos dan cuatro.
9 *vi* marcharse, irse, partir: I'm leaving in five minutes me voy dentro de cinco minutos; he left for Rome this morning esta mañana salió hacia Roma.
▶ to leave off
1 *vt insep* dejar de: there was so much noise that I had to leave off studying había tanto ruido que tuve que dejar de estudiar.
2 *vi* acabar, terminar: we'll start where we left off yesterday empezaremos donde acabamos ayer.
to leave out
1 *vt sep (omit)* omitir, excluir.
2 *vt sep (not make welcome)* excluir: you shouldn't feel left out no deberías sentirte excluido.
✦ leave it out! *GB sl* ¡venga ya!, ¡déjalo ya!
to leave behind dejar atrás.
to leave go of something/hold of something soltar algo.
to leave somebody alone/leave somebody be dejar a alguien en paz.
to leave somebody cold dejar frío,-a a alguien, dejar indiferente a alguien.
to leave somebody to himself/leave somebody to his own devices dejar que alguien se las apañe solo,-a.
to leave something about dejar algo tirado.
to leave standing *(in race)* dejar clavado,-a.
to leave well enough alone dejar las cosas tal como están.
▲ *pt & pp* left, *ger* leaving.
leave² [liːv]
1 *n (time off)* permiso.
2 *n (permission)* permiso.
✦ to be on leave *MIL* estar de permiso.
to go on sick leave tener la baja por enfermedad.
to take French leave despedirse a la francesa.
to take leave of one's senses perder la razón.
to take one's leave of somebody despedirse de alguien.
■ leave of absence excedencia.
leaven [ˈlevən] *n* levadura.
leavening [ˈlevənɪŋ]
1 *n* → **leaven.**
2 *n fig (dash)* toque *m*, nota.
leaves [liːvz] *npl* → **leaf.**

leave-taking [ˈliːvteɪkɪŋ] *n* despedida.
leaving [ˈliːvɪŋ]
1 *n (departure)* salida.
2 **leavings** *npl (remains)* restos *mpl; (of food)* sobras *fpl.*
Lebanese [lebəˈniːz]
1 *adj* libanés,-esa.
2 *n* libanés,-esa.
3 **the Lebanese** *npl* los libaneses *mpl.*
Lebanon [ˈlebənən] *n* Líbano.
lecher [ˈletʃəʳ] *n* lujurioso, lascivo.
lecherous [ˈletʃərəs] *adj* lujurioso,-a, lascivo,-a.
lechery [ˈletʃərɪ] *n* lujuria, lascivia.
lecithin [ˈlesɪθɪn] *n* lecitina.
lectern [ˈlektən] *n* atril *m; (in church)* facistol *m.*
lecture [ˈlektʃəʳ]
1 *n* conferencia.
2 *n (in university)* clase *f.*
3 *n (telling-off)* reprimenda, sermón *m.*
4 *vi* dar una conferencia (**on**, sobre).
5 *vi (in university)* dar clase.
6 *vt (scold)* sermonear, echar una reprimenda a.
lecturer [ˈlektʃərəʳ]
1 *n* conferenciante *mf.*
2 *n (in university)* profesor,-ra.
lectureship [ˈlektʃəʃɪp] *n* cargo de profesor,-ra.
led [led] *pt & pp* → **lead 2.**
ledge [ledʒ]
1 *n (shelf)* repisa; *(of window)* antepecho, alféizar *m.*
2 *n (of rock)* saliente *m.*
ledger [ˈledʒəʳ] *n* COMM libro mayor.
■ **ledger line** MUS línea postiza.
lee [liː]
1 *n* MAR sotavento, socaire *m.*
2 *n (shelter)* abrigo.
✦ **in the lee of** al abrigo de.
■ **lee tide** marea de sotavento.
leech [liːtʃ] *n* sanguijuela.
✦ **to cling to somebody like a leech** pegarse a alguien como una lapa.
leek [liːk] *n* puerro.
leer [lɪəʳ]
1 *vi* mirar con lascivia (**at**, -).
2 *n* mirada lasciva.
leeringly [ˈlɪərɪŋlɪ] *adv* con lascivia.
leery [ˈlɪərɪ] *adj fam* receloso,-a.
✦ **to be leery of** recelar de, desconfiar de, no fiarse de: I'm a bit leery of that new porter no me fío de ese nuevo portero.
▲ *comp* **leerier**, *superl* **leeriest.**
lees [liːz] *npl* poso *m sing.*
leeward [ˈliːwəd]
1 *adj* de sotavento.
2 *adv* a sotavento.
3 *n* sotavento.
■ **Leeward Islands** Islas *fpl* de Sotavento.

leeway [ˈliːweɪ]
1 *n (freedom)* libertad *f:* from now on I'll have a certain amount of leeway a partir de ahora tendré cierto margen de libertad.
2 *n GB (backlog)* tiempo perdido: he's got a lot of leeway to make up tiene que recuperar mucho tiempo perdido.
3 *n* MAR deriva.
left¹ [left]
1 *adj* izquierdo,-a.
2 *adj* POL de izquierdas: the left wing of the party el ala izquierda del partido.
3 *adv* a la izquierda, hacia la izquierda.
4 *n* izquierda: keep to the left manténgase a la izquierda.
5 *n (punch)* golpe *m* de la izquierda.
✦ **on the left** a mano izquierda.
to be on the Left ser de izquierdas.
■ **the far Left** la extrema izquierda.
left² [left] *pt & pp* → **leave 1.**
✦ **to be left** quedar: is there any milk left? ¿queda leche?
to be left over sobrar, quedar.
to have something left quedar algo a uno: we have no tickets left no nos quedan entradas.
left-hand [ˈlefthænd] *adj* izquierdo,-a: the shop is on the left-hand side la tienda está a mano izquierda.
✦ **left-hand drive** con el volante a la izquierda.
left-handed [leftˈhændɪd]
1 *adj (person)* zurdo,-a.
2 *adj (object)* para zurdos.
3 *adj (action)* con la mano izquierda.
left-hander [leftˈhændəʳ]
1 *n (blow)* golpe *m* con la izquierda.
2 *n (person)* zurdo,-a.
leftist [ˈleftɪst]
1 *adj* izquierdista.
2 *n* izquierdista *mf.*
left-luggage [leftˈlʌgɪdʒ] **left-luggage office** *n* consigna.
leftover [ˈleftəʊvəʳ]
1 *adj* sobrante, restante.
2 **leftovers** *npl* sobras *fpl*, restos *mpl.*
leftward [ˈleftwəd]
1 *adj* a la izquierda, hacia la izquierda.
2 *adv* US → **leftwards.**
leftwards [ˈleftwədz] *adj* a la izquierda, hacia la izquierda.
left-wing [ˈleftwɪŋ] *adj* de izquierdas.
left-winger [leftˈwɪŋəʳ] *n* izquierdoso,-a.
lefty [ˈleftɪ]
1 *n GB fam* izquierdista *mf*, izquierdoso,-a.
2 *n US fam* zurdo,-a.
▲ *pl* **lefties.**
leg [leg]
1 *n* ANAT pierna; *(of animal)* pata.
2 *n* CULIN *(lamb etc)* pierna; *(chicken etc)* muslo.
3 *n (of furniture)* pata, pie *m.*
4 *n (of trousers)* pernera.
5 *n (stage)* etapa.

✦ **not to have a leg to stand on** no tener en qué basarse.
to be on one's last legs estar en las últimas.
to give somebody a leg up *fam* ayudar a alguien a subir (aguantándole un pie).
to leg it *fam (run away)* irse corriendo, poner pies en polvorosa; *(walk)* ir andando.
to pull somebody's leg *fam* tomarle el pelo a alguien.
to shake a leg *fam (hurry)* espabilarse; *(dance)* bailotear.
to show a leg *fam* levantarse de la cama.
legacy [ˈlegəsɪ] *n* legado, herencia.
▲ *pl* **legacies.**
legal [ˈliːgəl]
1 *adj* legal, lícito,-a.
2 *adj (relating to the law)* jurídico,-a, legal: the legal profession la abogacía.
✦ **to take legal action** entablar un pleito (**against**, contra).
■ **legal adviser** asesor,-ra jurídico,-a; *(office)* asesoría jurídica.
legal aid *ayuda económica para afrontar gastos de representación legal.*
legal costs costas *fpl.*
legal holiday US fiesta nacional.
legal tender moneda de curso legal.
legalistic [liːgəˈlɪstɪk] *adj* legalista.
legality [lɪˈgælɪtɪ] *n* legalidad *f.*
▲ *pl* **legalities.**
legalisation [liːgəlaɪˈzeɪʃən] *n* → **legalization.**
legalise [ˈliːgəlaɪz] *vt* → **legalize.**
legalization [liːgəlaɪˈzeɪʃən] *n* legalización *f.*
legalize [ˈliːgəlaɪz] *vt* legalizar.
legate [ˈlegət] *n* legado.
legation [lɪˈgeɪʃən] *n* legación *f.*
legend [ˈledʒənd] *n* leyenda.
✦ **a legend in one's own lifetime** una leyenda viva.
legendary [ˈledʒəndərɪ] *adj* legendario, -a: this bar is legendary for its cocktails este bar es legendario por sus cócteles.
leger [ˈledʒəʳ] **leger (line)** *n* MUS línea postiza.
legerdemain [ledʒədəˈmeɪn] *n dated* juegos *mpl* de manos.
leggings [ˈlegɪŋz] *npl (whole leg)* mallas *fpl; (below knee)* polainas *fpl.*
leggy [ˈlegɪ] *adj* zanquilargo,-a, patilargo,-a; *(woman)* de piernas esculturales.
▲ *comp* **leggier**, *superl* **leggiest.**
legibility [ledʒəˈbɪlɪtɪ] *n* legibilidad *f.*
legible [ˈledʒəbəl] *adj* legible.
legibly [ˈledʒəblɪ] *adv* con letra clara.
legion [ˈliːdʒən] *n* legión *f.*
■ **Foreign Legion** Legión *f* Extranjera.

legionella [li:dʒə'nelə] *n* legionella.

legionnaire [li:dʒə'neəʳ] *n* legionario.
- **legionnaire's disease** enfermedad *f* del legionario.

legislate ['ledʒɪsleɪt] *vi* legislar.

legislation [ledʒɪs'leɪʃən] *n* legislación *f*.

legislative ['ledʒɪslətɪv] *adj* legislativo,-a.

legislator ['ledʒɪsleɪtəʳ] *n* legislador,-ra.

legislature ['ledʒɪsleɪtʃəʳ] *n* cuerpo legislativo.

legit [lɪ'dʒɪt] *adj sl* legal, legítimo,-a.

legitimacy [lɪ'dʒɪtɪməsɪ] *n* legitimidad *f*.

legitimate [lɪ'dʒɪtɪmət] *adj* legítimo,-a.

legitimatize [lɪ'dʒɪtɪmətaɪz] *vt* → **legitimize**.

legitimise [lɪ'dʒɪtɪmaɪz] *vt* → **legitimize**.

legitimist [lɪd'dʒɪtɪmɪst]
1 *adj* legitimista.
2 *n* legitimista *mf*.

legitimize [lɪ'dʒɪtɪmaɪz] *vt* legitimar.

legless ['legləs] *adj fam* ciego,-a, trompa.

leg-pull ['legpʊl] *n fam* tomadura de pelo.

legroom ['legruːm] *n* sitio para las piernas, espacio para las piernas.

legume ['legjuːm] *n* legumbre *f*.

leg-warmers ['legwɔːməz] *npl* calentadores *mpl*, calientapiernas *mpl*.

legwork ['legwɜːk] **to do the legwork** *phr fam* hacer el trabajo duro.

lei [leɪ] *n* collar de flores hawaiano.

leisure ['leʒəʳ, *US* 'li:ʒəʳ] *n* ocio, tiempo libre.
+ **at leisure** *(with free time)* en su tiempo libre; *(calmly)* tranquilamente.
  to do something at one's leisure hacer algo cuando uno pueda.
  to live a life of leisure vivir a cuerpo de rey.
- **leisure activities** pasatiempos *mpl*.
  leisure centre *(sports)* club *m* deportivo; *(cultural)* centro cultural.
  leisure wear ropa de sport.

leisured ['leʒəd, *US* 'li:ʒərd] *adj* ocioso,-a.

leisurely ['leʒəlɪ, *US* 'li:ʒərlɪ] *adj* sin prisa.

leitmotif ['laɪtməʊtiːf] *n* leitmotiv *m*.

leitmotiv ['laɪtməʊtiːf] *n* leimotiv *m*.

lemon ['lemən]
1 *n* limón *m*.
2 *n GB sl (fool)* primo,-a.
3 *n sl (car)* cacharro.
4 *adj (colour)* de color limón.
- **lemon balm** toronjina.
  lemon curd *GB* confitura de limón.
  lemon ice granizado de limón.
  lemon sole mendo limón.
  lemon squash limonada.
  lemon squeezer exprimidor *m*, exprimidera.
  lemon tea té *m* con limón.
  lemon tree limonero.

lemonade [lemə'neɪd]
1 *n (fizzy - plain)* gaseosa; *(- lemony)* limonada.
2 *n (still)* limonada.

lend [lend]
1 *vt* dejar, prestar: could you lend me some money? ¿me dejas un poco de dinero?
2 *vt fig (add)* dotar de, prestar.
+ **to lend an ear (to somebody)** escuchar (a alguien).
  to lend oneself to something prestarse a algo, prestarse para algo.
  to lend (somebody) a hand echar una mano (a alguien).
▲ *pt & pp lent* [lent].

lending ['lendɪŋ] **lending library** *n* biblioteca pública.

lengthwise ['leŋθwaɪz] *adv* → **lengthways**.

length [leŋθ]
1 *n* longitud *f*. it's 4 metres in length tiene una longitud de 4 metros; what length is the skirt? ¿qué largo tiene la falda?
2 *n (of time)* duración *f*.
3 *n (piece)* trozo; *(of cloth)* largo.
4 *n (of road)* tramo; *(of swimming pool)* largo: Tom won by a length Tom ganó por un largo; we walked the length of the river anduvimos a lo largo del río.
+ **at length** *(finally)* a la larga; *(in depth)* en detalle, a fondo: they talked at length hablaron largo y tendido.
  the length and breadth of something a lo largo y ancho de algo.
  to go to any lengths to do something hacer lo que sea para hacer algo.
  to go to great lengths to do something hacer lo imposible por hacer algo.
  to keep somebody at arm's length mantener las distancias con alguien.
  to measure one's length *fig* medir el suelo.

lengthen ['leŋθən]
1 *vt (skirt etc)* alargar.
2 *vt (lifetime)* prolongar.
3 *vi (skirt etc)* alargarse.
4 *vi (lifetime)* prolongarse; *(days)* crecer.

lengthways ['leŋθweɪz] *adv* a lo largo, longitudinalmente.

lengthy ['leŋθɪ]
1 *adj (in general)* largo,-a.
2 *adj (film, illness)* de larga duración.
3 *adj (speech, discussion)* prolongado,-a.
▲ *comp lengthier, superl lengthiest*.

lenience ['li:nɪəns] *n* indulgencia, lenidad *f*.

leniency ['li:nɪənsɪ] *n* → **lenience**.

lenient ['li:nɪənt] *adj (person)* indulgente; *(punishment)* poco severo,-a.

Leningrad ['lenɪŋgræd] *n* Leningrado.

Leninism ['lenɪnɪzəm] *n* leninismo.

Leninist ['lenɪnɪst]
1 *adj* leninista.
2 *n* leninista *mf*.

lens [lenz]
1 *n (of glasses)* lente *m & f*.
2 *n (of camera)* objetivo.
3 *n ANAT* cristalino.

lent [lent] *pt & pp* → **lend**.

Lent [lent] *n REL* Cuaresma.

lentil ['lentəl] *n* lenteja: lentil soup sopa de lentejas.

Leo ['li:əʊ] *n* Leo, León *m*.
▲ *pl Leos*.

leonine ['li:ənaɪn] *adj fml* leonino,-a.

leopard ['lepəd] *n* leopardo.

leopardess ['lepədes] *n* leopardo hembra.

leotard ['li:ətɑːd] *n* malla.

leper ['lepəʳ] *n* leproso,-a.

leprechaun ['leprəkɔːn] *n* duende *m*.

leprosy ['leprəsɪ] *n* lepra.

leprous ['leprəs] *adj* leproso,-a.

lesbian ['lezbɪən]
1 *adj* lesbiano,-a.
2 *n* lesbiana.

lesbianism ['lezbɪənɪzəm] *n* lesbianismo.

lese-majesty [li:z'mædʒəstɪ] *n* lesa majestad *f*.

Lesotho [lɪ'suːtuː] *n* Lesotho.

less [les]
1 *adj* menos.
2 *pron* menos: we see less of each other these days últimamente nos vemos menos; no less than two hundred people attended asistieron nada menos que doscientas personas; the less you eat, the less you'll spend cuánto menos comas, menos gastarás; she was no less a person than the Prince fue nada menos que el príncipe.
3 *adv* menos: less and less cada vez menos; he was being less than sincere no fue nada sincero.
4 *prep* menos.
+ **any the less** menos: he made a mistake, but I don't think any the less of him for it cometió un error, pero no por eso lo respeto menos.
  in less than no time dentro de un momento, en seguida.
  much less menos aún: he can't drive, much less fly a plane no sabe conducir, ni mucho menos pilotar un avión.
  no less nada menos.
  nothing less than nada menos que.
  still less menos aún.
  to think (all) the less of somebody tener a alguien en menos consideración.

lessee [le'si:] *n* arrendatario,-a.

lessen ['lesən]
1 *vt* disminuir, reducir.
2 *vi* disminuir, reducirse.

lessening ['lesənɪŋ] n disminución f, reducción f.

lesser ['lesəʳ] adj menor.
+ **the lesser of two evils** el mal menor.
to a lesser extent en menor grado.

lesson ['lesən]
1 n (class) clase f: I'm taking lessons in Spanish voy a clases de español.
2 n (warning) lección f.
+ **let that be a lesson to you!** ¡que te sirva de lección!
to teach somebody a lesson dar una lección a alguien.

lessor [le'sɔːʳ] n arrendador,-ra.

lest [lest]
1 conj arch (in order not to) a fin de que no: let me clarify this matter lest there (should) be any misunderstanding permítanme aclarar este asunto a fin de que no haya malentendidos.
2 conj (for fear that) por miedo a que: he tiptoed up the stairs lest he (should) be heard subió las escaleras de puntillas por miedo a que lo oyesen.

let¹ [let]
1 vt (allow) dejar: he lets the children watch cartoon videos a los niños les deja mirar vídeos de dibujos animados; you should let your beard grow deberías dejarte barba; let me drive you home déjame acompañarte a casa (en coche).
2 aux que + subjuntivo: let him come que venga; let this be a warning que esto sirva de advertencia; let us pray oremos; let's go! ¡vamos!, ¡vámonos!; let's not argue about it no discutamos.
3 vt GB (rent) alquilar: "House to let" "Se alquila casa".
4 n GB (renting) alquiler m: a short let un alquiler a corto plazo.
▸ **to let down**
1 vt sep (lower) bajar.
2 vt sep (lengthen) alargar.
3 vt sep (deflate) desinflar.
4 vt sep (disappoint) fallar, defraudar: he promised he would come, but he let me down me prometió que vendría, pero me falló.
to let in vt sep dejar entrar: her father let me in me abrió su padre; let yourself in! ¡abre la puerta tú mismo!; the roof lets in water entra agua por el tejado.
to let into
1 vt sep dejar entrar a: they refused to let him into the country no le dejaron entrar en el país; this key will let you into the garage con esta llave podrás entrar en el garaje.
2 vt sep (inlay into) incrustar en.
3 vt sep (reveal) revelar.
to let off
1 vt sep (leave off) dejar.
2 vt sep (bomb) hacer explotar; (fireworks) hacer estallar.

3 vt sep (person - forgive) perdonar; (- let leave) dejar marcharse; (- free) dejar en libertad: I think she was let off lightly yo creo que se merecía un castigo más fuerte.
to let on
1 vi fam (tell) decir, descubrir: you won't let on, will you? no lo dirás, ¿verdad?
2 vt insep fam (pretend) hacer ver: she let on (that) she was going out shopping hizo ver que se iba de compras.
to let out
1 vt sep (in general) dejar salir; (release) soltar (from, de): he was let out of prison yesterday ayer salió de la prisión; you should let air out of those tyres deberías desinflar un poco los neumáticos.
2 vt sep (utter) soltar: he let out a shriek of pain soltó un grito de dolor.
3 vt sep (widen) ensanchar.
4 vt sep (make public) divulgar, hacer público,-a.
5 vt sep GB (rent) alquilar.
to let through vt sep dejar pasar.
to let up vi parar: the rain didn't let up until evening no dejó de llover hasta el atardecer.
to let up on vt insep fam dejar en paz.
+ **let alone ...** y mucho menos ...
let me see/let's see a ver.
to feel let down sentirse defraudado,-a.
to let by dejar pasar.
to let go of soltar.
to let loose soltar, desatar.
to let off steam desfogarse.
to let oneself in for trouble meterse en un lío.
to let somebody alone dejar a alguien en paz, no molestar a alguien.
to let something alone no tocar algo.
to let somebody down lightly decírselo a alguien con tacto.
to let somebody in on something revelar algo a alguien.
to let somebody know hacer saber a alguien, avisar a alguien: I'll let you know ya te lo diré.
▲ pt & pp let, ger letting.

let² [let] n (tennis) let m.

letdown ['letdaʊn] n fam disgusto, chasco, desilusión f.

lethal ['liːθəl] adj letal, mortal.

lethargic [ləˈθɑːdʒɪk] adj aletargado,-a.

lethargy ['leθədʒɪ] n letargo.

let's [lets] contr → **let us.**

letter ['letəʳ]
1 n (of alphabet) letra.
2 n (message) carta.
3 **letters** npl letras fpl: a man of letters un hombre de letras.
+ **to the letter** al pie de la letra.

▪ **capital letter** mayúscula.
letter bomb carta-bomba.
letter box GB buzón m.
letter of attorney poderes mpl.
letter of credit carta de crédito.
letter of introduction carta de presentación, carta de recomendación.
small letter minúscula.

lettered ['letəd] adj arch de letras.

letterer ['letərəʳ] n rotulista mf.

letterhead ['letəhed] n membrete m.

letterheading ['letəhedɪŋ] n membrete m.

lettering ['letərɪŋ] n rotulación f.

letter-opener ['letərəʊpənəʳ] n US abrecartas m.

letterpress ['letəpres] n impresión f tipográfica.

letting ['letɪŋ] n GB piso de alquiler, casa de alquiler.

lettuce ['letɪs] n lechuga.

let-up ['letʌp] n fam respiro, tregua.

leucocyte ['luːkəsaɪt] n leucocito.

leucotomy [luːˈkɒtəmɪ] n GB lobotomía.
▲ pl leucotomies.

leukaemia [luːˈkiːmɪə] n GB leucemia.

leukemia [luːˈkiːmɪə] n US leucemia.

leukocyte ['luːkəsaɪt] n leucocito.

levee ['levɪ] n US dique m.

level ['levəl]
1 adj (horizontal) llano,-a, plano,-a.
2 adj (even) a nivel, nivelado,-a; (spoonful etc) raso,-a: the table's not level la mesa no está nivelada; his head is level with the door frame su cabeza está a la misma altura que el marco de la puerta.
3 adj (equal) igual, igualado,-a.
4 adj (steady) estable; (voice) llano,-a.
5 n nivel m: above sea level sobre el nivel del mar; at ground level a ras de tierra.
6 n (flat ground) llano, llanura.
7 vt (make level, survey) nivelar.
8 vt (raze) arrasar, rasar.
9 vt (aim) apuntar: he levelled a blow at his brother le asestó un golpe a su hermano.
10 adv a ras (with, de).
▸ **to level off**
1 vi (plane) enderezarse; (prices etc) estabilizarse.
2 vi (ground) nivelarse.
3 vt sep nivelar.
to level out vi → **to level off.**
+ **on the level** fam de fiar, honrado,-a.
to be on a level with estar al mismo nivel que.
to do one's level best hacer todo lo posible.
to draw level igualar (with, con).
to find one's (own) level estar con los suyos.
to keep a level head no perder la cabeza.

to level accusations against somebody dirigir acusaciones a alguien.
to level with somebody *fam* hablar claro con alguien.
▪ level crossing paso a nivel.

level-headed [levəl'hedɪd] *adj* sensato,-a.

lever ['liːvəʳ]
1 *n* palanca.
2 *n (in lock)* guarda.
3 *vt* apalancar: the new engine was levered into position se colocó el motor nuevo con palanca.

leverage ['liːvərɪdʒ]
1 *n* acción *f* de palanca.
2 *n fig (influence)* influencias *fpl*, enchufe *m*.

leveret ['levərət] *n* lebrato.

leviathan [lɪ'vaɪəθən] *n* leviatán *m*.

levitate ['levɪteɪt]
1 *vi* levitar.
2 *vt* hacer levitar.

levitation [levɪ'teɪʃən] *n* levitación *f*.

Levite ['liːvaɪt] *n* levita *m*.

levity ['levɪtɪ] *n fml* ligereza, frivolidad *f*.

levy ['levɪ]
1 *vt* recaudar; *(fine)* imponer.
2 *n* recaudación *f*; *(of fine)* imposición *f*.
▲ *(verbo) pt & pp* levied, *ger* levying; *(sustantivo) pl* levies.

lewd [luːd]
1 *adj* lascivo,-a.
2 *adj (obscene)* obsceno,-a.

lewdness ['luːdnəs]
1 *n* lascivia.
2 *n (obscenity)* obscenidad *f*.

lexeme ['leksiːm] *n* lexema *mf*.

lexical ['leksɪkəl] *adj* léxico,-a.

lexicographer [leksɪ'kɒgrəfəʳ] *n* lexicógrafo,-a.

lexicographic [leksɪkə'græfɪk] *adj* lexicográfico,-a.

lexicography [leksɪ'kɒgrəfɪ] *n* lexicografía.

lexicologist [leksɪ'kɒlədʒɪst] *n* lexicólogo,-a.

lexicology [leksɪ'kɒlədʒɪ] *n* lexicología.

lexicon ['leksɪkən]
1 *n (dictionary)* léxico, lexicón *m*; *(list)* lista de vocabulario.
2 *n TECH* léxico.

lexis ['leksɪs] *n TECH* léxico.

lhd ['lefthænd'draɪv] *abbr* (**left hand drive**) *(coche)* con el volante a la izquierda.

liability [laɪə'bɪlɪtɪ]
1 *n JUR* responsabilidad *f*.
2 *n fam* desastre *m*: my cousin is a real liability mi primo es un desastre total.
3 **liabilities** *npl COMM* pasivo *m sing*.
▲ *pl* liabilities.

liable ['laɪəbəl]
1 *adj (likely, susceptible)* propenso,-a (**to**, a): the car is liable to stall el coche

tiende a calarse; she's liable to be late suele llegar tarde; it's liable to happen es muy probable que así suceda.
2 *adj (susceptible)* susceptible (**to**, a).
3 *adj JUR (responsible)* responsable (**for**, de).
4 *adj (to fine)* expuesto,-a; *(to duties)* sujeto,-a: I'm liable for military service pueden llamarme para hacer el servicio militar.

liaise [lɪ'eɪz] *vi* comunicarse, tener contacto (**with**, con).

liaison [lɪ'eɪzən]
1 *n* enlace *m*.
2 *n (sexual)* amorío.
▪ liaison committee comité *m* de enlace.
liaison officer oficial *mf* de enlace.

liana [lɪ'ɑːnə] *n* liana, bejuco.

liar ['laɪəʳ] *n* mentiroso,-a, embustero,-a: he's such a liar! ¡menudo embustero está hecho!

lib [lɪb] *n fam (abbr of liberation)* → **liberation**.

Lib [lɪb] *n (abbr of Liberal Party)* (el) Partido Liberal.

libber ['lɪbəʳ]
1 women's libber *n fam* militante *f* feminista.
2 gay libber *n fam* militante *mf* gay.

libel ['laɪbəl]
1 *n* calumnia, difamación *f*; *(written)* libelo.
2 *vt* difamar.
▲ *pt & pp* libelled *(US* libeled*), ger* libelling *(US* libeling*)*.

libellous ['laɪbələs] *adj* calumnioso,-a, difamatorio,-a.

liberal ['lɪbərəl]
1 *adj (in general)* liberal.
2 *adj (abundant)* abundante.
▪ liberal arts artes *fpl* liberales; *US* letras *fpl*.

Liberal ['lɪbərəl]
1 *adj POL* liberal.
2 *n POL* liberal *mf*.
▪ Liberal Party (el) Partido Liberal.

liberalisation [lɪbərəlaɪ'zeɪʃən] *n* → **liberalization**.

liberalise ['lɪbərəlaɪz] *vt* → **liberalize**.

liberalism ['lɪbərəlɪzəm] *n* liberalismo.

liberalization [lɪbərəlaɪ'zeɪʃən] *n* liberalización *f*.

liberalize ['lɪbərəlaɪz] *vt* liberalizar.

liberate ['lɪbəreɪt] *vt (in general)* liberar; *(prisoner etc)* poner en libertad, libertar, emancipar: a liberated woman una mujer liberada.
✦ to become liberated liberarse, emanciparse.

liberation [lɪbə'reɪʃən] *n* liberación *f*.
▪ liberation theology teología de la liberación.
women's liberation liberación *f* de la mujer.

liberator ['lɪbəreɪtəʳ] *n* libertador,-ra.

Liberia [laɪ'bɪərɪə] *n* Liberia.

Liberian [laɪ'bɪərɪən]
1 *adj* liberiano,-a.
2 *n* liberiano,-a.

libertarian [lɪbə'teərɪən]
1 *n* libertario,-a.
2 *adj* libertario,-a.

libertine ['lɪbətiːn]
1 *n* libertino,-a.
2 *adj* libertino,-a.

libertinism ['lɪbətiːnɪzəm] *n* libertinaje *m*.

liberty ['lɪbətɪ] *n* libertad *f*.
✦ at liberty en libertad, libre (**to**, de).
to take liberties with somebody/ something tomarse libertades con alguien/algo.
to take the liberty of doing something tomarse la libertad de hacer algo.
what a liberty! *fam* ¡qué cara más dura!
▲ *pl* liberties.

libidinous [lɪ'bɪdɪnəs] *adj* libidinoso,-a.

libido [lɪ'biːdəʊ] *n* libido *f*.
▲ *pl* libidos.

Libra ['liːbrə] *n* Libra *m*.

librarian [laɪ'breərɪən] *n* bibliotecario,-a.

librarianship [laɪ'breərɪənʃɪp] *n* biblioteconomía.

library ['laɪbrərɪ]
1 *n* biblioteca.
2 *n (collection)* colección *f*.
▪ library ticket carnet *m* de biblioteca.
newspaper library hemeroteca.
▲ *pl* libraries.

librettist [lɪ'bretɪst] *n* libretista *mf*.

libretto [lɪ'bretəʊ] *n* libreto.
▲ *pl* librettos o libretti [lɪ'bretiː].

Libya ['lɪbɪə] *n* Libia.

Libyan ['lɪbɪən]
1 *adj* libio,-a.
2 *n* libio,-a.

lice [laɪs] *npl* → **louse**.

licence ['laɪsəns]
1 *n (permit)* licencia, permiso.
2 *n (freedom)* libertad *f*; *(excessive freedom)* licencia.
✦ under licence from bajo licencia de.
▪ licence number matrícula.
licence plate *US* (placa de) matrícula.
poetic licence licencia poética.

license ['laɪsəns]
1 *vt* autorizar, dar licencia a.
2 *n US* → **licence**.

licensed ['laɪsənst] *adj* autorizado,-a.
▪ licensed practical nurse *US* enfermero,-a.
licensed premises local *m sing* autorizado para la venta de bebidas alcohólicas.
licensed victualler *(shop)* vendedor,-ra autorizado,-a de bebidas alcohólicas; *(pub)* dueño,-a de un bar.

licensee [laɪsənˈsiː]
1 *n (in general)* concesionario,-a.
2 *n (of pub)* dueño,-a.
licentious [laɪˈsenʃəs] *adj* licencioso,-a.
lichen [ˈlaɪkən, ˈlɪtʃən] *n* liquen *m*.
lick [lɪk]
1 *vt* lamer.
2 *vt fam (defeat - team)* vencer a, derrotar; *(- problem)* superar, solucionar.
3 *n* lamedura, lengüetada.
4 *n fam (of paint)* mano *f*.
✦ **at full lick/at quite a lick** *fam* a toda pastilla.
to give oneself a lick and a promise *fam* lavarse rápidamente.
to lick one's lips relamerse.
to lick one's wounds lamerse las heridas.
to lick somebody's boots dar coba a alguien.
to lick something into shape *fam* poner algo a punto.
licking [ˈlɪkɪŋ] *n fam* paliza.
licorice [ˈlɪkərɪs, ˈlɪkərɪʃ] *n* regaliz *m*.
lid [lɪd]
1 *n (cover)* tapa.
2 *n (of eye)* párpado.
✦ **to put the (tin) lid on something** ser el colmo de los colmos.
to put the lid on it *sl* cerrar el pico.
to take the lid off something *fig* destapar algo.
lie¹ [laɪ]
1 *vi* mentir.
2 *n* mentira.
✦ **to be a pack of lies/be a tissue of lies** ser pura mentira.
to give the lie to desmentir.
to lie through one's teeth *fam* mentir uno más que habla.
to tell lies mentir.
▪ **lie detector** detector *m* de mentiras.
▲ *pt & pp* **lied**, *ger* **lying**.
lie² [laɪ]
1 *vi (adopt a flat position)* acostarse, tumbarse; *(be in a flat position)* estar acostado,-a, estar tumbado,-a.
2 *vi (decision)* depender (**with**, de); *(responsibility)* ser (**with**, de), corresponder (**with**, a): the final decision lies only with the president la decisión final solo depende del presidente; we must determine where the responsibility lies hemos de determinar de quién es la responsabilidad.
3 *vi (be situated)* estar (situado,-a), encontrarse: the monastery lies north of the city el monasterio está al norte de la ciudad; the problem lies mainly in his stubbornness el problema radica principalmente en su intransigencia; what lies behind his offer of help? ¿qué esconde tras su oferta de ayuda?
4 *vi (be buried)* yacer.

5 *vi (remain)* quedarse, permanecer: he lay still watching the deer permaneció inmóvil mirando el ciervo.
6 *n (position)* posición *f*, situación *f*; *(direction)* orientación *f*.
▸ **to lie about/lie around** *vi (person)* estar tumbado,-a; *(things)* estar tirado,-a.
to lie back *vi* recostarse.
to lie down *vi* acostarse, tumbarse, echarse.
to lie in *vi GB* levantarse tarde.
to lie up *vi* guardar cama.
✦ **to lie down on the job** columpiarse, dormirse.
to lie low estar escondido,-a.
to take something lying down aceptar algo sin chistar.
▪ **the lie of the land** la topografía (del terreno); *fig* el estado de las cosas.
▲ *pt* **lay** [leɪ], *pp* **lain** [leɪn], *ger* **lying**.
Liechtenstein [ˈlɪktənstaɪn] *n* Liechtenstein.
lie-down [ˈlaɪdaʊn] *n* siesta.
✦ **to have a lie-down** echarse una siesta.
lie-in [ˈlaɪɪn] **to have a lie-in** *phr fam* levantarse tarde.
lien [lɪən] *n JUR* derecho de retención.
lieu [luː] **in lieu of** *phr* en lugar de.
Lieut [lefˈtenənt, *US* luːˈtenənt] *abbr* (**Lieutenant**) Teniente *m*; *(abbreviation)* Tente., Tte.
lieutenant [lefˈtenənt, *US* luːˈtenənt]
1 *n MIL* teniente *m*.
2 *n (non-military)* lugarteniente *m*.
▪ **lieutenant general** teniente *m* general.
life [laɪf]
1 *n* vida: she can't play tennis for her life es una negada para el tenis; never in my life have I heard such nonsense! ¡jamás en la vida había oído tales estupideces!
2 *n (of battery)* duración *f*.
✦ **for dear life** con toda su fuerza.
it's a matter of life and death es cuestión de vida o muerte.
not on your life! *fam* ¡ni hablar!
run for your life (lives)! ¡sálvese quien pueda!
to be the life and soul of the party ser el alma de la fiesta.
to bring somebody back to life resucitar a alguien.
to come to life cobrar vida.
to have the time of one's life pasárselo como nunca.
to live the life of Riley *fam* pegarse la gran vida.
to lose one's life perder la vida.
to take one's life in one's hands *(risk)* arriesgar la vida; *(control)* controlar su propia vida.
to take one's own life suicidarse, quitarse la vida.
to take somebody's life matar a alguien.

▪ **life belt/life buoy** salvavidas *m*.
life cycle ciclo vital.
life expectancy esperanza de vida.
life insurance seguro de vida.
life imprisonment cadena perpetua.
life jacket chaleco salvavidas.
life preserver *US* salvavidas *m*.
life sentence cadena perpetua.
life story biografía.
life style estilo de vida.
▲ *pl* **lives** [laɪvz].
life-and-death [ˈlaɪfəndeθ] *adj* a vida o muerte.
lifeblood [ˈlaɪfblʌd] *n fig* alma, impulso vital.
lifeboat [ˈlaɪfbəʊt]
1 *n (on shore)* lancha de socorro.
2 *n (on ship)* bote *m* salvavidas.
lifeguard [ˈlaɪfɡɑːd] *n* socorrista *mf*.
lifeless [ˈlaɪfləs]
1 *adj* exánime, inánime.
2 *adj fig* sin vida, soso,-a.
lifelike [ˈlaɪflaɪk] *adj* fiel.
lifeline [ˈlaɪflaɪn]
1 *n (rope)* cuerda de salvamento.
2 *n fig* cordón *m* umbilical.
lifelong [ˈlaɪflɒŋ] *adj* de toda la vida.
life-saver [ˈlaɪfseɪvəʳ] *n* socorrista *mf*.
life-saving [ˈlaɪfseɪvɪŋ] *n* socorrismo.
life-sized [ˈlaɪfsaɪzd] *adj* (de) tamaño natural.
lifespan [ˈlaɪfspæn] *n* vida: men are said to have a shorter lifespan than women se dice que los hombres viven menos que las mujeres.
lifetime [ˈlaɪftaɪm]
1 *n* vida: in her lifetime en su vida.
2 *n fam* eternidad *f*.
✦ **it's the chance of a lifetime** es la oportunidad de tu vida.
lift [lɪft]
1 *vt (in general)* levantar; *(head etc)* levantar, alzar; *(baby)* levantar en brazos; *(pick up)* coger: he never lifts a finger to help no mueve (ni) un dedo para ayudar.
2 *vt (by plane)* transportar.
3 *vt fam (steal)* afanar, birlar; *(copy)* copiar, copiarse.
4 *vi (of movable parts)* levantarse: the car bonnet won't lift el capó no se levanta.
5 *n (boost)* estímulo: it gave him a real lift to hear the good news la buena noticia lo animó mucho.
6 *n GB* ascensor *m*.
✦ **to give somebody a lift** *(in car)* llevar a alguien en coche; *(cheer up)* animar.
to hitch a lift hacer autostop.
liftoff [ˈlɪftɒf] *n* despegue *m*.
ligament [ˈlɪɡəmənt] *n* ligamento.
ligature [ˈlɪɡətʃəʳ] *n* ligadura.
light¹ [laɪt]
1 *n (gen)* luz *f*: by the light of a table lamp a la luz de una lámpara de me-

sa; **bring it into the light** tráelo aquí a la luz.

2 *n (lamp)* luz *f*, lámpara; *(traffic light)* semáforo: **the lights were (at) red** el semáforo estaba (en) rojo.

3 *n (for cigarette, fire)* fuego: **could you give me a light, please?** ¿tiene fuego, por favor?; **the boy set light to the branch** el niño prendió fuego a la rama.

4 *vt (ignite)* encender.

5 *vt (illuminate)* iluminar, alumbrar.

6 *vi* encenderse.

7 *adj (colour)* claro,-a; *(complexion)* blanco,-a: **light blue** azul claro.

8 *adj (bright)* con mucha claridad: **it was getting light when we got home** cuando llegamos a casa ya se hacía de día.

▶ **to light up**
  1 *vt sep* iluminar.
  2 *vt sep fam (cigarette etc)* encender.
  3 *vi* iluminarse.
  4 *vi fam* encender un cigarrillo.

✦ **according to one's own lights** *fml* según su propio criterio.
  in (the) light of *GB* en vista de, teniendo en cuenta.
  to bring something to light sacar algo a la luz.
  to come to light salir a luz.
  to go out like a light *fam* quedarse roque.
  to see the light at the end of the tunnel ver la luz al final del túnel.
  to see things in a new light ver las cosas bajo otro aspecto.
  to shed light on something aclarar algo, arrojar luz sobre algo.
  to show somebody in a bad light hacer quedar mal a alguien.
  to throw light on something aclarar algo, arrojar luz sobre algo.

■ **light bulb** bombilla.
  light industry industria ligera.
  light meter fotómetro.
  light pen *COMPUT* lápiz *m* óptico.
  light year año luz.

▲ *pt & pp* **lighted** o **lit** [lɪt].

light² [laɪt]

1 *adj (not heavy)* ligero,-a; *(rain)* fino,-a; *(breeze)* suave: **as light as a feather** ligero,-a como una pluma; **give it a light tap with the hammer** dale un golpe suave con el martillo; **I'm a light smoker** fumo poco.

2 *adj (sentence, wound)* leve.

3 *adj (head)* mareado,-a.

✦ **to be light on something** *fam* andar mal de algo.
  to be light on one's feet ser ligero,-a de pies.
  to have light fingers tener los dedos largos, tener los dedos rápidos.
  to make light of something dar poca importancia a algo.

to travel light viajar con poco equipaje.
  with a light heart con el corazón alegre.

■ **light aircraft** avioneta.
  light ale cerveza clara.
  light opera opereta.
  light reading lectura fácil.

light³ [laɪt] *vi fml arch (alight)* posarse (**on**, en).

▶ **to light out** *vi US* escabullirse (**for**, hacia).
  to light on/light upon *vi lit* descubrir, dar con.

▲ *pt & pp* **lighted** o **lit** [lɪt].

lighten¹ [ˈlaɪtən]
  1 *vt (colour)* aclarar.
  2 *vt (room)* iluminar.
  3 *vi (colour)* aclararse.

lighten² [ˈlaɪtən]
  1 *vt (make less heavy)* aligerar.
  2 *vi (mood etc)* alegrarse.
✦ **to lighten somebody's load** hacerle la vida más fácil a alguien.

lighter¹ [ˈlaɪtəʳ] **(cigarette) lighter** *n* encendedor *m*, mechero.

lighter² [ˈlaɪtəʳ] *n MAR* barcaza, gabarra.

light-fingered [ˈlaɪtfɪŋɡəd] *adj* largo, -a de dedos.

light-haired [ˈlaɪtheəd] *adj* de pelo claro, de pelo rubio.

light-headed [ˈlaɪtˈhedɪd]
  1 *adj (dizzy)* mareado,-a.
  2 *adj (frivolous)* liviano,-a, ligero,-a.

light-hearted [ˈlaɪtˈhɑːtəd]
  1 *adj (cheerful)* alegre, despreocupado,-a.
  2 *adj (not serious)* desenfadado,-a.

light-heartedly [ˈlætˈhɑːtɪdlɪ] *adv* desenfadadamente.

lighthouse [ˈlaɪthaʊs] *n* faro.
■ **lighthouse keeper** farero,-a.

lighting [ˈlaɪtɪŋ]
  1 *n (in general)* iluminación *f*.
  2 *n (system)* alumbrado.

lightly [ˈlaɪtlɪ]
  1 *adv (not heavily)* ligeramente.
  2 *adv (not seriously)* a la ligera: **don't take it lightly** no te lo tomes a la ligera.
✦ **to get off lightly** salir casi indemne.

lightness¹ [ˈlaɪtnəs]
  1 *n (of colour)* claridad *f*.
  2 *n (brightness)* luminosidad *f*, claridad *f*.

lightness² [ˈlaɪtnəs] *n (of weight)* ligereza.

lightning [ˈlaɪtnɪŋ] *n* rayo; *(flash only)* relámpago: **as quick as lightning** veloz como un rayo.

■ **lightning conductor** pararrayos *m*.
  lightning rod *US* pararrayos *m*.
  lightning strike huelga relámpago.
  lightning visit visita *f* relámpago.

lights-out [ˈlaɪtsaʊt] *n* la hora de apagar las luces: **there's no talking after lights-out** después de apagar la luces no se puede hablar.

lightweight [ˈlaɪtweɪt]
  1 *n (boxing)* peso ligero.
  2 *n pej* don nadie *m*, peso ligero: **he's an intellectual lightweight** intelectualmente, es un don nadie.
  3 *adj (clothing)* ligero,-a.
  4 *adj (boxing)* de peso ligero.
  5 *adj pej* flojo,-a, poco convincente.

lignite [ˈlɪɡnaɪt] *n* lignita.

Liguria [lɪˈɡjʊərɪə] *n* Liguria.

Ligurian [lɪˈɡjʊərɪən]
  1 *adj* ligur, ligurino,-a.
  2 *n* ligur, ligurino,-a.
■ **Ligurian Sea** Mar *m* Ligur.

like¹ [laɪk]

1 *prep (the same as)* como: **the flat looks like new** el piso está como nuevo; **what's the new boss like?** ¿cómo es el nuevo jefe?; **do it like this** hazlo así; **that'll cost something like eighty euros** eso costará unos ochenta euros.

2 *prep (typical of)* propio,-a de: **it isn't like her to make a scene** no es propio de ella armar un escándalo.

3 *prep fam* como: **we had to run like hell** tuvimos que correr como locos.

4 *adj (such as)* como.

5 *adj fml* semejante, parecido,-a.

6 *adv fam (as it were)* pues: **so I thought, like, what'll happen next?** y yo pensé, pues, ¿qué pasará ahora?

7 *conj fam* como.

8 *n algo parecido:* **I've never seen the like of it** nunca he vista cosa igual.

✦ **and the like** y cosas así.
  (as) like as not *fam* seguramente.
  to be as like as two peas in a pod ser como dos gotas de agua.
  like enough *fam* seguramente.
  like father, like son de tal palo tal astilla.
  that's more like it! *fam* ¡eso está mejor!, ¡así me gusta!
  to look like somebody parecerse a alguien.
  to look like something parecer algo: **it looks like rain** parece que va a llover.
  something like that algo así, algo por el estilo.
  to be of like mind *fml* ser del mismo parecer.
  to feel like tener ganas de: **I don't feel like going** no me apetece ir.

■ **like poles** *ELEC* polos *mpl* iguales.

like² [laɪk]

1 *vt (enjoy)* gustar: **I like wine** me gusta el vino; **he likes skiing** le gusta esquiar; **how do you like Barcelona?** ¿te gusta Barcelona?

2 *vt (want)* querer, gustar: **I'd like a cup of coffee** me gustaría tomar un café; **would you like me to leave?** ¿quieres que me vaya?; **how would you like your egg, boiled or fried?** ¿cómo quieres el huevo, pasado por agua o frito?

3 *vi* querer: **if you like** si quieres.

4 likes *npl* gustos *mpl*.
✦ **I like that!** *fam iron* ¡pues mira qué bien!
to like something better preferir algo.
whether you like it or not quieras o no (quieras), a la fuerza.

likeable ['laɪkəbəl] *adj* simpático,-a.

likelihood ['laɪklɪhʊd] *n* probabilidad *f*.
✦ **in all likelihood** con toda seguridad.

likeliness ['laɪklɪnəs] *n* → likelihood.

likely ['laɪklɪ]
1 *adj* probable: **he's likely to leave late** es probable que salga tarde.
2 *adv* probablemente: **I'll most likely come by bus** lo más probable es que venga en autobús.
✦ **as likely as not** *fam* lo más seguro.
not bloody likely! *fam* ¡ni hablar!, ¡y un jamón!
that's a likely story! *fam iron* ¡anda ya!

like-minded [laɪk'maɪndɪd] *adj* del mismo parecer.

liken ['laɪkən] *vt* comparar (**to**, con).
✦ **to be likened to** compararse con.

likeness ['laɪknəs]
1 *n (similarity)* semejanza, parecido.
2 *n (portrait)* retrato.
✦ **in one's likeness** a su semejanza.

likewise ['laɪkwaɪz]
1 *adv (the same)* lo mismo, igualmente: **to do likewise** hacer lo mismo.
2 *adv (also)* asimismo, además.

liking ['laɪkɪŋ] *n (for thing)* gusto, afición *f*, *(for person)* simpatía; *(for friend)* cariño.
✦ **to be to somebody's liking** *fml* gustarle a alguien.
to have a liking for something *(thing)* gustarle algo; *(activity)* tener afición por algo.
to take a liking to somebody tomar cariño a alguien.

lilac ['laɪlək]
1 *n BOT* lila.
2 *n (colour)* lila *m*.
3 *adj (de color)* lila.

Lilliputian [lɪlɪ'pjuːʃən]
1 *adj* liliputiense.
2 *n* liliputiense *mf*.

Lilo ['laɪləʊ] *n GB* colchoneta.
▲ *pl Lilos; es marca registrada.*

lilt [lɪlt] *n (in voice)* melodía; *(in song)* ritmo alegre.

lilting ['lɪltɪŋ] *adj (voice)* melodioso,-a, cantarín,-ina; *(tune)* ondulante.

lily ['lɪlɪ] *n* lirio, azucena.
■ **calla lily** cala.
lily of the valley muguete *m*.
▲ *pl lilies.*

lily-livered ['lɪlɪlɪvəd] *adj fam* miedoso,-a: **he's too lily-livered to do it** es demasiado miedoso para hacerlo.

lily-white [lɪlɪ'waɪt]
1 *adj lit* níveo,-a.
2 *adj fig* impecable.

lima bean ['laɪməbiːn] *n* frijol *m*.

limb [lɪmb]
1 *n ANAT* miembro.
2 *n (branch)* rama.
✦ **out on a limb** *(in danger)* en peligro; *(isolated)* aislado,-a.

limber ['lɪmbə'] *adj (person)* ágil; *(thing)* flexible.
▶ **to limber up**
1 *vi SP* entrar en calor.
2 *vt sep* calentar.

limbo ['lɪmbəʊ]
1 *n REL* limbo.
2 *adj fig* incertidumbre *f*.
✦ **to be in limbo** estar en el limbo.

lime¹ [laɪm]
1 *n CHEM* cal *f*.
2 *vt (fields)* abonar con cal.

lime² [laɪm]
1 *n (citrus fruit)* lima.
2 *n (citrus tree)* limero.
■ **lime juice** zumo de lima.

lime³ [laɪm] *n BOT (linden)* tilo.
■ **broad-leaved lime** tilo de hoja grande.
European lime tilo común.
silver lime tilo plateado.
weeping silver lime tilo péndulo.

limeade [laɪm'eɪd] *n* zumo de lima (con azúcar).

lime-green ['laɪmgriːn] *adj (de color)* verde lima.

limelight ['laɪmlaɪt] *n* luz *f* de calcio.
✦ **to be in the limelight** estar en el candelero.

limerick ['lɪmərɪk] *n* quintilla humorística.

limestone ['laɪmstəʊn] *n* piedra caliza.

limey ['laɪmɪ] *n US fam pej* inglés,-esa.

limit ['lɪmɪt]
1 *n* límite *m*: **there's a limit to everything** todo tiene un límite; **the driver was found to be over the limit** el conductor dio positivo en la prueba de alcoholemia.
2 *vt* limitar, restringir (**to**, a): **you should limit yourself to three cigarettes a day** no deberías fumar más de tres cigarrillos al día.
✦ **that's the limit!** *fam* ¡eso es el colmo!
to be off limits estar en zona prohibida (**to**, para).
to know no limits no conocer límites.
within limits dentro de ciertos límites.

limitation [lɪmɪ'teɪʃən] *n* limitación *f*.

limited ['lɪmɪtɪd] *adj* limitado,-a, restringido,-a: **tickets are limited to 200** solo hay 200 entradas.
■ **limited company** sociedad *f* anónima.

limiting ['lɪmɪtɪŋ] *adj* restrictivo,-a.

limitless ['lɪmɪtləs] *adj* ilimitado,-a, sin límites.

limo ['lɪməʊ]
1 *n fam (abbr of limousine)* limusina.
2 *n fam (big car)* cochazo de lujo.
▲ *pl limos.*

limousine [lɪmə'ziːn] *n* limusina.

limp¹ [lɪmp]
1 *vi* cojear.
2 *n* cojera.

limp² [lɪmp]
1 *adj (floppy)* flojo,-a, fláccido,-a; *(lettuce)* mustio,-a.
2 *adj (weak)* débil.

limpet ['lɪmpɪt] *n* lapa.

limpid ['lɪmpɪd] *adj lit* límpido,-a.

limply ['lɪmplɪ] *adv* lánguidamente, débilmente.

limpness ['lɪmpnəs] *n* flojedad *f*, flaccidez *f*.

limp-wristed [lɪmp'rɪstɪd] *adj pej (weak)* débil; *(effeminate)* afeminado,-a.

limy ['laɪmɪ] *adj* calizo,-a.
▲ *comp limier, superl limiest.*

linchpin ['lɪntʃpɪn]
1 *n TECH* pezonera.
2 *n fig* pieza clave.

linctus ['lɪŋktəs] *n GB* jarabe *m* para la tos.

linden ['lɪndən] *n* tilo.

line¹ [laɪn]
1 *n (in general)* línea: **in a straight line** en línea recta; **draw a line under the correct answer** subraye la respuesta correcta; **along the usual lines** en la línea habitual; **he said something along those lines** dijo algo por el estilo; **hold the line, please** un momento, por favor, no cuelgue.
2 *n (drawn on paper)* raya.
3 *n (of text)* línea, renglón *m*; *(of poetry)* verso: **new line** punto y aparte.
4 *n (row)* fila, hilera: **a line of trees** una hilera de árboles.
5 *n US (queue)* cola.
6 *n (wrinkle)* arruga.
7 *n (cord)* cuerda, cordel *m*; *(fishing)* sedal *m*; *(wire)* cable *m*.
8 *n (route)* vía.
9 *n fam (speciality)* especialidad *f*: **that's not my line!** ¡eso no es especialidad mía!; **what's your line?** ¿qué haces?, ¿de qué trabajas?
10 *n fam (story)* rollo: **so then he gave me the usual line** y entonces me vino con el rollo de siempre.
11 *n sl (of cocaine)* raya.
12 *vt (draw lines on)* dibujar rayas en.
13 *vt (mark with wrinkles)* arrugar.
14 *vt (form rows along)* bordear: **trees lined the country road** la carretera rural estaba bordeada de árboles; **the crowds lined the streets to greet the local hero** la multitud se alineaba a lo largo de las calles para aclamar al héroe local.
▶ **to line up**
1 *vi* ponerse en fila; *(in queue)* hacer cola.
2 *vt sep* poner en fila.
3 *vt sep fam* preparar, organizar: **have you got anything lined up for tomorrow?** ¿tienes algo organizado para mañana?

✦ **all along the line** *(from the beginning)* desde el principio; *(in detail)* con todo detalle.

hard lines! *fam* ¡qué mala suerte!

in line with *fig* conforme a.

to be in line for estar a punto de recibir: **he's in line for a rise soon** pronto le subirán el sueldo.

to be on the right lines ir por buen camino.

to be out of line *fig* no coincidir (**with**, con).

to bring somebody into line *fam* pararle los pies a alguien.

to come to the end of the line llegar al final.

to draw the line at something decir basta a algo.

to drop somebody a line *fam* mandar cuatro líneas a alguien.

to fall into line cerrar filas.

to know where to draw the line saber decir basta.

to learn one's lines *THEAT* aprenderse el papel.

to read between the lines leer entre líneas.

to stand in line *US* hacer cola.

to step out of line salirse de la fila; *fig* saltarse las reglas.

to take a tough line with somebody tener mano dura con alguien.

■ **dotted line** línea de puntos.

line drawing dibujo lineal.

line of fire línea de fuego.

line of vision campo visual.

line printer impresora de líneas.

line spacer interlineador *m*.

line² [laɪn]

1 *vt (with material)* forrar; *(pipes)* revestir.

2 *vt (walls)* llenar.

✦ **to line one's pockets** *fam* forrarse.

lineage ['lɪnɪɪdʒ] *n fml* linaje *m*.

linear ['lɪnɪəʳ] *adj* lineal.

lined¹ [laɪnd]

1 *pt & pp* → **line 1.**

2 *adj (paper)* rayado,-a.

3 *adj (face)* arrugado,-a.

4 *adj (garment)* forrado,-a.

lined² [laɪnd]

1 *pt & pp* → **line 2.**

2 *adj (garment)* forrado,-a, con forro.

lineman ['laɪnmən]

1 *n (railway)* encargado del mantenimiento de las vías.

2 *n (telephone)* encargado del mantenimiento del tendido telefónico.

▲ *pl* **linemen** ['laɪnmən].

linen ['lɪnɪn]

1 *n (material)* lino, hilo.

2 *n (sheets etc)* ropa blanca, lencería.

✦ **to wash one's dirty linen in public** sacar a relucir los trapos sucios.

■ **bed linen** ropa de cama.

linen basket cesto para la ropa sucia.

linen room lencería.

table linen mantelería.

liner¹ ['laɪnəʳ] *n (mar)* transatlántico.

liner² ['laɪnəʳ] *n (lining)* forro.

■ **bin liner** bolsa de basura.

nappy liner metedor *m*.

linesman ['laɪnzmən] *n* juez *mf* de línea, linier *m*.

▲ *pl* **linesmen** ['laɪnzmən].

line-up ['laɪnʌp]

1 *n (of people)* alineación *f*, formación *f*.

2 *n US (of criminals)* rueda de reconocimiento.

linger ['lɪŋgəʳ]

1 *vi (stay)* quedarse.

2 *vi (persist)* persistir, perdurar.

✦ **to linger over doing something** tardar en hacer algo.

to linger over something tardar con algo.

lingerie ['lɑ:nʒəri:] *n fml* lencería.

lingering ['lɪŋgərɪŋ]

1 *adj (slow)* lento,-a.

2 *adj (persistent)* persistente.

lingo ['lɪŋgəʊ] *n sl* idioma *m*.

▲ *pl* **lingoes.**

lingua franca [lɪŋgwə'fræŋkə] *n* lingua franca.

lingual ['lɪŋgwəl] *adj* lingual.

linguist ['lɪŋgwɪst]

1 *n* lingüista *mf*.

2 *n (fam)* políglota *mf*.

linguistic [lɪŋ'gwɪstɪk] *adj* lingüístico,-a.

linguistically [lɪŋ'gwɪstɪklɪ] *adv* lingüísticamente.

linguistics [lɪŋ'gwɪstɪks] *n* lingüística.

liniment ['lɪnɪmənt] *n* linimento.

lining ['laɪnɪŋ]

1 *n TECH* revestimiento.

2 *n* forro.

link [lɪŋk]

1 *n (in chain)* eslabón *m*: **the missing link** el eslabón perdido.

2 *n (connection)* enlace *m*: **a rail link** un enlace ferroviario.

3 *n fig* vínculo, lazo: **cultural links** lazos culturales.

4 *vt* unir, conectar.

5 *vt fig* vincular, relacionar: **these phenomena may actually be linked** estos fenómenos podrían estar relacionados.

6 links *npl* campo *m sing* de golf.

✦ **to link arms** tomarse del brazo.

■ **weak link** *fig* punto débil.

to link up

1 *vi (be related)* estar relacionado,-a (**with**, con).

2 *vi (meet)* encontrarse (**with**, con).

3 *vi (by radio etc)* conectar (**with**, con).

4 *vi (spaceships)* acoplarse.

linkage ['lɪŋkɪdʒ] *n* conexión *f*.

linkman ['lɪŋkmən] *n* presentador,-ra.

▲ *pl* **linkmen** ['lɪŋkmən].

link-up ['lɪŋkʌp]

1 *n (in general)* conexión *f*.

2 *n (meeting)* encuentro.

3 *n (of spaceships)* acoplamiento.

linnet ['lɪnɪt] *n* pardillo.

lino ['laɪnəʊ] *n GB (abbr of linoleum)* linóleo.

linocut ['laɪnəʊkʌt] *n* linóleo, huecorrelieve *m*.

linoleum [lɪ'nəʊlɪəm] *n (suelo de)* linóleo.

linseed ['lɪnsi:d] *n* linaza.

■ **linseed oil** aceite *m* de linaza.

lint [lɪnt]

1 *n* hilas *fpl*.

2 *n US (fluff)* pelusa.

lintel ['lɪntəl] *n* dintel *m*.

lion ['laɪən] *n* león *m*.

✦ **a lion in the path** un obstáculo.

the lion's share la parte del león.

to put one's head into the lion's mouth meterse en la boca del lobo.

lioness ['laɪənəs] *n* leona.

lion-hearted [laɪən'hɑ:tɪd] *adj lit* valentísimo,-a.

lionise ['laɪənaɪz] *vt* → **lionize.**

lionize ['laɪənaɪz] *vt* venerar.

lion-like ['laɪənlaɪk] *adj* leonino,-a.

Lions [laɪənz] **Gulf of Lions** *n* golfo de León.

lip [lɪp]

1 *n* labio: **upper lip** labio superior.

2 *n (of cup etc)* borde *m*.

3 *n sl (rude talk)* groserías *fpl*: **I'll have less of your lip!** ¡basta de groserías!

✦ **my lips are sealed** *fig* soy una tumba.

to be on everybody's lips ser la comidilla de todos.

to bite one's lip morderse la lengua.

to keep a stiff upper lip poner al mal tiempo buena cara.

to lick one's lips relamerse.

lipid ['lɪpɪd] *n* lípido.

lip-read ['lɪpri:d]

1 *vt* leer en los labios.

2 *vi* leer en los labios.

▲ *pt & pp* **lip-read** ['lɪpred].

lip-reading ['lɪpri:dɪŋ] *n* lectura en los labios.

lip-service ['lɪpsɜ:vɪs] *n* jarabe *m* de pico, palabrería: **she merely pays lip-service to socialism** hace ver que tiene ideas socialistas, pero no es más que palabrería.

lipstick ['lɪpstɪk] *n (stick)* barra de labios, lápiz *m* de labios; *(substance)* pintura de labios.

liquefaction [lɪkwɪ'fækʃən] *n* licuefacción *f*, licuación *f*.

liquefy ['lɪkwɪfaɪ]

1 *vt* licuar.

2 *vi* licuarse.

▲ *pt & pp* **liquefied**, *ger* **liquefying.**

liqueur [lɪ'kjʊəʳ, *US* lɪ'kɜ:ʳ] *n* licor *m*.

liquid ['lɪkwɪd]
1 *n* líquido.
2 *n LING* líquida.
3 *adj* líquido,-a.
4 *adj lit* transparente.

liquidate ['lɪkwɪdeɪt]
1 *vt (assets etc)* liquidar.
2 *vt fam (person)* eliminar, liquidar.

liquidation [lɪkwɪ'deɪʃən] *n* liquidación *f.*
◆ **to go into liquidation** entrar en liquidación.

liquidator ['lɪkwɪdeɪtəʳ] *n* liquidador,-ra.

liquidise ['lɪkwɪdaɪz] *vt* → **liquidize**.

liquidiser ['lɪkwɪdaɪzəʳ] *n* → **liquidizer**.

liquidity [lɪ'kwɪdɪtɪ] *n* liquidez *f.*

liquidize ['lɪkwɪdaɪz] *vt* licuar.

liquidizer ['lɪkwɪdaɪzəʳ] *n* licuadora.

liquor ['lɪkəʳ] *n US* licor *m*: we don't sell liquor here aquí no vendemos bebidas alcohólicas.
■ **liquor store** tienda de bebidas alcohólicas.

liquorice ['lɪkərɪs, 'lɪkərɪʃ] *n* regaliz *m.*

lira ['lɪərə] *n* lira.
▲ *pl liras o lire* ['lɪərə].

Lisbon ['lɪzbən] *n* Lisboa.

lisp [lɪsp]
1 *n* ceceo.
2 *vi* cecear.
3 *vt* decir ceceando.

lispingly ['lɪspɪŋlɪ] *adv* ceceando.

lissom ['lɪsəm] *adj lit* grácil.

list¹ [lɪst]
1 *n* lista.
2 *vt* hacer una lista de: your name is not listed su nombre no aparece en la lista.
◆ **to be on the danger list** *MED* estar grave.
to enter the lists entrar en acción.
■ **listed building** edificio de interés histórico.
list price precio de catálogo.

list² [lɪst]
1 *n MAR* escora.
2 *vi MAR* escorar.

listen ['lɪsən] *vi* escuchar (**to**, -): I tried to convince him, but he wouldn't listen traté de convencerle, pero no me quiso escuchar; listen, I've got an idea! ¡oye, tengo una idea!
▶ **to listen in**
1 *vi (radio)* escuchar (**to**, -).
2 *vi (secretly)* escuchar (a escondidas) (**on**, -).
to listen out *vi fam* estar a la escucha, estar en escucha (**for**, de).
◆ **to have a listen to something** *fam* escuchar algo.

listenable ['lɪsənəbəl] *adj fam* que se puede escuchar.

listener ['lɪsənəʳ]
1 *n (in general)* oyente *mf*: she's a good listener sabe escuchar.
2 *n RAD* radioyente *mf.*

listing ['lɪstɪŋ] *n* listado.

listless ['lɪstləs] *adj* lánguido,-a, apático,-a.

listlessness ['lɪstləsnəs] *n* languidez *f*, apatía.

lit [lɪt] *pt & pp* → **light 1 & light 3.**

litany ['lɪtənɪ] *n* letanía.
▲ *pl litanies.*

liter ['liːtəʳ] *n US* litro.

literacy ['lɪtərəsɪ]
1 *n (ability to read)* alfabetización *f.*
2 *n (knowledge)* conocimientos *mpl*, nociones *fpl*: computer literacy is required se requieren conocimientos de informática.

literal ['lɪtərəl] *adj* literal.

literally ['lɪtərəlɪ] *adv* literalmente; *(really)* realmente, verdaderamente: literally hundreds of people pushed their way in centenares de personas, literalmente, entraron a empujones.

literary ['lɪtərərɪ] *adj* literario,-a.

literate ['lɪtərət]
1 *adj (able to read)* alfabetizado,-a.
2 *adj (learned)* letrado,-a.
3 *adj (with knowledge)* con conocimientos de, con nociones de: if you aren't computer-literate, you won't find a job si no tienes nociones de informática, no encontrarás trabajo.

literati [lɪtə'rɑːtɪ] the literati *npl fml* los literatos *mpl.*

literature ['lɪtərətʃəʳ]
1 *n* literatura.
2 *n (bibliography)* bibliografía.
3 *n fam (leaflet etc)* folleto: my letter box is stuffed with promotional literature tengo el buzón repleto de correo comercial.

lithe [laɪð] *adj* ágil.

lithely ['laɪðlɪ] *adj* ágilmente.

lithium ['lɪθɪəm] *n* litio.

lithograph ['lɪθəgrɑːf]
1 *n* litografía.
2 *vt* litografiar.
3 *vi* litografiar.

lithographer [lɪ'θɒgrəfəʳ] *n* litógrafo,-a.

lithographic [lɪθə'græfɪk] *adj* litográfico,-a.

lithography [lɪ'θɒgrəfɪ] *n* litografía.

lithosphere ['lɪθəsfɪəʳ] *n* litosfera.

Lithuania [lɪθjʊ'eɪnɪə] *n* Lituania.

Lithuanian [lɪθjʊ'eɪnɪən]
1 *adj* lituano,-a.
2 *n (person)* lituano,-a.
3 *n (language)* lituano.

litigant ['lɪtɪgənt] *n* litigante *mf.*

litigate ['lɪtɪgeɪt] *vi* litigar.

litigation [lɪtɪ'geɪʃən] *n* litigio.

litigious ['lɪtɪdʒəs] *adj* pleiteador,-ra.

litmus ['lɪtməs] *n* tornasol *m.*
■ **litmus paper** papel *m* de tornasol.
litmus test *fig* prueba definitiva.

litre ['liːtəʳ] *n GB* litro.

litter ['lɪtəʳ]
1 *n (rubbish)* basura, desperdicios *mpl*; *(paper)* papeles *mpl.*
2 *n (of kittens etc)* camada.
3 *n (for animal's bed)* pajaza; *(for animal's waste)* arena, tierra.
4 *vt (dirty)* ensuciar (**with**, con); *(cover)* cubrir; *(fill)* llenar (**with**, de): littered with books lleno,-a de libros, cubierto,-a de libros.
■ **litter bin** *GB* papelera.
litter tray cubeta de arena, cubeta de tierra.

litterbug ['lɪtəbʌg] *n* → **litterlout.**

litter-free ['lɪtəfriː] *adj* limpio,-a.

litterlout ['lɪtəlaʊt] *n GB* persona que ensucia los lugares públicos.

little ['lɪtəl]
1 *adj (small)* pequeño,-a: it's a very little flat es un piso muy pequeño; a little cup una tacita; let's take a little break vamos a descansar un ratito; you poor little thing! ¡pobrecillo!
2 *adj (not much)* poco,-a: a little milk un poco de leche; I have little time to relax tengo poco tiempo para relajarme.
3 *pron* poco: more tea? —just a little, please ¿quieres más té? —un poco, por favor; she gives very little of herself to her work se dedica muy poco al trabajo.
4 *adv* poco: I'm a little (bit) tired estoy un poco cansada; it takes little over an hour to get there se tarda poco más de una hora en llegar; as little as possible lo menos posible; little did I know that ... yo no tenía la menor idea de que ...
◆ **not a little** *iron* muy: he was not a little impressed se quedó muy impresionado.
little by little poco a poco.
little or nothing casi nada.
to make little of *(play down)* quitar importancia a; *(not understand)* no captar: I could make very little of what he was saying entendí muy poco de lo que decía.
■ **little finger** dedo meñique.
little woman *pej (wife)* mujer *f.*

littoral ['lɪtərəl]
1 *n* litoral *m.*
2 *adj* litoral.

liturgical [lɪ'tɜːdʒɪkəl] *adj* litúrgico,-a.

liturgy ['lɪtədʒɪ] *n* liturgia.
▲ *pl liturgies.*

livable ['lɪvəbəl]
1 *adj (habitable)* habitable: the flat isn't livable (in) yet el piso aún no es habitable.
2 *adj (bearable)* soportable.

live¹ [lɪv]
1 *vi* vivir: he lived to a great age vivió una larga vida; cows live on grass las vacas viven de la hierba; for years

they had nothing to live on durante años no tenían de qué vivir; **they live by fishing** viven de la pesca.

2 *vt* vivir: **the old woman had lived a life of luxury** la vieja había llevado una vida llena de lujos.

▸ **to live by** *vt insep* seguir, adherirse a.

to live down *vt sep* lograr que se olvide.

to live for *vt insep* vivir por: **painting has given him something to live for** la pintura le ha dado algo por lo que vivir.

to live in *vi* (*student*) estar internado, -a; (*servant*) vivir con la familia.

to live off *vt insep* vivir de: **they've been living off the state for years now** viven del cuento desde hace años.

to live on *vi* sobrevivir; (*memory*) seguir vivo,-a.

to live out

1 *vt sep* (*finish*) acabar.

2 *vt sep* (*fulfil*) realizar, hacer realidad.

3 *vi* (*student*) ser externo,-a; (*servant*) no vivir con la familia.

to live through *vt insep* sobrevivir.

to live together *vi* vivir juntos,-as.

to live up to *vt insep* cumplir con: **the show didn't live up to my expectations** el espectáculo no era lo que yo me esperaba.

to live with

1 *vt insep* vivir con.

2 *vt insep* (*tolerate*) tolerar, soportar.

◆ **to live and learn** vivir para ver.

to live and let live vivir y dejar vivir.

to live by one's wits vivir del ingenio.

to live from day to day vivir al día.

to live in sin vivir en el pecado.

to live in style *fam* vivir a lo grande.

to live it up *fam* pasárselo bomba.

to live on fresh air *fig* vivir del aire.

to live out of a suitcase *fam* ir de hotel en hotel.

to live out of cans *fam* vivir (a base) de latas.

live² [laɪv]

1 *adj* (*not dead*) vivo,-a: **it's a real live snake** es una serpiente de verdad.

2 *adj* (*still burning*) vivo,-a, candente; (*issue*) candente.

3 *adj* (*ammunition*) real; (*bomb*) sin explotar.

4 *adj* ELEC con corriente.

5 *adj* (*broadcast*) en directo: **a live concert** un concierto en directo.

6 *adv* en directo, en vivo: **I saw the Beatles perform live in 1969** yo vi actuar a los Beatles en vivo en 1969.

■ **live wire** cable *m* vivo; (*person*) nervio, torbellino.

live-in [ˈlɪvɪn]

1 *adj* que convive con uno: **a live-in housekeeper** una criada; **she has a live-in boyfriend** vive con su novio.

2 *n fam* pareja.

livelihood [ˈlaɪvlɪhʊd] *n* sustento: **that's how I earn my livelihood** así es como me gano la vida.

liveliness [ˈlaɪvlɪnəs]

1 *n* vivacidad *f*, animación *f*.

2 *n* (*of colour*) viveza.

lively [ˈlaɪvlɪ]

1 *adj* vivo,-a, animado,-a; (*interest*) entusiasmado,-a.

2 *adj* (*colour*) vivo,-a.

3 *adj fam* (*difficult*) difícil, interesante: **things were getting lively** las cosas se ponían interesantes.

◆ **at a lively pace** con un ritmo acelerado.

liven [ˈlaɪvən]

1 **to liven up** *vt sep* animar.

2 **to liven up** *vi* animarse.

liver [ˈlɪvəʳ] *n* ANAT hígado.

■ **liver sausage** GB embutido de paté de hígado.

liverish [ˈlɪvərɪʃ] *adj fam* malo,-a: **he's feeling a bit liverish** se encuentra mal.

Liverpudlian [lɪvəˈpʌdlɪən]

1 *adj* de Liverpool.

2 *n* nativo o habitante de Liverpool.

liverwurst [ˈlɪvəwɜːst] *n* US embutido de paté de hígado.

livery [ˈlɪvərɪ] *n* librea.

■ **livery stable** picadero, hípica.

▲ *pl* **liveries**.

lives [laɪvz] *npl* → **life**.

livestock [ˈlaɪvstɒk] *n* ganado.

◆ **livestock farming** ganadería.

livid [ˈlɪvɪd]

1 *adj fam* furioso,-a: **your father will be livid if he finds out** si se entera tu padre, se pondrá furioso.

2 *adj* (*bluish*) lívido,-a.

living [ˈlɪvɪŋ]

1 *adj* vivo,-a: **one of the greatest living writers** uno de los mejores escritores contemporáneos; **every living creature** todo bicho viviente; **a living language** una lengua viva; **it was a living death** fue como estar enterrado vivo.

2 *n* vida: **living conditions** condiciones de vida; **one needs a bit of living space** se necesita un poco de espacio vital; **what do you do for a living?** ¿cómo te ganas la vida?

3 **the living** *npl* los vivos *mpl*.

◆ **to be the living image of somebody** ser la viva imagen de alguien.

to earn a living/make a living ganarse la vida: **she makes a good living selling pottery** se gana bien la vida vendiendo cerámica.

■ **living expenses** dietas *fpl*.

living room salón *m*, sala de estar.

living standards nivel *m sing* de vida.

living wage sueldo mínimo.

lizard [ˈlɪzəd] *n* lagarto; (*small*) lagartija.

llama [ˈlɑːmə] *n* ZOOL llama.

lo [ləʊ] **lo and behold** *interj fam* ¡madre mía!, ¡mira por donde!

load [ləʊd]

1 *n* (*in general*) carga: **a lorry shed its load on the motorway yesterday** ayer un camión perdió su carga en la autopista.

2 *n* (*weight*) peso: **that took a load off my mind** eso me quitó un peso de encima.

3 *vt* cargar (**with**, de): **they loaded up the van with furniture** cargaron la furgoneta de muebles.

4 *vi* cargar.

▸ **to load down** *vt sep* cargar (**with**, de); (*with worries etc*) agobiar (**with**, de/por): **he's loaded down with responsibilities** está agobiado por las responsabilidades.

◆ **a load of .../loads of ...** *fam* montones de ..., un montón de ...: **she's given me loads of things** me ha dado un montón de cosas; **that magazine is a load of old rubbish** esa revista es una birria.

get a load of this! *fam* ¡fíjate en esto!, ¡mira esto!

loaded [ˈləʊdɪd]

1 *pt & pp* → **load**.

2 *adj* (*dice*) trucado,-a; (*question*) tendencioso,-a.

3 *adj sl* (*rich*) forrado,-a.

4 *adj fam* (*drunk*) mamado,-a, trompa.

loading [ˈləʊdɪŋ]

1 *n* (*act*) carga.

2 *n* (*insurance*) plus *m* de riesgo.

■ **loading bay** cargadero.

loaf¹ [ləʊf]

1 *n* pan *m*; (*French*) barra; (*sliced*) pan *m* de molde.

2 *n fam* (*head*) mollera: **use your loaf!** ¡usa la mollera!

▲ *pl* **loaves** [ləʊvz].

loaf² [ləʊf] **to loaf about/loaf around** *vi fam* holgazanear.

loafer [ˈləʊfəʳ]

1 *n fam* (*person*) holgazán,-ana, vago,-a.

2 *n US* mocasín *m*.

loan [ləʊn]

1 *n* (*of money*) préstamo, crédito; (*more formally*) empréstito.

2 *vt US* prestar: **could you loan me your car?** ¿me prestas el coche?

◆ **on loan** prestado,-a; (*footballer*) cedido,-a: **I got this book on loan from the library** este libro lo he sacado prestado de la biblioteca.

to raise a loan FIN hacer un empréstito.

loanword [ˈləʊnwɜːd] *n* préstamo.

loath [ləʊθ] *adj* reacio,-a: **he was loath to give her back the keys** era reacio a devolverle las llaves.

loathe [ləʊð] *vt* odiar, aborrecer.

loathing [ˈləʊðɪŋ] *n* odio, aborrecimiento.

loathsome [ˈləʊðsəm] *adj* odioso,-a, repelente.

loaves [ləʊvz] npl → **loaf.**

lob [lɒb]
1 n (tennis) lob m, globo.
2 vi hacer un lob, hacer un globo.
3 vt fam lanzar.
▲ pt & pp **lobbed,** ger **lobbing.**

lobby ['lɒbɪ]
1 n (hall) vestíbulo.
2 n POL grupo de presión.
3 vi presionar (**for,** para) (**against,** en contra de): we must continue to lobby for a better health system debemos seguir presionando para que mejore el sistema sanitario.
4 vt POL presionar, ejercer presión sobre.
▲ pl **lobbies.**

lobbyist ['lɒbɪɪst] n POL activista mf de un grupo de presión.

lobe [ləʊb] n lóbulo.

lobotomy [lə'bɒtəmɪ] n lobotomía.
▲ pl **lobotomies.**

lobster ['lɒbstə'] n bogavante m.
■ **Norway lobster** cigala.
lobster pot nasa.
spiny lobster langosta.

local ['ləʊkəl]
1 adj (in general) local.
2 adj (person) del barrio, de la zona.
3 adj (government) municipal, regional.
4 n fam (person) vecino,-a: one of the locals uno de los vecinos.
5 n GB fam bar m, pub m (del barrio).
6 n US (train) tren m de cercanías; (bus) autobús m.
■ **local area network** COMPUT red f de área local.
local authority ayuntamiento.
local call llamada urbana.
local time hora local.

locale [ləʊ'kɑːl] n fml (place) lugar m; (scene) escenario.

locality [ləʊ'kælɪtɪ] n fml localidad f.
▲ pl **localities.**

localise ['ləʊkəlaɪz] vt → **localize.**

localize ['ləʊkəlaɪz] vt fml localizar.

locally ['ləʊkəlɪ]
1 adv (in the area) en la localidad, en el lugar.
2 adv (in particular areas) localmente: there may be showers locally podrían producirse algunos chubascos locales.

locate [ləʊ'keɪt]
1 vt fml (find) localizar.
2 vt fml (situate) situar, ubicar.

location [ləʊ'keɪʃən]
1 n (place) lugar m.
2 n (act of placing) ubicación f.
3 n (finding) localización f exacta.
4 n CINEM exteriores mpl: it was filmed on location in Turkey se rodó en Turquía.

loc cit ['lɒk'sɪt] abbr (**loco citato**) en el lugar citado; (abbreviation) loc. cit.

loch [lɒk] n (in Scotland) lago.

loci ['ləʊsaɪ] npl → **locus.**

lock¹ [lɒk]
1 n (gen) cerradura; (padlock) candado.
2 n (in canal) esclusa.
3 n (in wrestling) llave f.
4 n GB (of vehicle's steering) tope m.
5 vt (with key) cerrar con llave; (with padlock) cerrar con candado.
6 vt fig enzarzar: the two men were locked in a dispute los dos hombres estaban enzarzados en una discusión; they were locked in an embrace se fundieron en un abrazo.
7 vi (door etc) cerrarse (con llave).
8 vi (wheel) trabarse.
▶ **to lock away**
1 vt sep (valuables) guardar bajo llave.
2 vt sep fam (person) encerrar.
to lock in vt sep encerrar: I got locked in the bathroom this morning esta mañana me quedé encerrada en el baño.
to lock onto vt insep (missile) seguir el rastro de.
to lock out
1 vt sep cerrar la puerta a; (leave outside) dejar fuera a.
2 vt sep (from work) cerrar el paso a.
to lock up
1 vt sep → **to lock away.**
2 vt sep (building) cerrar con llave.
3 vt sep (money) invertir.
4 vi cerrar las puertas con llave.
■ **lock keeper** esclusero,-a.

lock² [lɒk] n (of hair) mecha, mechón m.

locker ['lɒkə'] n armario, taquilla.
■ **Davy Jones's locker** fam el fondo del mar.
locker room SP vestuarios mpl.

locket ['lɒkɪt] n (with picture) medallón m; (with hair) guardapelo.

lockout ['lɒkaʊt] n locáut m, cierre m patronal.

locksmith ['lɒksmɪθ] n cerrajero.

lockup ['lɒkʌp] n (local prison) cárcel f (pequeña).

locomotion [ləʊkə'məʊʃən] n locomoción f.

locomotive [ləʊkə'məʊtɪv]
1 n locomotora.
2 adj locomotor,-ra.

locum ['ləʊkəm] n suplente mf.

locus ['ləʊkəs] n TECH lugar m.
▲ pl **loci** ['ləʊsaɪ].

locust ['ləʊkəst] n langosta.

locution [lə'kjuːʃən] n locución f.

lode [ləʊd] n TECH mena.

lodge [lɒdʒ]
1 n (in general) casita; (hunter's) refugio.
2 n (porter's) portería.
3 n (masonic) logia.
4 n (beaver's) madriguera.
5 vi (as guest) alojarse, hospedarse.
6 vi (become fixed) quedarse atrapado,-a: a fishbone lodged in my throat se

me quedó clavada en la garganta una espina de pescado.
7 vi (accommodate) alojar, hospedar.
8 vt (complaint) presentar.

lodger ['lɒdʒə'] n huésped,-da.

lodging ['lɒdʒɪŋ] n alojamiento: he's staying in lodgings tiene alquilada una habitación; she was looking for lodgings buscaba una habitación para alquilarla.
■ **lodging house** casa de huéspedes.

loft [lɒft]
1 n desván m, buhardilla.
2 n US (apartment) ático grande.
3 vt SP lanzar al aire.

lofty ['lɒftɪ]
1 adj (high) alto,-a.
2 adj pej (haughty) altivo,-a.
▲ comp **loftier,** superl **loftiest.**

log [lɒg]
1 n tronco; (for fire) leño.
2 n (on ship) cuaderno de bitácora, diario de a bordo; (on plane) diario de vuelo.
3 n MATH fam (abbr of **logarithm**) logaritmo.
4 vt registrar, anotar.
5 vt (cover) recorrer.
▶ **to log in** vi COMPUT entrar (en el sistema).
to log off vi COMPUT salir (del sistema).
to log on vi COMPUT entrar (en el sistema).
to log out vi COMPUT salir (del sistema).
■ **log cabin** cabaña (de troncos).
▲ pt & pp **logged,** ger **logging.**

loganberry ['ləʊgənbərɪ] n frambuesa de Logan, zarza de Logan.
■ **loganberry bush** frambueso de Logan.
▲ pl **loganberries.**

logarithm ['lɒgərɪðəm] n logaritmo.

logarithmic [lɒgə'rɪðmɪk] adj logarítmico,-a.

logbook ['lɒgbʊk] n GB (of vehicle) documentación f, cédula.

logger ['lɒgə'] n leñador,-ra.

loggerheads ['lɒgəhedz] **to be at loggerheads** phr estar enfrentados,-as.

loggia ['lɒdʒə] n logia.

logic ['lɒdʒɪk] n lógica: there's no logic in her behaviour su comportamiento no tiene lógica.

logical ['lɒdʒɪkəl] adj lógico,-a: the logical thing would be to say yes lo lógico sería decir que sí.

logically ['lɒdʒɪklɪ] adv lógicamente.

logician [lə'dʒɪʃən] n lógico,-a.

logistic [lə'dʒɪstɪk]
1 n logística.
2 adj logístico,-a.

logistics [lə'dʒɪstɪks] n logística.

logjam ['lɒgdʒæm]
1 n (on river) acumulación f de troncos.
2 n US punto muerto.

logo ['ləʊgəʊ] n logotipo.
▲ pl **logos.**

logotype [ˈlɒgəʊtaɪp] *n* logotipo.

logy [ˈləʊgɪ] *adj US fam* pesado,-a, lento,-a.
▲ *comp* **logier**, *superl* **logiest**.

loin [lɔɪn]
1 *n (of animal)* ijada, ijar *m*.
2 *n CULIN (of pork)* lomo; *(of beef)* solomillo.
3 loins *npl euph* ingle *f sing*.
✦ **to gird up one's loins** prepararse para la lucha.

loincloth [ˈlɔɪnklɒθ] *n* taparrabo, taparrabos *m sing*.

Loire [lwɑːʳ] *n* el Loira *m*.

loiter [ˈlɔɪtəʳ]
1 *vi (be slow)* entretenerse; *(waste time)* perder el tiempo.
2 *vi (loaf about)* holgazanear; *(suspiciously)* merodear: "No loitering" "No merodear", "Prohibido merodear".
3 *vi (lag behind)* rezagarse.
✦ **to loiter with intent to commit a felony** merodear con intención de delinquir.

loiterer [ˈlɔɪtərəʳ] *n (gen)* holgazán,-ana; *(suspicious)* merodeador,-ra.

loll [lɒl]
1 *vi (sit)* repantigarse.
2 *vi (droop)* colgar.

lollipop [ˈlɒlɪpɒp]
1 *n* pirulí *m*, piruleta.
2 *n GB (iced)* polo.
■ **lollipop lady/lollipop man** guardia *mf* (que para el tráfico para que puedan cruzar la calle los colegiales).

lollop [ˈlɒləp] *vi fam* moverse torpe y lentamente.

lolly [ˈlɒlɪ]
1 *n GB fam* pirulí *m*, piruleta.
2 *n GB fam (iced)* polo.
3 *n GB sl (money)* pasta.
■ **ice lolly** polo.
▲ *pl* **lollies**.

London [ˈlʌndən] *n* Londres.

Londoner [ˈlʌndənəʳ] *n* londinense *mf*.

lone [ləʊn]
1 *adj lit (single)* solo,-a.
2 *adj lit (solitary)* solitario,-a.
■ **lone wolf** *fig* persona solitaria.

loneliness [ˈləʊnlɪnəs] *n* soledad *f*.

lonely [ˈləʊnlɪ]
1 *adj (person)* solo,-a.
2 *adj (place)* solitario,-a, aislado,-a.
■ **lonely hearts club** *club para personas que quieren entablar nuevas amistades*.
lonely hearts column sección *f* de contactos.
▲ *comp* **lonelier**, *superl* **loneliest**.

loner [ˈləʊnəʳ] *n* persona solitaria.

lonesome [ˈləʊnsəm] *adj US* → **lonely**.

long¹ [lɒŋ]
1 *adj* largo,-a: **how long was the film?** ¿cuánto duró la película?; **the garden is 30 metres long** el jardín hace 30 metros de largo; **we were a long way from the beach** estábamos lejos de la playa; **it took him a long time to finish** tardó mucho en acabar.
2 *adv* mucho tiempo: **how long have you been waiting?** ¿cuánto hace que esperas?; **it wasn't long before they returned** no tardaron en volver.
3 *n* lo largo.
✦ **as long as** *(while)* mientras; *(if)* si, con tal que.
(for) a long time, for long mucho tiempo.
in the long run a la larga.
long ago hace mucho tiempo.
no longer/not any longer ya no: **he doesn't live here any longer** ya no vive aquí.
not by a long chalk/not by a long shot *fam* ni por mucho, ni de lejos.
so long *US fam (goodbye)* hasta la vista.
so long as → **as long as**.
the long and the short of it is ... en resumidas cuentas ...
to be a bit long in the tooth *fam* tener años.
to pull a long face poner cara larga.
■ **long jump** salto de longitud.
long johns calzones *mpl* largos.
long ton tonelada *(equivale a 2240 libras o 1016,047 kilogramos)*.
long vacation *GB* vacaciones *fpl* de verano.
long wave onda larga.

long² [lɒŋ] **to long to do something** *phr* tener muchos deseos de hacer algo: **he's longing to see you** tiene muchas ganas de verte.
▶ **to long for** *vt insep (yearn)* anhelar; *(nostalgically)* añorar.

long³ [ˈlɒŋgɪtjuːd] *abbr* (**longitude**) longitud *f*; *(abbreviation)* long.

longboat [ˈlɒŋbəʊt] *n* chalupa, lancha.

longbow [ˈlɒŋbəʊ] *n* arco.

long-distance [lɒŋˈdɪstəns]
1 *adj* de larga distancia.
2 *adj (phone call)* interurbano,-a: **she phoned him long-distance from Miami** le puso una conferencia desde Miami.
■ **long-distance call** conferencia.
long-distance race carrera de fondo.
long-distance runner corredor,-ra de fondo.

long-drawn-out [lɒŋdrɔːnˈaʊt] *adj* largo,-a, interminable.

longevity [lɒnˈdʒevɪtɪ] *n* longevidad *f*.

long-haired [ˈlɒŋheəd]
1 *adj (animal)* de pelo largo.
2 *adj pej (person)* melenudo,-a.

longhand [ˈlɒŋhænd] *n* escritura a mano: **I wrote out the letter in longhand first** primero escribí la carta a mano.

longing [ˈlɒŋɪŋ] *n (yearning)* ansia, anhelo; *(nostalgia)* nostalgia.

longingly [ˈlɒŋɪŋlɪ] *adv (with yearning)* ansiosamente; *(nostalgically)* con nostalgia.

longish [ˈlɒŋɪʃ] *adj fam* más bien largo, -a, bastante largo,-a.

longitude [ˈlɒndʒɪtjuːd] *n* longitud *f*.

longitudinal [lɒndʒɪˈtjuːdɪnəl] *adj* longitudinal.

long-legged [lɒŋˈlegd] *adj* zancudo, -a, zanquilargo,-a.

long-life [ˈlɒŋlaɪf] *adj (battery)* de larga duración; *(milk)* UHT, uperizado,-a.

long-lived [lɒŋˈlɪvd] *adj* de larga vida; *(for a long time)* de toda la vida.

long-necked [lɒŋˈnekt] *adj* cuellilargo,-a.

long-playing [lɒŋˈpleɪɪŋ] *adj* de larga duración.
■ **long-playing record** elepé *m*.

long-range [ˈlɒŋreɪndʒ]
1 *adj (distance)* de largo alcance.
2 *adj (plans, forecast)* a largo plazo.

long-sighted [lɒŋˈsaɪtɪd]
1 *adj GB* présbita.
2 *adj GB fig* perspicaz.

long-sightedness [lɒŋˈsaɪtɪdnəs]
1 *n GB* presbicia.
2 *n GB fig* perspicacia.

long-sleeved [ˈlɒŋsliːvd] *adj* de manga larga.

long-standing [lɒŋˈstændɪŋ] *adj* antiguo,-a.

long-suffering [lɒŋˈsʌfərɪŋ] *adj* sufrido,-a.

long-tailed [ˈlɒŋteɪld] *adj* rabilargo,-a.

long-term [lɒŋˈtɜːm] *adj* a largo plazo, de largo plazo: **long-term effects** efectos a largo plazo.

longways [ˈlɒŋweɪz] *adv GB* a lo largo.

long-wearing [lɒŋˈweərɪŋ] *adj US* duradero,-a, resistente.

long-winded [lɒŋˈwɪndɪd] *adj (person)* prolijo,-a; *(speech etc)* interminable.

loo [luː] *n GB fam* váter *m*.
▲ *pl* **loos**.

loofah [ˈluːfə] *n* esponja vegetal.

look [lʊk]
1 *vi* mirar (**at**, -): **look at her running** mira cómo corre; **what are they looking at?** ¿qué miran?
2 *vi (seem)* parecer: **that doesn't look difficult** eso no parece difícil; **you're looking well** tienes buen aspecto; **how do I look?** ¿qué tal estoy?; **he looks tired** parece cansado; **it looks that way** eso parece.
3 *vt* mirar: **they looked him up and down** lo miraron de arriba abajo; **I can't look him in the face** no puedo mirarle a la cara.
4 *vt (seem)* parecer: **he doesn't look his age** no aparenta la edad que tiene; **she always looks her best** siempre cuida su apariencia.

5 *vt fam (plan)* pensar, tener pensado,-a: she's looking to buy a flat piensa comprarse un piso.

6 *n (glance)* mirada: **have a look at this** mira esto; **she took one look at him and laughed** nada más mirarlo se puso a reír.

7 *n (appearance)* aspecto, apariencia: **her haircut gives her a new look** el corte de pelo le da un nuevo aire; **I didn't like the look of it** me dio mala espina.

8 *n (expression)* expresión *f*: **I could tell by the look of him that he wasn't at all interested** a juzgar por su expresión no le interesaba lo más mínimo.

9 *n (fashion)* moda: **I'm not into the punk look** no me va la moda punk.

10 *interj* ¡mira!

11 looks *npl* belleza *f sing*: **she's kept her looks throughout the years** a pesar de los años sigue siendo guapa.

▶ **to look after** *vt insep (deal with)* ocuparse de, atender a; *(take care of)* cuidar (de): **I can look after myself** me las arreglo yo sola; **goodbye, look after yourself!** ¡adiós, y cuídate!; **she only looks after her own interests** solo mira por su interés.

to look ahead
1 *vi* mirar hacia adelante.
2 *vi fig* mirar el futuro.

to look at
1 *vt insep (consider)* mirar, considerar.
2 *vt insep (examine)* mirar: **you should have that knee looked at** deberías ir a que te miren esa rodilla.

to look back *vi* mirar atrás: **I now look back on those years with a different view** ahora miro esos años desde otra perspectiva.

to look down on *vt insep* despreciar.

to look for *vt insep* buscar: **what are you looking for?** ¿qué buscas?; **he's looking for trouble if he continues to misbehave** si sigue portándose mal, se buscará problemas.

to look forward to *vt insep* esperar (con ansia): **he's looking forward to going home** espera con ilusión volver a casa; **I look forward to your reply** espero noticias suyas.

to look in on *vt insep fam* pasar (un momento) por.

to look into *vt insep* investigar.

to look on *vt insep*
1 *vt insep* considerar: **I look on him as a close friend** lo considero un amigo íntimo.
2 *vi* observar.

to look like *vt insep* parecerse a: **he looks like his father** se parece a su padre; **it looks like snow** parece que va a nevar.

to look onto *vt insep* dar a.

to look out
1 *vi (be careful)* ir con cuidado: **look out - a car's coming!** ¡cuidado, que viene un coche!

2 *vt sep GB (search for)* buscarse.

to look out for *vt insep* esperar: **look out for that play** estáte al tanto de cuándo hacen esa obra de teatro.

to look over *vt sep (study quickly)* mirar por encima.

to look round
1 *vi (turn one's head)* volver la cabeza.
2 *vi (in shop etc)* mirar: **I'm just looking round** solo estoy mirando.
3 *vt insep (shop)* mirar.
4 *vt insep (sightseeing)* visitar.

to look through *vt insep (check)* revisar (bien); *(quickly)* ojear.

to look to
1 *vt insep (depend on)* contar con: **he looked to his father for help** contó con la ayuda de su padre.
2 *vt insep (concentrate on)* centrarse en: **look to it that you leave on time** asegúrate de salir puntual.

to look up
1 *vi fam (improve)* mejorar: **things are finally looking up!** ¡por fin mejoran las cosas!
2 *vt sep (in dictionary etc)* consultar, buscar: **look it up in the dictionary** consúltalo en el diccionario.
3 *vt sep (visit)* ir a ver.

to look up to *vt insep* respetar.

◆ **by the look(s) of it** por lo visto.

look alive!/look lively! *fam* ¡espabílate!

look before you leap antes de que te cases mira lo que haces.

not to be much to look at *fam* no ser demasiado guapo,-a, no ser ninguna belleza.

to have a look for something buscar algo.

to look around for something andar buscando algo.

to look down one's nose at somebody mirar a alguien mal.

to look on the bright side (of things) mirar el lado bueno de las cosas.

to look sharp *GB fam (hurry)* darse prisa; *(be careful)* tener cuidado.

to look well on somebody sentar bien a alguien.

lookalike ['lʊkəlaɪk] *n fam* doble *mf*, sosia *m*.

looker ['lʊkəʳ] *n fam (woman)* preciosidad *f*.

look-in ['lʊkɪn] *n fam* oportunidad *f*, ocasión *f*.

looking glass ['lʊkɪŋglæs] *n arch* espejo.

lookout ['lʊkaʊt]
1 *n (person)* vigía *mf*.
2 *n (place)* atalaya.
3 *n fam (outlook)* futuro: **if you aren't done on time, it's your (own) lookout!** si no terminas a tiempo, ¡allá tú!
◆ **to be on the lookout for** estar al acecho de.

loom[1] [lʊːm] *n* telar *m*.

loom[2] [lʊːm] *vi* vislumbrarse; *(causing fear)* amenazar.
▶ **to loom up** *vi* surgir.
◆ **to loom large** causar mucha preocupación.

loony ['lʊːnɪ] *adj fam* chiflado,-a, chalado,-a.
■ **loony bin** *fam* manicomio.
▲ *comp* **loonier**, *superl* **looniest**.

loop [lʊːp]
1 *n (in string etc)* lazo.
2 *n (contraceptive)* esterilete *m*, DIU *m*.
3 *n (made by aircraft)* rizo.
4 *n COMPUT* bucle *m*.
5 *vt* pasar: **loop the rope round the post** pasa la cuerda alrededor del poste.
6 *vi* formar un lazo.
◆ **to loop the loop** rizar el rizo.

loophole ['lʊːphəʊl] *n fig* escapatoria.
■ **tax loophole** laguna impositiva.

loopy ['lʊːpɪ] *adj fam* tocado,-a, chiflado,-a.
▲ *comp* **loopier**, *superl* **loopiest**.

loose [lʊːs]
1 *adj (in general)* suelto,-a.
2 *adj (not tight)* flojo,-a; *(clothes)* holgado,-a.
3 *adj (not tied)* suelto,-a, desatado,-a.
4 *adj (not packaged)* suelto,-a, a granel: **he buys coffee loose** compra el café a granel.
5 *adj (not connected)* desconectado,-a.
6 *adj (inexact)* inexacto,-a; *(translation)* libre.
7 *adj pej (lax)* relajado,-a: **a loose woman** una mujer fácil; **loose living** la vida alegre.
8 *vt lit* soltar.
◆ **to be at a loose end** *GB fam* no tener nada que hacer.
to be at loose ends *US fam* no tener nada que hacer.
to be on the loose andar suelto,-a.
to break loose escaparse.
to come loose/work loose desprenderse; *(shoelace)* desatarse.
to cut loose *fam* largarse.
to let somebody loose soltar a alguien: **don't let her loose in your kitchen** no la sueltes en tu cocina.
to set loose/turn loose soltar.
to stay loose/hang loose *US fam* relajarse.
to tie up loose ends *fig* no dejar cabo suelto.
■ **loose change** cambio suelto, suelto.
loose cover funda.
loose end cabo suelto.
loose talk chismorreo.
loose tobacco tabaco en hebras.

loose-fitting [lʊːsˈfɪtɪŋ] *adj* holgado,-a, amplio,-a.

loose-leaf [lʊːsˈliːf] *adj* de hojas sueltas.

loosely [ˈluːslɪ]
1 *adv (not tightly)* suelto,-a.
2 *adv (approximately)* aproximadamente; *(translate)* libremente.

loosen [ˈluːsən]
1 *vt (gen)* soltar, aflojar; *(belt)* desabrochar: can you loosen this knot? ¿puedes aflojar este nudo?; loosen this screw afloja este tornillo; the champagne loosened her tongue el champán le soltó la lengua.
2 *vi* soltarse, aflojarse.
3 *vi (become untied)* desatarse.
▶ to loosen up
    1 *vi SP* desentumecerse.
    2 *vi (relax)* relajarse.
    3 *vt sep* desentumecer, relajar.

looseness [ˈluːsnəs]
1 *n (in general)* soltura.
2 *n (of clothes)* holgura.
3 *n (of morals etc)* relajamiento.
4 *n (imprecision)* falta de precisión; *(of translation)* libertad *f*.

loot [luːt]
1 *n* botín *m*.
2 *vt* saquear.
3 *vi* saquear.

looter [ˈluːtəʳ] *n* saqueador,-ra.

looting [ˈluːtɪŋ] *n* saqueo.

lop [lɒp]
1 *vt* podar: he's lopped a few branches off the pine tree ha podado un poco el pino.
2 *vt fig* recortar.
▲ *pt & pp* lopped, *ger* lopping.

lope [ləʊp] *vi* andar a zancadas: the giraffe loped off la jirafa se fue a zancadas.
✦ at a lope a zancadas.

lop-eared [ˈlɒpɪəd] *adj* de orejas gachas, de orejas caídas.

lopsided [lɒpˈsaɪdɪd]
1 *adj (walk, table)* cojo,-a; *(unbalanced)* desigual.
2 *adj fig* injusto,-a.

loquacious [ləˈkweɪʃəs] *adj fml* locuaz.

loquacity [ləˈkwæsɪtɪ] *n fml* locuacidad *f*.

lord [lɔːd]
1 *n* señor *m*.
2 *n GB (title)* lord *m*.
3 *n (judge)* señoría *mf*: no, my Lord no, señoría.
4 *n (powerful man)* barón *m*.
✦ good Lord! ¡ay Dios!, ¡Dios mío!
    Lord (only) knows ... quién sabe ...
    to live like a lord vivir a cuerpo de rey.
    to lord it over somebody *fam* comportarse como si uno fuera dueño,-a y señor,-ra de alguien.
■ Lord Mayor *(man)* alcalde *m*; *(woman)* alcaldesa.
    lord and master amo y señor.
    the House of Lords la Cámara de los Lores.

    the Lord *REL* el Señor.
    the Lord's Prayer el padrenuestro.

lordly [ˈlɔːdlɪ]
1 *adj pej* despótico,-a.
2 *adj (grand)* grandioso,-a.
▲ *comp* lordlier, *superl* lordliest.

lordship [ˈlɔːdʃɪp] *n (title)* señoría: Your Lordship su señoría.

lore [lɔːʳ] *n* saber *m* popular.

lorgnette [lɔːˈnjet] *n* impertinentes *mpl*.

lorry [ˈlɒrɪ] *n GB* camión *m*.
■ lorry park aparcamiento para camiones.
▲ *pl* lorries.

lose [luːz]
1 *vt (in general)* perder: he's lost his car keys ha perdido las llaves del coche; he lost himself in the middle of his explanation se perdió a mitad de la explicación.
2 *vt (immerse)* sumergir *(in, en)*: she lost herself in the novel estaba absorta en la novela.
3 *vt (clock)* atrasar: this watch loses 5 minutes a day este reloj atrasa 5 minutos por día.
4 *vi (in general)* perder: Liverpool lost to United el Liverpool perdió ante el United.
5 *vi (clock)* atrasarse.
▶ to lose out *vi* salir perdiendo *(to, ante)*.
✦ to have nothing to lose *fam* no tener nada que perder.
    to lose one's head perder la cabeza.
    to lose one's heart (to somebody) enamorarse (de alguien).
    to lose one's life perder la vida, perecer.
    to lose one's way perderse.
    to lose sight of something perder algo de vista.
    to lose weight adelgazar, perder peso.
▲ *pt & pp* lost [lɒst], *ger* losing.

loser [ˈluːzəʳ] *n* perdedor,-ra: the real loser is the consumer el que sale perdiendo es el consumidor.
✦ to be a born loser *pej* ser un fracaso.
    to be a good/bad loser saber/no saber perder.
    to be on a loser *fam* llevar las de perder.

loss [lɒs]
1 *n (in general)* pérdida: loss of appetite pérdida del apetito; the factory has made huge losses so far this year la fábrica ha sufrido enormes pérdidas en lo que va de año.
2 *n MIL (death)* baja: the army suffered heavy losses el ejército sufrió muchas bajas.
✦ to be a dead loss *fam* ser un desastre.
    to be at a loss quedarse confuso,-a.
    to be at a loss for words quedarse de una pieza.
    to make a loss perder.
    to sell something at a loss vender algo con pérdida.

■ loss adjuster perito.
    loss adjuster's report peritaje.

lost [lɒst]
1 *pt & pp* → lose.
2 *adj* perdido,-a: a lost chance una oportunidad perdida; I'd say your wallet is as good as lost creo que la cartera la puedes dar por perdida.
3 *adj (wasted)* inútil: any advice is lost on her es inútil darle consejos.
✦ get lost! *sl* ¡vete a la porra!
    to be lost for words quedarse de una pieza.
    to be lost in thought estar perdido,-a en sus pensamientos.
    to get lost perderse.
■ lost call llamada perdida.
    lost cause causa perdida.
    lost property objetos *mpl* perdidos.
    lost property office oficina de objetos perdidos.

lost-and-found [lɒstənˈfaʊnd] lost-and-found department *n US* oficina de objetos perdidos.

lot [lɒt]
1 *n (large number)* cantidad *f*: he talks a lot habla mucho; a lot of books muchos libros; a lot of people mucha gente; she's got a lot (of work) to do tiene mucho (trabajo) que hacer; what a lot of space there is! ¡cuánto espacio hay!
2 *n (group)* grupo: the next lot of passengers el próximo grupo de pasajeros; you lot can wait here vosotros podéis esperaros aquí.
3 *n (in auction)* lote *m*.
4 *n (fate)* suerte *f*: the common lot la suerte de todos.
5 *n US (land)* solar *m*.
6 the lot *n* todo,-a, todos,-as: she liked the books and bought the lot le gustaron los libros y se los compró todos.
7 lots of *phr* mucho,-a, muchos,-as, cantidad de: she's got lots (of work) to do tiene mucho (trabajo) que hacer.
✦ thanks a lot! ¡muchísimas gracias!
    to cast lots for something/draw lots for something echar algo a suertes.

loth [ləʊθ] *adj* → loath.

lotion [ˈləʊʃən] *n* loción *f*.

lottery [ˈlɒtərɪ] *n* lotería.
▲ *pl* lotteries.

lotus [ˈləʊtəs] *n* loto.

lotus-eater [ˈləʊtəsiːtəʳ] *n* soñador,-ra.

loud [laʊd]
1 *adj (sound)* fuerte.
2 *adj (voice)* alto,-a.
3 *adj (colour)* chillón,-ona.
4 *adj (behaviour)* vulgar, ordinario,-a.
5 *adv* fuerte, alto.
✦ out loud en voz alta: I was thinking out loud pensaba en voz alta.

loud-hailer [laʊdˈheɪləʳ] *n GB* tornavoz *m*.

loudly ['laʊdlɪ] *adv (speak)* alto; *(shout)* fuerte; *(complain)* a voz en grito.

loudmouth ['laʊdmaʊθ] *n fam pej* voceras *mf*, bocazas *mf*.
▲ *pl* loudmouths ['laʊdmaʊðz].

loudness ['laʊdnəs] *n (of sound)* fuerza, intensidad *f*; *(noisiness)* bullicio.

loudspeaker [laʊd'spiːkə'] *n* altavoz *m*.

Louisiana [luɪzɪ'ænə] *n* Luisiana.

lounge [laʊndʒ]
  1 *n* salón *m*.
  2 *vi (on sofa etc)* repantigarse.
  3 *vi (idle)* holgazanear: **he lounges about all afternoon** se pasa la tarde holgazaneando.
  ■ **lounge suit** *fam* traje *m*.

lounger ['laʊndʒə']
  1 *n (chair)* tumbona.
  2 *n pej* holgazán,-ana, vago,-a.

louse [laʊs]
  1 *n* piojo.
  2 *n fam* canalla *mf*.
  ▶ **to louse up** *vt sep US sl* fastidiar.
  ▲ *pl* lice.

lousy ['laʊzɪ]
  1 *adj fam* fatal, malísimo,-a: **the weather was lousy** hizo un tiempo de perros; **he felt lousy** se encontraba fatal; **what a lousy trick!** ¡vaya cochinada!
  2 *adj (with lice)* piojoso,-a.
  ✦ **to be lousy with** *sl* apestar de.
  ▲ *comp* lousier, *superl* lousiest.

lout [laʊt] *n pej* patán *m*, animal *m*.

loutish ['laʊtɪʃ] *adj pej* animal.

louver ['luːvə'] *n US* persiana.

louvre ['luːvə'] *n* persiana.

lovable ['lʌvəbəl] *adj* adorable.

love [lʌv]
  1 *n (in general)* amor *m*; *(affection)* cariño; *(liking)* afición *f* (**for**, a).
  2 *n GB fam (person)* guapo,-a, chato,-a.
  3 *n (regards)* recuerdos *mpl*: **(give my) love to your parents** muchos recuerdos a tus padres.
  4 *n (tennis)* cero.
  5 *vt* amar, querer: **do you love him?** ¿lo quieres?
  6 *vt (like a lot)* encantarle a uno, gustarle a uno mucho: **I love playing tennis** me encanta jugar a tenis; **we'd love to see you** nos encantaría verte; **I love to watch her dancing** me gusta mucho verla bailar.
  ✦ **for the love of it** por amor al arte.
  love at first sight amor a primera vista.
  not for love or money por nada del mundo.
  to be in love with estar enamorado,-a de.
  to fall in love enamorarse.
  to make love hacer el amor (**to**, a).
  ■ **love affair** aventura amorosa, lío.
  love child hijo,-a natural.
  love life vida sentimental; *(sexual)* vida sexual.

lovebirds ['lʌvbɜːzd] *npl* tortolitos.

loveless ['lʌvləs] *adj* sin amor.

loveliness ['lʌvlɪnəs] *n* encanto, hermosura.

lovely ['lʌvlɪ]
  1 *adj (wonderful)* estupendo,-a, maravilloso,-a.
  2 *adj (beautiful)* hermoso,-a, precioso,-a; *(charming)* encantador,-ra.
  ▲ *comp* lovelier, *superl* loveliest.

love-making ['lʌvmeɪkɪŋ] *n (courtship)* galanteo; *(sexual)* relaciones *fpl* sexuales.

lover ['lʌvə'] *n* amante *mf*: **for music lovers** para los amantes de la (buena) música.

lovesick ['lʌvsɪk] *adj* enfermo,-a de amor.

lovey ['lʌvɪ] *n GB fam* guapo,-a, encanto.

lovey-dovey [lʌvɪ'dʌvɪ] *adj iron* empalagoso,-a, zalamero,-a.

loving ['lʌvɪŋ] *adj* cariñoso,-a: **your loving son, Paul** tu hijo que te quiere, Paul; **in loving memory of** a la memoria de.

lovingly ['lʌvɪŋlɪ] *adv* con cariño.

low¹ [ləʊ]
  1 *adj (in general)* bajo,-a; *(neckline)* escotado,-a: **low clouds** nubes bajas; **a low income** pocos ingresos; **I'm getting low on paper** se me está acabando el papel; **cook on a low heat** cocinar a fuego lento.
  2 *adj (battery)* gastado,-a.
  3 *adj (depressed)* deprimido,-a, abatido,-a.
  4 *adj MUS* grave.
  5 *adv* bajo: **we're running low on petrol** se nos acaba la gasolina.
  6 *n (low level)* punto bajo: **sales have fallen to an all-time low this month** las ventas han tocado fondo este mes.
  7 *n METEOR* área de baja presión.
  ✦ **to keep a low profile** ser discreto,-a.
  ■ **low comedy** farsa.
  low life bajos fondos *mpl*.
  the Low Countries los Países Bajos.

low² [ləʊ] *vi (moo)* mugir.

lowbrow ['ləʊbraʊ] *n pej* inculto,-a.

low-calorie [ləʊ'kælərɪ] *adj* bajo,-a en calorías, hipocalórico,-a.

low-class ['ləʊklɑːs] *adj* de baja estofa.

low-cut ['ləʊkʌt] *adj* escotado,-a.

lowdown ['ləʊdaʊn]
  1 *n fam* detalles *mpl*, información *f*.
  2 *adj fam* despreciable.

lower ['ləʊə']
  1 *adj* inferior.
  2 *vt (in general)* bajar; *(price)* rebajar.
  3 *vt (flag)* arriar.
  ✦ **to lower oneself** rebajarse.
  ■ **lower case** caja baja, minúscula.
  lower class clase *f* baja.
  Lower House Cámara Baja.

lower-class [ləʊə'klɑːs] *adj* de clase baja.

lowermost ['ləʊəməʊst] *adj fml* más bajo,-a.

lowest ['ləʊɪst]
  1 *adj* más bajo,-a; *(price, speed)* mínimo,-a.
  2 *n* mínimo: **at the lowest** como mínimo.
  ■ **lowest common denominator** mínimo común denominador *m*.
  lowest common multiple mínimo común múltiplo.

low-fat ['ləʊ'fæt] *adj* de bajo contenido graso.

low-key [ləʊ'kiː]
  1 *adj (controlled)* discreto,-a.
  2 *adj (informal)* informal.

lowlands ['ləʊləndz] *npl* tierras *fpl* bajas.
  ■ **the Lowlands** las tierras bajas de Escocia.

low-level ['ləʊlevəl] *adj* bajo, de bajo nivel.

lowly ['ləʊlɪ] *adj* humilde, modesto,-a.
  ▲ *comp* lowlier, *superl* lowliest.

low-lying [ləʊ'laɪɪŋ] *adj* bajo,-a.

low-necked [ləʊ'nekt] *adj* escotado,-a.

low-pitched [ləʊ'pɪtʃt]
  1 *adj (note)* grave.
  2 *adj (roof)* de poca pendiente.

low-profile [ləʊ'prəʊfaɪl] *adj* discreto,-a.

low-spirited [ləʊ'spɪrɪtɪd] *adj* abatido,-a.

loyal ['lɔɪəl] *adj* leal, fiel.

loyalist ['lɔɪəlɪst]
  1 *adj* patriótico,-a.
  2 *n* patriota *mf*.

Loyalist ['lɔɪəlɪst]
  1 *n (in Northern Ireland)* partidario de la unión con el Reino Unido.
  2 *n US* en la Guerra de la Independencia, colono partidario de la causa británica.

loyally ['lɔɪəlɪ] *adv* lealmente, fielmente.

loyalty ['lɔɪəltɪ] *n* lealtad *f*, fidelidad *f*.
  ■ **loyalty card** tarjeta de fidelización.
  ▲ *pl* loyalties.

lozenge ['lɒzɪndʒ]
  1 *n* pastilla.
  2 *n (geometry)* rombo.

LP ['el'piː] *abbr* (**long-player**) disco de larga duración, elepé *m*; *(abbreviation)* LP.

L-plate ['elpleɪt] *n GB* placa de la ele.

LSD ['el'es'diː] *abbr* (**lysergic acid diethylamide**) dietilamida del ácido lisérgico; *(abbreviation)* LSD.

Lt [lef'tenənt, *US* luː'tenənt] *abbr* (**Lieutenant**) Teniente *m*; *(abbreviation)* Tente., Tte.

Ltd ['lɪmɪtɪd] *abbr GB* (**Limited**) Limitada; *(abbreviation)* Ltda.

lubricant ['luːbrɪkənt] *n* lubricante *m*, lubrificante *m*.

lubricate ['luːbrɪkeɪt] *vt* lubricar, engrasar.

lubrication [luːbrɪˈkeɪʃən] n lubricación f, engrase m.

lucerne [luːˈsɜːn] n GB alfalfa.

lucid [ˈluːsɪd] adj lúcido,-a.

lucidity [luːˈsɪdɪtɪ] n lucidez f.

luck [lʌk] n suerte f: with any luck, he'll be here on time con un poco de suerte llegará puntual.
 ✦ any luck? fam ¿qué?, ¿cómo ha ido?
 as luck would have it por suerte.
 bad luck!/hard luck!/tough luck! ¡mala suerte!
 better luck next time! ¡otra vez será!
 good luck!/best of luck! ¡suerte!
 just my luck! iron ¡qué mala suerte he tenido!
 no such luck! ¡ojalá!
 to be down on one's luck tener muy mala suerte.
 to be in luck estar de suerte.
 to be out of luck estar de malas, tener mala suerte.
 to push one's luck tentar la suerte.
 to try one's luck probar fortuna.

luckily [ˈlʌkɪlɪ] adv afortunadamente.

luckless [ˈlʌkləs] adj fml desafortunado,-a.

lucky [ˈlʌkɪ] adj (in general) afortunado,-a; (timely) oportuno,-a: how lucky you were! ¡qué suerte tuviste!; this could be your lucky day hoy podrías estar de suerte; he'll be lucky to pass the exam tendrá suerte si aprueba el examen; lucky you came when you did menos mal que llegaste en ese momento.
 ✦ you'll be lucky! fam iron ¡lo tienes negro!
 ▪ lucky break golpe m de suerte.
 lucky charm amuleto.
 lucky dip GB caja de las sorpresas.
 ▲ comp luckier, superl luckiest.

lucrative [ˈluːkrətɪv] adj lucrativo,-a.

ludicrous [ˈluːdɪkrəs] adj ridículo,-a.

ludo [ˈluːdəʊ] n GB parchís m.

luff [lʌf] n orza.

lug¹ [lʌg] vt fam arrastrar.
 ▲ pt & pp lugged, ger lugging.

lug² [lʌg] n fam (ear) oreja.

luggage [ˈlʌgɪdʒ] n GB equipaje m.
 ▪ luggage van furgón m de equipaje.

lughole [ˈlʌghəʊl] n GB fam oreja.

lugubrious [ləˈguːbrɪəs] adj lúgubre.

lukewarm [ˈluːkwɔːm] adj tibio,-a, templado,-a.

lull [lʌl]
 1 n (in storm) momento de calma, recalmón m; (in activity) respiro.
 2 vt adormecer.
 ✦ a lull before the storm la calma antes de la tempestad.
 to lull somebody into a false sense of security infundir a alguien una falsa seguridad.

lullaby [ˈlʌləbaɪ] n canción f de cuna, nana.
 ▲ pl lullabies.

lumbago [lʌmˈbeɪgəʊ] n lumbago.

lumbar [ˈlʌmbəʳ] adj lumbar.

lumber [ˈlʌmbəʳ]
 1 n US (timber) leña.
 2 n GB (junk) trastos mpl viejos.
 3 vi cortar leña.
 4 vt GB fam cargar (with, con): I got lumbered with the bill me tocó pagar la cuenta a mí.

lumberjack [ˈlʌmbədʒæk] n leñador m.

lumberyard [ˈlʌmbəjɑːd] n almacén m de madera, almacén m de leña.

luminary [ˈluːmɪnərɪ] n lit luminario,-a.
 ▲ pl luminaries.

luminosity [luːmɪˈnɒsɪtɪ] n luminosidad f.

luminous [ˈluːmɪnəs] adj luminoso,-a.

lump [lʌmp]
 1 n (chunk) pedazo, trozo; (in sauce) grumo.
 2 n (swelling) bulto, protuberancia; (in throat) nudo.
 3 n (of sugar) terrón m.
 4 n fam (idiot) burro,-a.
 ▶ to lump together vt sep juntar.
 ✦ to bring a lump to somebody's throat hacérsele a alguien un nudo en la garganta: that scene brought a lump to my throat en esa escena se me hizo un nudo en la garganta.
 to lump it GB fam aguantarse, apechugar: if you don't like it, you'll have to lump it si no te gusta, tendrás que aguantarte.
 ▪ lump sum suma global.

lumpenproletariat [lʌmpənprəʊləˈteərɪət] n lumpenproletariado.

lumpy [ˈlʌmpɪ] adj lleno,-a de bultos; (sauce) grumoso,-a.
 ▲ comp lumpier, superl lumpiest.

lunacy [ˈluːnəsɪ] n locura.
 ✦ to be sheer lunacy ser una locura.

lunar [ˈluːnəʳ] adj lunar.
 ▪ lunar landing alunizaje m.
 lunar month mes m lunar.

lunatic [ˈluːnətɪk]
 1 adj loco,-a.
 2 n loco,-a, lunático,-a.
 ▪ lunatic asylum manicomio.
 the lunatic fringe los fanáticos mpl.

lunch [lʌntʃ]
 1 n comida, almuerzo: we'll have lunch at one comeremos a la una; I take a packed lunch to the office traigo la comida hecha al despacho.
 2 vi fml comer, almorzar.
 ▪ business lunch almuerzo de trabajo.
 lunch hour hora de comer.
 pub lunch GB comida de pub.

luncheon [ˈlʌntʃən] n fml almuerzo.
 ▪ luncheon voucher ticket m restaurante.

luncheonette [lʌntʃəˈnet] n US cafetería, restaurante m pequeño.

lunchtime [ˈlʌntʃtaɪm] n hora de comer, hora de almorzar.

lung [lʌŋ] n pulmón m: her little girl has a good pair of lungs! ¡su hijita tiene buenos pulmones!
 ▪ lung cancer cáncer m de pulmón.

lunge [lʌndʒ]
 1 vi arremeter, embestir (at/towards, contra).
 2 n arremetida, embestida: she made a lunge at him with a stick arremetió contra él con un palo.

lupine [ˈluːpɪn] n altramuz m.

lurch [lɜːtʃ]
 1 vi (vehicle) dar tumbos, dar bandazos; (person) tambalearse.
 2 n (vehicle) tumbo, bandazo; (of person) tambaleo.
 ✦ to leave somebody in the lurch dejar a alguien en la estacada.

lure [lʊəʳ]
 1 n (decoy) señuelo.
 2 n fig aliciente m.
 3 vt seducir, atraer: the stranger lured him into a room el extraño le incitó a entrar en una habitación.

lurid [ˈlʊərɪd]
 1 adj (colour etc) chillón,-ona.
 2 adj (details) horripilante, espeluznante.

lurk [lɜːk]
 1 vi (wait) estar al acecho.
 2 vi (hide) esconderse: a doubt that lurked in my mind una duda que aún me atormentaba.

lurker [ˈlɜːkəʳ] n (on Internet) mirón,-ona.

luscious [ˈlʌʃəs]
 1 adj delicioso,-a, exquisito,-a.
 2 adj fam (sexy) apetitoso,-a.

lush¹ [lʌʃ]
 1 adj (vegetation) exuberante.
 2 adj (plush) lujoso,-a.

lush² [lʌʃ] n sl bebedor,-ra.

lust [lʌst]
 1 n (sexual) lujuria.
 2 n (greed) codicia; (strong desire) ansia.
 ▶ to lust after vt insep codiciar; (sexually) desear.

lustful [ˈlʌstfʊl]
 1 adj lujurioso,-a.
 2 adj (greedy) codicioso,-a.

lustfulness [ˈlʌstfʊlnəs] n concupiscencia.

lustre [ˈlʌstəʳ] n lustre m, brillo.

lustrous [ˈlʌstrəs] adj lit lustroso,-a.

lusty [ˈlʌstɪ] adj fuerte, robusto,-a.
 ▲ comp lustier, superl lustiest.

lutanist [ˈluːtənɪst] n tañedor,-ra de laúd.

lute [luːt] n laúd m.

Lutheran [ˈluːθərən]
 1 adj luterano,-a.
 2 n (person) luterano,-a.

Lutheranism ['luːθərənɪzəm] *n* luteranismo.

luv [lʌv] *n GB fam* guapo,-a, chato,-a.

Luxembourg ['lʌksəmbɜːg] *n* Luxemburgo.

Luxembourger ['lʌksəmbɜːgəʳ] *n* luxemburgués,-esa.

luxuriance [lʌgˈzjuərɪəns]
1 *n (of vegetation)* exuberancia; *(of hair)* abundancia.
2 *n (of prose)* estilo recargado.

luxuriant [lʌgˈzjuərɪənt]
1 *adj (vegetation)* exuberante; *(hair)* abundante.
2 *adj (prose)* recargado,-a.

luxuriate [lʌgˈzjuərɪeɪt] *phr* gozar (**in**, de), deleitarse (**in**, con).

luxurious [lʌgˈzjuərɪəs] *adj* lujoso,-a.

luxuriously [lʌgˈzjuərɪəslɪ] *adv* lujosamente.

luxury ['lʌkʃərɪ] *n* lujo: it's a luxury to get off work early es un lujo salir temprano de trabajar.
■ **luxury goods** artículos *mpl* de lujo. **luxury hotel** hotel *m* de lujo.
▲ *pl luxuries.*

LW ['lɒŋweɪv] *abbr* (**long wave**) onda larga; *(abbreviation)* OL.

lycanthrope ['laɪkənθrəup] *n* licántropo,-a.

lycanthropy [laɪˈkænθrəpɪ] *n* licantropía.

lychee ['laɪtʃiː] *n* lichi *m*.

lying ['laɪɪŋ]
1 *ger →* **lie 1 & lie 2.**
2 *adj (deceitful)* mentiroso,-a.
3 *n (lies)* mentiras *fpl*.

lymph [lɪmf] *n* linfa.
■ **lymph gland** glándula linfática.

lymphatic [lɪmˈfætɪk] *adj* linfático,-a.

lynch [lɪntʃ] *vt* linchar.
■ **lynch law** los linchamientos *mpl*.

lynching ['lɪntʃɪŋ] *n* linchamiento.

lynx [lɪŋks] *n* lince *m*.

lyre [laɪəʳ] *n* lira.

lyric ['lɪrɪk]
1 *adj* lírico,-a.
2 *n* poema *m* lírico.
3 **lyrics** *npl (of song)* letra *f sing*.

lyrical ['lɪrɪkəl] *adj* lírico,-a.
♦ **to wax lyrical about something** poner algo por las nubes.

lyricism ['lɪrɪsɪzəm] *n* lirismo.

lyricist ['lɪrɪsɪst] *n* letrista *mf*.

lysergic [laɪˈsɜːdʒɪk] *adj* lisérgico,-a.

M, m [em] *n (the letter)* M, m *f*.

M¹ ['mɪlɪən] *abbr* (**million**) millón: £24M veinticuatro millones de libras.

M² ['miːdɪəm] *abbr* (**medium size**) talla mediana; *(abbreviation)* M.

M³ [em] *abbr GB* (**motorway**) autopista: there are road works on the M18 hay obras en la autopista M18.

MA ['em'eɪ] *abbr* (**Master of Arts**) master en letras.

ma [mɑː] *n fam (mother)* mamá.

ma'am [mæm, mɑːm] *n fml* señora.

mac [mæk] *n GB fam (mackintosh)* impermeable *m*.

macabre [məˈkɑːbrə] *adj* macabro,-a.

macaroni [mækəˈrəʊnɪ] *n* macarrones *mpl*.
■ **macaroni cheese** macarrones *mpl* al gratén.

macaroon [mækəˈruːn] *n* mostachón *m*.

macaw [məˈkɔː] *n* guacamayo, ara *m*.

mace¹ [meɪs] *n (spice)* macis *f inv*.

mace² [meɪs] *n (club, staff)* maza.

macebearer ['meɪsbeərəʳ] *n* macero,-a.

Macedonia [mæsəˈdəʊnɪə] *n* Macedonia.

Macedonian [mæsəˈdəʊnɪən]
1 *adj* macedonio,-a.
2 *n (person)* macedonio,-a.
3 *n (language)* macedonio.

macerate ['mæsəreɪt]
1 *vt* macerar.
2 *vi* macerarse.

maceration [mæsəˈreɪʃən] *n* maceración *f*.

Mach [mæk, mɑːk] *adj* Mach.
■ **Mach number** número de Mach.

machete [məˈʃetɪ] *n* machete *m*.

Machiavellian [mækɪəˈvelɪən] *adj* maquiavélico,-a.

machinations [mækɪˈneɪʃənz] *npl* intrigas *fpl*, maquinaciones *fpl*.

machine [məˈʃiːn]
1 *n (gen)* máquina, aparato.
2 *n (organization, system)* organización *f*, sistema *m*, aparato.
3 *vt TECH* trabajar a máquina.

4 *vt SEW* coser a máquina.
5 machines *npl (machinery)* maquinaria *f sing*.
■ **machine gun** ametralladora.
machine language *COMPUT* lenguaje *m* máquina.
machine operator operario,-a.
machine shop taller *m* de máquinas.
machine tool máquina herramienta.

machine-gun [məˈʃiːngʌn] *vt* ametrallar.
▲ *pt & pp* machine-gunned, *ger* machine-gunning.

machinery [məˈʃiːnərɪ]
1 *n (machines)* maquinaria.
2 *n (workings)* mecanismo.
3 *n (organization)* organización *f*, sistema *m*.

machinist [məˈʃiːnɪst]
1 *n (gen)* operario,-a.
2 *n (of sewing machine)* maquinista *mf*.

machismo [məˈtʃɪzməʊ] *n* machismo.

macho ['mætʃəʊ]
1 *adj fam pej* macho, machista.
2 *n* macho, machista *m*.
▲ *pl* machos.

mack [mæk] *n →* **mackintosh.**

mackerel ['mækərəl] *n* caballa.

mackintosh ['mækɪntɒʃ] *n* impermeable *m*.

macramé [məˈkrɑːmɪ] *n* macramé *m*.

macro ['mækrəʊ] *n COMPUT* macro *f*.
■ **macro lens** objetivo macro.

macrobiotic [mækrəʊbaɪˈɒtɪk] *adj* macrobiótico,-a.

macrocosm ['mækrəʊkɒzəm]
1 *n* macrocosmo.
2 the macrocosm *n* el universo.

macroeconomic [mækrəʊiːkəˈnɒmɪk] *adj* macroeconómico,-a.

macroeconomics [mækrəʊiːkəˈnɒmɪks] *n* macroeconomía.

macroscopic [mækrəˈskɒpɪk] *adj* macroscópico,-a.

mad [mæd]
1 *adj (insane)* loco,-a, demente: she's quite mad está completamente loca.

2 *adj fam (person)* loco,-a; *(crazy - idea, plan)* disparatado,-a, descabellado,-a: you must be mad! ¡estás loco!
3 *adj fam (enthusiastic)* loco,-a (**about,** por), chiflado,-a: he's mad about her está loco por ella; he's football mad está loco por el fútbol.
4 *adj fam (wild, frantic)* desenfrenado,-a, frenético,-a: they made a mad rush for the exit corrieron como locos hacia la salida; I was in a mad panic estaba frenética.
5 *adj fam (angry)* enfadado,-a, furioso,-a (**at/with,** con): he was mad at me for losing the key estaba enfadado conmigo por haber perdido la llave.
6 *adj (dog)* rabioso,-a.
✦ **as mad as a March hare/as mad as a hatter** más loco que una cabra, loco, -a de remate.
hopping mad furioso,-a.
like mad como un,-a loco,-a.
to be in a mad rush ir como un,-a loco,-a, ir a toda prisa.
to be mad keen on somebody/something estar loco,-a por alguien/algo.
to be mad keen to do something tener muchas ganas de hacer algo.
to drive somebody mad/send somebody mad volver a alguien loco,-a, traer loco,-a a alguien.
to get mad enfadarse.
to go mad volverse loco,-a, enloquecer.
▲ *comp* madder, *superl* maddest.

Madagascan [mædəˈgæskən]
1 *adj* malgache.
2 *n (person)* malgache *mf*.

Madagascar [mædəˈgæskəʳ] *n* Madagascar.

madam ['mædəm]
1 *n fml* señora.
2 *n fam pej (spoilt girl)* niña marimandona, niña repipi.
3 *n (of brothel)* patrona, ama.
✦ **Dear Madam** *(in letter)* Muy señora mía, Estimada señora.

madcap ['mædkæp] *adj* disparatado,-a, descabellado,-a.

madden ['mædən] *vt (annoy)* enfurecer, enloquecer.

maddening ['mædənɪŋ] *adj (annoying)* exasperante, enloquecedor,-ra.

made [meɪd]
1 *pt & pp* → **make.**
2 *adj (produced)* hecho,-a, fabricado,-a: **made in England** hecho,-a en Inglaterra.
✦ **to be made for each other** estar hechos,-as el/la uno,-a para el/la otro,-a.
to be made from something estar hecho,-a de algo: **wine is made from grapes** de la uva sale el vino.
to be made of something ser de algo, estar hecho,-a de algo, estar compuesto,-a de algo: **it's made of copper** está hecho de cobre, es de cobre.
to have it made tener el éxito asegurado.

Madeira [mə'dɪərə]
1 *n (island)* Madeira.
2 *n (wine)* madeira, madera.
■ **Madeira cake** bizcocho.

made-to-measure [meɪdtə'meʒəʳ] *adj* hecho,-a a medida.

made-up ['meɪdʌp]
1 *adj (face, person)* maquillado,-a; *(eyes, lips)* pintado,-a.
2 *adj (story, excuse)* inventado,-a.

madhouse ['mædhaʊs]
1 *n fam dated (mental hospital)* manicomio.
2 *n fam (uproar, confusion)* casa de locos.

madly ['mædlɪ]
1 *adv (frantically)* como un,-a loco,-a.
2 *adv fam (intensely - gen)* terriblemente; *(- love)* locamente.
✦ **to be madly in love with somebody** estar locamente enamorado,-a de alguien.

madman ['mædmæn] *n* loco.
▲ *pl* **madmen** ['mædmen].

madness ['mædnəs]
1 *n (insanity)* locura, demencia.
2 *n (foolishness)* locura: **it's sheer madness!** ¡es una locura!, ¡es de locos!; **it is madness to drive in this weather** es una locura conducir con el tiempo que hace.

madonna [mə'dɒnə]
1 *n (in art)* madona.
2 **the Madonna** *n* la Virgen *f.*

Madrid [mə'drɪd] *n* Madrid.

madrigal ['mædrɪgəl] *n* madrigal *m.*

madwoman ['mædwʊmən] *n* loca.
▲ *pl* **madwomen** ['mædwɪmɪn].

maelstrom ['meɪlstrəʊm] *n* remolino, torbellino.

maestro ['maɪstrəʊ] *n* maestro.
▲ *pl* **maestros.**

Mafia ['mæfɪə] *n* mafia.

magazine [mægə'ziːn]
1 *n (periodical)* revista.
2 *n (in rifle)* recámara.

3 *n MIL (store - for arms etc)* almacén *m;* *(- for explosives)* polvorín *m.*
4 *n (on TV, radio)* magacín *m,* magazine *m.*
5 *n (for slides - box)* bandeja; *(- circular)* carrusel *m.*
■ **magazine rack** revistero.

magenta [mə'dʒentə]
1 *n* magenta.
2 *adj (de color)* magenta.

maggot ['mægət] *n* larva, cresa, gusano.

maggoty ['mægətɪ] *adj* agusanado,-a.

Magi ['meɪdʒaɪ] *npl* Reyes *mpl* Magos.

magic ['mædʒɪk]
1 *n* magia.
2 *adj* mágico,-a: **he did some magic tricks for us** nos hizo unos trucos de magia; **he has a magic touch** tiene un toque mágico.
3 *interj fam (great)* guay, fetén, chachi.
✦ **as if by/like magic** como por arte de magia, como por ensalmo.
■ **magic spell** hechizo, encanto, ensalmo.
white magic magia blanca.

magical ['mædʒɪkəl] *adj* mágico,-a.

magician [mə'dʒɪʃən]
1 *n (conjurer)* prestidigitador,-ra, ilusionista *mf.*
2 *n (wizard)* mago,-a.

magisterial [mædʒɪ'stɪərɪəl] *adj fml (showing authority)* magistral.

magistracy ['mædʒɪstrəsɪ] *n JUR (gen)* magistratura.

magistrate ['mædʒɪstreɪt] *n JUR* magistrado,-a, juez *mf.*
■ **Magistrate's Court** juzgado de primera instancia.

magma ['mægmə] *n* magma.

magnanimity [mægnə'nɪmɪtɪ] *n* magnanimidad *f.*

magnanimous [mæg'nænɪməs] *adj* magnánimo,-a.

magnate ['mægneɪt] *n* magnate *m.*

magnesia [mæg'niːʃə] *n* magnesia.

magnesium [mæg'niːzɪəm] *n* magnesio.

magnet ['mægnət] *n* imán *m.*

magnetic [mæg'netɪk]
1 *adj (force etc)* magnético,-a.
2 *adj fig (personality, charm)* carismático,-a, magnético,-a.
✦ **to have a magnetic personality** tener imán.
■ **magnetic compass** brújula.
magnetic field campo magnético.
magnetic north norte *m* magnético.
magnetic tape cinta magnetofónica.

magnetisation [mægnɪtaɪ'zeɪʃən] *n* → **magnetization.**

magnetism ['mægnɪtɪzəm]
1 *n (force)* magnetismo.
2 *n fig (personal charm)* carisma *m,* magnetismo.

magnetise ['mægnɪtaɪz] *vt* → **magnetize.**

magnetization [mægnɪtaɪ'zeɪʃən] *n* imantación *f,* magnetización *f.*

magnetize ['mægnɪtaɪz]
1 *vt (object)* magnetizar, imanar, imantar.
2 *vt fig (person)* magnetizar, cautivar, fascinar.

magnification [mægnɪfɪ'keɪʃən]
1 *n (increase)* aumento, ampliación *f.*
2 *n (power of lens etc)* aumento.

magnificence [mæg'nɪfɪsəns] *n* magnificencia, esplendor *m.*

magnificent [mæg'nɪfɪsənt] *adj (splendid)* magnífico,-a, espléndido,-a; *(sumptuous)* suntuoso,-a.

magnificently [məg'nɪfɪsəntlɪ] *adv* magníficamente, espléndidamente.

magnify ['mægnɪfaɪ]
1 *vt (enlarge)* aumentar, ampliar.
2 *vt fig (exaggerate)* exagerar, agrandar.
▲ *pt & pp* **magnified,** *ger* **magnifying.**

magnifying glass ['mægnɪfaɪɪŋglaːs] *n* lupa.

magnitude ['mægnɪtjuːd] *n (size)* magnitud *f,* *(importance)* magnitud *f,* envergadura, alcance *m.*

magnolia [mæg'nəʊlɪə]
1 *n (tree)* magnolio, magnolia.
2 *n (flower)* magnolia.
3 *n (colour)* color *m* magnolia.

magnum ['mægnəm] *n* botella de 1.5 litros de capacidad.

magpie ['mægpaɪ] *n* urraca.

maharajah [mæhə'raːdʒə] *n* marajá *m.*

mahogany [mə'hɒgənɪ]
1 *n (wood, tree)* caoba; *(colour)* color *m* caoba.
2 *adj (furniture)* de caoba; *(colour)* caoba.

maid [meɪd]
1 *n (servant)* criada, sirvienta, muchacha, chacha; *(in hotel)* camarera.
2 *n arch (unmarried woman, girl)* doncella.
✦ **old maid** *pej* solterona.
■ **maid of honour** *(chief bridesmaid)* dama de honor; *(queen's maid)* doncella.

maiden ['meɪdən]
1 *n (unmarried woman, girl)* doncella.
2 *adj (first of its kind - speech, voyage)* inaugural.
■ **maiden aunt** tía soltera.
maiden name apellido de soltera.

maidenhead ['meɪdənhed] *n (virginity)* virginidad *f,* *(hymen)* himen *m.*

maidenhood ['meɪdənhʊd] *n* doncellez *f.*

maidservant ['meɪdsɜːvənt] *n* doncella.

mail¹ [meɪl] *n (body armour)* malla.

mail² [meɪl]
1 *n (system)* correo: **send it by mail** envíalo por correo.
2 *n (letters etc)* correo, cartas *mpl,* correspondencia: **the mail hasn't arrived yet** el correo aún no ha llegado.

3 *vt US (post)* echar al buzón, echar al correo.

4 *vt (send)* enviar por correo, mandar por correo.

■ **mail bombing** bombardeo postal.
mail order venta por correo.
mail server servidor *m* de correo.
mail train tren *m* correo.

mailbag ['meɪlbæg] *n* valija, saca de correo.

mailbox ['meɪlbɒks] *n* buzón *m*.

mailing list ['meɪlɪŋlɪst] *n* lista de correo, lista de distribución.

mailman ['meɪlmæn] *n US* cartero.

mailshot ['meɪlʃɒt] *n* mailing *m*, envío postal.

maim [meɪm] *vt* mutilar, lisiar.

main [meɪn]
1 *adj (most important)* principal: be careful when you cross the main road ten cuidado al cruzar la carretera principal; we have our main meal at 7.00pm tomamos la comida principal a las 7.00 de la tarde; the main points of a speech los puntos más importantes de un discurso; the main thing is that ... lo principal es que ..., lo más importante es que ...
2 *n (pipe)* conducto principal, cañería principal, tubería principal; *(wire, cable)* cable *m* principal.
3 **mains** *adj* que se enchufa a la red, que funciona con corriente.
4 **the mains** *npl ELEC* la red eléctrica: it works off the mains se enchufa a la red; switch the electricity off at the mains desconecta el interruptor general.
5 *npl (water system, gas system)* la cañería principal, la tubería principal: turn the water off at the mains cierra la llave de paso del agua.
6 *npl (sewer)* colector *m*.
✦ **in the main** *(in general)* en general, por regla general; *(for the most part)* en su mayoría.
■ **main beam** *ARCH* viga maestra.
main clause *LING* oración *f* principal.
main course plato principal, segundo plato.
main deck cubierta principal.
main door puerta principal.
main drag *US* calle *f* principal.
main line *(railway)* vía principal, línea principal.
main office oficina central.
main square plaza mayor.
main street *US* calle *f* mayor.

mainframe ['meɪnfreɪm] **mainframe computer** *n* unidad *f* central, ordenador *m* central.

mainland ['meɪnlənd] *n continente o isla grande en contraposición a una isla cercana más pequeña*: a ferry links Islay to the mainland of Scotland un transbordador une Islay a Escocia; he lives on a little island and seldom goes to the mainland vive en una isla pequeña y raras veces va al continente; there is now a tunnel between Great Britain and mainland Europe ahora un túnel conecta Gran Bretaña con el continente europeo.

mainline ['meɪnlaɪn]
1 *adj (train, station, etc)* interurbano,-a.
2 *vt sl* picarse, chutarse, pincharse.
3 *vi sl* picarse, chutarse, pincharse.

mainly ['meɪnlɪ] *adv (chiefly)* principalmente, sobre todo; *(mostly)* en su mayoría.

mainmast ['meɪnmɑːst] *n* palo mayor.

mainsail ['meɪnseɪl] *n* vela mayor.

mainstay ['meɪnsteɪ]
1 *n MAR* estay *m* mayor.
2 *n fig (support)* pilar *m*, sostén *m*, puntal *m*.

mainstream ['meɪnstriːm]
1 *n* corriente *f* principal, corriente *f* dominante.
2 *adj* convencional, dominante: mainstream politics la política dominante; mainstream cinema cine para el gran público.

maintain [meɪn'teɪn]
1 *vt (preserve, keep up - gen)* mantener; *(- silence, appearances)* guardar.
2 *vt (support financially)* mantener, sostener.
3 *vt (keep in good condition)* conservar en buen estado.
4 *vt (assert as true)* mantener, sostener.

maintenance ['meɪntənəns]
1 *n (preservation)* mantenimiento, conservación *f*.
2 *n (running, upkeep)* mantenimiento: these machines need very little maintenance estas máquinas necesitan muy poco mantenimiento.
3 *n (upkeep of family)* manutención *f*.
4 *n JUR (divorce allowance)* pensión *f* alimenticia.
■ **maintenance costs** gastos *mpl* de mantenimiento.
maintenance grant beca de manutención.
maintenance man encargado de mantenimiento.
maintenance order *JUR* orden *f* de pagar una pensión alimenticia.

maintop ['meɪntɒp] *n* cofa mayor.

maisonette [meɪzə'net]
1 *n* dúplex *m*.
2 *n dated* casita.

maize [meɪz] *n* maíz *m*.

majestic [mə'dʒestɪk] *adj* majestuoso,-a.

majesty ['mædʒəstɪ]
1 *n* majestad *f*.
2 **Majesty** *n* Majestad *f*: Her Majesty the Queen Su Majestad la Reina; Their Majesties Sus Majestades.
▲ *pl majesties.*

major ['meɪdʒəʳ]
1 *adj (more important, greater)* mayor, principal: tourism is the major industry el turismo es la industria principal; she's got a major role in the film tiene un papel principal en la película.
2 *adj (important - gen)* importante; *(- issue)* de gran envergadura; *(- illness)* grave: they've encountered major problems han tropezado con problemas importantes.
3 *adj MUS (key, scale)* mayor: a sonata in D major una sonata en re mayor.
4 *n MIL* comandante *m*.
5 *n US (main subject)* asignatura principal, especialidad *f*; *(student)* estudiante *mf* que se especializa en una asignatura: she's a history major estudia historia como asignatura principal.
6 *n MUS (major key)* clave *f* mayor.
▶ **to major in** *vt insep US* especializarse en.
■ **major general** *MIL* general *m* de división.
major league liga nacional.
major premise premisa mayor.

Majorca [mə'dʒɔːkə] *n* Mallorca.

Majorcan [mə'dʒɔːkən]
1 *adj* mallorquín,-ina.
2 *n (person)* mallorquín,-ina.
3 *n (dialect)* mallorquín.

majorette [meɪdʒər'et] *n* majorette *f*.

majority [mə'dʒɒrɪtɪ]
1 *n* mayoría: the great majority of students la gran mayoría de los estudiantes; they won by a huge majority ganaron por una mayoría enorme; they voted by a vast majority to reject the offer votaron por mayoría en contra de la oferta.
2 *n JUR (adulthood)* mayoría de edad.
3 *adj* mayoritario,-a.
✦ **to be in a/the majority** ser mayoría.
■ **majority leader** *US* líder *mf* de la mayoría.
majority rule gobierno mayoritario.
majority verdict veredicto por mayoría.
silent majority mayoría silenciosa.
▲ *pl majorities.*

make [meɪk]
1 *n (brand)* marca: what make of car did you buy? ¿de qué marca es el coche que compraste?
2 *vt (produce - gen)* hacer; *(construct)* construir; *(manufacture)* fabricar; *(create)* crear; *(prepare)* preparar: we've already made plans for the weekend ya hemos hecho planes para el fin de semana; have you made a list? ¿has hecho una lista?; he made a fortune hizo una fortuna; I'll make some tea haré un poco de té; she made some sandwiches hizo unos bocadillos, preparó unos bocadillos; he's making a film about the civil war está haciendo una película sobre la guerra civil; they're going to make a record van a grabar un disco; Parliament makes laws el Parlamento hace las leyes; she makes all her own clothes ella misma

se hace toda su ropa; **stop making all that noise!** ¡dejad de hacer tanto ruido!; **these cakes have been made using the finest ingredients** estos pastelitos han sido elaborados con ingredientes de primera calidad.

3 *vt (carry out, perform)* hacer: **we made a long journey** hicimos un largo viaje; **may I make a suggestion?** ¿puedo hacer una sugerencia?; **the cat's made a hole in the armchair** el gato ha hecho un agujero en el sillón; **I must make a phone call** tengo que hacer una llamada; **she made an important decision** tomó una decisión importante; **he has to make a speech** tiene que pronunciar un discurso; **I made a terrible mistake** cometí un gran error; **we've made arrangements for you to be met at the airport** hemos dispuesto que alguien vaya a buscarte al aeropuerto.

4 *vt (cause to be)* hacer, poner, volver: **the fish made her ill** el pescado le sentó mal; **the gift made him happy** el regalo lo hizo feliz; **you make me so angry** me sacas de quicio; **the decision made me unpopular** la decisión me hizo impopular; **that dress makes you look slim** aquel vestido te hace delgada; **the news has been made public** la noticia se ha hecho pública; **she couldn't make herself understood** no se hacía entender.

5 *vt (force, compel)* hacer, obligar; *(cause to do)* hacer: **they make me go to bed early** me obligan a acostarme temprano; **they made him wait** le hicieron esperar; **peeling onions makes her cry** pelar cebollas le hace llorar; **he makes me laugh** me hace reír; **what makes you say that?** ¿por qué dices eso?

6 *vt (be, become)* ser, hacer; *(cause to be)* hacer, convertir en: **she'll make a good singer** será buena cantante, tiene madera de cantante; **he'll make somebody a good husband** será un buen marido para alguien; **we'll make a champion of you** te convertiremos en campeón; **it'll make a change** será un cambio; **this book makes great reading** este libro es estupendo; **don't make a habit of it** que no se convierta en una costumbre; **you'll make a mess of it** lo vas a estropear.

7 *vt (earn)* ganar, hacer: **she made 1,000 pounds last week** ganó 1.000 libras la semana pasada; **he makes a living selling imitation jewellery** se gana la vida vendiendo bisutería.

8 *vt (achieve)* conseguir, alcanzar; *(arrive at, reach)* alcanzar, llegar a; *(manage to attend)* poder (ir): **we made it!** ¡lo conseguimos!; **he made it to the airport just in time** llegó al aeropuerto con el tiempo justo; **their record made number one** su disco alcanzó el número

uno; **I can't make it to your party** no puedo ir a tu fiesta; **I can't make it Friday** el viernes no puedo.

9 *vt (appoint)* nombrar; *(elect)* elegir: **the king made him a duke** el rey lo nombró duque; **they made her treasurer** la eligieron tesorera.

10 *vt (calculate, estimate, reckon)* calcular: **I make it ten pounds altogether** calculo que son diez libras en total; **how much do you make it?** ¿a ti cuánto te da?; **what time do you make it?** ¿qué hora tienes?

11 *vt (total, equal)* ser, equivaler a: **three and four make seven** tres más cuatro son siete; **with the baby that makes eight of us** con el bebé somos ocho; **that makes the third time you've asked me!** ¡es la tercera vez que me lo preguntas!

12 *vt (complete, finish off)* dar el toque final a, completar; *(assure success of)* consagrar: **the new curtains really make the room** las nuevas cortinas dan el toque final a la habitación; **this book will make her as a novelist** este libro la consagrará como novelista.

13 *vi (to be about to)* hacer como, hacer además de, simular: **he made as if to kiss her** hizo como si la besara.

▶ **to make after** *vt insep (chase, pursue)* seguir a, perseguir a.

to make for

1 *vt insep (move towards)* dirigirse hacia.

2 *vt insep (prepare to attack)* abalanzarse sobre.

3 *vt insep (result in, make possible)* contribuir a, crear, conducir a.

to make into *vt sep (change, convert, turn into)* convertir en, transformar en: **wood is made into paper** la madera se convierte en papel; **I'll make this material into a cushion cover** con esta tela haré una funda de cojín.

to make of

1 *vt insep (think of)* pensar, opinar, parecer; *(understand)* entender: **what do you make of President Bush?** ¿qué te parece el presidente Bush?; **I don't know what to make of it** no lo acabo de entender.

2 *vt insep (give importance to)* dar importancia a: **I think you're making too much of it** creo que le estás dando demasiado importancia.

to make off *vi (escape)* escaparse, largarse, huir.

to make off with/make away with *vt insep (steal)* llevarse, escaparse con.

to make out

1 *vt sep (write - list, receipt)* hacer; *(- cheque)* extender, hacer; *(- report)* redactar.

2 *vt sep (see)* distinguir, divisar; *(writing)* descifrar.

3 *vt sep (understand)* entender, comprender.

4 *vt insep fam (pretend, claim)* pretender, hacerse pasar por.

5 *vi (manage)* arreglárselas, apañárselas; *(get on)* ir: **how did you make out?** ¿qué tal te fue?

6 *vi US (sexually)* darse el lote, pegarse el lote.

to make over

1 *vt sep JUR (assign)* ceder, transferir, traspasar.

2 *vt sep US (convert)* convertir, transformar.

to make up

1 *vt sep (invent)* inventar.

2 *vt sep (put together)* hacer; *(assemble)* montar; *(bed, prescription)* preparar; *(page)* componer; *(clothes, curtains)* confeccionar, hacer.

3 *vt sep (complete)* completar.

4 *vt sep (constitute)* componer, formar, integrar; *(represent)* representar.

5 *vt sep (cosmetics)* maquillar.

6 *vt sep (compensate for - loss)* compensar; *(- deficit)* cubrir; *(- lack)* suplir; *(- lost time, ground)* recuperar.

7 *vi* maquillarse, pintarse.

8 *vi (become friends again)* hacer las paces, reconciliarse: **we kissed and made up** nos besamos e hicimos las paces; **I've made it up with my sister** he hecho las paces con mi hermana.

to make up for *vt insep (compensate for)* compensar.

to make up to

1 *vt insep (flatter)* halagar a; *(try to gain favour with)* congraciarse con.

2 *vt sep (pay back)* recompensar, pagar: **how can I make it up to you?** ¿cómo te puedo pagar lo que has hecho?

to make with *vt insep US fam (give, bring)* dar, traer.

◆ **to be on the make** *(for profit)* andar tras el dinero, andar intentando sacar tajada; *(for power)* barrer para dentro, barrer para casa; *(for sex)* estar de ligue, andar buscando aventuras.

to make a fresh start volver a empezar.

to make a go of something sacar algo adelante.

to make a loss perder dinero.

to make a name for oneself hacerse un nombre.

to make a note of something apuntar algo.

to make a profit ganar dinero.

to make a will hacer su testamento.

to make believe hacer ver, imaginarse: **the children made believe they were on a desert island** los niños hacían ver que estaban en una isla desierta.

to make do (with something) arreglárselas (con algo).

to make friends hacer amigos.

to make fun of burlarse de.

to make it a rule to do something tener como norma hacer algo.
to make good triunfar.
to make something good *(pay for, replace)* pagar; *(carry out, fulfil)* cumplir con; *(repair)* arreglar.
to make it *(be successful)* tener éxito, llegar hasta arriba.
to make like hacer ver, fingir: make like you haven't seen him haz ver que no lo has visto.
to make nothing of something *(achieve easily)* hacer algo sin ningún problema; *(treat as trifling)* quitar importancia a algo.
to make or break somebody/something significar la consagración o la ruina de alguien/algo.
to make sense tener sentido.
to make somebody's day alegrarle el día a alguien.
to make something clear aclarar algo, dejar algo claro.
to make something known dar a conocer algo.
to make sure (of something) asegurarse (de algo).
to make the best/most of something sacar partido de algo.
to make the bed hacer la cama.
▲ *pt & pp* made, *ger* making.

make-believe ['meɪkbɪliːv]
1 *n (fantasy)* fantasía, imaginación *f*; *(pretence)* simulación *f*, fingimiento: it's only make-believe es pura fantasía.
2 *adj (world)* imaginario,-a, falso,-a; *(game, toy)* juguete, de mentira.
✦ **to live in a world of make-believe** vivir en un mundo de fantasía.

maker ['meɪkəʳ]
1 *n (of product)* fabricante *mf*; *(of film etc)* creador,-ra.
2 the Maker/our Maker *n* el Creador *m*.
3 the makers *npl* los fabricantes *mpl*.
✦ **to meet one's Maker** morirse.

makeshift ['meɪkʃɪft] *adj (temporary)* provisional, temporal; *(improvised)* improvisado,-a.

make-up ['meɪkʌp]
1 *n (cosmetics)* maquillaje *m*: she never wears make-up nunca se maquilla, nunca se pone maquillaje.
2 *n (composition, combination)* composición *f*: the make-up of the committee la composición del comité.
3 *n (of person)* carácter *m*: it's part of her make-up forma parte de su carácter.
4 *n (arrangement of book, page)* compaginación *f*.
■ **make-up artist** maquillador,-ra.
make-up bag neceser *m*.
make-up remover desmaquillador *m*.

making ['meɪkɪŋ] *n (manufacture)* fabricación *f*; *(construction)* construcción *f*; *(creation)* creación *f*; *(preparation)* preparación *f*, elaboración *f*.
✦ **in the making** *(person)* potencial, en potencia, futuro,-a: he's a novelist in the making es un novelista en potencia; the film was three years in the making la película tardó tres años en hacerse.
this is history in the making esto pasará a la historia.
to be of somebody's own making ser culpa de uno,-a mismo,-a: his problems are of his own making los problemas se los ha buscado él mismo.
to be the making of somebody significar el éxito de alguien.
to have the makings of something *(person)* tener madera de algo; *(thing)* tener todo lo necesario para ser algo, tener potencial para convertirse en algo: he has the makings of a footballer tiene madera de futbolista, es un futbolista en ciernes.

mako ['mɑːkəʊ] *n* marrajo.

maladjusted [mælə'dʒʌstɪd] *adj* inadaptado,-a.

maladjustment [mælə'dʒʌstmənt] *n* inadaptación *f*.

maladroit [mælə'drɔɪt] *adj fml* torpe.

malady ['mælədɪ] *n fml* mal *m*, enfermedad *f*.
▲ *pl* maladies.

Malagasy ['mæləgæsɪ]
1 *adj* malgache.
2 *n (person)* malgache *mf*.
3 *n (language)* malgache *m*.
■ **Malagasy Republic** República Malgache.

malaise [mæ'leɪz] *n fml* malestar *m*.

malaria [mə'leərɪə] *n* malaria, paludismo.

Malawi [mə'lɑːwɪ] *n* Malawi.

Malawian [mə'lɑːwɪən]
1 *adj* malawiano,-a.
2 *n* malawiano,-a.

Malay [mə'leɪ]
1 *adj* malayo,-a.
2 *n (person)* malayo,-a.
3 *n (language)* malayo.

Malaya [mə'leɪə] *n* Malaya.

Malaysia [mə'leɪzɪə] *n* Malaysia, Malasia.

Malaysian [mə'leɪzɪən]
1 *adj* malasio,-a.
2 *n* malasio,-a.

Maldives ['mɔːldaɪvz] *n* Maldivas.

Maldivian [mɔːl'dɪvɪən]
1 *adj* maldivo,-a.
2 *n* maldivo,-a.

male [meɪl]
1 *adj (animal, plant)* macho; *(person, child)* varón; *(sex, hormone, character, organ)* masculino,-a.
2 *adj (manly)* varonil, viril.
3 *adj TECH (screw, plug)* macho.
4 *n (man, boy)* varón *m*; *(animal, plant)* macho.
■ **male chauvinist pig** falócrata *m*.
male nurse enfermero.
male voice choir coro masculino.

malevolence [mə'levələns] *n* malevolencia.

malevolent [mə'levələnt] *adj* malévolo,-a.

malformation [mælfɔː'meɪʃən] *n* malformación *f*.

malformed [mæl'fɔːmd] *adj* malformado,-a, deformado,-a.

malfunction [mæl'fʌnkʃən]
1 *n* mal funcionamiento, funcionamiento defectuoso.
2 *vi* funcionar mal.

Mali ['mɑːlɪ] *n* Malí.

Malian ['mɑːlɪən]
1 *adj* maliense.
2 *n* maliense *mf*.

malice ['mælɪs] *n* malicia.
✦ **to bear somebody malice** guardar rencor a alguien.
with malice aforethought *JUR* con premeditación.

malicious [mə'lɪʃəs]
1 *adj (comment, person)* malicioso,-a, malintencionado,-a: **malicious gossip** malas lenguas.
2 *adj (damage)* intencional.

maliciously [mə'lɪʃəslɪ] *adv* con malicia, maliciosamente.

malign [mə'laɪn]
1 *adj fml (gen)* maligno,-a, malévolo,-a; *(influence)* perjudicial.
2 *vt (slander)* calumniar, difamar.

malignancy [mə'lɪgnənsɪ] *n* malignidad *f*.

malignant [mə'lɪgnənt]
1 *adj (person)* malévolo,-a, malvado,-a, malo,-a; *(action, behaviour, influence, etc)* maligno,-a, perjudicial.
2 *adj MED* maligno,-a.

malinger [mə'lɪŋgəʳ] *vi pej* fingirse enfermo,-a.

malingerer [mə'lɪŋgərəʳ] *n pej* enfermo,-a fingido,-a.

mall [mæl, mɔːl] *n US (covered)* centro comercial; *(street)* zona comercial.

mallard ['mæləd] *n* ánade *m* real.

malleability [mælɪə'bɪlɪtɪ] *n* maleabilidad *f*.

malleable ['mælɪəbəl]
1 *adj (metal)* maleable.
2 *adj fig (person)* dócil.

mallet ['mælət] *n* mazo.

mallow ['mæləʊ] *n* malva.

malnourished [mæl'nʌrɪʃt] *adj* desnutrido,-a.

malnutrition [mælnjuː'trɪʃən] *n* desnutrición *f*.

malpractice [mæl'præktɪs]
1 *n MED* negligencia.
2 *n JUR* procedimiento ilegal.

malt [mɔːlt]
1 *n (grain)* malta.
2 *vt* hacer germinar.
■ **malt whisky** whisky *m* de malta.

Malta [ˈmɔːltə] *n* Malta.

malted [ˈmɔːltɪd] *adj* malteado,-a, preparado,-a con malta: **malted milk** leche malteada.

Maltese [mɔːlˈtiːz]
1 *adj* maltés,-esa.
2 *n (person)* maltés,-esa.
3 *n (language)* maltés *m*.
4 **the Maltese** *npl* los malteses *mpl*.

maltreat [mælˈtriːt] *vt fml* maltratar, tratar mal.

maltreatment [mælˈtrɪtmənt] *n* malos tratos *mpl* maltrato.

mambo [ˈmæmbəʊ] *n* mambo.

mammal [ˈmæməl] *n* mamífero.

mammary [ˈmæmərɪ] *adj* mamario,-a.
■ **mammary gland** mama.

mammography [mæˈmɒɡrəfɪ] *n* mamografía.
▲ *pl* **mammographies**.

mammoth [ˈmæməθ]
1 *n ZOOL* mamut *m*.
2 *adj (huge)* gigantesco,-a, descomunal, inmenso,-a: it's a **mammoth task** es una tarea enorme.

mammy [ˈmæmɪ] *n fam* mamá.
▲ *pl* **mammies**.

man [mæn]
1 *n (adult male)* hombre *m*, señor *m*: an old man un hombre mayor, un señor mayor, un viejo; a young man un hombre joven, un joven.
2 *n (human being, person)* ser *m* humano, el hombre *m*: all men are born equal todos los hombres nacen iguales; chimpanzees are not very different from men los chimpancés no son muy diferentes de los seres humanos; a two-man tent una tienda para dos personas.
3 *n (the human race)* el hombre *m*: the most precious metal known to man el metal más precioso conocido por el hombre.
4 *n (type)* tipo: I'm a whisky man myself prefiero el whisky; I'm not a rugby man no me gusta el rugby.
5 *n (manservant, valet)* criado, sirviente *m*.
6 *n (husband)* marido, hombre *m*; *(boyfriend)* novio; *(partner)* pareja: man and wife marido y mujer.
7 *n (representative)* representante *m*; *(correspondent)* corresponsal *m*.
8 *n (chess piece)* pieza; *(draughts)* ficha.
9 *interj fam* hombre, tío, macho.
10 *vt (operate - post, phones)* servir, atender; *(boat, plane)* tripular; *(barricades)* defender: can you man the desk while I'm at lunch ¿puedes atender la recepción mientras voy a comer?
✦ **as one man** como un solo hombre, todos a la vez.
every man for himself sálvese quien pueda, que cada cual se las apañe como pueda.
man to man de hombre a hombre.
to a man todos sin excepción.

to be a family man *(with children)* ser padre de familia; *(home-loving)* ser muy casero.
to be man enough to do something ser lo bastante hombre como para hacer algo.
to be one's own man ir por libre.
to make a man of somebody hacer hombre a alguien, convertir en un hombre a alguien.
to sort out the men from the boys separar los que valen de los que no.
■ **man about town** hombre *m* de mundo.
man Friday factótum *m*.
man of letters hombre *m* de letras.
man of the match mejor jugador *m*.
man of the world hombre *m* de mundo.
the man in the street el hombre de la calle.
▲ *pl* **men**.

Man [mæn] **Isle of Man** *n* Isla de Man.

manacle [ˈmænəkəl]
1 *vt* esposar.
2 **manacles** *npl* esposas *fpl*, grillos *mpl*.

manage [ˈmænɪdʒ]
1 *vt (run - business, company)* dirigir, llevar, administrar; *(- property)* administrar; *(- household)* llevar; *(handle - money, affairs)* manejar, administrar: she manages a shop es la encargada de una tienda, lleva una tienda.
2 *vt (handle, cope with - child, person)* llevar, manejar; *(- animal)* domar; *(- work, luggage, etc)* poder con: can you manage that suitcase? ¿puedes con esa maleta?
3 *vt (succeed)* conseguir, lograr: we managed it! ¡lo conseguimos!; she managed a smile logró esbozar una sonrisa; they managed to finish everything in time lograron acabarlo todo a tiempo; did you manage to find a present for Neil? ¿conseguiste encontrar un regalo para Neil?
4 *vt (have room for, have time for)* poder: I think I could just manage another small piece creo que podría comer otro trocito más; can you manage lunch on Sunday? ¿puedes venir a comer el domingo?
5 *vi* poder: can you manage? ¿puedes?; I can manage, thanks ya puedo, gracias.
6 *vi (financially)* arreglárselas, apañarse: they manage on 100 pounds a week se las arreglan con 100 libras a la semana; we'll just have to manage without her tendremos que arreglárnoslas sin ella; I'm managing voy tirando.

manageable [ˈmænɪdʒəbəl] *adj* manejable.

management [ˈmænɪdʒmənt]
1 *n (running of business etc)* dirección *f*, administración *f*, gestión *f*.
2 *n (people in charge)* dirección *f*, gerencia, patronal *f*.
3 *n (board of directors)* junta directiva, consejo de administración.
✦ **"Under new management"** "Nueva dirección".

■ **management studies course** curso de administración *f* de empresas.

manager [ˈmænɪdʒəʳ]
1 *n (of company, bank)* director,-ra, gerente *mf*; *(of estate)* administrador,-ra.
2 *n (of shop, restaurant)* encargado,-a; *(of department)* jefe,-a; *(of cinema, theatre)* gerente *mf*.
3 *n (of actor, group, etc)* representante *mf*, manager *mf*.
4 *n SP (of football team)* entrenador *m*, míster *m*.

manageress [mænɪdʒəˈres]
1 *n (of company, bank)* directora, gerente *f*; *(of estate)* administradora.
2 *n (of shop, restaurant, etc)* encargada, jefa; *(of department)* jefa; *(of cinema, theatre)* gerente *f*.
3 *n (of actor, group)* representante *f*, manager *f*.

managerial [mænɪˈdʒɪərɪəl] *adj* directivo,-a, administrador,-ra.

managing [ˈmænɪdʒɪŋ] *adj* directivo,-a.
■ **managing director** director,-ra.

manatee [mænəˈtiː] *n* manatí *m*.

Manchu [mænˈtʃuː]
1 *adj* manchú.
2 *n (person)* manchú *mf*.
3 *n (language)* manchú *m*.

Manchuria [mænˈtʃʊərɪə] *n* Manchuria.

Mancunian [mænˈkjuːnɪən]
1 *adj* de Manchester.
2 *n (person)* persona de Manchester, habitante *mf* de Manchester.

mandarin [ˈmændərɪn]
1 *n* mandarina.
2 *n GB pej (government official)* mandarín *m*.
3 **Mandarin** *n (language)* mandarín *m*.
■ **mandarin duck** pato mandarín.
mandarin orange mandarina.

mandate [ˈmændeɪt]
1 *n* mandato.
2 *vt (authorize)* autorizar.
✦ **to be mandated to do something** tener instrucciones de hacer algo.

mandatory [ˈmændətərɪ]
1 *adj (compulsory)* obligatorio,-a.
2 *adj JUR* mandatario,-a.

mandible [ˈmændɪbəl] *n* mandíbula.

mandolin [ˈmændəlɪn] *n* mandolina.

mandrake [ˈmændreɪk] *n* mandrágora.

mane [meɪn] *n (of horse)* crin *f*; *(of lion)* melena.

maneuver [məˈnuːvəʳ] *n US* → **manoeuvre**.

maneuverability [mənuːvrəˈbɪlətɪ] *n US* maniobrabilidad *f*.

maneuverable [məˈnuːvərəbəl] *adj US* manejable.

manful [ˈmænfʊl] *adj* valiente.

manfully [ˈmænfʊlɪ] *adv* valientemente.

manganese [ˈmæŋɡəniːz] *n* manganeso.

manger [ˈmeɪndʒəʳ] *n* pesebre *m*.

mangetout [mɒnʒ'tuː] n guisante m mollar.
- **mangetout pea** guisante m mollar.

mangle¹ ['mæŋgəl]
1 n (wringer) escurridor m.
2 vt pasar por el escurridor.

mangle² ['mæŋgəl]
1 vt (cut to pieces) destrozar, despedazar; (crush) aplastar.
2 vt fig mutilar.

mango ['mæŋgəʊ] n mango.
▲ pl mangoes o mangos.

mangrove ['mæŋgrəʊv] n manglar m.

mangy ['meɪndʒɪ]
1 adj (animal) sarnoso,-a, tiñoso,-a.
2 adj fig (carpet etc) raído,-a.
▲ comp mangier, superl mangiest.

manhandle ['mænhændəl]
1 vt (person) maltratar.
2 vt (object) manipular.

manhole ['mænhəʊl] n boca de acceso.
- **manhole cover** tapa de registro, tapa de alcantarilla.

manhood ['mænhʊd]
1 n (state) madurez f.
2 n (qualities) virilidad f, hombría.
3 n (men collectively) hombres mpl.
+ **to reach manhood** llegar a la edad viril.

manhunt ['mænhʌnt] n persecución f, búsqueda (a gran escala).

mania ['meɪnɪə] n manía.

maniac ['meɪnɪæk]
1 n MED maníaco,-a.
2 n fam (wild person) loco,-a.
3 n fam (fan) entusiasta mf, fanático,-a, loco,-a.

maniacal [mə'naɪəkəl] adj MED maníaco,-a, maniaco,-a.

manic ['mænɪk] adj maníaco,-a, maniaco,-a.

manic-depressive [mænɪkdɪ'presɪv] n MED maníaco,-a depresivo,-a.

manicure ['mænɪkjʊəʳ]
1 n manicura.
2 vt hacer la manicura.
+ **to give somebody a manicure** hacer la manicura a alguien.
to have a manicure hacerse la manicura.
- **manicure set** estuche m de manicura.

manicurist ['mænɪkjʊərɪst] n manicuro,-a.

manifest ['mænɪfest]
1 adj fml manifiesto,-a, patente.
2 vt fml manifestar.
+ **to manifest itself/themselves** manifestarse.

manifestation [mænɪfe'steɪʃən] n fml manifestación f.

manifesto [mænɪ'festəʊ] n manifiesto.
▲ pl manifestos o manifestoes.

manifold ['mænɪfəʊld]
1 adj fml (many) múltiples; (varied) varios,-as, diversos,-as.
2 n AUTO colector m de escape.

manila [mə'nɪlə] n papel m de estraza.
- **manila hemp** cáñamo.

manioc ['mænɪɒk] n mandioca, yuca.

manipulate [mə'nɪpjəleɪt]
1 vt (work - machine) manipular, manejar; (- knob, lever) accionar.
2 vt MED dar masajes a.
3 vt (control, influence) manipular.

manipulation [mənɪpjə'leɪʃən]
1 n (handling) manipulación f, manejo.
2 n MED masaje m.
3 n (control, influence) manipulación f.

manipulative [mə'nɪpjələtɪv] adj manipulador,-ra.

manipulator [mə'nɪpjəleɪtəʳ] n manipulador,-ra.

mankind [mæn'kaɪnd] n la humanidad f, el género humano, los hombres mpl.

manliness ['mænlɪnəs] n virilidad f, hombría.

manly ['mænlɪ] adj varonil, viril, macho.
▲ comp manlier, superl manliest.

man-made [mæn'meɪd]
1 adj (lake etc) artificial.
2 adj (fabric etc) sintético,-a.

manna ['mænə] n maná m.

mannequin ['mænɪkɪn]
1 n (dummy) maniquí m.
2 n dated (model) modelo f.

manner ['mænəʳ]
1 n (way, method) manera, modo: they did it in a very businesslike manner lo hicieron con mucha eficiencia.
2 n (way of behaving) forma de ser, comportamiento, aire m: she has a pleasant manner tiene una forma de ser agradable.
3 n fml (sort, kind) clase f, índole f.
4 **manners** npl (social behaviour) maneras fpl, modales mpl; (customs) costumbres fpl.
+ **all manner of ...** toda clase de ...
in a manner of speaking por decirlo así, hasta cierto punto.
in the manner of somebody al estilo de alguien.
in this manner de esta manera, así.
not by any manner of means de ninguna manera.
(as/as if) to the manner born como si lo hubiera hecho toda la vida.
- **bad manners** falta de educación.
good manners buenos modales mpl.

mannered ['mænəd] adj (affected) amanerado,-a, afectado,-a.

mannerism ['mænərɪzəm]
1 n (quirk) manía, rareza, gesto, peculiaridad f, (way of speaking) deje m.
2 n pej (affectation) amaneramiento.

mannish ['mænɪʃ] adj hombruno,-a.

manoeuvrability [mənuːvrə'bɪlətɪ] n maniobrabilidad f.

manoeuvrable [mə'nuːvərəbəl] adj manejable.

manoeuvre [mə'nuːvəʳ]
1 n (gen) maniobra.
2 n fig maniobra, estratagema.
3 vt (gen) maniobrar.
4 vt (person) manipular, manejar.
5 vi maniobrar.
+ **to be on manoeuvres** estar de maniobras.
to have room for manoeuvre tener un amplio margen de maniobra.

manometer [mə'nɒmɪtəʳ] n manómetro.

manor ['mænəʳ]
1 n (estate) señorío.
2 n sl (area) territorio.
- **manor house** casa solariega.

manpower ['mænpaʊəʳ] n mano f de obra.

manservant ['mænsɜːvənt] n criado, sirviente m.

mansion ['mænʃən] n (gen) casa grande; (country) casa solariega.

man-size ['mænsaɪz] adj fam extragrande, muy grande.

manslaughter ['mænslɔːtəʳ] n JUR homicidio involuntario.

mantelpiece ['mæntəlpiːs] n repisa de chimenea.

mantis ['mæntɪs] n mantis f.

mantle ['mæntəl]
1 n (cloak) capa, manto.
2 n fig (layer) manto, capa.
3 n lit (responsibilities, duties) cargas fpl, responsabilidades fpl: he had to assume the mantle of president tuvo que hacerse cargo de las responsabilidades de presidente.
4 n GEOL manto.
5 vt fig (cover) cubrir, envolver.

man-to-man [mæntə'mæn] adj de hombre a hombre.

manual ['mænjʊəl]
1 adj manual.
2 n manual m.

manually ['mænjʊəlɪ] adv a mano, manualmente.

manufacture [mænjə'fæktʃəʳ]
1 n (gen) fabricación f, (of clothing) confección f, (of foodstuffs) elaboración f.
2 vt (gen) fabricar; (clothing) confeccionar; (foodstuffs) elaborar.
3 vt fig (excuse etc) inventar.

manufacturer [mænjə'fæktʃərəʳ] n fabricante mf.

manufacturing [mænjə'fæktʃərɪŋ] n fabricación f.
- **manufacturing industry** industria fabril, industria manufacturera.

manure [mə'njʊəʳ]
1 n abono, estiércol m.
2 vt abonar, estercolar.

manuscript ['mænjəskrɪpt]
1 n (historic handwritten book) manuscrito.
2 n (original copy of text) original m, texto original.
3 adj manuscrito,-a.

Manx [mæŋks] *adj* de la Isla de Man.
- **Manx cat** *gato sin cola de la isla de Man*.

Manxman ['mæŋksmən] *n* hombre *m* de la Isla de Man.

Manxwoman ['mæŋkswʊmən] *n* mujer *f* de la Isla de Man.
- ▲ *pl* Manxwomen ['mæŋkswɪmɪn].

many ['menɪ]
1 *adj* mucho,-a, muchos,-as: **many people never go abroad** mucha gente nunca va al extranjero; **he hasn't got many friends** no tiene muchos amigos; **many years ago** hacer muchos años; **there are twice as many people tonight** hay el doble de gente esta noche; **there are too many cars** hay demasiados coches; **he took four exams in as many days** hizo cuatro exámenes en otros tantos días; **I have one ticket too many** tengo una entrada de más.
2 *pron* muchos,-as: **I don't want many** no quiero muchos.
3 **the many** *n* la mayoría.
✦ **a good/great many** muchísimos,-as.
as many ... as tantos,-as ... como.
how many? ¿cuántos,-as?
many a ... muchos,-as ...
many's the ... son muchos,-as ...
not many pocos,-as, no muchos,-as.
to have had one too many haber tomado una copa de más.
too many demasiados,-as.
▲ *comp* more, *superl* most.

many-sided ['menɪsaɪdɪd]
1 *adj* multilateral, de muchos lados.
2 *adj fig (personality, talent)* polifacético, -a; *(question etc)* complejo,-a.

Maoist ['maʊɪst]
1 *adj* maoísta.
2 *n* maoísta *mf*.

Maori ['maʊrɪ]
1 *adj* maorí.
2 *n (person)* maorí *mf*.
3 *n (language)* maorí *m*.

map [mæp]
1 *n (of country, region)* mapa *m*; *(of town, bus, tube)* plano.
2 *vt (area)* trazar un mapa de.
▸ **to map out** *vt sep (future, career, etc)* proyectar, planear, organizar; *(route)* trazar en un mapa.
✦ **to put somebody/something on the map** dar a conocer a alguien/algo.
- **map of the world** mapamundi *m*.
weather map carta meteorológica.
▲ *pt & pp* mapped, *ger* mapping.

maple ['meɪpəl] *n (tree, wood)* arce *m*.
- **maple syrup** jarabe *m* de arce.

mapmaker ['mæpmeɪkə'] *n* cartógrafo,-a.

mapmaking ['mæpmeɪkɪŋ] *n* cartografía.

Mar [maːtʃ] *abbr* (**March**) marzo.

mar [maː'] *vt (spoil - gen)* estropear, echar a perder; *(- happiness)* afectar; *(- enjoyment)* aguar.
▲ *pt & pp* marred, *ger* marring.

marathon ['mærəθən]
1 *n* maratón *m*.
2 *adj fig* maratoniano,-a, larguísimo,-a.

maraud [mə'rɔːd] *vi* merodear.

marauder [mə'rɔːdə'] *n* merodeador,-ra.

marauding [mə'rɔːdɪŋ] *adj* merodeador,-ra.

marble ['maːbəl]
1 *n (stone, statue)* mármol *m*.
2 *n (glass ball)* canica.
3 *adj (floor, statue)* de mármol, marmóreo,-a; *(industry)* del mármol.
4 *adj fig (like marble)* marmóreo,-a.
5 **marbles** *npl (game)* canicas *fpl*.
6 *npl ART* mármoles *mpl*.
✦ **to have lost one's marbles** estar chiflado,-a.

March [maːtʃ] *n* marzo.
▲ *Para ejemplos de uso, véase* May.

march [maːtʃ]
1 *n MIL* marcha.
2 *n (walk)* caminata.
3 *n (demonstration)* manifestación *f*.
4 *n fig (of time, events)* marcha, paso.
5 *n MUS* marcha.
6 *vi MIL* marchar, hacer una marcha: **forward march!** ¡de frente!; **quick march!** ¡paso ligero!
7 *vi (walk)* caminar, marchar.
8 *vi (walk purposefully and determinedly)* ir resueltamente, ir decididamente: **he came marching in** entró muy decidido; **I marched up to him** lo abordé muy decidido; **she marched angrily out of the room** salió enfadada de la habitación.
9 *vi (demonstrate)* manifestarse, hacer una manifestación.
10 *vi fig (time etc)* pasar.
11 *vt* hacer marchar: **they marched him off to the police station** se lo llevaron a la comisaría.
▸ **to march past** *vi MIL* desfilar.
✦ **a day's march** un día de marcha.
on the march en marcha.
- **march past** desfile *m*.

marcher ['maːtʃə'] *n (demonstrator)* manifestante *mf*.

marching ['maːtʃɪŋ] *adj* que marcha: **marching troops** tropas en marcha, tropas marchando.
✦ **to get one's marching orders** ser despedido,-a.
to give somebody his/her marching orders despedir a alguien.
- **marching band** banda de marcha.

marchioness ['maːʃənəs] *n* marquesa.

mare [meə'] *n* yegua.

margarine [maːdʒə'riːn] *n* margarina.

marge [maːdʒ] *n GB fam* margarina.

margin ['maːdʒɪn]
1 *n (on page)* margen *m*: **there were comments written in the margin** había comentarios escritos en el margen.
2 *n (difference, leeway)* margen *m*: **the Tories won by a narrow margin** los conservadores ganaron por un reducido margen de votos; **there is no margin for error** no hay margen de error.
3 *n (edge, border)* margen *m & f*; *(of river)* margen *m & f*.

marginal ['maːdʒɪnəl]
1 *adj (small, minor)* menor, pequeño,-a, mínimo,-a: **a marginal improvement** una mejora mínima; **it's of marginal interest** es de escaso interés.
2 *adj (artist)* marginal.
3 *adj (land)* de poco valor agrícola, poco productivo,-a.
4 *adj GB (won by small majority)* obtenido,-a por escasa mayoría.
5 *n GB (seat)* escaño ganado por muy pocos votos.

marginalisation [maːdʒɪnəlaɪ'zeɪʃən] *n* → **marginalization**.

marginalise ['maːdʒɪnəlaɪz] *vt* → **marginalize**.

marginalization [maːdʒɪnəlaɪ'zeɪʃən] *n* marginación *f*.

marginalize ['maːdʒɪnəlaɪz] *vt* marginar.

marginally ['maːdʒɪnəlɪ] *adv* ligeramente, un poco.

marigold ['mærɪɡəʊld] *n BOT* maravilla, caléndula.

marihuana [mærɪ'hwaːnə] *n* → **marijuana**.

marijuana [mærɪ'hwaːnə] *n* marihuana, marijuana.

marina [mə'riːnə] *n* puerto deportivo.

marinade [mærɪ'neɪd]
1 *n* adobo.
2 *vt* adobar.

marinate ['mærɪneɪt] *vt* adobar.

marine [mə'riːn]
1 *n (life, flora, etc)* marino,-a, marítimo,-a.
2 *adj (law, stores, etc)* marítimo,-a.
3 *n* soldado de infantería de marina.
4 **the Marines** *npl GB* la infantería de marina.
- **marine engineer** ingeniero,-a marítimo,-a.
marine insurance seguro marítimo.
the Marine Corps *US* la infantería de marina.

mariner ['mærɪnə'] *n* marinero.

marionette [mærɪə'net] *n* marioneta, títere *m*.

marital ['mærɪtəl] *adj (relaltions, problems)* matrimonial, marital; *(bliss)* conyugal.
- **marital status** estado civil.

maritime ['mærɪtaɪm] *adj* marítimo,-a.

marjoram ['maːdʒərəm] *n* mejorana.

mark¹ [maːk] *n FIN (currency)* marco.

mark² [mɑːk]

1 n (imprint, trace) huella; (from blow) señal f, (stain) mancha: **there's a mark on this blouse** esta blusa tiene una mancha; **she has a small mark on her forehead** tiene una pequeña señal en la frente.

2 n (sign, symbol) marca, señal f. **I've put a mark by the things I'm interested in** he señalado las cosas que me interesan.

3 n (instead of signature) cruz f.

4 n (characteristic feature) impronta, señal f, sello: **this work bears the mark of genius** esta obra tiene la impronta de un genio.

5 n (token, proof) señal f. **as a mark of respect** en señal de respeto.

6 n EDUC nota, calificación f, puntuación f. **he got a good mark in maths** sacó una buena nota en mates.

7 n SP (starting line - of race) línea de salida; (- of jump) línea de batida.

8 n (level) punto, nivel; (number) cifra: **unemployment has passed the three million mark** la tasa de desempleo ha superado la cifra de tres millones; **we're at the halfway mark** estamos a mitad de camino.

9 n (target) blanco.

10 n TECH (type, model) serie f, modelo: **a Mark III Cortina** un Cortina de la tercera serie.

11 n (oven setting) número: **preheat the oven at gas mark 6** precalentar el horno al (número) 6.

12 vt (make mark on) marcar, señalar, poner una señal en: **he marked the winning numbers with a cross** señaló los números premiados con una cruz; **the price is marked on the bottom** el precio está marcado en el fondo; **the file was marked "secret"** en la carpeta ponía "secreto".

13 vt (scar) señalar, desfigurar, marcar; (stain) manchar: **his face has been marked by acne** su cara ha quedado marcada por el acné; **the cup has marked the table** la taza ha manchado la mesa.

14 vt (denote, show position of) señalar, indicar; (show) mostrar: **a floral tribute marked the spot where the accident occurred** un tributo floral señala el sitio donde ocurrió el accidente; **the refuge is not marked on the map** el refugio no está indicado en el mapa; **the route is marked** la ruta está señalizada.

15 vt (be a sign of) significar; (commemorate) conmemorar: **his death marks the end of an era** su muerte significa el final de una época; **a celebration to mark their wedding anniversary** una celebración para conmemorar su aniversario de bodas.

16 vt EDUC (correct) corregir; (grade - student) poner nota a; (- exam, essay, etc) puntuar, calificar.

17 vt SP (opponent) marcar.

18 vt (be typical of, characterize) caracterizar.

19 vt (listen carefully, heed) fijarse en, prestar atención a: **you mark my words!** ¡fíjate en lo que te digo!

20 vi (stain) mancharse.

▶ **to mark down**

1 vt sep (reduce price of) rebajar el precio de: **it's marked down to £3** el precio está rebajado a tres libras.

2 vt sep (reduce marks of) bajar la nota de.

3 vt sep (note in writing) apuntar.

to mark off

1 vt sep (separate) separar, dividir, distinguir; (area) delimitar; (boundary) trazar.

2 vt sep (put line through) tachar.

to mark out

1 vt sep (area) marcar, delimitar; (boundary) marcar, trazar.

2 vt sep (choose) señalar, seleccionar.

to mark up

1 vt sep (increase price of) subir (el precio de), aumentar (el precio de).

2 vt sep (increase marks of) subir la nota de.

✦ **mark you** de todas formas.
on your marks! SP ¡preparados!
to be quick off the mark ser muy rápido,-a.
to be slow off the mark ser muy lento,-a.
to be up to the mark estar a la altura, dar la talla.
to be/fall wide of the mark no dar en el blanco.
to hit the mark dar en el blanco, acertar.
to make one's mark on something dejar su huella en algo, dejar su impronta en algo.
to leave its mark on somebody marcar a alguien.
to mark time (soldiers) marcar el paso; (wait) hacer tiempo.

markdown [ˈmɑːkdaʊn] n (of price) rebaja.

marked [mɑːkt] adj (noticeable - gen) marcado,-a, notable; (- improvement) sensible, apreciable; (- accent) acusado,-a, fuerte.

✦ **to be a marked man** ser un hombre fichado.

markedly [ˈmɑːkədlɪ] adv (different) marcadamente, notablemente, acusadamente; (better) sensiblemente.

marker [ˈmɑːkə¹]

1 n (stake, pole) jalón m.

2 n (bookmark) punto de libro.

3 n EDUC (person) examinador,-ra.

4 n SP (person) marcador,-ra.

■ **marker buoy** boya, baliza.
marker pen rotulador m.

market [ˈmɑːkɪt]

1 n (selling fruit, vegetables, etc) mercado; (selling clothes etc) mercadillo; (marketplace) plaza: **I always go to the market on Saturdays** siempre voy al mercado los sábados.

2 n (trade) mercado: **the property market** el mercado inmobiliario.

3 n (demand, desire to buy) demanda, salida, mercado: **there isn't a market for fur coats in summer** no hay demanda de abrigos de pieles en verano; **we need to look for new markets** tenemos que buscar nuevos mercados.

4 vt (sell) vender, poner en venta; (offer for sale) lanzar al mercado, promocionar, comercializar.

✦ **to be in the market for something** interesarse en comprar algo.
to be on the market estar en venta.
to come onto the market salir al mercado, ponerse en venta, ponerse a la venta.
to play the market jugar a la bolsa.

■ **market day** día m de mercado.
market economy economía de mercado.
market forces tendencias del mercado.
market garden GB huerta.
market leader líder m del mercado.
market price precio de mercado.
market research estudio de mercado.
market researcher investigador,-ra de mercado.
market square plaza del mercado.
market stall puesto.
market town población f con mercado.
market trader vendedor,-ra de mercado.
market value valor m en el mercado.
the Common Market el Mercado Común.

marketable [ˈmɑːkɪtəbəl] adj vendible, comerciable.

marketing [ˈmɑːkɪtɪŋ] n marketing m, mercadotecnia.

marketplace [ˈmɑːkɪtpleɪs] n (gen) mercado; (square) plaza.

marking [ˈmɑːkɪŋ]

1 n (on bird, animal) mancha.

2 n (drawn, written) marca.

3 n EDUC correcciones fpl: **I've got a pile of marking to do** tengo un montón de correcciones.

4 n SP marcaje m.

■ **marking ink** tinta indeleble.

marksman [ˈmɑːksmən] n tirador m.

marksmanship [ˈmɑːksmənʃɪp] n puntería.

mark-up [ˈmɑːkʌp]

1 n (percentage added) margen m de beneficio.

2 n (increase in price) subida, aumento.

marmalade [ˈmɑːməleɪd] n mermelada (de cítricos).

Marmara [ˈmɑːmərə] **Sea of Marmara** n Mar m de Mármara.

maroon¹ [məˈruːn] vt (abandon) aislar, abandonar.

maroon² [məˈruːn]

1 adj granate.

2 n (color m) granate m.

marooned [məˈruːnd] *adj (abandoned)* abandonado,-a, aislado,-a; *(trapped)* atrapado,-a.

marquee [maːˈkiː]
1 *n (large tent)* carpa, entoldado.
2 *n US (canopy, awning)* marquesina.

marquess [ˈmaːkwɪs] *n* marqués *m*.

marquetry [ˈmaːkɪtrɪ] *n* marquetería, taracea.

marquis [ˈmaːkwɪs] *n* marqués *m*.

marriage [ˈmærɪdʒ]
1 *n (state, institution)* matrimonio.
2 *n (act, wedding)* boda, casamiento, enlace *m* matrimonial.
✦ **to be related by marriage** ser parientes políticos.
   to give somebody in marriage dar a alguien en matrimonio.
   to take somebody in marriage casarse con alguien, contraer matrimonio con alguien.
■ **marriage bureau** agencia matrimonial.
   marriage certificate certificado de matrimonio.
   marriage guidance terapia de pareja.
   marriage licence licencia matrimonial.
   marriage of convenience matrimonio de conveniencia.

marriageable [ˈmærɪdʒəbəl] *adj* casadero,-a, en edad de casarse, en edad casadera.

married [ˈmærɪd]
1 *adj (person, status)* casado,-a (**to**, con): a married **couple** un matrimonio.
2 *adj (life, bliss)* matrimonial, conyugal.
✦ **to get married** casarse (**to**, con).
■ **married name** apellido de casada.
   married quarters residencias *fpl* para familias.

marrow [ˈmærəu]
1 *n ANAT (of bone)* tuétano, médula.
2 *n fig (inner meaning)* meollo.
3 *n* **(vegetable) marrow** *GB* calabacín *m* grande.
✦ **to the marrow** hasta la médula.

marrowbone [ˈmærəubəun] *n CULIN* hueso con tuétano, hueso de caña de vaca.
■ **marrowbone jelly** tuétano.

marry [ˈmærɪ]
1 *vt (take in marriage)* casarse con, contraer matrimonio con.
2 *vt (unite in marriage)* casar.
3 *vt fig* unir.
4 *vi* casarse.
5 *vi fig* unirse.
▶ **to marry into** *vt insep* emparentar con: she married into the royal family emparentó con la familia real; he married into money se casó con una mujer rica.
   to marry off *vt sep* casar a.
   to marry up *vi* corresponder, cuadrar.
✦ **marry in haste, repent at leisure** a la hora de casarse, no precipitarse.
   to get married casarse (**to**, con).
   to marry again volver a casarse.
▲ *pt & pp* married, *ger* marrying.

Mars [maːz] *n* Marte *m*.

Marseilles [maːˈseɪ] *n* Marsella.

marsh [maːʃ]
1 *n (bog)* pantano.
2 *n (area)* zona con pantanos, pantanal *m*.
■ **marsh gas** gas *m* metano.

marshal [ˈmaːʃəl]
1 *n MIL* mariscal *m*.
2 *n (at sports event, demonstration)* oficial *mf*, organizador,-ra.
3 *n US (like sheriff)* shérif *m*, alguacil *m*.
4 *n US (head of police)* jefe,-a de policía; *(head of fire department)* jefe,-a de bomberos.
5 *vt (crowds, troops, etc)* reunir.
6 *vt fig (facts, thoughts, etc)* ordenar, poner en orden.
▲ *pt & pp* marshalled (*US* marshaled), *ger* marshalling (*US* marshaling).

marshland [ˈmaːʃlænd] *n* tierra pantanosa, pantanal *m*.

marshmallow [maːʃˈmæləu]
1 *n (sweet)* golosina de merengue blando.
2 *n BOT* malvavisco.

marshy [ˈmaːʃɪ] *adj* pantanoso,-a.
▲ *comp* marshier, *superl* marshiest.

marsupial [maːˈsuːpɪəl]
1 *n* marsupial *m*.
2 *adj* marsupial.

marten [ˈmaːtən] *n* marta.

martial [ˈmaːʃəl] *adj* marcial.
■ **martial arts** artes *fpl* marciales.
   martial law ley *f* marcial.

Martian [ˈmaːʃən]
1 *n* marciano,-a.
2 *adj* marciano,-a.

martin [ˈmaːtɪn] *n* avión *m*.
■ **house martin** avión *m* común.
   sand martin avión *m* zapador.

Martinique [maːtɪnˈiːk] *n* La Martinica.

martyr [ˈmaːtər]
1 *n* mártir *mf*.
2 *n fam* víctima (**to**, de).
3 *vt* martirizar.
✦ **to make a martyr of oneself** hacerse el/la mártir.

martyrdom [ˈmaːtədəm] *n* martirio.

marvel [ˈmaːvəl]
1 *n (wonder)* maravilla: don't expect marvels no esperes maravillas; it's a marvel no-one was hurt es un milagro que no hubiera heridos.
2 *n (person)* maravilla: he's a marvel es una maravilla, es maravilloso.
3 *vi fml* maravillarse (**at**, con), asombrarse (**at**, de).
4 *vi fml* maravillarse, sorprenderse: we marvelled that she could run so far nos maravillamos de que pudiera correr tanto.
✦ **to do marvels/work marvels** hacer maravillas.
▲ *pt & pp* marvelled (*US* marveled), *ger* marvelling (*US* marveling).

marvellous [ˈmaːvələs] *adj* maravilloso,-a, magnífico,-a, estupendo,-a: what a marvellous view! ¡qué vista más maravillosa!; how marvellous! ¡qué maravilla!, ¡qué fantástico!

marvellously [ˈmaːvələslɪ] *adv* maravillosamente, estupendamente.

marvelous [ˈmaːvələs] *adj US* → **marvellous**.

Marxism [ˈmaːksɪzəm] *n* marxismo.

Marxist [ˈmaːksɪst]
1 *n* marxista *mf*.
2 *adj* marxista.

marzipan [ˈmaːzɪpæn] *n* mazapán *m*, pasta de almendras.

mascara [mæˈskaːrə] *n* rímel *m*.

mascot [ˈmæskɒt] *n* mascota.

masculine [ˈmaːskjəlɪn]
1 *adj* masculino,-a.
2 *n LING* masculino.

masculinity [mæskjəˈlɪnətɪ] *n* masculinidad *f*.

mash [mæʃ]
1 *n CULIN fam (potatoes)* puré *m* de patatas.
2 *n (for animals)* afrecho.
3 *vt (beat, crush)* triturar (**up**, -), machacar (**up**, -).
4 *vt CULIN (potatoes)* hacer un puré de.
■ **mashed potatoes** puré *m* de patatas.

masher [ˈmæʃər] *n (for potatoes)* utensilio para hacer puré de patatas.

mask [maːsk]
1 *n (gen)* máscara; *(disguise)* careta, carátula; *(around eyes)* antifaz *m*.
2 *n MED* mascarilla.
3 *vt (gen)* enmascarar.
✦ **to put on a mask** enmascararse.
■ **diving mask** gafas *fpl* de bucear.
   face mask *(in American football)* casco con protector; *(motorcyclist's)* gafas *fpl* de motorista; *(diver's)* gafas *fpl* de bucear.
   fencing mask careta.
   stocking mask media usada para taparse la cara.

masked [maːskt] *adj* enmascarado,-a.
■ **masked ball** baile *m* de disfraces, baile *m* de máscaras.

masking tape [ˈmaːskɪŋteɪp] *n* cinta adhesiva.

masochism [ˈmæsəkɪzəm] *n* masoquismo.

masochist [ˈmæsəkɪst]
1 *n* masoquista.
2 *adj* masoquista.

masochistic [mæsəˈkɪstɪk] *adj* masoquista.

mason [ˈmeɪsən] *n (builder)* albañil *m*.

Mason [ˈmeɪsən] *n (Freemason)* masón *m*, francmasón *m*.

masonic [məˈsɒnɪk] *adj* masónico,-a.

Masonry [ˈmeɪsənrɪ] *n (Freemasonry)* masonería, francmasonería.

masonry [ˈmeɪsənrɪ] *n (stonework)* albañilería; *(building)* construcción *f*.

masquerade [mæskə'reɪd]
1 *n (pretence)* farsa, mascarada.
2 *n (dance)* mascarada.
3 *vi* disfrazarse (**as**, de), hacerse pasar (**as**, por).

mass¹ [mæs]
1 *n (large quantity)* montón *m*, masa; *(of people)* masa, multitud *f*, muchedumbre *f*: a mass of rubble un montón de escombros; the garden is a mass of colour el jardín está lleno de colores.
2 *n (majority)* mayoría.
3 *n (large solid lump)* masa.
4 *n PHYS (amount of matter)* masa.
5 *vi (crowd)* congregarse, reunirse en gran número; *(troops)* concentrarse; *(clouds)* amontonarse.
6 *vt* reunir.
7 *adj* masivo,-a, multitudinario,-a, de masas: there was a mass meeting se celebró un mitin multitudinario; mass unemployment desempleo masivo.
8 **masses** *npl fam (lots)* cantidad *f*, montones *mpl*, mogollón *m*.
9 **the masses** *npl POL* las masas *fpl*.
▪ **mass grave** fosa común.
mass hysteria histeria colectiva.
mass media medios *mpl* de comunicación (de masas).
mass murderer asesino,-a múltiple.
mass production fabricación *f* en serie.

Mass² [mæs] *n REL* misa.
♦ **to hear Mass** oír misa.
to say Mass decir misa.
▪ **high Mass** misa mayor.
low Mass misa rezada.
requiem Mass misa de difuntos.

massacre ['mæsəkə']
1 *n* masacre *f*, carnicería, matanza.
2 *n fam (defeat)* machaque *m*, paliza.
3 *vt* masacrar, asesinar en masa.
4 *vt fam (defeat)* machacar, dar una paliza a.

massage ['mæsɑːʒ]
1 *n* masaje *m*.
2 *vt (person, body)* dar un masaje a; *(part of body)* dar un masaje en.
3 *vt fig (ego)* inflar.
4 *vt fig (facts, figures)* manipular, falsificar.
▪ **massage parlour** salón *m* de masajes.

masseur [mæ'sɜː'] *n* masajista *m*.

masseuse [mæ'sɜːz] *n* masajista.

massif [mæ'siːf] *n* macizo.
▪ **Massif Central** Macizo Central.

massive ['mæsɪv]
1 *adj (huge)* enorme, gigantesco: the temple is built of massive granite blocks el templo está construido con enormes bloques de granito; he suffered a massive heart attack sufrió un infarto muy grave.
2 *adj (extensive)* masivo,-a, extenso,-a: there was massive coverage of the event el acontecimiento recibió extensa cobertura.
3 *adj (solid, weighty)* sólido,-a, macizo,-a: massive walls paredes macizas.

massively ['mæsɪvlɪ] *adv* enormemente.

mass-produce [mæsprə'djuːs] *n* fabricar en serie.

mast [mɑːst]
1 *n MAR* mástil *m*, palo.
2 *n (flagpole)* asta (de bandera), mástil *m*.
3 *n (transmitter)* torre *f*, poste *m*.

mastectomy [mæ'stektəmɪ] *n MED* mastectomía.
▲ *pl* mastectomies.

master ['mɑːstə']
1 *n (of slave, servant, dog)* amo; *(of household)* señor *m*; *(owner)* dueño.
2 *n MAR (of ship)* capitán *m*; *(of fishing boat)* patrón *m*.
3 *n GB (teacher - infant school)* maestro, profesor *m*; *(- secondary)* profesor *m*.
4 *n (expert, artist, musician, etc)* maestro.
5 *n (original copy of film, tape, etc)* original *m*.
6 *n* **Master** *EDUC (second level degree)* máster *m*; *(holder of master's degree)* máster *mf*; *(head of certain university colleges)* director,-ra.
7 *adj (expert, skilled)* maestro,-a, experto,-a.
8 *adj (original)* original.
9 *adj (overall, complete)* total, general, global.
10 *adj (main, principal)* principal, maestro,-a.
11 *vt (control)* dominar; *(overcome)* superar, vencer.
12 *vt (learn - subject, skill)* llegar a dominar; *(- craft)* llegar a ser experto,-a en.
♦ **to be master of a situation** ser dueño de una situación.
to be master of one's own fate decidir su propio destino.
to meet one's master ser vencido,-a.
▪ **master bedroom** dormitorio principal.
master builder *(skilled workman)* maestro de obras; *(self-employed builder)* contratista *mf*.
master copy original *m*.
master key llave *f* maestra.
master of ceremonies maestro de ceremonias.
master plan proyecto maestro.
master race *(Nazi)* raza superior.
master's degree licenciatura con tesina, máster *m*.
master switch interruptor *m* central.

masterful ['mɑːstəful]
1 *adj (dominating, authoritative)* autoritario,-a, dominante.
2 *adj (showing great skill)* magistral.

masterfully ['mɑːstəfulɪ] *adv* magistralmente.

masterly ['mɑːstəlɪ] *adj* magistral, genial.

mastermind ['mɑːstəmaɪnd]
1 *n (person)* cerebro, genio.
2 *vt (plan cleverly)* dirigir, ser el cerebro de.

masterpiece ['mɑːstəpiːs] *n* obra maestra.

masterstroke ['mɑːstəstrəuk] *n* golpe *m* maestro.

mastery ['mɑːstərɪ]
1 *n (power, control)* dominio (**of/over**, de), autoridad *f*, *(supremacy)* supremacía, superioridad *f*.
2 *n (skill, expertise)* maestría, dominio (**of**, de).

mastic ['mæstɪk] *n* almáciga, mástique *m*.

masticate ['mæstɪkeɪt]
1 *vt* masticar.
2 *vi* masticar.

mastodon ['mæstədɒn] *n* mastodonte *m*.

masturbate ['mæstəbeɪt]
1 *vt* masturbar.
2 *vi* masturbarse.

masturbation [mæstə'beɪʃən] *n* masturbación *f*.

mat [mæt]
1 *n (rug)* alfombrilla; *(doormat)* felpudo.
2 *n (rush mat)* estera; *(beach mat)* esterilla.
3 *n (tablemat)* salvamanteles *m inv*; *(beer mat)* posavasos *m inv*; *(under vase etc)* tapete *m*.
4 *n SP* colchoneta.
5 *n (hair)* mata; *(threads)* maraña.
6 *adj (not shiny)* mate.
7 *vt* enmarañar.
8 *vi (hair etc)* enmarañarse.
▲ *pt & pp* matted, *ger* matting.

matador ['mætədɔː'] *n* matador,-ra.

match¹ [mætʃ] *n (light)* cerilla, fósforo.

match² [mætʃ]
1 *n SP (football, hockey, etc)* partido, encuentro; *(boxing, wrestling)* combate *m*; *(tennis)* partido, match *m*.
2 *n (equal)* igual *mf*: when it comes to chess, she's no match for you ella no puede competir contigo al ajedrez.
3 *n (marriage)* casamiento, matrimonio: they are a good match hacen buena pareja; he's a good match es un buen partido.
4 *n (clothes, colour, etc)* juego, combinación *f*: they're a perfect match combinan perfectamente; this hat is a good match for my coat este sombrero hace juego con mi abrigo.
5 *vt (equal)* igualar: we have to match their prices tenemos que igualar sus precios; no-one can match him at poker no tiene igual en póker; this restaurant can't be matched for quality en cuanto a calidad este restaurante no tiene par.
6 *vt (go well with)* hacer juego (con), combinar (con): the curtains match the carpet las cortinas hacen juego con la alfombra; her shoes match her dress los zapatos hacen juego con el vestido.
7 *vt (be like, correspond to)* corresponder a, ajustarse a: his feelings matched yours sus sentimientos correspondían a los tuyos.
8 *vi (go together)* hacer juego, combinar: do these colours match? ¿estos colores combinan?; a scarf and gloves to match una bufanda y unos guantes que hacen juego.
9 *vi (tally)* coincidir, concordar.

10 _vi (people)_ llevarse bien, avenirse.
▸ **to match up**
 1 _vi (tally)_ coincidir.
 2 _vt sep (connect together)_ emparejar, aparejar.
 to match up to _vt insep (be as good as)_ estar a la altura de.
✦ **to be well-matched** _(couple)_ hacer buena pareja; _(opponents, teams)_ ser del mismo nivel.
 to match somebody against somebody enfrentar alguien a alguien.
 to meet one's match encontrar la horma de su zapato.
▪ **match point** _(in tennis)_ pelota de partido.

matchbox ['mætʃbɒks] _n_ caja de cerillas.

matching ['mætʃɪŋ] _adj_ que hace juego, a juego.

matchless ['mætʃləs] _adj_ sin par, sin igual.

matchmaker ['mætʃmeɪkəʳ] _n_ casamentero,-a.

matchstick ['mætʃstɪk]
 1 _n (match)_ cerilla, fósforo.
 2 _n (stick)_ palillo.
▪ **matchstick man** hombre _m_ de palotes.

mate¹ [meɪt]
 1 _n (chess)_ mate _m_.
 2 _vt_ dar jaque mate a.

mate² [meɪt]
 1 _n (school friend, fellow worker, etc)_ compañero,-a, colega _mf_; _(friend)_ amigo,-a, colega _mf_, compinche _mf_.
 2 _n (assistant)_ ayudante _mf_, aprendiz,-za.
 3 _n MAR (ship's officer)_ oficial _m_ (de cubierta).
 4 _n ZOOL_ pareja; _(male)_ macho; _(female)_ hembra.
 5 _vt ZOOL_ aparear, acoplar.
 6 _vi ZOOL_ aparearse, acoplarse.

material [mə'tɪərɪəl]
 1 _n (physical substance)_ materia, material _m_: raw material materia prima; building materials materiales de construcción.
 2 _n (cloth)_ tela, tejido: how much material do you need? ¿cuánta tela necesitas?
 3 _n (information, ideas, etc)_ material _m_, datos _mpl_, documentación _f_.
 4 _n (equipment)_ material _m_.
 5 _n fig (quality)_ madera: she's executive material tiene madera de ejecutiva.
 6 _adj (physical)_ material.
 7 _adj (important)_ importante, substancial; _(relevant)_ pertinente.
▪ **material damage** daños _mpl_ materiales.
 material evidence pruebas _fpl_ substanciales.

materialism [mə'tɪərɪəlɪzəm] _n_ materialismo.

materialist [mə'tɪərɪəlɪst]
 1 _n_ materialista _mf_.
 2 _adj_ materialista.

materialistic [mətɪərɪə'lɪstɪk] _adj_ materialista.

materialization [mətɪərɪəlaɪ'zeɪʃən] _n_ materialización _f_.

materialize [mə'tɪərɪəlaɪz]
 1 _vi (hopes, plan, project, idea)_ materializarse, realizarse, hacerse realidad; _(strike, protest)_ producirse, llegar a producirse.
 2 _vi (person)_ aparecer, presentarse.

materially [mə'tɪərɪəlɪ]
 1 _adv (physically)_ materialmente.
 2 _adv (essentially)_ esencialmente, en esencia.
 3 _adv (noticeably)_ sensiblemente; _(significantly)_ considerablemente.

maternal [mə'tɜːnəl]
 1 _adj (motherly)_ maternal.
 2 _adj (related to mother)_ materno,-a.

maternity [mə'tɜːnɪtɪ] _n_ maternidad _f_.
▪ **maternity allowance/benefit** subsidio por maternidad.
 maternity dress vestido premamá.
 maternity hospital maternidad _f_.
 maternity leave baja por maternidad.

math [mæθ] _n US_ → **maths.**

mathematical [mæθə'mætɪkəl] _adj_ matemático,-a.
✦ **to have a mathematical mind** estar dotado,-a para las matemáticas.

mathematically [mæθə'mætɪkəlɪ] _adv_ matemáticamente.
✦ **to be mathematically inclined** tener disposición para las matemáticas.

mathematician [mæθəmə'tɪʃən] _n_ matemático,-a.

mathematics [mæθə'mætɪks] _n_ matemáticas _fpl_.

maths [mæθs] _n fam_ mates _fpl_.

matinée ['mætɪneɪ] _n (cinema)_ primera sesión _f_ de tarde; _(theatre)_ función _f_ de tarde.

mating ['meɪtɪŋ] _n ZOOL_ acoplamiento, apareamiento.
▪ **mating call** reclamo.
 mating season época de apareamiento, época de celo.

matins ['mætɪnz] _npl REL (Catholic)_ maitines _mpl_.

matriarch ['meɪtrɪɑːk] _n_ matriarca.

matriarchal ['meɪtrɪɑːkəl] _adj_ matriarcal.

matriarchy ['meɪtrɪɑːkɪ] _n_ matriarcado.

matrices ['meɪtrɪsiːz] _npl_ → **matrix.**

matricide ['mætrɪsaɪd]
 1 _n (act)_ matricidio.
 2 _n (person)_ matricida _mf_.

matriculate [mə'trɪkjəleɪt]
 1 _vt_ matricular.
 2 _vi_ matricularse.

matriculation [mətrɪkjə'leɪʃən] _n_ matrícula, matriculación _f_.

matrimonial [mætrɪ'məʊnɪəl] _adj_ matrimonial.

matrimony ['mætrɪmənɪ] _n fml_ matrimonio.

matrix ['meɪtrɪks] _n_ matriz _f_.
▲ _pl_ **matrixes** _o_ **matrices** ['meɪtrɪsiːz].

matron ['meɪtrən]
 1 _n GB dated (in hospital)_ enfermera jefe.
 2 _n GB (in school)_ ama de llaves.
 3 _n (middle-aged married woman)_ matrona.
▪ **matron of honour** dama de honor.

matronly ['meɪtrənlɪ] _adj_ madura y recia.

matt [mæt] _adj_ mate.

matted ['mætɪd] _adj_ enmarañado,-a.

matter ['mætəʳ]
 1 _n (affair, subject)_ asunto, cuestión _f_: it's a personal matter es un asunto personal; we must get to the root of the matter hay que ir al quid de la cuestión; we have several matters to discuss tenemos varias cuestiones que discutir; this is a matter of utmost importance es una cuestión de suma importancia; it's only a matter of time solo es cuestión de tiempo.
 2 _n (trouble, problem)_ problema _m_: what's the matter? ¿qué pasa?; what's the matter with Susan? ¿qué le pasa a Susan?; is anything the matter? ¿pasa algo?; nothing's the matter no pasa nada.
 3 _n PHYS (physical substance)_ materia, sustancia.
 4 _n (type of substance, things of particular kind)_ materia.
 5 _n MED (pus)_ pus _m_.
 6 _vi (be important)_ importar (**to**, a): it doesn't matter no importa, es igual, da igual; you're the only thing that matters to me tú eres lo único que me importa; it doesn't matter which way you go no importa por donde vayas; does it matter if you're late? ¿pasa algo si llegas tarde?; it doesn't matter what you wear da igual lo que lleves, no importa lo que lleves; getting that article published mattered a lot to her publicar aquel artículo le importaba mucho; what matters most is that you're home lo importante es que estás en casa.
 7 **matters** _npl (the situation)_ la situación _f_, las cosas _fpl_: his financial matters su situación económica; his attitude doesn't exactly help matters su actitud no facilita las cosas, precisamente.
✦ **(as) a matter of course** por norma.
 as a matter of fact en realidad, de hecho.
 as matters stand tal y como están las cosas.
 for that matter en realidad.
 no matter no importa: no matter what pase lo que pase; no matter what I say diga lo que diga; no matter who it is sea quién sea, quienquiera que sea; no matter how busy I am por muy ocupa-

do que esté; no matter how much you insist por mucho que insistas; no matter how much it costs cueste lo que cueste; no matter where he goes dondequiera que vaya.
to be a matter of life or death ser cuestión de vida o muerte.
to be a matter of opinion ser discutible.
to be another matter ser otra cosa.
to be no laughing matter no ser cosa de risa, no ser motivo de risa, no ser para reírse.
to let the matter drop/rest dejarlo correr.
to make matters worse para colmo (de desgracias).
to take matters into one's own hands tomarse la justicia por su mano.
▪ **matters arising** asuntos mpl varios.
the matter in hand el asunto de que se trata.

matter-of-fact [mætərəv'fækt] adj (person) práctico,-a, realista; (account) realista; (style) prosaico,-a; (voice) impersonal.

matting ['mætɪŋ] n estera.

mattock ['mætək] n azadón m.

mattress ['mætrəs] n colchón m.

mature [mə'tʃʊəʳ]
1 adj (gen) maduro,-a.
2 adj FIN vencido,-a.
3 vt madurar.
4 vi madurar.
5 vi FIN vencer.
▪ **mature student** estudiante mf mayor de 25 años.

maturely [mə'tjʊəlɪ] adv maduramente.

maturity [mə'tʃʊərətɪ] n madurez f.

maudlin ['mɔːdlɪn] adj (tearful) llorón, -ona; (sentimental) sensiblero,-a.

maul [mɔːl]
1 vt (wound) herir, agredir.
2 vt (handle roughly) maltratar.
3 vt fig (criticize) vapulear.

Maundy ['mɔːndɪ] **Maundy Thursday** n Jueves m Santo.
▪ **Maundy money** monedas de plata que reparte el soberano entre los pobres el día de Jueves Santo.

Mauritania [mɒrɪ'teɪnɪə] n Mauritania.

Mauritanian [mɒrɪ'teɪnɪən]
1 adj mauritano,-a.
2 n mauritano,-a.

Mauritian [mə'rɪʃən]
1 adj de Mauricio.
2 n nativo o habitante mf de Mauricio.

Mauritius [mə'rɪʃəs] n Mauricio.

mausoleum [mɔːsə'lɪəm] n mausoleo.

mauve [məʊv]
1 adj malva.
2 n malva m.

maverick ['mævərɪk]
1 n inconformista mf, independiente mf.
2 n POL disidente mf.
3 n US (calf) res f sin marcar.

4 adj inconformista, independiente.
5 adj POL disidente.

mawkish ['mɔːkɪʃ] adj sensiblero,-a, empalagoso,-a.

mawkishness ['mɔːkɪʃnəs] n sensiblería.

max [mæks, 'mæksɪməm] abbr (maximum) máximo; (abbreviation) max.

maxim ['mæksɪm] n máxima.

maximise ['mæksɪmaɪz] vt → maximize.

maximize ['mæksɪmaɪz]
1 vt (increase as much as possible) maximizar, llevar al máximo, aumentar al máximo.
2 vt (make the best use of) aprovechar al máximo.

maximum ['mæksɪməm]
1 adj máximo,-a.
2 n máximo, máximum m.
✦ **as a maximum** como máximo.
to the maximum al máximo.

May [meɪ] n mayo: she was born in May nació en mayo; his birthday is on the twentieth of May su cumpleaños es el veinte de mayo; at the beginning/end of May a principios/finales de mayo; in the middle of May a mediados de mayo; last May en mayo del año pasado; next May en mayo del año que viene.
▪ **May Day** el primero de mayo, el uno de mayo, el día m de los trabajadores.

may¹ [meɪ]
1 aux (possibility, probability) poder, ser posible: he may come es posible que venga, puede que venga; these pills may cause drowsiness estas pastillas pueden causar somnolencia; she may have got lost puede que se haya perdido; that may or may not be true puede que eso sea o no sea verdad; you may laugh, but I think it's serious tú bien puedes reír, pero yo creo que es grave; I'll go so that you may be alone me iré para que podáis estar solos.
2 aux (permission) poder: may I help you? ¿en qué puedo servirle?; may I go? ¿puedo irme?; may I? ¿me permite?
3 aux (wish) ojalá: may it be so ojalá sea así.
✦ **be that as it may** sea como sea.
may (just) as well … más vale que …: I may as well stay now más vale que me quede ahora; she may just as well finish off the whole cake más vale que acabe el pastel entero.
somebody may well … bien puede ser que alguien …: he may well be angry puede ser que esté enfadado; you may well not feel like eating es posible que no te apetezca comer.
▲ Véase también **might**.

may² [meɪ]
1 n BOT (flower) flor f de espina.
2 n (tree) espino.

Maya ['maɪə]
1 n (person) maya mf.
2 n (language) maya m.

Mayan ['maɪən]
1 adj maya.
2 n (language) maya m.

maybe ['meɪbiː] adv quizá, quizás, tal vez: maybe it'll rain tal vez llueva; maybe you're right quizás tengas razón, a lo mejor tienes razón; maybe we could have lunch sometime quizá podríamos comer juntos algún día.

mayday ['meɪdeɪ] n señal f de socorro, S.O.S. m.

mayfly ['meɪflaɪ] n ZOOL cachipolla, efímera.
▲ pl **mayflies**.

mayhem ['meɪhem] n caos m, jaleo.

mayonnaise [meɪə'neɪz] n mayonesa, mahonesa.

mayor [meəʳ] n (man) alcalde m; (woman) alcaldesa.
▪ **lady mayor** alcaldesa.

mayoress ['meəres] n alcaldesa.

maypole ['meɪpəʊl] n mayo.

maze [meɪz] n laberinto.

mazurka [mə'zɜːkə] n mazurca.

MB¹ ['em'biː] abbr (Bachelor of Medicine) Licenciado,-a en Medicina; (abbreviation) Lic. en Med.

MB² ['megəbaɪt] abbr (megabyte) megabyte m; (abbreviation) Mb.

MC¹ ['em'siː] abbr (Master of Ceremonies) maestro de ceremonias.

MC² ['mjuːzɪkəset] abbr (musicassette) casete f.

MD ['em'diː] abbr (Doctor of Medicine) doctor,-a en Medicina; (abbreviation) Dr.,-ra. en Medicina.

me¹ [miː] n MUS mi m.

me² [miː]
1 pron (as object of verb) me: follow me sígueme; give it to me dámelo; he looked at me me miró.
2 pron (after prep) mí: it's for me es para mí; are you talking to me? ¿me lo dices a mí?; come with me ven conmigo.
3 pron (emphatic) yo: it's me! ¡soy yo!; it's me, David soy David.

meadow ['medəʊ] n prado, pradera.

meager ['miːgəʳ] adj US → meagre.

meagerness ['miːgənəs] n US exigüidad f.

meagre ['miːgəʳ]
1 adj (very small quantity) escaso,-a, exiguo,-a.
2 adj (thin) magro,-a.

meagreness ['miːgənəs] n exigüidad f.

meal¹ [miːl] n (flour) harina.

meal² [miːl] n (gen) comida: three meals a day tres comidas al día; that was a delicious meal ha sido una comida deliciosa; we went out for a meal last night salimos a cenar ayer.
✦ **to have a meal** (lunch) comer; (supper) cenar.

to make a meal of something *(do too much)* pasarse con algo; *(blow up)* explotar algo al máximo.

■ **meal ticket** *US (luncheon voucher)* ticket *m* restaurante; *(person etc providing income)* sustento.

mealtime ['miːltaɪm] *n* hora de comer.

mealy ['miːlɪ] *adj* harinoso,-a.

▲ *comp* **mealier,** *superl* **mealiest.**

mealy-mouthed [miːlɪ'mauðd] *adj pej* evasivo,-a, embustero,-a.

mean¹ [miːn]

1 *adj (miserly, selfish - person)* mezquino, -a, tacaño,-a, agarrado,-a; *(portion etc)* mezquino,-a, miserable.

2 *adj (unkind)* malo,-a, antipático,-a; *(petty)* mezquino,-a; *(ashamed)* avergonzado,-a: that was a mean thing to do vaya cosa más mezquina; she felt mean about not letting the children go to the circus le sabía mal no haber dejado a los niños ir al circo.

3 *adj US fam (person - nasty)* malo,-a; *(- bad-tempered)* malhumorado,-a; *(animal)* feroz.

4 *adj dated (low, poor)* humilde, pobre.

5 *adj fam (skilful, great)* excelente, de primera, genial: he makes a mean paella hace una paella buenísima; she plays a mean guitar toca la guitarra de miedo.

✦ **to be no mean** ser todo,-a un,-a: that was no mean feat fue toda una hazaña; she's no mean singer es una cantante genial.

mean² [miːn]

1 *vt (signify, represent)* significar, querer decir; *(to be a sign of, indicate)* ser señal de, significar: what does "mug" mean? ¿qué significa "mug"?, ¿qué quiere decir "mug"?; that sign means that no smoking is allowed esa señal significa que está prohibido fumar; when he whistles it means he's in a good mood cuando silba significa que está de buen humor; does the name "Curtis" mean anything to you? ¿el nombre "Curtis" te dice algo?

2 *vt (have in mind)* pensar, tener pensado,-a, tener la intención de; *(intend, wish)* querer, pretender: I never meant to hurt you nunca quise hacerte daño, nunca fue mi intención hacerte daño; she didn't mean to do it lo hizo sin querer; I meant to post it yesterday tenía la intención de enviarlo ayer, quería enviarlo ayer; I've been meaning to write to you for ages hace tiempo que quiero escribirte; I didn't mean you to read that no quería que leyeras eso; his parents meant him to be a doctor sus padres querían que fuera médico.

3 *vt (involve, entail)* suponer, implicar; *(have as result)* significar: but that would mean moving flat pero eso implicaría cambiar de piso; that would mean spending a lot of money eso

supondría gastar mucho dinero; that means we can't go on holiday eso significa que no podemos irnos de vacaciones.

4 *vt (refer to, intend to say)* referirse a, querer decir; *(be serious about)* decir en serio: I know who you mean sé a quién te refieres; I know what you mean te entiendo; do you mean me? ¿te refieres a mí?; what do you mean by that? ¿qué quieres decir con eso?; what do you mean you forgot? ¿cómo que se te olvidó?; she said thirty, but she meant thirsty dijo treinta, pero quería decir sedienta; I meant what I said te lo he dicho en serio.

5 *vt (be important)* significar: you mean a lot to me significas mucho para mí, eres muy importante para mí; her job means everything to her su trabajo es todo para ella; five pounds means a lot to a child cinco libras es mucho dinero para un niño.

✦ **to be meant for** *(be intended for)* ser para; *(be destined for)* estar dirigido,-a a, ir dirigido,-a a: these shoes are meant for light walking estos zapatos son para pasear; the letter bomb was meant for the Prime Minister la carta bomba iba dirigida al primer ministro; that remark was meant for you ese comentario iba por ti; they were meant for each other están hechos el uno para el otro.

to be meant to *(to be supposed to)* suponerse, deber, tener que; *(to be fated)* estar destinado,-a: you're meant to wait until you're called se supone que debes esperar hasta que te llamen; they were meant to arrive yesterday tenían que llegar ayer; you weren't meant to be a star no naciste para ser una estrella; this was meant to be a good restaurant se suponía que era un buen restaurante; it was meant to be a surprise tenía que ser una sorpresa; it was meant to happen tenía que pasar, el destino así lo quiso.

to mean well tener buenas intenciones.

▲ *pt & pp* **meant** [ment].

mean³ [miːn]

1 *adj (average)* medio,-a: mean temperature temperatura media.

2 *n (average)* promedio.

3 *n MATH* media.

4 *n (middle term)* término medio.

meander [mɪ'ændə^r]

1 *vi (river etc)* serpentear.

2 *vi (person)* vagar, deambular, andar sin rumbo fijo.

3 *vi fig (conversation)* divagar.

4 *n (of river etc)* meandro.

meandering [mɪ'ændərɪŋ]

1 *adj (river etc)* que serpentea.

2 *adj fig (speech etc)* inconexo,-a, confuso,-a, incoherente.

3 *meanderings npl (of river etc)* ondulaciones *fpl.*

4 *npl (wandering)* vagabundeo *m sing*; *(talk)* divagaciones *fpl.*

meaning ['miːnɪŋ]

1 *n (sense - of word)* sentido, significado; *(- in dictionary)* acepción *f*; *(- of symbol, act)* significado: what's the meaning of "draft"? ¿qué significa "draft"?, ¿qué quiere decir "draft"?; do you get my meaning? ¿entiendes lo que te quiero decir?

2 *n (significance, importance)* sentido; *(purpose, intention)* intención *f*: my life has no meaning mi vida carece de sentido; a glance full of meaning una mirada llena de intención.

3 *adj (significant)* significativo,-a.

meaningful ['miːnɪŋful] *adj (significant)* significativo,-a, importante; *(worthwhile)* útil, que vale la pena: a meaningful look una mirada significativa.

meaningfully ['miːnɪŋfulɪ] *adv* significativamente.

meaningless ['miːnɪŋləs]

1 *adj (word, phrase, etc)* sin sentido.

2 *adj (futile)* sin sentido, inútil, vano,-a.

meanness ['miːnnəs]

1 *n (miserliness)* tacañería, mezquindad *f*, avaricia.

2 *n (nastiness)* maldad *f.*

means [miːnz]

1 *n (way, method)* medio, manera: there's no means of escape no hay escapatoria, no hay manera de escapar; a means of transport un medio de transporte.

2 *npl (resources)* medios *mpl* de vida, recursos *mpl* económicos, ingresos *mpl*; *(income)* renta *f sing*: a person of means una persona acaudalada, una persona de buena posición económica; they have private means viven de renta.

✦ **a means to an end** un medio de conseguir un objetivo, un medio para lograr un fin.

by all means naturalmente, por supuesto.

by means of por medio de, mediante.

by no means/not by any means de ninguna manera, de ningún modo.

to be beyond somebody's means no estar al alcance de alguien.

to live beyond one's means vivir por encima de sus posibilidades.

to live within one's means vivir dentro de sus posibilidades.

■ **means of identification** identificación *f.*

means test *investigación de la situación económica de una persona.*

▲ *pl* **means.**

meant [ment] *pt & pp* → **mean.**

meantime ['miːntaɪm] *adv* mientras tanto, entretanto.

✦ **in the meantime** mientras tanto.

meanwhile ['miːnwaɪl] *adv* mientras tanto, entretanto.

measles ['miːzəlz] *n MED* sarampión *m*.
■ German measles rubéola.

measly ['miːzlɪ] *adj fam pej* miserable, mezquino,-a.
▲ *comp* measlier, *superl* measliest.

measurable ['meʒərəbəl] *adj* mensurable.

measure ['meʒəʳ]
  1 *n (system)* medida: liquid measure medida para líquidos; measure of weight medida de peso.
  2 *n (indicator)* indicador *m*: it's a measure of her popularity es un indicador de su popularidad.
  3 *n (ruler)* regla: tape measure cinta métrica.
  4 *n (measured amount, unit)* medida.
  5 *n (amount, degree, extent)* grado, cantidad *f*: some measure of happiness cierta felicidad.
  6 *n (method, step, remedy)* medida, disposición *f*: safety measures medidas de seguridad.
  7 *n US (bar)* compás *m*, ritmo.
  8 *vt (area, object, etc)* medir.
  9 *vt (person)* tomar las medidas de.
  10 *vt fig (assess)* evaluar; *(consider carefully)* sopesar, pensar bien.
  11 *vi (be)* medir: it measures 3 feet by 6 feet mide 1 metro por 2 metros.
  ▶ **to measure against**
    1 *vt sep (for size)* medir con, comparar con.
    2 *vt sep (judge)* juzgar, calibrar.
  to measure off *vt sep* medir.
  to measure out *vt sep (length)* medir; *(weight)* pesar.
  to measure up *vi*
    1 *vi (be up to)* dar la talla, estar a la altura (**to**, de).
    2 *vt sep (person)* tomar las medidas de.
  ✦ **beyond measure** inconmensurable, inconmensurablemente: rich beyond measure inconmensurablemente rico.
  for good measure para que no falte.
  half measures medias tintas.
  in large measure en gran parte, en gran medida.
  in some measure hasta cierto punto, en cierta medida.
  to give somebody full measure dar la medida exacta a alguien.
  to give somebody short measure dar de menos a alguien.
  to have the measure of somebody tener calado,-a a alguien.
  to make something to measure hacer algo a (la) medida.
  to take measures tomar medidas, adoptar medidas.

measured ['meʒəd]
  1 *adj (action)* estudiado,-a; *(tone)* mesurado,-a; *(statement)* prudente, circunspecto,-a; *(language)* moderado,-a, comedido,-a.

  2 *adj (step etc)* acompasado,-a, regular, rítmico,-a.

measurement ['meʒəmənt]
  1 *n (act)* medición *f*.
  2 *n (length etc)* medida.
  ✦ **to take somebody's measurements** tomarle las medidas a alguien.
  ■ **chest measurement** contorno de pecho.
  leg measurement largo de pierna.

measuring ['meʒərɪŋ] *n (act)* medición *f*.
  ■ **measuring jug** vaso medidor.
  measuring spoon cuchara medidora.
  measuring tape cinta métrica, metro.

meat [miːt]
  1 *n* carne *f*. I prefer meat to fish me gusta más la carne que el pescado.
  2 *n fig (main part)* meollo, enjundia.
  ✦ **one man's meat is another man's poison** lo que a uno cura a otro mata.
  to be meat and drink to somebody ser lo que más le gusta a alguien, ser la pasión de alguien.
  ■ **cold meat/cooked meat** fiambre *m*.
  meat pie empanada de carne.
  meat product producto cárnico.

meatball ['miːtbɔːl] *n* albóndiga.

meatloaf ['miːtləʊf] *n* pastel *m* de carne.

meaty ['miːtɪ]
  1 *adj (pie, chop, bone, etc)* con mucha carne; *(smell, taste)* a carne.
  2 *adj fig (book, discussion, etc)* sustancioso,-a, jugoso,-a, enjundioso,-a.
  ▲ *comp* meatier, *superl* meatiest.

Mecca ['mekə]
  1 *n (in Saudi Arabia)* la Meca.
  2 mecca *n (famous place)* meca.

mechanic [mə'kænɪk] *n (person)* mecánico,-a.

mechanical [mə'kænɪkəl] *adj* mecánico,-a.
  ■ **mechanical engineer** ingeniero,-a mecánico,-a.
  mechanical engineering ingeniería mecánica.

mechanically [mə'kænɪklɪ] *adv* mecánicamente.

mechanics [mə'kænɪks] *n (science)* mecánica.
  ■ **the mechanics** *(working parts)* el mecanismo; *(processes)* el funcionamiento.

mechanisation [mekənaɪ'zeɪʃən] *n* → mechanization.

mechanise ['mekənaɪz] *vt* → mechanize.

mechanism ['mekənɪzəm] *n* mecanismo.

mechanization [mekənaɪ'zeɪʃən] *n* mecanización *f*.

mechanize ['mekənaɪz]
  1 *vt* mecanizar.
  2 *vi* mecanizarse.

M Ed ['em'ed] *abbr* (**Master of Education**) ≈ master en pedagogía.

medal ['medəl] *n* medalla: gold/silver/bronze medal medalla de oro/plata/bronce.

medallion [mə'dælɪən] *n* medallón *m*.

medallist ['medəlɪst] *n* medalla *mf*, campeón,-ona: he was the gold medallist fue medalla de oro.

meddle ['medəl]
  1 *vi (interfere)* entrometerse (**in**, en).
  2 *vi (handle)* manosear (**with**, -).

meddler ['medələʳ] *n* entrometido,-a, entremetido,-a.

meddlesome ['medəlsəm] *adj fml* entrometido,-a, entremetido,-a.

meddling ['medəlɪŋ] *adj* entrometido,-a, entremetido,-a.

Mede [miːd] *n* medo,-a.

media ['miːdɪə] **the media** *npl* los medios *mpl* de comunicación.
  ■ **media coverage** cobertura periodística.
  ▲ *Véase también* medium.

mediaeval [medɪ'iːvəl] *adj* medieval.

mediaevalist [medɪ'iːvəlɪst] *n* medievalista *mf*.

medial ['miːdɪəl] *adj fml* medial.

median ['miːdɪən]
  1 *adj MATH* mediano,-a.
  2 *n MATH (line)* mediana; *(quantity)* valor *m* mediano.

Median ['miːdɪən]
  1 *adj* medo,-a, médico,-a.
  2 *n (person)* medo,-a.
  3 *n (language)* medo.

mediate ['miːdɪeɪt]
  1 *vi (arbitrate)* mediar (**between**, entre), (**in**, en).
  2 *vt (bring about)* lograr, conseguir.

mediation [miːdɪ'eɪʃən] *n* mediación *f*.

mediator ['miːdɪeɪtəʳ] *n* mediador,-ra.

medic ['medɪk] *n fam (doctor)* médico,-a; *(medical student)* estudiante *mf* de medicina.

medical ['medɪkəl]
  1 *adj (treatment, care, examination)* médico,-a; *(book, student)* de medicina.
  2 *n fam (check-up)* chequeo, reconocimiento médico, revisión *f* médica.
  ■ **medical practitioner** médico,-a.
  medical school *(univ)* facultad *f* de medicina.
  the medical profession la profesión *f* médica, los médicos *mpl*.

medically ['medɪkəlɪ] *adv* desde el punto de vista médico: he was pronounced medically fit lo declararon sano.
  ✦ **to be medically examined** ser reconocido,-a, por un médico.

medicate ['medɪkeɪt] *vt* medicar.

medicated ['medɪkeɪtɪd] *adj* medicinal.

medication [medɪ'keɪʃən] *n* medicación *f*.

medicinal [mə'dɪsɪnəl] *adj* medicinal.

medicine [ˈmedɪsən]
1 n (science) medicina.
2 n (drugs etc) medicina, medicamento.
✦ **to give somebody a taste/dose of their own medicine** pagar a alguien con la misma moneda.
▪ **medicine chest/medicine cabinet** botiquín m.
medieval [medɪˈiːvəl] adj medieval.
medievalist [medɪˈiːvəlɪst] n US medievalista mf.
mediocre [miːdɪˈəʊkəʳ] adj mediocre.
mediocrity [miːdɪˈɒkrətɪ] n mediocridad f.
meditate [ˈmedɪteɪt]
1 vi meditar, reflexionar (on/upon, sobre).
2 vt meditar.
meditation [medɪˈteɪʃən] n meditación f.
meditative [ˈmedɪtətɪv] adj meditabundo,-a, meditativo,-a.
Mediterranean [medɪtəˈreɪnɪən]
1 adj mediterráneo,-a.
2 n mediterráneo,-a.
▪ **The Mediterranean** el (mar) Mediterráneo.
medium [ˈmiːdɪəm]
1 adj (average) mediano,-a, regular, normal: a man of medium height un hombre de estatura media; a medium steak un filete al punto.
2 n (means) medio.
3 n (environment) medio (ambiente).
4 n (middle position) punto medio, término medio.
5 n (spiritualist) médium mf.
✦ **to strike a happy medium** hallar un término medio.
▪ **medium dry** (wine) semiseco,-a, abocado,-a.
medium wave onda media.
▲ En 2 y 3 pl media.
medium-dry [miːdɪəmˈdraɪ] adj semiseco,-a.
medium-range [ˈmiːdɪəmreɪndʒ] adj (weapon etc) de alcance medio.
medium-sized [ˈmiːdɪəmsaɪzd] adj (thing) de tamaño mediano.
medlar [ˈmedləʳ] n BOT níspero.
medley [ˈmedlɪ]
1 n MUS popurrí m.
2 n (mixture) mezcla; (variety, assortment) variedad f.
3 n SP (swimming race) estilos mpl.
meek [miːk] adj manso,-a, dócil, sumiso,-a.
✦ **to be as meek as a lamb** ser un cordero, ser un corderito.
meekness [ˈmiːknəs] n mansedumbre f, docilidad f.
meet [miːt]
1 vt (by chance) encontrar, encontrarse con; (in street) cruzar con, topar con: she met an old friend se encontró con un viejo amigo; guess who I met

today! ¡a que no sabes con quién he topado hoy!
2 vt (by arrangement) encontrar, reunirse con, citarse, quedar con; (formally) entrevistarse con; (informally) ver: meet me in the park encontrémonos en el parque; I'll meet you tomorrow te veré mañana; I'm meeting Rob tomorrow he quedado con Rob para mañana; I've arranged to meet them in the pub he quedado con ellos en el pub.
3 vt (meet for first time) conocer: I met him at a party lo conocí en una fiesta; have you met my wife? ¿conoces a mi mujer?; I'd like you to meet a friend quiero presentarte a un amigo; I'm pleased to meet you estoy encantado de conocerte.
4 vt (collect) ir a buscar, pasar a buscar; (await arrival of) esperar; (receive) ir a recibir: he'll meet me at the station me vendrá a buscar a la estación; all the family were there to meet her at the airport toda la familia fue a recibirla al aeropuerto; there's a coach that meets the train hay un autocar que enlaza con el tren.
5 vt (face - danger, difficulty) encontrar; (- problem) hacer frente a.
6 vt SP (opponent) enfrentarse con.
7 vt (touch) tocar.
8 vt (fulfil - standards, demands, wishes) satisfacer; (- obligations, deadline) cumplir con; (- requirements) reunir, cumplir.
9 vt (bill, debt) pagar; (deficit) cubrir; (cost, expenses) hacerse cargo de.
10 vi (by chance) encontrarse: we'll meet again nos volveremos a encontrar.
11 vi (by arrangement) reunirse, verse, quedar, encontrarse; (formally) entrevistarse: we arranged to meet on Saturday quedamos para el sábado; we must meet for lunch one day tenemos que quedar para comer un día; where shall we meet? ¿dónde quedamos?, ¿dónde nos encontramos?; the women's group meets on Fridays el grupo de mujeres se reúne los viernes.
12 vi (get acquainted) conocerse: where did you meet? ¿dónde os conocisteis?; I think we've already met creo que ya nos conocemos.
13 vi SP enfrentarse.
14 vi (join) unirse; (touch) tocarse; (rivers) confluir; (roads) empalmar; (eyes) cruzarse.
15 n SP encuentro.
16 n GB (hunting) partida de caza.
▸ **to meet up** vi fam (by arrangement) quedar, reunirse (**with**, con); (by chance) encontrar, encontrarse con.
to meet with
1 vt insep (difficulty, problem) encontrar, tropezar con; (loss, accident) sufrir; (success) tener.
2 vt insep US (person) reunirse con, entrevistarse con.

✦ **to be more to something than meets the eye** ser más complicado,-a de lo que parece.
to make ends meet fam llegar a fin de mes.
to meet one's death encontrar la muerte, morir.
to meet one's Maker morirse.
to meet somebody's eye mirar a alguien a la cara.
to meet somebody halfway llegar a un acuerdo con alguien.
▲ pt & pp met [met].
meeting [ˈmiːtɪŋ]
1 n (gen - prearranged) reunión f; (- formal) entrevista; (- date) cita.
2 n (chance encounter) encuentro.
3 n (people gathered) reunión f.
4 n (of club, committee, etc) reunión f; (of assembly) sesión f; (of shareholders, creditors) junta.
5 n POL (rally) mitin m.
6 n SP encuentro.
7 n (of rivers) confluencia.
✦ **to be in a meeting** estar reunido,-a.
to call a meeting convocar una reunión.
to hold a meeting celebrar una reunión, celebrar una sesión.
to open/close a meeting abrir/levantar la sesión.
▪ **annual general meeting** junta general anual.
meeting place lugar m de encuentro, lugar m de reunión.
megabyte [ˈmegəbaɪt] n COMPUT megabyte m, megaocteto.
megacycle [ˈmegəsaɪkəl] n megaciclo.
megahertz [ˈmegəhɜːts] n megahercio.
megalith [ˈmegəlɪθ] n megalito.
megalithic [megəˈlɪθɪk] adj megalítico,-a.
megalomaniac [megələˈmeɪnɪæk]
1 n megalómano,-a.
2 adj megalómano,-a.
megalopolis [megəˈlɒpəlɪs] n megalopolis fpl.
megaphone [ˈmegəfəʊn] n megáfono, altavoz m.
megaton [ˈmegətʌn] n megatón m.
megavolt [ˈmegəvəʊlt] n megavoltio.
megawatt [ˈmegəwɒt] n megavatio.
meiosis [maɪˈəʊsɪs] n meiosis f.
melamine [ˈmeləmiːn] n melamina.
melancholic [melənˈkɒlɪk] adj melancólico,-a.
melancholy [ˈmelənkəlɪ]
1 n melancolía.
2 adj melancólico,-a.
melanin [ˈmelənɪn] n melanina.
melée [ˈmeleɪ] n (crowd) tumulto, gentío; (struggle) pelea confusa.
mellifluous [məˈlɪfluəs] adj melifluo,-a.
mellow [ˈmeləʊ]
1 adj (fruit) maduro,-a; (wine) añejo,-a.

2 *adj (colour, voice)* suave.
3 *adj (person - mature, calm)* sosegado,-a, sereno,-a; *(genial, cheerful)* relajado,-a, apacible.
4 *vt (person)* serenar, suavizar el carácter de.
5 *vi (colour, voice)* suavizar(se); *(fruit)* madurar; *(wine)* añejarse.
6 *vi (person)* serenarse; *(views)* moderarse.

melodic [mə'lɒdɪk] *adj* melódico,-a.

melodious [mə'ləʊdɪəs] *adj* melodioso,-a.

melodrama ['melədrɑːmə]
1 *n* melodrama *m.*
2 *n fam fig* dramón *m.*

melodramatic [melədrə'mætɪk] *adj* melodramático,-a.

melody ['melədɪ] *n* melodía.
▲ *pl* melodies.

melon ['melən] *n (honeydew etc)* melón *m; (watermelon)* sandía.

melt [melt]
1 *vt (ice, snow, butter, etc)* derretir.
2 *vt (metal)* fundir (**down**, -).
3 *vt (sugar, chemical)* disolver.
4 *vt fig (anger etc)* atenuar, disipar; *(somebody's heart)* ablandar.
5 *vi (ice, snow)* derretirse (**away**, -).
6 *vi (metal)* fundirse.
7 *vi (sugar, chemical)* disolverse.
8 *vi fig (food)* derretirse, deshacerse: it melts in the mouth se deshace en la boca.
9 *vi fig (somebody's heart)* ablandarse, derretirse.
10 *vi (colour, sound, etc)* desvanecer.
✦ **to melt into tears** deshacerse en lágrimas.
to melt into the crowd perderse entre la multitud.

to melt away
1 *vi (money, crowd, person)* desaparecer.
2 *vi fig (confidence etc)* desvanecerse, esfumarse; *(anger)* disiparse, desaparecer.

melting ['meltɪŋ]
1 *adj fig (voice, look)* tierno,-a, dulce.
2 *n (of metal)* fundición *f; (of snow)* derretimiento.
✦ **to be in the melting pot** estar por decidir.
■ **melting point** punto de fusión.
melting pot crisol *m.*

member ['membəʳ]
1 *n (gen)* miembro *mf; (of club)* socio,-a; *(of union, party)* afiliado,-a: the youngest member of the family el miembro más joven de la familia; an active member of the Labour Party un militante del partido laborista; are you a member of any clubs? ¿eres socio de algún club?
2 *n POL (of Parliament)* diputado,-a; *(of European Parliament)* eurodiputado,-a.
3 *n ANAT* miembro.
4 *n ARCH* viga.
5 *adj (country, state)* miembro,-a.
✦ **members only** solo para socios,-as.

■ **member of staff** *(gen)* empleado,-a; *(teacher)* profesor,-ra.
member of the public ciudadano,-a: the gardens are closed to members of the public los jardines están cerrados al público.

membership ['membəʃɪp]
1 *n (of club - state)* calidad *f* de socio,-a, pertenencia; *(- entry)* ingreso: I applied for membership of the club solicité el ingreso en el club; membership is only open to people over 30 solo los mayores de 30 años pueden hacerse socios.
2 *n (of political party, union - state)* afiliación *f; (- entry)* ingreso.
3 *n (members - of club)* miembros *mpl,* socios *mpl; (- of political party)* afiliados *mpl:* membership of our club is on the increase nuestro club cada vez tiene más socios.
■ **membership card** *(of club)* carnet *m* de socio; *(of party)* carnet *m* de afiliado.
membership fee cuota.

membrane ['membreɪn] *n* membrana.

memento [mə'mentəʊ] *n* recuerdo, recordatorio.
▲ *pl* mementos *o* mementoes.

memo ['meməʊ]
1 *n (official)* memorándum *m.*
2 *n (personal note)* nota, apunte *m.*
■ **memo pad** bloc *m* de notas.
▲ *pl* memos.

memoir ['memwɑːʳ]
1 *n (essay)* memoria.
2 **memoirs** *npl (autobiography)* memorias *fpl,* autobiografía.

memorabilia [memərə'bɪlɪə] *npl (souvenirs)* recuerdos *mpl.*

memorable ['memərəbəl] *adj* memorable.

memorandum [memə'rændəm]
1 *n (official note)* memorándum *m,* memorando.
2 *n (personal note)* nota, apunte *m.*
▲ *pl* memorandums *o* memoranda [memə'rændə].

memorial [mə'mɔːrɪəl]
1 *adj (plaque etc)* conmemorativo,-a.
2 *n (monument)* monumento conmemorativo; *(ceremony)* homenaje *m.*
■ **Memorial Day** Día *m* de Conmemoración de los Caídos.

memorise ['meməraɪz] *vt* → **memorize.**

memorize ['meməraɪz] *vt* memorizar, aprender de memoria.

memory ['memərɪ]
1 *n (ability, computers)* memoria: she's got a good memory for names tiene buena memoria para los nombres; I'm quoting from memory cito de memoria.
2 *n (recollection)* recuerdo.
✦ **if my memory serves me well** si no recuerdo mal.
in memory of *(person)* en memoria de, a la memoria de; *(thing)* en conmemoración de.

to commit something to memory memorizar algo, aprender algo de memoria.
to have a memory like a sieve tener muy mala memoria.
to lose one's memory perder la memoria.
within somebody's memory que alguien recuerde.
within living memory que se recuerde.
▲ *pl* memories.

men [men] *npl* → **man.**

menace ['menəs]
1 *n (threat)* amenaza (**to**, para); *(danger)* peligro (**to**, para).
2 *n fam (nuisance - person)* pesado,-a; *(- thing)* lata, molestia.
3 *vt* amenazar (**with**, de).

menacing ['menəsɪŋ] *adj* amenazador, -ra, amenazante.

menacingly ['menəsɪŋlɪ] *adv* de manera amenazadora.

menagerie [mə'nædʒərɪ] *n (collection)* colección *f* de animales salvajes; *(zoo)* zoo.

mend [mend]
1 *vt (repair - gen)* reparar, arreglar; *(sew)* coser; *(patch)* remendar; *(darn)* zurcir: can you mend my watch? ¿me puedes arreglar el reloj?
2 *vt (improve)* mejorar.
3 *vi (health)* mejorarse, reponerse; *(part of body, injury, wound)* curarse; *(fracture, bone)* soldarse.
4 *n (patch)* remiendo; *(darn)* zurcido.
✦ **to be on the mend** ir mejorando.
to mend one's ways enmendarse, reformarse.

mendelevium [mendəl'iːvɪəm] *n* mendelevio.

mender ['mendəʳ] *n (of shoes)* zapatero, -a, zapatero,-a remendón,-ona; *(of watches)* relojero,-a.
■ **mender's shop** *(shoes)* zapatero; *(watches)* relojería.

mendicant ['mendɪkənt] *adj* mendicante.

mending ['mendɪŋ]
1 *n (repairing - gen)* reparación *f,* arreglo.
2 *n (clothes to be mended)* ropa para remendar.
✦ **to do the mending** *(sew)* coser; *(patch)* remendar; *(darn)* zurcir.

menfolk ['menfəʊk] *npl* los hombres *mpl.*

menial ['miːnɪəl]
1 *adj (task etc)* servil, bajo,-a.
2 *n fml pej (servant)* criado,-a.

meningitis [menɪn'dʒaɪtəs] *n MED* meningitis *f.*

meniscus [mɪ'nɪskəs] *n* menisco.
▲ *pl* meniscuses *o* menisci [mɪ'nɪskaɪ].

menopausal [menə'pɔːzəl] *adj* menopáusico,-a.

menopause ['menəpɔːz] *n* menopausia.

menstrual [ˈmenstruəl] *adj* menstrual.
■ **menstrual cycle** ciclo menstrual.
menstrual period regla, período.
menstruate [ˈmenstrueɪt] *vi* menstruar.
menstruation [menstruˈeɪʃən] *n* menstruación *f*, regla.
menswear [ˈmenzweəʳ] *n* ropa de caballero, ropa de hombres.
mental [ˈmentəl]
  1 *adj (of the mind)* mental: **mental effort** esfuerzo mental; **mental health** salud mental.
  2 *adj (in the mind)* mental: **mental arithmetic** cálculo mental; **mental block** bloqueo mental; **mental note** nota mental.
  3 *adj fam pej (mad)* chalado,-a, tocado,-a.
  ■ **mental age** edad *f* mental.
  mental defective *pej (person)* subnormal *mf*.
  mental deficiency deficiencia mental.
  mental handicap disminución *f* psíquica.
  mental home/mental hospital (hospital *m*) psiquiátrico.
  mental patient enfermo,-a mental.
mentality [menˈtælətɪ] *n* mentalidad *f*.
  ▲ *pl* **mentalities**.
mentally [ˈmentəlɪ] *adv* mentalmente.
  ✦ **to be mentally deranged** ser demente.
  to be mentally handicapped ser un, -a disminuido,-a psíquico,-a.
  to be mentally ill padecer una enfermedad mental.
menthol [ˈmenθɒl]
  1 *n* mentol *m*.
  2 *adj (cigarette)* mentolado,-a.
mentholated [ˈmenθəleɪtɪd] *adj* mentolado,-a.
mention [ˈmenʃən]
  1 *n* mención *f*: **she made no mention of your visit** no mencionó tu visita; **I see you got a brief mention in the newspaper** veo que sale tu nombre en el periódico.
  2 *vt* mencionar, hacer mención de, aludir a: **he never mentioned the money** no mencionó el dinero; **she mentioned in passing that she'd seen James** mencionó de pasada que había visto a James.
  ✦ **don't mention it!** ¡de nada!, ¡no hay de qué!
  not to mention ... además de ...
mentor [ˈmentɔːʳ] *n* mentor *m*.
menu [ˈmenjuː]
  1 *n (list of dishes)* carta; *(fixed meal)* menú *m*.
  2 *n* COMPUT menú *m*.
  ■ **menu bar** barra de menús.
meow [mɪˈaʊ]
  1 *n* maullido, miau *m*.
  2 *vi* maullar.
MEP [ˈemˈiːˈpiː] *abbr* (**Member of the European Parliament**) miembro del Parlamento Europeo.

mercantile [ˈmɜːkəntaɪl] *adj* mercantil, comercial.
mercantilism [mɜːˈkæntɪlɪzəm] *n* mercantilismo.
mercantilist [mɜːˈkæntɪlɪst] *n* mercantilista *mf*.
mercenary [ˈmɜːsənərɪ]
  1 *adj* mercenario,-a.
  2 *n* mercenario,-a.
  ▲ *pl* **mercenaries**.
merchandise [ˈmɜːtʃəndaɪz]
  1 *n* mercancías *fpl*, géneros *mpl*.
  2 *vt (sell)* vender, poner en venta; *(promote)* promocionar.
merchant [ˈmɜːtʃənt]
  1 *n (trader)* comerciante *mf*; *(dealer, businessperson)* negociante *mf*; *(retailer)* detallista *mf*, minorista; *(shopkeeper)* tendero,-a.
  2 *n arch* mercader *m*.
  ■ **merchant bank** banco comercial.
  merchant navy marina mercante.
  merchant seaman marinero mercante.
  merchant ship barco mercante, buque *m* mercante.
  merchant shipping navegación *f* comercial.
merciful [ˈmɜːsɪful]
  1 *adj (forgiving)* misericordioso,-a (**to/towards**, con) clemente (**to/towards**, con), compasivo,-a (**to/towards**, con).
  2 *adj (fortunate)* bienaventurado,-a.
mercifully [ˈmɜːsɪfulɪ]
  1 *adv (showing mercy)* con compasión.
  2 *adv (fortunately)* afortunadamente.
merciless [ˈmɜːsɪləs] *adj* despiadado, -a, sin piedad.
mercurial [mɜːˈkjʊərɪəl]
  1 *adj (people, mood)* voluble, volátil.
  2 *adj fml (of mercury, like mercury)* mercurial.
mercury [ˈmɜːkjərɪ] *n (metal)* mercurio.
Mercury [ˈmɜːkjərɪ] *n (planet)* Mercurio.
mercy [ˈmɜːsɪ]
  1 *n (compassion)* misericordia, clemencia, piedad *f*: **have mercy upon me!** ¡tenga piedad de mí!; **they showed him no mercy** no fueron clementes con él.
  2 *n fam (good fortune)* suerte *f*, milagro; *(blessing)* bendición *f*: **it was a mercy no-one was hurt** fue una suerte que no hubiera heridos.
  3 *adj* de ayuda, de socorro.
  ✦ **to be at the mercy of somebody/something** estar a la merced de alguien/algo.
  to be thankful for small mercies darse con un canto en los dientes.
  to beg for mercy/plead for mercy pedir clemencia.
  to throw oneself on somebody's mercy abandonarse a la merced de alguien.
  ■ **mercy killing** eutanasia.
  ▲ *pl* **mercies**.

mere[1] [mɪəʳ] *n (lake)* lago, laguna.
mere[2] [mɪəʳ]
  1 *adj* mero,-a, simple, puro,-a.
  2 **merest** *adj (slightest)* el/la más mínimo,-a: **the merest suggestion that she was fat made her furious** la más mínima insinuación de que estaba gorda le hacía perder los estribos.
merely [ˈmɪəlɪ] *adv* solamente, simplemente.
merganser [ˈmɜːgænsəʳ] **red-breasted merganser** *n* serreta mediana.
merge [mɜːdʒ]
  1 *vt (combine - gen)* unir (**with**, a), combinar (**with**, con); *(- road)* empalmar (**into**, con); *(- river)* desembocar (**into**, en); *(- firms, businesses)* fusionar.
  2 *vi (combine - gen)* unirse, combinarse; *(- firms, businesses)* fusionarse; *(- roads, rivers)* juntarse; *(- rivers)* confluir.
  3 *vi (blend, fade)* ir convirtiéndose (**into**, en).
  ✦ **to merge into the background** perderse de vista.
  to merge into the darkness desaparecer en la oscuridad.
merger [ˈmɜːdʒəʳ] *n* COMM fusión *f*.
meridian [məˈrɪdɪən] *n* meridiano.
meridional [məˈrɪdɪənəl] *adj* meridional.
meringue [məˈræŋ] *n* merengue *m*.
merit [ˈmerɪt]
  1 *n (worth)* mérito, valía: **a person of merit** una persona de valía; **there's some merit in what he did** lo que hizo tiene algo de mérito.
  2 *n (advantage, good point)* ventaja, mérito: **it has the merit of being short** tiene la ventaja de ser corto; **what are the merits of this project?** ¿cuáles son las ventajas de este proyecto?
  3 *vt (deserve)* merecer, ser digno,-a de.
  ✦ **to judge something on its own merits** juzgar algo por sus méritos.
merlin [ˈmɜːlɪn] *n* esmerejón.
mermaid [ˈmɜːmeɪd] *n* sirena.
merrily [ˈmerɪlɪ] *adv* alegremente.
merriment [ˈmerɪmənt] *n* alegría, regocijo.
merry [ˈmerɪ]
  1 *adj (cheerful)* alegre; *(amusing)* divertido,-a, gracioso,-a.
  2 *adj fam (slightly drunk)* alegre, achispado,-a.
  ✦ **merry Christmas!** ¡felices Navidades!
  the more, the merrier cuántos más mejor.
  to make merry divertirse.
  ▲ *comp* **merrier**, *superl* **merriest**.
merry-go-round [ˈmerɪgəʊraʊnd] *n* tiovivo, caballitos *mpl*.
merry-making [ˈmerɪmeɪkɪŋ] *n dated* juerga, fiesta.
mescaline [ˈmeskəlɪn] *n* mescalina.

mesh [meʃ]
1 *n (of thread)* malla; *(of wire)* malla metálica, tela metálica; *(net)* red *f.*
2 *n* TECH engranaje *m.*
3 *n (holes,spaces)* malla: a net with a fine mesh una red de malla fina.
4 *vi* TECH engranar.
5 *vi (fit in, harmonize)* encajar, combinar (with, con).
✦ in mesh engranado,-a.

mesmerise [ˈmezməraɪz] *vt* → **mesmerize.**

mesmerize [ˈmezməraɪz]
1 *vt (hypnotize)* hipnotizar.
2 *vt (fascinate)* fascinar, cautivar.

mesocarp [ˈmesəuk.æp] *n* mesocarpio.

Mesopotamia [mesəpəˈteɪmɪə] *n* Mesopotamia.

Mesopotamian [mesəpəˈteɪmɪən]
1 *adj* mesopotamio,-a.
2 *adj* mesopotamio,-a.

mess [mes]
1 *n (untidy state)* desorden *m*, revoltijo: everything's a mess todo está desordenado, todo está patas arriba; your room is a complete mess! ¡tu habitación está toda desordenada!; don't make a mess! ¡no lo desordenes todo!
2 *n (confusion, mix-up)* confusión *f*, lío, follón *m*; *(person, thing)* desastre *m*: what a mess! ¡vaya lío!; my life is a mess mi vida es un desastre; you've got yourself into a right mess te has metido en un buen lío.
3 *n fam euph (animal excrement)* caca.
4 *n* MIL *(room)* comedor *m*; *(group of people who eat in mess)* oficiales *mpl.*
5 *vt (untidy)* desordenar; *(dirty)* ensuciar.
6 *vi* MIL *(eat in mess)* comer el rancho.
▶ to mess about/mess around
  1 *vi (idle)* gandulear; *(kill time)* pasar el tiempo; *(potter about)* entretenerse.
  2 *vi (act the fool)* hacer el primo, tontear: stop messing about! ¡déjate de tonterías!, ¡basta de tonterías!
  3 *vt sep (treat badly)* fastidiar, tomar el pelo a.
  to mess about/mess around with
  1 *vt insep (fiddle with)* tocar, manosear; *(play with)* jugar con.
  2 *vt sep (get involved with)* meterse con.
  3 *vt insep (have affair with)* tener un lío con, estar liado,-a con.
  4 *vt insep (sexually interfere with)* abusar de.
  to mess up
  1 *vt sep fam (untidy)* desordenar; *(dirty)* ensuciar.
  2 *vt sep (spoil)* estropear, echar a perder.
  3 *vi* US *sl (make a mistake)* hacerla buena, pifiarla.
  to mess with
  1 *vt insep (get involved with)* meterse con.
  2 *vt insep (play with)* jugar con.
✦ no messing *(directly)* y nada de tonterías; *(seriously)* no es broma, va en serio.

to look a mess estar horroroso,-a.
to make a mess of something *(dirty)* ensuciar algo; *(untidy)* desordenar algo; *(mess up)* estropear algo.

message [ˈmesɪdʒ]
1 *n (communication)* recado, mensaje *m*: could you give her a message? ¿podrías darle un recado?; can I leave a message? ¿puedo dejar un recado?; make sure that he gets the message asegúrate de que reciba el recado.
2 *n (of story, film, etc)* mensaje *m.*
✦ to get the message *(understand)* entender, darse cuenta.

messenger [ˈmesɪndʒəʳ] *n* mensajero,-a.
▪ messenger boy recadero.

Messiah [məˈsaɪə] *n* REL Mesías *m.*

messily [ˈmesɪlɪ] *adv (gen)* con poco esmero; *(untidily)* descuidadamente.

Messrs [ˈmesəz] *abbr* COMM (**messieurs**) Señores; *(abbreviation)* Sres.

mess-up [ˈmesʌp]
1 *n fam (confusion)* lío, follón *m*, enredo; *(misunderstanding)* malentendido.
2 *n fam (botch, cock-up)* chapuza.

messy [ˈmesɪ]
1 *adj (untidy)* desordenado,-a, en desorden; *(- dirty)* sucio,-a: cleaning the oven is a messy job limpiar el horno es un trabajo sucio; do you have to be so messy? ¿tienes que desordenarlo todo?
2 *adj (confused)* confuso,-a, complicado,-a, lioso,-a, enredado,-a; *(awkward)* difícil; *(unpleasant)* desagradable: a messy divorce un divorcio reñido.
▲ comp messier, superl messiest.

met [met] *pt & pp* → **meet.**

metabolic [metəˈbɒlɪk] *adj* metabólico,-a.

metabolise [məˈtæbəlaɪz] *vt* → **metabolize.**

metabolism [məˈtæbəlɪzəm] *n* metabolismo.

metabolize [məˈtæbəlaɪz] *vt* metabolizar.

metal [ˈmetəl]
1 *n* metal *m.*
2 *adj* metálico,-a, de metal.
▪ metal detector detector *m* de metales.
  metal worker metalario,-a.

metalanguage [ˈmetəlæŋgwɪdʒ] *n* metalenguaje *m.*

metalinguistic [metəlɪŋˈgwɪstɪk] *adj* metalingüístico,-a.

metalinguistics [metəlɪŋˈgwɪstɪks] *n* metalingüística.

metallic [məˈtælɪk] *adj* metálico,-a.
▪ metallic paint pintura metalizada.

metallise [ˈmetəlaɪz] *vt* → **metallize.**

metallize [ˈmetəlaɪz] *vt* metalizar.

metalloid [ˈmetəlɔɪd] *n* metaloide *m.*

metallurgical [metəˈlɜːdʒɪkəl] *adj* metalúrgico,-a.

metallurgist [məˈtælədʒɪst] *n* metalúrgico,-a.

metallurgy [məˈtælədʒɪ] *n* metalurgia.

metalwork [ˈmetəlwɜːk]
1 *n (craft)* metalistería.
2 *n (objects)* objetos *mpl* de metal.

metalworker [ˈmetəlwɜːkəʳ] *n* metalista *mf.*

metamorphose [metəˈmɔːfəuz]
1 *vt* metamorfosear.
2 *vi* metamorfosearse.

metamorphosis [metəˈmɔːfəsɪs] *n* metamorfosis *f.*
▲ *pl* metamorphoses [metəˈmɔːfəsiːz].

metaphor [ˈmetəfɔːʳ] *n* metáfora.

metaphorical [metəˈfɒrɪkəl] *adj* metafórico,-a.

metaphysical [metəˈfɪzɪkəl] *adj* metafísico,-a.

metaphysics [metəˈfɪzɪks] *n* metafísica.

metatarsus [metəˈtɑːsəs] *n* metatarso.

metathesis [meˈtæθəsɪs] *n* metátesis *f.*

mete [miːt] to mete out *vt fml (punishment, fine, etc)* imponer; *(justice)* repartir.

meteor [ˈmiːtɪəʳ] *n* meteorito.

meteoric [miːtɪˈɒrɪk] *adj (gen)* meteórico,-a.

meteorite [ˈmiːtɪəraɪt] *n* meteorito.

meteorological [miːtɪərəˈlɒdʒɪkəl] *adj* meteorológico,-a.

meteorologist [miːtɪəˈrɒlədʒɪst] *n* meteorólogo,-a.

meteorology [miːtɪəˈrɒlədʒɪ] *n* meteorología.

meter[1] [ˈmiːtəʳ] *n* US → **metre.**

meter[2] [ˈmiːtəʳ]
1 *n* contador *m*: I've come to read the gas meter vengo a hacer la lectura del contador del gas.
2 *vt* medir.

methacrylate [meˈθækrɪleɪt] *n* metacrilato.

methadone [ˈmeθədəun] *n* metadona.

methane [ˈmiːθeɪn] *n* metano.

methanol [ˈmeθənɒl] *n* metanol *m.*

method [ˈmeθəd]
1 *n (manner, way)* método, forma.
2 *n (system, order)* sistema *m*, orden *m*, lógica.
3 *n (technique)* técnica.
✦ there's method in his/her madness no es tan loco,-a como parece.

methodical [məˈθɒdɪkəl] *adj* metódico,-a, ordenado,-a.

methodically [mɪˈθɒdɪkəlɪ] *adv* metódicamente, de manera metódica.

Methodism [ˈmeθədɪzəm] *n* REL metodismo.

Methodist [ˈmeθədɪst] *n* metodista *mf.*

methodological [meθədəˈlɒdʒɪkəl] *adj* metodológico,-a.

methodology [meθə'dɒlədʒɪ] n metodología.
▲ pl **methodologies.**
meths [meθs] n fam alcohol m de quemar.
Methuselah [mə'θjuːzələ] n Matusalén m.
✦ **as old as Methuselah** más viejo,-a que Matusalén.
methylated spirits [meθəleɪtɪd'spɪrɪts] n alcohol m de quemar, alcohol m desnaturalizado.
meticulous [mə'tɪkjələs] adj meticuloso,-a, minucioso,-a.
meticulously [mə'tɪkjələslɪ] adv con meticulosidad, minuciosamente.
meticulousness [mə'tɪkjələsnəs] n meticulosidad f, minuciosidad f.
metonymy [me'tɒnɪmɪ] n metonimia.
metre[1] ['miːtə'] n (in poetry) metro.
metre[2] ['miːtə'] n (measure) metro.
▪ **cubic metre** metro cúbico.
metric ['metrɪk] adj métrico,-a.
▪ **metric system** sistema métrico.
metric ton tonelada métrica.
metrication [metrɪ'keɪʃən] n adopción f del sistema métrico, conversión f al sistema métrico.
metronome ['metrənəum] n metrónomo.
metropolis [mə'trɒpəlɪs] n metrópoli f, metrópolis f.
▲ pl **metropolises.**
metropolitan [metrə'pɒlɪtən] adj metropolitano,-a.
▪ **the Metropolitan Police** la policía de Londres.
mettle ['metəl] n fml (courage, spirit) valor m, valentía, temple m, entereza; (character) carácter m.
✦ **to be on one's mettle** tener que hacerlo lo mejor posible, tener que dar lo mejor de sí.
to put somebody on their mettle poner a prueba el valor de alguien.
to show one's mettle/prove one's mettle demostrar lo que se vale, mostrar su valor.
Meuse [mɜːz] n el Mosa m.
mew [mjuː]
1 vi maullar.
2 n maullido.
mews [mjuːz] n GB callejuela con antiguas caballerizas reconvertidas en viviendas.
Mexican ['meksɪkən]
1 adj mejicano,-a.
2 n mejicano,-a.
Mexico ['meksɪləu] n Méjico.
▪ **New Mexico** Nuevo Méjico.
mezzanine ['mezəniːn]
1 n entresuelo.
2 n US (in theatre) piso principal.
mezzo ['metsəu]
1 n fam → **mezzo-soprano.**
2 adv medio.
▲ pl **mezzos.**

mezzo-soprano ['metsəusə'prɑːnəu] n mezzosoprano f.
mg ['em'dʒiː, 'mɪlɪɡræm] symb (milligram, milligramme) miligramo; (symbol) mg.
Mgr [mɒn'siːnjə'] abbr (Monsignor) Monseñor m; (abbreviation) Mons.
MHz ['meɡəhɜːts] abbr (megahertz) megaherz m; (abbreviation) MHz.
mi [miː] n MUS mi m.
miaow [miː'au]
1 n maullido.
2 vi maullar.
mice [maɪs] npl → **mouse.**
mickey ['mɪkɪ] **to take the mickey out of somebody** phr fam tomarle el pelo (a alguien).
micro ['maɪkrəu] n fam microordenador m, microcomputador m.
▲ pl **micros.**
microbe ['maɪkrəub] n microbio.
microbiologist [maɪkrəubaɪ'ɒlədʒɪst] n microbiólogo,-a.
microbiology [maɪkrəubaɪ'ɒlədʒɪ] n microbiología.
microchip ['maɪkəutʃɪp] n microchip m.
microclimate ['maɪkrəuklaɪmət] n microclima mf.
microcomputer [maɪkrəukəm'pjuːtə'] n microordenador m, microcomputador m.
microcosm ['maɪkrəukɒzəm] n microcosmos m inv.
microdot ['maɪkrəudɒt] n micropunto.
microeconomics [maɪkrəuekə'nɒmɪks] n microeconomía.
microelectronics [maɪkrəuɪlek'trɒnɪks] n microelectrónica.
microfiche ['maɪkrəufiːʃ] n microficha.
microfilm ['maɪkrəufɪlm]
1 n microfilme m.
2 vt microfilmar.
▪ **microfilm reader** lector de microfilmes.
microgroove ['maɪkrəuɡruːv] n microsurco.
microlight ['maɪkrəulaɪt] n ultraligero, avión m ultraligero.
microlite ['maɪkrəulaɪt] n ultraligero.
micrometer [maɪ'krɒmɪtə'] n micrómetro.
micron ['maɪkrɒn] n micra.
microphone ['maɪkrəfəun] n micrófono.
microprocessor [maɪkrəu'prəusesə'] n microprocesador m.
microscope ['maɪkrəskəup] n microscopio.
microscopic [maɪkrə'skɒpɪk] adj microscópico,-a.
microsurgery [maɪkrəu'sɜːdʒərɪ] n microcirugía.

microwave ['maɪkrəweɪv]
1 n microonda.
2 vt cocinar en el microondas.
▪ **microwave oven** horno de microondas, microondas m inv.
mid- [mɪd] adj medio,-a: in mid-afternoon a media tarde; in mid-May a mediados de mayo; in the mid-1970's a mediados de los setenta; she's in her mid-thirties tiene unos treinta y cinco años.
midair [mɪd'eə'] adj en el aire: a midair collision una colisión en el aire.
✦ **in midair** en el aire: the planes crashed in midair los aviones chocaron en el aire.
midday [mɪd'deɪ]
1 n mediodía m.
2 adj de mediodía.
✦ **at midday** al mediodía.
middle ['mɪdəl]
1 adj (central) de en medio, central; (medium) mediano,-a, medio,-a: our house is the middle one nuestra casa es la de en medio; he's the middle son él es el hijo mediano; the middle fortnight of August la quincena central de agosto; a flat of middle size un piso de tamaño mediano.
2 n (centre) medio, centro: there's a pond in the middle of the garden hay un estanque en medio del jardín; stand in the middle of the room ponte en el centro de la habitación; I'm the one in the middle soy el de en medio; he was cycling down the middle of the road iba en bici por el centro de la calle; we sat in the middle of the row nos sentamos en medio de la fila; this doughnut's got jam in the middle este donut está relleno de mermelada.
3 n (halfway point of period, activity) mitad f: in the middle of a storm en medio de una tormenta; in the middle of the night en plena noche; in the middle of winter en pleno invierno; we were right in the middle of lunch estábamos en plena comida; I can't help you now, I'm in the middle of something else no puedo ayudarte ahora, estoy haciendo otra cosa; I'm in the middle of writing this article estoy ocupado con este artículo.
4 n fam (waist) cintura.
✦ **in the middle of nowhere** en el quinto pino.
to be in one's middle twenties (thirties etc) tener unos veinticinco (treinta y cinco etc) años.
to be somebody's middle name (characteristic) ser algo mismo,-a, ser algo personificado,-a: kindness is her middle name es la bondad misma, es la bondad personificada.
to split something down the middle partir algo por la mitad.

to take a **middle course** tomar una opción intermedia.
■ **middle age** mediana edad *f.*
middle America *(class)* clase *f* media tradicional estadounidense; *(geographical area)* América Central con Méjico y la Antillas.
middle C do medio.
middle class clase *f* media.
middle distance *(in photo etc)* segundo plano.
middle ear oído medio.
Middle East Oriente *m* Medio.
Middle English *lengua inglesa entre 1100 y 1450 aproximadamente.*
middle finger dedo corazón.
middle ground término medio, acuerdo.
middle management mandos *mpl* intermedios.
middle name segundo nombre *m.*
middle school *GB* colegio para niños de entre 8 y 13 años.
the Middle Ages la Edad Media.

middle-aged [mɪdəl'eɪdʒd] *adj* de mediana edad.
■ **middle-aged spread** la curva de la felicidad.

middlebrow ['mɪdəlbrau]
1 *n persona de gustos culturales medios.*
2 *adj* de nivel cultural medio.

middle-class [mɪdəl'klɑːs] *adj* de la clase media.

middle-distance [mɪdəl'dɪstəns] *adj* SP de medio fondo.
■ **middle-distance race** carrera de medio fondo.
middle-distance runner mediofondista *mf.*

middleman ['mɪdəlmən] *n* intermediario.
▲ *pl* **middlemen** ['mɪdəlmen].

middle-of-the-road [mɪdələvðə'rəud] *adj (views, candidate, etc)* moderado,-a; *(music)* para todos los públicos.

middle-sized ['mɪdəlsaɪzd] *adj* de tamaño mediano, mediano,-a.

middleweight ['mɪdəlweɪt] *n (boxing)* peso medio.

middling ['mɪdəlɪŋ] *adj* mediano,-a, regular.

midfield [mɪd'fiːld]
1 *n* SP *(of pitch)* centro del campo.
2 *n* SP *(players)* los centrocampistas *mpl.*
3 *adj* SP centrocampista.

midfielder [mɪd'fiːldəʳ] *n* SP centrocampista *mf.*

midge [mɪdʒ] *n* mosquito.

midget ['mɪdʒɪt]
1 *n* enano,-a.
2 *adj (very small)* diminuto,-a, pequeñísimo,-a; *(miniature)* en miniatura.

Midlands ['mɪdlənds] *npl* la región central de Inglaterra.

midlife crisis [mɪdlaɪf'kraɪsɪs] *n* crisis *f* de los cuarenta.

midnight ['mɪdnaɪt] *n* medianoche *f.*
we got home at midnight llegamos a casa a medianoche; **around midnight** alrededor de la medianoche.
✦ **to burn the midnight oil** quemarse las pestañas.
■ **Midnight Mass** Misa del gallo.
midnight sun sol *m* de medianoche.

midriff ['mɪdrɪf]
1 *n (belly)* estómago.
2 *n* ANAT diafragma *m.*

midshipman ['mɪdʃɪpmən] *n* MAR guardia *m* marina, guardiamarina *m.*

midst¹ [mɪdst] *prep lit* en medio de, entre.

midst² [mɪdst] **in our/your/their midst** *n* entre nosotros/vosotros/ellos.
✦ **in the midst of** en medio de, entre.

midstream [mɪd'striːm] **in midstream** *n (river)* en medio de la corriente.
to stop in midstream parar en plena parrafada.

midsummer [mɪd'sʌməʳ]
1 *n* pleno verano.
2 *adj* de pleno verano.
✦ **midsummer madness** locura de verano.
■ **Midsummer's Day** día *m* de San Juan, día *m* 24 de junio.

midway ['mɪdweɪ]
1 *adv* a medio camino, a mitad del camino.
2 *adj (point etc)* intermedio,-a.

midweek ['mɪdwiːk]
1 *adj* de entre semana.
2 *adv* entre semana.

midwife ['mɪdwaɪf] *n* comadrona, partera, matrona.

midwifery ['mɪdwɪfərɪ] *n* obstetricia.

midwinter [mɪd'wɪntəʳ]
1 *n* pleno invierno.
2 *adj* de pleno invierno.

miff [mɪf] *vt fam* ofender, molestar.

miffed [mɪft] *adj fam* molesto,-a, picado,-a.

miffy ['mɪfɪ] *adj* susceptible.
▲ *comp* **miffier**, *superl* **miffiest**.

might¹ [maɪt] *n* poder *m*, fuerza.
✦ **might is right** el poder tiene la razón.
with all one's might con todas sus fuerzas.
with might and main a más no poder, hasta más no poder.

might² [maɪt]
1 *aux (possibility)* poder: we might never see each other again es posible que no nos volvamos a ver; why don't you go out? —I might ¿por qué no sales? —puede que lo haga; don't touch it! it might be a bomb! ¡no lo toques! ¡podría ser una bomba!; that might be them now quizás sean ellos ahora, a lo mejor son ellos ahora; I thought this might happen yo me temía que esto podría pasar; you might have been

killed podrías haberte matado; you might think you know everything puede que creas saberlo todo; they might have forgotten about the dinner es posible que se hayan olvidado de lo de la cena.
2 *aux (in suggestions or requests)* poder: you might try the hardware shop podrías probar en la ferretería; I thought we might go out for lunch pensaba que podríamos ir a comer; you might at least say thank you como mínimo podrías darme las gracias; you might have told me! ¡podrías habérmelo dicho!; you might have waited! ¡podrías haber esperado!
3 *aux (permission)* poder: might I suggest make a suggestion? ¿podría hacer una sugerencia?; if I might just interrupt si pudiera interrumpir; he asked if he might come in pidió permiso para entrar; who are you, if I might ask? ¿quién eres tú? si se puede saber.
4 *aux (sarcastic use)* and where might that be? ¿y dónde se supone que está eso?; and who might you be? ¿y tú quién demonios eres?
5 *aux (subjunctive use)* poder: he died that others might live murió para que otros pudieran vivir, murió para que otros vivieran.
✦ **I might have known!** ¡debí imaginármelo!, ¡típico!
might (just) as well más vale que: you might as well give it away más vale que lo regales.
▲ *Véase también* **may.**

mightily ['maɪtɪlɪ]
1 *adv (with great effort)* vigorosamente, con todas sus fuerzas.
2 *adv fam (very)* muy, enormemente, sumamente.

mighty ['maɪtɪ]
1 *adj (very strong)* muy fuerte; *(powerful)* poderoso,-a, potente.
2 *adj (great, imposing)* enorme, imponente.
3 *adv* US *fam (very)* muy.
4 **the mighty** *npl* los poderosos *mpl.*
▲ *comp* **mightier**, *superl* **mightiest**.

migraine ['maɪgreɪn] *n* jaqueca, migraña.

migrant ['maɪgrənt]
1 *adj* migratorio,-a.
2 *n (person)* emigrante *mf*; *(bird)* ave *f* migratoria.
■ **migrant worker** trabajador,-ra emigrante.

migrate [maɪ'greɪt] *vi* migrar.

migration [maɪ'greɪʃən] *n* migración *f.*

migratory ['maɪgrətərɪ] *adj* migratorio,-a.

mike [maɪk] *n fam* micro.

mild [maɪld]
1 *adj (person, character)* apacible, afable, dulce.

2 adj (climate, weather) benigno,-a, templado,-a, suave, blando,-a; (soap, detergent) suave: it's been a mild winter ha hecho un invierno suave.
3 adj (food, tobacco) suave.
4 adj (protest, attempt) ligero,-a; (punishment, fever) leve; (illness, attack) ligero, -a, leve; (criticism, rebuke) suave, leve.
5 mild (ale) n GB (beer) cerveza de sabor suave.
▪ mild steel acero bajo en carbono.
mildew ['mɪldjuː]
1 n (on fabric, wall) moho.
2 n (on plants) mildiu m, mildeu m.
mildly ['maɪldlɪ]
1 adv (softly, gently) suavemente.
2 adv (slightly) ligeramente.
◆ to put it mildly por no decir algo peor.
mildness ['maɪldnəs]
1 n (of person, character) apacibilidad f, afabilidad.
2 n (of climate, weather) suavidad f, lo templado; (of soap, detergent) suavidad f.
3 n (of food, tobacco) suavidad f.
4 n (of punishment, illness) levedad f.
mile [maɪl]
1 n milla (1,6 kms): the beach is a mile from the hotel la playa está a una milla del hotel; he was driving at 80 miles an hour conducía a 80 millas por hora.
2 miles npl (much) mucho, muchísimo: I'm miles better estoy mucho mejor; it's miles away está muy lejos; you're miles out vas muy mal encaminado, estás muy equivocado; he's the best player by miles es el mejor jugador con diferencia.
◆ to be miles from anywhere estar en el quinto pino.
to run a mile (from something/somebody) salir corriendo (para evitar algo/a alguien).
to see something a mile off ver algo a la legua.
to stick out a mile verse a la legua, notarse a la legua, saltar a la vista.
mileage ['maɪlɪdʒ]
1 n AUTO (miles travelled by a car) ≈ kilómetros mpl, kilometraje m: a car with a low mileage un coche con pocos kilómetros; what mileage does this car do to the gallon? ¿cuánto gasta este coche a los cien kilómetros?
2 n fam fig (benefit, advantage, use) jugo, partido: the press can get a lot of mileage out of this la prensa puede sacarle mucho partido a esto, la prensa puede explotar esto al máximo.
▪ mileage allowance ≈ kilometraje m.
mileometer [maɪ'lɒmɪtəʳ] n AUTO cuentakilómetros m.
milestone ['maɪlstəʊn]
1 n hito, mojón m.
2 n fig hito.

milieu ['miːljɜː] n entorno, medio ambiente.
▲ pl milieux [miːl'jə] o milieus ['miːljəz].
militant ['mɪlɪtənt]
1 adj POL militante.
2 n POL militante mf.
militarisation [mɪlɪtəraɪ'zeɪʃən] n → militarization.
militarise ['mɪlɪtəraɪz] vt → militarize.
militarism ['mɪlɪtərɪzəm] n militarismo.
militarist ['mɪlɪtərɪst] n militarista mf.
militaristic [mɪlɪtə'rɪstɪk] adj militarista.
militarization [mɪlɪtəraɪ'zeɪʃən] n militarización f.
militarize ['mɪlɪtəraɪz] vt militarizar.
military ['mɪlɪtərɪ]
1 adj militar.
2 the military n los militares, las fuerzas armadas.
◆ to do one's military service hacer el servicio militar.
▪ military base base f militar.
military service servicio militar.
militate ['mɪlɪteɪt] to militate against vt insep fml ir en contra de, incidir negativamente en.
militia [mɪ'lɪʃə] n milicia.
militiaman [mɪ'lɪsəmən] n miliciano.
▲ pl militiamen.
milk [mɪlk]
1 n (gen) leche f.
2 adj (bottle, production) de leche; (product) lácteo,-a.
3 vt (from cow, goat) ordeñar.
4 vt (from plant, tree) sacar, extraer; (from snake) extraer el veneno de.
5 vt fig (exploit) chupar, sacar jugo a: they milked what they could out of the system chuparon lo que pudieron del sistema.
6 vi (of cow, goat) dar leche.
◆ it's no use crying over spilt milk a lo hecho, pecho.
to milk something for all its worth/ milk something dry chupar la sangre a algo, sacar todo el jugo a algo.
▪ condensed milk leche f condensada.
dried milk leche f en polvo.
evaporated milk leche f evaporada.
milk churn lechera.
milk float furgoneta (del reparto de la leche).
milk of magnesia leche f de magnesia.
milk pudding arroz m etc con leche.
milk round (milkman's route) recorrido del repartidor de la leche; (univ) visitas que hacen las grandes empresas a las universidades para buscar personal.
milk shake batido.
milk tooth diente m de leche.
pasteurized milk leche f pasterizada.
powdered milk leche f en polvo.
semi-skimmed milk leche semidesnatada.

skimmed milk leche desnatada, leche descremada.
the milk of human kindness la humanidad f, la bondad humana f.
whole milk leche f entera.
milking ['mɪlkɪŋ] n ordeño.
◆ to do the milking ordeñar.
▪ milking machine ordeñadora (mecánica).
milkmaid ['mɪlkmeɪd] n lechera.
milkman ['mɪlkmən] n lechero, repartidor m de la leche.
▲ pl milkmen ['mɪlkmen].
milky ['mɪlkɪ]
1 adj (liquid, jewel) turbio,-a.
2 adj (coffee, tea) con mucha leche; (substance) lechoso,-a.
3 adj (colour) pálido,-a.
▪ Milky Way Vía Láctea.
▲ comp milkier, superl milkiest.
mill [mɪl]
1 n (machinery) molino.
2 n (for coffee, pepper, etc) molinillo.
3 n (factory) fábrica: cotton mill hilandería; paper mill fábrica de papel.
4 n (for metals) fresadora.
5 vt (crush, grind) moler.
6 vt (shape metal) fresar.
▶ to mill about/around vi arremolinarse, apiñarse.
◆ to go through the mill pasarlas moradas.
to put somebody through the mill hacérselas pasar moradas a alguien, hacerle sudar la gota gorda a alguien.
millennium [mɪ'lenɪəm] n milenio, milenario.
miller ['mɪləʳ] n molinero,-a.
millet ['mɪlɪt] n mijo.
millibar ['mɪlɪbɑːʳ] n milibar m.
milligram ['mɪlɪgræm] n miligramo.
milligramme ['mɪlɪgræm] n miligramo.
millilitre ['mɪlɪliːtəʳ] n mililitro.
millimetre ['mɪlɪmiːtəʳ] n milímetro.
milliner ['mɪlɪnəʳ] n sombrerero,-a.
millinery ['mɪlɪnərɪ]
1 n (hats) sombreros mpl de señora.
2 n (shop) sombrerería.
milling ['mɪlɪŋ]
1 n AGR molienda.
2 n (of steel) laminado.
▪ milling machine fresadora.
million ['mɪljən]
1 n millón m: one million dollars un millón de dólares; three million people tres millones de personas.
2 millions npl fam (lots) millones mpl.
◆ like a million dollars maravilloso,-a, fantástico,-a.
to be one in a million (person) ser una joya, ser uno entre un millón.
to have a chance in a million tener una remotísima posibilidad.
millionaire [mɪljə'neəʳ] n millonario,-a.

millionairess [mɪljənˈeəres] *n* millonaria.

millionth [ˈmɪljənθ]
 1 *adj* millonésimo,-a.
 2 *n* millonésimo, millonésima parte *f*.

millipede [ˈmɪlɪpiːd] *n* milpiés *m inv*.

millisecond [ˈmɪlɪsekənd] *n* milésima de segundo.

millpond [ˈmɪlpɒnd] *n* represa de molino.
 ✦ **like a millpond** como una balsa de aceite.

millstone [ˈmɪlstəʊn] *n* muela, rueda de molino.
 ✦ **to be a millstone round somebody's neck** ser una cruz para alguien.

mime [maɪm]
 1 *n (art)* mimo.
 2 *n (performance)* pantomima, representación *f* de mimo.
 3 *n (person)* mimo *mf*.
 4 *vt (express by mime)* expresar haciendo mímica: **she mimed the answer to me** me explicó la respuesta haciendo mímica; **he mimed someone eating spaghetti** hizo mímica simulando que comía espaguetis.
 5 *vi (pretend to sing)* hacer playback.

mimic [ˈmɪmɪk]
 1 *n* imitador,-ra, remedador,-ra.
 2 *vt (copy)* imitar, remedar.
 3 *vt BIOL (sound)* imitar; *(appearance)* imitar la apariencia de.
 ▲ *pt & pp* **mimicked,** *ger* **mimicking**.

mimicry [ˈmɪmɪkrɪ]
 1 *n (art)* mímica; *(imitation)* imitación *f*, remedo.
 2 *n BIOL* mimetismo.

mimosa [mɪˈməʊzə] *n* mimosa.

minaret [ˈmɪnəret] *n* alminar *m*, minarete *m*.

mince [mɪns]
 1 *n GB (meat)* carne *f* picada.
 2 *vt (chop, cut)* picar.
 3 *vi (walk)* andar de manera amanerada; *(speak)* hablar con afectación.
 ✦ **not to mince one's words** no tener pelos en la lengua.
 ▪ **mince pie** *CULIN* pastelito de picadillo de fruta.

mincemeat [ˈmɪnsmiːt]
 1 *n (sweet)* conserva de picadillo de fruta.
 2 *n US (meat)* carne *f* picada.
 ✦ **to make mincemeat of somebody** hacer picadillo a alguien: **he'll make mincemeat of you** te hará picadillo.

mincer [ˈmɪnsəʳ] *n* máquina de picar carne, picadora de carne.

mincing [ˈmɪnsɪŋ] *adj* afectado,-a, amanerado,-a.

mind [maɪnd]
 1 *n (intellect)* mente *f*: **she's got a brilliant mind** tiene una mente brillante.
 2 *n (mentality)* mentalidad *f*: **you've got a dirty mind!** ¡qué guarro eres!

 3 *n (brain, thoughts)* cabeza, cerebro: **her mind was very confused** estaba confusa; **my mind went blank** me quedé en blanco.
 4 *n (person)* cerebro.
 5 *vt (heed, pay attention to)* hacer caso de; *(care about)* importar, preocupar: **don't mind me!** ¡no me hagas caso!; **I mind what people say** me importa lo que dice la gente.
 6 *vt (be careful with)* tener cuidado con: **mind the step!** ¡cuidado con el escalón!; **mind your head!** ¡ojo con la cabeza!
 7 *vt (look after - child)* cuidar, cuidar de; *(- house)* vigilar; *(- shop)* atender; *(- seat, place)* guardar: **could you mind the baby for a minute?** ¿me puedes cuidar el bebé un momento?
 8 *vt (object to, be troubled by)* tener inconveniente en, importar, molestar: **I don't mind staying** no tengo inconveniente en quedarme, no me importa quedarme; **are you sure you don't mind going?** ¿seguro que no te importa ir?; **do you mind the noise?** ¿te molesta el ruido?; **would you mind waiting?** ¿le importaría esperar?
 9 *vt (fancy, quite like)* venir bien: **I wouldn't mind a coffee** me vendría bien un café.
 10 *vi (be careful)* tener cuidado: **mind (out)!** ¡cuidado!, ¡ojo!
 11 *vi (object to)* importar, molestar, tener inconveniente: **do you mind if I open the window?** ¿le importa que abra la ventana?; **would you mind if I used your phone?** ¿podría utilizar su teléfono?; **I hope you don't mind** espero que no te importe; **do you want a biscuit? —I don't mind if I do!** ¿quieres una galleta? —¡pues sí!; **she won't mind** no le importará; **if you don't mind** si no tienes inconveniente.
 ✦ **mind you ...** ten en cuenta que ..., la verdad es que ...
 mind your own business no te metas en lo que no te importa.
 never mind *(it doesn't matter)* no importa, da igual; *(don't worry)* no te preocupes; *(let alone)* ni hablar de.
 never you mind! ¿a ti qué te importa?
 to be all in the mind no ser más que imaginaciones.
 to be in one's right mind estar en su sano juicio.
 to be in two minds about something estar indeciso,-a respecto a algo.
 to be of one mind/be of the same mind ser del mismo parecer, tener la misma opinión.
 to be of sound mind estar en pleno uso de sus facultades (mentales).
 to be on one's mind preocupar a uno.
 to be out of one's mind estar loco,-a.
 to bear something in mind tener algo en cuenta, tener algo presente.

 to blow somebody's mind alucinar a alguien.
 to bring something to mind/call something to mind recordar algo, traer algo a la memoria.
 to change one's mind cambiar de opinión, cambiar de parecer.
 to come to mind ocurrírsele a uno, venir a la mente.
 to cross somebody's mind ocurrírsele a alguien, pasar por la cabeza de alguien.
 to get something/somebody out of one's mind quitarse algo/a alguien de la cabeza.
 to give one's mind to something aplicarse en algo.
 to give somebody a piece of one's mind decir cuatro verdades a alguien.
 to go out of one's mind volverse loco,-a.
 to have a mind of one's own saber decidirse por sí mismo,-a.
 to have a good mind to do something estar por hacer algo, estar casi decidido,-a a hacer algo.
 to have half a mind to do something estar por hacer algo, estar casi decidido,-a a hacer algo.
 to have it in mind to do something pensar hacer algo.
 to have somebody/something in mind estar pensando en alguien/algo.
 to have something on one's mind estar preocupado,-a por algo.
 to keep an open mind tener una mente abierta.
 to keep one's mind on something estar atento,-a a algo, prestar atención a algo, concentrarse en algo.
 to lose one's mind perder el juicio.
 to make up one's mind decidirse.
 to put somebody in mind of something recordarle a alguien algo.
 to put something out of one's mind no pensar más en algo.
 to put/set somebody's mind at ease/rest tranquilizar a alguien.
 to put/set/turn one's mind to something proponerse algo.
 to slip somebody's mind olvidársele a uno: **it slipped my mind** se me olvidó.
 to somebody's mind en la opinión de alguien: **to my mind** en mi opinión, a mi parecer.
 to speak one's mind hablar sin rodeos, decir lo que uno piensa.
 to take a load/weight off somebody's mind quitarle a alguien un peso de encima.
 to take somebody's mind off something distraer a alguien.
 to turn something over in one's mind darle vueltas a algo.

mind-blowing [ˈmaɪndbləʊɪŋ] *adj* alucinante.

mind-boggling ['maɪndbɒgəlɪŋ] *adj fam* alucinante, inconcebible.

minded ['maɪndɪd] *adj fml* inclinado,-a.

minder ['maɪndə']
1 *n fam (bodyguard)* guardaespaldas *m inv*, gorila *m*.
2 *n (attendant) persona encargada de cuidar algo*: she works as a child minder trabaja de niñera; machine minder vigilante de una máquina.

mindful ['maɪndfʊl] *adj fml* consciente (of, de).

mindless ['maɪndləs]
1 *adj (tedious)* monótono,-a, mecánico,-a.
2 *adj pej (senseless - behaviour)* absurdo, -a, estúpido,-a, carente de sentido; *(person)* - salvaje.
■ mindless violence violencia gratuita.

mind-reader ['maɪndriːdə'] *n* adivino,-a.

mind-reading ['maɪndriːdɪŋ] *n* adivinación *f* de pensamientos.

mine¹ [maɪn]
1 *n (gen)* mina.
2 *vt (coal, gold, etc)* extraer; *(area)* explotar.
3 *vt MIL* sembrar minas en, minar.
4 *vi* explotar una mina: they're mining for coal están explotando una mina de carbón, están buscando carbón.
✦ to be a mine of information ser una mina de información, ser un poso de información.
to go down the mine trabajar en las minas.
to work a mine explotar una mina.

mine² [maɪn] *pron* (el) mío, (la) mía, (los) míos, (las) mías, lo mío: hey! that's mine! ¡ey! ¡eso es mío!; here are your gloves but where are mine? aquí están tus guantes, ¿pero dónde están los míos?; a friend of mine un/una amigo,-a mío,-a; this money is mine este dinero es mío.

minefield ['maɪnfiːld] *n* campo de minas.

minelayer ['maɪnleɪə'] *n* minador *m*.

miner ['maɪnə'] *n* minero,-a.

mineral ['mɪnərəl]
1 *adj* mineral.
2 *n* mineral *m*.
■ mineral oil *GB* petróleo; *US* parafina líquida, aceite *m* de parafina.
mineral water agua mineral.

mineralisation [mɪnərəlaɪ'zeɪʃən] *n* → mineralization.

mineralise ['mɪnərəlaɪz] *vt* → mineralize.

mineralization [mɪnərəlaɪ'zeɪʃən] *n* mineralización *f*.

mineralize ['mɪnərəlaɪz] *vt* mineralizar.

mineralogical [mɪnərə'lɒdʒɪkəl] *adj* mineralógico,-a.

mineralogy [mɪnə'rælədʒɪ] *n* mineralogía.

minestrone [mɪnɪ'strəʊnɪ] *n* (sopa) minestrone *f*.

minesweeper ['maɪnswiːpə'] *n* dragaminas *m inv*.

mineworker ['maɪnwɜːkə'] *n* minero,-a.

mingle ['mɪŋgəl]
1 *vt* mezclar.
2 *vi (liquids)* mezclarse; *(sounds, smells, etc)* confundirse.
3 *vi (people)* circular, mezclarse con la gente.

mingy ['mɪndʒɪ] *adj GB fam (person)* tacaño,-a, roñoso,-a, rácano,-a; *(amount, portion)* miserable, mezquino,-a.
▲ *comp* mingier, *superl* mingiest.

mini ['mɪnɪ]
1 *n (car)* mini *m*.
2 *n (skirt)* minifalda, mini *f*.

miniature ['mɪnɪtʃə']
1 *n* miniatura.
2 *adj* (en) miniatura.
✦ in miniature en miniatura.
■ miniature artist miniaturista *mf*.
miniature golf minigolf *m*.

miniaturist ['mɪnɪtʃərɪst] *n* miniaturista *mf*.

miniaturisation [mɪnɪtʃəraɪ'zeɪʃən] *n* → miniaturization.

miniaturise ['mɪnɪtʃəraɪz] *vt* → miniaturize.

miniaturization [mɪnɪtʃəraɪ'zeɪʃən] *n* miniaturización *f*.

miniaturize ['mɪnɪtʃəraɪz] *vt* miniaturizar.

minibus ['mɪnɪbʌs] *n* microbús *m*.

minicab ['mɪnɪkæb] *n GB* taxi *m*.

minicomputer [mɪnɪkəm'pjuːtə'] *n* microordenador *m*.

minim ['mɪnɪm] *n GB* blanca.

minimal ['mɪnɪməl] *adj* mínimo,-a.

minimise ['mɪnɪmaɪz] *vt* → minimize.

minimize ['mɪnɪmaɪz]
1 *vt (reduce)* minimizar, reducir al mínimo.
2 *vt (play down)* minimizar, quitar importancia a.

minimum ['mɪnɪməm]
1 *adj* mínimo,-a.
2 *n* mínimo: try to walk for a minimum of thirty minutes intenta caminar durante un mínimo de treinta minutos; we must reduce costs to a minimum hay que reducir los gastos al mínimo; it'll cost a minimum of £200 costará como mínimo 200 libras.
■ minimum lending rate tipo de interés mínimo.
minimum wage salario mínimo.

mining ['maɪnɪŋ]
1 *n* minería, explotación *f* de minas: coal mining extracción de carbón.
2 *adj (area, town, industry)* minero,-a.

■ mining engineer ingeniero,-a de minas.

minion ['mɪnjən] *n pej* adlátere *mf*.

mini-roundabout [mɪnɪ'raʊndəbaʊt] *n AUTO* rotonda pequeña.

miniseries [mɪnɪ'sɪəriːz] *n TV* miniserie *f*.

miniskirt ['mɪnɪskɜːt] *n* minifalda.

minister ['mɪnɪstə']
1 *n (gen)* ministro,-a (for, de): Minister of Defence Ministro,-a de Defensa.
2 *n (diplomat)* ministro,-a plenipotenciario,-a.
3 *n GB (priest)* pastor,-ra.
4 *vi* atender (to, a), cuidar (to, a).
■ minister without portfolio ministro, -a sin cartera.

ministerial [mɪnɪ'stɪərɪəl] *adj* ministerial: ministerial crisis crisis de gobierno; ministerial office cargo de ministro.

ministry ['mɪnɪstrɪ]
1 *n (gen)* ministerio.
2 the ministry *n GB (priesthood)* el clero, la clerecía, el sacerdocio.
✦ to enter the ministry *(catholic)* hacerse sacerdote; *(protestant)* hacerse pastor, hacerse clérigo.
▲ *pl* ministries.

mink [mɪŋk] *n* visón *m*.
■ mink coat abrigo de visón.

minnow ['mɪnəʊ] *n* piscardo.

minor ['maɪnə']
1 *adj (unimportant)* menor; *(secondary)* secundario,-a: it caused minor damage ocasionó daños menores; he got a minor part in a film consiguió un papel secundario en una película; a minor operation una operación de poca importancia.
2 *adj MUS* menor: in a minor key en tono menor; in F minor en fa menor.
3 *n JUR* menor *mf*: he's a minor es menor de edad.
■ minor offence *JUR* delito de menor cuantía.
minor planet asteroide *m*.

Minorca [mɪ'nɔːkə] *n* Menorca.

Minorcan [mɪ'nɔːkən]
1 *adj* menorquín,-ina.
2 *n (person)* menorquín,-ina.

minority [maɪ'nɒrɪtɪ]
1 *n* minoría: a small minority spoilt the party una pequeña minoría estropeó la fiesta; only a minority of people don't have a TV solo una minoría de personas no tiene televisor.
2 *n JUR* minoría de edad.
3 *adj* minoritario,-a.
✦ to be in a minority estar en minoría.
■ religious minority minoría religiosa.
▲ *pl* minorities.

minster ['mɪnstə'] *n* iglesia importante, catedral *f*.

minstrel ['mɪnstrəl] *n* trovador *m*, juglar *m*.

mint¹ [mɪnt]
1 *n FIN (place)* casa de la moneda.

2 *n fam (large amount of money)* dineral *m*, fortuna.

3 *vt (coins, words)* acuñar.

✦ **in mint condition** en perfecto estado.

mint² [mɪnt]

1 *n BOT* menta.

2 *n (sweet)* caramelo de menta; *(chocolate)* bombón *m* de menta.

■ **mint sauce** salsa de menta.

minuet [mɪnjuˈet] *n* minué *m*.

minus [ˈmaɪnəs]

1 *prep MATH* menos: **four minus three equals one** cuatro menos tres es igual a uno.

2 *prep METEOR* bajo cero: **minus five degrees** cinco grados bajo cero.

3 *prep fam (without)* sin.

4 *adj* negativo,-a.

5 *n MATH* menos *m*.

6 *n (disadvantage)* desventaja, contra *m*.

■ **minus sign** signo de menos, menos *m*.

minuscule [ˈmɪnəskjuːl] *adj* minúsculo.

minute¹ [maɪˈnjuːt]

1 *adj (tiny)* diminuto,-a, minúsculo,-a.

2 *adj (precise, exact)* minucioso,-a, detallado,-a.

minute² [ˈmɪnɪt]

1 *n (of time)* minuto: **the train leaves at seven minutes past four** el tren sale a las cuatro y siete minutos; **it's a five minute walk** es un paseo de cinco minutos.

2 *n fam (moment)* momento; *(instant)* instante *m*: **I'll be back in a minute** ahora vuelvo, vuelvo en un momento; **hang on a minute** espera un momento; **this very minute** ahora mismo, este mismo instante.

3 *n (of angle)* minuto.

4 *vt (make note, record)* hacer constar en el acta.

5 minutes *npl (notes)* acta *f sing*, actas *fpl*.

✦ **(at) any minute now** en cualquier momento, de un momento a otro.

at the last minute en el último momento, a última hora.

the minute (that) en el momento en que.

to leave something till the last minute dejar algo para el último momento.

■ **minute book** libro de actas.
minute hand minutero.

minutiae [mɪˈnjuːʃiː] *npl* pequeños detalles *mpl*.

miracle [ˈmɪrəkəl]

1 *n (gen)* milagro: **it was a miracle she didn't fall** fue un milagro que no se cayera; **an economic miracle** un milagro económico.

2 *adj* milagroso,-a: **miracle drug** remedio milagroso.

✦ **to do/work miracles** hacer milagros.

■ **miracle play** auto.

miraculous [mɪˈrækjələs] *adj* milagroso,-a: **he made a miraculous recovery** su recuperación fue milagrosa; **we had a miraculous escape** nos salvamos de milagro.

miraculously [mɪˈrækjələslɪ] *adv* de milagro, milagrosamente.

mirage [mɪˈrɑːʒ] *n* espejismo.

Mirandize [mɪˈrændaɪz] *vt US* leer los derechos a.

mire [ˈmaɪəʳ]

1 *n (mud)* fango, lodo; *(muddy area)* lodazal *m*.

2 *n fig (unpleasant situation)* atolladero, lío, embrollo.

✦ **to drag somebody's name through the mire** manchar la reputación de alguien.

mirror [ˈmɪrəʳ]

1 *n (gen)* espejo: **stop looking at yourself in the mirror** deja de mirarte en el espejo.

2 *n fig* espejo, reflejo.

3 *vt* reflejar.

■ **driving mirror** espejo (retrovisor).
mirror image imagen *f* especular.

mirth [mɜːθ] *n (happiness)* alegría, regocijo; *(laughter)* risas *fpl*.

misadventure [mɪsədˈventʃəʳ] *n* desventura, desgracia.

■ **death by misadventure** *GB* muerte *f* accidental.

misanthrope [ˈmɪzənθrəup] *n* misántropo,-a.

misanthropic [mɪzənˈθrɒpɪk] *adj* misantrópico,-a.

misanthropist [mɪˈzænθrəpɪst] *n* misántropo,-a.

misanthropy [mɪˈzænθrəpɪ] *n* misantropía.

misapprehend [mɪsæprɪˈhend] *vt fml* entender mal, malinterpretar.

misapprehension [mɪsæprɪˈhenʃən] *n* malentendido, equivocación *f*.

✦ **to labour under a misapprehension** estar equivocado,-a, creer equivocadamente.

misappropriate [mɪsəˈprəuprɪeɪt] *vt* malversar.

misappropriation [mɪsəpəuprɪˈeɪʃən] *n* malversación *f*.

misbehave [mɪsbɪˈheɪv] *vi* portarse mal, comportarse mal.

misbehavior [mɪsbɪˈheɪvjəʳ] *n* → **misbehaviour**.

misbehaviour [mɪsbɪˈheɪvjəʳ] *n* mala conducta, mal comportamiento.

miscalculate [mɪsˈkælkjəleɪt]

1 *vt* calcular mal.

2 *vi* calcular mal.

miscalculation [mɪskælkjəˈleɪʃən] *n* error *m* de cálculo.

miscarriage [mɪsˈkærɪdʒ] *n MED* aborto (espontáneo).

■ **miscarriage of justice** *JUR* error *m* judicial.

miscarry [mɪsˈkærɪ]

1 *vi MED* abortar (espontáneamente), tener un aborto.

2 *vi (plans etc)* fracasar, frustrarse, malograrse.

3 *vi (letters etc)* extraviarse.

▲ *pt & pp* **miscarried**, *ger* **miscarrying**.

miscast [mɪsˈkɑːst] *vt* dar un papel poco apropiado a.

✦ **to be miscast** tener un papel poco apropiado.

▲ *pt & pp* **miscast**.

miscellaneous [mɪsɪˈleɪnɪəs] *adj (mixed, varied)* variado,-a, vario,-a, diverso,-a, misceláneo,-a: **miscellaneous goods** artículos diversos; **look in the box marked "miscellaneous"** mira en la caja que pone "varios".

miscellany [mɪˈselənɪ]

1 *n (mixture)* miscelánea.

2 *n (book)* antología.

▲ *pl* **miscellanies**.

mischance [mɪsˈtʃɑːns] *n fml* desgracia, mala suerte *f*.

mischief [ˈmɪstʃɪf]

1 *n (naughtiness)* travesura, diablura: **he's always getting into mischief** siempre anda metido en travesuras; **I know you're up to some mischief** sé que estás haciendo alguna travesura.

2 *n fml* daño, mal *m*.

✦ **to do oneself a mischief** hacerse daño.
to make mischief crear problemas.

mischievous [ˈmɪstʃɪvəs]

1 *adj (naughty - person)* travieso,-a; *(- look, grin, etc)* pícaro,-a.

2 *adj (causing harm)* malicioso,-a.

misconceived [mɪskənˈsiːvd] *adj (badly planned)* desacertado,-a, equivocado,-a, mal pensado,-a.

misconception [mɪskənˈsepʃən] *n* idea equivocada, idea falsa, concepto erróneo, concepto falso.

misconduct [mɪsˈkɒndʌkt]

1 *n (improper behaviour)* mala conducta.

2 *n (bad management)* mala administración *f*.

3 *vt* administrar mal.

■ **professional misconduct** falta de ética profesional.

misconstruction [mɪskənˈstrʌkʃən] *n* mala interpretación *f*.

✦ **to be open to misconstruction** poder interpretarse mal, poder malinterpretarse.

misconstrue [mɪskənˈstruː] *vt* interpretar mal, malinterpretar.

miscount [mɪsˈkaʊnt]

1 *vt* contar mal.

2 *n* cómputo erróneo.

misdeed [mɪsˈdiːd] *n fml* delito, fechoría.

misdemeanor [mɪsdɪˈmiːnəʳ] *n* → **misdemeanour**.

misdemeanour [mɪsdɪˈmiːnəʳ]

1 *n fam (misdeed)* fechoría.

2 *n JUR* delito menor.

misdirect [mɪsdaɪˈrekt]

1 *vt (letter)* poner mal las señas en.

2 *vt (person)* orientar mal a, informar mal a.

3 *vt (energy, talent, qualities, etc)* encaminar mal, encauzar mal; *(money)* emplear mal; *(funds)* malversar.

4 *vt JUR (inform incorrectly)* instruir mal.

miser ['maɪzəʳ] *n* avaro,-a.

miserable ['mɪzərəbəl]

1 *adj (person - unhappy)* abatido,-a, triste, deprimido,-a, infeliz; *(- bad-tempered)* antipático,-a.

2 *adj (place etc)* deprimente, triste; *(weather)* horrible, malísimo,-a.

3 *adj (paltry)* miserable, mezquino,-a, despreciable; *(pathetic)* lamentable: a miserable wage un sueldo mezquino.

miserably ['mɪzərəblɪ]

1 *adv (unhappily)* tristemente.

2 *adv (poorly)* miserablemente.

3 *adv (pathetically)* lamentablemente, de manera lamentable; *(badly)* pésimamente.

miserliness ['maɪzəlɪnəs] *n* avaricia, tacañería.

miserly ['maɪzəlɪ] *adj* avaro,-a, tacaño,-a, mezquino,-a.

misery ['mɪzərɪ]

1 *n (wretchedness, unhappiness)* desgracia, desdicha, tristeza.

2 *n (suffering)* sufrimiento, dolor *m*, suplicio.

3 *n (poverty)* pobreza, miseria.

4 *n fam (person)* amargado,-a.

✦ **to make somebody's life a misery** amargarle la vida a alguien.

to put somebody out of their misery no hacer esperar más a alguien: put me out of my misery and tell me what happened no me tengas más tiempo en ascuas y cuéntame lo que pasó.

to put an animal out of its misery sacrificar un animal.

▲ *pl* miseries.

misfire [mɪsˈfaɪəʳ] *vi* fallar.

misfit ['mɪsfɪt] *n (person)* inadaptado,-a.

misfortune [mɪsˈfɔːtʃən] *n* infortunio, desgracia, mala fortuna.

misgiving [mɪsˈgɪvɪŋ] *n (doubt)* duda, recelo; *(fear)* temor *m*; *(worry)* preocupación *f*: I had misgivings about lending him the money le presté el dinero con recelo, le presté el dinero pero no sin recelo.

misgovern [mɪsˈgʌvən] *vt* desgobernar.

misgovernment [mɪsˈgʌvənmənt] *n* desgobierno.

misguided [mɪsˈgaɪdɪd] *adj* desacertado,-a, equivocado,-a.

mishandle [mɪsˈhændəl] *vt (deal with badly)* llevar mal, manejar mal; *(treat roughly)* maltratar.

mishap ['mɪshæp] *n* percance *m*, contratiempo.

✦ **without mishap** sin contratiempo.

mishear [mɪsˈhɪəʳ]

1 *vt* oír mal, entender mal: I think I misheard you creo que te he oído bien.

2 *vi* oír mal.

▲ *pt & pp* **misheard** [mɪsˈhɛːd].

mishit [mɪsˈhɪt] *vt* golpear mal, dar mal a.

mishmash ['mɪʃmæʃ] *n fam* batiburrillo, mezcolanza.

misinform [mɪsɪnˈfɔːm] *vt* informar mal.

misinformation [mɪsɪnfəˈmeɪʃən] *n* información *f* errónea, información *f* falsa.

misinterpret [mɪsɪnˈtɜːprət] *vt (accidentally)* interpretar mal; *(deliberately)* tergiversar.

misinterpretation [mɪsɪntɜːprɪˈteɪʃən] *n (accidental)* mala interpretación *f*, *(deliberate)* tergiversación *f*.

misjudge [mɪsˈdʒʌdʒ]

1 *vt (person, situation)* juzgar mal.

2 *vt (distance, speed, etc)* calcular mal.

mislay [mɪsˈleɪ] *vt* extraviar, perder.

▲ *pt & pp* **mislaid** [mɪsˈleɪd], *ger* **mislaying**.

mislead [mɪsˈliːd]

1 *vt (muddle)* despistar; *(deceive)* engañar: we were misled into believing that the house was new nos engañaron haciéndonos creer que la casa era nueva.

2 *vt (lead in wrong direction)* llevar en dirección equivocada, enseñar el mal camino a.

3 *vt fig (lead astray)* llevar por mal camino.

4 *vt JUR* inducir a error.

✦ **to be misled** dejarse engañar.

to mislead somebody into doing something engañar a alguien para que haga algo.

▲ *pt & pp* **misled** [mɪsˈled], *ger* **misleading**.

misleading [mɪsˈliːdɪŋ] *adj* engañoso,-a, falso,-a.

mismanage [mɪsˈmænɪdʒ] *vt* dirigir mal, administrar mal.

mismanagement [mɪsˈmænɪdʒmənt] *n* mala administración *f*.

misogynist [mɪˈsɒdʒənɪst] *n* misógino,-a.

misogynous [mɪˈsɒdʒɪnəs] *adj* misógeno,-a.

misogyny [mɪˈsɒdʒənɪ] *n* misoginia.

misplace [mɪsˈpleɪs]

1 *vt (mislay)* perder, extraviar.

2 *vt (trust etc)* encauzar mal: your confidence in me is misplaced no merezco tu confianza.

3 *vt (put in wrong job)* colocar mal.

misplaced [mɪsˈpleɪst]

1 *adj (mislaid)* extraviado,-a, perdido,-a.

2 *adj (trust etc)* inapropiado,-a, equivocado,-a.

3 *adj (word, remark)* fuera de lugar; *(accent)* mal puesto,-a.

4 *adj (in wrong job)* mal colocado,-a.

misprint ['mɪsprɪnt]

1 *n* errata, error *m* de imprenta.

2 *vt* imprimir mal.

mispronounce [mɪsprəˈnaʊns] *vt* pronunciar mal.

mispronounciation [mɪsprənʌnsɪˈeɪʃən] *n* pronunciación *f* incorrecta.

misquotation [mɪskwəʊˈteɪʃən] *n* cita incorrecta.

misquote [mɪsˈkwəʊt] *vt (accidentally)* citar incorrectamente; *(deliberately)* distorsionar las palabras de.

misread [mɪsˈriːd]

1 *vt (read wrongly)* leer mal.

2 *vt (interpret wrongly)* interpretar mal, malinterpretar.

▲ *pt & pp* **misread** [mɪsˈred], *ger* **misreading**.

misrepresent [mɪsreprɪˈzent] *vt (person)* tergiversar la palabras de; *(words)* tergiversar, distorsionar; *(actions, facts)* deformar, falsear.

misrepresentation [mɪsreprɪzenˈteɪʃən] *n (of truth etc)* falsificación *f*, deformación *f*; *(of words etc)* tergiversación *f*, distorsión *f*.

miss[1] [mɪs]

1 *n* señorita: Miss Brown la señorita Brown.

2 *n (beauty contestant)* miss *f*: Miss World Miss Mundo.

miss[2] [mɪs]

1 *n (catch, hit, etc)* fallo; *(shot)* tiro errado.

2 *vt (not to hit, score, etc)* fallar; *(shot)* errar: he missed a penalty falló un penalti; she missed the target no dio en el blanco.

3 *vt (not catch)* perder: I missed the bus perdí el autobús; we've missed the train! ¡se nos ha escapado el tren!

4 *vt (not experience)* perderse: don't miss this concert! ¡no te pierdas este concierto!; he never misses a game nunca se pierde un partido; I wouldn't have missed this for the world! ¡no me hubiera perdido esto por nada del mundo!; you don't know what you're missing! ¡no sabes lo que te pierdes!

5 *vt (not see)* perderse: we missed each other in the crowd nos perdimos entre la muchedumbre; go straight ahead, you can't miss it sigue todo recto, no tiene pérdida; she doesn't miss anything no se le escapa nada.

6 *vt (avoid, escape)* evitar: we'll try to miss the rush hour intentaremos evitar la hora punta; that car just missed me! ¡por poco me atropella aquel coche!; that just missed your head! ¡por poco te da en la cabeza!

7 *vt (not attend - meeting etc)* no asistir a; *(- class, work)* faltar a.

8 *vt (omit, skip)* saltarse; *(disregard)* pasar por alto; *(overlook, fail to notice)* dejarse, dejar pasar: she missed a line se

saltó una línea; **look! you've missed a bit over there!** ¡mira! ¡te has dejado un trozo allí!

9 *vt (not understand)* no entender, no captar; *(not hear)* no oír: **you've missed the point** no has entendido la idea; **I missed the punch line** no oí la última frase.

10 *vt (opportunity, chance, bargain, etc)* perder, dejar pasar.

11 *vt (long for - person)* echar de menos; *(- place)* añorar: **she misses her family** echa de menos a su familia; **I miss playing with my nephews** echo de menos jugar con mis sobrinos.

12 *vt (discover loss of)* echar en falta.

13 *vi (catch, kick, etc)* fallar; *(shot)* errar el tiro.

14 *vi (engine)* fallar.

15 *vi (fail)* fallar.

▸ **to miss out**

1 *vt sep (omit, fail to include)* saltarse, omitir; *(overlook, disregard)* pasar por alto, dejarse: **hey! you've missed me out!** ¡ey! ¡me has saltado a mí!; **I think you've missed out a paragraph here** creo que te has dejado un párrafo aquí.

2 *vi (lose opportunity)* dejar pasar, perderse: **you missed out on a wonderful concert** te has perdido un concierto maravilloso; **he feels he's missing out** cree que se pierde algo.

✦ **a miss is as good as a mile** lo importante es que no pasó nada.

to be too good to miss ser demasiado bueno,-a como para perdérselo.

to give something a miss *(not do something)* pasar de hacer algo: **I think I'll give the pub a miss tonight** creo que voy a pasar de ir al pub esta noche.

to have a near miss escapar por los pelos, salvarse por los pelos.

to miss the boat *fig* perder el tren, perder la ocasión.

to not miss a trick no perderse ni una, no escapársele a alguien ni una.

■ **missed call** llamada perdida.

missal [ˈmɪsəl] *n* misal *m*.

misshapen [mɪsˈʃeɪpən] *adj (badly formed)* deforme; *(out of shape)* deformado,-a.

missile [ˈmɪsaɪl]

1 *n (explosive weapon)* misil *m*.

2 *n (object thrown)* proyectil *m*.

■ **missile launcher** lanzamisiles *m inv*.

missing [ˈmɪsɪŋ]

1 *adj (object - lost)* perdido,-a, extraviado,-a: **has the missing money turned up yet?** ¿ya ha aparecido el dinero que faltaba?

2 *adj (person - disappeared)* desaparecido,-a; *(- absent)* ausente: **she's been missing for a week** hace una semana que desapareció.

✦ **missing in action** desaparecido,-a en combate.

to be missing faltar: **is anything missing?** ¿falta algo?; **there's a page missing** falta una página.

to go missing desaparecer.

to report somebody missing dar parte de la desaparición de alguien.

■ **missing link** eslabón *m* perdido.

missing person desaparecido,-a.

mission [ˈmɪʃən]

1 *n (task)* misión *f*: **her mission in life was to help the poor** su misión en la vida era ayudar a los pobres; **he was sent on a peace mission** fue enviado en misión de paz.

2 *n REL* misión *f*.

3 *n (group of people)* delegación *f*, misión *f*: **a trade mission** una delegación comercial.

✦ **mission accomplished** misión cumplida.

■ **mission control** centro de control.

missionary [ˈmɪʃənərɪ]

1 *n* misionero,-a.

2 *adj* misionero,-a.

▲ *pl* **missionaries**.

Mississippi [mɪsɪˈsɪpɪ]

1 *n (river)* el Misisipí *m*.

2 *n (state)* Misisipí *m*.

missive [ˈmɪsɪv] *n* misiva.

misspell [mɪsˈspel] *vt (write)* escribir mal; *(say out loud)* deletrear mal.

▲ *pt & pp* **misspelled** *o* **misspelt** [mɪsˈspelt], *ger* **misspelling**.

misspend [mɪsˈspend] *vt (money)* malgastar; *(time)* desperdiciar, desaprovechar.

▲ *pt & pp* **misspent** [mɪsˈspent].

misspent [mɪsˈspent]

1 *pp* → **misspend**.

2 *adj (money)* malgastado,-a; *(time)* perdido,-a; *(youth)* disipado,-a.

missus [ˈmɪsɪz] *n fam (wife)* parienta.

mist [mɪst]

1 *n (gen)* neblina; *(sea)* bruma; *(haze)* calima.

2 *n (on window, mirror, etc)* vaho.

3 *n (fine spray of liquid)* vaporización *f*.

4 *n fig* velo: **she could hardly see through the mist of tears** apenas veía a través del velo de lágrimas.

5 *vt (plants)* pulverizar.

✦ **in the mists of time** en la noche de los tiempos.

▸ **to mist over/mist up**

1 *vi (windows, glasses, etc)* empañarse.

2 *vi (countryside)* cubrirse de neblina.

3 *vi fig (eyes)* llenarse de lágrimas, empañarse.

mistake [mɪsˈteɪk]

1 *n (error)* equivocación *f*, error *m*; *(in test)* falta; *(oversight)* descuido: **there must be some mistake** debe haber algún error; **it was a mistake to take so many clothes** fue un error llevar tanta ropa; **you're making a big mistake** cometes un gran error.

2 *vt (misunderstand)* entender mal; *(misinterpret)* interpretar mal.

3 *vt (confuse)* confundir (**for**, con), equivocarse: **he mistook me for my cousin** me confundió con mi prima; **there's no mistaking that laugh!** ¡esta risa es inconfundible!

✦ **and no mistake!** ¡y de eso no hay duda!

by mistake *(in error)* por error, por equivocación; *(unintentionally)* sin querer.

make no mistake about it! ¡que quede bien claro!

to make a mistake equivocarse, cometer un error.

▲ *pt* **mistook** [mɪsˈtʊk], *pp* **mistaken** [mɪsˈteɪkən].

mistaken [mɪsˈteɪkən]

1 *pp* → **mistake**.

2 *adj (wrong, incorrect)* equivocado,-a, erróneo,-a, falso,-a.

✦ **to be mistaken** equivocarse: **you're mistaken if you think you're going to get away with this** te equivocas si crees que vas a salir impune de esto; **if/unless I'm not mistaken** si no me equivoco.

■ **a case of mistaken identity** un error de identificación.

mistakenly [mɪsˈteɪkənlɪ] *adv* por error.

mister [ˈmɪstəʳ] *n* señor *m*.

mistime [mɪsˈtaɪm] *vt (do at wrong time)* calcular mal: **he mistimed his stroke and the ball went out** calculó mal el golpe y la pelota no entró.

mistimed [mɪsˈtaɪmd] *adj* inoportuno,-a.

mistle thrush [ˈmɪzəlθrʌʃ] *n* zorzal *m* charlo.

mistletoe [ˈmɪsəltəʊ] *n* muérdago.

mistook [mɪsˈtʊk] *pt* → **mistake**.

mistral [mɪsˈtrɑːl] *n* mistral *m*.

mistreat [mɪsˈtriːt] *vt* maltratar, tratar mal.

mistress [ˈmɪstrəs]

1 *n (owner - gen)* dueña, ama, señora; *(of dog)* ama, dueña.

2 *n (lover)* amante *f*, *(sweetheart)* querida.

3 *n GB (teacher - primary)* maestra; *(- secondary)* profesora.

✦ **to be mistress of the situation** dominar la situación.

to be one's own mistress ser dueña de sí misma.

mistrust [mɪsˈtrʌst]

1 *n* desconfianza, recelo.

2 *vt* desconfiar de, dudar de, recelar de.

mistrustful [mɪsˈtrʌstfʊl] *adj* desconfiado,-a, receloso,-a.

✦ **to be mistrustful of** desconfiar de, recelar de.

misty [ˈmɪstɪ]

1 *adj METEOR* neblinoso,-a: **it's misty hay** neblina.

2 *adj (window, glasses, etc)* empañado,-a.

3 *adj (eyes)* empañado,-a, lloroso,-a.

4 *adj (photograph)* movido,-a, borroso,-a; *(outline)* borroso,-a, difuso,-a.
5 *adj fig (memory)* borroso,-a.
▲ *comp* mistier, *superl* mistiest.

misunderstand [mɪsʌndə'stænd] *vt* *(gen)* entender mal, comprender mal; *(misinterpret)* malinterpretar.
▲ *pt & pp misunderstood* [mɪsʌndə'stʊd].

misunderstanding [mɪsʌndə'stændɪŋ] *n* malentendido (**about**, sobre).

misunderstood [mɪsʌndə'stʊd]
1 *pp* → **misunderstand**.
2 *adj (person)* incomprendido,-a.

misuse [mɪs'juːs]
1 *n (of tool, resources, word, etc)* mal uso, uso incorrecto; *(of funds)* malversación *f*, *(of power, authority)* abuso.
2 *vt (tool, resources, word, etc)* utilizar mal, emplear mal; *(funds)* malversar; *(power, authority)* abusar de.
▲ *(verbo)* [mɪs'juːz].

mite[1] [maɪt] *n (insect)* ácaro, acárido.

mite[2] [maɪt]
1 *n (small amount)* pizca, pelín *m*.
2 *n (small child)* chiquillo,-a, criatura.
3 a mite *adv* un poquito, un poquitín.

mitigate ['mɪtɪgeɪt] *vt* mitigar.

mitigating ['mɪtɪgeɪtɪŋ] *adj* mitigador,-ra.
▪ **mitigating circumstances** *JUR* circunstancias *fpl* atenuantes.

mitigation [mɪtɪ'geɪʃən] *n (alleviation)* mitigación *f*, *(extenuation)* atenuante *m*.
✦ **to plead something in mitigation** *JUR* alegar algo como atenuante.

mitre ['maɪtə']
1 *n REL* mitra.
2 *n TECH* inglete *m*.
3 *vt TECH* ingletear.
▪ **metre joint** inglete *m*.

mitt [mɪt]
1 *n* → **mitten**.
2 *n fam (hand)* manaza, manota.
▪ **baseball mitt** guante *m* de béisbol.
oven mitt manopla de cocina.

mitten ['mɪtən] *n (fingers covered)* manopla; *(fingers exposed)* mitón *m*.

mix [mɪks]
1 *n (mixture - gen)* mezcla.
2 *n CULIN* preparado.
3 *n MUS* mezcla.
4 *vt (combine)* mezclar, combinar: **mix the sugar with the butter** mezclar el azúcar con la mantequilla; **you shouldn't mix your drinks** no deberías mezclar las bebidas; **gradually mix in the milk** poco a poco vaya añadiendo la leche; **one can mix business with pleasure** se puede compaginar los negocios con la diversión.
5 *vt (make, prepare - plaster, cement)* amasar; *(- cocktail, salad, medicine)* preparar.
6 *vi (substances)* mezclarse.
7 *vi (clothes, colours, food)* combinar bien, ir bien juntos,-as.

8 *vi (people - come together)* mezclarse con la gente; *(- get on)* llevarse bien (**with**, con): **she made no attempt to mix at the party** no hizo ningún intento de mezclarse con la gente en la fiesta.
♦ **to mix up**
1 *vt sep (ingredients)* mezclar bien.
2 *vt sep (prepare)* preparar.
3 *vt sep (confuse)* confundir: **people often mix him up with his brother** la gente suele confundirlo con su hermano.
4 *vt sep (mess up, put in disorder)* desordenar, revolver, mezclar: **don't mix my papers up** no revuelvas mis papeles.

mixed [mɪkst]
1 *adj (of different kinds)* variado,-a: **mixed weather** tiempo variable; **mixed biscuits** galletas surtidas; **mixed salad** ensalada mixta, ensalada variada.
2 *adj (ambivalent)* desigual: **I have mixed feelings about it** me provoca sentimientos contradictorios; **the film received mixed reviews** la película tuvo críticas muy diversas.
3 *adj (for both sexes)* mixto,-a.
✦ **to be mixed up in something** estar metido,-a en algo, estar involucrado,-a en algo.
to be/get mixed up with somebody liarse con alguien, estar liado,-a con alguien.
to be/get all mixed up hacerse un lío, confundirse.
to get mixed up in something meterse en algo.
▪ **mixed bag** batiburrillo, mezcolanza, popurrí *m*.
mixed doubles dobles *mpl* mixtos.
mixed economy economía mixta.
mixed grill parrillada.
mixed marriage *(different races)* matrimonio interracial; *(different religions)* matrimonio interconfesional.

mixed-up [mɪkst'ʌp]
1 *adj (objects, papers, etc)* revuelto,-a.
2 *adj (person)* desconcertado,-a, desorientado,-a, hecho,-a un lío.

mixer ['mɪksə']
1 *n (for food)* batidora.
2 *n (drink)* refresco.
3 *n (for sound)* mezclador; *(person)* mezclador,-ra, sonido.
✦ **to be a good mixer** *(person)* ser sociable, llevarse bien con la gente.

mixing bowl ['mɪksɪŋbəʊl] *n (gen)* bol *m*, tazón *m*; *(earthenware)* cuenco.

Mixtec ['miːstek]
1 *n (person)* mixteca *mf*, mixteco,-a.
2 *n (language)* mixteca *m*, mixteco.

mixture ['mɪkstʃə']
1 *n (gen)* mezcla.
2 *n MED* preparado.
▪ **cough mixture** jarabe *m* para la tos.

mix-up ['mɪksʌp] *n fam (confusion)* lío, confusión *f*, enredo; *(misunderstanding)* malentendido.

mizzen ['mɪzən] *n* mesana.

mizzenmast ['mɪzənmɑːst] *n* palo de mesana.

ml[1] [maɪl] *abbr* (**mile**) milla.

ml[2] ['mɪlɪlɪtə'] *abbr* (**millilitre**) mililitro; *(abbreviation)* ml.

M Litt ['em'lɪt] *abbr* (**Master of Letters**) ≈ master en literatura.

mm ['mɪlɪmiːtə'] *symb* (**millimetre**) milímetro; *(abbreviation)* mm.

mnemonic [nə'mɒnɪk]
1 *adj* nemotécnico,-a, mnemotécnico,-a.
2 *n* frase *f* mnemotécnica.
3 mnemonics *npl* mnemotecnia *f sing*.

MO ['em'əʊ] *abbr* (**Medical Officer**) médico,-a militar.

mo [məʊ] *n GB fam* momentito.
▲ *pl* **mos**.

moan [məʊn]
1 *n (groan)* gemido, quejido.
2 *n (complaint)* queja, protesta.
3 *vi (groan)* gemir.
4 *vi (complain)* quejarse (**about**, de), protestar (**about**, por).
5 *vi fig (wind)* gemir.
6 *vt* gemir, decir gimiendo.

moaner ['məʊnə'] *n* quejica *mf*.

moaning ['məʊnɪŋ]
1 *n (groaning)* gemidos *mpl*.
2 *n (complaining)* quejas *fpl*.

moat [məʊt] *n* foso.

mob [mɒb]
1 *n (large crowd)* muchedumbre *f*, turba, multitud *f*.
2 *n (group of friends)* pandilla, grupo, peña.
3 *n pej (gang)* banda, pandilla.
4 *vt (crowd round)* acosar, rodear; *(attack)* asaltar, atacar: **the singer was mobbed by hysterical girls** el cantante fue rodeado por chicas histéricas.
5 the mob *n (common people)* el populacho.
6 the Mob *n US (mafia)* la mafia.
▪ **mob law/mob rule** ley *f* de la calle.
mob violence violencia callejera.
▲ *pt & pp* **mobbed**, *ger* **mobbing**.

mobile ['məʊbaɪl]
1 *adj (object, troops, etc)* móvil, movible.
2 *adj (face)* expresivo,-a.
3 *adj (person) varias traducciones*: **she'll soon be fully mobile** pronto podrá caminar con normalidad; **workers who are geographically mobile** trabajadores dispuestos a desplazarse; **now we're mobile!** ¡ya estamos motorizados!
4 *n (hanging ornament)* móvil *m*.
▪ **mobile home** caravana, remolque *m*.
mobile library biblioteca ambulante.
mobile phone teléfono móvil.

mobilisation [məʊbɪlaɪ'zeɪʃən] *n* → **mobilization**.

mobilise [ˈməʊbɪlaɪz] vt → **mobilize**.

mobility [məˈbɪlɪtɪ] n movilidad f.
- **mobility allowance** subsidio por minusvalía (para ayudar a las personas minusválidas a desplazarse).

mobilization [məʊbɪlaɪˈzeɪʃən] n movilización f.

mobilize [ˈməʊbɪlaɪz]
1 vt movilizar.
2 vi movilizarse.

mobster [ˈmɒbstəʳ] n gángster m, mafioso,-a.

moccasin [ˈmɒkəsɪn] n mocasín m.

mocha [ˈmɒkə] n moca.

mock [mɒk]
1 adj (object) de imitación.
2 adj (event) de prueba: a mock exam examen de prueba; a mock battle un simulacro de batalla.
3 adj (feeling) fingido,-a, simulado,-a; (modesty) falso,-a.
4 n (exam) examen m de prueba.
5 vt (laugh at, make fun of) burlarse de, mofarse de.
6 vt (imitate) imitar, remedar.
7 vt fml (defy contemptuously) desafiar, burlar; (frustrate) frustrar.
8 vi burlarse (at, de).
- **to make a mock of somebody/something** poner a alguien/algo en ridículo.

mockers [ˈmɒkəz] **to put the mockers on something** phr echar algo a perder, estropear algo.

mockery [ˈmɒkərɪ]
1 n (ridicule) burla, mofa.
2 n (farce) farsa; (travesty) parodia.
- **to make a mockery of something** poner algo en ridículo.

mocking [ˈmɒkɪŋ] adj burlón,-ona.

mockingbird [ˈmɒkɪŋbɜːd] n sinsonte m.

mock-up [ˈmɒkʌp] n (model) maqueta, modelo a escala.

MOD [ˈenəʊˈdiː] abbr GB (**Ministry of Defence**) Ministerio de Defensa.

mod [mɒd] n mod mf.

modal [ˈməʊdəl] adj modal.
- **modal auxiliary** auxiliar m modal.
  modal auxiliary verb verbo auxiliar modal.
  modal verb verbo modal.

mod cons [mɒdˈkɒnz] npl GB fam cons.

mode [məʊd]
1 n fml (means) medio; (manner, way) modo: mode of transport medio de transporte.
2 n (fashion) moda.
3 n MUS modo.
4 n MATH modo.

model [ˈmɒdəl]
1 n (small representation) modelo, maqueta: he made a model of the Eiffel Tower hizo una maqueta de la Torre Eiffel.
2 n (design) modelo, patrón m.

---

3 n (type of car etc) modelo: the latest model el último modelo.
4 n (perfect example) modelo, pauta: I'll use yours as a model utilizaré el tuyo como modelo; based on the American model of democracy basado en el modelo democrático americano; a role model un modelo de comportamiento.
5 n (fashion model) modelo mf, maniquí mf; (artist's model) modelo mf.
6 adj (miniature) en miniatura, a escala; (toy) de juguete: model aeroplane aeromodelo.
7 adj (exemplary) ejemplar; (ideal) modelo: model student estudiante ejemplar; model husband marido modelo; a model prison una cárcel modelo.
8 vt (clay etc) modelar.
9 vt (clothes) presentar, vestir, modelar.
10 vi (clay etc) modelar.
11 vi (work as fashion model) trabajar de modelo.
- **to model on** vt insep (form as copy of) inspirarse en.
- **to model oneself on/upon somebody** seguir el ejemplo de alguien.
▲ pt & pp **modelled** (US **modeled**), ger **modelling** (US **modeling**).

modeller [ˈmɒdələʳ] n (of small representations) maquetista mf; (of clay) modelador,-ra.

modelling [ˈmɒdəlɪŋ]
1 n (of clay) modelado; (of small representations) modelismo.
2 n (of fashion) profesión f de modelo: I did some modelling trabajé de modelo.

modem [ˈməʊdem] n COMPUT modem m.

moderate [ˈmɒdərət]
1 adj (average) mediano,-a, regular: moderate size tamaño mediano; moderate speed velocidad regular.
2 adj (not extreme) moderado,-a; (reasonable) razonable: moderate views opiniones moderadas; moderate behaviour comportamiento razonable.
3 adj (price) módico,-a.
4 adj (weather) templado,-a; (sea) rizado,-a; (wind) moderado,-a.
5 adj (talent, ability, performance) mediocre, regular.
6 n POL moderado,-a.
7 vt moderar.
8 vi (pain) aliviarse, calmarse.
9 vi (wind, storm) amainar, calmarse.
10 vi (act as moderator) hacer de moderador,-ra.
- **to be a moderate drinker** beber con moderación.

moderately [ˈmɒdərətlɪ]
1 adv (not very) medianamente, bastante.
2 adv (to a moderate degree) con moderación.

---

moderation [mɒdəˈreɪʃən] n moderación f.
- **in moderation** con moderación.

moderator [ˈmɒdəreɪtəʳ] n (in debate) moderador,-ra.

modern [ˈmɒdən]
1 adj (up-to-date) moderno,-a.
2 adj (history, literature, etc) contemporáneo,-a.
- **modern language** lengua moderna.

modern-day [ˈmɒdəndeɪ] adj moderno,-a, actual, de hoy en día.

modernisation [mɒdənaɪˈzeɪʃən] n → **modernization**.

modernise [ˈmɒdənaɪz] vt → **modernize**.

modernism [ˈmɒdənɪzəm] n modernismo.

modernist [ˈmɒdənɪst]
1 adj modernista.
2 n modernista mf.

modernity [məˈdɜːnɪtɪ] n modernidad f.

modernization [mɒdənaɪˈzeɪʃən] n modernización f.

modernize [ˈmɒdənaɪz]
1 vt modernizar.
2 vi modernizarse.

modest [ˈmɒdɪst]
1 adj (person - unassuming) modesto,-a, humilde; (- shy) tímido,-a.
2 adj (not large - house, income, etc) modesto,-a; (- improvement, increase) modesto,-a; (- price) módico,-a; (- demand, ambition) moderado,-a; (- rise, success) discreto,-a, moderado,-a.
3 adj dated (chaste) púdico,-a, recatado,-a.

modestly [ˈmɒdɪstlɪ] adv modestamente.

modesty [ˈmɒdɪstɪ]
1 n (humility) modestia, humildad f.
2 n (chastity) pudor m, recato.

modicum [ˈmɒdɪkəm] n (small amount) atisbo, mínimo (of, de): a modicum of sense un mínimo de sentido común.

modification [mɒdɪfɪˈkeɪʃən] n modificación f.

modifier [ˈmɒdɪfaɪəʳ] n modificador m.

modify [ˈmɒdɪfaɪ]
1 vt (change) modificar.
2 vt (moderate) moderar.
3 vt LING modificar.
▲ pt & pp **modified**, ger **modifying**.

modular [ˈmɒdjʊləʳ] adj modular.

modulate [ˈmɒdjəleɪt] vt modular.

modulation [mɒdjəˈleɪʃən] n modulación f.

module [ˈmɒdjuːl] n módulo.

Mogadiscio [mɒgəˈdɪʃɪəʊ] n Mogadiscio.

Mogadishu [mɒgəˈdɪʃuː] n Mogadishu.

mogul [ˈməʊgʌl] n magnate m.

mohair [ˈməʊheəʳ] n mohair m.

Mohican [məʊ'hi:kən] *n* mohicano,-a.

moist [mɔɪst] *adj (damp)* húmedo,-a; *(slightly wet)* ligeramente mojado,-a: the soil must be kept moist la tierra debe mantenerse húmeda; a moist sponge cake un bizcocho tierno.

moisten ['mɔɪsən]
1 *vt (dampen)* humedecer; *(wet)* mojar ligeramente.
2 *vi (eyes)* llenarse de lágrimas.

moisture ['mɔɪstʃəʳ]
1 *n (dampness)* humedad *f*.
2 *n (on glass)* vaho.

moisturise ['mɔ:stʃəraɪz] *vt* → **moisturize.**

moisturiser ['mɔɪstʃəraɪzəʳ] *n* → **moisturizer.**

moisturize ['mɔ:stʃəraɪz] *vt* hidratar.

moisturizer ['mɔɪstʃəraɪzəʳ] *n* hidratante *m*.

moisturizing ['mɔ:stʃəraɪzɪŋ] *adj* hidratante.
■ **moisturizing cream** crema hidratante.

molar ['məʊləʳ] *n* muela.

molasses [mə'læsɪz] *n* melaza.

mold [məʊld] *n US* → **mould.**

Moldavia [mɒl'deɪvɪə] *n* Moldavia.

Moldavian [mɒl'deɪvɪən]
1 *adj* moldavo,-a.
2 *n* moldavo,-a.

molder ['məʊldəʳ] *vi US* → **moulder.**

molding ['məʊldɪŋ] *n US* → **moulding.**

Moldova [mɒl'dəʊvə] *n* Moldova.

moldy ['məʊldɪ] *adj US* → **mouldy.**
▲ *comp* **moldier,** *superl* **moldiest.**

mole¹ [məʊl] *n (on skin)* lunar *m*.

mole² [məʊl]
1 *n ZOOL* topo.
2 *n fam (spy)* topo *mf*, espía *mf*.

molecular [mə'lekjʊləʳ] *adj* molecular.

molecule ['mɒlɪkju:l] *n* molécula.

molehill ['məʊlhɪl] *n* topera.
✦ **to make a mountain out of a molehill** hacer una montaña de un grano de arena.

molest [mə'lest]
1 *vt (trouble, annoy)* importunar, molestar; *(pester)* hostigar, acosar.
2 *vt (attack - person)* atacar, asaltar; *(- dog)* perseguir, atacar.
3 *vt (sexually)* abusar sexualmente.

mollify ['mɒlɪfaɪ] *vt* aplacar, apaciguar, calmar.
▲ *pt & pp* **mollified,** *ger* **mollifying.**

mollusc ['mɒləsk] *n* molusco.

mollycoddle ['mɒlɪkɒdəl] *vt fam* mimar, consentir.

Molotov cocktail [mɒlətɒf'kɒkteɪl] *n* cóctel *m* Molotov.

molt [məʊlt] *vi US* → **moult.**

molten ['məʊltən] *adj* fundido,-a, derretido,-a: molten lava lava líquida.

mom [mɒm] *n US fam* mamá *f*.

moment ['məʊmənt] *n (instant)* momento, instante *m*: it won't take a moment solo será un momento; just a moment un momentito; I didn't believe that story for a moment no me creí ese cuento ni por un momento; just at that moment the phone rang justo en aquel instante sonó el teléfono; he's just this moment come in acaba de entrar ahora mismo; you have to pick the right moment tienes que escoger el momento oportuno.
✦ **at any moment** de un momento a otro, en cualquier momento.
at the moment en este momento.
at the last moment a última hora.
for the moment de momento, por el momento.
in a moment dentro de un momento.
on the spur of the moment sin pensarlo, a bote pronto.
the moment (that) ... en cuanto ...
to have its moments tener momentos buenos.
■ **the moment of truth** la hora de la verdad.

momentarily [məʊmən'terəlɪ]
1 *adv (for a short time)* momentáneamente.
2 *adv US (very soon)* dentro de un momento.

momentary ['məʊməntərɪ] *adj* momentáneo,-a, breve.

momentous [mə'mentəs] *adj* trascendental, de suma importancia.

momentum [mə'mentəm]
1 *n PHYS* momento.
2 *n (impetus)* ímpetu *m*, impulso.
✦ **to gather momentum** cobrar velocidad.

mommy ['mɒmɪ] *n US fam* mamá.
▲ *pl* **mommies.**

Mon ['mʌndɪ] *abbr* (**Monday**) lunes *m*; *(abbreviation)* lun.

Monaco ['mɒnəkəʊ] *n* Mónaco.

monarch ['mɒnək] *n* monarca *m*.

monarchical [mə'nɑ:kɪkəl] *adj* monárquico,-a.

monarchism ['mɒnəkɪzəm] *n* monarquismo.

monarchist ['mɒnəkɪst] *n* monárquico,-a.

monarchy ['mɒnəkɪ] *n* monarquía.
▲ *pl* **monarchies.**

monastery ['mɒnəstərɪ] *n* monasterio.
▲ *pl* **monasteries.**

monastic [mə'næstɪk] *adj* monástico,-a.

Monday ['mʌndɪ] *n* lunes *m inv*.
▲ *Para ejemplos de uso, véase* **Saturday.**

Monegasque ['mɒnəgæsk]
1 *n* monegasco,-a.
2 *n* monegasco,-a.

monetarism ['mʌnɪtərɪzəm] *n* monetarismo.

monetarist ['mʌnɪtərɪst]
1 *adj* monetarista.
2 *n* monetarista *mf*.

monetary ['mʌnɪtərɪ] *adj* monetario,-a.

money ['mʌnɪ]
1 *n (gen)* dinero: how much money have you got? ¿cuánto dinero tienes?; I want my money back quiero que me devuelvan el dinero; careful! that's worth a lot of money ¡cuidado! eso vale mucho dinero; I paid good money for that eso me ha costado mucho dinero.
2 *n (currency)* moneda: I've only got Spanish money solo tengo moneda española.
3 **moneys/monies** *npl JUR arch* dinero.
✦ **for my money ...** en mi opinión ..., para mí ...: for my money, this is the best car on the road para mí, este es el mejor coche que hay.
it's money for old rope es dinero regalado.
money is the root of all evil el dinero es el origen de todos los males.
money makes the world go round el dinero mueve el mundo.
money talks poderoso caballero es don Dinero.
there's money in something algo es un buen negocio, dar algo mucho dinero: there's money in scrap metal la chatarra da mucho dinero; there's no money in teaching nunca te harás rico dando clase.
to be in the money ser rico,-a.
to be made of money estar forrado,-a de dinero.
to be rolling in money estar forrado,-a de dinero.
to come into money heredar una suma de dinero.
to get one's money's worth sacar partido del dinero.
to have money to burn tener dinero de sobra.
to make money *(person)* ganar dinero, hacer dinero; *(business)* dar dinero.
to put money into something invertir en algo.
to put money on something apostar por algo.
to put one's money where one's mouth is obrar de acuerdo con lo que uno dice.
your money or your life! ¡la bolsa o la vida!
■ **money market** mercado financiero.
money order giro postal.
money supply masa monetaria.

moneybags ['mʌnɪbægz] *n fam* ricachón,-ona.

moneybox ['mʌnɪbɒks] *n* hucha.

moneychanger ['mʌnɪθseɪndʒəʳ] *n* cambiante *mf*, cambista *mf*.

moneyed ['mʌnɪd] *adj* adinerado,-a, rico,-a.

money-grubber [ˈmʌnɪgrʌbə'] *n sl* pesetero,-a, avaro,-a.

money-grubbing [ˈmʌnɪgrʌbə'] *adj sl* pesetero,-a, avaro,-a.

moneylender [ˈmʌnɪlendə'] *n* prestamista *mf*.

moneylending [ˈmʌnɪlendɪŋ] *n* préstamo.

moneymaker [ˈmʌnɪmeɪkə'] *n (gen)* cosa lucrativa, cosa que da mucho dinero; *(product)* producto rentable; *(business)* negocio rentable.

moneymaking [ˈmʌnɪmeɪkɪŋ] *adj* rentable, lucrativo,-a.

money-spinner [ˈmʌnɪspɪnə'] *n GB fam* negocio rentable.

Mongol [ˈmɒŋgɒl] *n* mongol,-la, mogol, -la.

Mongolia [mɒŋˈgəʊlɪə] *n* Mongolia.

Mongolian [mɒŋˈgəʊlɪən]
1 *adj* mongol,-la, mogol,-la.
2 *n (person)* mongol,-la, mogol,-la.
3 *n (language)* mongol *m*, mogol *m*.

mongolism [ˈmɒŋgəlɪzəm] *n taboo* mongolismo.

mongoose [ˈmɒŋguːs] *n* mangosta.

mongrel [ˈmʌŋgrəl] *n (dog)* perro cruzado, perro mestizo.

monied [ˈmʌnɪd] *adj dated* rico,-a, adinerado,-a.

monitor [ˈmɒnɪtə']
1 *n (screen)* monitor *m*.
2 *n RAD (person)* escucha *mf*.
3 *n (school pupil)* responsable *mf*, encargado,-a.
4 *n (lizard)* varano.
5 *vt RAD (listen to)* escuchar.
6 *vt (check)* controlar; *(follow)* seguir de cerca; *(watch)* observar.

monitoring [ˈmɒnɪtərɪŋ]
1 *n (of radio broadcast)* escucha.
2 *n (checking)* control *m*, seguimiento.

monk [mʌŋk] *n* monje *m*.

monkey [ˈmʌŋkɪ]
1 *n (gen)* mono,-a; *(long-tailed)* mico,-a.
2 *n fam (child)* diablillo, pillo,-a.
▸ **to monkey about/monkey around** *vi* hacer tonterías, hacer el tonto.
to monkey about with *vt insep* juguetear con.
✦ **not to give a monkey's** importarle a uno un rábano, importarle a uno un pepino.
to make a monkey (out) of somebody poner a alguien en ridículo.
■ **monkey business** *(mischief)* travesuras *fpl*; *(swindle)* trampas *fpl*.
monkey tricks travesuras *fpl*.
monkey nut cacahuete *m*.
monkey puzzle (tree) araucaria.
monkey wrench llave *f* inglesa.

monkish [ˈmʌŋkɪʃ] *adj* monacal.

mono [ˈmɒnəʊ]
1 *n fam* mono, monofonía.
2 *adj fam* mono, monofónico,-a.

monochromatic [mɒnəʊkrəˈmætɪk] *adj* monocromático,-a.

monochrome [ˈmɒnəkrəʊm]
1 *adj (one colour)* monocromo,-a.
2 *adj (black and white)* en blanco y negro.
3 *n* monocromía.

monocle [ˈmɒnəkəl] *n* monóculo.

monocotyledon [mɒnəʊkɒtɪˈliːdən] *n* monocotiledóneo.

monocotyledonous [mɒnəʊkɒtɪˈliːdənəs] *adj* monocotiledóneo,-a.

monocular [mɒnˈɒkjʊlə'] *adj* monocular.

monoculture [ˈmɒnəʊkʌltʃə'] *n* monocultura.

monogamist [mɒˈnɒgəmɪst] *n* monógamo,-a.

monogamous [məˈnɒgəməs] *adj* monógamo,-a.

monogamy [məˈnɒgəmɪ] *n* monogamia.

monogram [ˈmɒnəgræm] *n* monograma *m*.

monograph [ˈmɒnəgrɑːf] *n* monografía.

monographic [mɒnəˈgræfɪk] *adj* monográfico,-a.

monolingual [mɒnəˈlɪŋgwəl] *adj* monolingüe.

monolith [ˈmɒnəlɪθ] *n* monolito.

monolithic [mɒnəˈlɪθɪk] *adj* monolítico,-a.

monologue [ˈmɒnəlɒg] *n* monólogo.

monomania [mɒnəʊˈmeɪnɪə] *n* monomanía.

monomaniac [mɒnəʊˈmeɪnɪæk] *n* monomaníaco,-a.

monoplane [ˈmɒnəpleɪn] *n* monoplano.

monopolisation [mənɒpəlaɪˈzeɪʃən] *n* → **monopolization.**

monopolise [məˈnɒpəlaɪz] *vt* → **monopolize.**

monopolist [məˈnɒpəlɪst] *n* monopolista *mf*.

monopolistic [mənɒpəˈlɪstɪk] *adj* monopolista.

monopolization [mənɒpəlaɪˈzeɪʃən] *n* monopolización *f*.

monopolize [məˈnɒpəlaɪz]
1 *vt (gen)* monopolizar.
2 *vt fig (attention etc)* acaparar, monopolizar.

monopoly [məˈnɒpəlɪ] *n* monopolio.
▲ *pl* **monopolies.**

monorail [ˈmɒnəʊreɪl] *n* monorraíl *m*, monocarril *m*.

monosyllabic [mɒnəsɪˈlæbɪk]
1 *adj (word)* monosílabo,-a.
2 *n (answer etc)* monosilábico,-a.

monosyllable [ˈmɒnəsɪləbəl] *n* monosílabo.

monotheism [ˈmɒnəʊθiːɪzəm] *n* monoteísmo.

monotheist [ˈmɒnəʊθiːɪst] *n* monoteísta *mf*.

monotheistic [mɒnəʊθiˈɪstɪk] *adj* monoteísta.

monotone [ˈmɒnətəʊn]
1 *n* tono monocorde.
2 *adj* monótono,-a.
✦ **to speak in a monotone** hablar con voz monótona.

monotonous [məˈnɒtənəs] *adj* monótono,-a.

monotony [məˈnɒtənɪ] *n* monotonía.

monoxide [məˈnɒksaɪd] *n* monóxido.

monsoon [mɒnˈsuːn]
1 *n (wind)* monzón *m*.
2 *n (rainy season)* estación *f* lluviosa, estación *f* de las lluvias.
■ **monsoon rains** lluvias *fpl* monzónicas.

monster [ˈmɒnstə']
1 *n (gen)* monstruo.
2 *adj fam (huge)* enorme, gigantesco,-a.

monstrosity [mɒnˈstrɒsətɪ] *n* monstruosidad *f*.
▲ *pl* **monstrosities.**

monstrous [ˈmɒnstrəs]
1 *adj (huge)* enorme, gigantesco,-a.
2 *adj (hideous)* monstruoso,-a.
3 *adj (shocking)* escandaloso,-a, atroz, monstruoso,-a.

montage [ˈmɒntɑːʒ] *n* montaje *m*.

Monte Carlo [mɒntɪˈkɑːləʊ] *n* Montecarlo.

Montenegrin [mɒntɪˈniːgrɪn]
1 *adj* montenegrino,-a.
2 *n* montenegrino,-a.

Montenegro [mɒntɪˈniːgrəʊ] *n* Montenegro.

month [mʌnθ]
1 *n* mes *m*: I'm going on holiday at the end of the month me voy de vacaciones a final de mes; the baby's 18 months old el bebé tiene 18 meses; she earns £800 a month gana 800 libras al mes; he got six months for theft lo condenaron a seis meses de cárcel por robo.
2 **months** *npl (ages)* siglos *mpl*: it took months before I found a flat tardé siglos en encontrar un piso.
✦ **in a month of Sundays** desde hace mucho tiempo: I haven't been out in a month of Sundays hace mucho que no salgo de casa.
month in, month out mes tras mes.
■ **calendar month** mes *m* civil.

monthly [ˈmʌnθlɪ]
1 *adj* mensual.
2 *adv* mensualmente, cada mes.
3 *n (magazine)* revista mensual.
■ **monthly instalment/payment** mensualidad *f*.
monthly season ticket *(rail)* abono mensual.

monument [ˈmɒnjəmənt] n monumento (**to**, a).

monumental [mɒnjəˈmentəl]
1 adj (gen) monumental.
2 adj fam (lie, blunder, etc) garrafal, monumental.
■ **monumental mason** marmolista mf.

moo [muː]
1 n (of cow) mugido.
2 vi mugir.
▲ pt & pp **mooed**, ger **mooing**.

mooch [muːtʃ] vt US fam (cadge) gorrear (**off/from**, a).
▶ **to mooch about/mooch around** vi dar vueltas, deambular: she just mooches round the house all day no hace más que dar vueltas por la casa todo el día.

mood[1] [muːd] n LING modo.

mood[2] [muːd]
1 n (humour) humor m: her moods change very quickly cambia de humor de repente.
2 n (bad temper) mal humor m: he's in a mood está de malas.
3 n (atmosphere) atmósfera, ambiente m: amid a mood of rising tension en medio de una atmósfera de crispación creciente.
◆ **to be in a good/bad mood** estar de buen/mal humor.
to be in no mood for something no estar para algo.
to be in the mood for something tener ganas de algo, estar de humor para algo.

moodiness [ˈmuːdɪnəs] n (changeable moods) cambios mpl de humor; (bad mood) mal humor m; (depression) depresión f.

moody [ˈmuːdɪ]
1 adj (bad-tempered) malhumorado,-a, de mal humor; (sad, gloomy) deprimido,-a, triste.
2 adj (changeable) de humor cambiadizo, lunático,-a, temperamental.
▲ comp **moodier**, superl **moodiest**.

moon [muːn]
1 n luna: full moon luna llena.
2 adj lunar.
▶ **to moon about/moon around** vi dar vueltas, deambular.
to moon over vt insep soñar con, fantasear sobre.
◆ **many moons ago** años ha.
to be over the moon estar en el séptimo cielo, no caber en sí.
to ask for the moon/want the moon pedir peras al olmo, pedir la luna.
■ **moon boot** moon boot m.
moon landing alunizaje m.

moonbeam [ˈmuːnbiːm] n rayo de luna.

moonless [ˈmuːnləs] adj sin luna.

moonlight [ˈmuːnlaɪt]
1 n claro de luna, luz f de luna: **by/in the moonlight** a la luz de la luna.

2 adj (night) de luna.
3 vi fam estar pluriempleado,-a.
◆ **to do a moonlight flit** largarse a la chita callando.
▲ pt & pp **moonlighted**.

moonlighter [ˈmuːnlaɪtəʳ] n fam pluriempleado,-a.

moonlighting [ˈmuːnlaɪtɪŋ] n fam pluriempleo.

moonlit [ˈmuːnlɪt] adj (landscape etc) iluminado,-a por la luna; (night) de luna.

moonshine [ˈmuːnʃaɪn]
1 n (nonsense) bobadas fpl, pamplinas fpl.
2 n US (alcohol) licor m ilegalmente destilado.

moonstruck [ˈmuːnstrʌk] adj tocado, -a, trastornado,-a, lunático,-a.

Moor [mʊəʳ] n moro,-a.

moor[1] [mʊəʳ]
1 n (heath) brezal m.
2 moors npl páramo m sing.

moor[2] [mʊəʳ]
1 vt (with rope) amarrar; (with anchor) anclar.
2 vi (with anchor) anclar; (with rope) echar amarras.

moorhen [ˈmʊəhen] n polla de agua.

mooring [ˈmʊərɪŋ]
1 n (place) amarradero.
2 moorings npl (ropes etc) amarras fpl.

Moorish [ˈmʊərɪʃ] adj moro,-a.

moorland [ˈmʊələnd] n páramo.

moose [muːs] n alce m.

moot [muːt] vt fml (raise, propose, suggest) plantear, proponer, sugerir: the idea of moving had been mooted before ya se había planteado la idea de mudarnos.
◆ **to be a moot point/question** ser discutible.

mop [mɒp]
1 n (for floor) fregona.
2 n fam (of hair) mata de pelo.
3 vt (floor) fregar, limpiar.
4 vt (brow, tears) enjugarse (**with**, con), secarse.
▶ **to mop up**
1 vt sep (spilt liquid) enjugar, limpiar.
2 vt sep GB (sauce, gravy) mojar.
3 vt sep (complete, deal with) acabar con.
4 vt sep (funds, profits) absorber, llevarse.
5 vt sep MIL (eliminate remaining forces) acabar con.
◆ **to give something a mop** pasar la fregona por algún lugar.
▲ pt & pp **mopped**, ger **mopping**.

mope [məʊp] vi estar abatido,-a, estar deprimido,-a.
▶ **to mope about/mope around** vi andar abatido,-a, andar deprimido,-a.

moped [ˈməʊped] n ciclomotor m.

mopping-up [mɒpɪŋˈʌp] n MIL limpieza.
■ **mopping-up operation** operación f de limpieza.

moraine [mɒˈreɪn] n morrena.

moral [ˈmɒrəl]
1 adj moral: **on moral grounds** por motivos morales.
2 adj (person) virtuoso,-a, moral.
3 n (of story) moraleja.
4 morals npl moral f sing, moralidad f sing.
■ **moral fibre** nervio, carácter m.
moral support apoyo moral.
moral victory victoria moral.
the Moral Majority US grupo que defiende los valores tradicionales cristianos.

morale [məˈrɑːl] n moral f, estado de ánimo: the victory has boosted the team's morale la victoria ha levantado la moral del equipo.

moralise [ˈmɒrəlaɪz] vi → **moralize**.

moralist [ˈmɒrəlɪst] n moralista mf.

moralistic [mɒrəˈlɪstɪk] adj moralizador,-ra.

morality [məˈrælɪtɪ] n moralidad f, moral f.

moralize [ˈmɒrəlaɪz] vi moralizar.

morally [ˈmɒrəlɪ] adv moralmente: morally right/wrong moral/inmoral.

morass [məˈræs]
1 n (marsh) cenagal m, ciénaga.
2 n fig cenagal m, lío, maraña: we got bogged down in a morass of paperwork nos atascamos en un lío de papeles.

moratorium [mɒrəˈtɔːrɪəm] n moratoria.
▲ pl **moratoria** [mɒrəˈtɔːrɪə].

morbid [ˈmɔːbɪd]
1 adj (mind, ideas) morboso,-a, enfermizo,-a; (curiosity) malsano,-a: don't be so morbid no seas tan morboso.
2 adj MED mórbido,-a.

morbidity [mɔːˈbɪdətɪ] n (gen) morbosidad f, (sick interest) morbo.

mordacity [mɒˈdæsɪtɪ] n mordacidad f.

mordant [ˈmɔːdənt] adj fml mordaz.

more [mɔːʳ]
1 adj más: more than half an hour más de media hora; do you want some more wine? ¿quieres más vino?; there were no more than twenty people no había más de veinte personas; no more tears! ¡basta de llorar!
2 pron más: we need some more necesitamos más; I can't eat any more no puedo (comer) más; it's more than enough sobra y basta; we've got no more coffee no nos queda más café; there's more to life than work hay cosas más importantes en la vida que el trabajo.
3 adv más: it's more expensive es más caro; I don't live there any more ya no vivo allí; I won't do it any more no lo volveré a hacer; I couldn't agree more estoy totalmente de acuerdo.
◆ **more and more** cada vez más.

more or less *(approximately)* más o menos; *(almost)* casi.
the more …, the more … cuanto más …, más …
the more …, the less … cuanto más …, menos …
to be more than happy to do something hacer algo con mucho gusto.
to see more of somebody ver a alguien más a menudo.
what is more además, lo que es más.
▲ *Véanse también* **many** *y* **much.**

moreish [ˈmɔːrɪʃ] *adj GB fam (very tasty)* vicioso,-a: **this wine's rather moreish** es difícil tomarse solo una copa de este vino.

morel [ˈmɒrəl] *n* colmenilla.

morello [meˈreləʊ] *n* guinda.
▲ *pl* **morellos.**

moreover [mɔːˈrəʊvəʳ] *adv fml* además, por otra parte.

mores [ˈmɔːreɪz] *npl fml* costumbres *fpl*, tradiciones *fpl*.

morganatic [mɔːgəˈnætɪk] *adj* morganático,-a.

morgue [mɔːg] *n* depósito de cadáveres.

moribund [ˈmɒrɪbʌnd] *adj* moribundo,-a.

Mormon [ˈmɔːmən]
1 *adj* mormón,-ona.
2 *n* mormón,-ona.

Mormonism [ˈmɔːmənɪzəm] *n* mormonismo.

morning [ˈmɔːnɪŋ]
1 *n (gen)* mañana; *(early)* madrugada: **what are you doing this morning?** ¿qué vas a hacer esta mañana?; **I usually go shopping in the morning** suelo ir a comprar por la mañana; **he came home at three in the morning** llegó a casa a las tres de la madrugada; **tomorrow/yesterday morning** mañana/ayer por la mañana; **the following morning** a la mañana siguiente.
2 *adj* matutino,-a, de la mañana.
3 **mornings** *adv* por la mañana, por las mañanas.
✦ **from morning till night** desde la mañana hasta la noche, todo el día.
good morning! ¡buenos días!
in the morning *(tomorrow before noon)* mañana por la mañana.
morning, noon and night a todas horas.
■ **morning coat** chaqué *m*.
morning dress chaqué *m* y sombrero de copa.
morning glory *BOT* dondiego de día.
morning paper periódico de la mañana, matutino.
morning sickness náuseas *fpl* del embarazo.
morning suit chaqué *m* y pantalón.
the morning after la mañana después.

the morning star el lucero del alba, la estrella matutina.

morning-after [mɔːnɪŋˈɑːftəʳ] *adj de la mañana siguiente.*
✦ **to have that morning-after feeling** tener resaca.
■ **morning-after pill** píldora abortiva.

Moroccan [məˈrɒkən]
1 *adj* marroquí,-ina.
2 *n* marroquí,-ina.

Morocco [məˈrɒkəʊ] *n* Marruecos.

moron [ˈmɔːrɒn]
1 *n fam pej* imbécil *mf*, idiota *mf*.
2 *n MED* retrasado,-a mental.

moronic [məˈrɒnɪk] *adj* imbécil.

morose [məˈrəʊs] *adj* malhumorado,-a, hosco,-a, taciturno,-a.

morpheme [ˈmɔːfiːm] *n LING* morfema *m*.

morphine [ˈmɔːfiːn] *n* morfina.

morphological [mɔːfəˈlɒdʒɪkəl] *adj* morfológico,-a.

morphology [mɔːˈfɒlədʒɪ] *n (gen)* morfología.

Morse [mɔːs] *n* Morse *m*.
■ **Morse code** alfabeto Morse.

morsel [ˈmɔːsəl]
1 *n (of food)* bocado.
2 *n fig* trozo, fragmento, pizca.

mortal [ˈmɔːtəl]
1 *adj (gen)* mortal: **a mortal wound** una herida mortal.
2 *n* mortal *mf*.

mortality [mɔːˈtælɪtɪ]
1 *n (condition, number of deaths)* mortalidad *f*.
2 *n (number of victims)* mortandad *f*.
■ **mortality rate** tasa de mortalidad.

mortally [ˈmɔːtəlɪ] *adv* mortalmente: **mortally wounded** herido de muerte.

mortar [ˈmɔːtəʳ]
1 *n (cement)* mortero, argamasa.
2 *n MIL (gun)* mortero.
3 *n CULIN (bowl)* mortero, almirez *m*.
4 *vt (join)* unir con mortero, unir con argamasa.
5 *vt MIL* bombardear con morteros.
✦ **to put one's money into bricks and mortar** invertir dinero en asuntos inmobiliarios.

mortarboard [ˈmɔːtəbɔːd] *n (academic cap)* birrete *m*.

mortgage [ˈmɔːgɪdʒ]
1 *n* hipoteca.
2 *adj* hipotecario,-a.
3 *vt* hipotecar.
✦ **to pay off a mortgage** redimir una hipoteca, acabar de pagar una hipoteca.
to take out a mortgage on something constituir una hipoteca sobre algo, hipotecar algo.
■ **mortgage payment** pago hipotecario.

mortgagee [mɔːgɪˈdʒiː] *n* acreedor,-ra hipotecario,-a.

mortgager [ˈmɔːgɪdʒəʳ] *n* deudor,-ra hipotecario,-a.

mortice [ˈmɔːtɪs] *n →* **mortise.**

mortician [mɔːˈtɪʃən] *n US* empresario,-a de pompas fúnebres.

mortification [mɔːtɪfɪˈkeɪʃən]
1 *n REL fml* mortificación *f*.
2 *n (chagrin)* vergüenza.

mortify [ˈmɔːtɪfaɪ]
1 *vt REL fml* mortificar.
2 *vt (embarrass)* avergonzar, dar vergüenza a, humillar: **she was mortified** se sintió avergonzada, le dio mucha vergüenza.
▲ *pt & pp* **mortified**, *ger* **mortifying.**

mortise [ˈmɔːtɪs] *n* muesca, mortaja.
■ **mortise lock** cerradura embutida.

mortuary [ˈmɔːtʃʊərɪ]
1 *n* depósito de cadáveres.
2 *adj* mortuorio,-a.
▲ *pl* **mortuaries.**

mosaic [məˈzeɪɪk] *adj* mosaico: **a mosaic floor** un suelo de mosaico.

Moscow [ˈmɒskəʊ, *US* ˈmɒskaʊ] *n* Moscú.

Moses [ˈməʊzɪz] *n* Moisés *m*.
■ **Moses basket** moisés *m*.

Moslem [ˈmɒzləm] *n →* **Muslim.**

mosque [mɒsk] *n* mezquita.

mosquito [məsˈkiːtəʊ] *n* mosquito.
■ **mosquito bite** picadura de mosquito.
mosquito net mosquitero, mosquitera.
▲ *pl* **mosquitoes** *o* **mosquitos.**

moss [mɒs] *n BOT* musgo.
■ **moss stitch** *(knitting)* punto de arroz.

mossy [ˈmɒsɪ] *adj* musgoso,-a, cubierto,-a de musgo.
▲ *comp* **mossier**, *superl* **mossiest.**

most [məʊst]
1 *adj (greatest in quantity)* más: **Simon's got the most points** Simon tiene más puntos; **who's got the most money?** ¿quién tiene más dinero?
2 *adj (majority)* la mayoría de, la mayor parte de: **most people live in flats** la mayoría de la gente vive en pisos; **we spent most time on the beach** pasamos la mayor parte del tiempo en la playa; **he likes most music** le gusta casi toda la música.
3 *adv* más: **the most difficult question** la pregunta más difícil.
4 *pron (greatest part)* la mayor parte: **most of it is finished** la mayor parte está terminada, casi todo está acabado; **it rained most of the time** llovió durante la mayor parte del tiempo.
5 *pron (greatest number or amount)* lo máximo: **the most I can do is loan you the money** lo máximo que puedo hacer es prestarte el dinero; **he lied the most** mintió más que nadie.
6 *pron (the majority of people)* la mayoría: **as most of you already know** como ya sabe la mayoría de vosotros.
7 *adv (superlative)* más: **the most beautiful girl** la chica más guapa; **the most**

expensive restaurant el restaurante más caro; **the most exciting holiday** las vacaciones más emocionantes.

8 *adv (to the greatest degree)* más: **I enjoyed the music most** lo que más me gustó fue la música; **what angered me most was the way she spoke** lo que más me enojó fue su manera de hablar.

9 *adv (very)* muy, de lo más: **it was most kind of you** ha sido muy amable de su parte; **a most delightful evening** una tarde muy agradable.

10 *adv US (almost)* casi: **he goes out most every night** sale casi todas las noches.

✦ **at (the) (very) most** como máximo.
for the most part por lo general.
most likely muy probablemente.
most of all sobre todo.
to do the most one can hacer todo lo que se pueda, hacer lo máximo que se pueda.
to make the most of something aprovechar algo al máximo.

▲ *Véanse también* **many** *y* **much**.

mostly [ˈməʊstlɪ]
1 *adv (mainly)* principalmente, en su mayor parte.
2 *adv (generally)* generalmente; *(usually)* normalmente.

MOT [ˈemˈəʊˈtiː] *abbr GB* (**Ministry of Transport**) Ministerio de Trasporte: **MOT test** inspección *f* técnica de vehículos, ITV *f*.

motel [məʊˈtel] *n* motel *m*.

motet [məʊˈtet] *n* motete *m*.

moth [mɒθ] *n* mariposa nocturna.
▪ **clothes moth** polilla.

mothball [ˈmɒθbɔːl] *n* bola de naftalina.

moth-eaten [ˈmɒθiːtən]
1 *adj (clothes)* apolillado,-a.
2 *adj fam (worn out)* gastado,-a, raído,-a.

mother [ˈmʌðəʳ]
1 *n* madre *f*: **a single mother** una madre soltera.
2 *vt (care for)* cuidar como una madre; *(rear)* criar.
3 *vt (spoil)* mimar.
▪ **mother country** patria, madre patria.
mother figure figura maternal.
Mother Nature la Madre *f* Naturaleza.
mother's boy niño de mamá.
Mother's Day Día de la Madre.
mother's help niñera.
mother ship buque *m* nodriza.
mother's ruin *fam* ginebra.
mother superior madre *f* superior.
mother tongue lengua materna.

motherfucker [ˈmʌðəfʌkəʳ] *n taboo* hijoputa *m*.

motherhood [ˈmʌðəhʊd] *n* maternidad *f*.

mothering [ˈmʌðərɪŋ] **Mothering Sunday** *n* Día *m* de la Madre.

mother-in-law [ˈmʌðərɪnlɔː] *n* suegra.
▲ *pl* **mothers-in-law**.

motherland [ˈmʌðəlænd] *n* patria, madre *f* patria.

motherless [ˈmʌðələs] *adj* huérfano,-a de madre.

motherly [ˈmʌðəlɪ] *adj* maternal.

mother-of-pearl [mʌðərəvˈpɜːl] *n* madreperla, nácar *m*.

mother-to-be [mʌðərtəˈbiː] *n* futura madre *f*.
▲ *pl* **mothers-to-be**.

mothproof [ˈmɒθpruːf] *adj* a prueba de polillas.

motif [məʊˈtiːf]
1 *n (pattern, design)* motivo.
2 *n (decoration)* adorno.
3 *n (in music, literature - theme)* tema *m*.

motion [ˈməʊʃən]
1 *n (movement)* movimiento.
2 *n (gesture)* gesto, ademán *m*.
3 *n POL (proposal)* moción *f*.
4 *n fml (of bowels)* evacuación *f* del vientre, deposición *f*.
5 *vt* hacer señas.
6 *vi* hacer señas, hacer una señal.
✦ **in motion** en movimiento.
in slow motion *CINEM* a cámara lenta.
to go through the motions (of doing something) hacer algo como es debido pero sin convicción.
to motion to somebody to do something hacer señas a alguien para que haga algo.
to put/set something in motion poner algo en movimiento.
▪ **motion picture** película.
motion pictures el cine *m*.
motion sickness mareo.

motionless [ˈməʊʃənləs] *adj* inmóvil.

motivate [ˈməʊtɪveɪt] *vt* motivar.

motivation [məʊtɪˈveɪʃən] *n* motivación *f*.

motive [ˈməʊtɪv]
1 *n (reason)* motivo.
2 *n JUR* móvil *m*.
3 *adj* motor,-ra, motriz.
▪ **motive force/motive power** fuerza motriz.
profit motive afán *m* de lucro.
ulterior motive motivo oculto.

motiveless [ˈməʊtɪvləs] *adj* sin motivo.

motley [ˈmɒtlɪ]
1 *adj (multicoloured)* abigarrado,-a, multicolor.
2 *adj pej (of different kinds)* variopinto,-a: **a motley crew** un grupo variopinto.

motocross [ˈməʊtəkrɒs] *n SP* motocross *m*.

motor [ˈməʊtəʳ]
1 *n (engine)* motor *m*.
2 *n GB fam (car)* coche *m*, automóvil *m*.
3 *adj TECH* motor,-ra.
4 *adj BIOL* motor,-ra, motriz.
5 *vi GB dated (travel by car)* ir en coche.
▪ **motor industry** industria del automóvil.

motor mechanic mecánico,-a de coches.
motor racing carreras *fpl* de coches.
motor show salón *m* del automóvil.
motor trade sector *m* del automóvil.
motor vehicle vehículo a motor: **the motor vehicle industry** la industria del automóvil.

motorbike [ˈməʊtəbaɪk] *n fam* motocicleta, moto *f*.

motorboat [ˈməʊtəbəʊt] *n* lancha motora, motora.

motorcade [ˈməʊtəkeɪd] *n* desfile *m* de coches.

motorcar [ˈməʊtəkɑːʳ] *n* coche *m*, automóvil *m*.

motorcycle [ˈməʊtəsaɪkəl] *n* motocicleta, moto *f*.

motorcycling [ˈməʊtəsaɪkəlɪŋ] *n* motociclismo.

motorcyclist [ˈməʊtəsaɪkəlɪst] *n* motociclista *mf*, motorista *mf*.

motoring [ˈməʊtərɪŋ]
1 *adj* automovilístico,-a, del automóvil: **motoring offence** infracción de tráfico; **motoring holiday** vacaciones *fpl* en coche.
2 *n* automovilismo.

motorise [ˈməʊtəraɪz] *vt* → **motorize**.

motorised [ˈməʊtəraɪzd] *adj* → **motorized**.

motorist [ˈməʊtərɪst] *n* automovilista *mf*, conductor,-ra (de coche).

motorize [ˈməʊtəraɪz] *vt* motorizar.

motorized [ˈməʊtəraɪzd] *adj* motorizado,-a.

motorman [ˈməʊtəmən] *n (train driver)* maquinista *m*.

motormouth [ˈməʊtəmaʊθ] *n* voceras *mf*.

motorway [ˈməʊtəweɪ] *n GB* autopista.

mottled [ˈmɒtəld] *adj (skin, animal)* con manchas, moteado,-a, jaspeado,-a.

motto [ˈmɒtəʊ] *n* lema *m*.
▲ *pl* **mottos** o **mottoes**.

mould¹ [məʊld] *n (growth)* moho.

mould² [məʊld]
1 *n (cast)* molde *m*.
2 *n fig (type)* carácter *m*, temple *m*.
3 *vt (figure)* moldear; *(clay)* modelar.
4 *vt fig (shape character)* formar; *(influence)* influir en.
✦ **to be cast in the same mould** ser cortado,-a por el mismo patrón.
to break the mould romper moldes.

mould³ [məʊld] *n (loose soil)* mantillo.

moulder [ˈməʊldəʳ]
1 *vi (go mouldy)* enmohecerse; *(rot)* pudrirse, descomponerse.
2 *vi fig (plan etc)* acumular polvo.

moulding [ˈməʊldɪŋ]
1 *n (on wall, ceiling, frame)* moldura.
2 *n (object produced from mould)* molde *m*.
3 *n (shaping)* modelado.
4 *n fig* formación *f*.

mouldy ['məʊldɪ] *adj (food etc)* mohoso,-a; *(smell)* a humedad, a moho.
✦ **to go mouldy** enmohecerse.
▲ *comp* **mouldier,** *superl* **moldiest.**

moult [məʊlt]
1 *vi ZOOL* mudar.
2 *n ZOOL* muda.

mound [maʊnd]
1 *n (small hill)* montículo: **a burial mound** un túmulo funerario.
2 *n (pile, heap)* montón *m.*

mount¹ [maʊnt] *n (mountain)* monte *m.*

mount² [maʊnt]
1 *n (horse etc)* montura.
2 *n (for machine, gun, trophy)* soporte *m,* base *f, (for photo, picture)* fondo; *(for jewel)* engaste *m,* engarce *m; (for slide)* marquito; *(for specimen)* platina, portaobjetos *m inv.*
3 *vt (horse)* montar, montarse en; *(bicycle)* montar en, subir a; *(stage, platform)* subir a; *(stairs)* subir.
4 *vt (fix - photo, picture)* montar; *(- stamp)* fijar; *(- jewel)* montar, engastar, engarzar; *(- specimen)* colocar en el portaobjetos.
5 *vt (organize - attack)* montar, preparar; *(- campaign)* montar, organizar.
6 *vt ZOOL* montar, cubrir.
7 *vi (go up)* subir, ascender.
8 *vi (get on horse)* montar.
9 *vi (increase)* subir, aumentar, crecer.
❱ **to mount up** *vi (accumulate)* amontonarse, acumularse.
✦ **to mount guard** montar la guardia.
to mount the throne subir al trono.

mountain ['maʊntən]
1 *n GEOG* montaña.
2 *n fig (large amount)* montaña, montón *m.*
3 *adj* de montaña: **the fresh mountain air** el aire fresco de la montaña.
▪ **mountain ash** *BOT* serbal *m.*
mountain bike bicicleta de montaña.
mountain lion puma *m.*
mountain range cordillera, sierra.
mountain sickness mal *m* de montaña.

mountaineer [maʊntə'nɪəʳ] *n* montañero,-a, alpinista *mf, AM* andinista *mf.*

mountaineering [maʊntə'nɪərɪŋ] *n* montañismo, alpinismo, *AM* andinismo.
✦ **to go mountaineering** *SP* hacer montañismo, hacer alpinismo, *AM* hacer alpinismo.

mountainous ['maʊntənəs]
1 *adj (region)* montañoso,-a.
2 *adj (huge)* enorme, gigantesco,-a.

mountainside ['maʊntənsaɪd] *n* ladera de montaña.

mountaintop ['maʊntəntɒp] *n* cima (de la montaña), cumbre *f* (de la montaña).

mounted ['maʊntɪd]
1 *adj (on horse)* montado,-a.
2 *adj (photo etc)* montado,-a.
▪ **the mounted police** la policía montada.

Mountie ['maʊntɪ] *n* policía *mf* montado,-a canadiense.

mounting ['maʊntɪŋ] *adj (increasing)* creciente.

mourn [mɔːn] *vt (person)* llorar la muerte de; *(thing)* llorar, añorar.
❱ **to mourn for/mourn over** *vt insep (person)* llorar a, llorar la muerte de; *(thing)* llorar.

mourner ['mɔːnəʳ] *n* persona que asiste a los funerales de alguien.

mournful ['mɔːnfʊl] *adj (person)* triste, afligido,-a, apenado,-a; *(voice, tone, look)* triste, melancólico,-a; *(cry)* lastimero,-a; *(occasion, music)* fúnebre, lúgubre.

mourning ['mɔːnɪŋ] *n* luto, duelo.
✦ **to be dressed in mourning** ir vestido,-a de luto.
to be in mourning for somebody estar de luto por alguien.
to go into mourning ponerse de luto.

mouse [maʊs] *n (gen)* ratón *m.*
▲ *pl* **mice.**

mousehole ['maʊshəʊl] *n* ratonera.

mouser ['maʊsəʳ] *n (cat)* cazador,-ra de ratones.

mousetrap ['maʊstræp] *n* ratonera.

mousse [muːs]
1 *n CULIN* mousse *f.*
2 *n (for hair)* espuma (moldeadora).

moustache [məs'tɑːʃ] *n* bigote *m.*

mousy ['maʊsɪ]
1 *adj (colour)* pardusco,-a; *(hair)* castaño claro.
2 *adj (person - shy)* tímido,-a; *(- plain)* poco agraciado,-a; *(- drab)* soso,-a.
▲ *comp* **mousier,** *superl* **mousiest.**

mouth [maʊθ]
1 *n ANAT* boca.
2 *n (of river)* desembocadura; *(of bottle)* boca; *(of tunnel, cave)* boca, entrada.
3 *n (person to feed)* boca.
4 *vt pej (say - without sincerity)* decir; *(- without understanding)* recitar, repetir: **he mouthed a few platitudes about charity** nos dijo algunos lugares comunes sobre la caridad.
5 *vt (say without making sound)* decir con los labios: **he just mouthed the words, he didn't sing** simplemente movía los labios, no cantaba.
6 *vi (speak without making sound)* mover los labios.
❱ **to mouth off** *vi (express opinions)* fanfarronear, fardar, jactarse (**about,** de); *(complain)* protestar (**about,** por).
✦ **by word of mouth** de palabra.
down in the mouth deprimido,-a.
not to open one's mouth no abrir la boca, no decir ni pío, no decir esta boca es mía.
shut your mouth! ¡cierra el pico!
to be all mouth ser un fantasma.
to have a big mouth ser un bocazas.
to keep one's mouth shut mantener la boca cerrada, no decir nada.

to make somebody's mouth water hacerse a alguien la boca agua.
▪ **mouth organ** armónica.
▲ *(verbo)* [maʊð].

mouthful ['maʊθfʊl]
1 *n (of food)* bocado; *(of drink)* trago; *(of air)* bocanada.
2 *n fam (long word, phrase)* trabalenguas *m,* palabreja: **your name's a bit of a mouthful!** ¡vaya nombre más difícil de pronunciar!

mouthpiece ['maʊθpiːs]
1 *n (of instrument, pipe)* boquilla.
2 *n (of phone)* micrófono.
3 *n pej (newspaper, person)* voz *f.*

mouth-to-mouth [maʊθtə'maʊθ]
mouth-to-mouth (resuscitation) *n* boca a boca *m.*

mouthwash ['maʊθwɒʃ] *n* enjuague *m* bucal.

mouthwatering ['maʊθwɔːtərɪŋ] *adj* muy apetitoso,-a, delicioso,-a.

movable ['muːvəbəl]
1 *adj* movible, móvil.
2 movables *npl JUR* bienes *mpl* muebles.
▪ **movable feast** fiesta móvil.

move [muːv]
1 *n (act of moving, movement)* movimiento: **he watched my every move** observó todos mis movimientos; **one move and you're dead!** ¡cómo te muevas, te mato!
2 *n (to new home)* mudanza; *(to new job)* traslado.
3 *n (in game)* jugada; *(turn)* turno: **whose move is it?** ¿a quién le toca jugar?; **that was a bad move** esa jugada fue mala.
4 *n (action, step)* paso, acción *f,* medida; *(decision)* decisión *f; (attempt)* intento: **the latest moves to end the dispute have failed** los últimos intentos de terminar con el conflicto han fracasado; **buying those shares was a good move** la decisión de comprar esas acciones fue muy acertada.
5 *vt (gen)* mover; *(furniture etc)* cambiar de sitio, trasladar; *(transfer)* trasladar; *(out of the way)* apartar: **I can't move my legs** no puedo mover las piernas; **you've moved the furniture!** ¡habéis cambiado los muebles de sitio!; **the prisoner has been moved to Brixton** el preso ha sido trasladado a Brixton; **can we move the date of the meeting?** ¿podemos cambiar la fecha de la reunión?; **the car's badly parked, so I have to move it** el coche está mal aparcado, así que tengo que cambiarlo de sitio; **move your trolley, I can't get past** aparta tu carrito, que no paso.
6 *vt (affect emotionally)* conmover.
7 *vt (in games)* mover, jugar.
8 *vt (prompt)* inducir, mover; *(persuade)* convencer, persuadir; *(change mind)* hacer cambiar de opinión: **what moved you to leave your job?** ¿qué te convenció para dejar el trabajo?; **when the spirit moves him** cuando se

le antoje, cuando le dé la gana, cuando esté de humor.

9 *vt (resolution, motion, etc)* proponer.

10 *vt MED (bowels)* evacuar.

11 *vi (gen)* moverse; *(change - position)* trasladarse, desplazarse; *(- house)* mudarse; *(- post, department)* trasladarse: **don't move** no te muevas; **she was so scared she couldn't move** tenía tanto miedo que no podía moverse; **I can't move in this dress** no me puedo mover con este vestido; **they move in very select circles** se mueven en círculos muy selectos; **voters are moving to the right** los votantes se inclinan hacia la derecha.

12 *vi (travel, go)* ir: **that car was really moving** ese coche iba muy rápido.

13 *vi (be moving)* estar en marcha, estar en movimiento: **don't distract the driver when the bus is moving** no distraer al conductor cuando el autobús está en marcha.

14 *vi (leave)* irse, marcharse: **it's time we were moving** es hora de que nos vayamos.

15 *vi (in game - player)* jugar; *(- pieces)* moverse: **have you moved?** ¿has jugado?

16 *vi (take action)* tomar medidas, actuar: **when is the government going to move?** ¿cuándo piensa el gobierno tomar medidas?; **we must move fast** hemos de actuar deprisa.

17 *vi (advance)* progresar, avanzar: **work on the tunnel is moving very quickly** las obras del túnel avanzan rápidamente; **things are finally moving** por fin las cosas empiezan a moverse.

18 *vi (change mind)* cambiar de opinión; *(yield)* ceder: **I've tried to persuade her, but she won't move** he intentado persuadirla, pero no cede.

▸ **to move about/move around**

1 *vt sep (object)* cambiar de sitio, cambiar de lugar, trasladar.

2 *vi (fidget, be restless)* moverse (mucho), ir y venir; *(travel)* viajar de un lugar a otro: **I could hear someone moving about in the flat upstairs** oía a alguien moverse en el piso de arriba.

to move along *vi* circular: **move along now, please!** ¡circulen, por favor!

to move away

1 *vi (move aside etc)* alejarse, apartarse.

2 *vi (change house)* mudarse de casa.

to move back

1 *vt sep (object)* mover hacia atrás; *(crowd etc)* hacer retroceder.

2 *vt sep (to original place)* volver.

3 *vi (return)* volver.

to move down *vi* bajar.

to move for *vt insep US (legal use)* proponer.

to move forward

1 *vt sep (gen)* avanzar, adelantar; *(clock)* adelantar.

2 *vi (advance)* avanzar, adelantarse.

to move in

1 *vi (into new home)* instalarse.

2 *vi (prepare to take control, attack, etc)* acercarse.

3 *vi (go into action)* intervenir.

to move in on *vt insep (people, enemies)* avanzar sobre; *(area, territory)* invadir.

to move off *vi (set off - person)* marcharse, ponerse en camino; *(- train)* salir; *(- car)* arrancar.

to move on *vi*

1 *vi (continue journey)* seguir, seguir el viaje.

2 *vi (police officer's order)* circular.

3 *vi (go on, change to)* pasar a: **let's move on to the next item on the list** pasemos al próximo punto de la lista.

4 *vi (develop, progress)* avanzar, evolucionar: **things have moved on a lot since then** las cosas han avanzado mucho desde entonces.

5 *vi (time)* pasar, transcurrir.

6 *vt sep (police officer's order)* hacer circular.

to move out

1 *vi (leave house)* mudarse.

2 *vi (leave)* irse, marcharse.

to move over

1 *vt sep (step aside)* apartarse: **he decided to move over and make way for someone younger** decidió apartarse y dejarle sitio a una persona más joven.

2 *vi (make room)* correrse, moverse.

to move up

1 *vt sep (promote)* promover, ascender.

2 *vi (rise in grade)* ascender.

3 *vi (make room)* correrse.

✦ **to be on the move** *(travel - gen)* viajar, desplazarse; *(- army etc)* estar en marcha; *(be busy)* no parar.

to get a move on darse prisa, moverse.

to get moving *(leave)* irse, marcharse.

to get something moving poner algo en marcha.

to make a move *(leave)* irse, marcharse; *(act)* dar un paso, actuar.

to make the first move dar el primer paso.

to move house mudarse de casa, trasladarse.

to move heaven and earth remover cielo y tierra.

to move with the times mantenerse al día.

not to move a muscle no inmutarse.

moveable [ˈmuːvəbəl] *adj* → **movable.**

movement [ˈmuːvmənt]

1 *n (act, motion)* movimiento; *(gesture)* gesto, ademán *m*.

2 *n (of goods)* traslado; *(of troops)* desplazamiento; *(of population)* movimiento.

3 *n (political, literary)* movimiento.

4 *n (trend)* tendencia, corriente *f*.

5 *n (of stock market)* actividad *f*; *(of prices)* variación *f*.

6 *n TECH (moving parts in mechanism)* mecanismo.

7 *n MUS* movimiento.

8 *n MED* evacuación *f*.

9 movements *npl (activities)* movimientos *mpl*, actividades *fpl*.

mover [ˈmuːvəʳ]

1 *n (proposer)* proponedor,-ra.

2 *n US (removal man)* mozo de mudanzas.

✦ **to be a lovely mover** *(dancing)* bailar muy bien; *(walking)* andar con mucho garbo.

movie [ˈmuːvɪ]

1 *n US* película.

2 the movies *npl* el cine *m sing*.

✦ **to go to the movies** ir al cine.

▪ **movie house/theatre** cine *m*.

movie star estrella de cine.

moviegoer [ˈmuːvɪɡəʊəʳ] *n* aficionado, -a al cine, asiduo,-a al cine.

movie-maker [ˈmuːvɪmeɪkəʳ] *n US* cineasta *mf*.

movie-making [ˈmuːvɪmeɪkɪŋ] *n US* cinematografía.

moving [ˈmuːvɪŋ]

1 *adj (that moves)* móvil; *(in motion)* en movimiento, en marcha: **it has no moving parts** no tiene piezas móviles.

2 *adj (causing motion)* motor,-ra, motriz.

3 *adj (causing action, motivating)* instigador,-ra, promotor,-ra.

4 *adj (emotional)* conmovedor,-ra.

▪ **moving staircase** escalera mecánica.

mow [məʊ] *vt (lawn)* cortar, segar; *(corn, wheat)* segar.

▸ **to mow down** *vt sep* matar, acribillar, segar.

▲ *pt* **mowed**, *pp* **mowed** o **mown** [məʊn].

mower [ˈməʊəʳ] *n (for lawn)* cortacésped *m & f*, segadora de césped; *(for fields)* segadora.

mown [məʊn] *pp* → **mow.**

Mozambique [məʊzæmˈbiːk] *n* Mozambique.

Mozambiquean [məʊzæmˈbiːkən]

1 *adj* mozambiqueño,-a.

2 *n* mozambiqueño,-a.

Mozarab [məʊˈzærəb]

1 *adj* mozárabe.

2 *n* mozárabe *mf*.

MP¹ [ˈemˈpiː] *abbr* (**Member of Parliament**) miembro de la Cámara de los Comunes.

MP² [ˈemˈpiː] *abbr* (**Military Police**) policía militar.

MP3 [ˈemˈpiːˈθriː] *abbr* (**Moving Pictures Experts Group Audio Layer 3**) MP3.

mpg [ˈemˈpiːˈdʒiː] *abbr* (**miles per gallon**) ≈ litros/100 km.

mph [ˈemˈpiːˈeɪtʃ] *abbr* (**miles per hour**) millas por hora.

MPhil [ˈemˈfɪl] *abbr* (**Master of Philosophy**) *máster en cualquier asignatura de letras.*

Mr [ˈmɪstəʳ] *abbr* Sr.

MRBM [ˈemˈɑːˈbiːˈem] *abbr MIL* (**medium-range ballistic missile**) *proyectil m balístico de alcance intermedio; (abbreviation)* PBAI.

MRP [ˈemˈɑːˈpiː] *abbr* (**maker's recommended price**) *precio recomendado por el fabricante.*

Mrs [ˈmɪsɪs] *abbr* Sra.

MS. [ˈmænjʊskrɪpt] *abbr* (**manuscript**) *manuscrito; (abbreviation)* ms.
▲ *pl* MSS.

MSc [ˈemˈesˈsiː] *abbr* (**Master of Science**) *máster en ciencias.*

MSP [ˈemˈesˈpiː] *abbr* (**Member of Scottish Parliament**) *miembro del Parlamento escocés.*

Mt [maʊnt] *abbr* (**Mount, Mountain**) *monte m, montaña.*

much [mʌtʃ]
1 *adj* mucho,-a: we haven't got much bread no tenemos mucho pan; he didn't have much time no tenía mucho tiempo; we've made too much jam hemos hecho demasiada mermelada; why is there so much traffic? ¿por qué hay tanto tráfico?; take as much time as you need tómate tanto tiempo como necesites; how much money have you got? ¿cuánto dinero tienes?
2 *pron* mucho: there's not much to do round here no hay mucho que hacer por aquí; much has been learned from this experience se ha aprendido mucho de esta experiencia; much remains to be seen queda mucho por ver; how much is it? ¿cuánto vale?; we don't see much of each other nos vemos poco, no nos vemos muy a menudo; I slept much of the time dormí durante la mayor parte del tiempo.
3 *adv* mucho: he felt much better se encontraba mucho mejor; it's much more expensive es mucho más caro; she didn't say very much no dijo gran cosa; thank you ever so much muchísimas gracias; I'm very much looking forward to meeting you tengo muchísimas ganas de conocerte; much to her chagrin para gran disgusto suyo.
✦ **a bit much** un poco demasiado, un poco excesivo,-a.
as much *(equal)* equivalente a; *(the same)* lo mismo: that's as much as saying I'm a thief eso equivale a decir que soy un ladrón; I thought as much ya lo suponía.
it is as much as somebody can do to ... apenas ..., a duras penas ...: it was as much as I could do to restrain myself apenas pude contenerme.
much as *(although)* por mucho que + *subj*: much as I'd like to por mucho que quisiera.

not to be much good at something no ser muy bueno,-a en algo.
not to be much of a ... no ser muy buen,-na ...: he's not much of a singer no es muy buen cantante, no canta muy bien.
that's not saying much eso no significa gran cosa, eso no es mucho decir.
to be much the same ser más o menos igual, ser más o menos iguales.
to make much of something dar mucha importancia a algo.
to not be up to much no valer gran cosa.
without so much as sin siquiera.
▲ *comp* more, *superl* most.

muchness [ˈmʌtʃnəs] **to be much of a muchness** *phr* ser más o menos iguales.

muck [mʌk]
1 *n (dirt)* suciedad *f,* porquería; *(mud)* lodo: you've got muck all over the carpet! ¡has llenado la alfombra de lodo!
2 *n (manure)* estiércol *m.*
3 *n fig (filth, rubbish)* porquería.
▸ **to muck about/muck around**
1 *vi (idle)* gandulear, perder el tiempo; *(play the fool)* hacer el tonto.
2 *vi (fiddle)* manosear (**with**, con), juguetear (**with**, con).
3 *vt sep (irritate)* fastidiar, jorobar.
to muck in *vi fam (help)* echar una mano.
to muck out *vt sep (stable)* limpiar.
to muck up
1 *vt sep (clothes)* ensuciar; *(hair)* despeinar.
2 *vt sep (spoil)* estropear, echar a perder, arruinar.
✦ **in a muck** en desorden.
to make a muck of something *(spoil)* echar algo a perder; *(do badly)* meter la pata en algo.

muckraker [ˈmʌkreɪkəʳ]
1 *n (gossip)* chismoso,-a, cotilla *mf.*
2 *n (journalist)* periodista *mf* sensacionalista.

muckraking [ˈmʌkreɪkɪŋ]
1 *n (gossiping)* cotilleo, chismorreo, chismografía.
2 *n (by newspapers)* publicación *f* de escándalos.

muck-up [ˈmʌkʌp] *n fam (bungle)* chapuza, cagada, pifia; *(mess)* follón *m,* lío.
✦ **to make a muck-up of something** hacerse un lío con algo.

mucky [ˈmʌkɪ]
1 *adj (dirty)* sucio,-a; *(muddy)* lodoso,-a.
2 *adj (obscene, dirty)* obsceno,-a, verde.
3 *adj (of weather)* asqueroso,-a.
▲ *comp* muckier, *superl* muckiest.

mucous [ˈmjuːkəs] *adj* mucoso,-a.
■ **mucous membrane** membrana mucosa.

mucus [ˈmjuːkəs] *n* mucosidad *f.*

mud [mʌd] *n (gen)* barro, lodo; *(thick)* fango.
✦ **here's mud in your eye!** *(cheers)* ¡salud!
his *(her etc)* **name is mud** tiene muy mala fama.
mud sticks es difícil quitarse la mala fama de encima.
to sling mud at somebody/throw mud at somebody lanzar acusaciones a alguien, insultar a alguien.
■ **mud bath** *(medicinal)* baño de lodo; *(state)* barrizal *m.*
mud flat marisma.

muddle [ˈmʌdəl]
1 *n (mess)* desorden *m:* everything's in a muddle todo está en desorden.
2 *n (confusion, mix-up)* confusión *f,* embrollo, lío: I'm in a muddle estoy hecho un lío.
3 to muddle (up) *vt (untidy)* revolver, desordenar: who's muddled up my papers? ¿quién ha desordenado mis papeles?
4 *vt (confuse mentally)* liar, confundir, embarullar: don't muddle me! ¡no me líes!
5 *vt (confuse, mix up)* confundir: people always muddle me up with my cousin la gente siempre me confunde con mi primo.
▸ **to muddle along** *vi* actuar a la buena de Dios, actuar al buen tuntún.
to muddle through *vi* arreglárselas.
✦ **to get in a muddle** hacerse un lío, embarullarse: she got in a muddle with the order se hizo un lío con el pedido.
to get muddled liarse, enredarse, embarullarse.

muddleheaded [ˈmʌdəlhedɪd] *adj (person)* despistado,-a; *(idea, argument, etc)* confuso,-a.

muddy [ˈmʌdɪ]
1 *adj (path, road, etc)* fangoso,-a, barroso,-a, lodoso,-a.
2 *adj (person, hands, shoes)* cubierto,-a de barro, lleno,-a de barro.
3 *adj (water)* turbio,-a; *(river etc)* cenagoso,-a.
4 *adj (colour)* sucio,-a.
5 *adj (thinking, idea, etc)* confuso,-a, turbio,-a.
6 *vt (dirty - floor etc)* ensuciar de barro, llenar de barro; *(- water)* enturbiar.
7 *vt fig* enredar.
✦ **to muddy the waters** enredar las cosas.
▲ *comp* muddier, *superl* muddiest.

mudflap [ˈmʌdflæp] *n* faldón *m.*

mudguard [ˈmʌdɡɑːd] *n* guardabarros *m inv.*

mudpack [ˈmʌdpæk] *n* mascarilla facial de lodo.

muesli [ˈmjuːzlɪ] *n* muesli *m.*

muff¹ [mʌf] *n (for hands)* manguito.
■ **ear muffs** orejeras *fpl.*

muff² [mʌf]
1 *vt (catch)* fallar; *(shot)* errar; *(lines, words)* salirle mal a, equivocarse con.
2 *n* fallo, pifia.
✦ to muff it pifiarla.

muffin ['mʌfɪn] *n GB* panecillo redondo que se come tostado y con mantequilla.

muffle ['mʌfəl]
1 *vt (sound)* amortiguar, ensordecer.
2 *vt (keep warm - person)* abrigar; *(face)* embozar.
✦ to muffle oneself up abrigarse.

muffled ['mʌfəld]
1 *adj (sound, voice)* sordo,-a, apagado,-a.
2 *adj (wrapped up - person)* abrigado,-a; *(- face)* embozado,-a.

muffler ['mʌfələʳ]
1 *n dated (scarf)* bufanda.
2 *n US (silencer)* silenciador *m*.

mufti ['mʌftɪ] in mufti *n MIL* vestido,-a de paisano.

mug¹ [mʌg] *n (large cup)* taza alta, tazón *m*.

mug² [mʌg]
1 *n GB fam (fool)* tonto,-a, ingenuo,-a, idiota *mf*.
2 *n sl (face)* jeta, careto.
3 *vt (rob violently)* atracar, asaltar.
▸ to mug up
  1 *vt sep fam* empollar.
  2 *vi fam* empollar (on, -).
✦ to be a mug's game ser cosa de tontos.
▪ mug shot foto *f (de la cara de una persona detenida)*.
▲ *pt & pp* mugged, *ger* mugging.

mugger ['mʌgəʳ] *n* atracador,-ra, asaltante *mf*.

mugging ['mʌgɪŋ] *n* atraco, asalto.

muggy ['mʌgɪ] *adj (weather)* bochornoso,-a.
▲ *comp* muggier, *superl* muggiest.

mulatto [mjuːˈlætəʊ] *n* mulato,-a.
▲ *pl* mulattos o mulattoes.

mulberry ['mʌlbərɪ]
1 *n (fruit)* mora.
2 *n (tree)* morera, moral *m*.
3 *n (colour)* morado.
▲ *pl* mulberries.

mulch [mʌltʃ]
1 *n* abono orgánico.
2 *vt* cubrir con abono orgánico.

mule¹ [mjuːl] *n ZOOL* mulo,-a.
✦ as stubborn/obstinate as a mule terco,-a como una mula.

mule² [mjuːl] *n (slipper)* chinela.

muleteer [mjuːləˈtɪəʳ] *n* mulero,-a, arriero,-a.

mulish ['mjuːlɪʃ] *adj* terco,-a, testarudo,-a, tozudo,-a.

mull¹ [mʌl] *vt (wine, beer)* calentar con especias.

mull² [mʌl] to mull over *vt (ponder)* reflexionar sobre, meditar sobre: I've been mulling it over he estado reflexionando.

mullet ['mʌlɪθ] (grey) mullet *n* mújol *m*.
▪ red mullet salmonete *m*.

mullion ['mʌlɪən] *n ARCH (of window)* parteluz *m*.

multiaccess [mʌltɪˈækses] *n COMPUT* acceso múltiple.
▪ multiaccess system sistema *m* multiacceso, sistema *m* de acceso múltiple.

multicoloured [mʌltɪˈkʌləd] *adj* multicolor.

multicultural [mʌltɪˈkʌltʃərəl] *adj* multicultural.

multifaceted [mʌltɪˈfæsɪtɪd] *adj* multifacético,-a.

multifarious [mʌltɪˈfeərɪəs] *adj* múltiple, muy diverso,-a.

multigrade ['mʌltɪgreɪd] *adj* multigrado.

multilateral [mʌltɪˈlætərəl] *adj* multilateral.

multilingual [mʌltɪˈlɪŋgwəl] *adj* plurilingüe.

multimillionaire [mʌltɪmɪljəˈneəʳ] *n* multimillonario,-a.

multinational [mʌltɪˈnæʃənəl]
1 *adj* multinacional.
2 *n* multinacional *f*.

multiple ['mʌltɪpəl]
1 *adj* múltiple.
2 *n MATH* múltiplo.
▪ multiple choice examen *m* tipo test.
  multiple pile-up *AUTO* colisión *f* múltiple.
  multiple sclerosis *MED* esclerosis *f* en placas, esclerosis *f* múltiple.

multiple-choice [mʌltɪpəlˈtʃɔɪs] *adj* tipo test.

multiplex ['mʌltɪpleks]
1 *adj (cinema)* multicines *mpl*.
2 *adj TECH* múltiple.

multiplication [mʌltɪplɪˈkeɪʃən] *n* multiplicación *f*.
▪ multiplication sign signo de multiplicar.
  multiplication table tabla de multiplicar.

multiplicity [mʌltɪˈplɪsətɪ] *n* multiplicidad *f*, diversidad *f*.

multiplier ['mʌltɪplaɪəʳ] *n* multiplicador *m*.

multiply ['mʌltɪplaɪ]
1 *vt MATH* multiplicar (by, por).
2 *vi* multiplicarse.
▲ *pt & pp* multiplied, *ger* multiplying.

multipurpose [mʌltɪˈpɜːpəs] *adj* multiuso *inv*.

multiracial [mʌltɪˈreɪʃəl] *adj* multirracial.

multistorey [mʌltɪˈstɔːrɪ] *adj (building)* de varios pisos, de varias plantas.
▪ multistorey car park aparcamiento de varias plantas *(no subterráneo)*.

multitude ['mʌltɪtjuːd]
1 *n (crowd)* multitud *f*, muchedumbre *f*.

2 a multitude of *n* múltiples: a multitude of reasons múltiples razones.
3 the multitude *n* las masas *fpl*, la masa *f sing*.

multitudinous [mʌltɪˈtjuːdɪnəs] *adj* multitudinario,-a.

mum¹ [mʌm] *n GB fam* mamá *f*.

mum² [mʌm] *adj (silent)* callado,-a.
✦ mum's the word! ¡chitón!
  to keep mum no decir ni pío, guardar silencio.

mumble ['mʌmbəl]
1 *vt (gen)* decir entre dientes, mascullar; *(prayer)* musitar.
2 *vi* hablar entre dientes, farfullar.

mummification [mʌmɪfɪˈkeɪʃən] *n* momificación *f*.

mummify ['mʌmɪfaɪ] *vt* momificar.
▲ *pt & pp* mummified, *ger* mummifying.

mummy¹ ['mʌmɪ] *n (dead body)* momia.
▲ *pl* mummies.

mummy² ['mʌmɪ] *n GB fam (mother)* mamá *f*.
▲ *pl* mummies.

mumps [mʌmps] *n MED* paperas *fpl*.

munch [mʌntʃ]
1 *vt* mascar ruidosamente, masticar ruidosamente.
2 *vi* mascar ruidosamente, masticar ruidosamente.

munchies ['mʌntʃɪz] *npl (snacks)* cosas *fpl* para picar.
✦ to have the munchies tener hambre.

mundane [mʌnˈdeɪn]
1 *adj (worldly)* mundano,-a.
2 *adj pej (banal)* rutinario,-a, monótono,-a, banal.

municipal [mjuːˈnɪsɪpəl] *adj* municipal.

municipality [mjuːnɪsɪˈpælɪtɪ] *n* municipio.
▲ *pl* municipalities.

munificence [mjuːˈnɪfɪsəns] *n* munificencia.

munitions [mjuːˈnɪʃənz]
1 *npl* municiones *fpl*.
2 *adj* de municiones.

mural ['mjʊərəl] *n* pintura mural, mural *m*.

murder ['mɜːdəʳ]
1 *n* asesinato, homicidio: he's been accused of murder lo han acusado de asesinato; who committed the murder? ¿quién cometió el asesinato?
2 *n fam fig (difficult experience)* pesadilla: it was sheer murder! ¡vaya pesadilla!; it's murder driving in the city centre es imposible conducir por el centro de la ciudad.
3 *vt (kill)* asesinar, matar.
4 *vt fam fig (be angry with)* matar: if you do that again, I'll murder you! ¡cómo vuelves a hacer esto, te mato!
5 *vt fam fig (spoil, destroy)* destrozar, arruinar.

✦ **to get away with murder** hacer lo que a uno le da la gana.
to scream blue murder poner el grito en el cielo.
■ **murder story** novela negra, novela policíaca.
murder weapon arma *m* homicida.

murderer ['mɜːdərəʳ] *n* asesino, homicida *mf.*

murderess ['mɜːdərəs] *n* asesina, homicida.

murderous ['mɜːdərəs] *adj* asesino,-a, homicida.

murky ['mɜːkɪ]
1 *adj (night)* oscuro,-a, tenebroso,-a; *(weather, day)* gris, nublado,-a; *(place)* lóbrego,-a, sombrío,-a.
2 *adj (water)* turbio,-a.
3 *adj (colour)* sucio,-a.
4 *adj fig (business, past)* turbio,-a.
▲ *comp* **murkier,** *superl* **murkiest.**

murmur ['mɜːməʳ]
1 *n (of voice)* murmullo, susurro.
2 *n (of traffic)* rumor *m*; *(of insects)* zumbido; *(of wind)* murmullo; *(of water)* susurro.
3 *n* MED soplo.
4 *vt* murmurar: they murmured their approval hubo un murmullo de aprobación.
5 *vi* murmurar, susurrar.
6 *vi (complain)* quejarse (**against/at**, de).
✦ **without a murmur** sin rechistar.

Musak ['mjuːzæk] *n* hilo musical.
▲ *Es marca registrada.*

Muscat ['mʌskæt] *n* Mascate.

muscatel [mʌskə'tel] *n* moscatel *m.*

muscle ['mʌsəl]
1 *n* ANAT músculo.
2 *n (muscle power)* fuerza.
3 *n fig (strength, power)* poder *m*, fuerza.
▸ **to muscle in** *vi (situation)* entrometerse (**on**, en), inmiscuirse (**on**, en); *(place)* introducirse por la fuerza.
✦ **to flex one's muscles** flexionar los músculos.
to not move a muscle no inmutarse.
to pull a muscle sufrir un tirón en un músculo.

muscly ['mʌsəlɪ] *adj* musculoso,-a.
▲ *comp* **musclier,** *superl* **muscliest.**

Muscovite ['mʌskəvaɪt]
1 *adj* moscovita.
2 *n* moscovita *mf.*

muscular ['mʌskjələʳ]
1 *adj (pain, tissue)* muscular.
2 *adj (person)* musculoso,-a.
■ **muscular dystrophy** distrofia muscular.

muse¹ [mjuːz]
1 *vi* meditar (**on/over**, -), reflexionar (**on/over**, sobre).
2 *vt* pensar.

muse² [mjuːz]
1 *n* musa.
2 **the Muses** *npl* las Musas *fpl.*

museum [mjuː'zɪəm] *n* museo.
■ **museum piece** *(fine)* pieza de museo; *(old-fashioned)* antigualla.

mush [mʌʃ]
1 *n (food)* papilla, pasta.
2 *n US* gachas *fpl.*
3 *n fam (writing, speech, film)* sentimentalismo.

mushroom ['mʌʃruːm]
1 *n* BOT seta, hongo.
2 *n* CULIN *(button mushroom)* champiñón *m*; *(wild)* seta.
3 *vi (gather mushrooms)* recoger setas, ir a buscar setas.
4 *vi (spring up)* crecer de la noche a la mañana, aparecer como hongos; *(spread)* multiplicarse.
5 *vi (smoke)* subir en forma de hongo.
✦ **to mushroom into something** convertirse rápidamente en algo.
■ **mushroom cloud** hongo nuclear.

mushy ['mʌʃɪ]
1 *adj (food)* blando,-a, como una papilla.
2 *adj fam (words, film, etc)* sentimentaloide, sensiblero,-a.
■ **mushy peas** *guisantes secos cocidos en puré.*
▲ *comp* **mushier,** *superl* **mushiest.**

music ['mjuːzɪk] *n* música.
✦ **to be music to one's ears** ser música para los oídos.
to put/set something to music poner música a algo.
to read music leer música.
■ **music box** caja de música.
music centre equipo de música.
music hall teatro de variedades.
music lover melómano,-a.
music score partitura.
music stand atril *m.*

musical ['mjuːzɪkəl]
1 *adj (gen)* musical.
2 *adj (person - gifted)* dotado,-a para la música; *(- fond of music)* aficionado,-a a la música, melómano,-a.
3 *n* musical *m.*
■ **musical box** caja de música.
musical comedy comedia musical.
musical instrument instrumento musical.

musician [mjuː'zɪʃən] *n* músico,-a.

musicologist [mjuːzɪ'kɒlədʒɪst] *n* musicólogo,-a.

musicology [mjuːzɪ'kɒlədʒɪ] *n* musicología.

musk [mʌsk] *n (substance)* almizcle *m.*
■ **musk deer** almizclero.

musket ['mʌskɪt] *n* mosquete *m.*

musketeer [mʌskə'tɪəʳ] *n* mosquetero.

muskrat ['mʌskræt] *n* almizclera.

musky ['mʌskɪ] *adj* almizcleño,-a.
▲ *comp* **muskier,** *superl* **muskiest.**

Muslim ['mʌzlɪm]
1 *adj* musulmán,-ana.
2 *n* musulmán,-ana.

muslin ['mʌzlɪn] *n* muselina.

musquash ['mʌzkwɒʃ]
1 *n (animal)* almizclera.
2 *n (fur)* piel de almizclera.

mussel ['mʌsəl] *n* mejillón *m.*
■ **mussel bed** criadero de mejillones.

must¹ [mʌst]
1 *aux (necessity, obligation)* deber, tener que: I must leave now tengo que marcharme ahora; you must work harder debes trabajar más; you really must go and see this film tienes que ir a ver esta película; it must be said that she's very efficient hay que reconocer que es muy eficiente; you mustn't breathe a word about this no digas ni una palabra a nadie; must you play your music so loud? ¿es necesario poner la música tan fuerte?; I'd rather you didn't, but if you must … preferiría que no lo hicieras, pero si te empeñas …
2 *aux (probability)* deber de: she must be tired debe de estar cansada; he must be Australian debe de ser australiano; you must be Mr. Black debe de ser el Sr. Black; it must be about ten o'clock deben de ser las diez; it must have been awful debió de ser terrible; but someone must have seen her pero alguien debe de haberla visto; you must have known all along debías de saberlo desde el principio; it must have been about two o'clock deberían de ser sobre las dos.
3 *n (need)* necesidad *f*: it's an absolute must for all film buffs es imprescindible para todos los cinéfilos.
✦ **if I must** si no hay más remedio.
if you must know, … si te empeñas en saberlo, …

must² [mʌst] *n (of grapes)* mosto.

must³ [mʌst] *n (mould)* moho.

mustache ['mʌstɑːʃ] *n US* → **moustache.**

mustard ['mʌstəd] *n (gen)* mostaza.
■ **mustard gas** gas *m* mostaza.
mustard pot mostacera.

muster ['mʌstəʳ]
1 *vt (supporters, troops)* reunir; *(army)* lograr formar.
2 *vt (courage, strength)* cobrar, armarse de (**up**, -); *(support)* conseguir, lograr; *(votes)* obtener.
3 *vi (supporters)* reunirse, juntarse; *(troops, soldiers)* congregarse.
4 *n* MIL *(gathering)* asamblea; *(inspection)* revista.
✦ **to pass muster** ser aceptable.

mustiness ['mʌstɪnəs] *n* olor *m* a humedad.

musty ['mʌstɪ] *adj* que huele a moho, que huele a humedad.
▲ *comp* **mustier,** *superl* **mustiest.**

mutant ['mjuːtənt]
1 *n* mutante *mf.*
2 *adj* mutante.

mutation [mjʊ:'teɪʃən] *n* mutación *f*.
mute [mjʊ:t]
 1 *adj (dumb, silent)* mudo,-a.
 2 *n LING* mudo,-a.
 3 *n (dumb person)* mudo,-a.
 4 *n MUS* sordina.
 5 *vt MUS* poner sordina a.
 ▪ **deaf mute** sordomudo,-a.
  mute swan cisne *m*.
muted ['mjʊ:tɪd]
 1 *adj (sound)* apagado,-a, sordo,-a.
 2 *adj (colour)* suave, apagado,-a.
 3 *adj (emotion, feeling)* contenido,-a.
 4 *adj MUS* con sordina.
mutilate ['mjʊ:tɪleɪt] *vt* mutilar.
mutilation [mjʊ:tɪ'leɪʃən] *n* mutilación *f*.
mutineer [mjʊ:tɪ'nɪəʳ] *n* amotinado,-a.
mutinous ['mjʊ:tɪnəs]
 1 *adj (guilty of mutiny)* amotinado,-a.
 2 *adj (rebellious)* rebelde, desobediente.
mutiny ['mjʊ:tɪnɪ]
 1 *n* motín *m*, amotinamiento, sublevación *f*, rebelión *f*.
 2 *vi* amotinarse.
 ▲ *(sustantivo) pl* **mutinies;** *(verbo) pt & pp* **mutinied,** *ger* **mutinying.**
mutt [mʌt]
 1 *n fam (dog)* perro callejero.
 2 *n fam (fool)* tonto,-a, estúpido,-a.
mutter ['mʌtəʳ]
 1 *n* murmullo, refunfuño.
 2 *vt (mumble)* murmurar, mascullar, decir entre dientes, refunfuñar: he muttered something about feeling ill murmuró algo acerca de que no se encontraba bien.
 3 *vi (mumble)* murmurar, hablar entre dientes: stop muttering! ¡deja de murmurar!
 4 *vi (complain)* refunfuñar, rezongar, quejarse: the guests are beginning to mutter about the food los clientes empiezan a quejarse de la comida.
muttering ['mʌtərɪŋ] *n* quejas *fpl*, rezongos *mpl*, refunfuños *mpl*.
mutton ['mʌtən] *n (sheep meat)* carne *f* de oveja, carne *f* ovina; *(lamb)* carne *f* de cordero.

 ✦ **mutton dressed up as lamb** una vieja vestida de jovencita.
 ▪ **mutton chop** chuleta de cordero.
mutual ['mjʊ:tʃʊəl]
 1 *adj (help, love, etc)* mutuo,-a, recíproco,-a.
 2 *adj (friend, interest, etc)* común.
 ✦ **by mutual consent** de común acuerdo.
  the feeling is mutual es un sentimiento compartido.
 ▪ **mutual benefit society** mutualidad *f*.
  mutual fund *US* fondo común de inversión.
  mutual insurance seguro mutuo.
  mutual insurance company mutua aseguradora.
mutually ['mjʊ:tʃʊəlɪ] *adv* mutuamente.
 ✦ **mutually exclusive** mutuamente excluyentes.
muzzle ['mʌzəl]
 1 *n (snout)* hocico.
 2 *n (guard)* bozal *m*.
 3 *n (of gun)* boca.
 4 *vt (dog)* poner un bozal a.
 5 *vt fig (person, press, etc)* amordazar.
muzzy ['mʌzɪ]
 1 *adj (blurred)* borroso,-a.
 2 *adj (groggy)* atontado,-a, espeso,-a, embotado,-a.
 ▲ *comp* **muzzier,** *superl* **muzziest.**
MW ['mi:dɪəmweɪv] *abbr* (**medium wave**) onda media; *(abbreviation)* OM.
my [maɪ]
 1 *adj* mi, mis: my book mi libro; my records mis discos; one of my friends un amigo mío; I broke my arm me rompí el brazo; I'm going to wash my hair voy a lavarme el pelo.
 2 *interj* ¡caramba!, ¡caray!
myopia [maɪ'əʊpɪə] *n* miopía.
myopic [maɪ'ɒpɪk] *adj* miope.
myriad ['mɪrɪəd] *n* miríada.
myrrh [mɜ:ʳ] *n* mirra.
myrtle ['mɜ:təl] *n BOT* arrayán *m*, mirto.
myself [maɪ'self]
 1 *pron (reflexive)* me: I cut myself me corté; I helped myself me serví.

 2 *pron (after preposition)* mí (mismo,-a): I kept it for myself lo guardé para mí; I said to myself me dije a mí mismo.
 3 *pron (emphatic)* yo mismo,-a: I did it by myself lo hice yo mismo,-a; I said so myself yo mismo,-a lo dije; I'm a stranger here myself yo soy forastero aquí también.
 ✦ **all by myself** *(alone)* solo,-a; *(without help)* yo solo,-a.
  to myself *(private)* para mí solo,-a.
mysterious [mɪ'stɪərɪəs] *adj* misterioso,-a.
mysteriously [mɪ'stɪərɪəslɪ] *adv* misteriosamente.
mystery ['mɪstərɪ]
 1 *n* misterio: it's a mystery to me why he ever married her no entiendo por qué se casó con ella.
 2 **mysteries** *npl* misterios *mpl*.
 ▪ **mystery play** auto sacramental *m*, misterio.
 ▲ *pl* **mysteries.**
mystic ['mɪstɪk]
 1 *adj* místico,-a.
 2 *n* místico,-a.
mystical ['mɪstɪkəl] *adj* místico,-a.
mysticism ['mɪstɪsɪzəm]
 1 *n REL* misticismo.
 2 *n LIT* mística.
mystify ['mɪstɪfaɪ] *vt* dejar perplejo,-a, desconcertar: she was completely mystified se quedó pasmada.
 ▲ *pt & pp* **mystified,** *ger* **mystifying.**
mystique [mɪs'ti:k] *n* halo de misterio.
myth [mɪθ]
 1 *n (ancient story)* mito.
 2 *n (fallacy)* falacia.
 ✦ **to explode the myth** refutar el mito.
mythical ['mɪθɪkəl]
 1 *adj (of a myth)* mítico,-a.
 2 *adj (not real, imagined)* imaginario,-a, fantástico,-a.
mythological [mɪθə'lɒdʒɪkəl] *adj* mitológico,-a.
mythology [mɪ'θɒlədʒɪ] *n* mitología.
myxomatosis [mɪksəmə'təʊsɪs] *n* mixomatosis *f*.

N, n [en] *n (the letter)* N, n *f.*

N [nɔːθ] *abbr* (**north**) norte *m; (abbreviation)* N.

n [ˈnjuːtəʳ] *abbr* (**neuter**) neutro; *(abbreviation)* n.

Naafi [ˈnæfɪ] *n GB tienda de comestibles o cantina para las fuerzas armadas.*

naan [nɑːn] *n* → **nan 2.**

nab [næb] *vt fam* pillar.
▲ *pt & pp* nabbed, *ger* nabbing.

nabob [ˈneɪbɒb] *n* nabab *m.*

nacelle [næˈsel] *n AV* góndola.

nacre [ˈneɪkəʳ] *n* nácar *m.*

nadir [ˈneɪdɪəʳ]
  1 *n* nadir *m.*
  2 *n fig (lowest point)* punto más bajo.

naff¹ [næf]
  1 *adj sl (bad)* chungo,-a.
  2 *adj sl (defective)* defectuoso,-a.
  3 *adj sl (in bad taste)* hortera.

naff² [næf] **naff off!** *interj sl* ¡vete al carajo!
  ▶ **to naff about** *vi sl* hacer el tonto.

nag¹ [næg] *n (horse)* jamelgo, penco.

nag² [næg]
  1 *vt (annoy)* molestar, fastidiar.
  2 *vt (complain)* dar la tabarra a.
  3 *vi* quejarse.
  4 *n* regañón,-ona, gruñón,-ona.
  ▲ *pt & pp* nagged, *ger* nagging.

nagger [ˈnægəʳ] *n* regañón,-ona, gruñón,-ona.

naiad [ˈnaɪæd] *n* náyade *f.*

nail [neɪl]
  1 *n (on finger, toe)* uña: **to bite/cut/trim one's nails** morderse/cortarse/arreglarse las uñas.
  2 *n (metal)* clavo.
  3 *vt* clavar, fijar con clavos.
  4 *vt fam* pillar, coger.
  ▶ **to nail down**
    1 *vt sep (thing)* clavar, sujetar con clavos.
    2 *vt sep fig (person)* conseguir que alguien se comprometa: **I couldn't nail him down to a price** no pude conseguir que me concretara un precio.
  ▶ **to nail up**
    1 *vt sep (to wall etc)* clavar.

  2 *vt sep (completely)* cerrar con clavos.
  ✦ **as hard as nails** más duro,-a que una piedra.
    to hit the nail on the head dar en el clavo.
    to pay on the nail pagar a tocateja.
  ▪ **nail clippers** cortaúñas *m.*
    nail enamel *US* esmalte *m* para las uñas.
    nail polish esmalte *m* para las uñas.
    nail scissors tijeras *fpl* para las uñas.
    nail varnish esmalte *m* para las uñas.
    nail varnish remover quitaesmaltes *m.*

nail-biting [ˈneɪlbaɪtɪŋ] *adj* emocionantísimo,-a.

nailbrush [ˈneɪlbrʌʃ] *n* cepillo de uñas.

nailfile [ˈneɪlfaɪl] *n* lima de uñas.

naive [naɪˈiːv] *adj* ingenuo,-a.

naïveté [naɪˈiːvteɪ] *n* ingenuidad *f.*

naivety [naɪˈiːvtɪ] *n* ingenuidad *f.*

naked [ˈneɪkɪd]
  1 *adj (body)* desnudo,-a; *(flame)* sin protección; *(light)* sin pantalla.
  2 *adj (unhidden)* abierto,-a: **naked aggression** agresión patente.
  ✦ **with the naked eye** a simple vista.
  ▪ **the naked truth** la pura verdad.

nakedly [ˈneɪkɪdlɪ] *adv* abiertamente.

nakedness [ˈneɪkɪdnəs] *n* desnudez *f.*

namby-pamby [næmbɪˈpæmbɪ]
  1 *adj* ñoño,-a.
  2 *n* ñoño,-a.
  ▲ *pl* namby-pambies.

name [neɪm]
  1 *n (first name)* nombre *m; (surname)* apellido; **his name's Richard** se llama Richard; **what's your name?** ¿cómo te llamas?; **a girl by the name of Alice** una chica llamada Alice; **he knows them all by name** los conoce a todos por su nombre; **it's in my wife's name** está a nombre de mi mujer.
  2 *n (fame)* fama, reputación *f.* **she made her name in the theatre** se hizo famosa en el teatro; **they've got a good name** tienen buena reputación.
  3 *vt* llamar: **they named the child Dominic after his uncle** al niño le pusieron Dominic por su tío.

  4 *vt (appoint)* nombrar: **he was named Minister of Transport** lo nombraron Ministro de Transportes.
  ✦ **in name only** solo de nombre.
    in the name of ... en nombre de ...
    to call somebody names insultar a alguien.
    to go by the name of ... conocerse por el nombre de ...
    to make a name for oneself hacerse un nombre.
    to name names citar nombres, dar nombres.
    to put one's name down for something apuntarse para algo.
    to take somebody's name in vain faltar al respeto a alguien.
  ▪ **big name** pez *m* gordo.
    name day santo.

name-drop [ˈneɪmdrɒp] *vi* dárselas de conocer a gente famosa.
  ▲ *pt & pp* name-dropped, *ger* name-dropping.

name-dropper [ˈneɪmdrɒpəʳ] *n persona que se las da de conocer a gente famosa.*

name-dropping [ˈneɪmdrɒpɪŋ] *n hecho de dárselas de conocer a gente famosa.*

nameless [ˈneɪmləs]
  1 *adj (unnamed)* anónimo,-a.
  2 *adj (indescribable)* indescriptible.
  ✦ **to remain nameless** permanecer en el anonimato.

namely [ˈneɪmlɪ] *adv* a saber.

nameplate [ˈneɪmpleɪt] *n* placa con el nombre.

namesake [ˈneɪmseɪk] *n* tocayo,-a.

nametape [ˈneɪmteɪp] *n* cinta con el nombre.

Namibia [nəˈmɪbɪə] *n* Namibia.

Namibian [nəˈmɪbɪən]
  1 *adj* namibio,-a.
  2 *n* namibio,-a.

nan¹ [næn] *n GB fam* yaya, abuela.

nan² [næn] **nan bread** *n pan plano indio con poca levadura.*

nancy [ˈnænsɪ] *n GB* marica *m.*
  ▪ **nancy boy** marica *m.*
  ▲ *pl* nancies.

nanna ['nænə] *n GB fam* yaya, abuela.

nanny¹ ['nænɪ]
1 *n (carer)* niñera.
2 *n GB fam (grandmother)* yaya, abuela.
▲ *pl* nannies.

nanny² ['nænɪ] **nanny goat** *n* cabra.
▲ *pl* nannies.

nap¹ [næp]
1 *n* siesta.
2 *vi* dormir la siesta.
✦ **to catch somebody napping** coger a alguien desprevenido,-a.
to have a nap/take a nap echar la siesta.
▲ *pt & pp* napped, *ger* napping.

nap² [næp] *n (on cloth)* lanilla.

napalm ['neɪpɑːm]
1 *n* napalm *m*.
2 *vt* atacar con napalm.

nape [neɪp] *n* nuca, cogote *m*.

naphtha ['næfθə] *n* nafta.

naphthalene ['næfθəliːn] *n* naftalina.

napkin ['næpkɪn] *n* servilleta.
■ **napkin ring** servilletero.

Naples ['neɪpəlz] *n* Nápoles.

Napoleon [nə'pəʊlɪən] *n* Napoleón.

Napoleonic [nəpəʊlɪ'ɒnɪk] *adj* napoleónico,-a.

nappa ['næpə] *n* napa.

napper ['næpəʳ] *n GB fam* coco.

nappy ['næpɪ] *n GB* pañal *m*.
▲ *pl* nappies.

narcissi [nɑː'sɪsaɪ] *npl* → narcissus.

narcissism ['nɑːsɪsɪzəm] *n* narcisismo.

narcissist ['nɑːsɪsɪst] *n* narcisista *mf*.

narcissistic [nɑːsɪ'sɪstɪk] *adj* narcisista.

narcissus [nɑː'sɪsəs] *n* narciso.
▲ *pl* narcissi o narcissuses.

narcotic [nɑː'kɒtɪk]
1 *adj* narcótico,-a.
2 *n* narcótico.

nark [nɑːk]
1 *n fam* soplón,-ona.
2 *vt fam* cabrear.

narky ['nɑːkɪ] *adj fam* malhumorado,-a.
▲ *comp* narkier, *superl* narkiest.

narrate [nə'reɪt] *vt* narrar.

narration [nə'reɪʃən] *n* narración *f*.

narrative ['nærətɪv]
1 *adj* narrativo,-a.
2 *n* narración *f*.
3 *n (genre)* narrativa.

narrator [nə'reɪtəʳ] *n* narrador,-ra.

narrow ['nærəʊ]
1 *adj* estrecho,-a: **a narrow road** una carretera estrecha.
2 *adj (restricted)* reducido,-a, restringido, -a: **a narrow circle of friends** un círculo reducido de amigos.
3 *adj (by very little)* escaso,-a: **by a narrow majority** por una escasa mayoría; **to have a narrow escape** escaparse por los pelos; **to have a narrow lead**

over somebody aventajar a alguien por un escaso margen.
4 *adj (strict)* estricto,-a, exacto,-a: **in the narrowest sense of the term** en el sentido más estricto del término.
5 *adj (limited in outlook)* estrecho,-a de miras.
6 *adj (careful)* minucioso,-a.
7 *vt (make narrower)* estrechar.
8 *vt (reduce)* reducir, acortar: **Leeds narrowed Hull's lead to only 1 point** el Leeds redujo la ventaja del Hull a 1 solo punto.
9 *vt (eyes)* entornar: **she narrowed her eyes threateningly** entornó los ojos de manera amenazadora.
10 *vi (become narrower)* estrecharse: **the road narrows after the bridge** la carretera se estrecha después del puente.
11 *vi (eyes)* entornarse.
12 **narrows** *npl* estrecho *m sing*.
▸ **to narrow down** *vt sep* reducir, limitar.
■ **narrow boat** barcaza.

narrow-gauge ['nærəʊgeɪdʒ] *adj (railway)* de vía estrecha.

narrowly ['nærəʊlɪ]
1 *adv (by very little)* por poco, por un escaso margen.
2 *adv (carefully)* minuciosamente.

narrow-minded [nærəʊ'maɪndɪd] *adj* estrecho,-a de miras.

narrowness ['nærəʊnəs] *n* estrechez *f*.

narwhal ['nɑːwəl] *n* narval *m*.

NASA ['næsə] *abbr US* (**National Aeronautics and Space Administration**) Administración *f* Nacional de Aeronáutica y del Espacio; *(abbreviation)* NASA *f*.

nasal ['neɪzəl]
1 *adj* nasal.
2 *adj (way of speaking)* gangoso,-a.

nasalisation [neɪzəlaɪ'zeɪʃən] *n* → nasalization.

nasalise ['neɪzəlaɪz] *vt* → nasalize.

nasality [neɪ'zælɪtɪ] *n* nasalidad *f*.

nasalization [neɪzəlaɪ'zeɪʃən] *n* nasalización *f*.

nasalize ['neɪzəlaɪz] *vt* nasalizar.

nasally ['neɪzəlɪ] *adv* nasalmente.

nascent ['næsənt] *adj* naciente.

nastily ['nɑːstɪlɪ] *adv* de manera desagradable.

nastiness ['nɑːstɪnəs] *n* lo desagradable, cosas *fpl* desagradables.

nasturtium [nəs'tɜːʃəm] *n* capuchina.

nasty ['nɑːstɪ]
1 *adj (unpleasant)* desagradable, repugnante, horrible: **what a nasty smell!** ¡qué olor más desagradable!
2 *adj (malicious)* malintencionado,-a; *(unkind)* antipático,-a: **she was really nasty to everyone** se mostró muy antipática con todos.
3 *adj (dangerous)* peligroso,-a: **this bend is really nasty** esta curva es muy peligrosa.

4 *adj (tricky)* peliagudo,-a: **it's quite a nasty little problem** es un problemita bastante peliagudo.
5 *adj (serious)* grave: **a nasty cold** un resfriado de cuidado.
✦ **to have a nasty mind** ser mal pensado,-a.
to turn nasty ponerse feo,-a.
▲ *comp* nastier, *superl* nastiest.

natal ['neɪtəl] *adj* natal.

nation ['neɪʃən]
1 *n (country)* nación *f*, país *m*.
2 *n (ethnic group)* pueblo, nación *f*.

national ['næʃənəl]
1 *adj* nacional.
2 *n* súbdito,-a, ciudadano,-a.
■ **national anthem** himno nacional.
national costume traje *m* típico nacional.
national curriculum *GB* programa *m* de estudios nacional.
national debt deuda pública.
national dress traje *m* típico nacional.
National Front *GB* partido minoritario de la extrema derecha británica.
national government gobierno nacional de coalición.
national grid *GB* red *f* nacional de tendido eléctrico.
National Guard *US* Guardia Nacional.
National Health Service *GB* ≈ Insalud *m*.
National Insurance ≈ Seguridad *f* Social.
national park parque *m* nacional.
national service *GB* servicio militar.
National Trust *GB* organización que vela por la conservación del patrimonio nacional, tanto natural como arquitectónico.

nationalisation [næʃənəlaɪ'zeɪʃən] *n* → nationalization.

nationalise [næʃənə'laɪz] *vt* → nationalize.

nationalism ['næʃənəlɪzəm] *n* nacionalismo.

nationalist ['næʃənəlɪst]
1 *adj* nacionalista.
2 *n* nacionalista *mf*.

nationalistic ['næʃənəlɪstɪk] *adj* nacionalista.

nationality [næʃə'nælɪtɪ] *n* nacionalidad *f*.
▲ *pl* nationalities.

nationalization [næʃənəlaɪ'zeɪʃən] *n* nacionalización *f*.

nationalize [næʃənə'laɪz] *vt* nacionalizar.

nation-state [neɪʃən'steɪt] *n* país independiente cuyos límites coinciden con los de una etnia.

nationwide [neɪʃənwaɪd]
1 *adj* de ámbito nacional, a escala nacional: **a nationwide broadcast** una emisión a todo el país.
2 *adv* por todo el país.
▲ *(adverbio)* [neɪʃən'waɪd].

native ['neɪtɪv]
1 *adj (place)* natal; *(language)* materno,-a: her native country su país natal; his native tongue is Danish su lengua materna es el danés; we need a native speaker of English necesitamos un hablante de inglés que sea nativo.
2 *adj (plant, animal)* originario,-a: it's native to Australia es originario de Australia; native varieties of grape variedades autóctonas de vid.
3 *adj (relating to natives)* de los indígenas: native customs costumbres de los indígenas.
4 *n* natural *mf*, nativo,-a: she's a native of Orense es natural de Orense.
5 *n (original inhabitant)* indígena *mf*: the natives turned out to be hostile los nativos resultaron ser hostiles.
■ **Native American** indio,-a americano,-a.

nativity [nə'tɪvɪtɪ] *n fml* natividad *f*.
■ **nativity play** *representación (infantil) de la Natividad.*

Nativity [nə'tɪvɪtɪ] *n* Natividad *f*.

NATO ['neɪtəʊ] *abbr* (**North Atlantic Treaty Organization**) Organización *f* del Tratado del Atlántico Norte; *(abbreviation)* OTAN *f*.
▲ *También se escribe Nato.*

natter ['nætə^r]
1 *vi GB fam* charlar.
2 *n GB fam* charla.

nattily ['nætɪlɪ] *adv (smartly)* elegantemente: he was nattily dressed iba bien vestido.

natty ['nætɪ]
1 *adj (smart)* elegante, chulo,-a.
2 *adj (clever)* ingenioso,-a.
▲ *comp nattier, superl nattiest.*

natural ['nætʃərəl]
1 *adj* natural: the natural world el mundo natural.
2 *adj (born)* nato,-a: he's a natural footballer es un futbolista nato.
3 *adj (usual)* natural, normal: it's only natural to feel afraid es normal tener miedo.
4 *n MUS (note)* nota natural; *(sign)* becuadro.
✦ **to die of natural causes** morir por causas naturales, fallecer de muerte natural.
■ **natural childbirth** parto natural.
natural gas gas *m* natural.
natural history historia natural.
natural resources recursos *mpl* naturales.
natural science ciencias *fpl* naturales.
natural selection selección *f* natural.
natural wastage *reducción de plantilla consistente en no sustituir a los que se jubilen o se marchen.*

naturalisation [nætʃərəlaɪ'zeɪʃən] *n* → **naturalization.**

naturalise ['nætʃərəlaɪz] *vt* → **naturalize.**

naturalism ['nætʃərəlɪzəm] *n* naturalismo.

naturalist ['nætʃərəlɪst] *n* naturalista *mf*.

naturalistic ['nætʃərəlɪstɪk] *adj* naturalista.

naturalization [nætʃərəlaɪ'zeɪʃən] *n* naturalización *f*.

naturalize ['nætʃərəlaɪz] *vt* naturalizar.

naturally ['nætʃərəlɪ]
1 *adv (by nature)* por naturaleza.
2 *adv (unaffectedly)* con naturalidad.
3 *adv (not artificially)* de manera natural.
4 *adv (of course)* naturalmente, por supuesto.
✦ **to come naturally to somebody** hacerse sin esfuerzo: it comes naturally to him lo hace sin esfuerzo.

nature ['neɪtʃə^r]
1 *n (gen)* naturaleza *f*.
2 *n (character)* carácter *m*, forma de ser: it's in her nature to be like that es así por naturaleza.
3 *n (type)* índole *f*.
✦ **by nature** por naturaleza.
to let nature take it's course dejar que la naturaleza siga su curso.
■ **nature conservation** conservación *f* de la naturaleza.
nature lover amante *mf* de la naturaleza.
nature reserve reserva natural.
nature study ciencias *fpl* naturales.
nature trail *itinerario señalizado que permite observar diferentes entornos naturales.*
second nature *(habit)* costumbre *f* muy arraigada, hábito; *(reflex action)* acto reflejo.

naturism ['neɪtʃərɪzəm] *n* naturismo.

naturist ['neɪtʃərɪst]
1 *adj* naturista.
2 *n* naturista *mf*.

naturopath ['neɪtʃərəpæθ] *n* naturópata *mf*.

naturopathic [neɪtʃərə'pæθɪk] *n* naturopático,-a.

naturopathy [neɪtʃə'rɒpəθɪ] *n* naturopatía.

naught [nɔːt] *n* nada.
✦ **to come to naught** fracasar.
to set at naught despreciar.

naughtily ['nɔːtɪlɪ] *adv* mal.

naughtiness ['nɔːtɪnəs] *n* travesuras *fpl*, mala conducta.

naughty ['nɔːtɪ]
1 *adj* travieso,-a, malo,-a.
2 *adj (risqué)* atrevido,-a.
▲ *comp naughtier, superl naughtiest.*

Nauru ['naʊruː, 'nɑːʊːruː] *n* Nauru.

Nauruan [naʊ'ruːən]
1 *adj* nauruano,-a.
2 *n* nauruano,-a.

nausea ['nɔːzɪə]
1 *n (physical)* náusea.
2 *n (disgust)* asco, repugnancia.

nauseate ['nɔːzɪeɪt]
1 *vt (physically)* dar náuseas a.
2 *vt (disgust)* dar asco a, repugnar.

nauseating ['nɔːzɪeɪtɪŋ]
1 *adj (physically)* nauseabundo,-a.
2 *adj (disgusting)* asqueroso,-a, repugnante.

nauseous ['nɔːzɪəs]
1 *adj (disgusting)* repugnante.
2 *adj (physically)* nauseabundo,-a.

nautical ['nɔːtɪkəl] *adj* náutico,-a.
■ **nautical mile** milla náutica.

nautilus ['nɔːtɪləs] *n* nautilo.

Navaho ['nævəhəʊ]
1 *adj* navajo,-a.
2 *n (person)* navajo,-a.
3 *n (language)* navajo.
▲ *pl Navaho, Navahos o Navahoes.*

Navajo ['nævəhəʊ] *adj-n* → **Navaho.**

naval ['neɪvəl] *adj* naval.
■ **naval base** base *f* naval.
naval battle batalla naval.
naval officer oficial *mf* de marina.
naval power potencia naval.

Navarre [nə'vɑː^r] *n* Navarra.

Navarrese [nævə'riːz]
1 *adj* navarro,-a.
2 *n* navarro,-a.
3 **the Navarrese** *npl* los navarros *mpl*.

nave [neɪv] *n* nave *f*.

navel ['neɪvəl] *n* ombligo.
■ **navel orange** naranja navel.

navigability [nævɪgə'bɪlɪtɪ] *n* navegabilidad *f*.

navigable ['nævɪgəbəl] *adj* navegable.

navigate ['nævɪgeɪt]
1 *vt (river, sea)* navegar por.
2 *vt (steer - ship)* gobernar; *(- plane)* pilotar.
3 *vi (when sailing, flying)* dirigir; *(when driving)* guiar: you drive, I'll navigate tu conduce, yo te guiaré.

navigation [nævɪ'geɪʃən] *n* navegación *f*.

navigator ['nævɪgeɪtə^r] *n MAR* navegante *mf*.

navvy ['nævɪ] *n GB* peón *m*.
▲ *pl navvies.*

navy ['neɪvɪ] *n* marina de guerra, armada.
■ **navy blue** azul marino.
▲ *pl navies.*

nay [neɪ]
1 *adv arch (more than that)* más aun.
2 *adv (in votes)* no.
3 *n* voto negativo, no: the nays have it ganan los noes.

Nazi ['nɑːtsɪ]
1 *adj* nazi.
2 *n* nazi *mf*.

Nazism ['nɑːtsɪzəm] *n* nazismo.

NB ['en'biː] *abbr* (**nota bene**) observa bien; *(abbreviation)* N.B.
▲ *También se escribe nb, N.B. y n.b.*

NBA ['en'biː'eɪ] *abbr US* (**National Basketball Association**) asociación nacional de baloncesto; *(abbreviation)* NBA *f*.

NBC ['en'biː'siː] *abbr US* (**National Broadcasting Company**) sociedad nacional de radiodifusión; *(abbreviation)* NBC *f*.

NCO [ˈenˈsiːˈəʊ] *abbr GB* (**non-commissioned officer**) suboficial *m*.

NE [nɔːˈθiːst] *abbr* (**northeast**) nordeste *m*; *(abbreviation)* NE.

Neanderthal [nɪˈændətɑːl] *adj* de Neanderthal.
■ **Neanderthal man** hombre *m* de Neanderthal.

neap tide [ˈniːp ˈtaɪd] *n* marea muerta.

Neapolitan [nɪəˈpɒlɪtən]
1 *adj* napolitano,-a.
2 *n* napolitano,-a.

near [nɪəʳ]
1 *adj* cercano,-a: **where is the nearest bank?** ¿dónde está el banco más cercano?; **Barclays is quite near** Barclays queda bastante cerca.
2 *adj (relations)* cercano,-a: **a near relative** un pariente cercano; **one's nearest and dearest** los más queridos.
3 *adj (time)* próximo,-a: **in the near future** en un futuro próximo.
4 *adj (similar)* parecido,-a: **this is the nearest we have, I'm afraid** lo siento, pero esto es lo más parecido que tenemos.
5 *adv* cerca: **I live quite near (by)** vivo bastante cerca.
6 *prep* cerca de: **it's near the market** está cerca del mercado; **near the end of the book** hacia el final del libro.
7 near to *prep* a punto de: **she was near to crying** estuvo a punto de llorar.
8 *vt* acercarse a: **we are nearing the day when …** nos acercamos al día en que …
✦ to come near acercarse.
 to come near to doing something estar en un tris de hacer algo.
 to draw near acercarse.
■ **near miss** *(shot)* tiro que no da en el blanco por poco; *(situation)* situación que no se produce por poco: **it was a near miss** falló por poco; **the lorry almost hit us, it was a near miss** por poco nos da el camión, nos escapamos por los pelos.

nearby [ˈnɪəbaɪ]
1 *adj* cercano,-a: **a nearby hotel** un hotel cercano.
2 *adv* cerca: **is there one nearby?** ¿hay alguno cerca?
▲ *(adverbio)* [nɪəˈbaɪ].

nearly [ˈnɪəlɪ] *adv* casi.
✦ not nearly ni mucho menos, ni con mucho: **there's not nearly enough time to finish** el tiempo para acabar es del todo insuficiente.

nearness [ˈnɪənəs] *n* proximidad *f*.

nearside [ˈnɪəsaɪd]
1 *n AUTO (right-hand drive)* lado izquierdo; *(left-hand drive)* lado derecho.
2 *adj AUTO (right-hand drive)* del lado izquierdo; *(left-hand drive)* del lado derecho.

near-sighted [nɪəˈsaɪtɪd] *adj* miope, corto,-a de vista.

near-sightedness [nɪəˈsaɪtɪdnəs] *adj* miopía.

neat [niːt]
1 *adj (room)* ordenado,-a; *(garden)* bien arreglado,-a.
2 *adj (person)* pulcro,-a; *(in habits)* ordenado,-a.
3 *adj (writing)* claro,-a.
4 *adj (clever)* ingenioso,-a, apañado,-a.
5 *adj (drinks)* solo,-a.
6 *adj US* fantástico,-a, estupendo,-a, chulo,-a, guay.

neaten [ˈniːtən] *vt* arreglar, ordenar.

neatly [ˈniːtlɪ]
1 *adv* cuidadosamente, con esmero.
2 *adv (cleverly)* con ingenio, con habilidad.

neatness [ˈniːtnəs] *n* esmero.

nebula [ˈnebjʊlə] *n* nebulosa.
▲ *pl* **nebulae** [ˈnebjʊliː] o **nebulas**.

nebular [ˈnebjʊləʳ] *adj* nebular.

nebulous [ˈnebjʊləs] *adj* nebuloso,-a.

nebulously [ˈnebjʊləslɪ] *adv* nebulosamente.

necessaries [ˈnesəsərɪz] *npl* → **necessary**.

necessarily [nesəˈserɪlɪ]
1 *adv* necesariamente.
2 *adv (inevitably)* inevitablemente, forzosamente.

necessary [ˈnesɪsərɪ]
1 *adj* necesario,-a.
2 *adj (inevitable)* inevitable, forzoso,-a.
3 necessaries *npl* lo necesario, cosas *fpl* necesarias.
✦ to do the necessary hacer lo necesario.

necessitate [nɪˈsesɪteɪt] *vt* requerir, exigir, hacer necesario,-a.

necessitous [nəˈsesɪtəs] *adj* necesitado,-a.

necessity [nɪˈsesɪtɪ]
1 *n* necesidad *f*: **it's a necessity** es indispensable.
2 *n (item)* requisito indispensable.
✦ necessity is the mother of invention la necesidad aviva el ingenio.
 of necessity inevitablemente.
 to make a virtue out of necessity hacer de la necesidad una virtud.
▲ *pl* **necessities**.

neck [nek]
1 *n* cuello.
2 *vi fam (kiss)* morrearse; *(caress)* pegarse el lote.
✦ in this neck of the woods por aquí.
 to be in something up to one's neck estar metido,-a en algo hasta el cuello.
 to be neck and neck ir parejos,-as.
 to be up to one's neck in something estar hasta el cuello de algo.
 to break one's neck desnucarse.
 to break one's neck doing something matarse haciendo algo.
 to break somebody's neck romper el pescuezo a alguien.
 to get it in the neck *fam* cargárselas.
 to risk one's neck jugarse el tipo.

 to stick one's neck out arriesgarse.
 to win by a neck ganar por una cabeza.

neckband [ˈnekbænd] *n* tirilla.

neckerchief [ˈnekətʃiːf] *n* pañuelo.

necklace [ˈnekləs] *n* collar *m*.

necklet [ˈneklət] *n* gargantilla.

neckline [ˈneklaɪn] *n* escote *m*.
✦ with a low neckline muy escotado,-a.

necktie [ˈnektaɪ] *n* corbata.

necromancer [ˈnekrənænsəʳ] *n* nigromante *mf*.

necromancy [ˈnekrəmænsɪ] *n* nigromancia, necromancia.

necrophilia [nekrəˈfɪlɪə] *n* necrofilia.

necrophiliac [nekrəˈfɪlɪæk]
1 *adj* necrófilo,-a.
2 *n* necrófilo,-a.

necropolis [nəˈkrɒpəlɪs] *n* necrópolis *f*.

nectar [ˈnektəʳ] *n* néctar *m*.

nectarine [ˈnektəriːn] *n* nectarina.

née [neɪ] *adj* de soltera: **Mrs Hastings, née Lawley** la Sra. Hastings, de soltera Lawley.

need [niːd]
1 *n* necesidad *f*: **there's no need for all of you to come with me** no hace falta que me acompañéis todos; **I have enough to satisfy my needs** tengo suficiente para satisfacer mis necesidades; **his need is greater than ours** le hace más falta a él que a nosotros.
2 *n (poverty)* necesidad *f*, infortunio: **to help somebody in time of need** ayudar a alguien en tiempos de necesidad.
3 *vt* necesitar: **you'll need a pencil** necesitarás un lápiz; **we didn't need to show our passes** no nos hizo falta enseñar los pases; **I need to see you** tengo que verte; **your hair needs washing** tendrías que lavarte el pelo.
4 *aux* hacer falta: **need we all go?** ¿hace falta que vayamos todos?; **need you drive so fast?** ¿tienes que conducir tan deprisa?; **you needn't come in tomorrow** no hace falta que vengas mañana; **you needn't have bought me a present** no hacía falta que me compraras ningún regalo.
✦ if need be si hace falta.
 if the need arises si surge la necesidad, si hace falta.
 to be in need of necesitar.
 to have need of necesitar, tener necesidad de.

needful [ˈniːdfʊl] *adj* necesario,-a.

needle [ˈniːdəl]
1 *n (gen)* aguja.
2 *n GB fam (friction)* pique *m*.
3 *n US fam (injection)* inyección *f*.
4 *n (leaf)* hoja: **pine needles** hojas de pino.
5 *vt fam* pinchar.
✦ it's like looking for a needle in a haystack es como buscar una aguja en un pajar.
 to get the needle *GB fam* picarse.

needlecord [ˈniːdəlkɔːd] n pana fina.
needlecraft [ˈniːdəlkrɑːft] n arte f de la costura.
needless [ˈniːdləs] adj innecesario,-a.
needlewoman [ˈniːdəlwumən] n costurera.
▲ pl needlewomen [ˈniːdəlwɪmɪn].
needlework [ˈniːdəlwɜːk]
1 n (sewing) costura.
2 n (embroidery) bordado.
needn't [ˈniːdənt] aux → need.
needs [niːdz] adv arch forzosamente.
✦ if needs must si falta hace.
needy [ˈniːdɪ]
1 adj necesitado,-a.
2 the needy npl los necesitados mpl.
▲ comp needier, superl neediest.
ne'er [neəʳ] adv arch nunca.
ne'er-do-well [ˈneəduːwel] n vago,-a, inútil mf.
nefarious [nɪˈfeərɪəs] adj infame, nefario,-a.
neg [ˈnegətɪv] abbr (**negative**) negativo,-a; (abbreviation) negat.
negate [nɪˈgeɪt]
1 vt (invalidate) anular, invalidar.
2 vt (deny) negar.
negation [nɪˈgeɪʃən]
1 n (denial) negación f.
2 n (invalidation) anulación f, invalidación f.
negative [ˈnegətɪv]
1 adj negativo,-a.
2 n LING negación f.
3 n (answer) negativa.
4 n (photograph) negativo.
✦ to answer in the negative dar una respuesta negativa.
negatively [ˈnegətɪvlɪ] adv negativamente.
neglect [nɪˈglekt]
1 n (of thing) descuido, desatención f, abandono: the house was in a state of neglect la casa estaba totalmente descuidada, la casa se encontraba en un estado de abandono.
2 n (of duty) incumplimiento.
3 vt (not take care of) tener abandonado,-a, desatender: I've been neglecting my friends recently tengo abandonados a mis amigos.
4 vt (fail to attend to) descuidar: with so much sport you've been neglecting your academic work con tanto deporte tienes los estudios muy descuidados.
5 vt (forget to do) olvidar: she neglected to lock the safe olvidó cerrar la caja con llave.
neglectful [nɪˈglektful] adj negligente, descuidado,-a.
✦ to be neglectful of desatender, descuidar.
negligee [ˈneglɪʒeɪ] n salto de cama, deshabillé m.

negligée [ˈneglɪʒeɪ] n → negligee.
negligence [ˈneglɪdʒəns] n negligencia.
negligent [ˈneglɪdʒənt] adj negligente.
negligently [ˈneglɪdʒəntlɪ] adv con negligencia, negligentemente.
negligible [ˈneglɪdʒəbəl] adj insignificante.
negotiable [nɪˈgəʊʃɪəbəl] adj negociable.
negotiate [nɪˈgəʊʃɪeɪt]
1 vt negociar.
2 vt (obstacle) salvar.
3 vi negociar.
negotiating [nɪˈgəʊʃɪeɪtɪŋ] negotiating table n la mesa de negociaciones.
negotiation [nɪgəʊʃɪˈeɪʃən] n negociación f: the agreement is under negotiation el acuerdo se está negociando.
negotiator [nɪˈgəʊʃɪeɪtəʳ] n negociador,-ra.
Negress [ˈniːgrəs] n negra.
Negro [ˈniːgrəʊ]
1 adj negro,-a.
2 n negro.
▲ pl Negroes.
Negroid [ˈniːgrɔɪd]
1 adj negroide.
2 n negroide mf.
neigh [neɪ]
1 n relincho.
2 vi relinchar.
neighbor [ˈneɪbəʳ] n US → neighbour.
neighborhood [ˈneɪbəhʊd] n US → neighbourhood.
neighboring [ˈneɪbərɪŋ] adj US → neighbouring.
neighborliness [ˈneɪbəlɪnəs] n US → neighbourliness.
neighborly [ˈneɪbəlɪ] adj US → neighbourly.
neighbour [ˈneɪbəʳ]
1 n vecino,-a.
2 n (fellow man) prójimo,-a.
neighbourhood [ˈneɪbəhʊd]
1 n vecindad f, barrio.
2 n (people) vecindario.
■ neighbourhood watch grupo de vigilancia vecinal.
neighbouring [ˈneɪbərɪŋ] adj vecino,-a.
neighbourliness [ˈneɪbəlɪnəs] n amabilidad f.
neighbourly [ˈneɪbəlɪ] adj de buen vecino, amable.
neither [ˈnaɪðəʳ, ˈniːðəʳ]
1 adj ninguno de los dos, ninguna de las dos: neither boy knew the answer ninguno de los dos chicos sabía la respuesta.
2 pron ninguno de los dos, ninguna de las dos: neither is here ninguno de los dos está aquí.
3 adv ni: he's neither fat nor thin no es ni gordo ni delgado.

4 adv tampoco: I don't like it and neither does my wife no me gusta a mí, y a mi mujer tampoco.
✦ neither ... nor ... ni ... ni ...: she neither smokes nor drinks ni fuma ni bebe.
nelly [ˈnelɪ] not on your nelly! phr GB fam ¡ni hablar!
nem con [ˈnem ˈkɒn] adv JUR sin oposición.
nemesis [ˈneməsɪs] n némesis f, castigo.
neoclassical [niːəʊˈklæsɪkəl] adj neoclásico,-a.
neoclassicism [nɪəʊˈklæsɪsɪzəm] n neoclasicismo.
neoclassicist [niːəʊˈklæsɪsɪst] adj neoclasicista mf.
neocolonialism [niːəʊkəˈləʊnɪəlɪzəm] n neocolonialismo.
neolithic [niːəʊˈlɪθɪk] adj neolítico,-a.
neologism [niːˈɒlədʒɪzəm] n neologismo.
neon [ˈniːɒn] n neón m.
■ neon light luz f de neón.
neon sign rótulo con tubos de neón.
Neonazi [niːəʊˈnɑːtsɪ]
1 adj neonazi.
2 n neonazi mf.
neophyte [ˈniːəfaɪt] n neófito,-a.
Nepal [nəˈpɔːl] n Nepal.
Nepalese [nepəˈliːz]
1 adj nepalés,-esa, nepalí.
2 n (person) nepalés,-esa, nepalí mf.
3 n (language) nepalés m, nepalí m.
4 the Nepalese npl los nepaleses mpl, los nepalíes mpl.
Nepali [nəˈpɔːlɪ] adj → Nepalese.
nephew [ˈnevjuː] n sobrino.
nephritic [nɪˈfrɪtɪk] adj nefrítico,-a.
nephritis [nɪˈfraɪtəs] n nefritis f.
nepotism [ˈnepətɪzəm] n nepotismo.
Neptune [ˈneptjuːn] n Neptuno.
nerd [nɜːd] n sl gilipollas mf.
Nereid [ˈnɪəriːd] n nereida.
nerve [nɜːv]
1 n nervio.
2 n (daring) valor m.
3 n (cheek) descaro, jeta, cara: what a nerve! ¡qué cara!
✦ to be a bundle of nerves estar hecho,-a un manojo de nervios.
to get on somebody's nerves crispar los nervios a alguien.
to lose one's nerve rajarse.
■ nerve cell neurona.
nerve centre centro neurálgico.
nerve gas gas m nervioso.
nerveless [ˈnɜːvləs]
1 adj (weak) débil.
2 adj (brave) valiente.
nerve-racking [ˈnɜːvrækɪŋ] adj angustioso,-a.
nervous [ˈnɜːvəs]
1 adj nervioso,-a.
2 adj (afraid) miedoso,-a; (timid) tímido,-a.

3 adj (apprehensive) aprensivo,-a.
- **nervous breakdown** crisis f nerviosa.
nervous system sistema m nervioso.
nervous wreck manojo de nervios.

nervously ['nɜːvəslɪ] adv con aprensión, nerviosamente.

nervousness ['nɜːvəsnəs]
1 n nerviosismo, nerviosidad f.
2 n (fear) miedo.

nervy ['nɜːvɪ]
1 adj GB fam nervioso,-a.
2 adj US fam descarado,-a.
▲ comp nervier, superl nerviest.

nest [nest]
1 n nido; (hen's) nidal m.
2 n (wasp's) avispero; (animal's) madriguera.
3 n fig nido, refugio.
4 vi anidar, nidificar.
5 vt COMPUT anidar.
- **nest egg** ahorrillos mpl.
nest of tables mesas fpl nido.

nestle ['nesəl]
1 vi ponerse cómodo,-a, acomodarse, arrellanarse, repantigarse: she nestled down in the armchair to read se arrellanó en el sillón para leer.
2 vi (lie hidden) esconderse: the village nestled beneath the mountain el pueblo yacía escondido al pie de la montaña.
3 vt recostar: she nestled her head against my shoulder recostó su cabeza contra mi hombro.

nestling ['neslɪŋ] n pajarito.

net¹ [net]
1 n red f.
2 vt coger con red.
- **net cord** (in tennis, etc) cinta de la red.
net curtains visillos.
▲ pt & pp netted, ger netting.

net² [net]
1 adj FIN neto,-a: they made a net profit of £1.5M tuvieron beneficios netos de un millón y medio de libras.
2 vt (earn) ganar neto,-a: he netted £8,000 ganó ocho mil libras netas.
3 vt (produce) reportar un beneficio neto de: this deal will net me £20,000 este negocio me reportará un beneficio neto de veinte mil libras.
- **net result** resultado final.
net weight peso neto.
▲ pt & pp netted, ger netting.

netball ['netbɔːl] n ≈ baloncesto (femenino).

nether ['neðəʳ] adj lit inferior, de abajo.

Netherlander ['neðəlændəʳ] n neerlandés,-esa.

Netherlands ['neðələndz] the Netherlands n los Países mpl Bajos.

nethermost ['neðəməust] adj lit más bajo,-a, más profundo,-a.

netsurfer ['netsɜːfəʳ] n internauta mf.

nett [net] adj → net 2.

netting ['netɪŋ] n malla, red f.

nettle ['netəl]
1 n ortiga.
2 vt irritar.
+ **to grasp the nettle** coger el toro por los cuernos.
- **nettle rash** urticaria.

network ['netwɜːk]
1 n red f.
2 vt COMPUT conectar en red.

neuralgia [njuˈrældʒɪə] n neuralgia.

neuralgic [njuˈrældʒɪk] adj neurálgico,-a.

neurasthenia [njuərəsˈθiːnɪə] n neurastenia.

neurasthenic [njuərəsˈθiːnɪk] adj neurasténico,-a.

neuritis [njuˈraɪtəs] n neuritis f.

neurological [njuərəˈlɒdʒɪkəl] adj neurológico,-a.

neurologist [njuˈrɒlədʒɪst] n neurólogo,-a.

neurology [njuˈrɒlədʒɪ] n neurología.

neuron ['njuərɒn] n neurona.

neurone ['njuərəun] n → neuron.

neurosis [njuˈrəusɪs] n neurosis f.
▲ pl neuroses [njuˈrəusiːz].

neurosurgeon ['njuərəusɜːdʒən] n neurocirujano,-a.

neurotic [njuˈrɒtɪk]
1 adj neurótico,-a.
2 n neurótico,-a.

neuter ['njuːtəʳ]
1 adj neutro,-a.
2 n LING neutro.
3 vt (castrate) castrar.

neutral ['njuːtrəl]
1 adj (in general) neutro,-a: a neutral colour/shampoo un color/champú neutro.
2 adj POL neutral: a neutral country un país neutral.
3 adj (impartial) neutral, imparcial: a neutral judgment un juicio imparcial.
4 n AUTO punto muerto: leave the car in neutral deja el coche en punto muerto.

neutrality [njuːˈtrælətɪ] n neutralidad f.

neutralisation [njuːtrəlaɪˈzeɪʃən] n → neutralization.

neutralise ['njuːtrəlaɪz] vt → neutralize.

neutralization [njuːtrəlaɪˈzeɪʃən] n neutralización f.

neutralize ['njuːtrəlaɪz] vt neutralizar.

neutron ['njuːtrɒn] n neutrón m.
- **neutron bomb** bomba de neutrones.

never ['nevəʳ] adv nunca, jamás: I have never been there jamás he estado allí; we never go there any more ya no vamos allí nunca; never have I heard such rubbish en mi vida he oído tales tonterías; he never so much as thanked me ni siquiera me dio las gracias.
+ **never again** nunca más.
never mind! ¡no importa!
well, I never (did)! ¡no me digas!

never-ending [nevəˈrendɪŋ] adj interminable.

nevermore [nevəˈmɔːʳ] adv LIT nunca más.

never-never [nevəˈnevəʳ] on the never-never phr GB fam a plazos: they buy everything on the never-never lo compran todo a plazos.
- **never-never land** la tierra del nunca jamás.

nevertheless [nevəðəˈles] adv sin embargo.

new [njuː]
1 adj nuevo,-a: a new car un coche nuevo; new bread pan recién hecho.
2 adj (baby) recién nacido,-a: she's got a new baby acaba de tener un hijo.
+ **as good as new** como nuevo,-a.
to be new to something ser nuevo,-a en algo.
what's new? ¿qué hay de nuevo?
- **new blood** sangre f nueva.
new deal programa m de reformas.
New Delhi Nueva Delhi.
New England Nueva Inglaterra.
New Englander nativo o habitante de Nueva Inglaterra.
New Hampshire Nueva Hampshire.
New Jersey Nueva Jersey.
new moon luna nueva.
New Orleans Nueva Orleans.
New South Wales Nueva Gales del Sur.
New Testament Nuevo Testamento.
new town GB ciudad nueva de promoción pública.
new wave nueva ola.
New World Nuevo Mundo.
New Year Año Nuevo.
New Year's Day día m de Año Nuevo.
New Year's Eve Nochevieja.
New York Nueva York.
New Yorker neoyorquino,-a.
New Zealand Nueva Zelanda.
New Zealander neocelandés,-esa.

newbie ['njuːbɪ] n COMPUT fam novato,-a.

newborn ['njuːbɔːn] adj recién nacido,-a.

newcomer ['njuːkʌməʳ] n recién llegado,-a.

newfangled [njuːˈfæŋɡəld] adj pej novedoso,-a.

Newfoundland ['njuːfəndlənd] n Terranova.

newly ['njuːlɪ] adv recién: newly baked bread pan recién hecho.

newlywed ['njuːlɪwed] n recién casado,-a.

news [njuːz] n noticias fpl.
+ **bad news travels fast** las malas noticias corren deprisa.
it's news to me fam ahora me entero.
no news is good news la falta de noticias son buenas noticias.
to break the news to somebody dar la noticia a alguien.
- **a piece of news** una noticia.

news agency agencia de noticias.

news bulletin boletín *m* de noticias.

news conference conferencia de prensa.

news dealer *US* vendedor,-ra de periódicos.

news item noticia.

newsagent ['njuːzeɪdʒənt] *n* vendedor, -ra de periódicos.

■ **newsagent's (shop)** quiosco, puesto de periódicos.

newscast ['njuːzkɑːst] *n (gen)* informativo, noticias *fpl; (on television)* telediario.

newscaster ['njuːzkɑːstə'] *n* presentador,-ra del informativo.

newsflash ['njuːzflæʃ] *n* noticia de última hora.

newsgroup ['njuːzgruːp] *n* grupo de discusión.

newshound ['njuːzhaʊnd] *n* reportero,-a.

newsletter ['njuːzletə'] *n* hoja informativa, boletín *m*.

newsman ['njuːzmæn] *n* periodista *m*.
▲ *pl* **newsmen** ['njuːzmen].

newspaper ['njuːzpeɪpə'] *n* diario, periódico.

newsprint ['njuːzprɪnt] *n* papel *m* de periódico.

newsreader ['njuːzriːdə'] *n (on TV, radio)* presentador,-ra del informativo.

newsreel ['njuːzriːl] *n* noticiario *en el cine*.

newsroom ['njuːzruːm] *n* sala de redacción.

newssheet ['njuːzʃiːt] *n* hoja informativa.

newsstand ['njuːzstænd] *n* quiosco, puesto de periódicos.

newsvendor ['njuːzvendə'] *n* vendedor,-ra de periódicos.

newsworthy ['njuːzwɜːðɪ] *adj* de interés periodístico.

newsy ['njuːzɪ] *adj fam* lleno,-a de noticias.
▲ *comp* **newsier,** *superl* **newsiest.**

newt [njuːt] *n* tritón *m*.

newton ['njuːtən] *n* newton *m*.

next [nekst]
1 *adj (following - in order)* próximo,-a, siguiente; *(- in time)* próximo,-a, que viene: the next street on the left la próxima calle a la izquierda; it's on the next page está en la página siguiente; not this stop, the next esta parada no, la siguiente; what time is the next bus to Leeds? ¿a qué hora pasa el próximo autobús para Leeds?; next Thursday *(Friday etc)* el próximo jueves *(viernes etc)*, el jueves *(viernes etc)* que viene; next week/month/year la semana/el mes/el año que viene. **2** *adj (room, house, etc)* de al lado: they live in the next house viven en la casa de al lado.

3 *adv* luego, después, a continuación: what did you say next? ¿qué dijiste luego?; what do you want to do next? ¿qué quieres hacer ahora?
4 **next to** *prep* al lado de: it's next to the cinema está al lado del cine.
✦ **next to nothing** casi nada.
■ **next door** al lado, la casa de al lado: they live next door viven (en la casa de) al lado.
the next world el más allá *m*, el otro mundo.

next-door ['nekstdɔː'] *adj* de al lado, de la casa de al lado: my next-door neighbours los vecinos de al lado.

nexus ['neksəs] *n* nexo.
▲ *pl* **nexus.**

NGO ['en'dʒiː'əʊ] *abbr* (**Non-Governmental Organization**) Organización *f* no gubernamental; *(abbreviation)* ONG *f*.

NHS ['en'eɪtʃ'es] *abbr GB* (**National Health Service**) ≈ Insalud *m*.

niacin ['naɪəsɪn] *n* niacina.

nib [nɪb] *n* plumilla.

nibble ['nɪbəl]
1 *n (action)* mordisco, mordisquito: I felt a nibble at my bait sentí como mordía el cebo.
2 *n (piece)* bocadito: just a little nibble of cheese solo un bocadito de queso.
3 *vi* picar: I've been nibbling all morning so I'm not hungry no tengo hambre porque he estado picando toda la mañana; someone's been nibbling at this cheese alguien ha estado picando de este queso.

nibs [nɪbz] **his nibs** *phr fam iron* su señoría.

Nicaragua [nɪkə'rægjʊə] *n* Nicaragua.

Nicaraguan [nɪkə'rægjʊən]
1 *adj* nicaragüeño,-a.
2 *n* nicaragüeño,-a.

nice [naɪs]
1 *adj (person)* amable, simpático,-a, majo,-a: he's such a nice boy! ¡es un chico tan simpático!
2 *adj (thing)* bueno,-a, agradable: nice day today, isn't it? hace buen día, ¿verdad?
3 *adj (food)* delicioso,-a, bueno,-a.
4 *adj (pretty)* bonito,-a, mono,-a, guapo,-a.
5 *adj (subtle)* sutil: a nice distinction una distinción sutil.
6 *adj iron* menudo,-a, bonito,-a: a nice mess you made of that, didn't you? menuda la hiciste, ¿eh?; a nice way to speak to your mother that is! ¡bonita manera de hablar a tu madre!
✦ **nice and ...** bien ...: nice and cool/warm bien fresquito/calentito.

Nice [niːs] *n* Niza.

nicely ['naɪslɪ]
1 *adv (well)* bien: she was very nicely dressed iba muy bien vestida.
2 *adv (properly)* bien: behave nicely, dear compórtate bien, cariño.

3 *adv fam (very well)* perfecto, estupendo: Friday would suit me nicely el viernes me iría perfecto.

nicety ['naɪsətɪ] *n* detalle *m*: there isn't time for all these niceties, let's get to the point no hay tiempo para tantos detalles, vayamos al grano.
✦ **to a nicety** con suma precisión, a la perfección.
▲ *pl* **niceties.**

niche [niːʃ] *n* nicho, hornacina.

nick [nɪk]
1 *n* mella, muesca.
2 *n GB fam* condiciones *fpl*: in good/bad nick en buenas/malas condiciones.
3 *n GB sl (gaol)* chirona, gayola, trena.
4 *vt (notch)* mellar; *(cut)* cortar: I nicked myself when I was shaving me corté mientras me afeitaba.
5 *vt sl (steal)* birlar, mangar, chorizar: somebody's nicked my wallet me han mangado la cartera.
6 *vt GB sl (arrest)* trincar, pillar: he was nicked for speeding lo trincaron por exceso de velocidad.
✦ **in the nick of time** en el momento crítico, justo a tiempo.

Nick [nɪk] *n (diminutive of Nicholas)* Nicolás.
■ **Old Nick** el diablo.

nickel ['nɪkəl]
1 *n* níquel *m*.
2 *n US* moneda de cinco centavos.
3 *vt* niquelar.
■ **nickel silver** metal *m* blanco.

nickel-plate [nɪkəl'pleɪt] *vt* niquelar.

nickel-plated [nɪkəl'pleɪtɪd] *adj* niquelado,-a.

nicker ['nɪkə'] *n GB sl* libra.

nicknack ['nɪknæk] *n* → **knick-knack.**

nickname ['nɪkneɪm]
1 *n* apodo.
2 *vt* apodar: he was nicknamed "Lanky" lo apodaron "Lanky".

nicotine ['nɪkətiːn] *n* nicotina.

niece [niːs] *n* sobrina.

niff [nɪf]
1 *n GB fam* tufo, tufillo.
2 *vi GB fam* atufar.

niffy ['nɪfɪ] *adj GB fam* apestoso,-a.
▲ *comp* **niffier,** *superl* **niffiest.**

nifty ['nɪftɪ]
1 *adj fam (smart)* chulo,-a.
2 *adj fam (clever)* ingenioso,-a, apañado,-a; *(deft)* hábil.
3 *adj fam (quick)* rápido,-a.
▲ *comp* **niftier,** *superl* **niftiest.**

Niger [niː'ʒeə'] *n* Níger.

Nigeria [naɪ'dʒɪərɪə] *n* Nigeria.

Nigerian [naɪ'dʒɪərɪən]
1 *adj* nigeriano,-a.
2 *n* nigeriano,-a.

niggard ['nɪgəd] *n* avaro,-a, tacaño,-a.

niggardliness ['nɪgədlɪnəs] *n* tacañería, mezquindad *f*.

niggardly ['nɪgədlɪ]
1 *adj (person)* avaro,-a, tacaño,-a.
2 *adj (sum)* miserable, mezquino,-a.

nigger ['nɪgəʳ] *n taboo* negro,-a.
■ **nigger in the woodpile** obstáculo, dificultad *f*.

niggle ['nɪgəl]
1 *n (doubt)* duda.
2 *n (worry)* preocupación *f*.
3 *vi (worry)* preocupar.
4 *vt (annoy)* molestar.
5 *vi (fuss)* reparar en nimiedades; *(complain)* quejarse.

niggling ['nɪgəlɪŋ]
1 *adj (trifling)* insignificante, baladí, nimio,-a.
2 *adj (persistent)* persistente.
3 *adj (worrying)* preocupante.

nigh [naɪ] *adv lit* cerca: **the end of the world is nigh** el fin del mundo está cerca.
✦ **nigh on** casi: **it's nigh on four o'clock** son casi las cuatro.
well nigh prácticamente.

night [naɪt]
1 *n* noche *f*.
2 nights *adv fam* de noche, por la noche: **I can't sleep nights** no puedo dormir por la noche.
✦ **all night long** toda la santa noche.
at dead of night en mitad de la noche.
at night de noche.
by night de noche.
last night anoche.
late at night a altas horas de la noche.
night and day noche y día.
to have a bad night pasar una mala noche.
to have a good night *(sleep well)* dormir bien; *(have fun)* pasárselo bien.
to have a late night acostarse tarde.
to have a night out salir de juerga por la noche.
to have an early night acostarse temprano.
to make a night of it salir de juerga hasta tarde.
■ **night blindness** nictalopía.
night court juzgado de guardia.
night owl ave *f* nocturna, trasnochador,-ra.
night porter portero,-a de noche.
night safe caja permanente, depósito nocturno.
night school escuela nocturna.
night shift turno de noche.
night stick *US* porra.
night watchman vigilante *m* nocturno.

night-bird ['naɪtbɜːd] *n* ave *f* nocturna, trasnochador,-ra.

nightcap ['naɪtkæp]
1 *n (hat)* gorro de dormir.
2 *n (drink)* bebida que se toma antes de acostarse.

nightclub ['naɪtklʌb] *n* club *m* nocturno.

nightdress ['naɪtdres] *n* camisón *m*.
nightfall ['naɪtfɔːl] *n* anochecer *m*.
nightgown ['naɪtgaʊn] *n* camisón *m*.
nighthawk ['naɪthɔːk] *n* ave *f* nocturna, trasnochador,-ra.
nightie ['naɪtɪ] *n fam* camisón *m*.
nightingale ['naɪtɪŋgeɪl] *n* ruiseñor *m*.
nightjar ['naɪtdʒɑːʳ] *n* chotacabras *m*.
nightlife ['naɪtlaɪf] *n* ambiente *m* nocturno.

nightlight ['naɪtlaɪt] *n (candle)* velita; *(electric)* lucecita.

nightlong ['naɪtlɒŋ]
1 *adj* que dura toda la noche.
2 *adv* toda la noche.

nightly ['naɪtlɪ]
1 *adv* cada noche: **she prayed nightly for a child** rezaba cada noche por tener un hijo.
2 *adj* cada noche: **his nightly medicine** su medicina de cada noche.

nightmare ['naɪtmeəʳ] *n* pesadilla.
nightmarish ['naɪtmeərɪʃ] *adj* de pesadilla.

nights [naɪts] *adv fam* → **night**.

nightshade ['naɪtʃeɪd]
1 deadly nightshade *n* belladona.
2 woody nightshade *n* dulcamara, dulzamara, hierba mora.

nightshirt ['naɪtʃɜːt] *n* camisón *m*.
nighttime ['naɪttaɪm] *n* noche *f*.
nihilism ['nɪhɪlɪzəm] *n* nihilismo.
nihilist ['nɪhɪlɪst] *n* nihilista *mf*.
nihilistic [nɪhɪ'lɪstɪk] *adj* nihilista.

nil [nɪl]
1 *n* cero, nada: **costs have been reduced to practically nil** los costes se han reducido prácticamente a cero.
2 *n SP* cero: **Lincoln beat Grantham two goals to nil** Lincoln ganó a Grantham por dos goles a cero.

Nile [naɪl] *n* el Nilo.
Nilotic [naɪ'lɒtɪk] *adj* nilótico,-a.
nimble ['nɪmbəl] *adj* ágil.
nimbleness ['nɪmbəlnəs] *n* agilidad *f*.
nimbly ['nɪmblɪ] *adv* con agilidad.
nimbus ['nɪmbəs] *n* nimbo.

nincompoop ['nɪŋkəmpuːp] *n* memo,-a, mentecato,-a, tonto,-a.

nine [naɪn]
1 *adj* nueve.
2 *n* nueve *m*.
✦ **nine times out of ten** en el noventa por ciento de los casos.
■ **nine day's wonder** fenómeno efímero.
▲ *Véase también* six.

ninepin ['naɪnpɪn]
1 *n* bolo.
2 ninepins *npl* juego de bolos.
✦ **to go down like ninepins** caer como moscas.

nineteen [naɪn'tiːn]
1 *adj* diecinueve.
2 *n* diecinueve *m*.

✦ **to talk nineteen to the dozen** hablar por los codos.
▲ *Véase también* six.

nineteenth [naɪn'tiːnθ]
1 *adj* decimonono,-a.
2 *adv* en decimonono lugar.
3 *n (in series)* decimonono,-a.
4 *n (fraction)* decimonono; *(one part)* decimonona parte *f*.
▲ *Véase también* sixth.

nineties ['naɪntɪz] **the nineties** *npl* los años *mpl* noventa, los noventa *mpl*.
✦ **to be in one's nineties** tener entre noventa y cien años, tener noventa y tantos años.
▲ *Véase también* sixties.

ninetieth ['naɪntɪəθ]
1 *adj* nonagésimo,-a.
2 *adv* en nonagésimo lugar.
3 *n (in series)* nonagésimo,-a.
4 *n (fraction)* nonagésimo; *(one part)* nonagésima parte *f*.
▲ *Véase también* sixtieth.

ninety ['naɪntɪ]
1 *adj* noventa.
2 *n* noventa *m*.
▲ *Véase también* sixty.

ninny ['nɪnɪ] *n fam* bobo,-a.
▲ *pl* ninnies.

ninth [naɪnθ]
1 *adj* nono,-a, noveno,-a.
2 *adv* en nono lugar, en noveno lugar.
3 *n (in series)* nono,-a, noveno,-a.
4 *n (fraction)* noveno; *(one part)* novena parte *f*.
▲ *Véase también* sixth.

nip [nɪp]
1 *n (pinch)* pellizco: **she gave him a nip** le pegó un pellizco.
2 *n (bite)* mordisco, mordedura: **the dog gave me a nip on the ankle** el perro me pegó un mordisco en el tobillo.
3 *n (drink)* trago: **a nip of whisky** un trago de whisky.
4 *vt (pinch)* pellizcar: **a crab nipped my finger** un cangrejo me pellizcó el dedo.
5 *vt (bite)* morder *(con poca fuerza)*: **the dog nipped me** el perro me mordió.
6 *vi (pinch)* pellizcar: **crabs nip** los cangrejos pellizcan.
7 *vi (bite)* morder: **some dogs nip** algunos perros muerden.
8 *vi (go quickly)* ir (en un momento): **she's nipped out to the shop** ha salido un momentín a la tienda.
✦ **there's a nip in the air** hace fresquillo.
to nip in the bud cortar de raíz.
▲ *pt & pp* nipped, *ger* nipping.

nipper ['nɪpəʳ]
1 *n GB fam* crío,-a, chiquillo,-a.
2 *n (of crab)* pinza.

nippiness ['nɪpɪnəs]
1 *n fam* rapidez *f*.
2 *n fam (cold)* frescor *m*.

nipple ['nɪpəl]
1 *n (female)* pezón *m*.
2 *n (male)* tetilla.

3 *n (teat)* tetilla.
4 *n* TECH pezón *m*.

Nipponese [nɪpəˈniːz]
1 *adj* nipón,-ona.
2 *n* nipón,-ona.

nippy [ˈnɪpɪ]
1 *adj fam (quick)* rápido,-a.
2 *adj fam (cold)* fresquillo,-a: it's a bit nippy hace fresquillo.
▲ *comp* nippier, *superl* nippiest.

nirvana [nɪəˈvɑːnə] *n* nirvana.

nisi [ˈnaɪsaɪ] **decree nisi** *n* JUR sentencia provisional de divorcio.

Nissen hut [ˈnɪsənhʌt] *n* GB cobertizo metálico en forma de tubo y con suelo de hormigón.

nit [nɪt]
1 *n* liendre *f*.
2 *n* GB fam imbécil *mf*.

niter [ˈnaɪtəʳ] *n* US salitre *m*.

nit-picker [ˈnɪtpɪkəʳ] *n fam* quisquilloso,-a: he's a nitpicker siempre busca tres pies al gato.

nit-picking [ˈnɪtpɪkɪŋ]
1 *adj fam* quisquilloso,-a, puñetero,-a.
2 *n fam* I hate all this nitpicking odio que la gente sea tan quisquillosa.

nitrate [ˈnaɪtreɪt] *n* nitrato.

nitre [ˈnaɪtəʳ] *n* salitre *m*.

nitric [ˈnaɪtrɪk] *adj* nítrico,-a.
■ nitric acid ácido nítrico, agua fuerte.

nitrite [ˈnaɪtraɪt] *n* nitrito.

nitrogen [ˈnaɪtrədʒən] *n* nitrógeno.

nitroglycerine [naɪtrəʊˈglɪsəriːn] *n* nitroglicerina.

nitrous [ˈnaɪtrəs] *adj* nitroso,-a.
■ nitrous oxide óxido nitroso.

nitty-gritty [nɪtɪˈgrɪtɪ] **to get down to the nitty-gritty** *phr fam* ir al grano.

nitwit [ˈnɪtwɪt] *n fam* imbécil *mf*.

nix [nɪks]
1 *n* US nada.
2 *vt* US rechazar.

NNE [nɔːθnɔːˈθiːst] *abbr* (**north-northeast**) nornoreste *m*; *(abbreviation)* NNE.

NNW [nɔːθnɔːˈθwest] *abbr* (**north-north-west**) nornoroeste *m*; *(abbreviation)* NNO.

no [nəʊ]
1 *adv* no: have you seen it? —no! ¿lo has visto? —¡no!; he's no better than a thief no es más que un ladrón.
2 *adj* ninguno,-a; *(before masc sing)* ningún: no doctors were available no había ningún médico disponible; I have no time no tengo tiempo; this is no use to me esto no me sirve; "No smoking" "Prohibido fumar"; "No motorcycles" "Motos no".
3 *n* no: there were two noes, nine yeses and one abstention hubo dos noes, nueve síes y una abstención.
✦ no end of ... *fam* un mogollón de ...
no way (José)! ¡ni hablar!

there's no knowing/there's no telling ... no se puede saber ..., es imposible saber ...: there's no telling what will happen now no se puede saber lo que pasará ahora.

No [ˈnʌmbəʳ] *abbr* (**number**) número; *(abbreviation)* n°, núm.
▲ *También se escribe* no; *pl* Nos, nos.

no-account [ˈnəʊəkaʊnt] *n* US inútil *mf*, cero a la izquierda.

Noah [nəʊə] *n* Noé.
■ Noah's ark el arca *f* de Noé.

nob [nɒb] *n* GB fam dated pez *m* gordo.

nobble [ˈnɒbəl]
1 *vt* GB fam *(drug)* drogar.
2 *vt* GB fam *(bribe)* sobornar; *(blackmail)* chantajear.
3 *vt (corner)* abordar, atrapar: he nobbled me at the party and wouldn't let me go me abordó en la fiesta y no me soltaba.
4 *vt* GB fam *(steal)* mangar.

nobility [nəʊˈbɪlɪtɪ] *n* nobleza.

noble [ˈnəʊbəl]
1 *adj* noble.
2 *n* noble *mf*.

nobleman [ˈnəʊbəlmən] *n* noble *m*.
▲ *pl* noblemen [ˈnəʊbəlmən].

nobleness [ˈnəʊbəlnəs] *n* nobleza.

noblewoman [ˈnəʊbəlwʊmən] *n* noble *f*.
▲ *pl* noblewomen [ˈnəʊbəlwɪmɪn].

nobly [ˈnəʊblɪ]
1 *adv* noblemente, con nobleza.
2 *adv fig* con generosidad.

nobody [ˈnəʊbədɪ]
1 *pron* nadie: nobody went to the party no fue nadie a la fiesta.
2 *n* don nadie *m*.
✦ like nobody's business *fam* como nadie.

no-claims bonus [nəʊˈkleɪmzbəʊnəs] *n (car insurance)* bonificación *f* de no-siniestralidad.

nocturnal [nɒkˈtɜːnəl] *adj* nocturno,-a.

nocturnality [nɒktɜːˈnælɪtɪ] *n* noctambulismo.

nocturnally [nɒkˈtɜːnəlɪ] *adv* por la noche.

nocturne [ˈnɒktɜːn] *n* MUS nocturno.

nod [nɒd]
1 *n* saludo con la cabeza.
2 *n (in agreement)* señal *f* de asentimiento.
3 *vi* saludar con la cabeza.
4 *vi (agree)* asentir *(con la cabeza)*.
▸ to nod off *vi* dormirse, dar cabezadas.
✦ a nod's as good as a wink (to a blind horse) a buen entendedor, pocas palabras bastan.
to nod one's head asentir con la cabeza.
▲ *pt & pp* nodded, *ger* nodding.

nodal [ˈnəʊdəl] *adj* nodal.

nodding acquaintance [nɒdɪŋəˈkweɪntəns] *n* conocimiento superficial: I have a nodding acquaintance with him lo conozco de hola y adiós.

noddle [ˈnɒdəl] *n* GB fam coco.

node [nəʊd]
1 *n (of plant)* nudo.
2 *n (in anatomy, physics)* nudo, nodo.

nodular [ˈnɒdjʊləʳ] *adj* nodular.

nodulated [ˈnɒdjʊleɪtɪd] *adj* nodular.

nodule [ˈnɒdjuːl] *n* nódulo.

Noel [nəʊˈel] *n* Navidad *f*.

noggin [ˈnɒgɪn]
1 *n* medida para licores; *equivale a 0,142 litros*.
2 *n fam (drink)* copa.
3 *n fam (head)* coco.

no-go area [nəʊˈgəʊeəriə] *n* GB zona prohibida.

no-hoper [nəʊˈhəʊpəʳ] *n fam* inútil *mf*.

nohow [ˈnəʊhaʊ] *adv* de ninguna manera.

noise [nɔɪz]
1 *n* ruido, sonido.
2 noises *npl* comentarios *mpl*.
✦ to make a noise hacer ruido.
to noise something abroad difundir algo.
■ big noise *fam* pez *m* gordo.

noiseless [ˈnɔɪzləs] *adj* silencioso,-a.

noiselessly [ˈnɔɪzləslɪ] *adv* silenciosamente, sin ruido.

noiselessness [ˈnɔɪzləsnəs] *n* silencio.

noisily [ˈnɔɪzɪlɪ] *adv* ruidosamente.

noisiness [ˈnɔɪzɪnəs] *n* ruido.

noisome [ˈnɔɪsəm] *adj lit* asqueroso,-a.

noisy [ˈnɔɪzɪ] *adj* ruidoso,-a.
▲ *comp* noisier, *superl* noisiest.

nomad [ˈnəʊmæd] *n* nómada *mf*.

nomadic [nəʊˈmædɪk] *adj* nómada.

no-man's-land [ˈnəʊmænzlænd] *n* tierra de nadie.

nom de plume [nɒmdəˈpluːm] *n* seudónimo.
▲ *pl* noms de plume.

nomenclature [nəʊˈmeŋklətʃə] *n* nomenclatura.

nominal [ˈnɒmɪnəl]
1 *adj* nominal.
2 *adj (price)* simbólico,-a.

nominalise [ˈnɒmɪnəlaɪz] *vt* → nominalize.

nominalize [ˈnɒmɪnəlaɪz] *vt* nominalizar.

nominally [ˈnɒmɪnəlɪ] *adv* nominalmente.

nominate [ˈnɒmɪneɪt]
1 *vt* nombrar: he was nominated team captain lo nombraron capitán del equipo.
2 *vt (propose)* proponer: I nominate Neil as captain yo propongo a Neil como capitán.

nomination [nɒmɪ'neɪʃən]
1 *n (appointment)* nombramiento.
2 *n (proposal)* nominación *f*, propuesta.

nominative ['nɒmɪnətɪv]
1 *adj* nominativo,-a.
2 *n* nominativo.

nominee [nɒmɪ'niː]
1 *n (person chosen)* nominado,-a.
2 *n (person proposed)* persona propuesta, candidato,-a.

nonaddictive [nɒnə'dɪktɪv] *adj* que no crea dependencia.

nonagenarian [nɒnədʒə'neərɪən]
1 *adj* nonagenario,-a.
2 *n* nonagenario,-a.

nonagon ['nɒnəgɒn] *n* eneágono.

nonaggression [nɒnə'greʃən] *n* no agresión *f*.
■ **nonaggression pact** pacto de no agresión.

nonalcoholic [nɒnælkə'hɒlɪk] *adj* no alcohólico,-a, sin alcohol.

nonaligned [nɒnə'laɪnd] *adj* no alineado,-a.

nonalignment [nɒnə'laɪnmənt] *n* no alineamiento.

nonbeliever [nɒnbɪ'liːvəʳ] *n* no creyente *mf*.

nonbiological [nɒnbaɪə'lɒdʒɪkəl] *adj* no biológico,-a.

nonchalance ['nɒnʃələns]
1 *n (lack of worry)* despreocupación *f*.
2 *n (calmness)* serenidad *f*, ecuanimidad *f*.
3 *n (indifference)* indiferencia.

nonchalant ['nɒnʃələnt]
1 *adj (not worried)* despreocupado,-a.
2 *adj (calm)* sereno,-a ecuánime.
3 *adj (not interested)* indiferente.

nonchalantly ['nɒnʃələntlɪ] *adv* despreocupadamente.

noncombatant [nɒn'kɒmbətənt] *n* no combatiente *mf*.

noncommissioned officer [nɒnkəmɪʃənd'ɒfɪsəʳ] *n* suboficial *mf*.

noncommittal [nɒnkə'mɪtəl] *adj (person)* evasivo,-a; *(answer)* no comprometedor,-ra.

noncompetitive [nɒnkɒm'petɪtɪv] *adj* no competitivo,-a.

noncompliance [nɒnkɒm'plaɪəns] *n* no cumplimiento.

non compos mentis [nɒnkɒmpəs'mentɪs] *adj* que no tiene las facultades mentales perturbadas.

nonconductor [nɒnkən'dʌktəʳ] *n* no conductor *m*.

nonconformism [nɒnkəm'fɔːmɪzəm] *n* inconformismo.

nonconformist [nɒnkən'fɔːmɪst]
1 *adj* disidente.
2 *n* disidente *mf*.
3 *n REL* miembro de cualquiera de las Iglesias que se escindieron de la Anglicana.

nonconformity [nɒnkən'fɔːmɪtɪ] *n* disidencia.

noncontributory [nɒnkən'trɪbjʊtərɪ] *adj* no contributivo,-a.

noncooperation [nɒnkəʊɒpə'reɪʃən] *n* no cooperación *f*.

noncustodial [nɒnkə'stəʊdɪəl]
1 *adj (parent)* que no tiene custodia legal de sus hijos.
2 *adj (sentence)* que no implica ingreso en prisión.

nondairy [nɒn'deərɪ] *adj* no lácteo,-a.

nondescript ['nɒndɪskrɪpt] *adj* soso,-a, insulso,-a, anodino,-a, insípido,-a.

nondiscrimination [nɒndɪskrɪmɪ'neɪʃən] *n* no discriminación *f*.

nondrinker [nɒn'drɪŋkəʳ] *n* abstemio, -a: he's a non drinker no bebe alcohol.

nondrip [nɒn'drɪp] *adj* que no gotea.

nondriver [nɒn'draɪvəʳ] *n persona que no sabe conducir*: I'm a nondriver no conduzco.

none [nʌn]
1 *pron* ninguno,-a: none of the keys opens the door ninguna de las llaves abre la puerta; none of them could do it nadie supo hacerlo; I wanted nutmeg, but they had none quería nuez moscada, pero no tenían; it's none of your business! ¡no tiene nada que ver contigo!, ¡no es asunto tuyo!
2 *adv* de ningún modo: he's none the worse for his ordeal no le ha afectado esa mala experiencia.
✦ **none but** únicamente, solamente, solo: none but the strongest survived sobrevivieron solo los más fuertes.
none other than nada menos que.
to have none of no tolerar, no permitir.

nonentity [nɒ'nentɪtɪ] *n* nulidad *f*.
▲ *pl* nonentities.

nonessential [nɒnɪ'senʃəl] *adj* no esencial.

nonetheless [nʌnðə'les] *adv* no obstante.

nonevent [nɒnɪ'vent] *n* fracaso.

nonexecutive director [nɒnɪgzekjʊtɪvdaɪ'rektəʳ] *n* director,-ra no ejecutivo,-a.

nonexistent [nɒnɪg'zɪstənt] *adj* inexistente.

nonfattening [nɒn'fætənɪŋ] *adj* que no engorda.

nonferrous [nɒn'ferəs] *adj* no ferroso,-a.

nonfiction [nɒn'fɪkʃən] *n* no ficción *f*.

nonflammable [nɒn'flæməbəl] *adj* ininflamable.

nongovernmental [nɒngʌvən'mentəl] *adj* no gubernamental.

noninfectious [nɒnɪn'fekʃəs] *adj* no infeccioso,-a.

noninflammable [nɒnɪn'flæməbəl] *adj* ininflamable, ignífugo,-a.

noninterference [nɒnɪntə'fɪərəns] *n* no injerencia.

nonintervention [nɒnɪntə'venʃən] *n* no intervención *f*.

non-iron [nɒn'aɪən] *adj* que no necesita plancha.

nonmember [nɒn'membəʳ] *n* no socio,-a.

non-negotiable [nɒnnɪ'gəʊʃɪəbəl] *adj* no negociable.

no-no ['nəʊnəʊ] *n fam* cosa prohibida: nude bathing is definitely a no-no bañarse desnudo está definitivamente prohibido.

no-nonsense [nəʊ'nɒnsens] *adj* práctico,-a.

nonoperational [nɒnɒpə'reɪʃənəl]
1 *adj* no operativo,-a.
2 *adj MIL* no operacional.

nonpareil [nɒnpəreɪl]
1 *adj* sin par, incomparable.
2 *n (person)* persona sin par; *(thing)* cosa sin par.

nonparticipation [nɒnpɑːtɪsɪ'peɪʃən] *n* no participación *f*.

nonpartisan [nɒn'pɑːtɪzæn] *adj* imparcial.

nonpayment [nɒn'peɪmənt] *n* impago, falta de pago.

nonplus [nɒn'plʌs] *vt* dejar perplejo,-a.
▲ *pt & pp* nonplussed, *ger* nonplussing.

non-profit-making [nɒn'prɒfɪtmeɪkɪŋ] *adj* sin fines lucrativos.

nonproliferation [nɒnprəlɪfə'reɪʃən] *n* no proliferación *f*.

nonrenewable [nɒnrɪ'njʊːəbəl] *adj* no renovable.

nonresident [nɒn'rezɪdənt] *adj* no residente *mf*.
✦ "**Open to nonresidents**" "Abierto al público".

nonresidential [nɒnrezɪ'denʃəl] *adj* no residencial.

nonrestrictive [nɒnrɪ'strɪktɪv] *adj* no restrictivo,-a.

nonreturnable [nɒnrɪ'tɜːnəbəl] *adj* no retornable.

nonsense ['nɒnsəns] *n* tonterías *fpl*: don't talk nonsense! ¡no digas tonterías!

nonsensical [nɒn'sensɪkəl] *adj* absurdo,-a.

non sequitur [nɒn'sekwɪtəʳ] *n* incongruencia.

nonshrinkable [nɒn'ʃrɪŋkəbəl] *adj* que no encoge.

nonskid ['nɒn'skɪd] *adj* antiderrapante.

nonslip ['nɒn'slɪp] *adj* antideslizante.

nonsmoker [nɒn'sməʊkəʳ] *n* no fumador,-ra.

nonsmoking [nɒn'sməʊkɪŋ] *adj* de no fumadores.

nonstandard [nɒn'stændəd] *adj* no estándar.

nonstarter [nɒn'stɑːtəʳ] *n (horse)* caballo que no toma la salida en una carrera.

✦ to be a nonstarter *GB fam* ser un,-a inútil, estar condenado,-a al fracaso.

nonstop [ˈnɒnˈstɒp]
1 *adj (continuous)* continuo,-a.
2 *adj (flight, etc.)* directo,-a, sin escalas.
3 *adv* sin parar.

nontaxable [nɒnˈtæksəbəl] *adj* no imponible.

nontoxic [nɒnˈtɒksɪk] *adj* no tóxico,-a.

nontransferable [nɒnˈtrænsˈfɜːrəbəl] *adj* intransferible.

nonunion [nɒnˈjuːnjən] *adj* no sindicado,-a.

nonverbal [nɒnˈvɜːbəl] *adj* no verbal.

nonviolence [nɒnˈvaɪələns] *n* no violencia.

nonviolent [nɒnˈvaɪələnt] *adj* no violento,-a.

nonvoter [nɒnˈvəʊtəʳ] *n* persona que no vota.

nonvoting [nɒnˈvəʊtɪŋ]
1 *adj* que no vota.
2 *adj (share)* que no da derecho a voto.

nonwhite [nɒnˈwaɪt]
1 *adj* de color.
2 *n* persona de color.

nonworking [nɒnˈwɜːkɪŋ] *adj* inhábil.

noodle [ˈnuːdəl] *n* fideo.

nook [nʊk] *n* rincón *m*.

noon [nuːn] *n* mediodía *m*.

noonday [ˈnuːndeɪ] *n* mediodía *m*.

no-one [ˈnəʊwʌn] *pron* nadie: no-one went to the party no fue nadie a la fiesta.
▲ *También se escribe* no one.

noose [nuːs]
1 *n* lazo.
2 *n (hangman's)* soga, dogal *m*.

nope [nəʊp] *interj fam* ¡no!.

no-place [ˈnəʊpleɪs] *adv US* → **nowhere.**

nor [nɔːʳ]
1 *conj* ni: neither you nor I ni tú ni yo; I neither know nor care ni lo sé ni me importa.
2 *conj* tampoco: nor do I yo tampoco.

Nordic [ˈnɔːdɪk] *adj* nórdico,-a.

norm [nɔːm] *n* norma.

normal [ˈnɔːməl] *adj* normal.

normalcy [ˈnɔːməlsɪ] *n* normalidad *f*.

normalisation [nɔːməlaɪˈzeɪʃən] *n* → **normalization.**

normalise [ˈnɔːməlaɪz] *vt* → **normalize.**

normality [nɔːˈmælɪtɪ] *n* normalidad *f*.

normalization [nɔːməlaɪˈzeɪʃən] *n* normalización *f*.

normalize [ˈnɔːməlaɪz]
1 *vt* normalizar.
2 *vi* normalizarse.

normally [ˈnɔːməlɪ] *adv* normalmente.

Norman [ˈnɔːmən]
1 *adj* normando,-a.

2 *adj (church etc)* románico,-a.
3 *n* normando,-a.

Normandy [ˈnɔːməndɪ] *n* Normandía.

normative [ˈnɔːmətɪv] *adj* normativo,-a.

Norse [nɔːs]
1 *adj* nórdico,-a.
2 *n (language)* nórdico.

Norseman [ˈnɔːsmən] *n* vikingo.
▲ *pl* Norsemen [ˈnɔːsmən].

north [nɔːθ]
1 *n* norte *m*: to the north of London al norte de Londres; in the north of Scotland en el norte de Escocia.
2 *adj* del norte: I live in north London vivo en el norte de Londres.
3 *adv* al norte, hacia el norte: we're travelling north viajamos hacia el norte; they've moved north se han trasladado al norte; it's north of Cambridge está al norte de Cambridge.
■ North Pole Polo Norte.
the North Country *GB* el norte *m*.

northbound [ˈnɔːθbaʊnd] *adj* con dirección norte, que va hacia el norte.

Northcountryman [nɔːθˈkʌntrɪmən] *n* norteño.
▲ *pl* Northcountrymen [nɔːθˈkʌntrɪmən].

northeast [nɔːθˈiːst]
1 *n* nordeste *m*, noreste *m*.
2 *adj* del nordeste.
3 *adv* al nordeste, hacia el nordeste.

northeaster [nɔːθˈiːstəʳ] *n (wind)* viento del nordeste; *(storm)* temporal *m* del nordeste.

northeasterly [nɔːθˈiːstəlɪ]
1 *adj* del nordeste, del noreste.
2 *n* viento del nordeste.

northeastern [nɔːθˈiːstən] *adj* del nordeste, del noreste.

northeastward [nɔːθˈiːstwəd] *adv* hacia el nordeste.

northeastwards [nɔːθˈiːstwədz] *adv* hacia el nordeste.

northerly [ˈnɔːðəlɪ]
1 *adj* del norte, septentrional.
2 *n* viento del norte.

northern [ˈnɔːðən] *adj* del norte, septentrional.
■ Northern Lights aurora boreal.

northerner [ˈnɔːðənəʳ] *n* norteño,-a.

northernmost [ˈnɔːðənməʊst] *adj* más septentrional.

north-northeast [nɔːθnɔːˈiːst]
1 *n* nordnoreste *m*.
2 *adv* al nordnoreste, hacia el nordnoreste.

north-northwest [nɔːθnɔːˈwest]
1 *n* nordnoroeste *m*.
2 *adv* al nordnoroeste, hacia el nordnoroeste.

northward [ˈnɔːθwəd] *adj* hacia el norte.

northwards [ˈnɔːθwədz] *adj* hacia el norte.

northwest [nɔːθˈwest]
1 *n* noroeste *m*.

2 *adj* del noroeste.
3 *adv* al noroeste, hacia el noroeste.

northwester [nɔːθˈwestəʳ] *n (wind)* viento del noroeste; *(storm)* temporal *m* del noroeste.

northwesterly [nɔːθˈwestəlɪ]
1 *adj* del noroeste.
2 *n* viento del noroeste.

northwestern [nɔːθˈwestən] *adj* del noroeste.

northwestward [nɔːθˈwestwəd] *adv* hacia el noroeste.

northwestwards [nɔːθˈwestwədz] *adv* hacia el noroeste.

Norway [ˈnɔːweɪ] *n* Noruega.

Norwegian [nɔːˈwiːdʒən]
1 *adj* noruego,-a.
2 *n (person)* noruego,-a.
3 *n (language)* noruego.

nose [nəʊz]
1 *n* nariz *f*.
2 *n (of animal)* hocico.
3 *n (sense)* olfato.
4 *n (of car etc)* morro.
▶ to nose around *vi* curiosear.
to nose forward *vi (car)* avanzar poco a poco.
to nose out *vi (car)* salir poco a poco.
✦ it's as plain as the nose on your face está tan claro como el agua.
just follow your nose *(go straight ahead)* sigue todo recto; *(follow instinct)* guíate por el instinto.
to blow one's nose sonarse.
to get up somebody's nose *GB fam* fastidiar a alguien.
to have a nose for something tener olfato para algo.
to keep one's nose clean *GB fam* no meterse en líos.
to pay through the nose pagar un dineral.
to poke/stick one's nose into something meter las narices en algo.
to put somebody's nose out of joint molestar a alguien, ofender a alguien.
to turn one's nose up at something hacer ascos de algo.
under somebody's very nose/right under somebody's nose ante las propias narices de alguien.

nosebag [ˈnəʊzbæg] *n* morral *m*.

nosebleed [ˈnəʊzbliːd] *n* hemorragia nasal.

nosecone [ˈnəʊzkəʊn] *n* morro.

nosedive [ˈnəʊzdaɪv]
1 *n* picado.
2 *vi* descender en picado, bajar en picado.

nosegay [ˈnəʊzgeɪ] *n* ramillete *m* de flores.

nosey [ˈnəʊzɪ] *adj fam* → **nosy.**

nosh [nɒʃ]
1 *n GB sl* papeo.
2 *vi* papear.

nosh-up [ˈnɒʃʌp] *n GB sl* comilona.

nostalgia [nɒˈstældʒɪə] n nostalgia, añoranza.

nostalgic [nɒˈstældʒɪk] adj nostálgico,-a.

nostalgically [nɒˈstældʒɪklɪ] adv con nostalgia, con añoranza.

nostril [ˈnɒstrəl] n fosa nasal.

nostrum [ˈnɒstrəm] n panacea.

nosy [ˈnəʊzɪ] adj fam curioso,-a, entrometido,-a.
- **nosy parker** metomentodo mf.
▲ comp nosier, superl nosiest.

not [nɒt] adv no: I did not steal it no lo robé; she told me not to tell anyone me dijo que no lo dijera a nadie; I hope/suppose not espero/supongo que no; are you coming or not? ¿vienes o no?
◆ **not likely!** ¡ni hablar!
not that ... no es que ...: where is he?, not that I mind, of course ¿dónde está?, no es que me importe, claro está.
not to say ... por no decir ...
▲ La forma contracta es n't: isn't, aren't, doesn't.

notability [nəʊtəˈbɪlɪtɪ] n notabilidad f.

notable [ˈnəʊtəbəl] adj notable.

notably [ˈnəʊtəblɪ] adv notablemente, especialmente.

notarise [ˈnəʊtəraɪz] vt → notarize.

notarize [ˈnəʊtəraɪz] vt us autenticar, legalizar.

notary [ˈnəʊtərɪ] n notario,-a.
▲ pl notaries.

notation [nəʊˈteɪʃən] n notación f.

notch [nɒtʃ]
1 n muesca.
2 n fig punto: this film is several notches above his previous ones esta película está varios puntos por encima de sus anteriores.
3 n us desfiladero.
4 vt hacer muescas en.
▶ **to notch up** vt insep apuntarse.

note [nəʊt]
1 n mus nota; (key) tecla.
2 n (message) nota.
3 n (money) billete m: £1000 in used five pound notes mil libras en billetes usados de cinco libras.
4 vt (notice) notar, advertir: I noted a certain reluctance on John's part noté cierta reticencia por parte de John.
5 vt (pay special attention) fijarse en: note that the plural of "child" is "children" fijaos en que el plural de "child" es "children"; please note that VAT is not included advierta que el IVA no está incluido.
6 vt (write down) apuntar, anotar.
7 **notes** npl apuntes mpl.
◆ **of note** digno,-a de mención, de importancia.
to compare notes cambiar impresiones.
to make a note of apuntar.
to take notes tomar apuntes.

notebook [ˈnəʊtbʊk]
1 n (book) libreta, cuaderno.
2 n (computer) ordenador m portátil.

noted [ˈnəʊtɪd] adj conocido,-a, célebre.

notelet [ˈnəʊtlət] n tarjeta.

notepad [ˈnəʊtpæd] n bloc m de notas.

notepaper [ˈnəʊtpeɪpəʳ] n papel m de cartas.

noteworthy [ˈnəʊtwɜːðɪ] adj digno,-a de mención.

nothing [ˈnʌθɪŋ]
1 n nada: there's nothing left no queda nada; it's nothing special no es nada del otro jueves; it's nothing more than a cold no es más que un resfriado; it's nothing to be ashamed of no es para avergonzarse; he's nothing if not cheerful antes que nada es alegre; it's nothing short of brilliant es sencillamente brillante; there's nothing (else) for it but to leave no me queda más remedio que marchar; Magic Johnson's got nothing on you a tu lado Magic Johnson no es nadie; the police have got nothing on me la policía no tiene nada contra mí.
2 adv de ningún modo, de ninguna manera: it's nothing like a pheasant no se parece en nada a un faisán.
◆ **for nothing** fam gratis.
nothing but ... únicamente ..., solo ...
nothing doing fam ni hablar.
nothing else nada más.
nothing much nada de interés.
there's nothing to it es facilísimo.
to say nothing of ... por no hablar de ...

nothingness [ˈnʌθɪŋnəs] n la nada.

notice [ˈnəʊtɪs]
1 n (sign) letrero: there's a notice which says "No parking" hay un letrero que pone "Prohibido aparcar".
2 n (announcement) anuncio: there's a notice in the paper about a lost dog hay un anuncio en el diario acerca de un perro extraviado.
3 n (criticism) crítica, reseña, recensión f: the play got very good notices la obra fue muy bien recibida por la crítica, la obra tenía muy buenas críticas.
4 n (attention) atención f: it totally escaped my notice se me escapó por completo; it has been brought to my notice that ... se me ha informado que ...
5 n (warning) aviso: they gave him a month's notice to quit the flat le dieron un plazo de un mes para abandonar el piso.
6 vt notar, fijarse en, darse cuenta de.
7 vi fam (show) verse: don't worry, the stain doesn't notice no te preocupes, la mancha no se ve.
◆ **to hand in one's notice** presentar la dimisión.

to take no notice of no hacer caso de.
until further notice hasta nuevo aviso.
without notice sin previo aviso.

noticeable [ˈnəʊtɪsəbəl] adj que se nota, evidente.

noticeably [ˈnəʊtɪsəblɪ] adv de manera evidente, sensiblemente: he was noticeably affected by the scene se le vio sensiblemente afectado por la escena.

noticeboard [ˈnəʊtɪsbɔːd] n tablón m de anuncios.

notifiable [nəʊtɪˈfaɪəbəl] adj de declaración médica obligatoria.

notification [nəʊtɪfɪˈkeɪʃən] n notificación f.

notify [ˈnəʊtɪfaɪ] vt notificar, avisar.
▲ pt & pp notified, ger notifying.

notion [ˈnəʊʃən]
1 n noción f, idea, concepto.
2 **notions** npl us mercería f sing.

notional [ˈnəʊʃənəl] adj nocional.

notoriety [nəʊtəˈraɪətɪ] n mala fama.

notorious [nəʊˈtɔːrɪəs] adj pej célebre: a notorious criminal un conocido criminal.

notoriously [nəʊˈtɔːrɪəslɪ] adv notoriamente.

notwithstanding [nɒtwɪθˈstændɪŋ]
1 adv no obstante.
2 prep a pesar de.

nougat [ˈnuːgɑː] n turrón m blando.

nought [nɔːt] n cero: nought point six six cero coma sesenta y seis.
- **noughts and crosses** tres en raya m.

noun [naʊn] n nombre m, sustantivo.
- **noun phrase** sintagma m nominal.

nourish [ˈnʌrɪʃ] vt nutrir, alimentar.

nourishing [ˈnʌrɪʃɪŋ] adj nutritivo,-a.

nourishment [ˈnʌrɪʃmənt] n nutrición f, alimentación f.

nous [naʊs] n fam sentido común, cacumen m, caletre m.

nouveau riche [nuːvəʊˈriːʃ] n nuevo,-a rico,-a.
▲ pl nouveaux riches [nuːvəʊˈriːʃ].

Nov [ˈnəʊvembəʳ] abbr (November) noviembre m.

nova [ˈnəʊvə] n nova.
▲ pl novae [ˈnəʊviː] o novas.

Nova Scotia [nəʊvəˈskəʊʃə] n Nueva Escocia.

novel¹ [ˈnɒvəl] adj original, novedoso,-a: what a novel idea! ¡qué idea más original!

novel² [ˈnɒvəl] n novela.

novelette [nɒvəˈlet] n novela corta (generalmente rosa).

novelist [ˈnɒvəlɪst] n novelista mf.

novella [nəʊˈvelə] n novela corta.
▲ pl novellas o novelle [nəʊˈveliː].

novelty [ˈnɒvəltɪ]
1 n novedad f: the novelty soon wore off pronto dejó de ser novedad.
2 n (trinket) chuchería.
▲ pl novelties.

November [nəʊ'vembər] n noviembre m.
▲ Para ejemplos de uso, véase May.
novice ['nɒvɪs]
1 n novato,-a.
2 n REL novicio,-a.
noviciate [nə'vɪʃɪət] n → novitiate.
novitiate [nə'vɪʃɪət] n noviciado.
now [naʊ]
1 adv (at the present) ahora; (used contrastively) ya: where do you work now? ¿dónde trabajas ahora?; I'm ready now ya estoy listo.
2 adv (immediately) ya, ahora mismo: do it now! ¡hazlo ya!
3 adv (in past) ya, entonces.
4 adv (introductory) bueno, vamos a ver, veamos: now, let's begin bueno, empecemos.
5 now (that) conj ahora que, ya que: now (that) we're all here, we can begin ya que estamos todos, podemos empezar.
✦ by now ya: she'll be in Mexico by now ya debe de estar en Méjico.
for now por el momento.
from now on de ahora en adelante.
just now (at this moment) en estos momentos, ahora mismo; (a short while ago) hace un momento, ahora mismo: I can't help you just now ahora mismo no puedo ayudarte; have you seen Ann? — she was here just now ¿has visto a Ann? —estaba aquí hace un momento.
now and then de vez en cuando.
now now vale, basta, ya está bien: now, now, don't fight vale ya, no os peleéis.
right now ahora mismo.
nowadays ['naʊədeɪz] adv hoy día, hoy en día, actualmente.
nowhere ['nəʊweər] adv (position) en ninguna parte, en ningún sitio, en ningún lugar; (direction) a ninguna parte, a ningún sitio: where are you going? —nowhere special ¿dónde vas? —a ningún sitio en especial; there's nowhere to hide no hay donde esconderse; she has nowhere else to go no tiene otro sitio donde ir; that will get you nowhere eso no te llevará a ninguna parte, eso no te ayudará en nada; my keys were nowhere to be found no encontraba mis llaves por ninguna parte.
✦ in the middle of nowhere en el quinto pino.
nowhere near muy lejos de: I've nowhere near finished estoy muy lejos de acabar; it's nowhere near as good as the other no es ni de lejos tan bueno como el otro.
nowise ['nəʊwaɪz] adv arch de ninguna manera.
noxious ['nɒkʃəs] adj nocivo,-a.
noxiousness ['nɒkʃəsnəs] n nocividad f.

nozzle ['nɒzəl] n (of hose) boca, boquilla; (of oilcan) pitorro; (large calibre) tobera.
nr [nɪər] abbr (near) cerca de.
NSPCC ['en'es'piː'siː'siː] abbr GB (National Society for the Prevention of Cruelty to Children) sociedad nacional para la protección de los niños.
NT ['næʃənət'trʌst] abbr GB (National Trust) organización que vela por el patrimonio nacional, tanto natural como arquitectónico.
nth [enθ] adj fam enésimo,-a.
✦ to the nth degree a la enésima potencia.
Nth [nɔːθ] abbr (North) norte; (abbreviation) N.
nuance [njuː'ɑːns] n matiz m.
nub [nʌb] n meollo, clave f.
✦ the nub of the matter el quid de la cuestión.
nubile ['njuːbaɪl] adj núbil.
nuclear ['njuːklɪər] adj nuclear.
▪ nuclear bomb bomba nuclear.
nuclear capability potencial m nuclear.
nuclear capacity capacidad f nuclear.
nuclear disarmament desarme m nuclear.
nuclear energy energía nuclear.
nuclear facility planta de energía nuclear.
nuclear family familia nuclear.
nuclear fission fisión f nuclear.
nuclear fusion fusión f nuclear.
nuclear physics física nuclear.
nuclear power energía nuclear.
nuclear power station central f nuclear.
nuclear reaction reacción f nuclear.
nuclear reactor reactor m nuclear.
nuclear war guerra nuclear.
nuclear waste residuos nucleares.
nuclear weapon arma nuclear.
nuclear winter invierno nuclear.
nuclear-free [njuːklɪə'friː] adj no nuclearizado,-a, libre de energía nuclear, desnuclearizado,-a.
nuclei [njuː'klɪaɪ] npl → nucleus.
nucleic [njuː'kleɪk] adj nucleico,-a.
▪ nucleic acid ácido nucleico.
nucleus ['njuːklɪəs] n núcleo.
▲ pl nuclei.
nude [njuːd]
1 adj desnudo,-a.
2 n desnudo.
✦ in the nude desnudo,-a.
nudge [nʌdʒ]
1 n (with elbow) codazo.
2 n empujón m suave.
3 vt (with elbow) dar un codazo a: he nudged me and gave me a funny look me dio un codazo y me dirigió una mirada extraña.
4 vt empujar suavemente: I just nudged the bike with my car and it fell over tan solo le di un empujoncito a la bici con el coche y se cayó.
nudism ['njuːdɪzəm] n nudismo.

nudist ['njuːdɪst]
1 adj nudista.
2 n nudista mf.
nudity ['njuːdɪtɪ] n desnudez f.
nugatory ['njuːgətərɪ] adj insignificante.
nugget ['nʌgɪt] n pepita.
nuisance ['njuːsəns]
1 n molestia, fastidio, lata.
2 n (person) pesado,-a.
✦ to make a nuisance of oneself dar la lata.
nuke [njuːk]
1 n fam bomba nuclear.
2 vt fam atacar con arma nuclear.
null [nʌl] adj nulo,-a.
✦ null and void nulo,-a, sin validez, sin efecto.
nullification [nʌlɪfɪ'keɪʃən] n anulación f.
nullify ['nʌlɪfaɪ] vt anular.
▲ pt & pp nullified, ger nullifying.
nullity ['nʌlɪtɪ] n nulidad f.
▲ pl nullities.
numb [nʌm]
1 adj entumecido,-a, insensible.
2 vt entumecer.
3 vt (anaesthetize) anestesiar.
4 vt fig consternar.
✦ to be numb with cold estar helado,-a de frío.
to be numb with fear estar paralizado,-a de miedo.
number ['nʌmbər]
1 n número: if I give you my number, you can call me si te doy mi número, me puedes llamar; a large number of people un gran número de personas; I thought my number was on that one! ¡pensé que esa bala era para mí!; I thought my number was up! ¡creí que me había llegado la hora!
2 n (on car) número de matrícula, matrícula: did you get his number? ¿le cogiste la matrícula?
3 n (of magazine etc) número.
4 n (song) tema m: she sang a few Gershwin numbers cantó algunos temas de Gershwin.
5 n (group) grupo: two of their number died of malaria dos de ellos murieron de malaria.
6 n LING número: adjectives agree with the noun in number and gender los adjetivos concuerdan con el sustantivo en número y en género.
7 n fam (garment) modelo: Vicky turned up in a nice little red leather number Vicky se presentó con un modelito de cuero rojo.
8 vt numerar: the tickets are not numbered los billetes no están numerados; his days are numbered tiene los días contados.
9 vt (count) contar: I number her among my friends la cuento entre mis amigos.
▸ to number off vi numerarse.

✦ **a number of** ... varios,-as ...
any number of ... muchísimos,-as ...
number one principal, más importante.
to be number one ser el número uno, ser el mejor.
to have somebody's number tener calado,-a a alguien.
to look after number one mirar por lo suyo.
... without number un sinfín de ...
■ **Number Ten** *el n° 10 de Downing Street: la residencia oficial del primer ministro británico.*

number-crunching [ˈnʌmbəkrʌntʃɪŋ] *n fam* cálculo a gran escala.

numbering [ˈnʌmberɪŋ] *n* numeración *f.*
■ **numbering machine** numerador *m.*

numberless [ˈnʌmbələs] *adj* innumerables, incontables.

numberplate [ˈnʌmbəpleɪt] *n GB* placa de la matrícula.

numbness [ˈnʌmnəs]
1 *n* entumecimiento.
2 *n fig* parálisis *f.*

numbskull [ˈnʌmskʌl] *n* → **numskull**.

numeracy [ˈnjuːmərəsɪ] *n* conocimiento básico de las matemáticas.

numeral [ˈnjuːmərəl] *n* número, cifra.

numerate [ˈnjuːmərət] *adj* que tiene conocimientos de matemáticas.

numeration [njuːməˈreɪʃən] *n* numeración *f.*

numerator [ˈnjuːməreɪtəʳ] *n* numerador *m.*

numerical [njuːˈmerɪkəl] *adj* numérico,-a.

numerically [njuːˈmerɪkəlɪ] *adv* numéricamente.

numerologist [njuːmeˈrɒlədʒɪst] *n* numerólogo,-a.

numerology [njuːmeˈrɒlədʒɪ] *n* numerología.

numerous [ˈnjuːmərəs] *adj* numeroso,-a.

numinous [ˈnjuːmɪnəs] *adj* numinoso,-a.

numismatic [njuːmɪzˈmætɪk] *adj* numismático,-a.

numismatics [njuːmɪzˈmætɪks] *n* numismática.

numismatist [njuːˈmɪzmətɪst] *n* numismático,-a.

numskull [ˈnʌmskʌl] *n fam* tonto,-a, imbécil *mf.*

nun [nʌn] *n* monja, religiosa.

nuncio [ˈnʌnʃɪəʊ] *n* nuncio apostólico.
▲ *pl* nuncios.

nunnery [ˈnʌnərɪ] *n* convento (de monjas).
▲ *pl* nunneries.

nuptial [ˈnʌpʃəl]
1 *adj fml* nupcial.
2 **nuptials** *npi fml* casamiento, nupcias *fpl.*

nurse [nɜːs]
1 *n* enfermero,-a.
2 *n (children's)* niñera.
3 *vt (look after)* cuidar.
4 *vt (suckle)* amamantar.
5 *vt (hold)* acunar.
6 *vt (feeling)* guardar.
✦ **to nurse a cold** intentar curarse de un resfriado.
to nurse a grudge/grievance against somebody guardar rencor a alguien.

nursemaid [ˈnɜːsmeɪd] *n* niñera.

nursery [ˈnɜːsərɪ]
1 *n (in house)* cuarto de los niños.
2 *n (kindergarten)* guardería.
3 *n (for plants)* vivero.
■ **nursery nurse** enfermero,-a puericultor,-ora.
nursery rhyme canción *f* infantil, poema *m* infantil.
nursery school parvulario.
nursery slope pista para principiantes.
▲ *pl* nurseries.

nurseryman [ˈnɜːsərɪmən] *n* horticultor *m.*
▲ *pl* nurserymen [ˈnɜːsərɪmən].

nursing [ˈnɜːsɪŋ] *n* profesión *f* de enfermera, enfermería.
■ **nursing home** clínica.

nurture [ˈnɜːtʃəʳ]
1 *vt* nutrir, alimentar.
2 *vt (child)* criar.

nut [nʌt]
1 *n BOT* fruto seco: **a selection of nuts: hazelnuts, walnuts, almonds, peanuts and cashews** un surtido de frutos secos: avellanas, nueces, almendras, cacahuetes y anacardos.
2 *n TECH* tuerca: **tighten this nut with a spanner** aprieta esta tuerca con una llave inglesa.
3 *n fam (head)* coco.
4 *n* fanático,-a: **he's a real soccer nut** es un fanático del fútbol.
5 *n fam (nutcase)* chalado,-a, chiflado,-a.
6 **nuts** *npl sl (testicles)* huevos *mpl.*

7 **nuts** *adj* loco,-a, chalado,-a, chiflado,-a: **she must be nuts to go out with him** debe de estar loca para salir con él.
✦ **to be a tough nut to crack** ser un hueso duro de roer.
to be off one's nut estar chalado,-a.
to be nuts about something/somebody estar loco,-a por algo/alguien.
to do one's nut subirse por las paredes.
■ **nuts and bolts** lo básico.

nut-brown [ˈnʌtˈbraʊn] *adj* de color avellana.

nutcase [ˈnʌtkeɪs] *n fam* chalado,-a.

nutcrackers [ˈnʌtkrækəz] *npl* cascanueces *m inv.*

nuthatch [ˈnʌthætʃ] *n* trepador *m* azul.

nuthouse [ˈnʌthaʊs] *n fam* manicomio.

nutmeg [ˈnʌtmeg] *n* nuez *f* moscada.

nutrient [ˈnjuːtrɪənt]
1 *n* nutriente *m.*
2 *adj* nutritivo,-a.

nutrition [njuːˈtrɪʃən] *n* nutrición *f.*

nutritional [njuːˈtrɪʃənəl] *n* nutricional.

nutritionist [njuːˈtrɪʃənɪst] *n* dietista *mf.*

nutritious [njuːˈtrɪʃəs] *adj* nutritivo,-a.

nutritive [ˈnjuːtrɪtɪv] *adj* nutritivo,-a.

nutshell [ˈnʌtʃəl] *n* cáscara.
✦ **in a nutshell** en pocas palabras.

nutter [ˈnʌtəʳ] *n fam* chalado,-a.

nutty [ˈnʌtɪ]
1 *adj (food)* que sabe a nuez.
2 *adj fam (person)* chalado,-a.
✦ **as nutty as a fruitcake** como una cabra.
▲ *comp* nuttier, *superl* nuttiest.

nuzzle [ˈnʌzəl] *vi (animal)* acariciar con el hocico.
▶ **to nuzzle up to** *vt insep* arrimarse a.

NVQ [ˈenviːˈkjuː] *abbr* (**National Vocational Qualification**) diploma que certifica que una persona está cualificada para trabajar en ciertos empleos.

NW [nɔːθˈwest] *abbr* (**northwest**) noroeste *m; (abbreviation)* NO.

nylon [ˈnaɪlɒn]
1 *n* nailon *m.*
2 **nylons** *npl* medias *fpl* de nailon.
▲ *Es marca registrada.*

nymph [nɪmf] *n* ninfa.

nympho [ˈnɪmfəʊ] *n fam* ninfómana.
▲ *pl* nymphos.

nymphomania [nɪmfəˈmeɪnɪə] *n* ninfomanía.

nymphomaniac [nɪmfəˈmeɪnɪæk] *n* ninfómana.

O, o [əʊ] *n (the letter)* O, o *f.*

O [əʊ]
1 *n (the letter)* O, o.
2 *n (as number)* cero.

oaf [əʊf] *n fam* patán *m*, palurdo,-a, zoquete *mf*, zopenco,-a.

oafish [ˈəʊfɪʃ] *adj* torpe, bruto,-a.

oak [əʊk]
1 *n BOT* roble *m*.
2 *n (wood)* roble *m*.
3 *adj* de roble.
■ **cork oak** alcornoque *m*.
durmast oak roble *m* albar.
evergreen oak encina.
holm oak encina.
oak apple agalla.
red oak roble americano.
sessile oak roble *m* albar.
Turkey oak roble *m* cerris, roble *m* turco.

oaken [ˈəʊkən] *adj lit* de roble.

OAP [ˈəʊeɪˈpiː] *abbr GB* (**old-age pensioner**) pensionista *mf*.

oar [ɔːʳ] *n* remo.
✦ **to stick one's oar in** entrometerse, meter las narices.

oarlock [ˈɔːlɒk] *n US* tolete *m*, chumacera.

oarsman [ˈɔːzmən] *n* remero.
▲ *pl* **oarsmen** [ˈɔːzmən].

oarswoman [ˈɔːzwʊmən] *n* remera.
▲ *pl* **oarswomen** [ˈɔːzwɪmɪn].

oasis [əʊˈeɪsɪs] *n* oasis *m*.
▲ *pl* **oases** [əʊˈeɪsiːz].

oat [əʊt]
1 *n (plant)* avena.
2 **oats** *npl (cereal)* avena *f sing*.
3 *n (porridge)* copos *mpl* de avena.
✦ **to be off one's oats** no tener ganas de comer.
to get one's oats *sl* echarse polvos.

oatcake [ˈəʊtkeɪk] *n* torta de avena.

oath [əʊθ]
1 *n JUR* juramento.
2 *n (swearword)* palabrota, juramento.
✦ **on my oath** lo juro.
to be on oath/be under oath estar bajo juramento.
to put somebody under oath tomarle juramento a alguien.

to swear an oath/take an oath jurar, prestar juramento.
■ **oath of allegiance** juramento de fidelidad, juramento de lealtad.

oatmeal [ˈəʊtmiːl]
1 *n (flour)* harina de avena.
2 *n US (porridge)* copos *mpl* de avena.

oats [əʊts] *npl* → **oat**.

obdurate [ˈɒbdjərət] *n fml (stubborn)* obstinado,-a, terco,-a; *(unyielding)* inflexible.

obedience [əˈbiːdɪəns] *n* obediencia.

obedient [əˈbiːdɪənt] *adj* obediente.
✦ **your obedient servant** su humilde servidor,-ra.

obediently [əˈbiːdɪəntlɪ] *adv* obedientemente.

obelisk [ˈɒbəlɪsk] *n* obelisco.

obese [əʊˈbiːs] *adj* obeso,-a.

obesity [əʊˈbiːsɪtɪ] *n* obesidad *f.*

obey [əˈbeɪ]
1 *vt (gen)* obedecer; *(orders)* acatar.
2 *vt (law)* cumplir.
3 *vi (gen)* obedecer.

obituary [əˈbɪtjʊərɪ] *n* necrología, obituario.
■ **obituary column** sección *f* necrológica.
obituary notice nota necrológica.
▲ *pl* **obituaries**.

object [ˈɒbdʒekt]
1 *n (thing)* objeto, cosa.
2 *n (aim, purpose)* objetivo, objeto, fin *m*, propósito.
3 *n (focus of feelings)* objeto: he was an object of ridicule fue objeto de burlas; she was an object of pity daba lástima.
4 *n (obstacle)* inconveniente *m*.
5 *n LING* complemento: **direct/indirect object** complemento directo/indirecto.
6 *vt* objetar: she objected that ... objetó que ...
7 *vi (oppose)* oponerse (**to**, a), poner reparos (**to**, a): I object to the use of the term "chairman" me opongo al uso del término "presidente".
8 *vi (disapprove, mind)* molestar: do you object to my smoking? ¿le molesta que fume?
9 *vi JUR* protestar.

■ **object glass/object lens** objetivo.
object lesson ejemplo práctico, perfecta demostración *f.*
▲ *(verbo)* [əbˈdʒekt].

objection [əbˈdʒekʃən]
1 *n (argument against)* objeción *f*, reparo.
2 *n (disapproval)* inconveniente *m*.
✦ **to raise objections** poner reparos, poner inconvenientes.

objectionable [əbˈdʒekʃənəbəl] *adj (unacceptable)* inaceptable; *(unpleasant)* desagradable, ofensivo,-a.

objective [əbˈdʒektɪv]
1 *adj* objetivo,-a: an objective report un informe objetivo.
2 *n (purpose)* objetivo, fin *m*.
3 *n (lens)* objetivo.

objectively [əbˈdʒektɪvlɪ] *adv* objetivamente.

objectivity [əbˈdʒektɪvɪtɪ] *n* objetividad *f.*

objector [əbˈdʒektəʳ] *n* objetor,-ra.

obligate [ˈɒblɪɡeɪt] *vt fml* obligar.

obligation [ɒblɪˈɡeɪʃən] *n* obligación *f*, compromiso.
✦ **to be under an obligation to somebody** tener una obligación con alguien.
to be under no obligation to do something no tener ninguna obligación de hacer algo.
to meet one's obligations cumplir sus obligaciones.

obligatory [ɒˈblɪɡətərɪ] *adj* obligatorio,-a.

oblige [əˈblaɪdʒ]
1 *vt (compel)* obligar: I felt obliged to attend me veía obligado a asistir.
2 *vt (do a favour)* hacer un favor a, ayudar a: could you oblige me by closing the window? ¿me haría el favor de cerrar la ventana?
3 *vi (do a favour)* hacer un favor, ayudar: I'd be happy to oblige me encantaría ayudar.
✦ **much obliged!** ¡muy agradecido,-a!

obliging [əˈblaɪdʒɪŋ] *adj* servicial, complaciente.

oblique [ə'bli:k]
1 adj (line, angle) oblicuo,-a.
2 adj fig (hint, reference) indirecto,-a.
3 n barra.
obliquely [əʊ'bli:klɪ] adv oblicuamente, de refilón.
obliterate [ə'blɪtəreɪt]
1 vt (destroy) destruir, arrasar; (eliminate) eliminar.
2 vt (erase, blot out) borrar, obliterar.
obliteration [əblɪtə'reɪʃən]
1 n (destruction) destrucción f; (elimination) eliminación f.
2 n (effacing) borradura.
oblivion [ə'blɪvɪən]
1 n (obscurity) olvido.
2 n (unconsciousness) inconsciencia.
oblivious [ə'blɪvɪəs] adj inconsciente (of, de), ajeno,-a (of, a): he was totally oblivious of what was happening estaba totalmente ajeno de lo que estaba ocurriendo.
oblong ['ɒblɒŋ]
1 adj oblongo,-a, alargado,-a.
2 n rectángulo.
obnoxious [əb'nɒkʃəs] adj (person) repugnante, repelente, detestable, odioso,-a; (smell) nocivo,-a, repugnante.
oboe ['əʊbəʊ] n oboe m.
oboist ['əʊbəʊɪst] n oboe mf, oboísta mf.
obscene [ɒb'si:n]
1 adj (indecent) obsceno,-a, indecente, escabroso,-a.
2 adj (scandalous) escandaloso,-a.
obscenity [əb'senɪtɪ]
1 n (indecency) obscenidad f, indecencia.
2 n (word, expression, action) obscenidad f.
▲ pl obscenities.
obscurantism [ɒbskjʊ'ræntɪzəm] n obscurantismo.
obscurantist [ɒbskjʊ'ræntɪst]
1 adj obscurantista.
2 n obscurantista mf.
obscure [əbs'kjʊəʳ]
1 adj (unclear) obscuro,-a, oscuro,-a, poco claro,-a.
2 adj (vague, indistinct) vago,-a, confuso,-a; (hidden) recóndito,-a.
3 adj (little known - person) poco conocido,-a, oscuro,-a; (- village) recóndito,-a, perdido,-a: it's by an obscure nineteenth century poet es de un poeta poco conocido del siglo diecinueve.
4 vt (make unclear, difficult to understand) ofuscar, obscurecer; (confuse) confundir.
5 vt (hide) ocultar; (conceal, cover) oscurecer, obscurecer.
obscurity [əb'skjʊərɪtɪ]
1 n (state) oscuridad f, olvido.
2 n (darkness) oscuridad f.
obsequious [əb'si:kwɪəs] adj servil.
observable [əb'zɜ:vəbəl] adj visible, observable, apreciable.

observance [əb'zɜ:vəns]
1 n observancia.
2 observances npl prácticas fpl religiosas.
observant [əb'zɜ:vənt] adj observador, -ra: she's very observant se fija en todo.
observation [ɒbzə'veɪʃən]
1 n (watching, study) observación f; (surveillance) vigilancia.
2 n (remark) observación f, comentario.
✦ **to be under observation** (by police etc) estar bajo vigilancia; (in hospital) estar en observación.
   to escape observation pasar inadvertido,-a.
▪ **observation post** puesto de observación.
observatory [əb'zɜ:vətərɪ] n observatorio.
▲ pl observatories.
observe [əb'zɜ:v]
1 vt (see, watch) observar, ver; (in surveillance) vigilar.
2 vt (law) cumplir, respetar; (custom) observar; (religious festival) guardar.
3 vt fml (say) señalar.
4 vi observar.
observer [əb'zɜ:vəʳ] n observador,-ra.
obsess [əb'ses] vt obsesionar.
obsessed [əb'sest] adj obsesionado,-a (by/with, con).
obsession [əb'seʃən] n obsesión f (with/ about, con).
obsessional [əb'seʃənəl] adj obsesivo,-a.
obsessive [əb'sesɪv]
1 adj obsesivo,-a: she's obsessive about cleanliness tiene obsesión con la limpieza.
2 n obsesivo,-a.
obsidian [ɒb'sɪdɪən] n obsidiana.
obsolescent [ɒbsə'lesənt] adj obsolescente.
obsolete ['ɒbsəli:t] adj obsoleto,-a.
obstacle ['ɒbstəkəl]
1 n obstáculo.
2 n fig obstáculo, impedimento.
▪ **obstacle race** carrera de obstáculos.
obstetric [əb'stetrɪk] adj obstétrico,-a.
obstetrician [əbste'strɪʃən] n tocólogo,-a, obstetra mf.
obstetrics [ɒb'stetrɪks] n obstetricia, tocología.
obstinacy ['ɒbstɪnəsɪ] n (stubbornness) obstinación f, terquedad f, testarudez f.
obstinate ['ɒbstɪnət]
1 adj (person) obstinado,-a, tenaz, terco,-a; (problem, thing) tenaz, pertinaz.
2 n (illness, etc) pertinaz, rebelde, persistente.
obstinately ['ɒbstɪnətlɪ] adv obstinadamente.
obstreperous [əb'strepərəs] adj escandaloso,-a.

obstruct [əb'strʌkt]
1 vt (block - gen) obstruir; (- pipe etc) atascar, bloquear; (- view) tapar.
2 vt (make difficult) dificultar; (hinder) obstaculizar.
3 vt sp obstruir, bloquear.
obstruction [əb'strʌkʃən]
1 n (gen) obstrucción f.
2 n (hindrance) estorbo, obstáculo, impedimento.
3 n sp obstrucción f.
obstructionism [əb'strʌkʃənɪzəm] n fml obstruccionismo.
obstructionist [əb'strʌkʃənɪst] n obstruccionista mf.
obstructive [əb'strʌktɪv] adj (policy, measure) obstruccionista.
obtain [əb'teɪn]
1 vt (get, acquire) obtener, conseguir.
2 vi fml (be valid, exist) prevalecer, regir.
obtainable [əb'teɪnəbəl] adj obtenible: it's no longer obtainable ya no se puede conseguir.
obtrude [əb'tru:d]
1 vt fml (impose) imponer (on/upon, a).
2 vt fml (push out, stick out) extender.
3 vi fml entrometerse (on/upon, en).
obtrusion [əb'tru:ʒən] n fml intrusión f.
obtrusive [əb'tru:sɪv] adj (noise) molesto,-a; (smell) penetrante; (colour) llamativo,-a; (building, presence) demasiado prominente.
obtuse [əb'tju:s] adj fml (stupid) obtuso,-a.
▪ **obtuse angle** ángulo obtuso.
   obtuse triangle triángulo obtusángulo.
obverse ['ɒbvɜ:s]
1 n fml (back) anverso.
2 n fml (opposite) contrario.
3 adj del anverso.
obviate ['ɒbvɪeɪt] vt obviar, evitar.
obvious ['ɒbvɪəs] adj (clear) obvio,-a, evidente, patente, claro,-a: for obvious reasons por razones obvias.
obviously ['ɒbvɪəslɪ] adv obviamente, evidentemente, claramente: obviously! ¡claro!, ¡por supuesto!
ocarina [ɒkə'ri:nə] n ocarina.
occasion [ə'keɪʒən]
1 n (time) ocasión f; (event) acontecimiento: on the occasion in question en la ocasión en cuestión.
2 n (opportunity) ocasión f, oportunidad f: if the occasion arises si se presenta la ocasión.
3 n (reason, motive) ocasión f, motivo.
4 vt fml ocasionar, causar.
✦ **on occasion** de vez en cuando.
   on the occasion of con motivo de.
   to have occasion to do something tener motivo de hacer algo.
   to rise to the occasion estar a la altura de las circunstancias, dar la talla.
   to take the occasion to do something aprovechar la oportunidad para hacer algo.

occasional [əˈkeɪʒənəl] *adj (not frequent)* esporádico,-a, eventual: he smokes the occasional cigar de vez en cuando fuma un puro.
■ **occasional showers** chubascos aislados.
occasional table mesa auxiliar.

occasionally [əˈkeɪʒənəlɪ] *adv* de vez en cuando, ocasionalmente.

Occident [ˈɒksɪdənt] *n* occidente *m*.

occidental [ɒksɪˈdentəl] *adj* occidental.

occipital [ɒkˈspɪtəl] *adj* occipital.

occlude [əˈkluːd] *vt* ocluir.

occlusion [əˈkluːʒən] *n* oclusión *f*.

occlusive [əˈkluːsɪv] *adj* oclusivo,-a.

occult [ˈɒkʌlt] *adj* oculto,-a.
■ **the occult** las ciencias *fpl* ocultas, el ocultismo.

occultism [ˈɒkʌltɪzəm] *n* ocultismo.

occupancy [ˈɒkjəpənsɪ] *n* ocupación *f*.

occupant [ˈɒkjəpənt] *n (gen)* ocupante *mf*; *(tenant)* inquilino,-a.

occupation [ɒkjəˈpeɪʃən]
1 *n (job)* ocupación *f*, profesión *f*.
2 *n (pastime)* pasatiempo.
3 *n (act, state of occupying)* ocupación *f*.

occupational [ɒkjəˈpeɪʃənəl] *adj* ocupacional, profesional.
✦ **it's an occupational hazard** son gajes del oficio.
■ **occupational therapist** terapeuta *mf* ocupacional.
occupational therapy terapia ocupacional.

occupied [ˈɒkjəpaɪd] *adj* ocupado,-a.
✦ **to keep somebody occupied** mantener a alguien ocupado,-a.

occupier [ˈɒkjəpaɪəʳ] *n GB (gen)* ocupante *mf*; *(tenant)* inquilino,-a.

occupy [ˈɒkjəpaɪ]
1 *vt (live in)* ocupar, habitar, vivir en.
2 *vt (take possession of)* ocupar, tomar posesión de, apoderarse de.
3 *vt (take up, fill - space)* ocupar; *(- time)* ocupar, llevar.
✦ **to occupy oneself in doing something** ocupar el tiempo haciendo algo, entretenerse haciendo algo.
▲ *pt & pp* occupied, *ger* occupying.

occur [əˈkɜːʳ]
1 *vi (happen - event, incident)* ocurrir, suceder, tener lugar; *(- change)* producirse.
2 *vi fml (be found, exist)* existir, darse, encontrarse.
3 *vi (come to mind)* ocurrir, ocurrirse: it never occurred to me to ask no se me ocurrió preguntar.
▲ *pt & pp* occurred, *ger* occurring.

occurrence [əˈkʌrəns]
1 *n (event, incident)* suceso: it's an everyday occurrence es un hecho cotidiano.
2 *n fml (frequency)* incidencia, frecuencia; *(existing amount)* cantidad *f*.

ocean [ˈəʊʃən]
1 *n* océano.

2 *adj* oceánico,-a: ocean currents corrientes oceánicas.
■ **oceans of** *fam* la mar de, un montón de.

ocean-going [ˈəʊʃəngəʊɪŋ] *adj* de alta mar, de altura.

Oceania [əʊʃɪˈɑːnɪə] *n* Oceanía.

Oceanian [əʊʃɪˈɑːnɪən]
1 *adj* de Oceanía.
2 *n* nativo,-a de Oceanía, habitante *mf* de Oceanía.

oceanic [əʊʃɪˈænɪk] *adj fml* oceánico,-a.

oceanographer [əʊʃəˈnɒgrəfəʳ] *n* oceanógrafo,-a.

oceanographic [əʊʃənəˈgræfɪk] *adj* oceanográfico,-a.

oceanography [əʊʃəˈnɒgrəfɪ] *n* oceanografía.

ocelot [ˈɒsələt] *n* ocelote *m*.

ochre [ˈəʊkəʳ]
1 *adj (de color)* ocre.
2 *n* ocre *m*.
■ **red ochre** almagre *m*.
yellow ochre ocre *m* amarillo.

o'clock [əˈklɒk] *adv* it's one o'clock es la una; it's two o'clock son las dos; at three o'clock a las tres.

Oct [ˈɒktəʊbəʳ] *abbr* (**October**) octubre.

octagon [ˈɒktəgən] *n* octágono, octógono.

octagonal [ɒkˈtægənəl] *adj* octagonal, octogonal.

octahedron [ɒktəˈhiːdrən] *n* octaedro.

octane [ˈɒkteɪn] *n* octano.
■ **octane number/octane rating** octanaje *m*.

octave [ˈɒktɪv] *n* octava.

octet [ɒkˈtet] *n* octeto.

October [ɒkˈtəʊbəʳ] *n* octubre *m*.
▲ *Para ejemplos de uso, véase* May.

octogenarian [ɒktəʊdʒəˈneərɪən] *n* octogenario,-a.

octopus [ˈɒktəpəs] *n* pulpo.

octosyllabic [ɒktəʊsɪˈlæbɪk] *adj* octosilábico,-a.

octosyllable [ɒktəʊˈsɪləbəl] *n* octosílabo.

ocular [ˈɒkjələʳ] *adj* ocular.

oculist [ˈɒkjəlɪst] *n* oculista *mf*.

odd [ɒd]
1 *adj (strange)* extraño,-a, raro,-a: the odd thing is that ... lo raro es que ...
2 *adj (number)* impar.
3 *adj (approximately)* y pico: thirty odd people unas treinta y pico personas; he must be forty odd tendrá cuarenta y tantos años.
4 *adj (shoe, glove, etc)* suelto,-a, desparejado,-a.
5 *adj (left over, spare)* suelto,-a, de más: have you got any odd coins? ¿tienes algunas monedas sueltas?
6 *adj (occasional)* ocasional: she does the odd class now and again da alguna que otra clase de vez en cuando.

7 **odds** *npl (probability, chances)* probabilidades *fpl*, posibilidades *fpl*: the odds are that ... lo más probable es que ...; the odds are against her winning lleva las de perder; the odds are in your favour llevas ventaja, tienes las de ganar.
8 *npl (in betting)* apuestas *fpl*: the odds are ten to one las apuestas están diez a uno.
✦ **against (all) the odds** contra todo pronóstico.
it makes no odds lo mismo da, da lo mismo.
to be at odds with somebody estar reñido,-a con alguien, estar peleado,-a con alguien.
to be the odd man out *(be over)* estar de más; *(be different)* ser la excepción.
to fight against the odds luchar contra fuerzas superiores.
to lay odds ofrecer puntos de ventaja.
to pay over the odds pagar más de la cuenta.
what's the odds? ¿qué más da?, ¿qué importa?
■ **odd jobs** trabajillos *mpl*.
odds and ends *(bits and pieces)* cositas *fpl*, cosas *fpl* sueltas; *(trinkets)* chucherías *fpl*.

oddball [ˈɒdbɔːl]
1 *n (person)* bicho raro, estrafalario,-a, excéntrico,-a.
2 *adj* estrafalario,-a, excéntrico,-a.

oddity [ˈɒdɪtɪ]
1 *n (thing)* cosa rara, rareza, curiosidad *f*, *(person)* bicho raro, estrafalario,-a.
2 *n (strangeness)* rareza, singularidad *f*, peculiaridad *f*.
▲ *pl* oddities.

odd-jobman [ɒdˈdʒɒbmæn] *n* hombre *m* que hace trabajillos, hombre *m* para todo .
▲ *pl* odd-jobmen [ɒdˈdʒɒbmen].

odd-looking [ˈɒdlʊkɪŋ] *adj* de apariencia extraña.

oddly [ˈɒdlɪ] *adv* de manera extraña, extrañamente.
✦ **oddly enough** por extraño que parezca, curiosamente.

oddment [ˈɒdmənt] *n* retal *m*.

oddness [ˈɒdnəs] *n (strangeness)* rareza, peculiaridad *f*; *(eccentricity)* excentricidad *f*.

odds [ɒdz] *npl* → **odd**.

odds-on [ˈɒdzɒn] *adj* muy probable, casi seguro,-a: it's odds-on they'll be late lo más probable es que lleguen tarde; Red Rum is the odds-on favourite Red Rum es el favorito en las apuestas.

ode [əʊd] *n* oda.

odious [ˈəʊdɪəs] *adj* odioso,-a, detestable, repugnante.

odometer [əʊˈdɒmɪtəʳ] *n US* cuentakilómetros *m*.

odontologist [ɒdɒn'tɒlədʒɪst] *n* odontólogo,-a.

odontology [ɒdɒn'tɒlədʒi] *n* odontología.

odor ['əʊdəʳ] *n US* → **odour**.

odoriferous [əʊdər'ɪfərəs] *adj lit* odorífero,-a, odorífico,-a.

odorous ['əʊdərəs] *adj fml* oloroso,-a, fragante.

odour ['əʊdəʳ] *n (smell)* olor *m*; *(fragrance)* perfume *m*, fragancia.

odourless ['əʊdələs] *adj* inodoro,-a.

odyssey ['ɒdɪsɪ] *n* odisea.

OECD ['əʊ'iː'siː'diː] *abbr* (**Organization for Economic Cooperation and Development**) Organización *f* para la Cooperación y el Desarrollo Económico; *(abbreviation)* OCDE *f*.

oedema [ɪ'diːmə] *n* edema *m*.

Oedipus ['iːdɪpəs] *n* Edipo.
■ **Oedipus complex** complejo de Edipo.

oenologist [iː'nɒlədʒɪst] *n* enólogo,-a.

oenology [iː'nɒlədʒi] *n* enología.

oesophagus [iː'sɒfəgəs] *n* esófago.
▲ *pl* **oesophagi** [iː'sɒfəgaɪ].

oestrogen ['iːstrədʒən] *n* estrógeno.

of [ɒv, *Unstressed* əv]
1 *prep (belonging to)* de: **a friend of mine** un amigo mío; **a colleague of John's** un compañero de John.
2 *prep (made from)* de: **shoes of Spanish leather** zapatos de piel española.
3 *prep (containing)* de: **a bag of crisps** una bolsa de patatas; **a bottle of wine** un botella de vino.
4 *prep (showing a part, a quantity)* de: **a kilo of apples** un kilo de manzanas; **a sheet of paper** una hoja de papel.
5 *prep (partitive use)* de: **a member of the team** un miembro del equipo; **the two of us** nosotros dos.
6 *prep (dates, distance)* de: **the 7th of August** el 7 de agosto; **the first of May** el uno de mayo; **within a mile of here** a menos de una milla de aquí.
7 *prep (apposition)* de: **the city of London** la ciudad de Londres.
8 *prep (by)* de: **the works of Shakespeare** las obras de Shakespeare.
9 *prep (originating from, living in)* de: **the people of Liverpool** los habitantes de Liverpool.
10 *prep (depicting)* de: **a photo of my boyfriend** una foto de mi novio; **a map of Europe** un mapa de Europa.
11 *prep (cause)* de: **of one's own free will** por su propia voluntad; **she died of aids** murió de sida.
12 *prep (connected with)* de: **the Queen of England** la reina de Inglaterra; **the estimated time of arrival** la hora de llegada prevista.
13 *prep (with, having)* de: **a child of five** un niño de cinco años; **a matter of importance** un asunto de importancia.
14 *prep (description)* de: **how kind of you to buy me flowers** qué amable de tu parte comprarme flores.
15 *prep (after superlative)* de: **best of all was the food** lo mejor de todo fue la comida; **most of all** más que nada.

Ofcom ['ɒv'kʌm] *abbr* (**Office of Communications**) ente que regula las televisiones privadas.

off [ɒf]
1 *prep (movement)* de: **it fell off the table** se cayó de la mesa; **he got off the bus** bajó del autobús.
2 *prep (indicating removal)* de: **he cut a branch off the tree** cortó una rama del árbol.
3 *prep (distance, situation) diferentes traducciones*: **a narrow street off the main road** una callejuela que sale a la carretera; **the kitchen's off the hallway** el pasillo da a la cocina; **the ship sank off Malpica** el barco se hundió a la altura de Malpica.
4 *prep (away from) diferentes traducciones*: **the ship went off course** el barco se desvió de su rumbo; **we're a long way off finding a cure** estamos lejos de encontrar una cura; **you need something to take your mind off it** necesitas algo que te distraiga.
5 *prep (not wanting)* **I'm off coffee** ya no tomo café; **he's off his food** no tiene apetito.
6 *prep (not at work)* **she comes off duty at 10.00pm** acaba el turno a las 10.00; **why don't you take the day off work?** ¿por qué no te tomas el día libre?
7 *prep fam (from)* a: **I bought it off Eva** se lo compré a Eva; **he borrowed some money off me** me pidió dinero prestado.
8 *adv (departure)* **he ran off** se fue corriendo; **the car drove off at top speed** el coche se fue a toda pastilla; **I'm off** me voy; **be off with you!** ¡lárgate!
9 *adv (showing distance)* a: **the village is three miles off** el pueblo está a tres millas; **Christmas is still a long way off** aún falta mucho para Navidad.
10 *adv (in theatre)* en off: **voices off** voces en off.
11 *adv (removed)* fuera: **hands off!** ¡fuera las manos!; **the leg fell off** se cayó la pata; **leave the lid off** no pongas la tapa; **she sat there with her shoes off** se quedó allí sentada descalza.
12 *adv (reduced in price)* menos: **70% off!** ¡70% menos!
13 *adv (disconnected, not working) diferentes traducciones*: **turn the light off** apaga la luz; **have you turned the TV off?** ¿has apagado la TV?; **she turned the tap off** cerró el grifo.
14 *adv (free, on holiday)* libre: **can I have the afternoon off?** ¿puedo tomarme la tarde libre?

15 *adj (event)* cancelado,-a, suspendido,-a: **the wedding's off** la boda se ha suspendido.
16 *adj (not turned on - gas, water)* cerrado,-a; *(- electricity)* apagado,-a: **the gas is off** el gas está cerrado; **the TV's off** la TV está apagada.
17 *adj (impolite, unfriendly)* descortés, poco amable; *(below standard)* malo,-a: **he's having an off day** tiene un mal día; **he charged you full price - that's a bit off** te cobró el precio íntegro - qué descortés.
18 *adj (food - bad)* malo,-a, pasado,-a; *(- unavailable)* acabado,-a: **the milk's off** la leche está agria; **soup's off I'm afraid** me temo que se ha acabado la sopa.
19 *adj GB (part of vehicle)* del lado del conductor: **the front off wheel** la rueda delantera del lado del conductor.
20 the off *n SP (start - gen)* principio, comienzo; *(- of race)* salida.
✦ **off and on/on and off** de vez en cuando, a ratos.
off line *COMPUT* desconectado,-a.
off the top of one's head improvisando, sin pensarlo.
on the off chance por si acaso, si por casualidad.
right off/straight off acto seguido.
to be off for something andar de algo, tener algo: **how are you off for money?** ¿cómo andas de dinero?; **we're well off for time** tenemos bastante tiempo.
to be well/badly off andar bien/mal de dinero.
■ **off season** temporada baja.

offal ['ɒfəl] *n (of cattle, pigs)* asaduras *fpl*, menudos *mpl*; *(of chicken)* menudillos *mpl*.

offbeat ['ɒfbiːt] *adj* poco convencional.

off-centre ['ɒf'sentəʳ] *adj* descentrado,-a.

off-colour [ɒf'kʌləʳ]
1 *adj (ill)* indispuesto,-a, pachucho,-a: **you look a little off colour** tienes mala cara.
2 *adj (risqué)* subido,-a de tono.
▲ *Se escribe* **off colour** *cuando no se antepone a un sustantivo.*

offcut ['ɒfkʌt] *n* retal *m*.

offence [ə'fens]
1 *n JUR* delito, infracción *f*: **a traffic offence** una infracción de tráfico.
2 *n (insult)* ofensa: **no offence intended** sin ánimo de ofenderle.
3 *n fml (offensive thing)* atentado: **the monument is an offence to the eye** el monumento es un atentado a la vista.
4 *n fml (attack)* ofensiva, ataque *m*: **weapons of offence** armas ofensivas.
✦ **to cause offence to somebody** ofender a alguien.
to commit an offence cometer un delito, cometer una infracción.
to take offence at something ofenderse por algo, sentirse ofendido,-a por algo.

offend [ə'fend]
1 *vt (insult, hurt)* ofender: I never meant to offend anyone no estaba en mi ánimo ofender a nadie; she'll be offended if we don't go se ofenderá si no vamos.
2 *vt (cause displeasure to)* disgustar: that building offends the eye aquel edificio hace daño a la vista.
3 *vi fml (do wrong to)* atentar (**against**, a).
4 *vi JUR fml (commit crime)* cometer un delito, delinquir.
✦ **to be easily offended** ser muy susceptible.

offender [ə'fendə']
1 *n JUR (gen)* infractor,-ra; *(criminal)* delincuente *mf*.
2 *n (culprit)* culpable *mf*.

offending [ə'fendɪŋ] *adj (causing problems)* problemático,-a; *(unpleasant)* desagradable; *(controversial)* controvertido,-a, polémico,-a.

offense ['ɒfens]
1 *n US* → **offence.**
2 *n US (in sport)* ataque *m*, ofensiva.

offensive [ə'fensɪv]
1 *adj (insulting)* ofensivo,-a, insultante.
2 *adj (disgusting - gen)* repugnante; *(- smell)* desagradable.
3 *adj (attacking)* ofensivo,-a.
4 *n MIL* ofensiva.
✦ **to be on the offensive** estar a la ofensiva.
to go on the offensive pasar a la ofensiva.
to take the offensive tomar la ofensiva.

offensively [ə'fensɪvlɪ] *adv* de manera ofensiva.

offer ['ɒfə']
1 *vt (gen)* ofrecer: she offered us a drink nos ofreció una copa.
2 *vt (show willingness)* ofrecerse (**to**, para): he offered me a lift to the airport se ofreció para llevarme al aeropuerto.
3 *vt (propose)* proponer, sugerir.
4 *vt (provide)* proporcionar, ofrecer, brindar.
5 *vt (prayer, praise, sacrifice, etc)* ofrecer (**up**, -).
6 *vi (show willingness)* ofrecerse: she never even offered to help ni siquiera se ofreció para ayudar.
7 *vi fml (occur, arise)* presentarse.
8 *vi (propose marriage)* proponer matrimonio (**to**, a).
9 *n (gen)* oferta, ofrecimiento; *(proposal)* propuesta: she accepted his kind offer to help aceptó su amable oferta de ayuda; an offer of marriage una propuesta de matrimonio.
10 *n (bid, amount offered)* oferta.
11 *n COMM* oferta.
✦ **or nearest offer** a convenir, negociable.
to be on offer *(at reduced price)* estar de oferta; *(available)* disponible.
to be open to offers aceptar ofertas.

to make an offer for something hacer una oferta por algo.
to make somebody an offer they can't refuse hacerle una oferta muy tentadora a alguien.
to offer itself presentarse.
to take somebody up on an offer aceptar la oferta de alguien.

offering ['ɒfərɪŋ]
1 *n (act)* ofrecimiento.
2 *n (thing offered)* ofrenda; *(gift)* regalo.
3 *n REL* ofrenda.

offertory ['ɒfətərɪ] *n REL (part of service)* ofertorio; *(collection)* colecta.
▲ *pl offertories.*

offhand [ɒf'hænd]
1 *adj (abrupt)* brusco,-a; *(inconsiderate)* descortés, desatento,-a, desconsiderado,-a.
2 *adj (easy-going, relaxed)* informal.
3 *adv* de improviso: I'm not sure of the exact figures off-hand sin mirar, no estoy seguro de las cifras exactas.

office ['ɒfɪs]
1 *n (room)* despacho, oficina; *(building)* oficina; *(staff)* oficina.
2 *n GB* ministerio: the Foreign Office el Ministerio de Asuntos Exteriores.
3 *n (post, position)* cargo.
4 *n REL* oficio.
✦ **through somebody's good offices** gracias a los buenos oficios de alguien.
to be in office estar en el poder.
to hold office ocupar un cargo.
to leave office dimitir, dejar el cargo.
to seek office aspirar a un cargo.
■ **doctor's office** *US* consultorio, consulta.
office block edificio de oficinas.
office boy recadero.
office holder titular *mf* del cargo.
office hours horas *fpl* de oficina.
office junior auxiliar *mf* de oficina.
office work trabajo de oficina.
office worker oficinista *mf*.

officer ['ɒfɪsə']
1 *n MIL* oficial *mf*.
2 *n (police officer)* agente *mf*.
3 *n (in government)* oficial *mf*, funcionario,-a.
4 *n (of club, society)* directivo,-a.

official [ə'fɪʃəl]
1 *adj (gen)* oficial: official residence residencia oficial.
2 *n* funcionario,-a, oficial *mf*: party official representante del partido.

officialdom [ə'fɪʃəldəm] *n* círculos *mpl* oficiales.

officialese [əfɪʃəl'i:z] *n* jerga burocrática.

officially [ə'fɪʃəlɪ] *adv* oficialmente.

officiate [ə'fɪʃɪeɪt]
1 *vi (gen)* ejercer.
2 *vi REL* oficiar.

officious [ə'fɪʃəs] *adj (too eager)* oficioso,-a; *(interfering)* entrometido,-a.

offing ['ɒfɪŋ] in the offing *phr* en perspectiva.

off-key [ɒf'ki:]
1 *adj MUS* desafinado,-a.
2 *adj fig* desentonado,-a, discordante.

off-licence ['ɒflaɪsəns] *n GB* tienda de bebidas alcohólicas.

off-load [ɒf'ləʊd]
1 *vt (unload)* descargar.
2 *vt (get rid of)* endilgar (**onto**, a), deshacerse (**onto**, de).

off-peak ['ɒfpi:k] *adj (times, hours)* fuera de las horas punta, de menor consumo: off-peak electricity electricidad a tarifa reducida.

offprint ['ɒfprɪnt] *n* separata.

off-putting ['ɒfpʊtɪŋ] *adj GB fam (disconcerting)* desconcertante; *(unpleasant)* desagradable; *(annoying)* molesto,-a.

offset
1 *vt (compensate for)* compensar.
2 *vt (in printing)* imprimir en offset.
3 *n (in printing)* offset *m*.
✦ **to offset something against something** deducir algo de algo.
▲ *pt & pp offset, ger offsetting; (sustantivo)* ['ɒfset].

offshoot ['ɒfʃu:t]
1 *n BOT* renuevo, retoño, vástago.
2 *n fig (of family)* rama; *(of organization, company)* ramificación *f*, filial *f*.

offshore [ɒf'ʃɔ:']
1 *adj (at sea)* a poca distancia de la costa: offshore drilling perforación cerca de la costa.
2 *adj (breeze)* terral, de tierra.
3 *adj (overseas)* en el extranjero.
4 *adv* mar adentro.

offside [ɒf'saɪd]
1 *adj SP* fuera de juego.
2 *adj GB (part of vehicle)* del lado del conductor.
3 *adv SP* en fuera de juego.
4 *n GB (of vehicle)* lado del conductor.

offspring ['ɒːfsprɪŋ]
1 *n fml (child)* descendiente *mf*, vástago *mf*; *(children)* progenitura, descendencia, prole *f*.
2 *n (animal - one)* cría; *(- several)* crías *fpl*.
3 *n fig (outcome, result)* consecuencia, resultado.
▲ *pl offspring.*

offstage [ɒf'steɪdʒ]
1 *adj* entre bastidores, de fuera del escenario.
2 *adv* fuera del escenario.

off-the-cuff [ɒfðə'kʌf] *adj* improvisado,-a.

off-the-peg [ɒfðə'peg] *adj (clothes)* de confección.

off-the-record [ɒfðə'rekɔ:d] *adj* extraoficial, confidencial.

off-white [ɒf'waɪt]
1 *adj* de color hueso, blancuzco,-a.
2 *n* color *m* hueso.

often ['ɒfən, 'ɒftən] *adv (frequently)* a menudo, con frecuencia: we often go to the theatre vamos al teatro a menudo; how often do you go to the dentist?

¿cada cuánto vas al dentista?; I visit them as often as I can los visito siempre que puedo.
+ **more often than not** la mayoría de las veces.

ogive [ˈəʊdʒaɪv] n ojiva.

ogle [ˈəʊgəl]
1 vt comerse con los ojos.
2 vi comerse con los ojos (**at**, a).

ogre [ˈəʊgəʳ] n ogro.

oh [əʊ] interj ¡oh!, ¡ay!, ¡vaya!: oh, my God! ¡Dios mío!; oh, really? ¿de veras?; oh, look! ¡eh, mira!

ohm [əʊm] n ohmio, ohm m.

OHMS [ˈəʊˈeɪtʃˈemˈes] abbr GB (**On His/Her Majesty's Service**) al servicio de su majestad.

oil [ɔɪl]
1 n (gen) aceite m: sunflower oil aceite de girasol.
2 n (petroleum) petróleo: crude oil crudo.
3 n ART (painting) óleo, pintura al óleo.
4 vt engrasar, lubricar, lubrificar.
5 **oils** npl (paints) óleo: she paints in oils pinta al óleo.
+ **to be no oil painting** no ser ninguna belleza.
to oil somebody's palm untar la mano a alguien.
to oil the wheels preparar el terreno.
to pour oil on troubled waters templar los ánimos.
to strike oil (find oil) encontrar petróleo; (become rich) hacer fortuna.
■ **oil drum** bidón m.
oil gauge indicador m del nivel de aceite.
oil gun pistola de engrase.
oil industry industria petrolera.
oil lamp lámpara de aceite.
oil painting cuadro al óleo, óleo.
oil rig plataforma petrolífera.
oil slick marea negra.
oil tanker petrolero.
oil well pozo petrolífero.

oil-bearing [ˈɔɪlbeərɪŋ] adj petrolífero,-a.

oilcan [ˈɔɪlkæn] n aceitera.

oilcloth [ˈɔɪlklɒθ] n hule m.

oilfield [ˈɔɪfiːld] n yacimiento petrolífero.

oilfired [ˈɔɪlfaɪəd] adj de fuel-oil.

oiliness [ˈɔɪlɪnəs] n untuosidad f.

oilskin [ˈɔɪlskɪn]
1 n hule m.
2 **oilskins** npl chubasquero m sing, traje m sing de hule.

oily [ˈɔɪlɪ]
1 adj (food) aceitoso,-a, grasiento,-a; (skin, hair) graso,-a; (rag) manchado,-a de aceite.
2 adj pej (manner) empalagoso,-a.
▲ comp oilier, superl oiliest.

ointment [ˈɔɪntmənt] n ungüento, pomada.

OK [əʊˈkeɪ] interj → okay.

okapi [əʊˈkɑːpɪ] n okapi m.

okay [əʊˈkeɪ]
1 interj ¡vale!, ¡de acuerdo!
2 adj correcto,-a, bien: are you okay? ¿estás bien?; is it okay if Paul comes? ¿te importa que venga Paul?
3 adv bien, bastante bien: he's doing okay at school va bien en el colegio.
4 n visto bueno, aprobación f.
5 vt dar el visto bueno a: the boss okayed it el jefe ha dado el visto bueno.

old [əʊld]
1 adj (person) viejo,-a, mayor: an old man un anciano, un hombre mayor, un viejo; I'm getting old me estoy haciendo viejo; she's a year older than you te lleva un año, es un año mayor que tú, tiene un año más que tú.
2 adj (thing) viejo,-a, antiguo,-a; (wine) añejo,-a; (clothes) usado,-a: the old part of the city el casco antiguo de la ciudad; the good old days los viejos tiempos.
3 adj (long-established, familiar) viejo,-a: he's an old friend es un viejo amigo.
4 adj (former) antiguo,-a: in my old job en mi antiguo trabajo.
5 adj (experienced, veteran) viejo,-a, veterano,-a.
6 **the old** n las personas fpl mayores, los ancianos mpl.
+ **any old how** de cualquier manera.
any old thing cualquier cosa.
as old as the hills más viejo,-a que Matusalén.
how old are you? ¿cuántos años tienes?, ¿qué edad tienes?
of old de antaño.
to be ... years old tener ... años.
to be old hat no ser ninguna novedad.
■ **old age** vejez f.
old age pensioner pensionista mf (de la tercera edad).
old boy (ex-pupil) ex alumno, antiguo alumno; (old man) abuelo, viejecito; (form of address) viejo.
old folk ancianos mpl.
old girl (ex-pupil) ex alumna, antigua alumna; (old woman) abuela, viejecita.
old hand veterano,-a.
old lady (woman) vieja, señora mayor; (mother) vieja, (wife) parienta.
old maid solterona.
old man (father) viejo; (husband) marido.
old people's home residencia de ancianos.
Old Testament Antiguo Testamento.
old wives' tale cuento de viejas.
the Old World el viejo mundo.

olden [ˈəʊldən] adj antiguo,-a: in olden times en tiempos antiguos, antaño.

older [ˈəʊldəʳ]
1 adj (comparative) → old.
2 adj (elder) mayor.

old-established [ˈəʊldɪˈstæblɪʃt] adj antiguo,-a.

old-fashioned [ˈəʊldˈfæʃənd] adj (outdated - gen) anticuado,-a, pasado,-a de moda; (- person) chapado,-a a la antigua.

old-time [ˈəʊldtaɪm] adj antiguo,-a.

old-timer [ˈəʊldtaɪməʳ]
1 n (in job etc) veterano,-a.
2 n US (old man) viejo.

old-world [ˈəʊldwɜːld] adj (of past) tradicional, de los tiempos antiguos; (quaint) pintoresco,-a.

oleander [əʊlɪˈændəʳ] n BOT adelfa.

olfactory [ɒlˈfæktərɪ] adj olfativo,-a, olfatorio,-a.
■ **olfactory nerve** nervio olfativo.

oligarchy [ˈɒlɪgɑːkɪ] n oligarquía.
▲ pl oligarchies.

olive [ˈɒlɪv]
1 n (tree, wood) olivo.
2 n (fruit) aceituna, oliva.
3 n (colour) verde m oliva.
4 adj (paint) color aceituna; (skin) aceitunado,-a.
5 adj (olive-growing) olivarero,-a.
+ **to hold out the olive branch** tender la mano en son de paz.
■ **olive branch** rama de olivo.
olive grove olivar m.
olive oil aceite m de oliva.
olive tree olivo.

Olympiad [əˈlɪmpɪæd] n Olimpíada, Olimpiada.

Olympic [əˈlɪmpɪk]
1 adj olímpico,-a.
2 **the Olympics** npl los Juegos Olímpicos, la Olimpíada f sing.
■ **Olympic Games** Juegos mpl Olímpicos.

Oman [əʊˈmæn] n Omán.

Omani [əʊˈmɑːnɪ]
1 adj omaní.
2 n omaní mf.

omber [ˈɒmbəʳ] n US tresillo.

ombre [ˈɒmbəʳ] n tresillo.

ombudsman [ˈɒmbʊdzmən] n defensor m del pueblo.
▲ pl ombudsmen [ˈɒmbʊdzmən].

omega [ˈəʊmɪgə] n omega.

omelet [ˈɒmlət] n US → omelette.

omelette [ˈɒmlət] n tortilla.
■ **plain omelette** tortilla francesa.

omen [ˈəʊmən] n agüero, presagio, augurio: it's a good omen es un buen presagio, es de buen agüero.

ominous [ˈɒmɪnəs] adj (foreboding evil) de mal agüero, siniestro,-a; (prophetic) agorero,-a; (threatening) amenazador,-ra, amenazante; (worrying) inquietante.

omission [əʊˈmɪʃən] n omisión f.

omit [əʊˈmɪt]
1 vt (not include, leave out) omitir, suprimir; (forget to include) olvidar incluir.
2 vt (fail to do) omitir, pasar por alto, dejar de; (forget) olvidarse.
▲ pt & pp omitted, ger omitting.

omnibus [ˈɒmnɪbəs]
1 *n dated (bus)* ómnibus *m*.
2 *n (collection)* antología.
omnipotence [ɒmˈnɪpətəns] *n fml* omnipotencia.
omnipotent [ɒmˈnɪpətənt] *adj fml* omnipotente.
omnipresence [ɒmnɪˈprezəns] *n* omnipresencia.
omnipresent [ɒmnɪˈprezənt] *adj fml* omnipresente.
omniscience [ɒmˈnɪsɪəns] *n* omnisciencia.
omniscient [ɒmˈnɪsɪənt] *adj fml* omnisciente.
omnivore [ˈɒmnɪvɔːʳ] *n ZOOL* omnívoro,-a.
omnivorous [ɒmˈnɪvərəs]
1 *adj ZOOL fml* omnívoro,-a.
2 *adj fml (person)* voraz.
on [ɒn]
1 *prep (covering or touching)* sobre, encima de, en: put it on the floor ponlo en el suelo; it's on the table está encima de la mesa; on page 45 en la página 45; the ball hit me on the head el balón me dio en la cabeza.
2 *prep (supported by, hanging from)* en: she put the picture on the wall colgó el cuadro en la pared; lean on me apóyate en mí.
3 *prep (to, towards)* a, hacia: the army was advancing on Berlin el ejército avanzaba hacia Berlín; on the right/left a la derecha/izquierda.
4 *prep (at the edge of)* en: a village on the coast un pueblo de la costa; it's on the border está en la frontera.
5 *prep (concerning)* sobre: a tax on alcohol un impuesto sobre el alcohol.
6 *prep (travelling expressions)* de: we went on a journey nos fuimos de viaje, hicimos un viaje; he's on a business trip está de viaje de negocios; I was on my way to work iba de camino al trabajo.
7 *prep (days, dates, times)* no se traduce: on Saturday el sábado; on Saturdays los sábados; on November 3rd el tres de noviembre; on Christmas Day el día de Navidad.
8 *prep (at the time of, just after)* al: on arrival al llegar; on discovering the body al descubrir el cadáver.
9 *prep (as a result of)* diferentes traducciones: on your advice siguiendo tus consejos; based on a true story basado en una historia real.
10 *prep (as means of transport)* a, en: on foot, on horseback, on a bicycle a pie, a caballo, en bicicleta; on the train, on the bus, on the underground en el tren, en el autobús, en el metro.
11 *prep (regarding, about)* sobre, de: a talk on birds una charla sobre aves; a book on art un libro de arte.

12 *prep (by means of)* por: on the radio, on the TV por la radio, por la tele; I'm speaking on the phone estoy hablando por teléfono.
13 *prep (using)* con: how do you get by on your pension? ¿cómo te las arreglas con tu pensión?; cars run on petrol los coches funcionan con gasolina.
14 *prep (state, process)* diferentes traducciones: it's on fire se está quemando; it's on sale now ya está a la venta; she's on a diet está a régimen; crime is on the increase los delitos van en aumento; on strike en huelga.
15 *prep (working for, belonging to)* diferentes traducciones: he's on the committee forma parte de la comisión; on the staff en plantilla; whose side are you on? ¿de parte de quién estás?
16 *prep (in possession of)* con: he was caught with drugs on him lo cogieron con drogas; have you got any money on you? ¿llevas dinero?
17 *prep (paid for by)* pagado por: the drinks are on me! ¡invito yo!; it's on the house paga la casa.
18 *prep (by comparison with)* respecto a: sales are up on last year las ventas han aumentado respecto al año pasado.
19 *adv (not stopping)* sin parar: she kept on talking siguió hablando; on with the show! the show must go on! ¡que siga el espectáculo!
20 *adv (movement forward)* diferentes traducciones: walk on until you get to the church sigue hasta que llegues a la iglesia; it's time we were moving on es hora de que nos vayamos.
21 *adv (clothes - being worn)* puesto,-a: she had a cap on llevaba puesta una gorra; put a jumper on ponte un jersey; keep your coat on no te quites el abrigo.
22 *adv (working)* diferentes traducciones: who left the TV on? ¿quién dejó la TV encendida?; don't leave the tap on! ¡no dejes el grifo abierto!; could you put a record on? ¿podrías poner un disco?
23 *adv (happening)* diferentes traducciones: is there anything good on TV? ¿dan algo bueno por la tele?; what time is the film on? ¿a qué hora ponen la película?; have we got anything on this weekend? ¿tenemos plan para este fin de semana?
24 *adj (in use)* diferentes traducciones: is the heating on? ¿está puesta la calefacción?; all the lights were on todas las luces estaban encendidas.
25 *adj (happening)* diferentes traducciones: the strike's on la huelga sigue convocada; is the party still on? ¿se hace la fiesta?; the match is on after all después de todo, el partido se celebra.

26 *adj (performing)* diferentes traducciones: you're on next! ¡sales tú el próximo!; they're bringing the sub on hacen salir a jugar al suplente.
✦ **and so on** y así sucesivamente.
  from that day on a partir de aquel día.
  it's not on no hay derecho, eso no vale.
  on line *COMPUT* conectado,-a.
  to be on about hablar de: what on earth is he on about? ¿de qué diablos está hablando?
  to be on at somebody dar la lata a alguien.
  to be on for something apuntarse a algo.
  to go on and on about something seguir dale que dale con algo.
  to have something on somebody tener algo contra alguien.
  you're on! ¡trato hecho!
onanism [ˈəʊnənɪzəm] *n* onanismo.
once [wʌns]
1 *adv (one time)* una vez: once a week una vez por semana; he didn't write to me once no me escribió ni una sola vez.
2 *adv (formerly)* antes, en otro tiempo: once I would've stayed up all night antes no me habría acostado en toda la noche.
3 *conj* una vez que, en cuanto: once everyone gets here, we can start una vez que lleguen todos, podemos empezar.
4 *n vez f:* just this once solo esta vez.
✦ **all at once** de repente.
  at once *(at the same time)* a la vez, de una vez; *(immediately)* en seguida, inmediatamente, ahora mismo.
  just for once por una vez.
  once again otra vez.
  once and for all de una vez para siempre, de una vez por todas.
  once bitten, twice shy el gato escaldado del agua fría huye.
  once in a blue moon de Pascuas a Ramos.
  once in a while de vez en cuando.
  once more una vez más.
  once or twice un par de veces.
  once upon a time érase una vez.
once-over [ˈwʌnsəʊvəʳ] *n fam* vistazo.
✦ **to give something the once-over** echar un vistazo a algo.
oncological [ɒŋkəˈlɒdʒɪkəl] *adj* oncológico,-a.
oncologist [ɒŋˈkɒlədʒɪst] *n* oncólogo,-a.
oncology [ɒŋˈkɒlədʒɪ] *n* oncología.
oncoming [ˈɒnkʌmɪŋ]
1 *adj (traffic)* que viene en dirección contraria.
2 *adj (event, season)* venidero,-a, futuro,-a.
one [wʌn]
1 *adj (stating number)* un, una: I've got one brother tengo un hermano; there's one biscuit left queda una galleta; one hundred cien.

2 adj (unspecified, a certain) un, una, algún,-una: **one day in January** un día de enero; **come for supper one evening** ven a cenar una noche.

3 adj (only, single) único,-a: **the one way to get on in life** la única manera de tener éxito en la vida; **the one and only James Brown** el inimitable James Brown.

4 adj (same) mismo,-a: **in one direction** en la misma dirección; **one and the same thing** la misma cosa.

5 adj (with names) un,-a tal: **one Bill Burroughs** un tal Bill Burroughs.

6 pron (thing) uno,-a: **a red one** uno,-a rojo,-a; **this one** éste,-a; **that one** ése, -a, aquél,-la; **which one?** ¿cuál?; **the small one** el pequeño, la pequeña; **the other one** el otro, la otra.

7 pron (drink) una copa: **let's have a quick one** tomemos una copa rápida; **you've had one too many** has bebido más de la cuenta.

8 pron (person) él, la: **he's the one who I was telling you about** es él de quien te estaba hablando; **she's the one I paid the money to** es a ella a quien le pagué el dinero; **you're one of the family** eres de la familia.

9 pron (any person, you) uno, una: **one can't think of everything** uno no puede pensar en todo; **one has to be patient** hay que tener paciencia; **one never knows** nunca se sabe.

10 n (number) uno: **my son is one today** mi hijo cumple un año hoy; **there's only one left** solo queda uno.

✦ **all in one** de una (sola) pieza.
a one un caso: **you are a one!** ¡eres un caso!
a right one un,-a idiota.
as one/as one man como un solo hombre, todos a la vez.
at one with en armonía con.
in one (combined, together) a la vez, todo en uno; (in only one attempt) de una vez, de un golpe; (in one mouthful) de un trago.
neither one thing nor the other ni carne ni pescado.
one after another/one after the other uno,-a detrás de otro,-a.
one and all todos,-as, todo el mundo.
one another el uno al otro: **we help one another** nos ayudamos mutuamente; **they love one another** se quieren.
one at a time de uno en uno.
one by one de uno,-a en uno,-a, uno,-a tras otro,-a.
to be one to ... ser dado,-a a ..., ser de los/las que ...: **I'm not one to gossip** no me gusta chismorrear, no soy de las que chismorrean.

one-act ['wʌnækt] adj (of play) de un (solo) acto.

one-armed ['wʌnɑːmd] adj manco,-a.
■ **one-armed bandit** máquina tragaperras.

one-eyed ['wʌnaɪd] adj tuerto,-a.

one-handed ['wʌnhændɪd]
1 adj (one-armed) manco,-a.
2 adv con una sola mano.

one-horse town ['wʌnhɔːs'taʊn] n fam pueblucho, pueblo de mala muerte.

one-legged ['wʌnlegɪd] adj cojo,-a, con una sola pierna.

one-man ['wʌnmæn] adj individual, de un solo hombre: **one-man show** espectáculo con un solo artista.
■ **one-man band** (musician) hombre m orquesta; (business) empresa llevada por una sola persona.

oneness ['wʌnnəs] n (unity) unidad f.

one-night stand [wʌnnaɪt'stænd]
1 n (show) representación f única.
2 n fam (sexual encounter) ligue m de una sola noche; (person) ligue m de una so-la noche.

one-off ['wʌnɒf]
1 adj GB fam único,-a, irrepetible.
2 n GB fam cosa única, fuera mf de serie.

one-parent family ['wʌnpeərənt-'fæməlɪ] n familia monoparental.

one-piece ['wʌnpiːs] adj de una sola pieza.

onerous ['əʊnərəs] adj (debt) oneroso, -a; (task, duty) pesado,-a.

oneself [wʌn'self]
1 pron (reflexive) se; (emphatic) uno,-a mismo,-a; (after prep) sí mismo,-a: **to wash oneself** lavarse; **to enjoy oneself** divertirse; **to talk to oneself** hablar para sí, hablar a solas.
2 pron (alone) solo,-a: **one will have to do it oneself** uno tendrá que hacérselo solo.
3 pron (one's usual self) el de siempre, la de siempre.
✦ **(all) by oneself** solo,-a.
to oneself para sí, para sí solo,-a.

one-sided ['wʌnsaɪdɪd]
1 adj (contest) desigual.
2 adj (view, account) parcial.
3 adj (agreement) unilateral.

one-time ['wʌntaɪm] adj (former) antiguo,-a, ex-.

one-to-one ['wʌntuwʌn]
1 adj (corresponding exactly) con una correspondencia mutua, de uno a uno.
2 adj (individual) individualizado,-a, personal.

one-track ['wʌntræk] adj fam obsesivo, -a: **you've got a one-track mind!** ¡no piensas más que en una cosa!

one-upmanship [wʌn'ʌpmənʃɪp] n arte de imponerse a los demás.

one-way ['wʌnweɪ]
1 adj (street) de sentido único, de dirección única.
2 adj (ticket) de ida.

one-woman ['wʌnwʊmən] adj de una sola mujer: **a one-woman show** un espectáculo con una sola artista.

ongoing ['ɒngəʊɪŋ] adj (continuing) continuo,-a; (unresolved) pendiente, no resuelto,-a: **ongoing training** formación continua.

onion ['ʌnɪən] n cebolla.
✦ **to know one's onions** saber uno,-a lo que se trae entre manos.
■ **onion soup** sopa de cebolla.

onionskin ['ʌnɪənskɪn] n papel m cebolla.

online ['ɒnlaɪn]
1 adj COMPUT en línea.
2 adv COMPUT en línea.

onlooker ['ɒnlʊkəʳ] n espectador,-ra, curioso,-a: **a crowd of onlookers** un grupo de curiosos.

only ['əʊnlɪ]
1 adj (sole) único,-a: **the only problem is that ...** el único problema es que ...; **Marbella is the only place to go on honeymoon** Marbella es el único sitio para pasar la luna de miel.
2 adv (just, merely) solo, solamente: **he's only a child** solo es un niño; **it only cost a pound** solo costó una libra; **they arrived home, only to discover that they'd been burgled** llegaron a casa y se encontraron con que habían entrado a robar.
3 adv (exclusively) solo, solamente, únicamente: **we only want to know where you were yesterday** solo queremos saber dónde estuviste ayer; **only my mother knows** mi madre es la única que lo sabe.
4 conj pero: **it's like yoghurt, only better** es como el yogur, pero mejor.
✦ **not only ... but also** no solamente ... sino también.
only just (a moment before) acabar de; (almost not, scarcely) por poco: **I've only just arrived** justo acabo de llegar; **he only just caught the plane** por poco se le escapa el avión.
only too ... muy ...: **I'd be only too pleased to go** me encantaría ir.
■ **only child** hijo,-a único,-a.

ono [ɔː'nɪərɪst'ɒfəʳ] abbr GB (or nearest offer) u oferta aproximada.

onomastic [ɒnə'mæstɪk] adj onomástico,-a.

onomatopoeia [ɒnəmætə'piːə] n onomatopeya.

onomatopoeic [ɒnəmætə'piːɪk] adj onomatopéyico,-a.

onrush ['ɒnrʌʃ] n (of people) oleada, avalancha; (of water) riada, crecida.

onset ['ɒnset] n (beginning - of war, winter) comienzo, principio, llegada; (- of disease, fever) aparición f.

onshore [ɒn'ʃɔːʳ]
1 adj (on land) en tierra.
2 adv (towards land) tierra adentro.

onslaught ['ɒnslɔːt] n ataque m violento, arremetida, embestida.

onstage [ɒnˈsteɪdʒ]
1 *adj* en escena.
2 *adv* a escena.

onto [ˈɒntʊ]
1 *prep (movement)* a, en: it fell onto the floor cayó al suelo; put it onto the plate ponlo en el plato.
2 *prep (new subject)* a: how did we get onto football? ¿cómo es que hemos empezado a hablar de fútbol?; let's move onto a different subject cambiemos de tema.
✦ **to be onto somebody** *(pursue)* andar tras alguien, sospechar de alguien; *(talk to)* hablar con alguien; *(nag)* dar la lata a alguien: the police are onto him la policía anda tras él, la policía sospecha de él; Mum's been onto me again about smoking mamá me ha dado la lata para que deje de fumar; have you been onto the manufacturers yet? ¿ya has hablado con los fabricantes?
to be onto something dar con algo: he thinks he's onto something big cree que ha dado con algo gordo; you're onto a good thing there! ¡qué bien te lo montas!

ontological [ɒntəˈlɒdʒɪkəl] *adj* ontológico,-a.

ontology [ɒnˈtɒlədʒɪ] *n* ontología.

onus [ˈəʊnəs] *n* responsabilidad *f*: the onus is on you to prove you're innocent te incumbe a ti probar que eres inocente.

onward [ˈɒnwəd]
1 *adj* hacia adelante: the onward march of time el avance inexorable del tiempo.
2 *adv* US → **onwards.**

onwards [ˈɒnwədz] *adv* GB adelante, hacia adelante: from now onwards a partir de ahora, de ahora en adelante.

onyx [ˈɒnɪks] *n* ónice *m*.

oodles [ˈuːdəlz] *npl* montones *mpl*, cantidad *f sing*.

oomph [ʊmf] *n* brío.

oops [ʊps] *interj* ¡ay!, ¡uy!

ooze[1] [uːz]
1 *vi* rezumar: blood oozed from the wound rezumaba sangre de la herida.
2 *vt* rezumar: the wound oozed blood la herida rezumaba sangre.
3 *vt fig* rebosar, irradiar: he oozes charm irradia encanto.

ooze[2] [uːz] *n* cieno, lodo.

op[1] [ɒp] *n fam* operación *f*, intervención *f*.

op[2] [ɒp] *n MUS* → **opus.**

opacity [əʊˈpæsɪtɪ]
1 *n (non-transparency)* opacidad *f*.
2 *n (obscurity)* oscuridad *f*.

opal [ˈəʊpəl] *n* ópalo.

opalescence [əʊpəlˈesəns] *n* opalescencia.

opalescent [əʊpəlˈesənt] *adj* opalescente.

opaque [əʊˈpeɪk]
1 *adj (not transparent)* opaco,-a.
2 *adj (difficult to understand, obscure)* obscuro,-a, oscuro,-a, poco claro,-a.

op cit [ˈɒpˈsɪt] *abbr* (**opere citato**) obra citada; *(abbreviation)* ob. cit.

OPEC [ˈəʊpek] *abbr* (**Organization of Petroleum Exporting Countries**) Organización *f* de los Países Exportadores de Petróleo; *(abbreviation)* OPEP *f*.

open [ˈəʊpən]
1 *adj (not closed - gen)* abierto,-a; *(- wound)* abierto,-a, sin cicatrizar: the road is now open to traffic la carretera ya está abierta al tráfico; I can't keep my eyes open no puedo mantener los ojos abiertos.
2 *adj (not enclosed)* abierto,-a: the open sea el mar abierto.
3 *adj (not covered - gen)* descubierto,-a: an open sewer una alcantarilla al descubierto; an open car un coche descapotable.
4 *adj (not fastened, not folded)* abierto,-a; *(not buttoned)* desabrochado,-a, abierto,-a: the book lay open el libro estaba abierto; a blouse open at the neck una blusa con el cuello desabrochado.
5 *adj (ready for customers)* abierto,-a; *(ready to start being used)* inaugurado, -a: many shops are now open on Sundays muchas tiendas están abiertas los domingos; the new school was declared open la nueva escuela fue inaugurada oficialmente.
6 *adj (not settled)* sin resolver; *(not decided)* sin decidir, sin concretar: an open question una cuestión sin resolver; keep your options open deja todas las puertas abiertas; let's leave the matter open dejemos el asunto sin concretar.
7 *adj (available)* vacante.
8 *adj (not hidden, not limited)* abierto,-a, franco,-a, manifiesto,-a: a state of open war un estado de guerra abierta.
9 *adj (frank, honest)* abierto,-a, sincero,-a, franco,-a: I'll be open with you te seré sincero.
10 *adj (that anyone can enter)* abierto,-a, libre: an open championship un campeonato abierto; this meeting is open to the public esta reunión está abierta al público.
11 *adj GB (cheque)* abierto,-a.
12 *adj (cloth, texture, weave)* abierto,-a.
13 *adj LING (vowel)* abierto,-a.
14 *n SP (competition)* open *m*.
15 *vt (gen)* abrir: open your mouth abre la boca; have you opened your present? ¿has abierto tu regalo?
16 *vt (book, newspaper)* abrir; *(map)* abrir, desplegar: she opened the book abrió el libro; open your hands abre las manos.
17 *vt (start - gen)* abrir; *(meeting)* abrir, dar comienzo a; *(debate)* abrir, iniciar; *(bidding, negotiations)* iniciar; *(talks, conver-*

sation) entablar: I'd like to open a bank account quisiera abrir una cuenta bancaria; she opened the congress with a speech abrió el congreso con un discurso.
18 *vt (begin, set up)* abrir, montar, poner; *(inaugurate, declare open)* abrir, inaugurar: Princess Diana opened a new hospital la Princesa Diana inauguró un nuevo hospital; we're going to open a business vamos a montar un negocio.
19 *vt (tunnel, road, mine, etc)* abrir.
20 *vi (gen)* abrir, abrirse: the door opened la puerta se abrió; the cut's opened up again la herida se ha vuelto a abrir.
21 *vi (spread out, unfold)* abrirse: the roses are opening las rosas se están abriendo; his parachute failed to open su paracaídas no se abrió.
22 *vi (start - conference, play, book)* comenzar, empezar; *(film)* estrenarse: the film opens on Friday la película se estrena el viernes; the book opens with a robbery el libro comienza con un atraco.
23 *vi (begin business)* abrir: what time do the banks open? ¿a qué hora abren los bancos?
24 **open to** *adj (susceptible)* susceptible a, expuesto,-a a; *(receptive)* abierto,-a a; *(available)* posible: we're open to suggestions estamos abiertos a todo tipo de sugerencias; that statement is open to misunderstanding esa afirmación puede malinterpretarse; I'm open to offers estoy dispuesto a recibir ofertas; there are two options open to you tienes dos opciones.
25 **the open** *n (the outdoors, open air)* campo, aire *m* libre.
▶ **to open into/open onto** *vt insep* dar a: the back door opens onto the patio la puerta trasera da al patio.
to open out
1 *vi (develop - person)* volverse más abierto,-a; *(- flower)* abrirse.
2 *vi (become wider)* ensancharse; *(unfold)* abrirse.
to open up
1 *vt sep (make available)* abrir (**to**, a).
3 *vi (become available)* abrirse (**to**, a).
3 *vi (unlock)* abrir: police! open up! ¡policía! ¡abran!
4 *vi (speak more freely)* abrirse.
✦ **to be an open book** *fig* ser como un libro abierto.
in the open air al aire libre.
open sesame! ¡ábrete sésamo!
to be out in the open *(person)* estar al aire libre; *(facts, secret)* saberse, estar a la luz.
to bring something (out) into the open hacer público algo, sacar algo a la luz.
to keep an open mind tener una actitud abierta.
to keep one's eyes open estar ojo avizor.

to keep open house tener las puertas abiertas a todo el mundo.
to lay oneself (wide) open to something exponerse a algo.
to open fire abrir fuego (**on/at**, contra).
to open somebody's eyes to something abrirle los ojos a alguien, hacerle ver algo a alguien.
■ **open day** jornada de puertas abiertas.
open letter carta abierta.
open market mercado libre, mercado abierto.
open prison prisión f de régimen abierto.
open season temporada de caza.
open secret secreto a voces.
the Open University ≈ Universidad Nacional de Educación a Distancia.

open-air ['əupəneə'] adj al aire libre.
■ **open-air swimming pool** piscina descubierta.

open-and-shut ['əupənənʃʌt] adj claro,-a, evidente: **it's an open-and-shut case** es un caso clarísimo.

opencast ['əupənkɑːst] adj GB a cielo abierto.

open-door ['əupəndɔː'] adj (policy - on imports) no proteccionista; (- on immigration) de puertas abiertas.

open-ended [əupən'endɪd] adj (indefinite - contract) de duración indefinida; (- discussion) abierto,-a.

opener ['əupənə'] n abridor m.
✦ **for openers** para empezar.

open-eyed [əupən'aɪd] adj con los ojos abiertos.

open-handed [əupən'hændɪd] adj (generous) generoso,-a, dadivoso,-a.

open-heart ['əupənhɑːt] adj (surgery) a corazón abierto.

open-hearted [əupən'hɑːtɪd] adj (kind) de gran corazón; (candid) abierto,-a, franco,-a, sincero,-a.

opening ['əupənɪŋ]
1 n (ceremony - gen) inauguración f; (- of Parliament) apertura.
2 n (beginning, first part) apertura, comienzo; (in chess) apertura: **the opening of the film** el comienzo de la película.
3 n (first night) estreno.
4 n (process of opening, unfolding) apertura.
5 n (hole) abertura; (space) hueco; (gap) brecha; (clearing) claro: **an opening in the clouds** un claro en las nubes.
6 n (chance) oportunidad f (**for**, para).
7 n (vacancy) vacante f (**for**, para): **there are few openings in journalism** hay pocas posibilidades de abrirse camino en el periodismo.
8 adj (initial) inicial: **opening remarks** comentarios iniciales.
■ **opening hours** (of shop) horario comercial; (of office) horario de atención al público.
opening night noche f de estreno.
opening scene primera escena.

opening speech discurso inaugural.
opening time GB hora de apertura de los pubs.

openly ['əupənlɪ] adv (not secretly) abiertamente; (publicly) públicamente, en público.

open-minded [əupən'maɪndɪd] adj (person) abierto,-a, de actitud abierta; (approach) abierto,-a, imparcial.

open-mindedness
[əupən'maɪndɪdnəs] n (of person) actitud f abierta; (of approach) imparcialidad f.

open-mouthed [əupən'mauðd] adj boquiabierto,-a.

open-necked [əupən'nekθ] adj desabrochado,-a en el cuello.

openness ['əupənnəs] n (frankness) franqueza; (receptiveness) actitud f abierta.

open-plan ['əupənplæn] adj de planta abierta.

openwork ['əupənwɜːk] n (in lace, cloth) calado; (in metal) enrejado.

opera ['ɒpərə] n ópera.
■ **opera glasses** indiscretos mpl.
opera house ópera, teatro de la ópera.
opera singer cantante mf de ópera.

operable ['ɒpərəbəl] adj MED operable.

operate ['ɒpəreɪt]
1 vt (machine etc) hacer funcionar, manejar, operar; (controls) manejar, accionar.
2 vt (manage, run - business) dirigir, manejar, llevar; (- factory) explotar.
3 vt (system, method, policy) aplicar.
4 vi (function - machine etc) funcionar: **the security system operates well** el sistema de seguridad funciona bien.
5 vi (carry on trade) operar; (work) trabajar: **a Sunday service will operate over the Christmas holidays** habrá un servicio dominical durante las fiestas de Navidad.
6 vi (produce effect, be in action) actuar, obrar: **this law operates against in our favour** esta ley está a nuestro favor.
7 vi (soldiers, police, etc) operar: **police patrols operate in this area** patrullas de policía operan en esta zona.
8 vi MED operar (**on**, a), intervenir (**on**, a): **he's being operated on now** lo están operando ahora; **she was operated on for cancer** la operaron de cáncer.

operatic [ɒpə'rætɪk] adj de ópera, operístico,-a.

operating ['ɒpəreɪtɪŋ]
1 adj COMM (losses, costs) de explotación.
2 adj TECH (conditions) de funcionamiento.
■ **operating room** US quirófano.
operating system COMPUT sistema m operativo.
operating table mesa de operaciones.
operating theatre GB quirófano.

operation [ɒpə'reɪʃən]
1 n MED operación f, intervención f: **I've got to have an operation** me tengo que operar, me tienen que operar.

2 n (of machine - gen) funcionamiento; (- by person) manejo; (of system) uso: **the operation of computers** el funcionamiento de los ordenadores.
3 n (activity) operación f; (planned campaign) campaña: **a rescue operation** una operación de rescate.
4 n COMM (enterprise, company) operación f.
5 n MIL operación f.
6 n MATH operación f.
✦ **to be in operation** (machine) estar en funcionamiento; (system, rule, law) regir.
to come into operation (machine) entrar en funcionamiento; (plan) ponerse en marcha.
■ **operations room** MIL centro de operaciones.

operational [ɒpə'reɪʃənəl]
1 adj (ready for use) operativo,-a, listo,-a para usar; (in use) en funcionamiento.
2 adj (occurring in practice) de operación, operativo,-a.
✦ **to become operational** entrar en funcionamiento.

operative ['ɒpərətɪv]
1 adj (in force) vigente; (effective) operativo,-a; (operating, in use) en funcionamiento: **the scheme has been operative since 1992** el programa está en funcionamiento desde 1992.
2 adj MED operatorio,-a, quirúrgico,-a.
3 n (worker) operario,-a; (spy) agente mf.
✦ **to become operative** entrar en vigor.
■ **the operative word** la palabra clave.

operator ['ɒpəreɪtə']
1 n (of equipment, machine) operario,-a.
2 n (of switchboard) operador,-ra, telefonista mf.
3 n COMM (person) empresario,-a; (company) empresa, compañía: **tour operator** operador turístico.
✦ **to be a smooth operator** ser muy listo,-a.

operetta [ɒpə'retə] n opereta.

ophthalmologist [ɒfθæl'mɒlədʒɪst] n oftalmólogo,-a, oculista mf.

ophthalmic [ɒf'θælmɪk] adj oftálmico,-a.

ophthalmologist [ɒfθæl'mɒlədʒɪst] n oftalmólogo,-a.

ophthalmology [ɒfθæl'mɒlədʒɪ] n oftalmología.

opiate ['əupɪət] n opiáceo.

opine [əu'paɪn] vt fml opinar.

opinion [ə'pɪnɪən]
1 n (belief) opinión f, parecer m: **what's your opinion of the new goalkeeper?** ¿qué opinas del nuevo portero?; **public opinion is against it** la opinión pública está en contra.
2 n (evaluation, estimation) opinión f, concepto.
3 n (professional judgement, advice) opinión f profesional.
✦ **in my opinion** en mi opinión, a mi juicio, a mi parecer.

to be a matter of opinion ser discutible.
to be of the opinion that ... opinar que ...
to have a difference of opinion with somebody discrepar con alguien.
to have a high/low opinion of somebody tener buen/mal concepto de alguien.
■ **opinion poll** encuesta.

opinionated [ə'pɪnɪəneɪtɪd] *adj* dogmático,-a.

opium ['əupɪəm] *n* opio.
■ **opium addict** opiómano,-a.
opium poppy *BOT* adormidera.

Oporto [ə'pɔːtəu] *n* Oporto.

opossum [ə'pɒsəm] *n* zarigüeya.

opp ['ɒpəzɪt] *abbr* (**opposite**) enfrente.

opponent [ə'pəunənt] *n* adversario,-a, oponente *mf*.

opportunism [ɒpə'tjuːnɪzəm] *n* oportunismo.

opportunist [ɒpə'tjuːnɪst] *n* oportunista *mf*.

opportunistic [ɒpətjuː'nɪstɪk] *adj* oportunista.

opportunity [ɒpə'tjuːnɪtɪ]
1 *n (gen)* oportunidad *f*, ocasión *f*: **she was given the opportunity to go to the States** le dieron la oportunidad de ir a los Estados Unidos; **if I get an opportunity** si se me presenta la ocasión; **at the earliest opportunity** cuanto antes.
2 *n (prospect)* perspectiva.
✦ **to take the opportunity to do something/take the opportunity of doing something** aprovechar (la oportunidad) para hacer algo.
▲ *pl* opportunities.

oppose [ə'pəuz] *vt (disagree with)* oponerse a, estar en contra de; *(fight against)* oponerse a, combatir, luchar contra: **most residents opposed the scheme** la mayoría de los vecinos se opusieron al proyecto.

opposed [ə'pəuzd] *adj* opuesto,-a, contrario,-a.
✦ **as opposed to** a diferencia de, en contraposición a.
to be opposed to something estar en contra de algo, oponerse a algo.

opposing [ə'pəuzɪŋ] *adj* contrario,-a, opuesto,-a: **the opposing team** el equipo contrario.

opposite ['ɒpəzɪt]
1 *adj (facing)* de enfrente: **she lives on the opposite side of the road** vive al otro lado de la calle.
2 *adj (contrary, different)* opuesto,-a, contrario,-a: **in the opposite direction** en dirección contraria; **the opposite sex** el sexo opuesto.
3 *prep* enfrente de, frente a: **the building opposite the cinema** el edificio enfrente del cine; **we sat opposite each other** nos sentamos uno frente al otro.

4 *adv* enfrente: **the family who live opposite** la familia que vive enfrente.
5 *n* lo contrario, lo opuesto: **the opposite of big is small** lo contrario a grande es pequeño; **opposites attract** los polos opuestos se atraen.
✦ **to take the opposite view** tomar la actitud contraria.
■ **opposite number** *POL* homólogo,-a.

opposition [ɒpə'zɪʃən]
1 *n (resistance)* oposición *f*, resistencia: **there's a lot of opposition to the reforms** hay mucha resistencia a las reformas.
2 *n (rivals - in sport)* adversarios *mpl*; *(- in business)* competencia.
3 *n (contrast)* contraposición *f*.
4 **the Opposition** *n* *POL* la oposición *f*: **the leader of the Opposition** el líder de la oposición.
✦ **to be in opposition to somebody/something** oponerse a alguien/algo.

oppress [ə'pres]
1 *vt (rule)* oprimir.
2 *vt (make uncomfortable)* agobiar; *(make anxious)* agobiar, oprimir.

oppression [ə'preʃən]
1 *n (persecution)* opresión *f*.
2 *n (feeling)* agobio.

oppressive [ə'presɪv]
1 *adj (regime etc)* opresivo,-a.
2 *adj (heat)* agobiante, sofocante; *(atmosphere, climate)* agobiante; *(situation)* agobiante, opresivo,-a.

oppressor [ə'presəʳ] *n* opresor,-ra.

opt [ɒpt] *vi* optar (**for**, por): **she opted to study medicine** optó por estudiar medicina.
▶ **to opt out** *vi (person)* abandonar, dejar de participar; *(school, hospital)* dejar de depender de las autoridades locales y pasar a financiarse del gobierno central: **he opted out of the pension scheme** se dio de baja del plan de pensiones.

optative ['ɒptətɪv] *adj* optativo,-a.

opthalmic [ɒf'θælmɪk] *adj (nerve, artery)* oftálmico,-a; *(clinic)* oftalmológico,-a.
■ **ophthalmic optician** oculista *mf*.
ophthalmic surgeon cirujano,-a oftalmólogo,-a.

opthalmology [ɒfθæl'mɒlədʒɪ] *n* oftalmología.

optic ['ɒptɪk] *adj* óptico,-a.
■ **optic nerve** nervio óptico.

optical ['ɒptɪkəl] *adj* óptico,-a.
■ **optical character recognition** reconocimiento óptico de caracteres.
optical fibre fibra óptica.
optical illusion ilusión *f* óptica.

optician [ɒp'tɪʃən] *n* óptico,-a, oculista *mf*.

optics ['ɒptɪks] *n* óptica.

optimal ['ɒptɪməl] *adj* óptimo,-a.

optimise ['ɒptɪmaɪz] *vt* → optimize.

optimism ['ɒptɪmɪzəm] *n* optimismo.

optimist ['ɒptɪmɪst] *n* optimista *mf*.

optimistic [ɒptɪ'mɪstɪk] *adj* optimista.

optimistically [ɒptɪ'mɪstɪklɪ] *adv* con optimismo.

optimize ['ɒptɪmaɪz] *vt* optimizar.

optimum ['ɒptɪməm]
1 *adj* óptimo,-a.
2 *n* lo óptimo, lo ideal *m*.

option ['ɒpʃən]
1 *n (choice)* opción *f*, posibilidad *f*. **I have no option** no tengo opción, no tengo alternativa; **he chose the soft option** eligió la opción más fácil.
2 *n COMM (right to buy or sell)* opción *f* (**on**, a): **he has an option on the house** tiene opción a comprar la casa.
3 *n (optional extra)* extra *m*.
4 *n EDUC (optional subject)* asignatura optativa.
✦ **to keep one's options open** dejar todas las puertas abiertas.

optional ['ɒpʃənəl] *adj (gen)* opcional, facultativo,-a; *(course, subject)* optativo,-a.
■ **optional extra** extra *m* opcional.

opulence ['ɒpjələns] *n* opulencia.

opulent ['ɒpjələnt] *adj* opulento,-a.

opus ['əupəs] *n MUS* opus *m*.

opuscule [ɒ'pʌskjuːl] *n* opúsculo.

or [ɔːʳ]
1 *conj (alternative - gen)* o; *(- before word beginning with o or ho)* u: **tea or coffee** té o café; **seven or eight** siete u ocho.
2 *conj (with negative)* ni: **she can't sing or dance** no sabe cantar ni bailar.
3 *conj (otherwise)* o: **come on, or we'll be late!** ¡date prisa o llegaremos tarde!
✦ **or rather** o mejor dicho.
or so más o menos: **five pounds or so** unas cinco libras.

oracle ['ɒrəkəl] *n* oráculo.

oral ['ɔːrəl]
1 *adj (spoken - gen)* oral; *(tradition)* transmitido,-a oralmente.
2 *adj MED (contraceptive)* oral; *(hygiene)* bucal.
3 *n (exam)* examen *m* oral.

orally ['ɔːrəlɪ]
1 *adv (in speech)* oralmente, verbalmente.
2 *adv (through the mouth)* por la boca, por vía oral.
✦ **to be taken orally** tómese por vía oral.

orange ['ɒrɪndʒ]
1 *n (fruit)* naranja.
2 *n (colour)* naranja *m*.
3 *adj* naranja, de color naranja.
■ **orange blossom** azahar *m*.
orange grove naranjal *m*.
orange juice zumo de naranja.
orange tree naranjo.

orangeade [ɒrɪndʒ'eɪd] *n* naranjada.

Orangeman ['ɒrɪndʒmən] *n POL* orangista *m (protestante unionista de Irlanda del Norte)*.

orangey [ˈɒrɪndʒɪ]
1 *adj (colour)* anaranjado,-a.
2 *adj (taste)* con sabor a naranja.

orang-outang [ɔːræŋuːˈtæŋ] *n* → **orang-utan.**

orang-utan [ɔːræŋuːˈtæn] *n* orangután *m*.

oration [ɔːˈreɪʃən] *n* oración *f*, discurso.

orator [ˈɒrətə'] *n* orador,-ra.

oratorical [ɒrəˈtɒrɪkəl] *adj* oratorio,-a.

oratorio [ɒrəˈtɔːrɪəʊ] *n* oratorio.

oratory[1] [ˈɒrətərɪ] *n (art of speaking)* oratoria.

oratory[2] [ˈɒrətərɪ] *n REL (chapel)* oratorio, capilla.
▲ *pl* oratories.

orb [ɔːb]
1 *n (jewelled ball)* orbe *m*.
2 *n fml lit (sphere)* esfera; *(sun)* el sol *m*; *(moon)* la luna.
3 *n lit (eye)* ojo.

orbit [ˈɔːbɪt]
1 *n (of satellite)* órbita.
2 *n (area of influence)* órbita, esfera de influencia, ámbito.
3 *vt* girar alrededor de, orbitar alrededor de.
4 *vi* orbitar, girar.
✦ **to go into orbit** entrar en órbita.

orbital [ˈɔːbɪtəl] *adj* orbital, orbitario,-a.
■ **orbital road** carretera de circunvalación.

orchard [ˈɔːtʃəd] *n* huerto.
■ **apple orchard** manzanal *m*.

orchestra [ˈɔːkɪstrə] *n* orquesta.
■ **chamber orchestra** orquesta de cámara.
  orchestra pit foso de la orquesta.
  orchestra stalls *US* platea.

orchestral [ɔːˈkestrəl] *adj (music)* orquestal; *(musician)* de orquesta.

orchestrate [ˈɔːkɪstreɪt]
1 *vt MUS* orquestar.
2 *vt (campaign etc)* organizar, montar, orquestar.

orchestration [ɔːkɪˈstreɪʃən]
1 *n MUS* orquestación *f*.
2 *n (of campaign etc)* organización *f*, orquestación *f*.

orchid [ˈɔːkɪd] *n BOT* orquídea.

ordain [ɔːˈdeɪn]
1 *vt REL (priest)* ordenar: he was ordained in 1990 se ordenó en 1990.
2 *vt fml (decree)* decretar, ordenar; *(predestine)* predestinar: it was ordained by fate el destino quiso que fuera así.

ordeal [ɔːˈdiːl] *n (bad experience)* mala experiencia, terrible experiencia; *(suffering)* sufrimiento, suplicio.
✦ **to go through an ordeal** pasar por una experiencia terrible.

order [ˈɔːdə']
1 *n (sequence)* orden *m*, serie *f*: in alphabetical/chronological order por orden alfabético/cronológico; you've

put them in the wrong order los has ordenado mal.
2 *n (condition, organization)* orden *m*, concierto: she put her affairs in order puso sus asuntos en orden.
3 *n (fitness for use)* condiciones *fpl*, estado: the car's in good working order el coche funciona bien; the house is in good order la casa está en buenas condiciones.
4 *n (obedience, authority, discipline)* orden *m*, disciplina: the teacher must keep order in the class el profesor debe mantener el orden en la clase.
5 *n (system)* orden *m*: the existing order el orden actual.
6 *n (rules, procedures, etc)* orden *m*, procedimiento: a point of order una cuestión de procedimiento.
7 *n (command)* orden *f*: until further orders hasta nueva orden.
8 *n COMM (request, goods)* pedido: I placed an order for 5 boxes encargué 5 cajas; the waiter took our order el camarero tomó nota de lo que queríamos.
9 *n (written instruction)* orden *f*: a court order una orden *f* judicial.
10 *n (classes)* orden *f*: the military order la orden militar; the lower orders las clases bajas.
11 *n (of plants, animals)* orden *m*.
12 *n (group, society)* orden *f*; *(badge, sign worn)* condecoración *f*, orden *f*: the monastic orders las órdenes monásticas; a Masonic order una orden masónica; the Order of the Garter la Orden de la Jarretera.
13 *n ARCH* orden *m*.
14 *n (kind, sort)* orden *m*: of the highest order de primer orden.
15 *vt (command)* ordenar, mandar: he ordered the soldiers to shoot ordenó a los soldados que dispararan; the doctor ordered me to stay in bed el médico me mandó quedarme en cama.
16 *vt (ask for)* pedir, encargar: I've ordered a cake for his birthday he encargado un pastel para su cumpleaños; could you order me a taxi? ¿me podrías llamar un taxi?; we ordered two coffees pedimos dos cafés.
17 *vt (arrange, put in order, organize)* ordenar, poner en orden.
18 *vi (request to bring, ask for)* pedir: have you ordered yet? ¿ya han pedido?
▶ **to order about/order around** *vt sep* mangonear, dar órdenes.
  to order off *vt sep SP* expulsar.
  to order out *vt sep* mandar salir.
✦ **by order of** por orden de.
  in order *(tidy, acceptable)* en orden; *(valid)* en regla; *(ready)* dispuesto,-a, listo,-a: everything in order? ¿todo en orden?; is your passport in order? ¿tienes el pasaporte en regla?
  in order that para que, a fin de que.

in order to para, a fin de.
  "Last orders, please!" *grito del camarero que indica que el bar va a cerrar y que hay que pedir la última consumición.*
  of the order of del orden de, alrededor de.
  out of order *(not working)* que no funciona: the lift is out of order el ascensor no funciona; *(not in sequence)* desordenado,-a; *(not according to rules)* fuera de lugar; *fam (unacceptable)* inaceptable: her behaviour was out of order su comportamiento no fue aceptable, no hizo bien; *fam (in the wrong)* equivocado,-a: you were out of order there, mate eso no estuvo bien, tío.
  to be on order estar pedido,-a.
  to be under orders (to do something) tener orden (de hacer algo).
  to do something to order hacer algo por encargo.
  to take holy orders recibir las órdenes sagradas.
■ **order book** libro de pedidos.
  order form hoja de pedido.
  the order of the day el orden del día.

ordered [ˈɔːdəd] *adj* ordenado,-a.

orderliness [ˈɔːdəlɪnəs] *n* orden *m*.

orderly [ˈɔːdəlɪ]
1 *adj (tidy)* ordenado,-a, metódico,-a.
2 *adj (well-behaved)* disciplinado,-a.
3 *n MIL* ordenanza *m*.
4 *n (in hospital)* camillero,-a.

ordinal [ˈɔːdɪnəl]
1 *adj* ordinal.
2 *n* ordinal *m*.
■ **ordinal number** número ordinal.

ordinance [ˈɔːdɪnəns] *n fml* ordenanza, decreto.

ordinarily [ˈɔːdənərɪlɪ]
1 *adv (usually)* generalmente.
2 *adv (in an ordinary way)* de manera normal.

ordinary [ˈɔːdɪnərɪ] *adj (usual, normal)* normal, usual, habitual; *(average)* normal, corriente, común: an ordinary person una persona normal y corriente; the ordinary citizen el ciudadano de a pie, el hombre de la calle.
✦ **above the ordinary** sobresaliente.
  in the ordinary way normalmente, en circunstancias normales.
  out of the ordinary fuera de lo común, excepcional.
■ **ordinary seaman** marinero.
  ordinary shares acciones *fpl* ordinarias.

ordinate [ˈɔːdɪnət] *n MATH* ordenada.

ordination [ɔːdɪˈneɪʃən] *n* ordenación *f*.

ordnance [ˈɔːdnəns] *n MIL (artillery)* artillería; *(supplies)* pertrechos *mpl*.
■ **Ordnance Survey** *GB* servicio oficial de cartografía.

ore [ɔː'] *n* mineral *m*, mena: iron ore/ copper ore mineral de hierro/mineral de cobre.

oregano [ɒrɪˈgɑːnəʊ] *n* orégano.

organ ['ɔːgən]
1 *n ANAT* órgano.
2 *n (agency)* organismo; *(periodical)* órgano.
3 *n MUS* órgano.
■ **barrel organ** organillo.

organdie ['ɔːgəndɪ] *n* organdí *m*.

organ-grinder ['ɔːgəngraɪndə'] *n* organillero,-a.

organic [ɔː'gænɪk]
1 *adj (living)* orgánico,-a: **organic matter** materia orgánica.
2 *adj (without chemicals)* biológico,-a, ecológico,-a.
3 *adj MED fml* orgánico,-a.
4 *adj fml (made of different parts)* orgánico,-a; *(integral)* integral, integrante.
■ **organic chemistry** química orgánica.

organically [ɔː'gænɪklɪ]
1 *adv MED* físicamente.
2 *adv (food)* biológicamente.

organisation [ɔːgənaɪ'zeɪʃən] *n* → **organization.**

organisational [ɔːgənaɪ'zeɪʃənəl] *adj* → **organizational.**

organise ['ɔːgənaɪz] *vt* → **organize.**

organised ['ɔːgənaɪzd] *adj* → **organized.**

organiser ['ɔːgənaɪzə'] *n* → **organizer.**

organism ['ɔːgənɪzəm] *n* organismo.

organist ['ɔːgənɪst] *n* organista *mf*.

organization [ɔːgənaɪ'zeɪʃən] *n* organización *f*.

organizational [ɔːgənaɪ'zeɪʃənəl] *adj* organizativo,-a, de organización.

organize ['ɔːgənaɪz]
1 *vt (arrange)* organizar: **they organized a coach trip** organizaron una excursión en autocar.
2 *vt (make a system)* ordenar, organizar: **she organized the books alphabetically** ordenó los libros alfabéticamente.
3 *vi* organizar.

organized ['ɔːgənaɪzd] *adj (gen)* organizado,-a.
✦ **to get organized** organizarse.
■ **organized crime** el crimen *m* organizado.

organizer ['ɔːgənaɪzə'] *n* organizador,-ra.

orgasm ['ɔːgæzəm] *n* orgasmo.

orgiastic [ɔːdʒɪ'æstɪk] *adj* orgiástico,-a.

orgy ['ɔːdʒɪ] *n (wild party)* orgía.
▲ *pl* **orgies.**

Orient ['ɔːrɪənt] **the Orient** *n* el oriente *m*.

orient ['ɔːrɪənt] *vt US* → **orientate.**

oriental [ɔːrɪ'entəl]
1 *adj* oriental.
2 *n* oriental *mf*.

orientate ['ɔːrɪənteɪt] *vt* orientar.
✦ **to orientate oneself** orientarse.

orientation [ɔːrɪən'teɪʃən] *n* orientación *f*.

orienteering [ɔːrɪən'tɪərɪŋ] *n* orientación *f*.

orifice ['ɒrɪfɪs] *n* orificio.

origami [ɒrɪ'gɑːmɪ] *n* papiroflexia.

origin ['ɒrɪdʒɪn]
1 *n* origen *m*: **what is your country of origin?** ¿cuál es tu país de origen?
2 **origins** *npl* origen *m sing*: **they were of humble origins** eran de origen humilde.

original [ə'rɪdʒɪnəl]
1 *adj (first, earliest)* original, originario,-a, primero,-a.
2 *adj (not copied)* original: **bring the original documents** trae los originales.
3 *adj (new, different)* original: **how original!** ¡qué original!
4 *n* original *m*: **the original is in the Prado** el original está en el Prado.
✦ **in the original** en versión original.
■ **original sin** pecado original.

originality [ərɪdʒɪ'nælɪtɪ] *n* originalidad *f*.

originally [ə'rɪdʒɪnəlɪ]
1 *adv (in the beginning)* originariamente, en un principio.
2 *adv (in a new way)* de manera original, con originalidad.

originate [ə'rɪdʒɪneɪt]
1 *vt (create)* originar, crear, dar lugar a.
2 *vi (arise)* tener su origen (**in**, en), originarse (**in**, en), provenir (**in**, de) .

oriole ['ɔːrɪəʊl] **golden oriole** *n* oropéndola.

Orkney ['ɔːknɪ]
1 *n* las Islas *fpl* Orcadas.
2 **the Orkneys** *npl* las Islas *fpl* Orcadas.
■ **the Orkney Islands** las Islas Orcadas.

ormer ['ɔːmə'] *n* oreja de mar.

ornament ['ɔːnəmənt]
1 *n (decoration)* ornamento, adorno; *(object)* adorno.
2 *vt* adornar, engalanar, decorar.

ornamental [ɔːnə'mentəl] *adj* ornamental, decorativo,-a.

ornamentation [ɔːnəmen'teɪʃən] *n* ornamentación *f*.

ornate [ɔː'neɪt]
1 *adj (richly decorated)* ornamentado,-a, elaborado,-a; *(prose, verse, style)* florido,-a.
2 *adj pej (overdecorated, too complicated)* recargado,-a.

ornithological [ɔːnɪθə'lɒdʒɪkəl] *adj* ornitológico,-a.

ornithologist [ɔːnɪ'θɒlədʒɪst] *n* ornitólogo,-a.

ornithology [ɔːnɪ'θɒlədʒɪ] *n* ornitología.

orographic [ɒrə'græfɪk] *adj* orográfico,-a.

orography [ɒ'rɒgrəfɪ] *n* orografía.

orphan ['ɔːfən]
1 *n* huérfano,-a.
2 *vt* dejar huérfano,-a.
✦ **to be orphaned** quedar huérfano,-a.

orphanage ['ɔːfənɪdʒ] *n* orfanato.

orthodox ['ɔːθədɒks] *adj* ortodoxo,-a.

orthodoxy ['ɔːθədɒksɪ] *n* ortodoxia.

orthographic [ɔːθə'græfɪk] *adj* ortográfico,-a.

orthography [ɔː'θɒgrəfɪ] *n* ortografía.

orthopaedic [ɔːθəʊ'piːdɪk] *adj MED* ortopédico,-a.

orthopaedics [ɔːθəʊ'piːdɪks] *n* ortopedia.

orthopaedist [ɔːθəʊ'piːdɪst] *n* ortopedista *mf*.

orthopedic [ɔːθəʊ'piːdɪk] *adj US* → **orthopaedic.**

orthopedics [ɔːθəʊ'piːdɪks] *n US* → **orthopaedics.**

orthopedist [ɔːθəʊ'piːdɪst] *n* → **orthopaedist.**

Oscar ['ɒskə'] *n* Óscar *m*.

Oscar-winning ['ɒskəwɪnɪŋ] *adj* ganador,-ra del Óscar: **the Oscar-winning actor** el actor ganador del Óscar, el actor oscarizado; **an Oscar-winning performance** una actuación digna de un Óscar.

oscillate ['ɒsɪleɪt]
1 *vi TECH* oscilar.
2 *vi (vacillate)* oscilar, vacilar.

oscillation [ɒsɪ'leɪʃən] *n* oscilación *f*.

oscillator ['ɒsɪleɪtə'] *n* oscilador *m*.

Oslo ['ɒzləʊ] *n* Oslo.

osmosis [ɒz'məʊsɪs] *n* ósmosis *f*, osmosis *f*.

osprey ['ɒsprɪ] *n* águila pescadora.

ostensible [ɒ'stensɪbəl] *adj (apparent)* aparente; *(alleged)* pretendido,-a, fingido,-a.

ostensibly [ɒs'tensɪblɪ] *adv* aparentemente, en apariencia.

ostentation [ɒsten'teɪʃən] *n* ostentación *f*.

ostentatious [ɒsten'teɪʃəs] *adj* ostentoso,-a.

ostentatiously [ɒsten'teɪʃəslɪ] *adv* con ostentación, aparatosamente.

osteomyelitis [ɒstɪəʊmaɪə'laɪtɪs] *n* osteomielitis *f*.

osteopath ['ɒstɪəpæθ] *n MED* osteópata *mf*.

osteopathy [ɒstɪ'ɒpəθɪ] *n* osteopatía.

ostracise ['ɒstrəsaɪz] *vt* → **ostracize.**

ostracism ['ɒstrəsɪzəm] *n* ostracismo.

ostracize ['ɒstrəsaɪz]
1 *vt (from society)* condenar al ostracismo.
2 *vt (from group)* aislar, excluir, hacer el vacío a.

ostrich ['ɒstrɪtʃ] *n* avestruz *m*.

Ostrogoth ['ɒstrəgɒθ] *n* ostrogodo,-a.

Ostrogothic [ɒstrə'gɒθɪk] *adj* ostrogodo,-a.

other ['ʌðə']
1 *adj (additional)* otro,-a: **I have one other idea** tengo otra idea; **are there any**

other questions? ¿hay más preguntas?, ¿alguna pregunta más?

2 *adj (different)* otro,-a: **we'll go some other time** iremos otro día; **people from other countries** gente de otros países.

3 *adj (second, remaining)* otro,-a: **it's on the other side of the street** está al otro lado de la calle.

4 *pron* otro,-a: **with a gun in one hand and an axe in the other** con una pistola en una mano y un hacha en la otra; **some ate everything, others ate nothing at all** algunos comieron de todo, otros no comieron nada.

5 *adv (different)* distinto,-a: **he's never behaved other than badly** siempre se ha portado mal.

6 other than *prep (except)* aparte de, salvo: **there was nobody other than the teacher** aparte del profesor, no había nadie.

✦ **among others** entre otros,-as.
every other day un día sí, otro no.
one after the other uno tras otro.
or other u otro,-a: **I'll find out somehow or other** de una manera u otra, me enteraré; **for some reason or other** por alguna razón.
the other day el otro día.
▪ **my other half** mi media naranja.

otherwise [ˈʌðəwaɪz]

1 *adv (differently)* de otra manera, de manera distinta: **she couldn't do otherwise** no podía obrar de otra manera; **except where otherwise stated** excepto donde se indique lo contrario.

2 *adv (apart from that, in other respects)* aparte de eso, por lo demás: **but otherwise he's perfectly fine** pero aparte de eso está perfectamente.

3 *conj (if not)* si no, de no ser así, de lo contrario: **I must go, otherwise I'll be late** me tengo que ir, si no, llegaré tarde.

4 *adj* distinto,-a: **the truth is otherwise** la verdad es distinta.

✦ **to be otherwise engaged** tener otro compromiso.

otitis [əʊˈtaɪtɪs] *n* otitis *f*.

otter [ˈɒtəʳ] *n* nutria.

Ottoman [ˈɒtəmən]

1 *adj* otomano,-a.

2 *n (person)* otomano,-a.

3 ottoman *n (divan)* otomana.

Ouagadougou [uːæɡæˈduːɡuː] *n* Uagadugú.

ouch [aʊtʃ] *interj* ¡ay!

ought [ɔːt]

1 ought to *aux (moral obligation)* deber: **you ought to be ashamed of yourself** debería darte vergüenza; **you ought to have helped them** debiste ayudarles.

2 *aux (recommendation)* deber, tener que: **you ought to hear him sing!** ¡tendrías que oírlo cantar!

3 *aux (expectation)* deber de: **they ought to be home by now** ya deberían de estar en casa, seguramente ya estarán en casa; **you ought to get the job** lo más seguro es que consigas el trabajo.

ounce [aʊns]

1 *n (weight)* onza.

2 *n fam (small quantity)* pizca.

▲ *La* **onza** *equivale a 28,35 gramos.*

our [aʊəʳ] *adj* nuestro,-a: **our house** nuestra casa; **our children** nuestros hijos.

▪ **Our Father** Padrenuestro.
Our Lady Nuestra Señora.

ours [aʊəz] *pron* (el) nuestro, (la) nuestra: **this table must be ours** esta mesa debe de ser la nuestra; **a friend of ours** un amigo nuestro.

ourselves [aʊəˈselvz]

1 *pron (reflexive)* nos: **we made ourselves comfortable** nos pusimos cómodos.

2 *pron (emphatic)* nosotros,-as mismos, -as: **we did it ourselves** lo hicimos nosotros mismos.

✦ **by ourselves** *(alone)* a solas, solos,-as; *(without help)* solos,-as.

oust [aʊst]

1 *vt (from position, job, etc)* desbancar.

2 *vt (from land, property)* expulsar, desalojar.

out [aʊt]

1 *adv (outside)* fuera, afuera: **she's out in the garden** está en el jardín; **I locked myself out** me quedé fuera sin llaves; **could you wait out there?** ¿podrías esperar allí fuera?; **is it cold out?** ¿hace frío en la calle?

2 *adv (move outside)* fuera: **I was just on my way out** estaba a punto de salir; **get out!** ¡fuera!; **she ran out** salió corriendo; **they've gone out** han salido.

3 *adv (not in)* fuera: **there's no answer, they must be out** no contestan, deben de haber salido; **shall we eat out?** ¿comemos fuera?

4 *adv (expressing distance)* en: **they live out in the country** viven en el campo; **out at sea** en alta mar; **out in the Sudan** en Sudán; **they went to live out east** se fueron a vivir a oriente.

5 *adv (expressing removal)* diferentes traducciones: **he tore a page out from the book** arrancó una página del libro; **I've had a tooth out** me han sacado una muela; **she got out a handkerchief** sacó un pañuelo.

6 *adv (showing disappearance)* diferentes traducciones: **rub that word out** borra esa palabra; **our money ran out** se nos acabó el dinero; **this grease stain won't come out** esta mancha de grasa no sale.

7 *adv (available, existing)* diferentes traducciones: **when will her new book be out?** ¿cuándo saldrá su nuevo libro?; **the film comes out next month** la

película se estrenará el mes que viene; **it's the best sandwich out** es el mejor bocadillo que hay.

8 *adv (known)* diferentes traducciones: **your secret's out** tu secreto ha salido a la luz; **the news is out** se sabe la noticia.

9 *adv (flowers)* en flor; *(sun, stars, etc)* que ha salido: **the tulips are out** los tulipanes están en flor; **the sun's out** ha salido el sol, brilla el sol, hace sol.

10 *adv (protruding)* que se sale: **a nail sticking out** un clavo que sobresale; **his stomach sticks out** le sale la barriga; **she held out her hand** tendió la mano; **don't put your tongue out!** ¡no saques la lengua!

11 *adv (clearly, loudly)* en voz alta: **he called out to me** me llamó en voz alta; **she said it out loud** lo dijo en voz alta.

12 *adv (to the end)* hasta el final; *(completely)* completamente, totalmente: **hear me out** escúchame hasta el final; **the house was burnt out** la casa fue destruida totalmente por las llamas; **we've sold out of sugar** hemos vendido todo el azúcar.

13 *adv RAD (end of message)* fuera.

14 *adj (extinguished)* apagado,-a: **the lights are out** las luces están apagadas; **they put the fire out** apagaron el fuego.

15 *adj (unconscious)* inconsciente; *(asleep)* dormido,-a: **she passed out** se desmayó; **the boxer knocked his opponent out** el boxeador dejó K.O. a su contrincante; **he went out like a light** se durmió como un tronco.

16 *adj SP (defeated)* eliminado,-a; *(out of play)* fuera: **he's out!** ¡lo han eliminado!; **his volley was out** su volea ha ido fuera.

17 *adj (wrong, not accurate)* equivocado,-a: **my calculation was out by £5** mi cálculo tenía un error de 5 libras.

18 *adj (not fashionable)* pasado,-a de moda: **white socks are out** los calcetines blancos ya no se llevan.

19 *adj (out of order)* estropeado,-a: **the photocopier's out** la fotocopiadora no funciona.

20 *adj (unacceptable)* prohibido,-a.

21 *adj (on strike)* en huelga: **the miners are out again** los mineros vuelven a estar en huelga.

22 *adj (tide)* bajo,-a.

23 *adj (over, finished)* acabado,-a: **before the year is out** antes de que acabe el año; **school's out** han terminado las clases.

24 *prep fam (out of)* por: **she ran out the door** salió por la puerta; **I threw it out the window** lo tiré por la ventana.

25 out of *prep (away from, no longer in)* fuera de: **they're out of town** están fuera de la ciudad; **he's just got out of bed** se acaba de levantar; **she walked**

out of the meeting abandonó la reunión; **it fell out of his pocket** cayó de su bolsillo.

26 *prep (from a state of)* fuera de: **out of danger** fuera de peligro; **out of control** fuera de control; **out of print** agotado,-a; **out of earshot** fuera del alcance del oído.

27 *prep (not involved in)* fuera de: **they are out of the cup** han quedado fuera de la copa.

28 *prep (from among)* de: **eight smokers out of ten** ocho de cada diez fumadores; **she got five out of ten in French** sacó (un) cinco sobre diez en francés.

29 *prep (without)* sin: **we're out of tea** se nos ha acabado el té, nos hemos quedado sin té; **out of money** sin dinero; **out of breath** sin aliento; **I'm out of practice** me falta práctica; **he's out of work** está parado, está sin trabajo.

30 *prep (because of)* por: **out of spite** por despecho; **out of respect** por respeto.

31 *prep (using, made from)* de: **made out of wood** hecho,-a de madera; **the suit is made out of wool** el traje es de lana.

32 *prep (from)* de: **out of a tin** de una lata; **out of a book** de un libro.
✦ **out of favour** en desgracia.
out of sight, out of mind ojos que no ven, corazón que no siente.
out of sorts indispuesto,-a.
out of this world extraordinario,-a.
out with it! ¡dilo ya!, ¡suéltalo ya!
to be out and about *(from illness)* estar recuperado,-a.
to be out for something querer algo: **he's out for your blood** va a por ti; **she's only out for your money** solo quiere tu dinero.
to be out of one's head/be out of one's mind estar loco,-a.
to be out to do something estar decidido,-a a hacer algo: **they're out to win** están decididos a vencer; **he's out to get me** va a por mí.
to be out to lunch *US* estar loco,-a.
to feel out of it sentirse excluido,-a.
■ **out tray** bandeja de salidas.

outage ['aʊtɪdʒ]
1 *n (electricity)* apagón *m*, corte *m*.
2 *n (connection, service)* interrupción *f* del servicio.

out-and-out ['aʊtənaʊt] *adj* empedernido,-a, redomado,-a.

outback ['aʊtbæk] *n (in Australia)* interior *m*.

outbid [aʊt'bɪd] *vt* pujar más que, ofrecer más que.
▲ *pt & pp* **outbid**, *ger* **outbidding**.

outboard motor [aʊtbɔːd'məʊtəʳ] *n* *MAR* motor *m* fueraborda, fueraborda *m*.

outbound ['aʊtbaʊnd] *adj* que parte, que sale.

outbreak ['aʊtbreɪk]
1 *n (of violence, fighting)* brote *m*; *(of war)* estallido; *(of hostilities)* comienzo.
2 *n (of disease)* brote *m*, epidemia; *(of spots)* erupción *f*.

outbuilding ['aʊtbɪldɪŋ] *n (gen)* dependencia; *(shed)* cobertizo; *(stable)* establo; *(barn)* granero.

outburst ['aʊtbɜːst]
1 *n (of emotion)* explosión *f*, arrebato, arranque *m*: **there was an outburst of applause** el público irrumpió en aplausos.
2 *n (of activity)* explosión *f*.

outcast ['aʊtkɑːst]
1 *n* marginado,-a, proscrito,-a.
2 *adj* marginado,-a.

outclass ['aʊtklɑːs] *vt* superar, aventajar.

outcome ['aʊtkʌm] *n (result)* resultado; *(consequences)* consecuencias *fpl*.

outcry ['aʊtkraɪ] *n* protesta: **there was a public outcry** hubo una ola de protestas.
▲ *pl* **outcries**.

outdated [aʊt'deɪtɪd] *adj* anticuado,-a, pasado,-a de moda.

outdid [aʊt'dɪd] *pt* → **outdo**.

outdo [aʊt'duː] *vt (person, team)* superar, ganar, sobrepasar; *(result, achievement)* superar, mejorar.
✦ **not to be outdone** para no ser menos.
▲ *pt* **outdid** [aʊt'dɪd], *pp* **outdone** [aʊt'dʌn].

outdone [aʊt'dʌn] *pp* → **outdo**.

outdoor [aʊt'dɔːʳ] *adj (gen)* exterior, al aire libre; *(swimming pool)* descubierto,-a; *(shoes, clothes)* de calle.
✦ **to be the outdoor type** ser el tipo de persona a la que le gusta la vida al aire libre.

outdoors [aʊt'dɔːʳz] *adv* fuera, al aire libre.
■ **the great outdoors** el aire *m* libre, la naturaleza.

outer ['aʊtəʳ] *adj* exterior, externo,-a.
■ **outer space** espacio exterior.
outer suburbs afueras *fpl*.

outermost ['aʊtəməʊst] *adj (outer)* exterior; *(furthest away)* más remoto,-a.

outfit ['aʊtfɪt]
1 *n (kit, equipment)* equipo, juego.
2 *n (clothes)* conjunto; *(uniform)* uniforme *m*; *(fancy dress)* disfraz *m*.
3 *n fam (group of people)* grupo, equipo; *(business)* negocio; *(organization)* organización *f*.

outgoing [aʊt'gəʊɪŋ]
1 *adj (departing)* saliente.
2 *adj (sociable)* sociable, extrovertido,-a.
3 outgoings *npl* gastos *mpl*.
■ **outgoing mail server** servidor *m* de correo saliente.

outgrow [aʊt'grəʊ]
1 *vt (clothes etc)* hacerse demasiado grande para: **he's outgrown his shoes** se le han quedado pequeños los zapatos.

2 *vt (habit)* superar, dejar atrás.
3 *vt (grow faster than)* crecer más rápido que.
▲ *pt* **outgrew** [aʊt'gruː], *pp* **outgrown** [aʊt'grəʊn].

outhouse ['aʊthaʊs]
1 *n GB* → **outbuilding**.
2 *n US (outside toilet)* servicio exterior.

outing ['aʊtɪŋ] *n (trip)* salida, excursión *f*.
✦ **to go on an outing** ir de excursión.

outlandish [aʊt'lændɪʃ] *adj (strange, unusual)* extravagante, estrafalario,-a; *(crazy)* descabellado,-a.

outlast [aʊt'lɑːst] *vt (gen)* durar más que; *(outlive)* sobrevivir a.

outlaw ['aʊtlɔː]
1 *n* forajido,-a, proscrito,-a.
2 *vt* prohibir, declarar ilegal.

outlay ['aʊtleɪ]
1 *n (spending)* desembolso; *(amount spent)* gasto, inversión *f*.
2 *vt* desembolsar.
▲ *pt & pp* **outlaid** [aʊt'leɪd]; *(verbo)* aʊt'leɪ.

outlet ['aʊtlet]
1 *n (opening - gen)* salida; *(for water)* desagüe *m*.
2 *n fig (for emotions)* válvula de escape.
3 *n COMM (shop)* punto de venta; *(market)* mercado, salida de mercado.

outline ['aʊtlaɪn]
1 *n (outer edge)* contorno; *(shape)* perfil *m*.
2 *n (sketch)* boceto, esbozo; *(of map)* trazado.
3 *n (draft)* bosquejo, esquema *m*; *(summary)* resumen *m*.
4 *vt (draw lines of)* perfilar; *(sketch)* bosquejar; *(map)* trazar.
5 *vt (describe roughly)* dar una idea general de; *(summarize)* hacer un resumen de, resumir.
✦ **to be outlined against the sky** perfilarse en el cielo.

outlive [aʊt'lɪv] *vt* sobrevivir a.
✦ **to outlive its usefulness** dejar de ser útil, ya no tener razón de ser.

outlook ['aʊtlʊk]
1 *n (view)* vista, panorama *m*.
2 *n (point of view, attitude)* punto de vista (**on**, ante).
3 *n (prospect)* perspectiva, panorama *m*.
4 *n METEOR* previsión *f* meteorológica.

outlying ['aʊtlaɪŋ]
1 *adj (remote)* alejado,-a, distante.
2 *adj (suburban)* periférico,-a.

outmanoeuvre [aʊtmə'nuːvəʳ] *vt (opponent)* superar estratégicamente, mostrarse más hábil que.

outmoded [aʊt'məʊdɪd] *adj* anticuado,-a, pasado,-a de moda.

outnumber [aʊt'nʌmbəʳ] *vt* superar en número, ser más que.

out-of-date [aʊtəv'deɪt] *adj (fashion)* pasado,-a de moda; *(technology)* desfasado,-a, obsoleto,-a; *(food, ticket)* caducado,-a.

out-of-doors [aʊtəv'dɔːz] *adj* → out-doors.

out-of-pocket [aʊtəv'pɒkɪt] **to be out of pocket** *phr* perder dinero.
- **out-of-pocket expenses** gastos varios.

out-of-the-way [aʊtəvðə'weɪ]
1 *adj (distant)* alejado,-a, distante.
2 *adj (uncommon)* poco corriente, insólito,-a.

outpatient ['aʊtpeɪʃənt] *n MED* paciente externo,-a.

outpost ['aʊtpəʊst] *n MIL* avanzada.

outpouring ['aʊtpɔːrɪŋ]
1 *n* torrente *m*.
2 **outpourings** *npl* desahogo *m sing*.

output ['aʊtpʊt]
1 *n (gen)* producción *f*, *(of machine)* rendimiento.
2 *n ELEC* salida.
3 *n COMPUT* salida.
- **output device** dispositivo de salida.

outrage ['aʊtreɪdʒ]
1 *n (anger, resentment)* indignación *f* (**at**, ante): **he felt a sense of outrage** se sintió ultrajado.
2 *n (violent action)* atrocidad *f*; *(terrorist act)* atentado.
3 *n (scandal)* escándalo; *(insult)* ultraje *m*, agravio.
4 *vt (make angry)* ultrajar, indignar; *(shock)* escandalizar.
+ **to be outraged at something** indignarse ante algo.

outrageous [aʊt'reɪdʒəs]
1 *adj (shocking - gen)* escandaloso,-a, indignante; *(crime)* atroz; *(language)* injurioso,-a; *(price)* escandaloso,-a, exorbitante, abusivo,-a.
2 *adj (unconventional)* extravagante, estrafalario,-a.

outrageously [aʊt'reɪdʒəslɪ] *adv* escandalosamente.

outran [aʊt'ræn] *pp* → outrun.

outrider ['aʊtraɪdə'] *n* escolta *mf*.

outright ['aʊtraɪt;]
1 *adj (total - gen)* absoluto,-a, total; *(- refusal, denial)* rotundo,-a, total, categórico,-a; *(- winner, victory, loser)* indiscutible; *(majority)* absoluto,-a.
2 *adj (direct - attack)* declarado,-a, abierto,-a; *(- lie)* descarado,-a.
3 *adv (completely - refuse)* rotundamente, categóricamente, terminantemente; *(ban)* totalmente, terminantemente; *(win)* indiscutiblemente.
4 *adv (directly - ask, say)* directamente, abiertamente, sin reserva.
5 *adv (instantly)* en el acto.
+ **to buy something outright** comprar algo en su totalidad.
▲ *(adverbio)* [aʊt'raɪt].

outrun [aʊt'rʌn]
1 *vt (run faster than)* correr más rápido que, dejar atrás.
2 *vt fig* superar.

▲ *pt* outran [aʊt'ræn], *pp* outrun [aʊt'rʌn], *ger* outrunning.

outsell [aʊt'sel] *vt* venderse más que.
▲ *pt & pp* outsold [aʊt'səʊld].

outset ['aʊtset] *n* comienzo, principio.
+ **at the outset** al principio.
from the outset de entrada, desde el principio.

outshine [aʊt'ʃaɪn] *vt* eclipsar.
▲ *pt & pp* outshone [aʊt'ʃɒn].

outside [aʊt'saɪd]
1 *n (exterior part)* exterior *m*, parte *f* exterior: **from the outside** desde fuera; **on the outside** por fuera.
2 *n GB (when driving)* derecha: **you have to overtake on the outside** hay que adelantar por la derecha.
3 *prep (gen)* fuera de: **outside Spain** fuera de España; **a demonstration outside the French Embassy** una manifestación delante de la embajada francesa.
4 *prep (beyond)* más allá de, fuera de: **outside working hours** fuera del horario laboral.
5 *prep (other than)* aparte de, fuera de.
6 *adv (gen)* fuera, afuera: **let's go outside** vamos fuera; **it's warm outside** hace bastante calor fuera.
7 *adj (exterior)* exterior.
8 *adj (external)* externo,-a: **an outside opinion** una opinión independiente.
9 *adj (remote)* remoto,-a.
10 *adj (greatest possible)* mayor, sumo,-a, más alto,-a.
+ **at the outside** como máximo, como mucho.
- **outside broadcast** transmisión *f* desde fuera de los estudios.
outside call llamada exterior.
outside lane *(on motorway - driving on left)* carril *m* de la derecha; *(- driving on right)* carril *m* de la izquierda; *(on racetrack)* calle *f* exterior.
outside left *SP* extremo izquierda.
outside line línea exterior.
outside right *SP* extremo derecha.
the outside world el mundo exterior.
▲ *(adjetivo)* ['aʊtsaɪd].

outsider [aʊt'saɪdə']
1 *n (person - not involved)* persona de fuera; *(- not accepted)* persona marginada; *(- stranger)* extraño,-a, forastero,-a, desconocido,-a; *(- intruder)* intruso,-a.
2 *n (unlikely winner - athlete etc)* competidor,-ra con pocas probabilidades de ganar; *(- horse)* caballo con pocas probabilidades de ganar; *(- politician)* candidato,-a con pocas probabilidades de ganar.

outsize ['aʊtsaɪz] *adj (clothing)* de talla muy grande; *(object)* de gran tamaño, enorme.

outskirts ['aʊtskɜːts] *npl* afueras *fpl*, alrededores *mpl*, extrarradio *m sing*.

outsmart [aʊt'smɑːt] *vt* burlar, engañar.

outsold [aʊt'səʊld] *pt & pp* → outsell.

outspoken [aʊt'spəʊkən] *adj* directo, -a, franco,-a.
+ **to be an outspoken critic of something** criticar algo abiertamente.
to be very outspoken no tener pelos en la lengua.

outspread [aʊt'spred] *adj (wing)* extendido,-a, desplegado,-a; *(arm)* abierto,-a.

outstanding [aʊt'stændɪŋ]
1 *adj (excellent)* destacado,-a, notable, sobresaliente; *(exceptional)* excepcional, extraordinario,-a, singular.
2 *adj (conspicuous)* destacado,-a.
3 *adj (debt)* sin pagar, pendiente; *(problem)* pendiente, por resolver; *(work)* pendiente, por hacer.

outstay [aʊt'steɪ] **to outstay one's welcome** *phr* quedarse más de lo debido, abusar de la hospitalidad de alguien.

outstretched [aʊt'stretʃt] *adj* extendido,-a.

outstrip [aʊt'strɪp]
1 *vt (run faster than)* correr más rápido que, dejar atrás.
2 *vt (become greater than)* sobrepasar.
▲ *pt & pp* outstripped, *ger* outstripping.

outtake ['aʊtteɪk] *n CINEM* toma falsa.

outvote [aʊt'vəʊt] *vt (person)* derrotar; *(proposal etc)* vencer.
+ **to be outvoted** perder la votación.

outward ['aʊtwəd]
1 *adj (appearance)* exterior; *(sign)* externo,-a, show.
2 *adj (journey, flight)* de ida.
3 *adv US* → outwards.

outwardly ['aʊtwədlɪ]
1 *adv (apparently)* aparentemente, en apariencia.
2 *adv (externally)* por fuera.

outwards ['aʊtwədz] *adv (gen)* hacia fuera, hacia afuera; *(attention etc)* hacia el exterior.

outweigh [aʊt'weɪ]
1 *vt (weigh more than)* pesar más que.
2 *vt fig* superar: **the advantages far outweigh the disadvantages** las ventajas superan con creces las desventajas.

outwit [aʊt'wɪt] *vt* burlar, ser más listo,-a que.
▲ *pt & pp* outwitted, *ger* outwitting.

outworn [aʊt'wɔːn] *adj (gen)* anticuado,-a; *(phrase, metaphor)* trillado,-a, manido,-a.

ova ['əʊvə] *npl* → ovum.

oval ['əʊvəl]
1 *adj* oval, ovalado,-a.
2 *n* óvalo.

ovary ['əʊvərɪ] *n* ovario.
▲ *pl* ovaries.

ovation [əʊ'veɪʃən] *n* ovación *f*.
+ **to give somebody a standing ovation** ovacionar a alguien.

oven ['ʌvən] *n* horno.

✦ **it's like an oven in here!** ¡esto es un horno!
to have a bun in the oven estar embarazada.

▪ **oven glove** manopla para el horno.

ovenproof [ˈʌvənpruːf] *adj* refractario,-a.

ovenware [ˈʌvənweəʳ] *n* vajilla refractaria.

over [ˈəuvəʳ]
1 *adv (down)* diferentes traducciones: **the boy fell over** el niño se cayó; **I knocked the glass over** tiré la copa (de un golpe).
2 *adv (from one side to another)* diferentes traducciones: **turn over the page** dar la vuelta a la página; **the car turned over** el coche volcó; **he bent over** se inclinó.
3 *adv (across)* diferentes traducciones: **let's cross over** crucemos al otro lado; **we jumped over** saltamos al otro lado; **over here/there** aquí/allí; **why don't you come over to dinner?** ¿por qué no vienes a cenar a casa?; **she's over from Spain** ha venido de España.
4 *adv (showing transfer)* diferentes traducciones: **he went over to the enemy** se pasó al enemigo; **she signed everything over to me** lo puso todo a mi nombre.
5 *adv (everywhere, throughout)* en todas partes: **the lake is frozen over** el lago está completamente helado; **it's black all over** está todo negro; **she's travelled the world over** ha viajado por todo el mundo; **I ache all over** me duele todo.
6 *adv (again)* otra vez: **I repeated the message over** repetí el mensaje otra vez; **let's start over (again)** volvamos a empezar; **over and over (again)** repetidas veces, una y otra vez.
7 *adv (remaining)* sobrante: **are there any strawberries (left) over?** ¿sobran fresas?, ¿quedan fresas?; **did you have any money over?** ¿te sobró algún dinero?
8 *adv (too much)* de más: **it's 50 grams over** pesa 50 gramos de más.
9 *adv (more)* más; *(older)* mayor: **a hundred people or over** cien personas o más; **children of twelve and over** niños mayores de doce años.
10 *adv RAD (finished)* corto: **over and out!** ¡corto y fuera!
11 *prep (above, higher than)* encima de: **a sign over the door** un letrero encima de la puerta; **a plane flew over the area** un avión sobrevoló la zona.
12 *prep (covering, on top of)* sobre, encima de: **he put his hand over his mouth** se tapó la boca con la mano; **I put a blanket over her feet** le tapé los pies con una manta; **he wore a jacket over his sweater** llevaba una americana encima del jersey.

13 *prep (across)* sobre; *(on the other side of)* al otro lado de: **a bridge over the river Trent** un puente sobre el río Trent; **the shop over the road** la tienda de enfrente; **he lives over the border** vive al otro lado de la frontera.
14 *prep (during)* durante: **over the past 25 years** durante los últimos 25 años; **we talked about it over lunch** hablamos de ello durante la comida.
15 *prep (throughout)* por: **we travelled all over Italy** viajamos por toda Italia.
16 *prep (by the agency of)* por: **over the radio** por la radio; **over the phone** por teléfono.
17 *prep (more than)* más de: **she's over thirty** tiene más de treinta años.
18 *prep (about)* por: **an argument over money** una discusión por dinero.
19 *prep (recovered from)* recuperado,-a de: **he's over the flu** se ha recuperado de la gripe.
20 *prep (indicating control)* sobre; *(superior)* por encima de: **she has control over the class** controla la clase; **he has only the managing director over him** solo tiene al director ejecutivo por encima de él.
21 *adj (ended)* acabado,-a, terminado,-a: **the game is over** la partida ha acabado.
22 *n SP (in cricket)* serie de seis lanzamientos.
✦ **over and above** además de.
to be over and done with haber acabado.

overact [əuvərˈækt]
1 *vt* exagerar, interpretar sobreactuando.
2 *vi* exagerar, sobreactuar.

overall [ˈəuvərɔːl]
1 *adj (total - cost)* global, total; *(- length)* total.
2 *adj (general)* general.
3 *adv (in total)* en total: **what will it cost overall?** ¿cuánto costará en total?
4 *adv (generally, on the whole)* en conjunto, por lo general, en términos generales.
5 *n GB (work coat)* guardapolvo, bata.
6 overalls *npl* mono *m sing.*
▲ *(adverbio)* [əuvərˈɔːl].

overambitious [əuvəræmˈbiʃəs] *adj* demasiado ambicioso,-a.

overanxious [əuvərˈæŋʃəs] *adj* demasiado ansioso,-a.

overate [əuvəˈreit] *pt* → **overeat**.

overawe [əuvərˈɔː] *vt* intimidar.
✦ **to be overawed** sobrecogerse.

overbalance [əuvəˈbæləns] *vi* perder el equilibrio.

overbearing [əuvəˈbeəriŋ] *adj pej (domineering)* dominante, autoritario,-a.

overboard [ˈəuvəbɔːd] *adv* por la borda: **man overboard!** ¡hombre al agua!
✦ **to fall overboard** caer al agua.
to go overboard pasarse.

overbook [əuvəˈbuk] *vt* aceptar demasiadas reservas para: **the hotel was overbooked** habían aceptado demasiadas reservas para el hotel.

overbooking [əuvəˈbukiŋ] *n* sobrecontratación *f.*

overburden [əuvəˈbɜːdən] *vt* sobrecargar (**with**, de), agobiar (**with**, de).

overcame [əuvəˈkeim] *pt* → **overcome**.

overcast [ˈəuvəkɑːst] *adj METEOR* nublado,-a, cubierto,-a.

overcautious [əuvəˈkɔːʃəs] *adj* remirado,-a.

overcharge [əuvəˈtʃɑːdʒ]
1 *vt (charge too much)* cobrar demasiado (**for**, por): **I was overcharged by 5 pounds** me cobraron cinco libras de más.
2 *vt (overload)* sobrecargar.
3 *vi* cobrar de más (**for**, por).

overcoat [ˈəuvəkəut] *n* abrigo.

overcome [əuvəˈkʌm]
1 *vt (defeat)* vencer.
2 *vt (overwhelm)* agobiar, abrumar, invadir, apoderarse de, vencer: **he was overcome by sleep** el sueño se apoderó de él; **they were overcome by fumes** murieron asfixiados por el humo; **she was overcome by grief** estaba deshecha por el dolor.
3 *vt (surmount)* superar, dominar, vencer: **we managed to overcome the problem** logramos superar el problema.
4 *vi (triumph)* vencer: **we shall overcome** venceremos.
▲ *pt* **overcame** [əuvəˈkeim], *pp* **overcome** [əuvəˈkʌm].

overconfident [əuvəˈkɒnfidənt] *adj* confiado,-a, demasiado confiado,-a.

overcook [əuvəˈkuk] *vt* cocer demasiado,-a.

overcrowded [əuvəˈkraudid] *adj (room, place, etc)* abarrotado,-a, atestado,-a (de gente); *(country)* superpoblado,-a.

overcrowding [əuvəˈkraudiŋ] *n (of prisons etc)* hacinamiento, masificación *f*; *(of country)* superpoblación *f.*

overdeveloped [əuvədiˈveləpt]
1 *adj (photo)* sobrerrevelado,-a.
2 *adj (muscle, imagination)* excesivamente desarrollado,-a.

overdo [əuvəˈduː]
1 *vt (exaggerate)* exagerar, pasarse con: **she overdid her makeup** se pasó con el maquillaje.
2 *vt CULIN (overcook)* cocer demasiado, asar demasiado; *(use too much)* pasarse con: **don't overdo the ginger** no te pases con el jengibre.
✦ **to overdo it** exigirse demasiado: **you've been overdoing it a bit lately** te has estado exigiendo demasiado últimamente.
▲ *pt* **overdid** [əuvəˈdid], *pp* **overdone** [əuvəˈdʌn].

overdone [əuvəˈdʌn]
1 *pp* → **overdo**.
2 *adj CULIN* demasiado hecho,-a.

overdose [ˈəuvədəus] *n* sobredosis *f.*

overdraft ['əʊvədrɑːft] *n (amount)* descubierto: she's got an overdraft of 500 pounds tiene un descubierto de 500 libras.

overdraw [əʊvə'drɔː]
1 *vt* girar en descubierto.
2 *vi* girar en descubierto.
✦ to be overdrawn *(person)* tener un descubierto; *(account)* estar en descubierto.
▲ *pt* **overdrew** [əʊvə'druː], *pp* **overdrawn** [əʊvə'drɔːn].

overdressed [əʊvə'drest] *adj* demasiado arreglado,-a.

overdrive ['əʊvədraɪv] *n* superdirecta.
✦ to go into overdrive ponerse a trabajar a toda marcha.

overdue [əʊvə'djuː]
1 *adj (late)* atrasado,-a: the baby's a week overdue el bebé debería haber nacido hace una semana; the train is an hour overdue el tren lleva una hora de retraso.
2 *adj COMM (left unpaid)* vencido,-a y sin pagar.

overeat [əʊvə'riːt] *vi* comer en exceso, comer demasiado.
▲ *pt* **overate** [əʊve'ret, əʊve'reɪt], *pp* **overeaten** [əʊvə'riːtən].

overestimate [əʊvər'estɪmeɪt]
1 *vt* sobreestimar.
2 *n* sobreestimación *f.*

overexpose [əʊvərɪk'spəʊz] *vt (photo)* sobreexponer.

overexposure [əʊvərɪks'pəʊʒər] *n (photo)* sobreexposición *f.*

overflew [əʊvə'fluː] *pt* → **overfly.**

overflow ['əʊvəfləʊ]
1 *n (of river etc)* desbordamiento; *(excess liquid)* líquido que sale: there's an overflow from the cistern la cisterna se desborda; put a bucket underneath to catch the overflow pon un cubo debajo para coger el agua que sale.
2 *n (of people)* exceso.
3 *n (pipe)* tubo de desagüe; *(hole)* rebosadero.
4 *vi (river)* desbordarse; *(bath etc)* rebosar: the bath is overflowing la bañera está rebosando.
5 *vi (people)* rebosar: the church was so full that people were overflowing into the street la iglesia estaba tan llena que la gente rebosaba por la calle.
6 *vi (be full of)* rebosar *(with,* de): the dustbin is overflowing el cubo de la basura está lleno a rebosar; she was overflowing with love estaba rebosante de amor.
7 *vt (liquid)* salirse de: the water overflowed the banks of the river el agua se salió del cauce del río.
✦ to be full to overflowing estar lleno,-a hasta el borde.
▪ overflow pipe tubo de desagüe.
▲ *(verbo)* [əʊvə'fləʊ].

overfly [əʊvə'flaɪ] *vt* sobrevolar.
▲ *pt* **overflew** [əʊvə'fluː], *pp* **overflown** [əʊvə'fləʊn].

overgrown [əʊvə'grəʊn]
1 *adj (garden etc)* cubierto,-a *(with,* de).
2 *adj (in size)* demasiado,-a grande.

overhang [əʊvə'hæŋ]
1 *vt* sobresalir por encima de, colgar por encima de.
2 *vi* sobresalir, colgar por encima.
3 *n* saliente *m.*
▲ *(sustantivo)* [əʊvə'hæŋg].

overhaul [əʊvə'hɔːl]
1 *n* revisión *f* general, puesta a punto.
2 *vt* revisar, poner a punto.
▲ *(verbo)* [əʊvə'hɔːl].

overhead ['əʊvəhed]
1 *adj (cable)* aéreo,-a; *(railway)* elevado,-a; *(lighting)* desde arriba.
2 *adj SP (kick etc)* por encima de la cabeza.
3 *adv* arriba, por encima de la cabeza.
4 **overheads** *npl COMM* gastos *mpl* generales.
▪ overhead projector retroproyector *m.*
▲ *(adverbio)* [əʊvə'hed].

overhear [əʊvə'hɪər] *vt* oír por casualidad, oír sin querer.
▲ *pt & pp* **overheard** [əʊvə'hɜːd].

overheat [əʊvə'hiːt] *vi* recalentarse, calentarse demasiado.

overhung [əʊvə'hʌŋ] *pp* → **overhang.**

overindulge [əʊvɪn'dʌldʒ]
1 *vi* excederse.
2 *vt* consentir demasiado, mimar demasiado.
✦ to overindulge in something abusar de algo.

overjoyed [əʊvə'dʒɔɪd] *adj* rebosante de alegría.

overkill ['əʊvəkɪl] *n fig* exceso, exageración *f.*

overland ['əʊvəlænd]
1 *adj* por tierra.
2 *adv* por tierra.
▲ *(adverbio)* [əʊvə'lænd].

overlap [əʊvə'læp]
1 *vi (tiles etc)* superponerse, solaparse.
2 *vi fig (activities etc)* coincidir parcialmente; *(courses etc)* tener elementos en común.
3 *n* superposición *f.* there should be an overlap of 4cms deben solaparse cuatro centímetros.
4 *n fig (coincidence)* coincidencia; *(repetition)* repetición *f* de elementos.
▲ *pt & pp* **overlapped,** *ger* **overlapping.**

overlay ['əʊvəleɪ]
1 *n* capa, revestimiento.
2 *vt* revestir *(with,* de).
▲ *pt & pp* **overlaid;** *(verbo)* [əʊvə'leɪ].

overleaf [əʊvə'liːf] *adv* al dorso: see overleaf véase al dorso.

overload [əʊvə'ləʊd]
1 *vt* sobrecargar *(with,* de): don't overload the system no sobrecargues el sistema; students are overloaded with work los estudiantes están agobiados de trabajo.

2 *n* sobrecarga.
▲ *(sustantivo)* ['əʊvələʊd].

overlook [əʊvə'lʊk]
1 *vt (not notice)* pasar por alto; *(disregard)* no tener en cuenta.
2 *vt (ignore)* hacer la vista gorda a; *(excuse)* disculpar.
3 *vt (have a view of)* dar a, tener vistas a.

overly ['əʊvəlɪ] *adv* demasiado.

overmanned [əʊvə'mænd] *adj* con demasiado personal.

overmanning [əʊve'mænɪŋ] *n* exceso de personal.

overnight [əʊvə'naɪt]
1 *adv (during the night)* durante la noche; *(at night)* por la noche: it rained overnight llovió durante la noche; we decided to stay there overnight decidimos pasar la noche allí.
2 *adv fam (suddenly)* de la noche a la mañana.
3 *adj (during the night)* de la noche; *(for the night)* de una noche: an overnight stay una estancia de una (sola) noche.
4 *adj fam (sudden)* repentino,-a: the group was an overnight success el grupo saltó a la fama de la noche a la mañana.
▪ overnight bag bolsa de viaje.

overpaid [əʊve'peɪd]
1 *pt & pp* → **overpay.**
2 *adj* que cobra un sueldo excesivo.

overpass ['əʊvəpæs] *n US* paso elevado.

overpay [əʊvə'peɪ] *vt* pagar demasiado, pagar en exceso.
▲ *pt & pp* **overpaid** [əʊvə'peɪd].

overpopulated [əʊvə'pɒpjəleɪtɪd] *adj* superpoblado,-a.

overpopulation [əʊvə'pɒpjəleɪʃən] *n* superpoblación *f.*

overpower [əʊvə'paʊər]
1 *vt (defeat)* vencer, reducir, dominar.
2 *vt fig (affect strongly - heat)* agobiar, sofocar; *(- smell)* marear; *(- emotion)* abrumar.

overpowering [əʊvə'paʊərɪŋ] *adj (heat)* aplastante, agobiante; *(smell)* muy fuerte; *(emotion)* abrumador,-ra; *(person)* apabullante.

overprint ['əʊvəprɪnt]
1 *vt* sobreimpresionar.
2 *n* sobreimpresión *f.*

overproduce [əʊvəprə'djuːs] *vt* producir en exceso.

overproduction [əʊvəprə'dʌkʃən] *n* superproducción *f.*

overran [əʊvə'ræn] *pt* → **overrun.**

overrate [əʊvə'reɪt] *vt* sobreestimar, sobrevalorar.

overrated [əʊve'reɪtɪd] *adj* sobreestimado,-a, sobrevalorado,-a.

overreach [əʊvə'riːtʃ] **to overreach oneself** *vt* intentar hacer demasiado, sobreesforzarse.

overreact [əʊvərɪ'ækt] *vi* reaccionar de forma exagerada.

overreaction [əʊvərɪˈækʃən] n reacción f exagerada.

override [əʊvəˈraɪd]
  1 vt (be more important than) contar más que, ser más importante que.
  2 vt (not accept - verdict) invalidar, anular; (- advice) hacer caso omiso de.
  3 vt TECH cancelar.
  4 n TECH anulación de automatismo.
  ▲ pt overrode [əʊvəˈrəʊd], pp overridden [əʊvəˈrɪdən].

overriding [əʊvəˈraɪdɪŋ] adj (most important) primordial, principal.

overripe [əʊvəˈraɪp] adj demasiado maduro,-a, pachucho,-a.

overrode [əʊvəˈrəʊd] pp → override.

overrule [əʊvəˈruːl]
  1 vt (verdict) invalidar, anular; (objection) rechazar, no aceptar.
  2 vt (person) imponerse a: the umpire overruled the line judge el árbitro se impuso al juez de línea.

overrun [əʊvəˈrʌn]
  1 vt (invade) invadir.
  2 vt (time, budget) exceder, rebasar.
  3 vi (exceed - in time) durar más de lo previsto; (- in money) rebasar el presupuesto.
  ✦ to be overrun with something estar plagado,-a de algo, estar infestado,-a de algo.
  ▲ pt overran [əʊvəˈrʌn], pp overrun [əʊvəˈrʌn], ger overrunning.

oversaw [əʊvəˈsɔː] pt → oversee.

overseas [əʊvəˈsiːz]
  1 adj (person) extranjero,-a; (trade) exterior; (investment) en el extranjero.
  2 adv en ultramar.
  ✦ to go overseas ir al extranjero.
  to live overseas vivir en el extranjero.

oversee [əʊvəˈsiː] vt supervisar.
  ▲ pt oversaw [əʊvəˈsɔː], pp overseen [əʊvəˈsiːn].

overseer [ˈəʊvəsɪə] n (gen) supervisor, -ra; (foreman) capataz m.

overshadow [əʊvəˈʃædəʊ] vt fig eclipsar, hacer sombra a.

overshoe [ˈəʊvəʃuː] n chanclo.

overshoot [əʊvəˈʃuːt] vt (turning) pasarse de; (runway) salirse de.
  ✦ to overshoot the mark pasarse de la raya.
  ▲ pt & pp overshot [əʊvəˈʃɒt].

oversight [ˈəʊvəsaɪt] n descuido: through oversight por descuido.

oversimplify [əʊvəˈsɪmplɪfaɪ] vt simplificar demasiado, simplificar excesivamente.
  ▲ pt & pp oversimplified, ger oversimplifying.

oversize [əʊvəˈsaɪz] adj → oversized.

oversized [əʊvəˈsaɪzd] adj demasiado grande.

oversleep [əʊvəˈsliːp] vi quedarse dormido,-a, no despertarse a tiempo.
  ▲ pt & pp overslept [əʊvəˈslept].

overspend [əʊbəˈspend]
  1 vi exceder el presupuesto (on, de).
  2 n déficit m presupuestario.

overspill [ˈəʊvəspɪl] n excedente m de población.

overstaffed [əʊvəˈstɑːft] adj con exceso de personal.

overstate [əʊvəˈsteɪt] vt exagerar.

overstatement [ˈəʊvəsteɪtmənt] n exageración f.

overstay [əʊvəˈsteɪ] vt → outstay.

overstep [əʊvəˈstep] vt pasar de.
  ✦ to overstep the mark pasarse de la raya.
  ▲ pt & pp overstepped, ger overstepping.

overt [ˈəʊvɜːt, əʊˈvɜːt] adj (obvious) manifiesto,-a, patente; (deliberate) abierto,-a.

overtake [əʊvəˈteɪk]
  1 vt GB (a vehicle) adelantar, pasar, AM rebasar: we overtook a sports car adelantamos un coche deportivo.
  2 vt (surpass) superar, sobrepasar: supply overtook demand la oferta superó la demanda.
  3 vt (happen suddenly to) adelantarse a; (surprise) sorprender: events have overtaken us los acontecimientos se nos han adelantado; disaster overtook the making of the film el desastre se abatió sobre el rodaje de la película.
  4 vi GB (vehicle) adelantar, AM rebasar.
  ▲ pt overtook [əʊvəˈtʊk], pp overtaken [əʊvəˈteɪkən].

overtax [əʊvəˈtæks]
  1 vt FIN gravar en exceso.
  2 vt fig (person) exigir demasiado a; (patience, strength) poner a prueba.
  ✦ to overtax oneself esforzarse demasiado.

over-the-counter [əʊvəðəˈkaʊntəʳ] adj (medicine etc) que se puede comprar sin receta médica.

overthrow [əʊvəˈθrəʊ]
  1 vt (government, regime, etc) derribar, derrocar.
  2 n (defeat) derrocamiento.
  ▲ pt overthrew [əʊvəˈθruː], pp overthrown [əʊvəˈθrəʊn]; (sustantivo) [ˈəʊvəθrəʊ].

overtime [ˈəʊvətaɪm]
  1 n (extra work, extra hours) horas fpl extras.
  2 n US (extra time) prórroga.
  ✦ to work overtime hacer horas extras.

overtire [əʊvəˈtaɪəʳ] vt cansar demasiado.

overtly [əʊˈvɜːtlɪ] adv abiertamente.

overtone [ˈəʊvətəʊn] n insinuación f, connotación f: the play has political overtones la obra tiene connotaciones políticas.

overtook [əʊvəˈtʊk] pp → overtake.

overture [ˈəʊvətjʊəʳ]
  1 n MUS obertura.

  2 n (approach - gen) propuesta; (- sexual) insinuación f.
  ▲ En 2 normalmente pl.

overturn [əʊvəˈtɜːn]
  1 vt (vehicle) volcar; (boat) hacer zozobrar; (furniture) dar la vuelta a.
  2 vt (government) derrocar, derribar.
  3 vt fig (ruling) anular.
  4 vi (vehicle) volcar; (boat) zozobrar.

overview [ˈəʊvəvjuː] n perspectiva general.

overweight [əʊvəˈweɪt] adj (thing) demasiado pesado,-a; (person) demasiado gordo,-a: she's overweight by a few pounds pesa unas libras de más.

overwhelm [əʊvəˈwelm]
  1 vt (physically - defeat) arrollar, aplastar: they were overwhelmed by the enemy fueron aplastados por el enemigo.
  2 vt fig (emotionally) abrumar: I was overwhelmed by their kindness me abrumaron con sus atenciones; we've been overwhelmed by the public's response la reacción del público nos ha dejado abrumados.
  ▲ pt overwrote [əʊvəˈrəʊt], pp overwritten [əʊvəˈrɪtən].

overwhelming [əʊvəˈwelmɪŋ]
  1 adj (defeat, victory) aplastante, arrollador,-ra; (majority) aplastante; (generosity) abrumador,-ra.
  2 adj (desire, need) irresistible.

overwhelmingly [əʊvəˈwelmɪŋlɪ]
  1 adv (strongly, completely) de manera aplastante.
  2 adv (predominantly) en su abrumadora mayoría.

overwrite [əʊvəˈraɪt] vt sobreescribir.

overwork [əʊvəˈwɜːk]
  1 vt (person, animal) hacer trabajar demasiado.
  2 vt (word, phrase, etc) usar demasiado.
  3 vi trabajar demasiado.
  4 n trabajo excesivo.

overworked [əʊvəˈwɜːkt]
  1 adj (person, animal) sobreexplotado,-a: I'm overworked and underpaid trabajo mucho y me pagan poco.
  2 adj (word, phrase, etc) muy gastado,-a, trillado,-a.

overwrought [əʊvəˈrɔːt] adj (tense, upset) muy nervioso,-a, con los nervios destrozados.

oviparous [əʊˈvɪpərəs] adj ovíparo,-a.

ovular [ˈɒvjʊləʳ] adj ovular.

ovulate [ˈɒvjəleɪt] vi ovular.

ovulation [ɒvjəˈleɪʃən] n ovulación f.

ovule [ˈɒvjuːl] n óvulo.

ovum [ˈəʊvəm] n óvulo.
  ▲ pl ova.

owe [əʊ] vt (gen) deber: you owe me 10 pounds me debes 10 libras; you owe me an explanation me debes una explicación; you owe it to yourself te lo mereces.

owing [ˈəʊɪŋ]
1 *adj (due)* debido,-a: the money owing to me el dinero que se me debe.
2 owing to *prep* debido a, a causa de.

owl [aʊl] *n* búho, lechuza.
- **barn owl** lechuza común.
  eagle owl búho real.
  little owl mochuelo.
  tawny owl cárabo.

own [əʊn]
1 *adj* propio,-a: it's all my own work lo he hecho todo yo; they grow their own vegetables cultivan sus propios verduras; he saw it with his own eyes lo vio con sus propios ojos; it's her own fault la culpa es de ella misma.
2 *pron* propio,-a: would you like to borrow mine or do you have your own? ¿quieres que te deje el mío o ya tienes uno propio?; where's my dinner? - get your own! ¿dónde está mi comida? - ¡prepárala tú mismo!; for reasons of his own por razones personales.
3 *vt (possess)* poseer, ser dueño,-a de, tener: he owns this land es dueño de estas tierras; who owns that house? ¿de quién es aquella casa?
4 *vt (confess)* reconocer, admitir.
5 *vi (confess, admit)* reconocer (**to**, -).

▶ **to own up** *vi* confesarlo, admitir tener la culpa: no-one has owned up breaking the vase nadie ha confesado haber roto el jarrón.

♦ **on one's own** *(alone)* solo,-a; *(without help)* uno,-a mismo,-a.
to come into one's own *(do well)* lucirse; *(receive recognition)* ser reconocido,-a; *(show true qualities)* demostrar lo que se vale.
to get one's own back vengarse, tomarse la revancha.
to hold one's own defenderse, saber defenderse.
- **own brand** marca propia.
  own goal gol *m* en propia portería.

owner [ˈəʊnəʳ] *n* dueño,-a, propietario,-a.

ownership [ˈəʊnəʃɪp] *n* propiedad *f*, posesión *f*: in private ownership de propiedad privada; under new ownership bajo nueva dirección.

ox [ɒks] *n* buey *m*.
▲ *pl* oxen [ˈɒksən].

oxherd [ˈɒkshɜːd] *n* boyero.

oxidation [ɒksɪˈdeɪʃən] *n US* oxidación *f*.

oxide [ˈɒksaɪd] *n* óxido.

oxidisation [ɒksɪdaɪˈzeɪʃən] *n* → oxidization.

oxidise [ˈɒksɪdaɪz] *vt* → oxidize.

oxidization [ɒksɪdaɪˈzeɪʃən] *n* oxidación *f*.

oxidize [ˈɒksɪdaɪz]
1 *vt* oxidar.
2 *vi* oxidarse.

Oxon [ˈɒksən] *abbr* (**Oxoniensis**) de la Universidad de Oxford.

oxtail [ˈɒksteɪl] *n* rabo de buey.

oxyacetylene [ɒksɪəˈsetəliːn] *n* oxiacetileno.
- **oxyacetylene torch** soplete *m* oxiacetilénico.

oxygen [ˈɒksɪdʒən] *n* oxígeno.
- **oxygen mask** mascarilla de oxígeno.
  oxygen tent cámara de oxígeno.

oxygenate [ˈɒksɪdʒəneɪt] *vt* oxigenar.

oxygenation [ɒksɪdʒəˈneɪʃən] *n* oxigenación *f*.

oyster [ˈɔɪstəʳ] *n (shellfish)* ostra: the oyster industry la industria ostrícola.
- **oyster bed/oyster farm** criadero de ostras.

oystercatcher [ˈɔɪstəkætʃəʳ] *n* ostrero.

oz [aʊns] *abbr* (**ounce**) onza.
▲ *pl* oz o ozs.

ozone [ˈəʊzəʊn] *n* ozono.
- **ozone layer** capa del ozono.

ozone-friendly [ˈəʊzəʊnfrendlɪ] *adj* que no daña la capa de ozono.

P, p [piː] *n (the letter)* P, p *f.*
  ✦ **to mind one's Ps and Qs** *fam* ir con cuidado.
P ['kɑːpɑːk] *abbr* (**Parking, car park**) aparcamiento; *(abbreviation)* P.
p¹ [peɪdʒ] *abbr* (**page**) página; *(abbreviation)* p., pág.
p² [piː, 'penɪ, pens] *abbr GB fam* (**penny, pence**) penique *m*, peniques *mpl.*
pa [pɑr'ænəm] *abbr* (**per annum**) al año.
PA¹ ['piː'eɪ] *abbr* (**personal assistant**) ayudante *mf* personal.
PA² ['piː'eɪ] *abbr* (**Press Association**) asociación nacional de prensa.
PA³ ['piː'eɪ] *abbr* (**public address**) megafonía, sistema *m* de megafonía.
pace [peɪs]
  1 *n (rate, speed)* marcha, ritmo, velocidad *f.* **at her own pace** a su ritmo.
  2 *n (step)* paso.
  3 *vt (room, floor)* ir de un lado a otro de.
  4 *vt (set speed for)* marcar el ritmo a.
  ▸ **to pace off/pace out** *vt sep* medir a pasos.
  ✦ **at a snail's pace** a paso de tortuga.
    to keep pace with somebody llevar el mismo ritmo que alguien, seguir el ritmo de alguien.
    to pace up and down ir de un lado a otro.
    to put somebody through their paces poner a alguien a prueba.
    to quicken one's pace acelerar el paso.
    to set the pace *(speed)* marcar el paso; *(example)* marcar la pauta.
pacemaker ['peɪsmeɪkər]
  1 *n SP* liebre *f.*
  2 *n MED* marcapasos *m.*
pachyderm ['pækɪdɜːm] *n* paquidermo.
pacific [pə'sɪfɪk]
  1 *adj lit* pacífico,-a.
  2 Pacific *adj* del pacífico: **he went to live on a Pacific island** se fue a vivir a una isla del pacífico.
  ■ **the Pacific (Ocean)** el (océano) Pacífico.
pacification [pæsɪfɪ'keɪʃən] *n* pacificación *f.*

pacifier ['pæsɪfaɪər]
  1 *n (peacemaker)* apaciguador,-ra.
  2 *n US (dummy)* chupete *m.*
pacifism ['pæsɪfɪzəm] *n* pacifismo.
pacifist ['pæsɪfɪst]
  1 *adj* pacifista.
  2 *n* pacifista *mf.*
pacify ['pæsɪfaɪ]
  1 *vt (person)* calmar, tranquilizar, apaciguar.
  2 *vt (country)* pacificar.
  ▲ *pt & pp* **pacified**, *ger* **pacifying**.
pack¹ [pæk]
  1 *n (parcel)* paquete *m*; *(bundle)* fardo, bulto; *(rucksack)* mochila.
  2 *n US (packet - gen)* paquete *m*; *(of cigarettes)* paquete *m*, cajetilla.
  3 *n GB (of cards)* baraja.
  4 *n pej (of thieves)* banda, partida.
  5 *n (of lies)* sarta.
  6 *n (of wolves, dogs)* manada; *(of hounds)* jauría.
  7 *n SP (in rugby)* delanteros *mpl.*
  8 *n SP (in cycling)* pelotón *m.*
  9 *vt (goods - as parcel)* empaquetar; *(- in container)* envasar; *(- for transport)* embalar.
  10 *vt (suitcase)* hacer; *(clothes etc)* poner, meter: **I haven't packed my case yet** aún no he hecho la maleta; **did you pack my swimming costume?** ¿pusiste mi bañador?
  11 *vt (fill)* atestar, abarrotar, llenar: **the disco was packed with young people** la discoteca estaba abarrotada de jóvenes.
  12 *vt (press down)* apretar.
  13 *vi (suitcase etc)* hacer las maletas, hacer el equipaje: **he hasn't packed yet** aún no ha hecho las maletas.
  14 *vi (people)* apiñarse, apretarse, meterse.
  ▸ **to pack in** *vt sep (attract)* atraer: **the show is packing them in!** ¡el espectáculo es un exitazo!
    to pack off *vt sep (send)* enviar, mandar.
    to pack up
  1 *vi (stop, give up)* dejarlo.
  2 *vi (machine)* estropearse; *(car)* averiarse.

  3 *vt sep (belongings - in case)* meter en la maleta; *(gather together)* recoger.
  ✦ **pack it in!** ¡déjalo ya!, ¡basta ya!
    to pack a hard punch *(of boxer)* pegar duro; *(have powerful effect)* pegar fuerte.
    to pack one's bags *(belongings)* hacer las maletas; *(leave)* marcharse.
  ■ **pack ice** masa de hielo.
    pack train reata.
pack² [pæk] *vt (jury, committee)* llenar de partidarios.
package ['pækɪdʒ]
  1 *n (parcel)* paquete *m.*
  2 *n (proposals)* paquete *m*; *(agreement)* acuerdo.
  3 *vt (goods - in parcel)* empaquetar; *(in container)* envasar; *(for transport)* embalar.
  ■ **package deal** convenio general, acuerdo global.
    package holiday viaje *m* organizado.
    package tour viaje *m* organizado.
packaging ['pækɪdʒɪŋ] *n* embalaje *m.*
packed [pækt] *adj (with people)* lleno,-a, atestado,-a de gente, abarrotado,-a, repleto,-a; *(with facts, information, etc)* lleno,-a: **the theatre was packed out** el teatro estaba de bote en bote; **this film is packed with surprises** esta película está llena de sorpresas.
  ■ **packed lunch** comida fría para llevar.
packer ['pækər] *n (person)* empaquetador,-ra, embalador,-ra; *(company)* envasadora.
packet ['pækɪt]
  1 *n (small box - gen)* paquete *m*, cajita; *(of cigarettes)* paquete *m*, cajetilla; *(envelope)* sobre *m.*
  2 *n fam (large amount of money)* dineral *m.*
  ✦ **to cost a packet** costar un ojo de la cara, costar un riñón.
    to make a packet ganar una fortuna.
packhorse ['pækhɔːs] *n* caballo de carga.
packing ['pækɪŋ] *n (material)* embalaje *m.*
  ✦ **to do one's packing** hacer la maleta.
    to send somebody packing mandar a paseo a alguien.
  ■ **packing case** caja de embalar.

packsaddle ['pæksædəl] *n* alabarda.
pact [pækt] *n* pacto.
  ✦ **to make a pact with somebody** hacer un pacto con alguien.
pad¹ [pæd]
  1 *n (cushioning)* almohadilla, cojinete *m*.
  2 *n (inkpad)* tampón *m*.
  3 *n (of paper)* taco, bloc *m*.
  4 *n (of animal)* almohadilla.
  5 *n (platform)* plataforma.
  6 *n fam dated (house)* casa; *(flat)* piso.
  7 *vt (chair etc)* acolchar, rellenar, guatear; *(garment)* poner hombreras a.
  ▶ **to pad out** *vt sep (speech etc)* meter paja en.
  ▪ **knee pad** rodillera.
  launch pad plataforma de lanzamiento.
  pad of cotton algodón *m*.
  sanitary pad compresa.
  shin pad espinilla.
  ▲ *pt & pp padded, ger padding.*
pad² [pæd] *vi* andar sin hacer ruido.
  ▲ *pt & pp padded, ger padding.*
padded ['pædɪd] *adj (chair etc)* acolchado,-a, guateado,-a; *(envelope, cell)* acolchado,-a; *(garment)* con hombreras; *(bra)* con relleno.
  ▪ **padded shoulders** hombreras *fpl*.
padding ['pædɪŋ]
  1 *n (material)* relleno, acolchado.
  2 *n (in speech, writing, etc)* paja.
paddle¹ ['pædəl]
  1 *n (oar)* pala, remo, canalete *m*.
  2 *n (blade on paddle wheel)* álabe *m*, paleta.
  3 *vt (boat, canoe)* remar con pala, remar con canalete.
  4 *vi* remar con pala, remar con canalete.
  ✦ **to paddle one's own canoe** *fig* arreglárselas uno,-a solo,-a.
  ▪ **paddle boat/paddle steamer** vapor *m* de ruedas.
  paddle wheel rueda hidráulica de paletas.
paddle² ['pædəl]
  1 *vi (walk or play in water)* mojarse los pies, chapotear.
  2 *n* chapoteo.
  ✦ **to go for a paddle** mojarse los pies, chapotear.
paddling pool ['pædəlɪŋpuːl] *n* piscina para niños, piscina infantil.
paddock ['pædək]
  1 *n (field)* potrero, prado.
  2 *n SP (in race course)* paddock *m*.
paddy ['pædɪ] *n* arrozal *m*.
  ▲ *pl paddies.*
padlock ['pædlɒk]
  1 *n* candado.
  2 *vt* cerrar con candado.
padre ['pɑːdrɪ] *n MIL* capellán *m*.
paediatric [piːdɪ'ætrɪk] *adj* pediátrico,-a.
paediatrician [piːdɪ'ætrɪʃən] *n* pediatra *mf*.
paediatrics [piːdɪ'ætrɪks] *n* pediatría.
paedophile ['piːdəfaɪl] *n* pedófilo,-a.

paedophilia [piːdə'fɪlɪə] *n* pedofilia.
pagan ['peɪgən]
  1 *adj* pagano,-a.
  2 *n* pagano,-a.
page¹ [peɪdʒ] *n (of book)* página; *(of newspaper)* plana, página.
  ✦ **on the front page** en primera plana.
page² [peɪdʒ]
  1 *n (boy servant, at wedding)* paje *m*; *(in hotel, club)* botones *m*.
  2 *n HIST* escudero.
  3 *vt (over loudspeaker)* llamar por megafonía, llamar por altavoz; *(on pager)* llamar por el buscapersonas.
pageant ['pædʒənt] *n (show)* espectáculo; *(procession)* desfile *m*; *(on horses)* cabalgata.
pageantry ['pædʒəntrɪ] *n* pompa, boato.
pageboy ['peɪdʒbɔɪ]
  1 *n (boy servant, at wedding)* paje *m*; *(in hotel, club)* botones *m*.
  2 *n (hairstyle)* estilo paje.
pager ['peɪdʒəʳ] *n* buscapersonas *m*, busca *m*.
paginate ['pædʒɪneɪt] *vt* paginar.
pagination [pædʒɪ'neɪʃən] *n* paginación *f*.
pagoda [pə'gəʊdə] *n* pagoda.
paid [peɪd]
  1 *pt & pp* → **pay**.
  2 *adj (purchase, holiday)* pagado,-a; *(work)* remunerado,-a.
  ✦ **to put paid to something** acabar con algo.
paid-up ['peɪdʌp] *adj (member)* que ha pagado la cuota, que está al corriente de los pagos.
pail [peɪl] *n* cubo.
pain [peɪn]
  1 *n (physical)* dolor *m*: **he was in great pain** sufría mucho; **I've got a pain in my stomach** me duele el estómago; **she screamed with pain** gritó de dolor.
  2 *n (mental suffering)* sufrimiento, pena, dolor *m*.
  3 *n (annoying thing)* lata, fastidio, pesadez *f*, *(person)* pesado,-a, pelmazo.
  4 *vt* doler, dar pena a, apenar.
  5 **pains** *npl (effort)* esfuerzos *mpl*, esmero; *(trouble)* molestia.
  ✦ **on pain of** so pena de.
  to be a pain in the neck ser un,-a pesado,-a, ser un pelmazo, ser un coñazo.
  to be at pains to do something afanarse por hacer algo.
  to take pains over something esforzarse en algo, esmerarse en algo.
  to take pains to do something esforzarse en hacer algo, esmerarse en hacer algo.
  ▪ **aches and pains** achaques *mpl*.
pained [peɪnd] *adj (hurt)* afligido,-a, apenado,-a, dolido,-a; *(look, expression)* de pena.

painful ['peɪnfʊl]
  1 *adj (physically)* doloroso,-a; *(mentally)* angustioso,-a, doloroso,-a.
  2 *adj fam (very bad)* malísimo,-a, pésimo, -a; *(embarrassing)* de pena, penoso,-a, lamentable.
painfully ['peɪnfʊlɪ]
  1 *adv (causing pain)* dolorosamente, con dolor.
  2 *adv (extremely)* terriblemente: **he's painfully shy** es terriblemente tímido.
  ✦ **to be painfully aware of something** tener plena conciencia de algo.
painkiller ['peɪnkɪləʳ] *n* analgésico, calmante *m*.
painless ['peɪnləs]
  1 *adj (without pain)* indoloro,-a, sin dolor.
  2 *adj (without distress)* sencillo,-a, sin complicaciones, llevadero,-a.
painlessly ['peɪnləslɪ]
  1 *adv (without pain)* sin (causar) dolor.
  2 *adv (without distress)* sin complicaciones.
pains [peɪnz] *npl* → **pain**.
painstaking ['peɪnzteɪkɪŋ] *adj (person)* meticuloso,-a, minucioso,-a; *(care, research)* esmerado,-a, concienzudo,-a.
painstakingly ['peɪnzteɪkɪŋlɪ] *adv* minuciosamente.
paint [peɪnt]
  1 *n* pintura: **we'll have to give it another coat of paint** tendremos que darle otra mano de pintura.
  2 *vt (gen)* pintar: **we're going to paint the walls yellow** vamos a pintar las paredes de amarillo.
  3 *vi (gen)* pintar: **she paints in oils** pinta al óleo.
  ✦ **to paint one's face** pintarse, maquillarse.
  to paint the town red irse de juerga.
  "Wet paint" "Recién pintado".
  ▪ **paint remover** quitapinturas *m sing*.
  paint stripper quitapinturas *m sing*.
paintbox ['peɪntbɒks] *n* caja de pinturas.
paintbrush ['peɪntbrʌʃ]
  1 *n (for walls etc)* brocha.
  2 *n (artist's)* pincel *m*.
painter¹ ['peɪntəʳ]
  1 *n ART* pintor,-ra.
  2 *n (decorator)* pintor,-ra de brocha gorda.
painter² ['peɪntəʳ] *n MAR* amarra.
painting ['peɪntɪŋ]
  1 *n ART (picture)* pintura, cuadro.
  2 *n (activity)* pintura.
paint-stripper ['peɪntstrɪpəʳ] *n* quitapinturas *m sing*.
paintwork ['peɪntwɜːk] *n* pintura.
pair [peəʳ]
  1 *n (of shoes, socks, gloves, etc)* par *m*; *(of cards)* pareja: **I've only got one pair of hands!** ¡solo tengo dos manos!; **a pair of brown eyes** dos ojos castaños.
  2 *n (of people, animals)* pareja: **shut up, the pair of you!** ¡callaos, vosotros dos!

3 *vt (people)* emparejar; *(animals)* aparear.
4 *vi (animals)* aparearse.
▸ **to pair off**
 1 *vt sep* emparejar (**with**, con).
 2 *vi* formar pareja (**with**, con).
 to pair up
 1 *vt sep* emparejar.
 2 *vi* formar pareja (**with**, con).
✦ **in pairs** de dos en dos.
▪ **a pair of knickers** unas bragas.
 a pair of pants *(men's)* unos calzoncillos.
 a pair of pyjamas un pijama.
 a pair of scissors unas tijeras.
 a pair of tights un panty, unos pantys.
 a pair of trousers unos pantalones.
pajamas [pə'dʒæməz] *npl US* → **pyjamas.**
Pakistan [pɑ:kɪ'stɑ:n] *n* Paquistán *m*, Pakistán *m*.
Pakistani [pɑ:kɪ'stɑ:nɪ]
 1 *adj* paquistaní, pakistaní.
 2 *n* paquistaní *mf*, pakistaní *mf*.
pal [pæl] *n fam* amigo,-a, colega *mf*, compinche *mf*.
palace ['pæləs] *n* palacio.
palaeographer [pælɪ'ɒɡrəfəʳ] *n* paleógrafo,-a.
palaeography [pælɪ'ɒɡrəfɪ] *n* paleografía.
Palaeolithic [pælɪəʊ'lɪθɪk] *adj* paleolítico,-a.
palaeontologist [pælɪən'tɒlədʒɪst] *n* paleontólogo,-a.
palaeontology [pælɪən'tɒlədʒɪ] *n* paleontología.
palatable ['pælətəbəl]
 1 *adj (tasty)* sabroso,-a.
 2 *adj (acceptable)* aceptable; *(pleasant)* agradable.
palatal ['pælətəl]
 1 *adj LING* palatal.
 2 *n LING* palatal *f*.
palate ['pælət] *n (gen)* paladar *m*.
palatial [pə'leɪʃəl] *adj* magnífico,-a, suntuoso,-a, grandioso,-a.
palaver [pə'lɑ:vəʳ] *n fam (fuss)* lío, follón *m*.
pale¹ [peɪl]
 1 *adj (complexion, skin)* pálido,-a; *(colour)* claro,-a, pálido,-a; *(light)* débil, tenue.
 2 *vi* palidecer.
✦ **to pale before something/pale beside something** palidecer al lado de algo, parecer nimio,-a comparado,-a con algo.
 to turn pale ponerse pálido,-a, palidecer.
▪ **pale ale** *GB* tipo de cerveza rubia *suave*.
pale² [peɪl] *n (stake)* estaca.
✦ **to be beyond the pale** ser inaceptable, ser intolerable.
paleness ['peɪlnəs] *n* palidez *f*.
Palestine ['pælɪstaɪn] *n* Palestina.

Palestinian [pælɪ'stɪnɪən]
 1 *adj* palestino,-a.
 2 *n* palestino,-a.
palette ['pælət] *n* paleta.
▪ **palette knife** espátula.
palfrey ['pɔ:lfrɪ] *n* palafrén *m*.
palindrome ['pælɪndrəʊm] *n* palíndromo.
paling ['peɪlɪŋ] *npl (fence)* empalizada, estacada, valla.
palisade [pælɪ'seɪd]
 1 *n (fence)* palizada, estacada.
 2 **palisades** *npl US (cliffs)* acantilado *m sing*.
pall¹ [pɔ:l]
 1 *n (cloth on coffin)* paño mortuorio.
 2 *n US (coffin)* féretro.
 3 *n fig (of smoke)* cortina.
pall² [pɔ:l] *vi (become boring)* dejar de gustar, hacerse pesado,-a, cansar, aburrir: the idea of doing nothing soon palled on us la idea de no hacer nada pronto dejó de gustarnos.
pallbearer ['pɔ:lbeərəʳ] *n* portador,-ra del féretro.
pallet¹ ['pælət] *n TECH* paleta.
pallet² ['pælɪt] *n (mattress)* jergón *m*; *(bed)* camastro.
palliative ['pælɪətɪv] *adj* paliativo,-a.
pallid ['pælɪd] *adj* pálido,-a.
pallor ['pælə'] *n* palidez *f*.
pally ['pælɪ] *adj* amigo,-a: they're very pally all of a sudden de repente son muy amigos.
✦ **to be pally with somebody** ser muy amigo,-a de alguien.
▲ *comp* pallier, *superl* palliest.
palm¹ [pɑ:m] *n BOT (tree)* palmera; *(leaf)* palma.
▪ **Palm Sunday** Domingo de Ramos.
palm² [pɑ:m]
 1 *n ANAT* palma.
 2 *vt (touch ball)* dar con la mano a.
▸ **to palm off** *vt sep* endosar (**on/onto**, a).
✦ **to grease somebody's palm** untarle la mano a alguien, untar a alguien.
 to have somebody in the palm of one's hand tener a alguien en la palma de la mano.
 to read somebody's palm leerle la mano a alguien.
palmate ['pælmeɪt] *adj* palmeado,-a.
palmist ['pɑ:mɪst] *n* quiromántico,-a.
palmistry ['pɑ:mɪstrɪ] *n* quiromancia.
palpable ['pælpəbəl] *adj* palpable.
palpably ['pælpəblɪ] *adv* palpablemente.
palpate ['pælpeɪt] *vt MED* palpar.
palpitate ['pælpɪteɪt] *vi (heart)* palpitar.
palpitation [pælpɪ'teɪʃən] *n* palpitación *f*.
paltry ['pɔ:ltrɪ] *adj* insignificante.
▲ *comp* paltrier, *superl* paltriest.
pampas ['pæmpəs] *npl GEOG* pampa *f sing*.
pamper ['pæmpəʳ] *vt* mimar, consentir.

pamphlet ['pæmflət] *n* folleto.
pan¹ [pæn]
 1 *n (saucepan)* cacerola, cazuela, cazo; *(cooking pot)* olla.
 2 *n (of lavatory)* taza.
 3 *n (of scales)* platillo.
 4 *n (for washing gravel)* batea.
 5 *vt (soil, gravel)* cribar con batea, lavar con batea.
 6 *vt fam (criticize)* poner por los suelos.
 7 *vi* extraer oro.
▸ **to pan out** *vi fam (turn out)* salir, resultar.
▲ *pt & pp* panned, *ger* panning.
pan² [pæn]
 1 *vt CINEM* tomar una panorámica de.
 2 *vi CINEM* tomar una panorámica.
▲ *pt & pp* panned, *ger* panning.
panacea [pænə'sɪə] *n* panacea.
panache [pə'næʃ] *n* garbo, salero.
Panama ['pænəmɑ:] *n* Panamá.
▪ **Panama Canal** Canal *m* de Panamá.
panama ['pænəmɑ:] *n (hat)* panamá *m*.
Panamanian [pænə'meɪnɪən]
 1 *adj* panameño,-a.
 2 *n* panameño,-a.
pancake ['pænkeɪk] *n* tortita, crepe *f*.
▪ **Pancake Day** martes *m* de Carnaval.
 pancake landing *AV* aterrizaje *m* de emergencia.
panchromatic [pænkrəʊ'mætɪk] *adj* pancromático,-a.
pancreas ['pæŋkrɪəs] *n* páncreas *m*.
pancreatic [pæŋkrɪ'ætɪk] *adj* pancreático,-a.
panda ['pændə] *n* oso panda *m*, panda *m*.
▪ **panda car** *GB* coche *m* patrulla.
pandemonium [pændə'məʊnɪəm] *n* pandemónium *m*.
pander ['pændəʳ] *vi (person)* consentir (**to**, a), complacer (**to**, a); *(wishes etc)* acceder (**to**, a).
pandora [pæn'dɔ:ə] *n* breca.
p and p ['pi:ən'pi:] *abbr GB* (**postage and packing**) gastos de embalaje y envío.
▲ *También se escribe p & p.*
pane [peɪn] *n* cristal *m*, vidrio.
panegyric [pænɪ'dʒɪrɪk] *n* panegírico.
panegyrical [pænɪ'dʒɪrɪkəl] *adj* panegírico,-a.
panel ['pænəl]
 1 *n (of door, wall, car body, etc)* panel *m*; *(on ceiling)* artesón *m*.
 2 *n (of controls, instruments)* tablero.
 3 *n (group of people)* panel *m*; *(team)* equipo.
 4 *n (jury)* jurado.
 5 *n (in garment)* pieza.
 6 *n ART* tabla.
 7 *vt* revestir con paneles.
▪ **panel beater** planchista *mf*.
▲ *pt & pp* panelled (*US* paneled), *ger* panelling (*US* paneling).
panelled ['pænəld] *adj (door, wall, etc)* con paneles; *(ceiling)* artesonado,-a.

panelling ['pænəlɪŋ] n (of door, wall, etc) paneles mpl; (on ceiling) artesonado.

panellist ['pænəlɪst] n (in discussion etc) participante mf, contertulio,-a; (judge) miembro mf del jurado; (contestant) concursante mf.

panful ['pænfʊl] n (gen) perolada; (frying pan) sartenada.

pang [pæŋ]
1 n (of pain, hunger) punzada; (of childbirth) dolores mpl (de parto).
2 n fig (of emotion) punzada, remordimiento.

panic ['pænɪk]
1 n pánico: panic spread throughout the crowd el pánico cundió entre la gente.
2 vt infundir pánico a.
3 vi entrarle el pánico a, aterrarse: I panicked me entró el pánico; don't panic! ¡tranquilo!
✦ to be panic stations reinar el pánico.
to get into a panic dejarse llevar por el pánico.
▪ panic button botón m de alarma.
▲ pt & pp panicked, ger panicking.

panicky ['pænɪkɪ] adj fam (person) muy nervioso,-a, asustadizo,-a; (reaction, feeling) aterrador,-ra, de pánico.
✦ to get panicky dejarse llevar por el pánico.

panic-striken ['pænɪkstrɪkən] adj preso,-a de pánico, aterrorizado,-a.

pannier ['pænɪə'] n (on animal) alforja; (on bicycle) bolsa.

panorama [pænə'rɑːmə]
1 n (view) panorama m.
2 n (camera shot) panorámica.

panoramic [pænə'ræmɪk] adj panorámico,-a.

panpipes ['pænpaɪps] npl MUS zampoña f sing.

pansy ['pænzɪ]
1 n BOT pensamiento.
2 n fam pej (effeminate man) mariquita m.
▲ pl pansies.

pant [pænt]
1 n jadeo.
2 vi jadear, resoplar.
✦ to pant for breath intentar recobrar el aliento.

pantechnicon [pæn'teknɪkən] n camión m de mudanzas.

pantheism ['pænθɪɪzəm] n panteísmo.

pantheist ['pænθɪɪst]
1 adj panteísta.
2 n (person) panteísta mf.

pantheistic [pænθɪ'ɪstɪk] n panteístico,-a.

pantheon ['pænθɪən] n ARCH panteón m.

panther ['pænθə'] n pantera.

panties ['pæntɪz] npl bragas fpl, braguitas fpl.

pantomime ['pæntəmaɪm]
1 n (mime) pantomima.

2 n GB (play) representación musical navideña basada en cuentos de hadas.

pantry ['pæntrɪ] n despensa.
▲ pl pantries.

pants [pænts]
1 npl GB (underpants - men's) calzoncillos mpl; (- women's) bragas fpl.
2 npl US (trousers) pantalón m, pantalones mpl.

papa [pə'pɑː] n dated papá m.

papacy ['peɪpəsɪ] n papado, pontificado.

papal ['peɪpəl] adj papal, pontificio.

papaya [pə'paɪə] n (tree) papayo; (fruit) papaya.

paper ['peɪpə']
1 n (material) papel m: take a sheet of paper coge una hoja de papel.
2 n (newspaper) periódico, diario.
3 n (examination) examen m.
4 n (essay, written work) trabajo (escrito); (for conference) ponencia.
5 vt empapelar.
6 papers npl (documents) papeles mpl, documentos mpl.
7 the papers npl los periódicos mpl, la prensa.
✦ not to be worth the paper it's written on ser papel mojado.
on paper (in theory) en teoría, sobre el papel; (written down) por escrito.
to put something down on paper poner algo por escrito.
▪ brown paper papel m de estraza.
call-up papers llamamiento m sing a filas.
identity papers documentación f.
paper handkerchief kleenex m, pañuelo de papel.
paper mill fábrica de papel.
paper money papel m moneda.
paper round reparto de periódicos.
paper shop quiosco.
paper tiger tigre m de papel.
question paper cuestionario.
white paper libro blanco.

paperback ['peɪpəbæk] n libro en rústica.

paperboy ['peɪpəbɔɪ] n repartidor m de periódicos.

paperclip ['peɪpəklɪp] n clip m, sujetapapeles m.

papergirl ['peɪpəgɜːl] n repartidora de periódicos.

paperknife ['peɪpənaɪf] n cortapapeles m.

paperweight ['peɪpəweɪt] n pisapapeles m.

paperwork ['peɪpəwɜːk] n papeleo.

papier-mâché [pæpɪeɪ'mæʃeɪ] n cartón m piedra.

papist ['peɪpɪst]
1 adj pej papista.
2 n pej papista mf.

paprika ['pæprɪkə] n pimentón m dulce, paprika.

Papua ['pæpjʊə] n Papúa.

▪ Papua New Guinea Papúa Nueva Guinea.

Papuan ['pæpjʊən]
1 adj papú,-úa.
2 n papú,-úa.

papyrus [pə'paɪərəs] n papiro.
▲ pl papyri [pə'paɪraɪ] o papyruses.

par [pɑː']
1 n (parity) igualdad f.
2 n SP (in golf) par m.
3 n FIN (par value) par f; (par of exchange) tipo de cambio.
✦ to be on a par with somebody/something estar al mismo nivel que alguien/ algo, correr parejas con alguien en algo: the two goalkeepers are on a par los dos porteros están al mismo nivel.
to be par for the course ser lo normal.
to be up to par ser del nivel adecuado.
to feel below par sentirse mal, estar en baja forma.

para ['pærəgrɑːf] abbr (paragraph) párrafo.

parable ['pærəbəl] n parábola.

parabola [pə'ræbələ] n MATH parábola.

parabolic [pærə'bɒlɪk] adj parabólico,-a.

parachute ['pærəʃuːt]
1 n paracaídas m.
2 vt lanzar en paracaídas.
3 vi saltar en paracaídas, lanzarse en paracaídas.
▪ parachute jump salto en paracaídas.

parachutist ['pærəʃuːtɪst] n paracaidista mf.

parade [pə'reɪd]
1 n (procession) desfile m: fashion parade desfile de modelos.
2 n MIL desfile m.
3 vt MIL hacer desfilar.
4 vt (flaunt - knowledge, wealth) alardear, hacer alarde de.
5 vi (gen) desfilar.
6 vi MIL pasar revista.
▸ to parade about/parade around vi pavonearse.
✦ to be on parade MIL pasar revista.
to make a parade of something hacer alarde de algo.
▪ parade ground plaza de armas.
shopping parade zona comercial.

paradigm ['pærədaɪm] n paradigma m.

paradigmatic [pærədɪg'mætɪk] adj paradigmático,-a.

paradise ['pærədaɪs] n paraíso: a shopper's paradise el paraíso de los compradores.

paradox ['pærədɒks] n paradoja.

paradoxical [pærə'dɒksɪkəl] adj paradójico,-a.

paraffin ['pærəfɪn] n GB queroseno.
▪ liquid paraffin aceite m de parafina.
paraffin heater estufa de petróleo.
paraffin lamp lámpara de queroseno.
paraffin wax parafina.

paraglider ['pærəglaɪdə'] n parapentista mf.

paragliding ['pærəglaɪdɪŋ] n parapente m.

paragon ['pærəgən] n modelo, dechado.
✦ **a paragon of virtue** un dechado de virtudes.

paragraph ['pærəgrɑːf] n párrafo.
✦ **full stop, new paragraph** punto y aparte.

Paraguay [pærə'gwaɪ] n Paraguay.

Paraguayan [pærə'gwaɪən]
1 adj paraguayo,-a.
2 n paraguayo,-a.

parakeet ['pærəkiːt] n periquito, perico.

parallel ['pærəlel]
1 adj paralelo,-a (**to/with**, a).
2 adj fig (similar) paralelo,-a (**to/with**, a), análogo,-a (**to/with**, a).
3 n MATH paralela.
4 n GEOG paralelo.
5 n (similarity) paralelo, paralelismo: there is a certain parallel existe un cierto paralelismo.
6 vt ser paralelo,-a a, ser análogo,-a a.
✦ **in parallel** ELEC en paralelo.
   to draw a parallel between establecer un paralelo entre, establecer un paralelismo entre.
   without parallel sin comparación, sin paralelo.
■ **parallel bars** SP barras fpl paralelas.

parallelism ['pærəlelɪzəm] n paralelismo.

parallelogram [pærə'leləgræm] n paralelogramo.

paralyse ['pærəlaɪz] vt (gen) paralizar.
✦ **to be paralysed** MED estar paralizado,-a, ser paralítico,-a: he's paralysed from the neck down está paralizado del cuello hacia abajo.
   to be paralysed with fear quedarse paralizado,-a de miedo.

paralysis [pə'ræləsɪs]
1 n MED parálisis f.
2 n fig paralización f.

paralytic [pærə'lɪtɪk]
1 adj MED paralítico,-a.
2 n MED paralítico,-a.
✦ **to be paralytic** (drunk) estar como una cuba.

paralyze ['pærəlaɪz] vt US → paralyse.

parameter [pə'ræmɪtə'] n parámetro.

paramilitary [pærə'mɪlɪtərɪ] adj paramilitar.

paramount ['pærəmaʊnt] adj supremo,-a, primordial, sumo,-a: of paramount importance de suma importancia.

paranoia [pærə'nɔɪə] n paranoia.

paranoiac [pærə'nɔɪk]
1 adj paranoico,-a.
2 n paranoico,-a.

paranoic [pærə'nɔɪk]
1 adj paranoico,-a.
2 n paranoico,-a.

paranoid ['pærənɔɪd]
1 adj (mentally ill) paranoide.

2 adj (obsessed) obsesionado,-a (**about**, por).
3 n paranoide mf.

paranormal [pærə'nɔːməl] adj paranormal.

parapet ['pærəpɪt] n parapeto.

paraphernalia [pærəfə'neɪlɪə] n parafernalia.

paraphrase ['pærəfreɪz]
1 n paráfrasis f.
2 vt parafrasear.

paraplegia [pærə'pliːdʒə] n MED paraplejía.

paraplegic [pærə'pliːdʒɪk]
1 adj MED parapléjico,-a.
2 n MED parapléjico,-a.

parapsychologist [pærəsaɪ'kɒlədʒɪst] n parapsicólogo,-a.

parapsychological [pærəsaɪkə'lɒdʒɪkəl] adj parapsicológico,-a.

parapsychology [pærəsaɪ'kɒlədʒɪ] n parapsicología.

parasite ['pærəsaɪt] n parásito,-a.

parasitic [pærə'sɪtɪk] adj (plant, animal, etc) parásito,-a; (disease) parasitario,-a.

parasol [pærə'sɒl] n sombrilla.

paratrooper ['pærətruːpə'] n MIL paracaidista mf.

paratroops ['pærətruːps] npl MIL paracaidistas mpl.

parboil ['pɑːbɔɪl] vt cocer a medias, sancochar.

parcel ['pɑːsəl]
1 n (package) paquete m.
2 n (piece of land) parcela.
▶ **to parcel out** vt sep (gen) repartir, dividir; (land) parcelar.
   to parcel up vt sep empaquetar, embalar.
■ **parcel bomb** paquete m bomba.
   parcel post servicio de paquetes postales.

parched [pɑːtʃt]
1 adj (very dry - land, earth) agostado,-a, reseco,-a; (- throat, mouth) reseco,-a.
2 adj (thirsty) muerto,-a de sed.

parchment ['pɑːtʃmənt] n pergamino.
■ **parchment paper** papel m pergamino.

pardon ['pɑːdən]
1 n (forgiveness) perdón m.
2 n JUR indulto.
3 vt (forgive) perdonar: pardon me for interrupting perdone que le interrumpa.
4 vt JUR indultar.
✦ **I beg your pardon!** fml ¡perdone!
   I beg your pardon? fml ¿cómo dice?
   if you'll pardon the expression con perdón.
   pardon? (for repetition) ¿cómo dice?, ¿cómo?
   pardon me! (sorry) ¡perdón!, ¡perdone!, ¡Vd. perdone!
   to ask somebody's pardon pedirle perdón a alguien.

to pardon somebody something perdonarle algo a alguien.

pardonable ['pɑːdənəbəl] adj perdonable, disculpable.

pare [peə']
1 vt (fruit) pelar, mondar.
2 vt (nails) cortar.
▶ **to pare down** vt sep reducir, recortar.

parent ['peərənt]
1 n (father) padre m; (mother) madre f.
2 **parents** npl padres mpl.
■ **parent company** casa madre, casa matriz, casa central.

parentage ['peərəntɪdʒ] n familia, origen m.
✦ **of unknown parentage** de padres desconocidos.

parental [pə'rentəl] adj (of both parents) de los padres; (parental) paterno,-a; (maternal) materno,-a.

parenthesis [pə'renθəsɪs] n paréntesis m.
✦ **in parenthesis** entre paréntesis.
▲ pl parentheses.

parenthetical [pærən'θetɪkəl] adj entre paréntesis.

parenthood ['peərənthʊd] n (being a parent) ser padre, ser madre; (fatherhood) paternidad f; (motherhood) maternidad f: the joys of parenthood la alegría de tener hijos.
■ **planned parenthood** planificación f familiar.

par excellence [pɑːr'eksələns] adv por excelencia.

pariah [pə'raɪə] n paria m.

parietal [pə'raɪətəl] adj parietal.

parings ['peərɪŋz] npl (of fruit) mondas fpl, mondaduras fpl; (of nails) cortes mpl.

Paris ['pærɪs] n París.

parish ['pærɪʃ]
1 n REL parroquia.
2 n GB (civil) municipio.
■ **parish church** iglesia parroquial.
   parish council consejo parroquial, consejo municipal.
   parish priest párroco.

parishioner [pə'rɪʃənə'] n feligrés,-esa.

Parisian [pə'rɪzɪən]
1 adj parisino,-a.
2 n parisino,-a.

parity ['pærɪtɪ]
1 n (equality) igualdad f, paridad f.
2 n FIN paridad f.

park [pɑːk]
1 n (gen) parque m, jardín m público; (surrounding country house) jardines mpl.
2 vt (car) aparcar, estacionar: I'm parked opposite he aparcado enfrente.
3 vt (books, belongings, etc) dejar, poner.
4 vi aparcar, estacionar.
✦ **to park oneself** sentarse.
■ **park bench** banco.

parka ['pɑːkə] n anorak m, parka.

parking ['pɑːkɪŋ] n (act) aparcamiento, estacionamiento: I'm really bad at parking soy muy malo aparcando.
+ **"No parking"** "Prohibido aparcar".
▪ **parking attendant** guardacoches mf.
parking brake US freno de mano.
parking lights US luces fpl de estacionamiento.
parking lot US aparcamiento, parking m.
parking meter parquímetro.
parking place/parking space (gen) aparcamiento, sitio para aparcar; (private) plaza de parking.
parking ticket multa (por estacionamiento indebido).

parkland ['pɑːklænd] n jardines mpl.

parkway ['pɑːkweɪ] n US avenida, alameda, paseo.

parky ['pɑːkɪ] adj fam fresco,-a: it's a bit parky hace fresquito.
▲ comp parkier, superl parkiest.

parlance ['pɑːləns] n fml lenguaje m, habla.

parley ['pɑːlɪ]
1 n dated discusión f, negociación f.
2 vi dated negociar, parlamentar.

parliament ['pɑːləmənt]
1 n (assembly) parlamento.
2 **Parliament** n GB (body) Parlamento; (period) legislatura.
▪ **Member of Parliament** Diputado,-a.

parliamentarian [pɑːləmen'teərɪən] n parlamentario,-a.

parliamentary [pɑːlə'mentərɪ] adj parlamentario,-a.

parlor ['pɑːləʳ] n US → parlour.

parlour ['pɑːləʳ]
1 n US (shop) salón m, tienda.
2 n dated (room in house) salón m.
▪ **parlour game** juego de salón.

Parmesan ['pɑːmɪzæn] n parmesano.

parochial [pə'rəʊkɪəl]
1 adj (of parish) parroquial.
2 adj pej (narrow) provinciano,-a, pueblerino,-a.

parody ['pærədɪ]
1 n parodia.
2 vt parodiar.
▲ (sustantivo) pl parodies; (verbo) pt & pp parodied, ger parodying.

parole [pə'rəʊl]
1 n libertad f condicional.
2 vt poner en libertad condicional.
+ **to be (out) on parole** estar en libertad condicional.
to be released on parole concederle a uno la libertad condicional.

paroxysm ['pærəksɪzəm] n paroxismo.

parquet ['pɑːkeɪ] n parqué m: parquet floor suelo de parqué.

parrot ['pærət] n loro, papagayo.
+ **to be as sick as a parrot** estar muerto,-a de rabia.
to repeat something parrot fashion repetir algo como un loro.

parry ['pærɪ]
1 vt (blow) parar, desviar.
2 vt (question etc) esquivar, eludir.
3 n parada.
▲ (verbo) pt & pp parried, ger parrying; (sustantivo) pl parries.

parse [pɑːz] vt LING analizar sintácticamente, analizar gramaticalmente.

parsimonious [pɑːsɪ'məʊɪəs] adj fml mezquino,-a, tacaño,-a, parsimonioso,-a.

parsimony ['pɑːsɪmənɪ] n fml mezquindad f, tacañería, parsimonia.

parsley ['pɑːslɪ] n perejil m.

parsnip ['pɑːsnɪp] n chirivía.

parson ['pɑːsən] n REL párroco, cura m.
▪ **parson's nose** CULIN rabadilla (del pollo).

parsonage ['pɑːsənɪdʒ] n casa del párroco.

part [pɑːt]
1 n (gen) parte f: we spent part of the day on the beach pasamos parte del día en la playa; which part of London are you from? ¿de qué parte de Londres eres?; the fire devastated part of the castle el incendio asoló parte del castillo; he's like part of the family es como de la familia; you must be able to work as part of a team hay que saber trabajar en equipo; now comes the difficult part ahora viene lo difícil.
2 n (component) pieza.
3 n (of serial, programme) capítulo; (of serialized publication) fascículo, entrega.
4 n (measure) parte f.
5 n (in play, film) papel m: she plays the part of Scarlett hace el papel de Scarlett; a bit part un papel secundario.
6 n (role, share, involvement) papel m, parte f: he admitted his part in the crime confesó su parte en el crimen; I want no part in your dodgy deals no quiero saber nada de tus negocios sucios.
7 n MUS parte f.
8 n US (parting) raya.
9 adv en parte: he's part Irish, part Spanish es mitad irlandés, mitad español.
10 adj parcial.
11 vt (separate) separar (from, de): till death us do part hasta que la muerte nos separe.
12 vi (separate) separarse; (say goodbye) despedirse: they parted as friends se separaron amistosamente.
13 vi (open - lips, curtains) abrirse.
14 **parts** npl (area) zona, parajes mpl, lugares mpl: you're not from these parts, are you? no eres de por aquí, ¿verdad?
▸ **to part with** vt insep desprenderse de, separarse de.
+ **for my part** por mi parte, en cuanto a mí.
in part en parte.
of many parts de muchas facetas: a man of many parts un hombre de muchas facetas.

on the part of somebody/on somebody's part de parte de alguien.
the best part of/the better part of la mayor parte de, casi todo,-a.
to be part and parcel of something formar parte de algo.
to look the part encajar bien en el papel.
to part company with (leave) despedirse de; (separate) separarse de; (disagree) no estar de acuerdo con.
to part one's hair hacerse la raya.
to play a part in (in play etc) desempeñar un papel en; (in project etc) intervenir en algo, influir en algo, tener que ver con algo: various factors played a part in our decision diversos factores influyeron en nuestra decisión.
to take part in something participar en algo, tomar parte en algo.
to take somebody's part ponerse de parte de alguien.
to take something in good part tomarse bien algo.
▪ **foreign parts** el extranjero.
part exchange parte f del pago.
part of speech parte f de la oración.
part owner copropietario,-a.

partake [pɑː'teɪk] **partake of** vi fml (eat) comer; (drink) beber.

partial ['pɑːʃəl]
1 adj (not complete) parcial.
2 adj (biased) parcial.
+ **to be partial to something** ser aficionado,-a a algo, tener debilidad por algo.

partiality [pɑːʃɪ'ælɪtɪ]
1 n (bias) parcialidad f.
2 n (liking) afición f (for, a), debilidad f (for, por).

partially ['pɑːʃəlɪ]
1 adv (partly) parcialmente.
2 adv (with bias) con parcialidad.

participant [pɑː'tɪsɪpənt] n (gen) participante mf; (in competition) concursante mf.

participate [pɑː'tɪsɪpeɪt] vi participar (in, en).

participation [pɑːtɪsɪ'peɪʃən] n participación f.

participle ['pɑːtɪsɪpəl] n participio.
▪ **past participle** participio pasado.
present participle participio presente.

particle ['pɑːtɪkəl] n partícula.

particular [pə'tɪkjʊləʳ]
1 adj (special) particular, especial: for no particular reason por nada en especial, por nada en particular.
2 adj (specific) concreto, particular: in this particular case en este caso concreto.
3 adj (fussy) exigente, especial: she's very particular about food es muy especial para la comida.
4 **particulars** npl (of event, thing) detalles mpl, pormenores mpl; (of person) datos mpl personales.
+ **in particular** en particular.

particularly [pəˈtɪkjʊləlɪ] *adv* especialmente, particularmente.

parting [ˈpɑːtɪŋ]
  1 *n (leaving)* despedida; *(separation)* separación *f*.
  2 *n (in hair)* raya.
  3 *adj* de despedida: her parting words sus palabras de despedida.
  ✦ the parting of the ways el momento de la despedida.
  ▪ parting shot último comentario (antes de marcharse).

partisan [pɑːtɪˈzæn]
  1 *n (supporter)* partidario,-a.
  2 *n MIL* partisano,-a.
  3 *adj* partidista.

partition [pɑːˈtɪʃən]
  1 *n (act)* partición *f*, división *f*.
  2 *n (wall)* tabique *m*; *(screen)* mampara.
  3 *vt* partir, dividir.
  ▶ to partition off *vt sep* dividir con un tabique, separar con un tabique.

partly [ˈpɑːtlɪ] *adv* parcialmente, en parte: what he said is partly true lo que ha dicho es en parte verdad; it's partly my fault en parte es culpa mía.

partner [ˈpɑːtnəʳ]
  1 *n (in an activity)* compañero,-a; *(in dancing, tennis, cards, etc)* pareja.
  2 *n COMM* socio,-a, asociado,-a.
  3 *n (spouse)* cónyuge *mf*; *(husband)* marido; *(wife)* mujer *f*; *(in relationship)* pareja, compañero,-a.
  4 *vt* acompañar, ser pareja de.
  ▪ junior partner socio,-a adjunto,-a.
  partner in crime cómplice *mf*.

partnership [ˈpɑːtnəʃɪp]
  1 *n COMM (company)* sociedad *f*.
  2 *n (working relationship)* asociación *f*.
  ✦ to go into partnership with somebody asociarse con alguien.

partook [pɑːˈtʊk] *pt* → partake.

partridge [ˈpɑːtrɪdʒ] *n* perdiz *f*, perdiz *f* pardilla.
  ▲ *pl* partridges o partridge.

part-time [pɑːtˈtaɪm]
  1 *adj (work, job)* de media jornada, a tiempo parcial.
  2 *adv* media jornada, a tiempo parcial.

part-timer [pɑːtˈtaɪməʳ] *n (worker)* trabajador,-ra a tiempo parcial; *(student)* estudiante *mf* a tiempo parcial.

party [ˈpɑːtɪ]
  1 *n (celebration)* fiesta: birthday party fiesta de cumpleaños.
  2 *n POL* partido.
  3 *n (group)* grupo: a party of schoolchildren un grupo de escolares.
  4 *n JUR* parte *f*, interesado,-a.
  5 *adj (dress)* de fiesta; *(mood, atmosphere)* festivo,-a.
  6 *adj POL (member, leader)* del partido.
  7 *vi (go to parties)* ir a fiestas; *(have fun)* divertirse.
  ✦ to be party to a crime ser cómplice de un delito.

to be party to something hacerse cómplice de algo.
  ▪ guilty party el/la culpable.
  innocent party el/la inocente.
  party line *(on telephone)* línea compartida; *(in politics)* línea del partido.
  party piece numerito.
  party political broadcast emisión *f* de propaganda política, espacio de propaganda electoral.
  party politics política de partido.
  party spirit *(party mood)* espíritu *m* festivo; *(loyalty)* partidismo.
  party wall pared *f* medianera.
  ▲ *(sustantivo)* *pl* parties; *(verbo)* *pt & pp* partied, *ger* partying.

pass [pɑːs]
  1 *n GEOG (in mountains - gen)* puerto, paso (de montaña); *(narrow)* desfiladero.
  2 *n (official permit)* pase *m*, permiso.
  3 *n (in exam)* aprobado.
  4 *n SP* pase *m*.
  5 *vt (go past - gen)* pasar; *(person)* cruzarse con: do you pass the library on your way to work? ¿pasas por la biblioteca de camino al trabajo?; I passed her in the street me crucé con ella en la calle.
  6 *vt (overtake)* adelantar.
  7 *vt (cross - border, frontier)* pasar, cruzar.
  8 *vt (give, hand)* pasar: pass me that screwdriver pásame ese destornillador; they passed the hat round pasaron la gorra.
  9 *vt (move)* pasar: he passed a comb through his hair se pasó el cepillo por el pelo.
  10 *vt SP (ball)* pasar.
  11 *vt (exam, test, examinee)* aprobar; *(bill, law, proposal, motion)* aprobar; *(censor)* pasar.
  12 *vt (time)* pasar: we looked at some photos to pass the time miramos unas fotos para pasar el rato.
  13 *vt (say, utter - opinion)* expresar, dar; *(- remark, comment)* hacer.
  14 *vi (go past - gen)* pasar; *(procession)* desfilar; *(people)* cruzarse: I was just passing pasaba por aquí; we moved aside to let them pass nos apartamos para dejarlos pasar.
  15 *vi (overtake)* adelantar.
  16 *vi (move, go)* pasar: we passed through Zaragoza pasamos por Zaragoza; the cyclists pass along this route los ciclistas pasan por esta ruta.
  17 *vi SP* pasar la pelota, pasar el balón, hacer un pase.
  18 *vi (be transferred to)* pasar (to, a).
  19 *vi (change)* cambiar (from, de).
  20 *vi (of time)* pasar, transcurrir.
  21 *vi (come to an end - pain, feeling)* pasarse; *(storm)* pasar.
  22 *vi (exam, test)* aprobar; *(bill, motion)* ser aprobado,-a.
  23 *vi (be acceptable)* pasar; *(be tolerated)* consentir: let it pass déjalo correr.

24 *vi (happen)* ocurrir, acontecer, suceder: it came to pass that … sucedió que …
  ▶ to pass away *vi (die)* pasar a mejor vida.
  to pass by
  1 *vi* pasar: she watched the people passing by miraba pasar a la gente.
  2 *vt sep* pasar de largo: do you ever get the feeling life is passing us by? ¿no tienes la impresión de que la vida se nos escapa?
  to pass down *vt sep (hand down - heirloom)* pasar; *(tradition, story)* transmitir.
  to pass for *vt insep* pasar por.
  to pass off
  1 *vi (happen)* pasar, transcurrir.
  2 *vi (stop)* parar; *(disappear)* pasarse.
  3 *vt sep (succeed in presenting)* hacer pasar (as, por).
  to pass on *vt sep*
  1 *vt sep (information)* pasar, dar; *(infection)* contagiar.
  2 *vi (die)* pasar a mejor vida.
  3 *vi (proceed)* pasar (to, a).
  to pass out
  1 *vi (faint)* desmayarse, perder el conocimiento.
  2 *vi MIL* graduarse.
  3 *vt sep (distribute)* repartir.
  to pass over *vt sep*
  1 *vt sep (ignore, overlook)* pasar por alto, dejar de lado, olvidar.
  2 *vt insep (cross)* atravesar, cruzar.
  to pass through
  1 *vi* estar de paso.
  2 *vt insep* pasar por, atravesar.
  to pass up *vt sep (opportunity)* dejar pasar, dejar escapar, desperdiciar; *(offer)* rechazar.
  ✦ to make a pass at somebody intentar ligar con alguien.
  to pass judgment on juzgar.
  to pass sentence dictar sentencia, fallar.
  to pass the time of day (with somebody) pasar el rato con alguien.
  to pass water orinar.
  to pass wind expulsar ventosidades.
  ▪ bus pass abono de autobús.
  press pass pase *m* de prensa.

passable [ˈpɑːsəbəl]
  1 *adj (acceptable)* pasable, aceptable.
  2 *adj (road, bridge)* transitable.

passably [ˈpɑːsəblɪ] *adv* aceptablemente.

passage [ˈpæsɪdʒ]
  1 *n (in street)* pasaje *m*; *(alleyway)* callejón *m*; *(narrow)* pasadizo.
  2 *n (in building - corridor)* pasillo.
  3 *n (way, movement - gen)* paso; *(of vehicle)* tránsito, paso.
  4 *n (of time)* paso, transcurso.
  5 *n MAR (journey)* travesía, viaje *m*; *(fare)* pasaje *m*.
  6 *n (writing, music)* pasaje *m*.
  7 *n (of law, bill, etc)* aprobación *f*.
  8 *n ANAT* conducto.
  ✦ to grant somebody a safe passage darle a alguien un salvoconducto.
  ▪ back passage *ANAT* recto.

passageway [ˈpæsɪdʒweɪ] *n (corridor)* pasillo.

passbook [ˈpɑːsbʊk] *n* libreta de ahorros, cartilla de ahorros.

passé [pæˈseɪ] *adj* pasado,-a de moda.

passenger [ˈpæsɪndʒəʳ] *n* viajero,-a, pasajero,-a.

passe-partout [pæspɑːˈtuː] *n* paspartú *m*.

passer-by [pɑːsəˈbaɪ] *n* transeúnte *mf*.
▲ *pl passers-by.*

passing [ˈpɑːsɪŋ]
 1 *adj (fashion, thought)* pasajero,-a; *(remark, reference)* de pasada; *(glance)* rápido,-a.
 2 *adj (vehicle)* que pasa.
 3 *n (of time)* paso, transcurso.
 ✦ **in passing** de pasada: he just mentioned it in passing lo mencionó de pasada.

passion [ˈpæʃən]
 1 *n (gen)* pasión *f*; *(vehemence)* ardor *m*, vehemencia: she has a passion for Mozart le apasiona Mozart; passions were running high los ánimos estaban exaltados; crime of passion crimen pasional.
 2 the Passion *n REL* la Pasión *f*.
 ✦ to be in a passion estar fuera de sí.
  to fly into a passion montar en cólera.
 ▪ passion fruit granadilla, maracuyá *m*.

passionate [ˈpæʃənət] *adj (gen)* apasionado,-a; *(vehement)* ardiente, ferviente, vehemente.

passionately [ˈpæʃənətlɪ] *adv (gen)* apasionadamente; *(intensely)* fervientemente.

passionflower [ˈpæʃənflaʊəʳ] *n BOT* pasionaria.

passive [ˈpæsɪv]
 1 *adj (gen)* pasivo,-a.
 2 *n LING* voz *f* pasiva: in the passive en (voz) pasiva.

passively [ˈpæsɪvlɪ] *adv (gen)* pasivamente.

passiveness [ˈpæsɪvnəs] *n* pasividad *f*.

passivity [pæˈsɪvətɪ] *n* pasividad *f*.

passkey [ˈpɑːskiː] *n* llave *f* maestra.

Passover [ˈpɑːsəʊvəʳ] *n* Pascua (judía).

passport [ˈpɑːspɔːt]
 1 *n (gen)* pasaporte *m*.
 2 *n fig* pasaporte *m* (**to**, a).

password [ˈpɑːswɜːd] *n* contraseña.

past [pɑːst]
 1 *adj (gone by in time)* pasado,-a; *(former)* anterior: past presidents los anteriores presidentes.
 2 *adj (gone by recently)* último,-a: the past few days los últimos días.
 3 *adj (finished, over)* acabado,-a, terminado,-a: summer is past el verano ha terminado; the danger is past el peligro ha pasado.
 4 *adj LING* pasado,-a: the past tense el pasado, el pretérito.

5 *n (former times)* pasado: in the past en el pasado, antes, antiguamente; that's all in the past now eso ya es historia; typewriters are a thing of the past las máquinas de escribir pertenecen al pasado.
 6 *n (of person)* pasado; *(of place)* historia.
 7 *prep (farther than, beyond)* más allá de; *(by the side of)* por (delante de): it's just past the cinema está un poco más allá del cine; she walked past the school pasó por delante de la escuela; he walked straight past me pasó de largo por mi lado.
 8 *prep (in time)* y: it's five past six son las seis y cinco; it's half past nine son las nueve y media.
 9 *prep (older than)* más de: he's past forty pasa de los cuarenta (años); she's past retirement age ya ha pasado la edad de la jubilación.
 10 *prep (beyond the limits of)* it's past my comprehension me resulta incomprensible; I'm past caring me trae sin cuidado; I wouldn't put it past him no me extrañaría que lo hiciera, no me extraña tratándose de él.
 11 *adv* they went past without stopping pasaron de largo; a few joggers ran past pasaron unos haciendo footing.
 ✦ **in times past** antaño, antiguamente.
  to be a past master at something ser experto,-a en algo.
  to be past it estar para el arrastre, estar muy carroza.
 ▪ **the past/the past tense** el pasado, el pretérito.

pasta [ˈpæstə] *n* pasta, pastas *fpl*.

paste [peɪst]
 1 *n (mixture)* pasta; *(glue)* engrudo.
 2 *n CULIN* pasta, paté *m*: anchovy paste paté de anchoas.
 3 *n (rhinestone)* estrás *m*; *(jewellery)* bisutería.
 4 *vt (stick)* pegar; *(put paste on)* engomar, encolar.
 ✦ **to paste something on a wall** pegar algo en una pared.
 ▪ **tomato paste** tomate *m* concentrado.

pasteboard [ˈpeɪstbɔːd] *n* cartón *m*.

pastel [ˈpæstəl]
 1 *n (chalk)* pastel *m*; *(drawing)* dibujo al pastel.
 2 *n (colour)* color *m* pastel; *(tone)* tono pastel.
 3 *adj (drawing)* al pastel; *(colour, tone, shade, etc)* pastel.

paste-up [ˈpeɪstʌp] *n* maqueta.

pasteurisation [pæstjəraɪˈzeɪʃən] *n* → **pasteurization**.

pasteurise [ˈpɑːstjəraɪz] *vt* → **pasteurize**.

pasteurization [pæstjəraɪˈzeɪʃən] *n* pasteurización *f*.

pasteurize [ˈpɑːstjəraɪz] *vt* pasteurizar.

pastiche [pæˈstiːʃ] *n* pastiche *m*.

pastille [ˈpæstɪl] *n* pastilla.

pastime [ˈpɑːstaɪm] *n* pasatiempo.

pasting [ˈpeɪstɪŋ] *n fam* paliza.
 ✦ **to give somebody a pasting** dar una paliza a alguien.

pastor [ˈpɑːstəʳ] *n REL* pastor *m*.

pastoral [ˈpɑːstərəl]
 1 *adj (rustic)* pastoril, bucólico,-a.
 2 *adj REL* pastoral.

pastry [ˈpeɪstrɪ]
 1 *n (dough)* masa.
 2 *n (cake)* pasta, bollo.
 ▲ *pl pastries.*

pastrycook [ˈpeɪstrɪkʊk] *n* pastelero,-a, repostero,-a.

pasture [ˈpɑːstʃəʳ]
 1 *n* pasto.
 2 *vt* apacentar, pastar.
 3 *vi* pacer, pastar.
 ✦ **to move on to pastures new** buscar nuevos horizontes.
  to put cattle out to pasture pastorear el ganado, apacentar el ganado.

pasty[1] [ˈpæstɪ] *n CULIN* empanadilla.

pasty[2] [ˈpeɪstɪ]
 1 *adj (pale)* pálido,-a.
 2 *adj (like paste)* pastoso,-a.
 ▲ *comp pastier, superl pastiest.*

Pat [ˈpetɪənt] *abbr* (**patent**) patente *f*; *(abbreviation)* Pat.

pat[1] [pæt]
 1 *n (tap)* golpecito, palmadita; *(touch)* toque *m*; *(caress)* caricia.
 2 *n (of butter)* porción *f*.
 3 *vt (tap)* dar palmaditas a; *(touch)* tocar; *(caress)* acariciar.
 ✦ **to pat somebody on the back/give somebody a pat on the back** felicitar a alguien, darle una palmadita en la espalda a alguien.
 ▲ *pt & pp patted, ger patting.*

pat[2] [pæt]
 1 *adv* de memoria.
 2 *adj (answer)* fácil; *(excuse)* preparado,-a.
 ✦ **to know something off pat** saberse algo al dedillo.
  to learn something off pat aprender algo de memoria.

patch [pætʃ]
 1 *n (to mend clothes)* remiendo, parche *m*.
 2 *n (over eye)* parche *m*.
 3 *n (area on surface - gen)* trozo, lugar *m*, zona; *(- of colour, damp, etc)* mancha; *(- of road)* trecho, tramo.
 4 *n (plot of land)* parcela.
 5 *n GB fam (territory)* territorio.
 6 *vt (mend)* remendar; *(put patch on)* poner un parche a.
 ▶ **to patch up**
  1 *vt sep (garment)* remendar, poner un parche a.
  2 *vt sep (quarrel)* resolver; *(marriage)* salvar.
 ✦ **not to be a patch on** no tener ni punto de comparación con.
  to go through a bad patch pasar por una mala racha, atravesar una mala racha.

patchouli [pə'tʃuːlɪ] *n* pachulí *m*.
patchwork ['pætʃwɜːk]
 1 *n* labor *f* de retales.
 2 *n* fig *(of fields)* mosaico.
 3 *adj* de retales.
patchy ['pætʃɪ] *adj (colour)* desigual, disparejo,-a; *(performance)* desigual, irregular, con altibajos; *(knowledge)* incompleto,-a, parcial.
 ▲ *comp* **patchier**, *superl* **patchiest**.
pâté ['pæteɪ] *n* paté *m*.
patent ['peɪtənt]
 1 *n COMM* patente *f*.
 2 *adj (obvious)* patente, evidente.
 3 *adj COMM* patentado.
 4 *vt COMM* patentar.
 ✦ **to take out a patent on something**
 sacar una patente de algo, patentar
 algo.
 ▪ **patent leather** charol *m*: **patent
 leather shoes** zapatos de charol.
 patent medicine específico.
 Patent Office Registro de la propiedad industrial.
 ▲ *En* **Patent Office** *se pronuncia* ['pætnət].
patently ['peɪtəntlɪ] *adv* evidentemente.
 ✦ **to be patently obvious** estar clarísimo.
paternal [pə'tɜːnəl] *adj (fatherly)* paternal; *(on father's side)* paterno,-a, por parte de padre.
paternalism [pə'tɜːnəlɪzəm] *n* paternalismo.
paternalistic [pətɜːnə'lɪstɪk] *adj* paternalista.
paternity [pə'tɜːnɪtɪ] *n* paternidad *f*.
 ▪ **paternity suit** *JUR* demanda de paternidad.
path [pɑːθ]
 1 *n (track)* camino, sendero, senda: **keep
 to the path** seguir el camino; **they
 cleared a path through the forest**
 abrieron un camino por el bosque.
 2 *n (course of bullet, missile)* trayectoria; *(of
 flight)* rumbo; *(of moon, sun)* recorrido,
 trayectoria: **she walked into the path
 of an approaching car** se cruzó en el
 camino de un coche que se acercaba.
 ✦ **to be on the right path** ir bien encaminado,-a.
 to lead somebody up the garden path
 llevar a alguien al huerto.
pathetic [pə'θetɪk]
 1 *adj (rousing pity)* patético,-a.
 2 *adj (awful, hopeless)* malísimo,-a, pésimo,-a: **you're pathetic!** ¡eres inútil!
pathetically [pə'θetɪklɪ]
 1 *adv (pitiably)* patéticamente.
 2 *adv fam (badly, hopelessly)* que da lástima, que da pena.
 ✦ **to say something pathetically** decir
 algo con voz lastimera.
pathological [pæθə'lɒdʒɪkəl] *adj* patológico,-a.
pathologist [pə'θɒlədʒɪst] *n* patólogo,-a.
pathology [pə'θɒlədʒɪ] *n* patología.

pathos ['peɪθɒs] *n* patetismo.
pathway ['pɑːθweɪ] *n* camino, sendero.
patience ['peɪʃəns]
 1 *n (quality)* paciencia: **I lost my patience** perdí la paciencia; **you need
 patience to do a jigsaw** hace falta paciencia para hacer un puzzle.
 2 *n (card game)* solitario.
 ✦ **patience is a virtue** la paciencia es la
 madre de la ciencia.
 to have the patience of a saint tener
 más paciencia que un santo.
 to play patience hacer solitarios.
 to try somebody's patience poner a
 prueba la paciencia de alguien.
patient ['peɪʃənt]
 1 *adj (person - gen)* paciente; *(long-suffering)* sufrido,-a: **be patient with him**
 ten paciencia con él; **she's very patient** tiene mucha paciencia.
 2 *n* paciente *mf*, enfermo,-a.
patiently ['peɪʃəntlɪ] *adv* pacientemente, con paciencia.
patina ['pætɪnə] *n* pátina.
patio ['pætɪəʊ] *n* patio.
 ▲ *pl* **patios**.
patriarch ['peɪtrɪɑːk] *n* patriarca *m*.
patriarchal [peɪtrɪ'ɑːkəl] *adj* patriarcal.
patriarchy ['peɪtrɪɑːkɪ] *n* patriarcado.
 ▲ *pl* **patriarchies**.
patrician [pə'trɪʃən]
 1 *adj* patricio,-a.
 2 *n* patricio.
patricide ['pætrɪsaɪd]
 1 *n (crime)* parricidio.
 2 *n (person)* parricida *mf*.
patrimony ['pætrɪmənɪ] *n* patrimonio.
patriot ['peɪtrɪət] *n* patriota *mf*.
patriotic [pætrɪ'ɒtɪk] *adj* patriótico,-a.
patriotism ['pætrɪətɪzəm] *n* patriotismo.
patrol [pə'trəʊl]
 1 *n (act)* patrulla, ronda; *(person, group)*
 patrulla.
 2 *vt (area)* patrullar por, estar de patrulla
 en.
 3 *vi* patrullar.
 ✦ **to be on patrol** patrullar, estar de patrulla.
 ▪ **patrol boat** patrullera.
 patrol car coche *m* patrulla.
 ▲ *pt & pp* **patrolled** (US **patroled**), *ger* **pa-
 trolling** (US **patroling**).
patrolman [pə'trəʊlmən] *n US* policía
 m, guardia *m*.
 ▲ *pl* **patrolmen** [pə'trəʊlmən].
patron ['peɪtrən]
 1 *adj (customer)* cliente,-a habitual, parroquiano,-a.
 2 *adj (sponsor - of charity, cause)* patrocinador,-ra; *(of arts)* mecenas *m*.
 ▪ **patron saint** patrón,-ona, santo,-a patrón,-ona.
patronage ['pætrənɪdʒ]
 1 *n (sponsorship - of charity, cause)* patrocinio; *(of arts)* mecenazgo.

 2 *n (custom)* clientela, parroquia.
 3 *n POL pej* enchufe *m*, influencias *fpl*.
patronise ['pætrənaɪz] *vt* → **patronize**.
patronize ['pætrənaɪz]
 1 *vt (shop, hotel)* ser cliente,-a (habitual)
 de; *(club, cinema)* frecuentar.
 2 *vt (sponsor - gen)* patrocinar; *(arts)* proteger, fomentar.
 3 *vt pej (condescend to)* tratar con condescendencia.
patronizing ['pætrənaɪzɪŋ] *adj pej* condescendiente.
patronymic [pætrə'nɪmɪk] *n* patronímico.
patter¹ ['pætə'']
 1 *n (of rain)* repiqueteo, golpeteo; *(of footsteps)* ruido.
 2 *vi (rain)* repiquetear, golpear; *(feet, person)* corretear, trotar.
 ✦ **the patter of tiny feet** pasitos de
 niño.
patter² ['pætə''] *n fam (talk)* parloteo, palabrería, labia.
pattern ['pætən]
 1 *n (decorative design)* diseño, dibujo; *(on
 fabric)* diseño, estampado.
 2 *n (way something develops)* orden *m*,
 estructura, pauta: **behaviour pattern**
 patrón de conducta; **the illness followed its usual pattern** la enfermedad siguió las pautas normales; **a
 pattern began to emerge after the
 third murder** después del tercer asesinato se empezaron a detectar ciertos
 rasgos en común.
 3 *n (example, model)* ejemplo, modelo.
 4 *n (for sewing, knitting)* patrón *m*; *(sample)* muestra.
 ✦ **to pattern oneself on somebody** imitar a alguien, seguir el ejemplo de alguien, tomar a alguien como modelo.
 to pattern something on something
 inspirarse algo en algo, tomar algo como modelo para algo.
 ▪ **pattern book** *(of wallpaper, fabrics)*
 muestrario, libro de muestras; *(of dress
 patterns)* revista de patrones.
patterned ['pætənd] *adj (gen)* con dibujos, decorado,-a; *(fabric)* estampado,-a.
paucity ['pɔːsɪtɪ] *n* parvedad *f*.
paunch [pɔːntʃ] *n* panza, barriga.
paunchy ['pɔːntʃɪ] *adj* barrigón,-ona,
 panzudo,-a.
 ▲ *comp* **paunchier**, *superl* **paunchiest**.
pauper ['pɔːpə''] *n* pobre *mf*, indigente *mf*.
 ▪ **pauper's grave** fosa común.
pause [pɔːz]
 1 *n (gen)* pausa; *(silence)* silencio; *(rest)*
 descanso: **without pausing** sin interrupción; **there was a slight pause in
 the conversation** la conversación se
 interrumpió por un instante.
 2 *n MUS* pausa.
 3 *vi (gen)* hacer una pausa; *(stop moving)* detenerse.
 ✦ **to pause for breath** parar para recobrar el aliento.

pave [peɪv] *vt (with concrete - road)* pavimentar; *(with flagstones)* enlosar; *(with stones)* empredrar, adoquinar; *(with bricks)* enladrillar.
+ **to pave the way for somebody/something** preparar el terreno para alguien/algo.

pavement ['peɪvmənt]
1 *n GB* acera.
2 *n US* calzada, pavimento.

pavilion [pə'vɪljən]
1 *n (at exhibition)* pabellón *m*.
2 *n GB (cricket)* vestuarios *mpl*.

paving ['peɪvɪŋ] *n (paved area - on road)* pavimento; *(of flagstones)* enlosado; *(of stones)* empedrado, adoquinado; *(of bricks)* enladrillado.
■ **paving stone** baldosa, losa.

paw [pɔː]
1 *n ZOOL (foot)* pata; *(claw - of big cats)* zarpa, garra.
2 *n fam (person's hand)* manaza, zarpa, garra.
3 *vt (animal)* tocar con la pata; *(lion)* dar zarpazos.
4 *vt pej (person)* manosear, sobar.
+ **to paw the ground** *(horse)* piafar.

pawn¹ [pɔːn]
1 *n (in chess)* peón *m*.
2 *vt fig (unimportant person)* juguete *m*, marioneta, títere *m*.
+ **to be somebody's pawn** *fig* ser un juguete en manos de alguien.

pawn² [pɔːn]
1 *n (pledge)* prenda.
2 *vt* empeñar.
+ **in pawn** en prenda.
to place/put something in pawn entregar algo en prenda, empeñar algo.

pawnbroker ['pɔːnbrəʊkəʳ] *n* prestamista *mf*.

pawnshop ['pɔːnʃɒp] *n* monte *m* de piedad, casa de empeños.

pawpaw ['pɔːpɔː] *n GB (fruit)* papaya; *(tree)* papayo.

pay [peɪ]
1 *n (wages)* paga, sueldo, salario: **equal pay** igualdad de salarios.
2 *vt (gen)* pagar; *(bill, debt)* pagar, saldar: **I paid him 10 pounds to mend my bike** le pagué 10 libras para que me arreglara la bici; **how much did you pay for that dress?** ¿cuánto te costó ese vestido?, ¿cuánto pagaste por ese vestido?; **he still hasn't paid me for the meal** aún no me ha pagado la comida; **I wouldn't go out with him if you paid me** no saldría con él ni que me pagaran.
3 *vt (make, give - attention)* prestar; *(homage, tribute)* rendir; *(respects)* presentar, ofrecer; *(compliment, visit, call)* hacer.
4 *vt FIN (make, give - interest, dividends)* dar.
5 *vt (be worthwhile)* compensar, convenir: **it'll pay you to keep your mouth shut** te conviene no decir ni pío.

6 *vi (gen)* pagar: **you don't have to pay to go in** no hay que pagar para entrar; **I'll pay for it** yo lo pagaré; **the company paid for him to go to New York** la empresa le pagó el viaje a Nueva York; **this kind of work pays very well** este tipo de trabajo está muy bien pagado.
7 *vi fig (suffer)* pagar (**for**, -): **he'll pay for this!** ¡me las pagará!; **I paid dearly for my haste** pagué muy cara mi prisa.
8 *vi (be profitable - business etc)* ser rentable, ser factible.
9 *vi (be worthwhile)* compensar, convenir: **crime doesn't pay** el crimen no compensa.
▶ **to pay back**
1 *vt sep (money)* devolver, reembolsar; *(loan, mortgage)* pagar: **I'll pay you back tomorrow** te devolveré el dinero mañana.
2 *vt sep fig (take revenge on)* hacer pagar a: **I'll pay you back for this!** ¡te haré pagar por esto!
to pay in *vt sep (money, cheque)* ingresar: **she paid the money into her account** ingresó el dinero en su cuenta.
to pay off
1 *vt sep (debt)* saldar, liquidar, cancelar; *(loan)* pagar; *(mortgage)* acabar de pagar.
2 *vt sep (worker)* liquidar el sueldo a, dar el finiquito a.
3 *vi (be successful)* dar resultado; *(prove worthwhile)* valer la pena.
to pay out
1 *vt sep (money - spend)* desembolsar (**on**, en); *(- give out)* pagar.
2 *vt sep (rope)* ir soltando.
3 *vi* pagar.
to pay up *vi* pagar.
+ **pay per view** pagar por ver, pago por visión.
there will be hell to pay se va a armar la gorda.
to be in somebody's pay ser empleado,-a de alguien, estar a sueldo de alguien.
to get paid cobrar: **how much do you get paid?** ¿cuánto cobras?
to pay by cheque pagar con talón, pagar con cheque.
to pay cash/pay in cash pagar al contado, pagar en efectivo.
to pay in advance pagar por adelantado.
to pay in instalments pagar a plazos.
to pay one's way pagar su parte.
to pay through the nose pagar un dineral.
■ **overtime pay** dinero de horas extras.
pay cheque sueldo, cheque *m* del sueldo.
pay claim reivindicación *f* salarial.
pay packet sobre *m* de la paga.
pay phone teléfono público.
pay rise aumento de sueldo.
pay slip nómina, hoja de salario.
▲ *pt & pp* **paid** [peɪd].

payable ['peɪəbəl] *adj* pagadero,-a.
+ **to make a cheque payable to somebody** extender un talón a favor de alguien, extender un talón a nombre de alguien.

payday ['peɪdeɪ] *n* día *m* de paga.

PAYE ['piː'eɪ'waɪ'iː] *abbr GB* (**pay as you earn**) recaudación de impuestos mediante retenciones practicadas sobre el sueldo.

payee [peɪ'iː] *n* beneficiario,-a.

payer ['peɪəʳ] *n* pagador,-ra.

paying guest ['peɪɪŋ'gest] *adj* huésped, -a de pago.

paymaster ['peɪmɑːstəʳ] *n* (oficial *mf*) pagador,-ra.
■ **Paymaster General** *GB* funcionario,-a encargado,-a del pago de sueldos a los funcionarios.

payment ['peɪmənt]
1 *n (paying)* pago: **on payment of** mediante pago de.
2 *n (amount paid)* pago, remuneración *f*: **she wanted no payment for her work** no quería cobrar por su trabajo.
3 *n (instalment)* plazo.
4 *n (reward)* pago, recompensa.
■ **annual payment** anualidad *f*, pago anual.
down payment entrada, pago inicial.
monthly payment mensualidad *f*, pago mensual.

payoff ['peɪɒf]
1 *n (payment - gen)* pago; *(of debt)* liquidación *f*, *(of redundancy money)* indemnización *f*.
2 *n fam (bribe)* soborno.
3 *n (climax, outcome)* desenlace *m*, resultado.

payroll ['peɪrəʊl] *n (gen)* nómina.
+ **to be on the payroll** estar en nómina, estar en plantilla.

PC ['piː'siː] *abbr GB* (**Police Constable**) agente *mf* de policía.

pc¹ [pɜː'sent] *abbr* (**per cent**) por ciento; *(abbreviation)* p.c.

pc² ['pəʊstkɑːd] *abbr* (**postcard**) tarjeta postal, postal *f*.

pc³ ['piː'siː] *abbr* (**personal computer**) ordenador *m* personal; *(abbreviation)* PC.

pct [pɜː'sent] *abbr* (**per cent**) por ciento; *(abbreviation)* p.c.

pd [peɪd] *abbr* (**paid**) pagado,-a.

PDF ['piː'diː'ef] *abbr* (**portable document format**) formato de documento portátil; *(abreviatura)* PDF

PE ['piː'iː] *abbr* (**physical education**) educación física.

pea [piː] *n* guisante *m*.
+ **to be alike as two peas in a pod** parecerse como dos gotas de agua.
■ **pea green** verde *m* guisante.

peace [piːs]
1 *n (not war)* paz *f*.
2 *n (tranquillity)* paz *f*, tranquilidad *f*, sosiego: **he doesn't give me a moment's**

peace no me deja en paz ni un momento; I just want a bit of peace and quiet solo quiero un poco de paz y de tranquilidad.

✦ **at peace/in peace** en paz.
"Rest in peace" "Descanse en paz".
to hold one's peace guardar silencio: speak now or forever hold your peace hable ahora o calle para siempre.
to keep the peace JUR mantener el orden.
to make one's peace with somebody hacer las paces con alguien.
to make peace (people) hacer las paces; (countries) firmar la paz.
▪ **Peace Corps** Cuerpo de Paz.
peace movement movimiento pacifista.
peace of mind tranquilidad f de espíritu, serenidad f.
peace offering prenda de paz, ofrenda de paz.
peace talks negociaciones fpl por la paz.
peace treaty tratado de paz.

peaceable ['pi:səbəl] adj pacífico,-a.

peaceful ['pi:sfʊl]
1 adj (non-violent) pacífico,-a, no violento,-a.
2 adj (calm) tranquilo,-a, sosegado,-a.

peacefully ['pi:sfʊlɪ] adv (quietly) tranquilamente; (non violently) pacíficamente.
✦ **to die peacefully** morir sin sufrir.

peacefulness ['pi:sfʊlnəs] n (quietness) paz f, tranquilidad f, sosiego.

peace-keeping ['pi:ski:pɪŋ] adj de paz, pacificador,-ra.
▪ **peace-keeping forces** fuerzas fpl de paz, fuerzas fpl pacificadoras.

peace-loving ['pi:slʌvɪŋ] adj amante de la paz, pacífico,-a.

peacemaker ['pi:smeɪkə'] n pacificador,-ra, conciliador,-ra.

peacetime ['pi:staɪm] n tiempos mpl de paz.

peach [pi:tʃ]
1 n (fruit) melocotón m.
2 n (colour) (color m) melocotón m.
3 adj de color melocotón.
▪ **peach tree** melocotonero.

peacock ['pi:kɒk] n pavo real.

peahen ['pi:hen] n pava real.

peak [pi:k]
1 n GEOG (of mountain) pico; (summit) cima, cumbre f.
2 n fig (highest point) cumbre f, cúspide f, punto álgido; (climax) apogeo, punto culminante.
3 n (of cap) visera.
4 adj (maximum) máximo,-a: peak rate tarifa máxima; during peak periods durante las horas de mayor consumo.
5 vi (demand, sales, etc) alcanzar su nivel más alto, alcanzar su punto máximo; (career) alcanzar su apogeo; (athlete) alcanzar su mejor momento.

▪ **peak hours** horas fpl punta.
peak season temporada alta.

peaked [pi:kt] adj (cap) con visera.

peaky ['pi:kɪ] adj fam pálido,-a, paliducho,-a.
▲ comp peakier, superl peakiest.

peal [pi:l]
1 n (of bells) repique m.
2 vt (bells) repicar, tocar a vuelo.
3 vi (bells) repicar, tocar a vuelo.
▪ **a peal of thunder** un trueno: peals of laughter carcajadas fpl.

peanut ['pi:nʌt]
1 n cacahuete m.
2 peanuts npl (small amount) una miseria.
▪ **peanut butter** mantequilla de cacahuete.

pear [peə'] n (fruit) pera.
▪ **pear tree** peral m.

pearl [pɜːl]
1 n perla: are those pearls real or cultured? ¿esas perlas son auténticas o cultivadas?; he gave her a string of pearls le regaló un collar de perlas.
2 n fig (thing of value, beauty, etc) joya.
3 adj (necklace etc) de perlas; (button) de nácar, de madreperla.
▪ **pearl barley** cebada perlada.
pearl diver pescador,-ra de perlas.
pearl grey gris mpl perla.
pearl oyster ostra perlífera.

pearly ['pɜːlɪ] adj nacarado,-a, perlado,-a: pearly teeth dientes de perla.
▪ **the Pearly Gates** las puertas del Paraíso.
▲ comp pearlier, superl pearliest.

pear-shaped ['peəʃeɪpt] adj en forma de pera.

peasant ['pezənt]
1 adj campesino,-a, rural.
2 n (gen) campesino,-a.
3 n pej (uncultured person) inculto,-a, palurdo,-a.

peasantry ['pezəntrɪ] n campesinado.

peashooter ['pi:ʃuːtə'] n canuto, cerbatana.

peat [pi:t] n turba.
▪ **peat bog** turbera.

peaty ['pi:tɪ]
1 adj (taste) que sabe a turba; (smell) que huele a turba.
2 adj (containing peat) de turba.
▲ comp peatier, superl peatiest.

pebble ['pebəl] n guija, guijarro, china, piedrecita.

pebbly ['pebəlɪ] adj (beach) guijarroso,-a.

pecan ['pi:kæn] n (nut) pacana; (tree) pacanero.

peck [pek]
1 n (of bird) picotazo; (kiss) beso, besito.
2 vt (bird) picotear; (kiss) dar un besito a.
3 vi (bird) picotear (at, -).
✦ **to peck at one's food** picar la comida.

pecker ['pekə'] **to keep one's pecker up** phr no desanimarse.

pecking order ['pekɪŋɔːdə'] n jerarquía.

peckish ['pekɪʃ] adj fam algo hambriento,-a.
✦ **to feel peckish** tener un poco de hambre.

pectin ['pektɪn] n pectina.

pectoral ['pektərəl]
1 adj pectoral.
2 pectorals npl músculos mpl pectorales, pectorales mpl.

peculiar [pɪ'kju:lɪə']
1 adj (strange) extraño,-a, raro,-a; (unwell) indispuesto,-a.
2 adj (particular) característico,-a (to, de), propio,-a (to, de).

peculiarity [pɪkju:lɪ'ærɪtɪ]
1 n (oddity) rareza, cosa extraña, singularidad f.
2 n (distinctive feature, characteristic) característica, peculiaridad f, particularidad f.
▲ pl peculiarities.

peculiarly [pɪ'kju:lɪəlɪ]
1 adv (strangely) de forma rara, de forma extraña.
2 adv (especially, more than usually) especialmente, particularmente.
3 adv (exclusively) peculiarmente, típicamente.

pecuniary [pɪ'kju:nɪərɪ] adj fml (motives, advantage) pecuniario,-a; (problems) monetario,-a, financiero,-a.

pedagog ['pedəgɒg] n US pedagogo,-a.

pedagogical [pedə'gɒdʒɪkəl] adj pedagógico,-a.

pedagogically [pedə'gɒdʒɪkəlɪ] adv pedagógicamente.

pedagogue ['pedəgɒg] n pedagogo,-a.

pedagogy ['pedəgɒdʒɪ] n pedagogía.

pedal ['pedəl]
1 n (gen) pedal m.
2 vi pedalear.
3 vt (bicycle, boat) dar a los pedales de, impulsar pedaleando.
▪ **pedal bin** cubo de la basura con pedal.
▲ pt & pp pedalled (US pedaled), ger pedalling (US pedaling).

pedalo ['pedələʊ] n patín m.
▲ pl pedalos o pedaloes.

pedant ['pedənt] n pedante mf.

pedantic [pə'dæntɪk] adj pedante.

pedantry ['pedəntrɪ] n pedantería.

peddle ['pedəl]
1 vt COMM vender de puerta en puerta.
2 vi COMM vender de puerta en puerta.
✦ **to peddle drugs** traficar con drogas, pasar droga.

peddler ['pedlə']
1 n US → pedlar.
2 n (drug pusher) traficante mf de drogas.

pederast ['pedəræst] n pederasta m.

pedestal ['pedɪstəl] n pedestal m.
✦ **to put somebody on a pedestal** poner a alguien sobre un pedestal.
▪ **pedestal table** mesa con pie central.

pedestrian [pə'destrɪən]
1 *n* peatón,-ona.
2 *adj (dull)* pedestre.
▪ **pedestrian crossing** paso de peatones.
pedestrian precinct zona peatonal.

pediatric [pi:dɪ'ætrɪk] *adj US* pediátrico,-a.

pediatrician [pi:dɪə'trɪʃən] *n US* pediatra *mf.*

pediatrics [pi:dɪ'ætrɪks] *n US* pediatría.

pedicure ['pedɪkjʊəʳ] *n* pedicura.
✦ **to have a pedicure** hacerse los pies, arreglarse los pies.

pedigree ['pedɪgri:]
1 *n (of animals)* pedigrí *m; (of people)* linaje *m.*
2 *n (family tree)* árbol *m* genealógico.
3 *adj* de raza.

pediment ['pedɪmənt] *n* frontón *m*, frontis *m.*

pedlar ['pedləʳ] *n* vendedor,-ra ambulante, buhonero,-a.

pedometer [pe'dɒmɪtəʳ] *n* podómetro.

pedophile ['pi:dəfaɪl] *n US* pedófilo,-a.

pedophilia [pi:də'fɪlɪə] *n US* pedofilia.

pee [pi:]
1 *n fam* pis *m*, pipí *m.*
2 *vi fam* hacer pis, hacer pipí.
✦ **to have a piss** hacer pis, hacer pipí.

peek [pi:k]
1 *n* ojeada, miradita.
2 *vi* mirar (a hurtadillas).
✦ **to have a peek at/take a peek at** echar una ojeada a, echar una miradita a.

peel [pi:l]
1 *n (skin - gen)* piel *f*, *(- of orange, lemon, etc)* corteza, cáscara, monda, mondadura.
2 *vt* pelar, quitar la piel de.
3 *vi (skin)* pelarse; *(paint)* desconcharse; *(wallpaper)* despegarse.
▶ **to peel back** *vt sep* quitar, despegar.
to peel off
1 *vt sep (fruit)* pelar, quitar la piel de; *(clothes)* quitarse.
2 *vi (skin)* pelarse; *(paint)* desconcharse; *(wallpaper)* despegarse.
✦ **to keep one's eyes peeled** estar ojo avizor.

peeler ['pi:ləʳ] **potato peeler** *n* pelapatatas *m.*

peelings ['pi:lɪŋz] *npl* peladuras *fpl*, mondaduras *fpl.*

peep¹ [pi:p]
1 *n (look)* ojeada, vistazo.
2 *vi* espiar, atisbar, mirar a hurtadillas.
✦ **to have a peep at/take a peep at** echar una ojeada a, echar un vistazo a.

peep² [pi:p] *n (noise)* pío: I don't want to hear another peep out of you! ¡que no te oiga decir ni pío!

peephole ['pi:phəʊl] *n* mirilla.

peeping Tom [pi:pɪŋ'tɒm] *n pej* mirón *m.*

peepshow ['pi:pʃəʊ] *n (machine)* mundonuevo, cosmorama *m.*

peer¹ [pɪəʳ] *vi (look closely)* mirar detenidamente (**at**, -); *(short-sightedly)* mirar con ojos de miope (**at**, -).

peer² [pɪəʳ]
1 *n (equal)* par *mf*, igual *mf; (contemporary)* coetáneo,-a.
2 *n GB (noble)* par *mf*, noble *mf.*
✦ **to be a life peer** tener un título de nobleza vitalicio.
to be made a peer adquirir un título de nobleza.
▪ **peer group** grupo paritario.
peer pressure/peer group pressure presión *f* que ejercen los compañeros.

peerage ['pɪərɪdʒ]
1 *n (rank)* título nobiliario.
2 **the peerage** *n (nobility)* la nobleza.
✦ **to give somebody a peerage** otorgar a alguien un título de nobleza.

peeress ['pɪəres] *n* paresa.

peerless ['pɪələs] *adj* sin par, sin igual, incomparable.

peeve [pi:v] *vt fam (annoy)* fastidiar, molestar, dar rabia a.

peeved [pi:vd] *adj fam (annoyed)* fastidiado,-a, molesto,-a, picado,-a, mosqueado,-a.

peevish ['pi:vɪʃ] *adj fam (irritable)* malhumorado,-a.

peevishly ['pi:vɪʃlɪ] *adv* con mal humor, de mala manera.

peg [peg]
1 *n (for hanging clothes on)* percha, colgador *m.*
2 *n TECH* clavija.
3 *vt (clothes)* tender (**out**, -); *(tent)* fijar con estacas (**down**, -).
4 *vt (prices)* fijar, estabilizar.
▶ **to peg out**
1 *vi fam (die)* estirar la pata, palmarla.
2 *vt sep (boundary)* marcar con estacas.
✦ **to buy clothes off the peg** comprar ropa de confección.
to take somebody down a peg or two bajarle los humos a alguien.
▪ **tent peg** estaca, estaquilla.
tuning peg clavija.
▲ *pt & pp* **pegged**, *ger* **pegging.**

pejorative [pə'dʒɒrətɪv] *adj* peyorativo,-a, despectivo,-a.

Pekinese [pi:kə'ni:z]
1 *adj* pequinés,-esa.
2 *n (person)* pequinés,-esa.
3 *n (dog)* (perro) pequinés *m.*

Peking [pi:'kɪŋ] *n* Pekín.

pelican ['pelɪkən] *n* pelícano.
▪ **pelican crossing** *GB* paso de peatones.

pellagra [pe'lægrə] *n* mal *m* de la rosa.

pellet ['pelɪt]
1 *n (small ball)* bolita.
2 *n (piece of shot)* perdigón *m.*

pell-mell [pel'mel] *adv (untidily)* desordenadamente, sin orden ni concierto; *(in a hurry)* precipitadamente, en tropel.

pelmet ['pelmɪt] *n GB* galería (de cortina).

peloton ['pelətɒn] *n SP* pelotón *m.*

pelt¹ [pelt]
1 *vt* tirar, lanzar, arrojar: they pelted him with eggs le tiraron huevos; he was pelted with questions lo bombardearon a preguntas.
2 *vi (rain)* llover a cántaros (**down**, -).
3 *vi (run)* correr a toda prisa, correr a toda pastilla; *(move fast)* ir a toda máquina, ir como un bólido.
✦ **to pelt somebody with stones** apedrear a alguien.

pelt² [pelt] *n (skin)* piel *f*, pellejo.

pelvic ['pelvɪk] *adj* pélvico,-a.

pelvis¹ ['pelvɪs] *n* pelvis *f.*

pen¹ [pen]
1 *n (gen)* pluma; *(ballpoint)* bolígrafo, boli *m.*
2 *vt (write - gen)* escribir; *(article)* redactar; *(verse)* componer.
✦ **to live by the pen** ganarse la vida con la pluma.
to put pen to paper tomar la pluma, escribir.
▪ **pen name** seudónimo.
▲ *pt & pp* **penned**, *ger* **penning.**

pen² [pen] *n (for animals)* corral *m; (for sheep)* aprisco, redil *m.*
▶ **to pen in/pen up** *vt sep* encerrar, acorralar.

pen³ [pen] *n US fam (penitentiary)* chirona, talego.

penal ['pi:nəl] *adj* penal.
▪ **penal code** código penal.
penal offence infracción *f* penal, delito penal.
penal servitude *GB* trabajos *mpl* forzados.

penalisation [pi:nəlaɪ'zeɪʃən] *n →* **penalization.**

penalise ['pi:nəlaɪz] *vt →* **penalize.**

penalization [pi:nəlaɪ'zeɪʃən] *n* penalización *f.*

penalize ['pi:nəlaɪz]
1 *vt (punish)* castigar, sancionar.
2 *vt SP* penalizar.
3 *vt (put at a disadvantage)* perjudicar.

penalty ['penəltɪ]
1 *n (gen)* pena, castigo; *(fine)* multa.
2 *n SP (gen)* castigo (máximo); *(football)* penalti *m.*
3 *n (disadvantage)* desventaja, inconveniente *m.*
✦ **to pay the penalty for something** pagar las consecuencias de algo, cargar con las consecuencias de algo.
▪ **penalty area** *SP* área de penalti, área de castigo.
penalty clause *JUR* cláusula de penalización.
penalty kick *SP* penalti *m.*
▲ *pl* **penalties.**

penance ['penəns] *n* penitencia.
✦ **to do penance for something** hacer penitencia por algo.

pence [pens] *npl* → penny.

penchant ['pɒnʃɒn] *n* inclinación *f* (**for**, por), afición *f* (**for**, por).

pencil ['pensəl]
1 *n* lápiz *m*: write in pencil escribir con lápiz.
2 *vt* (*write*) escribir con lápiz; (*draw*) dibujar con lápiz.
▸ **to pencil in** *vt sep* apuntar provisionalmente, anotar provisionalmente.
■ **eyebrow pencil** lápiz *m* de cejas.
pencil case plumero, estuche *m* de lápices.
pencil drawing dibujo a lápiz.
pencil sharpener sacapuntas *m*.
pencil skirt falda tubo.
▲ *pt & pp* **pencilled** (*US* **penciled**), *ger* **pencilling** (*US* **penciling**).

pendant ['pendənt] *n* colgante *m*.

pending ['pendɪŋ]
1 *adj* (*waiting to be decided or settled*) pendiente; (*imminent*) próximo,-a, inminente.
2 *prep* (*until*) hasta; (*while awaiting*) en espera de.

pendulum ['pendjʊləm] *n* péndulo.

penetrate ['penɪtreɪt]
1 *vt* (*gen*) penetrar en; (*clothing*) atravesar, traspasar; (*organization*) infiltrarse en.
2 *vt* (*seep into*) penetrar (en), calar (en).
3 *vt* (*understand*) penetrar, entender.
4 *vi* (*gen*) penetrar (**into**, en), entrar (**into**, en); (*clothing*) atravesar (**through**, -).
5 *vi* (*sink in*) causar impresión, hacer mella en.

penetrating ['penɪtreɪtɪŋ] *adj* (*gen*) penetrante; (*mind*) penetrante, perspicaz; (*sound*) penetrante, agudo,-a.

penetration [penɪ'treɪʃən]
1 *n* (*gen*) penetración *f*.
2 *n* (*insight*) penetración *f*, perspicacia, agudeza.

penfriend ['penfrend] *n* amigo,-a por correspondencia: I've got a penfriend in Sweden me carteo con un amigo en Suecia.

penguin ['peŋgwɪn] *n* pingüino.

penicillin [penɪ'sɪlɪn] *n* penicilina.

peninsula [pə'nɪnsjʊlə] *n* península.
■ **the Iberian Peninsula** la Península Ibérica.

peninsular [pə'nɪnsjʊlə'] *adj* peninsular.
■ **the Peninsular War** la Guerra de Independencia Española.

penis ['piːnɪs] *n* ANAT pene *m*.
▲ *pl* **penises** o **penes** ['piːniːz].

penitence ['penɪtəns]
1 *n* REL penitencia.
2 *n* (*sorrow*) arrepentimiento.

penitent ['penɪtənt]
1 *adj* REL penitente.
2 *adj* (*sorry*) arrepentido,-a.
3 *n* REL penitente *mf*.

penitentiary [penɪ'tenʃərɪ] *n* US penitenciaría, cárcel *f*, prisión *f*, penal *m*.
▲ *pl* **penitentiaries**.

penknife ['pennaɪf] *n* cortaplumas *m*, navaja.
▲ *pl* **penknives** ['pennaɪvz].

pennant ['penənt]
1 *n* (*gen*) banderín *m*.
2 *n* MAR gallardete *m*.

penniless ['penɪləs] *adj* pobre, sin dinero.
✦ **to be penniless** estar sin un céntimo, estar sin un duro.

Pennines ['penaɪnz] **the Pennines** *n* los (montes) Peninos.

Pennsylvania [pensɪl'veɪnɪə] *n* Pensilvania.

penny ['penɪ]
1 *n* GB penique *m*: a fifty pence piece una moneda de cincuenta peniques.
2 *n* US centavo.
✦ **a penny for your thoughts** ¿en qué estás pensando?
in for a penny, in for a pound de perdidos, al río.
not to have a penny to one's name estar sin un duro, no tener dónde caerse muerto,-a.
the penny dropped caí (*cayó etc*) en la cuenta.
to be two a penny/be ten a penny haber a montones.
to cost a pretty penny costar un dineral.
to spend a penny ir al servicio.
to turn up like a bad penny aparecer en todas partes.
▲ *pl* **pence**.

penny-farthing [penɪ'fɑːðɪŋ] *n* biciclo.

penny-pinching ['penɪpɪntʃɪŋ] *adj* tacaño,-a, cicatero,-a.

pennyroyal [penɪ'rɔɪəl] *n* poleo.

penpal ['penpæl] *n* US amigo,-a por correspondencia.

penpusher ['penpʊʃə'] *n* chupatintas *mf*.

pension ['penʃən] *n* pensión *f*.
▸ **to pension off** *vt sep* jubilar.
✦ **to be on a pension/draw a pension** cobrar una pensión.
■ **pension fund** fondo de pensiones.
pension plan/pension scheme plan *m* de jubilación.
retirement pension jubilación *f*, pensión *f*.
widow's pension pensión *f* de viudedad, viudedad *f*.

pensioner ['penʃənə'] *n* jubilado,-a, pensionista *mf*.

pensive ['pensɪv] *adj* (*thoughtful*) pensativo,-a, meditabundo,-a; (*melancholy*) melancólico,-a.

pensively ['pensɪvlɪ] *adv* (*thoughtfully*) con aire pensativo; (*sadly*) con aire melancólico.

pentagon ['pentəgən] *n* pentágono.
■ **the Pentagon** US el Pentágono.

pentathlon [pen'tæθlən] *n* pentatlón *m*.

Pentecost ['pentɪkɒst] *n* Pentecostés *m*.

penthouse ['penthaus] *n* ático, sobreático.

pent-up ['pentʌp]
1 *adj* (*confined*) encerrado,-a.
2 *adj* (*repressed - emotions*) contenido,-a, reprimido,-a.

penultimate [pɪ'nʌltɪmət] *adj* penúltimo,-a.

penumbra [pe'nʌmbrə] *n* penumbra.

penury ['penjʊrɪ] *n* penuria, miseria, pobreza.
✦ **to live in penury** vivir en la miseria.

peony ['piːənɪ] *n* BOT peonía.
▲ *pl* **peonies**.

people ['piːpəl]
1 *npl* (*gen*) gente *f*, personas *fpl*: a lot of people mucha gente; most people la mayoría de la gente; over a hundred people más de cien personas; people say that ... dicen que ..., se dice que ...
2 *npl* (*citizens*) ciudadanos *mpl*; (*inhabitants*) habitantes *mpl*: power to the people! ¡poder para el pueblo!
3 *npl* (*family*) familia, gente *f*.
4 *n* (*nation, race*) pueblo, nación *f*.
5 *vt* poblar.
■ **old people** los viejos *mpl*, los ancianos *mpl*, la gente *f* mayor.
people carrier monovolumen *m*.
people's republic república popular.
the common people la gente *f* corriente.
young people los jóvenes *mpl*, la juventud *f*, la gente *f* joven.

pep [pep] *n fam* energía, vitalidad *f*.
▸ **to pep up** *vt sep* (*gen*) animar; (*person*) dar ánimos a.
■ **pep pill** estimulante *m*.
pep talk discurso enardecedor.

pepper ['pepə']
1 *n* (*spice*) pimienta.
2 *n* (*vegetable*) pimiento.
3 *vt* CULIN poner pimienta a, echar pimienta a.
▸ **to pepper with**
1 *vt sep* (*hit, pelt*) acribillar a.
2 *vt sep fig* (*intersperse*) salpicar de.
■ **pepper mill** molinillo de pimienta.
pepper pot pimentero.

peppercorn ['pepəkɔːn] *n* grano de pimienta.

peppermint ['pepəmɪnt]
1 *n* BOT menta.
2 *n* (*sweet*) caramelo de menta.
■ **peppermint tea** infusión *f* de menta.

peppery ['pepərɪ]
1 *adj* CULIN (*taste*) a pimienta; (*spicy*) picante.
2 *adj fig* (*person*) colérico,-a, enojadizo,-a.

peptic ['peptɪk] *adj* MED péptico,-a.
■ **peptic ulcer** úlcera estomacal.

per [pɜː'] *prep* por: 100 miles per hour 100 millas por hora; it works out at 15 pounds per person sale a 15 libras por persona; per day por día, al día.

✦ **as per** de acuerdo con, según.
as per usual como de costumbre.
per annum por año, al año.
per cent por ciento: **100 per cent** cien por cien.

perceive [pə'si:v] *vt (see)* percibir, ver; *(notice)* notar; *(realize)* darse cuenta de.

percentage [pə'sentɪdʒ] *n* porcentaje *m*.

perceptible [pə'septəbəl] *adj (visible)* perceptible, visible; *(audible)* perceptible, audible; *(noticeable)* sensible, apreciable.

perceptibly [pə'septəblɪ] *adv (visibly)* perceptiblemente, visiblemente; *(noticeably)* sensiblemente, apreciablemente.

perception [pə'sepʃən]
1 *n (sense)* percepción *f*.
2 *n (insight)* perspicacia, agudeza.
3 *n (way of understanding)* idea.

perceptive [pə'septɪv] *adj (person)* perspicaz, agudo,-a.

perch[1] [pɜ:tʃ] *n (fish)* perca.
▲ *pl* **perch** o **perches**.

perch[2] [pɜ:tʃ]
1 *n (for bird)* percha.
2 *n (high position)* posición *f* elevada, posición *f* privilegiada; *(pedestal)* pedestal *m*.
3 *vt* poner, colocar.
4 *vi (bird)* posarse (**on**, en); *(person)* sentarse (**on**, en).
✦ **to be perched** estar encaramado,-a.

percolate ['pɜ:kəleɪt]
1 *vt (coffee)* hacer (en una cafetera eléctrica).
2 *vi (gen)* filtrarse; *(coffee)* hacerse.
3 *vi (news etc)* difundirse.
■ **percolated coffee** café *m* hecho en una cafetera eléctrica.

percolator ['pɜ:kəleɪtəʳ] *n* cafetera eléctrica.

percussion [pɜ:'kʌʃən] *n* percusión *f*.
■ **percussion instrument** instrumento de percusión.

percussionist [pe'kʌʃənɪst] *n* percusionista *nf*.

peregrine ['perɪgrɪn] **peregrine (falcon)** *n* halcón *m* peregrino.

peremptory [pə'remptərɪ] *adj (person, manner)* autoritario,-a, imperioso,-a; *(command)* perentorio,-a, imperioso,-a.

perennial [pə'renɪəl]
1 *adj (plant)* perenne, vivaz.
2 *adj (problem)* perenne, perpetuo,-a, eterno,-a; *(subject)* eterno,-a, de siempre.
3 *n BOT* planta perenne, planta vivaz.

perfect ['pɜ:fɪkt]
1 *adj (gen)* perfecto,-a; *(behaviour, reputation)* intachable.
2 *adj (ideal)* perfecto,-a, ideal.
3 *adj (absolute, utter - fool)* perdido,-a, redomado,-a; *(- gentleman)* consumado; *(- waste of time)* auténtico,-a: **he's a perfect stranger to me** me es totalmente desconocido.

4 *adj LING* perfecto,-a.
5 *n LING* perfecto.
6 *vt* perfeccionar.
▲ *(verbo)* [pə'fekt].

perfection [pə'fekʃən]
1 *n (state, quality)* perfección *f*.
2 *n (act)* perfeccionamiento.
✦ **to do something to perfection** hacer algo a la perfección.

perfectionist [pə'fekʃənɪst] *n* perfeccionista *mf*.

perfectly ['pɜ:fektlɪ]
1 *adv (exactly, faultlessly)* perfectamente, a la perfección.
2 *adv (absolutely)* completamente, totalmente: **that's perfectly obvious** eso está clarísimo; **you know perfectly well that …** sabes perfectamente bien que …

perfidious [pə'fɪdɪəs] *adj* pérfido,-a.

perfidy ['pɜ:fɪdɪ] *n* perfidia.

perforate ['pɜ:fəreɪt] *vt* perforar.

perforation [pɜ:fə'reɪʃən]
1 *n MED* perforación *f*.
2 *n (on stamps etc)* perforado.

perform [pə'fɔ:m]
1 *vt (task)* ejecutar, llevar a cabo; *(function)* desempeñar, hacer, cumplir; *(experiment)* realizar; *(operation)* practicar; *(miracle)* hacer.
2 *vt (piece of music)* interpretar, tocar; *(song)* cantar; *(play)* representar, dar; *(role)* interpretar, representar; *(summersault, trick)* hacer, ejecutar.
3 *vi (actor)* actuar; *(singer)* cantar; *(musician)* tocar, interpretar; *(dancer)* bailar; *(company)* dar una representación.
4 *vi (machine)* funcionar, marchar; *(car)* andar, ir; *(person)* trabajar.

performance [pə'fɔ:məns]
1 *n (of task)* ejecución *f*, realización *f*; *(of function, duty)* ejercicio, desempeño.
2 *n (session - at theatre)* representación *f*, función *f*; *(- at cinema)* función *f*; *(- of circus, show, etc)* número, espectáculo.
3 *n (action - of song, of musician)* interpretación *f*; *(- of play)* representación *f*; *(- of actor)* interpretación *f*, actuación *f*; *(- of team)* actuación *f*.
4 *n (of machine)* funcionamiento; *(of car)* prestaciones *fpl*; *(of worker)* rendimiento, desempeño.
5 *n (fuss)* lío, follón *m*.

performer [pə'fɔ:məʳ] *n (gen)* artista *mf*, actor *m*, actriz *f*; *(musician)* artista, intérprete *mf*.

performing arts [pəfɔ:mɪŋ'ɑ:ts] *npl* artes *fpl* interpretativas.

perfume ['pɜ:fju:m]
1 *n* perfume *m*.
2 *vt* perfumar.

perfumery [pə'fju:mərɪ] *n* perfumería.

perfunctory [pə'fʌŋktərɪ] *adj (examination, inspection, search)* superficial, somero,-a; *(greeting)* mecánico,-a.

pergola ['pɜ:gələ] *n* pérgola.

perhaps [pə'hæps] *adv* quizá, quizás, tal vez, a lo mejor: **perhaps, perhaps not** puede que sí, puede que no; **perhaps so, perhaps not** tal vez sí, tal vez no; **perhaps they've got lost** quizá se hayan perdido; **perhaps he'll come later** a lo mejor viene luego.

pericarp ['perɪk.æp] *n* pericarpio.

peril ['perəl] *n (danger)* peligro.
✦ **at one's own peril** por su cuenta y riesgo.

perilous ['perɪləs] *adj (dangerous)* peligroso,-a; *(risky)* arriesgado,-a.

perilously ['perɪləslɪ] *adv* peligrosamente.

perimeter [pə'rɪmɪtəʳ] *n* perímetro.

perineum [perɪ'nɪəm] *n* perineo, periné *m*.

period ['pɪərɪəd]
1 *n (length of time)* período, periodo: **he spends long periods abroad** pasa largos períodos en el extranjero; **tests carried out during a six-month period** pruebas realizadas durante un período de seis meses.
2 *n (epoch)* época.
3 *n GEOL* período.
4 *n EDUC (lesson)* clase *f*.
5 *n (menstruation)* regla, período.
6 *n US (full stop)* punto.
7 *adj (dress, furniture)* de época.
■ **free period** *EDUC* hora libre.
period costume traje *m* de época.
period pains dolores *mpl* menstruales.
sunny periods intervalos *mpl* de sol.
the post-war period la posguerra.

periodic [pɪərɪ'ɒdɪk] *adj* periódico,-a.
■ **periodic table** *CHEM* tabla periódica.

periodical [pɪərɪ'ɒdɪkəl]
1 *adj* periódico,-a.
2 *n* publicación *f* periódica.

periodically [pɪərɪ'ɒdɪklɪ] *adv* periódicamente.

periodicity [pɪərɪə'dɪsɪtɪ] *n* periodicidad *f*.

peripatetic [perɪpə'tetɪk] *adj* itinerante.

peripheral [pə'rɪfərəl]
1 *adj (zone etc)* periférico,-a.
2 *adj (secondary)* secundario,-a.

periphery [pə'rɪfərɪ]
1 *n (of city)* periferia.
2 *n (of society)* margen *m*.

periphrasis [pə'rɪfrəsɪs] *n* perífrasis *f*.

periphrastic [perɪ'fræstɪk] *adj* perifrástico,-a.

periscope ['perɪskəup] *n* periscopio.

perish ['perɪʃ]
1 *vi (die)* perecer, fallecer.
2 *vi (decay - food)* estropearse; *(- rubber)* deteriorarse.
3 *vt (rubber)* deteriorar.

perishable ['perɪʃəbəl]
1 *adj* perecedero,-a.
2 **perishables** *npl* productos *mpl* perecederos.

perishing [ˈperɪʃɪŋ] **it's perishing** adj GB fam hace un frío que pela.

peristalsis [perɪˈstælsɪs] n perístole f.

peristaltic [perɪˈstæltɪk] adj peristáltico,-a.

peritoneum [perɪtəˈnɪəm] n peritoneo.

peritonitis [perɪtəˈnaɪtəs] n MED peritonitis f.

periwinkle [ˈperɪwɪŋkəl]
1 n BOT vincapervinca.
2 n ZOOL bígaro, caracol m de mar.

perjure [ˈpɜːdʒəʳ] **to perjure oneself** vi jurar en falso, perjurar.

perjurer [ˈpɜːdʒərəʳ] n perjuro,-a.

perjury [ˈpɜːdʒərɪ] n perjurio.
✦ **to commit perjury** cometer perjurio, jurar en falso, perjurar.

perk [pɜːk]
1 n fam (benefit) beneficio, extra m; (money, goods) gajes mpl.
2 vt → percolate.
3 vi → percolate.
▸ **to perk up**
1 vt sep animar, reanimar.
2 vi (person) animarse, reanimarse.

perky [ˈpɜːkɪ] adj animado,-a, alegre.
▲ comp perkier, superl perkiest.

perm [pɜːm] n fam (in hair) permanente f.
✦ **to have a perm** hacerse la permanente.
to have one's hair permed hacerse la permanente.
to perm somebody's hair hacer la permanente a alguien.

permanence [ˈpɜːmənəns] n permanencia.

permanent [ˈpɜːmənənt]
1 adj (lasting - gen) permanente; (dye, ink) indeleble; (scar) imborrable; (damage) irreparable.
2 adj (job, address) fijo,-a.
■ **permanent wave** permanente f.

permanently [ˈpɜːmənəntlɪ] adv (gen) permanentemente, de forma permanente; (damaged) irreparablemente; (disfigured, stained, etc) para siempre.

permanganate [pəˈmæŋɡəneɪt] n permanganato.

permeability [pɜːmɪəˈbɪlɪtɪ] n permeabilidad f.

permeable [ˈpɜːmɪəbəl] adj permeable (**to**, a).

permeate [ˈpɜːmɪeɪt]
1 vt (liquid) penetrar, calar; (smell, smoke) impregnar.
2 vt fig (mood, desire) extenderse por.
3 vi penetrar (**through**, a través de) (**into**, en).

permissible [pəˈmɪsəbəl] adj (allowed) permisible, lícito,-a; (acceptable) aceptable.

permission [pəˈmɪʃən] n (gen) permiso; (authorization) autorización f.
✦ **to ask for permission to do something** pedir permiso para hacer algo.

to give somebody permission to do something dar a alguien permiso para hacer algo.

permissive [pəˈmɪsɪv] adj permisivo,-a.

permissiveness [pəˈmɪsɪvnəs] n permisividad f.

permit
1 n (gen) permiso; (licence) permiso, licencia; (pass) pase m.
2 vt (gen) permitir; (authorize) autorizar: he was not permitted access to the meeting no se le permitió la entrada a la reunión; smoking is not permitted no se permite fumar; the girl's parents did not permit her to go out los padres de la niña no le permitían salir.
3 vi permitir: weather permitting si el tiempo lo permite.
▲ pt & pp permitted, ger permitting; (verbo) [pɜːˈmɪt].

permutation [pɜːmjʊˈteɪʃən]
1 n MATH permutación f.
2 n GB fam (in football pools) combinación f.

permute [pɜːˈmjuːt] vt permutar.

pernicious [pɜːˈnɪʃəs] adj fml pernicioso,-a.

pernickety [pɜːˈnɪkətɪ] adj fam (person) quisquilloso,-a; (job) delicado,-a.

Peronism [ˈperənɪzəm] n peronismo.

Peronist [ˈperənɪst]
1 adj peronista.
2 n peronista mf.

peroxide [pəˈrɒksaɪd] n peróxido.

perpendicular [pɜːpənˈdɪkjʊləʳ]
1 adj MATH perpendicular (**to**, a).
2 adj (upright) vertical.
3 n perpendicular f.

perpetrate [ˈpɜːpɪtreɪt] vt fml perpetrar, cometer.

perpetration [pɜːpɪˈtreɪʃən] n perpetración f.

perpetrator [ˈpɜːpɪtreɪtəʳ] n autor,-ra.

perpetual [pəˈpetjʊəl] adj (permanent) perpetuo,-a, eterno,-a; (continual) continuo,-a, constante.

perpetually [pəˈpetjʊəlɪ] adv (permanently) perpetuamente; (continually) continuamente, constantemente.

perpetuate [pəˈpetjʊeɪt] vt perpetuar.

perpetuity [pɜːpɪˈtjuːtɪ] n perpetuidad f.
✦ **in perpetuity** a perpetuidad.

perplex [pəˈpleks] vt dejar perplejo,-a, desconcertar.

perplexed [pəˈplekst] adj perplejo,-a, confuso,-a.

perplexing [pəˈpleksɪŋ] adj desconcertante.

perplexity [pəˈpleksɪtɪ] n perplejidad f.

pers [ˈpɜːsən, ˈpɜːsənəl]
1 abbr (**person**) persona.
2 abbr (**personal**) personal.

per se [pɜːˈseɪ] adv en sí, de por sí.

persecute [ˈpɜːsɪkjuːt] vt (for beliefs) perseguir; (hound, harass) atormentar, acosar.

persecution [pɜːsɪˈkjuːʃən] n persecución f.
■ **persecution complex** manía persecutoria.

persecutor [ˈpɜːsɪkjuːtəʳ] n perseguidor,-ra.

perseverance [pɜːsɪˈvɪərəns] n perseverancia.

persevere [pɜːsɪˈvɪəʳ] vi perseverar (**at/in/with**, en).

persevering [pɜːsɪˈvɪərɪŋ] adj perseverante.

Persia [ˈpɜːʒə] n Persia.

Persian [ˈpɜːʒən]
1 adj persa.
2 n (person) persa mf.
3 n (language) persa m.

persimmon [pəˈsɪmən] n caqui m, kaki m, palosanto.

persist [pəˈsɪst]
1 vi (person) persistir (**in**, en).
2 vi (pain, loyalty, belief) persistir; (rain) continuar.
✦ **to persist in doing something** insistir en hacer algo, empeñarse en hacer algo.

persistence [pəˈsɪstəns]
1 n (continuation) persistencia.
2 n (determination, insistence) perseverancia, empeño.

persistent [pəˈsɪstənt]
1 adj (person) persistente, insistente.
2 adj (cough, pain, fog) persistente; (rain) continuo,-a, persistente; (denials, rumours, warnings) continuo,-a, constante, repetido,-a.

persistently [pəˈsɪstəntlɪ] adv persistentemente.

person [ˈpɜːsən]
1 n (gen) persona: who was the first person to fly a plane? ¿quién fue la primera persona que pilotó un avión?; he's a really nice person es una persona muy simpática; she was murdered by a person or persons unknown fue asesinada por una persona o personas no identificadas.
2 n LING persona.
✦ **in person** en persona, personalmente.
person to person personalmente.
to have on one's person/have about one's person llevar encima.
▲ El plural más usual es people, pero persons se emplea en el lenguaje jurídico.

persona [pəˈsəʊnə] n (character) personaje m.

personable [ˈpɜːsənəbəl] adj (good looking) bien parecido,-a; (pleasant) amable, afable.

personage [ˈpɜːsənɪdʒ] n fml personaje m.

personal [ˈpɜːsənəl]
1 adj (private) personal, privado,-a: my personal life mi vida privada; for per-

sonal reasons por motivos personales; personal call llamada particular.

2 *adj (own)* particular, personal: **she's got a personal trainer** tiene un entrenador particular.

3 *adj (individual)* personal: **it's a personal opinion** es una opinión personal.

4 *adj (physical - appearance)* personal; *(hygiene)* íntimo,-a, personal.

5 *adj (in person)* en persona: **the actor made a personal appearance** el actor apareció en persona; **the Prime Minister made a personal visit** el Primer Ministro realizó una visita de carácter privado; **I'll give it my personal attention** me encargaré de ello personalmente.

6 *adj (rude)* ofensivo,-a.

✦ **to get personal** hacer alusiones personales.

▪ **personal assistant** secretario,-a personal.

personal best *SP* mejor marca.

personal column sección *f* de anuncios *mpl* personales.

personal computer ordenador *m* personal.

personal effects efectos *mpl* personales.

personal pronoun pronombre *m* personal.

personal property propiedad *f* privada.

personal stereo walkman *m*.

personality [pɜːsəˈnælɪtɪ]

1 *n (nature)* personalidad *f*.

2 *n (famous person)* personaje *m*.

▲ *pl* **personalities**.

personalise [ˈpɜːsənəlaɪz] *vt* → **personalize**.

personalize [ˈpɜːsənəlaɪz] *vt* personalizar.

personally [ˈpɜːsənəlɪ]

1 *adv (in person)* personalmente, en persona.

2 *adv (for my part)* personalmente.

3 *adv (as a person)* como persona.

✦ **to take something personally** ofenderse.

personification [pɜːsɒnɪfɪˈkeɪʃən] *n* personificación *f*: **she's the personification of friendliness** es la simpatía personificada.

personify [pɜːˈsɒnɪfaɪ] *vt* personificar.

▲ *pt & pp* **personified**, *ger* **personifying**.

personnel [pɜːsəˈnel] *n* personal *m*.

▪ **personnel department** departamento de personal, sección *f* de personal.

personnel manager jefe,-a de personal.

person-to-person [ˈpɜːsəntəˈpɜːsən] *adj (call)* de persona a persona.

perspective [pəˈspektɪv]

1 *n ART* perspectiva: **it's out of perspective** no está en perspectiva.

2 *n fig (view, angle)* perspectiva.

✦ **to get/keep things in perspective** tratar de ver las cosas objetivamente,

tratar de ver las cosas con cierta perspectiva.

Perspex [ˈpɜːspeks] *n* plexiglás *m*.

perspicacious [pɜːspɪˈkeɪʃəs] *adj fml* perspicaz.

perspicaciously [pɜːspɪˈkeɪʃəslɪ] *adv* perspicazmente, con perspicacia.

perspicacity [pɜːspɪˈkæsɪtɪ] *n fml* perspicacia.

perspiration [pɜːspɪˈreɪʃən] *n* transpiración *f*, sudor *m*.

perspire [pəˈspaɪəʳ] *vi* transpirar, sudar.

persuade [pəˈsweɪd] *vt* persuadir, convencer: **she's easily persuaded** se deja convencer fácilmente.

✦ **to persuade somebody to do something** convencer a alguien para que haga algo.

to persuade somebody not to do something disuadir a alguien de hacer algo.

to persuade somebody that ... convencer a alguien de que ...

persuasion [pəˈsweɪʒən]

1 *n (act)* persuasión *f*: **I didn't need much persuasion to go out with them** no hubo que insistirme mucho para que saliera con ellos.

2 *n (ability)* persuasiva.

3 *n REL (belief)* creencia.

✦ **to use persuasion on somebody** persuadir a alguien.

▪ **powers of persuasion** poder *m* de persuasión.

persuasive [pəˈsweɪsɪv] *adj (person, manner)* persuasivo,-a; *(argument, excuse)* convincente.

persuasively [pəˈsweɪsɪvlɪ] *adv* de modo persuasivo.

pert [pɜːt]

1 *adj US (hat, dress)* coqueto,-a.

2 *adj (cheeky)* fresco,-a; *(girl)* pizpireta.

pertain [pɜːˈteɪn]

1 *vi fml (connected with)* estar relacionado,-a **(to**, con).

2 *vi JUR (belong to)* pertenecer **(to**, a).

pertinacious [pɜːtɪˈneɪʃəs] *adj fml* pertinaz.

pertinence [ˈpɜːtɪnəns] *n fml* pertinencia.

pertinent [ˈpɜːtɪnənt] *adj fml* pertinente **(to**, a).

✦ **to be pertinent to something** guardar relación con algo, estar relacionado,-a con algo.

perturb [pəˈtɜːb] *vt* perturbar, inquietar.

perturbing [pəˈtɜːbɪŋ] *adj* inquietante, perturbador,-ra.

Peru [pəˈruː] *n* Perú.

perusal [pəˈruːzəl] *n (careful reading)* lectura detenida.

peruse [pəˈruːz]

1 *vt (read carefully)* leer detenidamente.

2 *vt (browse)* leer por encima.

Peruvian [pəˈruːvɪən]

1 *adj* peruano,-a.

2 *n (person)* peruano,-a.

pervade [pɜːˈveɪd] *vt (smell)* penetrar,; *(idea, feeling, mood)* extenderse, dominar.

pervasive [pɜːˈveɪsɪv] *adj (smell)* penetrante; *(influence, mood)* extendido,-a, dominante.

perverse [pəˈvɜːs]

1 *adj (delight, desire, pleasure, etc)* perverso,-a, malsano,-a.

2 *adj (person - stubborn)* terco,-a, obstinado,-a; *(contrary)* puñetero,-a.

perversely [pəˈvɜːslɪ] *adv* perversamente.

perversion [pəˈvɜːʃən]

1 *n (sexual)* perversión *f*.

2 *n (distortion)* tergiversación *f*, distorsión *f*.

perversity [pəˈvɜːsɪtɪ] *n (wickedness)* perversidad *f*; *(stubbornness)* terquedad *f*, obstinación *f* malsana.

▲ *pl* **perversities**.

pervert [ˈpɜːvɜːt]

1 *n (sexual)* pervertido,-a.

2 *vt (corrupt)* pervertir.

3 *vt (truth, justice)* tergiversar, distorsionar.

▲ *(verbo)* [pəˈvɜːt].

pessary [ˈpesərɪ] *n* pesario.

pessimism [ˈpesɪmɪzəm] *n* pesimismo.

pessimist [ˈpesɪmɪst] *n* pesimista *mf*.

pessimistic [pesɪˈmɪstɪk] *adj* pesimista.

✦ **to be pessimistic about something** ser pesimista respecto a algo.

pest [pest]

1 *n* plaga: **greenfly and other pests** pulgones y otras plagas.

2 *n fam (person)* pelma *mf*, pesado,-a; *(thing)* lata, rollo.

▪ **pest control** *(of insects)* desinsectación *f*; *(of rats)* desratización *f*.

pester [ˈpestəʳ] *vt* molestar.

✦ **to pester somebody for something** dar la lata a alguien para algo.

to pester somebody to do something dar la lata a alguien para que haga algo.

pesticide [ˈpestɪsaɪd] *n* pesticida.

pestilence [ˈpestɪləns] *n arch* pestilencia.

pestilent [ˈpestɪlənt]

1 *adj (of pestilence)* mortal.

2 *adj fam (irritating)* molesto,-a, latoso,-a, pesado,-a.

pestle [ˈpesəl] *n* mano *f* (de mortero), maja.

pet [pet]

1 *n (tame animal)* animal *m* de compañía, mascota.

2 *adj (kind person)* sol, cielo; *(term of affection)* cariño, cielo.

3 *adj (tame)* domesticado,-a.

4 *adj (favourite - theory, subject, etc)* preferido,-a, favorito,-a.

5 *vt (animal)* acariciar.

6 *vi fam* tocarse y besuquearse.
- **pet hate** politics is her pet hate lo que más odia es la política.
  pet name nombre *m* cariñoso.
  pet shop tienda de animales.
  teacher's pet enchufado,-a.
▲ *pt & pp* **petted**, *ger* **petting**.

petal ['petəl] *n* pétalo.

petard [pə'tɑ:d] *n* petardo.

peter out [pi:tər'aut] *vi (supplies)* acabarse, agotarse; *(enthusiasm, interest)* decaer, irse apagando; *(track, path)* perderse; *(engine)* pararse.

petiole ['petɪəʊl] *n* pecíolo.

petite [pə'ti:t] *adj (woman)* menuda, chiquita.

petition [pə'tɪʃən]
1 *n* petición *f*, solicitud *f*: I signed a petition against experiments on live animals firmé una petición en contra de la experimentación con seres vivos.
2 *n* JUR demanda.
3 *vt* presentar una petición a, elevar una petición a, presentar una solicitud a.
4 *vi* solicitar (**for**, -).
✦ **to petition for divorce** presentar una demanda de divorcio.

petrel ['petrəl] *n* paíño.

petrify ['petrɪfaɪ]
1 *vt fam (terrify)* petrificar, aterrorizar.
2 *vt* GEOL petrificar.
3 *vi* GEOL petrificarse.
✦ **to be petrified** quedarse de piedra.
▲ *pt & pp* **petrified**, *ger* **petrifying**.

petrochemical [petrəʊ'kemɪkəl]
1 *adj* petroquímico,-a.
2 *n* producto petroquímico.

petrochemistry [petrəʊ'kemɪstrɪ] *n* petroquímica.

petrodollar ['petrəʊdɒləʳ] *n* petrodólar *m*.

petrol ['petrəl] *n* gasolina.
- **petrol bomb** cóctel *m* molotov.
  petrol can bidón *m* de gasolina.
  petrol pump surtidor *m* de gasolina.
  petrol station gasolinera.
  petrol tank depósito de gasolina.

petroleum [pə'trəʊlɪəm] *n* petróleo.
- **petroleum jelly** vaselina.

petticoat ['petɪkəʊt] *n (underskirt)* enaguas *fpl*; *(slip)* enagua, combinación *f*.

pettiness ['petɪnəs] *n* mezquindad *f*, pobreza de espíritu.

petty ['petɪ]
1 *adj (trivial)* insignificante, nimio,-a, sin importancia.
2 *adj (mean)* mezquino,-a.
- **petty cash** dinero para gastos *mpl* menores.
  petty officer suboficial *m* de marina.
  petty theft hurto.
  petty thief ladronzuelo,-a.
▲ *comp* **pettier**, *superl* **pettiest**.

petulance ['petjʊləns] *n* mal humor *m*, mal genio.

petulant ['petjʊlənt] *adj* malhumorado,-a.

petunia [pɪ'tju:nɪə] *n* petunia.

pew [pju:] *n* banco de iglesia.
✦ **take a pew!** ¡siéntate!

pewter ['pju:təʳ] *n* peltre *m*.

PG ['pi:'dʒi:] **PG (film)** *abbr* GB **(parental guidance)** película para todos los públicos en la que se recomienda que los menores vayan acompañados de un adulto.

phaeton ['feɪtən] *n* faetón *m*.

phagocyte ['fægəsaɪt] *n* fagocito.

phalange ['fælændʒ] *n* falange *f*.

phalanx ['fælæŋks] *n* falange *f*.

phallic ['fælɪk] *adj* fálico,-a.

phallus ['fæləs] *n* falo.

phantom ['fæntəm]
1 *n (ghost)* fantasma *m*.
2 *n (illusion)* fantasía.
3 *adj (ghostly)* fantasmal.
4 *adj (imaginary)* ilusorio,-a, imaginario,-a.

Pharaoh ['feərəʊ] *n* faraón *m*.

Pharisee ['færɪsi:] *n* fariseo.

pharmaceutical [fɑ:mə'sju:tɪkəl] *adj* farmacéutico,-a.

pharmachology [fɑ:mə'kɒlədʒɪ] *n* farmacología.

pharmacist ['fɑ:məsɪst] *n* farmacéutico,-a.

pharmacological [fɑ:məkə'lɒdʒɪkəl] *adj* farmacológico,-a.

pharmacologist [fɑ:mə'kɒlədʒɪst] *n* farmacólogo,-a.

pharmacy ['fɑ:məsɪ] *n* farmacia.
▲ *pl* **pharmacies**.

pharyngeal [færɪn'dʒɪəl] *adj* faríngeo,-a.

pharyngitis [færɪn'dʒaɪtɪs] *n* faringitis *f*.

pharynx ['færɪŋks] *n* faringe *f*.

phase [feɪz]
1 *n (gen)* fase *f*, *(stage)* etapa: the phases of the moon las fases de la luna; it's just a phase she's going through ya se le pasará.
2 *vt* escalonar, realizar por etapas.
▶ **to phase in** *vt sep* introducir paulatinamente, introducir progresivamente.
  to phase out *vt sep* retirar paulatinamente, retirar progresivamente.
✦ **to be in phase** estar sincronizado,-a.
  to be out of phase estar desfasado,-a.

phased [feɪzd] *adj (gradual)* progresivo,-a, gradual.

PhD ['pi:'eɪtʃ'di:] *abbr* **(Doctor of Philosophy)** *(person)* doctor,-ra *(en cualquier especialidad académica)*; *(-degree)* doctorado.

pheasant ['fezənt] *n* faisán *m*.

phenol ['fi:nɒl] *n* fenol *m*.

phenomenal [fɪ'nɒmɪnəl] *adj* fenomenal, extraordinario,-a.

phenomenon [fɪ'nɒmɪnən] *n* fenómeno.
▲ *pl* **phenomenons** o **phenomena** [fɪ'nɒmɪnə].

phenotype ['fi:nəʊtaɪp] *n* fenotipo.

phew [fju:] *interj* ¡uf!

phial [faɪəl] *n* frasco.

Philadelphia [fɪlə'delfɪə] *n* Filadelfia.

philanderer [fɪ'lændərəʳ] *n* tenorio.

philanthropic [fɪlən'θrɒpɪk] *adj* filantrópico,-a.

philanthropist [fɪ'lænθrəpɪst] *n* filántropo,-a.

philanthropy [fɪ'lænθrəpɪ] *n* filantropía.

philatelic [fɪlə'telɪk] *adj* filatélico,-a.

philatelist [fɪ'lætəlɪst] *n* filatelista *mf*.

philately [fɪ'lætəlɪ] *n* filatelia.

philharmonic [fɪlɑ:'mɒnɪk] *adj* filarmónico,-a.

Philippine ['fɪlɪpi:n] *adj* filipino,-a.
- **Philippine Sea** Mar *m* de Filipinas.

Philippines ['fɪlɪpi:nz] *n* Filipinas.

Philistine ['fɪlɪstaɪn]
1 *adj* filisteo,-a.
2 *n* filisteo,-a.

philological [fɪlə'lɒdʒɪkəl] *adj* filológico,-a.

philologist [fɪ'lɒlədʒɪst] *n* filólogo,-a.

philology [fɪ'lɒlədʒɪ] *n* filología.

philosopher [fɪ'lɒsəfəʳ] *n* filósofo,-a.

philosophic [fɪlə'sɒfɪk] *adj* → **philosophical**.

philosophical [fɪlə'sɒfɪkəl]
1 *adj (study, work, argument)* filosófico,-a.
2 *adj (person, attitude)* resignado,-a.
✦ **to be philosophical about something** tomarse algo con filosofía.

philosophically [fɪlə'sɒfɪkəlɪ] *adv* con filosofía, filosóficamente.

philosophise [fɪ'lɒsəfaɪz] *vi* → **philosophize**.

philosophize [fɪ'lɒsəfaɪz] *vi* filosofar.

philosophy [fɪ'lɒsəfɪ] *n* filosofía.

philtre ['fɪltəʳ] *n* filtro.

phimosis [fɪ'məʊsɪs] *n* fimosis *f*.

phlebitis [flə'baɪtɪs] *n* flebitis *f*.

phlegm [flem] *n* flema.

phlegmatic [fleg'mætɪk] *adj* flemático,-a.

phobia ['fəʊbɪə] *n* fobia.

Phoenicia [fə'nɪʃə] *n* Fenicia.

Phoenician [fə'nɪʃən]
1 *adj* fenicio,-a.
2 *n (person)* fenicio,-a.
3 *n (language)* fenicio.

phoenix ['fi:nɪks] *n* fénix *m*.

phone [fəʊn]
1 *n fam* teléfono.
2 *vt* llamar (por teléfono), telefonear.
3 *vi* llamar (por teléfono), telefonear.
- **phone book** listín *m*, guía telefónica.
▲ *Véase también* **telephone**.

phonecard ['fəʊnkɑ:d] *n* tarjeta telefónica.

phone-in ['fəʊnɪn] *n* programa *m* en el que participa el público por teléfono.

phoneme [ˈfəʊniːm] *n* fonema *m*.
phonemic [fəˈniːmɪk] *adj* fonémico,-a.
phonetic [fəˈnetɪk] *adj* fonético,-a.
phonetics [fəˈnetɪks] *n* fonética.
phoney [ˈfəʊnɪ]
   1 *adj fam (gen)* falso,-a; *(accent)* fingido,-a.
   2 *n fam (person)* farsante *mf*; *(thing)* falsificación *f*, imitación *f*.
   ▲ *comp* phonier, *superl* phoniest.
phonic [ˈfɒnɪk] *adj* fónico,-a.
phonograph [ˈfəʊnəgrɑːf] *n* fonógrafo.
phonographic [fəʊnəˈgræfɪk] *adj* fonográfico,-a.
phonological [fəʊnəˈlɒdʒɪkəl] *adj* fonológico,-a.
phonologist [fəˈnɒlədʒɪst] *n* fonólogo,-a.
phonology [fəˈnɒlədʒɪ] *n* fonología.
phony [ˈfəʊnɪ] *adj* → phoney.
   ▲ *comp* phonier, *superl* phoniest.
phosphate [ˈfɒsfeɪt] *n* fosfato.
phosphorescence [fɒsfəˈresəns] *n* fosforescencia.
phosphorescent [fɒsfəˈresənt] *adj* fosforescente.
phosphorus [ˈfɒsfərəs] *n* fósforo.
photo [ˈfəʊtəʊ] *n fam* foto *f*.
photocopier [ˈfəʊtəʊkɒpɪəʳ] *n* fotocopiadora.
photocopy [ˈfəʊtəʊkɒpɪ]
   1 *n* fotocopia.
   2 *vt* fotocopiar.
   ▲ *(sustantivo)* pl photocopies; *(verbo)* pt & pp photocopied, ger photocopying.
photoelectric [fəʊtəʊɪˈlektrɪk] *adj* fotoeléctrico,-a.
   ■ **photoelectric cell** célula fotoeléctrica, fotocélula.
Photofit [ˈfəʊtəʊfɪt] **Photofit picture** *n* retrato robot.
   ▲ *Es marca registrada.*
photogenic [fəʊtəʊˈdʒenɪk] *adj* fotogénico,-a.
photograph [ˈfəʊtəgrɑːf]
   1 *n* fotografía, foto *f*. **colour photograph** fotografía en color.
   2 *vt* fotografiar.
   ✦ **to have one's photograph taken** sacarse una fotografía.
   to photograph well/badly salir bien/mal en las fotografías.
   to take a photograph of something/somebody fotografiar algo/a alguien, hacer/sacar/tomar una fotografía de algo/alguien.
   ■ **photograph album** álbum *m* de fotografías.
photographer [fəˈtɒgrəfəʳ] *n* fotógrafo,-a.
photographic [fəʊtəˈgræfɪk] *adj* fotográfico,-a.
photography [fəˈtɒgrəfɪ] *n* fotografía.
photogravure [fəʊtəʊgrəˈvjʊəʳ] *n* fotólisis *f*.

photon [ˈfəʊtɒn] *n* fotón *m*.
photosensitive [fəʊtəʊˈsensɪtɪv] *adj* fotosensible.
photostat [ˈfəʊtəʊstæt]
   1 *n* fotocopia.
   2 *vt* fotocopiar.
   ▲ *pt & pp* photostatted *o* photostated, ger photostatting *o* photostating.
photosynthesis [fəʊtəʊˈsɪnθəsɪs] *n* fotosíntesis *f*.
phrasal verb [freɪzəlˈvɜːb] *n* verbo compuesto.
phrase [freɪz]
   1 *n LING* frase *f*, locución *f*.
   2 *n (expression)* frase *f*, expresión *f*; *(idiom)* modismo.
   3 *n MUS* frase *f*.
   4 *vt (express)* expresar.
   5 *vt MUS* frasear.
   ■ **phrase book** guía de conversación para el viajero.
phraseology [freɪzɪˈɒlədʒɪ] *n* fraseología.
phrasing [ˈfreɪzɪŋ] *n MUS* fraseo.
phrenology [frəˈnɒlədʒɪ] *n* frenología.
Phrygia [ˈfrɪdʒɪə] *n* Frigia.
Phrygian [ˈfrɪdʒɪən]
   1 *adj* frigio,-a.
   2 *n (person)* frigio,-a.
   3 *n (language)* frigio.
phthisis [ˈθaɪsɪs] *n* tisis *f*.
phylloxera [fɪˈlɒksərə] *n* filoxera.
physical [ˈfɪzɪkəl]
   1 *adj (of the body)* físico,-a.
   2 *adj (material - world)* material.
   3 *adj (of physics)* físico,-a.
   4 *adj fam euph (rough)* duro,-a: it was a very physical game fue un partido muy duro.
   5 *n (medical examination)* reconocimiento médico.
   ■ **physical chemistry** fisicoquímica.
   physical education educación *f* física.
   physical examination reconocimiento médico.
   physical geography geografía física.
   physical jerks *GB* ejercicios *mpl* físicos.
physically [ˈfɪzɪklɪ]
   1 *adv (bodily)* físicamente.
   2 *adv (of nature)* materialmente.
   ✦ **to be physically disabled/be physically handicapped** ser minusválido,-a.
   to be physically fit estar en forma.
physician [fɪˈzɪʃən] *n* médico,-a.
physicist [ˈfɪzɪsɪst] *n* físico,-a.
physics [ˈfɪzɪks] *n* física.
physiognomy [fɪzɪˈɒnəmɪ] *n* fisionomía.
physiological [fɪzɪəˈlɒdʒɪkəl] *adj* fisiológico,-a.
physiologist [fɪzɪˈɒlədʒɪst] *n* fisiólogo,-a.
physiology [fɪzɪˈɒlədʒɪ] *n* fisiología.
physiotherapist [fɪzɪəʊˈθerəpɪst] *n* fisioterapeuta *mf*.

physiotherapy [fɪzɪəʊˈθerəpɪ] *n* fisioterapia.
physique [fɪˈziːk] *n* físico.
pi [paɪ] *n MATH* pi *f*.
pianist [ˈpɪənɪst] *n* pianista *mf*.
piano [pɪˈænəʊ]
   1 *n (instrument)* piano.
   2 *adv (direction)* piano.
   ✦ **to play the piano** tocar el piano.
   ■ **piano accordion** acordeón *m* piano.
   piano stool taburete *m* de piano.
   ▲ *(sustantivo)* pl pianos; *(adverbio)* [ˈpjaːnəʊ].
pianoforte [pɪænəʊˈfɔːtɪ] *n* pianoforte.
piastre [pɪˈæstəʳ] *n* piastra.
piccolo [ˈpɪkələʊ] *n* flautín *m*.
   ▲ *pl* piccolos.
pick¹ [pɪk]
   1 *n (tool)* pico, piqueta.
   2 *n (plectrum)* púa, plectro.
pick² [pɪk]
   1 *n (choice)* elección *f*, selección *f*: here's my pick of this month's videos he aquí mi selección personal de los vídeos del mes; take your pick elige el que quieras, escoge el que quieras.
   2 *vt (choose - gen)* elegir, escoger; *(team)* seleccionar.
   3 *vt (flowers, fruit, cotton, etc)* coger, recoger.
   4 *vt (remove pieces from - gen)* escarbar, hurgar; *(spots)* tocarse.
   5 *vt (remove from - hair etc)* quitar.
   6 *vt (open - lock)* forzar, abrir con una ganzúa.
   7 *vt US (pluck - guitar etc)* puntear.
   8 *vt (of birds)* picotear.
   ✦ **the pick of** lo mejor de.
   to pick a fight with somebody buscar camorra con alguien.
   to pick a hole in something agujerear algo.
   to pick and choose ser muy exigente.
   to pick holes in something *fig* encontrar defectos en algo.
   to pick one's nose hurgarse la nariz.
   to pick one's teeth mondarse los dientes, escarbarse los dientes.
   to pick oneself up *(stand up)* levantarse, ponerse de pie; *(after illness)* reponerse.
   to pick somebody's brains explotar los conocimientos de alguien.
   to pick somebody's pocket robar algo del bolsillo de alguien.
   to pick a winner *(horse)* pronosticar el ganador; *(choose well)* elegir bien, escoger bien.
   to pick up speed coger velocidad, acelerar la marcha.
   to pick up the bill pagar la cuenta.
   ■ **the pick of the bunch** el/la mejor de todos,-as.
   ▶ **to pick at** *vt insep (gen)* tocar; *(food)* comer sin ganas.
   to pick off *vt sep (shoot)* matar uno a uno.

to pick on *vt insep (victimize)* meterse con; *(choose for task)* elegir, escoger.
to pick out
1 *vt sep (choose)* elegir, escoger.
2 *vt sep (see, discern)* distinguir; *(recognize)* reconocer.
3 *vt sep MUS* tocar de oído.
to pick up *vt sep*
1 *vt sep (lift)* levantar; *(from floor)* recoger; *(take)* coger; *(stitch)* coger; *(telephone)* descolgar: **don't forget to pick up all your litter** no os olvidéis de recoger toda la basura; **she picked up the child and gave her a cuddle** cogió a la niña y la abrazó.
2 *vt sep (learn - language)* aprender; *(- habit)* adquirir, coger; *(- news, gossip)* descubrir, enterarse de: **he went to London and picked up English in no time** se fue a Londres y aprendió inglés enseguida.
3 *vt sep (illness, cold)* pescar, pillar.
4 *vt sep (acquire, get)* conseguir, encontrar.
5 *vt sep (collect - person)* recoger, pasar a buscar; *(- hitchhiker)* coger; *(- thing)* recoger: **I'll pick you up at 9.00 pm** te vendré a buscar a las nueve.
6 *vt sep fam (man, woman)* ligar con, ligarse.
7 *vt sep (arrest)* detener.
8 *vt sep (on radio)* captar, recibir.
9 *vt sep (resume - conversation)* reanudar.
10 *vt sep (reprimand)* reprender (**for**, por); *(correct)* corregir; *(notice)* darse cuenta de.
11 *vi (improve - health, weather, acting)* mejorar; *(economy, business)* repuntar; *(prices)* subir.
12 *vi (resume)* seguir, continuar.
to pick up on *vt insep (news)* hacer reseña de; *(point)* volver a; *(mistake)* señalar.

pickax [ˈpɪkæks] *n US* → **pickaxe.**
pickaxe [ˈpɪkæks] *n GB* pico, piqueta.
picker [ˈpɪkəʳ] *n* recolector,-ra.
picket [ˈpɪkɪt]
1 *n (industry - group)* piquete *m*; *(- individual)* miembro de un piquete.
2 *n MIL* piquete *m*.
3 *n (stick)* estaca.
4 *vt (factory etc)* formar un piquete frente a.
5 *vi* formar parte de un piquete.
■ **picket fence** vallado.
picket line piquete *m*.
pickings [ˈpɪkɪŋz]
1 *npl (leftovers)* restos *mpl*, sobras *fpl*.
2 *npl (profits)* ganancias *fpl*.
pickle [ˈpɪkəl]
1 *vt* encurtir, conservar en vinagre.
2 *n CULIN (food)* conserva en vinagre.
3 **pickles** *npl (vegetables)* encurtidos *mpl*.
✦ **to be in a pickle** estar en un apuro, estar metido,-a en un berenjenal.

pickled [ˈpɪkəld]
1 *adj (food)* en vinagre, encurtido,-a.
2 *adj fam (drunk)* borracho,-a.
picklock [ˈpɪklɒk] *n* ganzúa.
pick-me-up [ˈpɪkmiːʌp] *n* tónico, reconstituyente *m*.
pickpocket [ˈpɪkpɒkɪt] *n* carterista *mf*, ratero,-a.
pick-up [ˈpɪkʌp]
1 *n (on record player)* brazo (del tocadiscos), fonocaptor *m*.
2 *n fam (person)* ligue *mf*.
■ **pick-up point** punto de recogida.
pick-up truck furgoneta, camioneta.
picnic [ˈpɪknɪk]
1 *n* picnic *m*.
2 *vi (go on a picnic)* ir de picnic; *(eat)* hacer un picnic.
✦ **to be no picnic** no ser nada fácil.
to go on a picnic/go for a picnic ir de picnic.
■ **picnic site/picnic spot** zona para picnics, merendero.
picnicker [ˈpɪknɪkəʳ] *n* excursionista *mf*.
Pict [pɪkt] *n* picto,-a.
Pictish [ˈpɪktɪʃ]
1 *adj* picto,-a.
2 *n* picto.
pictorial [pɪkˈtɔːrɪəl]
1 *adj (magazine)* ilustrado,-a; *(record, account)* en imágenes.
2 *adj ART* pictórico,-a.
picture [ˈpɪktʃəʳ]
1 *n (painting)* pintura, cuadro; *(portrait)* retrato; *(drawing)* dibujo, grabado; *(illustration)* ilustración *f*, lámina; *(photograph)* fotografía, foto *f*: **she drew a picture of the church** hizo un dibujo de la iglesia; **he painted her picture** la retrató; **I took a picture of them** les saqué una foto.
2 *n (account, description)* descripción *f*; *(mental picture)* imagen *f*, idea, impresión *f*.
3 *n TV (quality of image)* imagen *f*.
4 *n GB (film)* película.
5 *vt (imagine)* imaginarse, verse: **I can't picture them married** no me los imagino casados.
6 *vt (paint)* pintar; *(draw)* dibujar.
7 **the pictures** *npl GB* el cine: **we went to the pictures** fuimos al cine.
✦ **to be a picture of health** rebosar salud.
to be (as pretty as) a picture ser precioso,-a.
to be pictured *(in press)* aparecer en la foto.
to get the picture entender, enterarse.
to put somebody in the picture poner a alguien al corriente.
■ **picture book** libro ilustrado.
picture frame marco.
picture postcard tarjeta postal.
picture window ventanal *m*.
picturesque [pɪktʃəˈresk] *adj* pintoresco,-a.

piddling [ˈpɪdəlɪŋ] *adj fam (amount)* insignificante; *(matter)* de poca monta.
pidgin [ˈpɪdʒɪn] *n* lengua híbrida utilizada como lengua franca comercial.
pie [paɪ] *n CULIN (sweet)* pastel *m*, tarta; *(savoury)* pastel *m*, empanada.
✦ **pie in the sky** pura fantasía, castillos en el aire.
■ **pie chart** gráfico circular, gráfica circular.
piebald [ˈpaɪbɔːld]
1 *adj* picazo.
2 *n* picazo, caballo picazo.
piece [piːs]
1 *n (bit - large)* trozo, pedazo; *(small)* cacho; *(of broken glass)* fragmento.
2 *n (part, component)* pieza, parte *f*: **a thirty-piece dinner service** una vajilla de treinta piezas; **a three-piece suite** un tresillo.
3 *n (coin)* moneda.
4 *n (in board games)* ficha.
5 *n MUS* pieza: **a 30-piece orchestra** una orquesta de 30 músicos.
6 *n (in newspaper)* artículo.
7 *n (item, example of)* pieza: **a piece of advice** un consejo; **a piece of chalk** una tiza; **a piece of clothing** una prenda de vestir; **a piece of furniture** un mueble; **a piece of information** una información; **a piece of jewellery** una joya, una alhaja; **a piece of land** un terreno, una parcela; **a piece of luck** un golpe de suerte; **a piece of luggage** un bulto; **a piece of news** una noticia; **a piece of paper** un papel; **a piece of work** un trabajo.
▶ **to piece together** *vt sep (facts, events)* reconstruir; *(torn letter etc)* recomponer; *(jigsaw)* hacer.
✦ **in one piece** *(unharmed)* sano,-a y salvo,-a.
to be a piece of cake ser pan comido.
to be in pieces *(broken)* estar hecho,-a pedazos; *(dismantled)* estar desmontado,-a.
to break something in pieces hacer algo pedazos.
to fall to pieces hacerse pedazos.
to give somebody a piece of one's mind decirle cuatro verdades a alguien.
to go to pieces *(break down)* perder el control; *(crack up)* quedarse deshecho,-a, venirse abajo.
to pull something/somebody to pieces destrozar algo/a alguien, criticar duramente algo/a alguien, hacer trizas algo/a alguien.
to pick up the pieces volver a empezar, rehacer su vida.
to say one's piece decir su parte.
to take something to pieces desmontar algo.
piecemeal [ˈpiːsmiːl]
1 *adv (gradually)* poco a poco, por etapas; *(unsystematically)* de manera poco sistemática.

2 *adj (gradual)* gradual; *(unsystematic)* poco sistemático,-a.

piecework [ˈpiːswɜːk] *n* trabajo a destajo.

✦ **to be on piecework/do piecework** trabajar a destajo.

pieceworker [ˈpiːswɜːkəʳ] *n* trabajador,-ra a destajo.

pied [paɪd] *adj* de varios colores.

pier [pɪəʳ]
1 *n (landing place)* muelle *m*, embarcadero.
2 *n (with amusements etc)* paseo sobre un muelle con atracciones, chiringuitos, etc.
3 *n ARCH (pillar)* pilar *m*, estribo.

pierce [pɪəs]
1 *vt (make hole in)* perforar, agujerear; *(go through)* atravesar, traspasar.
2 *vt (of light, sound)* penetrar, traspasar.
✦ **to have one's ears pierced** hacerse agujeros en las orejas.

piercing [ˈpɪəsɪŋ] *adj (sound)* agudo,-a; *(scream)* desgarrador,-ra; *(look)* penetrante; *(wind)* cortante.

piety [ˈpaɪətɪ] *n* piedad *f*.

pig [pɪɡ]
1 *n ZOOL* cerdo, puerco, marrano.
2 *n pej (ill-mannered person)* cerdo, puerco, cochino; *(glutton)* glotón,-ona, tragón,-ona, comilón,-ona.
3 *n (difficult thing)* mierda: **a pig of a day** una mierda de día.
4 *n sl (policeman)* madero.
5 the pigs *npl sl* la pasma *f sing*, la bofia *f sing*.
▸ **to pig out** *vi US* pegarse un atracón (**on**, de).
✦ **pigs might fly** cuando las ranas críen pelo.
to buy a pig in a poke darle a alguien gato por liebre.
to make a pig of oneself pegarse un atracón, darse un atracón, ponerse las botas.
to make a pig's ear of something hacer una verdadera chapuza con algo.
▪ **pig farm** granja porcina.
pig iron hierro en lingotes.

pigeon [ˈpɪdʒɪn]
1 *n (bird)* paloma; *(for eating)* pichón *m*.
2 *n SP* pichón *m*.
✦ **it's my** *(your/his/her etc)* **pigeon** es asunto mío *(tuyo/suyo etc)*.
▪ **pigeon fancier** colombófilo,-a.
pigeon loft palomar *m*.

pigeonhole [ˈpɪdʒɪnhəʊl]
1 *n* casilla.
2 *vt* encasillar.

pigeon-toed [pɪdʒɪnˈtəʊd] *adj* patituerto,-a.

piggery [ˈpɪɡərɪ] *n (farm)* granja porcina; *(sty)* pocilga.
▲ *pl* **piggeries.**

piggy [ˈpɪɡɪ] *n* cerdito.
▪ **piggy bank** hucha (en forma de cerdito).
▲ *pl* **piggies.**

piggyback [ˈpɪɡɪbæk] *adv* a cuestas.
✦ **to give somebody a piggyback** llevar a alguien a cuestas.

pig-headed [pɪɡˈhedɪd] *adj* terco,-a, testarudo,-a, cabezudo,-a.

pig-headedly [pɪɡˈhedɪdlɪ] *adv* cabezudamente, testarudamente, erre que erre.

pig-headedness [pɪɡˈhedɪdnəs] *n* testarudez *f*, cabezonería.

piglet [ˈpɪɡlət] *n* cerdito, cochinillo, lechón *m*.

pigment [ˈpɪɡmənt] *n* pigmento.

pigmentation [pɪɡmənˈteɪʃən] *n* pigmentación *f*.

pigmy [ˈpɪɡmɪ] *n* → **pygmy**.
▲ *pl* **pigmies.**

pigskin [ˈpɪɡskɪn] *n* piel *f* de cerdo.

pigsty [ˈpɪɡstaɪ] *n* pocilga.
▲ *pl* **pigsties.**

pigswill [ˈpɪɡswɪl] *n* bazofia.

pigtail [ˈpɪɡteɪl] *n* coleta.

pike¹ [paɪk] *n (weapon)* pica.

pike² [paɪk] *n (fish)* lucio.

pilaster [pɪˈlæstəʳ] *n* pilastra.

pilchard [ˈpɪltʃəd] *n* sardina.

pile¹ [paɪl]
1 *n (heap)* montón *m*, pila.
2 *n fam (a lot of)* montón *m*, pila: **I've got a pile of essays to mark** tengo que corregir un montón de redacciones.
3 *n fam (large building)* mole *m*.
4 *vt (form a pile)* amontonar, apilar.
5 *vt (fill)* llenar, colmar: **the sink was piled high with dishes** el fregadero estaba lleno de platos; **a plate piled high with food** un plato colmado de comida.
6 piles of *npl* montones *mpl* de.
✦ **to make a pile** *(get rich)* hacer fortuna, forrarse.
to pile it on exagerar.
to pile on the agony cargar las tintas.
to put things into a pile amontonar cosas.

to pile in
1 *vi (squeeze in)* meterse; *(vehicle)* subir.
2 *vi (crowd)* entrar en tropel.
▸ **to pile into**
1 *vt insep (squeeze in)* meterse en.
2 *vt insep (attack)* arremeter contra.
to pile on
1 *vt sep* poner un montón de.
2 *vi (crowd)* subir en tropel.
to pile out *vi (crowd)* salir en tropel.
to pile up *vi*
1 *vi (accumulate - gen)* amontonarse, acumularse; *(- money)* acumularse.
2 *vi (crash)* chocar en cadena.
3 *vt sep (books, boxes, logs, etc)* amontonar, apilar.
4 *vt sep (riches, debts)* acumular.

pile² [paɪl] *n ARCH* pilote *m*, pilar *m*.

pile³ [paɪl] *n (on carpet)* pelo: **thick pile** pelo largo.

pile-driver [ˈpaɪldraɪvəʳ] *n* martinete *m*.

piles [paɪlz] *npl MED* almorranas *fpl*, hemorroides *fpl*.

pile-up [ˈpaɪlʌp] *n AUTO* choque *m* en cadena.

pilfer [ˈpɪlfəʳ]
1 *vt* hurtar.
2 *vi* hurtar.

pilgrim [ˈpɪlɡrɪm] *n* peregrino,-a.

pilgrimage [ˈpɪlɡrɪmɪdʒ] *n* peregrinación *f*, romería.
✦ **to go on a pilgrimage/make a pilgrimage** ir en peregrinación.

pill [pɪl]
1 *n (gen)* píldora, pastilla.
2 the pill *n* la píldora (anticonceptiva).
✦ **to be on the pill** tomar la píldora.

pillage [ˈpɪlɪdʒ]
1 *n* pillaje *m*, saqueo.
2 *vt* pillar, saquear.
3 *vi* pillar, saquear.

pillar [ˈpɪləʳ]
1 *n ARCH* pilar *m*, columna.
2 *n (of smoke)* columna.
3 *n (person)* pilar *m*, baluarte *m*.
✦ **to go from pillar to post** ir de la Ceca a la Meca, ir de Herodes a Pilatos.
▪ **pillar box** buzón *m*.

pillbox [ˈpɪlbɒks]
1 *n (for pills)* pastillero.
2 *n (hat)* casquete *m*.

pillion [ˈpɪlɪən] *n* asiento trasero (de una moto).
✦ **to ride pillion** ir de paquete.

pillock [ˈpɪlək] *n GB sl* mamón,-ona, imbécil *mf*.

pillory [ˈpɪlərɪ]
1 *n* picota.
2 *vt* poner en la picota.
3 *vt fig* burlarse de, ridiculizar.
▲ *(verbo)* *pl* **pillories;** *(verbo)* *pt & pp* **pilloried,** *ger* **pillorying.**

pillow [ˈpɪləʊ] *n* almohada.

pillowcase [ˈpɪləʊkeɪs] *n* funda de almohada.

pillowslip [ˈpɪləʊslɪp] *n* funda de almohada.

pilot [ˈpaɪlət]
1 *n AV* piloto *mf*.
2 *n MAR* práctico *mf*.
3 *n (TV or radio programme)* programa *m* piloto.
4 *adj* piloto, experimental.
5 *vt (ship etc)* pilotar.
6 *vt (guide)* dirigir.
7 *vt (test)* poner a prueba.
✦ **to pilot a bill through Parliament** lograr la aprobación de un proyecto de ley.
▪ **pilot light** piloto.

pimento [pɪˈmentəʊ] *n* pimiento morrón.
▲ *pl* **pimentos.**

pimp [pɪmp] *n* chulo, macarra *m*, xeneta *mf*.

pimpernel [ˈpɪmpənel] *n* pimpinela.

pimple [ˈpɪmpəl] *n (spot)* grano.

pimply [ˈpɪmpəlɪ] *adj* lleno,-a de granos.
▲ *comp* pimplier, *superl* pimpliest.

pin [pɪn]
1 *n (gen)* alfiler *m*.
2 *n (badge, brooch)* insignia, pin *m*, alfiler *m*.
3 *n TECH (peg, dowel)* clavija, espiga; *(cotter pin)* chaveta; *(bolt)* perno.
4 *n MED* clavo.
5 *n ELEC* polo: a two-pin plug una clavija de dos patillas, una clavija bipolar.
6 *n (on grenade)* anilla.
7 *n SP (in bowling)* bolo; *(in golf)* banderín *m*.
8 *vt (garment, hem, seam)* prender (con alfileres); *(papers etc together)* sujetar (con un alfiler); *(notice on board etc)* clavar (**up**, -); *(hair)* recoger (**up**,-).
9 *vt (person)* inmovilizar; *(arms)* sujetar.
10 **pins** *npl fam (legs)* patas *fpl*.
▶ **to pin down**
    1 *vt sep (person)* inmovilizar, sujetar.
    2 *vt sep (force - decision)* hacer que se comprometa; *(- position)* hacer que se defina.
    to pin on *vt sep (hopes)* poner en, depositar en, cifrar en; *(blame)* hacer cargar con; *(crime)* endosar a.
    to pin up *vt sep* clavar (con chinchetas), sujetar (con alfileres).
✦ **not to care two pins/not give two pins** importarle a uno un bledo, importarle a uno un pepino.
    you could've heard a pin drop se podía oír el vuelo de una mosca.
▪ **pins and needles** hormigueo.
    pin money dinero para gastos personales.
▲ *pt & pp* pinned, *ger* pinning.

PIN [piːn] **PIN (number)** *abbr GB* (**personal identification number**) número de identificación personal; *(abbreviation)* (número) PIN.

pinafore [ˈpɪnəfɔː'] *n (apron)* delantal *m*.
▪ **pinafore dress** pichi *m*.

pinball [ˈpɪnbɔːl] *n* flipper *m*.

pince-nez [ˈpænsneɪ] *n* quevedos *mpl*.

pincer [ˈpɪnsə']
1 *n (of crab etc)* pinza.
2 **pincers** *npl (tool)* tenaza, tenazas *fpl*.
▪ **pincer movement** movimiento de tenazas.

pincers [ˈpɪnsəz]
1 *npl (tool)* tenazas *fpl*.
2 *npl (on crab etc)* pinzas *fpl*.

pinch [pɪntʃ]
1 *n (nip)* pellizco.
2 *n (small amount)* pizca.
3 *vt (nip)* pellizcar; *(shoes)* apretar.
4 *vt fam (steal)* birlar, afanar, robar.
5 *vi (shoes)* apretar.
✦ **at a pinch** *(if necessary)* si fuera necesario; *(at the most)* como máximo.
    if it comes to the pinch en caso de apuro.

to feel the pinch pasar apuros, pasar estrecheces.
to pinch oneself pellizcarse.

pinched [pɪntʃt]
1 *adj (face - drawn)* cansado,-a, ojeroso, -a; *(- worried)* preocupado,-a.
2 *adj (short of)* escaso,-a **(for**, de), apretado,-a (**for**, de).
✦ **to be pinched with cold** estar muerto,-a de frío.
    to have a pinched look tener mala cara.

pincushion [ˈpɪnkʊʃən] *n* acerico.

pine¹ [paɪn]
1 *n BOT (tree, wood)* pino.
2 *adj* de pino.
▪ **pine cone** piña.
    pine forest pinar *m*.
    pine needle aguja de pino.
    pine nut piñón *m*.

pine² [paɪn] *vi* estar triste, sufrir.
▶ **to pine away** *vi* consumirse, morirse de pena.
✦ **to pine for somebody** añorar a alguien, echar mucho de menos a alguien.
    to pine for something suspirar por algo, anhelar algo.

pineal [ˈpɪnɪəl] *adj* pineal.

pineapple [ˈpaɪnæpəl] *n* piña.

ping [pɪŋ]
1 *n (sound)* sonido metálico; *(of bullet)* silbido.
2 *vi (gen)* hacer un sonido metálico; *(bullet)* silbar.

ping-pong [ˈpɪŋpɒŋ] *n* tenis *m* de mesa, ping-pong *m*.

pinion¹ [ˈpɪnɪən] *n TECH* piñón *m*.

pinion² [ˈpɪnjən]
1 *vt (person)* inmovilizar, sujetar; *(arms)* maniatar.
2 *vt (bird)* cortar las alas a.

pink¹ [pɪŋk]
1 *adj (de color)* rosa, rosado,-a.
2 *adj POL* rojillo,-a.
3 *n (colour)* (color *m*) rosa *m*.
4 *n BOT* clavel *m*, clavellina.
✦ **to be in the pink** *(healthy)* estar en plena forma, rebosar salud; *(happy)* estar feliz de la vida.
    to go pink/turn pink ponerse colorado,-a.
▪ **pink gin** ginebra con angostura.

pink² [pɪŋk]
1 *vt SEW* cortar con tijeras dentadas.
2 *vi AUTO (engine)* picar.

pinkie [ˈpɪŋkɪ] *n US fam* meñique *m*, dedo meñique.

pinking shears [ˈpɪŋkɪŋʃɪəz] *npl* tijeras *fpl* dentadas.

pinkish [ˈpɪŋkɪʃ] *adj* rosáceo,-a.

pinnacle [ˈpɪnəkəl]
1 *n (of building)* pináculo.
2 *n (of mountain)* cima, cumbre *f*.
3 *n fig* cumbre *f*.

pinny [ˈpɪnɪ] *n fam* delantal *m*.
▲ *pl* pinnies.

pinpoint [ˈpɪnpɔɪnt]
1 *vt (position)* localizar; *(cause, origin, time)* establecer con exactitud, precisar exactamente; *(fact)* señalar.
2 *n* puntito.
▪ **pinpoint accuracy** precisión *f* milimétrica.

pinprick [ˈpɪnprɪk]
1 *n (sensation)* pinchazo; *(hole)* agujerito.
2 *n (annoying thing)* pequeño inconveniente *m*.

pinstripe [ˈpɪnstraɪp]
1 *n (stripe)* raya fina, raya diplomática; *(cloth)* tela de raya diplomática.
2 *adj (suit)* de raya diplomática.

pinstriped [ˈpɪnstraɪpt] *adj* de raya diplomática.

pint [paɪnt]
1 *n (measurement)* pinta.
2 **a pint** *n fam (of beer)* una cerveza, una jarra.
✦ **to go for a pint** ir a tomar una cerveza.
▲ *En Gran Bretaña equivale a 0,57 litros; en Estados Unidos equivale a 0,47 litros.*

pintail [ˈpɪnteɪl] *n* ánade *m* rabudo.

pint-sized [ˈpaɪntsaɪzd] *adj fam* muy pequeño,-a, pequeñito,-a.

pin-up [ˈpɪnʌp] *n* foto *f*.

pioneer [paɪə'nɪə']
1 *n (settler)* pionero,-a.
2 *n (first person, originator)* pionero,-a, precursor,-ra, iniciador,-ra.
3 *vt (policy, industry)* promover; *(technique)* iniciar, ser el/la primero,-a en aplicar.

pioneering [paɪə'nɪərɪŋ] *adj* pionero,-a.

pious [ˈpaɪəs]
1 *adj (devout - person)* piadoso,-a, pío,-a, devoto,-a.
2 *adj pej (person)* beato,-a, santurrón, -ona; *(apology, platitude)* de beato.
✦ **a pious hope** una esperanza infundada.

piously [ˈpaɪəslɪ]
1 *adv (devoutly)* píamente, piadosamente.
2 *adv (hypocritically)* hipócritamente.

piousness [ˈpaɪənsəs] *n* beatería.

pip¹ [pɪp] *n (seed)* pepita.

pip² [pɪp]
1 *n (sound)* señal *f* (corta).
2 *n (on dice, domino)* punto.
3 *n GB (on military uniform)* estrella.
✦ **to give somebody the pip** *GB* sacar de quicio a alguien.

pip³ [pɪp] *vt (hit with a shot)* dar, alcanzar.
✦ **to be pipped at the post** perder por un pelo.
    to pip somebody at the post ganar a alguien en el último momento.
▲ *pt & pp* pipped, *ger* pipping.

pipe [paɪp]
1 *n (for water, gas, etc)* tubería, cañería, conducto.
2 *n MUS (wind instrument)* caramillo; *(of organ)* tubo, cañón *m*.
3 *n (for smoking)* pipa: he smokes a pipe fuma en pipa.

4 *vt (water, gas)* llevar por tuberías; *(oil)* conducir por oleoducto.

5 *vt* CULIN *(with cream, icing)* poner con manga.

6 *vt* SEW ribetear.

7 *vi* MUS *(pipe)* tocar el caramillo; *(pipes)* tocar la gaita.

8 pipes *npl* gaita *f sing.*

▸ **to pipe down** *vi* callarse.

to pipe up *vi* decir inesperadamente, salir con.

✦ **put that in your pipe and smoke it!** ¡chúpate ésa!

▪ **pipe cleaner** limpiapipas *m.*

piped music hilo musical.

pipe dream quimera, sueño imposible.

pipes of Pan flauta *f sing* de Pan.

pipeline ['paɪplaɪn] *n (for water)* tubería, cañería, conducto; *(for gas)* gasoducto; *(for oil)* oleoducto.

✦ **to be in the pipeline** *(being dealt with)* estar en trámite; *(being prepared)* estar proyectado,-a, tener en proyecto.

piper ['paɪpə'] *n* gaitero,-a.

pipette [pɪ'pet] *n* pipeta.

piping ['paɪpɪŋ]

1 *n (for water, gas, etc)* tubería, cañería.

2 *n* SEW ribete *m.*

3 *n* CULIN adorno, decoración *f (hecho con manga).*

✦ **piping hot** bien caliente, muy caliente.

pipit ['pɪpɪt] *n* bisbita.

pippin ['pɪpɪn] *n* reineta, camuesa.

piquancy ['pɪkənsɪ] *n (spice)* gusto picante.

piquant ['piːkənt]

1 *adj (taste)* picante.

2 *adj fig (exciting)* estimulante, intrigante.

pique [piːk]

1 *n* resentimiento, despecho.

2 *vt (offend)* picar, herir.

3 *vt (arouse - curiosity)* picar; *(- interest)* despertar.

✦ **in a fit of pique** por despecho.

to be piqued by something estar resentido,-a por algo.

piracy ['paɪərəsɪ] *n* piratería.

piranha [pɪ'rɑːnə] *n (fish)* piraña.

pirate ['paɪərət]

1 *n* pirata *m.*

2 *adj* pirata.

3 *vt* piratear.

▪ **pirate radio** emisora pirata.

pirouette [pɪru'et]

1 *n* pirueta.

2 *vi* hacer piruetas, piruetear.

Pisces ['paɪsiːz] *n* Piscis *m.*

piss [pɪs]

1 *n* taboo meada.

2 *vi sl* mear.

▸ **to piss about/piss around**

1 *vi sl (play the fool)* hacer el tonto, hacer tonterías; *(idle)* gandulear, perder el tiempo.

2 *vt sep sl (waste somebody's time)* hacer perder tiempo a; *(take for a ride)* tomar el pelo a.

to piss down *vi sl (rain heavily)* llover a cántaros.

to piss off *vi*

1 *vi sl* largarse, irse a la mierda.

2 *vt sep sl* cabrear, poner de mala leche.

✦ **to have a piss** *sl* mear.

to take the piss out of somebody/ something *sl* cachondearse de alguien/ algo.

pissed [pɪst]

1 *adj* GB *sl (drunk)* trompa, bolinga, mamado,-a.

2 *adj* US *sl (annoyed)* cabreado,-a.

▪ **pissed off** GB cabreado,-a.

pistachio [pɪs'tɑːʃɪəu] *n* pistacho.

▪ **pistachio tree** pistachero.

▲ *pl* **pistachios.**

pistil ['pɪstɪl] *n* pistilo.

pistol ['pɪstəl] *n* pistola.

✦ **to hold a pistol to somebody's head** *fig* poner a alguien entre la espada y la pared.

piston ['pɪstən] *n* TECH pistón *m*, émbolo.

▪ **piston ring** aro de pistón.

piston rod biela.

pit[1] [pɪt]

1 *n (hole)* hoyo, foso; *(large)* hoya; *(grave)* fosa.

2 *n (mine)* mina, pozo.

3 *n (in garage)* foso.

4 *n (mark - on metal, glass)* señal *f*, marca; *(- on skin)* picadura, cicatriz *f.*

5 *n* THEAT *(stalls)* patio de butacas, platea; *(for orchestra)* foso de la orquesta.

6 *vt (mark)* picar, marcar.

7 the pit *n (hell)* el infierno.

8 the pits *npl (in motor racing)* los boxes *mpl.*

✦ **to be the pits** ser terrible, ser fatal.

to pit one's strength against somebody medirse con alguien, enfrentarse a alguien, competir con alguien.

to pit one's wits against somebody medirse con alguien intelectualmente.

to work down the pit trabajar en las minas.

▪ **pit of the stomach** boca del estómago.

pit worker minero.

▲ *pt & pp* **pitted,** *ger* **pitting.**

pit[2] [pɪt]

1 *n* US *(seed)* pepita; *(stone)* hueso.

2 *vt* US quitar las pepitas a, deshuesar.

▲ *pt & pp* **pitted,** *ger* **pitting.**

pitch[1] [pɪtʃ]

1 *n* MUS *(of sound)* tono; *(of instrument)* diapasón *m.*

2 *n* SP *(field)* campo, terreno; *(throw)* lanzamiento.

3 *n (degree, level)* grado, punto, extremo: their argument reached such a pitch that I had to intervene su discusión llegó a tal extremo que tuve que intervenir.

4 *n (position, site)* lugar *m*, sitio; *(in market)* puesto.

5 *n* MAR *(movement)* cabezada.

6 *n (slope of roof)* pendiente *f.*

7 *vt* MUS *(note, sound)* entonar: the song was pitched too high la canción tenía un tono demasiado alto.

8 *vt fig (aim, address)* dirigir (**at**, a); *(set)* dar un tono a: they pitched the leaflet at a simple level le dieron al folleto un tono accesible.

9 *vt (throw)* tirar, arrojar; *(in baseball)* lanzar, pichear.

10 *vt (tent)* plantar, armar, montar; *(camp)* montar, hacer.

11 *vi (fall)* caerse.

12 *vi (ship, plane)* cabecear.

13 *vi* SP *(in baseball)* lanzar.

▸ **to pitch in** *vi fam (lend a hand)* dar una mano, echar una mano, arrimar el hombro; *(start work)* ponerse a trabajar; *(eat)* atacar.

to pitch into *vt insep fam (attack)* atacar, arremeter contra.

✦ **to be at fever pitch** estar al rojo vivo.

pitch[2] [pɪtʃ] *n (tar)* brea, pez *f.*

pitch-black [pɪtʃ'blæk] *adj* muy oscuro, -a, (oscuro,-a) como boca de lobo.

pitch-dark [pɪtʃ'dɑːk] *adj* → **pitch-black.**

pitched [pɪtʃt] *adj (roof)* en pendiente, inclinado,-a.

▪ **pitched battle** batalla campal.

pitcher[1] ['pɪtʃə']

1 *n (of clay)* cántaro.

2 *n* US jarro, jarra.

pitcher[2] ['pɪtʃə'] *n* SP pítcher *mf*, lanzador,-ra.

pitchfork ['pɪtʃfɔːk] *n* AGR horca.

piteous ['pɪtɪəs] *adj (cry)* lastimero,-a; *(sight, condition)* lastimoso,-a.

pitfall ['pɪtfɔːl] *n (difficulty)* dificultad *f*, escollo; *(danger)* peligro, riesgo.

pith [pɪθ]

1 *n (of bone, plant)* médula; *(of orange)* piel *f* blanca.

2 *n fig* meollo.

▪ **pith helmet** salacot *m.*

pithead ['pɪthed] *n (of mine)* bocamina.

pithy ['pɪθɪ]

1 *adj (bone, plant)* meduloso,-a.

2 *adj (description, comment, etc)* conciso, -a y contundente.

▲ *comp* **pithier,** *superl* **pithiest.**

pitiable ['pɪtɪəbəl] *adj (arousing pity)* lastimoso,-a.

pitiful ['pɪtɪful]

1 *adj (arousing pity - sight)* lastimoso,-a; *(cry)* lastimero,-a.

2 *adj (arousing contempt)* lamentable.

pitifully ['pɪtɪfəlɪ]

1 *adv (sadly)* que da pena, lastimosamente.

2 *adv (deplorably)* lamentablemente.

pitiless ['pɪtɪləs]

1 *adj (killer, tyrant, etc)* despiadado,-a.

2 *adj fig (sun, wind, tec)* implacable.

pittance ['pɪtəns] *n* miseria.

pitter-patter ['pɪtəpætə'] *n* repiqueteo.

pituitary [pɪ'tjuːɪtərɪ] *adj* pituitario,-a.
- **pituitary gland** glándula pituitaria.

pity ['pɪtɪ]
1 *n (compassion)* piedad *f*, compasión *f*: she gave him some money out of pity le dio dinero por compasión.
2 *n (regret)* lástima, pena: it's a pity there are so few people es una pena que haya tan poca gente; it's a pity about the car es una pena lo del coche.
3 *vt (feel pity for)* compadecerse de, tener lástima de, dar lástima: I pity you if he catches you! ¡pobre de ti como te pille!
✦ **for pity's sake!** ¡por amor de Dios!
more's the pity por desgracia, desgraciadamente.
to have pity on somebody/take pity on somebody compadecerse de alguien, tener piedad de alguien, tener compasión de alguien.
what a pity! ¡qué lástima!, ¡qué pena!
▲ *(sustantivo) pl* pities; *(verbo) pt & pp* pitied, *ger* pitying.

pitying ['pɪtɪɪŋ] *adj* compasivo,-a, de lástima.

pivot ['pɪvət]
1 *n* pivote *m*.
2 *n fig* eje *m* central.
3 *vi* pivotar, girar sobre su eje.
✦ **to pivot on** *(hinge on)* girar sobre; *(depend on)* depender de.

pixie ['pɪksɪ] *n* duendecillo.

pizza ['piːtsə] *n* pizza.
- **pizza parlour** pizzería.

pizzeria [pɪtsə'rɪə] *n* pizzería.

Pk [pɑːk] *abbr* (**Park**) Parque *m*.

pkt ['pækɪt] *abbr* (**packet**) paquete *m*.

placard ['plækɑːd] *n* pancarta.

placate [plə'keɪt] *vt* aplacar, apaciguar, calmar.

place [pleɪs]
1 *n (particular position, part)* lugar *m*, sitio: we visited lots of different places fuimos a muchos sitios diferentes; this looks like the place me parece que es aquí.
2 *n (proper position)* lugar *m*, sitio; *(suitable place)* lugar *m* adecuado, sitio adecuado: put the book back in its place devuelve el libro a su sitio; this isn't the place to discuss business éste no es el lugar más indicado para hablar de negocios.
3 *n (building)* lugar *m*, sitio; *(home)* casa, piso: let's go to my place vamos a mi casa.
4 *n (in book)* página: I've lost my place he perdido la página.
5 *n (seat)* asiento, sitio; *(at table)* cubierto: can you save my place? ¿me guardas el sitio?; everybody go back to their places todo el mundo a su sitio.

6 *n (position, role, rank)* lugar *m*; *(duty)* obligación *f*: there will always be a place for you here siempre habrá un lugar para ti aquí; if I were in your place yo en tu lugar; it's not my place to tell you what to do yo no soy quién para decirte lo que tienes que hacer.
7 *n (in race, contest)* puesto, lugar *m*, posición *f*; *(in queue)* turno: our horse finished in last place nuestro caballo llegó el último.
8 *n (job)* puesto; *(at university, on course)* plaza; *(on team)* puesto.
9 *vt (put - gen)* poner; *(- carefully)* colocar: she placed the vase on the shelf puso el florero en el estante.
10 *vt (find home, job for)* colocar.
11 *vt (rank, class)* poner, situar.
12 *vt (remember - face, person)* recordar; *(- tune, accent)* identificar: I recognize his face, but I can't quite place him me suena su cara, pero no sé de qué.
✦ **all over the place** por todas partes, por todos lados.
a place in the sun una posición destacada.
in place en su sitio.
in place of somebody/in somebody's place en el lugar de alguien.
in the first place ... en primer lugar ...
out of place fuera de lugar.
there's no place like home no hay nada como estar en casa.
to be placed first *(second etc)* ocupar el primer *(segundo etc)* puesto, llegar el primero *(segundo etc)*.
to change places with somebody cambiar de sitio con alguien.
to fall into place/fit into place/slot into place encajar, cuadrar: things are beginning to fall into place las cosas empiezan a cuadrar.
to have friends in high places tener amigos influyentes.
to give place to something dar paso a algo.
to go from place to place ir de un lugar a otro, ir de un sitio a otro, ir de un lado a otro.
to go places llegar lejos.
to hold something in place sujetar algo.
to know one's place saber el lugar que le corresponde a uno.
to place a bet hacer una apuesta.
to place an order hacer un pedido.
to place one's trust in somebody depositar su confianza en alguien.
to put oneself in somebody's place ponerse en el lugar de alguien.
to put somebody in his place poner a alguien en su sitio.
to take place tener lugar.
to take second place pasar a un segundo plano.
to take the place of ocupar el sitio de, reemplazar, sustituir.

- **decimal place** *MATH* punto decimal.
place of birth lugar *m* de nacimiento.
place of residence domicilio.
place of worship lugar *m* de culto.
place mat individual *m*.
place name topónimo.

placebo [plə'siːbəʊ] *n* placebo.
▲ *pl* placebos o placeboes.

placement ['pleɪsmənt] *n* colocación *f*.

placenta [plə'sentə] *n* placenta.
▲ *pl* placentas o placentae [plə'sentiː].

placid ['plæsɪd] *adj* plácido,-a, apacible, tranquilo,-a.

placidity [plə'sɪdɪtɪ] *n* placidez *f*.

plagiarise ['pleɪdʒəraɪz] *vt* → **plagiarize**.

plagiarism ['pleɪdʒərɪzəm] *n* plagio.

plagiarize ['pleɪdʒəraɪz] *vt* plagiar.

plague [pleɪg]
1 *n (of insects etc)* plaga.
2 *n MED* peste *f*.
3 *vt (pester)* acosar, asediar: they plagued her with questions la acosaron a preguntas.
4 *vt (afflict)* afligir, asolar, plagar, atormentar: a scheme plagued by problems un proyecto plagado de problemas; she was plagued by doubts estaba atormentada por las dudas.
✦ **to avoid somebody like the plague** huir de alguien como de la peste.

plaice [pleɪs] *n (fish)* platija.
▲ *pl* plaice.

plaid [plæd]
1 *n (material)* tejido escocés; *(pattern)* cuadros *mpl* escoceses.
2 *adj* escocés,-esa.

plain [pleɪn]
1 *adj (clear)* claro,-a, evidente: he made it quite plain lo dejó muy claro.
2 *adj (straightforward)* franco,-a, directo,-a: we need to do some plain speaking tenemos que hablar con franqueza; tell me in plain language dímelo en lenguaje corriente; the plain truth la pura verdad.
3 *adj (simple, ordinary)* sencillo,-a; *(without pattern)* liso,-a.
4 *adj (unattractive)* poco agraciado,-a, feúcho,-a.
5 *adj (chocolate)* sin leche; *(flour)* sin levadura.
6 *adv (absolutely)* totalmente.
7 *adv (clearly)* claramente, francamente.
8 *n GEOG* llanura.
9 *n (in knitting)* punto del derecho.
✦ **in plain clothes** vestido,-a de paisano.
in plain English en términos sencillos, en cristiano.
to be (all) plain sailing ser coser y cantar.
to make oneself plain explicarse.

plainly ['pleɪnlɪ]
1 *adv (clearly - explain, speak)* claramente; *(remember)* perfectamente.

2 *adv (obviously - gen)* claramente, obviamente; *(- upset, angry)* evidentemente.
3 *adv (simply)* sencillamente, con sencillez.

plainness ['pleɪnnəs]
1 *n (clearness)* claridad *f*.
2 *n (simplicity)* sencillez *f*.
3 *n (unattractiveness)* fealdad *f*.

plainsman ['pleɪnzmən] *n* llanero.
▲ *pl* **plainsmen** ['pleɪnzmən].

plain-spoken [pleɪn'spəʊkən] *adj* franco,-a.

plainswoman ['pleɪnzwʊmən] *n* llanera.
▲ *pl* **plainswomen** ['pleɪnzwɪmɪn].

plaintiff ['pleɪntɪf] *n* demandante *mf*, querellante *mf*.

plaintive ['pleɪntɪv] *adj* lastimero,-a, triste.

plait [plæt]
1 *n* trenza.
2 *vt* trenzar.

plan [plæn]
1 *n (scheme, arrangement)* plan *m*, proyecto: **a change of plan** un cambio de planes; **development plan** plan de desarrollo; **what are your plans for the weekend?** ¿qué planes tienes para el fin de semana?
2 *n (map, drawing, diagram)* plano; *(design)* proyecto; *(for essay)* esquema *m*: **have you seen the plans for the new opera house?** ¿has visto los planos de la nueva ópera?
3 *vt (make plans)* planear, proyectar, planificar; *(intend)* pensar, tener pensado: **they plan to get married next year** tienen planeado casarse el año que viene; **we're planning to spend Christmas with my parents** pensamos pasar las navidades con mis padres; **everything turned out as planned** todo salió como estaba planeado.
4 *vt (make a plan of - house, garden, etc)* hacer los planos de, diseñar, proyectar; *(- economy, strategy)* planificar.
5 *vi (make preparations)* hacer planes; *(intend)* pensar: **we've planned for about 20 people** tenemos previsto (que vendrán) unas 20 personas; **we hadn't planned on rain!** ¡no contábamos con que lloviera!; **I'd planned on going away this weekend** había pensado salir fuera este fin de semana.
✦ **to go according to plan** salir como estaba previsto, salir según lo previsto.
to plan for the future hacer planes para el futuro.
▲ *pt & pp* **planned**, *ger* **planning**.

plane¹ [pleɪn]
1 *n MATH (surface)* plano.
2 *n fig (level, standard)* nivel *m*.
3 *n fam (aircraft)* avión *m*: **they went by plane** fueron en avión.
4 *adj* plano,-a.
5 *vi (glide)* planear.

■ **plane geometry** geometría plana.
plane ticket billete *m* de avión.

plane² [pleɪn]
1 *n (tool)* cepillo.
2 *vt* cepillar.
▶ **to plane down** *vt sep* desbastar.

plane³ [pleɪn] *n (tree)* plátano.

planet ['plænət] *n* planeta *m*.

planetarium [plænɪ'teərɪəm] *n* planetario.
▲ *pl* **planetariums** o **planetaria** [plænə'teərɪə].

planetary ['plænətərɪ] *adj* planetario,-a.

plank [plæŋk]
1 *n (of wood)* tablón *m*, tabla.
2 *n POL (principle)* punto fundamental.

plankton ['plæŋktən] *n* plancton *m*.

planner ['plænə'] *n* planificador,-ra.
■ **town planner** urbanista *mf*.

planning ['plænɪŋ] *n* planificación *f*.
■ **planning permission** permiso de obras.

plant¹ [plɑːnt]
1 *n BOT* planta.
2 *vt (flowers, trees)* plantar; *(seeds, vegetables)* sembrar; *(bed, garden, etc)* plantar (**with**, de).
3 *vt (bomb)* colocar; *(blow)* plantar; *(kiss)* dar, plantar.
4 *vt (ideas, doubt)* inculcar, meter.
✦ **to plant one's feet** plantar los pies.
to plant oneself plantarse.
to plant something on somebody colocarle algo a alguien a escondidas para comprometerlo.
■ **plant life** flora.
plant pot maceta, tiesto.

plant² [plɑːnt] *n (factory)* planta, fábrica; *(machinery)* equipo, maquinaria.

plantain¹ [plæn'teɪn] *n BOT (weed)* llantén *m*.

plantain² [plæn'teɪn] *n (fruit)* plátano grande; *(tree)* plátano.

plantation [plæn'teɪʃən] *n (for crops)* plantación *f*.

planter ['plɑːntə'] *n (plantation owner)* hacendado,-a.

plaque [plæk] *n* placa.

plasma ['plæzmə] *n* plasma *m*.

plaster ['plɑːstə']
1 *n (powder, mixture - gen)* yeso; *(for walls)* revoque *m*, enlucido.
2 *n MED* escayola: **he's got his arm in plaster** tiene el brazo escayolado.
3 *vt (wall, ceiling)* enyesar, enlucir.
4 *vt (cover, spread)* cubrir (**with**, de).
■ **plaster cast** *ART* vaciado de yeso; *MED* escayolado.
plaster of Paris yeso de mate.
sticking plaster esparadrapo, tirita.

plasterboard ['plɑːstəbɔːd] *n* cartón *m* yeso.

plastered ['plɑːstəd] *adj fam (drunk)* borracho,-a, trompa, como una cuba.

plasterer ['plɑːstərə'] *n* yesero,-a.

plasterwork ['plɑːstəwɜːk] *n* yesería.

plastic ['plæstɪk]
1 *adj (bag, cup, spoon, etc)* de plástico,-a.
2 *adj (malleable)* moldeable.
3 *n* plástico.
4 *n fam (credit cards)* tarjetas de crédito.
■ **plastic surgery** cirugía plástica.
plastic surgeon cirujano,-a plástico,-a.
the plastic arts las artes *fpl* plásticas.
the plastics industry la industria del plástico.

Plasticine ['plæstɪsiːn] *n GB* plastilina.

plasticity [plæs'tɪsɪtɪ] *n* plasticidad *f*.

plate [pleɪt]
1 *n (dish, plateful)* plato; *(for church offering)* platillo, bandeja.
2 *n (sheet of metal, glass)* placa; *(thin layer)* lámina.
3 *n (metal covered with gold)* chapa de oro; *(with silver)* chapa de plata.
4 *n (dishes, bowls - of gold)* vajilla de oro; *(- of silver)* vajilla de plata.
5 *n (illustration)* grabado, lámina.
6 *n (dental)* dentadura postiza.
7 *vt (gen)* chapar; *(with gold)* dorar; *(with silver)* platear.
✦ **to give/hand something to somebody on a plate** poner algo a alguien en bandeja.
to have a lot on one's plate tener mucha faena, tener muchas cosas entre manos.
■ **hot plate** placa eléctrica.
number plate matrícula.
plate glass cristal *m* cilindrado, vidrio cilindrado.
plate rack escurreplatos *m*.

plateau ['plætəʊ]
1 *n GEOG* meseta.
2 *n (state)* estancamiento.
✦ **to reach a plateau** estancarse.
▲ *pl* **plateaus** o **plateaux** ['plætəʊz].

platelet ['pleɪtlət] *n* plaqueta.

platform ['plætfɔːm]
1 *n (gen)* plataforma; *(for speaker)* tribuna, estrado; *(for band)* estrado.
2 *n (railway)* andén *m*, vía.
3 *n POL* programa *m*.

platinum ['plætɪnəm] *n* platino.
■ **platinum blonde** rubia platina.

platitude ['plætɪtjuːd] *n* tópico, lugar *m* común.

platonic [plə'tɒnɪk] *adj* platónico,-a.

platoon [plə'tuːn] *n MIL* pelotón *m*.

platter ['plætə'] *n (dish)* fuente *f*.

platypus ['plætɪpəs] *n* ornitorrinco.

plausible ['plɔːzɪbəl] *adj (statement, excuse, etc)* plausible, admisible, verosímil; *(person)* convincente.

play [pleɪ]
1 *n (recreation)* juego: **all work and no play** mucho trabajo y nada de diversión; **children at play** niños jugando.
2 *n SP (action)* juego; *(match)* partido; *(move)* jugada: **rain has stopped play** la lluvia ha interrumpido el juego.

3 *n THEAT* obra (de teatro), pieza (teatral).

4 *n (free and easy movement, slack)* juego.

5 *n (action, effect, interaction)* juego.

6 *vt (game, sport)* jugar a: **some played cards while the others played football** algunos jugamos a cartas mientras otros jugaron a fútbol; **do you play the Stock Exchange?** ¿juegas a la Bolsa?

7 *vt SP (compete against)* jugar contra; *(in position)* jugar de; *(ball)* pasar; *(card)* jugar; *(piece)* mover: **Arsenal are playing Manchester tomorrow** el Arsenal juega contra el Manchester mañana; **have you played David at tennis?** ¿has jugado al tenis con David?

8 *vt MUS* tocar: **she plays the piano** toca el piano; **play us something on the guitar** tócanos algo a la guitarra.

9 *n (joke, trick)* gastar, hacer: **they played a dirty trick on me** me jugaron una mala pasada.

10 *vt THEAT (part)* hacer el papel de, hacer de; *(play)* representar, dar: **she plays the part of Juliet** hace de Julieta; **they're playing King Lear at the Royal** representan el Rey Lear en el Royal.

11 *vt (record, song, tape)* poner.

12 *vt (direct - light, water)* dirigir.

13 *vi (amuse oneself)* jugar (**at**, a), (**with**, con).

14 *vi SP (at game)* jugar: **he plays for England** juega con la selección inglesa.

15 *vi THEAT (cast)* actuar, trabajar; *(show)* ser representado,-a.

16 *vi (pretend)* pretender, jugar a: **what are you playing at?** ¿qué pretendes?, ¿a qué estás jugando?

17 *vi MUS* tocar.

18 *vi (move)* recorrer.

▶ **to play about** *vi* juguetear.

to play along *vi* hacer el juego a, seguir la corriente a.

to play around *vi (gen)* juguetear; *(have affairs)* tener líos.

to play back *vt sep* (volver a) poner.

to play down *vt sep* minimizar, quitar importancia a.

to play off

1 *vt sep* oponer (**against**, a).

2 *vi* jugar el desempate.

to play on *vt insep* aprovecharse de, explotar.

to play up

1 *vt sep (cause trouble)* dar la lata a, fastidiar.

2 *vi (machine)* no funcionar bien; *(child)* dar guerra, portarse mal.

3 *vi (flatter)* halagar (**to**, a), dar coba (**to**, a).

✦ **a play on words** un juego de palabras.

to be in play estar dentro de juego.

to be out of play estar fuera de juego.

to be played out estar agotado,-a, estar rendido,-a.

to bring something into play poner algo en juego.

to come into play entrar en juego.

to give full play to something dar rienda suelta a algo.

to make a play for something/somebody intentar conseguir algo/conquistar a alguien.

to play by ear *(music)* tocar de oído.

to play dead hacerse el/la muerto,-a.

to play for time tratar de ganar tiempo.

to play hard to get hacerse de rogar, hacerse el/la interesante.

to play into somebody's hands hacerle el juego a alguien.

to play it by ear *(improvise)* decidir sobre la marcha, improvisar.

to play it cool hacer como si nada.

to play one's cards right jugar bien sus cartas.

to play safe/play it safe ir a lo seguro, no arriesgarse.

to play the fool hacer el indio, hacer el tonto.

to play the game jugar limpio.

to play truant hacer novillos, hacer campana.

to play with an idea dar vueltas a una idea.

to play with fire jugar con fuego.

■ **fair play/foul play** juego limpio/juego sucio.

play-act ['pleɪækt] *vi* hacer teatro.

playbill ['pleɪbɪl] *n* cartel *m*.

playboy ['pleɪbɔɪ] *n* playboy *m*.

player ['pleɪə']

1 *n SP* jugador,-ra.

2 *n THEAT (actor)* actor *m*; *(actress)* actriz *f*.

playful ['pleɪfʊl] *adj (person, animal)* juguetón,-ona, travieso,-a; *(mood)* juguetón,-ona.

playground ['pleɪgraʊnd] *n* patio de recreo.

playgroup ['pleɪgrʊːp] *n* jardín *m* de infancia, guardería.

playhouse ['pleɪhaʊs]

1 *n (theatre)* teatro.

2 *n (for children)* casita.

playing card ['pleɪŋkɑːd] *n* carta, naipe *m*.

playing field ['pleɪŋfiːld] *n* campo deportivo.

playmate ['pleɪmeɪt] *n* compañero,-a de juego, amiguito,-a.

play-off ['pleɪɒf] *n SP* partido de desempate.

playpen ['pleɪpen] *n* parque *m* (para niños).

playroom ['pleɪrʊːm] *n* cuarto de juego, cuarto de jugar.

playschool ['pleɪskʊːl] *n* jardín *m* de infancia, guardería.

plaything ['pleɪθɪŋ] *n* juguete *m*.

playtime ['pleɪtaɪm] *n* recreo.

playwright ['pleɪraɪt] *n* dramaturgo,-a.

PLC ['piːˈelˈsiː] *abbr GB* (**Public Limited Company**) Sociedad Anónima; *(abbreviation)* S.A.

▲ *También se escribe* plc.

plea [pliː]

1 *n fml (request)* petición *f*, súplica.

2 *n fml (excuse)* excusa, pretexto.

3 *n JUR* alegato, declaración *f*.

✦ **on the plea of** so pretexto de.

to enter a plea of guilty/not guilty declararse culpable/inocente.

to make a plea for mercy rogar clemencia, suplicar clemencia.

plead [pliːd]

1 *vi* suplicar (**with**, -).

2 *vt (give as excuse)* alegar.

pleading ['pliːdɪŋ]

1 *adj (tone, voice, look)* suplicante.

2 *n* súplica, ruego.

3 **pleadings** *npl JUR* defensa *f sing*, alegato *m sing*.

pleasant ['plezənt]

1 *adj (gen)* agradable; *(surprise)* grato,-a.

2 *adj (person)* simpático,-a, amable.

pleasantly ['plezəntlɪ] *adv* agradablemente, gratamente.

pleasantness ['plezəntnəs] *n (of thing)* amenidad *f*, *(of person)* simpatía.

pleasantry ['plezəntrɪ] *n* cumplido.

✦ **to exchange pleasantries** intercambiar cumplidos.

▲ *pl* pleasantries.

please [pliːz]

1 *vt (make happy, be agreeable to)* agradar, gustar, complacer; *(satisfy)* contentar, complacer: **you can't please everyone** no se puede complacer a todos; **there's no pleasing her** no hay forma de contentarla; **he's easy to please** se contenta con cualquier cosa.

2 *vi (satisfy)* contentar, complacer, satisfacer.

3 *vi (choose, want, like)* querer: **you can do as you please** puedes hacer lo que quieras; **come this way, if you please** haga el favor de pasar por aquí.

4 *interj* por favor: **quiet, please** silencio, por favor; **yes, please** sí, por favor.

✦ **please do!** ¡desde luego!, ¡sí, cómo no!, ¡no faltaba más!

please yourself haz lo que quieras.

to be hard to please ser exigente.

pleased [pliːzd] *adj (happy)* contento,-a; *(satisfied)* satisfecho,-a: **I'm so pleased to see you** me alegro mucho de verte; **he looks very pleased with himself** parece muy satisfecho de sí mismo; **I'd be only too pleased to** lo haría con mucho gusto; **we are pleased to inform you that ...** tenemos el placer de comunicarles que ..., nos complace comunicarles que ...

✦ **pleased to meet you!** ¡encantado,-a!, ¡mucho gusto!

pleasing ['pliːzɪŋ] *adj (pleasant)* agradable; *(gratifying)* grato,-a; *(satisfying)* satisfactorio,-a.

pleasurable ['pleʒərəbəl] *adj* agradable, placentero,-a.

pleasure ['pleʒə'] *n* placer *m*: it's a pleasure to be here es un placer estar aquí; it gives me great pleasure to ... tengo el placer de ..., tengo el gusto de ...
+ **my pleasure** ha sido un placer.
to be detained at Her Majesty's pleasure quedar detenido,-a a disposición del Estado.
to have the pleasure of ... tener el placer de ..., tener gusto de ...: may I have the pleasure of this dance ¿me concede este baile?
to take pleasure in doing something disfrutar haciendo algo.
with pleasure con mucho gusto.
▪ **pleasure boat** barco de recreo.
pleasure cruise crucero de placer.
pleasure trip viaje *m* de placer.

pleat [pli:t]
1 *n* pliegue *m*.
2 *vt* plisar.

pleb [pleb] *n pej* ordinario,-a.

plebeian [plɪ'bi:ən]
1 *adj HIST* plebeyo,-a.
2 *adj pej* ordinario,-a.

plebiscite ['plebɪsɪt] *n* plebiscito.
+ **to hold a plebiscite** celebrar un plebiscito.

plectrum ['plektrəm] *n* púa, plectro.
▲ *pl* **plectrums** o **plectra** ['plektrə].

pledge [pledʒ]
1 *n (promise)* promesa.
2 *n (token)* prenda, señal *f*: **as a pledge of our friendship** en señal de nuestra amistad.
3 *n (security, guarantee)* garantía, prenda.
4 *vt (promise)* prometer: **he pledged allegiance to the king** juró fidelidad al rey.
5 *vt (pawn)* empeñar, dar en prenda.
+ **to pledge somebody to secrecy** hacer jurar a alguien guardar el secreto.
to take the pledge jurar no probar el alcohol.

plenary ['pli:nərɪ] *adj (session, meeting)* plenario,-a; *(power, authority)* pleno,-a.

plenipotentiary [plenɪpə'tenʃərɪ]
1 *adj* plenipotenciario,-a.
2 *n* plenipotenciario,-a.

plentiful ['plentɪful] *adj* abundante: **apples are plentiful in winter** en invierno hay manzanas en abundancia.

plenty ['plentɪ]
1 *n* abundancia: **years of plenty** años de abundancia.
2 *pron* mucho,-a, muchos,-as: **we've got plenty of time** tenemos tiempo de sobra; **there's plenty of food** hay mucha comida.
3 *adv US fam* muy.
+ **in plenty** en abundancia.

plethora ['pleθərə] *n* plétora (**of**, de).

pleurisy ['plʊərɪsɪ] *n* pleuresía.

pliable ['plaɪəbəl] *adj* flexible.

pliant ['plaɪənt] *adj* flexible.

pliers ['plaɪəz] *npl* alicates *mpl*, tenazas *fpl*: **a pair of pliers** unos alicates.

plight [plaɪt] *n* situación *f* grave.

plimsolls ['plɪmsəlz] *npl GB* playeras *fpl*, zapatillas *fpl* de lona.

plinth [plɪnθ] *n (of column, pillar)* plinto; *(of statue)* peana.

plod [plɒd]
1 *vi (walk slowly)* andar con paso lento, andar con paso pesado.
2 *vi (work steadily)* hacer laboriosamente.
▶ **to plod away** *vi* perseverar (**at**, en).
▲ *pt & pp* **plodded**, *ger* **plodding**.

plodder ['plɒdə'] *n* persona tenaz.

plodding ['plɒdɪŋ] *adj* tenaz, laborioso,-a.

plonk¹ [plɒŋk]
1 *n* ruido sordo.
2 *vt fam* dejar caer: **she plonked herself down on the sofa** se dejó caer en el sofá.

plonk² [plɒŋk] *n GB fam* vinaza.

plop [plɒp]
1 *n* plaf *m*.
2 *adv* plaf.
3 *vi* hacer plaf (al caer).

plot¹ [plɒt]
1 *n (conspiracy)* conspiración *f*, complot *m*.
2 *n (of book, film, etc)* trama, argumento.
3 *vt (plan secretly)* tramar, urdir.
4 *vt (course, position)* trazar.
5 *vi* conspirar, tramar, maquinar: **they plotted to kill the king** conspiraron para matar al rey.
+ **the plot thickens** la historia se complica.
▲ *pt & pp* **plotted**, *ger* **plotting**.

plot² [plɒt] *n (of land)* parcela, terreno; *(for building)* solar *m*.

plotter ['plɒtə'] *n* conspirador,-ra.

plough [plaʊ]
1 *n AGR* arado.
2 *vt (land etc)* arar.
3 *vi* arar la tierra.
▶ **to plough back** *vt sep (profits)* reinvertir.
to plough into *vt insep (crash)* estrellarse contra.
to plough through
1 *vt insep (mud, snow, etc)* abrirse camino a través de; *(sea)* surcar.
2 *vt insep fig (finish)* tratar de acabar; *(do with difficulty)* hacer laboriosamente.
▪ **the Plough** el Carro, la Osa Mayor.

ploughman ['plaʊmən] *n* arador *m*, labrador *m*.
▪ **ploughman's lunch** plato de queso, ensalada, encurtidos y pan.

plover ['plʌvə'] *n* chorlito, chorlitejo.
▪ **golden plover** chorlito dorado común.
Kentish plover chorlitejo patinegro.
little ringed plover chorlito chico.
ringed plover chorlitejo grande.

plow [plaʊ] *n US* → **plough.**

plowman ['plaʊmən] *n US* → **ploughman.**

ploy [plɔɪ] *n* truco, ardid *m*, treta, estratagema.

pluck [plʌk]
1 *n* valor *m*, ánimo, coraje *m*, arrojo.
2 *vt (gen)* arrancar; *(flower, fruit)* coger.
3 *vt (bird)* desplumar.
4 *n MUS* puntear.
+ **to pluck one's eyebrows** depilarse las cejas.
to pluck up courage armarse de valor, cobrar ánimo.

plucky ['plʌkɪ] *adj* valiente.
▲ *comp* **pluckier**, *superl* **pluckiest**.

plug [plʌg]
1 *n (for bath, sink, etc)* tapón *m*.
2 *n ELEC (on lead)* enchufe *m*, clavija; *(socket)* enchufe *m*, toma de corriente.
3 *n (publicity)* publicidad *f*.
4 *n (of tobacco)* rollo.
5 *vt (hole etc)* tapar (**up**, -).
6 *vt (publicize)* dar publicidad a, promocionar.
▶ **to plug away** *vt insep* perseverar (**at**, en).
to plug in
1 *vt sep* enchufar: **plug it in** enchúfalo.
2 *vt sep* enchufarse.
to plug into *vt sep* enchufar a: **plug the radio into the mains** enchufa la radio a la corriente.
+ **to give something a plug** dar publicidad a algo, promocionar algo.
▪ **sparking plug** bujía.
▲ *pt & pp* **plugged**, *ger* **plugging**.

plughole ['plʌghəʊl] *n* desagüe *m*.

plug-in ['plʌgɪn] *n* plug-in *m*, conector *m*.

plum [plʌm]
1 *n (fruit)* ciruela.
2 *n (colour)* color *m* ciruela.
3 *adj fam* fantástico,-a: **a plum job** un chollo.
▪ **plum pudding** budín *m* de pasas.
plum tree ciruelo.

plumage ['plu:mɪdʒ] *n* plumaje *m*.

plumb [plʌm]
1 *n (lead weight used in building)* plomada.
2 *n (for depth-sounding)* sonda.
3 *adj ARCH* a plomo, vertical.
4 *adv ARCH* a plomo, verticalmente.
5 *adv (exactly)* justo, de lleno.
6 *adv US (quite, absolutely)* completamente: **plum crazy** loco,-a de remate.
7 *vt ARCH* aplomar.
8 *vt (water)* sondar.
9 *vt fig (mystery)* descifrar.
▶ **to plumb in** *vt sep* instalar, conectar.
+ **to be out of plumb** no estar a plomo.
to plumb the depths of despair estar completamente desesperado,-a.
▪ **plumb line** plomada.

plumber ['plʌmə'] *n* fontanero,-a.

plumbing ['plʌmɪŋ]
1 *n (occupation)* fontanería.
2 *n (system)* tubería, cañería.

plume [pluːm] *n* penacho.

plummet [ˈplʌmɪt]

1 *vi (bird, plane)* caer en picado.

2 *vi fig (prices)* caer en picado, desplomarse, bajar vertiginosamente; *(morale)* caer a plomo.

plump¹ [plʌmp] *adj (person)* regordete, rollizo,-a; *(baby)* rechoncho,-a; *(animal)* gordo,-a.

▸ **to plump up** *vt sep (pillow etc)* ahuecar, sacudir.

plump² [plʌmp] **to plump for** *vt* optar por, decidirse por.

plunder [ˈplʌndəʳ]

1 *n (action)* pillaje *m*, saqueo.

2 *n (loot)* botín *m*.

3 *vt* saquear, pillar.

plunge [plʌndʒ]

1 *n (dive)* zambullida, chapuzón *m*.

2 *n (fall)* caída, descenso.

3 *vi (dive)* lanzarse, zambullirse, tirarse de cabeza; *(fall)* caer, hundirse, precipitarse.

4 *vi (drop - prices etc)* caer en picado, desplomarse.

5 *vi MAR* cabecear.

6 *vt (immerse)* sumergir, hundir; *(thrust)* clavar, meter; *(in despair, poverty etc)* sumir: Henry plunged the knife into his back Henry le clavó el cuchillo en la espalda; the tragic news plunged her into despair la trágica noticia la sumió en la desesperación; the neighbourhood was plunged into darkness el barrio quedó sumido en la oscuridad.

✦ **to take the plunge** dar el paso decisivo.

plunger [ˈplʌndʒəʳ]

1 *n (for drain etc)* desatascador *m*.

2 *n TECH (piston)* émbolo.

plunging [ˈplʌndʒɪŋ] *adj (neckline)* escotado,-a.

pluperfect [pluːˈpɜːfɪkt] *n LING* pluscuamperfecto.

plural [ˈplʊərəl]

1 *adj* plural.

2 *n* plural *m*.

pluralise [ˈplʊərəlaɪz] *vt →* **pluralize.**

pluralism [ˈplʊərəlɪzəm] *n* pluralismo.

plurality [plʊəˈrælɪtɪ]

1 *n* pluralidad *f*.

2 *n US* mayoría relativa.

pluralize [ˈplʊərəlaɪz] *vt* pluralizar.

plus [plʌs]

1 *prep* más: four plus five is nine cuatro más cinco son nueve.

2 *adj (ion, number)* positivo,-a: the temperature is plus five degrees la temperatura es de cinco grados.

3 *adj (and more)* más de, algo más de: a house costs £60,000 plus una casa cuesta algo más de 60.000 libras.

4 *adj (advantageous)* positivo,-a.

5 *n MATH (sign)* signo más.

6 *n (advantage)* ventaja, factor *m* positivo, pro.

▪ **plus sign** signo más.

plush [plʌʃ]

1 *n* felpa, peluche *m*.

2 *adj fam* lujoso,-a.

Pluto [ˈpluːtəʊ] *n* Plutón *m*.

plutocracy [pluːˈtɒkrəsɪ] *n* plutocracia.

plutocrat [ˈpluːtəkræt] *n* plutócrata *mf*.

plutonium [pluːˈtəʊnɪəm] *n* plutonio.

ply¹ [plaɪ]

1 *vt (of ship)* navegar por.

2 *vt (tool)* manejar.

3 *vi (ship, bus, etc)* hacer el trayecto, navegar: ferries that ply between Dover and Calais transbordadores que hacen el trayecto de Dover a Calais.

✦ **to ply for hire** *(taxi)* ir en busca de clientes.

▸ **to ply one's trade** ejercer su oficio.

to ply with *vt sep (drink, food)* no parar de ofrecer; *(questions)* asediar a, acosar a.

▲ *pt & pp* plied, *ger* plying.

ply² [plaɪ] *n (of wood)* chapa; *(of paper)* capa; *(of wool)* cabo: four-ply wool lana de cuatro cabos.

▲ *pl* plies.

plywood [ˈplaɪwʊd] *n* contrachapado, madera contrachapada.

pm [ˈpiːˈem] *abbr* (**post meridiem**) después del mediodía: at 4 pm a las cuatro de la tarde.

▲ *En Estados Unidos también se escribe* PM.

PM [ˈpiːˈem] *abbr GB fam* (**Prime Minister**) Primer,-a Ministro,-a.

PMT [ˈpiːˈemˈtiː] *abbr* (**premenstrual tension**) tensión premenstrual.

PO¹ [ˌpetɪˈɒfɪsəʳ] *abbr* (**Petty Officer**) contramaestre *m*.

PO² [ˈpəʊstəlɔːdəʳ] *abbr* (**postal order**) giro postal; *(abbreviation)* g.p.

PO³ [ˈpəʊstɒfɪs] *abbr* (**Post Office**) correos *mpl*.

poach¹ [pəʊtʃ]

1 *vi (for game)* cazar en vedado, cazar furtivamente; *(for fish)* pescar en vedado, pescar furtivamente.

2 *vt (game)* cazar en vedado, cazar furtivamente; *(fish)* pescar en vedado, pescar furtivamente.

3 *vt (take, steal)* robar.

poach² [pəʊtʃ] *vt CULIN (fish)* hervir; *(eggs)* escalfar.

poacher [ˈpəʊtʃəʳ] *n (of game)* cazador, -ra furtivo,-a; *(of fish)* pescador,-ra furtivo,-a.

pocket [ˈpɒkɪt]

1 *n (gen)* bolsillo: he put his hand in his pocket echó mano al bolsillo; prices to suit every pocket precios para todos los bolsillos.

2 *n (small area - of air)* bolsa; *(- of resistance)* foco.

3 *n (on snooker table)* tronera.

4 *adj (dictionary, camera, etc)* de bolsillo.

5 *vt (put in pocket)* meterse en el bolsillo, guardarse en el bolsillo.

6 *vt (keep, take dishonestly)* embolsar, quedarse con: he pocketed the change se quedó con el cambio.

✦ **to be out of pocket** *(lose)* salir perdiendo; *(have to pay)* tener que poner de su propio bolsillo: it left me £50 out of pocket salí perdiendo 50 libras.

to live in each other's pockets estar uno encima del otro.

to pay for something out of one's own pocket pagar algo con su propio dinero.

to pick somebody's pocket robarle algo a alguien.

▪ **pocket calculator** calculadora de bolsillo.

pocket handkerchief pañuelo.

pocket money *(for children)* paga, semanada.

pocketbook [ˈpɒkɪtbʊk]

1 *n US* bolso.

2 *n (notebook)* libreta (de bolsillo).

pocketful [ˈpɒkɪtfʊl] *n* bolsillo.

pocketknife [ˈpɒkɪtnaɪf] *n* navaja.

pocket-sized [ˈpɒkɪtsaɪzd] *adj* de bolsillo, (de) tamaño bolsillo.

pockmark [ˈpɒkmɑːk] *n (on face, skin)* viruela; *(hole)* agujero.

pockmarked [ˈpɒkmɑːkt] *adj (face, skin)* picado,-a de viruelas; *(surface, building)* lleno,-a de agujeros.

pod [pɒd] *n BOT* vaina.

podgy [ˈpɒdʒɪ] *adj* gordinflón,-ona, regordete,-a.

▲ *comp* podgier, *superl* podgiest.

podium [ˈpəʊdɪəm] *n* podio.

▲ *pl* podiums o podia [ˈpəʊdɪə].

poem [ˈpəʊəm] *n* poema *m*, poesía.

poet [ˈpəʊət] *n* poeta *mf*.

poetic [pəʊˈetɪk] *adj* poético,-a.

✦ **poetic justice** justicia divina.

poetic licence licencia poética.

poetry [ˈpəʊətrɪ] *n* poesía.

✦ **to be poetry in motion** ser pura poesía.

▪ **poetry reading** recital *m* de poesía.

pogrom [ˈpɒgrəm] *n* pogromo.

poignancy [ˈpɔɪnjənsɪ] *n (sorrow)* tristeza; *(pathos)* patetismo.

poignant [ˈpɔɪnjənt] *adj (moving)* conmovedor,-ra; *(sad)* triste, patético,-a.

point [pɔɪnt]

1 *n (sharp end - of knife, nail, pencil)* punta.

2 *n (place)* punto, lugar *m*: meeting point punto de encuentro, punto de reunión.

3 *n (moment)* momento, instante *m*, punto: at no point en ningún momento; at this point en este momento; at that point en aquel momento, entonces.

4 *n (state, degree)* punto, extremo: he was offhand to the point of rudeness estuvo tan brusco que llegó a ser grosero.

5 *n (on scale, graph, compass)* punto; *(on thermometer)* grado: what's the boiling point of water? ¿cuál es el punto de ebullición del agua?

6 *n SP (score, mark)* punto, tanto: he won on points ganó por puntos.

7 *n FIN* entero: the financial index is up two points el índice ha subido dos enteros.

8 *n (item, matter, idea, detail)* punto: I'd like to raise a point quisiera plantear una cuestión; she made some interesting points hizo unas observaciones interesantes; I see your point ya veo lo que quieres decir, entiendo lo que quieres decir; point taken! ¡de acuerdo!; he's got a point tiene cierta razón (en lo que dice).

9 *n (central idea, meaning)* idea, significado: you've missed the point no has captado la idea; that's not the point no se trata de eso.

10 *n (purpose, use)* sentido, propósito: what's the point? ¿para qué?; what's the point of ... ¿qué sentido tiene ...; there's no point in ... no vale la pena ...

11 *n (quality, ability)* cualidad *f.* he has his good points and bad points tiene cualidades y defectos.

12 *n GEOG* punta, cabo.

13 *n MATH (in geometry)* punto (de intersección).

14 *n (on compass)* punto (cardinal).

15 *n (in decimals)* coma: 5 point 6 cinco coma seis.

16 *vi (show)* señalar: the girl pointed at the clown la niña señaló al payaso con el dedo.

17 *vi fig (indicate)* indicar: it all points to blackmail todo indica que se trata de un chantaje.

18 *vt (with weapon)* apuntar: he pointed a gun at me me apuntó con una pistola.

19 *vt (direct)* señalar, indicar.

20 *vt (wall, house)* ajuntar.

21 points *npl GB (on railway)* agujas *fpl.*

▶ **to point out**

1 *vt sep (show)* señalar: point your boss out señala a tu jefe.

2 *vt sep (mention)* señalar, hacer notar; *(warn)* advertir.

✦ **at the point of a gun** a punta de pistola.

in point of fact de hecho, en realidad.

not to put too fine a point on it hablando en plata.

to be beside the point no venir al caso.

to be on the point of doing something estar a punto de hacer algo.

to be to the point ser relevante y conciso,-a.

to come to the point ir al grano.

to dance on points bailar de puntas.

to get to the point ir al grano.

to make a point of doing something proponerse hacer algo, poner empeño en hacer algo.

to reach the point of no return no poder echarse atrás.

up to a point hasta cierto punto.

■ **point of order** moción *f* de orden.

point of view punto de vista.

weak point punto débil.

point-blank [pɔɪntˈblæŋk]

1 *adj (refusal)* categórico,-a, rotundo,-a; *(question)* directo,-a.

2 *adj (shot)* a quemarropa, a bocajarro.

3 *adv (refuse)* categóricamente, rotundamente; *(ask)* de golpe y porrazo.

4 *adv (shoot)* a quemarropa.

pointed [ˈpɔɪntɪd]

1 *adj (sharp)* puntiagudo,-a; *(shoes)* en punta.

2 *adj fig (comment)* intencionado,-a, significativo,-a; *(wit)* mordaz.

pointedly [ˈpɔɪntɪdlɪ] *adv (significantly)* con intención, de un modo significativo; *(cuttingly)* con mordacidad.

pointer [ˈpɔɪntəʳ]

1 *n (on dial, scale, etc)* aguja; *(for blackboard, etc)* puntero.

2 *n (dog)* perro de muestra.

3 *n (piece of advice, suggestion)* consejo, sugerencia; *(clue)* pista.

pointillism [ˈpwæntɪlɪzəm] *n* puntillismo.

pointillist [ˈpwæntɪlɪst] *n* puntillista *mf.*

pointless [ˈpɔɪntləs] *adj (meaningless)* sin sentido; *(useless)* inútil: it's pointless no tiene sentido, no sirve de nada.

pointlessness [ˈpɔɪntləsnəs] *n* inutilidad *f*, lo absurdo.

pointsman [ˈpɔɪntsmən] *n GB* guardagujas *m.*

poise [pɔɪz]

1 *n (bearing)* porte *m*, elegancia, garbo.

2 *n (self-assurance)* aplomo, desenvoltura.

3 *vt* colocar en equilibrio.

4 *vi (bird)* cernerse.

poised [pɔɪzd]

1 *adj (balanced)* en equilibrio, equilibrado,-a; *(in air)* suspendido,-a.

2 *adj (ready)* listo,-a, preparado,-a.

3 *adj (self-controlled)* sereno,-a, dueño,-a de sí mismo,-a.

poison [ˈpɔɪzən]

1 *n* veneno.

2 *vt (harm, kill - person, animal)* envenenar; *(make ill)* intoxicar; *(river)* contaminar; *(arrow, dart)* envenenar.

3 *vt (corrupt)* envenenar, corromper.

✦ **to take poison** envenenarse.

what's your poison? ¿qué quieres tomar?

■ **poison ivy** hiedra venenosa.

poisoning [ˈpɔɪzənɪŋ] *n* envenenamiento.

✦ **to die of poisoning** morir envenenado,-a.

■ **blood poisoning** envenenamiento de la sangre.

poisonous [ˈpɔɪzənəs]

1 *adj (plant, berry, snake)* venenoso,-a; *(drugs, gas)* tóxico,-a.

2 *adj fig (doctrine, ideas)* pernicioso,-a; *(remark, person)* venenoso,-a.

poison-pen letter [pɔɪzənˈpenletəʳ] *n* anónimo.

poke [pəʊk]

1 *n (jab)* empujón *m*, golpe *m*; *(with elbow)* codazo; *(with sharp object)* pinchazo.

2 *vt (jab - with finger)* dar con la punta del dedo; *(- with elbow)* dar un codazo a; *(- with pointed object)* dar un pinchazo a.

3 *vt (insert)* meter.

4 *vt (fire)* atizar.

5 *vt (show)* asomar: he poked his head round the door asomó la cabeza por la puerta.

▶ **to poke about/poke around** *vi* fisgonear.

to poke out

1 *vt sep* sacar: you nearly poked my eye out! ¡casi me sacas el ojo!

2 *vi* asomar.

✦ **to poke fun at somebody** burlarse de alguien.

to poke one's nose into somebody else's business meterse en asuntos ajenos.

poker[1] [ˈpəʊkəʳ] *n (for fire)* atizador *m.*

✦ **as stiff as a poker** más tieso,-a que un palo.

poker[2] [ˈpəʊkəʳ] *n (card game)* póquer *m.*

poker-faced [ˈpəʊkərfeɪst] *adj* de rostro impasible.

pokey [ˈpəʊkɪ] *adj* → **poky.**

poky [ˈpəʊkɪ] *adj fam* minúsculo,-a, diminuto,-a: a poky little room un cuartucho.

▲ *comp* **pokier,** *superl* **pokiest.**

Poland [ˈpəʊlənd] *n* Polonia.

polar [ˈpəʊləʳ] *adj* polar.

■ **polar bear** oso polar.

polarisation [pəʊləraɪˈzeɪʃən] *n* → **polarization.**

polarise [ˈpəʊləraɪz] *vt* → **polarize.**

polarity [pəʊˈlærɪtɪ] *n* polaridad *f.*

▲ *pl* **polarities.**

polarization [pəʊləraɪˈzeɪʃən] *n* polarización *f.*

polarize [ˈpəʊləraɪz]

1 *vt* polarizar.

2 *vi* polarizarse.

Polaroid [ˈpəʊlərɔɪd] *adj* polaroid.

▲ *Es marca registrada.*

Pole [pəʊl] *n* polaco,-a.

pole[1] [pəʊl] *n (stick, post)* poste *m*, palo, pértiga: telegraph pole poste telegráfico; tent pole palo de tienda.

■ **pole vault** salto con pértiga.

pole² [pəʊl] *n (electrical, geographical)* polo.
+ **to be poles apart** ser polos opuestos.
■ **pole star** estrella polar.
South Pole Polo Sur.

poleaxe [ˈpəʊlæks]
1 *n (for war)* hacha de guerra; *(for slaughtering)* hacha.
2 *vt* derribar, tumbar.
+ **to be poleaxed** *fig* quedarse de piedra, quedarse de una pieza.

polecat [ˈpəʊlkæt] *n* turón *m*.

polemic [pəˈlemɪk]
1 *n* polémica.
2 polemics *npl* polémica *f sing*.

polemical [pəˈlemɪkəl] *adj* polémico,-a.

polemicist [pəˈlemɪsɪst] *n* polemista *mf*.

police [pəˈliːs]
1 *npl (body)* policía *f sing*; *(officers)* policías *mpl*.
2 *vt (keep order in)* mantener el orden en; *(keep watch on)* vigilar; *(area)* patrullar: **the march was heavily policed** hubo un gran despliegue policial en la manifestación.
+ **to join the police** hacerse policía.
■ **police car** coche *m* patrulla.
police constable policía *mf*, agente *mf*.
police dog perro policía.
police force cuerpo de policía.
police headquarters jefatura de policía.
police state estado policial.
police station comisaría.

policeman [pəˈliːsmən] *n* policía *m*, agente *m* de policía, guardia *m*.

policewoman [pəˈliːswʊmən] *n* policía, agente *f* de policía, guardia.

policy [ˈpɒlɪsɪ]
1 *n POL* política: **the government's policy on immigration** la política del gobierno respecto a la inmigración.
2 *n (course of action, plan)* política, estrategia: **it's company policy** es la política de la empresa.
3 *n (insurance)* póliza (de seguros).
+ **to do something as a matter of policy** tener por norma hacer algo.
■ **policy holder** asegurado,-a.
▲ *pl* policies.

polio [ˈpəʊlɪəʊ] *n* poliomielitis *f*, polio *f*.

poliomyelitis [pəʊlɪəʊmaɪəˈlɪtɪs] *n* poliomielitis *f*.

polish [ˈpɒlɪʃ]
1 *n (for furniture)* cera (para muebles); *(for shoes)* betún *m*; *(for floors)* cera, abrillantador *m* (de suelos); *(for nails)* esmalte *m*.
2 *n (shine)* lustre *m*, brillo.
3 *n (action)* pulimento.
4 *n fig (refinement)* refinamiento, brillo.
5 *vt (floor, furniture)* sacar brillo a, encerar; *(shoes)* limpiar; *(silver, cutlery)* sacar brillo a; *(nails)* pintar con esmalte; *(stone)* pulir.

6 *vt fig (refine)* pulir (**up**, -), perfeccionar (**up**, -).
▶ **to polish off** *vt sep (work)* despachar, terminar con; *(food)* zamparse, tragarse.

Polish [ˈpəʊlɪʃ]
1 *adj* polaco,-a.
2 *n (person)* polaco,-a.
3 *n (language)* polaco.
4 the Polish *npl* los polacos *mpl*.

polished [ˈpɒlɪʃt]
1 *adj (wood)* brillante; *(metal)* pulido,-a, lustroso,-a.
2 *adj (manners)* refinado,-a, elegante; *(performance, style)* pulido,-a.

polite [pəˈlaɪt] *adj* cortés, educado,-a, cumplido,-a, correcto,-a: **he was very polite to me** me trató con cortesía; **she only said it to be polite** lo dijo solo como cumplido.
+ **in polite society** en la buena sociedad, entre gente educada.

politely [pəˈlaɪtlɪ] *adv* cortésmente, educadamente, correctamente.

politeness [pəˈlaɪtnəs] *n* cortesía, educación *f*.

political [pəˈlɪtɪkəl] *adj (gen)* político, -a: **students are becoming more and more political** a los estudiantes les interesa cada vez más la política.
■ **political asylum** asilo político.
political prisoner preso,-a político,-a.
political science ciencias *fpl* políticas.

politically [pəˈlɪtɪkəlɪ] *adv* políticamente.
■ **politically correct** políticamente correcto,-a.

politician [pɒlɪˈtɪʃən] *n* político,-a.

politicise [pəˈlɪtɪsaɪz] *vt* → **politicize**.

politicize [pəˈlɪtɪsaɪz] *vt* politizar.

politicking [ˈpɒlɪtɪkɪŋ] *n* politiqueo.

politics [ˈpɒlɪtɪks]
1 *n (gen)* política: **he's active in politics** es militante (político).
2 *n (science)* ciencias *fpl* políticas.
3 *npl (view, opinions)* opiniones *fpl* políticas, ideas *fpl* políticas.
+ **to go into politics** dedicarse a la política.
to talk politics hablar de política.

polka [ˈpɒlkə] *n (dance)* polca.
■ **polka dot** lunar *m*.

poll [pəʊl]
1 *n (voting)* votación *f*; *(number of votes cast)* votos *mpl*: **there's been a heavy poll** el índice de participación ha sido muy alto.
2 *n (survey)* encuesta, sondeo.
3 *vt (votes - obtain)* obtener.
4 *vt (ask opinion)* sondear, encuestar.
5 the polls *npl* las elecciones *fpl*, los comicios *mpl*: **a defeat at the polls** una derrota electoral.
+ **to go to the polls** acudir a las urnas.
to take a poll on something someter algo a votación.
■ **poll tax** *GB* ≈ contribución *f* urbana.

pollack [ˈpɒlək] *n* abadejo.

pollard [ˈpɒlaːd]
1 *vt* desmochar.
2 *n (animal)* animal *m* desmochado; *(tree)* árbol *m* desmochado.

pollen [ˈpɒlən] *n* polen *m*.
■ **pollen count** índice *m* de polen en el aire.

pollinate [ˈpɒlɪneɪt] *vt* polinizar.

pollination [pɒlɪˈneɪʃən] *n* polinización *f*.

polling [ˈpəʊlɪŋ] *n* votación *f*: **polling was heavy in rural areas** la participación fue alta en las zonas rurales.
■ **polling booth** cabina electoral.
polling card tarjeta censal.
polling station colegio electoral.

pollster [ˈpəʊlstəʳ] *n* encuestador,-ra.

pollutant [pəˈluːtənt] *n* contaminante *m*.

pollute [pəˈluːt] *vt* contaminar.

pollution [pəˈluːʃən] *n* contaminación *f*.

polo [ˈpəʊləʊ] *n SP* polo.
■ **polo neck** *(of sweater)* cuello cisne.

polonaise [pɒləˈneɪz] *n* polonesa.

polo-neck [ˈpəʊləʊnek] *adj (sweater)* de cuello alto, de cuello cisne.

poltergeist [ˈpɒltəɡaɪst] *n* duende *m*.

polyester [pɒlɪˈestəʳ] *n* poliéster *m*.

polygamist [pəˈlɪɡəmɪst] *n* polígamo,-a.

polygamous [pəˈlɪɡəməs] *adj* polígamo,-a.

polygamy [pɒˈlɪɡəmɪ] *n* poligamia.

polyglot [ˈpɒlɪɡlɒt]
1 *adj* polígloto,-a.
2 *n (person)* polígloto,-a.

polygon [ˈpɒlɪɡɒn] *n* polígono.

polygraph [ˈpɒlɪɡraːf] *n* pológrafo.

polymer [ˈpɒlɪməʳ] *n* polímero.

Polynesia [pɒlɪˈniːzɪə] *n* Polinesia.

polyp [ˈpɒlɪp] *n* pólipo.

polyphonic [pɒlɪˈfɒnɪk] *adj* polifónico,-a.

polyphony [pəˈlɪfənɪ] *n* polifonía.

polysemous [pəˈlɪsəməs] *adj* polisémico,-a.

polysemy [pəˈlɪsəmɪ] *n* polisemia.

polystyrene [pɒlɪˈstaɪriːn] *n* poliestireno.

polysyllabic [pɒlɪsɪˈlæbɪk] *adj* polisílabo,-a.

polysyllable [ˈpɒlɪsɪləbəl] *n* polisílabo.

polytechnic [pɒlɪˈteknɪk] *n* escuela politécnica, politécnico.

polythene [ˈpɒlɪθiːn] *n* polietileno.
■ **polythene bag** bolsa de plástico.

polyunsaturated [pɒlɪʌnˈsætʃəreɪtɪd] *adj* poliinsaturado,-a.

polyurethane [pɒlɪˈjʊərəθeɪn] *n* poliuretano.

pomegranate [ˈpɒmɪɡrænət] *n BOT (fruit)* granada; *(tree)* granado.

pommel [ˈpɒməl] *n* pomo.

pomp [pɒmp] *n* pompa.
✦ **pomp and circumstance** pompa y solemnidad.
pompom ['pɒmpɒm] *n* borla, pompón *m*.
pomposity [pɒm'pɒsɪtɪ] *n* pomposidad *f*.
pompous ['pɒmpəs] *adj (person)* pedante, presumido,-a, presuntuoso,-a; *(speech, language, style)* pomposo,-a, ampuloso, -a, rimbombante; *(occasion, ceremony)* pomposo,-a; *(building)* ostentoso,-a, imponente.
ponce [pɒns] *n fam (pimp)* proxeneta *mf*, chulo; *(poof)* marica *m*.
poncho ['pɒntʃəu] *n* poncho.
▲ *pl* ponchos.
pond [pɒnd] *n* estanque *m*.
ponder ['pɒndə']
1 *vt* considerar, cavilar sobre.
2 *vi* reflexionar (**on/over**, sobre), meditar (**on/over**, sobre).
ponderous ['pɒndərəs] *adj* pesado,-a.
pong [pɒŋ]
1 *n GB fam* peste *f*, tufo.
2 *vi GB fam* apestar.
pontiff ['pɒntɪf] *n* pontífice *m*.
pontificate [pɒn'tɪfɪkeɪt] *vi* pontificar.
pontoon[1] [pɒn'tu:n] *n* pontón *m*.
■ **pontoon bridge** puente *m* de pontones.
pontoon[2] [pɒn'tu:n] *n GB (card game)* veintiuna.
pony ['pəunɪ] *n* póney *m*, poni *m*.
■ **pony trekking** excursión *f* en poney.
▲ *pl* ponies.
ponytail ['pəunɪteɪl] *n* cola de caballo.
pooch [pu:tʃ] *n fam* chucho.
poodle ['pu:dəl] *n* caniche *m*.
poof [puf] *n sl pej* marica *m*.
poofter ['puftə'] *n sl* → poof.
poofy ['pufɪ] *adj* amariconado,-a.
▲ *comp* poofier, *superl* poofiest.
pooh [pu:] *interj (expressing contempt)* ¡bah!; *(expressing disgust)* ¡puf!
pooh-pooh [pu:'pu:] *vt (idea, suggestion)* descartar, desechar, desdeñar.
pool[1] [pu:l]
1 *n (of water, oil, blood, etc)* charco; *(of light)* foco.
2 *n (pond)* estanque *m*; *(in river)* pozo.
pool[2] [pu:l]
1 *n (common fund of money)* fondo común; *(in gambling)* bote *m*.
2 *n (common supply of services)* servicios *mpl* comunes; *(of resources)* fondo; *(of vehicles)* parque *m*.
3 *n US (snooker)* billar *m* americano.
4 *vt (funds, money)* reunir, juntar; *(ideas, resources)* poner en común.
5 **the pools** *npl* las quinielas *fpl*.
✦ **to do the pools** hacer una quiniela.
poor [puə']
1 *adj (person, family, country)* pobre.

2 *adj (inadequate)* pobre, escaso,-a; *(bad quality)* malo,-a; *(inferior)* inferior: **you've got a poor memory** tienes mala memoria; **he's in poor health** está mal de salud; **that joke was in poor taste** ese chiste era de mal gusto; **she's a poor judge of character** no sabe juzgar a las personas; **they took a poor view of my decision** vieron mi decisión con malos ojos.
3 *adj (unfortunate)* pobre: **poor Edward** el pobre Edward; **you poor thing!** ¡pobrecito!
4 **the poor** *npl* los pobres *mpl*.
poorly ['puəlɪ]
1 *adj (ill)* indispuesto,-a, pachucho,-a.
2 *adv (badly)* mal: **poorly dressed** mal vestido,-a; **they're poorly paid** les pagan muy poco.
pop[1] [pɒp]
1 *n (of cork)* taponazo.
2 *n fam (drink)* gaseosa.
3 *vt (burst)* hacer reventar; *(cork)* hacer saltar.
4 *vt (put)* poner, meter: **she popped the letter in the postbox** metió la carta en el buzón; **pop your coat on** ponte el abrigo.
5 *vi (burst)* estallar, reventar; *(cork)* saltar.
6 *vi (go quickly)* ir rápidamente: **she's just popped out for a minute** acaba de salir un momento; **I'm just popping over to Kate's** voy un momento a casa de Kate; **I'll pop in later** pasaré luego.
▶ **to pop off** *vi euph (die)* estirar la pata, palmarla.
to pop up *vi (appear)* aparecer.
✦ **to go pop** *(burst)* reventar; *(bang)* hacer pum.
to pop the question declararse.
▲ *pt & pp* popped, *ger* popping.
pop[2] [pɒp] *n fam (music)* música pop.
■ **pop singer** cantante *mf* pop.
pop festival festival *m* de música pop.
pop art pop-art *m*.
pop[3] [pɒp] *n US fam (dad)* papá *m*.
pop[4] [pɒpju'leɪʃən] *abbr* (**population**) n° de habitantes.
popcorn ['pɒpkɔ:n] *n* palomitas *fpl* de maíz.
pope [pəup] *n* papa *m*.
popgun ['pɒpgʌn] *n* fusil *m* de juguete.
poplar ['pɒplə'] *n BOT* álamo.
poplin ['pɒplɪn] *n* popelín *m*.
popper ['pɒpə'] *n GB (on clothes)* corchete *m*.
poppy ['pɒpɪ] *n* amapola.
▲ *pl* poppies.
populace ['pɒpjuləs] *n (people)* pueblo; *(masses)* populacho.
popular ['pɒpjulə']
1 *adj (well-liked - gen)* popular; *(- person)* estimado,-a; *(- resort, restaurant)* muy frecuentado,-a; *(fashionable)* de moda; *(name)* común,-una: **she's popular with**

her workmates les cae muy bien a sus compañeras de trabajo; **he's very popular with the ladies** tiene mucho éxito con las mujeres; **we're not very popular with the neighbours** los vecinos no nos tienen mucha simpatía.
2 *adj (of or for general public)* popular; *(belief, notion)* generalizado,-a; *(prices)* popular, económico,-a.
✦ **by popular demand/by popular request** a petición del público.
■ **the popular press** la prensa popular.
popularisation [pɒpjuləraɪ'zeɪʃən] *n* → popularization.
popularise ['pɒpjuləraɪz] *vt* → popularize.
popularity [pɒpju'lærɪtɪ] *n* popularidad *f*.
popularization [pɒpjuləraɪ'zeɪʃən] *n* popularización *f*.
popularize ['pɒpjuləraɪz] *vt (make popular)* popularizar, hacer popular; *(make accessible)* vulgarizar, divulgar.
popularly ['pɒpjuləlɪ] *adv* popularmente: **she is popularly known as Fergie** es más conocida como Fergie.
populate ['pɒpjuleɪt] *vt* poblar.
population [pɒpju'leɪʃən] *n* población *f*. **what is the population of Scotland?** ¿cuántos habitantes tiene Escocia?
■ **population explosion** explosión *f* demográfica.
populist ['pɒpjəlɪst] *adj* populista.
populous ['pɒpjuləs] *adj* populoso,-a.
porcelain ['pɔ:səlɪn]
1 *n* porcelana.
2 *adj* de porcelana.
porch [pɔ:tʃ]
1 *n (of church)* pórtico; *(of house)* porche *m*, entrada.
2 *n US (veranda)* terraza.
porcupine ['pɔ:kjupaɪn] *n* puerco espín.
pore[1] [pɔ:'] *n ANAT* poro.
pore[2] [pɔ:'] **to pore over** *vt* leer detenidamente, estudiar minuciosamente.
pork [pɔ:k] *n* carne *f* de cerdo.
■ **pork butcher** charcutero,-a.
pork chop chuleta de cerdo.
pork pie empanada de carne de cerdo.
porn [pɔ:n] *n fam* pornografía.
pornographic [pɔ:nə'græfɪk] *adj* pornográfico,-a.
pornography [pɔ:'nɒgrəfɪ] *n* pornografía.
porosity [pə'rɒsɪtɪ] *n* porosidad *f*.
porous ['pɔ:rəs] *adj* poroso,-a.
porpoise ['pɔ:pəs] *n* marsopa.
porridge ['pɒrɪdʒ] *n* gachas *fpl* de avena.
■ **porridge oats** copos *mpl* de avena.
port[1] [pɔ:t]
1 *n (harbour, town)* puerto.
2 *adj* portuario,-a.
✦ **to come into/put into port** tomar puerto.

- **fishing port** puerto pesquero.
  port of call puerto de escala.
  port of registry puerto de matrícula.

port² [pɔːt] *n (left side)* babor *m*.

port³ [pɔːt] *n (wine)* vino de Oporto, oporto.

portable [ˈpɔːtəbəl] *adj* portátil.

portal [ˈpɔːtəl] *n* portal *m*.

Port-au-Prince [pɔːtəʊ ˈprɪns] *n* Puerto Príncipe.

portcullis [pɔːtˈkʌlɪs] *n* rastrillo.

portend [pɔːˈtend] *vt fml* augurar, presagiar.

portent [ˈpɔːtent] *n fml* augurio, presagio.

portentous [pɔːˈtentəs]
  1 *adj fml (ominous)* agorero,-a, profético,-a.
  2 *adj pej (solemn)* solemne.

porter [ˈpɔːtə']
  1 *n (in hotel, block of flats)* portero,-a; *(in public building, school)* conserje *m*; *(in hospital)* camillero.
  2 *n (at station, airport)* mozo, maletero.
  3 *n US* mozo de los coches-cama.

portfolio [pɔːtˈfəʊlɪəʊ]
  1 *n (flat case)* carpeta.
  2 *n POL* cartera: **minister without portfolio** ministro,-a sin cartera.
  ▲ *pl* **portfolios**.

porthole [ˈpɔːthəʊl] *n* portilla.

portion [ˈpɔːʃən] *n (gen)* porción *f*, parte *f*; *(of food)* ración *f*.
  ▸ **to portion out** *vt sep* repartir, dividir.

portly [ˈpɔːtlɪ] *adj* corpulento,-a.
  ▲ *comp* **portlier**, *superl* **portliest**.

portrait [ˈpɔːtreɪt] *n* retrato.
  ✦ **to paint somebody's portrait** retratar a alguien.
  ■ **portrait painter** retratista *mf*.

portray [pɔːˈtreɪ]
  1 *vt (painting)* representar, retratar.
  2 *vt (describe)* describir, retratar.
  3 *vt (act)* interpretar.

portrayal [pɔːˈtreɪəl]
  1 *n (painting)* representación *f*.
  2 *n (description)* descripción *f*.
  3 *n (acting)* interpretación *f*.

Portugal [ˈpɔːtjʊgəl] *n* Portugal.

Portuguese [pɔːtjʊˈgiːz]
  1 *adj* portugués,-esa.
  2 *n (person)* portugués,-esa.
  3 *n (language)* portugués *m*.
  4 the Portuguese *npl* los portugueses *mpl*.

pos [ˈpɒzɪtɪv] *abbr* (**positive**) positivo,-a.

pose [pəʊz]
  1 *n (position, stance)* postura, pose *f*, actitud *f*.
  2 *n pej (affectation)* pose *f*, afectación *f*.
  3 *vt (problem, question, etc)* plantear; *(threat)* representar.
  4 *vi (for painting, photograph)* posar.
  5 *vi pej (behave affectedly)* presumir, hacer pose.
  ✦ **to pose as** hacerse pasar por.

poser [ˈpəʊzə']
  1 *n (question)* pregunta difícil; *(problem)* dilema *m*.
  2 *n (person)* presumido,-a.

poseur [pəʊˈzə'] *n →* **poser**.

posh [pɒʃ]
  1 *adj GB fam (place, area)* elegante, de lujo; *(person)* de clase alta; *(accent)* refinado,-a.
  2 *adj GB pej (gen)* pijo,-a.
  ✦ **to talk posh** hablar con acento refinado.

position [pəˈzɪʃən]
  1 *n (place)* posición *f*: **what's the exact position of the plane?** ¿cuál es la posición exacta del avión?
  2 *n (right place)* sitio, lugar *m*: **they manoeuvred the piano into position** colocaron el piano en su lugar.
  3 *n (posture)* postura, posición *f*: **he was sitting in a very uncomfortable position** estaba sentado en una postura muy incómoda.
  4 *n (on scale, in competition)* posición *f*, lugar *m*, puesto; *(social standing)* categoría social, posición *f*.
  5 *n (job)* puesto: **she applied for the position of manager** solicitó el puesto de gerente.
  6 *n (situation, circumstances)* situación *f*, lugar *m*: **you've put me in a difficult position** me has puesto en una situación difícil; **put yourself in my position** ponte en mi lugar.
  7 *n (opinion, point of view)* postura, posición *f*: **I think you know my position** creo que ya conoces mi postura, creo que ya sabes lo que opino.
  8 *n SP* posición *f*.
  9 *vt (put in place)* colocar, poner; *(troops, police)* situar, apostar.
  ✦ **to be in a position to do something** estar en condiciones de hacer algo.
  to be in position estar en su sitio.
  to be out of position estar fuera de lugar.
  to position oneself situarse.

positive [ˈpɒzɪtɪv]
  1 *adj (gen)* positivo,-a.
  2 *adj (definite - proof, evidence)* concluyente, definitivo,-a; *(- refusal, decision)* categórico,-a; *(- answer)* firme; *(- instruction, order)* preciso,-a.
  3 *adj (effective - criticism, advice)* constructivo,-a; *(- attitude, experience)* positivo,-a.
  4 *adj (quite certain)* seguro,-a (**about**, de): **I'm absolutely positive** estoy segurísimo.
  5 *adj fam (absolute, complete, real)* auténtico,-a, verdadero,-a.
  6 *n* positivo.
  ✦ **to think positive** ser positivo,-a.
  ■ **positive discrimination** discriminación *f* positiva.

positively [ˈpɒzɪtɪvlɪ]
  1 *adv (with certainty)* categóricamente; *(definitely)* de forma decisiva, sin duda.
  2 *adv (optimistically)* positivamente; *(actively)* activamente; *(favourably)* favorablemente.

3 *adv fam (absolutely)* verdaderamente, realmente: **the weather was positively awful!** ¡hizo un tiempo malísimo!

possess [pəˈzes]
  1 *vt (own)* poseer, tener.
  2 *vt (take over - anger, fear)* apoderarse de: **whatever possessed you to buy that?** ¿cómo se te ocurrió comprar eso?, ¿qué te dio por comprar eso?

possessed [pəˈzest] *adj (by devil)* poseído,-a, poseso,-a, endemoniado,-a.

possession [pəˈzeʃən]
  1 *n (ownership)* posesión *f*, poder *m*; *(of arms)* tenencia.
  2 *n (thing owned)* bien *m*, posesión *f*: **all my personal possessions** todas mis pertenencias.
  3 *n SP* posesión *f* de la pelota.
  ✦ **to be in possession of something** estar en posesión de algo.
  to come into possession of something llegar algo a su poder, llegar algo a sus manos.
  to have something in one's possession tener algo (en su poder).

possessive [pəˈzesɪv]
  1 *adj (person)* posesivo,-a; *(selfish)* egoísta.
  2 *adj LING* posesivo,-a.
  3 *n LING* posesivo.

possessor [pəˈzesə'] *n* poseedor,-ra.

possibility [pɒsɪˈbɪlɪtɪ]
  1 *n (likelihood)* posibilidad *f*: **there's a strong possibility that I may be in London next week** es muy posible que esté en Londres la semana que viene; **there's not much possibility of that happening!** ¡eso es poco probable!
  2 *n (something possible)* posibilidad *f*: **we've studied all the possibilities** hemos explorado todas las posibilidades.
  3 possibilities *npl (potential)* posibilidades *fpl*, potencial *m*: **the house has possibilities** la casa tiene posibilidades.
  ▲ *pl* **possibilities**.

possible [ˈpɒsɪbəl]
  1 *adj* posible: **I'll do everything possible** haré todo lo posible; **it's not possible** es imposible; **is it possible to book in advance?** ¿se puede reservar con anticipación?
  2 *n* posible candidato,-a.
  ✦ **as far as possible** en lo posible, dentro de lo posible.
  as much as possible todo lo posible.
  as soon as possible cuanto antes, lo antes posible.
  if (at all) possible si es posible, a ser posible.

possibly [ˈpɒsɪblɪ]
  1 *adv (reasonably, conceivably)* posiblemente: **you can't possibly have finished already!** ¡no es posible que ya hayas acabado!; **if I possibly can** si me es posible.

2 *adv (in requests)* could you possibly give me a lift to the station? ¿me podría llevar a la estación?
3 *adv (perhaps)* posiblemente, quizás, puede ser.

post¹ [pəʊst]
1 *n (of wood)* estaca, poste *m*.
2 *vt (notice, list)* fijar, poner, exponer.
✦ **"Post no bills"** "Prohibido fijar carteles".
▪ **goal post** poste *m*, palo.
finishing post poste *m* de llegada.

post² [pəʊst]
1 *n (job)* puesto, empleo; *(important position)* cargo.
2 *n MIL* puesto.
3 *vt MIL* destinar, apostar.
4 *vt (employee)* destinar, mandar.
✦ **to take up one's post** *(job)* ocupar el cargo, entrar en funciones.

post³ [pəʊst]
1 *n GB (mail)* correo; *(collection)* recogida; *(delivery)* reparto: is there anything for me in the post? ¿hay alguna carta para mí en el correo?; you'll catch the post if you hurry llegarás a la recogida si te das prisa; it's in the post ya está enviado.
2 *vt GB (send - letter, parcel)* enviar por correo, mandar por correo, echar al correo; *(put in postbox)* echar al buzón.
3 *vt (enter - in ledger)* anotar.
✦ **to keep somebody posted** mantener a alguien al corriente, tener a alguien al corriente.
to post something to somebody mandar algo a alguien (por correo).
▪ **post office** Correos, oficina de correos.
post office box apartado de correos.

postage [ˈpəʊstɪdʒ] *n* franqueo, porte *m*.
▪ **postage and packaging** gastos *mpl* de envío.
postage paid franco de porte.
postage stamp sello postal.

postal [ˈpəʊstəl] *adj (charges, worker, district, etc)* postal; *(application, booking, vote)* por correo.
▪ **postal order** giro postal.
postal service servicio postal.
postal zone *US* distrito postal.

postbag [ˈpəʊstbæg]
1 *n (sack)* saca (de correos).
2 *n GB (letters)* cartas *fpl*, correspondencia.

postbox [ˈpəʊstbɒks] *n GB* buzón *m*.

postcard [ˈpəʊstkɑːd] *n* tarjeta postal, postal *f*.

postcode [ˈpəʊstkəʊd] *n GB* código postal.

postdate [pəʊstˈdeɪt] *vt* poner fecha posterior a.

poster [ˈpəʊstəʳ] *n* póster *m*, cartel *m*.

poste restante [pəʊstrɪˈstænt] *n* lista de correos.

posterior [pɒˈstɪərɪəʳ]
1 *adj* posterior.
2 *n fam* trasero, pompis *m*.

posterity [pɒsˈterɪtɪ] *n* posteridad *f*.

post-free [pəʊstˈfriː]
1 *adj* porte pagado.
2 *adv* a porte pagado.

postgraduate [pəʊstˈgrædjʊət]
1 *n* postgraduado,-a.
2 *adj* de postgrado.

posthaste [pəʊstˈheɪst] *adv* a toda prisa.

posthumous [ˈpɒstjʊməs] *adj* póstumo,-a.

posthumously [ˈpɒstjʊməslɪ] *adv* póstumamente, después de la muerte.

posting [ˈpəʊstɪŋ]
1 *n (of person)* destino.
2 *n (mail message)* envío.

postman [ˈpəʊstmən] *n* cartero.

postmark [ˈpəʊstmɑːk]
1 *n* matasellos *m*.
2 *vt* timbrar, matasellar.

postmaster [ˈpəʊstmɑːstəʳ] *n* jefe *m* de oficina de correos.
▪ **Postmaster General** Director,-ra General de Correos.

postmistress [ˈpəʊstmɪstrəs] *n* jefa de la oficina de correos.

postmortem [pəʊstˈmɔːtəm] *n* autopsia.

postnatal [pəʊstˈneɪtəl] *adj* postnatal, (de) posparto.
▪ **postnatal depression** depresión *f* posparto.

postpartum [pəʊstˈpɑːtəm] *n* posparto.

postpone [pəsˈpəʊn] *vt* aplazar, posponer.

postponement [pəsˈpəʊnmənt] *n* aplazamiento.

postscript [ˈpəʊstskrɪpt] *n* posdata.

postulate [ˈpɒstjəleɪt] *vt* postular.

posture [ˈpɒstʃəʳ]
1 *n (way of holding body)* postura; *(position of body)* postura, pose *f*.
2 *n (attitude)* postura.
3 *vi* hacer poses, adoptar poses.

postwar [ˈpəʊstwɔːʳ] *adj* de la posguerra, de posguerra: the postwar period la posguerra.

postwoman [ˈpəʊstwʊmən] *n* cartera.

posy [ˈpəʊzɪ] *n* ramillete *m*.
▲ *pl* *posies*.

pot¹ [pɒt]
1 *n CULIN (container)* pote *m*, tarro; *(for cooking)* olla, puchero; *(earthenware)* vasija; *(teapot)* tetera; *(coffee pot)* cafetera.
2 *n (of paint)* bote *m*.
3 *n (flower pot)* maceta, tiesto.
4 *n (chamber pot)* orinal *m*.
5 *vt (plant)* plantar en una maceta, plantar en un tiesto.
6 *vt (shoot game)* cazar.
7 *vt SP (pocket ball in billiards)* meter (en la tronera).
8 **the pot** *n (in card games)* el bote.

✦ **to go to pot** echarse a perder, irse al traste.
to have pots of money estar forrado,-a.
to make pots of money forrarse.
▪ **pots and pans** batería de cocina, cacharros *mpl* de cocina.
pot shot tiro al azar.

pot² [pɒt] *n fam (marijuana)* maría, hierba.

potable [ˈpəʊtəbəl] *adj fml* potable.

potash [ˈpɒtæʃ] *n* potasa.

potassium [pəˈtæsɪəm] *n* potasio.

potato [pəˈteɪtəʊ] *n* patata.
▪ **potato chip** *US* patata frita (de bolsa).
▲ *pl* *potatoes*.

potbellied [ˈpɒtbelɪd] *adj (fat)* barrigón, -ona, panzudo,-a.

potbelly [ˈpɒtbelɪ] *n* barriga, panza.
▲ *pl* *potbellies*.

potency [ˈpəʊtənsɪ] *n* potencia, fuerza.

potent [ˈpəʊtənt] *adj* potente, fuerte.

potentate [ˈpəʊtənteɪt] *n* potentado.

potential [pəˈtenʃəl]
1 *adj* potencial, posible.
2 *n* potencial *m*.
✦ **to have potential** ser prometedor,-ra.
to realize one's full potential realizarse plenamente.

potentially [pəˈtenʃəlɪ] *adv* en potencia.

pothole [ˈpɒthəʊl]
1 *n GEOL* cueva.
2 *n (in road)* bache *m*.

potholer [ˈpɒthəʊləʳ] *n GB* espeleólogo,-a.

potholing [ˈpɒthəʊlɪŋ] *n GB* espeleología.

potion [ˈpəʊʃən] *n* poción *f*, pócima.
▪ **love potion** filtro.

potluck [pɒtˈlʌk] **to take potluck** *n* conformarse con lo que haya.

potpourri [pəʊˈpʊərɪ] *n (gen)* popurrí *m*.

potted [ˈpɒtɪd]
1 *adj CULIN* en conserva.
2 *adj (plant)* en maceta, en tiesto.
3 *adj (of account, version, etc)* resumido,-a.
▪ **potted meat/potted shrimps** paté *m* de carne/paté *m* de camarones.

potter¹ [ˈpɒtəʳ] *n* alfarero,-a.
▪ **potter's wheel** torno de alfarero.

potter² [ˈpɒtəʳ] **to potter about/potter around** *vi* entretenerse: I've been pottering about in the garden me he entretenido trabajando en el jardín.

pottery [ˈpɒtərɪ] *n (craft)* alfarería, cerámica; *(place)* alfarería, taller *m* de cerámica; *(objects)* cerámica, loza.

potty¹ [ˈpɒtɪ] *adj GB fam (crazy)* chiflado,-a.
✦ **to drive somebody potty** volver loco, -a a alguien.

potty² [ˈpɒtɪ] *n* orinal *m*.
▲ *pl* *potties*.

potty-trained [ˈpɒtɪtreɪnd] *adj (child)* que ya no lleva pañales.

pouch [paʊtʃ]
1 *n (gen)* bolsa (pequeña); *(for tobacco)* petaca; *(for ammunition)* morral *m*.
2 *n ZOOL* bolsa abdominal.

pouf [puːf] *n* → **pouffe.**

pouffe [puːf] *n (seat)* puf *m.*

poulterer [ˈpəʊltərə'] *n* pollero,-a.

poultice [ˈpəʊltɪs] *n* cataplasma, emplasto.

poultry [ˈpəʊltrɪ] *n (birds)* aves *fpl* de corral; *(food)* carne *f* de ave, aves *fpl*, volatería.
- **poultry farm** granja avícola.
  poultry farming avicultura.

pounce [paʊns]
1 *n* salto.
2 *vi* saltar (**on**, sobre), abalanzarse (**on**, sobre).

pound¹ [paʊnd]
1 *vt (crush)* machacar.
2 *vt (strike, beat)* aporrear, golpear.
3 *vi (strike, beat)* aporrear (**at/on**, -), golpear (**at/on**, -); *(of waves)* batir (**against**, contra).
4 *vi (heart)* palpitar, latir con fuerza; *(music, sound)* resonar, retumbar.
5 *vi (walk heavily)* andar con pasos pesados.

pound² [paʊnd]
1 *n FIN* libra: **pound sterling** libra esterlina; **a five-pound note** un billete de cinco libras.
2 *n (weight)* libra: **sixteen ounces make a pound** una libra son dieciséis onzas; **half a pound of tomatoes** media libra de tomates.
▲ *Como medida de peso, equivale a 454 gramos.*

pound³ [paʊnd] *n (enclosure - for dogs)* perrera; *(- for cars)* depósito.

pounding [ˈpaʊndɪŋ]
1 *n (of heart)* palpitación *f*, latidos *mpl* fuertes.
2 *n (hammering)* golpes *mpl*, aporreo; *(of waves)* embate *m.*
3 *n (beating)* paliza, zurra.

pour [pɔː']
1 *vt (liquid)* verter, echar; *(substance)* echar; *(money)* invertir; *(drink)* servir: **she poured the orange juice into a jug** vertió el zumo de naranja en una jarra; **pour the rest of the milk away** tira la leche que queda; **I've poured you a cup of tea** te he servido una taza de té; **he poured himself a drink** se sirvió una copa.
2 *vi (blood)* manar, salir; *(water, sweat)* chorrear: **the sweat was pouring off him** chorreaba de sudor.
3 *vi fig* moverse en tropel: **people poured out of the station** la gente salía en tropel de la estación; **offers are pouring in** las ofertas llegan a raudales.
✦ **to pour (down/with rain)** llover a cántaros: **it's pouring** está lloviendo a cántaros.
   to pour one's heart out to somebody desahogarse con alguien.
   to pour scorn on something despreciar algo, burlarse de algo.

pouring [ˈpɔːrɪŋ] *adj (rain)* torrencial.

pout [paʊt]
1 *n* puchero, mohín *m.*
2 *vi* hacer pucheros, hacer un mohín.

poverty [ˈpɒvətɪ] *n (gen)* pobreza: **extreme poverty** miseria.
✦ **to live below the poverty line** no tener ni el mínimo necesario para vivir.
■ **poverty line** umbral *m* de la pobreza.

poverty-stricken [ˈpɒvətɪstrɪkən] *adj* necesitado,-a, muy pobre.

POW [ˈpiːˈəʊˈdʌbəljuː] *abbr* (**prisoner of war**) prisionero,-a de guerra.

powder [ˈpaʊdə']
1 *n (dust)* polvo; *(cosmetic, medicine)* polvos *mpl*: **talcum powder** polvos de talco.
2 *vt (put powder on)* poner polvos, empolvar.
3 *vt (pulverize)* pulverizar, reducir a polvo.
✦ **to powder one's nose** *euph* lavarse las manos.
■ **powder compact** polvera.
  powder keg polvorín *m.*
  powder puff borla.
  powder room lavabo de señoras, tocador *m.*

powdered [ˈpaʊdəd] *adj (milk, eggs)* en polvo.

powdery [ˈpaʊdərɪ] *adj* como polvo, polvoriento,-a: **powdery snow** nieve en polvo.

power [ˈpaʊə']
1 *n (strength, force)* fuerza; *(of sun, wind)* potencia, fuerza; *(of argument)* fuerza.
2 *n (ability, capacity)* poder *m*, capacidad *f*: **I've done everything in my power** he hecho todo lo posible; **it's beyond his power** no está en sus manos; **she has the power to predict the future** es capaz de predecir el futuro.
3 *n (faculty)* facultad *f*: **he lost the power of speech** perdió el habla; **she has great powers of concentration** tiene una gran capacidad de concentración.
4 *n (control, influence, authority)* poder *m*; *(of country)* poderío, poder *m*: **the power of the media** el poder de los medios de comunicación; **he has some sort of power over her** ejerce algún poder sobre ella; **the power of veto** el derecho de veto; **the police have been granted special powers** se ha concedido a la policía poderes especiales.
5 *n (nation)* potencia; *(person, group)* fuerza: **world powers** potencias mundiales; **the powers of darkness** las fuerzas del mal.
6 *n PHYS (capacity, performance)* potencia; *(energy)* energía.
7 *n ELEC* electricidad *f*, corriente *f.*
8 *n MATH* potencia: **six to the power of four** seis elevado a la cuarta potencia.
9 *vt* propulsar, impulsar: **buses are powered by diesel engines** los autobuses funcionan con diesel; **it's powered by electricity** funciona con electricidad.

✦ **to be in power** estar en el poder.
   to come to power llegar al poder.
   to do somebody a power of good hacer a alguien mucho bien.
   to have somebody in one's power tener a alguien en su poder.
   to rise to power subir al poder.
   to seize/take power tomar el poder, hacerse con el poder.
■ **power base** zona de influencia.
  power cut apagón *m*, corte *m* del suministro eléctrico.
  power drill taladradora mecánica.
  power failure corte *m* del suministro eléctrico.
  power of attorney *JUR* poder notarial *m*, procuración *f.*
  power point enchufe *m*, toma de corriente.
  power saw sierra mecánica, motosierra.
  power station central *f* eléctrica.
  power steering dirección *f* asistida.
  power struggle lucha por el poder.
  solar power energía solar.
  the powers that be las autoridades *fpl.*

powerboat [ˈpaʊəbəʊt] *n* lancha motora.

powerful [ˈpaʊəfʊl]
1 *adj (strong - athlete, body, current)* fuerte; *(- blow, engine, machine)* potente.
2 *adj (influential - enemy, nation, ruler)* poderoso,-a.
3 *adj (effective - performance, image)* impactante; *(- argument, speech)* poderoso,-a, convincente; *(drug)* potente, fuerte.

powerfully [ˈpaʊəfəlɪ] *adv (hit)* con fuerza; *(argue)* convincentemente.
✦ **to be powerfully built** ser de complexión fuerte.

powerhouse [ˈpaʊəhaʊs]
1 *n ELEC* central *f* eléctrica.
2 *n fig (person)* persona dinámica; *(thing)* fuerza motriz, motor *m.*

powerless [ˈpaʊələs] *adj* impotente.
✦ **to be powerless to do something** no poder hacer nada para hacer algo.

powerlessness [ˈpaʊələsnəs] *n* impotencia.

pox [pɒks] *n* viruela.

poxy [ˈpɒksɪ] *adj sl* malísimo,-a.
▲ *comp* **poxier**, *superl* **poxiest.**

pp [ˈpeɪdʒɪz] *abbr* (**pages**) páginas *fpl*; *(abbreviation)* pgs.

ppi [ˈpiːˈpiːˈaɪ] *abbr* (**points per inch**) puntos por pulgada; *(abbreviation)* ppp.

ppm [ˈpɑːtspəˈmɪljən] *abbr* (**parts per million**) partes por millón; *(abbreviation)* ppm.

PR [ˈpiːˈɑː] *abbr* (**public relations**) relaciones públicas.

practicability [præktɪkəˈbɪlɪtɪ] *n* factibilidad *f*, practibilidad *f.*

practicable [ˈpræktɪkəbəl] *adj* factible, practicable.

practical ['præktɪkəl]
1 *adj (gen)* práctico,-a; *(useful)* práctico,-a, útil; *(sensible)* práctico,-a, realista: **for all practical purposes** en la práctica.
2 *adj (person - sensible)* práctico,-a, sensato,-a, realista; *(good with hands)* hábil, mañoso,-a.
3 *adj (real)* real, verdadero,-a.
4 *n (lesson)* clase *f* práctica.
■ **practical joke** broma.

practicality [præktɪ'kælɪtɪ]
1 *n (of suggestion, plan)* factibilidad *f*.
2 **practicalities** *npl* aspectos *mpl* prácticos.
▲ *pl* **practicalities**.

practically ['præktɪkəlɪ]
1 *adv (almost)* casi, prácticamente: **it cost us practically nothing** no nos costó casi nada; **he smoked practically all the time** fumaba prácticamente todo el tiempo.
2 *adv (in a practical way)* de manera práctica, con sentido práctico.

practice ['præktɪs]
1 *n (repeated exercise) (training)* entrenamiento; *(rehearsal)* ensayo: **I'm out of practice** me falta práctica.
2 *n (action, reality)* práctica: **in practice** en la práctica.
3 *n (custom, habit)* costumbre *f*: **it's standard practice** es (lo) normal; **as was his usual practice** como de costumbre.
4 *n (exercise of profession)* ejercicio; *(place - of doctor)* consultorio, consulta; *(- of lawyer)* bufete *m*, gabinete *m*.
5 *vt US →* **practise**.
✦ **practice makes perfect** la práctica hace al maestro.
to be in practice *(doctor)* ejercer la medicina; *(lawyer)* ejercer la abogacía.
to make a practice of doing something tener como norma hacer algo.
to put something into practice poner algo en práctica, llevar algo a la práctica.
■ **piano practice** ejercicios *mpl* de piano.
teaching practice prácticas *fpl* de magisterio.

practise ['præktɪs]
1 *vt GB (do repeatedly - language, serve, scales)* practicar; *(song, act)* ensayar.
2 *vt GB (religion, belief, economy)* practicar: **you should practise what you preach** deberías predicar con el ejemplo.
3 *vt GB (profession)* ejercer.
4 *vi GB (gen)* practicar: **to practise law** ejercer la abogacía; **to practise medicine** ejercer la medicina.
5 *vi GB (sports team)* entrenar; *(actors)* ensayar.
6 *vi GB (professionally)* ejercer (**as**, de/como).

practised ['præktɪst] *adj GB* experto,-a.
✦ **to be practised in something** tener mucha práctica en algo, tener mucha experiencia en algo.

practising ['præktɪsɪŋ] *adj GB (doctor, lawyer)* que ejerce, en ejercicio; *(Catholic etc)* practicante.

practitioner [præk'tɪʃənər] *n (medical)* médico,-a.

pragmatic [præg'mætɪk] *adj* pragmático,-a.

pragmatics [præg'mætɪks] *n* pragmática.

pragmatism ['prægmətɪzəm] *n* pragmatismo.

pragmatist ['prægmətɪst] *n* pragmatista *mf*.

Prague [prɑːg] *n* Praga.

prairie ['preərɪ] *n* pradera, llanura.

praise [preɪz]
1 *n* alabanza, elogio, loa: **he had nothing but praise for his son** no tenía más que elogios para su hijo; **the minister spoke in praise of her colleagues** la ministra habló elogiando a sus colegas.
2 *n REL* alabanza: **songs of praise** cánticos de alabanza; **praise be to God!** ¡alabado sea Dios!
3 *vt* elogiar.
4 *vt REL* alabar: **praise the Lord!** ¡alabado sea Dios!
✦ **to praise somebody to the skies** poner a alguien por las nubes.
to sing the praises of alabar, elogiar, cantar las excelencias de.

praiseworthy ['preɪzwɜːðɪ] *adj* digno,-a de elogio, loable.

praline ['prɑːliːn] *n* praliné *m*.

pram [præm] *n GB* cochecito de niño.

prance [prɑːns]
1 *vi (horse)* hacer cabriolas.
2 *vi (child)* brincar (**about**, -), ir dando brincos; *(show off)* pavonearse: **she was prancing around in front of the mirror** andaba pavoneándose delante del espejo.

prank [præŋk] *n (trick)* broma; *(of child)* travesura.
✦ **to play a prank on somebody** gastar una broma a alguien.

prat [præt] *n GB fam* imbécil *mf*.

prattle ['prætəl]
1 *n (of adult)* cháchara, parloteo; *(of baby)* balbuceo.
2 *vi (adult)* charlar, parlotear; *(baby)* balbucear.

prawn [prɔːn] *n (large)* langostino; *(medium)* gamba; *(small)* camarón *m*.
■ **prawn cocktail** cóctel *m* de gambas.

praxis ['præksɪs] *n* praxis *f*.
▲ *pl* **praxises** o **praxes** ['præksiːz].

pray [preɪ]
1 *vi* orar, rezar: **let us pray** oremos.
2 *vt* rezar, rogar.
✦ **to pray for somebody/something** rezar por alguien/algo.
to pray for something to happen rezar para que pase algo, rogar para que pase algo.

prayer [preər] *n REL (request)* oración *f*, rezo, plegaria; *(action)* oración *f*, rezo: **our prayers were answered** nuestras plegarias fueron atendidas.
✦ **to say one's prayers** rezar, orar.
■ **evening prayers** oficio de vísperas.
morning prayers oficio de maitines.
prayer book devocionario.

preach [priːtʃ]
1 *vt REL (gospel)* predicar; *(sermon)* dar, hacer.
2 *vt (advocate)* aconsejar.
3 *vi REL* predicar.
✦ **to preach at/to somebody** *pej* sermonear a alguien.

preacher ['priːtʃər]
1 *n (person who preaches)* predicador,-ra.
2 *n US (minister)* pastor,-ra.

preamble [priː'æmbəl] *n* preámbulo.

prearrange [priːə'reɪndʒ] *vt* arreglar de antemano, acordar de antemano.

prearranged [priːə'reɪndʒd] *adj (signal, place, time)* convenido,-a.

precarious [prɪ'keərɪəs] *adj* precario,-a.

precariousness [prɪ'keərɪəsnəs] *n* precariedad *f*.

precaution [prɪ'kɔːʃən] *n* precaución *f*: **take these tablets as a precaution against malaria** toma estas pastillas como precaución contra el paludismo.
✦ **to take precautions** *(gen)* tomar precauciones; *(in sex)* usar anticonceptivos.
to take the precaution of doing something tener la precaución de hacer algo.

precautionary [prɪ'kɔːʃənərɪ] *adj* preventivo,-a.

precede [prɪ'siːd]
1 *vt* preceder a, anteceder a.
2 *vi* preceder.

precedence ['presɪdəns] *n (order of importance)* precedencia; *(priority)* preferencia, prioridad *f*.
✦ **in order of precedence** por orden de preferencia.
to take precedence over somebody/something tener prioridad sobre alguien/algo.

precedent ['presɪdənt] *adj* precedente *m*.
✦ **to set a precedent** sentar un precedente.
without precedent sin precedente.

preceding [prɪ'siːdɪŋ] *adj (year, week)* anterior; *(paragraph)* anterior, precedente.

precentor [prɪ'sentər] *n* chantre *m*.

precept ['priːsept] *n* precepto.

precinct ['priːsɪŋkt]
1 *n (of cathedral, hospital, etc)* recinto.
2 *n GB (part of town)* zona.
3 *n US (police district)* distrito policial; *(election precinct)* distrito electoral, circunscripción *f*.
4 **precincts** *npl* recinto *m sing*.

precious ['prefəs]
1 *adj (jewel, stone, metal)* precioso,-a.
2 *adj (moment, memory, possession)* preciado,-a, querido,-a.
3 *adj iron* queridísimo,-a, maldito,-a.
4 *n (term of endearment)* tesoro, vida.
✦ **precious few** poquísimos,-as.
precious little poquísimo,-a.
to be precious to somebody tenerle mucho cariño a alguien/algo: **she's very precious to me** le tengo mucho cariño.

precipice ['presɪpɪs] *n* precipicio.
✦ **to be on the edge of a precipice** *fig* estar al borde del abismo.

precipitate [prɪ'sɪpɪteɪt]
1 *vt fml (hasten)* precipitar.
2 *vt CHEM* precipitar.
3 *vi CHEM* precipitarse.
4 *n CHEM* precipitado.
5 *adj fml* precipitado,-a.
▲ *(adjetivo)* [prɪ'sɪpɪtət].

precipitation [prɪsɪpɪ'teɪʃən]
1 *n fml (haste)* precipitación *f.*
2 *n CHEM* precipitación *f.*
3 *n METEOR* precipitaciones *fpl.*

precipitous [prɪ'sɪpɪtəs] *adj (steep)* escarpado,-a.

précis ['preɪsiː]
1 *n* resumen *m.*
2 *vt* resumir, hacer un resumen de.

precise [prɪ'saɪs]
1 *adj (exact)* preciso,-a, exacto,-a.
2 *adj (meticulous)* meticuloso,-a, minucioso,-a.

precisely [prɪ'saɪslɪ] *adv (exactly)* precisamente, exactamente; *(accurately)* con precisión: **at nine o'clock precisely** a las nueve en punto.
✦ **precisely!** ¡exacto!, ¡eso es!

precision [prɪ'sɪʒən] *n* precisión *f,* exactitud *f.*
▪ **precision instrument** instrumento de precisión.

preclude [prɪ'kluːd] *vt fml (prevent - gen)* impedir, evitar; *(- possibility)* excluir.
✦ **to preclude somebody from doing something** impedir a alguien hacer algo, impedir que alguien haga algo.

precocious [prɪ'kəʊʃəs] *adj* precoz.

precociousness [prɪ'kəʊʃəsnəs] *n* precocidad *f.*

precocity [prɪ'kɒsɪtɪ] *n* precocidad *f.*

preconceived [priːkən'siːvd] *adj* preconcebido,-a.

preconception [priːkən'sepʃən] *n (idea)* idea preconcebida.

precondition [priːkən'dɪʃən] *n* condición *f* previa.

precook [priː'kʊk] *adj* precocinado,-a.

precursor [prɪ'kɜːsəʳ] *n fml* precursor,-ra.

predate [priː'deɪt]
1 *vt (precede)* preceder, ser anterior a.
2 *vt (put earlier date on)* poner fecha anterior a, antedatar.

predator ['predətəʳ] *n ZOOL* depredador *m,* predador *m.*

predatory ['predətrɪ]
1 *adj ZOOL* depredador,-ra, predador,-ra.
2 *adj fig (person)* depredador,-ra.

predecease [priːdɪ'siːs] *vt* morir antes que.

predecessor ['priːdɪsesəʳ] *n* predecesor,-ra, antecesor,-ra.

predestination [priːdestɪ'neɪʃən] *n* predestinación *f.*

predestine [priː'destɪn] *vt* predestinar.
✦ **to be predestined to do something** estar predestinado,-a a hacer algo.

predetermination [priːdɪtɜːmɪ'neɪʃən] *n* predeterminación *f.*

predetermine [priːdɪ'tɜːmɪn] *vt* predeterminar.

predicament [prɪ'dɪkəmənt] *n* apuro, aprieto.

predicate ['predɪkət]
1 *n LING* predicado.
2 *vt fml (declare, assert)* afirmar; *(base)* basar (**on**, en).

predicative [prɪ'dɪkətɪv] *adj LING* predicativo,-a.

predict [prɪ'dɪkt] *vt* predecir, pronosticar.

predictable [prɪ'dɪktəbəl] *adj (results, weather)* previsible: **he's so predictable** siempre hace lo mismo, siempre dice lo mismo.

predictably [prɪ'dɪktəblɪ] *adv* de manera previsible, como era de esperar.

prediction [prɪ'dɪkʃən] *n* predicción *f,* pronóstico.

predilection [priːdɪ'lekʃən] *n fml* predilección *f* (**for**, por), preferencia (**for**, por).

predispose [priːdɪs'pəʊz] *vt fml* predisponer (**to**, a).

predisposition [priːdɪspə'zɪʃən] *n* predisposición *f* (**to**, a), propensión *f* (**to**, a).

predominance [prɪ'dɒmɪnəns]
1 *n (in strength, numbers, amount)* predominio.
2 *n (in power, influence)* predominio, primacía, supremacía.

predominant [prɪ'dɒmɪnənt] *adj* predominante, prevalente.

predominantly [prɪ'dɒmɪnəntlɪ] *adv* predominantemente, en su mayoría.

predominate [prɪ'dɒmɪneɪt]
1 *vi (in numbers etc)* predominar.
2 *vi (in power, influence)* ejercer primacía (**over**, sobre), ejercer supremacía (**over**, sobre).

pre-eminence [priː'emɪnəns] *n* preeminencia.

pre-eminent [priː'emɪnənt] *adj* preeminente.

pre-empt [priː'empt]
1 *vt (forestall)* adelantarse a.
2 *vt (acquire)* apropiarse de.

pre-emptive [priː'emptɪv] *adj (attack, strike)* preventivo,-a.

preen [priːn] *vt (of bird)* arreglar con el pico.
✦ **to preen oneself** *(bird)* arreglarse con el pico; *(person)* acicalarse.

pre-establish [priːɪ'stæblɪʃ] *vt* establecer de antemano.

pre-established [priːɪ'stæblɪʃt] *adj* preestablecido,-a.

prefab ['priːfæb] *n fam* casa prefabricada.

prefabricated [priː'fæbrɪkeɪtɪd] *adj* prefabricado,-a.

preface ['prefəs]
1 *n* prefacio, prólogo.
2 *vt* prologar.
✦ **to preface something with something/preface something by doing something** introducir algo con algo/introducir algo haciendo algo.

prefect ['priːfekt]
1 *n (official)* prefecto.
2 *n GB (in school)* monitor,-ra.

prefecture ['priːfektʃʊəʳ] *n* prefectura.

prefer [prɪ'fɜːʳ]
1 *vt* preferir: **she prefers coffee to tea** prefiere el café al té; **he prefers swimming to running** prefiere nadar a correr; **I'd prefer them to come on Sunday** preferiría que vinieran el domingo.
2 *vt JUR (charge)* presentar, formular.
▲ *pt & pp* **preferred**, *ger* **preferring**.

preferable ['prefərəbəl] *adj* preferible (**to**, a).

preferably ['prefərəblɪ] *adv* preferentemente, de preferencia.

preference ['prefərəns] *n* preferencia (**for**, por).
✦ **in preference to** antes que.
to give preference to somebody dar preferencia a alguien.
to have a preference for something preferir algo.
▪ **preference shares/preference stock** *FIN* acciones *fpl* preferentes.

preferential [prefə'renʃəl] *adj* preferente.
✦ **to give preferential treatment to somebody** dar trato preferente a alguien.

prefix ['priːfɪks] *n LING* prefijo.

pregnancy ['pregnənsɪ] *n* embarazo.
▪ **pregnancy test** prueba de embarazo.

pregnant ['pregnənt]
1 *n (woman)* embarazada; *(animal)* preñada: **she's six months pregnant** está embarazada de seis meses.
2 *adj (pause, silence)* muy significativo,-a.
✦ **to be pregnant with something** *lit* estar preñado,-a de algo.
to get pregnant quedarse embarazada.

preheat [priː'hiːt] *vt* precalentar.

prehensile [prɪˈhensaɪl] *adj* prensil.

prehistoric [priːhɪˈstɒrɪk] *n* prehistórico,-a.

prehistorical [priːhɪˈstɒrɪkəl] *adj* prehistórico,-a.

prehistory [priːˈhɪstərɪ] *n* prehistoria.

prejudge [priːˈdʒʌdʒ] *vt (situation)* prejuzgar; *(person)* juzgar de antemano.

prejudice [ˈpredʒədɪs]
1 *n (unfavourable bias)* prejuicio; *(favourable)* predisposición *f*: **racial prejudice** prejuicio racial.
2 *n JUR (injury, harm)* perjuicio.
3 *vt (influence, bias)* predisponer (**against**, contra), (**in favor of**, a favor de).
4 *vt (harm)* perjudicar.
✦ **to the prejudice of** *JUR* en perjuicio de, detrimento de.
without prejudice to *JUR* sin perjuicio de.

prejudiced [ˈpredʒʊdɪst] *adj* parcial.
✦ **to be prejudiced against/in favour of** estar predispuesto,-a en contra de/a favor de.

prejudicial [predʒəˈdɪʃəl] *adj* perjudicial (**to**, para).

prelate [ˈprelət] *n* prelado.

preliminary [prɪˈlɪmɪnərɪ]
1 *adj* preliminar.
2 **preliminaries** *npl* preliminares *mpl*, prolegómenos *mpl*.
▪ **preliminary heat/preliminary round** *SP* eliminatoria.

prelude [ˈpreljuːd] *n (gen)* preludio.
✦ **a prelude to something** un preludio de algo.

premarital [priːˈmærɪtəl] *adj* prematrimonial.

premature [preməˈtjʊəˈ] *adj (gen)* prematuro,-a.
✦ **to be premature in doing something** precipitarse en hacer algo, hacer algo antes de tiempo.

prematurely [preməˈtjʊərlɪ] *adv* antes de tiempo.
✦ **to be born prematurely** ser prematuro,-a.

premeditate [prɪˈmedɪteɪt] *vt* premeditar.

premeditated [prɪˈmedɪteɪtɪd] *adj* premeditado,-a.

premeditation [priːmedɪˈteɪʃən] *n* premeditación *f*.

premenstrual [priːˈmenstruəl] *adj* premenstrual.

premier [ˈpremɪəˈ]
1 *adj* primero,-a, principal.
2 *n POL* primer,-a ministro,-a.

premiere [ˈpremɪeəˈ]
1 *n* estreno.
2 *vt* estrenar.

premise [ˈpremɪs] *n* premisa.

premises [ˈpremɪsɪz] *npl* local *m*.
✦ **on the premises** dentro del local.
out of the premises fuera del local.

premiss [ˈpremɪs] *n* → **premise**.

premium [ˈpriːmɪəm] *n FIN (insurance)* prima; *(extra cost)* recargo.
✦ **to be at a premium** *(stocks, shares)* estar sobre la par; *(in great demand)* estar muy solicitado,-a.
to put a premium on something dar mucha importancia a algo.
▪ **Premium Bonds** bonos *mpl* del estado.

premonition [priːməˈnɪʃən] *n* presentimiento, premonición *f*.

premonitory [prɪˈmɒnɪtrɪ] *adj* premonitorio,-a.

prenatal [priːˈneɪtəl] *adj* prenatal.

preoccupation [priːɒkjʊˈpeɪʃən] *n (worry)* preocupación *f*, *(obsession)* obsesión *f*, manía.

preoccupied [priːˈɒkjʊpaɪd] *adj (worried)* preocupado,-a; *(wrapped up)* absorto,-a, ensimismado,-a.

preoccupy [priːˈɒkjʊpaɪ] *vt (worry)* preocupar; *(think about too much)* pensar demasiado en, darle demasiadas vueltas a.
▲ *pt & pp* **preoccupied**, *ger* **preoccupying**.

prep [prep] *n GB (homework)* deberes *mpl*; *(study period)* hora de estudio.
▪ **prep school** → **preparatory school**.

prepaid [priːˈpeɪd]
1 *pt & pp* → **prepay**.
2 *adj (envelope)* franqueado,-a; *(reply)* pagado,-a por adelantado.

preparation [prepəˈreɪʃən]
1 *n (action)* preparación *f*.
2 *n (substance)* preparado.
3 **preparations** *npl* preparativos *mpl* (**for**, para).
✦ **in preparation for** en preparación para.

preparatory [prɪˈpærətərɪ] *adj* preparatorio,-a, preliminar.
✦ **preparatory to** antes de, previo,-a a.
▪ **preparatory school** *GB* escuela de primaria privada; *US* colegio de secundaria privado.

prepare [prɪˈpeəˈ]
1 *vt (gen)* preparar; *(report)* redactar: **this meal is easy to prepare** esta comida es fácil de preparar; **have you prepared your parents for the news?** ¿has preparado a tus padres para la noticia?
2 *vi* prepararse (**for**, para).
✦ **to prepare oneself** prepararse.

prepared [prɪˈpeəd]
1 *adj (gen)* preparado,-a; *(ready)* preparado,-a, listo,-a.
2 *adj (willing)* dispuesto,-a (**to**, a).
✦ **"Be prepared"** "Siempre listos".
to be prepared for something *(gen)* estar preparado,-a para algo; *(expect)* contar con algo, haber previsto algo.

prepay [priːˈpeɪ] *vt* pagar por adelantado.
▲ *pt & pp* **prepaid**, *ger* **prepaying**.

prepayment [priːˈpeɪmənt] *n* pago por adelantado.

preponderance [prɪˈpɒndərəns] *n fml* preponderancia.

preponderant [prɪˈpɒndərənt] *adj fml* preponderante.

preposition [prepəˈzɪʃən] *n* preposición *f*.

prepositional [prepəˈzɪʃənəl] *adj* prepositional.

prepossessing [priːpəˈzesɪŋ] *adj fml* atractivo,-a, agradable.

preposterous [prɪˈpɒstərəs] *adj* absurdo,-a, ridículo,-a.

prepubescent [priːpjuːˈbesənt] *adj* impúber.

prepuce [ˈpriːpjuːs] *n* prepucio.

prerecord [priːrɪˈkɔːd] *vt* pregrabar, grabar de antemano.

prerecorded [priːrɪˈkɔːdɪd] *adj* pregrabado,-a.

prerequisite [priːˈrekwɪzɪt]
1 *n* requisito previo, condición *f* previa.
2 *adj* indispensable.

prerogative [prɪˈrɒgətɪv] *n* prerrogativa, privilegio.

Pres [ˈprezɪdənt] *abbr* (**President**) Presidente,-a; *(abbreviation)* Pres.

presage [ˈpresɪdʒ] *vt lit* presagiar.

Presbyterian [prezbɪˈtɪərɪən]
1 *adj* presbiteriano,-a.
2 *n* presbiteriano,-a.

Presbyterianism [prezbɪˈtɪərɪənɪʒəm] *n* presbiterianismo.

presbytery [ˈprezbɪtərɪ]
1 *n (local court)* presbiterio.
2 *n (priest's house)* casa parroquial.
3 *n (in church)* presbiterio.
▲ *pl* **presbyteries**.

preschool [priːˈskuːl] *adj* preescolar.

prescribe [prɪsˈkraɪb]
1 *vt (medicine, drugs, etc)* recetar; *(holiday, rest)* recomendar: **do not exceed the prescribed dose** no exceder la dosis recomendada.
2 *vt fml (order)* prescribir.

prescription [prɪsˈkrɪpʃən] *n* receta (médica): **it's only available on prescription** solo se vende con receta médica.
✦ **to make out a prescription** extender una receta.
to make up a prescription/fill a prescription preparar una receta.
▪ **prescription charge** *precio fijo de los medicamentos recetados*.

prescriptive [prɪsˈkrɪptɪv]
1 *adj fml* preceptivo,-a.
2 *adj LING* normativo,-a.

presence [ˈprezəns]
1 *n (gen)* presencia; *(attendance)* asistencia: **I'd rather we didn't discuss this in his presence** preferiría que no habláramos de esto delante de él.
2 *n (spirit)* espíritu *m*.
✦ **in the presence of somebody** en presencia de alguien.

to have **presence** tener presencia.
to make one's **presence felt** hacerse sentir.
■ **presence of mind** serenidad *f*, sensatez *f*, aplomo.

present¹ [ˈprezənt]
1 *adj (in attendance)* presente: **those present** los presentes.
2 *adj (current)* actual.
3 *adj LING* presente.
4 *n (now)* presente *m*, actualidad *f*.
5 **the present** *n LING* presente *m*.
✦ **at present** actualmente, en este momento.
for the present de momento, por el momento, por ahora.
present company excepted exceptuando a los presentes.
there's no time like the present no dejes para mañana lo que puedas hacer hoy.
to be present *(at event, class, etc)* estar presente, asistir; *(see)* presenciar.

present² [prɪˈzent]
1 *vt (make presentation)* entregar, hacer entrega de; *(give - as gift)* regalar; *(- formally)* obsequiar: **the winner was presented with a medal** le entregaron una medalla al ganador.
2 *vt (offer - report, petition, bill, cheque)* presentar; *(- argument, ideas, case)* presentar, exponer.
3 *vt fml (offer - apologies, respects)* presentar; *(- compliments, greetings)* dar.
4 *vt (give - difficulty, problem)* plantear; *(constitute)* suponer, constituir, ser; *(provide)* presentar, ofrecer: **this presented us with a new problem** esto nos planteó un nuevo problema.
5 *vt (introduce)* presentar: **may I present Mr Brown?** le presento al Sr. Brown.
6 *vt (play)* representar; *(programme)* presentar.
7 *n (gift)* regalo; *(formal)* obsequio: **he gave me a present** me hizo un regalo.
✦ **to make somebody a present of something** regalar algo a alguien.
to present itself *(opportunity)* presentarse.
to present oneself presentarse.
▲ *(sustantivo)* [ˈprezənt].

presentable [prɪˈzentəbəl] *adj* presentable.
✦ **to make oneself presentable** arreglarse.

presentation [prezənˈteɪʃən]
1 *n (of awards, prizes, gifts)* entrega.
2 *n (of document, cheque, ticket)* presentación *f*.
3 *n (way of presenting)* presentación *f*.
4 *n (of play)* representación *f*.
■ **presentation ceremony** ceremonia de entrega.
presentation copy ejemplar *m* gratuito.

present-day [ˈprezəntdeɪ] *adj* actual, de hoy en día.

presenter [prɪˈzentəʳ] *n (on radio)* presentador,-ra, locutor,-ra; *(on TV)* presentador,-ra.

presentiment [prɪˈzentɪmənt] *n* presentimiento.

presently [ˈprezəntlɪ]
1 *adv GB (soon)* pronto, dentro de poco, enseguida.
2 *adv US (at present)* actualmente, en este momento.

preservation [prezəˈveɪʃən] *n (of wildlife)* conservación *f*, preservación *f*; *(of food, works of art, buildings)* conservación *f*.
✦ **to be in a good/poor state of preservation** estar en buen/mal estado.
■ **preservation order** orden *f* de protección.

preservative [prɪˈzɜːvətɪv] *n CULIN* conservante *m*.

preserve [prɪˈzɜːv]
1 *n CULIN (fruit)* conserva; *(jam)* confitura, mermelada.
2 *n (hunting area)* coto, vedado.
3 *n (activity)* dominio, terreno; *(responsibility)* incumbencia.
4 *vt (building, manuscript, wood, leather)* conservar; *(specimen)* conservar, preservar; *(food)* conservar; *(fruit)* poner en conserva; *(standards, dignity, sense of humour)* mantener.
5 *vt (save, protect)* proteger.
6 *vt SP (game, fishing, etc)* proteger.

preset [priːˈset] *vt* programar.

preshrunk [priːˈʃrʌŋk] *adj* ya lavado,-a.

preside [prɪˈzaɪd] *vi* presidir **(over, -)**.

presidency [ˈprezɪdənsɪ] *n* presidencia.
▲ *pl* presidencies.

president [ˈprezɪdənt]
1 *n (of state, society)* presidente,-a.
2 *n US (of bank, corporation)* director,-ra.

presidential [prezɪˈdenʃəl] *adj* presidencial.

press [pres]
1 *n (newspapers)* prensa: **the gutter press** la prensa sensacionalista, la prensa amarilla; **the quality press** la prensa seria.
2 *n (printing machine)* prensa, imprenta.
3 *n (for grapes, flowers)* prensa: **trouser press** prensa para pantalones.
4 *n (act of pressing)* presión *f*; *(of hand)* apretón *m*; *(act of ironing)* planchado: **at the press of a button** con solo apretar un botón; **give this shirt a quick press** dale un planchado a esta camisa.
5 *vt (push down - button, switch)* pulsar, apretar, presionar; *(- accelerator)* pisar; *(- key on keyboard)* pulsar; *(- trigger)* apretar.
6 *vt (squeeze - hand)* apretar.
7 *vt (crush - fruit)* exprimir, estrujar; *(- grapes, olives, flowers)* prensar.
8 *vt (clothes)* planchar, planchar a vapor.
9 *vt (record)* imprimir.
10 *vt (urge, put pressure on)* presionar, instar; *(insist on)* insistir en, exigir: **they pressed me to report the theft** insistieron en que denunciara el robo;

they **pressed me for an answer** me exigían una respuesta.
11 *vi (push)* apretar, presionar: **press down on the lever** presiona la palanca.
12 *vi (crowd)* apretujarse, apiñarse.
13 *vi (urge, pressurize)* presionar, insistir; *(time)* apremiar: **we are pressing for a peaceful solution** estamos presionando para que se resuelva de forma pacífica.
▶ **to press ahead/press on** *vi* seguir adelante.
✦ **at the time of going to press** al cierre de la edición.
to go to press entrar en prensa.
to have a good/bad press tener buena/mala prensa.
to press a point recalcar un punto.
to press charges against somebody presentar cargos contra alguien, formular cargos contra alguien.
to press home an advantage aprovechar una ventaja.
■ **press agency** agencia de prensa.
press box tribuna de prensa.
press conference conferencia de prensa, rueda de prensa.
press cutting recorte *m* de prensa.
press release comunicado de prensa.
press stud botón *m* de presión.

pressed [prest] *adj CULIN (ham, chicken)* embutido,-a.
✦ **to be hard pressed to do something** costarle mucho a alguien hacer algo.
to be pressed for something andar escaso,-a de algo, andar corto,-a de algo.

press-gang [ˈpresɡæŋ] *vt* obligar.
✦ **to press-gang somebody into doing something** obligar a alguien a hacer algo.

pressing [ˈpresɪŋ]
1 *adj (engagement, need)* urgente, apremiante; *(request, person)* insistente.
2 *n (of records)* prensado.

pressman [ˈpresmən] *n* periodista *m*.
▲ *pl* pressmen [ˈpresmen].

press-up [ˈpresʌp] *n* flexión *f*.

pressure [ˈpreʃəʳ]
1 *n (force, weight)* presión *f*.
2 *n METEOR* presión *f*: **high pressure usually means good weather** las altas presiones suelen significar buen tiempo.
3 *n MED* tensión *f* arterial, tensión: **she has high/low blood pressure** tiene la tensión alta/baja.
4 *n (forcible influence)* presión *f*: **the pressure of public opinion** la presión de la opinión pública.
5 *n (stress)* tensión *f*: **he's under a lot of pressure** está sometido a una gran presión.
6 *vt US (pressurize)* apretar.
✦ **to bring pressure to bear on somebody** ejercer presión sobre alguien.
to do something under pressure hacer algo presionado,-a (por alguien).
to put pressure on somebody (to do something) presionar a alguien (para que haga algo).

- **pressure cooker** olla a presión, olla exprés.
pressure gauge manómetro.
pressure group grupo de presión.

pressure-cook ['preʃəkʊk] *vt* cocinar en olla a presión, cocinar en olla exprés.

pressurise ['preʃəraɪz] *vt* → **pressurize.**

pressurize ['preʃəraɪz]
1 *vt* TECH presurizar: **pressurized cabin** cabina presurizada.
2 *vt* GB *(force)* presionar.
+ **to pressurize somebody into doing something** presionar a alguien para que haga algo.

prestige [pres'tiːʒ] *n* prestigio.

prestigious [pres'tɪdʒəs] *adj* prestigioso,-a.

presumably [prɪ'zjuːməblɪ] *adv* se supone que, es de suponer: **presumably you can afford it?** ¿supongo que te lo puedes permitir?

presume [prɪ'zjuːm]
1 *vt* suponer, imaginarse, presumir: **I presume so** supongo que sí.
2 *vi* suponer.
3 *vi (venture to)* atreverse a.
+ **to presume on somebody's generosity** abusar de la generosidad de alguien.

presumed [prɪ'zjuːmd] *adj* presunto,-a, supuesto,-a: **presumed innocent** presunto inocente; **missing, presumed dead** desaparecido, dado por muerto.

presumption [prɪ'zʌmpʃən]
1 *n (assumption - gen)* suposición *f*, presunción *f*, *(- of innocence)* presunción *f*.
2 *n (boldness)* atrevimiento, osadía, audacia, presunción *f*.

presumptuous [prɪ'zʌmptjʊəs] *adj* atrevido,-a, audaz, impertinente.

presumptuousness [pr'zʌptʃʊəsnəs] *n* presuntuosidad *f*.

presuppose [priːsə'pəʊz] *vt* presuponer.

presupposition [priːsʌpə'zɪʃən] *n* suposición *f*, presunción *f*.

pretence [prɪ'tens]
1 *n (deception, make-believe)* fingimiento, apariencia, fachada: **it's all pretence** es una fachada; **they kept up a pretence of normality** mantuvieron una apariencia de normalidad.
2 *n (pretext)* pretexto.
3 *n fml (claim)* pretensión *f*.
+ **to keep up/make a pretence of doing something** fingir hacer algo.
■ **false pretences** JUR fraude *m*, estafa.

pretend [prɪ'tend]
1 *vt (feign)* fingir, aparentar: **she pretended that she didn't care** fingió que no le importaba; **the children pretended to be asleep** los niños fingían estar dormidos.
2 *vt (claim)* pretender.
3 *vi (feign)* fingir.
4 *vi (claim)* pretender.
5 *adj (make-believe)* de mentirijillas.

pretender [prɪ'tendə'] *n* pretendiente *mf* (**to**, a).

pretense ['priː'tens] *n US* → **pretence.**

pretension [prɪ'tenʃən]
1 *n (claim)* pretensión *f*.
2 *n fml (pretentiousness)* presunción *f*, pretensiones *fpl*.

pretensiousness [prɪ'tenʃəsnəs] *n* presunción *f*, pretensiones *fpl*, lo pretencioso.

pretentious [prɪ'tenʃəs] *adj (claiming importance)* pretencioso,-a,; *(showy)* presuntuoso,-a.

preterite ['pretərɪt] *n* LING pretérito.

pretext ['priːtekst] *n* pretexto.
+ **on/under the pretext of** so pretexto de.

prettiness ['prɪtɪnəs] *n* lindeza, lo bonito.

pretty ['prɪtɪ]
1 *adj (girl, baby)* bonito,-a, guapo,-a, mono,-a; *(thing)* bonito,-a mono,-a: **what a pretty little girl!** ¡qué niña más bonita!; **it was not a pretty sight** no era nada agradable.
2 *adv* bastante: **I'm pretty sure** estoy bastante seguro,-a.
+ **pretty much** más o menos.
pretty well casi.
▲ *comp* prettier, *superl* prettiest.

pretzel ['pretsəl] *n* galleta salada.

prevail [prɪ'veɪl]
1 *vi (exist, be widespread - custom, belief, attitude)* predominar, imperar; *(- conditions)* predominar.
2 *vi (win through, defeat)* prevalecer (**against/over**, sobre), imponerse (**against/over**, sobre).
+ **to prevail on somebody to do something** convencer a alguien para que haga algo, persuadir a alguien para que haga algo.

prevailing [prɪ'veɪlɪŋ] *adj (wind)* predominante; *(custom, fashion, style)* imperante, preponderante; *(law)* vigente.

prevalent ['prevələnt] *adj (frequent, common - gen)* frecuente, corriente; *(- disease)* extendido,-a.

prevaricate [prɪ'værɪkeɪt] *vi* andarse con rodeos, buscar evasivas.

prevarication [prɪværɪ'keɪʃən]
1 *n* evasivas *fpl*.
2 *n* JUR prevaricación *f*.

prevent [prɪ'vent] *vt (gen)* impedir; *(avoid - accident)* evitar; *(- illness)* prevenir.
+ **to prevent somebody from doing something** impedir a alguien hacer algo.
to prevent something from happening impedir que pase algo.

preventable [prɪ'ventəbəl] *adj* evitable.

prevention [prɪ'venʃən] *n* prevención *f*.
+ **prevention is better than cure** más vale prevenir que curar.

preventive [prɪ'ventɪv]
1 *adj* preventivo,-a: **preventive medicine** medicina preventiva.
2 *n* medida preventiva.

preview ['priːvjuː]
1 *n (advance showing of film)* preestreno.
2 *n (trailer)* tráiler *m*, avance *m*.
3 *n (foretaste)* anticipo.
4 *vt (see in advance)* ver de preestreno.
5 *vt (give a preview of)* ofrecer un anticipo de.

previous ['priːvɪəs] *adj* previo,-a, anterior: **the previous day** el día anterior; **previous experience** experiencia previa; **a previous engagement** un compromiso previo.
+ **previous to** antes de, anterior a.
■ **previous convictions** antecedentes *mpl* penales.

previously ['priːvɪəslɪ] *adv* antes, anteriormente, previamente.

prewar ['priːwɔːʳ] *adj* de antes de la guerra: **the prewar period** la preguerra.

prey [preɪ]
1 *n (animal)* presa.
2 *n fig* presa, víctima.
▶ **to prey on** *vt insep (animal)* alimentarse de; *(person)* explotar a, aprovecharse de.
+ **to be prey to something** ser presa de algo, ser víctima de algo.
to fall prey to something caer víctima de algo, caer presa de algo.
to prey on somebody's mind preocupar mucho a alguien.

price [praɪs]
1 *n (gen)* precio; *(amount, cost)* importe *m*; *(value)* valor *m*: **what's the price of this jacket?** ¿qué precio tiene esta chaqueta?
2 *n fig (cost, sacrifice)* precio.
3 *vt (fix price of)* tener un precio; *(value)* valorar, tasar; *(mark price on)* poner el precio a: **this new model is very competitively priced** este nuevo modelo tiene un precio muy competitivo.
+ **at any price** a toda costa, cueste lo que cueste, a cualquier precio.
at a price a un precio caro.
not at any price por nada del mundo.
to go down in price bajar de precio.
to go up in price subir de precio.
to pay a high price for something pagar algo muy caro,-a.
to price oneself out of the market perder clientes por poner precios muy altos.
■ **price control** control *m* de precios.
price list lista de precios.
price reduction descuento, rebaja.
price tag etiqueta.
set price precio fijo.

priceless ['praɪsləs] *adj* que no tiene precio, inestimable.

pricey ['praɪsɪ] *adj fam* caro,-a.
▲ *comp* pricier, *superl* priciest.

prick [prɪk]
1 *n (pain)* pinchazo; *(hole)* agujero.
2 *n fig (of conscience)* remordimiento.
3 *n sl (penis)* polla, picha.
4 *n sl (obnoxious person)* gilipollas *mf*.
5 *vt (with needle, pin, fork)* pinchar.
6 *vt fig (conscience)* remorder.
7 *vi (pin, thorn)* pinchar; *(itch, sting)* escocer, picar.
✦ **to prick up one's ears** *(animal)* levantar las orejas; *(person)* aguzar el oído.

prickle [ˈprɪkəl]
1 *n (thorn)* pincho, espina, púa; *(spine)* púa, pincho.
2 *n (sensation)* picor *m*.
3 *vt* pinchar, picar.
4 *vi* pinchar, picar.

prickly [ˈprɪklɪ]
1 *adj (plant)* espinoso,-a; *(animal)* con púas; *(wool, sweater)* que pica: **a prickly sensation** un picor.
2 *adj (irritable, touchy)* enojadizo,-a, irritable, difícil.
■ **prickly heat** sarpullido por causa del calor.
prickly pear *(fruit)* higo chumbo; *(plant)* chumbera.
▲ *comp* **pricklier**, *superl* **prickliest**.

pricy [ˈpraɪsɪ] *adj →* **pricey**.
▲ *comp* **pricier**, *superl* **priciest**.

pride [praɪd]
1 *n (gen)* orgullo; *(self-respect)* amor *m* propio: **she's their pride and joy** es su orgullo.
2 *n (arrogance)* soberbia, orgullo.
3 *n (group of lions)* manada.
✦ **to have pride of place/take pride of place** ocupar el lugar de honor.
to pride oneself on something enorgullecerse de algo.
to take pride in/take a pride in *(be proud of)* estar orgulloso,-a de, enorgullecerse de; *(take seriously)* tomar en serio; *(take care over)* preocuparse por.
■ **false pride** vanidad *f*.

priest [priːst] *n* sacerdote *m*, cura *m*.
priestess [ˈpriːstes] *n* sacerdotisa.
priesthood [ˈpriːsthʊd] *n (clergy)* clero; *(office)* sacerdocio.
✦ **to enter the priesthood** hacerse sacerdote, ordenarse sacerdote.

priestly [ˈpriːstlɪ] *adj* sacerdotal.
▲ *comp* **priestlier**, *superl* **priestliest**.

prig [prɪg] *n pej* mojigato,-a.
priggish [ˈprɪgɪʃ] *adj* mojigato,-a.
prim [prɪm] *adj (stiffly formal)* remilgado,-a, formal; *(prudish)* gazmoño,-a: **prim and proper** remilgado,-a.
▲ *comp* **primmer**, *superl* **primmest**.

primacy [ˈpraɪməsɪ] *n* primacía.
prima donna [priːməˈdɒnə] *n* diva.
primaeval [praɪˈmiːvəl] *adj →* **primeval**.
prima facie [praɪməˈfeɪʃɪ] *adv* a primera vista.
primal [ˈpraɪməl]
1 *adj (first, original)* primario,-a.
2 *adj (most important)* primordial.

primarily [praɪˈmerɪlɪ] *adv* principalmente, ante todo.
primary [ˈpraɪmərɪ]
1 *adj (main)* principal, fundamental.
2 *adj (first, basic)* primario,-a.
3 *n US* primaria.
■ **primary education** enseñanza primaria.
primary school escuela primaria.
primary school teacher maestro,-a, maestro,-a de escuela.
▲ *pl* **primaries**.

primate[1] [ˈpraɪmeɪt] *n REL* primado.
primate[2] [ˈpraɪmeɪt] *n ZOOL* primate *m*.
prime [praɪm]
1 *adj (main, chief)* principal, primero,-a; *(major)* primordial.
2 *adj (first-rate - meat)* de primera (calidad); *(example, location)* excelente.
3 *adj MATH* primo.
4 *n (best time of life)* flor *f* de la vida.
5 *vt (engine, pump, bomb)* cebar; *(surface, wood)* imprimar, preparar.
6 *vt fig (person)* preparar, enseñar.
✦ **to be in one's prime/be in the prime of life** estar en la flor de la vida.
■ **prime cost** coste *m* de producción.
Prime Minister primer,-a ministro,-a.
prime time horas *fpl* de máxima audiencia.

primer [ˈpraɪməʳ] *n (paint)* imprimación *f*.
primeval [praɪˈmiːvəl] *adj* primitivo,-a.
■ **primeval forests** bosques *mpl* vírgenes.

primitive [ˈprɪmɪtɪv]
1 *adj (man, tribe, culture)* primitivo,-a; *(tool, method, shelter)* rudimentario,-a, primitivo,-a.
2 *n ART (artist)* primitivo,-a; *(work)* obra primitiva.

primrose [ˈprɪmrəʊz]
1 *n BOT* primavera, prímula.
2 *n (colour)* amarillo claro.
■ **primrose yellow** (de color) amarillo claro.

primula [ˈprɪmjʊlə] *n* prímula.
Primus [ˈpraɪməs] *n* hornillo de camping.
prince [prɪns] *n* príncipe *m*.
■ **Prince Charming** Príncipe *m* Azul.
princely [ˈprɪnslɪ]
1 *adj (like a prince)* principesco,-a; *(of a prince)* de príncipe.
2 *adj (amount, gift)* magnífico,-a.

princess [ˈprɪnses] *n* princesa.
principal [ˈprɪnsɪpəl]
1 *adj* principal.
2 *n EDUC* director,-ra.
3 *n THEAT* protagonista *mf*, primera figura.
4 *n FIN* capital *m*, principal *m*.
5 *n JUR* autor,-ra.
■ **principal boy** *THEAT actriz que representa el papel del protagonista principal masculino*.

principality [prɪnsɪˈpælɪtɪ] *n* principado.
▲ *pl* **principalities**.

principally [ˈprɪnsɪpəlɪ] *adv* principalmente, sobre todo.
principle [ˈprɪnsɪpəl]
1 *n (basic idea, rule, law)* principio; *(basis)* base *f*.
2 *n (moral rule)* principio: **it's a matter of principle** es cuestión de principios.
✦ **in principle** en principio.
on principle por principio.

print [prɪnt]
1 *n (lettering)* letra: **in large print** en letra grande; **in small print** en letra menuda, en letra pequeña; **I saw it in print** lo vi impreso.
2 *n (photo)* copia; *(picture)* grabado.
3 *n (printed fabric)* estampado.
4 *n (mark - of finger, foot)* huella, marca.
5 *vt (book, page, poster, etc)* imprimir; *(publish)* publicar, editar.
6 *vt (photo - negative)* imprimir; *(- copy)* sacar una copia de.
7 *vt (write clearly)* escribir con letra de imprenta.
8 *vt (fabric)* estampar.
9 *vt (make impression)* marcar; *(mentally)* grabar.
▸ **to print out** *vt sep* imprimir.
✦ **in print** *(published)* publicado,-a; *(available)* a la venta.
out of print agotado,-a.

printable [ˈprɪntəbəl] *adj* imprimible.
printed [ˈprɪntɪd] *adj* impreso,-a.
■ **printed matter** impresos *mpl*.

printer [ˈprɪntəʳ] *n (person)* impresor,-ra; *(machine)* impresora.
■ **printer's** *(firm)* imprenta.
printer's error error *m* de imprenta.

printing [ˈprɪntɪŋ]
1 *n (act, process)* impresión *f*; *(industry)* imprenta.
2 *n (number of copies)* tirada.
3 *n (writing)* letra de imprenta.
■ **printing press** prensa.
printing works imprenta *f sing*.

print-out [ˈprɪntaʊt] *n COMPUT* impresión *f*.
prior[1] [ˈpraɪəʳ] *adj* anterior, previo,-a: **I have to refuse because of a prior engagement** no puedo aceptar debido a un compromiso previo; **they raised the rent without prior warning** subieron el alquiler sin previo aviso.
✦ **prior to** antes de.
to have a prior claim on/to something tener prioridad sobre algo.

prior[2] [ˈpraɪəʳ] *n REL* prior *m*.
prioress [ˈpraɪərəs] *n REL* priora.
priority [praɪˈɒrɪtɪ]
1 *n (gen)* prioridad *f*.
2 *n GB (when driving)* preferencia.
3 *adj* prioritario,-a.
✦ **to get one's priorities right** saber uno lo que más le importa en la vida.
to give priority to something dar prioridad a algo.
to have/take priority over something tener prioridad sobre algo.
▲ *pl* **priorities**.

priory [ˈpraɪərɪ] *n* priorato.
▲ *pl* **priories.**

prise [praɪz] *vt GB (open)* abrir con palanca; *(lift up)* levantar con palanca: **I prised it open with a chisel** lo abrí (haciendo palanca) con un cincel.
▸ **to prise out** *vt sep (information)* sonsacar, arrancar.

prism [ˈprɪzəm] *n* prisma.

prismatic [prɪzˈmætɪk] *adj* prismático,-a.
▪ **prismatic binoculars** prismáticos *mpl.*

prison [ˈprɪzən] *n* prisión *f,* cárcel *f:* **he's in prison** está en la cárcel; **she was sent to prison for 5 years** fue condenada a 5 años de cárcel.
✦ **to be sent to prison for something** meter a alguien en la cárcel por algo, encarcelar a alguien por algo.
▪ **prison camp** campamento para prisioneros.
prison cell celda.
prison population población *f* penitenciaria, reclusos *mpl.*
prison van coche *m* celular.
prison warder carcelero,-a.

prisoner [ˈprɪzənəʳ]
1 *n (in jail)* preso,-a, recluso,-a; *(captive)* prisionero,-a.
2 *n MIL* prisionero,-a.
✦ **to hold/keep somebody prisoner** tener a alguien prisionero,-a.
to take somebody prisoner hacer a alguien prisionero,-a.
▪ **prisoner of war** prisionero,-a de guerra.

prissy [ˈprɪsɪ] *adj* remilgado,-a, melindroso,-a.
▲ *comp* **prissier,** *superl* **prissiest.**

pristine [ˈprɪstiːn] *n (original)* prístino,-a; *(unspoilt)* inmaculado,-a; *(as if new)* perfecto,-a, impecable.

privacy [ˈpraɪvəsɪ] *n* intimidad *f,* vida privada, privacidad *f.*
✦ **in the privacy of one's own home** en la intimidad del hogar.

private [ˈpraɪvət]
1 *adj (own, for own use - property, house, class)* particular; *(- letter, income)* personal.
2 *adj (confidential)* privado,-a, confidencial.
3 *adj (not state-controlled)* privado,-a; *(school)* privado,-a, de pago.
4 *adj (not official)* privado,-a, personal.
5 *adj (person)* reservado,-a.
6 *n MIL* soldado raso.
✦ **in private** *(privately)* en privado; *(undisturbed, alone)* en la intimidad.
▪ **private citizen** particular *mf.*
private detective detective *mf* privado,-a.
private eye detective *mf* privado,-a.
private individual particular *mf.*
private investigator detective *mf* privado,-a.
private parts *euph* partes *fpl* pudendas, intimidades *fpl.*

privateer [praɪvəˈtɪəʳ] *n* corsario.

privately [ˈpraɪvətlɪ]
1 *adv (in private)* en privado; *(undisturbed, alone)* en la intimidad.
2 *adv (personally)* personalmente: **privately, he was scared** en el fuero interno, tenía miedo.
3 *adv (not by state)* de forma privada: **it's privately owned** es de particulares; **he wants his son privately educated** quiere que su hijo vaya a un colegio privado.

privation [praɪˈveɪʃən] *n* privación *f.*
✦ **to endure privation/suffer privation** pasar privaciones, pasar apuros.

privatisation [praɪvətaɪˈzeɪʃən] *n* → **privatization.**

privatise [ˈpraɪvətaɪz] *vt* → **privatize.**

privatization [praɪvətaɪˈzeɪʃən] *n* privatización *f.*

privatize [ˈpraɪvətaɪz] *vt* privatizar.

privet [ˈprɪvɪt] *n BOT* alheña.

privilege [ˈprɪvɪlɪdʒ] *n (special right)* privilegio; *(honour)* privilegio, honor *m:* **parliamentary privilege** inmunidad parlamentaria.

privileged [ˈprɪvɪlɪdʒd] *adj* privilegiado,-a.
✦ **to be privileged to do something** tener el privilegio de hacer algo, tener el honor de hacer algo.

privy [ˈprɪvɪ]
1 *n fam (toilet)* retrete *m.*
2 *adj arch* privado,-a.
✦ **to be privy to something** estar enterado,-a de algo, tener conocimiento de algo.
▪ **the Privy Council** *GB* el Consejo Privado que asesora al monarca.
Privy Councillor Consejero,-a Privado,-a.
▲ *pl* **privies.**

prize¹ [praɪz]
1 *n (gen)* premio.
2 *adj (having won a prize)* premiado,-a; *(excellent)* de primera, selecto,-a.
3 *adj fam (complete, utter)* de remate, perfecto,-a.
✦ **to win first prize** *(gen)* ganar el primer premio; *(in lottery)* tocarle el gordo.
▪ **prize day** (día *m* de la) entrega de premios.
prize money premio (en metálico).

prize² [praɪz] *vt* apreciar, valorar.

prize³ [praɪz] *vt US* → **prise.**

prizefight [ˈpraɪzfaɪt] *n* combate *m* de boxeo profesional.

prizefighter [ˈpraɪzfaɪtəʳ] *n* boxeador *m* profesional.

prize-giving [ˈpraɪzgɪvɪŋ] *n* entrega de premios.

prizewinner [ˈpraɪzwɪnəʳ] *n* ganador,-ra.

prizewinning [ˈpraɪzwɪnɪŋ] *adj* premiado,-a, galardonado,-a.

pro¹ [prəʊ] *n* pro: **the pros and cons** los pros y contras.

pro² [prəʊ] *n fam* profesional *mf.*
▲ *pl* **pros.**

pro-abortionist [prəʊəˈbɔːʃənɪst]
1 *adj* abortista.
2 *n* abortista *mf.*

probability [prɒbəˈbɪlɪtɪ] *n* probabilidad *f:* **in all probability they'll be late** es muy probable que lleguen tarde.
▲ *pl* **probabilities.**

probable [ˈprɒbəbəl] *adj* probable, posible.

probably [ˈprɒbəblɪ] *adv* probablemente: **it'll probably rain** es probable que llueva; **he's probably gone out with his friends** habrá salido con sus amigos.

probate [ˈprəʊbeɪt]
1 *n JUR (process)* legalización *f* de un testamento.
2 *n JUR (copy)* copia legalizada de un testamento.
3 *vt JUR* legalizar.

probation [prəˈbeɪʃən]
1 *n JUR* libertad *f* condicional.
2 *n (in employment)* período de prueba.
✦ **to be on probation** *JUR* estar en libertad condicional.
▪ **probation officer** *persona que se encarga de la vigilancia de los que están en libertad provisional.*

probationary [prəˈbeɪʃənərɪ] *adj* de prueba.

probationer [prəˈbeɪʃənəʳ]
1 *n (in employment)* persona a prueba.
2 *n JUR* persona en libertad condicional.

probe [prəʊb]
1 *n MED* sonda.
2 *n (investigation)* investigación *f.*
3 *vt MED* sondar.
4 *vt (investigate - gen)* investigar; *(public opinion)* sondear; *(mind)* explorar.
5 *vi* investigar (**into,** -).

probing [ˈprəʊbɪŋ] *adj (question)* agudo,-a, perspicaz.

probity [ˈprəʊbɪtɪ] *n fml* probidad *f.*

problem [ˈprɒbləm] *n* problema *m:* **the housing problem** el problema de la vivienda; **he's got a drink problem** tiene problemas con la bebida; **no problem!** ¡no hay problema!, ¡ningún problema!
✦ **to get to the root of a problem** llegar a la raíz de un problema.
▪ **problem child** niño,-a difícil.
problem page consultorio (sentimental).

problematic [prɒbləˈmætɪk] *adj* problemático,-a, difícil.

problematical [prɒbləˈmætɪkəl] *adj* problemático,-a, difícil.

proboscis [prəˈbɒsɪs] *n* probóscide *f.*
▲ *pl* **proboscises** o **proboscides** [prəˈbɒsidiːz].

procedure [prə'si:dʒə'] *n (set of actions)* procedimiento; *(step)* trámite *m*, gestión *f*.

proceed [prə'si:d]
1 *vi (continue)* seguir, continuar: she then proceeded to complain about my driving entonces pasó a quejarse de mi manera de conducir; we decided to proceed with the plan as agreed decidimos seguir con el plan tal y como habíamos acordado.
2 *vi (progress)* marchar.
3 *vi fml (go along)* avanzar, circular; *(go towards)* dirigirse a.
✦ **to proceed against somebody** proceder contra alguien.

proceedings [prə'si:dɪŋz]
1 *npl (events at meeting, ceremony, etc)* actos *mpl*.
2 *npl JUR (lawsuit)* proceso *sing*.
3 *npl (minutes)* actas *fpl*.
✦ **to start/institute proceedings against somebody** proceder contra alguien, entablar un proceso contra alguien.

proceeds ['prəusi:dz] *npl* beneficios *mpl*, ganancias *fpl*.

process¹ ['prəuses]
1 *n (set of actions, changes)* proceso: the process of growing old el envejecimiento.
2 *n (method)* procedimiento, proceso.
3 *n JUR (lawsuit)* acción *f* judicial; *(summons)* demanda.
4 *vt (raw material, food)* procesar, tratar; *(film)* revelar.
5 *vt (deal with)* ocuparse de, tramitar.
6 *vt COMPUT* procesar, tratar.
✦ **in process** en curso.
  in the process *(as a result)* con ello: she won the race, but pulled a muscle in the process ganó la carrera, pero con ello se hizo un tirón.
  in the process of time con el tiempo.
  to be in the process of doing something estar en vías de hacer algo, estar haciendo algo.

process² [prə'ses]
1 *vi (gen)* desfilar.
2 *vi REL* ir en procesión.

processing ['prəusesɪŋ]
1 *n (treatment)* procesamiento, tratamiento; *(of film)* revelado.
2 *n (in business, law)* tramitación *f*.
3 *n COMPUT* procesamiento, tratamiento.

procession [prə'seʃən]
1 *n (gen)* desfile *m*.
2 *n REL* procesión *f*.

processor ['prəusesə']
1 *n (for food)* robot *m* de cocina.
2 *n COMPUT* procesador *m*.

proclaim [prə'kleɪm]
1 *vt (announce)* proclamar, declarar.
2 *vt fml (reveal)* revelar.

proclamation [prɒklə'meɪʃən] *n* proclamación *f*.

proclivity [prə'klɪvɪtɪ] *n fml* proclividad *f*, propensión *f*, tendencia *f*.
▲ *pl* **proclivities**.

proconsul [prəu'kɒnsəl] *n* procónsul *m*.

procrastinate [prəu'kræstɪneɪt] *vi* aplazar una decisión.

procrastination [prəukræstɪ'neɪʃən] *n* dilación *f*.

procreate ['prəukrɪeɪt] *vi* procrear.

procreation [prəukrɪ'eɪʃən] *n* procreación *f*.

procure [prə'kjuə']
1 *vt (obtain)* conseguir, obtener.
2 *vt (women for prostitution)* llevar a la prostitución.
3 *vi (for prostitution)* alcahuetear, chulear.

procurer [prə'kjuərə'] *n* proxeneta *m*, alcahuete *m*.

procuress [prə'kjuərəs] *n* proxeneta *f*, alcahueta.

prod [prɒd]
1 *n (with finger, sharp object)* golpecito, pinchazo.
2 *n fig (encouragement)* pinchazo, empujón *m*, estímulo; *(reminder)* toque *m*.
3 *vt (with object)* pinchar; *(with finger)* dar golpecitos a.
4 *vt fig (encourage)* pinchar, empujar, estimular; *(remind)* recordar.
5 *vi* pinchar (**at**, -).
✦ **to give somebody a prod** empujar a alguien.
▲ *pt & pp* **prodded**, *ger* **prodding**.

prodigal ['prɒdɪgəl] *adj* pródigo,-a.

prodigious [prə'dɪdʒəs] *adj (great)* prodigioso,-a; *(huge)* enorme.

prodigy ['prɒdɪdʒɪ] *n* prodigio.
▲ *pl* **prodigies**.

produce [prə'dju:s]
1 *vt (gen)* producir; *(manufacture)* producir, fabricar.
2 *vt (give birth to)* tener.
3 *vt (show)* enseñar, presentar; *(bring out)* sacar.
4 *vt (cause)* producir, causar.
5 *vt (film)* producir; *(play)* poner en escena, dirigir; *(tv programme)* realizar.
6 *n* productos *mpl*: produce of Spain productos de España.
▲ *(sustantivo)* ['prɒdju:s].

producer [prə'dju:sə']
1 *n (gen)* productor,-ra; *(manufacturer)* fabricante *mf*.
2 *n (film)* productor,-ra; *(play)* director,-ra de escena; *(tv programme)* realizador,-ra.

product ['prɒdʌkt]
1 *n (gen)* producto.
2 *n (result)* producto, fruto, resultado.

production [prə'dʌkʃən]
1 *n (gen)* producción *f*; *(manufacture)* fabricación *f*, producción *f*: mass production fabricación en serie.
2 *n (showing)* presentación *f*: on production of your passes al presentar sus pases.
3 *n THEAT (show produced)* producción *f*.
4 *n (of film)* producción *f*; *(of play)* producción *f*, puesta en escena; *(of tv programme)* realización *f*.
5 *adj* de producción.

✦ **to go into production** empezar a fabricarse.
  to take something out of production dejar de fabricar algo.
■ **production line** cadena de montaje.

productive [prə'dʌktɪv]
1 *adj (gen)* productivo,-a.
2 *adj (useful)* positivo,-a, productivo,-a, fructífero,-a.

productively [prə'dʌktɪvlɪ] *adv* productivamente.
✦ **to spend one's time productively** aprovechar el tiempo.

productivity [prɒdʌk'tɪvɪtɪ] *n* productividad *f*.
■ **productivity agreement** acuerdo sobre productividad.
  productivity bonus prima por productividad.

pro-European [prəujuərə'pɪən]
1 *adj* europeísta.
2 *n* europeísta *mf*.

Prof [prə'fesə'] *abbr* (**Professor**) catedrático,-a de universidad.

profane [prə'feɪn]
1 *adj fml (irreverent)* sacrílego,-a; *(language)* blasfemo,-a.
2 *adj fml (secular)* profano,-a.
3 *vt* profanar.

profanity [prə'fænɪtɪ] *n* blasfemia.
▲ *pl* **profanities**.

profess [prə'fes]
1 *vt (faith, religion)* profesar.
2 *vt (state)* proclamar, manifestar, declarar.
3 *vt (claim)* pretender: I don't profess to be an expert no pretendo ser (ningún) experto.

professed [prə'fest]
1 *adj (Christian, Muslim)* profeso,-a; *(supporter, monarchist)* declarado,-a.
2 *adj (claimed, alleged)* pretendido,-a, supuesto,-a.

profession [prə'feʃən]
1 *n (occupation)* profesión *f*: he's a baker by profession es panadero de profesión; the medical profession el cuerpo médico.
2 *n (declaration)* declaración *f*, afirmación *f*.
■ **profession of faith** profesión *f* de fe.

professional [prə'feʃənəl]
1 *adj (gen)* profesional: they argue for a professional army abogan por un ejército profesional.
2 *n* profesional *mf*.
✦ **to go professional/turn professional** volverse profesional.
  to take professional advice asesorarse por un,-a profesional.

professionalism [prə'feʃənəlɪzəm] *n* profesionalidad *f*, profesionalismo.

professionally [prə'feʃənəlɪ] *adv (as paid occupation)* profesionalmente; *(in professional way)* con profesionalidad, como un profesional, de manera profesional; *(by professional person)* por un,-a experto,-a, por un,-a profesional.

professor [prə'fəsə^r]
1 *n GB* catedrático,-a.
2 *n US* profesor,-ra universitario,-a.

proffer ['prɒfə^r] *vt (gift, assistance, apology)* ofrecer; *(thanks, resignation, advice)* dar.

proficiency [prə'fɪʃənsɪ] *n* competencia.

proficient [prə'fɪʃənt] *adj* muy competente: she's proficient in French domina el francés.

profile ['prəʊfaɪl]
1 *n (side view)* perfil *m*: in profile de perfil.
2 *n (description)* perfil *m*; *(written)* reseña; *(biography)* reseña biográfica.
✦ to keep a low profile intentar pasar desapercibido,-a.

profit ['prɒfɪt]
1 *n COMM* ganancia, beneficio: gross profit beneficio bruto; net profit beneficio neto.
2 *n fml (advantage)* provecho.
✦ to make a profit sacar beneficios, tener ganancias.
to profit from something sacar provecho de algo, beneficiarse de algo.
to sell something at a profit vender algo con ganancia.
▪ profit and loss account cuenta de ganancias y pérdidas.
profit margin margen *m* de ganancias, margen *m* de beneficios.

profitability [prɒfɪtə'bɪlɪθɪ] *n* rentabilidad *f*.

profitable ['prɒfɪtəbəl]
1 *adj COMM* rentable.
2 *adj (beneficial)* provechoso,-a.

profitably ['prɒfɪtəblɪ]
1 *adv (do business)* de manera rentable, con rentabilidad; *(sell)* con ganancia, con beneficio.
2 *adv (in a worthwhile way)* provechosamente.

profiteer [prɒfɪ'tɪə^r]
1 *n* especulador,-ra.
2 *vi* especular.

profit-making ['prɒfɪtmeɪkɪŋ] *adj (business)* rentable; *(charity)* con fines lucrativos.

profit-sharing ['prɒfɪtʃeərɪŋ] *adj* participación *f* en los beneficios.

profligate ['prɒflɪgət]
1 *adj fml (wasteful)* despilfarrador,-ra.
2 *adj fml (immoral)* disoluto,-a, libertino,-a.

profound [prə'faʊnd] *adj* profundo,-a.

profoundly [prə'faʊndlɪ] *adv* profundamente.

profundity [prə'fʌndɪtɪ] *n* profundidad *f*.
▲ *pl* profundities.

profuse [prə'fjuːs] *adj (gen)* profuso,-a; *(bleeding)* intenso,-a: profuse apologies disculpas excesivas.

profusely [prə'fjuːslɪ] *adv (gen)* profusamente; *(thank, apologise)* efusivamente.
✦ to sweat profusely sudar mucho.

profusion [prə'fjuːʒən] *n* profusión *f*, abundancia.

progenitor [prəʊ'dʒenɪtə^r] *n (ancestor)* progenitor,-ra; *(forerunner)* precursor,-ra.

progeny ['prɒdʒənɪ] *n* progenie *f*, prole *f*.

progesterone [prəʊ'dʒestərəʊn] *n* progesterona.

prognosis [prɒg'nəʊsɪs] *n* pronóstico.

prognosticate [prɒg'nɒstɪkeɪt] *vt* pronosticar.

program ['prəʊgræm]
1 *n COMPUT* programa *m*.
2 *n US* → programme.
3 *vt COMPUT* programar.
4 *vt US* → programme.
▲ *pt & pp* programmed, *ger* programming.

programable [prəʊ'græməbəl] *adj* → programmable.

programer ['prəʊgræmə^r] *n US* → programmer.

programmable [prəʊ'græməbəl] *adj* programable.

programme ['prəʊgræm]
1 *n (gen)* programa *m*; *(plan)* plan *m*.
2 *vt (gen)* programar; *(activities)* programar, planear.

programmer ['prəʊgræmə^r] *n* programador,-ra.

progress ['prəʊgres]
1 *n (advance)* progreso, avance *m*; *(development)* desarrollo.
2 *vi (advance)* progresar, avanzar, adelantar; *(develop)* desarrollar.
3 *vi (improve - gen)* mejorar, hacer progresos; *(- patient)* mejorar.
✦ to be in progress *(work)* estar en curso, estar en marcha; *(meeting, match, etc)* haber empezado.
to make progress *(pupil)* adelantar, hacer progresos, progresar; *(patient)* mejorar.
▪ progress report informe *m* sobre la marcha de los trabajos, informe *m* sobre la marcha de los estudios.
▲ *(verbo)* [prəʊ'gres].

progression [prə'greʃən]
1 *n (development)* evolución *f*, avance *m*.
2 *n (series)* serie *f*.
3 *n (math mus)* progresión *f*.

progressive [prə'gresɪv]
1 *adj (increasing)* progresivo,-a.
2 *adj (favouring progress)* progresista.
3 *n* progresista *mf*.

progressively [prə'gresɪvlɪ] *adv* progresivamente, cada vez más.

progressivism [prə'gresɪvɪzəm] *n* progresismo.

prohibit [prə'hɪbɪt]
1 *vt (forbid)* prohibir: smoking is prohibited está prohibido fumar.
2 *vt (prevent)* impedir.
✦ to prohibit somebody from doing something prohibir a alguien hacer algo.

prohibition [prəʊɪ'bɪʃən]
1 *n* prohibición *f*.
2 Prohibition *n* la Ley *f* seca, la Prohibición *f*.

prohibitionist [prəʊɪ'bɪʃənnɪst] *n* prohibicionista *mf*.

prohibitive [prə'hɪbɪtɪv] *adj* prohibitivo,-a.

pro-independence [prəʊɪndɪ'pendəns] *adj* independentista.

project ['prɒdʒekt]
1 *n (gen)* proyecto.
2 *n EDUC* trabajo, estudio.
3 *vt (gen)* proyectar.
4 *vt (extrapolate)* extrapolar.
5 *vi* sobresalir, resaltar.
✦ to project oneself proyectarse.
▲ *(verbo)* [prə'dʒekt].

projectile [prə'dʒektaɪl] *n* proyectil *m*.

projection [prə'dʒekʃən]
1 *n (gen)* proyección *f*.
2 *n (protuberance)* saliente *m*, resalto.

projectionist [prə'dʒekʃənɪst] *n* operador,-ra de cine.

projector [prə'dʒektə^r] *n* proyector *m*.

prolapse [prəʊ'læps] *n* prolapso.

proletarian [prəʊlə'teərɪən] *adj* proletario,-a.

proletariat [prəʊlə'teərɪət] *n* proletariado.

proliferate [prə'lɪfəreɪt] *vi* proliferar.

proliferation [prəlɪfə'reɪʃən] *n* proliferación *f*.

prolific [prə'lɪfɪk] *adj* prolífico,-a.

prolix ['prəʊlɪks] *adj fml* prolijo,-a.

prologue ['prəʊlɒg] *n* prólogo.

prolong [prə'lɒŋ] *vt* prolongar, alargar, extender.

prolongation [prəʊlɒŋ'geɪʃən] *n* prolongación *f*, alargamiento, extensión *f*.

prom [prɒm]
1 *n GB* → promenade.
2 *n US* baile *m* del colegio.

promenade [prɒmə'nɑːd]
1 *n GB (at seaside)* paseo marítimo.
2 *n fml (walk)* paseo.
3 *vi* pasearse.
▪ promenade concert *GB* concierto sinfónico en que parte del público está de pie.
promenade deck cubierta de paseo.

prominence ['prɒmɪnəns] *n (conspicuousness)* prominencia; *(importance)* importancia.

prominent ['prɒmɪnənt] *adj (conspicuous)* prominente; *(important)* importante, destacado,-a; *(projecting)* prominente, saliente.

prominently ['prɒmɪnəntlɪ] *adv (conspicuously)* muy a la vista.
✦ to figure prominently in something destacar en algo, desempeñar un papel importante en algo.

promiscuity [prɒmɪ'skjuːɪtɪ] *n* promiscuidad *f*.

promiscuous [prə'mɪskjʊəs] adj promiscuo,-a.

promiscuousness [prə'mɪskjʊəsnəs] n promiscuidad f.

promise ['prɒmɪs]
1 n (pledge) promesa.
2 n (expectation, hope) esperanza, esperanzas fpl.
3 vt prometer: you promised to help me prometiste ayudarme; he promised not to tell anyone prometió no decírselo a nadie.
4 vt (seem likely) prometer.
5 vi (gen) prometer; (swear) jurar: I promise te lo prometo.
✦ **to break a promise** faltar a una promesa.
  to keep a promise cumplir una promesa.
  to make a promise prometer.
  to promise the moon prometer el oro y el moro, prometer la luna.
  to show promise ser prometedor,-ra.
■ **the Promised Land** la Tierra Prometida.

promising ['prɒmɪsɪŋ] adj prometedor,-ra.

promissory note [prɒmɪsərɪ'nəʊt] n pagaré m, abonaré m.

promontory ['prɒməntərɪ] n promontorio.
▲ pl promontories.

promote [prə'məʊt]
1 vt (in rank) promover, ascender.
2 vt (encourage) promover, fomentar.
3 vt COMM (product) promocionar.
✦ **to be promoted** SP subir (de categoría).

promoter [prə'məʊtə'] n promotor,-ra.

promotion [prə'məʊʃən]
1 n (in rank) promoción f, ascenso.
2 n COMM promoción f.
3 n (encouragement) promoción f, fomento.
✦ **to get promotion** ser ascendido,-a.

prompt [prɒmpt]
1 adj (quick) pronto,-a, rápido,-a; (punctual) puntual.
2 adv en punto.
3 vt (cause, incite) instar, incitar, mover; (cause, lead to) provocar, dar lugar a: what prompted you to say that? ¿qué te instó a decir eso?; the scandal prompted calls for his resignation el escándalo provocó llamadas pidiendo su dimisión.
4 vt THEAT apuntar.
5 n THEAT (line) apunte m.

prompter ['prɒmptə'] n THEAT apuntador,-ra.

promptly ['prɒmptlɪ] adv (quickly) rápidamente; (punctually) puntualmente, en punto.

promptness ['prɒmptnəs] n presteza, prontitud f.

promulgate ['prɒməlgeɪt] vt promulgar.

promulgation [prɒməl'geɪʃən] n promulgación f.

pro-NATO [prəʊ'neɪtəʊ] adj atlantista.

prone [prəʊn] adj (face down) boca abajo.
✦ **to be prone to something** ser propenso,-a a algo.

prong [prɒŋ] n diente m, punta.

pronoun ['prəʊnaʊn] n LING pronombre m.

pronounce [prə'naʊns]
1 vt LING pronunciar.
2 vt (declare) declarar.
3 vi pronunciarse (on, sobre).
✦ **to pronounce sentence** JUR dictar sentencia, pronunciar un fallo.

pronounced [prə'naʊnst] adj pronunciado,-a, marcado,-a, acusado,-a.

pronouncement [prə'naʊnsmənt] n declaración f.

pronunciation [prənʌnsɪ'eɪʃən] n pronunciación f.

proof [pruːf]
1 n (evidence) prueba: we need conclusive proof necesitamos pruebas concluyentes.
2 n (trial copy, print) prueba.
3 n (alcohol) graduación f alcohólica: this beer is 5% proof esta cerveza tiene 5 grados.
4 vt impermeabilizar.
✦ **the proof of the pudding is in the eating** no se puede juzgar algo hasta que se haya probado.
  to be proof against something ser a prueba de algo.

proofread ['pruːfriːd]
1 vt corregir.
2 vi corregir pruebas.

proofreader ['pruːfriːdə'] n corrector,-ra de pruebas.

prop¹ [prɒp]
1 n (support) puntal m.
2 n fig apoyo, sostén m.
3 n SP (in rugby) pilar mf.
4 vt apoyar (**against**, en/contra).
5 vt fig apoyar, sostener.
▶ **to prop up**
1 vt sep (wall, building) sostener, apuntalar.
2 vt sep (regime) apoyar; (industry, business) mantener a flote.
▲ pt & pp propped, ger propping.

prop² [prɒp] n THEAT accesorio.

propaganda [prɒpə'gændə] n propaganda.

propagate ['prɒpəgeɪt]
1 vt propagar.
2 vi propagarse.

propagation [prɒpə'geɪʃən] n propagación f.

propane ['prəʊpeɪn] n propano.

propel [prə'pel] vt propulsar, impulsar.
▲ pt & pp propelled, ger propelling.

propellant [prə'pelənt] n propulsante m.

propellent [prə'pelənt] n propulsante m.

propeller [prə'pelə'] n hélice f.

propelling pencil [prəpelɪŋ'pensəl] n portaminas m.

propensity [prə'pensɪtɪ] n propensión f (**to**, a).
▲ pl propensities.

proper ['prɒpə']
1 adj (suitable) adecuado,-a, apropiado,-a; (correct) correcto,-a: the proper time el momento oportuno.
2 adj fam (real, genuine) verdadero,-a, de verdad; (as it should be) como Dios manda, como es debido.
3 adj fam (thorough) auténtico,-a, todo,-a: he's a proper gentleman es todo un caballero.
4 adj (respectable) correcto,-a, decente.
5 adj (strictly called - comes after noun) propiamente dicho,-a.
✦ **to be proper to** ser propio,-a de.
■ **proper name/proper noun** nombre propio.

properly ['prɒpəlɪ]
1 adv (properly) bien, adecuadamente.
2 adv (correctly) bien, correctamente; (as one should) como es debido.
3 adv fam (thoroughly) totalmente.
✦ **properly speaking** propiamente dicho,-a, en sentido estricto: very properly con toda razón.

property ['prɒpətɪ]
1 n (possessions, ownership) propiedad f.
2 n (buildings, land) propiedad f, bienes mpl; (estate) finca.
3 n fml (building) inmueble m.
4 n (quality) propiedad f.
5 n THEAT accesorio.
✦ **to be public property** ser del dominio público.
■ **private property** propiedad f privada.
  property developer promotor,-ra inmobiliario,-a.
  property tax impuesto sobre la propiedad inmobiliaria.
▲ pl properties.

prophecy ['prɒfəsɪ] n profecía.
▲ pl prophecies.

prophesy ['prɒfəsaɪ]
1 vt predecir.
2 vt REL profetizar.
3 vi profetizar, hacer profecías.
▲ pt & pp prophesied, ger prophesying.

prophet ['prɒfɪt] n profeta m.

prophetess ['prɒfɪtes] n profetisa.

prophetic [prə'fetɪk] adj profético,-a.

prophylactic [prɒfɪ'læktɪk]
1 adj profiláctico,-a.
2 n MED profiláctico.
3 n US (condom) profiláctico, preservativo, condón m.

prophylaxis [prɒfɪ'læksɪs] n profilaxis f.

propitiate [prə'pɪʃɪeɪt] vi fml propiciar.

propitious [prə'pɪʃəs] adj fml propicio,-a, favorable.

proponent [prə'pəʊnənt] n defensor,-ra.

proportion [prə'pɔːʃən]
1 *n (ratio)* proporción *f.*
2 *n (part)* parte *f, (percentage)* porcentaje *m.*
3 *n (correct relation)* proporción *f.*
4 **proportions** *npl* dimensiones *fpl,* proporciones *fpl.*
✦ **to be in proportion/be out of proportion** estar proporcionado,-a/no estar proporcionado,-a.
to be in proportion to/with something/be out of proportion to/with something guardar proporción con algo/no guardar proporción con algo.
to blow something up out of all proportion exagerar algo desmesuradamente.
to get/keep things in proportion guardar el sentido de la medida.
to get things out of proportion exagerar las cosas.
to have a sense of proportion tener sentido de la medida.

proportional [prə'pɔːʃənəl] *adj* proporcional (**to**, a).
■ **proportional representation** representación *f* proporcional.

proportionally [prə'pɔːʃənəlɪ] *adv* proporcionalmente.

proportionate [prə'pɔːʃənət] *adj* proporcionado,-a (**to**, con), en proporción (**to**, a).

proportionately [pr'pɔːʃənətlɪ] *adv* proporcionalmente.

proposal [prə'pəʊzəl] *n* propuesta: proposal of marriage proposición de matrimonio, propuesta de matrimonio.

propose [prə'pəʊz]
1 *vt (suggest)* proponer.
2 *vt (intend)* pensar.
3 *vi* declararse, proponer matrimonio a: he proposed to me me pidió la mano, me propuso matrimonio.
✦ **to propose a toast** proponer un brindis.

proposed [prə'pəʊzd] *adj* propuesto,-a.
proposer [prə'pəʊzəʳ] *n* proponente *mf.*
proposition [prɒpə'zɪʃən]
1 *n (suggestion)* proposición *f,* propuesta; *(offer)* oferta.
2 *n (assertion)* proposición *f.*
3 *vt* hacer proposiciones deshonestas a.

propound [prə'paʊnd] *vt* exponer, proponer.

proprietary [prə'praɪətərɪ] *adj* patentado,-a.

proprietor [prə'praɪətəʳ] *n* propietario, -a, dueño,-a.

propriety [prə'praɪətɪ]
1 *n (correctness)* corrección *f,* decoro, decencia.
2 *n (suitability)* conveniencia.
3 **proprieties** *npl* convenciones *fpl* sociales.
▲ *pl* **proprieties.**

propulsion [prə'pʌlʃən] *n* propulsión *f.*
■ **propulsion rocket** cohete *m* propulsor.
pro rata [prəʊ'rɑːtə]
1 *adj* prorrateado,-a.
2 *adv* a prorrata, proporcionalmente.
prosaic [prəʊ'zeɪɪk] *adj* prosaico,-a.
proscribe [prəʊ'skraɪb] *vt* proscribir.
proscription [prəʊ'skrɪpʃən] *n* proscripción *f.*
prose [prəʊz]
1 *n LIT* prosa.
2 *n EDUC* traducción *f* inversa.
■ **prose writer** prosista *mf.*
prosecute ['prɒsɪkjuːt]
1 *vt JUR* procesar, enjuiciar.
2 *vi JUR (bring a charge)* entablar una acción judicial; *(be prosecutor)* llevar la acusación.
prosecution [prɒsɪ'kjuːʃən]
1 *n JUR (action)* procesamiento, acción *f* judicial; *(court case)* proceso, juicio.
2 **the prosecution** *n JUR (person)* la parte acusadora, la acusación.
■ **witness for the prosecution** testigo *mf* de cargo.
prosecutor ['prɒsɪkjuːtəʳ] *n JUR* fiscal *mf,* acusador,-ra.
proselyte ['prɒsəlaɪt] *n* prosélito.
proselytic [prɒsə'lɪtɪk] *adj* proselitista.
proselytise ['prɒsələtaɪz] *vt →* **proselytize.**
proselytiser ['prɒsələtaɪzəʳ] *n →* **proselytizer.**
proselytize ['prɒsələtaɪz] *vt* convertir.
proselytizer ['prɒsələtaɪzəʳ] *n* proselitista *mf.*
prosodic [prə'sɒdɪk] *adj* prosódico,-a.
prosody ['prɒsədɪ] *n* prosodia.
prospect ['prɒspekt]
1 *n (picture in mind)* perspectiva: the prospect of moving house la perspectiva de mudarse.
2 *n (possibility, hope)* posibilidad *f,* probabilidad *f:* there isn't much prospect of my finishing this today no hay muchas posibilidades de que acabe esto hoy; there is no prospect of an agreement no hay posibilidad de acuerdo.
3 *n fml (wide view)* panorama *m,* vista, perspectiva.
4 *vt* prospectar, explorar.
5 *vi* buscar (**for**, -): to prospect for oil buscar petróleo.
6 **prospects** *npl (chance of success, outlook)* perspectivas *fpl; (future)* futuro *m* sing, porvenir *m* sing: a job with prospects un trabajo con porvenir.
✦ **to be a prospect for something** *(person)* tener probabilidades de algo.
▲ *(verbo)* [prə'spekt].
prospective [prə'spektɪv] *adj (future)* futuro,-a; *(possible)* posible, eventual.
prospector [prə'spektəʳ] *n* buscador,-ra: gold prospectors buscadores de oro.
prospectus [prə'spektəs] *n* prospecto.

prosper ['prɒspəʳ] *vi* prosperar.
prosperity [prɒ'sperɪtɪ] *n* prosperidad *f.*
prosperous ['prɒspərəs] *adj* próspero,-a.
prostate ['prɒsteɪt] *n* próstata.
prosthesis ['prɒsθəsɪs] *n* prótesis *f.*
prostitute ['prɒstɪtjuːt]
1 *n (gen)* prostituta; *(vulgar)* puta.
2 *vt* prostituir.
✦ **to prostitute oneself** prostituirse.
■ **male prostitute** prostituto.
prostitution [prɒstɪ'tjuːʃən] *n* prostitución *f.*
prostrate ['prɒstreɪt]
1 *adj* postrado,-a.
2 *vt* postrar.
✦ **to prostrate oneself** postrarse.
▲ *(verbo)* [prɒ'streɪt].
prostration [prɒs'treɪʃən] *n* postración *f.*
protagonist [prə'tægənɪst] *n* protagonista *mf.*
protect [prə'tekt] *vt (gen)* proteger; *(interests)* proteger, salvaguardar.
✦ **to protect against/protect from** proteger contra/proteger de.
protection [prə'tekʃən] *n (gen)* protección *f; (shelter)* protección *f,* amparo.
■ **protection money** *dinero que se paga a gángsters a cambio de protección.*
protection racket chantaje *m.*
protectionism [prə'tekʃənɪzəm] *n* proteccionismo.
protectionist [prə'tekʃənɪst]
1 *n* proteccionista *mf.*
2 *adj* proteccionista *mf.*
protective [prə'tektɪv] *adj (gen)* protector,-ra; *(clothing)* de protección.
protector [prə'tektəʳ] *n (person)* protector,-ra; *(thing)* protector *m.*
protectorate [prə'tektərət] *n* protectorado.
protégé ['prəʊtəʒeɪ] *n* protegido.
protégée ['prəʊtəʒeɪ] *n* protegida.
protein ['prəʊtiːn] *n* proteína.
protest ['prəʊtest]
1 *n (gen)* protesta; *(complaint)* queja; *(demonstration)* manifestación *f* de protesta: we refused to eat in protest nos negamos a comer en señal de protesta.
2 *vt* protestar de: he protested his innocence protestó de su inocencia.
3 *vi* protestar (**about**, de), (**against**, contra), (**at**, por): they protested about the working conditions protestaron de las condiciones de trabajo.
✦ **under protest** bajo protesta.
to make a protest about something protestar por algo.
■ **protest song** canción *f* (de) protesta.
▲ *(verbo)* [prə'test].
Protestant ['prɒtɪstənt]
1 *adj* protestante.
2 *n* protestante *mf.*
Protestantism ['prɒtɪstəntɪzəm] *n* protestantismo.
protestation [prɒtes'teɪʃən] *n (protest)* protesta; *(declaration)* declaración *f.*

protester [prə'testəʳ] n manifestante mf.

protocol ['prəʊtəkɒl] n protocolo.

proton ['prəʊtɒn] n protón m.

protoplasm ['prəʊtəʊplæzəm] n protoplasma.

prototype ['prəʊtətaɪp] n prototipo.

protozoan [prəʊtə'zəʊən] n protozoo.
▲ pl protozoa o protozoans.

protracted [prə'træktɪd] adj prolongado,-a.

protractile [prə'træktaɪl] adj protráctil.

protractor [prə'træktəʳ] n transportador m.

protrude [prə'truːd] vi fml sobresalir, salir.

protruding [prə'truːdɪŋ] adj (gen) salido,-a, saliente, prominente; (teeth) salido,-a; (jaw, chin) prominente; (eyes) saltón,-ona.

protuberance [prə'tjuːbərəns] n fml protuberancia.

proud [praʊd]
1 adj (gen) orgulloso,-a: I'm proud of you estoy orgulloso de ti.
2 adj (arrogant) orgulloso,-a, arrogante, altanero,-a, soberbio,-a.
3 adj fml (splendid) soberbio,-a, imponente.
✦ to be proud of somebody/something estar orgulloso,-a de alguien/algo, enorgullecerse de alguien/algo.
to be proud to do something tener el honor de hacer algo.
to do somebody proud tratar a alguien a cuerpo de rey.

proudly ['praʊdlɪ] adv (with satisfaction) orgullosamente, con orgullo; (arrogantly) arrogantemente, con arrogancia.
✦ to proudly present tener el honor de presentar.

prove [pruːv]
1 vt (show to be true) probar, demostrar: they couldn't prove that he killed her no pudieron probar que la había matado él.
2 vt (turn out to be) demostrar: she proved herself to be a competent swimmer demostró ser una nadadora competente.
3 vi (turn out) resultar: the information proved correct la información resultó (ser) correcta.
✦ to prove oneself dar pruebas de valor, demostrar su valía.
to prove somebody right dar a alguien la razón, demostrar que alguien tiene razón.
▲ pt proved, pp proved o proven ['pruːvən], ger proving.

proven ['pruːvən]
1 pp → prove.
2 adj probado,-a, comprobado,-a.

Provençal [prɒvɒn'saːl]
1 adj provenzal.
2 n (person) provenzal mf.
3 n (language) provenzal m.

Provence [prə'vɒns] n Provenza.

proverb ['prɒvɜːb] n proverbio, refrán m.

proverbial [prə'vɜːbɪəl] adj proverbial.

provide [prə'vaɪd]
1 vt (supply - gen) proveer, suministrar, proporcionar; (information, facts, etc) proporcionar, facilitar: the government cannot provide jobs for everyone el gobierno no puede proporcionar empleo a todos; light refreshments will be provided se ofrecerá un pequeño refrigerio; he provided us with all the information nos facilitó toda la información.
2 vt fig (answer, example) ofrecer, dar; (opportunity) brindar, dar.
3 vi (of law, rule, clause) estipular.
4 vi proveer.
▸ to provide against vt insep tomar precauciones contra.
to provide for
1 vt insep (family) mantener.
2 vt insep (make arrangements for) tomar precauciones contra; (of bill, constitution) prever.
✦ to provide oneself with something proveerse de algo.

provided [prə'vaɪdɪd] **provided that** conj siempre que, con tal que, a condición de que.

providence ['prɒvɪdəns] n providencia.

provident ['prɒvɪdənt] adj previsor,-ra.

providential [prɒvɪ'denʃəl] adj fml providencial.

providentially [prɒvɪ'denʃəlɪ] adv providencialmente.

provider [prə'vaɪdəʳ] n proveedor,-ra.

providing [prə'vaɪdɪŋ] conj → provided.

province ['prɒvɪns]
1 n (region) provincia.
2 n fig terreno, campo, competencia.
✦ that's not my province eso no es de mi competencia.

provincial [prə'vɪnʃəl]
1 adj (government) provincial; (town) de provincia(s).
2 adj pej provinciano,-a, pueblerino,-a.
3 n pej provinciano,-a.

provision [prə'vɪʒən]
1 n (supply - gen) suministro, abastecimiento; (of funds) provisión f.
2 n (preparation) previsiones fpl: they made provision against bad weather tomaron precauciones por si hacía mal tiempo.
3 n JUR (stipulation) disposición f; (condition) condición f: under the provisions of the agreement según lo que estipula el acuerdo.
4 provisions npl (food) provisiones fpl, víveres mpl.
✦ to make provision for somebody atender las necesidades de alguien, asegurar el porvenir de alguien.
to make provision for the future (gen) prever el futuro; (money) ahorrar para el futuro.

with the provision that ... con tal de que ..., con la condición de que ...

provisional [prə'vɪʒənəl] adj provisional.

provisionally [prə'sɪʒənəlɪ] adv provisionalmente.

proviso [prə'vaɪzəʊ] n condición f.
✦ with the proviso that con la condición de que.
▲ pl provisos.

provocation [prɒvə'keɪʃən] n provocación f.

provocative [prə'vɒkətɪv] adj (controversial) provocador,-ra; (sexy) provocativo,-a.

provocatively [prə'vɒkətɪvlɪ] adv (controversially) de forma provocadora; (sexily) de forma provocativa.

provoke [prə'vəʊk]
1 vt (make angry) provocar, irritar: he's not easily provoked no se irrita fácilmente.
2 vt (cause) provocar.
✦ to provoke somebody into doing something/provoke somebody to do something provocar a alguien a que haga algo.

provoking [prə'vəʊkɪŋ]
1 adj provocador,-ra.
2 adj (irritating) irritante.

provost ['prɒvəst]
1 n GB (of university) rector,-ra.
2 n GB (cleric) deán m.
3 n (in Scotland) alcalde,-esa.

prow [praʊ] n proa.

pro-war [prəʊ'wɔːʳ] adj belicista.

prowess ['praʊəs] n fml destreza, habilidad f.

prowl [praʊl]
1 vi merodear, rondar.
2 vt merodear por, rondar por.
3 n merodeo.
✦ to be on the prowl/go on the prowl merodear, rondar.

prowler ['praʊləʳ] n merodeador,-ra.

proximity ['prɒksɪmɪtɪ] n fml proximidad f.
✦ in the proximity of en las proximidades de, cerca de.

proxy ['prɒksɪ]
1 n (authority) poder m.
2 n (person) apoderado,-a.
✦ by proxy por poderes.
▲ pl proxies.

prude [pruːd] n gazmoño,-a, mojigato,-a.

prudence ['pruːdəns] n prudencia.

prudent ['pruːdənt] adj prudente.

prudently ['pruːdəntlɪ] adv prudentemente.

prudery ['pruːdərɪ] n gazmoñería.

prudish ['pruːdɪʃ] adj remilgado,-a, mojigato,-a, gazmoño,-a.

prudishness ['pruːdɪʃnəs] n mojigatería.

prune¹ [pruːn] n ciruela pasa.

prune² [pruːn]
1 vt (hedge, rosebush, etc) podar.
2 vt (essay, novel, etc) acortar; (budget, costs, etc) reducir, recortar.
pruning ['pruːnɪŋ] n poda.
▪ **pruning knife** podadera.
prurient ['pruərɪənt] adj fml lascivo,-a.
Prussia ['prʌʃə] n Prusia.
Prussian ['prʌʃən]
1 adj prusiano,-a.
2 n prusiano,-a.
pry [praɪ]
1 vi curiosear, husmear, fisgonear.
2 vt → prise.
✦ **to pry into something** entrometerse en algo.
▲ pt & pp pried, ger prying.
prying ['praɪɪŋ] adj entrometido,-a, husmeador,-ra.
PS ['piːˈes] abbr (postscript) posdata; (abbreviation) P.S., P.D.
psalm [sɑːm] n salmo.
pseud [sjuːd] n fam farsante mf.
pseudonym ['suːdənɪm] n seudónimo.
psoriasis [səˈraɪəsɪs] n soriasis f, psoriasis f.
psst [pst] interj ¡eh!
psych [saɪk] **to psych somebody (out)** vt desconcertar a alguien, poner nervioso,-a a alguien.
▶ **to psych up** vt sep interj mentalizar.
✦ **to psych oneself up** mentalizarse.
psyche ['saɪkɪ] n psique f, psiquis f.
psychedelic [saɪkɪˈdelɪk] adj psicodélico,-a, sicodélico,-a.
psychiatric [saɪkɪˈætrɪk] adj psiquiátrico,-a, siquiátrico,-a.
psychiatrist [saɪˈkaɪətrɪst] n psiquiatra mf, siquiatra mf.
psychiatry [saɪˈkaɪətrɪ] n psiquiatría, siquiatría.
psychic ['saɪkɪk]
1 adj (mental) psíquico,-a, síquico,-a.
2 adj (knowing) clarividente.
3 n médium mf.
psychoanalyse [saɪkəʊˈænəlaɪz] vt psicoanalizar, sicoanalizar.
psychoanalysis [saɪkəʊəˈnæləsɪs] n psicoanálisis m, sicoanálisis m.
psychoanalyst [saɪkəʊˈænəlɪst] n psicoanalista mf, sicoanalista mf.
psychoanalytical [saɪkəʊənəˈlɪtɪkəl] adj psicoanalítico,-a, sicoanalítico,-a.
psychoanalyze [saɪkəʊˈænəlaɪz] vt US → psychoanalyse.
psychological [saɪkəˈlɒdʒɪkəl] adj psicológico,-a, sicológico,-a.
psychologically [saɪkəˈlɒdʒɪkəlɪ] adv psicológicamente, sicológicamente.
psychologist [saɪˈkɒlədʒɪst] n psicólogo,-a, sicólogo,-a.
psychology [saɪˈkɒlədʒɪ] n psicología, sicología.

psychopath ['saɪkəʊpæθ] n psicópata mf, sicópata mf.
psychopathic [saɪkəˈpætɪk] adj psicopático,-a, sicopático,-a.
psychosis [saɪˈkəʊsɪs] n psicosis f, sicosis f.
▲ pl psychoses [saɪˈkəʊsiːz].
psychosomatic [saɪkəʊsəˈmætɪk] adj psicosomático,-a, sicosomático,-a.
psychotherapist [saɪkəʊˈθerəpɪst] n psicoterapeuta mf, sicoterapeuta mf.
psychotherapy [saɪkəʊˈθerəpɪ] n psicoterapia, sicoterapia.
psychotic [saɪˈkɒtɪk]
1 adj psicótico,-a, sicótico,-a.
2 n psicótico,-a, sicótico,-a.
PT ['piːˈtiː] abbr (physical training) educación física.
pt¹ [pɑːt] abbr (part) parte f.
pt² [paɪnt] abbr (pint) pinta.
pt³ [pɔɪnt] abbr (point) punto.
PTA ['piːˈtiːˈeɪ] abbr (Parent-Teacher Association) asociación de padres de alumnos y profesores.
ptarmigan ['tɑːmɪgən] n perdiz f nival.
Pte ['praɪvət] abbr (Private) soldado raso.
pterodactyl [terəˈdæktɪl] n pterodáctilo.
PTO ['piːˈtiːˈəʊ] abbr (please turn over) sigue.
pub [pʌb] n bar m, pub m, taberna.
pub-crawl ['pʌbkrɔːl] n ruta de bares.
✦ **to go on a pub-crawl** ir de tascas, ir de bares, ir de copeo.
puberty ['pjuːbətɪ] n pubertad f.
pubescent [pjuːˈbesənt] adj pubescente.
pubic ['pjuːbɪk] adj púbico,-a.
▪ **pubic hair** vello púbico.
pubis ['pjuːbɪs] n pubis m.
public ['pʌblɪk]
1 adj público,-a.
2 **the public** n el público.
✦ **in public** en público.
to be in the public eye ser objeto de interés público.
to be public knowledge ser del dominio público.
to go public COMM salir a bolsa.
to make public hacer público,-a.
▪ **public company** empresa pública, sociedad f anónima.
public convenience servicios mpl, aseos mpl.
public holiday fiesta nacional.
public house bar m, pub m.
public opinion opinión f pública.
public prosecutor fiscal mf.
public relations relaciones fpl públicas.
public school GB colegio privado; US colegio público.
public sector sector m público.
public speaker orador,-ra.

public speaking oratoria.
public transport transporte m público.
public utility servicio público.
public-address system [pʌblɪkəˈdresɪstəm] n (sistema m de) megafonía.
publican ['pʌblɪkən] n patrón,-ona de un bar, dueño,-a de un bar, tabernero,-a.
publication [pʌblɪˈkeɪʃən] n publicación f.
publicise [pʌblɪˈsaɪz] vt → publicize.
publicist ['pʌblɪsɪst] n publicista mf.
publicity [pʌˈblɪsɪtɪ] n publicidad f.
▪ **publicity stunt** truco publicitario.
publicity campaign campaña publicitaria.
publicize [pʌblɪˈsaɪz]
1 vt (make public) divulgar, hacer público,-a, dar a conocer.
2 vt (advertise) promocionar, hacer publicidad de.
publicly ['pʌblɪklɪ] adv públicamente.
public-spirited [pʌblɪkˈspɪrɪtɪd] adj de espíritu cívico.
publish ['pʌblɪʃ]
1 vt (book, newspaper) publicar, editar; (article) publicar.
2 vt (make known) divulgar, hacer público,-a.
publisher ['pʌblɪʃəʳ] n (person) editor,-ra; (company) editorial f.
publishing ['pʌblɪʃɪŋ] n (profession) industria editorial.
▪ **publishing company/publishing house** casa editorial, editorial f.
puce [pjuːs]
1 adj castaño,-a rojizo,-a.
2 n castaño rojizo.
puck [pʌk] n SP disco.
pucker ['pʌkəʳ]
1 n (in fabric) frunce m, fruncido, pliegue m; (on brow) arruga.
2 vt (face, lips, brow) fruncir, arrugar.
3 vi (lips, brow) fruncirse, arrugarse.
pudding ['pʊdɪŋ]
1 n CULIN (sweet) budín m, pudín m; (savoury) pastel m.
2 n GB fam (dessert) postre m: what's for pudding? ¿qué hay de postre?
▪ **rice pudding** arroz m con leche.
puddle ['pʌdəl] n charco.
puerile ['pjuəraɪl] adj pueril.
Puerto Rican [pweətəʊˈriːkən]
1 adj puertorriqueño,-a, portorriqueño,-a.
2 n puertorriqueño,-a, portorriqueño,-a.
Puerto Rico [pweətəʊˈriːkəʊ] n Puerto Rico.
puff [pʌf]
1 n (of wind, air) soplo, racha, ráfaga; (of smoke) bocanada.
2 n (action) soplo, soplido; (at cigarette, pipe) calada, chupada.
3 n fam (breath) aliento: I'm out of puff estoy sin aliento.
4 vt (blow - gen) soplar; (- smoke) echar.

5 *vi (pipe, cigarette)* chupar (**at/on**, -), dar caladas (**at/on**, a).
6 *vi (pant)* jadear, resoplar.
7 *vi (train)* echar humo, echar vapor.
■ **puff pastry** hojaldre *m*, pasta hojaldrada.
▸ **to puff out**
 1 *vt sep (cheeks, chest)* hinchar, inflar; *(feathers, cushion)* ahuecar.
 2 *vt sep (make out of breath)* dejar sin aliento.
 to puff up
 1 *vt sep (cheeks, chest)* inflar, hinchar; *(cushion, feathers)* ahuecar.
 2 *vi* hincharse.
puffed [pʌft]
 1 *adj (sleeve)* abombado,-a; *(rice)* inflado,-a.
 2 *adj (out of breath)* agotado,-a, sin aliento.
 3 puffed up *adj (swollen)* hinchado,-a.
puffin [ˈpʌfɪn] *n* frailecillo (común).
puffy [ˈpʌfɪ] *adj* hinchado,-a.
 ▲ *comp* **puffier**, *superl* **puffiest**.
pug [pʌg] *n (dog)* doguillo.
 ■ **pug nose** nariz *f* chata.
pugnacious [pʌgˈneɪʃəs] *adj* pugnaz, agresivo,-a.
pug-nosed [ˈpʌgnəʊzd] *adj* de nariz chata.
puke [pjuːk] *vi fam* devolver, vomitar.
pull [pʊl]
 1 *n (tug)* tirón *m*.
 2 *n (of moon, current)* fuerza.
 3 *n (attraction)* atracción *f*; *(influence)* influencia.
 4 *n (on bottle)* sorbo; *(on cigarette)* calada, chupada.
 5 *n (prolonged effort)* paliza.
 6 *n (single impression, proof)* prueba.
 7 *vt (draw)* tirar de; *(drag)* arrastrar: **the horse was pulling a cart** el caballo tiraba de una carreta; **he pulled the curtains** corrió las cortinas; **pull up a chair** coge una silla.
 8 *vt (tug forcefully)* tirar de, dar un tirón a: **don't pull my hair!** ¡no me tires del pelo!; **have you pulled the chain?** ¿has tirado de la cadena?; **he pulled off his boots** se quitó las botas.
 9 *vt (remove, draw out)* sacar: **he pulled a gun** sacó una pistola.
 10 *vt (damage - muscle)* sufrir un tirón: **I pulled a muscle** me dio un tirón.
 11 *vt (operate - trigger)* apretar.
 12 *vt fam (attract - crowd, audience)* atraer; *(boy, girl)* ligarse, ligar con.
 13 *vi (tug)* tirar (**at/on**, de): **he pulled with all his strength** tiró con todas sus fuerzas.
 14 *vi (on pipe, cigarette)* chupar, dar caladas a.
 15 *vi (of vehicle - veer)* tirar.
 ▸ **to pull apart**
 1 *vt sep (separate)* separar; *(pull to pieces)* destrozar, hacer pedazos.
 2 *vt sep (criticize)* poner por los suelos, echar por tierra.

to pull away
 1 *vi (car, bus)* arrancar; *(train)* salir de la estación.
 2 *vt sep* separar, apartar.
to pull down *vt sep* derribar, tirar (abajo).
to pull in
 1 *vt sep (crowd)* atraer.
 2 *vt sep (money)* sacar, ganar.
 3 *vi (train)* entrar en la estación; *(bus, car)* parar.
to pull off
 1 *vt sep (carry out)* llevar a cabo; *(achieve)* conseguir, lograr.
 2 *vt insep (of car etc)* salir de.
to pull out *vt sep*
 1 *vt sep (gun, tooth, plug, etc)* sacar; *(troops)* retirar.
 2 *vi (train)* salir de la estación; *(bus, car)* salir: **a car pulled out suddenly** un coche salió de repente.
 3 *vi (withdraw)* retirarse.
to pull over *vi* hacerse a un lado.
to pull through *vi* reponerse.
to pull together
 1 *vi* trabajar juntos.
 2 to pull oneself together *vt sep* calmarse.
to pull up *vt sep*
 1 *vt sep (draw up)* subir, levantar; *(plant, weed)* arrancar.
 2 *vt sep (scold)* regañar.
 3 *vi (bus, car)* detenerse, parar.
 ✦ **to go (out) on the pull** salir a ligar.
 to pull a face hacer una mueca.
 to pull a fast one (on somebody) hacer una mala jugada a alguien.
 to pull a gun on somebody amenazar a alguien con una pistola.
 to pull one's socks up *fig* espabilarse, poner un poco de empeño.
 to pull one's weight hacer su parte del trabajo.
 to pull somebody's leg tomar el pelo a alguien.
 to pull strings tocar teclas.
 to pull the wool over somebody's eyes engañar a alguien.
 to pull up one's roots desarraigarse.
pullet [ˈpʊlɪt] *n* pollo.
pulley [ˈpʊlɪ] *n* polea.
Pullman [ˈpʊlmən] *n* coche-cama *m*.
pull-out [ˈpʊlaʊt] *n* suplemento, separata.
pullover [ˈpʊləʊvəʳ] *n* pullover *m*, jersey *m*.
pulmonary [ˈpʌlmənərɪ] *adj* pulmonar.
pulp [pʌlp]
 1 *n (of fruit)* pulpa, carne *f*; *(of vegetable)* pulpa; *(of wood, paper)* pasta, pulpa.
 2 *n (substance)* papilla.
 3 *n pej (books, magazines, etc)* literatura barata, basura.
 4 *vt (wood, paper)* hacer pasta de, hacer pulpa de; *(fruit)* reducir a pulpa.
 ✦ **to beat somebody to a pulp** hacer papilla a alguien.

pulpit [ˈpʊlpɪt] *n* púlpito.
pulsar [ˈpʌlsɑːʳ] *n* púlsar *m*.
pulsate [pʌlˈseɪt] *vi (pulse)* latir, palpitar; *(vibrate)* vibrar, palpitar.
pulsation [pʌlˈseɪʃən] *n (of heart)* latido; *(of blood)* pulsación *f*.
pulse[1] [pʌls]
 1 *n ANAT* pulso.
 2 *n PHYS* pulsación *f*.
 3 *vi* palpitar, latir.
 ✦ **to take somebody's pulse** tomarle el pulso a alguien.
 ■ **pulse rate** número de pulsaciones.
pulse[2] [pʌls] *n BOT* legumbre *f*.
pulverisation [pʌlvəraɪˈzeɪʃən] *n →* pulverization.
pulverise [ˈpʌlvəraɪz] *vt →* pulverize.
pulverization [pʌlvəraɪˈzeɪʃən] *n* pulverización *f*.
pulverize [ˈpʌlvəraɪz] *vt* pulverizar.
puma [ˈpjuːmə] *n* puma *m*.
pumice stone [ˈpʌmɪsstəʊn] *n* piedra pómez.
pummel [ˈpʌməl] *vt* aporrear.
 ▲ *pt & pp* **pummelled** (*US* pummeled), *ger* **pummelling** (*US* pummeling).
pump[1] [pʌmp]
 1 *n (machine)* bomba: **bicycle pump** bomba de aire, bombín *m*.
 2 *n (act)* bombeo.
 3 *vt* bombear: **he pumped air into the tyre** infló el neumático con una bomba; **the water is pumped from the well** el agua se saca del pozo con una bomba.
 4 *vi (of heart)* latir.
 ▸ **to pump up** *vt sep* inflar.
 ✦ **to pump iron** hacer pesas.
 to pump money into something invertir dinero en algo.
 to pump somebody for information (tratar de) sonsacar información a alguien.
 to pump somebody's hand darle un fuerte apretón de manos a alguien.
pump[2] [pʌmp]
 1 *n (plimsoll)* zapatilla de lona, playera; *(for dancing)* zapatilla de ballet.
 2 *n US (shoe)* zapato de salón.
pumpkin [ˈpʌmpkɪn] *n* calabaza.
pun [pʌn] *n* juego de palabras, retruécano.
Punch [pʌntʃ] *n* polichinela *m*, títere *m*.
 ■ **Punch and Judy show** función *f* de polichinelas.
punch[1] [pʌntʃ]
 1 *n (blow)* puñetazo, golpe *m*; *(in boxing)* pegada.
 2 *n fig* fuerza, garra, empuje *m*.
 3 *vt* dar un puñetazo a, pegar a.
 ✦ **to pack a punch** *(in boxing)* pegar fuerte, pegar duro, tener buena pegada; *(speech etc)* pegar fuerte.
 not to pull any punches no tener pelos en la lengua.
 ■ **punch line** remate *m* (de un chiste).

punch² [pʌntʃ]
1 *n (for making holes)* perforadora, taladro; *(in leather)* punzón *m*; *(for tickets)* máquina de picar billetes.
2 *vt (make a hole in)* perforar; *(leather)* punzar; *(ticket)* picar.
■ **punch card** tarjeta perforada.
punched card tarjeta perforada.

punch³ [pʌntʃ] *n (drink)* ponche *m*.

punchball [ˈpʌntʃbɔːl] *n GB* balón *m* para pegar puñetazos, punching ball *m*.

punchbowl [ˈpʌntʃbəʊl] *n* ponchera.

punch-drunk [ˈpʌntʃdrʌŋk] *adj* grogui, aturdido,-a.

punching bag [ˈpʌntʃɪŋbæg] *n US* saco de arena.

punch-up [ˈpʌntʃʌp] *n fam* riña, pelea.

punctilious [pʌŋkˈtɪliəs] *adj fml* puntilloso,-a.

punctual [ˈpʌŋktjʊəl] *adj* puntual.

punctuality [pʌŋktjʊˈælɪti] *n* puntualidad *f*.

punctually [ˈpʌŋktjʊəli] *adv* puntualmente.

punctuate [ˈpʌŋktjʊeɪt]
1 *vt LING* puntuar.
2 *vt (interrupt)* interrumpir.
3 *vi LING* puntuar.

punctuation [pʌŋktjʊˈeɪʃən] *n* puntuación *f*.
■ **punctuation mark** signo de puntuación.

puncture [ˈpʌŋktʃəʳ]
1 *n* pinchazo: his bike's got a puncture su bici tiene una rueda pinchada; he had a puncture se le pinchó una rueda.
2 *vt (tyre, ball, etc)* pinchar.
3 *vt MED* puncionar.
4 *vi* pincharse.
■ **punctured lung** pulmón *m* perforado.

pundit [ˈpʌndɪt] *n* experto,-a.

pungency [ˈpʌndʒənsi]
1 *n (of smell, taste)* acritud *f*.
2 *n (of remark)* mordacidad *f*.

pungent [ˈpʌndʒənt]
1 *adj (smell, taste)* acre.
2 *adj (remark)* mordaz.

punish [ˈpʌnɪʃ] *vt* castigar.

punishable [ˈpʌnɪʃəbəl]
1 *adj* punible, castigable.
2 *adj JUR* delictivo,-a.
✦ **punishable by death** penado,-a con la muerte.

punishing [ˈpʌnɪʃɪŋ] *adj (severe)* duro,-a; *(exhausting)* agotador,-ra.

punishment [ˈpʌnɪʃmənt]
1 *n (gen)* castigo.
2 *n fig (wear and tear)* trote *m*.
✦ **to make the punishment fit the crime** adecuar el castigo al crimen.
to take a lot of punishment *fig* haber sido muy castigado,-a.
■ **capital punishment** pena de muerte, pena capital.
corporal punishment castigo físico.

punitive [ˈpjuːnɪtɪv] *adj* punitivo,-a.

punk [pʌŋk]
1 *n (person)* punk *mf*, punki *mf*; *(music)* punk *m*.
2 *n US (lout)* gamberro,-a.

punnet [ˈpʌnɪt] *n* cestita.

punt¹ [pʌnt]
1 *n (boat)* batea.
2 *vi* ir en batea.

punt² [pʌnt] *vi GB fam* apostar.

punt³ [pʊnt] *n (currency)* libra irlandesa.

punter [ˈpʌntəʳ]
1 *n fam (in betting)* jugador,-ra.
2 *n (customer)* cliente,-a.

puny [ˈpjuːni] *adj* enclenque, endeble, canijo,-a.
▲ *comp* **punier**, *superl* **puniest**.

pup [pʌp] *n (dog)* cachorro,-a; *(seal, otter)* cría.

pupa [ˈpjuːpə] *n* pupa, crisálida.
▲ *pl* **pupas** o **pupae** [ˈpjuːpiː].

pupil¹ [ˈpjuːpəl] *n EDUC* alumno,-a.

pupil² [ˈpjuːpəl] *n ANAT* pupila.

puppet [ˈpʌpɪt]
1 *n* títere *m*, marioneta.
2 *n fig* títere *m*.
■ **puppet show** teatro de títeres, teatro de marionetas.

puppeteer [pʌpəˈtɪəʳ] *n* titiritero,-a.

puppy [ˈpʌpi] *n* cachorro,-a.
■ **puppy fat** gordura infantil.
puppy love amor *m* adolescente.
▲ *pl* **puppies**.

purchase [ˈpɜːtʃəs]
1 *n fml* compra, adquisición *f*.
2 *vt fml* comprar, adquirir.
✦ **to get a purchase on something** *(grip)* agarrar algo bien.
■ **purchase price** precio de compra.
purchase tax impuesto sobre la venta.
purchasing power poder *m* adquisitivo.

purchaser [ˈpɜːtʃəsəʳ] *n fml* comprador,-ra.

pure [ˈpjʊəʳ] *adj (gen)* puro,-a: it was pure chance fue pura casualidad.
✦ **pure and simple** puro,-a y simple.
■ **pure new wool** pura lana virgen.

purebred [pjʊəˈbred]
1 *adj* de pura sangre, de pura raza.
2 *n (horse)* caballo de purasangre, pura *m* sangre.

purée [ˈpjʊəreɪ]
1 *n* puré *m*.
2 *vt* hacer un puré de.

purely [ˈpjʊəli] *adv* simplemente, sencillamente: it's purely a routine check es simplemente una revisión de rutina.
✦ **purely and simply** pura y simplemente.

purgative [ˈpɜːgətɪv]
1 *n MED* purgante *m*.
2 *adj MED* purgante.

purgatory [ˈpɜːgətri] *n* purgatorio.

purge [pɜːdʒ]
1 *n* purga.
2 *vt (cleanse)* purgar.
3 *vt POL* purgar, hacer una purga en, depurar.

purification [pjʊərɪfɪˈkeɪʃən] *n (gen)* purificación *f*; *(of water)* depuración *f*, purificación *f*.

purifier [ˈpjʊərɪfaɪəʳ] *n (gen)* purificador *m*; *(of water)* depurador *m*, purificador *m*.

purify [ˈpjʊərɪfaɪ] *vt (gen)* purificar; *(water)* depurar, purificar.
▲ *pt & pp* **purified**, *ger* **purifying**.

purist [ˈpjʊərɪst] *n* purista *mf*.

puritan [ˈpjʊərɪtən]
1 *adj* puritano,-a.
2 *n* puritano,-a.

purity [ˈpjʊərɪti] *n* pureza.

purl [pɜːl]
1 *n* punto del revés.
2 *vt* hacer punto del revés.

purple [ˈpɜːpəl]
1 *adj* morado,-a.
2 *n (color m)* púrpura, *(color m)* morado.

purport [pɜːˈpɔːt]
1 *n fml* significado, sentido.
2 *vt fml* pretender.

purpose [ˈpɜːpəs]
1 *n (aim, intention)* propósito, intención *f*, fin *m*; *(reason)* razón *f*, motivo: what is the purpose of your visit? ¿cuál es el motivo de su visita?; she went with the express purpose of causing a scene fue con el propósito expreso de montar una escena.
2 *n (use)* uso, utilidad *f*: make sure you put it to good purpose asegúrate de aprovecharlo.
3 *n (determination)* resolución *f*.
✦ **on purpose** a propósito, adrede, a posta.
to have a purpose in life tener una meta en la vida.
to have a sense of purpose tener una razón de ser.
to no purpose inútilmente, en vano.
to serve a purpose servir de algo, servir para algo.
to serve no purpose no servir para nada, ser inútil.

purpose-built [ˈpɜːpəsbɪlt] *adj* construido,-a especialmente, hecho,-a especialmente.

purposeful [ˈpɜːpəsfʊl] *adj (resolute)* decidido,-a, resuelto,-a.

purposefully [ˈpɜːpəsfʊli] *adv* con determinación, resueltamente.

purposeless [ˈpɜːpəsləs] *adj* sin sentido.

purposely [ˈpɜːpəsli] *adv* a propósito, adrede.

purr [pɜːʳ]
1 *n (of cat)* ronroneo.
2 *vi (of cat)* ronronear.

purse [pɜːs]

1 n GB monedero, portamonedas m.

2 n US bolso.

3 n (funds) fondos mpl.

4 n (prize) premio en efectivo, premio en metálico.

5 vt (lips) fruncir.

✦ to hold the purse strings administrar el dinero.

purser ['pɜːsə'] n MAR contador,-ra.

pursuant to [pə'sjuːənttʊ] prep JUR de conformidad con.

pursue [pə'sjuː]

1 vt (chase) perseguir; (follow) seguir.

2 vt (seek) buscar; (strive for) esforzarse por conseguir, luchar por.

3 vt (carry out - policy) llevar a cabo; (- matter) investigar.

4 vt (continue with - studies) seguir, dedicarse a; (- profession, career) ejercer.

pursuer [pə'sjuːə'] n perseguidor,-ra.

pursuit [pə'sjuːt]

1 n (chase) persecución f, (hunt) caza.

2 n (search) búsqueda, busca; (striving) lucha.

3 n (activity) actividad f.

✦ in hot pursuit (of) pisando los talones (a).

■ leisure pursuit pasatiempo.

purulent ['pjʊərələnt] adj purulento,-a.

purveyor [pɜː'veɪə'] n fml proveedor, -ra, abastecedor,-ra.

pus [pʌs] n pus m.

push [pʊʃ]

1 n (shove) empujón m: we had to give the car a push tuvimos que empujar el coche; at the push of a button con solo apretar un botón.

2 n MIL ofensiva.

3 n (drive) empuje m, dinamismo.

4 vt (shove) empujar: the car broke down and I had to push it el coche se averió y tuve que empujarlo; they pushed her in the water la empujaron al agua; he pushed his way forward se abrió paso a empujones.

5 vt (press - button, bell, etc) pulsar, apretar.

6 vt (persuade forcefully) empujar, presionar; (harass) apretar, presionar, exigir: they pushed her into marrying him la empujaron a casarse con él; they're pushing me for an answer me están exigiendo una respuesta; you're pushing yourself too hard te estás exigiendo demasiado.

7 vt (promote, try to sell) promocionar.

8 vt fam (drugs) pasar, vender, traficar con.

9 vi (shove) empujar: push harder! ¡empuja más!; stop pushing! ¡no empujes!

10 vi (move forward) abrirse paso: they just pushed past me me apartaron de un empujón.

11 vi (pressurize) presionar, exigir: they're pushing for reforms están exigiendo reformas.

▸ to push about/push around vt sep intimidar, atropellar.

to push ahead vi seguir adelante.

to push in vi (in queue) colarse.

to push off

1 vi fam (go away) largarse.

2 vi (in boat) desatracar.

to push on vi seguir, continuar.

to push over vt sep (person) hacer caer, tirar; (thing) volcar.

to push through vt sep (legislation, bill) hacer aprobar; (student) ayudar.

✦ at a push si fuera necesario.

if it comes to the push en último caso.

to be (hard) pushed for something andar escaso,-a de algo, andar corto,-a de algo.

to be pushed to do something tenerlo difícil para hacer algo.

to be pushing thirty, forty, etc rondar los treinta, cuarenta, etc.

to give somebody the push (from job) poner a alguien de patitas en la calle, echar a alguien; (end relationship) dejar a alguien.

to push and shove dar empujones.

to push one's luck arriesgarse demasiado, forzar la suerte.

pushbike ['pʊʃbaɪk] n fam bicicleta.

pushchair ['pʊʃtʃeə'] n GB cochecito de niño, sillita de niño.

pusher ['pʊʃə'] n fam (of drugs) camello, traficante mf (de drogas).

pushover ['pʊʃəʊvə'] n fam (person) incauto,-a, presa fácil.

✦ it's a pushover está chupado,-a, es pan comido.

push-start ['pʊʃstaːt] vt arrancar empujando.

✦ to give a car a push-start arrancar un coche empujando.

push-up ['pʊʃʌp] n US flexión f.

pushy ['pʊʃɪ] adj fam agresivo,-a, insistente.

▲ comp pushier, superl pushiest.

pusillanimous [pjuːsɪ'lænɪnəs] adj pusilánime.

puss [pʊs] n fam minino,-a, gatito,-a.

pussy ['pʊsɪ]

1 n fam minino,-a, gatito,-a.

2 n taboo conejo, chocho.

pussycat ['pʊsɪkæt] n fam minino,-a, gatito,-a.

pussyfoot ['pʊsɪfʊt]

1 vi andar sigilosamente.

2 vi fig no comprometerse.

pussy willow ['pʊsɪwɪləʊ] n BOT sauce m blanco.

pustule ['pʌstjuːl] n pústula.

put [pʊt]

1 vt (gen) poner; (place) colocar; (add) echar, añadir; (place inside) meter, poner: where did you put the matches? ¿dónde has puesto las cerillas?; she put the vase on the table puso el florero en la mesa; don't put too much salt in it no le eches demasiada sal; I put the letter in the envelope

metí la carta en el sobre; she put her arms round him lo abrazó; Fred put his head round the door Fred asomó la cabeza por la puerta.

2 vt (write, mark) poner, apuntar, escribir: what did you put for number six? ¿qué pusiste en el número seis?

3 vt (cause to be) poner: this puts me in a difficult position esto me pone en una situación difícil; he put other people's lives in danger puso la vida de otras personas en peligro; what's put you in such a bad mood ¿qué te ha puesto de tan mal humor?

4 vt (rate, classify) poner: I'd put him among the top ten cyclists yo lo pondría entre los diez mejores ciclistas; she puts her family before her job antepone su familia al trabajo.

5 vt (express) expresar, decir: how shall I put it? ¿cómo te lo diría?; you put that very well lo has expresado muy bien.

6 vt (calculate, estimate) calcular: I'd put the cost at 100 pounds yo diría que cuesta 100 libras; she put his age at 50 le echó 50 años.

7 vt SP (shot) lanzar.

▸ to put about

1 vt sep (news, rumour) hacer correr: she put it about that … hizo correr la voz de que …

2 vi (ship) virar en redondo.

to put across vt sep (idea, message, case) comunicar, hacer entender; (oneself) comunicarse, hacerse entender.

to put aside vt sep

1 vt sep (place to one side) dejar a un lado, apartar; (save - money) ahorrar; (reserve - item, goods) reservar, apartar, guardar; (- time) reservar.

2 vt sep (disregard - differences) dejar de lado.

to put away

1 vt sep (clothes, toys, dishes) guardar (en su sitio); (save - money) ahorrar.

2 vt sep (lock up - criminal, mad person) encerrar.

3 vt sep (eat copiously) zamparse.

to put back

1 vt sep (replace, return) devolver a su sitio.

2 vt sep (clock) atrasar, retrasar; (postpone, delay) aplazar, posponer.

3 vi (drink) beberse.

to put by vt sep ahorrar.

to put down

1 vt sep (set down - gen) dejar; (- phone) colgar; (- baby) acostar: I couldn't put the book down no podía dejar de leer el libro.

2 vt sep (payment) entregar, dejar (en depósito); (deposit) dejar.

3 vt sep (rebellion) sofocar.

4 vt sep (animal) sacrificar.

5 vt sep (write) apuntar, anotar, escribir.

6 vt sep (humiliate) humillar, rebajar: don't put yourself down no te menosprecies.

7 vi AV aterrizar.

to put down for *vt sep (register - for school)* inscribir; *(for trip, dinner, etc)* apuntar.

to put down to *vt sep (attribute)* atribuir a.

to put forward

1 *vt sep (idea, theory, plan)* proponer, presentar; *(proposal, suggestion)* hacer; *(candidate)* proponer.

2 *vt sep (clock, meeting, wedding)* adelantar.

▶ **to put in**

1 *vt sep (install, fit)* instalar, poner.

2 *vt sep (include, insert)* poner, incluir; *(say)* agregar.

3 *vt sep (enter, submit - claim, request, bid)* presentar.

4 *vt sep (spend time working)* trabajar, hacer.

5 *vi (ship)* hacer escala: **the liner put in at Lisbon** el transatlántico hizo escala en Lisboa.

▶ **to put in for** *vt insep (apply)* solicitar.

▶ **to put off** *vt sep*

1 *vt sep (postpone)* aplazar, posponer: **I keep putting off going to the dentist** sigo aplazando la visita al dentista; **never put off until tomorrow what you can do today** nunca dejes para mañana lo que puedas hacer hoy.

2 *vt sep (distract)* distraer.

3 *vt sep (discourage)* desanimar, disuadir, quitar las ganas a: **the price of the tickets has put a lot of people off** el precio de las entradas ha disuadido a mucha gente; **don't be put off by his manner** no dejes que su actitud te desanime.

▶ **to put on**

1 *vt sep (clothes)* poner, ponerse: **put your coat on** ponte el abrigo; **put your clothes on** vístete.

2 *vt sep (expression, attitude)* fingir, adoptar: **he's not sorry, he's just putting it on** no lo lamenta, está fingiendo.

3 *vt sep (gain, increase)* aumentar: **she's put on a lot of weight** ha engordado mucho.

4 *vt sep (present - show)* presentar, montar; *(- exhibition)* organizar.

5 *vt sep (provide, add - train etc)* poner: **they've put on extra trains for the match** han puesto más trenes para el partido.

6 *vt sep (switch on - light, television)* encender; *(- music, radio)* poner: **I'll put the kettle on** pondré agua a hervir.

7 *vt sep (add - gen)* añadir; *(- tax)* gravar con un impuesto; *(- bet)* apostar por: **they put a tax on windows** gravaron las ventanas con un impuesto; **he put £5 on the favourite** apostó 5 libras por el favorito; **this will put millions on the price** esto aumentará el precio millones.

to put onto *vt sep (put in touch with)* poner en contacto con.

to put out

1 *vt sep (fire, light, cigarette)* apagar.

2 *vt sep (put outside - cat, washing, rubbish)* sacar.

3 *vt sep (extend - hand)* tender, alargar; *(- tongue)* sacar; *(dislocate)* dislocar.

4 *vt sep (inconvenience)* molestar; *(upset, offend, annoy)* molestar, ofender: **don't put yourself out on my account** no te molestes por mí.

5 *vt sep (publish, issue)* publicar; *(broadcast)* difundir.

to put over *vt sep* → **put across.**

to put through

1 *vt sep (phone - connect)* pasar, poner (**to,** con): **could you put me through to accounts?** ¿me puede poner con contabilidad?

2 *vt sep (cause to undergo)* someter a, hacer pasar por.

3 *vt sep (complete, conclude - reform, business)* llevar a cabo.

to put to

1 *vt sep (present, submit - proposal, case)* presentar, exponer; *(ask - question)* hacer; *(ask to vote on)* someter a votación.

2 *vt sep (cause to experience)* causar, ocasionar: **I don't want to put you to any trouble** no quiero causarte ninguna molestia.

to put together

1 *vt sep (pieces)* armar, montar; *(team)* formar; *(meal etc)* preparar, hacer.

2 *vt sep (combine)* juntar, reunir: **he earns more than both of us put together** gana más que nosotros dos juntos.

to put up

1 *vt sep (provide accommodation for)* alojar, hospedar: **we can put you up** puedes quedarte a dormir en casa.

2 *vt sep (erect - tent)* armar; *(- building, fence)* levantar, construir.

3 *vt sep (shelves, picture, decorations)* colocar; *(curtains, notice, poster)* colgar.

4 *vt sep (raise - hand)* levantar; *(flag)* izar; *(hair)* recoger; *(umbrella)* abrir.

5 *vt sep (increase - price etc)* aumentar, subir.

6 *vt sep (present - candidate)* presentar, proponer.

7 *vt insep (resistance, struggle)* ofrecer, oponer: **they put up a good fight** ofrecieron mucha resistencia.

8 *vt insep (money)* poner, aportar.

to put up to *vt sep* incitar, empujar: **who put you up to it?** ¿quién te incitó a hacerlo?

to put up with *vt insep* soportar, aguantar.

to put upon *vt insep* explotar: **I'm fed up with being put upon** estoy harta de que me exploten.

✦ **to be hard put to do something** serle difícil a uno hacer algo.

to not know where to put oneself no saber dónde ponerse, no saber dónde esconderse.

to put an end to something acabar con algo, poner fin a algo.

to put in a good word for somebody recomendar a alguien.

to not put it past somebody (to do something) creer a alguien muy capaz (de hacer algo).

to put one over on somebody engañar a alguien.

to put paid to something estropear algo.

to put something right arreglar algo.

to put somebody on the train, plane, etc acompañar a alguien al tren, al avión, etc.

to put somebody to bed acostar a alguien.

to put somebody to death ejecutar a alguien.

to put somebody up to something incitar a alguien a hacer algo.

to put something out to contract subcontratar algo.

to put something to good use hacer buen uso de algo.

to put the blame on somebody echar la culpa a alguien.

to put two and two together atar cabos.

to put something up for sale poner algo en venta.

to stay put quedarse quieto,-a.

▲ *pt & pp* **put,** *ger* **putting.**

putative [ˈpjuːtətɪv] *adj fml* putativo,-a.

put-down [ˈpʊtdaʊn] *n* corte *m*.

putrefaction [pjuːtrɪˈfækʃən] *n* putrefacción *f*.

putrefy [ˈpjuːtrɪfaɪ] *vi* pudrirse.

▲ *pt & pp* **putrefied,** *ger* **putrefying.**

putrid [ˈpjuːtrɪd] *adj (rotting)* putrefacto, -a, podrido,-a.

putsch [pʊtʃ] *n* golpe *m* de estado.

putt [pʌt]

1 *n* tiro al hoyo.

2 *vt* tirar al hoyo.

3 *vi* tirar al hoyo.

putter [ˈpʌtəʳ] *n (in golf)* putter *m*.

putty [ˈpʌtɪ] *n* masilla.

✦ **to be putty in somebody's hands** ser dominado,-a por alguien: **she was putty in his hands** hacía con ella lo que quería, la tenía en el bolsillo.

▲ *pl* **putties.**

put-up job [ˈpʊtʌpˈdʒɒb] *n fam* montaje *m*.

puzzle [ˈpʌzəl]

1 *n (jigsaw)* puzzle *m*; *(toy)* rompecabezas *m*; *(riddle)* adivinanza, acertijo; *(crossword)* crucigrama *m*.

2 *n (mystery)* misterio, enigma *m*.

3 *vt* dejar perplejo,-a, extrañar.

▶ **to puzzle out** *vt sep (problem)* resolver; *(mystery)* descifrar: **they couldn't puzzle it out** no lograron entenderlo.

✦ **to puzzle about/over something** darle vueltas a algo (en la cabeza).

puzzled ['pʌzəld] *adj (confused)* perplejo,-a, desconcertado,-a; *(face, expression)* de perplejidad.

puzzling ['pʌzəlɪŋ] *adj* extraño,-a.

PVC ['piː'viː'siː] *abbr* (**polyvinyl chloride**) policloruro de vinilo; *(abbreviation)* PVC *m.*

Pvt ['praɪvət] *abbr US* (**Private**) soldado raso.

PW ['piː'dʌbəljuː] *abbr GB* (**Policewoman**) mujer *f* policía.

pygmy ['pɪgmɪ]
1 *adj* pigmeo,-a, enano,-a.
2 *n (small person)* pigmeo,-a, enano,-a.

3 **Pygmy** *n* pigmeo,-a.
▲ *pl* **pygmies**.

pyjamas [pə'dʒɑːməz] *npl* pijama *m sing.*

pylon ['paɪlən]
1 *n ELEC* torre *f* (de tendido eléctrico).
2 *n ARCH* pilón *m*, pilar *m.*

pyorrhea [paɪə'rɪə] *n US* piorrea.

pyorrhoea [paɪə'rɪə] *n* piorrea.

pyramid ['pɪrəmɪd] *n* pirámide *f.*

pyre ['paɪəʳ] *n* pira.

Pyrenean [pɪ'rɪniːən] *adj* pirenaico,-a.

Pyrenees [pɪrə'niːz] **the Pyrenees** *n* los Pirineos *mpl.*

Pyrex ['paɪreks]
1 *n* pírex *m.*
2 *adj* de pírex.
▲ *Es marca registrada.*

pyrite ['paɪraɪt] *n* pirita.

pyrites [paɪ'raɪtiːz] *n* pirita.

pyromania [paɪrə'meɪnɪə] *n* piromanía.

pyromaniac [paɪrəʊ'meɪnɪæk] *n* pirómano,-a.

pyrotechnics [paɪrəʊ'teknɪks]
1 *n* pirotecnia.
2 *npl* fuegos *mpl* artificiales.

python ['paɪθən] *n* pitón *m.*

Q, q [kjuː] *n (the letter)* Q, q *f.*

Qatar [kæˈtɑːˈ] *n* Qatar.

QC [ˈkjuːˈsiː] *abbr* (**Queen's Counsel**) ≈ abogado,-a del Estado.

QED [ˈkjuːˈiːˈdiː] *abbr MATH* (**quod erat demonstrandum**) lo que había que demostrar.

qt [kwɔːt] *abbr* (**quart**) cuarto de galón.

quack [kwæk]
1 *n* graznido.
2 *n (doctor)* curandero,-a.
3 *vi* graznar.

quackery [ˈkwækərɪ] *n fam* curanderismo, curandería.

quad [kwɒd]
1 *n GB* patio interior.
2 *n fam (quadruplet)* cuatrillizo,-a.

quadrangle [ˈkwɒdræŋgəl]
1 *n* patio interior.
2 *n (in geometry)* cuadrángulo.

quadrant [ˈkwɒdrənt] *n* cuadrante *m.*

quadraphonic [kwɒdrəˈfɒnɪk] *adj* cuadrafónico,-a.

quadratic [kwɒˈdrætɪk] *adj MATH* cuadrático,-a, de segundo grado.
■ **quadratic equation** ecuación *f* de segundo grado.

quadrilateral [kwɒdrɪˈlætərəl]
1 *n* cuadrilátero.
2 *adj* cuadrilátero,-a.

quadrillion [kwɒˈdrɪljən] *n* cuatrillón *m.*

quadripartite [kwɒdrɪˈpɑːtaɪt] *adj* cuadripartito,-a.

quadruped [ˈkwɒdrəped] *n fml* cuadrúpedo.

quadruple [ˈkwɒdrəpəl]
1 *n* cuádruplo.
2 *adj* cuádruple.
3 *vt* cuadruplicar.
4 *vi* cuadruplicarse.

quadruplet [ˈkwɒdrəplət, kwɒˈdruːplɪt] *n* cuatrillizo,-a.

quadruplicate [kwɒˈdruːplɪkət]
1 *n* cuadruplicado.
2 *adj* cuadruplicado,-a: **in quadruplicate** por cuadruplicado.
3 *vt* cuadruplicar.
▲ *(verbo)* [kwɒˈdruːplɪkeɪt].

quaff [kwɒf] *vt lit* beber a tragos.

quagmire [ˈkwɒgmaɪəˈ]
1 *n* cenagal *m.*
2 *n fig* atolladero.

quail [kweɪl]
1 *n* codorniz *f.*
2 *vi* acobardarse, encogerse.

quaint [kweɪnt]
1 *adj* pintoresco,-a, típico,-a.
2 *adj (odd)* singular, original.
3 *adj (strange)* raro,-a, extraño,-a.
■ **quaint fellow** tipo raro.

quake [kweɪk]
1 *n fam* terremoto.
2 *vi* temblar: **he quaked with fear** temblaba de miedo.
◆ **to quake at the knees** temblarle las piernas a alguien.

Quaker [ˈkweɪkəˈ]
1 *adj REL* cuáquero,-a.
2 *n* cuáquero,-a.

Quakerism [ˈkweɪkərɪzəm] *n* cuaquerismo.

qualification [kwɒlɪfɪˈkeɪʃən]
1 *n (for job)* requisito.
2 *n (ability)* aptitud *f*, capacidad *f.*
3 *n (paper)* diploma *m*, título.
4 *n (reservation)* reserva, salvedad *f.*
5 *n (restriction)* limitación *f.*
6 *n (act of qualifying)* graduación *f*: **she soon found a job after qualification** no tardó mucho en encontrar trabajo después de graduarse.

qualified [ˈkwɒlɪfaɪd]
1 *adj (for job)* capacitado,-a.
2 *adj (with qualifications)* titulado,-a: **qualified nurse** enfermero,-a titulado,-a.
3 *adj (limited, modified)* limitado,-a, restringido,-a: **a qualified agreement** un acuerdo limitado.

qualifier [ˈkwɒlɪfaɪəˈ] *n* calificativo.

qualify [ˈkwɒlɪfaɪ]
1 *vt (entitle, make eligible)* capacitar, dar derecho, habilitar: **her excellent grades qualified her for a grant** sus excelentes notas le dieron derecho a una beca.
2 *vt (modify)* modificar, matizar, puntualizar.

3 *vt LING* calificar.
4 *vi* reunir las condiciones necesarias: **I'm afraid you don't qualify for a pension** me temo que usted no reúne las condiciones necesarias para percibir una pensión.
5 *vi (obtain degree)* obtener el título (**as**, de).
6 *vi SP* clasificarse: **he qualified for the finals** se clasificó para las finales.
▲ *pt & pp* qualified, *ger* qualifying.

qualifying [ˈkwɒlɪfaɪɪŋ] *adj* eliminatorio,-a, clasificatorio,-a.

qualitative [ˈkwɒlɪtətɪv] *adj* cualitativo,-a.

quality [ˈkwɒlɪtɪ]
1 *n (degree of excellence)* calidad *f*: **of good quality** de buena calidad; **of poor quality** de poca calidad.
2 *n (attribute)* cualidad *f*: **she has many qualities** tiene muchas cualidades.
■ **quality control** control *m* de calidad. **quality goods** género de calidad, productos *mpl* de calidad. **quality newspapers** prensa de calidad.
▲ *pl* qualities.

qualm [kwɑːm]
1 *n (doubt)* duda; *(worry)* inquietud *f*, ansia: **she has qualms about aborting** tiene dudas de si abortar o no.
2 *n (scruple)* escrúpulo.
◆ **to have no qualms about doing something** no tener escrúpulos en hacer algo.
■ **qualms of conscience** remordimientos *mpl* de conciencia.

quandary [ˈkwɒndərɪ]
1 *n (dilemma)* dilema *m.*
2 *n (difficulty)* apuro.
◆ **to be in a quandary** estar en un dilema.
▲ *pl* quandaries.

quango [ˈkwæŋgəʊ] *n POL* organización *f* no gubernamental semiautónoma.
▲ *pl* quangos.

quantify [ˈkwɒntɪfaɪ] *vt* cuantificar.
▲ *pt & pp* quantified, *ger* quantifying.

quantitative [ˈkwɒntɪtətɪv] *adj* cuantitativo,-a.

quantity ['kwɒntɪtɪ]
1 *n* cantidad *f.*
2 *n MATH* cantidad *f.*
■ **quantity surveyor** aparejador *m.*
▲ *pl* quantities.

quantum ['kwɒntəm] *n PHYS* cuanto *m.*
■ **quantum theory** teoría cuántica.

quarantine ['kwɒrənti:n]
1 *n* cuarentena: to be in quarantine estar en cuarentena.
2 *vt* poner en cuarentena.

quark [kwɑːk] *n TECH* quark *m.*

quarrel ['kwɒrəl]
1 *n* riña, disputa, pelea.
2 *n (disagreement)* desacuerdo.
3 *n (complaint)* queja: I have no quarrel with him no tengo ninguna queja de él, no tengo nada contra él.
4 *vi (argue)* reñir, pelearse, disputar, discutir: she is always quarreling with her mother siempre está discutiendo con su madre.
✦ **to pick a quarrel with somebody** meterse con alguien, buscar pelea con alguien.
▲ *pt & pp* quarrelled (US quarreled), *ger* quarrelling (US quarreling).

quarrelsome ['kwɒrəlsəm] *adj* pendenciero,-a, peleón,-ona, camorrista.

quarry ['kwɒrɪ]
1 *n* cantera.
2 *n (in hunting)* presa.
3 *vt* extraer.
▲ *(sustantivo) pl* quarries; *(verbo) pt & pp* quarried, *ger* quarrying.

quart [kwɔːt] *n* cuarto de galón.
✦ **to put a quart into a pint pot** hacer algo imposible.
▲ *En Gran Bretaña equivale a 1,14 litros; en Estados Unidos equivale a 0,95 litro.*

quarter ['kwɔːtəʳ]
1 *n* cuarto.
2 *n (area)* barrio: the old quarter el casco antiguo; the Latin Quarter el barrio latino.
3 *n (time)* cuarto: it's a quarter to one es la una menos cuarto.
4 *n (weight)* cuarto de libra: a quarter of sugar un cuarto de libra de azúcar.
5 *n (of moon)* cuarto.
6 *n (three months)* trimestre *m.*
7 *n US (amount)* veinticinco centavos; *(coin)* moneda de veinticinco centavos.
8 *vt* dividir en cuatro.
9 *vt (reduce)* reducir a la cuarta parte.
10 *vt HIST* descuartizar.
11 *vt (lodge)* alojar.
12 **quarters** *npl* alojamiento *m sing.*
✦ **at close quarters** desde muy cerca.
from all quarters de todas partes.
to give no quarter no dar cuartel.
■ **first quarter** cuarto creciente.
last quarter cuarto menguante.
officer's quarters residencia *f sing* de oficiales.

quarterdeck ['kwɔːtədek] *n MAR* alcázar *m.*

quarterfinal [kwɔːtə'faɪnəl]
1 *n (sport)* cuarto de final.
2 **quarterfinals** *npl* cuartos *mpl* de final *f.*

quarterfinalist [kwɔːtə'faɪnəlɪst] *n (sport)* cuartofinalista *mf.*

quarterlight ['kwɔːtəlaɪt] *n GB* ventanilla.

quarterly ['kwɔːtəlɪ]
1 *adj* trimestral.
2 *adv* trimestralmente.
3 *n* revista trimestral.
▲ *pl* quarterlies.

quartermaster ['kwɔːtəmɑːstəʳ]
1 *n (in army)* oficial *m* de intendencia.
2 *n (in navy)* cabo de la marina.

quartet [kwɔː'tet] *n MUS* cuarteto.

quartette [kwɔː'tet] *n* → quartet.

quarto ['kwɔːtəʊ]
1 *adj (paper size)* en cuarto.
2 *n (book)* libro en cuarto.
▲ *pl* quartos.

quartz [kwɔːts] *n* cuarzo.
■ **quartz watch** reloj *m* de cuarzo.

quartzite ['kwɔːtsaɪt] *n* cuarcita.

quasar ['kweɪzɑːʳ] *n* quásar *m.*

quash [kwɒʃ]
1 *vt (uprising)* sofocar, aplastar.
2 *vt JUR* anular, invalidar.

quasi ['kwɑːzɪ, 'kweɪzaɪ] *adv* casi, cuasi.
■ **quasi contract** *JUR* cuasi contrato.

quatrain ['kwɒtreɪn] *n LIT* cuarteto.

quaver ['kweɪvəʳ]
1 *n MUS (note)* corchea.
2 *n MUS (voice)* trémolo.
3 *n (trembling)* temblor *m.*
4 *vi* temblar: her voice quavered le temblaba la voz.

quavering ['kweɪvərɪŋ] *adj* tembloroso,-a, trémulo,-a,: quavering voice voz trémula.

quay [kiː] *n* muelle *m.*

quayside ['kiːsaɪd] *n* muelle *m.*

queasiness ['kwiːzɪnəs] *n* náuseas *fpl.*

queasy ['kwiːzɪ]
1 *adj* mareado,-a.
2 *adj (conscience)* delicado,-a, escrupuloso,-a.
✦ **to feel queasy** sentirse mal, tener náuseas: she felt queasy throughout the crossing se sintió mal durante toda la travesía.
▲ *comp* queasier, *superl* queasiest.

Quechua ['ketʃwə]
1 *adj* quechua.
2 *n (person)* quechua *mf.*
3 *n (language)* quechua *m.*

queen [kwiːn]
1 *n* reina.
2 *n (cards, chess)* dama, reina; *(chess)* reina.
3 *n sl* loca, maricona.
4 *vt (pawn)* coronar.
✦ **to queen it** pavonearse.
■ **queen bee** abeja reina.
Queen Mother reina madre.

queenly ['kwiːnlɪ] *adj* regio,-a, de reina.

queer [kwɪəʳ]
1 *adj* raro,-a, extraño,-a.
2 *adj (ill)* malucho,-a.
3 *adj fam* gay.
4 *adj (mad)* loco,-a, chiflado,-a.
5 *n fam* gay *m*, marica *m*, maricón *m.*
6 *vt fam* fastidiar, estropear.
✦ **in queer street** *(in debt)* endeudado,-a, en deuda; *(in trouble)* en apuros.
to queer somebody's pitch fastidiarle los planes a alguien.

queerness ['kwɪəʳnəs] *n* rareza.

quell [kwel]
1 *vt (rebellion)* sofocar.
2 *vt (fears)* disipar.

quench [kwentʃ]
1 *vt (thirst)* saciar.
2 *vt (fire)* apagar.

querulous ['kwerjʊləs] *adj fml* quejumbroso,-a.

query ['kwɪərɪ]
1 *n* pregunta, duda.
2 *n LING* signo de interrogación.
3 *n fig* interrogante *m.*
4 *vt (doubt)* poner en duda.
5 *vt (ask)* preguntar.
▲ *(sustantivo) pl* queries; *(verbo) pt & pp* queried, *ger* querying.

quest [kwest] *n* búsqueda, busca.
✦ **in quest of** en busca de: in quest of the Holy Grail en busca del Santo Grial.

question ['kwestʃən]
1 *n* pregunta.
2 *n (in exam)* pregunta, problema *m.*
3 *n (problem, issue)* cuestión *f*, problema *m*: the Basque question el problema del País Vasco.
4 *n (topic, matter)* cuestión *f*, asunto: there is still the question of expenses todavía queda el asunto de los gastos.
5 *vt* hacer preguntas a, interrogar: she questioned the girl le hizo preguntas a la niña; those detained are being questioned about the hold-up están interrogando a los detenidos sobre el atraco.
6 *vt (cast doubt on)* cuestionar, poner en duda.
✦ **it's a question of** se trata de, es cuestión de: it's a question of time es cuestión de tiempo.
out of the question imposible, impensable.
that is the question de eso se trata, he aquí la dificultad.
to call into question poner en duda, dudar de.
without question sin rechistar: she did it without question lo hizo sin rechistar.
■ **question mark** *(punctuation mark)* signo de interrogación, interrogación *f*, interrogante *m*; *(doubt)* interrogante *m.*
question tag coletilla.

questionable ['kwestʃənəbəl]
1 *adj (debatable)* cuestionable, discutible: his authority is questionable su autoridad es discutible.

2 *adj (doubtful)* dudoso,-a, sospechoso,-a.
+ of questionable taste de gusto dudoso.

questioner [ˈkwestʃənəʳ] *n* interrogador,-ra.

questioning [ˈkwestʃənɪŋ]
1 *adj* inquisitivo,-a, interrogativo,-a: **she gave him a questioning glance** le lanzó una mirada inquisitiva.
2 *n* preguntas *fpl*, interrogatorio: **the Police brought him in for questioning** la policía lo detuvo para someterlo a un interrogatorio.

questionnaire [kwestʃəˈneəʳ] *n* cuestionario.

quetzal [ˈketsəl] *n* quetzal *m*.

queue [kjuː]
1 *n (GB)* cola.
2 *vi* hacer cola: **nowadays you have to queue up for everything** hoy en día hay que hacer cola para todo.
+ to jump the queue colarse.

queue-jumper [ˈkjuːdʒʌmpəʳ] *n fam* persona que se cuela.

quibble [ˈkwɪbəl]
1 *n (difficulty)* pega, objeción *f*.
2 *n (subtlety)* sutileza.
3 *n (evasion)* evasiva, subterfugio.
4 *vi* poner pegas, sutilizar: **he's always quibbling about something** siempre pone pegas a todo.
5 *vi fam* buscarle tres pies al gato.

quibbler [ˈkwɪbələʳ] *n* sofista *mf*, polemista *mf*.

quibbling [ˈkwɪbəlɪŋ] *n* sutilezas *fpl*, sofistería.

quiche [kiːʃ] *n* quiche *f*.

quick [kwɪk]
1 *adj (fast)* rápido,-a: **let's have a quick look** echemos un vistazo; **I would appreciate a quick reply** agradecería una respuesta pronta; **he let me have it cheap for a quick sale** me lo dejó barato porque lo quería vender rápido; **let's have a quick snack** comamos algo rápido; **be quick or you'll miss it!** ¡rápido o lo perderás!, ¡date prisa o lo perderás!
2 *adj (clever)* espabilado,-a, despierto,-a, listo,-a.
+ as quick as lightning como un rayo, como una bala.
quick march! *MIL* ¡de frente!
to be quick on the uptake captar algo en seguida.
to be quick to anger tener mal genio.
to be quick to take offence enfadarse por nada.
to cut somebody to the quick herir a alguien en lo vivo.
to have a quick one *fam* echar un trago, tomar una copita.
to have a quick temper tener un genio vivo.

quick-acting [ˈkwɪkˈæktɪŋ] *adj* de acción *f* rápida, superrápido,-a.

quick-change artist [kwɪkˈtʃeɪndʒˈɑːtɪst] *n THEAT* transformista *m*.

quicken [ˈkwɪkən]
1 *vt (speed up)* acelerar: **he quickened his pace** aceleró el paso.
2 *vi (speed up)* acelerarse.

quickening [ˈkwɪkənɪŋ] *n MED* movimientos *mpl* del feto.

quickie [ˈkwɪkɪ] *n fam algo hecho con rapidez*: **let's have a quickie before we go** tomemos una copita rápidamente antes de marchar.

quicklime [ˈkwɪklaɪm] *n* cal *f* viva.

quickly [ˈkwɪklɪ] *adv* rápido, rápidamente, de prisa, pronto.

quickness [ˈkwɪknəs] *n (speed)* velocidad *f*, rapidez *f*, prontitud *f*; *(wit)* agudeza, viveza, inteligencia.

quicksand [ˈkwɪksænd] *n* arenas *fpl* movedizas.

quick-sighted [kwɪkˈsaɪtɪd] *adj* de vista aguda.

quicksilver [ˈkwɪksɪlvəʳ] *n* mercurio.

quick-tempered [kwɪkˈtempəd] *adj* de genio vivo, irascible.

quick-witted [kwɪkˈwɪtɪd] *adj* agudo,-a, listo,-a, perspicaz.

quick-wittedness [kwɪkˈwɪtɪdnəs] *n* agudeza, viveza.

quid¹ [kwɪd] *n GB fam (money)* libra esterlina: **it cost me ten quid** me costó diez libras.
▲ *pl* **quid**.

quid² [kwɪd] *n* mascada de tabaco.

quiet [ˈkwaɪət]
1 *adj (silent)* callado,-a, silencioso,-a: **he kept quiet all night** estuvo callado toda la noche.
2 *adj (peaceful, calm)* tranquilo,-a, sosegado,-a: **this is a very quiet village** éste es un pueblo muy tranquilo.
3 *adj FIN* apagado,-a, poco activo,-a: **business was very quiet in the shop today** las ventas han sido muy flojas en la tienda.
4 *adj (unobtrusive)* callado,-a, reservado,-a.
5 *adj (tranquil, without fuss)* tranquilo,-a: **they spent a quiet evening at home** pasaron una velada tranquila en casa.
6 *n (silence)* silencio.
7 *n (calm)* tranquilidad *f*, calma, sosiego.
8 *vt US* calmar, silenciar: **she quieted the baby down** calmó a la criatura.
9 *vi US* calmarse.
+ on the quiet a la chita callando, a hurtadillas, en secreto, sigilosamente: **he did it on the quiet** lo hizo en secreto.

quieten [ˈkwaɪətən]
1 *vt (silence)* callar; *(calm)* tranquilizar, calmar.
2 *vt (calm down)* tranquilizar.
3 *vi (silence)* callarse; *(calm)* calmarse, tranquilizarse.

quietism [ˈkwaɪətɪzəm] *n REL* quietismo.
quietist [ˈkwaɪətɪst] *n REL* quietista *mf*.

quietly [ˈkwaɪətlɪ]
1 *adv (silently)* silenciosamente, sin hacer ruido; *(not loudly)* bajo: **she always speaks quietly** siempre habla en voz baja.
2 *adv (calmly)* tranquilamente.
3 *adv (discreetly)* discretamente, con discreción.
4 *adv (simply)* sencillamente, con sencillez.

quietness [ˈkwaɪətnəs]
1 *n (silence)* silencio, paz *f*.
2 *n (calm)* tranquilidad *f*, sosiego.
3 *n (discretion)* discreción *f*, intimidad *f*.

quiff [kwɪf] *n GB (of hair)* copete *m*.

quill [kwɪl]
1 *n (feather)* pluma.
2 *n (porcupine)* púa.
3 *n (part of feather)* cañón *m* de pluma.
4 *n (pen)* pluma.

quilt [kwɪlt]
1 *n* colcha, edredón *m*.
2 *vt* acolchar.

quince [kwɪns] *n* membrillo.
■ quince jelly carne *f* de membrillo.

quinine [ˈkwɪniːn, US ˈkwaɪnaɪn] *n* quinina.

quinquennial [kwɪnˈkwenɪəl] *adj* quinquenal.

quins [kwɪnz] *n POL fam (all boys, mixed)* quintillizos; *(all girls)* quintillizas.

quinsy [ˈkwɪnzɪ] *n MED* anginas *fpl*.

quint [kwɪnt] *n US fam* quintillizo,-a.

quintal [ˈkwɪntəl] *n* quintal *m*.

quintessence [kwɪnˈtesəns] *n* quintaesencia.

quintessential [kwɪntɪˈsenʃəl] *adj* fundamental, primordial.

quintet [kwɪnˈtet] *n MUS* quinteto.

quintuple [ˈkwɪntjʊpəl, kwɪnˈtjuːpəl]
1 *adj* quíntuplo,-a.
2 *n* quíntuplo.
3 *vt* quintuplicar.
4 *vi* quintuplicarse.

quintuplet [ˈkwɪntjʊplət, kwɪnˈtjuːplət] *n* quintillizo,-a.

quip [kwɪp]
1 *n (remark)* agudeza, ocurrencia, pulla, salida.
2 *n (joke)* chiste *m*.
3 *vi* bromear.
▲ *pt & pp* **quipped**, *ger* **quipping**.

quire [kwaɪəʳ] *n* mano de papel.

quirk [kwɜːk]
1 *n (oddity)* manía, rareza, peculiaridad *f*.
2 *n (in writing)* rasgo.
3 *n (of fate)* avatar *m*, vicisitud *f*.

quirky [ˈkwɜːkɪ] *adj* raro,-a.
▲ *comp* **quirkier**, *superl* **quirkiest**.

quisling [ˈkwɪzlɪŋ] *n* colaboracionista *mf*.

quit [kwɪt]
1 *vt* dejar, abandonar: **he quit his job** dejó el trabajo.

2 *vt (stop)* dejar de: **she quit smoking** dejó de fumar.

3 *vi* marcharse, irse.

✦ **to be quits** estar iguales, estar en paz. **to call it quits** hacer las paces, estar en paz.

▲ *pt & pp* quit, *ger* quitting.

quite [kwaɪt]

1 *adv (rather)* bastante: **it was quite a good game** fue un partido bastante bueno; **they played quite well** jugaron bastante bien; **they're quite difficult exercises** son ejercicios bastante difíciles; **there are quite a few people here** hay bastante gente aquí.

2 *adv (totally)* completamente, del todo: **I quite understand** lo entiendo perfectamente; **you've quite ruined it** lo has destrozado completamente; **it isn't quite finished** no está terminado del todo.

3 *adv (exceptional)* excepcional, increíble, original: **he's quite a comedian** es un cómico increíble; **our trip was quite something** nuestro viaje fue algo excepcional.

4 *adv (exactly)* exactamente: **it isn't quite what I was looking for** no es exactamente lo que buscaba.

✦ **quite so!** ¡exactamente!

quiver¹ [ˈkwɪvəʳ]

1 *n (for arrows)* carcaj *m*, aljaba.

2 *n (tremble of lips, voice)* temblor *m*; *(of eyelids)* parpadeo; *(shiver)* estremecimiento.

3 *vi* temblar, estremecerse.

quiver² [ˈkwɪvəʳ] *n (for arrows)* carcaj *m*, aljaba.

quivering [ˈkwɪvərɪŋ] *adj* tembloroso,-a.

quixotic [kwɪkˈsɒtɪk] *adj* quijotesco,-a.

quixotically [kwɪˈsɒtɪkəlɪ] *adv* quijotescamente.

quixotism [ˈkwɪksətɪzəm] *n* quijotismo.

quiz [kwɪz]

1 *n (competition)* concurso.

2 *n (enquiry)* encuesta; *(exam)* examen *m*.

3 *vt* preguntar, interrogar.

quizmaster [ˈkwɪzmɑːstəʳ] *n* moderador,-ra.

quizzical [ˈkwɪzɪkəl]

1 *adj (bemused)* burlón,-ona: **she gave me a quizzical smile** me sonrió burlonamente.

2 *adj (enquiring)* curioso,-a: **he had a quizzical look on his face** su mirada reflejaba curiosidad.

quoin [ˈkɔɪn] *n ARCH* piedra angular.

quoit [kwɔɪt]

1 *n (ring)* tejo.

2 **quoits** *npl (game)* tejo *m sing*.

quorum [ˈkwɔːrəm] *n* quórum *m*.

quota [ˈkwəʊtə]

1 *n (share)* cuota, parte *f*.

2 *n (fixed limit)* cupo.

quotation [kwəʊˈteɪʃən]

1 *n LING* cita.

2 *n FIN* cotización *f*.

3 *n COMM* presupuesto.

■ **quotation marks** comillas *fpl*.

quote [kwəʊt]

1 *n LING* cita.

2 *n (price - gen)* presupuesto; *(- for shares)* cotización *f*.

3 *vt* citar, entrecomillar.

4 *vt (price)* dar, ofrecer.

5 *vt FIN* cotizar.

✦ **to ask for a quote** pedir un presupuesto.

to give somebody a quote dar un presupuesto a alguien.

to quote somebody a price ofrecer un precio a alguien.

quotidian [kwəʊˈtɪdɪən] *adj fml* cotidiano,-a.

quotient [ˈkwəʊʃənt]

1 *n (in mathematics)* cociente *m*.

2 *n (degree)* coeficiente *m*, grado.

■ **intelligence quotient** coeficiente intelectual *m*, coeficiente *m* de inteligencia.

qv [ˈkjuːˈviː] *abbr* (**quod vide**) véase; *(abbreviation)* v.

R, r [ɑː] *n (the letter)* R, r *f*.
- **the three Rs** *fam* lectura, escritura y aritmética.

r [raɪt] *abbr* (**right**) derecho,-a; *(abbreviation)* dcho,-a.

R¹ [reks] *abbr* (**Rex**) rey.

R² [rɪ'dʒaɪnə] *abbr* (**Regina**) reina.

R³ [ˈrɪvəʳ] *abbr* (**River**) río.

R⁴ [ˈredʒɪstəd'treɪdmɑːk] *abbr* (**registered trademark**) marca registrada.

RA [ˈɑːrˈeɪ]
1 *abbr GB* (**Royal Academy**) Real Academia de las Artes.
2 *abbr GB* (**Royal Academician**) miembro de la Real Academia de las Artes.

rabbi [ˈræbaɪ] *n* rabí *m*, rabino.

rabbinical [rəˈbɪnɪkəl] *adj* rabínico,-a.

rabbit [ˈræbɪt] *n* conejo.
- **to rabbit on** no parar de hablar.
- **rabbit hole** madriguera de conejos.
  rabbit hutch conejera.
  rabbit punch golpe *m* en la nuca.
  rabbit warren madriguera de conejos.

rabble [ˈræbəl] *n* populacho.

rabble-rouser [ˈræbəlraʊzəʳ] *n pej* demagogo,-a.

rabble-rousing [ˈræbəlraʊzɪŋ]
1 *n* demagogia.
2 *adj* demagógico,-a.

rabid [ˈræbɪd]
1 *adj (having rabies)* rabioso,-a.
2 *adj fig* fanático,-a.

rabies [ˈreɪbiːz] *n* rabia.

RAC [ˈɑːrˈeɪˈsiː] *abbr GB* (**Royal Automobile Club**) automóvil club británico.

raccoon [rəˈkuːn] *n* mapache *m*.

race¹ [reɪs] *n (people)* raza.
- **race relations** relaciones *fpl* raciales.
  race riot disturbio racial.

race² [reɪs]
1 *n* carrera.
2 *n (current)* corriente *f* fuerte; *(channel)* canal *m*.
3 *vi (compete)* competir, correr.
4 *vi (go fast)* correr, ir deprisa.
5 *vi (heart)* latir deprisa.
6 *vi (engine)* acelerarse.

7 *vt (person)* competir con, echar una carrera a.
8 *vt (engine)* acelerar.
- **to run a race** participar en una carrera.
- **race against time** carrera contra reloj.
  race meeting las carreras *fpl*.
  the races las carreras *fpl*.

racecourse [ˈreɪskɔːs] *n GB* hipódromo.

racegoer [ˈreɪsgəʊəʳ] *n* aficionado,-a a las carreras.

racehorse [ˈreɪhɔːs] *n* caballo de carreras.

racer [ˈreɪsəʳ] *n (person)* corredor,-ra; *(bicycle)* bicicleta de carreras; *(car)* coche *m* de carreras; *(horse)* caballo de carreras.

racetrack [ˈreɪstræk]
1 *n (for cars)* circuito; *(for cycles)* velódromo.
2 *n (for people)* pista, pista de atletismo.
3 *n (for horses)* hipódromo; *(for greyhounds)* canódromo.

racial [ˈreɪʃəl] *adj* racial.
- **racial discrimination** discriminación *f* racial.

racialism [ˈreɪʃəlɪzəm] *n* racismo.

racialist [ˈreɪʃəlɪst]
1 *adj* racista.
2 *n* racista *mf*.

racing [ˈreɪsɪŋ]
1 *n* carreras *fpl*.
2 *adj* de carreras.

racism [ˈreɪsɪzəm] *n* racismo.

racist [ˈreɪsɪst]
1 *adj* racista.
2 *n* racista *mf*.

rack¹ [ræk]
1 *n* estante *m*.
2 *n AUTO* baca.
3 *n (on train)* rejilla.
4 *n (for torture)* potro.
5 *vt* atormentar: I was racked by doubts me atormentaban las dudas.
- **to rack one's brains** devanarse los sesos.

rack² [ræk] *n (destruction)* ruina.
- **to go to rack and ruin** venirse abajo.

racket¹ [ˈrækɪt] *n SP* raqueta.

racket² [ˈrækɪt]
1 *n (din)* alboroto, ruido.
2 *n fam (fraud)* timo.
3 *n fam (business)* asunto, negocio.
- **to make a racket** armar barullo.

racketeer [rækəˈtɪəʳ] *n* timador,-ra.

racketeering [rækɪˈtɪərɪŋ] *n* crimen *m* organizado.

raconteur [rækɒnˈtɜːʳ] *n* anecdotista *mf*.

racoon [rəˈkuːn] *n* mapache *m*.

racquet [ˈrækɪt] *n* raqueta.

racy [ˈreɪsɪ] *adj (lively)* vivo,-a, animado,-a; *(risqué)* atrevido,-a.
▲ *comp* **racier**, *superl* **raciest**.

RADA [ˈrɑːdə] *abbr GB* (**Royal Academy of Dramatic Art**) ≈ Real Academia de las Artes Dramáticas.

radar [ˈreɪdɑːʳ] *n* radar *m*.
- **radar trap** control *m* de velocidad por radar.

radial [ˈreɪdɪəl] *adj* radial.
- **radial tyre** neumático radial.

radian [ˈreɪdɪən] *n* radián *m*.

radiance [ˈreɪdɪəns] *n* resplandor *m*.

radiant [ˈreɪdɪənt] *adj* radiante.

radiate [ˈreɪdɪeɪt]
1 *vt (emit)* irradiar, radiar.
2 *vi (be emitted)* irradiar.
3 *vi (spread out)* salir.

radiation [reɪdɪˈeɪʃən] *n* radiación *f*.
- **radiation sickness** *enfermedad f provocada por la radiación*.

radiator [ˈreɪdɪeɪtəʳ] *n* radiador *m*.
- **radiator grille** rejilla del radiador, calandra.

radical [ˈrædɪkəl]
1 *adj* radical.
2 *n* radical *mf*.

radicalise [ˈrædɪkəlaɪz] *vt* → **radicalize.**

radicalism [ˈrædɪkəlɪzəm] *n* radicalismo.

radicalize [ˈrædɪkəlaɪz]
1 *vt* radicalizar.
2 *vi* radicalizarse.

radically [ˈrædɪkəlɪ] *adv* radicalmente.

radii [ˈreɪdɪaɪ] *npl* → **radius.**

radio [ˈreɪdɪəʊ]
1 *n* radio *f*.
2 *vt (person)* llamar por radio; *(message)* enviar por radio, comunicar por radio.
3 *vi* llamar por radio.
■ **radio alarm** radio-despertador *m*.
radio beacon radiobaliza.
radio frequency radiofrecuencia.
radio ham radioaficionado,-a.
radio programme programa *m* de radio.
radio station emisora de radio.
radio telescope radiotelescopio.
▲ *pl radios.*

radioactive [reɪdɪəʊˈæktɪv] *adj* radiactivo,-a.
■ **radioactive waste** residuos *mpl* radiactivos.

radioactivity [reɪdɪəʊækˈtɪvɪtɪ] *n* radiactividad *f*.

radiocarbon [reɪdɪəʊˈkɑːbən] *n* radiocarbono.
■ **radiocarbon dating** datación *f* por radiocarbono.

radio-controlled [reɪdɪəʊkənˈtrəʊld] *adj* teledirigido,-a.

radiogram [ˈreɪdɪəʊgræm] *n* radiogramola.

radiographer [reɪdɪˈɒgrəfəʳ] *n* radiógrafo,-a.

radiography [reɪdɪˈɒgrəfɪ] *n* radiografía.
▲ *pl radiographies.*

radiologist [reɪdɪˈɒlədʒɪst] *n* radiólogo,-a.

radiology [reɪdɪˈɒlədʒɪ] *n* radiología.

radiometry [reɪdɪˈɒmətrɪ] *n* radiometría.

radiophonic [reɪdɪəʊˈfɒnɪk] *adj* radiofónico,-a.

radioscopy [reɪdɪˈɒskəpɪ] *n* radioscopia.

radiotelegraphy [reɪdɪəʊtɪˈlegrəfɪ] *n* radiotelegrafía.

radiotelephone [reɪdɪəʊˈtelɪfəʊn] *n* radioteléfono.

radiotelephony [reɪdɪəʊtɪˈlefənɪ] *n* radiotelefonía.

radiotherapist [reɪdɪəʊˈθerəpɪst] *n* radioterapeuta *mf*.

radiotherapy [reɪdɪəʊˈθerəpɪ] *n* radioterapia.

radish [ˈrædɪʃ] *n* rábano.

radium [ˈreɪdɪəm] *n* radio.

radius [ˈreɪdɪəs] *n* radio.
▲ *pl radii.*

radon [ˈreɪdɒn] *n* radón *m*.

RAF [ˈɑːrˈeɪˈef] *abbr GB* (**Royal Air Force**) fuerzas aéreas británicas.

raffia [ˈræfɪə] *n* rafia.

raffle [ˈræfəl]
1 *n* rifa.
2 *vt* rifar, sortear.

raft [rɑːft]
1 *n* balsa.
2 *n US fam* montón *m*.

rafter [ˈrɑːftəʳ] *n* viga.

rag[1] [ræg]
1 *n* harapo, andrajo, pingajo.
2 *n (for cleaning)* trapo.
3 *n fam (newspaper)* periodicucho.
✦ **in rags** harapiento,-a, andrajoso,-a.
from rags to riches de la pobreza a la riqueza.
to lose one's rag perder los estribos.
to be like a red rag to a bull enfurecer a alguien, sacar a alguien de sus casillas.
■ **rag doll** muñeca de trapo.
rag trade la industria de la confección.

rag[2] [ræg]
1 *n* broma pesada.
2 *vt* gastar bromas a.
■ **rag week** *semana en la que los estudiantes universitarios recaudan fondos con fines benéficos.*

ragamuffin [ˈrægəmʌfɪn] *n* pilluelo,-a.

rag-and-bone man [rægənˈbəʊnmæn] *n* trapero.

ragbag [ˈrægbæg] *n fam* mezcolanza, batiburrillo.

rage [reɪdʒ]
1 *n* rabia, furor *m*, cólera.
2 *vi (person)* rabiar, estar hecho,-a una furia.
3 *vi (fire etc)* arder sin control; *(storm, sea)* bramar, rugir; *(debate etc)* seguir candente.
✦ **to be all the rage** hacer furor.
to be in a rage estar furioso,-a.
to fly into a rage montar en cólera.

ragged [ˈrægɪd]
1 *adj (person)* andrajoso,-a, harapiento,-a.
2 *adj (clothes)* roto,-a, deshilachado,-a.
3 *adj (edge)* irregular.
4 *adj fig* desigual.

raging [ˈreɪdʒɪŋ]
1 *adj (headache, thirst)* terrible.
2 *adj (sea)* embravecido,-a; *(storm)* feroz, violento,-a.

raglan [ˈræglən] *adj* raglán.

ragout [ræˈguː] *n* ragú *m*.

ragtime [ˈrægtaɪm] *n* ragtime *m*.

raid [reɪd]
1 *n MIL* incursión *f*, ataque *m*.
2 *n (by police)* redada.
3 *n (robbery)* atraco.
4 *vt MIL* hacer una incursión en.
5 *vt (police)* hacer una redada en.
6 *vt (rob)* atracar, asaltar.

raider [ˈreɪdəʳ]
1 *n (robber)* atracador,-ra, asaltante *mf*.
2 *n MIL* invasor,-ra.

rail[1] [reɪl]
1 *n* barra.
2 *n (handrail)* pasamano, barandilla, baranda.

3 *n (for train)* raíl *m*, carril *m*, riel *m*.
4 *n (the railway)* ferrocarril *m*.
✦ **by rail** por ferrocarril.
to go off the rails irse por el mal camino, descarriarse.
■ **rail strike** huelga de ferroviarios.

rail[2] [reɪl] **to rail against** *vt* despotricar contra.

railcar [ˈreɪlkɑːʳ] *n* automotor *m*.

railcard [ˈreɪlkɑːd] *n* tarjeta de descuento *para viajar en tren*.

railing [ˈreɪlɪŋz] *n* verja.
▲ *También se usa en plural sin cambio de significado.*

railroad [ˈreɪlrəʊd]
1 *n US* → **railway**.
2 *vt (person)* presionar: they railroaded him into selling the farm lo presionaron para que vendiera la granja.
3 *vt (measure, bill)* tramitar sin debate: they railroaded the bill through parliament el proyecto se tramitó sin el debido debate.

railway [ˈreɪlweɪ] *n* ferrocarril *m*.
■ **railway carriage** vagón *m*.
railway engine máquina de tren, locomotora.
railway line vía férrea, vía del tren.
railway station estación *f* de ferrocarril, estación *f* de trenes.
railway track vía férrea.

railwayman [ˈreɪlweɪmən] *n* ferroviario.
▲ *pl railwaymen* [ˈreɪlweɪmən].

rain [reɪn]
1 *n* lluvia: it looks like rain parece que va a llover; don't go out in the rain no salgas, que llueve.
2 *vi* llover: it's raining llueve, está lloviendo; arrows rained down from the walls cayó una lluvia de flechas desde la muralla.
3 *vt fig* cubrir: she rained gifts upon them les cubrió de regalos.
4 **the rains** *npl* la estación *f sing* de las lluvias.
✦ **come rain or shine** pase lo que pase, llueva o truene.
it never rains but it pours las desgracias nunca vienen solas, siempre llueve sobre mojado.
to be as right as rain estar perfectamente, estar como nuevo,-a.
to be rained off suspenderse por la lluvia, cancelarse por la lluvia.
■ **rain forest** selva tropical.
rain gauge pluviómetro.

rainbow [ˈreɪnbəʊ] *n* arco iris *m*.

raincheck [ˈreɪntʃek] *n vale canjeable por una nueva entrada que se da cuando un acontecimiento deportivo se suspende por la lluvia.*
✦ **to take a raincheck on something** dejar algo para más adelante. I'll take a raincheck on lunch, thank you dejaré la comida para otro día, si no te importa.

raincoat ['reɪnkəʊt] *n* impermeable *m*.
raindrop ['reɪndrɒp] *n* gota de lluvia.
rainfall ['reɪnfɔːl]
 1 *n* precipitación *f*.
 2 *n (quantity)* pluviosidad *f*.
rainproof ['reɪnpruːf] *adj* impermeable.
rainstorm ['reɪnstɔːm] *n* temporal *m* de lluvias.
rainwater ['reɪnwɔːtəʳ] *n* agua de lluvia.
rainy ['reɪnɪ] *adj* lluvioso,-a: another rainy day otro día de lluvia.
 ✦ to save for a rainy day ahorrar para los tiempos difíciles.
 ■ rainy season estación *f* de las lluvias.
 ▲ *comp* rainier, *superl* rainiest.
raise [reɪz]
 1 *vt (lift up)* levantar: raise your hands levantad la mano; he never raises his voice nunca levanta la voz; let us raise our glasses to the victor brindemos por el vencedor.
 2 *vt (move to a higher position)* subir: he raised the mirror because he had to stoop to shave subió el espejo porque tenía que agacharse para afeitarse.
 3 *vt (build, erect)* erigir, levantar.
 4 *vt (increase)* subir, aumentar: VAT will be raised again el IVA subirá otra vez.
 5 *vt (improve)* mejorar.
 6 *vt (laugh, smile, etc)* provocar; *(doubt, fear)* suscitar.
 7 *vt (children)* criar, educar; *(animals)* criar.
 8 *vt (matter, point)* plantear.
 9 *vt (funds)* recaudar; *(enough money)* conseguir, reunir; *(team, army)* formar: they raised £20,000 for the new church recaudaron veinte mil libras para la nueva iglesia; she somehow manages to raise the rent every month de algún modo consigue el dinero para pagar el alquiler cada mes; he raised an army of beggars formó un ejército de mendigos.
 10 *vt (by radio)* comunicar con.
 11 *vt (at cards)* subir: I'll raise you twenty te subo veinte.
 12 *n US* aumento de sueldo.
raisin ['reɪzən] *n* pasa.
raison d'être [reɪzɒn'detrə] *n* razón *f* de ser.
raja ['rɑːdʒə] *n* rajá *m*.
rajah ['rɑːdʒə] *n* rajá *m*.
rake¹ [reɪk]
 1 *n (tool)* rastrillo.
 2 *vt (garden)* rastrillar; *(leaves)* recoger con el rastrillo.
 3 *vt (with gun)* barrer.
 4 *vt (search)* registrar.
 5 *vt (fire)* hurgar.
 ▶ to rake up
  1 *vt sep (leaves)* recoger con el rastrillo.
  2 *vt sep (past)* desenterrar.
 ✦ to be as thin as a rake estar como un fideo, estar como un palillo.
 to be raking it in estar forrándose.

rake² [reɪk] *n (dissolute man)* libertino, calavera *m*.
rake³ [reɪk] *n (slope)* inclinación *f*.
raked [reɪkt] *adj (sloping)* inclinado,-a.
rake-off ['reɪkɒf] *n sl* tajada.
rakish¹ ['reɪkɪʃ] *adj (dissolute)* libertino,-a.
rakish² ['reɪkɪʃ] *adj (jaunty)* desenfadado,-a.
rally ['rælɪ]
 1 *n (public gathering)* reunión *f*, *(political)* mitin *m*; *(demonstration)* manifestación *f*.
 2 *n (car race)* rally *m*.
 3 *n (in tennis)* intercambio (de golpes).
 4 *vi (recover)* reponerse, recuperarse.
 5 *vt (bring together)* unir.
 ▶ to rally round
  1 *vt insep* unirse, juntarse.
  2 *vi* formar una piña.
 ▲ *(sustantivo)* pl rallies; *(verbo)* pt & pp rallied, ger rallying.
ram [ræm]
 1 *n ZOOL* carnero.
 2 *n TECH* pisón *m*.
 3 *vt TECH* apisonar.
 4 *vt (cram)* apretar, embutir; *(stick in)* clavar, hincar.
 5 *vt (crash into)* chocar contra.
 ✦ to ram something down somebody's throat machacar algo a alguien.
 to ram something home dejar algo bien claro.
 ▲ *pt & pp* rammed, *ger* ramming.
RAM [ræm] *abbr* (**random access memory**) memoria de acceso aleatorio; *(abbreviation)* RAM *f*.
Ramadan ['ræmədæn] *n* ramadán *m*.
ramble ['ræmbəl]
 1 *n* excursión *f*.
 2 *vi* ir de excursión.
 3 *vi (digress)* divagar.
 ✦ to ramble on about something divagar sin parar sobre algo.
rambler ['ræmbləʳ]
 1 *n (walker)* excursionista *mf*.
 2 *n (rose)* trepador *m*.
rambling ['ræmblɪŋ]
 1 *adj (speech etc)* confuso,-a, incoherente.
 2 *adj (house etc)* laberíntico,-a.
 3 *n (activity)* excursionismo.
 4 ramblings *npl* desvaríos *mpl*.
 ✦ to go rambling ir de excursión.
ramekin ['ræmɪkɪn] *n* molde *m* individual.
ramification [ræmɪfɪ'keɪʃən] *n* ramificación *f*.
ramp [ræmp]
 1 *n (slope)* rampa.
 2 *n (steps)* escalerilla.
 3 *n GB (speed bump)* badén *m*, guardia *m* tumbado.
 4 *n US (slip road)* vía de acceso.
rampage [ræm'peɪdʒ] *vi* comportarse como un loco.
 ✦ to go on the rampage causar destrozos.

rampant ['ræmpənt]
 1 *adj (uncontrolled)* incontrolado,-a; *(widespread)* muy extendido,-a.
 2 *adj (in heraldry)* rampante.
rampart ['ræmpɑːt] *n* muralla.
ram-raid ['ræmreɪd] *n fam* alunizaje *m*.
ram-raider ['ræmreɪdəʳ] *n fam* delincuente *mf* que practica el alunizaje.
ram-raiding ['ræmreɪdɪŋ] *n fam* el alunizaje *m*.
ramrod ['ræmrɒd] *n* baqueta.
ramshackle ['ræmʃækəl] *adj* destartalado,-a.
ran [ræn] *pt* → run.
ranch [rɑːntʃ] *n* rancho, hacienda.
 ■ ranch house *(type of house)* bungalow *m*; *(house on ranch)* hacienda.
rancher ['rɑːntʃəʳ] *n* ranchero,-a.
rancid ['rænsɪd] *adj* rancio,-a.
rancor ['ræŋkəʳ] *n US* → rancour.
rancorous ['ræŋkərəs] *adj* rencoroso,-a.
rancour ['ræŋkəʳ] *n* rencor *m*.
rand [rænd] *n* rand *m*.
 ▲ *pl* rand.
random ['rændəm] *adj* aleatorio,-a.
 ✦ at random al azar.
 ■ random access memory memoria de acceso directo.
randy ['rændɪ] *adj fam* cachondo,-a.
 ▲ *comp* randier, *superl* randiest.
rang [ræŋ] *pp* → ring.
range [reɪndʒ]
 1 *n (choice)* gama, surtido, variedad *f*, *(of products)* gama; *(of clothes)* línea.
 2 *n (reach)* alcance *m*: this missile has a range of 1,000 miles este misil tiene un alcance de mil millas; it's out of my price range no está al alcance de mi bolsillo, es demasiado caro para mí.
 3 *n (of mountains)* cordillera, sierra.
 4 *n US (prairie)* pradera.
 5 *n (for shooting)* campo de tiro.
 6 *n (of voice)* registro.
 7 *n (stove)* cocina económica.
 8 *n US (cooker)* cocina.
 9 *n (of car, plane)* autonomía.
 10 *vi* variar, oscilar: they range from ... to... van desde ... hasta ...
 11 *vi (wander)* vagar (**over**, por).
 12 *vt (arrange)* colocar, disponer.
 13 *vt (travel)* recorrer, viajar por.
rangefinder ['reɪndʒfaɪndəʳ] *n* telémetro.
ranger ['reɪndʒəʳ]
 1 *n* guardabosques *mf*.
 2 *n US (police officer)* policía *mf* montado,-a; *(soldier)* soldado *mf* de las tropas de asalto.
Rangoon [ræŋ'guːn] *n* Rangún.
rank¹ [ræŋk]
 1 *n (line)* fila.
 2 *n MIL (in hierarchy)* graduación *f*, rango.
 3 *vi (be)* figurar, estar: it ranks as one of the finest hotels in Wales está entre los mejores hoteles del País de Gales.

4 vt (classify) clasificar, considerar: I rank him with the best lo considero entre los mejores; she is ranked second in Europe está clasificada la segunda de Europa, es la segunda en el ranking europeo.
✦ **to break ranks** romper filas.
to close ranks cerrar filas.
to pull rank abusar de su autoridad.
▪ **the rank and file** las bases fpl.

rank² [ræŋk]
1 adj (plants) exuberante.
2 adj (smelly) fétido,-a.
3 adj (complete) total, completo,-a.

ranker ['ræŋkəʳ] n (officer) chusquero; (private) soldado raso.

ranking ['ræŋkɪŋ] n clasificación f, ranking m.

rankle ['ræŋkəl] vi doler.

ransack ['rænsæk]
1 vt (plunder) saquear.
2 vt (search) registrar.

ransom ['rænsəm]
1 n rescate m.
2 vt rescatar.
✦ **to hold to ransom** pedir rescate por; fig chantajear.
▪ **ransom money** rescate m.

rant [rænt] vi vociferar, desgañitarse, gritar: he ranted on at them about sin for over an hour les estuvo vociferando sobre el pecado más de una hora; he was ranting and raving about the youth of today estuvo desgañitándose sobre la juventud de hoy.

rap [ræp]
1 n golpe m seco.
2 n MUS rap m.
3 vi golpear, dar golpes.
4 vi MUS cantar rap.
✦ **to take the rap** pagar el pato, cargar con las culpas.
▲ pt & pp rapped, ger rapping.

rapacious [rəˈpeɪʃəs] adj fml rapaz, codicioso,-a.

rapaciousness [rəˈpeɪʃəsnəs] n fml rapacidad f.

rapacity [rəˈpæsɪti] n fml rapacidad f.

rape¹ [reɪp]
1 n violación f.
2 vt violar.

rape² [reɪp] n BOT colza.

rapeseed ['reɪpsiːd] n semilla de colza.
▪ **rapeseed oil** aceite m de colza.

rapid ['ræpɪd]
1 adj rápido,-a.
2 rapids npl rápidos mpl.

rapidity [rəˈpɪdɪti] n rapidez f.

rapidly ['ræpɪdlɪ] adv rápidamente, rápido.

rapier ['reɪpɪəʳ] n estoque m.

rapist ['reɪpɪst] n violador,-ra.

rapper ['ræpəʳ] n cantante mf de rap, rapero,-a.

rapport [ræˈpɔːʳ] n compenetración f, entendimiento f.

rapprochement [ræˈprɒʃmɑːn] n acercamiento.

rapt [ræpt] adj absorto,-a, embelesado,-a.

rapture ['ræptʃəʳ] n éxtasis m, arrobamiento.
✦ **to go into raptures over/about something** arrobarse por algo, extasiarse por algo.

rapturous ['ræptʃərəs] adj (welcome) muy entusiasta; (applause) calurosísimo,-a; (feeling) extático,-a.

rare [reəʳ]
1 adj (uncommon) poco común, poco frecuente, raro,-a.
2 adj (air) enrarecido,-a.
3 adj CULIN poco hecho,-a.
▪ **rare earth** tierra rara.
rare gas gas m raro.

rarebit ['reəbɪt] n tostada con queso.

rarefied ['reərɪfaɪd] adj enrarecido,-a.

rarefy ['reərɪfaɪ] vt enrarecer, rarificar.
▲ pt & pp rarefied, ger rarefying.

rarely ['reəlɪ] adv raras veces, rara vez, pocas veces.

rareness ['reənəs] n rareza.

raring ['reərɪŋ] adj fam con unas ganas locas de: she was raring to start tenía unas ganas locas de empezar.

rarity ['reərɪtɪ] n rareza.
▲ pl rarities.

rascal ['rɑːskəl] n bribón m, pillo, pillín, -ina.

rash¹ [ræʃ]
1 n MED sarpullido, erupción f cutánea.
2 n (series) sucesión f, serie f.

rash² [ræʃ] adj imprudente, precipitado,-a.

rasher ['ræʃəʳ] n loncha.

rashly ['ræʃlɪ] adj precipitadamente, sin reflexionar.

rashness ['ræʃnəs] n impetuosidad f, precipitación f.

rasp [rɑːsp]
1 n escofina.
2 vt raspar.
3 vt (say) decir con voz áspera.

raspberry ['rɑːzbərɪ]
1 n frambuesa.
2 n fam (noise) pedorreta.
✦ **to blow a raspberry at somebody** hacer una pedorreta a alguien.
▪ **raspberry cane** frambueso.
▲ pl raspberries.

rasping ['rɑːspɪŋ] adj (voice) áspero,-a.

Rastafarian [ræstəˈfeərɪən]
1 adj rastafariano,-a.
2 n rastafari mf.

rat [ræt]
1 n rata.
2 n fam canalla m.
✦ **like a drowned rat** hecho,-a una sopa.
to rat on a promise romper una promesa.
to rat on somebody chivar a alguien.

to smell a rat olerse algo raro: I smell a rat aquí hay gato encerrado.
▪ **rat poison** raticida m, matarratas m.
rat race competitividad despiadada.

ratafia [rætəˈfiːə] n ratafía.

ratatouille [rætəˈtuːɪ] n CULIN ≈ pisto.

ratbag ['rætbæg] n GB persona desagradable.

ratchet ['rætʃɪt] n trinquete m.

rate [reɪt]
1 n tasa, índice m: the rate of growth has slowed down la tasa de crecimiento ha disminuido.
2 n (speed) velocidad f, ritmo: at the rate he's going he'll finish by Tuesday al paso que lleva, acabará el martes; at this rate there'll be no woods left a este paso no quedará bosque, como sigamos así no quedará bosque.
3 n (price) tarifa, precio: we were paid at the standard rate nos pagaron según la tarifa habitual.
4 vt (consider) considerar: I rate this her best book yet creo que éste es su mejor libro hasta la fecha; how do you rate your chances for the race? ¿qué oportunidad crees que tienes en la carrera?
5 vt (deserve) merecer: the fire rated no more than three lines in the local paper el incendio mereció tan solo tres líneas en el diario local.
6 vt (fix value) tasar.
7 rates npl GB contribución f sing urbana.
✦ **at any rate** (anyway) de todos modos; (at least) por lo menos, al menos.
at the rate of a razón de.
first/second rate de primera/segunda (categoría).
▪ **interest rate** tipo de interés.
rate of exchange tipo de cambio.
rate of inflation tasa de inflación.

rateable value ['reɪtəbəlˈvæljuː] n GB valor m catastral.

ratepayer ['reɪtpeɪəʳ] n GB contribuyente mf.

rather ['rɑːðəʳ]
1 adv (a little) algo; (fairly) bastante; (very) muy: she's rather reserved es algo reservada; it's rather warm today hace bastante calor hoy; I rather enjoyed myself me lo pasé bastante bien; I found it rather disgusting lo encontré muy desagradable.
2 adv (showing preference) I'd rather go out preferiría salir; would you rather stay in? ¿preferirías quedarte en casa?; I'd rather stay in than go out preferiría quedarme en casa más que salir; I'd rather drink white than red preferiría beber blanco mejor que tinto; rather than put my foot in it, I said nothing antes que meter la pata, preferí no decir nada.
3 adv (more precisely) o mejor dicho; (not) y no: there was a river, or rather a stream había un río, o mejor dicho

un arroyo; it will cost thousands rather than hundreds of pounds costará miles más que cientos de libras; it was Jane rather than Esther who invited me fue Jane y no Esther quien me invitó; it disappointed rather than angered me más que enojarme me decepcionó.

ratification [rætɪfɪˈkeɪʃən] *n* ratificación *f*.

ratify [ˈrætɪfaɪ] *vt* ratificar.
▲ *pt & pp* ratified, *ger* ratifying.

rating [ˈreɪtɪŋ]
1 *n (evaluation)* valoración *f*, tasación *f*.
2 *n (position on scale)* clasificación *f*, posición *f*.
3 *n MAR* marinero.
4 **ratings** *npl TV* índice *m sing* de audiencia.

ratio [ˈreɪʃɪəʊ] *n* razón *f*, relación *f*, proporción *f*: in a ratio of three to two en una proporción de tres a dos.
▲ *pl* ratios.

ration [ˈræʃən]
1 *n* ración *f*.
2 *vt* racionar.
3 **rations** *npl* víveres *mpl*.
+ **to be on rations** sufrir racionamientos.
■ **ration book** cartilla de racionamiento.

rational [ˈræʃənəl] *adj* racional.

rationale [ræʃəˈnɑːl] *n* razón *f*, lógica.

rationalisation [ræʃənəlaɪˈzeɪʃən] *n* → **rationalization**.

rationalise [ˈræʃənəlaɪz] *vt* → **rationalize**.

rationalism [ˈræʃənəlɪzəm] *n* racionalismo.

rationalist [ˈræʃənəlɪst] *n* racionalista *mf*.

rationality [ræʃənˈælɪtɪ] *n* racionalidad *f*.

rationalization [ræʃənəlaɪˈzeɪʃən] *n* racionalización *f*.

rationalize [ˈræʃənəlaɪz] *vt* racionalizar.

rationally [ˈræʃənəlɪ] *adv* racionalmente.

rationing [ˈræʃənɪŋ] *n* racionamiento.

rattan [ˈrætən] *n* rota.

ratted [ˈrætɪd] *adj fam* borracho,-a.
+ **to get ratted** coger una cogorza.

rattle [ˈrætəl]
1 *n (object)* carraca, matraca; *(baby's)* sonajero; *(rattlesnake's)* cascabel *m*.
2 *n (noise)* ruido; *(of train)* traqueteo; *(- of rattlesnake)* cascabeleo; *(vibration)* vibración *f*.
3 *vt* hacer sonar, hacer vibrar: the ghost rattled his chains el fantasma hizo sonar sus cadenas; the wind rattled the windows el viento hacía vibrar la ventana.
4 *vi* sonar, vibrar: the window rattled in the wind la ventana vibraba con el viento.
5 *vt fam* poner nervioso,-a.

▶ **to rattle off** *vt sep (say)* decir a toda prisa; *(write)* escribir a toda prisa.
to rattle on *vi* hablar sin parar.
to rattle through *vt insep* despachar rápidamente.

rattlesnake [ˈrætəlsneɪk] *n* serpiente *f* de cascabel.

ratty [ˈrætɪ]
1 *adj GB fam* malhumorado,-a.
2 *adj US (person)* desastrado,-a; *(thing)* destartalado,-a; *(clothes)* andrajoso,-a, raído,-a.
▲ *comp* rattier, *superl* rattiest.

raucous [ˈrɔːkəs] *adj (loud)* escandaloso,-a; *(shrill)* estridente.

raunchy [ˈrɔːntʃɪ] *adj fam* sexy.
▲ *comp* raunchier, *superl* raunchiest.

ravage [ˈrævɪdʒ]
1 *vt* devastar, asolar.
2 **ravages** *npl* estragos *mpl*.

rave [reɪv]
1 *vi* delirar.
2 *vi (rage)* despotricar (**against**, contra).
3 *vi fam* entusiasmarse: the critics are raving about the film los críticos están entusiasmados con la película.
4 *n GB* fiesta *con música de baile y que puede durar toda la noche*.
■ **rave review** crítica muy favorable.

raven [ˈreɪvən] *n* cuervo.

ravenous [ˈrævənəs] *adj (appetite)* voraz; *(person)* hambriento,-a: I'm absolutely ravenous tengo un hambre devoradora.

ravenously [ˈrævənəslɪ] *adv* vorazmente: I'm ravenously hungry tengo una hambre devoradora.

raver [ˈreɪvər] *n* juerguista *mf*, marchoso,-a.

rave-up [ˈreɪvʌp] *n fam* juerga.

ravine [rəˈviːn] *n* barranco.

raving [ˈreɪvɪŋ]
1 *adj* de atar.
2 **ravings** *npl* desvaríos *mpl*.
+ **raving mad** loco,-a de atar.

ravioli [rævɪˈəʊlɪ] *n* raviolis *mpl*.

ravish [ˈrævɪʃ]
1 *vt (rape)* violar.
2 *vt (delight)* extasiar, embelesar, encantar.

ravishing [ˈrævɪʃɪŋ] *adj* encantador,-ra: a ravishing beauty una belleza deslumbrante.

ravishingly [ˈrævɪʃɪŋlɪ] *adv* ravishingly beautiful de una belleza deslumbrante.

raw [rɔː]
1 *adj (uncooked)* crudo,-a.
2 *adj (unprocessed)* bruto,-a; *(unrefined)* sin refinar; *(untreated)* sin tratar.
3 *adj (inexperienced)* novato,-a.
4 *adj (weather)* crudo,-a.
■ **raw deal** trato injusto.
raw material materia prima.

Rawlplug [ˈrɔːlplʌg] *n* taco.
▲ *Es marca registrada*.

ray¹ [reɪ] *n (of light)* rayo: a ray of hope un resquicio de esperanza.

ray² [reɪ] *n (fish)* raya.

ray³ [reɪ] *n (note)* re *m*.

rayon [ˈreɪɒn] *n* rayón *m*.

raze [reɪz] *vt* arrasar.

razor [ˈreɪzər]
1 *n (cutthroat)* navaja de afeitar; *(safety)* maquinilla de afeitar.
2 *n (electric)* máquina de afeitar.
■ **razor blade** hoja de afeitar.

razorbill [ˈreɪzəbɪl] *n* alca común.

razor-sharp [ˈreɪzəˈʃɑːp] *adj (blade)* afiladísimo,-a; *(wit)* agudísimo,-a.

razor-shell [ˈreɪzəʃel] *n* navaja.

razzle [ˈræzəl] *n* juerga.
+ **to go on the razzle** ir de juerga.

razzmatazz [ˌræzməˈtæz] *n* jaleo, revuelo, bulla, alboroto.

RC [ˈɑːˈsiː, ˈrəʊmənˈkæθəlɪk] *abbr* (**Roman Catholic**) católico,-a.

Rd [rəʊd] *abbr* (**Road**) calle; *(abbreviation)* c/.

re [riː] *prep* respecto a, con referencia a.

R.E. [ˈɑːˈriː] *abbr* (**religious education**) educación religiosa.

reach [riːtʃ]
1 *n* alcance *m*: he has a long reach tiene un largo alcance.
2 *vt (arrive in/at, get to)* llegar a: we reached Málaga at dawn llegamos a Málaga al amanecer; have you reached a decision? ¿has llegado a una decisión?; no news has reached us yet todavía no hemos recibido ninguna noticia.
3 *vt (rise to, fall to)* alcanzar: the temperature reached 45 degrees la temperatura alcanzó 45 grados; fruit prices have reached a new low el precio de la fruta ha alcanzado su valor más bajo.
4 *vt (be able to touch)* alcanzar, llegar a: I can't reach the switch no llego al interruptor.
5 *vt (contact)* contactar, localizar: have you got an address where I can reach you? ¿tienes una dirección donde pueda contactar contigo?
6 *vt (pass)* alcanzar: could you reach me that hammer? ¿podrías alcanzarme ese martillo?
7 *vi (be long enough)* llegar: the rope doesn't reach la cuerda no llega.
8 *vi (extend)* extenderse: the gardens reach down to the river los jardines se extienden hasta el río.
9 *vi (take)* extender la mano, tender la mano: he reached for the telephone tendió la mano para coger el teléfono.
10 **reaches** *npl (of river)* parte *f*, tramo.
+ **beyond the reach of** fuera del alcance de.
out of reach of fuera del alcance de: keep out of the reach of children guardar fuera del alcance de los niños.

within reach of *(at hand)* al alcance de; *(near)* cerca de: **within easy reach of the shops** cerca de las tiendas.

react [rɪˈækt] *vi* reaccionar: **how did he react to the news?** ¿cómo reaccionó ante la noticia?; **they reacted to the robberies by installing alarms** su reacción ante los robos fue la de instalar alarmas.

reaction [rɪˈækʃən] *n* reacción *f*.

reactionary [rɪˈækʃənərɪ]
1 *adj* reaccionario,-a.
2 *n* reaccionario,-a.
▲ *pl* **reactionaries**.

reactivate [rɪˈæktɪveɪt] *vt* reactivar.

reactive [rɪˈæktɪv] *adj* reactivo,-a.

reactor [rɪˈæktəʳ] *n* reactor *m*.

read [riːd]
1 *vt (gen)* leer: **have you read his latest novel?** ¿has leído su última novela?; **she reads the Times** lee el Times; **read me a story** léeme un cuento; **a gypsy read my palm** una gitana me leyó la mano.
2 *vt (meter)* hacer la lectura de: **I've come to read the electricity meter** vengo a hacer la lectura del contador de la luz.
3 *vt (interpret)* interpretar; *(decipher)* descifrar: **he read the signs correctly** interpretó bien los indicios; **the situation as I read it ...** la situación tal como la veo yo ...; **it's very hard to read your writing** es muy difícil descifrar tu letra; **I wouldn't read too much into it** no le daría demasiada importancia.
4 *vt (at university)* estudiar: **she read politics at Oxford** estudió política en Oxford.
5 *vt (instrument)* indicar, marcar: **the thermometer read 37 degrees** el termómetro marcaba 37 grados.
6 *vt (sign, notice)* decir, poner: **"Closed for holidays" read the sign on the door** "Cerrado por vacaciones" decía el letrero en la puerta.
7 *vi (gen)* leer: **he never learned to read** nunca aprendió a leer; **have you read about the accident in the paper?** ¿has leído lo del accidente en el diario?
8 *vi (text, passage)* **this text reads like a translation** este texto suena como una traducción; **the last sentence doesn't read at all well** la última frase está muy mal redactada.
9 *n* this book is an excellent read este libro es buenísimo; **I gave it a quick read** lo leí por encima.
▸ **to read back** *vt sep* volver a leer.
to read on *vi* seguir leyendo.
to read off *vt sep* leer, leer uno,-a por uno,-a.
to read out *vt sep* leer en voz alta.
to read through *vt sep (first time)* leer detenidamente; *(again)* repasar.

to read up on *vt insep* investigar, buscar datos sobre.
✦ **to be well read/widely read** tener una gran cultura.
to take something as read dar algo por sentado.
▲ *pt & pp* **read** [red].

readable [ˈriːdəbəl]
1 *adj (handwriting)* legible.
2 *adj (style)* ameno,-a.

readdress [riːəˈdres] *vt* remitir a una nueva dirección.

reader [ˈriːdəʳ]
1 *n (person - gen)* lector,-ra; *(- of proofs)* corrector,-ra.
2 *n (at university)* profesor,-ra adjunto,-a.
3 *n (book)* libro de lectura.
4 *n (apparatus)* lector *m*.

readership [ˈriːdəʃɪp]
1 *n (of newspaper)* lectores *mpl*.
2 *n (at university)* puesto de profesor,-ra adjunto,-a.

readies [ˈrediz] *npl* → **ready**.

readily [ˈredɪlɪ]
1 *adv (easily)* fácilmente: **it's cheap and readily available** es barato y fácil de conseguir.
2 *adv (willingly)* de buena gana.

readiness [ˈredɪnəs]
1 *n (willingness)* buena disposición *f*, buena voluntad *f*: **his readiness to help surprised us all** nos sorprendió a todos su buena disposición para ayudar.
2 *n (preparedness)* preparación *f*: **they tidied up in readiness for the inspection** hicieron limpieza para la inspección.

reading [ˈriːdɪŋ]
1 *n* lectura: **reading is my favourite pastime** la lectura es mi pasatiempo preferido.
2 *n (of bill, law)* presentación *f*.
3 *n (of instrument)* indicación *f*, lectura.
4 *n (interpretation)* interpretación *f*.
■ **reading glasses** gafas *fpl* para leer.
reading lamp lámpara para leer.
reading matter material *m* de lectura.
reading room sala de lectura.

readjust [riːəˈdʒʌst]
1 *vt (modify)* reajustar.
2 *vi (readapt)* readaptarse.

readjustment [riːəˈdʒʌstmənt]
1 *n (modification)* reajuste *m*.
2 *n (readaptation)* readaptación *f*.

readmission [riːædˈmɪʃən] *n* readmisión *f*.

readmit [riːædˈmɪt] *vt* readmitir.

readout [ˈriːdaʊt] *n* lectura.

ready [ˈredɪ]
1 *adj (prepared)* preparado,-a, listo,-a: **are you ready to begin?** ¿estás listo para empezar?; **I don't feel ready for marriage yet** todavía no me siento preparado para casarme.
2 *adj (willing)* dispuesto,-a: **she's always ready to help** siempre está dispuesta a ayudar.

3 *adj (quick)* rápido,-a; *(easy)* fácil: **there is no ready answer to that question** no hay respuesta fácil a esa pregunta; **she's always ready with an excuse** siempre tiene una excusa a punto.
4 *vt* preparar.
5 **readies** *npl GB fam* dinero.
✦ **at the ready** listo,-a, preparado,-a.
ready, steady, go! ¡preparados, listos, ya!
to get ready prepararse.
to get something ready preparar algo.
to make ready preparar.
■ **ready cash** dinero en efectivo.
ready reckoner baremo.
▲ *pt & pp* **readied**, *ger* **readying**.

ready-cooked [redɪˈkʊkt] *adj* precocinado,-a.

ready-made [redɪˈmeɪd] *adj* hecho,-a, confeccionado,-a.

ready-mix [ˈredɪmɪks] *adj (cake etc)* de sobre.

ready-salted [redɪˈsɔːltɪd] *adj* con sal.

reaffirm [riːəˈfɜːm]
1 *vt (restate)* reafirmar.
2 *vt (strengthen)* fortalecer.

reaffirmation [riːæfəˈmeɪʃən] *n* reafirmación *f*.

reafforest [riːəˈfɒrɪst] *vt GB* reforestar.

reafforestation [riːəfɒrɪˈsteɪʃən] *n GB* reforestación *f*, repoblación *f* forestal.

reagent [riːˈeɪdʒənt] *n* reactivo.

real [rɪəl]
1 *adj* real, verdadero,-a: **there is a real threat of war** la amenaza de la guerra es real; **he never knew his real father** nunca conoció a su verdadero padre.
2 *adj (genuine)* auténtico,-a: **it's real caviar** es caviar auténtico; **they're made of real leather** son de piel legítima.
3 *adv US fam* muy: **he was real friendly** era muy simpático.
✦ **for real** de veras.
get real! pero, ¿tú en qué mundo vives?
in real life en la vida real.
in real terms en términos reales.
in the real world en el mundo real.
■ **real ale** cerveza tradicional.
real estate bienes *mpl* inmuebles.
real time tiempo real.
the real McCoy lo auténtico.

realign [rɪəˈlaɪn] *vt (bring back into line)* realinear; *(restructure)* reestructurar; *(readjust)* reajustar.

realignment [rɪəˈlaɪnmənt] *n (bringing back into line)* realineamiento; *(restructuring)* reestructuración *f*; *(readjustment)* reajuste *m*.

realisable [ˈrɪəlaɪzəbəl] *adj* → **realizable**.

realisable [ˈrɪəlaɪzəbəl] *adj* → **realizable**.

realise [ˈrɪəlaɪz] *vt* → **realize**.

realism [ˈrɪəlɪzəm] *n* realismo.

realist [ˈrɪəlɪst] *n* realista *mf*.

realistic [rɪəˈlɪstɪk] *adj* realista.

realistically [rɪə'lɪstɪkəlɪ] adv (practically) de manera realista.

reality [rɪ'ælɪtɪ] n realidad f.
+ **in reality** en realidad.

realizable ['rɪəlaɪzəbəl] adj realizable.

realization [rɪəlaɪ'zeɪʃən]
1 n (of plan) realización f.
2 n FIN realización f.
3 n (understanding) comprensión f.

realize ['rɪəlaɪz]
1 vt (understand) darse cuenta de, comprender: he soon realized that he was alone pronto se dio cuenta de que estaba solo.
2 vt (know) saber: I didn't realize that you were here no sabía que estabas aquí.
3 vt (carry out) realizar: she realized her ambition of marrying a duke realizó su ambición de casarse con un duque.
4 vt (sell) realizar, vender; (fetch) reportar: they realized their assets realizaron su activo; the charity concert realized £100,000 el concierto benéfico reportó cien mil libras.

really ['rɪəlɪ]
1 adv (in fact) en realidad: I'll tell you what really happened te explicaré lo que pasó en realidad; did you really say that? ¿de verdad dijiste eso?
2 adv (very) muy, realmente: it was really interesting fue muy interesante.
3 adv (showing interest) ¿ah sí?, ¿en serio? ¿de verdad?; (showing surprise) ¿de verdad?, ¡no me digas!; (showing annoyance) ¡vaya!

realm [relm]
1 n (kingdom) reino.
2 n (field) campo, terreno.

real-time ['rɪəltaɪm] adj de tiempo real.

realtor ['rɪəltɔːʳ] n agente mf inmobiliario,-a.

ream [riːm] n resma.

reanimate [rɪ'ænɪmeɪt] vt reanimar.

reap [riːp] vt cosechar.
+ **to reap the benefits** cosechar beneficios.

reaper ['riːpəʳ]
1 n (person) segador,-ra.
2 n (machine) segadora.

reappear [riːə'pɪəʳ] vi reaparecer.

reappearance ['riːəpɪərəns] n reaparición f.

reappraisal [riːə'preɪzəl] n revaluación f.

reappraise [riːə'preɪz] vt revaluar.

rear¹ [rɪəʳ]
1 adj trasero,-a, de atrás.
2 n (back part) parte f de atrás.
3 n (of room) fondo.
4 n fam (of person) trasero.
+ **to bring up the rear** cerrar la marcha.
■ **rear admiral** contraalmirante m.
rear entrance puerta de atrás.
rear seat asiento de atrás.
rear wheel rueda trasera.

rear² [rɪə]
1 vt (raise) criar.
2 vt (lift up) levantar: racism has once again reared its ugly head el racismo ha vuelto a mostrar su siniestro rostro.
3 **to rear (up)** vi encabritarse.

rearguard ['rɪəɡɑːd] n retaguardia.
+ **to fight a rearguard action** MIL cubrir la retirada; (make a last effort) hacer un último intento.

rearm [riː'ɑːm]
1 vt rearmar.
2 vi rearmarse.

rearmament [riː'ɑːməment] n rearme m.

rearmost ['rɪəməʊst] adj último,-a.

rearrange [riːə'reɪndʒ]
1 vt (objects) colocar de otra manera.
2 vt (event) cambiar la fecha de, cambiar la hora de.

rearrangement [rɪə'reɪndʒmənt]
1 n (of objects) cambio de lugar.
2 n (of event) cambio de fecha, cambio de hora.

rear-view mirror [rɪəvjuː'mɪrə] n retrovisor m.

reason ['riːzən]
1 n (cause) razón f, motivo: the reason why I'm late is that ... la razón por la que llego tarde es que ...; I see no reason to doubt his word no veo ninguna razón en dudar de su palabra; what is the reason for this? ¿a qué se debe esto?
2 n (faculty) razón f: he lost his reason perdió la razón.
3 vt deducir, llegar a la conclusión de que: I reasoned that she would return to the scene of the crime deduje que volvería al lugar del crimen.
4 vi razonar: it's impossible to reason with him es imposible razonar con él.
+ **by reason of** en virtud de.
it stands to reason es lógico, es de lógica.
to have reason to believe that ... tener razones para creer que ...
to listen to reason atender a razones.
to see reason entrar en razón.
within reason dentro de lo razonable.

reasonable ['riːzənəbəl]
1 adj (gen) razonable: he's a very reasonable person es una persona muy razonable; their prices are quite reasonable sus precios son razonables.
2 adj (acceptable) pasable, aceptable: the weather was reasonable, but not wonderful el tiempo era pasable, pero no maravilloso.

reasonably ['riːzənəblɪ]
1 adv (gen) razonablemente: it's reasonably priced tiene un precio razonable.
2 adv (quite) bastante: it's reasonably cheap no es muy caro.

reasoning ['riːzənɪŋ] n razonamiento.

reassemble [riːə'sembəl]
1 vt (parts) volver a montar.
2 vt (people) volver a reunir.
3 vi (people) reunirse.

reassurance [riːə'ʃʊərəns]
1 n (feeling) tranquilidad f, consuelo: I was in need of reassurance necesitaba consuelo.
2 n (words) palabras fpl tranquilizadoras: despite all our reassurances, she insisted on carrying a gun a pesar de todos nuestros intentos por tranquilizarla, se empeñó en llevar una pistola.

reassure [riːə'ʃʊəʳ]
1 vt (comfort) tranquilizar, dar confianza a: the manager tried to reassure the workers about the company's future el director intentó tranquilizar a los trabajadores sobre el futuro de la compañía.
2 vt (assure again) volver a asegurar.

reassuring [riːə'ʃʊərɪŋ] adj tranquilizador,-ra.

reawakening [riːə'weɪkənɪŋ] n renacer m.

rebate ['riːbeɪt]
1 n (of tax) devolución f.
2 n (discount) descuento.

rebel ['rebəl]
1 adj rebelde.
2 n rebelde mf.
3 vi rebelarse (against, contra).
▲ pt & pp rebelled, ger rebelling; (verbo) [rɪ'bel].

rebellion [rɪ'beljən] n rebelión f.

rebellious [rɪ'beljəs] adj rebelde.

rebelliousness [rɪ'beljənəs] n rebeldía.

rebirth [riː'bɜːθ] n renacimiento.

reborn [riː'bɔːn] **to be reborn** phr renacer, volver a nacer.

rebound ['riːbaʊnd]
1 n rebote m: I hit the ball on the rebound pegué a la pelota de rebote.
2 vi rebotar.
3 **to rebound on somebody** phr volverse contra alguien: his plans rebounded on him le salió el tiro por la culata.
+ **to marry on the rebound** casarse por despecho.
▲ (verbo) [rɪ'baʊnd].

rebuff [rɪ'bʌf]
1 n rechazo.
2 vt rechazar.
+ **to meet with a rebuff** ser rechazado,-a.

rebuild [riː'bɪld] vt reconstruir.
▲ pt & pp rebuilt [riː'bɪlt].

rebuke [rɪ'bjuːk]
1 n reprimenda.
2 vt reprender.

rebus ['riːbəs] n jeroglífico.

rebut [rɪ'bʌt] vt refutar.
▲ pt & pp rebutted, ger rebutting.

rebuttal [rɪ'bʌtəl] n refutación f.

recalcitrance [rɪ'kælsɪtrəns] n obstinación f.

recalcitrant [rɪˈkælsɪtrənt] *adj* recalcitrante.

recall [riːkɔːl]
1 *n (memory)* memoria: she has total recall tiene una memoria infalible.
2 *n (withdrawal)* retirada.
3 *n (of parliament)* convocación *f* extraordinaria.
4 *vt (remember)* recordar: I can't recall exactly what happened no recuerdo exactamente lo que pasó.
5 *vt (withdraw)* retirar.
6 *vt (parliament)* convocar de manera extraordinaria.
✦ to sound recall tocar retreta.
▲ *(verbo)* [rɪˈkɔːl].

recant [rɪˈkɔːl]
1 *vi* retractarse.
2 *vt* retractarse de.

recap [ˈriːkæp]
1 *n fam* resumen *m*.
2 *vt fam* resumir.
3 *vi fam* resumir.
▲ *pt & pp* recapped, *ger* recapping.

recapitulate [riːkəˈpɪtjuleɪt]
1 *vt* recapitular, resumir.
2 *vi* recapitular, resumir.

recapitulation [riːkəpɪtjʊˈleɪʃən] *n* recapitulación *f*, resumen *m*.

recapture [riːˈkæptʃəʳ]
1 *n (of person)* nueva detención *f*, *(of territory)* reconquista.
2 *vt (person)* volver a detener, volver a capturar; *(territory)* reconquistar, volver a tomar.
3 *vt fig* recuperar.

recast [riːˈkɑːst]
1 *vt (do again)* rehacer.
2 *vt (metals)* refundir.
3 *vt (play, film)* cambiar el reparto de; *(actor)* dar otro papel a; *(role)* asignar a otro actor, asignar a otra actriz.
▲ *pt & pp* recast.

recd [rɪˈsiːvd] *abbr* COMM (**received**) recibido,-a.
▲ *También se escribe* rec'd.

recede [rɪˈsiːd]
1 *vi (move back)* retirarse.
2 *vi (be left behind)* retroceder, irse retrocediendo.
3 *vi (fears, danger)* alejarse; *(memories, possibilities)* desvanecerse.

receipt [rɪˈsiːt]
1 *n (document)* recibo: could I have a receipt, please? ¿podría darme un recibo?
2 *n (act of receiving)* recepción *f*, recibo: your order will be dispatched on receipt of payment su pedido será enviado en cuanto recibamos el pago.
3 **receipts** *npl* COMM ingresos *mpl*, recaudación *f sing*.
✦ to be in receipt of acusar recibo de.

receive [rɪˈsiːv]
1 *vt (gen)* recibir: we received your letter last week recibimos tu carta la semana pasada; he was received by the president lo recibió el presidente.

2 *vt (wound)* sufrir: he received a blow to the head sufrió un golpe en la cabeza.
3 *vt (radio signal)* recibir: are you receiving me, Halifax? ¿me reciben, Halifax?
4 *vt (stolen goods)* comerciar con: he was charged with receiving stolen watches lo acusaron de comerciar con relojes robados.
5 *vi (in tennis etc)* estar al resto.
6 *vt (welcome)* recibir, acoger: they were received into the church fueron admitidos en el seno de la iglesia.
✦ to be on the receiving end ser la víctima, ser quien le toca recibir.
to be well/badly received tener una buena/mala acogida.
▪ received pronunciation pronunciación *f* estándar.
received wisdom sabiduría popular.

receiver [rɪˈsiːvəʳ]
1 *n (of telephone)* auricular *m*.
2 *n (of stolen goods)* perista *mf*.
3 *n* JUR síndico,-a, síndico,-a de quiebras.
4 *n (of radio signal)* receptor *m*.
5 *n (in American football)* receptor,-ra.
✦ to call in the receiver declarar suspensión de pagos.
to pick up the receiver descolgar el teléfono.
to put down the receiver colgar el teléfono.

receivership [rɪˈsiːvəʃɪp] *n* quiebra, bancarrota.
✦ to go into receivership declarar suspensión de pagos.

recent [ˈriːsənt] *adj* reciente: in recent months/years en los últimos meses/años.

recently [ˈriːsəntlɪ]
1 *adv (lately)* recientemente, últimamente: I've seen a lot of her recently últimamente la he visto bastante.
2 *adv (a short time ago)* hace poco: until recently everyone thought it was impossible hasta hace poco todos pensaron que era imposible.

receptacle [rɪˈseptəkəl] *n* receptáculo, recipiente *m*.

reception [rɪˈsepʃən]
1 *n (gen)* recepción *f*.
2 *n (welcome)* acogida.
3 *n (party)* recepción *f*; *(after wedding)* banquete *m*.
▪ reception class primera clase *f (en la escuela primaria)*.
reception desk recepción *f*.
reception room *(in public place)* salón *m*; *(in house)* sala de estar, sala, comedor o cualquier estancia donde se reciba a la gente.

receptionist [rɪˈsepʃənɪst] *n* recepcionista *mf*.

receptive [rɪˈseptɪv] *adj* receptivo,-a.

receptiveness [rɪˈseptɪvnəs] *n* receptividad *f*.

receptivity [riːsepˈtɪvɪtɪ] *n* receptividad *f*.

receptor [rɪˈseptəʳ] *n* receptor *m*.

recess [ˈriːses]
1 *n (in wall)* hueco.
2 *n (rest)* descanso.
3 *n* POL período de vacaciones.
4 *n (secret place)* recoveco.

recession [rɪˈseʃən] *n* recesión *f*.

recharge [riːˈtʃɑːdʒ] *vt* recargar.

rechargeable [riːˈtʃɑːdʒəbəl] *adj* recargable.

recherché [rəˈʃeəʃeɪ] *adj* rebuscado,-a.

rechristen [riːˈkrɪsən] *vt* rebautizar.

recidivism [rɪˈsɪdɪvɪzəm] *n* reincidencia.

recidivist [rɪˈsɪdɪvɪst]
1 *adj* reincidente.
2 *n* reincidente *mf*.

recipe [ˈresəpɪ]
1 *n* receta.
2 *n fig* fórmula.
▪ recipe book *(personal collection)* recetario; *(cookery book)* libro de cocina.

recipient [rɪˈsɪpɪənt]
1 *n (gen)* persona que recibe: recipients of medals are asked to rise se ruega se pongan en pie los que hayan recibido una medalla.
2 *n (of letter etc)* destinatario,-a.
3 *n (of transplant)* receptor,-ra.

reciprocal [rɪˈsɪprəkəl] *adj* recíproco,-a.

reciprocate [rɪˈsɪprəkeɪt]
1 *vi* corresponder.
2 *vt (invitation)* devolver, corresponder a.

reciprocity [resɪˈprɒsɪtɪ] *n* reciprocidad *f*.

recital [rɪˈsaɪtəl] *n* recital *m*.

recitation [resɪˈteɪʃən]
1 *n (of poetry)* recitación *f*.
2 *n (of list)* enumeración *f*.

recite [rɪˈsaɪt]
1 *vt (poetry)* recitar.
2 *vt (list)* enumerar.

reckless [ˈrekləs]
1 *adj (hasty)* precipitado,-a.
2 *adj (careless)* imprudente, temerario,-a.
▪ reckless driving conducción *f* temeraria.

recklessly [ˈrekləslɪ] *adv* imprudentemente, temerariamente, de manera temeraria.

recklessness [ˈrekləsnəs] *n (haste)* imprudencia, temeridad *f*.

reckon [ˈrekən]
1 *vt (estimate)* calcular: the organizers reckon there were about 10,000 people there los organizadores calculan que había unas 10.000 personas.
2 *vt (calculate)* calcular: how are pensions reckoned in this country? ¿cómo se calculan las pensiones en este país?
3 *vt (regard)* considerar: it's reckoned to be the finest coffee in the world está considerado el mejor café del mundo.

4 vt (think) creer, considerar: I reckon he's finished as a footballer yo creo que está acabado como futbolista.
▸ **to reckon on** vt insep contar con: you can reckon on it costing at least £2,000 puedes contar con que costará al menos 2000 libras.
to reckon up vt sep calcular, sumar.
to reckon with
  1 vt insep (expect) esperar: I never reckoned with so much traffic no esperaba tanto tráfico.
  2 vt insep (take into account) tener en cuenta: they're still a force to be reckoned with aún son una fuerza a tener en cuenta.
  3 vt insep (deal with) vérselas con: you touch me and you'll have my cousin to reckon with si me tocas tendrás que vértelas con mi primo.
to reckon without vt insep no tener en cuenta, no contar con.

reckoning ['rekənɪŋ] n cálculos mpl: by my reckoning, ... según mis cálculos, ...
  ▪ **the day of reckoning** el día m del juicio final.

reclaim [rɪ'kleɪm]
  1 vt (money, right, etc) reclamar.
  2 vt (land) ganar (al mar).
  3 vt (recycle) reciclar.
  4 vt (baggage) recoger.

reclamation [reklə'meɪʃən]
  1 n (of land) rescate m.
  2 n (of waste) reciclaje m.

recline [rɪ'klaɪn]
  1 vt (lean back) reclinar; (rest) apoyar.
  2 vi reclinarse, recostarse.

reclining [rɪ'klaɪnɪŋ] adj reclinable.

recluse [rɪ'kluːs] n ermitaño,-a.
  ✦ **to live the life of a recluse** vivir recluido,-a.

reclusive [rɪ'kluːsɪv] adj solitario,-a.

recognisable [rekəg'naɪzəbəl] adj → **recognizable**.

recognizably [rekəg'naɪzəblɪ] adv de manera apreciable.

recognise ['rekəgnaɪz] vt → **recognize**.

recognition [rekəg'nɪʃən] n reconocimiento.
  ✦ **in recognition of** en reconocimiento a.
  to change beyond all recognition ser irreconocible.

recognizable [rekəg'naɪzəbəl] adj reconocible.

recognisably [rekəg'naɪzəblɪ] adv → **recognizably**.

recognize ['rekəgnaɪz] vt reconocer.

recoil ['riːkɔɪl]
  1 n (of gun) culatazo, retroceso.
  2 vi (person - move back) retroceder; (- feel disgust) sentir repugnancia: she recoils from all forms of cruelty le repugna la crueldad en todas sus formas.
  3 vi (gun) retroceder, dar un culatazo.
  ▲ (verbo) [rɪ'kɔɪl].

recollect [rekə'lekt] vt recordar.

recollection [rekə'lekʃən] n recuerdo.

recommence [rekə'mens]
  1 vt reanudar.
  2 vi reanudarse.

recommend [rekə'mend]
  1 vt recomendar: what do you recommend? ¿qué me recomiendas?
  2 vt (advise) recomendar, aconsejar, sugerir.

recommendable [rekə'mendəbəl] adj recomendable.

recommendation [rekəmen'deɪʃən]
  1 n recomendación f.
  2 n (advice) consejo, sugerencia.

recompense ['rekəmpens]
  1 n recompensa.
  2 n JUR indemnización f.
  3 vt recompensar.
  4 vt JUR indemnizar.

reconcilable [rekən'saɪləbəl] adj reconciliable.

reconcile ['rekənsaɪl]
  1 vt (people) reconciliar.
  2 vt (ideas) conciliar.
  ✦ **to reconcile oneself to something** resignarse a algo.

reconciliation [rekənsɪlɪ'eɪʃən] n reconciliación f.

recondite ['rekəndaɪt] adj recóndito,-a.

recondition [riːkən'dɪʃən] vt revisar totalmente.

reconnaissance [rɪ'kɒnɪsəns] n reconocimiento.

reconnoiter [rekə'nɔɪtər] vt US → **reconnoitre**.

reconnoitre [rekə'nɔɪtər]
  1 vt reconocer.
  2 vi hacer un reconocimiento.

reconquer [riː'kɒŋkər] vt reconquistar.

reconquest [riː'kɒŋkwest] n reconquista.

reconsider [riːkən'sɪdər] vt reconsiderar.

reconsideration [riːkɒnsɪdə'reɪʃən] n revisión f, reconsideración f.

reconstitute [riː'kɒnstɪtjuːt]
  1 vt (food) reconstituir.
  2 vt (group) reconstituir, reorganizar.

reconstruct [riːkəns'trʌkt] vt reconstruir.

reconstruction [riːkən'strʌkʃən] n reconstrucción f.

record ['rekɔːd]
  1 n (written evidence) constancia, constancia escrita: there is no record of his ever having married no queda constancia de que se haya casado nunca; it's the driest spring on record es la primavera más seca de la que se tiene constancia.
  2 n (note) relación f. he keeps a record of everything he spends lleva una relación de todo lo que gasta.
  3 n (facts about a person) historial m.

4 n MUS disco.
  5 n SP récord m, marca, plusmarca.
  6 vt (write down) anotar, apuntar, tomar nota de: he recorded all the details in his diary anotaba todos los detalles en su diario; the lady's reply is not recorded no queda constancia de lo que contestó la señora.
  7 vt (voice, music) grabar: the interview was recorded on tape la entrevista fue grabada en una cinta.
  8 vt (instrument, gauge) registrar: winds in excess of 110 miles per hour were recorded se registraron vientos de más de 110 millas por hora.
  9 adj récord: they built it in record time lo construyeron en un tiempo récord.
  10 **records** npl (files) archivos mpl: all our records were destroyed in the fire todos nuestros archivos fueron destruidos en el incendio.
  ✦ **off the record** confidencialmente.
  to be on record as saying that ... haber declarado públicamente que ...
  to break a record batir un récord.
  to have a record tener antecedentes.
  to hold the record ostentar el récord.
  to set a record establecer un récord.
  to set the record straight dejar las cosas claras.
  ▪ **medical record** historial m médico.
  record breaker plusmarquista mf.
  record card ficha.
  record company casa discográfica.
  record holder plusmarquista mf.
  record library fonoteca, discoteca.
  record player tocadiscos m.
  record token vale para comprar discos, casetes, etc.
  ▲ (verbo) [rɪ'kɔːd].

record-breaking ['rekɔːdbreɪkɪŋ] adj récord, que bate todos los récords.

recorded [rɪ'kɔːdɪd] adj (written) anotado,-a, apuntado,-a; (on tape etc) grabado,-a.
  ▪ **recorded delivery** correo certificado.

recorder [rɪ'kɔːdər] n MUS flauta.
  ▪ **cassette recorder** casete m.

recording [rɪ'kɔːdɪŋ] n grabación f.
  ▪ **recording studio** estudio de grabación.

recount [rɪ'kaʊnt] vt (narrate) contar, relatar.

re-count ['riːkaʊnt]
  1 n recuento.
  2 vt (count again) volver a contar, hacer el recuento de.
  ▲ (verbo) [riː'kaʊnt].

recoup [rɪ'kuːp] vt (gen) recuperar; (losses) resarcirse de.

recourse [rɪ'kɔːs] n recurso.
  ✦ **to have recourse to** recurrir a.
  without recourse to sin recurrir a.

recover [rɪ'kʌvər]
  1 vt (gen) recuperar; (dead body) rescatar.
  2 vi recuperarse, reponerse.
  ✦ **to recover consciousness** recobrar el conocimiento.

re-cover [riːˈkʌvəʳ] *vt (furniture)* retapizar; *(book)* volver a forrar.

recoverable [rɪˈkʌvərəbəl] *adj* recuperable.

recovery [rɪˈkʌvəri] *n* recuperación *f*.

recreate [riːkrɪˈeɪt] *vt* recrear.

recreation [rekrɪˈeɪʃən]
1 *n (free time)* esparcimiento.
2 *n (hobby)* pasatiempo.
3 *n (in school)* recreo.
• **recreation ground** parque *m* infantil.
recreation room *(in institution)* sala de recreo; *(in house)* sala de juegos.

re-creation [riːkrɪˈeɪʃən] *n* recreación *f*.

recreational [rekrɪˈeɪʃənəl] *adj* de recreo.

recriminate [rɪˈkrɪmɪneɪt] *vt* recriminar.

recrimination [rɪkrɪmɪˈneɪʃən] *n* recriminación *f*.

recriminatory [rɪˈkrɪmɪnətərɪ] *adj* recriminatorio,-a.

recruit [rɪˈkruːt]
1 *n (soldier)* recluta *m*; *(to group)* nuevo miembro, nuevo componente *m*; *(to company)* nuevo,-a empleado,-a, nuevo fichaje *m*.
2 *vt (soldier)* reclutar; *(employee)* contratar; *(member)* conseguir.
3 *vi (soldiers)* alistar reclutas; *(employees)* contratar empleados; *(members)* buscar socios.

recruitment [rɪˈkruːtmənt] *n (of soldiers)* reclutamiento; *(of employees)* contratación *f*; *(of members)* búsqueda de socios.

recta [ˈrektə] *npl* → **rectum.**

rectal [ˈrektəl] *adj* rectal.

rectangle [ˈrektæŋgəl] *n* rectángulo.

rectangular [rektˈæŋgjʊləʳ] *adj* rectangular.

rectifiable [rektɪˈfaɪəbəl] *adj* rectificable.

rectification [rektɪfɪˈkeɪʃən] *n* rectificación *f*.

rectifier [ˈrektɪfaɪəʳ] *n* rectificador *m*.

rectify [ˈrektɪfaɪ] *vt* rectificar, corregir.

rectilinear [rektɪˈlɪnɪəʳ] *adj* rectilíneo,-a.

rectitude [ˈrektɪtjuːd] *n* rectitud *f*.

rector [ˈrektəʳ]
1 *n (of church)* párroco.
2 *n (of university)* rector,-ra.

rectory [ˈrektərɪ] *n* rectoría.

rectum [ˈrektəm] *n* recto.
▲ *pl* **rectums** o **recta.**

recumbent [rɪˈkʌmbənt] *adj* recostado,-a, yacente.

recuperate [rɪkˈuːpəreɪt]
1 *vt (get back)* recuperar.
2 *vi (from illness)* recuperarse, reponerse.

recuperation [rɪkuːpərˈeɪʃən] *n* recuperación *f*.

recur [rɪˈkɜːʳ] *vi* repetirse, reproducirse.

recurrence [rɪˈkʌrəns] *n* repetición *f*.

recurrent [rɪˈkʌrənt]
1 *adj* MATH periódico,-a.
2 *adj* MED recurrente.

recurring [rɪˈkɜːrɪŋ]
1 *adj (gen)* recurrente.
2 *adj* MATH periódico,-a.

recyclable [riːˈsaɪkələbəl] *adj* reciclable.

recycle [riːˈsaɪkəl] *vt* reciclar.

recycling [riːˈsaɪkəlɪŋ] *n* reciclaje *m*.
• **recycling plant** planta de reciclaje.

red [red]
1 *n (colour)* rojo.
2 *n (left winger)* rojo,-a.
3 *adj* rojo,-a: she was dressed all in red iba vestida toda de rojo.
4 *adj (hair)* pelirrojo,-a.
✦ **to be in the red** estar en descubierto.
to turn red ponerse colorado,-a, sonrojarse.
■ **red admiral** vanesa roja.
red alert alerta roja.
Red Army Ejército Rojo.
red blood cell glóbulo rojo.
red cabbage col *f* lombarda.
red card tarjeta roja.
red carpet alfombra roja: they rolled out the red carpet for him lo recibieron con todos los honores.
red corpuscle glóbulo rojo.
Red Crescent Media Luna Roja.
Red Cross Cruz *f* Roja.
Red Crystal Cristal Rojo.
red deer ciervo común.
red giant gigante *f* roja.
red herring pista falsa.
Red Indian piel roja *mf*.
red light semáforo en rojo.
red meat carne *f* roja.
red pepper pimiento rojo.
Red Riding Hood Caperucita Roja.
red route calle donde el estacionamiento está terminantemente prohibido.
Red Sea Mar *m* Rojo.
red tape papeleo burocrático.
red wine vino tinto.

red-blooded [ˈredˈblʌdɪd] *adj* viril: he's a real red-blooded male es un macho de pelo en pecho.

redbreast [ˈredbrest] *n* petirrojo.

red-brick [ˈredbrɪk] *adj* de ladrillo rojo.
■ **red-brick university** GB universidad de provincias construida a finales del siglo XIX.

redcurrant [redˈkʌrənt] *n* grosella.

redden [ˈredən]
1 *vt* enrojecer.
2 *vi (gen)* enrojecerse; *(blush)* ponerse rojo,-a, sonrojarse.

reddish [ˈredɪʃ] *adj* rojizo,-a.

redecorate [riːˈdekəreɪt] *vt (paint)* repintar; *(paper)* reempapelar.

redeem [rɪˈdiːm]
1 *vt* rescatar, salvar: the film had not a single feature to redeem it la película no tenía ni una sola cosa que la salvara.
2 *vt (from pawn)* desempeñar.
3 *vt (voucher)* canjear.
4 *vt (promise)* cumplir.
5 *vt* REL redimir.

✦ **to redeem oneself** conseguir el perdón, reparar el mal que uno ha hecho.

redeemable [rɪˈdiːməbəl] *adj (debt)* amortizable; *(pawned item)* redimible; *(voucher)* canjeable.

redeemer [rɪˈdiːməʳ] *n* redentor,-ra.
■ **The Redeemer** el Redentor *m*.

redeeming [rɪˈdiːmɪŋ] *adj* redentor,-ra: her sole redeeming feature is ... lo único que la salva es ...

redemption [rɪˈdempʃən]
1 *n (of debt)* pago.
2 *n (of voucher)* canje *m*.
3 *n* REL redención *f*.
✦ **to be beyond redemption** ser irredimible, no tener remedio.

redeploy [riːdɪˈplɔɪ] *vt* transferir, trasladar.

redeployment [riːdɪˈplɔɪmənt] *n* transferencia, traslado.

redesign [riːdɪˈzaɪn] *vt* rediseñar.

redevelop [riːdɪˈveləp] *vt* reurbanizar.

redevelopment [riːdɪˈveləpmənt] *n* reurbanización *f*.

red-haired [ˈredˈheəd] *adj* pelirrojo,-a.

red-handed [redˈhændɪd] *adj* con las manos en la masa, in fraganti.

redhead [ˈredhed] *n* pelirrojo,-a.

red-hot [redˈhɒt] *adj* al rojo vivo, candente.

redial [riːˈdaɪəl]
1 *vt* volver a marcar.
2 *n* rellamada.
▲ *(sustantivo)* [ˈriːdaɪəl].

redid [riːˈdɪd] *pt* → **redo.**

redirect [riːdaɪˈrekt] *vt (traffic)* desviar; *(letter)* remitir.

rediscover [riːdɪsˈkʌvəʳ] *vt* redescubrir.

rediscovery [riːdɪsˈkʌvərɪ] *n* redescubrimiento.

redistribute [riːdɪˈstrɪbjuːt] *vt* redistribuir.

redistribution [riːdɪstrɪˈbjuːʃən] *n* redistribución *f*.

red-letter day [redˈletədeɪ] *n* día *m* memorable, día *m* señalado.

red-light district [redˈlaɪtdɪstrɪkt] *n* barrio chino.

redness [ˈrednəs] *n* rojez *f*.

redo [riːˈduː] *vt* rehacer, volver a hacer.
▲ *pt* **redid** [riːˈdɪd], *pp* **redone** [riːˈdʌn], *ger* **redoing.**

redouble [riːˈdʌbəl] *vt* redoblar, reduplicar.

redoubt [rɪˈdaʊt] *n* reducto.

redoubtable [rɪˈdaʊtəbəl] *adj* temible.

redpoll [ˈredpɒl] *n* pardillo sizerín.

redress [rɪˈdres]
1 *n* reparación *f*.
2 *vt* reparar, corregir.
✦ **to redress the balance** restablecer el equilibrio.

redshank [ˈredʃæŋk] *n* archibebe *m* común.

redskin ['redskɪn] *n* piel roja *mf*.

redstart ['redstɑːt] *n* colirrojo.

reduce [rɪ'djuːs]

1 *vt (gen)* reducir, disminuir: **they're going to reduce the staff** van a reducir la plantilla; **the house was reduced to ashes** la casa se redujo a cenizas.

2 *vt (price etc)* rebajar.

✦ **"Reduce speed now"** "Disminuya la velocidad".

to be reduced to doing something no tener más remedio que hacer algo, verse obligado,-a a hacer algo: **he was reduced to begging** se vio obligado a pedir limosna.

to be reduced to something verse sumido,-a en algo: **the country was reduced to poverty** el país se vio sumido en la pobreza.

to reduce somebody to tears hacer llorar a alguien.

reduced [rɪ'djuːst] *adj (gen)* reducido, -a; *(price)* rebajado, reducido,-a.

reduction [rɪ'dʌkʃən] *n (gen)* reducción *f*, *(fall)* disminución *f*, *(in price)* rebaja.

redundancy [rɪ'dʌndənsɪ]

1 *n (dismissal)* despido.

2 *n (superfluity)* superfluidad *f*.

3 *n LING* redundancia.

redundant [rɪ'dʌndənt]

1 *adj (dismissed)* despedido,-a.

2 *adj (superfluous)* superfluo,-a.

3 *adj LING* redundante.

✦ **to be made redundant** perder el empleo, ser despedido,-a.

reduplicate [riː'djuːplɪkeɪt] *vt* reduplicar.

reduplication [riːdjuːplɪ'keɪʃən] *n* reduplicación *f*.

redwing ['redwɪŋ] *n* zorzal *m* alirrojo.

redwood ['redwʊd] *n* secuoya.

re-echo [riː'ekəʊ]

1 *vi* resonar.

2 *vt* repetir.

reed [riːd]

1 *n (plant)* caña, junco.

2 *n MUS* lengüeta.

redbed ['riːdbed] *n* cañaveral *m*, juncal *m*.

reeducate [riː'edjʊkeɪt] *vt* reeducar.

reedy ['riːdɪ] *adj (voice)* aflautado,-a.

▲ *comp* **reedier**, *superl* **reediest**.

reef [riːf] *n* arrecife *m*.

■ **reef knot** nudo de rizo.

reefer ['riːfəʳ] *n sl* porro, canuto.

reek [riːk]

1 *n* peste *m*, tufo.

2 *vi* apestar, heder.

reel[1] [riːl]

1 *n (of thread, cotton)* carrete *m*; *(of camera film)* carrete *m*, rollo; *(of cine film)* bobina; *(of wire, tape)* rollo.

2 *n (for fishing)* carrete *m*.

▶ **to reel in** *vt sep (line)* recoger, cobrar; *(fish)* cobrar, sacar del agua.

to reel off *vt sep* recitar.

reel[2] [riːl]

1 *vi (stagger)* tambalearse: **he reeled back and almost fell into the water** se tambaleó y por poco se cae al agua; **he's still reeling from the £15,000 fine** aún no se ha recuperado de la multa de quince mil libras.

2 *vi (spin round)* dar vueltas: **my head was reeling** la cabeza me daba vueltas.

reel[3] [riːl] *n baile tradicional escocés*.

re-elect [riːɪ'lekt] *vt* reelegir.

re-election [riːɪ'lekʃən] *n* reelección *f*.

re-employ [riːɪm'plɔɪ] *vt* volver a contratar.

reenact [riːɪ'nækt] *vt (event)* volver a representar; *(crime)* reconstruir.

reenactment [riːɪ'næktmənt] *n (event)* representación *f*, *(crime)* reconstrucción *f*.

re-enter [riː'entəʳ] *vt* volver a entrar en, reingresar en.

re-entry [riː'entrɪ] *n* reingreso.

▲ *pl* **re-entries**.

reeve [riːv] *n (in Canada)* presidente,-ta *mf* del concejo.

re-examination [riːɪgzæmɪ'neɪʃən] *n (of evidence)* nuevo examen *m*; *(of patient)* nuevo reconocimiento; *(of witness)* nuevo interrogatorio.

re-examine [riːɪg'zæmɪn] *vt (evidence, patient, student)* volver a examinar, reexaminar; *(witness)* volver a interrogar.

ref[1] ['refərəns] *abbr* (**reference**) referencia; *(abbreviation)* ref.

ref[2] [ref] *n fam (abbr of* **referee***)* árbitro,-a.

refectory [rɪ'fektərɪ] *n* refectorio.

▲ *pl* **refectories**.

refer [rɪ'fɜːʳ]

1 *vt (send)* remitir, mandar, enviar: **I'm going to refer you to a specialist** voy a mandarlo a un especialista; **I refer you to my article in …** te remito a mi artículo en …

2 *vi (allude to)* referirse (**to**, a): **who are you referring to?** ¿a quién te refieres?

3 *vi (mention, name)* hacer referencia (**to**, a): **he referred to a Mr Fletcher** hizo referencia a un tal Sr Fletcher.

4 *vi (consult)* consultar (**to**, -): **he referred constantly to his notes** consultaba constantemente sus apuntes.

5 *vi (describe)* calificar (**to**, de); *(call)* llamar (**to**, a): **he was referred to as an opportunist** lo calificaron de oportunista; **she refers to him as "the Fox"** lo llama "el Zorro".

referee [refə'riː]

1 *n SP* árbitro,-a.

2 *n (for job)* persona que da referencias personales sobre alguien.

3 *vt* arbitrar.

reference ['refərəns]

1 *n* referencia, mención *f*: **I can find no reference to his wife** no encuentro mención alguna a su esposa.

2 *n (for job)* referencias *fpl*.

✦ **for future reference** para consultas en el futuro.

to make reference to hacer referencia a, mencionar.

with reference to referente a, con relación a.

■ **reference book** libro de consulta.

reference library biblioteca de consulta.

referendum [refə'rendəm] *n* referéndum *m*.

▲ *pl* **referendums** o **referenda** [refə'rendə].

referral [rɪ'fɜːrəl] *n* remisión *f*.

refill ['riːfɪl]

1 *n (for pen etc)* recambio; *(for lighter)* carga: **your glass is empty, would you like a refill?** tu copa está vacía, ¿quieres que te la rellene?

2 *vt (glass, pen)* volver a llenar; *(lighter)* recargar.

▲ *(verbo)* [riː'fɪl].

refillable [riː'fɪləbəl] *adj* recargable.

refine [rɪ'faɪn]

1 *vt (purify)* refinar.

2 *vt (polish, perfect)* pulir, perfeccionar.

refined [rɪ'faɪnd]

1 *adj (product)* refinado,-a.

2 *adj (person, behaviour)* refinado,-a, fino,-a.

refinement [rɪ'faɪnmənt]

1 *n (genteelness)* refinamiento.

2 *n (improvement)* mejora.

3 *n (process of refining)* refinado.

refinery [rɪ'faɪnərɪ] *n* refinería.

▲ *pl* **refineries**.

refining [rɪ'faɪnɪŋ] *n* refinado.

refit ['riːfɪt]

1 *n* reacondicionamiento.

2 *vt* reacondicionar.

▲ *pt & pp* **refitted**, *ger* **refitting**.

reflation [riː'fleɪʃən] *n* reflación *f*.

reflect [rɪ'flekt]

1 *vt* reflejar: **my face was reflected in the lake** mi cara se reflejaba en el lago.

2 *vi (think)* reflexionar (**on**, sobre): **I reflected a great deal before acting** reflexioné mucho antes de actuar.

▶ **to reflect on** *vt insep* perjudicar: **this in no way reflects on your reputation** esto no perjudica de ningún modo tu reputación.

reflection [rɪ'flekʃən]

1 *n (image)* reflejo.

2 *n (thought)* reflexión *f*.

3 *n (aspersion)* descrédito.

✦ **on reflection, …** pensándolo bien, …

reflective [rɪ'flektɪv]

1 *adj (surface)* brillante.

2 *adj (person)* contemplativo,-a.

reflector [rɪ'flektəʳ] *n (gen)* reflector *m*; *(on car)* catafaro.

reflex ['riːfleks] *n* reflejo.

■ **reflex action** acto reflejo.

reflex camera cámara réflex.

reflexive [rɪ'fleksɪv] *adj* reflexivo,-a.

reflexology [riːfleks'ɒlədʒɪ] *n* reflexoterapia.

refloat [riːˈfləʊt] *vt* reflotar.
reforest [riːˈfɒrɪst] *vt* reforestar.
reforestation [riːfɒrɪˈsteɪʃən] *n* reforestación *f*, repoblación *f* forestal.
reform [rɪˈfɔːm]
1 *n* reforma.
2 *vt* reformar.
reformat [riːˈfɔːmæt] *vt* reformatear.
reformation [refəˈmeɪʃən] *n* reforma.
reformatory [rɪˈfɔːmətərɪ] *n* reformatorio.
reformer [rɪˈfɔːməʳ] *n* reformador,-ra.
reformist [rɪˈfɔːmɪst]
1 *adj* reformista.
2 *n* reformista *mf*.
refract [rɪˈfrækt]
1 *vt* refractar.
2 *vi* refractarse.
refraction [rɪˈfrækʃən] *n* refracción *f*.
■ **angle of refraction** ángulo de refracción.
  double refraction refracción *f* doble, birrefracción *f*.
refractive [rɪˈfræktɪv] *adj* refractivo,-a.
■ **refractive index** índice *m* de refracción.
refractor [rɪˈfræktəʳ] *n* refractor *m*.
refractory [rɪˈfræktərɪ] *adj* refractario,-a.
refrain¹ [rɪˈfreɪn] *n MUS* estribillo.
refrain² [rɪˈfreɪn] *vi* abstenerse (**from**, de): please refrain from doing that por favor, absténgase de hacer eso.
refresh [rɪˈfreʃ] *vt* refrescar.
refresher course [rɪˈfreʃəkɔːs] *n* cursillo de reciclaje.
refreshing [rɪˈfreʃɪŋ] *adj (gen)* refrescante; *(rest, sleep)* reparador,-ra.
refreshment [rɪˈfreʃmənt] *n* refresco, refrigerio.
refrigerant [rɪˈfrɪdʒərənt] *n* refrigerante *m*.
refrigerate [rɪˈfrɪdʒəreɪt] *vt* refrigerar.
refrigeration [rɪfrɪdʒəˈreɪʃən] *n* refrigeración *f*.
refrigerator [rɪˈfrɪdʒəreɪtəʳ] *n* frigorífico, nevera.
refringent [rɪˈfrɪndʒənt] *adj* refringente.
refuel [riːˈfjuːəl]
1 *vt (vehicle)* poner carburante a.
2 *vt (emotions)* reavivar.
3 *vi* repostar.
refuge [ˈrefjuːdʒ] *n* refugio.
✦ **to seek refuge** buscar refugio.
  to take refuge refugiarse, guarecerse.
refugee [refjuːˈdʒiː] *n* refugiado,-a.
■ **refugee camp** campamento de refugiados.
refund [ˈriːfʌnd]
1 *n* reembolso.
2 *vt* reembolsar.
▲ *(verbo)* [riːˈfʌnd].
refurbish [riːˈfɜːbɪʃ] *vt* remozar, renovar.
refusal [rɪˈfjuːzəl]
1 *n (negative reply)* negativa, respuesta negativa.
2 *n (rejection)* rechazo.

✦ **to meet with refusal** ser rechazado,-a.
■ **first refusal** primera opción *f*.
refuse¹ [ˈrefjuːs] *n* basura.
■ **refuse collection** recogida de basuras.
  refuse collector basurero,-a.
  refuse dump/refuse tip vertedero.
  refuse worker basurero,-a.
refuse² [rɪˈfjuːz]
1 *vt (reject)* rehusar, rechazar, no aceptar: my offer was refused mi oferta fue rechazada.
2 *vt (withhold)* negar, denegar, no conceder: they refused me a visa me denegaron el visado.
3 *vi* negarse (**to**, a): he refused to sing se negó a cantar.
refutation [refjuːˈteɪʃən] *n* refutación *f*.
refute [rɪˈfjuːt] *vt* refutar.
regain [rɪˈgeɪn]
1 *vt (recover)* recobrar, recuperar.
2 *vt (get back to)* volver a.
✦ **to regain consciousness** volver en sí.
regal [ˈriːgəl] *adj* regio,-a.
regale [rɪˈgeɪl]
1 *vt (present with)* agasajar (**with**, con).
2 *vt (entertain)* entretener (**with**, con).
regalia [rɪˈgeɪlɪə] *n* galas *fpl*.
regally [ˈriːgəlɪ] *adv* regiamente.
regard [rɪˈgɑːd]
1 *n* respeto, consideración *f*: he has no regard for people's feelings no respeta los sentimientos de los demás.
2 *vt (consider)* considerar: it's regarded as his finest work se considera su mejor obra; I regard the matter closed doy por cerrado el asunto.
3 *vt (look at)* mirar, contemplar.
4 *vt (heed)* hacer caso a.
5 **regards** *npl* recuerdos *mpl*.
✦ **as regards** con respecto a, por lo que se refiere a.
  to hold in high regard tener en gran estima.
  without regard to sin hacer caso de.
  with regard to con respecto a.
regarding [rɪˈgɑːdɪŋ] *prep* tocante a, respecto a.
regardless [rɪˈgɑːdləs]
1 *adv fam* a pesar de todo.
2 **regardless of** *prep fam* sin tener en cuenta.
regatta [rɪˈgætə] *n* regata.
regd [ˈredʒɪstəd] *abbr* (**registered**) registrado,-a.
regency [ˈriːdʒensɪ] *n* regencia.
regenerate [rɪˈdʒenəreɪt]
1 *vt* regenerar.
2 *vi* regenerarse.
regeneration [rɪdʒenəˈreɪʃən] *n* regeneración *f*.
regent [ˈriːdʒənt] *n* regente *mf*.
reggae [ˈregeɪ] *n* reggae *m*.
regime [reɪˈʒiːm] *n* régimen *m*.
▲ *También se escribe régime.*

regiment [ˈredʒɪmənt]
1 *n* regimiento.
2 *vt MIL* regimentar.
3 *vt fig* disciplinar, reglamentar.
regimental [redʒɪˈmentəl] *adj* del regimiento.
regimentation [redʒɪmenˈteɪʃən] *n* reglamentación *f*.
region [ˈriːdʒən] *n* región *f*.
✦ **in the region of** aproximadamente, alrededor de.
regional [ˈriːdʒənəl] *adj* regional.
regionalism [ˈriːdʒənəlɪzəm] *n* regionalismo.
regionalist [ˈriːdʒənəlɪst]
1 *adj* regionalista.
2 *n* regionalista *mf*.
register [ˈredʒɪstəʳ]
1 *n (gen)* registro; *(in school)* lista: would you sign the register, please? ¿quiere firmar el registro, por favor?; the teacher took the register la profesora pasó lista.
2 *vt (put on record, list)* registrar; *(car, student)* matricular; *(birth, death, marriage)* inscribir en el registro: I registered the car in my sister's name matriculé el coche en nombre de mi hermana; she registered the death of her father inscribió la muerte de su padre en el registro.
3 *vt (show - reading)* registrar, indicar, marcar; *(- feeling)* mostrar, reflejar: this gauge registers internal pressure este manómetro indica la presión interior; his face registered disappointment su cara mostraba decepción.
4 *vt (make known)* hacer constar: I wish to register my disapproval quiera hacer constar mi desaprobación; I wish to register a complaint quisiera presentar una queja.
5 *vt (letter)* certificar.
6 *vi (for classes)* matricularse; *(at congress, with doctor)* inscribirse; *(at hotel)* registrarse.
7 *vi (make impact)* it didn't register until later who she was no caí en la cuenta de quién era hasta más tarde.
■ **register office** registro civil.
registered [ˈredʒɪstəd]
1 *adj (person)* inscrito,-a; *(student)* matriculado,-a.
2 *adj (letter)* certificado,-a.
3 *adj (car, etc)* matriculado,-a; *(ship)* de bandera: a Taiwanese registered tanker un petrolero de bandera taiwanesa.
■ **registered nurse** enfermero,-a diplomado,-a.
  registered office sede *f* social.
  registered post correo certificado.
  registered trademark marca registrada.
registrar [redʒɪsˈtrɑːʳ]
1 *n (in office)* registrador,-ra; *(at university)* secretario,-a general.
2 *n (doctor)* médico,-a interno,-a.

registration [redʒɪs'treɪʃən]
1 *n (of birth, death marriage)* inscripción *f*; *(of patent etc)* registro.
2 *n (enrolment)* inscripción *f*; *(of student)* matrícula.
▪ **registration number** *AUTO* matrícula.
registry ['redʒɪstrɪ] *n* registro.
▪ **registry office** registro civil: it'll be a registry office wedding nos casaremos por lo civil.
regress [rɪ'gres] *vi* sufrir una regresión.
regression [rɪ'greʃən] *n* regresión *f*.
regressive [rɪ'gresɪv] *adj* regresivo,-a.
regret [rɪ'gret]
1 *n (remorse)* remordimiento.
2 *n (sadness)* pesar *m*.
3 *vt (feel sorry)* lamentar, arrepentirse de: I don't regret leaving her no me arrepiento de haberla dejado.
4 *vt (express one's sadness)* lamentar: I regret to inform you that ... lamento informarle que ...; we regret to announce the death of ... lamentamos comunicar la muerte de ...
5 *vt (miss)* echar de menos, echar en falta.
6 **regrets** *npl* excusas *mpl*: she sends her regrets manda sus excusas.
regretful [rɪ'gretful] *adj* arrepentido,-a.
regrettable [rɪ'gretəbəl] *adj* lamentable.
regrettably [rɪ'gretəblɪ] *adv* lamentablemente.
regroup [riː'gruːp]
1 *vt* reagrupar.
2 *vi* reagruparse.
regular ['regjʊləʳ]
1 *adj (gen)* regular: the buses on this route are very regular los autobuses de esta línea son muy regulares; I submit regular reports to my boss a mi jefe le presento informes regularmente; regular attendance is essential la asistencia regular es imprescindible.
2 *adj (normal)* normal, usual, de siempre: our regular milkman will be back next week el lechero de siempre volverá la semana que viene.
3 *adj (habitual)* habitual, asiduo,-a: he's one of our regular customers es uno de nuestros clientes habituales.
4 *adj (normal in size)* de tamaño normal: do you want regular or giant? ¿quiere tamaño normal o gigante?
5 *adj US (pleasant)* simpático,-a; *(honest)* legal.
6 *n fam* cliente *mf* habitual.
✦ **as regular as clockwork** con una regularidad cronométrica.
▪ **regular army** ejército regular.
regular soldier soldado profesional.
regularity [regjʊ'lærətɪ] *n* regularidad *f*.
regularise ['regjʊləraɪz] *vt* → **regularize**.
regularize ['regjʊləraɪz] *vt* regularizar.
regularly ['regjʊləlɪ] *adv* regularmente, con regularidad.

regulate ['regjʊleɪt]
1 *vt (control)* regular, controlar; *(adjust)* regular.
2 *vt (impose rules)* reglamentar, regular.
regulation [regjʊ'leɪʃən]
1 *n (control)* regulación *f*.
2 *n (rule)* regla.
regulator ['regjʊleɪtəʳ] *n* regulador *m*.
regurgitate [rɪ'gɜːdʒɪteɪt]
1 *vt (food)* regurgitar.
2 *vt (information)* repetir maquinalmente.
regurgitation [rɪgɜːdʒɪ'teɪʃən]
1 *n (of food)* regurgitación *f*.
2 *n (of information)* repetición *f* maquinal.
rehabilitate [riːhə'bɪlɪteɪt] *vt* rehabilitar.
rehabilitation [riːhəbɪlɪ'teɪʃən] *n* rehabilitación *f*.
▪ **rehabilitation centre** centro de rehabilitación.
rehash ['riːhæʃ]
1 *n* refrito.
2 *vt* refundir.
rehearsal [rɪ'hɜːsəl] *n* ensayo.
rehearse [rɪ'hɜːs] *vt* ensayar.
reheat [r.ɪ'hiːt] *vt* recalentar.
rehouse [riː'haʊz] *vt* realojar.
reign [reɪn]
1 *n* reinado.
2 *vi* reinar.
reigning ['reɪnɪŋ] *adj (gen)* actual; *(king etc)* reinante.
reimburse [riːɪm'bɜːs] *vt* reembolsar.
reimbursement [riːɪm'bɜːsmənt] *n* reembolso.
rein [reɪn]
1 *n* rienda.
2 **reins** *npl (child's)* andadores *mpl*.
▶ **to rein in** *vt sep* refrenar.
✦ **to give free rein to** dar rienda suelta a.
to keep a tight rein on controlar estrictamente, llevar un estricto control de.
to take the reins tomar las riendas.
reincarnation [riːɪnkɑː'neɪʃən] *n* reencarnación *t*.
reindeer ['reɪndɪəʳ] *n* reno.
▲ *pl* **reindeer** o **reindeers**.
reinforce [riːɪn'fɔːs] *vt* reforzar.
▪ **reinforced concrete** hormigón *m* armado.
reinforcement [riːɪn'fɔːsmənt] *n* refuerzo.
reinstall [riːɪn'stɔːl] *vt* reinstalar.
▲ *También se escribe* **reinstal**.
reinstate [riːɪn'steɪt] *vt (to job)* readmitir.
reinstatement [riːɪn'steɪtmənt] *n* readmisión *f*.
reintegrate [riː'ɪnɪgreɪt] *vt* reintegrar.
reintegration [riːɪnɪ'greɪʃən] *n* reintegración *f*.
reinterpret [riːɪn'tɜːprɪt] *vt* reinterpretar.
reinterpretation [riːɪntɜːprɪ'teɪʃən] *n* reinterpretación *f*.

reintroduce [riːɪntrədjuːs] *vt* reintroducir.
reintroduction [riːɪntrə'dʌkʃən] *n* reintroducción *f*.
reinvest [riːɪn'vest] *vt* reinvertir.
reissue [riː'ɪʃuː]
1 *n (of book)* reedición *f*; *(of stamp)* nueva emisión *f*.
2 *vt (book)* reeditar; *(stamp)* volver a emitir.
reiterate [riː'ɪtəreɪt] *vt* reiterar.
reiteration [riːɪtə'reɪʃən] *n* reiteración *f*.
reject ['riːdʒekt]
1 *n (thing)* artículo defectuoso; *(person)* marginado,-a.
2 *vt (gen)* rechazar, no aceptar; *(in law)* desestimar.
▲ *(verbo)* [rɪ'dʒekt].
rejection [rɪ'dʒekʃən] *n (gen)* rechazo; *(negative reply)* respuesta negativa.
✦ **to meet with rejection** ser rechazado,-a.
rejoice [rɪ'dʒɔɪs] *vi* alegrarse, regocijarse.
rejoicing [rɪ'dʒɔɪsɪŋ]
1 *n* alegría, regocijo.
2 *n (public)* fiestas *fpl*.
rejoin¹ [riː'dʒɔɪn]
1 *vt (put back together)* volver a juntar.
2 *vt (go back to - group, family)* volver a juntarse con; *(- team)* volver a incorporarse a; *(- army)* volver a alistarse en; *(- road, path)* volver a tomar.
rejoin² [riː'dʒɔɪn] *vt (answer)* replicar.
rejoinder [rɪ'dʒɔɪndəʳ] *n* réplica.
rejuvenate [rɪ'dʒuːvəneɪt] *vt* rejuvenecer.
rejuvenating [rɪ'dʒuːvəneɪtɪŋ] *adj* rejuvenecedor,-ra.
rejuvenation [rɪdʒuːvə'neɪʃən] *n* rejuvenecimiento.
rekindle [riː'kɪndəl] *vt* reavivar.
re-laid [riː'leɪd] *pt & pp* → **re-lay**.
relapse [rɪ'læps]
1 *n MED* recaída.
2 *n (crime)* reincidencia.
3 *vi MED* recaer.
4 *vi (crime)* reincidir.
✦ **to suffer a relapse** tener una recaída.
relate [rɪ'leɪt]
1 *vt (tell)* relatar, contar.
2 *vt (connect)* relacionar (**to**, con).
3 *vi (connect)* relacionarse, estar relacionado: how does this relate to your work? ¿esto, cómo está relacionado con tu trabajo?
related [rɪ'leɪtɪd]
1 *adj (connected)* relacionado,-a.
2 *adj (relatives)* emparentado,-a.
3 *adj (plants, animals, languages, etc)* de la misma familia.
relation [rɪ'leɪʃən]
1 *n (connection)* relación *f*.
2 *n (family)* pariente *mf*.
✦ **in relation to** con relación a.

to **bear no relation to** no guardar ninguna relación con.

relational [rɪˈleɪʃənəl] *adj* relacional.
- **relational database** base *f* de datos relacional.

relationship [rɪˈleɪʃənʃɪp]
1 *n (connection)* relación *f*.
2 *n (between people)* relaciones *fpl*.

relative [ˈrelətɪv]
1 *adj* relativo,-a.
2 *n* pariente *mf*, familiar *mf*.
- **relative to** con relación a.

relatively [ˈrelətɪvlɪ] *adv* relativamente.

relativism [ˈrelətɪvɪzəm] *n* relativismo.

relativist [ˈrelətɪvɪst]
1 *adj* relativista.
2 *n* relativista *mf*.

relativity [reləˈtɪvɪtɪ] *n* relatividad *f*.

relaunch [riːˈlɔːntʃ]
1 *vt* relanzar.
2 *n* relanzamiento.
▲ *(sustantivo)* [ˈriːlɔːntʃ].

relax [rɪˈlæks]
1 *vt (gen)* relajar.
2 *vt (grip, hold)* aflojar.
3 *vt (rules, control)* suavizar, relajar.
4 *vi (gen)* relajarse.
5 *vi (grip, hold)* aflojarse.

relaxation [riːlækˈseɪʃən]
1 *n (gen)* relajación *f*.
2 *n (of grip, hold)* aflojamiento.
3 *n (of rules, control)* suavización *f*, relajación *f*.
4 *n (rest)* descanso.
5 *n (recreation)* esparcimiento.

relaxed [rɪˈlækst]
1 *adj (person)* relajado,-a.
2 *adj (atmosphere)* distendido,-a.

relaxing [rɪˈlæksɪŋ] *adj* relajante.

relay [ˈriːleɪ;]
1 *n* relevo.
2 *n ELEC* relé *m*.
3 *vt (pass on)* transmitir.
4 *vt (broadcast)* retransmitir.
- **relay race** carrera de relevos.
  relay station estación *f* repetidora.
▲ *(verbo)* [ˈriːleɪ].

re-lay [riːˈleɪ]
1 *vt (carpet)* volver a poner.
2 *vt (cable)* volver a tender.
▲ *pt & pp* re-laid, *ger* re-laying.

release [rɪˈliːs]
1 *n (setting free)* liberación *f*, puesta en libertad.
2 *n (relief)* alivio.
3 *n (of film)* estreno; *(of record)* lanzamiento.
4 *n (of gas etc)* emisión *f*.
5 *n (new thing - film)* estreno, novedad *f* cinematográfica; *(- record)* nuevo disco, novedad *f* discográfica.
6 *n (statement)* comunicado.
7 *vt (set free)* liberar, poner en libertad.
8 *vt (let go of)* soltar.
9 *vt (brake etc)* soltar; *(shutter)* disparar.
10 *vt (bring out - film)* estrenar; *(- record)* sacar.

11 *vt (gas etc - give out)* emitir; *(- give off)* desprender.
12 *vt (statement, information)* hacer público, dar a conocer.
- **to release from jail** excarcelar.

relegate [ˈrelɪɡeɪt] *vt* relegar.
- **to be relegated** *SP* descender.

relegation [relɪˈɡeɪʃən]
1 *n* relegación *f*.
2 *n SP* descenso.

relent [rɪˈlent]
1 *vi (person)* ablandarse, ceder.
2 *vi (storm)* amainar.

relentless [rɪˈlentləs] *adj* implacable, inexorable.

relentlessly [rɪˈlentləslɪ] *adv* implacablemente.

relevance [ˈreləvəns]
1 *n (connection)* relación *f*.
2 *n (importance)* relevancia, importancia.

relevant [ˈreləvənt]
1 *adj (connected)* pertinente: **that is not relevant to the question** eso no tiene nada que ver con la cuestión.
2 *adj (important)* relevante, importante.

reliability [rɪlaɪəˈbɪlɪtɪ] *n* fiabilidad *f*.

reliable [rɪˈlaɪəbəl]
1 *adj (person)* fiable, de fiar.
2 *adj (news etc)* fidedigno,-a.
3 *adj (machine)* fiable.

reliably [rɪˈlaɪəblɪ] *adv* **I am reliably informed that …** fuentes fidedignas me informan que …, sé de buena tinta que …

reliance [rɪˈlaɪəns] *n* dependencia.

reliant [rɪˈlaɪənt] **to be reliant on** *phr* depender de.

relic [ˈrelɪk]
1 *n REL* reliquia.
2 *n (custom)* vestigio.

relief [rɪˈliːf]
1 *n (from pain etc)* alivio.
2 *n (help)* auxilio, socorro, ayuda.
3 *n (person)* relevo.
4 *n (lifting of siege)* liberación *f*.
5 *n GEOG* relieve *m*.
- **to breathe a sigh of relief/heave a sigh of relief** dar un suspiro de alivio.
  to throw into relief poner en relieve.
  what a relief! ¡qué alivio!
- **relief fund** fondo de ayuda.
  relief map mapa *m* físico.
  relief road vía de descongestión.

relieve [rɪˈliːv]
1 *vt (lessen)* aliviar: **this will relieve the pain** esto aliviará el dolor.
2 *vt (take over from)* relevar.
3 *vt (help)* socorrer, ayudar.
4 *vt (lift siege of)* liberar.
- **to relieve somebody of something** *(take away)* llevar; *(steal)* robar, quitar: **let me relieve you of your bags** déjeme que le lleve las bolsas; **they relieved me of my watch** me quitaron el reloj; **he was relieved of his duties as director** lo despidieron de su puesto de director.

to relieve oneself hacer sus necesidades.

relieved [rɪˈliːvd] *adj* aliviado,-a.

religion [rɪˈlɪdʒən] *n* religión *f*.

religious [rɪˈlɪdʒəs] *adj* religioso,-a.

religiously [rɪˈlɪdʒəslɪ] *adv* religiosamente.

religiousness [rɪˈlɪdʒəsnəs] *n* religiosidad *f*.

relinquish [rɪˈlɪŋkwɪʃ] *vt* renunciar a.

reliquary [ˈrelɪkwərɪ] *n* relicario.
▲ *pl* reliquaries.

relish [ˈrelɪʃ]
1 *n* gusto, deleite *m*.
2 *n CULIN* condimento.
3 *vt* disfrutar de: **I don't relish the idea** no me gusta la idea, no me hace gracia la idea.

reload [riːˈləʊd] *vt (gun)* volver a cargar; *(program, page)* recargar.

relocate [riːləʊˈkeɪt]
1 *vt* trasladar.
2 *vi* trasladarse.

relocation [riːləʊˈkeɪʃən] *n* traslado.

reluctance [rɪˈlʌktəns] *n* renuencia.

reluctant [rɪˈlʌktənt] *adj* renuente, reacio,-a.
- **to be reluctant to do something** estar poco dispuesto,-a a hacer algo.

reluctantly [rɪˈlʌktəntlɪ] *adv* muy a mi *(tu, su, etc)* pesar.

rely on [rɪˈlaɪ ɒn]
1 *vt (trust)* confiar en, contar con.
2 *vt (depend on)* depender de.

remade [riːˈmeɪd] *pt & pp* → **remake**.

remain [rɪˈmeɪn]
1 *vi (stay)* quedarse, permanecer.
2 *vi (be left)* quedar, sobrar.
3 *vi (continue)* seguir, continuar, permanecer.
4 **remains** *npl* restos *mpl*.
- **it only remains for me to …** solo me queda …
  it remains to be seen whether … queda por ver si …, está por ver si …

remainder [rɪˈmeɪndər] *n* resto.

remaining [rɪˈmeɪnɪŋ] *adj* restante.

remake [ˈriːmeɪk]
1 *n* nueva versión *f*.
2 *vt* hacer una nueva versión de.
▲ *pt & pp* remade [riːˈmeɪd]; *(verbo)* [riːˈmeɪk].

remand [rɪˈmɑːnd] *n* prisión *f* preventiva.
- **to be on remand** estar en prisión preventiva.
  to remand somebody in custody decretar prisión preventiva contra alguien.
  to remand somebody on bail poner en libertad bajo fianza.
- **remand centre/remand home** *centro penitenciario donde los menores aguardan juicio*.

remark [rɪˈmɑːk]
1 *n* observación *f*, comentario.
2 *vt (say)* observar, comentar.
3 *vt (notice)* advertir.
▶ **to remark on** *vt insep* comentar.

remarkable [rɪˈmɑːkəbəl]
1 adj (exceptional) extraordinario,-a, excepcional.
2 adj (odd) extraño,-a; (surprising) sorprendente, curioso,-a.

remarkably [rɪˈmɑːkəblɪ] adv extraordinariamente.

remarry [riːˈmærɪ]
1 vt (priest) volver a casar; (bride, groom) volver a casarse con.
2 vi volver a casarse.

remediable [rɪˈmiːdɪəbəl] adj remediable.

remedial [rɪˈmiːdɪəl]
1 adj (classes) de recuperación.
2 adj (treatment) de rehabilitación.

remedy [ˈremədɪ]
1 n remedio.
2 vt remediar.

remember [rɪˈmembəʳ]
1 vt recordar, acordarse de: I don't remember where I put it no me acuerdo de dónde lo puse; I remember seeing it in the office recuerdo haberlo visto en el despacho.
2 vt (commemorate) recordar: on this day we remember the dead of two world wars en este día recordamos los caídos de dos guerras mundiales.
3 vi acordarse, recordar.
+ as far as I remember que yo recuerde.
remember me to ... recuerdos a ... de mi parte.
to remember to do something acordarse de hacer algo.

remembrance [rɪˈmembrəns]
1 n conmemoración f.
2 n (keepsake) recuerdo.
+ in remembrance of para conmemorar.
■ Remembrance Day día en que se recuerda a los caídos de las dos guerras mundiales.

remex [ˈremeks] n rémige f.

remind [rɪˈmaɪnd] vt recordar: remind me to phone her recuérdame que la llame; he reminds me of Richard me recuerda a Richard.
+ that reminds me, ... a propósito, ..., ahora que me acuerdo, ...

reminder [rɪˈmaɪndəʳ]
1 n (note) recordatorio.
2 n (of payment due) aviso.
3 n (keepsake) recuerdo.

reminisce [remɪˈnɪs] vi rememorar.

reminiscences [remɪˈnɪsənsɪz] npl memorias fpl, reminiscencias fpl.

reminiscent [remɪˈnɪsənt] adj nostálgico,-a.
+ to be reminiscent of recordar: it's reminiscent of basil recuerda albahaca.

remiss [rɪˈmɪs] adj negligente.

remission [rɪˈmɪʃən] n remisión f.
+ to go into remission entrar en remisión.

remit [rɪˈmɪt]
1 vt remitir.
2 n competencia, atribuciones fpl.
▲ (sustantivo) [ˈriːmɪt].

remittance [rɪˈmɪtəns] n envío.

remnant [ˈremnənt]
1 n resto.
2 n (cloth) retal m.
3 n (of past) vestigio.

remonstrance [rɪˈmɒnstrəns] n protesta.

remonstrate [rɪˈmɒnstreɪt] vi protestar, quejarse: I remonstrated with my brother for not phoning me quejé a mi hermano porque no había llamado por teléfono.

remorse [rɪˈmɔːs] n remordimiento.

remorseful [rɪˈmɔːsfʊl] adj arrepentido,-a.

remorseless [rɪˈmɔːsləs]
1 adj (pitiless) despiadado,-a.
2 adj (inexorable) implacable.

remote [rɪˈməʊt]
1 adj (far away) remoto,-a, lejano,-a.
2 adj (lonely) aislado,-a, apartado,-a.
3 adj (person) distante, inaccesible.
4 adj (possibility) remoto,-a, muy pequeño,-a: his chances of winning are very remote sus posibilidades de ganar son muy remotas.
+ not the remotest idea ni la más mínima idea.
■ remote control mando a distancia.

remote-controlled [rɪməʊtkənˈtrəʊld] adj teledirigido,-a.

remotely [rɪˈməʊtlɪ] adv remotamente: I'm not remotely interested no me interesa en lo más mínimo.

remoteness [rɪˈməʊtnəs]
1 n (distance) lejanía, lo lejano.
2 n (loneliness) lo aislado, lo apartado.

remould [ˈriːməʊld] n neumático recauchutado.

remount [riːˈmaʊnt]
1 vt (horse etc) volver a subir a.
2 vt (picture, photo) volver a montar.

removable [rɪˈmuːvəbəl] adj (gen) que se puede quitar; (lining, sleeve) separable; (legs, wheels) desmontable.

removal [rɪˈmuːvəl]
1 n (getting rid of) eliminación f, (surgically) extirpación f.
2 n (moving) traslado; (to another house) traslado, mudanza.
3 n (from post) destitución f.
■ removal van camión m de mudanzas.

remove [rɪˈmuːv]
1 vt (get rid of - gen) quitar, eliminar; (- surgically) extirpar.
2 vt (take out, take off) quitar.
3 vt (move) trasladar.
4 vt (dismiss) destituir.
5 vi (change houses) trasladarse.
+ to be far removed from tener muy poco que ver con.

remover [rɪˈmuːvəʳ]
1 n (product) producto que quita algo: nail varnish remover quitaesmaltes.
2 n (person) empleado,-a de mudanzas: the removers came at 7.30 los de las mudanzas se presentaron a las 7.30.

remunerate [rɪˈmjuːnəreɪt] vt remunerar.

remuneration [rɪˈmjuːnəreɪʃən] n remuneración f.

remunerative [rɪˈmjuːnərətɪv] adj remunerativo,-a.

renaissance [rəˈneɪsəns]
1 n renacimiento.
2 n the Renaissance el Renacimiento.
3 Renaissance adj renacentista, del Renacimiento.

renal [ˈriːnəl] adj renal.

rename [riːˈneɪm] vt renombrar.

rend [rend] vt desgarrar.
▲ pt & pp rent [rent].

render [ˈrendəʳ]
1 vt (give) prestar, dar: for services rendered to the nation por servicios prestados al país.
2 vt (make) hacer, convertir en: this technology has been rendered obsolete esta tecnología ha quedado obsoleta.
3 vt (translate) traducir.
4 vt (song) cantar; (music) interpretar.
5 vt (wall) enlucir.
6 vt (fat) derretir.
+ to render an account of justificar, presentar una factura por.
to render homage to rendir homenaje a.
to render thanks to dar gracias a.

rendering [ˈrendərɪŋ]
1 n (of song) interpretación f.
2 n (translation) traducción f.
3 n (wall covering) enlucido.

rendezvous [ˈrɒndɪvuː]
1 n cita.
2 n (place) lugar m de reunión.
3 vi encontrarse.
▲ pl rendezvous.

rendition [renˈdɪʃən] n interpretación f.

renegade [ˈrenɪgeɪd] n renegado,-a.

renege [rɪˈneɪg] vi faltar a su palabra: they reneged on their promise faltaron a su promesa.

renegotiate [riːnɪˈgəʊʃɪeɪt] vt renegociar.

renew [rɪˈnjuː]
1 vt (gen) renovar; (contract, permit, etc) prorrogar: he renewed his passport renovó su pasaporte.
2 vt (start again) reanudar.
3 vt (replace) sustituir, cambiar.

renewable [rɪˈnjuːəbəl] adj (gen) renovable; (contract, permit, etc) prorrogable.

renewal [rɪˈnjuːəl]
1 n renovación f.
2 n (new start) reanudación f.
3 n (replacement) sustitución f, cambio.

rennet [ˈrenɪt] *n* cuajo.

renounce [rɪˈnaʊns] *vt* renunciar a.

renouncement [rɪˈnaʊnsmənt] *n* renuncia.

renovate [ˈrenəveɪt] *vt (building)* reformar, renovar.

renovation [renəˈveɪʃən] *n* reforma, renovación *f*.

renown [rɪˈnaʊn] *n* renombre *m*, fama.

renowned [rɪˈnaʊnd] *adj* renombrado,-a, famoso,-a.

rent¹ [rent]
1 *n (for flat etc)* alquiler *m*.
2 *n (for land)* arriendo.
3 *vt (flat)* alquilar: we rented the flat from the mayor alquilamos el piso al alcalde; she rented her flat to a French couple alquiló su piso a una pareja francesa.
4 *vt (land)* arrendar.
▶ to rent out *vt sep* alquilar.
✦ "For rent" "Se alquila".
■ rent book *libro que da constancia del alquiler pagado y la fecha de pago*.
rent boy *chapero*.

rent² [rent]
1 *pt & pp* → rend.
2 *n* rasgadura.

rental [ˈrentəl]
1 *n (for flat etc)* alquiler *m*.
2 *n (for land)* arriendo.

rented [ˈrentɪd] *adj* de alquiler, alquilado,-a.

rent-free [rentˈfriː]
1 *adj* gratuito.
2 *adv* gratuitamente, gratis.

rentier [ˈrɒntɪeɪ] *n* rentista *mf*.

renunciation [rɪnʌnsɪˈeɪʃən] *n* renuncia.

reoffend [riːəˈfend] *vi* reincidir.

reoffender [riːəˈfendəʳ] *n* reincidente *m*.

reopen [riːˈəʊpən]
1 *vt (open again)* reabrir, volver a abrir.
2 *vt (restart)* reanudar.
3 *vi* volver a abrir, reabrir.

reopening [riːˈəʊpənɪŋ]
1 *n (new opening)* reapertura.
2 *n (restart)* reanudación *f*.

reorder [riːˈɔːdəʳ]
1 *vt (goods)* volver a pedir, pedir de nuevo.
2 *vt (items in list)* reordenar, volver a ordenar.

reorganisation [riːɔːɡənaɪˈzeɪʃən] *n* → reorganization.

reorganise [riːˈɔːɡənaɪz] *vt* → reorganize.

reorganization [riːɔːɡənaɪˈzeɪʃən] *n* reorganización *f*.

reorganize [riːˈɔːɡənaɪz] *vt* reorganizar.

reorient [riːˈɔːrɪent] *vt* → reorientate.

reorientate [riːˈɔːrɪenteɪt] *vt* reorientar.

reorientation [riːɔːrɪenˈteɪʃən] *n* reorientación *f*.

rep¹ [rep] *n (abbr of representative)* representante *mf*.

rep² [rep] *n (abbr of repertory)* repertorio.

repaid [riːˈpeɪd] *pt & pp* → repay.

repaint [ˈriːpeɪnt] *vt* repintar.

repair [rɪˈpeəʳ]
1 *n* reparación *f*.
2 *vt* reparar, arreglar.
✦ "Closed for repairs" "Cerrado por obras".
in good repair/bad repair en buen estado/mal estado.
to be beyond repair no tener arreglo.

repairable [rɪˈpeərəbəl] *adj* reparable.

reparation [repəˈreɪʃən]
1 *n* reparación *f*.
2 reparations *npl POL* indemnización *f sing*.
✦ to make reparation to somebody for something indemnizar a alguien por algo.

repartee [repɑːˈtiː] *n (reply)* respuestas *fpl* ingeniosas; *(ability)* agudeza verbal, ingenio verbal.

repast [rɪˈpɑːst] *n* ágape *m*.

repatriate [riːˈpætrɪeɪt] *vt* repatriar.

repatriation [riːpætrɪˈeɪʃən] *n* repatriación *f*.

repay [riːˈpeɪ] *vt* devolver: have they repaid the loan? ¿han devuelto el préstamo?; I'll repay you next month te lo devolveré el mes que viene; they repaid my kindness with treachery pagaron mi bondad con traición.
▲ *pt & pp* repaid, *ger* repaying.

repayable [riːˈpeɪəbəl] *adj* pagadero,-a.

repayment [riːˈpeɪmənt] *n* pago.

repeal [rɪˈpiːl]
1 *n* abrogación *f*, derogación *f*, revocación *f*.
2 *vt* abrogar, derogar, revocar.

repeat [rɪˈpiːt]
1 *n (gen)* repetición *f*.
2 *n (on television)* reposición *f*.
3 *vt* repetir: could you repeat the question, please? ¿podría repetir la pregunta, por favor?
4 *vi* repetir.

repeatedly [rɪˈpiːtɪdlɪ] *adv* repetidamente, repetidas veces.

repeater [rɪˈpiːtəʳ] *n (watch)* reloj *m* de repetición; *(rifle)* fusil *m* de repetición.

repel [rɪˈpel]
1 *vt (gen)* repeler.
2 *vt (disgust)* repugnar, repeler.

repellent [rɪˈpelənt]
1 *adj* repelente.
2 *n (lotion)* loción *f* anti-insectos; *(stick)* barra anti-insectos; *(spray)* spray *m* anti-insectos.

repent [rɪˈpent]
1 *vi* arrepentirse.
2 *vt* arrepentirse de.

repentance [rɪˈpentəns] *n* arrepentimiento.

repentant [rɪˈpentənt] *adj* arrepentido,-a.

repercussion [riːpəˈkʌʃən] *n* repercusión *f*.

repertoire [ˈrepətwɑːʳ] *n* repertorio.

repertory [ˈrepətərɪ] *n* repertorio.
■ repertory company compañía de repertorio.

repetition [repəˈtɪʃən] *n* repetición *f*.

repetitious [repəˈtɪʃəs] *adj* repetitivo,-a.

repetitive [rɪˈpetɪtɪv] *adj* repetitivo,-a.

rephrase [riːˈfreɪz] *vt* expresar de otra manera.

replace [rɪˈpleɪs]
1 *vt (put back)* devolver a su sitio.
2 *vt (substitute)* reemplazar, sustituir; *(change)* cambiar.
✦ to replace the receiver colgar el teléfono.

replaceable [rɪˈpleɪsəbəl] *adj* reemplazable, sustituible.

replacement [rɪˈpleɪsmənt]
1 *n (act)* sustitución *f*, reemplazo: his replacement is long overdue hace tiempo que debía sustituirse.
2 *n (person)* sustituto,-a.
3 *n (thing)* otro,-a: I'll never find a replacement for that vase I broke nunca encontraré otro jarrón para sustituir ése que se me rompió.
4 *n (spare part)* recambio, pieza de recambio.

replant [riːˈplɑːnt] *vt* replantar.

replay [ˈriːpleɪ]
1 *n (of film sequence)* repetición *f* de la jugada.
2 *n (match)* partido de desempate.
3 *vt (tape, film)* volver a poner.
4 *vt (match)* volver a jugar.
▲ *(verbo)* [riːˈpleɪ].

replenish [rɪˈplenɪʃ]
1 *vt (stocks)* reponer.
2 *vt (glass etc)* rellenar, llenar de nuevo.

replete [rɪˈpliːt] *adj* repleto,-a.

repletion [rɪˈpliːʃən] *n* saciedad *f*.
✦ to repletion hasta la saciedad.

replica [ˈreplɪkə] *n* réplica.

replicate [ˈreplɪkeɪt]
1 *vt* reproducir.
2 *vi* reproducirse.

reply [rɪˈplaɪ]
1 *n* respuesta, contestación *f*. I knocked for ages, but there was no reply estuve llamando durante un buen rato, pero no contestó nadie.
2 *vi* responder (to, a), contestar (to, a).
✦ in reply to en respuesta a.

repopulate [riːˈpɒpjəleɪt] *vt* repoblar.

repopulation [riːpɒpjəˈleɪʃən] *n* repoblación *f*.

report [rɪˈpɔːt]
1 *n (informative document)* informe *m*: the government commissioned a report on national security el gobierno encargó un informe sobre la seguridad nacional.

2 *n (school report)* boletín *m* escolar, informe *m* escolar.

3 *n (piece of news)* noticia: **reports are coming in of an earthquake in Tibet** nos están llegando noticias de un terremoto en el Tibet.

4 *n (news story)* reportaje *m*: **and now a report on otter breeding in Devon** y ahora un reportaje sobre la cría de nutrias en Devon.

5 *n (rumour)* rumor *m*: **there are reports of a royal divorce** corren rumores de un divorcio real.

6 *n (of gun)* estampido.

7 *vi (give information)* informar (**on**, sobre): **the committee will report on its progress each month** el comité informará de sus progresos cada mes; **he has reported on several wars** ha hecho reportajes sobre varias guerras.

8 *vi (go in person)* presentarse, personarse: **I reported to the commanding officer** me presenté al comandante.

9 *vt (say, inform)* decir: **forty people report seeing the UFO** cuarenta personas dicen haber visto el OVNI; **her condition is reported to be serious** según se informa, su condición es grave.

10 *vt (to authority)* informar de: **I shall report you to your superiors** informaré de usted a sus superiores; **he reported the breakdown to the maintenance department** dio parte de la avería al departamento de mantenimiento.

11 *vt (to police - crime)* denunciar; *(- accident)* dar parte de: **you should have reported the accident** debiste dar parte del accidente.

▪ **report card** boletín *m* de notas.

reportedly [rɪˈpɔːtɪdlɪ] *adv* según se informa, según se dice.

reported speech [rɪpɔːtɪˈspiːtʃ] *n* estilo indirecto.

reporter [rɪˈpɔːtəʳ] *n* reportero,-a, periodista *mf*.

repose [rɪˈpəʊz]
1 *n* reposo.
2 *vi* reposar, descansar.

reposession [riːpəˈzeʃən] *n* recuperación *f*.

repository [rɪˈpɒzɪtərɪ] *n* depósito.

repossess [riːpəˈzes] *vt* recuperar, recuperar la posesión de.

repoussé [rɪˈpuːseɪ] *adj* repujado,-a.

reprehensible [reprɪˈhensɪbəl] *adj* reprensible.

represent [reprɪˈzent] *vt* representar.

representation [reprɪzenˈteɪʃən] *n* representación *f*.
◆ **to make representations to** elevar una protesta a, presentar una queja a.

representative [reprɪˈzentətɪv]
1 *adj* representativo,-a.
2 *n* representante *mf*, *AM* personero,-a.
3 *n US* diputado,-a.

repress [rɪˈpres] *vt* reprimir.

repressed [rɪˈprest] *adj* reprimido,-a.

repression [rɪˈpreʃən] *n* represión *f*.

repressive [rɪˈpresɪv] *adj* represivo,-a.

reprieve [rɪˈpriːv]
1 *n* conmutación *f* de la pena, indulto.
2 *n fig* respiro, tregua.
3 *vt* conmutar la pena a, indultar.

reprimand [ˈreprɪmɑːnd]
1 *n* reprimenda, reprensión *f*.
2 *vt* reprender.

reprint [ˈriːprɪnt]
1 *n* reimpresión *f*.
2 *vt* reimprimir.
▲ *(verbo)* [riːˈprɪnt].

reprisal [rɪˈpraɪzəl] *n* represalia.

reprise [rɪˈpriːz] *n* repetición *f*.

reproach [rɪˈprəʊtʃ]
1 *n* reproche *m*.
2 *vt* reprochar (**for**, -): **she reproached him for his apathy** le reprochó su desidia.

reproachful [rɪˈprəʊtʃfʊl] *adj* de reproche.

reprobate [ˈreprəbeɪt] *n* libertino,-a.

reprobation [reprəˈbeɪʃən] *n* reprobación *f*.

reprocess [riːˈprəʊses] *vt* reprocesar.

reprocessing [riːˈprəʊsesɪŋ] *n* reprocesado, reprocesamiento.

reproduce [riːprəˈdjuːs]
1 *vt* reproducir.
2 *vi* reproducirse.

reproduction [riːprəˈdʌkʃən] *n* reproducción *f*.

reproductive [riːprəˈdʌktɪv] *adj* reproductor,-ra.

reprogram [riːˈprəʊɡræm] *vt* reprogramar.

reproof [rɪˈpruːf] *n* reprobación *f*, reprensión *f*.

reprove [rɪˈpruːv] *vt* reprobar, reprender.

reproving [rɪˈpruːvɪŋ] *adj* reprobatorio,-a.

reptile [ˈreptaɪl] *n* reptil *m*.

reptilian [repˈtɪlɪən] *adj* de los reptiles.

republic [rɪˈpʌblɪk] *n* república.

republican [rɪˈpʌblɪkən]
1 *adj* republicano,-a.
2 *n* republicano,-a.

republicanism [rɪˈpʌblɪkənɪzəm] *n* republicanismo.

repudiate [rɪˈpjuːdɪeɪt]
1 *vt (reject)* rechazar.
2 *vt (deny)* negar.
3 *vt (disown)* repudiar.

repudiation [rɪpjuːdɪˈeɪʃən]
1 *n (rejection)* rechazo.
2 *n (denial)* negación *f*.
3 *n (disowning)* repudio.

repugnance [rɪˈpʌɡnəns] *n* repugnancia.

repugnant [rɪˈpʌɡnənt] *adj* repugnante.

repulse [rɪˈpʌls]
1 *vt (reject)* rechazar.
2 *vt (drive back)* repulsar.

repulsion [rɪˈpʌlʃən] *n* repulsión *f*.

repulsive [rɪˈpʌlsɪv] *adj* repulsivo,-a.

reputable [ˈrepjʊtəbəl] *adj* acreditado, -a, de confianza.

reputation [repjʊˈteɪʃən] *n* reputación *f*, fama.
◆ **to have a reputation for ...** tener fama de ...

repute [rɪˈpjuːt] *n* reputación *f*, fama.

reputed [rɪˈpjuːtɪd]
1 *adj (supposed)* presunto,-a, supuesto,-a: **she married him because of his reputed fortune** se casó con él por su presunta fortuna.
2 *adj (respected)* respetado,-a, acreditado,-a: **they're a highly reputed firm** es una empresa muy respetada.

reputedly [rɪˈpjuːtɪdlɪ] *adv* según se dice.

request [rɪˈkwest]
1 *n* solicitud *f*, petición *f*: **catalogues available on request** pida su catálogo.
2 *n (on radio)* canción *f*.
3 *vt (gen)* pedir, solicitar; *(officially)* rogar: **you are requested not to feed the animals** se ruega no dar comida a los animales.
4 *vt (on radio)* pedir: **this song has been requested by Michael of Beverley** esta canción la ha pedido Michael de Beverley.
◆ **at the request of** a petición de.
to make a request for pedir.
▪ **last request** último deseo.
request stop parada discrecional.

requiem [ˈrekwɪem] *n* réquiem *m*.

require [rɪˈkwaɪəʳ]
1 *vt* requerir, exigir.
2 *vt (need)* necesitar, requerir.
◆ **to be required to do something** estar obligado,-a a hacer algo.

requirement [rɪˈkwaɪəmənt]
1 *n (demand)* requisito.
2 *n (need)* necesidad *f*.

requisite [ˈrekwɪzɪt]
1 *adj* requerido,-a, necesario,-a.
2 *n* requisito.

requisition [rekwɪˈzɪʃən]
1 *n MIL* requisa.
2 *vt* requisar.

reran [riːˈræn] *pt* → **rerun**.

reread [riːˈriːd] *vt* releer.
▲ *pt & pp* **reread** [riːˈred].

rerecord [riːrɪˈkɔːd] *vt* volver a grabar.

rerelease [riːrɪˈliːs]
1 *n (film)* reestreno; *(record)* reedición *f*.
2 *vt (film)* reestrenar; *(disco)* reeditar.

reroute [riːˈruːt] *vt* desviar.

rerun [ˈriːrʌn]
1 *n (repetition)* repetición *f*; *(TV programme)* reposición *f*; *(film)* reestreno.
2 *vt (repeat)* repetir; *(TV programme)* reponer; *(film)* reestrenar.
▲ *pt* **reran** [riːˈræn], *pp* **rerun** [riːˈrʌn], *ger* **rerunning**; *(verbo)* [riːˈrʌn].

resale [ˈriːseɪl] *n* reventa.

resat [riːˈsæt] *pt & pp* → **resit**.

reschedule [riːˈʃedjuːl] *vt (repayment)* renegociar; *(time)* cambiar la hora de; *(date)* cambiar la fecha de.

rescind [rɪˈsɪnd] *vt* rescindir.

rescue [ˈreskjuː]
1 *n* rescate *m*.
2 *vt* rescatar (**from**, de).
◆ **to come to somebody's rescue** acudir en auxilio de alguien.
▪ **rescue attempt** intento de rescate.
rescue operation operación *f* de rescate.
rescue team equipo de salvamento.

rescuer [ˈreskjuːəʳ] *n* salvador,-ra.

research [rɪˈsɜːtʃ]
1 *n* investigación *f*: he's conducting research into bilingualism está investigando el bilingüismo; research shows that … las investigaciones muestran que …
2 *vi* investigar (**into**, -).
3 *vt* documentar.
▪ **research and development** investigación *f* y desarrollo.
research unit centro de investigaciones.

researcher [rɪˈsɜːtʃəʳ] *n* investigador,-ra.

resell [riːˈsel] *vt* revender.
▲ *pt & pp* **resold** [riːˈsəʊld].

resemblance [rɪˈzembləns] *n* parecido, semejanza.
◆ **to bear a strong resemblance to** tener un gran parecido con.
to bear no resemblance to no tener ningún parecido con.

resemble [rɪˈzembəl] *vt* parecerse a.

resent [rɪˈzent] *vt* ofenderse por, tomarse a mal: I resent her interference me molestan sus injerencias.

resentful [rɪˈzentful] *adj* resentido,-a, ofendido,-a.

resentment [rɪˈzentmənt] *n* resentimiento, rencor *m*.

reservation [rezəˈveɪʃən]
1 *n (gen)* reserva: have you made a reservation? ¿ha hecho usted reserva?
2 *n* **(central) reservation** *(in road)* mediana.
◆ **to make a reservation** hacer una reserva.
without reservation sin reservas.

reserve [rɪˈzɜːv]
1 *n (gen)* reserva.
2 *vt* reservar.
◆ **to reserve the right to do something** reservarse el derecho de hacer algo.
▪ **reserve currency** divisa de reserva.
reserve price precio mínimo.
reserve team equipo de reserva.

reserved [rɪˈzɜːvd] *adj* reservado,-a.

reservist [rɪˈzɜːvɪst] *n* reservista *mf*.

reservoir [ˈrezəvwɑːʳ]
1 *n (lake)* embalse *m*.
2 *n (store)* reserva.

reset [riːˈset]
1 *vt (programmer, computer)* reinicializar; *(mechanism)* rearmar.

2 *vt (clock)* poner en hora.
3 *vt (bone)* componer.
4 *vt (book)* recomponer.
▲ *pt & pp* **reset**, *ger* **resetting**.

resettle [riːˈsetəl]
1 *vt (person)* reasentar.
2 *vi (person)* reasentarse; *(land)* repoblarse.

resettlement [riːˈsetəlmənt] *n (of person)* reasentamiento; *(of land)* repoblación *f*.

reshape [riːˈʃeɪp] *vt* dar nueva forma a, reestructurar, rehacer.

reshuffle [riːˈʃʌfəl]
1 *n (of cabinet)* remodelación *f*.
2 *vt (cabinet)* remodelar.
3 *vt (cards)* volver a barajar.

reside [rɪˈzaɪd] *vi* residir.

residence [ˈrezɪdəns] *n* residencia.
◆ **to take up residence** instalarse.
▪ **residence permit** permiso de residencia, tarjeta de residencia.

resident [ˈrezɪdənt]
1 *adj* residente.
2 *n (gen)* residente *mf*; *(of area)* vecino, -a; *(in hotel)* huésped,-da.
▪ **residents' association** asociación *f* de vecinos.

residential [rezɪˈdenʃəl] *adj* residencial.
▪ **residential care** *sistema de cuidados a domicilio para los enfermos*.

residual [rɪˈzɪdjuəl] *adj* residual.

residue [ˈrezɪdjuː] *n* residuo.

resign [rɪˈzaɪn]
1 *vi* dimitir (**from**, de), presentar la dimisión: he says he's going to resign dice que presentará la dimisión.
2 *vt* dimitir de: she resigned her post as manager dimitió de su puesto de directora.
◆ **to resign oneself to something** resignarse a algo.

resignation [rezɪgˈneɪʃən]
1 *n (from post)* dimisión *f*.
2 *n (acceptance)* resignación *f*.
◆ **to hand in one's resignation** presentar la dimisión.

resigned [rɪˈzaɪnd] *adj* resignado,-a.

resignedly [rɪˈzaɪnədlɪ] *adv* resignadamente.

resilience [rɪˈzɪlɪəns]
1 *n (flexibility)* elasticidad *f*.
2 *n (strength)* fuerza, resistencia.

resilient [rɪˈzɪlɪənt]
1 *adj (flexible)* elástico,-a.
2 *adj (strong)* fuerte, resistente.

resin [ˈrezɪn] *n* resina.

resinous [ˈrezɪnəs] *adj* resinoso,-a.

resist [rɪˈzɪst]
1 *vt (not give in to)* resistir, resistirse a: they resisted the attack for three weeks resistieron el ataque durante tres semanas; I couldn't resist buying it no pude resistir la tentación de com-

prarlo; I can't resist liqueur chocolates no puedo resistirme a los bombones de licor.
2 *vt (oppose)* oponer resistencia a.

resistance [rɪˈzɪstəns]
1 *n (gen)* resistencia.
2 *n (opposition)* oposición *f*.
◆ **to put up resistance** oponer resistencia.
to take the line of least resistance seguir el camino más fácil.

resistant [rɪˈzɪstənt] *adj* resistente.

resistor [rɪˈzɪstəʳ] *n* resistencia.

resit [ˈriːsɪt]
1 *n* examen *m* de repesca.
2 *vt* volver a presentarse a.
▲ *pt & pp* **resat** [riːˈsæt], *ger* **resitting**; *(verbo)* [riːˈsɪt].

resolute [ˈrezəluːt] *adj* resuelto,-a, firme, decidido,-a.

resolutely [ˈrezəluːtlɪ] *adv* resueltamente.

resolution [rezəˈluːʃən]
1 *n (gen)* resolución *f*.
2 *n (decision)* decisión *f*, determinación *f*.

resolve [rɪˈzɒlv]
1 *n* resolución *f*.
2 *vt* resolver.

resonance [ˈrezənəns] *n* resonancia.

resonant [ˈrezənənt] *adj* resonante.

resort [rɪˈzɔːt]
1 *n (place)* lugar *m* de vacaciones.
2 *n (recourse)* recurso.
3 *vi* recurrir (**to**, a): it can be achieved without resorting to violence se puede conseguir sin recurrir a la violencia.
◆ **as a last resort** como último recurso.
▪ **tourist resort** centro turístico.

resound [rɪˈzaʊnd] *vi* resonar.

resounding [rɪˈzaʊndɪŋ]
1 *adj* retumbante.
2 *adj fig* rotundo,-a: it was a resounding success tuvo un éxito clamoroso.

resource [rɪˈzɔːs] *n* recurso.

resourceful [rɪˈzɔːsful] *adj* ingenioso,-a.

respect [rɪˈspekt]
1 *n (admiration, consideration)* respeto.
2 *n (aspect)* respecto: in some respects the old one is better en algunos sentidos el antiguo está mejor.
3 *vt* respetar.
◆ **to have no respect for** no respetar.
to pay one's last respects to somebody rendir el último homenaje a alguien, dar el último adiós a alguien.
to pay one's respects to somebody presentar sus respetos a alguien.
with all due respect con el debido respeto.
with respect to con respecto a.

respectability [rɪspektəˈbɪlɪtɪ] *n* respetabilidad *f*.

respectable [rɪˈspektəbəl]
1 *adj (gen)* respetable.
2 *adj (decent)* decente, presentable.

respectably [rɪˈspektəblɪ] *adv* de manera respetable.

respectful [rɪˈspektful] *adj* respetuoso,-a.

respectfully [rɪˈspektfulɪ] *adv* respetuosamente.

respecting [rɪˈspektɪŋ] *prep* con respecto a.

respective [rɪˈspektɪv] *adj* respectivo,-a.

respectively [rɪˈspektɪvlɪ] *adv* respectivamente.

respiration [respɪˈreɪʃən] *n* respiración *f.*

respiratory [ˈrespərətərɪ] *adj* respiratorio,-a.
  ▪ **respiratory system** sistema *m* respiratorio.

respire [ˈrɪspaɪəʳ] *vi* respirar.

respite [ˈrɪspaɪt] *n* respiro.

resplendent [rɪˈsplendənt] *adj* resplandeciente.

respond [rɪˈspɒnd] *vi* responder.

response [rɪˈspɒns]
  1 *n (gen)* respuesta.
  2 *n (reaction)* reacción *f.*
  3 *n REL* responsorio.
  ✦ **in response to** en respuesta a.
  ▪ **response time** tiempo de respuesta.

responsibility [rɪspɒnsɪˈbɪlɪtɪ] *n* responsabilidad *f.*
  ✦ **to accept responsibility for** responsabilizarse de.
  to claim responsibility for reivindicar.

responsible [rɪˈspɒnsəbəl]
  1 *adj (gen)* responsable.
  2 *adj (in control)* responsable, encargado,-a: **she's responsible for ordering materials** ella es la responsable de pedir materiales.
  3 *adj (position)* de responsabilidad: **it's a very responsible job** es un trabajo de mucha responsabilidad.

responsibly [rɪˈspɒnsɪblɪ] *adv* con responsabilidad.

responsive [rɪˈspɒnsɪv] *adj* que reacciona, que muestra interés.
  ✦ **to be responsive** responder: **this car has very responsive steering** la dirección de este coche responde muy bien.

rest¹ [rest]
  1 *n (repose)* descanso, reposo: **I need a rest** necesito descansar.
  2 *n (peace)* paz *f*, tranquilidad *f*: **they don't give me a moment's rest** no me dejan tranquilo ni un momento.
  3 *n (support)* soporte *m*; *(in snooker etc)* diablo; *(for head)* reposacabezas *m*; *(for arms)* apoyabrazos *m.*
  4 *vt (relax)* descansar: **take off your boots and rest your feet** quítate las botas y descansa los pies.
  5 *vt (lean)* apoyar: **rest the shotgun against the tree** apoya la escopeta contra el árbol; **rest your head on my shoulder** apoya la cabeza en mi hombro.

  6 *vi (relax)* descansar: **this tablet will help you to rest** esta pastilla te ayudará a descansar.
  7 *vi (be calm)* quedarse tranquilo,-a: **I shall not rest until I know the answer** no me quedaré tranquilo hasta que sepa la respuesta.
  8 *vi (depend)* depender (**on**, de): **his whole argument rests on one piece of evidence** todo su argumento depende de una sola prueba.
  9 *vt (lean)* apoyar.
  ✦ **at rest** en reposo.
  give it a rest! ¡déjalo ya!, ¡basta ya!
  Rest in peace Descanse en paz.
  to come to rest pararse.
  to lay to rest enterrar.
  to set somebody's mind at rest tranquilizar a alguien.
  ▪ **rest cure** cura de reposo.
  rest home *(for the ill)* casa de reposo; *(for the elderly)* asilo.
  rest room *US* servicios *mpl.*

rest² [rest]
  1 *vi* quedar: **the matter won't rest here** el asunto no quedará así; **you may rest assured that ...** puede tener la seguridad de que ...
  2 **the rest** *n* el resto: **I spent half of the money and put the rest in the bank** gasté la mitad del dinero y metí el resto en el banco; **we'll eat one trout and freeze the rest** comeremos una de las truchas y congelaremos las otras; **Tom came, but the rest stayed at home** vino Tom, pero los demás se quedaron en casa.
  ▸ **to rest with** *vt insep* ser responsabilidad de, corresponder a: **the decision rests with the supreme court** la decisión corresponde al tribunal supremo; **it rests with you to decide** te toca a ti decidir.

restart [riːˈstɑːt]
  1 *vt (activity)* reanudar, reiniciar; *(from the beginning)* volver a empezar.
  2 *vt (machine)* volver a poner en marcha; *(engine)* volver a arrancar.

restate [riːˈsteɪt] *vt* volver a exponer.

restatement [riːˈsteɪtmənt] *n* repetición *f.*

restaurant [ˈrestərɒnt] *n* restaurante *m.*
  ▪ **restaurant car** vagón *m* restaurante.

restaurateur [restərəˈtɜːʳ] *n* restaurador,-ra.

rested [ˈrestɪd] *adj* descansado,-a.

restful [ˈrestful] *adj* relajante.

resting place [ˈrestɪŋpleɪs] *n* última morada.

restitution [restɪˈtjuːʃən] *n* restitución *f.*
  ✦ **to make restitution to somebody for something** indemnizar a alguien por algo.

restive [ˈrestɪv] *adj* inquieto,-a.

restless [ˈrestləs] *adj* inquieto,-a.
  ✦ **to grow restless** impacientarse.

  to spend a restless night pasar una noche agitada.

restlessly [ˈrestləslɪ] *adv* con impaciencia.

restlessness [ˈrestləsnəs] *n* inquietud *f.*

restock [riːˈstɒk]
  1 *vt (shop etc)* reabastecer.
  2 *vt (lake)* repoblar.

restoration [restəˈreɪʃən]
  1 *n (gen)* restauración *f.*
  2 *n (return)* devolución *f.*

restorative [rɪˈstɔːrətɪv]
  1 *adj* reconstituyente.
  2 *n* reconstituyente *m.*

restore [rɪˈstɔːʳ]
  1 *vt (gen)* restaurar.
  2 *vt (return)* devolver.
  3 *vt (order)* restablecer.

restorer [rɪˈstɔːrəʳ]
  1 *n (person)* restaurador,-ra.
  2 *n (for hair)* tónico capilar.

restrain [rɪˈstreɪn] *vt* contener.
  ✦ **to restrain oneself from doing something** contenerse para no hacer algo.
  to restrain somebody from doing something impedir que alguien haga algo.

restrained [rɪˈstreɪnd] *adj (person)* comedido,-a; *(style)* sobrio,-a.

restraint [rɪˈstreɪnt]
  1 *n (restriction)* restricción *f*, limitación *f.*
  2 *n (moderation)* moderación *f.*

restrict [rɪˈstrɪkt] *vt* restringir, limitar.
  ✦ **to restrict oneself to something** limitarse a algo.

restricted [rɪˈstrɪktɪd]
  1 *adj (limited)* restringido,-a, limitado,-a.
  2 *adj (confidential)* confidencial.

restriction [rɪˈstrɪkʃən] *n* restricción *f.*

restrictive [rɪˈstrɪktɪv] *adj* restrictivo,-a.

restructure [riːˈstrʌktʃəʳ] *vt* reestructurar.

restructuring [riːˈstrʌktʃərɪŋ] *n* reestructuración *f.*

result [rɪˈzʌlt]
  1 *n* resultado: **the result was a draw** el resultado fue un empate.
  2 *n (consequence)* consecuencia: **as a result of his injuries he died** murió a consecuencia de las heridas.
  3 **to result from** *vi* resultar de.
  ▸ **to result in** *vt insep* producir, causar.

resultant [rɪˈzʌltənt] *adj* resultante.

resume [rɪˈzjuːm]
  1 *vt (begin again)* reanudar.
  2 *vt (take over again)* volver a asumir.
  3 *vi* continuar.
  ✦ **to resume one's seat** volver a sentarse.

résumé [ˈrezjuːmeɪ]
  1 *n (summary)* resumen *m.*
  2 *n US (curriculum vitae)* currículo, currículum vitae *m.*

resumption [rɪˈzʌmpʃən] *n* reanudación *f.*

resurface [riːˈsɜːfəs]
1 vt (road) repavimentar.
2 vi (return to surface) volver a la superficie.
3 vi (reappear) volver a surgir.

resurgence [rɪˈsɜːdʒəns] n resurgimiento.

resurgent [rɪˈsɜːdʒənt] adj renaciente.

resurrect [rezəˈrekt] vt resucitar.

resurrection [rezəˈrekʃən] n resurrección f.

resuscitate [rɪˈsʌsɪteɪt] vt resucitar, reanimar.

resuscitation [rɪsʌsɪˈteɪʃən] n resucitación f.

retail [ˈriːteɪl]
1 n venta al detall, venta al por menor.
2 vt vender al detall, vender al por menor.
3 vi venderse, venderse al por menor: they retail at around £50 su precio de venta es de unas cincuenta libras.
4 adv al detall, al por menor.
■ retail outlet punto de venta.
  retail price precio de venta al público.
  retail price index índice m de precios al consumo.

retailer [ˈriːteɪləʳ] n detallista mf, minorista mf.

retain [rɪˈteɪn]
1 vt (keep - power, moisture) retener; (- heat, charge) conservar.
2 vt SP (lead) mantener; (title) revalidar: Hill retained his lead throughout the race Hill mantuvo la primera posición durante toda la carrera.
3 vt (possessions) guardar.
4 vt (remember) retener, recordar.
5 vt (hold back) contener.
6 vt (employ) contratar.

retainer [rɪˈteɪnəʳ]
1 n (servant) criado,-a.
2 n (fee) cuota fija (que se paga para disponer de los servicios de un profesional).

retake [ˈriːteɪk]
1 n (of scene) nueva toma.
2 n (exam) examen m de recuperación.
3 vt (scene) volver a filmar.
4 vt (exam) volver a presentarse a; (subject) volver a examinarse de.
5 vt (territory) retomar.
▲ pt retook [riːˈtʊk], pp retaken [riːˈteɪkən]; (verbo) [riːˈteɪk].

retaliate [rɪˈtælɪeɪt] vi tomar represalias (against, contra).

retaliation [rɪtælɪˈeɪʃən] n represalias fpl.
✦ in retaliation for como represalia por.

retard [rɪˈtɑːd] vt retardar, retrasar.

retarded [rɪˈtɑːdɪd] adj retrasado,-a.

retch [retʃ] vi tener arcadas, tener náuseas.

retell [riːˈtel] vt volver a contar.
▲ pt & pp retold [riːˈtəʊld].

retention [rɪˈtenʃən]
1 n (gen) retención f.
2 n (memory) retentiva.

retentive [rɪˈtentɪv] adj retentivo,-a.

retentiveness [rɪˈtentɪvnəs] n retentiva.

rethink [riːˈθɪŋk]
1 vt repensar, reconsiderar, replantearse.
2 n replanteamiento: I'll have to have a rethink about it tendré que repensármelo.
▲ pt & pp rethought [riːˈθɔːt]; (sustantivo) [ˈriːθɪŋk].

rethought [riːˈθɔːt] pt & pp → rethink.

reticence [ˈretɪsəns] n reticencia, reserva.

reticent [ˈretɪsənt] adj reticente.

retina [ˈretɪnə] n retina.
▲ pl retinas o retinae [ˈretɪniː].

retinue [ˈretɪnjuː] n séquito.

retire [rɪˈtaɪəʳ]
1 vt (from work) jubilar.
2 vi (from work) jubilarse.
3 vi (withdraw) retirarse.
4 vi (go to bed) acostarse.

retired [rɪˈtaɪəd] adj jubilado,-a.

retirement [rɪˈtaɪəmənt] n jubilación f.

retiring [rɪˈtaɪərɪŋ]
1 adj (shy) retraído,-a, tímido,-a.
2 adj (from post) saliente.

retold [riːˈtəʊld] pt & pp → retell.

retook [rɪˈtʊk] pt → retake.

retort[1] [rɪˈtɔːt]
1 n réplica.
2 vt replicar.

retort[2] [rɪˈtɔːt] n CHEM retorta.

retouch [riːˈtʌtʃ] vt retocar.

retrace [rɪˈtreɪs] vt desandar, volver sobre.
✦ to retrace one's steps volver sobre sus pasos.

retract [rɪˈtrækt]
1 vt (statement, promise) retractarse de.
2 vt (claws) retraer.
3 vt (undercarriage) replegar.
4 vi (claws) retraerse.
5 vi (undercarriage) replegarse.

retractable [rɪˈtræktəbəl] adj (claws) retráctil; (undercarriage) replegable.

retractile [rɪˈtræktaɪl] adj retráctil.

retraction [rɪˈtrækʃən] n (gen) retracción f; (of undercarriage) repliegue m.

retrain [riːˈtreɪn] vt reciclar.

retraining [riːˈtreɪnɪŋ] n reciclaje m.

retread [ˈriːtred]
1 n neumático recauchutado.
2 vt recauchutar.

retreat [rɪˈtriːt]
1 n (withdrawal) retirada.
2 n (place) retiro, refugio.
3 vi (withdraw) retirarse.
4 vi (back down) dar marcha atrás.
✦ to beat a retreat batirse en retirada.

retrench [rɪˈtrentʃ] vi reducir gastos, economizar.

retrenchment [rɪˈtrentʃmənt] n reducción f de gastos.

retrial [riːˈtraɪəl] n nuevo juicio.

retribution [retrɪˈbjuːʃən] n justo castigo.

retributive [rɪˈtrɪbjətɪv] adj retributivo,-a.

retrievable [rɪˈtriːvəbəl] adj recuperable.

retrieval [rɪˈtriːvəl] n recuperación f.
✦ beyond retrieval irreparable.

retrieve [rɪˈtriːv]
1 vt (gen) recuperar.
2 vt (situation) salvar, remediar.
3 vt (in hunting) cobrar.

retriever [rɪˈtriːvəʳ] n perro cobrador.

retroactive [retrəʊˈæktɪv] adj retroactivo,-a.

retrograde [ˈretrəgreɪd] adj retrógrado,-a.

retrogress [retrəʊˈgres] vi (go back) retroceder; (worsen) empeorar.

retrogressive [retrəʊˈgresɪv] adj retrógrado,-a.

retrorocket [ˈretrəʊrɒkɪt] n retrocohete m.

retrospect [ˈretrəʊspekt] in retrospect phr retrospectivamente.

retrospection [retrəˈspekʃən] n retrospección f.

retrospective [retrəˈspektɪv]
1 adj (exhibition etc) retrospectivo,-a.
2 adj (law) retroactivo,-a.

return [rɪˈtɜːn]
1 n (coming or going back) vuelta, regreso: on his return, he found the safe empty a su regreso, encontró la caja vacía.
2 n (giving back) devolución f: I would appreciate the return of my money agradecería que me devolvieran el dinero.
3 n SP (of ball) devolución f; (of service) resto.
4 n (reappearance) reaparición f.
5 n (on keyboard) retorno.
6 n (profit) beneficio.
7 n (ticket) billete m de ida y vuelta.
8 vi (come back, go back) volver, regresar: he's returning tomorrow vuelve mañana.
9 vi (reappear) reaparecer.
10 vt (give back) devolver: have you returned your room key? ¿ha devuelto la llave de su habitación?
11 vt SP (ball) devolver; (serve) restar.
12 vt POL (elect) elegir.
13 vt (verdict) pronunciar.
14 vt (interest) producir.
15 returns npl resultados mpl electorales.
✦ by return of post a vuelta de correo.
  in return for a cambio de.
  many happy returns (of the day)! ¡feliz cumpleaños!
  return to sender devuélvase al remitente.
■ return match partido de vuelta.
  return ticket billete m de ida y vuelta.

returnable [rɪ'tɜːnəbəl] *adj* retornable.
reunification [riːjuːnɪfɪ'keɪʃən] *n* reunificación *f.*
reunify [riː'juːnɪfaɪ] *vt* reunificar.
reunion [riː'juːnɪən] *n* reencuentro.
reunite [riːjuː'naɪt] *vt (parts)* reunir.
  ✦ **to be reunited with** volver a encontrarse con.
reusable [riː'juːzəbəl] *adj* reutilizable.
reuse [riː'juːz] *vt* reutilizar.
rev [rev]
  1 *n fam (abbr of revolution)* revolución *f.*
  2 *vt fam* acelerar.
  3 *vi fam* acelerar el motor.
  ■ **rev counter** cuentarrevoluciones *m.*
Rev ['revərənd] *abbr* (**Reverend**) Reverendo; *(abbreviation)* R., Rev., Revdo.
revaluation [riːvæljuː'eɪʃən] *n* revalorización *f,* revaluación *f.*
revalue [riː'væljuː] *vt* revalorizar.
revamp [riː'væmp] *vt* renovar.
revanchism [rɪ'væntʃɪzəm] *n* revanchismo.
revanchist [rɪ'væntʃɪst]
  1 *adj* revanchista.
  2 *n* revanchista *mf.*
Revd ['revərənd] *abbr* (**Reverend**) Reverendo; *(abbreviation)* R., Rev., Revdo.
reveal [rɪ'viːl]
  1 *vt (make known)* revelar.
  2 *vt (show)* dejar ver, mostrar.
revealing [rɪ'viːlɪŋ] *adj* revelador,-ra.
reveille [rɪ'vælɪ] *n MIL* diana.
revel ['revəl] **to revel in** *phr* disfrutar mucho con, deleitarse en.
  ▲ *pt & pp* **revelled** (*US* **reveled**), *ger* **revelling** (*US* **reveling**).
revelation [revə'leɪʃən] *n* revelación *f.*
reveler ['revələʳ] *n US* juerguista *mf.*
reveller ['revələʳ] *n* juerguista *mf.*
revelry ['revəlrɪ] *n* juerga.
  ▲ *pl* **revelries.**
revenge [rɪ'vendʒ]
  1 *n* venganza.
  2 *vt* vengar.
  ✦ **to revenge oneself** vengarse.
  to take revenge on somebody for something vengarse de alguien por algo.
  in revenge for como venganza por.
revengeful [rɪ'vendʒful] *adj* vengativo,-a.
revenue ['revənjuː] *n* ingresos *mpl,* renta.
reverberate [rɪ'vɜːbəreɪt] *vt* resonar, retumbar.
reverberation [rɪvɜːbə'reɪʃən] *n* resonancia, retumbo.
revere [rɪ'vɪəʳ] *vt* reverenciar.
reverence ['revərəns] *n* reverencia.
reverend ['revərənd]
  1 *adj* reverendo,-a.
  2 Reverend *n* reverendo.
  ■ **Reverend Mother** reverenda madre *f.*

reverent ['revərənt] *adj* reverente.
reverential [revə'renʃəl] *adj* reverencial.
reverie ['revərɪ] *n* ensueño.
reversal [rɪ'vɜːsəl]
  1 *n (in order)* inversión *f.*
  2 *n (of decision)* revocación *f.*
  3 *n (change)* cambio completo.
  4 *n (setback)* revés *m.*
reverse [rɪ'vɜːs]
  1 *adj* inverso,-a.
  2 *n (back - of coin,paper)* reverso; *(- of cloth)* revés *m.*
  3 *n AUTO* marcha atrás.
  4 *n (setback)* revés *m.*
  5 *vt (positions, roles)* invertir.
  6 *vt (decision)* revocar.
  7 *vt (vehicle)* dar marcha atrás a: **you have to reverse the car out of the garage** tienes que sacar el coche del garaje marcha atrás.
  8 *vi AUTO* poner marcha atrás, dar marcha atrás: **she reversed into a wall** chocó con un muro dando marcha atrás.
  9 the reverse *n* lo contrario: **quite the reverse!** ¡todo lo contrario!
  ✦ **in reverse order** en orden inverso.
  to reverse the charges llamar a cobro revertido.
  ■ **the reverse side** *(of coin, paper)* reverso; *(of cloth)* revés *m.*
reverse-charge call [rɪvɜːs'tʃɑːdʒkɔːl] *n* llamada a cobro revertido.
reversible [rɪ'vɜːsɪbəl] *adj* reversible.
reversion [rɪ'vɜːʒən] *n* reversión *f.*
revert [rɪ'vɜːt]
  1 *vi* volver (**to**, a).
  2 *vi JUR* revertir.
review [rɪ'vjuː]
  1 *n (magazine, show)* revista.
  2 *n MIL* revista.
  3 *n (examination)* examen *m.*
  4 *n (of film, book, etc)* crítica.
  5 *vt (troops)* pasar revista a.
  6 *vt (examine)* examinar.
  7 *vt (film, book, etc)* hacer una crítica de.
  ✦ **under review** bajo revisión.
reviewer [rɪ'vjuːəʳ] *n* crítico,-a.
revile [rɪ'vaɪl] *vt* injuriar, vilipendiar.
revise [rɪ'vaɪz]
  1 *vt* revisar.
  2 *vt (correct)* corregir.
  3 *vt (change)* modificar.
  4 *vt (examination topic)* repasar.
  5 *vi (for exam)* repasar.
revision [rɪ'vɪʒən]
  1 *n* revisión *f.*
  2 *n (correction)* corrección *f.*
  3 *n (change)* modificación *f.*
  4 *n (for exam)* repaso.
revisionism [rɪ'vɪʒənɪzəm] *n* revisionismo.
revisionist [rɪ'vɪʒənɪst]
  1 *adj* revisionista.
  2 *n* revisionista *mf.*
revisit [rɪ'vɪzɪt] *vt* volver a visitar.

revitalisation [riːvaɪtəlaɪ'zeɪʃən] *n* → revitalization.
revitalise [riː'vaɪtəlaɪz] *vt* → revitalize.
revitalization [riːvaɪtəlaɪ'zeɪʃən] *n* revitalización *f.*
revitalize [riː'vaɪtəlaɪz] *vt* revitalizar.
revival [rɪ'vaɪvəl]
  1 *n (rebirth)* renacimiento.
  2 *n (of economy)* reactivación *f.*
  3 *n (of play)* reestreno.
revive [rɪ'vaɪv]
  1 *vt* reanimar, reavivar, despertar.
  2 *vt (economy)* reactivar.
  3 *vt (play)* reestrenar.
  4 *vt MED* reanimar, hacer volver en sí.
  5 *vi MED* volver en sí.
revivify [rɪ'vɪvɪfaɪ] *vt* revivificar.
  ▲ *pt & pp* **revivified,** *ger* **revivifying.**
revocation [revə'keɪʃən] *n* revocación *f.*
revoke [rɪ'vəʊk] *vt* revocar.
revolt [rɪ'vəʊlt]
  1 *n (rising)* revuelta, rebelión *f.*
  2 *vi (rise)* sublevarse (**against**, contra), rebelarse (**against**, contra).
  3 *vt (disgust)* repugnar.
revolting [rɪ'vəʊltɪŋ] *adj* repugnante, asqueroso,-a.
revolution [revə'luːʃən] *n* revolución *f.*
revolutionary [revəl'uːʃənərɪ]
  1 *adj* revolucionario,-a.
  2 *n* revolucionario,-a.
revolutionise [revə'luːʃənaɪz] *vt* → revolutionize.
revolutionize [revə'luːʃənaɪz] *vt* revolucionar.
revolve [rɪ'vɒlv]
  1 *vi* girar: **the Earth revolves around the Sun** la Tierra gira alrededor del Sol; **her whole life revolves around her family** su vida entera gira en torno a su familia.
  2 *vt* hacer girar.
revolver [rɪ'vɒlvəʳ] *n* revólver *m.*
revolving [rɪ'vɒlvɪŋ] *adj* giratorio,-a.
  ■ **revolving door** puerta giratoria.
revue [rɪ'vjuː] *n* revista.
revulsion [rɪ'vʌlʃən] *n* revulsión *f.*
reward [rɪ'wɔːd]
  1 *n* recompensa.
  2 *vt* recompensar.
  ✦ **as a reward for** en recompensa por.
rewarding [rɪ'wɔːdɪŋ] *adj* gratificante.
rewind [riː'waɪnd] *vt* rebobinar.
  ▲ *pt & pp* **rewound** [riː'waʊnd].
rewire [riː'waɪəʳ] *vt* cambiar la instalación eléctrica de.
reword [riː'wɜːd] *vt* expresar de otra manera.
rewound [riː'waʊnd] *pt & pp* → **rewind.**
rewrite [*(vb)* riː'raɪt]
  1 *vt* volver a escribir.
  2 *n* nueva versión *f.*
  ▲ *pt* **rewrote** [riː'rəʊt], *pp* **rewritten** [riː'rɪtən]; *(sustantivo)* ['riːraɪt]

Reykjavik ['reɪkjəvɪk] n Reykjavik.

rhapsody ['ræpsədɪ] n rapsodia.
+ to go into rhapsodies over something extasiarse con algo.

rhd ['raɪthænd'draɪv] abbr (**right hand drive**) (coche) con el volante a la derecha.

rhea [rɪə] n ñandú m.

rheniun ['riːnɪəm] n renio.

rheostat ['rɪəstæt] n reóstato.

rhesus ['riːsəs] n rhesus m.
▪ **rhesus factor** factor m rhesus.
rhesus monkey macaco rhesus.
rhesus positive/negative rhesus m positivo/negativo.

rhetoric ['retərɪk] n retórica.

rhetorical [rɪ'tɒrɪkəl] adj retórico,-a.
▪ **rhetorical question** pregunta retórica.

rhetorician [retə'rɪʃən] n retórico,-a.

rheumatic [ruː'mætɪk] adj reumático,-a.

rheumatism ['ruːmətɪzəm] n reumatismo, reuma m, reúma m.

rheumatoid arthritis [ruːmətɔɪ daː'θraɪtəs] n reumatismo articular.

rheumatologist [ruːmə'tɒlədʒɪst] n reumatólogo,-a.

rheumatology [ruːmə'tɒlədʒɪ] n reumatología.

Rhine [raɪn] n el Rin m.

Rhineland ['raɪnlænd] n Renania.

rhinestone ['raɪnstəʊn] n estrás m.

rhinitis [raɪ'naɪtɪs] n rinitis f.

rhino [raɪ'nɒsərəs] n rinoceronte m.
▲ pl rhino o rhinos.

rhinoceros [raɪ'nɒsərəs] n rinoceronte m.
▲ pl rhinoceroses o rhinoceros.

rhizome ['raɪzəʊm] n rizoma m.

Rhodes [rəʊdʒ] n Rodas.

Rhodesia [rəʊ'diːʃə] n Rhodesia.

Rhodesian [rəʊ'diːʃən]
1 adj rhodesiano,-a.
2 n rhodesiano,-a.

rhodium ['rəʊdɪəm] n rodio.

rhododendron [rəʊdə'dendrən] n rododendro.

rhombus ['rɒmbəs] n rombo.
▲ pl rhombuses o rhombi ['rɒmbaɪ].

Rhône [rəʊn] n el Ródano.

rhubarb ['ruːbɑːb] n ruibarbo.

rhyme [raɪm]
1 n rima.
2 vi rimar (**with**, con).
+ without rhyme or reason sin ton ni son.

rhythm ['rɪðəm] n ritmo.

rhythmic ['rɪðmɪk] adj rítmico,-a.
▪ **rhythmic gymnastics** gimnasia rítmica.

rhythmically ['rɪðmɪklɪ] adv rítmicamente.

rib¹ [rɪb] n costilla.
▪ **rib cage** caja torácica.

rib² [rɪb] vt burlarse de.
▲ pt & pp ribbed, ger ribbing.

ribald ['rɪbəld] adj grosero,-a, obsceno,-a.

ribbed [rɪbd] adj acanalado,-a.

ribbon ['rɪbən]
1 n cinta.
2 n (for hair) lazo.

riboflavin [raɪbəʊ'fleɪvɪn] n riboflavina.

ribonucleic [raɪbəʊnjʊ'kleɪk] adj ribonucleico,-a.

rice [raɪs] n arroz m.
▪ **rice field** arrozal m.

rich [rɪtʃ]
1 adj rico,-a.
2 adj (luxurious) suntuoso,-a, lujoso,-a.
3 adj (fertile) fértil.
4 adj (food) fuerte, pesado,-a.
5 adj (voice) sonoro,-a.
6 riches npl riqueza f sing.

richness ['rɪtʃnəs]
1 n (wealth) riqueza; (sumptuousness) suntuosidad f.
2 n (fertility) fertilidad f.
3 n (of voice) sonoridad f.
4 n (of colour) viveza f.

rickets ['rɪkɪts] npl raquitismo m sing.

rickety ['rɪkətɪ]
1 adj desvencijado,-a.
2 adj (unsteady) tambaleante.

ricochet ['rɪkəʃeɪ]
1 n rebote m.
2 vi rebotar.

rictus ['rɪktəs] n rictus m.

rid [rɪd] vt librar.
+ to get rid of deshacerse de, desembarazarse de.
▲ pt & pp rid o ridded, ger ridding.

riddance ['rɪdəns] n liberación f.
+ good riddance! ¡ya era hora de que se fuera!

ridden ['rɪdən] pp → ride.

riddle ['rɪdəl]
1 n acertijo, adivinanza.
2 n (sieve) criba.
3 vt cribar.
4 vt (with bullets) acribillar.

ride [raɪd]
1 n (on bicycle, horse) paseo.
2 n (in car) paseo, vuelta; (on bus, train) viaje m, trayecto.
3 vi (on horse) montar a caballo; (on bicycle) ir en bicicleta.
4 vi (in vehicle) viajar.
5 vt (horse) montar.
6 vt (bicycle) montar en, andar en: can you ride a bike? ¿sabes andar en bici?
▶ to ride on vt insep depender de.
to ride out vt sep aguantar hasta el final de.
+ to ride the storm capear el temporal.
to take somebody for a ride tomar el pelo a alguien.
▲ pt rode [rəʊd], pp ridden ['rɪdən], ger riding.

rider ['raɪdə']
1 n (on horse - man) jinete m, (woman) amazona.
2 n (on bicycle) ciclista mf.

3 n (on motorcycle) motorista mf.
4 n (clause) cláusula adicional.

ridge [rɪdʒ]
1 n GEOG cresta.
2 n (of roof) caballete m.

ridgepole ['rɪdʒpəʊl] n hilera.

ridicule ['rɪdɪkjuːl]
1 n ridículo.
2 vt ridiculizar, poner en ridículo.

ridiculous [rɪ'dɪkjʊləs] adj ridículo,-a.

ridiculousness [rɪ'dɪkjʊləsnəs] n ridiculez f.

riding ['raɪdɪŋ] n equitación f.

rife [raɪf] adj abundante.
+ to be rife abundar.

riffraff ['rɪfræf] n chusma.

rifle¹ ['raɪfəl] n rifle m, fusil m.

rifle² ['raɪfəl] vt hurgar (**through**, en).

rifleman ['raɪfəlmən] n fusilero.
▲ pl riflemen ['raɪfəlmen].

rift [rɪft]
1 n hendidura, grieta.
2 n fig ruptura.

rig [rɪg]
1 n plataforma petrolífera.
2 vt MAR aparejar.
3 vt fam (fix) amañar.
▶ to rig up vt sep improvisar.
▲ pt & pp rigged, ger rigging.

rigging ['rɪgɪŋ] n MAR aparejo, jarcia.

right [raɪt]
1 adj (not left) derecho,-a: my right leg hurts me duele la pierna derecha; I've lost my right shoe he perdido el zapato del pie derecho.
2 adj (correct) correcto,-a: that's not the right answer ésa no es la respuesta correcta.
3 adj (just) justo,-a: it's not right that he should suffer no es justo que sufra él.
4 adj (suitable) apropiado,-a, adecuado, -a: I don't think he's the right person for the job no creo que sea la persona adecuada para el puesto; that hat doesn't look right ese sombrero no queda bien.
5 adj fam (total) auténtico,-a, total: he's a right idiot es un idiota total.
6 adj fam (okay) bien: this watch hasn't been right since it was repaired este reloj no ha ido bien desde que lo repararon; you don't look right no tienes buena cara.
7 adv a la derecha, hacia la derecha: turn right at the traffic lights en el semáforo, gira a la derecha.
8 adv (correctly) bien, correctamente: you can't do anything right no haces nada bien.
9 adv (exactly) justo: they arrived right after the explosion llegaron justo después de la explosión; it hit him right in the eye le dio de lleno en el ojo; she's right next to you está justo a tu lado; right at the end al final de todo.

10 *adv (well)* bueno, bien: right, I'm going to bed bueno, yo me voy a la cama.

11 *adv fam (very)* muy: she's not right happy no está muy contenta.

12 *n (not left)* derecha: in Spain they drive on the right en España conducen por la derecha.

13 *n (entitlement)* derecho: you have no right to do that no tienes derecho a hacer eso.

14 *vt* corregir.

15 *vt MAR* enderezar.

✦ **all right!** ¡bien!, ¡conforme!, ¡vale!
  it serves you *(him, etc)* **right** te *(le, etc)* está bien empleado.
  right away en seguida.
  to be right tener razón: he's absolutely right tiene toda la razón.
  to get it right acertar.
  to put right arreglar, corregir.

▪ **right and wrong** el bien y el mal.
  right angle ángulo recto.
  right of way *(public access)* derecho de paso; *(when driving)* prioridad *f.*
  right wing *POL* derecha.

right-angled ['raɪtæŋɡld] *adj* rectángulo,-a.

righteous ['raɪtʃəs]
  1 *adj* recto,-a, justo,-a.
  2 *adj (justified)* justificado,-a.

righteousness ['raɪtʃəsnəs] *n* rectitud *f.*

rightful ['raɪtfʊl] *adj* legítimo,-a.

rightfully ['raɪtfʊlɪ] *adv* legítimamente.

right-hand ['raɪthænd] *adj* derecho,-a.
  ✦ **right-hand drive** con el volante a la derecha.
  ▪ **right-hand man** brazo derecho.

right-handed [raɪt'hændɪd] *adj* diestro,-a.

rightist ['raɪtɪst]
  1 *adj* de derechas, derechista.
  2 *n* derechista *mf.*

rightly ['raɪtlɪ] *adv* correctamente.
  ✦ **rightly or wrongly** con razón o sin ella.

right-minded [raɪt'maɪndɪd] *adj* recto,-a.

rightness ['raɪtnəs]
  1 *n (honesty)* rectitud *f*, honradez *f.*
  2 *n (justice)* justicia.

right-wing ['raɪtwɪŋ] *adj POL* de derechas, derechista.

right-winger [raɪt'wɪŋəʳ] *n* derechista *mf.*

rigid ['rɪdʒɪd] *adj* rígido,-a.

rigidity [rɪ'dʒɪdɪtɪ] *n* rigidez *f.*

rigmarole ['rɪɡmərəʊl] *n* lío.

rigor ['rɪɡəʳ] *n US* → **rigour.**

rigorous ['rɪɡərəs] *adj* riguroso,-a.

rigorously ['rɪɡərəslɪ] *adv* con rigor, rigurosamente.

rigour ['rɪɡəʳ] *n* rigor *m.*

rig-out ['rɪɡaʊt] *n* atuendo.

rile [raɪl] *vt fam* poner nervioso,-a, irritar.

rim [rɪm]
  1 *n (gen)* borde *m*, canto.

2 *n (of wheel)* llanta.

3 *n (of spectacles)* montura.

rind [raɪnd] *n* corteza.

ring¹ [rɪŋ]
  1 *n (for finger)* anillo, sortija.
  2 *n (hoop)* anilla, aro.
  3 *n (circle)* círculo; *(of people)* corro; *(of criminals)* red *f.*
  4 *n (of circus)* pista, arena.
  5 *n (for boxing)* ring *m*, cuadrilátero; *(for bullfighting)* ruedo.
  6 *vt (put a ring on)* anillar.
  7 *vt (draw a ring round)* marcar con un círculo.
  8 *vt (encircle)* rodear.
  ▪ **ring road** cinturón *m* de ronda.

ring² [rɪŋ]
  1 *n (of bell)* tañido, toque *m*; *(of doorbell)* llamada.
  2 *n (phone call)* llamada.
  3 *vi (bell)* sonar.
  4 *vi (ears)* zumbar.
  5 *vt (call)* llamar.
  6 *vt (bell)* tocar.
  ▸ **to ring off** *vi* colgar.
    to ring out *vi* resonar.
    to ring up *vt sep* llamar por teléfono, telefonear.
  ▲ *pt* **rang** [ræŋ], *pp* **rung** [rʌŋ].

ringing ['rɪŋɪŋ]
  1 *n* campaneo, repique *m.*
  2 *n (in ears)* zumbido.

ringleader ['rɪŋliːdəʳ] *n* cabecilla *mf.*

ringlet ['rɪŋlət] *n* rizo.

ringmaster ['rɪŋmɑːstəʳ] *n* maestro de ceremonias.

ringpull ['rɪŋpʊl] *n* anilla.
  ▪ **ringpull can** lata abrefácil.

ringside ['rɪŋsaɪd]
  1 *n* primera fila.
  2 *adj* de primera fila: we had ringside seats estuvimos sentados en la primera fila.

ringworm ['rɪŋwɜːm] *n* tiña.

rink [rɪŋk] *n* pista de patinaje.
  ▪ **ice rink** pista de hielo.

rinse [rɪns]
  1 *vt (clothes, hair)* aclarar.
  2 *vt (dishes, mouth)* enjuagar.
  3 *n (of clothes)* aclarado.
  4 *n (of dishes)* enjuague *m.*
  5 *n (for hair)* tinte *m.*

riot ['raɪət]
  1 *n (in street)* disturbio.
  2 *n (in prison)* motín *m.*
  3 *vi (in street)* provocar disturbios.
  4 *vi (in prison)* amotinarse.
  ✦ **to run riot** provocar disturbios.
  ▪ **riot police** policía antidisturbios.

rioter ['raɪətəʳ]
  1 *n (in street)* alborotador,-ra.
  2 *n (in prison)* amotinado,-a.

riotous ['raɪətəs]
  1 *adj (behaviour)* revoltoso,-a.
  2 *adj (living)* desenfrenado,-a.

rip [rɪp]
  1 *n* rasgón *m*, desgarrón *m.*
  2 *vt* rasgar, desgarrar.
  3 *vi* rasgarse, desgarrarse.
  ▸ **to rip off**
    1 *vt sep* arrancar.
    2 *vt sep fam* timar.
    to rip up *vt sep* romper, hacer pedazos.
  ▲ *pt & pp* **ripped**, *ger* **ripping.**

RIP ['ɑːr'aɪ'piː] *abbr* (**rest in peace, requiescat in pace**) en paz descanse; *(abbreviation)* E.P.D.

ripcord ['rɪpkɔːd] *n* cordón *m* de apertura.

ripe [raɪp] *adj* maduro,-a.
  ✦ **the time is ripe** es el momento oportuno.

ripen ['raɪpən]
  1 *vt* madurar.
  2 *vi* madurar.

ripeness ['raɪpnəs] *n* madurez *f.*

rip-off ['rɪpɒf] *n fam* timo.

riposte [rɪ'pɒst]
  1 *n* respuesta, réplica.
  2 *vi* responder, replicar.

ripple ['rɪpəl]
  1 *n (on water)* onda.
  2 *n (sound)* murmullo.
  3 *vt* rizar.
  4 *vi* rizarse.

rise [raɪz]
  1 *n* ascenso, subida.
  2 *n (increase)* aumento.
  3 *n (slope)* subida, cuesta.
  4 *vi* ascender, subir.
  5 *vi (increase)* aumentar.
  6 *vi (stand up)* ponerse de pie.
  7 *vi (get up)* levantarse.
  8 *vi (sun)* salir.
  9 *vi (river)* nacer.
  10 *vi (level of river)* crecer.
  11 *vi (mountains)* elevarse.
  ✦ **to give rise to** dar origen a.
    to rise to the occasion ponerse a la altura de las circunstancias.
  ▲ *pt* **rose** [rəʊz], *pp* **risen** ['rɪzən].

risible ['rɪzɪbəl] *adj* ridículo,-a.

risibly ['rɪzɪblɪ] *adv* risiblemente, ridículamente.

rising ['raɪzɪŋ]
  1 *n (rebellion)* levantamiento.
  2 *adj (prices)* en aumento.
  3 *adj (sun)* naciente.
  4 *adj (land)* en pendiente.
  ▪ **rising damp** humedad *f.*

risk [rɪsk]
  1 *n* riesgo, peligro.
  2 *vt* arriesgar.
  ✦ **to put something at risk** poner algo en riesgo.
    to risk doing something correr el riesgo de hacer algo.
    to risk one's neck jugarse el tipo.
    to run a risk correr un riesgo.
    to take a risk correr un riesgo.

risky ['rɪskɪ] *adj* arriesgado,-a.
  ▲ *comp* **riskier**, *superl* **riskiest.**

risqué ['rɪskeɪ] *adj* atrevido,-a.

rissole ['rɪsəʊl] *n* croqueta.

rite [raɪt] *n* rito.
- **last rites** extremaunción *f.*

ritual ['rɪtjʊəl]
1 *adj* ritual.
2 *n* ritual *m.*

ritualism ['rɪtʃəlɪzəm] *n* ritualismo.

ritualistic [rɪtʃʊə'lɪstɪk] *adj* ritualista.

ritzy ['rɪtsɪ] *adj* de película.
▲ *comp ritzier, superl ritziest.*

rival ['raɪvəl]
1 *adj* competidor,-ra, rival.
2 *n* competidor,-ra, rival *mf.*
3 *vt* competir con, rivalizar con.

rivalry ['raɪvəlrɪ] *n* rivalidad *f.*
▲ *pl rivalries.*

river ['rɪvəʳ] *n* río.

river-bank ['rɪvəbæŋk] *n* ribera, orilla.

river-bed ['rɪvəbed] *n* lecho.

riverside ['rɪvəsaɪd] *n* ribera, orilla.

rivet ['rɪvɪt]
1 *n* remache *m.*
2 *vt* remachar.
3 *vt fig* fijar, absorber.
+ **to be riveted to the spot** quedarse clavado,-a.

riveting ['rɪvɪtɪŋ] *adj fig* fascinante.

rly ['reɪlweɪ] *abbr* (**railway**) ferrocarril; *(abbreviation)* FC.

rm [rʊːm] *abbr* (**room**) habitación; *(abbreviation)* Hab.

RM [ɑːˈrem] *abbr GB* (**Royal Marines**) Infantería Real de Marina.

RN¹ [ɑːˈren] *abbr* (**Registered Nurse**) enfermera diplomada.

RN² [ɑːˈren] *abbr GB* (**Royal Navy**) Armada Real.

RNIB [ɑːˈrenˈaɪˈbiː] *abbr GB* (**Royal National Institute for the Blind**) ≈ Organización Nacional de Ciegos Españoles; *(abbreviation)* ONCE *f.*

roach¹ [rəʊtʃ] *n (fish)* pardilla.

roach² [rəʊtʃ]
1 *n US fam* cucaracha.
2 *n sl (of joint)* colilla de porro.

road [rəʊd]
1 *n* carretera.
2 *n (way)* camino.
+ **in the road** *fam* estorbando el paso.
- **road accident** accidente *m* de tráfico.
  road hog conductor,-ra desconsiderado,-a y agresivo,-a.
  road network red *f* viaria.
  road safety seguridad *f* vial.
  road sign señal *f* de tráfico.
  road tax impuesto de circulación.
  road works obras *fpl.*

roadblock ['rəʊdblɒk] *n* control *m* policial.

roadroller ['rəʊdrəʊləʳ] *n* apisonadora.

roadside ['rəʊdsaɪd] *n* borde *m* de la carretera.

roadway ['rəʊdweɪ] *n* calzada.

roadworthy ['rəʊdwɜːðɪ] *adj AUTO* en buen estado.

roam [rəʊm]
1 *vt* vagar por.
2 *vi* vagar.

roaming ['rəʊmɪŋ] *adj* errante.

roar [rɔːʳ]
1 *n (of bull, person)* bramido.
2 *n (of lion, sea)* rugido.
3 *n (of traffic)* estruendo.
4 *n (of crowd)* griterío, clamor *m.*
5 *vi (bull, person)* bramar.
6 *vi (lion, sea)* rugir.
+ **to roar with laughter** reírse a carcajadas.

roaring ['rɔːrɪŋ]
1 *adj (fire)* crepitante; *(wind)* rugiente.
2 *adj fig* tremendo,-a, enorme: **it was a roaring success** tuvo un éxito clamoroso.
+ **to do a roaring trade** hacer un negocio redondo.

roast [rəʊst]
1 *adj* asado,-a.
2 *n* asado.
3 *vt (meat)* asar.
4 *vt (coffee, nuts, etc)* tostar.
5 *vi (meat)* asarse.
6 *vi (person)* achicharrarse.
- **roast beef** rosbif *m.*
  roast potato patata al horno.

roasting ['rəʊstɪŋ] *adj* abrasador,-ra.

rob [rɒb]
1 *vt* robar: **they robbed my boss** le robaron a mi jefe; **he was robbed of his money** le robaron el dinero.
2 *vt (bank)* atracar; *(shop)* asaltar, robar.
▲ *pt & pp robbed, ger robbing.*

robber ['rɒbəʳ]
1 *n* ladrón,-ona.
2 *n (of bank)* atracador,-ra.

robbery ['rɒbərɪ]
1 *n* robo.
2 *n (of bank)* atraco.
▲ *pl robberies.*

robe [rəʊb]
1 *n (dressing gown)* bata.
2 *n (ceremonial)* vestidura, toga.
3 *n (dress)* vestido.
- **bath robe** albornoz *m.*

robin ['rɒbɪn] *n* petirrojo.

robot ['rəʊbɒt] *n* robot *m.*

robotic [rə'bɒtɪk] *adj* robótico,-a.

robotics [rə'bɒtɪks] *n* robótica.

robust [rəʊ'bʌst] *adj* robusto,-a, fuerte.

robustness [rə'bʌstnəs] *n* robustez *f.*

rock [rɒk]
1 *n (gen)* roca.
2 *n US* piedra.
3 *n MUS* rock *m*, música rock.
4 *vt (chair)* mecer.
5 *vt (baby)* acunar.
6 *vt (upset)* sacudir, convulsionar.
7 *vi (chair)* mecerse.
+ **on the rocks** arruinado,-a; *(drink)* con hielo.

rock solid sólido,-a como una roca.
- **rock and roll** rock and roll *m*, rocanrol *m.*
  rock bottom fondo: **we've reached rock bottom** hemos tocado fondo.
  rock concert concierto de rock.
  rock salt sal *f* gema.
  rock singer cantante *mf* de rock.
  the Rock of Gibraltar el Peñón *m* de Gibraltar.

rock-bottom ['rɒk'bɒtəm] *adj (gen)* bajísimo,-a; *(price)* de regalo, regalado,-a, imbatible.

rock-climber ['rɒkklaɪməʳ] *n* escalador,-ra.

rock-climbing ['rɒkklaɪmɪŋ] *n* escalada en roca.

rocker ['rɒkəʳ]
1 *n (mechanism)* balancín *m.*
2 *n (chair)* mecedora.
3 *n (person)* roquero,-a.
+ **to be off one's rocker** *fam* estar mal de la cabeza, estar chiflado,-a.

rockery ['rɒkərɪ] *n* jardín *m* de rocalla.

rocket ['rɒkɪt]
1 *n (missile)* cohete *m.*
2 *n fam* bronca.
3 *vi (rise)* dispararse.
+ **to give somebody a rocket** echar una bronca a alguien.
- **rocket launcher** lanzacohetes *m.*

rock-hard [rɒk'hɑːd] *adj* duro,-a como una piedra.

Rockies ['rɒkɪz] **the Rockies** *n* las Montañas *fpl* Rocosas.

rocking-chair ['rɒkɪŋtʃeəʳ] *n* mecedora.

rocking-horse ['rɒkɪŋhɔːs] *n* caballo de balancín.

rock'n'roll [rɒkən'rəʊl] *n fam* rock and roll *m*, rocanrol *m.*

rocky ['rɒkɪ] *adj* rocoso,-a.
▲ *comp rockier, superl rockiest.*

rococo [rə'kəʊkəʊ]
1 *adj* rococó.
2 *n* rococó.
▲ *También se escribe Rococo.*

rod [rɒd]
1 *n (thin)* vara.
2 *n (thick)* barra.

rode [rəʊd] *pt* → **ride.**

rodent ['rəʊdənt] *n* roedor *m.*

rodeo ['rəʊdɪəʊ] *n* rodeo.
▲ *pl rodeos.*

roe¹ [rəʊ] *n (eggs)* hueva.

roe² [rəʊ] *n (deer)* corzo,-a.
- **roe deer** corzo,-a.

roebuck ['rəʊbʌk] *n* corzo.

rogue [rəʊg] *n* bribón,-ona, pillo,-a.

roguish ['rəʊgɪʃ] *adj* pillo,-a.

role [rəʊl] *n* papel *m*: **what role did you play in all this?** ¿cuál ha sido tu papel en todo esto?; **she played the role of Titania** interpretó el papel de Titania.

rôle [rəʊl] *n* → **role.**

role-play ['rəʊpleɪ] *n* dramatización *f.*

roll [rəʊl]

1 *n (gen)* rollo: **a roll of sticky tape** un rollo de cinta adhesiva.

2 *n (of film)* carrete *m.*

3 *n (list)* lista.

4 *n (of bread)* bollo, panecillo; *(sandwich)* bocadillo: **a cheese roll, please** un bocadillo de queso, por favor.

5 *n (movement)* balanceo.

6 *n (of thunder)* fragor *m*; *(of drum)* redoble *m.*

7 *vt (ball, coin)* hacer rodar: **he rolled the coin across the table** hizo rodar la moneda por la mesa.

8 *vt (flatten)* allanar, apisonar.

9 *vt (into a ball)* enroscar.

10 *vt (paper)* enrollar.

11 *vi (thunder)* retumbar; *(drum)* redoblar.

12 *vi (ball, coin)* rodar: **the ball rolled down the hill** la pelota fue rodando colina abajo.

13 *vi (into a ball)* enroscarse.

14 *vi (paper)* enrollarse.

15 *vi (wallow)* revolcarse.

▶ **to roll by** *vi* pasar *lentamente.*

to roll out *vt sep (pastry)* extender, estirar.

to roll over

1 *vt sep* dar la vuelta a.

2 *vi* darse la vuelta.

to roll up

1 *vt sep* enrollar.

2 *vt sep (into a ball)* enroscar.

3 *vi* enrollarse.

4 *vi (into a ball)* enroscarse.

✦ **roll on …!** ¡que venga …!, ¡ojalá fuese …!: **roll on Friday!** ¡ojalá fuese viernes!

to be rolling in it *fam* estar forrado,-a.

to call the roll pasar lista.

to roll one's eyes poner los ojos en blanco.

to roll up one's sleeves arremangarse.

roll-call ['rəʊlkɔːl] **to take roll-call** *phr* pasar lista.

rolled-up ['rəʊldʌp] *adj* arrollado,-a.

roller ['rəʊlə']

1 *n (for painting)* rodillo.

2 *n (wave)* ola grande.

3 *n (for hair)* rulo.

■ **roller blind** persiana enrollable.

roller coaster montaña rusa.

roller hockey hockey *m* sobre patines.

roller skate patín *m* de ruedas.

roller skating patinaje *m* sobre ruedas.

roller-skate ['rəʊləskeɪt] *vi* patinar sobre ruedas.

rolling ['rəʊlɪŋ] *adj* ondulante.

■ **rolling pin** rodillo.

rolling stock material *m* rodante.

roll-neck ['rəʊlnek]

1 *adj* → **roll-necked.**

2 *n* jersey *m* de cuello vuelto.

roll-necked ['rəʊlnekt] *adj* de cuello vuelto.

roll-on ['rəʊlɒn] *adj* roll-on.

ROM [rɒm] *abbr* (**read-only memory**) memoria solo de lectura; *(abbreviation)* ROM *f.*

Roman ['rəʊmən]

1 *adj* romano,-a.

2 *n* romano,-a.

■ **Roman Catholic** católico,-a.

Roman Catholicism catolicismo.

Roman numeral número romano.

Romance [rəʊˈmæns] *adj* románico,-a.

romance [rəʊˈmæns]

1 *n* romance *m.*

2 *n (novel)* novela romántica.

3 *n (quality)* lo romántico.

4 *n (affair)* idilio.

Romania [ruːˈmeɪnɪə] *n* Rumanía.

Romanian [ruːˈmeɪnɪən]

1 *adj* rumano,-a.

2 *n (person)* rumano,-a.

3 *n (language)* rumano.

romantic [rəʊˈmæntɪk] *adj* romántico,-a.

romanticise [rəʊˈmæntɪsaɪz] *vt* → **romanticize.**

romanticism [rəʊˈmæntɪsɪzəm] *n* romanticismo.

romanticize [rəʊˈmæntɪsaɪz] *vt* idealizar.

Romany ['rəʊmənɪ]

1 *adj* gitano,-a.

2 *n (persona)* gitano,-a.

3 *n (language)* caló *m.*

▲ *pl* **Romanies.**

Rom Cath ['rəʊmənˈkæθəlɪk] *abbr* (**Roman Catholic**) católico,-a; *(abbreviation)* Cat.

Rome [rəʊm] *n* Roma.

✦ **when in Rome, do as the Romans do** allá donde fueres, haz lo que vieres.

romp [rɒmp]

1 *vi* jugar, retozar.

2 *n* jugueteo.

rompers ['rɒmpəz] *npl* pelele *m sing.*

rondo ['rɒndəʊ] *n* rondó *m.*

roof [ruːf]

1 *n* tejado; *(tiled)* techado.

2 *n (of mouth)* cielo.

3 *n (of car etc)* techo.

4 *vt* techar.

✦ **to go through the roof** *(person)* subirse por las paredes; *(prices)* ponerse por las nubes.

to hit the roof subirse por las paredes.

■ **flat roof** azotea.

roof rack baca.

roofing ['ruːfɪŋ] *n material para techar.*

■ **roofing tile** teja.

roofless ['ruːfləs] *adj* sin tejado.

rooftop ['ruːftɒp] *n* tejado.

rook [rʊk]

1 *n (bird)* grajo.

2 *n (in chess)* torre *f.*

rookery ['rʊkərɪ] *n* colonia de grajos.

▲ *pl* **rookeries.**

rookie ['rʊkɪ] *n fam* novato,-a.,

room [ruːm]

1 *n* habitación *f*, AM pieza: **a single room for two nights** una habitación individual para dos noches.

2 *n (space)* espacio, sitio, lugar *m*: **there's no room for a garage** no hay sitio para un garaje; **make room for me** hazme sitio; **there's a lot of room for improvement** podría mejorar mucho.

3 *vi (lodge)* alojarse.

4 *vi (share a room)* compartir una habitación.

■ **room temperature** temperatura ambiente.

roomful ['ruːmfʊl] *n* habitación *f* llena: **a roomful of screaming kids** una habitación llena de niños chillando.

rooming-house ['ruːmɪŋhaʊs] *n US* casa de huéspedes.

roommate ['ruːmeɪt] *n* compañero, -a de habitación.

room-service ['ruːmsɜːvɪs] *n* servicio de habitaciones.

roomy ['ruːmɪ] *adj* espacioso,-a, amplio,-a.

▲ *comp* **roomier,** *superl* **roomiest.**

roost [ruːst]

1 *n* percha.

2 *vi* posarse.

✦ **to rule the roost** llevar la batuta.

rooster ['ruːstə'] *n* gallo.

root[1] [ruːt]

1 *n* raíz *f.*

2 *vt* arraigar.

3 *vi* arraigar.

▶ **to root out** *vt sep* erradicar.

✦ **to take root** arraigar, echar raíces.

to put down roots echar raíces.

to be rooted to the spot quedarse clavado,-a.

■ **root vegetable** tubérculo.

root[2] [ruːt] **to root about/root around** *vi* hurgar.

root[3] [ruːt] **to root for** *vt* animar, alentar.

rootstock ['ruːtstɒk] *n* cepa.

rope [rəʊp]

1 *n (gen)* cuerda; *(thicker)* soga.

2 *vt* atar *(con cuerdas)*, amarrar.

▶ **to rope in** *vt sep fam* enganchar.

to rope off *vt sep* acordonar.

✦ **to give somebody plenty of rope** dar a alguien rienda suelta.

to have somebody on the ropes tener a alguien contra las cuerdas.

to know the ropes estar al tanto.

to learn the ropes ponerse al tanto.

ropey ['rəʊpɪ]

1 *adj fam (naff)* de pacotilla.

2 *adj fam (ill)* pachucho,-a.

▲ *comp* **ropier,** *superl* **ropiest.**

ropy ['rəʊpɪ] *adj* → **ropey.**

▲ *comp* **ropier,** *superl* **ropiest.**

rorqual ['rɔːkwəl] *n* yubarta.

rosary ['rəʊzərɪ] *n* rosario.

✦ **to say the rosary** rezar el rosario.

▲ *pl* **rosaries.**

rose¹ [rəʊz]
1 *n (flower)* rosa.
2 *n (bush)* rosal *m*.
3 *n (colour)* rosa *m*.
4 *n (of shower etc)* alcachofa.
■ **rose garden** rosaleda.
rose window rosetón *m*.
rose² [rəʊz] *pt* → **rise**.
rosé [ˈrəʊzeɪ] *n* vino rosado, rosado.
rosebay [ˈrəʊzbeɪ] *n* adelfa.
rosebud [ˈrəʊzbʌd] *n* capullo de rosa.
rosebush [ˈrəʊzbʊʃ] *n* rosal *m*.
rose-coloured [ˈrəʊzkʌləd] *adj* de color rosa.
 ✦ **to see things through rose-coloured glasses** ver las cosas de color de rosa.
rosehip [ˈrəʊzhɪp] *n* escaramuza.
rosemary [ˈrəʊzmərɪ] *n* romero.
rosette [rəʊˈzet] *n* escarapela.
rose-water [ˈrəʊzwɔːtəʳ] *n* agua de rosas.
rosewood [ˈrəʊzwʊd] *n* palisandro.
roster [ˈrɒstəʳ] *n* lista.
rostrum [ˈrɒstrəm] *n* tribuna.
 ▲ *pl* **rostrums** *o* **rostra** [ˈrɒstrə].
rosy [ˈrəʊzɪ]
1 *adj (colour)* rosado,-a, sonrosado,-a.
2 *adj (future)* prometedor,-ra.
 ▲ *comp* **rosier**, *superl* **rosiest**.
rot [rɒt]
1 *n (decay)* putrefacción *f*.
2 *n (rubbish)* tonterías *fpl*.
3 *vt* pudrir.
4 *vi* pudrirse.
 ▲ *pt & pp* **rotted**, *ger* **rotting**.
rota [ˈrəʊtə] *n* lista.
rotary [ˈrəʊtərɪ] *adj* rotatorio,-a.
rotate [rəʊˈteɪt]
1 *vt (spin)* hacer girar, dar vueltas a.
2 *vt (alternate)* alternar.
3 *vi (spin)* girar, dar vueltas.
4 *vi (alternate)* alternarse.
rotating [rəʊˈteɪtɪŋ] *adj* giratorio,-a, rotativo,-a.
rotation [rəʊˈteɪʃən] *n* rotación *f*.
rote [rəʊt] **by rote** *phr* de memoria.
rotgut [ˈrɒtgʌt] *n fam* matarratas *m*.
rotor [ˈrəʊtəʳ] *n* rotor *m*.
rotten [ˈrɒtən]
1 *adj (decayed)* podrido,-a.
2 *adj (tooth)* picado,-a.
3 *adj fam (thing)* malísimo,-a; *(person)* malo,-a.
rotter [ˈrɒtəʳ] *n fam* sinvergüenza *mf*.
rotund [rəˈtʌnd] *adj (fat)* regordete,-a.
rouble [ˈruːbəl] *n* rublo.
rouge [ruːʒ] *n* colorete *m*.
rough [rʌf]
1 *adj (not smooth)* áspero,-a, basto,-a.
2 *adj (road)* lleno,-a de baches.
3 *adj (edge)* desigual.
4 *adj (terrain)* escabroso,-a.
5 *adj (sea)* agitado,-a.
6 *adj (weather)* tempestuoso,-a.
7 *adj (wine)* áspero,-a.
8 *adj (rude)* rudo,-a.
9 *adj (violent)* violento,-a; *(dangerous)* peligroso,-a.
10 *adj (approximate)* aproximado,-a.
11 *adj fam (bad)* fatal.
 ✦ **to have a rough time of it** pasarlo mal.
to play rough jugar duro.
to rough it vivir sin comodidades.
to sleep rough dormir al raso.
to take the rough with the smooth estar a las duras y a las maduras.
■ **rough copy** borrador *m*.
rough diamond diamante *m* en bruto.
rough version borrador *m*.
roughage [ˈrʌfɪdʒ] *n* fibra.
rough-and-ready [rʌfənˈredɪ]
1 *adj (crude)* rudimentario,-a.
2 *adj (improvised)* improvisado,-a.
3 *adj (person)* campechano,-a.
roughen [ˈrʌfən] *vt* poner áspero,-a.
roughly [ˈrʌflɪ]
1 *adv (about)* aproximadamente; *(more or less)* más o menos.
2 *adv (not gently)* bruscamente.
roughneck [ˈrʌfnek] *n fam* matón *m*.
roughness [ˈrʌfnəs]
1 *n (of surface)* aspereza; *(of manner)* brusquedad *f*.
2 *n (violence)* violencia.
roughshod [ˈrʌfʃɒd] **to ride roughshod over** *phr* no hacer el más mínimo caso de, ignorar completamente.
roulette [ruːˈlet] *n* ruleta.
■ **Russian roulette** ruleta rusa.
round [raʊnd]
1 *adj* redondo,-a: **a round bathtub** una bañera redonda.
2 *n (circle)* círculo.
3 *n (series)* serie *f*, tanda; *(one of a series)* ronda.
4 *n SP (stage of competition)* ronda; *(boxing)* asalto; *(of golf)* partido: **she was knocked out in the first round** la eliminaron en la primera ronda; **he went three rounds with Murphy** duró tres asaltos con Murphy.
5 *n (of drinks)* ronda.
6 *n (of policeman etc)* ronda.
7 *n (for gun)* cartucho.
8 *n (of bread)* rebanada: **two rounds of toast** dos tostadas.
9 *adv (in circles)* **it goes round and round** da vueltas y vueltas; **she turned round** se dio la vuelta.
10 *adv (about)* por ahí: **I've been waiting round all day** he estado esperando todo el día.
11 *adv (to somebody's house)* a casa: **they came round to see me** vinieron a casa a verme; **she invited me round** me invitó a casa.
12 *prep* alrededor de: **they sat round the fire** se sentaron alrededor del fuego; **he went round the field** dio la vuelta al campo; **have you lived round here long?** ¿hace mucho que vives por aquí?
13 *vt* doblar: **the ship rounded Cape Horn** el barco dobló el cabo de Hornos.
 ▸ **to round down** *vt sep* redondear *(a la baja)*.
to round off *vt sep* completar, acabar.
to round on *vt insep* volverse contra.
to round up
1 *vt sep (number)* redondear *(al alza)*.
2 *vt sep (cattle)* acorralar.
3 *vt sep (people)* reunir, juntar.
 ✦ **all the year round** durante todo el año.
round the clock día y noche, las veinticuatro horas.
round the corner a la vuelta de la esquina.
the other way round al revés.
to go round dar vueltas.
to have round shoulders tener las espaldas cargadas.
■ **round table** mesa redonda.
round trip viaje *m* de ida y vuelta.
round number número redondo.
roundabout [ˈraʊndəbaʊt]
1 *adj* indirecto,-a.
2 *n* tiovivo.
3 *n AUTO* rotonda.
rounded [ˈraʊndɪd] *adj* redondeado,-a.
rounders [ˈraʊndəz] *n especie de béisbol infantil*.
round-shouldered [raʊndˈʃəʊldəd] *adj* cargado,-a de espaldas.
roundsman [ˈraʊndzmən] *n* repartidor *m*.
 ▲ *pl* **roundsmen** [ˈraʊndsmən].
round-the-clock [raʊndðəklɒk] *adj* de veinticuatro horas.
round-up [ˈraʊndʌp]
1 *n (of cattle)* rodeo.
2 *n (by police)* redada.
3 *n (summary)* resumen *m*.
rouse [raʊz]
1 *vt (wake)* despertar.
2 *vt (provoke)* provocar.
3 *vi* despertarse.
rousing [ˈraʊzɪŋ]
1 *adj (stirring)* apasionante, enardecedor,-ra.
2 *adj (moving)* conmovedor,-ra.
rout [raʊt]
1 *n* derrota total.
2 *vt* derrotar *de forma aplastante*.
route [ruːt]
1 *n* ruta, camino, vía.
2 *n (of bus)* línea, trayecto.
3 *vt* mandar.
4 **Route** *n US* carretera nacional.
router¹ [ˈraʊtəʳ] *n (tool)* fresadora.
router² [ˈruːtəʳ] *n COMPUT* direccionador *m*, enrutador *m*.
routine [ruːˈtiːn]
1 *n* rutina.
2 *n (act)* número.
3 *adj (monotonous)* rutinario,-a.
4 *adj (everyday)* de rutina.
rove [rəʊv] *vi* vagar, errar.

roving ['rəʊvɪŋ] *adj* errante.
✦ **to have a roving eye** ser muy ligón, -ona.
row[1] [raʊ]
1 *n (fight)* riña, pelea.
2 *n (din, racket)* jaleo: they were making a real row armaban un jaleo increíble.
3 *vi* pelearse.
row[2] [rəʊ] *n (line)* fila, hilera.
row[3] [rəʊ]
1 *n (in a boat)* paseo en bote, vuelta en bote.
2 *vi (in a boat)* remar.
3 *vt* impeler mediante remos.
rowan ['raʊən, 'rəʊən] *n* serbal *m*.
rowboat ['rəʊbəʊt] *n* bote *m* de remos.
rowdy ['raʊdɪ]
1 *adj (causing trouble)* alborotador,-ra.
2 *adj (noisy)* ruidoso,-a.
3 *n (troublemaker)* camorrista *mf*.
▲ *(adjetivo) comp* **rowdier**, *superl* **rowdiest**; *(sustantivo) pl* **rowdies**.
rower ['rəʊəʳ] *n* remero,-a.
rowing ['rəʊɪŋ] *n* remo.
▪ **rowing boat** bote *m* de remos.
rowlock ['rɒlək] *n* escálamo, tolete *m*.
royal ['rɔɪəl]
1 *adj* real.
2 **the Royals** *npl* la familia real.
▪ **royal blue** azul *m* real.
royal flush escalera real.
Royal Highness Alteza Real.
royal jelly jalea real.
the Royal Air Force *las fuerzas aéreas británicas*.
the Royal Navy *la marina de guerra británica*.
royalist ['rɔɪəlɪst]
1 *adj* monárquico,-a.
2 *n* monárquico,-a.
royally ['rɔɪəlɪ] *adv* magníficamente.
royalty ['rɔɪəltɪ]
1 *n* realeza.
2 *n (people)* miembros *mpl* de la familia real.
3 **royalties** *npl (gen)* royalties *mpl*; *(of writer)* derechos *mpl* de autor.
▲ *pl* **royalties**.
RRP ['ɑːr'ɑːr'piː] *abbr* (**recommended retail price**) precio recomendado de venta al público.
RSC ['ɑːr'es'siː] *abbr GB* (**Royal Shakespearian Company**) *compañía real shakesperiana*.
RSPB ['ɑːr'es'piː'biː] *abbr GB* (**Royal Society for the Protection of Birds**) *sociedad protectora de las aves*.
RSPCA ['ɑːr'es'piː'siː'eɪ] *abbr GB* (**Royal Society for the Prevention of Cruelty to Animals**) ≈ Sociedad Protectora de Animales; *(abbreviation)* SPA.
RSVP ['ɑːr'es'viː'piː] *abbr* (**répondez s'il vous plaît**) se ruega contestación; *(abbreviation)* S. R. C.

Rt. Hon [raɪt'ɒnərəbəl] *abbr GB* (**Right Honourable**) su Señoría.
Rt. Rev [raɪtr'revərənd] *abbr REL* (**Right Reverend**) muy reverendo,-a.
▲ *También se escribe* **Rt. Revd**.
rub [rʌb]
1 *n* friega: give it a quick rub frótalo un poquito.
2 *vt (gen)* frotar; *(hard)* restregar: he rubbed his hands together because of the cold se frotó las manos por el frío.
3 *vi* rozar.
▸ **to rub off**
1 *vt sep* quitar *frotando*.
2 *vi* quitarse.
3 *vi fig* pegarse: his manners seem to have rubbed off on his wife parece que sus modales se le han pegado a su mujer.
to rub out
1 *vt sep* borrar.
2 *vi* borrarse.
✦ **to rub it in** *fam* insistir.
to rub shoulders with codearse con.
to rub somebody up the wrong way sacar de quicio a alguien.
▲ *pt & pp* **rubbed**, *ger* **rubbing**.
rubber ['rʌbəʳ]
1 *n* caucho, goma.
2 *n (eraser)* goma de borrar.
3 *n US fam* goma, preservativo.
▪ **rubber band** goma elástica.
rubber plant ficus *m*.
rubber stamp tampón *m*.
rubber-stamp [rʌbə'stæmp] *vt (put a stamp on)* estampillar; *(approve)* dar el visto bueno a.
rubbery ['rʌbərɪ]
1 *adj (rubber-like)* gomoso,-a.
2 *adj (chewy)* correoso,-a.
rubbish ['rʌbɪʃ]
1 *n (refuse)* basura.
2 *n fam (thing)* birria, porquería.
3 *n (nonsense)* tonterías *fpl*.
▪ **rubbish bin** cubo de la basura.
rubbish dump vertedero, basurero.
rubbishy ['rʌbɪʃɪ] *adj fam* de pacotilla.
rubble ['rʌbəl] *n* escombros *mpl*.
rubella [ruː'belə] *n* rubéola.
rubicund ['ruːbɪkʌnd] *adj* rubicundo,-a.
ruble ['ruːbəl] *n* → **rouble**.
rubric ['ruːbrɪk] *n* rúbrica.
ruby ['ruːbɪ] *n* rubí *m*.
▲ *pl* **rubies**.
RUC ['ɑːr'juː'siː] *abbr GB* (**Royal Ulster Constabulary**) *cuerpo de policía de Irlanda del Norte*.
rucksack ['rʌksæk] *n* mochila.
ruckus ['rʌkəs] *n* follón *m*, jaleo.
✦ **to kick up a ruckus** armar un follón, armar un jaleo.
ructions ['rʌkʃənz] *npl fam* follón *m sing*.
rudder ['rʌdəʳ] *n* timón *m*.
rudderless ['rʌdələs] *adj* sin timón.

ruddy ['rʌdɪ]
1 *adj (colour)* colorado,-a.
2 *adj GB fam* maldito,-a.
▲ *comp* **ruddier**, *superl* **ruddiest**.
rude [ruːd]
1 *adj (person)* maleducado,-a, grosero,-a; *(behaviour)* grosero,-a; *(word)* malsonante.
2 *adj (improper)* grosero,-a.
3 *adj (crude)* rudo,-a, tosco,-a.
rudely ['ruːdlɪ] *adv* groseramente.
rudeness ['ruːdnəs]
1 *n (of person)* falta de educación; *(of behaviour)* grosería.
2 *n (simplicity)* rudeza, tosquedad *f*.
3 *n (impropriety)* grosería.
rudiment ['ruːdɪmənt] *n* rudimento.
rudimentary [ruːdɪ'mentrɪ] *adj* rudimentario,-a.
rue[1] [ruː] *vt (regret)* lamentar, arrepentirse de.
rue[2] [ruː] *n (plant)* ruda.
rueful ['ruːfʊl]
1 *adj (repentant)* arrepentido,-a.
2 *adj (sad)* afligido,-a, triste, compungido,-a.
ruefully ['ruːfʊlɪ] *adv* con arrepentimiento.
ruff [rʌf]
1 *n (collar)* gorguera.
2 *n ZOOL* collarín *m*.
ruffian ['rʌfɪən] *adj* rufián *m*.
ruffle ['rʌfəl]
1 *n (on shirt front)* chorrera.
2 *n (on cuffs)* volante *m*.
3 *vt (disturb - gen)* agitar; *(- feathers)* erizar; *(- hair)* despeinar, alborotar.
4 *vt (annoy)* irritar, alterar, hacer perder la calma.
ruffled ['rʌfəld]
1 *adj (hair)* despeinado,-a, alborotado,-a; *(feathers)* erizado,-a.
2 *adj (person)* alterado,-a.
✦ **to get ruffled** alterarse.
rug [rʌg] *n* alfombra, alfombrilla.
✦ **to pull the rug out from under somebody's feet** fastidiar los planes a alguien.
rugby ['rʌgbɪ] *n* rugby *m*.
▪ **rugby ball** pelota de rugby.
rugby league rugby *m* a trece.
rugby union rugby *m* a quince.
rugged ['rʌgɪd]
1 *adj (terrain)* escabroso,-a, agreste; *(mountain)* escarpado,-a.
2 *adj (features)* duro,-a.
rugger ['rʌgəʳ] *n* → **rugby**.
ruin ['ruːɪn]
1 *n* ruina: we saw the ruins of a monastery vimos un monasterio en ruinas.
2 *vt* arruinar.
3 *vt (spoil)* estropear.
✦ **to fall into ruins** caer en la ruina.
ruined ['ruːɪnd]
1 *adj* arruinado,-a.

2 *adj (spoilt)* estropeado,-a.

3 *adj (building)* en ruinas.

ruinous [ˈruːɪnəs] *adj* ruinoso,-a.

rule [ruːl]

1 *n (regulation)* regla, norma.

2 *n (control)* dominio.

3 *n (of monarch)* reinado; *(by government)* gobierno.

4 *n (measure)* regla.

5 *vt (govern)* gobernar; *(reign)* reinar en.

6 *vt (decree)* decretar, dictaminar.

7 *vt (draw)* trazar.

8 *vi (govern)* gobernar; *(reign)* reinar.

9 *vi (decree)* decretar, dictaminar.

▶ **to rule out** *vt sep* excluir, descartar.

✦ **as a rule** por lo general, por regla general.

  to work to rule hacer una huelga de celo.

  as a rule of thumb como regla general.

ruled [ruːld] *adj* rayado,-a.

ruler [ˈruːləʳ]

1 *n* gobernante *mf*, dirigente *mf*.

2 *n (monarch)* soberano,-a, monarca *mf*.

3 *n (instrument)* regla.

ruling [ˈruːlɪŋ]

1 *adj (in charge)* dirigente; *(governing)* en el poder; *(reigning)* reinante.

2 *n JUR* fallo.

rum [rʌm] *n* ron *m*.

■ **rum baba** baba al ron.

Rumania [ruːˈmeɪnɪə] *n* → **Romania.**

Rumanian [ruːˈmeɪnɪən] *adj-n* → **Romanian.**

rumble [ˈrʌmbəl]

1 *n (gen)* ruido sordo; *(of thunder)* estruendo; *(of stomach)* borborigmo.

2 *vi (gen)* hacer un ruido sordo; *(thunder)* retumbar; *(stomach)* hacer ruidos, sonar.

rumbling [ˈrʌmblɪŋ]

1 *n (gen)* ruido sordo; *(of thunder)* retumbos *mpl*; *(of stomach)* borborigmos *mpl*.

2 **rumblings** *npl (of discontent)* indicios *mpl*: **there were rumblings of discontent** hubo muestras de descontento.

ruminant [ˈruːmɪnənt]

1 *adj* rumiante.

2 *n* rumiante *m*.

ruminate [ˈruːmɪneɪt]

1 *vi (animal)* rumiar.

2 *vi (person)* rumiar, cavilar.

rummage [ˈrʌmɪdʒ] *vi* revolver *(buscando)*: **I found this while I was rummaging through her drawers** encontré esto mientras revolvía entre sus cajones.

rummy [ˈrʌmɪ] *n* rummy *m*.

rumor [ˈruːməʳ] *vt-n US* → **rumour.**

rumour [ˈruːməʳ]

1 *n* rumor *m*.

2 *vt* rumorear.

✦ **it is rumoured that …** corre el rumor de que …

rump [rʌmp]

1 *n (of animal)* ancas *fpl*; *(of horse)* grupa; *(of cow)* cadera.

2 *n (of person)* trasero.

■ **rump steak** filete *m* de cadera.

rumple [ˈrʌmpəl]

1 *vt* arrugar.

2 *vt (hair)* despeinar.

rumpus [ˈrʌmpəs] *n fam* jaleo, follón *m*.

✦ **to kick up a rumpus** armar un jaleo.

■ **rumpus room** *US* cuarto de los niños.

run [rʌn]

1 *n* carrera.

2 *n (trip)* viaje *m*; *(for pleasure)* paseo: **we went for a run in the car** dimos una vuelta en el coche.

3 *n (sequence)* racha: **I've had a run of bad luck** he tenido una racha de mala suerte.

4 *n (ski run)* pista.

5 *n (in stocking)* carrera.

6 *n (demand)* gran demanda: **there's been a run on olive oil** ha habido una gran demanda de aceite de oliva; **there was a run on the lira** la lira sufrió una gran presión.

7 *n THEAT* permanencia en cartel: **the play closed after an eight-month run** la obra dejó de representarse después de ocho meses en cartelera.

8 *n (in cricket)* carrera: **he scored 50 runs** marcó 50 carreras.

9 *n (in printing)* tirada.

10 *n (at cards)* escalera.

11 *vi (gen)* correr: **run faster!** ¡corre más deprisa!; **I ran up the hill** subí corriendo la colina.

12 *vi (flow)* correr: **a stream runs through the garden** corre un arroyo por el jardín; **blood ran down his leg** la sangre le corría por la pierna; **don't leave the tap running** no dejes el grifo abierto; **your nose is running** tienes mocos.

13 *vi (operate)* funcionar: **it runs on petrol** funciona con gasolina; **the engine's running** el motor está en marcha.

14 *vi (trains, buses)* circular: **this train doesn't run on Sundays** este tren no circula los domingos; **buses run every half hour** hay un autobús cada media hora; **the buses are running late** los autobuses llevan retraso.

15 *vi (in election)* presentarse: **the general has decided not to run for president** el general ha decidido no presentarse como candidato para la presidencia.

16 *vi (play)* estar en cartel; *(contract etc)* seguir vigente: **this play ran for four years on Broadway** esta obra estuvo en cartel durante cuatro años en Broadway; **my contract runs until October** mi contrato sigue vigente hasta octubre.

17 *vi (colour)* correrse: **I washed it and the colours ran** lo lavé y se destiñó, lo lavé y los colores se corrieron.

18 *vt (gen)* correr: **I ran more than a mile** corrí más de una milla.

19 *vt (race)* correr en, participar en: **she ran the 100 metres hurdles** corrió en la carrera de los cien metros vallas.

20 *vt (take by car)* llevar, acompañar: **could you run me to school?** ¿me podrías acompañar al colegio en coche?

21 *vt (manage)* llevar, dirigir, regentar: **she runs a café near the cinema** lleva una cafetería cerca del cine.

22 *vt (organize)* organizar, montar: **we're running a competition** organizamos una competición.

23 *vt (operate)* hacer funcionar.

24 *vt (pass, submit to)* pasar: **he ran his fingers through her hair** pasó sus dedos por su cabello; **I ran my eye over the names** eché un vistazo a los nombres; **have you run this data through the computer?** ¿has pasado estos datos por el ordenador?; **we'll run a check on it** lo comprobaremos; **they ran several tests on me** me sometieron a varias pruebas.

25 *vt (publish)* publicar: **they ran a series of articles on wine** publicaron una serie de artículos sobre el vino.

26 *vt (water)* dejar correr: **run the tap until the water gets hot** deja correr al agua hasta que salga caliente.

▶ **to run across**

1 *vt insep (cross over)* cruzar corriendo.

2 *vt insep (find)* encontrar, tropezar con.

  to run after *vt insep* perseguir.

  to run along *vi* irse.

  to run away

1 *vi (gen)* irse corriendo.

2 *vi (from home, etc)* fugarse, escaparse.

  to run away with *vt insep* escaparse con: **he ran away with my daughter** se fugó con mi hija; **don't run away with the idea that …** no te vayas a creer que …; **you let your imagination run away with you** te dejas llevar por la imaginación.

  to run down

1 *vt sep (knock down)* atropellar: **he was run down by a tram** lo atropelló un tranvía.

2 *vt sep (criticize)* criticar: **she runs everybody down** critica a todo el mundo.

3 *vt sep (battery)* agotar.

4 *vt insep* bajar corriendo.

5 *vi* bajar corriendo.

6 *vi (battery)* agotarse.

7 *vi (clock)* pararse: **my watch has run down** se me ha parado el reloj.

  to run in

1 *vt sep (car)* rodar.

2 *vt sep (criminal)* detener.

3 *vi* entrar corriendo.

  to run into

1 *vt insep* entrar corriendo en.

2 *vt insep (car)* chocar con.

3 *vt insep (meet)* tropezar con.

to run off
1 *vt sep (print)* imprimir.
2 *vi* irse corriendo.
to run off with *vt insep* escaparse con, llevarse.
to run out
1 *vi* salir corriendo.
2 *vi (be used up - gen)* acabarse; *(- stocks)* agotarse: time is running out for us se nos está acabando el tiempo; I've run out of sugar se me ha acabado el azúcar.
3 *vi (contract)* caducar.
to run over
1 *vt sep (knock down)* atropellar.
2 *vi (overflow)* rebosar.
3 *vi (spill)* derramar.
to run through
1 *vt insep (rehearse)* ensayar; *(do again)* repasar.
2 *vt insep (read)* echar un vistazo a.
to run up
1 *vt insep (ascend)* subir corriendo.
2 *vt sep (debts)* acumular.
3 *vt sep (flag)* izar.
4 *vi (ascend)* subir corriendo.
✦ in the long run a la larga.
to be on the run haber fugado, haber huido.
to break into a run echarse a correr.
to go for a run ir a correr.
to have the run of something tener algo a su entera disposición.
to run in the family venir de familia.
to run short of something ir mal de algo: we're running short of money se nos está acabando el dinero.
▪ a run for one's money he's had a good run for his money no le ha ido mal, no se puede quejar; she won the match, but I gave her a run for her money ella ganó el partido, pero la hice trabajar.
▲ pt ran [ræn]*, pp run* [rʌn]*, ger running.*
runabout [ˈrʌnəbaʊt] *n* coche *m* pequeño.
runaway [ˈrʌnəweɪ]
1 *adj (prisoner)* fugitivo,-a; *(horse)* desbocado,-a.
2 *adj (out of control)* incontrolado,-a; *(inflation)* galopante.
3 *adj (tremendous)* aplastante; *(success)* clamoroso,-a.
4 *n (adult)* fugitivo,-a; *(youngster)* joven fugado,-a.
rundown [ˈrʌndaʊn] *n* resumen *m*.
✦ to give somebody a rundown on something poner a alguien al corriente de algo.
run-down [rʌnˈdaʊn]
1 *adj (person)* agotado,-a.
2 *adj (area)* venido,-a a menos, decaído,-a.
rung[1] [rʌŋ] *pp →* **ring.**
rung[2] [rʌŋ] *n* escalón *m*.
run-in [ˈrʌnɪn] *n fam* roce *m*.

runner [ˈrʌnəʳ]
1 *n* corredor,-ra.
2 *n (of sledge)* patín *m*; *(of skate)* cuchilla.
3 *n (carpet)* alfombrilla.
4 *n (on furniture)* tapete *m*.
runner-up [rʌnərˈʌp] *n* subcampeón, -ona.
▲ pl runners-up.
running [ˈrʌnɪŋ]
1 *n (action)* el correr; *(sport)* atletismo: running is good for you el correr es bueno para la salud.
2 *n (management)* dirección *f.*
3 *adj (water)* corriente.
4 *adj (continuous)* continuo,-a.
5 *adv* seguido,-a: five days running cinco días seguidos.
✦ to be in the running tener posibilidades de ganar.
to be out of the running no tener posibilidades de ganar.
▪ running board estribo.
running commentary comentario en directo.
running costs *(of car)* gastos *mpl* de mantenimiento; *(of company)* gastos *mpl* de operación.
running mate *US* candidato,-a a la vicepresidencia.
running shoes zapatillas *fpl* para correr.
running track pista de atletismo.
runny [ˈrʌnɪ]
1 *adj (liquid)* líquido,-a; *(egg)* poco hecho.
2 *adj (nose)* que moquea.
▲ comp runnier, superl runniest.
run-off [ˈrʌnɒf] *n (match)* partido de desempate; *(race)* carrera de desempate.
run-of-the-mill [rʌnəvðəˈmɪl] *adj* corriente y moliente.
runproof [ˈrʌnpruːf] *adj* indesmallable.
runt [rʌnt]
1 *n (animal)* animal más pequeño de una camada.
2 *n fam (person)* piltrafa.
run-through [ˈrʌnθruː] *n* ensayo.
run-up [ˈrʌnʌp]
1 *n (period before)* etapa preliminar: the run-up to the elections el periodo preelectoral.
2 *n (before jumping etc)* carrerilla: he took a run-up and leapt over the fence tomó carrerilla y saltó la valla.
runway [ˈrʌnweɪ] *n* pista de aterrizaje.
rupee [ruːˈpiː] *n* rupia.
rupture [ˈrʌptʃəʳ]
1 *n (hernia)* hernia.
2 *n (breakage)* rotura; *(burst)* reventón *m*.
3 *n fig* ruptura.
4 *vt (break)* romper; *(burst)* reventar.
5 *vi (break)* romperse; *(burst)* reventarse.
✦ to rupture oneself herniarse.
rural [ˈrʊərəl] *adj* rural.
ruse [ruːz] *n* ardid *m*, astucia.

rush[1] [rʌʃ]
1 *n* prisa: I'm in no rush no tengo prisa; the train doesn't leave until six, there's no rush el tren no sale hasta las seis, no hay prisa.
2 *n (movement)* movimiento impetuoso, avance *m* impetuoso: she made a rush for the door se precipitó hacia la puerta.
3 *vt (hurry - person)* apresurar, dar prisa a, meter prisa a; *(- job etc)* hacer demasiado deprisa: don't rush me no me apresures; if you rush your work, you'll make mistakes si trabajas demasiado deprisa, cometerás errores; she got up late and had to rush her breakfast se levantó tarde y tuvo que desayunar corriendo.
4 *vt (send quickly)* enviar urgentemente, mandar urgentemente; *(take quickly)* llevar rápidamente: medical supplies were rushed to the war zone material médico fue enviado urgentemente a la zona de guerra; they rushed her to hospital la llevaron urgentemente al hospital.
5 *vt (attack)* abalanzarse sobre, arremeter contra.
6 *vt fam* cobrar: how much did they rush you for that? ¿cuánto te cobraron por eso?
7 *vi* ir deprisa, precipitarse, apresurarse: don't rush! ¡no vayas tan deprisa!; she rushed out of the room salió corriendo de la sala; he rushed to help us se apresuró a ayudarnos; we rushed through our lunch comimos a toda prisa.
▸ to rush in *vi* entrar corriendo.
to rush out *vi* salir corriendo.
✦ to be rushed off one's feet ir de culo.
to rush into something hacer algo precipitadamente: you should never rush into marriage no debes casarte sin pensarlo muy bien.
▪ rush job trabajo urgente: it was a bit of a rush job, I'm afraid me temo que lo hice deprisa y corriendo.
rush[2] [rʌʃ] *n (plant)* junco.
rusk [rʌsk] *n* galleta.
russet [ˈrʌsɪt]
1 *n* marrón *m* rojizo.
2 *adj* de color marrón rojizo.
Russia [ˈrʌʃə] *n* Rusia.
Russian [ˈrʌʃən]
1 *adj* ruso,-a.
2 *n (person)* ruso,-a.
3 *n (language)* ruso.
rust [rʌst]
1 *n* óxido, herrumbre *m*.
2 *vt* oxidar.
3 *vi* oxidar.
rustic [ˈrʌstɪk] *adj* rústico,-a.
rustle [ˈrʌsəl]
1 *n (of leaves etc)* crujido; *(of silk)* frufrú *m*.

2 *vt (leaves etc)* hacer crujir.
3 *vi (leaves etc)* crujir.
4 *vt (cattle)* robar.
5 *vi (cattle)* robar ganado.
rustler ['rʌsələ'] *n* cuatrero,-a.
rustling ['rʌsəlɪŋ]
  1 *n (noise)* crujido.
  2 *n (theft)* robo de ganado.
rustproof ['rʌstpruːf] *adj* inoxidable.
rusty ['rʌstɪ]
  1 *adj (metal)* oxidado,-a.

2 *adj fig* oxidado,-a, olvidado,-a.
  ▲ *comp* rustier, *superl* rustiest.
rut¹ [rʌt] *n (groove)* surco.
  ✦ **to be in a rut** ser esclavo,-a de la rutina.
  to get out of a rut salir de la rutina.
rut² [rʌt] *n (of male animal)* período de celo.
  ✦ **in rut** en celo.
ruthenium [ruˈθiːnɪəm] *n* rutenio.
ruthless ['ruːθləs] *adj* cruel, despiadado,-a.

ruthlessly ['ruːθləslɪ] *adj* despiadadamente, sin piedad.
ruthlessness ['ruːθləsnəs] *n* crueldad *f*.
Rwanda [ruˈændə] *n* Ruanda.
Rwandan [ruˈændən]
  1 *adj* ruandés,-esa.
  2 *n* ruandés,-esa.
rye [raɪ]
  1 *n* centeno.
  ▪ **rye bread** pan *m* de centeno.
  rye grass ballica.

S, s [es] *n (the letter)* S, s *f.*

S [sauθ] *abbr* (**south**) sur *m; (abbreviation)* S.

Sabbath ['sæbəθ] *n (Christian)* domingo; *(Jewish)* sábado.

sabbatical [sə'bætɪkəl]
1 *n (year)* año sabático; *(term)* trimestre *m* sabático.
2 *adj* sabático,-a.
✦ **to be on sabbatical** tener un año sabático.

saber ['seɪbəʳ] *n US* → **sabre.**

sable ['seɪbəl]
1 *n (animal, fur)* marta cebellina.
2 *adj (coat)* de marta cebellina.
3 *adj fml (colour)* negro,-a.

sabotage ['sæbətɑːʒ]
1 *n* sabotaje *m.*
2 *vt* sabotear.

saboteur [sæbə'tɜːʳ] *n* saboteador,-ra.

sabre ['seɪbəʳ] *n* sable *m.*

saccharin ['sækərɪn] *n* sacarina.

saccharine ['sækəriːn]
1 *adj (very sweet)* muy dulce.
2 *adj fig* empalagoso,-a, azucarado,-a.

sachet ['sæʃeɪ] *n* bolsita, sobrecito.

sack¹ [sæk]
1 *n (bag)* saco.
2 *n US fam (bed)* catre *m,* sobre *m,* piltra.
3 *vt GB fam* despedir a, echar a.
▸ **to sack out** *vi US* irse al catre, irse al sobre.
✦ **to get the sack** ser despedido,-a.
to give somebody the sack despedir a alguien, echar del trabajo a alguien.
to hit the sack irse al catre, irse al sobre.

sack² [sæk]
1 *vt MIL* saquear.
2 *n MIL* saqueo.

sackcloth ['sækklɒθ] *n* arpillera.
✦ **in sackcloth and ashes** con túnica de penitente.

sackful ['sækful] *n* saco.
✦ **by the sackful** a montones.

sacking ['sækɪŋ]
1 *n (material)* arpillera.
2 *n (dismissal)* despido.

sacrament ['sækrəmənt] *n* sacramento.
✦ **to receive the sacrament** comulgar.
▪ **the Blessed Sacrament/the Holy Sacrament** el Santísimo Sacramento.

sacramental [sækrə'mentəl] *adj* sacramental.

sacred ['seɪkrəd] *adj* sagrado,-a, sacro,-a.
✦ **is nothing sacred?** ¿no se respeta nada?
sacred to somebody/something dedicado,-a a alguien/algo.
▪ **sacred cow** vaca sagrada.
sacred music música religiosa.

sacredness ['seɪkrədnəs] *n* carácter *m* sagrado, santidad *f.*

sacrifice ['sækrɪfaɪs]
1 *n (gen)* sacrificio.
2 *n (offering)* ofrenda.
3 *vt (offer as sacrifice)* sacrificar.
4 *vt (give up)* sacrificar, renunciar a.
✦ **to make sacrifices** hacer sacrificios, sacrificarse.

sacrificial [sækrɪ'fɪʃəl] *adj* de sacrificio.
✦ **sacrificial lamb** chivo expiatorio.

sacrilege ['sækrɪlɪdʒ] *n* sacrilegio.

sacrilegious [sækrɪ'lɪdʒəs] *adj* sacrílego,-a.

sacristan ['sækrɪstən] *n* sacristán,-ana.

sacristy ['sækrɪstɪ] *n* sacristía.
▲ *pl* **sacristies.**

sacrosanct ['sækrəʊsæŋkt] *adj* sacrosanto,-a.

sacrum ['sækrəm] *n ANAT* sacro.
▲ *pl* **sacra.**

sad [sæd]
1 *adj (unhappy)* triste: you look very sad estás muy triste; we'll be sad to see you go será una pena perderte; I was sad to hear about your father's death sentí mucho saber lo de la muerte de tu padre.
2 *adj (deplorable)* lamentable: it's a sad state of affairs es una situación lamentable.
✦ **sad to say** por desgracia, desgraciadamente.
to make somebody sad entristecer a alguien, dar pena a alguien.
▲ *comp* **sadder,** *superl* **saddest.**

sadden ['sædən]
1 *vt* entristecer.
2 *vi* entristecerse.

saddle ['sædəl]
1 *n (for horse)* silla (de montar); *(of bicycle etc)* sillín *m.*
2 *vt* ensillar (**up,** -).
3 *vi* ensillar (**up,** -).
▸ **to saddle with** *vt sep* cargar con.
✦ **to be in the saddle** llevar las riendas.

saddlebag ['sædəlbæg] *n* alforja.

saddler ['sædələʳ] *n* guarnicionero,-a.

saddlery ['sædələrɪ]
1 *n (equipment)* guarniciones *fpl.*
2 *n (workshop)* guarnicionería.

sadism ['seɪdɪzəm] *n* sadismo.

sadist ['seɪdɪst] *n* sádico,-a.

sadistic [sə'dɪstɪk] *adj* sádico,-a.

sadly ['sædlɪ]
1 *adv (in sad manner)* tristemente.
2 *adv (regrettably)* lamentablemente.
3 *adv (unfortunately)* desgraciadamente.
✦ **to be sadly mistaken** estar muy equivocado,-a.

sadness ['sædnəs] *n* tristeza.

sadomasochism [seɪdəʊ'mæsəkɪzəm] *n* sadomasoquismo.

sadomasochist [seɪdəʊ'mæsəkɪst] *n* sadomasoquista *mf.*

sadomasochistic [seɪdəʊmæsə'kɪstɪk] *adj* sadomasoquista.

safari [sə'fɑːrɪ] *n* safari *m.*
✦ **to be on safari** estar de safari.
▪ **safari jacket** sahariana.
safari park safari *m,* reserva.

safe [seɪf]
1 *adj (gen)* seguro,-a; *(out of danger)* a salvo, fuera de peligro: be careful, the banisters aren't very safe ten cuidado, la barandilla no es muy segura; it's not safe to play in the road es peligroso jugar en la calle; she's a safe driver conduce con cuidado; your secret's safe with me guardaré tu secreto; don't worry, you'll be safe here no te preocupes, aquí estarás a salvo.

2 adj (unharmed) ileso,-a, indemne: **the missing boy has been found safe** se ha encontrado sano y salvo al niño desaparecido.
3 adj (not risky - method, investment, choice) seguro,-a; (subject) no polémico,-a.
4 n caja fuerte, caja de caudales, caja de seguridad.
+ **as safe as houses** completamente seguro,-a.
better safe than sorry más vale prevenir que curar.
in safe hands en buenas manos.
it's safe to say that ... se puede decir con seguridad que ...
safe and sound sano,-a y salvo,-a.
to be a safe bet ser seguro,-a.
to be on the safe side para mayor seguridad, por si acaso.
to play (it) safe ir sobre seguro, jugar sobre seguro.
■ **safe house** piso franco.
safe seat GB escaño asegurado.
safe sex sexo seguro.

safe-breaker ['seɪfbreɪkəʳ] n ladrón, -ona de cajas fuertes.

safe-conduct [seɪf'kɒndʌkt] n salvoconducto.

safe-deposit ['seɪfdɪpɒzɪt] n (in bank) cámara acorazada.
■ **safe-deposit box** caja de seguridad.

safeguard ['seɪfgɑːd]
1 n salvaguardia; (protection) protección f (**against**, contra); (guarantee) garantía, salvaguarda.
2 vt salvaguardar, proteger (**against**, contra), resguardar (**against**, de).

safekeeping [seɪf'kiːpɪŋ] n custodia: I gave it to him for safekeeping se lo di para que estuviera a buen recaudo.
+ **in somebody's safekeeping** bajo la custodia de alguien.

safely ['seɪflɪ]
1 adv (for certain) con toda seguridad, sin temor a equivocarse: **we can safely say that ...** podemos decir con toda seguridad que ...
2 adv (without mishap) sin contratiempos, sin accidentes, sin percances: **we got home safely** llegamos a casa sin ningún percance; **drive safely** conduce con cuidado.
3 adv (securely) de manera segura: **we'll soon have him safely locked up** pronto lo tendremos bien encerrado.
+ **to arrive safely** llegar a buen puerto.

safety ['seɪftɪ] n seguridad f: **there's safety in numbers** es más seguro ir en grupo; **for safety reasons** por razones de seguridad.
■ **safety belt** cinturón m de seguridad.
safety catch seguro, cierre m de seguridad.
safety chain cadenilla de seguridad.
safety check revisión f de seguridad.
safety curtain telón m de seguridad.
safety fuse fusible m de seguridad.

safety glass vidrio inastillable.
safety lamp lámpara de seguridad.
safety match cerilla, fósforo.
safety measure medida de seguridad.
safety net red f de protección, red f de seguridad.
safety pin imperdible m.
safety precaution medida de seguridad.
safety razor maquinilla de afeitar.
safety regulations normas fpl de seguridad.
safety valve válvula de seguridad.

safflower ['sæflaʊəʳ] n alazor m.
■ **safflower oil** aceite de alazor.

saffron ['sæfrən]
1 n (plant, condiment) azafrán m.
2 adj (colour) de color azafrán.

saffron-coloured ['sæfrənkʌləd] adj azafranado,-a.

sag [sæg]
1 vi (shelf, branch, beam, ceiling) combarse; (roof, bed) hundirse; (wall) pandear, pandearse.
2 vi (flesh) colgar.
3 vi (demand, prices, etc) caer, bajar.
4 vi fig (spirits) flaquear, decaer.
5 n (in beam, wall, ceiling, shelf) combadura; (in roof) hundimiento; (in mattress, chair) hundimiento.
6 n (in prices, profits, etc) baja, caída.
▲ pt & pp **sagged**, ger **sagging**.

saga ['sɑːgə] n saga.

sagacious [sə'geɪʃəs] adj sagaz, perspicaz.

sagacity [sə'gæsɪtɪ] n sagacidad f.

sage¹ [seɪdʒ]
1 adj sabio,-a.
2 n sabio,-a.

sage² [seɪdʒ] n BOT salvia.
■ **sage and onion stuffing** relleno de salvia y cebolla.
sage green verde m salvia.

sagging ['sægɪŋ]
1 adj (roof) hundido,-a; (wall) pandeado,-a; (beam, wood) combado,-a.
2 adj (breasts) caído,-a.

Sagittarian [sædʒɪ'teərɪən]
1 adj sagitario,-a.
2 n sagitario,-a.

Sagittarius [sædʒɪ'teərɪəs] n Sagitario.

sago ['seɪgəʊ] n sagú m.
■ **sago palm** sagú m.

Sahara [sə'hɑːrə] n Sáhara m.
■ **Western Sahara** Sáhara Occidental.

Saharan [sə'hɑːrən] adj sahariano,-a, saharaui.

said [sed]
1 pt & pp → **say**.
2 adj JUR (aforementioned) susodicho,-a, arriba citado,-a.

sail [seɪl]
1 n (canvas) vela.
2 n (trip) paseo en barco; (journey) viaje m en barco.
3 n (ship) velero, barco de vela.

4 n (of windmill) aspa.
5 vt (travel) navegar; (cross) cruzar en barco: **she sailed the Atlantic single-handed** cruzó el Atlántico sola.
6 vt (control ship) gobernar.
7 vi (ship, boat) navegar; (person) ir en barco, navegar: **I'd love to sail round the world** me encantaría dar la vuelta al mundo en barco.
8 vi (begin journey) zarpar, hacerse a la mar.
▶ **to sail into** vt insep arrebatar contra.
+ **in full sail** a toda vela, con las velas desplegadas.
to be under sail moverse (por el viento).
to set sail zarpar, hacerse a la mar.
to sail close to the wind (in ship) navegar de bolina; (take risks) jugársela.
to sail through something fig encontrar algo muy fácil: **she sailed through the exam** aprobó el examen sin ningún problema.
to sail under false colours expresar opiniones falsas.

sailboard ['seɪlbɔːd] n tabla de vela, tabla de windsurf.

sailcloth ['seɪlklɒθ] n lona.

sailing ['seɪlɪŋ]
1 n (skill) navegación f.
2 n (sport) vela, navegación f a vela: **we go sailing every weekend** hacemos vela todos los fines de semana.
3 n (departure) salida; (crossing) travesía.
+ **to be plain sailing** ser coser y cantar.
■ **sailing boat** barco de vela, velero.
sailing ship buque m de vela, velero.

sailmaker ['seɪlmeɪkəʳ] n velero,-a.

sailor ['seɪləʳ] n marinero.
+ **to be a bad sailor** marearse fácilmente.
to be a good sailor no marearse.
■ **sailor hat** gorra marinera.
sailor suit traje m de marinero.

saint [seɪnt]
1 n (person) santo,-a.
2 **Saint** n (before most masculine names) san; (before masculine names beginning with Do- or To-) santo; (before feminine names) santa: **Saint Paul** San Pablo; **Saint Thomas** Santo Tomás.
■ **All Saint's Day** Día m de Todos los Santos.
saint's day santo, onomástica.

saintliness ['seɪntlɪnəs] n santidad f.

saintly ['seɪntlɪ] adj santo,-a.
▲ comp **saintlier**, superl **saintliest**.

sake¹ [seɪk] n bien m: **for your own sake** por tu propio bien; **for the kids' sake** por los niños; **for the sake of peace** en aras de la paz.
+ **for God's sake!** ¡por el amor de Dios!, ¡por Dios!
for goodness' sake! ¡por el amor de Dios!
for Heaven's sake! ¡por el amor de Dios!

for old times' sake por los viejos tiempos.
for Pete's sake! ¡por Dios!
for the sake of por (el bien de).
for the sake of argument por decir algo, pongamos por caso.
just for the sake of it porque sí.
to talk for talking's sake hablar por hablar.

sake² ['sɑ:kɪ] *n (drink)* sake *m*.

salable ['seɪləbəl] *adj US* → **saleable**.

salacious [sə'leɪʃəs] *adj* salaz.

salad ['sæləd] *n* ensalada.
- **potato salad** ensaladilla.
salad bowl ensaladera.
salad cream salsa para ensalada *(tipo mahonesa)*.
salad days años *mpl* de juventud.
salad dressing aliño, aderezo.

salamander ['sæləmændə'] *n* salamandra.

salami [sə'lɑ:mɪ] *n* salami *m*.

salaried ['sælərɪd] *adj* asalariado,-a.

salary ['sælərɪ]
1 *n* sueldo, salario.
2 *adj* salarial.
▲ *pl salaries*.

sale [seɪl]
1 *n (act, transaction)* venta: I made a sale hice una venta, vendí algo.
2 *n (special offer)* rebajas *fpl*, liquidación *f*: I bought it in a sale lo compré en las rebajas.
3 *n (auction)* subasta.
4 *sales npl (amount sold)* venta, ventas *fpl*: sales are up this month las ventas han subido este mes.
5 *npl (reductions)* rebajas *fpl*.
✦ **for sale** en venta.
"For sale" *(sign on house etc)* "Se vende".
on sale *(available)* en venta, a la venta; *(reduced)* rebajado,-a.
on sale or return en depósito.
to put something up for sale poner algo a la venta, poner algo en venta.
- **clearance sale** liquidación *f*.
sale goods artículos *mpl* rebajados.
sale price precio rebajado, precio de rebaja.
sales department departamento comercial, departamento de ventas.
sales manager jefe,-a de ventas, gerente *mf* de ventas, director,-ra comercial.
sales pitch/talk charlatanería *(de un,-a vendedor,-ra)*.
sales receipt tique *m* de compra.
sales tax impuesto sobre las ventas.

saleable ['seɪləbəl] *adj* vendible.

salesclerk ['seɪlzklɑ:k] *n US* dependiente,-a.

salesgirl ['seɪlzgɜ:l] *n* dependienta.

salesman ['seɪlzmən]
1 *n (gen)* vendedor *m*; *(in shop)* dependiente *m*.
2 *n (travelling)* representante *m*.
▲ *pl salesmen* ['seɪlzmən].

salesperson ['seɪlzpɜ:sən]
1 *n (gen)* vendedor,-ra; *(in shop)* dependiente,-a.
2 *n (travelling)* representante *mf*.
▲ *pl salespeople* ['seɪlzpi:pl].

salesroom ['seɪlzru:m] *n US* sala de subastas.

saleswoman ['seɪlzwumən]
1 *n (gen)* vendedora; *(in shop)* dependienta.
2 *n (travelling)* representante *f*.
▲ *pl saleswomen* ['seɪlzwɪmɪn].

Salic ['sælɪk] *adj* sálico,-a.

salient ['seɪlɪənt]
1 *adj (angle)* saliente, saledizo,-a.
2 *adj (feature)* sobresaliente, destacado,-a.
3 *n (angle)* saliente *m*.

saline ['seɪlaɪn] *adj* salino,-a.

salinity [sə'lɪnɪtɪ] *n* salinidad *f*.

saliva [sə'laɪvə] *n* saliva.

salivary [sə'laɪvərɪ] *adj* salival.
- **salivary glands** glándulas *fpl* salivales.

salivate ['sælɪveɪt] *vi* salivar.

salivation [sælɪ'veɪʃən] *n* salivación *f*.

sallow ['sæləu] *adj* cetrino,-a.

sallowness ['sæləunəs] *n* color *m* cetrino, palidez *f*.

sally ['sælɪ]
1 *n MIL* salida.
2 *n (remark)* agudeza, réplica.
▶ **to sally forth/sally out**
1 *vi MIL* hacer una salida.
2 *vi (gen)* salir a buen paso, emprender la marcha.
▲ *(sustantivo) pl sallies; (verbo) pt & pp sallied, ger sallying*.

salmon ['sæmən]
1 *n (fish)* salmón *m*.
2 *n (colour)* color *m* salmón, salmón *m*, asalmonado,-a.
- **salmon fishing** pesca del salmón.
salmon pink rosa *m* salmón, rosa *m* asalmonado.
salmon trout trucha asalmonada, reo.
smoked salmon salmón *m* ahumado.

salmonella [sælmə'nelə] *n (bacteria)* salmonella.
- **salmonella poisoning** salmonelosis *fpl*.

salmonellosis [sælmɒnə'ləusɪs] *n* salmonelosis *f*.

salmon-pink ['sæmən'pɪŋk] *adj* asalmonado,-a.

salon ['sælɒn] *n (shop)* salón *m*.
- **beauty salon** salón *m* de belleza.
hairdressing salon peluquería.

saloon [sə'lu:n]
1 *n US* taberna, bar *m*.
2 *n (public room)* sala; *(on ship)* salón *m*.
3 **saloon (car)** *n GB* berlina.
4 **saloon (bar)** *n GB (in pub)* parte de un pub más cómoda y mejor decorada donde las bebidas salen un poco más caras que en la parte más sencilla.

salsa ['sælsə] *n MUS* salsa.

salsify ['sælsɪfɪ] *n* salsifí *m*.

salt [sɔ:lt]
1 *n (gen)* sal *f*.
2 *adj* salado,-a.
3 *vt (preserve, cure)* salar, conservar en sal, curar.
4 *vt (season)* echar sal a, salar.
5 *vt (on road)* echar sal en.
6 **salts** *npl* sales *fpl*.
▶ **to salt away** *vt sep (money)* guardar.
✦ **to be the salt of the earth** ser la sal de la tierra.
to be worth one's salt merecer el pan que se come.
to rub salt into the wounds hurgar en la herida.
to take something with a pinch of salt creer algo con reservas.
- **common salt** sal *f* común.
cooking salt sal *f* de cocina.
Epsom salts epsomita, sal *f* de la Higuera.
salt beef carne de vaca curada en sal.
salt flat salina.
salt lake lago de agua salada.
salt lick bloque *m* de sal, salegar *m*.
salt marsh marisma.
salt mine mina de sal, salina.
salt pork tocino.
salt shaker *US* salero.
sea salt sal *f* marina.
smelling salts sales *fpl* (aromáticas).
table salt sal *f* fina, sal *f* de mesa.

saltcellar ['sɔ:ltselə'] *n* salero.

salted ['sɔ:ltɪd] *adj* salado,-a.

salt-free ['sɔ:ltfri:] *adj* sin sal.

saltiness ['sɔ:ltɪnəs] *n (water)* salubridad *f*; *(sea)* salinidad *f*; *(food)* sabor *m* salado.

saltpan ['sɔ:ltpæn] *n* salina.

saltpeter [sɔ:lt'pi:tə'] *n US* → **saltpetre**.

saltpetre [sɔ:lt'pi:tə'] *n* salitre *m*.

saltwater ['sɔ:ltwɔ:tə'] *adj* de agua salada.

salty ['sɔ:ltɪ]
1 *adj (food)* salado,-a.
2 *adj fig (racy)* salado,-a, picante, atrevido,-a.
▲ *comp saltier, superl saltiest*.

salubrious [sə'lu:brɪəs]
1 *adj fml (health-giving)* salubre, sano,-a, saludable.
2 *adj (respectable - gen)* sano,-a; *(- area)* recomendable.

salubriousness [sə'lu:brɪəsnəs] *n* salubridad *f*.

salubrity [sə'lu:brɪtɪ] *n* salubridad *f*.

salutary ['sæljutərɪ] *adj (experience)* beneficioso,-a; *(warning)* útil.

salute [sə'lu:t]
1 *n MIL (gesture)* saludo; *(firing of guns)* salva.
2 *n (greeting)* saludo, salutación *f*.
3 *vt (gen)* saludar.
4 *vt (honour, applaud)* aplaudir, aclamar.
5 *vi MIL* saludar.
✦ **in salute** como saludo.
to take the salute presidir el desfile.

Salvadoran [sælvə'dɔːrən] *adj-n* → **Salvadorian.**

Salvadorian [sælvə'dɔːrɪən]
1 *adj* salvadoreño,-a.
2 *n* salvadoreño,-a.

salvage ['sælvɪdʒ]
1 *n (recovery)* salvamento, rescate *m*.
2 *n (things recovered)* objetos *mpl* recuperados, material *m* recuperado.
3 *n JUR (compensation)* derecho de salvamento.
4 *vt* salvar, rescatar, recuperar.

salvation [sæl'veɪʃən] *n* salvación *f*.

Salvation Army [sælveɪʃən'ɑːmɪ] *n* Ejército de Salvación.

salve [sælv]
1 *n (ointment)* pomada, ungüento, bálsamo.
2 *n (comfort)* alivio, bálsamo.
3 *vt (apply salve)* curar con pomada, curar.
4 *vt fml (soothe, appease)* aliviar.
✦ **to salve one's conscience** aliviarse la conciencia.
▪ **lip salve** protector *m* de labios, crema protectora de labios.

salver ['sælvər] *n (gen)* salvilla; *(silver)* bandeja (de plata).

salvo ['sælvəʊ] *n (of guns, applause)* salva.
▲ *pl salvos o salvoes.*

Samaria [sə'meərɪə] *n* Samaria.

Samaritan [sə'mærɪtən]
1 *adj* samaritano,-a.
2 *n (person)* samaritano,-a.
3 *n (language)* samaritano.
4 **the Samaritans** *npl* ≈ el teléfono de la esperanza.

samarium [sə'meərɪəm] *n* samario.

samba ['sæmbə] *n (dance)* samba.

same [seɪm]
1 *adj (not different)* mismo,-a: the same day el mismo día; the same thing lo mismo.
2 *adj (alike)* mismo,-a, igual, idéntico,-a: he's wearing the same tie as you lleva una corbata igual que la tuya; you men are all the same! ¡los hombres sois todos iguales!
3 *pron COMM (previously mentioned thing)* el mismo, la misma: estimate for repairing door and varnishing of same presupuesto para reparar la puerta y barnizar la misma.
4 *pron* **the same** lo mismo: it won't be the same without you no será lo mismo sin ti.
5 *pron* **the same** *(same person)* el mismo, la misma: are you Phil Rogers? - The same! ¿es usted Phil Rogers? - ¡El mismo!; the very same el mismísimo, la mismísima.
6 **the same** *adv* igual, del mismo modo: they talk the same hablan igual.
✦ **all the same** a pesar de todo.
at the same time *(simultaneously)* a la vez, al mismo tiempo; *(however)* sin embargo, aun así.

in the same breath inmediatamente después.
it's all the same to me me da igual, me da lo mismo.
just the same a pesar de todo.
on the same wavelength en la misma onda.
one and the same el mismo, la misma, lo mismo.
same difference es igual.
same here yo también.
thanks all the same gracias de todas maneras.
the same again, please lo mismo de antes, por favor, otro por favor.
the same as igual que, como.
the same old story la misma historia de siempre.
the same to you! ¡igualmente!
to amount the same thing venir a ser lo mismo.
to be in the same boat estar en el mismo barco, estar en la misma situación.
to be of the same mind opinar lo mismo.

sameness ['seɪmnəs]
1 *n (similarity)* igualdad *f*, identidad *f*.
2 *n (monotony)* monotonía, uniformidad *f*.

Samoa [sə'məʊə] *n* Samoa.
▪ **Western Samoa** Samoa Occidental.

Samoan [sə'məʊən]
1 *adj* samoano,-a.
2 *n (person)* samoano,-a.
3 *n (language)* samoano.

samosa [sæ'məʊzə] *n CULIN* samosa *(empanadilla india rellena de carne o verduras)*.

samovar ['sæməvɑːr] *n* samovar *m*.

sampan ['sæmpæn] *n* sampán *m*.

sample ['sɑːmpəl]
1 *n (gen)* muestra: would you like a free sample? ¿quieres una muestra gratuita?
2 *n (of food, drink)* muestra, cata, degustación *f*.
3 *vt (place, activity)* probar.
4 *vt (dish)* probar, degustar; *(wine)* catar, probar, degustar.
5 *vt (opinion)* sondear.

sampler ['sɑːmpələr]
1 *n SEW* dechado.
2 *n MUS* sampleador *m*.

samurai ['sæmjʊraɪ] *n* samurái *m*, samuray *m*.
▲ *pl samurai.*

sanatorium [sænə'tɔːrɪəm] *n* sanatorio.
▲ *pl sanatoriums o sanatoria* [sænə'tɔːrɪə].

sanctify ['sæŋktɪfaɪ] *vt* santificar, consagrar.
▲ *pt & pp sanctified, ger sanctifying.*

sanctimonious [sæŋktɪ'məʊnɪəs] *adj pej* santurrón,-ona, mojigato,-a.

sanctimoniousness [sæŋktɪ'məʊnɪəsnəs] *n* santurronería, mojigatería, beatería.

sanction ['sæŋkʃən]
1 *n fml (permission)* sanción *f*, autorización *f*, permiso.
2 *n (penalty)* sanción *f*; *(weapon)* arma.
3 *vt fml (authorize)* sancionar, autorizar.
4 **sanctions** *npl POL (measures)* sanciones *fpl*.

sanctity ['sæŋktətɪ] *n (sacredness)* santidad *f*, carácter *m* sagrado: the sanctity of marriage la santidad del matrimonio.

sanctuary ['sæŋktjʊərɪ]
1 *n REL (sacred place)* santuario; *(chancel)* presbiterio.
2 *n (gen)* refugio, protección *f*; *(asylum)* asilo.
3 *n (for animals)* reserva.
✦ **to take sanctuary** refugiarse.
▲ *pl sanctuaries.*

sanctum ['sæŋktəm]
1 *n (holy place)* lugar *m* sagrado.
2 *n fig* lugar *m* privado.
▪ **inner sanctum** sanctasanctórum *m*.

sand [sænd]
1 *n (gen)* arena.
2 *vt (smooth)* lijar (**down**, -).
3 *vt (sprinkle with sand)* enarenar.
4 **sands** *npl (beach)* playa *f sing*; *(sandbank)* banco *m sing* de arena.
▪ **sand castle** castillo de arena.
sand dune duna.
sand pie flan *m* de arena.
sand trap *(in golf)* búnker *m*.

sandal ['sændəl] *n* sandalia.

sandalwood ['sændəlwʊd] *n BOT* sándalo.

sandbag ['sændbæg]
1 *n* saco terrero.
2 *vt (protect)* proteger con sacos terreros.
▲ *pt & pp sandbagged, ger sandbagging.*

sandbank ['sændbæŋk] *n* banco de arena.

sandblast ['sændblɑːst] *vt* limpiar con un chorro de arena.

sandboy ['sændbɔɪ] **as happy as a sandboy** *phr* como un niño con zapatos nuevos.

sander ['sændər] *n (machine)* lijadora.

sandman ['sændmæn] *n* ser imaginario que trae el sueño a los niños.

sandpaper ['sændpeɪpər]
1 *n* papel *m* de lija.
2 *vt* lijar.

sandpit ['sændpɪt] *n GB* cajón *m* de arena.

sandstone ['sændstəʊn] *n* arenisca.

sandstorm ['sændstɔːm] *n* tempestad *f* de arena.

sandwich ['sænwɪdʒ]
1 *n (French bread)* bocadillo; *(sliced bread)* sándwich *m*: a cheese sandwich un bocadillo de queso.
2 *vt* encajonar (**between**, entre).
▪ **sandwich board** cartel *m* anunciador, cartelones *mpl*.
sandwich course *GB* curso teórico-práctico *(en que se alternan las clases*

teóricas con períodos de prácticas en la industria).
sandwich man hombre *m* anuncio.
sandwich toaster sandwichera.

sandy ['sændɪ]
1 *adj (beach etc)* arenoso,-a, de arena.
2 *adj (hair)* rubio,-a oscuro,-a.
▲ *comp* **sandier**, *superl* **sandiest**.

sane [seɪn]
1 *adj (person)* cuerdo,-a; *(mind)* sano,-a.
2 *adj fig (solution, decision, etc)* sensato,-a.

sang [sæŋ] *pt* → **sing**.

sang-froid [sɒŋ'frwɑː] *n* sangre *f* fría.

sanguinary ['sæŋgwɪnərɪ]
1 *adj fml (bloody)* sangriento,-a.
2 *adj fml (bloodthirsty)* sanguinario,-a.

sanguine ['sæŋgwɪn]
1 *adj fml (in attitude)* optimista.
2 *adj fml (complexion)* sanguíneo,-a.

Sanhedrin [sæn'hiːdrɪn] *n* sanedrín *m*.

sanitarium [sænɪ'teərɪəm] *n US* → **sanatorium**.

sanitary ['sænɪtərɪ]
1 *adj (to do with health)* sanitario,-a, de sanidad.
2 *adj (hygienic)* higiénico,-a.
■ **sanitary inspector** inspector,-ra de sanidad.
sanitary napkin/sanitary pad/sanitary towel compresa.

sanitation [sænɪ'teɪʃən]
1 *n (public health)* sanidad *f* (pública); *(hygiene)* higiene *f*.
2 *n (plumbing)* sistema *m* de saneamiento; *(sewage system)* alcantarillado.

sanity ['sænətɪ]
1 *n (health of mind)* cordura.
2 *n (good sense)* sensatez *f*, juicio.

sank [sæŋk] *pt* → **sink**.

Sanskrit ['sænskrɪt]
1 *n* sánscrito.
2 *adj* sánscrito,-a.

Santa Claus [sæntə'klɔːz] *n* Papá *m* Noel, San Nicolás.

Saône [səʊn] *n* el Saona *m*.

sap¹ [sæp]
1 *n BOT* savia.
2 *n fig (energy, vigour)* energía, vigor *m*.
3 *n US fam (person)* bobo,-a, inocentón, -ona.

sap² [sæp]
1 *n MIL* zapa.
2 *vt (weaken)* debilitar, agotar, minar.
✦ **to be sapped** quedarse agotado,-a.
▲ *pt & pp* **sapped**, *ger* **sapping**.

sapling ['sæplɪŋ] *n BOT* árbol *m* joven.

sapper ['sæpə'] *n MIL* zapador,-ra.

sapphire ['sæfaɪə']
1 *n* zafiro.
2 *adj* zafirino,-a, zafíreo,-a, azul zafiro.

Saracen ['særəsən]
1 *adj* sarraceno,-a.
2 *n (person)* sarraceno,-a.

Saragossa [særə'gɒsə] *n* Zaragoza.

sarcasm ['sɑːkæzəm] *n* sarcasmo, sorna.

sarcastic [sɑː'kæstɪk] *adj* sarcástico,-a.

sarcastically [sɑː'kæstɪklɪ] *adv* sarcásticamente, con sarcasmo.

sarcoma [sɑː'kəumə] *n* sarcoma *m*.

sarcophagus [sɑː'kɒfəgəs] *n* sarcófago.
▲ *pl* **sarcophaguses** o **sarcophagi** [sɑː'kɒfəgaɪ].

sardine [sɑː'diːn] *n* sardina.
✦ **to be packed like sardines** estar como sardinas en lata.

Sardinia [sɑː'dɪnɪə] *n* Cerdeña.

Sardinian [sɑː'dɪnɪən]
1 *adj* sardo,-a.
2 *n (person)* sardo,-a.
3 *n (language)* sardo.

sardonic [sɑː'dɒnɪk] *adj* sardónico,-a.

sarge [sɑːdʒ] *n MIL fam* → **sergeant**.

sari ['sɑːrɪ] *n* sari *m*.

sarnie ['sɑːnɪ] *n fam* bocata *mf*.

sarong [sə'rɒŋ] *n* sarong *m*.

sarsaparilla [sæspə'rɪlə] *n* zarzaparrilla.

sartorial [sɑː'tɔːrɪəl] **sartorial elegance** *n fml* elegancia en el vestir.

sartorius [sɑː'tɔːrɪəs] *n ANAT* sartorio.
▲ *pl* **sartorii** [sɑː'tɔːrɪaɪ].

sash¹ [sæʃ]
1 *n (waistband)* faja.
2 *n MIL (waist)* fajín *m*; *(shoulder)* banda.

sash² [sæʃ] *n (frame)* marco de ventana.
■ **sash window** ventana de guillotina.

Sassenach ['sæsənæx] *n pej (English person)* inglés,-esa.

sassy ['sæsɪ]
1 *adj US fam (rude)* descarado,-a, fresco,-a.
2 *adj US fam (bold)* atrevido,-a.
▲ *comp* **sassier**, *superl* **sassiest**.

sat [sæt] *pt & pp* → **sit**.

Sat ['sætədɪ] *abbr* (**Saturday**) sábado; *(abbreviation)* sáb.

Satan ['seɪtən] *n* Satán *m*, Satanás *m*.

satanic [sə'tænɪk] *adj* satánico,-a.

satchel ['sætʃəl] *n* cartera *(de colegial)*, mochila *(de colegial)*.

satellite ['sætəlaɪt] *n* satélite *m*.
■ **satellite broadcasting** *TV* retransmisión *f* vía satélite.
satellite dish *TV* antena parabólica.
satellite state *POL* país *m* satélite, nación *f* satélite.
satellite television televisión *f* vía satélite.

satiate ['seɪʃɪeɪt] *vt* saciar.

satiation [seɪʃɪ'eɪʃən] *n* saciedad *f*.

satiety [sə'saɪətɪ] *n* saciedad *f*.

satin ['sætɪn]
1 *n* satén *m*, raso.
2 *adj (made of satin)* de satén, de raso.
3 *adj (finish)* satinado,-a.

satire ['sætaɪə'] *n* sátira.

satirical [sə'tɪrɪkəl] *adj* satírico,-a.

satirise ['sætəraɪz] *vt* → **satirize**.

satirist ['sætərɪst] *n* satírico,-a, escritor,-ra satírico,-a.

satirize ['sætəraɪz] *vt* satirizar.

satisfaction [sætɪs'fækʃən]
1 *n (contentment)* satisfacción *f*, complacencia: he expressed his satisfaction with the service expresó su satisfacción por el servicio; everyone needs job satisfaction todo el mundo necesita sentirse realizado en su trabajo.
2 *n (fulfilment)* satisfacción *f*, cumplimiento.
3 *n (response to complaint)* satisfacción *f*.

satisfactorily [sætɪsfæk'tɔːrɪlɪ] *adv* satisfactoriamente.

satisfactory [sætɪs'fæktərɪ]
1 *adj* satisfactorio,-a.
2 *adj EDUC* suficiente.

satisfied ['sætɪsfaɪd]
1 *adj* satisfecho,-a, complacido,-a, contento,-a: another satisfied customer otro cliente satisfecho; we'd be satisfied with steak and chips nos contentaríamos con un bistec con patatas.
2 *adj (convinced)* convencido,-a.

satisfy ['sætɪsfaɪ]
1 *vt (please, make happy)* satisfacer, complacer, contentar: does nothing satisfy you? ¿no hay nada que te satisfaga?
2 *vt (fulfil - need etc)* satisfacer; *(- requirement)* cumplir, satisfacer: do you satisfy the entry conditions? ¿cumples los requisitos de admisión?
3 *vt (convince)* convencer: you must satisfy the jury that you are innocent debes convencer al jurado de tu inocencia.
▲ *pt & pp* **satisfied**, *ger* **satisfying**.

satisfying ['sætɪsfaɪɪŋ] *adj (gen)* satisfactorio,-a; *(meal)* bueno,-a, delicioso,-a.

satsuma [sæt'suːmə] *n BOT* satsuma.

saturate ['sætʃəreɪt]
1 *vt (fill)* saturar (**with**, de).
2 *vt (soak)* empapar (**with**, de).

saturated ['sætʃəreɪtɪd]
1 *adj (full)* saturado,-a.
2 *adj (wet)* empapado,-a: I got absolutely saturated! ¡me quedé totalmente empapado!
■ **saturated fat** grasa saturada.

saturation [sætʃə'reɪʃən] *n* saturación *f*.
■ **saturation bombing** *MIL* bombardeo de saturación.
saturation point punto de saturación.

Saturday ['sætədɪ] *n* sábado: a week on Saturday del sábado en una semana; every other Saturday cada dos sábados, un sábado sí y otro no; every Saturday todos los sábados; last Saturday el sábado pasado; next Saturday el sábado que viene, el próximo sábado; on a Saturday en sábado; on Saturday el sábado; on Saturday morning/afternoon/evening/night el sábado por la mañana/tarde/tarde/noche; on Saturdays los sábados; the following Saturday el sábado siguiente; the Saturday after next del sábado en ocho días; the Saturday before

last el sábado antepasado; this Saturday este sábado.

Saturn [ˈsætɜːn] n Saturno.

satyr [ˈsætəʳ] n lit sátiro.

satyric [səˈtɪrɪk] adj satírico,-a.

satyrical [səˈtɪrɪkəl] adj satírico,-a.

sauce [sɔːs]
1 n CULIN salsa: fish in parsley sauce pescado con salsa de perejil.
2 n fam (cheek) frescura, descaro.
✦ what is sauce for the goose is sauce for the gander lo que es bueno para uno es bueno para el otro.
▪ sauce boat salsera.
tomato sauce ketchup m, salsa de tomate.

saucepan [ˈsɔːspən] n (gen) cazo, cacerola; (large) olla.

saucer [ˈsɔːsəʳ] n platillo.

saucy [ˈsɔːsɪ]
1 adj fam descarado,-a, fresco,-a.
2 adj (risqué) picante.
3 adj (jaunty) coqueto,-a, gracioso,-a.
▲ comp saucier, superl sauciest.

Saudi [ˈsaʊdɪ]
1 adj saudí, saudita.
2 n saudí mf, saudita mf.
▪ Saudi Arabia Arabia Saudita.

sauerkraut [ˈsaʊəkraʊt] n chucrut m, chucruta.

sauna [ˈsɔːnə] n sauna.

saunter [ˈsɔːntəʳ]
1 vi pasear, pasearse.
2 n paseo, vuelta.

sausage [ˈsɒsɪdʒ] n (uncooked) salchicha; (cured) salchichón m; (spicy) chorizo.
▪ sausage dog perro salchicha.
sausage meat carne f de salchicha.
sausage roll salchicha envuelta en hojaldre.

sauté [ˈsəʊteɪ]
1 vt saltear.
2 adj salteado,-a.
▲ pt & pp sautéed o sauté, ger sautéing.

savage [ˈsævɪdʒ]
1 adj (ferocious) feroz; (cruel) cruel; (violent) violento,-a, salvaje; (severe) severo,-a, duro,-a: a savage attack un ataque duro; savage cuts in public spending recortes drásticos en el gasto público.
2 adj pej (primitive) salvaje, primitivo,-a.
3 n pej salvaje mf.
4 vt (animal) embestir (contra), atacar salvajemente.
5 vt fig (criticize) atacar violentamente, arremeter contra, poner por los suelos.

savagely [ˈsævɪdʒlɪ] adv salvajemente, ferozmente.

savageness [ˈsævɪdʒnəs] n (ferocity) ferocidad f; (cruelty) crueldad f, brutalidad f; (violence) violencia; (severeness) severidad f.

savagery [ˈsævɪdʒrɪ] n (cruel act) salvajada; (cruelty) crueldad f, brutalidad f.

savanna [səˈvænə] n → savannah.

savannah [səˈvænə] n sabana.

save [seɪv]
1 vt (rescue) salvar (from, de), rescatar (from, de); (preserve) salvar (from, de): you saved my life! ¡me has salvado la vida!
2 vt REL salvar.
3 vt (not spend - money) ahorrar: I've saved $200 towards my holidays he ahorrado 200 dólares para las vacaciones.
4 vt (not waste - fuel, work, money) ahorrar; (time) ahorrar, ahorrarse, ganar: we must all make an effort to save water todos debemos esforzarnos por ahorrar agua.
5 vt (keep, put by - food, strength) guardar, reservar; (- stamps) coleccionar: save me a seat guárdame un asiento; he's saving his strength for later se guarda las fuerzas para luego.
6 vt (avoid) evitar, ahorrar: it saved us a lot of trouble nos evitó muchas molestias, nos ahorró muchas molestias.
7 vt SP (goal) parar.
8 vt COMPUT guardar, archivar.
9 vi (not spend) ahorrar (up, -): we're saving up to buy a flat ahorramos para comprar un piso.
10 vi REL salvar.
11 n SP parada.
12 prep fml (except) salvo, excepto.
▶ to save on vt insep ahorrar: we're going to have to save on electricity tendremos que ahorrar electricidad.
✦ God save the Queen Dios salve a la Reina.
to save face salvar las apariencias.
to save one's breath no gastar saliva.
to save one's hide/neck/skin salvar el pellejo.
to save somebody's bacon salvarle el pellejo a alguien.
to save the day salvar la situación.

saver [ˈseɪvəʳ] n (person) ahorrador,-ra.

saving [ˈseɪvɪŋ]
1 n (of time, money) ahorro, economía.
2 savings npl ahorros mpl.
✦ to be somebody's saving grace ser el único mérito que tiene alguien, ser lo que le salva a alguien.
▪ savings account cuenta de ahorros.
savings bank caja de ahorros.

savior [ˈseɪvjəʳ] n US → saviour.

saviour [ˈseɪvjəʳ]
1 n salvador,-ra.
2 the Saviour/Our Saviour n REL El Salvador m.

savor [ˈseɪvəʳ] vt → savour.

savory [ˈseɪvərɪ]
1 n BOT ajedrea.
2 adj US → savoury.

savour [ˈseɪvəʳ]
1 n (taste, flavour) sabor m, gusto.
2 n fig (interest) interés m.
3 vt saborear.
▶ to savour of vt insep saber a, oler a.

savour-faire [sævwɑːˈfeəʳ] n don m de la diplomacia, desenvoltura.

savoury [ˈseɪvərɪ]
1 adj (salty) salado,-a; (tasty) sabroso,-a.
2 adj (respectable, wholesome) saludable, sano,-a.
3 n entrante m salado, canapé m.

savvy [ˈsævɪ]
1 n fam sentido común, conocimiento práctico, entendimiento.
2 vi fam entender, comprender, captar.

saw¹ [sɔː] pt → see.

saw² [sɔː]
1 n (tool) sierra, serrucho.
2 vt serrar, aserrar, cortar con una sierra: they sawed the tree down talaron el árbol con una sierra; this is where they saw the wood up es aquí donde se aserra la madera.
3 vi serrar, cortar.
▪ mechanical saw sierra mecánica.
▲ pt sawed, pp sawed o sawn [sɔːn].

sawdust [ˈsɔːdʌst] n serrín m.

sawhorse [ˈsɔːhɔːs] n (frame) burro, caballete m.

sawmill [ˈsɔːmɪl] n aserradero, serrería.

sawn [sɔːn] pp → saw.

sawn-off shotgun [sɔːnɒfˈʃɒtgʌn] n escopeta de cañones recortados.

sax [sæks] n fam saxo.

Saxon [ˈsæksən]
1 adj sajón,-ona.
2 n (person) sajón,-ona.

Saxony [ˈsæksənɪ] n Sajonia.

saxophone [ˈsæksəfəʊn] n saxofón m.

saxophonist [sækˈsɒfənɪst] n saxofonista mf, saxo mf.

say [seɪ]
1 vt (gen) decir; (express) expresar; (state) afirmar, declarar: what did he say? ¿qué dijo?, ¿qué ha dicho?; could you say that again? ¿podrías repetir eso?; first she said yes and then no primero dijo que sí y luego que no; I thought you said you could cook! ¡no habías dicho que sabías cocinar!; she said to be here at 9.00 pm dijo que teníamos que estar aquí a las 9.00; they say he killed her dicen que la mató.
2 vt (prayer) rezar; (poem, lines) recitar.
3 vt (newspaper, sign, etc) decir; (clock, meter, etc) marcar: what does the guidebook say? ¿qué dice la guía?, ¿qué pone en la guía?; what time does your watch say? ¿qué hora marca tu reloj?
4 vt (think) pensar, opinar, decir: what do you say? ¿qué opinas?; I say we keep looking creo que deberíamos seguir buscando; what do you say we have a break? ¿qué te parece si hacemos un descanso?; what would you say to an ice-cream? ¿te apetece un helado?
5 vt (suppose) suponer, poner, decir: say you found a wallet, what would you do? supongamos que encuentras una

cartera, ¿qué harías?; **come round at, say, 8.00pm** pásate hacia las 8.00, ¿te parece?; **shall we say Saturday then?** ¿quedamos el sábado, pues?

6 *n* opinión *f*. **I didn't have much say in the matter** no tuve ni voz ni voto en el asunto.

7 *interj US fam* ¡oye!, ¡oiga!

✦ **having said that ...** a pesar de eso ..., no obstante ...

I say! *(calling somebody)* ¡oiga!, ¡oye!; *(surprise)* ¡caramba!, ¡caray!

I'll say! ¡ya lo creo!

it goes without saying that ... por supuesto que ..., huelga decir que ...

it is said that ... dicen que ..., se dice que ...

never say die no rendirse.

not to have a lot to say for oneself no tener mucho que decir.

not to say ... por no decir ...

not to say much for somebody/something decir mal de alguien/algo.

say no more! *(interrupting)* ¡basta!; *(I understand)* ¡no me digas más!

say when! ¡ya me dirás basta!

that is to say es decir.

the least said the better cuanto menos decimos, mejor.

to have one's say dar su opinión, hablar.

to not say a dicky-bird no decir ni pío.

to say a lot for somebody/something decir mucho en favor de alguien/algo.

to say nothing of ... por no decir nada de ..., por no mencionar ...

to say the least como mínimo.

to say to oneself decir para sí.

when all is said and done al fin y al cabo.

you can say that again! ¡y que lo digas!, ¡ya lo creo!

you don't say! ¡no me digas!

you said it! ¡ya lo creo!; ¡dímelo a mí!

▲ *pt & pp* **said** [sed].

saying ['seɪɪŋ] *n* dicho, decir *m*.

say-so ['seɪsəʊ] *n fam (permission)* visto bueno, aprobación *f*, permiso *f*.

✦ **on somebody's say-so** porque lo diga alguien.

scab [skæb]

1 *n MED* costra, postilla.

2 *n fam pej (blackleg)* esquirol *m*.

scabbard ['skæbəd] *n* vaina.

scabby ['skæbɪ] *adj MED* costroso,-a, lleno,-a de costras.

▲ *comp* **scabbier**, *superl* **scabbiest**.

scabies ['skeɪbiːz] *n MED* sarna.

scad [skæd] *n* jurel *m*, chicharro.

scads [skædz] *npl fam* montones *mpl*.

scaffold ['skæfəʊld]

1 *n (framework)* andamio.

2 *n (for execution)* patíbulo, cadalso.

scaffolding ['skæfəldɪŋ] *n* andamiaje *m*.

scald [skɔːld]

1 *n* escaldadura.

2 *vt (burn)* escaldar.

3 *vt (heat)* calentar.

4 *vt (instrument, recipient)* esterilizar; *(vegetables)* escaldar.

scalding ['skɔːldɪŋ] *adj (extremely hot)* hirviente, hirviendo.

scale¹ [skeɪl]

1 *n (of fish, reptile)* escama.

2 *n (on skin)* escama.

3 *n (in kettle etc)* sarro, incrustaciones *fpl*.

4 *vt (fish)* escamar, quitar las escamas a.

▶ **to scale off** *vi* desconcharse.

scale² [skeɪl]

1 *n (measure)* escala: **a metric scale** una escala métrica.

2 *n (size, amount)* escala, magnitud *f*: **changes on an unprecedented scale** cambios a una escala sin precedentes; **the scale of the tragedy** la magnitud de la tragedia.

3 *n MUS* escala.

4 *vt (climb up)* escalar.

▶ **to scale down** *vt sep (reduce)* reducir la escala de; *(proportionately)* reducir proporcionalmente.

to scale up *vt sep (increase)* ampliar la escala de; *(proportionately)* ampliar proporcionalmente.

✦ **on a large scale** a gran escala.

out of scale fuera de escala.

to scale a escala.

■ **pay scale** escala de salarios.

scale drawing dibujo a escala.

scale model maqueta.

social scale escala social.

scale³ [skeɪl]

1 *n (pan)* platillo.

2 *vi SP (weigh)* pesar.

3 **scales** *npl (for weighing in shop, kitchen)* balanza; *(bathroom, large weights)* báscula.

4 **the Scales** *npl* Libra *f sing*.

✦ **to tip the scales in somebody's favour** inclinar la balanza a favor de alguien.

scalene ['skeɪliːn] *adj* escaleno,-a.

scallop ['skɒləp]

1 *n (mollusc)* vieira, concha de peregrino.

2 *n (shell)* concha de peregrino, venera.

3 *n SEW* festón *m*.

4 *vt SEW* festonear.

5 *vt US* guisar al gratén.

scalp [skælp]

1 *n ANAT* cuero cabelludo.

2 *n (war trophy)* cabellera.

3 *n fam fig (as trophy)* trofeo, cabellera.

4 *vt* arrancar el cuero cabelludo a.

5 *vt fam (cut hair short)* rapar.

✦ **to be after somebody's scalp** querer vengarse de alguien, ir a por alguien.

scalpel ['skælpəl]

1 *n (surgeon's)* bisturí *m*; *(for dissecting)* escalpelo.

2 *n (tool)* escoplo, gubia.

scaly ['skeɪlɪ]

1 *adj (fish etc)* escamoso,-a, con escamas.

2 *adj (kettle etc)* lleno,-a de sarro, lleno,-a de incrustaciones.

▲ *comp* **scalier**, *superl* **scaliest**.

scam [skæm] *n fam* timo, estafa, chanchullo.

scamp [skæmp] *n fam* diablillo,-a, pilluelo,-a, bribón,-ona, granuja *mf*.

scamper ['skæmpəʳ] *vi* corretear.

scampi ['skæmpɪ] *n* colas *fpl* de cigala rebozadas.

scan [skæn]

1 *vt (examine - gen)* escrutar, escudriñar; *(- horizon)* otear; *(- with searchlight)* barrer.

2 *vt (glance at)* echar un vistazo a, recorrer con la vista.

3 *vt TECH (with radar)* explorar.

4 *vt MED* escanear, pasar por el escáner.

5 *vt (poetry)* escandir, medir.

6 *vi (poetry)* seguir las reglas de la métrica.

7 *n TECH (with radar)* exploración *f*.

8 *n MED (gen)* exploración *f* ultrasónica; *(in gynaecology etc)* ecografía.

▲ *pt & pp* **scanned**, *ger* **scanning**.

scandal ['skændəl]

1 *n (outrage)* escándalo; *(disgrace)* vergüenza.

2 *n (gossip)* chismes *mpl*, chismorreo.

scandalise ['skændəlaɪz] *vt* → **scandalize**.

scandalize ['skændəlaɪz] *vt* escandalizar.

✦ **to be scandalized** escandalizarse.

scandalous ['skændələs] *adj* escandaloso,-a.

scandalously ['skændələslɪ] *adv* escandalosamente, de manera escandalosa.

Scandinavia [skændɪ'neɪvɪə] *n* Escandinavia.

Scandinavian [skændɪ'neɪvɪən]

1 *adj* escandinavo,-a.

2 *n* escandinavo,-a.

scandium ['skændɪəm] *n* escandio.

scanner ['skænəʳ]

1 *n TECH (radar)* antena direccional.

2 *n MED* escáner *m*.

scansion ['skænʃən] *n (poetry)* medida.

scant [skænt] *adj* escaso,-a.

scantily ['skæntɪlɪ] *adv* escasamente.

✦ **to be scantily dressed** ir ligero,-a de ropa.

scantness ['skæntnəs] *n* exigüidad *f*.

scanty ['skæntɪ] *adj (gen)* escaso,-a; *(meal)* parco,-a, insuficiente; *(clothes)* ligero,-a.

▲ *comp* **scantier**, *superl* **scantiest**.

scapegoat ['skeɪpgəʊt] *n fig* cabeza de turco, chivo expiatorio.

scapula ['skæpjʊlə] *n ANAT* escápula.

scar [skɑːʳ]

1 *n* cicatriz *f*, señal *f*.

2 *n fig* marca, huella, señal *f*.

3 *vt (mark with scar)* marcar con una señal; *(leave scar)* dejar una cicatriz.

4 *vt fig* marcar, señalar.

5 *vi (heal)* cicatrizar (**over**, -).

✦ **to be scarred for life** quedarle a uno la cicatriz.

to scar somebody for life *fig* marcar a alguien para siempre.

▲ *pt & pp* scarred, *ger* scarring.

scarce [skeəs]

1 *adj (not plentiful)* escaso,-a.

2 *adj (rare)* raro,-a, contado,-a.

3 *adv lit* apenas.

✦ to be scarce faltar, escasear, haber poco,-a: water is scarce hay poca agua, el agua escasea.

to make oneself scarce esfumarse, largarse.

scarcely ['skeəslɪ]

1 *adv (hardly)* apenas: I scarcely know them apenas los conozco; scarcely had I sat down when the phone rang apenas me hube sentado cuando sonó el teléfono.

2 *adv (surely not)* ni mucho menos: you can scarcely expect me to believe that! ¡no esperarás que crea eso ni mucho menos!

scarcity ['skeəsətɪ] *n* escasez *f*, falta.

scare [skeə']

1 *n (fright)* susto: what a scare you gave me! ¡vaya susto me has dado!

2 *n (widespread alarm)* alarma, pánico: there was a bomb scare hubo una amenaza de bomba; the news caused quite a scare la noticia sembró el pánico.

3 *vt* asustar, espantar: did I scare you? ¿te he asustado?

4 *vi* asustarse, espantarse: she scares easily se asusta fácilmente.

▸ to scare away/scare off *vt sep* espantar, ahuyentar.

✦ to scare somebody to death/scare somebody out of their wits dar un susto de muerte a alguien.

to scare the living daylights out of somebody dar un susto de muerte a alguien.

▪ scare story historia alarmista.

scarecrow ['skeəkrəʊ] *n* espantapájaros *m*, espantajo.

scared ['skeəd] *adj* asustado,-a, espantado,-a.

✦ to be scared tener miedo (of, a/de): I'm scared of spiders tengo miedo a las arañas, las arañas me dan miedo; she's scared to go out after dark tiene miedo de salir después del anochecer.

to be scared out of one's wits sufrir un susto mortal, caerse del susto.

to be scared stiff estar muerto,-a de miedo.

scaremonger ['skeəmʌŋgə'] *n* alarmista *mf*.

scarf [skɑːf] *n (small)* pañuelo; *(silk)* fular *m*; *(long, woollen)* bufanda.

▲ *pl* scarfs o scarves [skɑːvz].

scarlet ['skɑːlət]

1 *adj* escarlata.

2 *n* escarlata *m*.

▪ scarlet fever escarlatina.

scarlet woman *pej* mujer *f* de la calle, mujer *f* de la vida.

scarp [skɑːp] *n* escarpa, pendiente *f*.

scarper ['skɑːpə'] *vi GB fam* largarse, abrirse.

scary ['skeərɪ] *adj fam (situation etc)* espantoso,-a; *(film, story)* de miedo, de terror.

▲ *comp* scarier, *superl* scariest.

scathing ['skeɪðɪŋ] *adj* mordaz, cáustico,-a.

✦ to be scathing about somebody/ something criticar duramente a alguien/algo.

scatological [skætə'lɒdʒɪkəl] *adj* escatológico,-a.

scatology [skə'tɒlədʒɪ] *n* escatología.

scatter ['skætə']

1 *vt (crowd, birds)* dispersar.

2 *vt (papers, cushions, etc)* esparcir, desparramar; *(ashes)* esparcir; *(seeds)* sembrar a voleo, esparcir; *(money)* desparramar, derrochar.

3 *vi (crowd, birds)* dispersarse; *(small things)* desparramarse, derramarse.

▪ a scatter of unos,-as cuantos,-as, algunos,-as.

scatterbrain ['skætəbreɪn] *n* cabeza *mf* de chorlito, despistado,-a, alocado,-a.

scatterbrained ['skætəbreɪnd] *adj (person)* despistado,-a, alocado,-a; *(idea etc)* descabellado,-a.

scattered ['skætəd] *adj* esparcido,-a, disperso,-a: there were cushions scattered about the floor había cojines esparcidos por el suelo; there are a few scattered villages hay algunos pueblos aislados.

▪ scattered population población *f* diseminada.

scattered showers chubascos *mpl* aislados.

scattering ['skætərɪŋ] *n (singular)* un poco; *(plural)* unos,-as pocos,-as, algunos,-as: there was a only scattering of people hubo muy poca gente; a scattering of snow un poco de nieve.

scatty ['skætɪ] *adj (slightly mad)* tocado,-a, loco,-a, chalado,-a; *(scatterbrained)* despistado,-a, alocado,-a.

▲ *comp* scattier, *superl* scattiest.

scavenge ['skævɪndʒ]

1 *vi (animal, bird - search)* rebuscar (for, -); *(- feed on)* comer (on, -).

2 *vi (person - search)* hurgar, escarbar; *(find)* encontrar en la basura, rescatar de la basura: that tramp scavenges through the dustbins aquel vagabundo hurga en la basura; the poor scavenge food from the rubbish tip los pobres encuentran comida en el vertedero.

scavenger ['skævɪndʒə']

1 *n (animal)* animal *m* carroñero; *(bird)* ave *f* carroñera.

2 *n (person)* rebuscador,-ra, trapero,-a.

scenario [sɪ'nɑːrɪəʊ]

1 *n (of film)* guion *m*; *(in theatre)* argumento.

2 *n (situation)* (posible) situación *f*, panorama *m*.

▲ *pl* scenarios.

scene [siːn]

1 *n (place)* lugar *m*, escenario; *(sight, picture)* escena: the scene of the crime el lugar del crimen; a change of scene un cambio de aires, un cambio de ambiente; there were scenes of violence hubo escenas de violencia.

2 *n (in play, book)* escena: Act III, Scene 1 Acto Tercero, Escena Primera; the love scene la escena de amor.

3 *n (stage setting)* decorado, escenario: a rural scene un decorado rural.

4 *n (emotional outburst)* escena, escándalo.

5 *n (sphere)* ámbito, mundo, panorama *m*: the music scene el mundo musical; discos are not really my scene a mí no me van las discotecas.

✦ to come on the scene llegar, aparecer, presentarse.

to create/make a scene hacer una escena, armar un escándalo, montar un número.

to set the scene *(describe)* describir la escena; *(prepare, help)* crear el ambiente, preparar el terreno.

scenery ['siːnərɪ]

1 *n (landscape)* paisaje *m*.

2 *n THEAT (on stage)* decorado.

sceneshifter ['siːnʃɪftə'] *n* tramoyista *mf*.

scenic ['siːnɪk]

1 *adj (picturesque)* pintoresco,-a.

2 *adj THEAT* escénico,-a.

▪ scenic route ruta panorámica.

scent [sent]

1 *n (gen)* olor *m*; *(pleasant smell)* aroma *m*, perfume *m*, fragancia.

2 *n (perfume)* perfume *m*.

3 *n (track, trail)* pista, rastro.

4 *vt (animal)* olfatear.

5 *vt fig (suspect)* presentir, intuir.

6 *vt (perfume)* perfumar (with, de).

✦ to be on the scent of somebody/ something seguir/estar sobre la pista de alguien/algo.

to put/throw somebody off the scent despistar a alguien.

scepter ['septə'] *n US →* sceptre.

sceptic ['skeptɪk] *n* escéptico,-a.

sceptical ['skeptɪkəl] *adj* escéptico,-a.

✦ to be sceptical about something dudar de algo.

scepticism ['skeptɪsɪzəm] *n* escepticismo.

sceptre ['septə'] *n* cetro.

schedule ['ʃedjuːl, US 'skedjuəl]

1 *n (programme)* programa *m*: a work schedule un programa de trabajo; he's got a tight schedule today hoy tiene una jornada apretada.

2 *n (list - gen)* lista; *(- of prices)* tarifa; *(inventory)* inventario.

3 *n US (timetable)* horario.

4 *vt* programar, fijar: **I've scheduled the meeting for 2.00 pm** he programado la reunión para las 2.00.

✦ **according to schedule** según lo previsto.

on schedule *(flight)* a la hora (prevista); *(work)* al día.

to be ahead of schedule ir adelantado,-a.

to be behind schedule llevar retraso, ir atrasado,-a.

scheduled [ˈʃedjuːld, US ˈskedʒʊəld] *adj* previsto,-a, programado,-a.

▪ **scheduled flight** vuelo regular.

scheduling [ˈʃedjuːlɪŋ US ˈskedʒʊəlɪŋ] *n* *(of programmes)* programación *f*.

schematic [skiːˈmætɪk] *adj* esquemático,-a.

scheme [skiːm]

1 *n (plan)* plan *m*, programa *m*; *(project)* proyecto; *(idea)* idea.

2 *n (system, order)* sistema *m*, orden *m*; *(arrangement)* disposición *f*, combinación *f*: **a colour scheme** una combinación de colores.

3 *n (plot)* complot *m*, conspiración *f*, *(trick)* ardid *m*, estratagema, truco.

4 *vi (plot)* conspirar, intrigar, confabularse: **the rebels schemed against the government** los rebeldes conspiraron contra el gobierno; **he's scheming to get rid of me** está intrigando para deshacerse de mí.

5 *vt (plan deviously)* tramar, maquinar: **his opponents schemed the president's downfall** sus adversarios maquinaron la ruina del presidente.

✦ **the scheme of things** *(organized system)* el sistema; *(world)* el orden establecido.

▪ **pension scheme** plan *m* de jubilación.

schemer [ˈskiːməʳ] *n* intrigante *mf*, maquinador,-ra, conspirador,-ra.

scheming [ˈskiːmɪŋ]

1 *adj* intrigante, maquinador,-ra.

2 *n* intrigas *fpl*, maquinaciones *fpl*.

schism [ˈskɪzəm] *n* cisma *m*.

schismatic [skɪzˈmætɪk] *adj* cismático,-a.

schizoid [ˈskɪtsɔɪd] *adj* esquizoide.

schizophrenia [skɪtsəʊˈfriːnɪə] *n* esquizofrenia.

schizophrenic [skɪtsəʊˈfrenɪk]

1 *adj* esquizofrénico,-a.

2 *n* esquizofrénico,-a.

schlep [ʃlep] *vt US fam (drag)* arrastrar.

▲ *pt & pp* **schlepped**, *ger* **schlepping**.

schmaltz [ʃmælts] *n fam* sentimentalismo, sensiblería.

schmaltzy [ˈʃmɒltsɪ] *adj* sentimentaloide.

▲ *comp* **schmaltzier**, *superl* **schmaltziest**.

schmuck [ʃmʌk] *n US fam (fool)* tonto,-a, gilipollas *mf*.

schnapps [ʃnæps] *n* licor *m*, aguardiente *m*.

schnitzel [ˈʃnɪtsəl] *n US* escalopa de ternera.

scholar [ˈskɒləʳ]

1 *n (learned person)* erudito,-a; *(specialist)* especialista *mf*, experto,-a: **he's a Greek scholar** es helenista; **Latin scholar** latinista.

2 *n (scholarship holder)* becario,-a; *(pupil)* alumno,-a, estudioso,-a.

3 *n (good learner)* estudiante *mf*; *(clever person)* intelectual *mf*.

scholarly [ˈskɒləlɪ]

1 *adj (person)* erudito,-a, culto,-a; *(behaviour)* estudioso,-a, meticuloso,-a.

2 *adj (journal etc)* erudito,-a, académico,-a.

scholarship [ˈskɒləʃɪp]

1 *n (grant, award)* beca.

2 *n (learning)* erudición *f*.

scholastic [skəˈlæstɪk]

1 *adj (of schools)* escolar, académico,-a; *(of teaching)* docente.

2 *adj (of scholasticism)* escolástico,-a.

scholasticism [skəˈlæstɪsɪzəm] *n* escolasticismo, escolástica.

school[1] [skuːl]

1 *n (gen, primary)* escuela, colegio; *(secondary)* colegio, instituto: **what are you going to do when you leave school?** ¿qué harás cuando dejes el colegio?

2 *n (lessons)* clase *f*: **let's meet after school** quedemos después de clase.

3 *n (students)* alumnos *mpl*, alumnado.

4 *n (university department)* facultad *f*.

5 *n US (university)* universidad *f*.

6 *n (course)* curso, cursillo.

7 *n (group of artists etc)* escuela: **the Dutch school of painting** la escuela pictórica holandesa.

8 *vt (teach)* enseñar; *(train)* educar, formar.

9 *vt (discipline)* disciplinar.

✦ **to be one of the old school** ser de la vieja escuela, estar chapado,-a a la antigua.

▪ **school age** edad *f* escolar.

school holidays vacaciones *fpl* escolares.

school of thought corriente *f* de opinión.

school uniform uniforme *m* escolar.

school year año escolar.

school[2] [skuːl] *n (of fish)* banco.

schoolbag [ˈskuːlbæg] *n* cartera.

schoolbook [ˈskuːlbʊk] *n* libro de texto.

schoolboy [ˈskuːlbɔɪ] *n* alumno, colegial *m*, escolar *m*.

schoolchild [ˈskuːltʃaɪld] *n* alumno,-a, colegial,-la, escolar *mf*.

▲ *pl* **schoolchildren** [ˈskuːltʃɪldrən].

schooldays [ˈskuːldeɪz] *npl* años *mpl* de colegio, tiempos *mpl* del colegio.

schoolfellow [ˈskuːlfeləʊ] *n* compañero,-a de clase.

schoolgirl [ˈskuːlgɜːl] *n* alumna, colegiala, escolar *f*.

schooling [ˈskuːlɪŋ] *n* educación *f*, estudios *mpl*, escolaridad *f*.

school-leaver [ˈskuːlliːvəʳ] *n* alumno,-a que está a punto de dejar la escuela o que acaba de dejarla.

schoolmarm [ˈskuːlmɑːm]

1 *n fam (woman - domineering)* marimandona, sargenta; *(- prim)* mujer estricta.

2 *n US fam (schoolmistress)* profesora, maestra.

schoolmaster [ˈskuːlmɑːstəʳ] *n (secondary school)* profesor *m*; *(primary school)* maestro.

schoolmate [ˈskuːlmeɪt] *n* compañero,-a de clase.

schoolmistress [ˈskuːlmɪstrəs] *n (secondary school)* profesora; *(primary school)* maestra.

schoolroom [ˈskuːlruːm] *n* aula, clase *f*.

schoolteacher [ˈskuːltiːtʃəʳ] *n (secondary school)* profesor,-ra; *(primary school)* maestro,-a.

schoolyard [ˈskuːljɑːd] *n* patio de recreo.

schooner [ˈskuːnəʳ]

1 *n MAR* goleta.

2 *n (glass - for sherry)* copa; *(- for beer)* jarra.

sciatic [saɪˈætɪk] *adj MED* ciático,-a.

sciatica [saɪˈætɪkə] *n MED* ciática.

science [ˈsaɪəns]

1 *n (gen)* ciencia.

2 *n (subject)* ciencias *fpl*.

▪ **science fiction** ciencia ficción.

scientific [saɪənˈtɪfɪk] *adj* científico,-a.

scientist [ˈsaɪəntɪst] *n* científico,-a.

Scientology [ˈsaɪəntɒlədʒɪ] *n* cienciología.

sci-fi [ˈsaɪfaɪ] *n fam* → **science fiction**.

scimitar [ˈsɪmɪtəʳ] *n* cimitarra.

scindapsus [sɪnˈdæpsəs] *n* poto.

scintillate [ˈsɪntɪleɪt]

1 *vi (sparkle)* centellear, destellar.

2 *vi fig* brillar, chispear.

scintillating [ˈsɪntɪleɪtɪŋ] *adj* brillante.

scissors [ˈsɪzəz]

1 *npl* tijeras *fpl*.

2 *n SP (wrestling)* (llave *f* de) tijera; *(high jump)* (salto de) tijera.

✦ **a pair of scissors** unas tijeras.

sclerosis [sklɪəˈrəʊsɪs] *n MED* esclerosis *f*.

▲ *pl* **scleroses**.

scoff[1] [skɒf]

1 *vi (mock)* mofarse (**at**, de), burlarse (**at**, de).

2 **scoffs** *npl* mofas *fpl*, burlas *fpl*.

scoff[2] [skɒf]

1 *vt fam (eat greedily)* tragarse, zamparse, engullir, jalarse, devorar.

2 *n fam (food)* papeo, manduca.

scoffing [ˈskɒfɪŋ] *adj (mocking)* burlón, -ona.

scold [skəʊld]

1 *vt* reñir, regañar.

2 *n dated (complaining person)* quejica *mf*, regañón,-ona, refunfuñón,-ona.

scolding ['skəʊldɪŋ] *n* regañina, reprimenda.

scone [skəʊn, skɒn] *n CULIN* bollo *(que se suele comer con mantequilla, mermelada, nata, etc)*.

scoop [sku:p]
1 *n (for flour, rice, etc)* pala; *(for ice-cream)* cucharón *m*.
2 *n (amount)* palada, cucharada.
3 *n (news story)* primicia (informativa).
4 *n (large profit)* golpe *m* financiero.
5 *vt (take out)* sacar con una pala.
6 *vt (beat rival)* vencer, pisar; *(get news first)* dar la primicia.
7 *vt (win)* ganar; *(make profit)* forrarse.
8 *vt SP (in hockey, golf)* levantar.
▸ **to scoop out**
　1 *vt sep (take out)* sacar con pala.
　2 *vt sep (hollow out)* vaciar, hacer un hueco en.
　to scoop up *vt sep* recoger, levantar.

scooter ['sku:tə'] *n (child's)* patinete *m*, patineta; *(motorized)* escúter *m*, Vespa.

scope [skəʊp]
1 *n (area, range - gen)* alcance *m*; *(- of book, undertaking)* ámbito; *(ability, field)* competencia, campo: **that is beyond the scope of this report** eso queda fuera del alcance de este informe; **we need to widen the scope of the course** hay que ampliar el ámbito del curso.
2 *n (opportunity)* oportunidad *f*; *(room)* posibilidades *fpl*: **there is scope for creativity in this job** este trabajo te ofrece muchas posibilidades para expresar tu creatividad.

scorch [skɔ:tʃ]
1 *vt (singe)* chamuscar, socarrar.
2 *vt (burn)* quemar, abrasar.
3 *vi (singe)* chamuscarse.
4 *vi GB fam (travel fast)* ir a toda velocidad.
5 *n* chamusquina, quemadura (superficial).
■ **scorch mark** chamusquina, quemadura (superficial).

scorched [skɔ:tʃt] *adj* quemado,-a, abrasado,-a.
■ **scorched earth policy** *MIL* política de tierra quemada.

scorcher ['skɔ:tʃə'] *n fam (hot day)* día *m* abrasador.

scorching ['skɔ:tʃɪŋ] *adj* abrasador,-ra.
✦ **to be scorching hot** abrasar.

score [skɔ:']
1 *n SP (gen)* tanteo; *(in golf, cards)* puntuación *f*: **what's the score?** ¿cómo van?; **what's my score?** ¿cuántos puntos tengo?; **there is still no score todavía no se ha inaugurado el marcador; **the final score was 3-0** el resultado final fue 3-0; **what's the highest score you can get?** ¿cuál es la puntuación más alta que se puede conseguir?
2 *n (in exam, test)* nota, calificación *f*, puntuación *f*.

3 *n (notch, cut)* muesca, corte *m*, marca; *(scratch)* rasguño.
4 *n MUS (written version)* partitura; *(of film, play, etc)* música.
5 *n (twenty)* veinte, veintena.
6 *vt SP (goal)* marcar, hacer, meter; *(point)* ganar; *(run)* hacer, realizar: **who scored the winning goal?** ¿quién marcó el gol decisivo?; **if you answer this question correctly, you score 50 points** si contestas esta pregunta correctamente, ganas 50 puntos.
7 *vt (in exam, test)* sacar, obtener, conseguir.
8 *vt (give points to)* dar, puntuar: **the judge scored the gymnast 9.9** el juez dio a la gimnasta una puntuación de 9,9; **this question scores 10 points** esta pregunta vale 10 puntos.
9 *vt (achieve, succeed)* tener, conseguir, lograr: **we have scored an important victory** hemos logrado una victoria importante.
10 *vt MUS (write)* escribir, componer; *(arrange)* hacer un arreglo de, arreglar.
11 *vt (notch - wood)* hacer una muesca en, hacer cortes en; *(- paper)* rayar, marcar.
12 *vt sl (obtain drugs)* ligar, pillar.
13 *vi SP (gen)* marcar (un tanto); *(goal)* marcar (un gol); *(point)* puntuar, conseguir puntos: **he has yet to score this season** aún no ha marcado ningún gol; **all the contestants have scored extremely well** todos los concursantes han conseguido muchos puntos.
14 *vi (record points etc)* llevar el marcador, tantear.
15 *vi (have success)* tener éxito.
16 *vi sl (get off with)* ligar (**with**, con); *(go to bed with)* acostarse (**with**, con).
17 *vi sl (obtain drugs)* ligar droga, pillar droga.
18 **scores** *npl (very many)* muchísimos,-as, montones *mpl* de.
▸ **to score off** *vt insep* triunfar a costa de.
　to score out/through *vt sep* tachar, rayar.
✦ **by the score** muchísimos,-as.
　on more scores than one en más de un sentido.
　on that score por lo que se refiere a eso, a ese respecto.
　to keep the score seguir el marcador.
　to know the score estar al tanto.
　to pay/settle an old score ajustar cuentas pendientes, saldar cuentas pendientes.

scoreboard ['skɔ:bɔ:d] *n* marcador *m*.

scorecard ['skɔ:ka:d] *n SP (golf)* tarjeta; *(at match, race)* ficha.

scorekeeper ['skɔ:ki:pə'] *n* encargado,-a del marcador.

scorer ['skɔ:rə']
1 *n (scorekeeper)* encargado,-a del marcador, persona que lleva el marcador.
2 *n (goal striker)* goleador,-ra: **who was the scorer?** ¿quién marcó el gol?

scorn [skɔ:n]
1 *n* desdén *m*, desprecio.
2 *vt* desdeñar, despreciar, menospreciar.
✦ **to pour scorn on something** despreciar algo, menospreciar algo.

scornful ['skɔ:nful] *adj* desdeñoso,-a.

scornfully ['skɔ:nfulɪ] *adv* con desdén.

Scorpio ['skɔ:pɪəʊ] *n* Escorpión *mf*.

scorpion ['skɔ:pɪən] *n* escorpión *m*, alacrán *m*.

Scot [skɒt]
1 *n* escocés,-esa.
2 *n HIST* escoto,-a.

scotch [skɒtʃ] *vt (idea, plan)* frustrar, echar por tierra; *(rumour)* acallar, poner fin a.

Scotch [skɒtʃ]
1 *adj* escocés,-esa.
2 *n (whisky)* whisky *m* escocés.
■ **Scotch broth** potaje *m (hecho de caldo de carne, verduras y cebada)*.
　Scotch egg huevo a la escocesa, *(huevo duro envuelto en una capa de carne de salchicha, empanado y frito)*.
　Scotch tape *US* cinta adhesiva, celo.
　Scotch terrier terrier *m* escocés.
　Scotch whisky whisky *m* escocés.

scot-free [skɒt'fri:] *adj fam* impune.
✦ **to get off scot-free** quedar impune, salir impune.

Scotland ['skɒtlənd] *n* Escocia.

Scots [skɒts] *adj* escocés,-esa.

Scotsman ['skɒtsmən] *n* escocés *m*.
▲ *pl Scotsmen* ['skɒtsmən].

Scotswoman ['skɒtswʊmən] *n* escocesa.
▲ *pl Scotswomen* ['skɒtswɪmɪn].

Scottish ['skɒtɪʃ]
1 *adj* escocés,-esa.
2 **the Scottish** *npl* los escoceses *mpl*.

scoundrel ['skaʊndrəl] *n* sinvergüenza *mf*.

scour¹ [skaʊə'] *vt (search - countryside)* recorrer; *(- building)* registrar.

scour² [skaʊə']
1 *vt (clean)* fregar, restregar.
2 *vt (erode)* erosionar.

scourer ['skaʊrə'] *n* estropajo.

scourge [skɜ:dʒ]
1 *n (whip)* azote *m*.
2 *n fig (thing)* azote *m*, calamidad *f*, flagelo; *(person)* verdugo.
3 *vt (flog)* azotar.
4 *vt fml* afligir, azotar.

Scouse [skaʊs]
1 *n GB fam (person)* persona de Liverpool.
2 *n GB fam (dialect)* dialecto de Liverpool.
3 *adj GB* de Liverpool.

scout [skaʊt]
1 *n MIL (person)* explorador,-ra; *(plane)* avión *m* de reconocimiento.
2 *n (boy)* scout *m*.
3 *n (talent spotter)* cazatalentos *mf*.
4 *n (act of scouting)* busca, búsqueda.
5 *vi MIL* reconocer el terreno.

6 *vi* *(look for)* buscar (**about/around**, -), andar en busca de (**about/around**, -).
■ **scout camp** acampada de scouts.
scout troop grupo scout.

scouting [ˈskaʊtɪŋ]
1 *n* *(activities)* actividades *fpl* de los scouts.
2 *n* *(movement)* escultismo.

scoutmaster [ˈskaʊtmɑːstəʳ] *n* jefe *m* de un grupo de scouts.

scowl [skaʊl]
1 *vi* fruncir el ceño.
2 *n* ceño (fruncido).

scrabble [ˈskræbəl] *vi* *(among stones etc)* escarbar; *(in bag etc)* hurgar; *(on floor etc)* rebuscar.

scrag [skræg]
1 *n* CULIN pescuezo.
2 *vt fam* *(attack roughly)* dar una paliza a.
▲ *pt & pp* **scragged**, *ger* **scragging**.

scraggly [ˈskrægəlɪ] *adj fam* *(untidy)* descuidado,-a; *(poor)* de mala calidad; *(uneven)* escabroso,-a.
▲ *comp* **scragglier**, *superl* **scraggliest**.

scraggy [ˈskrægɪ] *adj pej* flacucho,-a, enjuto,-a, escuálido,-a.
▲ *comp* **scraggier**, *superl* **scraggiest**.

scram [skræm] *vi fam* largarse: scram! ¡lárgate!, ¡largo de aquí!
▲ *pt & pp* **scrammed**, *ger* **scramming**.

scramble [ˈskræmbəl]
1 *n* *(difficult climb)* subida escabrosa; *(difficult walk)* caminata difícil.
2 *n* *(struggle)* lucha, pelea; *(confusion)* confusión *f*, barullo.
3 *n* SP *(motorcycle race)* carrera de motocross.
4 *vi* *(climb)* trepar (**over**, por) (**up**, a), subir gateando; *(crawl)* gatear, arrastrarse; *(clamber)* moverse rápidamente: the children scrambled over the rocks los niños gatearon por las rocas; they scrambled to their feet se levantaron apresuradamente.
5 *vi* *(struggle)* pelearse (**for**, por/para), luchar (**for**, para): people scrambled to get out la gente se peleó para salir; we scrambled for seats nos peleamos por encontrar asiento.
6 *vi* MIL *(plane)* despegar de repente.
7 *vt* *(mix, jumble)* revolver, mezclar.
8 *vt* *(eggs)* revolver.
9 *vt* *(message)* cifrar, poner en cifra, codificar.
10 *vt* MIL *(plane)* hacer que despegue de repente.

scrambling [ˈskræmbəlɪŋ] *n* SP motocross *m*.

scrap¹ [skræp]
1 *n* *(of paper, cloth, etc)* trozo, trocito, pedazo; *(of news, conversation)* fragmento, migaja: scraps of fabric retales.
2 *n* *(of metal)* chatarra.
3 *n* *(in negatives)* pizca, ápice *m*: there's not a scrap of truth in it no hay ni un ápice de verdad.

4 *vt* *(throw away)* desechar; *(cars etc)* convertir en chatarra, desguazar.
5 *vt fig* *(idea)* descartar; *(plan)* abandonar.
6 **scraps** *npl* *(gen)* restos *mpl*; *(of food)* sobras *fpl*.
■ **scrap (metal) dealer** chatarrero,-a.
scrap metal chatarra.
scrap paper papel *m* de borrador.
scrap yard *(gen)* parque de chatarra, chatarrería; *(for cars)* cementerio de coches.
▲ *pt & pp* **scrapped**, *ger* **scrapping**.

scrap² [skræp]
1 *n fam* *(fight)* pelea.
2 *vi* pelearse.
▲ *pt & pp* **scrapped**, *ger* **scrapping**.

scrapbook [ˈskræpbʊk] *n* álbum *m* de recortes.

scrape [skreɪp]
1 *n* *(act)* raspado; *(sound)* chirrido.
2 *n* *(on skin)* rasguño, arañazo; *(on object)* raspadura, roce *m*.
3 *n fam* *(fix, jam)* lío, apuro, aprieto.
4 *vt* *(surface, paint, etc)* raspar (**away/off**, -), rascar (**away/off**, -); *(vegetables)* raspar: he scraped the paint off the door raspó la pintura de la puerta.
5 *vt* *(graze skin)* arañarse, hacerse un rasguño en, rasparse: he fell and scraped his knee se cayó y se arañó la rodilla.
6 *vt* *(rub against)* rozar, raspar, rascar: I scraped the car against the wall he rozado el coche con el muro; he scraped his nails down the blackboard rascó la pizarra con las uñas.
7 *vi* *(grate)* chirriar.
8 *vi* *(rub against)* raspar, rozar, pasar rozando.
9 *vi* *(economize)* hacer economías, ahorrar.
▶ **to scrape along/scrape by** *vi* ir tirando, arreglárselas, apañárselas.
to scrape in *vi* *(job, university)* entrar por los pelos; *(political party)* ganar por los pelos.
to scrape through *vt insep* *(exam)* aprobar de chiripa, aprobar por los pelos; *(round of competition)* pasar por los pelos.
to scrape together/scrape up *vt sep* reunir a duras penas, ir arañando.
◆ **to get into a scrape** meterse en un lío.
to scrape a living ganar lo justo para vivir.
to scrape something clean dejar algo limpio,-a, limpiar algo.
to scrape the (bottom of the) barrel tocar fondo.

scraper [ˈskreɪpəʳ]
1 *n* *(tool)* rasqueta, rascador *m*.
2 *n* *(for shoes)* limpiabarros *m*.

scrapheap [ˈskræphiːp] *n* vertedero.
◆ **to find oneself on the scrapheap** encontrarse rechazado,-a y sin futuro.
to throw something on the scrapheap desechar algo.

scraping [ˈskreɪpɪŋ] *npl* raspaduras *fpl*.

scrappy [ˈskræpɪ]
1 *adj* *(report, speech)* deshilvanado,-a; *(book, structure)* incompleto,-a, fragmentario,-a; *(education)* rudimentario,-a; *(match)* irregular.
2 *adj* US *fam* *(aggressive)* camorrista, luchador,-ra.
▲ *comp* **scrappier**, *superl* **scrappiest**.

scrapyard [ˈskræpjɑːd] *n* desguace *m*.

scratch [skrætʃ]
1 *n* *(on skin)* arañazo, rasguño; *(on paintwork, furniture)* arañazo, raspadura, marca, señal *m*; *(on record, photo)* raya: we escaped without a scratch salimos ilesos; there's a scratch on this record este disco está rayado.
2 *n* *(noise)* chirrido.
3 *n* SP *(start line)* línea de salida.
4 *adj* *(improvised)* improvisado,-a: we put together a scratch team improvisamos un equipo.
5 *adj* *(without handicap)* sin hándicap: scratch golfer golfista sin hándicap.
6 *vt* *(with nail, claw)* arañar, rasguñar; *(paintwork, furniture, record)* rayar; *(with initials etc)* grabar: be careful the cat doesn't scratch you! ¡ojo que no te arañe el gato!
7 *vt* *(part of body)* rascar: could you scratch my back? ¿me puedes rascar la espalda?; she scratched her leg se rascó la pierna.
8 *vt* SP retirar.
9 *vt* *(idea)* descartar; *(plan)* abandonar.
10 *vi* *(animal)* arañar, rascar, rasguñar; *(pen)* raspear; *(wool, sweater, towel)* raspar, picar: does your cat scratch? ¿tu gato araña?; the dog is scratching at the door el perro está arañando la puerta; this jumper scratches este jersey pica.
11 *vi* *(itch)* rascarse: stop scratching! ¡deja de rascarte!
12 *vi* SP retirarse.
▶ **to scratch out** *vt sep* *(erase)* tachar, borrar.
◆ **to be/come up to scratch** dar la talla, ser del nivel requerido.
to scratch one's head *(think)* calentarse la cabeza, darle vueltas en la cabeza.
to scratch somebody's eyes out sacarle los ojos a alguien.
to scratch the surface of something tratar algo muy por encima: this article doesn't even scratch the surface of the problem este artículo no profundiza en el problema.
to start from scratch empezar de cero, partir de cero.
you scratch my back and I'll scratch yours favor con favor se paga, hoy por ti y mañana por mí.
■ **scratch card** rasca rasca *m*.
scratch pad US bloc de notas.
scratch test MED cutirreacción *f*.
▲ *comp* **scratchier**, *superl* **scratchiest**.

scrawl [skrɔːl]
 1 n (writing) garabato, garabatos mpl.
 2 vt garabatear, garrapatear.
 3 vi garabatear, hacer garabatos.

scrawny ['skrɔːnɪ] adj pej flacucho,-a, huesudo,-a, escuálido,-a.
 ▲ comp **scrawnier**, superl **scrawniest**.

scream [skriːm]
 1 n (of pain, fear) grito, chillido, alarido; (of laughter) carcajada.
 2 n fig (screech) chirrido.
 3 n fam (funny person) persona divertida, persona graciosa; (funny thing) cosa divertida: your cousin's a scream tu primo es la monda, tu primo es divertidísimo; it was a scream fue la monda, fue para mondarse (de risa).
 4 vt gritar, decir a gritos, vocear: he screamed out a warning dio un aviso a gritos; she just screamed insults at me simplemente me lanzó insultos.
 5 vt fig (headlines) anunciar.
 6 vi (gen) gritar, berrear, chillar, pegar un grito; (wind, siren, etc) aullar: she screamed for help pidió socorro a gritos; he screamed at me to run me gritó para que corriera; the patient screamed with pain el paciente lanzó gritos de dolor; the baby won't stop screaming el bebé no para de berrear; he was screaming with laughter se mondaba de risa, se tronchaba de risa.
 7 vi fig (need) pedir (a gritos), clamar (a gritos).
 ✦ **to scream the place down** desgañitarse.

screech [skriːtʃ]
 1 n (of person) grito, alarido, chillido; (of tyres, brakes, birds, etc) chirrido; (of siren) aullido.
 2 vt gritar, decir a gritos, chillar.
 3 vi (person) chillar; (tyres, brakes, bird, etc) chirriar; (siren) aullar; (gate) rechinar: the police car screeched to a halt el coche patrulla paró en seco con un chirrido.
 ■ **screech owl** lechuza.

screed [skriːd]
 1 n GB fam pej mucha palabrería.
 2 **screeds** npl (pages) páginas fpl.

screen [skriːn]
 1 n (partition - folding) biombo; (- of wood, glass) mampara; (fireguard) pantalla.
 2 n (for window) alambrera, mosquitera, mosquitero.
 3 n (protection, cover) cortina, pantalla: a screen of trees una cortina de árboles; the video shop is a screen for illegal goings-on la tienda de vídeos sirve de pantalla para actividades ilegales.
 4 n (of TV, for projection) pantalla.
 5 n (cinema in complex) sala.
 6 n (sieve) tamiz m, criba.
 7 vt (protect, shelter) proteger (**from**, de), abrigar; (hide, conceal) tapar, ocultar: the trees screened the house from onlookers los árboles protegían la casa de

curiosos; she screened her face with her hand se tapó la cara con la mano; this groyne will screen us against the wind este espigón nos protegerá del viento.
 8 vt fig (protect - gen) proteger, abrigar, amparar; (- criminal) encubrir.
 9 vt MED (examine) someter a una exploración médica: all women must be screened for cancer todas las mujeres deben someterse a una revisión para prevenir el cáncer.
 10 vt (test) investigar, someter a una investigación: all applicants will be screened todos los candidatos serán sometidos a una investigación; the government screens all its employees el gobierno investiga a todos sus empleados.
 11 vt (film - gen) proyectar; (- first time) estrenar; (- on TV) emitir.
 12 vt (sieve) cribar, tamizar, pasar por el tamiz.
 13 **the screen** n la pantalla, el cine: stars of the screen estrellas de la pantalla; I'd like to write for the screen me gustaría escribir para el cine.
 ▸ **to screen off** vt insep aislar, separar (con un biombo/una mampara).
 to screen out vt sep eliminar, rechazar.
 ■ **screen door** puerta mosquitera.
 screen test prueba.

screening ['skriːnɪŋ]
 1 n (of film) proyección f; (first time) estreno; (on TV) emisión f.
 2 n MED exploración f, revisión f.
 3 n (of candidates etc) selección f, investigación f.

screenplay ['skriːnpleɪ] n guion m.

screensaver ['skriːnseɪvəʳ] n salvapantallas m.

screenwriter ['skriːnraɪtəʳ] n guionista mf.

screw [skruː]
 1 n (metal pin) tornillo.
 2 n (propeller) hélice f.
 3 n (turn) vuelta.
 4 n sl (prison warder) carcelero,-a.
 5 n GB sl (pay, wages) paga, sueldo.
 6 n taboo (sexual act) polvo.
 7 vt (fasten with screws) atornillar; (tighten) enroscar, apretar: screw this hinge on the door atornilla esta bisagra en la puerta; screw the two pieces together une las dos piezas con tornillos; screw the bulb in well enrosca bien la bombilla; screw the lid on tight enrosca bien la tapa.
 8 vt (crumple) arrugar: she screwed the piece of paper into a ball hizo una bola con el papel.
 9 vt (cheat, swindle) timar; (overcharge) clavar; (get money out of) sacar: you were well and truly screwed! ¡te han timado de verdad!; how much did they screw you for? ¿cuánto te clavaron?; I'll screw you for every penny you've got! ¡te sacaré hasta el último penique!

 10 vt taboo (have sex with) joder, follar, tirarse.
 11 vi (turn, tighten) atornillarse, enroscarse.
 12 vi (have sex) echar un polvo, joder, follar.
 ▸ **to screw up**
 1 vt sep (paper) arrugar; (face) torcer; (eyes) cerrar, entornar.
 2 vt sep sl (ruin - interview, exam) cagarla; (- plans) fastidiar; (- person) traumatizar: I really screwed up driving test la cagué en el examen de conducir; the bad weather really screwed up my plans for the weekend el mal tiempo fastidió mis planes para el fin de semana.
 3 vi sl (make a mess) meter la pata, cagarla.
 ✦ **to have a screw loose** faltarle un tornillo a uno.
 screw that! sl ¡a joderse!
 screw you! sl ¡jódete!, ¡vete a la mierda!
 to be screwed up (person) tener muchos traumas, estar neurótico,-a.
 to have one's head screwed on tener la cabeza bien sentada.
 to screw up one's courage armarse de valor.

screwball ['skruːbɔːl]
 1 n US fam (crazy person) excéntrico,-a, chiflado,-a, loco,-a; (idea etc) chalado,-a, descabellado,-a, disparatado,-a.
 2 n US fam (in baseball) torniquete m, tirabuzón m.

screwdriver ['skruːdraɪvəʳ]
 1 n (tool) destornillador m.
 2 n (cocktail) destornillador m, vodka m con naranja.

screw-top ['skruːtɒp] adj con tapón de rosca, con tapa de rosca.

screwy ['skruːɪ] adj fam (crazy) loco,-a, chalado,-a, excéntrico,-a.
 ▲ comp **screwier**, superl **screwiest**.

scribble ['skrɪbəl]
 1 n garabato, garabatos mpl.
 2 vt garabatear, garrapatear.
 3 vi garabatear, hacer garabatos.

scribbler ['skrɪbələʳ] n pej escritorzuelo,-a.

scribbling ['skrɪbəlɪŋ] n garabatos mpl.
 ■ **scribbling block/pad** bloc m de notas.

scribe [skraɪb]
 1 n (copier) escribiente mf, amanuense mf; (writer, journalist) escribidor,-ra.
 2 n (in Biblical times) escriba m.

scrimmage ['skrɪmɪdʒ]
 1 n (fight) escaramuza (**on**, en), refriega.
 2 n US (in sport) escaramuza.
 3 vi escaramuzar, pelearse.

scrimp [skrɪmp] vi hacer economías, escatimar (**on**, en).
 ✦ **to scrimp and save** hacer grandes economías, ir arañando, apretarse el cinturón.

script [skrɪpt]
 1 n (of film etc) guion m.

2 *n (writing)* escritura; *(text)* texto; *(hand-writing)* letra.

3 *n GB (in exam)* escrito, examen *m*.

4 *vt (film)* escribir un guion de; *(text)* redactar.

scripture ['skrɪptʃəʳ] *n* escritura, escrito.

Scripture ['skrɪptʃəʳ] **the Scripture** *n* REL Sagrada Escritura.

▪ **Holy Scriptures** Sagradas Escrituras *fpl*.

scriptwriter ['skrɪptraɪtəʳ] *n* guionista *mf*.

scroll [skrəʊl]

1 *n (of parchment)* pergamino, rollo de pergamino.

2 *n (ornamentation)* voluta.

3 *vi COMPUT* ir, desplazarse: scroll to the start of the file ve al principio del fichero.

▶ **to scroll down** *vi COMPUT* desplazarse hacia abajo.

to scroll up *vi COMPUT* desplazarse hacia arriba.

scrooge [skruːdʒ] *n fam pej* tacaño,-a, avaro,-a, roña *mf*.

scrotal ['skrəʊtəl] *adj* escrotal.

scrotum ['skrəʊtəm] *n ANAT* escroto.

▲ *pl scrotums* o *scrota* ['skrəʊtə].

scrounge [skraʊndʒ]

1 *vi fam (gen)* gorrear **(from/off**, a), gorronear, vivir de gorra; *(money)* dar sablazos, sablear, vivir de sablazos.

2 *vt (gen)* gorrear **(from/off**, a), gorronear **(from/off**, a); *(money)* dar sablazos **(from/off**, a), sablear **(from/off**, a): he scrounges fags off his friends gorronea pitillos a los amigos; she's always scrounging money off me siempre me sablea.

▲ **to be on the scrounge** andar pidiendo.

to scrounge off somebody vivir a costa de alguien.

scrounger ['skraʊndʒəʳ] *n fam (gen)* gorrón,-ona, sablista *mf*; *(from State)* parásito,-a.

scrub¹ [skrʌb] *n (undergrowth)* maleza.

scrub² [skrʌb]

1 *vt (clean - floor, dishes)* fregar bien, estregar, restregar; *(- clothes, wall)* lavar bien, frotar bien: she was on her knees, scrubbing the floor estaba de rodillas fregando el suelo.

2 *vt fam (cancel)* cancelar, abandonar.

3 *vi* fregar bien **(at**, -).

4 *n (cleaning)* fregado, lavado: give the floor a good scrub friega bien el suelo.

▶ **to scrub off** *vt sep* quitar frotando, quitar fregando.

to scrub up *vi* lavarse (las manos).

▲ *pt & pp scrubbed, ger scrubbing.*

scrubber ['skrʌbəʳ]

1 *n US (for cleaning)* estropajo.

2 *n GB fam pej* fulana, golfa, furcia.

scrubbing brush ['skrʌbɪŋbrʌʃ] *n (for floors)* estregadera, cepillo de fregar.

scruff¹ [skrʌf] *n (neck)* cogote *m*, pescuezo.

scruff² [skrʌf] *n fam (untidy person)* desaliñado,-a, zarrapastroso,-a, desaseado,-a.

scruffiness ['skrʌfɪnəs] *n* desaseo, desaliño.

scruffy ['skrʌfɪ] *adj* desaliñado,-a, zarrapastroso,-a, desaseado,-a.

▲ *comp scruffier, superl scruffiest.*

scrum [skrʌm]

1 *n SP (rugby)* melé *f*.

2 *n fam (struggle)* refriega, follón *m*.

▶ **to scrum down** *vi SP* formar una melé, hacer una melé.

▪ **scrum half** media melé.

scrummage ['skrʌmɪdʒ]

1 *n SP (rugby)* melé *f*.

2 *n fam* refriega, follón *m*.

3 *vi* formar una melé, hacer una melé.

scrumptious ['skrʌmpʃəs] *adj fam* delicioso,-a, de rechupete.

scrumpy ['skrʌmpɪ] *n (cider)* sidra fuerte.

scrunch [skrʌntʃ]

1 *vt (crumple - paper)* estrujar **(up**, -).

2 *vt (crunch food)* mascar, ronchar, ronzar.

3 *vt (make noise)* hacer crujir.

4 *vi (make noise)* crujir, ronchar, ronzar.

5 *n (noise)* crujido.

scruple ['skruːpəl]

1 *n* escrúpulo.

2 *vi* vacilar en.

▲ **to be without scruple** no tener escrúpulos.

to not scruple to do something no tener ningún escrúpulo en hacer algo.

scrupulous ['skruːpjʊləs]

1 *adj (meticulous)* escrupuloso,-a, meticuloso,-a, puntilloso,-a.

2 *adj (honest)* escrupuloso,-a, concienzudo,-a, honrado,-a.

scrupulously ['skruːpjʊləslɪ] *adv* escrupulosamente: scrupulously clean impecable.

scrupulousness ['skruːpjʊləsnəs] *n* escrupulosidad *f*, escrúpulos *mpl*.

scrutineer [skruːtɪ'nɪəʳ] *n GB* escrutador,-ra.

scrutinise ['skruːtɪnaɪz] *vt →* **scrutinize.**

scrutinize ['skruːtɪnaɪz] *vt (document)* escudriñar, examinar a fondo, inspeccionar; *(face)* escrutar, escudriñar.

scrutiny ['skruːtɪnɪ]

1 *n (examination)* examen *m* profundo.

2 *n GB (of votes)* escrutinio.

▲ **to be under scrutiny** ser analizado,-a.

scuba ['skjuːbə] *n* equipo de submarinismo.

▪ **scuba diving** submarinismo, buceo con botellas de oxígeno.

scuff [skʌf]

1 *vt (scrape floor, furniture)* rayar, dejar marcas en; *(shoes)* raspar, rayar.

2 *vt (drag feet)* arrastrar.

3 *vi (shuffle)* andar arrastrando los pies.

4 *n* raya, marca.

scuffle ['skʌfəl]

1 *n (fight)* refriega, escaramuza, riña, pelea.

2 *vi* reñir **(with**, con), pelearse **(with**, con).

scull [skʌl]

1 *n (oar)* remo de cuple.

2 *n (small boat)* bote *m* de scull.

3 *vt* impulsar remando.

4 *vi* remar.

scullery ['skʌlərɪ] *n* fregadero, trascocina.

▲ *pl sculleries.*

sculpt [skʌlpt]

1 *vt* esculpir.

2 *vi* esculpir.

sculptor ['skʌlptəʳ] *n* escultor,-ra.

sculptress ['skʌlptrəs] *n* escultora.

sculptural ['skʌlptʃərəl] *adj* escultural.

sculpture ['skʌlptʃəʳ]

1 *n* escultura.

2 *vt* esculpir **(in**, en).

scum [skʌm]

1 *n (froth)* espuma; *(on pond)* verdín *m*.

2 *n pej (people)* escoria; *(individual)* canalla *m*.

▲ **the scum of the earth** la escoria de la sociedad.

scupper ['skʌpəʳ]

1 *vt GB (ship)* hundir adrede, echar a pique.

2 *vt fam (plan, chance)* desbaratar, frustrar, hundir, echar a pique.

3 *n (on ship)* cañería de desagüe, imbornal *m*.

▲ **to be scuppered** *(plans)* frustrarse, irse a pique; *(person)* estar acabado,-a.

scurf [skɜːf] *n* caspa.

scurrilous ['skʌrɪləs] *adj (abusive, insulting)* difamatorio,-a, calumnioso,-a; *(coarse, obscene)* grosero,-a.

scurry ['skʌrɪ]

1 *vi (run)* correr, corretear; *(hurry)* apresurarse: everyone scurried for shelter todos corrieron para ponerse a cubierto.

2 *n (movement, act)* correteo, movimiento; *(sound)* ruido.

▶ **to scurry away/scurry off** *vi* escabullirse.

▲ *pt & pp scurried, ger scurrying.*

scurvy ['skɜːvɪ]

1 *n MED* escorbuto.

2 *adj (mean, despicable)* despreciable, vil, ruin.

▲ *comp scurvier, superl scurviest.*

scuttle¹ ['skʌtəl]

1 *vi (run)* correr, corretear.

2 *n* correteo, movimiento.

▶ **to scuttle away/off** *vi* escabullirse.

scuttle² ['skʌtəl] *n (for coal)* cubo de carbón.

scuttle³ ['skʌtəl]

1 *n MAR* escotilla.

2 *vt (sink ship)* barrenar, hundir adrede, echar a pique.

3 *vt fam (plan etc)* desbaratar, frustrar, hundir, echar a pique.

scythe [saɪð]
1 *n* guadaña.
2 *vt* guadañar, segar (con la guadaña).
3 *vi* guadañar.

SE [saʊθ'iːst] *abbr* (**southeast**) sudeste *m*, sureste *m*; *(abbreviation)* SE.

sea [siː]
1 *n* mar *m & f*: we love swimming in the sea nos encanta nadar en el mar; the sea is calm/rough today la mar está serena/picada hoy; a heavy/light sea una mar gruesa/llana.
2 *n fig* mar *m*, multitud *f*: a sea of faces un mar de caras.
3 *adj* marítimo,-a, de mar.
✦ at sea en el mar.
 by the sea a orillas del mar.
 out to sea mar adentro.
 to be all at sea estar perdido,-a, estar confundido,-a.
 to find one's sea legs acostumbrarse al mar, no marearse.
 to go by sea ir en barco.
 to go to sea hacerse marinero.
 to put (out) to sea zarpar, hacerse a la mar.
 to send something by sea enviar algo por mar.
■ sea air aire *m* de mar.
 sea anemone anémona de mar.
 sea bass lubina, róbalo.
 sea bird ave *f* marina.
 sea bream pagro, pargo.
 sea breeze brisa marina.
 sea captain capitán *m* de barco.
 sea change cambio radical, metamorfosis *f*.
 sea cow manatí *m*.
 sea dog lobo de mar.
 sea fog bruma.
 sea green verde *m* mar.
 sea horse caballito de mar, hipocampo.
 sea kale col *f* marina.
 sea legs equilibrio.
 sea level nivel *m* del mar.
 sea lion león *m* marino.
 sea mile milla marina *(6000 pies o 1000 brazas o 1828,8 metros)*.
 sea mist bruma.
 sea pink armenia marítima.
 sea power *(country)* potencia naval; *(power)* poderío naval.
 sea trout trucha de mar, reo.
 sea urchin erizo de mar.
 sea wall dique *m*, rompeolas *m*, malecón *m*, espigón *m*.

seabed ['siːbed] *n* fondo del mar, fondo marino.

seaboard ['siːbɔːd] *n US* costa, litoral *m*.

seaborne ['siːbɔːn] *adj* transportado,-a por vía marítima.

seafarer ['siːfeərər] *n* marinero.

seafaring ['siːfeərɪŋ] *adj* marinero,-a.

seafood ['siːfuːd] *n* marisco, mariscos *mpl*.
■ seafood restaurant marisquería.

seafront ['siːfrʌnt] *n (area)* puerto; *(beach)* playa; *(promenade)* paseo marítimo.
■ seafront restaurant restaurante *m* frente al mar.

seagoing ['siːgəʊɪŋ] *adj* de alta mar.

sea-green ['siːgriːn] *adj* verdemar.

seagull ['siːgʌl] *n* gaviota.

seal¹ [siːl]
1 *n ZOOL* foca.
2 *vi* cazar focas.

seal² [siːl]
1 *n (official stamp)* sello: wax seal sello de lacre; the royal seal el sello real.
2 *n (on letter)* sello; *(on bottle etc)* precinto; *(airtight)* cierre *m* hermético; *(on window, door)* burlete *m*.
3 *vt (with official stamp)* sellar; *(with wax)* lacrar, sellar con lacre: the document is signed and sealed el documento está firmado y sellado.
4 *vt (close)* cerrar; *(bottle etc)* precintar; *(make airtight)* cerrar herméticamente; *(window, door)* sellar, poner burletes a: parcels must be well sealed se debe cerrar bien los paquetes.
5 *vt (coat with sealant)* sellar, impermeabilizar.
6 *vt (settle, make formal)* sellar, concluir.
▶ to seal in *vt sep* encerrar.
 to seal off *vt sep (block entry to)* acordonar, cerrar el acceso a.
✦ to give one's seal of approval to something aprobar algo, dar su aprobación a algo, dar el visto bueno a algo.
 to seal somebody's fate decidir el destino de alguien.
 to set the seal on something *(complete)* culminar algo, ratificar algo.

sealant ['siːlənt] *n* sellador *m*.

sealing ['siːlɪŋ] *n* caza de focas: a sealing expedition una expedición para cazar focas.

sealing wax ['siːlɪŋwæks] *n* lacre *m*.

sealskin ['siːlskɪn]
1 *n* piel *f* de foca.
2 *adj* de piel de foca.

seam [siːm]
1 *n SEW* costura.
2 *n TECH* juntura, junta.
3 *n GEOL (of mineral)* veta, filón *m*: coal seam veta de carbón.
✦ to be bursting at the seams *(with people)* rebosar de gente; *(with things)* estar hasta los topes; *(with food)* estar a punto de reventar.
 to come apart at the seams *(clothes)* descoserse; *(plans etc)* fracasar, irse a pique, venirse abajo.

seaman ['siːmən] *n* marinero, marino.
▲ *pl* seamen ['siːmən].

seamanship ['siːmənʃɪp] *n* náutica.

seamless ['siːmləs] *adj SEW* sin costura.

seamstress ['semstrəs] *n* costurera.

seamy ['siːmɪ] *adj* sórdido,-a: the seamy side of life el lado más sórdido de la vida.
▲ *comp* seamier, *superl* seamiest.

séance ['seɪɑːns] *n* sesión *f* de espiritismo.

seaplane ['siːpleɪn] *n* hidroavión *m*.

seaport ['siːpɔːt] *n* puerto marítimo, puerto de mar.

seaquake ['siːkweɪk] *n* maremoto.

sear [sɪər]
1 *vt (scorch, burn)* quemar, chamuscar, abrasar.
2 *vt MED* cauterizar.
3 *vt CULIN* freír rápidamente, rehogar.
4 *vt (dry up plant)* abrasar, secar, achicharrar.
5 *vt fig (affect)* afectar mucho, marcar.
✦ to be seared on one's memory estar grabado,-a en la memoria.

search [sɜːtʃ]
1 *n (gen)* búsqueda (**for**, de); *(of building)* registro; *(of person)* cacheo; *(of records, files, etc)* inspección *f*, examen *m*.
2 *vt (gen)* buscar (**for**, -); *(records, files)* buscar en, examinar; *(building, suitcase, etc)* registrar; *(person)* cachear, registrar: volunteers are searching the woods for the missing child unos voluntarios están registrando el bosque en busca del niño desaparecido; they searched the house for clues registraron la casa buscando pistas; the police searched the suspects la policía cacheó a los sospechosos.
3 *vi (gen)* buscar (**through**, entre); *(pockets)* registrar: I've searched everywhere he buscado en todas partes; doctors are searching for a cure los médicos buscan una cura.
▶ to search out *vt sep* averiguar, descubrir, encontrar.
✦ in search of en busca de.
 search me! ¡yo qué sé!, ¡ni idea!
 to search one's conscience examinar la conciencia.
 to search one's memory hacer memoria.
■ search engine buscador *m*.
 search party equipo de rescate.
 search warrant orden *f* de registro.

searcher ['sɜːtʃər] *n* buscador,-ra.

searching ['sɜːtʃɪŋ] *adj (look)* penetrante; *(question)* agudo,-a; *(examination)* profundo,-a.

searchlight ['sɜːtʃlaɪt] *n* reflector *m*, proyector *m*.

searing ['sɪərɪŋ]
1 *adj (heat)* abrasador,-ra; *(pain)* punzante.
2 *adj fig (emotive)* emotivo,-a; *(strong)* virulento,-a.

seascape ['siːskeɪp] *n ART* marina.

seashell ['siːʃel] *n* concha (de mar).

seashore ['siːʃɔːʳ] *n (coast)* costa, orilla del mar; *(beach)* playa.

seasick ['siːsɪk] *adj* mareado,-a.
✦ **to get seasick** marearse.
seasickness ['siːsɪknəs] *n* mareo.
seaside ['siːsaɪd] *n* playa, costa.
■ **seaside resort** lugar *m* de veraneo en la costa.
seaside town ciudad *f* costera.
season ['siːzən]
1 *n (of year)* estación *f*; *(time)* época; *(for sport, theatre, social activity)* temporada; *(of films)* ciclo: **the dry/rainy season** la estación seca/de las lluvias; **the football/fishing season** la temporada futbolística/de pesca; **the mating season** la época de celo, la época de apareamiento, el celo; **the tourist season** la temporada turística.
2 *vt (food)* sazonar (**with**, con), condimentar (**with**, con).
3 *vt (wood)* secar.
4 *vt fig (person)* avezar, acostumbrar.
5 *vi (wood)* secarse.
✦ **to be in season** *(fresh food)* estar en sazón, ser la temporada de; *(animal on heat)* estar en celo; *(game)* ser temporada de: **strawberries are in season** es temporada de fresas.
to go in season ir en temporada alta.
to go off/out of season ir en temporada baja.
Seasons Greetings Felices Pascuas.
■ **season ticket** abono.
season ticket holder abonado,-a.
seasonable ['siːzənəbəl]
1 *adj (weather)* propio,-a de la época del año, propio,-a de la estación.
2 *adj (opportune, timely)* oportuno,-a.
seasonal ['siːzənəl] *adj* estacional, temporal: **seasonal worker** temporero,-a.
seasonally ['siːzənəlɪ] *adv* estacionalmente.
■ **seasonally adjusted figures** cifras *fpl* que tienen en cuenta las variaciones estacionales.
seasoned ['siːzənd]
1 *adj (food)* sazonado,-a (**with**, con), condimentado,-a (**with**, con): **highly seasoned** picante.
2 *adj (wood)* seco,-a.
3 *adj fig (person)* experimentado,-a, curtido,-a, avezado,-a.
4 *adj fig (conversation)* salpicado,-a (**with**, de).
seasoning ['siːzənɪŋ] *n CULIN* condimento, aderezo.
seat [siːt]
1 *n (chair - gen)* asiento; *(- in cinema, theatre)* butaca: **the back/front seat of the car** el asiento de detrás/delante del coche; **I'd like a window seat** quisiera un asiento al lado de la ventanilla; **give up your seat to an elderly person** cede tu asiento a un anciano.
2 *n (place)* plaza; *(at theatre, opera, stadium)* localidad *f*; *(ticket)* entrada, localidad *f*: **there are no seats left on that flight** no quedan plazas en aquel vuelo; **do**

you think we can get seats for "Cats"? ¿crees que podemos encontrar entradas para "Cats"?
3 *n (of cycle)* sillín *m*; *(of toilet)* asiento; *(of trousers)* fondillos *mpl*; *(of chair)* fondo; *(bottom, buttocks)* trasero, pompis *m*.
4 *n (centre)* sede *f*, centro: **seat of learning** centro de estudios.
5 *n POL (in parliament)* escaño; *(constituency)* distrito electoral: **he has a seat on the council** es miembro del consejo.
6 *vt (sit)* sentar.
7 *vt (accommodate)* tener sitio para; *(theatre, hall, etc)* tener cabida para.
✦ **please be seated** siéntese/siéntense por favor.
to be in the driving/driver's seat dirigir, controlar.
to remain seated quedarse sentado,-a.
to seat oneself sentarse.
to take a back seat pasar a segundo plano, mantenerse al margen.
to take a seat sentarse, tomar asiento.
■ **seat belt** cinturón *m* de seguridad.
seater ['siːtər] *n* **a three-seater sofa** un sofá de tres plazas; **he bought a two-seater car** se compró un coche de dos plazas, se compró un biplaza.
seating ['siːtɪŋ] *n* asientos *mpl*: **seating arrangement/plan** plan de asientos; **seating capacity** aforo, cabida.
seaward ['siːwəd] *adj (facing sea)* que da al mar, hacia el mar; *(coming from sea)* del mar.
seawards ['siːwədz] *adv* hacia el mar.
seawater ['siːwɔːtər] *n* agua de mar.
seaway ['siːweɪ]
1 *n (course)* vía marítima.
2 *n (river, waterway)* canal *m*.
seaweed ['siːwiːd] *n* alga (marina).
seaworthiness ['siːwɔːðɪnəs] *n* navegabilidad *f*.
seaworthy ['siːwɜːðɪ] *adj (boat)* en condiciones de navegar.
sebaceous [sɪ'beɪʃəs] *adj* sebáceo,-a.
seborrhea [sebə'rɪə] *n US* seborrea.
seborrhoea [sebə'rɪə] *n* seborrea.
sec¹ [sek] *n fam (second)* segundo, momento.
sec² [sek] *n fam (secretary)* secretario,-a.
secateurs [sekə'tɜːz] *npl* podadera, tijeras *fpl* de podar.
secede [sɪ'siːd] *vi* separarse (**from**, de), independizarse (**from**, de).
secession [sɪ'seʃən] *n* secesión *f*.
secessionism [sɪ'seʃənɪzəm] *n* secesionismo.
secessionist [sɪ'seʃənɪst] *n* secesionista *mf*.
seclude [sɪ'kluːd] *vt* aislar, apartar, retirar.
✦ **to seclude oneself** aislarse, apartarse, retirarse.
secluded [sɪ'kluːdɪd] *adj* aislado,-a, apartado,-a.

seclusion [sɪ'kluːʒən] *n (act of secluding)* aislamiento, reclusión *f*; *(privacy)* intimidad *f*.
✦ **in seclusion** aislado,-a.
second¹ ['sekənd]
1 *n (time)* segundo: **Christie's time was 9.9 seconds** Christie hizo un tiempo de 9,9 segundos.
2 *n fam* momento, momentito: **have you got a second?** ¿tienes un momento?; **I'll be back in a second** enseguida vuelvo.
■ **second hand** *(of watch)* segundero.
second² [sɪ'kɒnd] *vt GB* trasladar temporalmente.
second³ ['sekənd]
1 *adj (gen)* segundo,-a; *(another)* otro,-a: **it's the second largest city in England** es la segunda ciudad más grande de Inglaterra; **Birmingham is second only to London in population** solo Londres tiene más habitantes que Birmingham; **every second day/week/month/year** cada dos días/semanas/meses/años.
2 *pron* segundo,-a: **they've got one baby and now she's expecting a second** tienen un bebé y ya espera el segundo.
3 *n (in series)* segundo,-a.
4 *n GB (degree)* ≈ notable *m*.
5 *n AUTO (gear)* segunda: **in second** en segunda.
6 *n SP (boxing)* segundo, mánager *m*, cuidador *m*.
7 *n MUS* segunda.
8 *adv* segundo, en segundo lugar: **he came second** llegó segundo, quedó en segundo lugar.
9 *vt (motion, proposal)* apoyar, secundar.
10 *vt fam (agree)* estar de acuerdo con.
11 **seconds** *npl COMM* artículos *mpl* con tara, artículos *mpl* defectuosos.
12 *npl (food)* segunda ración *f*: **who wants seconds?** ¿quién quiere repetir?
✦ **on second thoughts** pensándolo bien.
to be second nature to somebody serle completamente natural a alguien: **don't worry, it'll soon become second nature to you** no te preocupes, pronto te parecerá una cosa muy natural.
to be second to none no tener igual.
to have a second string to one's bow tener otra alternativa.
to have second helpings repetir.
to have second thoughts (about something) entrarle dudas a uno (sobre algo), cambiar de idea (sobre algo).
to play second fiddle ser segundón, -ona, desempeñar un papel secundario.
■ **second class** segunda clase.
Second Coming Segundo Advenimiento.
second floor *GB* segundo piso; *US* primer piso.
second generation segunda generación *f*.
second half segundo tiempo.

second language segundo idioma.
second lieutenant alférez *mf*.
second name apellido.
second person segunda persona.
second sight clarividencia.
Second World War Segunda Guerra Mundial.
▲ *Véase también* sixth.

secondary ['sekəndərɪ] *adj* secundario, -a: that's a secondary matter eso es un asunto secundario.
■ **secondary colour** color *m* secundario.
secondary education enseñanza secundaria.
secondary picketing piquetes *mpl* de apoyo.
secondary school colegio de enseñanza secundaria, instituto de bachillerato.

second-best [sekənd'best] *adj* segundo, -a mejor: my second-best dress mi segundo mejor vestido.
◆ **to come off second-best** quedar en segundo lugar.
to settle for second-best conformarse con una segunda alternativa.

second-class [sekənd'klɑːs]
1 *adj (ticket, carriage)* de segunda (clase); *(citizen)* de segunda categoría, de segunda clase; *(goods)* de calidad inferior.
2 *adj (mail, postage, stamp, etc)* ordinario, -a.
■ **second-class (honours) degree** ≈ notable *m (título universitario que corresponde a la segunda o tercera nota más alta)*.

second-degree [sekəndɪ'griː] *adj MED* de segundo grado.
■ **second-degree burns** quemaduras *fpl* de segundo grado.

seconder ['sekəndə'] *n persona que secunda una moción etc*.

second-guess [sekənd'ges]
1 *vt US fam (criticize, evaluate with hindsight)* cuestionar posteriormente.
2 *vt US fam (anticipate, predict)* intentar adivinar, anticiparse a, adelantarse a.

second-hand [sekənd'hænd]
1 *adj (used, not new)* de segunda mano, usado, -a, viejo, -a: we bought a second-hand car compramos un coche de segunda mano.
2 *adj (news, information)* de segunda mano.
3 *adv (buy)* de segunda mano: I often buy things second-hand suelo comprar cosas de segunda mano.
4 *adv (learn, find out)* por terceros: I got the news second-hand me enteré de la noticia por terceros.
■ **second-hand bookshop** librería de viejo.
second-hand dealer chamarilero, -a.

second-in-command
['sekəndɪnkə'mɑːnd]
1 *n (aboard ship)* segundo de a bordo.
2 *n (in hierarchy)* segundo, -a en jefe, número dos.

secondly ['sekəndlɪ] *adv* en segundo lugar.

secondment [sɪ'kɒndmənt] *n GB* traslado temporal.
◆ **to be on secondment** ser trasladado, -a temporalmente.

second-rate [sekənd'reɪt] *adj* de segunda categoría, de calidad inferior.

second-string [sekənd'strɪŋ] *adj SP* suplente, de reserva.

secrecy ['siːkrəsɪ]
1 *n (gen)* secreto, sigilo: in secrecy en secreto, con sigilo.
2 *n (ability to keep secrets)* discreción *f*, reserva.
◆ **to swear somebody to secrecy** hacer que alguien jure guardar un secreto.

secret ['siːkrət]
1 *adj (gen)* secreto, -a: this is my secret hiding-place éste es mi escondite secreto; she's a secret gin drinker bebe ginebra en secreto.
2 *n (gen)* secreto; *(something confided)* secreto, confidencia: our affair must remain a secret tenemos que mantener en secreto nuestra relación.
3 *n (method, key)* secreto, clave *f*: what's the secret of your success? ¿cuál es el secreto de tu éxito?
◆ **in secret** en secreto.
open secret secreto a voces.
to be in (on) the secret estar al tanto, estar en el ajo, estar al corriente.
to keep a secret guardar un secreto: can you keep a secret? ¿sabes guardar un secreto?
to keep something secret mantener algo en secreto.
to let somebody in on a secret revelar un secreto a alguien, compartir un secreto con alguien.
to make no secret of something no tratar de esconder algo.
■ **secret agent** agente *mf* secreto, -a, espía *mf*.
secret ballot votación *f* secreta.
secret police policía secreta.
secret Santa amigo invisible.
secret service servicio secreto.

secretarial [sekrɪ'teərɪəl] *adj* de secretario, -a.
■ **secretarial college** escuela de secretariado.
secretarial course (curso de) secretariado.

secretariat [sekrɪ'teərɪət] *n* secretaría, secretariado.

secretary ['sekrətərɪ]
1 *n* secretario, -a.
2 *n (non-elected official)* ministro, -a; *(representative below ambassador)* ministro, -a plenipotenciario, -a.
■ **Secretary of State** *GB* ministro, -a con cartera; *US* ministro, -a de Asuntos *m* Exteriores.
▲ *pl* secretaries.

secretary-general [sekrətərɪ'dʒenərəl] *n* secretario general.
▲ *pl* secretaries-general.

secrete [sɪ'kriːt]
1 *vt (emit liquid)* secretar, segregar.
2 *vt fml (hide)* ocultar, esconder.

secretion [sɪ'kriːʃən]
1 *n (of liquid)* secreción *f*.
2 *n fml (hiding)* ocultación *f*.

secretive ['siːkrətɪv] *adj (gen)* sigiloso, -a, hermético, -a; *(quiet)* reservado, -a, callado, -a.

secretiveness ['siːkrətɪvnəs] *n* hermetismo.

secretly ['siːkrətlɪ] *adv* en secreto, a escondidas.

secretory [sɪ'kriːtərɪ] *adj* secretorio, -a, secretor, -ra.

sect [sekt] *n* secta.

sectarian [sek'teərɪən] *adj* sectario, -a.

sectarianism [sek'teərɪənɪzəm] *n* sectarismo.

section ['sekʃən]
1 *n (of newspaper, orchestra, department)* sección *f*; *(of furniture, book)* parte *f*; *(of road)* tramo; *(of orange)* gajo.
2 *n (of population, community)* sector *m*; *(of army)* sección *f*.
3 *n (of document, law)* artículo, apartado.
4 *n (of drawing)* sección *f*, corte *m*: cross section sección transversal.
5 *n MED* sección *f*.
6 *n US (land)* milla cuadrada.
7 *vt MED (cut)* cortar, seccionar.
8 *vt (divide)* dividir.

sectional ['sekʃənəl]
1 *adj (furniture etc)* desmontable, modular.
2 *adj (interests)* de grupo; *(rivalry)* entre facciones.
3 *adj (diagram, plan)* en sección.

sector ['sektə] *n (gen)* sector *m*: the public/private sector el sector público/privado; a considerable sector of the population un sector importante de la población.

sectorial [sek'tɔːrɪəl] *adj* sectorial.

secular ['sekjʊlə']
1 *adj (education)* laico, -a; *(art, music)* profano, -a.
2 *adj (clergy, priest)* seglar, secular.

secularise ['sekjʊləraɪz] *vt* → secularize.

secularism ['sekjʊlərɪzəm] *n* laicismo.

secularize ['sekjʊləraɪz] *vt* secularizar.

secure [sɪ'kjʊə']
1 *adj (job, income, etc)* seguro, -a; *(relationship etc)* estable: he wanted a nice secure job quería un trabajo bueno y seguro; you have a secure future here tiene el futuro asegurado aquí.
2 *adj (ladder, shelf, foothold)* firme; *(stronghold)* seguro, -a; *(window, door)* bien cerrado, -a; *(rope, knot)* seguro, -a, bien sujeto, -a; *(base, foundation)* sólido, -a.

3 *vt (make safe)* asegurar; *(protect)* salvaguardar, proteger (**from**, de), (**against**, contra).

4 *vt (fasten - rope, knot)* sujetar, fijar; *(- window, door, etc)* asegurar, cerrar bien.

5 *vt (obtain)* obtener, conseguir.

6 *vt FIN (loan)* garantizar, avalar.

securely [sɪ'kjʊəlɪ] *adv* bien: the door was securely locked la puerta estaba bien cerrada con llave.

security [sɪ'kjʊərətɪ]
1 *n (safety, confidence)* seguridad *f*: job security seguridad laboral; children need love and security los niños necesitan amor y seguridad.

2 *n (protection)* seguridad *f*: national security la seguridad nacional; there was tight security for the President's visit se adoptaron fuertes medidas de seguridad para la visita del Presidente.

3 *n FIN (guarantee)* fianza, garantía, aval *m*.

4 *securities npl COMM* valores *mpl*, títulos *mpl*: government securities bonos del Estado.

✦ **to lend money on security** prestar dinero sobre fianza.

to stand security for somebody salir fiador,-ra de alguien, garantizar a alguien.

■ **security forces** fuerzas *fpl* de seguridad.

security guard guarda *mf* jurado,-a.

security leak fuga (de información), filtración *f*.

security measure medida de seguridad.

security risk riesgo para la seguridad, peligro para la seguridad.

security service servicio de seguridad.

security van furgoneta blindada.

the Security Council el Consejo de Seguridad.

▲ *pl securities*.

sedan [sɪ'dæn] *n US (car)* berlina.
■ **sedan chair** silla de manos, palanquín *m*.

sedate[1] [sɪ'deɪt] *adj* sosegado,-a, sereno,-a, tranquilo,-a.

sedate[2] [sɪ'deɪt] *vt MED* administrar sedantes a, sedar.

sedation [sɪ'deɪʃən] *n* sedación *f*.
✦ **to be under sedation** estar bajo,-a el efecto de los sedantes.

to put somebody under sedation administrarle un sedante a alguien, sedar a alguien.

sedative ['sedətɪv]
1 *n* sedante *m*, calmante *m*.
2 *adj* sedante.

sedentary ['sedəntərɪ] *adj* sedentario,-a.

sedge [sedʒ] *n* juncia.

sediment ['sedɪmənt]
1 *n (gen)* sedimento.
2 *n (of wine)* hez *f*, poso.

sedimentary [sedɪ'mentərɪ] *adj* sedimentario,-a.

sedimentation [sedɪmen'teɪʃən] *n* sedimentación *f*.

sedition [sɪ'dɪʃən] *n* sedición *f*.

seditious [sɪ'dɪʃəs] *adj* sedicioso,-a.

seduce [sɪ'djuːs]
1 *vt (sexually)* seducir.
2 *vt fml (tempt, entice)* tentar, seducir: he was seduced into buying a new car lo tentaron para que comprara un coche nuevo; the sunshine seduced me away from my books dejé los libros atraído por el sol.

seducer [sɪ'djuːsər] *n* seductor,-ra.

seduction [sɪ'dʌkʃən] *n (sexual)* seducción *f*.

seductive [sɪ'dʌktɪv] *adj (person, voice, look)* seductor,-ra; *(clothing)* provocativo,-a; *(offer)* tentador,-ra.

see[1] [siː]
1 *vt (gen)* ver: I can't see anything no veo nada; did you see who it was? ¿has visto quién era?; you can see the sea from here desde aquí se ve el mar; have you seen any good films lately? ¿has visto una buena película últimamente?; see page 123 véase la página 123; she could see that he hadn't listened to a single word veía que no había escuchado ni una sola palabra; I can see you're busy ya veo que estás ocupado; we don't know what she sees in him no sabemos qué es lo que ve en él; this year sees the cinema's centenary este año se celebra el centenario del cine.

2 *vt (meet, visit)* ver; *(receive)* ver, atender; *(go out with)* salir con: guess who I saw on Saturday? ¿a que no sabes a quién vi el sábado?; you should see a doctor deberías ir al médico; I'm seeing Pat on Friday he quedado con Pat el viernes; I want to see the manager quiero ver al director; they've been seeing each other for a month hace un mes que salen juntos.

3 *vt (understand)* comprender, entender, ver: do you see what I mean? ¿entiendes lo que quiero decir?; I can see why you're worried entiendo por qué estás preocupado; I don't see why I have to go no entiendo por qué tengo que ir yo; I can see your point entiendo tu punto de vista.

4 *vt (visualize, imagine)* imaginarse, ver; *(envisage)* creer: I can't see him working in a factory no me lo imagino trabajando en una fábrica; I can't see Dad lending you the money no creo que papá se vaya a dejar el dinero; I can't see that it matters no creo que tenga importancia; they saw it coming lo vieron venir.

5 *vt (find out, discover)* ver; *(learn)* oír, leer: I'll see what I can do veré lo que puedo hacer; go and see what she's up to ve a ver qué hace; I see that Chirac has won the French elections veo que Chi-

rac ha ganado las elecciones francesas; I see in the paper that Blair did badly in the local elections he leído que a Blair le fueron mal las elecciones locales.

6 *vt (ensure, check)* asegurarse de, procurar: see that you arrive on time procura llegar a la hora; see that he gets complete rest asegúrate de que tenga reposo completo; could you see that all the doors are locked? ¿podría asegurarse de que todas las puertas estén cerradas con llave?

7 *vt (accompany)* acompañar: he saw me home me acompañó a casa; we saw her to her car la acompañamos a su coche; I saw the old lady across the road ayudé a la anciana a cruzar la calle.

8 *vt (in cards)* ver, ir.

9 *vi (gen)* ver: she can't see without her glasses no ve sin las gafas; I can't see to read no veo para leer; she can see into the future ve el futuro.

10 *vi (find out, discover)* ver: we'll have to see ya veremos.

11 *vi (understand)* entender, ver: oh, I see ah, ya veo.

▶ **to see about**
1 *vt insep (deal with)* arreglar, organizar: I must see about the tickets debo arreglar lo de las entradas.
2 *vt insep (consider)* ver, pensar: I'll have to see about that tendré que pensarlo.

to see in *vt insep (celebrate)* celebrar: we saw in the New Year together celebramos el Año Nuevo juntos.

to see off
1 *vt sep (say goodbye to)* despedir: they came to the airport to see me off vinieron al aeropuerto a despedirme.
2 *vt sep (chase off)* ahuyentar; *(remain firm)* resistir.

to see out
1 *vt sep (last)* durar; *(survive)* sobrevivir: have we got enough wood to see the week out? ¿tenemos suficiente leña para aguantar toda la semana?
2 *vt sep (go to door with)* acompañar hasta la puerta: I can see myself out no hace falta que me acompañéis hasta la puerta.

to see round/over *vt insep (house etc)* visitar, recorrer.

to see through
1 *vt insep (person)* calar a, verle el plumero a; *(trick, game, scheme, etc)* no creerse: we saw through his trick su trampa no nos engañó.
2 *vt sep (support)* ayudar a salir de un apuro, ayudar a sobrellevar; *(last)* alcanzar, llegar: my parents saw me through a bad time mis padres me ayudaron a sobrellevar una mala época; have you got enough money to see you through the month?

¿tienes suficiente dinero para llegar a final de mes?

3 *vt sep (not abandon until finished)* terminar, llevar a buen término.

to see to *vt insep (deal with)* atender a, ocuparse de, encargarse de: **could you see to the baby?** ¿podrías ocuparte del niño?; **I'll see to it personally** me ocuparé personalmente; **see to it that she gets the message, won't you?** asegúrate de que reciba el recado, ¿vale?

✦ I'll be seeing you! ¡hasta luego!
let me see/let's see a ver, vamos a ver.
not to see the point no ver el sentido, no ver para qué.
seeing is believing ver para creer.
see you around ya nos veremos.
see you later/soon/Monday! ¡hasta luego/pronto/el lunes!
to be seeing things ver visiones.
to have seen better days haber conocido tiempos mejores.
to see a lot of somebody ver a alguien a menudo.
to see for oneself comprobarlo uno, -a mismo,-a.
to see one's way (clear) to doing something poder hacer algo, estar dispuesto,-a a hacer algo.
to see reason ver la razón.
to see red ponerse rojo,-a (de ira).
to see stars ver las estrellas.
to see the back/last of somebody perder a alguien de vista.
to see the joke verle la gracia, entender el chiste.
to see the light ver la luz.
we'll soon see about that! ¡ya lo veremos!
you see *(in explanations)* verás; *(in questions)* ¿sabes?, ¿ves?

▲ *pt saw* [sɔː], *pp seen* [siːn], *ger seeing.*

see² [siː] *n REL* sede *f.*

seed [siːd]
1 *n BOT (gen)* semilla; *(for planting)* semilla, simiente *f; (of fruit)* pepita: **sunflower seeds** pipas.
2 *n SP (tennis)* cabeza *mf* de serie.
3 *vt (plant seeds)* sembrar (**with**, de).
4 *vt (remove seed)* despepitar.
5 *vt SP (tennis) asignar un lugar en el cuadro de un torneo*: **he was seeded fifth at Wimbledon** fue la cabeza de serie número 5 en Wimbledon.
6 *vi (produce seed)* granar.
✦ to go to seed/run to seed *(plant)* granar; *(person)* descuidarse, abandonarse, echarse a perder.
to plant/sow the seeds of something sembrar las semillas de algo.
■ seed pearl aljófar *m.*
seed potato patata de siembra.

seedbed [ˈsiːdbed]
1 *n* semillero, almácigo,-a.
2 *n fig* semillero, hervidero, caldo de cultivo.

seedcake [ˈsiːdkeɪk] *n* torta de semillas de alcaravea.

seedless [ˈsiːdləs] *adj* sin pepitas, sin semillas.

seedling [ˈsiːdlɪŋ] *n* planta de semillero.

seedy [ˈsiːdɪ]
1 *adj (place)* cutre, sórdido,-a, de mala muerte; *(person)* desastrado,-a: **a seedy-looking character** un individuo con mala pinta.
2 *adj fam (unwell)* pachucho,-a.
▲ *comp seedier, superl seediest.*

seeing [ˈsiːɪŋ]
1 *n (vision)* visión *f.*
2 seeing (as/that) *conj* visto que, en vista de que, dado que, ya que.
■ seeing eye dog *US* perro lazarillo, perro guía.

seek [siːk]
1 *vt (look for, try to obtain)* buscar: **the homeless seek food and shelter** la gente sin techo busca comida y alojamiento; **they sought revenge** querían vengarse, buscaban venganza.
2 *vt (ask for)* pedir, solicitar: **you should seek advice from a lawyer** deberías consultar a un abogado.
3 *vt (attempt, try)* tratar de, intentar: **they seek to reduce costs** intentan reducir gastos.
4 *vi (look for, try to obtain)* buscar (**after/for**, -), ir en busca de.
▶ to seek out *vt sep* buscar.
✦ to seek one's fortune probar fortuna.
▲ *pt & pp sought* [sɔːt].

seeker [ˈsiːkəʳ] *n* buscador,-ra.

seem [siːm] *vi (appear)* parecer: **it seemed like a good idea at the time** parecía una buena idea entonces; **she seems nice** parece maja; **things are not always what they seem** las apariencias engañan; **do whatever seems best** haz lo que mejor te parezca; **you seem to think I'm made of money** parece que crees que tengo mucho dinero; **it seems like there's going to be a storm** parece que va a haber una tormenta; **I can't seem to relax** no logro relajarme; **I seem to remember that he was a photographer** creo recordar que era fotógrafo.
✦ so it seems eso parece.

seeming [ˈsiːmɪŋ] *adj* aparente.

seemingly [ˈsiːmɪŋlɪ]
1 *adv (used with adjective)* aparentemente.
2 *adv (used separately)* al parecer, según parece.

seemly [ˈsiːmlɪ] *adj fml dated* correcto, -a, apropiado,-a.

seen [siːn] *pp →* **see.**

seep [siːp] *vi* filtrarse: **there was water seeping through the ceiling** se filtraba agua por el techo.

seepage [ˈsiːpɪdʒ] *n (of water)* filtración *f; (of gas)* fuga, escape *m.*

seer [ˈsɪəʳ] *n* vidente *mf.*

seesaw [ˈsiːsɔː]
1 *n (for children)* balancín *m*, subibaja *m.*
2 *n (movement)* vaivén *m*, oscilación *f.*
3 *vi (move)* oscilar, vacilar: **seesawing prices** precios oscilantes.

seethe [siːð]
1 *vi (liquid)* hervir, bullir.
2 *vi fig (be angry)* rabiar, estar furibundo, -a, estar furioso,-a.
3 *vi fig (be crowded)* bullir.
✦ to seethe with people estar a rebosar, ser (como) un hervidero.

see-through [ˈsiːθruː] *adj* transparente.

segment [ˈsegmənt] *n (gen)* segmento; *(of orange)* gajo.

segmentation [segmənˈteɪʃən] *n* segmentación *f.*

segregate [ˈsegrɪgeɪt] *vt* segregar.

segregation [segrɪˈgeɪʃən] *n* segregación *f.*

segregationist [segrɪˈgeɪʃənɪst] *n* segregacionista *mf.*

Seine [seɪn] *n* el Sena *m.*

seismic [ˈsaɪzmɪk] *adj* sísmico,-a.
■ seismic wave onda sísmica.

seismograph [ˈsaɪzməgrɑːf] *n* sismógrafo.

seismologist [saɪzˈmɒlədʒɪst] *n* sismólogo,-a.

seismology [saɪzˈmɒlədʒɪ] *n* sismología.

seize [siːz]
1 *vt (grab)* asir, agarrar, coger: **he seized my arm** me agarró del brazo.
2 *vt (opportunity)* aprovechar.
3 *vt JUR (impound)* incautar, embargar; *(confiscate)* confiscar, decomisar.
4 *vt (take control of)* tomar, apoderarse de.
5 *vt (person - arrest)* detener; *(- take hostage)* secuestrar.
6 *vt fig (strong feelings)* apoderarse de, acometer: **panic seized the guests** el pánico se apoderó de los invitados.
▶ to seize on/upon *vt insep* aprovechar, valerse de.
to seize up *vi (machine, engine)* agarrotarse; *(traffic)* paralizarse.
✦ to be seized with something *(pain, fear, panic, etc)* apoderarse algo de uno: **he was seized with anger** la ira se apoderó de él; **she was seized with the desire to run away** sintió ganas de escapar.

seizure [ˈsiːʒəʳ]
1 *n JUR (impoundment)* incautación *f*, embargo; *(confiscation)* confiscación *f*, decomiso.
2 *n (of power, territory)* toma *f.*
3 *n MED* ataque *m* (de apoplejía): **epileptic seizure** ataque epiléptico; **heart seizure** ataque cardíaco.

seldom [ˈseldəm] *adv* raramente, rara vez, pocas veces: **we seldom eat out** pocas veces comemos fuera.

select [sɪ'lekt]
1 *vt (thing)* escoger, elegir; *(team, player, candidate)* seleccionar.
2 *adj (audience etc)* selecto,-a, escogido, -a; *(club, area, etc)* selecto,-a, exclusivo,-a, distinguido,-a; *(fruit, wine)* selecto,-a, de primera calidad.
■ **select committee** *GB* comisión *f* de investigación, comisión *f* investigadora.
selected [sɪ'lektɪd] *adj (gen)* escogido,-a; *(team, player, candidate)* seleccionado,-a.
■ **selected works** *LIT* obras *fpl* escogidas.
selection [sɪ'lekʃən]
1 *n (people or things chosen)* selección *f*; *(choosing)* elección *f*.
2 *n (range to choose from)* surtido, gama.
selective [sɪ'lektɪv]
1 *adj (specific)* selectivo,-a; *(not general)* parcial: **selective strike** huelga parcial; **selective weed killer** herbicida selectivo.
2 *adj (discriminating, choosy)* exigente, selectivo,-a: **I'm very selective in my reading** soy muy selectivo con lo que leo; **she's very selective about the people she goes out with** es muy selectiva con la gente con quien sale.
■ **selective service** *US* servicio militar obligatorio.
selectively [sɪ'lektɪvlɪ]
1 *adv (chosen)* selectivamente; *(not generally)* parcialmente.
2 *adv (carefully)* de forma selectiva, con criterio selectivo.
selectivity [sɪlek'tɪvətɪ]
1 *n (gen)* selectividad *f*, criterio selectivo.
2 *n RAD* selectividad *f*.
selector [sɪ'lektər]
1 *n (person)* seleccionador,-ra.
2 *n (device)* selector *m*.
selenite ['selənaɪt] *n* selenita.
selenium [sɪ'liːnɪəm] *n CHEM* selenio.
self [self]
1 *n* ser *m*, uno,-a mismo,-a, sí mismo,-a: **one's better self** su lado bueno; **one's true self** su verdadero carácter; **he was his usual self again** volvió a ser él mismo.
2 *n (one's own interest)* sí mismo,-a: **he thinks only of self** solo piensa en sí mismo.
3 *n (in psychology)* yo: **my other self** mi otro yo.
▲ *pl* selves.
self-absorbed [selfəb'sɔːbd] *adj* absorto,-a en sí mismo,-a.
self-acting [self'æktɪŋ] *adj* automático,-a.
self-addressed [selfə'drest] *adj* con el nombre y la dirección.
■ **self-addressed envelope** sobre respuesta.
self-adhesive [selfəd'hiːsɪv] *adj* autoadhesivo,-a, autoadherente.
self-analysis [selfə'nælɪsɪs] *n* autoanálisis *m*.

self-appointed [selfə'pɔɪntɪd] *adj* autoproclamado,-a.
self-assembly [selfə'semblɪ] *adj* para montar uno,-a mismo,-a.
self-assertive [selfə'sɜːtɪv] *adj* seguro,-a de sí mismo,-a.
self-assertiveness [selfə'sɜːtɪvnəs] *n* seguridad *f* en sí mismo,-a.
self-assurance [selfə'ʃʊərəns] *n* seguridad *f*, confianza en sí mismo,-a.
self-assured [selfə'ʃʊəd] *adj* seguro,-a de sí mismo,-a.
self-catering [self'keɪtərɪŋ] *adj* sin servicio de comidas.
self-centered [self'sentəd] *adj US →* **self-centred.**
self-centred [self'sentəd] *adj* egocéntrico,-a.
self-cleaning [self'kliːnɪŋ] *adj* auto-limpiable.
self-closing [self'kləʊzɪŋ] *adj* de cierre automático.
self-composed [selfkəm'pəʊzd] *adj* sereno,-a, compuesto,-a.
self-confessed [selfkən'fest] *adj* confeso,-a.
self-confidence [self'kɒnfɪdəns] *n* seguridad *f*, confianza en sí mismo,-a.
self-confident [self'kɒnfɪdənt] *adj* seguro,-a de sí mismo,-a.
self-conscious [self'kɒnʃəs]
1 *adj (nervous)* cohibido,-a, tímido,-a.
2 *adj (conscious)* consciente de la propia identidad.
+ to be self-conscious about something estar acomplejado,-a por algo.
self-contained [selfkən'teɪnd]
1 *adj (flat etc)* independiente, con entrada propia.
2 *adj (person - independent)* independiente; *(- reserved)* reservado,-a.
self-control [selfkən'trəʊl] *n* dominio de sí mismo,-a, autocontrol *m*.
+ to exercise/show self-control autocontrolarse, dominarse.
to lose one's self-control perder el autocontrol, descontrolarse.
self-criticism [self'krɪtɪsɪzəm] *n* autocrítica.
self-deception [selfdɪ'sepʃən] *n* autoengaño.
self-defeating [selfdɪ'fiːtɪŋ] *adj* contraproducente.
self-defence [selfdɪ'fens] *n* defensa personal, autodefensa.
+ to act in self-defence actuar en defensa propia.
self-denial [selfdɪ'naɪəl] *n* abnegación *f*, sacrificio.
self-destruct [selfdɪ'strʌkt] *vi* autodestruirse.
self-determination
[selfdɪtɜːmɪ'neɪʃən] *n* autodeterminación *f*.

self-discipline [self'dɪsɪplɪn] *n* autodisciplina.
self-drive [self'draɪv] *adj* sin chófer.
self-educated [self'edjʊkeɪtɪd] *adj* autodidacta.
self-effacing [selfɪ'feɪsɪŋ] *adj* modesto,-a, humilde.
self-employed [selfɪm'plɔɪd] *adj* autónomo,-a, que trabaja por cuenta propia.
self-esteem [selfɪ'stiːm] *n* amor *m* propio.
self-evident [self'evɪdənt] *adj* evidente, patente, obvio,-a, manifiesto,-a.
self-explanatory [selfɪk'splænətrɪ] *adj* que se explica por sí mismo,-a, muy claro,-a.
self-fulfilling [selfʊl'fɪlɪŋ] *adj* que se cumple únicamente porque se cree que se va a cumplir.
self-governing [self'gʌvənɪŋ] *adj* autónomo,-a.
self-government [self'gʌvənmənt] *n* autonomía, autogobierno.
self-help [self'help] *n* autoayuda.
■ **self-help group** grupo de autoayuda.
self-importance [selfɪm'pɔːtəns] *n* engreimiento, presunción *f*.
self-important [selfɪm'pɔːtənt] *adj* engreído,-a, presumido,-a.
self-imposed [selfɪm'pəʊzd] *adj* autoimpuesto,-a, voluntario,-a.
self-indulgence [selfɪn'dʌldʒəns] *n* tendencia a permitirse excesos, indulgencia consigo mismo,-a.
self-indulgent [selfɪn'dʌldʒənt] *adj* que se permite excesos, indulgente consigo mismo,-a.
self-interest [self'ɪntrəst] *n* interés *m* propio.
selfish ['selfɪʃ] *adj* egoísta.
selfishness ['selfɪʃnəs] *n* egoísmo.
selfless ['selfləs] *adj* desinteresado,-a.
selflessness ['selfləsnəs] *n* entrega.
self-locking [self'lɒkɪŋ] *adj* de cierre automático.
self-made [self'meɪd] *adj (man, woman)* que ha llegado donde está por sus propios esfuerzos, que se ha hecho a sí mismo,-a.
self-opinionated [selfə'pɪnjəneɪtɪd] *adj* testarudo,-a, terco,-a.
self-pity [self'pɪtɪ] *n* autocompasión *f*, lástima de sí mismo,-a.
self-pollination [selfpɒlɪ'neɪʃən] *n* autopolinización *f*.
self-portrait [self'pɔːtreɪt] *n* autorretrato.
self-possessed [selfpə'zest] *adj* sereno,-a, dueño,-a de sí mismo,-a.
self-preservation [selfprezə'veɪʃən] *n* supervivencia: **the instinct for self-preservation** el instinto de supervivencia.

self-raising flour [selfˈreɪzɪŋflaʊəʳ] *n* harina con levadura.

self-reliance [selfrɪˈlaɪəns] *n* independencia, autosuficiencia.

self-reliant [selfrɪˈlaɪənt] *adj* independiente, autosuficiente.

self-respect [selfrɪˈspekt] *n* amor *m* propio, dignidad *f*.

self-respecting [selfrɪˈspektɪŋ] *adj* que se precie.

self-restraint [selfrɪˈstreɪnt] *n* dominio de sí mismo,-a, autocontrol *m*.

self-righteous [selfˈraɪtʃəs] *adj* petulante.

self-righteousness [selfˈraɪtʃəsnəs] *n* petulancia.

self-rising flour [selfraɪznˈflaʊəʳ] *n* US → **self-raising flour**.

self-rule [selfˈruːl] *n* autonomía, autogobierno.

self-sacrifice [selfˈsækrɪfaɪs] *n* sacrificio, abnegación *f*.

self-sacrificing [selfˈsækrɪfaɪsɪŋ] *adj* sacrificado,-a, abnegado,-a.

selfsame [ˈselfseɪm] *adj* mismísimo,-a.

self-satisfied [selfˈsætɪsfaɪd] *adj* satisfecho,-a de sí mismo,-a, ufano,-a, engreído,-a.

self-seeking [selfˈsiːkɪŋ] *adj* egoísta, interesado,-a.

self-service [selfˈsɜːvɪs]
1 *adj* de autoservicio.
2 *n* autoservicio.

self-styled [ˈselfstaɪld] *adj* autollamado,-a, supuesto,-a.

self-sufficiency [selfsəˈfɪʃənsɪ] *n* autosuficiencia.

self-sufficient [selfsəˈfɪʃənt] *adj* autosuficiente.

self-taught [selfˈtɔːt] *adj* autodidacta.

sell [sel]
1 *vt (gen)* vender: **we're selling our flat** vendemos nuestro piso; **sorry, we don't sell stamps** lo siento, pero no vendemos sellos; **he sold his bike to his neighbour** vendió la bici a su vecino.
2 *vt fam (convince)* convencer de: **you've got to sell your ideas to the voters** tienes que convencer a los votantes de tus ideas.
3 *vi (product)* venderse: **the tickets are selling well** las entradas se están vendiendo bien; **these plants sell at a pound each** estas plantas se venden a una libra cada una.
4 *n GB fam (deception)* estafa, engaño.
▸ **to sell off** *vt sep* vender; *(cheaply)* liquidar.
to sell out
1 *vi (be disloyal)* claudicar, venderse.
2 *vi COMM (sell all of)* agotarse (**of**, -), acabarse (**of**, -): **we've sold out of that size** se nos ha acabado esa talla, no nos queda esa talla.

3 *vi (sell business)* vender el negocio.
4 *vt sep COMM (sell all of)* agotar, agotar las existencias de.
to sell up *vi* vender el negocio, venderlo todo.
✦ **to be sold on something** estar entusiasmado,-a por algo.
to be sold out estar agotado,-a: **the concert was sold out** se habían agotado las entradas para el concierto; **"Sold out"** "Agotadas las existencias".
to sell like hot cakes venderse como rosquillas.
to sell oneself venderse.
to sell one's body vender el cuerpo.
to sell one's soul to the devil venderle el alma al diablo.
to sell somebody a pup venderle a alguien una moto.
to sell somebody down the river traicionar a alguien.
to sell somebody short *(cheat)* timar a alguien; *(underestimate)* subestimar a alguien, no reconocer el valor de alguien.
▲ *pt & pp* **sold** [səʊld].

sell-by date [ˈselbaɪdeɪt] *n* fecha límite de venta, fecha de caducidad.

seller [ˈseləʳ] *n (person)* vendedor,-ra.
✦ **to be a good/bad seller** *(product)* venderse bien/mal.
▪ **seller's market** mercado favorable al vendedor,-ra.

selling [ˈselɪŋ] *n* ventas *fpl*.
▪ **selling point** atractivo comercial.
selling price precio de venta.

Sellotape [ˈseləteɪp]
1 *n GB* celo, cinta adhesiva.
2 *vt* pegar con celo, fijar con celo.
▲ *Es marca registrada.*

sell-out [ˈselaʊt]
1 *n (performance)* éxito de taquilla.
2 *n fam (betrayal)* traición *f*, engaño.

selvage [ˈselvɪdʒ] *n* orillo.

selvedge [ˈselvɪdʒ] *n* orillo.

selves [selvz] *npl* → **self**.

semantic [sɪˈmæntɪk] *adj* semántico,-a.

semantics [sɪˈmæntɪks] *n* semántica.

semaphore [ˈseməfɔːʳ]
1 *n (device)* semáforo; *(system)* código de señales.
2 *vt* transmitir por semáforo.

semblance [ˈsembləns] *n fml* apariencia: **we must establish some semblance of order** hay que establecer cierta apariencia de orden.

semen [ˈsiːmən] *n* semen *m*.

semester [sɪˈmestəʳ] *n* semestre *m*.

semiautomatic [semɪɔːtəˈmætɪk] *adj* semiautomático,-a.

semibreve [ˈsemɪbriːv] *n MUS* semibreve *f*, redonda.

semicircle [ˈsemɪsɜːkəl] *n* semicírculo.

semicircular [semɪˈsɜːkjʊləʳ] *adj* semicircular, redonda.

semicolon [semɪˈkəʊlən] *n* punto y coma *m*.

semiconductor [semɪkənˈdʌktəʳ] *n* semiconductor *m*.

semiconscious [semɪˈkɒnʃəs] *adj* semiconsciente.

semiconsonant [semɪˈkɒnsənənt] *n* semiconsonante *f*.

semidarkness [semɪˈdɑːknəs] *n* penumbra.
✦ **in semidarkness** en penumbra.

semidesert [semɪˈdezət] *n* semidesierto.

semidesertified [semɪdɪˈzɜːtɪfaɪd] *adj* semidesértico,-a.

semidetached [semɪdɪˈtætʃt]
1 *adj* pareado,-a.
2 *n (house)* casa pareada.

semifinal [semɪˈfaɪnəl] *n* semifinal *f*.

semifinalist [semɪˈfaɪnəlɪst] *n* semifinalista *mf*.

seminal [ˈseminəl]
1 *adj (producing semen)* seminal.
2 *adj fig (influential)* fundamental, de gran influencia.

seminar [ˈseminɑːʳ] *n EDUC* seminario.

seminarian [semɪˈneərɪən] *n* seminarista *m*.

seminary [ˈseminərɪ] *n REL* seminario.
▲ *pl* **seminaries**.

semiofficial [semɪəˈfɪʃəl] *adj* semioficial.

semiology [semɪˈɒlədʒɪ] *n* semiología.

semiotics [semɪˈɒtɪks] *n* semiótica.

semiprecious [semɪˈpreʃəs] *adj* semiprecioso,-a.

semiquaver [ˈsemɪkweɪvəʳ] *n MUS* semicorchea.

semiskilled [semɪˈskɪld] *adj* semicualificado,-a.

semiskimmed [semɪˈskɪmd] *adj* semidesnatado,-a, semidescremado,-a.

Semite [ˈsiːmaɪt] *n* semita *mf*.

Semitic [sɪˈmɪtɪk] *adj* semita, semítico,-a.

semitone [ˈsemɪtəʊn] *n* semitono.

semitransparent [semɪtrænzˈpeərənt] *adj* semitransparente.

semivowel [ˈsemɪvaʊəl] *n* semivocal *f*.

semolina [seməˈliːnə] *n* sémola.

senate [ˈsenət]
1 *n POL* senado.
2 *n EDUC* claustro.

senator [ˈsenətəʳ] *n* senador,-ra.

senatorial [senəˈtɔːrɪəl] *adj* senatorial.

send [send]
1 *vt (gen)* enviar, mandar; *(telex, telegram)* enviar, poner; *(radio signal, radio message)* transmitir, emitir: **send me the results** envíame los resultados; **he sent me some flowers** me mandó flores; **Nicola's sent us a postcard** Nicola nos ha mandado una postal; **Polly sends her love** Polly manda recuerdos de su parte.

2 *vt (order to go)* mandar, enviar: **the doctor sent me to a specialist** el médico me mandó a un especialista; **he sent his brother to get some cigarettes** mandó a su hermano a comprar tabaco; **the company is sending me on a training course** la empresa me manda a hacer un curso de formación.

3 *vt (drive, cause to move)* mandar; *(rocket, ball)* lanzar: **the explosion sent pieces of glass flying everywhere** la explosión lanzó trozos de cristal por los aires; **the punch sent me reeling** el puñetazo me dejó tambaleante; **the news sent a shiver down her spine** la noticia le dio escalofríos.

4 *vt (cause to become)* volver, hacer: **the noise sent her mad** el ruido la volvió loca; **the lecture sent me to sleep** la conferencia me hizo dormir; **her comments sent him into a rage** sus comentarios lo pusieron furioso.

5 *vt fam dated (excite, thrill)* transportar, chiflar.

6 *vi (send a message)* avisar: **he sent to say that he'd arrived safely** mandó aviso de que había llegado sano y salvo.

▸ **to send away** *vt sep* despachar: **I sent them away** les dije que se fueran.
to send away for *vt insep* pedir por correo.
to send back
1 *vt sep (goods etc)* devolver.
2 *vt sep (person)* hacer volver.
to send down
1 *vt sep (gen)* mandar; *(prices)* hacer bajar.
2 *vt sep GB (student)* expulsar; *(criminal)* enchironar, entalegar.
to send for
1 *vt insep (person)* llamar a, hacer llamar a.
2 *vt insep (thing)* pedir, encargar.
to send in
1 *vt sep (application, request)* mandar, enviar.
2 *vt sep (troops, police)* enviar; *(visitor)* hacer pasar.
to send off
1 *vt sep (letter etc)* enviar, mandar; *(goods)* despachar, mandar.
2 *vt sep GB (footballer etc)* expulsar.
to send off for *vt insep* pedir por correo.
to send on *vt sep (letter)* hacer seguir; *(luggage etc)* enviar, mandar (por adelantado).
to send out
1 *vt sep (leaflets, invitations)* enviar, mandar; *(goods)* despachar, mandar.
2 *vt sep (radio signals)* emitir, transmitir, dar.
3 *vt sep (light, smoke, heat)* emitir.
4 *vt sep (person)* echar, hacer salir.
to send out for *vt insep (food etc)* mandar traer, mandar por, mandar a comprar.

to send up
1 *vt sep (gen)* hacer subir; *(rocket, flare)* lanzar.
2 *vt sep GB fam (satirize)* parodiar, burlarse de.
✦ **to send somebody away with a flea in their ear** despachar a alguien con las orejas gachas.
to send somebody packing mandar a alguien a paseo, mandar a alguien a freír espárragos.
to send somebody to Coventry hacerle el vacío a alguien.
to send word mandar aviso, enviar un mensaje, avisar: **he sent word that he was well** mandó aviso de que estaba bien.
▲ *pt & pp* **sent** [sent].

sender ['sendə^r] *n* remitente *mf*.
sendoff ['sendɒf] *n fam* despedida.
send-up ['sendʌp] *n* sátira, parodia.
✦ **to do a send-up of somebody** imitar a alguien, parodiar a alguien.
Senegal [senɪ'ɡɔːl] *n* Senegal.
Senegalese [senɪɡə'liːz]
1 *adj* senegalés,-esa.
2 *n* senegalés,-esa.
3 the Senegalese *npl* los senegaleses *mpl*.
senile ['siːnaɪl] *adj* senil.
✦ **to go senile** chochear.
▪ **senile dementia** demencia senil.
senility [sɪ'nɪlətɪ] *n* senilidad *f*.
senior ['siːnɪə^r]
1 *adj (in age)* mayor: **he's five years senior to me** es cinco años mayor que yo.
2 *adj (in rank)* superior; *(with longer service)* más antiguo,-a, de mayor antigüedad: **she is senior to me** es mi superior.
3 *n (in age)* mayor *mf*; *(in rank)* superior *fm*: **you're two years my senior** eres dos años mayor que yo.
4 *n GB (pupil)* mayor *mf*.
5 *n US* estudiante *mf* del último curso.
▪ **senior citizen** jubilado,-a, persona de la tercera edad.
senior high (school) *US* instituto donde se estudian los tres últimos cursos de la enseñanza media.
senior lecturer *GB* profesor,-ra titular.
senior management altos cargos *mpl*.
senior officer *MIL* oficial,-la de alta graduación.
senior partner socio,-a mayoritario,-a.
the Senior Service *GB* la marina, la armada.
Senior ['siːnɪə^r] *adj* padre: **John Williams, Senior** John Williams, padre.
seniority [siːnɪ'ɒrətɪ] *n (in length of service)* antigüedad *f*, *(in rank)* superioridad *f*, jerarquía; *(in age)* el hecho de ser mayor.
senna ['senə] *n* casia, sena, sen *m*.
▪ **bladder senna** espantalobos *m*.
sensation [sen'seɪʃən]
1 *n (feeling)* sensación *f*; *(ability to feel)* sensibilidad *f*: **it gave me a tingling**

sensation me dio una sensación de cosquilleo; **he had no sensation in his leg** no se sentía la pierna.
2 *n (interest, excitement, etc)* sensación *f*; *(success)* éxito.
✦ **to be a sensation** ser (todo) un éxito.
to cause a sensation causar sensación.
sensational [sen'seɪʃənəl]
1 *adj fam (wonderful)* sensacional.
2 *adj (exaggerated)* sensacionalista; *(causing interest, excitement, etc)* que causa sensación.
sensationalism [sen'seɪʃənəlɪzəm] *n* sensacionalismo.
sensationalise [sen'seɪʃənəlaɪz] *vt* → **sensationalize**.
sensationalist [sen'seɪʃənəlɪst]
1 *adj* sensacionalista.
2 *n* sensacionalista *mf*.
sensationalize [sen'seɪʃənəlaɪz] *vt* sensacionalizar.
sense [sens]
1 *n (faculty)* sentido: **sense of smell** sentido del olfato.
2 *n (feeling - of well-being, loss)* sensación *f*, *(awareness, appreciation - of justice, duty)* sentido: **I had the sense someone was watching me** tenía la sensación de que alguien me miraba; **he has an exaggerated sense of his own importance** se cree más importante de lo que es; **he's got no sense of humour** no tiene sentido del humor; **sense of direction** sentido de la orientación; **dress sense** gusto para vestirse; **business sense** visión para los negocios.
3 *n (wisdom, judgement)* sentido común, juicio, sensatez *f*, tino: **he had the (good) sense to turn off the electricity** tuvo la sensatez de desconectar la corriente; **I thought you had more sense** creía que tenías más sentido común.
4 *n (reason, purpose)* sentido: **what's the sense in driving there?** ¿qué sentido tiene conducir hasta allí?; **there's no sense in crying** ¿de qué sirve llorar?
5 *n (meaning - gen)* sentido; *(- of word)* significado, acepción *f*: **in every sense of the word** en todos los sentidos; **this word has 9 different senses** esta palabra tiene 9 significados diferentes.
6 *vt (feel, perceive)* sentir, percibir, presentir, intuir; *(apprehend, detect)* percibir, darse cuenta de: **I sensed that she wanted to leave** intuí que quería marcharse; **animals can sense danger** los animales perciben el peligro.
7 *vt (machine)* detectar.
8 senses *npl (normal state of mind)* juicio *m sing*.
✦ **in a sense** hasta cierto punto, en cierto sentido.
in no sense de ninguna manera.
to be out of one's senses no estar en sus cabales.

to bring somebody to their senses hacer a alguien entrar en razón.
to come to one's senses recobrar el juicio.
to have a sense of occasion tener sentido de la ocasión.
to make sense *(have clear meaning)* tener sentido; *(be sensible)* ser razonable, ser sensato,-a.
to make sense out of something entender algo.
to see sense entrar en razón.
to take leave of one's senses perder el juicio.
to talk sense hablar con juicio.
■ **sense organ** órgano del sentido.

senseless ['senslǝs]
1 *adj (unconscious)* inconsciente, sin conocimiento: **he was beaten senseless** lo golpearon hasta dejarlo inconsciente.
2 *adj (foolish, pointless)* absurdo,-a, sin sentido, insensato,-a: **senseless violence** violencia sin sentido.
✦ **to be bored senseless** aburrirse mortalmente.

sensibility [sensɪ'bɪlǝtɪ]
1 *n* sensibilidad *f*.
2 sensibilities *npl* susceptibilidad *f sing*, sensibilidad *f sing*.

sensible ['sensɪbǝl]
1 *adj (person)* sensato,-a; *(behaviour, decision)* razonable, prudente; *(choice)* acertado,-a: **it was a very sensible thing to do** fue lo más sensato que podías hacer; **that's the most sensible suggestion I've heard all day** ésa es la sugerencia más razonable que he oído en todo el día.
2 *adj (clothes)* práctico,-a, cómodo,-a.
3 *adj dated (noticeable)* apreciable, perceptible.

sensibly ['sensɪblɪ] *adv* con sensatez, atinadamente.

sensitise ['sensɪtaɪz] *vt* → **sensitize**.

sensitive ['sensɪtɪv]
1 *adj (person - perceptive)* sensible (**to**, a), consciente (**to**, de): **she's very sensitive to her pupils' needs** es muy consciente de las necesidades de sus alumnos.
2 *adj (person - touchy)* susceptible (**to**, a), preocupado,-a (**about**, por): **he's very sensitive about his baldness** está muy preocupado por su calvicie.
3 *adj (teeth, paper, instrument, film)* sensible (**to**,-a); *(skin)* sensible, delicado,-a.
4 *adj (issue)* delicado,-a.
5 *adj (document)* confidencial.

sensitivity [sensɪ'tɪvǝtɪ]
1 *n (gen)* sensibilidad *f* (**to**, a/frente a): **his remark showed a crass lack of sensitivity** su comentario mostró una falta extrema de sensibilidad.
2 *n (touchiness)* susceptibilidad *f* (**to**, a).
3 *n (of skin, issue)* delicadeza *f*.

sensitize ['sensɪtaɪz]
1 *vt (to problem)* sensibilizar, concienciar.
2 *vt TECH* sensibilizar.

sensor ['sensǝʳ] *n TECH* sensor *m*, detector *m*.

sensory ['sensǝrɪ] *adj* sensorial.

sensual ['sensjʊǝl] *adj* sensual.

sensualism ['sensjʊǝlɪzǝm] *n* sensualismo.

sensuality [sensjʊ'ælǝtɪ] *n* sensualidad *f*.

sensuous ['sensjʊǝs] *adj* sensual.

sensuousness ['sensjʊǝsnǝs] *n* sensualidad *f*.

sent [sent] *pt & pp* → **send**.

sentence ['sentǝns]
1 *n (gen)* frase *f*; *(in grammar)* oración *f*.
2 *n JUR* sentencia, fallo.
3 *vt JUR* condenar.
4 *vt fig* condenar, predestinar.
✦ **to be under sentence of death** estar condenado,-a a muerte.
　to pass sentence dictar sentencia.
　to pass/pronounce sentence on somebody imponer una pena a alguien.
■ **death sentence** pena de muerte.

sententious [sen'tenʃǝs] *adj* sentencioso,-a.

sentiment ['sentɪmǝnt]
1 *n (sentimentality)* sentimentalismo, sensiblería.
2 *n fml (feeling)* sentimiento.
3 *n fml (opinion)* opinión *f*, parecer *m*: **my sentiments exactly** estoy totalmente de acuerdo.

sentimental [sentɪ'mentǝl]
1 *adj* sentimental: **it's of sentimental value** tiene valor sentimental.
2 *adj pej* sentimentaloide, sensiblero,-a.

sentimentality [sentɪmen'tælǝtɪ] *n* sentimentalismo, sensiblería.

sentinel ['sentɪnǝl] *n dated* centinela *m*.

sentry ['sentrɪ] *n* centinela *m*.
✦ **to be on sentry duty** estar de guardia, hacer guardia.
■ **sentry box** garita de centinela.
　sentry duty guardia.
▲ *pl* **sentries**.

Seoul [sǝʊl] *n* Seúl.

Sep [sep'tembǝʳ] *abbr* (**September**) setiembre, septiembre.

sepal ['sepǝl] *n BOT* sépalo.

separable ['sepǝrǝbǝl] *adj* separable.

separate ['sepǝreɪt]
1 *vt (gen)* separar (**from**, de); *(divide)* dividir: **I stepped in to separate the two boys** intervine para separar a los dos chicos; **break the egg and separate the white from the yolk** rompe el huevo y separa la clara de la yema; **the Channel separates England from France** el Canal de la Mancha separa Inglaterra de Francia.
2 *vt (distinguish)* distinguir, separar.

3 *vi (gen)* separarse: **they separated after being married for ten years** se separaron después de diez años de matrimonio.
4 *vi (mayonnaise etc)* cortarse.
5 *adj (apart)* separado,-a: **keep the sheep separate from the goats** mantén a las ovejas separadas de las cabras; **political prisoners are kept separate from the others** los presos políticos están separados de los demás.
6 *adj (not shared)* separado,-a, individual: **they have separate bank accounts** tienen cuentas bancarias separadas; **we had separate rooms** cada uno tenía su habitación.
7 *adj (different, distinct)* distinto,-a, diferente: **it's happened on three separate occasions** ha pasado en tres ocasiones distintas; **that is a separate issue** eso es un tema aparte, eso es otro tema; **this word has five separate meanings** esta palabra tiene cinco significados distintos; **put the olives on a separate plate** pon las aceitunas en un plato aparte.
8 separates *npl (clothes)* prendas de mujer que combinan con otras, pero que se venden sueltas.
✦ **to go one's separate ways** irse cada uno por su lado.
　to lead separate lives hacer cada uno su propia vida.
　to send something under separate cover mandar algo por separado.
▲ *(adjetivo)* ['sepǝrǝt].

separated ['sepǝreɪtɪd] *adj* separado,-a.

separately ['sepǝrǝtlɪ]
1 *adv (apart)* por separado, aparte: **could you wrap the perfume separately?** ¿podría envolver el perfume aparte?
2 *adv (individually)* por separado: **we paid separately** pagamos por separado.

separation [sepǝ'reɪʃǝn] *n* separación *f*.

separatism ['sepǝrǝtɪzǝm] *n* separatismo.

separatist ['sepǝrǝtɪst] *n* separatista *mf*.

Sephardi [se'fɑːdɪ] *n* sefardí *mf*, sefardita *mf*.
▲ *pl* **Sephardim** [se'fɑːdɪm].

Sephardic [se'fɑːdɪk] *adj* sefardita.

sepia ['siːpɪǝ]
1 *n* sepia *m*.
2 *adj* sepia.

sepoy ['siːpɔɪ] *n* cipayo.

sepsis ['sepsɪs] *n MED* sepsia.

September [sǝp'tembǝʳ] *n* septiembre *m*, setiembre *m*.
▲ *Para ejemplos de usos, véase* **May**.

septet [sep'tet] *n MUS* septeto.

septic ['septɪk] *adj* séptico,-a.
✦ **to go septic** infectarse.
■ **septic tank** pozo séptico, pozo negro.

septicaemia [septɪ'siːmɪǝ] *n* septicemia.

septicemia [septɪ'siːmɪǝ] *n US* → **septicaemia**.

sepulchral [sɪ'pʌlkrǝl] *adj* sepulcral.

sepulchre ['sepəlkə^r] n sepulcro.
sequel ['si:kwəl]
1 n (result, consequence) secuela.
2 n (book, film, etc) segunda parte f, continuación f.
sequence ['si:kwəns]
1 n (order) secuencia, orden m: the sequence of events la secuencia de los hechos.
2 n (series) secuencia, serie f, sucesión f; (in maths) secuencia; (of cards) escalera.
3 n (of images) secuencia.
▪ sequence of tenses concordancia de los tiempos verbales.
sequential [sɪ'kwenʃəl] adj secuencial.
sequester [sɪ'kwestə^r]
1 vt fml (seclude) aislar.
2 vt JUR (sequestrate) embargar, secuestrar.
sequestrate ['sekwɪstreɪt] vt embargar, secuestrar.
sequestration [si:kwe'streɪʃən] n JUR embargo, secuestro.
sequin ['si:kwɪn] n lentejuela.
sequoia [sɪ'kwɔɪə] n secoya, secuoya.
Serb [sɜ:b]
1 n (person) serbio,-a.
2 adj serbio,-a.
Serbia ['sɜ:bɪə] n Serbia.
Serbian ['sɜ:bɪən]
1 n (person) serbio,-a.
2 n (dialect) serbio.
3 adj serbio,-a.
Serbo-Croat [sɜ:bəʊ'krəʊæt] n (language) serbocroata m.
Serbo-Croatian [sɜ:bəʊkrəʊ'eɪʃən] n → Serbo-Croat.
serenade [serə'neɪd]
1 n serenata.
2 vt dar una serenata a.
serene [sə'ri:n] adj sereno,-a, tranquilo,-a.
serenely [sə'ri:nlɪ] adv serenamente, con serenidad.
serenity [sə'renətɪ] n serenidad f.
serf [sɜ:f] n siervo,-a.
serge [sɜ:dʒ] n sarga.
sergeant ['sɑ:dʒənt]
1 n MIL sargento mf.
2 n (of police) cabo mf.
▪ sergeant major sargento mayor, brigada m.
serial ['sɪərɪəl]
1 adj consecutivo,-a, en serie: in serial order en orden consecutivo.
2 adj (in parts) seriado,-a, en capítulos.
3 n (gen) serie f, serial m; (soap opera) radionovela, telenovela.
4 n (book) novela por entregas.
▪ serial killer asesino,-a en serie.
serial number número de serie.
serial processing procesamiento en serie.
serialisation [sɪərɪəlaɪ'zeɪʃən] n → serialization.
serialise ['sɪərɪəlaɪz] vt → serialize.

serialization [sɪərɪəlaɪ'zeɪʃən] n adaptación f (para la radio o televisión, en capítulos).
serialize ['sɪərɪəlaɪz] vt seriar, adaptar (para la radio o televisión, en capítulos).
series ['sɪəri:z]
1 n (gen) serie f, sucesión f.
2 n (of films, lectures, concerts, etc) ciclo; (of books) colección f.
3 n (of programmes) serie f, serial m.
4 n SP serie f.
✦ in series TECH en serie.
▲ pl series.
serigraph ['serɪɡræf] n serigrafía.
serigraphy [sə'rɪɡrəfɪ] n serigrafía.
serious ['sɪərɪəs]
1 adj (solemn, earnest) serio,-a: you look very serious estás muy serio; you can't be serious! ¡no lo dices en serio!, ¡no hablas en serio!; are you serious about leaving your job? ¿en serio quieres dejar el trabajo?; I'll give it some serious consideration lo consideraré seriamente; we must get down to some serious work tenemos que ponernos a trabajar en serio.
2 adj (causing concern, severe) grave, serio,-a: she has a serious illness padece una enfermedad grave; no serious damage was caused no hubo daños importantes; serious crime is on the increase los delitos de mayor gravedad van en aumento; things are getting serious las cosas se están poniendo serias.
seriously ['sɪərɪəslɪ]
1 adv (in earnest) en serio: don't take things so seriously no te tomes las cosas tan en serio; are you seriously saying that we have to leave? ¿lo dices en serio que nos tenemos que marchar?
2 adv (severely) seriamente, gravemente: seriously wounded herido,-a de gravedad; smoking can seriously damage your health fumar perjudica seriamente la salud.
✦ seriously though bromas aparte, (hablando) en serio.
to take oneself seriously darse importancia.
seriousness ['sɪərɪəsnəs]
1 n (severity) seriedad f, gravedad f.
2 n (earnestness, solemnity) seriedad f.
✦ in all seriousness hablando (muy) en serio, bromas aparte.
sermon ['sɜ:mən] n sermón m.
sermonise ['sɜ:mənaɪz] vi → sermonize.
sermonize ['sɜ:mənaɪz] vi sermonear.
seropositive [sɪərəʊ'pɒzɪtɪv] adj seropositivo,-a.
serous ['sɪərəs] adj seroso,-a.
serpent ['sɜ:pənt] n lit serpiente f.
serrated [sə'reɪtɪd] adj dentado,-a, serrado,-a.

serum ['sɪərəm] n MED suero.
▲ pl serums o sera.
servant ['sɜ:vənt]
1 n (domestic) criado,-a, sirviente mf.
2 n fig servidor,-ra.
serve [sɜ:v]
1 vt (work for) servir (as, de): she served the company loyally for fifty years sirvió fielmente a la empresa durante cincuenta años; he has served his country ha servido a la patria.
2 vt (customer) servir, atender; (food, drink) servir: are you being served? ¿le atienden?; dinner is served at 8.00 pm se sirve la cena a les 8.00; we can't serve alcohol after 11.00 pm no podemos servir alcohol después de las 11.00; this dish serves two este plato es para dos.
3 vt (be useful to) servir, ser útil: this penknife will serve my purpose esta navaja me servirá; it serves many different purposes sirve para varias cosas.
4 vt (provide with service) prestar servicio a: the new hospital will serve the whole region el nuevo hospital prestará servicio a toda la región; Barcelona is served by a good public transport system Barcelona dispone de un buen sistema de transporte público.
5 vt (complete period of time - apprenticeship) hacer; (- sentence) cumplir: he served a three-year apprenticeship hizo un aprendizaje de tres años; she served six months for stealing cumplió una condena de seis meses por robo.
6 vt JUR (summons, writ, court order, etc) entregar, hacer entrega de: he was served with a summons fue citado para comparecer ante el juez, recibió una citación judicial.
7 vt (tennis) sacar, servir.
8 vi (work for) servir: my father served in the army mi padre sirvió en el ejército; she served on a parliamentary committee fue miembro de la comisión parlamentaria.
9 vi (in shop) atender; (food, drink) servir: who wants to serve? ¿quién quiere servir?; she's learning to serve at table aprende a servir la mesa.
10 vi (be useful to) servir (as, de): this small room can serve as my study esta habitación pequeña puede servirme de estudio; let this serve as a reminder to us all que esto nos sirva de recuerdo a todos; his remark only served to make things worse su comentario solo sirvió para empeorar las cosas; this will serve as an example esto servirá de ejemplo.
11 vi (tennis) servir, sacar.
12 n (tennis) saque m.
▶ to serve out
1 vt sep (food) servir.

2 *vt sep (complete period of time)* cumplir, hacer.
to serve up
1 *vt sep (excuse etc)* ofrecer.
2 *vt sep (meal, food)* servir.
✦ **if my memory serves me right/well** si no me falla la memoria, si mal no recuerdo.
to serve at mass ayudar en misa.
to serve somebody right tenerlo bien merecido alguien: **it serves you right** lo tienes bien merecido.
to serve time cumplir una condena.

server ['sɜːvəʳ]
1 *n (cutlery)* cubierto de servir.
2 *n (tray)* bandeja, salvilla.
3 *n REL (at mass)* monaguillo.
4 *n SP* jugador,-ra que tiene el saque.
5 *n (computer)* servidor *m*.

service ['sɜːvɪs]
1 *n (attention to customer)* servicio: **the service here is terribly slow** el servicio aquí es muy lento; **is service included?** ¿el servicio está incluido?
2 *n (organization, system, business)* servicio: **there's a good bus service** hay un buen servicio de autobuses; **there's a 24-hour service** hay un servicio permanente, hay un servicio las 24 horas.
3 *n (work, duty)* servicio: **a life of public service** una vida de servicio al pueblo; **he has twenty years' service in the army** lleva veinte años de servicio en el ejército; **he died on active service** murió en acto de servicio; **she went into (domestic) service** se puso a trabajar de criada.
4 *n (use)* servicio: **you'll get excellent service from this model** este modelo te dará un servicio excelente; **this machine is not in service** esta máquina no funciona.
5 *n (maintenance of car, machine)* revisión *f*.
6 *n REL* oficio, oficio religioso: **wedding service** ceremonia de boda.
7 *n (of dishes)* vajilla; *(for tea, coffee)* juego.
8 *n (tennis)* saque *m*, servicio.
9 *n JUR* entrega, citación *f*, notificación *f*.
10 *adj (for use of workers)* de servicio: **service entrance** entrada de servicio.
11 *adj (military)* de militar: **service family** familia de militar.
12 *vt (car, machine)* revisar, hacer una revisión de: **I must get the car serviced** tengo que llevar el coche a revisión.
13 *vt (organization, group)* atender, servir.
14 *vt (debt, loan)* pagar los intereses de.
15 services *npl (work, act, help)* servicios *mpl*: **the services of a lawyer** los servicios de un abogado; **he was commended for his services to industry** lo alabaron por sus servicios a la industria.
16 the services *npl MIL* las fuerzas *fpl* armadas: **which of the services were you in?** ¿en qué cuerpo estuviste?
✦ **at your service** a su disposición, para servirle.

how can I be of (any) service (to you)? ¿en qué puedo servirle?
it's all part of the service está incluido en el servicio.
to do somebody a service hacer un favor a alguien.
■ **service area** área de servicio.
service charge *(on bill)* servicio; *(in banking)* comisión *f*, *(for flat)* gastos *mpl* de comunidad.
service flat apartamento con servicios incluidos.
service industry/sector sector *m* de servicios.
service road vía de acceso.
service station estación *f* de servicio.

serviceable ['sɜːvɪsəbəl]
1 *adj (in usable condition)* útil, utilizable, servible.
2 *adj (durable, hard-wearing)* práctico,-a, duradero,-a.

serviceman ['sɜːvɪsmən] *n* militar *m*.
▲ *pl* **servicemen** ['sɜːvɪsmən].

servicewoman ['sɜːvɪswʊmən] *n* militar *f*.
▲ *pl* **servicewomen** ['sɜːvɪswɪmɪn].

serviette [sɜːvɪ'et] *n GB* servilleta.

servile ['sɜːvaɪl] *adj* servil.

servility [sɜː'vɪlɪtɪ] *n* servilismo.

serving ['sɜːvɪŋ] *n* porción *f*, ración *f*.
■ **serving dish** fuente *f*.
serving spoon cuchara de servir.

servitude ['sɜːvɪtjuːd] *n* servidumbre *f*.

servo ['sɜːvəʊ] *n fam* servomecanismo.
■ **servo brakes** servofrenos *mpl*.
▲ *pl* **servos**.

servoassisted ['sɜːvəʊəsɪstɪd] *adj* servoasistido,-a.
■ **servoassisted brakes** servofrenos *mpl*.

servomechanism ['sɜːvəʊmekənɪzəm] *n* servomecanismo.

servomotor ['sɜːvəʊməʊtəʳ] *n* servomotor *m*.

sesame ['sesəmɪ] *n BOT* sésamo, ajonjolí *m*.
■ **sesame oil** aceite *m* de sésamo.
sesame seeds semillas *fpl* de sésamo.

session ['seʃən]
1 *n (formal meeting)* sesión *f*, junta, reunión *f*, *(sitting)* sesión *f*.
2 *n (period of time, activity)* sesión *f*: **a training session** una sesión de entrenamiento.
3 *n EDUC (year)* año académico, curso académico; *(term)* trimestre *m*.
✦ **to be in session** *(court)* estar en juicio, estar en sesión; *(parliament)* estar en período de sesiones.

set¹ [set]
1 *n (of golf clubs, brushes, tools, etc)* juego; *(books, poems)* colección *f*, *(of turbines)* equipo, grupo; *(of stamps)* serie *f*: **chess set** juego de ajedrez; **set of cutlery** cubertería; **set of dishes** vajilla; **set of saucepans** batería de cocina; **set of teeth** dentadura; **tea set** juego de té; **a boxed set** un juego en estuche.

2 *n ELEC (apparatus)* aparato: **they bought a TV set** compraron un televisor; **a wireless set** una radio.
3 *n MATH* conjunto.
4 *n SP (tennis)* set *m*.
5 *n MUS (performance)* actuación *f*: **the set included several new songs** la actuación incluía varias canciones nuevas; **the band played a short set** la banda tocó pocos temas.
6 *n (of people)* grupo; *(clique)* pandilla, camarilla.
7 *n (of pupils)* grupo.
✦ **to make a dead set at** *(attack)* emprenderla con; *(seduce)* proponerse ligar con.

set² [set]
1 *n (in hairdressing)* marcado: **shampoo and set, please** lavar y marcar, por favor.
2 *n (scenery)* decorado; *(place of filming)* plató *m*: **all actors must be on the set at 9.00 am** todos los actores deben estar en el plató a las 9.00.
3 *n (position, posture)* postura, posición *f*.
4 *adj (placed)* situado,-a: **a village set on a hill** un pueblo situado sobre una colina; **the cottage is set in beautiful countryside** la casita está enclavada en un paisaje precioso.
5 *adj (fixed, arranged)* fijo,-a, determinado,-a, establecido,-a: **we've got set hours of work** tenemos un horario fijo de trabajo; **meals are served at set times** se sirven las comidas a horas determinadas; **my day never follows a set pattern** no tengo ninguna rutina establecida durante el día.
6 *adj (rigid, stiff)* rígido,-a, forzado,-a; *(opinion)* inflexible; *(idea)* fijo,-a.
7 *adj EDUC (book)* prescrito,-a.
8 *adj (ready, prepared)* listo,-a (**for/to**, para), preparado,-a (**for/to**, para); *(likely)* probable: **is everyone set to go?** ¿todos estáis listos para salir?; **the Socialists seem set to win again** parece que los socialistas volverán a ganar.
9 *vt (put, place)* poner, colocar: **she set the divorce papers (down) before him** le puso los papeles de divorcio delante.
10 *vt (prepare - trap)* tender, preparar; *(- table)* poner; *(- camera, video)* preparar; *(- clock, watch, oven, etc)* poner: **set the table for dinner** pon la mesa para la cena; **I've set the alarm clock for 6.00 am** he puesto el despertador a las 6.00.
11 *vt (date, time)* fijar, señalar, acordar; *(example)* dar; *(rule, record, limit)* establecer; *(precedent)* sentar; *(fashion)* imponer, dictar: **have you set a date for the wedding?** ¿has fijado una fecha para la boda?; **you should set a good example** deberías dar buen ejemplo.
12 *vt (price)* fijar, *(value)* poner: **he sets a minimum price on his services** fija un precio mínimo para sus servicios; **high values are set on safety** se valora mucho la seguridad.

13 *vt (jewel, stone)* montar, engastar.

14 *vt (text for printing)* componer.

15 *vt MED (broken bone)* componer; *(joint)* encajar.

16 *vt (exam, test, problem)* poner; *(homework)* mandar, poner; *(task)* asignar; *(text)* prescribir; *(target, aim)* fijar, proponer: **the teacher set them some difficult questions in the exam** el profesor les puso unas preguntas difíciles en el examen.

17 *vt (story, action)* ambientar: **the novel is set in Madrid** la novela está ambientada en Madrid; **the action is set in 1930s Spain** la acción se desarrolla en la España de los años treinta.

18 *vt (provoke, start off)* poner, hacer: **you've set me thinking** me has hecho pensar; **this will certainly set tongues wagging** esto sí que dará que hablar.

19 *vt (provide music for)* arreglar, poner música a.

20 *vt (hair)* marcar.

21 *vt (make firm - jelly)* cuajar; *(- cement)* hacer fraguar; *(- teeth)* apretar.

22 *vi (sun, moon)* ponerse.

23 *vi (liquid, jelly)* cuajar, cuajarse; *(cement)* fraguarse, endurecerse; *(glue)* endurecerse; *(bone)* soldarse.

▸ **to set about** *vt insep*
1 *vi (begin)* empezar a, ponerse a.
2 *vi (attack)* atacar, agredir.

to set against *vt sep*
1 *vi (cause to oppose)* enemistar con, poner en contra de.
2 *vi (balance, compare)* contraponer, sopesar, comparar con; *(subtract from)* desgravar: **the drop in unemployment must be set against the rise in inflation** el descenso del paro debe contrastarse con el alza de la inflación.

to set apart *vt sep (distinguish)* distinguir **(from**, de), hacer diferente **(from**, de).

to set aside
1 *vt sep (save - money)* guardar, ahorrar; *(- time)* dejar; *(reserve)* reservar.
2 *vt sep (disregard)* dejar de lado.
3 *vt sep JUR (quash, overturn)* anular.

to set back
1 *vt sep (at a distance)* apartar, retirar.
2 *vt sep (delay)* retrasar, atrasar.
3 *vt sep fam (cost)* costar.

to set down
1 *vt sep (write)* poner por escrito, escribir.
2 *vt sep GB (passenger)* dejar.
3 *vt sep (establish)* establecer, fijar.

to set forth *vi* emprender marcha, partir.

to set in *vi (bad weather)* empezar, comenzar; *(problems etc)* surgir; *(infection, disease)* declararse.

to set off
1 *vi (begin journey)* salir, ponerse en camino.
2 *vt sep (bomb)* hacer estallar, hacer explotar; *(alarm)* hacer sonar; *(firework)* lanzar, tirar.

3 *vt sep (cause, start)* hacer empezar, provocar, desencadenar.
4 *vt sep (enhance)* hacer resaltar, realzar.

to set on
1 *vt sep (cause to attack)* echar: **I'll set the dog on you** te echaré el perro.
2 *vt insep (attack)* atacar, agredir.

to set out
1 *vi (begin journey)* partir, salir **(for**, para).
2 *vi (intend)* proponerse **(to**, -), tener la intención de, querer: **he set out to do something different** se propuso hacer algo diferente.
3 *vt sep (arrange)* disponer, exponer.
4 *vt sep (explain)* exponer.

to set to *vi* ponerse a, empezar a.

to set up
1 *vt sep (statue)* levantar, erigir; *(roadblock)* colocar; *(tent, stall)* montar; *(machine, equipment)* montar, armar.
2 *vt sep fam (drinks)* poner, servir.
3 *vt sep (business)* montar, poner; *(school, trust fund)* fundar; *(inquiry)* abrir; *(committee)* crear.
4 *vt sep (provide with)* proveer de: **we're set up with everything we need** estamos provistos de todo lo que necesitamos; **you're set up for life!** ¡tienes el porvenir asegurado!
5 *vt sep fam (make healthier)* ayudar a reponerse.
6 *vt sep GB fam (frame)* tender una trampa a: **we've been set up!** ¡nos han tendido una trampa!
7 *vt sep (establish person)* establecerse **(as**, como): **she set herself up as a freelance journalist** se estableció como periodista independiente; **he set his brother up in business** ayudó a su hermano a establecerse.
8 *vt sep (claim to be)* pretender ser.
9 *vi* establecerse **(as**, como): **he set up as a painter** se estableció como pintor; **they've decided to set up in business** han decidido montar un negocio.

♦ **to be all set** estar listo,-a, estar preparado,-a.

to be dead set against something oponerse rotundamente a algo.

to be set in one's ways tener unas costumbres muy arraigadas, ser reacio,-a al cambio.

to be set on doing something estar empeñado,-a en hacer algo, estar resuelto,-a a hacer algo.

to set fire to something prender fuego a algo.

to set free poner en libertad, liberar.

to set one's heart on something querer algo más que nada.

to set somebody's mind at rest tranquilizar a alguien.

to set the ball rolling/to set things in motion poner las cosas en marcha.

to set the pace marcar el paso.

to set the tone marcar las pautas.

■ **set lunch** menú *m* del día.
set phrase frase *f* hecha.
set square cartabón *m*, escuadra.
▲ *pt & pp* **set**.

setback ['setbæk] *n* revés *m*, contratiempo.

sett [set]
1 *n (of badger)* madriguera de tejón, tejonera.
2 *n (paving stone)* adoquín *m*.

settee [se'tiː] *n* sofá *m*.

setter ['setə'] *n (dog)* setter *m*.

setting ['setɪŋ]
1 *n (of sun)* puesta.
2 *n (of jewel)* engaste *m*, montura.
3 *n (background)* marco, entorno; *(of film, novel)* escenario.
4 *n (of machine, device, etc)* ajuste *m*, posición *f*.
5 *n (place at table)* cubierto.
6 *n MUS* arreglo, versión *f*.
■ **setting lotion** *(for hair)* fijador *m*.

setting-up [setɪŋ'ʌp] *n* creación *f*, fundación *f*.

settle[1] ['setəl]
1 *vt (establish)* instalar, colocar; *(make comfortable)* poner cómodo,-a, acomodar: **he settled himself on the sofa** se puso cómodo en el sofá.
2 *vt (decide on, fix)* acordar, decidir, fijar: **we haven't settled where we're going yet** todavía no hemos decidido adónde vamos; **I've got to settle my affairs** tengo que poner mis asuntos en orden; **that's settled then** queda decidido entonces; **that settles it!** ¡ya está!, ¡se acabó!
3 *vt (sort out - problem, dispute)* resolver, solucionar; *(- differences)* resolver, arreglar; *(- score)* arreglar, ajustar: **we need to settle an argument** tenemos que resolver una discusión.
4 *vt (calm - nerves)* calmar; *(- stomach)* asentar; *(- weather)* arreglar, asentar.
5 *vt (pay - debt)* pagar; *(- account)* saldar, liquidar.
6 *vt (colonize)* colonizar, poblar.
7 *vt (cause to sink - sediment)* depositar; *(- dust)* asentar.
8 *vi (make one's home in)* establecerse, afincarse, instalarse.
9 *vi (make oneself comfortable)* ponerse cómodo,-a **(into**, en), acomodarse **(into**, en): **she settled back in the armchair** se puso cómoda en el sillón.
10 *vi (bird, fly, etc)* posarse; *(dust)* asentarse; *(snow)* cuajar; *(cloud, fog)* caer.
11 *vi (sediment, dregs)* precipitarse, depositarse; *(liquid)* asentarse, clarificarse; *(earth, ground)* asentarse.
12 *vi (calm down - person)* calmarse, tranquilizarse; *(- weather)* serenarse.
13 *vi (pay)* pagar, saldar la cuenta, saldar la deuda.
14 *vi JUR* resolver: **they settled out of court** llegaron a un acuerdo amistoso.
15 *vi fig (silence, stillness, etc)* caer.

▸ **to settle down**
  1 *vi (establish a home)* instalarse, afincarse, establecerse; *(lead settled way of life - gen)* empezar a llevar una vida asentada; *(- wild person)* sentar (la) cabeza.
  2 *vi (calm down)* calmarse, tranquilizarse; *(get back to normal)* normalizarse, volver a la normalidad.
  3 *vi (get comfortable)* ponerse cómodo,-a, acomodarse, instalarse.
to settle down to
  1 *vt insep (get used to)* adaptarse a, acostumbrarse a.
  2 *vi (begin seriously, give attention to)* ponerse a.
to settle for *vt insep (accept)* conformarse con, aceptar.
to settle in
  1 *vi (get used to)* acostumbrarse, adaptarse.
  2 *vi (move in)* instalarse.
to settle on
  1 *vt insep (decide on)* decidirse por; *(choose)* escoger; *(agree on)* ponerse de acuerdo sobre.
  2 *vt sep JUR (transfer)* ceder a, transferir a.
to settle up
  1 *vi (pay and receive what is owed)* arreglar (las) cuentas.
  2 *vi (pay bill)* pagar, saldar la cuenta (**with**, con).

settle² ['setəl] *n (wooden bench)* banco.

settled ['setəld] *adj (habits, life)* ordenado,-a; *(weather)* estable.

settlement ['setəlmənt]
  1 *n (village)* poblado, pueblo, asentamiento; *(colony)* colonia.
  2 *n (colonization)* colonización *f*, población *f*.
  3 *n (agreement)* acuerdo, convenio; *(solution)* solución *f*, resolución *f*: the unions have reached a settlement with the management los sindicatos han llegado a un acuerdo con la patronal; a pay settlement un acuerdo salarial.
  4 *n (of bill, debt)* pago; *(of account)* liquidación *f*.
  5 *n (formal gift, money, property)* donación *f* (**on**, a).

settler ['setələʳ] *n* poblador,-ra, colono *mf*, colonizador,-ra.

set-to [set'tu:] *n* riña, pelea.
  ▲ *pl* set-tos.

setup ['setʌp]
  1 *n (arrangement, organization)* sistema *m*, situación *f*: it's a nice little setup you've got here! ¡lo tenéis todo muy bien montado aquí!
  2 *n fam (trick)* montaje *m*.

seven ['sevən]
  1 *adj* siete.
  2 *n* siete *m*.
  ▲ *Véase también* six.

seventeen [sevən'ti:n]
  1 *adj* diecisiete.
  2 *n* diecisiete *m*.
  ▲ *Véase también* six.

seventeenth [sevən'ti:nθ]
  1 *adj* decimoséptimo,-a.
  2 *adv* en decimoséptimo lugar.
  3 *n (in series)* decimoséptimo,-a.
  4 *n (fraction)* decimoséptimo; *(one part)* decimoséptima parte *f*.
  ▲ *Véase también* sixth.

seventh ['sevənθ]
  1 *adj* séptimo,-a.
  2 *adv* en séptimo lugar.
  3 *n (in series)* séptimo,-a.
  4 *n (fraction)* séptimo; *(one part)* séptima parte *f*.
  ✦ **to be in seventh heaven** estar en la gloria.
  ▲ *Véase también* sixth.

seventies ['sevəntiz] **the seventies** *npl* los años *mpl* setenta.
  ✦ **to be in one's seventies** tener entre setenta y ochenta años, tener setenta y tantos años.
  ▲ *Véase también* sixties.

seventieth ['sevəntiəθ]
  1 *adj* septuagésimo,-a.
  2 *adv* en septuagésimo lugar.
  3 *n (in series)* septu<agésimo,-a.
  4 *n (fraction)* septuagésimo; *(one part)* septuagésima parte *f*.
  ▲ *Véase también* sixtieth.

seventy ['sevənti]
  1 *adj* setenta.
  2 *n* setenta *m*.
  ▲ *Véase también* sixty.

sever ['sevəʳ]
  1 *vt (cut)* cortar.
  2 *vt (relations, ties)* romper; *(communications)* cortar.
  3 *vi (break)* romperse.

several ['sevərəl]
  1 *adj (some)* varios,-as: we've had several complaints hemos recibido varias quejas; we've been there several times hemos ido varias veces.
  2 *adj fml (different, separate)* distintos,-as, diversos,-as.
  3 *pron (some)* varios,-as: several of us have phoned varios de nosotros hemos llamado.

severance ['sevərəns] *n* ruptura.
  ▪ **severance pay** indemnización *f* por cese.

severe [sɪ'vɪəʳ]
  1 *adj (person, punishment, treatment)* severo,-a.
  2 *adj (pain)* agudo,-a; *(injury, illness, damage)* grave, serio,-a.
  3 *adj (climate, winter)* duro,-a, severo,-a; *(shortage)* grave; *(setback, blow)* severo,-a, duro,-a; *(criticism)* severo,-a.
  4 *adj (competition, test)* duro,-a, difícil.
  5 *adj (architecture)* austero,-a.

severely [sɪ'vɪəlɪ]
  1 *adv (strictly)* severamente, con severidad.
  2 *adv (seriously)* gravemente: severely injured gravemente herido, herido de gravedad; severely disabled gravemente incapacitado.

  3 *adv (harshly)* duramente.
  4 *adv (austerely)* austeramente.

severeness [sɪ'vɪənəs] *n* → severity.

severity [sɪ'verətɪ]
  1 *n (of person, punishment, criticism)* severidad *f*.
  2 *n (of pain)* agudeza, intensidad *f*; *(of illness, wound)* gravedad *f*; *(of climate)* rigor *m*.
  3 *n (of style)* austeridad *f*.

Seville [sə'vɪl] *n* Sevilla.

sew [səu]
  1 *vt* coser (**onto**, a).
  2 *vi* coser.
  ▸ **to sew up**
    1 *vt sep (hole, tear, etc)* coser; *(mend)* remendar.
    2 *vt sep (wound)* coser, suturar.
    3 *vt sep fam (arrange, settle)* arreglar, acordar: you've got everything sewn up! ¡lo tienes todo arreglado!
  ▲ *pt* sewed, *pp* sewed o sewn [səun].

sewage ['sju:ɪdʒ] *n* aguas *fpl* residuales, aguas *fpl* negras.
  ▪ **sewage disposal** tratamiento de aguas residuales.
  sewage farm planta depuradora.
  sewage system alcantarillado.
  sewage works depuradora, planta depuradora, depuradora de aguas residuales.

sewer [sjuəʳ]
  1 *n* alcantarilla, cloaca.
  2 **sewers** *npl* alcantarillado.

sewerage ['sju:ərɪdʒ] *n (system)* alcantarillado.

sewing ['səuɪŋ] *n* costura.
  ▪ **sewing machine** máquina de coser.

sewn [səun] *pp* → sew.

sex [seks]
  1 *n* sexo: the opposite sex el sexo opuesto.
  2 *vt TECH* sexar.
  ✦ **to have sex with somebody** tener relaciones sexuales con alguien.
  ▪ **sex act** acto sexual.
  sex appeal sex-appeal *m*, atractivo sexual.
  sex education educación *f* sexual.
  sex life vida sexual.
  sex maniac maníaco sexual, obseso.
  sex object objeto sexual.
  sex offender delincuente *m* sexual.
  sex organ órgano sexual.
  sex shop sex-shop *m*.
  sex symbol símbolo sexual, sex-symbol *mf*.

sexagenarian [seksədʒə'neərɪən] *n* sexagenario,-a.

sexism ['seksɪzəm] *n* sexismo.

sexist ['seksɪst]
  1 *adj* sexista.
  2 *n* sexista *mf*.

sexless ['seksləs] *adj* asexual, asexuado,-a.

sexologist [sek'sɒlədʒɪst] *n* sexólogo,-a.
sexology [sek'sɒlədʒɪ] *n* sexología.
sextant ['sekstənt] *n* sextante *m*.
sextet [seks'tet] *n MUS* sexteto.
sexton ['sekstən] *n REL* sacristán *m*.
sextuplet [sek'stjuːplət] *n* sextillizo,-a.
sexual ['seksjuəl] *adj* sexual.
  ■ **sexual abuse** abusos deshonestos.
    sexual discrimination discriminación *f* sexual.
    sexual harassment acoso sexual.
    sexual intercourse relaciones *fpl* sexuales.
sexuality [seksju'æləti] *n* sexualidad *f*.
sexually ['sekʃuəli] *adv* sexualmente.
  ■ **sexually transmitted disease** enfermedad *f* de transmisión sexual.
sexy ['seksi] *adj (sexually attractive)* sexy; *(erotic)* erótico,-a.
  ▲ *comp* **sexier**, *superl* **sexiest**.
Seychelles [seɪ'ʃelz] **the Seychelles** *n* las Seychelles *fpl*.
shabbiness ['ʃæbɪnəs] *n (poor condition)* aspecto lastimoso, mal aspecto; *(of people)* pobreza, aspecto lastimoso; *(of clothes)* pobreza, vejez *f*.
shabby ['ʃæbɪ]
  1 *adj (clothes)* gastado,-a, raído,-a, desharrapado,-a; *(furniture)* de aspecto lastimoso; *(place)* desvencijado,-a, destartalado,-a.
  2 *adj (person - in old clothes)* mal vestido,-a, pobremente vestido,-a; *(unkept)* desaseado,-a.
  3 *adj (treatment)* mezquino,-a.
  ▲ *comp* **shabbier**, *superl* **shabbiest**.
shack [ʃæk] *n* choza.
  ▶ **to shack up with** *vi* irse a vivir con, juntarse con.
shackle ['ʃækəl]
  1 *vt* poner grilletes a.
  2 *vt fig* poner trabas a, coartar, constreñir.
  3 **shackles** *npl* grilletes *mpl*, grillos *mpl*.
  4 *npl fig* ataduras *fpl*, trabas *fpl*.
  ✦ **to throw off one's shackles** librarse de las ataduras, librarse de las trabas.
shad [ʃæd] *n* alosa.
shade [ʃeɪd]
  1 *n (shadow)* sombra: **a temperature of 30 degrees in the shade** una temperatura de 30 grados a la sombra.
  2 *n (for lamp)* pantalla; *(for eye)* visera; *(blind)* persiana.
  3 *n (of colour)* tono, matiz *m*.
  4 *n (small bit)* poquito.
  5 *n fig (of meaning)* matiz *m*.
  6 *vt (shelter from light)* proteger de la luz, resguardar de la luz.
  7 *vt (screen)* tapar.
  8 *vt ART (darken)* sombrear (**in**, -).
  9 *vi (change gradually)* convertirse (**into**, en).
  10 shades *npl fam* gafas *fpl* de sol.
  ✦ **to put somebody/something in the shade** hacer sombra a alguien/algo, eclipsar a alguien/algo.

shading ['ʃeɪdɪŋ] *n* sombreado.
shadoof [ʃæ'duːf] *n* cigoñal *m*.
shadow ['ʃædəʊ]
  1 *n (dark shape)* sombra.
  2 *n (trace)* sombra, vestigio.
  3 *n (follower)* sombra.
  4 *n (under eyes)* ojera.
  5 *adj GB* de la oposición, en la sombra.
  6 *vt (follow)* seguir la pista a.
  7 *vt (cast shadow on)* hacer sombra.
  8 shadows *npl (darkness)* oscuridad *f sing*: **there was someone standing in the shadows** había alguien en la oscuridad.
  ✦ **to be afraid of one's own shadow** tener miedo hasta de su propia sombra.
    to be a shadow of one's former self no ser ni sombra de lo que había sido.
    to cast a shadow hacer sombra.
    to cast a (long) shadow *fig* ensombrecer (**over**, -).
    to live in somebody's shadow vivir eclipsado,-a por alguien.
    without a shadow of doubt sin lugar a dudas, sin sombra de duda.
  ■ **Shadow Cabinet** gabinete *m* de la oposición.
    shadow mask máscara perforada con ranuras.
    shadow play sombras *fpl* chinescas.
shadow-box ['ʃædəʊbɒks] *vi* boxear con un adversario imaginario.
shadowy ['ʃædəʊɪ]
  1 *adj (dark)* oscuro,-a; *(dim)* vago,-a, impreciso,-a, borroso,-a.
  2 *adj (mysterious)* misterioso,-a.
shaduf [ʃæ'duːf] *n* cigoñal *m*.
shady ['ʃeɪdɪ]
  1 *adj (place)* a la sombra; *(tree)* que da sombra.
  2 *adj fam (person)* sospechoso,-a; *(deal, past)* turbio,-a.
  ▲ *comp* **shadier**, *superl* **shadiest**.
shaft [ʃɑːft]
  1 *n (of axe, tool, golf club)* mango; *(of arrow)* astil *m*; *(of lance, spear)* asta; *(of cart)* vara.
  2 *n ARCH* fuste *m*.
  3 *n TECH* eje *m*.
  4 *n (of mine)* pozo; *(of lift)* hueco.
  5 *n (of light)* rayo.
  6 *n fig (sharp remark)* salida: **shaft of wit** agudeza.
shag¹ [ʃæg] *n (tobacco)* tabaco picado.
shag² [ʃæg] *n (bird)* cormorán *m* moñudo.
shag³ [ʃæg]
  1 *n GB taboo (sex)* polvo.
  2 *vt GB taboo (screw)* follar, tirarse a.
  3 *vt GB sl (exhaust)* agotar (**out**, -), reventar (**out**, -).
  ✦ **to be shagged (out)** estar hecho,-a polvo.
    to have a shag echar un polvo.
  ▲ *pt & pp* **shagged**, *ger* **shagging**.

shaggy ['ʃægɪ]
  1 *adj (hair, beard)* desgreñado,-a, greñudo,-a, enmarañado,-a; *(eyebrows)* poblado,-a.
  2 *adj (coat, mat)* peludo,-a; *(dog)* lanudo,-a, peludo,-a.
  ■ **shaggy dog story** chiste *m* largo y malo.
  ▲ *comp* **shaggier**, *superl* **shaggiest**.
shah [ʃɑː] *n* sha *m*.
shake [ʃeɪk]
  1 *n* sacudida: **he said "no" with a shake of the head** dijo que no con la cabeza; **give the cough mixture a good shake** agita bien el jarabe.
  2 *n US fam (milkshake)* batido.
  3 *vt (move - carpet, person)* sacudir; *(- bottle, dice)* agitar; *(- building)* hacer temblar: **he shook her roughly** la sacudió bruscamente; **shake well before use** agítese bien antes de usar.
  4 *vt (upset, shock)* afectar, impresionar, conmocionar: **the news shook her badly** la noticia le afectó mucho.
  5 *vt (weaken)* debilitar, minar: **nothing could shake her faith** nada podía debilitar su fe.
  6 *vi (gen)* temblar: **the whole room seemed to shake** parecía que temblaba toda la habitación; **she was shaking with fear** temblaba de miedo; **my voice was shaking** me temblaba la voz.
  7 the shakes *npl (trembling)* temblequera; *(feverish)* tiritera: **he always gets the shakes the morning after** siempre le entra la temblequera a la mañana siguiente.
  ▶ **to shake out** *vt sep* sacudir.
    to shake up
    1 *vt sep (liquid)* agitar.
    2 *vt sep (shock, upset)* afectar, impresionar, conmocionar.
    3 *vt sep (rearrange)* reorganizar; *(rouse)* espabilar.
  ✦ **in two shakes (of a lamb's tail)** en un santiamén.
    let's shake! ¡chócala!, ¡choca esos cinco!
    to be no great shakes no ser nada del otro mundo, no ser nada del otro jueves.
    to shake a leg darse prisa, apresurarse.
    to shake hands darse la mano, estrecharse la mano.
    to shake hands with somebody/shake somebody's hand/shake somebody by the hand darle la mano a alguien, estrecharle la mano a alguien.
    to shake in one's shoes temblar de miedo.
    to shake like a leaf temblar como una hoja.
    to shake on a deal cerrar un trato con un apretón de manos.
    to shake one's fist (at somebody) amenazar (a alguien) con el puño.
    to shake one's head negar con la cabeza, decir que no con la cabeza.
    to shake with cold tiritar de frío.

to shake with laughter troncharse de risa.

▲ *pt shook* [ʃʊk], *pp shaken* [ˈʃeɪkən].

shaken [ˈʃeɪkən]

1 *pp* → **shake**.

2 *adj (liquid)* agitado,-a: I like my vermouth shaken not stirred me gusta el vermú agitado y no removido.

✦ **to be shaken up by something** estar muy afectado,-a por algo.

shaker [ˈʃeɪkəʳ] *n (for cocktails)* coctelera; *(for salt)* salero.

Shakespearean [ʃeɪkˈspɪrɪən] *adj* shakesperiano,-a.

Shakespearian [ʃeɪkˈspɪrɪən] *adj* shakesperiano,-a.

shake-up [ˈʃeɪkʌp] *n* COMM reorganización *f*.

shako [ʃəˈkəʊ] *n* chakó *m*.

shaky [ˈʃeɪkɪ]

1 *adj (hand, voice)* tembloroso,-a; *(writing)* temblón,-ona; *(step)* inseguro,-a; *(health)* débil, delicado,-a.

2 *adj (ladder, table, etc)* cojo,-a, inestable, poco firme.

3 *adj fig (argument etc)* sin fundamento; *(government, currency)* débil; *(theory, start)* you're treading on very shaky ground estás pisando terreno poco firme; his French is a bit shaky anda flojo en francés; the team got off to a shaky start this season el equipo empezó la temporada jugando con poca confianza.

▲ *comp shakier, superl shakiest*.

shale [ʃeɪl] *n* esquisto, pizarra.

shall [ʃæl, *unstressed* ʃəl]

1 *aux (future)* I shall go tomorrow iré mañana; we shall see them on Sunday los veremos el domingo; I shan't mention any names no daré nombres.

2 *aux (questions, offers, suggestions)* shall I close the window? ¿cierro la ventana?; shall I make some tea? ¿hago un poco de té?, ¿quieres que haga un poco de té?; what shall we do today? ¿qué hacemos hoy?; I'll carry it, shall I? lo llevaré yo, ¿quieres?; let's go to the beach, shall we? vamos a la playa, ¿te parece?

3 *aux fml (emphatic, command)* we shall overcome venceremos; you shall leave immediately te irás enseguida.

▲ *En 1 y 2 se emplea solo para la 1ª pers del sing y pl*.

shallot [ʃəˈlɒt] *n* chalota.

shallow [ˈʃæləʊ]

1 *adj (water, pond, etc)* poco profundo,-a; *(dish, bowl)* llano,-a, plano,-a: let's go down the shallow end vamos a la parte poco profunda; shallow grave tumba poco profunda; shallow breathing respiración superficial.

2 *adj fig* superficial: a very shallow argument un razonamiento muy superficial.

3 **shallows** *npl* bajío *m sing*.

shallowness [ˈʃæləʊnəs]

1 *n (of water)* poca profundidad *f*, falta de profundidad.

2 *n fig* superficialidad *f*.

sham [ʃæm]

1 *n (piece of deceit, pretence)* farsa, simulacro: their marriage was a sham su matrimonio fue una farsa; the deal was a complete sham el trato fue un completo simulacro.

2 *n (person)* farsante *mf*, impostor,-ra.

3 *adj (interest, sympathy, emotion)* falso,-a, simulado,-a; *(illness)* fingido,-a; *(jewellery, antiques)* falso,-a, de imitación.

4 *vt* fingir, simular: she used to sham illness solía fingir que estaba enferma.

5 *vi* fingir, fingirse.

▲ *pt & pp shammed, ger shamming*.

shaman [ˈʃeɪmən] *n* chamán *m*.

shamble [ˈʃæmbəl] *vi* andar arrastrando los pies.

shambles [ˈʃæmbəlz] *n fam (mess)* desastre *m*, caos *m*: the house is in a shambles! ¡la casa está hecha un desastre!, ¡la casa está patas arriba!; the rehearsal was a complete shambles! ¡el ensayo fue un caos total!

shambolic [ʃæmˈbɒlɪk] *adj fam* caótico,-a, desastroso,-a.

shame [ʃeɪm]

1 *n (disgrace, humiliation)* vergüenza; *(dishonour)* deshonra: he felt shame at having hit her le dio vergüenza haberle pegado; have you no shame? ¿es que no tienes vergüenza?

2 *n (pity)* pena, lástima: it seems a shame to waste it es una pena tirarlo; what a shame you couldn't go qué pena que no pudieras ir.

3 *vt* avergonzar, deshonrar.

✦ **shame on you!** ¡qué vergüenza!

to bring shame on somebody/something deshonrar a alguien/algo.

to put somebody to shame *(be superior to)* dejar a alguien en evidencia, hacer pasar vergüenza a alguien.

shamefaced [ʃeɪmˈfeɪst] *adj* avergonzado,-a.

shameful [ˈʃeɪmfʊl] *adj* vergonzoso,-a.

shamefully [ˈʃeɪmfʊlɪ] *adv* vergonzosamente.

shameless [ˈʃeɪmləs] *adj (person)* desvergonzado,-a, sinvergüenza; *(behaviour)* descarado,-a.

✦ **to be shameless about something** no darle ninguna vergüenza a uno hacer algo.

shamelessly [ˈʃeɪmləslɪ] *adv* desvergonzadamente.

shamelessness [ˈʃeɪmləsnəs] *n* desvergüenza, descaro.

shammy [ˈʃæmɪ] *n* gamuza.

▲ *pl shammies*.

shampoo [ʃæmˈpuː]

1 *n (product)* champú *m*.

2 *n (act)* lavado.

3 *vt (hair)* lavar, lavarse (con champú); *(carpet)* limpiar.

▲ *(sustantivo) pl shampoos; (verbo) pt & pp shampooed, ger shampooing*.

shamrock [ˈʃæmrɒk] *n* trébol *m*.

shandy [ˈʃændɪ] *n* GB clara, cerveza con limonada.

▲ *pl shandies*.

shanghai [ʃæŋˈhaɪ] *vt dated* secuestrar *(a un hombre y forzarlo a trabajar como marinero)*.

✦ **to shanghai somebody into doing something** *(trick)* engañar a alguien para que haga algo; *(force)* presionar a alguien para que haga algo.

shank [ʃæŋk]

1 *n (of anchor, key)* tija; *(of tool, drill, golf club)* mango; *(of screw)* vástago, tallo, varilla.

2 *n* CULIN *(of meat)* pierna.

3 **shanks** *npl* ANAT espinillas *fpl*, canillas *fpl*.

✦ **on Shank's pony** en el coche de San Fernando.

shan't [ʃɑːnt] *aux* → **shall**.

shanty¹ [ˈʃæntɪ] *n (song)* saloma.

shanty² [ˈʃæntɪ] *n (shack)* chabola.

▲ *pl shanties*.

shantytown [ˈʃæntɪtaʊn] *n* chabolas *fpl*, barrio de chabolas.

shape [ʃeɪp]

1 *n (form, appearance)* forma: what shape is it? ¿qué forma tiene?, ¿de qué forma es?; geometric shapes formas geométricas; in the shape of a heart en forma de corazón.

2 *n (outline, shadow)* figura, bulto.

3 *n (state - of thing)* estado; *(- of person)* forma, condiciones *fpl*: the team is in good shape el equipo está en buena forma; he goes jogging to keep in shape hace footing para mantenerse en forma; she's in no shape to go to work no está en condiciones de ir a trabajar.

4 *n (framework, character)* conformación *f*, configuración *f*.

5 *vt (gen)* dar forma a; *(clay)* modelar.

6 *vt (character)* formar; *(future, destiny)* decidir, determinar: early experiences shape a person's character las primeras experiencias forman el carácter de una persona.

▶ **to shape up**

1 *vi (project)* tomar forma; *(plan)* desarrollarse; *(person)* hacer progresos: the football team is shaping up well el equipo de fútbol hace progresos; things are shaping up nicely las cosas están tomando buen cariz.

2 *vi (behave better)* espabilarse, despabilarse.

✦ **in all shapes and sizes** de todas las formas: sofas come in all shapes and sizes hay sofás de muy diversos tipos.

in any shape or form del tipo que sea: we oppose violence in any shape or form nos oponemos a la violencia sea de la forma que sea.

in shape *(fit)* en forma.
in the shape of *(physically)* bajo la forma de; *(figuratively)* en forma de: **the devil appeared to her in the shape of a snake** se le apareció el diablo bajo la forma de una serpiente; **government aid in the shape of tax reductions** ayudas del gobierno en forma de bonificaciones impositivas; **help came in the shape of my next-door neighbour** la ayuda se me presentó en la persona de mi vecino.
out of shape *(unfit)* en baja forma; *(deformed)* deformado,-a.
the shape of things to come lo que nos espera.
to get (oneself) into shape ponerse en forma.
to knock/lick somebody/something into shape poner a alguien/algo en forma.
to take shape tomar forma.

shaped [ʃeɪpt] *adj* en forma de, con forma de: **this potato is very strangely shaped** esta patata tiene una forma muy rara; **it is shaped like a swan** tiene forma de cisne; **she has a pear-shaped body** tiene el cuerpo en forma de pera.

shapeless [ˈʃeɪpləs] *adj* informe, sin forma.

shapelessness [ˈʃeɪpləsnəs] *n* falta de forma.

shapely [ˈʃeɪplɪ] *adj (body)* curvilíneo,-a; *(legs)* torneado,-a.

share [ʃeəʳ]
1 *n (portion)* parte *f*: **you've already eaten your share!** ¡ya te has comido tu parte!; **you'll get your share of the winnings** recibirás tu parte de las ganancias; **she's had her share of bad luck** ha tenido su parte de mala suerte.
2 *n FIN (held by shareholder)* acción *f*; *(held by partner)* participación *f*.
3 *vt (have or use with others)* compartir; *(have in common)* compartir, tener en común: **can you share one book between two?** ¿podéis compartir un libro entre los dos?; **I used to share a bedroom with my sister** compartía una habitación con mi hermana; **let's share a taxi** compartamos un taxi.
4 *vt (tell news, feelings, etc)* compartir: **she wanted to share her secret with someone** quería compartir el secreto con alguien.
5 *vt (divide)* repartir, dividir: **the profits are shared out among the workers** se reparten los beneficios entre los trabajadores; **share the cake between everyone** divide el pastel entre todos.
6 *vi* compartir: **there's only one bed so you'll have to share** solo hay una cama, así que tendréis que compartirla.
✦ a problem shared is a problem halved las penas compartidas son menos penas.
to do one's share hacer su parte.

to go shares pagar a medias.
to share and share alike compartir las cosas.
■ **share capital** capital *m* social.
share price cotización *f*.

sharecropper [ˈʃeəkrɒpəʳ] *n* aparcero,-a.

sharecropping [ˈʃeəkrɒpɪŋ] *n* aparcería.

shareholder [ˈʃeəhəʊldəʳ] *n* accionista *mf*.

share-out [ˈʃeəraʊt] *n* reparto.

shareware [ˈʃeəweəʳ] *n* programas *mpl* compartidos.

shark¹ [ʃɑːk] *n ZOOL* tiburón *m*.

shark² [ʃɑːk] *n fam (swindler)* estafador,-ra, timador,-ra.
■ **loan shark** usurero,-a.

sharp [ʃɑːp]
1 *adj (knife etc)* afilado,-a; *(needle, pencil)* puntiagudo,-a; *(features)* anguloso,-a.
2 *adj (angle)* agudo,-a; *(bend)* cerrado,-a; *(slope)* empinado,-a; *(turn, rise, fall)* brusco,-a.
3 *adj (outline)* definido,-a; *(photograph etc)* nítido,-a; *(contrast)* marcado,-a.
4 *adj (mind, wit)* perspicaz; *(eyes, ears)* agudo,-a, bueno,-a; *(reflexes)* rápido,-a: **keep a sharp eye on those two** ten bien vigilados a esos dos.
5 *adj (person - clever)* listo,-a, vivo,-a; *(- quick-witted)* avispado,-a, despabilado,-a, despierto,-a: **it was very sharp of you to spot that** fuiste muy listo al darte cuenta.
6 *adj (pain)* agudo,-a, fuerte; *(cry, noise)* agudo,-a, estridente; *(frost)* fuerte; *(wind)* cortante, penetrante.
7 *adj (taste)* ácido,-a; *(smell)* acre.
8 *adj (change etc)* brusco,-a, repentino,-a, súbito,-a.
9 *adj (blow)* seco,-a.
10 *adj (criticism)* mordaz; *(rebuke)* severo,-a; *(retort)* cortante; *(temper)* arisco,-a, violento,-a; *(tone)* seco,-a.
11 *adj (unscrupulous)* astuto,-a, mañoso,-a.
12 *adj MUS (key)* sostenido,-a; *(too high)* desafinado,-a: **F sharp** fa sostenido.
13 *adv (exactly)* en punto: **at ten o'clock sharp** a las diez en punto.
14 *adv (abruptly)* bruscamente: **the car stopped sharp** el coche se paró bruscamente; **turn sharp left** gira a la izquierda.
15 *adv MUS (too high)* demasiado alto,-a.
16 *n MUS* sostenido.
✦ look sharp! ¡date prisa!, ¡espabílate!
to be as sharp as a needle ser un lince.
to have a sharp tongue tener una lengua mordaz.
to be a sharp dresser tener mucho estilo para vestirse.
■ **sharp practice** mañas *fpl*, tejemanejes *mpl*.

sharp-edged [ʃɑːpˈedʒd] *adj* afilado,-a.

sharpen [ˈʃɑːpən]
1 *vt (knife, claws)* afilar; *(pencil)* sacar punta a.
2 *vt fig (feeling, intelligence)* agudizar; *(desire)* avivar; *(appetite)* abrir; *(awareness)* sensibilizar.
3 *vi (voice)* agudizarse; *(tone)* hacerse más mordaz.
✦ to sharpen one's wits espabilarse, despabilarse.

sharpener [ˈʃɑːpənəʳ] *n (for knife)* afilador *m*; *(for pencil)* sacapuntas *m*.

sharp-eyed [ʃɑːpˈaɪd] *adj* que tiene vista de lince.

sharpish [ˈʃɑːpɪʃ] *adv fam (quickly, briskly)* rápidamente, pronto: **you'd better get over here sharpish** más vale que vengas pronto aquí.

sharply [ˈʃɑːplɪ]
1 *adv (abruptly, suddenly)* bruscamente, repentinamente.
2 *adv (acutely)* agudamente.
3 *adv (clearly)* marcadamente, claramente.
4 *adv (harshly)* mordazmente, con severidad.

sharpness [ˈʃɑːpnəs]
1 *n (of knife)* lo afilado; *(of point)* lo puntiagudo; *(of features)* lo anguloso.
2 *n (of taste)* acidez *f*.
3 *n (abruptness, suddenness)* brusquedad *f*.
4 *n (of image etc)* nitidez *f*.
5 *n (of pain)* agudeza, intensidad *f*.
6 *n (harshness)* mordacidad *f*, severidad *f*.

sharpshooter [ˈʃɑːpʃuːtəʳ] *n* tirador,-ra de primera.

sharp-sighted [ʃɑːpˈsaɪtɪd] *adj* → **sharp-eyed**.

sharp-tongued [ʃɑːpˈtʌŋd] *adj* de lengua viperina, de lengua mordaz.

sharp-witted [ʃɑːpˈwɪtɪd] *adj* avispado,-a, perspicaz.

shat [ʃæt] *pp* → **shit**.

shatter [ˈʃætəʳ]
1 *vt (break into small pieces)* romper, hacer añicos, hacer pedazos.
2 *vt fig (health)* destrozar, quebrantar, minar; *(nerves)* destrozar; *(hopes, confidence)* frustrar, destruir.
3 *vt fam (shock)* conmocionar, afectar, dejar destrozado,-a.
4 *vt fam (exhaust)* dejar hecho,-a polvo, reventar.
5 *vi (break - gen)* romperse, hacerse añicos, hacerse pedazos; *(- glass)* astillarse, estallar (en pedazos).

shattered [ˈʃætəd]
1 *adj (broken)* hecho,-a añicos, hecho,-a pedazos.
2 *adj fig (hopes, confidence)* destruido,-a.
3 *adj (shocked)* destrozado,-a: **when his mother died, Tony was shattered** cuando murió su madre, Tony quedó destrozado; **I was shattered by the news** la noticia me dejó destrozado.
4 *adj (exhausted)* agotado,-a, hecho,-a polvo, reventado,-a.

shattering [ˈʃætərɪŋ]
1 *adj (experience, news, etc)* terrible, demoledor,-ra; *(loss)* terrible, tremendo,-a.
2 *adj (defeat)* aplastante; *(blow)* demoledor,-ra.
3 *adj (exhausting)* agotador,-ra.

shatterproof [ˈʃætəpruːf] *adj* inastillable.

shave [ʃeɪv]
1 *n* afeitado.
2 *vt (face, legs, underarms)* afeitar; *(head)* rapar: you've shaved off your beard te has afeitado la barba; she shaves her legs se afeita las piernas.
3 *vt (wood)* cepillar.
4 *vt fig (reduce - costs)* recortar.
5 *vt fam (touch slightly)* rozar.
6 *vi (person)* afeitarse: he shaves every morning se afeita cada mañana.
✦ to have a close shave *fig* salvarse por los pelos.
to have a shave afeitarse.
■ wet shave afeitado con espuma.

shaven [ˈʃeɪvən] *adj (face, chin)* afeitado,-a; *(head)* rapado,-a.

shaver [ˈʃeɪvəʳ] *n* máquina de afeitar.
■ electric shaver máquina de afeitar.

shaving [ˈʃeɪvɪŋ]
1 *n (of face)* afeitado.
2 shavings *npl (wood)* virutas *fpl.*
■ shaving brush brocha de afeitar.
shaving cream crema de afeitar.
shaving foam espuma de afeitar.

shawl [ʃɔːl] *n* chal *m,* mantón *m.*

shawm [ʃɔːm] *n* chirimía.

she [ʃiː]
1 *pron* ella: ask Linda, she'll help you pregunta a Linda, ella te ayudará; she's called Nina se llama Nina; she's happy está contenta.
2 *n (animal)* hembra; *(baby)* niña: she's had the baby! Is it a he or a she? ¡ya ha nacido el bebé! ¿Es niño o niña?

she- [ʃiː] *pref* hembra: she-bear osa; she-wolf loba.

sheaf [ʃiːf]
1 *n (of corn, barley, etc)* gavilla.
2 *n (of papers, banknotes, etc)* fajo.
3 *n (of arrows)* haz *m.*
▲ *pl* sheaves.

shear [ʃɪəʳ]
1 *vt (sheep)* esquilar, trasquilar (off, -).
2 *vt lit (hair)* cortar (off, -).
3 *vt TECH (bolt, shaft)* romper.
4 *vi TECH (break)* romperse (off, -); *(cut)* cortar.
5 shears *npl (gen)* tijeras *fpl* (grandes); *(for hedges)* podadera *f sing; (for metal)* cizalla *f sing,* cizallas *fpl.*
✦ to be shorn of something ser despojado,-a de algo, quedarse sin algo.
▲ *pt* sheared, *pp* sheared o shorn [ʃɔːn].

shearer [ˈʃɪərəʳ] *n* esquilador,-ra, trasquilador,-ra.

shearing [ˈʃɪərɪŋ] *n* esquileo, esquila.

shears [ʃɪəz] *npl* → **shear.**

sheath [ʃiːθ]
1 *n (for sword)* vaina; *(for knife, scissors)* funda; *(for cable)* forro, cubierta.
2 *n BOT* vaina.
3 *n (condom)* preservativo, condón *m.*
4 *n (dress)* vestido tubo.
■ sheath knife cuchillo de monte.
▲ *pl* sheaths [ʃiːðz].

sheathe [ʃiːð]
1 *vt (sword)* envainar; *(knife)* enfundar.
2 *vt (cable etc)* revestir; *(building)* cubrir.

sheathing [ˈʃiːðɪŋ] *n (for building)* cubierta.

sheaves [ʃiːvz] *npl* → **sheaf.**

shebang [ʃɪˈbæŋ] the whole shebang *phr* todo el tinglado.

shed¹ [ʃed] *n (in garden, for bicycles)* cobertizo; *(workman's hut)* cabaña; *(for cattle)* establo; *(industrial)* nave *f.*
■ coal shed carbonera.

shed² [ʃed]
1 *vt (leaves, horns, skin)* mudar; *(clothes)* quitarse, despojarse de; *(workers, jobs)* deshacerse de; *(load, weight)* perder: the snake sheds its skin la serpiente muda la piel; the lorry shed its load el camión perdió la carga; she shed 10 kilos perdió 10 kilos de peso.
2 *vt fig (inhibitions etc)* liberarse de.
3 *vt (water)* repeler.
4 *vt (blood, tears, etc)* derramar: without shedding blood sin derramamiento de sangre.
5 *vt (light, warmth)* emitir.
▲ *pt & pp* shed, *ger* shedding.

she'd [ʃiːd]
1 *contr* she had.
2 *contr* she would.

sheen [ʃiːn] *n* brillo, lustre *m.*

sheep [ʃiːp] *n* oveja.
✦ like sheep como borregos.
to make sheep's eyes at somebody hacerle ojitos a alguien.
■ the black sheep of the family la oveja negra de la familia.
sheep farming cría de ovejas, ganado ovino.
▲ *pl* sheep.

sheep-dip [ˈʃiːpdɪp] *n (bath)* baño desinfectante (para ovejas); *(liquid)* desinfectante *m* (para ovejas).

sheepdog [ˈʃiːpdɒg] *n* perro pastor.
■ sheepdog trial concurso de perros pastores.

sheepfold [ˈʃiːpfəʊld] *n* redil *m,* aprisco.

sheepish [ˈʃiːpɪʃ] *adj (embarrassed)* avergonzado,-a, abochornado,-a; *(lacking initiative)* borrego,-a.

sheepishly [ˈʃiːpɪʃli] *adv* con vergüenza, con bochorno.

sheepshearer [ˈʃiːpʃɪərəʳ] *n* esquilador,-ra.

sheepshearing [ˈʃiːpʃɪərɪŋ] *n* esquileo, esquila.

sheepskin [ˈʃiːpskɪn]
1 *n (skin, leather)* piel *f* de borrego.
2 *n (parchment)* pergamino.
■ sheepskin jacket zamarra, pelliza.
sheepskin rug alfombra de piel de borrego.

sheer¹ [ʃɪəʳ]
1 *adj (total, utter)* total, absoluto,-a, puro,-a: by sheer coincidence por pura casualidad; out of sheer desperation por pura desesperación; a sheer waste of time una pérdida total de tiempo.
2 *adj (cliff)* escarpado,-a; *(drop)* vertical.
3 *adj (stockings etc)* muy fino,-a.

sheer² [ʃɪəʳ] *vi MAR* desviarse (away/off, -).
▶ to sheer away *vi (topic, subject)* evitar, eludir (from, -); *(person)* esquivar (from, -).
to sheer off *vi* desviarse.

sheet [ʃiːt]
1 *n (on bed)* sábana: bottom/top sheet sábana bajera/encimera; fitted sheet sábana ajustable.
2 *n (of paper)* hoja; *(of metal)* lámina, chapa; *(of glass)* lámina, placa; *(of tin)* hoja.
3 *n (of ice)* capa, placa; *(of water)* expansión *f, (of flames, rain)* cortina.
4 *n fam (newspaper)* periódico.
5 *vi (rain heavily)* diluviar, llover a cántaros.
■ sheet lightning relámpagos *mpl* difusos.
sheet metal chapa de metal.
sheet music hojas *pl* de partitura, papel pautado.

sheik [ʃeɪk] *n* → **sheikh.**

sheikh [ʃeɪk] *n* jeque *m.*

shelduck [ˈʃeldʌk] *n* tarro.

shelf [ʃelf]
1 *n (in bookcase, cupboard)* estante *m,* balda, anaquel *m; (on wall)* estante *m,* anaquel *m,* repisa, balda; *(in oven)* parrilla, rejilla.
2 *n GEOL (in rock)* promontorio, saliente *m; (underwater)* plataforma.
✦ to be left on the shelf *(unmarried woman)* quedarse para vestir santos.
■ continental shelf plataforma continental.
(set of) shelves estantería.
shelf life *tiempo que puede permanecer expuesto para su venta un producto perecedero.*
▲ *pl* shelves.

shell [ʃel]
1 *n (of egg, nut)* cáscara; *(of pea)* vaina; *(of tortoise, lobster, etc)* caparazón *m; (of snail, oyster, etc)* concha: the children were collecting shells on the beach los niños recogían conchas en la playa.
2 *n (of building)* armazón *m,* esqueleto, estructura; *(of vehicle)* armazón *m; (of ship)* casco.
3 *n MIL (for explosives)* proyectil *m,* obús *m; (cartridge)* cartucho.
4 *vt (nuts, egg)* pelar; *(peas)* desvainar; *(mussels etc)* quitar la concha a.
5 *vt MIL* bombardear.

▶ **to shell out**
 1 *vt sep fam (money)* soltar, aflojar.
 2 *vi fam* apoquinar.
✦ **it's as easy as shelling peas** es coser y cantar.
 to come out of one's shell salir del cascarón.
 to go/retire/withdraw into one's shell retraerse.
■ **shell shock** neurosis *f* de guerra.
 shell suit chándal *m*.

she'll [ʃiːl] *contr* she will, she shall.

shellac [ʃə'læk]
 1 *n* laca.
 2 *vt (varnish)* laquear.
 3 *vt US (defeat)* dar una paliza a.

shellfire ['ʃelfaɪəʳ] *n* MIL fuego de artillería.

shellfish ['ʃelfɪʃ] *n (individual)* marisco; *(as food)* marisco, mariscos *mpl*.
▲ *pl* **shellfish**.

shelling ['ʃelɪŋ] *n* MIL bombardeo.

shell-shocked ['ʃelʃɒkt] *adj* MED traumatizado,-a por la guerra, que padece neurosis de guerra.

shelter ['ʃeltəʳ]
 1 *n (protection)* abrigo, protección *f*, cobijo: **the climbers sought shelter from the storm** los montañeros buscaron abrigo para protegerse de la tormenta; **everyone ran for shelter** todos corrieron a refugiarse, todos corrieron para ponerse a cubierto; **the school provided shelter for the people who had been made homeless** la escuela dio cobijo a la gente que se había quedado sin casa.
 2 *n (place - gen)* refugio, cobijo; *(- for homeless etc)* asilo, refugio; *(- in mountains)* refugio.
 3 *vt (protect - from weather, danger, etc)* abrigar, proteger, resguardar; *(- from persecution, harm)* dar refugio a, dar cobijo a, amparar: **these trees should shelter us from the rain** esos árboles nos resguardarán de la lluvia; **the monk sheltered an escaped prisoner** el monje dio refugio a un fugitivo.
 4 *vi (from weather, danger)* guarecerse; *(from danger)* refugiarse: **the climbers sheltered in a cave** los alpinistas se guarecieron en una cueva; **we sheltered from the rain** nos resguardamos de la lluvia.
✦ **to take shelter** refugiarse (**from**, de).

sheltered ['ʃeltəd]
 1 *adj (place)* abrigado,-a.
 2 *adj (life, childhood, etc)* protegido,-a: **she's had a very sheltered life** ha llevado una vida muy entre algodones.
■ **sheltered accommodation/sheltered housing** viviendas *fpl* vigiladas *(para ancianos y minusválidos)*.

shelve¹ [ʃelv]
 1 *vt (put on shelf)* poner en el estante, poner en la estantería.

2 *vt fig (postpone, abandon)* aparcar, archivar, dar carpetazo a.

shelve² [ʃelv] *vi (slope)* bajar, descender.

shelves [ʃelvz] *npl* → **shelf**.

shelving ['ʃelvɪŋ] *n* estanterías *fpl*.

shepherd ['ʃepəd]
 1 *n* pastor *m*.
 2 *vt (guide, direct)* guiar, conducir.
■ **shepherd's pie** CULIN pastel *m* de carne *(hecho de carne picada cubierta de una capa de puré de patatas)*.

shepherdess ['ʃepədes] *n* pastora.

sherbet ['ʃɜːbət]
 1 *n* GB *(sweets)* polvos *mpl* picapica, sidral *m*.
 2 *n* US *(sorbet)* sorbete *m*.

sheriff ['ʃerɪf]
 1 *n* US sheriff *mf*, alguacil,-la.
 2 *n* GB gobernador,-ra civil, representante *mf* de la corona en un condado.
 3 *n (in Scotland)* juez *mf* presidente, juez *mf* principal de un distrito o condado.

Sherpa ['ʃɜːpə] *n* sherpa *mf*.

sherry ['ʃeri] *n* jerez *m*.
▲ *pl* **sherries**.

she's [ʃiːz]
 1 *contr* she is.
 2 *contr* she has.

Shetland ['ʃetlənd] *adj* Shetland.
■ **Shetland pony** póney *m* Shetland.
 Shetland wool lana Shetland.

Shetlander ['ʃetləndəʳ] *n* nativo,-a de las islas Shetland, habitante *mf* de las islas Shetland.

Shetlands ['ʃetləndz] **the Shetlands** *n* las islas *fpl* Shetland.

Shia ['ʃiːə]
 1 *n (branch of Islam)* los chiíes *mpl*.
 2 *n (Shiite)* chiíta *mf*, chií *mf*.

Shiah ['ʃiːə] *n* → **Shia**.

shield [ʃiːld]
 1 *n* MIL escudo.
 2 *n (for protection)* escudo: **riot shield** escudo antidisturbios.
 3 *n (trophy, prize)* placa *(en forma de escudo)*.
 4 *n* TECH pantalla protectora.
 5 *n (of animal)* caparazón *m*.
 6 *n fig* barrera.
 7 *vt (protect)* proteger (**from**, de): **you should shield the plants from the wind** deberías proteger las plantas del viento; **she shielded her eyes from the sun** se protegió los ojos del sol.

shift [ʃɪft]
 1 *n (change)* cambio: **a shift in policy** un cambio de política; **a shift in political opinions** un cambio en las opiniones políticas; **a shift away from traditional industries towards the service sector** un alejamiento de las industrias tradicionales hacia el sector de servicios.
 2 *n (of work, workers)* turno: **the day/night shift** el turno de día/de noche; **he works a ten-hour shift** hace un turno de diez

horas; **they work in shifts** trabajan por turnos.
 3 *n (on keyboard)* tecla de las mayúsculas.
 4 *n dated (trick, scheme, expedient)* expediente *m*, recurso.
 5 *n (dress)* vestido suelto; *(undergarment, chemise)* enagua.
 6 *vt (change)* cambiar; *(move)* desplazar, mover: **he shifted his feet** movió sus pies; **they couldn't shift the piano** no podían mover el piano; **come on! shift yourself!** ¡venga! ¡muévete!
 7 *vt (transfer)* traspasar, transferir: **don't shift the blame onto me!** ¡no me cargues la culpa a mí!; **the royal wedding has shifted attention away from the political scandals** la boda real ha distraído la atención de los escándalos políticos.
 8 *vt* GB *fam (remove, get rid of)* quitar; *(sell)* vender: **this new detergent will shift any stain** este nuevo detergente quitará cualquier mancha; **we've not shifted much today** hoy no hemos vendido mucho.
 9 *vt US (change gear)* cambiar.
 10 *vi (change)* cambiar: **the wind shifted** el viento cambió de dirección.
 11 *vi (move)* moverse, cambiar de sitio, desplazarse; *(cargo)* correrse: **he shifted uneasily in his seat** se movía intranquilo en el asiento.
 12 *vi US (change gear)* cambiar de marcha.
 13 *vi* GB *fam (move fast)* volar.
✦ **to make shift with something** arreglárselas con algo.
 to shift for oneself arreglárselas solo.
 to shift one's ground cambiar de posición.
■ **shift key** tecla de las mayúsculas.
 shift worker trabajador,-ra por turnos.

shiftily ['ʃɪftɪlɪ] *adv* de manera sospechosa.

shiftless ['ʃɪftləs] *adj* perezoso,-a, vago,-a, holgazán,-ana.

shiftwork ['ʃɪftwɜːk] *n* trabajo por turnos.

shifty ['ʃɪftɪ] *adj (person)* sospechoso,-a; *(behaviour)* furtivo,-a.
▲ *comp* **shiftier**, *superl* **shiftiest**.

Shiite ['ʃiːaɪt]
 1 *n* chií *mf*, chiíta *mf*.
 2 *adj* chií, chiíta.

shilling ['ʃɪlɪŋ] *n* chelín *m*.

shimmer ['ʃɪməʳ]
 1 *n (tremulous light)* luz *f* trémula, reflejo trémulo; *(shining)* brillo, resplandor *m*.
 2 *vi (shine)* relucir, brillar; *(in water)* rielar.
▲ *pt & pp* **shinned**, *ger* **shinning**.

shimmering ['ʃɪmərɪŋ] *adj* reluciente, brillante.

shin [ʃɪn]
 1 *n* ANAT espinilla, canilla.
 2 *n* CULIN *(of beef)* jarrete *m*.
▶ **to shin down** *vi* deslizarse por.
 to shin up *vi* trepar.
■ **shin guard/shin pad** espinillera.

shinbone [ˈʃɪnbəʊn] *n ANAT* tibia.

shindig [ˈʃɪndɪɡ]
1 *fam (party)* fiesta, juerga.
2 *n* → **shindy**.

shindy [ˈʃɪndɪ] *n fam (noisy disturbance)* jaleo, escándalo.
✦ **to kick up a shindy** armar un jaleo.
▲ *pl* **shindies**.

shine [ʃaɪn]
1 *n* brillo, lustre *m*: **the table has a lovely shine** la mesa tiene un brillo precioso; **he gave his shoes a good shine** sacó brillo a sus zapatos.
2 *vi (sun, light, eyes)* brillar; *(metal, glass, shoes)* relucir, brillar; *(face)* resplandecer, irradiar: **she rubbed the medals until they shone** frotó las medallas hasta que relucieron; **her eyes shone with happiness** le brillaban los ojos de alegría; **his honesty shines through** irradia honestidad.
3 *vi fig (excel)* sobresalir (**at**, en), destacar (**at**, en), brillar (**at**, en): **he shines at tennis** destaca en tenis; **now is your chance to shine** ahora tienes la oportunidad de brillar.
4 *vt (light, lamp)* dirigir: **don't shine the light in my eyes** no me dirijas la luz a los ojos.
5 *vt (polish)* sacar brillo a; *(shoes)* limpiar.
✦ **to take a shine to somebody** tomarle cariño a alguien, prendarse de alguien.
to take a shine to something gustarle algo, prendarle algo, tener el ojo echado a algo.
▲ *(verbo) pt & pp* **shone** [ʃɒn]; *(verbo) pt & pp* **shined**.

shiner [ˈʃaɪnər] *n fam (black eye)* ojo morado, ojo a la funerala.

shingle[1] [ˈʃɪŋɡəl] *n (pebbles)* guijarros *mpl*.
▪ **shingle beach** playa de guijarros.

shingle[2] [ˈʃɪŋɡəl]
1 *n (roof tile)* tablilla.
2 *n US (name plate)* placa.
3 *vt (roof)* cubrir con tablillas.
✦ **to hang one's shingle** *US* empezar un negocio, establecerse.

shingles [ˈʃɪŋɡəlz] *n MED* herpes *m*, culebrilla.

shingly [ˈʃɪŋɡəlɪ] *adj* de guijarros.
▲ *comp* **shinglier**, *superl* **shingliest**.

shining [ˈʃaɪnɪŋ]
1 *adj (metal, glass)* brillante, reluciente; *(eyes)* brillante, luminoso,-a; *(face, sun)* radiante; *(hair, furniture)* lustroso,-a.
2 *adj fig (outstanding)* destacado,-a, ilustre, magnífico,-a.

shinty [ˈʃɪntɪ] *n SP* hockey *m* (escocés) sobre hierba.

shiny [ˈʃaɪnɪ] *adj (coin, leather, glass)* brillante, reluciente; *(hair, shoes)* lustroso,-a; *(material, trousers)* brillante; *(face, nose)* brillante.
▲ *comp* **shinier**, *superl* **shiniest**.

ship [ʃɪp]
1 *n (gen)* barco, buque *m*, navío, embarcación *f*.
2 *n fam dated (aircraft, spacecraft)* nave *f*.
3 *vt (send - gen)* enviar, mandar; *(- by ship)* enviar por barco, mandar por barco, transportar (en barco); *(carry)* transportar: **we had our luggage shipped to England** mandamos nuestro equipaje a Inglaterra por barco.
4 *vt (take on board)* embarcar, traer a bordo.
▸ **to ship off** *vt sep (person)* despachar.
✦ **like ships that pass in the night** como extraños.
on board ship a bordo.
to abandon ship/jump ship abandonar el barco.
to ship oars levantar los remos.
to ship water hacer agua.
when one's ship comes home cuando lleguen las vacas gordas, cuando toque la lotería.
▪ **passenger ship** buque *m* de pasajeros.
ship's company tripulación *f*.
▲ *pt & pp* **shipped**, *ger* **shipping**.

shipboard [ˈʃɪpbɔːd] *n* de a bordo.
✦ **on shipboard** a bordo.

shipbuilder [ˈʃɪpbɪldər] *n* constructor,-ra naval, empresa de construcción naval.

shipbuilding [ˈʃɪpbɪldɪŋ] *n* construcción *f* naval.

shipload [ˈʃɪpləʊd] *n* cargamento, carga.

shipmate [ˈʃɪpmeɪt] *n* compañero,-a de a bordo.

shipment [ˈʃɪpmənt]
1 *n (act)* embarque *m*, envío, transporte *m* (marítimo).
2 *n (load)* consignación *f*, remesa.

shipowner [ˈʃɪpəʊnər] *n* armador,-ra, naviero,-a.

shipper [ˈʃɪpər] *n (gen)* consignador,-ra; *(exporter)* exportador,-ra.

shipping [ˈʃɪpɪŋ]
1 *n (business)* transporte *m* (en barco); *(sending)* envío, embarque *m*.
2 *n (ships)* barcos *mpl*, buques *mpl*, embarcaciones *fpl*; *(of one country)* flota; *(tonnage)* tonelaje *m* (de buques).
▪ **shipping agent** consignatario,-a, agente *mf* marítimo,-a.
shipping charge gastos *mpl* de envío, gastos *mpl* de expedición.
shipping company empresa naviera.
shipping forecast parte *m* meteorológico para marineros.
shipping lane ruta de navegación.
shipping line compañía naviera.
shipping magnate magnate *mf* de la navegación.

shipshape [ˈʃɪpʃeɪp]
1 *adj* limpio,-a y ordenado,-a, en perfecto orden.
2 *adv* limpio,-a y ordenado,-a, en perfecto orden.

shipwreck [ˈʃɪprek] *n* naufragio.
✦ **to be shipwrecked** naufragar: **shipwrecked sailors** marineros náufragos.

shipyard [ˈʃɪpjɑːd] *n* astillero.

shire [ˈʃaɪər]
1 *n GB arch (county)* condado.
2 **the Shires** *npl* los condados *mpl* rurales.
▪ **shire horse** caballo de tiro, percherón *m*.

shirk [ʃɜːk]
1 *vt (duty etc)* esquivar, eludir.
2 *vi* gandulear, haraganear.

shirker [ˈʃɜːkər] *n* gandul,-la, haragán, -ana, vago,-a.

shirt [ʃɜːt] *n (gen)* camisa; *(for sport)* camiseta.
✦ **keep your shirt on!** ¡no te sulfures!
to have the shirt off somebody's back ser capaz de robarle a su propia madre.
to put one's shirt on something jugarse hasta la camisa en algo.

shirtless [ˈʃɜːtləs] *adj* sin camisa.

shirtsleeve [ˈʃɜːtsliːv] *n* manga de camisa.
✦ **in shirtsleeves** en mangas de camisa.

shirt-tail [ˈʃɜːtteɪl] *n* faldón *m* de camisa.

shirtwaist [ˈʃɜːtweɪst] *n US* traje *m* camisero.

shirtwaister [ˈʃɜːtweɪstər] *n* vestido camisero.

shirty [ˈʃɜːtɪ] *adj fam* agresivo,-a, grosero,-a, borde.
✦ **to get shirty** sulfurarse, ponerse borde.
▲ *comp* **shirtier**, *superl* **shirtiest**.

shit [ʃɪt]
1 *n fam (faeces)* mierda.
2 *interj fam* ¡mierda!
3 *n fam (nonsense)* imbecilidades *fpl*, gilipolleces *pl*: **you talk shit** no dices más que gilipolleces.
4 *n fam (worthless thing)* mierda; *(contemptible person)* cabrón,-ona, mierda *mf*: **that film was a load of shit** esa película era una mierda.
5 *vi-vt fam* cagar.
6 *adj fam* de mierda.
7 **the shits** *npl fam* diarrea, cagalera.
✦ **to be in the shit** estar jodido,-a.
to be shit hot ser cojonudo,-a, ser de puta madre.
to beat the shit out of somebody moler a alguien a palos.
to have a shit cagar.
to not give a shit importarle a uno un carajo.
to scare the shit out of somebody acojonar a alguien.
to shit one's pants cagarse encima.
to shit oneself *(accidentally)* cagarse encima; *(be scared)* cagarse de miedo.
when the shit hits the fan cuando la mierda empiece a salpicar.
▲ *pt & pp* **shitted** o **shit**, *ger* **shitting**.

shit-scared [ˈʃɪtˈskeəd] *adj* cagado,-a de miedo, acojonado,-a.

shitty [ˈʃɪtɪ]
1 adj fam (bad) de mierda: **a shitty book** una porquería de libro; **she felt shitty** se encontraba fatal, estaba hecha polvo.
2 adj fam (contemptible) ruin, vil: **what a shitty thing to do** qué putada.
▲ comp shittier, superl shittiest.

shiver [ˈʃɪvəʳ]
1 n (with cold) escalofrío, tiritón m, estremecimiento; (with fear) escalofrío.
2 vi (with cold) temblar, tiritar; (with fear) estremecerse.
3 **the shivers** npl escalofríos mpl.
✦ **to send shivers down somebody's spine** darle escalofríos a alguien.

shivery [ˈʃɪvərɪ] adj (with cold) estremecido,-a; (feverish) destemplado,-a.

shoal¹ [ʃəʊl] n (underwater sandbank) banco de arena.

shoal² [ʃəʊl]
1 n (of fish) banco, cardumen m.
2 **shoals** npl fam montones mpl.

shock¹ [ʃɒk]
1 n (jolt, blow) choque m, impacto, golpe m; (of explosion etc) sacudida; (electric) descarga.
2 n (upset, distress) conmoción f, golpe m; (fright, scare) susto: **his death came as a real shock to them** su muerte les cogió totalmente por sorpresa; **you gave me quite a shock** me has dado un buen susto; **you're in for a shock** te vas a llevar un susto.
3 n MED shock m, choque m: **she's still in a state of shock** sigue en estado de shock.
4 vt (upset) conmocionar, conmover, afectar, sacudir: **France was shocked by the news of his illness** la noticia de su enfermedad conmocionó a Francia.
5 vt (startle) asustar, sorprender, sobresaltar; (scandalize) escandalizar, horrorizar.
6 vi impresionar, impactar.
▪ **shock absorber** amortiguador m.
shock therapy/shock treatment electrochoque m.
shock troops tropas fpl de choque, tropas fpl de asalto.
shock wave onda expansiva.

shock² [ʃɒk] n (of hair) mata.
shock³ [ʃɒk] n (of corn) fajina.

shocked [ʃɒkt] adj horrorizado,-a, escandalizado,-a: **some viewers may be shocked** puede que algunos espectadores se escandalicen.

shocker [ˈʃɒkəʳ]
1 n (bad thing) desastre m: **the match was a shocker** el partido fue un desastre.
2 n (surprise) bombazo.

shockheaded [ˈʃɒkhedɪd] adj greñudo,-a.

shocking [ˈʃɒkɪŋ]
1 adj (horrific) terrible, horroroso,-a, horrible.

2 adj (disgraceful, offensive) chocante, escandaloso,-a, vergonzoso,-a.
3 adj fam (very bad) espantoso,-a, pésimo,-a.
4 adj (colour) chillón,-ona: **shocking pink** rosa chillón, rosa fosforito.

shockingly [ˈʃɒkɪŋlɪ] adv escandalosamente.

shockproof [ˈʃɒkpruːf] adj a prueba de golpes.

shod [ʃɒd] pt & pp → shoe.

shoddy [ˈʃɒdɪ]
1 adj (work) chapucero,-a; (thing) de pacotilla, de mala calidad.
2 adj (treatment) mezquino,-a.
▲ comp shoddier, superl shoddiest.

shoe [ʃuː]
1 n zapato: **what size shoe do you take?** ¿qué número calzas?; **I need a new pair of shoes** necesito unos zapatos nuevos.
2 n (for horse) herradura.
3 n (of brake) zapata.
4 vt (horse) herrar.
✦ **to put oneself in somebody else's shoes** ponerse en el lugar de alguien.
▪ **shoe leather** cuero para zapatos.
shoe polish betún m.
shoe shop zapatería.
▲ pt & pp shod [ʃɒd].

shoebrush [ˈʃuːbrʌʃ] n cepillo para los zapatos.

shoehorn [ˈʃuːhɔːn] n calzador m.

shoelace [ˈʃuːleɪs] n cordón m (de zapato).

shoemaker [ˈʃuːmeɪkəʳ] n zapatero,-a.

shoeshine [ˈʃuːʃaɪn] n limpieza de zapatos: **would you like a shoeshine?** ¿le limpio los zapatos?
▪ **shoeshine boy** limpiabotas m.

shoestring [ˈʃuːstrɪŋ]
1 n (shoelace) cordón m (de zapatos).
2 n (small amount of money) poquísimo dinero.
✦ **to do something on a shoestring** hacer algo con poquísimo dinero.

shoetree [ˈʃuːtriː] n horma.

shone [ʃɒn, US ʃəʊn] pt & pp → shine.

shoo [ʃuː]
1 interj ¡fuera!, ¡zape!
2 **to shoo away** vt ahuyentar, espantar.

shook [ʃʊk] pt → shake.

shoot [ʃuːt]
1 n BOT (gen) brote m, retoño, renuevo; (of vine) sarmiento.
2 n GB (hunting party) cacería; (land) coto de caza.
3 n CINEM rodaje m, filmación f.
4 vt (person, animal) pegar un tiro a, pegar un balazo a; (hit, wound) herir (de bala); (kill) matar de un tiro, matar a tiros; (by firing squad) fusilar; (hunt) cazar: **she shot her husband** le pegó un tiro a su marido; **she was shot in the back** recibió un balazo en la espalda; **he was shot dead** lo mataron a tiros.

5 vt (fire - missile) lanzar; (- arrow, bullet, weapon) disparar; (- glance) lanzar: **she can shoot a gun** sabe disparar una pistola; **this gun doesn't shoot real bullets** esta pistola no dispara balas de verdad; **they shot questions at her** la bombardearon a preguntas.
6 vt (film) rodar, filmar; (photograph) fotografiar, sacar una foto de.
7 vt (rapids) salvar; (bridge) pasar por debajo de; (traffic lights) saltarse.
8 vt (bolt) echar, correr.
9 vt sl (heroin) chutarse, picarse, pincharse.
10 vi (fire weapon) disparar (at, a/sobre); (hunt with gun) cazar: **don't shoot!** ¡no disparen!; **he shot at a rabbit** disparó a un conejo; **we're being shot at!** ¡nos están disparando!
11 vi SP (aim at goal) tirar, disparar, chutar.
12 vi (move quickly) pasar volando, salir disparado,-a: **the car shot past us** el coche nos pasó volando; **the pain shot up my arm** el dolor me recorrió todo el brazo; **he shot out of the room** salió disparado de la habitación; **they shot off somewhere** salieron disparados a alguna parte; **the record shot to the top of the charts** el disco subió directamente al número uno de la lista de éxitos.
13 vi CINEM rodar, filmar.
14 vi BOT brotar.
▶ **to shoot down**
1 vt sep (aircraft) derribar, abatir; (person) matar a tiros.
2 vt sep fig (argument, idea, etc) rebatir; (person) poner por los suelos.
to shoot up
1 vi (prices, costs) dispararse; (flames, hands) alzarse; (plant, child) crecer mucho; (buildings) aparecer de la noche a la mañana.
2 vi sl (heroin) chutarse, picarse, pincharse.
✦ **to shoot for the moon** pedir la luna.
to shoot it out (with somebody) resolverlo a tiros (con alguien), emprenderla a tiros (con alguien).
to shoot on sight disparar en el acto.
to shoot one's bolt echar el resto.
to shoot one's mouth off irse de la lengua.
to shoot oneself pegarse un tiro.
to shoot oneself in the foot salirle a alguien el tiro por la culata.
to shoot pool jugar al billar.
to shoot to kill disparar a matar.
▲ pt & pp shot [ʃɒt].

shooter [ˈʃuːtəʳ] n sl pistola, pipa.

shooting [ˈʃuːtɪŋ]
1 n (shots) disparos mpl, tiros mpl; (continuous) tiroteo; (wounding) incidente m; (killing) asesinato; (execution) fusilamiento.
2 n (hunting) caza.
3 n CINEM rodaje m, filmación f.
4 adj (pain) punzante.

✦ **the whole shooting match** todo el tinglado, toda la pesca.

▪ **shooting brake** *GB* coche *m* familiar.
shooting gallery (*at targets*) barraca de tiro al blanco, caseta de tiro al blanco; (*drugs*) lugar *m* donde se reúnen muchos drogadictos.
shooting iron *US* pistola, pipa.
shooting lodge pabellón *m* de caza.
shooting season temporada de caza.
shooting star estrella fugaz.
shooting stick bastón *m* taburete.

shoot-out ['ʃuːtaʊt] *n* tiroteo.

shop [ʃɒp]
1 *n* (*gen*) tienda; (*business*) comercio, negocio: **I'm going to the shop** voy a la tienda; **the shops open at 9.00 am** las tiendas abren a las 9.00 horas.
2 *n* (*workshop*) taller *m*.
3 *vi* (*gen*) hacer compras, hacer la compra, comprar: **we usually shop on Saturday mornings** normalmente hacemos la compra los sábados por la mañana; **I was shopping for a new coat** quería comprarme un abrigo nuevo.
4 *vt GB fam* (*inform on*) delatar, denunciar, vender.
▸ **to shop around** *vi* ir de tienda en tienda y comparar precios.
✦ **all over the shop** por todas partes.
to keep shop tener una tienda.
to set up shop poner un negocio, abrir un negocio.
to shut up shop cerrar (el negocio).
to talk shop hablar del trabajo.
to work one's way up from the shop floor empezar desde abajo.
▪ **assembly shop** taller *m* de montaje.
paint shop taller *m* de pintura.
repair shop taller *m* de reparaciones.
shop assistant dependiente,-a.
shop floor (*part of factory*) taller *m*; (*workers*) obreros *mpl*, trabajadores *mpl*.
shop steward enlace *mf* sindical.
shop window escaparate *m*.
▲ *pt & pp* **shopped**, *ger* **shopping**.

shopfitter ['ʃɒpfɪtəʳ] *n* instalador,-ra comercial.

shopfitting ['ʃɒpfɪtɪŋ] *n* instalación *f* comercial.

shopgirl ['ʃɒpɡɜːl] *n* dependienta.

shopkeeper ['ʃɒpkiːpəʳ] *n* tendero,-a.

shoplift ['ʃɒplɪft] *vi* hurtar (en las tiendas).

shoplifter ['ʃɒplɪftəʳ] *n* mechero,-a.

shoplifting ['ʃɒplɪftɪŋ] *n* ratería, hurto (en las tiendas).

shopper ['ʃɒpəʳ] *n* comprador,-ra.

shopping ['ʃɒpɪŋ] *n* (*purchases*) compra, compras *fpl*; (*activity*) compra: **I had a bit of shopping to do** tuve que hacer unas compras.
✦ **to do the shopping** hacer la compra.
to go on a shopping spree ir a la compra loca.

to go shopping ir de compras, ir de tiendas, ir a comprar.
▪ **shopping bag** bolsa de la compra.
shopping basket cesta de la compra.
shopping centre centro comercial.
shopping list lista de la compra.
shopping mall *US* centro comercial.
shopping precinct zona comercial.
shopping trolley carrito (de la compra).

shopsoiled ['ʃɒpsɔɪld] *adj* (*damaged*) deteriorado,-a; (*dirty*) sucio,-a.

shopworn ['ʃɒpwɔːn] *adj US* → **shopsoiled**.

shore¹ [ʃɔːʳ]
1 *n* (*of sea, lake*) orilla; (*coast*) costa; (*beach*) playa.
2 shores *npl* tierra *f sing*, país *m sing*, tierras *fpl*.
✦ **on shore** en tierra.
to go on shore (*sailors*) bajar a tierra; (*passengers*) desembarcar.
▪ **shore leave** permiso para bajar a tierra.

shore² [ʃɔːʳ]
1 *n* puntal *m*.
2 *vt* (*building, tunnel*) apuntalar (**up**, -).
3 *vt fig* (*company, prices*) sostener, apuntalar; (*argument, case*) apoyar, reforzar.

shoring ['ʃɔːrɪŋ] *n* apuntalamiento.

shorn [ʃɔːn] *pp* → **shear**.

short [ʃɔːt]
1 *adj* (*not long*) corto,-a; (*not tall*) bajo,-a: **we'll take the shortest route** iremos por el camino más corto; **it's only a short journey** es solo un viajecito; **he's got short hair** lleva el pelo corto; **you're shorter than me** eres más bajito que yo; **Jo is short for Joanne** Jo es el diminutivo de Joanne.
2 *adj* (*brief - of time*) breve, corto,-a: **the days are shorter in winter** los días son más cortos en invierno; **it was a very short interview** fue una entrevista muy breve; **a short time ago** hace poco (tiempo); **in a short while** dentro de un ratito; **you've got a short memory** tienes mala memoria.
3 *adj* (*deficient*) escaso,-a: **water was short** escaseaba el agua; **we're still £50 short** todavía nos faltan 50 libras; **he collapsed two miles short of the finishing line** sufrió un colapso cuando faltaban dos millas para llegar a la meta.
4 *adj* (*curt*) seco,-a, brusco,-a, cortante: **I was very short with her** fui muy brusco con ella; **he's got a short temper** tiene mal genio.
5 *adj CULIN* (*pastry*) quebradizo,-a.
6 *adj FIN* (*bill, exchange*) a corto plazo.
7 *adj LING* breve.
8 *adv* (*abruptly*) bruscamente: **the car stopped short** el coche se paró bruscamente.
9 *n* (*drink*) copa, chupito.
10 *n CINEM* cortometraje *m*, corto.

11 *n ELEC* cortocircuito.
12 *vt ELEC fam* provocar un cortocircuito.
13 *vi ELEC fam* tener un cortocircuito.
✦ **at short notice** con poca antelación.
for short para abreviar.
in short en pocas palabras.
in the short term a corto plazo.
short and sweet cortito,-a.
short of a menos que, salvo que: **short of calling a strike …** a menos que convoquemos una huelga …
to be caught short/be taken short entrarle ganas a alguien de ir al lavabo.
to be in short supply haber escasez de, escasear.
to be short of something andar escaso,-a de algo, estar falto,-a de algo: **I'm a bit short of money** ando algo escaso de dinero, tengo poco dinero; **he was short of breath** le faltaba la respiración, le faltaba el aliento.
to be short on something tener poco,-a de algo: **he's short on tact** tiene poco tacto, le falta tacto.
to cut somebody short interrumpir a alguien.
to cut something short acortar algo, abreviar algo: **she had to cut her holiday short** tuvo que acortar sus vacaciones.
to fall short of something no alcanzar algo, estar por debajo de algo: **the number of jobs created falls short of the government's target** el número de puestos de trabajo creados está por debajo del objetivo del gobierno.
to get somebody by the short hairs/short and curlies pillar a alguien.
to give somebody short measure/weight no dar el peso exacto.
to go short (of something) pasarse sin (algo), faltarle a uno (algo): **we were poor, but we never went short of food** éramos pobres, pero nunca nos faltó comida.
to have somebody by the short hairs/short and curlies tener a alguien bien agarrado.
to run short of something acabarse algo: **we're running short of coffee** se nos está acabando el café.
▪ **short circuit** cortocircuito.
short cut (*route*) atajo; (*method*) método fácil, fórmula mágica.
short list lista de preseleccionados.
short order *US* comida rápida.
short story cuento.
short subject *US* cortometraje *m*.
short time jornada reducida.
short wave onda corta.

shortage ['ʃɔːtɪdʒ] *n* falta, escasez *f*: **water shortage** escasez de agua; **the housing shortage** la falta de viviendas; **there's a shortage of language teachers** no hay suficientes profesores de idiomas; **there was no shortage of volunteers** no faltaban voluntarios.

shortbread ['ʃɔ:tbred] *n galleta hecha de mantequilla, tipo mantecado.*

shortcake ['ʃɔ:tkeɪk]
1 *n GB galleta hecha de mantequilla, tipo mantecado.*
2 *n US tarta de frutas.*

short-change [ʃɔ:t'tʃeɪndʒ]
1 *vt (give wrong change)* dar mal el cambio a, dar de menos (en el cambio) a.
2 *vt fam (cheat)* estafar, engañar.

short-circuit [ʃɔ:t'sɜ:kɪt]
1 *vt ELEC* provocar un cortocircuito en.
2 *vt fig (bypass)* pasar por encima.
3 *vi ELEC* tener un cortocircuito.

shortcomings ['ʃɔ:tkʌmɪŋz] *npl* defectos *mpl*, deficiencias *fpl*, puntos *mpl* flacos.

shortcrust pastry ['ʃɔ:tkrʌst'peɪstrɪ] *n* pasta quebradiza, pastaflora.

shorten ['ʃɔ:tən]
1 *vt (gen)* acortar; *(text)* abreviar; *(prison sentence)* reducir.
2 *vi* acortarse.

shortening ['ʃɔ:tənɪŋ] *n CULIN (butter)* mantequilla; *(lard)* manteca.

shortfall ['ʃɔ:tfɔ:l] *n* déficit *m* (**of/in**, en).

short-haired ['ʃɔ:theəd] *adj* de pelo corto.
▲ *Se escribe* short haired [ʃɔ:t'heəd] *cuando no se antepone a un sustantivo.*

shorthand ['ʃɔ:hænd] *n* taquigrafía.
■ **shorthand typing** taquimecanografía. **shorthand typist** taquimecanógrafo, -a, taquimeca *mf.*

short-handed [ʃɔ:t'hændɪd] **to be short-handed** *phr* no tener personal suficiente.

short-legged ['ʃɔ:t'legd] *adj* paticorto,-a.

short-list ['ʃɔ:tlɪst] *vt* incluir en la lista de preseleccionados.

short-lived ['ʃɔ:tlɪvd] *adj* efímero,-a, fugaz, pasajero,-a.

shortly ['ʃɔ:tlɪ]
1 *adv (soon)* dentro de poco, en breve: **shortly after/before** poco después/antes.
2 *adv (impatiently)* bruscamente, de manera brusca.

short-necked [ʃɔ:t'nekt] *adj* cuellicorto,-a.

shortness ['ʃɔ:tnəs]
1 *n (of thing, distance)* lo corto; *(of person)* baja estatura; *(of period)* brevedad *f.*
2 *n (lack)* falta.

short-range ['ʃɔ:treɪndʒ]
1 *adj MIL* de corto alcance.
2 *adj (forecast, plan, project, etc)* a corto plazo.

shorts [ʃɔ:ts]
1 *npl* pantalones *mpl* cortos, shorts *mpl*: **a pair of shorts** un pantalón corto.
2 *npl US (underpants)* calzoncillos *mpl.*

short-sighted ['ʃɔ:tsaɪtɪd]
1 *adj MED* miope, corto,-a de vista.
2 *adj (plan, policy, etc)* corto,-a de miras, estrecho,-a de miras.

short-sightedness [ʃɔ:t'saɪtɪdnəs]
1 *n MED* miopía.
2 *n (of plan, policy, etc)* falta de visión.

short-sleeved ['ʃɔ:tsli:vd] *adj* de manga corta.

short-staffed ['ʃɔ:tstɑ:ft] **to be short-staffed** *phr* no tener personal suficiente.

short-tempered ['ʃɔ:ttempəd] *adj* de mal genio.

short-term ['ʃɔ:ttɜ:m] *adj* a corto plazo.

short-wave ['ʃɔ:tweɪv] *adj* de onda corta.

short-winded [ʃɔ:t'wɪndɪd] *adj* corto,-a de resuello.

shot¹ [ʃɒt]
1 *pt & pp* → **shoot.**
2 *adj (textiles)* tornasolado,-a.
3 *adj fam (exhausted)* deshecho,-a.
✦ **to get shot of something/somebody** quitarse algo/a alguien de encima, deshacerse de algo/alguien.

shot² [ʃɒt]
1 *n (act, sound)* tiro, disparo, balazo: **I thought I heard a shot** creo haber oído un disparo; **he fired six shots** disparó seis veces; **an exchange of shots** un tiroteo; **a warning shot** un disparo al aire.
2 *n (projectile)* bala, proyectil *m*; *(pellets)* perdigones *mpl*; *(large iron ball)* peso.
3 *n (person)* tirador,-ra: **he's a crack shot** es un tirador de élite.
4 *n SP (in football)* tiro (a gol), chut *m*, chute *m*; *(in tennis, golf, cricket, etc)* golpe *m*; *(in basketball)* tiro.
5 *n (attempt, try)* tentativa, intento: **why don't you have a shot at it?** ¿por qué no lo intentas?; **he'd like a shot at the title** le gustaría intentar ganar el título.
6 *n fam (injection)* inyección *f*, pinchazo.
7 *n (drink)* trago, chupito.
8 *n (photo)* foto *f*; *(cinema)* toma.
✦ **a cheap shot** un golpe bajo.
a long shot una posibilidad remota.
a shot in the arm un estímulo, una inyección.
a shot in the dark un intento a ciegas, un palo de ciego.
like a shot *(without hesitation)* sin pensárselo dos veces, sin dudar, sin vacilar un solo momento.
not by a long shot ni mucho menos.
to be off like a shot salir disparado,-a, salir como una bala.
to call the shots mandar.
■ **shot put** *SP* lanzamiento de peso.

shotgun ['ʃɒtgʌn] *n* escopeta.
✦ **to have a shotgun wedding** casarse de penalti.

shot-putter ['ʃɒtpʊtə'] *n* lanzador,-ra de peso.

should [ʃʊd]
1 *aux (duty, advisability, recommendation)* deber: **you should see the dentist** deberías ir al dentista; **children should be seen and not heard** los niños deberían verse y no escucharse; **you should have phoned me** deberías haberme llamado.
2 *aux (probability)* deber de: **the clothes should be dry now** la ropa ya debe de estar seca; **there shouldn't be any problem** no debe de haber ningún problema; **this should be interesting** esto promete ser interesante.
3 *aux (subjunctive, conditional)* **if you should see Janet by any chance** si por casualidad vieras a Janet; **should you change your mind** si cambiaras de opinión; **it's strange that you should say that** es extraño que digas eso; **it has been decided that you should go** se ha decidido que fueras tú.
4 *aux (conditional, 1st person)* **I should like to ask a question** quisiera hacer una pregunta; **I should be grateful if you could reply ...** le agradecería que contestara ...; **I should buy it if I were you** yo en tu lugar lo compraría.
5 *aux (tentative statement)* **I should think so** me imagino que sí; **I shouldn't think so** no creo.
6 *aux (disbelief, surprise)* **and who should be in the bar but Gary Lineker!** ¿y quién te parece que estaba en el bar? ¡Gary Lineker!; **how should I know!** ¡yo qué sé!
✦ **I should have thought ...** hubiera pensado ...
I should think so too! ¡faltaría más!, ¡era lo menos que podía hacer!

shoulder ['ʃəʊldə']
1 *n ANAT* hombro: **she looked over her shoulder** miró por encima del hombro.
2 *n (of garment)* hombro: **padded shoulders** hombreras.
3 *n (of meat)* paletilla.
4 *n (of hill, mountain)* ladera; *(of road)* arcén *m*, andén *m.*
5 *vt (duty, responsibility)* cargar con.
6 *vt (load)* ponerse al hombro, echarse al hombro.
7 *vt (push)* empujar con el hombro.
8 **shoulders** *npl ANAT* hombros *mpl*, espalda *f sing.*
✦ **a shoulder to cry on** un paño de lágrimas.
shoulder to shoulder hombro con hombro.
to cry on somebody's shoulders desahogarse con alguien.
to give somebody the cold shoulder volver la espalda a alguien, dar de lado a alguien, hacerle el vacío a alguien.
to look over somebody's shoulder vigilar a alguien.
to put one's shoulder to the wheel arrimar el hombro.
to rub shoulders with somebody codearse con alguien.

to shoulder one's way in/past/through abrirse paso a empujones.
to stand head and shoulders above something estar muy por encima de algo.

- **shoulder bag** bolso (de bandolera).
shoulder blade omóplato.
shoulder pad hombrera.
shoulder patch/flash galón *m*.
shoulder strap *(of garment)* tirante *m*; *(of bag)* correa.

shoulder-high [ˈʃəʊldəhaɪ]
1 *adj* a la altura del hombro.
2 *adv* a hombros, en hombros.

shoulder-length [ˈʃəʊldəlenθ] *adj* (que llega) hasta los hombros.

shout [ʃaʊt]
1 *n* grito: **shouts of delight** gritos de alegría; **give me a shout** avísame, pégame un grito.
2 *n* GB *fam (turn to buy drink)* ronda: **it's your shout** te toca a ti invitar.
3 *vt* gritar (**out**, -): **get out! he shouted** ¡fuera! gritó.
4 *vi* gritar: **there's no need to shout!** ¡no hace falta que grites!; **I don't like it when you shout at me** no me gusta que me grites.
▸ **to shout down** *vt sep* abuchear.
✦ **to shout for help** pedir auxilio a gritos, pedir socorro a gritos.
  to shout oneself hoarse gritar hasta quedarse ronco,-a, gritar hasta quedarse afónico,-a.
  to shout something from the rooftops divulgar algo a los cuatro vientos.

shouting [ˈʃaʊtɪŋ] *n* gritos *mpl*, vocerío.
✦ **it's all over bar the shouting** esto ya es asunto concluido.
  to have a shouting match pelearse a gritos.

shove [ʃʌv]
1 *n* empujón *m*: **we had to give the car a shove** tuvimos que dar un empujón al coche.
2 *vt (push)* empujar: **he shoved me out of the way** me apartó a empujones; **she shoved the plate away** apartó el plato de un empujón.
3 *vt (put casually)* meter: **shove it in the cupboard** mét-elo en el armario; **he shoved the letter in his pocket** se metió la carta en el bolsillo.
4 *vi (push)* empujar, dar empujones: **don't shove!** ¡no empujes!; **everyone was pushing and shoving to see the actor** todos andaban dando empujones para ver al actor.
▸ **to shove off**
  1 *vi fam* largarse.
  2 *vi* MAR desatracar.
  to shove over/shove up *vi fam* correrse.

shovel [ˈʃʌvəl]
1 *n (tool)* pala.
2 *n (machine)* excavadora, pala mecánica.
3 *vt* mover con pala, quitar con pala, echar con pala.

✦ **to shovel food into one's mouth** zamparse la comida.
▲ *pt & pp* **shovelled**, *ger* **shovelling**.

shoveler [ˈʃʌvələ] *n* pato cuchara.
shovelful [ˈʃʌvəlfʊl] *n* palada.

show [ʃəʊ]
1 *n* THEAT *(entertainment)* espectáculo; *(performance)* función *f*: **let's go and see a show** vayamos a ver un espectáculo; **they perform two shows a day** hacen dos funciones diarias.
2 *n (on TV, radio)* programa *m*, show *m*.
3 *n (exhibition)* exposición *f*.
4 *n (display)* muestra, demostración *f*: **a show of strength** una demostración de fuerza, una exhibición de fuerza; **a show of hands** una votación a mano alzada.
5 *n (outward appearance, pretence)* apariencia: **she made a show of interest** fingió estar interesada.
6 *n (ostentation, pomp)* alarde *m*: **it's all for show** es pura fachada, todo es para aparentar.
7 *n fam (organization)* negocio, tinglado: **who runs this show?** ¿quién manda aquí?
8 *vt (display -gen)* enseñar; *(- things for sale)* mostrar, enseñar: **I showed her my photos** le enseñé mis fotos; **she showed me some beautiful jewellery** me mostró unas joyas preciosas.
9 *vt (point out)* indicar, señalar: **do you want me to show you the way?** ¿quieres que te indique el camino?
10 *vt (reveal - feelings)* demostrar, expresar; *(- interest, enthusiasm, etc)* demostrar, mostrar: **she rarely shows his feelings** raras veces demuestra sus sentimientos; **they showed great kindness to me** se mostraron muy amables conmigo; **he showed no mercy** no fue clemente; **you should show some respect for your elders** deberías guardar más respeto a tus mayores.
11 *vt (allow to be seen)* dejar ver: **black doesn't show the dirt** el negro no deja ver la suciedad.
12 *vt (measurement etc)* marcar; *(profit, loss)* indicar, registrar, arrojar: **the clock showed 4.25** el reloj marcaba las 4.25; **the thermometer shows a temperature of 20 degrees** el termómetro marca una temperatura de 20 grados; **figures out today show that inflation is up by 2%** cifras publicadas hoy indican que la inflación ha subido un 2%.
13 *vt (teach)* enseñar; *(explain)* explicar: **she showed us how it works** nos enseñó cómo funciona; **I'll show him!** ¡se va a enterar!
14 *vt (prove, demonstrate)* demostrar: **this work shows real talent** este trabajo demuestra mucho talento; **research has shown that the common cold can be cured** las investigaciones han demostrado que se puede curar el resfriado común.

15 *vt (depict, present)* representar, mostrar: **this photo shows him swimming in the sea** en esta foto está nadando en el mar; **this painting shows a rural scene** este cuadro muestra una escena rural; **motorways are shown in red** las autopistas están señaladas en rojo.
16 *vt (guide)* llevar, acompañar: **I'll show you to your room** te acompañaré a tu habitación; **will you show Mr. Smith out please?** ¿quieres acompañar al Sr. Smith a la puerta por favor?; **he showed me round the factory** me mostró la fábrica.
17 *vt (painting etc)* exponer, exhibir; *(film)* dar, poner, pasar, proyectar; *(slides)* pasar, proyectar; *(on TV)* dar, poner: **they're showing "Dracula" at the Rex** dan "Drácula" en el Rex; **are they showing the match live?** ¿dan el partido en directo?
18 *vi (be perceptible)* verse, notarse: **the stain doesn't show** no se ve la mancha; **she was nervous but didn't let it show** estaba nerviosa pero no se le notaba; **I did it quickly - yes, it shows!** lo hice deprisa - ¡sí, se nota!
19 *vi* CINEM poner, dar, echar, proyectar, exhibir: **what's showing at the Odeon?** ¿qué dan en el Odeon?, ¿qué echan en el Odeon?; **now showing at a cinema near you** ahora se exhibe en un cine muy cerca de ti.
20 *vi fam (appear, turn up)* aparecer, presentarse: **he didn't show** no se presentó.
▸ **to show off** *vi*
  1 *vi (gen)* fardar, fanfarronear, presumir, lucirse; *(child)* hacerse el/la gracioso,-a.
  2 *vt sep (set off)* hacer resaltar, realzar.
  3 *vt sep (flaunt, parade)* hacer alarde de, presumir de, fardar con, lucirse con.
  to show up
  1 *vt sep (make visible - gen)* hacer resaltar, hacer destacar; *(- defect, inadequacy, etc)* revelar, sacar a la luz, poner de manifiesto.
  2 *vt sep fam (embarrass)* dejar en ridículo, poner en evidencia.
  3 *vi (be visible)* notarse, verse.
  4 *vi fam (arrive)* acudir, presentarse, aparecer.
✦ **it just goes to show!** ¡hay que ver!
  let's get this show on the road! ¡manos a la obra!
  the show must go on el espectáculo debe continuar.
  time will show el tiempo lo dirá.
  to be all show ser puro teatro, ser fingido,-a.
  to be on show estar expuesto,-a.
  to have nothing to show for something no reportarle a uno ningún beneficio: **he had nothing to show for a life's work except a stupid watch** lo único que tenía como recompensa a una vida dedicada al trabajo era un estúpido reloj.

to have something to show for something tener algo que recompensa: **at least you've got something to show for it** al menos tienes algo que recompensa el esfuerzo que has hecho; **and what have you got to show for it?** ¿y qué tienes como recompensa?, ¿y qué beneficio te ha reportado?
to put on/up a good show hacer un buen papel, estar muy bien.
to show a leg levantarse.
to show one's age notársele los años a uno.
to show one's face asomar la cara.
to show one's teeth mostrar los dientes, enseñar los dientes.
to show signs of something dar señales de algo, dar muestras de algo.
to show somebody the door echar a alguien (a la calle).
to show the way *(set an example)* dar ejemplo.
to steal the show llevarse la palma.
■ **agricultural show** feria del campo.
boat show salón *m* náutico.
fashion show desfile *m* de modelos.
horse show concurso hípico.
quiz show programa *m* concurso.
show business el mundo del espectáculo.
show house casa piloto.
show trial juicio amañado (para influir en la opinión pública).
▲ *pt showed, pp showed* o *shown* [ʃəʊn].

showcase [ˈʃəʊkeɪs]
1 *n (cabinet)* vitrina.
2 *n (opportunity, setting)* escaparate *m*: **the festival has become a showcase for new directors** el festival se ha convertido en un escaparate para los nuevos directores.
3 *vt* exhibir.

showdown [ˈʃəʊdaʊn] *n* enfrentamiento, confrontación *f*.

shower [ˈʃaʊəʳ]
1 *n METEOR* chubasco, chaparrón *m*.
2 *n (of stones, blows, insults, etc)* lluvia.
3 *n (in bathroom)* ducha.
4 *n US (party)* fiesta de obsequio.
5 *vt (sprinkle)* espolvorear; *(spray)* rociar: **they showered the bride and groom with confetti** les tiraron confeti a los novios.
6 *vt fig (bestow, heap)* inundar, colmar, llover: **he showered her with expensive gifts** la inundó de regalos caros; **honours were showered on him** lo colmaron de honores, le llovieron honores.
7 *vi (rain)* llover; *(objects)* caer, llover.
8 *vi (in bath)* ducharse.
+ **to have a shower/take a shower** ducharse.
■ **shower cap** gorro de baño.
shower gel gel *m* de baño, gel *m* de ducha.

showerproof [ˈʃaʊəpruːf] *adj* impermeable.

showery [ˈʃaʊərɪ] *adj* lluvioso,-a.

showgirl [ˈʃəʊgɜːl] *n (singer)* corista; *(dancer)* bailarina.

showground [ˈʃəʊgraʊnd] *n* real *m*, recinto ferial.

showiness [ˈʃaʊɪnəs] *n* vistosidad *f*.

showing [ˈʃəʊɪŋ]
1 *n (of film)* pase *m*, sesión *f*, proyección *f*; *(of paintings)* exhibición *f*.
2 *n (performance)* actuación *f*; *(result)* resultado: **on its current showing** según los últimos resultados.

showjumper [ˈʃəʊdʒʌmpəʳ] *n* jinete *mf*.

showjumping [ˈʃəʊdʒʌmpɪŋ] *n (gen)* hípica; *(event)* concurso *f* hípico.

showman [ˈʃəʊmən]
1 *n (manager)* empresario (de espectáculos).
2 *n (entertainer)* artista *m*, showman *m*.
▲ *pl showmen* [ˈʃəʊmən].

showmanship [ˈʃəʊmənʃɪp] *n* teatralidad *f*.

shown [ʃəʊn] *pp* → **show**.

show-off [ˈʃəʊɒf] *n fam* fanfarrón,-ona, fardón,-ona.

showpiece [ˈʃəʊpiːs]
1 *n (in exhibition)* joya, objeto de valor.
2 *n (fine example)* modelo (de su género).

showplace [ˈʃəʊpleɪs] *n (place of interest)* lugar *m* de interés turístico; *(impressive building)* edificio de interés turístico.

showroom [ˈʃəʊruːm]
1 *n COMM* exposición *f*.
2 *n ART* sala de exposiciones.

showy [ˈʃəʊɪ] *adj (thing)* llamativo,-a, vistoso,-a; *(person)* ostentoso,-a.
▲ *comp showier, superl showiest*.

shrank [ʃræŋk] *pt* → **shrink**.

shrapnel [ˈʃræpnəl] *n* metralla.

shred [ʃred]
1 *n (gen)* triza; *(of cloth)* jirón *m*; *(of paper)* tira; *(of tobacco)* brizna, hebra.
2 *n fig (bit)* pizca: **not a shred of truth** ni pizca de verdad; **without a shred of evidence** sin la más mínima prueba.
3 *vt (paper)* hacer trizas, triturar; *(vegetables - cut in strips)* cortar en tiras; *(- grate)* rallar.
+ **in shreds** *(clothes)* hecho,-a jirones; *(reputation etc)* hecho,-a trizas, destrozado,-a.
to tear something/somebody to shreds hacer trizas algo/a alguien.
▲ *pt & pp shredded, ger shredding*.

shredder [ˈʃredəʳ] *n (for paper)* trituradora; *(for vegetables)* rallador *m*.

shrew [ʃruː]
1 *n ZOOL* musaraña.
2 *n fig (woman)* arpía, bruja, fiera.

shrewd [ʃruːd]
1 *adj (person - gen)* astuto,-a, sagaz; *(- clear-sighted)* perspicaz; *(- wise)* sabio,-a.
2 *adj (decision)* muy acertado,-a; *(move)* hábil, inteligente; *(assessment, remark, guess)* perspicaz; *(guess)* razonable.

shrewdly [ˈʃruːdlɪ] *adv* astutamente.

shrewdness [ˈʃruːdnəs] *n (gen)* astucia, sagacidad *f*; *(clear-sightedness)* perspicacia; *(wisdom)* juicio.

shriek [ʃriːk]
1 *n* chillido, grito agudo: **shriek of laughter** carcajada; **shriek of pain** alarido de dolor.
2 *vi* chillar, gritar: **the children shrieked with laughter** los niños chillaban de risa.
3 *vt* chillar, gritar.
+ **to shriek with laughter** reírse a carcajadas.

shrift [ʃrɪft] **to get short shrift** *phr (person)* ser echado,-a con cajas destempladas, ser despachado,-a sin rodeos; *(idea etc)* ser desechado,-a de plano.
+ **to give short shrift** *(person)* echar con cajas destempladas, despachar sin rodeos; *(idea etc)* desestimar de plano.

shrike [ʃraɪk] *n* alcaudón *m*.

shrill [ʃrɪl]
1 *adj (voice, words, people)* agudo,-a, chillón,-ona, estridente; *(sound, whistle)* agudo,-a, estridente, penetrante.
2 *adj (demand, protest, criticism)* frenético,-a, estridente.
3 *vi (whistle)* pitar; *(phone, alarm)* sonar; *(person, voice)* chillar.

shrillness [ˈʃrɪlnəs] *n* estridencia.

shrimp [ʃrɪmp]
1 *n* camarón *m*, gamba.
2 *n pej (person)* enano,-a, renacuajo,-a.
3 *vi* pescar camarones.
+ **to go shrimping** ir a pescar camarones.
■ **shrimp cocktail** cóctel *m* de gambas.

shrine [ʃraɪn] *n REL (holy place)* santuario, lugar *m* sagrado; *(chapel)* capilla; *(remote)* ermita; *(tomb)* sepulcro; *(reliquary)* relicario.

shrink [ʃrɪŋk]
1 *vt (clothes etc)* encoger.
2 *vi (clothes)* encoger, encogerse; *(meat)* achicarse, reducirse: **my jumper's shrunk** mi jersey (se) ha encogido.
3 *vi (savings, numbers, profits, etc)* disminuir, reducirse.
4 *vi (move back)* retroceder, echarse atrás.
5 *n fam (psychiatrist)* psiquiatra *mf*, loquero,-a.
+ **to shrink from doing something** no tener valor para hacer algo, acobardarse ante algo.
▲ *pt shrank* [ʃræŋk], *pp shrunk* [ʃrʌŋk].

shrinkage [ˈʃrɪŋkɪdʒ]
1 *n (of clothes)* encogimiento; *(of metal)* contracción *f*.
2 *n (of savings, numbers, etc)* disminución *f*, reducción *f*.

shrinking violet [ʃrɪŋkɪŋˈvaɪələt] *n fam* persona muy tímida.

shrink-wrap [ˈʃrɪŋkræp] *vt* empaquetar en plástico, envolver en plástico.
▲ *pt & pp shrink-wrapped, ger shrink-wrapping*.

shrivel ['ʃrɪvəl]
1 vt (plant) secar, marchitar; (skin) arrugar.
2 vi (plant) secarse, marchitarse; (skin) arrugarse.
▲ pt & pp shrivelled (US shriveled), ger shrivelling (US shriveling).

shroud [ʃraʊd]
1 n REL mortaja, sudario.
2 n fig (of mist, secrecy) velo.
3 vt fig envolver.
✦ to be shrouded in something estar envuelto,-a en un velo de algo.

Shrove Tuesday [ʃrəʊv'tjuːzdɪ] n martes m de carnaval.

shrub [ʃrʌb] n arbusto, mata.

shrubbery ['ʃrʌbərɪ] n arbustos mpl, matas fpl.
▲ pl shrubberies.

shrug [ʃrʌg]
1 vt encoger.
2 vi encogerse de hombros.
3 n encogimiento de hombros.
▶ to shrug off vt sep quitar importancia a, no hacer caso de.
✦ to shrug one's shoulders encogerse de hombros.
▲ pt & pp shrugged, ger shrugging.

shrunk [ʃrʌŋk] pp → shrink.

shrunken ['ʃrʌŋkən] adj (gen) encogido,-a; (body) consumido,-a, empequeñecido,-a; (size, head) reducido,-a.

shudder ['ʃʌdəʳ]
1 n (of person) escalofrío, estremecimiento.
2 n (of machine, engine) vibración f, sacudida.
3 vi (person) estremecerse, temblar (with, de): I shudder to think of it me dan escalofríos solo de pensarlo.
4 vi (machinery, vehicle) vibrar, dar sacudidas.
✦ to give somebody the shudders dar un escalofrío a alguien, poner los pelos de punta a alguien.
to shudder to a halt pararse de una sacudida.

shuffle ['ʃʌfəl]
1 n (walk) arrastre m.
2 n (of cards) baraje m, barajadura: give the cards a shuffle baraja las cartas.
3 vt (feet - drag) arrastrar; (- move) mover.
4 vt (cards) barajar; (papers) revolver.
5 vi (walk) andar arrastrando los pies; (in seat) revolverse.

shun [ʃʌn] vt (person) rechazar, rehuir; (responsibility, publicity) rehuir, evitar.
▲ pt & pp shunned, ger shunning.

shunt [ʃʌnt]
1 vt (train, railway carriage) cambiar de vía.
2 vt ELEC derivar.
3 vt fam (person) apartar, relegar, trasladar; (object) empujar, mover: he's been shunted off to another branch se lo han quitado de encima mandándolo a otra sucursal.

4 n (shunting) maniobra, empujón m.
5 n ELEC derivación f.
6 n MED derivación f.
7 n fam (crash) choque m.

shunting ['ʃʌntɪŋ] n maniobras fpl.
■ shunting engine máquina auxiliar.
shunting yard estación f de maniobras.

shush [ʃʊʃ]
1 interj ¡chis!, ¡chitón!
2 vt callar, hacer callar.

shut [ʃʌt]
1 vt (gen) cerrar: shut your eyes cierra los ojos; he shut his finger in the door se pilló el dedo en la puerta.
2 vi (gen) cerrar, cerrarse: the door won't shut la puerta no se cierra; the shops shut at 5.30 pm las tiendas cierran a las 5.30 horas.
3 adj (closed) cerrado,-a.
▶ to shut away vt sep (isolate) encerrar.
to shut down
1 vt sep (factory, business) cerrar; (machinery) desconectar, apagar.
2 vi (factory, business) cerrar.
to shut in vt sep (enclose, imprison) encerrar.
to shut off
1 vt sep (gas, electricity, water) cortar, cerrar; (machinery, engine) desconectar, apagar.
2 vt sep (isolate) aislar (from, de).
3 vt sep (view, light, etc) tapar.
4 vi (gas, electricity, water) cortarse, cerrarse; (machinery, engine) desconectarse, apagarse.
to shut out
1 vt sep (exclude) excluir, no dejar participar.
2 vt sep (stop entering - person, animal) dejar fuera; (- light, heat, noise) no dejar entrar; (lock out) cerrar la puerta a.
3 vt sep fig (thought, feeling, etc) no pensar en, ahuyentar.
to shut up
1 vt sep (close) cerrar.
2 vt sep (confine) encerrar.
3 vt sep fam (quieten) callar, hacer callar.
4 vi (close) cerrar.
5 vi (keep quiet) callarse: shut up! ¡cállate!
✦ to shut one's ears to something hacer oídos sordos a algo.
to shut one's mouth/gob/trap/face cerrar el pico.
to shut the door in somebody's face dar a alguien con la puerta en las narices.
to shut the door on something negarse a pensar en algo, no querer saber nada de algo.
to shut up shop cerrar (el negocio).
▲ pt & pp shut, ger shutting.

shutdown ['ʃʌtdaʊn] n (of factory etc) cierre m; (of power) corte m; (of machinery) parada.

shuteye ['ʃʌtaɪ] n fam dormir m.
✦ to get some/a bit of shuteye echar una cabezada, dormir un poco.

shut-in ['ʃʌtɪn]
1 adj (gen) encerrado,-a; (patient) confinado,-a en casa.
2 n US enfermo,-a confinado,-a en casa.

shutout ['ʃʌtaʊt]
1 n (lockout) cierre m patronal.
2 n US partido en que solo marca un equipo.

shutter ['ʃʌtəʳ]
1 n (on window) postigo, contraventana; (of shop) cierre m.
2 n (of camera) obturador m.
3 vt (close shutters) cerrar los postigos, cerrar las contraventanas.
✦ to put up the shutters (for day) cerrar, echar el cierre; (for ever) cerrar el negocio.
■ shutter speed tiempo de exposición.

shuttered ['ʃʌtəd] adj (with shutters closed) con las contraventanas cerradas; (with shutters) con contraventanas.

shuttering ['ʃʌtərɪŋ] n encofrado.

shuttle ['ʃʌtəl]
1 n AV puente m aéreo.
2 n (spacecraft) transbordador m espacial.
3 n (bus, train) servicio regular de enlace.
4 n (in weaving) lanzadera.
5 n fam (shuttlecock) volante m.
6 vt trasladar, transportar.
7 vi (plane) volar regularmente; (bus, train) viajar, ir regularmente.
✦ to shuttle back and forth ir y venir.
■ shuttle service servicio regular de enlace.

shuttlecock ['ʃʌtəlkɒk] n volante m.

shy¹ [ʃaɪ]
1 adj (person - timid) tímido,-a; (- bashful) vergonzoso,-a; (- reserved) reservado,-a; (- unsociable, nervous) huraño,-a: don't be shy no seas tímido, no tengas vergüenza, no te cortes.
2 adj (animal) asustadizo,-a, huraño,-a.
3 vi (horse) espantarse (at, de), respingar, asustarse.
▶ to shy away from vt insep (avoid) huir de, rehuir.
✦ once bitten, twice shy gato escaldado del agua fría huye.
to be shy about doing something darle vergüenza a uno hacer algo.
to be shy of doing something (wary, cautious) tener miedo de hacer algo, no atreverse a hacer algo.
to be shy of something US (lacking, short) andar escaso,-a de algo, faltar algo: we're still one person shy todavía nos falta una persona.
▲ comp shyer o shier, superl shyest o shiest.

shy² [ʃaɪ] vt (throw) tirar, lanzar.
▲ pt & pp shied, ger shying.

shyly ['ʃaɪlɪ] adv tímidamente, con timidez.

shyness ['ʃaɪnəs] n timidez f.

shyster [ˈʃaɪstəʳ] *n US fam (gen)* estafador, -ra, timador,-ra; *(lawyer)* picapleitos *mf*.

Siam [saɪˈæm] *n* Siam.

Siamese [saɪəˈmiːz]
1 *adj* siamés,-esa.
2 *n (person)* siamés,-esa.
3 *n (language)* siamés *m*.
4 **the Siamese** *npl* los siameses *mpl*.
■ **Siamese cat** gato siamés.
Siamese twin hermano,-a siamés,-esa.

Siberia [saɪˈbɪərɪə] *n* Siberia.

Siberian [saɪˈbɪərɪən] *adj* siberiano,-a.

sibilant [ˈsɪbɪlənt]
1 *n LING* sibilante *f*.
2 *adj* sibilante.

sibling [ˈsɪblɪŋ] *n fml (brother)* hermano; *(sister)* hermana: **sibling rivalry** rivalidad entre hermanos.

Sicilian [sɪˈsɪlɪən]
1 *adj* siciliano,-a.
2 *n* siciliano,-a.

Sicily [ˈsɪsəlɪ] *n* Sicilia.

sick [sɪk]
1 *adj (ill)* enfermo,-a.
2 *adj (nauseated, queasy)* mareado,-a.
3 *adj (fed up)* harto,-a; *(worried)* preocupado,-a: **I'm sick and tired of your moaning** estoy más que harto de tus quejas; **I bet you're sick of the sight of grapes!** ¡seguro que estás harto de ver uvas!; **we were worried sick** estábamos muy preocupados.
4 *adj (morbid - mind, person)* morboso,-a; *(- joke, humour)* de muy mal gusto, negro,-a.
5 *n GB (vomit)* vómito.
6 **the sick** *n* los enfermos *mpl*.
▸ **to sick up** *vt sep GB* vomitar, devolver.
✦ **to be as sick as a parrot** estar destrozado,-a.
  to be off sick estar ausente por enfermedad.
  to be sick *(vomit)* vomitar, devolver.
  to call in sick llamar diciendo que se está enfermo,-a.
  to feel sick estar mareado,-a, tener náuseas.
  to go sick darse de baja por enfermedad.
  to make somebody sick *(angry)* reventar a alguien, dar rabia a alguien: **it makes you sick!** ¡da rabia!; **you make me sick!** ¡me das asco!
  to report sick dar parte de enfermedad, coger la baja por enfermedad.
  to take sick *dated* enfermar, caer enfermo,-a, ponerse enfermo,-a.
■ **sick bag** bolsa para el mareo.
  sick headache jaqueca, migraña.
  sick leave baja por enfermedad.
  sick note *(doctor's)* baja; *(parent's)* nota.
  sick pay *sueldo que se cobra cuando se está de baja por enfermedad*.

sickbay [ˈsɪkbeɪ] *n* enfermería.

sickbed [ˈsɪkbed] *n* lecho de enfermo.

sicken [ˈsɪkən]
1 *vt (make ill)* poner enfermo,-a; *(revolt, disgust)* dar asco, dar rabia.
2 *vi* caer enfermo,-a, ponerse enfermo, -a, enfermar.
✦ **to be sickening for something** estar incubando algo, tener síntomas de algo.

sickening [ˈsɪkənɪŋ]
1 *adj (disgusting)* repugnante, asqueroso, -a; *(horrifying)* escalofriante, horrible; *(nauseating)* nauseabundo,-a.
2 *adj (annoying)* irritante, exasperante: **it's sickening** da rabia.

sickle [ˈsɪkəl] *n* hoz *f*.

sickly [ˈsɪklɪ]
1 *adj (person)* enfermizo,-a; *(pale)* pálido,-a, paliducho,-a.
2 *adj (smell, taste)* empalagoso,-a, dulzón, -ona; *(smile)* forzado,-a; *(colour)* horrible, asqueroso,-a.
▲ *comp* **sicklier**, *superl* **sickliest**.

sickness [ˈsɪknəs]
1 *n (illness)* enfermedad *f*.
2 *n (nausea)* náuseas *fpl*, ganas *fpl* de vomitar.
■ **sickness benefit** subsidio de enfermedad.

sickroom [ˈsɪkruːm] *n* enfermería.

side [saɪd]
1 *n (gen)* lado; *(of coin, cube, record)* cara; *(of written page)* carilla, cara, plana: **there's a garage at the side of the house** hay un garaje al lado de la casa; **write on one side of the paper only** solo escribir en una cara del papel; **the right/wrong side of the material** el derecho/revés de la tela; **he's from the other side of town** es del otro lado de la ciudad; **let's cross over to the other side** crucemos al otro lado; **they sat on either side of the table** se sentaron a ambos lados de la mesa; **they drive on the right-hand side of the road** conducen por la derecha; **it's on the left-hand side** está a mano izquierda.
2 *n (of hill, mountain)* ladera, falda.
3 *n (of body)* lado, costado; *(of animal)* ijada, ijar *m*: **I've got a pain in my right side** me duele el lado derecho; **she was lying on her side** estaba echada de lado; **she never left his side** no dejó nunca de estar con él; **come and sit by my side** ven y siéntate a mi lado; **a side of beef** media res.
4 *n (edge - gen)* borde *m*; *(- of lake, river, etc)* orilla; *(- of page)* margen *m*: **flowers grow at the side of the path** crecen flores a los lados del sendero; **she made notes at the side of the page** tomó notas en el margen de la página.
5 *n (aspect)* aspecto, faceta, lado; *(position, opinion, point of view)* lado, parte *f*, punto de vista: **a new side to his character** una nueva faceta de su carácter; **try and look on the bright side** trata de ver el lado bueno de las cosas; **look**

at it from my side míralo desde mi punto de vista; **the practical side of things** el aspecto práctico de las cosas; **listen to both sides before you decide** escucha las dos partes antes de decidir; **I've kept my side of the bargain** he cumplido con mi parte del trato; **one side of the story** una versión de la historia.
6 *n (participant in war, argument, debate, etc)* lado, parte *f*, bando; *(party)* partido: **whose side are you on?** ¿de qué parte estás?, ¿de parte de quién estás?; **I'm on your side** estoy de tu parte, estoy de tu lado; **both sides are as bad as each other** los dos bandos son igual de malos.
7 *n SP* equipo.
8 *n (line of descent)* parte *f*, lado: **on his mother's side** por parte de su madre.
9 *n GB fam (TV channel)* canal *m*.
10 *adj* lateral: **use the side door** utiliza la puerta lateral.
▸ **to side against** *vt insep* ponerse contra.
  to side with *vt insep* ponerse de parte de.
✦ **by the side of** junto a.
  on/from all sides por los cuatro costados.
  on/from every side por los cuatro costados.
  on the side *(in addition to main job)* como trabajo extra: **he makes a bit of money on the side by giving private classes** gana algún dinero extra dando clases particulares.
  side by side juntos,-as, uno,-a al lado del/de la otro,-a.
  this side of … *(place)* solo en …; *(time)* antes de …: **this side of the year 2000** antes del año 2000.
  to be on the big/small side ser más bien grande/pequeño,-a.
  to be on the right/wrong side of fifty tener menos/más de cincuenta años.
  to come down on somebody's side *(gen)* ponerse de parte de alguien; *(in judgement)* fallar a favor de alguien.
  to get on the wrong side of somebody ganarse la antipatía de alguien.
  to have something on one's side tener ventaja en algo.
  to keep on the right side of somebody tratar de llevarse bien con alguien.
  to let the side down fallar a alguien, hacer quedar mal a alguien.
  to put something on/to one side guardar algo, reservar algo, dejar algo a un lado.
  to take sides with somebody ponerse de parte de alguien.
  to take somebody on(to) one side llamar a alguien aparte.
■ **side dish** guarnición *f*, acompañamiento.
  side drum tambor *m*.
  side effect efecto secundario.

side issue tema secundario.
side street calle *f* lateral.
side view vista de perfil.
sideboard [ˈsaɪdbɔːd] *n (furniture)* aparador *m*.
sideboards [ˈsaɪdbɔːdz] *npl* patillas *fpl*.
sideburns [ˈsaɪdbɜːnz] *npl US* → **sideboards**.
sidecar [ˈsaɪdkɑːʳ] *n* sidecar *m*.
sidekick [ˈʃaɪdkɪk] *n US fam* compinche *m*, amigote *m*, colega *mf*.
sidelight [ˈsaɪdlaɪt] *n AUTO* luz *f* de posición.
sideline [ˈsaɪdlaɪn]
1 *n SP* línea de banda.
2 *n (extra job)* empleo suplementario, trabajo extra; *(extra business)* negocio suplementario; *(product)* línea suplementaria.
✦ **to sit/stand on the sidelines** *fig* mantenerse al margen.
to wait on the sidelines *fig* esperar en la sombra.
sidelong [ˈsaɪdlɒŋ]
1 *adj (glance etc)* de soslayo, de reojo.
2 *adv* de lado.
sidereal [saɪˈdɪərɪəl] *adj* sideral, sidéreo,-a.
side-saddle [ˈsaɪdsædəl]
1 *n* silla de amazona.
2 *adv* a lo amazona.
sideshow [ˈsaɪdʃəʊ]
1 *n (at fair)* puesto de feria, barraca.
2 *n fig (less important activity)* acción *f* secundaria.
sidestep [ˈsaɪdstep]
1 *vt (question, issue)* eludir, esquivar.
2 *vi SP (boxing)* dar un quiebro, hacerse a un lado.
▲ *pt & pp* **sidestepped**, *ger* **sidestepping**.
sidetrack [ˈsaɪdtræk] *vt (distract)* distraer; *(divert)* hacer desviar del tema.
✦ **to get sidetracked** *(distracted)* distraerse, entretenerse; *(diverted)* desviarse del tema.
sidewalk [ˈsaɪdwɔːk] *n US* acera.
sideways [ˈsaɪdweɪz]
1 *adj (movement, step)* lateral; *(look, glance)* de soslayo, de reojo.
2 *adv* de lado.
✦ **to knock somebody sideways** dejar anonadado,-a a alguien.
to step sideways dar un paso hacia un lado.
siding [ˈsaɪdɪŋ] *n (railway)* apartadero, vía muerta.
sidle [ˈsaɪdəl] *vi* moverse sigilosamente.
✦ **to sidle up to somebody** acercarse sigilosamente a alguien.
siege [siːdʒ]
1 *n MIL* sitio, cerco.
2 *n (by criminals, journalists)* asedio.
✦ **to be under siege** estar sitiado,-a.
to lay siege to *(town etc)* sitiar, cercar, poner sitio a; *(person)* asediar, acosar.
to raise the siege levantar el sitio.

sienna [sɪˈenə] *n* (tierra de) siena.
Sierra Leone [sɪeərəlɪˈəʊn] *n* Sierra Leona.
Sierra Leonean [sɪeərəlɪˈəʊnɪən]
1 *adj* sierraleonés,-esa.
2 *n* sierraleonés,-esa.
siesta [sɪˈestə] *n* siesta.
✦ **to have a siesta** echar la siesta, dormir la siesta.
sieve [sɪv]
1 *n (fine)* tamiz *m*; *(coarse)* criba; *(for liquids)* colador *m*.
2 *vt (fine)* tamizar, pasar por el tamiz; *(coarse)* cribar.
✦ **to have a memory like a sieve** tener muy mala memoria.
sift [sɪft]
1 *vt (sieve)* tamizar, cribar.
2 *vt (sprinkle)* espolvorear.
✦ **to sift through something** *fig* examinar algo cuidadosamente.
sifter [ˈsɪftəʳ] *n (sieve)* tamiz *m*; *(sprinkler)* espolvoreador *m*.
sigh [saɪ]
1 *n (of person)* suspiro.
2 *vi (person)* suspirar (**for**, por); *(wind)* susurrar, gemir: **she sighed with relief** suspiró aliviada.
✦ **to breathe/heave a sigh of relief** dar un suspiro de alivio, respirar aliviado,-a.
sight [saɪt]
1 *n (faculty)* vista: **his sight is failing** le está fallando la vista.
2 *n (range of vision)* vista: **don't let him out of your sight!** ¡no lo pierdas de vista!; **we waited until he was out of sight** esperamos hasta que hubo desaparecido; **get out of my sight!** ¡fuera de mi vista!
3 *n (act of seeing, view)* vista: **it was her first sight of the countryside** fue la primera vez que veía el campo; **he faints at the sight of blood** se desmaya cuando ve sangre; **it was love at first sight** fue amor a primera vista.
4 *n (thing seen, spectacle)* espectáculo: **it was a sight to behold** fue un regalo para la vista; **it was a sorry sight** fue un triste espectáculo; **you look a sight!** ¡tienes una pinta horrorosa!, ¡estás horroroso!
5 *n (on gun)* mira.
6 *vt (bird, animal)* observar, ver; *(person)* ver; *(land)* divisar.
7 a sight *n fam (a great deal)* mucho: **a sight better** mucho mejor; **a sight more expensive** mucho más caro.
8 sights *npl (of city)* monumentos *mpl*, lugares *mpl* de interés: **we're going to see the sights** vamos a hacer un recorrido turístico de la ciudad.
✦ **in one's sights** en la mira.
in/within sight a la vista.
in the sight of God ante Dios.
out of sight *US (very good)* alucinante.
out of sight, out of mind ojos que no ven, corazón que no siente.

sight unseen sin haberlo visto antes.
to be a sight for sore eyes dar gusto verlo.
to catch sight of ver, divisar.
to come into sight aparecer.
to hate/loathe the sight of somebody no poder ni ver a alguien.
to keep out of sight no dejarse ver, esconderse.
to know somebody by sight conocer a alguien de vista.
to lose sight of somebody/something perder a alguien/algo de vista.
to raise one's sights aspirar a más, apuntar más alto.
to set one's sights on something tener la mira puesta en algo.
to take a sight apuntar.
sighted [ˈsaɪtɪd] *adj* vidente.
✦ **to be partially sighted** tener visión parcial, tener problemas de vista.
sighting [ˈsaɪtɪŋ] *n* observación *f*: **there have been several sightings of the wanted man** se ha visto al hombre buscado en varias ocasiones.
sightless [ˈsaɪtləs] *adj* ciego,-a, invidente.
sightly [ˈsaɪtlɪ] *adj* atractivo,-a, agradable a la vista.
sight-read [ˈsaɪtriːd]
1 *vt* repentizar.
2 *vi* repentizar.
sight-reading [ˈsaɪtriːdɪŋ] *n* repentización *f*.
sightseeing [ˈsaɪtsiːɪŋ] *n* visita turística, turismo.
✦ **to go sightseeing** visitar los monumentos y lugares de interés.
■ **sightseeing tour** excursión *f* turística, recorrido turístico.
sightseer [ˈsaɪtsiːəʳ] *n* turista *mf*, visitante *mf*.
sign [saɪn]
1 *n (symbol)* signo, símbolo.
2 *n (gesture)* gesto, seña; *(signal)* señal *f*: **wait until I give the sign** espera hasta que dé la señal; **he made signs to us to go away** nos hizo señales para que nos fuéramos.
3 *n (indication)* señal *f*, indicio, muestra; *(proof)* prueba; *(trace)* rastro: **it's a sure sign of rain** es un claro indicio de lluvia; **that must be a good sign** eso debe de ser (una) buena señal; **talking to oneself is the first sign of madness** hablar solo es el primer signo de locura; **there was no sign of them anywhere** no se los veía por ninguna parte, no había ni rastro de ellos; **there are no signs of life in this village** no hay señales de vida en este pueblo; **she's showing signs of improvement** da muestras de mejoría; **all the signs are that …** todo parece indicar que …
4 *n (board)* letrero; *(notice)* anuncio, aviso; *(over shop)* letrero, rótulo.

5 *vt (letter, document, cheque, etc)* firmar: sign your name here, please firme aquí, por favor; the two countries signed a treaty los dos países firmaron un tratado.

6 *vt (player, group)* fichar (**on/up**, -): Spurs have signed a new player los Spurs han fichado un nuevo jugador.

7 *vt (gesture)* hacer una seña/señal: he signed me to shut up me hizo una señal para que me callara.

8 *vi (write name)* firmar.

9 *vi (player, group)* fichar (**for/with**, por): Skoubo signed for Real Sociedad Skoubo fichó por la Real Sociedad.

10 *vi US (use sign language)* comunicarse por señas, hablar por señas.

▸ **to sign away** *vt sep* ceder.
  to sign for *vt insep (goods, parcel, etc)* firmar el recibo de.
  to sign in *vi* firmar el registro.
  to sign off *vi* despedirse.
  to sign on
  1 *vt sep (worker)* contratar.
  2 *vi (student)* matricularse; *(soldier)* alistarse.
  3 *vi GB fam (unemployed person - first time)* apuntarse al paro; *(- periodically)* sellar.
  to sign out *vi* firmar el registro.
  to sign over *vt sep* ceder mediante un escrito.
  to sign up
  1 *vt sep (soldier)* reclutar; *(worker)* contratar.
  2 *vi (soldier)* alistarse; *(student)* matricularse, inscribirse.

✦ **as a sign of** como muestra de.
  a sign of the times un signo de los tiempos que corren.
  to make the sign of the cross hacer la señal de la cruz.
  to sign one's own death warrant firmar su propia sentencia de muerte.
  ▪ **sign language** lenguaje *m* por señas.
  sign of the zodiac signo del zodíaco.

signal ['sɪgnəl]
1 *n (gen)* señal *f*: hand signal señal con la mano; traffic signal señal de tráfico; a red light is the signal for danger una luz roja es la señal de peligro.
2 *n US (telephone)* señal *f*: busy signal señal de comunicar.
3 *n (radiophonic)* señal *f*.
4 *n (railway)* señal *f*.
5 *adj (achievement, triumph, success, etc)* señalado,-a, destacado,-a, notable; *(failure)* rotundo,-a.
6 *vt (indicate)* indicar, señalar, marcar; *(forecast)* pronosticar: it signals a definite change in policy indica sin duda un cambio de política; it signalled the end of an era marcó el fin de una época.
7 *vt (gesture)* hacer señas, hacer una seña: he signalled the waiter to bring the bill le hizo una seña al camarero para que trajera la cuenta.
8 *vt AUTO* indicar.

9 *vi (gesture)* hacer señas, hacer una seña: she was signalling to us frantically nos hacía señas frenéticamente; the teacher signalled for silence el profesor hizo una seña para que callaran.
10 *vi AUTO* poner el intermitente.
  ▪ **signal box** garita de señales.

signalman ['sɪgnəlmən] *n (railway)* guardavía *m*.
  ▲ *pl* **signalmen** ['sɪgnəlmən].

signatory ['sɪgnətərɪ] *n fml* firmante *mf*, signatario,-a.
  ▲ *pl* **signatories**.

signature ['sɪgnɪtʃəʳ] *n (name)* firma.
  ▪ **signature tune** sintonía.

signboard ['saɪnbɔːd] *n (sign)* letrero; *(noticeboard)* tablón *m* de anuncios; *(hoarding)* cartelera.

signet ['sɪgnət] *n* sello.
  ▪ **signet ring** (anillo) sello.

significance [sɪg'nɪfɪkəns]
1 *n (meaning)* significado.
2 *n (importance)* importancia, trascendencia: it's of no significance no tiene importancia.

significant [sɪg'nɪfɪkənt]
1 *adj (meaningful - gen)* significativo,-a; *(look etc)* elocuente, expresivo,-a.
2 *adj (important)* importante, trascendente, considerable.

significantly [sɪg'nɪfɪkəntlɪ]
1 *adv (considerably, notably)* considerablemente, apreciablemente.
2 *adv (meaningfully - used alone)* lo cual es significativo.

signify ['sɪgnɪfaɪ]
1 *vt fml (mean)* significar; *(denote)* indicar, ser indicio de.
2 *vt fml (show, make known)* mostrar, expresar.
  ▲ *pt & pp* **signified**, *ger* **signifying**.

signing ['saɪnɪŋ] *n GB (of player, group)* fichaje *m*.

signpost ['saɪnpəʊst]
1 *n* poste *m* indicador.
2 *vt (route)* señalizar.

signwriter ['saɪnraɪtəʳ] *n* rotulista *mf*.

Sikh [siːk]
1 *n* sij *mf*.
2 *adj* sij.

silage ['saɪlɪdʒ] *n* ensilaje *m*.

silence ['saɪləns]
1 *n (gen)* silencio: a deathly silence un silencio sepulcral; we walked in silence caminamos en silencio; they observed a two-minute silence guardaron dos minutos de silencio.
2 *vt (person)* acallar, hacer callar; *(protest, opposition, criticism)* apagar, silenciar.
✦ **to reduce somebody to silence** dejar a alguien sin habla.
  silence is golden el silencio es oro.

silencer ['saɪlənsəʳ] *n* silenciador *m*.

silent ['saɪlənt]
1 *adj (thing, place, taciturn person)* silencioso,-a.

2 *adj (not speaking)* callado,-a: please remain silent guarden silencio por favor; he was silent for a moment se quedó callado un momento; you have the right to remain silent tiene derecho a guardar silencio; the law is silent on this point la ley no dice nada sobre este punto.
3 *adj (film, consonant)* mudo,-a; *(prayer)* silencioso,-a: in "debt" the letter "b" is silent la "b" de "debt" no se pronuncia.
✦ **the silent majority** la mayoría silenciosa.
  to be silent callarse.
  ▪ **silent partner** socio,-a comanditario,-a.

silently ['saɪləntlɪ] *adv (without making a noise)* silenciosamente; *(without talking)* en silencio.

silhouette [sɪluː'et] *n* silueta.
✦ **to be silhouetted against something** recortarse contra algo.
  to see something in silhouette ver la silueta de algo.

silica ['sɪlɪkə] *n* sílice *f*.

silicate ['sɪlɪkeɪt] *n* silicato.

silicon ['sɪlɪkən] *n* silicio.
  ▪ **silicon chip** chip *m* (de silicio).

silicone ['sɪlɪkəʊn] *n* silicona.
  ▪ **silicone implant** implantación *f* de silicona.

silicosis [sɪlɪ'kəʊsɪs] *n* silicosis *f*.

silk [sɪlk]
1 *n* seda: raw/pure silk seda cruda/natural.
2 *adj* de seda.
3 *silks npl (jockeys' shirts)* colores *mpl*.
✦ **to take silk** *GB* nombrarse fiscal.
  you can't make a silk purse out of a sow's ear no se puede pedir peras al olmo.
  ▪ **silk screen printing** serigrafía.

silken ['sɪlkən] *adj (like silk)* sedoso,-a; *(of silk)* de seda.

silk-screen printing ['sɪlkskriːnprɪntɪŋ] *n* serigrafía.

silkworm ['sɪlkwɜːm] *n* gusano de seda.

silky ['sɪlkɪ] *adj (cloth, hair, fur, etc)* sedoso, -a; *(voice)* aterciopelado,-a; *(skin)* suave.
  ▲ *comp* **silkier**, *superl* **silkiest**.

sill [sɪl] *n (of window)* alféizar *m*, antepecho; *(on vehicle)* solera de puerta.

silliness ['sɪlɪnəs]
1 *n (quality)* estupidez *f*, necedad *f*.
2 *n (act)* tontería, bobada.

silly ['sɪlɪ]
1 *adj (stupid)* tonto,-a, estúpido,-a, necio, -a, bobo,-a; *(ridiculous)* ridículo,-a: how silly of me! ¡qué tonto soy!; you look really silly in those boots estás ridícula con esas botas.
2 *adj (unimportant)* trivial, sin importancia.
3 *adj fam (senseless)* atontado,-a: he knocked me silly me dejó atontado.
4 *n* tonto,-a, bobo,-a.
✦ **to do something silly** hacer una tontería.

to drink oneself silly pillar una borrachera.

to make somebody look silly dejar a alguien en ridículo.

■ **silly season** período veraniego en que los periódicos están llenos de noticias triviales.

▲ *comp* sillier, *superl* silliest.

silly-billy ['sɪlɪbɪlɪ] *n fam* tonto,-a, bobo,-a.

silo ['saɪləʊ] *n* silo.

▲ *pl* silos.

silt [sɪlt] *n* cieno, limo, légamo.

▶ **to silt up**
1 *vi* encenagarse.
2 *vt sep* encenagar.

silver ['sɪlvə']
1 *n (metal)* plata: **sterling silver** plata de ley.
2 *n (coins)* monedas *fpl* (de plata).
3 *n (articles, ornaments, etc)* plata; *(tableware)* vajilla de plata.
4 *adj (made of silver)* de plata.
5 *adj (in colour)* plateado,-a; *(hair)* canoso,-a, cano,-a.
6 *vt (metal)* dar un baño de plata a, platear.
■ **silver birch** *BOT* abedul *m*.
silver foil/silver paper papel *m* de plata.
silver medal medalla de plata.
silver plate *(layer)* plateado; *(objects)* artículos *mpl* plateados.
silver screen el cine *m*.
silver wedding bodas *fpl* de plata.

silverfish ['sɪlʌəfɪʃ] *n* lepisma.

silver-plated [sɪlvə'pleɪtɪd] *adj* plateado,-a.

silversmith ['sɪlvəsmɪθ] *n* platero,-a, orfebre *mf*.

silver-tongued ['sɪlvətʌŋd] *adj* elocuente.

silverware ['sɪlvəweə'] *n* plata, vajilla de plata.

silvery ['sɪlvərɪ]
1 *adj (colour, material)* plateado,-a; *(hair)* canoso,-a, cano,-a.
2 *adj (sound)* argentino,-a.

similar ['sɪmɪlə'] *adj* parecido,-a (**to**, a), similar (**to**, a), semejante (**to**, a): **these artists have similar styles** estos artistas tienen estilos parecidos; **the two flats are similar in size** los dos pisos son de tamaño parecido; **those boys are very similar** esos chicos se parecen mucho; **I have a similar problem to yours** tengo un problema parecido al tuyo.
■ **similar triangle** triángulo semejante.

similarity [sɪmɪ'lærətɪ]
1 *n (likeness - between things)* semejanza, parecido, similitud *f*; *(- between people)* parecido.
2 *n (common feature)* característica común.

▲ *pl* similarities.

similarly ['sɪmɪləlɪ]
1 *adv (in a similar way)* de modo parecido, de modo similar; *(equally)* igualmente.

2 *adv (also, likewise)* del mismo modo, asimismo.

simile ['sɪmɪlɪ] *n* símil *m*.

simmer ['sɪmə']
1 *vt CULIN* hervir a fuego lento.
2 *vi CULIN* hervir a fuego lento.
3 *vi (person)* hervir, estar a punto de estallar *(with, de)*.
4 *vi (violence, quarrel)* fermentar.
▶ **to simmer down** *vi* calmarse, tranquilizarse.

simony ['saɪmənɪ] *n* simonía.

simoom [sɪ'muːm] *n* simún *m*.

simper ['sɪmpə']
1 *n* sonrisa afectada.
2 *vi* sonreír con afectación.

simpering ['sɪmpərɪŋ]
1 *adj* melindroso,-a.
2 *n* melindres *mpl*.

simple ['sɪmpəl]
1 *adj (easy, straightforward)* sencillo,-a, fácil, simple: **a simple solution** una solución sencilla; **it's not as simple as that** no es tan sencillo como eso; **this is simple** esto es fácil.
2 *adj (plain, not elaborate)* sencillo,-a, simple: **a simple dress** un vestido sencillo; **simple food** comida sencilla.
3 *adj (not compound)* simple, sencillo,-a: **a simple sentence** una frase simple; **a simple form of life** una forma de vida sencilla.
4 *adj (plain, pure, nothing more than)* sencillo,-a, puro,-a, mero,-a: **for the simple reason that …** por la sencilla razón que …; **simple greed** pura codicia.
5 *adj (unsophisticated, ordinary)* simple, sencillo,-a: **simple people** gente sencilla; **simple tastes** gustos sencillos.
6 *adj (genuine, sincere)* sencillo,-a; *(foolish)* tonto,-a; *(naive, easily deceived)* ingenuo,-a, inocente, simple; *(backward, weak-minded)* simple, corto,-a de alcances: **she's simple enough to believe anything** es tan ingenua que se cree cualquier cosa.
■ **simple fracture** fractura simple.
simple interest interés *m* simple.

simple-minded [sɪmpəl'maɪndɪd] *adj* simple, ingenuo,-a.

simple-mindedness [sɪmpl'maɪndɪdnəs] *n* simpleza.

simpleton ['sɪmpəltən] *n dated* simplón, -ona.

simplicity [sɪm'plɪsətɪ]
1 *n (easiness, incomplexity)* sencillez *f*, simplicidad *f*.
2 *n (lack of sophistication)* sencillez *f*, naturalidad *f*.
3 *n (foolishness)* simpleza; *(naivety)* ingenuidad *f*.
✦ **to be simplicity itself** ser de lo más sencillo.

simplification [sɪmplɪfɪ'keɪʃən] *n* simplificación *f*.

simplify ['sɪmplɪfaɪ] *vt* simplificar.
▲ *pt & pp* simplified, *ger* simplifying.

simplistic [sɪm'plɪstɪk] *adj* simplista.

simply ['sɪmplɪ]
1 *adv (easily, plainly, modestly)* simplemente, sencillamente: **to put it simply** para decirlo sencillamente; **she lives very simply** vive muy sencillamente.
2 *adv (only)* simplemente, solamente, solo; *(just, merely)* meramente: **their job is simply to keep watch** su trabajo consiste simplemente en vigilar; **it's simply a question of luck** solo es cuestión de suerte; **I did it simply because I felt like it** lo hice simplemente porque me dio la gana; **I simply don't know** sencillamente, no lo sé.
3 *adv (really, absolutely)* francamente, realmente: **simply awful** francamente horrible; **simply scrumptious** francamente delicioso; **you simply must come to my party!** ¡tienes que venir a mi fiesta!

simulate ['sɪmjəleɪt] *vt (reproduce)* simular; *(imitate)* imitar; *(feign)* fingir, simular.

simulated ['sɪmjəleɪtɪd] *adj (flight, conditions, attack)* simulado,-a; *(leather etc)* de imitación, sintético,-a; *(jewels)* de imitación, artificiales: **a simulated nuclear explosion** un simulacro de explosión nuclear.

simulation [sɪmjə'leɪʃən] *n (reproduction)* simulación *f*, simulacro.

simulator ['sɪmjəleɪtə'] *n* simulador *m*.

simultaneity [sɪməltə'neɪətɪ] *n* simultaneidad *f*.

simultaneous [sɪməl'teɪnɪəs] *adj* simultáneo,-a: **simultaneous translation** traducción simultánea.
■ **simultaneous equations** *MATH* sistema *m* de ecuaciones.

simultaneously [sɪmə'teɪnɪəslɪ] *adv* simultáneamente, a la vez.

sin [sɪn]
1 *n* pecado: **mortal sin** pecado mortal; **it's a sin to waste all that food** es un pecado tirar toda esa comida.
2 *vi* pecar (**against**, contra).
✦ **for one's sins** para su castigo.
to be as ugly as sin ser feo,-a como un pecado.
to live in sin vivir en concubinato, vivir amancebado,-a, vivir en pecado.
▲ *pt & pp* sinned, *ger* sinning.

since [sɪns]
1 *adv* desde entonces: **he left 10 years ago and I haven't seen him since** se marchó hace 10 años y desde entonces no lo he visto; **she arrived in 1988 and has lived here ever since** llegó en 1988 y vive aquí desde entonces; **I've long since stopped worrying about my weight** hace mucho que dejé de preocuparme por mi peso.
2 *prep* desde: **I've been here since four o'clock** llevo aquí desde las cuatro; **he's worked there since 1980** trabaja

allí desde 1980; **I haven't seen her since last summer** no la veo desde el verano pasado; **how long is it since your party?** ¿cuánto (tiempo) hace de tu fiesta?; **since when do you call the shots round here?** ¿desde cuándo mandas tú por aquí?

3 *conj (time)* desde que: **he hasn't worked since he had the accident** no trabaja desde que tuvo el accidente; **it's years since I went to the theatre** hace años que no voy al teatro; **since moving here, she's taken up painting** desde que se trasladó aquí, ha empezado a pintar; **how long is it since we had a holiday?** ¿cuánto hace que no tenemos vacaciones?

4 *conj (because, seeing that)* ya que, puesto que: **since you're going to the shop ...** ya que vas a la tienda ...; **since you haven't got any money ...** ya que tú no tienes dinero ...

sincere [sɪn'sɪər] *adj* sincero,-a.

sincerely [sɪn'sɪəlɪ] *adv* sinceramente.
 + Yours sincerely *(in letter)* (le saluda) atentamente.

sincerity [sɪn'serətɪ] *n* sinceridad *f*: **in all sincerity** con toda sinceridad.

sine [saɪn] *n MATH* seno.

sinecure ['saɪnɪkjʊər] *n* sinecura.

sinew ['sɪnjuː]
 1 *n (tendon)* tendón *m*; *(in meat)* nervio.
 2 sinews *npl fig* fuerza *f sing*, vigor *m sing*.

sinewy ['sɪnjuɪ] *adj* nervudo,-a.

sinful ['sɪnfʊl]
 1 *adj (person)* pecador,-ra.
 2 *adj (thought, act)* pecaminoso,-a.
 3 *adj fam (waste)* escandaloso,-a.

sing [sɪŋ]
 1 *vt (gen)* cantar.
 2 *vi (person, bird)* cantar; *(wind, kettle, bullet)* silbar; *(ears, insect)* zumbar.
 3 *vi US sl* cantar.
 ▶ to sing along *vi* cantar.
  to sing out
  1 *vi (sing loudly)* cantar fuerte.
  2 *vi (shout)* gritar.
  to sing up *vi* cantar fuerte.
 + to sing a baby to sleep arrullar a un niño (cantando).
  to sing a different song/tune cambiar de opinión.
  to sing something's/somebody's praises alabar algo/a alguien.
 ▲ pt sang [sæŋ], **pp sung** [sʌŋ].

singable ['sɪŋəbəl] *adj* cantable.

Singapore [sɪŋɡə'pɔːr] *n* Singapur.

singe [sɪndʒ]
 1 *vt* chamuscar: **he singed his eyebrows** se chamuscó las cejas.
 2 *n* quemadura (superficial).

singer ['sɪŋər] *n (gen)* cantante *mf*; *(in choir)* cantor,-ra: **jazz singer** cantante de jazz.

singer-songwriter [sɪŋə'sɒŋraɪtər] *n* cantautor,-ra.

singing ['sɪŋɪŋ] *n (act)* canto, cantar *m*; *(songs)* canciones *fpl*; *(of kettle)* silbido; *(in ears)* zumbido: **he loves singing in the shower** le encanta cantar en la ducha; **she has a fine singing voice** tiene buena voz.
 ▪ singing lesson clase *f* de canto.

single ['sɪŋɡəl]
 1 *adj (only one)* solo,-a, único,-a: **we heard a single scream** oímos un solo grito; **a single blow** un solo golpe; **not a single person came** no vino ni una sola persona.
 2 *adj (composed of one part)* simple, sencillo,-a: **single figures** cifras de un solo dígito; **a single flower** una flor simple; **a single yellow line** una línea amarilla sencilla.
 3 *adj (for one person)* individual.
 4 *adj (separate, individual)* cada: **she copied every single word** copió cada palabra; **every single day** todos los días; **it's the single most important cause** es la causa más importante.
 5 *adj (unmarried)* soltero,-a.
 6 *n GB (single ticket)* billete *m* de ida, billete *m* sencillo.
 7 *n (record)* (disco) sencillo, single *m*.
 8 *n SP (in cricket)* tanto; *(in baseball)* sencillo.
 9 *n US (one dollar bill)* billete *m* de un dólar.
 10 singles *npl SP (in tennis, badminton)* individuales *mpl*.
 ▶ to single out
  1 *vt sep (choose)* escoger, seleccionar.
  2 *vt sep (distinguish)* distinguir, destacar, resaltar.
 + in single file en fila india.
 ▪ single combat combate *m* singular.
  single cream nata líquida.
  single parent *(mother)* madre *f* soltera; *(father)* padre *m* soltero.
  single room habitación *f* individual.

single-breasted [sɪŋɡəl'brestɪd] *adj (jacket, suit)* recto,-a, sin cruzar.

single-cell [sɪŋɡəl'sel] *adj* unicelular.

single-chamber [sɪŋɡəl'tʃeɪmbər] *adj* unicameral.

single-decker [sɪŋɡəl'dekər] *n* autobús *m* de un solo piso.

single-handed [sɪŋɡəl'hændɪd]
 1 *adj* sin ayuda, solo,-a.
 2 *adv* sin ayuda, solo,-a.

single-minded [sɪŋɡəl'maɪndɪd] *adj* resuelto,-a, decidido,-a.

singleness ['sɪŋɡəlnəs] **singleness of purpose** *phr* resolución *f*, determinación *f*.

single-parent ['sɪŋɡəlpeərənt] *adj (family)* monoparental.

single-phase ['sɪŋɡəlfeɪz] *adj* monofásico,-a.

single-seater ['sɪŋɡəlsiːtər] *n* monoplaza *m*.

single-sex ['sɪŋɡəlseks] *adj (school - for boys)* solo para niños; *(- for girls)* solo para niñas.

single-stringed [sɪŋɡəl'strɪŋd] *adj* monocorde.

singlet ['sɪŋɡlət] *n GB (vest)* camiseta.

singly ['sɪŋɡlɪ] *adv (separately)* por separado; *(one by one)* uno,-a por uno,-a, individualmente.

sing-song ['sɪŋsɒŋ]
 1 *adj (voice, tone)* cantarín,-ina.
 2 *n (voice, tone)* sonsonete *m*.
 3 *n (singing session)* ocasión informal en que la gente se pone a cantar: **we had a sing-song in the pub** nos pusimos a cantar en el pub.

singular ['sɪŋɡjulər]
 1 *adj (in grammar)* singular.
 2 *adj fml (outstanding)* extraordinario,-a, excepcional, singular.
 3 *adj fml (unique, unusual)* único,-a, extraño,-a, singular.
 4 *n LING* singular *m*.
 + in the singular en singular.

singularity [sɪŋjə'lærətɪ] *n fml* singularidad *f*.
 ▲ pl singularities.

singularly ['sɪŋɡjələlɪ] *adv fml* extraordinariamente, excepcionalmente, singularmente.

Sinhalese [sɪnhæ'liːz]
 1 *adj* cingalés,-esa.
 2 *n (person)* cingalés,-esa.
 3 *n (language)* cingalés *m*.
 4 the Sinhalese *npl* los cingaleses *mpl*.

sinister ['sɪnɪstər] *adj* siniestro,-a.

sinisterness ['sɪnɪstənəs] *n* lo siniestro, tenebrosidad *f*.

sink [sɪŋk]
 1 *n (in kitchen)* fregadero, pila; *(in bathroom)* lavabo, lavamanos *m*.
 2 *vt (ship)* hundir, echar a pique.
 3 *vt fig (hopes, plans)* acabar con.
 4 *vt (hole, shaft, tunnel)* cavar, excavar; *(well)* abrir; *(post, pipe, cable)* enterrar; *(knife)* clavar, hundir; *(teeth)* hincar **(into**, en).
 5 *vt (forget)* olvidar, dejar a un lado.
 6 *vt (invest)* invertir **(into**, en).
 7 *vt GB fam (drink)* soplar.
 8 *vt SP (snooker, golf)* meter.
 9 *vi (ship)* hundirse, irse al pique; *(stone, wood, etc)* hundirse.
 10 *vi (land, building)* hundirse.
 11 *vi (sun, moon)* ponerse.
 12 *vi (figures, prices, value)* bajar; *(water, level)* descender, bajar: **his voice sank to a whisper** su voz se convirtió en un susurro.
 13 *vi fig (hopes etc)* venirse abajo: **my heart sank** se me cayó el alma a los pies.
 14 *vi (person)* dejarse caer: **he sank back into an armchair** se dejó caer en un sillón; **she sank to her knees** cayó de rodillas.
 15 *vi (decline)* hundirse **(into**, en), caer **(into**, en): **she sank into a deep depression** cayó en una profunda depresión; **they sank into poverty** se hundieron

en la miseria; how could you sink so low? ¿cómo has podido caer tan bajo?; he has sunk in our estimation ha bajado en nuestra estima.

16 *vi (deteriorate)* empeorar: **the patient is sinking fast** el paciente está empeorando rápidamente.

▶ **to sink in**

1 *vi (liquids)* penetrar.

2 *vi fig (words)* causar impresión; *(news, idea, fact)* hacer impacto: **I don't think it's sunk in yet** no creo que lo haya asimilado todavía.

✦ **to be sunk** *(finished)* estar perdido,-a.

to be sunk in thought estar sumido,-a en sus pensamientos.

to leave somebody to sink or swim abandonar a alguien a su suerte.

to sink one's differences hacer las paces.

▲ *pt* **sank** [sæŋk], *pp* **sunk** [sʌŋk].

sinkable [ˈsɪŋkəbəl] *adj* hundible.

sinker [ˈsɪŋkəʳ] *n* plomo.

sinking [ˈsɪŋkɪŋ] *n MAR* hundimiento.

✦ **that sinking feeling** esa desazón.

■ **sinking fund** fondo de amortización.

sinner [ˈsɪnəʳ] *n* pecador,-ra.

sinovitis [saɪnəˈvaɪtɪs] *n* sinovitis.

sinuous [ˈsɪnjuəs] *adj* sinuoso,-a, serpenteante.

sinus [ˈsaɪnəs] *n* seno.

Siouan [ˈsuːən] *adj* siux.

Sioux [suː]

1 *n* siux *mf*.

2 *adj* siux.

sip [sɪp]

1 *n* sorbo.

2 *vt* sorber, beber a sorbos.

3 *vi* beber a sorbos (**at**, -).

▲ *pt & pp* **sipped**, *ger* **sipping**.

siphon [ˈsaɪfən] *n (gen)* sifón *m*.

▶ **to siphon off** *vt sep (liquid)* sacar con sifón; *(funds, traffic)* desviar.

sir [sɜːʳ]

1 *n fml (gen)* señor *m*: **yes, sir** sí, señor.

2 *n MIL (to captain)* mi capitán; *(to general)* mi general; *(to lieutenant)* mi teniente: **sir!** ¡a la orden!, ¡a sus órdenes!

3 *n (title)* sir *m*: **Sir Winston Churchill** Sir Winston Churchill.

✦ **Dear Sir** *(in letter)* muy señor mío, muy señores míos, estimado señor.

sire [ˈsaɪəʳ]

1 *vt (beget)* engendrar, ser padre de.

2 *n (animal)* macho.

siren [ˈsaɪərən] *n (gen)* sirena.

sirloin [ˈsɜːlɔɪn] *n* solomillo.

sisal [ˈsaɪsəl] *n* sisal *m*.

sissy [ˈsɪsɪ] *n fam pej (effeminate)* afeminado,-a, mariquita *mf*; *(cowardly)* miedica *mf*, gallina *mf*.

▲ *pl* **sissies**.

sister [ˈsɪstəʳ]

1 *n (relative)* hermana.

2 *n (comrade)* hermana, compañera.

3 *n GB* enfermera jefe.

4 *n REL (nun)* hermana, monja; *(before name)* Sor.

5 *n (company, organization)* hermana.

■ **sister ship** barco gemelo.

sisterhood [ˈsɪstəhʊd] *n* hermandad *f*.

sister-in-law [ˈsɪstərɪnlɔː] *n* cuñada, hermana política.

▲ *pl* **sisters-in-law**.

sisterly [ˈsɪstəlɪ] *adj* (propio,-a) de hermana.

sit [sɪt]

1 *vt (child etc)* sentar (**down**, -): **she sat him down on the table** lo sentó en la mesa; **he sat himself down** se sentó.

2 *vt (room, hall, etc)* tener cabida para; *(table)* ser para: **the theatre seats 200 people** el teatro tiene cabida para 200 personas.

3 *vt GB (exam)* presentarse a.

4 *vi (action)* sentarse (**down**, -): **I sat next to Anna** me senté junto a Anna; **sit down, please** siéntense, por favor; **sit!** ¡siéntate!

5 *vi (be seated)* estar sentado,-a: **they were sitting on the floor** estaban sentados en el suelo; **she was sitting at the table** estaba sentada a la mesa; **David usually sits there** normalmente David se sienta allí.

6 *vi (village, building)* ubicarse, hallarse, estar, situarse; *(object)* estar; *(clothes)* sentar, quedar: **the village sits on top of the hill** el pueblo está situado encima de la colina; **the book sat on the shelf** el libro estaba en el estante; **that dress sits well on you** aquel vestido te sienta bien.

7 *vi (person)* quedarse: **don't just sit there!** ¡no te quedes allí sentado!; **he can't sit still** no puede quedarse quieto.

8 *vi ART (model)* posar (**for**, para).

9 *vi (bird)* posarse (**on**, en); *(hen on eggs)* empollar (**on**, -).

10 *vi (be a member)* ser miembro (**on**, de), formar parte (**on**, de): **he sits on a jury** es miembro de un jurado.

11 *vi (parliament etc)* reunirse (en sesión): **the House sat until 2.00 am** la Cámara estuvo reunida hasta las 2.00.

12 *vi GB (represent)* representar (**for**, a), ser diputado,-a (**for**, por).

13 *vi fam (baby-sit)* hacer de canguro (**for**, a).

▶ **to sit about/sit around** *vi fam (be lazy)* holgazanear, hacer el vago; *(wait)* esperar sentado,-a.

to sit back

1 *vi (lean back)* recostarse; *(relax)* ponerse cómodo,-a.

2 *vi (take no active part)* cruzarse de brazos: **he just sat back and did nothing** se cruzó de brazos, no levantó ni un dedo para ayudar.

to sit by *vi (do nothing)* quedarse sin hacer nada, estarse quieto,-a.

to sit for *vt insep GB (exam)* presentarse a.

to sit in for *vt insep (take place)* sustituir a.

to sit in on *vi (attend)* asistir a (sin participar), estar presente en.

to sit on

1 *vt insep fam (delay)* retener; *(keep secret)* mantener oculto,-a.

2 *vt insep (silence)* hacer callar; *(discipline, control)* poner en su sitio.

to sit out

1 *vt sep (stay until end)* aguantar (hasta el final); *(wait until over)* esperar que acabe.

2 *vt sep (not dance)* no bailar.

to sit through *vt insep (stay until end)* aguantar (hasta el final).

to sit up

1 *vi (in bed)* incorporarse (en la cama); *(straight)* ponerse derecho,-a.

2 *vi (stay up late)* quedarse levantado, -a, no acostarse: **don't sit up for me** no me esperes levantado.

3 *vt sep (child etc)* sentar.

✦ **to sit in judgement on** enjuiciar a.

to sit on one's hands cruzarse de brazos, estar mano sobre mano.

to sit on somebody's tail pisarle los talones a alguien.

to sit on the fence ver los toros desde la barrera, nadar entre dos aguas.

to sit tight mantenerse en sus trece, quedarse en un sitio.

to sit up and take notice prestar atención.

▲ *pt & pp* **sat**, *ger* **sitting**.

sitar [ˈsɪtɑːə] *n* sitar *m* cítara.

sit-down [ˈsɪtdaʊn]

1 *n (protest)* sentada; *(strike)* huelga de brazos cruzados.

2 *n (rest)* breve descanso.

■ **sit-down meal** comida servida en la mesa.

site [saɪt]

1 *n (location)* situación *f*, emplazamiento, colocación *f*.

2 *n (area, land)* terreno, lugar *m*, solar *m*.

3 *vt* situar, ubicar, emplazar.

✦ **on site** en el recinto.

■ **archaeological site** yacimiento arqueológico.

sit-in [ˈsɪtɪn] *n (protest)* sentada; *(strike)* huelga de brazos cruzados.

siting [ˈsaɪtɪŋ] *n* emplazamiento.

sitter [ˈsɪtəʳ]

1 *n ART* modelo *mf*.

2 *n (baby sitter)* canguro *mf*.

3 *n (hen)* gallina clueca.

4 *n (easy thing to do)* cosa muy fácil, cosa chupada: **he missed a sitter** falló un gol cantado.

sitting [ˈsɪtɪŋ]

1 *n (of meal)* turno; *(of committee, for portrait)* sesión *f*.

2 *adj (position)* sentado,-a.

✦ **in a sitting/at a single sitting** de una sentada, de un tirón.

sitting duck presa fácil, blanco seguro.
to be sitting pretty estar bien situado, -a, estar en una posición aventajada.
■ **sitting member** POL miembro mf activo,-a.
sitting room GB sala de estar, salón m, living m.
sitting target blanco fácil.
sitting tenant inquilino,-a (con derecho a propiedad).

situate ['sɪtjʊeɪt] vt fml situar, ubicar, emplazar.

situated ['sɪtjʊeɪtɪd] adj (building etc) situado,-a, ubicado,-a.
✦ **to be well/badly situated** (person) estar en una buena/mala situación: **how are you situated for money?** ¿cómo andas de dinero?

situation [sɪtjʊ'eɪʃən]
1 n (circumstances) situación f: **the current political situation** la situación política actual; **we're in a very difficult situation** estamos en una situación muy difícil.
2 n dated (job, position) empleo, puesto.
3 n (location) situación f, ubicación f.
✦ **"Situations vacant"** "Demandas de trabajo".
■ **situation comedy** telecomedia.

sit-up ['sɪtʌp] n SP abdominal m.

six [sɪks]
1 adj seis: **it costs six pounds** cuesta seis libras; **turn to page six** pasa a la página seis; **six hundred** seiscientos,-as; **six thousand** seis mil.
2 n seis m: **she's six years old** tiene seis años; **it's six o'clock** son las seis; **six and six are twelve** seis más seis son doce; **the six of diamonds** el seis de diamantes; **all six of them** todos seis.
3 n SP (in cricket) seis puntos mpl.
✦ **it's six of one and half a dozen of the other** (not important) viene a ser lo mismo, da lo mismo, da igual; (both people's fault) los dos tienen parte de la culpa.
six of the best una paliza.
to be at sixes and sevens estar confuso,-a, estar hecho,-a un lío.
to knock somebody for six dejar anonadado,-a a alguien.

sixfold ['sɪksfəʊld]
1 adj séxtuplo,-a.
2 adv por seis, seis veces.

six-pack ['sɪkspæk] n (of beer) pack de seis botellas o latas de cerveza.

sixpence ['sɪkspəns] n GB dated moneda de seis peniques.

sixteen [sɪks'tiːn]
1 adj dieciséis.
2 n dieciséis m.
▲ Véase también six.

sixteenth [sɪks'tiːnθ]
1 adj decimosexto,-a.
2 adv en decimosexto lugar.
3 n (in series) decimosexto,-a.

4 n (fraction) decimosexto; (one part) decimosexta parte f.
■ **sixteenth note** US semicorchea.
▲ Véase también sixth.

sixth [sɪksθ]
1 adj sexto,-a: **the sixth floor** la sexta planta, el sexto piso; **it's their sixth wedding anniversary** es su sexto aniversario de boda; **the sixth century** el siglo sexto; **tomorrow's her sixth birthday** mañana cumple seis años.
2 adv sexto, en sexto lugar: **he came sixth** llegó en sexto lugar.
3 n (in series) sexto,-a; (day) el seis, el día seis: **Henry the Sixth** Enrique sexto; **Arencón was sixth** Arencón fue sexto, Arencón quedó sexto; **the sixth of June** el seis de junio; **January the sixth** el seis de enero; **I'm arriving on the sixth** llego el día seis; **your fax of the sixth** su fax del día seis.
4 n (fraction) sexto; (one part) sexta parte f: **five sixths of the population** cinco sextos de la población, cinco de cada seis habitantes; **one sixth of the pupils** una sexta parte del alumnado, uno de cada seis alumnos.
■ **sixth form** GB ≈ segundo de bachillerato.
sixth form college GB ≈ instituto para estudiantes de segundo de bachillerato.
sixth former GB ≈ estudiante mf de segundo de bachillerato.
sixth sense sexto sentido.

sixties ['sɪkstɪz] **the sixties** npl los años mpl sesenta.
✦ **to be in one's sixties** (person) tener entre sesenta y setenta años, tener sesenta y tantos años.
to be in the sixties (temperature) estar comprendido entre sesenta y setenta grados: **temperatures will be in the sixties** habrá temperaturas de entre sesenta y setenta grados Fahrenheit.
■ **sixties music** música de los años sesenta.

sixtieth ['sɪkstɪəθ]
1 adj sexagésimo,-a: **it's his sixtieth birthday** es su sexagésimo cumpleaños, es su sesenta cumpleaños.
2 adv en sexagésimo lugar: **he finished sixtieth** quedó en sexagésimo lugar.
3 n (in series) sexagésimo,-a: **he was sixtieth** fue sexagésimo, quedó en sexagésimo lugar.
4 n (fraction) sexagésimo; (one part) sexagésima parte f.

sixty ['sɪkstɪ]
1 adj sesenta: **he's sixty** tiene sesenta años; **there were about sixty people** había unas sesenta personas; **sixty per cent of the population** el sesenta por ciento de la población.
2 n sesenta m.

sizable ['saɪzəbəl] adj → sizeable.

size¹ [saɪz]
1 n (gen) tamaño; (magnitude) magnitud f: **it's the size of an egg** es del tamaño de un huevo; **the size of the problem** la magnitud del problema.

2 n (of clothes) talla; (of shoes) número; (of person) talla, estatura: **what size are you?** ¿qué talla tienes?, ¿qué talla gastas?; **what size (shoes) are you?** ¿qué número calzas?; **she's a size 12** gasta la talla 12; **I need the next size** necesito una talla más grande.
3 vt (sort according to size) poner la talla a.
▶ **to size up** vt sep (situation, problem) evaluar; (person) juzgar.
✦ **that's about the size of it** es más o menos así.
to cut somebody down to size bajarle los humos a alguien.
to try something on for size probarse algo para ver cómo le queda la talla.

size² [saɪz]
1 n (sticky substance for paper, cloth) cola, apresto.
2 vt encolar, aprestar.

sizeable ['saɪzəbəl] adj (house, estate, etc) (bastante) grande, de proporciones considerables; (sum) considerable; (problem) importante.

sizzle ['sɪzəl]
1 vi chisporrotear, crepitar.
2 n chisporroteo.

sizzler ['sɪzələʳ] n fam (hot day) día m abrasador.

ska [skaː] n MUS ska m.

skate¹ [skeɪt]
1 n (gen) patín m; (ice skate) patín m de hielo; (roller skate) patín m de rueda.
2 vi patinar.
▶ **to skate over** vt insep (problem, delicate issue) tratar muy por encima.
to skate round vt insep (problem, difficulty) evitar, esquivar.
✦ **to get/put one's skates on** darse prisa, moverse.
to skate on thin ice pisar un terreno peligroso.

skate² [skeɪt] n (fish) raya.

skateboard ['skeɪtbɔːd] n monopatín m.

skater ['skeɪtəʳ] n patinador,-ra.

skating ['skeɪtɪŋ] n patinaje m.
✦ **to go skating** ir a patinar.
■ **ice skating** patinaje m sobre hielo.
skating rink pista de patinaje.

skedaddle [skɪ'dædəl] vi pirarse.

skein [skeɪn]
1 n (of yarn) madeja.
2 n (of geese) bandada.

skeletal ['skelɪtəl]
1 adj ANAT esquelético,-a, óseo,-a.
2 adj (emaciated) esquelético,-a, escuálido,-a.
3 adj (report etc) escueto,-a.

skeleton ['skelɪtən]
1 n (of person, animal) esqueleto.
2 n (of building, ship) armazón m, estructura.
3 n (outline, plan) esquema m, bosquejo, esbozo.

4 *adj (staff)* reducido,-a; *(service)* mínimo,-a, básico,-a.
✦ **to have a skeleton in the cupboard** tener un secreto vergonzoso que ocultar.
▪ **skeleton key** llave *f* maestra.

skeptic ['skeptɪk] *n US* escéptico,-a.

skeptical ['skeptɪkəl] *adj US* escéptico,-a.

skepticism ['skeptɪsɪzəm] *n US* escepticismo.

sketch [sketʃ]
1 *n (drawing)* dibujo; *(preliminary drawing)* bosquejo, esbozo.
2 *n (outline, rough idea)* esquema *m*, esbozo; *(rough draft)* boceto, borrador *m*.
3 *n (part of show)* sketch *m*.
4 *vt (draw)* dibujar; *(preliminary drawing)* bosquejar, hacer un bosquejo de.
5 *vt (outline)* esbozar.
6 *vi* hacer bosquejos, hacer bocetos.
▸ **to sketch in/out** *vt sep (outline)* trazar las líneas generales de, dar un resumen de.
▪ **character sketch** breve descripción *f* de un personaje.
sketch map croquis *m*.

sketch-book ['sketʃbʊk] *n* bloc *m* de dibujo.

sketch-pad ['sketʃpæd] *n* bloc *m* de dibujo.

sketchy ['sketʃɪ] *adj (coverage, account)* incompleto,-a, sin detalles; *(knowledge)* básico,-a; *(memory)* vago,-a, impreciso,-a.
▲ *comp* **sketchier,** *superl* **sketchiest.**

skewer ['skjuəʳ]
1 *n CULIN* pincho, brocheta, broqueta.
2 *vt* ensartar (en un pincho etc).

ski [skiː]
1 *n (equipment)* esquí *m*.
2 *vi* esquiar.
✦ **to ski down** bajar esquiando.
▪ **ski boots** botas de esquiar.
ski instructor monitor,-ra de esquí.
ski jump *(slope)* pista de saltos, trampolín *m*; *(competition)* saltos *mpl* de esquí.
ski lift telesquí *m*.
ski pants pantalón *m sing* de esquí.
ski pole/ski stick bastón *m* de esquí.
ski resort estación *f* de esquí.
ski run pista de esquí.
ski slope pista de esquí.

skibob ['skɪbɒb] *n* esquibob *m*, skibob *m*.

skid [skɪd]
1 *n AUTO* patinazo, resbalón *m*, derrapaje *m*.
2 *vi* patinar, derrapar.
✦ **to be on the skids** ir cuesta abajo.
to go into a skid patinar, derrapar.
to put the skids under somebody/ something *(cause to fail)* poner zancadillas a alguien/algo.
to skid to a halt frenar patinando.
▪ **skid marks** *AUTO* señales *fpl* de los neumáticos en el asfalto.

skid row *US* barrios *mpl* bajos, barriadas *fpl*.
▲ *pt & pp* **skidded,** *ger* **skidding.**

skidpan ['skɪdpæn] *n GB* pista resbaladiza donde los conductores practican el patinaje.

skier ['skiːəʳ] *n* esquiador,-ra.

skiff [skɪf] *n MAR* esquife *m*.

skiing ['skiːɪŋ] *n* esquí *m*.
✦ **to go skiing** ir a esquiar.

skilful ['skɪlfʊl] *adj (gen)* diestro,-a, hábil; *(with hands)* mañoso,-a; *(with words)* hábil.
✦ **to be skilful at something** ser hábil para algo, tener habilidad para algo.

skilfully ['skɪlfʊlɪ] *adv* hábilmente, con destreza.

skill [skɪl]
1 *n (ability)* habilidad *f*, destreza; *(talent)* talento, don *m*, dotes *fpl*: **he acted with great skill** actuó con gran habilidad; **the work shows artistic skill** la obra demuestra talento artístico.
2 *n (technique)* técnica, arte *m*.
3 **skills** *npl (expertise)* capacidad *f sing*, aptitudes *fpl*: **a person with secretarial skills** una persona que sepa mecanografía; **a person with computer skills** una persona que sepa informática.

skilled [skɪld]
1 *adj (specialized - worker)* cualificado,-a, especializado,-a; *(- work)* especializado,-a, de especialista.
2 *adj (able)* hábil, diestro,-a; *(expert)* experto,-a.

skillet ['skɪlɪt] *n* sartén *f*.

skillful ['skɪlfʊl] *adj US* → **skilful.**

skim [skɪm]
1 *vt (milk)* desnatar, descremar (**off**, a); *(soup)* espumar (**off**, a).
2 *vt (move over surface)* pasar (casi) rozando: **the plane skimmed the ground** el avión volaba a ras de suelo.
3 *vt (read quickly)* hojear, leer por encima.
4 *vi (move over surface)* pasar (casi) rozando (**across/over**, -).
5 *vi (read quickly)* hojear (**through/over**, -), leer por encima (**through/over**, -).
✦ **to skim stones** hacer cabrillas.
▪ **skim milk** leche *f* desnatada, leche *f* descremada.
▲ *pt & pp* **skimmed,** *ger* **skimming.**

skimmed [skɪmd] *adj (milk)* desnatado,-a, descremado,-a.

skimmer ['skɪməʳ] *n (spoon)* espumadera.

skimp [skɪmp]
1 *vt* escatimar.
2 *vi* escatimar (**on**, -).

skimpy ['skɪmpɪ] *adj (dress)* ligero,-a, cortísimo,-a; *(meal)* escaso,-a, pobre.
▲ *comp* **skimpier,** *superl* **skimpiest.**

skin [skɪn]
1 *n (of person)* piel *f*, *(of face)* cutis *m*, piel *f*; *(complexion)* tez *f*: **she has light/dark skin** tiene la piel clara/morena; **skin problems** problemas en la piel.

2 *n (of animal)* piel *f*, pellejo; *(pelt)* piel *f*; *(hide)* cuero (curtido).
3 *n (of fruit, vegetable)* piel *f*; *(hard)* cáscara, corteza; *(peeling)* monda, mondadura.
4 *n (of sausage)* pellejo.
5 *n (on paint)* telilla, capa fina; *(on milk, custard, etc)* nata.
6 *n TECH (of plane etc)* revestimiento.
7 *vt (animal, fish)* desollar, despellejar.
8 *vt (fruit, vegetable)* pelar.
9 *vt (elbow, knee)* arañar, rascar, hacerse un rasguño en.
✦ **by the skin of one's teeth** por los pelos.
it's no skin off my nose a mí me da lo mismo, a mí me trae sin cuidado.
to be all skin and bone(s) estar en los huesos.
to get under somebody's skin *(annoy)* irritar a alguien, crispar (los nervios) a alguien, sacar a alguien de quicio.
to have a thick skin ser poco sensible.
to have a thin skin ser muy susceptible.
to jump out of one's skin llevarse un susto.
to save one's own skin salvar el pellejo.
to skin somebody alive desollar vivo, -a a alguien.
▪ **skin care** cuidado de la piel.
skin cream crema para la piel.
skin disease enfermedad *f* de la piel, dermatosis *f*.
skin diving buceo, submarinismo.
skin graft injerto cutáneo.
skin test cutirreacción *f*.
▲ *pt & pp* **skinned,** *ger* **skinning.**

skin-deep [skɪn'diːp] *adj* superficial.

skin-diver ['skɪndaɪvəʳ] *n* buceador,-ra, submarinista *mf*.

skinflint ['skɪnflɪnt] *n fam* tacaño,-a.

skinful ['skɪnfʊl] **to have had a skinful** *phr* estar como una cuba.

skinhead ['skɪnhed] *n* cabeza *mf* rapada, skin *mf*.

skinniness ['skɪnɪnəs] *n* flacura.

skinny ['skɪnɪ] *adj fam* flaco,-a, flacucho, -a, delgaducho,-a, enjuto,-a.
▲ *comp* **skinnier,** *superl* **skinniest.**

skinny-dip ['skɪnɪdɪp] *vi* bañarse desnudo,-a.

skinny-dipping ['skɪnɪdɪpɪŋ] **to go skinny-dipping** *phr* ir a bañarse desnudo,-a.

skint [skɪnt] *adj* pelado,-a.
✦ **to be skint** estar sin blanca, estar sin un duro.

skintight ['skɪntaɪt] *adj (clothes)* muy ceñido,-a, muy ajustado,-a.

skip¹ [skɪp]
1 *n* salto, brinco.
2 *vi (move, jump)* saltar, brincar; *(with rope)* saltar a la comba.
3 *vi (jump, flit)* saltar: **the book skips from one subject to another** el libro salta de un tema a otro.

4 *vi fam (leave)* largarse: he skipped off without a word se largó sin decir nada.

5 *vt (miss, omit)* saltarse: she skipped a few pages se saltó unas páginas; I skipped lunch today no he comido hoy; we'll skip dessert pasamos del postre.

6 *vt fam (fail to attend)* faltar a: the boy's been skipping classes el niño ha faltado a clase.

◆ skip it! ¡déjalo!

▲ *pt & pp* skipped, *ger* skipping.

skip² [skɪp] *n (container)* contenedor *m*, contáiner *m*.

skipper ['skɪpə']
1 *n MAR* patrón,-ona, capitán,-ana.
2 *n SP* capitán,-ana.
3 *vt* capitanear.

skipping ['skɪpɪŋ] *n* comba.
■ skipping rope comba, cuerda de saltar.

skirmish ['skɜ:mɪʃ]
1 *n MIL* escaramuza.
2 *n (fight)* refriega, pelea, trifulca; *(argument)* escaramuza, riña, discusión *f*.
3 *vi (fight)* pelear; *(argue)* reñir, discutir.

skirt [skɜ:t]
1 *n (garment)* falda: a straight skirt or a pleated one? ¿una falda recta o plisada?
2 *n (machinery guard)* cubierta.
3 *vt (go round - town, hill)* rodear; *(- lake, coast)* bordear.
4 *vt fig (problem)* esquivar, eludir (round, -).

skirting ['skɜ:tɪŋ] skirting (board) *n GB* zócalo, rodapié *m*.

skit [skɪt] *n (written)* sátira, parodia; *(performed)* sketch *m* satírico.

skittish ['skɪtɪʃ]
1 *adj (person)* caprichoso,-a, frívolo,-a.
2 *adj (animal)* excitable, asustadizo,-a.

skittle ['skɪtəl]
1 *n (wooden pin)* bolo.
2 skittles *npl* bolos *mpl*, boliche *m sing*: let's play skittles juguemos a los bolos.

skive [skaɪv] *vi GB fam (avoid work)* escaquearse.
▶ to skive off *vi (avoid work)* escaquearse; *(leave early)* pirarse, escurrirse.
◆ to skive off schoolI hacer novillos.

skiver ['skaɪvə'] *n* vago,-a.

skivvies ['skɪvɪz] *npl US* paños *mpl* menores.

skivvy ['skɪvɪ]
1 *n GB fam (female servant)* fregona, sirvienta.
2 *vi* servir, trabajar como una esclava.
▲ *pl* skivvies.

skulduggery [skʌl'dʌgərɪ] *n* tejemanejes *mpl*, trapicheo.

skulk [skʌlk] *vi (hide)* esconderse, estar escondido,-a; *(prowl)* merodear, rondar; *(lurk, lie in wait)* estar al acecho.

skull [skʌl]
1 *n ANAT* cráneo.
2 *n (symbol)* calavera.
3 *n fam (head)* coco, calavera, tarro.
◆ skull and crossbones bandera pirata.

skullcap ['skʌlkæp] *n (garment)* casquete *m*; *(of priest)* solideo.

skunk [skʌŋk]
1 *n ZOOL* mofeta.
2 *n fam (person)* sinvergüenza *mf*, canalla *mf*.

sky [skaɪ] *n (gen)* cielo; *(firmament)* firmamento.
◆ the sky's the limit todo es posible.
to praise something/somebody to the skies poner algo/a alguien por las nubes.
■ sky blue azul *m* celeste.

sky-blue ['skaɪblu:] *adj* azul celeste.

skydive ['skaɪdaɪv] *vi* practicar el paracaidismo.

skydiver ['skaɪdaɪvə'] *n* paracaidista *mf*.

skydiving ['skaɪdaɪvɪŋ] *n* paracaidismo.

sky-high [skaɪ'haɪ]
1 *adv* por las nubes, por los aires: prices have gone sky-high los precios se han puesto por las nubes.
2 *adj* por las nubes, astronómico,-a.
◆ to blow something sky-high hacer volar algo por los aires.

skyjack ['skaɪdʒæk] *vt* secuestrar (en pleno vuelo).

skylark ['skaɪlɑ:k] *n* alondra.

skylight ['skaɪlaɪt] *n* tragaluz *m*, claraboya.

skyline ['skaɪlaɪn]
1 *n (horizon)* horizonte *m*.
2 *n (of city)* perfil *m*.

skyscraper ['skaɪskreɪpə'] *n* rascacielos *m*.

slab [slæb]
1 *n (of stone)* losa; *(of cake)* trozo; *(of chocolate)* tableta.
2 *n (in mortuary)* mesa de autopsias.

slack¹ [slæk]
1 *adj (not taut)* flojo,-a: a slack rope una cuerda floja.
2 *adj (careless, lax)* descuidado,-a; *(negligent)* negligente; *(sloppy)* despreocupado,-a, dejado,-a: slack security led to an escape la deficiente seguridad causó la fuga; discipline is slack hay poca disciplina; don't get slack in your work no descuides tu trabajo.
3 *adj (not busy - trade, demand)* flojo,-a: business is slack hay poco trabajo.
4 *n (part of rope, wire etc)* parte *f* floja.
5 *vi fam pej (be lazy)* gandulear, holgazanear.
▶ to slack off *vi (activity)* aflojar (el ritmo de trabajo); *(speed)* reducir, disminuir.
◆ to take up the slack *(rope)* tensar la cuerda; *(industry)* reactivar la productividad, aumentar la productividad.
■ slack season temporada baja.

slack² [slæk] *n (coal)* cisco.

slacken ['slækən]
1 *vt (rope, grip)* aflojar; *(reins)* soltar.
2 *vt (speed)* reducir, disminuir; *(pace)* aflojar, reducir, aminorar.
3 *vi (rope, grip)* aflojarse; *(wind, rain)* amainar.

4 *vi (trade, demand)* aflojar, flaquear, decaer; *(speed)* reducirse, disminuir.
▶ to slacken off/slacken up *vi (activity)* aflojar (el ritmo de trabajo); *(speed)* reducirse, disminuir.
▲ *pt & pp* slagged, *ger* slagging.

slacker ['slækə'] *n fam* vago,-a, gandul, -la, holgazán,-ana.

slackness ['slæknəs]
1 *n (of rope)* flojedad *f*.
2 *n (carelessness, laxness)* descuido; *(negligence)* negligencia; *(laziness)* pereza, gandulería.
3 *n (of trade)* inactividad *f*, estancamiento.

slacks [slæks] *npl dated* pantalón *m*, pantalones *mpl*.

slag [slæg]
1 *n (of metal etc)* escoria.
2 *n GB sl pej* fulana, puta.
▶ to slag off *vt sep GB fam (person)* poner verde a, hablar mal de; *(thing)* poner por los suelos.
■ slag heap escorial *m*.

slain [sleɪn] *pp* → slay.

slake [sleɪk]
1 *vt (thirst)* saciar, apagar, aplacar.
2 *vt fig* satisfacer.
3 *vt CHEM (lime)* apagar.
■ slaked lime cal *f* apagada, cal *f* muerta.

slalom ['slɑ:ləm] *n SP* slalom *m*, eslalon *m*.

slam¹ [slæm]
1 *n (of lid, book, etc)* golpe *m*; *(of door)* portazo.
2 *vt (shut forcefully)* cerrar de golpe: she slammed the door in my face me dio con la puerta en las narices.
3 *vt (throw noisily)* arrojar, lanzar: she slammed the book down on the table arrojó el libro sobre la mesa.
4 *vt fig (criticize)* criticar duramente, atacar violentamente.
5 *vt (defeat)* dar una paliza a.
6 *vi* cerrarse de golpe: the door slammed shut la puerta se cerró de un portazo.
◆ to slam on the brakes *AUTO* dar un frenazo.
to slam the door dar un portazo.
to slam the phone down colgar de golpe.
▲ *pt & pp* slammed, *ger* slamming.

slam² [slæm] *n (in bridge)* slam *m*.
■ grand slam gran slam *m*.

slammer ['slæmə'] *n sl (prison)* chirona, trullo.

slander ['slɑ:ndə']
1 *n (smear)* difamación *f*.
2 *n JUR* calumnia.
3 *vt* difamar.
4 *vt JUR* calumniar.
◆ to bring an action against somebody for slander querellarse contra alguien por difamación.
to sue somebody for slander demandar a alguien por difamación.

slanderer ['slɑ:ndərə']
1 *n* difamador,-ra.
2 *n JUR* calumniador,-ra.

slanderous [ˈslɑːndərəs]
1 *adj* difamatorio,-a.
2 *adj JUR* calumnioso,-a.

slang [slæŋ]
1 *n* argot *m*, jerga: "slammer" is slang for prison en argot "trullo" quiere decir cárcel.
2 *adj* de jerga, de argot.
3 *vt fam* insultar.

slanging match [ˈslæŋɪŋmætʃ] *n fam* intercambio de insultos.

slangy [ˈslæŋɪ] *adj* muy coloquial, vulgar.
▲ *comp* slangier, *superl* slangiest.

slant [slɑːnt]
1 *n (gen)* inclinación *f; (slope)* declive *m*, pendiente *f*.
2 *n (point of view)* enfoque *m*, punto de vista, perspectiva; *(bias)* sesgo.
3 *vt (slope)* inclinar.
4 *vt fig (news, report, etc)* enfocar subjetivamente, presentar tendenciosamente.
5 *vi (slope)* inclinarse.
✦ **on a slant/on the slant** inclinado,-a.

slanted [ˈslɑːntɪd] *adj (biased)* tendencioso,-a.

slanting [ˈslɑːntɪŋ] *adj (sloping)* inclinado,-a.

slap [slæp]
1 *n (gen)* palmada; *(smack)* cachete *m*; *(in face)* bofetada, bofetón *m*.
2 *adv (straight)* de lleno: we drove slap into a wall dimos de lleno contra una pared.
3 *adv (right)* justo: they've built a huge hotel slap in the middle of the port han construido un hotel enorme justo en medio del puerto.
4 *vt (gen)* pegar (con la mano); *(in face)* abofetear, dar una bofetada a.
5 *vt (place, put)* tirar, arrojar: I slapped the form down on the counter arrojé el formulario sobre el mostrador.
▸ **to slap around** *vt sep (hit)* pegar.
 to slap down *vt sep (force into silence)* hacer callar.
 to slap on *vt sep (add to price)* añadir a, aumentar.
✦ **a slap in the face** *(rebuff)* un desaire, una bofetada.
 a slap on the wrist un tirón de orejas.
 to slap make-up on one's face embadurnarse la cara de maquillaje.
 to slap paint on a wall dar una mano de pintura en la pared.
 to slap somebody on the back dar a alguien una palmadita en la espalda.
▸ *pt & pp slapped, ger slapping.*

slap-bang [ˈslæpbæŋ] *adv* → **slap.**

slapdash [ˈslæpdæʃ] *adj fam (careless)* descuidado,-a; *(work)* chapucero,-a.

slaphappy [ˈslæphæpɪ] *adj fam (person)* despreocupado,-a; *(work)* descuidado,-a.

slapstick [ˈslæpstɪk] *n* bufonadas *fpl*, payasadas *fpl*.
 slapstick comedy astracanada.

slap-up [ˈslæpʌp] *adj fam* excelente.
 slap-up meal comilona, banquete *m*.

slash [slæʃ]
1 *n (with sword)* tajo; *(with knife)* cuchillada; *(with razor)* navajazo; *(with whip)* latigazo.
2 *n GB sl* meada.
3 *n fam (oblique)* barra oblicua.
4 *vt (with sword)* dar un tajo a; *(with knife)* acuchillar, rajar; *(with whip)* azotar: vandals have slashed all the seats unos gamberros han rajado todos los asientos; she slashed her wrists se cortó las venas.
5 *vt fig (prices, wages)* rebajar, reducir; *(budget)* recortar: prices slashed precios de remate.
6 *vi (swipe)* golpear *(at, -)*.
✦ **to have a slash** *sl* mear.

slat [slæt] *n* tablilla, listón *m*.

slate[1] [sleɪt]
1 *n (gen)* pizarra.
2 *n GB (credit)* cuenta.
3 *n US (in politics)* lista de candidatos.
4 *vt (roof)* empizarrar.
5 *vt US (choose)* elegir: he's slated to be the next director lo han elegido para ser el próximo director.
6 *vt US (plan, schedule)* programar: the meeting is slated for Tuesday la reunión está programada para el martes.
✦ **to put something on somebody's slate** apuntar algo en la cuenta de alguien.
 to wipe the slate clean hacer borrón y cuenta nueva.
 slate quarry pizarral *m*.
 slate roof tejado de pizarra.

slate[2] [sleɪt] *vt GB fam (criticize)* poner por los suelos, criticar duramente.

slaughter [ˈslɔːtəʳ]
1 *n (of animals)* matanza; *(of people)* carnicería, matanza.
2 *vt (animals)* matar, sacrificar; *(people)* matar brutalmente; *(in large numbers)* masacrar, exterminar.
3 *vt fam (defeat)* dar una paliza a.

slaughterhouse [ˈslɔːtəhaʊs] *n* matadero.

slaughterman [ˈslɔːtəmən] *n* matarife *m*.
▲ *pl slaughtermen* [ˈslɔːtəmən].

Slav [slɑːv]
1 *n (person)* eslavo,-a.
2 *adj* eslavo,-a.

slave [sleɪv]
1 *n* esclavo,-a: he's a slave to drink es esclavo de la bebida.
2 *vi* trabajar como una bestia *(at, en)*, trabajar como un negro *(at, en)*: she's slaving away at the accounts está trabajando como una bestia en las cuentas.
 slave driver negrero,-a, tirano,-a.
 slave labour *(slaves)* los esclavos; *(hard work)* trabajo de negros.
 slave trade trata de esclavos.

slaver[1] [ˈsleɪvəʳ] *n arch (ship)* barco negrero; *(person)* negrero,-a.

slaver[2] [ˈslævəʳ] *vi (drool)* babear: she slavered over the baby se le caía la baba con el niño.

slavery [ˈsleɪvərɪ] *n* esclavitud *f*.
✦ **to be sold into slavery** ser vendido,-a como esclavo,-a.

Slavic [ˈslɑːvɪk] *adj* → **Slavonic.**

slavish [ˈsleɪvɪʃ]
1 *adj (servile)* esclavo,-a, servil.
2 *adj (copy, imitation, remake)* poco original, calcado,-a, imitativo,-a; *(obedience, devotion)* ciego,-a.

Slavonic [sləˈvɒnɪk]
1 *adj* eslavo,-a.
2 *n (language)* eslavo.

slay [sleɪ] *vt lit* matar, asesinar.
▲ *pt slew* [sluː], *pp slain* [sleɪn].

sleaze [sliːz] *n* sordidez *f*.
 sleaze politics política de trapicheo.

sleazy [ˈsliːzɪ] *adj* sórdido,-a.
▲ *comp sleazier, superl sleaziest.*

sled [sled] *n US* → **sledge.**

sledge [sledʒ]
1 *n GB* trineo.
2 *vi* ir en trineo.

sledgehammer [ˈsledʒhæməʳ] *n* almádana.

sleek [sliːk]
1 *adj (hair, fur)* liso,-a, lustroso,-a.
2 *adj (appearance)* impecable, elegante; *(vehicle)* de líneas elegantes.

sleep [sliːp]
1 *n* sueño: I'm going to have a little sleep voy a dormir un poco; I need eight hours' sleep necesito dormir ocho horas; he talks in his sleep habla dormido.
2 *n (in eyes)* legaña.
3 *vi (gen)* dormir: I slept well he dormido bien; he slept for ten hours durmió diez horas.
4 *vt (accommodate)* tener camas para, poder alojar a: the bungalow sleeps six en el bungalow hay camas para seis personas.
▸ **to sleep around** *vi fam* acostarse con cualquiera.
 to sleep in *vi (sleep late)* quedarse en la cama, dormir hasta tarde.
 to sleep out *vi (sleep outdoors)* dormir al aire libre, dormir al raso.
 to sleep through *vt insep (not hear)* no oír; *(be asleep)* seguir durmiendo.
 to sleep together *vi (sleep in same bed)* dormir juntos,-as; *(have sex)* tener relaciones sexuales.
 to sleep with *vt insep* acostarse con.
✦ **sleep tight** que duermas bien, que descanses.
 to cry oneself to sleep llorar hasta quedarse dormido,-a.
 to get to sleep conciliar el sueño.
 to go to sleep *(fall asleep)* dormirse; *(become numb)* dormirse, entumecerse: my

foot's gone to sleep se me ha dormido el pie.
to lose sleep over something perder el sueño por algo.
to put an animal to sleep sacrificar un animal.
to put a patient to sleep dormir a un paciente.
to sleep it off *(hangover)* dormir la mona; *(meal)* reponerse.
to sleep like a log/sleep like a top dormir como un tronco, dormir como un lirón.
to sleep on it consultarlo con la almohada.
to sleep rough dormir al raso.
▲ *pt & pp* **slept** [slept].

sleeper ['sliːpəʳ]
1 *n (person)* durmiente *mf*.
2 *n (train)* tren *m* con coches cama; *(sleeping car)* coche-cama *m*; *(berth)* litera.
3 *n (beam of wood on track)* traviesa.
4 *n GB (earring)* arete *m*, aro, pendiente *m*.
5 *n US (late/unexpected success)* éxito inesperado.
✦ **to be a light sleeper/be a heavy sleeper** tener el sueño ligero/tener el sueño pesado.

sleepily ['sliːpɪlɪ] *adv* con voz soñolienta, medio dormido,-a.

sleep-inducing ['sliːpɪndjʊːsɪŋ] *adj* somnífero,-a, soporífico,-a.

sleepiness ['sliːpɪnəs] *n* somnolencia, soñolencia.

sleeping ['sliːpɪŋ] *adj* durmiente, dormido,-a.
✦ **let sleeping dogs lie** mejor no remover el asunto.
▪ **sleeping bag** saco de dormir.
Sleeping Beauty la Bella Durmiente.
sleeping car coche cama *m*.
sleeping partner socio,-a comanditario,-a.
sleeping pill/sleeping tablet somnífero.
sleeping policeman *AUTO* badén *m*.
sleeping sickness encefalitis *f* letárgica, enfermedad *f* del sueño.

sleepless ['sliːpləs] *adj* insomne.
✦ **to have a sleepless night** pasar la noche en blanco.

sleeplessness ['sliːpləsnəs] *n* insomnio.

sleepwalker ['sliːpwɔːkəʳ] *n* sonámbulo,-a.

sleepwalking ['sliːpwɔːkɪŋ] *n* sonambulismo.

sleepy ['sliːpɪ]
1 *adj (drowsy)* soñoliento,-a, somnoliento,-a, adormecido,-a.
2 *adj (quiet, not busy)* tranquilo,-a.
✦ **to be sleepy/feel sleepy** tener sueño.
to get sleepy entrarle sueño a uno.
to look sleepy tener cara de sueño.
to make sleepy darle sueño a uno.
▲ *comp* **sleepier**, *superl* **sleepiest**.

sleepyhead ['sliːpɪhed] *n fam* dormilón,-ona.

sleet [sliːt]
1 *n* aguanieve *f*.
2 *vi* caer aguanieve.

sleetstorm ['sliːtstɔːm] *n* cellisca.

sleeve [sliːv]
1 *n (of garment)* manga.
2 *n (of record)* funda.
3 *n TECH* manguito.
✦ **to have something up one's sleeve** guardarse una carta en la manga.

sleeveless ['sliːvləs] *adj (garment)* sin mangas.

sleigh [sleɪ] *n* trineo.
▪ **sleigh bell** cascabel *m*.

sleight [slaɪt] **sleight of hand** *n* prestidigitación *f*, juego de manos.

slender ['slendəʳ]
1 *adj (person)* delgado,-a, esbelto,-a; *(waist, wineglass)* delgado,-a, fino,-a.
2 *adj fig (hope, chance)* ligero,-a, remoto,-a; *(income, majority)* escaso,-a: **a person of slender means** una persona de escasos recursos; **he won by a slender margin** ganó por un estrecho margen.

slenderness ['slendənəs] *n* esbeltez *f*, delgadez *f*.

slept [slept] *pt & pp* → **sleep.**

sleuth [sluːθ] *n* detective *mf*, sabueso *mf*.

slew [sluː] *pt* → **slay.**

slice [slaɪs]
1 *n (of bread)* rebanada; *(thin - ham etc)* lonja, loncha; *(- meat)* tajada; *(- of salami, lemon, etc)* rodaja.
2 *n (portion - of cake, pie)* porción *f*, trozo; *(- of melon etc)* raja.
3 *n fig (share)* parte *f*, *(proportion)* proporción *f*.
4 *n (kitchen tool)* pala, paleta.
5 *n SP (in golf)* slice *m*; *(in tennis)* golpe *m* con efecto.
6 *vt (cut up)* cortar a rebanadas, cortar a lonjas, cortar a rodajas: **she sliced up the ham** cortó el jamón en lonchas; **he sliced the apple in two** partió la manzana por la mitad.
7 *vt (cut off)* cortar: **can you slice me a piece of cake?** ¿puedes cortarme un trozo de pastel?
8 *vt (cut with knife)* cortar: **she sliced her finger** se cortó el dedo.
9 *vt SP* dar efecto a.
10 *vi SP* dar efecto a la pelota.
✦ **to be the best thing since sliced bread** ser lo mejor que hay, ser lo mejorcito que hay.
▪ **sliced bread** pan *m* de molde.

slick [slɪk]
1 *adj (skilful)* mañoso,-a, hábil, diestro,-a; *(smooth)* fluido,-a: **a slick changeover** un relevo rápido.
2 *adj (attractive)* ingenioso,-a, logrado,-a; *(effective)* eficaz, impresionante: **a slick advertising campaign** una campaña publicitaria muy lograda.

3 *adj pej (glib - person)* despabilado,-a, con mucha labia; *(- answer, excuse)* fácil, simplista: **he's a slick operator** es un listillo, es un tipo despabilado, tiene un pico de oro.
4 *adj US (slippery)* resbaladizo,-a.
5 *n* marea negra.
▶ **to slick down** *vt sep (hair)* alisar.

slicker ['slɪkəʳ]
1 *n US fam (person)* chulo,-a, presuntuoso,-a.
2 *n US (raincoat)* impermeable *m*.

slide [slaɪd]
1 *n (act of sliding)* deslizamiento, desliz *m*; *(slip)* resbalón *m*.
2 *n (in playground)* tobogán *m*.
3 *n FIN (drop, fall)* baja, caída, bajón *m*.
4 *n (photo)* diapositiva.
5 *n (of microscope)* platina, portaobjetos *m*.
6 *n MUS (on instrument)* vara, corredera.
7 *n GB (for hair)* pasador *m*.
8 *vt (gen)* deslizar, pasar; *(furniture)* correr: **I slid the coin into his pocket** le deslicé la moneda en el bolsillo; **she slid her glass across the table** deslizó la copa sobre la mesa.
9 *vi (slip deliberately)* deslizar, deslizarse; *(slip accidentally)* resbalar: **she slid on the ice** resbaló en el hielo; **the children were sliding down the slope** los niños se deslizaban por la cuesta.
10 *vi (move quietly)* deslizarse: **the drawer slid open** el cajón se abrió con facilidad; **he slid into the room** entró sigilosamente en la habitación.
11 *vi FIN (fall)* bajar.
▶ **to slide into** *vt insep (gradually pass into)* caer en.
to slide over *vt insep (avoid)* esquivar, eludir.
✦ **to let something slide** no ocuparse de algo, tener algo abandonado,-a.
▪ **slide projector** proyector *m* de diapositivas.
slide rule *MATH* regla de cálculo.
slide show proyección *f* de diapositivas.
▲ *pt & pp* **slid** [slɪd].

sliding ['slaɪdɪŋ]
1 *adj (door, window)* corredero,-a.
2 *adj (roof)* corredizo,-a.
▪ **sliding scale** *FIN* escala móvil.

slight [slaɪt]
1 *adj (small in degree)* pequeño,-a, ligero,-a; *(not serious, unimportant)* leve, insignificante: **she has a slight French accent** tiene un ligero acento francés; **a slight change of plan** un pequeño cambio de planes; **I haven't the slightest idea** no tengo la menor idea.
2 *adj (person - small)* menudo,-a; *(- slim)* delgado,-a; *(- frail)* delicado,-a.
3 *n (affront)* desaire *m*, desprecio.
4 *vt (scorn)* despreciar, menospreciar.
5 *vt (snub, insult)* desairar, ofender, insultar.
✦ **not in the slightest** en absoluto.

slighting ['slaɪtɪŋ]
 1 *adj (scornful)* despreciativo,-a, menospreciativo,-a.
 2 *adj (offensive)* ofensivo,-a.

slightly ['slaɪtlɪ] *adv (a little)* ligeramente, un poco, algo: **serve slightly chilled** sírvase ligeramente frío; **he's slightly taller** es un poco más alto; **I know him slightly** apenas lo conozco.
 ✦ **to be slightly built** ser de complexión menuda.

slim [slɪm]
 1 *adj (person, build)* delgado,-a, esbelto,-a; *(waist, object)* fino,-a.
 2 *adj (chance, hopes, prospect)* remoto,-a; *(evidence)* insuficiente; *(profit)* escaso,-a, exiguo,-a.
 3 *vi* adelgazar, hacer régimen: **I'm slimming** estoy a régimen.
 ▸ **to slim down** *vt sep* reducir.
 ▲ *(adjetivo) comp* **slimmer**, *superl* **slimmest**; *(verbo) pt & pp* **slimmed**, *ger* **slimming**.

slime [slaɪm]
 1 *n (mud)* limo, cieno.
 2 *n (of snail)* baba.

slimline ['slɪmlaɪn]
 1 *adj (watch etc)* extraplano,-a.
 2 *adj (drink)* light, bajo,-a en calorías.

slimmer ['slɪmə^r] *n* persona que está a régimen.

slimming ['slɪmɪŋ]
 1 *adj (diet, pills)* para adelgazar, adelgazante; *(food)* que no engorda, de bajo contenido calorífico.
 2 *n (process)* adelgazamiento.

slimness ['slɪmnəs] *n* esbeltez *f*, delgadez *f*.

slimy ['slaɪmɪ]
 1 *adj (muddy)* limoso,-a; *(sticky)* viscoso,-a, pegajoso,-a; *(snail)* baboso,-a.
 2 *adj (person)* zalamero,-a, cobista.
 ▲ *comp* **slimier**, *superl* **slimiest**.

sling [slɪŋ]
 1 *n MED* cabestrillo.
 2 *n (catapult)* honda; *(child's)* tirador *m*.
 3 *n (device for lifting, carrying)* cuerda; *(for baby)* canguro.
 4 *vt fam (throw)* tirar, arrojar, lanzar: **sling it in the bin** tíralo a la basura.
 5 *vt (lift, support)* colgar: **a rope had been slung between two trees** se había colgado una cuerda entre dos árboles.
 ▸ **to sling out** *vt sep (thing)* echar, tirar (a la basura); *(person)* echar (a la calle).
 ✦ **to sling one's hook** largarse.
 ▲ *pt & pp* **slung** [slʌŋ].

slingshot ['slɪŋʃɒt] *n* tirachinas *m*, tiragomas *m*.

slink [slɪŋk] *vi (move secretly)* moverse sigilosamente; *(in shame)* moverse avergonzado,-a.
 ▸ **to slink away/slink off** *vi* escabullirse, escurrirse.
 ▲ *pt & pp* **slunk** [slʌŋk].

slinky ['slɪŋkɪ] *adj (garment)* ceñido,-a, ajustado,-a; *(movement)* sensual, provocativo,-a.
 ▲ *comp* **slinkier**, *superl* **slinkiest**.

slip¹ [slɪp]
 1 *n (of paper)* papelito, trocito de papel.
 2 *n BOT (cutting)* esqueje *m*.
 ■ **slip of a girl** chiquilla.

slip² [slɪp]
 1 *n (slide)* resbalón *m*; *(trip)* traspiés *m*, tropezón *m*.
 2 *n (mistake)* error *m*, equivocación *f*; *(moral)* desliz *m*.
 3 *n (women's underskirt)* combinación *f*; *(petticoat)* enaguas *fpl*.
 4 *vi (slide)* resbalar; *(fall, get away, escape)* caer: **my foot slipped** se me fue el pie; **she slipped on the ice** resbaló en el hielo; **this bag keeps slipping off my shoulder** este bolso se me cae del hombro; **the ball slipped through his fingers** la pelota le resbaló de las manos.
 5 *vi AUTO (clutch, tyre)* patinar.
 6 *vi (move - quickly)* ir de prisa; *(- secretly)* escabullirse: **he slipped out when no-one was looking** se escabulló cuando no miraba nadie; **she's just slipped out for a minute** ha salido un momento.
 7 *vi (decline)* decaer, empeorar.
 8 *vt (pass, give, put)* pasar, deslizar, dar a escondidas: **he slipped the doorman a fiver** deslizó en la mano del portero un billete de cinco libras; **she slipped the note into her bag** disimuladamente metió la nota en el bolso.
 9 *vt (overlook, forget)* escaparse: **it completely slipped my mind** se me olvidó por completo; **in case it slipped your notice** por si se te ha pasado por alto.
 10 *vt (get free from)* soltarse de: **the dog slipped its leash** el perro se soltó de la correa.
 ▸ **to slip away**
  1 *vi (time)* pasar, irse.
  2 *vi (person)* irse.
 to slip by *vi (time)* pasar, transcurrir.
 to slip into *vt insep (clothes)* ponerse.
 to slip off *vt sep (clothes)* quitarse.
 to slip on *vt sep (clothes)* ponerse.
 to slip out *vi (secret, comment, etc)* escaparse: **it just slipped out** se me escapó.
 to slip out of *vt insep (clothes)* quitarse.
 to slip up *vi (make a mistake)* equivocarse, cometer un error; *(blunder)* cometer un desliz, meter la pata.
 ✦ **a slip of the pen** un lapsus.
 a slip of the tongue un lapsus linguae.
 there's many a slip twixt the cup and the lip del dicho al hecho hay mucho trecho.
 to be slipping estar perdiendo facultades, no ser lo que uno era antes.
 to give somebody the slip dar esquinazo a alguien.

to let an opportunity slip through one's fingers dejar escapar una oportunidad.
 to let something slip escapársele algo a uno.
 to slip a disc dislocarse una vértebra.
 to slip anchor levar anclas.
 ■ **slipped disc** vértebra dislocada.
 slip road pista de aceleración.

slipknot ['slɪpnɒt] *n* nudo corredizo.

slip-on ['slɪpɒn]
 1 *adj (shoes)* sin cordones; *(garment)* de quita y pon.
 2 **slip-ons** *npl (shoes)* zapatos *mpl* sin cordones.

slipper ['slɪpə^r]
 1 *n* zapatilla.
 2 *n TECH* zapata, patín *m*.

slipperiness ['slɪpərɪnəs] *n* lo resbaladizo.

slippery ['slɪpərɪ]
 1 *adj (surface)* resbaladizo,-a, resbaloso,-a; *(fish, soap)* escurridizo,-a.
 2 *adj fam (person)* astuto,-a, que no es de fiar.
 ✦ **to be a slippery customer** no ser de fiar, ser un,-a granuja.
 to be on the slippery slope andar sobre terreno pantanoso.

slippy ['slɪpɪ] *adj fam* → **slippery**.
 ▲ *comp* **slippier**, *superl* **slippiest**.

slipshod ['slɪpʃɒd] *adj (careless)* descuidado,-a; *(manual work)* chapucero,-a.

slipstream ['slɪpstriːm] *n* estela.

slip-up ['slɪpʌp] *n (mistake)* error *m*, descuido; *(blunder)* desliz *m*, metedura de pata.

slipway ['slɪpweɪ] *n MAR* grada.

slit [slɪt]
 1 *n (opening)* abertura, hendedura; *(cut)* corte *m*, raja: **a skirt with a slit up the back** una falda con un corte detrás; **eyes like slits** ojos achinados.
 2 *vt (cut)* cortar, rajar, hender.
 ✦ **to slit open an envelope** rasgar un sobre.
 to slit somebody's throat degollar a alguien.
 ▲ *pt & pp* **slit**, *ger* **slitting**.

slither ['slɪðə^r] *vi (snake)* deslizarse; *(person)* resbalar; *(car)* patinar.

slithery ['slɪðərɪ] *adj* resbaladizo,-a.

sliver ['slɪvə^r] *n (of wood, glass)* astilla; *(of ham etc)* loncha fina, tajada fina.

slob [slɒb] *n fam (dirty, untidy)* dejado,-a; *(lazy)* vago,-a; *(slovenly)* desaseado,-a: **you fat slob!** ¡cerdo!, ¡guarro!

slobber ['slɒbə^r]
 1 *vi (dribble)* babear.
 2 *n fam* baba.
 ▸ **to slobber over**
  1 *vt insep fam (drool over)* babosear, caerse la baba con.
  2 *vt insep fam (kiss)* besuquear.

sloe [sləʊ] *n BOT (shrub)* endrino; *(fruit)* endrina.
 ■ **sloe gin** ginebra de endrinas.

slog [slɒg]
1 n GB fam (hard work) paliza, gran esfuerzo; (hard walk) caminata: **digging is a real slog** cavar es un auténtica paliza.
2 n SP (hard hit) golpe m.
3 vi GB fam sudar tinta (**away**, -), trabajar como un negro (**away**, -): **he's still slogging away in the garden** aún está trabajando como un negro en el jardín.
4 vi (walk) caminar con dificultad, caminar con gran esfuerzo.
5 vt SP (hit) golpear.
✦ **to slog one's way through something** conseguir hacer algo a duras penas.
▲ pt & pp slogged, ger slogging.

slogan ['sləʊgən] n slogan m, eslogan m, lema m.

slogger ['slɒgə']
1 n (hard worker) currante mf, trabajador,-ra.
2 n SP bateador,-ra.

sloop [sluːp] n MAR balandro.

slop [slɒp]
1 vt (spill) derramar, verter: **she slopped paint everywhere** derramó pintura por todas partes.
2 vi derramarse, verterse: **water was slopping about everywhere** el agua se derramaba por todas partes.
3 n (liquid food) gachas fpl; (swill) bazofia.
4 n (liquid waste from tea, coffee) posos mpl de té, posos mpl de café; (dirty water) aguachirle m, lavazas fpl, líquido de desecho.
5 n (human waste - solid) excrementos mpl; (- liquid) orina.
6 n (slush) sentimentalismo, sensiblería.
▲ pt & pp slopped, ger slopping.

slope [sləʊp]
1 n (incline) cuesta, pendiente f; (upward) subida; (downward) bajada, declive m: **a steep slope** una cuesta empinada.
2 n (of mountain) ladera, falda, vertiente f; (of roof) vertiente f.
3 n (for skiing) pista de esquí, pista.
4 vi inclinarse: **my handwriting slopes to the right** tengo la letra inclinada hacia la derecha.
▶ **to slope off** vi largarse, escabullirse.

sloping ['sləʊpɪŋ] adj (ground) en pendiente, inclinado,-a; (roof, handwriting) inclinado,-a; (shoulder) caído,-a.

sloppily ['slɒpɪlɪ]
1 adv (carelessly) de modo descuidado, de cualquier manera.
2 adv (sentimentally) de modo empalagoso.

sloppy ['slɒpɪ]
1 adj (garment) muy ancho,-a.
2 adj (messy, careless - gen) descuidado,-a; (- manual work) chapucero,-a; (- appearance, dress) desaliñado,-a, dejado,-a.
3 adj (sentimental) empalagoso,-a, sentimentaloide.
4 n (kiss) baboso,-a.
▲ comp sloppier, superl sloppiest.

slosh [slɒʃ]
1 vt (splash) salpicar: **he sloshed some paint on the floor** salpicó el suelo de pintura.
2 vt GB fam (hit) cascar, zurrar, pegar.
3 vi agitarse: **the water sloshed over the sides** el agua se salía por los lados.

sloshed [slɒʃt] adj fam borracho,-a.
✦ **to get sloshed** pillar una trompa, coger una trompa, agarrar un pedo, coger un pedo.

slot [slɒt]
1 n (for coin) ranura; (groove) muesca; (opening) rendija, abertura.
2 n (programme) espacio; (position, place) puesto, hueco: **he's got an hour-long slot on local radio** tiene un espacio de una hora en una emisora local.
3 vt (insert) insertar, introducir: **slot the coin in the machine** insertar la moneda en la máquina.
▶ **to slot in**
1 vt sep (fit in) meter: **I can slot you in on Friday** te puedo hacer un hueco para el viernes.
2 vi (fit together) encajar.
to slot together vi encajar.
■ **slot machine** (vending machine) distribuidor m automático; (for gambling) máquina tragaperras.
slot meter contador m.
▲ pt & pp slotted, ger slotting.

sloth [sləʊθ]
1 n fml (laziness, idleness) pereza, indolencia.
2 n ZOOL perezoso.

slothful ['sləʊθfʊl] adj fml perezoso,-a, indolente.

slotted ['slɒtɪd] adj con ranura, con ranuras.
■ **slotted spatula/slotted spoon** US espumadera.
slotted screw tornillo con ranura en la cabeza.

slouch [slaʊtʃ]
1 vi (walk) andar con los hombros caídos, andar arrastrando los pies; (sit) sentarse con los hombros caídos: **don't slouch!** ¡ponte derecho!; **there he was, slouching in an armchair** allí estaba, repantigado en un sillón.
2 n (posture) andar m desgarbado.
✦ **to be no slouch** no ser manco,-a.

slough[1] [slaʊ]
1 n (swamp, marsh) cenagal m.
2 n fml lit (emotional state, despair) pozo, abismo.

slough[2] [slʌf]
1 n (of snake) muda.
2 vt (snake) mudar de (**off**, -).
▶ **to slough off** vt sep fig (responsibility, habit, etc) deshacerse de, librarse de, abandonar.

Slovak ['sləʊvæk]
1 adj eslovaco,-a.
2 n (person) eslovaco,-a.
3 n (language) eslovaco.

Slovakia [sləʊ'vækɪə] n Eslovaquia.
Slovakian [sləʊ'vækɪən] adj → Slovak.
Slovene ['sləʊviːn]
1 adj esloveno,-a.
2 n (person) esloveno,-a.
3 n (language) esloveno.

Slovenia [sləʊ'viːnə] n Eslovenia.
slovenliness ['slʌvənlɪnəs] n dejadez f, desaseo, desaliño.
slovenly ['slʌvənlɪ] adj (careless) descuidado,-a, dejado,-a; (scruffy) desaliñado,-a, desaseado,-a.

slow [sləʊ]
1 adj (gen) lento,-a: **a slow recovery** una recuperación lenta; **it's slow going** avanzamos poco a poco.
2 adj (clock, watch) atrasado,-a: **my watch is slow** mi reloj va atrasado, mi reloj atrasa.
3 adj (dull, not active) aburrido,-a, pesado,-a: **the film is a bit slow** la película es un poco aburrida; **business is slow** no hay mucho trabajo.
4 adj (not quick to learn) lento,-a, torpe; (thick) corto,-a de alcances: **he's a slow learner** le cuesta aprender; **I'm a bit slow today** estoy un poco espeso hoy.
5 adv despacio, lentamente: **drive slow!** ¡conduce despacio!
6 vt (vehicle, machine) reducir la marcha de; (production, progress) retrasar, retardar; (person) hacer ir más lento, retrasar.
7 vi (gen) ir más despacio; (vehicle) reducir la velocidad; (pace) aminorar el paso; (person) tomarse las cosas con calma.
▶ **to slow down**
1 vt sep hacer ir más despacio.
2 vi (gen) ir más despacio; (vehicle) reducir la velocidad; (person) aminorar el paso.
✦ **in a slow oven** a fuego lento.
to be slow about/in doing something tardar en hacer algo.
to be slow off the mark ser un poco lento,-a de reflejos.
to be slow to do something tardar en hacer algo.
to go slow (workers) hacer una huelga de celo.
■ **slow lane** carril m lento.

slowcoach ['sləʊkəʊtʃ] n fam tortuga mf.
slowdown ['sləʊdaʊn] n US (workers) huelga de celo.
slowly ['sləʊlɪ] adv despacio, lentamente.
slowness ['sləʊnəs]
1 n (gen) lentitud f.
2 n (dullness) pesadez f.
3 n (of person) torpeza.
slowpoke ['sləʊpəʊk] n US tortuga mf.
slow-witted ['sləʊ'wɪtɪd] adj lento,-a, torpe, corto,-a (de luces).
slowworm ['sləʊwɜːm] n lución m.

sludge [slʌdʒ]
1 n (mud) fango, cieno, lodo, barro; (sediment) sedimento, residuos mpl.
2 n (sewage) aguas fpl residuales.

slug¹ [slʌg] n ZOOL babosa.

slug² [slʌg]
1 n (bullet) posta, bala.
2 n (drink) trago, traguito.
3 n (token) ficha.

slug³ [slʌg] vt (hit) pegar un porrazo a.
✦ to slug it out liarse a puñetazos.
▲ pt & pp slugged, ger slugging.

sluggish [ˈslʌgɪʃ]
1 adj (river, engine) lento,-a; (person) perezoso,-a, holgazán,-ana.
2 adj COMM (market, trade) inactivo,-a, flojo,-a.

sluggishness [ˈslʌgɪʃnəs]
1 n (slowness) lentitud f; (laziness) pereza, aletargamiento.
2 n COMM (inactivity) inactividad f.

sluice [sluːs]
1 n (gate, valve) compuerta, esclusa; (waterway) canal m.
2 vt (wash) lavar a chorro (down/out, -), regar (down/out, -), lavar con abundante agua (down/out, -).
3 vi (water) correr a raudales.

sluicegate [ˈsluːsgeɪt] n esclusa, compuerta.

slum [slʌm]
1 n (place, house, etc) casuca, casucha, tugurio.
2 n fam (tip) pocilga.
3 vi fam visitar los barrios bajos.
4 slums npl (area) barrios mpl bajos.
✦ to slum it (accept lower standard of living) vivir con lo mínimo.
■ slum clearance programme proyecto de erradicación de viviendas inhabitables.
▲ pt & pp slummed, ger slumming.

slumber [ˈslʌmbəʳ]
1 n lit (sleep) sueño; (deep sleep) sopor m.
2 vi dormir.

slummy [ˈslʌmɪ] adj sórdido,-a, miserable.
▲ comp slummier, superl slummiest.

slump [slʌmp]
1 n (recession) crisis f económica, recesión f económica; (drop in demand etc) bajón m, baja repentina, caída repentina.
2 n US (of player, team) bajón m, mala racha.
3 vi (economy) hundirse; (sales, demand, etc) bajar en picado, caer en picado, caer de repente; (prices) desplomarse.
4 vi (fall, flop down) caer, derrumbarse; (faint) desmayarse: he slumped to the floor se desplomó en el suelo; she slumped into the armchair se derrumbó en el sillón; they found him slumped over the steering wheel lo encontraron desplomado sobre el volante.

slung [slʌŋ] pt & pp → sling.

slunk [slʌŋk] pt & pp → slink.

slur [slɜːʳ]
1 n (stigma) mancha; (slanderous remark) calumnia, difamación f; (insult) afrenta.
2 n (way of speaking) dificultad f al hablar.
3 n MUS ligado.
4 vt (letters, words) comerse, tragarse, pronunciar mal.
5 vt MUS ligar.
6 vt (slander - reputation) manchar, mancillar; (- person) calumniar, difamar.
✦ to cast a slur on somebody injuriar a alguien, difamar a alguien.
to cast a slur on somebody's reputation manchar la reputación de alguien.
▲ pt & pp slurred, ger slurring.

slurp [slɜːp]
1 vt sorber ruidosamente, beber ruidosamente.
2 vi sorber ruidosamente, beber ruidosamente.
3 n sorbetón m.

slush [slʌʃ]
1 n (melting snow) aguanieve f, nieve f derretida; (muddy snow) nieve f fangosa.
2 n fam sentimentalismo, sensiblería.
3 n (drink) granizado.
■ slush fund US fondos mpl para sobornos.

slushy [ˈslʌʃɪ]
1 adj (snow) medio derretido,-a, fangoso,-a; (street) cubierto,-a de nieve derretida, cubierto,-a de nieve fangosa.
2 adj (sentimental) sentimentaloide, sensiblero,-a.
▲ comp slushier, superl slushiest.

slut [slʌt]
1 n pej (whore) fulana, ramera, puta.
2 n pej (slovenly woman) guarra, marrana.

sly [slaɪ]
1 adj (cunning) astuto,-a, ladino,-a, taimado,-a; (deceitful) tramposo,-a: he's a sly old fox! ¡es muy zorro!
2 adj (secretive, knowing) furtivo,-a: a sly smile una sonrisa maliciosa.
3 adj (mischievous, playful) travieso,-a, pícaro,-a; (underhand) malicioso,-a.
✦ on the sly a escondidas, a hurtadillas, por lo bajo.
▲ comp slyer o slier, superl slyest o sliest.

slyboots [ˈslaɪbuːts] n zorro,-a.

slyly [ˈslaɪlɪ]
1 adv (cunningly) con astucia, astutamente.
2 adv (secretively) furtivamente.
3 adv (mischievously) con picardía; (underhandedly) con malicia, maliciosamente.

slyness [ˈslaɪnəs] n taimería.

smack¹ [smæk]
1 n (slap) bofetada, tortazo, azote m; (blow) golpe m: I'll give you a smack on the bottom te daré un azote en el culo.
2 n fam (loud kiss) besote m, beso sonoro.
3 n (loud noise) ruido sonoro, chasquido.

4 vt (slap) dar una bofetada a, abofetear, pegar a: she smacked his bottom le pegó en el culo.
5 vt (strike) golpear.
6 adv fam (with force) de lleno, directamente: he ran smack into the door dio de lleno contra la puerta.
7 adv fam (exactly) justo.
✦ to have a smack at doing something probar algo, intentar algo.
to smack one's lips relamerse.

smack² [smæk]
1 n (flavour) sabor m; (smell) olor m.
2 n (hint, suggestion) pizca.
3 n sl (heroin) caballo.
▸ to smack of vt insep (gen) oler a.

smack³ [smæk] n MAR barca de pesca.

smacker [ˈsmækəʳ]
1 n fam (kiss) besazo.
2 n GB libra.
3 n US dólar m.

small [smɔːl]
1 adj (not large) pequeño,-a, chico,-a: this skirt is too small for me esta falda me va pequeña; we live in a small flat vivimos en un piso pequeño; it's just a small present solo es un regalito; get the small table coge la mesita.
2 adj (in height) bajo,-a, pequeño,-a: he's a small man es un hombre bajito; she's quite small for her age es bastante pequeña para su edad.
3 adj (young) joven, pequeño,-a: when I was small cuando era pequeño; small children niños pequeños.
4 adj (reduced - sum, number) reducido,-a, módico,-a; (slight, scant) escaso,-a, poco,-a: I want you to work in small groups quiero que trabajéis en grupos reducidos; we paid small attention prestamos poca atención; it's small comfort es un triste consuelo.
5 adj (small-scale) pequeño,-a: small business pequeño comercio; small investor pequeño inversor.
6 adj (unimportant, trivial) sin importancia, de poca importancia, insignificante: you've made a few small mistakes has hecho unos errores sin importancia.
7 adj (not capital) minúscula: with a small t con t minúscula.
8 adj (mean, petty) mezquino,-a.
9 adv pequeño: cut it up small córtalo en trocitos.
10 smalls npl dated (underwear) paños mpl menores, ropa f sing interior.
✦ in a small voice con la boca pequeña.
in the small hours a altas horas de la madrugada.
(it's) small wonder that ... no me extraña (nada) que ...
it's a small world el mundo es un pañuelo.
to feel small sentirse humillado,-a.
to have a small appetite no ser de mucho comer.

to make somebody look small dejar a alguien en ridículo, humillar a alguien.

■ a small fortune un dineral *m*.
small ads anuncios *mpl* por palabras, pequeños anuncios *mpl*.
small arms armas *mpl* portátiles.
small change cambio, monedas *fpl* sueltas.
small fry gente *f* de poca monta.
small of the back región *f* lumbar.
small print letra menuda, letra pequeña.
small screen pequeña pantalla.
small talk charla, charloteo.

smallholder ['smɔːlhəʊldəʳ] *n (landowner)* minifundista *mf*, *(grower)* pequeño,-a agricultor,-ra.

smallholding ['smɔːlhəʊldɪŋ] *n (estate)* minifundio; *(farm)* granja pequeña, parcela.

smallish ['smɔːlɪʃ] *adj* más bien pequeño,-a.

small-minded [smɔːl'maɪndɪd] *adj (narrow-minded)* de miras estrechas; *(petty)* mezquino,-a.

smallness ['smɔːlnəs] *n (size)* pequeñez *f*, *(lack of importance)* insignificancia.

smallpox ['smɔːlpɒks] *n* viruela.

small-scale ['smɔːl'skeɪl] *adj* a pequeña escala, en pequeña escala.

small-time ['smɔːl'taɪm] *adj* de poca monta.

small-town ['smɔːltaʊn] *adj* provinciano,-a, pueblerino,-a.

smalt [smɔːlt] *n* esmalte *m*.

smarmy ['smaːmɪ] *adj* zalamero,-a, cobista.
▲ *comp* smarmier, *superl* smarmiest.

smart [smaːt]
1 *adj (elegant)* elegante, fino,-a; *(chic)* fino,-a, de buen tono: you look very smart today vas muy elegante hoy, estás muy elegante hoy.
2 *adj US (clever)* listo,-a, inteligente; *(sharp)* agudo,-a, vivo,-a; *(impudent)* fresco,-a, descarado,-a: he thinks he's so smart se cree muy listo; don't get smart with me! ¡no te pases de listo conmigo!
3 *adj (quick, brisk)* rápido,-a, ligero,-a; *(forceful)* seco,-a, fuerte.
4 *vi (sting)* escocer, picar: the smoke made my eyes smart el humo me escocía los ojos.
5 *vi (suffer)* sufrir, dolerse: she smarted from their cruel remarks sus comentarios crueles la hirieron en lo más vivo.
✦ to smart from something *(be bitter)* resentirse de algo.
smart alec, smart aleck listillo, sabelotodo.
■ smart card tarjeta inteligente.

smart-arse ['smaːtaːs] *n sl* listillo,-a, sabihondo,-a, sabelotodo *mf*.

smarten ['smaːtən] *vt (person, house)* arreglar (up, -).

✦ to smarten up one's act/ideas despabilarse, espabilarse.
to smarten oneself (up) arreglarse.

smartly ['smaːtlɪ]
1 *adv (elegantly)* elegante, elegantemente, con elegancia.
2 *adv (cleverly)* inteligentemente; *(sharply)* con agudeza.
3 *adv (quickly)* rápidamente; *(forcefully)* con fuerza.

smartness ['smaːtnəs]
1 *n (elegance)* elegancia, buena presencia; *(chic)* buen tono.
2 *n (cleverness)* inteligencia; *(sharpness)* agudeza.

smarty-pants ['smaːtɪpænts] *n fam* listillo,-a, sabihondo,-a, sabelotodo *mf*.

smash [smæʃ]
1 *n (noise)* estrépito, estruendo.
2 *n (collision)* choque *m* violento, colisión *f*.
3 *n (blow)* golpe *m*.
4 *n SP (tennis)* smash *m*, mate *m*.
5 *n (success, hit)* exitazo, gran éxito.
6 *vt (break)* romper; *(shatter)* hacer pedazos, hacer añicos; *(destroy - car, room, etc)* destrozar: the vandals smashed the place up los vándalos destrozaron el local.
7 *vt (hit forcefully)* romper; *(crash, throw violently)* estrellar (into, contra): he smashed the door in tiró la puerta abajo; she smashed her fist through the table rompió la mesa de un puñetazo; the waves smashed the little boat against the rocks las olas estrellaron la barquita contra las rocas.
8 *vt (defeat)* vencer, derrotar, aplastar; *(destroy)* destrozar, destruir; *(break up)* desarticular, desmantelar; *(beat)* batir, superar.
9 *vt SP (in tennis)* hacer un mate, dar un mate.
10 *vi (break)* romperse; *(shatter)* hacerse pedazos, hacerse añicos: the mirror smashed into tiny pieces el espejo se hizo añicos.
11 *vi (crash)* estrellarse (into, contra), chocar (into, contra): they smashed into a tree chocaron contra un árbol.
✦ to smash somebody's face partirle la cara a alguien.
■ smash hit gran éxito, exitazo.

smash-and-grab [smæʃən'græb] *n* robo relámpago.

smashed [smæʃt] *adj fam (drunk)* borracho,-a.
✦ to get smashed emborracharse, agarrar un pedo, ponerse ciego,-a.

smasher ['smæʃəʳ] *n fam (person)* tío,-a bueno,-a; *(thing)* maravilla.
✦ to be a real smasher *fam* estar como un tren.

smashing ['smæʃɪŋ] *adj GB fam* estupendo,-a, fantástico,-a, genial, fenomenal: we had a smashing time lo pasamos bomba.

smash-up ['smæʃʌp] *n (crash)* choque *m* violento, colisión *f*, *(accident)* accidente *m*.

smattering ['smætərɪŋ] *n* nociones *fpl*: he has a smattering of French habla un poco de francés.

smear [smɪəʳ]
1 *n (smudge, stain)* mancha.
2 *n MED* frotis *m*.
3 *n fig (defamation)* calumnia.
4 *vt (spread - butter, ointment)* untar; *(- grease, paint)* embadurnar: he smeared butter on the bread untó el pan con mantequilla; she smeared suntan lotion all over her body se embadurnó todo el cuerpo con bronceador.
5 *vt (make dirty)* manchar; *(smudge)* borrar: the child had ice-cream smeared all round his mouth el niño tenía toda la boca manchada de helado.
6 *vt fig (defame)* calumniar, difamar.
7 *vi (smudge)* correrse.
■ smear campaign campaña de difamación.
smear test *MED* citología.

smell [smel]
1 *n (sense)* olfato.
2 *n (odour)* olor *m*; *(perfume)* perfume *m*, aroma *m*: I love the smell of roses me encanta el olor a rosas; this fish has a funny smell este pescado huele raro; there's a smell of gas huele a gas; pooh! what a smell! ¡qué peste!
3 *vt oler*: I can smell burning huelo a quemado; smell this perfume huele este perfume.
4 *vt fig olfatear*: she smelt danger olfateaba el peligro.
5 *vi oler*.
6 *vi (have particular smell)* oler (a): it smells like orange huele a naranja; this food smells delicious esta comida huele muy bien; the room smelt of smoke la habitación olía a humo; you smell of beer hueles a cerveza; his feet smell le huelen los pies; his breath smells tiene mal aliento.
▶ to smell out
1 *vt sep (discover by smelling)* husmear.
2 *vt sep (stink)* apestar.
✦ to have a smell of something olerse algo.
I smell a rat aquí hay gato encerrado.
▲ *pt & pp* smelled *o* smelt.

smelling salts ['smelɪŋsɔːlts] *npl* sales *fpl* aromáticas.

smelly ['smelɪ] *adj* apestoso,-a, maloliente, pestilente, hediondo,-a: you've got smelly feet te huelen los pies.
▲ *comp* smellier, *superl* smelliest.

smelt[1] [smelt] *vt (melt)* fundir.

smelt[2] [smelt] *pp* → **smell**.

smelter ['smeltəʳ] *n (furnace)* fundición *f*, altos hornos *mpl*.

smile [smaɪl]
1 *n* sonrisa.

2 *vi (gen)* sonreír: he smiled at me me sonrió.

3 *vt (say with a smile)* decir sonriendo.

▸ **to smile on** *vi* sonreír a.

✦ **to be all smiles** no parar de sonreír.

to wipe the smile off somebody's face quitarle las ganas de sonreír a alguien.

smiley ['smaɪlɪ] *n COMPUT* emoticón *m*, emoticono.

smiling ['smaɪlɪŋ] *adj* sonriente, risueño,-a.

smirk [smɜːk]

1 *n (self-satisfied)* sonrisa satisfecha, sonrisa de satisfacción; *(foolish)* sonrisa boba.

2 *vi (with self-satisfaction)* sonreír con satisfacción; *(foolishly)* sonreír bobamente.

smite [smaɪt]

1 *vt arch (hit)* golpear, pegar.

2 *vt arch (afflict)* aquejar.

3 *vt arch (punish)* castigar.

▲ *pt* **smote** [sməʊt], *pp* **smitten** ['smɪtən].

smith [smɪθ] *n* herrero,-a.

smithereens [smɪðə'riːnz] *npl* añicos *mpl*.

✦ **to smash something to smithereens** hacer algo añicos, hacer algo trizas, hacer algo pedazos.

smithery ['smɪθərɪ] *n* herrería.

smithy ['smɪðɪ] *n* herrería.

▲ *pl* **smithies**.

smitten ['smɪtən]

1 *pp* → **smite**.

2 *adj (besotted)* locamente enamorado,-a.

✦ **to be smitten by/with something** estar entusiasmado,-a con algo.

to be smitten (down) by/with something *(illness)* estar aquejado,-a de algo.

to be smitten with somebody *(besotted)* estar locamente enamorado,-a de alguien, estar loco,-a por alguien.

to be smitten with something *(affected)* estar lleno,-a de algo, sentir mucho algo: he was smitten with remorse le remordía la conciencia.

smock [smɒk]

1 *n (blouse)* blusón *m*; *(for pregnant women)* blusón *m* premamá, vestido premamá.

2 *n (overall)* bata, guardapolvo.

smocking ['smɒkɪŋ] *n SEW* nido de abeja.

smog [smɒg] *n* niebla tóxica, smog *m*.

smoke [sməʊk]

1 *n (gen)* humo.

2 *n fam (cigarette)* cigarrillo, cigarro, pitillo.

3 *vt (person)* fumar: he smokes a pipe fuma en pipa.

4 *vt (meat, fish)* ahumar.

5 *vi (person)* fumar.

6 *vi (fire, chimney, etc)* echar humo, humear.

▸ **to smoke out** *vt sep (insects)* ahuyentar con humo; *(people)* desalojar con bombas fumígenas.

✦ **the Smoke** *GB* Londres.

there's no smoke without fire cuando el río suena, agua lleva.

to go up in smoke *(books, paintings, etc)* quemarse, ser destruido,-a por un incendio; *(project, campaign, etc)* irse en humo, quedar en agua de borrajas.

to have a smoke fumar: I'm going outside for a smoke salgo a fumarme un cigarrillo.

■ **smoke alarm/smoke detector** detector *m* de humo.

smoke bomb bomba fumígena.

smoke screen cortina de humo.

smoke signal señal *f* de humo.

smoked [sməʊkt] *adj CULIN* ahumado,-a.

smokeless ['sməʊkləs] *adj* sin humo.

■ **smokeless fuel** combustible *m* sin humo.

smokeless zone zona libre de humos.

smoker ['sməʊkə']

1 *n (person)* fumador,-ra: she's a heavy smoker fuma mucho.

2 *n (on train)* vagón *m* de fumadores.

■ **smoker's cough** tos *f* de fumador.

smokestack ['sməʊkstæk] *n* chimenea.

smoking ['sməʊkɪŋ]

1 *adj* humeante, que echa humo.

2 *n* fumar *m*: smoking is bad for you fumar es malo; smoking damages your health fumar es perjudicial para la salud.

✦ **"No smoking"** "Prohibido fumar".

■ **smoking compartment** compartimiento de fumadores.

smoking jacket batín *m*.

smoky ['sməʊkɪ]

1 *adj (chimney, fire, etc)* humeante, que echa humo; *(room)* lleno,-a de humo; *(atmosphere)* cargado,-a de humo.

2 *adj (food, colour)* ahumado,-a.

▲ *comp* **smokier**, *superl* **smokiest**.

smolder ['sməʊldə'] *vi US* → **smoulder**.

smooch [smuːtʃ]

1 *vi (kiss and cuddle)* besuquearse.

2 *vi (dance)* bailar agarrado.

smooth [smuːð]

1 *adj (surface, texture, tyre)* liso,-a; *(skin)* suave; *(road)* llano,-a, uniforme; *(sea)* tranquilo,-a, en calma.

2 *adj (liquid mixture, sauce)* sin grumos.

3 *adj (wine, beer, etc)* suave.

4 *adj (style etc)* fluido,-a.

5 *adj (journey, flight)* tranquilo,-a; *(take-off, landing, stop)* suave; *(take-over, transition)* sin problemas, sin obstáculos, sin complicaciones.

6 *adj pej (person)* zalamero,-a, meloso,-a.

7 *vt (gen)* alisar; *(with sandpaper)* lijar; *(polish)* pulir: he smoothed down his hair se alisó el pelo.

▸ **to smooth away**

1 *vt sep (problems etc)* allanar.

2 *vt sep (wrinkles)* hacer desaparecer

✦ **as smooth as a baby's bottom** suave como el culito de un bebé.

to be a smooth operator ser un tipo muy hábil.

to be a smooth talker tener un pico de oro.

to smooth the path/way preparar el terreno, allanar el terreno.

to smooth things over limar asperezas..

smoothie ['smuːðɪ] *n fam* tipo zalamero, pelota *m*, cobista *m*.

smoothly ['smuːðlɪ]

1 *adv (without problems)* sin problemas, sobre ruedas: everything is running smoothly todo va sobre ruedas, todo va como una seda.

2 *adv (gently)* suavemente.

smoothness ['smuːðnəs]

1 *n (softness)* suavidad *f*; *(flatness)* llaneza, lisura, uniformidad *f*.

2 *n (lack of problems)* tranquilidad *f*.

3 *n (gentleness)* suavidad *f*.

4 *n (flattery)* zalamería.

smooth-running ['smuːð'rʌnɪŋ] *adj* que funciona bien.

smooth-talking ['smuːð'tɔːkɪŋ] *adj* zalamero,-a, con mucha labia.

smote [sməʊt] *pt* → **smite**.

smother ['smʌðə']

1 *vt (asphyxiate)* asfixiar, ahogar: she smothered him with a pillow lo asfixió con una almohada.

2 *vt (put out - fire)* sofocar, extinguir, apagar.

3 *vt (stifle - yawn, cough, laughter)* contener, reprimir; *(suppress - opposition)* acallar: the terrorist attack has smothered all hopes for peace el atentado terrorista ha echado por tierra todas las esperanzas de paz.

4 *vt (cover)* cubrir (**in/with**, de); *(heap)* colmar (**in/with**, de): the wall is smothered with graffiti la pared está cubierta de grafitis; the cake was smothered with cream el pastel estaba cubierto de nata; they smothered her with love la colmaron de amor.

5 *vi (asphyxiate)* asfixiarse, ahogarse.

smoulder ['sməʊldə']

1 *vi (fire)* arder sin llama.

2 *vi fig (passion)* arder; *(anger)* consumir.

smouldering ['sməʊldərɪŋ]

1 *adj fig (passion, eyes)* ardiente; *(hatred)* latente.

2 *adj (ashes)* humeante.

SMS *abbr* (**short message service**) servicio de mensajes cortos; *(abbreviation)* SMS.

smudge [smʌdʒ]

1 *n (stain - gen)* mancha; *(- of ink)* borrón *m*.

2 *vt (gen)* manchar; *(writing)* emborronar.

3 *vi (ink, paint, etc)* correrse.

smudgy ['smʌdʒɪ] *adj (dirty)* manchado,-a; *(writing)* emborronado,-a; *(blurred)* borrado,-a.

▲ *comp* **smudgier**, *superl* **smudgiest**.

smug [smʌg] *adj* engreído,-a, satisfecho,-a, pagado,-a de sí mismo,-a, suficiente.

▲ *comp* **smugger**, *superl* **smuggest**.

smuggle [ˈsmʌgəl]
1 *vt (illegally)* pasar de contrabando: he smuggled tobacco into the country entraba tabaco de contrabando en el país.
2 *vt (sneak)* pasar a escondidas.
✦ to smuggle something through customs pasar algo de contrabando por la aduana.

smuggler [ˈsmʌgələʳ] *n* contrabandista *mf*.

smuggling [ˈsmʌgəlɪŋ] *n* contrabando.

smugly [ˈsmʌglɪ] *adv* con engreimiento, con (aire de) suficiencia.

smugness [ˈsmʌgnəs] *n* engreimiento, suficiencia.

smut [smʌt]
1 *n (of soot)* hollín *m*, carbonilla; *(stain)* mancha de tizne, mancha de hollín.
2 *n fam (filthy talk)* obscenidades *fpl*; *(jokes)* chistes *mpl* verdes; *(books etc)* pornografía.

smutty [ˈsmʌtɪ]
1 *adj (dirty with smut)* manchado,-a, sucio,-a; *(with soot)* tiznado,-a.
2 *adj (filthy - talk)* obsceno,-a; *(- joke)* verde; *(- book etc)* pornográfico,-a.
▲ *comp* smuttier, *superl* smuttiest.

snack [snæk]
1 *n (light meal)* bocado, piscolabis *m*, tentempié *m*, refrigerio; *(in afternoon)* merienda.
2 *vi* comer, comerse.
3 snacks *npl (gen)* cosas *fpl* para picar; *(in bar)* tapas *fpl*.
✦ to have a snack comer algo ligero, tomarse un piscolabis.
to snack on something comer algo.
■ snack bar cafetería, bar *m*.

snag [snæg]
1 *n (difficulty)* pega, problema *m*, inconveniente *m*: the only snag is the price la única pega es el precio.
2 *n (tear, hole, thread)* enganchón *m*, desgarrón *m*, rasgón *m*, siete *m*.
3 *n (sharp projection)* saliente *m*; *(tree stump)* tocón *m*.
4 *vt (catch, tear)* enganchar.
▲ *pt & pp* snagged, *ger* snagging.

snail [sneɪl] *n* caracol *m*.
✦ at a snail's pace a paso de tortuga.

snake [sneɪk]
1 *n (big)* serpiente *f*; *(small)* culebra.
2 *vi fig (river, road, etc)* serpentear.
■ snake charmer encantador,-ra de serpientes.
snake in the grass traidor,-ra, judas *m*.
snakes and ladders (el juego de) la oca.

snakebite [ˈsneɪkbaɪt]
1 *n* mordedura de serpiente.
2 *n GB (drink)* cerveza con sidra (y grosella negra).

snakeskin [ˈsneɪkskɪn] *n* piel *f* de serpiente.

snaky [ˈsneɪkɪ] *adj* sinuoso,-a, tortuoso,-a.
▲ *comp* snakier, *superl* snakiest.

snap [snæp]
1 *n (sharp noise)* ruido seco; *(of fingers, branch)* chasquido.
2 *n fam (snapshot)* foto *f*, instantánea.
3 *n (card game)* juego de naipes infantil.
4 *n fam (eagerness, zip)* afán *m*, brío, energía.
5 *n US (easy thing to do)* cosa tirada: it's a snap está chupado, está tirado.
6 *n US (press-stud)* broche *m* a presión.
7 *adj (decision etc)* precipitado,-a, repentino,-a.
8 *interj GB* ¡toma!, ¡caramba!
9 *vt (break)* partir en dos, romper en dos.
10 *vt (close)* cerrar de golpe: she snapped her bag shut cerró el bolso de golpe.
11 *vt (click)* chasquear: he snapped his fingers chasqueó los dedos.
12 *vt (say sharply)* decir bruscamente.
13 *vt fam (photograph)* sacar una foto de.
14 *vi (break)* romperse, partirse.
15 *vi fig (person)* perder los nervios, sufrir una crisis nerviosa: she snapped under the strain of too much work sufrió una crisis nerviosa por exceso de trabajo.
16 *vi (speak sharply)* regañar (at, a), hablar con brusquedad (at, a): there's no need to snap! ¡no hace falta morder!
17 *vi (bite)* morder (at, -): the dog snapped at his ankles el perro le quiso morder los tobillos.
▸ to snap up *vt sep (bargain)* llevarse; *(offer)* agarrar, no dejar escapar.
✦ snap to it! ¡rápido!, ¡muévete!
to go snap romperse.
to snap one's fingers at burlarse de.
to snap out of it animarse, reaccionar.
to snap somebody's head off echarle un rapapolvo a alguien.
to snap shut cerrarse de golpe.
▲ *pt & pp* snapped, *ger* snapping.

snapdragon [ˈsnæpdrægən] *n BOT* dragón *m*.

snappish [ˈsnæpɪʃ] *adj (person)* irritable, irascible; *(dog)* que muerde, mordedor,-ra.

snappy [ˈsnæpɪ]
1 *adj (quick)* rápido,-a; *(brisk, lively)* enérgico,-a, vivo,-a: make it snappy! ¡date prisa!, ¡rápido!
2 *adj (stylish)* elegante.
3 *adj (short-tempered)* irritable, irascible.
✦ to be a snappy dresser vestir con elegancia.
▲ *comp* snappier, *superl* snappiest.

snapshot [ˈsnæpʃɒt] *n* foto *f*, instantánea.

snare¹ [sneəʳ]
1 *n (trap - for animal)* lazo, trampa, cepo; *(- for person)* trampa.
2 *vt (catch - animal)* coger con lazo, cazar con trampa; *(- person)* atrapar, cazar; *(trick)* engañar.

snare² [sneəʳ] *n MUS* bordón *m*.
■ snare drum tambor *m* (con bordón).

snarl¹ [snɑːl]
1 *n (growl)* gruñido.
2 *vi (growl)* gruñir (at, a).
3 *vt (say)* gruñir.

snarl² [snɑːl]
1 *n (in wool)* maraña, enredo.
2 *n (confused state)* enredo, maraña, lío.
▸ to snarl up
1 *vt sep (wool)* enmarañar, enredar; *(traffic)* atascar; *(plans)* enredar.
2 *vi (traffic)* atascarse.

snarl-up [ˈsnɑːlʌp] *n (gen)* enredo, maraña; *(in traffic)* atasco.

snatch [snætʃ] *n*
1 *n (grab)* arrebatamiento.
2 *n fam (theft)* robo, hurto.
3 *n (of song, conversation)* fragmento.
4 *vt (grab)* arrebatar, arrancar, coger; *(steal)* robar; *(kidnap)* secuestrar: she snatched the paper out of my hand me arrancó el papel de la mano; my bag's been snatched me han robado el bolso.
5 *vt (sleep, food, etc)* coger, pillar; *(opportunity etc)* aprovechar: try and snatch a few hours' sleep trata de dormir unas horas; I'll snatch a bite to eat later pillaré algo de comer después.
6 *vi* arrebatar, quitar: don't snatch! ¡no me lo quites!
▸ to snatch at
1 *vt insep (ball, branch, etc)* tratar de coger.
2 *vt sep (opportunity etc)* aprovechar.
✦ in snatches a ratos.

snazzy [ˈsnæzɪ] *adj fam (stylish)* elegante; *(flashy)* vistoso,-a, llamativo,-a.
▲ *comp* snazzier, *superl* snazziest.

sneak [sniːk]
1 *n GB fam* acusica *mf*, acusón,-ona, chivato,-a, soplón,-ona.
2 *adj (attack, visit, etc)* sorpresa; *(look)* furtivo,-a.
3 *vt (take out)* sacar (a escondidas); *(take in)* pasar (a escondidas), colar (de extranjis): she sneaked a camera into the concert coló una cámara (de extranjis) en el concierto; I sneaked a look at the answers miré las respuestas de reojo.
4 *vi (move)* moverse sigilosamente: they sneaked past the guard pasaron desapercibidos delante del guardia; she sneaked out the back way salió a hurtadillas por la parte de atrás; where did you two sneak off to? ¿dónde os habéis escabullido?
5 *vi (tell tales)* acusar (on, a), chivarse (on, de).
▸ to sneak up *vi* acercarse sigilosamente, acercarse a hurtadillas: I wish you wouldn't sneak up on me like that! ¡no me gusta que te me acerques así, tan sigilosamente!
■ sneak preview preestreno.
sneak thief ladronzuelo,-a, ratero,-a.

sneakers [ˈsniːkəz] *npl US* zapatillas *fpl* de deporte, bambas *fpl*, playeras *fpl*.

sneaking [ˈsniːkɪŋ]
 1 *adj (secret)* secreto,-a: he has a sneaking admiration for her en el fondo la admira.
 2 *adj (vague, slight)* ligero,-a: I have a sneaking suspicion that … tengo la sensación de que …

sneaky [ˈsniːkɪ]
 1 *adj (secretive)* sigiloso,-a, furtivo,-a.
 2 *adj (deceitful)* solapado,-a, cuco,-a, artero,-a.
 ▲ *comp* sneakier, *superl* sneakiest.

sneer [snɪəʳ]
 1 *n (look)* cara de desprecio; *(smile)* sonrisa burlona, sonrisa socarrona.
 2 *n (remark)* comentario desdeñoso, comentario despreciativo.
 3 *vi (mock)* burlarse (**at**, de), mofarse (**at**, de); *(scorn)* desdeñar, despreciar.

sneering [ˈsnɪərɪŋ]
 1 *adj (mocking)* burlón,-ona; *(sarcastic)* socarrón,-ona, sarcástico,-a.
 2 *adj (scornful)* desdeñoso,-a, despreciativo,-a.

sneeze [sniːz]
 1 *n* estornudo.
 2 *vi* estornudar.
 ✦ it's not to be sneezed at no es de despreciar.

snide [snaɪd] *adj (sarcastic)* sarcástico,-a; *(scornful)* despectivo,-a.

sniff [snɪf]
 1 *n* aspiración: she said with a loud sniff dijo aspirando por la nariz.
 2 *n (inhalation)* aspiración *f* (por la nariz), inhalación *f*: have a sniff of this huele esto; one sniff of the gas is enough una inhalación del gas es suficiente.
 3 *vi (with a cold)* sorber (por las narices), sorberse los mocos: stop sniffing! ¡deja de sorberte los mocos!
 4 *vi (when crying)* resollar.
 5 *vt (person - gen)* oler; *(- suspiciously)* olfatear, husmear, olisquear; *(animal)* olfatear, husmear, olisquear.
 6 *vt (say proudly)* decir con desdén; *(complainingly)* gimotear.
 7 *vt (drugs)* esnifar; *(glue)* esnifar, inhalar; *(vapour, snuff, smelling salts)* aspirar (por la nariz), inhalar.
 ▸ to sniff at
  1 *vt insep (person)* oler; *(animal)* olfatear, husmear, olisquear.
  2 *vt insep (turn nose up at)* despreciar, desdeñar: it's not to be sniffed at no es (como) para despreciarlo.
  to sniff out
  1 *vt insep (drugs etc)* descubrir husmeando, descubrir olfateando.
  2 *vt insep (secret, plot, etc)* oler, olerse.

sniffer dog [ˈsnɪfədɒg] *n* perro rastreador.

sniffle [ˈsnɪfəl]
 1 *n (slight cold)* resfriado.
 2 *vi (with cold)* sorberse los mocos; *(when crying)* lloriquear.
 ✦ to have the sniffles estar resfriado,-a.

snifter [ˈsnɪftəʳ]
 1 *n GB fam (drink)* trago, copa.
 2 *n US (brandy glass)* copa de coñac.
 ✦ to have a snifter echar un trago.

snigger [ˈsnɪgəʳ]
 1 *n* risa disimulada, risilla.
 2 *vi* reír disimuladamente, reír por lo bajo.
 ✦ to snigger at somebody/something reírse de alguien/algo, burlarse de alguien/algo.

sniggering [ˈsnɪgərɪŋ] *n* risillas *fpl*.

snip [snɪp]
 1 *n (cut with scissors)* tijeretazo, tijeretada; *(action, noise)* tijereteo.
 2 *n (small piece cut off)* recorte *m*.
 3 *n GB fam (bargain)* ganga, chollo.
 4 *vt* tijeretear.
 ▸ to snip off *vt sep* cortar con tijeras.
 ▲ *pt & pp* snipped, *ger* snipping.

snipe [snaɪp]
 1 *vi (shoot)* disparar (desde un escondite) (**at**, sobre).
 2 *vi fig (criticize)* criticar.
 3 *n (bird)* agachadiza.

sniper [ˈsnaɪpəʳ] *n MIL* francotirador,-ra.

snippet [ˈsnɪpɪt]
 1 *n (small piece cut off)* recorte *m*, trocito.
 2 *n (of conversation etc)* fragmento.

snitch [snɪtʃ]
 1 *vt (steal)* birlar, afanar, mangar.
 2 *vi (inform on)* chivarse (**on**, de), acusar (**on**, a).

snivel [ˈsnɪvəl]
 1 *vi* lloriquear.
 2 *n* lloriqueo.
 ▲ *pt & pp* snivelled (*US* sniveled), *ger* snivelling (*US* sniveling).

snivelling [ˈsnɪvəlɪŋ]
 1 *adj* llorón,-ona.
 2 *n* lloriqueo.

snob [snɒb] *n pej* snob *mf*, esnob *mf*.
 ■ snob appeal/snob value toque *m* de distinción.

snobbery [ˈsnɒbərɪ] *n* snobismo, esnobismo.

snobbish [ˈsnɒbɪʃ] *adj* snob, esnob.

snobby [ˈsnɒbɪ] *adj* snob, esnob.
 ▲ *comp* snobbier, *superl* snobbiest.

snog [snɒg]
 1 *vi* besuquearse.
 2 *n* besuqueo.
 ✦ to have a snog besuquearse.
 ▲ *pt & pp* snogged, *ger* snogging.

snooker [ˈsnuːkəʳ]
 1 *n* snooker *m*, billar *m* ruso.
 2 *vt SP* interponer una bola en la línea de tiro del jugador contrario.
 3 *vt GB fam* poner en un aprieto.
 ✦ to be snookered estar arreglado,-a, estar con el agua al cuello.

snoop [snuːp]
 1 *vi (search, investigate)* husmear, fisgar, fisgonear, curiosear.
 2 *vi (pry)* entrometerse, meterse (**into**, en).
 3 *n (person)* fisgón,-ona.

 ✦ to have a snoop about/around husmear, fisgonear, curiosear.

snooper [ˈsnuːpəʳ] *n* fisgón,-ona.

snooty [ˈsnuːtɪ] *adj fam* altivo,-a, presumido,-a, altanero,-a, arrogante, engreído,-a.
 ▲ *comp* snootier, *superl* snootiest.

snooze [snuːz]
 1 *n fam* cabezada, siestecilla.
 2 *vi fam* dormitar, echar una cabezada.
 ✦ to have a snooze echar una cabezada, echar una siestecilla.

snore [snɔːʳ]
 1 *n* ronquido.
 2 *vi* roncar.

snoring [ˈsnɔːrɪŋ] *n* ronquidos *mpl*.

snorkel [ˈsnɔːkəl]
 1 *n (of swimmer)* tubo de respiración; *(of submarine)* esnórkel *m*.
 2 *vi* bucear con tubo de respiración.
 ▲ *pt & pp* snorkelled (*US* snorkeled), *ger* snorkelling (*US* snorkeling).

snorkelling [ˈsnɔːkəlɪŋ] *n* buceo (con tubo de respiración).
 ✦ to go snorkelling bucear con tubo de respiración.

snort [snɔːt]
 1 *vi (make noise - person)* resoplar, bufar; *(- animal)* resoplar.
 2 *vi (say angrily etc)* bramar, gruñir.
 3 *vt (drugs)* esnifar.
 4 *n (person)* resoplido, bufido; *(animal)* resoplido.
 5 *n fam (drink)* trago.
 6 *n (of drugs)* esnifada.

snot [snɒt] *n fam* mocos *mpl*.

snotty [ˈsnɒtɪ]
 1 *adj fam (child)* mocoso,-a; *(adult)* altivo,-a, altanero,-a.
 2 *adj (nose, hanky)* lleno,-a de mocos.
 ▲ *comp* snottier, *superl* snottiest.

snotty-nosed [ˈsnɒtɪnəʊzd] *adj (child)* mocoso,-a; *(adult)* altivo,-a, altanero,-a.

snout [snaʊt]
 1 *n (of animal)* morro, hocico.
 2 *n GB fam (of person)* napias *mf*, narizotas *mf*.
 3 *n (of gun, bottle, etc)* morro.
 4 *n GB sl (tobacco)* tabaco.
 5 *n GB sl (informer)* soplón,-ona, chivato,-a.

snow [snəʊ]
 1 *n METEOR (gen)* nieve *f*; *(snowfall)* nevada.
 2 *n TV* nieve *f*.
 3 *n sl (cocaine)* nieve *f*.
 4 *vi* nevar: it's snowing está nevando.
 5 *vt US fam (influence)* convencer, impresionar.
 ✦ to be snowed in/up estar aislado,-a por la nieve, quedar aislado,-a por la nieve.
 to be snowed under with something *(work)* estar agobiado,-a por algo, estar desbordado,-a por algo; *(applications)* haber recibido una lluvia de solicitudes.
 ■ snow blindness ceguera de la nieve.

snow leopard onza.

snow line límite *m* de las nieves perpetuas.

snow report informe *m* sobre el estado de la nieve.

snow shower nevada.

Snow White Blancanieves *f*.

snowball ['snəʊbɔːl]

1 *n* bola de nieve.

2 *vt* tirar bolas de nieve a.

3 *vi* crecer enormemente, hacerse enorme.

snow-blind ['snəʊblaɪnd] *adj* cegado, -a por la nieve.

snowboard ['snəʊbɔːd] *n* snowboard.

snowbound ['snəʊbaʊnd] *adj* aislado,-a por la nieve, bloqueado,-a por la nieve.

snow-capped ['snəʊkæpt] *adj* coronado,-a de nieve, nevado,-a.

snow-covered ['snəʊkʌvəd] *adj* cubierto,-a de nieve, nevado,-a.

snowdrift ['snəʊdrɪft] *n* ventisquero.

snowdrop ['snəʊdrɒp] *n* BOT campanilla de invierno.

snowfall ['snəʊfɔːl] *n* nevada.

snowflake ['snəʊfleɪk] *n* copo de nieve.

snowman ['snəʊmæn] *n* muñeco de nieve.

snowmobile ['snəʊməbiːl] *n* moto *f* para la nieve.

snowplough ['snəʊplaʊ] *n* quitanieves *m*.

snowplow ['snəʊplaʊ] *n* US → **snowplough**.

snowshoe ['snəʊʃuː] *n* raqueta (de nieve).

snowstorm ['snəʊstɔːm] *n* nevasca, ventisca, tormenta de nieve.

snowsuit ['snəʊsuːt] *n* US traje *m* de invierno para niños.

snow-white ['snəʊ'waɪt] *adj* blanco,-a como la nieve.

snowy ['snəʊɪ]

1 *adj (full of snow - mountain etc)* nevado,-a; *(- region, climate)* de mucha nieve; *(- day)* de nieve; *(- season)* de las nieves.

2 *adj (pure white)* blanco,-a como la nieve, níveo,-a.

▲ *comp* snowier, *superl* snowiest.

Snr ['siːnɪəʳ] *abbr* (**senior**) padre.

snub [snʌb]

1 *n (of person)* desaire *m*; *(of offer)* rechazo.

2 *vt (person)* desairar; *(offer)* rechazar.

3 *adj (nose)* respingón,-ona, chato,-a.

+ to be snubbed sufrir un desaire.

▲ *pt & pp* snubbed, *ger* snubbing.

snub-nosed ['snʌb'nəʊzd] *adj* de nariz chata, de nariz respingona.

snuff¹ [snʌf] *n (tobacco)* rapé *m*: **a pinch of snuff** un pellizco de rapé.

+ to take snuff tomar rapé.

snuff² [snʌf]

1 *vt (extinguish candle)* apagar (**out**, -); *(cut off wick)* cortar.

▸ to snuff out *vt sep (rebellion)* sofocar; *(hopes)* acabar con.

+ to snuff it estirar la pata, liar el petate, diñarla.

snuffbox ['snʌfbɒks] *n* caja de rapé, tabaquera.

snuffle ['snʌfəl]

1 *n (act, sound)* sorbo por las narices, resuello.

2 *vi (make sniffing noises)* resoplar; *(breathe noisily)* respirar ruidosamente.

snug [snʌg]

1 *adj (cosy)* cómodo,-a; *(warm)* calentito,-a.

2 *adj (tight-fitting)* ajustado,-a, ceñido,-a.

3 *n GB (in pub)* saloncito.

snuggle ['snʌgəl] *vi* acurrucarse: **they snuggled up together in bed** se acurrucaron juntos en la cama; **snuggle up to me** arrímate a mí.

snugly ['snʌglɪ]

1 *adv (cosily)* cómodamente; *(warmly)* calentito,-a.

2 *adv (tightly)* perfectamente: **these jeans fit very snugly** estos vaqueros me quedan ajustados.

so [səʊ]

1 *conj (therefore)* así que, por lo tanto, de manera que: **she was tired, so she went to bed** estaba cansada, así que se fue a la cama.

2 *conj (to express purpose)* para, para que: **speak up so that everyone can hear** habla fuerte para que todos te oigan; **he took off his shoes so as not to make any noise** se quitó los zapatos para no hacer ruido.

3 *adv (introductory)* así que, pues, bueno: **so you've decided to come** así que has decidido venir; **so I made a mistake! what about it?** ¡pues me he equivocado! ¿y qué?; **so, what now?** bueno, ¿ahora qué?

4 *adv (very - before adj or adv)* tan; *(- before noun or with verb)* tanto,-a: **she's so bored** está tan aburrida; **it's so cold** hace tanto frío; **don't drive so fast** no vayas tan rápido, no corras tanto; **he was so hungry that he ate the lot** tenía tanta hambre que se lo comió todo; **he isn't so clever as he looks** no es tan listo como parece.

5 *adv (unspecified number or amount, limit)* tanto,-a: **I can only do so much** no puedo hacer más; **it'll take a month or so** tardará un mes más o menos, tardará un mes o así; **why don't you say that you earn so much?** ¿por qué no dices que ganas tanto?; **so much noise/food** tanto ruido/tanta comida; **so many boys/girls** tantos niños/tantas niñas.

6 *adv (thus, in this way)* así, de esta manera, de este modo: **he's about so tall** es así de alto; **cut the fish, like so** corta el pescado así; **of all the stupid people I know, no-one is more so than you** de todas las personas estúpidas que conozco, no hay ninguna como tú.

7 *adv (to avoid repetition)* que sí: **I think/hope so** creo/espero que sí; **I'm afraid so** me temo que sí; **I told you so** ya te lo dije; **and quite rightly so** y con mucha razón; **if so** en este caso, de ser así.

8 *adv (to express agreement, also)* también: **so am I/so do I/so can I/so have I** yo también; **it's snowing - so it is** está nevando - así es; **so I see** ya veo; **so it seems** así parece.

9 *adj (factual, true)* así: **it can't be so** no puede ser; **that just isn't so** eso no es verdad.

+ and so on (and so forth) y así sucesivamente, etcétera.

just so/exactly so perfecto, en orden.

so be it así sea.

so long! ¡hasta luego!, ¡hasta pronto!

so much for something so much for new technology! ¡vaya nueva tecnología!; **so much for your advice!** ¡vaya consejo que me diste!

so there! ¡ea!, ¡para que sepas!

so what? ¿y qué?

soak [səʊk]

1 *vt (put in liquid)* poner en remojo, remojar; *(saturate)* empapar.

2 *vi (washing, dried pulses)* estar en remojo: **leave it to soak** déjalo en remojo.

3 *vi (bathe)* bañarse.

4 *vi (penetrate)* empapar, calar: **the blood had soaked through his shirt** la sangre le había empapado la camisa.

5 *n* remojón *m*.

6 *n fam (drunkard)* borracho,-a.

▸ to soak up *vt sep (liquid)* absorber; *(sun, atmosphere)* empaparse de; *(information)* embeber.

soaked [səʊkt] *adj* empapado,-a, calado,-a.

+ soaked to the skin calado,-a hasta los huesos.

to get soaked empaparse, quedarse empapado,-a.

soaking ['səʊkɪŋ]

1 *n* remojón *m*.

2 *adj* empapado,-a, calado,-a.

so-and-so ['səʊənsəʊ]

1 *n fam (person)* fulano,-a: **she's always going on about Mrs So-and-So** siempre habla de la señora Fulana de tal.

2 *n euph* sinvergüenza *mf*: **which so-and-so has drunk all the beer?** ¿qué sinvergüenza se ha bebido toda la cerveza?

▲ *pl* so-and-sos.

soap [səʊp]

1 *n* jabón *m*: **a bar/cake/tablet of soap** una pastilla de jabón.

2 *vt* enjabonar, jabonar.

■ soap dish jabonera.

soap flakes jabón *m* en escamas.

soap opera *(on tv)* telenovela, culebrón *m*; *(on radio)* radionovela.

soap powder jabón *m* en polvo.

soapbox [ˈsəʊpbɒks] *n* tribuna improvisada.
✦ **to get on one's soapbox** ponerse a pontificar.

soapsuds [ˈsəʊpsʌdz] *npl* jabonaduras *fpl*, espuma *f sing.*

soapy [ˈsəʊpɪ]
1 *adj (water)* jabonoso,-a; *(hands etc)* enjabonado,-a; *(taste, smell)* parecido,-a al jabón.
2 *adj fam pej (ingratiating)* falso,-a, zalamero,-a.
▲ *comp* **soapier**, *superl* **soapiest.**

soar [sɔːʳ]
1 *vi (bird, plane - fly)* volar; *(- rise)* remontar el vuelo, remontarse; *(- glide)* planear.
2 *vi fig (prices, costs, etc)* dispararse.
3 *vi (building)* elevarse, alzarse.

soaring [ˈsɔːrɪŋ]
1 *adj (bird, plane)* que planea, que vuela.
2 *adj fig (prices)* en alza; *(temperature)* en aumento.
3 *adj (building)* altísimo,-a.

sob [sɒb]
1 *n* sollozo.
2 *vi* sollozar.
3 *vt* decir sollozando, decir entre sollozos.
✦ **to sob one's heart out** llorar a lágrima viva.
▪ **sob story** tragedia, dramón *m.*
▲ *pt & pp* **sobbed**, *ger* **sobbing.**

sobbing [ˈsɒbɪŋ] *n* sollozos *mpl.*

sober [ˈsəʊbəʳ]
1 *adj (not drunk)* sobrio,-a.
2 *adj (person)* serio,-a, formal; *(attitude)* sobrio,-a, moderado,-a, sensato,-a.
3 *adj (colour)* discreto,-a, sobrio,-a.
▶ **to sober down**
1 *vi* serenarse, calmarse, atemperarse, moderarse.
2 *vi* serenar, calmar, atemperar, moderar.
to sober up *vi*
1 *vi* pasársele la borrachera a uno, despejarse.
2 *vt sep* despejar.

sobering [ˈsəʊbərɪŋ] *adj* moderador,-ra: it's a sobering thought te hace pensar, da mucho que pensar.
✦ **to have a sobering effect on somebody** moderar los ánimos a alguien.

soberly [ˈsəʊbəlɪ]
1 *adv (moderately)* con moderación, con sobriedad; *(seriously)* con seriedad.
2 *adv (dress)* de forma sobria, con sobriedad.

sober-minded [ˈsəʊbərˈmaɪndɪd] *adj* serio,-a, formal.

sobriety [səˈbraɪətɪ] *n (seriousness)* seriedad *f*; *(moderation)* moderación *f*, sobriedad *f*; *(good sense)* sensatez *f.*

Soc.[1] [ˈsəʊʃəlɪst] *abbr* (**Socialist**) socialista.

Soc.[2] [səˈsaɪətɪ] *abbr* (**Society**) sociedad.

so-called [ˈsəʊkɔːld] *adj* llamado,-a, supuesto,-a.

soccer [ˈsɒkəʳ] *n* fútbol *m.*
▪ **soccer match** partido de fútbol.
soccer player futbolista *mf*, jugador,-ra de fútbol.

sociability [səʊʃəˈbɪlɪtɪ] *n* sociabilidad *f.*

sociable [ˈsəʊʃəbəl] *adj (person)* sociable, tratable, afable, amistoso,-a, simpático,-a; *(behaviour)* sociable.

social [ˈsəʊʃəl]
1 *adj (gen)* social.
2 *adj fam (sociable)* sociable.
3 *n (informal meeting)* acto social, reunión *f* (social); *(party)* fiesta; *(dance)* baile *m.*
✦ **to be a social drinker** beber solo en compañía.
to have a good social life llevar una buena vida social, tener una buena vida social.
▪ **social class** clase *f* social.
social climber arribista *mf*, trepa *mf.*
social democracy socialdemocracia.
Social Democrat socialdemócrata *mf.*
social sciences ciencias *fpl* sociales.
social security seguridad *f* social.
social security benefit subsidio de la seguridad social.
social studies ciencias *fpl* sociales.
social work asistencia social, trabajo social.
social worker asistente,-a social.
the social services los servicios *mpl* sociales.

socialism [ˈsəʊʃəlɪzəm] *n* socialismo.

socialist [ˈsəʊʃəlɪst]
1 *adj* socialista.
2 *n* socialista *mf.*

socialistic [səʊʃəˈlɪstɪk] *adj* socialista.

socialite [ˈsəʊʃəlaɪt] *n* vividor,-ra, mundano,-a.

socialisation [səʊʃəlaɪˈzeɪʃən] *n* → **socialization.**

socialise [ˈsəʊʃəlaɪz] *vi* → **socialize.**

socialization [səʊʃəlaɪˈzeɪʃən] *n* socialización *f.*

socialize [ˈsəʊʃəlaɪz]
1 *vi (mix socially)* relacionarse, alternar; *(at party)* circular, mezclarse con la gente: he's not one for socializing no le gusta mucho hacer vida social.
2 *vt TECH (adapt to society)* socializar.
3 *vt US (nationalize)* nacionalizar.

socially [ˈsəʊʃəlɪ] *adv* socialmente: socially acceptable admisible, bien visto,-a; socially unacceptable no admisible, mal visto,-a.

society [səˈsaɪətɪ]
1 *n (community, people)* sociedad *f*: a multi-racial society una sociedad multirracial; consumer society la sociedad de consumo; Western society la sociedad occidental.
2 *n (fashionable group, upper class)* (alta) sociedad *f.*
3 *n (organization, club)* sociedad *f*, asociación *f*, club *m*, círculo.

4 *n fml (company)* compañía.
✦ **to be a danger to society** ser un peligro para la sociedad.
to be introduced into society ser presentado,-a en sociedad.
▪ **society news** ecos *mpl* de sociedad.
society wedding boda de sociedad.
▲ *pl* **societies.**

sociobiology [səʊsɪəʊbaɪˈɒlədʒɪ] *n* sociobiología.

socioeconomic [səʊsɪəʊekəˈnɒmɪk] *adj* socioeconómico,-a.

sociological [səʊsɪəˈlɒdʒɪkəl] *adj* sociológico,-a.

sociologist [səʊsɪˈɒlədʒɪst] *n* sociólogo,-a.

sociology [səʊsɪˈɒlədʒɪ] *n* sociología.

sociopolitical [səʊsɪəʊpəˈlɪtɪkəl] *adj* sociopolítico,-a.

sock[1] [sɒk] *n* calcetín *m*: a pair of socks unos calcetines.
✦ **to pull one's socks up** hacer un esfuerzo, esforzarse.
to put a sock in it cerrar el pico.
▪ **ankle sock** calcetín *m* corto.
knee-length sock calcetín *m* largo.

sock[2] [sɒk]
1 *n (blow)* puñetazo, tortazo.
2 *vt* pegar un puñetazo a, dar un tortazo a: sock him one! ¡dale una!
✦ **to sock it to somebody** darle caña a alguien.

socket [ˈsɒkɪt]
1 *n ANAT (of eye)* cuenca, órbita; *(of joint)* glena.
2 *n ELEC (for plug)* enchufe *m*, toma de corriente; *(for light bulb)* portalámparas *m.*
▪ **socket wrench** llave *f* de tubo.

sod[1] [sɒd] *n fml (earth)* tepe *m*, terrón *m*; *(turf)* césped *f.*

sod[2] [sɒd]
1 *n fam (bastard)* cabrón,-ona: what a sod! ¡qué cabrón!; you lazy sod! ¡qué vago eres!; you lucky sod! ¡qué suerte tienes, tío!
2 *n fam (wretch)* desgraciado,-a: poor sod pobre (tío).
3 *n fam (difficult job)* rollo, coñazo: this bike is a sod to start esta moto es un coñazo para arrancar.
4 *vt taboo* jorobar, joder: sod it! ¡mierda!; sod the landlord! ¡qué se joda el propietario!; sod the elections! ¡a la mierda con las elecciones!; sod this for a game of soldiers! ¡a la mierda con esto!
▶ **to sod off** *vi taboo* irse a la mierda, irse a tomar por culo.
✦ **not to give a sod** importarle un carajo a uno, importarle un huevo a uno: I don't give a sod me importa un huevo.
sod all ni golpe, ni brote: I've done sod all today hoy no he pegado ni golpe.

soda [ˈsəʊdə]
1 *n CHEM* sosa, soda.
2 *n (soda water)* soda, sifón *m.*
3 *n US (pop)* refresco: orange soda/lemon soda naranjada/limonada.

4 *n (ice-cream soda)* soda con helado y almíbar.
- **soda cracker** *US* galleta salada.
  soda pop refresco.
  soda siphon sifón *m*.
  soda water soda, sifón *m*.

sodden ['sɒdən] *adj (soaked)* empapado,-a.

sodding ['sɒdɪŋ] *adj taboo* puñetero,-a.

sodium ['səʊdɪəm] *n CHEM* sodio.
- **sodium bicarbonate** bicarbonato sódico, bicarbonato de sosa.
  sodium chloride carbonato sódico, carbonato de sodio.

sodomite ['sɒdəmaɪt] *n* sodomita *m*.

sodomitic [sɒdə'mɪtɪk] *adj* sodomita.

sodomise ['sɒdəmaɪz] *vt* → **sodomize.**

sodomize ['sɒdəmaɪz] *vt* sodomizar.

sodomy ['sɒdəmɪ] *n* sodomía.

sofa ['səʊfə] *n* sofá *m*.
- **sofa bed** sofá-cama *m*.

Sofia ['səʊfɪə] *n* Sofía.

soft [sɒft]
1 *adj (not hard)* blando,-a; *(spongy)* esponjoso,-a; *(flabby)* fofo,-a: **soft bed** cama mullida; **soft cheese** queso blando; **soft metal** metal dulce.
2 *adj (skin, hair, fur, etc)* suave.
3 *adj (light, music, colour)* suave; *(words)* tierno,-a; *(breeze, steps, knock)* ligero,-a; *(outline)* difuminado,-a: **in a soft voice** en voz baja.
4 *adj fam (easy)* fácil: **a soft job** un chollo.
5 *adj (person - lenient)* blando,-a, indulgente; *(- weak)* débil; *(- gentle, kind)* dulce; *(- easily upset)* sensiblero,-a: **you're too soft on/with the kids** eres demasiado blando con los niños.
6 *adj (water)* blando,-a.
7 *adj LING (consonant)* suave.
✦ **to be soft in the head** ser tonto,-a del culo, ser estúpido,-a.
  to be soft on somebody *(attracted)* gustarle alguien a uno: **he's soft on Louise** le gusta Louise.
  to have a soft spot for somebody tener debilidad por alguien, tenerle cariño a alguien.
- **soft copy** datos *mpl* contenidos en la memoria del ordenador.
  soft currency moneda débil.
  soft drink refresco, bebida no alcohólica.
  soft drug droga blanda.
  soft furnishings (tejidos *mpl* para) cortinas, fundas de sofá, etc.
  soft landing aterrizaje *m* suave.
  soft option camino fácil.
  soft palate velo del paladar.
  soft pedal *MUS* pedal *m* suave.
  soft porn pornografía blanda.
  soft sell venta basada en la persuasión.
  soft soap coba.
  soft toy muñeco de peluche, animal *m* de peluche.

soft-boiled ['sɒft'bɔɪld] *adj (egg)* pasado,-a por agua.

soften ['sɒfən]
1 *vt (leather, heart)* ablandar; *(skin)* suavizar; *(light, sound, colour)* atenuar, suavizar; *(voice)* bajar.
2 *vi (leather, heart, butter)* ablandarse; *(skin)* suavizarse; *(light, sound, colour)* atenuarse, suavizarse; *(voice)* bajar; *(attitude)* volverse menos intransigente, volverse más tolerante.
▸ **to soften up**
1 *vt sep (person)* ablandar.
2 *vt sep MIL* debilitar.
✦ **to soften one's position** adoptar una postura menos intransigente.
  to soften the blow amortiguar el golpe.
  to soften up one's attitude adoptar una actitud menos intransigente.

softener ['sɒfənə'] *n (for water)* suavizador *m*; *(for fabric)* suavizante *m*.

soft-headed ['sɒft'hedɪd] *adj* bobo,-a, tonto,-a.

soft-hearted ['sɒft'hɑːtɪd] *adj* tierno,-a, compasivo,-a, bondadoso,-a.

softie ['sɒftɪ]
1 *n fam (sentimental)* sentimental *mf*.
2 *adj fam (weak)* blandengue *mf*.

softly ['sɒftlɪ]
1 *adv (gently)* suavemente; *(tenderly)* dulcemente.
2 *adv (quietly - speak, play music)* bajito,-a; *(- move)* sin hacer ruido.
3 *adv (weakly, leniently)* con indulgencia.
✦ **to be softly lit** estar suavemente iluminado,-a.

softly-softly [sɒftlɪ'sɒftlɪ] *adj (manner, approach)* cauteloso,-a.

softness ['sɒftnəs]
1 *n (gen)* blandura, lo blando.
2 *n (of hair, fabric, skin)* suavidad *f*.
3 *n (weakness)* debilidad *f*, *(leniency)* blandura.

soft-pedal [sɒft'pedəl] *vt fam (play down)* minimizar la importancia de, restar importancia a.
▲ *pt & pp* **soft-pedalled** *(US* **soft-pedaled)**, *ger* **soft-pedalling** *(US* **soft-pedaling).**

soft-soap [sɒft'səʊp] *vt fam* dar jabón a, dar coba a.
✦ **to soft-soap somebody into doing something** engatusar a alguien para que haga algo.

soft-spoken [sɒft'spəʊkən] *adj* de voz dulce, de voz suave.

software ['sɒftweə'] *n COMPUT* software *m*.

softwood ['sɒftwʊd] *n (wood)* madera de coníferas; *(tree)* conífera.

softy ['sɒftɪ] *n* → **softie.**
▲ *pl* **softies.**

soggy ['sɒgɪ]
1 *adj (wet)* empapado,-a, saturado,-a.
2 *adj (too soft)* pastoso,-a, gomoso,-a.
▲ *comp* **soggier**, *superl* **soggiest.**

soil [sɔɪl]
1 *n (earth)* tierra.
2 *n fml (country, territory)* tierra: **on British soil** en suelo británico.
3 *vt (dirty)* ensuciar; *(stain)* manchar.
4 *vt fig (reputation)* manchar.
5 *vi* ensuciarse.

soiled [sɔɪld] *adj (dirty)* sucio,-a; *(stained)* manchado,-a.

soirée ['swa:reɪ] *n fml* velada.

sojourn ['sɒdʒɜːn]
1 *n lit* estancia.
2 *vi lit* morar, pasar una temporada.

solace ['sɒlɪs]
1 *n (comfort)* consuelo, solaz *m*; *(source of comfort)* consuelo.
2 *vt lit* consolar.
✦ **to take solace in something** consolarse con algo.

solar ['səʊlə'] *adj* solar.
- **solar cell** célula solar.
  solar corona corona solar.
  solar energy energía solar.
  solar plexus plexo solar.
  the solar system el sistema *m* solar.
  solar year año solar.

solarium [sə'leərɪəm] *n* solario, solárium *m*.
▲ *pl* **solaria** o **solariums.**

sold [səʊld] *pt & pp* → **sell.**

solder ['sɒldə']
1 *n* soldadura.
2 *vt* soldar.

soldering iron ['sɒldərɪŋaɪən] *n* soldador *m*.

soldier ['səʊldʒə'] *n (not officer)* soldado; *(military man)* militar *m*.
▸ **to soldier on** *vi* seguir adelante (a pesar de todo), seguir al pie del cañón.
✦ **a soldier of fortune** un mercenario.
- **old soldier** veterano, excombatiente *m*.

soldier-like ['səʊldʒəlaɪk] *adj* soldadesco,-a.

soldierly ['səʊldʒəlɪ] *adj* soldadesco,-a.

sole¹ [səʊl] *n (fish)* lenguado.

sole² [səʊl]
1 *adj (only, single)* único,-a.
2 *adj (exclusive)* exclusivo,-a.

sole³ [səʊl]
1 *n (of foot)* planta; *(of shoe, sock)* suela.
2 *vt* poner suela a.

solecism ['sɒləsɪzəm] *n fml* solecismo.

solely ['səʊllɪ]
1 *adv (only)* solamente, únicamente.
2 *adv (exclusively)* exclusivamente.

solemn ['sɒləm]
1 *adj (ceremony, oath, etc)* solemne.
2 *adj (expression)* serio,-a.

solemnise ['sɒləmnaɪz] *vt* → **solemnize.**

solemnity [sə'lemnɪtɪ]
1 *n* solemnidad *f*.
2 *solemnities* *npl* ceremonial *m sing*.
▲ *pl* **solemnities.**

solemnize ['sɒləmnaɪz] *vt* solemnizar.

solemnly ['sɒləmlɪ] *adv* solemnemente.

solenoid [ˈsəʊlənɔɪd] n solenoide m.

soleus [ˈsəʊlɪəs] n sóleo.

sol-fa [ˈsɒlfɑː] n solfeo.

solicit [səˈlɪsɪt]
  1 vt (request) pedir, solicitar.
  2 vt (of prostitute) abordar (buscando clientes).
  3 vi (request) pedir, solicitar.
  4 vi (of prostitute) ejercer la prostitución, abordar a clientes.

solicitor [səˈlɪsɪtəʳ]
  1 n GB abogado,-a.
  2 n US oficial mf de justicia.

Solicitor General [səlɪsɪtəˈdʒenərəl]
  1 n GB procurador,-ra de la Corona.
  2 n US Subsecretario,-a de Justicia.

solicitous [səˈlɪsɪtəs]
  1 adj fml (eager, kind, helpful) solícito,-a.
  2 adj fml (concerned, anxious) preocupado, -a (**about/for**, por), inquieto,-a (**about/ for**, por).

solicitude [səˈlɪsɪtjuːd]
  1 n fml (eagerness, kindness) solicitud f.
  2 n fml (concern, anxiousness) preocupación f (**for**, por).

solid [ˈsɒlɪd]
  1 adj (not liquid or gas) sólido,-a: solid food alimentos sólidos; solid fuel combustible sólido.
  2 adj (not hollow) macizo,-a: solid tyres neumáticos macizos.
  3 adj (dense, compact) compacto,-a: solid rock roca sólida; a solid mass una masa compacta.
  4 adj (unmixed) puro,-a, macizo,-a: solid gold oro macizo; a solid oak door una puerta de roble macizo.
  5 adj (strong) sólido,-a, fuerte: solid grounds for believing he's dead razones sólidas para creer que está muerto; on solid ground en tierra firme; a man of solid build un hombre de complexión fuerte; a solid meal una comida consistente.
  6 adj (reliable) sólido,-a, de confianza, de fiar: a solid argument un argumento sólido; a good solid worker un trabajador serio y responsable.
  7 adj (unanimous) unánime: solid support apoyo unánime; a solid Labour stronghold un firme baluarte laborista.
  8 adj (continuous) seguido,-a, entero,-a; (unbroken) continuo,-a: we waited for two solid hours esperamos dos horas enteras; a solid yellow line una línea amarilla continua.
  9 adj TECH (three-dimensional) tridimensional.
  10 n (substance) sólido: solids, liquids and gasses sólidos, líquidos y gases.
  11 solids npl (food) alimentos mpl sólidos, sólidos mpl: milk solids sólidos lácteos.
  ✦ as solid as a rock firme como una roca.
  to become solid solidificarse.
  ■ solid figure cuerpo sólido.
    solid geometry geometría del espacio.

solidarity [sɒlɪˈdærətɪ] n solidaridad f.

solidification [səlɪdɪfɪˈkeɪʃən] n solidificación f.

solidify [səˈlɪdɪfaɪ]
  1 vt solidificar.
  2 vi solidificarse.
  ▲ pt & pp solidified, ger solidifying.

solidity [səˈlɪdɪtɪ]
  1 n (firmness, strength) solidez f, resistencia.
  2 n (reliability) seriedad f, formalidad f.
  3 n (substance) solidez f, substancia, sustancia.
  4 n (unanimity) unanimidad f.

solidly [ˈsɒlɪdlɪ]
  1 adv (firmly, substantially) sólidamente: solidly built de construcción sólida.
  2 adv (continuously) continuamente, sin parar: it rained solidly llovió sin parar.
  3 adv (unanimously) unánimemente.

solidness [ˈsɒlɪdnəs] n → **solidity**.

solid-state [sɒlɪdˈsteɪt] adj ELEC de estado sólido, transistorizado,-a.

solidus [ˈsɒlɪdəs] n barra.

soliloquise [səˈlɪləkwaɪz] vi → **soliloquize**.

soliloquize [səˈlɪləkwaɪz] vi monologar.

soliloquy [səˈlɪləkwɪ] n soliloquio.
  ▲ pl soliloquies.

solitaire [ˈsɒlɪteəʳ] n (gen) solitario.

solitary [ˈsɒlɪtərɪ]
  1 adj (alone) solitario,-a.
  2 adj (secluded, remote) apartado,-a, retirado,-a.
  3 adj (only, sole) solo,-a, único,-a: not a solitary soul ni un alma.
  4 n sl (solitary confinement) incomunicación f.
  ✦ to be in solitary confinement estar incomunicado,-a.
  ■ solitary confinement incomunicación f.

solitude [ˈsɒlɪtjuːd] n soledad f.

solo [ˈsəʊləʊ]
  1 n MUS solo: a guitar solo un solo de guitarra.
  2 n AV vuelo en solitario.
  3 n (card game) solitario.
  4 adj MUS (performance, album) en solitario; (instrument) solo; (piece) para solista.
  5 adj (attempt, flight) en solitario.
  6 adv MUS (play, sing) solo,-a.
  7 adv (fly) en solitario.
  ▲ pl solos.

soloist [ˈsəʊləʊɪst] n MUS solista mf.

Solomon [ˈsɒləmən] n Salomón.
  ■ Solomon Islands Islas Salomón.

solstice [ˈsɒlstɪs] n solsticio.

solubility [sɒljəˈbɪlɪtɪ] n solubilidad f, disolubilidad f.

soluble [ˈsɒljəbəl]
  1 adj (substance) soluble.
  2 adj fml (problem etc) soluble.

solution [səˈluːʃən]
  1 n (to problem) solución f: the solution to all my problems la solución de todos mis problemas.
  2 n CHEM solución f.

solvable [ˈsɒlvəbəl] adj soluble, que tiene solución.

solve [sɒlv] vt (problem) resolver, solucionar; (case, equation) resolver: we've got a problem that needs solving tenemos un problema que hay que solucionar.

solvency [ˈsɒlvənsɪ] n solvencia.

solvent [ˈsɒlvənt]
  1 adj (not in debt) solvente.
  2 adj (that can dissolve) soluble.
  3 n solvente m, disolvente m.

Somali [səˈmɑːlɪ]
  1 adj somalí.
  2 n somalí mf.

Somalia [səˈmɑːlɪə] n Somalia.

somber [ˈsɒmbəʳ] adj US → **sombre**.

sombre [ˈsɒmbə]
  1 adj (colour, place) sombrío,-a; (day, weather) gris, triste; (sky) cubierto,-a.
  2 adj (person) sombrío,-a, triste, serio,-a; (statement, occasion, thought) pesimista, grave.

some [sʌm]
  1 adj (with plural noun) unos,-as, algunos, -as; (a few) unos,-as cuantos,-as, unos, -as pocos,-as: there were some flowers on the table había unas flores en la mesa; would you like some biscuits? ¿quieres galletas?
  2 adj (with singular noun) algún, alguna; (a little) algo de, un poco de: would you like some coffee? ¿quieres café?; he needs some money necesita dinero.
  3 adj (certain) cierto,-a, alguno,-a: unlike some people I know no como algunas personas que conozco; some days are better than others algunos días son mejores que otros; I like some classical music me gusta alguna música clásica; in some ways en cierto modo; to some extent hasta cierto punto.
  4 adj (unknown, unspecified) algún, alguna: some day algún día, un día de éstos; for some reason or another por alguna razón u otra; there's some bloke at the door hay un tipo en la puerta; some other time otra vez, otro día.
  5 adj (quite a lot of) bastante: she's been gone some time hace ya bastante tiempo que se ha ido; it's some distance away queda bastante lejos; some years ago hace algunos años.
  6 adj fam iron (none, not at all) valiente, menudo,-a: some help that was! ¡valiente ayuda!; some friend you are! ¡valiente amigo eres tú!, ¡menudo amigo eres!
  7 adj fam (quite a, a fine) menudo,-a: that was some meal! ¡menuda comida!, ¡ésa sí que era una comida!, ¡vaya comilona!; he's quite some guy! ¡menudo tío!

8 *pron (unspecified number)* unos,-as, algunos,-as: **there are no potatoes - I'll have to buy some** no quedan patatas - tendré que comprar; **keys? - I saw some on the table** ¿llaves? - he visto unas sobre la mesa.

9 *pron (unspecified amount) no se traduce*: **you'll need plenty of money - I've got some** te hará falta mucho dinero - ya tengo; **if you want more paper, there's some in the drawer** si te hace falta más papel, hay en el cajón.

10 *pron (certain ones)* ciertos,-as, algunos,-as; *(a certain part)* algo, un poco, parte *f*: **some say it was suicide** algunos dicen que se suicidó; **some of my friends** algunos amigos míos; **some of the money** parte del dinero; **I agree with some of what she said** estoy de acuerdo con parte de lo que ha dicho.

11 *adv (approximately, about)* unos,-as, alrededor de, aproximadamente: **there were some twenty people** había unas veinte personas; **some 100 miles away** a unas cien millas de aquí.

12 *adv US fam (rather, a little)* un poco: **they waited some** esperaron un poco; **he likes her some** le gusta bastante.

somebody ['sʌmbədɪ] *pron* alguien: **somebody must have lost it** alguien debe de haberlo perdido; **she thinks she's somebody** se cree alguien.

✦ **somebody else** otro,-a, otra persona.
to be a somebody ser todo un personaje, ser alguien.

somehow ['sʌmhaʊ]
1 *adv (in some way)* de algún modo, de alguna manera: **don't worry, I'll manage somehow** no te preocupes, me las apañaré como sea; **somehow, he managed to get to London** de algún modo, logró llegar a Londres.
2 *adv (for some reason)* por alguna razón: **I don't think he's quite my type somehow** no sé por qué, pero no creo que sea mi tipo; **somehow it doesn't seem to matter anymore** no sé por qué, pero ya no importa tanto.

someone ['sʌmwʌn] *pron* → **somebody.**

someplace ['sʌmpleɪs] *adv* → **somewhere.**

somersault ['sʌməsɔːlt]
1 *n (by acrobat)* salto mortal; *(by child)* voltereta; *(by car)* vuelta de campana.
2 *vi (acrobat)* dar un salto mortal; *(child)* dar volteretas; *(car)* dar una vuelta de campana.

something ['sʌmθɪŋ]
1 *pron* algo: **I've got something to tell you** tengo que decirte algo; **can I ask you something?** ¿puedo preguntarte una cosa?; **would you like something to drink?** ¿quieres tomar algo?
2 *pron (a thing of value)* algo: **there's something in what he says** hay algo de verdad en lo que dice; **there's some-**

thing strange about this place** este sitio tiene algo extraño; **at least they didn't take much, that's something** al menos no se llevaron mucho, algo es algo.

3 *pron (in vague or ill-defined statements)* algo: **something like that** algo así, algo por el estilo; **her name's Janet something or other** se llama Janet no sé qué más; **he must be thirty something** tendrá unos treinta y tantos; **do you want a sandwich or something?** ¿quieres un bocadillo o algo así?; **are you drunk or something?** ¿estás borracho o qué?; **it came as something of a surprise** me pilló un poco por sorpresa.

4 *adv* **it costs something like 100 pounds** cuesta unas cien libras; **the pain is something terrible** duele una barbaridad.

✦ **something else** otra cosa.
to be something else *(special)* ser algo extraordinario,-a.

sometime ['sʌmtaɪm]
1 *adv* algún día: **sometime next week** algún día de la semana que viene; **phone me sometime** llámame algún día; **sometime or another** tarde o temprano.
2 *adj fml (former)* antiguo,-a, ex-.

sometimes ['sʌmtaɪmz] *adv* a veces, de vez en cuando: **sometimes I walk** a veces voy a pie; **she phones me sometimes** me llama de vez en cuando.

somewhat ['sʌmwɒt] *adv* algo, un tanto: **needless to say, we were somewhat shocked** huelga decir que quedamos algo escandalizados.

somewhere ['sʌmweəʳ]
1 *adv (in some place)* en alguna parte; *(to some place)* a alguna parte: **there should be a phone box round here somewhere** debe de haber un teléfono por aquí en alguna parte; **I must have dropped it somewhere between here and the car** se me debe de haber caído en algún sitio entre aquí y el coche.
2 *adv (approximately)* más o menos, alrededor de: **somewhere in the region of a million pounds** alrededor de un millón de libras; **somewhere between 150 and 200 people** más o menos entre 150 y 200 personas; **they live somewhere near Birmingham** viven cerca de Birmingham.
3 *pron* un lugar, un sitio: **he's looking for somewhere to stay** busca algún sitio donde quedarse.

✦ **somewhere else** *(in)* en otra parte, en otro sitio; *(to)* a otra parte, a otro sitio.
to get somewhere empezar a hacer progresos, empezar a marchar la cosa.

somnambulist [sɒm'næmbjəlɪst] *n* sonámbulo,-a.

somnambulism [sɒm'næmbjəlɪzəm] *n* sonambulismo.

somnambulist [sɒm'næmbjəlɪst] *n* somnámbulo,-a.

somnolence ['sɒmnələns] *n* somnolencia.

somnolent ['sɒmnələnt] *adj* somnoliento,-a, soñoliento,-a.

son [sʌn] *n* hijo: **eldest son/youngest son** hijo mayor/hijo menor.
✦ **the son and heir** el heredero.
son of a bitch *taboo* hijo de puta.

sonar ['səʊnɑːʳ] *n (abbr of sound navigation and ranging)* sonar *m*.

sonata [sə'nɑːtə] *n* sonata.

sonde [sɒnd] *n* sonda.
■ **weather sonde** sonda meteorológica.

song [sɒŋ] *n (gen)* canción *f*; *(art, of bird)* canto: **sing us a song** cántanos una canción.
✦ **(going) for a song** regalado,-a.
to burst into song ponerse a cantar.
to make a song and dance about something armar un revuelo por algo.

songbird ['sɒŋbɜːd] *n* pájaro cantor, ave *f* canora.

songbook ['sɒŋbʊk] *n* cancionero.

songwriter ['sɒŋraɪtəʳ] *n* compositor,-ra (de canciones).

sonic ['sɒnɪk] *adj* sónico,-a.
■ **sonic boom/sonic bang** estampido sónico.

son-in-law ['sʌnɪnlɔː] *n* yerno, hijo político.
▲ *pl* **sons-in-law.**

sonnet ['sɒnɪt] *n* soneto.

sonneteer [sɒnə'tɪəʳ] *n* sonetero,-a.

sonny ['sʌnɪ] *n* hijo, hijito.

sonority [sə'nɒrɪtɪ] *n* sonoridad *f*.

sonorous ['sɒnərəs] *adj* sonoro,-a.

soon [suːn]
1 *adv (within a short time)* pronto, dentro de poco: **write soon** escríbeme pronto; **it'll soon be over** falta poco para que se acabe; **we must be going soon** nos tenemos que ir dentro de poco; **soon after lunch** poco después de comer; **we'll soon be home** pronto estaremos en casa; **see you soon** hasta pronto.
2 *adv (early)* pronto, temprano: **it's too soon to tell** es demasiado pronto para saberlo; **you spoke too soon** hablaste antes de tiempo; **must you leave so soon?** ¿ya te marchas?; **how soon can you get here?** ¿cuándo puedes estar aquí?
3 *adv (expressing preference, readiness, willingness)* **I'd (just) as soon eat in as ...** preferiría comer en casa que ...; **I'd just as soon not, if you don't mind** preferiría que no, si no te importa.
✦ **as soon as** en cuanto, tan pronto como: **as soon as we hear anything, we'll let you know** en cuanto sepamos algo, te lo haremos saber; **I'll leave as soon as I can** me iré en cuanto pueda.

as soon as possible cuanto antes, lo más pronto posible.

not a moment too soon no antes de tiempo.

soon afterwards poco después.

sooner ['suːnə']
1 *adv (earlier)* más temprano.
2 *adv (rather)* antes: I'd sooner die! ¡antes morir!, ¡antes la muerte!; sooner you than me! ¡mejor tú que yo!; he'd sooner read than watch TV preferiría leer que mirar la tele; I'd sooner go alone preferiría ir sola.
3 **no sooner** *adv (immediately after)* nada más, apenas: no sooner had she fallen asleep than the phone rang apenas se había dormido cuando empezó a sonar el teléfono; no sooner had we unpacked our picnic than it began to rain nada más sacar las cosas del picnic empezó a llover.
✦ **no sooner said than done** dicho y hecho.
sooner or later tarde o temprano.
the sooner the better cuanto antes mejor.

soot [sut] *n* hollín *m*.

soothe [suːð]
1 *vt (calm)* calmar, tranquilizar, aplacar; *(quieten)* acallar.
2 *vt (ease pain)* aliviar, calmar.

soothing ['suːðɪŋ] *adj (medicine)* calmante; *(ointment)* balsámico,-a; *(bath, music)* relajante; *(tone, words)* tranquilizador,-ra.

sooty ['suti]
1 *adj (dirty)* cubierto,-a de hollín, tiznado,-a.
2 *adj (black)* negro,-a como el hollín.
▲ *comp* sootier, *superl* sootiest.

sophism ['sɒfɪzəm] *n* sofisma *m*.

sophist ['sɒfɪst] *n* sofista *mf*.

sophisticated [sə'fɪstɪkeɪtɪd] *adj* sofisticado,-a.

sophistication [sɒfɪstɪ'keɪʃən] *n* sofisticación *f*.

sophistry ['sɒfɪstrɪ]
1 *n (art)* sofistería.
2 *n (argument)* sofisma *m*.
▲ *pl* sophistries.

sophomore ['sɒfəmɔː'] *n US* estudiante *mf* de segundo año.

soporific [sɒpə'rɪfɪk] *adj* soporífero,-a, soporífico,-a.

sopping ['sɒpɪŋ] *adj fam* empapado,-a: you're sopping wet! ¡estás como una sopa!

soppy ['sɒpɪ] *adj fam* sensiblero,-a, sentimentaloide.
✦ **to be soppy about somebody/something** caérsele a uno la baba por alguien/algo.
▲ *comp* soppier, *superl* soppiest.

soprano [sə'prɑːnəʊ]
1 *n* soprano *mf*, tiple *mf*.

2 *adj (instrument)* soprano,-a; *(voice)* de soprano.
▲ *pl* sopranos.

sorbet ['sɔːbeɪ] *n* sorbete *m*.

sorcerer ['sɔːsərə'] *n* hechicero, brujo.

sorceress ['sɔːsərəs] *n* hechicera, bruja.

sorcery ['sɔːsərɪ] *n* hechicería, brujería.

sordid ['sɔːdɪd]
1 *adj (dishonourable)* sórdido,-a, vergonzoso,-a, bochornoso,-a: a sordid affair un asunto vergonzoso; all the sordid details los detalles escabrosos.
2 *adj (squalid)* sórdido,-a, miserable.

sordidness ['sɔːdɪdnəs] *n* sordidez *f*.

sore [sɔː']
1 *adj (aching)* dolorido,-a; *(painful)* doloroso,-a; *(inflamed)* inflamado,-a: I've got a sore throat tengo dolor de garganta, me duele la garganta; he felt sore all over le dolía todo; her legs are sore le duelen las piernas.
2 *adj US fam (angry)* enfadado,-a (about, por), picado,-a (about, por): she's still sore at him todavía está enfadada con él.
3 *adj lit (great)* enorme, gran; *(serious)* grave; *(urgent)* urgente.
4 *n MED* llaga, úlcera.
■ **sore point** tema delicado, asunto espinoso.

sorely ['sɔːlɪ] *adv (very much, greatly)* muy; *(deeply)* profundamente; *(seriously)* gravemente; *(urgently)* urgentemente: we shall miss him sorely le echaremos mucho de menos.
✦ **to be sorely tempted to do something** estar muy tentado,-a de hacer algo.

soreness ['sɔːnəs] *n (pain)* dolor *m*.

sorghum ['sɔːgəm] *n* sorgo.

sorrel¹ ['sɒrəl] *n ZOOL* alazán *m*.

sorrel² ['sɒrəl] *n BOT* acedera.

sorrow ['sɒrəʊ]
1 *n (grief)* pena, pesar *m*, dolor *m*.
2 *n (cause of sadness)* disgusto.
3 *vi* llorar (**at/over/for**, por).

sorrowful ['sɒrəʊful] *adj* afligido,-a, apenado,-a, triste.

sorry ['sɒrɪ]
1 *adj (pitiful, wretched)* triste, lamentable: a sorry sight un triste espectáculo; in a sorry state en un estado lamentable.
2 *interj (apology)* ¡perdón!, ¡disculpe!
3 *interj GB (for repetition)* ¿perdón?, ¿cómo?
✦ **to be sorry** *(grieved, feeling sadness)* sentir: I'm very sorry to hear about your uncle siento mucho lo de tu tío; I'm sorry you didn't get the job siento que no hayas conseguido el trabajo; I'm sorry lo siento; sorry I'm late siento llegar tarde; he's very sorry about what happened siente mucho lo ocurrido; you'll be sorry lo lamentarás; I'm sorry to trouble you perdone que le moleste, siento molestarle.

to feel sorry for somebody compadecer: she felt sorry for him le compadecía; he was feeling sorry for himself se compadecía de sí mismo.

to say sorry disculparse, pedir perdón.
▲ *comp* sorrier, *superl* sorriest.

sort [sɔːt]
1 *n (type, kind)* clase *f*, tipo, género, suerte *f*; *(make, brand)* marca: what sort of novels do you prefer? ¿qué tipo de novelas prefieres?; we've got three sorts of tea tenemos tres clases de té; there are all sorts of board games hay toda clase de juegos de mesa; it's not really your sort of film no es el tipo de película que te gusta; I know you like that sort of thing sé que te gustan esas cosas.
2 *n fam (person)* tipo,-a, tío,-a: he's a good sort es buen tío; he's a strange sort es un tipo raro; I know your sort ya sé de qué pie calzas.
3 *vt (classify)* clasificar.
4 *vt (repair)* arreglar.
5 *vi (check)* revisar (**through**, -).
✦ **a sort of** una especie de: she was wearing a sort of kimono llevaba una especie de quimono; he's a sort of journalist es una especie de periodista.
it takes all sorts (to make a world) de todo hay en la viña del Señor.
of a sort/of sorts una especie de: it was a meal of sorts fue una especie de comida.
nothing of the sort nada semejante: you said she was mean, but she's nothing of the sort me dijiste que era tacaña, pero no lo es en absoluto.
out of sorts *(unwell)* pachucho,-a; *(moody)* de mal humor.
sort of en cierto modo: I sort of expected it en cierto modo me lo esperaba; it's sort of strange es un poco raro; I was sort of hoping that you'd come with me en cierto modo esperaba que me acompañaras; did you like it? - well, sort of ¿te ha gustado? - bueno, en cierto modo sí.
to sort oneself out poner sus pensamientos en orden.
▶ **to sort out**
1 *vt sep (classify)* clasificar; *(put in order)* ordenar, poner en orden.
2 *vt sep (separate)* separar (**from**, de).
3 *vt sep (solve - problem)* arreglar, solucionar; *(- misunderstanding)* aclarar.
4 *vt sep (arrange)* organizar, arreglar; *(set - date)* fijar: have you sorted out how much I owe you? ¿has calculado cuánto te debo?
5 *vt sep (deal with - person)* meter en vereda, meter en cintura: I'll sort them out! ¡yo les arreglaré!

sortie ['sɔːtɪ] *n MIL* salida.

sorting ['sɔːtɪŋ] *n* clasificación *f*.
■ **sorting office** sala de batalla.

sort-out ['sɔːtaʊt] **to have a sort-out** *phr* ordenar.

so-so ['səʊsəʊ] *adv fam* así así, regular, de aquella manera.

soufflé ['suːfleɪ] *n CULIN* soufflé *m*.

sought [sɔːt] *pt & pp* → **seek.**

sought-after ['sɔːtɑːftəʳ] *adj (person)* solicitado,-a; *(object)* codiciado,-a.

souk [suːk] *n* zoco.

soul [səʊl]
1 *n REL* alma, espíritu *m*.
2 *n (spirit)* espíritu *m*; *(feeling, character)* carácter *m*, personalidad *f*: he puts his heart and soul into his music se entrega a su música en cuerpo y alma; you've got no soul no tienes sensibilidad.
3 *n (person)* alma, persona: don't tell a soul no se lo digas a nadie; there wasn't a soul to be seen no había ni un alma; she's a dear old soul es una viejecita encantadora; some poor soul algún pobre diablo.
4 *n MUS* soul *m*, música soul.
✦ to be the life and soul of the party ser el alma de la fiesta.
to be the soul of something ser algo personificado,-a: she's the soul of discretion es la discreción personificada.
upon my soul! ¡Santo Dios!, ¡Dios mío!
■ soul brother *US* hermano.
soul food *US* cocina tradicional de los negros del Sur de los EEUU.
soul mate alma gemela.
soul music música soul.
soul sister *US* hermana.

soul-destroying ['səʊldɪstrɔɪɪŋ] *adj (boring)* tedioso,-a, monótono,-a; *(demoralizing)* desmoralizador,-ra, degradante.

soulful ['səʊlfʊl] *adj* conmovedor,-ra, emotivo,-a.

soulless ['səʊlləs] *adj (building, place)* sin carácter, sin personalidad; *(person)* desalmado,-a.

soul-searching ['səʊlsɜːtʃɪŋ] *n* introspección *f*, examen *m* de conciencia.

sound¹ [saʊnd]
1 *adj (healthy)* sano,-a: of sound mind en su sano juicio, en pleno uso de sus facultades; safe and sound sano,-a y salvo,-a.
2 *adj (solid)* sólido,-a, firme; *(in good condition)* en buen estado.
3 *adj (sensible)* sensato,-a, acertado,-a; *(valid)* sólido,-a, lógico,-a, razonable; *(responsible)* responsable, formal, de fiar; *(reliable, safe)* seguro,-a: a sound piece of advice un buen consejo; he's got a sound grasp of Italian domina el italiano; her knowledge of modern history is sound sus conocimientos de historia moderna son sólidos; a sound investment una inversión segura.
4 *adj (thorough)* completo,-a; *(severe)* severo,-a: a sound training una formación sólida; a sound examination un examen a fondo; a sound beating una buena paliza.

5 *adj (of sleep)* profundo,-a.
✦ to be as sound as a bell *(person)* estar sano,-a; *(thing)* estar en perfectas condiciones, estar en perfecto estado.
to be sound asleep estar profundamente dormido,-a.

sound² [saʊnd]
1 *vt MAR* sondar.
2 *vt MED (gen)* sondar; *(chest)* auscultar.
3 *n MED* sonda.
▸ to sound out *vt sep (discover opinions)* sondear, tantear: sound him out and let me know what he thinks tantéalo y dime lo que piensa.

sound³ [saʊnd] *n GEOG* estrecho, brazo de mar.

sound⁴ [saʊnd]
1 *n (gen)* sonido; *(musical)* sonido, son *m*; *(noise)* ruido: I heard the sound of voices oí (unas) voces; the sound of the guitar el son de la guitarra; the sound was so bad we couldn't hear the singer el sonido era tan malo que no oímos al cantante; without a sound sin hacer ruido; the speed of sound la velocidad del sonido; I was born within the sound of Bow bells desde donde nací se oyen las campanas de la iglesia de Bow.
2 *n TV (volume)* volumen *m*: turn the sound up/down sube/baja el volumen.
3 *n (impression, idea)* idea: I don't like the sound of this esto se está poniendo feo, esto me da mala espina; I quite like the sound of that podría estar bien; by/from the sound of it, he's getting on fine por lo visto las cosas le van bien.
4 *vt (bell, horn, trumpet)* tocar, hacer sonar; *(alarm)* dar (la señal de); *(retreat)* tocar.
5 *vt LING* pronunciar.
6 *vi (bell, horn, alarm, etc)* sonar, resonar.
7 *vi (seem)* parecer; *(give impression)* sonar: how does that sound? ¿qué te parece eso?; it sounds lovely me parece estupendo; it sounds as if she knows what she's doing parece que sabe lo que hace; you sound like you've got a cold parece que estés resfriado; you sound different tu voz suena distinta; he sounds just like my brother es igual que mi hermano; does this sentence sound right to you? ¿te suena bien esta frase?; it sounds like Mozart (me) suena a Mozart; it sounds like a lie me huele a mentira.
8 *vi LING* pronunciarse, sonar.
▸ to sound off *vi (express opinions)* hablar a gritos; *(complain)* quejarse (about, de), protestar (about, por).
■ sound barrier barrera del sonido.
sound card tarjeta de sonido.
sound check prueba de sonido.
sound effects efectos *mpl* sonoros.
sound engineer ingeniero,-a de sonido.
sound wave onda sonora.

sounding¹ ['saʊndɪŋ]
1 *n MAR* sondeo.
2 soundings *npl MAR (measurements)* sondeos *mpl*.
3 *npl (testing opinions)* sondeos *mpl*.

sounding² ['saʊndɪŋ] *adj (resounding, resonant)* resonante.
■ sounding board *MUS (on instrument)* caja de resonancia; *(over pulpit, stage)* tornavoz *m*; *(to test ideas, policy, etc)* caja de resonancia.

soundless ['saʊndləs] *adj* silencioso,-a, mudo,-a.

soundly ['saʊndlɪ]
1 *adv (sleep)* profundamente.
2 *adv (thoroughly, severely)* completamente: we were soundly beaten nos dieron una buena paliza.
3 *adv (solidly)* sólidamente.

soundness ['saʊndnəs]
1 *n (physical solidity)* solidez *f*; *(good condition)* buen estado.
2 *n (validity)* solidez *f*; *(sensibleness)* sensatez *f*.

soundproof ['saʊndpruːf]
1 *adj* insonorizado,-a, a prueba de sonidos.
2 *vt* insonorizar.

soundproofing ['saʊndpruːfɪŋ]
1 *n (action)* insonorización *f*.
2 *n (material)* aislante *m* acústico.

soundtrack ['saʊndtræk] *n* banda sonora.

soup [suːp]
1 *n CULIN (gen)* sopa; *(clear, thin)* caldo, consomé *m*.
▸ to soup up
1 *vt sep (car, motorbike, engine)* trucar.
2 *vt sep fam (film, play, book)* modernizar, popularizar.
✦ in the soup en un apuro, en un aprieto.
from soup to nuts *US* de cabo a rabo.
■ soup dish plato sopero.
soup kitchen comedor *m* popular, olla común.
soup spoon cuchara sopera.
soup tureen sopera.

souped-up ['suːptʌp]
1 *adj (car, motorbike, engine)* trucado,-a.
2 *adj fam (film, play, book)* popular, refrito,-a.

sour ['saʊəʳ]
1 *adj (fruit)* ácido,-a, agrio,-a; *(milk)* cortado,-a, agrio,-a; *(wine)* agrio,-a.
2 *adj (person)* amargado,-a, avinagrado,-a; *(behaviour, expression)* agrio,-a, avinagrado,-a.
3 *vt (milk)* agriar, cortar.
4 *vt (person, relationship)* amargar.
5 *vt (milk)* agriarse, cortarse; *(wine)* agriarse.
6 *vi (person, character)* amargarse, avinagrarse.
✦ to turn sour/go sour *(milk)* agriarse, cortarse; *(wine)* agriarse; *(relationship etc)* estropearse, echarse a perder.
sour grapes! ¡mala suerte!, ¡te aguantas!

source [sɔːs]
1 n (of river) fuente f, nacimiento.
2 n (origin, cause) fuente f, origen m: source of income fuente de ingresos; energy sources fuentes de energía; source of the rumour el origen del rumor; the source of the trouble la causa del problema.
3 n (person, thing supplying information) fuente f: reliable sources fuentes fidedignas.
4 n MED (of infection) foco.

sourly [ˈsaʊəlɪ] adv agriamente, con amargura.

sourness [ˈsaʊənəs]
1 n (of fruit) acidez f, agrura; (of milk) agrura.
2 n (of person) amargura, acritud f.

sourpuss [ˈsaʊəpʊs] n fam amargado,-a.

soursop [ˈsaʊəsɒp] n anona.

souse [saʊs]
1 vt CULIN (fish) escabechar; (meat) adobar.
2 vt (soak in water) empapar; (plunge in water) sumergir; (pour water over) mojar.

soused [saʊst]
1 adj fam (drunk) como una cuba.
2 adj (fish) en escabeche.

soutane [suːˈtæn] n sotana.

south [saʊθ]
1 n sur m: in the south en el sur; to the south of al sur de.
2 adj sur, del sur, meridional: south coast costa sur; south wind viento del sur.
3 adv (direction) hacia el sur; (location) al sur: birds fly south los pájaros vuelan hacia el sur; the house faces south la casa está orientada al sur; it's south of the river está al sur del río.
4 the South n el Sur m, el sur m.
◆ down south (location) al sur; (direction) hacia el sur.
▪ South American sudamericano,-a.
the South Pacific el Pacífico Sur.
the South Pole el Polo Sur.
the South Seas los mares del Sur.
South Wales Gales del Sur.

southbound [ˈsaʊθbaʊnd] adj que va hacia el sur, que va en dirección sur, con rumbo al sur.

southeast [saʊθˈiːst]
1 n sudeste m.
2 adj sudeste, del sudeste.
3 adv (direction) hacia el sudeste; (location) al sudeste.

southeasterly [saʊθˈiːstəlɪ] adj del sudeste.

southeastern [saʊθˈɜːstən] adj sudeste, del sudeste.

southerly [ˈsʌðəlɪ] adj (direction) hacia el sur; (location) al sur; (wind) del sur.

southern [ˈsʌðən] adj del sur, meridional, austral: in southern Spain en el sur de España, en la España meridional.
▪ Southern Europe Europa del Sur.
southern hemisphere hemisferio austral.
southern lights la aurora austral.

southerner [ˈsʌðənəʳ] n sureño,-a, meridional mf.

southernmost [ˈsʌðənməʊst] adj más meridional, más austral: the southernmost tip of the island el extremo más meridional de la isla.

southernwood [ˈsʌðənwʊd] n abrótano.

south-southeast [saʊθsaʊˈθiːst]
1 n sudsudeste m.
2 adv al sudsudeste, hacia el sudsudeste.

south-southwest [saʊθsaʊˈθwest]
1 n sudsudoeste m.
2 adv al sudsudoeste, hacia el sudsudoeste.

southward [ˈsaʊθwəd]
1 adj hacia el sur, en dirección sur.
2 adv al sur, hacia el sur.

southwards [ˈsaʊθwədz] adv (direction) hacia el sur; (location) al sur.

southwest [saʊθˈwest]
1 n suroeste m.
2 adj suroeste, del suroeste.
3 adv al suroeste, hacia el suroeste.

southwesterly [saʊθˈwestəlɪ] adj del sudoeste.

southwestern [saʊθˈwestən] adj del sudoeste.

souvenir [suːvəˈnɪəʳ] n recuerdo (of, de).

sou'wester [saʊˈwestəʳ] n (hat) sueste m.

sovereign [ˈsɒvrɪn]
1 n soberano,-a.
2 n GB (coin) soberano.
3 adj soberano,-a.

sovereignty [ˈsɒvrɪntɪ] n soberanía.

soviet [ˈsəʊvɪət]
1 n (council) soviet m.
2 n Soviet (person) soviético,-a.
3 Soviet adj soviético,-a.
▪ Soviet Union Unión f Soviética.

sovietise [ˈsəʊvjətaɪz] vt → sovietize.

sovietisation [səʊvjətaɪˈzeɪʃən] n → sovietization.

sovietization [səʊvjətaɪˈzeɪʃən] n sovietización f.

sovietize [ˈsəʊvjətaɪz] vt sovietizar.

Sovietologist [səʊvjəˈtɒlədʒɪst] n sovietólogo,-a.

sow¹ [saʊ] n ZOOL cerda, puerca.

sow² [səʊ] vt (gen) sembrar (with, de).
▲ pt sowed, pp sowed o sown [səʊn].

sower [ˈsəʊəʳ] n (person) sembrador,-ra; (machine) sembradora.

sowing [ˈsəʊɪŋ] n siembra.

sown [səʊn] pp → sow.

soy [sɔɪ] n US soja.
▪ soy sauce salsa de soja.

soya [ˈsɔɪə] n GB soja.
▪ soya bean soja.

sozzled [ˈsɒzəld] adj fam (drunk) borracho,-a, trompa, mamado,-a.
◆ to get sozzled pillar una trompa.

spa [spɑː]
1 n (resort) balneario; (baths) baños mpl, termas fpl.
2 n US (jacuzzi) jacuzzi m.
3 n US (gymnasium) gimnasio.
▪ spa resort estación f balnearia.

space [speɪs]
1 n PHYS espacio: astronauts travel in space los astronautas viajan por el espacio.
2 n (continuous expanse) espacio: space and time espacio y tiempo; she was staring into space miraba al vacío, tenía la mirada perdida.
3 n (room, unoccupied area) espacio, sitio, lugar m: can we make space for one more person? ¿podemos hacer sitio para otra persona?; it takes up too much space ocupa demasiado espacio; there isn't enough space for everything no cabe todo.
4 n (gap, empty place) espacio, hueco: open spaces espacios abiertos; a parking space un sitio para aparcar; write in the blank spaces escribir en los espacios en blanco; the word "space" takes five spaces la palabra "space" ocupa cinco espacios.
5 n (in time) espacio, lapso: in the space of an hour en el espacio de una hora; in a short space of time en poco tiempo.
6 vt espaciar (out, -).
▪ advertising space espacio publicitario.
space age era espacial.
space agency agencia espacial.
space capsule cápsula espacial.
space flight vuelo espacial.
space lab laboratorio espacial.
space probe sonda espacial.
space programme programa m de vuelos espaciales.
space shuttle transbordador m espacial.
space station estación f espacial.
space travel viajes mpl por el espacio, viajes mpl espaciales.

space-age [ˈspeɪseɪdʒ] adj de la era espacial.

space-bar [ˈspeɪsbɑːʳ] n espaciador m.

spacecraft [ˈspeɪskrɑːft] n nave f espacial.
▲ pl spacecraft.

spaced out [speɪstˈaʊt]
1 adj (separated) separado,-a, distanciado,-a.
2 adj fam (stoned) colocado,-a, flipado,-a.

spaceman [ˈspeɪsmən] n astronauta m.

spaceship [ˈspeɪsʃɪp] n nave f espacial.

spacesuit [ˈspeɪssuːt] n traje m espacial.

spacewoman [ˈspeɪswʊmən] n astronauta.
▲ pl spacewomen [ˈspeɪswɪmɪn].

spacing [ˈspeɪsɪŋ] n espacio.
▪ in double space a doble espacio.

spacious ['speɪʃəs] *adj* espacioso,-a, amplio,-a.

spade[1] [speɪd] *n (playing card - international pack)* pica; *(- Spanish pack)* espada.

spade[2] [speɪd] *n (for digging)* pala.
- **to call a spade a spade** llamar al pan, pan y al vino, vino.

spaghetti [spə'getɪ] *n* espaguetis *mpl*.
- **spaghetti bolognese** espaguetis *mpl* a la boloñesa.

Spain [speɪn] *n* España.

spam [spæm]
1 *n (food)* fiambre.
2 *n* COMPUT *(mail)* correo basura.

span[1] [spæn] *pp* → **spin.**

span[2] [spæn] *n (of horses)* tronco; *(of oxen)* yunta.

span[3] [spæn]
1 *n (of wings)* envergadura; *(of arch, bridge)* luz *f*, ojo; *(of hand)* palmo.
2 *n (of time)* espacio, período, lapso: **over a span of five years** durante un período de cinco años, en un lapso de cinco años; **they have a life span of twelve years** tienen una vida de doce años.
3 *vt (cross)* atravesar, cruzar.
4 *vt (extend over)* abarcar, extenderse a: **a career spanning 50 years in show business** una trayectoria que abarca 50 años en el mundo del espectáculo; **football has a history spanning over a 100 years** la historia del fútbol abarca más de 100 años.
- *pt & pp* spanned, *ger* spanning.

spangle ['spæŋgəl] *n* lentejuela.

Spaniard ['spænjəd] *n (person)* español,-la.

spaniel ['spænjəl] *n* perro de aguas, perro de lanas, spaniel *m*.

Spanish ['spænɪʃ]
1 *adj* español,-la.
2 *n (person)* español,-la.
3 *n (language)* español *m*, castellano.
4 **the Spanish** *npl* los españoles *mpl*.
- **Spanish America** Hispanoamérica.
Spanish fly cantárida.
Spanish guitar guitarra clásica.
the Spanish Embassy la Embajada de España.

Spanish-American [spænɪʃə'merɪkən] *adj* hispanoamericano,-a.
- **the Spanish-American War** la Guerra de Cuba.

Spanish-speaking ['spænɪʃspi:kɪŋ] *adj* de habla española, hispanohablante.

spank [spæŋk] *vt* zurrar, pegar, dar azotes a.

spanking[1] ['spæŋkɪŋ] *n* zurra, azotaina, paliza.

spanking[2] ['spæŋkɪŋ]
1 *adj (lively - gen)* vivaz, rápido,-a; *(- breeze)* fuerte.
2 *adv* muy: **spanking new** flamante; **spanking clean** limpísimo,-a.

spanner ['spænə'] *n* llave *f* de tuerca.
- **to put/throw a spanner in the works** meter un palo en la rueda, sabotearlo todo.

spar[1] [spɑː']
1 *vi (boxing)* entrenarse.
2 *vi (argue)* discutir.
- *pt & pp* sparred, *ger* sparring.

spar[2] [spɑː'] *n (mineral)* espato.

spar[3] [spɑː'] *n* MAR palo, verga.

spare [speə']
1 *adj (reserve)* de repuesto; *(free)* libre; *(extra)* de sobra: **a spare key** una llave de repuesto; **the spare room** el cuarto de los invitados; **a spare moment** un momento libre; **we've got a spare ticket** tenemos una entrada de sobra; **have you got any spare change?** ¿tienes algo suelto?
2 *adj (thin, lean)* enjuto,-a.
3 *n (spare part)* recambio, repuesto.
4 *vt (do without)* prescindir de, pasar sin: **we can't spare anyone today** no podemos prescindir de nadie hoy; **can you spare a few coins?** ¿te sobran algunas monedas?; **I can't spare the time** no tengo tiempo; **can you spare me five minutes?** ¿tienes cinco minutos?, ¿puedes dedicarme cinco minutos?
5 *vt (begrudge)* escatimar: **no expense was spared** no repararon en gastos; **no trouble was spared** no escatimaron esfuerzos.
6 *vt (save, relieve)* ahorrar, evitar: **I wanted to spare myself the trouble** quería ahorrarme la molestia; **spare me the gory details** ahórrate los detalles escabrosos.
7 *vt lit (not harm, not kill, show mercy)* perdonar: **we prayed that his life might be spared** rogamos para que le perdonaran la vida; **he tried to spare her feelings** procuró no herir sus sentimientos.
- **to go spare** *(become angry)* cabrearse, enloquecer; *(be leftover)* sobrar.
to spare de sobra: **have you got any bread to spare?** ¿tienes algo de pan de sobra?
to spare a thought for somebody pensar un momento en alguien.
to spare somebody's blushes ahorrarle un bochorno a alguien, no hacer que alguien pase vergüenza.
- **spare part** (pieza de) recambio, pieza de repuesta.
spare time tiempo libre.
spare tyre *(wheel)* rueda de recambio; *(stomach)* michelín *m*.
spare wheel rueda de recambio.

spare-part ['speəpɑːt] *adj* MED de transplantes.

sparerib [speə'rɪb] *n* CULIN costilla de cerdo.

sparing ['speərɪŋ] *adj (frugal)* frugal; *(economical)* económico,-a.
- **to be sparing with food** economizar comida.
to be sparing with praise escatimar elogios.
to be sparing with words ser parco,-a en palabras.

sparingly ['speərɪŋlɪ] *adv (eat)* frugalmente; *(use)* en poca cantidad, con moderación.

spark [spɑːk]
1 *n (from fire, electrical)* chispa.
2 *n (trace)* chispa, pizca.
3 *n (cause, trigger)* chispazo.
4 *vi* echar chispas, chispear.
- **to spark off** *vt insep (conflict, riot, cause)* hacer estallar, provocar, desencadenar, desatar; *(interest)* despertar, suscitar.
- **(the) sparks fly** armarse la gorda.
- **spark plug** bujía.

sparking plug ['spɑːkɪŋplʌg] *n* AUTO bujía.

sparkle ['spɑːkəl]
1 *n (of diamond, glass)* centelleo, destello, brillo; *(of eyes)* brillo.
2 *n fig (liveliness)* viveza; *(wit)* brillo.
3 *vi (diamond, glass)* centellear, destellar, brillar; *(eyes)* brillar, chispear; *(firework)* echar chispas, chispear.
4 *vi fig (person)* brillar, lucirse; *(conversation)* brillar.

sparkler ['spɑːkələ']
1 *n (firework)* bengala.
2 *n fam (gem)* brillante *m*.

sparkling ['spɑːkəlɪŋ]
1 *adj (diamond, glass)* centelleante, brillante; *(eyes)* brillante, chispeante: **sparkling clean** limpio,-a como un espejo.
2 *adj fig (person, conversation, performance)* brillante, chispeante.
- **sparkling wine** vino espumoso.

sparring partner ['spɑːrɪŋpɑːtnə'] *n (boxing)* sparring *m*, compañero de entrenamiento.

sparrow ['spærəu] *n* gorrión *m*.

sparrowhawk ['spærəuhɔːk] *n* gavilán *m*.

sparse [spɑːs] *adj (vegetation)* escaso,-a, poco denso,-a; *(population)* disperso,-a, esparcido,-a; *(hair)* ralo,-a; *(information)* escaso,-a.

sparsely ['spɑːslɪ] *adv* escasamente: **sparsely furnished** con pocos muebles; **sparsely populated** escasamente poblado.

Sparta ['spɑːtə] *n* Esparta.

Spartan ['spɑːtən]
1 *adj* espartano,-a.
2 *n (person)* espartano,-a.

spasm ['spæzəm]
1 *n* MED espasmo.
2 *n (of coughing, laughing, etc)* ataque *m*, acceso; *(of anger)* arrebato, acceso.
- **in spasms** a rachas.

spasmodic [spæz'mɒdɪk]
1 *adj* MED espasmódico,-a.
2 *adj (irregular)* irregular, intermitente.

spasmodically [spæz'mɒdɪklɪ] *adv* de forma irregular, a rachas.

spastic ['spæstɪk]
1 *n MED* espástico,-a.
2 *n pej (clumsy, incompetent person)* inútil *mf*, patoso,-a, torpe.
3 *adj MED* espástico,-a.
4 *adj pej (clumsy, incompetent)* inútil, patoso,-a, torpe.

spat¹ [spæt] *n (gaiter)* polaina.

spat² [spæt] *n fam (quarrel)* rencilla.

spat³ [spæt] *pt & pp* → **spit**.

spate [speɪt]
1 *n (of letters, orders)* avalancha; *(of accidents, bad luck)* racha; *(of activities, protests)* serie *f*; *(of words)* torrente *m*.
2 *n GB (of river)* avenida, crecida.
✦ to be in (full) spate *(river)* estar crecido,-a; *(talker)* estar en pleno discurso.

spatial ['speɪʃəl] *adj* espacial, del espacio.

spatter ['spætə']
1 *vt (splash)* salpicar (**with**, de); *(sprinkle)* rociar (**with**, de): **the car spattered me with mud as it went past** al pasar, el coche me salpicó de barro.
2 *vi* salpicar.
3 *n (spattered spot)* salpicadura, manchita; *(small amount)* pizca: **a spatter of rain** unas gotas.

spatula ['spætjələ] *n (gen)* espátula; *(in kitchen)* pala, paleta.

spawn [spɔ:n]
1 *n ZOOL* huevas *fpl*, freza.
2 *n BOT* micelio.
3 *vt fig* generar, producir, engendrar.
4 *vi ZOOL* frezar, desovar.

spay [speɪ] *vt* esterilizar.

speak [spi:k]
1 *vi (gen)* hablar: **could you speak more slowly please?** ¿podrías hablar más despacio, por favor?; **I need speak to you about next year's budget** necesito hablar contigo acerca del presupuesto del año que viene; **nobody spoke for five minutes** nadie habló durante cinco minutos; **she didn't want to speak about it** no quería hablar de ello; **I don't know him to speak to** solo lo conozco de vista; **they're not speaking (to each other)** no se hablan, no se dirigen la palabra.
2 *vi (make speech)* pronunciar un discurso: **we've invited Preston to speak at the meeting** hemos invitado a Preston a hablar en la reunión; **she can speak on any subject** sabe hablar de cualquier tema; **he spoke for/in favour of the motion** habló en favor de la moción.
3 *vi (on phone)* hablar: **Laura speaking!** ¡Laura al habla!; **can I speak to Karen please?** ¿me puedes poner con Karen por favor?, ¿me pasas con Karen por favor?; **speaking!** ¡al habla!, ¡soy yo!, ¡yo mismo,-a!

4 *vt (utter, say)* decir: **he spoke the truth** dijo la verdad; **we didn't speak a word** no dijimos palabra; **she spoke her lines confidently** recitó su papel con seguridad.
5 *vt (language)* hablar: **do you speak English?** ¿hablas inglés?; **Spanish spoken** se habla español.
▶ to speak for *vt insep (state views, wishes of)* hablar en nombre de: **I'm speaking for everyone** hablo en nombre de todos; **the lawyer spoke for the defence** el abogado habló en nombre de la defensa.
to speak out *vi (speak openly)* hablar claro: **she spoke out against experiments on animals** denunció los experimentos con animales.
to speak up
1 *vi (speak more loudly)* hablar más fuerte.
2 *vi (give opinion)* defender: **we must speak up for our beliefs** hemos de defender nuestras creencias.
✦ generally/roughly speaking en términos generales.
personally speaking personalmente.
so to speak por así decirlo.
speak for yourself! ¡eso lo dirás tú!, ¡eso lo dirás por ti!
speaking of ... a propósito de ...
speak now or forever hold your peace hable ahora o guarde silencio para siempre.
to be nothing to speak of no ser nada especial, no ser nada del otro mundo.
to be spoken for *(reserved)* estar reservado,-a; *(engaged)* estar comprometido,-a.
to speak for itself/themselves ser evidente, hablar por sí solo.
to speak ill of somebody/speak well of somebody hablar mal de alguien/hablar bien de alguien.
to speak in public hablar en público.
to speak in tongues hablar en lenguas desconocidas.
to speak one's mind hablar claro, hablar sin rodeos.
to speak out of turn hablar fuera de lugar.
to speak volumes decirlo todo.
▲ pt spoke [spəʊk], *pp spoken* ['spəʊkən].

speakeasy ['spi:ki:zɪ] *n US* taberna clandestina.
▲ pl speakeasies.

speaker ['spi:kə']
1 *n (gen)* persona que habla, el que habla, la que habla; *(in dialogue)* interlocutor,-ra; *(in public)* orador,-ra; *(lecturer)* conferenciante *mf*.
2 *n (of language)* hablante *mf*.
3 *n (loudspeaker)* altavoz *m*.
4 the Speaker *n GB* el/la presidente,-a de la Cámara de los Comunes.
5 *n US* el/la presidente,-a de la Cámara de los Representantes: **Mr/Madam Speaker** Señor/Señora presidente,-a.

speaking ['spi:kɪŋ] *adj* hablante: a **speaking part** un papel hablado.
✦ not to be on speaking terms no hablarse, estar peleados: **we're not on speaking terms** no nos hablamos, estamos peleados.
■ speaking clock información *f* horaria.

spear [spɪə']
1 *n (gen)* lanza; *(javelin)* jabalina; *(harpoon)* arpón *m*.
2 *n BOT* punta: **asparagus spears** puntas de espárragos.
3 *vt (with fork)* pinchar; *(with harpoon)* arponear; *(impale with spear)* atravesar con una lanza.

spearhead ['spɪəhed]
1 *n (person, group)* punta de lanza, vanguardia.
2 *vt* encabezar.

spearmint ['spɪəmɪnt] *n* menta verde.

spec [spek] **on spec** *phr GB fam* por si acaso, para probar suerte: **I didn't know if he was in, I just called round on spec** no sabía si estaba en casa, me pasé por si acaso.

special ['speʃəl]
1 *adj (not ordinary or usual)* especial; *(exceptional)* extraordinario,-a: **for special occasions** para ocasiones especiales; **a special case** un caso especial; **a special friend** un amigo íntimo; **what's so special about today?** ¿qué tiene hoy de especial?; **there's nothing special about him** no tiene nada de extraordinario.
2 *adj (specific)* específico,-a, particular: **my special interest is ...** mi interés particular es ...; **a special tool for ...** una herramienta especial para ...
3 *n (train)* tren *m* especial.
4 *n (TV programme)* programa *m* especial.
5 *n US (special offer)* oferta especial.
✦ on special de oferta.
today's special plato del día.
■ special agent agente *mf* secreto,-a.
Special Branch *GB* Servicio de Seguridad del Estado.
special delivery *(letter)* correo urgente; *(parcel)* entrega inmediata.
special edition edición *f* especial, número especial, número extraordinario.
special effects efectos *mpl* especiales.
special issue extraordinario.
special licence dispensa matrimonial.
special needs *EDUC* atención *f* diferenciada.
special offer oferta (especial).
Special Olympics Juegos Paralímpicos *mpl*.
special powers poderes *mpl* extraordinarios.
special school escuela especial.

specialisation [speʃəlaɪ'zeɪʃən] *n* → **specialization**.

specialise ['speʃəlaɪz] *vi* → **specialize**.

specialised ['speʃəlaɪzd] *adj* → **specialized**.

specialist [ˈspeʃəlɪst]
1 *n (expert)* especialista *mf* (**in**, en).
2 *n MED* especialista *mf*: heart specialist especialista de corazón, cardiólogo,-a.
3 *adj* especializado,-a.

speciality [speʃɪˈælɪtɪ] *n* especialidad *f*.
▲ *pl* specialities.

specialization [speʃəlaɪˈzeɪʃən] *n (of study)* especialidad *f*; *(act)* especialización *f*.

specialize [ˈspeʃəlaɪz] *vi* especializarse (**in**, en).

specialized [ˈspeʃəlaɪzd] *adj* especializado,-a.

specially [ˈspeʃəlɪ] *adv (particularly)* especialmente, particularmente; *(on purpose)* expresamente: do you like figs? - not specially ¿te gustan los higos? - no especialmente; specially for you especialmente para ti; we went there specially to see it fuimos allí expresamente para verlo; this is a specially difficult problem un problema particularmente difícil.

specialty [ˈspeʃəltɪ] *n US* → **speciality**.
▲ *pl* specialties.

species [ˈspiːʃiːz] *n* especie *f*.
▲ *pl* species.

specific [spəˈsɪfɪk]
1 *adj (particular, not general)* específico,-a; *(definite)* concreto,-a: for a specific purpose para un uso específico; a specific example un ejemplo concreto.
2 *adj (exact, detailed, precise)* preciso,-a; *(clear in meaning)* explícito,-a: can't you be a bit more specific? ¿no puedes ser un poco más preciso?
3 *n MED (drug)* específico.
4 specifics *npl (particulars, details)* datos *mpl* (concretos).
✦ to be specific to something ser específico,-a de algo, ser propio,-a de algo.
■ specific gravity peso específico.

specifically [spəˈsɪfɪkəlɪ]
1 *adv (particularly)* específicamente, expresamente: specifically designed for … expresamente diseñado para …
2 *adv (exactly, clearly)* explícitamente, expresamente: I specifically told you not to go near the river te dije explícitamente que no te acercaras al río.
3 *adv (namely)* concretamente, en concreto.

specification [spesɪfɪˈkeɪʃən]
1 *n (act)* especificación *f*.
2 *n (requirement)* especificación *f*; *(condition)* requisito.
3 specifications *npl (details)* detalles *mpl*; *(instructions)* instrucciones *fpl*.

specify [ˈspesɪfaɪ] *vt* especificar, precisar, concretar: the instructions specify that … las instrucciones especifican que …; unless otherwise specified a menos que se especifique lo contrario.
▲ *pt & pp* specified, *ger* specifying.

specimen [ˈspesɪmən]
1 *n (sample)* espécimen *m*, muestra: urine specimen muestra de orina.
2 *n (example)* ejemplar *m*: specimen copy ejemplar de muestra; a fine specimen un buen ejemplar.
3 *n fam pej (person)* tipo,-a: a strange specimen un bicho raro.

specious [ˈspiːʃəs] *adj fml* engañoso,-a, especioso,-a.

speck [spek]
1 *n (of dust, soot)* mota; *(stain)* manchita; *(dot)* punto negro.
2 *n (trace)* pizca.

speckled [ˈspekəld] *adj* moteado,-a, con motas.

specs [speks] *npl fam* → **spectacles**.

spectacle [ˈspektəkəl]
1 *n (show, display)* espectáculo.
2 spectacles *npl* gafas *fpl*: a pair of spectacles unas gafas.
✦ to make a spectacle of oneself hacer el ridículo, ponerse en ridículo.

spectacular [spekˈtækjələ]
1 *adj* espectacular, impresionante.
2 *n TV* gran espectáculo, programa *m* especial.

spectacularly [spekˈtækjələlɪ] *adv* espectacularmente.

spectate [spekˈteɪt] *vi* mirar.

spectator [spekˈteɪtə]
1 *n* espectador,-ra.
2 the spectators *npl* el público *m sing*.
■ spectator sport deporte *m* espectáculo.

specter [ˈspektə] *n US* → **spectre**.

spectre [ˈspektə] *n* espectro, fantasma *m*.

spectrogram [ˈspektrəgræm] *n* espectrograma *m*.

spectrograph [ˈspektrəgrɑːf] *n* espectrógrafo.

spectrography [spekˈtrɒgrəfɪ] *n* espectrografía.

spectroscope [ˈspektrəskəʊp] *n* espectroscopio.

spectroscopy [spekˈtrɒskəpɪ] *n* espectroscopía.

spectrum [ˈspektrəm]
1 *n PHYS* espectro.
2 *n (range)* espectro, gama.
▲ *pl* spectra.

speculate [ˈspekjəleɪt]
1 *vi (conjecture)* especular, hacer conjeturas (**on/about**, sobre).
2 *vi FIN* especular (**in**, en/con).
✦ to speculate on the stock market jugar a la bolsa, especular en la bolsa.

speculation [spekjəˈleɪʃən]
1 *n (conjecture)* especulación *f*, conjetura, suposición *f*.
2 *n FIN* especulación *f*.

speculative [ˈspekjələtɪv] *adj* especulativo,-a.

speculator [ˈspekjəleɪtə] *n* especulador,-ra.

sped [sped] *pt & pp* → **speed**.

speech [spiːtʃ]
1 *n (faculty, act)* habla.
2 *n (spoken language, way of speaking)* habla, manera de hablar: children's speech el habla de los niños.
3 *n (formal talk)* discurso, alocución *f*; *(informal talk)* charla; *(lecture)* conferencia; *(lines in play)* diálogo: he gave a speech on/about bird-watching dio una charla sobre ornitología.
✦ to give/make a speech pronunciar un discurso.
■ freedom of speech libertad *f* de expresión.
direct speech estilo directo.
indirect speech estilo indirecto.
part of speech parte de la oración.
speech day día *m* del reparto de premios.
speech defect defecto del habla.
speech impediment impedimento del habla.
speech therapist logopeda *mf*, foniatra *mf*.
speech therapy logopedia, foniatría.

speechless [ˈspiːtʃləs] *adj (flabbergasted)* boquiabierto,-a, estupefacto,-a; *(dumb)* mudo,-a: he was speechless with anger enmudeció de ira; I was left speechless me quedé sin habla.

speed [spiːd]
1 *n (rate of movement)* velocidad *f*; *(quickness)* rapidez *f*; *(haste)* prisa: the speed of light la velocidad de la luz; what speed were you doing? ¿a qué velocidad ibas?; our cruising speed will be around 600 mph nuestra velocidad de crucero será de unas 600 millas por hora; everything was prepared with amazing speed se preparó todo con una rapidez alucinante; the forward's speed is his forte la rapidez del delantero es su fuerte.
2 *n (sensitivity of film)* sensibilidad *f*, velocidad *f*; *(time of shutter)* tiempo de exposición, abertura.
3 *n (gear)* marcha, velocidad *f*: a five-speed gearbox una caja de cambios de cinco marchas, una caja de cambios de cinco velocidades.
4 *n sl (drug)* speed *m*, anfetas *fpl*.
5 *vi (go fast)* ir corriendo, ir a toda prisa, ir a toda velocidad: the car sped away/off el coche se alejó a toda prisa; they were speeding along iban a toda velocidad; the days sped by los días pasaron volando.
6 *vi (break limit)* ir a exceso de velocidad.
7 *vt (hurry - process, matter)* acelerar.
8 *vt (take quickly)* hacer llegar rápidamente.
▶ to speed up
1 *vt sep (process, matter, production)* acelerar; *(person)* apresurar, meter prisa a.
2 *vi (vehicle)* acelerar; *(person, process, production)* acelerarse, apresurarse, darse prisa.
✦ at speed a gran velocidad.

at top speed/at full speed a toda velocidad.

God speed vaya con Dios.

to pick up speed/gather speed ganar velocidad, coger velocidad.

to speed somebody on their way despedir a alguien, desearle buen viaje a alguien.

■ speed bump US badén m.

speed limit velocidad máxima, límite m de velocidad.

speed trap control m de velocidad.

▲ pt & pp speeded o sped [sped].

speedboat ['spi:dbəʊt] n lancha rápida.

speeding ['spi:dɪŋ] n AUTO exceso de velocidad.

speedometer [spɪ'dɒmɪtə'] n AUTO velocímetro, cuentakilómetros m.

speedway ['spi:dweɪ]
1 n (racing) carreras fpl de moto.
2 n (track) pista de carreras, circuito.

speedwell ['spi:dwel] n BOT verónica.

speedy ['spi:dɪ] adj (quick) rápido,-a, veloz; (prompt) pronto,-a, rápido,-a.
✦ to wish somebody a speedy recovery desearle una pronta mejoría a alguien.
▲ comp speedier, superl speediest.

speleologist [spi:lɪ'ɒlədʒɪst] n espeleólogo,-a.

speleology [spi:lɪ'ɒlədʒɪ] n espeleología.

spell¹ [spel] n (magical) hechizo, encanto.
✦ to cast/put a spell on somebody hechizar a alguien, embrujar a alguien.
to fall under somebody's spell estar hechizado,-a por alguien.

spell² [spel]
1 n (period of time) temporada, período; (short period) rato: a spell in hospital una temporada hospitalizado; I had a spell as a waitress trabajé una temporada de camarera; she's going through a bad spell está pasando una mala racha.
2 n METEOR período, ola, racha: sunny spells períodos de sol; a cold spell una ola de frío.
3 n MED (dizziness) mareo; (of coughing) acceso.
4 n (turn) turno, tanda.
5 vt US (take somebody's turn) relevar.
✦ to take spells at (doing) something turnarse para hacer algo.

spell³ [spel]
1 vt (orally) deletrear; (written) escribir correctamente: how do you spell it? ¿cómo se escribe?; do you spell it with one N or two? ¿se escribe con una N o con dos?; could you spell your name for me? ¿me podría deletrear su nombre?; D-O-G spells dog dog se deletrea D-O-G.
2 vt fig (mean) significar, representar; (bring) traer, acarrear; (foretell) anunciar, augurar, presagiar: the drought spelt disaster la sequía significó un desastre; this new law spells trouble esta nueva ley traerá problemas.

3 vi saber escribir correctamente: you can't spell haces faltas de ortografía.
▸ to spell out
1 vt sep (word) deletrear.
2 vt sep (explain in detail) explicar con detalle, detallar, pormenorizar: do I have to spell it out for you? ¿te lo tengo que explicar con detalle?
▲ pt & pp spelled o spelt [spelt].

spellbound ['spelbaʊnd] adj hechizado,-a, embelesado,-a.

spelling ['spelɪŋ] n ortografía.
■ spelling mistake falta de ortografía.

spelt [spelt] pt & pp → spell.

spelunker [spə'lʌŋkə'] n US espeleólogo,-a.

spelunking [spə'lʌŋkɪŋ] n US espeleología.

spend [spend]
1 vt (money) gastar (on, en): I've spent a lot this month he gastado mucho este mes; he spends all his money on records gasta todo su dinero en discos.
2 vt (pass time) pasar: we spent the weekend there pasamos allí el fin de semana; she spent the day sunbathing (se) pasó el día tomando el sol.
3 vt (devote time/energy) dedicar (on, a), invertir (on, en): I'd like to spend more time with my family me gustaría dedicar más tiempo a mi familia; you should spend more time on your homework deberías dedicar más tiempo a tus deberes.
4 vt (use up, exhaust) gastar, agotar: the storm spent its force la tormenta perdió su fuerza.
5 vi (money) gastar.
▲ pt & pp spent [spent].

spender ['spendə'] n gastador,-ra, derrochador,-ra.

spending ['spendɪŋ] n gasto, gastos mpl: they are threatening big cuts in government spending amenazan con grandes recortes en el gasto público.
■ public spending gasto público.
spending cuts recortes mpl en el presupuesto.
spending money dinero de bolsillo.
spending power poder m adquisitivo.

spendthrift ['spendθrɪft] n derrochador,-ra, despilfarrador,-ra, manirroto,-a.

spent [spent]
1 pt & pp → spend.
2 adj (used) usado,-a, gastado,-a: a spent match una cerilla usada.
3 adj (exhausted) agotado,-a; (finished) acabado,-a.
■ a spent force una fuerza acabada.

sperm [spɜ:m] n esperma mf.
■ sperm bank banco de esperma.
sperm whale cachalote m.

spermatozoon [spɜ:mətə'zəʊən] n espermatozoide m.
▲ pl spermatozoa.

spermicide ['spɜ:mɪsaɪd] n espermicida.

spew [spju:]
1 vt (flames, lava, smoke, etc) arrojar, vomitar.
2 vt to spew (up) GB fam vomitar, devolver.
3 vi salir a borbotones.
4 vi GB fam vomitar, devolver, arrojar.

sphere [sfɪə']
1 n (shape) esfera.
2 n (area, range, extent) esfera, ámbito: sphere of influence ámbito de influencia; in the sphere of economics en el ámbito económico.

spherical ['sferɪkəl] adj esférico,-a.

spheroid ['sfɪərɔɪd] n esferoide m.

sphincter ['sfɪŋktə'] n esfínter m.

sphinx [sfɪŋks] n esfinge f.

spice [spaɪs]
1 n especia.
2 n fig sazón m, sal f, salsa, sabor m.
3 vt CULIN sazonar, condimentar.
4 vt (story etc) echar salsa a (up, -).

spick-and-span [spɪkən'spæn] adj (room, house, etc) limpísimo,-a, pulcro,-a; (person) impecable, acicalado,-a.

spicy ['spaɪsɪ]
1 adj CULIN (seasoned) sazonado,-a, condimentado,-a; (hot) picante.
2 adj fig (story etc) picante.
▲ comp spicier, superl spiciest.

spider ['spaɪdə'] n araña.
■ spider plant BOT cinta.
spider's web telaraña.

spiel [spi:l] n fam rollo.

spigot ['spɪgət]
1 n (tap) espita; (stopper) bitoque m.
2 n US (tap) grifo.

spike¹ [spaɪk]
1 n (sharp point) punta, pincho; (sharp-pointed object) objeto puntiagudo.
2 n (on running shoe) clavo.
3 vt (with shoes) clavar.
4 vt (drink) echar alcohol a.
5 spikes npl (running shoes) zapatillas fpl de clavos.
✦ to spike somebody's guns echar por tierra los planes de alguien.
■ spike heel tacón m de aguja.

spike² [spaɪk] n BOT espiga.

spikenard ['spaɪknɑ:d] n nardo.

spiky ['spaɪkɪ]
1 adj (gen) puntiagudo,-a; (hedgehog) erizado,-a; (hair) de punta.
2 adj fam (easily offended) susceptible.
▲ comp spikier, superl spikiest.

spill¹ [spɪl] n (for lighting fires, lamps, pipes - of wood) astilla; (of paper) trozo de papel enrollado.

spill² [spɪl]
1 n (act, amount of spilling) derrame m, derramamiento.
2 n fam (fall) caída.
3 vt (liquid) derramar, verter; (knock over) volcar: I've spilt some wine on the carpet he derramado vino sobre la alfombra; he spilt coffee down/on his shirt se manchó la camisa de café.

4 *vi (liquid)* derramarse, verterse: **the water spilt all over the floor** el agua se derramó por todo el suelo.

5 *vi (people)* salir en tropel: **passengers spilled out onto the platform** los pasajeros salieron al andén en tropel.

‣ **to spill over** *vi (liquid)* salirse, desbordarse; *(people)* rebosar; *(conflict)* extenderse: **the pub was full and people spilled over into the street** el pub estaba lleno y la gente rebosaba por la calle.

✦ **to spill blood** derramar sangre.
to spill the beans descubrir el pastel.

▲ *pt & pp* spilled *o* spilt [spɪlt].

spillage [ˈspɪlɪdʒ] *n* derrame *m*.

spin [spɪn]
1 *n (turn)* vuelta, giro, revolución *f*.
2 *n (of washing machine)* centrifugado.
3 *n SP (of ball)* efecto.
4 *n (of plane)* barrena; *(of car)* patinazo.
5 *n (ride, trip)* vuelta, paseo (en coche o en moto): **let's go for a spin in the car** demos una vuelta en coche.
6 *n fam (panic)* pánico, miedo.
7 *vt (make turn)* hacer girar, dar vueltas a: **we spun a coin** hicimos girar una moneda.
8 *vt (washing)* centrifugar.
9 *vt (ball)* darle efecto a.
10 *vt (cotton, wool, etc)* hilar; *(spider's web)* tejer.
11 *vi (turn)* girar, dar vueltas: **the wheel spun round and round** la rueda daba vueltas (y más vueltas); **my head was spinning** la cabeza me daba vueltas; **the blow sent him spinning** el golpe lo mandó a rodar.
12 *vi (washing machine)* centrifugar.
13 *vi (cotton, wool, etc)* hilar.
14 *vi (plane)* caer en barrena; *(car)* patinar.
15 *vi (move rapidly)* girar(se), darse la vuelta: **he spun round suddenly** (se) giró de repente; **the car span off the road** el coche salió de la carretera dando vueltas; **they were spinning along at 100 mph** rodaban a 100 millas por hora.

‣ **to spin out** *vt sep (holiday, speech)* prolongar, alargar; *(time, money)* estirar.

✦ **to be in a flat spin** estar hecho,-a un lío.
to go into a spin *(plane)* caer en barrena; *(car)* patinar.
to put spin on a ball darle efecto a una pelota.
to spin a story/spin a tale contar una historia.
to spin somebody a yarn pegarle un rollo a alguien.

■ **spin bowler** *(in cricket)* lanzador,-ra rápido,-a.

▲ *pt* spun [spʌn] *o* span [spæn], *pp* spun [spʌn], *ger* spinning.

spina bifida [spaɪnəˈbɪfɪdə] *n* espina bífida.

spinach [ˈspɪnɪdʒ]
1 *n BOT* espinaca.
2 *n CULIN* espinacas *fpl*.

spinal [ˈspaɪnəl] *adj* espinal, vertebral.
■ **spinal column** columna vertebral.
spinal cord médula espinal.

spindle [ˈspɪndəl]
1 *n (rod for spinning)* huso.
2 *n TECH (part of machine)* eje *m*; *(of lathe)* mandril *m*.

spindly [ˈspɪndəlɪ] *adj (leg)* largo y delgado,-a; *(person)* larguirucho,-a, zanquilargo,-a; *(plant)* alto,-a.

▲ *comp* spindlier, *superl* spindliest.

spin-dry [spɪnˈdraɪ] *vt* centrifugar.
▲ *pt & pp* spin-dried, *ger* spin-drying.

spin-dryer [spɪnˈdraɪəʳ] *n* secador *m* centrífugo, centrifugadora.

spine [spaɪn]
1 *n ANAT* columna vertebral, espina dorsal, espinazo.
2 *n (of book)* lomo.
3 *n ZOOL (of hedgehog etc)* púa.
4 *n BOT* espina.

spine-chilling [ˈspaɪntʃɪlɪŋ] *adj* horripilante, escalofriante, espeluznante.

spineless [ˈspaɪnləs]
1 *adj (invertebrate)* invertebrado,-a.
2 *adj fig (weak)* débil, sin carácter.

spinet [spɪˈnet] *n MUS* espineta.

spinner [ˈspɪnəʳ]
1 *n (thread)* hilandero,-a.
2 *n (spin-dryer)* secador centrífugo, centrifugadora.
3 *n (bowler)* lanzador,-ra rápido,-a.
4 *n (bait for fish)* cuchara.

spinney [ˈspɪnɪ] *n* bosquecillo, soto.

spinning [ˈspɪnɪŋ] *n (action)* hilado; *(art)* hilandería.
■ **spinning jenny** máquina de hilar.
spinning top peonza, trompo.
spinning wheel rueca, torno de hilar.

spin-off [ˈspɪnɔːf]
1 *n (product)* producto derivado; *(result)* resultado indirecto.
2 *n (TV programme)* programa *m* derivado.

spinster [ˈspɪnstəʳ] *n* soltera.
✦ **to be an old spinster** ser una vieja solterona.

spiny [ˈspaɪnɪ] *adj* espinoso,-a.
▲ *comp* spinier, *superl* spiniest.

spiral [ˈspaɪərəl]
1 *n* espiral *f*.
2 *adj* espiral, en espiral.
3 *vi (move in a spiral)* moverse en espiral: **the plane began to spiral down** el avión empezó a caer en espiral.
4 *vi (increase rapidly)* dispararse: **spiralling prices** precios en alza vertiginosa.
■ **inflationary spiral** espiral *f* inflacionista.
spiral staircase escalera de caracol.

spire [ˈspaɪəʳ] *n* aguja.

spirit¹ [ˈspɪrɪt]
1 *n CHEM* alcohol *m*.
2 **spirits** *npl (alcoholic drink)* bebidas *fpl* alcohólicas, licores *mpl*.

■ **spirit lamp** lámpara de alcohol.
spirit level nivel *m* de aire.

spirit² [ˈspɪrɪt]
1 *n (soul)* espíritu *m*, alma; *(ghost)* fantasma *m*: **his spirit lives on** su espíritu perdura; **evil spirit** espíritu maligno.
2 *n (person)* ser *m*, alma: **kindred spirits** almas gemelas.
3 *n (force, vigour)* vigor *m*, energía; *(personality)* carácter *m*; *(courage)* valor *m*; *(vitality, liveliness)* ánimo, vitalidad *f*: **she played with great spirit** jugó con gran energía; **try as they might, they couldn't break his spirit** por mucho que lo intentaran, no pudieron quebrantarle el espíritu.
4 *n (mood, attitude)* espíritu *m*, humor *m*: **he approached the challenge in the right spirit** abordó el reto con buen humor; **the party spirit** el espíritu festivo.
5 *n (central quality, real or intended meaning)* espíritu *m*, sentido: **the spirit of the law** el espíritu de la ley.
6 **spirits** *n pl (mood, feelings)* moral *f sing*, humor *m sing*: **she's in good spirits** está de buen humor; **he's in high spirits** está animado; **you're in low spirits today** estás deprimido hoy.

‣ **to spirit away/spirit off** *vt sep* llevarse como por arte de magia.

✦ **in spirit** en espíritu.
that's the spirit! ¡eso es!, ¡así me gusta!
the spirit is willing but the flesh is weak las intenciones son buenas, pero la carne es débil.
to enter into the spirit of things meterse en el ambiente.
to raise somebody's spirits subirle la moral a alguien.

■ **the Holy Spirit** el Espíritu Santo.

spirited [ˈspɪrɪtɪd]
1 *adj (attack, reply)* enérgico,-a, vigoroso,-a; *(attempt)* valiente: **the orchestra gave a spirited performance** la orquesta tocó con brío.
2 *adj (person)* animado,-a; *(horse)* fogoso,-a.

spiritual [ˈspɪrɪtjuəl]
1 *adj* espiritual.
2 *n (song)* espiritual *m* negro.
✦ **one's spiritual home** su patria espiritual.

spiritualism [ˈspɪrɪtjuəlɪzəm] *n* espiritismo.

spiritualist [ˈspɪrɪtjuəlɪst] *n* espiritista *mf*.

spirituality [spɪrɪtjuˈælətɪ] *n* espiritualidad *f*.

spiritually [ˈspɪrɪtjuəlɪ] *adv* espiritualmente.

spit¹ [spɪt]
1 *n CULIN* asador *m*, espetón *m*.
2 *n GEOG (of sand)* banco; *(of land)* punta, lengua.

spit² [spɪt]
1 *n (saliva)* saliva, esputo.
2 *vt (gen)* escupir.

3 *vi (gen)* escupir (**at**, a), (**on**, en).

4 *vi (rain)* chispear: it's spitting with rain caen gotas.

5 *vi (sputter)* chisporrotear.

▶ **to spit out**

  1 *vt sep (gen)* escupir.

  2 *vt sep fig (say sharply)* soltar: spit it out! ¡suéltalo ya!

✦ **to be the spit of somebody/be the spitting image of somebody** ser el vivo retrato de alguien.

▪ **spit and polish** pulcritud *f* y limpieza.

▲ *pt & pp spat* [spæt].

spite [spaɪt]

1 *n (ill will)* rencor *m*, ojeriza.

2 *vt* fastidiar: he did it to spite me lo hizo para fastidiarme.

✦ **in spite of** a pesar de, pese a: we went to the zoo in spite of the bad weather fuimos al zoo a pesar del mal tiempo; in spite of the fact that she felt ill, she went to work a pesar de que se encontraba mal, se fue a trabajar. **in spite of oneself** a pesar suyo. **out of spite** por despecho.

spiteful [ˈspaɪtful] *adj (person)* rencoroso,-a, malévolo,-a; *(comment)* malicioso,-a; *(tongue)* viperino,-a.

spitefully [ˈspaɪtfulɪ] *adv* con rencor, por despecho.

spitefulness [ˈspaɪtfulnəs] *n* rencor *m*, despecho.

spittle [ˈspɪtəl] *n* saliva, baba.

spittoon [spɪˈtuːn] *n* escupidera.

spiv [spɪv] *n GB sl pej* chanchullero.

splash [splæʃ]

1 *n (noise)* chapoteo, chapaleo.

2 *n (spray)* salpicadura, rociada.

3 *n (small amount)* gota, chorrito, poco.

4 *n fig (of light, colour, etc)* mancha.

5 *vt (gen)* salpicar (**with**, de), rociar (**with**, de): she splashed water on her face se echó agua en la cara; don't splash me! ¡no me salpiques!; you've splashed oil on my shirt me has salpicado la camisa de aceite.

6 *vt fam (of news, story, etc)* sacar, salir: the newspaper splashed the story all over the front page el periódico sacó la historia (en grandes titulares) en la portada.

7 *vi (of liquid)* salpicar, esparcirse: the rain splashed against/on the window la lluvia salpicaba el cristal; water splashed everywhere todo se salpicó de agua.

8 *vi (move noisily)* chapotear (**about/around**, -): they love splashing around in the puddles les encanta chapotear en los charcos.

9 *interj* ¡plaf!

▶ **to splash down** *vi* amarar, amerizar.

  to splash out

  1 *vi fam* darse un lujo, gastarse un dineral: we decided to splash out on a new car decidimos darnos un lujo y comprar un coche nuevo.

2 *vt sep fam (money)* derrochar, gastarse: we splashed out $500 on a new video nos gastamos 500 dólares en un vídeo nuevo.

✦ **to make a splash** causar sensación.

▲ *pt & pp splatted, ger splatting.*

splashdown [ˈsplæʃdaʊn] *n* amerizaje *m*, amaraje *m*.

splat [splæt] *adv* ¡paf!

splatter [ˈsplætəʳ]

1 *vt* salpicar.

2 *vi* salpicar.

splay [spleɪ]

1 *vt (fingers)* abrir, separar; *(pipe)* extender, ensanchar.

2 *vt ARCH (window, door)* construir un derrame en.

3 *vi (fingers)* separarse (**out**, -); *(pipe)* extenderse, ensancharse.

4 *adj (of feet)* plano,-a.

spleen [spliːn]

1 *n ANAT* bazo.

2 *n lit (anger)* cólera, ira.

✦ **to vent one's spleen on somebody/something** descargar su cólera contra alguien/algo.

splendid [ˈsplendɪd]

1 *adj (excellent)* estupendo,-a, maravilloso,-a.

2 *adj (magnificent)* espléndido,-a, magnífico,-a.

splendidly [ˈsplendɪdlɪ] *adv* estupendamente, maravillosamente.

splendor [ˈsplendəʳ] *n US* → **splendour**.

splendour [ˈsplendəʳ] *n* esplendor *m*.

splice [splaɪs]

1 *vt (rope)* empalmar.

2 *vt CINEM* montar.

✦ **to get spliced** casarse.

splicer [ˈsplaɪsəʳ] *n CINEM* máquina de montaje, montadora.

spliff [splɪf] *n sl* porro, petardo.

splint [splɪnt] *n* tablilla.

✦ **to be in splints** estar entablillado,-a.

splinter [ˈsplɪntəʳ]

1 *n (of wood)* astilla; *(of metal, bone, stone)* esquirla; *(of glass)* fragmento.

2 *vt* astillar, hacer astillas.

3 *vi* astillarse, hacerse astillas.

4 *vi POL* escindirse (**off**, -).

▪ **splinter group** grupo disidente, facción *f*.

split [splɪt]

1 *n (crack, cut, break)* grieta, hendidura, raja.

2 *n (tear - in garment)* desgarrón *m*, rasgón *m*; *(- in seam)* descosido.

3 *n (division - gen)* división *f*, ruptura, cisma *m*; *(- in politics)* escisión *f*, cisma *m*, ruptura.

4 *n (division, sharing out)* reparto.

5 *adj (cracked)* partido,-a, hendido,-a, rajado,-a; *(torn)* desgarrado,-a, rasgado, -a: split lip labio partido; split seam descosido.

6 *adj (divided - gen)* dividido,-a; *(- in politics)* dividido,-a, escindido,-a: the party is split on this issue el partido está dividido por este tema.

7 *vt (crack, break)* agrietar, hender; *(cut)* partir: he's splitting logs está partiendo troncos; she split the coconut open abrió el coco.

8 *vt (tear - garment)* rajar, desgarrar; *(- seam)* descoser: he split his trousers rompió los pantalones.

9 *vt PHYS (atom)* desintegrar.

10 *vt (divide, separate)* dividir (**up**, -); *(political party etc)* dividir, escindir: she split the class (up) into two groups dividió la clase en dos grupos; the issue of the prison has split the community el asunto de la cárcel ha dividido a la comunidad.

11 *vt (share)* repartir, dividir: we had to split the prize money between 10 people tuvimos que repartir el premio entre 10 personas; let's split the cost paguemos a medias.

12 *vi (crack)* agrietarse, henderse, rajarse; *(in two parts)* partirse: this wood splits easily esta madera se parte fácilmente.

13 *vi (tear - garment)* rajarse, desgarrarse; *(- seams)* descoserse: his trousers split se le descosieron los pantalones.

14 *vi (divide - gen)* dividirse (**up**, -); *(- in politics)* dividirse, escindirse: the river splits in two here aquí el río se divide en dos; the students split up into small groups los estudiantes se dividieron en grupos reducidos; the coalition split over the issue of abortion la coalición se escindió por el tema del aborto.

15 *vi fam (tell tales)* acusar, soplar, chivarse (**on**, de): don't split on me no me soples.

16 *vi sl (leave)* largarse, abrirse, pirárselas: let's split larguémonos.

▶ **to split away/split off**

  1 *vt sep (branch, rock etc)* romper, desprender.

  2 *vi (branch, rock, etc)* romperse, desprenderse.

  3 *vi (group)* escindirse, separarse (**from**, de): some radicals have split off from the official group algunos radicales se han escindido del grupo oficial.

  to split up

  1 *vt sep (friends, lovers)* separar: I'm going to have to split you two up voy a tener que separaros.

  2 *vi (crowd, meeting)* dispersarse; *(couple)* separarse, romper: Hugh and Liz split up ages ago Hugh and Liz rompieron hace mucho; she split up with him last year cortó con él el año pasado.

✦ **in a split second** en una fracción de segundo, en menos de un segundo.

to do the splits abrir las piernas en cruz.

to split hairs rizar el rizo, buscarle tres pies al gato.

to split one's head open romperse la crisma, partirse la crisma.

to split one's sides laughing partirse de risa, troncharse de risa.

to split the difference partir la diferencia.

■ **cream split/jam split** pastelito relleno de nata/pastelito relleno de mermelada.

split decision decisión *f* no unánime.

split ends *(of hair)* puntas *fpl* abiertas.

split infinitive LING infinitivo con un adverbio intercalado entre el "to" y el verbo.

split peas guisantes *mpl* secos.

split pin chaveta.

split personality desdoblamiento de personalidad.

split ring llavero.

split shift horario partido.

▲ *pt & pp* **split**, *ger* **splitting**.

split-level ['splɪt'levəl] *adj (room, flat)* en dos niveles; *(oven)* con el grill en la parte superior.

split-screen ['splɪtskriːn] *adj* con pantalla dividida.

split-second [splɪt'sekənd] *adj (very rapid)* instantáneo,-a; *(accurate)* perfecto,-a: **split-second timing** sincronización *f* perfecta.

splitting ['splɪtɪŋ] *adj (headache)* terrible, muy fuerte.

splodge [splɒdʒ] *n fam* mancha, borrón *m*.

splotch [splɒtʃ] *n fam* mancha, borrón *m*.

splurge [splɜːdʒ]
1 *vt fam* despilfarrar (**on**, en), derrochar (**on**, en), gastarse (**on**, en).
2 *vi* gastarse un dineral (**on**, en).
3 *n* derroche *m*.
✦ **to go on a splurge** salir a gastar a lo loco.

splutter ['splʌtə']
1 *n (of flame)* chisporroteo; *(of engine)* ruido, resoplido; *(of person)* barboteo, farfulleo.
2 *vt (person)* mascullar, farfullar.
3 *vi (person)* farfullar, barbotar: **she spluttered with indignation** farfulló de indignación; **he was coughing and spluttering** tosía y resoplaba.
4 *vi (fire, candle, fat, etc)* chisporrotear, crepitar.
5 *vi (engine)* resoplar, renquear.

spoil [spɔɪl]
1 *vt (ruin)* estropear, echar a perder, arruinar: **that's spoilt the whole plan** eso ha estropeado todo el plan; **people who drop litter spoil the countryside** las personas que tiran papeles afean el campo; **he spoilt all our fun** nos aguó la fiesta; **it'll spoil your appetite** te quitará el apetito.
2 *vt (invalidate)* anular.

3 *vt (make child selfish)* mimar, consentir; *(indulge)* complacer: **her parents spoil her terribly** sus padres la miman muchísimo; **everyone likes being spoilt** a todos nos gusta que nos mimen; **spoil yourself** date un gusto.
4 *vi (food)* estropearse, echarse a perder.
5 **spoils** *npl* botín *m sing*.
✦ **to be spoiling for a fight** andar buscando pelea, andar buscando camorra.
to be spoilt for choice tener demasiadas cosas para elegir.
▲ *pt & pp* **spoiled** o **spoilt** [spɔɪlt].

spoilsport ['spɔɪlspɔːt] *n* aguafiestas *mf*.

spoilt [spɔɪlt]
1 *pp* → **spoil**.
2 *adj (food etc)* estropeado,-a.
3 *adj (child)* mimado,-a, consentido,-a.
4 *adj (ballot paper)* nulo,-a.

spoke[1] [spəuk] *n (of wheel)* radio, rayo.
✦ **to put a spoke in somebody's wheel** poner trabas a alguien.

spoke[2] [spəuk] *pt* → **speak**.

spoken ['spəukən]
1 *pp* → **speak**.
2 *adj* hablado,-a, oral.

spokesman ['spəuksmən] *n* portavoz *m*, AM personero.

spokesperson ['spəukspɜːsən] *n* portavoz *mf*, AM personero,-a.

spokeswoman ['spəukswumən] *n* portavoz *f*, AM personera.

spondee ['spɒndiː] *n* espondeo.

sponge [spʌndʒ]
1 *n (gen)* esponja.
2 *n GB (cake)* bizcocho.
3 *vt (clean)* lavar con esponja, limpiar con esponja, pasar una esponja por: **sponge down the walls** pase una esponja por las paredes; **she sponged the wound** limpió la herida con una esponja.
4 *vt fam (scrounge)* gorronear, gorrear, sablear: **he sponged a fiver from me** me gorroneó cinco libras.
5 *vi fam (scrounge)* vivir de gorra, gorrear, dar sablazos.
▶ **to sponge off/sponge on** *vt insep fam (scrounge)* vivir a costa de.
✦ **to give something a sponge** pasar una esponja por algo.
to throw in/up the sponge arrojar la toalla.
■ **sponge bag** bolsa de aseo, neceser *m*.
sponge cake bizcocho.
sponge pudding budín *m*.

sponger ['spʌndʒə'] *n fam pej* gorrón, -ona, sablista *mf*.

spongy ['spʌndʒɪ] *adj* esponjoso,-a.
▲ *comp* **spongier**, *superl* **spongiest**.

sponsor ['spɒnsə']
1 *n (gen)* patrocinador,-ra, sponsor *mf*; *(for arts)* mecenas *mf*.
2 *n FIN* avalador,-ra, garante *mf*.
3 *n REL (godfather)* padrino; *(godmother)* madrina.
4 *n (of law, bill, motion)* proponente *mf*.

5 *vt (gen)* patrocinar; *(studies, research)* subvencionar: **this team is sponsored by a hi-fi company** una empresa de alta fidelidad patrocina este equipo.
6 *vt (support)* apoyar, respaldar.
7 *vt FIN* avalar, garantizar.
8 *vt REL* apadrinar.

sponsorship ['spɒnsəʃɪp]
1 *n (gen)* patrocinio.
2 *n FIN* aval *m*, garantía.
3 *n (support)* apoyo, respaldo.

spontaneity [spɒntə'neɪɪtɪ] *n* espontaneidad *f*.

spontaneous [spɒn'teɪnɪəs] *adj* espontáneo,-a.

spontaneously [spɒn'teɪnɪəslɪ] *adv* espontáneamente.

spoof [spuːf]
1 *n (parody)* parodia, burla.
2 *n (hoax)* engaño, broma.
3 *vt (parody)* parodiar.
4 *vt (trick)* engañar.

spooky ['spuːkɪ] *adj fam* escalofriante, espeluznante, horripilante.
▲ *comp* **spookier**, *superl* **spookiest**.

spool [spuːl] *n* carrete *m*, bobina.

spoon [spuːn]
1 *n (gen)* cuchara; *(small)* cucharilla, cucharita; *(large)* cucharón *m*.
2 *n (spoonful - gen)* cucharada; *(- small)* cucharadita.
3 *vt (lift and move)* sacar con cuchara; *(serve)* servir con cuchara.
4 *vi US fam (kiss)* besuquearse.
✦ **to be born with a silver spoon in one's mouth** nacer entre algodones.

spoonbill ['spuːnbɪl] *n* espátula.

spoonerism ['spuːnərɪzəm] *n* confusión entre palabras debido a un trastrocamiento de letras.

spoon-fed ['spuːnfed] *adj* mimado,-a.

spoon-feed ['spuːnfiːd]
1 *vt (baby)* dar de comer con cuchara.
2 *vt fig (pupil)* dar la lección masticada a.
▲ *pt & pp* **spoon-fed** ['spuːnfed].

spoonful ['spuːnfʊl] *n* cucharada.
▲ *pl* **spoonfuls** o **spoonsful**.

sporadic [spə'rædɪk] *adj* esporádico,-a.

sporadically [spə'rædɪkəlɪ] *adv* esporádicamente.

spore [spɔː'] *n BIOL* espora.

sporran ['spɒrən] *n* escarcela que llevan los escoceses encima de la falda.

sport [spɔːt]
1 *n (gen)* deporte *m*: **do you play much sport?** ¿practicas mucho deporte?; **what's your favourite sport?** ¿cuál es tu deporte preferido?
2 *n (person)* buena persona: **be a sport** sé bueno.
3 *n (fun)* diversión *f*: **they hunt for sport** cazan por diversión; **he said it in sport** lo dijo en broma.
4 *n fam (fellow)* amigo,-a.

5 vt (wear proudly) lucir: she was sporting a new dress lucía un vestido nuevo.

6 vi (frolic) retozar, juguetear.

✦ the sport of kings el deporte de los reyes, la hípica.

to be good at sport ser buen,-na deportista.

to make sport of somebody burlarse de alguien.

sporting ['spɔːtɪŋ]

1 adj (of sports) deportivo,-a; (of country sports) de caza: sporting event prueba deportiva.

2 adj (fair, generous) caballeroso,-a, deportivo,-a.

▪ a sporting chance (opportunity) buena oportunidad f: at least give me a sporting chance! ¡por lo menos dame una oportunidad!; (possibility) bastantes posibilidades fpl: we have a sporting chance of winning tenemos bastantes posibilidades de ganar.

sports [spɔːts]

1 npl deportes mpl.

2 n (meeting) competición f deportiva.

3 adj deportivo,-a, de deportes: sports commentator comentarista deportivo,-a; sports programme programa de deportes.

▪ sports car (coche m) deportivo.

sports centre/complex polideportivo.

sports day día dedicado a competiciones deportivas escolares.

sports ground campo de deportes.

sports jacket chaqueta (de) sport.

sports scholarship beca deportiva.

sportsman ['spɔːtsmən] n deportista m.

▲ pl sportsmen ['spɔːtsmən].

sportsmanlike ['spɔːtsmənlaɪk] adj deportivo,-a.

sportsmanship ['spɔːtsmənʃɪp] n deportividad f, espíritu m deportivo.

sportswear ['spɔːtsweəʳ] n (for sport) ropa de deporte; (casual) ropa (de) sport.

sportswoman ['spɔːtswumən] n deportista.

▲ pl sportswomen ['spɔːtswɪmɪn].

sporty ['spɔːtɪ] adj fam deportivo,-a, aficionado,-a a los deportes.

▲ comp sportier, superl sportiest.

spot [spɒt]

1 n (dot) punto; (on fabric) lunar m, mota; (on animal) mancha.

2 n (mark, stain) mancha.

3 n (blemish, pimple) grano.

4 n (place) sitio, lugar m: what a lovely spot for a picnic! ¡qué lugar más bonito para un picnic!; this is the exact spot where he was killed este es el lugar exacto donde lo mataron; a night spot un local nocturno; accident black spot punto negro; trouble spot punto conflictivo.

5 n (area of body) punto; (flaw) mancha: weak spot punto débil, punto flaco.

6 n (fix, trouble) lío, aprieto, apuro: I'm in a tight spot estoy en un aprieto.

7 n (place in broadcast) espacio: she has a guest spot on a radio programme aparece como invitada en un programa de radio.

8 n fam (small amount) poquito, poquitín m; (drop) gota: a spot of rain un poco de lluvia; a spot of lunch algo de comer; a spot of bother un problemilla, un pequeño disgusto.

9 n (position) puesto.

10 n fam (spotlight) foco.

11 n US fam (banknote) billete m.

12 vt (notice) darse cuenta de, notar; (see) ver; (recognize) reconocer; (find) encontrar, descubrir; (catch out) pillar: we spotted him in the crowd lo vimos entre la multitud; can you spot the mistake? ¿puedes descubrir el error?; a golden eagle has been spotted near here han visto un águila real cerca de aquí; she was spotted leaving his apartment la vieron salir de su apartamento; he was spotted by the Arsenal manager fue descubierto por el entrenador del Arsenal.

13 vt (mark with spots) motear; (stain) manchar, salpicar.

14 vi GB (rain) chispear, lloviznar.

15 adj (price, cash) contante, al contado.

✦ on the spot (at once, then and there) en ese mismo momento, en el acto, allí mismo; (at the place of the action) en el lugar del los hechos, en el lugar del crimen; (without moving away) en el lugar: he was killed on the spot murió en el acto; the police were on the spot within minutes la policía llegó al lugar a los pocos minutos.

to see spots before one's eyes ver manchas.

to knock spots off somebody (defeat) vencer fácilmente a alguien; (surpass) dejar atrás a alguien.

to put somebody on the spot poner a alguien en un aprieto.

to spot the winner elegir el ganador.

▪ penalty spot punto de penalti.

spot cash dinero contante.

spot check control m hecho al azar.

spot fine multa que se paga en el acto.

spot welding soldadura por puntos.

▲ pt & pp spotted, ger spotting.

spot-check ['spɒttʃek] vt realizar un control al azar, realizar una inspección al azar.

spotless ['spɒtləs]

1 adj (very clean) limpísimo,-a, impecable.

2 adj fig (reputation) intachable.

spotlight ['spɒtlaɪt]

1 n (lamp) foco, proyector m, reflector m; (beam) luz f de foco.

2 vt iluminar, enfocar.

3 vt (draw attention to) poner de relieve, destacar.

✦ to be in the spotlight ser objeto de la atención pública, ser el blanco de las miradas.

spot-on [spɒt'ɒn] adj perfecto,-a, exacto,-a.

spotted ['spɒtɪd] adj (with dots) con puntos; (fabric) de lunares; (speckled) moteado,-a; (stained) manchado,-a; (animal) con manchas.

▪ spotted dick GB pudín de sebo con pasas cocido al vapor.

spotter ['spɒtəʳ] n observador,-ra.

▪ spotter plane avión m de reconocimiento.

spotty ['spɒtɪ] adj (person, face, complexion) con granos, lleno,-a de granos.

▲ comp spottier, superl spottiest.

spot-weld ['spɒtweld] vt soldar por puntos.

spouse [spauz] n cónyuge mf.

spout [spaut]

1 n (of jug) pico; (of fountain) surtidor m, caño; (of roof-gutter) canalón m; (of teapot) pitorro.

2 n (jet of water) chorro.

3 vt (liquid) echar, arrojar.

4 vt fam pej (poetry) declamar; (nonsense) soltar.

5 vi (liquid) salir a chorros, chorrear.

6 vi (of whale) expulsar chorros de agua.

7 vi fam pej (verse etc) perorar, declamar.

✦ to be up the spout (plans etc) fastidiarse, irse a pique; (pregnant) estar embarazada.

sprain [spreɪn]

1 n MED torcedura.

2 vt torcer: she sprained her ankle se torció el tobillo.

sprang [spræŋ] pt → spring.

sprat [spræt] n (fish) espadín m.

sprawl [sprɔːl]

1 vi (person) tumbarse, echarse, repantigarse, repanchigarse: he sprawled out on the settee se repantigó en el sofá; he sent him sprawling lo tiró al suelo, lo tumbó; she went sprawling cayó de bruces.

2 vi (city, suburbs, etc) extenderse.

3 n (mass) extensión f.

▪ urban sprawl crecimiento urbano descontrolado.

sprawled [sprɔːld] adj (person) tumbado,-a, echado,-a.

sprawling ['sprɔːlɪŋ]

1 adj (mass) extendido,-a; (city, suburbs) de crecimiento descontrolado.

2 adj (handwriting) garabateado,-a.

spray¹ [spreɪ] n (of flowers) ramita, ramillete m.

spray² [spreɪ]

1 n (of water) rociada; (from sea) espuma; (from aerosol) pulverización f.

2 n (aerosol) spray m; (atomizer) atomizador m, vaporizador m; (for plants) pulverizador m: fly spray insecticida en spray; nasal spray pulverizador nasal.

3 vt (water) rociar; (perfume) atomizar; (plants) pulverizar; (crops) fumigar; (paint) pintar a pistola, pintar con pistola.

4 *vi (water)* rociar.
✦ to spray with bullets acribillar a balazos.
■ **spray can** aerosol *m*.
spray gun pistola pulverizadora.
spray paint pintura spray.
spread [spred]
1 *n (gen)* extensión *f; (of ideas, news)* difusión *f*, diseminación *f*, divulgación *f; (of disease, fire)* propagación *f; (of nuclear weapons)* proliferación *f; (of terrorism, crime)* aumento.
2 *n (scope)* extensión *f*, envergadura; *(range)* gama, abanico.
3 *n (of wings, sails)* envergadura.
4 *n* CULIN *(paste)* pasta (para untar): **cheese spread** queso para untar.
5 *n fam (large meal)* comilona, banquetazo.
6 *n (in press)* extensión *f*: **full-page spread** plana entera; **two-page spread** doble página.
7 *n* US *(ranch)* finca.
8 *vt (lay out)* extender, tender; *(unfold)* desplegar; *(scatter)* esparcir: **spread out the map on the ground** extiende el mapa en el suelo; **the bird spread out its wings** el pájaro desplegó las alas; **she emptied her purse and spread the contents out on the table** vació su monedero y esparció el contenido sobre la mesa.
9 *vt (butter etc)* untar, extender; *(paint, glue, etc)* extender, repartir.
10 *vt (news, ideas, etc)* difundir, divulgar; *(rumour)* hacer correr; *(disease, fire)* propagar; *(panic, terror)* sembrar.
11 *vt (wealth, work, cost)* distribuir, repartir: **you can spread the payments over three years** se puede pagar en tres años.
12 *vi (stretch out)* extenderse; *(open out, unfold)* desplegarse; *(widen)* ensancharse: **wash that stain out or it will spread** quita esa mancha, si no se extenderá; **the desert spreads for miles and miles** el desierto se extiende a lo largo de muchas millas; **a smile spread across her face** una sonrisa apareció en su rostro.
13 *vi (butter etc)* extenderse.
14 *vi (news, ideas, etc)* difundirse, diseminarse, divulgarse; *(rumour)* correr; *(disease, fire)* propagarse; *(panic, fear)* cundir: **the fire spread quickly** el incendio se propagó con rapidez; **we must stop this virus from spreading** hay que impedir que se extienda este virus; **the news spread like wildfire** la noticia corrió como la pólvora.
15 *vi (in time)* extenderse.
▲ *pt & pp spread.*
spread-eagled [spred'i:gəld] *adj* con los brazos y piernas abiertos, despatarrado,-a.
spreadsheet ['spredʃi:t] *n* hoja de cálculo.

spree [spri:] *n* juerga, jarana, parranda.
✦ to go on a spree ir de juerga.
to go on a shopping/spending spree hacer muchas compras.
sprig [sprɪg] *n* ramita, ramito.
sprightly ['spraɪtlɪ] *adj (lively)* animado,-a, vivaz; *(energetic)* enérgico,-a; *(nimble)* ágil.
▲ *comp sprightlier, superl sprightliest.*
spring [sprɪŋ]
1 *n (season)* primavera: **everything comes to life in spring** todo renace en primavera.
2 *n (of water)* manantial *m*, fuente *f*: **hot springs** aguas termales.
3 *n (of mattress, seat)* muelle *m; (of watch, lock, etc)* resorte *m; (of car)* ballesta.
4 *n (elasticity)* elasticidad *f*, *(active, healthy quality)* energía, brío.
5 *n (leap, jump)* salto, brinco.
6 *vi (jump)* saltar: **she sprang out of bed** saltó de la cama; **the cat was ready to spring** el gato estaba listo para atacar; **he sprang to his feet** se levantó de un salto; **the soldier sprang to attention** el soldado se puso firme; **they sprang into action** entraron en acción; **we sprang to their aid** corrimos en su ayuda.
7 *vi (appear)* aparecer (de repente): **where did you spring from?** ¿de dónde has salido?; **tears sprang to her eyes** se le llenaron los ojos de lágrimas.
8 *vt (operate mechanism)* accionar.
9 *vt fig (news, surprise)* espetar (**on**, a), soltar: **he sprang the news on me** me espetó la noticia; **we decided to spring a surprise on him** decidimos darle una sorpresa; **I hate to spring this on you at such short notice** siento mucho soltarte esto con tan poca antelación.
10 *vt fam (help escape, set free)* soltar..
▶ to spring from *vt insep (result from, originate from)* surgir de, provenir de.
to spring up *vi (gen)* aparecer, surgir; *(friendship)* nacer; *(wind)* levantarse; *(plants)* brotar; *(buildings, towns, etc)* elevarse, levantarse: **a couple of problems have sprung up** han surgido un par de problemas; **Chinese restaurants are springing up everywhere** aparecen restaurantes chinos por todas partes.
✦ to spring a leak (empezar a) hacer agua.
to spring forth brotar, surgir.
to spring (in)to life *(engine)* ponerse en marcha; *(person, animal)* animarse.
to spring open abrirse de (un) golpe.
to spring to mind ocurrirse: **nothing springs to mind** no se me ocurre nada.
■ **spring fever** fiebre *f* de primavera.
spring chicken *(young chicken)* pollo tomatero; *(young person)* pollo.
spring onion cebolleta.
spring roll rollito de primavera.
spring tide marea viva.
▲ *pt sprang* [spræŋ], *pp sprung* [sprʌŋ]

springboard ['sprɪŋbɔːd] *n* trampolín *m*.
spring-clean [sprɪŋ'kliːn] *vt* hacer una limpieza general de, limpiar a fondo.
spring-cleaning [sprɪŋ'kliːnɪŋ] *n* limpieza general, limpieza a fondo.
spring-like ['sprɪŋlaɪk] *adj* primaveral.
springtime ['sprɪŋtaɪm] *n* primavera.
springy ['sprɪŋɪ] *adj (mattress)* elástico, -a; *(step)* ligero,-a, ágil.
▲ *comp springier, superl springiest.*
sprinkle ['sprɪŋkəl]
1 *vt (with water)* rociar (**with**, de/con), salpicar (**with**, de/con).
2 *vt (with flour, sugar, etc)* espolvorear (**with**, de/con).
3 *vt fig* salpicar (**with**, de/con).
sprinkler ['sprɪŋkələʳ]
1 *n (on hose)* aspersor *m*.
2 *n (for fires)* extintor *m*.
3 *n (for sugar, flour, etc)* espolvoreador *m*.
sprinkling ['sprɪŋkəlɪŋ] *n (small amount)* poco: **there was a sprinkling of rain** cayeron unas gotas; **a sprinkling of cottages** algunas casitas.
sprint [sprɪnt]
1 *n* SP sprint *m*, esprint *m*.
2 *n (dash)* carrera corta: **we made a sprint for the train** corrimos para coger el tren.
3 *vi* SP esprintar, sprintar: **he sprinted for the line** esprintó hasta la meta.
4 *vi (dash)* correr a toda velocidad.
■ **sprint finish** esprint *m* final.
sprinter ['sprɪntəʳ] *n* esprínter *mf*, sprínter *mf*.
sprocket ['sprɒkɪt] *n* TECH diente *m* de engranaje.
■ **sprocket wheel** rueda dentada.
sprog [sprɒg] *n* GB *fam (child)* niño,-a, chaval,-la.
sprout [spraʊt]
1 *n* BOT *(shoot)* brote *m*, retoño.
2 *vi (bud, leaf)* brotar, salir; *(branch)* echar brotes; *(plant)* echar retoños, retoñar.
3 *vi fig* surgir, aparecer, crecer rápidamente.
4 *vt (leaves, shoots)* echar; *(beard etc)* salir.
■ **(Brussels) sprouts** coles *fpl* de Bruselas.
spruce¹ [spruːs] *adj (neat)* pulcro,-a, acicalado,-a; *(smart)* apuesto,-a.
▶ to spruce up *vt sep* acicalar, arreglar.
spruce² [spruːs] *n* BOT picea.
▲ *pl spruces o spruce.*
sprung [sprʌŋ]
1 *pp → spring.*
2 *adj (mattress)* de muelles.
spry [spraɪ] *adj (active)* activo,-a; *(lively)* vivaz, lleno,-a de vida; *(energetic)* enérgico,-a, dinámico,-a.
▲ *comp sprier, superl spriest.*
spud [spʌd] *n fam* patata.
spun [spʌn]
1 *pt & pp → spin.*
2 *adj* hilado,-a: **spun glass** lana de vidrio; **spun silk** seda hilada; **spun silver/spun**

gold hilo de plata/hilo de oro; **spun sugar** caramelo hilado.

spunk [spʌŋk]
1 *n fam (courage, spirit)* valor *m*, agallas *fpl*.
2 *n GB sl (semen)* leche *f*.

spunky [ˈspʌŋkɪ] *adj fam (plucky)* valiente.
▲ *comp* **spunkier**, *superl* **spunkiest**.

spur [spɜːʳ]
1 *n (horse rider's)* espuela.
2 *n ZOOL (of cock)* espolón *m*.
3 *n fig (stimulus, incentive)* aguijón *m*, espuela, acicate *m*.
4 *n GEOG* espolón *m*, estribación *f*.
5 *n (railway track, road)* ramal *m*.
6 *vt (horse)* espolear, picar con las espuelas.
7 *vt fig (stimulate)* estimular, incitar, aguijonear, alentar: **we spurred them on to victory** los incitamos a la victoria.
✦ **on the spur of the moment** sin pensarlo.
▲ *pt & pp* **spurred**, *ger* **spurring**.

spurious [ˈspjʊərɪəs] *adj* falso,-a, espurio,-a.

spurn [spɜːn] *vt fml (disdain)* desdeñar, despreciar; *(reject)* rechazar.

spurt [spɜːt]
1 *n (of liquid)* chorro.
2 *n fig (of speed, effort, activity etc)* racha, ataque *m*, esfuerzo: **he put on a sudden spurt** aceleró de repente; **final spurt** esfuerzo final.
3 *vi (liquid)* chorrear, salir a chorro.
4 *vi fig (make an effort)* hacer un último esfuerzo, esforzarse; *(accelerate)* acelerar: **the runner spurted for the line** el corredor aceleró hasta la meta.

sputter [ˈspʌtəʳ]
1 *vi (fire, fat, candle)* chisporrotear.
2 *vi (engine)* resoplar, renquear.

sputum [ˈspjuːtəm] *n MED* esputo.
▲ *pl* **sputa**.

spy [spaɪ]
1 *n (gen)* espía *mf*.
2 *vi* espiar (**on**, a): **he was spying for the enemy** espiaba para el enemigo; **someone had been spying on them** alguien los había estado espiando.
3 *vt lit* divisar, descubrir, ver.
✦ **I spy with my little eye ...** veo, veo ...
to play I spy jugar al veo-veo.
to spy out the land reconocer la tierra, explorar la tierra.
▶ **to spy out** *vt insep (activities)* investigar; *(person)* espiar.
■ **industrial spy** espía *mf* industrial.
police spy confidente *mf*, soplón,-ona.
spy ring red *f* de espionaje.
spy story historia de espías.
▲ *(sustantivo)* *pl* **spies**; *(verbo)* *pt & pp* **spied**, *ger* **spying**.

spyglass [ˈspaɪglɑːs] *n* catalejo.

spyhole [ˈspaɪhəʊl] *n* mirilla.

spying [ˈspaɪɪŋ] *n* espionaje *m*.

sq [skweəʳ] *abbr* (**square**) cuadrado,-a.

Sq [skweəʳ] *abbr* (**Square**) Plaza; *(abbreviation)* Pza., Plza.

Sqn Ldr [ˈskwɒdrənˈliːdəʳ] *abbr* (**Squadron Leader**) Comandante de escuadrilla; *(abbreviation)* Cte.

squabble [ˈskwɒbəl]
1 *n* disputa, riña, pelea.
2 *vi* disputar, reñir, pelearse (**over**, por) (**about**, sobre).

squabbling [ˈskwɒbəlɪŋ] *n* riñas *fpl*, disputas *fpl*, peleas *fpl*.

squad [skwɒd]
1 *n MIL* pelotón *m*.
2 *n (of police)* brigada *f*.
3 *n SP (team)* equipo; *(national)* selección *f*.
■ **drugs squad** brigada de estupefacientes.
squad car coche *m* patrulla.

squaddie [ˈskwɒdɪ] *n* soldado raso.

squadron [ˈskwɒdrən] *n (of soldiers)* escuadrón *m*; *(of planes)* escuadrilla; *(of ships)* escuadra.
■ **squadron leader** comandante *m* (de escuadrilla).

squalid [ˈskwɒlɪd]
1 *adj (dirty, unpleasant)* sucio,-a, mugriento,-a, asqueroso,-a; *(poor)* miserable.
2 *adj (sordid)* sórdido,-a.

squall[1] [skwɔːl]
1 *n (wind)* ráfaga; *(storm)* borrasca, chubasco, tormenta.
2 *n fig (noisy argument)* bronca.

squall[2] [skwɔːl]
1 *n (cry, scream, yell)* chillido, berrido.
2 *vi* chillar, berrear.

squalor [ˈskwɒləʳ]
1 *n (dirtiness)* suciedad *f*, mugre *f*.
2 *n (poverty)* miseria.

squander [ˈskwɒndəʳ] *vt (money)* derrochar, malgastar, despilfarrar, tirar; *(fortune)* dilapidar; *(opportunity, time)* desperdiciar, desaprovechar.

square [skweəʳ]
1 *n (shape)* cuadrado; *(on fabric)* cuadro; *(on chessboard, graph paper, crossword)* casilla.
2 *n (in town)* plaza; *(in barracks)* patio; *(block of houses)* manzana.
3 *n MATH* cuadrado.
4 *n (tool)* escuadra.
5 *n fam (old-fashioned person)* carroza *mf*; *(conservative)* carca *mf*.
6 *adj (in shape)* cuadrado,-a; *(forming right angle)* en ángulo recto, a escuadra: **a square table** una mesa cuadrada; **a square jaw** una mandíbula cuadrada; **the flat is 100 metres square** el piso mide 100 metros cuadrados.
7 *adj MATH* cuadrado,-a.
8 *adj fam (fair)* justo,-a, equitativo,-a; *(honest)* honesto,-a, franco,-a: **a square deal** un trato justo; **I'll be square with you** seré franco contigo.
9 *adj (equal in points)* igual, empatado,-a; *(not owing money)* en paz.

10 *adj (tidy)* ordenado,-a, en orden.
11 *adj (old-fashioned)* carroza; *(conservative)* carca.
12 *adv* directamente: **it landed square in the middle of the lake** cayó justo en medio del lago; **she hit him square on the nose** le dio de lleno en la nariz.
13 *vt (make square)* cuadrar (**with**, con): **he squared his shoulders** se puso derecho, sacó el pecho.
14 *vt MATH* cuadrar, elevar al cuadrado: **4 squared is 16** el cuadrado de 4 es 16.
15 *vt (settle - debts, accounts)* saldar, pagar; *(- matters)* arreglar: **I want to square my account** quiero pagar mi cuenta; **I'll square it with the teacher** lo arreglaré con el profesor.
16 *vt (equalize)* empatar: **after a hard struggle they managed to square the match** después de luchar mucho consiguieron empatar.
17 *vt (agree, reconcile)* conciliar: **you must square your alibi with the facts** tienes que hacer cuadrar tu coartada con los hechos; **I can't square it with my conscience** mi conciencia no me lo permite.
18 *vt fam (bribe)* sobornar.
19 *vi (agree)* cuadrar (**with**, con), concordar (**with**, con): **his story doesn't square with the facts** su versión no cuadra con los hechos.
▶ **to square off** *vt sep (wood, corner)* cuadrar; *(paper)* cuadricular.
to square up
1 *vi fam (settle debts)* ajustar cuentas, saldar cuentas.
2 *vi (fighters)* ponerse en guardia.
to square up to *vt insep* hacer frente a.
✦ **a square peg in a round hole** gallina en corral ajeno.
to be all square with somebody estar en paz con alguien.
to get a square deal recibir un trato justo.
to get square with somebody ajustar cuentas con alguien.
to go back to square one volver al punto de partida, partir de cero.
to square the circle cuadrar el círculo.
■ **square brackets** corchetes *mpl*.
square dance baile *m* de figuras.
square meal comida decente, buena comida.
square metre metro cuadrado.
square root raíz *f* cuadrada.

squared [skweəd] *adj (paper)* cuadriculado,-a.

squarely [ˈskweəlɪ] *adv* directamente, de lleno: **I looked him squarely in the face** lo miré directamente a la cara.

squash[1] [skwɒʃ]
1 *n (in crowd)* apiñamiento, agolpamiento, apretujón *m*: **it's a bit of a squash** estamos un poco apretados.
2 *n (drink)* bebida de frutas, concentrado de frutas.
3 *n SP* squash *m*.

4 *vt (crush, flatten)* aplastar, chafar, espachurrar: **try not to squash the strawberries** procura no chafar las fresas.

5 *vt (squeeze)* meter apretando, apretar, apiñar: **can you squash a couple more things in?** ¿puedes meter un par de cosas más?

6 *vt fig (crush - person)* apabullar, aplastar, desairar; *(- rumour, dissent, rebellion)* hacer callar, acallar, aplastar; *(- argument, plan, proposal)* echar por tierra, dar al traste con: **she felt squashed by his remark** su comentario la dejó apabullada; **he squashed all rumours of resignation** acalló todos los rumores de dimisión.

7 *vi (crush, flatten)* aplastarse, chafarse, espachurrarse.

8 *vi (squeeze)* meterse apretando, apretujarse: **we all squashed into the car** nos apretujamos todos en el coche.

▸ **to squash up** *vi* apretarse, apretujarse.

■ **squash rackets** *(game)* squash *m*.

squash² [skwɒʃ] *n BOT* calabaza.

squashy [ˈskwɒʃɪ] *adj* blando,-a, fofo,-a, esponjoso,-a.

▲ *comp* **squashier**, *superl* **squashiest**.

squat [skwɒt]

1 *adj (person)* rechoncho,-a y bajo,-a, achaparrado,-a; *(building)* achaparrado,-a.

2 *n (crouching position)* en cuclillas.

3 *n (house occupied by squatters)* vivienda ocupada, edificio ocupado ilegalmente; *(action of squatting)* ocupación *f* ilegal.

4 *vi (crouch)* agacharse, ponerse en cuclillas: **squat down behind the sofa** agáchate detrás del sofá.

5 *vi (in building)* ocupar ilegalmente.

▲ *(adjetivo) comp* **squatter**, *superl* **squattest**; *(verbo) pt & pp* **squatted**, *ger* **squatting**.

squatter [ˈskwɒtəʳ] *n* ocupante *mf* ilegal, okupa *mf*.

squaw [skwɔː] *n* india norteamericana.

squawk [skwɔːk]

1 *n (of bird)* graznido, chillido.

2 *n (complaint)* queja.

3 *vi (bird)* graznar, chillar.

4 *vi (complain loudly)* gruñir, rezongar.

squeak [skwiːk]

1 *n (of mouse)* chillido; *(of wheel, hinge, etc)* chirrido, rechinamiento; *(of shoes)* crujido.

2 *vi (mouse)* chillar; *(wheel, hinge, etc)* chirriar, rechinar; *(shoes)* chirriar.

▸ **a narrow squeak** por los pelos.

not a squeak ni pío.

squeaky [ˈskwiːkɪ] *adj (gen)* chirriante; *(voice)* chillón,-ona; *(shoes)* que crujen.

▸ **squeaky clean** super limpio,-a, reluciente.

▲ *comp* **squeakier**, *superl* **squeakiest**.

squeal [skwiːl]

1 *n (of animal, person)* chillido, grito; *(of tyres, brakes)* chirrido: **squeals of delight** chillidos de regocijo; **squeals of protest** gritos de protesta.

2 *vi (animal, person)* chillar; *(tyres, brakes)* chirriar.

3 *vi fam (inform on)* cantar, chivarse: **the boy squealed on his friends** el chico delató a sus amigos.

4 *vt (say)* decir chillando, chillar, gritar.

squeamish [ˈskwiːmɪʃ]

1 *adj (easily made to feel sick)* remilgado, -a, delicado,-a; *(easily upset)* muy sensible, impresionable: **don't go to see this film if you're squeamish** no vayas a ver esta película si eres impresionable; **the sight of blood makes me squeamish** tengo horror a la sangre.

2 *adj (easily shocked morally)* escrupuloso,-a.

squeamishness [ˈskwiːmɪʃnəs] *n* aprensión *f*.

squeeze [skwiːz]

1 *n (pressure - gen)* estrujón *m*, presión *f*; *(- of hand)* apretón *m*; *(hug)* abrazo: **I gave her hand a squeeze** le di un apretón de manos.

2 *n (small amount)* unas gotas: **a squeeze of lemon** unas gotas de limón.

3 *n (of crowd)* apretujón *m*, apiñamiento: **it was a tight squeeze in the tube today** hoy íbamos como sardinas en lata en el metro.

4 *n (difficult situation)* restricciones *fpl*: **credit squeeze** restricciones de crédito.

5 *vt (gen)* apretar; *(lemon, orange)* exprimir; *(sponge)* estrujar; *(cloth)* retorcer, escurrir: **he squeezed my hand** me apretó la mano.

6 *vt (fit in)* meter: **can you squeeze one more person in?** ¿puede meter a una persona más?; **it's a job to squeeze all these clothes into the suitcase** cuesta meter toda esta ropa en la maleta; **we can squeeze you in at 5.00pm** podemos hacerte un hueco a las 5.00.

7 *vt (force out)* extraer, sacar: **squeeze all the water out of the cloth** escurre bien el trapo; **they're trying to squeeze money out of me** tratan de sacarme dinero.

8 *vi (force into, through, etc)* meterse: **she managed to squeeze in** consiguió meterse; **can I squeeze past?** ¿puedo pasar?

▸ **to squeeze up** *vi* apretujarse.

✦ **to put the squeeze on somebody** apretar a alguien.

to squeeze out of business obligar a abandonar un negocio.

squeezer [ˈskwiːzəʳ] *n* exprimidor *m*.

squelch [skweltʃ]

1 *vi (move)* chapotear: **he squelched up the path** subió el camino chapoteando.

2 *n* chapoteo.

squib [skwɪb] *n* petardo.

squid [skwɪd] *n (gen)* calamar *m*; *(small)* chipirón *m*.

■ **fried squid** *CULIN* calamares *mpl* a la romana.

▲ *pl* **squid** o **squids**.

squiffy [ˈskwɪfɪ] *adj fam* achispado,-a, piripi.

▲ *comp* **squiffier**, *superl* **squiffiest**.

squiggle [ˈskwɪgəl] *n (line)* garabato.

squiggly [ˈskwɪglɪ] *adj (writing)* garabateado,-a; *(line)* serpenteante.

squint [skwɪnt]

1 *n MED* bizquera, estrabismo: **he's got a squint** es bizco.

2 *n fam (quick look)* vistazo, ojeada, miradita: **have a squint at this** echa un vistazo a esto.

3 *vi MED* bizquear, ser bizco,-a.

4 *vi (in sunlight)* entrecerrar los ojos.

squire [skwaɪəʳ]

1 *n dated (landowner)* terrateniente *m*, hacendado, señor *m*.

2 *n HIST (knight's armour-carrier)* escudero.

3 *n GB fam* jefe *m*.

squirm [skwɜːm]

1 *vi (twist)* retorcerse.

2 *vi (feel embarrassment)* sentirse incómodo,-a: **I squirmed with embarrassment** me dio mucha vergüenza.

squirrel [ˈskwɪrəl] *n* ardilla.

squirt [skwɜːt]

1 *n (of liquid)* chorro, chorrito.

2 *n fam pej (person)* mequetrefe *mf*.

3 *vt (eject)* echar un chorro de: **squirt a little oil into the lock** echa un chorrito de aceite en la cerradura; **my nephew loves squirting water at me** a mi sobrino le encanta rociarme con agua.

4 *vi* salir a chorros: **water started squirting out everywhere** el agua empezó a salir a chorros por todas partes.

Sr¹ [ˈsiːnɪəʳ] *abbr* (**Senior**) → **Snr**.

Sr² [ˈsɪstəʳ] *abbr* (**Sister**) Hermana; *(abbreviation)* Hna.

Sri Lanka [sriːˈlæŋkə] *n* Sri Lanka.

SS [ˈesˈes] *abbr* (**steamship**) buque de vapor, vapor.

SS. [seɪnts] *abbr* (**Saints**) Santos, Santas; *(abbreviation)* Stos, Stas.

SSE [saʊθsaʊθˈiːst] *abbr* (**south-south-east**) sudsudeste *m*; *(abbreviation)* SSE.

ssh [ʃ] *interj* ¡chis!, ¡chitón!, ¡chist!

SSW [saʊθsaʊθˈwest] *abbr* (**south-south-west**) sudsudoeste *m*; *(abbreviation)* SSO.

st [stəʊn] *abbr GB* (**stone**) *unidad de peso que equivale a 6,350 kilogramos*.

St¹ [seɪnt] *abbr* (**Saint**) San, Santo, Santa; *(abbreviation)* S., Sto. Sta.

St² [striːt] *abbr* (**Street**) calle; *(abbreviation)* c/.

stab [stæb]

1 *n (with knife)* puñalada, navajazo.

2 *n (of pain)* punzada.

3 *vt (with knife)* apuñalar, acuchillar: **he's been stabbed in the stomach** lo han apuñalado en el estómago; **she was stabbed to death** la mataron a puñaladas.

▶ **to stab at** *vi (jab - with finger)* golpear, dar con el dedo; *(- with pointed object)* pinchar, clavar.

✦ **a stab in the back** una puñalada trapera.

to have a stab at something intentar hacer algo.

to stab somebody in the back apuñalar a alguien por la espalda.

■ **stab wound** puñalada.

▲ *pt & pp* stabbed, *ger* stabbing.

stabbing [ˈstæbɪŋ]

1 *adj (pain)* punzante.

2 *n* apuñalamiento.

stabilisation [steɪbəlaɪˈzeɪʃən] *n* → **stabilization**.

stabilise [ˈsteɪbəlaɪz] *vt* → **stabilize**.

stability [stəˈbɪlɪtɪ] *n* estabilidad *f*.

stabilization [steɪbəlaɪˈzeɪʃən] *n* estabilización *f*.

stabilize [ˈsteɪbəlaɪz]

1 *vt* estabilizar.

2 *vi* estabilizarse.

stabilizer [ˈsteɪbəlaɪzəʳ]

1 *n (on plane, ship, bicycle)* estabilizador *m*.

2 *n (in food)* estabilizante *m*.

stable¹ [ˈsteɪbəl]

1 *adj (unchanging)* estable, constante; *(firm)* sólido,-a, estable; *(secure)* fijo,-a, estable, seguro,-a; *(person - sane)* equilibrado,-a: **she needs a stable relationship** necesita una relación estable; **the patient is in a stable condition** el paciente está en estado estacionario.

2 *adj CHEM* estable.

stable² [ˈsteɪbəl]

1 *n (for horses)* cuadra, caballeriza; *(for other animals)* establo.

2 *n (training establishment for horses)* cuadra; *(school, theatre, club, etc)* escuela.

3 *vt (put in stable)* encerrar en una cuadra; *(keep in stable)* guardar en una cuadra.

✦ **to close/lock/shut the stable door after the horse has bolted** tomar precauciones cuando ya no hay remedio.

■ **stable boy/stable girl** mozo de cuadra/moza de cuadra.

stableboy [ˈsteɪbəlbɔɪ] *n* caballerizo.

stack [stæk]

1 *n (pile, heap)* montón *m*, pila: **a stack of newspapers** un montón de periódicos; **a stack of rifles** un pabellón (de fusiles).

2 *n (of grass, grain, etc)* almiar *m*.

3 *n (chimney)* cañón de chimenea.

4 *vt (pile up)* apilar, amontonar; *(fill)* llenar: **stack the dishes on the draining board** apila los platos en el escurridor; **we have to stack the chairs** tenemos que amontonar las sillas.

5 *vt fam (in cards)* arreglar: **you stacked the cards!** ¡has arreglado la baraja!

6 stacks *npl fam* montón *m*, montones *mpl*.

7 stacks *npl (in library)* estanterías *fpl*.

▶ **to stack up** *vi US (compare, match)* comparar, equiparar (**against**, con).

✦ **to be stacked with something** estar lleno,-a de algo.

to have the cards/odds stacked against somebody serle las circunstancias desfavorables a alguien, estar todo en contra de alguien.

■ **stack system** equipo de música.

stadium [ˈsteɪdɪəm] *n* estadio.

▲ *pl* stadiums o stadia.

staff [stɑːf]

1 *n (personnel - gen)* personal *m*, empleados *mpl*, plantilla; *(- teachers)* profesorado, personal docente: **she's a member of staff** es una empleada; **we've got a staff of twenty** tenemos una plantilla de veinte personas; **Mary is going to join the staff** Mary se va a incorporar a la plantilla; **some staff have complained about the noise** algunos (de los) empleados se han quejado del ruido.

2 *n MIL* estado mayor.

3 *n (stick)* bastón *m*; *(of shepherd)* cayado; *(of bishop)* báculo; *(flagpole)* asta.

4 *n MUS* pentagrama *m*.

5 *vt* proveer de personal: **the office is well staffed** en la oficina trabaja mucha gente; **the centre is staffed by volunteers** en el centro trabajan voluntarios.

✦ **the staff of life** el pan de cada día.

■ **general staff** *MIL* estado mayor.

staff entrance entrada del personal.

staff meeting *EDUC* reunión *f* de profesores, claustro.

staff nurse enfermero,-a cualificado,-a.

staff of office bastón *m* de mando.

staffroom [ˈstɑːfruːm] *n EDUC* sala de profesores.

stag [stæg] *n ZOOL* ciervo, venado.

■ **stag beetle** ciervo volante.

stag party/stag night despedida de soltero.

stage [steɪdʒ]

1 *n (point, period)* etapa, fase *f*: **at this stage of the negotiations** a estas alturas de las negociaciones; **corrections can be done at a later stage** se pueden hacer las correcciones más adelante; **the project is still in its early stages** el proyecto está aún en pañales; **it's just a stage she's going through** ya superará esa fase.

2 *n (of journey, race)* etapa; *(day's journey)* jornada.

3 *n (in theatre)* escenario, escena; *(raised platform)* plataforma, tablado, estrado: **what time do you go on stage?** ¿a qué hora sales al escenario?

4 *n fig (scene of action)* escena.

5 *n (of rocket)* fase *f*.

6 *n fam (stagecoach)* diligencia.

7 *vt THEAT* poner en escena, montar, representar.

8 *vt (hold, carry out)* llevar a cabo, efectuar; *(arrange)* organizar, montar.

9 the stage *n (the theatre)* el teatro, las tablas *fpl*: **she's always wanted to go** on the stage siempre ha querido ser actriz; **his novel has been adapted for the stage** se ha adaptado su novela para el teatro.

✦ **by stages/in stages** por etapas.

to set the stage for something crear el marco para algo.

■ **stage direction** acotación *f*.

stage door entrada de artistas.

stage fright miedo a salir a escena, miedo escénico.

stage manager director,-ra de escena.

stage name nombre *m* artístico.

stage whisper aparte *m*.

stagecoach [ˈsteɪdʒkəʊtʃ] *n* diligencia.

stagehand [ˈsteɪdʒhænd] *n* tramoyista *mf*.

stage-manage [steɪdʒˈmænɪdʒ] *vt* orquestar, arreglar, montar.

stage-struck [ˈsteɪdʒstrʌk] *adj* apasionado,-a por el teatro.

stagey [ˈsteɪdʒɪ] *adj* → **stagy**.

stagger [ˈstægəʳ]

1 *vi (walk unsteadily)* tambalearse: **he staggered out of the pub** salió tambaleándose del pub; **she staggered out of bed and into the bathroom** se levantó tambaleando y entró en el baño.

2 *vt (hours, work)* escalonar.

3 *vt (amaze)* asombrar, pasmar.

4 *n (unsteady walk)* tambaleo.

staggered [ˈstægəd]

1 *adj (amazed)* asombrado,-a, pasmado,-a.

2 *adj (hours, holidays)* escalonado,-a.

■ **staggered start** salida escalonada.

staggering [ˈstægərɪŋ] *adj (amazing)* asombroso,-a, pasmoso,-a.

staging [ˈsteɪdʒɪŋ]

1 *n THEAT* montaje *m*, puesta en escena.

2 *n (scaffolding)* andamiaje *m*.

■ **staging post** escala.

stagnant [ˈstægnənt]

1 *adj (of water)* estancado,-a.

2 *adj fig* paralizado,-a, inactivo,-a, estancado,-a: **stagnant customs** costumbres anquilosadas.

stagnate [stægˈneɪt] *vi (gen)* estancarse; *(person)* quedarse estancado,-a, anquilosarse.

stagnation [stægˈneɪʃən] *n (of water)* estancamiento; *(person)* anquilosamiento.

stagy [ˈsteɪdʒɪ] *adj* teatral, efectista, exagerado,-a.

▲ *comp* stagier, *superl* stagiest.

staid [steɪd] *adj (person)* serio,-a, tradicional; *(manner, clothes)* sobrio,-a, formal.

stain [steɪn]

1 *n (gen)* mancha: **blood stain** mancha de sangre.

2 *n (dye)* tinte *m*, tintura.

3 *vt (gen)* manchar: **tea and coffee stain your teeth** el té y el café manchan los dientes.

4 *vt (dye)* teñir.

5 *vi* mancharse.
- **stain remover** quitamanchas *m*.

stained [steɪnd] *adj* manchado,-a (**with**, de).
- **stained glass** vidrio de colores.
  stained glass window vidriera de colores.

stainless [ˈsteɪnləs] *adj (spotless)* sin mancha.
- **stainless steel** acero inoxidable.

stair [steəʳ]
1 *n (single step)* escalón *m*, peldaño.
2 *n lit* escalera.
3 **stairs** *npl* escalera *f sing*: he was sitting at the bottom of the stairs estaba sentado al pie de la escalera; I was going up/down the stairs subía/baja la escalera; a flight of stairs un tramo de escalera.
✦ **above stairs** la parte de la casa donde vivían los señores.
  below stairs la parte de la casa donde trabajaba el servicio.

staircase [ˈsteəkeɪs] *n* escalera.
stairlift [ˈsteəlɪft] *n* salvaescaleras *m*.
stairway [ˈsteəweɪ] *n* escalera.
stairwell [ˈsteəwel] *n* caja de la escalera, hueco de la escalera.

stake¹ [steɪk]
1 *n (stick)* estaca, palo; *(post)* poste *m*; *(for plant, tree)* rodrigón *m*; *(in surveying)* jalón *m*.
2 *vt (fasten, support - gen)* sujetar con estacas, apoyar con estacas (**up, -**); *(- plant, tree)* arrodrigar; *(in surveying)* jalonar.
▶ **to stake out**
1 *vt sep (mark, enclose)* cercar con estacas, marcar con estacas, delimitar con estacas.
2 *vt sep fam (watch secretly)* vigilar secretamente, vigilar a escondidas.
✦ **to be burnt at the stake** morir en la hoguera.
  to pull up stakes *US* marcharse, desarraigarse.
  to stake a claim to something reivindicar algo, reclamar el derecho a algo.

stake² [steɪk]
1 *n (bet)* apuesta: the stakes were high había mucho en juego.
2 *n (investment, share)* interés *m*, participación *f*: the minister has a stake in that company el ministro tiene intereses en esa empresa.
3 *vt (bet)* apostar, jugar(se); *(risk)* arriesgar, jugarse: I wouldn't stake my life on it no me jugaría la vida por eso; he stakes his reputation on it se juega la reputación con ello.
4 *vt (give financial support to)* invertir en.
5 **stakes** *npl (prize money)* premio *m sing*: they were playing for very high stakes jugaban fuerte.
6 *npl (horse race)* carrera *f sing* de caballos.
✦ **to be at stake** *(at risk)* estar en juego; *(in danger)* estar en peligro.
- **popularity stakes** índice *m* de popularidad.

stakeholder² [ˈsteɪkhəʊldəʳ] *n* parte *f* interesada, partícipe *mf*.
stalactite [ˈstæləktaɪt] *n* estalactita.
stalagmite [ˈstæləgmaɪt] *n* estalagmita.
stale [steɪl]
1 *adj (food - gen)* no fresco,-a, pasado,-a; *(- bread, cake)* duro,-a; *(tobacco)* rancio,-a; *(wine, beer)* picado,-a.
2 *adj (air)* viciado,-a; *(smell)* a cerrado.
3 *adj (news)* viejo,-a, pasado,-a; *(joke)* trillado,-a.
4 *adj (person)* quemado,-a, cansado,-a, harto,-a.

stalemate [ˈsteɪlmeɪt]
1 *n (chess)* tablas *fpl*.
2 *n fig* punto muerto, impasse *m*.
✦ **to end in stalemate** *(chess)* quedar en tablas; *(impasse)* acabar en un punto muerto.

staleness [ˈsteɪlnəs]
1 *n (of food)* ranciedad *f*, *(of bread)* dureza.
2 *n (of air)* lo viciado.
3 *n (of news, joke)* lo añejo, lo viejo.
4 *n (of person)* anquilosamiento.

Stalinist [ˈstɑːlɪnɪst]
1 *adj* estalinista.
2 *n (person)* estalinista *mf*.

stalk¹ [stɔːk]
1 *vt (hunt - animals)* acechar; *(- hunter)* cazar al acecho; *(- detective, killer, etc)* acechar, cazar, perseguir; *(menace - danger, famine, disease, etc)* asolar: an animal stalking its prey un animal que acecha su presa; fear stalked the city el miedo asolaba la ciudad.
2 *vi (walk - proudly)* andar con paso majestuoso; *(- angrily)* andar indignado,-a: she stalked out salió indignada.

stalk² [stɔːk]
1 *n BOT (of plant)* tallo; *(of fruit)* rabo, rabillo; *(of cabbage)* troncho.
2 *n ZOOL* pedúnculo.
✦ **to have one's eyes on stalks** salírsele a uno los ojos de las órbitas.

stall¹ [stɔːl]
1 *vi fam (delay)* andar con rodeos, contestar con evasivas: he's stalling for time nos está entreteniendo para ganar tiempo.
2 *vt fam (delay)* entretener; *(put off)* aplazar, dar largas a.
- **stalling tactics** maniobras *fpl* dilatorias.

stall² [stɔːl]
1 *n (in market)* puesto, tenderete *m*; *(at fair)* caseta, barraca.
2 *n (for animal - stable)* establo; *(- stable compartment)* compartimiento (en un establo).
3 *n (row of seats)* sillería.
4 *n (small room, compartment)* compartimiento.
5 *vt AUTO* hacer calar: learner drivers often stall their cars a los conductores novatos se les cala el coche a menudo.
6 *vt (put animal in stall)* encerrar en establo; *(keep in stall)* guardar en establo.

7 *vi AUTO* calarse, pararse.
8 **stalls** *npl (in theatre)* platea *f sing*.
- **choir stalls** sillería del coro.
  finger stall dedil *m*.
  shower stall ducha.

stallholder [ˈstɔːlhəʊldəʳ] *n* persona que tiene un puesto de mercado.
stallion [ˈstælɪən] *n* semental *m*, garañón *m*.
stalwart [ˈstɔːlwət]
1 *adj dated (strong)* fuerte, fornido,-a.
2 *adj (staunch, loyal)* leal, fiel.
3 *n* partidario,-a incondicional.

stamen [ˈsteɪmən] *n BOT* estambre *m*.
stamina [ˈstæmɪnə] *n (endurance)* resistencia, aguante *m*.
staminate [ˈstæmɪnət] *adj* estaminífero,-a.
stammer [ˈstæməʳ]
1 *n* tartamudeo.
2 *vi* tartamudear.
3 *vt (say with a stammer)* decir tartamudeando, farfullar.
✦ **to have a stammer** tartamudear.

stammerer [ˈstæmərəʳ] *n* tartamudo,-a.
stammering [ˈstæmərɪŋ] *adj* tartamudeante.

stamp [stæmp]
1 *n (postage)* sello; *(fiscal)* timbre *m*; *(trading stamp)* cupón *m*, vale *m*.
2 *n (tool - gen)* sello; *(- rubber)* sello de goma, tampón *m*; *(- metal)* cuño, troquel *m*.
3 *n (seal, mark)* sello.
4 *n (with foot - act)* patada, pisotón *m*; *(- sound)* paso.
5 *n fml (distinguishing mark)* impronta, huella, marca.
6 *n fml (kind, sort)* clase *f*, índole *f*.
7 *vt (letter)* franquear: a stamped addressed envelope un sobre franqueado.
8 *vt (passport, document)* sellar, marcar con sello; *(metal, coin)* acuñar, troquelar.
9 *vt fig (impress - event)* grabar, estampar; *(- personality, authority, influence)* imprimir, dejar: the date is stamped on my memory tengo la fecha grabada en la memoria; he stamped his personality on the game dejó su impronta en el juego.
10 *vt (characterize - positively)* caracterizar, marcar, demostrar; *(- negatively)* tildar: this act stamps her as a heroine este acto nos demuestra que es una heroína.
11 *vt (with foot)* dar una patada en; *(in dancing)* zapatear.
12 *vi (with foot)* dar patadas, patear, patalear; *(in dancing)* zapatear.
13 *vi (walk noisily)* pisar fuerte.
▶ **to stamp on**
1 *vt insep (crush with foot)* pisar, pisotear.
2 *vt insep (suppress)* sofocar, aplastar.
to stamp out
1 *vt sep (eliminate - racism, violence, etc)* acabar con, erradicar; *(- rebellion, epidemic, etc)* sofocar, aplastar.

2 *vt sep (extinguish, put out)* apagar (con los pies).

■ **stamp album** álbum *m* de sellos.
stamp collecting filatelia.
stamp collector filatelista *mf*, coleccionista *mf* de sellos.
stamp duty impuesto del timbre.
stamp machine máquina expendedora de sellos.

stampede [stæmˈpiːd]
1 *n* estampida, desbandada, espantada: **there was a stampede for the exit** todos se precipitaron hacia la salida.
2 *vi (cattle)* salir en estampida; *(people)* salir en desbandada.
3 *vt* hacer salir en estampida.
✦ **to stampede somebody into doing something** empujar a alguien a hacer algo.

stamping ground [ˈstæmpɪŋɡraʊnd]
n fam territorio.

stance [stæns]
1 *n (way of standing)* postura.
2 *n (opinion, attitude)* postura (**on**, respecto a), posición *f* (**on**, respecto a), actitud *f* (**on**, respecto a).

stanchion [ˈstænʃən] *n* escora.

stand [stænd]
1 *n (position)* lugar *m*, sitio; *(attitude, opinion)* posición *f*, postura; *(defence, resistance)* resistencia: **she took up her stand by the window** se colocó en su sitio al lado de la ventana; **we took a stand against the proposal** adoptamos una postura contraria a la propuesta; **Custer's last stand** la última batalla de Custer.
2 *n (of lamp, sculpture, etc)* pie *m*, pedestal *m*, base *f*.
3 *n (stall - in market)* puesto, tenderete *m*; *(- at exhibition)* stand *m*; *(- at fair)* caseta, barraca.
4 *n (for taxis)* parada.
5 *n SP (in stadium)* tribuna.
6 *n US (witness box)* estrado: **he took the stand** subió al estrado.
7 *vi (person - be on one's feet)* estar de pie, estar; *(- get up)* ponerse de pie, levantarse; *(- remain on one's feet)* quedarse de pie; *(- take up position)* ponerse: **stand still!** ¡estáte quieto,-a!, ¡no te muevas!; **stand over there** ponte allí; **she was standing in the queue** estaba en la cola; **they were standing at the bar** estaban en la barra; **he was too weak to stand** estaba demasiado débil para tenerse en pie; **there were no seats and we had to stand** no quedaban asientos y tuvimos que quedarnos de pie; **don't just stand there!** ¡no te quedes allí parado!
8 *vi (measure - height)* medir; *(- value, level)* marcar, alcanzar: **he stands six feet** mide dos metros; **the building stands over 40 metres high** el edificio mide 40 metros de altura; **inflation stands at 6%** la inflación alcanza

el 6%; **the score stands at 2-0** el marcador señala 2-0.
9 *vi (thing - be situated)* estar, encontrarse, haber: **a temple once stood here** antes aquí había un templo; **in the corner stands a grand piano** hay un piano de cola en el rincón; **the train standing at platform one** el tren que está en el andén número uno; **the car has stood in the garage for years** el coche lleva años en el garaje; **few buildings were left standing** pocos edificios quedaban en pie.
10 *vi (remain valid)* seguir en pie, seguir vigente: **my offer still stands** mi oferta sigue en pie; **what I said still stands** lo que dije sigue siendo válido; **the court ruling stands** el fallo es válido.
11 *vi (be in a certain condition)* estar: **that house has stood empty for ages** hace mucho tiempo que esa casa está vacía; **the machines stand idle** las máquinas están paradas; **I stand corrected** tienes (toda la) razón; **he stands high in their opinion** tienen muy buena opinión de él, le tienen mucho respeto; **I stand accused of murder** se me acusa de asesinato.
12 *vi (be in particular situation)* estar: **how do things stand between you and your boss?** ¿cómo están las cosas entre tu jefe y tú?; **as things stand** tal (y) como están las cosas.
13 *vi (take attitude, policy)* adoptar una postura: **where do you stand on abortion?** ¿cuál es tu posición sobre el aborto?; **we want to know how you stand on this issue** queremos saber cuál es tu postura sobre este tema.
14 *vi (be likely to)* poder: **we stand to win a lot of money** podríamos ganar mucho dinero; **he stands to lose a fortune** podría llegar a perder una fortuna.
15 *vi (liquid)* estancar; *(mixture)* reposar: **the water lay standing in pools** había charcos de agua; **leave the mixture to stand** dejar reposar la mezcla.
16 *vi POL (run)* presentarse: **she's going to stand for election** va a presentarse como candidata.
17 *vt (place)* poner, colocar: **she stood the photo on the mantelpiece** colocó la foto en la repisa; **I stood the boy on a box so he could see the procession** puse el niño encima de un caja para que viera el desfile; **stand it against the wall** ponlo contra la pared.
18 *vt fam (bear, tolerate)* aguantar, soportar; *(endure, withstand)* soportar, resistir: **I can't stand the sight of him** no puedo ni verlo; **she couldn't stand the noise any longer** no podía aguantar más el ruido; **my nerves won't take much more** mis nervios no aguantarán mucho más; **he can't stand opera** no soporta la ópera; **I can't stand being made to wait** no soporto que me hagan esperar; **will it stand the test of**

time? ¿resistirá el paso del tiempo?; **it won't stand close examination** no resistirá un examen minucioso.
19 *vt fam (invite)* invitar: **I'll stand you a drink** te invitaré a una copa.
▶ **to stand aside** *vi (move to one side)* apartarse, quitarse de en medio; *(take no part)* no tomar parte, mantenerse al margen.
to stand back *vi (move back)* apartarse, echarse hacia atrás, alejarse; *(be objective)* distanciarse (**from**, de).
to stand by *vi*
1 *vi (do nothing)* cruzarse de brazos, quedarse sin hacer nada.
2 *vi (be ready for action - gen)* estar preparado,-a, estar listo,-a; *(- troops)* estar en estado de alerta.
3 *vt insep (not desert)* no abandonar, respaldar, apoyar, defender.
4 *vt insep (keep to - decision)* atenerse a; *(- promise)* cumplir: **I stand by what I said before** mantengo lo que he dicho antes.
to stand down
1 *vi (withdraw)* retirarse; *(resign)* dimitir.
2 *vi JUR (leave witness box)* retirarse, abandonar el estrado.
to stand for
1 *vt insep (mean)* significar, querer decir; *(represent)* representar: **what does I.B.A. stand for?** ¿qué significan las siglas I.B.A?; **we hate everything he stands for** odiamos todo lo que representa.
2 *vt insep (support, be in favour of)* defender, apoyar, ser partidario,-a de: **our party stands for freedom and democracy** nuestro partido defiende la libertad y la democracia.
3 *vt insep (tolerate)* tolerar, permitir, consentir: **I won't stand for that kind of behaviour** no toleraré ese tipo de comportamiento.
to stand in for *vt insep (substitute, deputize)* sustituir, suplir: **could you stand in for me this afternoon?** ¿me podrías sustituir esta tarde?
to stand out
1 *vi (building, etc)* destacar, sobresalir.
2 *vi (person, qualities)* destacarse, sobresalir.
3 *vi (be firm in opposition)* oponerse (**against**, a).
to stand over *vt insep (supervise, watch closely)* vigilar a, velar a.
to stand to
1 *vi MIL* estar en estado de alerta.
2 *vt sep MIL* poner en estado de alerta.
to stand up
1 *vi (get up)* ponerse de pie, levantarse; *(be standing)* estar de pie: **stand up straight** ponte derecho; **everyone stood up when he entered the room** todos se pusieron de pie cuando entró en la sala; **he can fall asleep standing up** es capaz de dormirse de pie.

2 *vi (withstand)* resistir (**to**, -), soportar (**to**, -): this material will stand up to wear and tear esta tela es muy resistente; that won't stand up in court eso no convencerá a ningún tribunal.
3 *vt sep (place upright)* poner en posición vertical.
4 *vt sep fam (fail to keep appointment)* dejar plantado,-a a, dar un plantón a: I've been stood up me ha dejado plantada.
to stand up for *vt insep (defend)* defender; *(support)* apoyar: you've got to learn to stand up for yourself tienes que aprender a defenderte tu solo; stand up for your rights lucha por tus derechos, defiende tus derechos.
to stand up to *vt insep (resist, defend oneself)* hacer frente a, resistir a: when are you going to stand up to him? ¿cuándo le vas a hacer frente?
✦ **"No standing"** *US* "Prohibido estacionarse".
not to stand a chance no tener ni la más remota posibilidad.
"Stand and deliver!" "La bolsa o la vida".
to do something standing on one's head hacer algo con los ojos cerrados.
to know where one stands saber a qué atenerse.
to make a stand against *(gen)* oponer resistencia a; *(mil)* resistir a.
to stand bail (for somebody) salir fiador,-ra (por alguien).
to stand clear (of something) apartarse (de algo): stand clear of the doors! ¡apártense de las puertas!
to stand fast/stand firm mantenerse firme.
to stand guard over vigilar.
to stand in the way of impedir, obstaculizar, poner trabas a: we don't want to stand in the way of progress no queremos impedir el progreso.
to stand on ceremony ser muy ceremonioso,-a.
to stand one's ground mantenerse firme, seguir en sus trece.
to stand on one's head hacer el pino.
to stand on one's own two feet apañárselas solo,-a.
to stand out a mile saltar a la vista.
to stand somebody in good stead resultarle muy útil a alguien.
to stand something on its head dar la vuelta a algo, poner algo patas arriba.
to stand to attention estar firmes, cuadrarse.
to stand to reason ser lógico,-a.
to stand trial ser procesado,-a.
to stand up and be counted dar la cara por sus principios.
▪ **cake stand** bandeja para pasteles.
coat stand/hat stand perchero.
newspaper stand quiosco.
▲ *pt & pp* stood [stʊd].

standard [ˈstændəd]
1 *n (level, degree)* nivel *m*; *(quality)* cualidad *f*: your work is of a very high standard tu trabajo es de muy buena calidad; the hygiene in this restaurant does not reach the standard required la higiene de este restaurante no alcanza el nivel exigido; he sets very high standards exige un nivel muy alto.
2 *n (criterion, yardstick)* criterio, valor *m*: by European standards según criterios europeos; by any standard desde cualquier punto de vista.
3 *n (norm, rule)* norma, regla, estándar *m*: rigorous safety standards normas de seguridad rigurosas.
4 *n (flag)* estandarte *m*, bandera; *(of ship)* pabellón *m*.
5 *n (official measure)* patrón *m*: the gold standard el patrón oro.
6 *n MUS* tema *m* clásico, clásico.
7 *adj* normal, estándar: it is standard practice es la norma, es la práctica habitual; standard model modelo estándar; standard size tamaño normal; standard English inglés estándar.
8 standards *npl (moral principles)* principios *mpl*, valores *mpl*.
✦ **to be up to/be below standard** satisfacer los requisitos/no satisfacer los requisitos.
▪ **standard lamp** lámpara de pie.
standard of living nivel *m* de vida.
standard time hora oficial.

standard-bearer [ˈstændədbeərəʳ] *n* *MIL* abanderado.

standardisation [stændədaɪˈzeɪʃən] *n* → standardization.

standardise [ˈstændədaɪz] *vt* → standardize.

standardization [stændədaɪˈzeɪʃən] *n* normalización *f*, estandarización *f*.

standardize [ˈstændədaɪz] *vt* normalizar, estandarizar.

standby [ˈstændbaɪ]
1 *n (person)* suplente *mf*, sustituto,-a, reserva *mf*.
2 *n (thing)* recurso: we only use it as a standby for emergencies solo recurrimos a ello en casos de emergencia.
✦ **to be on standby** *(passenger)* estar en la lista de espera; *(soldier)* estar de retén.
▪ **standby generator** grupo electrógeno auxiliar.
standby ticket billete *m* standby.

stand-in [ˈstændɪn]
1 *n* suplente *mf*, sustituto,-a (**for**, de).
2 *n CINEM* doble *mf*.

standing [ˈstændɪŋ]
1 *adj (not sitting)* de pie: standing room only! ¡no quedan asientos!
2 *adj (upright, vertical)* derecho,-a, recto,-a, vertical.
3 *adj (permanent - committee, body)* permanente; *(- rule)* fijo,-a; *(- invitation)* abierto,-a.

4 *n (status)* status *m*, posición *f*; *(prestige, reputation)* prestigio: a woman of some standing in the community una mujer que tiene cierto status en la comunidad; a judge of considerable standing un juez de mucho prestigio.
5 *n (duration)* duración *f*, *(in job)* antigüedad *f*: an alliance of long standing una alianza duradera.
✦ **to be a standing joke** provocar siempre las risas de todo el mundo: Mary's coffee is a standing joke todo el mundo siempre se ríe del café que hace Mary.
▪ **standing army** ejército permanente.
standing order *FIN* orden *f* permanente de pago.
social standing status *m* social.
standing ovation ovación *f* calurosa.
standing start *SP* salida parada.

stand-offish [stændˈɒfɪʃ] *adj fam* estirado,-a, altivo,-a, distante.

stand-offishness [stænsˈɒfɪʃnəs] *n fam* altivez *f*, distancia, reserva.

standpipe [ˈstændpaɪp] *n (in street)* tubo vertical.

standpoint [ˈstændpɔɪnt] *n* punto de vista.

standstill [ˈstændstɪl] **at a standstill** *phr* parado,-a, paralizado,-a.
to bring to a standstill *(car, traffic, machine)* parar; *(industry, activity, production)* paralizar: the strike brought the country to a standstill la huelga provocó la paralización del país.
to come to a standstill *(car, traffic)* pararse; *(industry, productivity, production)* paralizarse.

stand-up [ˈstændʌp]
1 *adj (meal)* tomado,-a de pie.
2 *adj (collar)* levantado,-a.
▪ **stand-up fight** pelea.
stand-up comedian humorista *mf* que explica chistes.

stank [stæŋk] *pt* → stink.

stanza [ˈstænzə] *n* estrofa.

staphylococcus [stæfɪləˈkɒkəs] *n* estafilococo.

staple¹ [ˈsteɪpəl]
1 *adj (food, ingredient)* básico,-a; *(product, export)* principal: they live on a staple diet of rice se alimentan principalmente de arroz.
2 *adj (usual)* típico,-a, de siempre.
3 *n (main food)* alimento básico; *(main product)* producto principal; *(main thing)* elemento principal.
▪ **staple commodity** artículo de primera necesidad.

staple² [ˈsteɪpəl]
1 *n (fastener)* grapa.
2 *vt* grapar.

stapler [ˈsteɪpləʳ] *n* grapadora.

star [stɑːʳ]
1 *n (gen)* estrella; *(person)* estrella, astro: the sky is full of stars el cielo está lleno de estrellas.

2 *vi* CINEM protagonizar (**in**, -): she's starred in many films ha protagonizado muchas películas.

3 *vt* CINEM tener como protagonista a, presentar como estrella: the film starred Fred Scuttle el protagonista de la película fue Fred Scuttle.

4 *vt (mark with star)* marcar con un asterisco.

5 stars *npl (horoscope)* horóscopo *m* *sing*: what do my stars say? ¿qué dice mi horóscopo?

✦ **to see stars** ver estrellas.

▪ **star attraction** atracción *f* estelar.
star pupil alumno,-a estrella.
star role papel *m* estelar.
star sign signo del zodíaco.
star witness testigo *mf* principal.
the morning star/evening star el lucero del alba/el lucero de la tarde.
the star of David la estrella de David.
the Stars and Stripes la bandera de los Estados Unidos.

starboard ['stɑːbəd] *n* MAR estribor *m*.

starch [stɑːtʃ]
1 *n (for laundry, in rice)* almidón *m*; *(in potatoes)* fécula.
2 *vt (laundry)* almidonar.

starchy ['stɑːtʃɪ] *adj (food)* feculento,-a; *(person)* rígido,-a, estirado,-a, almidonado,-a.

▲ *comp* **starchier**, *superl* **starchiest**.

stardom ['stɑːdəm] *n* estrellato.
✦ **to rise to stardom** convertirse en estrella, alcanzar el estrellato.

stardust ['stɑːdʌst] *n* polvo de estrellas.

stare [steəʳ]
1 *n* mirada fija.
2 *vi* mirar fijamente (**at**, -), clavar la vista (**at**, en): he's staring at you te está mirando fijamente; stop staring at me! ¡deja de mirarme así!; what are you staring at? ¿qué miras?; it's rude to stare ¡no mires!, es de mala educación.
✦ **to stare into space** mirar al vacío.
to stare somebody in the face *(be obvious)* estar delante de las narices de alguien, saltar a la vista; *(seem certain)* estar muy cerca: the answer was staring me in the face tenía la respuesta delante de las narices; death was staring him in the face estaba a un paso de la muerte.
to stare somebody out mirar fijamente a alguien hasta que aparte la vista.

starfish ['stɑːfɪʃ] *n* estrella de mar.

stargazer ['stɑːgeɪzəʳ] *n* gallina de mar, pez *m* rata.

stark [stɑːk]
1 *adj (landscape)* desolado,-a, desierto,-a, inhóspito,-a; *(climate)* duro,-a, severo,-a, crudo,-a; *(décor, room)* sobrio,-a, austero,-a: **stark poverty** miseria.
2 *adj fig (realism, truth, facts, etc)* crudo,-a, puro,-a y duro,-a: the stark reality is that ... la realidad pura y dura es que

...; in stark contrast en marcado contraste.
3 *adj (complete, utter)* absoluto,-a.
✦ **stark raving mad/stark staring mad** loco,-a de remate.
stark naked completamente desnudo,-a, en cueros.

starkers ['stɑːkəz] *adj* completamente desnudo,-a, en cueros.

starkly ['stɑːklɪ]
1 *adv (portray)* crudamente; *(contrast)* marcadamente.
2 *adv (clear, obvious)* absolutamente.

starlet ['stɑːlət] *n* aspirante *f* a estrella.

starlight ['stɑːlaɪt] *n* luz *f* de las estrellas.

starling ['stɑːlɪŋ] *n* estornino.

starlit ['stɑːlɪt] *adj* iluminado,-a por las estrellas.

starry ['stɑːrɪ] *adj* estrellado,-a, sembrado,-a de estrellas.

▲ *comp* **starrier**, *superl* **starriest**.

starry-eyed [stɑːrɪ'aɪd] *adj (idealistic)* idealista, ilusionado,-a; *(in love)* enamorado,-a, arrobado,-a.

star-spangled ['stɑːspæŋgəld] *adj* estrellado,-a.
▪ **the Star-Spangled Banner** *(flag)* la bandera de los Estados Unidos; *(anthem)* himno nacional de los Estados Unidos.

start [stɑːt]
1 *n (gen)* principio, comienzo, inicio: the film is a bit slow at the start la película es un poco lenta al principio; it was boring from start to finish fue un rollo desde el principio hasta el final; we knew it wouldn't last from the start sabíamos desde el principio que no duraría; we need to make an early start tenemos que empezar temprano; they wanted her to get a good start in life querían que tuviera una buena base.
2 *n* SP *(of race)* salida; *(advantage)* ventaja: the athletes lined up at the start los atletas se alinearon a la salida; they gave us a five-minute start nos dieron cinco minutos de ventaja.
3 *n (fright, jump)* susto, sobresalto: what a start you gave me! ¡qué susto me has pegado!; she woke up with a start se despertó sobresaltada.
4 *vt (begin - gen)* empezar, comenzar, iniciar; *(- conversation)* entablar: what time do you start work? ¿a qué hora empiezas a trabajar?; I'm starting a new job next week empiezo un nuevo trabajo la semana que viene; they started fighting empezaron a pelearse; it's starting to snow empieza a nevar; she started to cry empezó a llorar, arrancó a llorar.
5 *vt (cause to begin - fire, epidemic)* provocar; *(- argument, fight, war, etc)* empezar, iniciar: she started a new fashion empezó una nueva moda; they think the fire was started creen que el incendio fue provocado; the referee started the match

el árbitro dio comienzo al partido; you've started me thinking me has hecho pensar, me has dado que pensar.
6 *vt (set up - business)* montar, poner; *(- organization)* fundar, establecer, crear.
7 *vt (set in motion - machine)* poner en marcha; *(- vehicle)* arrancar, poner en marcha.
8 *vi (begin)* empezar, comenzar: what time does it start? ¿a qué hora comienza?; let's start by welcoming our guest empecemos por dar la bienvenida a nuestro invitado; don't start, honey no empieces, cariño; the trouble started after the match los problemas empezaron después del partido; prices start at a pound precios a partir de una libra; starting from Tuesday a partir del martes, empezando el martes.
9 *vi (be set up - business)* ser fundado,-a, fundarse, crearse.
10 *vi (begin to operate)* ponerse en marcha, empezar a funcionar; *(car)* arrancar.
11 *vi (begin journey)* salir, partir, ponerse en camino: we started for home nos pusimos en camino a casa.
12 *vi (jump)* asustarse, sobresaltarse: she starts at the slightest noise se asusta con el más mínimo ruido.
▸ **to start back** *vi* emprender el viaje de vuelta.
to start off *vi*
1 *vi (begin)* empezar, comenzar: we'll start off with soup empezaremos con sopa; he started off by saying that ... empezó diciendo que ...
2 *vi (leave)* salir, ponerse en camino.
3 *vt sep* empezar, ayudar a empezar: who's going to start the discussion off? ¿quién quiere empezar el debate?; I'll start you off with an example os ayudaré a empezar con un ejemplo; don't start him off on football! ¡no le des pie para que empiece a hablar de fútbol!
to start on
1 *vt insep* empezar, ponerse a: we need to start on the painting hay que empezar a pintar.
2 *vt sep (complain)* empezar a quejarse (**about**, de); *(criticize)* meterse con.
to start out
1 *vi (leave)* salir, ponerse en camino.
2 *vi (begin)* empezar, comenzar: he started out as a delivery man empezó trabajando de repartidor.
to start over *vi* US volver a empezar.
to start up
1 *vt sep (car)* arrancar; *(engine)* poner en marcha; *(business)* montar, poner en marcha; *(conversation)* entablar.
2 *vi (car)* arrancar; *(engine)* ponerse en marcha; *(orchestra)* empezar a tocar; *(music)* empezar a sonar.
✦ **for a start** para empezar.

to get off to a bad start empezar mal.
to get off to a good start empezar bien.
to get started empezar.
to make a fresh start volver a empezar.
to make a start on something empezar algo.
to start a family tener hijos.
to start with *(firstly)* para empezar, en primer lugar; *(at the beginning)* al principio.

starter ['stɑːtəʳ]
1 *n SP (official)* juez *mf* de salida.
2 *n SP (competitor)* competidor,-ra, participante *mf*.
3 *n AUTO* motor *m* de arranque.
4 *n CULIN fam* primer plato, entrante *m*.
✦ for starters para empezar.
to be a late starter *(child)* ser tardío,-a en el desarrollo.
to be under starter's orders *estar en la línea de salida a la espera de que el juez dé las órdenes pertinentes.*
■ starter home *casa pequeña que se compra para obtener acceso al mundo de la vivienda.*

starting ['stɑːtɪŋ] *adj FIN* inicial.
■ starting block bloque *m* de salida.
starting date fecha de comienzo.
starting gate cajones *mpl* de salida.
starting grid parrilla de salida.
starting pistol pistola de fogueo.
starting point punto de partida.
starting post línea de salida.
starting price *(at auction)* precio de salida; *(in betting)* precio de las últimas apuestas antes de empezar una carrera.
starting salary sueldo inicial.

startle ['stɑːtəl] *vt* asustar, sobresaltar: **you startled me!** ¡me has asustado!

startling ['stɑːtəlɪŋ]
1 *adj (frightening)* alarmante, sobrecogedor,-ra.
2 *adj (amazing)* sorprendente, asombroso,-a.

start-up ['stɑːtʌp] *adj US (costs etc)* inicial, de puesta en marcha.

starvation [stɑːˈveɪʃən] *n* hambre *f*, inanición *f*.
✦ to die of starvation morirse de hambre, morirse de inanición.
■ starvation wages sueldo de hambre.

starve [stɑːv]
1 *vi (feel hungry)* pasar hambre; *(die)* morirse de hambre: **thousands of people are starving** miles de personas se están muriendo de hambre; **I'm starving!** ¡estoy muerto de hambre!
2 *vt (deprive of food)* privar de comida a, hacer pasar hambre a.
3 *vt fig* privar (**of**, de): **these kids are starved of love** estos niños están privados de amor; **schools are being starved of resources** las escuelas tienen una necesidad apremiante de recursos.

✦ to starve somebody to death matar de hambre a alguien, hacer morir de hambre a alguien.
to starve to death morirse de hambre.

starving ['stɑːvɪŋ] *adj* hambriento,-a, famélico,-a, muerto,-a de hambre.

stash [stæʃ]
1 *n* alijo.
2 to stash (away) *vt* esconder, guardar en un lugar seguro.

state [steɪt]
1 *n (condition)* estado: **the state of the economy** el estado de la economía; **a state of shock** un estado de shock; **it's in a bad/good state of repair** está en mal/buen estado; **a terrible state of affairs** una situación terrible; **look at the state of this room!** ¡mira cómo está la habitación!
2 *n POL (government)* estado: **affairs/matters of state** asuntos del estado; **Church and State** la Iglesia y el Estado.
3 *n (country, division of country)* estado: **a member state of EU** un país miembro de la UE; **one-party state** estado de partido único; **head of state** jefe de estado.
4 *n (ceremony, pomp)* ceremonia, pompa, solemnidad *f*.
5 *adj POL* estatal, del estado: **it came under state ownership** pasó a ser propiedad del estado.
6 *vt (say, declare, express)* exponer, declarar, afirmar: **please state your name** diga su nombre por favor; **she's not afraid to state her views** no tiene miedo de dar su opinión; **he stated the facts clearly and simply** expuso los hechos clara y simplemente; **the document states the conditions** el documento establece las condiciones.
7 *vt (specify)* fijar.
✦ to be in a state about something estar nervioso,-a por algo.
to be in no fit state to do something no estar en condiciones de hacer algo.
to get (oneself) into a state about something ponerse nervioso,-a por algo.
to lie in state estar de cuerpo presente.
to state the obvious estar de más decir(lo).
■ state benefit subsidio del estado.
state capitalism capitalismo del estado.
State Department *US* Ministerio de Asuntos Exteriores.
state education enseñanza pública.
state institution institución *f* estatal.
state occasion ocasión *f* de estado.
state of emergency estado de emergencia.
state of mind estado de ánimo.
state school escuela estatal, escuela pública.
state secret secreto de estado.
state visit visita de estado.

the state opening of Parliament la apertura del Parlamento.
the States los Estados *mpl* Unidos.

stated ['steɪtɪd] *adj (specified)* indicado, -a, señalado,-a.

stateless ['steɪtləs] *adj* apátrida.

stately ['steɪtlɪ] *adj* majestuoso,-a, imponente.
■ stately home casa solariega, casa señorial.

statement ['steɪtmənt]
1 *n (gen)* declaración *f*, afirmación *f*; *(official)* comunicado: **a statement of fact** una declaración de hecho; **the government have issued a statement** el gobierno ha hecho público un comunicado; **a sworn statement** una declaración jurada.
2 *n FIN* estado de cuentas, extracto de cuenta.
✦ to make a statement *JUR* prestar declaración.

state-of-the-art [steɪtəfðiˈɑːt] *adj* ultimísimo,-a, más avanzado,-a.
■ state-of-the-art technology tecnología punta.

stateroom ['steɪtruːm] *n (on ship)* camarote *m*; *(in palace)* salón *m*.

statesman ['steɪtsmən] *n* estadista *m*, hombre *m* de estado.
▲ *pl* statesmen ['steɪtsmən].

statesmanlike ['steɪtsmənlaɪk] *adj* propio,-a de un estadista.

statesmanship ['steɪtsmənʃɪp] *n (skill)* habilidad *f* política; *(management)* arte *m* de gobernar.

static ['stætɪk]
1 *adj TECH* estático,-a.
2 *adj (not moving, not changing)* estacionario,-a.
3 *n (interference)* interferencias *fpl*, parásitos *mpl*.
4 statics *n PHYS* estática.
■ static electricity electricidad *f* estática.

station ['steɪʃən]
1 *n (railway)* estación *f* (de ferrocarril); *(underground)* estación *f* de metro; *(bus, coach)* estación *f*, terminal *f*.
2 *n (radio)* emisora, estación *f*, radio *f*; *(TV)* canal *m*.
3 *n AGR* granja: **a sheep station** una granja de ganado ovino.
4 *n (social rank)* condición *f* social, posición *f* social.
5 *n MIL* puesto: **action stations!** ¡zafarrancho de combate!, ¡a sus puestos de combate!
6 *vt (put)* colocar, emplazar, instalar.
7 *vt MIL* estacionar, apostar.
✦ to have ideas above one's station tener delirios de grandeza.
to marry above/beneath one's station casarse con alguien de posición social superior/inferior a la suya.
to station oneself colocarse.
■ station wagon coche *m* familiar, ranchera.

weather station estación *f* meteorológica.

stationary [ˈsteɪʃənərɪ]
1 *adj (not moving, still)* estacionario,-a, parado,-a, detenido,-a.
2 *adj (unchanging)* estacionario,-a.
3 *adj (cannot be moved)* fijo,-a.

stationer [ˈsteɪʃənəʳ] *n* dueño,-a de una papelería.
■ **stationer's (shop)** papelería.

stationery [ˈsteɪʃənərɪ] *n (paper)* papel *m* de escribir; *(pen, ink, etc)* artículos *mpl* de escritorio.

stationmaster [ˈsteɪʃənmɑːstəʳ] *n* jefe *m* de estación.

statistic [stəˈtɪstɪk] *n* estadística.

statistical [stəˈtɪstɪkəl] *adj* estadístico,-a.

statistically [stæˈtɪstɪkəlɪ] *adv* estadísticamente.

statistician [stætɪˈstɪʃən] *n* estadístico,-a.

statistics [stəˈtɪstɪks]
1 *n (science)* estadística.
2 *npl (data)* estadísticas *fpl*.

statue [ˈstætjuː] *n* estatua.

statuesque [stætjuˈesk] *adj* escultural.

statuette [stætjuˈet] *n* estatuilla, figurilla.

stature [ˈstætʃəʳ]
1 *n (height)* estatura, talla.
2 *n fig (standing)* talla.

status [ˈsteɪtəs]
1 *n (official position, condition)* situación *f*, condición *f*, posición *f*: what's his status in the organization? ¿cuál es su posición en la organización?; what is your legal status? ¿cuál es su situación legal?; he had diplomatic status tenía condición de diplomático.
2 *n (prestige, social standing)* status *m*, prestigio (social).
■ **marital status** estado civil.
status quo statu quo *m*.
status symbol símbolo de prestigio.

statute [ˈstætjuːt] *n* estatuto, decreto, ley *f*.
✦ **by statute** por ley.
■ **statute book** código de leyes.
statute law derecho escrito.

statutory [ˈstætjətərɪ] *adj (referring to statute)* estatutario,-a; *(penalty)* establecido,-a por la ley, reglamentario,-a; *(right, obligation)* legal; *(holiday)* legalmente establecido,-a.
■ **statutory rape** *US* estupro.

staunch[1] [stɔːntʃ] *adj (loyal)* incondicional, acérrimo,-a.

staunch[2] [stɔːntʃ] *vt (blood)* restañar.

stave [steɪv]
1 *n (of barrel)* duela.
2 *n MUS* pentagrama *m*.
▶ **to stave in**
1 *vt sep* romper.
2 *vi* romperse.

to stave off *vt sep (disaster, defeat)* evitar.
✦ **to stave off hunger** engañar el hambre.
▲ *pt & pp* **staved** o **stove** [stəʊv].

staves [steɪvz]
1 *npl* → **staff**.
2 *npl* → **stave**.

stay[1] [steɪ] *n MAR (guy rope)* estay *m*, viento.

stay[2] [steɪ]
1 *n (prop, support)* sostén *m*, soporte *m*, puntal *m*.
2 *n (in corset)* ballena.

stay[3] [steɪ]
1 *n (time)* estancia, permanencia: we made an overnight stay in Bilbao pasamos la noche en Bilbao, hicimos noche en Bilbao.
2 *vi (remain)* quedarse, permanecer: I can't stay long no puedo quedarme mucho rato; stay there! ¡quédate allí!; she had to stay late at work tuvo que quedarse hasta tarde en el trabajo; why don't you stay for dinner? ¿por qué no te quedas a cenar?; let's stay at home quedémonos en casa.
3 *vt (continue to be)* seguir: if it stays sunny si el tiempo sigue soleado; he couldn't stay awake no podía mantenerse despierto; it stays light until 10.00 pm in summer es de día hasta las 10.00 de la noche en verano.
4 *vi (reside temporarily)* alojarse, hospedarse: they stayed at a hotel se alojaron en un hotel; Helen's coming to stay for a week Helen vendrá a pasar una semana en casa; she stayed the night at a friend's se quedó a dormir en casa de una amiga.
5 *vt fml (stop)* detener; *(delay)* aplazar, suspender; *(calm)* calmar: he managed to stay our fears logró calmar nuestros temores; they've stayed the execution han suspendido la ejecución; we must stay the spread of this disease hay que detener la propagación de esta enfermedad.
▶ **to stay away** *vi* alejarse (**from**, de), mantenerse lejos (**from**, de), no acercarse (**from**, a).
to stay behind *vi* quedarse.
to stay down *vi (food)* quedarse en el estómago; *(price)* mantenerse bajo,-a.
to stay in *vi* quedarse en casa, no salir.
to stay on *vi (remain)* quedarse, permanecer; *(remain in place)* quedarse en su sitio: she stayed on at school to retake her exams se quedó en el instituto para volver a presentarse a los exámenes.
to stay out *vi (gen)* quedarse fuera; *(strikers)* seguir en huelga: young people often stay out all night muchas veces los jóvenes pasan toda la noche fuera.
to stay out of *vt insep* no meterse en: I want you to stay out of trouble no quiero que te metas en líos.

to stay up *vi (not go to bed)* quedarse levantado,-a, no acostarse; *(remain in position)* sostenerse, no caerse: he stays up late watching TV se queda levantado mirando la tele; these socks won't stay up estos calcetines se me caen.
✦ **to be here to stay** formar parte de la vida.
to stay put quedarse.
to stay the course *(race, studies)* terminar la carrera; *(not give up)* resistir hasta el final.
■ **stay of execution** *JUR* suspensión de cumplimiento de la sentencia.

stay-at-home [ˈsteɪəthəʊm] *n fam* persona casera.

stayer [ˈsteɪəʳ] *n (person)* persona de mucha resistencia; *(horse)* caballo de fondo.

staying power [ˈsteɪɪŋpaʊəʳ] *n* resistencia, aguante *m*.

stead [sted] *n* lugar *m*.
✦ **in somebody's stead** en lugar de alguien.
to stand somebody in good stead resultarle muy útil a alguien.

steadfast [ˈstedfɑːst]
1 *adj fml (refusal)* firme, rotundo,-a, categórico,-a; *(friend)* leal, incondicional: he was steadfast in his resolve se mantuvo firme en sus propósitos.
2 *adj (steady, not moving)* constante, inmóvil: a steadfast gaze una mirada fija.

steadfastly [ˈstedfɑːstlɪ]
1 *adv (refuse)* rotundamente, categóricamente; *(persevere, resist)* tenazmente; *(love, admire)* incondicionalmente.
2 *adv (gaze)* fijamente.

steadfastness [ˈstedfɑːstnəs] *n (resolution)* firmeza, resolución *f*; *(perseverance)* perseverancia, tenacidad *f*; *(loyalty)* lealtad *f*.

steadily [ˈstedɪlɪ]
1 *adv (grow, improve, rise)* constantemente, a un ritmo constante; *(rain, work)* sin parar: prices have been rising steadily los precios han estado subiendo a un ritmo constante; she's breathing steadily respira regularmente; the situation is getting steadily worse la situación sigue empeorando.
2 *adv (gaze, stare)* fijamente; *(walk)* con paso seguro, decididamente; *(speak)* firmemente.

steadiness [ˈstedɪnəs]
1 *n (of hand, gait)* firmeza.
2 *n (of prices)* estabilidad *f*; *(of demand)* lo constante.
3 *n (of character)* formalidad *f*, seriedad *f*.

steady [ˈstedɪ]
1 *adj (table, ladder, etc)* firme, seguro,-a; *(gaze)* fijo,-a; *(voice)* tranquilo,-a, firme: hold the ladder steady aguanta firme la escalera; you need a steady hand hace falta un pulso firme.

2 *adj (regular, constant - heartbeat, pace)* regular; *(- demand, speed, improvement, decline, increase)* constante; *(- flow, rain)* continuo,-a; *(rhythm)* regular, constante; *(- prices, currency)* estable: **steady progress** progresos continuos; **steady breathing** respiración regular; **a steady stream of customers** un flujo continuo de clientes.
3 *adj (regular - job)* fijo,-a, estable; *(- income)* regular, fijo,-a: **she has a steady boyfriend** tiene novio.
4 *adj (student)* aplicado,-a; *(worker, person)* serio,-a, formal.
5 *interj* ¡cuidado!, ¡ojo!
6 *n (boyfriend)* novio; *(girlfriend)* novia.
7 *vt (hold firm - ladder, table, etc)* sujetar, sostener; *(stabilize)* estabilizar: **steady the ladder for me** sujétame la escalera.
8 *vt (person, nerves)* calmar, tranquilizar.
9 *vi (market, prices)* estabilizarse.
✦ **to be as steady as a rock** ser sólido,-a como una roca.
  to go steady on something tener cuidado con algo: **go steady on the sherry** no te pases con el jerez.
  to go steady (with somebody) ser novio,-a (de alguien): **are they going steady?** ¿son novios?
▲ *(adjetivo) comp* **steadier,** *superl* **steadiest;** *(verbo) pt & pp* **steadied,** *ger* **steadying.**

steak [steɪk]
1 *n (of beef)* bistec *m*, filete *m*; *(of meat)* filete *m*; *(of salmon)* rodaja.
2 *n (meat for stewing)* carne *f* de vaca para estofar.
▪ **steak and kidney pie** pastel *m* de carne con riñones.
  rump steak filete de cadera.
  sirloin steak filete de solomillo.
  T-bone steak entrecot *m*.

steal¹ [stiːl] *n US fam (bargain)* ganga, regalo.

steal² [stiːl]
1 *vt* robar, hurtar: **my car's been stolen** me han robado el coche; **he had his wallet stolen** le robaron la cartera; **he stole it from a tourist** se lo robó a un turista; **she stole it from the shop** lo robó en la tienda; **he stole a kiss from her** le robó un beso.
2 *vi (rob)* robar, hurtar.
3 *vi (move quietly, creep)* moverse con sigilo: **he stole up on her** se le acercó sigilosamente; **they stole away** se escabulleron; **she stole into the room** entró sigilosamente en la habitación.
✦ **to steal a glance at somebody/something** echar una mirada furtiva a alguien/algo.
  to steal a march on somebody ganarle la mano a alguien, adelantarse a alguien.
  to steal somebody's heart robarle el corazón a alguien.
  to steal somebody's thunder quitarle la primicia a alguien.

to steal the scene/steal the show acaparar la atención de todos.
▲ *pt* **stole** [stəʊl], *pp* **stolen** [ˈstəʊlən].

stealing [ˈstiːlɪŋ] *n (theft)* robo.

stealth [stelθ] *n fml* cautela, sigilo: **they entered the building by stealth** entraron sigilosamente en el edificio.

stealthily [ˈstelθɪlɪ] *adv* a hurtadillas, sigilosamente.

stealthy [ˈstelθɪ] *adj* sigiloso,-a, furtivo,-a.
▲ *comp* **stealthier,** *superl* **stealthiest.**

steam [stiːm]
1 *n (gen)* vapor *m*.
2 *vt CULIN (vegetables)* cocer al vapor.
3 *vi (boat)* echar vapor; *(soup, drink, etc)* humear.
▶ **to steam up** *vi (window, glasses)* empañarse.
  to steam off *vt sep* quitar con vapor, despegar con vapor: **you can steam the stamp off** puedes quitar el sello con vapor.
✦ **full steam ahead!** ¡avante toda!, ¡a todo vapor!
  to do something under one's own steam hacer algo por sus propios medios.
  to get steamed up indignarse (**about,** por).
  to get up steam *(person)* acelerarse; *(project etc)* coger impulso; *(engine etc)* dar presión, cobrar velocidad.
  to go full steam ahead ir viento en popa.
  to let off steam desfogarse, desahogarse.
  to run out of steam quedar agotado, -a, quemarse.
  to steam a letter open abrir una carta con vapor.
▪ **steam bath** baño de vapor.
  steam engine *(locomotive)* locomotora de vapor, máquina de vapor; *(engine)* motor *m* de vapor.
  steam iron plancha de vapor.

steamboat [ˈstiːmbəʊt] *n* vapor *m*.

steamer [ˈstiːməʳ]
1 *n MAR* vapor *m*, buque *m* de vapor.
2 *n CULIN* olla a vapor.

steaming [ˈstiːmɪŋ] *adj (heat)* húmedo, -a; *(liquid)* humeante.

steamroller [ˈstiːmrəʊləʳ]
1 *n (vehicle)* apisonadora.
2 *vt fam (crush, defeat)* aplastar.
✦ **to steamroller somebody into doing something** forzar a alguien a hacer algo, obligar a alguien a hacer algo.

steamship [ˈstiːmʃɪp] *n* vapor *m*, buque *m* de vapor.

steamy [ˈstiːmɪ]
1 *adj (full of steam)* lleno,-a de vapor; *(window, glass)* empañado,-a.
2 *adj (erotic)* erótico,-a; *(passionate)* apasionado,-a, tórrido,-a.
▲ *comp* **steamier,** *superl* **steamiest.**

stearin [ˈstɪərɪn] *n* estearina.

steed [stiːd] *n* corcel *m*.

steel [stiːl]
1 *n (gen)* acero.
2 *adj (knife, girder, etc)* de acero.
✦ **to have nerves of steel** tener nervios de acero.
  to steel one's heart endurecerse.
  to steel oneself against something hacerse fuerte para hacer frente a algo.
  to steel oneself for something armarse de valor para algo.
▪ **steel band** *MUS* banda de percusión del Caribe.
  steel industry industria siderúrgica.
  steel mill acerería, acería.
  steel wool estropajo de acero.

steelworker [ˈstiːlwɜːkəʳ] *n* trabajador,-ra de una acerería.

steelworks [ˈstiːlwɜːks] *npl* acería, acerería.

steely [ˈstiːlɪ]
1 *adj (stare, look)* duro,-a; *(determination)* férreo,-a; *(character)* frío,-a.
2 *adj (colour)* acerado,-a, metálico,-a.
▲ *comp* **steelier,** *superl* **steeliest.**

steep¹ [stiːp]
1 *vt (soak - washing)* remojar; *(- dried food)* poner en remojo; *(- fruit)* macerar.
2 *vi (fruit)* macerarse.
✦ **to be steeped in something** *fig* estar empapado,-a de algo: **a city steeped in history** una ciudad empapada de historia.

steep² [stiːp]
1 *adj (hill, slope, stairs)* empinado,-a; *(rise, drop)* abrupto,-a, brusco,-a.
2 *adj fam (price, fee)* excesivo,-a; *(demand)* excesivo,-a, poco razonable: **they charged me £100 - that's a bit steep!** me cobraron 100 libras - ¡eso es un poco excesivo!; **it's a bit steep to expect me to do all the food** esperar que yo haga toda la comida es demasiado.

steeple [ˈstiːpəl] *n* aguja, chapitel *m*.

steeplechase [ˈstiːpəltʃeɪs] *n* carrera de obstáculos.

steeplejack [ˈstiːpəldʒæk] *n* reparador, -ra de chimeneas, torres, campanarios, etc.

steer¹ [stɪəʳ] *n* buey *m*.

steer² [stɪəʳ]
1 *vt (gen)* dirigir, guiar; *(vehicle)* conducir, dirigir; *(ship)* gobernar; *(conversation)* llevar.
2 *vi (vehicle)* ir al volante; *(ship)* llevar el timón, estar al timón.
✦ **to steer clear of something** evitar algo.

steering [ˈstɪərɪŋ] *n* dirección *f*: **assisted steering** dirección asistida.
▪ **steering column** columna de (la) dirección.
  steering committee comité *m* directivo, comisión *f* directiva.
  steering lock *(device)* seguro antirrobo; *(when turning)* radio de giro.
  steering wheel volante *m*.

stela [ˈstiːlə] n estela.

stele [ˈstiːlɪ] n estela.

▲ pl *stelae* [ˈstiːlɪ] o *steles* [ˈstiːlɪz].

stellar [ˈstelər] adj estelar.

stem [stem]

1 n BOT (of plant, flower) tallo; (of leaf) pecíolo; (of fruit) pedúnculo.

2 n (of glass) pie m; (of tobacco pipe) boquilla, caña.

3 n LING raíz f, radical m.

4 vt (stop - gen) frenar, detener, parar; (- bleeding) contener, parar.

▶ **to stem from** vt insep provenir de, ser el resultado de.

✦ **from stem to stern** MAR de proa a popa.

▲ pt & pp *stemmed*, ger *stemming*.

stench [stentʃ] n hedor m, peste f, fetidez f.

stencil [ˈstensəl]

1 n (template) plantilla; (design, pattern) estarcido.

2 n (for typewriter) cliché m, matriz f.

3 vt (design, pattern) dibujar utilizando una plantilla.

4 vt (duplicate) multicopiar.

✦ **to cut a stencil** hacer un cliché.

▲ pt & pp *stencilled* (US *stenciled*), ger *stencilling* (US *stenciling*).

stenograph [ˈstenəɡrɑːf]

1 n máquina de estenografiar.

2 vt estenografiar.

stenographer [stəˈnɒɡrəfər] n US taquígrafo,-a.

stenographic [stenəˈɡræfɪk] adj estenográfico,-a.

stenography [stəˈnɒɡrəfɪ] n US taquigrafía.

stentorian [stenˈtɔːrɪən] adj estentóreo,-a.

step [step]

1 n (gen) paso; (sound) paso, pisada: he walks with quick steps anda con paso rápido; she took a step forward dio un paso adelante; I heard steps outside oí pasos fuera; I retraced my steps volví sobre mis pasos; we're learning a new step at dancing classes estamos aprendiendo un nuevo paso en las clases de baile.

2 n (distance) paso: it's quite a step to the swimming pool hay una buena caminata hasta la piscina; it's only a step to the library from my house la biblioteca está a un paso de mi casa.

3 n (move, act) paso: what's the next step? ¿cuál es el próximo paso?; a step in the right direction un paso hacia adelante; the first step on the road to victory el primer paso hacia la victoria; a major step forward for mankind un paso gigantesco para la humanidad.

4 n (measure) medida; (formality) gestión f, trámite m: we've taken all the necessary steps hemos tomado todas las medidas necesarias.

5 n (degree on scale, stage in process) peldaño, escalón m, paso: she's gone up another step on the career ladder ha ascendido otro peldaño en la escala profesional.

6 n (stair) escalón m, peldaño, grada; (of ladder) escalón m, travesaño, (of vehicle) estribo: mind the step cuidado con el escalón.

7 vi (move, walk) dar un paso, andar: step this way pase por aquí; he stepped into the house entró en la casa; she stepped off the plane se bajó del avión.

8 vi (tread) pisar: he stepped in a puddle pisó un charco; you stepped on my foot me pisaste.

9 **steps** npl GB (stepladder) escalera de tijera.

10 npl (outdoor) escalinata; (indoor) escalera; (of plane) escalerilla: a flight of steps un tramo de escalera.

▶ **to step aside** vi hacerse a un lado, apartarse.

to step back vi retroceder, dar un paso atrás.

to step down vi (from position, job) renunciar (**from**, a), dimitir (**from**, de).

to step forward vi (volunteer) ofrecerse.

to step in vi (intervene) intervenir.

to step out

1 vi GB (start walking fast) apretar el paso.

2 vi US (go outside, go somewhere) salir.

to step up vt sep (increase - gen) aumentar; (- campaign) intensificar; (- security) reforzar.

✦ **every step of the way** en todo momento, desde principio a fin.

step by step paso a paso, poco a poco.

step on it!, step on the gas! ¡date prisa!, ¡pisa a fondo!

to be in step/keep in step (walking) llevar el paso; (dancing) llevar el compás.

to be one step ahead llevar la ventaja.

to be out of step (walking) no llevar el paso; (dancing) no llevar el compás.

to step into somebody's shoes pasar a ocupar el puesto de alguien.

to step into the breach llenar el hueco.

to watch one's step (be careful) andar con cuidado; (when walking) mirar por dónde camina.

■ **a step up** un ascenso.

stepbrother [ˈstepbrʌðər] n hermanastro.

stepchild [ˈsteptʃaɪld] n hijastro,-a.

stepdaughter [ˈstepdɔːtər] n hijastra.

stepfather [ˈstepfɑːðər] n padrastro.

stepladder [ˈsteplædər] n escalera de tijera.

stepmother [ˈstepmʌðər] n madrastra.

steppe [step] n GEOG estepa.

stepping-stone [ˈstepɪŋstəʊn]

1 n pasadera.

2 n fig trampolín m.

stepsister [ˈstepsɪstər] n hermanastra.

stepson [ˈstepsʌn] n hijastro.

stereo [ˈsterɪəʊ]

1 n (system) equipo estereofónico; (sound) estéreo.

2 adj estereofónico,-a.

▲ pl *stereos*.

stereogram [ˈsterɪəɡræm] n estereograma m.

stereophonic [sterɪəˈfɒnɪk] adj estereofónico,-a.

stereotype [ˈsterɪətaɪp]

1 n estereotipo.

2 vt estereotipar.

stereotyped [ˈsterɪətaɪpt] adj estereotipado,-a.

sterile [ˈsteraɪl]

1 adj (barren) estéril.

2 adj (germ-free) esterilizado,-a.

sterilisation [steraɪˈzeɪʃən] n → **sterilization**.

sterilise [ˈsteraɪz] vt → **sterilize**.

steriliser [ˈsteraɪzər] n → **sterilizer**.

sterility [stəˈrɪlɪtɪ] n esterilidad f.

sterilization [steraɪˈzeɪʃən] n esterilización f.

sterilize [ˈsteraɪz] vt esterilizar.

sterilizer [ˈsteraɪzər] n esterilizador m.

sterling [ˈstɜːlɪŋ]

1 n FIN libra esterlina, libras fpl esterlinas.

2 adj fml (excellent) excelente.

■ **sterling silver** plata de ley.

the pound sterling la libra esterlina.

stern[1] [stɜːn] n MAR popa.

stern[2] [stɜːn] adj (treatment, measures) austero,-a, severo,-a; (person) severo,-a; (look, face, etc) severo,-a, adusto,-a, ceñudo,-a; (job, task) duro,-a: **stern resolve** resolución firme.

✦ **to be made of sterner stuff** ser más fuerte.

sternly [ˈstɜːnlɪ] adv severamente, duramente.

sternness [ˈstɜːnnəs] n severidad f, austeridad f.

sternpost [ˈstɜːnpəʊst] n codaste m.

sternum [ˈstɜːnəm] n ANAT esternón m.

▲ pl *sternums* o *sterna*.

steroid [ˈsterɔɪd] n esteroide m.

stethoscope [ˈsteθəskəʊp] n estetoscopio.

stetson [ˈstetsən] n sombrero tejano.

stevedore [ˈstiːvədɔːr] n estibador m.

stew [stjuː]

1 n CULIN estofado, guisado, guiso.

2 vt (meat) estofar, guisar; (fruit) hacer una compota de.

3 vi (meat, fruit) cocerse lentamente.

4 vi fam (swelter) ahogarse de calor.

✦ **to be in a stew** estar nervioso,-a.

to get into a stew ponerse nervioso,-a.

to let somebody stew dejar sufrir a alguien.

to stew in one's own juice sufrir.

steward [ˈstjuːəd]
1 n (on ship) camarero; (on plane) auxiliar m de vuelo.
2 n (manager of estate) administrador m.
3 n (of club, hotel) mayordomo.
4 n GB (in horse racing) comisario de carreras; (in athletics) juez m; (at demonstration etc) oficial mf.

stewardess [ˈstjuːədes] n (on ship) camarera; (on plane) azafata, auxiliar f de vuelo.

stewed [stjuːd] adj fam (drunk) borracho,-a.

stick¹ [stɪk]
1 vt (insert pointed object) clavar, hincar: she stuck the fork into the sausage clavó el tenedor en la salchicha; he stuck the needle in his finger se clavó la aguja en el dedo.
2 vt fam poner, meter: stick it over there ponlo allí; he stuck the letter in his pocket metió la carta en el bolsillo; stick my name down apúntame, apunta mi nombre; he stuck his head out the window asomó la cabeza por la ventana; she's always sticking her nose in siempre anda metiendo la nariz.
3 vt (fix) colocar, fijar; (with glue) pegar, fijar: he stuck the stamp on the envelope fijó el sello en el sobre; they stick their photos in an album pegan sus fotos en un álbum; she's stuck posters all over her wall ha colocado pósters por toda la pared.
4 vt fam (bear) aguantar, soportar: I can't stick her no la aguanto; I don't know how you stick this heat no sé cómo aguantas este calor.
5 vi (penetrate) clavarse: there was a drawing pin sticking in the tyre había una chincheta clavada en el neumático; your elbow's sticking in me! ¡me estás clavando el codo!
6 vi (fix, become attached) pegarse: this stamp won't stick este sello no pega; this glue sticks to your hands esta cola se pega a las manos; the omelette stuck to the pan la tortilla se pegó a la sartén.
7 vi (jam - drawer, key in lock) atascarse; (- machine part, lock) atrancarse, encasquillarse; (- vehicle in mud) atascarse, atollarse: the car horn stuck el claxon se atascó; the bone stuck in her throat se le atravesó la espina en la garganta.
8 vi (remain) quedarse: the phrase stuck in my mind la frase se me quedó grabada en la memoria; and the name just stuck y me quedé con el nombre.
9 vi (in cards) plantarse.
▶ **to stick about/stick around** vi fam quedarse.
to stick at vt insep perseverar, perseguir en, seguir con.
to stick by vt insep (friend) mantenerse fiel a; (promise) cumplir con.

to stick out vi
1 vi (project, protrude) salir, sobresalir; (be noticeable) resaltar, destacarse.
2 vi fam (be obvious) ser obvio,-a, ser evidente.
3 vt sep (tongue, hand) sacar.
4 vt sep (endure) aguantar: we stuck it till out the end aguantamos hasta el final.
to stick out for vt insep empeñarse en conseguir.
to stick to
1 vt insep (principles) atenerse a; (promise) cumplir con; (plans) seguir con; (text, rules) ceñirse a.
2 vt insep (limit oneself) limitarse.
to stick together vi mantenerse unido,-a, no separarse.
to stick up
1 vi (project, protrude) salir, sobresalir; (hair) ponerse de punta, erizarse.
2 vt sep (poster etc) fijar, poner, colocar.
3 vt sep (hands) levantar: stick 'em up! ¡arriba las manos!
4 vt sep (bank) atracar.
to stick up for vt insep defender.
to stick with vt insep seguir con.
✦ **to make stick** (accusation, charge) probar: do you think they'll be able to make the murder charge stick? ¿crees que podrán probar que es culpable del asesinato?
to get stuck into something meterse de lleno en algo.
to stick at nothing no pararse en barras.
to stick one's neck out jugarse el tipo.
to stick out a mile/stick out like a sore thumb saltar a la vista.
to stick to one's guns mantenerse en sus trece.
▲ pt & pp **stuck** [stʌk].

stick² [stɪk]
1 n (piece of wood) trozo de madera, palo; (twig) ramita; (for punishment) palo, vara.
2 n (for walking) bastón m.
3 n (for plants) rodrigón m, tutor m.
4 n MUS (baton) batuta; (drumstick) palillo.
5 n SP (for hockey) palo.
6 n (of celery) rama; (of rhubarb) tallo; (of licorice, rock) barrita, tira; (of dynamite) cartucho; (of wax, of soap) barra: a stick of chalk una tiza; a stick of chewing gum un chicle.
7 n (of furniture) mueble m.
8 n GB fam (person) tipo,-a.
9 sticks npl (for fire) astillas fpl, leña f sing.
10 npl (remote area) lugar m sing apartado: they live out in the sticks viven en el quinto pino.
✦ **to be in a cleft stick** estar en una encrucijada.
to get hold of the wrong end of the stick coger el rábano por las hojas.

to give somebody stick (criticize) criticar severamente a alguien; (make fun of) burlarse de alguien, cachondearse de alguien: we gave him some stick about his new girlfriend nos cachondeamos de él por su nueva novia; the government has come in for a lot of stick el gobierno ha sido objeto de duras críticas.
■ **stick figure** figura de palotes.
stick insect insecto palo.
the big stick POL mano f dura.

sticker [ˈstɪkəʳ]
1 n (label) etiqueta adhesiva; (with slogan, picture) pegatina.
2 n (person) persona tenaz.

stickiness [ˈstɪkɪnəs]
1 n (gen) pegajosidad f, lo pegajoso.
2 n fig (of situation) dificultad f, lo delicado, lo espinoso.

sticking [ˈstɪkɪŋ] **sticking plaster** n (small) tirita; (on roll) esparadrapo.
sticking point escollo.

stick-in-the-mud [ˈstɪkɪnðəmʌd] n fam persona chapada a la antigua, carroza mf.

stickleback [ˈstɪkəlbæk] n (fish) espinoso, espinosillo.

stickler [ˈstɪkləʳ] n persona quisquillosa: she's a stickler for details es muy detallista, repara mucho en los detalles; he's a stickler for discipline insiste mucho en la disciplina.

stick-on [ˈstɪkɒn] adj adhesivo,-a.

stick-up [ˈstɪkʌp] n fam atraco, asalto, robo a mano armada.

sticky [ˈstɪkɪ]
1 adj (gen) pegajoso,-a; (label) adhesivo, -a; (weather) bochornoso,-a; (hand) pringoso,-a.
2 adj fam (situation) difícil, peliagudo,-a: we're going through a sticky patch pasamos por una época difícil.
✦ **to be on a sticky wicket** estar en un aprieto.
to be sticky about doing something poner pegas para hacer algo.
to come to a sticky end acabar mal.
to have sticky fingers tener los dedos largos.
▲ comp **stickier**, superl **stickiest**.

stiff [stɪf]
1 adj (hair, fabric) rígido,-a, tieso,-a; (card, collar, brush, lock) duro,-a.
2 adj (joint) entumecido,-a; (muscle) agarrotado,-a: he's got a stiff neck tiene tortícolis; I feel stiff after yesterday's work-out tengo agujetas después del entrenamiento de ayer.
3 adj (door, window) difícil de abrir, difícil de cerrar.
4 adj (not liquid) espeso,-a, consistente.
5 adj (person, manner) estirado,-a, tieso, -a; (smile) forzado,-a.
6 adj fig (climb, test, etc) difícil, duro,-a; (breeze) fuerte; (sentence, punishment) severo,-a: there's stiff competition

for the post hay mucha competencia por el puesto.

7 *adj fam (price, fee)* excesivo,-a.

8 *adj fam (drink)* fuerte, cargado,-a.

9 *n sl (corpse)* fiambre *m*.

✦ **to keep a stiff upper lip** poner a mal tiempo buena cara.

to be bored stiff aburrirse como una ostra.

to be frozen stiff estar helado,-a hasta los huesos.

to be scared stiff estar muerto,-a de miedo.

to be worried stiff estar preocupadísimo,-a.

stiffen [ˈstɪfən]

1 *vt (card, fabric)* reforzar; *(collar)* almidonar; *(paste)* endurecer.

2 *vt fig (resistance, morale)* fortalecer.

3 *vi (material)* ponerse tieso,-a; *(mixture)* espesarse.

4 *vi (muscles, joints)* agarrotarse; *(person)* ponerse tenso,-a; *(corpse)* ponerse rígido,-a.

5 *vi fig (resistance, morale)* fortalecerse.

stiffly [ˈstɪflɪ] *adv (move, turn)* rígidamente, con rigidez; *(smile, greet, etc)* fríamente, con frialdad.

stiff-necked [stɪfˈnekt] *adj (stubborn)* terco,-a, testarudo,-a.

stiffness [ˈstɪfnəs]

1 *n (gen)* rigidez *f*, dureza; *(of muscles)* agarrotamiento; *(of joints)* entumecimiento.

2 *n (severity)* severidad *f*, dureza.

3 *n (formality)* frialdad *f*.

stifle [ˈstaɪfəl]

1 *vt (suffocate)* sofocar.

2 *vt (extinguish)* sofocar.

3 *vt (repress - rebellion, opposition)* reprimir, sofocar, ahogar; *(- sound, noise)* amortiguar, sofocar, ahogar; *(- tears, cries)* ahogar; *(- yawn, anger)* reprimir, contener; *(- growth)* frenar.

4 *vi* ahogarse, sofocarse.

stifling [ˈstaɪfəlɪŋ] *adj (gen)* sofocante, agobiante: **a stifling hot day** un día sofocante.

stigma [ˈstɪgmə] *n (gen)* estigma *m*.

stigmatise [ˈstɪgmətaɪz] *vt* → **stigmatize.**

stigmatize [ˈstɪgmətaɪz] *vt* estigmatizar.

✦ **to stigmatize somebody as something** tildar a alguien de algo.

stile [staɪl] *n* dos escalones de madera para pasar por encima de una cerca.

stiletto [stɪˈletəʊ]

1 *n (small dagger)* estilete *m*.

2 stilettos *npl (shoes)* zapatos *mpl* de tacón de aguja.

▪ **stiletto heel** tacón *m* de aguja.

▲ *pl* **stilettos.**

still¹ [stɪl]

1 *n (distillation apparatus)* alambique *m*.

2 *n (place)* destilería.

still² [stɪl]

1 *adj (not moving)* quieto,-a, inmóvil; *(stationary)* parado,-a; *(water)* manso, -a; *(air)* en calma.

2 *adj (tranquil, calm)* tranquilo,-a; *(peaceful)* sosegado,-a; *(subdued)* callado,-a, apagado,-a; *(silent)* silencioso,-a.

3 *adj (not fizzy - water)* sin gas; *(soft drink)* sin burbujas.

4 *adv (so far)* todavía, aún: **I still remember it** aún lo recuerdo; **we've still got ten pounds left** todavía nos quedan diez libras; **do they still live in the same house?** ¿aún viven en la misma casa?; **she still hasn't learnt to drive** aún no ha aprendido a conducir; **they're still arguing** siguen discutiendo; **I still don't get it** sigo sin entenderlo.

5 *adv (even)* aún, todavía: **that would be better still** eso sería aún mejor; **today it's hotter still** hoy hace aún más calor.

6 *adv (even so, nevertheless)* a pesar de todo, con todo, no obstante, sin embargo: **but that still doesn't excuse your behaviour** pero aun así, eso no justifica tu comportamiento; **we still love you, no matter what** a pesar de todo, te seguimos queriendo; **still, it was worth it** no obstante, valía la pena.

7 *adv fml (besides, yet, in addition)* aún, todavía: **still more** aún más.

8 *adv (quiet, without moving)* quieto,-a: **keep still** estáte quieto; **stand still** no te muevas.

9 *n lit (calm, silence)* silencio, quietud *f*, tranquilidad *f*: **in the still of the night** en la quietud de la noche.

10 *n CINEM (photograph)* fotograma *m*.

✦ **still waters run deep** del agua mansa líbreme Dios.

▪ **still life** ART naturaleza muerta, bodegón *m*.

stillbirth [ˈstɪlbɜːθ] *n* mortinato,-a.

stillborn [ˈstɪlbɔːn] *adj* mortinato,-a, nacido,-a muerto,-a.

stillness [ˈstɪlnəs]

1 *n (calm)* calma, quietud *f*, tranquilidad *f*.

2 *n (silence)* silencio.

stilt [stɪlt] *n (for walking)* zanco; *(for houses)* pilote *m*.

stilted [ˈstɪltɪd] *adj pej (style, language)* rebuscado,-a; *(manner)* afectado,-a; *(conversation)* forzado,-a.

stimulant [ˈstɪmjələnt]

1 *n (drug)* estimulante *m*.

2 *n (stimulus)* estímulo, incentivo, acicate *m*.

stimulate [ˈstɪmjəleɪt] *vt (activate)* estimular; *(encourage)* animar, alentar.

stimulating [ˈstɪmjəleɪtɪŋ] *adj (gen)* estimulante; *(inspiring)* inspirador,-ra.

stimulation [stɪmjəˈleɪʃən] *n (stimulus)* estímulo; *(action)* estimulación *f*.

stimulus [ˈstɪmjələs] *n* estímulo.

▲ *pl* **stimuli** [ˈstɪmjəliː].

sting [stɪŋ]

1 *n (organ - of bee, wasp)* aguijón *m*; *(- of scorpion)* uña; *(- of plant)* pelo urticante.

2 *n (action, wound)* picadura: **a jellyfish sting is very painful** una picadura de medusa duele mucho.

3 *n (pain)* escozor *m*, picazón *f*: **this cream will take the sting away** esta pomada quitará el escozor.

4 *n fig (of remorse)* punzada: **the sting of conscience** el gusanillo de la conciencia.

5 *n US (trick)* timo, golpe *m*.

6 *vt (gen)* picar: **if you keep still it won't sting you** si no te mueves, no te picará; **he's been stung by a wasp** le ha picado una avispa; **the smoke stung her eyes** le picaban los ojos por el humo.

7 *vt fig (remark)* herir en lo más hondo; *(conscience)* remorder: **his words really stung me** sus palabras me hirieron en lo más vivo.

8 *vt (provoke)* incitar, provocar (**into/to**, a).

9 *vt (overcharge, swindle)* clavar: **they stung me for £50** me clavaron 50 libras.

10 *vi (insects, nettles, etc)* picar; *(substance)* escocer.

11 *vi (be painful)* escocer.

✦ **to have a sting in the tail** *fig* esconder algo malo.

to take the sting out of something *fig* quitar hierro a algo.

▲ *pt & pp* **stung** [stʌŋ].

stinginess [ˈstɪndʒɪnəs] *n* tacañería.

stinging [ˈstɪŋɪŋ] *adj (words)* mordaz, hiriente.

▪ **stinging nettle** ortiga.

stinging pain escozor *m*.

▲ *comp* **stingier,** *superl* **stingiest.**

stingray [ˈstɪŋreɪ] *n (fish)* raya venosa.

stingy [ˈstɪndʒɪ] *n (person)* tacaño,-a, roñoso,-a, agarrado,-a, rácano,-a; *(amount)* escaso,-a, mezquino,-a: **don't be so stingy with the chips!** ¡no seas tan rácano con las patatas!

stink [stɪŋk]

1 *n (smell)* peste *f*, hedor *m*, hediondez *f*, fetidez *f*: **what a stink!** ¡qué peste!

2 *n fam (fuss, trouble)* escándalo, lío, follón *m*: **the leaked document caused a real stink** el documento filtrado provocó un auténtico escándalo; **she made a stink about the noise** armó un lío por el ruido.

3 *vi* apestar (**of**, a), heder (**of**, a): **that cheese stinks** aquel queso apesta; **it stinks of cats** apesta a gatos; **he stinks of whisky** huele a whisky que apesta.

4 *vi fam (seem bad or dishonest)* dar asco: **the whole affair stinks** todo el asunto da asco; **I think your idea stinks** me parece una idea pésima.

▸ **to stink out**

1 *vt sep (fill with bad smell)* apestar, dejar hediondo,-a: **his cigar stank the whole house out** su puro apestó toda la casa.

2 *vt sep (drive away)* hacer salir.

◆ **to create/kick up/make/raise a stink** armar un lío, armar un escándalo.

■ **stink bomb** bomba fétida.

▲ *pt* stank [stæŋk] o *stunk* [stʌŋk], *pp* stunk [stʌŋk].

stinker ['stɪŋkəʳ] *n fam (unpleasant person)* canalla *mf*; *(difficult thing)* cosa dificilísima; *(bad day)* día *m* de perros; *(bad cold)* resfriado muy fuerte.

stinking ['stɪŋkɪŋ]

1 *adj (smelly)* hediondo,-a, fétido,-a, apestoso,-a.

2 *adj (unpleasant, very bad)* horroroso,-a, asqueroso,-a: **keep your stinking money!** ¡quédate con tu maldito dinero!

◆ **to be stinking rich** estar podrido,-a de dinero.

stint [stɪnt]

1 *n (period of work)* período, temporada; *(shift)* turno, tanda; *(fixed amount of work)* parte *f*: **I had a stint as a barman** trabajé de camarero durante una temporada; **have you done your stint?** ¿has hecho tu parte?

2 *vt (food)* escatimar.

3 *vt (deprive)* privar: **don't stint yourself of food** no te prives de comida.

4 *vi* escatimar (**on**, -): **don't stint on the garlic** no escatimes el ajo.

◆ **without stint** generosamente.

stipend ['staɪpend] *n* estipendio, salario.

stipple ['stɪpəl] *n* puntear.

stipulate ['stɪpjəleɪt] *vt* estipular, especificar.

stipulation [stɪpjə'leɪʃən] *n* estipulación *f*, condición *f*.

stir¹ [stɜːʳ]

1 *n (act)* acción *f* de agitar: **give it a stir** remuévelo.

2 *n (slight movement)* movimiento: **a stir of excitement** una leve agitación.

3 *n fig (public excitement, commotion)* revuelo: **it caused a great stir** provocó un gran revuelo.

4 *vt (liquid, mixture)* remover, revolver: **has this tea been stirred?** ¿has removido este té?; **stirring all the time** sin dejar de remover; **stir the milk into the mixture** incorpora la leche a la mezcla removiéndola.

5 *vt (move slightly)* mover, agitar: **the wind stirred the leaves** el viento movía las hojas; **stir yourself!** ¡muévete!

6 *vt (curiosity, interest, etc)* despertar, excitar; *(anger)* provocar; *(imagination)* avivar, estimular; *(emotions)* conmover: **the poem stirred everyone** el poema conmovió a todos; **his words stirred us to action** sus palabras nos incitaron a la acción; **her plight stirred my sympathy** su grave situación despertó mi compasión.

7 *vi (move)* moverse, agitarse; *(wake up)* despertarse; *(get up)* levantarse: **he stirred in his sleep** se movía mientras dormía; **the baby hasn't stirred all evening** el bebé no se ha despertado

en toda la noche; **he didn't stir from the armchair** no se movió del sillón; **nobody stirs before ten o'clock** nadie se levanta antes de las diez.

8 *vi (feelings)* despertarse: **memories began to stir within her** los recuerdos empezaron a despertarse en su mente.

9 *vi fam (cause trouble)* armar lío, meter cizaña.

▶ **to stir up**

1 *vt sep (unrest, revolt, etc)* provocar; *(hatred)* fomentar, promover; *(trouble)* provocar, crear; *(memories)* despertar; *(passions)* excitar: **the workers are being stirred up by outside agitators** agitadores ajenos están provocando a los obreros; **she loves stirring things up** le encanta liar las cosas.

2 *vt sep (mud, waters, dust)* remover.

◆ **to stir one's stumps** moverse.

to stir somebody's blood excitar a alguien.

stir² [stɜːʳ] *n sl dated (prison)* cárcel *f*, chirona.

stir-crazy [stɜː'kreɪzɪ] *adj* loco,-a.

stir-fry ['stɜːfraɪ] *vt CULIN* freír en poco aceite sin dejar de removerlo.

▲ *pt & pp* stir-fried, *ger* stir-frying.

stirrer ['stɜːrəʳ] *n fam (person)* liante *mf*, follonero,-a.

stirring ['stɜːrɪŋ] *adj (moving)* conmovedor,-ra; *(rousing, exciting)* emocionante.

stirrup ['stɪrəp]

1 *n (for riding)* estribo.

2 *n (on trousers)* trabilla.

■ **stirrup pump** bomba de mano.

stitch [stɪtʃ]

1 *n (in sewing)* puntada; *(in knitting)* punto.

2 *n MED* punto (de sutura).

3 *n (sharp pain)* punzada; *(when running etc)* flato.

4 *vt SEW* coser (**on**, a), (**up**, -).

5 *vt MED* suturar (**up**, -).

6 *vi SEW* coser.

▶ **to stitch up**

1 *vt sep (complete satisfactorily)* arreglar, acabar: **we'll soon have it stitched up** pronto lo tendremos todo arreglado.

2 *vt sep fam (double-cross)* engañar, traicionar: **we've been stitched up** nos han engañado.

◆ **a stitch in time saves nine** un remiendo a tiempo ahorra ciento.

to be in stitches troncharse de risa.

to have not got a stitch on estar en cueros.

to have somebody in stitches hacer que alguien se tronche de risa, hacer que alguien se parta de risa.

stoat [stəʊt] *n* armiño.

stock [stɒk]

1 *n (supply)* reserva: **coal stocks** reservas de carbón; **they laid in stocks of food for the winter** se abastecieron de provisiones para el invierno.

2 *n COMM (goods)* existencias *fpl*, stock *m*; *(variety)* surtido: **we're getting our new stock in next week** tendremos el nuevo stock la semana que viene; **we're selling off the old stock** estamos liquidando el stock antiguo.

3 *n FIN (company's capital)* capital *m* social.

4 *n AGR (livestock)* ganado.

5 *n CULIN (broth)* caldo.

6 *n BOT (flower)* alhelí *m*.

7 *n (trunk, main part of tree)* tronco; *(of vine)* cepa.

8 *n (plant from which cuttings are grown)* planta madre; *(stem onto which another plant is grafted)* patrón *m*.

9 *n (descent - of person)* linaje *m*, estirpe *m*; *(- of animal)* raza.

10 *n fml (standing, status)* prestigio; *(popularity)* popularidad *f*.

11 *n (of gun)* culata; *(of tool, whip, fishing rod)* mango.

12 *adj COMM (goods, size)* corriente, normal, de serie, estándar.

13 *adj pej (excuse, argument, response)* de siempre, típico,-a, de costumbre; *(greeting, speech)* consabido,-a; *(phrase, theme)* trillado,-a, gastado,-a, muy visto,-a.

14 *vt COMM (keep supplies of)* tener en stock; *(sell)* vender: **we stock all sizes** tenemos todas las tallas; **do you stock textbooks?** ¿venden libros de texto?

15 *vt (provide with a supply)* abastecer de, surtir de, proveer de; *(fill - larder etc)* llenar (**with**, de); *(- lake, pond)* poblar: **the shop is well-stocked with exotic food** la tienda tiene un buen surtido de comida exótica; **we're well stocked up with tinned food** tenemos más que suficientes latas de comida; **he stocks shelves at the supermarket** llena los estantes en el supermercado; **a well-stocked larder** una despensa llena.

16 **stocks** *npl FIN (shares)* acciones *fpl*, valores *mpl*.

▶ **to stock up** *vi* abastecerse (**on/with**, de/con), aprovisionarse (**on/with**, de/con): **we must stock up on food for Christmas** hay que abastecerse de alimentos para Navidad.

◆ **to be out of stock** estar agotado,-a.

to have something in stock tener algo en stock, tener algo en existencias.

to take stock *COMM* hacer el inventario.

to take stock of something *fig* evaluar algo, hacer balance de algo.

■ **government stock** papel de estado.

stock certificate *US* título de acciones.

stock company *THEAT* compañía de repertorio; *US* sociedad *f* anónima.

stock cube pastilla de caldo.

stock exchange bolsa.

stock market bolsa, mercado bursátil.

stockade [stɒ'keɪd] *n (fence)* empalizada, estacada.

stockbreeder ['stɒkbriːdəʳ] *n* ganadero,-a.

stockbreeding [ˈstɒkbriːdɪŋ] *n* ganadería, cría del ganado.

stockbroker [ˈstɒkbrəʊkəʳ] *n* corredor,-ra de bolsa, agente *mf* de bolsa, bolsista *mf*.
- **stockbroker belt** *zona residencial de alta categoría en las afueras de una ciudad.*

stockbroking [ˈstɒkbrəʊkɪŋ] *n* correduría de valores: **stockbroking firm** agencia de valores y bolsa.

stockholder [ˈstɒkhəʊldəʳ] *n US* accionista *mf*.

Stockholm [ˈstɒkhəʊm] *n* Estocolmo.

stocking [ˈstɒkɪŋ] *n* media: **a pair of stockings** unas medias, un par de medias.
- **in one's stocking(ed) feet** descalzo,-a.
- **stocking stitch** punto de media.

stockist [ˈstɒkɪst] *n* almacenista *mf*, proveedor,-ra, distribuidor,-ra.

stockman [ˈstɒkmən] *n* ganadero.

stockpile [ˈstɒkpaɪl]
1 *n* reservas *fpl*.
2 *vt (gen)* almacenar; *(accumulate)* acumular, hacer acopio de.

stockpot [ˈstɒkpɒt] *n* olla, marmita.

stockroom [ˈstɒkruːm] *n* almacén *m*, depósito.

stocks [stɒks]
1 *npl HIST (wooden frame)* cepo.
2 *npl MAR (framework)* grada de construcción, astillero.
- **to be on the stocks** estar en construcción.

stock-still [stɒkˈstɪl] *adv* inmóvil.

stocktaking [ˈstɒkteɪkɪŋ]
1 *n COMM* inventario.
2 *n (review)* balance *m*.

stocky [ˈstɒkɪ] *adj (heavily-built)* robusto,-a, fornido,-a; *(strong, solid)* cuadrado,-a; *(squat)* bajito,-a.
- △ *comp* **stockier**, *superl* **stockiest**.

stockyard [ˈstɒkjɑːd] *n* corral *m* de ganado.

stodge [stɒdʒ] *n* comida indigesta, mazacote *m*.

stodgy [ˈstɒdʒɪ]
1 *adj (food)* indigesto,-a, pesado,-a.
2 *adj (book, person)* pesado,-a, aburrido,-a.
- △ *comp* **stodgier**, *superl* **stodgiest**.

stoic [ˈstəʊɪk] *n* estoico,-a.

stoical [ˈstəʊɪkəl] *adj* estoico,-a.

stoicism [ˈstəʊɪsɪzəm] *n* estoicismo.

stoke [stəʊk]
1 *vt (fire - add fuel to)* alimentar, echar carbón a, echar leña a; *(- poke)* atizar, avivar.
2 *vt fig (feeling)* avivar, alimentar.
- **to stoke up**
  1 *vi (add fuel to fire)* alimentar el fuego; *(poke fire)* atizar el fuego, avivar el fuego.
  2 *vi fam (fill up)* llenarse (**on**, de), atiborrarse (**on**, de).
  3 *vt sep fig (feeling)* avivar, alimentar.

stoker [ˈstəʊkəʳ] *n* fogonero,-a.

stole¹ [stəʊl] *pt* → **steal**.

stole² [stəʊl] *n (garment)* estola.

stolen [ˈstəʊlən] *pp* → **steal**.

stolid [ˈstɒlɪd] *adj (impassive)* impasible, imperturbable.

stomach [ˈstʌmək]
1 *n ANAT* estómago.
2 *n fam (belly)* barriga; *(abdomen)* abdomen *m*, vientre *m*: **a feeling in the pit of my stomach** un presentimiento en la boca del estómago.
3 *vt fig (bear, endure)* aguantar, soportar, tragar; *(eat, drink)* tolerar.
- **on a full stomach** cuando acabas de comer.
  on an empty stomach en ayunas, con el estómago vacío.
  to have no stomach for something *(appetite)* no tener ganas de comer algo, no apetecerle comer algo; *(liking)* no gustarle algo a uno; *(afraid)* tener miedo de algo, no atreverse a hacer algo.
  to lie on one's stomach tumbarse boca abajo.
  to turn somebody's stomach revolverle el estómago a alguien.
- **stomach pump** bomba estomacal.
  stomach upset trastorno gástrico.

stomachache [ˈstʌməkeɪk] *n* dolor *m* de estómago.

stomp [stɒmp] *vi fam* pisar fuerte.

stone [stəʊn]
1 *n (gen)* piedra.
2 *n (on grave)* lápida.
3 *n (of fruit)* hueso.
4 *n MED* cálculo, piedra.
5 *n GB (measure of weight)* unidad de peso que equivale a 6,348 kg: **she weighs 9 stones** pesa 57 kilos.
6 *adj* de piedra, pétreo,-a.
7 *vt (person)* apedrear, lapidar.
8 *vt (fruit)* deshuesar.
- **a rolling stone gathers no moss** piedra movediza nunca moho la cobija.
  at a stone's throw a tiro de piedra.
  stone the crows!/stone me! ¡caray!
  to leave no stone unturned no dejar piedra por mover.
- **Stone Age** Edad *f* de Piedra.

stonechat [ˈstəʊntʃæt] *n* tarabilla.

stone-cold [stəʊnˈkəʊld] *adj* helado,-a.
- **to be stone-cold sober** no haber bebido ni una gota.

stoned [stəʊnd]
1 *adj sl (on drugs)* ciego,-a, flipado,-a, colocado,-a.
2 *adj sl (drunk)* trompa, mamado,-a.
- **to get stoned** *(on drugs)* colocarse; *(drunk)* emborracharse.

stone-dead [stəʊnˈded] *adj* tieso,-a, muerto,-a.

stone-deaf [stəʊnˈdef] *adj* sordo,-a como una tapia.

stonemason [ˈstəʊnmeɪsən] *n (stone cutter)* cantero,-a; *(builder)* mampostero,-a.

stonewall [ˈstəʊnwɔːl]
1 *vi (gen)* poner obstáculos, utilizar tácticas obstruccionistas.
2 *vi POL* practicar el obstruccionismo.
3 *vi (in cricket)* jugar a la defensiva.
4 *vt* obstaculizar, poner obstáculos a.

stoneware [ˈstəʊnweəʳ] *n* gres *m*, cerámica de gres.

stone-washed [stəʊnˈwɒʃt] *adj* lavado,-a a la piedra.

stonework [ˈstəʊnwɜːk] *n* mampostería.

stony [ˈstəʊnɪ]
1 *adj (ground, beach)* pedregoso,-a.
2 *adj fig (look, silence)* frío,-a, glacial.
- **to fall on/upon stony ground** caer en oídos sordos.
- △ *comp* **stonier**, *superl* **stoniest**.

stony-broke [stəʊnɪˈbrəʊk] *adj* sin blanca, pelado,-a, sin un duro.

stood [stʊd] *pt & pp* → **stand**.

stooge [stuːdʒ]
1 *n THEAT* comparsa *mf*.
2 *n pej (person)* títere *mf*, pelele *mf*.

stool [stuːl]
1 *n (seat)* taburete *m*, banqueta.
2 *n MED (faeces)* deposición *f*, heces *fpl*.
- **to fall between two stools** quedarse entre dos aguas.

stoolpigeon [ˈstuːlpɪdʒɪn] *n sl (informer)* soplón,-ona; *(decoy)* señuelo.

stoop¹ [stuːp] *n US (porch)* entrada.

stoop² [stuːp]
1 *n (of person)* encorvamiento, encorvadura; *(of shoulders)* espaldas *fpl* encorvadas: **he walks with a stoop** anda encorvado.
2 *vi (bend)* inclinarse (**down**, -), agacharse (**down**, -).
3 *vi (have a stoop)* andar encorvado,-a, ser cargado,-a de espaldas.
- **to stoop to** *vt insep fig (lower oneself)* rebajarse a: **he'd stoop to anything** se rebajaría a cualquier cosa.
- **to stoop so low (as to do something)** llegar tan bajo (como para hacer algo).

stop [stɒp]
1 *n (halt)* parada, alto: **the vehicle came to a stop** el vehículo se paró; **work has been at a stop for weeks** hace semanas que el trabajo está parado.
2 *n (stopping place)* parada: **bus stop** parada de autobús; **which stop do you want to get off at?** ¿dónde quieres bajar?
3 *n (on journey)* parada; *(break, rest)* descanso, pausa: **we make two stops on this route** hacemos dos paradas en este recorrido; **let's make a stop for lunch** hagamos una parada para comer; **our first stop was in Paris** nuestra primera parada fue en París.

4 *n (punctuation mark)* punto; *(in telegram)* stop *m*.

5 *n MUS (on organ)* registro; *(knob)* botón *m* de registro; *(on wind instrument)* llave *f*.

6 *n (in camera)* diafragma *m*.

7 *vt (halt - vehicle, person)* parar, detener; *(- machine, ball)* parar: **he stopped the car outside the station** detuvo el coche delante de la estación; **she stopped a passing taxi** paró un taxi que pasaba; **he was stopped by police at the airport** la policía lo detuvo en el aeropuerto; **stop that man! he's taken my bag!** ¡detened a ese hombre! ¡me ha robado el bolso!

8 *vt (end, interrupt - production)* parar, paralizar; *(- inflation, advance)* parar, contener; *(- conversation, play)* interrumpir; *(- pain etc)* poner fin a, poner término a, acabar con.

9 *vt (pay, match, holidays)* suspender; *(cheque)* cancelar; *(money from wages)* retener: **the referee stopped the match** el árbitro suspendió el partido; **they stopped £10 from my wages** me retuvieron 10 libras del sueldo.

10 *vt (cease)* dejar de, parar de: **has it stopped raining?** ¿ha dejado de llover?; **he stopped smoking** dejó de fumar; **she stopped work to have a baby** dejó de trabajar para tener un niño; **stop crying!** ¡para de llorar!; **do you ever stop talking?** ¿no paras de hablar jamás?; **stop it!** ¡basta ya!

11 *vt (prevent)* impedir, evitar: **they tried to stop me (from) going** trataron de impedir que fuera; **no-one could stop her (from) seeing him** nadie pudo impedir que lo viera; **the students stopped the theatre being closed** los estudiantes impidieron que se cerrara el teatro; **nothing can stop us now** nada nos puede parar ahora; **what's stopping you?** ¿por qué no lo haces?, ¿qué te lo impide?; **you must stop the bleeding** hay que parar la hemorragia.

12 *vt (block - hole)* tapar, taponar (**up**, -); *(- gap)* rellenar (**up**, -); *(- tooth)* empastar (**up**, -): **I've got to stop a leak in the pipe** tengo que taponar un escape en la cañería.

13 *vt MUS (string, key)* apretar; *(hole)* cubrir.

14 *vi (halt)* parar, pararse, detener, detenerse: **does this bus stop at the station?** ¿este autobús para en la estación?; **the train stopped in a tunnel** el tren se paró en un túnel; **we stopped for a rest** paramos para descansar; **she stopped to look in a shop window** paró para mirar en un escaparate; **my watch has stopped** se me ha parado el reloj; **his heart stopped** se le paró el corazón; **she never stops** no para nunca.

15 *vi (cease)* acabarse, terminar, cesar: **the shouting suddenly stopped** de repente se acabaron los gritos; **the fighting has stopped** han cesado los combates; **the rain has stopped** ha dejado de llover, ya no llueve.

16 *vi GB fam (stay)* quedarse: **no, I'm not stopping long** no, no me quedo mucho rato; **are you stopping for lunch?** ¿te quedas a comer?; **we stopped at a hotel** nos quedamos en un hotel.

▸ **to stop behind** *vi* quedarse.

to stop by *vi (visit)* pasar: **tell Dave to stop by and see me one day** dile a Dave que pase a verme un día.

to stop in *vi* quedarse en casa, no salir.

to stop off *vi (interrupt journey)* parar: **we stopped off in Tarragona** paramos en Tarragona.

to stop out *vi* no volver a casa.

to stop over

1 *vi (interrupt journey)* parar; *(overnight)* pasar la noche, hacer noche.

2 *vi (on flight)* hacer escala.

to stop up *vi*

1 *vi (go to bed late)* no acostarse.

2 *vt sep* taponar.

✦ **stop thief!** ¡al ladrón!

to come to a stop pararse, hacer un alto.

to pull out all the stops tocar todos los registros.

to put a stop to something poner fin a algo.

to stop a bullet recibir un balazo.

to stop at nothing (to do something) no pararse en barras (para hacer algo), no tener miramientos (para hacer algo).

to stop dead in one's tracks pararse en seco.

to stop oneself contenerse.

to stop short pararse en seco.

to stop short of something no llegar a: **he insulted him, but he stopped short of hitting him** lo insultó, pero no llegó a pegarle.

to stop the rot cortar por lo sano.

to stop the show causar sensación.

to stop to think detenerse a pensar.

without stopping sin parar, sin cesar.

■ **stop press** noticias *fpl* de última hora.

stop sign stop *m*.

▲ *pt & pp* **stopped**, *ger* **stopping**.

stopcock ['stɒpkɒk] *n* llave *f* de paso.

stopgap ['stɒpgæp] *n (thing)* recurso provisional, medida provisional; *(person)* sustituto,-a.

stoplight ['stɒplaɪt] *n US* semáforo.

stopover ['stɒpəʊvəʳ] *n (stop)* parada; *(on flight)* escala; *(stay)* estancia.

stoppage ['stɒpɪdʒ]

1 *n (of work)* paro, suspensión *f*; *(strike)* huelga.

2 *n (in production, play)* interrupción *f*.

3 *n (cancellation, withholding)* suspensión *f*.

4 *n (blockage)* obstrucción *f*.

5 **stoppages** *npl (money from wages)* retenciones *fpl*, deducciones *fpl*.

stopper ['stɒpəʳ] *n* tapón *m*.

stopping ['stɒpɪŋ] *adj GB (of train)* que para en todas las estaciones.

stop-press [stɒp'pres] *adj (news)* de última hora.

stopwatch ['stɒpwɒtʃ] *n* cronómetro.

storage ['stɔːrɪdʒ]

1 *n (act)* almacenaje *m*, almacenamiento *m*.

2 *n (place)* almacén *m*, depósito, guardamuebles *m*.

3 *n (cost)* (gastos *mpl* de) almacenaje *m*.

4 *n COMPUT* almacenamiento.

✦ **to be in storage** estar guardado,-a.

to keep something in cold storage guardar algo en frío.

to put something into storage guardar algo.

■ **storage battery** acumulador *m*.

storage capacity capacidad *f* de almacenamiento.

storage heater acumulador *m* de calor.

storage space sitio para guardar cosas.

storage tank tanque *m* de almacenamiento.

storage unit armario.

store [stɔːʳ]

1 *n (supply - gen)* reserva, provisión *f*; *(- of wisdom, knowledge)* reserva; *(- of jokes etc)* colección *f*: **he has a secret store of whisky** tiene una reserva secreta de whisky.

2 *n (warehouse)* almacén *m*, depósito.

3 *n US (shop)* tienda.

4 *vt (put away)* almacenar (**up**, -); *(keep)* guardar; *(amass)* acumular, hacer acopio de: **we store the goods in the garage** almacenamos las mercancías en el garaje; **I've already stored my winter clothes away** ya he guardado la ropa de invierno; **squirrels store up nuts for the winter** las ardillas almacenan frutos secos para el invierno.

5 *vt COMPUT* almacenar.

6 *vt (put in storage)* guardar, almacenar, mandar a un depósito.

7 *vt fig (trouble etc)* ir acumulando (**up**, -), ir almacenando (**up**, -).

8 *vt (fill with supplies)* abastecer (**with**, de).

9 **stores** *npl (provisions)* provisiones *fpl*, víveres *mpl*.

10 *npl MIL (supplies, equipment)* pertrechos *mpl*; *(place)* intendencia *f sing*.

✦ **to be in store** estar en depósito, estar en un guardamuebles.

to be something in store (for somebody) esperarle algo a alguien, aguardarle algo a alguien.

to have something in store for somebody tenerle algo preparado para alguien: **I have a surprise in store for you** te tengo preparada una sorpresa, tengo una sorpresa para ti; **what does the future have in store for us?** ¿qué nos depara el futuro?

to keep something in store guardar algo de reserva.

to set store by something valorar algo mucho.

■ **general stores** colmado.

storehouse [ˈstɔːhaʊs] *n* almacén *m*, depósito.

storekeeper [ˈstɔːkiːpəʳ] *n US* tendero,-a.

storeroom [ˈstɔːruːm] *n (gen)* almacén *m*, depósito; *(for food)* despensa.

storey [ˈstɔːrɪ] *n* piso, planta: a ten-storey building un edificio de diez pisos; a multi-storey car park un aparcamiento de varias plantas.

stork [stɔːk] *n* cigüeña.

storm [stɔːm]
1 *n (thunderstorm)* tormenta; *(at sea)* tempestad *f*, temporal *m*; *(with wind)* borrasca: there's a storm brewing se prepara una tormenta; the storm broke se desató la tormenta.
2 *n fig (uproar)* revuelo, escándalo; *(of missiles, insults)* lluvia, torrente *m*: a storm of protest una ola de protestas; a storm of applause una salva de aplausos.
3 *vt (attack)* asaltar, tomar por asalto: they stormed the palace asaltaron el palacio.
4 *vt (say angrily)* bramar.
5 *vi (go or move angrily)* andar airado,-a: he stormed out salió airado; she stormed off se marchó hecha una furia; he stormed in entró como un vendaval.
6 *vi (shout angrily)* echar pestes, vociferar, rabiar, despotricar.
✦ to ride out the storm/weather the storm capear el temporal.
to take by storm *(troops, forces)* tomar por asalto; *(play, film)* cautivar.
■ a storm in a teacup una tempestad en un vaso de agua.
storm cloud nubarrón *m*.
storm door contrapuerta.
storm petrel petrel *m*, ave *f* de las tempestades.
storm trooper soldado de las tropas de asalto.
storm troops tropas *fpl* de asalto.
storm warning aviso de tormenta.
storm window contraventana.

stormy [ˈstɔːmɪ]
1 *adj (weather)* tormentoso,-a.
2 *adj fig (meeting, discussion)* acalorado,-a; *(relationship)* tormentoso,-a, con muchos altibajos.
▲ *comp* stormier, *superl* stormiest.

story[1] [ˈstɔːrɪ] *n US* → storey.

story[2] [ˈstɔːrɪ]
1 *n (gen)* historia; *(tale)* cuento, relato; *(account)* relato: it's a love story es una historia de amor; tell me a story cuéntame un cuento; the book tells the story of Cinderella el libro relata la historia de la Cenicienta; that's my story and I'm sticking to it ésa es mi historia y a ella me atengo; a success story una historia de éxito; I want to hear your side of the story quiero oír tu versión de los hechos.
2 *n (anecdote)* anécdota; *(joke)* chiste *m*.

3 *n (rumour)* rumor *m*; *(lie)* mentira, cuento: don't tell stories no digas mentiras.
4 *n (newspaper article)* artículo; *(newsworthy item)* artículo de interés periodístico: that would make a good story eso sería una buena noticia.
5 *n (story-line, narrative, plot)* argumento, trama.
✦ but that's another story pero eso es otro cantar.
it's a long story es largo de contar.
so the story goes según cuenta la historia, según dicen.
that's the story of my life! ¡siempre me pasa lo mismo!
to cut a long story short en resumidas cuentas, en pocas palabras.
▲ *pl* stories.

storybook [ˈstɔːrɪbʊk] *n* libro de cuentos.

storyteller [ˈstɔːrɪteləʳ] *n* cuentista *mf*.

stout [staʊt]
1 *adj euph (fat)* corpulento,-a, robusto,-a.
2 *adj (strong)* sólido,-a, fuerte.
3 *adj (determined, resolute)* firme, resuelto,-a, tenaz; *(brave)* valiente: with a stout heart valientemente, resueltamente.
4 *n (beer)* cerveza negra.

stout-hearted [staʊtˈhɑːtɪd] *adj* valiente, resuelto,-a.

stove[1] [stəʊv]
1 *n (for heating)* estufa.
2 *n (cooker)* cocina; *(cooking ring)* hornillo; *(oven)* horno.
■ oil stove estufa de petróleo.

stove[2] [stəʊv] *pp* → stave.

stow [stəʊ]
1 *vt (put away, store)* guardar, poner, colocar.
2 *vt MAR (cargo)* estibar, arrumar, cargar.
▶ to stow away *vi (on ship, plane)* viajar de polizón.

stowage [ˈstəʊɪdʒ] *n MAR (act)* estiba; *(space)* bodega.

stowaway [ˈstəʊəweɪ] *n* polizón *mf*.

strabismus [strəˈbɪzməs] *n* estrabismo.

straddle [ˈstrædəl]
1 *vt (on horse, fence, etc)* sentarse a horcajadas sobre.
2 *vt (bridge, town)* extenderse sobre.
3 *n SP (high-jumping technique)* tijereta.

strafe [streɪf] *vt* bombardear.

straggle [ˈstrægəl]
1 *vi (spread untidily)* extenderse, desparramarse; *(grow)* crecer desordenadamente.
2 *vi (lag behind)* rezagarse, ir rezagado,-a.

straggler [ˈstrægələʳ] *n (person)* rezagado,-a.

straggly [ˈstrægəlɪ] *adj (of town, houses)* disperso,-a, esparcido,-a; *(of plant)* que crece desordenadamente; *(of hair)* desgreñado,-a.
▲ *comp* stragglier, *superl* straggliest.

straight [streɪt]
1 *adj (not curved - gen)* recto,-a; *(- hair)* liso,-a: a straight road una carretera recta; can you walk in a straight line? ¿puedes caminar en línea recta?
2 *adj (level, upright)* derecho,-a, recto,-a: backs straight! ¡espalda recta!; is my tie straight? ¿tengo la corbata recta?; the picture isn't straight el cuadro no está recto; sit with your back straight siéntate erguido.
3 *adj (tidy, neat)* en orden, arreglado,-a: I must get the house straight tengo que ordenar la casa.
4 *adj (honest - person)* honrado,-a, de confianza; *(sincere)* sincero,-a, franco,-a: be straight with me sea sincero conmigo; give me a straight answer dame una respuesta clara; let's do some straight talking hablemos claro.
5 *adj (direct - question)* directo,-a; *(- refusal, rejection)* categórico,-a, rotundo,-a: he gave me a straight "no" for an answer su respuesta fue un "no" rotundo.
6 *adj (correct, accurate)* correcto,-a: let me get this straight a ver si lo he entendido; have you got your facts straight? ¿tienes la información correcta?
7 *adj (consecutive)* seguido,-a: he worked for five days straight trabajó cinco días seguidos; 31 straight wins 31 victorias consecutivas; she got straight A's sacó sobresaliente en todo.
8 *adj (drink)* solo,-a.
9 *adj (play, actor, etc)* serio,-a, dramático,-a.
10 *adj (person - conventional)* convencional; *(- heterosexual)* heterosexual; *(non-drug user)* que no toma droga.
11 *adj fam (not in debt)* solvente.
12 *adv (in a straight line)* recto,-a: he was staring straight ahead miraba al frente; go straight on sigue todo recto; it's straight in front of you está delante de tus narices; he can't shoot straight no es un tirador certero.
13 *adv (not in a curve)* derecho,-a, recto,-a: sit up straight ponte derecho.
14 *adv (directly)* directamente: he went straight to the fridge se fue directamente a la nevera; come straight home vuelve directamente a casa; she went straight from school to university pasó directamente del instituto a la universidad; go straight to bed vete directamente a la cama; the car was coming straight at me el coche venía directo hacia mí.
15 *adv (immediately)* en seguida: straight after lunch inmediatamente después de comer; I'll come straight back volveré en seguida.
16 *adv (frankly)* francamente, con franqueza: tell him straight (out) díselo sin rodeos; get straight to the point ve al grano.
17 *adv (clearly)* claro, con claridad: I can't think straight no puedo pensar bien.

18 *n SP (in race)* recta: **he sped down the final straight** bajó la recta final a gran velocidad.

19 *n (in cards)* escalera.

20 *n fam (conventional person)* carca *mf*; *(heterosexual) mf*; *(non-drug user)* persona que no se droga.

✦ **as straight as an arrow/die** *(line, direction)* derecho,-a como una vela; *(person)* honrado,-a.

straight away en seguida.

straight from the shoulder sin rodeos.

straight off sin pensarlo, en el acto.

straight up en serio.

the straight and narrow el buen camino.

to go straight *(criminal)* reformarse.

to keep a straight face contener la risa.

to play straight (with somebody) jugar limpio (con alguien).

to put/set the record straight dejar las cosas claras, aclarar las cosas, poner las cosas en su lugar.

to put/set somebody straight (about something) explicar los hechos a alguien.

to vote a/the straight ticket *US* votar a candidatos del mismo partido para todos los cargos.

▪ **straight choice** alternativa clara.

straight fight mano a mano *m*.

straight profit beneficio limpio.

straight swap cambio directo.

straightaway [streɪtə'weɪ] *adv* en seguida, inmediatamente.

straighten ['streɪtən]

1 *vt (wire)* enderezar; *(- tie, skirt, picture)* poner bien, poner recto,-a; *(- hair)* estirar, alisar: **straighten your tie** ponte bien la corbata.

2 *vt (tidy)* ordenar (**up**, -), arreglar (**up**, -).

3 *vi (road)* hacerse recto,-a.

▸ **to straighten out**

1 *vt sep (problem)* resolver, solucionar; *(confusion, misunderstanding)* aclarar; *(affair)* arreglar.

2 *vt sep (person)* resolver los problemas de.

to straighten up *vi (person)* ponerse derecho,-a.

straight-faced ['steɪt'feɪst] *adj* serio, -a, sin reírse.

straightforward [streɪt'fɔːwəd]

1 *adj (honest)* honrado,-a; *(sincere, open)* sincero,-a, franco,-a, abierto,-a.

2 *adj (simple, easy)* sencillo,-a, simple; *(clear)* claro,-a: **it's quite straightforward** es bastante sencillo; **in straightforward language** en lenguaje llano.

strain¹ [streɪn]

1 *n (race, breed)* raza; *(descent)* linaje *m*; *(of plant, virus)* cepa.

2 *n (streak)* vena: **a strain of madness** una vena de loco.

strain² [streɪn]

1 *n PHYS (tension)* tensión *f*; *(pressure)* presión *f*; *(weight)* peso: **the rope broke under the strain** la cuerda se rompió debido a la tensión; **breaking strain** tensión máxima.

2 *n (stress, pressure)* tensión *f*, estrés *m*; *(effort)* esfuerzo; *(exhaustion)* agotamiento: **she's been under a lot of strain lately** ha estado sometida a muchas tensiones últimamente; **the move put a lot of strain on them** la mudanza los sometió a muchas tensiones; **I find it a constant strain** me resulta un esfuerzo continuo; **mental strain** tensión nerviosa.

3 *n (tension)* tirantez *f*, tensión *f*: **the latest crisis has put more strain on Franco-Spanish relations** la última crisis ha aumentado la tirantez en las relaciones francoespañolas.

4 *n MED* torcedura, esguince *m*.

5 *vt (stretch)* estirar, tensar.

6 *vt (damage, weaken - muscle)* torcer(se), hacerse un esguince en; *(- back)* hacerse daño en; *(- voice, eyes)* forzar; *(ears)* aguzar; *(- heart)* cansar: **I strained my back** me hice daño en la espalda; **she strained her ears to hear** aguzó el oído para escuchar.

7 *vt (stretch - patience, nerves, credulity)* poner a prueba; *(- resources)* estirar al máximo; *(- relations)* someter a demasiada tensión, crear tirantez en: **it strained my patience** puso a prueba mi paciencia; **he strained his authority** abusó de su autoridad.

8 *vt (filter - liquid)* colar; *(- vegetables, rice)* escurrir.

9 *vi (make great efforts)* esforzarse, hacer un gran esfuerzo.

10 strains *npl MUS* son *m sing*, compás *m sing*.

▸ **to strain at** *vt insep* tirar de.

✦ **to strain at the leash** tirar de la correa.

to strain oneself esforzarse: **don't strain yourself!** ¡no te esfuerces!

strained [streɪnd]

1 *adj (tense, unfriendly)* tenso,-a, tirante; *(unnatural, forced, artificial)* forzado,-a.

2 *adj (stressed, anxious)* tenso,-a, estresado,-a; *(tires)* cansado,-a; *(eyes, voice)* forzado,-a.

▪ **strained muscle** esguince *m*.

strainer ['streɪnər] *n* colador *m*.

strait [streɪt]

1 *n GEOG* estrecho.

2 straits *npl (difficulties)* aprietos *mpl*, apuros *mpl*.

✦ **to be in dire straits/be in desperate straits** estar en un gran aprieto.

to be in financial straits pasar apuros económicos.

straitened ['streɪtənd] **to be in straitened circumstances** *phr fml* pasar estrecheces, pasar apuros.

straitjacket ['streɪtdʒækɪt]

1 *n* camisa de fuerza.

2 *n fig* control *m*, limitaciones *fpl*.

strait-laced [streɪt'leɪst] *adj pej* puritano,-a, remilgado,-a, mojigato,-a.

strand¹ [strænd] *n lit (beach)* playa.

strand² [strænd]

1 *n (of thread)* hebra, hilo; *(of rope, string)* ramal *m*; *(of hair)* pelo; *(of pearls)* sarta.

2 *n fig (of story, argument)* hilo, línea.

strand³ [strænd]

1 *vt MAR (ship, whale, fish)* varar.

2 *vt fig (person)* abandonar.

✦ **to be (left) stranded** *(boat etc)* quedar varado,-a, quedar encallado,-a; *(person)* quedarse varado,-a, quedarse colgado,-a.

to leave somebody stranded abandonar a alguien, dejar a alguien en la estacada, dejar a alguien tirado,-a.

strange [streɪndʒ]

1 *adj (odd, bizarre)* extraño,-a, raro,-a: **it's strange that she hasn't arrived yet** es extraño que no aún haya llegado; **how strange!** ¡qué raro!; **what strange clothes he's wearing!** ¡qué ropa más rara lleva!; **I feel a bit strange** me encuentro un poco raro; **the strange thing is that no-one said anything** lo raro es que nadie dijera nada.

2 *adj (unknown)* desconocido,-a; *(unfamiliar)* nuevo,-a: **strange people** gente desconocida; **he was strange to the job** no estaba acostumbrado al trabajo.

✦ **strange to say** aunque parezca mentira.

strangely ['streɪndʒlɪ] *adv* extrañamente, de forma extraña: **strangely enough** aunque parezca extraño.

strangeness ['streɪndʒnəs]

1 *n (oddness)* rareza, extrañeza.

2 *n (newness)* novedad *f*.

stranger ['streɪndʒər] *n (unknown person)* extraño,-a, desconocido,-a; *(outsider)* forastero,-a.

✦ **to be no stranger to something** conocer algo bastante bien, no serle desconocido,-a algo a alguien.

strangle ['stræŋgəl]

1 *vt (kill)* estrangular.

2 *vt fig (stifle)* sofocar, ahogar: **this collar is strangling me!** ¡el cuello de esta camisa me está ahogando!

strangled ['stræŋgəld] *adj (cry etc)* ahogado,-a.

stranglehold ['stræŋgəlhəʊld]

1 *n SP (wrestling)* llave *f* al cuello.

2 *n pej (firm control)* poder *m*, dominio.

✦ **to have a stranglehold on somebody** tener a alguien dominado,-a.

strangler ['stræŋgələr] *n* estrangulador,-ra.

strangulate ['stræŋgjəleɪt] *vt MED* estrangular.

strangulation [stræŋgjə'leɪʃən] *n* estrangulación *f*.

strap [stræp]

1 *n (on watch, camera)* correa; *(on bag)* asa; *(on shoe)* tira; *(on dress etc)* tirante *m*: **I bought a watch strap** compré una correa de reloj.

2 *vt (fasten)* atar con correa.

3 *vt (bandage)* vendar.

✦ **to give somebody the strap** azotar a alguien con correa, darle a alguien con la correa.

to strap oneself in ponerse el cinturón de seguridad.

▲ *pt & pp strapped, ger strapping.*

strapless ['stræpləs] *adj* sin tirantes.

strapping ['stræpɪŋ] *adj (big, strong)* fornido,-a, robusto,-a.

Strasbourg ['stræzbʊəg] *n* Estrasburgo.

strass [stræs] *n* estrás *mpl.*

strata ['strɑːtə] *npl →* **stratum.**

stratagem ['strætədʒəm] *n* estratagema.

strategic [strəˈtiːdʒɪk] *adj* estratégico,-a.

strategical [strəˈtiːdʒɪkəl] *adj* estratégico,-a.

strategist ['strætədʒɪst] *n* estratega *mf.*

strategy ['strætədʒɪ] *n* estrategia.

▲ *pl strategies.*

stratification [strætɪfɪˈkeɪʃən] *n* estratificación *f.*

stratify ['strætɪfaɪ] *vt* estratificar.

▲ *pt & pp stratified, ger stratifying.*

stratosphere ['strætəsfɪəʳ] *n* estratosfera.

stratum ['strɑːtəm]

1 *n* GEOL estrato.

2 *n (level, class)* estrato, nivel *m.*

▲ *pl strata.*

straw [strɔː]

1 *n (dried stalk(s))* paja.

2 *n (for drinking)* paja, pajita.

3 *adj* de paja.

✦ **a straw in the wind** un indicio de cómo pueden ir las cosas.

that's the last straw! ¡eso ya es el colmo!, ¡lo que faltaba para el duro!

the straw that broke the camel's back la gota que colmó el vaso.

to clutch/grasp at straws agarrarse a un clavo ardiente/aferrarse a una esperanza vana.

to draw/get the short straw tocarle a uno bailar con la más fea.

to not care/give a straw for something importarle algo un pepino/bledo a uno.

■ **straw hat** sombrero de paja.

straw man hombre de paja.

straw poll/straw vote US sondeo informal de opinión.

strawberry ['strɔːbərɪ] *n (gen)* fresa; *(large)* fresón *m.*

■ **strawberry blonde** *(colour)* rubio rojizo; *(person)* pelirroja.

strawberry jam mermelada de fresa.

strawberry mark antojo.

strawberry tree madroño.

▲ *pl strawberries.*

straw-coloured ['strɔːkʌləd] *adj* pajizo,-a, de color de paja.

stray [streɪ]

1 *adj (lost)* perdido,-a, extraviado,-a; *(animal)* callejero,-a.

2 *adj (isolated, odd)* perdido,-a: **stray bullet** bala perdida; **a few stray tourists** algún que otro turista; **a few stray hairs** algunos pelos sueltos.

3 *n (animal)* animal *m* extraviado.

4 *vi (get lost)* extraviarse, perderse; *(wander away)* desviarse, apartarse, alejarse; *(from group)* separarse, apartarse, alejarse: **I don't want you straying off on your own** no quiero que te separes del grupo; **some sheep have strayed from the flock** algunas ovejas se han descarriado; **they strayed from the path** se desviaron del camino.

5 *vi fig (digress, wander)* divagar, apartarse del tema, desviarse del tema: **he strayed away from the subject** se desviaba del tema; **let your thoughts stray** deja vagar tus pensamientos; **my eyes kept straying from the page** mis ojos no hacían más que apartarse de la página.

streak [striːk]

1 *n (line - gen)* raya, lista; *(- in mineral)* veta, filón *m*, vena; *(- in hair)* mecha; *(- in meat)* veta, nervio.

2 *n (element of genius, madness, etc)* vena: **mad streak** vena de locura; **mean streak** lado mezquino, vena mezquina.

3 *n (period)* racha: **winning streak** buena racha; **losing streak** mala racha.

4 *vt (mark with streaks)* rayar, surcar (**with**, de): **a face streaked with tears** una cara surcada de lágrimas; **white marble streaked with grey** mármol blanco con vetas grises; **I've had my hair streaked** me he hecho mechas (en el pelo).

5 *vi (move fast)* pasar como un rayo.

6 *vi (run naked)* correr desnudo,-a por un lugar público.

■ **streak of lightning** rayo, relámpago.

streaker ['striːkəʳ] *n* persona que corre desnuda por un lugar público.

streaky ['striːkɪ] *adj (hair)* con mechas desiguales; *(paint)* no uniforme.

■ **streaky bacon** GB tocino entreverado.

▲ *comp streakier, superl streakiest.*

stream [striːm]

1 *n (brook)* arroyo, riachuelo.

2 *n (current)* corriente *f.*

3 *n (flow of liquid)* flujo, chorro, río; *(of blood, air)* chorro; *(of lava, tears)* torrente *m*; *(of light)* raudal *m.*

4 *n fig (of people)* oleada, torrente *m*; *(of vehicles, traffic)* desfile *m* continuo, caravana; *(of abuse, excuses, insults)* torrente *m*, sarta.

5 *n* GB *(class, pupils)* clase *f*, grupo, nivel *m (de alumnos seleccionados según su nivel académico).*

6 *vi (flow, pour out)* manar, correr, chorrear; *(gush)* salir a chorros: **tears streamed down her face** las lágrimas le corrían por la cara; **blood was streaming from the wound** salía mucha sangre de la herida; **the sun streamed through the window** el sol entraba a raudales por la ventana; **a streaming cold** un catarro muy fuerte.

7 *vi fig (people, vehicles, etc)* desfilar: **people streamed out of the station** la gente salía a raudales de la estación.

8 *vi (hair, banner, scarf)* ondear.

9 *vt (liquid)* derramar.

10 *vt* GB poner en grupos según su nivel académico.

■ **stream of consciousness** monólogo interior.

streamer ['striːməʳ] *n (decoration)* serpentina; *(flag)* banderín *m.*

streaming ['striːmɪŋ] *n* GB agrupación de alumnos por aptitudes.

streamline ['striːmlaɪn]

1 *n (contour)* línea aerodinámica.

2 *vt (car)* aerodinamizar.

3 *vt (system, method, organization)* racionalizar.

streamlined ['striːmlaɪnd]

1 *adj (car)* de líneas aerodinámicas.

2 *adj (organization)* racionalizado,-a.

street [striːt] *n* calle *f*: **we were walking down the street** íbamos por la calle; **it's just across the street** está al otro lado de la calle; **there's a bank in the High Street** hay un banco en la calle mayor.

✦ **at street level** a nivel de la calle.

not to be in the same street as somebody no llegarle a alguien a la suela del zapato.

to be right up somebody's street venirle a alguien de perlas, ser ideal para alguien.

to walk the streets *(homeless)* estar sin vivienda, estar sin techo; *(prostitute)* hacer la carrera, trabajar la calle.

to be streets ahead of somebody dar cien vueltas a somebody.

■ **one-way street** calle de sentido único.

street corner esquina.

street credibility/street cred imagen *f*: **wearing white socks will do nothing for your street cred** los calcetines blancos no mejoran en nada tu imagen.

street directory guía de calles, callejero.

street lighting alumbrado público.

street map plano de la ciudad.

street plan plano de la ciudad.

street market mercadillo.

street musician músico,-a callejero,-a.

street theatre teatro callejero.

street value valor *m* (en el mercado).

streetcar ['striːtkɑː] *n* US tranvía.

streetlamp ['striːtlæmp] *n* farol *m*, farola.

streetlight ['striːtlaɪt] *n* farol *m*, farola.

streetwalker ['striːtwɔːkəʳ] *n* prostituta callejera.

streetwise ['striːtwaɪz] *adj fam* espabilado,-a, despabilado,-a, avispado,-a.

strength [streŋθ]
1 n *(of person - physical)* fuerza, fuerzas *fpl*, fortaleza; *(- stamina)* resistencia, aguante *m*: you should eat spinach to build up your strength deberías comer espinacas para aumentar tu fuerza; he pushed with all his strength empujó con todas sus fuerzas; we need to get our strength back necesitamos recobrar las fuerzas; by sheer strength a viva fuerza.
2 n *(intellectual, spiritual)* fortaleza, entereza, firmeza: he showed great strength of character demostró gran fortaleza de carácter; strength of will fuerza de voluntad.
3 n *(of machine, object)* resistencia; *(of wind, current)* fuerza; *(of light, sound, magnet, lens)* potencia.
4 n *(of solution)* concentración *f*; *(of drug)* potencia; *(of alcohol)* graduación *f*.
5 n *(of currency)* valor *m*, fortaleza; *(of economy)* solidez *f*, fortaleza.
6 n *(of argument, evidence, story)* fuerza, validez *f*, credibilidad *f*; *(of emotion, conviction, colour)* intensidad *f*; *(of protest)* energía: her statement lends strength to his story su declaración da credibilidad a su historia.
7 n *(strong point)* punto fuerte, virtud *f*; *(ability, capability)* capacidad *f*; *(advantage)* ventaja: her strength as a teacher lies in her patience su capacidad como profesora estriba en su paciencia; tolerance is one of his many strengths la tolerancia es uno de sus muchos fuertes; unity is their strength la unidad es su punto fuerte; the strengths and weaknesses of the film las virtudes y defectos de la película.
8 n *(power, influence)* poder *m*, potencia: the strength of the miners el poder de los mineros.
9 n *(force in numbers)* fuerza numérica, número: the strength of the workforce el número de trabajadores.
✦ in great strength en gran número.
to be at full strength estar con la plantilla completa.
to be on the strength *(be a member)* formar parte del personal.
to do something on the strength of something hacer algo basándose en algo.
to be under strength estar corto,-a de personal.
to go from strength to strength ir ganando fuerzas, marchar viento en popa.
■ strength of feeling ánimos *mpl*: there is great strength of feeling over this issue los ánimos están exacerbados por este tema.

strengthen ['streŋθən]
1 vt *(wall, glass, defence, etc)* reforzar; *(muscle)* fortalecer.
2 vt *(character, faith, love)* fortalecer; *(support)* aumentar; *(relationship, ties)* consolidar, fortalecer; *(resolve, determination)* redoblar, intensificar.
3 vi *(muscle)* fortalecerse.
4 vi *(economy, currency)* reforzarse, fortalecerse; *(relationship)* consolidarse, reforzarse, fortalecerse; *(support, opposition, feeling)* intensificarse, aumentar.

strenuous ['strenjʊəs]
1 adj *(requiring effort)* extenuante, fatigoso,-a, agotador,-ra.
2 adj *(denial)* enérgico,-a, vigoroso,-a; *(protest)* vehemente; *(opposition)* tenaz; *(supporter)* acérrimo,-a.

strenuously ['strenjʊəslɪ] adv enérgicamente, vigorosamente.

streptococcus [streptə'kɒkəs] n estreptococo.

streptomycin [streptə'maɪsɪn] n estreptomicina.

stress [stres]
1 n MED tensión *f* (nerviosa), estrés *m*: he's under a lot of stress está muy estresado; his problems are stress related sus problemas están relacionados con el estrés.
2 n *(pressure)* presión *f*, tensión *f*: the stresses and strains of modern life las tensiones y presiones de la vida moderna.
3 n TECH tensión *f*.
4 n *(emphasis)* hincapié *m* (on, en), énfasis *m* (on, en).
5 n LING *(on word)* acento (tónico).
6 vt *(emphasize)* hacer hincapié en, poner énfasis en, subrayar, enfatizar.
7 vt LING *(word)* acentuar.
✦ to lay great stress on something hacer mucho hincapié en algo, poner mucho énfasis en algo.
■ stress mark acento.

stressed [strest]
1 adj MED *(person)* estresado,-a.
2 adj PHYS *(object)* tensado,-a.
✦ to be stressed out sufrir del estrés, estar estresado,-a.

stressful ['stresfʊl] adj estresante, de mucho estrés.

stretch [stretʃ]
1 n *(of land, water)* extensión *f*; *(of road)* tramo, trecho: a beautiful stretch of coastline un hermoso trecho de costa.
2 n *(elasticity)* elasticidad *f*.
3 n *(act of stretching)* estiramiento: he had a good stretch se estiró, se desperezó.
4 n *(period of time)* período, tiempo, intervalo; *(in prison)* condena: he did a two-year stretch for robbery cumplió condena de dos años por robo.
5 n SP *(of racetrack)* recta.
6 vt *(extend - elastic, clothes, rope)* estirar; *(- canvas)* extender; *(- shoes)* ensanchar; *(- arm, leg)* alargar, estirar, extender; *(- wings)* desplegar, extender.
7 vt *(make demands on, made to use all abilities)* exigir a: he's not being stretched at school no le exigen lo suficiente en la escuela; I like being stretched in my job me gusta que me exijan en mi trabajo.
8 vt *(strain - money, resources)* estirar, emplear al máximo; *(- patience)* abusar; *(- meaning)* forzar, distorsionar: you're stretching my patience estás abusando de mi paciencia; it's stretching it a bit to say it's brilliant decir que es brillante es exagerar.
9 vi *(elastic)* estirarse; *(fabric)* dar de sí; *(shoes)* ensancharse, dar de sí; *(person, animal - gen)* estirarse; *(person - when tired)* desperezarse.
10 vi *(extend - land, sea, etc)* extenderse (out, -); *(- in time)* alargarse, prolongarse: the beach stretches for miles and miles la playa se extiende a lo largo de millas y millas.
11 vi *(reach)* llegar (to, para), alcanzar (to, para).
12 adj *(material, jeans, etc)* elástico,-a.
▸ to stretch out
1 vi *(person - gen)* estirarse; *(- lie down)* tumbarse.
2 vt sep *(arm, leg)* alargar, estirar, extender.
3 vt sep *(money, resources)* estirar.
✦ at a stretch de un tirón, sin parar.
at full stretch a tope, al máximo.
not by any stretch of the imagination de ningún modo, ni por asomo.
to stretch a point hacer una excepción.
to stretch one's legs *(walk)* estirar las piernas.

stretcher ['stretʃəʳ] n camilla.

stretcher-bearer ['stretʃəbeərəʳ] n camillero,-a.

stretchmarks ['stretʃmɑːks] n estrías *fpl*.

stretchy ['stretʃɪ] adj elástico,-a.
▲ comp stretchier, superl stretchier.

strew [struː] vt lit *(scatter)* esparcir, desparramar; *(lie scattered)* sembrar, cubrir: papers were strewn all over the floor había papeles desparramados por todo el suelo.
✦ to be strewn with something *(conversation)* estar lleno,-a de algo.
▲ pt strewed, pp strewed o strewn [struːn].

striated [straɪ'eɪtɪd] adj estriado,-a.

striation [straɪ'eɪʃən] n *(state)* estriación *f*; *(stripe)* estría.

stricken ['strɪkən]
1 adj *(afflicted - with grief)* afligido,-a, acongojado,-a; *(- with illness)* aquejado,-a; *(- by disaster)* afectado,-a, asolado,-a: she was stricken with remorse le remordió mucho la conciencia.
2 adj *(damaged)* destrozado,-a.

strickle ['strɪkəl] n rasero, traílla.

strict [strɪkt]
1 adj *(severe - person)* severo,-a, estricto,-a; *(- discipline)* riguroso,-a, severo,-a, estricto,-a; *(- rule, law, order, etc)* estricto,-a, riguroso,-a, rígido,-a: they're strict vegetari-

ans son vegetarianos estrictos; **a strict upbringing** una educación estricta.

2 *adj (exact, precise)* estricto,-a, riguroso, -a; *(complete, total)* absoluto,-a: **in the strict sense of the word** en el sentido estricto de la palabra; **in strict secrecy** en el más absoluto secreto; **in the strictest confidence** en la más absoluta confianza.

strictly [ˈstrɪktlɪ]

1 *adv (severely)* severamente, estrictamente, de manera estricta.

2 *adv (rigorously, rigidly)* estrictamente; *(categorically)* terminantemente: **bathing is strictly prohibited** bañarse está terminantemente prohibido.

3 *adv (exactly, precisely)* estrictamente, exactamente; *(completely)* totalmente, del todo, absolutamente: **to be strictly accurate** para ser precisos; **strictly confidential** absolutamente/estrictamente confidencial.

4 *adv (exclusively)* exclusivamente.

✦ **strictly speaking** en rigor, en sentido estricto, en realidad.

strictness [ˈstrɪktnəs] *n (severity)* severidad *f*; *(rigorousness)* rigurosidad *f*, rigidez *f*.

stride [straɪd]

1 *n (long step)* zancada; *(gait)* paso, manera de andar.

2 *n (advance, development)* progresos *mpl*: **we're making great strides** estamos haciendo grandes progresos.

3 *vi* andar a zancadas: **he strode into her office** entró resueltamente en su oficina.

4 strides *npl fam (trousers)* pantalón *m sing*, pantalones *mpl*.

✦ **to get into one's stride** coger el ritmo.

to take something in one's stride tomarse algo con calma, tomarse algo muy bien.

▲ *pt* **strode** [strəʊd], *pp* **stridden** [ˈstrɪdən].

strident [ˈstraɪdənt] *adj (voice, sound)* estridente; *(protest)* fuerte.

strife [straɪf] *n* conflictos *mpl*, luchas *fpl*: **industrial strife** conflictos laborales.

strike [straɪk]

1 *n (by workers, students, etc)* huelga.

2 *n SP (blow - gen)* golpe *m*; *(- in tenpin bowling)* pleno; *(- in baseball)* strike *m*.

3 *n (find)* hallazgo; *(of oil, gold, etc)* descubrimiento.

4 *n MIL* ataque *m*: **air strike** ataque aéreo.

5 *vt (hit)* pegar, golpear: **he struck her with the back of his hand** le pegó con el dorso de la mano; **I struck the ball as hard as I could** golpeé la pelota con todas mis fuerzas.

6 *vt (knock against, collide with)* dar contra, chocar contra; *(ball, stone)* pegar contra, dar contra; *(lightning, bullet, torpedo)* alcanzar: **he was struck on the head by a rock** una roca le dio en la cabeza; **she struck her head against the low ceiling** dio con la cabeza contra el techo bajo; **the tree was struck by lightning** el árbol fue alcanzado por un rayo.

7 *vt (disaster, earthquake)* golpear, sobrevenir; *(disease)* atacar, golpear: **the town has been struck by tragedy** el pueblo ha sido golpeado por la tragedia.

8 *vt (gold, oil)* descubrir, encontrar, dar con; *(track, path)* dar con.

9 *vt (coin, medal)* acuñar.

10 *vt (match)* encender.

11 *vt (of clock)* dar, tocar: **the clock struck one** el reloj dio la una.

12 *vt MUS (note)* dar; *(chord)* tocar.

13 *vt (bargain, deal)* cerrar, hacer; *(balance)* encontrar, hallar; *(agreement)* llegar a: **he struck a bargain with the owner** hizo un trato con el propietario; **they've managed to strike a balance** han logrado encontrar un punto medio.

14 *vt (pose, attitude)* adoptar.

15 *vt (give impression)* parecer, dar la impresión de: **Michael strikes me as a very sensible young man** Michael me parece un joven muy sensato; **it struck me as strange that … me** pareció muy extraño que …

16 *vt (occur to)* ocurrírsele a; *(remember)* acordarse de: **a terrible thought struck me** se me ocurrió algo terrible; **it suddenly struck her that it was their anniversary** de repente se acordó de que era su aniversario.

17 *vt (render)* dejar: **he was struck dumb** se quedó mudo.

18 *vt (cause fear, terror, worry)* infundir: **the scream struck terror into them** el grito les infundió terror.

19 *vt (take down - sail, flag)* arriar; *(- tent, set)* desmontar.

20 *vt (cutting)* plantar.

21 *vi (attack - troops, animal, etc)* atacar; *(- disaster, misfortune)* sobrevenir, ocurrir; *(- disease)* atacar, golpear; *(- lightning)* alcanzar, caer: **the killer has struck again** el asesino ha vuelto a atacar; **then disaster struck** entonces sobrevino el desastre.

22 *vi (workers etc)* declararse en huelga, hacer huelga: **the air-traffic controllers threatened to strike** los controladores aéreos amenazaron con hacer huelga; **they struck for more pay** hicieron huelga por un aumento de sueldo.

23 *vi (clock)* dar la hora.

▸ **to strike back**

1 *vi (gen)* devolver el golpe.

2 *vi MIL* contraatacar.

to strike down *vt sep (by illness, disease)* abatir, fulminar.

to strike off

1 *vt sep (name from list)* tachar.

2 *vt sep JUR (doctor, lawyer, etc)* inhabilitar para ejercer.

to strike on *vt insep (discover)* dar con, encontrar.

to strike out

1 *vt sep (remove, cross out)* tachar.

2 *vi (attack, hit out)* arremeter (**at**, contra).

3 *vi (set off)* emprender el camino.

to strike up

1 *vt insep (friendship)* entablar, trabar; *(conversation)* entablar, iniciar.

2 *vi (band)* empezar a tocar.

✦ **strike a light!** ¡caray!

to be on strike estar en huelga.

to call a strike convocar una huelga.

to go on strike declararse en huelga.

to strike a chord sonarle a uno.

to strike a chord with somebody estar en sintonía con alguien.

to strike a note of something expresar algo.

to strike at the heart of something dar con el meollo de algo.

to strike camp levantar el campamento.

to strike (it) lucky tener suerte.

to strike the eye saltar a la vista.

to strike out on one's own *(become independent)* volar con sus propias alas; *(set up own business)* ponerse a trabajar por su propia cuenta.

to strike it rich hacerse rico,-a.

to strike while the iron's hot actuar de inmediato.

within striking distance a un paso.

■ **general strike** huelga general.

lucky strike golpe *m* de suerte.

sit-down strike sentada.

strike fund caja de resistencia.

strike pay subsidio de huelga.

▲ *pt & pp* **struck** [strʌk].

strikebound [ˈstraɪkbaʊnd] *adj* paralizado,-a por una huelga.

strikebreaker [ˈstraɪkbreɪkəʳ] *n* esquirol *mf*, rompehuelgas *mf*.

striker [ˈstraɪkəʳ]

1 *n (worker)* huelguista *mf*.

2 *n SP (football)* delantero,-a; *(cricket)* bateador,-ra.

striking [ˈstraɪkɪŋ]

1 *adj (eye-catching)* llamativo,-a; *(stunning)* atractivo,-a.

2 *adj (similarity, resemblance)* sorprendente, asombroso,-a; *(feature etc)* impresionante, destacado,-a.

3 *adj (on strike)* en huelga.

string [strɪŋ]

1 *n (cord)* cuerda, cordel *m*; *(lace)* cordón *m*; *(of puppet)* hilo.

2 *n (on instrument, racket)* cuerda.

3 *n (of garlic, onions)* ristra; *(of pearls, beads)* sarta, hilo.

4 *n (of vehicles)* fila, hilera; *(of hotels)* cadena; *(of events)* serie *f*, cadena, sucesión *f*; *(of lies, complaints)* sarta; *(of insults)* retahíla: **a string of best sellers** una serie de best-sellers; **a string of wins** una serie de victorias.

5 *vt (beads)* ensartar, enhebrar.

6 *vt (guitar, racket)* encordar.

7 *vt (beans)* quitar la hebra a.

8 the strings *npl MUS* los instrumentos *mpl* de cuerda.
‣ **to string along**
1 *vi (accompany)* pegarse, venir.
2 *vt sep (mislead)* tomar el pelo a.
to string out *vt sep (spread in a line)* colocar a intervalos.
to string together *vt sep (words, phrases)* ensartar, hilar.
to string up *vt sep (hang)* colgar
✦ **no strings attached** sin (ningún) compromiso.
to have somebody on a string tener a alguien en un puño.
to have two strings to one's bow ser una persona de recursos.
to pull strings tocar teclas.
to pull strings for somebody enchufar a alguien.
▪ **string bag** bolsa de red.
string band orquesta de cuerda.
string orchestra orquesta de cuerda.
string quartet cuarteto de cuerda.
string vest camiseta de malla.
▲ *pt & pp strung* [strʌŋ]..

stringed [strɪŋd] *adj (instrument)* de cuerda.

stringent [ˈstrɪndʒənt]
1 *adj (laws, rules, conditions)* severo,-a, estricto,-a, riguroso,-a.
2 *adj FIN* severo,-a, difícil: **a stringent economic climate** un clima económico difícil.

string-pulling [ˈstrɪŋpʊlɪŋ] *n fam* enchufismo.

stringy [ˈstrɪŋɪ]
1 *adj (beans)* fibroso,-a, con hebras; *(meat)* nervudo,-a.
2 *adj (hair)* greñudo,-a.
3 *adj (person, arms)* nervudo,-a.
▲ *comp stringier, superl stringiest.*

strip¹ [strɪp]
1 *vt (person)* desnudar, quitarle la ropa a; *(bed)* quitar la ropa de; *(room, house)* vaciar; *(wallpaper, paint)* quitar; *(leaves, bark)* arrancar: **he was stripped and searched** lo desnudaron y cachearon; **we'll have to strip the paint (off) first** primero tendremos que quitar la pintura; **the thieves stripped the house bare** los ladrones desvalijaron la casa.
2 *vt (property, rights, titles)* despojar **(of, de)**: **the major was stripped of his rank** el comandante fue despojado de su graduación.
3 *vt (engine)* desarmar, desmontar **(down, -)**; *(ship)* desaparejar.
4 *vi (undress)* desnudarse **(off, -)**, quitarse la ropa; *(perform striptease)* hacer un striptease.
5 *n (striptease)* strip-tease *m*.
✦ **to strip somebody naked** desnudar a alguien.
to strip to the buff desnudarse (completamente).
▪ **strip club/strip joint** club *m* de strip-tease.

strip poker variedad del póquer en la que los jugadores, al perder, se van quitando la ropa.
strip search cacheo obligando a desnudarse.
▲ *pt & pp stripped, ger stripping.*

strip² [strɪp]
1 *n (of paper, leather)* tira; *(of land)* franja; *(of metal)* tira, cinta.
2 *n SP (colours, kit)* equipo.
3 *n (airstrip)* pista (de aterrizaje).
4 *n* **strip (cartoon)** historieta, tira cómica.
▪ **strip lighting** alumbrado fluorescente.
strip mining *US* explotación *f* a cielo abierto.

stripe [straɪp]
1 *n (gen)* raya, lista: **our cat is black with a white stripe** nuestro gato es negro con una raya negra.
2 *n MIL* galón *m*.
3 *n (kind, type)* tipo, clase *f*.
4 *vt* pintar a rayas, dibujar a rayas.

striped [straɪpt] *adj* rayado,-a, a rayas: **a striped shirt** una camisa a rayas.

stripper [ˈstrɪpəʳ]
1 *n (person)* artista *mf* de strip-tease.
2 *n (liquid)* quitapinturas *m*; *(tool)* rasqueta.

striptease [strɪpˈtiːz] *n* destape *m*, strip-tease *m*.

stripy [ˈstraɪpɪ] *adj* rayado,-a, a rayas.
▲ *comp stripier, superl stripiest.*

strive [straɪv] *vi* esforzarse, procurar.
✦ **to strive after/for something** esforzarse por conseguir algo.
▲ *pt strove* [strəʊv], *pp striven* [ˈstrɪvən].

strobe [strəʊb] *n* estroboscopio.
▪ **strobe lighting** luces *fpl* estroboscópicas.

strode [strəʊd] *pt* → **stride.**

stroke [strəʊk]
1 *n (blow)* golpe *m*: **a stroke of the cane** un palmetazo; **a stroke of the whip** un latigazo; **a stroke of the axe** un hachazo.
2 *n (caress)* caricia.
3 *n SP (in tennis, cricket, golf)* golpe *m*, jugada; *(in billiards)* tacada; *(in rowing)* palada; *(in swimming - movement)* brazada; *(- style)* estilo.
4 *n SP (oarsman)* cabo.
5 *n (of pen)* trazo; *(of brush)* pincelada.
6 *n (of bell)* campanada: **on the stroke of midnight** al dar las doce de la noche.
7 *n (of engine)* tiempo; *(of piston)* carrera.
8 *n MED* ataque *m* de apoplejía, derrame *m* cerebral.
9 *n (oblique)* barra (oblicua).
10 *vt (caress)* acariciar: **she stroked the cat** acarició el gato.
11 *vt (ball)* dar un golpe a.
✦ **at a/one stroke** de (un) golpe, de un plumazo.
not to do a stroke of work no dar golpe, no pegar golpe.
to put somebody off their stroke distraer a alguien.

▪ **a stroke of genius** una genialidad *f*.
stroke of luck golpe *m* de suerte.

stroll [strəʊl]
1 *n* paseo, vuelta.
2 *vi* pasear, dar un paseo, dar una vuelta.
✦ **to go for a stroll** dar un paseo, dar una vuelta.

stroller [ˈstrəʊləʳ]
1 *n (pushchair)* cochecito, sillita de niño.
2 *n (person)* paseante *mf*.

strong [strɒŋ]
1 *adj (physically - person)* fuerte; *(- constitution)* robusto,-a: **you're not strong enough** no tienes bastante fuerza.
2 *adj (material, furniture, shoes, etc)* fuerte, resistente.
3 *adj (country, army)* poderoso,-a, fuerte.
4 *adj (beliefs, views, principles)* firme; *(faith)* firme, sólido,-a; *(support)* mucho, firme.
5 *adj (argument, evidence)* contundente, convincente; *(influence)* grande; *(protest)* enérgico,-a.
6 *adj (colour)* fuerte, intenso,-a, vivo,-a; *(smell, food, drink)* fuerte; *(tea, coffee)* fuerte, cargado,-a; *(light)* brillante.
7 *adj (resemblance, accent)* fuerte, marcado,-a.
8 *adj (chance, likelihood, probability)* bueno, -a: **she's in with a strong chance** tiene muchas posibilidades.
9 *adj (wind, current)* fuerte.
10 *adj (good - team)* fuerte; *(- cast)* sólido,-a.
11 *adj (currency etc)* fuerte.
12 *adv* fuerte.
✦ **to be as strong as a horse/an ox** ser fuerte como un toro/un roble.
to be going strong *(business)* ir fuerte; *(machine etc)* marchar bien; *(elderly person)* estar en plena forma.
to be strong on something ser bueno,-a en algo.
to be 20 (etc) strong *(of team etc)* contar con 20 *(etc)* miembros.
to have a strong stomach tener buen estómago.
▪ **strong language** palabras *fpl* duras, lenguaje *m* fuerte.
strong point fuerte *m*, punto fuerte.
strong room cámara acorazada.

strong-arm [ˈstrɒŋɑːm] *adj* de mano dura.

strongbox [ˈstrɒŋbɒks] *n* caja fuerte.

stronghold [ˈstrɒŋhəʊld]
1 *n MIL* fortaleza.
2 *n fig* baluarte *m*.

strongly [ˈstrɒŋlɪ]
1 *adv (solidly)* sólidamente.
2 *adv (firmly)* firmemente; *(completely)* totalmente, profundamente; *(fervently)* con fervor, con ardor; *(forcefully)* enérgicamente, con insistencia: **the exhibition is strongly recommended** recomiendan mucho la exposición; **I'm strongly in favour of the proposal** estoy totalmente a favor de la propuesta; **he strongly advised me to buy**

the property me recomendó con insistencia que comprara la propiedad.

3 *adv (intensely)* mucho, muy: it smells strongly of mint huele mucho a menta.

✦ **to be strongly built** ser de complexión fuerte.

to feel strongly about something tener opiniones muy contundentes acerca de algo.

strongly-worded [strɒŋglɪˈwɜːdɪd] *adj (letter)* duro,-a.

strong-minded [strɒŋˈmaɪndɪd] *adj* resuelto,-a, decidido,-a.

strongroom [ˈstrɒŋruːm] *n* cámara acorazada.

strong-willed [strɒŋˈwɪld] *adj* tenaz, decidido,-a, obstinado,-a.

strontium [ˈstrɒntɪəm] *n* estroncio.

stroppy [ˈstrɒpɪ] *adj GB fam* borde, de mala uva.

▲ *comp* stroppier, *superl* stroppiest.

strove [strəʊv] *pt →* strive.

struck [strʌk] *pt & pp →* strike.

✦ **to be struck on somebody** estar loco,-a por alguien.

structural [ˈstrʌktʃərəl] *adj (gen)* estructural.

▪ **structural engineer** ingeniero,-a de estructuras.

structural fault defecto de construcción.

structuralism [ˈstrʌktʃərəlɪzəm] *n* estructuralismo.

structuralist [ˈstrʌktʃərəlɪst]

1 *n* estructuralista *mf*.

2 *adj* estructuralista.

structure [ˈstrʌktʃəʳ]

1 *n (organization, composition)* estructura.

2 *n (thing constructed)* construcción *f*; *(building)* edificio.

3 *vt (argument, essay, report, etc)* estructurar; *(event)* planificar.

struggle [ˈstrʌgəl]

1 *n (gen)* lucha; *(physical fight)* pelea, forcejeo: she put up a real struggle opuso mucha resistencia; they gave in without a struggle se dieron por vencidos sin oponer resistencia; it was a struggle to bring up two children on my own me costó mucho criar a dos niños yo sola; it's a struggle to make ends meet cuesta Dios y ayuda llegar a fin de mes.

2 *vi (fight)* luchar; *(physically)* forcejear: he struggled to get loose luchó por liberarse; she struggled with her assailant forcejeó con su asaltante.

3 *vi (strive)* luchar (**for**, por), esforzarse (**for**, por); *(suffer)* pasar apuros; *(have difficulty)* costar, tener problemas: a country struggling for independence un país que lucha por la independencia.

4 *vi (move with difficulty)* con dificultad: he struggled to his feet se levantó

con dificultad; she struggled up the stairs subió la escalera con dificultad.

▪ **armed struggle** lucha armada.

class struggle lucha de clases.

struggling [ˈstrʌglɪŋ] *adj (with problems)* en apuros, que tiene problemas.

strum [strʌm]

1 *vt* rasguear.

2 *vi* rasguear (**on**, -).

▲ *pt & pp* strummed, *ger* strumming.

strung [strʌŋ] *pt & pp →* string.

✦ **to be highly strung** estar muy nervioso,-a, estar muy tenso,-a.

strut [strʌt]

1 *n ARCH (rod, bar)* puntal *m*, riostra.

2 *n (way of walking)* contoneo, pavoneo.

3 *vi* pavonearse, contonearse: the peacock strutted in front of us el pavo real se contoneaba delante nuestro; Jagger struts around the stage Jagger se pavonea por el escenario.

▲ *pt & pp* strutted, *ger* strutting.

strychnine [ˈstrɪkniːn] *n* estricnina.

stub [stʌb]

1 *n (of cigarette)* colilla; *(of pencil, candle)* cabo; *(of cheque etc)* matriz *f*.

2 *vt* darse un golpe: she stubbed her toe on a stone se dio un golpe con el dedo del pie contra una piedra.

▸ **to stub out** *vt sep* apagar.

▲ *pt & pp* stubbed, *ger* stubbing.

stubble [ˈstʌbəl]

1 *n (in field)* rastrojo.

2 *n (on chin)* barba incipiente.

stubborn [ˈstʌbən]

1 *adj (person, animal)* terco,-a, testarudo,-a, tozudo,-a, obstinado,-a; *(refusal, resistance)* obcecado,-a.

2 *adj (stain, cough, etc)* rebelde.

stubbornly [ˈstʌbənlɪ] *adv* tercamente, cabezudamente.

stubbornness [ˈstʌbənnəs] *n* testarudez *f*, terquedad *f*, tozudez *f*, obstinación *f*.

stubby [ˈstʌbɪ] *adj* corto,-a y rechoncho,-a: stubby fingers dedos regordetes; a stubby tail un rabo cortito y gordito.

▲ *comp* stubbier, *superl* stubbiest.

stucco [ˈstʌkəʊ] *n* estuco.

▲ *pl* stuccoes o stuccos.

stuck [stʌk]

1 *pt & pp →* stick.

2 *adj (not able to move)* atascado,-a: the drawer's got stuck el cajón se ha atascado; the car was stuck in the mud el coche estaba atascado en el fango; the lift got stuck between floors el ascensor se quedó atascado entre dos plantas.

3 *adj (trapped)* atrapado,-a; *(in routine)* estancado,-a: I got stuck in a traffic jam me quedé atrapado en un atasco; she's stuck at home all day está metida en casa todo el día.

4 *adj fam (stumped)* atascado,-a; *(in difficulties)* en apuros: he's stuck on the third question está atascado en la tercera

pregunta; she's never stuck for an answer siempre tiene una respuesta.

✦ **to be stuck on somebody** estar loco, -a por alguien.

to get stuck with somebody/something tener que cargar con alguien/algo: I got stuck with my niece tuve que cargar con mi sobrina.

to get stuck in/into something *(work etc)* meterse de lleno en algo, emprender algo en serio; *(food)* atacar.

stuck-up [stʌkˈʌp] *adj fam* creído,-a, estirado,-a.

stud¹ [stʌd]

1 *n (on shirt)* gemelo; *(earring)* pendiente *m (en forma de bolita)*.

2 *n (on football boots)* taco; *(on clothing, belt)* tachuela, tachón *m*; *(on furniture)* tachuela; *(on shield)* tachón *m*; *(in road)* clavo.

3 *vt (decorate - with studs)* tachonar (**with**, de); *(- with jewels)* incrustar (**with**, de).

4 *vt fig (dot)* salpicar (**with**, de).

▲ *pt & pp* studded, *ger* studding.

stud² [stʌd]

1 *n (animal)* semental *m*.

2 *n pej (man)* semental *m*.

▪ **stud farm** cuadra, caballeriza.

studded [ˈstʌdɪd] *adj (sky)* tachonado,-a; *(speech etc)* salpicado,-a; *(crown)* con incrustaciones.

student [ˈstjuːdənt]

1 *n (university)* estudiante *mf*, universitario,-a; *(school)* alumno,-a.

2 *n fml (scholar)* estudioso,-a.

3 *adj* estudiantil.

▪ **students' union** *(association)* federación *f* de estudiantes; *(building)* sede *f* de la federación de estudiantes.

student nurse estudiante *mf* de enfermería.

student teacher profesor,-ra en prácticas.

studied [ˈstʌdɪd] *adj (style etc)* estudiado,-a, afectado,-a, falso,-a; *(insult, indifference, etc)* calculado,-a.

studio [ˈstjuːdɪəʊ]

1 *n (TV, radio)* estudio.

2 *n (artist's)* estudio, taller *m*.

3 **studios** *npl CINEM* estudios *mpl*.

▪ **studio apartment/studio flat** estudio.

studio audience público invitado.

studio couch sofá-cama *m*.

▲ *pl* studios.

studious [ˈstjuːdɪəs]

1 *adj (fond of studying)* estudioso,-a, aplicado,-a.

2 *adj fml (careful)* esmerado,-a; *(deliberate)* deliberado,-a.

studiously [ˈstjuːdɪəslɪ] *adv* deliberadamente, cuidadosamente.

study [ˈstʌdɪ]

1 *n (act of studying)* estudio; *(investigation, research)* investigación *f*, estudio: she devotes a lot of time to study dedica mucho tiempo al estudio.

2 *n (room)* despacho, estudio.

3 *vt (gen)* estudiar; *(university subject)* estudiar, cursar; *(investigate, research)* estudiar, investigar.
4 *vt (scrutinize)* estudiar, examinar.
5 *vi* estudiar: he's studying to be a lawyer estudia para abogado; they're studying for their exams están preparando los exámenes.
6 studies *npl (work)* estudios *mpl*; *(subjects)* estudios *mpl*, asignaturas *fpl*.
▪ **study group** grupo de trabajo.
study guide manual *m* de estudio.
▲ *(sustantivo)* pl **studies**; *(verbo)* pt & pp **studied**, ger **studying**.

stuff [stʌf]
1 *n fam (matter, material, substance)* materia, material *m*: it's made of a kind of plastic stuff está hecho de un tipo de material plástico; what's that stuff on your shirt? ¿qué es eso que tienes en la camisa?; do you like cauliflower? - no, I can't stand the stuff ¿te gusta la coliflor? - no, no la aguanto; do you call this stuff lasagne? ¿a esto lo llamas lasaña?
2 *n fam (things, possessions)* cosas *fpl*, trastos *mpl*: put your stuff over there pon tus cosas por allí.
3 *n fam (content)* cuento, rollo, cosas *fpl*: I've heard all that stuff before ya he oído todo ese rollo; don't give me all that macho stuff! ¡no me vengas con esos cuentos de macho!; we just talked about work and stuff solo hablamos de trabajo y cosas por el estilo.
4 *vt (fill - container, bag, box)* llenar (**with**, de); *(- cushion, toy, food)* rellenar (**with**, de); *(- hole)* tapar: have you stuffed the turkey? ¿has rellenado el pavo?; we stuffed as much as we could in the car metimos cuanto pudimos en el coche; he stuffed his pockets full of sweets se llenó los bolsillos de caramelos; don't stuff her full of nonsense no le llenes de tonterías.
5 *vt (dead animal)* disecar.
6 *vt (push carelessly, shove)* meter, poner: he stuffed the letter in his pocket metió la carta en el bolsillo.
7 *vt fam (beat, thrash)* dar una paliza a.
8 *vt sl (sod)* meter: you can stuff your job! ¡métete el trabajo donde te quepa!
✦ **that's the stuff!** ¡así es!, ¡así me gusta!
to do one's stuff hacer lo suyo.
to know one's stuff saber de lo que uno está hablando.
to stuff one's face hartarse de comida, atiborrarse, ponerse morado,-a.
▪ **stuff and nonsense** tonterías *fpl*.

stuffed [stʌft]
1 *adj (full)* relleno,-a; *(crammed)* atiborrado,-a: peppers stuffed with mincemeat pimientos rellenos de carne picada; I'm stuffed! ¡estoy lleno!
2 *adj (animal)* disecado,-a.
✦ **get stuffed!** *taboo* ¡vete a tomar por culo!, ¡vete a la porra!
▪ **stuffed shirt** estirado,-a.
stuffed toy muñeco de peluche.

stuffed up [stʌftʌp] *adj* con la nariz tapada.
✦ **to be stuffed up** estar congestionado,-a, estar acatarrado,-a.
to have a stuffed-up nose tener la nariz tapada.

stuffing [stʌfɪŋ] *n* relleno.
✦ **to knock the stuffing out of somebody** dejar hecho,-a polvo a alguien.

stuffy [stʌfɪ]
1 *adj (room)* mal ventilado,-a; *(atmosphere)* cargado,-a.
2 *adj (person)* estirado,-a, remilgado,-a; *(institution)* tradicional; *(ideas, manners)* formal, serio,-a, convencional.
▲ *comp* **stuffier**, *superl* **stuffiest**.

stultify [stʌltɪfaɪ]
1 *vt fml (make dull)* atrofiar.
2 *vt fml (negate)* anular, invalidar.
▲ pt & pp **stultified**, ger **stultifying**.

stumble [stʌmbəl]
1 *n* tropezón *m*, traspié *m*, trompicón *m*.
2 *vi (trip)* tropezar (**on/over**, con), dar un traspié: I stumbled on the step tropecé con el escalón.
3 *vi (walk unsteadily)* tambalearse: he stumbled around in the dark iba tambaleándose en la oscuridad.
4 *vi (while speaking)* atrancarse, atascarse: she stumbled over a long word se atrancó con una palabra larga.
▶ **to stumble across/stumble on** *vt insep* dar con, tropezar con.

stumbling block [stʌmbəlɪŋblɒk] *n* escollo, tropiezo.

stump [stʌmp]
1 *n (of tree)* tocón *m*, cepa; *(of pencil, candle)* cabo; *(of arm, leg)* muñón *m*.
2 *n SP (cricket)* estaca, palo.
3 *vt fam (baffle)* desconcertar, confundir, dejar perplejo,-a a.
4 *vi (move heavily)* pisar fuerte.
▶ **to stump up**
1 *vt insep fam* soltar, aflojar, apoquinar.
2 *vi fam* soltar la pasta, aflojar la mosca.

stumpy [stʌmpɪ] *adj* rechoncho,-a, achaparrado,-a.
▲ *comp* **stumpier**, *superl* **stumpiest**.

stun [stʌn]
1 *vt (make unconscious)* dejar sin sentido; *(daze)* aturdir, atontar, pasmar.
2 *vt (surprise)* sorprender, dejar atónito,-a, dejar pasmado,-a; *(shock)* atolondrar, aturdir, dejar anonadado,-a.
▲ pt & pp **stunned**, ger **stunning**.

stung [stʌŋ] pt & pp → **sting**.

stunk [stʌŋk] pt & pp → **stink**.

stunned [stʌnd]
1 *adj (unconscious)* sin sentido; *(dazed)* aturdido,-a.
2 *adj (amazed, shocked)* atónito,-a, pasmado,-a, anonadado,-a: we were stunned by the news nos quedamos anonadados con la noticia.

stunner [stʌnəʳ] *n fam (woman)* mujer *f* guapísima.

stunning [stʌnɪŋ]
1 *adj (surprising)* alucinante, apabullante; *(shocking)* asombroso,-a.
2 *adj (beautiful, impressive)* impresionante, imponente, fenomenal.

stunningly [stʌnɪŋlɪ] *adv* increíblemente.

stunt¹ [stʌnt] *vt (growth)* atrofiar.

stunt² [stʌnt]
1 *n (dangerous act)* proeza; *(in film)* escena peligrosa.
2 *n (trick)* truco, maniobra: it's just a publicity stunt no es más que un truco publicitario.
✦ **to pull a stunt** cometer una estupidez.
▪ **stunt man/stunt woman** doble *mf*, especialista *mf*.

stunted [stʌntɪd] *adj (tree, body)* raquítico,-a; *(growth)* atrofiado,-a.

stupefaction [stjuːpɪˈfækʃən] *n* estupefacción *f*.

stupefy [stjuːpɪfaɪ]
1 *vt (alcohol, drugs)* atontar, aturdir, aletargar.
2 *vt (amaze)* dejar pasmado,-a, dejar estupefacto,-a.
▲ pt & pp **stupefied**, ger **stupefying**.

stupendous [stjuːˈpendəs]
1 *adj (wonderful)* estupendo,-a, fabuloso,-a, formidable.
2 *adj (enormous)* tremendo,-a; *(unusual)* extraordinario,-a, increíble.

stupid [stjuːpɪd]
1 *adj* tonto,-a, bobo,-a, imbécil, estúpido,-a: how stupid of me! ¡qué tonto soy!, ¡mira que soy tonta!; don't be so stupid! ¡no seas tan tonto!
2 *adj (senseless)* atontado,-a.
3 *adj fam (annoying)* maldito,-a.
4 *n* tonto,-a, imbécil *mf*.
▪ **a stupid thing to say/a stupid thing to do** una estupidez *f*, una tontería.

stupidity [stjuːˈpɪdɪtɪ] *n* estupidez *f*, tontería.

stupidly [stjuːpɪdlɪ] *adv* estúpidamente, tontamente.

stupor [stjuːpəʳ] *n* estupor *m*: in a drunken stupor borracho,-a perdido,-a.

sturdiness [stɜːdɪnəs]
1 *n (solidness)* robustez *f*, fuerza, solidez *f*.
2 *n (determination)* tenacidad *f*.

sturdy [stɜːdɪ]
1 *adj (strong)* robusto,-a, fuerte; *(solid)* sólido,-a.
2 *adj (opposition, resistance, defence)* enérgico,-a, férreo,-a, tenaz, inquebrantable.
▲ *comp* **sturdier**, *superl* **sturdiest**.

sturgeon [stɜːdʒən] *n* esturión *m*.

stutter [stʌtəʳ]
1 *n* tartamudeo: he has a stutter tartamudea.
2 *vi* tartamudear.
3 *vt* decir tartamudeando, balbucear.

stutterer [stʌtərəʳ] *n* tartamudo,-a.

sty[1] [staɪ] *n (for pigs)* pocilga.
sty[2] [staɪ] *n* → **stye**.
▲ *pl* sties.

stye [staɪ] *n (in eye)* orzuelo.

style [staɪl]
1 *n (gen)* estilo: in the Gothic style de estilo gótico.
2 *n (type, model)* modelo, diseño: we have all the latest styles tenemos todos los últimos modelos.
3 *n (of hair)* peinado.
4 *n (fashion)* moda: it's the latest style es la última moda; that's out of style now ya está pasado de moda.
5 *n fml (correct title)* título.
6 *n BOT* estilo.
7 *vt (gen)* diseñar; *(hair)* peinar.
8 *vt fml (name, title)* llamar.
✦ to be somebody's style ir con alguien, irle a alguien: pink's not my style el rosa no me va.
to do something in style hacer algo a lo grande.

styling ['staɪlɪŋ] *n* diseño.
▪ styling mousse espuma moldeadora.

stylish ['staɪlɪʃ]
1 *adj (elegant)* elegante, con mucho estilo.
2 *adj (fashionable)* a la moda, de última moda.

stylishness ['staɪlɪʃnəs] *n* elegancia.

stylist ['staɪlɪst]
1 *n (hairdresser)* estilista *mf*, peluquero,-a.
2 *n (writer)* estilista *mf*.

stylistic [staɪ'lɪstɪk] *adj* estilístico,-a.

stylistics [staɪ'lɪstɪks] *n* estilística.

stylized ['staɪlaɪzd] *adj* estilizado,-a.

stylus ['staɪləs]
1 *n (of record player)* aguja.
2 *n (for writing)* estilo.
▲ *pl* styluses *o* styli.

stymie ['staɪmɪ]
1 *vt fam* frustrar.
2 *n fam* apuro, lío.

styptic ['stɪptɪk]
1 *n* astringente *m*.
2 *adj* astringente.
▪ styptic pencil barrita astringente.

suave [swɑːv] *adj (charming, polite)* afable, cortés; *(slick, ingratiating)* zalamero,-a.

sub [sʌb]
1 *n (submarine)* submarino.
2 *n SP (substitute)* sustituto,-a, suplente *mf*.
3 *n (subscription)* cuota, subscripción *f*, suscripción *f*.
4 *n (subeditor)* redactor,-ra.
5 *n GB (advance from wages)* anticipo.
6 *vi (act as substitute)* sustituir (for, a).
7 *vt GB (give an advance)* anticipar, dar un anticipo.
8 *vt (subedit)* corregir, revisar.
▲ *pt & pp* subbed, *ger* subbing.

sub- [sʌb] *pref* sub.

subaltern ['sʌbəltən] *n MIL* alférez *m*.

subaqua [sʌb'ækwə] *adj* de submarinismo.

subaquatic [sʌbə'kwætɪk] *adj* subacuático,-a.

subatomic [sʌbə'tɒmɪk] *adj* subatómico,-a.

subclass ['sʌbklɑːs] *n* subclase *f*.

subcommittee ['sʌbkəmɪtɪ] *n* subcomisión *f*, subcomité *m*.

subconscious [sʌb'kɒnʃəs]
1 *adj* subconsciente.
2 the subconscious *n* el subconsciente *m*.

subconsciously [sʌb'kɒnʃəslɪ] *adv* de forma subconsciente, de manera subconsciente.

subcontinent [sʌb'kɒntɪnənt] *n* subcontinente *m*.

subcontract [sʌb'kɒntrækt]
1 *n* subcontrato.
2 *vt* subcontratar (to, a).
▲ *(verbo)* [sʌbkən'trækt].

subcontractor [sʌbkən'træktəʳ] *n* subcontratista *mf*.

subculture ['sʌbkʌltʃəʳ] *n* subcultura.

subcutaneous [sʌbkjuː'teɪnɪəs] *adj* subcutáneo,-a.

subdivide [sʌbdɪ'vaɪd] *vt* subdividir (into, en).

subdivision ['sʌbdɪvɪʒən] *n* subdivisión *f*.

subdue [səb'djuː]
1 *vt (nation, people)* someter, dominar, sojuzgar.
2 *vt (feelings, passions, etc)* contener, dominar.
3 *vt (sound, colour, light)* atenuar, suavizar.

subdued [səb'djuːd]
1 *adj (person, emotion)* callado,-a, apagado,-a.
2 *adj (tone, voice)* bajo,-a; *(light)* tenue; *(colour)* apagado,-a.

subedit [sʌb'edɪt] *vt* corregir, revisar.

subeditor [sʌb'edɪtəʳ] *n* redactor,-ra.

suberose ['suːbərəʊz] *adj* suberoso,-a.

subgroup ['sʌbgruːp] *n* subgrupo.

subheading [sʌb'hedɪŋ] *n* subtítulo.

subhuman [sʌb'hjuːmən] *adj* infrahumano,-a.

subindex [sʌb'ɪndeks] *n* subíndice *m*.
▲ *pl* subindices *o* subindexes.

subject ['sʌbdʒekt]
1 *n (theme, topic)* tema *m*: what's your opinion on the subject? ¿qué opinas del tema?; while we're on the subject of money ya que hablamos de dinero.
2 *n EDUC* asignatura.
3 *n (citizen)* súbdito, ciudadano,-a.
4 *n LING* sujeto.
5 *n (cause)* objeto (of/for, de).
6 *n (of experiment)* sujeto.
7 *vt (bring under control)* someter, sojuzgar (to, a).
8 *adj (subordinate, governed)* sometido,-a.
9 *adj* subject to *(bound by)* sujeto,-a a: we are all subject to the law todos estamos sujetos a la ley.

10 *adj (prone to - floods, subsidence)* expuesto,-a a; *(- change, delay)* susceptible de, sujeto,-a a; *(- illness)* propenso,-a a.
11 *prep (conditional on)* previo,-a, supeditado,-a a: subject to approval previa aprobación.
▸ to subject to *vt sep* someter a: the prisoners were subjected to torture los presos fueron sometidos a tortura.
✦ to change the subject cambiar de tema.
▪ subject matter *(topic)* tema *m*, materia; *(contents)* contenido.
▲ *(verbo)* [səb'dʒekt].

subjection [səb'dʒekʃən] *n (act)* sujeción *f* (of, de); *(state)* sometimiento (to, a).

subjective [səb'dʒektɪv] *adj* subjetivo,-a.

subjectiveness [sʌb'dʒektɪvnəs] *n* subjetividad *f*.

subjectivism [sʌb'dʒektɪvɪzəm] *n* subjetivismo.

subjectivity [sʌbdʒek'tɪvɪtɪ] *n* subjetividad *f*.

sub judice [sʌb'dʒuː'dɪsɪ] *adj JUR* pendiente de resolución.

subjugate ['sʌbdʒəgeɪt] *vt* sojuzgar, subyugar.

subjugation [sʌbdʒə'geɪʃən] *n* subyugación *f*.

subjunctive [səb'dʒʌŋktɪv]
1 *adj LING* subjuntivo,-a.
2 *n LING* subjuntivo.

sublease [sʌb'liːs] *vt* → **sublet**.

sublet [sʌb'let]
1 *vt* realquilar, subarrendar.
2 *vi* realquilar, subarrendar.
▲ *pt & pp* sublet, *ger* subletting.

sublieutenant [sʌblə'tenənt] *n MAR* alférez *m* de navío.

sublimate ['sʌblɪmeɪt] *vt* sublimar.

sublime [sə'blaɪm]
1 *adj (beauty, music, compliment, etc)* sublime.
2 *adj fam (food, performance)* maravilloso,-a, sensacional.
3 *adj pej (indifference, ignorance, etc)* sumo,-a, supremo,-a, absoluto,-a, total.
4 the sublime *n* lo sublime.
✦ from the sublime to the ridiculous de un extremo a otro.

subliminal [sʌb'lɪmɪnəl] *adj* subliminal.

sub-machine-gun [sʌbmə'ʃiːngʌn] *n* ametralladora, metralleta.

submarine ['sʌbməriːn]
1 *n* submarino.
2 *adj* submarino,-a.

submariner [sʌb'mærɪnəʳ] *n* submarinista *mf*.

submerge [səb'mɜːdʒ]
1 *vt* sumergir (in, en).
2 *vi* sumergirse.
✦ to submerge oneself in something sumergirse en algo.

submerged [səb'mɜːdʒd] *adj (wreck, rock, submarine)* sumergido,-a.

+ **to be submerged in work** etc estar agobiado,-a de trabajo etc.

submerse [sʌb'mɜːs] vt sumergir.

submersible [səb'mɜːsəbəl] adj sumergible.

submersion [səb'mɜːʃən] n sumersión f.

submission [səb'mɪʃən]
1 n (subjection) sumisión f (**to**, a).
2 n SP (in wrestling) rendición f.
3 n (presentation) presentación f: the last day for submission of applications el último día para la presentación de solicitudes.
4 n (report) informe m; (proposal) propuesta.

submissive [səb'mɪsɪv] adj sumiso,-a, dócil.

submissively [sʌb'mɪsɪvlɪ] adv sumisamente.

submissiveness [səb'mɪsɪvnəs] n sumisión f.

submit [səb'mɪt]
1 vt (present) presentar.
2 vt (subject) someter (**to**, a).
3 vt JUR (suggest) sostener.
4 vi (admit defeat, surrender) rendirse, ceder; (to demand, wishes) acceder: they eventually submitted to the enemy finalmente se rindieron al enemigo.
▲ pt & pp submitted, ger submitting.

subnormal [sʌb'nɔːməl]
1 adj (person) subnormal, retrasado,-a.
2 adj (temperatures) por debajo de lo normal.

subordinate [sə'bɔːdɪnət]
1 adj (lower, less important) subordinado,-a (**to**, a), secundario,-a.
2 adj LING subordinado,-a.
3 n (person) subordinado,-a, subalterno,-a.
4 vt subordinar (**to**, a), supeditar (**to**, a).
■ **subordinate cause** oración f subordinada.
▲ (verbo) [sə'bɔːdɪneɪt].

subordination [səbɔːdɪ'neɪʃən] n subordinación f.

suborn [sə'bɔːn] vt fml sobornar.

subpoena [səb'piːnə]
1 n JUR citación f.
2 vt JUR citar.

subroutine ['sʌbruːtiːn] n subrutina.

subscribe [səb'skraɪb]
1 vi (to newspaper etc) suscribirse (**to**, a), abonarse (**to**, a).
2 vi (to charity) hacer donaciones, contribuir con donativos (**to**, a).
3 vi (to opinion, theory) suscribir (**to**, -), estar de acuerdo (**to**, con): he subscribes to the view that ... él es de la opinión de que ...
4 vi FIN (shares) suscribir (**for**, -).
5 vt (contribute) contribuir, donar.
6 vt fml (sign) suscribir: I subscribed my name to the petition suscribí la petición, firmé la petición.

subscriber [səb'skraɪbər] n (to newspaper etc) suscriptor,-ra, abonado,-a; (to telephone service, cable television) abonado,-a.
+ **to be a subscriber to a charity** contribuir a una organización benéfica.

subscript ['sʌbskrɪpt]
1 adj subíndice.
2 n subíndice m.

subscription [səb'skrɪpʃən] n (to newspaper etc) suscripción f, abono; (to club) cuota; (to charity) donativo, donación f.
+ **to take out a subscription to something** suscribirse a algo.

subsection ['sʌbsekʃən] n JUR (in document, text) artículo.

subsequent ['sʌbsɪkwənt] adj subsiguiente, posterior.
+ **subsequent to** posterior a.

subsequently ['sʌbsɪkwəntlɪ] adv posteriormente.

subservience [sʌb'sɜːvɪəns] n sumisión f.

subservient [səb'sɜːvɪənt]
1 adj (submissive) servil (**to**, a).
2 adj fml (subordinate) supeditado,-a (**to**, a).

subset ['sʌbset] n subconjunto.

subside [səb'saɪd]
1 vi (land, building, road) hundirse.
2 vi fig (person) dejarse caer.
3 vi (storm, wind) amainar; (floods) decrecer, bajar; (pain, fever) disminuir; (noise, applause) irse apagando; (anger, excitement) calmarse.

subsidence [səb'saɪdəns] n (of land, building) hundimiento.

subsidiary [səb'sɪdɪərɪ]
1 adj (role, interest, issue) secundario,-a.
2 adj (income) adicional, extra; (payment, loan) subsidiario,-a.
3 n COMM filial f.
■ **subsidiary company** empresa filial. **subsidiary subject** EDUC asignatura complementaria.
▲ pl subsidiaries.

subsidise ['sʌbsɪdaɪz] vt → **subsidize.**

subsidize ['sʌbsɪdaɪz] vt (gen) subvencionar; (exports) primar.

subsidized ['sʌbsɪdaɪzd] adj subvencionado,-a.

subsidy ['sʌbsɪdɪ] n subvención f, subsidio.
▲ pl subsidies.

subsist [səb'sɪst] vi subsistir.
+ **to subsist on** subsistir a base de.

subsistence [səb'sɪstəns] n subsistencia.
+ **to live at subsistence level** vivir con lo justo para subsistir.
■ **subsistence allowance** dietas fpl. **subsistence crop** cultivo de subsistencia. **subsistence farming** agricultura de subsistencia. **subsistence wage** sueldo miserable, sueldo de hambre.

subsoil ['sʌbsɔɪl] n subsuelo.

subsonic [sʌb'sɒnɪk] adj subsónico,-a.

subspecies ['sʌbspiːʃiːz] n subespecie f.

substance ['sʌbstəns]
1 n (matter) sustancia.
2 n (real matter, solid content) sustancia, solidez f: matters of substance temas fundamentales/importantes; there is no substance in the rumour el rumor no es fundado, el rumor carece de fundamento.
3 n (essence, gist) esencia, sustancia: the substance of his argument la esencia de su argumento.
4 n (wealth) riqueza: a man of substance un hombre acaudalado.

substandard [sʌb'stændəd] adj de calidad inferior.

substantial [səb'stænʃəl]
1 adj (solid) sólido,-a, fuerte.
2 adj (large - sum, increase, loss, damage) importante, considerable; (- difference, change) sustancial, notable.
3 adj (meal - large) abundante; (nourishing) sustancioso,-a.
4 adj (wealthy) acaudalado,-a.
5 adj fml (real, tangible) sustancial.
+ **to be in substantial agreement** estar de acuerdo en los puntos esenciales.

substantially [səb'stænʃəlɪ]
1 adv (solidly) sólidamente.
2 adv (considerably) de manera considerable; (noticeably) notablemente, sustancialmente.
3 adv (essentially) esencialmente, fundamentalmente; (largely, mainly) en gran parte.

substantiate [səb'stænʃɪeɪt] vt (gen) confirmar, corroborar; (accusation) probar.

substantive ['sʌbstəntɪv]
1 adj fml (research, information, evidence) sustantivo,-a; (matter, issue) fundamental.
2 n LING sustantivo.

substation ['sʌbsteɪʃən] n subestación f.

substitute ['sʌbstɪtjuːt]
1 n (person) sustituto,-a, suplente mf: Barnes came on as a substitute for the injured player Barnes sustituyó al jugador lesionado.
2 n (thing) sucedáneo (**for**, de): a sugar substitute un sucedáneo del azúcar; oil can be used as a substitute for butter se puede sustituir la mantequilla por aceite; there's no substitute for being actually there no hay nada como estar allí.
3 vt sustituir, reemplazar: substitute fresh fruit for cakes and sweets sustituye los pasteles y dulces por fruta fresca; the manager substituted Green for Watson el entrenador sustituyó a Watson por Green.
4 vi sustituir, suplir (**for**, a): can you substitute for me tomorrow? ¿me puedes sustituir mañana?

substitution [sʌbstɪ'tjuːʃən] *n* sustitución *f*.

substratum [sʌb'strɑːtəm] *n* substrato.
▲ *pl* **substrata**.

subterfuge ['sʌbtəfjuːdʒ] *n* subterfugio.

subterranean [sʌbtə'reɪnɪən] *adj* subterráneo,-a.

subtitle ['sʌbtaɪtəl]
1 *n* subtítulo.
2 *vt* subtitular, poner subtítulos a.

subtle ['sʌtəl]
1 *adj (person - tactful)* delicado,-a, discreto,-a: **try being a bit more subtle** procura tener más delicadeza.
2 *adj (colour, difference, hint, joke)* sutil; *(taste)* delicado,-a, ligero,-a; *(lighting)* tenue, sutil.
3 *adj (remark, mind)* agudo,-a, perspicaz; *(plan, argument, analysis)* ingenioso,-a; *(irony)* fino,-a.

subtlety ['sʌtəltɪ]
1 *n (delicacy, fine difference)* sutileza.
2 *n (tact)* delicadeza.
3 *adj (perceptiveness)* agudeza, perspicacia; *(ingenuity)* sutileza.
▲ *pl* **subtleties**.

subtly ['sʌtəlɪ]
1 *adv (delicately)* sutilmente.
2 *adv (tactfully)* con delicadeza.
3 *adv (perceptively)* con agudeza, perspicazmente; *(ingeniously)* ingeniosamente.

subtotal [sʌb'təutəl] *n* subtotal *m*.

subtract [səb'trækt] *vt* restar (**from**, de): **subtract five from nine** resta cinco de nueve.

subtraction [səb'trækʃən] *n* resta.

subtropical [sʌb'trɒpɪkəl] *adj* subtropical.

suburb ['sʌbɜːb] *n* barrio residencial.
■ **the suburbs** las afueras *fpl*.

suburban [sə'bɜːbən] *adj (area)* de los barrios residenciales; *(attitude)* convencional.

suburbia [sə'bɜːbɪə] *n* los barrios *mpl* residenciales.

subversion [sʌb'vɜːʃən] *n* subversión *f*.

subversive [sʌb'vɜːsɪv]
1 *adj* subversivo,-a.
2 *n (person)* elemento subversivo.

subvert [sʌb'vɜːt] *vt* subvertir.

subway ['sʌbweɪ]
1 *n GB (underpass)* paso subterráneo.
2 *n US (underground)* metro.

subzero [sʌb'zɪːrəu] *adj* bajo cero.

succeed [sək'siːd]
1 *vi (be successful - person)* tener éxito, triunfar; *(- plan, marriage)* salir bien; *(- strike)* surtir efecto, dar resultado.
2 *vi (manage)* lograr, conseguir: **she aimed to swim a mile and succeeded** se propuso nadar una milla y lo consiguió; **at least we succeeded in raising public awareness** al menos conseguimos sensibilizar a los ciudadanos.
3 *vi (throne)* subir (**to**, a); *(title)* heredar (**to**, -).
4 *vt (take place of)* suceder a.
5 *vt fml (follow after)* suceder a.
✦ **if at first you don't succeed, try, try, try again** el que la sigue la consigue.
to succeed in life triunfar en la vida.

succeeding [sək'siːdɪŋ] *adj* subsiguiente.

success [sək'ses]
1 *n (good result, achievement)* éxito: **they met with success** tuvieron éxito; **that's the key to success** eso es la clave del éxito.
2 *n (successful person, thing)* éxito: **the novel was a great success** la novela fue un gran éxito.
✦ **to make a success of something** sacar adelante algo con éxito.

successful [sək'sesfʊl] *adj (person, career, film)* de éxito; *(plan, performance, attempt)* acertado,-a, logrado,-a; *(business)* próspero,-a; *(marriage)* feliz; *(meeting)* satisfactorio,-a, positivo,-a: **the successful candidate** el candidato (que resulte) seleccionado.
✦ **to be successful in doing something** conseguir hacer algo.
to be successful in life triunfar en la vida.

successfully [sək'sesfʊlɪ] *adv* con éxito, satisfactoriamente.

succession [sək'seʃən]
1 *n (act of following)* sucesión *f*: **three months in succession** tres meses seguidos, tres meses consecutivos; **three goals in rapid succession** tres goles consecutivos.
2 *n (series)* serie *f*, sucesión *f*.
3 *n (to post, throne)* sucesión *f*.

successive [sək'sesɪv] *adj* sucesivo,-a, consecutivo,-a: **he's won five successive championships** ha ganado cinco campeonatos consecutivos; **successive governments** sucesivos gobiernos.

successively [sək'sesɪvlɪ] *adv* sucesivamente.

successor [sək'sesər] *n* sucesor,-ra.

succinct [sək'sɪŋkt] *adj* sucinto,-a, conciso,-a.

succinctly [sək'sɪŋtlɪ] *adv* sucintamente.

succinctness [sək'sɪŋtnəs] *n* concisión *f*.

succulence ['sʌkjələns] *n* suculencia.

succulent ['sʌkjələnt]
1 *adj (juicy)* suculento,-a.
2 *adj BOT* carnoso,-a.
3 *n BOT* planta carnosa, suculenta.

succumb [sə'kʌm] *vi* sucumbir (**to**, a).

such [sʌtʃ]
1 *adj (of that sort)* tal, semejante: **there's no such thing** no existe tal cosa; **in such cases** en tales casos.
2 *adj (so much, so great)* tal, tanto,-a: **he's always in such a hurry** siempre anda con tanta prisa; **there were such a lot of people** había tanta gente.
3 *adv (so very)* tan: **it was such a boring film that ...** era una película tan aburrida que ...; **she's such a clever woman** es una mujer tan inteligente.
4 *pron (of that specified sort)* tal: **he acts like a child and I treat him as such** se comporta como un niño y lo trato como tal; **the disaster was such that ...** el desastre fue tal que ...
✦ **as such** *(strictly speaking)* propiamente dicho; *(that way)* como tal.
at such and such a time a tal hora.
in such a way that ... de tal manera que ...
such as *(like, for example)* como.
such as? ¿por ejemplo?
such is life! ¡así es la vida!

suchlike ['sʌtʃlaɪk]
1 *adj* por el estilo.
2 *pron (things)* cosas *fpl* por el estilo; *(people)* gente *f* por el estilo.

suck [sʌk]
1 *vt (person - liquid)* sorber; *(- lollipop, pencil, thumb, etc)* chupar; *(insect - blood, nectar)* chupar, succionar: **he's ten years old and still sucks his thumb** tiene diez años y aún se chupa el dedo.
2 *vt (vacuum cleaner)* aspirar (**in**, -); *(pump)* succionar, aspirar (**in**, -); *(plant)* absorber (**up**, -).
3 *vt (draw powerfully)* arrastrar: **the current sucked him under** la corriente se lo tragó.
4 *vi (person)* chupar (**at/on**, -); *(baby)* mamar (**at**, -); *(vacuum cleaner)* aspirar (**up**,-); *(pump)* succionar, aspirar.
5 *vi US sl (be very bad)* ser terrible, ser una mierda.
6 *n* chupada.
✦ **to be sucked into something** verse arrastrado,-a a algo, verse involucrado,-a en algo.
to suck up to somebody hacerle la pelota a alguien.

sucker ['sʌkər]
1 *n ZOOL* ventosa.
2 *n BOT* chupón *m*, mamón *m*.
3 *n (rubber disc)* ventosa.
4 *n fam (person)* primo,-a, bobo,-a, imbécil *mf*.
✦ **to be a sucker for something** tener debilidad por algo.

sucking pig ['sʌkɪŋpɪg] *n* cochinillo, lechón *m*.

suckle ['sʌkəl]
1 *vt* amamantar, dar de mamar a.
2 *vi* mamar.

suckling ['sʌkəlɪŋ] *n* lactante *mf*.

sucrose ['sjuːkrəuz] *n* sacarosa.

suction ['sʌkʃən] *n (sticking together)* succión *f*; *(of water, air)* aspiración *f*.
■ **suction cup** ventosa.
suction pump bomba de aspiración.

Sudan [suːˈdæn] **the Sudan** *n* Sudán.

Sudanese [suːdəˈniːz]
1 *adj* sudanés,-esa.
2 *n* sudanés,-esa.
3 **the Sudanese** *npl* los sudaneses *mpl*.

sudden [ˈsʌdən]
1 *adj (quick)* súbito,-a, repentino,-a.
2 *adj (unexpected)* inesperado,-a, imprevisto,-a.
3 *adj (abrupt)* brusco,-a.
✦ **all of a sudden** de repente, de pronto, de golpe.
▪ **sudden death** muerte *f* súbita.

suddenly [ˈsʌdənlɪ]
1 *adv (unexpectedly)* de repente, de pronto.
2 *adv (abruptly)* bruscamente.

suddenness [ˈsʌdənnəs]
1 *n (quickness)* lo repentino, lo súbito.
2 *n (unexpectedness)* lo imprevisto, lo inesperado.
3 *n (abruptness)* brusquedad *f*.

suds [sʌdz] *npl* jabonaduras *fpl*, espuma *f sing* (de jabón).

sue [suː]
1 *vt JUR* demandar.
2 *vi JUR* entablar una demanda (**for**, por).
✦ **to sue for damages** demandar por daños y perjuicios.
to sue for divorce solicitar el divorcio.
to sue for libel entablar juicio por difamación.
to sue for peace hacer un llamamiento a la paz.

suede [sweɪd]
1 *n* ante *m*, gamuza.
2 *adj* de ante, de gamuza.

suet [ˈsuːɪt] *n* sebo.

suffer [ˈsʌfər]
1 *vt (gen)* sufrir; *(pain)* padecer, sufrir; *(hunger)* padecer, pasar; *(losses)* sufrir, registrar: **they suffered a humiliating defeat** sufrieron una derrota humillante.
2 *vt (bear, tolerate)* aguantar, soportar, tolerar: **we had to suffer the consequences** tuvimos que atenernos a las consecuencias.
3 *vi (gen)* sufrir: **she's suffered enough already** ya ha sufrido bastante; **she suffered in silence** sufrió en silencio.
4 *vi (be affected - work, studies, etc)* verse afectado,-a; *(- health)* resentirse: **if you smoke, your health will suffer** si fumas, perjudicará tu salud.
✦ **not to suffer fools gladly** no aguantar a los imbéciles.
to suffer for something sufrir las consecuencias de algo.
to suffer from *(illness)* sufrir de, padecer; *(shock)* sufrir los efectos de; *(effects)* resentirse de: **he's suffering from exhaustion** está agotado.

sufferance [ˈsʌfərəns] **on sufferance** *phr* a regañadientes.

sufferer [ˈsʌfərər] *n* enfermo,-a: **AIDS sufferers** las víctimas del sida; **arthritis sufferers** los artríticos; **cancer sufferers** los cancerosos.

suffering [ˈsʌfərɪŋ] *n (affliction)* sufrimiento, aflicción *f*, *(grief)* pena, dolor *m*; *(pain)* dolor *m*.

suffice [səˈfaɪs]
1 *vt fml* ser suficiente.
2 *vi* bastar, ser suficiente (**for**, para).
✦ **suffice it to say (that)** ... basta con decir que ...

sufficient [səˈfɪʃənt] *adj* suficiente, bastante: **we don't have sufficient information** no tenemos suficiente información.
✦ **to be sufficient** bastar.

sufficiently [səˈfɪʃəntlɪ] *adv* (lo) suficientemente, lo suficiente: **it's not sufficiently cooked** no está suficientemente cocido.

suffix [ˈsʌfɪks] *n* sufijo.

suffocate [ˈsʌfəkeɪt]
1 *vt* asfixiar, ahogar.
2 *vi* asfixiarse, ahogarse.

suffocating [ˈsʌfəkeɪtɪŋ]
1 *adj (heat)* sofocante, agobiante; *(smoke, fumes)* asfixiante.
2 *adj fig* asfixiante.

suffocation [sʌfəˈkeɪʃən] *n* asfixia, ahogo.

suffrage [ˈsʌfrɪdʒ] *n* sufragio.

suffragette [sʌfrəˈdʒet] *n* sufragista.

suffuse [səˈfjuːz] *vt (colour)* teñir; *(light)* bañar.

sugar [ˈʃʊgər]
1 *n* azúcar *m & f*: **do you take sugar?** ¿quieres azúcar?
2 *n US fam (form of address)* cariño, cielo.
3 *n* azucarar.
✦ **to sugar the pill** dorar la píldora.
▪ **brown sugar** azúcar *m* moreno.
castor sugar azúcar *m* extrafino.
sugar beet remolacha azucarera.
sugar bowl azucarero, azucarera.
sugar cane caña de azúcar.
sugar cube terrón *m* de azúcar.
sugar daddy *viejo rico que regala cosas a una mujer joven*.
sugar lump terrón *m* de azúcar.
sugar pea guisante *m* mollar.
sugar tongs pinzas *fpl* para el azúcar.

sugar-coated [ʃʊgəˈkəʊtɪd] *adj* cubierto,-a de azúcar.

sugared [ˈʃʊgəd] *adj* azucarado,-a.
▪ **sugared almond** peladilla.

sugary [ˈʃʊgərɪ]
1 *adj (of/like sugar)* azucarado,-a; *(sweet)* dulce.
2 *adj fig (insincere)* almibarado,-a, meloso,-a; *(sentimental)* sensiblero,-a, empalagoso,-a.
▲ *comp* **sugarier,** *superl* **sugariest.**

suggest [səˈdʒest]
1 *vt (propose)* sugerir, proponer; *(advise)* sugerir, aconsejar: **I'd like to suggest Kate for the job** quisiera proponer a Kate para el puesto; **he suggested going for a drink** sugirió que fuéramos a tomar algo; **I suggest that we leave** sugiero que nos marchemos.
2 *vt (imply)* insinuar: **are you suggesting that I'm a thief?** ¿insinúas que soy un ladrón?

3 *vt (indicate)* indicar: **the evidence suggests that he's guilty** las pruebas indican que es culpable.
4 *vt (evoke)* evocar, sugerir.

suggestible [səˈdʒestəbəl] *adj* sugestionable, influenciable.

suggestion [səˈdʒestʃən]
1 *n (proposal)* sugerencia, propuesta: **I'd like to make a suggestion** quisiera hacer una sugerencia; **we're open to suggestions** aceptamos sugerencias.
2 *n (insinuation)* insinuación *f*.
3 *n (indication, hint)* indicio; *(slight trace)* sombra, traza, asomo, nota: **with the suggestion of a smile** esbozando una sonrisa; **with the suggestion of an accent** con un (leve) deje; **with a suggestion of ginger** con un saborcillo a jengibre.
4 *n (in psychology)* sugestión *f*.

suggestive [səˈdʒestɪv] *adj (with sexual connotations)* provocativo,-a, insinuante.
✦ **to be suggestive of something** *(indicative)* parecer indicar algo; *(evocative)* evocar algo: **the painting is suggestive of a Mediterranean country** el cuadro evoca un país mediterráneo.

suggestively [səˈdʒestɪvlɪ] *adv* de manera provocativa, de manera insinuante.

suicidal [suːɪˈsaɪdəl] *adj* suicida: **suicidal tendencies** tendencias suicidas; **a suicidal policy** una política suicida; **it would be suicidal to call an election now** sería una verdadera locura convocar elecciones ahora.

suicide [ˈsuːɪsaɪd]
1 *n (act)* suicidio: **she attempted suicide** intentó suicidarse; **her attempted suicide** su intento de suicidio.
2 *n (person)* suicida *mf*.
3 *n fig* suicidio.
✦ **to commit suicide** suicidarse.

suit [suːt]
1 *n (man's)* traje *m*; *(woman's)* traje *m* de chaqueta: **he was wearing a three-piece suit** vestía un terno.
2 *n JUR* pleito, juicio.
3 *n (in cards)* palo.
4 *vt (be convenient, acceptable)* convenir a, venir bien a; *(please)* satisfacer, agradar, contentar: **does Tuesday suit you?** ¿el martes te viene bien?; **she can be very sweet when it suits her** puede ser encantadora cuando le conviene.
5 *vt (be right for)* ir bien a, sentar bien a; *(look good on)* quedar bien a, favorecer: **this hot weather doesn't suit me** este calor no me sienta bien; **red suits you** el rojo te favorece mucho.
6 *vt (adapt)* adaptar (**to**, a), ajustar (**to**, a).
✦ **suit yourself!** ¡como quieras!
to be somebody's strongest suit ser el fuerte de alguien.
to bring/file a suit against somebody demandar a alguien, entablar una demanda contra alguien.

to follow suit seguir su ejemplo, hacer lo mismo.

to suit oneself hacer lo que a uno le apetece.

to suit somebody down to the ground venirle a alguien de perlas.

■ suit of armour armadura.

suitability [suːtəˈbɪlɪtɪ]

1 *n (appropriateness)* lo apropiado, lo apropiado; *(for job)* idoneidad *f.*

2 *n (propriety)* lo apropiado, lo apto.

3 *n (convenience)* conveniencia.

suitable [ˈsuːtəbəl]

1 *adj (appropriate)* adecuado,-a (**for**, para), apropiado,-a (**for**, para); *(for job, post)* adecuado,-a, indicado,-a, idóneo, -a: a suitable present for a ten-year-old boy un regalo adecuado para un niño de diez años; clothes suitable for hot weather ropa apropiada para el calor.

2 *adj (acceptable, proper)* apropiado,-a, apto,-a: will this skirt be suitable? ¿esta falda será apropiada?; the film is suitable for children la película es apta para niños.

3 *adj (convenient)* conveniente.

suitably [ˈsuːtəblɪ]

1 *adv (qualified)* adecuadamente; *(dressed)* apropiadamente, de manera adecuada.

2 *adv (correctly)* como es debido, como corresponde.

suitcase [ˈsuːtkeɪs] *n* maleta.

suite [swiːt]

1 *n (of furniture)* juego.

2 *n (in hotel)* suite *f.*

3 *n MUS* suite *f.*

4 *n (retinue)* séquito, comitiva.

5 *n COMPUT* juego.

■ dining-room suite (juego de) comedor *m.*

suited [ˈsuːtɪd] *adj* apropiado,-a (**for**, para), adecuado,-a (**for**, para): he's ideally suited to the job es idóneo para el trabajo; you would be better suited to a job outdoors te convendría más un trabajo al aire libre; they are ideally suited están hechos el uno para el otro.

suitor [ˈsjuːtəʳ]

1 *n (wooer)* pretendiente *mf.*

2 *n JUR (plaintiff)* demandante *mf*, querellante *mf.*

sulfate [ˈsʌlfeɪt] *n US →* sulphate.

sulfide [ˈsʌlfaɪd] *n US →* sulphide.

sulfur [ˈsʌlfəʳ] *n US →* sulphur.

sulk [sʌlk]

1 *vi* enfurruñarse, estar de mal humor: she's sulking está enfurruñada.

2 *n* malhumor *m.*

✦ to be in a sulk enfurruñarse.

to have the sulks enfurruñarse, poner morros.

sulky [ˈsʌlkɪ] *adj (look, mood)* malhumorado,-a; *(person)* con tendencia a enfurruñarse.

▲ *comp* sulkier, *superl* sulkiest.

sullen [ˈsʌlən]

1 *adj (person, mood)* hosco,-a, arisco,-a, huraño,-a; *(face)* adusto,-a.

2 *adj lit (sky, weather)* sombrío, triste.

sullenness [ˈsʌlənnəs] *n* malhumor *m.*

sully [ˈsʌlɪ]

1 *vt (dirty)* ensuciar.

2 *vt fig (tarnish, spoil)* manchar, mancillar.

▲ *pt & pp* sullied, *ger* sullying.

sulphate [ˈsʌlfeɪt] *n* sulfato.

■ copper sulphate sulfato de cobre.

sulphide [ˈsʌlfaɪd] *n* sulfuro.

sulphite [ˈsʌlfaɪt] *n* sulfito.

sulphonamide [sʌlˈfɒnəmaɪd] *n* sulfonamida.

sulphur [ˈsʌlfəʳ] *n* azufre *m.*

sulphurate [ˈsʌlfəreɪt] *vt* sulfurar, azufrar.

sulphuric [sʌlˈfjʊərɪk] *adj* sulfúrico,-a.

■ sulphuric acid ácido sulfúrico.

sulphurous [ˈsʌlfərəs] *adj (smell)* a azufre; *(solution)* de azufre.

sultan [ˈsʌltən] *n* sultán *m.*

sultana [sʌlˈtɑːnə]

1 *n (raisin)* pasa de Esmirna.

2 *n (woman)* sultana.

sultanate [ˈsʌltəneɪt] *n* sultanato.

sultry [ˈsʌltrɪ]

1 *adj (weather)* bochornoso,-a, sofocante.

2 *adj (person)* sensual.

▲ *comp* sultrier, *superl* sultriest.

sum [sʌm]

1 *n MATH (calculation)* cuenta; *(addition)* suma, adición *f.*

2 *n (amount of money)* suma (de dinero), cantidad *f* (de dinero): a large sum of money una suma importante de dinero.

3 *n (total amount)* suma, total *m.*

4 sums *npl* aritmética *f sing*, cálculos *mpl.*

▶ to sum up

1 *vt sep (summarize)* resumir, hacer un resumen de, sintetizar.

2 *vt sep (size up - situation)* evaluar; *(- person)* catalogar.

3 *vi (summarize)* resumir; *(of judge)* recapitular: to sum up … en resumen …, resumiendo …, en resumidas cuentas …

✦ in sum en suma, en resumen.

to do one's sums hacer cuentas.

■ the sum total suma, total *m.*

Sumer [ˈsuːmə] *n* Sumeria.

Sumerian [suːˈmɪərɪən]

1 *adj* sumerio,-a.

2 *n (person)* sumerio,-a.

3 *n (language)* sumerio.

summarily [ˈsʌmerɪlɪ] *adv* sumariamente.

summarise [ˈsʌməraɪz] *vt →* summarize.

summarize [ˈsʌməraɪz] *vt* resumir, hacer un resumen de.

summary [ˈsʌmərɪ]

1 *n (gen)* resumen *m.*

2 *adj JUR (justice, punishment)* sumario,-a: summary trial juicio sumario.

3 *adj (immediate - dismissal)* inmediato,-a.

4 *adj (brief - account)* breve, corto,-a.

✦ in summary en resumen.

▲ *pl* summaries.

summer [ˈsʌməʳ]

1 *n (gen)* verano: I love going to the beach in summer me encanta ir a la playa en verano; they always spend the summer in Alicante siempre veranean en Alicante; in high summer en pleno verano.

2 *n lit* abril *m*: a girl of 16 summers una chica de 16 abriles.

3 *adj (gen)* de verano; *(summery)* veraniego,-a.

■ summer camp colonia de vacaciones.

summer holidays vacaciones *fpl* de verano.

summer school curso de verano.

summer time horario de verano.

summerhouse [ˈsʌməhaʊs] *n* cenador *m.*

summertime [ˈsʌmətaɪm] *n* verano, estío.

✦ in (the) summertime en verano.

summery [ˈsʌmərɪ] *adj* de verano, veraniego,-a.

▲ *comp* summerier, *superl* summeriest.

summing-up [sʌmɪŋˈʌp] *n JUR* recapitulación *f.*

summit [ˈsʌmɪt]

1 *n (of mountain, career)* cumbre *f*, cima.

2 *n (meeting)* cumbre *f.*

■ summit conference cumbre *f.*

summon [ˈsʌmən]

1 *vt (person)* llamar; *(meeting, parliament)* convocar.

2 *vt JUR* citar, emplazar.

▶ to summon up

1 *vt insep (courage)* armarse de; *(strength)* reunir, cobrar; *(support)* lograr, obtener; *(resources, help)* reunir, conseguir.

2 *vt insep (memories, thoughts)* evocar.

summons [ˈsʌmənz]

1 *n (call)* llamamiento *m.*

2 *n JUR* citación *f* (judicial).

3 *vt JUR* citar, emplazar.

✦ to serve a summons on somebody entregarle una citación a alguien.

▲ *pt & pp* sunned, *ger* sunning.

sumo [ˈsuːməʊ] *n SP* sumo.

■ sumo wrestler luchador *m* de sumo.

sumo wrestling sumo.

sumptuous [ˈsʌmptjʊəs] *adj (gen)* suntuoso,-a; *(meal)* opíparo,-a.

sumptuousness [ˈsʌmptjʊəsnəs] *n* suntuosidad *f.*

sun [sʌn] *n (gen)* sol *m*: she loves sitting in the sun le encanta sentarse al sol; you've caught the sun te ha cogido el sol; the sun's in my eyes me da el sol en los ojos; we didn't have much sun no tuvimos muchos días de sol.

◆ **everything under the sun** de todo.
there's nothing new under the sun
no hay nada nuevo bajo el sol.
**to call somebody all the names un-
der the sun** decirle a alguien de todo.
to sun oneself tomar el sol.
■ **sun blind** persiana.
sun block filtro solar.
sun deck cubierta superior.
sun lamp lámpara solar.
sun lounge solana.
sun lounger tumbona.
sun terrace solana.
sun visor visera.

Sun ['sʌndɪ] *abbr* (**Sunday**) domingo;
(abbreviation) dom.

sunbaked ['sʌnbeɪkt] *adj (place)* quemado,-a por el sol, calcinado,-a; *(brick)*
secado,-a por el sol.

sunbathe ['sʌnbeɪð] *vi* tomar el sol.

sunbather ['sʌnbeɪðəʳ] *n* persona que
toma el sol.

sunbathing ['sʌnbeɪðɪŋ] *n* baños *mpl*
de sol: **he hates sunbathing** odia tomar el sol.

sunbeam ['sʌnbiːm] *n* rayo de sol.

sunbed ['sʌnbed] *n* cama solar.

sunburn ['sʌnbɜːn] *n* quemadura de sol.

sunburnt ['sʌnbɜːnt] *adj (burnt)* quemado,-a (por el sol); *(tanned)* bronceado,-a, moreno,-a.

sundae ['sʌndɪ] *n CULIN* copa de helado con
fruta, almendras, jarabe y nata montada.

Sunday ['sʌndɪ] *n* domingo.
◆ **in a month of Sundays** en mucho
tiempo.
in one's Sunday best vestido,-a de
domingo, endomingado,-a.
■ **Sunday driver** dominguero,-a.
Sunday newspaper periódico dominical.
Sunday school catequesis *f.*
Sunday trading/Sunday opening
apertura de las tiendas los domingos.
▲ *Para ejemplos de uso, véase* **Saturday.**

sundew ['sʌndjuː] *n* drósera.

sundial ['sʌndaɪəl] *n* reloj *m* de sol.

sundown ['sʌndaʊn] *n US* puesta de(l)
sol.
◆ **at sundown** al atardecer.

sundress ['sʌndres] *n* vestido de tirantes.

sun-dried ['sʌndraɪd] *adj* secado,-a al
sol.

sundry ['sʌndrɪ]
  1 *adj* diversos,-as, varios,-as.
  2 sundries *npl COMM (goods)* artículos *mpl*
diversos; *(expenses)* gastos *mpl* diversos.
◆ **all and sundry** todo el mundo.

sunflower ['sʌnflaʊəʳ] *n* girasol *m.*
■ **sunflower seed** semilla de girasol,
pipa.

sung [sʌŋ] *pp* → **sing.**

sunglasses ['sʌnglɑːsɪz] *npl* gafas *fpl* de
sol.

sun-god ['sʌnɡɒd] *n* dios *m* del Sol.

sunhat ['sʌnhæt] *n* pamela, sombrero
de ala ancha.

sunk [sʌŋk] *pp* → **sink.**

sunken ['sʌŋkən]
  1 *adj (ship, treasure)* hundido,-a, sumergido,-a; *(eyes, cheeks)* hundido,-a.
  2 *adj (terrace, bath)* a un nivel más bajo.

sunlight ['sʌnlaɪt] *n* sol *m*, luz *f* del sol.

sunlit ['sʌnlɪt] *adj* soleado,-a.

sunny ['sʌnɪ]
  1 *adj (room, house, etc)* soleado,-a; *(day)*
de sol.
  2 *adj fig (person)* alegre, risueño,-a; *(future)* risueño,-a.
◆ **to be sunny** hacer sol.
▲ *comp* **sunnier,** *superl* **sunniest.**

sunray ['sʌnreɪ] *n* rayo de sol.

sunrise ['sʌnraɪz] *n (sun-up)* salida del
sol; *(dawn)* amanecer *m*, alba *m.*

sunroof ['sʌnruːf]
  1 *n AUTO* capota, techo corredizo.
  2 *n (on building)* azotea.

sunset ['sʌnset] *n (sundown)* puesta
de(l) sol, ocaso; *(twilight)* crepúsculo,
atardecer *m.*

sunshade ['sʌnʃeɪd]
  1 *n (parasol)* sombrilla.
  2 *n (awning)* toldo.

sunshine ['sʌnʃaɪn]
  1 *n* sol *m*, luz *f* del sol: **Brighton had eight
hours of sunshine yesterday** ayer tu-
vieron ocho horas de sol en Brighton.
  2 *n fig* alegría.
  3 *n GB fam (friendly form of address)* corazón, majo,-a; *(sarcastic)* guapo,-a.

sunspot ['sʌnspɒt]
  1 *n (on sun)* mancha solar.
  2 *n fam (sunny place)* lugar de veraneo donde hace mucho sol.

sunstroke ['sʌnstrəʊk] *n* insolación *f.*

suntan ['sʌntæn] *n* bronceado, moreno.
◆ **to get a suntan** broncearse, ponerse
moreno,-a.
■ **suntan cream/suntan lotion** crema
bronceadora.
suntan oil aceite *m* bronceador.

sun-tanned ['sʌntænd] *adj* bronceado,-a, moreno,-a.

suntrap ['sʌntræp] *n* lugar *m* muy soleado, solana.

sun-up ['sʌnʌp] *n US (sunrise)* salida de
sol; *(dawn)* amanecer *m*, alba *m.*

sup [sʌp]
  1 *vt GB (drink)* beber a sorbos.
  2 *vi arch (have supper)* cenar (**on/off,** -).
  ▲ *pt & pp* **supped,** *ger* **supping.**

super ['suːpəʳ]
  1 *adj fam* genial, súper, fenomenal, de
primera.
  2 *n GB (superintendent)* comisario,-a de
policía.
  3 *n US (superintendent)* portero,-a.

superabundance [suːpərəˈbʌndəns]
n fml superabundancia.

superabundant [suːpərəˈbʌndənt] *adj
fml* superabundante.

superannuated [suːpərˈænjʊeɪtɪd] *adj
fml* anticuado,-a.

superannuation [suːpərænjʊˈeɪʃən] *n
GB (pension)* pensión *f*, jubilación *f.*
■ **superannuation scheme** plan *m* de jubilación.

superb [sʊˈpɜːb] *adj* estupendo,-a, magnífico,-a, espléndido,-a, soberbio,-a.

superbly [sʊˈpɜːblɪ] *adv* estupendamente, magníficamente, espléndidamente,
soberbiamente.

supercharge ['suːpətʃɑːdʒ] *vt AUTO* sobrealimentar.

supercharger ['suːpətʃɑːdʒəʳ] *n AUTO*
sobrealimentador *m.*

supercilious [suːpəˈsɪlɪəs] *adj (condescending)* altanero,-a; *(disdainful)* desdeñoso,-a.

superciliousness [suːpəˈsɪlɪəsnəs] *n
(condescension)* altanería; *(disdain)* desdén *m.*

superconductivity [suːpəkɒndəkˈtɪ-
vɪtɪ] *n* superconductividad *f.*

superconductor [suːpəkənˈdʌktəʳ] *n*
superconductor *m.*

superego ['suːpəriːɡəʊ] *n* superyó.

superficial [suːpəˈfɪʃəl] *adj (gen)* superficial.

superficiality [suːpəfɪʃɪˈælɪtɪ] *n* superficialidad *f.*

superficially [suːpəˈfɪʃəlɪ] *adv* superficialmente.

superfine ['suːpəfaɪn] *adj (in size, quality)* extrafino,-a.

superfluous [sʊˈpɜːflʊəs] *adj (gen)* superfluo,-a; *(remark, comment)* de más.
◆ **to be superfluous** sobrar, estar de más.

superfluousness [sʊˈpɜːflʊəsnəs] *n*
superfluidad *f.*

superfluity [suːpəˈfluːɪtɪ] *n* superfluidad *f.*

superhuman [suːpəˈhjuːmən] *adj* sobrehumano,-a.

superimpose [suːpərɪmˈpəʊz] *vt* sobreponer, superponer.

superimposition [suːpərɪmpəˈzɪʃən]
n superposición *f.*

superintendent [suːpərɪnˈtendənt]
  1 *n (person in charge - gen)* director,-ra, inspector,-ra, supervisor,-ra.
  2 *n GB (in police)* comisario,-a de policía.
  3 *n US (in apartment building)* portero,-a,
conserje *mf.*
  4 *n (of park)* encargado,-a.

superior [suːˈpɪərɪəʳ]
  1 *adj (gen)* superior (**to,** a): **a superior
brand** una marca superior; **a superior
artist** un gran artista.
  2 *adj pej (attitude, tone, smile)* de superioridad: **a superior look** una mirada de
superioridad; **she's so superior** tiene
aires de superioridad.
  3 *n (senior)* superior *mf.*

◆ **to be superior in number** superar en número.

■ **Mother Superior** Madre Superiora.
superior officer (oficial *m*) superior *m*.

superiority [suːpɪərɪˈɒrɪtɪ] *n* superioridad *f*.

■ **superiority complex** complejo de superioridad.

superlative [suːˈpɜːlətɪv]
1 *adj (excellent)* superlativo,-a, de primera, excelente, excepcional.
2 *adj LING* superlativo,-a.
3 *n LING* superlativo.

superman [ˈsuːpəmæn] *n* superhombre *m*.
▲ *pl* supermen.

supermarket [suːpəˈmɑːkɪt] *n* supermercado, autoservicio.

supernatural [suːpəˈnætʃərəl]
1 *adj* sobrenatural.
2 **the supernatural** *n* lo sobrenatural *m*.

supernova [suːpəˈnəʊvə] *n* supernova.
▲ *pl* supernovae o supernovas.

supernumerary [suːpəˈnjuːmərərɪ]
1 *adj* supernumerario,-a.
2 *n* supernumerario,-a.

superpower [ˈsuːpəpaʊəʳ] *n* superpotencia.

superscript [ˈsuːpəskrɪpt]
1 *adj* superíndice.
2 *n* superíndice *m*.

supersede [suːpəˈsiːd] *vt (replace)* reemplazar, sustituir, suplantar.

supersonic [suːpəˈsɒnɪk] *adj* supersónico,-a.

superstar [ˈsuːpəstɑːʳ] *n* superestrella.

superstition [suːpəˈstɪʃən] *n* superstición *f*.

superstitious [sjuːpəˈstɪʃəs] *adj* supersticioso,-a.

superstore [ˈsuːpəstɔːʳ] *n* hipermercado.

superstructure [ˈsuːpəstrʌktʃəʳ] *n* superestructura.

supertanker [ˈsuːpətæŋkəʳ] *n* superpetrolero.

supertax [ˈsuːpətæks] *n* impuesto adicional *(pagado por los que tienen ingresos muy altos)*.

supervene [suːpəˈviːn] *vi fml* sobrevenir.

supervise [ˈsuːpəvaɪz]
1 *vt (watch over)* vigilar.
2 *vt (keep check on)* supervisar; *(run)* dirigir: **the foreman supervises the work in the factory** el capataz supervisa el trabajo en la fábrica.

supervision [suːpəˈvɪʒən] *n* supervisión *f*.

supervisor [ˈsuːpəvaɪzəʳ]
1 *n (gen)* supervisor,-ra.
2 *n GB (of thesis)* director,-ra de tesis.

supervisory [suːpəˈvaɪzərɪ] *adj* de supervisor,-ra.

superwoman [ˈsuːpəwʊmən] *n* supermujer *f*.
▲ *pl* superwomen.

supine [ˈsuːpaɪn]
1 *adj fml (position)* supino,-a.
2 *adj fig (attitude)* pasivo,-a.

supper [ˈsʌpəʳ] *n* cena.
◆ **to have supper** cenar.

supper-time [ˈsʌpətaɪm] *n* hora de cenar.

supplant [səˈplɑːnt] *vt* suplantar, reemplazar, sustituir.

supple [ˈsʌpəl] *adj (body, fingers)* flexible, ágil; *(material)* flexible; *(mind)* ágil; *(movement)* natural.

supplement [ˈsʌplɪmənt]
1 *n (charge)* suplemento: **a £5.00 supplement** un suplemento de 5.00 libras.
2 *n (dietary)* complemento.
3 *n LIT* suplemento.
4 *vt* complementar: **he supplements his income by working in a bar** trabaja en un bar para complementar sus ingresos.
▲ *(verbo)* [ˈsʌplɪment].

supplementary [sʌplɪˈmentərɪ]
1 *adj (gen)* suplementario,-a, adicional.
2 *adj MATH* suplementario,-a.
■ **supplementary benefit** *GB* subsidio complementario concedido a los más pobres.

suppleness [ˈsʌpəlnəs] *n* flexibilidad *f*, agilidad *f*.

supplicant [ˈsʌplɪkənt] *n fml* suplicante *mf*.

supplicate [ˈsʌplɪkeɪt]
1 *vt fml* suplicar.
2 *vi fml* suplicar (**for**, -).

supplication [sʌplɪˈkeɪʃən] *n fml* súplica.

supplier [səˈplaɪəʳ] *n COMM* proveedor, -ra, abastecedor,-ra.

supply [səˈplaɪ]
1 *n (provision)* suministro: **the electricity/water supply** el suministro de electricidad/agua.
2 *n COMM (provision - to markets, areas, etc)* abastecimiento; *(- to individuals, houses, shops, etc)* suministro.
3 *n (amount available)* reserva: **the world's food supply** la reserva alimentaria del mundo; **I've got my own supply of biscuits** tengo mi propia reserva de galletas.
4 *vt (goods, materials)* suministrar: **this company supplies gas to its customers** esta empresa suministra gas a los clientes; **who supplies arms to the Serbian forces?** ¿quién suministra armas a las fuerzas serbias?
5 *vt (a person, company, city, etc)* abastecer (**with**, de), proveer (**with**, de): **they supply the whole town with fruit** abastecen de fruta a toda la ciudad; **this reservoir supplies the whole area with water** este pantano abastece de agua a toda la región; **the company supplies all employees with a uniform** la empresa provee a todos los empleados de un uniforme.

6 *vt (give - information, proof, facts)* facilitar, proporcionar.
7 *vt MIL (with provisions)* aprovisionar.
8 *vt fml (need, requirement)* satisfacer.
9 **supplies** *npl (food)* provisiones *fpl*, víveres *mpl*; *(stock)* existencias *fpl*, stock *m*: **office supplies** material de oficina.
10 *npl MIL* pertrechos *mpl*.
◆ **to be in short supply** escasear.
■ **supply and demand** la oferta y la demanda.
supply teacher profesor,-ra suplente.
▲ *(sustantivo)* *pl* supplies; *(verbo)* pt & pp supplied, ger supplying.

support [səˈpɔːt]
1 *n (physical - gen)* apoyo, sostén *m*; *(- thing worn on body)* protector *m*.
2 *n (of building)* soporte *m*, puntal *m*.
3 *n (moral)* apoyo, respaldo: **you have our full support** cuentas con nuestro total apoyo; **he was a great support to me when my father died** me apoyó mucho cuando se murió mi padre.
4 *n (financial)* ayuda económica, apoyo económico; *(sustenance)* sustento; *(person)* sostén *m*: **the scheme is run without government support** el proyecto funciona sin ninguna ayuda gubernamental; **he had no means of support** no tenía ninguna fuente de ingresos.
5 *n (supporters)* afición *f*.
6 *n (evidence)* pruebas *fpl*.
7 *vt (roof, bridge, etc)* sostener; *(weight)* aguantar, resistir; *(part of body)* sujetar: **I don't think that shelf can support so many books** no creo que esa estantería aguante tantos libros.
8 *vt (back, encourage)* apoyar, respaldar, ayudar; *(cause, motion, proposal)* apoyar, estar de acuerdo con: **my parents have always supported me in everything I've done** mis padres siempre me han apoyado en todo lo que he hecho.
9 *vt SP (follow)* seguir; *(encourage)* animar: **which team do you support?** ¿de qué equipo eres?
10 *vt (keep, sustain)* mantener, sustentar, sostener; *(feed)* alimentar.
11 *vt (corroborate, substantiate)* confirmar, respaldar, apoyar, respaldar.
12 *vt fml (endure)* soportar, tolerar.
◆ **in support** *(in reserve)* de apoyo.
in support of somebody/something en apoyo de alguien/algo, a favor de alguien/algo.
to drum up support for somebody/something conseguir apoyo para alguien/algo.
to support oneself ganarse la vida.
■ **support group** *(offering help)* grupo de apoyo; *(musicians)* grupo telonero.

supporter [səˈpɔːtəʳ]
1 *n POL* partidario,-a.
2 *n SP (gen)* seguidor,-ra; *(fan)* hincha *mf*, forofo,-a.
3 **supporters** *npl SP* la afición *f sing*.
■ **supporters' club** peña deportiva.

supporting [sə'pɔːtɪŋ] *adj (part, role)* secundario,-a.

supportive [sə'pɔːtɪv] **to be supportive** *phr* apoyar, dar apoyo.

suppose [sə'pəuz]
1 *vt (assume, imagine)* suponer, imaginarse: I suppose you heard about the bomb supongo que te habrás enterado de la bomba; I suppose Terry sent you supongo que te habrá enviado Terry; I don't suppose you've got any serviettes? ¿no tendrás servilletas, por casualidad?
2 *vt (in polite requests)* I don't suppose you could lend me £10, could you? no podrías dejarme 10 libras, ¿no?
3 *vt (believe)* creer: what do you suppose will happen now? ¿qué crees que pasará ahora?; we all supposed her to be Spanish todos creíamos que era española.
4 *vt (postulate)* suponer: let's suppose that ... supongamos que ...
5 *vt fml (presuppose)* suponer.
6 *conj (hypothesis)* ¿y si ...?, pongamos por caso, supongamos: suppose she's right? ¿y si tiene razón?; suppose you miss the flight supongamos que pierdes el vuelo; just suppose you'd won pongamos por caso que hubieras ganado.
7 *conj (making suggestions)* ¿y si ...?, ¿qué tal si ...?: suppose we leave now? ¿y si nos fuéramos ya?; suppose we wait until tomorrow? ¿qué tal si esperamos hasta mañana?
✦ I suppose not supongo que no.
I suppose so supongo que sí.

supposed [sə'pəuzd] *adj* supuesto,-a.
✦ to be supposed to *(supposition, reputation)* se supone que, dicen que; *(obligation, responsibility)* deber, tener que; *(intention)* se supone que: it's supposed to be a good restaurant dicen que es un restaurante muy bueno; you're supposed to be in bed deberías estar en la cama; what's that supposed to mean? ¿qué quieres decir con eso?, ¿y eso qué se supone que quiere decir?; it was supposed to be a surprise se suponía que iba a ser una sorpresa.

supposedly [sə'pəusədlɪ] *adv* supuestamente.

supposing [sə'pəuzɪŋ]
1 *conj (hypothesis)* ¿y si ...?, suponiendo: supposing it rains ¿y si llueve?; supposing somebody saw you ¿y si te vio alguien?; supposing I have to work late suponiendo que tenga que trabajar hasta tarde.
2 *conj (making suggestions)* ¿y si ...?, ¿qué tal si ...?: supposing I have a word with her ¿y si yo hablo con ella?

supposition [sʌpə'zɪʃən] *n* suposición *f*, supuesto: it's pure supposition no son más que suposiciones.

suppository [sə'pɒzɪtərɪ] *n* supositorio.
▲ *pl* suppositories.

suppress [sə'pres] *vt (gen)* suprimir; *(feelings, laugh, yawn, etc)* contener, reprimir; *(news, truth, evidence)* callar, ocultar; *(revolt, rebellion)* sofocar, reprimir.

suppression [sə'preʃən] *n (gen)* supresión *f*; *(of feelings)* represión *f*, inhibición *f*; *(of truth, evidence, information)* ocultación *f*; *(of book)* prohibición *f*; *(of revolt)* represión *f*.

suppressor [sə'presə'']
1 *n (person, thing)* el/la/lo que suprime.
2 *n (electrical)* supresor *m*.

suppurate ['sʌpjəreɪt] *vi* supurar.

suppuration [sʌpjə'reɪʃən] *n* supuración *f*.

supranational [suːprə'næʃənəl] *adj* supranacional.

supremacist [suː'preməsɪst] *n* suprematista *mf*.

supremacy [suː'preməsɪ] *n* supremacía.

supreme [suː'priːm] *adj (highest)* supremo,-a, sumo,-a; *(greatest)* supremo,-a: supreme authority suma autoridad; a supreme effort un esfuerzo supremo.
✦ to make the supreme sacrifice hacer el supremo sacrificio.
▪ the Supreme Being el Ser Supremo.
Supreme Commander *MIL* Comandante *m* Supremo.
the Supreme Court *JUR* el Tribunal *m* Supremo.

supremely [suː'priːmlɪ] *adv* sumamente.

supremo [su'priːməu] *n GB fam* gran jefe,-a.
▲ *pl* supremos.

surcharge ['sɜːtʃɑːdʒ]
1 *n* recargo, sobretasa.
2 *vt (person)* aplicar un recargo a.

sure [ʃuə'']
1 *adj (positive, certain)* seguro,-a (**about/of**, de); *(convinced)* convencido,-a: I think so, but I'm not sure creo que sí, pero no estoy seguro; I'm quite sure estoy absolutamente seguro; are you sure of your facts? ¿estás seguro de lo que dices?; I'm not sure about the style el estilo no me convence del todo; he felt sure of winning se sentía seguro de que iba a ganar; are you sure you won't stay for supper? ¿seguro que no te quedarás a cenar?; she's not sure how it works no sabe muy bien cómo funciona.
2 *adj (certain, inevitable)* seguro,-a: one thing is sure ... lo que es seguro es que ...; it's sure to be sunny seguro que hará sol; he's sure to win seguro que ganará.
3 *adj (reliable)* seguro,-a.
4 *adv (of course)* claro, por supuesto: do you want to come? —sure ¿quieres venir? —claro que sí.

5 *adv US (as intensifier)* realmente, de verdad: he sure is handsome! ¡qué guapo es!; it sure is hot! ¡qué calor hace!
✦ as sure as eggs is eggs (tan seguro) como que dos y dos son cuatro.
as sure as I'm standing here palabra de honor.
for sure seguro: we don't know for sure no estamos seguros; I can't say for sure no te lo puedo decir seguro; that's for sure! ¡de eso no cabe duda!
sure enough efectivamente, en efecto.
sure thing claro, por supuesto.
to be sure of oneself estar seguro,-a de sí mismo,-a.
to be sure of somebody poder confiar en alguien.
to be sure to no olvidarse de, no dejar de: be sure to lock the door no te olvides de cerrar la puerta con llave.
to make sure asegurarse (**of**, de): make sure that the money's there asegúrate de que el dinero esté allí; I'll just make sure voy a asegurarme.

sure-fire ['ʃuəfaɪə'] *adj fam* segurísimo,-a, infalible.

sure-footed [ʃuə'futɪd] *adj* de pie firme.

surely ['ʃuəlɪ]
1 *adv (doubtless)* seguramente, sin duda: this is surely her best novel ésta es sin duda su mejor novela.
2 *adv (as intensifier)* surely you haven't forgotten! ¡no se te habrá olvidado!; he surely doesn't expect me to do it! ¡no puede ser que espere que lo haga yo!; surely not! ¡no puede ser!
3 *adv (in a sure manner)* con seguridad: slowly but surely sin prisas pero sin pausas.
4 *adv US (certainly)* por supuesto, desde luego, claro (que sí).

surety ['ʃuərətɪ]
1 *n (person)* fiador,-ra, garante *mf*.
2 *n (money)* fianza, garantía.
✦ to stand surety for somebody ser fiador,-ra de alguien.
▲ *pl* sureties.

surf [sɜːf]
1 *n (waves)* olas *fpl*, oleaje *m*; *(foam)* espuma.
2 *vi* hacer surf.
✦ to surf the net navegar en Internet.

surface ['sɜːfɪs]
1 *n (gen)* superficie *f*; *(of road)* firme *m*: the moon's surface la superficie de la luna.
2 *n fig (exterior)* apariencia: beneath her calm surface bajo su calmada apariencia, he only looks at the surface of things solo mira las cosas muy superficialmente.
3 *adj (gen)* superficial.
4 *vt (cover road)* pavimentar; *(with asphalt)* asfaltar.
5 *vi (submarine etc)* salir a la superficie; *(problems etc)* aflorar, aparecer, surgir.
6 *vi (from bed)* asomarse, dejarse ver; *(after disappearance)* reaparecer.

◆ **on the surface** en apariencia, a primera vista.
to come/rise to the surface *(problem etc)* aflorar, surgir.
▪ **surface area** superficie *f*, área (de la superficie).
surface mail correo de superficie: **by surface mail** por vía terrestre o marítima.
surface tension tensión *f* superficial.
surface worker trabajador,-ra en superficie.

surface-to-air [sɜːfəstʊˈeəʳ] *adj* tierra-aire.
▪ **surface-to-air missile** misil *m* tierra-aire.

surfboard [ˈsɜːfbɔːd] *n* tabla de surf.

surfeit [ˈsɜːfɪt] *n fml* exceso.

surfer [ˈsɜːfəʳ] *n* surfista *mf*.

surfing [ˈsɜːfɪŋ] *n* surf *m*.

surge [sɜːdʒ]
1 *n (of sea)* oleada, oleaje *m*, marejada; *(of people)* oleada, marea.
2 *n (increase - in demand etc)* aumento; *(- of support)* oleada; *(- of anger)* arranque *m*.
3 *vi (sea, wave)* levantarse, hincharse; *(people, crowd)* ir en tropel, avanzar a manadas.
4 *vi (increase)* aumentar bruscamente.
◆ **to surge up inside somebody** *(anger etc)* invadir a alguien, apoderarse de alguien.

surgeon [ˈsɜːdʒən] *n* cirujano,-a.
▪ **brain surgeon** neurocirujano,-a.
heart surgeon cardiocirujano,-a.

surgery [ˈsɜːdʒərɪ]
1 *n (operating)* cirugía: **plastic surgery** cirugía estética.
2 *n GB (place)* consultorio, consulta; *(time)* consulta: **surgery hours are from 9 to 3** las horas de consulta son de 9 a 3.
◆ **to undergo surgery** ser operado,-a, ser sometido,-a a una intervención quirúrgica.
▲ *pl* **surgeries**.

surgical [ˈsɜːdʒɪkəl] *adj (instrument, treatment)* quirúrgico,-a.
▪ **surgical appliance** aparato ortopédico.
surgical knife bisturí *m*.
surgical spirit alcohol *m* de 90°.

Surinam [sʊərɪˈnæm] *n* Surinam.

surliness [ˈsɜːlɪnəs] *n* hosquedad *f*.

surly [ˈsɜːlɪ] *adj (bad-tempered)* hosco,-a, arisco,-a, malhumorado,-a; *(bad-mannered)* maleducado,-a.
▲ *comp* **surlier**, *superl* **surliest**.

surmise [sɜːˈmaɪz]
1 *n fml* conjetura, suposición *f*.
2 *vt fml* suponerse, figurarse.

surmount [sɜːˈmaʊnt]
1 *vt (overcome)* superar, vencer.
2 *vt ARCH* rematar, coronar.

surmountable [sɜːˈmaʊntəbəl] *adj* superable.

surname [ˈsɜːneɪm] *n* apellido.

surpass [sɜːˈpɑːs] *vt (better)* superar; *(exceed)* superar, sobrepasar: **the holiday surpassed all our expectations** las vacaciones superaron todas nuestras expectativas.

surplice [ˈsɜːplɪs] *n* sobrepelliz *f*.

surplus [ˈsɜːpləs]
1 *n (of goods, produce)* excedente *m*, sobrante *m*; *(of budget)* superávit *m*: **a food surplus** un excedente de alimentos; **trade surplus** superávit en la balanza comercial.
2 *adj* sobrante, excedente: **surplus labour** mano de obra excedente.
▪ **surplus stock** saldos *mpl*.
army surplus excedentes *mpl* del ejército.

surprise [səˈpraɪz]
1 *n* sorpresa: **what a surprise!** ¡qué sorpresa!; **to my surprise** para mi sorpresa.
2 *adj (visit, result)* inesperado,-a; *(attack, party)* sorpresa.
3 *vt (cause surprise to)* sorprender.
4 *vt (catch unawares)* sorprender, coger desprevenido,-a.
◆ **to come as a surprise** ser una sorpresa.
to take somebody by surprise coger desprevenido,-a a alguien.

surprised [səˈpraɪzd] *adj (person)* sorprendido,-a; *(look)* de sorpresa.
◆ **to be surprised** sorprenderse, llevarse una sorpresa: **I'm surprised to see you here!** ¡me sorprende verte aquí!; **I'm surprised (that) Julie passed me** sorprende que Julie haya aprobado; **I wouldn't be surprised if it rained** no me extrañaría que lloviese; **I'm surprised at you!** ¡me sorprendes!

surprising [səˈpraɪzɪŋ] *adj* sorprendente.

surprisingly [səˈpraɪzɪŋlɪ] *adv* sorprendentemente: **surprisingly enough ...** para sorpresa de todos ...; **not surprisingly ...** como es lógico ...

surreal [səˈrɪəl] *adj* surrealista.

surrealism [səˈrɪəlɪzəm] *n* surrealismo.

surrealist [səˈrɪəlɪst]
1 *n* surrealista *mf*.
2 *adj* surrealista.

surrealistic [sərɪəlˈɪstɪk] *adj* surrealista.

surrender [səˈrendəʳ]
1 *n (capitulation)* rendición *f*; *(submission)* sumisión *f*, claudicación *f*.
2 *n (giving up - of arms)* entrega; *(- of rights)* renuncia.
3 *vt MIL (weapons, town)* rendir, entregar.
4 *vt fml (passport, ticket, etc)* entregar; *(claim, right, privilege)* renunciar a, ceder.
5 *vi* rendirse, entregarse.
◆ **to surrender oneself to something** dejarse vencer por algo.

surreptitious [sʌrəpˈtɪʃəs] *adj* subrepticio,-a, furtivo,-a.

surreptitiously [sʌrəpˈtɪʃəslɪ] *adv* subrepticiamente.

surrogacy [ˈsʌrəgəsɪ] *n* alquiler *m* de úteros.

surrogate [ˈsʌrəgeɪt] *n fml (gen)* sustituto,-a.
▪ **surrogate mother** madre *f* de alquiler.

surround [səˈraʊnd]
1 *vt (encircle)* rodear (**with**, de): **police surrounded the building** la policía rodeó el edificio.
2 *n* marco, borde *m*.
◆ **to be surrounded by something** estar rodeado,-a de algo.

surrounding [səˈraʊndɪŋ]
1 *adj* circundante: **the surrounding countryside** el campo circundante.
2 **surroundings** *npl (of town, city, etc)* alrededores *mpl*, cercanías *fpl*.
3 *npl (environment)* entorno, ambiente *m*.

surtax [ˈsɜːtæks] *n* recargo.

surveillance [sɜːˈveɪləns] *n* vigilancia.
◆ **to keep somebody under surveillance** mantener a alguien bajo vigilancia.

survey [ˈsɜːveɪ]
1 *n (investigation - of opinion)* sondeo, encuesta; *(- of prices, trends, etc)* estudio; *(written report)* informe *m*.
2 *n (of land)* inspección *f*, reconocimiento; *(in topography)* medición *f*: **an aerial survey** un reconocimiento aéreo.
3 *n (general view)* visión *f* general, visión *f* de conjunto.
4 *n GB (of house, building)* inspección *f*, peritaje *m*.
5 *vt (contemplate, look at)* contemplar, mirar.
6 *vt (study - gen)* examinar, analizar; *(- prices, trends, etc)* estudiar, hacer una encuesta sobre; *(investigate - people)* encuestar, hacer un sondeo de.
7 *vt (- land)* hacer un reconocimiento de; *(in topography)* medir.
8 *vt (house, building)* inspeccionar, hacer un peritaje de.
▲ *(verbo)* [səˈveɪ].

surveying [sɜːˈveɪɪŋ] *n* agrimensura, topografía.

surveyor [səˈveɪəʳ] *n (of land)* agrimensor,-ra, topógrafo,-a; *(of house, building)* perito,-a.

survival [səˈvaɪvəl]
1 *n (gen)* supervivencia: **survival of the fittest** la ley del más fuerte.
2 *n (relic)* reliquia, vestigio (**from**, de).
▪ **survival kit** equipo para emergencias.

survive [səˈvaɪv]
1 *vi (gen)* sobrevivir; *(custom, tradition)* sobrevivir, perdurar; *(book, painting)* conservarse: **he survived on bread and water** sobrevivió a base de pan y agua; **the amount I earn is hardly enough to survive on** lo que gano apenas me alcanza para sobrevivir.
2 *vi fam (cope, get by)* ir tirando, arreglárselas: **don't worry, we'll survive** no te preocupes, nos las arreglaremos.
3 *vt (disaster)* sobrevivir a: **few people survived the earthquake** pocas per-

sonas sobrevivieron al terremoto; **somehow he survived the accident** de alguna manera salió con vida del accidente.

4 *vt (person)* sobrevivir a.

survivor [sə'vaɪvəʳ] *n* superviviente *mf*, sobreviviente *mf*.

susceptibility [səsɛptə'bɪlɪtɪ]

1 *n (vulnerability - gen)* vulnerabilidad *f* (**to**, frente a); *(- to illness)* propensión *f* (**to**, a).

2 susceptibilities *npl (feelings)* sentimientos *mpl*, susceptibilidades *fpl*.

▲ *pl susceptibilities.*

susceptible [sə'sɛptɪbəl]

1 *adj (easily influenced)* sugestionable; *(impressionable)* susceptible, sensible, impresionable (**to**, a); *(prone to illness)* propenso,-a (**to**, a).

2 *adj JUR fml* susceptible (**of**, de).

suspect ['sʌspɛkt]

1 *adj (suspicious)* sospechoso,-a; *(dubious, questionable)* dudoso,-a: **his statement is suspect** su declaración es de dudosa autenticidad.

2 *n (person)* sospechoso,-a.

3 *vt (believe guilty)* sospechar de; *(mistrust)* recelar de, desconfiar de, dudar de: **surely you don't suspect me!** ¡no puede ser que sospeches de mí!; **he is suspected of murdering his wife** se sospecha que asesinó a su mujer.

4 *vt (think true)* sospechar: **he suspected murder** sospechaba que había sido un asesinato.

5 *vt (suppose, guess)* imaginarse, creer: **I suspected as much** me lo imaginaba.

▲ *(verbo)* [sə'spɛkt].

suspected [sə'spɛktɪd] *adj (criminal etc)* presunto,-a; *(disease, illness)* posible, no confirmado,-a.

suspend [sə'spɛnd]

1 *vt (stop temporarily)* suspender; *(postpone)* posponer, aplazar: **building work has been suspended** se han suspendido las obras.

2 *vt (remove)* suspender.

3 *vt (hang)* suspender, colgar.

suspended [sə'spɛndɪd] *adj (gen)* suspendido,-a.

■ **suspended animation** muerte *f* aparente.

suspended sentence *JUR* condena condicional.

suspender [sə'spɛndəʳ]

1 *n GB (for stocking)* liga.

2 suspenders *npl US (braces)* tirantes *mpl*.

■ **suspender belt** liguero.

suspense [səs'pɛns] *n (anticipation)* incertidumbre *f*, *(intrigue)* suspense *m*, intriga.

✦ **to keep somebody in suspense** tener a alguien en vilo, tener a alguien sobre ascuas.

suspension [sə'spɛnʃən]

1 *n (halt)* suspensión *f*, *(postponement)* aplazamiento, postergación *f*.

2 *n (of employee, player)* suspensión *f*, *(of pupil)* expulsión *f*.

3 *n CHEM* suspensión *f*.

4 *n TECH* suspensión *f*.

■ **suspension bridge** puente *m* colgante.

suspension points puntos suspensivos.

suspicion [sə'spɪʃən]

1 *n (gen)* sospecha; *(mistrust)* recelo, desconfianza; *(doubt)* duda; *(hunch)* presentimiento: **I have my suspicions** tengo mis sospechas; **the boy's movements aroused our suspicions** los movimientos del chico despertaron nuestras sospechas.

2 *n (slight trace)* pizca, asomo, atisbo.

✦ **to arrest somebody on suspicion** detener a alguien como sospechoso,-a.

to be above suspicion estar por encima de toda sospecha.

to be under suspicion estar bajo sospecha.

suspicious [sə'spɪʃəs]

1 *adj (arousing suspicion)* sospechoso,-a: **he's a very suspicious-looking bloke** es un tipo muy sospechoso.

2 *adj (distrustful, wary)* receloso,-a, desconfiado,-a, suspicaz: **she's suspicious of strangers** desconfía de extraños.

✦ **to be suspicious of/about somebody/ something** desconfiar de alguien/algo.

suspiciously [səs'pɪʃəslɪ]

1 *adv (arousing suspicion)* sospechosamente: **it looks suspiciously like arson** tiene todo el aspecto de un incendio provocado.

2 *adv (having suspicions)* con recelo, con desconfianza.

suss [sʌs] *vt GB sl (realize)* darse cuenta de; *(see through)* calar: **he never sussed what was going on** nunca cayó en la cuenta de lo que estaba pasando; **I've got you sussed!** ¡te tengo calado!

▸ **to suss out** *vt sep GB sl (see through)* calar; *(understand)* entender.

sustain [sə'steɪn]

1 *vt (keep alive - gen)* sustentar; *(- spirits, hope)* mantener: **a coffee won't sustain you** un café no te sustentará.

2 *vt (maintain - gen)* sostener; *(- interest, conversation)* mantener; *(- work)* continuar: **the film doesn't sustain the audience's interest** la película no mantiene el interés del público.

3 *vt MUS (note)* sostener.

4 *vt fml (suffer - loss, injury, wound, etc)* sufrir.

5 *vt fml (hold up)* sostener.

6 *vt JUR* admitir.

✦ **objection sustained** se admite la protesta.

sustainable [sə'steɪnəbəl] *adj* sostenible.

sustained [sə'steɪnd]

1 *adj (effort)* sostenido,-a; *(applause, attack)* prolongado,-a; *(work, growth)* continuo,-a.

2 *adj MUS (note)* sostenido,-a.

sustenance ['sʌstɪnəns] *n* sustento, alimento.

suture ['sʌtʃəʳ]

1 *n (thread)* hilo de sutura; *(stitch)* punto de sutura.

2 *vt* suturar.

svelte [svɛlt] *adj (slim)* esbelto,-a.

SW¹ ['ʃɔːtweɪv] *abbr* (**short wave**) onda corta; *(abbreviation)* OC.

SW² [sauθ] *abbr* (**southwest**) sudoeste, suroeste; *(abbreviation)* S.

swab [swɒb]

1 *n MED (cotton wool)* algodón *m*; *(gauze)* gasa.

2 *n MED (specimen)* frotis *m*, muestra.

3 *n (cleaning cloth)* paño, bayeta, trapo; *(mop)* fregona.

4 *vt MED (wound)* limpiar.

5 *vt MAR (deck)* limpiar, fregar.

▲ *pt & pp swabbed, ger swabbing.*

swaddle ['swɒdəl] *vt* envolver.

swag [swæg] *n (stolen goods)* botín *m*.

swagger ['swægəʳ]

1 *vi* pavonearse, chulearse: **he swaggered around showing off his trophy** se pavoneaba luciendo su trofeo.

2 *n* pavoneo: **he walked off with a swagger** se marchó con aire arrogante.

swaggeringly ['swægərɪŋlɪ] *adv* con chulería, con fanfarronería.

Swahili [swɑː'hiːlɪ] *n* suahili *m*.

swallow¹ ['swɒləʊ]

1 *n (of drink, food)* trago.

2 *vt (food etc)* tragar: **the snake swallowed the dog whole** la serpiente se tragó el perro entero.

3 *vt fig (be taken in by)* tragarse: **she's so gullible, she'll swallow anything** es tan crédula, se tragará cualquier cosa.

4 *vi* tragar.

▸ **to swallow up**

1 *vt sep (engulf)* tragarse, engullir.

2 *vt sep (use up)* consumir, tragarse, comerse, absorber.

✦ **to swallow one's pride** tragarse el orgullo.

to swallow one's words desdecirse de sus palabras.

to swallow the bait tragar el anzuelo.

swallow² ['swɒləʊ] *n (bird)* golondrina.

✦ **one swallow does not make a summer** una golondrina no hace verano.

■ **swallow dive** salto del ángel.

swam [swæm] *pt* → **swim**.

swamp [swɒmp]

1 *n* pantano, ciénaga.

2 *vt (land)* inundar, anegar; *(boat)* hundir.

3 *vt fig (inundate)* inundar (**with/by**, de); *(overwhelm)* agobiar, abrumar (**with/by**, de): **we've been swamped with applications** hemos recibido una avalancha de solicitudes.

swampy ['swɒmpɪ] *adj* pantanoso,-a.

▲ *comp swampier, superl swampiest.*

swan [swɒn]

1 *n (bird)* cisne *m*.

2 *vi* pavonearse: she swans about the office as if she owned the place se pavonea por la oficina como si fuese suya; they're swanning off to Greece! ¡se van a Grecia por la cara!

▲ *pt & pp swanned, ger swanning.*

swank [swæŋk]
1 *n fam (behaviour)* farol *m*, fanfarronada.
2 *n (person)* fanfarrón,-ona, fardón,-ona.
3 *vi fam* fanfarronear, fardar.

swanky [ˈswæŋkɪ]
1 *adj US fam (posh)* de lujo.
2 *adj pej (person)* fanfarrón,-ona, fardón,-ona.

▲ *comp swankier, superl swankiest.*

swan-song [ˈswɒnsɒŋ] *n* canto del cisne.

swap [swɒp]
1 *n* canje *m*, cambalache *m*.
2 *vt fam* cambiar, intercambiar: he swapped his skates for a videogame cambió sus patines por un videojuego; can I swap places with you? ¿te puedo cambiar el sitio?
3 *vi* hacer un intercambio, cambiar.
▶ **to swap over/swap round** *vt sep* cambiar (de sitio).

▲ *pt & pp swapped, ger swapping.*

swarm [swɔːm]
1 *n (of bees)* enjambre *m*.
2 *n fig (of people)* enjambre *m*, nube *f*, multitud *f*.
3 *vi (bees)* enjambrar.
4 *vi fig (people)* aglomerarse, apiñarse, arremolinarse: they swarmed round the food like bees round a honey pot se apiñaban alrededor de la comida como abejas alrededor de un bote de miel.
▶ **to swarm with** *vt insep* rebosar de, estar plagado,-a de: Barcelona is swarming with tourists Barcelona está plagada de turistas.

swarthy [ˈswɔːðɪ] *adj* moreno,-a, de tez morena.

▲ *comp swarthier, superl swarthiest.*

swashbuckling [ˈswɒʃbʌklɪŋ] *adj (person)* bravucón,-ona; *(film)* de capa y espada.

swastika [ˈswɒstɪkə] *n* esvástica, cruz *f* gamada.

swat [swɒt]
1 *vt (try to hit)* aplastar; *(kill)* matar.
2 *n (blow)* golpe *m*; *(with hand)* manotazo.
✦ **to take a swat at something** dar un golpe a algo.

▲ *pt & pp swatted, ger swatting.*

swath [swɔːθ] *n (of grass, land)* franja.
swathe¹ [sweɪð] *n* → **swath.**
swathe² [sweɪð] *vt (wrap)* envolver, vendar.
▶ **to swathe in** *vt sep fig* envolver.

swatter [ˈswɒtəʳ] *n* matamoscas *m*.

sway [sweɪ]
1 *n (movement)* balanceo, vaivén *m*, movimiento.

2 *n fig (influence)* dominio, influencia (**over**, sobre).
3 *vt (swing)* balancear, bambolear: she swayed her body in time to the music bamboleaba el cuerpo al compás de la música.
4 *vt fig (influence)* influir en, influenciar, convencer: the closing speech swayed the crowd el discurso final arrastró a las masas; don't let yourself be swayed no te dejes influenciar.
5 *vi (person, tree, ladder)* balancearse, bambolearse; *(tower)* bambolearse; *(crops)* mecerse; *(person - totter)* tambalearse: the trees were swaying in the wind los árboles se balanceaban con el viento; he swayed a little as he walked caminaba tambaleándose un poco.
6 *vi fig (waver)* vacilar (**between**, entre), oscilar (**between**, entre).
✦ **to hold sway** *(ideas, beliefs)* prevalecer; *(person)* dominar.
to hold sway over somebody dominar a alguien.

Swaziland [ˈswɑːzɪlænd] *n* Swazilandia.

swear [sweəʳ]
1 *vt (declare formally)* jurar; *(vow)* juramentar: he swore allegiance to the constitution juró lealtad a la constitución; I swear to tell the truth juro decir la verdad; she had to swear an oath tuvo que hacer un juramento.
2 *vt fam (state firmly)* jurar: I swear I didn't do it juro que no lo hice; I could've sworn I heard the phone hubiera jurado que oí el teléfono.
3 *vi (declare formally)* jurar, prestar juramento: do you swear on the Bible? ¿lo juras sobre la Biblia?
4 *vi (curse)* decir palabrotas, soltar tacos; *(blaspheme)* jurar, blasfemar: he twisted his ankle and swore loudly se torció el tobillo y soltó un taco; the players swear at each other all the time los jugadores se insultan continuamente; don't swear at me! ¡no me insultes!
▶ **to swear by** *vt insep fam* tener una fe absoluta en.
to swear in *vt sep (in court)* tomarle juramento a.
to swear to *vt insep* jurar.
✦ **to be sworn in** *(in court)* prestar juramento; *(in post)* jurar un cargo.
to swear blind jurar y perjurar.
to swear like a trooper jurar como un carretero.
to swear somebody to secrecy hacer que alguien jure guardar un secreto.

▲ *pt swore* [swɔːʳ], *pp sworn* [swɔːn].

swear-word [ˈsweəwɜːd] *n* palabrota, taco.

sweat [swet]
1 *n (perspiration)* sudor *m*: the sweat was pouring off him estaba sudando a chorros.
2 *n fam (hard work)* paliza: this job is a real sweat este trabajo es una auténtica paliza.

3 *n fam (anxious state)* nerviosismo: she's in a sweat because she hasn't finished the essay está muy nerviosa porque no ha acabado la redacción; don't get in a sweat about it no te pongas nervioso por ello.
4 *vi (perspire)* sudar.
5 *vi (cheese)* exudar humedad.
6 *vi (work hard)* sudar la gota gorda.
7 *vi fam (worry)* estar preocupado,-a, sufrir: let's make them sweat a bit hagamos que pasen un mal rato.
8 *vt GB (cook gently)* rehogar.
▶ **to sweat out** *vt sep (illness, cold)* quitarse sudando; *(toxins)* eliminar.
✦ **by the sweat of one's brow** con el sudor de su frente.
no sweat ningún problema.
to be all of/in a sweat *(wet)* estar empapado,-a de sudor; *(anxious)* estar muy nervioso,-a.
to be in a cold sweat tener un sudor frío.
to sweat blood sudar sangre, sudar tinta, sudar la gota gorda.
to sweat it out *(exercise)* sudar la gota gorda; *(suffer until end)* aguantar.
to sweat one's guts out echar los bofes.
▪ **sweat gland** glándula sudorípara.

sweatband [ˈswetbænd]
1 *n SP (around head)* cinta; *(around wrist)* muñequera.
2 *n (in hat)* faja interior.

sweated [ˈswetɪd] **sweated labour** *n (work)* trabajo mal pagado; *(workers)* mano de obra explotada.

sweater [ˈswetəʳ] *n* suéter *m*, jersey *m*.

sweatshirt [ˈswetʃɜːt] *n* sudadera.

sweatshop [ˈswetʃɒp] *n fábrica o taller donde se explota a los trabajadores.*

sweaty [ˈswetɪ] *adj (person, clothes)* sudoroso,-a, sudado,-a; *(day, weather)* bochornoso,-a; *(work)* que hace sudar.

▲ *comp sweatier, superl sweatiest.*

swede [swiːd] *n BOT* nabo sueco.

Swede [swiːd] *n (person)* sueco,-a.

Sweden [ˈswiːdən] *n* Suecia.

Swedish [ˈswiːdɪʃ]
1 *adj* sueco,-a.
2 *n (language)* sueco.
3 the Swedish *npl* los suecos *mpl*.

sweep [swiːp]
1 *n (with broom)* barrido: the floor needs a good sweep el suelo necesita un buen barrido.
2 *n (of arm)* movimiento amplio, gesto amplio; *(with weapon)* golpe *m*.
3 *n (curve)* curva; *(area, stretch)* extensión *f*.
4 *n fig (range, extent)* abanico, alcance *m*.
5 *n (by police, rescuers)* peinado, rastreo.
6 *n fam (chimney cleaner)* deshollinador,-ra.
7 *n fam (sweepstake)* → **sweepstake.**
8 *vt (room, floor)* barrer; *(chimney)* deshollinar: she swept the kitchen floor barrió el suelo de la cocina.

9 *vt (with hand)* quitar de un manotazo: he swept the papers off his desk quitó los papeles de su escritorio de un manotazo.

10 *vt (move over)* azotar, barrer: violent storms swept the north of the country tormentas violentas azotaron el norte del país.

11 *vt (remove by force)* arrastrar, llevarse: the swimmers were swept out to sea by the current la corriente arrastró a los nadadores mar adentro; I was swept along by the crowd la multitud me arrastró.

12 *vt (pass over)* recorrer: her eyes swept the horizon sus ojos recorrieron el horizonte.

13 *vt fig (spread through)* recorrer, extenderse por: a new fashion is sweeping Spain una nueva moda está haciendo furor en España; rumours of a royal visit swept the village rumores de una visita real recorrieron el pueblo.

14 *vt (touch lightly)* rozar, pasar por: her gown swept the floor su vestido largo rozó el suelo.

15 *vi (with broom)* barrer.

16 *vi (move quickly)* pasar rápidamente: the limousine swept past la limusina pasó rápidamente; she swept into the room entró rápidamente en la habitación; the fire swept through the building el fuego se propagó rápidamente por todo el edificio; huge waves swept over the rocks olas enormes azotaban las rocas.

17 *vi (extend)* recorrer, extenderse: the road sweeps down to the sea la carretera baja hasta llegar al mar; the river sweeps round the bend el río se extiende por toda la curva.

▸ **to sweep aside**
  1 *vt sep (objection etc)* rechazar; *(suggestion)* descartar.
  2 *vt sep (object)* apartar (bruscamente).
to sweep away
  1 *vt sep (privilege etc)* erradicar.
  2 *vt sep (by flood, storm)* arrastrar, llevarse.
to sweep up
  1 *vt sep (room etc)* barrer; *(dust etc)* (barrer y) recoger.
  2 *vt sep (object, person)* recoger, levantar.
  3 *vi* barrer, limpiar.
✦ **to make a clean sweep of things** barrer con todo, hacer tabla rasa.
to sweep somebody off his/her feet hacerle perder la cabeza a alguien.
to sweep something under the carpet ocultar algo.
to sweep the board llevarse todos los premios.
▲ *pt & pp* **swept** [swept].

sweeper ['swiːpəʳ]
1 *n (person)* barrendero,-a.
2 *n (machine)* barredora; *(carpet sweeper)* cepillo mecánico.
3 *n GB (in football)* defensa *mf* escoba, líbero *mf*.

sweeping ['swiːpɪŋ]
1 *adj (broad)* amplio,-a; *(very general)* muy general: don't make such sweeping statements no generalices tanto.
2 *adj (overwhelming)* arrollador,-ra, aplastante; *(far-reaching)* radical; *(huge)* enorme.

sweepings ['swiːpɪŋz] *npl (dirt, dust, etc)* basura.

sweepstake ['swiːpsteɪk] *n (bet)* apuesta en que el ganador se lleva todo el dinero apostado; *(horse race)* carrera de caballos en que se hace este tipo de apuestas.

sweet [swiːt]
1 *adj (taste)* dulce; *(sugary)* azucarado,-a: I don't like sweet things no me gusta lo dulce; as sweet as honey dulce como la miel.
2 *adj (pleasant)* agradable; *(smell)* fragante, bueno,-a; *(sound, music, voice)* melodioso,-a, suave, dulce: these flowers smell sweet estas flores huelen muy bien; sweet dreams felices sueños.
3 *adj (air)* limpio,-a; *(water)* dulce.
4 *adj (charming)* encantador,-ra, simpático,-a; *(cute)* rico,-a, mono,-a; *(gentle)* dulce: she's such a sweet person es una persona tan encantadora; he has a very sweet nature tiene un carácter muy dulce; how sweet of you! ¡qué detalle!; what a sweet little kitten! ¡qué gatito tan mono!
5 *n GB (candy)* caramelo, golosina; *(chocolate)* bombón *m*.
6 *n GB (dessert)* postre *m*.
7 *n (form of address)* cariño, cielo, amor *m*, vida.
✦ **to be sweet on somebody** gustarle mucho alguien a alguien.
to have a sweet tooth ser goloso,-a.
to keep somebody sweet tener a alguien contento,-a.
■ **sweet corn** maíz *m* tierno.
sweet pea guisante *m* de olor.
sweet pepper pimiento morrón.
sweet potato boniato, batata.
sweet shop tienda de golosinas, confitería, bombonería.
sweet talk zalamerías *fpl*.

sweet-and-sour ['swiːtənsaʊəʳ] *adj CULIN* agridulce.

sweetbreads ['swiːtbredz] *npl* mollejas *fpl*, lechecillas *fpl*.

sweeten ['swiːtən]
1 *vt (drink etc)* endulzar, azucarar; *(air, breath)* refrescar.
2 *vt fig (person)* endulzar (el carácter de); *(temper)* aplacar, calmar.
3 *vt fam (make more attractive)* hacer más apetecible.
▸ **to sweeten up** *vt sep* ablandar.
✦ **to sweeten the pill** dorar la píldora.

sweetener ['swiːtənəʳ]
1 *n (in food, drink)* edulcorante *m*, dulcificante *m*.
2 *n fam (bribe)* soborno.

sweetheart ['swiːthɑːt]
1 *n (dear, love)* cariño, tesoro, amor *m*.
2 *n (loved one)* novio,-a.

sweetie ['swiːtɪ]
1 *n fam (sweet)* caramelo.
2 *n fam (person)* encanto, cielo, amor *m*, sol *m*.
3 *n US (from of address)* vida, cariño, amor *m*, tesoro.

sweetly ['swiːtlɪ]
1 *adv (smile)* dulcemente, con dulzura; *(offer)* amablemente.
2 *adv (work, run)* perfectamente, a la perfección; *(kick, hit)* acertadamente.

sweetmeat ['swiːtmiːt] *n* dulce *m*.

sweetness ['swiːtnəs] *n (taste)* dulzor *m*; *(smell)* fragancia; *(sound)* suavidad *f*; *(character)* dulzura, simpatía.
✦ **to be all sweetness and light** estar hecho,-a un encanto.

sweet-smelling ['swiːt'smelɪŋ] *adj* oloroso,-a, bienoliente.

sweet-talk ['swiːttɔːk] *vt* engatusar, camelar.
✦ **to sweet-talk somebody into doing something** camelar a alguien para que haga algo.

sweet-tempered ['swiːt'tempəd] *adj* amable, dulce.

sweet-toothed [swiːt'tʊːθt] *adj* goloso,-a.

swell [swel]
1 *n (of sea)* marejada, oleaje *m*.
2 *n MUS (crescendo)* crescendo.
3 *adj US fam (excellent)* fenomenal, bárbaro,-a, estupendo,-a.
4 *vi (gen)* hincharse (**up**, -); *(sea)* levantarse; *(river)* crecer, subir.
5 *vi (grow - in number)* crecer, aumentar; *(- louder)* hacerse más fuerte.
6 *vt (gen)* hinchar; *(river)* hacer crecer.
7 *vt (increase in number)* aumentar, engrosar.
▲ *pt* **swelled**, *pp* **swollen** ['swəʊlən].

swelling ['swelɪŋ] *n (swollen place)* hinchazón *f*, bulto; *(condition)* tumefacción *f*.

swelter ['sweltəʳ] *vi* ahogarse de calor.

sweltering ['sweltərɪŋ] *adj* sofocante, asfixiante.

swept [swept] *pt & pp* → **sweep**.

sweptback ['sweptbæk] *adj (wing)* en flecha; *(hair)* peinado,-a hacia atrás.

swerve [swɜːv]
1 *n AUTO* viraje *m* brusco, desvío brusco.
2 *n SP (by player)* regate *m*; *(of ball)* efecto.
3 *vi AUTO* virar bruscamente, dar un viraje brusco.
4 *vi SP (player)* dar un regate, regatear; *(ball)* llevar efecto.
5 *vi fig (veer, deviate)* desviarse (**from**, de).

swift [swɪft]
1 *adj (runner, horse)* rápido,-a, veloz.
2 *adj (reaction, reply)* pronto,-a, rápido,-a.
3 *n (bird)* vencejo común.

swift-footed [swɪft'fʊtɪd] *adj* rápido,-a.

swiftly [ˈswɪftlɪ] *adv (speedily)* rápidamente, velozmente; *(promptly)* pronto, rápidamente.

swiftness [ˈswɪftnəs]
1 *n (speed)* velocidad *f*, rapidez *f*.
2 *n (promptness)* prontitud *f*, rapidez *f*.

swig [swɪg]
1 *n* trago.
2 *vt fam* beber (a grandes tragos).
▲ *pt & pp* swigged, *ger* swigging.

swill [swɪl]
1 *n (pig food)* bazofia; *(rubbish)* basura, porquería.
2 *n (rinse)* enjuague *m*; *(wash)* lavada.
3 *vt (rinse - mouth, dish, etc)* enjuagar (**out**, -); *(- area)* regar (**down**, -); *(- deck)* baldear (**down**, -): swill your mouth out enjuágate la boca.
4 *vt fam (drink)* beber a tragos, pimplar.
5 *vi (liquid)* moverse (**around/over**, -).

swim [swɪm]
1 *n* baño.
2 *vi (gen)* nadar: she's learning to swim está aprendiendo a nadar; he goes swimming every day va a nadar cada día; we had to swim across tuvimos que cruzar nadando.
3 *vi (be covered in liquid)* nadar (**in**, en), flotar (**in**, en); *(be overflowing)* estar cubierto,-a (**with**, de), estar inundado,-a: the meat was swimming in fat la carne nadaba en grasa; the floor was swimming with water el suelo estaba cubierto de agua.
4 *vi (spin, whirl)* dar vueltas: my head is swimming la cabeza me da vueltas.
5 *vt (cross river)* cruzar a nado, cruzar nadando; *(cover distance)* nadar, hacer; *(use particular stroke)* nadar: she swam a mile when she was 10 nadó una milla cuando tenía 10 años; can you swim butterfly? ¿sabes nadar (estilo) mariposa?
✦ **to be in the swim** estar al tanto, estar en la onda.
to go for a swim ir a nadar.
to have a swim bañarse, nadar.
to swim with the tide seguir la corriente.
to swim against the tide ir contra la corriente.
▲ *pt* swam [swæm], *pp* swum [swʌm], *ger* swimming.

swimmer [ˈswɪməʳ] *n* nadador,-ra.

swimming [ˈswɪmɪŋ] *n* natación *f*.
✦ **to go swimming** ir a nadar.
■ **swimming baths** piscina cubierta.
swimming pool piscina.
swimming trunks bañador *m* (de hombre).

swimmingly [ˈswɪmɪŋlɪ] *adv* a las mil maravillas.

swimsuit [ˈswɪmsuːt] *n* bañador *m*, traje *m* de baño.

swimwear [ˈswɪmweəʳ] *n* bañadores *mpl*, trajes *mpl* de baño.

swindle [ˈswɪndəl]
1 *n (fiddle)* estafa; *(con)* timo.
2 *vt* estafar, timar.
✦ **to swindle somebody out of something** estafar algo a alguien.

swindler [ˈswɪndələʳ] *n* estafador,-ra, timador,-ra.

swine [swaɪn]
1 *n arch (pig)* cerdo, puerco, cochino.
2 *n fam (person)* cerdo,-a, canalla *mf*, marrano,-a.
■ **swine fever** peste *f* porcina.
▲ *En 1 pl* swine; *en 2 pl* swines.

swineherd [ˈswaɪnhɜːd] *n arch* porquerizo,-a.

swing [swɪŋ]
1 *n (movement)* balanceo, vaivén *m*; *(of pendulum)* oscilación *f*, vaivén *m*; *(of hips)* contoneo.
2 *n (plaything)* columpio.
3 *n (change, shift)* giro, viraje *m*, cambio.
4 *n SP (in golf, boxing)* swing *m*.
5 *n MUS (jazz style)* swing *m*; *(rhythm)* ritmo.
6 *vi (hanging object)* balancearse, bambolearse; *(pendulum)* oscilar; *(arms, legs)* menearse; *(child on swing)* columpiarse; *(on a pivot)* mecerse: the light bulb was swinging from a flex la bombilla se balanceaba de un cable; the gate was swinging in the wind la puerta se mecía con el viento.
7 *vi (drive)* girar, doblar; *(walk)* caminar con energía; *(jump)* saltar: the car swung into the drive el coche dobló por el camino de entrada; the monkey swung from tree to tree el mono saltaba de árbol en árbol.
8 *vi (shift)* cambiar, oscilar, virar: the electorate has swung to the right el electorado ha virado a la derecha; her moods swing drastically tiene muchos cambios de humor.
9 *vi (music, band)* tener ritmo; *(party)* estar muy animado,-a.
10 *vt (gen)* balancear, bambolear; *(arms, legs)* balancear; *(child on swing)* columpiar, balancear; *(object on rope)* hacer oscilar: she swung her bag as she walked along balanceaba la bolsa al andar; she swings her hips se contonea.
11 *vt (cause to move)* hacer girar: he swung the rucksack onto his back se echó la mochila a la espalda.
12 *vt (change)* cambiar: they are trying to swing public opinion intentan cambiar la opinión pública.
13 *vt fam (arrange, achieve)* arreglar: I'll see if I can swing it for you to come miraré de arreglarlo para que puedas venir; he managed to swing the deal logró cerrar el trato.
▸ **to swing around/swing round**
1 *vi (person)* girar (sobre los talones), volverse bruscamente; *(vehicle)* dar un viraje, girar, virar (en redondo).
2 *vt sep (vehicle)* hacer girar en redondo.

to swing at *vt insep* intentar pegarle a, intentar darle a.
✦ **in full swing** en plena marcha, en pleno apogeo.
it's swings and roundabouts lo que se pierde acá se gana allá.
to get into the swing of something coger el ritmo de algo, cogerle el tranquillo a algo.
to go with a swing ir sobre ruedas.
to swing for something colgarle algo a alguien.
to swing into action ponerse en marcha.
to swing open/shut *(door)* abrirse/cerrarse (de golpe).
to swing the lead (intentar) escaquearse, poner excusas para no trabajar.
to take a swing at somebody/something asestar un golpe a alguien/algo, intentar darle a alguien/algo.
■ **swing bridge** puente *m* giratorio.
swing door puerta giratoria.
▲ *pt & pp* swung [swʌŋ].

swingeing [ˈswɪndʒɪŋ] *adj GB (fine etc)* severo,-a, salvaje; *(attack)* duro,-a, feroz.

swinger [ˈswɪŋəʳ]
1 *n fam dated (raver)* moderno,-a.
2 *n fam dated (sexually)* desinhibido,-a.

swinging [ˈswɪŋɪŋ]
1 *adj fam (trendy)* moderno,-a; *(full of life)* con mucha marcha.
2 *adj fam (sexually)* desinhibido,-a.

swingletree [ˈswɪŋgəltriː] *n* volea.

swipe [swaɪp]
1 *n (blow)* golpe *m*: she took a swipe at the ball intentó darle a la pelota.
2 *n (verbal attack)* ataque *m*.
3 *vt* pegarle a, darle a.
4 *vt fam (pinch)* birlar, mangar, afanar.
5 *vi* asestar un golpe (**at**, a), intentar darle (**at**, a).
■ **swipe card** tarjeta magnética.

swirl [swɜːl]
1 *n (gen)* remolino; *(of smoke, cream)* voluta; *(of skirt)* vuelo.
2 *n (pattern)* espiral *f*.
3 *vi (whirl)* arremolinarse; *(person)* girar, dar vueltas.
4 *vt* arremolinar.

swish [swɪʃ]
1 *n (of water)* susurro, rumor *m*; *(of whip, cane)* silbido, chasquido; *(of skirt, curtain)* frufrú *m*, crujido, ruido; *(of animal's tail)* sacudida.
2 *adj fam (smart)* muy elegante, elegantón,-ona.
3 *vt (whip, cane)* chasquear; *(skirt)* hacer crujir; *(tail)* menear, sacudir.
4 *vi (water)* susurrar; *(whip, cane)* dar un chasquido, producir un silbido; *(skirt)* crujir, hacer frufrú.

Swiss [swɪs]
1 *adj* suizo,-a.
2 *n* suizo,-a.
3 **the Swiss** *npl* los suizos *mpl*.

- **the Swiss Guard** la Guardia Suiza.
  Swiss roll *CULIN* brazo de gitano.

switch [swɪtʃ]
1 *n ELEC* interruptor *m*, conmutador *m*.
2 *n US (on railway)* agujas *fpl*.
3 *n (change, shift)* cambio; *(turnround)* viraje *m*: **a switch in policy** un cambio de política; **he made a switch from teaching to translating** cambió de la enseñanza a la traducción.
4 *n (exchange, swap)* intercambio, trueque *m*.
5 *n (stick)* vara; *(riding whip)* fusta.
6 *n (hairpiece)* trenza postiza.
7 *vt (change)* cambiar de; *(move)* trasladar; *(attention)* desviar: **she switched jobs** cambió de trabajo; **they switched production to the other plant** trasladaron la producción a la otra fábrica; **he managed to switch the conversation to politics** logró desviar la conversación hacia la política.
8 *vt (exchange)* intercambiar: **someone switched their drinks** alguien intercambió sus copas.
9 *vt (setting)* poner; *(channel)* cambiar de: **switch the fan to "low"** pon el ventilador en "bajo"; **stop switching channels!** ¡deja de cambiar de canal!
10 *vt (train)* desviar, cambiar de vía.
11 *vi (gen)* cambiar (**to**, a): **he switched to a different topic** cambió a otro tema; **we've switched to a different brand** hemos cambiado a una marca diferente.
▸ **to switch off**
  1 *vt sep (light, TV, etc)* apagar; *(current, gas, electricity)* cortar, desconectar; *(engine)* parar.
  2 *vi (light, machine, heating)* apagarse; *(engine)* parar; *(person)* distraerse, desconectar, dejar de prestar atención.
  to switch on
  1 *vt sep (light, machine, engine)* encender; *(light, radio, TV)* poner.
  2 *vi (gen)* encenderse.
  to switch over *vi (gen)* cambiar (**to**, a); *(channel)* cambiar de canal.

switchback [ˈswɪtʃbæk]
1 *n (road)* carretera con muchos cambios de rasante y/o muchas curvas pronunciadas.
2 *n GB (rollercoaster)* montaña rusa.

switchblade [ˈswɪtʃbleɪd] *n* navaja automática.

switchboard [ˈswɪtʃbɔːd] *n* centralita.
  ◆ **to jam the switchboard** saturar/colapsar la centralita.
  ▪ **switchboard operator** telefonista *mf*.

Switzerland [ˈswɪtsələnd] *n* Suiza.

swivel [ˈswɪvəl]
1 *vi* girar, girarse, volverse.
2 *vt (head)* girar; *(chair)* hacer girar.
  ▪ **swivel chair** silla giratoria.
  ▲ *pt & pp* swivelled *(US swiveled), ger swivelling (US swiveling)*.

swizz [swɪz] *n fam (swindle, con)* timo, estafa; *(disappointment)* decepción *f*, chasco.

swizzle [ˈswɪzəl] *n →* swizz.
  ▪ **swizzle stick** agitador *m*, varilla para agitar cócteles.

swollen [ˈswəʊlən]
1 *pp →* swell.
2 *adj (ankle, face)* hinchado,-a; *(glands)* inflamado,-a; *(river, lake)* crecido,-a.
  ◆ **to have a swollen head** ser engreído, -a, ser creído,-a.

swoon [swuːn]
1 *n lit* desmayo, desvanecimiento.
2 *vi lit (faint)* desmayarse, desvanecerse.
3 *vi fig (be emotionally affected)* derretirse (**over**, por).

swoop [swuːp]
1 *vi (bird)* abalanzarse (**down on**, sobre), abatirse (**down on**, sobre); *(plane)* bajar en picado.
2 *vi fam (police)* hacer una redada (**on**, en).
3 *n (of bird, plane)* descenso (en picado).
4 *n fam (by police)* redada.
  ◆ **at one fell swoop** de un golpe, de un tirón, de una sola vez.

swop [swɒp] *n →* swap.

sword [sɔːd] *n* espada.
  ◆ **they that live by the sword shall die by the sword** quien a hierro mata, a hierro muere.
  to cross swords with somebody pelearse con alguien, habérselas con alguien.
  to put somebody to the sword pasar a alguien a cuchillo.
  ▪ **sword dance** danza de las espadas.

swordfish [ˈsɔːdfɪʃ] *n* pez *m* espada.

swordplay [ˈsɔːdpleɪ] *n* manejo de espada.

swordsman [ˈsɔːdzmən] *n* espadachín *m*, espada.

swordstroke [ˈsɔːdstrəʊk] *n* mandoble.

sword-swallower [ˈsɔːdswɒləʊəʳ] *n* tragasables *mf*.

swore [swɔːʳ] *pt →* swear.

sworn [swɔːn] *pp →* swear.

swot [swɒt]
1 *n fam* empollón,-ona.
2 *vi fam* empollar.
  ◆ **to swot up on something** empollar algo.
  ▲ *pt & pp* swotted, *ger* swotting.

swum [swʌm] *pp →* swim.

swung [swʌŋ] *pt & pp →* swing.

sybarite [ˈsɪbəraɪt] *n lit* sibarita *mf*.

sybaritic [sɪbəˈrɪtɪk] *adj lit* sibarita, sibarítico,-a.

sycamore [ˈsɪkəmɔːʳ] *n BOT* plátano falso, sicómoro.

sycophant [ˈsɪkəfənt] *n* adulador,-ra.

syllabic [sɪˈlæbɪk] *adj* silábico,-a.

syllable [ˈsɪləbəl] *n* sílaba.

syllabus [ˈsɪləbəs] *n* programa *m* de estudios.
  ▲ *pl* syllabuses o syllabi.

syllepsis [sɪˈlepsɪs] *n* silepsis *f*.

syllogism [ˈsɪlədʒɪzəm] *n* silogismo.

sylph [sɪlf] *n* sílfide *f*.

sylphlike [ˈsɪlflaɪk] *adj* de sílfide.

sylvan [ˈsɪlvən] *adj lit* nemoroso,-a.

symbiosis [sɪmbɪˈəʊsɪs] *n* simbiosis *f*.

symbiotic [sɪmbɪˈɒtɪk] *adj* simbiótico,-a.

symbol [ˈsɪmbəl] *n* símbolo (**of**, de).

symbolic [sɪmˈbɒlɪk] *adj* simbólico,-a.

symbolical [sɪmˈbɒlɪkəl] *adj* simbólico,-a.

symbolically [sɪmˈbɒlɪklɪ] *adv* simbólicamente, de manera simbólica.

symbolise [ˈsɪmbəlaɪz] *vt →* symbolize.

symbolism [ˈsɪmbəlɪzəm] *n* simbolismo.

symbolize [ˈsɪmbəlaɪz] *vt* simbolizar.

symmetric [sɪˈmetrɪk] *adj* simétrico,-a.

symmetrical [sɪˈmetrɪkəl] *adj* simétrico,-a.

symmetry [ˈsɪmɪtrɪ] *n* simetría.

sympathetic [sɪmpəˈθetɪk]
1 *adj (showing pity, compassion)* compasivo,-a; *(understanding)* comprensivo, -a (**to**, con); *(kind)* amable.
2 *adj (showing agreement, approval)* favorable (**to**, a): **she was sympathetic to our request** se mostró favorable a nuestra petición.
  ◆ **to be sympathetic to a cause** simpatizar con una causa.

sympathetically [sɪmpəˈθetɪklɪ] *adv (showing pity)* compasivamente, con compasión; *(understanding)* comprensivamente, con comprensión; *(kindly)* amablemente.

sympathise [ˈsɪmpəθaɪz] *vi →* sympathize.

sympathize [ˈsɪmpəθaɪz]
1 *vi (show pity, commiserate)* compadecer, compadecerse (**with**, de); *(understand)* comprender (**with**, -): **I sympathize with you** te compadezco; **I sympathize with your feelings** comprendo tus sentimientos.
2 *vi (support - cause)* simpatizar (**with**, con); *(- request)* mostrarse favorable (**with**, a): **they sympathize with the nationalist cause** simpatizan con la causa nacionalista.

sympathizer [ˈsɪmpəθaɪzəʳ] *n* simpatizante *mf*.

sympathy [ˈsɪmpəθɪ]
1 *n (pity, compassion)* compasión *f*, lástima; *(condolences)* condolencia, pésame *m*: **he didn't show much sympathy for my plight** no mostró mucha compasión por la difícil situación en que me encontraba; **we felt great sympathy for the victims of the tragedy** sentimos gran compasión por las víctimas de la tragedia; **please accept my deepest sympathy** le ruego acepte mi más sentido pésame.

2 *n (understanding)* comprensión *f*, *(affinity)* afinidad *f*: there was an unusual bond of sympathy between them había un vínculo de afinidad insólito entre ellos.

3 *n (agreement, support)* acuerdo: I'm in sympathy with you estoy de acuerdo contigo; he had no sympathy with our point of view no estaba de acuerdo con nuestro punto de vista.

4 sympathies *npl (condolences)* condolencia *f sing*, pésame *m sing*.

5 *npl (loyalties, leanings)* simpatías *fpl*, tendencias *fpl*.

♦ to come out in sympathy (with somebody) declararse en huelga por solidaridad (con alguien).

to express one's sympathy dar el pésame.

▪ letter of sympathy carta de pésame.

▲ *pl* sympathies.

symphonic [sɪmˈfɒnɪk] *adj* sinfónico,-a.

symphony [ˈsɪmfənɪ] *n* sinfonía.

▪ symphony orchestra orquesta sinfónica.

▲ *pl* symphonies.

symposium [sɪmˈpəʊzɪəm] *n* simposio.

▲ *pl* symposiums *o* symposia.

symptom [ˈsɪmptəm]

1 *n MED* síntoma *m*.

2 *n (sign)* síntoma *m*, señal *f*, indicio.

symptomatic [sɪmptəˈmætɪk] *adj* sintomático,-a (**of**, de).

synaeresis [sɪˈnɪərəsɪs] *n* sinéresis *f*.

synagogue [ˈsɪnəɡɒɡ] *n* sinagoga.

synalepha [sɪnˈliːfə] *n US* sinalefa *m*.

synaloepha [sɪnəˈliːfə] *n* sinalefa *m*.

sync [sɪŋk] *n fam* sincronización *f*.

♦ to be in sync *CINEM* estar sincronizado,-a (**with**, con); *POL* sintonizar (**with**, con).

to be out of sync *CINEM* no estar sincronizado,-a (**with**, con); *POL* no sintonizar (**with**, con).

synch [sɪŋk] *n* → sync.

synchromesh [ˈsɪŋkrəʊmeʃ] *n AUTO* sincronizador *m* (del cambio de marchas).

synchronic [sɪŋˈkrɒnɪk] *adj* sincrónico,-a.

synchronisation [sɪŋkrənaɪˈzeɪʃən] *n* → synchronization.

synchronise [ˈsɪŋkrənaɪz] *vt* → synchronize.

synchronism [ˈsɪŋkrənɪzəm] *n* sincronismo.

synchronization [sɪŋkrənaɪˈzeɪʃən] *n* sincronización *f*.

synchronize [ˈsɪŋkrənaɪz] *vt* sincronizar.

synchronizer [ˈsɪŋkrənaɪzəʳ] *vt* sincronizador *m*.

synchrony [ˈsɪŋkrənɪ] *n* sincronía.

syncopate [ˈsɪŋkəpeɪt] *vt* sincopar.

syncopation [sɪŋkəˈpeɪʃən] *n* síncopa.

syncope [ˈsɪŋkəpɪ] *n MED* síncope *m*.

syndicalism [ˈsɪndɪkəlɪzəm] *n* sindicalismo.

syndicalist [ˈsɪndɪkəlɪst] *n* sindicalista *mf*.

syndicate [ˈsɪndɪkət]

1 *n (gen)* corporación *f*, agrupación *f*, empresa: crime syndicate sindicato del crimen.

2 *n (news agency)* agencia (de prensa).

3 *vt (distribute)* distribuir; *(publish)* publicar.

syndrome [ˈsɪndrəʊm] *n* síndrome *m*.

synecdoche [sɪˈnekdəkɪ] *n* sinécdoque *m*.

syneresis [sɪˈnɪərəsɪs] *n* sinéresis *f*.

synergy [ˈsɪnədʒɪ] *n* sinergia.

synod [ˈsɪnəd] *n* sínodo.

synonym [ˈsɪnənɪm] *n* sinónimo.

synonymous [sɪˈnɒnɪməs] *adj* sinónimo,-a (**with**, de).

synopsis [sɪˈnɒpsɪs] *n* sinopsis *f*, resumen *m*.

▲ *pl* synopses.

synoptic [sɪˈnɒptɪk] *adj* sinóptico,-a.

synovial [saɪˈnəʊvɪəl] *adj* sinovial.

syntactic [sɪnˈtæktɪk] *adj* sintáctico,-a.

syntax [ˈsɪntæks] *n* sintaxis *f inv*.

synthesis [ˈsɪnθəsɪs] *n* síntesis *f inv*.

▲ *pl* syntheses.

synthesise [ˈsɪnθəsaɪz] *vt* → synthesize.

synthesiser [ˈsɪnθəsaɪzəʳ] *n* → synthesizer.

synthesize [ˈsɪnθəsaɪz] *vt* sintetizar.

synthesizer [ˈsɪnθəsaɪzəʳ] *n* sintetizador *m*.

synthetic [sɪnˈθetɪk]

1 *adj* sintético,-a.

2 *n* fibra sintética.

syphilis [ˈsɪfɪlɪs] *n* sífilis *f*.

syphilitic [sɪfɪˈlɪtɪk] *adj* sifilítico,-a.

syphon [ˈsaɪfən] *n* → siphon.

Syria [ˈsɪrɪə] *n* Siria.

Syrian [ˈsɪrɪən]

1 *adj* sirio,-a.

2 *n* sirio,-a.

syringe [sɪˈrɪndʒ]

1 *n MED* jeringa, jeringuilla.

2 *vt MED (ear)* hacer un lavado de.

syrup [ˈsɪrəp]

1 *n MED* jarabe *m*: cough syrup jarabe para la tos.

2 *n CULIN* almíbar *m*: golden syrup melaza.

syrupy [ˈsɪrəpɪ] *adj (too sweet)* almibarado,-a.

▲ *comp* syrupier, *superl* syrupiest.

system [ˈsɪstəm]

1 *n (gen)* sistema *m*: she bought a stereo system se compró un equipo de estéreo.

2 *n (body)* cuerpo, organismo: too much fat is not good for the system el exceso de grasa no es bueno para el organismo.

♦ all systems go! ¡todo bien!

to get something out of one's system desahogarse.

▪ systems analysis análisis *m* de sistemas.

systems analyst analista *mf* de sistemas.

systematic [sɪstəˈmætɪk] *adj* sistemático,-a, metódico,-a.

systematically [sɪstəˈmætɪklɪ] *adv* sistemáticamente.

systematise [ˈsɪstɪmətaɪz] *vt* → systematize.

systematize [ˈsɪstɪmətaɪz] *vt* sistematizar.

systemise [ˈsɪstəmaɪz] *vt* → systemize.

systemize [ˈsɪstəmaɪz] *vt* sistematizar.

systole [ˈsɪstəlɪ] *n* sístole *m*.

systolic [sɪsˈtɒlɪk] *adj* sistólico,-a.

T, t [tiː] *n (the letter)* T, t *f.*

ta [tɑː] *interj GB fam* ¡gracias!

tab [tæb]
 1 *n (flap)* lengüeta; *(on can)* anilla.
 2 *n (label)* etiqueta.
 3 *n US (bill)* cuenta.
 4 *n (on computer)* tabulador *m.*
 ✦ **to keep a tab on something** controlar algo.
   to keep tabs on somebody vigilar a alguien.
   to pick up the tab pagar la cuenta.

tabard [ˈtæbəd] *n* tabardo.

Tabasco [təˈbæskəʊ] *n* salsa de tabasco.
 ▲ *Es marca registrada.*

tabby [ˈtæbɪ] *adj* atigrado,-a.
 ■ **tabby cat** gato atigrado.

tabernacle [ˈtæbənækəl] *n* tabernáculo.

table [ˈteɪbəl]
 1 *n (gen)* mesa.
 2 *n (chart)* tabla, cuadro.
 3 *n SP* clasificación *f.*
 4 *vt GB (motion, report, etc)* presentar.
 5 **tables** *npl* tablas *fpl*, tablas *fpl* de multiplicar.
 ✦ **at table** en la mesa.
   to be on the table *(issue)* estar sobre el tapete.
   to clear the table quitar la mesa.
   to drink somebody under the table poder beber más que alguien.
   to lay the table poner la mesa.
   to set the table poner la mesa.
   to turn the tables on somebody volver las tornas a alguien.
   under the table bajo mano.
 ■ **table d'hôte menu** menú *m* del día, menú *m.*
   table lamp lámpara de mesa.
   table manners modales *mpl* en la mesa.
   table mat salvamanteles *m inv.*
   table of contents índice *m* de materias.
   table tennis tenis *m* de mesa, ping-pong *m.*
   table wine vino de mesa.

tableau [ˈtæbləʊ] *n* cuadro vivo.
 ▲ *pl* **tableaux** o **tableaus.**

tablecloth [ˈteɪbəlklɒθ] *n* mantel *m.*

tableland [ˈteɪbəllænd] *n* meseta.

tablespoon [ˈteɪbəlspuːn]
 1 *n* cucharón *m.*
 2 *n* cucharada grande.

tablespoonful [ˈteɪbəlspuːnfʊl] *n* cucharada grande.

tablet [ˈtæblɪt]
 1 *n MED* pastilla, comprimido.
 2 *n (of stone)* lápida.
 3 *n (of soap)* pastilla.

tableware [ˈteɪbəlweəʳ] *n* vajilla.

tabloid [ˈtæblɔɪd] *n* periódico de formato pequeño.
 ■ **tabloid press** prensa sensacionalista.

taboo [təˈbuː]
 1 *n* tabú *m.*
 2 *adj* tabú.
 ▲ *pl* **taboos.**

tabular [ˈtæbjʊləʳ] *adj* tabular.

tabulate [ˈtæbjʊleɪt] *vt* tabular.

tabulation [tæbjʊˈleɪʃən] *n* tabulación *f.*

tabulator [ˈtæbjəleɪtəʳ] *n* tabulador *m.*

tachograph [ˈtækəɡrɑːf] *n* tacógrafo.

tachometer [tæˈkɒmɪtəʳ] *n* tacómetro.

tachycardia [tækɪˈkɑːdɪə] *n* taquicardia.

tachymeter [tæˈkɪmɪtəʳ] *n* taquímetro.

tacit [ˈtæsɪt] *adj* tácito,-a.

tacitly [ˈtæsɪtlɪ] *adv* tácitamente.

taciturn [ˈtæsɪtɜːn] *adj* taciturno,-a.

tack [tæk]
 1 *n (nail)* tachuela.
 2 *n MAR* bordada, viraje *m.*
 3 *n (approach)* táctica.
 4 *n SEW* hilván *m.*
 5 *vt (secure)* clavar con tachuelas.
 6 *vt SEW* hilvanar.
 7 *vi MAR* dar bordadas, virar.
 ▶ **to tack on** *vt sep* añadir.
 ✦ **to change tack** cambiar de táctica.

tackle [ˈtækəl]
 1 *n (equipment)* equipo, avíos *mpl*, aparejos *mpl.*
 2 *n MAR* polea, aparejo.
 3 *n SP (football)* entrada; *(rugby)* placaje *m.*

 4 *vt (deal with - problem)* abordar, encarar; *(- task)* emprender; *(person)* hablar con.
 5 *vt SP (football)* entrarle a; *(rugby)* placar.
 ✦ **to tackle somebody about/on something** plantarle a alguien algo.

tacky [ˈtækɪ]
 1 *adj (sticky)* pegajoso,-a.
 2 *adj (in bad taste)* de mal gusto, cutre, hortera.
 ▲ *comp* **tackier,** *superl* **tackiest.**

tact [tækt] *n* tacto, discreción *f*, delicadeza.

tactful [ˈtæktfʊl] *adj* diplomático,-a, discreto,-a.

tactfully [ˈtæktfʊlɪ] *adv* discretamente, con tacto.

tactic [ˈtæktɪk] *n* táctica.

tactical [ˈtæktɪkəl] *adj* táctico,-a.
 ■ **tactical voting** votación *f* táctica.

tactician [tækˈtɪʃən] *n* estratega *mf.*

tactics [ˈtæktɪks] *npl MIL* táctica *f sing.*

tactile [ˈtæktaɪl] *adj* táctil.

tactless [ˈtæktləs] *adj (person)* falto,-a de tacto, poco diplomático,-a; *(remark, question)* indiscreto,-a.

tactlessly [ˈtæktləslɪ] *adv* indiscretamente, con poco tacto.

tactlessness [ˈtæktləsnəs] *n* indiscreción *f*, falta de tacto.

tad [tæd]
 1 *n US* niño.
 2 **a tad** *n US (a bit)* un poco.

tadpole [ˈtædpəʊl] *n* renacuajo.

Tadzhik [ˈtædʒɪk]
 1 *adj* tadjiko,-a.
 2 *n (person)* tadjiko,-a.
 ▲ *pl* **Tadzhik.**

Tadzhiki [tæˈdʒiːkɪ] *n (language)* tadjiko.

Tadzhikistan [tædʒiːkɪˈstæn] *n* Tadjikistán.

tae kwon do [taɪˈkwɒndəʊ] *n* tae kwon do *m.*

taffeta [ˈtæfɪtə] *n* tafetán *m.*

tag [tæɡ]
 1 *n (label)* etiqueta.
 2 *n (on shoelace)* herrete *m.*
 3 *n (phrase)* coletilla.

4 *n (game)* el corre que te pillo.

5 *vt (gen)* etiquetar, poner una etiqueta a.

6 *vt (on animals)* poner una chapa identificativa a.

▸ **to tag along** *vi* pegarse.

to tag on *vt sep* añadir.

▲ *pt & pp* **tagged,** *ger* **tagging.**

Tagalog [ˈtæɡəlɒɡ] *n* tagalo.

tagliatelle [tæljəˈtelɪ] *n* tallarines *mpl*.

Tagus [ˈteɪɡəs] *n* el Tajo.

tahini [təˈhiːnɪ] *n* pasta de sésamo.

Tahiti [təˈhiːtɪ] *n* Tahití.

Tahitian [təˈhiːʃən]

1 *adj* tahitiano,-a.

2 *n (person)* tahitiano,-a.

3 *n (language)* tahitiano.

taiga [ˈtaɪɡə] *n* taiga.

tail [teɪl]

1 *n (gen)* cola; *(of some four-legged animals)* cola, rabo.

2 *n (of plane, kite, comet)* cola; *(of shirt, coat)* faldón *m*.

3 *n (pursuer)* perseguidor,-ra.

4 *vt* seguir de cerca.

5 tails *npl (of coin)* cruz *f sing*.

6 *npl (suit)* frac *m*.

▸ **to tail away** *vi (become smaller, fewer)* disminuir; *(become weaker)* irse apagando, debilitarse.

to tail back *vi* extenderse.

to tail off *vi* disminuir, mermar.

✦ **to be on somebody's tail** pisarle los talones a alguien.

to have one's tail between one's legs tener el rabo entre las piernas.

to turn tail huir.

■ **tail wind** viento de cola.

tailback [ˈteɪlbæk] *n (traffic jam)* caravana, cola, retención *f*.

tailcoat [ˈteɪlkəʊt] *n* frac *m*.

tail-end [teɪlˈend] *n* final *m*, parte *f* final.

tail-gate [ˈteɪlɡeɪt] *n* portón *m* trasero.

tail-light [ˈteɪllaɪt] *n* luz *f* trasera, piloto.

tailor [ˈteɪlə]

1 *n* sastre,-a.

2 *vt* confeccionar.

3 *vt fig* adaptar.

tailored [ˈteɪləd] *adj (shirt)* entallado,-a; *(suit)* tipo sastre.

tailor-made [teɪləˈmeɪd] *adj* hecho,-a a medida.

tailor's [ˈteɪləz] *n* sastrería.

taint [teɪnt]

1 *vt (reputation)* mancillar, manchar, empañar; *(food)* contaminar.

2 *n* mancha, mancilla.

Taiwan [taɪˈwæn] *n* Taiwan.

Taiwanese [taɪwæˈniːz]

1 *adj* taiwanés,-esa.

2 *n* taiwanés,-esa.

take [teɪk]

1 *n* CINEM toma.

2 *vt (carry, bring)* llevar: **take your umbrella, it might rain** lleva el paraguas, puede que llueva; **she took her grand-**son a cup of tea le llevó una taza de té a su nieto.

3 *vt (drive, escort)* llevar: **shall I take you to the station?** ¿quieres que te lleve a la estación?; **they took their children to the cinema** llevaron a sus hijos al cine.

4 *vt (remove)* llevarse, quitar, coger: **who's taken my pencil?** ¿quién ha cogido mi lápiz?; **I think someone's taken my wallet** creo que alguien me ha quitado la cartera; **she took a chocolate** cogió un bombón.

5 *vt (hold, grasp)* tomar, coger: **do you want me to take your suitcase?** ¿quieres que te coja la maleta?; **he took her by the hand** la cogió de la mano.

6 *vt (accept - money etc)* aceptar, coger; *(- criticism, advice, responsibility)* aceptar, asumir; *(- patients, clients)* aceptar: **do you take cheques?** ¿aceptáis cheques?; **he decided not to take the job** decidió no aceptar el trabajo; **he'll take it better coming from you** se lo tomará mejor si se lo dices tú; **the machine only takes pound coins** la máquina solo admite monedas de una libra.

7 *vt (win prize, competition)* ganar; *(earn)* ganar, hacer: **how much have we taken today?** ¿cuánto hemos hecho hoy de caja?

8 *vt (medicine, drugs)* tomar: **have you ever taken drugs?** ¿has tomado drogas alguna vez?; **do you take sugar?** ¿te pones azúcar?

9 *vt (subject)* estudiar; *(course of study)* seguir, cursar: **I'm taking history this year** estudio historia este curso; **he took a degree in politics** se licenció en ciencias políticas.

10 *vt (teach)* dar clase a: **she takes my son for French** ella da clases de francés a mi hijo.

11 *vt (bus, train, etc)* tomar, coger: **she took a taxi because she was late** cogió un taxi porque llegaba tarde; **take the second on the left** coja la segunda a la izquierda; **my job takes me all over the world** mi trabajo me lleva por todo el mundo.

12 *vt (capture)* tomar, capturar; *(in board games)* comer: **the soldiers have taken the city** los soldados han tomado la ciudad; **ten men were taken prisoners** apresaron a diez hombres.

13 *vt (time)* tardar, llevar: **how long does it take to get to Madrid?** ¿cuánto se tarda en llegar a Madrid?; **it takes two hours to cook** tarda dos horas en cocerse; **it took her half an hour to make it** hacerlo le llevó media hora.

14 *vt (hold, contain)* tener cabida, acoger: **this plane takes 500 passengers** este avión tiene cabida para 500 pasajeros; **how many people does your car take?** ¿cuántas personas caben en tu coche?

15 *vt (size of clothes)* usar, gastar; *(size of shoes)* calzar: **what size do you take?** ¿qué talla usas?, ¿cuál es tu talla?; **what size shoe does he take?** ¿qué número calza?

16 *vt (measurement, temperature, etc)* tomar; *(write down)* anotar.

17 *vt (need, require)* requerir, necesitar: **it will take two people to carry the fridge** se necesitarán dos personas para llevar la nevera; **it doesn't take much to frighten her** no hace falta mucho para que se asuste; **that will take some explaining** te costará trabajo explicar esto.

18 *vt (buy)* quedarse con, llevar(se): **I'll take it** me lo quedo; **I'll take the red one** me quedaré con el rojo; **she takes The Guardian** compra The Guardian.

19 *vt (bear)* aguantar, soportar: **I can't take any more** no aguanto más; **you can't take a joke** no sabes aguantar una broma.

20 *vt (react)* tomarse; *(interpret)* interpretar: **she took it the wrong way** lo interpretó mal, se lo tomó a mal; **he took the news very badly** se tomó la noticia muy mal.

21 *vt (perform, adopt)* tomar, adoptar; *(exercise)* hacer: **they had to take drastic measures** tuvieron que tomar medidas drásticas; **don't take any notice** no hagas caso; **she takes the view that …** opina que …

22 *vt (have)* tomar(se): **let's take a break** tomemos un descanso.

23 *vt (suppose)* suponer: **I take it that …** supongo que …

24 *vt (consider)* considerar, mirar.

25 *vt* LING regir: **transitive verbs take a direct object** los verbos transitivos rigen objeto directo.

26 *vt (rent)* alquilar: **they have taken a flat in London** han alquilado un piso en Londres.

35 *vi (work - dye)* coger; *(- fire)* prender; *(- cutting)* prender; *(- seed)* germinar.

27 *vi (fish)* picar.

28 *vi (in draughts etc)* comer.

▸ **to take after** *vt insep* parecerse a: **I take after my mother** me parezco a mi madre.

to take apart

1 *vt sep (machine etc)* desmontar, deshacer.

2 *vt sep (argument)* echar por tierra.

to take aside *vt sep* llevar a un lado.

to take away

1 *vt sep (remove)* llevarse, quitar.

2 *vt sep (subtract)* restar.

3 *vi (food)* llevar: **I'd like a sandwich to take away please** quisiera un bocadillo para llevar, por favor.

to take back

1 *vt sep (accept back)* recibir otra vez, aceptar algo devuelto; *(employee)* readmitir.

2 *vt sep (return)* devolver: this watch doesn't work so I'm taking it back este reloj no funciona así que voy a devolverlo.

3 *vt sep (retract)* retirar, retractar.

4 *vt sep (in time)* hacer recordar.

to take down

1 *vt sep (remove, lower)* quitar, bajar.

2 *vt sep (dismantle)* desmontar.

3 *vt sep (write down)* apuntar.

4 *vt insep (humiliate)* humillar.

to take for *vt sep* tomar por: who do you take me for? ¿por quién me tomas?; she took me for someone else me confundió con otra persona.

to take in

1 *vt sep (shelter)* dar cobijo a, alojar, recoger.

2 *vt sep (deceive)* engañar: I was completely taken in by his disguise su disfraz me engañó completamente.

3 *vt sep (grasp)* asimilar, entender, captar.

4 *vt sep (include)* incluir, abarcar.

5 *vt sep (clothes)* meterle a, estrechar.

to take off

1 *vt sep (clothes)* quitarse.

2 *vt sep (remove, detach)* quitar, sacar: he couldn't take his eyes off her no le quitaba la vista de encima.

3 *vt sep (force to go)* llevar: the boy was taken off to the police station llevaron al chico a la comisaría.

4 *vt sep (have as holiday)* tomarse: I think I'll take the day off creo que me tomaré el día libre.

5 *vt sep (imitate)* imitar.

6 *vt sep (deduct, discount)* descontar, rebajar.

7 *vi (plane)* despegar.

8 *vi (leave hurriedly)* irse, marcharse: they just took off without saying a word se fueron sin decir palabra.

9 *vi (become popular)* hacerse popular, tener éxito, ponerse de moda: video games have really taken off in the last few years los videojuegos se han puesto de moda en los últimos años.

to take on

1 *vt sep (decide to do, undertake)* hacerse cargo de, encargarse de, aceptar; *(responsibility)* asumir: don't take on more than you can handle no aceptes más trabajo del que puedes hacer.

2 *vt sep (employ)* contratar, coger.

3 *vt sep (challenge)* desafiar, enfrentarse con.

4 *vt insep (begin to have, assume)* asumir, tomar, adquirir.

5 *vi (become upset)* agitarse, ponerse nervioso,-a: don't take on so no te pongas así.

to take out

1 *vt sep (remove, extract, withdraw)* sacar, quitar.

2 *vt sep (escort, accompany)* invitar a salir; *(child, dog)* llevar de paseo.

3 *vt sep (insurance)* hacerse, sacar; *(licence, patent)* obtener.

4 *vt sep us* llevar comida a casa.

5 *vt sep (kill, destroy)* eliminar.

to take out on *vt sep* tomarla con, desquitarse con, descargarse: people often take their anger out on the ones they love most la gente suele desahogar su cólera con los que más quiere.

to take over

1 *vt sep (country, party etc)* tomar (posesión de), apoderarse de; *(building)* ocupar.

2 *vt sep (company, business)* absorber, adquirir; *(job, post)* hacerse cargo de; *(duty, responsibility)* asumir.

3 *vi (assume control)* tomar el poder, hacerse con el poder; *(job)* entrar en funciones, relevar.

4 *vt insep (lines, points, argument)* repasar; *(show round)* enseñar, mostrar.

to take over from *vt insep* relevar, sustituir.

to take to

1 *vt insep (person)* tomar cariño a.

2 *vt insep (vice)* darse a: he's taken to drink se ha dado a la bebida.

3 *vt insep (start to do)* empezar a, aficionarse a.

to take up

1 *vt sep (fill, occupy)* ocupar.

2 *vt sep (take upstairs)* llevar, subir; *(remove, lift - carpet etc)* quitar, levantar.

3 *vt sep (space)* ocupar; *(time)* ocupar, llevar: cleaning the flat took up all the morning limpiar el piso llevó toda la mañana.

4 *vt sep (continue)* continuar, reanudar: let's take up where we left off continuemos donde lo dejamos.

5 *vt insep (offer)* aceptar.

6 *vt sep (start to do)* dedicarse a.

7 *vt sep (pursue - point etc)* volver a.

8 *vt sep (sew)* acortar.

to take upon *vt sep* encargarse de.

to take up on

1 *vt sep (challenge)* hacer puntualizaciones sobre.

2 *vt sep (accept)* aceptar (una oferta).

to take up with

1 *vt insep (form relationship with)* empezar a salir con, entrar en relaciones con.

2 *vt sep (raise with)* hablar de: I shall take this up with the manager hablaré de esto con el director.

✦ **not to take no for an answer** no aceptar una respuesta negativa.

take it from me escucha lo que te digo.

take it or leave it lo tomas o lo dejas.

take my word for it créeme.

to be hard to take ser difícil de aceptar.

to be on the take dejarse sobornar.

to have what it takes tener lo que hace falta.

to take five descansar cinco minutos.

to take it out of somebody dejar a uno sin ganas de nada.

to take somebody out of himself hacer que alguien se olvide de sus propias penas.

to take something as read dar algo por sentado,-a.

▲ *pt* took [tʊk], *pp* taken ['teɪkən].

take-away ['teɪkəweɪ]

1 *n (food)* comida para llevar.

2 *n (restaurant)* restaurante *m* de comida para llevar.

take-home pay ['teɪkhəʊmpeɪ] *n* sueldo neto.

taken ['teɪkən]

1 *pp* → take.

2 *adj (seat)* ocupado,-a: is this seat taken? ¿está ocupado?

✦ **to be taken ill** ponerse enfermo, caer enfermo.

to be taken short entrarle ganas a alguien de ir al lavabo.

to be taken with somebody/something gustarle alguien/algo mucho a alguien.

to be taken up with something estar muy ocupado,-a con algo.

take-off ['teɪkɒːf]

1 *n (aviation)* despegue *m*.

2 *n SP* salto.

3 *n (imitation)* imitación *f*, parodia.

take-out ['teɪkaʊt] *n US (food)* comida para llevar.

takeover ['teɪkəʊvə']

1 *n POL* toma del poder, toma de posesión.

2 *n (of company)* adquisición *f*.

■ **military takeover** golpe *m* de estado.

take-over bid oferta pública de adquisición, OPA.

taker ['teɪkə'] *n* persona interesada, interesado,-a.

✦ **any takers?** ¿alguien quiere? ¿a alguien le interesa?

taking ['teɪkɪŋ] *n dated* atractivo,-a.

✦ **it's there for the taking** allí está.

it's yours for the taking es tuyo si quieres.

takings ['teɪkɪŋz] *npl (gen)* recaudación *f* sing, caja; *(at box office)* taquilla, entrada.

talc [tælk] *n* talco.

talcum powder ['tælkəmpaʊdə'] *n* polvos *mpl* de talco.

tale [teɪl] *n (story)* cuento, relato, historia; *(lie)* cuento, mentira.

✦ **to tell tales** contar cuentos.

■ **old wife's tale** cuento de viejas.

talent ['tælənt]

1 *n (special ability)* talento, dotes *mpl*.

2 *n (talented people)* gente *f* de talento, gente *f* dotada.

3 *n fam (attractive people)* gente *f* guapa: all the men were eyeing up the local talent todos los hombres pasaban revista a las chicas del lugar.

■ **talent scout** cazatalentos *mf inv*.

talented ['tæləntɪd] *adj* de talento, dotado,-a.

talentless ['tæləntləs] *adj* carente de talento, sin talento.

Taliban ['tælɪbɑːn] *adj-n* talibán.

talisman ['tælɪzmən] *n* talismán *m*.

talk [tɔːk]
1 *vi (gen)* hablar (**to**, con/a): I'd like to talk to you for a minute quisiera hablar contigo un momento; what were you talking about? ¿de qué hablabais?; everyone was talking at once todos hablaban a la vez; he talks to himself habla consigo mismo.
2 *vi (negotiate)* negociar: the leaders agreed to talk los líderes acordaron negociar.
3 *vi (gossip)* hablar, chismorrear: you know how people love to talk sabes cómo a la gente le encanta chismorrear.
4 *vt* hablar (**about/of**, de): let's talk business hablemos de negocios; don't talk nonsense no digas tonterías.
5 *n (conversation)* conversación *f*.
6 *n (lecture)* charla, conferencia: she gave a talk on the Spanish Civil War dio una charla sobre la Guerra Civil Española.
7 *n (rumour)* rumor *m*, voz *f*: there is talk of his resigning se habla de la posibilidad de que dimita.
8 **talks** *npl* negociaciones *fpl*: the management and the unions met for talks el patronal y los sindicatos se reunieron para negociar.
▶ **to talk back** *vi* contestar, contestar de mala manera.
to talk down
1 *vt insep (person)* hacer callar.
2 *vt insep (aircraft)* dirigir por radio.
to talk down to *vt insep* hablar con desprecio a, hablar con aires de suficiencia a.
to talk over *vt sep* discutir, hablar de.
to talk round
1 *vt sep* convencer.
2 *vt insep* dar vueltas a.
✦ **it's just talk** son cosas que se dicen, son rumores.
look who's talking quién lo dice, mira quién habla.
not to have a clue what one is talking about no tener la menor idea de qué habla.
now you're talking eso sí que me interesa.
talk about luck! ¡vaya suerte!
talk of the devil hablando del rey de Roma, (por la puerta asoma).
to be all talk (and no action) no hacer nada más que hablar.
to be the talk of the town ser la comidilla de todos.
to know what one is talking about hablar con conocimiento de causa.
to talk big fanfarronear, farolear, presumir, exagerar.

to talk somebody into something convencer a alguien para que haga algo.
to talk somebody out of something disuadir a alguien de hacer algo.
to talk sense hablar con sentido común.
to talk shop hablar del trabajo.
to talk through one's hat decir tonterías, hablar sin pies ni cabeza.
to talk turkey hablar a las claras, hablar con franqueza.
you can talk y tú que lo digas.
■ **pillow talk** conversación *f* íntima (en la cama).
talk show programa *m* de entrevistas.

talkative ['tɔːkətɪv] *adj* hablador,-ra, parlanchín,-ina, charlatán,-ana, locuaz.

talker ['tɔːkəʳ] *n* hablador,-ra.
✦ **he's a smooth talker** tiene mucha labia.

talkie ['tɔːkɪ]
1 *n* película sonora.
2 **talkies** *npl* cine *m sing* sonoro.

talking ['tɔːkɪŋ]
1 *n* hablar *m*: let me do the talking déjame que hable yo.
2 *adj* que habla.
✦ **"No talking"** "Silencio".
■ **talking book** libro grabado (para ciegos).
talking head busto parlante.
talking point tema *m* de conversación.
talking shop tertulia.

talking-to ['tɔːkɪŋtuː] *n fam* bronca, reprimenda, rapapolvo.
✦ **to give somebody a right talking-to** leerle la cartilla a alguien, cantarle las cuarenta a alguien.

tall [tɔːl] *adj* alto,-a: she's very tall es muy alta; how tall are you? ¿cuánto mides?; it's 5 metres tall mide 5 metros de alto.
✦ **to be a tall order** ser muy difícil.
to walk tall andar con la cabeza alta.
■ **tall story** cuento chino.

tallboy ['tɔːlbɔɪ] *n GB* cómoda.

tallow ['tæləʊ] *n* sebo.

tally ['tælɪ]
1 *n* cuenta.
2 *vi* concordar, cuadrar.
▲ *(sustantivo)* pl *tallies*; *(verbo)* pt & pp *tallied*, ger *tallying*.

talon ['tælən] *n* garra.

tamarind ['tæmərɪnd] *n* tamarindo.

tamarisk ['tæmərɪsk] *n* tamarisco.

tambour ['tæmbʊəʳ] *n* tambor *m*.

tambourine [tæmbə'riːn] *n* pandereta.

tame [teɪm]
1 *adj (by nature)* manso,-a, dócil.
2 *adj (tamed)* domesticado,-a.
3 *adj fig* soso,-a, aburrido,-a.
4 *vt* domar, domesticar.

tamely ['teɪmlɪ] *adv* dócilmente.

tamer ['teɪməʳ] *n* domador,-ra.

tamper ['tæmpəʳ] **to tamper with** *vt (gen)* tocar, manipular; *(lock)* intentar forzar; *(document, figures)* alterar.

tampon ['tæmpɒn] *n* tampón *m*.

tan¹ [tæn]
1 *n (colour)* color *m* marrón claro.
2 *n (suntan)* bronceado, moreno.
3 *adj* marrón claro.
4 *vt (leather)* curtir.
5 *vt (skin)* broncear, poner moreno,-a.
6 *vi* broncearse, ponerse moreno,-a.
✦ **to tan somebody's hide** dar una paliza a alguien, zurrar a alguien.
▲ *pt* & *pp* tanned, ger tanning.

tan² ['tændʒənt] *abbr* (**tangent**) tangente; *(abbreviation)* tang.

tandem ['tændəm] *n* tándem *m*.
✦ **in tandem** conjuntamente.

tandoori [tæn'dʊərɪ]
1 *n* tandori *m*, *(método hindú de asar en un horno de barro)*.
2 *adj* asado,-a al estilo hindú en un horno de barro.

tang [tæŋ] *n (taste)* sabor *m* fuerte; *(smell)* olor *m* fuerte.

tanga ['tæŋgə] *n* tanga *m*.

tangent ['tændʒənt] *n* tangente *f*.
✦ **to go off at a tangent/fly off at a tangent** salirse por la tangente.

tangential [tæn'dʒenʃəl] *adj* tangencial.

tangerine [tændʒə'riːn]
1 *n (fruit)* clementina, mandarina.
2 *n (colour)* naranja.
3 *adj* naranja.

tangible ['tændʒəbəl] *adj* tangible.

Tangier [tæn'dʒɪəʳ] *n* Tánger.

tangle ['tæŋgəl]
1 *n (confused mass)* enredo, maraña, embrollo; *(confusion)* enredo, lío.
2 *vt* enredar, enmarañar.
3 *vi* enredarse.
▶ **to tangle up** *vt sep* enredarse: we got ourselves tangled up nos hicimos un lío; he got tangled up in something dangerous se vio implicado en un asunto peligroso.
to tangle with *vt insep* meterse con.

tango ['tæŋgəʊ]
1 *n* tango.
2 *vi* bailar el tango.
✦ **it takes two to tango** es cosa de dos.
▲ *(sustantivo)* pl *tangos*; *(verbo)* pt & pp tangoed, ger tangoing.

tangy ['tæŋgɪ] *adj (smell)* penetrante; *(taste)* ácido,-a, fuerte: a tangy lemon sorbet un sorbete de limón fuerte.
▲ comp tangier, superl tangiest.

tank [tæŋk]
1 *n (for water)* depósito, tanque *m*; *(for fuel)* depósito.
2 *n MIL* tanque *m*.
3 *n US sl (jail)* chirona.
▶ **to tank up**
1 *vt sep* llenar el depósito, repostar.
2 *vi (get drunk)* emborracharse.
■ **fuel tank** depósito de combustible.
think tank grupo de expertos.

tankard ['tæŋkəd] *n* jarra (para cerveza).

tanked up [tæŋkt'ʌp] *adj sl (drunk)* borracho,-a.

tanker ['tæŋkə']
1 *n (ship)* buque *m* cisterna.
2 *n (for oil)* petrolero.
3 *n (lorry)* camión *m* cisterna.

tank top ['tæŋktɒp]
1 *n GB* chaleco de punto.
2 *n US* camiseta sin mangas.

tanned [tænd] *adj (person)* moreno,-a, bronceado,-a; *(leather)* curtido,-a.

tanner ['tænə']
1 *n* curtidor,-ra.
2 *n fam dated* moneda de seis peniques.

tannery ['tænərı] *n* tenería, curtiduría.

tannin ['tænın] *n* tanino.

Tannoy ['tænɔı] *n* sistema *m* de megafonía: they heard the message over the Tannoy escucharon el mensaje por los altavoces.

tantalise ['tæntəlaız] *vt* → tantalize.

tantalising ['tæntəlaızıŋ] *adj* → tantalizing.

tantalize ['tæntəlaız] *vt* atormentar (tentando).

tantalizing ['tæntəlaızıŋ] *adj* tentador,-ra.

tantamount ['tæntəmaunt] *adj* equivalente (**to**, a).

tantrum ['tæntrəm] *n* berrinche *m*, rabieta: kids often throw tantrums los niños a menudo cogen berrinches.

Tanzania [tænzə'nıə] *n* Tanzania.

Tanzanian [tænzə'nıən]
1 *adj* tanzano,-a.
2 *n* tanzano,-a.

Taoism ['tauızəm] *n* taoísmo.

Taoist ['tauıst]
1 *adj* taoísta.
2 *n* taoísta *mf*.

tap¹ [tæp]
1 *n* grifo: turn the tap on/off abre/cierra el grifo.
2 *n (light blow)* golpecito: she felt a tap on her arm sintió un golpecito en el brazo.
3 *n (on phone)* micrófono de escucha: they'd put a tap on her phone le habían pinchado el teléfono.
4 *n (on barrel)* espita; *(for gas)* llave *f*.
5 *vt (strike lightly)* golpear suavemente, dar un golpecito a.
6 *vt (on keyboard)* teclear, pulsar.
7 *vt (liquid)* sacar.
8 *vt (resources)* explotar, utilizar.
9 *vt (telephone)* pinchar, intervenir.
10 *vt sl (borrow)* sablear: he tapped me for ten pounds me sableó diez libras.
▶ **to tap out**
1 *vt sep* teclear, escribir a máquina.
2 *vt sep (in Morse code)* enviar.
✦ **on tap** *(beer)* de barril.
to have something on tap tener algo al alcance de la mano.
■ **tap water** agua del grifo.
▲ *pt & pp* tapped, *ger* tapping.

tap² [tæp] *n* claqué *m*.
■ **tap dance** claqué *m*.
tap dancer bailarín,-ina de claqué.

tape [teıp]
1 *n (audio, visual)* cinta.
2 *n (recorded material)* grabación *f*.
3 *n SP* cinta de llegada.
4 *n (sticky)* cinta adhesiva.
5 *vt (fasten)* pegar con cinta adhesiva.
6 *vt (record)* grabar: John's taped the concert John ha grabado el concierto.
✦ **to have somebody taped** tener calado,-a a alguien.
to have something taped *fig* haber cogido el tranquillo a algo.
■ **tape deck** pletina.
tape measure cinta métrica.
tape recorder magnetófono.

taper ['teıpə']
1 *n* vela *delgada*.
2 *vt* afilar, estrechar.
3 *vi* afilarse, estrecharse.
▶ **to taper off** *vt insep* ir disminuyendo.

tapestry ['tæpəstrı]
1 *n (art)* tapicería.
2 *n (cloth)* tapiz *m*.
✦ **it's part of life's rich tapestry** ¡son cosas de la vida!
▲ *pl* tapestries.

tapeworm ['teıpwɜːm] *n* tenia, solitaria.

tapioca [tæpı'əukə] *n* tapioca.

tapir ['teıpə'] *n* tapir *m*.

tappet ['tæpıt] *n* taqué *m*.

tar [tɑː']
1 *n (for roads, in cigarettes)* alquitrán *m*.
2 *n (in soap etc)* brea.
3 *vt* alquitranar.
✦ **to tar and feather** emplumar.
to be tarred with the same brush estar cortados,-as por el mismo patrón, ser de la misma calaña.
▲ *pt & pp* tarred, *ger* tarring.

taramasalata [tærəməsə'lɑːtə] *n* taramasalata.

tarantella [tærən'telə] *n* tarantela.

tarantula [tə'ræntjulə] *n* tarántula.

tardily ['tɑːdılı] *adv* tardíamente.

tardiness ['tɑːdınəs] *n* tardanza, retraso.

tardy ['tɑːdı] *adj (late)* tardío,-a; *(slow)* lento,-a.
▲ *comp* tardier, *superl* tardiest.

tare [teə'] *n* tara.

target ['tɑːgıt]
1 *n (of missile, goal, aim)* objetivo: we must meet our sales targets tenemos que alcanzar nuestros objetivos de ventas.
2 *n (in shooting, of criticism)* blanco: she was the target of repeated attacks fue el blanco de repetidos ataques.
3 *n (board)* diana.
4 *vt (aim at target)* apuntar: the missiles are targeted on Sarajevo los misiles apuntan a Sarajevo.
5 *vt (cause to have effect on)* dirigir a, destinar a: a campaign targeted at young people una campaña dirigida a los jóvenes.
6 *adj (date, figure)* fijado,-a; *(audience, market)* objetivo: target date fecha prevista; target readership lectores objetivo.
✦ **to be on target** ir de acuerdo a lo previsto: export figures are on target las cifras de exportaciones van de acuerdo a lo previsto.
■ **target language** idioma *m* de destino.
target practice prácticas *fpl* de tiro.
moving target blanco móvil.

tariff ['tærıf]
1 *n (list of fixed charges)* tarifa.
2 *n (duty to be paid on imports)* arancel *m*.
3 *adj* arancelario,-a.

tarmac ['tɑːmæk]
1 *n* asfalto.
2 *n (area)* pista.
3 *vt* asfaltar.

tarn [tɑːn] *n* lago *pequeño de montaña*.

tarnish ['tɑːnıʃ]
1 *vt (metal)* deslustrar; *(reputation)* empañar, manchar.
2 *vi (metal)* deslustrarse; *(reputation)* empañarse, mancharse.
3 *n* falta de lustre, falta de brillo.

tarot ['tærəu] *n* tarot *m*.
■ **tarot cards** cartas *fpl* del tarot.

tarpaulin [tɑː'pɔːlın] *n* lona.

tarragon ['tærəgən] *n* estragón *m*.

tarry¹ ['tɑːrı]
1 *adj (like tar)* alquitranado,-a.
2 *adj (covered with tar)* cubierto,-a de alquitrán.

tarry² ['tærı] *vi* entretenerse, detenerse.

tarsus ['tɑːsəs] *n ANAT* tarso.
▲ *pl* tarsi.

tart [tɑːt]
1 *adj (sour)* acre, agrio,-a.
2 *adj (reply)* mordaz, áspero,-a, acre.
3 *n (pie)* tarta, pastel *m*.
4 *n sl pej* fulana.
▶ **to tart up** *vt sep (building)* renovar, remodelar; *(person)* emperifollar.
✦ **to tart oneself up** emperifollarse.

tartan ['tɑːtən] *n* tela escocesa, tartán *m*.

Tartan ['tɑːtən] *n* tartán *m*.
■ **Tartan track** pista de tartán.
▲ *Es marca registrada.*

Tartar ['tɑːtə']
1 *adj* tártaro,-a.
2 *n* tártaro,-a.
3 *n* tártaro.

tartar ['tɑːtə']
1 *n (on teeth)* sarro.
2 *n (in wine)* tártaro.
■ **tartar sauce** salsa tártara.

task [tɑːsk] *n* tarea, labor *f*.
✦ **to take somebody to task over something** reprender a alguien por algo.
■ **task force** destacamento especial.

taskmaster ['tɑːskmɑːstəʳ] *n* capataz *m*.
+ **to be a hard taskmaster** ser muy severo,-a, ser un auténtico tirano.

Tasman ['tæzmən] **the Tasman Sea** *n* el Mar de Tasmania.

Tasmania [tæz'meɪnɪə] *n* Tasmania.

Tasmanian [tæz'meɪnɪən]
1 *adj* tasmano,-a.
2 *n* tasmano,-a.

tassel ['tæsəl] *n* borla.

taste [teɪst]
1 *n (faculty)* gusto.
2 *n (flavour)* sabor *m*: it's got a sweet taste tiene un sabor dulce; it is sweet to the taste es dulce al paladar; this cheese hasn't got much taste este queso no tiene sabor; this fish's got a strange taste to it este pescado tiene un gusto raro; it's an acquired taste es un gusto adquirido.
3 *n (small sample)* muestra, poquito; *(experience)* experiencia: have a taste of this cake prueba este pastel; she had a taste of independence conoció la independencia.
4 *n (ability to make good judgements)* gusto; *(liking)* afición *f* (**for**, a), gusto (**for**, por): he's got good taste in clothes tiene muy buen gusto para vestirse; pop music is not to my taste la música pop no es de mi gusto.
5 *vt (try food)* probar; *(wine)* catar, degustar.
6 *vt (eat, drink)* probar: this is the most delicious cake I've ever tasted es el pastel más delicioso que he probado.
7 *vt (experience)* conocer.
8 *vt (perceive flavour)* notar: you can taste the pepper in this stew se nota la pimienta en este estofado.
9 *vi* saber (**of/like**, a): what does it taste like? ¿a qué sabe?; it tastes bitter tiene un gusto amargo, sabe a amargo.
+ **to be in bad/poor taste** ser de mal gusto.
to be in good taste ser de buen gusto.
to give somebody a taste of their own medicine pagar a alguien con la misma moneda, darle a alguien de su medicina.
to leave a nasty taste in the mouth dejar un mal sabor de boca.
to taste al gusto.
▪ **taste bud** papila gustativa.

tasteful ['teɪstful] *adj* de buen gusto, elegante.

tastefully ['teɪstfulɪ] *adv* elegantemente.

tasteless ['teɪstləs]
1 *adj* de mal gusto.
2 *adj (insipid)* insípido,-a, soso,-a.

tastelessness ['teɪstləsnəs] *n* desazón *f*.

taster ['teɪstəʳ]
1 *n (person - gen)* degustador,-ra; *(- of wine)* catador,-ra, catavinos *mf*.
2 *n (sample)* muestra.

tasty ['teɪstɪ] *adj* sabroso,-a, rico,-a.
▲ *comp* **tastier**, *superl* **tastiest**.

ta-ta [tæˈtɑː] *interj GB fam* ¡adiós!, ¡hasta luego!

Tatar ['tɑːtəʳ] *n* → **Tartar**.

tattered ['tætəd] *adj* harapiento,-a, andrajoso,-a,.

tatters ['tætəz] *npl (clothes)* harapos *mpl*, andrajos *mpl*.
+ **in tatters** *(clothes)* harapiento,-a, andrajoso,-a, hecho,-a jirones; *(nerves, reputation, etc)* hecho,-a pedazos, destrozado,-a.

tattle ['tætəl]
1 *n* chismes *mpl*, habladurías *fpl*.
2 *vi* cotorrear.
3 *vt US* acusar, chivarse.

tattler ['tætləʳ] *n* soplón,-ona.

tattletale ['tætlteɪl] *n US* soplón,-ona.

tattoo [təˈtuː]
1 *n MIL* retreta.
2 *n (show)* espectáculo militar musical.
3 *n (on skin)* tatuaje *m*.
4 *vt* tatuar.
▲ *(sustantivo)* *pl* **tattoos**; *(verbo)* *pt & pp* **tattooed**, *ger* **tattooing**.

tatty ['tætɪ] *adj (gen)* muy usado,-a gastado,-a; *(clothes)* gastado,-a, raído,-a.
▲ *comp* **tattier**, *superl* **tattiest**.

tau [tɔː, tau] *n* tau *f*.

taught [tɔːt] *pt & pp* → **teach**.

taunt [tɔːnt]
1 *n* mofa, pulla, insulto.
2 *vt (mock)* bufarse de, mofarse de; *(provoke)* hostigar, provocar.

Taurus ['tɔːrəs] *n (constellation, sign)* Tauro.
▪ **Taurus Mountains** Montes *mpl* Taurus.

taut [tɔːt] *adj* tirante, tenso,-a.

tauten ['tɔːtən]
1 *vt* tensar.
2 *vi* tensarse, ponerse tenso,-a, ponerse tirante.

tautness ['tɔːtnəs] *n* tensión *f*, tirantez *f*.

tautology [tɔːˈtɒlədʒɪ] *n* tautología.

tavern ['tævən] *n* taberna, mesón *m*.

taverner ['tævənəʳ] *n* tabernero,-a, mesonero,-a.

tawdry ['tɔːdrɪ] *adj* hortera, charro,-a.
▲ *comp* **tawdrier**, *superl* **tawdriest**.

tawny ['tɔːnɪ] *adj* leonado,-a.

tax [tæks]
1 *n* impuesto, contribución *f*: everyone must pay taxes todo el mundo debe pagar los impuestos; taxes deducted at source retenciones fiscales; she earns £900 before/after tax gana novecientas libras brutas/netas.
2 *n fig (burden, strain)* carga (**on**, sobre), esfuerzo (**on**, para).
3 *vt (impose a tax on - goods, profits)* gravar; *(- business, person)* imponer contribuciones a.
4 *vt fig (strain, test)* poner a prueba: he taxes my patience pone a prueba mi paciencia.
+ **to be a tax on something** ser una carga para alguien.

to tax somebody with something acusar a alguien de algo.
▪ **tax allowance** desgravación *f* fiscal.
tax avoidance evasión *f* fiscal.
tax collector recaudador,-ra de impuestos.
tax cut reducción *f* de impuestos.
tax disc *pegatina que acredita el pago del impuesto de circulación*.
tax evasion fraude *m* fiscal.
tax exile *persona que fija su residencia en un país extranjero para evitar los impuestos*.
tax haven paraíso fiscal.
tax inspector inspector,-ra de Hacienda.
tax rebate devolución *f* de impuestos.
tax relief desgravación *f* fiscal.
tax return declaración *f* de renta.
tax year año fiscal.

taxable ['tæksəbəl] *adj* imponible, gravable.
▪ **taxable income** renta imponible.

taxation [tækˈseɪʃən] *n (taxes)* impuestos *mpl*; *(system)* sistema *m* tributario.

tax-deductible ['tæksdɪˈdʌktəbəl] *adj* desgravable.

tax-free ['tæksˈfriː] *adj* libre de impuestos, exento,-a de impuestos.

taxi ['tæksɪ]
1 *n* taxi *m*.
2 *vi (plane)* rodar por la pista.
▪ **taxi driver** taxista *mf*.
taxi rank parada de taxis.

taxidermist ['tæksɪdɜːmɪst] *n* taxidermista *mf*.

taxidermy ['tæksɪdɜːmɪ] *n* taxidermia.

taximeter ['tæksɪmiːtəʳ] *n* taxímetro.

taxing ['tæksɪŋ] *adj (problem)* difícil; *(journey, job)* agotador,-ra.

taxman ['tæksmæn] *n* recaudador,-ra de impuestos.
▪ **the Taxman** Hacienda, el Fisco.

taxonomy [tækˈsɒnəmɪ] *n* taxonomía.
▲ *pl* **taxonomies**.

taxpayer ['tækspeɪəʳ] *n* contribuyente *mf*.

TB [tiːˈbiː] *abbr* (**tuberculosis**) tuberculosis *f*.

tbsp ['teɪbəlspuːn] *abbr* (**tablespoon**) cucharada.
▲ *pl* **tbsps**.

tea [tiː]
1 *n (gen)* té *m*: I had a cup of tea tomé una taza de té; will you make some tea? ¿quieres hacer un poco de té?
2 *n (infusion)* infusión *f*.
3 *n (light meal)* merienda: we have tea at half past five merendamos a las cinco y media.
4 *n (full meal)* cena: what do you want for your tea? ¿qué quieres para cenar?
+ **not for all the tea in China** por nada del mundo.
to be one's cup of tea ser del gusto de uno.
▪ **tea bag** bolsita de té.

tea cloth paño (de cocina).
tea cosy cubretetera.
tea leaf *(gen)* hoja de té; *(thief)* ladrón *m*.
tea party merienda.
tea service/tea set juego de té.
tea strainer colador *m* (pequeño).
tea towel paño de cocina.
tea trolley carrito.
tea-break ['tiːbreɪk] *n* descanso *para tomar el té*.
tea-caddy ['tiːkædɪ] *n* caja para el té.
▲ *pl* **tea-caddies.**
teach [tiːtʃ]
1 *vt (gen)* enseñar; *(subject)* dar clases: he teaches English da clases de inglés; I've been teaching maths for 5 years llevo 5 años dando clases de mates; my mother taught me (how) to read mi madre me enseñó a leer; this course will be taught by Mr Smith este curso lo impartirá el Sr. Smith; I was taught never to talk to strangers me enseñaron a no hablar nunca con extraños.
2 *vi* ser profesor,-ra, dar clases: he teaches at the university es profesor en la universidad.
✦ **that'll teach you** así aprenderás.
to teach school *US* ser profesor,-ra.
you can't teach an old dog new tricks loro viejo no aprende a hablar.
▲ *pt & pp* **taught** [tɔːt].
teacher ['tiːtʃə'] *n* maestro,-a, profesor,-ra.
▪ **teacher training** magisterio, profesorado.
teacher training college escuela de magisterio.
tea-chest ['tiːtʃest] *n* caja para té.
teach-in ['tiːtʃɪn] *n* seminario.
teaching ['tiːtʃɪŋ]
1 *n* enseñanza.
2 *adj* docente.
3 **teachings** *npl* doctrina, enseñanzas *fpl*.
▪ **teaching practice** prácticas *fpl* de magisterio.
teaching staff profesorado, personal *m* docente.
teacup ['tiːkʌp] *n* taza para té.
teak [tiːk] *n* teca.
teal [tiːl] *n* cerceta común.
team [tiːm]
1 *n (gen)* equipo.
2 *n (of horses)* tiro; *(of oxen)* yunta.
3 *adj* de equipo: he's our team leader es el líder de nuestro equipo; she's a good team worker trabaja bien en equipo.
4 *vi* combinar (**with**, con).
▪ **to team up** *vt sep* asociarse (**with**, con), unirse (**with**, con): he teamed up with his cousin se asoció con su primo.
▪ **team effort** esfuerzo de equipo.
team game juego de equipo.
team mate compañero,-a de equipo.
team spirit compañerismo, espíritu *m* de equipo.

teamster ['tiːmstə'] *n US* camionero,-a.
teamwork ['tiːmwɜːk] *n* trabajo de equipo.
teapot ['tiːpɒt] *n* tetera.
tear¹ [teə']
1 *n (rip)* rasgón *m*, desgarrón *m*, rotura.
2 *vt (rip, make a hole)* rasgar, desgarrar; *(pull apart, into pieces)* romper, hacer pedazos: I've torn my shirt me he roto la camisa; tear the piece of paper in half rompe el papel en dos; she tore a hole in her dress se hizo un agujero en el vestido; he tore a muscle se desgarró un músculo; he tore open the parcel rompió el paquete para abrirlo.
3 *vt (remove by force)* arrancar: the storm tore the roof off the shed la tormenta arrancó el techo del cobertizo.
4 *vi* romperse, rasgarse: this material tears very easily esta tela se rompe muy fácilmente.
5 *vi (rush)* ir a toda velocidad, lanzarse, precipitarse: they tore across the road cruzaron la calle corriendo; the car tore past me el coche me pasó a toda velocidad; I tore off down the road me fui corriendo por la calle.
▸ **to tear apart**
1 *vt sep (rip up)* despedazar, desgarrar; *(destroy)* destrozar: the lion tore the deer apart el león despedazó al ciervo; they threatened to tear my flat apart amenazaron con destrozarme el piso.
2 *vt sep fig* destrozar, desgarrar: love will tear us apart el amor nos destrozará; the critics tore the play apart los críticos dejaron la obra por los suelos.
to tear at *vt sep* arañar, rasgar.
to tear away *vt sep (snatch)* arrancar; *(force to leave)* arrancar, sacar: he tore the book away from me me arrancó el libro de las manos; I couldn't tear him away from the television no podía arrancarlo de delante de la televisión; I couldn't tear myself away no podía apartarme.
to tear down *vt sep (building)* derribar, tirar abajo: they have torn down all the old houses han derribado todas las casas viejas.
to tear into *vt insep (criticize severely)* arremeter contra.
to tear off *vt sep (pull violently)* arrancar; *(clothes)* quitarse precipitadamente.
to tear out *vt sep* arrancar: she tore the page out of the book arrancó la página del libro.
to tear up *vt sep (paper)* romper en pedazos, hacer pedazos; *(plant)* arrancar de raíz.
✦ **to be torn between ...** debatirse entre ..., no poder escoger entre ...
to tear to pieces *(rip up)* hacer pedazos; *(criticize)* poner por los suelos.
to be tearing one's hair out *fig* estar que se sube por las paredes.

to tear a strip off somebody regañar severamente a alguien.
to tear somebody limb from limb despedazar a alguien.
▪ **wear and tear** desgaste *m*.
▲ *pt* **tore** [tɔː'], *pp* **torn** [tɔːn].
tear² [tɪə'] *n* lágrima: tears of joy/laughter lágrimas de alegría/risa; the film brought tears to my eyes la película me hizo llorar; we were moved to tears se nos saltaron las lágrimas.
✦ **in tears** llorando.
to be bored to tears aburrirse como una ostra.
to burst into tears romper en lágrimas.
to shed tears derramar lágrimas.
▪ **crocodile tears** lágrimas *fpl* de cocodrilo.
tear gas gas *m* lacrimógeno.
tearaway ['teərəweɪ] *n GB* gamberro,-a.
teardrop ['tɪədrɒp] *n* lágrima.
tearful ['tɪəful] *adj* lloroso,-a.
tearing ['teərɪŋ] *adj* vertiginoso,-a: to be in a tearing hurry tener muchísima prisa.
tear-jerker ['tɪədʒɜːkə'] *n (film)* dramón *m*; *(song, play etc)* canción *f* lacrimógena; *(play)* obra lacrimógena.
tearoom ['tiːrum] *n* salón *m* de té.
tease [tiːz]
1 *vt (make fun of - playfully)* tomar el pelo a, burlarse de; *(- annoyingly, unkindly)* atormentar, molestar.
2 *vt (sexually)* provocar, incitar.
3 *vt (wool etc)* cardar.
4 *vi* tomar el pelo.
5 *n (joker)* bromista *mf*.
6 *n fam (flirt)* coqueta.
▸ **to tease out** *vt sep (disentangle)* desenredar; *(obtain information)* sacar, sonsacar.
teasel ['tiːzəl] *n* cardencha.
teaser ['tiːzə']
1 *n (puzzle)* rompecabezas *m*.
2 *n (person)* bromista *mf*.
teashop ['tiːʃɒp] *n* salón *m* de té.
teasing ['tiːzɪŋ] *adj* burlón,-ona, guasón, -ona.
teasingly ['tiːzɪŋlɪ] *adv* en broma.
teaspoon ['tiːspuːn] *n* cucharilla.
teaspoonful ['tiːspuːnful] *n* cucharadita.
teat [tiːt]
1 *n ZOOL* tetilla.
2 *n (on bottle)* tetina.
teatime ['tiːtaɪm] *n* hora del té, hora de la merienda.
technical ['teknɪkəl] *adj* técnico,-a.
▪ **technical college** centro de formación profesional.
technical drawing dibujo técnico.
technical hitch fallo técnico, incidente *m* técnico.
technical term tecnicismo.

technicality [tekni'kælɪtɪ] n (detail) detalle m técnico; (technical term) tecnicismo.
▲ pl technicalities.

technically ['teknɪkəlɪ]
1 adv técnicamente.
2 adv (theoretically) en teoría.

technician [tek'nɪʃən] n técnico,-a.

Technicolor ['teknɪkʌlə'] n tecnicolor m.
▲ Es marca registrada.

technique [tek'ni:k] n técnica.

technocracy [tek'nɒkrəsɪ] n tecnocracia.

technocrat ['teknəkræt] n tecnócrata mf.

technocratic [teknə'krætɪk] adj tecnocrático,-a.

technological [teknə'lɒdʒɪkəl] adj tecnológico,-a.

technologist [tek'nɒlədʒɪst] n tecnólogo,-a.

technology [tek'nɒlədʒɪ] n tecnología.
▲ pl technologies.

tectonic [tek'tɒnɪk] adj tectónico,-a.
■ tectonic plate placa tectónica.

teddy bear ['tedɪbeə'] n osito de peluche.
▲ También se escribe teddy.

teddy boy ['tedɪbɔɪ] n rocker m, rockabilly m.

tedious ['ti:dɪəs] adj tedioso,-a, aburrido,-a.

tediousness ['ti:dɪəsnəs] n tedio, aburrimiento.

tedium ['ti:dɪəm] n tedio, aburrimiento.

tee [ti:] n tee m.
▶ to tee off vi dar el primer golpe, golpear desde el tee.
to tee up vi colocar la pelota sobre el tee.

teem[1] [ti:m] vi (rain) llover a cántaros, diluviar: it's teeming (down) está lloviendo a cántaros.

teem[2] [ti:m] vi (be abundant in) abundar (with, en), estar lleno,-a (with, de).

teenage ['ti:neɪdʒ] adj adolescente.

teenager ['ti:neɪdʒə'] n adolescente mf de 13 a 19 años, quinceañero,-a.

teens [ti:nz] npl adolescencia, edad f de 13 a 19 años: he's in his teens tiene entre trece y diecinueve años.

teeny ['ti:nɪ] adj fam pequeñito,-a, chiquitín,-ina.
▲ comp teenier, superl teeniest.

teenybopper ['ti:nɪbɒpə'] n chica adolescente a quien le gusta la moda, la música pop, etc.

tee-shirt ['ti:ʃɜ:t] n camiseta.

teeter ['ti:tə']
1 vi (totter) tambalearse.
2 vi (hesitate) vacilar.
▶ to teeter on the edge of something estar al borde de algo.

teeth [ti:θ] npl → tooth.

teethe [ti:ð] vi endentecer, echar los dientes.

teething ['ti:ðɪŋ] n dentición f.
■ teething ring chupador m.
teething troubles problemas mpl iniciales.

teetotal [ti:'təʊtəl] adj abstemio,-a.

teetotalism [ti:'təʊtəlɪzəm] n abstinencia de bebidas alcohólicas.

teetotaller [ti:'təʊtələ'] n abstemio,-a.

TEFL ['tefəl, 'ti:'i:'ef'el] abbr (Teaching of English as a Foreign Languege) la enseñanza del inglés como idioma extranjero.

tegument ['tegjəmənt] n tegumento.

Teheran [teə'ra:n] n → Tehran.

Tehran [teə'ra:n] n Teherán.

tel [tel, 'telɪfəʊn] abbr (telephone) teléfono; (abbreviation) tel.

telecommunications [telɪkəmju:nɪ'keɪʃənz] npl telecomunicaciones fpl.

telefacsimile [telɪfæk'sɪmɪlɪ] n telefacsímil m.

telefax ['telɪfæks] n telefax m.

telegram ['telɪgræm] n telegrama m.

telegraph ['telɪgra:f]
1 n telégrafo.
2 vi telegrafiar.
■ telegraph line cable m telegráfico.
telegraph pole/telegraph post poste m telegráfico.

telegrapher [tɪ'legrəfə'] n telegrafista mf.

telegraphic [telɪ'græfɪk] adj telegráfico,-a.

telegraphically [telɪ'græfɪklɪ] adv telegráficamente.

telegraphy [tɪ'legrəfɪ] n telegrafía.

telekinesis [telɪkɪ'ni:sɪs] n telequinesia.

telematic [telɪ'mætɪk] adj telemático,-a.

teleology [telɪ'ɒlədʒɪ] n teleología.

telepathic [telɪ'pæθɪk] adj telepático,-a.

telepathically [telɪ'pæθɪkəlɪ] adv telepáticamente.

telepathy [tɪ'lepəθɪ] n telepatía.

telephone ['telɪfəʊn]
1 n teléfono.
2 vt telefonear, llamar por teléfono.
3 vi hacer una llamada telefónica.
▶ to be on the telephone (have a phone) tener teléfono; (be speaking) estar al teléfono, hablar por teléfono.
you're wanted on the telephone te llaman por teléfono.
■ telephone book guía telefónica.
telephone box/telephone booth cabina telefónica.
telephone call llamada telefónica.
telephone directory guía telefónica.
telephone exchange central f telefónica.
telephone number número de teléfono.
telephone operator telefonista mf.

telephonist [tə'lefənɪst] n telefonista mf.

telephoto lens [telɪfəʊtəʊ'lenz] n teleobjetivo.

teleprinter ['telɪprɪntə'] n teletipo.

teleprompter ['telɪprɒmptə'] n autocue m, teleprompter m.

telesales ['telɪseɪlz] npl ventas fpl por teléfono.

telescope ['telɪskəʊp]
1 n telescopio.
2 vt plegar.
3 vi plegarse.

telescopic [telɪ'skɒpɪk] adj (aerial) telescópico,-a; (umbrella) plegable.

teletext ['telɪtekst] n teletexto.

telethon ['telɪθɒn] n telemaratón m.

teletypewriter [telɪ'taɪpraɪtə'] n US teletipo.

televise ['telɪvaɪz] vt televisar.

television ['telɪvɪʒən]
1 n (gen) televisión f: black and white television televisión en blanco y negro; colour television televisión en color; what's on (the) television? ¿qué hay en la televisión?; do you like watching television? ¿te gusta ver la televisión?; my father works in television mi padre trabaja en la televisión.
2 n (set) televisor m.
■ television licence permiso para tener un televisor.
television programme programa m de televisión.
television screen pantalla de televisión.

telex ['teleks]
1 n télex m.
2 vt enviar por télex.
▲ Es marca registrada.

tell [tel]
1 vt (gen) decir: tell me your name dime tu nombre; tell me (that) you love me dime que me quieres; why didn't you tell me? ¿por qué no me lo dijiste?; he told me (that) he'd seen you me dijo que te había visto; could you tell me where the station is, please? ¿me podría indicar dónde está la estación, por favor?
2 vt (story, joke) contar; (truth, lies, secret) decir: tell us a joke, Fred cuéntanos un chiste, Fred; telling lies is bad mentir es malo, decir mentiras es malo.
3 vt (talk about) hablar de: tell me all about your family háblame de tu familia; he told us of his travels in China nos habló de sus viajes por la China.
4 vt fml comunicar, informar: we regret to tell you that … lamentamos comunicarle que …
5 vt (assure) asegurar, garantizar: it's true, I tell you es verdad, te lo aseguro.
6 vt (order) decir, mandar: he told us to go away nos dijo que nos marcháramos; the boss told me to shut up el

jefe me mandó callar; **he told me not to be late** me dijo que no llegara tarde; **you'll do as you're told!** ¡harás lo que yo te digo!

7 *vt (show)* indicar; *(in writing)* explicar: **this light tells you when it's on** esta luz te indica cuándo está en marcha; **this book tells you how to grow orchids** este libro te explica cómo cultivar orquídeas.

8 *vt (distinguish)* distinguir: **the teacher can't tell Peter from Paul** el profesor no puede distinguir a Peter de Paul; **children can't tell right from wrong** los niños no saben distinguir el bien del mal; **can you tell the difference between Gruyère and Emmental?** ¿sabes distinguir entre el gruyere y el emmental?

9 *vt (know)* saber, notarse: **it's difficult to tell what is happening** es difícil saber lo que está pasando; **you can tell by his voice that he's angry** se le nota en la voz que está enfadado.

10 *vt (count - votes)* escrutar; *(- rosary beads)* pasar.

11 *vi (reveal secret)* hablar, soplar: **promise you won't tell?** ¿me prometes que no lo dirás?; **no matter what you do to me, I'll never tell** podéis hacerme lo que queráis, porque no hablaré.

12 *vi (have effect)* notarse, hacerse notar: **Induráin's experience began to tell** la experiencia de Induráin se hizo notar; **the strain is telling on her** la tensión empieza a afectarle.

13 *vi (know)* saber: **who can tell?** ¿quién sabe?; **you can never tell** nunca se sabe.

▪ **to tell against** *vt insep* obrar en contra de: **all the evidence tells against you** todas las pruebas obran en contra de ti.

to tell apart *vt sep* (saber) distinguir: **it's impossible to tell them apart** es imposible distinguirlos.

to tell off
1 *vt sep* regañar, reñir: **she told him off for swearing** le regañó por decir tacos.
2 *vt sep MIL* destacar.

to tell on *vt insep (inform on)* chivarse de: **he told on his friend for stealing** se chivó que su amigo había robado.

◆ **as far as I can tell** que yo sepa, por lo que yo sé.
I'll tell you what escucha lo que digo.
I told you so ya te lo dije, ya lo decía yo.
tell me another! ¡anda ya!, ¡eso no te lo crees ni tú!
there's no telling no se sabe, vete a saber.
time will tell el tiempo lo dirá.
to tell somebody where to get off cantarle las cuarenta a alguien, decirle cuatro cosas a alguien.
to tell the time saber decir la hora.
you can never tell nunca se sabe.

you're telling me a mí me lo dices, ni que lo digas.
▲ *pt & pp* **told** [təʊld].

teller ['telər] *n (in bank)* cajero,-a.

telling ['telɪŋ] *adj (blow)* contundente; *(smile, reaction)* elocuente, expresivo,-a, revelador,-ra.

telling-off [telɪŋ'ɒf] *n fam* bronca, rapapolvo.

telltale ['telteɪl]
1 *n* chivato,-a, acusica *mf*.
2 *adj* revelador,-ra.

telly ['telɪ] *n fam* tele *f*.
▲ *pl* **tellies**.

temerity [tə'merɪtɪ] *n* temeridad *f*.

temp¹ ['temprɪtʃər] *abbr* (**temperature**) temperatura; *(abbreviation)* temp.

temp² [temp]
1 *n* trabajador,-ra temporal.
2 *vi* hacer trabajos eventuales.

temper ['tempər]
1 *n (mood)* humor *m*; *(nature)* genio, temperamento, disposición *f*.
2 *n (of metal)* temple *m*.
3 *vt (metal)* templar.
4 *vt fig* atenuar, suavizar.

◆ **to be in a bad temper** estar de mal humor.
to fly into a temper ponerse furioso,-a.
to have a bad temper tener mal genio.
to have a fit of temper darle a uno un ataque de furia.
to have a quick temper tener el genio vivo.
to keep one's temper controlarse.
to lose one's temper enfadarse, perder los estribos.

tempera ['tempərə] *n* temple *m*.

temperament ['tempərəmənt] *n* temperamento.

temperamental [temprə'mentl] *adj* temperamental.

temperance ['tempərəns] *n (gen)* moderación *f*, *(from alcohol)* abstinencia.

temperate ['tempərɪt] *adj (gen)* moderado,-a; *(climate)* templado,-a.

temperature ['tempərɪtʃər] *n* temperatura.

◆ **to have/run a temperature** tener fiebre.
to take somebody's temperature tomarle la temperatura a alguien.

tempered ['tempəd] *adj* templado,-a.

tempest ['tempɪst] *n* tempestad *f*.

tempestuous [tem'pestjʊəs] *adj* tempestuoso,-a.

tempi ['tempiː] *npl* → **tempo**.

template ['templeɪt] *n* plantilla.

temple ['tempəl]
1 *n (building)* templo.
2 *n ANAT* sien *f*.

tempo ['tempəʊ]
1 *n MUS* tempo.
2 *n fig* ritmo.
▲ *pl* **tempos** o **tempi**.

temporal ['tempərəl] *adj* temporal.

temporarily [tempə'rerɪlɪ] *adv* temporalmente.

temporariness ['tenpərərɪnəs] *n* provisionalidad *f*.

temporary ['tempərərɪ] *adj* temporal, provisional.

temporise ['tempəraɪz] *vi* → **temporize**.

temporize ['tempəraɪz] *vi* dar largas, intentar ganar tiempo.

tempt [tempt] *vt* tentar.

◆ **to be tempted to do something** estar tentado,-a a hacer algo.
to tempt fate tentar a la suerte.
to tempt providence tentar la suerte.
to tempt somebody to something ofrecerle algo a alguien, servirle algo a alguien.

temptation [temp'teɪʃən] *n* tentación *f*.

◆ **to yield to temptation** caer en la tentación.

tempter ['temptər] *n* tentador,-ra.

tempting ['temptɪŋ] *adj* tentador,-ra.

ten [ten]
1 *n* diez *m*.
2 *adj* diez.

◆ **it's ten to one that ...** te apuesto lo que quieras a que ...: **it's ten to one they don't come** te apuesto lo que quieras a que no vienen.
▲ *Véase también* **six**.

tenable ['tenəbəl]
1 *adj (theory etc)* sostenible, defendible.
2 *adj (post, office)* **how long is the post tenable for?** ¿durante cuántos años se puede ocupar el puesto?

tenacious [tə'neɪʃəs] *adj* tenaz.

tenaciously [tə'neɪʃəslɪ] *adv* tenazmente.

tenacity [tə'næsɪtɪ] *n* tenacidad *f*.

tenancy ['tenənsɪ] *n (period)* contrato de alquiler; *(possession)* arrendamiento.
▲ *pl* **tenancies**.

tenant ['tenənt] *n* inquilino,-a, arrendatario,-a.

tench [tenʃ] *n* tenca.

tend [tend]
1 *vt (person)* cuidar de, atender; *(other)* ocuparse de.
2 *vi (have tendency)* tender (**to**, a), tener tendencia (**to**, a): **he tends to wander** tiende a digresar; **their music tends towards heavy** su música tiende a ser dura; **I tend to go on holiday in June** suelo irme de vacaciones en junio; **it tends to be very warm in May** suele hacer bastante calor en mayo.

▪ **to tend to** *vt insep* ocuparse de.

tendency ['tendənsɪ] *n* tendencia.
▲ *pl* **tendencies**.

tendentious [ten'denʃəs] *adj* tendencioso,-a.

tendentiously [ten'denʃəslɪ] *adv* tendenciosamente.

tendentiousness [ten'denʃəsnəs] *n* tendenciosidad *f*.

tender[1] ['tendəʳ]
1 *adj (meat etc)* tierno,-a.
2 *adj (loving)* tierno,-a, cariñoso,-a.
3 *adj (sore)* dolorido,-a.
4 *adj (delicate)* delicado,-a, sensible.
✦ **at a tender age** a una tierna edad.

tender[2] ['tendə]
1 *n COMM (offer)* oferta, propuesta.
2 *vt* presentar, ofrecer.
3 *vi* hacer una oferta (**for**, para).
✦ **to put something out to tender** sacar algo a concurso algo.

tender[3] ['tendə]
1 *n (dinghy)* lancha (auxiliar).
2 *n (of train)* ténder *m*.

tender-hearted ['tendə'hɑːtɪd] *adj* compasivo,-a, bondadoso,-a.

tenderise ['tendəraɪz] *vt* → **tenderize**.

tenderize ['tendəraɪz] *vt* ablandar, macerar despatillar.

tenderly ['tendəlɪ] *adv* con ternura.

tenderness ['tendənəs] *n* ternura.

tendon ['tendən] *n* tendón *m*.

tendril ['tendrəl] *n* zarcillo.

tenebrism ['tenəbrɪzəm] *n* tenebrismo.

tenebrist ['tenəbrɪst]
1 *adj* tenebrista.
2 *n* tenebrista *mf*.

tenement ['tenəmənt] *n* casa de vecindad.

tenet ['tenət] *n* principio, dogma *m*.

tenfold ['tenfəʊld] *adv* diez veces.

tenner ['tenəʳ] *n GB fam* billete de diez libras esterlinas.

tennis ['tenɪs] *n* tenis *m*.
■ **tennis court** pista de tenis.
tennis elbow codo de tenista, sinovitis *f* del codo.

tenon ['tenən]
1 *n* espiga.
2 *vt* despatillar.
■ **tenon saw** serrucho de costilla.

tenor ['tenəʳ]
1 *adj (voice)* de tenor; *(instrument)* tenor.
2 *n MUS* tenor *m*.
3 *n fml (sense)* tenor *m*.

tenpin bowling [tenpɪn'bəʊlɪŋ] *n* bolos *mpl*.

tense [tens]
1 *adj (anxious)* tenso,-a.
2 *adj (taut)* tirante, tenso,-a.
3 *n (of verb)* tiempo: **write this sentence in the past tense** escribe esta oración en pasado.
4 *vt* tensar.
✦ **to get tensed up** ponerse nervioso,-a.

tensile ['tensaɪl] *adj* tensor,-ra.

tension ['tenʃən] *n* tensión *f*.

tent [tent] *n* tienda de campaña.

tentacle ['tentəkəl] *n* tentáculo.

tentative ['tentətɪv]
1 *adj* de prueba, de ensayo, provisional.
2 *adj (person)* indeciso,-a.

tentatively ['tentətɪvlɪ]
1 *adv* provisionalmente, en pruebas.
2 *adv* con indecisión, dubitativamente.

tenterhooks ['tentəhʊks] **on tenterhooks** *phr* sobre ascuas.

tenth [tenθ]
1 *adj* décimo,-a.
2 *adv* en décimo lugar.
3 *n (fraction)* décimo; *(one part)* décima parte *f*.
▲ *Véase también* **sixth**.

tent-peg ['tentpeg] *n* estaquilla.

tenuous ['tenjʊəs] *adj* tenue, delicado,-a.

tenure ['tenjəʳ]
1 *n (of property)* ocupación *f*.
2 *n (of position)* ejercicio.
3 *n EDUC* titularidad *f*.

tepee ['tiːpiː] *n* tipi *m*.

tepid ['tepɪd] *adj* tibio,-a.

tequila [tə'kiːlə] *n* tequila.

terabyte ['terəbaɪt] *n* terabyte *m*.

terebene ['terəbiːn] *n* terebenteno.

term [tɜːm]
1 *n EDUC* trimestre *m*.
2 *n (period of time)* período.
3 *n (expression, word)* término: **in general terms** en términos generales.
4 *vt* calificar de, llamar, denominar.
5 **terms** *npl (sense)* términos *mpl*: **in political terms** desde el punto de vista político; **in real terms** en términos reales.
6 *npl COMM* condiciones *fpl*: **the terms of the agreement** las condiciones del acuerdo.
7 *npl (relations)* relaciones *fpl*.
✦ **in the long/short term** a largo/corto plazo.
in terms of en cuanto a.
on equal terms en igualdad de condiciones.
to be a contradiction in terms ser un contrasentido.
to be on first name terms ≈ tutearse.
to be on good terms with somebody tener buenas relaciones con alguien.
to come to terms with somebody llegar a un arreglo con alguien.
to come to terms with something llegar a aceptar algo, adaptarse a algo.
■ **term of office** mandato.

terminal ['tɜːmɪnəl]
1 *adj* terminal.
2 *n ELEC* borne *m*.
3 *n COMPUT* terminal *m*.
4 *n (at airport etc)* terminal *f*.

terminally ['tɜːmɪnəlɪ] **terminally ill** *adv* en fase terminal, desahuciado,-a.

terminate ['tɜːmɪneɪt]
1 *vt (gen)* terminar, poner fin a; *(contract)* rescindir.
2 *vt (pregnancy)* interrumpir.
3 *vi* terminarse: **this train terminates here** éste es el final del recorrido.

termination [tɜːmɪ'neɪʃən]
1 *n (gen)* terminación *f*; *(contract)* rescisión *f*.
2 *n (of pregnancy)* interrupción *f*.

termini ['tɜːmɪnaɪ] *npl* → **terminus**.

terminological [tɜːmɪnə'lɒdʒɪkəl] *adj* terminológico,-a.

terminology [tɜːmɪ'nɒlədʒɪ] *n* terminología.

terminus ['tɜːmɪnəs] *n* término.
▲ *pl* **terminuses** *o* **termini**.

termite ['tɜːmaɪt] *n* termita.

tern [tɜːn] *n* golondrina de mar.
■ **arctic tern** charrán *m* ártico.
black tern fumarel *m* común.
common tern charrán *m* común.
little tern charrancito *m*.
Sandwich tern charrán *m* patinegro.
whiskered tern fumarel *m* cariblanco.

terrace ['terəs]
1 *n (of house, café, bar, etc)* terraza.
2 *n (on hillside)* terraza, bancal *m*.
3 *n (of houses)* hilera de casas.
4 **terraces** *npl SP* gradas *fpl*.
■ **terraced house** casa adosada.

terracotta [terə'kɒtə] *n* terracota.

terra firma [terə'fɜːmə] *n* tierra firme.

terrain [tə'reɪn] *n* terreno.

terrapin ['terəpɪn] *n* tortuga de agua dulce.

terrestrial [tə'restrɪəl] *adj* terrestre.

terrible ['terɪbəl]
1 *adj* terrible, espantoso,-a, atroz.
2 *adj fam (as intensifier)* mucho,-a.

terribly ['terɪblɪ]
1 *adv* terriblemente.
2 *adv fam (very)* muy: **I'm terribly sorry** lo siento muchísimo.

terrier ['terɪəʳ] *n* terrier *m*.

terrific [tə'rɪfɪk]
1 *adj (wonderful)* fabuloso,-a, estupendo,-a.
2 *adj (huge)* tremendo,-a.

terrified ['terɪfaɪd] *adj* aterrorizado,-a.
✦ **to be terrified of something** darle pánico a uno algo.

terrify ['terɪfaɪ] *vt* aterrar, aterrorizar.
▲ *pt & pp* **terrified**, *ger* **terrifying**.

terrifying ['terɪfaɪɪŋ] *adj* aterrador,-ra, espantoso,-a.

territorial [terɪ'tɔːrɪəl] *adj* territorial.
■ **territorial waters** aguas *fpl* territoriales.

territory ['terɪtərɪ]
1 *n (gen)* territorio.
2 *n (zone)* zona, área.
▲ *pl* **territories**.

terror ['terəʳ]
1 *n (gen)* terror *m*, espanto.
2 *n fam (child)* diablillo.

terrorise ['terəraɪz] *vt* → **terrorize**.

terrorism ['terərɪzəm] *n* terrorismo.

terrorist ['terərɪst]
1 *n* terrorista *mf*.
2 *adj* terrorista.

terrorize ['terəraɪz] *vt* aterrorizar.
✦ **to terrorize somebody into doing something** atemorizar a alguien para que haga algo.

terror-stricken [ˈterəstrɪkən] *adj* aterrorizado,-a.

terse [tɜːs] *adj* seco,-a, brusco,-a.

tersely [ˈtɜːslɪ] *adv* bruscamente.

tertiary [ˈtɜːʃərɪ] *adj* terciario,-a.
- tertiary education enseñanza superior.

TESL [ˈtesəl, ˈtiːˈiːˈesˈel] *abbr* (**Teaching of English as a Second Language**) *la enseñanza del inglés como segundo idioma.*

test [test]
1 *n (trial)* prueba.
2 *n EDUC (gen)* examen *m*, prueba; *(multiple choice)* test *m*.
3 *n MED* análisis *m*.
4 *vt (gen)* probar: our products are not tested on animals nuestros productos no se prueban con animales.
5 *vt (patience, loyalty)* poner a prueba.
6 *vt EDUC* hacerle una prueba a.
7 *vt MED* analizar.
- to stand the test of time resistir el paso del tiempo.
  to take a car for a test drive probar un coche en carretera.
- test case *caso que sienta jurisprudencia.*
  test flight vuelo de prueba.
  test match partido internacional.
  test pilot piloto de pruebas.
  test tube probeta.

testament [ˈtestəmənt] *n* testamento.

testator [tesˈteɪtəʳ] *n* testador *m*.

testatrix [tesˈteɪtrɪks] *n* testadora.

tester [ˈtestəʳ]
1 *n (person)* persona que comprueba o controla algo.
2 *n (apparatus)* aparato que comprueba algo.
3 *n (sample bottle)* frasco de muestra.

testicle [ˈtestɪkəl] *n* testículo.

testify [ˈtestɪfaɪ]
1 *vt JUR* declarar, atestiguar.
2 *vi (bear witness)* dar fe (**to**, de).
3 *vi JUR* prestar declaración, testificar.
▲ *pt & pp* testified, *ger* testifying.

testimonial [testɪˈməʊnɪəl]
1 *n (for job etc)* recomendación *f*.
2 *n (homage)* homenaje *m*.

testimony [ˈtestɪmənɪ] *n* testimonio.
▲ *pl* testimonies.

testing [ˈtestɪŋ]
1 *adj* difícil, duro,-a.
2 *n* pruebas *fpl*.

testosterone [tesˈtɒstərəʊn] *n* testosterona.

test-tube baby [testtjuːbˈbeɪbɪ] *n* niño,-a probeta.

testy [ˈtestɪ] *adj* irritable.
▲ *comp* testier, *superl* testiest.

tetanus [ˈtetənəs] *n* tétanos *m inv*.

tetchy [ˈtetʃɪ] *adj* irritable.
▲ *comp* tetchier, *superl* tetchiest.

tête-à-tête [teɪtəˈteɪt] *n* conversación *f* privada.

tether [ˈteðəʳ]
1 *n (rope)* cuerda; *(chain)* cadena.
2 *vt* atar.
- to be at the end of one's tether estar hasta la coronilla.

Teuton [ˈtjuːtən] *n* teutón,-ona.

Teutonic [tjuːˈtɒnɪk] *adj* teutónico,-a.

Texan [ˈteksən]
1 *adj* tejano,-a.
2 *n* tejano,-a.

Texas [ˈteksəs] *n* Tejas.

text [tekst] *n* texto.

textbook [ˈtekstbʊk] *n* libro de texto.

textile [ˈtekstaɪl]
1 *adj* textil.
2 *n* textil *m*.

textual [ˈtekstjʊəl] *adj* textual.

texture [ˈtekstʃəʳ] *n* textura.

Thai [taɪ]
1 *adj* tailandés,-esa.
2 *n (person)* tailandés,-esa.
3 *n (language)* tailandés *m*.

Thailand [ˈtaɪlænd] *n* Tailandia.

thalamus [ˈθæləməs] *n* tálamo.

Thames [temz] *n* el Támesis *m*.

than [ðæn, *unstressed* ðən]
1 *conj* que: he is taller than you are él es más alto que tú; you do it better than me tú lo haces mejor que yo.
2 *conj (with numbers)* de: more than fifty más de cincuenta; more than once más de una vez.
3 *conj (followed by clause)* de lo que: this is easier than we thought esto es más fácil de lo que pensábamos.

thank [θæŋk] *vt* dar las gracias a, agradecer: she thanked me for the flowers me agradeció las flores.
- no, thank you no, gracias.
  thank God gracias a Dios.
  thank goodness gracias a Dios.
  thank heavens gracias a Dios.
  thank you gracias.
  to have somebody to thank (for something) *iron* tener alguien la culpa de algo: you've only yourself to thank la culpa la tienes tú solito.
  to thank one's lucky stars dar gracias al cielo.

thankful [ˈθæŋkfʊl] *adj* agradecido,-a.
- to be thankful to somebody for something estarle agradecido,-a a alguien por algo.

thankfully [ˈθæŋkfəlɪ] *adv* afortunadamente.

thankfulness [ˈθæŋkfʊlnəs] *n* agradecimiento.

thankless [ˈθæŋkləs] *adj* ingrato,-a.

thanks [θæŋks]
1 *interj* gracias: thanks to gracias a.
2 *npl (gratitude)* agradecimiento.
- no, thanks no, gracias.
  that's all the thanks I get? ¿así es como me lo agradeces?

thanksgiving [θæŋksˈgɪvɪŋ] *n* acción *f* de gracias.
- **Thanksgiving Day** Día *m* de Acción de Gracias.

that [ðæt, *unstressed* ðət]
1 *adj* ese, esa; *(remote)* aquel, aquella: look at that woman mira a aquella mujer; how much is that dress? ¿cuánto vale ese vestido?; what was that noise? ¿qué ha sido ese ruido?; just at that moment justo en aquel instante; have you got that record I lent you? ¿tienes aquel disco que te dejé?
2 *pron* ése *m*, ésa; *(remote)* aquél *m*, aquélla: who's that? ¿quién es ése/ésa?; this is mine, that is yours éste es mío, aquél es tuyo; this one's much nicer than that éste es mucho más bonito que aquél.
3 *pron (indefinite)* eso; *(remote)* aquello: what's that? ¿qué es eso?; don't do that no hagas eso; where did you get that? ¿dónde has comprado eso?; that's why I didn't go por eso no fui.
4 *pron (relative)* que: the man that lives upstairs is a writer el hombre que vive arriba es escritor; I really like the book (that) you gave me me encanta el libro que me regalaste; this is the most difficult job (that) I've ever done este es el trabajo más difícil que he hecho.
5 *pron (with preposition)* que, el/la que, el/la cual: this is the book (that) I was telling you about éste es el libro de que te hablaba; the day (that) we met el día (en el) que nos conocimos.
6 *conj (that)* que: I know (that) it's true sé que es verdad; he said (that) he was a policeman dijo que era policía; the problem is that I don't speak French el problema es que no hablo francés; she was so happy (that) she danced in the street estaba tan contenta que bailó en la calle; give me the money so (that) I can buy a present dame el dinero para que pueda comprar un regalo.
7 *conj* ¡ojalá!: oh that I were rich ojalá fuera rico.
8 *adv fam* tan, tanto,-a, tantos,-as: it's not that expensive no es tan caro; it isn't that cold no hace tanto frío; it wasn't that bad no fue tan malo.
- and all that y todo eso.
  like that así, de aquella manera.
  that is to say es decir.
  that's it *(that's all)* eso es todo; *(that's right)* eso es; *(that's enough)* se acabó.
  that's life así es la vida.
  that's more like it ¡ahora!, ¡así me gusta!
  that's right así es.
  that's that ya está, se acabó.
  who's that? *(on phone)* ¿quién es?, ¿quién eres?
▲ *pl* those.

thatch [θætʃ]
1 *n (straw)* paja; *(roof)* tejado de paja.
2 *n (hair)* mata.

3 *vt* poner techo de paja a, cubrir con techo de paja.

thatched [θætʃt] *adj* de paja.
- **thatched cottage** casa con tejado de paja.
  thatched roof tejado de paja.

thaw [θɔ:]
1 *n* deshielo.
2 *vt (food)* descongelar; *(snow, ice)* derretir.
3 *vi (food)* descongelarse; *(snow, ice)* derretirse.
4 *vi (person)* ablandarse; *(relations)* distenderse, mejorar.
▸ **to thaw out**
  1 *vi* descongelarse.
  2 *vt sep* descongelar.

the [ðə]
1 *def art* el, la; *(plural)* los, las: **the sun is shining** el sol brilla; **the moon is full** la luna está llena; **we went to the cinema** fuimos al cine; **he's from the next village** es del pueblo al lado; **the Queen of England** la Reina de Inglaterra; **the river Thames** el río Támesis; **he's the richest man in the world** es el hombre más rico del mundo; **the English are not famous for their cooking** los ingleses no tienen fama por su cocina; **the Browns are very friendly** los Brown son muy amables; **Elizabeth the Second** Isabel segunda.
2 *def art (per)* por: **we are paid by the hour** nos pagan por horas.
3 *def art (emphasis)* el, la, los, las: **you're not the Paul Newman, are you?** no serás el auténtico Paul Newman, ¿verdad?
4 *adv (with comparatives)* **the more you have, the more you want** cuanto más se tiene, más se quiere; **the sooner the better** cuanto antes mejor; **the less said, the better** cuanto menos digas, mejor; **the more the merrier** cuantos más seamos, más nos divertiremos.
▲ *Delante de una vocal se pronuncia* [ði]; *con enfasis* [ði:].

theater [ˈθiːətəʳ] *n US* → **theatre.**
theatre [ˈθiːətəʳ]
1 *n (gen)* teatro.
2 *n MED* quirófano.
3 *n US* cine *m*.
4 *n (scene of action)* escenario.
5 *adj* teatral, de teatro.
- **theatre company** compañía teatral.

theatregoer [ˈθiːətəɡəʊəʳ] *n* aficionado,-a al teatro.

theatrical [θɪˈætrɪkəl] *adj* teatral.
theatricality [θɪætrɪˈkælɪtɪ] *n* teatralidad *f*.

thee [ði:] *pron arch* tú, usted.
theft [θeft] *n* robo, hurto.
their [ðeəʳ] *adj* su; *(plural)* sus: **they took their children and their dog** se llevaron a sus hijos y al perro; **who wants their present now?** ¿quién quiere su regalo ahora?; **nobody likes their neighbours** a nadie le gustan sus vecinos.

theirs [ðeəz] *pron* (el) suyo, (la) suya; *(plural)* (los) suyos, (las) suyas: **that house is theirs** aquella casa es suya; **our children play with theirs** nuestros hijos juegan con los suyos; **everyone wants what is theirs by right** todos quieren lo que es suyo por derecho.

theism [ˈθiːɪzəm] *n* teísmo.
them [ðem, *unstressed* ðəm]
1 *pron (direct object)* los, las; *(indirect object)* les; *(before another pronoun)* se: **the Smiths are coming, do you know them?** vienen los Smith, ¿los conoces?; **I like these shoes so I'll buy them** me gustan estos zapatos así que me los compraré; **take these flowers and give them to Mary** coge estas flores y dáselas a Mary; **we'll give them a share of the profits** les daremos una participación de las ganancias; **I sent them a Christmas card** les envié una tarjeta de Navidad; **you must tell them** debes decírselo.
2 *pron (with preposition, stressed)* ellos, ellas: **don't speak to them** no hables con ellos; **this is for them** esto es para ellos; **I took a photo of them** les saqué una foto; **there were ten of them** eran diez.
3 *pron fam (used with singular meaning)* lo, la, le: **if anyone arrives, tell them to wait** si llega alguien, dile que espere.
▸ **them and us** ellos y nosotros.

thematic [θɪˈmætɪk] *adj* temático,-a.
theme [θiːm] *n* tema *m*.
- **theme park** parque *m* temático.
  theme song tema *m* musical.
  theme tune sintonía.

themselves [ðəmˈselvz]
1 *pron (subject)* ellos mismos, ellas mismas: **they made it themselves** lo hicieron ellos mismos.
2 *pron (object)* se: **they looked at themselves in the mirror** se miraron en el espejo.
3 *pron (after preposition)* sí mismos,-as: **they are old enough to look after themselves** son lo bastante mayores como para cuidar de sí mismos.
▸ **by themselves** solos,-as: **don't leave the children by themselves** no dejes a los niños solos.

then [ðen]
1 *adv (at that time)* entonces: **I was living in London then** vivía en Londres entonces.
2 *adv (next)* luego, después, entonces: **I'll have soup first and then fish** primero tomaré sopa y después pescado; **first he went to the baker's and then to the supermarket** primero fue a la panadería y luego al supermercado.
3 *adv (besides)* además.
4 *adv (so, therefore)* entonces, así que; *(in that case)* entonces, pues: **you've come back then?** ¿así que has vuelto?; **if you don't want to go, then don't** si no quieres ir, pues no vayas.

5 *adj (de)* entonces: **the then prime minister** el entonces primer ministro.
▸ **but then** pero claro.
  by then para entonces.
  from then on a partir de entonces, desde entonces.
  now and then de vez en cuando.
  now then pues bien, ahora bien.
  since then desde entonces.
  then again también.
  there and then en el acto, en el mismo momento.
  until then/till then hasta entonces.

thence [ðens] *adv arch* de allí, desde allí.
thenceforth [ðensˈfɔːθ] *adv* desde entonces, a partir de entonces.
theocracy [θɪˈɒkrəsɪ] *n* teocracia.
theodolite [θɪˈɒdəlaɪt] *n* teodolito.
theologian [θɪəˈləʊdʒɪən] *n* teólogo,-a.
theological [θɪəˈlɒdʒɪkəl] *adj* teológico,-a.
theologist [θɪˈɒlədʒɪst] *n* teólogo,-a.
theology [θɪˈɒlədʒɪ] *n* teología.
theorem [ˈθɪərəm] *n* teorema *m*.
theoretic [θɪəˈretɪk] *adj* teórico,-a.
theoretical [θɪəˈretɪkəl] *adj* teórico,-a.
theoretically [θɪəˈretɪklɪ] *adv* en teoría.
theoretician [θɪərəˈtɪʃən] *n* teórico,-a.
theorist [ˈθɪərɪst] *n* teórico,-a.
theorise [ˈθɪəraɪz] *vi* → **theorize.**
theorize [ˈθɪəraɪz] *vi* teorizar.
theory [ˈθɪərɪ] *n* teoría.
▸ **in theory** en teoría.
▲ *pl* theories.

therapeutic [θerəˈpjuːtɪk] *adj* terapéutico,-a.
therapist [ˈθerəpɪst] *n* terapeuta *mf*.
therapy [ˈθerəpɪ] *n* terapia, terapéutica: **she's having therapy** está recibiendo terapia.
▲ *pl* therapies.

there [ðeəʳ]
1 *adv* allí, allá, ahí: **I often go there on holiday** voy de vacaciones allí a menudo; **don't just sit there, do something** no te quedes ahí sentado, haz algo; **it's over there, on the table** está por allí, en la mesa; **look at that man over there** mira a aquel hombre de allí; **I went there and back** fui hasta allí y volví; **let's leave it there** dejémoslo ahí; **there he comes** ahí viene.
2 *adv (in discussion)* acerca de eso: **I agree with you there** estoy de acuerdo contigo en eso.
▸ **not to be all there** faltarle a uno un tornillo.
  there and then en el momento.
  there is/are, etc → **be.**
  there you are aquí tiene.
  there you go ya está.
  there you go again ya empiezas otra vez.
  there, there vamos, venga, ya está.

thereabouts [ðeərə'bauts] adv (near there) por ahí, allí cerca; (more or less) más o menos.

thereafter [ðeə'ræftəʳ] adv a partir de entonces.

thereby ['ðeəbaɪ] adv por eso, por ello.

therefore ['ðeəfɔːʳ] adv por tanto, por lo tanto, por consiguiente.

therein [ðeər'ɪn] adv allí.

thermodynamic [θɜːməʊdaɪ'næmɪk] adj termodinámico,-a.

thermodynamics [θɜːməʊdaɪ'næmɪks] n termodinámica.

thereupon [ðeərə'pɒn] adv acto seguido.

therm [θɜːm] n termia.

thermal ['θɜːməl]
  1 adj (stream, bath, spring) termal; (underwear) térmico,-a.
  2 adj PHYS térmico,-a.
  3 n corriente f térmica.
  4 thermals npl ropa sing interior térmica.

thermodynamic [θɜːməʊdaɪ'næmɪk] adj termodinámico,-a.

thermometer [θe'mɒmɪtəʳ] n termómetro.

thermonuclear [θɜːməʊ'njuːklɪəʳ] adj termonuclear.

thermos ['θɜːmɒs] n termo.
  ▲ Es marca registrada.

thermostat ['θɜːməstæt] n termostato.

thermosyphon [θɜːməʊ'saɪfən] n termosifón m.

thesaurus [θɪ'sɔːrəs] n diccionario ideológico.

these [ðiːz]
  1 adj estos,-as: these apples are cheaper than those estas manzanas son más baratas que aquellas.
  2 pron éstos,-as: which ones do you prefer? —these ¿cuáles prefieres? —éstos.

thesis ['θiːsɪs] n tesis f inv.
  ▲ pl theses ['θiːsiːz].

thespian ['θespɪən]
  1 adj dramático,-a.
  2 n actor m, actriz f.

they [ðeɪ]
  1 pron (plural) ellos,-as: where are the children? —they're in the garden ¿dónde están los niños? —están en el jardín; they like playing les gusta jugar; they're showing "Batman" on the telly hacen "Batman" en la tele.
  2 pron fam (singular - substitutes he or she) él, ella: if anyone saw the accident, they should go to the police si alguien vio el accidente, que vaya a la policía; I was supposed to meet a friend, but they never turned up había quedado con un amigo pero no se presentó.
  ✦ they say that ... dicen que ..., se dice que ...

thiamine ['θaɪəmiːn] n tiamina.

thick [θɪk]
  1 adj (solid things) grueso,-a: it's a thick book es un libro grueso; it's two inches thick tiene dos pulgadas de grosor.

  2 adj (liquid, gas, vegetation etc) espeso,-a.
  3 adj (beard, eyebrows) poblado,-a.
  4 adj (cloud, smoke, fog, forest) denso,-a, espeso,-a.
  5 adj (fur, hedge) tupido,-a.
  6 adj fam (stupid) corto,-a, corto,-a de alcances, de pocas luces; (unable to think) espeso,-a.
  7 adj (accent) marcado,-a, cerrado,-a; (of speech, voice) poco claro,-a.
  8 adv espesamente, gruesamente: cut the bread nice and thick corta el pan en rebanadas bien gruesas; don't spread the jam too thick no pongas demasiada mermelada; the snow lay thick on the ground había una capa espesa de nieve en la tierra.
  ✦ thick and fast en cantidad: the snow fell thick and fast nevaba copiosamente; the questions came thick and fast llovieron las preguntas.
  through thick and thin a las duras y a las maduras, pase lo que pase, contra viento y marea.
  to be as thick as thieves estar a partir un piñón, ser como uña y carne.
  to be as thick as two short planks ser tan corto como las mangas de un chaleco.
  to be in the thick of something estar metido,-a de lleno en algo: she loves being in the thick of things a ella le encanta estar en el ajo.
  to be thick with somebody ser íntimo,-a amigo,-a de alguien.
  to be thick with something estar lleno,-a de algo.
  to get a thick ear recibir una torta.
  to give somebody a thick ear dar una torta a alguien.
  to have a thick head tener resaca, tener la cabeza embotada.
  to have a thick skin ser insensible a las críticas.
  to lay it on thick (exaggerate) exagerar; (flatter) dar coba.

thicken ['θɪkən]
  1 vt espesar.
  2 vi espesarse, hacerse más denso,-a.

thickener ['θɪkənəʳ] n espesante m.

thicket ['θɪkɪt] n espesura, matorral m.

thickly ['θɪklɪ]
  1 adv → also thick.
  2 adv (populated) densamente.
  3 adv (speak) con voz poco clara.

thickness ['θɪknəs]
  1 n (in size) espesor m, grosor m.
  2 n (density - of liquid) espesura; (- of fog) densidad f.
  3 n (layer) capa.

thickset ['θɪkset] adj de complexión grande, fornido,-a.

thick-skinned ['θɪk'skɪnd] adj insensible.

thief [θiːf] n (gen) ladrón,-ona; (mugger) atracador,-ra.

thieve [θiːv]
  1 vt robar.
  2 vi robar.

thieving ['θiːvɪŋ]
  1 adj ladrón,-ona: keep your thieving hands off! ¡quita esas manos de ahí, ladrón!
  2 n hurtos mpl.

thigh [θaɪ] n muslo.

thighbone ['θaɪbəʊn] n fémur m.

thimble ['θɪmbəl] n dedal m.

thimbleful ['θɪmbəlfʊl] n dedo, dedito.

thin [θɪn] n
  1 n (person) delgado,-a, flaco,-a.
  2 adj (thing) delgado,-a, fino,-a: thin material tela fina; a thin slice una loncha fina.
  3 adj (liquid - soup, sauce) poco espeso,-a, claro,-a; (- rain) fino,-a.
  4 n (hair) escaso,-a, fino,-a y poco abundante; (vegetation) poco tupido,-a: you're getting a bit thin on top te estás quedando calvo.
  5 adj (audience, crowd) poco numeroso,-a; (response, attendance) escaso,-a.
  6 adj (voice) débil.
  7 adj (excuse, argument) pobre, poco convincente.
  8 adv finamente: cut the bread thin corta el pan en rebanadas finas.
  9 vt (paint) diluir; (sauce) hacer menos espeso,-a.
  10 vi (fog, mist) disiparse.
  11 vi (audience, crowd, traffic) hacerse menos denso,-a, disminuir.
  ▸ to thin down
    1 vi adelgazar.
    2 vt sep (sauce) hacer menos espeso, -a, aclarar; (paint) diluir.
  to thin out
    1 vt insep (crowd, traffic) mermar, disminuir.
    2 vt sep (crops, plants) entresacar.
  ✦ as thin as a rake más flaco,-a que un palo.
  to be thin on the ground haber muy poco,-a.
  to have a thin time of it pasarlas canutas.
  to wear thin (joke etc) perder interés; (patience) acabarse; (clothes) gastarse.
  ▲ comp thinner, superl thinnest.

thing [θɪŋ] n
  1 n (object) cosa, objeto: what's that thing for? ¿para qué sirve eso?; what's that thing doing on the table? ¿qué hace eso en la mesa?; pass me that thing over there pásame aquel chisme.
  2 n (non-material) cosa: a strange thing happened to me today me ha pasado una cosa rara hoy; don't take things so seriously no te tomes las cosas tan en serio.
  3 n (affair) asunto: let's forget the whole thing olvidémoslo todo.

4 *n (person, creature)* you poor little thing! ¡pobrecito!; you lucky thing! ¡qué suerte!

5 *n (action)* the best thing to do lo mejor que puedes hacer; that was a silly thing to do vaya tontería has hecho.

6 *n fam (preference)* it's not really my thing la verdad es que no es lo mío.

7 *n (with negative)* nada: I can't understand a thing you're saying no entiendo nada de lo que dices.

8 the thing *n (what)* lo que: the thing I like most in life lo que más me gusta en la vida; the same thing lo mismo; the terrible thing is that ... lo malo es que ...; the latest thing lo último; the main thing lo principal; the important thing lo importante.

9 things *npl (belongings)* cosas *fpl*, ropa *f sing*, equipaje *m sing*: have you got all your things? ¿tienes todas tus cosas?; I'm going to pack my things voy a hacer la maleta.

✦ **as things stand** tal y como están las cosas.

by the look of things según parece.

for one thing en primer lugar, para empezar, entre otras cosas.

how's things? ¿qué tal?

it's a good thing that ... menos mal que ...

it's just one of those things son cosas que pasan, así es la vida.

it's not the done thing esto no se hace.

it's the done thing es lo que se hace, es lo correcto.

it was a close/near thing por muy poco, por un pelo.

just the thing justo lo que hace falta.

last thing *(at night)* a última hora.

next thing luego.

the next thing I knew cuando me di cuenta.

there's no such thing no hay tal cosa.

the thing is ... lo que pasa es que ..., resulta que ...

things ain't what they used to be las cosas ya no son lo que eran.

to be a thing of the past ser historia, haber pasado a la historia.

to be on to a good thing tener un chollo.

to be seeing things estar alucinando.

to do one's own thing hacer lo que a uno le da la gana.

to do the right thing hacer bien, hacer lo correcto.

to have a thing about somebody estar obsesionado,-a con alguien, haberle dado fuerte a uno con alguien.

to have a thing about something *(dislike)* tenerle manía a algo.

to make a big thing out of something armar un escándalo por algo.

to say the wrong thing meter la pata.

what with one thing and another entre una cosa y otra.

thingamabob [ˈθɪŋəməbɒb] *n fam* chisme *m*, pirindolo.

thingamajig [ˈθɪŋəmədʒɪg] *n fam* chisme *m*, pirindolo.

thingummy [ˈθɪŋəmɪ] *n fam* chisme *m*, pirindolo.

think [θɪŋk]

1 *vi (use mind)* pensar: he thought hard before answering se lo pensó mucho antes de contestar; nowadays, young people think differently hoy en día, los jóvenes piensan de otra manera; I wasn't thinking no pensaba; it makes you think da que pensar, te hace pensar.

2 *vi (have in mind, consider)* pensar: what are you thinking about? ¿en qué piensas?; I was thinking about the time we went to Brighton estaba pensando en cuando fuimos a Brighton; you only think about yourself solo piensas en ti mismo; I'll think about it lo pensaré; you always think of everything siempre piensas en todo; how kind of you to think of me qué amable de su parte pensar en mí; come to think of it, ... ahora que lo pienso, ...; what were you thinking of? ¿en qué estabas pensando?

3 *vi (intend, plan)* pensar: we're thinking of going away for the weekend pensamos salir fuera este fin de semana.

4 *vi (come to mind)* ocurrírsele a uno: I hadn't thought of that no se me había ocurrido.

5 *vi (remember)* acordarse (**of**, de), recordar: I can't think of the title no me acuerdo del título.

6 *vi (have an opinion)* pensar (**of**, de), opinar (**of**, de): what do you think of the government? ¿qué opinas del gobierno?; what did you think of the film? ¿qué te pareció la película?; I didn't think much of his speech no me gustó su discurso; well, what do you think? ¿bueno, qué te parece?

7 *vi (imagine)* imaginarse, pensar: just think of it! ¡fíjate!, ¡imagínate!

8 *vt (reflect, ponder)* pensar: just think how lucky you are! ¡piensa en la suerte que tienes!

9 *vt (imagine, suppose)* pensar, imaginarse, creer: I thought as much ya me lo imaginaba; who would have thought it? ¿quién se lo hubiera imaginado?; anyone would think that ... cualquiera diría que ...; that's what you think! ¡eso es lo que tú te crees!

10 *vt (expect)* pensar, esperar: I never thought I'd see you here no esperaba verte aquí; it's more difficult than we thought es más difícil de lo que pensábamos.

11 *vt (believe)* creer: I think it's going to rain creo que lloverá; do you think they'll come? ¿crees que vendrán?; I think so creo que sí; I don't think so creo que no; I thought it started at 8.00 creía que empezaba a las ocho; who do you think you are? ¿quién te crees que eres?

12 *vt (remember)* recordar, acordarse de: I'm trying to think where I put it estoy intentando recordar dónde lo puse; I can't think what her name is no me acuerdo de su nombre.

13 *vt (have an opinion)* pensar, opinar: I really don't know what to think la verdad es que no sé qué pensar.

▸ **to think ahead** *vi* prevenir.

to think back *vi* hacer memoria.

to think back to *vi* recordar, acodarse de.

to think out *vt sep (consider carefully)* estudiar, pensar bien: have you thought this whole thing out? ¿lo has pensado bien?

to think over *vt sep (reflect upon)* reflexionar, pensar: I need to think it over me lo tengo que pensar.

to think through *vt sep (consider fully)* estudiar, considerar: have you thought your decision through? ¿has reflexionado sobre tu decisión?

to think up *vt sep (invent - excuse)* inventar; *(- slogan)* idear, crear: he's thought up a way to escape ha pensado una manera de escapar.

✦ **think nothing of it!** ¡no tiene importancia!

to have a think about something pensar algo: I'm going to have a think about this voy a pensármelo.

to think a lot of somebody estimar mucho a alguien, apreciar a alguien.

to think aloud/think out loud pensar en voz alta.

to think better of doing something repensarse algo, pensarse algo mejor.

to think big tener grandes proyectos, ser ambicioso,-a.

to think highly of somebody tener un buen concepto de alguien, tener muy buena opinión de alguien.

to think nothing of doing something hacer algo tan tranquilo,-a.

to think on one's feet improvisar.

to think the best of somebody pensar bien de alguien.

to think the worst of somebody pensar mal de alguien.

to think twice about doing something pensar algo dos veces antes de hacerlo.

without thinking sin pensar.

you've got another think coming estás muy equivocado,-a, lo tienes claro.

▲ *pt & pp* thought [θɔːt].

thinkable [ˈθɪŋkəbəl] *adj* pensable, imaginable.

thinker [ˈθɪŋkəʳ] *n* pensador,-ra.

thinking [ˈθɪŋkɪŋ]

1 *n (opinion)* opinión *f*, parecer *m*.

2 *n (thought)* pensamiento, ideas *fpl*: good thinking! ¡buena idea!

3 *adj* pensante, inteligente.
✦ **to do some thinking** reflexionar, pensar.
to my way of thinking a mi parecer, en mi opinión.

thinly [ˈθɪnlɪ]
1 *adv* → **also thin.**
2 *adv (sparsely)* escasamente, en poca cantidad: **a thinly populated area** una región escasamente poblada; **sprinkle the seeds thinly** esparza bien las semillas.
3 *adv (scarcely)* apenas: **a thinly disguised threat** una amenaza apenas velada.

thinner [ˈθɪnəʳ] *n (for diluting)* disolvente *m.*

thinness [ˈθɪnnəs] *n* delgadez *f.*

third [θɜːd]
1 *adj* tercero,-a.
2 *adv (in series)* tercero, en tercer lugar.
3 *n* tercero,-a: **Richard III (the Third)** Ricardo III (tercero); **the third of November** el tres de noviembre.
4 *n (fraction)* tercio; *(one part)* tercera parte *f.*
5 *n GB* ≈ bien *m (título universitario que corresponde a la cuarta nota más alta).*
✦ **third time lucky** a la tercera va la vencida.
■ **the third degree** un interrogatorio.
third degree burn quemadura de tercer grado.
third gear *AUTO* tercera.
third party tercero,-a.
third person *LING* tercera persona.
the Third World el tercer mundo.
third world tercermundista.
▲ *Véase también* **sixth.**

third-class [ˈθɜːrdklɑːs]
1 *adj* de tercera clase.
2 *adv (travel)* en tercera.

thirdly [ˈθɜːdlɪ] *adv* en tercer lugar.

third-party [ˈθɜːdpɑːtɪ] *adj (insurance)* a terceros.

third-rate [ˈθɜːdreɪt] *adj* de tercera (categoría).

third-world [ˈθɜːdwɜːld] *adj (in general)* del tercer mundo; *(pejorative use)* tercermundista.

thirst [θɜːst]
1 *n* sed *f.*
2 *n fig* ansias *fpl*, afán *m*, sed *f.*
▶ **to thirst for** *vt insep* tener sed de, tener afán de.

thirstily [ˈθɜːstɪlɪ] *adv* con avidez.

thirsty [ˈθɜːstɪ]
1 *adj* sediento,-a: **I'm thirsty** tengo sed.
2 *adj (work etc)* que da sed.
3 *adj fig (eager)* ansioso,-a (**for**, por).
▲ *comp* **thirstier**, *superl* **thirstiest.**

thirteen [θɜːˈtiːn]
1 *n* trece *m.*
2 *adj* trece.
▲ *Véase también* **six.**

thirteenth [θɜːˈtiːnθ]
1 *adj* decimotercero,-a.

2 *adv* en decimotercero lugar.
3 *n (fraction)* decimotercero; *(one part)* decimotercera parte *f.*
▲ *Véase también* **sixth.**

thirties [ˈθɜːtɪz] **the thirties** *npl* los años *mpl* treinta.
✦ **to be in one's thirties** tener entre treinta y cuarenta años, tener treinta y tantos años.
▲ *Véase también* **sixties.**

thirtieth [ˈθɜːtɪəθ]
1 *adj* trigésimo,-a.
2 *adv* en trigésimo lugar.
3 *n (fraction)* trigésimo; *(one part)* trigésima parte *f.*
▲ *Véase también* **sixtieth.**

thirty [ˈθɜːtɪ]
1 *n* treinta *m.*
2 *adj* treinta.
▲ *Véase también* **sixty.**

thirty-second note [θɜːtɪˈsekəndnəʊt] *n* fusa.

this [ðɪs]
1 *adj* este, esta: **whose is this book?** ¿de quién es este libro?; **do you like this shirt?** ¿te gusta esta camisa?
2 *pron* éste, ésta; *(indefinite)* esto: **I prefer this one** prefiero éste; **I was afraid this was going to happen** me temía que iba a pasar esto.
3 *pron (on 'phone)* **this is Laura** soy Laura.
4 *adv* tan, tanto,-a: **I didn't think it was this far** no creía que fuera tan lejos; **I've never had this much money before** nunca había tenido tanto dinero; **she's about this tall** es así de alta.
✦ **like this** así.
this and that nada en particular.
this is *(introducing)* te presento a: **this is my wife** te presento a mi mujer.

thistle [ˈθɪsəl] *n* cardo.

thong [θɒŋ]
1 *n (strip of leather)* correa.
2 *n US (flip-flop)* chancla.

thoracic [θəˈræsɪk] *adj* torácico,-a.

thorax [ˈθɔːræks] *n* tórax *m inv.*

thorn [θɔːn] *n* espina, pincho.
✦ **to be a thorn in one's side** ser una espina que uno tiene clavada.

thorny [ˈθɔːnɪ] *adj* espinoso,-a.
▲ *comp* **thornier**, *superl* **thorniest.**

thorough [ˈθʌrə]
1 *adj (deep)* profundo,-a, a fondo.
2 *adj (careful)* cuidadoso,-a, minucioso,-a.
3 *adj (person)* concienzudo,-a.
4 *adj (utter, complete)* total, verdadero,-a.

thoroughbred [ˈθʌrəbred]
1 *n (horse)* pura sangre *mf*; *(other animal)* animal *m* de raza.
2 *adj (horse)* de pura sangre; *(other animal)* de raza.

thoroughfare [ˈθʌrəfeəʳ] *n* vía pública.
✦ **"No thoroughfare"** "Prohibido el paso".

thoroughgoing [ˈθʌrəgəʊɪŋ] *adj* profundo,-a, minucioso,-a.

thoroughly [ˈθʌrəlɪ]
1 *adv (carefully)* a fondo, meticulosamente.
2 *adv (completely)* totalmente, absolutamente.

thoroughness [ˈθʌrənəs] *n* minuciosidad *f.*

those [ðəʊz]
1 *adj* esos,-as; *(remote)* aquellos,-as: **could you pass me those plates?** ¿me podrías pasar esos platos?; **look at those flowers** mira aquellas flores.
2 *pron* ésos,-as; *(remote)* aquéllos,-as: **if these are my books, whose are those?** si estos libros son míos, ¿de quién son aquellos?

thou [ðaʊ] *pron arch* tú.

though [ðəʊ]
1 *conj* aunque, si bien, a pesar de que: **though he doesn't earn very much, he loves his job** aunque no gana mucho, le encanta su trabajo; **I'll go, though I don't feel like it** iré, aunque no me apetece; **strange though it may seem** aunque parezca extraño; **though she tried hard, she failed the exam** a pesar de esforzarse mucho, suspendió el examen.
2 *adv* sin embargo, a pesar de todo: **it's expensive - it's worth it though** es caro - sin embargo, vale lo que cuesta.
✦ **even though** aun cuando, a pesar de que.

thought [θɔːt]
1 *pt & pp* → **think.**
2 *n* pensamiento: **she was deep in thought** estaba absorta en sus pensamientos; **my thoughts turned to holidays** empecé a pensar en las vacaciones; **his thoughts were elsewhere** estaba pensando en otra cosa; **keep your thoughts to yourself** guárdate tus pensamientos; **she read my thoughts** me adivinó el pensamiento; **the very thought of it makes me feel sick** me da náuseas solo pensarlo.
3 *n (consideration)* consideración *f.* **I'll give it some serious thought** lo pensaré seriamente; **he put a lot of thought into his essay** pensó mucho la redacción; **spare a thought for the homeless** piensa en los que no tienen casa.
4 *n (idea, opinion)* idea, opinión *f.* **let me know your thoughts on the matter** hazme saber tu opinión sobre el asunto; **I can't bear the thought of retiring** no soporto la idea de jubilarme; **you can give up any thought of going abroad** puedes olvidarte de ir al extranjero; **the thought never crossed my mind** ni se me ocurrió.
5 *n (intention)* intención *f.* **it's the thought that counts** la intención es lo que cuenta.
✦ **to have second thoughts** cambiar de opinión.

thoughtful [ˈθɔːtfʊl]
1 *adj (considerate)* atento,-a, considerado,-a.
2 *adj (pensive)* pensativo,-a, meditabundo,-a.
3 *adj (considered)* serio,-a.

thoughtfully [ˈθɔːtfəlɪ]
1 *adv (considerately)* atentamente, amablemente: **they thoughtfully provided some sandwiches** tuvieron el detalle de darnos unos bocadillos.
2 *adv (pensively)* pensativamente.

thoughtfulness [ˈθɔːtfʊlnəs]
1 *n (kindness)* amabilidad *f*, consideración *f*, atención *f*.
2 *n (pensiveness)* aire *m* pensativo, seriedad *f*.

thoughtless [ˈθɔːtləs]
1 *adj (unthinking)* irreflexivo,-a, descuidado,-a.
2 *adj (inconsiderate)* desconsiderado,-a, poco considerado,-a.

thoughtlessly [ˈθɔːtləslɪ]
1 *adv (without thinking)* sin pensar, descuidadamente.
2 *adv (without consideration)* desconsideradamente, con poca consideración.

thoughtlessness [ˈθɔːtləsnəs]
1 *n (carelessness)* irreflexión *f*, descuido.
2 *n (lack of consideration)* falta de consideración.

thousand [ˈθaʊzənd]
1 *n* mil *m*: **there were thousands of people** había miles de personas.
2 *adj* mil: **it costs a thousand euros** cuesta mil euros.

thousandth [ˈθaʊzənθ]
1 *adj* milésimo,-a.
2 *adv* en milésimo lugar.
3 *n (fraction)* milésimo; *(one part)* milésima parte *f*.

Thrace [θreɪs] *n* Tracia.

Thracian [ˈθreɪʃən]
1 *adj* tracio,-a.
2 *n (person)* tracio,-a.
3 *n (language)* tracio.

thrall [θrɔːl] *n (slave)* esclavo,-a.

thrash [θræʃ]
1 *vt (beat)* azotar.
2 *vt (defeat)* derrotar, dar una paliza a.
3 *vt (arm, leg, etc)* sacudir.
▸ to thrash about/thrash around *vi* retorcerse.
to thrash out *vt sep (problem)* discutir; *(agreement)* llegar a un acuerdo sobre.

thrashing [ˈθræʃɪŋ] *n* zurra, paliza.

thread [θred]
1 *n SEW* hilo, hebra.
2 *n (of screw, bolt)* rosca.
3 *n (of story)* hilo.
4 *vt (needle)* enhebrar.
5 *vt (beads)* ensartar.
✦ to hang by a thread pender de un hilo.

threadbare [ˈθredbeəʳ] *adj* gastado,-a, raído,-a.

threat [θret] *n* amenaza: **a threat to wildlife** una amenaza para la fauna; **he made threats against me** me amenazó; **the hospital is under threat of closure** amenazan con cerrar el hospital.
▪ death threat amenaza de muerte.
empty threat amenaza vana.
nuclear threat amenaza nuclear.

threaten [ˈθretən]
1 *vt* amenazar (**with/to**, con): **he threatened me with a knife** me amenazó con una navaja; **they threatened to kill us** amenazaron con matarnos; **eagles are threatened with extinction** las águilas están amenazadas de extinción.
2 *vi* amenazar: **it's threatening to rain** amenaza llover.

threatening [ˈθretənɪŋ] *adj* amenazador,-ra, intimidatorio,-a.

threateningly [ˈθretənɪŋlɪ] *adv* de modo amenazador.

three [θriː]
1 *n* tres *m*.
2 *adj* tres.
▪ three quarters tres cuartos.
▲ Véase también six.

three-dimensional [θriːdɪˈmenʃənəl] *adj* tridimensional.

threefold [ˈθriːfəʊld]
1 *adj* triple.
2 *adv* tres veces.

three-legged [θriːˈlegɪd] *adj* de tres patas.

three-phase [ˈθriːfeɪz] *adj* trifásico,-a.

three-piece [ˈθriːpiːs] *adj* de tres piezas.
▪ three-piece suit terno.
three-piece suite tresillo.

threesome [ˈθriːsəm] *n* grupo de tres.

thresh [θreʃ] *vt* trillar.

thresher [ˈθreʃəʳ] *n (machine)* trilladora; *(person)* trillador,-ra.

threshing [ˈθreʃɪŋ] *adj* trilla.
▪ threshing floor era.

threshold [ˈθreʃəʊld]
1 *n* umbral *m*.
2 *n fig* umbral *m*, límite *m*: **he has a high/low pain threshold** tolera mucho/poco el dolor.
✦ to be on the threshold of … estar en el umbral de …, estar a las puertas de …

threw [θruː] *pt → throw.

thrift [θrɪft] *n* economía, frugalidad *f*.
▪ thrift shop *US* tienda que vende cosas de segunda mano.

thrifty [ˈθrɪftɪ] *adj* económico,-a, frugal.
▲ comp thriftier, superl thriftiest.

thrill [θrɪl]
1 *n (excitement)* emoción *f*, ilusión *f*: **it was the thrill of a lifetime** fue la emoción más grande de mi vida, fue lo más emocionante de mi vida.
2 *vt (excite)* entusiasmar, hacer ilusión a, ilusionar: **I was thrilled to hear about your baby** me hizo mucha ilusión saber lo de tu bebé; **I'm thrilled about the holiday** me hacen mucha ilusión las vacaciones.
3 *vi (de excited)* entusiasmarse.
✦ to be thrilled to bits emocionarse mucho.

thriller [ˈθrɪləʳ] *n (novel)* novela de suspense; *(film)* película de suspense; *(play)* obra de suspense.

thrilling [ˈθrɪlɪŋ] *adj* emocionante, apasionante.

thrive [θraɪv] *vi (plant)* crecer mucho, crecer bien; *(person)* estar estupendamente; *(business)* prosperar: **he seems to thrive on problems** parece que los problemas le sientan de maravilla.
▲ pt throve [θrəʊv] *o* **thrived**; *pp* **thrived** *o* **thriven** [ˈθrɪvən], *ger* **thriving.**

thriving [ˈθraɪvɪŋ] *adj* próspero,-a, floreciente.

throat [θrəʊt] *n* garganta: **I've got something stuck in my throat** tengo algo clavado en la garganta; **he cleared his throat before speaking** aclaró la voz antes de hablar.
✦ to be at each other's throats estar peleándose.
to cut one's own throat *fig* actuar en perjuicio propio.
to jump down somebody's throat arremeter contra alguien.
to ram something down somebody's throat *fig* imponer algo a alguien.
▪ sore throat dolor *m* de garganta.

throaty [ˈθrəʊtɪ] *adj* ronco,-a, gutural.
▲ comp throatier, superl throatiest.

throb [θrɒb]
1 *n (of heart, pulse)* latido, palpitación *f*; *(of engine, music)* vibración *f*, zumbido.
2 *vi (heart, pulse)* latir, palpitar; *(engine, music)* vibrar, zumbar.
3 *vi (with pain)* dar punzadas: **my head's throbbing** la cabeza me va a estrellar.
▲ pt & pp throbbed, ger throbbing.

throes [θrəʊz] *in the throes of* *phr* en medio de: **they're in the throes of a divorce** se están divorciando.

thrombosis [θrɒmˈbəʊsɪs] *n* trombosis *f inv*.

throne [θrəʊn] *n* trono.
✦ to come to the throne subir al trono.
▪ throne room sala del trono.

throng [θrɒŋ]
1 *n* muchedumbre *f*, multitud *f*.
2 *vi (come together)* apiñarse, agolparse; *(enter)* entrar en tropel, entrar en masa.
3 *vt (fill)* abarrotar, atestar.

throttle [ˈθrɒtəl]
1 *n* válvula reguladora.
2 *n fam* acelerador *m*.
3 *vt* estrangular, ahogar..
▸ to throttle back/throttle down
1 *vt sep* desacelerar.
2 *vi* disminuir la velocidad.
✦ at full throttle a toda pastilla

through [θrʊ:]

1 *prep* por, a través de: I climbed in through a window entré por una ventana; we drove right through France condujimos por toda Francia; you have to go through customs hay que pasar por la aduana.

2 *prep (because of)* por, a causa de: off work through illness de baja por enfermedad.

3 *prep (from beginning to the end)* durante todo,-a, hasta el final de: we danced through the night bailamos durante toda la noche; my mother looked after me through my illness mi madre me cuidó durante toda la enfermedad; he read through the book leyó todo el libro; I'd never have got through this crisis without you nunca hubiera superado esta crisis sin ti.

4 *prep (by means of)* por, a través de, mediante: he got the job through a friend consiguió el trabajo a través de un amigo.

5 *adv* de un lado a otro: he let me through me dejó pasar; we drove through a red light pasamos un semáforo en rojo.

6 *adv (to the end)* hasta el final: he read the book through leyó todo el libro; we slept right through dormimos de un tirón.

7 *adv GB (on phone)* conectado,-a: can you put me through to Helen James? ¿me puede poner con Helen James?; I rang several times, but I couldn't get through llamé varias veces, pero estaba comunicando.

8 *adv US* terminado,-a, acabado,-a: are you through? ¿has acabado?; we'll be through at lunchtime terminaremos a la hora de comer.

9 *adj (train)* directo,-a; *(traffic)* de paso.

✦ to be through with something/somebody haber acabado con algo/alguien.
through and through hasta la médula, a ultranza.

▪ no through road calle *f* sin salida.

throughout [θrʊ:'aʊt]

1 *prep* por todo,-a, en todo,-a: throughout the world en todo el mundo.

2 *prep (time)* durante todo,-a, a lo largo de: throughout the year durante todo el año.

3 *adv (all over)* por/en todas partes: the house has central heating throughout la casa tiene calefacción central en todas las habitaciones.

4 *adv (completely)* completamente.

5 *adv (time)* desde el principio hasta el fin, todo el tiempo.

throve [θrəʊv] *pt* → thrive.

throw [θrəʊ]

1 *n* lanzamiento, tiro.

2 *n (of dice)* tirada, lance *m*; *(in game)* jugada, turno.

3 *vt (gen)* tirar, arrojar, lanzar: throw me the ball tírame la pelota.

4 *vt (to the floor - rider)* descorcovar, desmontar; *(- wrestler)* derribar.

5 *vt (head)* echar; *(arms)* extender, abrir: she threw her head back echó la cabeza hacia atrás; he threw his arms out extendió los brazos.

6 *vt fig (kiss)* echar, tirar; *(glance, look)* lanzar, dirigir.

7 *vt fam (party)* organizar, dar, hacer: they threw a party for her le hicieron una fiesta.

8 *vt fam (confuse)* desconcertar: the first question really threw me la primera pregunta me desconcertó del todo.

9 *vt (light, shadow)* proyectar: can you throw any light on this? ¿puedes tú aclarar esto?

10 *vt (shape pottery)* formar, hacer.

11 *vt (extend bridge)* tender, construir.

▸ to throw about *vt sep (money)* derrochar.

to throw away

1 *vt sep (get rid of, discard)* tirar.

2 *vt sep (waste)* desaprovechar, perder; *(money)* malgastar, derrochar.

3 *vt sep (speech)* lanzar al aire.

to throw back

1 *vt sep (ball etc)* devolver.

2 *vt sep (bedclothes)* echar atrás.

to throw back on *vt insep* obligar a recurrir a.

to throw in

1 *vt sep fam (include)* incluir gratis.

2 *vt sep SP* sacar de banda.

to throw off

1 *vt sep (get rid of)* deshacerse de, librarse de.

2 *vt sep (confuse, escape, elude)* despistar.

3 *vt sep (clothes)* quitarse.

to throw on *vt sep (clothes)* ponerse.

to throw out

1 *vt sep (expel)* echar, expulsar: they threw him out of the club lo echaron del club.

2 *vt sep (reject)* rechazar: the proposal was thrown out la propuesta fue rechazada.

3 *vt sep (discard)* tirar, tirar a la basura: throw that old chair out tira esa silla vieja a la basura.

to throw together

1 *vt sep (assemble)* juntar de prisa; *(improvise)* improvisar.

2 *vt sep (bring into contact)* juntar.

to throw up

1 *vi (vomit)* vomitar, devolver.

2 *vt sep (give up, resign)* abandonar, renunciar a.

3 *vt sep (produce)* arrojar, dar, aportar; *(reveal)* revelar, poner en evidencia.

4 *vt sep (vomit)* vomitar, devolver.

✦ to be a stone's throw away estar a tiro de piedra.

to throw down the gauntlet lanzar un desafío, arrojar el guante.

to throw in one's hand abandonar la partida.

to throw in one's lot with compartir la suerte con.

to throw in the sponge arrojar la toalla.

to throw into confusion sumir en la confusión.

to throw one's weight about mangonear.

to throw oneself at somebody tirarse sobre alguien.

to throw oneself into something lanzarse a algo.

to throw something back at somebody/in somebody's face echarle algo en cara a alguien.

▲ *pt* **threw** [θru:], *pp* **thrown** [θrəʊn].

throwaway ['θrəʊəweɪ] *adj* de usar y tirar.

throw-away ['θrəʊəweɪ] *adj (disposable)* de usar y tirar, desechable; *(spoken casually)* hecho,-a como de pasada.

throw-in ['θrəʊɪn] *n SP* saque *m* de banda.

threw → throw.

thrown [θrəʊn] → throw.

thru [θrʊ:] *prep-adv US* → through: Monday thru Friday de lunes a viernes.

thrush [θrʌʃ] *n* tordo.

thrust [θrʌst]

1 *n (gen)* empuje *m*, empujón *m*.

2 *n (attack)* ataque *m*, avance *m*.

3 *n (hostile remark)* ataque *m*, crítica.

4 *n (with sword)* estocada; *(with dagger)* puñalada; *(with knife)* cuchillada.

5 *n (main point)* idea central, idea clave.

6 *vt (shove)* empujar, empujar con violencia.

7 *vi (jostle)* dar empujones.

8 *vt (push in)* meter.

9 *vi (pierce - with sword)* dar estocadas; *(- with other instrument)* clavar.

▸ to thrust on *vt sep* imponer.

▲ *pt & pp* **thrust**.

thud [θʌd]

1 *n* ruido sordo.

2 *vi* caer con un ruido sordo.

▲ *pt & pp* **thudded**, *ger* **thudding**.

thug [θʌg]

1 *n (violent man)* matón *m*, gamberro.

2 *n (criminal)* gángster *m*, malhechor *m*.

thumb [θʌm]

1 *n* pulgar *m*.

2 *vt* hacer autostop.

▸ to thumb through *vt insep* hojear.

✦ to be all thumbs ser un manazas, ser torpe.

to be under somebody's thumb estar dominado,-a por alguien.

to get the thumbs up ser aprobado,-a, recibir la aprobación.

to get the thumbs down ser rechazado,-a.

to give something the thumbs up aprobar algo.

to give something the thumbs down rechazar algo.

to have somebody under one's thumb tener a alguien en el bolsillo.

to stick out like a sore thumb saltar a la vista.

to thumb a ride/thumb a lift hacer autostop.

thumb-index ['θʌmɪndeks] *n* uñero.

thumbnail ['θʌmneɪl] *n* uña del pulgar.
- **thumbnail sketch** pequeña reseña.

thumbtack ['θʌmtæk] *n US* chincheta.

thump [θʌmp]
1 *n (blow)* golpe *m*, puñetazo; *(sound)* golpazo.
2 *vt* golpear, pegar un puñetazo.
3 *vi (gen)* golpear; *(heart)* latir con fuerza; *(feet)* caminar con pasos pesados.

thumping ['θʌmpɪŋ] *adv* enorme, tremendo.

thunder ['θʌndəʳ]
1 *n* trueno.
2 *vi* tronar.
3 *vt (shout)* bramar, rugir.
+ **with a face as black as thunder** con cara de pocos amigos.
- **thunder and lightning** rayos *mpl* y truenos *mpl*.

thunderbolt ['θʌndəbəult] *n* rayo.

thunderclap ['θʌndəklæp] *n* trueno.

thundercloud ['θʌndəklaud] *n* nubarrón *m*.

thunderous ['θʌndərəs] *adj fig* ensordecedor,-ra, atronador,-ra.

thunderstorm ['θʌndəstɔːm] *n* tormenta.

thunderstruck ['θʌndərstrʌk] *adj* atónito,-a, pasmado,-a, estupefacto,-a.

thundery ['θʌndərɪ] *adj* tormentoso.

Thurs ['θɜːzdɪ] *abbr* (**Thursday**) jueves *m*; *(abbreviation)* juev.
▲ *También se escribe* Thur.

Thursday ['θɜːzdɪ] *n* jueves *m*.
▲ *Para ejemplos de uso, véase* Saturday.

thus [ðʌs]
1 *adv (in this way, like this)* así, de este modo.
2 *adv (consequently)* así que, por lo tanto, por consiguiente.
3 *adv (to this extent)* hasta.

thwart [θwɔːt] *vt* desbaratar, frustrar.

thy [ðaɪ] *adj arch* tu.

thyme [taɪm] *n* tomillo.

thyroid ['θaɪrɔɪd] *n* tiroides *m*.
- **thyroid gland** glándula tiroides.

thyself [ðaɪ'self] *pron arch (reflexive)* te; *(emphatic)* tú mismo.

tiara [tɪ'ɑːrə]
1 *n (diadem)* diadema.
2 *n (of Pope)* tiara.

Tiber ['taɪbəʳ] *n* el Tíber *m*.

Tiberias [taɪ'bɪərɪəs] **Lake Tiberias** *n* lago de Tiberiades.

Tibet [tɪ'bet] *n* Tíbet.

Tibetan [tɪ'betən]
1 *adj* tibetano.
2 *n (person)* tibetano,-a.
3 *n (language)* tibetano.

tibia ['tɪbɪə] *n* tibia.

tic [tɪk] *n* tic *m*.

tick¹ [tɪk] *n ZOOL* garrapata.

tick² [tɪk]
1 *n (noise)* tictac *m*.
2 *n (mark)* marca, señal *f*.
3 *n fam* momento, segundito.
4 *vi (clock)* hacer tictac.
5 *vt* señalar, marcar.
▶ **to tick away** *vi* transcurrir.
  to tick off
  1 *vt sep* marcar, señalar.
  2 *vt sep (scold)* regañar, reñir.
  3 *vt sep US* fastidiar, dar rabia.
  to tick over
  1 *vi AUTO* marchar al ralentí, estar en marcha.
  2 *vi (business etc)* ir tirando.
+ **what makes somebody tick** lo que mueve a alguien.

tick³ [tɪk] *n GB fam (credit)* crédito.
+ **to buy something on tick** comprar algo a crédito.

ticker ['tɪkəʳ] *n fam* corazón *m*.

ticker-tape ['tɪkəteɪp] *n US* cinta de teletipo.
- **ticker-tape parade** desfile *m* triunfal.

ticket ['tɪkɪt]
1 *n (for transport)* billete *m*.
2 *n (for concert, cinema, etc)* entrada.
3 *n (for library etc)* carnet *m*.
4 *n (label)* etiqueta.
5 *n (for item deposited)* resguardo.
6 *n fam (fine)* multa: **I got a speeding ticket** me pusieron una multa por exceso de velocidad.
7 *n POL* lista de candidatos: **he ran for office on the Republican ticket** se presentó a las elecciones como candidato republicano.
+ **to be just the ticket** ser justo lo que hace falta.
- **ticket agency** agencia de localidades.
  ticket collector revisor,-ra.
  ticket office taquilla, ventanilla.
  ticket tout revendedor,-ra.

ticking¹ ['tɪkɪŋ] *n (of clock)* tictac *m*.

ticking² ['tɪkɪŋ] *n (material)* cutí *m*.

ticking-off [tɪkɪŋ'ɒf] *n fam* bronca, reprimenda.

tickle ['tɪkəl]
1 *n* cosquilleo.
2 *vt (touch lightly)* hacer cosquillas a; *(itch)* picar.
3 *vt (amuse)* hacer gracia a, divertir.
4 *vi (touch lightly)* hacer cosquillas; *(itch)* picar.
+ **to be tickled pink** estar contentísimo, -a, no caber en sí de gozo.

ticklish ['tɪkəlɪʃ]
1 *adj* cosquilloso,-a: **she's really ticklish** tiene muchas cosquillas.
2 *adj fig* delicado,-a, peliagudo,-a.

tick-tock ['tɪktɒk] *n* tictac *m*.

tidal ['taɪdəl] *adj* de la marea.
- **tidal power** energía de las mareas.
  tidal wave *(gen)* maremoto; *fig* oleada.

tiddler ['tɪdləʳ]
1 *n (stickleback)* espinoso; *(small fish)* pececillo, pececito.
2 *n (child)* niño,-a pequeñito,-a.

tiddly ['tɪdlɪ]
1 *adj GB fam (tipsy)* achispado,-a, piripi.
2 *adj (small)* pequeñito,-a.
▲ *comp* tiddlier, *superl* tiddliest.

tide [taɪd]
1 *n* marea: **the tide is in/out** la marea está alta/baja; **we got cut off by the tide** la marea nos aisló.
2 *n fig (trend)* corriente *f*.
▶ **to tide over** *vt sep* ayudar, sacar de un apuro: **can you lend me 20 pounds to tide me over until the end of the month?** ¿me puedes dejar veinte libras para ayudarme a llegar a fin de mes?
+ **to go against the tide** ir contra (la) corriente.
  to go with the tide seguir la corriente.
- **high tide** pleamar *f*.
  low tide bajamar *f*.

tidemark ['taɪdmɑːk]
1 *n* marca que deja la marea.
2 *n fam (on bath, neck)* marca de mugre.

tidily ['taɪdɪlɪ] *adv* en orden.

tidiness ['taɪdɪnəs] *n* orden *m*.

tidings ['taɪdɪŋz] *n* noticias *fpl*, nuevas *fpl*.

tidy ['taɪdɪ]
1 *adj (place)* ordenado,-a, bien arreglado.
2 *adj (person - appearance)* arreglado,-a; *(- habits)* metódico,-a.
3 *adj (considerable)* considerable, bastante.
4 *n* organizador *m*.
5 **to tidy (up)** *vt* ordenar, poner en orden, arreglar.
6 *vi* poner las cosas en orden.
▶ **to tidy away** *vt sep* recoger, guardar.
  to tidy out *vt sep* vaciar, limpiar, ordenar.
+ **to tidy oneself up** arreglarse.
▲ *(adjetivo) comp* tidier, *superl* tidiest; *(verbo) pt & pp* tidied, *ger* tidying.

tie [taɪ]
1 *n (of shirt)* corbata.
2 *n (for fastening)* cierre *m*.
3 *n (rod, beam)* tirante *m*.
4 *n fig (bond)* lazo, vínculo: **family ties are strong** los lazos de parentesco son fuertes.
5 *n fig (restriction)* estorbo, atadura.
6 *n SP (draw)* empate *m*; *(match)* encuentro, partido.
7 *n MUS* ligadura.
8 *vt (fasten)* atar; *(knot, bow)* hacer.
9 *vt fig* ligar, vincular, relacionar.
10 *vt (restrict)* atar.
11 *vt MUS* ligar.
12 *vi (fasten)* atarse.
13 *vi SP* empatar.

+ **to tie oneself up in knots** liarse.
to tie the knot casarse.
■ **tie beam** tirante *m*.
▶ **to tie down**
  1 *vt sep* atar, sujetar.
  2 *vt sep (restrict)* atar; *(commit oneself)* comprometerse.
to tie in *vt sep*
  1 *vt sep* relacionar, ligar.
  2 *vi* concordar, cuadrar.
to tie up
  1 *vt sep (fasten)* atar; *(boat)* amarrar.
  2 *vt sep (link)* conectar, ligar, relacionar.
  3 *vt sep (occupy)* liar, ocupar: **I'm tied up all afternoon** estaré ocupado toda la tarde.
  4 *vt sep FIN (capital)* inmovilizar, invertir.
  5 *vt sep (finalize)* finalizar, concluir, cerrar.

tie-break ['taɪbreɪk] *n SP* tie-break *m*.

tiebreaker ['taɪbreɪkə']
  1 *n SP* tie-break *m*.
  2 *n (in quiz)* pregunta del desempate.

tie-dyed ['taɪdaɪ] *adj* teñido,-a.

tiepin ['taɪpɪn] *n* aguja de corbata.

tie-pin ['taɪpɪn] *n* alfiler *m* de corbata.

tier [tɪə']
  1 *n (in stadium)* grada.
  2 *n (of cake)* piso.
  3 *n (in hierarchy)* nivel *m*.

tiered [tɪəd] *adj (stadium)* con gradas: **a three-tiered cake** un pastel de tres pisos; **a two-tiered system** un sistema de dos niveles.

tie-up ['taɪʌp]
  1 *n (link, connection)* enlace *m*, conexión *f*.
  2 *n US (traffic jam)* embotellamiento, atasco.

tiff [tɪf] *n fam* pelea, riña.

tiger ['taɪgə'] *n* tigre *m*.
  ■ **tiger lily** lirio tigrado.
  tiger moth mariposa tigre.

tight [taɪt]
  1 *adj (firmly fastened)* apretado,-a, duro,-a.
  2 *adj (taut)* tensado,-a, tirante, tenso,-a; *(chest)* oprimido.
  3 *adj (clothes)* ajustado,-a, ceñido,-a.
  4 *adj (not leaky)* hermético,-a, impermeable.
  5 *adj (hold)* estrecho,-a, fuerte.
  6 *adj (packed together)* apretado,-a.
  7 *adj (strict - schedule)* apretado,-a; *(- security)* estricto,-a, riguroso,-a.
  8 *adj fam (mean)* agarrado,-a, tacaño,-a.
  9 *adj fam (drunk)* borracho,-a.
  10 *adj (not easily obtainable)* escaso,-a.
  11 *adj (contest)* reñido,-a.
  12 *adj (bend)* cerrado,-a.
  13 *adv* firmemente, fuerte: **hold (on) tight!** ¡agárrate fuerte!; **close your eyes tight** cierra bien los ojos; **hold me tight** abrázame fuerte; **sit tight** ¡no te muevas!
+ **to be a tight squeeze** estar apretados,-as.
■ **tight spot** aprieto.

tighten ['taɪtən]
  1 *vt (gen)* apretar, ajustar; *(rope)* tensar.
  2 *vt (make stricter - security)* hacer más estricto, reforzar; *(- credit)* restringir.
  3 *vi (gen)* apretarse; *(rope, muscles)* tensarse.
▶ **to tighten up** *vt sep*
  1 *vt sep* intensificar, hacer más estricto,-a.
  2 *vi* ponerse más estricto,-a.
+ **to tighten one's belt** apretarse el cinturón.

tight-fisted [taɪt'fɪstɪd] *adj* tacaño,-a, agarrado,-a.

tight-fitting [taɪt'fɪtɪŋ] *adj* ceñido,-a, ajustado,-a.

tight-knit ['taɪtnɪt] *adj* muy unido,-a.

tight-lipped ['taɪt'lɪpt] *adj (silent)* callado,-a; *(angry)* con los labios apretados.

tightly ['taɪtlɪ] *adv* → **tight.**

tightness ['taɪtnəs] *n (of rope, muscles)* tensión *f*; *(in chest)* opresión *f*.

tightrope ['taɪtrəʊp] *n* cuerda floja.
  ■ **tightrope walker** funámbulo,-a.

tights [taɪts]
  1 *npl (gen)* pantys *mpl*, medias *fpl*.
  2 *npl (thick)* leotardos *mpl*, mallas *fpl*.

tigress ['taɪgrəs] *n* tigresa.

tile [taɪl]
  1 *n (wall)* azulejo; *(floor)* baldosa; *(roof)* teja.
  2 *vt (wall)* alicatar, poner azulejos a.
  3 *vt (floor)* embaldosar.
  4 *vt (roof)* tejar.
+ **(out) on the tiles** de juerga, de marcha.

tiller ['tɪlə'] *n* caña del timón.

tilt [tɪlt]
  1 *n* inclinación *f*, ladeo: **the table is at a slight tilt** la mesa está ligeramente inclinada.
  2 *n (with lance)* acometida.
  3 *vt* inclinar, ladear: **don't tilt your chair backwards** no inclines la silla hacia atrás; **he looked at me, tilting his head to one side** me miró, inclinando la cabeza a un lado; **the earth is tilted on its axis** la tierra está inclinada sobre su eje.
  4 *vi (slope, shift)* inclinarse: **public opinion has tilted in favour of Labour** la opinión pública se ha inclinado en favor de los laboristas.
  5 *vi (with lance)* acometer.
▶ **to tilt at** *vt insep* arremeter contra.
+ **at full tilt** a toda velocidad.
  to have a tilt at somebody arremeter contra alguien.

timber ['tɪmbə']
  1 *n (wood)* madera (de construcción).
  2 *n (beam)* viga.
  3 *n (trees)* árboles *mpl* maderables.
  4 *interj* ¡cuidado, que cae!, ¡allá va!
  ■ **timber mill** aserradero.

timberyard ['tɪmbəjɑːd] *n* almacén *m* de madera.

time [taɪm]
  1 *n (period)* tiempo: **I haven't got time to finish this** no tengo tiempo para acabar esto; **time flies when you're enjoying yourself** el tiempo vuela cuando uno se lo pasa bien; **what a waste of time** qué pérdida de tiempo; **in an hour's time** dentro de una hora.
  2 *n (short period)* rato: **we spoke for a time** hablamos durante un rato; **you've been a long time** has tardado mucho.
  3 *n (of day)* hora: **it's time to go** es (la) hora de marchar; **what time is it?** ¿qué hora es?; **this time next week, we'll be on the beach** la semana que viene a esta hora estaremos en la playa; **by the time he gets here, it'll be time to go home** cuando llegue él, será la hora de volver a casa.
  4 *n (age, period, season)* época: **it's warm for the time of year** hace bastante calor para la época del año; **in Victorian times** en la época victoriana; **these are hard times** son tiempos difíciles.
  5 *n (occasion)* vez *f*: **how many times have you been to London?** ¿cuántas veces has estado en Londres?; **the last time I saw her,...** la última vez que la vi, ...; **we left at the same time** salimos a la vez.
  6 *n (suitable moment)* momento: **this is not really the time to talk about that** no es el momento de hablar de eso.
  7 *n MUS* compás *m*: **you're out of time** has perdido el compás.
  8 *n GB* la hora de cerrar: **time now please!** ¡hora de cerrar!
  9 *n fam (imprisonment)* condena: **he did time for robbery when he was young** cumplió una condena por robo cuando era joven.
  10 *vt (measure time)* medir la duración de, calcular; *(races, etc)* cronometrar: **he timed his journey to work** calculó cuánto tarda en llegar al trabajo.
  11 *vt (schedule)* estar previsto,-a: **the plane is timed to arrive at 12 o'clock** el avión tiene su llegada prevista para las doce horas; **the bomb was timed to explode during the parade** la bomba estaba preparada para explotar durante el desfile; **you timed that well - I've just made some tea** has llegado en el momento justo - acabo de hacer té.
  12 **times** *npl* veces *fpl*: **4 times 5 is 20** 4 5 son 20, 4 veces 5 son 20; **it's three times more expensive than last year** es tres veces más caro que el año pasado.

✦ **(and) about time** ya era hora.
all the time todo el rato, todo el tiempo.
at all times siempre.
at any time en cualquier momento.
at no time nunca.
at one time en un tiempo.
at the same time al mismo tiempo.
at the time/at that time entonces.
at times a veces.
behind the times anticuado,-a.
behind time tarde.
for the time being de momento.
from time to time de vez en cuando.
in no time (at all) en seguida.
in time *(in the long run)* con el tiempo; *(not late)* a tiempo.
in time to the music al compás de la música.
many a time a menudo.
not to give somebody the time of day no darle a alguien ni la hora.
on time puntual.
one/two/three at a time de uno en uno/de dos en dos/de tres en tres.
time after time una y otra vez.
time's up se acabó el tiempo, ya es la hora.
to beat time marcar el compás.
to be ahead of one's time adelantarse a su época.
to be badly/well timed *(remark)* ser inoportuno,-a/oportuno,-a.
to give somebody a hard time ponérselo difícil a alguien, hacérselo pasar mal a alguien.
to have a bad time pasarlas negras.
to have a good time pasarlo bien.
to have a lot of time for somebody caerle bien alguien a uno.
to have no time for somebody/something no soportar a alguien/algo, no tener tiempo para alguien/algo.
to keep time *(to music)* seguir el compás; *(watch)* ir bien, funcionar bien.
to keep up with the times estar al día.
to move with the times estar al día.
to take one's time *(not hurry)* hacer algo con calma; *(be slow)* tardar mucho.
■ **time and motion study** estudio de productividad.
time bomb bomba de relojería.
time limit límite *m* de tiempo, plazo límite.
time off tiempo libre.
time out descanso.
time warp salto en el tiempo.
time zone huso horario.

time-consuming [ˈtaɪmkənsjuːmɪŋ] *adj* que lleva mucho tiempo.

time-honoured [ˈtaɪmɒnəd] *adj* consagrado,-a.

timekeeper [ˈtaɪmkiːpəʳ] *n* cronometrador,-ra.

time-lag [ˈtaɪmlæg] *n* lapso, intervalo.

timeless [ˈtaɪmləs] *adj* eterno,-a.

timely [ˈtaɪmlɪ] *adj* oportuno,-a.

timepiece [ˈtaɪmpiːs] *n* reloj *m*.

timer [ˈtaɪməʳ] *n (machine)* temporizador *m*.

timescale [ˈtaɪmskeɪl] *n* escala de tiempo.

time-served [ˈtaɪmsɜːvd] *adj* que ha seguido el aprendizaje de un oficio.

time-server [ˈtaɪmsɜːvəʳ] *n* oportunista *mf*.

time-share [ˈtaɪmʃeəʳ]
  1 *adj (property)* en multipropiedad.
  2 *n (property)* (sistema *mf* de) multipropiedad *f*.

time-sharing [ˈtaɪmʃeərɪŋ]
  1 *n (computer)* trabajo a tiempo compartido.
  2 *n (property)* (sistema *m* de) multipropiedad *f*.
  3 *adj (computer)* a tiempo compartido.
  4 *adj (system)* en multipropiedad.

timetable [ˈtaɪmteɪbəl] *n* horario.

timid [ˈtɪmɪd] *adj* tímido,-a.

timidity [tɪˈmɪdɪtɪ] *n* timidez *f*.

timidly [ˈtɪmɪdlɪ] *adv* tímidamente.

timing [ˈtaɪmɪŋ]
  1 *n (time chosen)* momento escogido; *(judgement)* sentido de la oportunidad: **what good timing!** ¡qué oportuno!
  2 *n SP (measurement of time)* cronometraje *m*.
  ■ **timing gear** *AUTO* engranaje *m* de distribución.

tin [tɪn]
  1 *n (metal)* estaño.
  2 *n (can)* lata, bote *m*.
  3 *n (for baking)* molde *m*.
  4 *vt* enlatar.
  ■ **tin hat** casco.
  tin soldier soldadito de plomo.
  tin whistle flautín *m*.
  ▲ *pt & pp* **tinned,** *ger* **tinning.**

tincture [ˈtɪŋktʃəʳ] *n* tintura.

tinder [ˈtɪndəʳ] *n* yesca.

tinea [ˈtɪnɪə] *n* tiña.

tinfoil [ˈtɪnfɔɪl] *n* papel *m* de estaño.

ting-a-ling [tɪŋəˈlɪŋ] *n* tintín *m*, tintineo, tilín *m*.

tinge [tɪndʒ]
  1 *n* tinte *m*, matiz *f*.
  2 *vt* teñir.

tingle [ˈtɪŋgəl]
  1 *n* hormigueo.
  2 *vi* hormiguear.

tinker [ˈtɪŋkəʳ]
  1 *n (tinsmith)* hojalatero,-a, calderero,-a.
  2 *n (gypsy)* gitano,-a.
  3 *n (naughty child)* pícaro,-a, tunante,-a, diablillo,-a.
  4 to tinker with *vi (try to repair)* tratar de arreglar; *(meddle with)* manosear, apañar, tocar.

tinkle [ˈtɪŋkəl]
  1 *n* tintineo.
  2 *vt* hacer tintinear.

  3 *vi (ring)* tintinear.
  4 *vi GB fam (urinate)* hacer pipí.
  ✦ **to give somebody a tinkle** *GB fam* llamar a alguien por teléfono.

tinny [ˈtɪnɪ]
  1 *adj (sound)* metálico,-a; *(taste)* a lata.
  2 *adj (cheap, badly made)* de lata.
  ▲ *comp* **tinnier,** *superl* **tinniest.**

tin-opener [ˈtɪnəʊpənəʳ] *n* abrelatas *m inv*.

tinpot [ˈtɪnpɒt] *adj* insignificante: **tinpot dictator** dictador,-ra de pacotilla.

tinsel [ˈtɪnsəl] *n* espumillón *m*.

tinsmith [ˈtɪnsmɪθ] *n* hojalatero,-a.

tint [tɪnt]
  1 *n* tinte *m*, matiz *f*.
  2 *vt* teñir, matizar.

tiny [ˈtaɪnɪ] *adj* diminuto,-a.
  ▲ *comp* **tinier,** *superl* **tiniest.**

tip¹ [tɪp] *n (gen)* extremo, punta, cabo; *(of cigarette)* boquilla, filtro: **the tips of one's fingers** las puntas de los dedos; **the northern tip of the island** el extremo norte de la isla.
  ✦ **from tip to toe** de pies a cabeza.
  to have something on the tip of one's tongue tener algo en la punta de la lengua.
  the tip of the iceberg la punta del iceberg.

tip² [tɪp]
  1 *n (gratuity)* propina.
  2 *n (advice)* consejo, truco; *(confidential information)* soplo, confidencia; *(prediction)* pronóstico.
  3 *vt (give gratuity to)* dar una propina a.
  4 *vt (predict)* pronosticar: **he tipped the horse to win** pronosticó que ganaría el caballo; **he is widely tipped as the new director** muchos creen que será el nuevo director.
  ▶ **to tip off** *vt sep* avisar, dar el soplo: **the police were tipped off about the robbery** la policía recibió el soplo del robo; **the burglars were tipped off and escaped** avisaron a los ladrones y se escaparon.

tip³ [tɪp]
  1 *n (for rubbish)* vertedero, basurero; *(dirty place)* porquería, desorden *m*, revoltijo: **your room is a tip!** ¡tu habitación está hecha un asco!
  2 *vt (lean, tilt)* inclinar, ladear.
  3 *vt (pour)* verter; *(throw)* tirar; *(empty)* vaciar: **she tipped the leftovers into the bin** tiró las sobras a la basura.
  4 *vt (rubbish)* verter.
  5 *vi* inclinarse, ladearse.
  ▶ **to tip over**
    1 *vi (overturn)* volcarse, caerse; *(boat)* zozobrar.
    2 *vt sep* volcar.
  to tip up
    1 *vi (tilt)* ladearse; *(seats)* levantarse.
    2 *vt sep* inclinar.
  ✦ **to tip it down** llover a cántaros.
  to tip one's hat quitarse el sombrero.

to tip the scales/tip the balance *fig* inclinar la balanza, decidir la cuestión.
to tip the scales (at) *(weigh)* pesar.
▲ *pt & pp* tipped, *ger* tipping.

tip-off ['tɪpɒf] *n fam* soplo, aviso.

tipper ['tɪpəʳ] *n (vehicle)* volquete *m*.
✦ **to be a good tipper** *(person)* dejar buenas propinas.
▪ **tipper truck/tipper lorry** volquete *m*.

tipple ['tɪpəl] *n fam* bebida (alcohólica).

tipster ['tɪpstəʳ] *n* pronosticador,-ra.

tipsy ['tɪpsɪ] *adj* achispado,-a, piripi.
✦ **to get tipsy** achisparse.
▲ *comp* tipsier, *superl* tipsiest.

tiptoe ['tɪptəʊ] *vi* caminar de puntillas.
✦ **on tiptoe** de puntillas.

tiptop ['tɪptɒp] *adj fam* de primera.

TIR ['tiː'aɪ'ɑː'] *abbr* (**transport international routier**) transporte internacional por carretera; *(abbreviation)* TIR.

tirade [taɪ'reɪd] *n* invectiva.

Tirana [tɪ'rɑːnə] *n* Tirana.

tire¹ [taɪəʳ]
1 *vt* cansar.
2 *vi* cansarse (**of**, de).
▶ **to tire out** *vt sep* agotar.

tire² [taɪəʳ] *n US* → **tyre**.

tired [taɪəd]
1 *adj (weary)* cansado,-a.
2 *adj (fed up)* harto,-a (**of**, de).
✦ **to get tired** cansarse.

tiredness ['taɪədnəs] *n* cansancio.

tireless ['taɪələs] *adj* incansable.

tiresome ['taɪəsəm] *adj* molesto,-a, pesado,-a.

tiring ['taɪərɪŋ] *adj* cansado,-a, agotador,-ra.

tissue ['tɪʃuː]
1 *n (cloth)* tisú *m*.
2 *n (handkerchief)* pañuelo de papel, kleenex.
3 *n BIOL* tejido.
▪ **tissue paper** papel *m* de seda.

tit¹ [tɪt] *n (bird)* paro, herrerillo.
✦ **tit for tat** donde las dan las toman.
▪ **blue tit** herrerillo común.
coal tit carbonero garrapinos.
crested tit herrerillo capuchino.
great tit carbonero común.
long-tailed tit mito.
marsh tit carbonero palustre.
willow tit carbonero sibilino.

tit² [tɪt] *n sl (breast)* teta.

titanium [tɪ'teɪnɪəm] *n* titanio.

titbit ['tɪtbɪt]
1 *n (delicacy)* manjar *m*, exquisitez *f*.
2 *n (gossip)* chisme *m*.

tithe [taɪð] *n* diezmo.

titillate ['tɪtɪleɪt] *vt* excitar.

titivate ['tɪtɪveɪt]
1 *vt* emperifollar.
2 *vi* emperifollarse.

title ['taɪtəl]
1 *n (gen)* título.

2 *n JUR* título, derecho.
3 *n SP* título, campeonato.
4 *vt* titular.
5 **titles** *npl (film credits)* créditos *mpl*.
▪ **title deed** escritura de propiedad.
title page portada.
title role papel *m* principal.

titled ['taɪtəld] *adj* con título de nobleza.

titleholder ['taɪtəlhəʊldəʳ] *n* campeón, -ona.

titter ['tɪtəʳ]
1 *n* risita.
2 *vi* reírse disimuladamente.

tittle-tattle ['tɪtltætl] *n fam* cotilleo, chismes *mpl*.
▲ *pl* tizzies.

titular ['tɪtjʊlə'] *adj* titular, nominal.

tizzy ['tɪzɪ] **to get in a tizzy** *phr fam* ponerse nervioso,-a.

TM ['treɪdmɑːk] *abbr* (**trademark**) marca registrada.

TNT ['tiː'en'tiː] *abbr* (**trinitrotoluene**) trinitrotolueno; *(abbreviation)* TNT.

to [tʊ, *unstressed* tə]
1 *prep (with place)* a: **we're going to a concert** vamos a un concierto; **did you go to the bank?** ¿fuiste al banco?; **he was taken to the police station** lo llevaron a la comisaría; **I have been to lots of countries** he estado en muchos países; **I saw her on the way to the airport** la vi camino del aeropuerto; **they travelled from town to town** viajaron de ciudad en ciudad; **A is to the north/south/east/west of B** A está al norte/sur/este/oeste de B; **it's twenty miles to York** York está a veinte millas de aquí.
2 *prep (towards)* hacia: **the Labour party has moved to the right** el partido laborista se ha desplazado hacia la derecha; **it's further to the north** está más hacia el norte; **he sat with his back to her** se sentó de espaldas a ella.
3 *prep (as far as, until)* a, hasta: **from beginning to end** desde el principio hasta el final; **she can count up to 10** sabe contar hasta 10; **from Monday to Friday** de lunes a viernes; **we work from 9 to 5** trabajamos de 9 a 5; **her hair reaches down to her waist** el pelo le llega hasta la cintura; **I like all music, from Van Morrison to Eminem** me gusta toda la música, desde Van Morrison hasta Eminem; **it's accurate to within one second** tiene un margen de error de menos de un segundo.
4 *prep (of time)* menos: **it's ten to two** son las dos menos diez; **it's nearly twenty to** son casi menos veinte; **a quarter to eight** las ocho menos cuarto; **there are only two weeks to Christmas** faltan solo dos semanas para Navidad.
5 *prep (with indirect object)* a: **I showed the letter to my mother** le enseñé la carta a mi madre; **she lent the book**

to her friend le dejó el libro a su amiga; **I gave it to him** se lo di a él.
6 *prep (for)* de: **the key to the safe** la llave de la caja fuerte; **he's secretary to the board** es secretario del consejo de administración; **what's the answer to question 4?** ¿cuál es la respuesta a la pregunta número 4?; **heir to the throne** heredero al trono.
7 *prep (attitude, behaviour)* con, para con: **you've been very kind to us** has sido muy amable con nosotros; **be nice to her** pórtate bien con ella; **he was so rude to me** se mostró muy grosero conmigo.
8 *prep (in honour of)* a: **we drink to his health** brindamos a su salud; **a monument to Churchill** un monumento a Churchill.
9 *prep (touching)* a, contra: **he put his ear to the wall** puso la oreja contra la pared; **she clutched her bag to her chest** se estrechó el bolso contra el pecho.
10 *prep (accompanied by)* acompañado,-a de: **we danced to the music** bailamos al compás de la música; **he left to loud shouts of disapproval** se marchó entre gritos de desaprobación.
11 *prep (causing something)* para: **to my surprise, it was empty** para mi sorpresa, estaba vacío.
12 *prep (as seen by)* por lo que respecta: **to a foreigner, it must seem awful** para un extranjero, debe parecer terrible; **to some people he was a hero, to others a traitor** para algunos era un héroe, para otros era un traidor.
13 *prep (indicating comparison)* a: **I prefer tea to coffee** prefiero el té al café; **that's nothing to what I heard** eso no es nada comparado con lo que he oído.
14 *prep (ratio)* a: **they won by fourteen points to ten** ganaron por catorce puntos a diez; **we lost by three goals to two** perdimos por tres a dos; **the odds are 50 to 1** las posibilidades son 50 contra 1.
15 *prep (per, equivalent)* a, en: **there are 100 pence to the pound** hay 100 peniques en una libra; **how much does your car do to the gallon?** ≈ ¿cuánto gasta tu coche a los cien kilómetros?
16 *prep (according to)* según: **to my way of thinking** a mi modo de entender; **is it to your taste?** ¿es de su agrado?; **I did it to the best of my ability** lo hice lo mejor posible; **contrary to all appearances** en contra de todos los indicios.
17 *prep (result)* a: **wait until the light turns to green** espera hasta que la luz cambie a verde; **she was reduced to tears** se deshizo en lágrimas; **the party's rapid rise to power** la rápida subida al poder del partido; **he smashed it to pieces** lo hizo pedazos.

18 *prep (in order to)* para, a fin de: I worked overtime to earn some extra money hice horas extras para ganar más dinero.

19 *prep (used as object of many verbs)* she wants you to go away quiere que te vayas.

20 *prep (substituting infinitive)* would you like to dance? —I'd love to ¿te gustaría bailar? —me encantaría; she didn't want to go, but she had to no quería ir, pero no le quedaba más remedio.

21 *adv (of door)* ajustada: push the door to ajusta la puerta.

✦ **to and fro** vaivén, ir y venir.

▲ *Cuando se usa con la raíz del verbo para formar el infinitivo no se traduce:* I want to help you quiero ayudarte; he tried to sell his car intentó vender su coche

toad [təʊd] *n* sapo.

toadstool ['təʊdstuːl] *n* hongo venenoso.

toady ['təʊdɪ]
1 *n* pelota *mf*, cobista *mf*.
2 *vi* hacer la pelota a, dar coba a.
▲ *(sustantivo) pl* toadies; *(verbo) pt & pp* toadied, *ger* toadying.

toast [təʊst]
1 *n (food)* pan *m* tostado: a piece of toast una tostada.
2 *n (drink)* brindis *m*: let's drink a toast to the bride and groom brindemos por los novios.
3 *vt (cook)* tostar.
4 *vt (drink)* brindar por, beber a la salud de.
■ **toast rack** portatostadas *m inv*.

toaster ['təʊstər] *n* tostadora.

toastmaster ['təʊstmɑːstər] *n* maestro de ceremonias.

tobacco [tə'bækəʊ] *n* tabaco.
■ **tobacco pouch** petaca.
▲ *pl* tobaccos o tobaccoes.

tobacconist [tə'bækənɪst] *n* estanquero,-a.
■ **tobacconist's (shop)** estanco.

Tobago [tə'beɪɡəʊ] *n* Tobago.

toboggan [tə'bɒɡən]
1 *n* tobogán *(m)*.
2 *vi* tirarse por un tobogán.

toccata [tə'kɑːtə] *n* tocata.

tod [tɒd] **on one's tod** *phr* solo,-a.

today [tə'deɪ]
1 *n* hoy *m*.
2 *adv* hoy: I'm leaving a week today me voy de aquí una semana.
3 *adv (nowadays)* hoy en día: young people today los jóvenes de hoy en día.

toddle ['tɒdəl]
1 *vi (child)* dar los primeros pasos.
2 *vi (person)* andar con paso inseguro.
▶ **to toddle off** *vi* marcharse, irse.

toddler ['tɒdlər] *n* niño,-a (que empieza a andar).

toddy ['tɒdɪ] *n bebida hecha generalmente de whisky, agua caliente, azúcar y limón.*

to-do [tə'duː] *n* lío, jaleo.
▲ *pl* to-dos.

toe [təʊ]
1 *n* ANAT dedo del pie.
2 *n (of shoe)* puntera; *(of sock)* punta.
3 *vt* tocar con la punta del pie.
✦ **to be on one's toes** estar alerta.
to keep on one's toes mantenerse alerta.
to step/tread on somebody's toes *(literally)* pisar a alguien; *(offend)* ofender a alguien.
to toe the line acatar la disciplina, ser conformista.

toecap ['təʊkæp] *n* puntera.

toenail ['təʊneɪl] *n* uña del dedo del pie.

toff [tɒf] *n fam* pijo,-a, esnob *mf*.

toffee ['tɒfɪ] *n* caramelo.
■ **toffee apple** manzana caramelizada.

toffee-nosed ['tɒfɪnəʊzd] *n* presumido,-a, engreído,-a.

tog¹ [tɒɡ] *vt* vestir.
▶ **to tog out/tog up**
1 *vt sep* vestir.
2 *vi* vestirse.

tog² [tɒɡ] *n unidad de aislamiento térmico.*

toga ['təʊɡə] *n* toga.

together [tə'ɡeðər]
1 *adv (gen)* juntos,-as: we spend all our time together pasamos todo nuestro tiempo juntos; beat the flour and the sugar together batir la harina con el azúcar; they strove to keep the family together lucharon por mantener la familia unida.
2 *adv (simultaneously)* a la vez, al mismo tiempo: they answered together contestaron a la vez; problems always come together los problemas siempre vienen juntos.
3 *adv (nonstop)* seguido,-a.
4 *adj fam (confident, organized, capable)* seguro,-a de sí mismo,-a.
✦ **to bring together** reunir, juntar.
to come together juntarse.
to get it together organizarse.
to go together ir juntos,-as.
together with junto con.

togetherness [tə'ɡeðənəs] *n* unión *f*.

toggle ['tɒɡəl] *n* botón *m* de madera.

Togo ['təʊɡəʊ] *n* Togo.

Togolese [təʊɡə'liːz]
1 *adj* togolés,-esa.
2 *n* togolés,-esa.

togs [tɒɡz] *npl fam* ropa *f sing*.

toil [tɔɪl]
1 *n* trabajo, esfuerzo.
2 *vi* afanarse, esforzarse.

toilet ['tɔɪlət]
1 *n (appliance)* váter *m*, inodoro; *(room)* lavabo, baño.
2 *n (public)* servicios *mpl*, aseos *mpl*.
3 *n (washing)* aseo personal, higiene *m* personal.
■ **toilet paper** papel *m* higiénico.
toilet roll rollo de papel higiénico.
toilet water agua de colonia.

toiletries ['tɔɪlətrɪz] *npl* artículos *mpl* de aseo.

toilet-train ['tɔɪləttreɪn] *vt* enseñar a un,-a niño,-a a pedir las necesidades.

token ['təʊkən]
1 *n (sign, proof)* señal *f*, prueba.
2 *n (memento, souvenir)* detalle *m*, recuerdo.
3 *n (coupon)* vale *m*.
4 *n (coin)* ficha.
5 *adj* simbólico,-a: a token payment un pago simbólico; they put up token resistance presentaron resistencia simbólica.
✦ **by the same token** del mismo modo, de la misma manera.
in token of en señal de, en recuerdo de.

told [təʊld] *pt & pp →* tell.

tolerable ['tɒlərəbəl]
1 *adj (endurable)* tolerable, soportable.
2 *adj (not bad)* regular, pasable.

tolerance ['tɒlərəns] *n* tolerancia.

tolerant ['tɒlərənt] *adj* tolerante (**of/towards**, con).

tolerate ['tɒləreɪt] *vt* tolerar, aguantar, soportar: he doesn't tolerate such behaviour no tolera tal comportamiento; how can you tolerate that noise? ¿cómo aguantas aquel ruido?

toll¹ [təʊl]
1 *n (payment)* peaje *m*.
2 *n (loss)* mortalidad *f*, número de víctimas mortales.
✦ **to take its toll on** afectar negativamente: the damp and cold took their toll on his health la humedad y el frío minaron su salud.

toll² [təʊl]
1 *n (of bell)* tañido.
2 *vt* tañer, doblar.
3 *vi* doblar.

tollgate ['təʊlɡeɪt] *n* peaje *m*.

Toltec ['tɒltek]
1 *adj* tolteca.
2 *n* tolteca *mf*.

toluene ['tɒljuɪn] *n* tolueno.

tom [tɒm] *n* gato (macho).

tomahawk ['tɒməhɔːk] *n* hacha de guerra.

tomato [tə'mɑːtəʊ, *US* tə'meɪtəʊ] *n* tomate *m*.
■ **tomato plant** tomatera.
▲ *pl* tomatoes.

tomb [tuːm] *n* tumba, sepulcro.

tombola [tɒm'bəʊlə] *n* tómbola.

tomboy ['tɒmbɔɪ] *n* marimacho *f*.

tomboyish ['tɒmbɔɪʃ] *adj* machote.

tombstone ['tuːmstəʊn] *n* lápida (sepulcral).

tomcat ['tɒmkæt] *n* gato (macho).

tome [təʊm] *n* tomo.

tomfoolery [tɒm'fuːlərɪ] *n* tonterías *fpl*.

Tommy gun ['tɒmɪɡʌn] *n* metralleta.

tommyrot ['tɒmɪrɒt] *n* tonterías *fpl*.

tomorrow [tə'mɒrəʊ]
1 *n* mañana.
2 *adv* mañana: tomorrow morning/afternoon mañana por la mañana/tarde; see you tomorrow! ¡hasta mañana!

tom-tom ['tɒmtɒm] *n* tam-tam *m*.

ton [tʌn]
1 *n* tonelada.
2 tons *npl fam* montones *mpl*: I've got tons of homework to do tengo montones de deberes que hacer.
♦ to come down on somebody like a ton of bricks arremeter contra alguien.
to do a ton *(car)* ir a 100 millas por hora.
to weigh a ton pesar muchísimo, pesar una tonelada.

tonal ['təʊnəl] *adj* tonal.

tonality [təʊ'nælɪtɪ] *n* tonalidad *f*.

tone [təʊn]
1 *n (sound, manner of speaking)* tono; *(on phone)* señal *f*: don't use that tone of voice with me no me hables en ese tono; please leave your message after the tone deje su mensaje después de la señal.
2 *n (colour)* tonalidad *f*, tono.
3 *n (mood, character)* tono, carácter *m*.
4 *n (quality, respectability)* buen tono, clase *f*, nivel *m*: they lower the tone of the area ellos hacen bajar el nivel de la zona.
5 *n MUS* tono.
6 *n (of muscle)* tono.
▶ to tone down *vt sep* atenuar, suavizar.
to tone in with *vi* ir bien con, armonizar con.
to tone up *vt sep* tonificar.

tone-deaf ['təʊn'def] *adj* que no tiene sentido musical, que no tiene oído.

toneless ['təʊnləs] *adj* monótono,-a.

Tonga ['tɒŋgə] *n* Tonga.

Tongan ['tɒŋgən]
1 *adj* tongano,-a.
2 *n (person)* tongano,-a.
3 *n (language)* tongano.

tongs [tɒŋz] *npl* tenacillas *fpl*, pinzas *fpl*.

tongue [tʌŋ]
1 *n ANAT* lengua.
2 *n (language)* lengua, idioma *m*.
3 *n (of shoe)* lengüeta.
4 *n (of bell)* badajo.
5 *n (of land, flame)* lengua.
♦ cat got your tongue?/have you lost your tongue? ¿se te ha comido la lengua el gato?
to get one's tongue round something poder pronunciar algo.
to hold one's tongue callarse.
tongue in cheek en broma, irónicamente.
to put one's tongue out/stick one's tongue out sacar la lengua.
to set tongues wagging dar que hablar.
with one's tongue hanging out con la lengua fuera.
■ tongue twister trabalenguas *m inv*.

tongue-tied ['tʌŋtaɪd] *adj* cortado,-a.

tonic ['tɒnɪk]
1 *n MED* tónico.
2 *n MUS* tónica.
3 *n (drink)* tónica.
4 *adj* tónico,-a.
■ tonic water tónica.

tonight [tə'naɪt]
1 *n* esta noche *f*.
2 *adv* esta noche *f*.

tonnage ['tʌnɪdʒ] *n* tonelaje *m*.

tonne [tʌn] *n* tonelada.

tonsil ['tɒnsəl] *n* amígdala.

tonsillitis [tɒnsə'laɪtəs] *n* amigdalitis *f*.

tonsure ['tɒnʃər] *n* tonsura.

too [tuː]
1 *adv (excessively)* demasiado: too slow demasiado lento; too big demasiado grande.
2 *adv (also)* también: can I come too? ¿puedo ir también?; me too yo también.
3 *adv (besides)* además.
4 *adv (very)* muy.
♦ too many demasiados,-as.
too much demasiado,-a.
all too/only too demasiado,-a.
I should think so too! ¡era lo menos que podía hacer!
about time too ya era hora.
to be too much for somebody ser demasiado para alguien.

took [tʊk] *pt* → take.

tool [tuːl]
1 *n (gen)* herramienta; *(instrument)* instrumento.
2 *vt (book)* estampar; *(leather)* labrar.
3 tools *npl (gardening etc)* útiles *mpl*.
▶ to tool up *vt sep* equipar.
■ tool shed cobertizo para las herramientas.

toolbar ['tuːlbɑːr] *n* barra de herramientas.

toolbox ['tuːlbɒks] *n* caja de herramientas.

toolkit ['tuːlkɪt] *n* juego de herramientas.

tool-maker ['tuːlmeɪkər] *n* trabajador, -ra que fabrica herramientas.

toot [tuːt]
1 *n AUTO* bocinazo.
2 *n (on whistle)* pitido.
3 *vt* tocar.
4 *vi* tocar el claxon, tocar la bocina.

tooth [tuːθ]
1 *n (gen)* diente *m*; *(molar)* muela; *(front tooth)* incisivo: he had a tooth out le sacaron una muela.
2 *n (of comb)* púa.
3 *n (of saw)* diente *m*.
♦ long in the tooth viejo,-a.
to cut a tooth echar los dientes, endentecer.
to fight tooth and nail luchar con uñas y dientes.
to get one's teeth into something hincarle el diente a algo.
to have a sweet tooth ser goloso,-a.
to set one's teeth on edge darle dentera a uno.
to show one's teeth enseñar los dientes.
■ tooth fairy ratoncito Pérez.
▲ *pl* tooth.

toothache ['tuːθeɪk] *n* dolor *m* de muelas.

toothbrush ['tuːθbrʌʃ] *n* cepillo de dientes.

toothed [tuːθd] *adj* dentado,-a.

toothless ['tuːθləs] *adj* desdentado,-a.

toothpaste ['tuːθpeɪst] *n* pasta de dientes.

toothpick ['tuːθpɪk] *n* mondadientes *m inv*, palillo.

toothsome ['tuːθsəm] *adj* apetitoso,-a, sabroso,-a.

toothy ['tuːθɪ] *adj* dentón,-ona.
▲ *comp* toothier, *superl* toothiest.

top[1] [tɒp]
1 *n (highest/upper part)* parte *f* superior, parte *f* de arriba, parte *f* más alta: an attic is the room at the top of a house el desván es el cuarto en la parte más alta de una casa.
2 *n (far end - of street)* final *m*; *(- of table)* cabecera: I'll meet you at the top of the street quedamos al final de la calle.
3 *n (of mountain)* cumbre *m*.
4 *n (of tree)* copa.
5 *n (surface)* superficie *f*.
6 *n (of bottle)* tapón *m*; *(of pen)* capuchón *m*.
7 *n (highest position)* she was top of the class fue la primera de la clase; I think you'll make it to the top creo que llegarás hasta arriba; who's the top of the organization? ¿quién es el jefe de la organización?
8 *n (of list)* cabeza: who's at the top of the league? ¿quién encabeza la liga?; what's top of the list? ¿qué es lo primero de la lista?
9 *n (of car)* capota.
10 *n (clothes)* blusa *(corta)*, camiseta, top *m*; *(of bikini)* parte de arriba.
11 *n (beginning)* principio: let's take it from the top hagámoslo desde el principio.
12 *n (gear)* directa.
13 *adj (highest)* de arriba, superior, más alto,-a: I live on the top floor vivo en el último piso.
14 *adj (best, highest, leading)* mejor, principal: one of Spain's top directors uno de los mejores directores españoles; top party officials los cabecillas del partido; only the top graduates get the top jobs solo los mejores licenciados consiguen los mejores trabajos.
15 *adj (highest, maximum)* principal, máximo,-a: the car's top speed la velocidad máxima del coche.
16 *vt (cover)* cubrir, rematar.
17 *vt (remove top of plant/fruit)* quitar los rabillos.

18 *vt sl (kill)* cargarse: he topped himself se mató.

19 *vt (come first, head)* encabezar.

20 *vt (better, surpass, exceed)* superar.

21 tops *npl (of plant)* hojas *fpl*.

▸ **to top off** *vi* rematar.

to top up *vt sep (fill up)* acabar de llenar; *(refill)* volver a llenar.

✦ **at the top of the tree** *fig* en la cumbre.

at the top of one's voice a voz en grito.

at top speed a toda velocidad.

from top to bottom de arriba abajo.

from top to toe de cabeza a pies.

on top encima de, sobre: put your things on top pon tus cosas encima.

on top of encima de: don't put your books on top of mine no pongas tus libros encima de los míos; do you get commission on top of your salary? ¿ganas una comisión además de tu sueldo?

on top of it all/to top it all para colmo.

to be on top of the world estar en la gloria, estar contento,-a y feliz.

to be over the top *(excessive)* ser demasiado.

to blow one's top perder los estribos.

to come out on top salir ganando.

to get on top of somebody agobiar a alguien.

to go over the top pasarse.

▪ **top brass** peces *mpl* gordos, altos mandos *mpl*.

top copy original *m*.

top dog gallito.

top gear directa.

top hat chistera, sombrero de copa.

top of the bill actor *m* principal, actriz *f* principal.

▲ *pt & pp topped, ger topping.*

top² [tɒp] *n* peonza.

✦ **to sleep like a top** dormir como un tronco, dormir como un lirón.

topaz ['təʊpæz] *n* topacio.

topcoat [tɒp'kəʊt] *n dated* abrigo.

topee ['təʊpɪ] *n* salacot *m*.

topgallant ['tɒpgælənt] *n* juanete *m* salacot.

top-heavy ['tɒp'hevɪ] *adj* demasiado pesado,-a en la parte superior, inestable.

top-hole [tɒp'həʊl] *adj* excelente.

topi ['təʊpɪ] *n* salacot *m*.

topic ['tɒpɪk] *n* tema *m*.

topical ['tɒpɪkəl] *adj* actual, de actualidad.

topless ['tɒpləs] *adj* desnudo,-a de cintura para arriba.

topmost ['tɒpməʊst] *adj* más alto,-a.

topnotch [tɒp'nɒtʃ] *adj* de primera.

topographer [tə'pɒgrəfə'] *n* topógrafo,-a.

topography [tə'pɒgrəfɪ] *n* topografía.

toponym ['tɒpənɪm] *n* topónimo.

toponymic [tɒpə'nɪmɪk] *adj* toponímico,-a.

toponymy [tə'pɒnɪmɪ] *n* toponimia.

topping ['tɒpɪŋ]

1 *n (for pizza)* ingrediente *m*; *(for ice-cream)* salsa.

2 *adj* excelente.

topple ['tɒpəl]

1 *vt (overturn)* volcar, hacer caer.

2 *vt fig (overthrow)* derribar, derrocar.

3 *vi (fall)* caerse; *(lose balance)* tambalearse, perder el equilibrio.

top-ranking ['tɒprænkɪŋ] *adj* de alto nivel.

tops [tɒps] **the tops** *npl fam* lo mejor *m sing*.

topsail ['tɒpseɪl] *n* gavia.

top-secret [tɒp'si:krət] *adj* sumamente secreto,-a, confidencial.

topside ['tɒpsaɪd] *n* redondo.

topsoil ['tɒpsɔɪl] *n* capa superficial del suelo.

topsy-turvy ['tɒpsɪ'tɜ:vɪ]

1 *adv* en desorden, patas arriba.

2 *adj* confuso,-a, desordenado,-a.

tor [tɔ:'] *n* colina, peñasco.

Torah ['tɔ:rə] *n* Torá.

torch [tɔ:tʃ]

1 *n (with naked flame)* antorcha.

2 *n (electric)* linterna.

3 *vt* quemar, prender fuego a.

✦ **to carry a torch for somebody** estar enamorado,-a de alguien sin ser correspondido,-a.

▪ **torch song** canción *f* de amor.

torchlight ['tɔ:tʃlaɪt] **by torchlight** *phr* con luz de linterna.

▪ **torchlight parade** procesión *f* con antorchas.

tore [tɔ:'] *pt* → **tear.**

toreador ['tɒrɪədə'] *n* torero.

torment ['tɔ:mənt]

1 *n (gen)* tormento, tortura; *(suffering)* angustia: she was in torment sufría muchísimo.

2 *vt (cause to suffer)* atormentar, torturar.

3 *vt (annoy)* molestar, hacer rabiar, martirizar.

▲ *(verbo)* [tɔ:'ment].

tormentor [tɔ:'mentə'] *n* atormentador,-ra.

torn [tɔ:n]

1 *pp* → **tear.**

2 *adj* rasgado,-a, roto,-a.

✦ **that's torn it!** ¡ahora sí que la he *(has, ha, etc.)* hecho buena!, ¡se ha ido todo al traste!

to be torn between X and Y no poder decidir entre X e Y.

to be torn by something estar atormentado,-a por algo.

tornado [tɔ:'neɪdəʊ] *n* tornado.

▲ *pl tornados o tornadoes.*

torpedo [tɔ:'pi:dəʊ]

1 *n* torpedo.

2 *vt* torpedear.

3 *vt fig* hacer fracasar.

▲ *(sustantivo) pl torpedos o torpedoes; (verbo) pt & pp torpedoed, ger torpedoing.*

torpid ['tɔ:pɪd]

1 *adj (of animal - dormant)* en estado letárgico.

2 *adj (apathetic, sluggish, lethargic)* apático,-a, letárgico,-a.

torpor ['tɔ:pə'] *n* letargo.

torque [tɔ:k] *n* par *m* motor.

▪ **torque wrench** llave dinamométrica.

torrent ['tɒrənt] *n* torrente *m*.

torrential [tə'renʃəl] *adj* torrencial.

torrid ['tɒrɪd]

1 *adj (hot, dry)* tórrido,-a.

2 *adj (passionate)* apasionado,-a.

torsion ['tɔ:ʃən] *n* torsión *f*.

torso ['tɔ:səʊ] *n* torso.

▲ *pl torsos.*

tort [tɔ:t] *n JUR* agravio.

tortoise ['tɔ:təs] *n* tortuga (de tierra).

tortoiseshell ['tɔ:təʃel]

1 *n* carey *m*.

2 *n (color)* color *m* carey.

3 *adj* de carey.

4 *adj (colour)* de color carey.

tortuous ['tɔ:tjʊəs] *adj* tortuoso,-a.

torture ['tɔ:tʃə']

1 *n* tortura, tormento.

2 *vt* torturar, atormentar.

torturer ['tɔ:tʃərə'] *n* torturador,-ra.

Tory ['tɔ:rɪ]

1 *n GB* conservador,-ra.

2 *adj GB* conservador,-ra.

▲ *pl Tories.*

tosh [tɒʃ] *n* tonterías *fpl*, bobadas *fpl*.

toss [tɒs]

1 *n (shake)* sacudida, movimiento.

2 *n (of coin)* sorteo a cara o cruz.

3 *vt (move, shake)* mover, agitar, sacudir; *(pancake)* dar la vuelta a; *(salad)* mezclar.

4 *vt (throw)* arrojar, lanzar, tirar.

5 *vi* moverse, agitarse, sacudirse.

✦ **not to give a toss about something** no importarle un cojón a alguien.

to toss a coin echarlo a cara o cruz.

to toss and turn (in bed) revolverse (en la cama), dar vueltas (en la cama).

to toss for something jugar algo a cara o cruz.

▲ *pt & pp totted, ger totting.*

toss-up ['tɒsʌp] *n* it's a toss-up between Smith and Jones tanto puede ser Smith como Jones.

tot [tɒt]

1 *n (child)* chiquitín,-na.

2 *n fam (drink)* trago.

▸ **to tot up** *vt sep* sumar.

total ['təʊtəl]

1 *adj (overall)* total; *(complete)* completo,-a, rotundo,-a.

2 *n* total *m*, suma.

3 *vt* sumar.
4 *vi* sumar, ascender a.
✦ **in total** en total.
totalitarian [təʊtælɪ'teərɪən] *adj* totalitario,-a.
totality [təʊ'tælɪtɪ] *n* totalidad *f.*
totalizator ['təʊtəlaɪzeɪtə'] *n* totalizador *m.*
totally ['təʊtəlɪ] *adv* totalmente, completamente.
tote [təʊt]
1 *vt fam (carry)* acarrear.
2 *n →* totalizator.
totem ['təʊtəm] *n* tótem *m.*
■ **totem pole** tótem *m.*
totter ['tɒtə'] *vi* tambalearse.
tottering ['tɒtərɪŋ] *adj (gen)* tambaleante; *(step)* inseguro,-a.
tottery ['tɒtərɪ] *adj (gen)* tambaleante; *(step)* inseguro,-a.
toucan ['tuːkən] *n* tucán *m.*
touch [tʌtʃ]
1 *n (gen)* toque *m*; *(light touch)* roce *m*: it'll fall down at the slightest touch caerá al mínimo toque; I felt a touch on my arm sentí que alguien me tocaba el brazo.
2 *n (detail)* detalle *m*, toque *m*: she put the finishing touches to the tree dio los últimos toques al árbol.
3 *n (sense)* tacto: it was cold to the touch era frío al tacto.
4 *n (connection)* contacto, comunicación *f.*: I'll be in touch with you estaré en contacto contigo; I've lost touch with Rob he perdido el contacto con Rob.
5 *n (slight quantity)* poquito, pizca; *(trace)* punto, asomo: this soup needs a touch of salt falta una pizca de sal en la sopa; a touch of frost un poco de escarcha; he said with a touch of irony dijo con un dejo de ironía; it's a touch expensive for me es un poco caro para mí.
6 *n MED* amago: I've got a touch of flu tengo un amago de gripe.
7 *n fam (skill,ability)* habilidad *f.*: you must be losing your touch debes de estar perdiendo la habilidad.
8 *n (manner,style)* toque *m*, sello: he plays with a special touch juega con un toque especial; this job requires a personal touch este trabajo requiere un toque personal.
9 *n SP* toque *m.*
10 *vt (gen)* tocar; *(lightly)* rozar: look, but don't touch mirad, pero no toquéis; he touched her cheek softly le tocó suavemente la mejilla; his lips touched her hand sus labios rozaron su mano.
11 *vt (eat)* probar: you haven't touched your food no has probado la comida.
12 *vt (move)* conmover: she was touched by the kind gift se conmovió con el regalo; the tragedy touched everyone la tragedia conmovió a todos.
13 *vt (equal, rival)* igualar: nobody can touch him as a harpist nadie puede igualarlo como arpista.

14 *vt (affect)* afectar, tocar: I think you touched a sore point creo que has tocado un punto débil.
15 *vt (deal with)* tocar, abordar.
16 *vi* tocarse: their hands touched se tocaron las manos.
▸ **to touch down**
1 *vi (plane)* aterrizar.
2 *vi SP* hacer un ensayo.
to touch off *vt sep* provocar, causar.
to touch on/touch upon *vi* mencionar.
to touch up
1 *vt sep ART* retocar.
2 *vt sep sl* manosear, magrear, meter mano a.
✦ **at a touch** al primer roce.
into touch *sp* fuera.
not to touch something with a bargepole no querer algo ni regalado,-a, no querer algo ni que le paguen a uno.
to be an easy/soft touch ser fácil sacarle dinero a uno.
to be in touch with something estar al corriente de algo.
to be out of touch estar fuera de onda.
to get in touch ponerse en contacto (**with**, con).
to keep in touch mantenerse en contacto (**with**, con).
to touch bottom tocar fondo.
to touch somebody for money sablear, dar un sablazo a alguien: he touched me for £10 me sableó diez libras.
to touch wood tocar madera.
touch-and-go ['tʌtʃən'gəʊ] *adj* dudoso,-a: it was touch-and-go whether he would live or not no era seguro si viviría, estaba entre la vida y la muerte.
touchdown ['tʌtʃdaʊn]
1 *n (on land)* aterrizaje *m.*
2 *n (on sea)* amerizaje *m.*
3 *n SP* ensayo.
touched [tʌtʃt]
1 *adj (moved)* conmovido,-a.
2 *adj (crazy)* tocado,-a.
touchiness ['tʌtʃɪnəs] *n* susceptibilidad *f.*
touching ['tʌtʃɪŋ] *adj* conmovedor,-ra.
touchline ['tʌtʃlaɪn] *n SP* línea de banda.
touch-screen ['tʌtʃskriːn] *n* pantalla táctil.
touchstone ['tʌtʃstəʊn] *n* piedra de toque.
touch-type ['tʌtʃtaɪp] *vi* mecanografiar sin mirar las teclas.
touchy ['tʌtʃɪ]
1 *adj (person)* susceptible: she's touchy about her nose es muy susceptible cuando se trata de su nariz.
2 *adj (subject etc)* delicado,-a.
▲ *comp* touchier, *superl* touchiest.
tough [tʌf]
1 *adj (strong)* fuerte, resistente.
2 *adj (difficult)* duro,-a, arduo,-a.
3 *adj (rough, violent)* violento,-a.
4 *adj (severe)* duro,-a, severo,-a.

5 *adj (meat)* duro,-a.
6 *adj fam* malo,-a, injusto,-a: tough luck mala suerte.
7 *n* tipo duro.
✦ **to be a tough nut to crack** ser un hueso duro de roer.
to be as tough as old boots ser muy duro,-a.
to get tough with somebody ponerse duro,-a con alguien.
■ **tough customer** cliente *m* difícil.
toughen ['tʌfən]
1 *vt (muscles, laws)* endurecer; *(person)* hacer más fuerte.
2 *vi (muscles, approach)* endurecerse; *(person)* hacerse más fuerte.
toughness ['tʌfnəs]
1 *n (strength)* dureza, resistencia.
2 *n (difficulty)* dificultad *f.*
3 *n (severity)* severidad *f.*
Toulouse [tuː'luːz] *n* Tolosa.
toupee ['tuːpeɪ] *n* peluquín *m.*
tour [tʊə']
1 *n* viaje *m*, excursión *f.*: we're going on a tour of Britain vamos a hacer un viaje por Gran Bretaña.
2 *n (round building)* visita.
3 *n (by performers)* gira; *(cycling)* vuelta.
4 *vt (gen)* recorrer, viajar por.
5 *vt (building)* visitar.
6 *vi (by performers)* hacer una gira.
✦ **to be on tour** estar de gira.
■ **tour operator** agente *m* de viajes.
tour de force [tʊədə'fɔːs] *n* hazaña.
tourism ['tʊərɪzəm] *n* turismo.
tourist ['tʊərɪst]
1 *n* turista *mf.*
2 *adj* turístico,-a.
■ **tourist class** clase *f* turista.
tourist industry turismo.
tourist trap *sitio que atrae a muchos turistas.*
touristy ['tʊərɪstɪ] *adj fam pej* demasiado turístico,-a.
tournament ['tʊənəmənt] *n* torneo.
tournedos ['tʊənədəʊ] *n* turnedó *m.*
▲ *pl* tournedos ['tʊənədəʊz].
tourniquet ['tʊənɪkeɪ] *n* torniquete *m.*
tousle ['taʊzəl] *vt* despeinar.
tout [taʊt]
1 *n* revendedor,-ra.
2 *vt* revender.
3 *vi* intentar captar clientes: he's always touting for custom siempre anda buscando clientes.
✦ **to tout one's wares** intentar vender sus mercancías.
■ **ticket tout** revendedor,-ra de entradas.
tow [təʊ]
1 *vt* remolcar: if you leave your car there, the police will tow it away si dejas el coche allí, se lo llevará la grúa.
2 *n* remolque *m*: how did you get home? —somebody gave me a tow ¿cómo llegaste a casa? —alguien me remolcó.

✦ **on tow** de remolque.
with ... in tow acompañado,-a de ...,
seguido,-a de ...: **he arrived with his
family in tow** llegó acompañado de su
familia.
toward [təˈwɔːd] *prep US* → **towards.**
towards [təˈwɔːdz]
1 *prep (in direction of)* hacia: **he ran towards me** corrió hacia mí; **we have
made steps towards reaching an
agreement** estamos cerca de llegar a
un acuerdo.
2 *prep (attitude)* con, para con: **everyone was very friendly towards me** todos eran muy amables conmigo.
3 *prep (payment)* para: **the money will
go towards (the cost of) a new coach**
el dinero será para a un nuevo autocar;
**huge sums have been spent towards
improving public safety** se han gastado cantidades enormes de dinero para
mejorar la seguridad ciudadana.
4 *prep (of time)* hacia, cerca de: **it must
have been towards 11.00** serían cerca
de las once; **it was towards the end of
1986** era hacia finales de 1986.
towbar [ˈtəʊbɑːʳ] *n* barra de remolque.
towel [taʊəl]
1 *n* toalla.
2 *vt* secar con toalla.
✦ **to throw in the towel** arrojar la toalla.
■ **towel rail** toallero.
▲ *pt & pp* **towelled** (*US* **toweled**), *ger* **towelling** (*US* **toweling**).
towelling [ˈtaʊəlɪŋ] *n* felpa.
tower [taʊəʳ]
1 *n (gen)* torre *f*.
2 *n (of church)* campanario.
3 *vi* elevarse.
▶ **to tower above/tower over** *vt insep*
dominar, destacarse sobre.
✦ **to be a tower of strength** ser una ayuda valiosa.
■ **ivory tower** torre *f* de marfil.
tower block bloque *m* (de pisos).
towering [ˈtaʊərɪŋ]
1 *adj (tall)* muy alto,-a, elevado,-a, dominante.
2 *adj (rage)* violento,-a, intenso,-a, extremo,-a.
3 *adj (person)* destacado,-a, dominante.
town [taʊn]
1 *n (large)* ciudad *f*; *(small)* población *f*,
municipio, pueblo.
2 *n (city centre)* centro: **we're going into
town** vamos al centro; **he's out of town**
está fuera.
3 *n (people)* ciudadanos *mpl*, ciudad *f*.
4 *adj* urbano,-a, municipal.
✦ **(out) on the town** de juerga, de marcha.
to go to town *(do enthusiastically)* dedicarse con entusiasmo, entregarse de
pleno; *(spend a lot of money)* tirar la casa
por la ventana, no reparar en gastos.
to paint the town red ir de juerga.

■ **town centre** centro urbano, centro
comercial.
town clerk secretario del ayuntamiento.
town council ayuntamiento.
town crier pregonero municipal.
town hall ayuntamiento.
town house *(terraced house)* casa unifamiliar adosada; *(house in city)* casa de la
ciudad.
town planning urbanismo.
township [ˈtaʊnʃɪp]
1 *n (gen)* municipio, pueblo.
2 *n (in South Africa)* distrito segregado.
townspeople [ˈtaʊnzpiːpəl] *npl* ciudadanos *mpl*.
towpath [ˈtəʊpɑːθ] *n* camino de sirga.
towrope [ˈtəʊrəʊp] *n* cable *m* de remolque.
toxic [ˈtɒksɪk] *n* tóxico,-a.
toxicity [tɒkˈsɪsɪtɪ] *n* toxicidad *f*.
toxicological [tɒksɪkəˈlɒdʒɪkəl] *adj* toxicológico,-a.
toxicologist [tɒksɪˈkɒlədʒɪst] *n* toxicólogo,-a.
toxicology [tɒksɪˈkɒlədʒɪ] *n* toxicología.
toxin [ˈtɒksɪn] *n* toxina.
toy [tɔɪ]
1 *n* juguete *m*.
2 *adj* de juguete.
3 *adj (dog)* enano,-a.
▶ **to toy with** *vt insep (object, food)* jugar
con; *(idea)* acariciar; *(affections)* divertirse con: **I've been toying with the
idea of emigrating** he estado pensando en emigrar.
■ **toy soldier** soldadito de plomo.
toyshop [ˈtɔɪʃɒp] *n* juguetería.
trace [treɪs]
1 *n (mark, sign)* indicio, rastro.
2 *n (small amount - material)* pizca, vestigio; *(- non-material)* dejo, asomo, nota.
3 *vt (sketch)* trazar, esbozar.
4 *vt (copy)* calcar.
5 *vt (find)* encontrar, localizar; *(follow)*
seguir la pista de.
6 *vt (describe development)* describir: **this
book traces the history of music** este
libro describe la historia de la música.
7 *vt (find origin)* encontrar el origen de:
**have they traced the cause of the
fire?** ¿han encontrado la causa del incendio?; **they traced the call to a
mobile phone** averiguaron que la llamada provenía de un teléfono móvil.
8 *vt (go back to)* remontarse a: **she traced
her family back to the 16th century**
los orígenes de su familia se remontan
al siglo XVI; **the problem can be
traced back to his childhood** el problema se remonta a su infancia.
■ **trace element** oligoelemento.
traceable [ˈtreɪsəbəl] *adj* localizable.
tracer [ˈtreɪsəʳ]
1 *n MIL* trazadora.
2 *n MED* trazador *m*.
■ **tracer bullet** bala trazadora.

trachea [trəˈkɪə] *n ANAT* tráquea.
tracheotomy [trækɪˈɒtəmɪ] *n* traqueotomía.
trachoma [trəˈkəʊmə] *n MED* tracoma *m*.
tracing [ˈtreɪsɪŋ] *n* calco.
■ **tracing paper** papel *m* de calco, papel
m de calcar.
track [træk]
1 *n (mark)* pista, huellas *fpl*, rastro; *(of
wheels)* rodada.
2 *n (of rocket, bullet, etc)* trayectoria.
3 *n (path)* camino, senda, sendero.
4 *n SP* pista.
5 *n (for motor-racing)* circuito.
6 *n (of railway)* vía; *(platform)* andén *m*.
7 *n (on record, etc)* tema *m*, corte *m*, canción *f*.
8 *n (belt on wheels)* oruga.
9 *vt (person, animal)* seguir la pista de.
10 *vt TECH* seguir la trayectoria de.
11 *vi CINEM* hacer una toma larga con la
cámara en movimiento.
▶ **to track down** *vt sep* localizar, encontrar.
✦ **to be on somebody's tracks/be on
the track of somebody** seguir la pista
de alguien.
to be on the right track ir por buen camino.
to be on the wrong track estar equivocado,-a/despistado,-a.
to have a one-track mind no tener
más que un solo pensamiento.
to keep track of seguir, mantenerse al
tanto de.
to lose track of perder de vista, perder
el hilo de.
to make tracks irse, largarse.
to stop (dead) in one's tracks parar
en seco.
■ **track events** atletismo en pista.
track record historial *m*.
track and field atletismo.
tracker [ˈtrækəʳ] *n* rastreador,-ra.
■ **tracker dog** perro rastreador.
tracksuit [ˈtræksuːt] *n* chándal *m*.
tract¹ [trækt] *n (treatise)* tratado; *(pamphlet)* folleto.
tract² [trækt]
1 *n (land)* extensión *f*.
2 *n ANAT* tracto.
■ **digestive tract** tracto digestivo.
tractable [ˈtræktəbəl] *adj (person)* tratable, dócil; *(metal)* maleable.
traction [ˈtrækʃən] *n (gen)* tracción *f*.
■ **traction engine** vehículo de tracción.
tractor [ˈtræktəʳ] *n* tractor *m*.
trade [treɪd]
1 *n (commerce)* comercio: **there's been
an increase in foreign trade** ha habido un aumento del comercio exterior;
trade picks up at Christmas el comercio se recupera en Navidad; **fine
weather is good for trade** el buen
tiempo es favorable para el comercio;
we're doing a good trade today estamos vendiendo mucho hoy.

2 *n (business)* negocio; *(industry)* industria: **my parents are in the antique trade** mis padres se dedican al negocio de las antigüedades; **the building trade has suffered a decline** la construcción ha experimentado un descenso; **Spain relies heavily on the tourist trade** España vive principalmente del turismo.

3 *n (occupation)* oficio, profesión *f*: **he's a carpenter by trade** es carpintero de oficio; **printing is a dying trade** el oficio de impresor está desapareciendo.

4 *n (people who work in particular industry)* comerciantes *mpl*, gente *f* del negocio: **they give discounts to the trade** ofrecen descuentos a los comerciantes.

5 *adj* comercial.

6 *vi (do business)* comerciar: **he trades in textiles** comercia en textiles; **they have stopped trading with Cuba** han dejado de tener tratos comerciales con Cuba.

7 *vt (exchange)* cambiar: **I'll trade my bike for your stereo** cambiaré mi bici por tu estéreo.

▸ **to trade in** *vt sep* dar como parte del pago.

to trade on *vi* explotar, aprovecharse de.

✦ **to do a good/brisk/roaring trade in something** hacer un gran negocio con algo, vender algo como pan caliente.

▪ **trade cycle** ciclo comercial.

trade deficit/trade gap déficit *m* comercial.

trade discount descuento comercial.

trade fair feria de muestras.

trade name nombre *m* comercial.

trade price precio al por mayor.

trade secret secreto industrial.

trade union sindicato, gremio obrero.

trade unionism sindicalismo.

trade unionist sindicalista *mf*.

trade winds vientos *mpl* alisios.

trademark ['treɪdmɑːk] *n* marca registrada, marca.

trader ['treɪdə'] *n* comerciante *mf*.

tradesman ['treɪdzmən]

1 *n (businessman)* comerciante *m*; *(shopkeeper)* tendero.

2 *n (deliveryman)* repartidor *m*.

▪ **tradesman's entrance** puerta de servicio.

trading ['treɪdɪŋ] *n* comercio.

▪ **trading estate** polígono industrial.

trading post *establecimiento comercial pequeño en una zona poco habitada*.

trading stamp cupón *m*.

tradition [trə'dɪʃən] *n* tradición *f*.

traditional [trə'dɪʃənəl] *adj* tradicional.

traditionalist [trə'dɪʃənəlɪst] *n* tradicionalista *mf*.

traditionally [trə'dɪʃənəlɪ] *adv* tradicionalmente.

traduce [trə'djuːs] *vt US* calumniar, difamar.

traffic ['træfɪk]

1 *n AUTO* tráfico, circulación *f*, tránsito: **there's heavy traffic today** hay circulación intensa hoy.

2 *n (of ships, aircraft)* tráfico.

3 *n (of people, goods)* tránsito, movimiento.

4 *n (trade)* tráfico: **drug traffic** tráfico de drogas.

5 *adj* de la circulación, del tráfico.

6 *vi* traficar (**in**, con): **he trafficked in arms** traficaba con armas.

▪ **traffic circle** *US* rotonda.

traffic jam atasco, embotellamiento.

traffic lights semáforo.

traffic sign señal *f* de tráfico.

trafficker ['træfɪkə'] *n* traficante *mf*: **drug trafficker** narcotraficante.

tragedy ['trædʒədɪ] *n* tragedia.

▲ *pl* **tragedies**.

tragic ['trædʒɪk] *adj* trágico,-a.

tragically ['trædʒɪklɪ] *adv* trágicamente.

tragicomedy [trædʒɪ'kɒmədɪ] *n* tragicomedia.

▲ *pl* **tragicomedies**.

trail [treɪl]

1 *n (path)* camino, sendero.

2 *n (track, mark, scent)* rastro, pista, huellas *fpl*.

3 *n (of rocket, comet)* cola; *(of dust, vapour)* estela; *(of blood)* reguero.

4 *vt (follow)* seguir la pista de.

5 *vt (drag)* arrastrar.

6 *vi (lag behind)* ir rezagado,-a, quedarse atrás: **the others trailed way behind** los demás iban muy rezagados; **this country is trailing behind in space research** este país está quedando atrás en investigación espacial.

7 *vi (drag)* arrastrarse.

8 *vi (plant)* arrastrarse, trepar.

9 *vi (lose)* perder: **Chelsea are trailing by two goals to nil** el Chelsea pierde por dos goles a cero; **the socialists are trailing in the opinion polls** los socialistas pierden según los sondeos de opinión.

▸ **to trail away/trail off** *vi (voice)* irse apagando.

✦ **to leave a trail of destruction** arrasar todo al pasar.

to trail one's coat incitar, provocar.

trailblazer ['treɪlblæɪzə'] *n* pionero,-a.

trailer ['treɪlə']

1 *n AUTO* remolque *m*.

2 *n US* caravana.

3 *n CINEM* tráiler *m*, avance *m*.

train [treɪn]

1 *n (transport)* tren *m*: **some got on the train and some got off** unos subieron al tren y otros bajaron; **I changed trains at Miranda** hice transbordo en Miranda.

2 *n (of dress)* cola.

3 *n (line - of animals)* recua; *(- of vehicles)* convoy *m*.

4 *n (retinue)* grupo, séquito.

5 *n (of ideas, thoughts)* serie *f*, hilo; *(of events)* serie *f*, sucesión *f*.

6 *vt SP* entrenar, preparar.

7 *vt (teach)* enseñar, formar, capacitar: **to train the mind** formar la mente; **he trained us to fight** nos enseñó a luchar; **the police are trained to shoot** se enseña a la policía a disparar.

8 *vt (one's eye, ear, voice)* educar.

9 *vt MIL* adiestrar.

10 *vt (animal)* enseñar; *(to perform tricks)* amaestrar, adiestrar.

11 *vt (direct - gun)* apuntar (**on**, a); *(- camera)* enfocar (**on**, a), dirigir (**on**, hacia); *(- plant)* guiar.

12 *vi SP* entrenarse, prepararse: **he was training for the marathon** se entrenaba para (correr) el maratón.

13 *vi (teach)* estudiar: **she trained to be a teacher** estudió magisterio; **he was trained as a nurse** estudió enfermería.

14 *vi MIL* adiestrarse.

✦ **in train** en fase de preparación.

to bring in its train acarrear, traer como consecuencia.

▪ **train driver** maquinista *mf*.

train set juego de trenes.

train spotter aficionado,-a a los trenes.

trained [treɪnd]

1 *adj (worker - skilled)* calificado,-a, cualificado,-a; *(- qualified)* graduado,-a, diplomado,-a.

2 *adj (animal)* amaestrado,-a, adiestrado,-a.

3 *adj (voice, ear)* educado,-a.

trainee [treɪ'niː]

1 *n (manual work)* aprendiz,-za.

2 *n (professional work)* persona que está haciendo prácticas.

▪ **management trainee** persona que está haciendo prácticas de gerente.

trainer ['treɪnə']

1 *n SP* entrenador,-ra.

2 *n (of dogs)* amaestrador,-ra; *(of circus animals)* domador,-ra; *(of race horses)* preparador,-ra.

3 *n (aircraft)* entrenador *m*.

4 *n (shoe)* zapatilla de deporte.

training ['treɪnɪŋ]

1 *n* formación *f* (profesional), capacitación *f*.

2 *n SP* entrenamiento, preparación *f* física.

3 *vi MIL* instrucción *f*.

✦ **to be in training (for something)** *SP* entrenarse (para algo).

▪ **training college** instituto de formación profesional.

training course cursillo de capacitación.

training shoe zapatilla de deporte.

traipse [treɪps] *vi* recorrerse a pie, patearse.

trait [treɪt] *n* rasgo, característico.

traitor ['treɪtə'] *n* traidor,-ra: **he was a traitor to his country** traicionó a su país.

✦ **to turn traitor** pasarse al enemigo.

trajectory [trə'dʒektərɪ] n trayectoria.
▲ pl trajectories.

tram [træm] n tranvía m.

tramcar ['træmkɑ:ə] n tranvía m.

tramlines ['træmlaɪnz]
1 npl (of tram) carriles mpl de tranvía.
2 npl SP (in tennis) líneas fpl laterales.

tramp [træmp]
1 n (person) vagabundo,-a.
2 n caminata, excursión f a pie.
3 n US sl fulana, puta.
4 vt andar por, recorrer a pie.
5 vi (walk) caminar (con pasos pesados), andar penosamente; (hike) recorrer.
■ **tramp steamer** vapor m volandero.

trample ['træmpəl]
1 vt pisotear: the tourists trampled the grass los turistas pisotearon la hierba; a child was trampled to death un niño murió aplastado.
2 vi pisotear (**on/over**, -).

trampoline ['træmpəli:n] n cama elástica.

trance [trɑ:ns] n trance m: she went into a trance entró en trance.

tranquil ['træŋkwɪl] adj tranquilo,-a.

tranquillity [træŋ'kwɪlətɪ] n tranquilidad f.

tranquillise ['træŋkwɪlaɪz] vt → tranquillize.

tranquillize ['træŋkwɪlaɪz] vt tranquilizar.

tranquilliser ['træŋkwɪlaɪzə'] n → tranquillizer.

tranquillizer ['træŋkwɪlaɪzə'] n tranquilizante m, calmante m: she's on tranquillizers toma tranquilizantes.

trans¹ [trænz'leɪtɪd] abbr (**translated**) traducido,-a; (abbreviation) trad.

trans² ['trænsɪtɪv] abbr (**transitive**) transitivo,-a; (abbreviation) trans.

transact [træn'zækt]
1 vt negociar.
2 vi negociar.
✦ **to transact business with somebody** hacer negocios con alguien.

transaction [træn'zækʃən]
1 n (deal) operación f, transacción f.
2 n (business) negocio.

transatlantic [trænzət'læntɪk] adj transatlántico,-a.

transcend [træn'send]
1 vt (go beyond) trascender.
2 vt (surpass) superar.

transcendent [træns'endənt] adj trascendente.

transcendental [trænsen'dentəl] adj trascendental.
■ **transcendental meditation** meditación f trascendental.

transcontinental [trænzkɒntɪ'nentəl] adj transcontinental.

transcribe [træn'skraɪb] vt transcribir, trascribir.

transcript ['trænskrɪpt] n transcripción f.

transcription [træn'skrɪpʃən] n transcripción f: phonetic transcription transcripción fonética.

transept ['trænsept] n crucero.

transfer ['trænsfɜ:r]
1 n FIN transferencia.
2 n JUR (of property) traspaso.
3 n (of employee) traslado.
4 n SP (of player) traspaso; (player) fichaje m.
5 n (drawing) cromo, calcomanía.
6 n (of airline passenger) transbordo, trasbordo.
7 vt FIN transferir: I've transferred £100 into your account he transferido 100 libras a tu cuenta.
8 vt JUR (property) traspasar.
9 vt (employee, prisoner) trasladar: he was transferred to another branch lo trasladaron a otra sucursal.
10 vt SP (player) traspasar.
11 vt (data, information, phone call) pasar.
12 vi (employee) trasladarse: she's transferred to another department se ha trasladado a otro departamento.
13 vi (transport) hacer transbordo, cambiar.
14 vi EDUC cambiar: I'd like to transfer to another course me gustaría cambiar de curso.
■ **transfer fee** traspaso.
transfer list lista de traspasos.
▲ pt & pp **transferred**, ger **transferring**; (verbo) [træns'fɜ:r].

transferable [træns'fɜ:rəbəl] adj transferible.

transfiguration [trænsfɪgə'reɪʃən] n transfiguración f.

transfigure [træns'fɪgə'] vt transfigurar, transformar.

transfix [træns'fɪks]
1 vt (render motionless) paralizar.
2 vt (impale) traspasar, atravesar.
✦ **to be transfixed** quedarse paralizado,-a.

transform [træns'fɔ:m]
1 vt transformar: this area has been completely transformed han transformado esta zona por completo.
2 vi transformarse (**into**, en), convertirse (**into**, en).

transformation [trænsfə'meɪʃən] n transformación f.

transformer [træns'fɔ:mə'] n ELEC transformador m.

transfuse [træns'fju:z] vt hacer una transfusión de.

transfusion [træns'fju:ʒən] n transfusión f: blood transfusion transfusión f de sangre.

transgress [træns'gres]
1 vt (break moral principle) transgredir, violar.
2 vt (go beyond) traspasar, exceder.

transgression [træns'greʃən] n transgresión f, violación f.

transhumance [trɑ:nz'hju:məns] n transhumancia.

transience ['trænzɪəns] n transitoriedad f.

transient ['trænzɪənt] adj transitorio,-a, pasajero,-a.

transistor [træn'zɪstə'] n transistor m.
■ **transistor radio** transistor m.

transistorized [træn'sɪtəraɪzd] adj transistorizado,-a.

transit ['trænsɪt] n tránsito, paso.
✦ **in transit** en tránsito, en el viaje.
■ **transit camp** campamento provisional.
transit lounge sala de tránsito.
transit van furgoneta.
transit visa visado de tránsito.

transition [træn'zɪʃən] n transición f.

transitional [træn'zɪʃənəl] adj transicional.

transitive ['trænsɪtɪv] adj transitivo,-a.

transitory ['trænsɪtərɪ] adj transitorio,-a.

translatable [trɑːnz'leɪtəbəl] adj traducible.

translate [træns'leɪt]
1 vt (gen) traducir (**from**, de) (**into**, a): how do you translate "watch"? ¿cómo se traduce "watch"?; this book has been translated into many languages este libro ha sido traducido a muchos idiomas.
2 vt (express, explain) expresar.
3 vt (transform) transformar.
4 vi (person) traducir; (word, book, etc) traducirse.

translation [træns'leɪʃən] n traducción f.
✦ **to read something in translation** leer algo traducido,-a.

translator [træns'leɪtə'] n traductor,-ra.

translucent [trænz'lu:sənt] adj translúcido,-a.

transmission [trænz'mɪʃən] n transmisión f.

transmit [trænz'mɪt] vt transmitir (**to**, a).
▲ pt & pp transmitted, ger transmitting.

transmitter [trænz'mɪtə'] n transmisor m.

transmute [trænz'mju:t] vt transmutar.

transom ['trænsəm]
1 n (traverse) travesaño.
2 n (separating door from window) dintel m.
3 n US (fanlight) montante m.

transpacific [trɑːnspə'sɪfɪk] adj transpacífico,-a.

transparency [træns'peərensɪ]
1 n (quality) transparencia.
2 n (slide) diapositiva; (acetate) transparencia.
▲ pl transparencies.

transparent [træns'peərənt]
1 adj transparente.
2 adj fig claro,-a, evidente.

transpiration [trænspɪ'reɪʃən] n transpiración f.

transpire [træns'paɪə']
1 vt (plants) transpirar.

2 *vi (become known)* resultar: it transpired that … resultó ser que …

3 *vi fam (happen)* pasar, ocurrir: it is not known exactly what transpired no se sabe exactamente lo que ocurrió.

transplant ['trænsplɑːnt]
1 *n* trasplante *m*: he had a heart transplant le hicieron un trasplante de corazón.
2 *vt* trasplantar.
■ **hair transplant** implante *m* de cabello.
▲ *(verbo)* ['træns'plɑːnt].

transponder [træns'pɒndə'] *n* transpondedor *m*.

transport ['trænspɔːt]
1 *n* transporte *m*: we use public transport utilizamos el transporte público; air transport transporte aéreo.
2 *vt* transportar.
3 *vt HIST* deportar.
■ **transport café** restaurante *m* de carretera.
transport plane avión *m* de transporte.
transport ship buque *m* de transporte.
▲ *(verbo)* ['træns'pɔːt].

transportable [træn'spɔːtəbəl] *adj* transportable.

transportation [trænspɔː'teɪʃən] *n* transporte *m*.

transporter [træns'pɔːtə'] *n* transportador *m*.

transpose [træns'pəuz]
1 *vt (words, letters)* transponer, trasponer.
2 *vt MUS* transportar.

transsexual [træns'sekʃʊəl] *n* transexual *mf*.

transship [træn'ʃɪp] *vt* transbordar.
▲ *pt & pp* transshipped, *ger* transshipping.

transversal [trænz'vɜːsəl] *adj* transversal.

transverse [trænz'vɜːs] *adj* transversal.

transvestism [trɑːnz'vestɪzəm] *n* travestismo.

transvestite [trænz'vestaɪt] *n* travestido,-a, travesti *m*, travestí *m*.

trap [træp]
1 *n (gen)* trampa.
2 *n fam (mouth)* boca: keep your trap shut cállate.
3 *n (vehicle)* coche *m* ligero de dos ruedas.
4 *n (of drain)* sifón *m*.
5 *vt (catch - gen)* atrapar; *(snare - animal)* cazar; *(imprison)* entrampar; *(part of body)* pillar: they were trapped in the building quedaron atrapados en el edificio.
6 *vt SP (in football)* parar con el pie.
7 *vt fig (trick)* engañar, tender una trampa a: they trapped me into telling them me sacaron la información engañándome.
8 *vt (heat, light, etc)* retener.
✦ **to lay a trap/set a trap** tender una trampa, poner una trampa.
to fall into a trap caer en una trampa.
▲ *pt & pp* trapped, *ger* trapping.

trapdoor ['træpdɔː'] *n (gen)* trampilla; *(in theatre)* escotillón *m*.

trapeze [trə'piːz] *n* trapecio.
■ **trapeze artist** trapecista *mf*.

trapezium [trə'piːzɪəm] *n GB* trapecio.

trapezoid ['træpɪzɔɪd] *n GB* trapezoide *m*.

trapper ['træpə'] *n* cazador,-ra, trampero,-a.

trappings ['træpɪŋz]
1 *npl (paraphernalia)* parafernalia, símbolos *mpl*: he enjoyed all the trappings of success disfrutaba de todo aquello que el éxito conlleva.
2 *npl (of horse)* arreos *mpl*.

Trappist ['træpɪst]
1 *n REL* trapense *m*.
2 *adj* trapense.

trapshooting ['træpʃuːtɪŋ] *n* tiro al plato.

trash [træʃ]
1 *n* porquería, basura, bodrio: this book is pure trash este libro es pura basura.
2 *n US (rubbish)* basura.
3 *n US (people)* gente *f* despreciable.
■ **trash can** *(waste bin)* cubo de la basura; *(on computer)* papelera de reciclaje.

trashy ['træʃɪ] *adj* malo,-a, que no vale para nada.
▲ *comp* trashier, *superl* trashiest.

trauma ['trɔːmə] *n* trauma *m*.

traumatic [trɔː'mætɪk] *adj* traumático,-a.

traumatology [trɔːmə'tɒlədʒɪ] *n* traumatología.

travel ['trævəl]
1 *n* viajes *mpl*, viajar *m*: we share a love of travel a los dos nos encanta viajar.
2 *vt* viajar por, recorrer: he's travelled the whole of Spain ha viajado por toda España; we've travelled 100 kms hemos hecho 100 kms.
3 *vi (make a journey)* viajar; *(go)* ir: I love travelling me encanta viajar; she travels to work by car va al trabajo en coche; they travelled round the world dieron la vuelta al mundo.
4 *vi (move, go)* ir: do you know what speed you were travelling at? ¿sabe a qué velocidad iba?; light travels faster than sound la luz viaja más rápido que el sonido; news travels fast las noticias vuelan.
5 *vi (go fast)* ir rápido, ir a toda velocidad.
6 *vi (as salesperson)* ser viajante, ser representante.
7 *vi (wine, food, etc)* poderse transportar.
8 **travels** *npl (journeys)* viajes *mpl*.
■ **travel agency** agencia de viajes.
travel agent agente *mf* de viajes.
travel warrant vale *m* de viaje.
▲ *pt & pp* travelled *(US* traveled*), ger* travelling *(US* traveling*)*.

traveled ['trævəld] *adj US* → **travelled.**

traveler ['trævələ'] *n US* → **traveller.**

traveling ['trævəlɪŋ] *adj-n US* → **travelling.**

travelled ['trævəld] *adj* que ha viajado: she's a well-travelled person es una persona que ha viajado mucho.

traveller ['trævələ']
1 *n (gen)* viajero,-a.
2 *n (representative)* viajante *mf*, representante *mf*.
3 *n GB* persona que lleva una vida de nómada.
■ **traveller's cheque** cheque *m* de viaje.

travelling ['trævəlɪŋ]
1 *adj (exhibition etc)* ambulante.
2 *adj (bag, clock etc)* de viaje.
3 *n* viajar *m*, viajes *mpl*.
■ **travelling expenses** gastos *mpl* de viaje.
travelling salesman viajante *mf*, representante *mf*.

travelogue ['trævəlɒg] *n (film)* documental *m*; *(lecture)* conferencia sobre viajar.

travel-sick ['trævəlsɪk] *adj* mareado,-a.

travel-sickness ['trævəlsɪknəs] *n* mareo.

traverse [trə'vɜːs]
1 *vt* cruzar, atravesar.
2 *n ARCH* travesaño.
3 *n (mountaineering)* travesía.

travesty ['trævəstɪ]
1 *n* parodia (**of**, de).
2 *vt* parodiar.
▲ *(sustantivo)* pl travesties; *(verbo)* pt & pp travestied, *ger* travestying.

trawl [trɔːl]
1 *n (net)* red *f* de arrastre.
2 *vt (fish)* pescar (con red de arrastre).
3 *vt (search)* buscar (**for**, -).
4 *vi* pescar al arrastre.
■ **trawl line** palangre *m*, espinel *m*.

trawler ['trɔːlə'] *n* pesquero de arrastre.

tray [treɪ]
1 *n (for food)* bandeja.
2 *n (for papers)* caja, cesta.
3 *n (in photography)* cubeta.

treacherous ['tretʃərəs]
1 *adj (person)* traidor,-ra, traicionero,-a.
2 *adj (dangerous)* muy peligroso,-a, traicionero,-a.

treachery ['tretʃərɪ] *n* traición *f*.
▲ *pl* treacheries.

treacle ['triːkəl] *n GB* melaza.

tread [tred]
1 *n (manner or sound of walking)* paso, pasos *mpl*: he walks with a heavy tread anda con pasos pesados.
2 *n (on tyre)* banda de rodadura, dibujo.
3 *n (on stair)* escalón *m*.
4 *vt (gen)* pisar, pisotear: he trod his cigarette into the carpet apagó su cigarrillo pisándolo en la moqueta; the locals tread the grapes los del lugar pisan la uva.
5 *vt (walk on)* andar por; *(make)* hacer.
6 *vi* pisar, poner el pie (**on**, -): don't tread in that dog muck! ¡no pises esa caca!; you're treading on my foot me estás pisando.

+ **to tread on somebody's corns/toes**
ofender a alguien.
to tread the boards pisar las tablas.
to tread warily/carefully/lightly andar con pies de plomo.
to tread water pedalear en el agua.
▲ *pt* **trod** [trɒd], *pp* **trodden** ['trɒdən] *o* **trod**.

treadle ['tredəl] *n* pedal *m*.

treadmill ['tredmɪl]
1 *n HIST (punishment)* rueda de castigo.
2 *n fig* rutina.

treas ['treʒərə'] *abbr* (**treasurer**) tesorero,-a.

treason ['triːzən] *n* traición *f.*

treasure ['treʒə']
1 *n (gen)* tesoro, tesoros *mpl.*
2 *n (valued person)* tesoro, joya.
3 *vt (value, cherish)* apreciar mucho, valorar mucho.
▶ **to treasure up** *vt sep* guardar como un tesoro, atesorar.
■ **treasure hunt** caza del tesoro.
treasure trove tesoro encontrado.

treasurer ['treʒərə'] *n* tesorero,-a.

treasury ['treʒərɪ] *n* tesorería.
■ **Treasury Department** Ministerio de Hacienda.
Treasury bill bono del Tesoro.
▲ *pl* **treasuries**.

treat [triːt]
1 *n (meal, drink)* convite *m*: **it's my treat** invito yo.
2 *n (present)* regalo.
3 *n (pleasure)* placer *m*, gusto, deleite *m.*
4 *vt (act, behave towards)* tratar: **why don't you treat me like an adult?** ¿por qué no me tratas como a un adulto?; **I was treated as one of the family** me trataron como a uno (más) de la familia.
5 *vt (subject)* tratar: **this will be treated with the utmost confidentiality** se tratará con total confianza.
6 *vt (consider, regard)* tomar(se): **he treated it as a joke** lo tomó en broma.
7 *vt (invite)* convidar, invitar; *(give)* regalar; *(spoil oneself)* permitirse el lujo, darse el gusto: **they treated us to dinner** nos invitaron a cenar; **she treated the children to a trip to the seaside** llevó a los niños de excursión a la playa como algo especial; **I treated myself to a new pair of shoes** me di el gusto de comprarme unos zapatos nuevos.
8 *vt MED (condition)* tratar, curar; *(person)* atender: **he was treated for hepatitis** le curaron la hepatitis.
9 *vt TECH (wood, worm, etc)* tratar (**with**, con).
+ **to treat somebody like dirt** despreciar a alguien.
to work a treat funcionar a las mil maravillas.

treatise ['triːtɪs] *n* tratado.

treatment ['triːtmənt]
1 *n MED* tratamiento, cura: **she's undergoing treatment for cancer** se está sometiendo a un tratamiento contra el cáncer; **he's not responding to treatment** no responde al tratamiento.
2 *n (manner of treating)* trato; *(behaviour)* conducta: **they criticized the treatment of prisoners** criticaron el trato a los prisioneros.
3 *n (process)* tratamiento.
■ **preferential treatment** trato preferente.

treaty ['triːtɪ] *n* tratado.
▲ *pl* **treaties**.

treble ['trebəl]
1 *adj (threefold)* triple.
2 *adj MUS* de tiple.
3 *n MUS* tiple *mf.*
4 *vt* triplicar.
5 *vi* triplicarse.
■ **treble clef** clave *f* de sol.

tree [triː] *n* árbol *m.*
+ **to be at the top of the tree** estar en la cúspide.
you can't see the wood for the trees los árboles no dejan ver el bosque.
■ **tree surgeon** arboricultor,-ra.
tree trunk tronco.

treeless ['triːləs] *adj* sin árboles.

tree-lined ['triːlaɪnd] *adj* con árboles en las aceras.

tree-top ['triːtɒp] *n* copa.

trefoil ['trefɔɪl] *n* trébol *m.*

trek [trek]
1 *n* caminata: **it's quite a trek** queda bien lejos.
2 *vi* caminar, andar.
▲ *pt & pp* **trekked**, *ger* **trekking**.

trekking ['trekɪŋ] *n* senderismo.

trellis ['trelɪs] *n (for plants)* espaldera.

tremble ['trembəl]
1 *n* temblor *m.*
2 *vi* temblar: **she trembled with fear** temblaba de miedo; **his voice trembled** le temblaba la voz, su voz temblaba.
+ **to be all of a tremble** temblar como un flan.

tremendous [trɪ'mendəs]
1 *adj (huge)* tremendo,-a, inmenso,-a.
2 *adj fam (great)* fantástico,-a, estupendo,-a.

tremendously [trɪ'mendəslɪ] *adv* tremendamente, extremadamente.

tremor ['tremə'] *n* temblor *m.*

tremulous ['tremjələs] *adj* trémulo,-a, tembloroso,-a.

trench [trentʃ]
1 *n (ditch)* zanja.
2 *n MIL* trinchera.
■ **trench coat** trinchera.
trench warfare guerra de trincheras.

trenchant ['trentʃənt] *adj* cáustico,-a, mordaz.

trend [trend]
1 *n (tendency)* tendencia (**to/towards**, hacia), tónica.
2 *n (fashion)* moda.
+ **to set the trend** iniciar una moda, imponer un estilo.

trendsetter ['trendsetə'] *n* iniciador,-ra de moda.

trendy ['trendɪ] *adj fam* moderno,-a, de moda: **you look very trendy** vas a la última.
▲ *comp* **trendier**, *superl* **trendiest**.

trepan [trə'pæn]
1 *n* trépano.
2 *vt* trepanar.

trepanation [trəpə'neɪʃən] *n* trepanación *f.*

trephination [trefɪ'neɪʃən] *n* trepanación *f.*

trephine [trɪ'fiːn]
1 *n* trépano.
2 *vt* trepanar.

trepidation [trepɪ'deɪʃən] *n* turbación *f,* agitación *f.*: **... I asked with trepidation** ... pregunté turbado.

trespass ['trespəs]
1 *n* entrada ilegal.
2 *n REL* pecado.
3 *vi (on land)* entrar sin autorización; *(on patience etc)* abusar de; *(in affairs)* meterse, entrometerse, interferir: **he was fined for trespassing on army land** lo multaron por entrar ilegalmente en terrenos del ejército.
4 *vi REL* pecar (**against**, contra).
+ **"No trespassing"** "Prohibido el paso".

trespasser ['trespəsə'] *n* intruso,-a.
+ **"Trespassers will be prosecuted"** "Prohibido el paso, propiedad privada".

tress [tres]
1 *n* mechón *m.*
2 *tresses npl* melena *f sing*, cabellera *f sing.*

trestle ['tresəl] *n* caballete *m.*
■ **trestle table** mesa de caballete.

triad ['traɪæd] *n* tríada.

trial ['traɪəl]
1 *n JUR* proceso, juicio: **he went on trial for murder** lo procesaron por asesinato.
2 *n (test)* prueba: **this product is on trial** este producto está a prueba.
3 *n (suffering)* aflicción *f*, sufrimiento; *(trouble)* molestia, problema *m*: **the trials and tribulations of modern life** las tribulaciones de la vida moderna; **that child is a trial to his parents** aquel niño es un problema para sus padres.
4 **trials** *npl SP* pruebas *fpl.*
+ **on trial** a prueba.
to bring somebody to trial procesar a alguien.
to stand trial ser procesado,-a.
■ **trial and error** ensayo y error, prueba y error.
trial offer oferta especial.
trial period período de prueba.

triangle [ˈtraɪæŋgəl] *n* triángulo.
triangular [traɪˈæŋgjʊləʳ] *adj* triangular.
triathlon [traɪˈæθlɒn] *n* triatlón *m*.
tribal [ˈtraɪbəl] *adj* tribal.
tribe [traɪb]
 1 *n* tribu *f*.
 2 *n fam (family)* tribu *f*, familia.
tribesman [ˈtraɪbzmən] *n* miembro de una tribu.
 ▲ *pl* **tribesmen**.
tribulation [trɪbjʊˈleɪʃən] *n* tribulación *f*.
tribunal [traɪˈbjuːnəl] *n* tribunal *m*.
tribune [ˈtrɪbjuːn]
 1 *n ARCH* tribuna.
 2 *n (Roman magistrate)* tribuno.
tributary [ˈtrɪbjʊtərɪ]
 1 *n* afluente *m*.
 2 *adj* tributario,-a.
 ▲ *pl* **tributaries**.
tribute [ˈtrɪbjuːt]
 1 *n (homage)* homenaje *m*, tributo.
 2 *n (payment)* tributo.
 ✦ **to pay tribute to somebody** rendir homenaje a alguien.
trice [traɪs] **in a trice** *phr* en un santiamén.
tricentenary [traɪsenˈtiːnərɪ] *n* tricentenario.
tricentennial [traɪsenˈtenɪəl] *n* tricentenario.
triceps [ˈtraɪseps] *npl* tríceps *m inv*.
 ▲ *pl* **triceps**.
trichinosis [trɪkɪˈnəʊsɪs] *n* triquinosis *f*.
trick [trɪk]
 1 *n (skill, knack)* truco.
 2 *n (for entertainment)* truco, juego de manos; *(with cards)* juego de naipes; *(by animals)* número.
 3 *n (deception, ruse)* ardid *m*, engaño, trampa, truco: **there must be a trick in it** aquí debe de haber trampa; **you can't fool me with that old trick** a mí no me engañas con ese viejo truco; **it's a trick of the light** es un efecto de la luz.
 4 *n (prank, joke)* broma: **the children are always playing tricks on their friends** los niños siempre gastan bromas a sus amigos.
 5 *n (cards won)* baza.
 6 *n (habit)* hábito, costumbre *f*, manía.
 7 *adj* de juguete, de mentira.
 8 *vt (deceive)* engañar, burlar: **he realized he'd been tricked** se dio cuenta de que lo habían engañado.
 ▸ **to trick out/trick up** *vi (decorate)* adornar (**in/with**, con).
 ✦ **every trick in the book** todos los trucos: **he tried every trick in the book** lo intentó todo.
 how's tricks? ¿cómo van las cosas?, ¿qué tal?
 never to miss a trick no perderse nada.
 to be up to one's tricks hacer de las suyas.

to do the trick funcionar, ser la solución.
to have a trick up one's sleeve guardarse un as en la manga.
to play a dirty trick on somebody jugar una mala pasada a alguien.
to trick somebody into doing something engañar a alguien para que haga algo: **she tricked him into marrying her** lo engañó para que se casara con ella.
to trick somebody out of something estafar a alguien, timar a alguien: **they tried to trick her out of her share of the money** trataron de estafarle su parte del dinero.
trick or treat *US frase de los niños que en Halloween van por las casas pidiendo un regalo a cambio de no hacer una jugarreta.*
 ▪ **trick of the trade** truco del oficio.
 trick photograph fotografía trucada.
 trick photography trucaje *m*.
 trick question pregunta capciosa.
trickery [ˈtrɪkərɪ] *n* superchería, engaño.
trickle [ˈtrɪkəl]
 1 *n* goteo, hilo.
 2 *n fig* pequeña cantidad *f*, poco.
 3 *vi (liquid)* gotear, salir gota a gota.
 4 *vi fig salir (entrar, llegar, etc)* poco a poco: **refugees have been trickling out of the war zone** los refugiados han ido saliendo poco a poco de la zona de guerra.
trickster [ˈtrɪkstəʳ] *n* estafador,-ra, embustero,-a, timador,-ra.
tricky [ˈtrɪkɪ]
 1 *adj (person)* taimado,-a, astuto,-a, mañoso,-a.
 2 *adj (problem, situation - difficult)* difícil; *(- delicate)* delicado,-a.
 ▲ *comp* **trickier**, *superl* **trickiest**.
tricolour [ˈtrɪkələʳ] *n* tricolor *f*.
tricorn [ˈtraɪkɔːn] *n* tricornio.
tricycle [ˈtraɪsɪkəl] *n* triciclo.
trident [ˈtraɪdənt] *n* tridente *m*.
tried [traɪd] *pp* → **try**.
 ✦ **tried and tested** de calidad probada.
trier [ˈtraɪəʳ] *n* persona que se esfuerza: **he's a real trier** se esfuerza al máximo.
trifle [ˈtraɪfəl]
 1 *n (unimportant thing)* fruslería, bagatela, nimiedad *f*, chuchería.
 2 *n (little money)* poco dinero, insignificancia.
 3 *n GB postre de bizcocho borracho, fruta, gelatina, crema y nata.*
 ▸ **to trifle with** *vt insep* jugar con: **he's not someone to be trifled with** es una persona a la que hay que tratar con respeto.
 ✦ **a trifle** un poco, algo.
trifling [ˈtraɪfəlɪŋ] *adj* insignificante, sin importancia.
trigger [ˈtrɪgəʳ]
 1 *n (of gun)* gatillo.
 2 *n (of camera, machine)* disparador *m*.

3 to trigger (off) *vt* desencadenar, provocar.
trigonometrical [trɪgənəˈmetrɪkəl] *adj* trigonométrico,-a.
trigonometry [trɪgəˈnɒmətrɪ] *n* trigonometría.
trilateral [traɪˈlætərəl] *adj* trilátero,-a.
trilby [ˈtrɪlbɪ] *n* sombrero flexible.
 ▲ *pl* **trilbies**.
trilingual [traɪˈlɪŋgwəl] *adj* trilingüe.
trill [trɪl]
 1 *n (of birds)* trino, gorjeo.
 2 *n MUS* trino.
 3 *n LING* vibración *f*.
 4 *vi* trinar.
 5 *vi LING* vibrar.
trillion [ˈtrɪlɪən]
 1 *n* billón *m*.
 2 *n GB (formerly)* trillón *m*.
 ▲ *En el uso actual, tanto en EEUU como en Gran Bretaña, un* **trillion** *equivale al billón español, es decir, un millón de millones.*
trilogy [ˈtrɪlədʒɪ] *n* trilogía.
 ▲ *pl* **trilogies**.
trim [trɪm]
 1 *adj (neat, tidy)* (bien) arreglado,-a, ordenado,-a, cuidado,-a.
 2 *adj (person, figure)* esbelto,-a, delgado,-a: **she has a trim figure** tiene buen tipo.
 3 *n (cut)* recorte *m*: **I'd like a trim, please** ¿me puede cortar las puntas?
 4 *n (decoration - on clothes)* adornos *mpl*; *(- along edges)* ribete *m*; *(upholstery)* tapicería: **a black dress with a red trim** un vestido negro con un ribete rojo.
 5 *n MAR* asiento, estiba.
 6 *vt (make neat)* arreglar; *(cut - hair)* cortar, recortar; *(- hedge etc)* podar: **your hair needs trimming** tienes que cortarte el pelo.
 7 *vt (reduce by cutting back)* recortar, reducir.
 8 *vt (decorate)* adornar (**with**, con); *(upholster)* tapizar.
 9 *vt MAR (sails)* orientar; *(ship)* equilibrar, asentar.
 ▸ **to trim off** *vt sep* recortar, quitar.
 ✦ **to be in trim/in good trim** estar en forma, estar en buena forma.
 ▲ *(adjetivo) comp* **trimmer**, *superl* **trimmest**; *(verbo) pt & pp* **trimmed**, *ger* **trimming**.
trimmings [ˈtrɪmɪŋz]
 1 *npl CULIN (accompaniments)* guarnición *f sing*.
 2 *npl (decorations)* adornos *mpl*.
 3 *npl (after cutting)* recortes *mpl*.
Trinidad [ˈtrɪnɪdæd] *n* Trinidad.
 ▪ **Trinidad and Tobago** Trinidad y Tobago.
trinitrotoluene [traɪnaɪtrəʊˈtɒljuːiːn] *n* trinitrotolueno.
Trinity [ˈtrɪnətɪ] **the Trinity** *n REL* la Trinidad *f*.
 ▪ **Trinity Sunday** fiesta de la Trinidad.
 ▲ *pl* **Trinities**.
trinket [ˈtrɪŋkɪt] *n* chuchería, baratija.
trio [ˈtriːəʊ] *n* trío.
 ▲ *pl* **trios**.

trip [trɪp]
1 n *(journey)* viaje m: he's on a trip está de viaje.
2 n *(excursion)* excursión f: we went on a trip to the seaside fuimos de excursión a la playa.
3 n *(stumble)* tropezón m.
4 n sl *(on drugs)* viaje m.
5 vt hacer tropezar, hacerle una zancadilla a.
6 vt *(set off - switch, alarm, etc)* activar, hacer que se dispare.
7 vi *(stumble)* tropezar (**over**, con).
8 vi *(move lightly)* ir con paso ligero.
9 vi sl *(on drugs)* viajar.
▶ to trip up
   1 vt sep *(make fall)* echar la zancadilla a.
   2 vt sep *(cause to make a mistake)* hacer equivocar.
   3 vi *(fall)* tropezar.
   4 vi *(make a mistake)* equivocarse.
▲ pt & pp tripped, ger tripping.

tripartite [traɪ'pɑːtaɪt] adj tripartito,-a.

tripe [traɪp]
1 n CULIN callos mpl.
2 n fam tonterías fpl, bobadas fpl.

triphthong ['trɪfθɒŋ] n triptongo.

triple ['trɪpəl]
1 adj triple.
2 vt triplicar.
3 vi triplicarse.
■ triple jump triple salto.

triplet ['trɪplət]
1 n *(child)* trillizo,-a.
2 n MUS tresillo.

triplicate ['trɪplɪkət]
1 adj triplicado,-a.
2 vt triplicar.
✦ in triplicate por triplicado,-a.

tripod ['traɪpɒd] n trípode m.

Tripoli ['trɪpəlɪ] n Trípoli.

tripper ['trɪpəʳ] n excursionista mf.

trite [traɪt]
1 adj *(subject)* trillado,-a, manido,-a.
2 adj *(sentiment)* banal.

triumph [traɪəmf]
1 n triunfo, éxito: this is a triumph for democracy esto es un triunfo para la democracia.
2 n *(joy)* júbilo, alegría: the winners came home in triumph los ganadores volvieron a casa triunfantes.
3 vi triunfar (**over**, de/sobre), vencer.

triumphal [traɪ'ʌmfəl] adj triunfal.
■ triumphal arch arco de triunfo.

triumphant [traɪ'ʌmfənt] adj *(team etc)* triunfador,-ra, victorioso,-a, triunfante; *(return, entry, etc)* triunfal.

triune ['traɪjuːn] adj trino,-a.

trivia ['trɪvɪə] npl trivialidades fpl.

trivial ['trɪvɪəl] adj *(unimportant)* trivial, insignificante; *(shallow)* superficial.

trivialise ['trɪvɪəlaɪz] vt → trivialize.

triviality [trɪvɪ'ælətɪ] n trivialidad f.

trivialize ['trɪvɪəlaɪz] vt trivializar.

trod [trɒd] pt & pp → tread.

trodden ['trɒdən] pp → tread.

troglodyte ['trɒglədaɪt] n troglodita mf.

Trojan ['trəʊdʒən]
1 n troyano mf.
2 adj troyano,-a.
■ Trojan horse caballo de Troya.

troll [trəʊl] n duende m.

trolley ['trɒlɪ]
1 n *(in supermarket, at airport)* carro, carrito.
2 n *(in hospital)* cama con ruedas.
3 n *(for food)* mesita de ruedas.
4 n US tranvía.
✦ to be off one's trolley estar chiflado,-a.
■ trolley bus trolebús mf.
   trolley car tranvía mf.

trollop ['trɒləp] n dated zorrupia, furcia.

trombone [trɒm'bəʊn] n trombón m.

trombonist [trɒm'bəʊnɪst] n trombón mf.

troop [truːp]
1 n *(group)* grupo.
2 n MIL tropa.
3 vi ir en tropel.
4 troops npl soldados mpl, tropas fpl.
✦ to troop the colour desfilar con la bandera.

trooper ['truːpəʳ] n soldado de caballería.

trophy ['trəʊfɪ] n trofeo.
▲ pl trophies.

tropic ['trɒpɪk]
1 n trópico.
2 the tropics npl los trópicos mpl.
■ Tropic of Cancer trópico de Cáncer.
   Tropic of Capricorn trópico de Capricornio.

tropical ['trɒpɪkəl] adj tropical.

troposphere ['trɒpəsfɪəʳ] n troposfera.

trot [trɒt]
1 n trote m: he broke into a trot empezó a trotar.
2 vt hacer trotar.
3 vi *(gen)* trotar, ir al trote; *(on horse)* cabalgar al trote.
4 vi fam *(go)* ir.
5 the trots npl fam diarrea f sing.
▶ to trot out
   1 vt sep *(excuses, arguments)* salir con, soltar.
   2 vt sep *(names, list)* recitar de memoria.
✦ on the trot *(one after the other)* seguidos,-as; *(continually busy)* siempre ocupado,-a.
   to have the trots tener cagalera.

troth [trəʊθ] n fe f.
✦ by my troth a fe mía.
   to plight one's troth hacer promesa de matrimonio.

Trotskyist ['trɒtskɪɪst]
1 adj trotskista.
2 n trotskista mf.

trotter ['trɒtəʳ] n *(horse)* trotón,-ona.
■ pig's trotter mano de cerdo.

troubadour ['truːbədɔːʳ] n trovador m.

trouble ['trʌbəl]
1 n *(problems)* problema m, problemas mpl: did you have any trouble parking? ¿has tenido problemas para aparcar?; I had the same trouble when I went there tuve el mismo problema cuando fui allí; she has money troubles tiene problemas económicos; the plane had engine trouble el avión tenía problemas de motor; you know what your trouble is, don't you? sabes cuál es tu problema, ¿verdad?; their son is in trouble with the police su hijo tiene problemas con la policía; I'm in real trouble estoy metido en un buen lío; I didn't mean to get you into trouble no quise meterte en líos; that's the least of my troubles eso es lo que menos me preocupa.
2 n *(inconvenience, bother)* molestia, esfuerzo: it's no trouble no es molestia; were the children any trouble? ¿te han causado alguna molestia los niños?; I hope I've not put you to any trouble espero que no haya sido molestia; she went to the trouble of preparing a meal se molestó en preparar una comida; at least he took the trouble to reply al menos se tomó la molestia de contestar; it's not worth the trouble no vale la pena.
3 n MED problema m, enfermedad f: he has heart trouble tiene problemas de corazón; what seems to be the trouble? ¿qué le pasa?
4 n *(unrest, disturbance)* conflictos mpl, disturbios mpl: there's been some trouble at the pub ha habido jaleo en el pub; people often talk about the troubles in Northern Ireland muchas veces se habla de los conflictos en Irlanda del Norte.
5 vt *(cause worry, distress)* preocupar, inquietar: what's troubling you? ¿qué te preocupa?
6 vt *(hurt)* dar problemas a, doler: my back's troubling me la espalda me está dando problemas.
7 vt *(bother)* molestar, incomodar: I'm sorry to trouble you, but ... siento molestarle, pero ...; may I trouble you for the salt? ¿sería tan amable de pasarme la sal?; don't trouble yourself! ¡no se moleste!
8 vi molestarse, preocuparse (**about**, por): he didn't even trouble to look at it ni siquiera se molestó en mirarlo.
✦ it's more trouble than it's worth no merece la pena.
   that's asking for trouble eso es buscársela.
   to get somebody into trouble fam dejar embarazada a una mujer.
   to look for trouble buscarse problemas, buscar camorra.
■ trouble spot punto conflictivo.

troubled ['trʌbəld]
1 *adj (person, look)* preocupado,-a, inquieto,-a.
2 *adj (period)* turbulento,-a, agitado,-a.

trouble-free ['trʌbəlfri:] *adj* sin problemas, tranquilo,-a; *(demonstration etc)* sin incidentes.

troublemaker ['trʌbəlmeɪkəʳ] *n* alborotador,-ra.

troubleshooter ['trʌbəlʃu:təʳ] *n (mediator)* conciliador,-ra, mediador,-ra.

troublesome ['trʌbəlsəm] *adj (thing)* molesto,-a, fastidioso,-a; *(person)* difícil, problemático,-a; *(situation)* problemático,-a, conflictivo,-a.

trough [trɒf]
1 *n (for drinking)* abrevadero; *(for eating)* comedero, pesebre *m*.
2 *n (channel)* canal *m*; *(gutter)* canalón *m*.
3 *n* METEOR depresión *f*, zona de bajas presiones.
4 *n (depression - in land)* depresión *f*, hoya; *(between waves)* seno.
5 *n (low point in cycle)* parte *f* baja, punto más bajo.

trounce [traʊns] *vt (thrash)* zurrar, dar una paliza a; *(defeat)* derrotar.

troupe [tru:p] *n* compañía, grupo.

trouper ['tru:pəʳ] *n* actor *m*, actriz *f*.

trouser ['traʊzə] *adj* del pantalón.
■ **trouser suit** traje *m* pantalón.
trouser press plancha para pantalones.

trousers ['traʊzəz] *npl* pantalón *m sing*, pantalones *mpl*.

trousseau ['tru:səʊ] *n* ajuar *m* de novia.
▲ *pl* **trousseaus** o **trousseaux**.

trout [traʊt] *n* trucha: we went trout fishing fuimos a pescar truchas.
■ **old trout** vieja bruja.

trowel [traʊəl]
1 *n (bricklaying tool)* paleta.
2 *n (garden tool)* desplantador *m*.

Troy [trɔɪ] *n* Troya.

truancy ['tru:ənsɪ] *n* absentismo escolar.

truant ['tru:ənt] *n (from school)* persona que hace novillos.
✦ **to play truant** hacer novillos, faltar a clase.

truce [tru:s] *n* tregua.
✦ **to call a truce** acordar una tregua.

truck [trʌk]
1 *n (lorry)* camión *m*.
2 *n* GB *(railway wagon)* vagón *m*.
3 *n* US *(fruit, vegetables)* productos *mpl* agrícolas.
4 *n (dealings)* tratos *mpl*.
✦ **to have no truck with somebody** no querer saber nada de alguien, no tener trato con alguien.
■ **truck driver** camionero,-a.
truck farm huerta.

trucker ['trʌkəʳ] *n* US camionero,-a.

truckle ['trʌkəl] *vi* rendirse (**to**, a), someterse (**to**, a).

truckload ['trʌkləʊd] *n (lorry)* camión *m* lleno; *(railway wagon)* vagón *m* lleno.
✦ **by the truckload** a montones, en cantidades industriales.

truculence ['trʌkjʊləns] *n* agresividad *f*, hostilidad *f*.

truculent ['trʌkjʊlənt] *adj* agresivo,-a, hostil.

trudge [trʌdʒ]
1 *vi* andar con dificultad.
2 *n* caminata (larga y difícil).

true [tru:]
1 *adj (not false)* verdadero,-a, cierto,-a: it's true es cierto, es verdad.
2 *adj (genuine, real)* auténtico,-a, genuino,-a, real: true story historia real.
3 *adj (faithful)* fiel, leal.
4 *adj (exact)* exacto,-a.
5 *adj (accurate - aim)* acertado,-a.
6 *adj (straight, level - wall)* a plomo; *(- surface, level)* a nivel, nivelado,-a; *(- wheel)* centrado,-a.
7 *adv (truthfully)* sinceramente.
8 *adv (accurately)* bien: he aimed true apuntó bien.
✦ **to be out of true** *(wall)* no estar a plomo; *(surface)* no estar a nivel; *(wheel)* estar descentrado,-a.
to be true to life ser realista.
to come true realizarse, hacerse realidad, cumplirse.
true to form como siempre, como era de esperar.

true-blue ['tru:blu:]
1 *adj* leal, fiel.
2 *adj* POL hasta la médula.

true-life ['tru:laɪf] *adj* real.

truffle ['trʌfəl] *n* trufa.

truism ['tru:ɪzəm] *n* perogrullada.

truly ['tru:lɪ]
1 *adv (really)* verdaderamente, de verdad, realmente.
2 *adv (sincerely)* sinceramente.
3 *adv (faithfully)* fielmente, lealmente.
✦ **yours truly** *(in letters)* atentamente; *(myself)* servidor,-ra, menda.

trump [trʌmp]
1 *n (cards)* triunfo.
2 *vt (cards)* ganar con un triunfo.
3 **trumps** *npl* triunfo: what are trumps? ¿qué triunfan?; clubs are trumps triunfan tréboles.
▶ **to trump up** *vt sep* inventar, falsificar.
✦ **to turn up trumps/come up trumps** *(be helpful)* ayudar, sacar de un apuro; *(save the day)* salvar la situación; *(not fail)* no fallar: Dave turned up trumps and lent me some cash Dave me sacó de un apuro y me dejó dinero.
■ **trump card** *(in cards)* triunfo; *fig* baza.

trumpet ['trʌmpɪt]
1 *n* MUS trompeta.
2 *vi* fanfarronear.
3 *vi (elephant)* barritar.
✦ **to blow one's own trumpet** tirarse flores, darse bombo.
■ **trumpet player** trompetista *mf*.

trumpeter ['trʌmpɪtəʳ] *n* trompetero,-a.

truncate [trʌŋ'keɪt]
1 *vt* truncar.
2 *adj* truncado,-a.

truncheon ['trʌntʃən] *n* porra (de policía).

trundle ['trʌndəl]
1 *vt (move on wheels)* hacer rodar; *(move)* mover (con dificultad).
2 *vi (vehicles)* rodar (con mucho ruido), rodar (pesadamente); *(people)* ir(se) (pesadamente): the bus trundled up the hill el autobús subió la colina con dificultad; he trundled off to the pub se fue pesadamente al bar.

trunk [trʌŋk]
1 *n (of tree, body)* tronco.
2 *n (large case)* baúl *m*.
3 *n (elephant's)* trompa.
4 *n* US *(of car)* maletero.
■ **trunk call** conferencia, llamada interurbana.
trunk line *(railway)* línea principal; *(telephone)* línea interurbana.
trunk road carretera principal.

trunks [trʌŋks] *npl* bañador *m sing* (de hombre).

truss [trʌs]
1 *vt (tie)* atar (**up**, -).
2 *vt* ARCH apuntalar.
3 *n* MED braguero.
4 *n* ARCH cuchillo de armadura.
5 *n (of hay)* haz *m*, lío.
6 *n (of tomatoes etc)* racimo; *(of flowers)* ramo.

trust [trʌst]
1 *n (confidence)* confianza: our relationship is based on trust nuestra relación se basa en la confianza; there's been a breach of trust ha habido un abuso de confianza.
2 *n (responsibility)* responsabilidad *f*: a position of trust un puesto de confianza.
3 *n* FIN *(money, property)* fondo de inversión.
4 *n* JUR *(money or property held or invested for somebody)* fideicomiso.
5 *n (foundation)* patronato, fundación *f*.
6 *n* FIN *(cartel)* trust *m*, cartel *m*.
7 *vt (have faith in, rely on)* confiar en, fiarse de: do you trust me? ¿confías en mí?, ¿te fías de mí?; you can trust him es de fiar; you can't trust what you read no te puedes fiar de lo que lees; I don't trust these newfangled gadgets no me fío de estos aparatos tan modernos; can I trust you to lock up? ¿me puedo fiar de que cerrarás con llave?; she didn't trust me to look after her baby no confiaba en mí para que cuidara de su bebé.
8 *vt (hope, expect)* esperar: I trust you're all coming to the meeting espero que todos vengáis a la reunión.
9 *vt (entrust)* confiar: can I trust you with all this money? ¿puedo confiarte todo este dinero?; the child was

trusted to my care me confiaron el cuidado del bebé.

10 *vi* confiar (**in**, en), tener confianza (**in**, en): **in God we trust** confiamos en Dios.

✦ **in trust** en fideicomiso.
   on trust *(without proof)* a ojos cerrados; *(on credit)* a crédito.
   to trust something to luck dejar algo librado,-a al azar.
   trust you! ¡típico!
■ **trust company** compañía de fideicomiso.
   trust fund patronato.

trusted [ˈtrʌstɪd]
   1 *adj (loyal)* leal, fiel, de confianza.
   2 *adj (remedy)* probado,-a, comprobado,-a.

trustee [trʌsˈtiː]
   1 *n (of money, property)* fideicomisario,-a.
   2 *n (in bankruptcy)* síndico.
   3 *n (of institution)* miembro del consejo de administración.

trustful [ˈtrʌstfʊl] *adj* confiado,-a.

trusting [ˈtrʌstɪŋ] *adj* confiado,-a.

trustworthiness [ˈtrʌstwɔːðɪnəs]
   1 *n (of people)* honradez *f*, formalidad *f*.
   2 *n (of information)* veracidad *f*, exactitud *f*.

trustworthy [ˈtrʌstwɜːðɪ]
   1 *adj (person)* digno,-a de confianza, honrado,-a.
   2 *adj (news etc)* fidedigno,-a.

trusty [ˈtrʌstɪ]
   1 *adj* fiel, leal.
   2 *n (prisoner)* ordenanza *m*.
   ▲ *(adjetivo) comp* **trustier**, *superl* **trustiest**; *(sustantivo) pl* **trusties**

truth [truːθ]
   1 *n (quality)* verdad *f*: **the whole truth** toda la verdad; **the honest truth** la pura verdad.
   2 *n (truthfulness)* veracidad *f*: **the truth of these accounts has not been verified** no se ha comprobado la veracidad de estas historias.
   ✦ **the truth will out** se pilla antes al mentiroso que al cojo.
   to tell somebody a few home truths decirle a alguien cuatro verdades.
   to tell the truth decir la verdad.

truthful [ˈtruːθfʊl]
   1 *adj (account etc)* verídico,-a, veraz.
   2 *adj (person)* sincero,-a, veraz.

truthfully [ˈtruːθfəlɪ] *adv* sinceramente.

truthfulness [ˈtruːθfʊlnəs] *n* veracidad *f*.

try [traɪ]
   1 *n* intento, tentativa: **why don't you give it a try?** ¿por qué no lo pruebas?; **I think it's worth a try** creo que vale la pena probarlo; **they gave up after a few tries** se rindieron después de varios intentos.
   2 *n SP (rugby)* ensayo.
   3 *vt (attempt)* intentar: **you tried your best** hiciste lo que pudiste.

4 *vt (test, use)* probar, poner a prueba, ensayar; *(food)* probar: **have you ever tried caviar?** ¿has probado el caviar alguna vez?; **you must try some of our home-made wine** tienes que probar nuestro vino casero; **why don't we try it with the sofa here and the table over there?** ¿por qué no lo probamos con el sofá aquí y la mesa allí?; **she tried the door but it was locked** intentó abrir pero estaba cerrada.
   5 *vt JUR* juzgar, procesar: **the case was tried before a jury** el caso fue juzgado por un jurado; **he was tried for murder** fue procesado por asesinato.
   6 *vt (be a strain on - eyes)* cansar; *(- patience, person)* poner a prueba.
   7 *vi (make an attempt)* intentar: **I don't know if I can do it, but I'll try** no sé si podré hacerlo, pero lo intentaré; **you're not trying** no haces ningún esfuerzo; **he tried to swim the Channel but failed** intentó cruzar el Canal de la Mancha nadando pero no lo logró; **please try to get here on time in future** procura llegar puntualmente en el futuro; **I tried hard not to laugh** procuré no reír; **it's trying to snow** quiere nevar.
   ▸ **to try for** *vi* tratar de obtener.
      to try on *vt sep (clothes)* probarse: **would you like to try it on?** ¿quisiera probárselo?
      to try out *vt sep* probar, ensayar: **try it out on a strand of hair first** pruébalo en un mechón primero.
   ✦ **to try it on with somebody** ver hasta dónde puede llegar con alguien.
      to try one's hand at something probar algo por primera vez.
      to try one's luck probar suerte.
      to try out for something *US* hacer una prueba para algo.
   ▲ *(sustantivo) pl* **tries**; *(verbo) pt & pp* **tried**, *ger* **trying**.

trying [ˈtraɪɪŋ] *adj* molesto,-a, difícil, pesado,-a: **I've had a very trying day** he tenido un día muy pesado.

tsar [zɑːˈ] *n* zar *m*.

tsarina [zɑːˈriːnə] *n* zarina.

tsetse fly [ˈtsetsɪflaɪ] *n* mosca tsetsé.
   ▲ *pl* **tsps**.

tsp [ˈtiːspuːn] *abbr* (**teaspoon**) cucharadita.

Tuareg [ˈtwɑːreg]
   1 *adj* tuareg.
   2 *n* tuareg *m*.

tub [tʌb]
   1 *n (for washing clothes)* balde *m*.
   2 *n (bath)* bañera, baño.
   3 *n (food container)* tarrina.

tuba [ˈtjuːbə] *n* tuba.

tubby [ˈtʌbɪ] *adj* rechoncho,-a.
   ▲ *comp* **tubbier**, *superl* **tubbiest**.

tube [tjuːb]
   1 *n (pipe, container)* tubo.
   2 *n AUTO* cámara de aire.

3 the tube *n* la televisión *f*.
   4 the Tube *n (underground)* el metro.

tubeless [ˈtjuːbləs] *adj* sin cámara.

tuber [ˈtjuːbəˈ] *n* tubérculo.

tuberculosis [tjubɜːkjuˈləʊsɪs] *n* tuberculosis *f inv*.

tubing [ˈtjuːbɪŋ] *n* tubería: **a piece of tubing** un tubo.

tubular [ˈtjuːbjʊləˈ] *adj* tubular.

tuck [tʌk]
   1 *n (fold)* pliegue *m*.
   2 *n GB (sweets etc)* golosinas *fpl*, chucherías *fpl*.
   3 *n (place)* meter, poner: **she tucked the letter into the envelope** metió la carta dentro del sobre.
   ▸ **to tuck away** *vt sep* esconder, ocultar: **he's got some money tucked away** tiene algún dinero guardado; **the cottage is tucked away in the mountains** la casita está escondida en las montañas.
      to tuck in
      1 *vi (eat)* ponerse a comer, atacar.
      2 *vt sep (clothes)* meter: **tuck your shirt in** métete la camisa en los pantalones.
      3 *vt sep (person)* arropar.
      to tuck into *vt insep* ponerse a comer, atacar.
      to tuck up *vt sep* arropar: **she tucked him up in bed** lo arropó en la cama.
   ■ **tuck shop** tienda de golosinas y chucherías *en una escuela*.

Tues [ˈtjuːzdɪ] *abbr* (**Tuesday**) martes; *(abbreviation)* mart.

Tuesday [ˈtjuːzdɪ] *n* martes *m inv*.
   ▲ *Para ejemplos de uso, véase* **Saturday**.

tuft [tʌft]
   1 *n (of feathers)* penacho.
   2 *n (of hair)* mechón *m*.
   3 *n (of grass)* mata.

tug [tʌg]
   1 *n (pull)* tirón *m*, estirón *m*.
   2 *n (boat)* remolcador *m*.
   3 *vt (pull)* tirar de, dar un estirón de: **stop tugging my hair** deja de tirarme del pelo.
   4 *vt (boat)* remolcar.
   5 *vi* tirar (**at**, de): **she felt someone tugging at her sleeve** sintió que alguien le tiraba de la manga.
   ■ **tug of love** lucha por la custodia de los hijos.
      tug of war juego de la cuerda.
   ▲ *pt & pp* **tugged**, *ger* **tugging**.

tugboat [ˈtʌgbəʊt] *n* remolcador *m*.

tuition [tjuˈɪʃən] *n* enseñanza, instrucción *f*.
   ■ **private tuition** clases *fpl* particulares.
      tuition fees *EDUC* matrícula.

tulip [ˈtjuːlɪp] *n* tulipán *m*.

tumble [ˈtʌmbəl]
   1 *n* caída, tumbo: **he took a tumble** se cayó.

2 *vi (fall)* caerse: he tumbled down the stairs cayó escaleras abajo; she tumbled into bed se dejó caer en la cama.
3 *vi (in acrobatics)* dar volteretas.
4 *vi (prices etc)* caer en picado.
▸ **to tumble to** *vt insep* comprender, caer en la cuenta.
▪ **tumble drier** secadora.
tumbledown [ˈtʌmbəldaʊn] *adj* ruinoso,-a, en ruinas.
tumbler [ˈtʌmbləʳ]
1 *n (glass)* vaso.
2 *n (acrobat)* volteador,-ra.
3 *n (toy)* tentetieso, dominguillo.
tummy [ˈtʌmɪ] *n fam* barriga, estómago.
▪ **tummy ache** dolor *m* de barriga.
▲ *pl* tummies.
tumour [ˈtjuːməʳ] *n* tumor *m*.
tumult [ˈtjuːmʌlt] *n* tumulto.
tumultuous [tjuːˈmʌltjʊəs] *adj* tumultuoso,-a.
tun [tʌn] *n* tonel *m*.
tuna [ˈtjuːnə] *n* atún *m*, bonito.
▪ **tuna fish** atún *m*.
▲ *pl* tuna o tunas.
tundra [ˈtʌndrə] *n* tundra.
tune [tjuːn]
1 *n* melodía.
2 *vt MUS* afinar.
3 *vt (radio etc)* sintonizar.
4 *vt (engine)* poner a punto.
▸ **to tune in to** *vt insep (radio etc)* sintonizar.
to tune up *vt sep* afinar.
✦ **in tune** afinado,-a.
out of tune desafinado,-a.
to be in tune with *fig* estar en armonía con.
to be out of tune with *fig* no estar en armonía con.
to call the tune llevar la batuta, llevar la voz cantante.
to change one's tune cambiar de opinión.
to sing in tune afinar, cantar bien.
to sing out of tune desafinar, cantar mal.
to the tune of a la melodía de.
to the tune of *fig* por la cantidad de: he's in debt to the tune of £5000 tiene una deuda de cinco mil libras.
tuneful [ˈtjuːnfʊl] *adj* melodioso,-a.
tuneless [ˈtjuːnləs] *adj* sin armonía.
tuner [ˈtjuːnəʳ]
1 *n (of piano)* afinador,-ra.
2 *n (on radio)* sintonizador *m*.
tungsten [ˈtʌŋstən] *n* tungsteno.
tunic [ˈtjuːnɪk]
1 *n (gen)* túnica.
2 *n MIL* guerrera.
tuning [ˈtjuːnɪŋ]
1 *n (of instrument)* afinación *f*.
2 *n (of radio)* sintonización *f*.
3 *n (of engine)* puesta a punto.
▪ **tuning fork** diapasón *m*.
Tunis [ˈtjuːnɪs] *n* Túnez.

Tunisia [tjuːˈnɪsɪə] *n* Túnez.
Tunisian [tjuːˈnɪsɪən]
1 *adj* tunecino,-a.
2 *n* tunecino,-a.
tunnel [ˈtʌnəl]
1 *n (gen)* túnel *m*; *(in mine)* galería.
2 *vt* abrir un túnel, excavar un túnel: the prisoners tunnelled their way out los prisioneros excavaron un túnel para escaparse.
3 *vi* construir un túnel: they tunnelled through the mountains construyeron un túnel a través las montañas.
▪ **tunnel vision** *(blindness)* ceguera; *(narrow-mindedness)* estrechez *f* de miras.
▲ *pt & pp* tunnelled *(US* tunneled*)*, *ger* tunnelling *(US* tunneling*)*.
tunny [ˈtʌnɪ] *n* atún *m*, bonito.
▲ *pl* tunnies.
tuppence [ˈtʌpəns] *n GB fam* dos peniques *mpl*.
✦ **not to give tuppence/not to care tuppence** importarle a uno un rábano/ bledo/comino.
turban [ˈtɜːbən] *n* turbante *m*.
turbine [ˈtɜːbaɪn] *n* turbina.
turbo [ˈtɜːbəʊ] *n* turbo.
turbocharge [ˈtɜːbəʊtʃɑːdʒ] *vt* turboalimentar.
turbocharger [ˈtɜːbəʊtʃɑːdʒəʳ] *n* turboalimentador *m*.
turbocompressor [tɜːbəʊkəmˈpresəʳ] *n* turbocompresor *m*.
turbodynamo [tɜːbəʊˈdaɪnəməʊ] *n* turbodinamo.
turbogenerator [tɜːbəʊˈdʒenəreɪtəʳ] *n* turbogenerador *m*.
turbojet [ˈtɜːbəʊdʒet] *n* turborreactor *m*.
turboprop [ˈtɜːbəʊprɒp] *n* turbohélice *m*.
turbot [ˈtɜːbət] *n* rodaballo.
▲ *pl* turbot o turbots.
turbulence [ˈtɜːbjʊləns] *n* turbulencia.
turbulent [ˈtɜːbjʊlənt] *adj* turbulento,-a.
tureen [tjʊˈriːn] *n* sopera.
turf [tɜːf]
1 *n* césped *m*.
2 *vt* cubrir con césped.
▸ **to turf out** *vt sep/fam* poner de patitas en la calle, echar.
▪ **the turf** las carreras de caballos, el turf *m*.
turf accountant corredor,-ra de apuestas.
turgid [ˈtɜːdʒɪd]
1 *adj (swollen)* hinchado,-a.
2 *adj (bombastic)* rimbombante.
Turk [tɜːk] *n (person)* turco,-a.
Turkestan [tɜːkɪˈstæn] *n* Turquestán.
Turkey [ˈtɜːkɪ] *n* Turquía.
turkey [ˈtɜːkɪ] *n* pavo.
✦ **to talk turkey** hablar a las claras.
▪ **cold turkey** *sl* el mono.
turkey cock pavo.
turkey hen pava.

Turkish [ˈtɜːkɪʃ]
1 *adj* turco,-a.
2 *n (language)* turco.
3 **the Turkish** *npl* los turcos *mpl*.
▪ **Turkish bath** baño turco.
Turkish coffee café *m* turco.
Turkish delight delicias turcas *fpl*.
Turkistan [tɜːkɪˈstæn] *n* Turquestán.
Turkman [ˈtɜːkmən]
1 *adj* turcomano,-a.
2 *n (person)* turcomano,-a.
3 *n (language)* turcomano.
Turkmen [ˈtɜːkmən] *n (language)* turcomano.
Turkmenistan [tɜːkmenɪˈstæn] *n* Turkmenistán *m*.
Turkoman [ˈtɜːkəmən] *adj*
1 *n* turcomano,-a.
2 *n (person)* turcomano,-a.
3 *n (language)* turcomano.
turmeric [ˈtɜːmərɪk] *n* cúrcuma.
turmoil [ˈtɜːmɔɪl] *n* confusión *f*, agitación *f*.
turn [tɜːn] *n*
1 *n (act of turning)* vuelta.
2 *n (change of direction)* giro, vuelta; *(bend)* curva, recodo: take the second turn on the left tome la segunda a la izquierda.
3 *n (chance, go)* turno: whose turn is it? ¿a quién le toca?; we took turns at driving nos turnamos para conducir; you have to wait your turn tienes que esperar tu turno.
4 *n (change)* cambio, giro: things have taken a turn for the worse las cosas han empeorado; events have taken a strange turn los acontecimientos han dado un giro extraño.
5 *n (short walk)* vuelta, paseo.
6 *n (attack of illness)* ataque *m*; *(shock)* susto.
7 *n (act of kindness, favour)* favor *m*.
8 *n THEAT (act)* número.
9 *vt (rotate)* girar, hacer girar, dar la vuelta a: turn the key gira la llave.
10 *vt (page)* pasar, volver; *(soil)* revolver; *(ankle)* torcer.
11 *vt (cause to change direction)* girar, dar la vuelta a: turn right at the next traffic lights gira a la derecha en el próximo semáforo; he turned the corner dobló en la esquina; about turn! ¡media vuelta!
12 *vt (invert)* darle la vuelta a.
13 *vt (change)* convertir, transformar, volver; *(milk)* agriar; *(stomach)* revolver: they turned the cinema into a bingo hall convirtieron el cine en un bingo; Jesus turned the water into wine Jesús transformó el agua en vino; they turned the book into a film adaptaron el libro al cine; it turned her into a different person la convirtió en una persona diferente, la convirtió en otra persona.

14 *vt (pass)* pasar: **it's turned twelve** pasan de las doce, son más de las doce, son las doce pasadas; **he's turned sixty** ya ha cumplido los sesenta.

15 *vt (fold)* doblar.

16 *vt (shape)* tornear, labrar en un torno.

17 *vi (revolve)* girar, dar vueltas: **the wheels turned slowly** las ruedas giraron despacio.

18 *vi (change direction - person)* girarse, dar la vuelta, volverse; *(- car)* girar, torcer; *(- plane, ship)* virar; *(- tide)* repuntar: **she turned and looked at me** se giró y me miró; **I tossed and turned all night long** me estuve revolviendo toda la noche; **the car turned left** el coche giró a la izquierda; **the road turns to the right here** aquí la carretera tuerce a la derecha.

19 *vi (become)* hacerse, ponerse, volverse; *(milk)* agriarse, cortarse: **my hair's turning grey** me están saliendo canas; **the traffic light turned green** el semáforo se puso en verde; **she turns red easily** se pone colorada fácilmente; **he can turn quite nasty** a veces se pone feo; **it has turned from a small fishing village into a tourist resort** de pueblecito de pescadores se ha convertido en centro turístico; **caterpillars turn into butterflies** las orugas se convierten en mariposas.

turn of the screw vuelta del tornillo.

▸ **to turn against**

 1 *vt insep (cause to dislike)* poner en contra.

 2 *vt insep (become hostile towards)* ponerse en contra de.

to turn around/turn round

 1 *vi* volverse, darse la vuelta.

 2 *vt sep* volver, darle la vuelta a.

to turn away

 1 *vt sep (not let in)* no dejar entrar.

 2 *vi (look away)* volver la cabeza, volver la espalda.

to turn back

 1 *vt sep (make return)* hacer retroceder, hacer volver.

 2 *vt sep (clock)* retrasar.

 3 *vi (return)* volverse atrás.

to turn down

 1 *vt sep (reject)* rechazar, no aceptar; *(request)* denegar.

 2 *vt sep (radio etc)* bajar.

 3 *vt sep (fold)* doblar.

to turn in

 1 *vt sep (to police)* entregar a la policía.

 2 *vi fam (go to bed)* acostarse.

to turn off

 1 *vt sep (electricity)* desconectar; *(light, gas, appliance)* apagar; *(tap)* cerrar.

 2 *vt sep (dislike)* repugnar, dar asco a: **her false teeth turned me off** su dentadura postiza me quitó las ganas.

 3 *vt insep (off road)* salir de: **you turn off the main road after the bridge** sales de la carretera principal pasado el puente.

4 *vi (switch off)* apagarse.

5 *vi (off road)* salir.

to turn on

 1 *vt sep (electricity)* conectar; *(light, gas, appliance)* encender; *(tap)* abrir; *(engine)* poner en marcha, encender.

 2 *vt sep (attack)* atacar, arremeter contra; *(aim, point at)* apuntar, dirigir.

 3 *vt sep fam (excite)* excitar, entusiasmar: **leather turns him on** el cuero le excita.

 4 *vt insep (hinge on)* depender de, girar en torno a.

 5 *vi* encenderse.

to turn out

 1 *vt sep (light)* apagar.

 2 *vt sep (produce)* producir, fabricar.

 3 *vt sep (empty)* vaciar; *(cake, jelly, etc)* desmoldar.

 4 *vt sep (expel)* expulsar, echar.

 5 *vi (prove to be, happen)* salir, resultar: **it all turned out fine in the end** al final todo salió bien; **she turned out to be a spy** resultó ser una espía.

 6 *vi (go out)* salir; *(attend)* asistir, acudir; *(crowds)* salir a la calle: **thousands turned out to see the king** salieron a la calle miles de personas para ver al rey.

to turn over

 1 *vt sep (invert)* dar la vuelta a, volver, poner al revés.

 2 *vt sep (idea)* dar vueltas a.

 3 *vt sep (hand over)* entregar.

 4 *vt insep (page)* volver.

 5 *vt insep COMM* facturar, hacer.

 6 *vi (person)* darse la vuelta; *(car)* volcar.

 7 *vi (engine)* marchar en vacío, funcionar.

to turn to

 1 *vt insep (person)* acudir a, recurrir a: **I don't know who to turn to** no sé a quién recurrir.

 2 *vt insep (page)* buscar, pasar a; *(subject)* pasar a.

 3 *vt insep (take up)* dedicarse a, recurrir a, darse a, empezar.

to turn up

 1 *vi (arrive)* llegar, presentarse; *(appear)* aparecer: **he turned up at midnight** se presentó a medianoche; **he turned up in Paris** apareció en París; **that pen I lost never turned up** ese bolígrafo que perdí nunca apareció; **don't worry, some job's bound to turn up** no te preocupes, seguro que te saldrá algún trabajo.

 2 *vt sep (fold upwards)* doblar hacia arriba, levantar; *(shorten)* acortar.

 3 *vt sep (radio, gas, heat, etc)* subir, poner más fuerte.

 4 *vt insep (find)* descubrir, encontrar.

✦ **at every turn** a cada paso, a cada momento.

 by turns/in turns por turnos, sucesivamente.

 in turn a su vez, por su parte.

 on the turn a punto de cambiar.

 one good turn deserves another favor con favor se paga.

 out of turn fuera de lugar.

 to be badly turned out ir mal vestido,-a.

 to be done to a turn/be cooked to a turn estar en su punto.

 to be well turned out ir bien vestido,-a.

 to do somebody a good turn hacerle un favor a alguien.

 to do somebody a bad turn hacer una mala pasada a alguien.

 to take it in turns turnarse.

 to turn free dejar en libertad, soltar.

 to turn one's hand to something dedicarse a algo.

 to turn somebody's head afectar mucho a alguien: **success has turned his head** el éxito se le ha subido a la cabeza.

 to turn something inside out *(back to front)* dar la vuelta a; *(make a mess)* revolver: **she turned the jeans inside out** les dio la vuelta a los tejanos; **they turned the house inside out, but they couldn't find it** revolvieron toda la casa, pero no lo encontraron.

 turn and turn about por turnos.

▪ **turn of phrase** manera de expresarse.

 turn of the century finales *mpl* de siglo.

turnabout [ˈtɜːnəbaʊt] *n* giro, cambio.

turnaround [ˈtɜːnəraʊnd] *n US* → **turnround.**

turnbuckle [ˈtɜːnbʌkəl] *n* tensor *m.*

turncoat [ˈtɜːnkəʊt] *n* renegado,-a, chaquetero,-a.

turned-up [ˈtɜːndˈʌp] *adj (nose)* respingón,-ona.

turner [ˈtɜːnəʳ] *n* tornero.

turning [ˈtɜːnɪŋ] *n* bocacalle *f*, esquina.

▪ **turning lathe** torno.

 turning point punto decisivo.

turnip [ˈtɜːnɪp] *n* nabo.

turn-off [ˈtɜːnɒf]

 1 *n (road)* salida.

 2 *n (something off-putting)* **it's a real turn-off** te quita las ganas.

turn-on [ˈtɜːnɒn] *n (something exciting)* **I find it a turn-on** me excita.

turnout [ˈtɜːnaʊt]

 1 *n (attendance)* asistencia; *(voters)* número de votantes.

 2 *n (clearout)* limpieza general.

 3 *n (appearance)* aspecto.

turnover [ˈtɜːnəʊvəʳ]

 1 *n (sales, business)* facturación *f.*

 2 *n (movement of employees)* movimiento; *(of stock)* rotación *f.*

 3 *n CULIN* pastelito relleno.

turnpike [ˈtɜːnpaɪk] *n US* autopista de peaje.

turnround ['tɜːnraʊnd]
1 n (of passengers) operación f de desembarque y embarque de pasajeros; (of freight) operación f de carga y descarga.
2 n (reversal of situation) cambio total.

turnstile ['tɜːnstaɪl] n torniquete m.

turnstone ['tɜːnstəʊn] n vuelvepiedras m.

turntable ['tɜːnteɪbəl]
1 n (on record player) plato giratorio.
2 n (for trains) plataforma giratoria.

turn-up ['tɜːnʌp]
1 n GB (of trousers) vuelta.
2 n fam (chance occurrence) acontecimiento.
✦ that's a turn-up for the books! ¡vaya sorpresa!

turpentine ['tɜːpəntaɪn] n trementina, aguarrás m.

turps [tɜːps] n → turpentine.

turquoise ['tɜːkwɔɪz]
1 n (gem) turquesa.
2 n (colour) azul m turquesa.
3 adj azul turquesa.

turret ['tʌrət]
1 n torrecilla.
2 n MIL torreta.

turtle ['tɜːtəl] n tortuga marina.
✦ to turn turtle zozobrar.

turtledove ['tɜːtəldʌv] n tórtola.

turtleneck ['tɜːtəlnek] n cuello cisne, cuello alto.

tusk [tʌsk] n colmillo.

tussle ['tʌsəl]
1 n pelea, lucha.
2 vi pelear, luchar: he tussled with the problem for hours peleó con el problema durante horas.

tussock ['tʌsək] n mata de hierba.

tutelage ['tjuːtəlɪdʒ] n tutela.

tutor ['tjuːtər]
1 n (private teacher) profesor,-ra particular.
2 n (at university) profesor,-ra, tutor,-ra.
3 vt dar clases particulares a (in, de).

tutorial [tjuː'tɔːriəl] n clase f con grupo reducido.

tutti-frutti [tuːtɪ'fruːtɪ] n tutti frutti m.

tutu ['tuːtuː] n tutú m.

Tuvalu [tuːvə'luː] n Tuvalu.

tuxedo [tʌk'siːdəʊ] n US esmoquin m.
▲ pl tuxedos.

TV ['tiː'viː] abbr (television) televisión; (abbreviation) TV.

twaddle ['twɒdəl] n fam tonterías fpl.

twang [twæŋ]
1 n (of instrument) sonido vibrante, tañido.
2 n (through nose) gangueo.
3 vt (strum) puntear.
4 vi vibrar.

tweak [twiːk]
1 vt pellizcar.
2 n pellizco.

twee [twiː] adj GB fam pej cursi.

tweed [twiːd] n cheviot m.

tweet [twiːt]
1 n pío.
2 vi piar.

tweeter ['twiːtər] n altavoz f para altas frecuencias.

tweezers ['twiːzəz] npl pinzas fpl.

twelfth [twelfθ]
1 adj duodécimo,-a.
2 adv en duodécimo lugar.
3 n (fraction) duodécimo; (one part) duodécima parte f.
■ Twelfth Night Noche f de Reyes.
▲ Véase también sixth.

twelve [twelv]
1 n doce m.
2 adj doce.
▲ Véase también six.

twenties ['twentɪz] the twenties npl los años mpl veinte.
✦ to be in one's twenties tener entre veinte y treinta años, tener veintitantos años.
▲ Véase también sixties.

twentieth ['twentɪəθ]
1 adj vigésimo,-a.
2 adv en vigésimo lugar.
3 n (fraction) vigésimo; (one part) vigésima parte f.
▲ Véase también sixtieth.

twenty ['twentɪ]
1 n veinte m.
2 adj veinte.
▲ Véase también sixty.

twerp [twɜːp] n idiota m, gilipollas mf.

twice [twaɪs] adv dos veces: I've been to Paris twice he estado en París dos veces; he's twice your age te dobla la edad; twice as big as this one el doble de grande que éste.
✦ twice over dos veces.

twiddle ['twɪdəl]
1 vt dar vueltas a, girar.
2 vi juguetear (with, con).
3 n vuelta.
✦ to twiddle one's thumbs fig estar mano sobre mano.

twig¹ [twɪg] n ramita.

twig² [twɪg] vi caer en la cuenta, darse cuenta.
▲ pt & pp twigged, ger twigging.

twilight ['twaɪlaɪt] n crepúsculo: at twilight al anochecer.

twill [twɪl] n (fabric) sarga, tela cruzada.

twin [twɪn]
1 n gemelo,-a, mellizo,-a.
2 adj gemelo,-a, mellizo,-a.
3 vt hermanar: Cambridge is twinned with Heidelberg Cambridge está hermanada con Heidelberg.
■ twin bed cama gemela.
twin set conjunto de jersey y chaqueta.
twin town ciudad f hermanada.
▲ pt & pp twinned, ger twinning.

twine [twaɪn]
1 n bramante m.
2 vt enroscar, entrelazar.
3 vi enroscarse, entrelazarse.

twinge [twɪndʒ]
1 n (pain) punzada, dolor m agudo.
2 n fig (remorse) remordimiento.

twinkle ['twɪŋkəl]
1 n (of light, stars) centelleo.
2 n (in eye) brillo.
3 vi (lights, stars) centellear, destellar.
4 vi (eyes) brillar.

twinkling ['twɪŋkəlɪŋ] n centelleo.
✦ in the twinkling of an eye en un abrir y cerrar de ojos.

twirl [twɜːl]
1 n giro, vuelta.
2 vt girar rápidamente, dar vueltas a.
3 vt (twist, fiddle with) retorcer, juguetear con.
4 vi girar rápidamente, dar vueltas.

twist [twɪst]
1 n (in road) recodo, vuelta.
2 n (action) torsión m.
3 n MED torcedura, esguince m.
4 n (dance) twist m.
5 n (development) giro.
6 n (of thread) torzal m; (of lemon) rodajita.
7 vt (sprain) torcer: she's twisted her ankle se ha torcido el tobillo.
8 vt (screw, coil) retorcer.
9 vt (turn, wind) girar, dar vueltas a.
10 vt (interweave) entrelazar, trenzar.
11 vt (pervert) tergiversar, torcer: stop twisting my words! ¡no tergiverses mis palabras!
12 vi (turn) girarse.
13 vi (wind, coil) enroscarse, enrollarse.
14 vi (road) serpentear.
15 vi (writhe) retorcerse.
16 vi (dance) bailar el twist.
▶ to twist off vt sep desenroscar.
✦ to be round the twist fam estar chalado,-a.
to twist somebody round one's little finger hacer con alguien lo que se quiere, meterse a alguien en el bolsillo.
to twist somebody's arm torcerle el brazo a alguien.

twisted ['twɪstɪd] adj retorcido,-a.

twit [twɪt] n fam tonto,-a, imbécil mf.

twitch [twɪtʃ]
1 n (pull) tirón m.
2 n (nervous tic) tic m nervioso.
3 vt mover.
4 vi moverse nerviosamente, palpitar.

twitchy ['twɪtʃɪ] adj nervioso,-a.
▲ comp twitchier, superl twitchiest.

twitter ['twɪtər]
1 n gorjeo.
2 vi (bird) gorjear; (person) hablar sin parar.
✦ to be all of a twitter estar excitado,-a, estar nervioso,-a.

two [tuː]
1 n dos m.
2 adj dos.
✦ in two en dos, por la mitad.
in twos de dos en dos.
it takes two es cosa de dos.

to put **two** and **two** together atar cabos.

that makes **two** of us ya somos dos.

two-bit [ˈtuːbɪt] *adj* de tres al cuatro.

two-edged [ˈtuːˈedʒd] *adj* de doble filo.

two-faced [ˈtuːˈfeɪst] *adj* hipócrita, falso,-a.

twopence [ˈtʌpəns] *n* dos peniques *mpl*.

two-piece [ˈtuːpiːs] *adj* de dos piezas.

two-ply [ˈtuːplaɪ] *adj (wool)* de dos hebras; *(wood)* de dos capas.

two-seater [tuːˈsiːtəʳ] *n* biplaza *m*.

twosome [ˈtuːsəm] *n* pareja, grupo de dos.

two-time [ˈtuːtaɪm] *vt* engañar, poner los cuernos a.

two-tone [ˈtuːtəʊn] *adj* de dos tonos.

two-way [tuːˈweɪ] *adj (street)* de doble sentido.

■ **two-way radio** aparato emisor y receptor.

tycoon [taɪˈkuːn] *n* magnate *m*.

type [taɪp]

1 *n (kind)* tipo, clase *f*.

2 *n (letter)* letra, carácter *m*: in bold type/ in heavy type en negrita.

3 *vt* escribir a máquina, mecanografiar.

4 *vi* escribir a máquina.

▶ **to type up** *vt sep* pasar a máquina.

typecast [ˈtaɪpkɑːst]

1 *vt* encasillar.

2 *adj* encasillado,-a.

▲ *pt & pp* **typecast**.

typeface [ˈtaɪpfeɪs] *n* tipografía.

typescript [ˈtaɪpskrɪpt] *n* texto escrito a máquina, texto mecanografiado.

typesetter [ˈtaɪpsetəʳ] *n (person)* cajista *mf*; *(machine)* componedora, máquina para componer tipos.

typewriter [ˈtaɪpraɪtəʳ] *n* máquina de escribir.

typewritten [ˈtaɪprɪtən] *adj* escrito,-a a máquina, mecanografiado,-a.

typhoid [ˈtaɪfɔɪd] *n* fiebre *f* tifoidea.

typhoon [taɪˈfuːn] *n* tifón *m*.

typhus [ˈtaɪfəs] *n* tifus *m*.

typical [ˈtɪpɪkəl] *adj* típico,-a.

typically [ˈtɪpɪkəlɪ] *adv* típicamente.

typify [ˈtɪpɪfaɪ] *vt* tipificar.

▲ *pt & pp* **typified**, *ger* **typifying**.

typing [ˈtaɪpɪŋ] *n* mecanografía.

■ **typing pool** servicio de mecanografía.

typist [ˈtaɪpɪst] *n* mecanógrafo,-a.

typographer [taɪˈpɒgrəfəʳ] *n* tipógrafo,-a.

typographic [taɪpəˈgræfɪk] *adj* tipográfico,-a.

typographical [taɪpəˈgræfɪkəl] *adj* tipográfico,-a.

typography [taɪˈpɒgrəfɪ] *n* tipografía.

typology [taɪˈpɒlədʒɪ] *n* tipología.

tyrannical [tɪˈrænɪkəl] *adj* tiránico,-a.

tyrannise [ˈtɪrənaɪz] *vt* → **tyrannize**.

tyrannize [ˈtɪrənaɪz] *vt* tiranizar.

tyranny [ˈtɪrənɪ] *n* tiranía.

▲ *pl* **tyrannies**.

tyrant [ˈtaɪərənt] *n* tirano,-a.

tyre [taɪəʳ] *n* neumático.

Tyrol [tɪˈrɒl] *n* Tirol.

Tyrolean [tɪrəˈlɪən]

1 *adj* tirolés,-esa.

2 *n (person)* tirolés,-esa.

3 *n (dialect)* tirolés.

Tyrrhenian [tɪˈriːnɪən] *adj* tirreno,-a.

■ **the Tyrrhenian Sea** el (mar) *m* Tirreno.

tzar [zɑːˈ] *n* zar *m*, czar *m*.

U, u [juː] *n (the letter)* U, u *f.*

UAE [ˈjuːˈeɪˈiː] *abbr* (**United Arab Emirates**) Emiratos Árabes Unidos; *(abbreviation)* EAU *mpl.*

ubiquitous [juːˈbɪkwɪtəs] *adj* ubicuo,-a, omnipresente.

ubiquity [juːˈbɪkwɪtɪ] *n* ubicuidad *f*, omnipresencia.

udder [ˈʌdəʳ] *n* ubre *f.*

UDR [ˈjuːˈdiːˈɑːʳ] *abbr* (**Ulster Defence Regiment**) *fuerza paramilitar de Irlanda del Norte.*

UEFA [juːˈeɪfə] *abbr* (**Union of European Football Associations**) Unión de Asociaciones Europeas de Fútbol; *(abbreviation)* UEFA.

ufo [ˈjuːfəʊ] *n fam* ovni *m.*
▲ *pl* ufos.

UFO [ˈjuːˈefˈəʊ] *abbr* (**unidentified flying object**) objeto volador no identificado; *(abbreviation)* OVNI *m*, ovni *m.*

Uganda [juːˈɡændə] *n* Uganda.

Ugandan [juːˈɡændən]
1 *adj* ugandés,-esa.
2 *n* ugandés,-esa.

ugh [ʌɡ] *interj* ¡uf!, ¡puf!

ugliness [ˈʌɡlɪnəs] *n* fealdad *f.*

ugly [ˈʌɡlɪ]
1 *adj* feo,-a.
2 *adj (situation etc)* desagradable.
3 *adj (custom, vice)* repugnante, asqueroso,-a.
4 *adj (wound, mood)* peligroso,-a.
5 *adj (rumour)* inquietante, nada grato.
✦ **as ugly as sin** más feo,-a que Picio, más feo,-a que un pecado.
▪ **ugly duckling** patito feo.
▲ *comp* uglier, *superl* ugliest.

UHF [ˈjuːˈeɪtʃˈef] *abbr* (**ultra high frequency**) frecuencia ultraalta; *(abbreviation)* UHF *f.*

UHT [ˈjuːˈeɪtʃˈtiː] *abbr* uperizado,-a.
▪ **UHT milk** leche *f* uperizada.
UHT treatment uperización *f.*

UK [ˈjuːˈkeɪ] *abbr* (**United Kingdom**) Reino Unido; *(abbreviation)* R.U. *m.*

ukelele [juːkəˈleɪlɪ] *n* ukelele *m.*

Ukraine [juːˈkreɪn] *n* Ucrania.

Ukranian [juːˈkeɪnɪən]
1 *adj* ucraniano,-a, ucranio,-a.
2 *n (person)* ucraniano,-a, ucranio,-a.
3 *n (language)* ucranio.

ukulele [juːkəˈleɪlɪ] *n* ukelele *m.*

ulcer [ˈʌlsəʳ]
1 *n (external)* llaga.
2 *n (in stomach)* úlcera.

ulcerate [ˈʌlsəreɪt]
1 *vt* ulcerar.
2 *vi* ulcerarse.

ulceration [ʌlsəˈreɪʃən] *n* ulceración *f.*

ulcerous [ˈʌlsərəs] *adj* ulceroso,-a.

ulterior [ʌlˈtɪərɪəʳ]
1 *adj (hidden)* oculto,-a.
2 *adj (further)* ulterior.

ultimate [ˈʌltɪmət]
1 *adj (final)* final: the ultimate decision lies with the manager la decisión final corresponde al director.
2 *adj (basic)* esencial, fundamental.
3 the ultimate *n (good)* el no va más, el último grito; *(bad)* el colmo: the ultimate in comfort el no va más en comodidad; this is the ultimate in decadence esto es el colmo de la decadencia.

ultimately [ˈʌltɪmətlɪ]
1 *adv (finally)* finalmente.
2 *adv (basically)* en el fondo.

ultimatum [ʌltɪˈmeɪtəm] *n* ultimátum *m.*
▲ *pl* ultimatums o ultimata [ʌltɪˈmeɪtə].

ultrafashionable [ʌltrəˈfæʃənəbəl] *adj* a la última moda, muy de moda.

ultramarine [ʌltrəməˈriːn]
1 *n* azul *m* marino, azul *m* de ultramar.
2 *adj (from overseas)* ultramarino,-a, de ultramar.

ultramodern [ʌltrəˈmɒdən] *adj* ultramoderno,-a.

ultrashort [ˈʌltrəˈʃɔːt] *adj* ultracorto,-a.

ultrasonic [ʌltrəˈsɒnɪk] *adj* ultrasónico,-a.

ultrasound [ˈʌltrəsaʊnd] *n* ultrasonido.

ultraviolet [ʌltrəˈvaɪələt] *adj* ultravioleta.

umbilical [ʌmˈbɪlɪkəl] *adj* umbilical.
▪ **umbilical cord** cordón *m* umbilical.

umbrage [ˈʌmbrɪdʒ] *n* resentimiento.
✦ **to take umbrage at** ofenderse por, resentirse de.

umbrella [ʌmˈbrelə]
1 *n* paraguas *m.*
2 *n fig (protection)* manto, protección *f*; *(patronage)* patrocinio.
▪ **umbrella stand** paragüero.
umbrella organization organismo madre.

umpire [ˈʌmpaɪəʳ]
1 *n* árbitro,-a.
2 *vt* arbitrar.

umpteen [ʌmpˈtiːn] *adj fam* un montón de, muchísimos,-as, la tira de: I've told you umpteen times te lo he dicho un montón de veces.

umpteenth [ʌmpˈtiːnθ] *adj* enésimo,-a.

'un [ən] *pron GB fam* uno, una: give us a big 'un dame uno grande.
▲ *Véase también* one.

UN [ˈjuːˈen] *abbr* (**United Nations Organization**) Organización de las Naciones Unidas; *(abbreviation)* ONU *f.*

unabashed [ʌnəˈbæʃt]
1 *adj (shameless)* descarado,-a, desvergonzado,-a.
2 *adj (unperturbed)* imperturbable, inmutable.

unable [ʌnˈeɪbəl] *adj* incapaz.
✦ **to be unable to do something** no poder hacer algo, ser incapaz de hacer algo: I'm unable to attend no puedo asistir.

unabridged [ʌnəˈbrɪdʒd] *adj* íntegro,-a.
▪ **unabridged text** versión *f* íntegra.

unacceptable [ʌnəkˈseptəbəl] *adj* inaceptable, inadmisible.

unaccommodating [ʌnəˈkɒmədeɪtɪŋ] *adj (person)* poco amable, poco servicial, poco sociable.

unaccompanied [ʌnəˈkʌmpənɪd]
1 *adj (person)* solo,-a, sin compañía.
2 *adj MUS* sin acompañamiento.

unaccomplished [ʌnəˈkʌmlɪʃt]
1 *adj (unfinished)* inacabado,-a, incompleto,-a, sin acabar.

2 *adj (without talent)* sin talento, mediocre.

3 *adj (ambitions, goals, etc)* no realizado,-a, no logrado,-a.

unaccountable [ʌnəˈkaʊntəbəl] *adj* inexplicable.

unaccounted for [ʌnəˈkaʊntɪdfɔːʳ] *adj (missing)* faltar: **three documents are still unaccounted for** todavía faltan tres documentos; **two fishermen are still unaccounted for** se desconoce aún el paradero de dos pescadores.

unaccustomed [ʌnəˈkʌstəmd] *adj* desacostumbrado,-a, inacostumbrado,-a, no acostumbrado,-a: **she's unaccustomed to hard work** no está acostumbrada al trabajo duro.

unacquainted [ʌnəˈkweɪntɪd] *adj* desconocer, ignorar: **he's unacquainted with State matters** desconoce los asuntos de Estado.

unadulterated [ʌnəˈdʌltəreɪtɪd] *adj* puro,-a.

unadventurous [ʌnədˈventʃərəs] *adj* poco arriesgado,-a, poco atrevido,-a.

unadvisable [ʌnədˈvaɪzəbəl] *adj* poco aconsejable.

unaffected [ʌnəˈfektɪd]
1 *adj (unchanged)* no afectado,-a: **this land has been unaffected by the hand of man** la mano del hombre no ha afectado esta tierra.
2 *adj (for person)* afable, campechano,-a, natural, sencillo,-a.
3 *adj (indifferent)* indiferente, inmutable: **he is unaffected by sarcasm** ni se inmuta ante el sarcasmo.
4 *adj (style)* llano,-a, sin afectación f.

unafraid [ʌnəˈfreɪd] *adj* sin miedo, sin temor, impertérrito,-a: **he is unafraid of anyone** no le tiene miedo a nadie.

unaided [ʌnˈeɪdɪd] *adv* sin ayuda, solo,-a.

unacknowledged [ʌnəkˈnɒlɪdʒd] *adj (not recognized)* no reconocido,-a; *(letter)* sin contestar.

unalterable [ʌnˈɔːltərəbəl] *adj* inalterable, invariable.

unambiguous [ʌnæmˈbɪgjʊəs] *adj* inequívoco,-a, sin ambigüedad f.

unambitious [ʌnæmˈbɪʃəs] *adj* poco ambicioso,-a, sin ambición, poco emprendedor.

unanimity [juːnəˈnɪmətɪ] *n* unanimidad f.

unanimous [juːˈnænɪməs] *adj* unánime.

unanimously [juːˈnænɪməslɪ] *adv* unánimemente, por unanimidad f: **the law was passed unanimously** la ley fue aprobada por unanimidad.

unannounced [ʌnəˈnaʊnst]
1 *adj (without knocking)* sin avisar, sin llamar: **he came in unannounced** entró sin llamar.
2 *adj (without announcement)* sin ser anunciado,-a: **the customer went in unannounced** el cliente entró sin ser anunciado.

unanswerable [ʌnˈɑːnsərəbəl]
1 *adj (question)* incontestable, sin respuesta.
2 *adj (attack, criticism)* irrebatible, irrefutable.

unanswered [ʌnˈɑːnsəd]
1 *adj (of letter)* sin contestar.
2 *adj (of love)* no correspondido,-a.

unappreciated [ʌnəˈpriːʃɪeɪtɪd] *adj* poco apreciado,-a, poco valorado,-a.

unappreciative [ʌnəˈpriːʃətɪv] *adj* desagradecido,-a.
✦ to be unappreciative of no agradecer, no apreciar, no valorar.

unapproachable [ʌnəˈprəʊtʃəbəl]
1 *adj* inaccesible.
2 *adj (of person)* inabordable, intratable, inaccesible.

unarmed [ʌnˈɑːmd] *adj* desarmado,-a, sin armas.
▪ unarmed combat lucha a cuerpo limpio.

unashamed [ʌnəˈʃeɪmd] *adj* desvergonzado,-a, descarado,-a.

unasked [ʌnˈɑːskt]
1 *adv (voluntarily)* voluntariamente: **he is always ready to lend a hand unasked** siempre está dispuesto a echar una mano sin que se lo pida.
2 *adj (not asked)* sin preguntar, sin formular: **my question remained unasked** mi pregunta quedó sin formular.
3 **unasked for** *adj (unsolicited)* no solicitado,-a: **I gave him my advice, although it was unasked for** le di consejos aunque no me los solicitara.

unassailable [ʌnəˈseɪləbəl]
1 *adj (fortress)* inexpugnable.
2 *adj (position)* inatacable.
3 *adj (argument)* irrebatible.

unassuming [ʌnəˈsjuːmɪŋ] *adj* modesto,-a, sin pretensiones.

unattached [ʌnəˈtætʃt]
1 *adj (loose)* suelto,-a.
2 *adj (not engaged or married)* sin compromiso, soltero,-a.
3 *adj (independent)* libre, independiente.
4 *adj JUR (of property, etc.)* no embargado,-a.

unattainable [ʌnəˈteɪnəbəl] *adj* inalcanzable, inaccesible.

unattended [ʌnəˈtendɪd]
1 *adj (children)* sin vigilar.
2 *adj (not looked after)* desatendido,-a: **she often left the office unattended** a menudo dejaba desatendida la oficina.
3 *adj (alone)* solo,-a.

unattractive [ʌnəˈtræktɪv] *adj* poco atractivo,-a, feo,-a.

unauthorized [ʌnˈɔːθəraɪzd]
1 *adj (person)* no autorizado,-a: **no entry to unauthorized personnel** prohibida la entrada a toda persona ajena al recinto.
2 *adj (business, etc)* ilegal, ilícito,-a.

unavailable [ʌnəˈveɪləbəl]
1 *adj* indisponible, no disponible.

2 *adj (busy)* ocupado,-a: **Mr Smith is unavailable this morning** el Sr. Smith está ocupado esta mañana.
3 *adj (out of print)* agotado,-a.
4 *adj (not for sale)* que no está en venta: **certain commodities are unavailable in the shops** hay ciertos productos que no están a la venta en las tiendas.

unavoidable [ʌnəˈvɔɪdəbəl]
1 *adj (general)* inevitable, ineludible.
2 *adj (accident)* fortuito,-a.

unavoidably [ʌnəˈvɔɪdəblɪ] *adv* sin que se pueda evitar: **I was unavoidably detained** me entretuvieron y no pude hacer nada.

unaware [ʌnəˈweəʳ] *adj* ignorante, inconsciente.
✦ to be unaware of ignorar, no darse cuenta, ser inconsciente de: **many people are unaware of their potential** mucha gente ignora su potencial.

unawareness [ʌnəˈweəənəs] *n* ignorancia, inconsciencia.

unawares [ʌnəˈweəz]
1 *adv* desprevenido,-a: **I was caught unawares** me cogió desprevenido.
2 *adv (unintentionally)* inconscientemente, sin darse cuenta.

unbalance [ʌnˈbæləns]
1 *vt* desequilibrar.
2 *vt* trastornar.

unbalanced [ʌnˈbælənst]
1 *adj* desequilibrado,-a.
2 *adj (mind)* trastornado,-a.

unbar [ʌnˈbɑːʳ]
1 *vt (door)* desatrancar.
2 *vt fig* abrir, franquear.
▲ *pt & pp* **unbarred,** *ger* **unbarring.**

unbearable [ʌnˈbeərəbəl] *adj* inaguantable, insoportable, intolerable.

unbearably [ʌnˈbeərəblɪ] *adv* insoportablemente, intolerablemente.

unbeatable [ʌnˈbiːtəbəl]
1 *adj (competition)* invencible, sin rival, sin igual.
2 *adj (price, quality)* insuperable, inigualable, inmejorable.

unbeaten [ʌnˈbiːtən] *adj* imbatido,-a.

unbecoming [ʌnbɪˈkʌmɪŋ]
1 *adj (unsuitable)* impropio,-a, poco apropiado,-a.
2 *adj (clothes)* que no sienta bien, poco favorecedor,-ra.

unbelievable [ʌnbɪˈliːvəbəl] *adj* increíble.

unbeliever [ʌnbɪˈliːvəʳ] *n* infiel *mf*, no creyente *mf*.

unbend [ʌnˈbend]
1 *vt* desencorvar, enderezar.
2 *vt fig* hacerse más amable.
3 *vi fig* relajarse.
▲ *pt & pp* **unbent** [ʌnˈbent].

unbending [ʌnˈbendɪŋ] *adj* inflexible.

unbent [ʌnˈbent] *pt & pp* → **unbend.**

unbiased [ʌnˈbaɪəst] *adj* imparcial.

unbiassed [ʌnˈbaɪəst] *adj* → unbiased.

unblemished [ʌnˈblemɪʃt] *adj (skin)* perfecto,-a; *(reputation, record)* intachable.

unblinking [ʌnˈblɪŋkɪŋ]
1 *adj* sin pestañear.
2 *adj fig* imperturbable.

unblock [ʌnˈblɒk]
1 *vt (pipe, drain)* desatascar.
2 *vt (street, road)* desobstruir.
3 *vt (nose)* destaponar.

unbolt [ʌnˈbəʊlt] *vt* descorrer el pestillo de: the door is unbolted el pestillo de la puerta no está echado.

unborn [ʌnˈbɔːn]
1 *adj* aún no nacido,-a, sin nacer, nonato,-a.
2 *adj fig* futuro,-a, venidero,-a.

unbosom [ʌnˈbʊzəm]
1 *vt* descubrir, revelar.
2 *vt* deshogarse, abrir su corazón.
✦ to unbosom oneself to somebody abrirle el corazón a alguien.

unbounded [ʌnˈbaʊndɪd]
1 *adj* ilimitado,-a, infinito,-a.
2 *adj fig* desmedido,-a,.

unbreakable [ʌnˈbreɪkəbəl]
1 *adj* irrompible.
2 *adj fig* inquebrantable.
3 *adj (horse)* indomable.

unbridled [ʌnˈbraɪdəld] *adj fig* desenfrenado,-a.

unbroken [ʌnˈbrəʊkən]
1 *adj (whole)* entero,-a, intacto,-a.
2 *adj (uninterrupted)* ininterrumpido,-a, continuo,-a.
3 *adj (record)* imbatido,-a.
4 *adj (untamed)* indómito,-a, sin domar.

unburden [ʌnˈbɜːdən] *vt fml* descargar, aliviar.
✦ to unburden oneself desahogarse, abrir su corazón.

unbusinesslike [ʌnˈbɪznəslaɪk]
1 *adj (unmethodical)* poco metódico,-a, desorganizado,-a.
2 *adj (informal)* informal.
3 *adj (lacking in business sense)* poco negociante, carente de instinto comercial.

unbutton [ʌnˈbʌtən]
1 *vt* desabrochar.
2 *vi fam* relajarse.
✦ to unbutton oneself desahogarse.

uncalled-for [ʌnˈkɔːldfɔːʳ] *adj (unjustified)* injustificado,-a, gratuito,-a, fuera de lugar; *(unnecessary)* innecesario,-a: everyone criticized his uncalled-for attack on the minister todos criticaron su ataque injustificado al ministro; that remark was uncalled for ese comentario era innecesario.
▲ *Se escribe uncalled for cuando no se antepone a un sustantivo.*

uncanny [ʌnˈkænɪ] *adj* misterioso,-a, extraño,-a.
▲ *comp uncannier, superl uncanniest.*

uncared-for [ʌnˈkeədfɔːʳ]
1 *adj (appearance)* descuidado,-a, abandonado,-a.
2 *adj (person)* abandonado,-a, desamparado,-a.
▲ *Se escribe uncared for cuando no se antepone a un sustantivo.*

uncaring [ʌnˈkeərɪŋ] *adj* indiferente, despreocupado,-a.

unceasing [ʌnˈsiːsɪŋ] *adj* incesante, continuo,-a.

uncertain [ʌnˈsɜːtən]
1 *adj (not certain)* incierto,-a, dudoso,-a.
2 *adj (unspecified)* indeterminado,-a.
3 *adj (indecisive)* indeciso,-a.
4 *adj (changeable)* variable.
✦ to be uncertain of/about/as to something no estar seguro de algo: he is still uncertain as to his participation aún no sabe seguro si va a participar, aún no está seguro de si va a participar.
■ in no uncertain terms claramente, sin rodeos, sin titubeos.

uncertainty [ʌnˈsɜːtəntɪ] *n* incertidumbre *f*, duda.
▲ *pl uncertainties.*

unchallenged [ʌnˈtʃælɪndʒd] *adj* incontestado,-a, sin protestar.

unchangeable [ʌnˈtʃeɪndʒəbəl] *adj* inalterable, inmutable.

unchanged [ʌnˈtʃeɪndʒd] *adj* igual, sin alterar.

unchanging [ʌnˈtʃeɪndʒɪŋ] *adj* inalterable.

uncharitable [ʌnˈtʃærɪtəbəl] *adj* poco caritativo,-a, duro,-a.

unchecked [ʌnˈtʃekt]
1 *adj* no comprobado,-a: the results of the experiment remain unchecked los resultados del experimento aún no se han comprobado.
2 *adj (unrestrained)* libre: enemy soldiers entered the city unchecked soldados enemigos entraron en la ciudad libremente.

uncivil [ʌnˈsɪvəl] *adj (rude)* descortés, grosero,-a.

uncivilized [ʌnˈsɪvəlaɪzd]
1 *adj (tribe)* incivilizado,-a, salvaje.
2 *adj (not cultured)* inculto,-a.
3 *adj fig* intempestivo,-a, poco ortodoxo, -a: his working timetable is uncivilized su horario laboral es poco ortodoxo.

unclaimed [ʌnˈkleɪmd] *adj* sin reclamar, sin dueño.

unclassifiable [ʌnklæsɪˈfaɪəbəl] *adj* inclasificable.

uncle [ˈʌŋkəl] *n* tío.
■ Uncle Sam el Tío Sam.

unclean [ʌnˈkliːn]
1 *adj* sucio,-a.
2 *adj REL* impuro,-a.

unclear [ʌnˈklɪəʳ] *adj* poco claro,-a, confuso,-a.

uncleared [ʌnˈklɪəd]
1 *adj (table)* sin quitar.
2 *adj (ground)* sin desbrozar.
3 *adj COMM* que no ha sido despachado,-a por la aduana.
4 *adj (debt)* impagado,-a.
5 *adj fig (mystery)* que no ha sido resuelto,-a.
6 *adj (doubt)* no disipado,-a.
■ uncleared cheque talón *m* no compensado.

unclog [ʌnˈklɒg] *vt* desatascar, desbloquear.
▲ *pt & pp unclogged, ger unclogging.*

uncoil [ʌnˈkɔɪl]
1 *vt* desenrollar.
2 *vi (snake)* desenroscarse.
3 *vi (rope)* desenrollarse.

uncombed [ʌnˈkəʊmd] *adj (hair)* despeinado,-a.

uncomfortable [ʌnˈkʌmfətəbəl]
1 *adj (physical)* incómodo,-a, poco confortable.
2 *adj (worrying)* inquietante, preocupante: I have the uncomfortable feeling that I'm being watched tengo la inquietante sensación de que me están vigilando.
3 *adj (unpleasant)* desagradable.
4 *adj (awkward)* incómodo,-a, molesto,-a.
✦ to feel uncomfortable no estar a gusto, sentirse incómodo,-a.
to make things uncomfortable for somebody complicarle la vida a alguien.

uncommitted [ʌnkəˈmɪtɪd] *adj (ideas, beliefs)* no comprometido,-a; *(politics)* no alineado,-a.

uncommon [ʌnˈkɒmən]
1 *adj (rare)* poco común, poco corriente.
2 *adj (strange)* insólito,-a; *(unusual)* extraordinario,-a, fuera de lo común.
3 *adj (excessive)* excesivo,-a, desmesurado,-a.

uncommonly [ʌnˈkɒmənlɪ] *adv* extraordinariamente, particularmente.
✦ not uncommonly con cierta frecuencia.

uncommunicative [ʌnkəˈmjuːnɪkətɪv] *adj* poco comunicativo,-a, cerrado,-a, reservado,-a.

uncomplimentary [ʌnkɒmplɪˈmentərɪ] *adj* poco halagüeño,-a.

uncompromising [ʌnˈkɒmprəmaɪzɪŋ] *adj* inflexible, intransigente.

unconcealed [ʌnkənˈsiːld] *adj* evidente, no disimulado,-a.

unconcerned [ʌnkənˈsɜːnd] *adj* despreocupado, indiferente.
✦ unconcerned about indiferente a: she is unconcerned about losing her job no le preocupa perder su empleo.

unconditional [ʌnkənˈdɪʃənəl] *adj* incondicional: he gave her his unconditional support le dio su apoyo incondicional.

unconditioned [ʌnkənˈdɪʃənd] *adj (reflex)* no condicionado,-a, espontáneo,-a.

unconfirmed [ʌnkənˈfɜːmd] *adj* no confirmado,-a, sin confirmar.

uncongenial [ʌnkənˈdʒiːnɪəl]
1 *adj (person)* antipático,-a.
2 *adj (job)* desagradable.

unconnected [ʌnkəˈnektɪd] *adj* no relacionado,-a, inconexo,-a.

unconscionable [ʌnˈkɒnʃənəbəl] *adj fml (excessive)* desmesurado,-a, excesivo,-a.

unconscious [ʌnˈkɒnʃəs]
1 *adj MED* inconsciente: he was unconscious for five minutes estuvo inconsciente durante cinco minutos.
2 *adj (unaware)* inconsciente.
3 *adj (not on purpose)* involuntario,-a.
4 the unconscious *n* el inconsciente.
✦ to become unconscious perder el conocimiento.

unconsciousness [ʌnˈkɒnʃəsnəs] *n MED* pérdida del conocimiento, inconsciencia.

unconsidered [ʌnkənˈsɪdəd] *adj (hasty)* irreflexivo,-a.

unconstitutionally [ʌnkɒnstɪˈtjuːʃənəlɪ] *adv* anticonstitucionalmente.

unconstitutional [ʌnkɒnstɪˈtjuːʃənəl] *adj* anticonstitucional, inconstitucional.

uncontested [ʌnkənˈtestɪd] *adj* incontestado,-a.
■ uncontested seat *POL* escaño ganado sin oposición.

uncontrollable [ʌnkənˈtrəʊləbəl]
1 *adj (general)* incontrolable.
2 *adj (people)* ingobernable.
3 *adj (desire)* irrefrenable, irresistible.
4 *adj (child)* indisciplinado,-a.
■ uncontrollable laughter ataque *m* de risa.

unconventional [ʌnkənˈvenʃənəl]
1 *adj* poco convencional.
2 *adj (original)* original.

unconvinced [ʌnkənˈvɪnst] *adj* poco convencido,-a, escéptico,-a.

uncooperative [ʌnkəʊˈɒpərətɪv] *adj* poco cooperativo,-a.

uncoordinated [ʌnkəʊˈɔːdɪneɪtɪd] *adj* no coordinado,-a, sin coordinar.

uncork [ʌnˈkɔːk] *vt* descorchar, destaponar.

uncorrected [ʌnkəˈrektɪd] *adj* sin corregir, no corregido,-a.

uncountable [ʌnˈkaʊntəbəl] *adj* incontable.

uncouple [ʌnˈkʌpəl]
1 *vt (railways)* desenganchar.
2 *vt (wheels)* desacoplar.
3 *vt (disconnect)* desconectar.

uncouth [ʌnˈkuːθ]
1 *adj (awkward)* tosco,-a, inculto,-a.
2 *adj (rude)* grosero,-a, vulgar.

uncover [ʌnˈkʌvəʳ]
1 *vt* destapar.
2 *vt (secret)* revelar, descubrir.

uncovered [ʌnˈkʌvəd] *adj* destapado, al descubierto.
■ uncovered cheque *US* talón *m* sin fondos.

uncrossed [ʌnˈkrɒst] *adj GB (cheque)* sin cruzar.

unction [ˈʌŋkʃən]
1 *n REL (act, ointment)* unción *f*.
2 *n (balm)* ungüento.
3 *n fig* unción *f*, fervor *m* fingido, zalamería.
■ extreme unction extremaunción *f*.

unctuous [ˈʌŋktʃʊəs] *adj fml fig* meloso, -a, zalamero,-a.

uncultivated [ʌnˈkʌltɪveɪtɪd]
1 *adj (land)* yermo,-a, baldío,-a, sin cultivar.
2 *adj (person)* inculto,-a.

uncurbed [ʌnˈkɜːbd] *adj (uncontrolled)* desenfrenado,-a.

uncut [ʌnˈkʌt]
1 *adj* sin cortar.
2 *adj (gem)* en bruto, sin tallar.
3 *adj (film)* íntegro,-a, sin cortes *mpl*.
4 *adj (printing, books etc.)* intonso,-a.

undamaged [ʌnˈdæmɪdʒd]
1 *adj (goods)* en buen estado, sin desperfectos, intacto,-a.
2 *adj (person)* indemne, ileso,-a.
3 *adj fig* intacto,-a.

undated [ʌnˈdeɪtɪd] *adj* sin fecha.

undaunted [ʌnˈdɔːntɪd] *adj (dauntless)* firme, impávido,-a: he remained undaunted by the situation se mantuvo impávido ante la situación.

undeceive [ʌndɪˈsiːv] *vt fml* desengañar, desilusionar.

undecided [ʌndɪˈsaɪdɪd]
1 *adj* indeciso,-a.
2 *adj (question)* no resuelto,-a.
3 *adj (issue)* pendiente.

undecipherable [ʌndɪˈsaɪfərəbəl] *adj* indescifrable.

undefeated [ʌndɪˈfiːtɪd] *adj* invicto,-a.

undefended [ʌndɪˈfendɪd] *adj* indefenso,-a.

undefined [ʌndɪˈfaɪnd] *adj* indefinido, -a, indeterminado,-a.

undelivered [ʌndɪˈlɪvəd] *adj* sin entregar.
■ undelivered letter carta devuelta.

undemocratic [ʌndeməˈkrætɪk] *adj* antidemocrático,-a.

undeniable [ʌndɪˈnaɪəbəl] *adj* innegable, indiscutible.

under [ˈʌndəʳ]
1 *prep (below)* bajo, debajo de: it's under the bed está debajo de la cama; the tunnel goes under the Channel el túnel pasa por debajo del Canal de la Mancha.

2 *prep (less than)* menos de: he earns under fifteen thousand pounds a year gana menos de quince mil libras al año; he looks under eighteen to me a mí me parece que tiene menos de dieciocho años; there was nobody under the age of sixty no había nadie con menos de sesenta años.
3 *prep (controlled, affected, influenced by)* bajo: dancing was banned under Cromwell bajo Cromwell estaba prohibido bailar; she was born under Cancer nació bajo el signo de Cáncer.
4 *prep (suffering, subject to)* bajo: he's under arrest está detenido, está bajo arresto; under anaesthetic bajo anestesia; he is under a lot of pressure está sometido a muchas presiones; we are under attack nos están atacando; the ports are under blockade los puertos están sometidos a bloqueo.
5 *prep (according to)* conforme a, según: under the terms of the agreement según los términos del acuerdo.
6 *prep (known by)* con, bajo: she worked under a false name trabajó con un nombre falso.
7 *adv (below)* debajo: he fell into the river and was under for over a minute cayó al río y estuvo bajo el agua durante más de un minuto.
8 *adv (less)* menos: we have a wide range of watches for £30 or under tenemos una amplia gama de relojes por treinta libras o menos.
✦ to be under age ser menor de edad.
to be under cover *(protected)* estar a cubierto; *(in hiding)* estar en la clandestinidad.
to be under lock and key estar bajo llave.
to be under repair estar en reparación, estar reparándose.
to be under the doctor estar en manos del médico.
to be under the impression that ... tener la impresión de que ...
to go under estrellarse, irse a pique.
under the circumstances ... dadas la circunstancias ...

under- [ˈʌndəʳ] *def art (below)* infra-, sub-; *(insufficiently)* insuficientemente.

underarm [ˈʌndərɑːm]
1 *adv SP* sin alzar el brazo por encima del hombro.
2 *adj SP* hecho,-a sin alzar el brazo por encima del hombro.
3 *adj (of the armpit)* de las axilas: she bought him some underarm deodorant le compró desodorante para las axilas.

undercarriage [ˈʌndəkærɪdʒ] *n* tren *m* de aterrizaje.

undercharge [ʌndəˈtʃɑːdʒ] *vt* cobrar menos de lo debido.

underclothes [ˈʌndəkləʊðz] *npl* ropa *f sing* interior.

underclothing [ˈʌndəkləʊðɪŋ] n ropa interior.

undercoat [ˈʌndəkəʊt] n (of paint) primera mano f.

undercover [ʌndəˈkʌvəʳ]
1 adj clandestino,-a, secreto,-a.
2 adv en la clandestinidad.

undercurrent [ˈʌndəkʌrənt]
1 n (in sea) corriente f submarina.
2 n fig tendencia oculta.

undercut [ʌndəˈkʌt] vt vender más barato que.
▲ pt & pp undercut, ger undercutting.

underdeveloped [ʌndədɪˈveləpt]
1 adj subdesarrollado,-a.
2 adj (of photo) insuficientemente revelado,-a.

underdevelopment [ʌndədɪˈveləpmənt] n subdesarrollo.

underdog [ˈʌndədɒg] n desvalido,-a, perdedor,-ra.
✦ the underdogs los de abajo, los desamparados.

underdone [ʌndəˈdʌn] adj CULIN poco hecho,-a.

underemployed [ʌndəremˈplɔɪd] adj subempleado,-a.

underemployment [ʌndəremˈplɔɪmənt] n subempleo.

underestimate [ʌndərˈestɪmət]
1 n infravaloración f, menosprecio.
2 vt infravalorar, subestimar.
▲ (verbo) [ʌndərˈestɪmeɪt].

underexpose [ʌndərɪksˈpəʊz] vt subexponer.

underexposure [ʌndərɪkˈspəʊʒəʳ] n (of photo) subexposición f.

underfed [ʌndəˈfed] adj subalimentado,-a, desnutrido,-a.

underfoot [ʌndəˈfʊt] adv debajo de los pies, en el suelo.
✦ to trample something underfoot pisotear algo.

undergo [ʌndəˈgəʊ]
1 vt (general) experimentar.
2 vt (change) sufrir.
3 vt (test) pasar por, someterse a: he has undergone many operations se ha sometido a numerosas intervenciones quirúrgicas.
▲ pt underwent [ʌndəˈwent], pp undergone [ʌndəˈgɒn].

undergraduate [ʌndəˈgrædjʊət]
1 n estudiante mf universitario,-a no licenciado,-a.
2 adj no graduado,-a, no licenciado,-a.

underground [ˈʌndəgraʊnd]
1 adj subterráneo,-a.
2 adj fig clandestino,-a.
3 adj fig (cinema, music) underground.
4 n (railway) metro: it's quicker on the underground es más rápido en metro.
5 n (resistance) resistencia: she joined the underground to fight the Germans se incorporó a la resistencia para luchar contra los alemanes.
6 adv bajo tierra.
7 adv fig (secretly) en la clandestinidad, clandestinamente: he went underground during the uprising durante la revuelta pasó a la clandestinidad.
▲ (adverbio) [ʌndəˈgraʊnd].

undergrowth [ˈʌndəgrəʊθ] n maleza, monte m bajo.

underhand [ˈʌndəhænd]
1 adj fig (method) ilícito,-a, deshonesto,-a, turbio,-a, poco limpio,-a: he is always making underhand deals siempre está metido en tratos poco limpios.
2 adj (trick) malo.
3 adj (attack) ladino,-a, solapado,-a.
4 adj (service) sacar con la mano por debajo del hombro.

underhandedly [ʌndəˈhændɪdlɪ] adv bajo mano alza.

underlain [ʌndəˈleɪn] pp → underlie.

underlay [ˈʌndəˈleɪ]
1 pt → underlie.
2 n (in printing) alza.

underlie [ʌndəˈlaɪ] vt subyacer.
▲ pt underlay [ʌndəˈleɪ], pp underlain [ʌndəˈleɪn], ger underlying.

underline [ʌndəˈlaɪn] vt subrayar.

underling [ˈʌndəlɪŋ]
1 n pej subordinado,-a, inferior mf, mandado,-a.
2 n (follower) secuaz m.

underlying [ʌndəˈlaɪɪŋ]
1 adj (hidden) subyacente.
2 adj fig (basic) esencial, fundamental.

undermanned [ʌndəˈmænd]
1 adj falto,-a de personal, escaso,-a de personal.
2 adj MAR sin la debida tripulación f.

undermentioned [ʌndəˈmenʃənd] adj abajo citado,-a, abajo mencionado,-a.

undermine [ʌndəˈmaɪn] vt minar, socavar.

underneath [ʌndəˈniːθ]
1 prep bajo, debajo de.
2 adv abajo, debajo, por debajo.
3 adj de abajo, inferior.
4 n parte f inferior, fondo.

undernourished [ʌndəˈnʌrɪʃt] adj desnutrido,-a, subalimentado,-a.

undernourishment [ʌndəˈnʌrɪʃmənt] n desnutrición f, subalimentación f.

underpaid [ʌndəˈpeɪd] adj mal pagado,-a.

underpants [ˈʌndəpænts] npl calzoncillos mpl, eslip m sing.

underpass [ˈʌndəpɑːs] n paso subterráneo.

underpin [ˈʌndəˈpɪn] vt apuntalar.
▲ pt & pp underpinned, ger underpinning.

underprivileged [ʌndəˈprɪvɪlɪdʒd]
1 adj desvalido,-a, marginado,-a, desamparado,-a.
2 the underprivileged npl los desvalidos.

underrate [ʌndəˈreɪt]
1 vt (danger) subestimar, juzgar mal.
2 vt (person) menospreciar.

underscore [ʌndəˈskɔːʳ]
1 vt (draw line under) subrayar.
2 vt (emphasize) poner de relieve, subrayar.
3 n guion m bajo.

undersell [ʌndəˈsel]
1 vt (at too low a price) malvender.
2 vt (undercut) vender más barato que.
▲ pt & pp undersold [ʌndəˈsəʊld].

undershirt [ˈʌndəʃɜːt] n (us) camiseta.

undersigned [ʌndəˈsaɪnd]
1 adj abajo firmante.
2 n abajo firmante mf.

undersized [ʌndəˈsaɪzd]
1 adj (thing) demasiado pequeño,-a, diminuto,-a.
2 adj (person) diminuto,-a.
3 adj (baby) sietemesino,-a.
▪ undersized baby bebé m sietemesino.

underskirt [ˈʌndəskɜːt]
1 n (modern use) combinación f.
2 n (petticoat) enaguas fpl.
3 n (lining) forro.

undersold [ʌndəˈsəʊld] pt & pp → undersell.

understaffed [ʌndəˈstɑːft] adj falto,-a de personal.

understand [ʌndəˈstænd]
1 vt entender, comprender.
2 vt (believe) tener entendido.
3 vt (to get on with somebody) entenderse: they understand each other very well se entienden muy bien.
4 vt (take for granted) sobreentender.
✦ to give to understand dar a entender.
▲ pt & pp understood [ʌndəˈstʊd].

understandable [ʌndəˈstændəbəl] adj comprensible.

understanding [ʌndəˈstændɪŋ]
1 n (intelligence) entendimiento, inteligencia.
2 n (grasp) comprensión f.
3 n (agreement) acuerdo: they quickly reached an understanding no tardaron nada en llegar a un acuerdo.
4 n (condition) condición f: I'll lend you the money on the understanding that you pay me back as soon as possible te dejaré el dinero a condición de que me lo devuelvas lo antes posible.
5 n (interpretation) interpretación f: it is my understanding that she'll be back soon tengo entendido que ella volverá pronto.
6 adj comprensivo,-a.

understandingly [ʌndəˈstændɪŋlɪ] adv comprensivamente.

understatement [ʌndəˈsteɪtmənt] n atenuación f, eufemismo: it's an understatement to say that ... es quedarse corto decir ...

understood [ʌndəˈstʊd]
1 pt & pp → understand.

2 *adj (assumed)* entendido,-a: I wish it to be understood that I'm here against my will quiero que conste que estoy aquí en contra de mi voluntad.
3 *adj (agreed on)* convenido,-a.
4 *adj (implied)* sobreentendido,-a, implícito,-a.
✦ **to make oneself understood** hacerse entender.

understudy [ˈʌndəstʌdɪ]
1 *n* THEAT suplente *mf*.
2 *vt* THEAT doblar a, aprender un papel para suplir a.
▲ *(sustantivo)* pl **understudies**; *(verbo)* pt & pp **understudied**, ger **understudying**.

undertake [ʌndəˈteɪk]
1 *vt (take on - job, task)* emprender, encargarse de; *(- responsibility)* asumir: this is a responsibility few would undertake poca gente estaría dispuesta a asumir esta responsabilidad.
2 *vi (promise)* comprometerse (**to**, a): he undertook to supply the materials se comprometió a suministrar el material.
▲ *pt* **undertook** [ʌndəˈtʊk], *pp* **undertaken** [ʌndəˈteɪkən].

undertaker [ˈʌndəteɪkəʳ]
1 *n* empresario,-a de pompas fúnebres.
2 *npl (undertaker's)* funeraria, pompas *fpl* fúnebres.

undertaking [ʌndəˈteɪkɪŋ]
1 *n (task)* empresa, tarea.
2 *n (responsibility)* responsabilidad *f*, carga.
3 *n (promise)* garantía, promesa: he was unable to give me any such undertaking le fue imposible darme tal garantía.
▪ **large-scale undertaking** empresa a gran escala.

under-the-counter [ʌndəðəˈkaʊntəʳ]
adj fam (buying and selling) bajo mano, en secreto.
▪ **under-the-counter sales** ventas bajo mano.

undertone [ˈʌndətəʊn]
1 *n (low voice)* voz *f* baja, murmullo.
2 *n (colour)* color *m* de fondo.
3 *n fig (suggestion)* fondo, matiz *m*; *(tendency)* corriente *f*.

undertook [ʌndəˈtʊk] *pt* → **undertake**.
undertow [ˈʌndətəʊ] *n* resaca.
underuse [ʌndəˈjuːz] *vt* infrautilizar: the library is underused la biblioteca está infrautilizada.

undervalue [ʌndəˈvæljuː] *vt* infravalorar, subvalorar.

underwater [ʌndəˈwɔːtəʳ]
1 *adj* submarino,-a, subacuático,-a: underwater sports deportes subacuáticos.
2 *adv* bajo el agua.

underwear [ˈʌndəwɜːʳ] *n* ropa interior.
underweight [ʌndəˈweɪt] *adj (gen)* de peso insuficiente.

✦ **to be underweight** *(gen)* no pesar lo suficiente, tener un peso inferior al debido; *(athlete)* no dar el peso.

underwent [ʌndəˈwent] *pt* → **undergo**.

underworld [ˈʌndəwɜːld]
1 *n (of criminals)* hampa, bajos fondos *mpl*, inframundo.
2 *n (Hades)* el Hades, el averno.

underwrite [ʌndəˈraɪt]
1 *vt (insurance)* asegurar.
2 *vt* FIN suscribir.
3 *vt (guarantee)* garantizar, avalar.
▲ *pt* **underwrote** [ʌndəˈrəʊt], *pp* **underwritten** [ʌndəˈrɪtən].

underwriter [ˈʌndəraɪtəʳ]
1 *n (insurer)* asegurador,-ra.
2 *n* FIN suscriptor,-ra.

underwritten [ʌndəˈrɪtən] *pp* → **underwrite**.

underwrote [ʌndəˈrəʊt] *pt* → **underwrite**.

undeserved [ʌndɪˈzɜːvd] *adj* inmerecido,-a.

undeserving [ʌndɪˈzɜːvɪŋ] *adj (not meritorious)* de poco mérito, que no merece atención.
✦ **undeserving of** indigno,-a de.

undesirable [ʌndɪˈzaɪərəbəl]
1 *adj* indeseable.
2 *n* indeseable *mf*.

undetected [ʌndɪˈtektɪd] *adj (error)* pasado,-a por alto, no detectado,-a.
✦ **to pass undetected** pasar desapercibido,-a.

undetermined [ʌndɪˈtɜːmaɪnd] *adj* indeterminado,-a, indefinido,-a.

undeterred [ʌndɪˈtɜːd] *adj* sin inmutarse, sin dejarse intimidar por.
✦ **undeterred by** sin arredrarse ante, sin dejarse acobardar por.

undeveloped [ʌndɪˈveləpt]
1 *adj* sin desarrollar.
2 *adj (land)* sin edificar, sin explotar, sin cultivar.
3 *adj (film)* sin revelar.

undid [ʌnˈdɪd] *pt* → **undo**.
undies [ˈʌndiːz] *npl fam* bragas *fpl*.

undigested [ʌndaɪˈdʒestɪd]
1 *adj* indigesto,-a.
2 *adj fig* mal digerido,-a, mal asimilado,-a.

undignified [ʌnˈdɪɡnɪfaɪd]
1 *adj (person)* poco digno,-a.
2 *adj (act)* poco decoroso,-a.

undiluted [ʌndaɪˈluːtɪd] *adj* no diluido,-a, sin diluir, puro,-a: pure undiluted orange juice puro zumo de naranja natural.
✦ **to talk undiluted nonsense** decir solemnes tonterías.

undine [ˈʌndiːn] *n* ondina.

undiplomatic [ʌndɪpləˈmætɪk] *adj* poco diplomático,-a, indiscreto,-a.

undiscerning [ʌndɪˈsɜːnɪŋ] *adj* sin discernimiento, poco perspicaz.

undischarged [ʌndɪsˈtʃɑːdʒd]
1 *adj (bankrupt)* no rehabilitado,-a.
2 *adj (duty)* no cumplido,-a.
3 *adj (debt)* sin liquidar.
4 *adj (rifle, battery)* sin descargar.

undisciplined [ʌnˈdɪsɪplɪnd] *adj* indisciplinado,-a.

undisclosed [ʌndɪsˈkləʊzd] *adj* sin revelar.

undiscovered [ʌndɪsˈkʌvəd]
1 *adj* sin descubrir, no descubierto,-a.
2 *adj (place)* desconocido,-a.

undiscriminating [ʌndɪsˈkrɪmɪneɪtɪŋ]
1 *adj (not preferential)* indiscriminado,-a, sin discriminación.
2 *adj (without judgment)* sin discernimiento, poco juicioso,-a.

undisguised [ʌndɪsˈɡaɪzd]
1 *adj (person)* sin disfraz *m*.
2 *adj fig* franco,-a, abierto,-a, sincero,-a.

undisputed [ʌndɪsˈpjuːtɪd]
1 *adj (unquestionable)* indiscutible, incuestionable.
2 *adj (unchallenged)* incontestable.

undisturbed [ʌndɪsˈtɜːbd]
1 *adj (person)* tranquilo,-a: she wants to be left undisturbed ella quiere que la dejen tranquila.
2 *adj (objects)* intacto, a, sin tocar: the police found the room undisturbed la policía encontró la habitación intacta.

undivided [ʌndɪˈvaɪdɪd]
1 *adj (whole)* entero,-a, íntegro,-a.
2 *adj (unanimous)* unánime.
✦ **to give one's undivided attention to somebody/something** prestar toda la atención a alguien/algo.

undo [ʌnˈduː]
1 *vt (knot)* deshacer, desatar.
2 *vt (button)* desabrochar.
3 *vt (arrangement)* anular.
4 *vt (destroy)* deshacer, destruir.
5 *vt (to set right)* enmendar, reparar.
✦ **to undo the damage** reparar el daño. **to leave something undone** dejar algo sin hacer, dejar algo por hacer. **what is done cannot be undone** a lo hecho pecho.
▲ *pt* **undid** [ʌnˈdɪd], *pp* **undone** [ʌnˈdʌn].

undone [ʌnˈdʌn] *adj (incomplete)* inacabado,-a: he left some of the exercises undone dejó algunos de los ejercicios sin acabar.

undoubted [ʌnˈdaʊtɪd] *adj* indudable.

undoubtedly [ʌnˈdaʊtɪdlɪ] *adv* indudablemente, sin duda.

undreamed of [ʌnˈdriːmdəv, ʌnˈdremtəv] *adj* nunca soñado,-a: we now enjoy freedom and wealth previously undreamed of ahora disfrutamos de una libertad y una riqueza nunca soñadas.

undress [ʌnˈdres]
1 *vt* desnudar.
2 *vi* desnudarse.

undressed [ʌn'drest] *adj (naked)* desnudo,-a.
+ **to get undressed** desnudarse, quitarse la ropa.
undue [ʌn'djuː]
1 *adj (exaggerated)* excesivo,-a, no justificado,-a.
2 *adj (not suitable)* indebido,-a.
undulate ['ʌndjʊleɪt]
1 *vi* ondular, ondear.
2 *vt* hacer ondear.
undulation [ʌndjʊ'leɪʃən] *n* ondulación *f.*
unduly [ʌn'djuːlɪ] *adv* indebidamente, excesivamente.
undying [ʌn'daɪɪŋ] *adj* imperecedero,-a.
unearned [ʌn'ɜːnd]
1 *adj (salary)* no ganado,-a.
2 *adj (undeserved)* inmerecido,-a.
■ **unearned income** ingresos *mpl* no salariales.
unearned increment plusvalía.
unearth [ʌn'ɜːθ]
1 *vt* desenterrar.
2 *vt fig* desenterrar, sacar a la luz, descubrir.
unearthly [ʌn'ɜːθlɪ]
1 *adj (supernatural)* sobrenatural, de otro mundo.
2 *adj fam* espantoso,-a, horrible, infernal: **stop making that unearthly row** deja de hacer ese ruido infernal.
3 *adj (hour)* intempestivo,-a.
uneasiness [ʌn'iːzɪnəs]
1 *n (of person)* inquietud *f,* intranquilidad *f,* desasosiego.
2 *n (of situation)* incomodidad *f,* molestia, malestar *m.*
uneasy [ʌn'iːzɪ]
1 *adj (worried)* intranquilo,-a, inquieto,-a, preocupado,-a; *(disturbing)* inquietante.
2 *adj (annoying)* incómodo,-a, molesto,-a.
+ **to be uneasy about something** inquietarse por algo, preocuparse por algo.
■ **uneasy sleep** sueño agitado.
▲ *comp* uneasier, *superl* uneasiest.
uneatable [ʌn'iːtəbəl] *adj* incomestible, incomible.
uneconomic [ʌniːkə'nɒmɪk] *adj* poco económico,-a, poco rentable.
uneconomical [ʌniːkə'nɒmɪkəl] *adj* poco rentable, poco económico,-a.
uneducated [ʌn'edjʊkeɪtɪd] *adj* inculto,-a, ignorante.
unemotional [ʌniː'məʊʃənəl] *adj* desapasionado,-a, frío.
unemployed [ʌnɪm'plɔɪd] *adj* parado,-a, sin trabajo, en paro.
+ **to be unemployed** estar en paro.
■ **the unemployed** los parados.
unemployment [ʌnɪm'plɔɪmənt]
1 *n* paro, desempleo.
2 *n (percentage)* número de parados.
+ **to be on unemployment benefit** cobrar el paro.

■ **unemployment benefit** subsidio de desempleo.
unemployment compensation *US* subsidio de desempleo.
unending [ʌn'endɪŋ] *adj* interminable.
unenthusiastic [ʌnɪnθjuːzɪ'æstɪk] *adj* poco entusiasta.
unenviable [ʌn'envɪəbəl] *adj* poco envidiable.
unequal [ʌn'iːkwəl]
1 *adj (not the same)* desigual, distinto,-a; *(pulse)* irregular.
2 *adj (not adequate)* poco apto, inadecuado,-a.
+ **to be unequal to doing something** no estar a la altura para hacer algo, ser incapaz de hacer algo.
unequaled [ʌn'iːkwəld] *adj US* → **unequalled.**
unequalled [ʌn'iːkwəld] *adj* sin igual, sin par.
unequivocal [ʌnɪ'kwɪvəkəl] *adj* inequívoco,-a, claro,-a.
unerring [ʌn'ɜːrɪŋ] *adj* infalible.
UNESCO [juː'neskəʊ] *abbr* (**United Nations Educational, Scientific and Cultural Organization**) Organización de las Naciones Unidas para la Educación, la Ciencia y la Cultura; *(abbreviation)* UNESCO *f.*
unethical [ʌn'eθɪkəl] *adj* poco ético,-a, inmoral.
uneven [ʌn'iːvən]
1 *adj (not level)* desigual; *(bumpy)* accidentado,-a: **uneven land** terreno accidentado.
2 *adj (varying)* irregular, variable.
3 *adj (road)* lleno,-a de baches.
4 *adj (unfairly matched)* desigual: **it was an uneven match** resultó un partido desigual.
5 *adj MATH* impar.
unevenness [ʌn'iːvənnəs]
1 *n (of a surface)* desigualdad *f.*
2 *n (of progress)* irregularidad *f.*
uneventful [ʌnɪ'ventfʊl]
1 *adj* sin acontecimientos, tranquilo,-a: **he had a very uneventful life** tuvo una vida muy tranquila.
2 *adj (routine)* monótono,-a, rutinario,-a.
unexceptionable [ʌnɪk'sepʃənəbəl] *adj fml* irreprochable, intachable.
unexceptional [ʌnɪk'sepʃənəl] *adj* corriente, ordinario,-a.
unexciting [ʌnɪk'saɪtɪŋ] *adj (boring)* monótono,-a; *(uninteresting)* sin interés.
unexpected [ʌnɪk'spektɪd]
1 *adj* inesperado,-a.
2 *adj (event)* imprevisto,-a.
unexpectedly [ʌnɪks'pektɪdlɪ] *adv* inesperadamente.
unexplained [ʌnɪks'pleɪnd] *adj* inexplicado,-a: **her whereabouts still remain unexplained** su paradero sigue siendo un misterio.

unexplored [ʌnɪk'splɔːd] *adj* inexplorado,-a.
unexposed [ʌnɪks'pəʊzd] *adj (film)* sin exponer.
unexpurgated [ʌn'ekspɡeɪtɪd] *adj* íntegro,-a, sin expurgar.
unfailing [ʌn'feɪlɪŋ]
1 *adj (general)* indefectible; *(incessant)* constante.
2 *adj (patience)* inagotable; *(humour)* inalterable.
3 *adj (memory)* infalible.
unfair [ʌn'feəʳ] *adj* injusto,-a.
■ **unfair competition** competición desleal.
unfair dismissal despido improcedente.
unfairly [ʌn'feəlɪ] *adv* injustamente.
unfairness [ʌn'feənəs] *n* injusticia.
unfaithful [ʌn'feɪθfʊl]
1 *adj (husband, wife)* infiel.
2 *adj (friend)* desleal.
unfaithfulness [ʌn'feɪθfʊlnəs]
1 *n (of husband, wife)* infidelidad *f.*
2 *n (of friend)* deslealtad *f.*
unfaltering [ʌn'fɔːltərɪŋ] *adj (voice)* firme; *(steps)* decidido,-a; *(courage)* extraordinario,-a.
unfamiliar [ʌnfə'mɪlɪəʳ] *adj (unknown)* desconocido,-a.
+ **to be unfamiliar with** desconocer, no estar familiarizado,-a con.
unfashionable [ʌn'fæʃənəbəl] *adj (fashion, trends, etc.)* pasado,-a de moda; *(ideas, measures)* poco popular.
unfasten [ʌn'fɑːsən]
1 *vt (vest, button)* desabrochar.
2 *vt (untie)* desatar.
3 *vt (open)* abrir.
unfathomable [ʌn'fæðəməbəl] *adj fml* insondable.
unfavorable [ʌn'feɪvərəbəl] *adj US* → **unfavourable.**
unfavorably [ʌn'feɪvərəblɪ] *adv US* → **unfavourably.**
unfavourable [ʌn'feɪvərəbəl]
1 *adj (gen)* desfavorable; *(criticism)* adverso,-a.
2 *adj (winds)* contrario,-a.
unfavourably [ʌn'feɪvərəblɪ] *adv* desfavorablemente.
unfeasible [ʌn'fiːzəbəl] *adj* irrealizable, impracticable.
unfeeling [ʌn'fiːlɪŋ]
1 *adj (insensitive)* insensible.
2 *adj (unsympathetic)* sin compasión *f.*
unfettered [ʌn'fetəd] *adj* sin trabas.
unfinished [ʌn'fɪnɪʃt] *adj* inacabado,-a, incompleto,-a, sin acabar.
■ **unfinished business** un asunto pendiente.
unfit [ʌn'fɪt]
1 *adj (person)* no apto,-a, incapaz: **he is unfit for the job** no es apto para el trabajo; **I'm unfit to do anything at**

the moment soy incapaz de hacer nada en este momento.

2 *adj (physically)* incapacitado,-a, inútil.

3 *adj (injured)* lesionado,-a.

4 *adj (incompetent)* incompetente.

✦ **to be unfit** no estar en forma.

unflagging [ʌnˈflægɪŋ]
1 *adj (courage)* incansable, infatigable.
2 *adj (interest)* constante.

unflappable [ʌnˈflæpəbəl] *adj fam* imperturbable, flemático,-a.

unflattering [ʌnˈflætərɪŋ] *adj* poco halagüeño,-a, poco halagador,-ra.

unflinching [ʌnˈflɪntʃɪŋ]
1 *adj (determined)* resuelto,-a, decidido,-a.
2 *adj (unafraid)* impávido,-a.

unfold [ʌnˈfəʊld]
1 *vt (paper)* desplegar; *(sheet)* desdoblar.
2 *vt (newspaper)* abrir; *(map)* extender.
3 *vt (outline)* exponer; *(reveal)* revelar.
4 *vt (secret)* descubrir.
5 *vi (open up)* desplegarse, desdoblarse, abrirse; *(landscape)* extenderse: **the sofa unfolds into a double bed** el sofá se convierte en una cama de matrimonio.
6 *vi (ideas etc)* desarrollarse.
7 *vi (secret)* descubrirse, revelarse: **the mystery unfolds** el misterio se revela.

unforeseeable [ʌnfɔː'siːəbəl] *adj* imprevisible.

unforeseen [ʌnfɔː'siːn] *adj* imprevisto,-a.

unforgettable [ʌnfə'getəbəl] *adj* inolvidable.

unforgivable [ʌnfə'gɪvəbəl] *adj* imperdonable.

unforgiving [ʌnfə'gɪvɪŋ] *adj* implacable, que no perdona.

unfortunate [ʌnˈfɔːtʃənət]
1 *adj (person)* desgraciado,-a, desafortunado,-a; *(event)* desgraciado,-a.
2 *adj (remark)* desafortunado,-a.
✦ **how unfortunate!** ¡qué mala suerte!, ¡qué pena!

unfortunately [ʌnˈfɔːtʃənətlɪ] *adv* desgraciadamente, desafortunadamente, por desgracia.

unfounded [ʌnˈfaʊndɪd] *adj (rumour)* infundado,-a, sin base, sin fundamento; *(complaint)* injustificado,-a.

unfreeze [ʌnˈfriːz]
1 *vt (defrost)* descongelar.
2 *vt COMM (prices, wages etc)* descongelar; *(account, loan)* desbloquear.
▲ *pt* **unfroze** [ʌnˈfrəʊz], *pp* **unfrozen** [ʌnˈfrəʊzən].

unfrequented [ʌnfrɪˈkwentɪd] *adj* poco frecuentado,-a.

unfriendly [ʌnˈfrendlɪ] *adj* poco amistoso,-a, antipático,-a, hostil.
▲ *comp* **unfriendlier**, *superl* **unfriendliest**.

unfrock [ʌnˈfrɒk] *vt* expulsar del sacerdocio.

unfroze [ʌnˈfrəʊz] *pt* → **unfreeze**.

unfrozen [ʌnˈfrəʊzən] *pp* → **unfreeze**.

unfruitful [ʌnˈfruːtful]
1 *adj* estéril.
2 *adj fig* infructuoso,-a.

unfulfilled [ʌnful'fɪld]
1 *adj (not carried out)* incumplido,-a, frustrado,-a.
2 *adj (not satisfied)* no satisfecho,-a, insatisfecho,-a.
3 *adj (ambition)* frustrado,-a; *(dream)* irrealizado,-a.

unfurl [ʌnˈfɜːl]
1 *vt* desplegar.
2 *vi* desplegarse.

unfurnished [ʌnˈfɜːnɪʃt]
1 *adj* sin amueblar, desamueblado,-a.
2 *adj (flat to let)* vacío,-a.

ungainly [ʌnˈgeɪnlɪ]
1 *adj (awkward)* torpe.
2 *adj (gait)* desgarbado,-a.
▲ *comp* **ungainlier**, *superl* **ungainliest**.

unglue [ʌnˈgluː] *vt* desencolar.
✦ **to come unglued** despegarse.

ungodly [ʌnˈgɒdlɪ]
1 *adj (behaviour, language)* impío,-a.
2 *adj fam fig (hour)* intempestivo,-a: **she got home at an ungodly hour** llegó a casa a las tantas de la noche.
▲ *comp* **ungodlier**, *superl* **ungodliest**.

ungovernable [ʌnˈgʌnəbəl]
1 *adj (people, country)* ingobernable.
2 *adj (emotions)* incontrolable, incontenible, irreprimible.

ungracious [ʌnˈgreɪʃəs]
1 *adj* poco amable, descortés.
2 *adj (unpleasant)* desagradable.

ungrammatical [ʌngrəˈmætɪkəl] *adj* agramatical.

ungrateful [ʌnˈgreɪtful]
1 *adj (unthankful)* desagradecido,-a.
2 *adj (thankless)* ingrato,-a.

ungrudging [ʌnˈgrʌdʒɪŋ] *adj (generous - person)* generoso,-a; *(- support)* incondicional.

ungrudgingly [ʌnˈgrʌdʒɪŋlɪ] *adv* de buena gana, generosamente.

unguarded [ʌnˈgɑːdɪd]
1 *adj (unprotected)* indefenso,-a, sin protección; *(without guards)* sin vigilancia.
2 *adj (careless)* desprevenido,-a, descuidado,-a, imprudente.
3 *adj (frank)* franco,-a.

unhampered [ʌnˈhæmpəd] *adj* libre.
✦ **unhampered by** sin estorbos.

unhappily [ʌnˈhæpɪlɪ] *adv (unfortunately)* desgraciadamente; *(miserably)* tristemente, infelizmente.

unhappiness [ʌnˈhæpɪnəs] *n (wretchedness)* infelicidad *f*, desdicha; *(sadness)* tristeza.

unhappy [ʌnˈhæpɪ]
1 *adj (sad)* infeliz, triste.
2 *adj (miserable)* desdichado,-a, desgraciado,-a, infeliz.
3 *adj (unsuitable)* desafortunado,-a, poco afortunado,-a.
▲ *comp* **unhappier**, *superl* **unhappiest**.

unharmed [ʌnˈhɑːmd] *adj* ileso,-a, indemne.
✦ **to escape unharmed** salir ileso,-a.

unhealthy [ʌnˈhelθɪ]
1 *adj (place)* malsano,-a, insalubre.
2 *adj (ill)* enfermizo,-a, enfermo,-a.
3 *adj fig (unnatural)* morboso,-a, malsano,-a.
▲ *comp* **unhealthier**, *superl* **unhealthiest**.

unheard [ʌnˈhɜːd] *adj* no oído,-a: **her appeal went unheard** su apelación no fue atendida.

unheard-of [ʌnˈhɜːdɒv]
1 *adj (preposterous)* inaudito,-a.
2 *adj (without precedent)* sin precedente.
▲ *Se escribe* **unheard of** *cuando no se antepone a un sustantivo.*

unheeded [ʌnˈhiːdɪd] *adj* desatendido, -a: **his words went unheeded** desoyeron sus palabras.

unhelpful [ʌnˈhelpful] *adj (advice)* inútil, vano,-a; *(person)* poco servicial.

unhesitating [ʌnˈhezɪteɪtɪŋ]
1 *adj (person)* resuelto,-a, decidido,-a.
2 *adj (answer)* pronto,-a, inmediato,-a.

unhesitatingly [ʌnˈhezɪteɪtɪŋlɪ] *adv* sin dudar, sin vacilar.

unhinge [ʌnˈhɪndʒ]
1 *vt* desquiciar, sacar de quicio.
2 *vt (mind)* trastornar; *(person)* trastornar el juicio de.

unhinged [ʌnˈhɪndʒd]
1 *adj (door)* desquiciado,-a.
2 *adj (person, mind)* trastornado,-a, desquiciado,-a.

unholy [ʌnˈhəʊlɪ]
1 *adj (place etc)* profano,-a; *(person)* impío,-a.
2 *adj fam* infernal, terrible: **he got into an unholy mess** se metió en un lío de mil demonios.
▲ *comp* **unholier**, *superl* **unholiest**.

unhook [ʌnˈhʊk]
1 *vt* desenganchar.
2 *vt (take down)* descolgar.
3 *vt (dress)* desabrochar.

unhoped-for [ʌnˈhəʊptfɔːʳ] *adj* inesperado,-a.
▲ *Se escribe* **unhoped for** *cuando no se antepone al sustantivo.*

unhurried [ʌnˈhʌrɪd] *adj* pausado,-a, tranquilo,-a.

unhurriedly [ʌnˈhʌrɪd] *adv* pausadamente, tranquilamente.

unhurt [ʌnˈhɜːt] *adj* ileso,-a, indemne.

unhygienic [ʌnhaɪˈdʒiːnɪk] *adj* antihigiénico,-a.

unicameral [juːnɪˈkæmərəl] *adj* unicameral.

UNICEF [ˈjuːnɪsef] *abbr* (**United Nations Children's Fund**) Fondo de las Naciones Unidas para la ayuda a la infancia; *(abbreviation)* UNICEF *m*.

unicellular [juːnɪˈseljələʳ] *adj* unicelular.

unicorn [ˈjuːnɪkɔːn] n unicornio.

unidentified [ˌʌnaɪˈdentɪfaɪd] adj no identificado,-a, sin identificar: **unidentified flying object, ufo** objeto volador no identificado, ovni m.

unidirectional [juːnɪdaɪˈrekʃənəl] adj unidireccional.

unification [juːnɪfɪˈkeɪʃən] n unificación f.

uniform [ˈjuːnɪfɔːm]
1 adj uniforme.
2 adj (temperature) constante.
3 n uniforme m.
✦ **in uniform** de uniforme, uniformado,-a.

uniformed [ˈjuːnɪfɔːmd] adj uniformado,-a.

uniformity [juːnɪˈfɔːmətɪ] n uniformidad f.

uniformly [ˈjuːnɪfɔːmlɪ] adv uniformemente.

unify [ˈjuːnɪfaɪ] vt unificar.
▲ pt & pp unified, ger unifying.

unilateral [juːnɪˈlætərəl] adj unilateral.

unilaterally [juːnɪˈlætərəlɪ] adv unilateralmente.

unimaginable [ˌʌnɪˈmædʒɪnəbəl] adj inimaginable.

unimaginative [ˌʌnɪˈmædʒɪnətɪv] adj poco imaginativo,-a, falto,-a de imaginación.

unimpaired [ˌʌnɪmˈpeəd]
1 adj (strength) no disminuido,-a.
2 adj (unharmed) intacto,-a; (health) inalterado,-a.

unimportant [ˌʌnɪmˈpɔːtənt] adj insignificante, sin importancia, poco importante.

unimpressed [ˌʌnɪmˈprest] adj no impresionado,-a.

unimpressive [ˌʌnɪmˈpresɪv]
1 adj poco impresionante, mediocre, poco convincente.
2 adj (not moving) poco conmovedor,-ra.

uninformed [ˌʌnɪnˈfɔːmd]
1 adj mal informado,-a, ignorante.
2 adj (opinion) sin base, sin fundamento.

uninhabitable [ˌʌnɪnˈhæbɪtəbəl] adj inhabitable.

uninhabited [ˌʌnɪˈhæbɪtɪd]
1 adj deshabitado,-a.
2 adj (deserted) despoblado,-a.

uninhibited [ˌʌnɪnˈhɪbɪtɪd] adj sin inhibición.

uninitiated [ˌʌnɪˈnɪʃɪeɪtɪd] adj no iniciado,-a, lego,-a, ignorante.

uninspired [ˌʌnɪnˈspaɪəd]
1 adj (performance) aburrido,-a, soso,-a, mediocre, insulso,-a, poco inspirado,-a.
2 adj (person) falto,-a de inspiración, sin inspiración.

uninspiring [ˌʌnɪnˈspaɪərɪŋ] adj que no inspira.

unintelligent [ˌʌnɪnˈtelɪdʒent] adj poco inteligente.

unintelligible [ˌʌnɪnˈtelɪdʒəbəl] adj ininteligible, incomprensible.

unintelligibly [ˌʌnɪnˈtelɪdʒəblɪ] adv ininteligiblemente, incomprensiblemente.

unintentional [ˌʌnɪnˈtenʃənəl] adj involuntario,-a.

unintentionally [ˌʌnɪnˈtenʃənəlɪ] adv involuntariamente, sin querer: **she did it unintentionally** lo hizo sin querer.

uninterested [ʌnˈɪntrəstɪd] adj no interesado,-a, sin interés, indiferente.

uninteresting [ʌnˈɪntrəstɪŋ] adj sin interés, poco interesante.

uninterrupted [ˌʌnɪntəˈrʌptɪd] adj ininterrumpido,-a, continuo,-a.

uninterruptedly [ˌʌnɪntəˈrʌptɪdlɪ] adv ininterrumpidamente, sin interrupción.

uninvited [ˌʌnɪnˈvaɪtɪd]
1 adj (guest) no invitado,-a.
2 adj (remark) gratuito,-a, no solicitado,-a.

uninviting [ˌʌnɪnˈvaɪtɪŋ] adj (appearance) poco atractivo,-a; (food) poco apetitoso,-a, poco apetecible.

union [ˈjuːnɪən]
1 n unión f.
2 n fig (marriage) enlace m.
3 n (of workers) sindicato.
4 n TECH unión f.
5 adj sindical, del sindicato.
■ **Union Jack** la bandera del Reino Unido, la bandera británica.
the Union US los Estados Unidos.

unionisation [juːnjənaɪˈzeɪʃən] n → unionization.

unionise [ˈjuːnjənaɪz] vt → unionize.

unionism [ˈjuːnjənɪzəm] n (labour movement) sindicalismo.

Unionism [ˈjuːnjənɪzəm] n (political movement) unionismo.

unionist [ˈjuːnjənɪst]
1 adj (trade unionist) unionista.
2 n (trade unionist) unionista mf.

Unionist [ˈjuːnjənɪst]
1 adj (in politics) unionista.
2 n (in politics) unionista mf.

unionization [juːnjənaɪˈzeɪʃən] n sindicación f, sindicalización f.

unionize [ˈjuːnjəˈnaɪz]
1 vt agremiar, sindicalizar.
2 vi agremiarse, sindicalizarse.

unique [juːˈniːk]
1 adj (singular) único,-a.
2 adj (outstanding) extraordinario,-a.

unisex [ˈjuːnɪseks] adj unisex.

unison [ˈjuːnɪsən]
1 n MUS unisonancia.
2 n fig (harmony) armonía.
✦ **in unison** al unísono.

unit [ˈjuːnɪt]
1 n unidad f.
2 n (furniture) módulo, elemento.
3 n MIL unidad f.

4 n MATH unidad f.
5 n TECH grupo.
6 n (centre) centro; (department) servicio.
7 n (team) equipo.
■ **unit trust** (Fin) fondo de inversión.

unite [juːˈnaɪt]
1 vt (join) unir; (assemble) reunir.
2 vi unirse, reunirse.

united [juːˈnaɪtɪd] adj unido,-a.
✦ **united we stand, divided we fall** la unión hace la fuerza.
■ **United Kingdom** Reino Unido.
United Nations Naciones fpl Unidas.
United States of America Estados mpl Unidos mpl de América.
United Arab Emirates Emiratos mpl Árabes Unidos.

unity [ˈjuːnɪtɪ] n (union) unidad f; (harmony) armonía.

Univ [juːnɪˈvɜːsɪtɪ] abbr (**University**) Universidad; (abbreviation) Univ f.

universal [juːnɪˈvɜːsəl] adj universal.
■ **universal remedy** panacea.
universal suffrage sufragio universal.

universality [juːnɪvɜːˈsælɪtɪ] n universalidad f.

universalise [juːnɪˈvɜːsəlaɪz] vt → universalize.

universalize [juːnɪˈvɜːsəlaɪz] vt universalizar.

universally [juːnɪˈvɜːsəlɪ] adv universalmente.

universe [ˈjuːnɪvɜːs] n universo.

university [juːnɪˈvɜːsətɪ]
1 n universidad f.
2 adj universitario,-a.
▲ pl universities.

unjust [ʌnˈdʒʌst] adj (unfair) injusto,-a; (unfounded) sin fundamento, infundado,-a.

unjustifiable [ʌndʒʌstɪˈfaɪəbəl] adj injustificable.

unjustifiably [ʌndʒʌstɪˈfaɪəblɪ] adv injustificablemente.

unjustified [ʌnˈdʒʌstɪfaɪd] adj injustificado,-a.

unjustly [ʌnˈdʒʌstlɪ] adv injustamente.

unkempt [ʌnˈkempt]
1 adj (general) descuidado,-a.
2 adj (hair) despeinado,-a.
3 adj (appearance) desaliñado,-a.

unkind [ʌnˈkaɪnd]
1 adj (unpleasant) poco amable, desconsiderado,-a.
2 adj (cruel) cruel; (criticism) despiadado,-a.

unkindly [ʌnˈkaɪndlɪ] adv con poca amabilidad, desconsideradamente.
✦ **to take something unkindly** tomar algo a mal.

unkindness [ʌnˈkaɪndnəs]
1 n falta de amabilidad f, falta de consideración f, antipatía.
2 n (cruelty) crueldad f.
3 n (harshness) severidad f.

unknowing [ʌnˈnəʊɪŋ] *adj (unaware)* inconsciente; *(ignorant)* ignorante.

unknowingly [ʌnˈnəʊɪŋlɪ] *adv (unwittingly)* inconscientemente, sin darse cuenta.

unknown [ʌnˈnəʊn]
1 *adj* desconocido,-a.
2 *n* lo desconocido.
■ **unknown quantity** incógnita.

unlabelled [ʌnˈleɪbəld] *adj* sin etiqueta.

unlawful [ʌnˈlɔːfʊl] *adj (illegal)* ilegal; *(illegitimate)* ilegítimo,-a.

unleaded [ʌnˈledɪd] *adj* sin plomo.

unleash [ʌnˈliːʃ]
1 *vt (dog)* soltar.
2 *vt fig (free - gen)* liberar; *(- passions)* dar rienda suelta a, desatar.
3 *vt (fury)* provocar.

unleavened [ʌnˈlevənd] *adj* ácimo,-a, sin levadura.
■ **unleavened bread** pan ácimo.

unless [ənˈles]
1 *conj* a menos que, a no ser que.
2 *prep* salvo, excepto: this agreement is binding unless otherwise provided este acuerdo es obligatorio salvo disposición contraria.

unlike [ʌnˈlaɪk]
1 *adj (different)* diferente a, distinto de; *(not characteristic)* impropio,-a: he is not unlike his father se parece bastante a su padre; it's unlike him to forget es impropio de él olvidarse.
2 *prep* a diferencia de: John, unlike his brothers, takes after his mother a diferencia de sus hermanos, John se parece más a su madre.

unlikelihood [ʌnˈlaɪklɪhʊd] *n* improbabilidad *f*.

unlikely [ʌnˈlaɪklɪ] *adj (improbable)* improbable, poco probable; *(unexpected, unusual)* inverosímil: he is unlikely to get the job es poco probable que consiga el empleo.

unlimited [ʌnˈlɪmɪtɪd] *adj* ilimitado,-a: her kindness is unlimited su bondad no conoce límites.

unlit [ʌnˈlɪt]
1 *adj (place)* sin luz, no iluminado,-a, oscuro,-a, sin alumbrado.
2 *adj (fire etc)* sin encender, no encendido,-a.

unload [ʌnˈləʊd]
1 *vt (gen)* descargar: they unloaded the lorry in ten minutes descargaron el camión en diez minutos.
2 *vt (get rid of)* deshacerse de: the robbers unloaded the loot before escaping los atracadores se deshicieron del botín antes de fugarse.
3 *vi* descargar: you can stop here for unloading only se puede parar aquí solo para descargar.

unloading [ʌnˈləʊdɪŋ] *n* descarga.

unlock [ʌnˈlɒk]
1 *vt (door)* abrir (con llave).
2 *vt fig (secret)* revelar; *(enigma)* resolver.

unlooked-for [ʌnˈlʊktfɔːˈ] *adj* inesperado,-a, imprevisto,-a.
▲ *Se escribe* unlooked for *cuando no se antepone a un sustantivo.*

unloosen [ʌnˈluːsən]
1 *vt (shoelace)* aflojar, desatar.
2 *vt (set free)* soltar.

unloved [ʌnˈlʌvd] *adj* no amado,-a.

unloving [ʌnˈlʌvɪŋ] *adj* poco cariñoso,-a.

unluckily [ʌnˈlʌkɪlɪ] *adv* desafortunadamente, desgraciadamente, por desgracia.

unlucky [ʌnˈlʌkɪ]
1 *adj (unfortunate)* desafortunado,-a, desgraciado,-a.
2 *adj (fateful)* aciago,-a, nefasto,-a.
✦ **to be unlucky** *(person)* tener mala suerte.
to be unlucky *(thing)* traer mala suerte.
how unlucky! ¡qué mala suerte!
▲ *comp* **unluckier**, *superl* **unluckiest**.

unmade [ʌnˈmeɪd]
1 *adj (bed)* sin hacer.
2 *adj (road)* sin asfaltar.

unmanageable [ʌnˈmænɪdʒəbəl]
1 *adj (people)* ingobernable; *(child etc)* indomable.
2 *adj (large object)* inmanejable, poco manejable.

unmanly [ʌnˈmænlɪ]
1 *adj* poco viril, afeminado,-a.
2 *adj (cowardly)* cobarde.

unmanned [ʌnˈmænd] *adj (spacecraft)* no tripulado,-a, sin tripulación *f*.

unmarked [ʌnˈmɑːkt]
1 *adj (as new)* en perfecto estado, como nuevo.
2 *adj (street)* sin letrero.
3 *adj (uninjured)* ileso,-a, indemne.
4 *adj SP* desmarcado,-a.

unmarried [ʌnˈmærɪd] *adj* soltero,-a.

unmask [ʌnˈmɑːsk]
1 *vt* desenmascarar.
2 *vt fig (conspiracy)* descubrir.

unmatched [ʌnˈmætʃt] *adj (unique)* sin par, sin igual, incomparable.

unmentionable [ʌnˈmenʃənəbəl] *adj* que no se debe mencionar, indecible.

unmerciful [ʌnˈmɜːsɪfʊl] *adj* despiadado,-a, sin piedad.

unmethodical [ʌnmeˈθɒdɪkəl] *adj* poco metódico,-a.

unmistakable [ʌnmɪsˈteɪkəbəl] *adj* inconfundible, inequívoco,-a.

unmistakably [ʌnmɪsˈteɪkəblɪ] *adv* sin lugar a dudas.

unmitigated [ʌnˈmɪtɪgeɪtɪd]
1 *adj (absolute)* absoluto,-a, total; *(liar)* rematado,-a.
2 *adj (grief)* profundo,-a.
3 *adj (hatred)* implacable.

unmolested [ʌnməˈlestɪd] *adj* tranquilo,-a.

unmotivated [ʌnˈməʊtɪveɪtɪd] *adj* inmotivado,-a.

unmount [ʌnˈmaʊnt] *vt* desmontar.

unmoved [ʌnˈmuːvd]
1 *adj (indifferent)* impasible, indiferente.
2 *adj (in place)* en su sitio, sin mover.
3 *adj (unfeeling)* insensible: he was unmoved by the horror that surrounded him era insensible al horror que había a su alrededor.

unmusical [ʌnˈmjuːzɪkəl]
1 *adj (not harmonious)* poco armonioso,-a.
2 *adj (without musical skill)* poco dotado,-a para la música, que tiene mal oído; *(without enthusiasm)* poco aficionado,-a a la música.

unnamed [ʌnˈneɪmd]
1 *adj* sin nombre.
2 *adj (anonymous)* anónimo,-a.

unnatural [ʌnˈnætʃərəl]
1 *adj (affected)* afectado,-a, poco natural.
2 *adj (perverse)* antinatural, contra natura; *(abnormal)* anormal.

unnecessary [ʌnˈnesəsərɪ] *adj* innecesario,-a, inútil.
✦ **it's unnecessary to add that ...** huelga decir que ..., sobra añadir que ...

unnerve [ʌnˈnɜːv]
1 *vt (scare)* acobardar.
2 *vt (to disturb)* desconcertar, turbar.

unnerving [ʌnˈnɜːvɪŋ] *adj* desconcertante.

unnoticed [ʌnˈnəʊtɪst] *adj* inadvertido,-a, desapercibido,-a.
✦ **let something go unnoticed** pasar algo por alto, no reparar en algo.

unnumbered [ʌnˈnʌmbəd]
1 *adj* sin numerar.
2 *adj (countless)* innumerable.

UNO [ˈjuːˈenˈəʊ] *abbr* (**United Nations Organization**) Organización de las Naciones Unidas; *(abbreviation)* ONU *f*.

unobserved [ʌnəbˈzɜːvd] *adj* desapercibido,-a, inadvertido,-a.

unobtainable [ʌnəbˈteɪnəbəl] *adj* inalcanzable, inasequible, que no se puede conseguir.

unobtrusive [ʌnəbˈtruːsɪv] *adj* discreto,-a, modesto,-a.

unobtrusively [ʌnəbˈtruːsɪvlɪ] *adv* discretamente, modestamente.

unoccupied [ʌnˈɒkjʊpaɪd]
1 *adj (house)* deshabitado,-a.
2 *adj (person)* desocupado,-a.
3 *adj (post)* vacante.
4 *adj (area)* despoblado,-a.
5 *adj (seat)* libre.
6 *adj MIL* no ocupado,-a.

unofficial [ʌnəˈfɪʃəl] *adj* extraoficial, oficioso,-a.

unofficially [ʌnəˈfɪʃəlɪ] *adv* extraoficialmente.

unopened [ʌnˈəʊpənd] *adj* sin abrir.

unorthodox [ʌnˈɔːθədɒks]
1 *adj (behaviour etc)* poco ortodoxo,-a, poco convencional.
2 *adj REL* heterodoxo,-a, no ortodoxo,-a.

unpack [ʌnˈpæk]
1 *vt (objects)* desempaquetar, desenvolver.
2 *vt (suitcase)* deshacer.
3 *vt (boxes)* desembalar.
4 *vi* deshacer las maletas.

unpaid [ʌnˈpeɪd]
1 *adj (bill, debt)* sin pagar, impagado,-a, por pagar, pendiente.
2 *adj (work)* no retribuido,-a, sin remuneración.
■ unpaid balance *FIN* saldo deudor. unpaid capital *FIN* capital *m* no desembolsado.

unpalatable [ʌmˈpælətəbəl]
1 *adj (taste)* desagradable al gusto, de mal sabor.
2 *adj fig* desagradable, difícil de tragar, difícil de aceptar.

unparalleled [ʌnˈpærəleld]
1 *adj (of quality)* incomparable, sin par.
2 *adj (unprecedented)* sin precedente.

unpardonable [ʌnˈpɑːdənəbəl] *adj* imperdonable.

unpatriotic [ʌnpætrɪˈɒtɪk]
1 *adj (person)* poco patriótico,-a.
2 *adj (action)* antipatriótico,-a.

unperturbed [ʌnpəˈtɜːbd] *adj* impertérrito,-a, impasible, impávido,-a: he went on with his work unperturbed prosiguió con su trabajo sin inmutarse.
✦ unperturbed by no perturbado,-a por.

unpick [ʌnˈpɪk] *vt (in sewing)* descoser.

unplanned [ʌnˈplænd] *adj* imprevisto,-a, inesperado,-a.

unplayable [ʌnˈpleɪəbəl]
1 *adj (of music)* intocable, que no se puede tocar.
2 *adj (a ball in sport)* imposible de jugar.
3 *adj (sports field)* impracticable, que no está en condiciones.

unpleasant [ʌnˈplezənt]
1 *adj (disagreeable, nasty)* desagradable, molesto,-a.
2 *adj (unfriendly)* antipático,-a.
3 *adj (words)* grosero,-a, mal educado,-a: she made some most unpleasant remarks sus comentarios fueron de lo más grosero.

unpleasantness [ʌnˈplezəntnəs]
1 *n* lo desagradable: I found the unpleasantness of the situation most upsetting me disgustó mucho lo desagradable de la situación.
2 *n (nastiness)* antipatía, carácter *m* desagradable: his general unpleasantness annoys people su antipatía en general molesta a la gente.
3 *n (ill feeling)* resentimiento; *(disagreement)* desavenencias *fpl*: the will caused much unpleasantness in the family el testamento provocó mucho resentimiento entre la familia.
4 *n (trouble)* problemas *mpl*.

unplug [ʌnˈplʌg] *vt* desenchufar.
▲ *pt & pp* unplugged, *ger* unplugging.

unpolished [ʌnˈpɒlɪʃt]
1 *adj (general)* sin brillo, sin pulir; *(shoes)* sin lustrar.
2 *adj (gems)* en bruto; *(floors)* no encerado,-a.
3 *adj fig* poco pulido,-a, tosco,-a.

unpolluted [ʌnpəˈluːtɪd] *adj* no contaminado,-a.

unpopular [ʌnˈpɒpjələ'] *adj* impopular: the new measures were very unpopular las nuevas medidas sentaron muy mal.
✦ to make oneself unpopular ganarse la antipatía de los demás.

unpopularity [ʌnpɒpjəˈlærɪtɪ] *n* impopularidad *f*.

unprecedented [ʌnˈpresɪdentɪd]
1 *adj (without precedent)* sin precedente.
2 *adj (unheard of)* inaudito,-a.

unpredictable [ʌnprɪˈdɪktəbəl]
1 *adj* imprevisible.
2 *adj (of person)* de reacciones imprevisibles.
3 *adj (whimsical)* antojadizo,-a.

unprejudiced [ʌnˈpredʒədɪst] *adj* imparcial, sin prejuicios.

unprepared [ʌnprɪˈpeəd]
1 *adj (talk etc)* improvisado,-a.
2 *adj (not ready)* desprevenido,-a, no preparado,-a: she caught him quite unprepared ella lo cogió totalmente desprevenido.

unprepossessing [ʌnpriːpəˈzesɪŋ] *adj* poco atractivo,-a.

unpresentable [ʌnprɪˈzentəbəl] *adj* impresentable.

unpretentious [ʌnprɪˈtenʃəs]
1 *adj (simple)* modesto,-a, sencillo,-a.
2 *adj (humble)* sin pretensiones *fpl*.

unprincipled [ʌnˈprɪnsɪpəld] *adj* sin escrúpulos *mpl*, sin principios *mpl*.

unprintable [ʌnˈprɪntəbəl] *adj (book)* impublicable; *(remark etc)* intranscribible.

unproductive [ʌnprəˈdʌktɪv]
1 *adj (inefficient)* improductivo,-a.
2 *adj fig (fruitless)* infructuoso,-a.

unprofessional [ʌnprəˈfeʃənəl] *adj (conduct)* no ético,-a, contrario,-a a la ética profesional; *(person)* poco profesional.

unprofitable [ʌnˈprɒfɪtəbəl]
1 *adj (efficient)* poco rentable.
2 *adj (fruitless)* infructuoso,-a, poco provechoso,-a.
3 *adj (business)* improductivo, no lucrativo,-a.

unpronounceable [ʌnprəˈnaʊsəbəl] *adj* impronunciable.

unprotected [ʌnprəˈtektɪd] *adj* indefenso,-a, sin protección.

unprovable [ʌnˈpruːvəbəl] *adj* indemostrable.

unprovoked [ʌnprəˈvəʊkt]
1 *adj* no provocado,-a.
2 *adj (attack)* gratuito,-a.

unpublishable [ʌnˈpʌblɪʃəbəl] *adj* impublicable.

unpublished [ʌnˈpʌblɪʃt] *adj* inédito,-a, no publicado,-a.

unpunished [ʌnˈpʌnɪʃt] *adj (person)* sin castigo; *(crime)* impune.
✦ to go unpunished *(person)* no ser castigado,-a; *(offence)* quedar impune.

unqualified [ʌnˈkwɒlɪfaɪd]
1 *adj (lacking qualification)* sin título; *(incompetent)* incompetente: he is unqualified to work no reúne las condiciones para trabajar; there is a need for unqualified labour se precisa mano de obra no especializada.
2 *adj (absolute)* incondicional; *(denial)* rotundo,-a.
3 *adj (endorsement)* sin reserva; *(success)* total, sin paliativos.

unquenchable [ʌnˈkwentʃəbəl]
1 *adj fig* inextinguible, inapagable.
2 *adj (thirst)* insaciable.

unquestionable [ʌnˈkwestʃənəbəl] *adj* incuestionable, indiscutible.

unquestionably [ʌnˈkwestʃənəblɪ] *adv* incuestionablemente, indiscutiblemente, incontrovertiblemente.

unquestioned [ʌnˈkwestʃənd] *(right)* indiscutido,-a, incontrovertido,-a; *(undoubted)* indudable.

unquestioning [ʌnˈkwestʃənɪŋ] *adj (general)* incondicional; *(loyalty)* ciego,-a.

unquote [ʌnˈkwəʊt] *adv* fin de la cita.
✦ quote ...unquote se abren comillas ...se cierran comillas.

unravel [ʌnˈrævəl]
1 *vt (untangle)* desenmarañar, desenredar.
2 *vt fig (mystery, problem)* desenmarañar, desembrollar.
3 *vi (become untangled)* desenredarse, desenmarañarse.
4 *vi (mystery)* desenmarañarse, desembrollarse.
▲ *pt & pp* unravelled *(US* unraveled), *ger* unravelling *(US* unraveling).

unreachable [ʌnˈriːtʃəbəl] *adj* inalcanzable.

unread [ʌnˈred]
1 *adj (book)* sin leer, no leído,-a.
2 *adj (person)* poco leído,-a, inculto,-a.

unreadable [ʌnˈriːdəbəl]
1 *adj (handwriting)* ilegible.
2 *adj (book)* imposible de leer; *(understand)* incomprensible.

unready [ʌnˈredɪ] *adj* desprevenido,-a.

unreal [ʌnˈrɪəl] *adj* irreal.

unrealistic [ʌnrɪəˈlɪstɪk] *adj* poco realista.

unreasonable [ʌnˈriːzənəbəl]
1 *adj* poco razonable, irrazonable.
2 *adj (irrational)* irracional.
3 *adj (excessive)* desmesurado,-a, desmedido,-a; *(prices)* exorbitante.
4 *adj (hour)* inoportuno,-a.

unreasoning [ʌnˈriːzənɪŋ] adj irracional.

unrecognizable [ʌnrekəgˈnaɪzəbəl] adj irreconocible.

unrecognized [ʌnˈrekəgnaɪzd] adj (leader, talent) no reconocido,-a.
+ **to go unrecognized** pasar desapercibido,-a, pasar sin ser reconocido,-a.

unrecorded [ʌnrɪˈkɔːdɪd]
1 adj (music etc) no grabado,-a, sin grabar.
2 adj (remark etc) no mencionado,-a; (event) sin registrar.
3 adj COMM no registrado,-a, sin registrar.

unrefined [ʌnrɪˈfaɪnd]
1 adj (product) no refinado,-a, sin refinar.
2 adj (person) inculto,-a, rudo,-a, tosco,-a, basto,-a.

unrehearsed [ʌnrɪˈhɜːst]
1 adj (not prepared) improvisado,-a.
2 adj THEAT sin ensayar.

unrelated [ʌnrɪˈleɪtɪd]
1 adj (unconnected) no relacionado,-a, inconexo,-a.
2 adj (family) sin parentesco: John James and Mary James are unrelated John James y Mary James no guardan ningún parentesco entre sí.

unrelenting [ʌnrɪˈlentɪŋ] adj (conduct) inexorable, implacable; (fight) encarnizado,-a.

unreliability [ʌnrɪlaɪəˈbɪlɪti]
1 n (person) poca formalidad f; (character) inestabilidad f.
2 n (information) poca seguridad f; (weather) inseguridad f.
3 n (machine) tendencia a averiarse.

unreliable [ʌnrɪˈlaɪəbəl]
1 adj (person) de poca confianza, poco formal, que no es de fiar.
2 adj (information) que no es de fiar, poco seguro,-a.
3 adj (machine) poco fiable, poco seguro,-a.
4 adj (news) poco fidedigno,-a: his car is pretty unreliable su coche es poco seguro.

unrelieved [ʌnrɪˈliːvd]
1 adj (boredom) absoluto,-a, total.
2 adj (pain) no aliviado,-a.
3 adj (landscape) monótono,-a.

unremitting [ʌnrɪˈmɪtɪŋ]
1 adj (unceasing) incesante, continuo,-a.
2 adj (person) incansable.

unrepentant [ʌnrɪˈpentənt] adj impenitente.

unrepresented [ʌnreprɪˈzentɪd] adj no representado,-a, sin representación f.

unrequited [ʌnrɪˈkwaɪtɪd] adj (love) no correspondido,-a.

unreserved [ʌnrɪˈzɜːvd]
1 adj (not booked) no reservado,-a, libre.
2 adj (unconditional) incondicional, sin reserva.
3 adj (character) abierto,-a.

unreservedly [ʌnrɪˈzɜːvədlɪ] adv sin reservas.

unresolved [ʌnrɪˈzɒlvd]
1 adj (problem) sin resolver, no resuelto,-a.
2 adj (person) irresoluto,-a.

unresponsive [ʌnrɪˈspɒnsɪv] adj insensible.

unrest [ʌnˈrest]
1 n (uneasiness) malestar m.
2 n (restlessness) inquietud f, (political disturbance) agitación f, disturbios mpl.

unrewarded [ʌnrɪˈwɔːdɪd] adj sin recompensa.

unripe [ʌnˈraɪp] adj verde, inmaduro,-a.

unrivaled [ʌnˈraɪvəld] adj US → **unrivalled**.

unrivalled [ʌnˈraɪvəld] adj único,-a, sin par, sin rival.

unroll [ʌnˈrəʊl]
1 vt desenrollar.
2 vi desenrollarse.

unruffled [ʌnˈrʌfəld]
1 adj (hair) liso,-a.
2 adj (water) sereno,-a, tranquilo,-a.
3 adj (person) imperturbable.

unruly [ʌnˈruːlɪ]
1 adj (child) revoltoso,-a, indisciplinado,-a.
2 adj (hair) rebelde, despeinado,-a.
▲ comp **unrulier**, superl **unruliest**.

unsaddle [ʌnˈsædəl]
1 vt (horse) desensillar.
2 vt (horseman) desmontar.

unsafe [ʌnˈseɪf]
1 adj (risky) inseguro,-a, arriesgado,-a.
2 adj (dangerous) peligroso,-a.

unsaid [ʌnˈsed] adj sin decir.
+ **to leave something unsaid** dejar de decir algo, callar algo.

unsalaried [ʌnˈsælərɪd] adj sin sueldo, no remunerado,-a.

unsaleable [ʌnˈseɪləbəl] adj invendible.

unsalted [ʌnˈsɔːltɪd] adj sin sal.

unsanitary [ʌnˈsænɪtərɪ] adj antihigiénico,-a.

unsatisfactory [ʌnsætɪsˈfæktərɪ] adj insatisfactorio,-a, poco satisfactorio,-a: his work is most unsatisfactory su trabajo deja mucho que desear.

unsatisfied [ʌnˈsætɪsfaɪd] adj insatisfecho,-a.

unsatisfying [ʌnˈsætɪsfaɪɪŋ] adj (work etc) poco satisfactorio,-a; (meal) insuficiente.

unsavory [ʌnˈseɪvərɪ] adj US → **unsavoury**.

unsavoury [ʌnˈseɪvərɪ]
1 adj (taste etc) desagradable; (tasteless) insípido,-a.
2 adj (morally not right) deshonroso,-a, infame, sospechoso,-a; (person) indeseable.

unscathed [ʌnˈskeɪðd] adj indemne, ileso,-a.

unscented [ʌnˈsentɪd] adj sin perfume.

unscientific [ʌnsaɪənˈtɪfɪk] adj poco científico,-a.

unscramble [ʌnˈskræmbəl] vt (code) descifrar.

unscrew [ʌnˈskruː] vt destornillar, desatornillar.

unscripted [ʌnˈskrɪptɪd] adj no preparado,-a, sin guion previo.

unscrupulous [ʌnˈskruːpjələs] adj sin escrúpulos, desaprensivo,-a.

unscrupulousness [ʌnˈskruːpjələsnəs] n falta de escrúpulos, desaprensión f.

unseasonable [ʌnˈsiːzənəbəl] adj (of weather) atípico,-a, anormal, impropio,-a.

unseasoned [ʌnˈsiːzənd]
1 adj (food) sin sazonar, sin aderezar.
2 adj fig inexperimentado,-a, inexperto,-a.
3 adj (unripe) no maduro,-a, verde.

unseat [ʌnˈsiːt]
1 vt POL quitar el escaño a.
2 vt POL derribar, derrocar.
3 vt (horse riding) derribar.

unseconded [ʌnˈsekəndɪd] adj (motion) no apoyado,-a; (person) no secundado,-a.

unseemly [ʌnˈsiːmlɪ]
1 adj indecoroso,-a.
2 adj (unsuitable) impropio,-a.

unseen [ʌnˈsiːn]
1 adj (invisible) no visto,-a, invisible; (unnoticed) inadvertido,-a.
2 n (translation) a libro abierto.
■ **the unseen** lo invisible m.

unselfish [ʌnˈselfɪʃ] adj desinteresado,-a, generoso,-a.

unselfishly [ʌnˈselfɪʃlɪ] adv desinteresadamente.

unselfishness [ʌnˈselfɪʃnəs] n desinterés m, abnegación f, altruismo.

unserviceable [ʌnˈsɜːvɪsəbəl] adj inservible, inútil.

unsettle [ʌnˈsetəl] vt perturbar, inquietar.

unsettled [ʌnˈsetəld]
1 adj (weather) inestable, variable, incierto,-a.
2 adj (person) nervioso,-a, intranquilo; (situation) inestable.
3 adj (country etc) agitado,-a.
4 adj (question, matter) pendiente; (account etc) pendiente, sin saldar.
5 adj (land) sin colonizar, sin poblar.

unshakable [ʌnˈʃeɪkəbəl] adj (faith) firme, inquebrantable; (person) firme, impertérrito,-a.

unshakeable [ʌnˈʃeɪkəbəl] adj → **unshakable**.

unshaven [ʌnˈʃeɪvən] adj sin afeitar.

unsheathe [ʌnˈʃiːð] vt desenvainar.

unshrinkable [ʌnˈʃrɪŋkəbəl] adj inencogible, que no encoge.

unsightly [ʌnˈsaɪtlɪ] adj feo,-a, antiestético,-a, desagradable.
▲ comp **unsightlier**, superl **unsightliest**.

unsigned [ʌnˈsaɪnd] *adj* sin firmar, no firmado,-a.

unskilful [ʌnˈskɪlfʊl] *adj* torpe, desmañado,-a, inexperto.

unskilled [ʌnˈskɪld]
1 *adj (worker)* no cualificado,-a.
2 *adj (job)* no especializado,-a.
3 *adj (untalented)* inexperto,-a.

unskillful [ʌnˈskɪlfʊl] *adj* → unskilful.

unsociable [ʌnˈsəʊʃəbəl] *adj* insociable, huraño,-a.

unsold [ʌnˈsəʊld] *adj* no vendido,-a, sin vender.

unsolicited [ʌnsəˈlɪsɪtɪd] *adj (not solicited)* no solicitado,-a, voluntario,-a; *(spontaneous)* espontáneo,-a.

unsolved [ʌnˈsɒlvd] *adj* no resuelto,-a, sin resolver.

unsophisticated [ʌnsəˈfɪstɪkeɪtɪd]
1 *adj (not complex)* sencillo,-a, poco sofisticado,-a.
2 *adj fig (naïve)* ingenuo,-a.

unsound [ʌnˈsaʊnd]
1 *adj (goods)* defectuoso,-a, imperfecto,-a; *(fruit)* podrido,-a.
2 *adj (idea)* erróneo,-a, falso,-a, equivocado,-a.
3 *adj (unstable)* inestable, débil; *(not solid)* poco sólido,-a.
4 *adj (sleep)* ligero,-a.
5 *adj JUR (mentally unstable)* demente.
6 *adj COMM* poco seguro,-a, especulativo.

unsparing [ʌnˈspeərɪŋ] *adj* generoso,-a, pródigo,-a.
✦ **unsparing in one's efforts** sin escatimar esfuerzos.
unsparing of praise pródigo en alabanzas.

unspeakable [ʌnˈspiːkəbəl]
1 *adj (ineffable)* indecible, inexpresable, inenarrable.
2 *adj (atrocious)* atroz, terrible.

unspeakably [ʌnˈspiːkəblɪ] *adv* terriblemente.

unspecified [ʌnˈspesɪfaɪd] *adj* no especificado,-a, indeterminado,-a, sin especificar.

unspoiled [ʌnˈspɔɪld]
1 *adj (undamaged)* intacto,-a, conservado,-a, sin estropear.
2 *adj (child)* no mimado,-a.

unspoilt [ʌnˈspɔɪlt] *adj* → unspoiled.

unspoken [ʌnˈspəʊkən]
1 *adj (tacit)* tácito,-a, implícito,-a.
2 *adj (unuttered word)* no pronunciado,-a, sobreentendido,-a; *(feelings)* no expresado,-a.
■ **unspoken agreement** un acuerdo tácito.

unsporting [ʌnˈspɔːtɪŋ] *adj* antideportivo,-a.

unsportsmanlike [ʌnˈspɔːtsmənlaɪk] *adj* antideportivo,-a.

unstable [ʌnˈsteɪbəl] *adj* inestable.

unsteadiness [ʌnˈstednəs] *n* inestabilidad *f*.

unsteady [ʌnˈstedɪ]
1 *adj (not firm)* inseguro,-a, inestable; *(furniture)* cojo,-a, inestable.
2 *adj (voice, hand)* tembloroso,-a, poco firme.
3 *adj (weather conditions)* variable; *(pulse)* irregular.
✦ **to be unsteady on one's feet** tambalearse, titubear.

unstinting [ʌnˈstɪntɪŋ] *adj* pródigo,-a.
✦ **to be unstinting in one's efforts** no escatimar esfuerzos.
to be unstinting in one's praise no escatimar elogios. •

unstitch [ʌnˈstɪtʃ] *vt* descoser.
✦ **to come unstitched** descoserse.

unstoppable [ʌnˈstɒpəbəl] *adj* imparable.

unstressed [ʌnˈstrest] *adj LING* átono,-a, sin acentuar.

unstuck [ʌnˈstʌk] *adj* despegado,-a.
✦ **to come unstuck** *(come off)* despegarse, desengancharse, desprenderse; *(suffer failure - person)* fracasar; *(- plan)* fallar.

unsubscribe [ʌnsʌbˈskraɪb] *vi* darse de baja (**from**, de).

unsubstantiated [ʌnsʌbˈstænʃɪeɪtɪd] *adj (accusation)* no probado,-a, no demostrado,-a; *(rumour)* infundado,-a.

unsuccessful [ʌnsəkˈsesfʊl]
1 *adj* fracasado,-a, sin éxito.
2 *adj (useless)* vano, inútil, infructuoso,-a; *(examination)* suspendido,-a.
3 *adj (candidate in elections)* derrotado,-a, vencido,-a.
✦ **to be unsuccessful** no tener éxito, fracasar.

unsuccessfully [ʌnsəkˈsesfʊlɪ] *adv* sin éxito.

unsuitable [ʌnˈsuːtəbəl]
1 *adj (gen)* no apto,-a, no indicado,-a: this program is unsuitable for children este programa no es apto para los niños; she's unsuitable for the job no es la persona indicada para el trabajo.
2 *adj (thing)* inapropiado,-a, impropio,-a, inadecuado,-a; *(comment)* inoportuno,-a: those shoes are unsuitable for wet weather esos zapatos no son adecuados para la lluvia.
3 *adj (time)* inconveniente: I hope I haven't called at an unsuitable moment espero que no haya llamado en un momento inoportuno.

unsuitably [ʌnˈsuːtəblɪ] *adv* inadecuadamente, inapropiadamente.

unsuited [ʌnˈsuːtɪd]
1 *adj (person)* no apto,-a; *(thing)* impropio,-a, inadecuado,-a.
2 *adj (people)* incompatible.

unsullied [ʌnˈsʌlɪd] *adj* inmaculado,-a.

unsupported [ʌnsəˈpɔːtɪd] *adj (person)* sin apoyo, no respaldado,-a, no apoyado,-a; *(statement)* infundado,-a, sin fundamento.

unsupportive [ʌnsəˈpɔːtɪv] *adj* insolidario,-a.

unsure [ʌnˈʃʊəʳ] *adj* inseguro,-a, poco seguro,-a.
✦ **to be unsure about something** dudar de algo.
to be unsure of oneself dudar de sí mismo, carecer de confianza en sí mismo.

unsurmountable [ʌnsəˈmaʊntəbəl] *adj* insuperable.

unsurpassable [ʌnsɜːˈpɑːsəbəl] *adj* inmejorable.

unsurpassed [ʌnsəˈpɑːst] *adj* no superado,-a.

unsuspected [ʌnsəsˈpektɪd] *adj (not suspected)* insospechado,-a; *(unknown)* desconocido,-a, ignorado,-a.

unsuspecting [ʌnsəsˈpektɪŋ] *adj* confiado,-a.
✦ **to be unsuspecting of something** no sospechar algo.

unsweetened [ʌnˈswiːtənd] *adj* sin azucarar, no azucarado,-a.

unswerving [ʌnˈswɜːvɪŋ] *adj (faith, loyalty)* firme, inquebrantable: she was unswerving in her work era constante en su trabajo.

unsympathetic [ʌnsɪmpəˈθetɪk] *adj (unfeeling)* poco compasivo, sin compasión *f*, indiferente; *(lacking understanding)* poco comprensivo,-a: her teacher was quite unsympathetic la profesora se mostró poco comprensiva; they were unsympathetic to his appeal se mostraron indiferentes ante su petición.

unsystematic [ʌnsɪstəˈmætɪk] *adj* sin sistema, poco metódico,-a.

untainted [ʌnˈteɪntɪd]
1 *adj (water, food)* fresco,-a, no contaminado,-a.
2 *adj fig (reputation)* no manchado,-a, no corrompido,-a.
■ **untainted love** amor puro.

untamable [ʌnˈteɪməbəl] *adj* indomable.

untangle [ʌnˈtæŋgəl] *vt* desenmarañar, desenredar.

untapped [ʌnˈtæpt] *adj (resources)* sin explotar.

untarnished [ʌnˈtɑːnɪʃt]
1 *adj (metal)* sin oxidar.
2 *adj fig* sin mancha, sin tacha.

untaxed [ʌnˈtækst] *adj* libre de impuestos.

untempered [ʌnˈtempəd] *adj (metals)* sin templar.

untenable [ʌnˈtenəbəl] *adj* insostenible, indefendible.

untested [ʌnˈtestɪd]
 1 *adj (not tried out)* no probado,-a.
 2 *adj (not proved)* sin comprobar.

unthinkable [ʌnˈθɪŋkəbəl] *adj* impensable, inconcebible: it is unthinkable that this should happen es impensable que esto pase.

unthread [ʌnˈθred] *vt* desenhebrar.

untidiness [ʌnˈtaɪdɪnəs]
 1 *n (general)* desorden *m*.
 2 *n (scruffiness)* desaliño, desaseo.

untidy [ʌnˈtaɪdɪ]
 1 *adj (room, person)* desordenado,-a.
 2 *adj (scruffy)* desaliñado,-a, desaseado,-a; *(hair)* despeinado,-a.
 ▲ *comp* untidier, *superl* untidiest.

untie [ʌnˈtaɪ]
 1 *vt (unfasten)* desatar.
 2 *vt (liberate)* soltar, desligar.

until [ʌnˈtɪl]
 1 *prep* hasta: restaurants are open until very late in Spain en España los restaurantes abren hasta muy tarde.
 2 *conj* hasta que: she won't stop until she gets what she wants no parará hasta que consiga lo que quiere.

untimely [ʌnˈtaɪmlɪ]
 1 *adj* inoportuno,-a.
 2 *adj (premature)* prematuro,-a.
 3 *adv (early)* prematuramente; *(inopportunely)* inoportunamente.

untiring [ʌnˈtaɪərɪŋ] *adj* incansable, infatigable.

untold [ʌnˈtəʊld]
 1 *adj (not told)* no contado,-a.
 2 *adj fig (uncalculably great)* incalculable, fabuloso,-a, inaudito,-a; *(unspeakable)* indecible, inefable.

untouchable [ʌnˈtʌtʃəbəl]
 1 *adj* intocable.
 2 *n* intocable *mf*.

untouched [ʌnˈtʌtʃt]
 1 *adj (not touched)* intocado,-a, sin tocar: much of the food remained untouched mucha comida quedó sin tocar.
 2 *adj (not affected)* no afectado,-a; *(unmoved)* insensible.
 3 *adj (unhurt)* ileso,-a, indemne.
 4 *adj (photos)* sin retocar.

untoward [ʌnˈtəwɔːd]
 1 *adj fml (unfortunate)* desafortunado,-a; *(adverse)* adverso,-a, contrario,-a.
 2 *adj* desgraciado,-a.
 ▪ untoward circumstances circunstancias adversas.

untrained [ʌnˈtreɪnd]
 1 *adj* inexperto,-a.
 2 *adj (unskilled)* sin formación (profesional), no cualificado,-a; *(nurse)* sin título.
 3 *adj (animals)* no amaestrado,-a; *(sport)* carente de preparación *f*, sin preparar.

untransferable [ʌntrænsˈfɜːrəbəl] *adj* intransferible.

untranslatable [ʌntrɑːnzˈleɪtəbəl] *adj* intraducible.

untried [ʌnˈtraɪd]
 1 *adj (not tested)* no probado,-a.
 2 *adj (inexperienced)* inexperto,-a, no experimentado,-a.
 3 *adj JUR* no procesado,-a, no juzgado,-a; *(case)* no visto,-a.

untrue [ʌnˈtruː]
 1 *adj* falso,-a.
 2 *adj (unfaithful)* infiel, desleal.
 3 *adj (inexact)* inexacto,-a, erróneo,-a.

untrustworthy [ʌnˈtrʌstwɜːðɪ] *adj (person)* poco fiable, informal; *(source)* dudoso,-a, no fidedigno,-a.

untruth [ʌnˈtruːθ] *n (falsehood)* mentira; *(lacking in truthfulness)* falsedad *f*.

untruthful [ʌnˈtruːθfʊl] *adj (person)* mentiroso,-a; *(statement)* falso,-a.

untuned [ʌnˈtjuːnd] *adj MUS* desafinado,-a.

unusable [ʌnˈjuːzəbəl] *adj* inservible, inutilizable.

unused
 1 *adj (new)* no usado,-a, nuevo,-a, sin estrenar; *(not in use)* que no se utiliza: unused stamps are often more valuable than used ones los sellos no usados a menudo valen más que los usados; the drill is second-hand, but unused el taladro es de segunda mano, pero está sin estrenar; I need an unused tape necesito una cinta virgen.
 2 *adj (unaccustomed)* no acostumbrado,-a, desacostumbrado,-a: I'm unused to this heat no estoy acostumbrado a que haga tanto calor.
 ▲ *En 2* [ʌnˈjuːzd].

unusual [ʌnˈjuːʒəl]
 1 *adj (rare, strange)* raro,-a, insólito,-a, extraño,-a, poco común.
 2 *adj (different)* original; *(exceptional)* excepcional, extraordinario,-a: it's unusual of him to be so punctual es extraño que llegue tan puntual; Spain has many landscapes of unusual beauty España goza de numerosos paisajes de excepcional belleza.
 ✦ that's unusual! ¡qué raro!, ¡qué extraño!

unusually [ʌnˈjuːʒəlɪ] *adv* excepcionalmente, extraordinariamente: she's an unusually gifted child es una niña con unas dotes poco comunes.

unutterable [ʌnˈʌtərəbəl] *adj* indecible, terrible.

unvarying [ʌnˈveərɪɪŋ] *adj* invariable, constante.

unveil [ʌnˈveɪl]
 1 *vt (uncover)* descubrir.
 2 *vt fig (reveal)* descubrir, desvelar; *(secret)* revelar.

unventilated [ʌnˈventɪleɪtɪd] *adj* sin ventilación *f*, sin aire *m*.

unverifiable [ʌnverɪˈfaɪəbəl] *adj* incomprobable, que no puede verificarse.

unvoiced [ʌnˈvɔɪst]
 1 *adj (untold)* no expresado,-a.
 2 *adj LING (consonant)* sordo,-a; *(vowel)* mudo,-a.

unwaged [ʌnˈweɪdʒd] *adj (not paid)* parado,-a, sin trabajo.
 ▪ the unwaged los parados.

unwanted [ʌnˈwɒntɪd]
 1 *adj (child)* no deseado,-a.
 2 *adj (advice etc)* no solicitado,-a, no pedido,-a.
 3 *adj (superfluous)* superfluo,-a.

unwarranted [ʌnˈwɒrəntɪd]
 1 *adj (without justification)* injustificado,-a; *(remark)* gratuito,-a.
 2 *adj (interference)* indebido,-a.
 3 *adj (unauthorized)* no autorizado,-a.

unwary [ʌnˈweərɪ] *adj* incauto,-a, imprudente.
 ▲ *comp* unwarier, *superl* unwariest.

unwashed [ʌnˈwɒʃt] *adj* sin lavar, sucio,-a.

unwavering [ʌnˈweɪvərɪŋ]
 1 *adj (steady)* constante, firme; *(courage)* inquebrantable.
 2 *adj (look)* fijo,-a.
 ✦ to be unwavering in one's resolve ser firme en sus propósitos.

unweaned [ʌnˈwiːnd] *adj* lactante.

unwelcome [ʌnˈwelkəm]
 1 *adj (guest)* inoportuno,-a, molesto,-a; *(news)* desagradable.
 2 *adj (uncomfortable)* incómodo,-a.
 ✦ to make somebody feel unwelcome hacer que alguien se sienta incómodo,-a.

unwell [ʌnˈwel] *adj (sick, ill)* indispuesto,-a, malo,-a.

unwholesome [ʌnˈhəʊlsəm]
 1 *adj (climate etc)* insalubre, nocivo,-a.
 2 *adj (morally)* malsano,-a, indeseable, depravado,-a.

unwieldly [ʌnˈwiːldlɪ] *adj* → unwieldy.

unwieldy [ʌnˈwiːldɪ]
 1 *adj (hard to handle)* difícil de manejar, poco manejable; *(cumbersome)* abultado,-a, voluminoso,-a.
 2 *adj (heavy)* pesado,-a; *(clumsy)* torpe, patoso,-a.
 ▲ *comp* unwieldier, *superl* unwieldiest.

unwilling [ʌnˈwɪlɪŋ] *adj* reacio,-a, poco dispuesto,-a.
 ✦ to be unwilling to do something no estar dispuesto,-a a hacer algo.

unwillingly [ʌnˈwɪlɪŋlɪ] *adv* de mala gana, a disgusto.

unwillingness [ʌnˈwɪlɪŋnəs] *n* desgana, poca disposición *f*.

unwind [ʌnˈwaɪnd]
 1 *vt* desenrollar.
 2 *vi* desenrollarse.
 3 *vi fam (relax)* relajarse.
 ▲ *pt & pp* unwound [ʌnˈwaʊnd].

unwise [ʌnˈwaɪz]
 1 *adj (foolish)* imprudente; *(senseless)* insensato,-a.
 2 *adj (ill-advised)* desaconsejable, poco aconsejable.

unwisely [ʌnˈeaɪzlɪ] *adv* desacertadamente.

unwitting [ʌnˈwɪtɪŋ] *adj* inconsciente, involuntario,-a.

unwittingly [ʌnˈwɪtɪŋlɪ] *adv* sin querer, involuntariamente, inconscientemente.

unworkable [ʌnˈwɜːkəbəl]
1 *adj (not feasible)* impracticable; *(not possible)* irrealizable.
2 *adj* inexplotable.

unworldly [ʌnˈwɜːldlɪ]
1 *adj* poco mundano,-a, poco realista.
2 *adj (spiritual)* espiritual; *(naïve)* ingenuo,-a.
▲ *comp* unworldlier, *superl* unworldliest.

unworthy [ʌnˈwɜːðɪ] *adj* indigno,-a, despreciable: he is unworthy of my trust no merece mi confianza; she is unworthy of such honour es indigna de tal honor.
■ **unworthy behaviour** conducta despreciable.
▲ *comp* unworthier, *superl* unworthiest.

unwound [ʌnˈwaʊnd] *pt & pp* → unwind.

unwrap [ʌnˈræp] *vt (present)* desenvolver; *(parcel, package)* abrir, deshacer.
▲ *pt & pp* unwrapped, *ger* unwrapping.

unwritten [ʌnˈrɪtən]
1 *adj (not written)* no escrito,-a; *(agreement)* verbal.
2 *adj (tradition)* oral.
3 *adj JUR (common law)* no escrito,-a.
■ **unwritten law** derecho consuetudinario.
unwritten tradition tradición oral.

unyielding [ʌnˈjiːldɪŋ] *adj* inflexible, rígido,-a.

unzip [ʌnˈzɪp]
1 *vt* bajar la cremallera de.
2 *vt COMPUT* descomprimir.
▲ *pt & pp* unzipped, *ger* unzipping.

up [ʌp]
1 *adv (upwards)* hacia arriba, arriba: to sit up in bed incorporarse; he walked up to the top subió andando hasta arriba; he left the book face up on the table dejó el libro boca arriba en la mesa.
2 *adv (out of bed)* levantado,-a: he isn't up yet aún no se ha levantado.
3 *adv (sun, moon)* the sun is up ha salido el sol.
4 *adv (road works)* levantado,-a, en obras: "Road up" "Carretera en obras".
5 *adv (towards)* hacia: he came up and … se acercó y …
6 *adv (northwards)* hacia el norte: we went up to Scotland fuimos a Escocia.
7 *adv (totally finished)* acabado,-a: eat it up acábatelo, cómetelo todo; your time's up se te ha acabado el tiempo.
8 *adv (into pieces)* a trozos, a porciones, a raciones: she cut it up into three lo cortó en tres trozos.

9 *prep (movement)* to go up the stairs subir la escalera; to run up the street ir corriendo calle arriba.
10 *prep (position)* en lo alto de: up a tree en lo alto de un árbol.
11 *vt* subir, aumentar: they've upped the prices han subido los precios.
✦ it's not up to much *fam* no vale gran cosa.
it's up to you *fam* es cosa tuya.
to be on the up and up *fam* ir cada vez mejor.
to be up in arms estar en pie de guerra: the people are up in arms about the new taxes la gente está en pie de guerra por los nuevos impuestos.
to be up to something *(doing something)* estar haciendo algo; *(secretively)* estar tramando algo; *(equal to)* estar a la altura de algo; *(strong enough for)* sentirse con fuerzas de hacer algo: he's not up to the challenge no está a la altura del desafío; are you up to going to work? ¿te sientes con fuerzas de ir a trabajar?
to up and go *fam* coger e irse.
up to hasta.
up yours! *taboo* ¡métetelo por el culo!
well up in something saber mucho de algo.
what's up? *fam* ¿qué pasa?
■ ups and downs altibajos *mpl*.
▲ *pt & pp* upped, *ger* upping.

up-and-coming [ʌpənˈkʌmɪŋ] *adj* prometedor,-ra, que promete mucho: she's an up-and-coming actress es una actriz con futuro.

up-and-down [ʌpənˈdaʊn]
1 *adj (motion)* vertical; *(varying)* variable.
2 *adj (eventful)* accidentado,-a; *(period)* con altibajos.

up-and-up [ʌpənˈʌp] *n GB fam* en alza.
✦ to be on the up-and-up estar en alza, ir cada vez mejor.

upbeat [ˈʌpbiːt] *adj fam* alegre, esperanzador,-ra: all his songs have a pretty upbeat message todas sus canciones llevan un mensaje muy esperanzador.

upbraid [ʌpˈbreɪd] *vt fml* regañar, reprender, censurar.

upbringing [ˈʌpbrɪŋɪŋ] *n* educación *f*: his parents gave him the best upbringing a child could have sus padres le dieron la mejor educación que un niño puede recibir.

upcoming [ˈʌpkʌmɪŋ] *adj* próximo,-a.

update [ˈʌpdeɪt]
1 *n* actualización *f*, puesta al día.
2 *vt* actualizar, poner al día, modernizar.
▲ *(verbo)* [ʌpˈdeɪt].

upfront [ʌpˈfrʌnt] *adj* sincero,-a, franco,-a.

upgrade [ʌpˈgreɪd]
1 *vt (promote)* ascender, subir de categoría.
2 *vt (improve)* mejorar.
3 *n* mejora.
✦ to be on the upgrade ir mejorando, ir a más.
▲ *(sustantivo)* [ˈʌpgreɪd].

upheaval [ʌpˈhiːvəl] *n fig* trastorno, agitación *f*.

upheld [ʌpˈheld] *pt & pp* → uphold.

uphill [ˈʌphɪl]
1 *adj* ascendente.
2 *adj fig (task, struggle)* arduo,-a, difícil, duro,-a, penoso,-a.
3 *adv* cuesta arriba.
▲ *(adverbio)* [ʌpˈhɪl].

uphold [ʌpˈhəʊld]
1 *vt (opinion)* sostener, mantener; *(to support)* apoyar.
2 *vt (defend)* defender: it is the Trade Unions' duty to uphold workers' rights el deber de los sindicatos es defender los derechos de los trabajadores.
3 *vt (confirm)* confirmar.
✦ to uphold the laws hacer respetar las leyes.
▲ *pt & pp* upheld [ʌpˈheld].

upholster [ʌpˈhəʊlstəʳ] *vt* tapizar.

upholsterer [ʌpˈhəʊlstərəʳ] *n* tapizador,-ra.

upholstery [ʌpˈhəʊlstərɪ] *n* tapicería, tapizado.

upkeep [ˈʌpkiːp] *n (maintenance)* mantenimiento, conservación *f*; *(costs)* gastos *mpl* de mantenimiento.

uplift [ʌpˈlɪft]
1 *vt (lift up)* elevar, levantar; *(soul, voice)* inspirar, elevar, alzar.
2 *n fig* edificación *f*, inspiración *f*.

uplifting [ʌpˈlɪftɪŋ] *adj fig* edificante.

upload [ʌpˈləʊd] *vt (Internet)* publicar en la red, subir a la red.

up-market [ˈʌpmɑːkɪt] *adj* de calidad *f* superior, de categoría.

upon [əˈpɒn] *prep fml* en, sobre.
▲ *Véase también* on.

upper [ˈʌpəʳ]
1 *adj (position)* superior.
2 *adj (in geography)* alto,-a: the upper Amazon el alto Amazonas.
3 *n (of shoe)* pala.
✦ to get the upper hand llevar ventaja, llevar la delantera.
to be on one's uppers *dated* estar sin blanca, estar sin un duro.
■ the upper crust la flor y nata.
upper case caja alta.
upper class clase *f* alta.
upper house cámara alta.

upper-class [ʌpəˈklɑːs] *adj* de (la) clase alta.

uppermost [ˈʌpəməʊst]
1 *adj* más alto,-a.
2 *adj fig* principal, dominante: the question that is uppermost in his mind el asunto que más le preocupa.

uppish [ˈʌpɪʃ] *adj GB fam* engreído,-a, presumido,-a: you don't have to be so uppish about it! ¡no hace falta presumir tanto de ello!

uppity [ˈʌpɪtɪ] *adj* → uppish.

upright [ˈʌpraɪt]
1 *adj* derecho,-a, vertical.

2 *adj (honest)* recto,-a, honrado,-a.

3 *adv* derecho, en posición *f* vertical: he stood bolt upright when he heard the sergeant se puso derecho como un palo al oír al sargento.

4 *n SP* poste *m*, palo.

▪ **upright piano** piano vertical.

uprightness [ˈʌpraɪtnəs] *n* rectitud *f*.

uprising [ʌpˈraɪzɪŋ] *n* alzamiento, levantamiento, sublevación *f*.

uproar [ˈʌprɔːˈ] *n* alboroto, tumulto: the whole town was in an uproar about the new rates toda la ciudad estaba alborotada por los nuevos impuestos municipales.

uproarious [ʌprˈɔːrɪəs]
1 *adj (especially with laughter)* tumultuoso,-a, ruidoso,-a, escandaloso,-a.
2 *adj (very funny)* graciosísimo,-a, divertidísimo,-a.

uproot [ʌpˈruːt]
1 *vt (plant etc)* desarraigar, arrancar; *(people)* desarraigar.
2 *vt (eliminate)* eliminar, extirpar.

upset [ʌpˈset]
1 *adj (angry)* disgustado,-a, contrariado,-a, enfadado,-a.
2 *adj (mentally or physically)* trastornado,-a; *(worried)* preocupado,-a.
3 *adj (nerves)* desquiciado,-a; *(a little unwell)* indispuesto,-a.
4 *adj (stomach)* trastornado,-a.
5 *adj (overturned)* volcado,-a; *(spoiled)* desbaratado,-a.
6 *n (reversal)* revés *m*, contratiempo, vuelco; *(slight ailment)* indisposición *f*, malestar *m*.
7 *n (emotion, stomach, etc)* trastorno; *(plans etc)* trastorno, perturbación *f*.
8 *n (trouble, difficulty)* molestia, dificultad *f*.
9 *n (sport)* un resultado inesperado.
10 *vt (overturn)* volcar; *(capsize)* hacer zozobrar.
11 *vt (spill)* derramar.
12 *vt (shock)* trastornar.
13 *vt (person)* contrariar; *(worry)* preocupar; *(displease)* disgustar.
14 *vt (stomach)* trastornar, sentar mal.
15 *vt (plans)* desbaratar.
16 *vt (to cause disorder)* desordenar, revolver, poner patas arriba: he was very upset by his father's death la muerte de su padre le afectó muchísimo; hot food upsets her stomach las comidas picantes le sientan mal; the bad weather upset our plans el mal tiempo dio al traste con nuestros planes.

▪ **upset price** *COMM* precio de salida, precio inicial.

▲ *pt & pp* upset [ʌpˈset], *ger* upsetting; *(sustantivo)* [ˈʌpset].

upsetting [ʌpˈsetɪŋ] *adj* desconcertante, inquietante, preocupante.

upshot [ˈʌpʃɒt] *n (outcome)* resultado: what was the upshot of the meeting? ¿cuál fue el resultado de la reunión?

upside down [ʌpsaɪdˈdaʊn]
1 *adv* al revés.
2 *adv fig (disorder)* patas arriba.

upstage [ʌpˈsteɪdʒ]
1 *adj THEAT* del fondo del escenario.
2 *adv THEAT (movement)* hacia el fondo del escenario; *(position)* en el fondo del escenario.

upstairs [ʌpˈsteəz]
1 *adv (direction)* al piso de arriba; *(position)* en el piso de arriba.
2 *adj* de arriba: the upstairs bathroom el baño de arriba.
3 *n* piso de arriba, piso superior: he went upstairs to bed subió a la cama.

▲ *(sustantivo)* [ˈʌpsteəz].

upstanding [ʌpˈstændɪŋ]
1 *adj fml fig* honrado,-a, recto,-a.
2 *adj (strong)* robusto,-a, fuerte.

upstart [ˈʌpstɑːt]
1 *n pej* advenedizo,-a, arribista.
2 *n (arrogant)* impertinente *mf*, insolente *mf*.

upstream [ʌpˈstriːm]
1 *adv* río arriba, aguas arriba: he lives upstream vive río arriba.
2 *adv (against the current)* a contracorriente, contra la corriente.

upsurge [ˈʌpsɜːdʒ]
1 *n (increase)* aumento, subida; *(anger)* acceso, arrebato.
2 *n fig (strong increase in feelings, etc)* resurgimiento, renacimiento; *(of violence)* ola.

uptake [ˈʌpteɪk] **to be quick on the uptake** *phr fam* ser muy listo,-a, pillarlas al vuelo.

to be slow on the uptake *fam* ser duro,-a de mollera.

uptight [ʌpˈtaɪt] *adj sl* nervioso,-a, agobiado,-a: to be uptight estar agobiado,-a, agobiarse.

up-to-date [ʌptəˈdeɪt]
1 *adj* al día.
2 *adj (modern)* moderno,-a, a la moda; *(informed)* al tanto, al corriente, al día.

upturn [ˈʌptɜːn] *n (improvement)* mejora; *(increase)* aumento.

upturned [ˈʌptɜːnd]
1 *adj (nose)* respingón,-na.
2 *adj (car)* volcado,-a.

upward [ˈʌpwəd]
1 *adj* hacia arriba, ascendente.
2 *adv* hacia arriba.
3 *adj COMM (tendency)* al alza *m*.

upwards [ˈʌpwədz]
1 *adv* hacia arriba: from five years upwards a partir de los cinco años.
2 *adv fam* algo más de: from fifty pounds upwards de cincuenta libras para arriba.

✦ **upwards of** más de: there were upwards of 50,000 people at the demonstration había más de 50.000 personas en la manifestación.
face upwards boca arriba.

uraemia [juəˈriːmɪə] *n* uremia.

Urals [ˈjuərəlz] *n* los Urales *m*.

uranium [jʊˈreɪnɪəm] *n CHEM* uranio.

Uranus [jʊˈreɪnəs] *n* Urano.

urban [ˈɜːbən] *adj* urbano,-a.

urbane [ɜːˈbeɪn] *adj* cortés, urbano,-a.

urbanise [ˈɜːbənaɪz] *vt* → urbanize.

urbanize [ˈɜːbənaɪz] *vt* urbanizar.

urchin [ˈɜːtʃɪn] *n (mischievous child)* pilluelo,-a, golfillo,-a.

urea [jʊˈriːə] *n* urea.

uremia [jʊəˈriːmɪə] *n US* uremia.

ureter [jʊəˈriːtəˈ] *n* uréter *m*.

urethra [jʊˈriːθrə] *n* uretra.

urge [ɜːdʒ]
1 *n* impulso, deseo: to have the urge to do something tener unas ganas irrefrenables de hacer algo.
2 *vt* encarecer, preconizar, instar, insistir: to urge somebody to do something instar a alguien a hacer algo.
3 *vt (incite)* incitar; *(plead)* exhortar: he urged them not to continue les exhortó a que no continuaran.
4 *vt (encourage)* animar: the mother urged the child to take part in the play la madre animó al niño a que participara en la obra.

✦ **to urge somebody on** darle cuerda a alguien.

urgency [ˈɜːdʒənsɪ] *n* urgencia: it's a matter of great urgency es un asunto muy urgente.

urgent [ˈɜːdʒənt]
1 *adj (general)* urgente.
2 *adj (tone, need)* apremiante, perentorio,-a: it is urgent that I see him me urge verlo.

urgently [ˈɜːdʒəntlɪ] *adv* urgentemente.

uric [ˈjʊərɪk] *adj* úrico,-a.

▪ **uric acid** ácido úrico.

urinal [jʊˈraɪnəl]
1 *n (toilet)* urinario.
2 *n (bedpan)* orinal *m*.

urinary [ˈjʊərɪnərɪ] *adj* urinario,-a.

urinate [ˈjʊərɪneɪt] *vi* orinar.

urine [ˈjʊərɪn] *n* orina.

URL [ˈjuːˈɑːˈrel] *n COMPUT* **(uniform resource locator)** dirección *f*.

urn [ɜːn]
1 *n* urna.
2 *n (for tea)* tetera grande.

▪ **burial urn** urna funeraria.

urogenital [jʊərəʊˈdʒenɪtəl] *adj* urogenital.

urologist [jʊəˈrɒlədʒɪst] *n* urólogo,-a.

urology [jʊˈrɒlədʒɪ] *n MED* urología.

Ursa [ˈɜːrsə] *n* la Osa.

▪ **Ursa Major** la Osa Mayor.
Ursa Minor la Osa Menor.

Uruguay [ˈjʊərəgwaɪ] *n* Uruguay.

Uruguayan [jʊərəˈgwaɪən]
1 *adj* uruguayo,-a.
2 *n* uruguayo,-a.

us [ʌs, ʌz]
1 *pron* nos; *(with preposition)* nosotros,-as: give us your gun danos tu pistola; come with us ven con nosotros; let us pray oremos; it's us somos nosotros.

2 *pron fam* me: **give us a kiss** dame un beso; **let's have a look** déjame ver.

US ['juː'es] *abbr* (**United States**) Estados *mpl* Unidos; *(abbreviation)* EE.UU.

USA¹ ['juː'es'eɪ] *abbr* (**United States of America**) Estados Unidos de América; *(abbreviation)* EE.UU.

USA² ['juː'es'ɑːmɪ] *abbr* (**United States Army**) Ejército de los Estados Unidos.

usable ['juːzəbəl] *adj* utilizable, aprovechable: **his old car is no longer usable** ya no le sirve su coche viejo.

USAF ['juː'es'eəfɔːs] *abbr* (**United States Air Force**) Fuerzas Aéreas de los Estados Unidos; *(abbreviation)* USAF.

usage ['juːsɪdʒ]
1 *n* uso, tratamiento, manejo.
2 *n (custom)* uso, costumbre *f*, usanza.
3 *n LING* uso.
4 *n (way of speaking)* habla *m*, lenguaje *m*.

use [juːs]
1 *n* uso, empleo, utilización *f*: **directions for use** instrucciones de uso, modo de empleo.
2 *n (handling)* manejo: **for emergency use only** utilícese solo en caso de emergencia.
3 *n (usefulness)* utilidad *f*: **it's not much use** tiene poca utilidad; **it's no use at all** no sirve para nada.
4 *n (right to use, power to use)* uso: **I have the use of the car** tengo derecho a utilizar el coche; **she lost the use of her left arm** perdió el uso del brazo izquierdo.
5 *vt* usar, utilizar: **what do you use to remove stains?** ¿qué usas para quitar manchas?; **use your handkerchief!** ¡utiliza el pañuelo!; **don't cross the road, use the subway** no cruces la carretera, utiliza el paso subterráneo.
6 *vt (consume)* gastar, consumir: **this car uses a lot of oil** este coche gasta mucho aceite.
7 *vt (exploit unfairly)* aprovecharse de.
8 *vt fam (need)* necesitar: **I could use a coffee** necesito un café.
9 *aux (past habits)* soler, acostumbrar: **he used to get up early** solía levantarse temprano; **where did you use to live?** ¿dónde vivías antes?; **she didn't use to like fish** antes no le gustaba el pescado; **I used to be fat** antes estaba gordo.
▶ **to use up** *vt sep* gastar, acabar: **we've used up all the wood** hemos gastado toda la leña.
✦ **in use** en uso, que se está utilizando.
it's no use no sirve de nada, es inútil: **it's no use complaining** no sirve de nada quejarse.
"Not in use" "No funciona".
out of use desusado,-a.
to be of use ser útil, ser de utilidad.
what's the use of ...? ¿de qué sirve ... ?: **what's the use of crying?** ¿de qué sirve llorar?

▲ *(verbo)* [juːz]; *en 9, hay que traducir con el imperfecto si no implica la idea de hábito.*

useable ['juːzəbəl] *adj* → **usable.**

used
1 *adj (second-hand)* usado,-a, de segunda mano: **she doesn't want a used car, she wants a new one** no quiere un coche usado, lo quiere nuevo.
2 *adj (accustomed)* acostumbrado,-a: **I'm not used to this car yet** aún no me he acostumbrado a este coche.
✦ **to be used to** estar acostumbrado,-a a.
to get used to acostumbrarse a.
▲ *En 2* [juːzd]; *véase también* **use.**

useful ['juːsful] *adj* útil: **this penknife is very useful** esta navaja es muy útil; **dictionaries are useful for looking up words** los diccionarios sirven para consultar palabras.
✦ **to come in useful** venir bien, ser útil.
to make oneself useful ser útil, ayudar.

usefulness ['juːsfulnəs] *n* utilidad *f*, provecho.

useless ['juːsləs]
1 *adj* inútil: **it's useless trying to go on** es inútil intentar seguir.
2 *adj fam (person)* inútil, inepto,-a, incompetente: **he's useless at football** no sirve para el fútbol, es un negado para el fútbol; **he's absolutely useless** es un cero a la izquierda, es un inepto total.

uselessness ['juːsləsnəs] *n* inutilidad *f*.

user ['juːzəʳ] *n* usuario,-a.

usher ['ʌʃəʳ]
1 *n (in court)* ujier *m*, portero.
2 *n (in cinema, theatre)* acomodador,-ra.
▶ **to usher in** *vt sep (guest)* hacer pasar; *(cinema theatre)* acomodar.

usherette [ʌʃəˈret] *n* acomodadora.

USN ['juː'es'neɪvɪ] *abbr* (**United States Navy**) Armada de los Estados Unidos; *(abbreviation)* USN.

USS ['juː'es'es] *abbr* (**United States Ship**) barco de la armada estadounidense.

USSR ['juː'es'es'ɑːʳ] *abbr* (**Union of Soviet Socialist Republics**) Unión de Repúblicas Socialistas Soviéticas; *(abbreviation)* URSS *f*.

usual ['juːʒʊəl]
1 *adj* usual, habitual, normal, corriente.
2 *n* lo habitual, lo usual.
3 *n fam (drink etc)* lo de siempre: **I'll have the usual** tomaré lo de siempre.
✦ **as usual** como de costumbre, como siempre.

usually ['juːʒʊəlɪ] *adv* normalmente, por lo general: **we usually go away at weekends** normalmente nos vamos fuera los fines de semana.

usurer ['juːʒərəʳ] *n* usurero,-a.

usurp [juːˈzɜːp] *vt* usurpar.

usurpation [juːzɜːˈpeɪʃən] *n* usurpación *f*.

usurper [juːˈzɜːpəʳ] *n* usurpador,-ra.

usury ['juːʒərɪ] *n* usura.

utensil [juːˈtensəl] *n* utensilio.
■ **kitchen utensils** batería *f sing*, de cocina, menaje *m sing* de cocina, utensilios *mpl* de cocina.

uterine ['juːtəraɪn] *adj* uterino,-a.

uterus ['juːtərəs] *n* útero.
▲ *pl* **uteruses** o **uteri** ['juːtəraɪ].

utilitarian [juːtɪlɪˈteərɪən]
1 *adj (useful)* utilitario,-a.
2 *adj (in philosophy)* utilitarista.
3 *n (in philosophy)* utilitarista *mf*.

utilitarianism [juːtɪlɪˈteərɪənɪzəm] *n* utilitarismo.

utilise ['juːtɪlaɪz] *vt* → **utilize.**

utility [juːˈtɪlɪtɪ]
1 *n* utilidad *f*.
2 *n (company)* empresa de servicio público.
■ **utility room** *(for storage)* trascocina; *(for ironing)* cuarto de planchar.
▲ *pl* **utilities.**

utilize ['juːtɪlaɪz] *vt fml* utilizar.

utmost ['ʌtməʊst]
1 *adj* sumo,-a, extremo,-a: **he did it with the utmost secrecy** lo hizo con el sigilo más absoluto.
2 *n* máximo.
✦ **to do one's utmost** hacer todo lo posible.

Utopia [juːˈtəʊpɪə] *n* utopía.

Utopian [juːˈtəʊpɪən]
1 *adj* utópico,-a.
2 *n* utopista *mf*.

utter ['ʌtəʳ]
1 *adj* absoluto,-a, completo,-a, total: **she's an utter fool** es tonta de remate; **what utter nonsense!** ¡vaya tontería!
2 *vt (words)* pronunciar, articular, decir; *(feelings)* expresar.
3 *vt (lies curses etc)* soltar; *(shouts, cries etc)* lanzar, dar.
4 *vt (theatre)* proferir; *(sounds)* emitir: **he never uttered her name** jamás pronunció su nombre.

utterance ['ʌtərəns] *n* declaración *f*, pronunciación *f*.
✦ **to give utterance to** expresar.

utterly ['ʌtəlɪ] *adv* totalmente, completamente, del todo: **it's utterly impossible** es del todo imposible.

U-turn ['juːtɜːn]
1 *n* cambio de sentido.
2 *n fam fig* marcha atrás: **management has done a U-turn on wage increases** la patronal ha dado marcha atrás a los aumentos salariales.

uvula ['juːvjʊlə] *n* úvula, campanilla.
▲ *pl* **uvulas** o **uvulae** ['juːvjʊliː].

uvular ['juːvjʊləʳ] *adj* uvular.

Uzbek ['ʊzbek]
1 *adj* uzbeco,-a.
2 *n (person)* uzbeco,-a.
3 *n (language)* uzbeco.

Uzbekistan [ʊzbekɪˈstæn] *n* Uzbekistán.

V, v¹ [viː]
  1 *n (the letter)* V, v *f.*
  2 *n (shape)* uve *f:* she cut the paper in a V cortó el papel en forma de uve.

v¹ [vɜːs] *abbr* (**verse**) verso; *(abbreviation)* v.

v² [ˈvɜːsəs, viː] *abbr* (**versus**) contra.

v³ [ˈverɪ] *abbr* (**very**) muy.

V [vəʊlt] *symb* (**volt**) voltio; *(symbol)* V.

vac [væk]
  1 *n GB fam (abbr of vacation)* vacaciones *fpl.*
  2 *n GB fam (abbr of vacuum cleaner)* aspirador *m,* aspiradora.
  3 *vt GB fam* pasar la aspiradora por.

vacancy [ˈveɪkənsɪ]
  1 *n (job)* vacante *f:* we have a vacancy for a typist necesitamos una mecanógrafa; to fill a vacancy ocupar un puesto.
  2 *n (room)* habitación *f* libre.
  ✦ "**No vacancies**" "Completo".
  ▲ *pl* vacancies.

vacant [ˈveɪkənt]
  1 *adj (gen)* vacío.
  2 *adj (job)* vacante.
  3 *adj (room)* libre.
  4 *adj (mind, expression)* vacío,-a: he stared into space with a vacant expression se quedó mirando al vacío con la mirada perdida.
  ✦ "**Situations vacant**" "Ofertas de trabajo", "Demandas".

vacate [vəˈkeɪt]
  1 *vt fml (job)* dejar (vacante).
  2 *vt fml (flat etc)* desocupar, desalojar: guests should vacate their rooms by 12 o'clock se ruega a los clientes que dejen libres las habitaciones antes de las doce; everyone must vacate the premises todo el mundo debe abandonar el edificio.

vacation [vəˈkeɪʃən]
  1 *n* vacaciones *fpl.*
  2 *vi US* pasar las vacaciones (**in/at**, en).
  ✦ **to be on vacation** *US* estar de vacaciones.
  to go on vacation *US* irse de vacaciones.
  to take a vacation *US* tomarse unas vacaciones.

  ▪ **the long vacation** *GB* las vacaciones de verano.

vacationer [veɪˈkeɪʃənəʳ] *n US* veraneante *mf.*

vaccinate [ˈvæksɪneɪt] *vt* vacunar.

vaccination [væksɪˈneɪʃən] *n* vacunación *f.*

vaccine [ˈvæksiːn] *n* vacuna.
  ▪ **smallpox vaccine** vacuna contra la viruela.

vacillate [ˈvæsɪleɪt] *vt (hesitate)* vacilar.

vacillation [væsɪˈleɪʃən] *n* vacilación *f.*

vacuous [ˈvækʊəs]
  1 *adj fml (empty)* vacío,-a.
  2 *adj fml (mindless)* necio,-a.

vacuum [ˈvækjʊəm]
  1 *n* vacío.
  2 *n fam (vacuum cleaner)* aspiradora.
  3 *vt* limpiar con aspiradora, pasar la aspiradora por.
  ✦ **to leave a vacuum** dejar un vacío.
  ▪ **vacuum cleaner** aspiradora.
  vacuum flask termo.

vacuum-packed [ˈvækjʊəmpækt] *adj* envasado,-a al vacío.

vagabond [ˈvægəbɒnd] *n lit* vagabundo,-a.

vagary [ˈveɪɡərɪ] *n fml* capricho: the vagaries of youth los caprichos de la juventud.
  ▲ *pl* vagaries.

vagina [vəˈdʒaɪnə] *n* vagina.
  ▲ *pl* vaginas o vaginae [vəˈdʒaɪniː].

vaginae [vəˈdʒaɪniː] *npl* → **vagina.**

vaginal [vəˈdʒaɪnəl] *adj* vaginal.

vagrancy [ˈveɪɡrənsɪ] *n* vagabundería.

vagrant [ˈveɪɡrənt]
  1 *adj* vagabundo,-a.
  2 *n* vagabundo,-a.

vague [veɪɡ]
  1 *adj (imprecise)* vago,-a, impreciso,-a: he hasn't the vaguest idea no tiene la más mínima idea; they were vague about it no dieron detalles.
  2 *adj (indistinct)* borroso,-a.

vaguely [ˈveɪɡlɪ] *adv* vagamente.

vagueness [ˈveɪɡnəs]
  1 *n (in general)* vaguedad *f,* imprecisión *f.*
  2 *n (of outline)* lo borroso.

vain [veɪn]
  1 *adj (conceited)* vanidoso,-a.
  2 *adj (hopeless)* vano,-a, inútil.
  ✦ **in vain** en vano.

valance [ˈvæləns] *n (of bed)* cenefa, dosalera.

vale [veɪl] *n lit* valle *m.*
  ▪ **vale of tears** valle *m* de lágrimas.

valence [ˈveɪləns] *n US* valencia.

Valencian [vəˈlensɪən]
  1 *adj* valenciano,-a.
  2 *n (person)* valenciano,-a.
  3 *n (language)* valenciano.

valency [ˈveɪlənsɪ] *n GB* valencia.
  ▲ *pl* valencies.

valentine [ˈvæləntaɪn]
  1 *n* tarjeta *enviada por San Valentín.*
  2 *n (person)* novio,-a.

valerian [vəˈleərɪən] *n* valeriana.

valet [ˈvæleɪ, ˈvælɪt] *n* ayuda *m* de cámara.

valiant [ˈvælɪənt] *adj lit* valiente.

valid [ˈvælɪd]
  1 *adj* válido,-a.
  2 *adj (ticket)* valedero,-a: the ticket is no longer valid el billete está caducado; valid for two months valedero,-a por dos meses.

validate [ˈvælɪdeɪt] *vt fml* validar.

validation [vælɪˈdeɪʃən] *n* validación *f.*

validity [vəˈlɪdɪtɪ] *n* validez *f.*

valise [vəˈliːz] *n* maletín *m,* bolsa de viaje.

Valletta [vəˈletə] *n* La Valeta.

valley [ˈvælɪ] *n* valle *m.*

valour [ˈvæləʳ] *n* valor *m,* valentía.

valuable [ˈvæljʊəbəl]
  1 *adj* valioso,-a, de valor.
  2 *npl* objetos *mpl* de valor.

valuation [væljʊˈeɪʃən]
  1 *n (act)* valoración *f.*
  2 *n (price)* valor *m.*

value [ˈvæljuː]
  1 *n* valor *m.*
  2 *vt (estimate value of)* valorar, tasar.

3 vt (appreciate) valorar, apreciar.
✦ **it's good value for money** bien vale lo que cuesta.
of great/little value de gran/poco valor.
of no value sin valor.
to get good value for money sacarle jugo al dinero.
to the value of ... por el valor de ...
▪ **value added tax** impuesto sobre el valor añadido.
value judgment juicio de valor.

valueless [ˈvæljuːləs] adj sin valor.

valuer [ˈvæljʊəʳ] n tasador,-ra.

valve [vælv]
1 n (in general) válvula.
2 n RAD lámpara.
3 n ZOOL valva.
4 n MUS llave f.

valvular [ˈvælvjələʳ] adj valvular.

vamp [væmp] n fam vampiresa.

vampire [ˈvæmpaɪəʳ] n vampiro.
▪ **vampire bat** vampiro.

van¹ [væn]
1 n camioneta, furgoneta.
2 n GB (on train) furgón m.

van² [væn] **in the van** phr fml en la vanguardia.

vanadium [vəˈneɪdɪəm] n vanadio.

vandal [ˈvændəl] n vándalo,-a.

Vandal [ˈvændəl]
1 adj vándalo,-a.
2 n vándalo,-a.

vandalism [ˈvændəlɪzəm] n vandalismo.

vandalise [ˈvændəlaɪz] vt → **vandalize**.

vandalize [ˈvændəlaɪz] vt destrozar, destruir.

vane [veɪn]
1 n (weather etc) veleta.
2 n (of fan etc) aspa.

vanguard [ˈvænɡɑːd] n vanguardia.
✦ **to be in the vanguard of** estar en la vanguardia de.

vanilla [vəˈnɪlə] n vainilla.

vanish [ˈvænɪʃ] vi desaparecer.
✦ **to vanish from sight** desaparecer de la vista.
to vanish into thin air esfumarse, desaparecer sin dejar rastro.

vanishing point [ˈvænɪʃɪŋpɔɪnt] n punto de fuga.

vanity [ˈvænɪtɪ] n vanidad f.
✦ **out of sheer vanity** por pura vanidad.
▪ **vanity bag/vanity case** neceser m.
▲ pl vanities.

vanquish [ˈvæŋkwɪʃ] vt lit vencer.

vantage point [ˈvɑːntɪdʒpɔɪnt] n posición f ventajosa, posición f estratégica.

Vanuatu [ˈvænuːætuː] n Vanuatu.

vapid [ˈvæpɪd] adj fml insípido,-a.

vaporise [ˈveɪpəraɪz] vt → **vaporize**.

vaporize [ˈveɪpəraɪz]
1 vt vaporizar.
2 vi vaporizarse.

vaporous [ˈveɪpərəs] adj vaporoso,-a.

vapour [ˈveɪpəʳ]
1 n vapor m.
2 n (on windowpane) vaho.
▪ **vapour trail** estela de humo.

variability [veərɪəˈbɪlɪtɪ] n variabilidad f.

variable [ˈveərɪəbəl]
1 adj variable.
2 n variable f.

variance [ˈveərɪəns] **to be at variance** phr fml (ideas etc) no concordar; (person) estar en desacuerdo (**with**, con).

variant [ˈveərɪənt] n variante f.

variation [veərɪˈeɪʃən] n variación f.

varicose [ˈværɪkəʊs] adj varicoso,-a.
▪ **varicose veins** varices fpl.

varied [ˈveərɪd] adj variado,-a, diverso,-a.

variegated [ˈveərɪɡeɪtɪd] adj abigarrado,-a.

variety [vəˈraɪətɪ]
1 n (diversity) variedad f.
2 n (assortment) surtido.
✦ **a wide variety of** gran diversidad de.
for a variety of reasons por razones diversas.
variety is the spice of life en la variedad está el gusto.
▪ **variety show** (espectáculo de) variedades fpl.
▲ pl varieties.

various [ˈveərɪəs]
1 adj (different) diverso,-a, distinto,-a.
2 adj (several) varios,-as.
✦ **to be many and various** ser muchos, -as y variados,-as: the books he reads are many and various lee mucho y variado.

varnish [ˈvɑːnɪʃ]
1 n (for wood, metals) barniz m.
2 n (for nails) esmalte m.
3 vt (wood, metals) barnizar.
4 vt (nails) pintar.

vary [ˈveərɪ]
1 vi variar.
2 vt variar de.
✦ **to vary between ... and ...** oscilar entre ... y ...
▲ pt & pp varied, ger varying.

vascular [ˈvæskjələʳ] adj vascular.

vase [vɑːz, US veɪz] n jarrón m, florero.

vasectomy [væˈsektəmɪ] n vasectomía.
▲ pl vasectomies.

Vaseline [ˈvæsɪliːn] n vaselina.
▲ Es marca registrada.

vassal [ˈvæsəl] n vasallo,-a.

vast [vɑːst] adj (extensive) vasto,-a, inmenso,-a; (huge) inmenso,-a, enorme: a vast majority of people la inmensa mayoría de la gente; vast sums of money were spent se gastaron enormes cantidades de dinero.

vastly [ˈvɑːstlɪ] adv inmensamente, tremendamente.

vastness [ˈvɑːstnəs] n inmensidad f.

vat [væt] n tina, cuba.

VAT [væt, ˈviːˈeɪˈtiː] abbr (value added tax) impuesto sobre el valor añadido; (abbreviation) IVA m.

Vatican [ˈvætɪkən]
1 adj vaticano,-a.
2 the Vatican n el Vaticano.
▪ **Vatican City** Ciudad f del Vaticano.
Vatican Council Concilio Vaticano.

vaudeville [ˈvɔːdəvɪl] n US vodevil m.

vault¹ [vɔːlt]
1 n (ceiling) bóveda.
2 n (in bank) cámara acorazada.
3 n (for dead) panteón m; (in church) cripta.
4 n (cellar) sótano; (for wine) bodega.

vault² [vɔːlt]
1 vt saltar.
2 vi saltar.
3 n (gymnastics) salto.
▪ **vaulting horse** potro.
vaulting pole pértiga.

vaunt [vɔːnt] vi fml jactarse de.

VC¹ [vaɪsˈtʃeəmən] abbr (Vice-Chairman) Vicepresidente m.

VC² [vaɪsˈtsɑːnsələʳ] abbr (Vice Chancellor) Rector m.

VC³ [vaɪsˈkɒnsəl] abbr (Vice-Consul) vicecónsul m.

VC⁴ [ˈviːˈsiː] abbr GB (Victoria Cross) máxima condecoración militar británica.

VCR [ˈviːˈsiːˈɑːʳ] abbr (video cassette recorder) grabador m de vídeo, vídeo.

VD [ˈviːˈdiː] abbr (venereal disease) enfermedad f venérea.

VDU [ˈviːˈdiːˈjuː] abbr (visual display unit) pantalla.

veal [viːl] n ternera.

vector [ˈvektəʳ] n vector m.

vectorial [vekˈtɔːrɪəl] adj vectorial.

veer [vɪəʳ]
1 vi (ship, car) virar; (road) torcer.
2 vi (wind) cambiar de dirección.
✦ **to veer from one's course** desviarse de su camino.
to veer round fig cambiar de opinión.

veg [vedʒ] n GB fam (abbr of vegetable or vegetables) verdura, verduras fpl.

vegan [ˈviːɡən]
1 adj veganista, vegetariano,-a estricto,-a.
2 n veganista mf, vegetariano,-a estricto,-a.

vegetable [ˈvedʒtəbəl]
1 n (as food) verdura, hortaliza: I love vegetables me encanta la verdura.
2 n (as plant) vegetal m.
3 n fam (person) vegetal m.
▪ **the vegetable kingdom** el reino vegetal.
vegetable garden huerto, huerta.
vegetable matter materia vegetal.

vegetarian [vedʒɪˈteərɪən]
1 adj vegetariano,-a.
2 n vegetariano,-a.

vegetarianism [vedʒɪˈteərɪənɪzəm] n vegetarianismo.

vegetate ['vedʒɪteɪt] *vi* vegetar.
vegetation [vedʒɪ'teɪʃən] *n* vegetación *f.*
vehemence ['vɪəməns] *n* vehemencia.
vehement ['vɪəmənt] *adj* vehemente.
vehicle ['viːəkəl]
  1 *n TECH* vehículo.
  2 *n fig* medio, vehículo.
  ▪ **armoured vehicle** vehículo blindado.
vehicular [və'hɪkjʊləʳ] *adj* rodado,-a.
vehicular traffic [vɪhɪkjʊlə'træfɪk] *n* tránsito rodado.
veil [veɪl]
  1 *n* velo.
  2 *vt* velar.
  ✦ **to draw a veil over something** correr un tupido velo sobre algo.
  to take the veil tomar el velo.
veiled [veɪld] *adj* velado,-a.
vein [veɪn]
  1 *n ANAT* vena.
  2 *n BOT* vena, nervio.
  3 *n (of mineral)* veta, vena, filón *m.*
  4 *n (mood)* humor *m,* vena.
  ✦ **to be in vein** estar en vena.
veined [veɪnd]
  1 *adj (marble)* veteado,-a.
  2 *adj (hand)* venoso,-a.
vela ['viːlə] *npl* → **velum.**
velar ['viːləʳ]
  1 *adj LING* velar.
  2 *n LING* velar *f.*
velarise ['viːləraɪz] *vt* → **velarize.**
velarize ['viːləraɪz] *vt* velarizar.
velcro ['velkrəʊ] *n* velcro.
  ▲ *Es marca registrada.*
vellum ['veləm] *n* vitela.
  ▪ **vellum paper** papel *m* vitela.
velocipede [və'lɒsɪpiːd] *n* velocípedo.
velocity [və'lɒsɪtɪ] *n* velocidad *f.*
  ▲ *pl velocities.*
velodrome ['veləodrəʊm] *n* velódromo.
velour [və'lʊəʳ] *n* terciopelo (por urdimbre).
  ▪ **velour finish** acabado pana.
velum ['viːləm] *n* velo (del paladar).
  ▲ *pl vela* ['viːlə].
velvet ['velvɪt] *n* terciopelo.
velveteen [velvɪ'tiːn] *n* velludillo, terciopelo.
velvety ['velvɪtɪ] *adj* aterciopelado,-a.
venal ['viːnəl] *adj* venal.
vendetta [ven'detə] *n* vendetta.
vending machine ['vendɪŋməʃiːn] *n* máquina expendedora.
vendor ['vendəʳ] *n* vendedor,-ra.
veneer [və'nɪəʳ]
  1 *n* chapa.
  2 *n fig* apariencia.
  3 *vt* chapear, chapar.
venerable ['venərəbəl] *adj* venerable.
venerate ['venəreɪt] *vt* venerar, reverenciar.
veneration [venə'reɪʃən] *n* veneración *f.*

venereal [və'nɪərɪəl] *adj* venéreo,-a.
Venetian [və'niːʃən]
  1 *adj* veneciano,-a.
  2 *n* veneciano,-a.
  ▪ **Venetian blind** persiana graduable, persiana veneciana.
Venezuela [venə'zweɪlə] *n* Venezuela.
Venezuelan [venə'zweɪlən]
  1 *adj* venezolano,-a.
  2 *n* venezolano,-a.
vengeance ['vendʒəns] *n* venganza.
  ✦ **to take vengeance on somebody** vengarse de alguien.
  with a vengeance *fam* a rabiar.
vengeful ['vendʒful] *adj* vengativo,-a.
venial ['viːnɪəl] *adj* venial.
  ▪ **venial sin** pecado venial.
Venice ['venɪs] *n* Venecia.
venison ['venɪsən] *n* (carne *f* de) venado.
venom ['venəm]
  1 *n* veneno.
  2 *n fig* odio.
venomous ['venəməs] *adj* venenoso,-a.
  ▪ **venomous tongue** *fig* lengua viperina.
venous ['viːnəs] *adj* venoso,-a.
vent [vent]
  1 *n (opening)* abertura.
  2 *n (hole)* orificio, respiradero.
  3 *n (grille)* rejilla de ventilación.
  4 *vt* descargar.
  ✦ **to give vent to** descargar, soltar.
  to give vent to one's feelings desahogarse.
  to vent one's anger on somebody descargar su ira en alguien.
ventilate ['ventɪleɪt] *vt* ventilar.
ventilation [ventɪ'leɪʃən] *n* ventilación *f.*
  ▪ **ventilation shaft** *(mining)* pozo de ventilación.
ventilator ['ventɪleɪtəʳ] *n* ventilador *m.*
ventricle ['ventrɪkəl] *n* ventrículo.
ventriloquism [ven'trɪləkwɪzəm] *n* ventriloquia.
ventriloquist [ven'trɪləkwɪst] *n* ventrílocuo,-a.
ventriloquy [ven'trɪləkwɪ] *n* ventriloquia.
venture ['ventʃəʳ]
  1 *vt* arriesgar, aventurar.
  2 *vi* arriesgarse: **to venture out of doors** atreverse a salir.
  3 *n* aventura, empresa arriesgada: **it's a completely new venture** es algo totalmente nuevo.
  ✦ **to venture an opinion** aventurar una opinión.
  to venture to do something atreverse a hacer algo.
  nothing ventured, nothing gained quien no se moja no pasa el río, quien no se aventuró ni perdió ni ganó.
  ▪ **business venture** empresa comercial, proyecto comercial.

  joint venture empresa conjunta, proyecto conjunto, operación conjunta.
  venture capital capital *m* riesgo.
venturesome ['ventʃəsəm]
  1 *adj (person)* emprendedor,-ra.
  2 *adj (action)* arriesgado,-a.
venue ['venjuː]
  1 *n (place)* local *m.*
  2 *n (scene)* escenario.
Venus ['viːnəs] *n* Venus *f.*
  ▪ **Venus flytrap** dionea.
veracity [və'ræsɪtɪ] *n* veracidad *f.*
veranda [və'rændə] *n* porche *m.*
verandah [və'rændə] *n* → **veranda.**
verb [vɜːb] *n* verbo.
verbal ['vɜːbəl] *adj* verbal.
  ▪ **verbal diarrhoea** verborrea.
  verbal noun gerundio.
verbalise ['vɜːbəlaɪz] *vt* → **verbalize.**
verbalize ['vɜːbəlaɪz] *vt GB* verbalizar.
verbally ['vɜːbəlɪ] *adv* verbalmente, de palabra.
verbatim [vɜː'beɪtɪm]
  1 *adj* textual.
  2 *adv* textualmente.
verbena [vɜː'biːnə] *n* verbena.
verbiage ['vɜːbɪdʒ] *n fml* verbosidad *f.*
verbose [vɜː'bəʊs] *adj* verboso,-a, locuaz.
verbosity [vɜː'bɒsɪtɪ] *n* verbosidad *f,* verborrea.
verdant ['vɜːdənt] *adj lit* verde.
verdict ['vɜːdɪkt]
  1 *n* veredicto, fallo.
  2 *n (opinion)* opinión *f,* juicio: **what's your verdict on it?** ¿qué opinas de ello?
verdigris ['vɜːdɪgriː] *n* verdín *m.*
verge [vɜːdʒ]
  1 *n* borde *m,* margen *m.*
  2 *n (of road)* arcén *m.*
  ▶ **to verge on**
    1 *vt insep (condition)* rayar en: **his behaviour verges on madness** su comportamiento raya en la locura.
    2 *vt insep (age)* rondar: **he's verging on forty** ronda los cuarenta años.
  ✦ **on the verge of** al borde de.
  to be on the verge of doing something estar a punto de hacer algo.
verger ['vɜːdʒəʳ] *n GB* sacristán *m.*
verifiable ['verɪfaɪəbəl] *adj* verificable.
verification [verɪfɪ'keɪʃən] *n* verificación *f,* comprobación *f.*
verify ['verɪfaɪ] *vt* verificar, comprobar.
  ▲ *pt & pp verified, ger verifying.*
verisimilitude [verɪsɪ'mɪlɪtjuːd] *n* verosimilitud *f.*
veritable ['verɪtəbəl] *adj* verdadero,-a.
vermicelli [vɜːmɪ'selɪ] *n* fideos *mpl.*
vermilion [və'mɪlɪən]
  1 *n* bermellón *m.*
  2 *adj* bermejo,-a.
vermin ['vɜːmɪn]
  1 *npl (small animals)* alimañas *fpl.*
  2 *npl (insects)* bichos *mpl,* sabandijas *fpl.*
  3 *npl (people)* gentuza *f sing,* chusma *f sing.*

vermouth ['vɜːməθ, vɜː'muːθ] *n* vermú *m*, vermut *m*.

vernacular [və'nækjʊləʳ]
1 *adj* vernáculo,-a.
2 *n* lengua vernácula.
✦ to lapse into the vernacular ponerse a hablar como la gente del lugar.

veronica [və'rɒnɪkə] *n* verónica.

verruca [və'ruːkə] *n* verruga.
▲ *pl* verrucas o verrucae [və'ruːkiː].

versatile ['vɜːsətaɪl]
1 *adj (person)* polifacético,-a.
2 *adj (object)* que tiene muchos usos, de múltiples usos.
3 *adj ZOOL* versátil.

versatility [vɜːsə'tɪlɪtɪ]
1 *n (of person)* carácter *m* polifacético.
2 *n (of object)* múltiples aplicaciones *fpl*.
3 *n ZOOL* versatilidad *f*.

verse [vɜːs]
1 *n (poetry)* versos *mpl*, poesía.
2 *n (set of lines)* estrofa.
3 *n (song, set of lines)* estrofa.
4 *n (in Bible)* versículo.
✦ in verse en verso.

versed [vɜːst] *adj fml* versado,-a.
✦ to be (well) versed in something ser muy versado,-a en algo.

versification [vɜːsɪfɪ'keɪʃən] *n* versificación *f*.

versify ['vɜːsɪfaɪ] *vt* versificar.

version ['vɜːʒən]
1 *n* versión *f*.
2 *n MUS* interpretación *f*.
3 *n AUTO* modelo: the sports version el modelo deportivo.
■ stage version THEAT adaptación *f* teatral.

versus ['vɜːsəs]
1 *prep (against)* contra: tonight's match is Leeds versus Liverpool el partido de esta noche es Leeds contra Liverpool; the Crown versus Riley la corona contra Riley.
2 *prep (as opposed to)* frente a: diesel versus petrol el gasoil frente a la gasolina.

vertebra ['vɜːtɪbrə] *n* vértebra.
▲ *pl* vertebrae ['vɜːtɪbriː].

vertebral ['vɜːtɪbrəl] *adj* vertebral.

vertebrate ['vɜːtɪbrət, 'vɜːtɪbreɪt]
1 *adj* vertebrado,-a.
2 *n* vertebrado.

vertex ['vɜːteks] *n* vértice *m*.
▲ *pl* vertexes o vertices ['vɜːtɪsiːz].

vertical ['vɜːtɪkəl] *adj* vertical.

vertically ['vɜːtɪkəlɪ] *adv* en vertical, verticalmente.

vertices ['vɜːtɪsiːz] *npl* → vertex.

vertigo ['vɜːtɪgəʊ] *n* vértigo.

vervain ['vɜːveɪn] *n* verbena.

verve [vɜːv] *n* brío, vigor *m*, empuje *m*.

very ['verɪ]
1 *adv (extremely)* muy: it's very easy es muy fácil, es facilísimo; to be very hungry/sleepy tener mucha hambre/mucho sueño; very few muy pocos,-as, poquísimos,-as; very little muy poco,-a, poquísimo,-a; very well muy bien.
2 *adv (emphatic)* muy: at the very latest como muy tarde, a más tardar; at the very least como mínimo, por lo menos; there was another accident in the very same place ha habido otro accidente en el mismo lugar exacto.
3 *adj (extreme)* de todo: at the very end al final de todo; he was at the very back of the library estaba al final de todo de la biblioteca.
4 *adj (precise)* mismo,-a, exacto,-a: at that very moment en aquel mismo instante.
✦ it's the very thing *fam* es justo lo que necesitas/hace falta.
    the very best el/la mejor, lo mejor: he did the very best he could hizo lo mejor que pudo.
    not very no mucho: were the tickets expensive? —not very ¿eran caras las entradas? —no mucho.
    the very thought of it! ¡solo con pensarlo!

vesicle ['vesɪkəl] *n* vesícula.

vesicular [ve'sɪkjələʳ] *adj* vesicular.

vespers ['vespəz] *npl* vísperas *fpl*.

vessel ['vesəl]
1 *n (ship)* nave *f*, buque *m*.
2 *n (container)* recipiente *m*, vasija.
3 *n ANAT* vaso.
■ cargo vessel buque *m* de carga.

vest [vest]
1 *n GB* camiseta.
2 *n US* chaleco.
✦ to vest somebody with something investir a alguien con algo.
    to vest something in somebody conferir algo a alguien.
■ bullet-proof vest chaleco antibalas.

vestal ['vestəl] *adj* vestal.
■ vestal virgin vestal *f*.

vested interest [vestɪd'ɪntrəst] *n* interés *m* creado.
✦ to have a vested interest in a matter *fig* tener intereses personales en un asunto.

vestibule ['vestɪbjuːl]
1 *n (entrance hall)* vestíbulo, entrada.
2 *n ANAT* vestíbulo.

vestige ['vestɪdʒ] *n* vestigio.

vestigial [ves'tɪdʒɪəl] *adj* vestigial.

vestment ['vestmənt] *n* vestidura.

vestry ['vestrɪ] *n* sacristía.
▲ *pl* vestries.

vet¹ [vet]
1 *n fam* veterinario,-a.
2 *vt GB* investigar, examinar.
▲ *pt & pp* vetted, *ger* vetting.

vet² [vet] *n US fam (abbr of veteran)* excombatiente *mf*.

vetch [vetʃ] *n* algarroba, arveja.

veteran ['vetərən]
1 *adj* veterano,-a: she's quite a veteran traveller es toda una viajera avezada.
2 *n* veterano,-a.
3 *n (soldier etc)* excombatiente *mf*.
■ veteran car GB coche *m* de época construido antes de 1919.
    veteran soldier soldado veterano.

veterinarian [vetərɪ'neərɪən] *n US* veterinario,-a.

veterinary ['vetərɪnərɪ] *adj* veterinario,-a.
■ veterinary medicine veterinaria.
    veterinary surgeon GB veterinario,-a.

veto ['viːtəʊ]
1 *n* veto.
2 *vt* vetar; *(forbid)* prohibir, vedar.
✦ to impose a veto over something poner el veto a algo.
■ power/right of veto derecho de veto.
▲ *(sustantivo)* pl vetoes; *(verbo)* pt & pp vetoed, ger vetoing.

vex [veks] *vt dated (annoy)* disgustar, vejar.

vexation [vek'seɪʃən] *n fml* vejación *f*, disgusto.

vexed [vekst] *adj* disgustado,-a: he was vexed at having to wait so long le disgustó tener que esperar tanto.
■ vexed question tema *m* conflictivo, tema *m* controvertido.

VHF ['viː'eɪtʃ'ef] *abbr (very high frequency)* frecuencia muy alta; *(abbreviation)* VHF.

VHS ['viː'eɪtʃ'es] *abbr (Video Home System)* sistema de vídeo doméstico; *(abbreviation)* VHS.

via ['vaɪə]
1 *prep (through)* vía, por: he will travel via Athens viajará vía Atenas.
2 *prep (by means of)* por medio de, a través de: I sent a message to Emma via her husband le envié un mensaje a Emma a través de su marido.

viability [vaɪə'bɪlɪtɪ] *n* viabilidad *f*.

viable ['vaɪəbəl] *adj* viable, factible.

viaduct ['vaɪədʌkt] *n* viaducto.

vibes [vaɪbz] *npl fam (abbr of vibrations)* vibraciones *fpl*.

vibrant ['vaɪbrənt]
1 *adj (sound)* vibrante.
2 *adj (personality)* vital, fuerte; *(city)* animado,-a.

vibraphone ['vaɪbrəfəʊn] *n* vibráfono.

vibrate [vaɪ'breɪt, US 'vaɪbreɪt]
1 *vi* vibrar (with, con).
2 *vt* hacer vibrar.

vibration [vaɪ'breɪʃən] *n* vibración *f*.

vibrator [vaɪ'breɪtəʳ, US 'vaɪbreɪtəʳ] *n* vibrador *m*.

vibratory [vaɪ'breɪtərɪ] *adj* vibratorio,-a.

viburnum [vaɪ'bɜːnəm] *n* viburno.

vicar ['vɪkəʳ]
1 *n (Anglican)* párroco.
2 *n (Catholic)* vicario.
■ the vicar of Christ el vicario de Cristo.

vicarage ['vɪkərɪdʒ] *n* casa del párroco.

vicarious [vɪ'keərɪəs] *adj* experimentado,-a por otro: he felt vicarious pride

when his brother won the prize sintió el mismo orgullo que su hermano cuando éste ganó el premio.

vice[1] [vaɪs] *n* vicio.
- **vice squad** brigada antivicio.

vice[2] [vaɪs] *n (tool)* torno de banco, tornillo de banco.

vice[3] [vaɪs] *pref* vice-.
- **vice admiral** MIL vicealmirante *m*.
  vice chancellor EDUC rector,-ra.
  vice president vicepresidente,-ta.

vice-chairman [vaɪs'tʃeəmən] *n* vicepresidente *m*.
▲ *pl* vice-chairmen [vaɪs'tʃeəmən].

vicelike [ˈvaɪslaɪk] *adj* firme, férreo,-a.
✦ **in a vicelike grip** con mano férrea.

vicereine [vaɪsˈreɪn] *n* virreina.

viceroy [ˈvaɪsrɔɪ] *n* virrey *m*.

vice versa [vaɪsˈvɜːsə] *adv* viceversa.

vicinity [vəˈsɪnətɪ]
1 *n* inmediaciones *fpl*.
2 *n fml* proximidad *f*.
✦ **in the vicinity of** *(near)* en las inmediaciones de; *(more or less)* alrededor de, aproximadamente.

vicious [ˈvɪʃəs]
1 *adj (cruel)* cruel; *(malicious)* malintencionado,-a.
2 *adj (violent)* virulento,-a, violento,-a.
3 *adj (dangerous)* peligroso,-a.
- **vicious circle** círculo vicioso.

viciously [ˈvɪʃəslɪ] *adv* salvajemente.

viciousness [ˈvɪʃəsnəs] *adj* saña.

vicissitude [vɪˈsɪsɪtjuːd] *n* vicisitud *f*.

vicissitudes [vɪˈsɪsɪtjuːdz] *npl* vicisitudes *fpl*.

victim [ˈvɪktɪm] *n* víctima.
✦ **to be the victim of** ser víctima de.
  to fall victim to ... *(an attack, illness, etc)* caer víctima de ...; *fig* sucumbir ante ...

victimise [ˈvɪktɪmaɪz] *vt* → victimize.

victimize [ˈvɪktɪmaɪz] *vt* victimizar.

victor [ˈvɪktəʳ] *n fml* vencedor,-ra.

Victorian [vɪkˈtɔːrɪən]
1 *adj* victoriano,-a.
2 *n* victoriano,-a.

victorious [vɪkˈtɔːrɪəs] *adj* victorioso,-a, vencedor,-ra.
- **the victorious team** SP el equipo ganador.

victory [ˈvɪktərɪ] *n* victoria, triunfo: it was a sweeping victory fue una victoria aplastante.
✦ **to claim victory** cantar victoria.
  to snatch victory from the jaws of defeat ganar por los pelos.
▲ *pl* victories.

victuals [ˈvɪtəlz] *npl* vituallas *fpl*, víveres *mpl*.

vicuna [vɪˈkjuːnə] *n* vicuña.

vicuña [vɪˈkjuːnə] *n* vicuña.

videlicet [vɪˈdiːlɪset] *adv fml* a saber.

video [ˈvɪdɪəʊ]
1 *n (in general)* vídeo.
2 *n (pop video)* videoclip *m*.
3 *vt* grabar en vídeo.
- **video camera** videocámara.
  video card tarjeta de vídeo.
  video cassette videocasete *f*.
  video cassette recorder vídeo.
  video club videoclub *m*.
  video game videojuego.
  video nasty *fam* película de vídeo desagradablemente violenta o pornográfica.
  video recorder vídeo.
  video tape cinta de vídeo, videocinta.
▲ *pl* videos.

videodisc [ˈvɪdɪəʊdɪsk] *n* videodisco.

videophone [ˈvɪdɪəfəʊn] *n* videoteléfono, videófono.

videorecorder [ˈvɪdɪəʊrɪˈkɔːdəʳ] *n* vídeo.

video-tape [ˈvɪdɪəʊteɪp] *vt* grabar en vídeo.

videotext [ˈvɪdɪəʊtekst] *n* videotexto.

vie [vaɪ] *vi* competir (**for**, por).

Vienna [vɪˈenə] *n* Viena.

Viennese [vɪəˈniːz]
1 *adj* vienés,-esa.
2 *n* vienés,-esa.
3 **the Viennese** *npl* los vieneses *mpl*.

Vietnam [vɪetˈnæm] *n* Vietnam.

Vietnamese [vɪetnəˈmiːz]
1 *adj* vietnamita.
2 *n (person)* vietnamita *mf*.
3 *n (language)* vietnamita *m*.
4 **the Vietnamese** *npl* los vietnamitas *mpl*.

view [vjuː]
1 *n* vista, panorama *m*: a room with a view una habitación con vistas; we had a bird's-eye view of the mountains vimos las montañas a vista de pájaro.
2 *n (opinion)* opinión *f*, parecer *m*: in my view ... en mi opinión ..., yo opino que ...
3 *vt (consider)* considerar, ver: I view his policies as a threat to the economy considero que su política es una amenaza para la economía.
4 *vt (regard, think about)* enfocar.
5 *vt (examine)* ver; *(visit)* visitar.
6 *vt (watch)* ver; *(critically)* visionar: this programme has high viewing figures este programa tiene un alto índice de audiencia.
✦ **in full view** a la vista de todo el mundo: in full view of the audience a la vista de todo el público.
  in view en mente, pensado,-a: what have you in view for the new season? ¿qué tiene pensado para la próxima temporada?
  in view of en vista de.
  in view of the fact that ... dado que ..., en vista de que ...
  to be on view exponerse.
  to keep something/somebody in view tener algo/a alguien en cuenta.

to take a dim/poor view of something *fam* ver algo con malos ojos.
  to take the long view (of something) planear (algo) a largo plazo.
  with a view to con vistas a, con miras a.
  within view a la vista.
  with this in view, ... teniendo esto en cuenta, ..., con este fin, ...
- **world view** perspectiva global.

viewer [ˈvjuːəʳ]
1 *n* TV telespectador,-ra, televidente *mf*.
2 *n (photography)* visionadora.

viewfinder [ˈvjuːfaɪndəʳ] *n* visor *m*.

viewpoint [ˈvjuːpɔɪnt] *n* punto de vista.

vigil [ˈvɪdʒɪl] *n* vela, vigilia; *(religious)* vigilia.
✦ **to keep vigil** velar.
- **all-night vigil** vela nocturna.

vigilance [ˈvɪdʒɪləns] *n* vigilancia.

vigilant [ˈvɪdʒɪlənt] *adj* atento,-a.
✦ **to remain vigilant** mantener la vigilancia.

vigilante [vɪdʒɪˈlæntɪ] *n* vigilante *mf*.

vignette [vɪnˈjet]
1 *n (artwork)* viñeta.
2 *n (description)* estampa.

vigorous [ˈvɪɡərəs] *adj* vigoroso,-a, enérgico,-a.

vigorously [ˈvɪɡərəslɪ] *adv* vigorosamente, enérgicamente.

vigour [ˈvɪɡəʳ] *n* vigor *m*, energía.

Viking [ˈvaɪkɪŋ]
1 *adj* vikingo,-a.
2 *n* vikingo,-a.

vile [vaɪl]
1 *adj* vil, despreciable.
2 *adj fam (taste, smell)* asqueroso,-a.
3 *adj fam (temper)* espantoso: she's in a vile temper está de un humor de perros; he has a vile temper tiene un genio espantoso.

vileness [ˈvaɪlnəs] *n* vileza.

vilify [ˈvɪlɪfaɪ] *vt* vilipendiar.
▲ *pt & pp* vilified, *ger* vilifying.

villa [ˈvɪlə]
1 *n (for holidays)* chalet *m*; *(in country)* casa de campo.
2 *n (Roman)* villa.
3 *n* GB *(large house)* villa, quinta.

village [ˈvɪlɪdʒ] *n (gen)* pueblo; *(small)* pueblecito.
- **village idiot** el tonto del pueblo.
  village life la vida de pueblo.

villager [ˈvɪlɪdʒəʳ] *n* habitante *m* del pueblo, aldeano,-a.

villain [ˈvɪlən]
1 *n (bad character)* malo,-a, malo,-a de la película.
2 *n* GB *fam* malvado,-a.
✦ **the villain of the piece** *fam* el malo de la película.

villainous [ˈvɪlənəs] *adj* infame, malvado,-a.

villainy [ˈvɪlənɪ] *n* vileza, maldad *f*.
▲ *pl* villainies.

villein ['vɪlən] *n* villano.

vim [vɪm] *n fam* marcha.

vinaigrette [vɪnə'gret] *n* vinagreta.

vindicate ['vɪndɪkeɪt]
1 *vt (exonerate)* vindicar, exculpar.
2 *vt (justify)* justificar.

vindication [vɪndɪ'keɪʃən]
1 *n (exoneration)* vindicación *f*, exculpación *f*.
2 *n (justification)* justificación *f*.

vindictive [vɪn'dɪktɪv] *adj* vengativo,-a, rencoroso,-a: he has a vindictive streak es rencoroso.

vindictively [vɪn'dɪktɪvlɪ] *adv* con rencor.

vine [vaɪn]
1 *n* vid *f*.
2 *n (made to climb)* parra.
■ vine grower viticultor,-ra.
vine growing viticultura.
vine leaf hoja de parra.
vine shoot sarmiento.

vinegar ['vɪnɪgəʳ] *n* vinagre *m*.
■ vinegar bottle vinagrera.
wine vinegar vinagre *m* de vino.

vinegary ['vɪnɪgərɪ]
1 *adj* avinagrado,-a: it has a vinegary taste sabe a vinagre.
2 *adj fig* avinagrado,-a.

vine-growing ['vaɪngrəʊɪŋ] *adj* vitícola.

vineyard ['vɪnjəd] *n* viña, viñedo.

vintage ['vɪntɪdʒ]
1 *n* cosecha: what vintage is it? ¿de qué cosecha es?
2 *adj (wine)* de añada.
3 *adj (classic)* clásico,-a; *(high-quality)* glorioso,-a, maravilloso,-a: this has been a vintage year for the theatre in London este año ha sido glorioso para el teatro en Londres.
4 *adj fam* lo mejor de: this opera is vintage Pavarotti esta ópera es de lo mejorcito de Pavarotti.
■ vintage car coche *m* de época *construido entre 1919 y 1930*.

vintner ['vɪntnəʳ] *n dated* vinatero,-a.

vinyl ['vaɪnəl] *n* vinilo.

viola¹ [vɪ'əʊlə] *n MUS* viola.

viola² [vaɪ'əʊlə] *n BOT* violeta.

violate ['vaɪəleɪt] *vt* violar; *(law)* infringir, transgredir.

violation [vaɪə'leɪʃən] *n* violación *f*; *(of law)* infracción *f*, transgresión *f*.

violator ['vaɪəleɪtəʳ] *n* infractor,-ra, transgresor,-ra.

violence ['vaɪələns] *n* violencia.
✦ to do violence to something *fml* ir en contra de algo.

violent ['vaɪələnt] *adj* violento,-a.
✦ to die a violent death morir de muerte violenta.
to have a violent temper ser de carácter violento.

violently ['vaɪələntlɪ] *adv* violentamente.

✦ to be violently ill vomitarlo todo, echarlo todo.
to behave violently mostrarse violento,-a.

violet ['vaɪələt]
1 *n BOT* violeta *f*.
2 *n (colour)* violeta *m*, violado,-a, violáceo,-a.
3 *adj* (de color) violeta, violado,-a.
■ shrinking violet *fam* mosquita muerta.

violin [vaɪə'lɪn] *n* violín *m*.

violinist [vaɪə'lɪnɪst] *n* violinista *mf*, violín *m*.

violoncello [vaɪələn'tʃeləʊ] *n* violonchelo.

VIP ['viː'aɪ'piː] *abbr* **(very important person)** personaje *m* muy importante; *(abbreviation)* VIP.
■ VIP lounge sala de personalidades.
VIP treatment privilegios *mpl* especiales.

viper ['vaɪpəʳ] *n* víbora.

virago [vɪ'raːgəʊ] *n* virago *f*.
▲ *pl* viragos o viragoes.

viral ['vaɪrəl] *adj* viral, vírico,-a.

virgin ['vɜːdʒɪn]
1 *n* virgen *mf*: he's still a virgin todavía es virgen.
2 *adj* virgen.
■ the Virgin Mary la Virgen María.
virgin birth alumbramiento virginal.
virgin territory tierra virgen.

virginal¹ ['vɜːdʒɪnəl] *adj* virginal.

virginal² ['vɜːdʒɪnəl] *n MUS* espineta.

Virginia [və'dʒɪnɪə] *n* Virginia.
■ Virginia creeper enredadera de Virginia.
West Virginia Virginia Occidental.

virginity [vɜː'dʒɪnɪtɪ] *n* virginidad *f*.

Virgo ['vɜːgəʊ] *n* Virgo.

virile ['vɪraɪl] *adj* viril, varonil.

virility [və'rɪlɪtɪ] *n* virilidad *f*.

virological [vaɪrə'lɒdʒɪkəl] *adj* virológico,-a.

virologist [vaɪ'rɒlədʒɪst] *n* virólogo,-a.

virology [vaɪ'rɒlədʒɪ] *n* virología.

virtual ['vɜːtʃʊəl] *adj* virtual.
■ virtual reality realidad *f* virtual.

virtually ['vɜːtʃʊəlɪ] *adv* casi, prácticamente: that's virtually impossible eso es prácticamente imposible; virtually all the shareholders were in agreement la práctica totalidad de los accionistas estaba de acuerdo.

virtue ['vɜːtʃuː]
1 *n* virtud *f*.
2 *n (advantage)* ventaja.
✦ by virtue of en virtud de.
in virtue of en virtud de.
to make a virtue of necessity hacer de la necesidad virtud.

virtuosity [vɜːtʃʊ'ɒsɪtɪ] *n* virtuosismo.

virtuoso [vɜːtʃʊ'əʊzəʊ] *n* virtuoso,-a: he's a piano virtuoso es un virtuoso del piano.
▲ *pl* virtuosos o virtuosi [vɜːtʃʊ'əʊzɪ].

virtuous ['vɜːtʃʊəs]
1 *adj* virtuoso,-a.
2 *adj pej* santurrón,-ona.

virulence ['vɪrʊləns] *n* virulencia.

virulent ['vɪrʊlənt] *adj* virulento,-a.

virus ['vaɪərəs] *n* virus *m*.
■ virus infection infección *f* vírica.

visa ['viːzə]
1 *n* visado, *am* visa.
2 *vt* estampar un visado en.
■ entry visa visado de entrada.
exit visa visado de salida.
▲ *pt & pp* visaed, *ger* visaing.

visage ['vɪzɪdʒ] *n* rostro, semblante *m*.

vis-à-vis [viːzɑː'viː] *prep* respecto a, con respecto a, respecto de.

viscera ['vɪsərə] *npl* vísceras *fpl*.

visceral ['vɪsərəl] *adj* visceral.

viscose ['vɪskəʊs]
1 *n (textile)* viscosilla.
2 *n CHEM* viscosa.

viscosity [vɪs'kɒsɪtɪ] *n* viscosidad *f*.

viscount ['vaɪkaunt] *n* vizconde *m*.

viscountcy ['vaɪkaʊntsɪ] *n* vizcondado.

viscountess ['vaɪkaʊntəs] *n* vizcondesa.

viscous ['vɪskəs] *adj* viscoso,-a.

vise [vaɪs] *n US* → **vice 2.**

visibility [vɪzɪ'bɪlɪtɪ] *n* visibilidad *f*: there was poor visibility había escasa visibilidad.

visible ['vɪzɪbəl] *adj* visible.

visibly ['vɪzɪblɪ] *adv* visiblemente.

Visigoth ['vɪzɪgɒθ] *n* visigodo,-a.

Visigothic ['vɪzɪgɒθɪk] *adj* visigodo,-a.

vision ['vɪʒən]
1 *n (gen)* visión *f*: she had visions of losing her husband ya se veía sin marido; to see visions ver visiones.
2 *n (eyesight)* vista: to have good vision tener buena vista.
✦ a man of vision un hombre con visión de futuro.

visionary ['vɪʒənərɪ]
1 *adj (showing vision)* con visión de futuro.
2 *adj (unrealistic)* visionario,-a.
3 *n* visionario,-a.
▲ *pl* visionaries.

visit ['vɪzɪt]
1 *vt (person)* visitar, hacer una visita a.
2 *vt (place)* visitar, ir a: they are visiting the city están visitando la ciudad.
3 *vi* estar de visita: Aunt Helen is visiting this week la tía Helen pasa la semana con nosotros.
4 *n* visita: an official visit una visita oficial; they're on a visit to Florence se han ido de viaje a Florencia.
✦ to pay somebody a visit hacer una visita a alguien.
to visit with somebody *US* charlar con alguien.

visitation [vɪzɪ'teɪʃən]
1 *n fml (official)* visita oficial.
2 the Visitation *n* la Visitación.

visiting ['vɪzɪtɪŋ]
 1 *adj (for visiting)* de visita.
 2 *adj (guest)* visitante.
 ▪ **visiting card** tarjeta de visita.
 visiting hours horas *fpl* de visita.
 visiting lecturer profesor,-ra invitado,-a.
 visiting team equipo visitante.
visitor ['vɪzɪtə']
 1 *n (at home)* invitado,-a, visita: **we've got visitors today** hoy tenemos visita.
 2 *n (tourist)* turista *mf*, visitante *mf*: **visitors to this region** los visitantes de esta región.
 ▪ **visitors' book** libro de visitas.
visor ['vaɪzə'] *n* visera.
vista ['vɪstə]
 1 *n* vista, panorama *m*.
 2 *n fig* perspectiva.
visual ['vɪʒʊəl] *adj* visual.
 ▪ **visual aid** medio visual.
 visual arts artes *mpl* visuales.
 visual display unit pantalla.
visualisation [vɪʒʊəlaɪ'zeɪʃən] *n* visualización *f*.
visualise ['vɪʒʊəlaɪz] *vt* → **visualize.**
visualization [vɪʒʊəlaɪ'zeɪʃən] *n* visualización *f*.
visualize ['vɪʒʊəlaɪz] *vt* visualizar.
visually ['vɪʒʊəlɪ] *adv* visualmente.
vital ['vaɪtəl]
 1 *adj* vital.
 2 *adj (essential)* esencial, imprescindible.
 3 *npl* órganos *mpl* vitales.
 ✦ **of vital importance** de suma importancia.
 ▪ **vital organ** órgano vital.
 vital signs señales *fpl* de vida.
 vital statistics datos *mpl* demográficos; *fam* medidas *fpl*: **Marilyn's vital statistics made her famous** las medidas de Marilyn la hicieron famosa.
vitalism ['vaɪtəlɪzəm] *n* vitalismo.
vitality [vaɪ'tælɪtɪ] *n* vitalidad *f*.
vitally ['vaɪtəlɪ] *adv* sumamente: **vitally important** de suma importancia.
vitamin ['vɪtəmɪn, 'vaɪtəmɪn] *n* vitamina: **with added vitamins** vitaminado,-a.
 ▪ **vitamin C** vitamina C.
 vitamin content contenido vitamínico.
 vitamin deficiency avitaminosis *f*.
vitiate ['vɪʃɪeɪt] *vt fml* viciar.
viticulture ['vɪtɪkʌltʃə'] *n* viticultura.
vitreous ['vɪtrɪəs] *adj* vítreo,-a.
vitrify ['vɪtrɪfaɪ] *vt* vitrificar.
 ▲ *pt & pp* **vitrified,** *ger* **vitrifying.**
vitriol ['vɪtrɪəl] *n* vitriolo.
vitriolic [vɪtrɪ'ɒlɪk] *adj* vitriólico,-a.
vitro ['viːtrəʊ] **in vitro** *phr* in vitro: **in vitro fertilization** fertilización in vitro.
vituperation [vɪtjuːpə'reɪʃən] *n* vituperación *f*.
viva ['vaɪvə] *n GB fam (abbr of viva voce)* examen *m* oral.
vivacious [vɪ'veɪʃəs] *adj* vivaz, animado,-a.

vivacity [vɪ'væsɪtɪ] *n* vivacidad *f*.
vivid ['vɪvɪd]
 1 *adj* vivo,-a, intenso,-a.
 2 *adj (description)* gráfico,-a.
 ✦ **to have a vivid imagination** tener mucha imaginación.
vividly ['vɪvɪdlɪ] *adv* vivamente, con viveza.
vividness ['vɪvɪdnəs] *n* viveza.
viviparous [vɪ'vɪpərəs] *adj* vivíparo,-a.
vivisection [vɪvɪ'sekʃən] *n* vivisección *f*.
vixen ['vɪksən]
 1 *n* zorra.
 2 *n lit* arpía.
viz [vɪz] *adv (abbr of videlicet)* a saber.
vizier [vɪ'zɪə'] *n* visir *m*.
V-neck ['viːnek] *n* cuello de pico.
V-necked ['viːnekt] *adj* con el cuello de pico.
vocab ['vəʊkæb] *n (abbr of vocabulary)* vocabulario.
vocabulary [və'kæbjʊlərɪ] *n* vocabulario.
 ▲ *pl* **vocabularies.**
vocal ['vəʊkəl]
 1 *adj* vocal.
 2 *adj fam (noisy)* escandaloso,-a.
 ▪ **vocal cords** cuerdas *fpl* vocales.
vocalic [və'kælɪk] *adj* vocálico,-a.
vocalist ['vəʊkəlɪst] *n* cantante *mf*, vocalista *mf*.
vocalise ['vəʊkəlaɪz] *vt-vi* → **vocalize.**
vocalize ['vəʊkəlaɪz]
 1 *vt* vocalizar.
 2 *vi* vocalizar.
vocation [vəʊ'keɪʃən] *n* vocación *f*: **one must have a real vocation to become a nurse** hace falta mucha vocación para ser enfermera.
 ✦ **to lose one's vocation** perder la vocación.
vocational [vəʊ'keɪʃənəl] *adj* profesional.
 ▪ **vocational guidance** orientación *f* profesional.
 vocational guidance counsellor tutor,-ra.
vocative ['vɒkətɪv]
 1 *n* vocativo.
 2 *adj* vocativo,-a.
vociferate [və'sɪfəreɪt] *vi* vociferar.
vociferous [və'sɪfərəs] *adj* vociferante, vocinglero,-a.
vociferously [və'sɪfərəslɪ] *adv* a (grandes) voces.
vodka ['vɒdkə] *n* vodka *m & f*.
vogue [vəʊg] *n* boga, moda.
 ✦ **to be all the vogue** estar muy en boga.
 ▪ **to be in vogue** estar en boga.
voice [vɔɪs]
 1 *n* voz *f*: **to have a hoarse/weak voice** tener la voz ronca/apagada; **she has a high/low voice** tiene la voz aguda/grave; **a tenor voice** una voz de tenor;

his voice is breaking le está cambiando la voz; **he had little voice in the matter** no tuvo voz ni voto en el asunto.
 2 *vt* expresar: **I had no time to voice my opinion** no tuve tiempo de expresar mi opinión.
 3 *vt LING* sonorizar.
 ✦ **at the top of one's voice** a voz en grito.
 in a loud voice en voz alta.
 in a low/soft voice en voz baja, a media voz.
 the voice of experience la voz de la experiencia.
 the voice of reason la voz de la razón.
 to be in voice estar en voz.
 to give voice to one's feelings expresar sus sentimientos.
 to lose one's voice quedarse afónico,-a, quedarse sin voz.
 to lower/raise one's voice bajar/levantar la voz.
 with one voice de una voz, a una, a coro.
 ▪ **voice box** laringe *f*.
 voice offstage *THEAT* voz *f* en off.
voiced [vɔɪst] *adj LING* sonoro,-a.
voiceless ['vɔɪsləs]
 1 *adj (hoarse)* afónico,-a.
 2 *adj LING* sordo,-a.
voice-over [vɔɪs'əʊvə'] *n* voz *f* en off.
void [vɔɪd]
 1 *adj* vacío,-a *(of*, de): **void of interest** falto,-a de interés.
 2 *adj JUR* nulo,-a, inválido,-a.
 3 *n* vacío.
 4 *vt (empty)* vaciar.
 5 *vt JUR* anular, invalidar.
 ✦ **to make something void** anular algo.
vol [vɒl, 'vɒljuːm] *abbr* **(volume)** *(book)* tomo; *(loudness)* volumen *m*.
volatile ['vɒlətaɪl] *adj* volátil.
volatility [vɒlə'tɪlɪtɪ] *n* volatilidad *f*.
vol-au-vent ['vɒləʊvɒn] *n* volován *m*.
volcanic [vɒl'kænɪk] *adj* volcánico,-a.
volcano [vɒl'keɪnəʊ] *n* volcán *m*: **a dormant volcano** un volcán inactivo.
 ▲ *pl* **volcanos** o **volcanoes.**
volcanologist [vɒlkə'nɒlədʒɪst] *n* vulcanólogo,-a.
volcanology [vɒlkə'nɒlədʒɪ] *n* vulcanología.
vole [vəʊl] *n* campañol *m*.
volition [və'lɪʃən] *n* volición *f*, voluntad *f*.
 ✦ **of/on one's own volition** por voluntad propia: **she left of her own volition** se marchó por voluntad propia.
volley ['vɒlɪ]
 1 *n MIL* descarga: **they fired a volley of shots into the field** lanzaron una descarga contra el campo.
 2 *n fig (of stones, curses)* aluvión *m*; *(of blows)* tanda; *(of applause)* salva.
 3 *n (tennis)* volea.
 4 *vi MIL* lanzar una descarga.
 5 *vi (tennis)* hacer una volea.
 6 *vt (sp)* volear.

volleyball ['vɒlɪbɔːl] *n* balonvolea *m*, voleibol *m*.

volt [vəʊlt] *n* voltio.

voltage ['vəʊltɪdʒ] *n* voltaje *m*, tensión *f*: a high voltage fence una verja de alta tensión.

volte-face [vɒlt'fɑːs] *n* *lit* cambio de opinión, giro en redondo.

voltmeter ['vəʊltmiːtəʳ] *n* voltímetro.

volubility [vɒljə'bɪlətɪ] *n* locuacidad *f*.

voluble ['vɒljəbəl] *adj* locuaz, hablador,-ra.

volume ['vɒljuːm]
1 *n* volumen *m*.
2 *n* (*book*) tomo.
✦ to speak volumes decirlo todo: her silence spoke volumes su silencio lo decía todo.
to turn down/up the volume bajar/subir el volumen.

voluminous [və'ljuːmɪnəs] *adj* voluminoso,-a.

voluntarily ['vɒləntərɪlɪ] *adv* voluntariamente.

voluntary ['vɒləntərɪ] *adj* voluntario,-a.
✦ to take voluntary redundancy acogerse al despido voluntario.
▪ voluntary organization organización *f* benéfica.
voluntary society sociedad *f* benéfica.
voluntary work obras *fpl* benéficas.
voluntary helper/worker voluntario,-a.

volunteer [vɒlən'tɪəʳ]
1 *n* voluntario,-a.
2 *vt* ofrecer: to volunteer information/a statement facilitar información/una declaración.
3 *vi* ofrecerse (**for**, para): he volunteered to tidy up the room se ofreció para ordenar la habitación.
4 *vi* MIL alistarse como voluntario,-a (**for**, en).
▪ volunteer army ejército de voluntarios.

voluptuous [və'lʌptjʊəs] *adj* voluptuoso,-a.

voluptuousness [və'lʌptjʊəsnəs] *n* voluptuosidad *f*.

vomit ['vɒmɪt]
1 *n* vómito.
2 *vi* vomitar, devolver.
3 *vt* vomitar, devolver.

voodoo ['vuːduː] *n* vudú *m*.

voracious [və'reɪʃəs] *adj* voraz.

voraciously [ve'rɑɪʃəslɪ] *adv* vorazmente.

voraciousness [və'reɪʃəsnəs] *n* voracidad *f*.

voracity [və'ræsɪtɪ] *n* voracidad *f*.

vortex ['vɔːteks]
1 *n* vórtice *m*.
2 *n* fig vorágine *f*.
▲ *pl* vortexes o vortices ['vɔːtɪsiːz].

Vosges [vəʊʒ] *n* los Vosgos *mpl*.

vote [vəʊt]
1 *n* voto: the majority cast their vote for Brown la mayoría votó a Brown.
2 *n* (*voting*) voto, votación *f*: it was a very close vote fue una votación muy reñida.
3 *n* (*right to vote*) sufragio, (derecho al) voto: young people are given the (right to) vote at age 18 los jóvenes pueden votar a los 18 años.
4 *vi* votar: they voted Conservative votaron al partido conservador; vote for Shaw! ¡vota a Shaw!
5 *vt* votar.
6 *vt* (*elect*) elegir: he was voted president fue elegido presidente.
7 *vt* fam considerarse: the party was voted a complete flop la fiesta se consideró un desastre total.
▶ to vote down *vt sep* rechazar.
to vote through *vt sep* aprobar.
✦ to be voted into/out of office ganar/perder las elecciones.
to pull in votes atraer el voto.
to vote by a show of hands votar a mano alzada.
to vote on something/take a vote on something someter algo a votación.
▪ vote of censure voto de censura.
vote of confidence voto de confianza.
write-in vote votación *f* por escrito.

voter ['vəʊtəʳ] *n* votante *mf*.

voting ['vəʊtɪŋ] *n* votación *f*.
▪ voting paper papeleta.
voting pattern tendencia del voto.

votive ['vəʊtɪv] *adj* votivo,-a.

vouch for ['vaʊtʃ fɔːʳ] *vt* (*a person*) responder por; (*a thing*) responder de, dar fe de.

voucher ['vaʊtʃəʳ]
1 *n* GB vale *m*, bono.
2 *n* JUR comprobante *m*, justificante *m*.

vow [vaʊ]
1 *n* promesa solemne.
2 *n* REL voto.
3 *vt* jurar.
✦ to take a vow of chastity/poverty hacer voto de castidad/pobreza.
to take one's vows pronunciar sus votos.
▪ vow of silence voto de silencio.

vowel ['vaʊəl] *n* vocal *f*.

vox pop [vɒks'pɒp] *n* GB fam vox populi *f*.

voyage ['vɔɪɪdʒ]
1 *n* viaje *m*; (*by sea*) viaje *m* en barco; (*crossing*) travesía.
2 *vi* fml viajar.
✦ to go on a (sea) voyage hacer un viaje en barco.

voyager ['vɔɪədʒəʳ] *n* viajero,-a.

voyeur [vwæ'jɜːʳ] *n* mirón,-ona.

VP [vaɪs'prezɪdənt] *abbr* (**Vice-President**) Vicepresidente *m*.

vs. ['vɜːsəs] *prep* (*abbr of* **versus**) contra.

V-sign ['viːsaɪn]
1 *n* (*for victory*) señal *f* de la victoria.
2 *n* GB (*as insult*) ≈ corte *m* de mangas.

VSO ['viːˈesˈəʊ] *abbr* GB (**Voluntary Service Overseas**) organización que envía voluntarios a prestar ayuda a países del tercer mundo.

VTOL ['viːˈtiːˈəʊˈel] *abbr* (**vertical take-off and landing**) de despegue y aterrizaje vertical.

VTR ['viːˈtiːˈɑːʳ] *abbr* (**video tape recorder**) grabador *m* de videocinta.

vulcanise ['vʌlkənaɪz] *vt* → **vulcanize**.

vulcanize ['vʌlkənaɪz] *vt* vulcanizar.

vulcanologist [vʌlkə'nɒlədʒɪst] *n* vulcanólogo,-a.

vulcanology [vʌlkə'nɒlədʒɪ] *n* vulcanología.

vulgar ['vʌlgəʳ]
1 *adj* (*in poor taste*) de mal gusto.
2 *adj* (*coarse*) grosero,-a, ordinario,-a.
3 *adj* LING vulgar.
▪ vulgar fraction fracción *f* común.
Vulgar Latin latín *m* vulgar.

vulgarisation [vʌlgəraɪ'zeɪʃən] *n* → **vulgarization**.

vulgarise ['vʌlgəraɪz] *vt* → **vulgarize**.

vulgarity [vʌl'gærɪtɪ]
1 *n* (*poor taste*) mal gusto.
2 *n* (*coarseness*) vulgaridad *f*, ordinariez *f*, grosería.

vulgarization [vʌlgəraɪ'zeɪʃən] *n* vulgarización *f*.

vulgarize ['vʌlgəraɪz] *vt* degradar.

vulgarly ['vʌlgəlɪ] *adv* vulgarmente.

vulnerability [vʌlnərə'bɪlətɪ] *n* vulnerabilidad *f*.

vulnerable ['vʌlnərəbəl] *adj* vulnerable.

vulture ['vʌltʃəʳ] *n* buitre *m*.

vulva ['vʌlvə] *n* vulva.
▲ *pl* vulvas o vulvae ['vʌlviː].

W, w [ˈdʌbəljuː] *n (the letter)* W, w *f.*

W¹ [wɒt] *symb* (**Watt**) watt, vatio; *(symbol)* W.

W² [west] *abbr* (**west**) oeste *m*; *(abbreviation)* O.

wacky [ˈwækɪ] *adj fam (person)* loco,-a, chiflado,-a; *(thing)* absurdo,-a, ridículo,-a.
▲ *comp* **wackier**, *superl* **wackiest**.

wad [wɒd]
1 *n (of cotton wool)* tapón *m*.
2 *n (of notes, papers)* fajo, taco.
3 *vt (line, pad)* forrar, acolchar; *(stuff)* rellenar.
▲ *pt & pp* **wadded**, *ger* **wadding**.

wadding [ˈwɒdɪŋ] *n (padding)* relleno, acolchado; *(in quilting)* guata.

waddle [ˈwɒdəl]
1 *vi* anadear.
2 *n* andar *m* de los patos.

wade [weɪd]
1 *vi* caminar por el agua: **he waded out into the lake** entró caminando en el lago; **I waded across the river** atravesé el río vadeando.
2 *vt* vadear: **they had to wade the river** tuvieron que vadear el río.
▸ **to wade in**
   1 *vi (get involved)* meterse.
   2 *vi (start work)* ponerse.
   to wade into *vt insep (attack)* atacar, arremeter contra.
   to wade through *vt insep* leer *(con dificultad)*.

wader [ˈweɪdəʳ]
1 *n (bird)* ave *f* zancuda.
2 waders *npl* botas *fpl* de pescador.

wading bird [ˈweɪdɪŋbɜːd] *n* ave *f* zancuda.

wafer [ˈweɪfəʳ]
1 *n (for ice-cream)* barquillo; *(biscuit)* galleta de barquillo.
2 *n REL* hostia.

wafer-thin [ˈweɪfəˈθɪn] *adj (gen)* muy fino,-a, muy delgado,-a; *(majority)* muy escaso,-a.
✦ **to cut something wafer thin** cortar algo en lonchas muy finas.

▲ *Se escribe* **wafer thin** *cuando no se antepone a un sustantivo.*

waffle¹ [ˈwɒfəl] *n CULIN* gofre *m*.

waffle² [ˈwɒfəl]
1 *n GB fam (writing)* paja; *(talk)* palabrería.
2 *vi GB fam (write)* meter mucha paja; *(talk)* hablar mucho sin decir nada, parlotear.

waft [wɒft]
1 *vt* llevar por el aire.
2 *vi* flotar por el aire, llegar con el aire, irse con el aire: **the scent of roses wafted in from the garden** un olor de rosas entraba desde el jardín.
3 *n (smell)* bocanada.

wag¹ [wæg]
1 *n* meneo.
2 *vt* menear: **the dog wagged its tail** el perro meneó la cola; **she wagged her finger at him** lo amonestó con el dedo.
3 *vi* menearse.
✦ **tongues will wag** la gente hablará.
▲ *pt & pp* **wagged**, *ger* **wagging**.

wag² [wæg] *n dated* bromista *mf*, chistoso,-a.

wage [weɪdʒ]
1 *n* sueldo, salario: **the minimum wage** el salario mínimo; **a weekly wage** un sueldo semanal.
2 wages *npl* sueldo *m sing*, salario *m sing*: **we demand better wages** exigimos un salario mejor.
✦ **to earn a living wage** ganar lo suficiente para vivir.
   to wage war on hacer la guerra a.
■ **day's wage** jornal *m*.
   wage claim reivindicación *f* salarial.
   wage earner asalariado,-a.
   wage freeze congelación *f* de salarios.
   wage incentive prima de rendimiento.
   wage rise aumento de sueldo.

wage-packet [ˈweɪdʒpækɪt] *n (envelope)* sobre *m* del sueldo; *(money)* sueldo.

wager [ˈweɪdʒəʳ]
1 *n dated* apuesta.
2 *vt dated* apostar: **he wagered $10 on a horse** apostó 10 dólares a un caballo.
3 *vi* apostar.
✦ **to make a wager** hacer una apuesta.

waggle [ˈwægəl]
1 *vt fam* menear.
2 *vi fam* menearse.
3 *n fam* meneo.

waggon [ˈwægən] *n GB* → **wagon**.

wagon [ˈwægən]
1 *n (cart)* carro; *(covered)* carromato.
2 *n GB (railway truck)* vagón *m*.
3 *n US (trolley)* carrito, mesa camarera.
✦ **to be on the wagon** haber dejado la bebida.
   to go on the wagon dejar la bebida.

wagon-lit [vægɒnˈliː] *n* coche-cama *m*.
▲ *pl* **wagons-lits**.

wagtail [ˈwægteɪl] *n* lavandera.

waif [weɪf] *n* niño,-a abandonado,-a.
■ **waifs and strays** niños *mpl* abandonados.

wail [weɪl]
1 *n (of pain, grief)* lamento, gemido; *(of siren)* aullido.
2 *vi (person - cry)* gemir, llorar; *(- complain)* quejarse (**about/over**, de), lamentarse (**about/over**, de).
3 *vi (siren)* aullar, ulular; *(wind)* ulular.
4 *vi (mourn)* plañir.
✦ **to wail for somebody** llorar la muerte de alguien.

wailing [ˈweɪlɪŋ] *n* llanto, lamentaciones *fpl*, gemidos *mpl*.
■ **Wailing Wall** Muro de las Lamentaciones.

waist [weɪst]
1 *n ANAT* cintura.
2 *n (of garment)* talle *m*.
3 *n (of guitar etc)* parte estrecha.
✦ **from the waist up** de (la) cintura para arriba.
■ **waist measurement** medida de la cintura.

waistband [ˈweɪstbænd] *n* cinturilla.

waistcoat [ˈweɪskəʊt] *n* chaleco.

waisted [ˈweɪstɪd] *adj* de talle ajustado.

waistline [ˈweɪstlaɪn]
1 *n ANAT* cintura.
2 *n SEW* talle *m*.
✦ **to watch one's waistline** guardar la línea.

wait [weɪt]
1 *n (gen)* espera; *(delay)* demora: we're in for a long wait nos queda una larga espera; I hope it was worth the wait espero que la espera haya merecido la pena.
2 *vi* esperar (**for**, -), aguardar (**for**, -): wait for me! ¡espérame!; have you been waiting long? ¿hace mucho que esperas?; we're still waiting to be seen aún estamos esperando que nos atiendan; I waited half an hour for the train estuve media hora esperando el tren; can't it wait until later? ¿no puede esperar hasta más tarde?; I can't wait to meet him tengo muchas ganas de conocerlo.
3 *vt* esperar, aguardar: wait your turn espera tu turno, espera que te toque.
▸ **to wait about/wait around** *vi* esperar, perder el tiempo.
to wait on *vt insep* servir.
to wait up *vi* esperar levantado,-a: don't wait up for me, I'll be late no me esperes levantado,-a, llegaré tarde.
✦ **"… while you wait"** "… en el acto". just you wait ya verás.
to keep somebody waiting hacer esperar a alguien.
to wait and see esperar a ver qué pasa: all we can do is wait and see lo único que podemos hacer es esperar a ver qué pasa; where are we going? —wait and see ¿dónde vamos? —espera y verás.
to wait at table servir la mesa.
to wait on somebody hand and foot tratar a alguien a cuerpo de rey.
waiter ['weɪtəʳ] *n* camarero.
■ **head waiter** maitre *m*.
waiting ['weɪtɪŋ] *n* espera.
✦ **"No waiting"** "Prohibido estacionar".
to play a waiting game esperar el momento oportuno.
■ **waiting list** lista de espera.
waiting room sala de espera.
waitress ['weɪtrəs] *n* camarera.
waive [weɪv] *vt fml (claim, right, etc)* renunciar a; *(rule)* no aplicar.
wake¹ [weɪk]
1 *n (for dead)* velatorio.
2 *vt (awaken)* despertar (**up**, -): don't wake the baby (up) no despiertes al bebé.
3 *vt (make alert)* despertar (**up**, -), espabilar (**up**, -): a run round the block will soon wake you up una vuelta a la manzana te espabilará en seguida.
4 *vi (stop sleeping)* despertarse (**up**, -): wake up! it's late! ¡despiértate! ¡es tarde!; I usually wake up at eight normalmente me despierto a las ocho.
5 *vi (pay attention)* despertarse, espabilarse: wake up you lot! ¡espabilaos!
▸ **to wake up to** *vt insep (become aware)* darse cuenta de.
▲ *pt* woke [wəʊk], *pp* woken ['wəʊkən].

wake² [weɪk] *n (in water)* estela.
✦ **in the wake of something** tras algo.
to leave something in its wake dejar una estela de algo.
wakeful ['weɪkfʊl] *adj (unable to sleep)* desvelado,-a; *(alert, vigilant)* alerta, vigilante.
✦ **to have a wakeful night** pasar la noche en blanco.
waken ['weɪkən]
1 *vt fml lit* despertar.
2 *vi fml lit* despertarse.
wakey ['weɪkɪ] **wakey! wakey!** *interj fam* ¡despierta!
Wales [weɪlz] *n* País *m* de Gales.
walk [wɔːk]
1 *n (gen)* paseo; *(distance)* camino; *(long)* caminata, excursión *f*; *(sport)* marcha: I'm going for a walk me voy a pasear, voy a dar un paseo; he took the dog for a walk sacó el perro a pasear; it's about twenty minutes' walk está a unos veinte minutos caminando.
2 *n (path, route)* paseo, ruta; *(long)* excursión *f*: a book on country walks un libro sobre rutas a pie por el campo; there are some lovely walks in this area hay bastantes excursiones bonitas por esta zona.
3 *n (gait)* modo de andar, andares *mpl*: I recognized you by your walk te he reconocido por tu modo de andar.
4 *vi* andar, caminar, pasear: I'll walk there iré andando, iré a pie; is the baby walking yet? ¿ya anda el bebé?; she walked home se fue andando a casa; we've walked about five miles hemos caminado unas cinco millas; I love walking round the old part of the city me encanta pasear por el barrio antiguo de la ciudad; he just walked off se echó a andar y se fue.
5 *vt (cover on foot)* ir a pie, ir andando, andar: is it far? can I walk it? ¿está lejos? ¿se puede ir andando?; he spends all day walking the streets pasa todo el día caminando por la calle.
6 *vt (person)* acompañar; *(animal)* pasear: he offered to walk me home se ofreció para acompañarme a casa.
▸ **to walk away** *vi* alejarse.
to walk away from *vt insep (come out unhurt)* salir ileso,-a.
to walk away with
1 *vt insep (win easily)* ganar con facilidad, llevarse de calle: she walked away with first prize se llevó el primer premio.
2 *vt insep fam (steal)* mangar, birlar: that man's just walked away with my umbrella ese hombre acaba de birlarme el paraguas.
to walk into
1 *vt insep (get caught)* caer en: he walked right into the trap cayó directamente en la trampa.

2 *vt insep (bump into)* tropezar con.
to walk off with *vt insep* → **walk away with**.
to walk out
1 *vi (leave suddenly)* marcharse.
2 *vi (go on strike)* ir a la huelga.
to walk out on *vt insep (abandon)* abandonar a.
✦ **to go for a walk** dar un paseo.
to run before one can walk precipitarse.
to walk all over somebody tratar muy mal a alguien.
to walk it *(win easily)* ganar fácilmente.
to walk somebody off their feet agotar a alguien a fuerza de caminar.
to walk tall ir con la cabeza bien alta.
■ **walk of life** condición *f* social.
walkabout ['wɔːkəbaʊt] *n (of VIP)* paseo informal entre la gente.
✦ **to go walkabout** dar un paseo entre la gente: the king went walkabout on his visit to Tokyo el rey dio un paseo entre la gente durante su visita a Tokio.
walker ['wɔːkəʳ]
1 *n (gen)* paseante *mf*; *(hiker)* excursionista *mf*.
2 *n (athlete)* marchador,-ra.
3 *n (for babies)* andador *m*, tacataca *m*, tacatá *m*; *(for disabled)* andador *m*.
walkie-talkie [wɔːkɪ'tɔːkɪ] *n* walkie-talkie *m*.
walk-in ['wɔːkɪn] *adj (cupboard)* armario empotrado y lo bastante grande como para entrar en él.
walking ['wɔːkɪŋ]
1 *n (activity)* andar *m*, caminar *m*, pasear *m*; *(hiking)* excursionismo.
2 *adj* ambulante: he's a walking encyclopaedia es una enciclopedia ambulante.
✦ **to give somebody their walking papers** *us* poner a alguien de patitas en la calle, echar a alguien.
■ **walking pace** paso de marcha.
walking shoes zapatos *mpl* para caminar.
walking stick bastón *m*.
walking tour excursión *f* a pie.
Walkman ['wɔːkmən] *n* walkman *m*.
▲ *Es marca registrada.*
walk-on ['wɔːkɒn] *adj (theatre)* de comparsa.
■ **walk-on part** papel *m* de comparsa.
walkout ['wɔːkaʊt] *n (strike)* huelga.
walkover ['wɔːkəʊvəʳ] *n fam (easy victory)* paseo, triunfo fácil: the game against Wigan was a walkover el partido contra Wigan fue un paseo.
walk-through ['wɔːkθruː]
1 *n (explanation)* explicación *f* paso a paso.
2 *n (rehearsal)* ensayo.
walk-up ['wɔːkʌp]
1 *adj us* sin ascensor.
2 *n us* bloque *m* de pisos sin ascensor.
walkway ['wɔːkweɪ] *n us* pasaje *m* peatonal.

wall [wɔːl]
1 n (exterior) muro; (defensive, city) muralla; (garden) tapia; (sea) dique m.
2 n (interior) pared f; (partition) tabique m; (party) pared f medianera; (main) pared f maestra: shall we hang this picture on the wall? ¿colgamos este cuadro en la pared?
3 n ANAT (of artery, blood vessel) pared f; (of abdomen) pared f abdominal.
4 n fig (barrier) barrera, muro.
5 n SP barrera.
6 vt (surround with wall) amurallar.
▸ to wall in vt sep tapiar.
to wall off vt sep tapiar.
to wall up vt sep (door, window) tapiar, tabicar, condenar.
✦ walls have ears las paredes oyen.
to bang one's head against a brick wall darse contra las paredes.
to have one's back to the wall estar en un aprieto, estar en un brete.
to come up against a brick wall encontrarse con una barrera infranqueable.
to drive somebody up the wall volver loco,-a a alguien, hacer que alguien se suba por las paredes.
to go to the wall arruinarse, quebrar.
to go up the wall volverse loco,-a, subirse por las paredes.
■ wall lamp/wall light aplique m.
wall map mapa m mural.

wallaby ['wɒləbɪ] n ualabi m.
▲ pl wallabies.

walled [wɔːld] adj (city) amurallado,-a; (garden) tapiado,-a.

wallet ['wɒlɪt] n cartera.

wallflower ['wɔːlflaʊəʳ] n BOT alhelí m.
✦ to be a wallflower fig hacer de comparsa.

Walloon [wɒ'luːn]
1 adj valón,-ona.
2 n (person) valón,-ona.
3 n (language) valón m.

wallop ['wɒləp]
1 n fam (blow) golpazo.
2 vt fam (hit hard) pegar fuerte.
3 vt fam (defeat) dar una paliza a.

walloping ['wɒləpɪŋ]
1 n fam (beating) paliza, zurra; (defeat) paliza.
2 adj fam (very big) enorme, colosal.

wallow ['wɒləʊ]
1 vi (animal) revolcarse (in, en); (ship) bambolearse.
2 vi (person - in luxury etc) disfrutar (in, de), nadar (in, en); (- in grief, self-pity) sumirse (in, en).

wallpaper ['wɔːlpeɪpəʳ]
1 n papel m pintado.
2 n (for computer screen) papel m tapiz.
3 vt empapelar.

wall-to-wall [wɔːltə'wɔːl] adj de pared a pared.
■ wall-to-wall carpeting moqueta.

wally ['wɒlɪ] n fam idiota mf, inútil mf.
▲ pl wallies.

walnut ['wɔːlnʌt] n (fruit) nuez f; (wood) nogal m.
■ walnut tree nogal m.

walrus ['wɔːlrəs] n morsa.

waltz [wɔːls]
1 n vals m.
2 vi (dance) valsar, bailar el vals.
3 vi fam (move casually, confidently) moverse con desenvoltura, moverse despreocupadamente: I can't just waltz up to her and ask her out no puedo acercarme a ella y pedirle que salga conmigo como si tal cosa.
▸ to waltz off with
1 vt insep (win easily) llevarse, ganar con facilidad.
2 vt insep (steal) robar, mangar, birlar.

wan [wɒn]
1 adj (face) pálido,-a, macilento,-a.
2 adj (look, smile) triste, apagado,-a.
3 adj fig (light) débil.
▲ comp wanner, superl wannest.

wand [wɒnd] n varita.
■ magic wand varita mágica.

wander ['wɒndəʳ]
1 vi (roam) deambular, errar, vagar; (stroll) pasear, caminar: they wandered through the desert vagaban por el desierto; I enjoy wandering around strange cities me gusta pasear por ciudades desconocidas; he wandered into the first pub he saw entró tranquilamente en el primer bar que vio.
2 vi (stray) apartarse, desviarse, alejarse; (get lost) extraviarse: don't wander from the path no os apartéis del camino; it seems as though a child has wandered off parece que un niño se ha extraviado.
3 vi (river, road) serpentear.
4 vi (mind, thoughts) desviarse, divagar; (person) apartarse, desviarse: her attention kept wandering su atención divagaba; don't wander off the point no te desvíes del tema.
5 vt (streets, area) vagar por, recorrer: she was found wandering the streets la encontraron vagando por las calles.
6 n vuelta, paseo.
✦ to go for a wander ir a dar una vuelta.

wanderer ['wɒndərəʳ] n (traveller) trotamundos m; (nomad) nómada mf.

wandering ['wɒndərɪŋ]
1 adj (gen) errante, errabundo,-a; (itinerant) ambulante, itinerante; (nomadic) nómada.
2 wanderings npl andanzas fpl, viajes mpl.
■ wandering Jew BOT tradescantia.

wanderlust ['wɒndəlʌst] n ansia de viajar.

wane [weɪn]
1 vi (moon) menguar.
2 vt (strength, influence) menguar, decrecer; (emotion, interest) decaer, decrecer, declinar, disminuir.
✦ to be on the wane (moon) estar menguando; (power) estar en decadencia.

wangle ['wæŋgəl] vt fam conseguir, agenciarse: I managed to wangle a free ticket to the concert me las amañé para agenciarme una entrada para el concierto.
✦ he wangled his way onto the board se las arregló para entrar en el consejo.
to wangle out of something escaquearse de algo.

wank [wæŋk]
1 n taboo paja.
2 vi hacerse una paja, meneársela.

wanker ['wæŋkəʳ] n taboo gilipollas mf, cabrón m, mamón,-ona.

want [wɒnt]
1 n (lack) falta, carencia: for want of anywhere better to go a falta de algún sitio mejor adonde ir; not for want of trying no por falta de esfuerzos; they died from want of food and water murieron por falta de comida y agua.
2 n (desire, need) necesidad f: all their wants were satisfied se satisficieron todas sus necesidades.
3 n (poverty) miseria, indigencia.
4 vt (gen) querer: they want to go home quieren irse a casa; I want you to come with me quiero que me acompañes; what do you want to drink? ¿qué quieres beber?; he wants to be a fireman quiere ser bombero; you don't have to come if you don't want to no tienes que venir si no quieres; how much do you want for the bike? ¿cuánto pides por la bici?; what more do you want? ¿qué más quieres?
5 vt fam (need) necesitar: the door wants a coat of paint la puerta necesita una mano de pintura; you want your head examined tú estás mal de la cabeza; I've got a few jobs that want doing tengo unos trabajillos que hacer; it still wants cooking a bit more todavía hace falta guisarlo un poco más; that boy wants a good telling-off una bronca no le vendría mal a ese chico.
6 vt fam (ought to) deber: you want to see the doctor deberías ir a ver al médico.
7 vt fml (lack) necesitar, carecer de, faltar.
8 vt (require to be present) buscar, requerir la presencia de; (seek, hunt) buscar: the boss wants you el jefe quiere verte; you're wanted upstairs requieren tu presencia arriba; he's wanted by the police lo busca la policía; you're wanted on the phone te llaman por teléfono.
9 vt (desire) desear, querer.
▸ to want for vt insep carecer de, necesitar: they've never wanted for anything nunca les ha faltado nada.
to want in vi querer entrar.
to want out
1 vi querer salir.
2 vi (in plan, project, etc) querer dejarlo: it's too risky and I want out es demasiado arriesgado y quiero dejarlo.

✦ **in want of something** necesitar.
to be in want estar necesitado,-a.
not to want to know (about something) no querer saber nada de algo.
to want some doing exigir mucho esfuerzo.
▪ **want ad** *US* anuncio pequeño.

wanted [ˈwɒntɪd]
1 *adj (for work)* necesario,-a: "Boy wanted" "Se necesita mozo".
2 *adj (by police)* buscado,-a: "Wanted" "Se busca".

wanting [ˈwɒntɪŋ] *adj (deficient)* deficiente; *(inadequate)* insuficiente.
✦ **to be wanting in something** carecer de algo.
to be found wanting no dar la talla.

wanton [ˈwɒntən]
1 *adj (gratuitous)* gratuito,-a: wanton cruelty crueldad gratuita.
2 *adj fml (unrestrained)* desenfrenado,-a; *(licentious)* disipado,-a, licencioso,-a.

wantonly [ˈwɒntənlɪ] *adv* sin motivo, gratuitamente.

WAP [wɒp] *abbr* (**wireless application protocol**) protocolo *nm* de aplicaciones inalámbricas; *(abbreviation)* WAP.

war [wɔːʳ]
1 *n* guerra: the Spanish Civil War la Guerra Civil Española; between the wars en el período de entreguerras.
2 *vi arch* guerrear.
✦ **war of nerves** guerra de nervios, guerra psicológica.
war of words guerra de propaganda.
at war en guerra.
to declare war on somebody/something declarar la guerra a alguien/algo.
to go to war over something emprender la guerra por algo.
to have been in the wars estar algo maltrecho,-a.
to wage war on somebody/something hacer la guerra a alguien/algo.
▪ **war baby** niño,-a, nacido,-a durante la guerra.
war correspondent corresponsal *mf* de guerra.
war crime crimen *m* de guerra.
war cry grito de guerra.
war dance danza guerrera.
war game *(game)* juego de estrategia militar; *(military exercise)* ejercicio de simulacro de combate.
war hero héroe *m* de guerra.
war memorial monumento a los caídos.
war paint *(for war)* pintura de guerra; *(make-up)* maquillaje *m*.
war zone zona de conflicto.
▲ *pt & pp* warred, *ger* warring.

warble [ˈwɔːbəl]
1 *n* gorjeo.
2 *vt* gorjear.
3 *vi* gorjear.

warbler [ˈwɔːbələʳ] *n* pájaro cantor, ave *f* cantora.

▪ **Dartford warbler** curruca rabilarga.
garden warbler curruca mosquitera.
Sardinian warbler curruca cabecinegra.
spectacled warbler curruca tomillera.
willow warbler mosquitero musical.
wood warbler mosquitero silbador.

ward [wɔːd]
1 *n (in hospital)* sala.
2 *n GB (for elections)* distrito electoral.
3 *n JUR* pupilo,-a.
4 *n (in lock)* guarda.
▸ **to ward off**
1 *vt sep (illness)* prevenir; *(danger)* evitar.
2 *vt sep (blow)* parar, desviar; *(attack)* rechazar.
▪ **ward of court** pupilo,-a bajo tutela judicial.

warden [ˈwɔːdən]
1 *n (of hostel, home)* encargado,-a.
2 *n US (of prison)* alcaide *m*, director,-ra.
3 *n (of university)* rector,-ra.
▪ **game warden** guarda *mf* de coto.
traffic warden ≈ guardia *mf* urbano,-a.

warder [ˈwɔːdəʳ] *n GB* carcelero.

wardress [ˈwɔːdrəs] *n* carcelera.

wardrobe [ˈwɔːdrəʊb]
1 *n* armario (ropero), guardarropa *m*: built-in wardrobe armario empotrado.
2 *n (clothes)* vestuario.
3 *n (theatre)* vestuario.
▪ **wardrobe master** encargado del vestuario.
wardrobe mistress encargada del vestuario.

wardroom [ˈwɔːdruːm] *n (on ship)* cámara de oficiales.

wardship [ˈwɔːdʃɪp] *n JUR* tutela.

warehouse [ˈweəhaʊs]
1 *n* almacén *m*, depósito.
2 *vt* almacenar, depositar.

warehouseman [ˈweəhaʊsmən] *n* almacenero.
▲ *pl* warehousemen [ˈweəhaʊsmən].

wares [weəz] *npl* mercancías *fpl*.

warfare [ˈwɔːfeəʳ]
1 *n (war)* guerra.
2 *n (conflict, struggle)* lucha, batalla.
▪ **germ warfare** guerra bacteriológica.
guerrilla warfare guerrilla.
nuclear warfare guerra nuclear.

warhead [ˈwɔːhed] *n* ojiva, cabeza: nuclear warhead cabeza nuclear.

warhorse [ˈwɔːhɔːs]
1 *n* caballo de guerra.
2 *n fig* veterano,-a.

warily [ˈweərɪlɪ] *adv* con cautela, cautamente.
✦ **to tread warily** andar con pies de plomo.

wariness [ˈweərɪnəs] *n* cautela, precaución *f*.

warlike [ˈwɔːlaɪk] *adj* belicoso,-a, guerrero,-a.

warm [wɔːm]
1 *adj (climate, wind)* cálido,-a; *(day)* caluroso,-a, de calor: the weather's lovely and warm today hoy hace un día caluroso; when the hot weather arrives cuando llegue el calor.
2 *adj (hands etc)* caliente; *(liquid)* tibio,-a, templado,-a.
3 *adj (clothing)* de abrigo, que abriga: this jacket's really warm esta chaqueta abriga mucho.
4 *adj (colour)* cálido,-a.
5 *adj (welcome, applause, etc)* cálido,-a, caluroso,-a.
6 *adj (character)* afectuoso,-a.
7 *adj (scent)* fresco,-a; *(in game)* caliente.
8 *vt (gen)* calentar: come in and warm your hands by the fire entra y caliéntate las manos junto al fuego.
9 *vi* calentarse: the soup was warming on the hob la sopa se calentaba en la encimera.
10 **the warm** *n* el calor *m*: don't stand out there! come into the warm! ¡no te quedes allí fuera! ¡ven al calor!
▸ **to warm over**
1 *vt sep US (reheat)* calentar, recalentar.
2 *vt sep US (use again)* volver a utilizar.
to warm to
1 *vt insep (person)* coger simpatía a.
2 *vt insep (subject etc)* entusiasmarse con.
to warm up *vt sep*
1 *vt sep (food)* calentar, recalentar; *(engine)* calentar.
2 *vt sep (audience, party)* animar.
3 *vi (food, engine etc)* calentarse.
4 *vi (audience, party)* animarse.
5 *vi SP* hacer ejercicios de calentamiento.
✦ **as warm as toast** calentito,-a.
to get warm calentarse.
to keep warm *(person)* abrigarse; *(food)* mantener caliente.
▪ **warm front** frente *m* cálido.

warm-blooded [ˈwɔːmˈblʌdɪd] *adj* de sangre caliente.
▲ *Se escribe* warm blooded *cuando no se antepone a un sustantivo.*

warm-hearted [ˈwɔːmˈhɑːtɪd] *adj* afectuoso,-a.
▲ *Se escribe* warm hearted *cuando no se antepone a un sustantivo.*

warm-heartedness [ˈwɔːmˈhɑːtɪdnəs] *n* afectuosidad *f*, cariño.

warming [ˈwɔːmɪŋ] *adj* que calienta.

warmly [ˈwɔːmlɪ]
1 *adv (with heat)* con ardor: the sun shone warmly on my back el sol me calentaba la espalda.
2 *adv (thank)* con efusión; *(recommend)* con entusiasmo; *(welcome, greet)* calurosamente.
3 *adv (dress)* con ropa de abrigo: dress warmly abrígate bien, ponte ropa caliente.

warmonger [ˈwɔːmʌŋgəʳ] *n* belicista *mf*.

warmth [ˈwɔːmθ]
 1 n (heat) calor m.
 2 n fig afecto, cordialidad f.
warm-up [ˈwɔːmʌp] n SP calentamiento, precalentamiento: a warm-up lap una vuelta de calentamiento; a warm-up match un partido de preparación.
warn [wɔːn]
 1 vt avisar (of, de), advertir (of, de), prevenir (about, sobre), (against, contra): he warned me not to touch it me advirtió que no lo tocara; I warned them to be careful with their wallets les advertí que tuvieran cuidado con las carteras; don't say I didn't warn you no puedes decir que no te había avisado; the police are warning motorists to drive carefully la policía está avisando a los conductores que conduzcan con precaución; you've been warned estás avisado, estás sobre aviso.
 2 vt (instead of punishing) amonestar.
 ✦ to warn somebody off (tell to go away) advertir a alguien para que se vaya; (tell to stop) advertir a alguien para que deje de hacer algo.
warning [ˈwɔːnɪŋ]
 1 n (of danger) aviso, advertencia: let this be a warning to you que esto te sirva de escarmiento.
 2 n (instead of punishment) amonestación f.
 3 n (advance notice) aviso: without warning sin previo aviso.
 4 adj (shot, glance) de aviso, de advertencia; (letter) admonitorio: the warning signs of anorexia los síntomas de la anorexia.
 ✦ to give somebody fair warning avisar a alguien debidamente.
 ■ warning light piloto.
warp [wɔːp]
 1 vt alabear, combar, torcer.
 2 vt fig pervertir, torcer.
 3 vi alabearse, combarse.
 4 n (in character) manía.
 5 n (in wood) alabeo.
 6 n (thread) urdimbre f.
warpath [ˈwɔːpæθ] **to be on the warpath** phr (ready to fight) estar en pie de guerra; (angry) estar furioso,-a, estar buscando guerra.
warped [wɔːpt]
 1 adj (bent, twisted) alabeado,-a, combado,-a, torcido,-a.
 2 adj fig pervertido,-a, retorcido,-a: she has a warped mind tiene una mente retorcida.
warplane [ˈwɔːpleɪn] n avión m de combate.
warrant [ˈwɒrənt]
 1 n JUR orden f judicial, mandamiento judicial: a warrant is out for his arrest se ha ordenado su detención.
 2 n (voucher) cédula, bono, vale m.
 3 n fml (justification) justificación f.

 4 vt fml (justify) justificar; (deserve) merecer, ser digno,-a de.
 5 vt (guarantee) garantizar.
 ✦ I'll warrant (you) se lo aseguro.
 ■ warrant officer suboficial m.
warranty [ˈwɒrəntɪ]
 1 n COMM (guarantee) garantía: it's still under warranty aún está en garantía.
 2 n fml (authority) autorización f.
 ▲ pl warranties.
warren [ˈwɒrən]
 1 n conejera.
 2 n fig laberinto.
warring [ˈwɔːrɪŋ] adj (at war) en guerra; (opposing) opuesto,-a.
warrior [ˈwɒrɪəʳ] n guerrero,-a.
Warsaw [ˈwɔːsɔː] n Varsovia.
warship [ˈwɔːʃɪp] n buque m de guerra, barco de guerra.
wart [wɔːt] n verruga.
 ✦ warts and all con todas sus imperfecciones.
 ■ wart hog jabalí m verrugoso.
wartime [ˈwɔːtaɪm]
 1 n tiempos mpl de guerra.
 2 adj de guerra.
warty [ˈwɔːtɪ] adj verrugoso,-a.
wary [ˈweərɪ] adj (cautious) cauto,-a, cauteloso,-a, prudente; (suspicious) desconfiado,-a.
 ✦ to be wary of somebody desconfiar de alguien, recelar de alguien, dudar de alguien.
  to be wary of something/somebody recelar de algo/alguien, no fiarse de algo/alguien.
  to be wary about doing something no querer hacer algo, temer hacer algo.
  to keep a wary eye on somebody vigilar a alguien.
 ▲ comp warier, superl wariest.
was [wɒz, unstressed wəz] pt → **be**.
wash [wɒʃ]
 1 n (act) lavado: the car needs a wash el coche necesita un lavado; the colour comes out after six washes el tinte desaparece después de seis lavados; he had a quick wash before dinner se lavó rápidamente antes de cenar.
 2 n (laundry) ropa sucia, colada: I do the weekly wash every Monday hago la colada cada lunes.
 3 n (of ship) estela; (of water) remolinos mpl; (sound) chapoteo.
 4 n MED enjuague m.
 5 n (thin layer of paint) capa.
 6 n (swill) bazofia.
 7 vt (gen) lavar; (dishes) fregar: have you washed your hands? ¿te has lavado las manos?; wash dark colours separately lavar los colores oscuros por separado; the cat washed its kittens la gata lavó los gatitos; she hates washing clothes by hand odia lavar la ropa a mano; who's going to wash the dishes? ¿quién fregará los platos?

 8 vt (carry) llevar, arrastrar: the dolphin was washed ashore el delfín fue arrastrado a la playa.
 9 vt (flow against, flow past) lamer, besar: the waves wash the shore las olas lamen la playa.
 10 vt (form by erosion) erosionar.
 11 vt (cover thinly) bañar.
 12 vi (gen) lavarse: have you washed behind your ears? ¿te has lavado detrás de las orejas?; I hate washing in cold water odio lavarme con agua fría; this new jumper washes well este jersey nuevo se lava bien.
 13 vi (flow, lap) batir: the waves washed against the cliff las olas batían contra el acantilado.
 14 vi fam (be believed) colar: that won't wash eso no cuela.
 ▸ to wash away
  1 vt sep (destroy and carry away) llevarse, arrastrar: the water washed away several cottages las aguas se llevaron varias casitas.
  2 vt sep (remove) borrar.
 to wash down
  1 vt sep (clean) lavar, regar.
  2 vt sep (with wine etc) acompañar (with, de), regar (with, con): we had fish washed down with a young white wine tomamos pescado regado con un vino blanco joven; wash the tablet down with a glass of water toma un vaso de agua para ayudarte a tragar la pastilla.
 to wash off
  1 vt sep (remove by washing) quitar (lavando): wash that make-up off at once quítate ese maquillaje en seguida.
  2 vi quitarse lavando.
 to wash out
  1 vt sep (remove by washing) quitar lavando.
  2 vt sep (rinse) enjuagar: wash your mouth out! ¡enjuágate la boca!
  3 vt sep (prevent) imposibilitar, impedir: rain has washed out all play at Wimbledon today la lluvia ha impedido que se jugara en Wimbledon hoy.
  4 vi quitarse lavando.
 to wash up
  1 vt sep fregar.
  2 vt sep arrojar a la playa, arrastrar a la playa.
  3 vi fregar los platos: he doesn't mind washing-up no le importa fregar los platos.
  4 vi US lavarse las manos y la cara, lavarse rápidamente.
 ✦ to be in the wash estar para lavar, estar en la colada: your white T-shirt's in the wash tu camiseta blanca está para lavar.
  to come out in the wash (turn out all right) salir bien.

to wash one's dirty linen in public lavar los trapos sucios en público.

to wash one's hair lavarse la cabeza, lavarse el pelo.

to wash one's hands of something/somebody desentenderse de algo/alguien.

to wash oneself lavarse.

■ **wash house** lavadero.

washable ['wɒʃəbəl] *adj* lavable.

washbasin ['wɒʃbeɪsən] *n (fixed to wall)* lavabo; *(bowl)* palangana.

washboard ['wɒʃbɔːd] *n* tabla de lavar.

washbowl ['wɒʃbəʊl] *n US* palangana.

washcloth ['wɒʃklɒθ] *n US* manopla.

washday ['wɒʃdeɪ] *n* día *m* de la colada.

washed-out ['wɒʃt'aʊt]
1 *adj (tired)* agotado,-a, sin energía; *(pale)* pálido,-a.
2 *adj (faded)* descolorido,-a, desteñido,-a.
▲ *Se escribe washed out cuando no se antepone a un sustantivo.*

washed-up ['wɒʃt'ʌp] *adj fam* acabado,-a.
▲ *Se escribe washed up cuando no se antepone a un sustantivo.*

washer ['wɒʃəʳ]
1 *n TECH (metal)* arandela; *(rubber)* junta.
2 *n fam (machine)* lavadora.

washerwoman ['wɒʃəwʊmən] *n* lavadera.
▲ *pl washerwomen* ['wɒʃəwɪmɪn].

washing ['wɒʃɪŋ]
1 *n (action)* lavado, el lavar *m*.
2 *n (dirty clothes)* colada, ropa sucia, ropa para lavar; *(clean clothes)* colada; *(clothes hanging out)* ropa tendida: **did you hang the washing out?** ¿tendiste la ropa?; **can you get the washing in?** ¿puedes recoger la ropa tendida?
✦ **to do the washing** lavar la ropa, hacer la colada.
■ **washing line** tendedero.
washing machine lavadora.
washing powder detergente *m*.
washing soda sosa.

washing-up [wɒʃɪŋ'ʌp]
1 *n (action)* fregado, el fregar *m*.
2 *n (dishes)* platos *mpl*.
✦ **to do the washing-up** fregar los platos.
■ **washing-up bowl** barreño.
washing-up liquid lavavajillas *m*.

washout ['wɒʃaʊt] *n fam* fracaso.

washroom ['wɒʃruːm] *n US euph* servicios *mpl*.

washstand ['wɒʃstænd] *n* lavabo.

washtub ['wɒʃtʌb] *n* tina.

wasp [wɒsp] *n* avispa.
■ **wasp's nest** avispero.
wasp waist cintura de avispa.

WASP [wɒsp] *abbr US* (**White, Anglo-Saxon, Protestant**) blanco, anglosajón, protestante.

waspish ['wɒspɪʃ] *adj (person, temperament)* irascible, malhumorado,-a; *(comment)* punzante.

wastage ['weɪstɪdʒ] *n (waste, loss)* pérdida, merma, desgaste *m*; *(amount wasted)* pérdidas *fpl*.

waste [weɪst]
1 *n (gen)* derroche *m*, desperdicio; *(of money, energy)* derroche *m*, despilfarro; *(of time)* pérdida, desperdicio.
2 *n (matter)* desechos *mpl*, desperdicios *mpl*; *(rubbish)* basura.
3 *adj (unwanted)* desechado,-a: **the waste paper is recycled** el papel desechado se recicla.
4 *adj (land)* yermo,-a, baldío,-a.
5 *vt (gen)* desperdiciar, malgastar; *(resources)* derrochar; *(money)* despilfarrar, derrochar; *(time, chance)* desperdiciar, desaprovechar, perder: **don't waste water** no malgastes agua; **you're wasting your time** estás perdiendo el tiempo.
6 *vt (because of disease)* atrofiar, debilitar.
▶ **to waste away** *vi* consumirse, demacrarse.
7 **wastes** *npl* extensiones *fpl* desoladas.
✦ **to go to waste** echarse a perder, desperdiciarse.
to lay waste to destrozar, destruir.
to waste no time in doing something hacer algo sin demora, no perder un minuto en hacer algo.
to waste one's breath cansarse inútilmente, perder el tiempo, gastar saliva en balde.
waste not, want not no malgastes y no te faltará.
■ **waste disposal** eliminación *f* de desperdicios.
waste disposal unit triturador *m* de basura.
waste matter residuos *mpl*.
waste pipe desagüe *m*.

wasted ['weɪstɪd] *adj (life, youth)* desperdiciado,-a; *(body)* atrofiado,-a.

wasteful ['weɪstful] *adj (person)* pródigo,-a, derrochador,-ra, despilfarrador,-ra; *(process, habit, use)* ruinoso,-a.

wastefulness ['weɪstfulnəs] *n* despilfarro, derroche *m*.

wasteland ['weɪstlænd] *n* baldío, yermo.

wastepaper basket [weɪst'peɪpəbɑːskɪt] *n* papelera.

waster ['weɪstəʳ] *n (lazy)* vago,-a.

wasting ['weɪstɪŋ] **wasting disease** *n* enfermedad *f* que consume.

wastrel ['weɪstrəl] *n* gandul,-la.

watch [wɒtʃ]
1 *n (small clock)* reloj *m*.
2 *n (look-out)* vigilancia, guardia; *(person)* vigilante *mf*, guardia *mf*, centinela *mf*, guarda *mf*.
3 *n MAR (period, body)* guardia; *(individual)* vigía.
4 *n HIST* ronda.
5 *vt (look at, observe)* mirar, observar; *(television, sport)* ver: **Mum! watch me!** ¡mamá! ¡mírame!; **he loves watching**

the fish in the aquarium le encanta mirar los peces en el acuario; **I want to watch the news** quiero ver las noticias.
6 *vt (keep an eye on)* vigilar, observar; *(spy on)* espiar, vigilar: **don't worry, I'll watch your luggage** no te preocupes, yo te vigilaré el equipaje; **she got the feeling someone was watching her** tenía la sensación de que alguien la espiaba; **watch the time, please** esté atento al reloj, por favor.
7 *vt (be careful about)* tener cuidado con, cuidar de: **I have to watch my weight** tengo que guardar la línea; **watch how you cross the road** ten cuidado al cruzar la calle; **she watches every penny** vigila hasta el último céntimo que gasta; **watch your language!** ¡modera tu lenguaje!, ¡cuidado con lo que dices!; **watch where you're going!** ¡mira por dónde vas!
8 *vi (look)* mirar, observar: **he scored just when I wasn't watching** marcó justo cuando no miraba.
▶ **to watch for** *vt insep (look and wait for)* esperar, aguardar.
to watch out for
1 *vt insep (look out for, be alert)* estar alerta, estarse al tanto de, estar pendiente de: **the police were watching out for suspects** la policía estaba alerta buscando sospechosos; **watch out for his new book** estáte al tanto de su nuevo libro.
2 *vt insep (be careful of)* tener cuidado con.
to watch over *vt insep (guard and protect)* vigilar.
✦ **watch it!** ¡ojo!, ¡cuidado!
watch out! ¡ojo!, ¡cuidado!, ¡alerta!
watch this space seguid atentos a este espacio.
to be on watch estar de guardia.
to be on the watch for somebody/something estar al acecho de alguien/algo.
to keep watch vigilar.
to watch one's step ir con pies de plomo.
to watch oneself *(be careful)* ir con cuidado; *(control one's habits)* controlarse.
to watch the clock estar atento,-a al reloj.
to watch the world go by ver pasar el mundo.
■ **watch chain** cadena de reloj.

watchdog ['wɒtʃdɒg]
1 *n* perro guardián.
2 *n fig* guardián,-ana.

watcher ['wɒtʃəʳ] *n* observador,-ra, espectador,-ra.

watchful ['wɒtʃful] *adj* vigilante, atento,-a.

watchfulness ['wɒtʃfulnəs] *n* vigilancia.

watchmaker ['wɒtʃmeɪkəʳ] *n* relojero,-a.

watchman ['wɒtʃmən]
1 *n* vigilante *m*.
2 *n dated (on Spanish street)* sereno.

watchstrap ['wɒtʃstræp] *n* correa (de reloj).

watchtower ['wɒtʃtaʊəʳ] *n* atalaya.

watchword ['wɒtʃwɜːd]
1 *n (password)* contraseña.
2 *n (catchphrase, slogan)* consigna, lema *m*.

water ['wɔːtəʳ]
1 *n (gen)* agua: can I have a drink of water? ¿puedo beber un vaso de agua?; the water's lovely! ¡el agua está buenísima!; drinking water agua potable; mineral water agua mineral; running water agua corriente; spring water agua de manantial.
2 *n (tide)* marea: high/low water marea alta/baja.
3 *vt (plant, river)* regar.
4 *vt (animals)* abrevar.
5 *vi (eyes)* llorar, lagrimear; *(mouth)* hacerse la boca agua.
6 **waters** *npl (sea etc)* aguas *fpl*: coastal waters aguas costeras; territorial waters aguas jurisdiccionales.
7 *npl (of pregnant woman)* aguas *fpl*: her waters have broken ha roto aguas.
▸ **to water down**
1 *vt sep (drink)* aguar, mezclar con agua.
2 *vt sep fig* descafeinar.
✦ **a lot of water has flowed under the bridge since then** ha llovido mucho desde entonces.
by water en barco.
to spend money like water gastar el dinero como si fuera agua.
to be in deep water estar con el agua al cuello.
to be water off a duck's back ser como quien oye llover.
to be water under the bridge ser agua pasada.
to get into hot water meterse en un buen lío.
to hold water estar bien fundado,-a, ser coherente.
not to hold water caer por su propio peso.
to keep one's head above water mantenerse a flote.
to pass water orinar.
to take the waters tomar las aguas.
under water *(flooded)* inundado,-a; *(submerged)* sumergido,-a.
■ **hot water bottle** bolsa de agua caliente.
water bird ave *f* acuática.
water biscuit galleta seca.
water bottle *(flask)* cantimplora.
water buffalo búfalo acuático.
water butt barril *m (que recoge el agua de la lluvia)*.
water cannon tanqueta antidisturbios.
water chestnut castaña de agua.
water closet *dated* váter *m*, retrete *m*.
water cycle ciclo del agua.
water hole charca.

water ice sorbete *m*.
water jump ría.
water level *(in reservoir)* nivel del agua; *(of ship)* línea de flotación.
water lily nenúfar *m*.
water line línea de flotación.
water main conducción *f* del agua.
water nymph ondina.
water on the brain *MED* hidrocefalia.
water on the knee *MED* derrame *m* sinovial.
water pipe cañería.
water pistol pistola de agua.
water polo waterpolo.
water power energía hidráulica.
water rat rata de agua.
water rate tarifa del agua.
water ski *(equipment)* esquí acuático.
water softener ablandador *m* del agua.
water supply abastecimiento de agua, suministro de agua.
water table nivel *m* freático.
water tank depósito de agua.
water tower depósito de agua.
water vapour vapor *m* de agua.
water wheel *(for power)* rueda hidráulica; *(for irrigation)* noria.
water wings manguitos.

waterbed ['wɔːtəbed] *n* colchón *m* de agua.

watercolor ['wɔːtəkʌləʳ] *n* → **watercolour**.

watercolour ['wɔːtəkʌləʳ]
1 *n* acuarela.
2 **watercolours** *npl* acuarelas *fpl*.

watercolourist ['wɔːtəkʌkərɪst] *n* acuarelista *mf*.

water-cooled ['wɔːtəkuːld] *adj TECH* refrigerado,-a por agua.

watercourse ['wɔːtəkɔːs]
1 *n (channel, bed)* lecho, cauce *m*, canal *m*.
2 *n (stream)* arroyo; *(river)* río.

watercress ['wɔːtəkres] *n* berro.

watered-down ['wɔːtəd'daʊn]
1 *adj (drink)* aguado,-a.
2 *adj fig* descafeinado,-a.
▲ *Se escribe* watered down *cuando no se antepone a un sustantivo.*

waterfall ['wɔːtəfɔːl] *n* cascada, salto de agua, catarata.

waterfowl ['wɔːtəfaʊl] *n* ave *f* acuática.
▲ *pl* waterfowl *o* waterfowls.

waterfront ['wɔːtəfrʌnt] *n (port)* puerto, zona del puerto; *(promenade)* paseo marítimo.

watering ['wɔːtərɪŋ] *n* riego.
■ **watering can** regadera.
watering hole *(for animals)* charca, abrevadero; *(pub)* bar *m*.
watering place *(for animals)* charca, abrevadero; *(spa)* balneario.

waterlogged ['wɔːtəlɒgd] *adj* empapado,-a, anegado,-a.

watermark ['wɔːtəmɑːk] *n* filigrana.

watermelon ['wɔːtəmelən] *n* sandía.

watermill ['wɔːtəmɪl] *n* molino de agua.

waterpark ['wɔːtəpɑːk] *n* parque *m* acuático.

waterproof ['wɔːtəpruːf]
1 *adj (material)* impermeable.
2 *adj (watch)* sumergible.
3 *n (coat)* impermeable *m*.
4 *vt* impermeabilizar.

watershed ['wɔːtəʃed]
1 *n GEOG* línea divisoria de aguas.
2 *n fig* coyuntura crítica, punto decisivo.

waterside ['wɔːtəsaɪd]
1 *n* ribera.
2 *adj* ribereño,-a.

water-ski ['wɔːtəskiː]
1 *n* esquí *m* acuático.
2 *vi* hacer esquí acuático.

water-skier ['wɔːtəskiəʳ] *n* esquiador, -ra acuático,-a.

water-skiing ['wɔːtəskiːɪŋ] *n* esquí *m* acuático.

waterspout ['wɔːtəspaʊt] *n* tromba.

watertight ['wɔːtətaɪt]
1 *adj* estanco,-a, hermético,-a.
2 *adj fig* irrefutable, irrebatible.

waterway ['wɔːtəweɪ] *n* vía fluvial.
■ **inland waterway** canal *m* (navegable).

waterworks ['wɔːtəwɜːks]
1 *n* depuradora, planta de tratamiento de aguas.
2 *npl GB fam euph* aparato urinario.
✦ **to turn on the waterworks** empezar a llorar.

watery ['wɔːtəri]
1 *adj (like water)* acuoso,-a; *(soup, milk)* aguado,-a; *(coffee)* flojo,-a, aguado,-a.
2 *adj (eyes)* lacrimoso,-a; *(smile)* débil; *(colour, sun)* pálido,-a, tenue.
✦ **to go to a watery grave** morir ahogado,-a.
▲ *comp* waterier, *superl* wateriest.

watt [wɒt] *n ELEC* watt *m*, vatio.

wattage ['wɒtɪdʒ] *n* potencia en vatios.

wave [weɪv]
1 *n (in sea)* ola.
2 *n (in hair)* onda.
3 *n PHYS* onda.
4 *n (of hand)* ademán *m*, movimiento; *(in greeting)* saludo con la mano: with a wave of her hand con un movimiento de la mano; he gave me a wave me saludó con la mano.
5 *n (steady increase)* ola, oleada: a mounting wave of anger una oleada creciente de ira; a wave of panic una ola de pánico.
6 *n (influx)* oleada; *(sudden increase)* oleada, ola: a wave of strikes/bombings/violence/protest una oleada de huelgas/atentados/violencia/protestas; crime wave ola de delincuencia.
7 *vi (greet)* saludar (con la mano): he waved at me me saludó (con la mano).
8 *vi (flag)* ondear; *(corn)* ondular.
9 *vi (hair)* ondular.

10 *vt (brandish)* agitar: she was waving something in the air agitaba algo en el aire.

11 *vt (direct)* indicar con la mano: the policeman waved them on el policía les indicó que siguieran; she waved him away le indicó que se fuera.

12 *vt (hair)* marcar, ondular.

▶ **to wave aside** *vt sep* rechazar, desechar.

to wave down *vt sep* hacer señales para que pare *(un coche)*.

to wave off *vt sep* despedirse de.

✦ **to wave goodbye to somebody** despedirse de alguien con la mano.

to wave goodbye to something despedirse de algo.

waveband ['weivbænd] *n RAD* banda.

wavelength ['weivleŋθ] *n RAD* longitud *f* de onda.

✦ **to be on different wavelengths** *fam* no estar en la misma onda.

waver ['weivə']

1 *vi (hesitate, dither)* vacilar, titubear, dudar; *(oscillate)* oscilar (**between**, entre).

2 *vi (falter - gen)* vacilar, flaquear, flojear; *(- voice)* temblar, fallar: he never wavered in his loyalty to her nunca flaqueó en su lealtad hacia ella.

3 *vi (flicker)* vacilar, parpadear.

wavering ['weivəriŋ] *adj (person)* indeciso,-a, vacilante; *(voice)* tembloroso,-a, trémulo,-a.

wavy ['weivi] *adj* ondulado,-a.

▲ *comp* **wavier**, *superl* **waviest**.

wax¹ [wæks]

1 *n (gen)* cera.

2 *n (in ear)* cerumen *m*.

3 *vt (polish)* encerar.

■ **paraffin wax** parafina.

sealing wax lacre *m*.

wax candle vela.

wax paper papel *m* encerado.

wax polish cera para abrillantar.

wax² [wæks]

1 *vi (moon)* crecer.

2 *vi dated (become)* ponerse.

✦ **to wax lyrical** entusiasmarse, exaltarse.

waxen ['wæksən]

1 *adj dated* de cera.

2 *adj fml (of face, complexion)* céreo,-a.

waxwing ['wækswiŋ] *n* ampelis *mpl*.

waxwork ['wækswɜːk]

1 *n* figura de cera.

2 **waxworks** *npl* museo *m sing* de cera.

waxy ['wæksi] *adj* céreo,-a.

▲ *comp* **waxier**, *superl* **waxiest**.

way [wei]

1 *n (right route, road, etc)* camino: which is the best way to the swimming pool? ¿cómo se va a la piscina?, ¿por dónde se va a la piscina?; do you know the way? ¿conoces el camino?, ¿sabes cómo ir?; she asked me the way to the cathedral me preguntó cómo se va a la catedral; we've gone the wrong way nos hemos equivocado de camino.

2 *n (direction)* dirección *f*: which way did he go? ¿por dónde se fue?; which way is the harbour from here? ¿por dónde cae el puerto desde aquí?; come this way, please venga por aquí, por favor; are you going my way? ¿vas en la misma dirección que yo?; look both ways mira en las dos direcciones; she's looking this way está mirando hacia aquí; the way things are going tal como van las cosas.

3 *n (distance)* distancia: it's a long way to Tipperary Tipperary está lejos, Tipperary queda lejos; we're a good way from home estamos lejos de casa; she slept the whole way durmió durante todo el viaje; Easter is a long way off falta mucho para Semana Santa; we'd come a good way habíamos hecho un buen trecho.

4 *n (manner, method)* manera, modo: what's the best way to cook trout? ¿cuál es la mejor manera de guisar las truchas?; you're going about it the wrong way lo estás haciendo mal; you've done your hair a different way te has peinado de otro modo; I had no way of knowing no había manera de saberlo; we don't enjoy life the way we used to no disfrutamos de la vida como antes; let me do it my way déjame hacerlo a mi manera; OK, you do it your own way vale, hazlo como quieras; have it your own way como tú quieras.

5 *n (behaviour, custom)* manera, forma, modo: you dance in a strange way bailas de una manera extraña; it's her way of saying she likes you es su manera de decirte que le gustas; it's just his way él es así; I don't like the way you're laughing no me gusta tu modo de reír; she hates the way he's always late odia que él siempre llegue tarde; the American way of life el estilo de vida americano.

6 *n (area)* zona, área: if ever you're over this way si alguna vez vienes por aquí; that's out Romford way, isn't it? está por la zona de Romford, ¿verdad?

7 *adv fam* muy: you're way out vas muy equivocado; he's way ahead of the rest of the group está mucho más avanzado que el resto del grupo; this flat is way too small for us este apartamento es demasiado pequeño para nosotros.

8 **ways** *npl (customs)* costumbres *fpl*; *(habits, behaviour)* manías *fpl*.

✦ **across the way/over the way** enfrente.

all the way *(distance)* todo el viaje; *(completely)* totalmente.

along the way *(on journey)* por el camino.

by a long way this flat's not big enough by a long way este piso es demasiado pequeño, pero pequeño de verdad.

by the way *(incidentally)* a propósito, por cierto.

by way of *(via)* vía, por vía de, pasando por; *(serving as, as a kind of)* a modo de.

either way en cualquier caso.

every which way por todas partes, en todas direcciones.

in a bad way *fam* mal: he's in a very bad way está muy mal.

in a big way a lo grande, a gran escala, en plan grande.

in a small way a pequeña escala, en plan modesto.

in a way en cierto modo, en cierta manera.

in any way de alguna manera: can I help in any way? ¿puedo ayudar de alguna manera?

in many ways desde muchos puntos de vista, en muchos aspectos: in many ways, this is her best book desde muchos puntos de vista, éste es su mejor libro.

in more ways than one en más de un sentido.

in no way de ninguna manera, de ningún modo.

in some ways en algunos aspectos.

in the way of *(regarding)* en cuanto a, como: what would you like in the way of dessert? ¿qué quieres de postre?

in this way *(thus)* de este modo, de esta manera.

no two ways about it no tiene vuelta de hoja.

no way! ¡ni hablar!, ¡de ninguna manera!: there's no way I'm going to help her de ninguna manera voy a ayudarla yo.

on one's way/on the way por el camino, de camino, de paso: I should be on my way home debería irme a casa; I'll get some wine on my way compraré vino por el camino; on the way to Madrid camino de Madrid; we're on our way! ¡ya estamos en camino!; is it on your way? ¿te pilla de camino?; something happened on the way here ha pasado algo mientras venía hacia aquí; close the door on your way out cierra la puerta al salir.

one one's way en conjunto: one way and another it's been a good year en conjunto, ha sido un buen año.

one way or the other *(somehow)* de algún modo, de una manera u otra, como sea: don't worry, we'll find it one way or the other no te preocupes, lo encontraremos de una manera u otra; I don't mind one way or the other me da exactamente igual, me da lo mismo.

out of the way *(remote)* apartado,-a, remoto,-a; *(exceptional)* excepcional, particular, original.

over the way enfrente.

that way *(direction)* por allá; *(like that)* así.

that's always the way siempre es así.

that's the way the cookie crumbles así es la vida.

the other way round al revés, viceversa.

the right way up cabeza arriba, derecho,-a.

the wrong way up cabeza abajo.

to be born that way ser así, nacer así.

to be in the way estorbar, estar por en medio: **you're in the way!** estás estorbando!; **move your car, it's in the way** quita tu coche de en medio, obstruye el paso.

to be on the way (coming) estar en camino, estar al llegar, avecinarse: **changes are on the way** se avecinan cambios; **help is on the way** la ayuda está de camino; **there's rain on the way** va a llover.

to be on the way down (fall) estar bajando, ir a la baja.

to be on the way in (coming into fashion) estar poniéndose de moda.

to be on the way out (going out of fashion) en camino de desaparecer, estar pasando de moda.

to be on the way up (rise) estar subiendo, ir al alza.

to be out of somebody's way no pillar a alguien de camino: **I hope it's not out of your way** espero que no te pille lejos.

to be set in one's ways tener unas costumbres muy arraigadas, ser reacio,-a al cambio.

to be under way (work) estar en marcha, estar avanzado,-a; (meeting, match) haber empezado.

to cut both ways/cut two ways ser un arma de doble filo, tener ventajas y desventajas.

to get in the way estorbar, molestar, ponerse en medio.

to get into the way of doing something coger la costumbre de hacer algo.

to get one's own way salirse con la suya.

to get out of the way of something dejarle paso a algo, apartarse del camino de algo.

to get out of the way apartarse del camino, quitarse de en medio.

to get out of the way of doing something perder la costumbre de hacer algo.

to get something out of the way deshacerse de algo, quitar algo de en medio: **as soon as I've got this essay out of the way** en cuanto acabe esta redacción.

to get under way (meeting, match) empezar; (travellers, work) ponerse en marcha.

to give way (collapse) ceder, hundirse; (yield) ceder (**to**, a); (when driving) ceder el paso.

to go a long way towards something contribuir en gran medida a algo.

to go a long way (succeed) ir lejos; (be productive) cundir mucho, dar mucho de sí.

to go one's own way ir a lo suyo, seguir su propio camino.

to go out of one's way (to do something) desvivirse (por hacer algo).

to have a way with … tener un don especial para …: **he has a way with children** tiene un don especial para los niños.

to keep out of somebody's way evitar el contacto con alguien.

to keep out of the way (hide) mantener un perfil bajo; (step aside) apartarse.

to learn something the hard way aprender algo a las malas.

to look the other way hacer la vista gorda.

to lose one's way perderse, extraviarse.

to make one's own way in life/in the world abrirse paso en la vida/el mundo.

to make one's way dirigirse (**to**, a).

to make way for something hacer lugar para algo.

to my way of thinking a mi modo de ver.

to put somebody in the way of (doing) something dar a alguien la oportunidad de (hacer) algo.

to see one's way clear to doing something ver la manera de hacer algo.

to stand in the way of something ser un obstáculo para algo, ser un estorbo para algo.

to talk one's way out of something salir de algo a base de labia.

to work one's way through something (crowd etc) abrirse camino por algo; (work, book) hacer algo con dificultad; (college etc) costearse los estudios trabajando.

to work one's way up ascender a fuerza de trabajo, subir a base de trabajar.

way back (in time) hace muchísimo.

■ **way in** entrada.

way out (exit) salida; (solution) solución f, remedio.

ways and means medios mpl.

waybill ['weɪbɪl] n hoja de ruta.

wayfarer ['weɪfeərər] n fml caminante mf, viajero,-a.

waylay [weɪ'leɪ]

1 vt (intercept) salirle al paso a alguien, abordar.

2 vt (attack) atacar por sorpresa.

▲ pt & pp **waylaid**, ger **waylaying**.

way-out [weɪ'aʊt] adj fam estrafalario,-a, exagerado,-a, supermoderno,-a.

wayside ['weɪsaɪd] n borde m del camino.

✦ **to fall by the wayside** quedarse en el camino.

wayward ['weɪwəd]

1 adj (person - wilful) voluntarioso,-a; (- unruly) revoltoso,-a, indisciplinado,-a, rebelde; (- erratic) voluble, inconstante; (- capricious) caprichoso,-a.

2 adj (behaviour) irregular, imprevisible.

wc ['dʌbəljuː'siː] n (abbr of water closet) váter m.

we [wiː, unstressed wɪ] pron nosotros,-as: **we're French** somos franceses; **we study French** estudiamos francés.

weak [wiːk]

1 adj (gen) débil; (person) débil, endeble; (light, voice) débil, tenue; (team, piece of work) flojo,-a: **she was weak from hunger** estaba débil por el hambre; **my legs felt weak** sentía las piernas débiles; **they've got a weak defence** tienen una defensa floja; **the film has a very weak plot** la película tiene un argumento muy flojo; **he's got a weak heart** tiene el corazón débil; **she gave a weak smile** sonrió débilmente; **the yen is weak** el yen está débil.

2 adj (argument, excuse, etc) poco convincente, pobre, de poco peso, débil.

3 adj (tea, coffee, etc) aguado,-a, flojo,-a, poco cargado,-a.

4 the weak npl los necesitados mpl, los inválidos mpl.

✦ **a weak moment** un momento débil.

to be weak at/in/on something ir flojo,-a en algo.

to be weak in the head estar mal de la cabeza.

to go weak at the knees flaquearle a alguien las piernas.

■ **weak spot** punto flaco, punto débil.

weaken ['wiːkən]

1 vt (gen) debilitar.

2 vt (argument) quitar fuerza a; (morale) socavar.

3 vi (person) debilitarse, desfallecer.

4 vi (resolve, influence) flaquear.

5 vi (currency) aflojar, caer.

6 vi (give in) ceder.

weak-kneed ['wiːk'niːd] adj fig medroso,-a, pusilánime.

▲ Se escribe **weak kneed** cuando no se antepone a un sustantivo.

weakling ['wiːklɪŋ] n pej (physical) débil mf, debilucho, alfeñique m; (moral) cobarde mf.

weakly ['wiːklɪ]

1 adv (gen) débilmente.

2 adv (lamely) sin convicción.

weak-minded [wiːk'maɪndɪd]

1 adj (indecisive) indeciso,-a; (weak-willed) de poca voluntad.

2 adj (mentally deficient) deficiente mental.

▲ Se escribe **weak minded** cuando no se antepone a un sustantivo.

weakness ['wiːknəs]

1 n (gen) debilidad f, flaqueza.

2 n (lack of conviction) falta de peso, pobreza.

3 *n (defect, fault, flaw)* flaqueza, punto flaco.

✦ **to have a weakness for somebody/something** tener una debilidad por alguien/algo.

weak-willed ['wiːk'wɪld] *adj* de poca voluntad.

▲ *Se escribe weak willed cuando no se antepone a un sustantivo.*

weal [wiːl] *n* cardenal *m*, equimosis *f inv.*

wealth [welθ]

1 *n (riches)* riqueza.

2 *n fig* abundancia, profusión *f.*

wealthy ['welθɪ]

1 *adj* rico,-a, adinerado,-a, acaudalado,-a.

2 **the wealthy** *npl* los ricos *mpl.*

▲ *comp* **wealthier,** *superl* **wealthiest.**

wean [wiːn] *vt (child)* destetar.

✦ **to wean somebody (away) from something** deshabituar a alguien de algo.

weapon ['wepən] *n* arma.

wear [weəʳ]

1 *n (clothing)* ropa: **evening wear** traje de noche; **ladies' wear** ropa para señoras, ropa de señoras; **men's wear** ropa para hombres, ropa de hombres.

2 *n (use)* uso: **for everyday wear** para todos los días.

3 *n (deterioration)* desgaste *m*, deterioro: **your jacket's beginning to show signs of wear** tu cazadora ya empieza a verse deteriorada.

4 *n (capacity for being used)* durabilidad *f*: **there's still a lot of wear left in this coat** este abrigo aún te durará mucho.

5 *vt (clothing, jewellery, etc)* llevar, llevar puesto,-a, vestir, usar; *(shoes)* calzar: **is he wearing a tie?** ¿lleva corbata?; **she was wearing a black dress** llevaba un vestido negro; **I've got nothing to wear** no tengo nada que ponerme; **she usually wears her hair up** suele llevar el pelo recogido.

6 *vt fam (accept, tolerate)* tolerar, aceptar, soportar.

7 *vt (damage by use)* desgastar: **you've worn holes in your socks** has hecho agujeros en los calcetines; **they've worn a path across the field** han señalado un camino por el campo.

8 *vi (become damaged by use)* desgastarse: **the carpet is starting to wear** la moqueta empieza a desgastarse; **the collar on this shirt is worn** el cuello de esta camisa está gastado.

9 *vi (endure)* durar: **wool wears well** la lana dura mucho.

▸ **to wear away**

1 *vt sep (grass, rocks, stone, etc)* erosionar, desgastar.

2 *vt sep (inscription)* borrar.

3 *vi (stone etc)* erosionarse, desgastarse.

4 *vi (inscription)* borrarse.

to wear down

1 *vt sep (tread, stone, etc)* desgastar.

2 *vt sep (person, resistance)* agotar, cansar.

3 *vi (heels, teeth)* desgastarse.

to wear off *vi (pain, shock, novelty, etc)* pasar, desaparecer.

to wear on *vi (time)* transcurrir, pasar, avanzar.

to wear out

1 *vt sep (shoes etc)* gastar, desgastar, romper con el uso.

2 *vt sep (person)* agotar, rendir.

3 *vi (shoes etc)* gastarse, desgastarse, romperse con el uso.

✦ **to be the worse for wear** *(object)* estar deteriorado,-a; *(person)* estar desmejorado,-a, estar maltrecho,-a.

to wear one's heart on one's sleeve ir con el corazón en la mano.

to wear thin *(clothing)* trasparentarse, desgastarse; *(patience)* acabarse.

to wear smooth alisarse.

to wear the trousers llevar los pantalones.

to wear oneself out agotarse.

to wear well *(person)* conservarse bien; *(clothes)* durar mucho, dar buen resultado.

■ **wear and tear** desgaste *m* natural, deterioro.

▲ *pt* **wore** [wɔːʳ], *pp* **worn** [wɔːn].

wearable ['weərəbəl] *adj* que se puede llevar, que se puede poner: **these shoes are old, but they're still wearable** estos zapatos son viejos, pero aún se pueden poner.

wearily ['wɪərɪlɪ] *adv* con cansancio, cansadamente.

weariness ['wɪərɪnəs] *n* cansancio, fatiga.

wearing ['weərɪŋ] *adj (tiring)* cansado,-a, agotador,-ra; *(tiresome)* pesado,-a.

wearisome ['wɪərɪsəm]

1 *adj (tiring)* cansado,-a, fatigoso,-a.

2 *adj (boring)* pesado,-a.

weary ['wɪərɪ]

1 *adj (exhausted)* cansado,-a, agotado,-a, fatigado,-a, exhausto,-a.

2 *adj (fed up)* cansado,-a, harto,-a.

3 *adj (tiring)* cansado,-a, agotador,-ra, fatigoso,-a.

4 *vt* cansar.

5 *vi* cansarse de.

▲ *comp* **wearier,** *superl* **weariest.**

weasel ['wiːzəl] *n* comadreja.

weather ['weðəʳ]

1 *n (gen)* tiempo: **what's the weather like?** ¿qué tiempo hace?; **the weather's beautiful** hace un tiempo estupendo; **we had really good weather** hizo muy buen tiempo; **in hot/cold weather** cuando hace calor/frío; **in wet weather** cuando llueve.

2 *vt (withstand, survive)* aguantar, soportar, resistir: **we weathered the crisis** aguantamos la crisis.

3 *vt (rocks)* erosionar.

4 *vt (wood)* curar.

5 *vi (rocks)* desgastarse; *(wood)* resistir la intemperie.

✦ **in all weathers** haga el tiempo que haga.

to keep a weather eye open for something estar atento,-a por si se ve algo.

to make heavy weather of something costar mucho trabajo hacer algo.

to weather the storm capear el temporal.

under the weather *(unwell)* mal; *(depressed)* deprimido,-a.

weather permitting si el tiempo no lo impide.

■ **weather chart** mapa *m* meteorológico.

weather forecast parte *m* meteorológico.

weather forecaster meteorólogo,-a.

weather map mapa *m* meteorológico.

weather report parte *m* meteorológico.

weather vane veleta.

weather-beaten ['weðəbiːtən]

1 *adj (building etc)* deteriorado,-a por la intemperie.

2 *adj (person)* curtido,-a.

weathercock ['weðəkɒk] *n* veleta.

weatherman ['weðəmæn] *n* hombre *m* del tiempo.

▲ *pl* **weathermen** ['weðəmen].

weatherproof ['weðəpruːf] *adj (clothing)* impermeable; *(house)* impermeabilizado,-a.

weave [wiːv]

1 *n* tejido.

2 *vt (cloth)* tejer.

3 *vt (fence, basket, nest, etc)* trenzar, entretejer, tejer.

4 *vt (one's way)* serpentear, zigzaguear.

5 *vt fig (plot, story)* tramar, urdir, tejer.

6 *vi (cloth)* tejer.

7 *vi (zigzag about)* serpentear, zigzaguear.

✦ **to weave in and out** *(dance)* trenzar: **weave in and out through the traffic** abrirse paso por entre el tráfico.

▲ *pt* **wove** [wəʊv], *pp* **woven** ['wəʊvən], *ger* **weaving.**

weaver ['wiːvəʳ] *n* tejedor,-ra.

weaving ['wiːvɪŋ] *n (activity)* tejido.

web [web]

1 *n (spider's)* telaraña.

2 *n fig* red *f*, sarta, embrollo: **a web of deceit** una red de engaños.

3 *n (of animals' feet)* membrana interdigital.

4 *n (Internet)* web *f.*

■ **web editor** editor,-ra de web.

web page página web.

webbed [webd] *adj* palmeado,-a.

webbing ['webɪŋ] *n (on chairs etc)* cinchas *fpl.*

web-footed ['web'fʊtɪd] *adj* palmípedo,-a.

webmaster ['webmɑːstəʳ] *n* administrador,-ra de web.

website ['websaɪt] *n* web *f*, sitio web.

Wed [ˈwenzdɪ] *abbr* (**Wednesday**) miércoles *m*; *(abbreviation)* miérc.

wed [wed] *vt* casarse con.
▲ *pt & pp* wedded *o* wed, *ger* wedding.

we'd [wiːd]
1 *contr* we had.
2 *contr* we would.

wedded [ˈwedɪd]
1 *adj* casado,-a (**to**, con): he's my lawful wedded husband es mi legítimo esposo; fifty years of wedded bliss cincuenta años de felicidad conyugal.
2 *adj (devoted)* aferrado,-a (**to**, a).

wedding [ˈwedɪŋ] *n* boda, casamiento: have you been invited to the wedding? ¿te han invitado a la boda?; it was a lovely wedding ha sido una boda preciosa.
✦ **to have a church wedding** casarse por la iglesia.
■ **wedding anniversary** aniversario de boda.
wedding breakfast banquete *m* nupcial.
wedding cake tarta nupcial.
wedding day día *m* de la boda.
wedding dress traje *m* de novia, vestido de novia.
wedding invitation invitación *f* de boda.
Wedding March marcha nupcial.
wedding present regalo de boda.
wedding reception banquete *m* de bodas.
wedding ring alianza, anillo de boda.

wedge [wedʒ]
1 *n (gen)* cuña, calza, calce *m*; *(for splitting)* cuña.
2 *n (of cake, cheese)* trozo grande.
3 *n (golf)* wedge *m*.
4 *vt (force apart)* acuñar, calzar.
5 *vt (pack tightly)* apretar.
✦ **the thin edge of the wedge** solo el principio.
to be wedged tight estar completamente trabado,-a.
to wedge something open mantener algo abierto,-a mediante una cuña.

wedlock [ˈwedlɒk] *n* matrimonio.

Wednesday [ˈwenzdɪ] *n* miércoles *m inv*.
▲ *Para ejemplos de uso, véase* Saturday.

wee¹ [wiː] *adj fam (very small)* pequeñito, -a, chiquito,-a: a wee bit un poquitín.
✦ **the wee hours** la madrugada.

wee² [wiː]
1 *n fam* pipí *m*.
2 *vi fam* hacer pipí.
✦ **to do a wee/go for a wee** hacer pipí.

weed [wiːd]
1 *n BOT (in garden)* mala hierba; *(in water)* algas *fpl*.
2 *n fam pej (person)* debilucho,-a, canijo,-a.
3 *n fam (tobacco)* tabaco, el fumar *m*; *(marijuana)* hierba, maría, hachís *m*.
4 *vt* escardar.
5 *vi* escardar.
▶ **to weed out** *vt sep* desherbar, escardar.

weeding [ˈwiːdɪŋ] *n* escarda.
weedkiller [ˈwiːdkɪləʳ] *n* herbicida *m*.
weedy [ˈwiːdɪ] *adj pej* debilucho,-a, esmirriado,-a, canijo,-a.
▲ *comp* weedier, *superl* weediest.

week [wiːk] *n* semana: this week esta semana; last/next week la semana pasada/que viene; once a week una vez por semana, una vez a la semana; a week today de hoy en ocho; a week ago today hoy hace una semana; during the week entre semana; the week after next la semana que viene no sino la otra; week in, week out semana tras semana; a weeks' holiday una semana de vacaciones.
■ **working week** semana laborable.

weekday [ˈwiːkdeɪ] *n* día *m* laborable.

weekend [ˈwiːkend, wiːˈkend]
1 *n* fin *m* de semana: we're going away this weekend nos vamos fuera este fin de semana; what do you do at weekends? ¿qué haces los fines de semana?
2 *vi* pasar el fin de semana.
■ **long weekend** puente *m*.

weekender [wiːkˈendəʳ] *n* dominguero,-a.

weekly [ˈwiːklɪ]
1 *adj* semanal.
2 *adv* semanalmente, cada semana: twice weekly dos veces por semana.
3 *n (press)* semanario.

weep [wiːp]
1 *vi fml (person)* llorar.
2 *vi (wound)* supurar.
3 *vt (tears)* derramar.
✦ **to have a good weep** llorar a lágrima viva.
to have a little weep llorar un poco.
to weep for somebody llorar a alguien.
to weep for joy llorar de alegría.
▲ *pt & pp* wept [wept].

weeping [ˈwiːpɪŋ]
1 *adj* lloroso,-a.
2 *n* llanto.
■ **weeping willow** *BOT* sauce *m* llorón.

weepy [ˈwiːpɪ] *adj (person)* llorón,-ona, lloroso,-a; *(film)* lacrimógeno,-a.
▲ *comp* weepier, *superl* weepiest.

weever [ˈwiːvəʳ] *n* araña.
■ **greater weever** dragón *m*.

weevil [ˈwiːvəl] *n* gorgojo.

wee-wee [ˈwiːwiː] *n fam* pipí *m*.

weft [weft] *n* trama.

weigh [weɪ]
1 *vt (gen)* pesar: she weighed the parcel pesó el paquete.
2 *vt fig (consider carefully)* ponderar, sopesar (**up**, -); *(compare carefully)* contraponer (**with/against**, a): weigh (**up**) the pros and cons sopesar los pros y los contras; weigh the advantages against the disadvantages contraponer las ventajas a las desventajas.
3 *vi (gen)* pesar: how much do you weigh? ¿cuánto pesas?; it doesn't weigh anything no pesa nada.

4 *vi (be important to, have influence on)* influir en, pesar: his previous record weighed heavily against him sus antecedentes penales pesaban mucho contra él.
▶ **to weigh down**
1 *vt sep* cargar: she was weighed down with shopping iba muy cargada de compras.
2 *vt sep fig* agobiar, abrumar, sobrecargar: he was weighed down with problems estaba agobiado de problemas.
to weigh in
1 *vi SP* pesarse: the jockey weighed in at 60 kg el jinete pesó 60 kg.
2 *vi (join in)* intervenir (**with**, con).
to weigh on *vt insep (worry)* pesar sobre: the responsibility weighs heavily on my mind la responsabilidad pesa mucho sobre mí.
to weigh out *vt sep (food etc)* pesar.
to weigh up
1 *vt sep (consider carefully)* evaluar, ponderar, sopesar: we have to weigh up the consequences hay que evaluar las consecuencias.
2 *vt sep (assess)* juzgar, calar: I just can't weigh him up es que no lo llego a entender.
✦ **to weigh anchor** levar anclas.
to weigh the evidence sopesar las pruebas.
to weigh a ton pesar una tonelada.
to weigh one's words ponderar las palabras.

weighbridge [ˈweɪbrɪdʒ] *n* báscula de puente.

weigh-in [ˈweɪɪn] *n SP* pesaje *m*.

weight [weɪt]
1 *n (gen)* peso: gross weight/net weight peso bruto/peso neto; it's 10 kilos in weight pesa 10 kilos; feel the weight of this sopesa esto; the columns support the weight of the roof las columnas aguantan el peso del tejado.
2 *n (of scales, clock, gym)* pesa; *(heavy object)* peso, cosa pesada: you shouldn't lift heavy weights no deberías levantar cosas pesadas.
3 *n fig (burden, worry)* peso, carga: that's a weight off my mind eso me quita un peso de encima; the full weight of responsibility fell on her ella cargó con toda la responsabilidad.
4 *n fig (importance, influence)* peso, importancia, influencia: the weight of the evidence el peso de las pruebas; your support adds weight to the campaign tu apoyo da peso a la campaña; that argument doesn't carry much weight ese argumento no tiene mucho peso.
5 *vt (make heavy)* cargar con peso, poner peso en, añadir peso a; *(fishing net)* lastrar.
6 *vt fig (statistics etc)* ponderar.

◆ **to lose weight** perder peso, adelgazar.

to pull one's weight poner de su parte.

to put on weight engordar, ganar peso.

to take the weight off one's feet descansar los pies.

to throw one's weight about/around hacer sentir su autoridad.

■ **weight limit** límite *m* de peso.

weight training entrenamiento con pesas.

weight watcher persona que se cuida la línea.

weights and measures pesos *mpl* y medidas.

weighting ['weɪtɪŋ] *n GB (extra pay)* suplemento salarial, plus *m*.

weightless ['weɪtləs] *adj* ingrávido,-a.

weightlessness ['weɪtləsnəs] *n* ingravidez *f*.

weightlifter ['weɪtlɪftə'] *n SP* levantador,-ra de pesas, halterófilo,-a.

weightlifting ['weɪtlɪftɪŋ] *n* levantamiento de pesas, halterofilia.

weighty ['weɪtɪ]
1 *adj (gen)* pesado,-a.
2 *adj fig (argument)* de peso; *(problem, decision)* importante, grave.
▲ *comp* **weightier,** *superl* **weightiest.**

weir [wɪə'] *n* presa.

weird [wɪəd]
1 *adj (bizarre)* raro,-a, extraño,-a.
2 *adj (eerie)* siniestro,-a.

weirdness ['wɪədnəs] *n* rareza.

weirdo ['wɪədəʊ] *n fam* tipo raro.
▲ *pl* **weirdos.**

welcome ['welkəm]
1 *adj (gen)* bienvenido,-a: **all welcome** todo el mundo es bienvenido; **you're always welcome here** siempre eres bienvenido aquí, estás en tu casa.
2 *adj (news, sight, etc)* grato,-a, agradable; *(change)* oportuno,-a, beneficioso,-a: **a welcome break from study** un oportuno descanso durante el estudio; **a drink would be most welcome right now** una copa me vendría muy bien ahora mismo.
3 *interj* bienvenido,-a (**to,** a): **welcome home!** ¡bienvenido a casa!
4 *n* bienvenida, acogida: **the crowd gave the winners an enthusiastic welcome** el público acogió a los ganadores con entusiasmo.
5 *vt (greet)* acoger, recibir; *(officially)* dar la bienvenida a.
6 *vt (approve of, support)* aplaudir, acoger con agrado: **we gladly welcome all suggestions** agradecemos cualquier sugerencia.
◆ **to be welcome to ...** poder ... con toda libertad: **you're welcome to borrow any of my tapes** puedes coger cualquiera de mis cintas; **if he wants the job, then he's welcome to it!** si quiere el trabajo, pues que se lo quede.

to give somebody a warm welcome acoger a alguien calurosamente.

to make somebody welcome hacer que alguien se sienta en casa.

to welcome something/somebody with open arms acoger algo/a alguien con los brazos abiertos.

you're welcome *(not at all)* no hay de qué, de nada.

welcoming ['welkəmɪŋ] *adj (smile)* acogedor,-ra; *(speech)* de bienvenida.

weld [weld]
1 *n* soldadura.
2 *vt* soldar.
3 *vt fig* soldar, unir.
4 *vi* soldarse.

welder ['weldə'] *n* soldador,-ra.

welding ['weldɪŋ] *n* soldadura.

welfare ['welfeə']
1 *n (well-being)* bienestar *m*; *(health)* salud *f*.
2 *n (care, help)* protección *f*.
3 *n US (money)* seguridad *f* social.
◆ **to be on welfare** recibir prestaciones de la seguridad social.
■ **welfare payments** prestaciones *fpl* de la seguridad social.

welfare state estado de bienestar.

welfare work trabajos *mpl* de asistencia social.

welfare worker asistente *mf* social.

well¹ [wel]
1 *n (for water)* pozo.
2 *n (of staircase)* hueco de la escalera; *(of lift)* hueco del ascensor.
3 *n GB (in court)* área de los abogados.
4 *vi (tears, blood)* brotar (**up,** -), manar (**up,** -): **tears welled up in her eyes** se le llenaron los ojos de lágrimas.

well² [wel]
1 *adj (in good health)* bien: **I'm very well, thank you** estoy muy bien, gracias; **she doesn't feel very well** no se encuentra muy bien; **you look very well** tienes muy buena cara; **he's not a well man** no está bien de salud; **get well soon** que te mejores pronto.
2 *adj (satisfactory, right)* bien: **things are not well at home** hay problemas en casa.
3 *adv (gen)* bien: **well played!** ¡bien jugado!; **they behaved really well** se portaron muy bien; **I don't know her that well** no la conozco muy bien; **things are going well for him** las cosas le van bien; **they treated me extremely well** me trataron muy bien; **shake well before use** agítese bien antes de usar; **he's well aware of the problem** es perfectamente consciente del problema.
4 *adv (with modals)* bien: **you may well be right** bien puede que tengas razón; **I might well go away for a few days** es muy posible que me vaya fuera unos días; **he could well be lying** bien puede que mienta; **she couldn't very well refuse** ¿cómo iba a decir que no?;

you may as well tell him, he'll find out anyway ¿de qué te sirve no decírselo, se va a enterar de todas maneras.
5 *adv (much, quite)* bien: **she's well over fifty** tiene cincuenta años bien cumplidos; **book well in advance** haz tu reserva con mucha anticipación; **we sat well back in the cinema** nos sentamos bien atrás en el cine; **it was well after eleven** eran bien pasadas las once; **the film's well worth seeing** bien vale la pena ver la película.
6 *interj (gen)* bueno, bien, pues: **well, I think that ... bueno, yo creo que ...; well I'm not going** pues no voy; **well why didn't you say so?** pues, ¿por qué no lo has dicho?; **well, as I said earlier** bueno, como he dicho antes.
7 *interj (surprise)* ¡vaya!: **well, well, well, look who it is!** ¡vaya! ¡mira quién es!
◆ **all's well that ends well** bien está lo que bien acaba.

all well and good muy bien, perfecto.

as well *(also, too)* también.

as well as además de, aparte de: **she studies German as well as English** además de inglés, estudia alemán.

it's all very well to + *inf* resulta muy fácil + *inf*.

to be (just) as well to + *inf* no estar de más + *inf*, convenir + *inf*: **it would be as well to phone first** sería una buena idea llamar antes.

to be well in with somebody ser muy amigo,-a de alguien.

to be well off for something tener algo de sobra.

to be well out of something tener la suerte de haberse librado de algo.

to be well up on/in something estar muy bien informado,-a de algo.

to do well *(business etc)* ir bien, marchar bien, tener éxito; *(person - success)* irle bien las cosas; *(- health)* encontrarse bien, estar bien.

to do well by somebody tratar bien a alguien.

to do well for oneself prosperar, tener éxito.

to do well in something hacer algo bien, irle algo bien a alguien: **he did well in the test** la prueba le fue bien.

to do well out of ... sacar provecho de ...

to do well to do something convenir hacer algo.

to speak well of somebody hablar bien de alguien.

to think well of somebody pensar bien de alguien.

very well muy bien, bueno.

well and truly completamente.

well done! ¡muy bien!, ¡así se hace!

well I never! ¡vaya!, ¡hábráse visto!

well off *(comfortable, rich)* acomodado,-a, rico,-a, pudiente: **you don't know when you're well off** no te das cuenta de la suerte que tienes.

we'll [wiːl] *contr* we will.

well-balanced [ˈwelˈbælənst] *adj* equilibrado,-a.
▲ *Se escribe* well balanced *cuando no se antepone a un sustantivo.*

well-behaved [ˈwelbɪˈheɪvd] *adj* formal, educado,-a.
▲ *Se escribe* well behaved *cuando no se antepone a un sustantivo.*

wellbeing [welˈbiːɪŋ] *n* bienestar *m*.

well-bred [ˈwelˈbred] *adj* bien educado,-a.
▲ *Se escribe* well bred *cuando no se antepone a un sustantivo.*

well-built [ˈwelˈbɪlt]
1 *adj (building)* de construcción sólida.
2 *adj (person)* fornido,-a.
▲ *Se escribe* well built *cuando no se antepone a un sustantivo.*

well-chosen [ˈwelˈtʃəʊzən] *adj* acertado,-a.
▲ *Se escribe* well chosen *cuando no se antepone a un sustantivo.*

well-disposed [ˈweldɪsˈpəʊzd] *adj* bien dispuesto,-a (**towards**, hacia).
▲ *Se escribe* well disposed *cuando no se antepone a un sustantivo.*

well-done [ˈwelˈdʌn] *adj* muy hecho,-a.
▲ *Se escribe* well done *cuando no se antepone a un sustantivo.*

well-earned [ˈwelˈɜːnd] *adj* merecido,-a, bien merecido,-a.
▲ *Se escribe* well earned *cuando no se antepone a un sustantivo.*

well-educated [welˈedjəkeɪtɪd] *adj* culto,-a, instruido,-a.
▲ *Se escribe* well educated *cuando no se antepone a un sustantivo.*

well-founded [ˈwelˈfaʊndɪd] *adj* bien fundado,-a.
▲ *Se escribe* well founded *cuando no se antepone a un sustantivo.*

well-heeled [ˈwelˈhiːld] *adj fam* adinerado,-a.
▲ *Se escribe* well heeled *cuando no se antepone a un sustantivo.*

well-hung [ˈwelˈhʌŋ] *adj fam* bien dotado,-a.
▲ *Se escribe* well hung *cuando no se antepone a un sustantivo.*

well-informed [welɪnˈfɔːmd] *adj* bien informado,-a.
▲ *Se escribe* well informed *cuando no se antepone a un sustantivo.*

wellington [ˈwelɪŋtən] *n* bota de agua.
■ **wellington boots** botas *fpl* de agua, katiuskas *fpl*.
▲ *A veces* Wellington.

well-intentioned [welɪnˈtenʃənd] *adj* bien intencionado,-a.
▲ *Se escribe* well intentioned *cuando no se antepone a un sustantivo.*

well-judged [ˈwelˈdʒʌdʒd] *adj* bien calculado,-a.
▲ *Se escribe* well judged *cuando no se antepone a un sustantivo.*

well-known [welˈnəʊn] *adj* (bien) conocido,-a.

well-liked [ˈwelˈlaɪkt] *adj* popular.
▲ *Se escribe* well liked *cuando no se antepone a un sustantivo.*

well-lit [ˈwelˈlɪt] *adj* bien iluminado,-a.
▲ *Se escribe* well lit *cuando no se antepone a un sustantivo.*

well-mannered [ˈwelˈmænəd] *adj* educado,-a, cortés.
▲ *Se escribe* well mannered *cuando no se antepone a un sustantivo.*

well-meaning [ˈwelˈmiːnɪŋ] *adj* bien intencionado,-a.
▲ *Se escribe* well meaning *cuando no se antepone a un sustantivo.*

well-meant [ˈwelˈment] *adj* bienintencionado,-a.
▲ *Se escribe* well lit *cuando no se antepone a un sustantivo.*

well-nigh [ˈwelnaɪ] *adj* casi.

well-off [ˈwelˈɒf] *adj* rico,-a, acomodado,-a, pudiente.
▲ *Se escribe* well off *cuando no se antepone a un sustantivo.*

well-spoken [ˈwelˈspəʊkən] *adj* con acento culto.
▲ *Se escribe* well spoken *cuando no se antepone a un sustantivo.*

well-timed [ˈwelˈtaɪmd] *adj* oportuno,-a.
▲ *Se escribe* well timed *cuando no se antepone a un sustantivo.*

well-to-do [ˈweltəˈduː]
1 *adj* acomodado,-a, pudiente.
2 the well-to-do *npl* la gente pudiente.

well-turned [ˈwelˈtɜːnd] *adj (phrase)* rotundo,-a.

well-wisher [ˈwelwɪʃəʳ] *n* persona que llama o escribe a otra deseándole suerte, una pronta recuperación, etc.

well-worn [ˈwelˈwɔːn]
1 *adj (clothes)* gastado,-a, raído,-a; *(path)* trillado,-a.
2 *adj (phrase)* gastado,-a, trillado,-a.
▲ *Se escribe* well worn *cuando no se antepone a un sustantivo.*

welly [ˈwelɪ] *n GB fam* bota de agua.

Welsh [welʃ]
1 *adj* galés,-esa.
2 *n (language)* galés *m*.
3 the Welsh *npl* los galeses *mpl*.
■ **Welsh dresser** aparador *m*.
Welsh rarebit *CULIN* tostada con queso fundido.

Welshman [ˈwelʃmən] *n* galés *m*.
▲ *pl* Welshmen [ˈwelʃmən].

Welshwoman [ˈwelʃwʊmən] *n* galesa.
▲ *pl* Welshwomen [ˈwelʃwɪmɪn].

welt [welt]
1 *n (weal)* verdugón *m*, cardenal *m*.
2 *n (of shoe)* vira.

welter [ˈweltəʳ] *n* mezcla confusa, mezcolanza.

welterweight [ˈweltəweɪt] *n SP* peso wélter, wélter *m*.

wen [wen] *n* lobanillo.

wench [wentʃ] *n arch* moza, mozuela.

wend [wend] **to wend one's way** *phr* dirigir sus pasos (**towards**, hacia).

went [went] *pt* → **go**.

wept [wept] *pt & pp* → **weep**.

were [wɜːʳ] *pt* → **be**.

we're [wɪəʳ] *contr* we are.

werewolf [ˈwɪəwʊlf] *n* hombre *m* lobo.
▲ *pl* werewolves [ˈwɪəwʊlvz].

west [west]
1 *n* oeste *m*, occidente *m*: the sun sets in the west el sol se pone por el oeste.
2 *adj* occidental, del oeste.
3 *adv* al oeste, hacia el oeste: it faces west mira hacia el oeste; they were pushed west by invading tribes fueron empujados hacia el oeste por las tribus invasoras.
4 the West *n POL* Occidente *m*, los países *mpl* occidentales.
■ **the Far West** el Lejano Oeste.
the West Coast la costa oeste.
the West Country zona del sudoeste de Inglaterra.
the West End zona céntrica londinense de comercios, teatros y cines.
West Indies las Antillas.
West Indian antillano,-a.

westbound [ˈwestbaʊnd] *adj* en dirección al oeste.

westerly [ˈwestəlɪ]
1 *adj (point, direction)* oeste: in a westerly direction en dirección al oeste.
2 *adj (wind)* del oeste.

western [ˈwestən]
1 *adj* del oeste, occidental.
2 *n (cinema)* western *m*.

westerner [ˈwestənəʳ] *n* occidental *mf*.

west-northwest [westnɔːθˈwest]
1 *n* oesnoroeste *m*.
2 *adv* al oesnoroeste, hacia el oesnoroeste.

west-southwest [westsaʊθˈwest]
1 *n* oesudoeste *m*.
2 *adv* al oesudoeste, hacia el oesudoeste.

westward [ˈwestwəd] *adj* hacia el oeste.

westwards [ˈwestwədz] *adv* hacia el oeste.

wet [wet]
1 *adj (gen)* mojado,-a; *(damp)* húmedo,-a: my hair's wet tengo el pelo mojado; take off those wet clothes quítate esa ropa mojada.
2 *adj (weather)* lluvioso,-a: it was a wet day hacía un día de lluvia.
3 *adj (paint, ink)* fresco,-a: "Wet paint" "Recién pintado".
4 *adj fam (person)* apocado,-a, soso,-a.
5 *n (damp)* humedad *f*.
6 *n (rain)* lluvia.
7 *n fam (person)* apocado,-a; *(politician)* moderado,-a.
8 *vt* mojar, humedecer.

✦ **to get wet** mojarse.
to wet oneself orinarse, mearse encima.
to wet the bed orinarse en la cama.
to be wet behind the ears estar verde.
wet through *(person)* calado,-a hasta los huesos; *(thing)* empapado,-a.
■ **wet blanket** aguafiestas *mf*.
wet fish pescado fresco.
wet nurse ama de cría, nodriza.
wet suit traje *m* isotérmico.
▲ *(adjetivo) comp* **wetter**, *superl* **wettest**; *(verbo) pt & pp* **wet** o **wetted**, *ger* **wetting**.

wetback ['wetbæk] *n US* mojado.
wetness ['wetnəs] *n* humedad *f*.
we've [wi:v] *contr* we have.
whack [wæk]
1 *n (blow)* golpe *m*, porrazo.
2 *n fam (share)* parte *f*, porción *f*: everyone has had their whack todos han recibido su parte.
3 *n fam (attempt)* tentativa: I'll have a whack at it lo intentaré, probaré suerte.
4 *vt (hit hard - gen)* pegar, zurrar; *(- ball)* golpear fuerte.
whacked [wækt] *adj fam (tired out)* agotado,-a.
whacking ['wækɪŋ]
1 *adj fam* enorme, grandísimo,-a.
2 *adv fam (very)* muy.
3 *n (beating)* paliza, zurra.
whale [weɪl] *n* ballena.
✦ **to have a whale of a time** pasarlo pipa, pasarlo en grande.
whalebone ['weɪlbəun] *n* (barba de) ballena.
whaler ['weɪləʳ] *n (gen)* ballenero,-a.
whaling ['weɪlɪŋ] *n* caza de ballenas.
■ **whaling industry** industria ballenera.
wharf [wɔ:f] *n* muelle *m*, embarcadero.
▲ *pl* **wharfs** o **wharves**.
what [wɒt]
1 *adj (direct questions)* qué: what time is it? ¿qué hora es?; what colour is it? ¿de qué color es?; what kind of music do you like? ¿qué tipo de música te gusta?; what film did you see? ¿qué película viste?
2 *adj (indirect questions)* qué: I don't know what to do no sé qué hacer.
3 *adj (exclamations)* qué: what a man! ¡qué hombre!; what a smart car! ¡qué coche más chulo!; what a pity! ¡qué lástima!; what beautiful flowers! ¡qué flores más preciosas!
4 *adj (all the)* todo,-a: what oil we have is here todo el aceite que tenemos está aquí; what little free time she has she spends with her family el poco tiempo libre que tiene la pasa con su familia.
5 *pron (direct questions)* qué: what is it? ¿qué es?; what do you do? ¿a qué te dedicas?; what are you doing? ¿qué haces?; what's your name? ¿cómo te llamas?; what's that for? ¿para qué sirve eso?; what does this word mean?

¿qué significa esta palabra?; what does she look like? ¿cómo es ella?; what did he say? ¿qué dijo?
6 *pron (indirect questions)* qué: he didn't know what to say no sabía qué decir.
7 *pron* lo que: that's what he told me eso es lo que me dijo; what you need is a nice hot bath lo que necesitas es un baño caliente; show me what you did at school today enséñame lo que has hecho en el colegio hoy; it's just what I wanted es justo lo que quería; what worries me is how we're going to get home lo que me preocupa es cómo llegaremos a casa.
8 *interj* ¡cómo!: what! you've lost it! ¡cómo! ¡lo has perdido!
✦ **and what not** y tal, cosas por el estilo.
guess what? ¿sabes qué?
or what? ¿o qué?
to give somebody what for darle a alguien su merecido.
to know what's what saber de qué va la cosa, estar al tanto.
what about ...? ¿qué tal ...?, ¿qué te parece ...?: what about Friday? ¿qué tal el viernes?; what about the cat? ¿y el gato qué?; what about that drink you owe me? ¿qué hay de la copa que me debes?; what about seeing a film? ¿qué te parece ver una película?
what for? *(why)* ¿por qué?; *(for what purpose)* ¿para qué?
what have you y tal.
what if ...? ¿y si ...?: what if there's no answer? ¿y si no contestan?
what is it? *(what's wrong?)* ¿qué pasa?; *(definition)* ¿qué es?
what of it? ¿y qué?
what with ... and ... entre ... y ..., con lo de ... y ...: what with one thing and another entre una cosa y otra; what with the wedding, the fire and everything con lo de la boda, el incendio y todo.
what's more y además.
what-d'you-call-it ['wɒtdʒəkɔ:lɪt] *n fam (thing)* chisme *m*.
whatever [wɒt'evəʳ]
1 *adj (any)* cualquiera que: whatever colour you like el color que tú quieras.
2 *adj (at all)* en absoluto: with no money whatever sin absolutamente nada de dinero.
3 *pron (anything, all that)* (todo) lo que: do whatever you like haz lo que tú quieras.
4 *pron (no matter what)* whatever happens pase lo que pase; don't tell Sally whatever you do no se lo digas a Sally bajo ningún concepto; whatever the cost cueste lo que cueste; he goes out whatever the weather él sale haga el tiempo que haga.
5 *pron (surprise)* qué: whatever are you doing? ¿qué diablos haces?
6 *pron fam (show indifference)* lo que sea: do you want pizza or pasta?

—Whatever ¿quieres pizza o pasta? —Lo que sea.
✦ **or whatever** o tal, o cosas por el estilo.
whatever next? ¡habráse visto!, ¡vaya!
whatnot ['wɒtnɒt]
1 *n fam (thing)* chisme *m*.
2 *n (furniture)* estantería.
whatsit ['wɒtsɪt] *n* chirimbolo, chisme *m*.
whatsoever [wɒtsəu'evəʳ] *adj* en absoluto: nothing whatsoever nada en absoluto.
wheat [wi:t] *n* trigo.
■ **wheat germ** germen *m* de trigo.
wheatear ['wi:tɪəʳ] *n* collalba.
wheatmeal ['wi:tmi:l] *n* harina integral de trigo.
wheedle ['wi:dəl] *vt* engatusar.
✦ **to wheedle somebody into doing something** engatusar a alguien para que haga algo.
to wheedle something out of somebody sonsacar algo a alguien.
wheel [wi:l]
1 *n* rueda.
2 *n (steering wheel)* volante *m*.
3 *vt (push)* empujar.
4 *vi* girar: she wheeled round giró sobre los talones.
5 *vi (birds)* revolotear.
6 **wheels** *npl* coche *m sing*.
▶ **to wheel out** *vt sep* sacar.
✦ **to be at the wheel** *(car)* estar al volante; *(ship)* llevar el timón.
to wheel and deal trapichear.
■ **wheel clamp** cepo.
wheelbarrow ['wi:lbærəu] *n* carretilla de mano.
wheelbase ['wi:lbeɪs] *n AUTO* distancia entre ejes.
wheelchair ['wi:ltʃeəʳ] *n* silla de ruedas.
wheeler-dealer [wi:lə'di:ləʳ] *n* trapichero,-a.
wheeling ['wi:lɪŋ] **wheeling and dealing** *n* trapicheos *mpl*.
wheeze [wi:z]
1 *n (sound)* resuello; *(act)* respiración *f* sibilante.
2 *vi* respirar con dificultad, resollar.
3 *vt* decir resollando.
wheezy ['wi:zɪ] *adj (person)* asmático,-a; *(breathing)* sibilante.
▲ *comp* **wheezier**, *superl* **wheeziest**.
whelk [welk] *n* bucino.
whelp [welp]
1 *n* cachorro,-a.
2 *vi* parir.
when [wen]
1 *adv (direct questions)* cuándo: when did it happen? ¿cuándo pasó?; when are they coming? ¿cuándo vendrán?; when did she die? ¿cuándo murió?; since when? ¿desde cuándo?
2 *adv (indirect questions)* cuándo: tell me when you're ready dime cuándo estés listo; I don't know when she went no sé cuándo se fue.

3 *adv (at which, on which)* cuando, en que: August is the month when everyone goes on holiday agosto es el mes en que todo el mundo se va de vacaciones; there are times when I can't cope hay momentos en que no puedo más.

4 *conj (at the time that)* cuando: when I arrived cuando llegué yo; when I was a student cuando era estudiante; when they had finished eating cuando habían acabado de comer; we were just going out when the phone rang estábamos a punto de salir cuando sonó el teléfono.

5 *conj (whenever)* cuando, siempre que: when I have a free moment cuando tenga un momento libre.

6 *conj (considering)* cuando, si: why do you want to move when you've got such a nice house? ¿por qué te quieres mudar si tienes una casa tan bonita?

7 *conj (although)* cuando, aunque: they said it was an antique when in fact it was a reproduction dijeron que era una antigüedad cuando en realidad era una reproducción.

8 *pron* cuando: that was when it broke fue entonces cuando se rompió.

✦ **say when** *(pouring)* me dirás basta.

whence [wens] *adv fml* de dónde.

whenever [wen'evə^r]

1 *conj (at any time, when)* cuando quiera que: whenever you like cuando quieras.

2 *conj (every time that)* siempre que: whenever we have a picnic, it rains siempre que vamos de picnic, llueve.

3 *adv (surprise)* cuándo: whenever do you find the time? ¿cuándo encuentras el tiempo?

✦ **or whenever** o cuando sea.

where [weə^r]

1 *adv (direct question - place)* dónde; *(- direction)* adónde: where is it? ¿dónde está?; where did you go? ¿adónde fuiste?; where does she live? ¿dónde vive?; where are you from ¿de dónde eres?

2 *adv (indirect question)* dónde, adónde: tell me where it is dime dónde está.

3 *adv (at, in or which)* donde, en que; *(to which)* adonde, a donde: this is where it all happened es aquí donde pasó todo.

4 *conj* donde: where I come from we don't do that de donde soy yo eso no se hace; that's where you're mistaken ahí es donde te equivocas.

5 *conj (when)* cuando: where possible cuando sea posible.

whereabouts ['weərəbauts]

1 *n* paradero: his whereabouts is/are unknown se desconoce su paradero.

2 *adv (por)* dónde: whereabouts in London do you live? ¿dónde vives en Londres exactamente?

▲ *(adverbio)* [weərə'bauts].

whereas [weər'æz]

1 *conj* mientras que: he wants a boy whereas I want a girl él quiere un niño mientras que yo quiero una niña.

2 *conj* JUR considerando que.

whereby [weə'bai] *adv fml* por el/la/lo cual: a system whereby everyone works shifts un sistema por el cual todos trabajamos por turnos.

wherein [weə'rin] *adv* en donde.

whereupon ['weərəpɒn] *adv* con lo cual.

wherever [weər'evə^r]

1 *conj (in any place, where)* dondequiera que: sit wherever you like siéntate donde quieras.

2 *conj (everywhere)* dondequiera: wherever you go dondequiera que vayas, vayas dónde vayas.

3 *adv (in questions)* dónde, adónde: wherever did you put it? ¿dónde diablos lo has puesto?

4 *adv (unspecified place)* en cualquier parte.

✦ **or wherever** o donde sea.

wherewithal ['weəwɪðɔːl] *n* medios *mpl*, recursos *mpl*.

whet [wet]

1 *vt (appetite)* despertar, abrir.

2 *vt fml (knife)* afilar.

▲ *pt & pp* **whetted**, *ger* **whetting**.

whether ['weðə^r]

1 *conj* si: I don't know whether I can make it or not no sé si podré ir o no; I'll ask her whether or not she agrees le preguntaré si está de acuerdo o no; we're not sure whether to go today or tomorrow no sabemos si iremos hoy o mañana.

2 *conj (no matter if)* aunque: I'm going whether you like it or not voy a ir te guste o no, voy a ir aunque no te guste; whether it rains or not llueva o no.

✦ **whether by accident or design** fuera por accidente o a propósito.

whey [wei] *n* suero.

which [wɪtʃ]

1 *adj (direct questions)* qué, cuál, cuáles: which size? ¿qué tamaño/talla?; which colour do you prefer? ¿qué color prefieres?; which newspaper do you read? ¿qué periódico lees?; which one do you like best? ¿cuál te gusta más?

2 *adj (indirect questions)* qué: I can't remember which department she's in no recuerdo en qué sección trabaja.

3 *pron (questions)* cuál, cuáles: which do you want? ¿cuál quieres?; which is your car? ¿cuál es tu coche?; which is mine? ¿cuál es el mío?

4 *pron (indirect questions)* cuál: ask him which is his pregúntale cuál es el suyo.

5 *pron (defining relative)* que; *(with preposition)* que, el/la que, el/la cual, los/las que, los/las cuales: the shoes which I bought los zapatos que compré; this is the record I was telling you about este

es el disco del que te hablaba; the shop in which they met la tienda donde se conocieron.

6 *pron (non-defining relative)* el/la cual, los/las cuales: two glasses, one of which was dirty dos copas, una de las cuales estaba sucia.

7 *pron (referring to a clause)* lo que, lo cual: he lost, which was sad perdió, lo cual era triste.

✦ **in which case** en cuyo caso.

whichever [wɪtʃ'evə^r]

1 *adj (any one)* cualquier, el/la que: take whichever book you like best coge el libro que más te guste.

2 *adj (no matter which)* cualquiera que, no importa: whichever way you look at it no importa cómo lo mires.

3 *adj (interrogative)* cuál: whichever coat did you buy? ¿cuál de los abrigos compraste?

4 *pron* cualquiera, el/la que: take whichever you want coge el que quieras.

5 *pron (interrogative)* cuál: whichever did you choose? ¿cuál escogiste?

whiff [wɪf]

1 *n (of air, smoke)* bocanada.

2 *n (faint smell)* olor *m* fugaz, olor *m* pasajero, olorcillo: I caught a whiff of her perfume percibí el olor de su perfume.

3 *n fam (bad smell)* tufo.

4 *n fig (of scandal etc)* indicio, atisbo, sospecha.

while [waɪl]

1 *n (time)* rato, tiempo: we talked for a while charlamos durante un rato; it took me a while to get used to the idea me llevó un rato hacerme a la idea; I'll be back in a little while enseguida vuelvo; he left a good while ago hace un buen rato que se marchó; we like to go out once in a while nos gusta salir de vez en cuando; you've been here all the while! ¡has estado aquí todo el rato!

2 *conj (when)* mientras: somebody stole our car while we were on holiday nos robaron el coche mientras estábamos de vacaciones; I met my husband while I was studying in Paris conocí a mi marido mientras estudiaba en París; I'll cook the dinner while you clean the car yo haré la comida mientras tú lavas el coche.

3 *conj (although)* aunque: while I sympathize with the cause, I cannot support your methods aunque simpatizo con la causa, no puedo apoyar tus métodos.

4 *conj (whereas)* mientras que: he prefers to go out, while I like staying in él prefiere salir mientras que a mí me gusta quedarme en casa.

▸ **to while away** *vt sep* pasar: they whiled away the time reminiscing about the past pasaron el rato rememorando el pasado.

whilst [waɪlst] *conj* → while.
whim [wɪm] *n* antojo, capricho.
+ **on a whim** por capricho.
as the whim takes somebody según se le antoja a alguien.
whimper [ˈwɪmpəʳ]
1 *n (of person)* gimoteo, quejido; *(of dog)* gemido.
2 *vi (person)* lloriquear, gimotear; *(dog)* gemir.
whimsical [ˈwɪmsɪkəl] *adj (person, idea, etc)* caprichoso,-a; *(smile)* enigmático,-a; *(story etc)* fantástico,-a.
whinchat [ˈwɪntʃæt] *n* tarabilla norteña.
whine [waɪn]
1 *n (of child)* gimoteo, quejido; *(of dog)* gemido.
2 *n (of engine)* zumbido, sonido; *(of siren)* aullido.
3 *vi (child)* gimotear, lloriquear; *(dog)* gemir.
4 *vi (complain)* quejarse; *(in pain)* gimotear.
whiner [ˈwaɪnəʳ] *n (person)* quejica *mf.*
whinge [wɪndʒ] *vi GB fam (complain)* quejarse (**about**, de).
whinger [ˈwɪndʒəʳ] *n* quejica.
whining [ˈwaɪnɪŋ]
1 *adj (person)* quejica.
2 *n (of child)* gimoteo; *(of dog)* gemidos *mpl.*
whinny [ˈwɪnɪ]
1 *n* relincho.
2 *vi* relinchar.
▲ *(sustantivo)* *pl* **whinnies;** *(verbo)* *pt & pp* **whinnied,** *ger* **whinnying.**
whip [wɪp]
1 *n (for animals)* látigo; *(for punishment)* azote *m*; *(for riding)* fusta.
2 *n POL (person)* oficial encargado,-a de la disciplina de un partido; *(instruction)* llamada a los miembros de un partido para que asistan a la cámara.
3 *n CULIN (desert)* batido.
4 *vt (person)* azotar; *(horse)* fustigar.
5 *vt (wind)* azotar.
6 *vt CULIN (ingredients)* batir; *(cream, egg whites)* montar.
7 *vt GB fam (steal)* birlar, mangar.
8 *vt (act quickly)* hacer algo deprisa: **he whipped out a twenty-pound note** sacó de repente un billete de veinte libras; **she whipped the toy away from him** le arrebató el juguete; **the wind whipped some tiles off the roof** el viento arrastró unas tejas del tejado.
9 *vi (move quickly)* ir volando: **I'll just whip to the shop** voy volando a la tienda.
▸ **to whip up**
1 *vt sep (arouse - enthusiasm etc)* despertar, avivar, animar; *(- help, support)* conseguir; *(- hatred)* fomentar; *(- strife, tension)* provocar, crear.
2 *vt sep (prepare quickly)* preparar en un momento, improvisar.
+ **to crack the whip** hacer restallar el látigo.

to get a fair crack of the whip tener la misma oportunidad.
to have the whip hand estar en una posición de control, llevar la batuta.
▲ *pt & pp* **whipped,** *ger* **whipping.**
whiplash [ˈwɪplæʃ] *n* latigazo, trallazo.
■ **whiplash injury** *MED* traumatismo cervical.
whippersnapper [ˈwɪpəʳsnæpəʳ] *n fam* mocoso,-a.
whippet [ˈwɪpɪt] *n* galgo pequeño.
whipping [ˈwɪpɪŋ] *n* azotaina, paliza.
+ **to give somebody a whipping** dar una azotaina a alguien.
■ **whipping boy** cabeza de turco.
whipping cream nata para montar.
whippletree [ˈwɪpəltriː] *n* volea.
whip-round [ˈwɪpraʊnd] *n GB fam* colecta.
+ **to have a whip-round** hacer una colecta.
whipstitch [ˈwɪpstɪtʃ]
1 *vt* sobrehilar.
2 *n* sobrehilado.
whirl [wɜːl]
1 *n (movement)* giro, vuelta.
2 *n fig* torbellino: **whirl of activity** bullicio, ajetreo; **the social whirl** la vida social; **my mind's in a whirl** la cabeza me da vueltas.
3 *vi (move round)* girar, dar vueltas; *(of dust, leaves, etc)* arremolinarse: **the dancers were whirling round the floor** los bailarines giraban por la pista; **a whirling snowstorm** un remolino de viento y nieve.
4 *vi (move quickly)* ir como un relámpago.
5 *vi fig (of brain, senses)* dar vueltas: **my head was whirling round** la cabeza me daba vueltas.
6 *vt (spin)* hacer girar, dar vueltas a.
7 *vt (move quickly)* llevar rápidamente.
+ **to give something a whirl** *(try)* probar algo, probar suerte con algo.
whirlpool [ˈwɜːlpuːl] *n* vorágine *m*, remolino.
whirlwind [ˈwɜːlwɪnd]
1 *n* torbellino, remolino.
2 *adj fig* vertiginoso,-a, relámpago: **a whirlwind romance** un idilio tormentoso.
whirr [wɜːʳ]
1 *n* zumbido.
2 *vi* zumbar.
whisk [wɪsk]
1 *n (quick movement)* movimiento brusco, sacudida: **with a whisk of the tail** de un coletazo.
2 *n CULIN (hand)* batidor *m*; *(electric)* batidora.
3 *vt (of animal's tail)* sacudir (la cola).
4 *vt CULIN* batir.
5 *vt (take quickly)* llevar rápidamente: **she was whisked away to safety** se la llevó fuera del peligro; **they whisked him off in a taxi** se lo llevaron rápidamente en un taxi.

whisker [ˈwɪskəʳ]
1 *n (single hair)* pelo (de la barba).
2 **whiskers** *npl (man's)* patillas *fpl.*
3 *npl (of cat etc)* bigote *m*, bigotes *mpl.*
+ **by a whisker** por un pelo, por los pelos.
to think one is the cat's whiskers ser un creído,-a, ser engreído,-a, creerse el ombligo del mundo.
whiskey [ˈwɪskɪ] *n US* → whisky.
whisky [ˈwɪskɪ] *n GB* whisky *m*, güisqui *m.*
▲ *pl* **whiskies.**
whisper [ˈwɪspəʳ]
1 *n (quiet voice)* susurro: **she said in a whisper** dijo en voz baja.
2 *n (rumour)* rumor *m*, voz *f.*
3 *vt (gen)* susurrar, decir en voz baja: **she whispered something in my ear** me susurró algo al oído.
4 *vt (rumour)* correr la voz, rumorearse: **it is whispered that ...** se rumorea que ...
5 *vi (gen)* susurrar, cuchichear, hablar en voz baja: **stop whispering!** ¡dejad de cuchichear!
6 *vi (of wind, leaves)* susurrar.
whispering [ˈwɪspərɪŋ] *n (gen)* cuchicheo; *(of leaves)* murmullo.
■ **whispering campaign** campaña de difamación.
whispering gallery galería de los murmullos.
whist [wɪst] *n* whist *m.*
■ **whist drive** reunión *f* para jugar al whist.
whistle [ˈwɪsəl]
1 *n (instrument)* silbato, pito: **the guard blew his whistle** el jefe del tren tocó el silbato.
2 *n (noise)* silbido, pitido; *(of train)* pitido; *(of wind)* silbido.
3 *vt (tune)* silbar.
4 *vi (person, kettle, wind)* silbar; *(referee, police, train)* pitar: **the referee whistled for half-time** el árbitro pitó para señalar el descanso.
5 *vi (call)* llamar con un silbido, silbar; *(protest)* silbar, pitar: **the crowd whistled angrily** el público pitó enfadado.
6 *vi (move swiftly)* pasar silbando.
+ **to blow the whistle on somebody** delatar a alguien.
to wet one's whistle mojar el gaznate, echarse un trago.
to whistle for something esperar algo vanamente.
whistle-stop [ˈwɪsəlstɒp] *n US* apeadero.
■ **whistle-stop tour** gira relámpago.
whit [wɪt] *n* pizca, ápice *m*: **you haven't changed a whit** no has cambiado un ápice.
Whit [wɪt] *n* Pentecostés *m.*
■ **Whit Sunday** domingo de Pentecostés.
white [waɪt]
1 *adj* blanco,-a: **a white person** una persona de raza blanca; **white coffee** café con leche; **white hair** pelo blanco, pelo cano; **white grapes** uvas verdes.
2 *adj (pale)* pálido,-a.

3 *n* blanco, color *m* blanco.

4 *n (person)* blanco,-a.

5 *n (of egg)* clara.

6 *n (of eye)* blanco.

7 whites *npl (linen)* ropa *f sing* blanca; *(for tennis)* ropa *f sing* de jugar al tenis.

✦ **as white as a sheet** blanco,-a como el papel.

as white as snow más blanco,-a que la nieve.

to go/turn white *(person's face)* palidecer, ponerse pálido,-a; *(hair)* ponerse cano, encanecer; *(person)* quedarse canoso,-a: **she went white overnight** se quedó canosa de la noche a la mañana.

to have a white wedding casarse de blanco.

■ **white (blood) cell** glóbulo blanco.

white Christmas Navidades *fpl* blancas.

white corpuscle glóbulo blanco.

white elephant elefante *m* blanco.

white flag bandera blanca.

white heat incandescencia.

white hope gran esperanza, gran promesa.

white horses palomas *fpl*.

White House Casa Blanca.

white lead albayalde *m*, plomo blanco.

white lie mentira piadosa.

white meat carne *f* blanca.

white noise ruido blanco.

White Pages páginas *fpl* blancas.

White Paper libro blanco.

white pepper pimienta blanca.

white sauce (salsa) bechamel *f*.

white spirit aguarrás *m*.

white stick bastón *m* blanco de los ciegos.

white sugar azúcar *f* blanquilla.

white tie *(bow tie)* pajarita blanca.

white trash basura blanca, gentuza blanca.

white water aguas *fpl* bravas.

white whale beluga.

white wine vino blanco.

whitebait [ˈwaɪtbeɪt] *n CULIN* pescadito frito.

white-collar [waɪtˈkɒləʳ] *adj* administrativo,-a.

■ **white-collar worker** empleado,-a administrativo,-a, oficinista *mf*.

white-hot [ˈwaɪtˈhɒt] *adj* candente, incandescente.

▲ *Se escribe* white hot *cuando no se antepone a un sustantivo.*

whiten [ˈwaɪtən] *vt* blanquear, emblanquecer.

whitener [ˈwaɪtənəʳ] *n* blanqueador,-ra.

whiteness [ˈwaɪtnəs] *n* blancura.

whitening [ˈwaɪtənɪŋ] *n* blanco de España.

white-slave trade [waɪtˈsleɪvtreɪd] *n* trata de blancas.

whitethroat [ˈwaɪtθrəʊt] *n* curruca zarcera.

■ **lesser whitethroat** curruca zarcillera.

white-tie [waɪtˈtaɪ] *adj (party etc)* de etiqueta.

whitewash [ˈwaɪtwɒʃ]

1 *n* cal *f*, lechada, jalbegue *m*.

2 *n fig* encubrimiento.

3 *vt* encalar, enjalbegar, blanquear.

4 *vt fig* encubrir.

whither [ˈwɪðəʳ] *adv* adónde.

whiting¹ [ˈwaɪtɪŋ] *n (fish)* merlán *m*.

▲ *pl* whiting.

whiting² [ˈwaɪtɪŋ] *n (whitening)* blanco de España.

whitish [ˈwaɪtɪʃ] *adj* blanquecino,-a.

whitlow [ˈwɪtləʊ] *n* uñero, panadizo.

Whitsun [ˈwɪtsən] *n* Pentecostés *m inv*.

Whitsuntide [ˈwɪtsəntaɪd] *n* Pentecostés *m inv*.

whittle [ˈwɪtəl] *vt (sharpen)* afilar, sacar punta a; *(shape)* tallar.

▶ **to whittle away** *vt sep* mermar, ir reduciendo, ir disminuyendo.

to whittle down *vt sep* reducir: **we've whittled the applicants down to three** hemos conseguido reducir a tres los candidatos.

whiz [wɪz] *n →* **whizz.**

whizz [wɪz]

1 *n (sound)* zumbido, silbido.

2 *vi (make sound)* zumbar, silbar.

3 *vi (car, bullet)* pasar zumbando, pasar silbando; *(time)* pasar volando: **the cars whizzed past** los coches pasaron zumbando; **the days whizz by** los días pasan volando.

✦ **to be a whizz at something** ser una hacha en algo.

■ **whizz kid** joven *mf* dinámico,-a y emprendedor,-ra.

who [huː]

1 *pron (direct questions)* quién, quiénes: **who is it?** ¿quién es?; **who did it?** ¿quién lo hizo?; **who did you go with?** ¿con quién fuiste?; **who are you talking to?** ¿con quién hablas?; **who knows?** ¿quién sabe?

2 *pron (indirect questions)* quién, quiénes: **I don't know who they are** no sé quiénes son.

3 *pron (defining relative)* que: **you're the only one who can help me** eres el único que puede ayudarme; **it's the man who called earlier** es el hombre que llamó antes; **those who want to go** los que quieran ir; **the boy (who) she loves** el chico que ama; **the woman who lives next door has just had a baby** la mujer que vive al lado acaba de tener un niño.

4 *pron (non-defining relative)* que, quien, quienes, el/la cual, los/las cuales: **the workers, who were on strike, …** los trabajadores, los cuales estaban en huelga, …; **my brother, who lives in England, …** mi hermano, que vive en Inglaterra, …

WHO [ˈdʌbəljuːˈeɪtʃˈəʊ] *abbr* (**World Health Organization**) Organización Mundial de la Salud; *(abbreviation)* OMS *f*.

whoa [wəʊ] *interj* ¡so!

whodunit [huːˈdʌnɪt] *n fam* novela u obra de teatro de suspense.

whoever [huːˈevəʳ]

1 *pron (the person who)* quien, quienquiera que, el que: **go with whoever you like** vete con quien quieras; **whoever said that is a liar** el que dijo eso es un mentiroso; **whoever gets home first makes the tea** el que llegue primero a casa hace el té.

2 *pron (no matter who)* quienquiera que, cualquiera que: **whoever it is, I'm not in** quienquiera que sea, no estoy; **whoever you vote for, the result will be the same** votes a quien votes, el resultado será el mismo.

3 *pron (questions, exclamations)* quién?: **whoever can that be at this time?** ¿pero quién será a estas horas?

✦ **… or whoever** … o quien sea.

whole [həʊl]

1 *adj (entire, all (the), the full amount of)* entero,-a, íntegro,-a, todo,-a: **the whole day** todo el día; **a whole bottle** una botella entera; **the whole truth** toda la verdad; **in my whole life** en toda mi vida; **in the whole world** en el mundo entero; **that's the whole point** precisamente de eso se trata.

2 *adj (intact, not broken)* intacto,-a, sano,-a; *(in one piece, complete)* entero,-a: **cook it whole** guísalo entero.

3 *n* conjunto, todo: **two halves make a whole** dos mitades hacen un todo.

✦ **a whole lot** mucho,-a, muchos,-as, un montón de: **it's a whole lot better than I expected** es muchísimo mejor de lo que me esperaba; **a whole lot of things** un montón de cosas, muchas cosas.

as a whole en conjunto, en su totalidad.

on the whole en general.

the whole caboodle absolutamente todo, todo el tinglado.

the whole of la totalidad de, todo,-a: **the whole of Europe** toda Europa; **the whole of the summer** todo el verano.

to make somebody whole curar a alguien.

■ **whole number** número entero.

wholefood [ˈhəʊlfuːd] *n* alimento integral.

wholehearted [həʊlˈhɑːtɪd] *adj (support)* absoluto,-a, incondicional; *(attention)* completo,-a; *(sympathy)* sincero,-a; *(effort)* entusiasta.

wholeheartedly [həʊlˈhɑːtɪdlɪ] *adv* con entusiasmo, sinceramente, de todo corazón, sin reservas: **I agree wholeheartedly** estoy completamente de acuerdo.

wholemeal ['həʊlmiːl] *adj* integral.

wholesale ['həʊlseɪl]
1 *adj* COMM al por mayor.
2 *adj (complete, indiscriminate)* total, general, masivo,-a, sistemático,-a, absoluto,-a: **wholesale slaughter** matanza indiscriminada; **wholesale redundancies** despidos masivos.
3 *adv* COMM al por mayor.
4 *adv (on a large scale)* de modo general, en su totalidad, en masa, de manera sistemática.
5 *n* COMM venta al por mayor.

wholesaler ['həʊlseɪlə'] *n* mayorista *mf*.

wholesome ['həʊlsəm]
1 *adj (food)* sano,-a; *(appearance)* sano,-a, saludable.
2 *adj fig (good in effect)* saludable.

wholly ['həʊli] *adv* enteramente, completamente.

whom [huːm]
1 *pron fml (direct questions)* a quién/quiénes: **whom did he kill?** ¿a quién mató?; **to whom should I address it?** ¿a quién debería ir dirigido?
2 *pron fml (relative - defining)* que, quien, quienes; *(- after preposition)* quien, quienes, el cual, la cual, los cuales, las cuales: **pupils whom I have taught** alumnos a quienes he dado clase; **the gentleman whom I saw** el señor a quien vi; **the man with whom she was seen** el hombre con quien la vieron; **someone for whom I have the greatest respect** alguien a quien tengo mucho respeto.
3 *pron (relative - non-defining)* quien, quienes, el cual, la cual, los cuales, las cuales: **our guest, of whom you must all have heard, ...** nuestro invitado, de quien todos deben haber oído hablar, ...; **the man, whom she'd met previously, ...** el hombre, a quien había conocido antes, ...

whoop [huːp]
1 *n* grito (de alegría).
2 *vi* gritar (de alegría).
+ to whoop it up pasárselo en grande.

whoopee [wʊ'piː] *interj* ¡hurra!

whooping cough ['huːpɪŋkɒf] *n* MED tos *f* ferina.

whoops [wʊps] *interj* ¡ay!

whopper ['wɒpə']
1 *n fam (large thing)* cosa enorme, cosa descomunal: **I caught a whopper!** pesqué uno enorme.
2 *n fam (lie)* trola, bola.

whopping ['wɒpɪŋ]
1 *adj fam* enorme, descomunal.
2 *adv fam* muy: **a whopping great steak** un bistec enorme.

whore [hɔː'] *n pej* puta.

whose [huːz]
1 *pron (direct questions)* de quién/quiénes: **whose is this?** ¿de quién es esto?

2 *pron (indirect questions)* de quién/ quiénes: **I don't know whose it is** no sé de quién es.
3 *adj (direct questions)* de quién/quiénes: **whose dog is this?** de quién es este perro?; **whose fault is it?** ¿quién tiene la culpa?
4 *adj (indirect questions)* de quién/ quiénes: **I wonder whose books these are** me pregunto de quién serán estos libros.
5 *adj (relative)* cuyo,-a, cuyos,-as: **the woman whose car was stolen** la mujer cuyo coche fue robado; **that's the man whose wife is in hospital** ese es el hombre cuya mujer está en el hospital.

why [waɪ]
1 *adv (direct questions - for what reason)* por qué; *(- for what purpose)* para qué: **why didn't you go?** ¿por qué no fuiste?; **why do you hate me?** ¿por qué me odias?; **why bother?** ¿por qué molestarse?; **why do you need the money?** ¿para qué necesitas el dinero?
2 *adv (indirect questions - for what reason)* por qué; *(- for what purpose)* para qué: **I asked him why he did it** le pregunté por qué lo hizo; **she wondered why he hadn't come** se preguntaba por qué no había venido.
3 *adv (relative)* por eso: **that is why he left** por eso se fue; **why she kept quiet we'll never know** nunca sabremos por qué nunca dijo nada.
4 *interj* ¡vaya!, ¡anda!, ¡toma!
5 *n* porqué *m*.
+ the whys and (the) wherefores el cómo y el porqué.
why ever? ¿por qué demonios?
why not? ¿por qué no?: **why don't we go out for lunch?** ¿por qué no comemos fuera?; **I don't see why not** no veo por qué no.

wick [wɪk] *n* mecha.
+ to get on somebody's wick GB tocarle las narices a alguien.

wicked ['wɪkɪd]
1 *adj (evil - person)* malvado,-a, malo,-a; *(- action)* malo,-a, perverso,-a, inicuo,-a.
2 *adj (harmful)* peligroso,-a, dañino,-a, nocivo,-a.
3 *adj (mischievous)* travieso,-a, pícaro,-a.
4 *adj fam fig (very bad - gen)* malísimo,-a; *(- weather)* feo,-a, horrible; *(- temper, price)* terrible; *(- waste)* vergonzoso,-a; *(humour)* cruel.
5 **the wicked** *npl* los malos.
+ there's no rest for the wicked los malos nunca descansan.

wickedly ['wɪkɪdli]
1 *adv (evilly)* malvadamente, perversamente.
2 *adv fam fig (very)* terriblemente.

wickedness ['wɪkɪdnəs] *n* maldad *f*.

wicker ['wɪkə']
1 *n* mimbre *m*.
2 *adj* de mimbre.

wickerwork ['wɪkəwɜːk]
1 *n (articles)* artículos *mpl* de mimbre; *(art)* cestería.
2 *adj* de mimbre.

wicket ['wɪkɪt]
1 *n (in cricket - stumps)* palos *mpl*; *(- pitch)* terreno.
2 *n (small door, gate)* postigo, portillo.
+ to be on a sticky wicket encontrarse en un apuro.

wicketkeeper ['wɪkɪtkiːpə'] *n (cricket)* cátcher *m*.

wide [waɪd]
1 *adj (broad)* ancho,-a; *(space, hole, gap)* grande: **a wide road** una carretera ancha; **a wide hole in the fence** un agujero grande en la valla; **the wide gap between rich and poor** la gran diferencia entre ricos y pobres.
2 *adj (having specified width)* de ancho: **two feet wide** de dos pies de ancho; **how wide is it?** ¿cuánto hace de ancho?
3 *adj (large - area)* amplio,-a, extenso,-a; *(- knowledge, experience, repercussions)* amplio,-a; *(- coverage, range, support)* extenso,-a: **a wide variety of books** una gran variedad de libros; **he has wide interests** tiene intereses muy diversos; **a wide following** muchos admiradores; **this raises wider issues** esto plantea cuestiones más generales.
4 *adj (eyes, smile)* abierto,-a.
5 *adj (off target)* desviado,-a.
6 *adv (fully - gen)* completamente: **wide awake** completamente despierto,-a; **wide apart** muy separados,-as; **the door was wide open** la puerta estaba abierta de par en par; **open wide!** said the dentist ¡abre bien la boca! dijo el dentista.
7 *adv (off target)* desviado.
+ from far and wide de todas partes.
to be/fall wide of the mark no dar en el blanco, no acertar.
to give somebody/something a wide berth evitar a alguien/algo.
to go into something with one's eyes wide open saber muy bien dónde se está metiendo uno.
wide open (to something) *(exposed)* completamente expuesto,-a (a algo).

wide-angle ['waɪdæŋgəl] *adj* amplio,-a.
■ **wide-angle lens** objetivo gran angular.

wide-awake ['waɪdəweɪk]
1 *adj (fully awake)* completamente despierto,-a.
2 *adj (alert)* despierto,-a, despabilado,-a, espabilado,-a.
▲ *Se escribe* **wide awake** *cuando no se antepone a un sustantivo.*

wide-eyed ['waɪd'aɪd]
1 *adj (surprised)* con los ojos muy abiertos.
2 *adj (innocent, naive)* inocente, ingenuo,-a.
▲ *Se escribe* **wide eyed** *cuando no se antepone a un sustantivo.*

widely [ˈwaɪdlɪ]
1 adv (over wide area or range of things) extensamente; (generally) generalmente: it is widely known that … es bien sabido que …; he has travelled widely ha viajado extensamente; she is widely read ha leído mucho; these drugs are widely available estas drogas se consiguen con facilidad.
2 adv (to a large degree) mucho: accents vary widely from place to place los acentos varían mucho de un sitio a otro.

widen [ˈwaɪdən]
1 vt (road etc) ensanchar.
2 vt fig (knowledge etc) ampliar, extender: the party must widen its appeal among young people el partido tiene que extender su popularidad entre los jóvenes.
3 vi (road etc) ensancharse; (eyes) abrirse: the river widens here el río se ensancha aquí.
4 vi (project etc) extenderse; (difference, gap) aumentar: the widening gap between rich and poor la diferencia cada vez más grande entre ricos y pobres.

wide-ranging [ˈwaɪdˈreɪndʒɪŋ]
1 adj (interests, products, subjects) múltiples, muy diversos,-as, muy variados,-as; (discussion) amplio,-a.
2 adj (effects, implications) de gran alcance; (survey, study, investigation) a fondo, de gran alcance.
▲ Se escribe wide ranging cuando no se antepone a un sustantivo.

widescreen [ˈwaɪdskriːn] adj TV pantalla nf panorámica.

widespread [ˈwaɪdspred] adj (concern, confusion, unrest, use, belief) generalizado,-a; (damage, disease, news) extenso,-a, extendido,-a.
✦ to become widespread (gen) generalizarse; (illness, news) extenderse, difundirse.

widow [ˈwɪdəʊ] n viuda.

widowed [ˈwɪdəʊd] adj enviudado,-a.
✦ to be widowed enviudar.

widower [ˈwɪdəʊəʳ] n viudo.

widowhood [ˈwɪdəʊhʊd] n viudez f.

width [wɪdθ]
1 n (gen) anchura: the width of the street la anchura de la calle; it's ten metres in width tiene diez metros de ancho; measure the width of the room mide la anchura de la habitación.
2 n (of material) ancho.
3 n (of swimming pool) ancho.

wield [wiːld]
1 vt (weapon, tool, etc) empuñar, blandir, manejar.
2 vt fig (power, control, etc) ejercer.

wife [waɪf] n esposa, mujer f.
✦ an old wives' tale cuento de viejas.
▲ pl wives.

wig [wɪg]
1 n (gen) peluca.
2 n JUR peluquín m.
✦ to wear a wig llevar peluca.

wigeon [ˈwɪdʒən] n ánade m silbón.

wiggle [ˈwɪgəl]
1 vt (gen) menear; (hips) contonearse.
2 vi (gen) menearse.
3 n meneo.

wiggly [ˈwɪgəlɪ] adj (wavy) ondulado,-a; (moving) sinuoso,-a.
▲ comp wigglier, superl wiggliest.

wigwam [ˈwɪgwæm] n tienda india, tepe m.

wild [waɪld]
1 adj (animal) salvaje, bravío,-a: wild beast fiera; wild bull toro bravo.
2 adj (plant, flower) silvestre; (vegetation) salvaje.
3 adj (country, landscape) agreste, bravo,-a, salvaje.
4 adj (weather - wind) furioso,-a, borrascoso,-a; (- sea) bravo,-a; (- night) tempestuoso,-a, de tormenta.
5 adj (tribe) salvaje.
6 adj (violent, angry - person) furioso,-a, colérico,-a, frenético,-a; (- behaviour) incontrolado,-a, desenfrenado,-a; (- blow, attack) violento,-a, salvaje, brutal: he's wild with anger está loco de furia.
7 adj (very excited - person) loco,-a (with, de), alocado,-a; (very exciting - party etc) escandaloso,-a, desmadrado,-a: the crowd went wild el público enloqueció; wild applause aplausos fervorosos.
8 adj (showing lack of thought - thoughts, talk) disparatado,-a; (- guess) al azar; (- idea, scheme) descabellado,-a, desorbitado,-a, loco,-a, alocado,-a; (- decision) precipitado,-a, impetuoso,-a; (- exaggeration, speculation) enorme.
9 adj fam (fantastic, crazy) bárbaro,-a, salvaje.
10 the wild n estado salvaje, estado natural, naturaleza: few gorillas remain in the wild quedan pocos gorilas en su hábitat natural; this species couldn't survive in the wild esta especie no podría sobrevivir en estado salvaje.
11 the wilds npl las regiones fpl salvajes.
✦ beyond one's wildest dreams más de lo que jamás había soñado.
  to be wild about something estar loco,-a por algo: he's wild about football está loco por el fútbol; I'm not wild about the colour el color no me entusiasma demasiado.
  to grow wild ser silvestre.
  to run wild (animal) vivir en su estado natural; (plant, garden) volver a su estado natural; (person, child) desmandarse; (hooligan etc) portarse como un salvaje.
■ wild boar jabalí m.
  wild card comodín m.
  the Wild West el Lejano Oeste m.

wildcat [ˈwaɪldkæt] n gato,-a montés.
■ wildcat strike huelga salvaje.

wildebeest [ˈwɪldəbiːst] n ñu m.

wilderness [ˈwɪldənəs]
1 n (desert) yermo, desierto; (wasteland) páramo.
2 n pej (garden) selva, jungla.
✦ in the (political) wilderness POL alejado,-a del mundo de la política.

wildfire [ˈwaɪldfaɪəʳ] n fuego incontrolable, fuego arrasador.
✦ to spread like wildfire correr como la pólvora, extenderse como un reguero de pólvora.

wildfowl [ˈwaɪldfaʊl] n ave f de caza.
▲ pl wildfowl o wildfowls.

wild-goose chase [waɪldˈguːstʃeɪs] n búsqueda inútil.

wildlife [ˈwaɪldlaɪf] n fauna.
■ wildlife park reserva.

wildly [ˈwaɪldlɪ]
1 adv (run etc) como un loco,-a, frenéticamente; (talk) exageradamente, sin ton ni son, incoherentemente; (applaud) fervorosamente; (hit) violentamente, furiosamente.
2 adv (guess) al azar, sin pensar; (shoot) sin apuntar, a lo loco.
3 adv (very) muy, totalmente, absolutamente: wildly exaggerated exageradísimo,-a; wildly inaccurate absolutamente errado,-a; she's wildly happy está loca de alegría.

wildness [ˈwaɪldnəs]
1 n (of landscape) lo agreste; (of storm, sea, wind) furia.
2 n (of behaviour) desenfreno, locura; (of imagination etc) extravagancia.

wiles [waɪlz] npl (tricks) artimañas fpl, artificios mpl; (cunning) astucia.

wilful [ˈwɪlfʊl]
1 adj (headstrong, obstinate) voluntarioso,-a, terco,-a.
2 adj JUR (intentional) premeditado,-a, deliberado,-a.

wilfully [ˈwɪlfʊlɪ]
1 adv (obstinately) voluntariosamente, tercamente.
2 adv JUR (deliberately) premeditadamente, con alevosía.

will¹ [wɪl]
1 n (control, volition) voluntad f; (free will) albedrío: she's lost the will to live ha perdido la voluntad de vivir; a clash of wills un conflicto de voluntades; he's got a strong will tiene mucha voluntad; it is God's will es la voluntad de Dios.
2 n JUR testamento, últimas fpl voluntades: he left me this ring in his will me dejó este anillo en su testamento; have you made a will? ¿has hecho (tu) testamento?
3 vt (make or intend to happen by power of mind) desear, querer: we were willing him to win estábamos deseando que ganara; she willed it to happen logró que pasara por fuerza de voluntad.

4 *vt fml (intend, desire)* querer, ordenar, mandar: **if God wills** si Dios lo quiere.
5 *vt JUR* legar, dejar en testamento.
✦ against one's will contra su voluntad, a pesar suyo.
at will a voluntad.
of one's own free will por voluntad propia.
where there's a will there's a way querer es poder.
with a will con ilusión, con entusiasmo, con ganas.
▪ last will and testament última voluntad *f.*

will² [wɪl]
1 *aux (future)* **she will be here tomorrow** estará aquí mañana; **we won't finish today** no acabaremos hoy; **it won't rain, will it?** no lloverá, ¿verdad?; **you'll catch it if you hurry** lo cogerás si te das prisa; **I'll see you next week** hasta la semana que viene; **I will always love you** siempre te amaré; **what will you do if she's late?** ¿qué harás si llega tarde?
2 *aux (be disposed to, be willing to)* **(no)**, I **won't** no quiero; **I'll do it** lo haré (yo); **he won't open the door** se niega a abrir la puerta; **the car won't start** el coche no arranca; **I won't have it!** ¡no lo permito!; **will you stay for dinner?** ¿quieres quedarte a cenar?; **won't you take a seat?** ¿quiere sentarse?, siéntese, por favor.
3 *aux (requests)* querer: **will you do me a favour?** ¿quieres hacerme un favor?; **you won't forget to tell him, will you?** no se te olvidará de decírselo, ¿verdad?; **make me a cup of tea, will you?** hazme una taza de té, ¿quieres?
4 *aux (general truths, custom)* **accidents will happen** siempre habrá accidentes; **boys will be boys** así son los chicos.
5 *aux (orders, commands)* **will you be quiet!** ¡quieres callarte!, ¡cállate!; **you will report in my office tomorrow** preséntese en mi oficina mañana.
6 *aux (insistence, persistence)* insistir en: **she will play her music at full volume** insiste en poner la música a tope; **he will leave the door open** es que no hay manera de que cierre la puerta.
7 *aux (can, possibility)* poder: **this phone will accept credit cards** este teléfono va con tarjetas de crédito; **this washing machine will take 5 kgs** esta lavadora aguanta 5 kilos.
8 *aux (supposition, must, probability)* deber de: **that'll be John** será John, debe de ser John; **they'll be home by now** ya estarán en casa, ya deben de estar en casa.
9 *vi fml dated (wish)* querer: **what you will** lo que quieras.
✦ if you will si así lo quiere.
I will *(in wedding)* sí, quiero.
will do muy bien, lo haré.

willie [ˈwɪlɪ] *n fam* pito.

willies [ˈwɪlɪz] *npl fam* susto *m sing.*
✦ to give somebody the willies poner a alguien la piel de gallina, poner a alguien los pelos de punta.
to put the willies up somebody poner a alguien los pelos de punta.

willing [ˈwɪlɪŋ]
1 *adj (without being forced)* complaciente, de gran voluntad, dispuesto,-a; *(eager)* entusiasta: **he's a willing helper** un ayudante dispuesto; **willing students** estudiantes entusiastas; **she's very willing** buena voluntad no le falta.
2 *adj (ready, prepared, disposed)* dispuesto,-a **(to**, a): **I'm willing to take all the blame** estoy dispuesto a cargar con toda la culpa; **she's more than willing to lend a hand** está más que dispuesta a echar una mano.
3 *adj (given/done gladly)* voluntario,-a.
✦ to show willing dar pruebas de buena voluntad.

willingly [ˈwɪlɪŋlɪ] *adv* de buena gana, de buen grado.

willingness [ˈwɪlɪŋnəs] *n (good will)* buena voluntad *f*, *(readiness)* buena disposición *f.*

will-o'-the-wisp [wɪlədəˈwɪsp] *n* fuego fatuo.

willow [ˈwɪləʊ] *n* sauce *m.*
▪ willow tree sauce *m.*

willowy [ˈwɪləʊɪ] *adj* esbelto,-a.

willpower [ˈwɪlpaʊəʳ] *n* (fuerza de) voluntad *f*: **she gave up smoking through sheer willpower** dejó de fumar por pura fuerza de voluntad; **he hasn't got much willpower** tiene poca voluntad.

willy [ˈwɪlɪ] *n* → **willie.**
▲ pl willies.

willy-nilly [wɪlɪˈnɪlɪ] *adv* como sea, quiera o no.

wilt [wɪlt]
1 *vt* marchitar, secar.
2 *vi (plant)* marchitarse, secarse.
3 *vi (person - become weak or tired)* debilitarse, decaer, languidecer; *(- lose confidence)* desanimarse.

wily [ˈwaɪlɪ] *adj* astuto,-a, zorro,-a, mañoso,-a.
▲ comp wilier, superl wiliest.

wimp [wɪmp] *n fam pej* debilucho,-a, esmirriado,-a, canijo,-a.

wimpish [ˈwɪmpɪʃ] *adj* ñoño,-a.

wimpishness [ˈwɪmpɪʃnəs] *n* ñoñez *f.*

wimpy [ˈwɪmpɪ] *adj* ñoño,-a.
▲ comp wimpier, superl wimpiest.

win [wɪn]
1 *n* victoria: **five consecutive wins** cinco victorias consecutivas; **I had a win on the lottery** gané (algo) en la lotería.
2 *vt (gen)* ganar; *(victory)* conseguir, ganar: **the Spaniard won the 1500 metres** el español ganó los 1500 metros; **who do you think will win the election?** ¿quién crees que ganará las elecciones?; **you always win at cards** siempre (me) ganas a las cartas.

3 *vt (prize, cup, etc)* ganar, llevarse: **we've won the pools!** ¡hemos sacado una quiniela!; **she won first prize in a competition** se llevó el primer premio en un concurso; **this performance won him an Oscar** esta interpretación le valió un Oscar.
4 *vt (gain, obtain, achieve - gen)* conseguir, obtener, ganar; *(- friendship, respect)* granjearse; *(- sympathy, affection)* ganarse, granjearse; *(- support)* atraer, captar; *(- heart, love)* conquistar: **she won a place at university** consiguió una plaza en la universidad; **we need to win support for the cause** hay que captar apoyo para la causa; **he managed to win her friendship** logró granjearse su amistad.
5 *vi* ganar: **who's winning?** ¿quién va ganando?; **we won 1-0** ganamos por 1-0; **my horse won by a head** mi caballo ganó por una cabeza; **OK! you win!** ¡vale! ¡tú ganas!
▶ to win back *vt sep (money, love, support)* recuperar; *(land)* reconquistar.
to win over/win round *vt sep (person)* convencer, persuadir; *(supporter)* atraerse, captar, ganarse; *(lover)* conquistar: **we can win them over to our point of view** podemos persuadirlos para que adopten nuestro punto de vista.
▶ to win through/win out *vi* conseguir triunfar, triunfar al final.
✦ to win hands down ganar fácilmente.
to win the day llevarse la palma.
to win the toss ganar el sorteo.
win or lose tanto si ganamos como si perdemos.
you can't win *(certain to lose)* no hay caso.
▲ pt & pp won, ger winning.

wince [wɪns]
1 *n* rictus *m*, mueca de dolor.
2 *vi (in pain)* hacer un rictus, hacer una mueca de dolor; *(in embarrassment)* hacer una mueca.

winch [wɪntʃ]
1 *n* torno, cabrestante *m.*
2 *vt* levantar con un torno.

wind¹ [wɪnd]
1 *n METEOR* viento, aire *m*: **high winds** vientos fuertes; **a gust of wind** una ráfaga de viento; **the wind has dropped** el viento ha amainado; **there's quite a wind blowing** hace mucho aire.
2 *n (breath)* aliento: **he couldn't get his wind** le faltaba el aliento.
3 *n (flatulence)* gases *mpl*, flato; *(air)* gases *mpl* del estómago.
4 *n pej (talk)* palabrería.
5 *adj MUS* de viento: **wind section** sección de viento.
6 *vt* dejar sin aliento, cortar la respiración: **the ball caught him in the stomach and winded him** el balón le dio en el estómago y se quedó sin aliento.

7 *vt (baby)* hacer eructar.

✦ **like the wind** como el viento.

to break wind ventosear.

to get one's second wind *(feel strong again)* recobrar el aliento; *(become lively again)* reanimarse.

to get wind of something olerse algo.

to get/have the wind up (about something) arrugarse por algo, encogérsele a uno el ombligo por algo.

to put the wind up somebody espantar a alguien, asustar a alguien.

to run/sail before the wind navegar viento en popa.

to take the wind out of somebody's sails bajarle los humos a alguien.

to throw caution to the wind liarse la manta a la cabeza.

to the four winds a los cuatro vientos.

■ **wind chill factor** sensación *f* térmica, sensación de frío.

wind farm parque *m* eólico.

wind gauge anemómetro.

wind instrument instrumento de viento.

wind power energía eólica.

wind tunnel túnel *m* aerodinámico.

winds of change aires *mpl* de cambio.

wind² [waɪnd]

1 *vt (handle)* dar vueltas a, girar.

2 *vt (on reel)* arrollar, devanar.

3 *vt (tape, film)* bobinar: **wind it back** rebobínalo; **wind it on/forward** avánzalo; **he wound the fishing line in** cobró el sedal; **she wound the car window up/down** subió/bajó la ventanilla, cerró/abrió la ventanilla.

4 *vt (clock)* dar cuerda a (**up,** -).

5 *vt (bandage, scarf)* envolver; *(wool)* ovillar.

6 *vi (road, river)* serpentear, zigzaguear; *(staircase)* formar un espiral: **the road wound up the hill** la carretera ascendía la colina serpenteando; **the river winds through a fertile valley** el río serpentea por un fértil valle.

7 *n (bend)* curva, recodo, vuelta.

▸ **to wind down**

1 *vi (clock)* quedarse sin cuerda.

2 *vi (person)* relajarse.

▸ **to wind up**

1 *vt sep (business, company)* concluir, cerrar; *(meeting, speech)* clausurar, terminar, acabar.

2 *vt sep (annoy)* fastidiar; *(kid)* tomar el pelo, quedarse con: **are you winding me up?** ¿te estás quedando conmigo?

3 *vi fam* acabar: **we wound up in Paris** fuimos a parar a París, acabamos en París; **you'll wind up in jail** darás con tus huesos en la cárcel.

✦ **to wind one's way** serpentear.

▲ *pt & pp* **wound** [waʊnd].

windbag [ˈwɪndbæg] *n* charlatán,-ana.

windbreak [ˈwɪndbreɪk] *n* protección *f* contra el viento.

windcheater [ˈwɪndtʃiːtəʳ] *n* cazadora.

winder [ˈwaɪndəʳ] *n (of watch)* corona de reloj, ruedecilla.

windfall [ˈwɪndfɔːl]

1 *n (fruit)* fruta caída.

2 *n fig* suerte *f* inesperada, ganancia inesperada o caída del cielo.

winding [ˈwaɪndɪŋ] *adj (road, river)* sinuoso,-a, tortuoso,-a; *(staircase)* de caracol, espiral.

■ **winding sheet** mortaja, sudario.

windlass [ˈwɪndləs] *n* torno.

windmill [ˈwɪndmɪl] *n* molino de viento.

window [ˈwɪndəʊ]

1 *n (gen)* ventana: **open the window** abre la ventana; **he was looking out (of) the window** miraba por la ventana.

2 *n (in vehicle, bank, theatre, etc)* ventanilla.

3 *n (of shop)* escaparate *m*: **how much is that dress in the window?** ¿cuánto cuesta ese vestido del escaparate?

4 *n (glass)* cristal *m*: **the ball broke the window** el balón rompió el cristal; **the windows need cleaning** hay que limpiar los cristales.

5 *n COMPUT* ventana.

■ **window box** jardinera.

window cleaner limpiacristales *mf inv*.

window envelope sobre *m* con ventanilla.

window seat asiento junto a la ventanilla.

window shade *US* persiana.

window-dresser [ˈwɪndəʊdresəʳ] *n* escaparatista *mf*.

window-dressing [ˈwɪndəʊdresɪŋ]

1 *n* decoración *f* de escaparates, escaparatismo.

2 *n fig* fachada, apariencias *fpl*.

windowpane [ˈwɪndəʊpeɪn] *n* cristal *m*.

window-shop [ˈwɪndəʊʃɒp] *vi* mirar escaparates.

▲ *pt & pp* **window-shopped**, *ger* **window-shopping**.

window-shopping [ˈwɪndəʊʃɒpɪŋ]

to go window-shopping *phr* ir a mirar escaparates.

windowsill [ˈwɪndəʊsɪl] *n* alféizar *m*.

windpipe [ˈwɪndpaɪp] *n* tráquea.

windscreen [ˈwɪndskriːn] *n AUTO* parabrisas *m inv*.

■ **windscreen wiper** limpiaparabrisas *m inv*.

windshield [ˈwɪndʃiːld] *n US* → **windscreen**.

windsock [ˈwɪndsɒk] *n* manga.

windsurf [ˈwɪndsɜːf] *vi* hacer windsurfing.

windsurfer [ˈwɪndsɜːfəʳ] *n* windsurfista *mf*.

windsurfing [ˈwɪndsɜːfɪŋ] *n* windsurfing *m*.

windswept [ˈwɪndswept] *adj (place)* azotado,-a por el viento; *(person, hair)* despeinado,-a (por el viento).

wind-up [ˈwaɪndʌp] *n* tomadura de pelo, burla.

windward [ˈwɪndwəd]

1 *adj* de barlovento.

2 *adv* por barlovento.

3 *n* barlovento.

✦ **to windward** a barlovento.

windy [ˈwɪndɪ]

1 *adj (day, weather)* ventoso,-a; *(place)* expuesto,-a al viento: **it's windy** hace viento, hace aire.

2 *adj (speech)* rimbombante.

▲ *comp* **windier**, *superl* **windiest**.

wine [waɪn]

1 *n* vino: **red/rosé/white wine** vino tinto/rosado/blanco.

2 *n (colour)* (color *m*) morado, granate *m*.

✦ **to wine and dine somebody** dar agasajo a alguien, agasajar a alguien, tratar a alguien por todo lo alto.

■ **wine bar** bar *m* cuya especialidad es el vino.

wine cellar bodega.

wine cooler heladera (para el vino).

wine grower vinicultor,-ra.

wine growing viticultura.

wine list lista de vinos.

wine merchant vinatero,-a.

wine producer vinicultor,-ra.

wine taster catavinos *mf*.

wine tasting cata de vinos.

wineglass [ˈwaɪnɡlɑːs] *n* copa (para vino).

wine-growing [ˈwaɪnɡrəʊɪŋ] *adj* vitícola.

winemaking [ˈwaɪnmeɪkɪŋ] *n* vinicultura, elaboración *f* de vino.

wine-producing [ˈwaɪnprədjuːsɪŋ] *adj* vinícola, vitícola.

winery [ˈwaɪnərɪ] *n* bodega.

▲ *pl* **wineries**.

wineskin [ˈwaɪnskɪn] *n* odre *m*, bota.

wing [wɪŋ]

1 *n (gen)* ala.

2 *n AUTO* aleta.

3 *n SP (side)* banda; *(player)* extremo,-a.

4 *vi* volar.

5 *wings npl THEAT* bastidores *mpl*.

✦ **on the wing** volando.

to take somebody under one's wings tomar a alguien bajo su protección.

to take wing alzar el vuelo.

to wait in the wings esperar la entrada en escena.

to wing one's way ir volando.

■ **wing chair** sillón *m* de orejas, orejero.

wing commander teniente *m* coronel.

wing mirror (espejo) retrovisor *m* exterior.

wing nut tuerca mariposa.

wing tip punta del ala.

winged [wɪŋd] *adj* alado,-a, con alas.

winger [ˈwɪŋəʳ] *n SP* extremo,-a.

wingspan [ˈwɪŋspæn] *n* envergadura.

wink [wɪŋk]

1 *n* guiño.

2 *vi (person)* guiñar el ojo: **he winked at me** me guiñó el ojo.
3 *vi (of light, star)* titilear, parpadear.
▸ **to wink at** *vt insep (pretend not to notice)* hacer la vista gorda.
✦ **not to get/have a wink of sleep/not to sleep a wink** no pegar ojo, pasar la noche en blanco.
to have/take forty winks echar una siestecita, echar una cabezada.
to tip somebody the wink darle el soplo a alguien.

winker [ˈwɪŋkəʳ] *n GB (indicator)* intermitente *m*.

winkle [ˈwɪŋkəl] *n* bígaro, bigarro.

winner [ˈwɪnəʳ]
1 *n* ganador,-ra, vencedor,-ra.
2 *n fam (idea etc)* éxito.
✦ **to be onto a winner** tener un éxito seguro.

winning [ˈwɪnɪŋ]
1 *adj (person, team, etc)* ganador,-ra.
2 *adj (ticket, number, etc)* premiado,-a.
3 *adj (stroke, goal)* decisivo,-a.
4 *adj (smile, ways)* atractivo,-a, encantador,-ra.
5 winnings *npl* ganancias *fpl*.
▪ **winning post** meta.

winnow [ˈwɪnəʊ] *vt* aventar.

wino [ˈwaɪnəʊ] *n fam* borracho,-a.
▲ *pl* winos.

winsome [ˈwɪnsəm] *adj fml* atractivo,-a, encantador,-ra.

winter [ˈwɪntəʳ]
1 *n* invierno.
2 *vi fml* invernar, pasar el invierno.
✦ **in the depths of winter** en pleno invierno.
▪ **winter solstice** solsticio de invierno.
winter sports deportes *mpl* de invierno.

wintertime [ˈwɪntətaɪm] *n* invierno.

wintry [ˈwɪntərɪ]
1 *adj* invernal, de invierno.
2 *adj fig* frío,-a, antipático,-a.
▲ *comp* wintrier, *superl* wintriest.

wipe [waɪp]
1 *vt (clean)* limpiar; *(dry)* enjugar: **wipe your feet** límpiate los pies; **wipe the table** limpia la mesa; **wipe the dishes** enjuga los platos; **wipe your eyes** enjúgate los ojos; **wipe your nose** límpiate las narices; **wipe away her tears** enjúgale las lágrimas; **wipe that off the blackboard** borra eso de la pizarra; **wipe the milk (up) off the floor** limpia la leche del suelo; **he wiped the recording off the tape** borró la grabación de la cinta.
2 *vi (dishes)* enjugar: **shall I wash or wipe?** ¿lavo o enjugo?
3 *n (clean)* lavado, fregado: **just give the table a quick wipe** pasa un trapo por la mesa.
4 *n (cloth)* paño, trapo.
▸ **to wipe out**
1 *vt sep (destroy - army)* aniquilar; *(- population, species)* exterminar.

2 *vt sep (clean inside)* limpiar el interior de.
3 *vt sep (cancel - debts)* saldar, liquidar, cancelar; *(- profit)* borrar, anular.
✦ **to wipe the floor with somebody** darle una paliza a alguien.
to wipe something off the face of the earth borrar algo de la faz de la tierra.
to wipe the slate clean hacer borrón y cuenta nueva.
to wipe the smile off somebody's face quitarle a alguien la sonrisa.

wiper [ˈwaɪpəʳ] *n AUTO* limpiaparabrisas *m inv*.

wire [waɪəʳ]
1 *n (metal)* alambre *m*.
2 *n ELEC* cable *m*, hilo.
3 *n (fence)* alambrada, valla.
4 *n US* telegrama *m*.
5 *vt (fasten, join)* atar con alambre.
6 *vt (house)* hacer la instalación eléctrica de; *(equipment, appliance)* conectar (a la toma eléctrica).
7 *vt US (telegram)* enviar un telegrama a; *(money)* mandar un giro telegráfico a.
✦ **to get one's wires crossed** tener los cables cruzados.
▪ **wire brush** cepillo metálico.
wire cutters cortaalambres *m inv*, cizalla.
wire netting red *f* de alambre, tela metálica.
wire wool estropajo metálico.

wired [waɪəd] *adj* conectado,-a.

wireless [ˈwaɪələs]
1 *n (set)* radio *f*.
2 *n (system)* radiofonía.
▪ **wireless operator** radiotelegrafista *mf*.

wiretapping [ˈwaɪətæpɪŋ] *n* intervención *f* de teléfonos.

wiring [ˈwaɪrɪŋ] *n* cableado.

wiry [ˈwaɪrɪ] *adj (person)* nervudo,-a; *(hair)* estropajoso,-a.
▲ *comp* wirier, *superl* wiriest.

wisdom [ˈwɪzdəm]
1 *n (knowledge)* sabiduría, saber *m*.
2 *n (good sense - of person)* cordura, (buen) juicio, tino; *(- of action)* prudencia, sabiduría, sensatez *f*.
▪ **wisdom tooth** muela del juicio.

wise¹ [waɪz]
1 *adj (learned, knowledgeable)* sabio,-a.
2 *adj (sensible, prudent - person)* prudente, sensato,-a; *(- action, remark)* prudente; *(- advice)* sabio,-a; *(- decision, choice, move)* atinado,-a, acertado,-a: **you were wise to sell it** estuviste acertado al venderlo; **it would be wise to wait** sería prudente esperar.
▸ **to wise up** *vi (realize, become aware)* darse cuenta; *(become informed)* enterarse; *(wake up)* espabilarse.
✦ **as wise as an owl** tan sabio,-a como Salomón.
to be wise after the event hablar a toro pasado.

to be/get wise to somebody calar a alguien.
to be none the wiser *(not understand)* seguir sin entender; *(not realize)* no darse cuenta, no enterarse.
to put somebody wise to something poner a alguien al tanto de algo.
▪ **the Three Wise Men** los Reyes Magos.
wise guy sabelotodo.

wise² [waɪz] *n arch* manera, modo, guisa: **any wise** de cualquier manera; **in no wise** de ningún modo; **in this wise** de esta guisa.

wisecrack [ˈwaɪzkræk]
1 *n fam* ocurrencia, salida, chiste *m*.
2 *vi* chancear, bromear.

wisely [ˈwaɪzlɪ] *adv* sabiamente.

wish [wɪʃ]
1 *vt (want)* querer, desear: **she wishes she were on holiday** quisiera estar de vacaciones; **I wish I was rich!** ¡ojalá fuera rico!; **I wish I hadn't drunk so much** ojalá no hubiese bebido tanto; **I wish it would stop raining** ojalá dejara de llover.
2 *vt fml (demand, want)* querer: **I wish to make a complaint** quisiera formular una queja.
3 *vt (hope)* desear: **we wish you a Merry Christmas** te deseamos una Feliz Navidad; **they wished us luck** nos desearon buena suerte.
4 *vi* desear (**for,** -): **everything one could wish for** todo lo que uno pudiera desear.
5 *vi fml (want)* querer: **as you wish** como quiera.
6 *n* deseo: **you have three wishes** tienes tres deseos; **you went against my wishes** obraste contra mis deseos; **her wish came true** su deseo se hizo realidad.
7 wishes *npl (greeting)* deseos *mpl*; *(in letter)* saludos *mpl*, recuerdos *mpl*: **with best wishes for the future** con mis mejores deseos para el futuro; **with best wishes from …** saludos cordiales de …, recuerdos de …
▸ **to wish on** *vt sep* **I wouldn't wish that on anyone** eso no se lo desearía a nadie.
✦ **to make a wish** pedir un deseo.
to wish somebody well/wish somebody all the best desear buena suerte a alguien.
wish you were here ojalá estuvieras aquí.
your wish is my command sus deseos son órdenes para mí.

wishbone [ˈwɪʃbəʊn] *n* espoleta.

wishful [ˈwɪʃfʊl] *adj fml* de ensueño.
▪ **wishful thinking** ilusiones *fpl*: **that's just wishful thinking** confundes los sueños con la realidad.

wishy-washy [ˈwɪʃɪwɒʃɪ]
1 *adj fam (person)* soso,-a, insípido,-a, sin carácter; *(idea)* borroso,-a.

2 *adj (of drink)* acuoso,-a, aguado,-a, flojo,-a.

wisp [wɪsp]
1 *n (of grass, straw, etc)* brizna; *(of hair, wool, etc)* mechón *m; (of smoke, cloud)* voluta.
2 *n (person)* persona menuda.

wispy [ˈwɪspɪ]
1 *adj (delicate, slight)* tenue, delgado,-a.
2 *adj (straggly)* desordenado,-a.
▲ *comp* **wispier,** *superl* **wispiest.**

wistful [ˈwɪstfʊl] *adj* pensativo,-a, nostálgico,-a, melancólico,-a.

wit [wɪt]
1 *n (clever humour)* agudeza, ingenio, chispa, sal *f*, gracia.
2 *n (intelligence)* inteligencia, presencia de ánimo.
3 *n (person)* persona salada, chistoso,-a.
✦ **to be at one's wit's end** estar para volverse loco,-a.
  to gather one's wits calmarse, tranquilizarse.
  to have one's wits about one ser despabilado,-a.
  to keep one's wits about one estar despabilado,-a.
  to wit es decir.

witch [wɪtʃ] *n* bruja.
▪ **witch doctor** hechicero.
  witch hazel *(tree)* hamamélide *f* de Virginia; *(liquid)* solución *f* de hamamélide de Virginia.

witchcraft [ˈwɪtʃkrɑːft] *n* brujería.

witch-hunt [ˈwɪtʃhʌnt] *n* caza de brujas.

with [wɪð, wɪθ]
1 *prep (accompanying)* con: **come with me** ven conmigo; **do you live with your parents?** ¿vives con tus padres?; **she went off with a friend** se fue con una amiga; **mix the flour with the sugar** mezclar la harina con el azúcar; **I've got an appointment with the bank manager** tengo una cita con el director del banco; **they leave their child with a babysitter** dejan al niño al cuidado de una canguro; **have you brought your swimsuit with you?** ¿te has traído el bañador?
2 *prep (having, possessing)* con, de; *(including, and also)* con, incluido: **the man with the beard** el hombre de la barba; **the woman with glasses** la mujer de las gafas; **a room with a view** una habitación con vistas; **a flat with a terrace** un piso con terraza; **someone with experience** alguien con experiencia; **he speaks with an accent** habla con acento; **with wine it cost 25 euros** costó 25 euros, vino incluido.
3 *prep (using, by means of)* con: **cut it with a knife** córtalo con un cuchillo; **he cleaned it with turps** lo limpió con aguarrás.
4 *prep (cover, fill, contain)* de: **you fill it with water** lo llenas de agua; **the furniture was covered with dust** los muebles estaban cubiertos de polvo.

5 *prep (agreeing, in support of)* con: **we're with you all the way!** ¡estamos contigo hasta el final!; **I agree with Lesley** estoy de acuerdo con Lesley.
6 *prep (against)* con: **I've had a row with Daniel** he discutido con Daniel; **at war with the Serbs** en guerra con los serbios; **don't argue with your mother!** ¡no discutas con tu madre!
7 *prep (because of, on account of)* de: **trembling with fear** temblando de miedo; **blue with cold** amoratado de frío; **he split his sides with laughter** se tronchó de risa; **with things as they are** tal como están las cosas; **with my luck I'll come last** con la suerte que tengo llegaré el último.
8 *prep (indicating manner)* con: **with pleasure** con mucho gusto; **with ease** con facilidad; **with a smile** con una sonrisa.
9 *prep (in same direction as)* con: **with the flow** con la corriente.
10 *prep (at the same time and rate as)* con: **wine improves with age** el vino mejora con los años.
11 *prep (regarding, concerning)* con: **this has nothing to do with you** esto no tiene nada que ver contigo; **the trouble with Ian is that …** lo que pasa con Ian es que …; **he's in love with Ellen** está enamorado de Ellen; **be patient with her** sea paciente con ella; **is there something wrong with her?** ¿le pasa algo?
12 *prep (in the case of, as regards)* con respecto a, en cuanto a: **with Mrs Smith what happened was that …** en el caso de la Señora Smith lo que pasó fue que …
13 *prep (as an employee or client of)* en: **she's with the council now** trabaja en el ayuntamiento ahora; **he's been with the company for fifteen years** lleva quince años trabajando en esta empresa; **who do you bank with?** ¿en qué banco tienes una cuenta?
14 *prep (remaining)* **with only half an hour to go** cuando tan solo falta media hora; **with five laps remaining** cuando solo faltan cinco vueltas para el final de la carrera.
15 *prep (despite, in spite of)* con: **with all his faults** con todos sus defectos.
16 *prep (in comparisons)* con: **if we compare this brand with a cheaper one** si comparamos esta marca con una más barata.
17 *prep (illness)* con: **he's in bed with flu** está en cama con la gripe.
18 *prep (according to)* según, de acuerdo con: **prices vary with the seasons** los precios varían según la temporada.
✦ **down with capitalism!** ¡abajo el capitalismo!
  on with the show! ¡que siga el espectáculo!

  to be with somebody *(accompany)* estar con alguien, acompañar a alguien; *(understand)* seguir a alguien, entender a alguien.
  with it *(fashionable)* de moda; *(alert)* al tanto, al día.
  with that con lo cual.

withdraw [wɪðˈdrɔː]
1 *vt (take out)* retirar, sacar: **the government is going to withdraw the troops from Northern Ireland** el gobierno retirará las tropas de Irlanda del Norte; **the miners threatened to withdraw their labour** los mineros amenazaron con hacer huelga; **she withdrew $100 from the bank** sacó 100 dólares del banco; **this drug must be withdrawn from the market** hay que retirar este medicamento del mercado.
2 *vt fml (retract, take back - statement)* retractarse de, retirar; *(- offer)* renunciar a; *(- charge, support)* retirar.
3 *vi (retire, not take part in)* retirarse: **he withdrew to his room** se retiró a su habitación; **she withdrew from the race** se retiró de la carrera.
✦ **to withdraw into oneself** retraerse.
▲ *pt* **withdrew** [wɪðˈdruː], *pp* **withdrawn** [wɪðˈdrɔːn].

withdrawal [wɪðˈdrɔːəl]
1 *n (gen)* retirada: **a withdrawal of troops** una retirada de tropas.
2 *n (of words)* retractación *f*.
3 *n (psychology, behaviour)* retraimiento.
▪ **withdrawal symptoms** síndrome *m* de abstinencia.

withdrawn [wɪðˈdrɔːn]
1 *pp* → **withdraw.**
2 *adj* introvertido,-a, retraído,-a.

withdrew [wɪðˈdruː] *pt* → **withdraw.**

wither [ˈwɪðəʳ]
1 *vt (plant)* marchitar, secar.
2 *vt (crush)* fulminar, aplastar, intimidar: **he withered her with a look** la fulminó con una mirada.
3 *vi (plant)* marchitarse (**away,** -), secarse (**away,** -).
4 *vi fig (hopes etc)* desvanecerse, menguar.

withered [ˈwɪðəd]
1 *adj (plant)* marchito,-a, seco,-a.
2 *adj (skin)* ajado,-a; *(limb)* deformado,-a.

withering [ˈwɪðərɪŋ]
1 *adj (look)* fulminante.
2 *adj (remark)* mordaz.

withhold [wɪðˈhəʊld]
1 *vt (money)* retener; *(information)* ocultar; *(consent, permission)* negar.
2 *vt (laughter etc)* contener.
▲ *pt & pp* **withheld** [wɪðˈheld].

within [wɪˈðɪn]
1 *prep fml (inside)* dentro de: **within the area shown** dentro de la zona indicada; **within these walls** entre estas paredes; **within the party** en el seno del partido; **within it** en su interior.

2 *prep (inside range or limits of)* al alcance de: **within hearing/earshot** al alcance del oído; **within arm's reach** al alcance de la mano; **within a 10-mile radius** en un radio de diez millas; **within the law** dentro de (los límites de) la ley; **within their one's means/income** dentro de sus posibilidades/de acuerdo a sus ingresos.

3 *prep (less than - distance)* a menos de: **within 2 miles of the beach** a menos de dos millas de la playa; **he got within 3 kilometres of the finishing line** le faltaban solo tres kilómetros para llegar a la meta.

4 *prep (less than - time)* dentro de: **he'll be back within the hour** volverá dentro de una hora; **he got within seconds of the world record** se quedó a segundos del récord mundial; **they arrived within a few minutes of each other** llegaron con pocos minutos de diferencia; **within a year of getting married** menos de un año después de casarse.

5 *adv fml* dentro, en el interior: **from within** desde dentro.

✦ **"Apply within"** "Razón aquí". **"Enquire within"** "Razón aquí". **within inches of something** a un paso de algo.

with-it ['wɪðɪt] *adj* de moda, a la última moda.

without [wɪ'ðaʊt]

1 *prep* sin: **two nights without sleep** dos noches sin dormir; **I couldn't have done it without you** no podría haberlo hecho sin ti; **don't go without saying goodbye** no te vayas sin decirme adiós; **he left without paying** se fue sin pagar; **she can't read without glasses** no puede leer sin gafas.

2 *prep arch* fuera de: **without the city walls** extramuros.

3 *adv* fuera: **from without** desde fuera.

4 *adv* sin: **we'll manage without** ya nos las apañaremos.

✦ **to do without/go without** *(voluntarily)* prescindir de; *(forcibly)* pasarse sin, arreglárselas sin.

without doubt sin duda. **without so much as** + *ger* sin siquiera + *inf*.

withstand [wɪð'stænd] *vt (gen)* resistir; *(pain)* aguantar, soportar.

✦ **to withstand the test of time** resistir el paso del tiempo.

▲ *pt & pp* **withstood** [wɪð'stʊd].

withstood [wɪð'stʊd] *pt & pp →* **withstand.**

witness ['wɪtnəs]

1 *n (person)* testigo *mf*: **a witness of the accident** un testigo (presencial) del accidente; **a witness to the will** un testigo del testamento; **a witness for the defence/prosecution** un testigo de descargo/cargo.

2 *n fml (testimony, evidence)* testimonio.

3 *vt (see)* presenciar, ver: **he witnessed a murder** presenció un asesinato; **the attack was witnessed by four people** cuatro personas presenciaron el ataque; **we are witnessing the end of apartheid** presenciamos el fin del apartheid.

4 *vt (document)* firmar como testigo: **I had to witness a contract** tuve que firmar un contrato como testigo.

5 *vt (be a sign or proof of)* testimoniar; *(look at the example of)* ver, notar, considerar: **witness the number of recent accidents** nótese el número de accidentes recientes.

6 *vi JUR fml (give evidence, testify)* atestiguar (**to**, -), declarar (**to**, -).

✦ **to be witness to something** ver algo, presenciar algo. **to bear witness to something** dar fe de algo, atestiguar algo. **to call somebody as a witness** citar a alguien como testigo, poner a alguien por testigo.

■ **witness box** barra de los testigos. **witness stand** *US* barra de los testigos.

witter ['wɪtə'] *vi fam* parlotear (**on**, -): **what are you wittering on about?** ¿de qué estás hablando?

witticism ['wɪtɪsɪzəm] *n* agudeza, ocurrencia, salida.

wittily ['wɪtɪlɪ] *adv* ingeniosamente, con gracia.

wittiness ['wɪtɪnəs] *n* ingenio, agudeza.

wittingly ['wɪtɪŋlɪ] *adv* a sabiendas.

witty ['wɪtɪ] *adj (person)* ingenioso,-a, agudo,-a, salado,-a; *(remark)* agudo,-a; *(speech)* gracioso,-a.

▲ *comp* **wittier,** *superl* **wittiest.**

wives [waɪvz] *npl →* **wife.**

wizard ['wɪzəd]

1 *n (male witch)* brujo, hechicero.

2 *n (genius)* lince *mf*, genio, experto,-a.

wizardry ['wɪzədrɪ]

1 *n (magic)* hechicería, magia.

2 *n (extraordinary ability)* genio.

wizened ['wɪzənd] *adj (skin, face)* arrugado,-a; *(fruit)* seco,-a.

wk [wiːk] *abbr (week)* semana; *(abbreviation)* sem.

WMD ['dʌbəljuː'em'diː] *abbr (weapons of mass destruction)* armas *nf pl* de destrucción masiva; *(abbreviation)* ADM.

wobble ['wɒbəl]

1 *n (table, chair, ladder)* tambaleo, bamboleo; *(bicycle)* movimiento; *(voice, jelly)* temblor *m*.

2 *vi (table, chair, ladder)* cojear; *(bicycle, tooth)* moverse; *(legs, jelly, voice)* temblar; *(wheel)* bailar; *(person)* tambalearse, bambolearse, vacilar.

3 *vt (table, ladder)* mover.

wobbly ['wɒbəlɪ]

1 *adj (table, chair, ladder)* cojo,-a; *(bicycle, tooth)* que se mueve; *(writing)* de trazo poco firme; *(voice)* tembloroso,-a: **my legs feel all wobbly** me tiemblan las piernas.

2 *adj (person)* débil.

3 *n* ataque *m*, pataleta.

✦ **to throw a wobbly** darle a uno un ataque, darle a uno una pataleta.

▲ *comp* **wobblier,** *superl* **wobbliest.**

woe [wəʊ]

1 *n fml dated (sorrow)* infortunio, aflicción *f*, congoja.

2 **woes** *npl* males *mpl*, penas *fpl*, desgracias *fpl*.

✦ **woe betide somebody** ay de alguien: **woe betide you if you're late!** ¡ay de ti si llegas tarde! **woe is me!** ¡pobre de mí!

woebegone ['wəʊbɪɡɒn] *adj fml* desconsolado,-a, afligido,-a, angustiado,-a, cariacontecido,-a.

woeful ['wəʊfʊl]

1 *adj fml (very sad)* afligido,-a, apenado,-a, triste.

2 *adj (deplorable)* lamentable, deplorable, penoso,-a, malísimo,-a.

wok [wɒk] *n* wok *m*, sartén *f* china.

woke [wəʊk] *pt →* **wake.**

woken ['wəʊkən] *pp →* **wake.**

wolf [wʊlf]

1 *n* lobo.

2 **to wolf (down)** *vt* tragarse, zamparse, devorar.

✦ **to cry wolf** gritar "¡al lobo!", dar una falsa alarma. **to keep the wolf from the door** no pasar hambre. **to throw somebody to the wolves** arrojar a alguien a los lobos.

■ **a lone wolf** un lobo solitario. **a wolf in sheep's clothing** un lobo con piel de cordero. **wolf cub** lobato, lobezno. **wolf whistle** silbido de admiración.

▲ *pl* **wolves.**

wolfhound ['wʊlfhaʊnd] *n* perro lobo.

wolfish ['wʊlfɪʃ] *adj* lobuno,-a.

wolfram ['wʊlfrəm] *n* wolframio, volframio, wolfram *m*.

wolf-whistle ['wʊlfwɪsəl] *vi* silbar de admiración.

wolverine ['wʊlvəriːn] *n* glotón *m*.

woman ['wʊmən]

1 *n* mujer *f*, señora: **old woman** vieja, anciana; **young woman** joven *f*.

2 *adj* **woman doctor** doctora; **woman friend** amiga; **woman driver** conductora.

■ **Women's Liberation/Lib** liberación de la mujer. **Women's Libber** defensora de los derechos de la mujer. **Women's Movement** movimiento de la liberación de la mujer. **women's refuge** centro de acogida para mujeres.

▲ *pl* **women** ['wɪmɪn].

womanhood [ˈwʊmənhʊd] *n* condición *f* de mujer.
+ **to reach womanhood** hacerse mujer.
womanise [ˈwʊmənaɪz] *vi* → **womanize.**
womaniser [ˈwʊmənaɪzəʳ] *n* → **womanizer.**
womanize [ˈwʊmənaɪz] *vi* ser un mujeriego.
womanizer [ˈwʊmənaɪzəʳ] *n* mujeriego.
womankind [ˈwʊmənkaɪnd] *n* las mujeres *fpl.*
womanly [ˈwʊmənlɪ] *adj* femenino,-a.
womb [wuːm] *n* útero, matriz *f.*
wombat [ˈwɒmbæt] *n* wombat *m.*
won [wʌn] *pt & pp* → **win.**
wonder [ˈwʌndəʳ]
  1 *n (thing)* maravilla, milagro: **the seven wonders of the world** las siete maravillas del mundo; **the wonders of science** las maravillas de la ciencia.
  2 *n (feeling)* admiración *f*, asombro: **they were filled with wonder** se quedaron asombrados; **they gazed at the baby in wonder** contemplaban el bebé maravillados.
  3 *adj* milagroso,-a: **wonder drug** remedio milagroso, panacea.
  4 *vt fml (be surprised)* sorprenderse, extrañarse: **I don't wonder that she left him** no me extraña que lo haya dejado; **I wonder that he wasn't killed** fue un milagro que no se matara.
  5 *vt (ask oneself)* preguntarse: **I wonder what she'll be like** me pregunto cómo será, tengo curiosidad por saber cómo será; **we were wondering where you'd got to** nos preguntábamos dónde te habías metido; **I wonder why he did that** me pregunto por qué lo habrá hecho; **I bet you're wondering who I am** te estarás preguntando quién soy.
  6 *vt (polite request)* **I wonder if you can help me** a ver si puede ayudarme; **I was wondering if you'd care to dance** estaba pensando si le gustaría bailar.
  7 *vi (reflect, ponder)* pensar (**about**, en); *(doubt)* tener dudas: **it makes you wonder** da en qué pensar; **I just wondered por curiosidad, por nada; **she couldn't help wondering about what he'd said** no pudo evitar pensar en lo que le había dicho; **now I'm beginning to wonder** ahora tengo mis dudas.
  8 *vi fml (marvel)* asombrarse, maravillarse, admirarse: **we wondered at his brilliance** nos admiramos de su brillantez; **that's not to be wondered at** eso no tiene nada de extraño.
  + **I shouldn't wonder if** + *indic* no me extrañaría que + *subj.*
    it's a wonder (that) + *indic* es un milagro que + *subj.*
    no/little/small wonder (that) + *indic* no es de extrañar que + *subj.*
    to do/work wonders hacer milagros.

wonders will never cease ¡qué sorpresa tan grande!
  ▪ **nine days' wonder** prodigio efímero.
wonderful [ˈwʌndəfʊl] *adj* maravilloso,-a, estupendo,-a.
  + **to have a wonderful time** pasarlo de maravilla, pasarlo en grande.
wonderfully [ˈwʌndəfəlɪ] *adv* maravillosamente, de maravilla.
wonderland [ˈwʌndəlænd] *n* mundo maravilloso.
  + **Alice in Wonderland** Alicia en el País de las Maravillas.
wonderment [ˈwʌndəmənt] *n* admiración *f*, asombro.
wondrous [ˈwʌndrəs] *adj fml* maravilloso,-a.
wonky [ˈwɒŋkɪ] *adj (wobbly)* poco firme, cojo,-a, tambaleante; *(crooked)* torcido,-a.
  ▲ *comp* **wonkier,** *superl* **wonkiest.**
wont [wəʊnt] *n* costumbre *f*, hábito.
  + **as is one's wont** como es su costumbre.
    to be wont to tener la costumbre de, soler.
won't [wəʊnt] *contr* will not.
woo [wuː]
  1 *vt dated (court)* cortejar.
  2 *vt (voters)* solicitar el apoyo de; *(fame, fortune, etc)* intentar conseguir.
  ▲ *pt & pp* **wooed,** *ger* **wooing.**
wood [wʊd]
  1 *n (material)* madera.
  2 *n (for fire)* leña.
  3 *n (forest)* bosque *m.*
  4 *n SP (golf)* palo de madera; *(bowling)* bola.
  5 **woods** *npl* bosque *m sing.*
  + **from the wood** de barril.
    out of the wood estar a salvo.
    you can't see the wood for the trees los árboles no dejan ver el bosque.
    touch wood! ¡toca madera!
  ▪ **wood pigeon** paloma torcaz.
    wood pulp pulpa de madera.
    wood shavings virutas *fpl.*
woodcarver [ˈwʊdkɑːvəʳ] *n* tallista *mf.*
woodcarving [ˈwʊdkɑːvɪŋ]
  1 *n (craft)* tallado en madera.
  2 *n (object)* talla en madera.
woodcock [ˈwʊdkɒk] *n* becada, chocha.
woodcut [ˈwʊdkʌt] *n* grabado en madera.
woodcutter [ˈwʊdkʌtəʳ] *n* leñador,-ra.
wooded [ˈwʊdɪd] *adj* arbolado,-a, cubierto,-a de bosques.
wooden [ˈwʊdən]
  1 *adj* de madera.
  2 *adj fig (expression, style)* rígido,-a; *(movement)* tieso,-a; *(acting)* sin expresión.
  + **to win the wooden spoon** ser el colista.
  ▪ **wooden leg** pata de palo.
    wooden spoon cuchara de palo.

woodgrouse [ˈwʊdgraʊs] *n* gallo silvestre.
woodland [ˈwʊdlənd] *n* bosque *m*, arbolado, monte *m.*
woodlouse [ˈwʊdlaʊs] *n* cochinilla.
woodpecker [ˈwʊdpekəʳ] *n* pico, pájaro carpintero.
  ▪ **great-spotted woodpecker** pico picapinos.
    green woodpecker pito real.
    lesser-spotted woodpecker pico menor.
woodpile [ˈwʊdpaɪl] *n* montón *m* de madera.
woodshed [ˈwʊdʃed] *n* leñera.
woodwind [ˈwʊdwɪnd]
  1 *n* instrumentos *mpl* de viento de madera.
  2 *adj* de viento de madera.
woodwork [ˈwʊdwɜːk]
  1 *n (craft)* carpintería.
  2 *n (of building)* maderaje *m*, maderamen *m.*
woodworm [ˈwʊdwɜːm] *n* carcoma: **it has woodworm** está carcomido,-a.
woody [ˈwʊdɪ]
  1 *adj (wooded)* arbolado,-a.
  2 *adj (like wood)* leñoso,-a.
  ▲ *comp* **woodier,** *superl* **woodiest.**
woof [wʊf]
  1 *interj (of dog)* ¡guau!
  2 *vi* ladrar.
wool [wʊl]
  1 *n* lana: **a ball of wool** un ovillo de lana; **all/pure wool** pura lana.
  2 *adj (made of wool)* de lana.
  3 *adj COMM* lanero,-a.
  + **to pull the wool over somebody's eyes** engañar a alguien, dar gato por liebre a alguien.
woolen [ˈwʊlən] *adj-n US* → **woollen.**
woollen [ˈwʊlən]
  1 *adj (made of wool)* de lana.
  2 *adj COMM* lanero,-a.
  3 **woollens** *npl* géneros *mpl* de lana.
woolly [ˈwʊlɪ]
  1 *adj (made of wool)* de lana, lanoso,-a, lanudo,-a.
  2 *adj (like wool)* lanoso,-a, lanudo,-a.
  3 *adj fig (idea, argument)* confuso,-a, vago,-a; *(outline)* borroso,-a; *(sound)* impreciso,-a; *(person, mind)* espeso,-a.
  4 *n (clothing)* prenda de lana.
  ▲ *(adjetivo)* *comp* **woollier,** *superl* **woolliest;** *(sustantivo)* *pl* **woollies.**
woolly-headed [ˈwʊlɪˈhedɪd] *adj* espeso,-a.
  ▲ Se escribe **woolly headed** cuando no se antepone a un sustantivo.
wooly [ˈwʊlɪ] *adj* → **woolly.**
woozy [ˈwuːzɪ] *adj fam (dizzy, sick)* mareado,-a; *(confused, dazed)* aturdido,-a, confuso,-a.
  ▲ *comp* **woozier,** *superl* **wooziest.**

word [wɜːd]
1 n (gen) palabra: tell me what happened in your own words explícame con tus propias palabras lo que pasó; I can't find the words to describe it no encuentro palabras para describirlo; he's a man of few words es un hombre poco hablador; don't believe a word he says no creas ni una palabra de lo que dice; he didn't say a word no dijo ni pío, no dijo ni una palabra; don't breathe a word of this no digas nada de esto, ni palabra de esto; it's your word against mine es tu palabra contra la mía.
2 n (message, news) noticia: there's been no word no hay noticias; word came that ... llegó noticia (de) que ...; he left no word of his new address no dejó dicha su nueva dirección.
3 n (promise) palabra: I give you my word te doy mi palabra; he's a man of his word es hombre de palabra.
4 n (command) orden f: wait until I give the word espera hasta que dé la orden; just say the word no tienes más que pedirlo; his word is law su palabra es ley.
5 n LING palabra, vocablo, voz f.
6 the word n (rumour) voz f, rumor m: the word is that Macy's pregnant corre la voz de que Macy está embarazada.
7 the Word n REL el Verbo.
8 words npl (lyrics) letra f sing.
9 npl (discussion, talk) palabras fpl.
10 vt expresar, formular, redactar: a well-worded letter una carta bien redactada.
✦ from the word go desde el principio.
in a word en una palabra.
in other words o sea, es decir, en otras palabras.
mark my words fíjate en lo que te digo.
not in so many words no exactamente, no directamente, no con esas palabras.
not to have a good word to say for somebody/something no decir absolutamente nada en favor de alguien/algo.
to be as good as one's word cumplir su palabra.
to be the last word in something ser el último grito en algo.
to break/go back on one's word faltar a la palabra.
to get a word in edgeways meter baza.
to have a word with somebody hablar con alguien.
to have somebody's word for it that ... tener la palabra de alguien que ...: you have my word tienes mi palabra.
to have the last word decir la última palabra.
to have words with somebody discutir con alguien, tener unas palabras con alguien.
to keep one's word cumplir su palabra.

not to mince one's words no tener pelos en la lengua.
to put in/say a good word for somebody (intercede) interceder por alguien; (recommend) recomendar a alguien.
to put something into words expresar algo con palabras.
to put words in somebody's mouth poner palabras en boca de alguien.
to take somebody at their word cogerle la palabra a alguien/algo.
to take somebody's word for it aceptar lo que alguien le dice, creer a alguien, confiar en la palabra de alguien: take my word for it te lo aseguro.
to take the words out of somebody's mouth quitarle la palabra de la boca a alguien.
too ... for words de lo más ... que hay, indescriptiblemente ...: it's too awful for words es demasiado horrible para explicarlo; I'm too happy for words no tengo palabras para explicar lo feliz que estoy.
upon my word! ¡caramba!
without a word sin decir palabra, sin chistar.
word for word palabra por palabra.
words fail me no sé qué decir, no tengo palabras.
■ a word of advice un consejo.
a word of warning una advertencia.
word of honour palabra de honor.
word processing procesamiento de textos, tratamiento de textos.
word processor procesador m de textos.

wording ['wɜːdɪŋ] n redacción f, expresión f, palabras fpl, términos mpl.

word-perfect [wɜːd'pɜːfekt] adj (correct in every detail) correcto,-a hasta la última palabra.
✦ to be word-perfect (actor, speaker) saber su papel perfectamente; (role, speech) memorizado,-a a la perfección.

wordplay ['wɜːdpleɪ] n juegos mpl de palabras.

wordy ['wɜːdɪ] adj prolijo,-a, verboso,-a.
▲ comp wordier, superl wordiest.

wore [wɔːr] pt → wear.

work [wɜːk]
1 n (gen) trabajo: I've got a lot of work to do tengo mucho trabajo que hacer; he put a lot of hard work into that project trabajó mucho en ese proyecto, puso mucho esfuerzo en ese proyecto; they often take work home to do muchas veces se llevan trabajo a casa.
2 n (employment) empleo, trabajo: she's at work está en el trabajo; what sort of work do you do? ¿qué clase de trabajo haces?, ¿a qué te dedicas?; don't be late for work no llegues tarde al trabajo; what time do you leave work? ¿a qué hora sales del trabajo?; she's a friend from work es una compañera de trabajo; I've got the day off work tengo el día libre.

3 n (building work, road works) obras fpl: work on the new road will commence in July se comenzarán las obras de la nueva carretera en julio.
4 n (product, results) trabajo, obra: it's all my own work es obra de mi propia mano; they sell their work in the market venden sus trabajos en el mercado; this is an excellent piece of work esto es un trabajo excelente; this is the work of vandals esto es cosa de vándalos.
5 n (literary etc) obra.
6 vt (person) hacer trabajar: she works them too hard les hace trabajar demasiado.
7 vt (machine) manejar; (mechanism) accionar: do you know how to work the video? ¿sabes cómo hacer funcionar el vídeo?; it's worked by electricity funciona con electricidad.
8 vt (mine, oil well) explotar; (land, fields) trabajar, cultivar.
9 vt (produce) hacer: it works miracles hace milagros.
10 vt (wood, metal, clay) trabajar; (dough) amasar.
11 vt (make by work or effort) trabajar: he worked his way up in the company ascendió en la empresa por su trabajo; she worked her way through university hizo la carrera trabajando; I worked my way to the front me abrí camino hacia adelante.
12 vt fam (arrange) arreglar: he worked it so that he got off with just a fine se las arregló para escapar solo con una multa.
13 vt (move gradually) he worked the key into the frozen lock metió poco a poco la llave en la cerradura helada; work the fat into the flour vaya mezclando la mantequilla con la harina.
14 vi (gen) trabajar: she works for an insurance company trabaja en una compañía de seguros; he worked as a waiter trabajaba de camarero; I'm working on a new book estoy trabajando en un nuevo libro; she works hard at her homework trabaja mucho en sus deberes, pone mucho esfuerzo en sus deberes; he's working for his exams está estudiando para los exámenes; they were working away at the design estaban ocupados con el diseño.
15 vi (machine, system) funcionar: the lift's not working el ascensor no funciona; how does this machine work? ¿cómo funciona esta máquina?
16 vi (medicine, cleaner) surtir efecto, tener efecto; (plan) tener éxito, salir bien, funcionar, resultar: your plan won't work tu plan no saldrá bien; the special effects work well los efectos especiales resultan bien.
17 vi (move) her dress had worked up su vestido se había subido; they eventually worked round to my way of thinking finalmente coincidieron con mi parecer.

18 works *npl (factory)* fábrica *f sing*.

19 *npl (parts)* mecanismo *m sing*.

20 *npl fam (everything)* todo, todo el tinglado.

▸ **to work in** *vt sep (include)* introducir, incluir, insertar, meter: **I managed to work in a joke about the boss** conseguí introducir un chiste sobre el jefe.

to work off *vt sep (anger)* desahogarse; *(debt, loan)* saldar trabajando; *(weight)* rebajar haciendo ejercicio.

to work on

1 *vt insep (gen)* trabajar en, preparar; *(case)* investigar; *(car etc)* reparar: **I'm working on it** estoy en ello; **we're working on him** lo estamos trabajando.

2 *vt insep (principle)* atenerse a, guiarse por; *(fact, idea, assumption, etc)* basarse en, partir de.

to work out

1 *vt sep (calculation, sum)* calcular, hacer.

2 *vt sep (plan, scheme)* planear, elaborar, pensar; *(itinerary)* planear; *(details, idea)* desarrollar.

3 *vt sep (problem)* solucionar, resolver; *(solution)* encontrar: **can you work out what this message means?** ¿puedes descifrar este mensaje?

4 *vt sep (person)* calar, entender.

5 *vi (calculation)* salir (**at**, por), resultar: **it works out at 34 euros each sale** por unos 34 euros cada uno.

6 *vi (turn out well - things)* salir bien; *(- problem)* resolverse.

7 *vi SP* hacer ejercicio.

to work over *vt sep* sacudir el polvo a, dar una paliza a.

to work to *vt insep (budget)* no pasarse de; *(deadline)* respetar, trabajar con miras a.

to work up

1 *vt sep (excite, rouse)* exaltar, acalorar; *(make nervous)* poner nervioso,-a, emocionar: **the preacher worked the crowd up into a frenzy** el predicador exaltó al público; **she worked herself up into a right state** se puso muy nerviosa.

2 *vt sep (develop)* hacer, desarrollar: **I've worked up a real appetite** se me ha abierto el apetito; **they couldn't seem to work up much enthusiasm for the idea** no se entusiasmaron con la idea.

3 *vt sep (increase)* aumentar, fomentar; *(complete, improve)* desarrollar, elaborar.

to work up to *vt insep (prepare)* preparar el terreno para.

✦ **it's all in a/the day's work** todo forma parte del trabajo, es el pan nuestro de cada día.

all work and no play makes Jack a dull boy hay que divertirse de vez en cuando.

it works both ways es una arma de doble filo.

keep up the good work! ¡que siga así!

the forces at work los elementos en juego.

to be in work tener trabajo, tener un empleo.

to be out of work estar en el paro, estar sin trabajo, estar parado,-a.

to get down/set to work ponerse a trabajar, poner manos a la obra.

to get worked up exaltarse, excitarse, ponerse nervioso,-a.

to give somebody the (full) works tratar a alguien a lo grande.

to have one's work cut out to do something costarle a uno mucho trabajo hacer algo.

to make light/short work of something despachar algo deprisa.

to work like a Trojan trabajar como un negro.

to work loose soltarse, aflojarse.

to work one's fingers to the bone dejarse los codos trabajando.

to work oneself to death matarse trabajando.

■ **public works** obras *fpl* públicas.

work basket costurero, cesto de labor.

work camp campamento de trabajo.

work experience experiencia laboral.

work of art obra de arte.

work permit permiso de trabajo.

work station *COMPUT* estación *f* de trabajo, terminal *m* de trabajo.

work surface encimera.

workable ['wɜːkəbəl]

1 *adj (plan, scheme)* factible, viable.

2 *adj (mine, land)* explotable.

workaday ['wɜːkədeɪ] *adj (ordinary)* rutinario,-a; *(everyday)* de cada día.

workaholic [wɜːkə'hɒlɪk] *n fam* adicto, -a al trabajo.

workbench ['wɜːkbentʃ] *n* banco de trabajo.

workbook ['wɜːkbʊk] *n* cuaderno, libreta de ejercicios.

workday ['wɜːkdeɪ] *n US* día *m* laborable.

worker ['wɜːkə'] *n (gen)* trabajador,-ra; *(manual)* obrero,-a, operario,-a; *(office)* oficinista *mf*, administrativo,-a: **she's a hard worker** trabaja mucho.

■ **worker bee** abeja obrera.

workforce ['wɜːkfɔːs] *n (of company, factory, etc)* personal *m*, plantilla; *(of country)* población *f* activa.

workhorse ['wɜːkhɔːs] *n* burro de carga.

work-in ['wɜːkɪn] *n* encierro (en la fábrica etc).

working ['wɜːkɪŋ]

1 *adj (clothes, conditions, surface)* de trabajo; *(week, day, life)* laborable: **an eight-hour working day** una jornada laboral de ocho horas.

2 *adj (population, partner, etc)* activo,-a; *(person, mother)* que trabaja.

3 *n (machine, model)* que funciona; *(part)* móvil.

4 *adj (majority)* suficiente.

5 *adj (hypothesis etc)* de trabajo.

6 *n (of machine)* funcionamiento; *(of pit)* explotación *f*.

7 **workings** *npl (of mine, quarry)* pozos *mpl*.

8 *npl (mechanics)* funcionamiento.

✦ **to be in (full) working order** funcionar.

■ **working capital** capital *m* activo.

working class clase *f* obrera, clase *f* trabajadora.

working knowledge conocimientos *mpl* básicos.

working breakfast/lunch desayuno/almuerzo/comida de negocios.

working party grupo de trabajo.

working relationship relación *f* laboral.

working-class [wɜːkɪŋ'klɑːs] *adj (person)* de clase obrera, de clase trabajadora; *(area)* obrero,-a.

workload ['wɜːkləʊd] *n* volumen *m* de trabajo.

workman ['wɜːkmən] *n (gen)* trabajador *m*; *(manual)* obrero, operario.

▲ *pl* **workmen** ['wɜːkmən].

workmanlike ['wɜːkmənlaɪk] *adj (person)* concienzudo,-a, hábil, eficiente; *(work)* bien hecho,-a.

workmanship ['wɜːkmənʃɪp] *n* habilidad *f*, arte *m*, destreza, trabajo: **a fine piece of workmanship** un trabajo primoroso; **shoddy workmanship** trabajo de mala calidad.

workmate ['wɜːkmeɪt] *n* compañero,-a de trabajo.

work-out ['wɜːkaʊt] *n SP* entrenamiento.

workplace ['wɜːkpleɪs] *n* lugar *m* de trabajo.

workroom ['wɜːkruːm] *n* taller *m*.

work-sharing ['wɜːkʃeərɪŋ] *n* repartición *f* de trabajo.

workshop ['wɜːkʃɒp] *n* taller *m*.

workshy ['wɜːkʃaɪ] *adj* gandul,-la, holgazán,-ana, vago,-a.

worktop ['wɜːktɒp] *n* encimera.

work-to-rule [wɜːktə'ruːl] *n* huelga de celo.

world [wɜːld]

1 *n (earth)* mundo: **I'd love to travel round the world** me encantaría dar la vuelta al mundo; **she's the richest woman in the world** es la mujer más rica del mundo; **in a perfect world** en un mundo ideal; **all over the world** en todo el mundo.

2 *n (sphere)* mundo: **the world of show business** el mundo del espectáculo; **the animal world** el reino de los animales.

3 *n (life)* mundo, vida: **in this world** en esta vida; **in the next world** en el otro mundo; **she's brought six children into the world** ha traído seis niños al mundo.

4 *n (people)* mundo: **in the eyes of the world** a los ojos del mundo; **what is the world coming to?** ¿a dónde iremos a parar?

5 *n (large amount, large number)* **this will make a world of difference to the disabled** esto cambiará totalmente la vida de los minusválidos; **we're worlds apart** somos muy diferentes; **a holiday will do you a world of good** unas vacaciones te sentarán de maravilla; **he hasn't got a care in the world** no tiene ninguna preocupación.

6 *adj (population, peace)* mundial; *(politics, trade)* internacional: **world record** récord mundial; **world power** potencia mundial.

+ **not to do something for (all) the world** no hacer algo por nada del mundo.

a man/woman of the world un hombre/una mujer de mundo.

it's a small world el mundo es un pañuelo.

it's not the end of the world no es el fin del mundo.

out of this world fenomenal, estupendo,-a, increíble, fantástico,-a.

the outside world el mundo exterior.

the world is one's oyster el mundo es suyo, tener el mundo a sus pies.

to be/mean all the world to somebody serlo todo para alguien.

to be dead/lost to the world estar profundamente dormido,-a.

to come down in the world venir a menos.

to go up in the world prosperar, mejorar.

to have the best of both worlds tener todas las ventajas.

to live in a world of one's own vivir en su propio mundo.

to see the world ver mundo.

to set the world on fire comerse el mundo.

to think the world of somebody querer mucho a alguien, adorar a alguien.

■ **World Bank** Banco Mundial.

world champion campeón,-ona mundial.

World Cup el Mundial, los Mundiales.

world fair exposición *f* internacional.

world music música étnica.

World War I primera guerra mundial.

World War II segunda guerra mundial.

world-class ['wɜ:ld'klɑ:s] *adj* de categoría mundial.

▲ *Se escribe* world class *cuando no se antepone a un sustantivo.*

world-famous ['wɜ:ld'feɪməs] *adj* de fama mundial.

▲ *Se escribe* world famous *cuando no se antepone a un sustantivo.*

worldliness ['wɜ:ldlɪnəs] *n* mundanería.

worldly ['wɜ:ldlɪ] *adj* mundano,-a.

■ **worldly goods** bienes *mpl* materiales.

▲ *comp* worldlier, *superl* worldliest.

world-weary ['wɜ:ldwɪːrɪ] *adj* hastiado,-a del mundo.

▲ *comp* world-wearier, *superl* world-weariest.

worldwide ['wɜ:ldwaɪd]

1 *adj* mundial, universal.

2 *adv* mundialmente.

worm [wɜ:m]

1 *n (grub, maggot)* gusano; *(earthworm)* lombriz *f*.

2 *n pej (person)* gusano, canalla.

3 *n* TECH *(of screw)* tornillo.

4 *vt (make one's way)* deslizarse; *(insinuate)* insinuarse (**into**, en): **he wormed his way under the fence** se deslizó por debajo de la valla; **they wormed their way in** se colaron; **he wormed his way into her confidence** consiguió ganarse su confianza.

5 *vt* MED quitar las lombrices a, desparasitar.

6 worms *npl* MED lombrices *fpl*.

▶ **to worm out** *vt sep (extract)* sacar, sonsacar.

+ **the early worm catches the bird** a quien madruga Dios le ayuda.

the worm will turn la paciencia tiene un límite.

■ **a can of worms** un problema peliagudo.

worm-eaten ['wɜ:miːtən] *adj (wood)* carcomido,-a; *(fruit)* agusanado,-a.

wormwood ['wɜ:mwʊd] *n* ajenjo.

wormy ['wɜ:mɪ]

1 *adj (like a worm)* agusanado,-a.

2 *adj (wood)* carcomido,-a; *(fruit)* agusanado,-a.

▲ *comp* wormier, *superl* wormiest.

worn [wɔ:n]

1 *pp* → **wear**.

2 *adj (thing)* usado,-a, gastado,-a.

3 *adj (person)* cansado,-a, fatigado,-a.

worn-out ['wɔ:n'aʊt]

1 *adj (thing)* gastado,-a, estropeado,-a.

2 *adj (person)* rendido,-a, agotado,-a.

▲ *Se escribe* worn out *cuando no se antepone a un sustantivo.*

worried ['wʌrɪd] *adj (person)* inquieto,-a, preocupado,-a (**about**, por); *(look, voice)* de preocupación.

+ **to be worried sick** estar muy preocupado,-a.

to get worried preocuparse.

worrier ['wʌrɪə'] *n* sufridor,-ra.

+ **to be a (born) worrier** preocuparse por cualquier cosa.

worry ['wʌrɪ]

1 *n (state, feeling)* preocupación *f*, inquietud *f*, intranquilidad *f*; *(problem)* preocupación *f*, problema *m*; *(responsibility)* responsabilidad *f*: **it's a worry to me** me preocupa; **money worries** problemas económicos; **that's the least of my worries** eso es lo que menos me preocupa.

2 *vt* inquietar, preocupar: **I don't want to worry you** no quiero preocuparte.

3 *vt (annoy, disturb)* molestar.

4 *vt (of dog)* acosar, perseguir.

5 *vi* inquietarse, preocuparse (**about/over**, por): **there's nothing to worry about** no tiene por qué preocuparse; **don't worry about me** no te preocupes por mí.

+ **not to worry** es igual, no importa, déjalo.

to worry oneself about somebody/something preocuparse por alguien/algo.

■ **worry beads** sarta de cuentas.

▲ *(sustantivo) pl* worries; *(verbo) pt & pp* worried, *ger* worrying.

worrying ['wʌrɪɪŋ] *adj* inquietante, preocupante, desconcertante.

+ **to be the worrying sort** ser de los que se preocupan por cualquier cosa.

worse [wɜ:s]

1 *adj (comp of bad)* peor: **it could have been worse** podría haber sido peor; **it was much worse than I expected** fue mucho peor de lo que esperaba; **they were none the worse for their experience** la experiencia no les ha perjudicado.

2 *adv (comp of badly)* peor; *(more intensely)* más: **they played worse than last week** jugaron peor que la semana pasada.

3 *n* lo peor: **there's worse to follow** aún falta lo peor; **I've seen worse** he visto casos peores; **there's been a change for the worse** ha habido un cambio a peor.

+ **the worse for wear** *(worn, damaged)* gastado,-a, viejo,-a; *(tired)* cansado,-a.

the worse for drink borracho,-a.

to be worse off *(financially)* andar peor de dinero; *(physically)* estar peor.

to get worse empeorar.

to get worse and worse ir de mal en peor.

to go from bad to worse ir de mal en peor.

to make matters worse para colmo de desgracias, por si fuera poco.

worse luck! ¡mala suerte!

worse still lo que es peor, peor aún.

worsen ['wɜ:sən]

1 *vt* empeorar.

2 *vi* empeorarse.

worship ['wɜ:ʃɪp]

1 *n* REL adoración *f*, veneración *f*, culto *f*; *(service)* culto, oficio: **a place of worship** templo; **let us join together in holy worship** unámonos en sagrada adoración; **Sunday worship** culto dominical.

2 *n (devotion, love)* amor *m*, culto, idolatría.

3 *vt* REL adorar, venerar.

4 *vt (idolize)* rendir culto a, idolatrar.

5 *vi (attend church)* ir a misa, ser feligrés,-esa.

+ **his (your etc) Worship** GB *(form of address - mayor)* el señor alcalde; *(- magistrate)* su señoría.

▲ *pt & pp worshipped, ger worshipping.*

worshipper [ˈwɜːʃɪpə'] *n* adorador,-ra, devoto,-a, fiel.

worst [wɜːst]

1 *adj (superl)* peor: **the worst job I've ever had** el peor empleo que he tenido; **this has been the worst winter on record** éste ha sido el peor invierno que se recuerda; **the worst part of it is that** … lo peor es que …

2 *adv (superl)* peor: **she is one of the worst dressed women in the world** es una de la mujeres peor vestidas del mundo; **the elderly are the worst affected by the cold** los ancianos son los más afectados por el frío.

3 *n (indefinite)* lo peor; *(person)* el/la peor, los/las peores: **the worst is over now** ya ha pasado lo peor; **we feared the worst** temíamos lo peor.

✦ **at (the) worst** en el peor de los casos. **if the worst comes to the worst** si pasa lo peor, en el peor de los casos.

to be one's own worst enemy ser su peor enemigo.

to come off worst salir perdiendo, llevarse la peor parte.

■ **worst case scenario** el peor de los casos.

worsted [ˈwʊstəd] *n SEW* estambre *m.*

worth [wɜːθ]

1 *n (in money)* valor *m*: **hundreds of pounds' worth of damage** daños por valor de cientos de libras.

2 *n (of person)* valía; *(of thing)* valor *m.*

3 *adj (having certain value)* que vale, que tiene un valor de: **it's worth £10, but I got it for £5** vale diez libras pero me costó solo cinco; **how much is that jewel worth?** ¿cuánto vale esa joya?

4 *adj (deserving of)* que vale la pena, que merece la pena, digno,-a de, merecedor,-ra de: **it's worth seeing** vale la pena verlo; **a book worth reading** un libro que vale la pena leer; **it's worth thinking about** es digno de consideración; **it's worth a try** vale la pena intentarlo.

✦ **if a job's worth doing, it's worth doing well** si se hace un trabajo, hay que hacerlo bien.

for all one is worth con toda el alma.

for what it's worth por si te sirve de algo.

it's more than my job's worth me arriesgaría el trabajo.

to not be worth a damn no valer nada. **to be worth one's/its weight in gold** valer su peso en oro.

to get one's money's worth sacarle jugo al dinero.

to not be worth the paper it's written on ser papel mojado.

to be worth the trouble/it valer la pena, merecer la pena.

to be worth one's salt merecer el pan que se come.

to be worth somebody's while valer la pena, merecer la pena: **it's not worth your while** no vale la pena; **I'll make it worth your while** te lo recompensaré.

worthiness [ˈwɜːθɪnəs] *n* mérito.

worthless [ˈwɜːθləs]

1 *adj (gen)* sin valor.

2 *adj (useless)* inútil, sin ningún valor: **this contract is worthless** este contrato es papel mojado.

3 *adj (person)* despreciable.

worthlessness [ˈwɜːθləsnəs] *n* falta de valor.

worthwhile [wɜːθˈwaɪl] *adj (gen)* que vale la pena, que merece la pena: **it's worthwhile visiting the museum** vale la pena visitar el museo.

worthy [ˈwɜːðɪ]

1 *adj (deserving)* digno,-a (**of**, de), merecedor,-ra (**of**, de), que vale la pena; *(winner, opponent, successor)* digno,-a: **a building worthy of note** un edificio digno de ver; **it is worthy of our support** merece nuestro apoyo; **a worthy winner** un ganador merecido; **that was a service worthy of Sampras** ese servicio ha sido digno de Sampras.

2 *adj (action, cause)* meritorio,-a, bueno, -a, justo,-a; *(effort)* meritorio,-a, encomiable.

3 *adj (citizen)* honorable, admirable, respetable.

4 *n iron* prócer *m*, dignatario,-a.

▲ *(adjetivo)comp* **worthier,** *superl* **worthiest;** *(sustantivo)* *pl* **worthies.**

would [wʊd]

1 *aux (conditional)* **I would love to** me encantaría; **what would you do with a million pounds?** ¿qué harías con un millón de libras?; **he would have gone if he'd had time** habría ido si hubiera tenido tiempo; **she said she'd be here** dijo que estaría aquí; **I would rather go skiing** preferiría ir a esquiar; **you would never know she was fifty** nunca dirías que tiene cincuenta años.

2 *aux (polite requests)* **would you be so kind as to close the window?** ¿me haría usted el favor de cerrar la ventana?; **pass me the salt, would you?** pásame la sal, ¿quieres?

3 *aux (offers, invitations)* **would you like a drink?** ¿quieres tomar algo?; **would you like to have dinner with me?** ¿te gustaría ir a cenar conmigo?

4 *aux (willingness)* **he wouldn't help me** se negó a ayudarme, no quiso ayudarme; **the car wouldn't start** el coche no arrancaba.

5 *aux (giving advice)* **I wouldn't dwell on it** yo que tú no pensaría en ello.

6 *aux (conjecture)* **that would have been in 1978** eso debe haber sido en 1978.

7 *aux (past habit, custom)* soler: **we would often go out together** a menudo salíamos juntos.

8 *aux (insistence, persistence)* **you would say that!** ¡es típico de ti decir eso!; **I think we should go home - you would!** yo creo que deberíamos volver a casa - ¡típico!

✦ **so it would appear** según parece. **would that I could** ojalá pudiera.

would-be [ˈwʊdbiː]

1 *adj (hopeful)* aspirante a.

2 *adj pej (so-called)* supuesto,-a.

3 *adj (failed)* frustrado,-a, fracasado,-a.

wound¹ [waʊnd] *pp* → **wind.**

wound² [wuːnd]

1 *n* herida: **a flesh wound** una herida superficial; **a bullet wound** una herida de bala.

2 *vt* herir.

✦ **to open old wounds** reabrir viejas heridas.

wounded [ˈwuːndɪd]

1 *adj* herido,-a.

2 **the wounded** *npl* los heridos.

wounding [ˈwuːndɪŋ] *adj* hiriente.

wove [wəʊv] *pt* → **weave.**

woven [ˈwəʊvən] *pp* → **weave.**

wow [waʊ]

1 *interj fam* ¡vaya!, ¡anda!, ¡caramba!, ¡alucine!

2 *n fam* éxito sensacional, exitazo.

3 *vt fam* encandilar, enloquecer.

WPC [ˈdʌbəljuːˈpiːˈsiː] *abbr GB* (**Woman Police Constable**) agente *f* de policía.

wpm [ˈwɜːdzpəˈmɪnɪt] *abbr* (**words per minute**) pulsaciones *fpl* por minuto; *(abbreviation)* p.p.m.

WRAC [ræk] *abbr GB* (**Women's Royal Army Corps.**) *rama femenina del ejército de tierra británico.*

WRAF [ræf] *abbr GB* (**Women's Royal Air Force**) *rama femenina de las fuerzas aéreas británicas.*

wrangle [ˈræŋgəl]

1 *n* disputa, riña.

2 *vi* discutir (**about/over**, por), reñir (**about/ over**, por).

wrap [ræp]

1 *vt (cover)* envolver: **I love wrapping (up) Christmas presents** me encanta envolver los regalos de Navidad; **she wrapped a blanket round him** lo envolvió en una manta; **he wrapped his arms around me** me estrechó entre sus brazos; **his hand was wrapped in a bandage** tenía la mano vendada.

2 *vt fig (surround, immerse)* envolver (**in**, de), rodear (**in**, de): **wrapped in mystery** rodeado de misterio.

3 *n (scarf, shawl)* chal *m*; *(cape)* capa; *(robe)* bata..

▸ **to wrap up**

1 *vi (wear warm clothes)* abrigarse: **wrap up warm** abrígate mucho.

2 *vi (shut up)* callarse, cerrar el pico.

3 *vt sep (complete)* conseguir; *(conclude)* concluir, dar fin a: **they wrapped up the deal** cerraron el trato.

+ **to be wrapped up in something** *fig (involved)* estar absorto,-a en algo, no pensar más que en algo: **she was wrapped up in her work** estaba absorta en su trabajo.
to keep something under wraps mantener algo en secreto.
to wrap somebody up in cotton wool criar entre algodones.
▲ *pt & pp wrapped, ger wrapping*

wrapper ['ræpə'] *n (of food)* envoltorio, envoltura; *(of book)* sobrecubierta.

wrapping ['ræpɪŋ] *n* envoltura, envoltorio.
▪ **wrapping paper** *(plain)* papel *m* de envolver; *(fancy)* papel *m* de regalo.

wrath [rɒθ] *n* cólera, ira.

wreak [riːk] *vt* causar, provocar, sembrar.
+ **to wreak damage/havoc on something** causar daños en algo, hacer estragos en algo.
to wreak revenge/vengeance on somebody vengarse de alguien.

wreath [riːθ] *n (of flowers)* corona.

wreathe [riːð] *vt (circle)* envolver; *(adorn)* adornar; *(crown)* coronar.
+ **to be wreathed in/with** *(flowers, leaves)* estar adornado,-a de; *(smoke, mist, etc)* estar envuelto,-a en; *(smiles)* no parar de sonreír.

wreck [rek]
1 *n MAR (action)* naufragio; *(ship)* barco naufragado o hundido.
2 *n (of car, plane)* restos *mpl*; *(of building)* ruinas *fpl*, escombros *mpl*: **the car was a complete wreck** el coche quedó completamente destrozado.
3 *n fig (person)* ruina: **she's a nervous wreck** tiene los nervios destrozados; **he looked a complete wreck** estaba hecho polvo.
4 *vt MAR (ship)* hacer naufragar.
5 *vt (car, plane)* destrozar; *(machine)* desbaratar, estropear.
6 *vt fig (health, career)* arruinar; *(life, marriage)* destrozar; *(hopes)* destruir, echar por tierra; *(plans)* estropear, desbaratar; *(chances)* echar a perder.

wreckage ['rekɪdʒ]
1 *n (of vehicle)* restos *mpl*; *(of building)* ruinas *fpl*, escombros *mpl*.
2 *n fig* ruina.

wrecked [rekt]
1 *adj MAR (ship)* naufragado,-a; *(sailor)* náufrago,-a.
2 *adj (car, plane)* destrozado,-a; *(building)* destruido,-a.
3 *n fig (life, career, hopes)* arruinado,-a, destrozado,-a; *(plans)* estropeado,-a.
4 *adj fam fig (stoned)* ciego,-a, colocado,-a, pasado,-a.

wrecker ['rekə']
1 *n US (of building)* demoledor,-ra.
2 *n US (breakdown van)* grúa.

wren [ren] *n* chochín *m*.

wrench [rentʃ]
1 *n (pull)* tirón *m*, arranque *m*.
2 *n MED* torcedura.
3 *n fig* separación *f* dolorosa.
4 *n GB (tool)* llave *f* inglesa.
5 *n US (tool)* llave *f*.
6 *vt (pull)* arrancar (de un tirón), arrebatar: **he wrenched the knife from my hand** me arrancó la navaja de las manos; **she wrenched herself free** se soltó de un tirón.
7 *vt MED* torcer.

wrest [rest]
1 *vt (object)* arrancar, arrebatar.
2 *vt (confession)* sonsacar, arrancar; *(victory, control)* conseguir a duras penas.

wrestle ['resəl]
1 *vi (fight)* luchar (**with**, con/contra).
2 *vi fig (problem, conscience)* luchar (**with**, con), lidiar (**with**, con).
3 *vt* luchar contra.
4 *n* lucha.

wrestler ['resələ'] *n SP* luchador,-ra.

wrestling ['resəlɪŋ] *n* lucha.
▪ **wrestling match** combate *m* de lucha.

wretch [retʃ]
1 *n (unfortunate person)* desdichado,-a, infeliz, desgraciado,-a.
2 *n fam (rascal)* pillo,-a, pícaro,-a, granuja *mf*.
3 *n (bad person)* canalla *mf*, malvado,-a.

wretched ['retʃɪd]
1 *adj (condition)* miserable, lamentable.
2 *adj (unhappy)* desdichado,-a, desgraciado,-a.
3 *adj (ill)* muy mal, fatal.
4 *adj fam (very bad)* horrible, malísimo,-a, espantoso,-a.
5 *adj fam (damned)* maldito,-a, condenado,-a.

wretchedness ['retʃɪdnəs]
1 *n (unhappiness, misfortune)* desdicha, desgracia.
2 *n (of conditions)* miseria.

wriggle ['rɪgəl]
1 *vi* retorcerse, menearse, moverse: **stop wriggling (about)!** ¡deja de moverte!
2 *vt* menear, mover.
3 *n* meneo.
▶ **to wriggle out of** *vt insep (situation, responsibility)* librarse hábilmente de, ingeniárselas para librarse de, escaquearse de; *(physically)* escabullirse, escaparse de.
+ **to wriggle free** escapar deslizándose, escabullirse.

wriggly ['rɪgəlɪ] *adj* sinuoso,-a.
▲ *comp* **wrigglier**, *superl* **wriggliest**.

wring [rɪŋ]
1 *vt (one's hands)* torcer, retorcer; *(person's hand)* apretar; *(bird's neck)* retorcer.
2 *vt (clothes)* escurrir (**out**, -), retorcer (**out**, -).
3 *vt fig (heart)* partir.
4 *vt fig (confession, truth, etc)* sonsacar, arrancar, sacar.

5 *n (of clothes)* give it a good wring escúrrelo bien.
+ **to wring somebody's neck** retorcer el pescuezo a alguien.
▲ *pt & pp* **wrung** [rʌŋ].

wringer ['rɪŋə'] *n* escurridor *m*, rodillo.
+ **to put somebody through the wringer** hacer pasar un mal trago a alguien.

wringing wet ['rɪŋɪŋwet] *adj (garment)* empapado,-a; *(person)* calado,-a hasta los huesos.

wrinkle ['rɪŋkəl]
1 *n* arruga.
2 *vt* arrugar.
3 *vi* arrugarse.

wrinkled ['rɪŋkəld] *adj* arrugado,-a.

wrinkly ['rɪŋklɪ] *adj* arrugado,-a.

wrist [rɪst]
1 *n ANAT* muñeca.
2 *n (of clothes)* puño.

wristband ['rɪstbænd]
1 *n (of clothes)* puño.
2 *n (sweatband)* muñequera.

wristwatch ['rɪstwɒtʃ] *n* reloj *m* de pulsera.

writ [rɪt] *n* mandato judicial, orden *f* judicial, auto.
+ **to issue a writ against somebody** expedir una orden contra alguien.
to serve somebody with a writ, to serve a writ on somebody entregar una orden a alguien.

write [raɪt]
1 *vt (gen)* escribir; *(article)* redactar; *(cheque)* extender.
2 *vi (gen)* escribir (**about**, sobre): **he writes for a newspaper** escribe en un periódico; **we write to each other** nos escribimos.
▶ **to write away for** *vt insep* pedir por correo.
to write back *vi* contestar (por carta).
to write down *vt sep (note)* anotar, apuntar.
to write in *vt sep (gen)* escribir; *(include)* incluir.
to write in for *vt insep* escribir pidiendo.
to write into *vt sep (include)* incluir.
to write off
1 *vt sep (debt)* anular, saldar.
2 *vt sep GB (car)* destrozar.
3 *vt sep fig (accept as useless or failure)* dar por acabado,-a, dar por perdido,-a: **we mustn't write her off just yet** no hay que darla por perdida todavía.
to write off for *vt insep* pedir por correo.
to write out
1 *vt sep (write in full)* escribir (en su forma completa): **write it out neatly** pásalo a limpio.
2 *vt sep (cheque, receipt, etc)* extender.
to write up *vt sep (notes, minutes, etc)* pasar a limpio; *(describe)* redactar, escribir; *(diary etc)* poner al día.
+ **to be nothing to write home about** no ser nada del otro mundo.

to be written all over somebody's face llevar (algo) escrito en la cara, estar impreso,-a en la cara: **it's written all over your face** se te nota en la cara.
▲ *pt* **wrote** [rəʊt], *pp* **written** ['rɪtən], *ger* **writing**.

write-off ['raɪtɒf]
1 *n (car)* ruina, siniestro total.
2 *n FIN (debt)* cancelación *f*.

writer ['raɪtəʳ]
1 *n (by profession)* escritor,-ra; *(of book, letter)* autor,-ra.
2 *n (of handwriting)* **she's a neat writer** tiene buena letra.
▪ **writer's cramp** agarrotamiento de la mano por escribir.

write-up ['raɪtʌp] *n fam (review)* crítica, reseña.

writhe [raɪð] *vi (physically)* retorcerse, contorsionarse.

writing ['raɪtɪŋ]
1 *n (script)* escritura; *(handwriting)* letra: **can you read my writing?** ¿entiendes mi letra?
2 *n (written work)* composición *f*, trabajo.
3 *n (occupation)* profesión *f* de escritor, -ra, trabajo literario; *(activity)* escribir *m*.
4 writings *npl* obra, escritos *mpl*.
✦ **in writing** por escrito.
  the writing on the wall los malos presagios.
▪ **writing desk** escritorio.
  writing materials objetos *mpl* de escritorio.
  writing paper papel *m* de escribir.

written ['rɪtən]
1 *pp* → **write**.
2 *adj* escrito,-a.
✦ **the written word** la palabra escrita.
▪ **written consent** consentimiento por escrito.
  written exam examen *m* escrito.

WRNS [renz] *abbr GB* (**Women's Royal Naval Service**) *rama femenina de las fuerzas navales británicas*.

wrong [rɒŋ]
1 *adj (erroneous)* erróneo,-a, equivocado, -a, incorrecto,-a: **a wrong answer** una respuesta incorrecta; **we're going the wrong way** nos hemos equivocado de camino, vamos mal; **my watch is wrong** mi reloj anda mal; **they arrested the wrong man** detuvieron al hombre que no era, detuvieron al hombre

equivocado; **he was driving on the wrong side of the road** conducía por el carril contrario; **she played a wrong note** tocó una nota falsa.
2 *adj (mistaken)* equivocado,-a: **we proved him wrong** demostramos que estaba equivocado; **that's just where you're wrong** ahí es donde te equivocas; **I was wrong about you** te había juzgado mal; **you're wrong in thinking that …** te equivocas si piensas que …
3 *adj (evil, immoral)* malo,-a; *(unacceptable, unfair)* injusto,-a: **stealing is wrong** robar es malo; **I've done nothing wrong** no he hecho nada malo; **you were wrong not to tell me** hiciste mal en no decírmelo; **it seems all wrong to me** a mí me parece injusto.
4 *adj (amiss)* mal: **something's wrong here** aquí pasa algo; **what's wrong?** ¿qué pasa?; **is anything wrong?** ¿pasa algo?; **what's wrong with him?** ¿qué le pasa?
5 *adj (unsuitable)* inadecuado,-a, impropio,-a; *(time)* inoportuno,-a: **she's the wrong person for the job** no es la persona adecuada para el puesto; **I think I said the wrong thing** creo que he dicho algo que no debía; **he was in the wrong place at the wrong time** estaba en el sitio equivocado en el momento inoportuno.
6 *adv* mal, incorrectamente, equivocadamente: **you've spelt it wrong** lo has escrito mal; **I must have heard wrong** debo de haber oído mal; **you're doing it wrong** lo estás haciendo mal.
7 *n (evil, bad action)* mal *m*: **children know right from wrong** los niños saben distinguir entre el bien y el mal; **she can do no wrong in his eyes** para él, todo lo que ella hace está bien.
8 *n (injustice)* injusticia; *(offence)* agravio: **many wrongs have been done in the name of the church** se han cometido muchas injusticias en nombre de la iglesia.
9 *vt (treat unfairly)* ser injusto,-a con; *(judge unfairly)* juzgar mal; *(offend)* agraviar.
✦ **to be from the wrong side of the tracks** ser de los barrios bajos.
  to be in the wrong *(mistaken)* estar equivocado,-a; *(at fault)* tener la culpa.
  to be on the wrong side of forty *(fifty etc)* tener cuarenta *(cincuenta etc)* años bien cumplidos.

to be wrong *(person)* estar equivocado,-a, no tener razón, equivocarse.
to have/get the wrong number *(tel)* confundirse de número, equivocarse de número.
to get (hold of) the wrong end of the stick coger el rábano por las hojas.
to get somebody wrong malinterpretar a alguien.
to get something wrong equivocarse, no acertar.
to go down the wrong hole/way atragantarse.
to go wrong *(things in general)* salir mal; *(make a mistake)* equivocarse; *(go wrong way)* equivocarse de camino; *(machine, device)* romperse, estropearse; *(plan)* fallar, fracasar.
to right a wrong deshacer un entuerto.
two wrongs don't make a right no se subsana un error cometiendo otro.
wrong side out al revés.
you can't go wrong *(giving directions)* no tiene pérdida.

wrongdoer ['rɒŋdʊəʳ] *n* malhechor,-ra.

wrongdoing ['rɒŋduːɪŋ] *n* maldad *f*, fechoría.

wrongful ['rɒŋfʊl] *adj (unfair)* injusto,-a; *(illegal)* ilegal: **wrongful dismissal** despido improcedente.

wrongly ['rɒŋlɪ]
1 *adv (incorrectly)* mal, incorrectamente.
2 *adv (mistakenly)* sin razón, equivocadamente, erróneamente.
3 *adv (unjustly)* injustamente.

wrote [rəʊt] *pt* → **write**.

wrought [rɔːt]
1 *adj (iron)* forjado,-a; *(silver)* labrado,-a.
2 *adj (made and decorated)* hecho,-a, elaborado,-a, decorado,-a.
3 *pp arch* → **work**.

wrung [rʌŋ] *pt & pp* → **wring**.

wry [raɪ] *adj* irónico,-a, sardónico,-a.

wryneck ['raɪnek] *n* torcecuello.

wryness ['raɪnəs] *n* socarronería.

WWF ['wɜːldwaɪldlaɪf'fʌnd] *abbr* (**World Wildlife Fund**) World Wildlife Fund/ Asociación para la Defensa de la Naturaleza; *(abbreviation)* WWF/Adena.

WYSIWYG ['wɪzɪwɪg] *abbr* (**what you see is what you get**) lo que ves es lo que obtienes.

X, x [eks] *n (the letter)* X, x *f.*

xenon ['zenɒn] *n* xenón *m.*

xenophobia [zenə'fəʊbɪə] *n* xenofobia.

xenophobic [zenə'fəʊbɪk] *adj* xenófobo,-a.

xerography [zɪ'rɒɡrəfɪ] *n* xerografía.

Xerox ['zɪərɒks]
1 *n* xerocopia, fotocopia.
2 *vt* xerocopiar, fotocopiar.
▲ *Es marca registrada.*

XL ['eks'el] *abbr* (**extra large**) muy grande.

Xmas ['eksməs, 'krɪsməs] *n* → **Christmas.**

X-ray ['eksreɪ]
1 *n* rayo X.

2 *n (photograph)* radiografía.
3 *vt* radiografiar.

xylene ['zaɪliːn] *n* xileno.

xylograph ['zaɪləɡrɑːf] *n* xilografía.

xylography [zaɪ'lɒɡrəfɪ] *n* xilografía.

xylophone ['zaɪləfəʊn] *n* xilófono.

xylophonist [zaɪ'lɒfənɪst] *n* xilofonista.

Y, y [waɪ] *n (the letter)* Y, y *f*.

yacht [jɒt]
1 *n* yate *m*.
2 *n (with sails)* velero, yate *m*.
■ **yacht club** club *m* náutico.
yacht race regata.

yachting [ˈjɒtɪŋ] *n* deporte *m* de la vela, vela: **I go yachting at weekends** hago vela los fines de semana.

yachtsman [ˈjɒtsmən] *n (for pleasure)* aficionado a la vela; *(as sport)* regatista *m*.
▲ *pl yachtsmen* [ˈjɒtsmən].

yachtswoman [ˈjɒtswʊmən] *n (for pleasure)* aficionada a la vela; *(as sport)* regatista.
▲ *pl yachtswomen* [ˈjɒtswɪmɪn].

yack [jæk] *vi fam* cotorrear.

yak [jæk] *n* yac *m*, yak *m*.

yam [jæm] *n* ñame *m*.

yank [jæŋk]
1 *n fam* tirón *m*.
2 *vt fam* tirar de: **he yanked me by the hair** me tiró del pelo.
▸ **to yank out** *vt sep* arrancar, sacar de un tirón: **he yanked a page out of the book** arrancó una página del libro.

Yank [jæŋk] *n pej* yanqui *mf*.

Yankee [ˈjæŋkɪ]
1 *n pej* yanqui *mf*.
2 *adj pej* yanqui.

Yaoundé [jæˈuːnde] *n* Yaundé.

yap [jæp]
1 *n (dog)* ladrido, ladrido agudo.
2 *vi (dog)* ladrar.
3 *vi fam (person)* cotorrear.
▲ *pt & pp yapped, ger yapping.*

yard [jɑːd]
1 *n (measure)* yarda: **three feet make a yard** una yarda son tres pies; **a few yards away** a unos metros.
2 *n GB (of house)* patio.
3 *n US (of house)* jardín *m*.
4 *n (industrial)* almacén *m*.
5 *n (naut)* verga.
■ **Scotland Yard** oficina central de la policía británica en Londres.
▲ *Una yarda equivale a 0,914 metros.*

yardstick [ˈjɑːdstɪk] *n fig* criterio, norma.

yarn [jɑːn]
1 *n* hilo.
2 *n (story)* cuento.
✦ **to spin a yarn** *(story)* contar un cuento; *(lie)* venir con cuentos: **he span me a yarn about being ill** me vino con el cuento de que estaba enfermo.

yashmak [ˈjæʃmæk] *n* velo *de musulmana*.

yawl [jɔːl] *n* yola, quechemarín *m*.

yawn [jɔːn]
1 *vi* bostezar.
2 *vi (gap etc)* abrirse.
3 *n* bostezo.
4 *n fam (boring event)* rollo: **the film was a yawn from start to finish** la película fue un auténtico rollo.

yd [jɑːd] *abbr* (**yard**) yarda.
▲ *pl yds.*

ye¹ [jiː] *def art (on shop signs etc)* → **the**.

ye² [jiː] *pron arch* vos.

yea [jeɪ]
1 *adv arch* sí.
2 *n arch* sí *m*.

yeah [jeə] *adv fam* sí.

year [jɪəˈ]
1 *n* año: **we bought it last year** lo compramos el año pasado; **he's retiring next year** se jubila el año que viene; **they come twice a year** vienen dos veces al año; **we go abroad every other year** vamos al extranjero cada dos años; **she earns 14,000 pounds a year** gana 14.000 libras al año; **I've known him for years (and years)** lo conozco desde hace muchos años; **she's 20 years old** tiene 20 años; **he's getting on in years** es un hombre entrado en años.
2 *n EDUC* curso: **I'm in my first year** hago primero; **first-year students** alumnos de primer curso.
✦ **all the year round** durante todo el año.
since the year dot desde el año de la nana.

to put years on somebody envejecer: **the death of his son has put years on him** ha envejecido desde la muerte de su hijo.
to take years off somebody rejuvenecer a alguien.
year in, year out año tras año.
■ **donkey's years** siglos *mpl*: **he's lived there for donkey's years** vive allí desde hace años.

yearbook [ˈjɪəbʊk] *n* anuario.

yearling [ˈjɪəlɪŋ]
1 *n* primal,-la.
2 *adj* primal.

yearly [ˈjɪəlɪ]
1 *adj* anual.
2 *adv* anualmente.

yearn [jɜːn] *vi (desire)* anhelar (**for**, -), ansiar (**for**, -); *(nostalgically)* añorar: **he yearns for fame and fortune** anhela fama y fortuna; **she yearned for the days of her youth** añoraba su juventud.
✦ **to yearn to do something** suspirar por hacer algo: **I yearn to hold you in my arms** suspiro por tenerte en mis brazos.

yearning [ˈjɜːnɪŋ]
1 *n (desire)* anhelo (**for**, de); *(nostalgia)* añoranza (**for**, de).
2 *adj* anhelante.

yeast [jiːst] *n* levadura.

yell [jel]
1 *n* grito, alarido.
2 *vi* gritar, dar alaridos.

yellow [ˈjeləʊ]
1 *adj* amarillo,-a.
2 *adj (cowardly)* cobarde.
3 *n* amarillo.
4 *vt* ponerse amarillo.
5 *vi* amarillear.
■ **yellow card** *(sp)* tarjeta amarilla.
yellow fever fiebre *f* amarilla.
yellow jersey *(sp)* maillot *m* amarillo.
yellow line raya amarilla: **you can't park here, there's a double yellow line** aquí no se puede estacionar, hay una doble raya amarilla.
Yellow Pages páginas amarillas.
yellow peril peligro amarillo.

yellow press prensa sensacionalista, prensa amarilla.

yellowhammer [ˈjeləʊhæməʳ] n escribano cerillo.

yellowish [ˈjeləʊɪʃ] adj amarillento,-a.

yelp [jelp]
1 n gañido.
2 vi gañir.

Yemen [ˈjemən] n Yemen.

Yemeni [ˈjemənɪ]
1 adj yemení.
2 n yemení mf.

yen [jen]
1 n deseo.
2 n FIN yen m.

yeoman [ˈjəʊmən] n HIST pequeño terrateniente m.
▪ **yeoman of the guard** alabardero de la Torre de Londres.

yes [jes]
1 adv sí.
2 adv (answering person) dime; (answering phone) ¿dígame?
3 n sí m.
✦ **to say yes** decir que sí.
to say yes to something consentir algo, decir que sí a algo.

yes-man [ˈjesmæn] n persona que, con sus superiores, siempre dice sí a todo.
▲ pl yes-men [ˈjesmen].

yesterday [ˈjestədɪ]
1 adv ayer: yesterday morning/afternoon ayer por la mañana/tarde.
2 n ayer m.
✦ **not to be born yesterday** no chuparse el dedo, no ser tonto,-a: she wasn't born yesterday no se chupa el dedo.
▪ **the day before yesterday** anteayer.

yesteryear [ˈjestəjɪəʳ] adv lit antaño.

yet [jet]
1 adv todavía, aún: we haven't had lunch yet todavía no hemos comido; haven't you finished that book yet? ¿aún no has acabado aquel libro?
2 adv (until now) hasta la fecha, hasta ahora: her most successful record yet su disco de más éxito hasta la fecha; the earliest remains yet discovered los restos más antiguos descubiertos hasta ahora.
3 adv (even) aún, todavía: yet more guests arrived llegaron aún más invitados; yet worse clashes occurred later más tarde hubo enfrentamientos aún peores.
4 adv (expressing future possibility, hope, etc) aún: don't give up, you may win yet no te rindas, aún puedes ganar.
5 conj pero, aunque: a cheap yet effective solution to the problem una solución barata pero efectiva para el problema; she's very friendly, yet I find her a little mysterious es muy simpática, aunque la encuentro un poco misteriosa.
✦ **yet again** otra vez.

yet another ... otro,-a ... más: yet another gold medal for Broddle otra medalla de oro más para Broddle.

yeti [ˈjetɪ]
1 n yeti m.
2 **the Yeti** n el abominable hombre m de las nieves.

yew [juː] n tejo.

Yiddish [ˈjɪdɪʃ]
1 adj yiddish, jiddish.
2 n (language) yiddish m, jiddish m.

yield [jiːld]
1 n (harvest) cosecha.
2 n FIN (return) rendimiento, rédito.
3 vt (produce) producir, dar: this new variety yields more fruit esta nueva variedad da más fruto.
4 vt (give, hand over) entregar.
5 vt FIN rendir: these bonds yield 5% per year estos bonos rinden 5% al año.
6 vi (surrender) rendirse (**to**, ante), ceder (**to**, a): the Prime Minister yielded to public pressure el primer ministro cedió a la presión pública.
7 vi (break) ceder: he pushed with all his might, but the door would not yield empujó con todas sus fuerzas, pero la puerta no cedió.
8 vi US ceder el paso.
▶ **to yield up** vt sep (secrets) revelar.

yielding [ˈjiːldɪŋ]
1 adj (material) flexible, blando,-a.
2 adj (person) dócil, complaciente.

yippee [jɪˈpiː] interj fam ¡yupi!

YMCA [ˈwaɪemˈesiːˈeɪ] abbr (**Young Men's Christian Association**) asociación f de jóvenes cristianos.
▪ **YMCA hostel** albergue m para chicos jóvenes.

yob [jɒb] n fam → yobbo.

yobbo [ˈjɒbəʊ] n fam gamberro.
▲ pl yobbos.

yod [jɒd] n yod f.

yodel [ˈjəʊdəl] vi cantar a la tirolesa.
▲ pt & pp yodelled (US yodeled), ger yodelling (US yodeling).

yoga [ˈjəʊɡə] n yoga m.

yoghourt [ˈjɒɡət] n → yoghurt.

yoghurt [ˈjɒɡət] n yogur m.

yogi [ˈjəʊɡɪ] n yogui m.

yogurt [ˈjɒɡət] n → yoghurt.
▪ **yogurt maker** yogurtera.

yoke [jəʊk]
1 n (for carrying, pulling) yugo.
2 n (pair of oxen) yunta.
3 n SEW canesú m.
4 n fig yugo: they threw off the yoke of slavery se quitaron el yugo de la esclavitud.
5 vt (oxen) uncir.
6 vt fig unir.

yokel [ˈjəʊkəl] n paleto,-a.

yolk [jəʊk] n yema.

yon [jɒn] adj arch aquel, aquella, aquellos,-as.

yonder [ˈjɒndəʳ]
1 adv arch allá.
2 adj arch aquel, aquella, aquellos,-as.

yonks [jɒŋks] n fam la tira, siglos mpl: I haven't seen him for yonks hace la tira que no lo veo.

you [juː]
1 pron (subject, familiar, singular) tú: and what did you say? y tú, ¿qué dijiste?
2 pron (subject, familiar, plural - men) vosotros; (- women) vosotras: you two, where are you going? vosotros dos, ¿adónde vais?
3 pron (subject, polite, singular) usted, Vd., Ud.: you must wait here until the doctor arrives usted debe esperar aquí hasta que llegue el médico.
4 pron (subject, polite, plural) ustedes, Vds., Uds.: you must both wait here ustedes dos deben esperar aquí.
5 pron (subject, impersonal) se, uno: you can go by coach or train se puede ir en tren o en autocar; sometimes you just have to say no, don't you? a veces, uno tiene que decir que no, ¿verdad?
6 pron (object, familiar, singular) te; (with prep) ti; (if prep is con) contigo: I'm going with you, without you I'm lost voy contigo, sin ti estoy perdido.
7 pron (object, familiar, plural) os; (with preposition) vosotros,-as: I forgot to invite you se me olvidó invitaros; I'll go with you iré con vosotros.
8 pron (direct object, polite, singular - man) lo, le; (- woman) la; (with preposition) usted: good morning, sir, can I help you? buenos días, señor, ¿puedo ayudarlo?; I'm sorry madam, I can't hear you perdone señora, no la oigo; this is for you esto es para usted; I wanted to talk to you quería hablar con usted.
9 pron (direct object, polite, plural - men) los; (- women) las; (with preposition) ustedes: good morning, gentlemen, can I help you? buenos días, señores, ¿puedo ayudarlos?; I'm sorry ladies, I don't understand you lo siento señoras, no las entiendo; gentlemen, this is for you señores, esto es para ustedes; I wanted to talk to you two ladies quería hablar con ustedes dos.
10 pron (indirect object, polite, singular) le: I'll send you a letter le mandaré una carta.
11 pron (indirect object, polite, plural) les: I sent both of you a card les mandé una felicitación a los dos.
12 pron (object, impersonal) cyanide kills you el cianuro mata.

young [jʌŋ]
1 adj (gen) joven; (brother, sister) menor: I'm not as young as I used to be ya no soy tan joven; we're not getting any younger nos estamos haciendo viejos; the night is yet young la noche aún es joven; my young sister mi hermana menor.

2 the young n (humans) los jóvenes mpl, la juventud f, la gente f joven; (animals) las crías fpl.

✦ **you're only young once** solo se vive una vez.

to have an old head on young shoulders ser maduro,-a para su edad.

to be young at heart ser joven de espíritu.

▪ **young lady** (woman) señorita; (girlfriend) novia.

young man (man) joven m, muchacho; (boyfriend) novio.

young woman joven f, muchacha.

youngish ['jʌŋɪʃ] adj bastante joven.

youngster ['jʌŋstə^r] n joven mf.

your [jɔː^r]

1 adj (familiar, singular) tu, tus; (plural) vuestro,-a, vuestros,-as.

2 adj (polite) su, sus.

3 adj fml (address) Su: **Your Majesty** Su Majestad.

yours [jɔːz]

1 pron (familiar, singular) (el) tuyo, (la) tuya, (los) tuyos, (las) tuyas; (plural) (el) vuestro, (la) vuestra, (los) vuestros, (las) vuestras.

2 pron (polite) (el) suyo, (la) suya, (los) suyos, (las) suyas.

3 pron (letters) le saluda …: **Yours sincerely** … le saluda atentamente …

yourself [jɔːˈself]

1 pron (familiar singular) te; (emphatic) tú mismo,-a.

2 pron (polite singular) se; (emphatic) usted mismo,-a.

yourselves [jɔːˈselvz]

1 pron (familiar plural) os; (emphatic) vosotros,-as mismos,-as.

2 pron (polite plural) se; (emphatic) ustedes mismos,-as.

youth [juːθ]

1 n (period) juventud f.

2 n (young person) joven mf.

3 n (young people) juventud f, los jóvenes mpl.

✦ **to go youth hostelling** hospedarse en albergues juveniles.

▪ **youth club** club m juvenil.

youth hostel albergue m juvenil.

youthful ['juːθfʊl] adj joven, juvenil.

youthfulness ['juːθfʊlnəs] n juventud f.

yowl [jaʊl]

1 n aullido.

2 vi aullar.

yo-yo ['iəʊiəʊ] n yoyo, yoyó m.

yr¹ [jɪə^r] abbr (**year**) año.

▲ pl yrs.

yr² [jɔː^r] abbr (**your**) tu, su.

YTS ['waɪˈtiːˈes] abbr (**Youth Training Scheme**) plan de empleo juvenil que combina formación profesional con experiencia laboral.

yucca ['jʌkə] n yuca.

yuck [jʌk] interj ¡puaj!

yucky ['jʌkɪ] adj fam asqueroso,-a.

▲ comp yuckier, superl yuckiest.

Yugoslav ['juːgəslɑːv] n (person) yugoslavo,-a.

Yugoslavia [juːgəˈslɑːvɪə] n Yugoslavia.

Yugoslavian [juːgəˈslɑːvɪən]

1 adj yugoslavo,-a.

2 n yugoslavo,-a.

Yule [juːl] n Navidad f.

Yuletide ['juːltaɪd] n → **Yule**.

yummy ['jʌmɪ] adj fam de rechupete.

▲ comp yummier, superl yummiest.

yuppie ['jʌpɪ] n yuppie mf.

YWCA ['waɪdʌbəljuːˈsiːˈeɪ] abbr (**Young Women's Christian Association**) asociación de jóvenes cristianas.

▪ **YWCA hostel** albergue m para chicas jóvenes.

Z, z [zed] *n (the letter)* Z, z *f.*
Zaire [zɑːˈɪə] *n* Zaire.
Zairean [zɑːˈɪrɪən]
  1 *adj* zaireño,-a.
  2 *n* zaireño,-a.
Zambesi [zæmˈbiːzɪ] *n* el Zambesi *m.*
Zambia [ˈzæmbɪə] *n* Zambia.
Zambian [ˈzæmbɪən]
  1 *adj* zambiano,-a.
  2 *n* zambiano,-a.
zany [ˈzeɪnɪ]
  1 *adj fam* estrafalario,-a.
  2 *adj (mad)* chiflado,-a.
  ▲ *comp* **zanier**, *superl* **zaniest**.
zap [zæp]
  1 *vt fam (kill)* cargarse.
  2 *vt (attack)* atacar.
  3 *vi (hurry)* apretar: he zapped through lunch comió volando.
  4 *n* marcha.
  ▲ *pt & pp* **zapped**, *ger* **zapping**.
Zapotec [ˈzæpətek]
  1 *adj* zapoteca.
  2 *n (person)* zapoteca *mf.*
  3 *n (language)* zapoteca *m.*
zappy [ˈzæpɪ] *adj fam* marchoso,-a.
  ▲ *comp* **zappier**, *superl* **zappiest**.
zeal [ziːl] *n* celo, entusiasmo.
zealot [ˈzelət] *n* fanático,-a.
zealous [ˈzeləs] *adj (fanatical)* celoso,-a; *(enthusiastic)* entusiasta.
zebra [ˈziːbrə, ˈzebrə] *n* cebra.
  ■ **zebra crossing** paso de peatones, paso de cebra.
zebu [ˈziːbuː, ˈziːbjuː] *n* cebú *m.*
zed [zed] *n GB* zeta.
zee [ziː] *n US* zeta.
Zen [zen] *n* Zen *m.*

zenith [ˈzenɪθ]
  1 *n* cenit *m.*
  2 *n fig* apogeo.
zephyr [ˈzefəʳ] *n* céfiro.
zeppelin [ˈzepəlɪn] *n* zepelín *m.*
zero [ˈzɪərəʊ] *n* cero.
  ▲ *pl* **zeros** o **zeroes**.
zest [zest]
  1 *n (eagerness)* brío, entusiasmo.
  2 *n (spice)* emoción *f.*
  3 *n (of lemon etc)* cáscara.
zestful [ˈzestfʊl] *adj* entusiasta.
zigzag [ˈzɪgzæg]
  1 *n* zigzag *m.*
  2 *vi* zigzaguear.
  ▲ *pt & pp* **zigzagged**, *ger* **zigzagging**.
zilch [zɪltʃ] *n US sl* nada, nada de nada.
zillion [ˈzɪljən] *n fam* cantidad *f*, mogollón *m*: zillions of locusts cantidad de langostas.
Zimbabwe [zɪmˈbɑːbweɪ] *n* Zimbabwe.
Zimbabwean [zɪmˈbɑːbwɪən]
  1 *adj* zimbabwense, zimbabuo,-a.
  2 *n* zimbabwense *mf*, zimbabuo,-a.
zinc [zɪŋk] *n* cinc *m*, zinc *m.*
Zion [ˈzaɪən] *n* Sion *m.*
Zionism [ˈzaɪənɪzəm] *n* sionismo.
Zionist [ˈzaɪənɪst]
  1 *adj* sionista.
  2 *n* sionista *mf.*
zip [zɪp]
  1 *n* cremallera.
  2 *n fam (energy)* vigor *m*, energía.
  3 *n fam (hiss)* zumbido.
  4 *vt COMPUT* comprimir.
  ▶ **to zip by**
    1 *vt insep* pasar como un rayo.
    2 *vi* pasar como un rayo.
    to zip past *vt-vi* → **zip by**.

  to zip up *vt sep* cerrar con cremallera.
  ■ **zip code** *US* código postal.
  zip fastener cremallera.
zipped [zɪpt] *adj COMPUT* comprimido,-a.
zipper [ˈzɪpəʳ] *n US* cremallera.
zirconite [ˈzɜːkənaɪt] *n* circonita *f.*
zit [zɪt] *n US sl* grano.
zodiac [ˈzəʊdɪæk] *n* zodiaco, zodíaco.
zombie [ˈzɒmbɪ] *n* zombi *mf*, zombie *mf.*
zonal [ˈzəʊnəl] *adj* zonal.
zone [zəʊn]
  1 *n* zona.
  2 *vt* dividir en zonas.
zoning [ˈzəʊnɪŋ] *n* división *f* en zonas.
zonked [zɒŋkt]
  1 *adj fam (exhausted)* reventado,-a, molido,-a.
  2 *adj (drunk)* ciego,-a, colocado,-a.
  3 *adj (drugged)* colocado,-a, flipado,-a.
zoo [zuː] *n* zoo *m*, parque *m* zoológico, zoológico.
  ▲ *pl* **zoos**.
zoological [zʊəˈlɒdʒɪkəl] *adj* zoológico,-a.
zoologist [zʊˈɒlədʒɪst] *n* zoólogo,-a.
zoology [zʊˈɒlədʒɪ] *n* zoología.
zoom [zuːm]
  1 *n (noise)* zumbido.
  2 *n (lens)* objetivo zoom, zoom *m.*
  3 *vi* zumbar.
  4 *vi (plane)* empinarse.
  ▶ **to zoom by**
    1 *vt insep fam* pasar volando.
    2 *vi fam* pasar volando.
    to zoom past *vt-vi* → **zip by**.
  ■ **zoom lens** objetivo zoom.
zucchini [zuːˈkiːnɪ] *n US* calabacín *m.*
  ▲ *pl* **zucchini** o **zucchinis**.
zygote [ˈzʊgəʊt] *n* cigoto.

Español-Inglés

Spanish grammar

Main spelling difficulties

The letters *b* and *v*

These two letters are pronounced in exactly the same way. The letter *b* is used in all words in which this sound is followed by a consonant: ***bruma, blanco, abstenerse***, but the letter *v* is used after *b, d* and *n*: ***obvio, advertir, convencer***. Apart from this there are no general rules which govern their use; in case of doubt check in the dictionary.

The letters *c, k* and *q*

These three letters are used to represent the sound [k]. Before the vowels *a, o, u*, before a consonant, and in some cases at the end of a word *c* is used: ***casa, color, cuna, frac***. Before the vowels *e* or *i*, *qu* is written: ***querer, quitar***. The letter *k* is used in words of foreign origin in which the original spelling has been maintained: ***kitsch***.

The letters *c* and *z*

These two letters are used to represent the sound [θ]. Before the vowels *e* and *i* the letter *c* is used; before the vowels *a, o, u* and at the end of a word *z* is used: ***cero, cima, zapato, azote, zurra, pez***. There are a few exceptions to this rule: ***zigzag, zipizape, ¡zis, zas!*** Some words may also be written with either *c* or *z*: ***ácimo/ázimo, acimut/azimut, eccema/eczema, ceta/zeta, cinc/zinc***.

Note that a final *z* changes to *c* in the plural: ***pez - peces***.

The letters *g* and *j*

The letter *j* is always pronounced [x] (as in the Scottish "loch").
The letter *g* is pronounced [x] when it is followed by the vowels *e* and *i*, but [g] (as in "golf", "get") when it is followed by the vowels *a, o* or *u*.
In the group *gu* + *e/i* the *u* is silent and the pronunciation is [g], but when *gu* is followed by *a* or *o* the *u* is pronounced giving the sound [gw].
The group *gü*, with a dieresis over the *u*, is written only before *e* or *i*, and is pronounced [gw]. To summarize:

the sound [x] is written	*j*	before *a, o* and *u*
	j or *g*	before *e* and *i*
the sound [g] is written	*g*	before *a, o, u*
	gu	before *i* and *e*
the sound [gw] is written	*gu*	before *a* and *o*
	gü	before *e* and *i*.

The letters *r* and *rr*

The letter *r* is used to represent two different sounds: the one-tap [r] sound when it appears either in the middle of a word or in the final position: ***carta, ardor***; and the multiple vibrant [rr] when it appears in initial position or follows the consonants *l, n* or *s*: ***roca, honra***. The double *rr* always represents the multiple vibrant [rr] sound and is written only between vowels: ***barro, borrar***.

The written accent

Words stressed on the final syllable require a written accent on that syllable when they end in a vowel or the consonants **n** or **s**:

> *vendrá, café, jabalí, miró, tabú, sillón, Tomás, chochín*

but *calor, carril, merced, sagaz, carcaj*.

Words stressed on the penultimate syllable require a written accent on that syllable whenever the word does not end in a vowel or the consonants **n** or **s**:

> *árbol, inútil, fémur, Gómez, fútbol*

but *cosa, venden, acento, examen, pisos*.

Words stressed on the antepenultimate syllable or earlier always require a written accent on the stressed syllable:

> *pájaro, carámbano, cómpratelo, pagándoselas*.

Generally speaking, monosyllabic words do not require written accents, but in some cases one is used to distinguish two different words with the same spelling: *él* (he, him) - *el* (the); *té* (tea) - *te* (the letter T). These will be found in the dictionary.

Note that in the case of adverbs ending in *-mente* any written accent in the root adjective is retained:

> *fácil - fácilmente; económico - económicamente*

Diphthongs, triphthongs and hiatus

A group of two vowels that make one syllable is called a diphthong; a group of three is called a triphthong. A diphthong is formed by one weak vowel (*i* or *u*) in combination with one strong vowel (*a, e* or *o*). A triphthong is one strong vowel between two weak ones. As far as stress is concerned the general rules apply, with both diphthongs and triphthongs being treated as if they were one syllable. If a stressed dipththong or triphthong requires a written] accent (following the rules above), this is placed above the strong vowel: *miér-coles, acariciéis*.

Hiatus occurs when groups of consecutive vowels do not form diphthongs or triphthongs. In these cases the group is usually made up of strong vowels; the stressed vowel will carry a written accent or not in accordance with the rules above: *neón, tebeo, traéis*. However, when the stressed vowel is a weak vowel, it is the weak vowel which carries the written accent in order to distinguish the group from a diphthong or triphthong: *María, reían, frío*.

The combination *ui* is always considered a diphthong: *contribuir, ruin*.

The article

	definite		indefinite	
	masculine	feminine	masculine	feminine
singular	*el*	*la*	*un*	*una*
plural	*los*	*las*	*unos*	*unas*

Observations

With reflexive verbs the definite article is equivalent to an English possessive adjective in sentences such as: *me lavo la cara* (I wash my face). *cámbiate de ropa* (change your clothes).

The definite article may acquire the pronominal value of the English "the one" or "the ones": *el del traje azul* (the one in the blue suit).

The masculine article (*el, un*) is used with feminine nouns which begin with a stressed *a-* or *ha-*, when these are used in the singular: *el agua, un hacha*. Note however that the plural forms are regular: *las aguas, unas hachas*. Nouns which behave in this way are marked in the dictionary.

SPANISH GRAMMAR

The prepositions **a** and **de** and the article **el** contract to give the forms **al** and **del**.

There is also a neuter article **lo** which may be used with an adjective to signify a general quality:

> **me gusta lo bello**   (I like all that is beautiful)
>
> **lo extraño es que...**   (what is strange is that ..., the strange thing is that ...).

The noun

Gender indication in the dictionary

Unlike their English counterparts, Spanish nouns have grammatical gender. In this dictionary the gender of every Spanish headword is given, but in the translations on the English-Spanish side, unmarked nouns ending in **-o** are to be taken to be masculine and those ending in **-a** are to be taken to be feminine; gender is marked in those cases where this does not apply.

Masculine and feminine forms

In many cases gender is shown by the ending which is added to the root. Nouns denoting men or male animals commonly end in **-o** while their counterparts denoting women and female animals end in **-a**: **chico - chica, gato - gata**.

Masculine nouns ending in a consonant add **-a** to form the feminine: **señor, señora**.

Some nouns denoting persons have the same form for both sexes. In these cases the gender is indicated only by the article used: **un pianista** (a male pianist); **una pianista** (a female pianist).

In the case of some nouns denoting animals gender is not indicated by the article but by placing the word **macho** or **hembra** after the noun: **una serpiente** (a snake); **una serpiente macho** (a male snake); **una serpiente hembra** (a female snake).

In some cases a change in gender signifes a change in meaning. For example, **la cólera** means "anger" and **el cólera**, "cholera". Such changes of meaning will be found in the dictionary. However there are a very few words which are either masculine or feminine with no change in meaning whatever. Two examples are **mar** and **azúcar**; one may say **el mar está agitado** or **la mar está agitada**. Words of this type are marked *nm* & *nf* in the dictionary.

Formation of the plural

Nouns whose plural is formed by adding **-s** are:

— those ending in an unstressed vowel: **pluma, plumas.**

— those ending in a stressed **-é**: **bebé, bebés**.

Nouns whose plural is formed by adding **-es** are:

— the names of vowels: **a, aes; i, íes; o, oes; u, úes**.

— nouns ending in a consonant or stressed **-í**: **color - colores; anís - anises**.

When a compound noun is written as separate elements only the first element indicates the plural: **ojos de buey, patas de gallo**.

All irregular plurals are indicated at the appropriate entries in the dictionary.

The adjective

The adjective usually goes after the noun, and agrees with it in gender and number: **un coche rojo; las chicas guapas.**

However, indefinite, interrogative and exclamative adjectives are placed before the noun, as are adjectives expressing cardinal numbers: **¡qué vergüenza!; ¿cuántos leones hay?; hay treinta leones.**

Formation of the masculine and feminine

Most adjectives have a double ending, one for the feminine and one for the masculine. The common are those ending in **-o/-a, -or/-ora** and those ending in or **-és/-esa** formed from place names: **guapo,-a, trabajador,-ra, barcelonés,-esa**.

Some, however, have a single ending: those which end in **-a, -e, -i, -í, -n, -l, -r, -s, -z** and **-ista**: **alegre, marroquí, común, fiel, familiar, cortés, capaz**.

Formation of the plural

The adjective follows the same rules as are given for the noun above.

Comparative and superlative

The comparative is formed with **más ... que** or **menos ... que**:

> **Pedro es más alto que Alberto**
> **los perros corren menos que los tigres.**

When **que** in a comparative expression is followed by a verb, it is replaced by **de lo que**:

> **esto es más complicado de lo que parece.**

The English comparative phrases "as ... as" and "so ... as" are rendered by **tan ... como**:

> **mi patio es tan grande como el tuyo.**

The superlative is formed with **el más ... de** or **el menos ... de**:

> **el chico más listo de la clase.**

The absolute superlative is formed by placing **muy** before the adjective or by adding the suffix **-ísimo/-ísima**:

> **muy preocupado, preocupadísimo.**

Observations

A few adjectives have special forms for the comparative and superlative:

	comparative	superlative
bueno,-a	**mejor**	**óptimo,-a**
malo,-a	**peor**	**pésimo,-a**
grande	**mayor**	**mayor**

Comparative and superlative forms ending in **-or** do not change when forming the feminine singular: **la mejor solución**.

Demonstrative adjectives

		near me	near you	away from both
masculine	sing	**este**	**ese**	**aquel**
	plur	**estos**	**esos**	**aquellos**
feminine	sing	**esta**	**esa**	**aquella**
	plur	**estas**	**esas**	**aquellas**
neuter	sing	**esto**	**eso**	**aquello**

SPANISH GRAMMAR

Possessive adjectives

One possessor		yo		tú		él, ella, usted	
masculine	sing	*mi*	*mío*	*tu*	*tuyo*	*su*	*suyo*
possession	plur	*mis*	*míos*	*tus*	*tuyos*	*suyo*	*suyos*
feminine	sing	*mi*	*mía*	*tu*	*tuya*	*su*	*suya*
possession	plur	*mis*	*mías*	*tus*	*tuyas*	*sus*	*suyas*

Note that the forms on the left are those which precede the noun; those on the right follow it:

es mi pariente · es pariente mía
son sus problemas · son problemas suyos

Several possessors		nosotros,-as	vosotros,-as	ellos,-as, ustedes	
masculine	sing	*nuestro*	*vuestro*	*su*	*suyo*
possession	plur	*nuestros*	*vuestros*	*suyo*	*suyos*
feminine	sing	*nuestra*	*vuestra*	*su*	*suya*
possession	plur	*nuestras*	*vuestras*	*sus*	*suyas*

The pronoun

Demonstrative pronouns

		near me	near you	away from both
masculine	sing	*éste*	*ése*	*aquél*
	plur	*éstos*	*ésos*	*aquéllos*
feminine	sing	*ésta*	*ésa*	*aquélla*
	plur	*éstas*	*ésas*	*aquellas*
neuter	sing	*esto*	*eso*	*aquello*

These are used to convey the distance between the person or thing they represent and the speaker or speakers:
no viajaré en este coche, viajaré en aquél.

Possessive pronouns

One possessor		yo	tú	él, ella, usted
masculine	sing	*mío*	*tuyo*	*suyo*
possession	plur	*míos*	*tuyos*	*suyos*
feminine	sing	*mía*	*tuya*	*suya*
possession	plur	*mías*	*tuyas*	*suyas*

Like the adjective, the possessive pronoun agrees with the noun denoting the thing possessed: **esta camisa es mía, la tuya está en el armario.**

Several possessors		nosotros,-as	vosotros,-as	ellos,-as, ustedes	
masculine	sing	*nuestro*	*vuestro*	*su*	*suyo*
possession	plur	*nuestros*	*vuestros*	*suyo*	*suyos*
feminine	sing	*nuestra*	*vuestra*	*su*	*suya*
possession	plur	*nuestras*	*vuestras*	*sus*	*suyas*

Personal pronouns

The following table shows recommended use, although in colloquial Spanish variations will be encountered:

subject	strong object	weak object	
		direct	indirect
yo	*mí*	*me*	*me*
tú	*ti*	*te*	*te*
él	*él*	*lo*	*le*
ella	*ella*	*la*	*le*
usted m	*usted*	*la*	*le*
usted f	*usted*	*la*	*le*
nosotros,-as	*nosotros,-as*	*nos*	*nos*
vosotros,-as	*vosotros,-as*	*os*	*os*
ellos	*ellos*	*los*	*les*
ellas	*ellas*	*las*	*les*
ustedes mpl	*ustedes*	*los*	*les*
ustedes fpl	*ustedes*	*las*	*les*

SPANISH GRAMMAR

Use

The Spanish subject pronoun is used only for emphasis or to prevent ambiguity as the person of the subject is already conveyed by the verb. When neither of these reasons for its use exists, its presence in the sentence renders the style heavy and is to be avoided.

The strong object pronouns are always used as complements or objects preceded by a preposition:

> *esta carta es para ti, aquélla es para mí*
> *¿son de ustedes estos papeles?*

Weak object pronouns precede a verb or are suffixed to an infinitive, imperative or gerund:

> *lo tienes que hacer; tienes que hacerlo; haciéndolo así se gana tiempo; ¡hazlo ya!*

When several weak pronouns accompany the verb, whether preceding or following it, the second and first person pronouns come before the third: *póntelo; se lo ha dicho*. The pronoun se always precedes the others: *pónselo*.

Note that while it is considered acceptable to use *le* as a weak object pronoun instead of *lo* when a man is being referred to, this is incorrect when referring to women or to objects of either gender, the same is true of *les* instead of *los*:

	direct object	indirect object
(el jarrón)	*lo tiró a la basura*	*le quitó el asa*
(Domingo)	*acabo de conocerlo/le*	*le di cien euros*
(María)	*la vimos ayer*	*le dio un abrazo*
(la botella)	*la he descorchado*	*le he sacado el tapón*
(los niños)	*hay que escucharlos/les*	*les compraron muchos juguetes*
(Pepe y Jaime)	*los/les invitó a cenar*	*les concedieron un premio*
(las plantas)	*estaba regándolas*	*tendría que quitarles las hojas secas*
(Ana y Bea)	*las llamé por teléfono*	*les pediré disculpas*

Se may also be an impersonal subject equivalent to the English "one", "you", "they", "people" or the passive voice:

> *hay tantos accidentes porque se conduce demasiado rápido.*

When *le* and *les* precede another third person pronoun they are replaced by *se* as in *se lo mandaron*. It is incorrect to say *le lo mandaron*.

Usted and *ustedes* are the second person pronouns used for courtesy. The accompanying verb is in the third person.

Vos is used in several Latin American countries instead of *tú*.

The preposition

General

The most usual Spanish prepositions are: ***a, ante, bajo, cabe, con, contra, de, desde, en, entre, hacia, hasta, para, por, según, sin, so, sobre, tras***. Consult the dictionary for their use.

Uses of *por* and *para*

The basic difference between these prepositions is that ***por*** looks back to the roots, origins or causes of a thing, while ***para*** looks forwards to the result, aim, goal or destination.

por is used to express:

— cause, reason, motive (usually to say why something has happened): ***lo hizo por amor***.

— the period in which the action takes place: ***vendrán por la mañana***.

— the place where the action takes place: ***pasean por la calle***.

— the means: ***lo enviaron por avión***.

— the agent of the passive voice: ***el incendio fue provocado por el portero***.

— substitution, equivalence: ***aquí puedes comer por siete euros***.

— distribution, proportion: ***cinco por ciento; cinco euros por persona***.

— multiplication and measurements: ***cinco por dos son diez***.

— "in search of" with verbs of movement (***ir, venir*** ...): ***voy por pan***.

— ***estar*** + ***por*** + infinitive expresses:
  – an action still to be performed: ***la cena está por hacer***.
  – an action on the point of being performed: ***estaba por llamarte***.

— ***tener/dar*** + ***por*** expresses opinion: ***lo dieron por perdido***.

para is used to express:

— purpose: ***esto sirve para limpiar los cristales***

— finality, destiny (often in the future): ***es para tu padre, compra pescado para la cena***.

— direction of movement, i.e. "towards": ***salen para Valencia***.

— deadlines: ***lo quiero para mañana***.

— comparison: ***es muy alta para la edad que tiene***.

— ***estar*** + ***para*** + infinitive expresses imminence: ***está para llegar***.

The adverb

Position of the adverb

As a rule, when the word to be qualified is an adjective or an adverb, the adverb is placed immediately before it:

> ***un plato bien cocinado***.

When the word to be qualified is a verb, the adverb may be placed before or after it:

> ***hoy iré al mercado; iré al mercado hoy***.

Negative adverbs are always placed before the verb:

> ***no lo he visto; nunca volverás a verme***.

Very rarely, adverbs may be placed between the auxiliary verb and the principal verb:

> ***ha llegado felizmente a su destino***.

SPANISH GRAMMAR

The verb

Moods

Spanish verbs have three moods, the indicative, subjunctive and imperative.

The indicative is generally used to indicate real actions. It is mainly used in independent statements: *los coches circulan por la calzada.*

The subjunctive is mainly used in subordinate statements where the actions are considered to be potential or doubtful, but not real: *es posible que venga*; or else necessary or desired: *¡ojalá venga!*

The imperative is used to express orders: *¡Ven!; ¡Venid pronto!*.

In negative imperatives the subjunctive is used: *¡No vengas!*

Person

The endings of verbs vary according to whether the subject is the first, second or third person, singular or plural (see **Personal pronouns**). While in English it is not possible to omit the subject, this is quite common in Spanish since the ending of the verb indicates the subject.

Formation of tenses

For the formation of all tenses of both regular and irregular verbs see the Spanish verb conjugation tables at the end of this section.

Pronominal or reflexive verbs

Pronominal or reflexive verbs are those which are conjugated with a personal pronoun functioning as a complement, coinciding in person with the subject: for example the verb *cambiar* has a pronominal form which is *cambiarse: cambia moneda; se cambia de ropa*.

The personal pronouns (*me, te, se, nos, os, se*) are placed before the verb in all tenses and persons of the indicative and subjunctive moods, but are suffixed onto the infinitive, gerund and imperative.
In compound tenses the pronoun is placed immediately before the auxiliary verb.

The passive voice

The passive voice in Spanish is formed with the auxiliary verb *ser* and the past participle of the conjugating verb:

> *el cazador hirió al jabalí - el jabalí fue herido por el cazador.*

The use of this form of passive statement is less frequent than in English. However, another construction the reflexive (or impersonal) passive is quite common:

> *se vende leña; se alquilan apartamentos; se habla inglés.*

Uses of *ser* and *estar*

The English verb "to be" may be rendered in Spanish by two verbs: *ser* and *estar*.

When followed by a noun:

— *ser* is used without a preposition to indicate occupation or profession:

> *Jaime es el director de ventas* (Jaime is the sales manager)
> *Eduardo es médico* (Eduardo is a doctor).

— *ser* with the preposition *de* indicates origin or possession:

> *soy de Salamanca* (I am from Salamanca).
> *es de Alberto* (it is Alberto's)

SPANISH GRAMMAR

— **ser** with **para** indicates destination:

> **el disco es para Pilar** (the record is for Pilar).

— **estar** cannot be followed directly by a noun, it always takes a preposition and the meaning is dictated by the preposition. It is worth noting, however, its special use with **de** to indicate that someone is performing a function which thet do not usually perform:

> **Andrés está de secretario** (Andrés is acting as secretary)

Where the verb is followed by an adjective:

— **ser** expresses a permanent or inherent quality:

> **Jorge es rubio; sus ojos son grandes.**

— **estar** expresses a quality which is neither permanent nor inherent:

> **Mariano está resfriado; el cielo está nublado.**

Sometimes both verbs may be used with the same adjective, but there is a change of meaning. For example, **Lorenzo es bueno** means that Lorenzo is a good man but **Lorenzo está bueno** means either that he is no longer ill or, colloquially, that he is good-looking.

Finally, **estar** is used to indicate position and geographical location:

> **tu cena está en el microondas; Tafalla está en Navarra.**

SPANISH GRAMMAR

Spanish verb conjugation tables

Models for the conjugation
of regular verbs

Simple tenses

1st conjugation - **AMAR**

Present indicative	amo, amas, ama, amamos, amáis, aman.
Preterite	amé, amaste, amó, amamos, amasteis, amaron.
Imperfect indicative	amaba, amabas, amaba, amábamos, amabais, amaban.
Future indicative	amaré, amarás, amará, amaremos, amaréis, amarán.
Conditional	amaría, amarías, amaría, amaríamos, amaríais, amarían.
Present subjunctive	ame, ames, ame, amemos, améis, amen.
Imperfect subjunctive	amara, amaras, amara, amáramos, amarais, amaran;
	amase, amases, amase, amásemos, amaseis, amasen.
Future subjunctive	amare, amares, amare, amáremos, amareis, amaren.
Imperative	ama (tú), ame (él/Vd.), amemos (nos.) amad (vos.) amen (ellos/Vds.).
Gerund	amando.
Past participle	amado,-a.

2nd conjugation - **TEMER**

Present indicative	temo, temes, teme, tememos, teméis, temen.
Preterite	temí, temiste, temió, temimos, temisteis, temieron.
Imperfect indicative	temía, temías, temía, temíamos, temíais, temían.
Future indicative	temeré, temerás, temerá, temeremos, temeréis, temerán.
Conditional	temería, temerías, temería, temeríamos, temeríais, temerían.
Present subjunctive	tema, temas, tema, temamos, temáis, teman.
Imperfect subjunctive	temiera, temieras, temiera, temiéramos, temierais, temieran;
	temiese, temieses, temiese, temiésemos, temieseis, temiesen.
Future subjunctive	temiere, temieres, temiere, temiéremos, temiereis, temieren.
Imperative	teme (tú), tema (él/Vd.), temamos (nos.) temed (vos.) teman (ellos/Vds.).
Gerund	temiendo.
Past participle	temido,-a.

3rd conjugation - **PARTIR**

Present indicative	parto, partes, parte, partimos, partís, parten.
Preterite	partí, partiste, partió, partimos, partisteis, partieron.
Imperfect indicative	partía, partías, partía, partíamos, partíais, partían.
Future indicative	partiré, partirás, partirá, partiremos, partiréis, partirán.
Conditional	partiría, partirías, partiría, partiríamos, partiríais, partirían.
Present subjunctive	parta, partas, parta, partamos, partáis, partan.
Imperfect subjunctive	partiera, partieras, partiera, partiéramos, partierais, partieran;
	partiese, partieses, partiese, partiésemos, partieseis, partiesen.
Future subjunctive	partiere, partieres, partiere, partiéremos, partiereis, partieren.
Imperative	parte (tú), parta (él/Vd.), partamos (nos.) partid (vos.) partan (ellos/Vds.).
Gerund	partiendo.
Past participle	partido,-a.

Note that the imperative proper has forms for the second person (*tú* and *vosotros*) only; all other forms are taken from the present subjunctive.

Compound tenses

Present Perfect	he, has, ha, hemos, habeis, han	amado / temido / partido
Pluperfect	había, habías, había, habíamos, habíais, habían	amado / temido / partido
Future Perfect	habré, habrás, habrá, habremos, habreis, habrán	amado / temido / partido
Conditional Perfect	habría, habrías, habría, habríamos, habríais, habrían	amado / temido / partido
Past Anterior	hube, hubiste, hubo, hubimos, hubisteis, hubieron	amado / temido / partido
Present Perfect subjunctive	haya, hayas, haya, hayamos, hayáis, hayan	amado / temido / partido
Pluperfect subjunctive	hubiera, hubieras, hubiera, hubiéramos, hubierais, hubieran	
	hubiese, hubieses, hubiese, hubiésemos, hubieseis, hubiesen	amado / temido / partido.

Models for the conjugation
of irregular verbs

Only the tenses which present irregularities are given here; other tenses follow the regular models above. Irregularities are shown in bold type.

1. SACAR *(c changes to qu before e)*
Preterite .... **saqué**, sacaste, sacó, sacamos, sacasteis, sacaron.
Present subjunctive .... **saque, saques, saque, saquemos, saquéis, saquen**.
Imperative .... saca (tú), **saque** (él/Vd.), **saquemos** (nos.), sacad (vos.), **saquen** (ellos/Vds.).

2. MECER *(c changes to z before a and o)*
Present indicative .... **mezo**, meces, mece, mecemos, mecéis, mecen.
Present subjunctive .... **meza, mezas, meza, mezamos, mezáis, mezan**.
Imperative .... mece (tú), **meza** (él/Vd.), **mezamos** (nos.), meced (vos.), **mezan** (ellos/Vds.).

3. ZURCIR *(c changes to z before a and o)*
Present indicative .... **zurzo**, zurces, zurce, zurcimos, zurcís, zurcen.
Present subjunctive .... **zurza, zurzas, zurza, zurzamos, zurzáis, zurzan**.
Imperative .... zurce (tú), **zurza** (él/Vd.), **zurzamos** (nos.), zurcid (vos.), **zurzan** (ellos/Vds.).

4. REALIZAR *(z changes to c before e)*
Preterite .... **realicé**, realizaste, realizó, realizamos, realizasteis, realizaron.
Present subjunctive .... **realice, realices, realice, realicemos, realicéis, realicen**.
Imperative .... realiza (tú), **realice** (él/Vd.), **realicemos** (nos.), realizad (vos.), **realicen** (ellos/Vds.).

5. PROTEGER *(g changes to j before a and o)*
Present indicative .... **protejo**, proteges, protege, protegemos, protegéis, protegen.
Present subjunctive .... **proteja, protejas, proteja, protejamos, protejáis, protejan**.
Imperative .... protege (tú), **proteja** (él/Vd.), **protejamos** (nos.), proteged (vos.), **protejan** (ellos/Vds.).

6. DIRIGIR *(g changes to j before a and o)*
Present indicative .... **dirijo**, diriges, dirige, dirigimos, dirigís, dirigen.
Present subjunctive .... **dirija, dirijas, dirija, dirijamos, dirijáis, dirijan**.
Imperative .... dirige (tú), **dirija** (él/Vd.), **dirijamos** (nos.), dirigid (vos.), **dirijan** (ellos/Vds.).

7. LLEGAR *(g changes to gu before e)*
Preterite .... **llegué**, llegaste, llegó, llegamos, llegasteis, llegaron.
Present subjunctive .... **llegue, llegues, llegue, lleguemos, lleguéis, lleguen**.
Imperative .... llega (tú), **llegue** (él/Vd.), **lleguemos** (nos.), llegad (vos.), **lleguen** (ellos/Vds.).

8. DISTINGUIR *(gu changes to g before a and o)*
Present indicative .... **distingo**, distingues, distingue, distinguimos, distinguís, distinguen.
Present subjunctive .... **distinga, distingas, distinga, distingamos, distingáis, distingan**.
Imperative .... distingue (tú), **distinga** (él/Vd.), **distingamos** (nos.), distinguid (vos.), **distingan** (ellos/Vds.).

9. DELINQUIR *(qu changes to c before a and o)*
Present indicative .... **delinco**, delinques, delinque, delinquimos, delinquís, delinquen.
Present subjunctive .... **delinca, delincas, delinca, delincamos, delincáis, delincan**.
Imperative .... delinque (tú), **delinca** (él/Vd.), **delincamos** (nos.), delinquid (vos.), **delincan** (ellos/Vds.).

10. ADECUAR* *(unstressed or stressed u)*
Present indicative .... **adecuo** o **adecúo, adecuas** o **adecúas, adecua** o **adecúa, adecuamos, adecuáis, adecuan** o **adecúan**.
Present subjunctive .... **adecue** o **adecúe, adecues** o **adecúes, adecue** o **adecúe, adecuemos, adecuéis, adecuen** o **adecúen**.
Imperative .... **adecua** (tú) o **adecúa** (tú), **adecue** (él/Vd.) o **adecúe** (él/Vd.), **adecuemos** (nos.), **adecuad** (vos.), **adecuen** (ellos/Vds.) o **adecúen** (ellos).

11. ACTUAR *(stressed ú in certain persons of certain tenses)*
Present indicative .... **actúo, actúas, actúa**, actuamos, actuáis, **actúan**.
Present subjunctive .... **actúe, actúes, actúe**, actuemos, actuéis, **actúen**.
Imperative .... **actúa** (tú), **actúe** (él/Vd.), actuemos (nos.), actuad (vos.), **actúen** (ellos/Vds.).

SPANISH VERBS

12. CAMBIAR* *(unstressed i)*

Present indicative .... **cambio, cambias, cambia, cambiamos, cambiáis, cambian.**

Present subjunctive .... **cambie, cambies, cambie, cambiemos, cambiéis, cambien.**

Imperative .... **cambia** (tú), **cambie** (él/Vd.), **cambiemos** (nos.), **cambiad** (vos.), **cambien** (ellos/Vds.).

13. DESVIAR *(stressed í in certain persons of certain tenses)*

Present indicative .... **desvío, desvías, desvía,** desviamos, desviáis, **desvían.**

Present subjunctive .... **desvíe, desvíes, desvíe,** desviemos, desviéis, **desvíen.**

Imperative .... **desvía** (tú), **desvíe** (él/Vd.), desviemos (nos.), desviad (vos.), **desvíen** (ellos/Vds.).

14. AUXILIAR *(i may be stressed or unstressed)*

Present indicative .... **auxilío, auxilías, auxilía,** auxiliamos, auxiliáis, **auxilían.**

auxilio, auxilias, auxilia, auxiliamos, auxiliáis, auxilian.

Present subjunctive .... **auxilíe, auxilíes, auxilíe,** auxiliemos, auxiliéis, **auxilíen.**

auxilie, auxilies, auxilie, auxiliemos, auxiliéis, auxilien.

Imperative .... **auxilía** (tú), **auxilíe** (él/Vd.), auxiliemos (nos.), auxiliad, (vos.), **auxilíen** (ellos/Vds.)

auxilia (tú), auxilie (él/Vd.), auxiliemos (nos.), auxiliad (vos.), auxilien (ellos/Vds.).

15. AISLAR *(stressed í in certain persons of certain tenses)*

Present indicative .... **aíslo, aíslas, aísla,** aislamos, aisláis, **aíslan.**

Present subjunctive .... **aísle, aísles, aísle,** aislemos, aisléis, **aíslen.**

Imperative .... **aísla** (tú), **aísle** (él/Vd.), aislemos (nos.), aislad (vos.), **aíslen** (ellos/Vds.).

16. AUNAR *(stressed ú in certain of persons certain tenses)*

Present indicative .... **aúno, aúnas, aúna,** aunamos, aunáis, **aúnan.**

Present subjunctive .... **aúne, aúnes, aúne,** aunemos, aunéis, **aúnen.**

Imperative .... **aúna** (tú), **aúne** (él/Vd.), aunemos (nos.), aunad (vos.), **aúnen** (ellos/Vds.).

17. DESCAFEINAR *(stressed í in certain persons of certain tenses)*

Present indicative .... **descafeíno, descafeínas, descafeína,** descafeinamos, descafeináis, **descafeínan.**

Present subjunctive .... **descafeíne, descafeínes, descafeíne,** descafeinemos, descafeinéis, **descafeínen.**

Imperative .... **descafeína** (tú), **descafeíne** (él/Vd.), descafeinemos (nos.), descafeinad (vos.), **descafeínen** (ellos/Vds.).

18. REHUSAR *(stressed ú in certain persons of certain tenses)*

Present indicative .... **rehúso, rehúsas, rehúsa,** rehusamos, rehusáis, **rehúsan.**

Present subjunctive .... **rehúse, rehúses, rehúse,** rehusemos, rehuséis, **rehúsen.**

Imperative .... **rehúsa** (tú), **rehúse** (él/Vd.), rehusemos (nos.), rehusad (vos.), **rehúsen** (ellos/Vds.).

19. REUNIR *(stressed ú in certain persons of certain tenses)*

Present indicative .... **reúno, reúnes, reúne,** reunimos, reunís, **reúnen.**

Present subjunctive .... **reúna, reúnas, reúna,** reunamos, reunáis, **reúnan.**

Imperative .... **reúne** (tú), **reúna** (él/Vd.), reunamos (nos.), reunid (vos.), **reúnan** (ellos/Vds.).

20. AMOHINAR *(stressed í in certain persons of certain tenses)*

Present indicative .... **amohíno, amohínas, amohína,** amohinamos, amohináis, **amohínan.**

Present subjunctive .... **amohíne, amohínes, amohíne,** amohinemos, amohinéis, **amohínen.**

Imperative .... **amohína** (tú), **amohíne** (él/Vd.), amohinemos (nos.), amohinad (vos.), **amohínen** (ellos/Vds.).

21. PROHIBIR *(stressed í in certain persons of certain tenses)*

Present indicative .... **prohíbo, prohíbes, prohíbe,** prohibimos, prohibís, **prohíben.**

Present subjunctive .... **prohíba, prohíbas, prohíba,** prohibamos, prohibáis, **prohíban.**

Imperative .... **prohíbe** (tú), **prohíba** (él/Vd.), prohibamos (nos.), prohibid (vos.), **prohíban** (ellos/Vds.).

22. AVERIGUAR *(unstressed u; gu changes to gü before e)*

Preterite .... **averigüé,** averiguaste, averiguó, averiguamos, averiguasteis, averiguaron.

Present subjunctive .... **averigüe, averigües, averigüe, averigüemos, averigüéis, averigüen.**

Imperative .... averigua (tú), **averigüe** (él/Vd.), **averigüemos** (nos.), averiguad (vos.), **averigüen** (ellos/Vds.).

23. AHINCAR *(stressed í in certain persons of certain tenses; the c changes to qu before e)*

Present indicative .... **ahínco, ahíncas, ahínca,** ahincamos, ahincáis, **ahíncan.**

Preterite .... **ahinqué,** ahincaste, ahincó, ahincamos, ahincasteis, ahincaron.

Present subjunctive .... **ahínque, ahínques, ahínque, ahinquemos, ahinquéis, ahínquen.**

Imperative .... **ahínca** (tú), **ahínque** (él/Vd.), **ahinquemos** (nos.), ahincad (vos.), **ahínquen** (ellos/Vds.).

SPANISH VERBS

24. ENRAIZAR *(stressed **i** in certain persons of certain tenses; the **z** changes to **c** before **e**)*
Present indicative .... **enraízo**, **enraízas**, **enraíza**, enraizamos, enraizáis, **enraízan**.
Preterite .... **enraicé**, enraizaste, enraizó, enraizamos, enraizasteis, enraizaron.
Present subjunctive .... **enraíce**, **enraíces**, **enraíce**, **enraicemos**, **enraicéis**, **enraícen**.
Imperative .... **enraíza** (tú), **enraíce** (él/Vd.), **enraicemos** (nos.), enraizad (vos.), **enraícen** (ellos/Vds.).

25. CABRAHIGAR *(stressed **i** in certain persons of certain tenses; the **g** changes to **gu** before **e**)*
Present indicative .... **cabrahígo**, **cabrahígas**, **cabrahíga**, cabrahigamos, cabrahigáis, **cabrahígan**.
Preterite .... **cabrahigué**, cabrahigaste, cabrahigó, cabrahigamos, cabrahigasteis, cabrahigaron.
Present subjunctive .... **cabrahígue**, **cabrahígues**, **cabrahígue**, **cabrahiguemos**, **cabrahiguéis**, **cabrahíguen**.
Imperative .... **cabrahíga** (tú), **cabrahígue** (él/Vd.), **cabrahiguemos** (nos.), cabrahigad (vos.), **cabrahíguen** (ellos/Vds.).

26. HOMOGENEIZAR *(stressed **i** in certain persons of certain tenses, the **z** changes to **c** before **e**)*
Present indicative .... **homogeneízo**, **homogeneízas**, **homogeneíza**, homogeneizamos, homogeneizáis, **homogeneízan**.
Preterite .... **homogeneicé**, homogeneizaste, homogeneizó, homogeneizamos, homogeneizasteis, homogeneizaron.
Present subjunctive .... **homogeneíce**, **homogeneíces**, **homogeneíce**, **homogeneicemos**, **homogeneicéis**, **homogeneícen**.
Imperative .... **homogeneíza** (tú), **homogeneíce** (él/Vd.), **homogeneicemos** (nos.), homogeneizad (vos.), **homogeneícen** (ellos/Vds.).

27. ACERTAR *(e changes to **ie** in stressed syllables)*
Present indicative .... **acierto**, **aciertas**, **acierta**, acertamos, acertáis, **aciertan**.
Present subjunctive .... **acierte**, **aciertes**, **acierte**, acertemos, acertéis, **acierten**.
Imperative .... **acierta** (tú), **acierte** (él/Vd.), acertemos (nos.), acertad (vos.), **acierten** (ellos/Vds.).

28. ENTENDER *(e changes to **ie** in stressed syllables)*
Present indicative .... **entiendo**, **entiendes**, **entiende**, entendemos, entendéis, **entienden**.
Present subjunctive .... **entienda**, **entiendas**, **entienda**, entendamos, entendáis, **entiendan**.
Imperative .... **entiende** (tú), **entienda** (él/Vd.), entendamos (nos.), entended (vos.), **entiendan** (ellos/Vds.).

29. DISCERNIR *(e changes to **ie** in stressed syllables)*
Present indicative .... **discierno**, **disciernes**, **discierne**, discernimos, discernís, **disciernen**.
Present subjunctive .... **discierna**, **disciernas**, **discierna**, discernamos, discernáis, **disciernan**.
Imperative .... **discierne** (tú), **discierna** (él/Vd.), discernamos (nos.), discernid (vos.), **disciernan** (ellos/Vds.).

30. ADQUIRIR *(i changes to **ie** in stressed syllables)*
Present indicative .... **adquiero**, **adquieres**, **adquiere**, adquirimos, adquirís, **adquieren**.
Present subjunctive .... **adquiera**, **adquieras**, **adquiera**, adquiramos, adquiráis, **adquieran**.
Imperative .... **adquiere** (tú), **adquiera** (él/Vd.), adquiramos (nos.), adquirid (vos.), **adquieran** (ellos/Vds.).

31. CONTAR *(o changes to **ue** in stressed syllables)*
Present indicative .... **cuento**, **cuentas**, **cuenta**, contamos, contáis, **cuentan**.
Present subjunctive .... **cuente**, **cuentes**, **cuente**, contemos, contéis, **cuenten**.
Imperative .... **cuenta** (tú), **cuente** (él/Vd.), contemos (nos.), contad (vos.), **cuenten** (ellos/Vds.).

32. MOVER *(o changes to **ue** in stressed syllables)*
Present indicative .... **muevo**, **mueves**, **mueve**, movemos, movéis, **mueven**.
Present subjunctive .... **mueva**, **muevas**, **mueva**, movamos, mováis, **muevan**.
Imperative .... **mueve** (tú), **mueva** (él/Vd.), movamos (nos.), moved (vos.), **muevan** (ellos/Vds.).

33. DORMIR *(o changes to **ue** in stressed syllables or to **u** in certain persons of certain tenses)*
Present indicative .... **duermo**, **duermes**, **duerme**, dormimos, dormís, **duermen**.
Preterite .... dormí, dormiste, **durmió**, dormimos, dormisteis, **durmieron**.
Present subjunctive .... **duerma**, **duermas**, **duerma**, **durmamos**, **durmáis**, **duerman**.
Imperfect subjunctive .... **durmiera**, **durmieras**, **durmiera**, **durmiéramos**, **durmierais**, **durmieran**; **durmiese**, **durmieses**, **durmiese**, **durmiésemos**, **durmieseis**, **durmiesen**.
Future subjunctive .... **durmiere**, **durmieres**, **durmiere**, **durmiéremos**, **durmiereis**, **durmieren**.
Imperative .... **duerme** (tú), **duerma** (él/Vd.), **durmamos** (nos.), dormid (vos.), **duerman** (ellos/Vds.).

34. SERVIR *(e weakens to **i** in certain persons of certain tenses)*
Present indicative .... **sirvo**, **sirves**, **sirve**, servimos, servís, **sirven**.
Preterite .... serví, serviste, **sirvió**, servimos, servisteis, **sirvieron**.
Present subjunctive .... **sirva**, **sirvas**, **sirva**, **sirvamos**, **sirváis**, **sirvan**.

SPANISH VERBS

Imperfect subjunctive .... **sirviera**, **sirvieras**, **sirviera**, **sirviéramos**, **sirvierais**, **sirvieran**;
        sirviese, **sirvieses**, **sirviese**, **sirviésemos**, **sirvieseis**, **sirviesen**.
Future subjunctive .... **sirviere**, **sirvieres**, **sirviere**, **sirviéremos**, **sirviereis**, **sirvieren**.
Imperative .... **sirve** (tú), **sirva** (él/Vd.), **sirvamos** (nos.), servid (vos.), **sirvan** (ellos/Vds.).

35. HERVIR *(e changes to ie in stressed syllables or to i in certain persons of certain tenses)*
Present indicative .... **hiervo**, **hierves**, **hierve**, hervimos, hervís, **hierven**.
Preterite .... herví, herviste, **hirvió**, hervimos, hervisteis, **hirvieron**.
Present subjunctive .... **hierva**, **hiervas**, **hierva**, **hirvamos**, **hirváis**, **hiervan**.
Imperfect subjunctive .... **hirviera**, **hirvieras**, **hirviera**, **hirviéramos**, **hirvierais**, **hirvieran**;
        hirviese, **hirvieses**, **hirviese**, **hirviésemos**, **hirvieseis**, **hirviesen**.
Future subjunctive .... **hirviere**, **hirvieres**, **hirviere**, **hirviéremos**, **hirviereis**, **hirvieren**.
Imperative .... **hierve** (tú), **hierva** (él/Vd.), **hirvamos** (nos.), hervid (vos.), **hiervan** (ellos/Vds.).

36. CEÑIR *(the i of certain endings is absorbed by ñ; the e changes to i in certain persons of certain tenses)*
Present indicative .... **ciño**, **ciñes**, **ciñe**, ceñimos, ceñís, **ciñen**.
Preterite .... ceñí, ceñiste, **ciñó**, ceñimos, ceñisteis, **ciñeron**.
Present subjunctive .... **ciña**, **ciñas**, **ciña**, **ciñamos**, **ciñáis**, **ciñan**.
Imperfect subjunctive .... **ciñera**, **ciñeras**, **ciñera**, **ciñéramos**, **ciñerais**, **ciñeran**;
        ciñese, **ciñeses**, **ciñese**, **ciñésemos**, **ciñeseis**, **ciñesen**.
Future subjunctive .... **ciñere**, **ciñeres**, **ciñere**, **ciñéremos**, **ciñereis**, **ciñeren**.
Imperative .... **ciñe** (tú), **ciña** (él/Vd.), **ciñamos** (nos.), ceñid (vos.), **ciñan** (ellos/Vds.).
Gerund .... **ciñendo**

37. REÍR *(loss of the e in certain persons of certain tenses)*
Present indicative .... **río**, **ríes**, **ríe**, reímos, reís, **ríen**.
Preterite .... reí, reíste, **rió**, reímos, reísteis, **rieron**.
Present subjunctive .... **ría**, **rías**, **ría**, **riamos**, **riáis**, **rían**.
Imperfect subjunctive .... **riera**, **rieras**, **riera**, **riéramos**, **rierais**, **rieran**;
        riese, **rieses**, **riese**, **riésemos**, **rieseis**, **riesen**.
Future subjunctive .... **riere**, **rieres**, **riere**, **riéremos**, **riereis**, **rieren**.
Imperative .... **ríe** (tú), **ría** (él/Vd.), **riamos** (nos.), reíd (vos.), **rían** (ellos/Vds.).
Past participle .... **reído,-a**

38. TAÑER *(the i of endings is absorbed by ñ in certain persons of certain tenses)*
Preterite .... tañí, tañiste, **tañó**, tañimos, tañisteis, **tañeron**.
Imperfect subjunctive .... **tañera**, **tañeras**, **tañera**, **tañéramos**, **tañerais**, **tañeran**;
        tañese, **tañeses**, **tañese**, **tañésemos**, **tañeseis**, **tañesen**.
Future subjunctive .... **tañere**, **tañeres**, **tañere**, **tañéremos**, **tañereis**, **tañeren**.
Gerund .... **tañendo**

39. EMPELLER *(the i of endings is absorbed by ll in certain persons of certain tenses)*
Preterite .... empellí, empelliste, **empelló**, empellimos, empellisteis, **empelleron**.
Imperfect subjunctive .... **empellera**, **empelleras**, **empellera**, **empelléramos**, **empellerais**, **empelleran**;
        empellese, **empelleses**, **empellese**, **empellésemos**, **empelleseis**, **empellesen**.
Future subjunctive .... **empellere**, **empelleres**, **empellere**, **empelléremos**, **empellereis**, **empelleren**.
Gerund .... **empellendo**

40. MUÑIR *(the i of endings is absorbed by ñ in certain persons of certain tenses)*
Preterite .... muñí, muñiste, **muñó**, muñimos, muñisteis, **muñeron**.
Imperfect subjunctive .... **muñera**, **muñeras**, **muñera**, **muñéramos**, **muñerais**, **muñeran**;
        muñese, **muñeses**, **muñese**, **muñésemos**, **muñeseis**, **muñesen**.
Future subjunctive .... **muñere**, **muñeres**, **muñere**, **muñéremos**, **muñereis**, **muñeren**.
Gerund .... **muñendo**

41. MULLIR *(the i of endings is absorbed by the ll in certain persons of certain tenses)*
Preterite .... mullí, mulliste, **mulló**, mullimos, mullisteis, **mulleron**.
Imperfect subjunctive .... **mullera**, **mulleras**, **mullera**, **mulléramos**, **mullerais**, **mulleran**;
        mullese, **mulleses**, **mullese**, **mullésemos**, **mulleseis**, **mullesen**.
Future subjunctive .... **mullere**, **mulleres**, **mullere**, **mulléremos**, **mullereis**, **mulleren**.
Gerund .... **mullendo**

42. NACER *(c changes to zc before a and o)*
Present indicative .... **nazco**, naces, nace, nacemos, nacéis, nacen.

SPANISH VERBS

Present subjunctive .... **nazca, nazcas, nazca, nazcamos, nazcáis, nazcan**.
Imperative .... nace (tú), **nazca** (él/Vd.), **nazcamos** (nos.), naced (vos.), **nazcan** (ellos/Vds.).

43. AGRADECER (*c* changes to *zc* before *a* and *o*)
Present indicative .... **agradezco**, agradeces, agradece, agradecemos, agradecéis, agradecen.
Present subjunctive .... **agradezca, agradezcas, agradezca, agradezcamos, agradezcáis, agradezcan**.
Imperative .... agradece (tú), **agradezca** (él/Vd.), **agradezcamos** (nos.), agradeced (vos.), **agradezcan** (ellos/Vds.).

44. CONOCER (*c* changes to *zc* before *a* and *o*)
Present indicative .... **conozco**, conoces, conoce, conemos, conocéis, conocen.
Present subjunctive .... **conozca, conozcas, conozca, conozcamos, conozcáis, conozcan**.
Imperative .... conoce (tú), **conozca** (él/Vd.), **conozcamos** (nos.), conoced (vos.), **conozcan** (ellos/Vds.).

45. LUCIR (*c* changes to *zc* before *a* and *o*)
Present indicative .... **luzco**, luces, luce, lucimos, lucís, lucen.
Present subjunctive .... **luzca, luzcas, luzca, luzcamos, luzcáis, luzcan**.
Imperative .... luce (tú), **luzca** (él/Vd.), **luzcamos** (nos.), lucid (vos.), **luzcan** (ellos/Vds.).

46. CONDUCIR (*c* changes to *zc* before *a* and *o; the preterite is irregular*)
Present indicative .... **conduzco**, conduces, conduce, conducimos, conducís, conducen.
Preterite .... **conduje, condujiste, condujo, condujimos, condujisteis, condujeron**.
Present subjunctive .... **conduzca, conduzcas, conduzca, conduzcamos, conduzcáis, conduzcan**.
Imperfect subjunctive .... **condujera, condujeras, condujera, condujéramos, condujerais, condujeran;**
condujese, condujeses, condujese, condujésemos, condujeseis, condujesen.
Future subjunctive .... **condujere, condujeres, condujere, condujéremos, condujereis, condujeren**.
Imperative .... conduce (tú), **conduzca** (él/Vd.), **conduzcamos** (nos.), conducid (vos.), **conduzcan** (ellos/Vds.).

47. EMPEZAR (*e* changes to *ie* in stressed syllables and *z* changes to *c* before *e*)
Present indicative .... **empiezo, empiezas, empieza**, empezamos, empezáis, **empiezan**.
Past ind .... **empecé**, empezaste, empezó, empezamos, empezasteis, empezaron.
Present subjunctive .... **empiece, empieces, empiece, empecemos, empecéis, empiecen**.
Imperative .... **empieza** (tú), **empiece** (él/Vd.), **empecemos** (nos.), empezad (vos.), **empiecen** (ellos/Vds.).

48. REGAR (*e* changes to *ie* in stressed syllables; *g* changes to *gu* before *e*)
Present indicative .... **riego, riegas, riega**, regamos, regáis, **riegan**.
Preterite .... **regué**, regaste, regó, regamos, regasteis, regaron.
Present subjunctive .... **riegue, riegues, riegue, reguemos, reguéis, rieguen**.
Imperative .... **riega** (tú), **riegue** (él/Vd.), **reguemos** (nos.), regad (vos.), **rieguen** (ellos/Vds.).

49. TROCAR (*o* changes to *ue* in stressed syllables; *c* changes to *qu* before *e*)
Present indicative .... **trueco, truecas, trueca**, trocamos, trocáis, **truecan**.
Preterite .... **troqué**, trocaste, trocó, trocamos, trocasteis, trocaron.
Present subjunctive .... **trueque, trueques, trueque, troquemos, troquéis, truequen**.
Imperative .... **trueca** (tú), **trueque** (él/Vd.), **troquemos** (nos.), trocad (vos.), **truequen** (ellos/Vds.).

50. FORZAR (*o* changes to *ue* in stressed syllables; *z* changes to *c* before *e*)
Present indicative .... **fuerzo, fuerzas, fuerza**, forzamos, forzáis, **fuerzan**.
Preterite .... **forcé**, forzaste, forzó, forzamos, forzasteis, forzaron.
Present subjunctive .... **fuerce, fuerces, fuerce, forcemos, forcéis, fuercen**.
Imperative .... **fuerza** (tú), **fuerce** (él/Vd.), **forcemos** (nos.), forzad (vos.), **fuercen** (ellos/Vds.).

51. AVERGONZAR (*in stressed syllables o changes to ue and g to gü; z changes to c before e*)
Present indicative .... **avergüenzo, avergüenzas, avergüenza**, avergonzamos, avergonzáis, **avergüenzan**.
Preterite .... **avergoncé**, avergonzaste, avergonzó, avergonzamos, avergonzasteis, avergonzaron.
Present subjunctive .... **avergüence, avergüences, avergüence**, avergoncemos, avergoncéis, **avergüencen**.
Imperative .... **avergüenza** (tú), **avergüence** (él/Vd.), **avergoncemos** (nos.), avergonzad (vos.), **avergüencen** (ellos/Vds.).

52. COLGAR (*o* changes to *ue* in stressed syllables; *g* changes to *gu* before *e*)
Present indicative .... **cuelgo, cuelgas, cuelga**, colgamos, colgáis, **cuelgan**.
Preterite .... **colgué**, colgaste, colgó, colgamos, colgasteis, colgaron.
Present subjunctive .... **cuelgue, cuelgues, cuelgue, colguemos, colguéis, cuelguen**.
Imperative .... **cuelga** (tú), **cuelgue** (él/Vd.), **colguemos** (nos.), colgad (vos.), **cuelguen** (ellos/Vds.).

SPANISH VERBS

53. JUGAR (*u* changes to *ue* in stressed syllables and *g* changes to *gu* before *e*)

Present indicative	**juego**, **juegas**, **juega**, jugamos, jugáis, **juegan**.
Preterite	**jugué**, jugaste, jugó, jugamos, jugasteis, jugaron.
Present subjunctive	**juegue**, **juegues**, **juegue**, **juguemos**, **juguéis**, **jueguen**.
Imperative	**juega** (tú), **juegue** (él/Vd.), **juguemos** (nos.), jugad (vos.), **jueguen** (ellos/Vds.).

54. COCER (*o* changes to *ue* in stressed syllables and *c* changes to *z* before *a* and *o*)

Present indicative	**cuezo**, **cueces**, **cuece**, cocemos, cocéis, **cuecen**.
Present subjunctive	**cueza**, **cuezas**, **cueza**, **cozamos**, **cozáis**, **cuezan**.
Imperative	**cuece** (tú), **cueza** (él/Vd.), **cozamos** (nos.), coced (vos.), **cuezan** (ellos/Vds.).

55. ELEGIR (*e* changes to *i* in certain persons of certain tenses; *g* changes to *j* before *a* and *o*)

Present indicative	**elijo**, **eliges**, **elige**, elegimos, elegís, **eligen**.
Preterite	elegí, elegiste, **eligió**, elegimos, elegisteis, **eligieron**.
Present subjunctive	**elija**, **elijas**, **elija**, **elijamos**, **elijáis**, **elijan**.
Imperfect subjunctive	**eligiera**, **eligieras**, **eligiera**, **eligiéramos**, **eligierais**, **eligieran**; **eligiese**, **eligieses**, **eligiese**, **eligiésemos**, **eligieseis**, **eligiesen**.
Future subjunctive	**eligiere**, **eligieres**, **eligiere**, **eligiéremos**, **eligiereis**, **eligieren**.
Imperative	**elige** (tú), **elija** (él/Vd.), **elijamos** (nos.), elegid (vos.), **elijan** (ellos/Vds.).

56. SEGUIR (*e* changes to *i* in certain persons of certain tenses; *gu* changes to *g* before *a* and *o*)

Present indicative	**sigo**, **sigues**, **sigue**, seguimos, seguís, **siguen**.
Preterite	seguí, seguiste, **siguió**, seguimos, seguisteis, **siguieron**.
Present subjunctive	**siga**, **sigas**, **siga**, **sigamos**, **sigáis**, **sigan**.
Imperfect subjunctive	**siguiera**, **siguieras**, **siguiera**, **siguiéramos**, **siguierais**, **siguieran**; **siguiese**, **siguieses**, **siguiese**, **siguiésemos**, **siguieseis**, **siguiesen**.
Future subjunctive	**siguiere**, **siguieres**, **siguiere**, **siguiéremos**, **siguiereis**, **siguieren**.
Imperative	**sigue** (tú), **siga** (él/Vd.), **sigamos** (nos.), seguid (vos.), **sigan** (ellos/Vds.).
Gerund	**siguiendo**

57. ERRAR (*e* changes to *ye* in stressed syllables)

Present indicative	**yerro**, **yerras**, **yerra**, erramos, erráis, **yerran**.
Present subjunctive	**yerre**, **yerres**, **yerre**, erremos, erréis, **yerren**.
Imperative	**yerra** (tú), **yerre** (él/Vd.), erremos (nos.), errad (vos.), **yerren** (ellos/Vds.).

58. AGORAR (*o* changes to *ue* in stressed syllables and *g* changes to *gü* before *e*)

Present indicative	**agüero**, **agüeras**, **agüera**, agoramos, agoráis, **agüeran**.
Present subjunctive	**agüere**, **agüeres**, **agüere**, agoramos, agoréis, **agüeren**.
Imperative	**agüera** (tú), **agüere** (él/Vd.), agoremos (nos.), agorad (vos.), **agüeren** (ellos/Vds.).

59. DESOSAR (*o* changes to *hue* in stressed syllables)

Present indicative	**deshueso**, **deshuesas**, **deshuesa**, desosamos, desosáis, **deshuesan**.
Present subjunctive	**deshuese**, **deshueses**, **deshuese**, desosemos, desoséis, **deshuesen**.
Imperative	**deshuesa** (tú), **deshuese** (él/Vd.), desosemos (nos.), desosad (vos.), **deshuesen** (ellos/Vds.).

60. OLER (*o* changes to *hue* in stressed syllables)

Present indicative	**huelo**, **hueles**, **huele**, olemos, oléis, **huelen**.
Present subjunctive	**huela**, **huelas**, **huela**, olamos, oláis, **huelan**.
Imperative	**huele** (tú), **huela** (él/Vd.), olamos (nos.), oled (vos.), **huelan** (ellos/Vds.).

61. LEER (the *i* ending changes to *y* before *o* and *e*)

Preterite	leí, leíste, **leyó**, leímos, leísteis, **leyeron**.
Imperfect subjunctive	**leyera**, **leyeras**, **leyera**, **leyéramos**, **leyerais**, **leyeran**; **leyese**, **leyeses**, **leyese**, **leyésemos**, **leyeseis**, **leyesen**.
Future subjunctive	**leyere**, **leyeres**, **leyere**, **leyéremos**, **leyereis**, **leyeren**.
Gerund	**leyendo**
Past participle	**leído,-a**

62. HUIR (*i* changes to *y* before *a, e,* and *o*)

Present indicative	**huyo**, **huyes**, **huye**, huimos, huís, **huyen**.
Preterite	huí, huiste, **huyó**, huimos, huisteis, **huyeron**.
Present subjunctive	**huya**, **huyas**, **huya**, **huyamos**, **huyáis**, **huyan**.
Imperfect subjunctive	**huyera**, **huyeras**, **huyera**, **huyéramos**, **huyerais**, **huyeran**; **huyese**, **huyeses**, **huyese**, **huyésemos**, **huyeseis**, **huyesen**.

SPANISH VERBS

Future subjunctive	**huyere, huyeres, huyere, huyéremos, huyereis, huyeren**.
Imperative	**huye** (tú), **huya** (él/Vd.), **huyamos** (nos.), huid (vos.), **huyan** (ellos/Vds.).
Gerund	**huyendo**

63. ARGÜIR (*i* changes to *y* before *a*, *e*, and *o*; *gü* becomes *gu* before *y*)

Present indicative	**arguyo, arguyes, arguye**, argüimos, argüís, **arguyen**.
Preterite	argüí, argüiste, **arguyó**, argüimos, argüisteis, **arguyeron**.
Present subjunctive	**arguya, arguyas, arguya, arguyamos, arguyáis, arguyan**.
Imperfect subjunctive	**arguyera, arguyeras, arguyera, arguyéramos, arguyerais, arguyeran;**
	arguyese, arguyeses, arguyese, arguyésemos, arguyeseis, arguyesen.
Future subjunctive	**arguyere, arguyeres, arguyere, arguyéremos, arguyereis, arguyeren**.
Imperative	**arguye** (tú), **arguya** (él/Vd.), **arguyamos** (nos.), argüid (vos.), **arguyan** (ellos/Vds.).
Gerund	**arguyendo**

64. ANDAR

Preterite	**anduve, anduviste, anduvo, anduvimos, anduvisteis, anduvieron**.
Imperfect subjunctive	**anduviera, anduvieras, anduviera, anduviéramos, anduvierais, anduvieran;**
	anduviese, anduvieses, anduviese, anduviésemos, anduvieseis, anduviesen.
Future subjunctive	**anduviere, anduvieres, anduviere, anduviéremos, anduviereis, anduvieren**.

65. ASIR

Present indicative	**asgo**, ases, ase, asimos, asís, asen.
Present subjunctive	**asga, asgas, asga, asgamos, asgáis, asgan**.
Imperative	ase (tú), **asga** (él/Vd.), **asgamos** (nos.), asid (vos.), **asgan** (ellos/Vds.).

66. CABER

Present indicative	**quepo**, cabes, cabe, cabemos, cabéis, caben.
Preterite	**cupe, cupiste, cupo, cupimos, cupisteis, cupieron**.
Future indicative	**cabré, cabrás, cabrá, cabremos, cabréis, cabrán**.
Conditional	**cabría, cabrías, cabría, cabríamos, cabríais, cabrían**.
Present subjunctive	**quepa, quepas, quepa, quepamos, quepáis, quepan**.
Imperfect subjunctive	**cupiera, cupieras, cupiera, cupiéramos, cupierais, cupieran;**
	cupiese, cupieses, cupiese, cupiésemos, cupieseis, cupiesen.
Future subjunctive	**cupiere, cupieres, cupiere, cupiéremos, cupiereis, cupieren**.
Imperative	cabe (tú), **quepa** (él/Vd.), **quepamos** (nos.), cabed (vos.), **quepan** (ellos/Vds.).

67. CAER

Present indicative	**caigo**, caes, cae, caemos, caéis, caen.
Preterite	caí, caíste, **cayó**, caímos, caísteis, **cayeron**.
Present subjunctive	**caiga, caigas, caiga, caigamos, caigáis, caigan**.
Imperfect subjunctive	**cayera, cayeras, cayera, cayéramos, cayerais, cayeran;**
	cayese, cayeses, cayese, cayésemos, cayeseis, cayesen.
Future subjunctive	**cayere, cayeres, cayere, cayéremos, cayereis, cayeren**.
Imperative	cae (tú), **caiga** (él/Vd.), **caigamos** (nos.), caed (vos.), **caigan** (ellos/Vds.).
Gerund	**cayendo**
Past participle	**caído,-a**

68. DAR

Present indicative	**doy**, das, da, damos, dais, dan.
Preterite	**di, diste, dio, dimos, disteis, dieron**.
Present subjunctive	**dé**, des, **dé**, demos, deis, den.
Imperfect subjunctive	**diera, dieras, diera, diéramos, dierais, dieran;**
	diese, dieses, diese, diésemos, dieseis, diesen.
Future subjunctive	**diere, dieres, diere, diéremos, diereis, dieren**.
Imperative	da (tú), **dé** (él/Vd.), demos (nos.), dad (vos.), den (ellos/Vds.).

69. DECIR

Present indicative	**digo, dices, dice**, decimos, decís, **dicen**.
Preterite	**dije, dijiste, dijo, dijimos, dijisteis, dijeron**.
Future indicative	**diré, dirás, dirá, diremos, diréis, dirán**.
Conditional	**diría, dirías, diría, diríamos, diríais, dirían**.
Present subjunctive	**diga, digas, diga, digamos, digáis, digan**.
Imperfect subjunctive	**dijera, dijeras, dijera, dijéramos, dijerais, dijeran;**
	dijese, dijeses, dijese, dijésemos, dijeseis, dijesen.

SPANISH VERBS

Future subjunctive	**dijere, dijeres, dijere, dijéremos, dijereis, dijeren.**
Imperative	**di (tú), diga** (él/Vd.), **digamos** (nos.), decid (vos.), **digan** (ellos/Vds.).
Past participle	**dicho,-a.**

70. ERGUIR

Present indicative	**irgo, irgues, irgue,** erguimos, erguís, **irgen;**
	yergo, yergues, yergue, erguimos, erguís, **yergen.**
Preterite	erguí, erguiste, **irguió,** erguimos, erguisteis, **irguieron.**
Present subjunctive	**irga, irgas, irga, irgamos, irgáis, irgan;**
	yerga, yergas, yerga, irgamos, irgáis, yergan.
Imperfect subjunctive	**irguiera, irguieras, irguiera, irguiéramos, irguierais, irguieran;**
	irguiese, irguieses, irguiese, irguiésemos, irguieseis, irguiesen.
Future subjunctive	**irguiere, irguieres, irguiere, irguiéremos, irguiereis, irguieren.**
Imperative	**irgue, yergue** (tú), **irga, yerga** (él/Vd.), **irgamos** (nos.), erguid (vos.), **irgan, yergan** (ellos/Vds.).
Gerund	**irguiendo**

71. ESTAR

Present indicative	**estoy,** estás, está, estamos, estáis, están.
Imperfect indicative	estaba, estabas, estaba, estábamos, estabais, estaban.
Preterite	**estuve, estuviste, estuvo, estuvimos, estuvisteis, estuvieron.**
Future indicative	estaré, estarás, estará, estaremos, estaréis, estarán.
Conditional	estaría, estarías, estaría, estaríamos, estaríais, estarían.
Present subjunctive	esté, estés, esté, estemos, estéis, estén.
Imperfect subjunctive	**estuviera, estuvieras, estuviera, estuviéramos, estuvierais, estuvieran;**
	estuviese, estuvieses, estuviese, estuviésemos, estuvieseis, estuviesen.
Future subjunctive	**estuviere, estuvieres, estuviere, estuviéremos, estuviereis, estuvieren.**
Imperative	está (tú), esté (él/Vd.), estemos (nos.), estad (vos.), estén (ellos/Vds.).

72. HABER

Present indicative	**he, has, ha, hemos,** habéis, **han.**
Imperfect subjunctive	había, habías, había, habíamos, habíais, habían.
Preterite	**hube, hubiste, hubo, hubimos, hubisteis, hubieron.**
Future indicative	**habré, habrás, habrá, habremos, habréis, habrán.**
Conditional	**habría, habrías, habría, habríamos, habríais, habrían.**
Present subjunctive	**haya, hayas, haya, hayamos, hayáis, hayan.**
Imperfect subjunctive	**hubiera, hubieras, hubiera, hubiéramos, hubierais, hubieran;**
	hubiese, hubieses, hubiese, hubiésemos, hubieseis, hubiesen.
Future subjunctive	**hubiere, hubieres, hubiere, hubiéremos, hubiereis, hubieren.**
Imperative	**he** (tú), **haya** (él/Vd.), **hayamos** (nos.), habed (vos.), **hayan** (ellos/Vds.).

73. HACER

Present indicative	**hago,** haces, hace, hacemos, hacéis, hacen.
Preterite	**hice, hiciste, hizo, hicimos, hicisteis, hicieron.**
Future indicative	**haré, harás, hará, haremos, haréis, harán.**
Conditional	**haría, harías, haría, haríamos, haríais, harían.**
Present subjunctive	**haga, hagas, haga, hagamos, hagáis, hagan.**
Imperfect subjunctive	**hiciera, hicieras, hiciera, hiciéramos, hicierais, hicieran;**
	hiciese, hicieses, hiciese, hiciésemos, hicieseis, hiciesen.
Future subjunctive	**hiciere, hicieres, hiciere, hiciéremos, hiciereis, hicieren.**
Imperative	**haz** (tú), **haga** (él/Vd.), **hagamos** (nos.), haced (vos.), **hagan** (ellos/Vds.).
Past participle	**hecho,-a.**

74. IR

Present indicative	**voy, vas, va, vamos, vais, van.**
Imperfect subjunctive	**iba, ibas, iba, íbamos, ibais, iban.**
Preterite	**fui, fuiste, fue, fuimos, fuisteis, fueron.**
Present subjunctive	**vaya, vayas, vaya, vayamos, vayáis, vayan.**
Imperfect subjunctive	**fuera, fueras, fuera, fuéramos, fuerais, fueran;**
	fuese, fueses, fuese, fuésemos, fueseis, fuesen.
Future subjunctive	**fuere, fueres, fuere, fuéremos, fuereis, fueren.**
Imperative	**ve** (tú), **vaya** (él/Vd.), **vayamos** (nos.), **id** (vos.), **vayan** (ellos/Vds.).
Gerund	**yendo**

SPANISH VERBS

75. OÍR

Present indicative	**oigo, oyes, oye**, oímos, oís, **oyen**.
Preterite	oí, oíste, **oyó**, oímos, oísteis, **oyeron**.
Present subjunctive	**oiga, oigas, oiga, oigamos, oigáis, oigan**.
Imperfect subjunctive	**oyera, oyeras, oyera, oyéramos, oyerais, oyeran**;
	oyese, oyeses, oyese, oyésemos, oyeseis, oyesen.
Future subjunctive	**oyere, oyeres, oyere, oyéremos, oyereis, oyeren**.
Imperative	**oye** (tú), **oiga** (él/Vd.), **oigamos** (nos.), oíd (vos.), **oigan** (ellos/Vds.).
Gerund	**oyendo**
Past participle	**oído,-a**

76. PLACER

Present indicative	**plazco**, places, place, placemos, placéis, placen.
Preterite	plací, placiste, plació *or* **plugo**, placimos, placisteis, placieron *or* **pluguieron**.
Present subjunctive	**plazca, plazcas, plazca, plegue, plazcamos, plazcáis, plazcan**.
Imperfect subjunctive	placiera, placieras, placiera *or* **pluguiera**, placiéramos, placierais, placieran
	placiese, placieses, placiese *or* **pluguiese**, placiésemos, placieseis, placiesen.
Future subjunctive	placiere, placieres, placiere *or* **pluguiere**, placiéremos, placiereis, placieren.
Imperative	place (tú), **plazca** (él/Vd.), **plazcamos** (nos.), placed (vos.), **plazcan** (ellos/Vds.).

77. PODER

Present indicative	**puedo, puedes, puede**, podemos, podéis, **pueden**.
Preterite	**pude, pudiste, pudo, pudimos, pudisteis, pudieron**.
Future indicative	**podré, podrás, podrá, podremos, podréis, podrán**.
Conditional	**podría, podrías, podría, podríamos, podríais, podrían**.
Present subjunctive	**pueda, puedas, pueda**, podamos, podáis, **puedan**.
Imperfect subjunctive	**pudiera, pudieras, pudiera, pudiéramos, pudierais, pudieran**;
	pudiese, pudieses, pudiese, pudiésemos, pudieseis, pudiesen.
Future subjunctive	**pudiere, pudieres, pudiere, pudiéremos, pudiereis, pudieren**.
Imperative	**puede** (tú), **pueda** (él/Vd.), podamos (nos.), poded (vos.), **puedan** (ellos/Vds.).
Gerund	**pudiendo**

78. PONER

Present indicative	**pongo**, pones, pone, ponemos, ponéis, ponen.
Preterite	**puse, pusiste, puso, pusimos, pusisteis, pusieron**.
Future indicative	**pondré, pondrás, pondrá, pondremos, pondréis, pondrán**.
Conditional	**pondría, pondrías, pondría, pondríamos, pondríais, pondrían**.
Present subjunctive	**ponga, pongas, ponga, pongamos, pongáis, pongan**.
Imperfect subjunctive	**pusiera, pusieras, pusiera, pusiéramos, pusierais, pusieran**;
	pusiese, pusieses, pusiese, pusiésemos, pusieseis, pusiesen.
Future subjunctive	**pusiere, pusieres, pusiere, pusiéremos, pusiereis, pusieren**.
Imperative	**pon** (tú), **ponga** (él/Vd.), **pongamos** (nos.), poned (vos.), **pongan** (ellos/Vds.).
Past participle	**puesto,-a**.

79. PREDECIR

Present indicative	**predigo, predices, predice**, predecimos, predecís, **predicen**.
Preterite	**predije, predijiste, predijo, predijimos, predijisteis, predijeron**.
Present subjunctive	**prediga, predigas, prediga, predigamos, predigáis, predigan**.
Imperfect subjunctive	**predijera, predijeras, predijera, predijéramos, predijerais, predijeran**;
	predijese, predijeses, predijese, predijésemos, predijeseis, predijesen.
Future subjunctive	**predijere, predijeres, predijere, predijéremos, predijereis, predijeren**.
Imperative	**predice** (tú), **prediga** (él/Vd.), **predigamos** (nos.), predecid (vos.), **predigan** (ellos/Vds.).
Gerund	**prediciendo**
Past participle	**predicho,-a**

80. QUERER

Present indicative	**quiero, quieres, quiere**, queremos, queréis, **quieren**.
Preterite	**quise, quisiste, quiso, quisimos, quisisteis, quisieron**.
Future indicative	**querré, querrás, querrá, querremos, querréis, querrán**.
Conditional	**querría, querrías, querría, querríamos, querríais, querrían**.
Present subjunctive	**quiera, quieras, quiera**, queramos, queráis, **quieran**.
Imperfect subjunctive	**quisiera, quisieras, quisiera, quisiéramos, quisierais, quisieran**;
	quisiese, quisieses, quisiese, quisiésemos, quisieseis, quisiesen.
Future subjunctive	**quisiere, quisieres, quisiere, quisiéremos, quisiereis, quisieren**.
Imperative	**quiere** (tú), **quiera** (él/Vd.), queramos (nos.), quered (vos.), **quieran** (ellos/Vds.).

SPANISH VERBS

81. RAER

Present indicative	**rao**, **raigo**, **rayo**, raes, rae, raemos, raéis, raen.
Preterite	raí, raíste, **rayó**, raímos, raísteis, **rayeron**.
Present subjunctive	**raiga**, **raigas**, **raiga**, **raigamos**, **raigáis**, **raigan**; **raya**, **rayas**, **raya**, **rayamos**, **rayáis**, **rayan**.
Imperfect subjunctive	**rayera**, **rayeras**, **rayera**, **rayéramos**, **rayerais**, **rayeran**; **rayese**, **rayeses**, **rayese**, **rayésemos**, **rayeseis**, **rayesen**.
Future subjunctive	**rayere**, **rayeres**, **rayere**, **rayéremos**, **rayereis**, **rayeren**.
Imperative	rae (tú), **raiga**, **raya** (él/Vd.), **raigamos**, **rayamos** (nos.), raed (vos.), **raigan**, **rayan** (ellos/Vds.).
Gerundio	**rayendo**
Past participle	**raído,-a**

82. ROER

Present indicative	**roo**, **roigo**, **royo**, roes, roe, roemos, roéis, roen.
Preterite	roí, roíste, **royó**, roímos, roísteis, **royeron**.
Present subjunctive	roa, roas, roa, roamos, roáis, roan; **roiga**, **roigas**, **roiga**, **roigamos**, **roigáis**, **roigan**; **roya**, **royas**, **roya**, **royamos**, **royáis**, **royan**.
Imperfect subjunctive	**royera**, **royeras**, **royera**, **royéramos**, **royerais**, **royeran**; **royese**, **royeses**, **royese**, **royésemos**, **royeseis**, **royesen**.
Future subjunctive	**royere**, **royeres**, **royere**, **royéremos**, **royereis**, **royeren**.
Imperative	roe (tú), roa, **roiga**, **roya** (él/Vd.), roamos, **roigamos**, **royamos** (nos.), roed (vos.), roan, **roigan**, **royan** (ellos/Vds.).
Gerundio	**royendo**
Past participle	**roído,-a**

83. SABER

Present indicative	**sé**, sabes, sabe, sabemos, sabéis, saben.
Preterite	**supe**, **supiste**, **supo**, **supimos**, **supisteis**, **supieron**.
Future indicative	**sabré**, **sabrás**, **sabrá**, **sabremos**, **sabréis**, **sabrán**.
Conditional	**sabría**, **sabrías**, **sabría**, **sabríamos**, **sabríais**, **sabrían**.
Present subjunctive	**sepa**, **sepas**, **sepa**, **sepamos**, **sepáis**, **sepan**.
Imperfect subjunctive	**supiera**, **supieras**, **supiera**, **supiéramos**, **supierais**, **supieran**; **supiese**, **supieses**, **supiese**, **supiésemos**, **supieseis**, **supiesen**.
Future subjunctive	**supiere**, **supieres**, **supiere**, **supiéremos**, **supiereis**, **supieren**.
Imperative	sabe (tú), **sepa** (él/Vd.), **sepamos** (nos.), sabed (vos.), **sepan** (ellos/Vds.).

84. SALIR

Present indicative	**salgo**, sales, sale, salimos, salís, salen.
Future indicative	**saldré**, **saldrás**, **saldrá**, **saldremos**, **saldréis**, **saldrán**.
Conditional	**saldría**, **saldrías**, **saldría**, **saldríamos**, **saldríais**, **saldrían**.
Present subjunctive	**salga**, **salgas**, **salga**, **salgamos**, **salgáis**, **salgan**.
Imperative	**sal** (tú), **salga** (él/Vd.), **salgamos** (nos.), salid (vos.), **salgan** (ellos/Vds.).

85. SATISFACER

Present indicative	**satisfago**, satisfaces, satisface, satisfacemos, satisfacéis, satisfacen.
Preterite	**satisfice**, **satisficiste**, **satisfizo**, **satisficimos**, **satisficisteis**, **satisficieron**.
Future indicative	**satisfaré**, **satisfarás**, **satisfará**, **satisfaremos**, **satisfaréis**, **satisfarán**.
Conditional	**satisfaría**, **satisfarías**, **satisfaría**, **satisfaríamos**, **satisfaríais**, **satisfarían**.
Present subjunctive	**satisfaga**, **satisfagas**, **satisfaga**, **satisfagamos**, **satisfagáis**, **satisfagan**.
Imperfect subjunctive	**satisficiera**, **satisficieras**, **satisficiera**, **satisficiéramos**, **satisficierais**, **satisficieran**; **satisficiese**, **satisficieses**, **satisficiese**, **satisficiésemos**, **satisficieseis**, **satisficiesen**.
Future subjunctive	**satisficiere**, **satisficieres**, **satisficiere**, **satisficiéremos**, **satisficiereis**, **satisficieren**.
Imperative	**satisfaz**, satisface (tú), **satisfaga** (él/Vd.), **satisfagamos** (nos.), satisfaced (vos.), **satisfagan** (ellos/Vds.).
Past participle	**satisfecho,-a**

86. SER

Present indicative	**soy**, **eres**, **es**, **somos**, **sois**, **son**.
Imperfect subjunctive	**era**, **eras**, **era**, **éramos**, **erais**, **eran**.
Preterite	**fui**, **fuiste**, **fue**, **fuimos**, **fuisteis**, **fueron**.
Future indicative	seré, serás, será, seremos, seréis, serán.
Conditional	sería, serías, sería, seríamos, seríais, serían.
Present subjunctive	sea, seas, sea, seamos, seáis, sean.

SPANISH VERBS

SPANISH VERBS

Imperfect subjunctive	**fuera, fueras, fuera, fuéramos, fuerais, fueran;** **fuese, fueses, fuese, fuésemos, fueseis, fuesen.**
Future subjunctive	**fuere, fueres, fuere, fuéremos, fuereis, fueren.**
Imperative	**sé** (tú), sea (él/Vd.), seamos (nos.), **sed** (vos.), sean (ellos/Vds.).
Past participle	**sido,-a.**

87. TENER

Present indicative	**tengo, tienes, tiene**, tenemos, tenéis, **tienen.**
Preterite	**tuve, tuviste, tuvo, tuvimos, tuvisteis, tuvieron.**
Future indicative	**tendré, tendrás, tendrá, tendremos, tendréis, tendrán.**
Conditional	**tendría, tendrías, tendría, tendríamos, tendríais, tendrían.**
Present subjunctive	**tenga, tengas, tenga, tengamos, tengáis, tengan.**
Imperfect subjunctive	**tuviera, tuvieras, tuviera, tuviéramos, tuvierais, tuvieran;** **tuviese, tuvieses, tuviese, tuviésemos, tuvieseis, tuviesen.**
Future subjunctive	**tuviere, tuvieres, tuviere, tuviéremos, tuviereis, tuvieren.**
Imperative	**ten** (tú), **tenga** (él/Vd.), **tengamos** (nos.), tened (vos.), **tengan** (ellos/Vds.).

88. TRAER

Present indicative	**traigo**, traes, trae, traemos, traéis, traen.
Preterite	**traje, trajiste, trajo, trajimos, trajisteis, trajeron.**
Present subjunctive	**traiga, traigas, traiga, traigamos, traigáis, traigan.**
Imperfect subjunctive	**trajera, trajeras, trajera, trajéramos, trajerais, trajeran;** **trajese, trajeses, trajese, trajésemos, trajeseis, trajesen.**
Future subjunctive	**trajere, trajeres, trajere, trajéremos, trajereis, trajeren.**
Imperative	trae (tú), **traiga** (él/Vd.), **traigamos** (nos.), traed (vos.), **traigan** (ellos/Vds.).
Gerund	**trayendo**
Past participle	**traído,-a**

89. VALER

Present indicative	**valgo**, vales, vale, valemos, valéis, valen.
Future indicative	**valdré, valdrás, valdrá, valdremos, valdréis, valdrán.**
Conditional	**valdría, valdrías, valdría, valdríamos, valdríais, valdrían.**
Present subjunctive	**valga, valgas, valga, valgamos, valgáis, valgan.**
Imperative	vale (tú), **valga** (él/Vd.), **valgamos** (nos.), valed (vos.), **valgan** (ellos/Vds.).

90. VENIR

Present indicative	**vengo, vienes, viene**, venimos, venís, **vienen.**
Preterite	**vine, viniste, vino, vinimos, vinisteis, vinieron.**
Future indicative	**vendré, vendrás, vendrá, vendremos, vendréis, vendrán.**
Conditional	**vendría, vendrías, vendría, vendríamos, vendríais, vendrían.**
Present subjunctive	**venga, vengas, venga, vengamos, vengáis, vengan.**
Imperfect subjunctive	**viniera, vinieras, viniera, viniéramos, vinierais, vinieran;** **viniese, vinieses, viniese, viniésemos, vinieseis, viniesen.**
Future subjunctive	**viniere, vinieres, viniere, viniéremos, viniereis, vinieren.**
Imperative	**ven** (tú), **venga** (él/Vd.), **vengamos** (nos.), venid (vos.), **vengan** (ellos/Vds.).
Gerund	**viniendo.**

91. VER

Present indicative	veo, **ves**, ve, **vemos, veis**, ven.
Preterite	**vi, viste, vio, vimos, visteis, vieron.**
Imperfect subjunctive	**viera, vieras, viera, viéramos, vierais, vieran;** **viese, vieses, viese, viésemos, vieseis, viesen.**
Future subjunctive	**viere, vieres, viere, viéremos, viereis, vieren.**
Imperative	**ve** (tú), vea (él/Vd.), veamos (nos.), **ved** (vos.), vean (ellos/Vds.).
Past participle	**visto,-a.**

92. YACER

Present indicative	**yazco, yazgo, yago**, yaces, yace, yacemos, yacéis, yacen.
Present Subjunctive	**yazca, yazcas, yazca,yazcamos, yazcáis, yazcan;** **yazga, yazgas, yazga, yazgamos, yazgáis, yazgan;** **yaga, yagas, yaga, yagamos, yagáis, yagan.**
Imperative	yace, **yaz** (tú), **yazca, yazga, yaga** (él/Vd.), **yazcamos, yazgamos, yagamos** (nos.), yaced (vos.), **yazcan, yazgan, yagan** (ellos/Vds.).

A, a *nf (la letra)* A, a.
▲ *pl as o aes.*

a¹
1 *prep (dirección)* to: **girar a la derecha** to turn (to the) right; **irse a casa** to go home; **subir al autobús** to get on the bus; **caer al mar** to fall into the sea; **llegar a Barcelona** to arrive in Barcelona, reach Barcelona.
2 *prep (destino)* to, towards.
3 *prep (distancia)* away: **a diez kilómetros de casa** ten kilometres (away) from home.
4 *prep (lugar)* at, on: **a la entrada** at the entrance; **a la izquierda** on the left; **a mi lado** at my side, by my side, next to me; **al sol** in the sun; **al norte/sur/este/oeste** to the north/south/east/west.
5 *prep (tiempo)* at: **a las once** at eleven; **a los tres días** three days later; **a tiempo** in time; **al final** in the end; **a la mañana siguiente** (on) the following morning; **¿a cuántos estamos?** what's the date?; **estamos a 30 de mayo** it's the thirtieth of May.
6 *prep (modo)* by, in: **a ciegas** blindly; **a oscuras** in the dark; **a la española** (in the) Spanish style, in the Spanish way.
7 *prep (instrumento)* by, in: **a mano** by hand; **a lápiz** in pencil; **a pie** on foot.
8 *prep (precio)* a: **a tres euros el kilo** three euros a kilo.
9 *prep (medida)* at: **a 90 kilómetros por hora** at 90 kilometres an hour; **a docenas** by the dozen.
10 *prep (finalidad)* to: **él vino a vernos** he came to see us.
11 *prep (complemento directo persona)*: **vi a Juanita** I saw Juanita; **encontramos a Pedro** we met Pedro.
12 *prep (complemento indirecto)* to: **dámelo** give it to me.
13 *prep (como imperativo)*: **¡a dormir!** bedtime!; **¡a ver!** let's see!
14 *prep verbo + a + inf* to: **aprender a nadar** to learn (how) to swim; **empezaba a nevar** it began to snow; **voy a venderlo** I'm going to sell it.

✦ **a que ...** I bet ...: **¡a que no lo haces!** I bet you don't do it!
▲ *See also* **al.**

a² *abr* (**alias**) alias.

a³ *abr* (**área**) are.

A¹ *abr* (**Alteza**) Highness; *(abreviatura)* H.

A² *sím* (**amperio**) ampere, amp; *(símbolo)* A.

A³ *abr* (**autopista**) motorway; *(abreviatura)* M.

AA.EE. *abr* (**Ministerio de Asuntos Exteriores**) Spanish Foreign Ministry.

abacería *nf* grocer's (shop).

abacero,-a *nm,f* grocer.

abacial *adj* abbatial.

ábaco *nm* abacus.

abad *nm* abbot.

abadejo *nm* pollack.

abadesa *nf* abbess.

abadía
1 *nf (edificio)* abbey.
2 *nf (dignidad)* abbacy.

abajo
1 *adv (lugar)* below, down: **ahí abajo** down there.
2 *adv (en una casa)* downstairs.
3 *adv (dirección)* down, downward: **calle abajo** down the street.
4 *interj* down with!: **¡abajo el dictador!** down with the dictator!

abalanzarse
1 *vpr (lanzarse)* to rush forward, spring forward.
2 *vpr* **abalanzarse sobre** to rush at; *(león, tigre)* to pounce on; *(águila etc)* to swoop down on.
▲ *Conjugation model* [4], *like* **realizar.**

abalizar *vt* to buoy.
▲ *Conjugation model* [4], *like* **realizar.**

abalorio
1 *nm (collar)* string of beads.
2 *nm (cuentecilla)* glass bead.

abanderado,-a
1 *pp* → **abanderar.**
2 *nm,f (portaestandarte)* standard bearer.
3 *nm,f fig* leader, champion.

abanderar
1 *vt (un barco)* to register.
2 *vt (una causa)* to defend: **siempre abanderó la causa de las mujeres** she always defended women's rights.

abandonado,-a
1 *pp* → **abandonar.**
2 *adj* abandoned: **un barco abandonado** an abandoned ship; **se sintió abandonada** she felt she had been deserted.
3 *adj (descuidado)* neglected: **tiene el despacho abandonado** his office hasn't been looked after.
4 *adj (desaseado)* untidy, unkempt.

abandonar
1 *vt (desamparar)* to abandon, forsake: **la suerte le ha abandonado** luck has forsaken him.
2 *vt (lugar)* to leave, quit: **abandonar el barco** to abandon ship.
3 *vt (actividad)* to give up, withdraw from: **abandonó los estudios en la facultad** she dropped out of university.
4 *vt (traicionar)* to desert.
5 *vt (renunciar)* to relinquish, renounce.
6 *vt (descuidar)* to neglect.
7 *vt DEP (retirarse)* to withdraw from.
8 **abandonarse** *vpr (descuidarse)* to neglect oneself, let oneself go.
9 *vpr (entregarse)* to give oneself up (a, to): **se abandonó a la bebida** he gave himself up to drink.
10 *vpr (ceder)* to give in.

abandono
1 *nm (acción)* abandoning, desertion.
2 *nm (idea, actividad)* giving up.
3 *nm (descuido)* neglect, lack of care.
4 *nm (dejadez)* apathy, carelessness.
5 *nm DEP* withdrawal: **ganaron por abandono** they won by default.
6 *nm MAR* abandonment.
✦ **en estado de abandono** in an abandoned state.

abanicar *vt* to fan.
▲ *Conjugation model* [1], *like* **sacar.**

abanico
1 *nm* fan.
2 *nm fig* range: **un abanico de posibilidades** a range of possibilities.

+ **en abanico** fan-shaped.
abrirse en abanico to fan out.

abaniqueo *nm* fanning.

abanto *nm (ave)* vulture.

abaratamiento *nm* reduction in price.

abaratar
1 *vt* to reduce the price of, make cheaper.
2 **abaratarse** *vpr (precio)* to come down, fall; *(artículo)* to become cheaper, come down in price.

abarca *nf* sandal.

abarcar
1 *vt (englobar)* to cover, embrace: **sus conocimientos abarcan el campo de la psicología** her knowledge covers the field of psychology.
2 *vt (abrazar)* to embrace, get one's arms around.
3 *vt (trabajo)* to undertake, take on.
+ **quien mucho abarca poco aprieta** Jack of all trades, master of none.
▲ *Conjugation model* [1], *like* **sacar**.

abaritonado,-a *adj* baritone.

abarquillado,-a
1 *pp* → **abarquillar**.
2 *adj* warped.

abarquillamiento *nm (madera)* warping; *(cartón)* curling up.

abarquillar
1 *vt (madera)* to warp; *(cartón)* to curl up.
2 **abarquillarse** *vpr (madera)* to warp; *(cartón)* to curl up.

abarraganamiento *nm* cohabitation.

abarraganarse *vpr* to cohabit.

abarrancar
1 *vi* to run aground.
2 **abarrancarse** *vpr (varar)* to run aground.
3 *vpr fig* to get bogged down, get stuck (**en**, in).

abarrocado,-a *adj* baroque.

abarrotado,-a
1 *pp* → **abarrotar**.
2 *adj (cosas)* packed (**de**, with), crammed (**de**, with); *(personas)* jam-packed (**de**, with), packed (**de**, with).

abarrotar *vt (cosas)* to pack (**de**, with), cram (**de**, with), fill up (**de**, with); *(personas)* to pack (**de**, with), jam (**de**, with).

abastecedor,-ra
1 *adj* supplying, providing.
2 *nm,f* supplier, purveyor.

abastecer
1 *vt* to supply, provide.
2 **abastecerse** *vpr (uso reflexivo)* to stock up (**de/con**, with), lay in supplies (**de/con**, of): **se abastecieron de víveres** they laid in supplies.
▲ *Conjugation model* [43], *like* **agradecer**.

abastecimiento *nm* supplying, provision: **quieren mejorar el abastecimiento de agua** they want to improve the water supply.

abasto
1 *nm (abastecimiento)* supplying, provision.
2 *nm (abundancia)* abundance.
3 **abastos** *nm pl* provisions, supplies.
+ **dar abasto** *fam* to be sufficient for: **es que no doy abasto** I just can't cope, I can't keep up; **no doy abasto para corregir tantos ejercicios** I've got so many exercises to correct that I just can't cope.

abatanador,-ra *nm,f* fuller.

abatanar
1 *vt (paño)* to full.
2 *vt (maltratar)* to beat up.

abate *nm* father, abbe, abbé.

abatible *adj* folding, collapsible: **asiento abatible** folding seat; **cama abatible** folding bed.

abatido,-a
1 *pp* → **abatir**.
2 *adj (deprimido)* dejected, depressed.
3 *adj (despreciable)* despicable, low.
4 *adj (fruta)* fallen, drooping.

abatimiento *nm* dejection, depression.

abatir
1 *vt (derribar)* to knock down, pull down.
2 *vt (matar)* to kill; *(herir)* to wound; *(a tiros)* to shoot down.
3 *vt (bajar)* to lower, take down.
4 *vt (desanimar)* to depress.
5 *vt (humillar)* to humiliate.
6 **abatirse** *vpr (ave)* to swoop (**sobre**, down on); *(avión)* to dive (**sobre**, down on).
7 *vpr (ceder)* to give in.
8 *vpr (desanimarse)* to lose heart, become depressed.
9 *vpr fig (descender)* to fall upon.

abdicación *nf* abdication.

abdicar
1 *vt (soberanía)* to abdicate, renounce: **abdicó el reino en su hija** he abdicated in favour of his daughter.
2 *vt (ideales, ideas)* to give up, renounce.
3 *vi (soberanía)* to abdicate: **abdicó en su hija** he abdicated in favour of his daughter.
4 *vi (ideales, ideas)* to give up (**de**, -).
▲ *Conjugation model* [1], *like* **sacar**.

abdomen *nm* abdomen.

abdominal
1 *adj* abdominal.
2 **abdominales** *nm pl (ejercicios)* sit-ups.

abducción *nf* abduction.

abductor *adj* abductor.

abecé
1 *nm (abecedario)* ABC, alphabet.
2 *nm (nociones)* rudiments *pl*, basics *pl*.

abecedario
1 *nm (alfabeto)* alphabet.
2 *nm (libro)* spelling book.
3 *nm (nociones)* rudiments *pl*, basics *pl*.

abedul *nm* birch tree, birch.

abeja
1 *nf (animal)* bee.
2 *nf fig (persona)* busy bee.
■ **abeja obrera** worker bee.
abeja reina queen bee.

abejarrón *nm* bumblebee.

abejaruco *nm* bee-eater.

abejón
1 *nm (zángano)* drone.
2 *nm (abejorro)* bumblebee.

abejorreo *nm* buzzing.

abejorro
1 *nm (himenóptero)* bumblebee.
2 *nm (coleóptero)* cockchafer.
3 *nm fig (persona)* bore, nuisance.

aberración *nf* aberration.

aberrante *adj* aberrant.

aberrar *vi* to be mistaken.

abertura
1 *nf (agujero)* opening, gap; *(grieta)* crack, slit.
2 *nf (valle)* pass.
3 *nf (ensenada)* cove, creek.

abertzale
1 *adj* Basque nationalist.
2 *nm & nf* Basque nationalist.

abestiarse *vpr* to become brutalized.
▲ *Conjugation model* [12], *like* **cambiar**.

abetal *nm* fir plantation.

abetar *nm* fir plantation.

abeto *nm* fir tree, fir.
■ **abeto blanco** silver fir.
abeto falso spruce.
abeto rojo spruce.

abiertamente *adv* openly, frankly.

abierto,-a
1 *pp* → **abrir**.
2 *adj* open, unlocked.
3 *adj (grifo)* (turned) on: **dejó el grifo abierto** she left the tap running.
4 *adj fig (sincero)* open, frank.
5 *adj (tolerante)* open-minded.
6 *adj* LING open.
+ **abierto,-a al mar** seaward-looking.
abierto,-a de par en par wide open.
quedarse con la boca abierta *fig* to be left speechless.

abigarrado,-a
1 *adj (multicolor)* multicoloured (US multicolored), many-coloured (US many-colored).
2 *adj (mezclado)* jumbled, mixed: **un discurso abigarrado** a disjointed speech, a hotchpotch of a speech.

abisal *adj* abyssal.

Abisinia *nf* Abyssinia.

abisinio,-a
1 *adj* Abyssinian.
2 *nm,f* Abyssinian.

abismal *adj* abysmal: **hay una diferencia abismal** there is a world of a difference.

abismar
1 *vt (hundir)* to plunge (**en**, into).
2 *vt (confundir)* to confuse, bewilder.

3 abismarse *vpr (sumirse)* to be engrossed (**en**, in), become absorbed (**en**, in).

abismo *nm* abyss: entre tu y yo media un abismo we are worlds apart.
+ **estar al borde del abismo** *fig* to be on the brink of ruin.

abjuración *nf* abjuration.

abjurar
1 *vt* to abjure, forswear.
2 *vi* to abjure (**de**, -), renounce (**de**, -): abjuró de su religión he renounced his religion.

ablación
1 *nf (acción geológica)* ablation.
2 *nf (cirugía)* surgcal removal, ablation.
■ **ablación del clítoris** clitoridectomy.

ablandamiento *nm* softening.

ablandar
1 *vt* to soften.
2 *vt fig (persona)* to soothe, soften up, appease.
3 *vi (frío)* to get warmer, get milder; *(hielo, nieve)* to melt.
4 **ablandarse** *vpr* to soften, get softer.
5 *vpr (persona)* to soften up.
6 *vpr (acobardarse)* to lose one's nerve, become frightened.
7 *vpr (frío)* to get warmer, get milder; *(nieve, hielo)* to melt.

ablativo *nm* ablative (case).

ablución
1 *nf* ablution.
2 **abluciones** *nf pl* water and wine *sing.*
▲ *En 1, also used in plural with the same meaning.*

ablusado,-a *adj* bloused.

abnegación *nf* abnegation, selfdenial.

abnegado,-a
1 *pp* → abnegar.
2 *adj* selfless, self-sacrificing.

abnegar *vt* to renounce, give up.
▲ *Conjugation model [48], like regar.*

abobado,-a
1 *pp* → abobar.
2 *adj (tonto)* stupid, silly.
3 *adj (distraído)* absent-minded.
4 *adj (pasmado)* bewildered.

abobar
1 *vt (atontar)* to make stupid.
2 *vt (embobar)* to fascinate, amaze.

abocado,-a
1 *pp* → abocar.
2 *adj (expuesto)* exposed to: es un proyecto abocado al fracaso it's a project that is doomed to failure.
3 *adj (vino)* medium dry, smooth.

abocar
1 *vt (verter)* to pour out.
2 *vt (asir)* to catch in one's mouth.
3 *vt (acercar)* to bring near, draw up: las olas abocaron el barco a la orilla the waves washed the boat to the shore.
4 *vi MAR* to enter (**en**, -): el barco abocó en el puerto the boat entered the harbour.

5 abocarse *vpr (reunirse)* to meet, gather.
▲ *Conjugation model [1], like sacar.*

abocetar *vt* to sketch, outline.

abochornado,-a
1 *pp* → abochornar.
2 *adj* ashamed, embarrassed.

abochornar
1 *vt (avergonzar)* to shame.
2 *vt (acalorar)* to make flushed.
3 **abochornarse** *vpr (avergonzarse)* to become embarrassed.
4 *vpr (planta)* to wilt.

abocinado,-a
1 *pp* abocinar.
2 *adj* trumpet-shaped.
3 *adj ARQ* splayed.

abocinar
1 *vt* to shape like a trumpet.
2 *vt ARQ* to splay.

abofetear *vt* to slap.

abogacía *nf* legal profession.

abogadillo,-a *nm,f pey* second-rate lawyer, pettifogger.

abogado,-a
1 *nm,f* lawyer, solicitor; *(tribunal supremo)* barrister.
2 *nm,f fig* advocate, champion.
+ **ejercer de abogado** to practise law, be a lawyer..
■ **abogado defensor** counsel for the defense.
abogado del diablo devil's advocate.
abogado del Estado public prosecutor, *US* attorney general.
abogado de oficio legalaid lawyer
abogado laborista union lawyer.

abogar
1 *vi* to plead.
2 *vi fig* to intercede.
+ **abogar a favor de** to plead for.
abogar por *(preconizar)* to advocate, propose; *(defender)* to defend; *(luchar por)* to fight for.
▲ *Conjugation model [7], like llegar.*

abolengo *nm* ancestry, lineage.
+ **de rancio abolengo** of ancient lineage.

abolición *nf* abolition.

abolicionismo *nm* abolitionism.

abolicionista
1 *adj* abolitionist.
2 *nm & nf* abolitionist.

abolir *vt* to abolish.
▲ *Used only in forms which include the letter i in their endings: abolía, aboliré, aboliendo, etc.*

abolladura *nf (hundimiento)* dent; *(bollo)* bump.

abollar
1 *vt* to dent.
2 *vt ART* to emboss.
3 **abollarse** *vpr* to get dented.

abolsado,-a
1 *pp* → abolsarse.
2 *adj* baggy.

abolsarse
1 *vpr (tela)* to be baggy.
2 *vpr (piel)* to pouch.

abombado,-a
1 *pp* → abombar.
2 *adj* convex.

abombar
1 *vt* to make convex.
2 *vt fam (aturdir)* to deafen, confuse.
3 **abombarse** *vpr* to become convex.

abominable *adj* abominable, loathsome.
■ **el abominable hombre de las nieves** the abominable snowman.

abominablemente *adv* abominably.

abominación *nf* abomination.

abominar
1 *vt* to abominate, loathe.
2 *vi* to abominate (**de**, -), loathe (**de**, -).

abonable *adj* payable.

abonado,-a
1 *pp* → abonar.
2 *adj (tierra)* fertilized.
3 *adj FIN* paid.
4 *nm,f (al teléfono, a revista)* subscriber; *(a teatro, tren, etc)* season ticket holder.

abonanzar *vi (tormenta)* to clear up; *(tiempo)* to become settled, grow calm.
▲ *Conjugation model [4], like realizar.*

abonar
1 *vt FIN* to pay.
2 *vt (avalar)* to guarantee, answer for: les abonó su buena reputación their good reputation spoke for itself.
3 *vt (tierra)* to fertilize.
4 *vt (suscribir)* to subscribe.
5 **abonarse** *vpr (a revista)* to subscribe (**a**, to); *(a teatro, tren, etc)* to buy a season ticket (**a**, for).
+ **abonar al contado** to pay cash.
abonar en cuenta to credit.

abonaré *nm* promissory note, credit note, IOU.

abono
1 *nm (pago)* payment.
2 *nm (aval)* guarantee.
3 *nm (fertilizante)* fertilizer; *(acción)* fertilizing.
4 *nm (a revista)* subscription; *(a teatro, tren, etc)* season-ticket.

abordable *adj (lugar)* accessible; *(persona)* approachable; *(asunto)* manageable.

abordaje
1 *nm (choque)* collision, fouling.
2 *nm (ataque)* boarding.
+ **¡al abordaje!** stand by to board!

abordar
1 *vt MAR (chocar)* to run foul of, collide with; *(atacar)* to board.
2 *vt MAR (arribar)* to reach port.
3 *vt fig (persona)* to approach; *(asunto, tema)* to tackle.

aborigen
1 *adj* aboriginal, native.
2 *nm* aborigine, native.
▲ *pl aborígenes.*

aborrascarse *upr* to get stormy, grow stormy.

aborrecer
1 *vt* to abhor, hate, detest.
2 *vt (aves)* to abandon.
▲ *Conjugation model* [43], *like* **agradecer**.

aborrecible *adj* hateful, loathsome.

aborrecimiento *nm* hate, loathing, hatred.

aborregado,-a
1 *pp* → **aborregarse**.
2 *adj (cielo)* covered with fluffy clouds.
3 *adj fam (persona)* mindless, sheep like.

aborregarse
1 *upr (cielo)* to become covered with fluffy clouds.
2 *upr fam (persona)* to follow the crowd, become sheep like.
▲ *Conjugation model* [7], *like* **llegar**.

abortar
1 *vi (voluntariamente)* to abort, have an abortion; *(involuntariamente)* to miscarry, have a miscarriage.
2 *vi (fracasar)* to fail, fall through.
3 *vt (interrumpir)* to stop; *(frustrar)* to foil, thwart: **la policía abortó el intento de fuga** police foiled the escape attempt; **tuvieron que abortar la misión** the mission had to be aborted.

abortista
1 *nm & nf (médico)* abortionist.
2 *nm & nf (partidario)* pro-abortionist, abortion campaigner.

abortivo,-a
1 *adj* abortive.
2 **abortivo** *nm* abortifacient.

aborto
1 *nm (provocado)* abortion; *(espontáneo)* miscarriage.
2 *nm pey (persona)* ugly person, freak; *(cosa)* abortion.

abotagado,-a
1 *pp* → **abotagarse**.
2 *adj* swollen.

abotagarse *upr* to swell up.

abotargado,-a
1 *pp* → **abotargarse**.
2 *adj* swollen.

abotargamiento *nm* swelling.

abotargarse *upr* to swell up.

abotinado,-a *adj* high-fronted.
■ **zapato abotinado** ankle boot.

abotonar
1 *vt (ropa)* to button, button up.
2 *vi (planta)* to bud.
3 **abotonarse** *upr* to do one's buttons up.

abovedado,-a
1 *pp* → **abovedar**.
2 *adj* vaulted, arched.

abovedar *vt* to vault, arch.

aboyar *vt* to buoy.

abra
1 *nf (ensenada)* cove, inlet.
2 *nf (desfiladero)* gorge, mountain pass.
3 *nf (fisura)* fissure.

abracadabra *nm* abracadabra.

abrasado,-a
1 *pp* → **abrasar**.
2 *adj* burnt.

abrasador,-ra
1 *adj* burning, scorching.
2 *adj fig* consuming: **pasión abrasadora** consuming passion.

abrasar
1 *vt (quemar)* to burn, scorch.
2 *vt (calentar)* overheat.
3 *vi* to burn (up): **esta sopa abrasa** this soup is scalding hot.
4 **abrasarse** *upr* to burn.
✦ **abrasarse de amores** *fig* to be madly in love.
abrasarse de calor *fig* to be sweltering.
abrasarse de sed *fig* to be parched.

abrasión *nf* abrasion.

abrasivo,-a
1 *adj* abrasive.
2 **abrasivo** *nm* abrasive.

abrazadera *nf* clamp, brace.

abrazar
1 *vt* to embrace, hug: **se abrazaron** they embraced each other.
2 *vt (ceñir)* to clasp.
3 *vt (incluir)* to include, comprise.
4 *vt (adoptar)* to adopt.
5 *vt fig (adherirse)* to embrace.
▲ *Conjugation model* [4], *like* **realizar**.

abrazo *nm* hug, embrace.
✦ **dar un abrazo a alguien** to embrace somebody.
(muchos) abrazos (de) *(en carta)* with best wishes from.
un abrazo (de) *(en carta)* with best wishes from.

abrebotellas *nm* bottle opener.
▲ *pl* **abrebotellas**.

abrecartas *nm* letter-opener, paper-knife.
▲ *pl* **abrecartas**.

abrefácil *adj (envase en general)* easy to open; *(lata)* ringpull.

ábrego *nm* southwest wind.

abrelatas *nm* tin-opener, *us* can-opener.
▲ *pl* **abrelatas**.

abrevadero *nm* drinking trough.

abrevar *vt* to water, give water to.

abreviación *nf* abbreviation.

abreviado,-a
1 *pp* → **abreviar**.
2 *adj* concise.

abreviar
1 *vt (acortar)* to shorten, cut short.
2 *vt (texto)* to abridge; *(palabra)* to abbreviate.
✦ **abreviar los trámites** to speed up the formalities.
para abreviar to cut a long story short.
▲ *Conjugation model* [12], *like* **cambiar**.

abreviatura *nf* abbreviation: **la abreviatura de etcétera es etc.** the abbreviation of etcetera is etc.

abridor *nm* opener.

abrigadero *nm* shelter, sheltered place.

abrigado,-a
1 *pp* → **abrigar**.
2 *adj (lugar)* sheltered, protected; *(persona)* wrapped up: **iba bien abrigada** she was well wrapped up.

abrigar
1 *vt (contra el frío)* to wrap up; *(ropa)* to be warm: **abriga bien al niño, que hace mucho frío en la calle** wrap him up well, it's very cold outside; **este jersey abriga mucho** this jumper is very warm.
2 *vt (proteger)* to shelter, protect.
3 *vt fig (sospechas)* to harbour (*us* harbor), have.
4 *vt fig (esperanzas)* to foster, cherish.
5 **abrigarse** *upr (uso reflexivo)* to wrap oneself up.
▲ *Conjugation model* [7], *like* **llegar**.

abrigo
1 *nm (prenda)* coat, overcoat.
2 *nm (refugio)* shelter.
✦ **al abrigo de** protected from, sheltered from.
al abrigo de la ley under the protection of the law.
ser de abrigo *fig* to be undesirable.
■ **abrigo de pieles** fur coat.
ropa de abrigo warm clothing, warm clothes *pl*.

abril
1 *nm* April.
2 *nm fig* springtime.
3 **abriles** *nm pl fig* summers: **una chica de veinte abriles** a girl of twenty summers.
✦ **el abril de la vida** the springtime of one's life.
▲ *For examples of use, see* **marzo**.

abrileño,-a *adj* April: **una plácida tarde abrileña** a peaceful April afternoon.

abrillantador,-ra
1 *nm,f (persona)* polisher.
2 **abrillantador** *nm (producto)* polish.
3 *nm (instrumento)* polishing tool, polisher.

abrillantar
1 *vt* to polish, make shine, burnish.
2 *vt fig* to enhance.

abrir
1 *vt (gen)* to open: **abre la ventana** open the window; **abriré esta botella de cava** I'll open this bottle of cava; **abrid vuestros libros en la página diez** open your books at page ten; **ya puedes abrir los ojos** you can open your eyes now; **quisiera abrir una cuenta corriente** I would like to open a current account.

2 *vt (con llave)* to unlock: sacó una llave y abrió la caja he took out a key and unlocked the safe.

3 *vt (cremallera)* to undo: abrió la cremallera de la maleta she undid the zip on the case, she unzipped the case.

4 *vt (negocio)* to open: van a abrir un bar en la esquina they're going to open a bar on the corner.

5 *vt (túnel)* to dig; *(agujero)* to make.

6 *vt (luz)* to switch on, turn on; *(gas, grifo)* to turn on.

7 *vt (iniciar)* to start, begin: abrieron una investigación para aclarar la causa del incendio they started an investigation into the causes of the fire.

8 *vt (encabezar)* to head, lead: un niño con una cruz abría la procesión a boy with a cross headed the procession.

9 **abrirse** *vpr (gen)* to open: la puerta se abre hacia fuera the door opens outwards; le dieron puntos para que no se le abriera la herida they gave her stitches so that the wound wouldn't open.

10 *vpr (flor)* to open, come out: las rosas se están abriendo the roses are opening.

11 *vpr (iniciarse)* to begin, start, open: la película se abre con una escena muy bella the film opens with a very beautiful scene.

12 *vpr (extenderse)* to spread out, unfold.

13 *vpr (dar)* to open (**a**, onto), look (**a**, onto): la casa se abre al mar the house looks onto the sea.

14 *vpr (ligamentos)* to sprain.

15 *vpr fig (sincerarse)* to open out.

16 *vpr arg (largarse)* to clear off, be off,: ¡adiós, me abro! bye, I'm off!, *US* I'm out of here!

✦ **abrir fuego** *MIL* to open fire.
abrir la mano *fig* to relax standards.
abrirle la cabeza a alguien *fam* to smash somebody's head in.
abrir paso to make way.
abrirse paso en la vida *fig* to make one's way in life.
abrir una posibilidad to open up a possibility: la nueva ley abre la posibilidad de que los terroristas se reinserten en la sociedad the new law makes it possible for terrorists to be reintegrated into society.
abrir un expediente *JUR* to start proceedings.
en un abrir y cerrar de ojos *fam* in the twinkling of an eye.
no abrir (la) boca *fig* not to say a word.

▲ *pp* abierto,-a.

abrochar

1 *vt (camisa)* to button, button up; *(zapato)* to tie up, do up.

2 *vt (botones)* to do up; *(broche, corchete)* to fasten: abróchense los cinturones please fasten your seat belts.

abrogación *nf* abrogation, repeal.

abrogar *vt* to abrogate.
▲ *Conjugation model* [7], *like* llegar.

abrojal *nm* thistle patch.

abrojo *nm BOT* thistle.

abroncar

1 *vt (reprender)* to give a dressing-down (**a**, to), tear a strip off.

2 *vt (abuchear)* to boo, heckle.
▲ *Conjugation model* [1], *like* sacar.

abrótano *nm* southernwood.

abrumado,-a

1 *pp →* abrumar.

2 *adj* overwhelmed: estaba abrumado de trabajo he was snowed under with work.

abrumador,-ra *adj* overwhelming, crushing.

abrumar

1 *vt* to overwhelm, crush: la abrumó con sus atenciones his attentions made her feel uncomfortable.

2 **abrumarse** *vpr* to become misty.

abrupto,-a

1 *adj (terreno)* rugged; *(pendiente)* steep, abrupt.

2 *adj (persona)* abrupt, sudden.

ABS *abr* (**Antiblockiersystem**) anti-lock braking system; *(abreviatura)* ABS.

absceso *nm* abscess.

abscisa *nf* abscissa.

absenta *nf* absinthe.

absentismo

1 *nm (laboral)* absenteeism.

2 *nm (del terrateniente)* absentee landlordism.

absentista

1 *adj (trabajador)* absentee.

2 *adj (terrateniente)* absentee landlord.

ábside *nm* apse.

absolución

1 *nf REL* absolution.

2 *nf JUR* acquittal.

absolutamente *adv* absolutely, completely.

absolutismo *nm* absolutism.

absolutista

1 *adj* absolutist.

2 *nm & nf* absolutist.

absoluto,-a *adj* absolute.
✦ **en absoluto** not at all, by no means.
estar prohibido,-a en absoluto to be absolutely forbidden.
nada en absoluto nothing at all.

absolutorio,-a *adj*: fallo absolutorio verdict of acquittal, verdict of not guilty; sentencia absolutoria verdict of acquittal, verdict of not guilty.

absolver

1 *vt REL* to absolve.

2 *vt JUR* to acquit.
▲ *Conjugation model* [32], *like* mover; *pp* absuelto,-a.

absorbencia *nf* absorbency.

absorbente

1 *adj* absorbent.

2 *adj fig (trabajo)* absorbing, engrossing; *(exigente)* demanding.

3 *adj fig (persona)* overbearing, domineering.

4 *nm* absorbent.

absorber

1 *vt (líquidos)* to absorb, soak up.

2 *vt fig (conocimientos)* to absorb.

3 *vt fig (consumir)* to use up.

4 *vt fig (cautivar)* to captivate.

absorción *nf* absorption.

absorto,-a

1 *adj (pasmado)* amazed, bewildered.

2 *adj (ensimismado)* absorbed (**en**, in), engrossed (**en**, in): estaba absorta en sus pensamientos she was lost in thought.

abstemio,-a

1 *adj* abstemious, teetotal.

2 *nm,f* teetotaller.

abstención *nf* abstention.

abstencionismo *nm* abstentionism.

abstencionista

1 *adj* abstentionist.

2 *nm & nf* abstentionist.

abstenerse *vpr* to abstain (**de**, from), refrain (**de**, from): se abstuvieron de votar they abstained from voting.
✦ **ante la duda, abstenerse** when in doubt, don't.
▲ *Conjugation model* [87], *like* tener.

abstinencia *nf* abstinence.
▪ **síndrome de abstinencia** withdrawal symptoms *pl*.

abstinente *adj* abstinent.

abstracción

1 *nf* abstraction.

2 *nf (concentración)* concentration.

abstracto,-a *adj* abstract: en abstracto in the abstract.

abstraer

1 *vt* to abstract.

2 *vi (prescindir)* to leave aside (**de**, -).

3 **abstraerse** *vpr (ensimismarse)* to become lost in thought; *(concentrarse)* to engross oneself (**en**, in).
▲ *Conjugation model* [88], *like* traer.

abstraído,-a

1 *pp →* abstraer.

2 *adj (absorto)* absorbed, engrossed.

3 *adj (distraído)* absent-minded.

abstruso,-a *adj* abstruse.

abstuve *pt indef →* abstenerse.

absuelto,-a

1 *pp →* absolver.

2 *adj REL* absolved.

3 *adj JUR* acquitted.

absurdamente *adv* absurdly.

absurdidad *nf* absurdity.

absurdo,-a

1 *adj* absurd: sería absurdo que dejaras el trabajo it would be crazy to leave your job.

2 **absurdo** *nm* absurdity, nonsense.

abubilla *nf* hoopoe.

abuchear *vt* to boo, jeer at.

abucheo *nm* booing, jeering.

abuela

1 *nf* grandmother; *(familiarmente)* grandma, granny.

2 *nf (vieja)* old woman.

✦ **éramos pocos y parió la abuela** *fam* as if that wasn't enough, that was all we needed.

no tener abuela *fam* not to be afraid of blowing one's own trumpet.

¡tu abuela! *fam* rubbish!

abuelo

1 *nm* grandfather; *(familiarmente)* granddad, grandpa.

2 *nm (viejo)* old man.

3 **abuelos** *nm pl* grandparents.

4 *nm pl fig* ancestors, forbears.

abuhardillado,-a *adj* with a sloping roof.

abulense

1 *adj* of Ávila, from Ávila.

2 *nm & nf* person from Ávila, inhabitant of Ávila.

abulia *nf* apathy, lack of willpower.

abúlico,-a *adj* apathetic, lacking in willpower.

abulón *nm* abalone.

abultado,-a

1 *pp* → **abultar**.

2 *adj* bulky, big.

abultamiento

1 *nm (hinchazón)* swelling, protuberance.

2 *nm (bulto)* bulkiness.

abultar

1 *vt* to enlarge, increase.

2 *vt fig* to exaggerate.

3 *vi* to be bulky: **la caja abulta mucho** the box takes up a lot of space.

abundamiento *nm* abundance.

✦ **a mayor abundamiento** *fml* furthermore.

abundancia *nf* abundance, plenty.

abundante *adj* abundant, plentiful.

abundantemente *adv* abundantly.

abundar

1 *vi (haber en cantidad)* to abound, be plentiful: **las manzanas abundan** there are plenty of apples.

2 *vi* **abundar en** *(tener en cantidad)* to be rich in, abound in: **esta región abunda en aceite de oliva** this region is rich in olive oil.

3 *vi fig (adherirse)* to share, support: **yo abundo en la opinión del ministro** I agree with the minister, I share the minister's opinion.

abuñolado,-a *adj* fritter-shaped.

abuñuelado,-a *adj* fritter-shaped.

abur *interj fam* cheerio!, see you!

aburguesado,-a

1 *pp* → **aburguesarse**.

2 *adj* bourgeois.

aburguesamiento *nm* process of becoming bourgeois.

aburguesarse *vpr* to become bourgeois.

aburrido,-a

1 *pp* → **aburrir**.

2 *adj (ser aburrido)* boring, tedious; *(monótono)* dull, dreary.

3 *adj (estar aburrido)* bored, weary; *(cansado)* tired of; *(harto)* fed up with.

aburrimiento *nm* boredom.

✦ **¡menudo aburrimiento!** how boring!, what a bore!

ser un aburrimiento to be a bore.

aburrir

1 *vt* to bore.

2 *vt (cansar)* to tire.

3 **aburrirse** *vpr* to get bored (**con/de/por**, with).

✦ **aburrirse como una ostra** *fam* to be bored stiff.

abusar

1 *vi (propasarse)* to go too far, abuse (**de**, -): **abusar de alguien** to take unfair advantage of somebody.

2 *vi (usar mal)* to misuse (**de**, -): **abusar de la bebida** to drink too much.

abusivamente *adv* improperly.

abusivo,-a *adj* excessive, exorbitant.

■ **trato abusivo** ill-treatment.

abuso

1 *nm* abuse, misuse.

2 *nm (injusticia)* injustice.

■ **abuso de confianza** betrayal of trust, breach of faith.

abusos deshonestos indecent assault *sing*.

abusón,-ona

1 *adj fam (fresco)* shameless.

2 *adj fam (gorrón)* sponging, scrounging.

3 *adj fam (injusto)* unfair.

4 *nm,f (gorrón)* sponger, scrounger.

5 *nm,f (injusto)* unfair person.

abyección *nf* abjection, wretchedness.

abyecto,-a *adj* abject, wretched.

a/c *abr (a cuenta)* on account.

a.C. *abr (antes de Cristo)* before Christ; *(abreviatura)* BC.

acá

1 *adv (lugar)* here, over here.

2 *adv (tiempo)* now, at this time.

✦ **acá y allá** here and there.

de acá para allá to and fro, up and down.

de entonces acá since then.

de un tiempo acá lately.

más acá nearer.

acabado,-a

1 *pp* → **acabar**.

2 *adj (terminado)* finished; *(perfecto)* perfect, complete: **acabado,-a de hacer** freshly made.

3 *adj fig (malparado)* worn-out, spent: **una persona acabada** a has-been; **un actor acabado** a burnt-out actor.

4 **acabado** *nm* finish: **se presenta con tres acabados distintos** it comes in three different finishes.

acabamiento

1 *nm (cumplimiento)* completion; *(fin)* end.

2 *nm euf (muerte)* end.

acabar

1 *vt (gen)* to finish, finish off; *(completar)* to complete: **he acabado el trabajo** I've finished the work.

2 *vt (consumir)* to use up: **acabaron las provisiones** they used up their supplies.

3 *vi (gen)* to finish, end; *(pareja)* to split up: **la película acaba con la muerte del rey** the film ends with the death of the king; **acaba en punta** it has a pointed end; **Pilar y Juan han acabado** Pilar and Juan have split up.

4 *vi* **acabar por** + *gerundio* to end up + -*ing*: **acabé por comprar el vestido** I ended up buying the dress.

5 **acabarse** *vpr* to end, finish, come to an end; *(no quedar)* to run out: **el partido se acabó con empate a dos goles** the match ended in a two-all draw; **se acabó la fiesta** the party's over; **se le acaba el contrato el mes que viene** his contract runs out next month; **se nos ha acabado el butano** we've run out of butane.

✦ **acabar bien** to have a happy ending.

acabar con *(destruir)* to destroy, put an end to; *(terminar)* to finish, finish off: **la revolución acabó con los privilegios de los aristócratas** the revolution put an end to the privileges of the aristocrats; **la caída de la bolsa acabó con su fortuna** the stock market crash ruined him; **¡este chico acabará conmigo!** this boy will be the death of me!

acabar de + *inf* to have just + *pp*: **no lo toques, acabo de pintarlo ahora mismo** don't touch it, I've just painted it.

acabar mal *(cosa)* to end badly; *(persona)* to come to a bad end: **como sigas así acabarás mal** if you carry on like that you'll come to a bad end.

¡acabáramos! *fam* at last!

no acabar de ...: **el autobús no acaba de venir** the bus still hasn't come; **este queso no acaba de gustarme** I don't really like this cheese.

¡se acabó! that's it!

acabose **ser el acabose** *fam* to be the limit.

acacia *nf* acacia.

academia

1 *nf (institución)* academy.

2 *nf (escuela)* school, academy.

■ **Academia de Bellas Artes** ≈ Royal Academy of Arts.

academia de comercio business school.

academia de idiomas language school.

academia militar military academy.

La Real Academia Española the Spanish Academy.

académicamente *adv* academically.

academicismo *nm* academicism.

académico,-a
1 *adj* academic: **no tiene estudios académicos** he has no academic qualifications.
2 *nm,f* academician, member of an academy.

acaecer *vi* to happen, come to pass, occur.
▲ *Conjugation model* [43], *like* **agradecer;** *used only in the 3rd person.*

acalambrarse *vpr* to get cramps.

acalenturarse *vpr* to get feverish.

acallar
1 *vt* to silence, hush.
2 *vt fig (persona)* to pacify; *(críticas)* to silence.

acaloradamente
1 *adv* warmly.
2 *adv fig* excitedly.

acalorado,-a
1 *pp* → acalorar.
2 *adj* hot; *(cara)* flushed.
3 *adj fig (persona)* excited, worked up; *(debate)* heated, angry.

acaloramiento
1 *nm* heat.
2 *nm fig* passion.

acalorar
1 *vt* to warm up, heat up.
2 *vt fig* to excite; *(pasiones)* to inflame, arouse.
3 **acalorarse** *vpr* to warm up, heat up, get warm, get hot.
4 *vpr fig (persona)* to get excited, get worked up; *(debate etc)* to become heated.

acampada *nf* camping.
■ **zona de acampada** camp site.

acampanado,-a *adj* bell-shaped; *(prendas)* flared.

acampar
1 *vi* to camp.
2 *vt* to camp.

acanalado,-a
1 *pp* → acanalar.
2 *adj* grooved.
3 *adj ARQ* fluted.

acanaladura
1 *nf* groove.
2 *nf ARQ* fluting.

acanalar
1 *vt* to groove.
2 *vt ARQ* to flute.

acanallado,-a *adj* low, disreputable.

acantilado,-a
1 *adj (costa)* steep, sheer; *(rocoso)* rocky, craggy.
2 *adj (fondo del mar)* shelving.
3 **acantilado** *nm* cliff.

acanto *nm* acanthus.

acantonamiento *nm (acción)* stationing; *(lugar)* station.

acantonar *vt* to station.

acaparador,-ra
1 *adj* hoarding.
2 *adj (instinto)* acquisitive; *(tendencia)* monopolizing.
3 *nm,f* hoarder.
4 *nm,f (monopolizador)* monopolizer.

acaparamiento
1 *nm* hoarding.
2 *nm (monopolio)* monopolizing.

acaparar
1 *vt (productos)* to hoard; *(mercado)* to corner, buy up.
2 *vt (monopolizar)* to monopolize, keep for oneself: **acapararon la atención de todos** they commanded the attention of everyone.

acaracolado,-a
1 *adj* spiral-shaped.
2 *adj (cabello)* very curly, in corkscrew curls.

acaramelado,-a
1 *pp* → acaramelar.
2 *adj (sabor)* oversweet.
3 *adj (color)* caramel-coloured (*US* caramel-colored).
4 *adj fig (pareja)* lovey-dovey, starry-eyed; *(voz)* syrupy, sugary.

acaramelar
1 *vt* to coat with caramel.
2 **acaramelarse** *vpr* to become lovey-dovey, become starry-eyed.

acariciador,-ra *adj* caressing: **tenía una voz acariciadora** he had a sensuous voice.

acariciar
1 *vt* to caress, fondle.
2 *vt (pelo, animal)* to stroke.
3 *vt fig (esperanzas etc)* to cherish; *(idea, plan)* to have in mind.
4 **acariciarse** *vpr (uso recíproco)* to caress each other.
▲ *Conjugation model* [12], *like* **cambiar.**

acárido *nm* mite.

ácaro *nm* mite.

acarrear
1 *vt (transportar)* to carry, transport.
2 *vt fig (producir)* to cause, bring, give rise to: **esto te podría acarrear muchos problemas** this could cause you a lot of problems.

acarreo *nm* carriage, transport: **gastos de acarreo** freight, carriage, transport costs.

acartonado,-a
1 *pp* → acartonarse.
2 *adj* cardboard-like, stiff.
3 *adj (piel)* wizened, shrivelled up.

acartonarse
1 *vpr* to go stiff/hard.
2 *vpr (piel)* to become wizened, shrivel up.

acaso
1 *adv* perhaps, maybe: **acaso esté enfermo** maybe he's ill; **¿acaso no lo viste?** didn't you see him?
2 *nm (suerte)* chance.

✦ **por si acaso** just in case.
si acaso *(en todo caso)* if anything; *(hipótesis)* if: **si acaso lo ves** if you see him; **no es mala persona, si acaso un poco brusco** he isn't a bad person, he's just a little brusque.

acatamiento
1 *nm (respeto)* respect.
2 *nm (de la ley)* observance.

acatar
1 *vt (leyes etc)* to obey, observe, comply with.
2 *vt (respetar)* to respect.

acatarrado,-a
1 *pp* → acatarrarse.
2 *adj* with a cold: **estaba acatarrada** she had a cold.

acatarrarse *vpr* to catch a cold.

acato
1 *nm (respeto)* respect.
2 *nm (de la ley)* observance.

acaudalado,-a
1 *pp* → acaudalar.
2 *adj* wealthy, rich, well-off.

acaudalar *vt (reunir)* to accumulate; *(dinero)* to amass.

acaudillar *vt* to lead.

acceder
1 *vi (consentir)* to consent (**a**, to), agree (**a**, to).
2 *vi (tener entrada)* to enter: **por aquí se accede al jardín** this leads to the garden.
3 *vi (alcanzar)* to accede (**a**, to): **acceder al poder** to come to power, take office; **acceder a la universidad** be admitted to university, enter university.

accesibilidad *nf* accessibility.

accesible *adj* accessible; *(persona)* approachable.

accésit
1 *nm (premio)* consolation prize.
2 *nm (mención)* honourable (*US* honorable) mention.
▲ *pl* accésit.

acceso
1 *nm (entrada)* access, entry; *(a una ciudad)* approach.
2 *nm (de tos)* fit; *(de fiebre)* attack, bout.
3 *nm fig (ataque)* fit, outburst.
4 *nm INFORM* access: **acceso directo** random access.
■ **"Prohibido el acceso"** "No admittance".

accesorio,-a
1 *adj* accessory; *(gasto)* incidental.
2 **accesorio** *nm* accessory, extra: **accesorios del automóvil** car accessories.

accidentado,-a
1 *pp* → accidentarse.
2 *adj (persona)* injured.
3 *adj (con incidentes)* eventful, agitated: **vida accidentada** stormy/troubled life.
4 *adj (terreno)* uneven, rough, bumpy.
5 *nm,f* casualty, accident victim.

accidental *adj* accidental: no fue más que un encuentro accidental it was nothing but a chance meeting.

accidentalmente *adv* accidentally.

accidentarse *vpr* to have an accident.

accidente
 1 *nm* accident: sufrir un accidente to have an accident.
 2 *nm (terreno)* unevenness, irregularity.
 3 *nm MED* faint.
 ✦ **por accidente** by chance.
 ▪ **accidente de carretera** road accident.
 accidente de coche car accident.
 accidente de moto motorcycle accident.
 accidente de trabajo industrial accident.
 accidente de tráfico road accident.
 accidentes geográficos geographical features.

acción
 1 *nf* action; *(acto)* act, deed.
 2 *nf (efecto)* effect: la acción del agua sobre la piel the effect of water on the skin.
 3 *nf COM* share.
 4 *nf JUR* action, lawsuit.
 5 *nf TEAT* plot.
 6 *nf MIL* action.
 ✦ **ejercitar una acción contra alguien** JUR to bring an action against somebody.
 entrar en acción MIL to go into action.
 ponerse en acción to start doing something.
 ▪ **acción de gracias** thanksgiving.
 acción de guerra act of war.
 campo de acción field of action.
 hombre de acción man of action.
 película de acción adventure film.

accionamiento *nm* starting, activation.

accionar
 1 *vt (máquina)* to drive, work, activate.
 2 *vi* to gesticulate.

accionariado *nm* shareholders *pl*.

accionista *nm & nf* shareholder, stockholder.

acebo *nm* holly.

acechanza *nf* → acecho.

acechar
 1 *vt (vigilar)* to watch, spy on; *(esperar)* to lie in wait for: acechar la ocasión to wait one's chance.
 2 *vt (caza)* to stalk.
 3 *vt (amenazar)* to threaten, lurk: un gran peligro acecha great danger lies ahead.

acecho *nm* watching.
 ✦ **estar al acecho de** *(vigilar)* to be on the lookout for; *(esperar)* to lie in wait for.

acecinar
 1 *vt* to cure, salt.
 2 **acecinarse** *vpr fig (acartonarse)* to become thin and wizened.

acedar *vt* to turn sour.

acedera *nf* sorrel.

acedía[1] *nf (pez)* dab.

acedía[2]
 1 *nf (acidez)* sourness, acidity.
 2 *nf MED* heartburn.

acéfalo,-a
 1 *adj* acephalous.
 2 *adj (sin jefe)* leaderless.

aceitar *vt* to oil.

aceite *nm* oil.
 ▪ **aceite de girasol** sunflower oil.
 aceite de maíz corn oil.
 aceite de oliva olive oil.
 aceite de ricino castor oil.

aceitera
 1 *nf* oil bottle.
 2 *nf AUTO* oil can.
 3 **aceiteras** *nf pl* oil and vinegar set *sing*, cruet *sing*.

aceitero,-a
 1 *adj* oil.
 2 *nm,f* oil merchant.

aceitoso,-a
 1 *adj* oily.
 2 *adj (grasiento)* greasy.

aceituna *nf* olive.
 ▪ **aceituna rellena** stuffed olive.

aceitunado,-a *adj* olive-coloured (*US* olive-colored), olive: de tez/piel aceitunada olive-skinned.

aceitunero,-a
 1 *nm,f (recolector)* olive harvester, olive picker.
 2 *nm,f (vendedor)* olive seller.

aceituno *nm* olive tree.

aceleración *nf* acceleration.
 ▪ **poder de aceleración** AUTO acceleration.

acelerada *nf* burst of speed.

aceleradamente *adv* quickly.

acelerado,-a
 1 *pp* → acelerar.
 2 *adj* accelerated, fast, quick.

acelerador,-ra
 1 *adj* accelerating.
 2 **acelerador** *nm AUTO* accelerator.
 ✦ **pisar el acelerador** to put one's foot on the accelerator.

aceleramiento *nm* acceleration.

acelerar
 1 *vt* to accelerate; *(paso)* to quicken.
 2 *vt fig* to speed up.
 3 **acelerarse** *vpr fig (azorarse)* to be embarrassed.
 4 *vpr fig (apresurarse)* to hasten, hurry up.

aceleratriz
 1 *adj* accelerative, accelerating.
 2 *nf* accelerating force.

acelerón *nm* sudden acceleration.
 ✦ **dar un acelerón** AUTO to step on the accelerator, put one's foot down.

acelga *nf* chard.

acémila
 1 *nf (mulo)* mule; *(bestia de carga)* pack-horse.
 2 *nf fig (persona)* clumsy idiot.

acendradamente *adv* purely.

acendrado,-a
 1 *pp* → acendrar.
 2 *adj* pure, unblemished.

acendrar *vt* to purify.

acento
 1 *nm (tilde)* accent (mark).
 2 *nm (tónico)* stress.
 3 *nm (pronunciación)* accent: acento andaluz Andalusian accent.
 4 *nm (énfasis)* emphasis, stress.
 ✦ **poner el acento en algo** to stress something, emphasize something.
 ▪ **acento ortográfico** written accent, accent.

acentor *nm* hedge sparrow, dunnock.

acentuación *nf* accentuation.

acentuadamente *adv* strongly.

acentuado,-a
 1 *pp* → acentuar.
 2 *adj (con tilde)* accentuated; *(tónico)* stressed.
 3 *adj fig (marcado)* strong, marked.

acentual *adj* relating to accents, accentual: en el dictado cometió muchos errores acentuales he made a lot of mistakes with accents in the dictation.

acentuar
 1 *vt (tilde)* to accentuate; *(tónico)* to stress.
 2 *vt (resaltar)* to emphasize, stress.
 3 **acentuarse** *vpr* to become more pronounced, become more marked.
 ▲ *Conjugation model* [11], *like* actuar.

aceña *nf* watermill.

acepción *nf* meaning, sense.

acepilladora *nf* planer, planing machine.

acepillar
 1 *vt (madera)* to plane, shave.
 2 *vt (tela, prenda)* to brush.

aceptabilidad *nf* acceptability.

aceptable *adj* acceptable.

aceptablemente *adv* acceptably.

aceptación
 1 *nf* acceptance.
 2 *nf (aprobación)* approval; *(éxito)* success: la película tuvo poca aceptación the film wasn't popular, the film met with little success.

aceptar
 1 *vt* to accept, receive.
 2 *vt (aprobar)* to approve of.

acequia *nf* irrigation channel, ditch.

acera *nf* pavement, *US* sidewalk.
 ✦ **ser de la acera de enfrente** *fam* to be gay, be queer.

acerado,-a
 1 *pp* → acerar.
 2 *adj* steel, steely.
 3 *adj fig (incisivo)* sharp, incisive.

acerar
 1 *vt (recubrir de acero)* to steel.
 2 *vt fig (hacer fuerte)* to strengthen.
acerbamente *adv* bitterly.
acerbo,-a
 1 *adj (al gusto)* bitter, sour.
 2 *adj (cruel)* cruel, bitter.
acerca de *adv* about, concerning, on.
acercamiento
 1 *nm (acción)* coming together, bringing together.
 2 *nm fig (reconciliación)* bringing together, reconciliation; *(en política)* rapprochement.
acercar
 1 *vt* to bring near, bring nearer, draw up: acércate come closer; ¿me acercas el agua? can you pass the water?; nos acercó a casa she gave us a lift home.
 2 *vt fig* to bring together.
 3 **acercarse** *vpr (aproximarse)* to be near: se acerca el verano summer is near.
 4 *vpr (ir)* to go: acércate a la esquina go to the corner.
 5 *vpr (visitar)* to drop in, drop by: se acercó a vernos he dropped by to see us.
 ▲ *Conjugation model* [1], *like* **sacar.**
acerería *nf* steelworks, steel mill.
acería *nf* steelworks, steel mill.
acerico *nm* pincushion.
acerillo *nm* pincushion.
acero
 1 *nm* steel.
 2 *nm (espada)* sword, steel.
 3 **aceros** *nm pl (valor)* courage *sing*, bravery *sing*.
 ✦ **tener (los) nervios de acero** to have nerves of steel.
 ■ **acero fundido** cast steel.
 acero inoxidable stainless steel.
acérrimo,-a *adj (seguidor)* staunch, steadfast; *(enemigo)* bitter.
acertadamente *adv* rightly, correctly.
acertado,-a
 1 *pp →* **acertar.**
 2 *adj (opinión etc)* right, correct; *(comentario)* fitting; *(idea, decisión)* clever; *(color)* well-chosen; *(palabra)* exact.
 3 *adj (conveniente)* suitable.
 ✦ **estar acertado,-a** to be wise.
acertante
 1 *adj* winning.
 2 *nm & nf (concurso, quiniela)* winner; *(problema)* solver.
acertar
 1 *vt (en un objetivo)* to hit.
 2 *vt (dar con lo cierto)* to get right: solo acertó cinco preguntas she only got five questions right.
 3 *vt (por azar)* to guess correctly; *(concurso, quinielas)* to win.
 4 *vt (encontrar)* to find: acertó la casa a la primera he found the house at the first attempt.

 5 *vi (encontrar)* to find: acertó con el libro enseguida he found the book at once.
 6 *vi (dar con lo cierto)* to get right, be right.
 ✦ **acertar a +** *inf* to happen to + *inf*: yo acertaba a estar allí I happened to be there.
 ▲ *Conjugation model* [27].
acertijo *nm* riddle.
acervo
 1 *nm (montón)* heap.
 2 *nm (haber común)* common property.
 ■ **acervo cultural** cultural tradition, cultural heritage.
 acervo familiar family property.
acetato *nm* acetate.
acético,-a *adj* acetic.
acetileno *nm* acetylene.
acetona *nf* acetone.
acetoso,-a *adj (ácido)* sharp; *(avinagrado)* sour.
achabacanar
 1 *vt* to make vulgar.
 2 **achabacanarse** *vpr* to become vulgar.
achacar *vt* to impute, attribute.
 ▲ *Conjugation model* [1], *like* **sacar.**
achacoso,-a *adj* ailing, unwell.
achampañado,-a *adj* champagne-style.
achantar
 1 *vi fam (intimidar)* to scare, frighten.
 2 **achantarse** *vpr (acobardarse)* to get frightened, lose one's nerve.
 3 *vpr (esconderse)* to hide.
 4 *vpr fam (callarse)* to shut up.
achaparrado,-a *adj* squat, stocky.
achaque *nm* ailment, complaint.
 ✦ **con achaque de** under the pretext of.
 en achaque de in the matter of, on the subject of.
acharolado,-a *adj* varnished.
achatado,-a
 1 *pp →* **achatar.**
 2 *adj* flattened.
achatamiento *nm* flattening.
achatar
 1 *vt* to flatten.
 2 **achatarse** *vpr* to become flat, go flat.
achicado,-a
 1 *pp →* **achicar.**
 2 *adj* childish.
achicar
 1 *vt (amenguar)* to diminish, reduce, make smaller.
 2 *vt (amilanar)* to intimidate.
 3 *vt (agua)* to drain; *(en barco)* to bale out.
 4 **achicarse** *vpr (amenguarse)* to get smaller.
 5 *vpr (amilanarse)* to lose heart.
 ▲ *Conjugation model* [1], *like* **sacar.**
achicharradero *nm fam* oven, furnace.
achicharramiento *nm* burning, scorching.

achicharrante *adj* burning, scorching, searing, sweltering: hace un calor achicharrante the heat is sweltering.
achicharrar
 1 *vt* to scorch; *(comida)* to burn: hace un sol que achicharra it's roasting.
 2 *vi (molestar)* to bother, pester: le achicharraron a/con preguntas he was plagued with questions.
 3 **achicharrarse** *vpr* to roast.
achicoria *nf* chicory.
achinado,-a *adj* oriental-looking; *(ojos)* slanting.
achispado,-a
 1 *pp →* **achispar.**
 2 *adj* tipsy.
achispar
 1 *vt* to make tipsy.
 2 **achisparse** *vpr* to get tipsy/tight.
achocolatado,-a
 1 *adj (sabor)* chocolate-flavoured (*US* chocolate-flavored).
 2 *adj (color)* chocolate-coloured (*US* chocolate-colored).
achubascarse *vpr* to cloud over, become overcast.
achuchado,-a
 1 *pp →* **achuchar.**
 2 *adj fam* difficult.
achuchar
 1 *vt (azuzar)* to nag at: me anda achuchando para que lave el coche she keeps nagging at me to wash the car.
 2 *vt (abrazar)* to hug, squeeze: había una pareja achuchándose en el rincón there was a couple having a cuddle in the corner.
 3 *vt (dar empujones)* to jostle: a la hora punta en el bus no dejan de achucharte at rush hour on the bus people are always jostling you.
 4 *vt (empujar)* to shove.
achuchón
 1 *nm fam (empujón)* push, shove: el delantero apartó al portero de un achuchón the forward pushed the goalkeeper aside.
 2 *nm fam (indisposición)* ailment: siempre tiene algún achuchón there's always something wrong with him; le dio un achuchón he had a funny turn.
 3 *nm fam (abrazo)* hug, squeeze: la abuela le dio un achuchón al niño the old lady hugged the little boy.
achulado,-a
 1 *adj (presumido)* cocky.
 2 *adj (grosero)* vulgar, crude, common.
aciago *adj* ill-fated, fateful.
aciano *nm* cornflower.
acíbar
 1 *nm (planta)* aloe; *(jugo)* aloe, bitter aloes *pl*.
 2 *nm fig (amargura)* bitterness, sorrow.
acibarar *vt* to embitter.

acicalado,-a
1 *pp* → acicalar.
2 *adj* well-dressed, smart.
acicalamiento *nm* smartening up.
acicalar
1 *vt* to smarten up.
2 acicalarse *vpr* to dress up, smarten up.
acicate
1 *nm* (espuela) spur.
2 *nm* fig (incentivo) spur, incentive, stimulus.
acidez
1 *nf* (sabor) sourness, sharpness.
2 *nf* QUÍM acidity.
■ acidez de estómago heartburn.
acidia *nf* idleness, indolence.
acidificar *vt* to acidify.
▲ Conjugation model [1], *like* sacar.
ácido,-a
1 *adj* (sabor) sharp, tart.
2 *adj* QUÍM acidic.
3 *adj* (tono) harsh.
4 **ácido** *nm* QUÍM acid.
5 *nm* arg (droga) acid, LSD.
■ ácido acético acetic acid.
ácido carbónico carbonic acid.
ácido clorhídrico hydrochloric acid.
ácido nítrico nitric acid.
ácido sulfúrico sulphuric acid.
ácido úrico uric acid.
acidular *vt* acidulate.
acierto
1 *nm* (adivinación) correct guess, right answer.
2 *nm* (buena idea) good choice/idea.
3 *nm* (logro) good shot.
4 *nm* (tino) wisdom, good judgement: con gran acierto very wisely.
5 *nm* (casualidad) chance.
6 *nm* (éxito) success.
7 *nm* (habilidad) skill.
ácimo,-a *adj* unleavened.
acimut *nm* azimuth.
aclamación *nf* acclamation, acclaim.
aclamar *vt* to acclaim.
aclaración *nf* explanation.
aclarado *nm* rinsing, rinse.
aclarar
1 *vt* (cabello, color) to lighten, make lighter.
2 *vt* (líquido) to thin (down).
3 *vt* (enjuagar) to rinse.
4 *vt* (explicar) to explain; (poner en claro) to make clear, clarify.
5 *vt* fig (mejorar) to improve: las zanahorias aclaran la vista carrots improve your eyesight, carrots are good for your eyes.
6 *vi* (mejorar el tiempo) to clear (up): hay una tormenta horrible y no parece que vaya a aclarar there's a heavy storm and it doesn't look as if it's going to clear up.
7 aclararse *vpr* (entender) to understand: no me aclaro con esta lección I can't understand this lesson; es que

no me aclaro I don't know what's going on.
8 *vpr* (explicarse) to explain oneself.
9 *vpr* (decidirse) to make up one's mind: a ver si te aclaras de una vez make up your mind once and for all.
10 *vpr* (el tiempo) to clear (up).
✦ aclarar la voz to clear one's throat.
▲ In 6 and 10, used only in the 3rd person; it does not take a subject.
aclaratorio,-a *adj* explanatory.
aclimatable *adj* able to become acclimatized (a, to), US able to become acclimated (a, to).
aclimatación *nf* acclimatization, US acclimation.
aclimatar
1 *vt* to acclimatize (a, to), US acclimate (a, to).
2 aclimatarse *vpr* to become acclimatized (a, to), become US acclimated (a, to).
3 *vpr* fig to get used to.
acné *nf* acne.
ACNUR *abr* (**Alto Comisionado de las Naciones Unidas para los Refugiados**) United Nations High Commissioner for Refugees; (abreviatura) UNHCR.
acobardar
1 *vt* to frighten, unnerve.
2 acobardarse *vpr* to become frightened, lose one's nerve, shrink back (ante, from).
acodado,-a
1 *pp* → acodar.
2 *adj* (tubería) elbowed.
3 *adj* (apoyado) leaning (on one's elbows).
acodalar *vt* to prop up, shore up.
acodar
1 *vt* (plantas) to layer.
2 *vt* (doblar) to bend.
3 acodarse *vpr* to lean/rest on one's elbows.
acodo
1 *nm* (planta) layering.
2 *nm* (moldura) frame.
acogedor,-ra
1 *adj* (persona) welcoming, friendly.
2 *adj* (lugar) cosy, warm.
acoger
1 *vt* (recibir) to receive; (a invitado) to welcome.
2 *vt* (admitir) to admit, accept: la acogieron cuando murieron sus padres they took her in when her parents died.
3 *vt* (proteger) to shelter, protect.
4 *vt* (ideas etc) to accept, take to.
5 acogerse *vpr* (refugiarse) to take refuge (a, in).
6 *vpr* (a una ley etc) to have recourse to; (amnistía, promesa) to avail oneself of.
▲ Conjugation model [5], *like* proteger.
acogida
1 *nf* reception, welcome.
2 *nf* fig shelter.
3 *nf* (aceptación) popularity.

✦ tener buena acogida to be welcomed.
acogido,-a
1 *pp* → acoger.
2 *nm,f* (en beneficencia) inmate, resident.
acogotado,-a
1 *pp* → acogotar.
2 *adj* afraid, scared, frightened.
acogotar
1 *vt* (matar) to kill with a blow to the back of the neck.
2 *vt* (atrapar) to grab by the scruff of the neck.
3 *vt* (intimidar) to intimidate, cow; (tiranizar) to tyrannize: ha acogotado a todos los niños all the children are afraid of him.
acojonado,-a
1 *pp* arg → acojonar.
2 *adj* arg (asustado) shit-scared.
3 *adj* arg (asombrado) gobsmacked.
acojonamiento *nm* arg → acojone.
acojonante *adj* arg bloody great, bloody terrific.
acojonar
1 *vt* arg (atemorizar) to scare the shit out of.
2 *vt* arg (asombrar) to knock out: acojonó a todos con la moto he knocked them all out with his motorbike.
3 acojonarse *vpr* arg to shit oneself, shit bricks.
acojone *nm* arg: ¡qué acojone, tío! I was shitting bricks!
acojono *nm* tabú funk, jitters pl.
acolchado,-a
1 *pp* → acolchar.
2 *adj* (superficie) padded; (prenda) quilted.
3 acolchado *nm* padding, quilting.
acolchar
1 *vt* (prenda) to quilt.
2 *vt* (superficie) to pad.
acólito
1 *nm* (eclesiástico) acolyte; (monaguillo) altar boy.
2 *nm* fig (seguidor) acolyte.
3 *nm* irón minion.
acollar *vt* to earth up.
acollarar *vt* (perro) to put a collar on; (buey) to yoke.
acometedor,-ra
1 *adj* (agresivo) aggressive.
2 *adj* (emprendedor) enterprising.
acometer
1 *vt* (embestir) to attack.
2 *vt* (emprender) to undertake.
3 *vt* (empezar repentinamente) to be seized by: le acometió la risa he burst out laughing; le acometió la duda she was nagged by doubt; le acometió la tos she had a coughing fit.
acometida
1 *nf* (ataque) attack, assault.
2 *nf* (derivación) connection.

acometividad
1 *nf (agresividad)* aggression, aggressiveness.
2 *nf (dinamismo)* enterprise.

acomodación
1 *nf (colocación conveniente)* arrangement.
2 *nf (adaptación)* adaptation.

acomodadizo,-a *adj* accommodating, easy-going.

acomodado,-a
1 *pp* → acomodar.
2 *adj (conveniente)* suitable.
3 *adj (rico)* well-to-do, well off.
4 *adj (precio)* reasonable, moderate.
5 *adj (ordenado)* arranged.
6 *adj (adaptado)* adapted.

acomodador,-ra *nm,f (hombre)* usher; *(mujer)* usherette.

acomodar
1 *vt (colocar)* to arrange, fit in, find room for.
2 *vt (adaptar)* to apply, adapt: podemos acomodar este ejemplo a la nueva teoría we can adapt this example to the new theory.
3 *vt (alojar)* to lodge, accommodate.
4 *vt (conseguir empleo)* to provide with a job, find a job for: la acomodó de niñera en Londres he found her a job as a nanny in London.
5 *vt (en un local)* to find a place for.
6 **acomodarse** *vpr (instalarse)* to make oneself comfortable.
7 *vpr (adaptarse)* to adapt oneself (**a/con**, to); *(aceptar)* to accept: de momento me acomodaré con este sueldo for the time being I'll make do with this salary.

acomodaticio,-a
1 *adj* easy-going, accommodating.
2 *adj pey* pliable.

acomodo
1 *nm (empleo)* job, employment.
2 *nm (alojamiento)* accommodation, lodging.

acompañado,-a
1 *pp* → acompañar.
2 *adj (persona)* accompanied; *(lugar)* busy, frequented.
+ **estar/ir bien/mal acompañado, -a** to be/go in good/bad company.

acompañamiento
1 *nm* accompaniment.
2 *nm (comitiva)* retinue, escort.
3 *nm (guarnición de plato)* accompaniment to a main dish, side dish: bistec con acompañamiento steak with vegetables/chips/salad *etc*.
4 *nm MÚS* accompaniment.

acompañanta
1 *nf (female)* companion, chaperon, chaperone.
2 *nf MÚS (female)* accompanist.

acompañante
1 *adj* accompanying.
2 *nm & nf* companion, escort.
3 *nm & nf MÚS* accompanist.

acompañar
1 *vt* to accompany, go with: te acompaño a la puerta I'll see you to the door; nos acompañó al cine she came with us to the cinema; es muy guapa, pero el pelo no la acompaña she's very pretty, but her hair lets her down.
2 *vt (adjuntar)* to enclose, attach.
3 *vt MÚS* to accompany.
4 **acompañarse** *vpr MÚS* to accompany oneself (**a**, on).
+ **acompañar en el sentimiento** *fml* to express one's condolences to: le acompaño en el sentimiento please accept my condolences.

acompasadamente
1 *adv (con ritmo)* rhythmically.
2 *adv (lentamente)* slowly.

acompasado,-a
1 *pp* → acompasar.
2 *adj (rítmico)* rhythmic.
3 *adj (pausado)* slow, measured.

acompasar
1 *vt MÚS* to mark the time of, mark the rhythm of.
2 *vt (adaptar)* to keep in time, adjust.

acomplejado,-a
1 *pp* → acomplejar.
2 *adj* with a complex: estar acomplejado por algo to have a complex about something.
3 *nm,f* person with a complex: ser un acomplejado por algo to have a complex about something.

acomplejar
1 *vi* to give a complex.
2 **acomplejarse** *vpr* to develop a complex (**por**, about).

acondicionado,-a
1 *pp* → acondicionar.
2 *adj* equipped, fitted-out: la casa no está acondicionada para vivir the house is not fit to be lived in.

acondicionador *nm* conditioner.
■ **acondicionador de aire** air conditioner.
acondicionador del cabello hair conditioner.

acondicionamiento
1 *nm* conditioning, setting up, fitting up.
2 *nm (mejora)* improvement.

acondicionar
1 *vt* to fit up, set up.
2 *vt (mejorar)* to improve.

acongojado,-a
1 *pp* → acongojar.
2 *adj* distressed, anguished, afflicted.

acongojar
1 *vt* to distress, grieve, make suffer.
2 **acongojarse** *vpr* to be distressed.

aconsejable *adj* advisable: nada/poco aconsejable inadvisable.

aconsejar
1 *vt* to advise: necesita que le aconsejes he needs your advice.
2 **aconsejarse** *vpr* to seek advice.

aconsonantar *vt* to rhyme.

acontecer *vi* to happen, take place.
▲ *Conjugation model* [43], *like* **agradecer**; used only in the 3rd person.

acontecimiento *nm* event, happening.

acopiar *vt* to gather, collect.
▲ *Conjugation model* [12], *like* **cambiar**.

acopio
1 *nm (acción)* storing.
2 *nm (cosa)* store, stock.
+ **hacer acopio de** to store up.

acoplable *adj* adjustable, adaptable.

acoplador *nm* coupler, adapter.

acopladura *nf* joint, connection.

acoplamiento
1 *nm* fitting, adaptation.
2 *nm TÉC (acción)* coupling, connection; *(junta)* joint.
3 *nm (de naves espaciales)* docking.
4 *nm INFORM* handshaking.

acoplar
1 *vt (juntar)* to fit (together), join, adjust.
2 *vt TÉC* to couple, connect.
3 *vt (aparear)* to mate, pair.
4 **acoplarse** *vpr* to fit, join.
5 *vpr (aparearse)* to mate, pair.
6 *vpr (naves espaciales)* to dock.

acoquinamiento *nm fam* fear, loss of nerve.

acoquinar
1 *vt* to frighten, intimidate.
2 **acoquinarse** *vpr* to become frightened, lose one's nerve.

acorazado,-a
1 *pp* → acorazar.
2 *adj* armoured (*US* armored), armour-plated (*US* armor-plated).
3 **acorazado** *nm* battleship.

acorazar
1 *vt (blindar)* to armour (*US* armor), armour-plate (*US* armor-plate).
2 **acorazarse** *vpr (endurecerse)* to steel oneself.
▲ *Conjugation model* [4], *like* **realizar**.

acorazonado,-a *adj* heart-shaped.

acorchado,-a
1 *pp* → acorchar.
2 *adj* cork-like.
3 *adj (insensibilizado)* numb.

acorchar
1 *vt* to cover with cork.
2 **acorcharse** *vpr* to become like cork.
3 *vpr (insensibilizarse)* to go numb.

acordado,-a
1 *pp* → acordar.
2 *adj* agreed: según lo acordado as agreed.

acordar
1 *vt* to agree.
2 *vt (decidir)* to decide.
3 *vt (conciliar)* to reconcile.
4 *vt MÚS* to tune.
5 **acordarse** *vpr* to remember (**de**, -): no se acuerda de nada she can't remember anything.
▲ *Conjugation model* [31], *like* **contar**.

acostado,-a
1 *adj (tumbado)* lying down.
2 *adj (en la cama)* in bed.
acorde
1 *adj* in agreement, agreed.
2 *nm MÚS* chord: **a los acordes de la marcha nupcial** to the strains of the wedding march; **a los acordes del himno nacional** to the tune of the National Anthem.
acordelar
1 *vt (medir)* to measure with a string.
2 *vt (marcar)* to mark out with string.
acordeón *nm* accordion.
acordeonista *nm & nf* accordionist.
acordonado,-a
1 *pp* → acordonar.
2 *adj* cordoned off, sealed off.
acordonar
1 *vt (atar)* to lace, tie.
2 *vt (rodear)* to surround, draw a cordon around, cordon off.
acorralado,-a
1 *pp* → acorralar.
2 *adj* cornered; *(ganado)* penned in, rounded up.
acorralar *vt* to corner; *(ganado)* to pen in, round up.
acortar
1 *vt* to shorten, make shorter: **acortar distancias** to cut down the distance.
2 *vi* to shorten.
3 **acortarse** *vpr fig* to be shy.
acosar *vt* to pursue, chase.
✦ **acosar a preguntas** to bombard with questions.
acoso
1 *nm* pursuit, chase.
2 *nm fig* hounding.
▪ **acoso sexual** sexual harassment.
acostar
1 *vt (en cama)* to put to bed.
2 *vt (estirar)* to lay down.
3 *vt MAR* to bring alongside.
4 **acostarse** *vpr (estirarse)* to lie down.
5 *vpr (irse a dormir)* to go to bed: **es hora de acostarse** it's bedtime.
✦ **acostarse con** *fam* to sleep with, go to bed with.
▲ *Conjugation model* [31], *like* **contar**.
acostumbrado,-a
1 *pp* → acostumbrar.
2 *adj (persona)* accustomed (**a**, to), used (**a**, to).
3 *adj (hecho)* usual, customary: **es lo acostumbrado** it is the custom.
acostumbrar
1 *vt (habituar)* to accustom to: **los acostumbró muy pronto** she got them used to it very soon.
2 *vt (soler)* to be in the habit of: **no acostumbro (a) fumar por la mañana** I don't usually smoke in the morning.
3 **acostumbrarse** *vpr (habituarse)* to become accustomed (**a**, to), get used (**a**, to).

acotación
1 *nf (en escrito)* marginal note.
2 *nf TEAT* stage direction.
3 *nf (topográfica)* elevation mark.
acotado,-a[1]
1 *pp* → acotar 1.
2 *adj (terreno)* enclosed.
acotado,-a[2]
1 *pp* → acotar 2.
2 *adj (texto)* annotated.
acotamiento *nm* enclosing, demarcation.
acotar[1]
1 *vt (área)* to enclose, demarcate.
2 *vt fig* to delimit.
acotar[2]
1 *vt (poner notas)* to add notes; *(texto)* to annotate.
2 *vt (topografía)* to mark with elevations.
acracia *nf* anarchy.
ácrata
1 *adj* anarchist.
2 *nm & nf* anarchist.
acre[1]
1 *adj (sabor, olor)* acrid.
2 *adj fig (lenguaje)* bitter, harsh; *(crítica)* biting.
acre[2] *nm (medida)* acre.
acrecentamiento *nm* increase, growth.
acrecentar
1 *vt* to increase.
2 **acrecentarse** *vpr* to increase.
▲ *Conjugation model* [27], *like* **acertar**.
acrecer
1 *vt* to increase.
2 **acrecerse** *vpr* to increase.
▲ *Conjugation model* [43], *like* **agradecer**.
acreditación *nf* accreditation.
acreditado,-a
1 *pp* → acreditar.
2 *adj (prestigioso)* reputable, well-known, prestigious.
3 *adj (representante, embajador)* accredited.
acreditar
1 *vt (probar)* to prove: **¿tiene algún documento que acredite su identidad?** have you any documents which would prove your identity?
2 *vt FIN* to credit: **hemos acreditado a su cuenta la suma de 1000 dólares** we have credited your account with the sum of 1000 dollars.
3 *vt (embajador)* to accredit.
4 **acreditarse** *vpr* to gain a reputation, make one's name, become famous.
acreditativo,-a *adj* which proves, which gives proof.
acreedor,-ra
1 *adj* deserving: **ser/hacerse acreedor a** to be worthy of.
2 *nm,f FIN* creditor.
acribillar
1 *vt* to riddle, pepper.

2 *vt fig* to harass, pester: **acribillar a alguien a preguntas** to bombard somebody with questions.
acrílico,-a *adj* acrylic.
acriminar *vt* to incriminate.
acrimonia *nf* acrimony.
acrisolado,-a
1 *pp* → acrisolar.
2 *adj fig (puro)* pure; *(probado)* tested.
acrisolar
1 *vt (metal)* to purify.
2 *vt fig (purificar)* to perfect.
3 *vt fig (probar)* to prove, show.
acristalar *vt* to glaze.
acritud
1 *nf (sabor)* sourness, bitterness; *(olor)* acridity.
2 *nf (dolor)* intensity.
3 *nf fig (mordacidad)* acrimony.
acrobacia
1 *nf* acrobatics.
2 *nf fig (equilibrios)* manoeuvre (*US* maneuver).
▲ *In 2, also used in plural with the same meaning.*
acróbata *nm & nf* acrobat.
acrobático,-a *adj* acrobatic.
acrobatismo *nm* → acrobacia.
acrofobia *nf* vertigo.
acromático,-a *adj* achromatic.
acrónimo *nm* acronym.
acrópolis *nf* acropolis: **en Atenas hay que visitar la Acrópolis** in Athens you must visit the Acropolis.
▲ *pl* acrópolis.
acróstico *nm* acrostic.
acta
1 *nf (relación)* minutes *pl*, record (of proceedings); *(publicación)* transactions *pl*.
2 *nf (certificado)* certificate, official document.
✦ **constar en acta** to be on record, be in the minutes.
levantar acta to draw up the minutes.
▪ **acta notarial** affidavit.
▲ *In 1, also used in plural with the same meaning.*
actinia *nf* sea anemone.
actinio *nm* actinium.
actitud *nf (disposición)* attitude; *(postura)* position.
✦ **estar en actitud de** + *inf* to be getting ready to + *inf*.
activación
1 *nf TÉC* activation.
2 *nf fig (avivamiento)* livening up, quickening.
activamente *adv* actively.
activar
1 *vt TÉC* to activate; *(acelerar)* to expedite.
2 *vt INFORM* to enable.
3 *vt fig (avivar)* to liven up, quicken.
4 **activarse** *vpr* to become activated.

actividad *nf* activity.
✦ **estar en plena actividad** to be in full swing.

activismo *nm* activism.

activista
1 *adj POL* activist.
2 *nm & nf POL* activist.

activo,-a
1 *adj* active: **estar en activo** to be on active service.
2 **activo** *nm FIN* asset, assets *pl.*
■ **activo disponible** liquid assets *pl.*
activo y pasivo assets and liabilities.

acto
1 *nm* act, action.
2 *nm (ceremonia)* ceremony, meeting, public function: **acto inaugural** opening ceremony.
3 *nm TEAT* act.
4 *nm REL* Act.
✦ **acto seguido** immediately afterwards.
en acto de servicio in action.
en el acto at once.
■ **acto de fe** act of faith.
acto reflejo reflex action.
Actos de los Apóstoles Acts of the Apostles.
acto sexual sexual intercourse.

actor *nm* actor.

actor,-ra *nm,f JUR* plaintiff.
■ **la parte actora** the prosecution.

actriz *nf* actress.
■ **primera actriz** leading lady.

actuación
1 *nf (en cine, teatro)* performance.
2 *nf (intervención)* intervention, action.
3 *nf JUR* legal proceedings *pl.*

actual
1 *adj* present, current: **dadas las circunstancias actuales** under the present circumstances.
2 *adj (actualizado)* up-to-date: **ese es un tema muy actual** that's a very topical subject.
3 *nm fml* this month: **el doce del actual** the 12th of this month.

actualidad
1 *nf* present (time).
2 *nf (hechos)* current affairs *pl; (estado)* the current state of things: **este programa te da toda la actualidad cinematográfica** this programme gives you all the latest cinema news.
✦ **en la actualidad** at present.
estar de actualidad to be fashionable.

actualización
1 *nf (puesta al día)* updating, bringing up to date.
2 *nf (en filosofía)* actualization.

actualizado,-a
1 *pp* → **actualizar.**
2 *adj* up-to-date.

actualizar
1 *vt (poner al día)* to bring up to date, update.

2 *vt (filosofía)* to actualize.
▲ *Conjugation model* [4], *like realizar.*

actualmente *adv (hoy en día)* nowadays, these days; *(ahora)* at present, at the moment.

actuar
1 *vi (ejercer)* to act (**como/de**, as): **actuó de secretario el Sr. Soler** Mr Soler acted as secretary.
2 *vi (comportarse)* to act: **actuaron como debían** they did what they had to do.
3 *vi (en obra, película)* to perform, act.
4 *vt (poner en acto)* to actuate, work.
▲ *Conjugation model* [11].

actuarial *adj* actuarial.

actuario
1 *nm JUR* clerk.
2 *nm FIN* actuary.

acuadrillar *vt* to form into a band.

acuarela *nf* watercolour (*US* watercolor).

acuarelista *nm & nf* watercolourist (*US* watercolorist).

acuario *nm* aquarium.

Acuario *nm* Aquarius.
▲ *pl Acuario.*

acuartelamiento
1 *nm (acción)* quartering.
2 *nm (retención)* confinement to barracks.
3 *nm (lugar)* barracks (for confinement).

acuartelar
1 *vt MIL (alojar)* to quarter.
2 *vt (retener)* to confine to barracks.

acuático,-a *adj* aquatic, water: **animal acuático** aquatic animal.

acuatinta *nf* aquatint.

acuchillar
1 *vt (seres vivos)* to knife, stab.
2 *vt (prendas)* to slash.
3 *vt (madera)* to plane (down).

acuciante *adj* pressing, urgent: **un problema acuciante** an urgent problem.

acuciar
1 *vt (dar prisa)* to hurry up.
2 *vt (agobiar)* to urge on.
3 *vt (desear)* to long for, yearn for.
▲ *Conjugation model* [12], *like cambiar.*

acucioso,-a
1 *adj (urgente)* urgent.
2 *adj (diligente)* diligent.

acuclillarse *vpr* to squat, crouch, crouch down.

acudir
1 *vi (ir)* to go; *(venir)* to come, arrive.
2 *vi (presentarse)* to come back: **las lágrimas acudieron a sus ojos** tears came to her eyes.
3 *vi (ir a socorrer)* to help, come forward.
4 *vi (recurrir)* to call on, turn to: **acudir al médico** to consult one's doctor.

acueducto *nm* aqueduct.

acuerdo *nm* agreement.
✦ **¡de acuerdo!** all right!, O.K.!
de acuerdo con in accordance with.

de común acuerdo by mutual agreement, by common consent.
estar de acuerdo to agree (**con**, with).
llegar a un acuerdo to come to an agreement.
ponerse de acuerdo to agree.
■ **acuerdo marco** framework agreement.

acuidad *nf fml* acuity, sharpness.

acuífero,-a
1 *adj* aquiferous.
2 **acuífero** *nm* aquifer.

acular *vt* to back.

acullá *adv fml* far away: **estaba acullá de los mares** it lay far beyond the sea.

acumulable *adj* accumulable.

acumulación *nf* accumulation.

acumulador,-ra
1 *adj* accumulative.
2 **acumulador** *nm FÍS* accumulator, storage battery.

acumular
1 *vt* to accumulate; *(datos)* to gather; *(dinero)* to amass.
2 **acumularse** *vpr* to accumulate, pile up, build up.
3 *vpr (gente)* to gather.

acumulativo,-a *adj* accumulative.

acunar *vt* to rock.

acuñación *nf* striking, minting.

acuñar
1 *vt (monedas)* to strike, coin, mint.
2 *vt (una frase)* to coin.
3 *vt (poner cuñas)* to wedge.

acuosidad
1 *nf* wateriness.
2 *nf (jugosidad)* juiciness.

acuoso,-a
1 *adj* watery.
2 *adj (jugoso)* juicy.

acupuntura *nf* acupuncture.

acupunturista *nm & nf* acupuncturist.

acurrucarse *vpr* to curl up, snuggle up.
▲ *Conjugation model* [1], *like sacar.*

acusación
1 *nf* accusation.
2 *nf JUR* charge.
■ **acta de acusación** indictment.
acusación particular *JUR* private prosecutor.

acusadamente *adv* markedly.

acusado,-a
1 *pp* → **acusar.**
2 *adj* accused: **acusada de asesinato** charged with murder.
3 *adj (marcado)* marked, noticeable.
4 *nm,f* accused, defendant.

acusador,-ra
1 *adj* accusing.
2 *nm,f* accuser.

acusar
1 *vt (echar la culpa)* to accuse (**de**, of).
2 *vt JUR* to charge (**de**, with).
3 *vt (manifestar)* to give away.

4 acusarse *vpr (confesarse)* to confess: **se acusó del crimen** he confessed (to) the crime.
5 *vpr (acentuarse)* to become more pronounced.
✦ acusar recibo de to acknowledge receipt of.
acusativo *nm* accusative.
acusatorio,-a *adj* accusatory.
acuse **acuse de recibo** *nm* acknowledgement of receipt.
acusica
1 *adj fam* telltale.
2 *nm & nf fam* telltale.
acusón,-ona
1 *adj fam* telltale.
2 *nm,f fam* telltale.
acústica *nf* acoustics.
acústico,-a *adj* acoustic.
ad hoc *loc* ad hoc.
adagio
1 *nm (aforismo)* proverb.
2 *nm mús* adagio.
adaguar *vi* to drink.
▲ *Conjugation model* [22], *like averiguar.*
adalid
1 *nm (soldados)* leader.
2 *nm (tendencia, escuela)* champion.
adamascado,-a
1 *pp* adamascar.
2 *adj* damask.
adán *nm fam* untidy man, scruffy man.
✦ estar hecho un adán to go about in rags, be scruffily dressed.
Adán Adam.
adaptabilidad *nf* adaptability.
adaptable *adj* adaptable.
adaptación *nf* adaptation.
adaptado,-a
1 *pp* → adaptar.
2 *adj* adapted.
adaptador *nm* adapter.
adaptar
1 *vt (acomodar)* to adapt.
2 *vt (ajustar)* to adjust, fit.
3 adaptarse *vpr (persona)* to adapt oneself (**a**, to); *(cosa)* to fit, adjust.
adarga *nf* shield.
adarme *nm* jot, whit, scrap.
✦ por adarmes in dribs and drabs.
adarve *nm* walkway *(behind a parapet).*
addenda *nf* addendum.
adecentar
1 *vt* to tidy (up), clean (up).
2 adecentarse *vpr (uso reflexivo)* to tidy oneself up.
Adecu *abr com* (**Asociación para la Defensa de los Consumidores y Usuarios**)≈ Consumers' Association.
adecuación *nf* adaptation.
adecuadamente *adv* properly, suitably.
adecuado,-a
1 *pp* → adecuar.
2 *adj* adequate, suitable, appropriate.

adecuar *vt* to adapt, make suitable.
▲ *Conjugation model* [10].
adefesio
1 *nm (persona)* freak.
2 *nm (cosa)* monstrosity.
a. de J.C. *abr* (**antes de Jesucristo**) before Christ; *(abreviatura)* BC.
Adelaida *nf* Adelaide.
adelantado,-a
1 *pp* → adelantado.
2 *adj (precoz)* precocious.
3 *adj (aventajado)* advanced.
4 *adj (desarrollado)* developed.
5 *adj (reloj)* fast.
6 *adj (atrevido)* bold, forward.
✦ por adelantado in advance.
adelantamiento *nm* overtaking.
✦ hacer un adelantamiento to overtake.
adelantar
1 *vt* to move forward.
2 *vt (reloj)* to put forward.
3 *vt (pasar delante)* to pass.
4 *vt auto* to overtake.
5 *vt (dinero)* to pay in advance.
6 *vi (progresar)* to make progress.
7 *vi (reloj)* to be fast.
8 adelantarse *vpr (ir delante)* to go ahead.
9 *vpr (llegar temprano)* to be early.
10 *vpr (anticiparse)* to get ahead (**a**, of).
11 *vpr (reloj)* to gain, be fast.
adelante
1 *adv* forward, further.
2 *interj (pase)* come in!
3 *interj (siga)* go ahead!, carry on!
✦ de aquí en adelante from here on.
en adelante henceforth.
más adelante *(tiempo)* later on; *(espacio)* further on.
seguir adelante to keep going, carry on.
adelanto
1 *nm (avance)* advance: **los adelantos de la ciencia** the progress of science.
2 *nm (tiempo)* advance: **llegó con una hora de adelanto** she arrived an hour in advance; **el primero lleva diez minutos de adelanto al segundo** the first has ten minutes' lead over the second.
3 *nm (pago)* advance; *(técnicamente)* advance payment.
adelfa *nf* oleander, rosebay.
adelgazador,-ra *adj* slimming.
adelgazamiento *nm* slimming.
adelgazante *adj* slimming.
adelgazar
1 *vt (afinar)* to make slim.
2 *vi (perder peso)* to slim, lose weight.
3 adelgazarse *vpr* to slim, lose weight.
▲ *Conjugation model* [4], *like realizar.*
ademán
1 *nm (gesto)* gesture, movement.
2 ademanes *nm pl* manners.
✦ en ademán de with the intention of, as if to.

hacer ademán de to look as if one is about to.
hacer ademanes to gesture, make signs.
además
1 *adv (también)* also, as well: **necesitarás además ropa de abrigo** you will also need warm clothing.
2 *adv (es más)* furthermore, what is more: **¡y además, el coche es mío!** and what's more, the car's mine!
✦ además de as well as, in addition to: **además de gordo es feo** as well as being fat, he's ugly.
Adén *nm* Aden.
Adena *abr* (**Asociación para la Defensa de la Naturaleza**) *association for the protection of nature.*
▲ *The complete name is WWF/Adena.*
adenda *nf* addendum.
adenoides *nm* adenoids.
adensar *vt* to condense.
adentellar *vt* to sink one's teeth into.
adentrarse
1 *vpr (penetrar)* to penetrate (**en**, into), enter deep (**en**, into).
2 *vpr fig (profundizar)* to go deeply (**en**, into), study thoroughly (**en**, -), delve (**en**, into).
adentro
1 *adv* inside: **se fueron muy adentro** they went too far in.
2 adentros *nm pl* inward mind *sing*: **para sus adentros** in his heart.
✦ mar adentro out to sea.
adepto,-a
1 *adj* who follows, who supports.
2 *nm,f* follower, supporter.
aderezar
1 *vt (condimentar)* to season; *(ensalada)* to dress; *(bebida)* to prepare, mix.
2 *vt (preparar)* to prepare.
3 *vt fig (personas)* to make beautiful; *(cosas)* to embellish.
4 aderezarse *vpr (arreglarse)* to dress up, get ready.
▲ *Conjugation model* [4], *like realizar.*
aderezo
1 *nm (condimento)* seasoning; *(de ensalada)* dressing.
2 *nm (preparación)* preparation, disposition.
3 *nm (joyas)* set of jewellery.
4 *nm (arreos)* harness, trappings *pl*.
adeudar
1 *vt (deber)* to owe, have a debt of.
2 *vt fin* to debit, charge.
3 adeudarse *vpr (endeudarse)* to get into debt.
adeudo
1 *nm (deuda)* debt.
2 *nm fin* debit, charge.
a D.g. *abr* (**a Dios gracias**) thanks be to God.
adherencia
1 *nf (adhesión)* adherence.
2 *nf (pegajosidad)* adhesion, sticking.

3 *nf AUTO* roadholding.
4 adherencias *nf pl MED* adhesion.
adherente *adj* adherent, adhesive.
adherir
1 *vt (pegar)* to stick on.
2 *vi (pegarse)* to stick (**a**, to).
3 adherirse *vpr (pegarse)* to stick (**a**, to).
4 *vpr fig (unirse)* to adhere to, follow.
▲ *Conjugation model* [35], *like* **hervir**.
adhesión
1 *nf* adhesion, adherence.
2 *nf (apoyo)* support.
adhesivo,-a
1 *adj* adhesive.
2 adhesivo *nm* adhesive.
adicción *nf* addiction.
✦ **crear adicción** to be addictive.
adición *nf* addition.
adicional *adj* additional.
adicionar
1 *vt (añadir)* to add.
2 *vt (sumar)* to add up.
adictivo,-a *adj* addictive.
adicto,-a
1 *adj (drogas)* addicted (**a**, to).
2 *adj (dedicado)* fond (**a**, of), keen (**a**, on).
3 *adj (partidario)* supporting.
4 *nm,f (drogas)* addict.
5 *nm,f (partidario)* supporter, follower.
adiestramiento *nm* training, instruction.
adiestrar *vt* to train, instruct.
adinerado,-a
1 *pp* → **adinerarse**.
2 *adj* rich, wealthy.
3 *nm,f* rich person.
adinerarse *vpr fam* to get rich.
adintelado,-a *adj* flat.
adiós
1 *interj (gen)* goodbye!; *(familiarmente)* bye!, bye-bye!
2 *interj (al cruzarse con alguien)* hello!
3 *nm* goodbye.
✦ **decir adiós a algo** *fig* to say goodbye to something.
decir adiós con la mano to wave goodbye.
▲ *pl* **adioses**.
adiposidad
1 *nf* adiposity.
2 *nf (gordura)* obesity.
adiposis *nf* obesity.
adiposo,-a *adj* adipose.
aditamento
1 *nm (añadido)* added piece, addition.
2 *nm (complemento)* accessory.
aditivo,-a
1 *adj* additive.
2 aditivo *nm* additive.
adivinación
1 *nf* guessing.
2 *nf (predicción)* divination, forecast.
adivinador,-ra *nm,f* fortune-teller.
adivinanza *nf* riddle, puzzle.

adivinar
1 *vt (descubrir)* to guess: le adivinó el pensamiento she read his mind.
2 *vt (predecir)* to forecast, foretell.
3 *vt (enigma)* to solve.
adivinatorio,-a *adj* divinatory.
adivino,-a *nm,f* fortune-teller.
adjetivación *nf* adjectival use.
adjetival *adj* adjectival.
adjetivar
1 *vt* to use as an adjective.
2 *vt fig* to label, describe.
adjetivo,-a
1 *adj* adjective, adjectival.
2 adjetivo *nm* adjective.
adjudicación
1 *nf* award, awarding.
2 *nf (en subasta)* sale.
adjudicar
1 *vt (premio)* to award.
2 *vt (venta)* to sell, knock down: ¡adjudicado! sold!
3 *vt (obras)* to award a contract to.
4 adjudicarse *vpr (apropiarse)* to appropriate, take over.
5 *vpr (obtener)* to win.
▲ *Conjugation model* [1], *like* **sacar**.
adjudicatario,-a
1 *adj* contract-winning.
2 *nm,f (premio)* prizewinner.
3 *nm,f (venta)* successful bidder.
4 *nm,f (obras)* contract-winner, contract-winning company.
adjuntar *vt* to enclose, attach: adjunto un folleto leaflet enclosed.
adjunto,-a
1 *adj (en carta)* enclosed.
2 *adj (asistente)* assistant.
3 *nm,f* assistant teacher.
adlátere *nm* henchman, follower.
adm. *abr* (**administración**) office.
adminículo *nm* accessory, gadget.
administración
1 *nf (gobierno)* administration, authorities *pl*.
2 *nf (empresa)* administration, management.
3 *nf (cargo)* post of administrator, post of manager.
4 *nf (despacho)* administrator's office, manager's office.
5 *nf (oficina)* branch.
■ **administración central** central government.
administración de Correos Post Office.
administración de Hacienda tax office.
administración de lotería lottery office.
administración militar commissariat.
administración pública public administration.
administrador,-ra
1 *adj* administrating.
2 *nm,f* administrator: es muy buena administradora she knows how to manage money.

3 *nm,f (manager)* manager.
■ **administrador,-ra de fincas** estate agent.
administrador de web webmaster.
administrar
1 *vt (bienes, justicia)* to administer.
2 *vt (dirigir)* to manage, run.
3 *vt (suministrar)* to give: le administró una aspirina she gave him an aspirin.
4 administrarse *vpr (manejarse)* to manage one's own money, manage one's own affairs.
administrativamente *adv* administratively.
administrativo,-a
1 *adj* administrative.
2 *nm,f (funcionario)* official, civil servant; *(de empresa, banco)* office worker.
admirable *adj* admirable.
admirablemente *adv* admirably.
admiración
1 *nf* admiration: sentía admiración por ella he admired her; les causó admiración she impressed them.
2 *nf (signo)* exclamation mark.
admirador,-ra
1 *adj* admiring.
2 *nm,f* admirer.
admirar
1 *vt (estimar)* to admire.
2 *vt (sorprender)* to amaze, surprise, astonish.
3 admirarse *vpr (asombrarse)* to be astonished (**de**, at), be amazed (**de**, at).
admirativo,-a *adj* admiring.
admisibilidad *nf* admissibility.
admisible *adj* admissible, acceptable.
admisión
1 *nf* admission.
2 *nf (aceptación)* acceptance.
3 *nf TÉC* inlet, intake.
✦ **"Reservado el derecho de admisión"** "The management reserves the right to refuse admission".
■ **plazo de admisión** closing date.
admitir
1 *vt (dar entrada)* to admit, let in.
2 *vt (aceptar)* to accept, admit: **"No se admiten propinas"** "No tipping", "Tipping not allowed"; **"No se admiten cheques"** "No cheques accepted".
3 *vt (permitir)* to allow: su obra admite varias interpretaciones his work is open to various interpretations.
4 *vt (reconocer)* to admit.
5 *vt (tener capacidad)* to hold: solo admite cuatro personas there's only room for four people.
admixtión *nf* admixture.
admón. *abr* (**administración**) office: admón. de Hacienda tax office.
admonición *nf* warning, reproof.
admonitorio,-a *adj* warning.
ADN *abr MED* (**ácido desoxirribonucleico**) desoxyribonucleic acid; *(abreviatura)* DNA.

adobado,-a
1 *pp* → adobar.
2 *adj* marinated, marinaded.
adobar
1 *vt (reparar)* to mend.
2 *vt CULIN* to marinate, marinade.
3 *vt (pieles)* to tan.
4 *vt fig (amañar)* to twist.
adobe *nm* adobe.
adobo
1 *nm (acción)* marinating, marinading.
2 *nm (salsa)* marinade.
adocenado,-a
1 *pp* → adocenarse.
2 *adj* commonplace, ordinary.
adocenarse *vpr* to become commonplace.
adoctrinamiento *nm* indoctrination.
adoctrinar *vt* to indoctrinate.
adolecer
1 *vi (padecer)* to suffer (de, from): adolece de asma he suffers from asthma; adolece del corazón she has a heart problem.
2 *vi (tener un defecto)* to have a fault: el discurso adolece de ambigüedad the speech is ambiguous.
▲ *Conjugation model* [43], *like agradecer.*
adolescencia *nf* adolescence.
adolescente
1 *adj* adolescent.
2 *nm & nf* adolescent.
adonde *adv* where.
adónde *adv* where.
adondequiera *adv* wherever.
adonis *nm* handsome young man, Adonis.
▲ *pl adonis.*
adopción *nf* adoption.
adoptante
1 *adj* adoptive, foster.
2 *nm & nf* adoptive parent, foster parent.
adoptar *vt* to adopt.
adoptivo,-a *adj (hijo)* adopted, adoptive; *(padres)* adoptive: lo nombraron hijo adoptivo de la ciudad he was given the title of honorary citizen.
■ patria adoptiva country of adoption.
adoquín
1 *nm* cobble, paving stone.
2 *nm fam (persona)* idiot, clod.
adoquinado,-a
1 *pp* → adoquinar.
2 *adj* cobbled.
3 *adoquinado nm* cobbling, paving.
adoquinar *vt* to cobble, pave.
adorable *adj* adorable.
adoración
1 *nf REL* adoration, worship.
2 *nf fig* adoration, worshipping.
adorador,-ra
1 *adj REL* worshipping.
2 *adj fig* adoring.
3 *nm,f REL* worshipper.
4 *nm,f fig* adorer, worshipper.

adorar
1 *vt REL* to worship.
2 *vt fig* to adore.
adormecedor,-ra *adj* sleep-inducing, soporific.
adormecer
1 *vt* to make sleepy.
2 *vt (calmar)* to soothe.
3 **adormecerse** *vpr (dormirse)* to doze off.
4 *vpr (entumecerse)* to go to sleep, go numb.
▲ *Conjugation model* [43], *like agradecer.*
adormecido,-a
1 *pp* → adormecer.
2 *adj* sleepy, drowsy.
adormecimiento
1 *nm (sueño)* drowsiness, sleepiness.
2 *nm (entumecimiento)* numbness.
adormidera *nf* opium poppy.
adormilarse *vpr* to doze, drowse.
adormitarse *vpr* → adormilarse.
adornamiento *nm* adornment, decoration.
adornar
1 *vt* to adorn, decorate.
2 *vt fig* to embellish.
adornista *nm & nf* decorator.
adorno
1 *nm* decoration, adornment.
2 *nm COST* trimming.
3 *nm CULIN* garnish.
✦ de adorno decorative.
adosado,-a
1 *pp* → adosar.
2 *adj* semidetached: casas adosadas semidetached houses.
adosar *vt* to lean (a, against).
adquirido,-a
1 *pp* → adquirir.
2 *adj* acquired.
adquirir *vt* to acquire; *(comprar)* to buy.
▲ *Conjugation model* [30].
adquisición *nf* acquisition; *(compra)* buy, purchase.
adquisitivo,-a *adj* acquisitive.
■ poder adquisitivo buying power, purchasing power.
adrede *adv* deliberately, on purpose, purposely.
adrenalina *nf* adrenalin.
adriático,-a *adj* Adriatic.
■ el (mar) Adriático the Adriatic (Sea).
adscribir
1 *vt (atribuir)* to attribute.
2 *vt (destinar)* to appoint to.
3 **adscribirse** *vpr (afiliarse)* to affiliate (a, to).
▲ *pp adscrito,-a.*
adscripción
1 *nf (atribución)* ascription.
2 *nf (destino)* appointment.
adscrito,-a *pp* → adscribir.
adsorbente
1 *adj* adsorbent.
2 *nm* adsorbent.

adsorber *vt* to adsorb.
adsorción *nf* adsorption.
aduana
1 *nf* customs *pl*: el alcohol paga aduana there's duty on spirits.
2 *nf (oficinas)* customs building.
✦ pasar (por) la aduana to go through customs.
■ oficial de aduana customs officer.
aduanero,-a
1 *adj* customs.
2 *nm,f* customs officer.
aducción *nf* adduction.
aducir *vt* to adduce, allege.
▲ *Conjugation model* [46], *like conducir.*
aductor
1 *adj* adductive.
2 *nm* adductor.
adueñarse
1 *vpr* to take possession (de, of).
2 *vpr fig* to seize: la ira se adueñó de Eva Eve was seized with anger.
aduje *pt indef* → aducir.
adulación *nf* adulation, flattery.
adulador,-ra
1 *adj* adulating, flattering.
2 *nm,f* adulator, flatterer.
adular *vt* to adulate, flatter, soft-soap.
adulón,-ona
1 *adj* fawning, grovelling.
2 *nm,f* crawler, groveller.
adulteración *nf* adulteration.
adulterado,-a
1 *pp* → adulterar.
2 *adj* adulterated.
adulterar *vt* to adulterate.
adulterino,-a
1 *adj* adulterine.
2 *nm,f* adulterine child.
adulterio *nm* adultery.
adúltero,-a
1 *adj* adulterous.
2 *nm,f (hombre)* adulterer; *(mujer)* adulteress.
adultez *nf* adulthood.
adulto,-a
1 *adj* adult: persona adulta adult.
2 *nm,f* adult: los adultos the grown-ups.
adustez *nf* harshness, severity.
adusto,-a
1 *adj* scorched, burnt, charred.
2 *adj fig (seco)* harsh, stern, severe.
aduzco *pres indic* → aducir.
advenedizo,-a
1 *adj* parvenu.
2 *nm,f* parvenu, upstart.
advenimiento
1 *nm* advent, coming.
2 *nm (al trono)* accession.
adventicio,-a
1 *adj (accidental)* accidental.
2 *adj BIOL* adventitious.
adventismo *nm* Adventism.

adventista
1 *adj* Adventist.
2 *nm,f* Adventist.
adverbial *adj* adverbial.
adverbializar *vt* to use as an adverb.
adverbialmente *adv* adverbially.
adverbio *nm* adverb.
adversario,-a
1 *adj* opposing.
2 *nm,f* adversary, opponent.
adversativo,-a *adj* adversative.
adversidad *nf* adversity, misfortune, setback.
adverso,-a
1 *adj* adverse, unfavourable (*us* unfavorable).
2 *adj (opuesto)* opposite.
3 *adj (adversario)* opposing.
▪ **condiciones adversas** adverse conditions.
advertencia
1 *nf* warning.
2 *nf (consejo)* piece of advice.
3 *nf (nota)* notice.
✦ **hacer una advertencia** to warn.
advertido,-a
1 *pp* → **advertir**.
2 *adj* capable, knowledgeable.
advertir
1 *vt (darse cuenta)* to notice, realize: nadie advirtió su presencia nobody noticed she was there.
2 *vt (llamar la atención)* to warn: ya te lo advertí I told you.
3 *vt (aconsejar)* to advise.
4 *vt (informar)* to inform.
▲ Conjugation model [35], *like hervir*.
adviento *nm* Advent.
advocación *nf* invocation.
✦ **bajo la advocación de** under the protection of.
adyacencia *nf* nearness, proximity.
adyacente *adj* adjacent.
AECC *abr* (**Asociación Española contra el Cáncer**) Spanish cancer association.
AECI *abr* (**Agencia Española de Cooperación Internacional**) Spanish agency for international cooperation.
Aenor *abr* COM (**Asociación Española para Normalización y Racionalización**)≈ British Standards Institution.
aeración *nf* aeration.
aéreo,-a
1 *adj* aerial.
2 *adj* AV air.
▪ **tráfico aéreo** air traffic.
aero- *pref* aero-.
aerobic *nm* aerobics.
aeróbic *nm* aerobics.
aeróbica *nf* aerobics.
aerobio,-a
1 *adj* aerobic.
2 *aerobio nm* aerobe.

aerobús *nm* airbus.
▲ *pl* aerobuses.
aeroclub *nm* flying club.
aerodeslizador *nm* hovercraft.
aerodinámica *nf* aerodynamics.
aerodinámico,-a *adj* aerodynamic: línea aerodinámica streamlined.
aerodinamizar *vt* to streamline.
aeródromo *nm* aerodrome, *us* airfield.
aeroembolismo *nm* decompression sickness, the bends.
aeroespacial *adj* aerospace.
aerofagia *nf* aerophagia.
aerofaro *nm* beacon.
aerofotografía *nf* aerial photograph.
aerógrafo *nm* airbrush.
aerograma *nm* air letter, aerogram, aerogramme.
aerolínea *nf* airline.
aerolito *nm* meteorite.
aeromarítimo,-a *adj* air-sea.
aerometría *nf* aerometry.
aerómetro *nm* aerometer.
aeromodelismo *nm* aeroplane modelling.
aeromodelista
1 *adj* aeroplane modelling.
2 *nm,f* model aeroplane maker.
aeromodelo *nm* model aeroplane.
aeronáutica *nf* aeronautics.
aeronáutico,-a *adj* aeronautic, aeronautical.
aeronaval *adj* air-sea.
aeronave *nf* airship.
▪ **aeronave espacial** spaceship.
aeronavegación *nf* aerial navigation.
aeroplano *nm* aeroplane, *us* airplane.
aeropostal *adj* airmail.
aeropuerto *nm* airport.
aerosol *nm* aerosol, spray.
aerostación *nf* ballooning.
aerostática *nf* aerostatics.
aerostático,-a *adj* aerostatic.
aerostato *nm* hot-air balloon.
aeróstato *nm* hot-air balloon.
aerotaxi *nm* air taxi.
aerotransportado,-a *adj* airborne.
aerovía *nf* airway.
AES *abr* (**Acuerdo Económico y Social**) *economic and social agreement*.
a/f *abr* (**a favor**) in favour.
afabilidad *nf* affability.
afable *adj* affable, kind.
afablemente *adv* affably, kindly.
afamado,-a[1] *adj* hungry.
afamado,-a[2]
1 *pp* → **afamar**.
2 *adj* famous, well-known.
afamar
1 *vt* to make famous.
2 **afamarse** *vpr* to become famous.

afán
1 *nm (celo)* zeal; *(interés)* keenness, eagerness: con afán keenly.
2 *nm (esfuerzo)* effort.
afanador,-ra
1 *adj* zealous, eager.
2 *nm,f* zealous person, eager person.
3 *nm,f fam (ladrón)* thief.
afanar
1 *vt fam (robar)* to nick, pinch.
2 **afanarse** *vpr* to work with zeal.
✦ **afanarse en** to work hard at.
afanarse por to strive to, do one's best to.
afanosamente *adv* keenly, zealously.
afanoso,-a
1 *adj (persona)* eager, keen, zealous.
2 *adj (tarea)* hard, laborious, tough.
afasia *nf* aphasia.
afásico,-a
1 *adj* aphasic.
2 *nm,f* aphasic.
afeamiento *nm* disfigurement.
afear
1 *vt* to make ugly, disfigure.
2 *vt fig (vituperar)* to reproach: mi padre me afeaba la conducta my father reproached me for my behaviour.
afección
1 *nf (enfermedad)* complaint, disease: afección hepática liver complaint.
2 *nf (afición)* fondness.
afeccionarse *vpr* to take a liking (a, to), become fond (a, of).
afectación *nf* affectation.
afectadamente *adv* affectedly.
afectado,-a
1 *pp* → **afectar**.
2 *adj (gen)* affected.
3 *adj (emocionado)* affected, upset.
✦ **estar afectado,-a de** to be suffering from.
afectar
1 *vt (aparentar)* to affect: afectar la voz to talk in an affected way.
2 *vt (impresionar)* to move.
3 *vt (dañar)* to damage.
4 *vt (concernir)* to concern.
5 **afectarse** *vpr (impresionarse)* to be affected, be moved.
afectísimo,-a suyo,-a afectísimo,-a *fml (en correspondencia)* yours faithfully.
afectividad *nf* affectivity.
afectivo,-a
1 *adj (sensible)* sensitive.
2 *adj (psicología)* affective.
afecto,-a
1 *adj (aficionado)* fond (a, of).
2 *adj (enfermo)* suffering (de, from).
3 **afecto** *nm* affection: con todo mi afecto with all my love.
✦ **tomarle afecto a alguien** to become fond of somebody.
afectuosamente *adv* affectionately; *(en cartas)* best wishes, best regards.

afectuosidad *nf* affection.

afectuoso,-a *adj* affectionate.

afeitado
1 *nm (pelo)* shave, shaving.
2 *nm (cuernos)* blunting.

afeitadora *nf* electric shaver, electric razor.

afeitar
1 *vt (pelo)* to shave.
2 *vt (toro)* to blunt the horns of.

afeite *nm arc* make-up.

afelpado,-a *adj* velvety.

afeminación *nf* effeminacy.

afeminado,-a
1 *pp* → afeminar.
2 *adj* effeminate.
3 *nm* effeminate man; *(familiarmente)* sissy.

afeminamiento *nm* effeminacy.

afeminar
1 *vt* to make effeminate.
2 **afeminarse** *vpr* to become effeminate.

afer *nm* → affaire.

aferente *adj* afferent.

aféresis *nf* aphaeresis.
▲ *pl aféresis.*

aferrado,-a
1 *pp* → aferrar.
2 *adj fig* clutching, clinging, holding on to: **aferrado a un principio** clinging to a principle.

aferramiento
1 *nm* clutching, clinging.
2 *nm (obstinación)* stubbornness.

aferrar
1 *vt* to clutch, grasp.
2 *vi* to cling, clutch, grasp.
3 **aferrarse a** *vpr* to clutch to, cling to.

affaire *nm (caso)* case, affair; *(amoroso)* love affair.

Afganistán *nm* Afghanistan.

afgano,-a
1 *adj* Afghan.
2 *nm,f (persona)* Afghan.
3 **afgano** *nm (idioma)* Afghan.

AFI *abr* LING (**Alfabeto Fonético Internacional**) International Phonetic Alphabet; *(abreviatura)* IPA.

afianzamiento *nm* strengthening, reinforcement; *(definitivo)* consolidation.

afianzar
1 *vt (sujetar)* to strengthen, reinforce.
2 *vt fig* to support, back: **afianzaron el régimen** they supported the regime.
3 *vt (dar fianza)* to stand bail for.
4 **afianzarse** *vpr (estabilizarse)* to steady oneself.
5 *vpr (convencerse)* to become surer, become more convinced: **se afianzó en sus convicciones** he became more convinced that he was right.
▲ *Conjugation model [4], like realizar.*

afiche *nm* poster.

afición
1 *nf (inclinación)* liking, penchant: **tener afición por algo** to be fond of something.
2 *nf (ahínco)* interest, zeal: **con mucha afición** keenly.
3 *nf* **la afición** the fans *pl*, the supporters *pl*.

aficionado,-a
1 *pp* → aficionar.
2 *adj* keen, fond: **ser aficionado a algo** to be fond of something.
3 *adj (no profesional)* amateur.
4 *nm,f* fan, enthusiast: **los aficionados al teatro** theatre lovers.
5 *nm,f (no profesional)* amateur.

aficionar
1 *vt* to make fond (**a**, of).
2 **aficionarse** *vpr* to become fond (**a**, of), take a liking (**a**, to): **se aficionó a la música** he became a music lover.

afidávit *nm* affidavit.

afijo,-a
1 *adj* affixed.
2 **afijo** *nm* affix.

afiladera *nf* grindstone.

afilado,-a
1 *pp* → afilar.
2 *adj* sharp.
3 *adj (con punta)* pointed.
4 *adj fig (cara, nariz)* long and thin.
5 **afilado** *nm* sharpening.

afilador,-ra
1 *adj* sharpening.
2 **afilador** *nm* knifegrinder.

afiladora *nf* sharpener.

afilalápices *nm* pencil sharpener.
▲ *pl afilalápices.*

afilamiento *nm* sharpness.

afilar
1 *vt* to sharpen.
2 **afilarse** *vpr* to grow sharp.

afiliación *nf* affiliation.

afiliado,-a
1 *pp* → afiliar.
2 *adj* affiliated, member.
3 *nm,f* affiliate, member.

afiliar
1 *vt* to affiliate.
2 **afiliarse** *vpr (uso reflexivo)* to join (**a**, to), become affiliated (**a**, to).
▲ *Conjugation model [12], like cambiar.*

afiligranado,-a
1 *pp* → afiligranar.
2 *adj (con filigranas)* filigreed.
3 *adj fig* delicate, dainty, fine.

afiligranar
1 *vt (hacer filigrana)* to filigree, filagree.
2 *vt fig (hermosear)* to adorn, decorate.

afín
1 *adj (semejante)* similar, kindred.
2 *adj (relacionado)* related.
3 *adj (próximo)* adjacent, next.

afinación
1 *nf* polishing, refining.
2 *nf* MÚS tuning.

afinado,-a
1 *pp* → afinar.
2 *adj (fino)* polished, refined.
3 *adj* MÚS in tune, tuned.

afinador,-ra
1 *nm,f* tuner.
2 **afinador** *nm* tuning key.

afinar
1 *vt* to perfect, polish.
2 *vt* MÚS to tune.
3 *vt (puntería)* to sharpen.
4 *vt (metales)* to purify, refine.

afincar *vt* to settle down, establish oneself.
▲ *Conjugation model [1], like sacar.*

afinidad
1 *nf* affinity.
2 *nf* QUÍM similarity.

afirmación
1 *nf (aseveración)* statement, assertion.
2 *nf (afianzamiento)* strengthening.

afirmado,-a
1 *pp* → afirmar.
2 **afirmado** *nm* road surface.

afirmar
1 *vt (afianzar)* to strengthen, reinforce.
2 *vt (aseverar)* to state, say, declare.
3 *vi (asentir)* to assent.
4 **afirmarse** *vpr (ratificarse)* to maintain (**en**, -): **se afirmó en su negativa** she continued to refuse.

afirmativa *nf* affirmative answer.

afirmativamente *adv* affirmatively: **contestar/responder afirmativamente** to answer in the affirmative.

afirmativo,-a *adj* affirmative.
✦ **en caso afirmativo** if the answer is yes.

aflamencado,-a *adj* flamenco-like.

aflautado,-a *adj* flute-like: **voz aflautada** high-pitched voice.

aflicción *nf* affliction, grief, suffering.

aflictivo,-a *adj* grievous, distressing.

afligido,-a
1 *pp* → afligir.
2 *adj* afflicted, grieved, troubled.

afligir
1 *vt* to afflict, grieve, trouble.
2 **afligirse** *vpr* to grieve, be distressed.
▲ *Conjugation model [6], like dirigir.*

aflojamiento
1 *nm* loosening.
2 *nm fig* relaxation.

aflojar
1 *vt (soltar)* to loosen.
2 *vt fig (esfuerzo)* to relax.
3 *vt fam fig (dinero)* to pay up.
4 *vi (disminuir)* to let up: **el calor ha aflojado** the heat has let up.
5 **aflojarse** *vpr* to come loose.
✦ **aflojar la mosca** *fam* to fork out, cough up.

afloramiento *nm* outcrop.

aflorar
1 *vi (mineral)* to crop out/up, outcrop.
2 *vi fig (aparecer)* to come up to the surface, appear.

afluencia
1 *nf* inflow, influx: afluencia de público flow of people.
2 *nf (abundancia)* affluence.

afluente
1 *adj (caudaloso)* flowing, inflowing.
2 *nm (río)* tributary.

afluir *vi* to flow (a, into).
▲ *Conjugation model* [62], *like* huir.

aflujo *nm* afflux.

afmo.,-a *abr* (afectísimo) Yours sincerely, Yours faithfully.

afofarse *vpr* to become flabby.

afonía *nf* loss of voice.

afónico,-a *adj* hoarse, voiceless.
✦ estar afónico to have lost one's voice.

aforado,-a *adj* privileged.

aforismo *nm* aphorism.

aforístico,-a *adj* aphoristic.

aforo
1 *nm (capacidad)* seating capacity.
2 *nm* TÉC gauging.

aforrar
1 *vt* to line.
2 **aforrarse** *vpr* to wrap up warm.

afortunadamente *adv* luckily, fortunately.

afortunado,-a
1 *adj* lucky, fortunate: fue una pregunta poco afortunada it was a rather inappropriate question.
2 *adj (dichoso)* happy.
✦ afortunado en el juego, desgraciado en amores lucky at cards, unlucky in love.

afrancesado,-a
1 *pp* → afrancesar.
2 *adj* pro-French, who has gone French.
3 *adj* HIST supporting Napoleon.
4 *nm,f* HIST (Spanish) supporter of Napoleon.

afrancesamiento *nm* pro-French attitude, Frenchification.

afrancesarse *vpr* to become Frenchified, acquire French habits.

afrecho *nf* bran.

afrenta *nf fml* affront, outrage.
✦ hacerle una afrenta a alguien to affront somebody.

afrentar
1 *vt fml* to affront, outrage.
2 **afrentarse** *vpr fml* to be ashamed of.

afrentoso,-a
1 *adj fml (ofensivo)* offending, offensive.
2 *adj fml (vergonzoso)* shameful, disgraceful.

África *nf* Africa.

africada *nf* affricate.

africado,-a *adj* affricative.

africanismo *nm* Africanism.

africanista *adj* Africanist.

africano,-a
1 *adj* African.
2 *nm,f* African.

afrikaans *nm* Afrikaans.

afrikáner *nm & nf* Afrikaner.

afro *adj fam* afro.

afro- *pref* afro-.

afroamericano,-a
1 *adj* African-American, Afro-American.
2 *nm,f* African-American, Afro-American.

afroasiático,-a *adj* Afro-Asian.

afrodisiaco,-a
1 *adj* aphrodisiac.
2 **afrodisiaco** *nm* aphrodisiac.

afrodisíaco,-a
1 *adj* aphrodisiac.
2 **afrodisíaco** *nm* aphrodisiac.

afrontamiento *nm* confrontation.

afrontar
1 *vt* to face, confront: afrontaron las consecuencias they faced up to the consequences.
2 *vt (poner enfrente)* to face.
3 *vt* JUR to confront, bring face to face.

afrutado,-a *adj* fruity.

afta *nf* aphtha.

afterhour *nm* after-hours club.

aftoso,-a *adj* related to aphtha.
■ fiebre aftosa foot-and-mouth disease.

afuera
1 *adv* outside: vengo de afuera I've just been outside; la parte de afuera the outside; salir afuera to come/go out.
2 *interj* out of the way!
3 **afueras** *nm pl* outskirts.
✦ más afuera further out.

agachadiza *nf* snipe.
■ agachadiza real great snipe.

agachar
1 *vt* to lower, bow.
2 **agacharse** *vpr (encogerse)* to cower.
3 *vpr (protegerse)* to duck (down).
4 *vpr (agazaparse)* to crouch (down), squat.

agalla
1 *nf (de pez)* gill.
2 *nf (de ave)* temple.
3 *nf* BOT gall, oak apple.
4 **agallas** *nf pl fam* courage *sing*, guts, pluck *sing*: tener agallas to have guts.
5 *nf pl (anginas)* sore throat *sing*.

agallegado,-a *adj* Galician-like.

ágape
1 *nm* feast, banquet.
2 *nm* HIST agape.

agarbanzado,-a
1 *adj (color)* beige.
2 *adj (vulgar)* vulgar.

agarbillar *vt* to sheave, sheaf.

agareno,-a *adj* HIST Muslim, Moslem: un perfil agareno an Arab-like profile.

agarrada *nf* run-in.

agarradera
1 *nf (asa)* handle.
2 **agarraderas** *nf pl (influencias)* influence *sing*, pull *sing*.

✦ tener buenas agarraderas to be well connected, have the right friends.

agarradero
1 *nm (asa)* handle.
2 *nm (excusa)* excuse.
3 **agarraderos** *nm pl (influencias)* influence *sing*, pull *sing*.

agarrado,-a
1 *pp* → agarrar.
2 *adj fam* stingy, tight.
✦ bailar agarrado to dance cheek to cheek.

agarrador *nm* oven cloth.

agarrar
1 *vt (con la mano)* to clutch, seize, grasp: agárrala fuerte hold it tight.
2 *vt fam (pillar)* to catch.
3 *vt fam (conseguir)* to take advantage of: hay que agarrar las oportunidades one has to grasp one's opportunities.
4 **agarrarse** *vpr (cogerse)* to hold on, cling (a, to).
5 *vpr (pegarse)* to stick.
6 *vpr fam (pelearse)* to quarrel, fight.
✦ agarrar una borrachera to get drunk/ pissed.
agarrar un cabreo to fly off the handle.
agarrarla to get drunk/pissed.
agarrarse a un clavo ardiendo *fig* to try anything, do anything.

agarre *nm (neumático)* grip; *(coche)* road holding.

agarrón *nm* pull, tug.

agarrotado,-a
1 *pp (* → agarrotar*)* tight.
2 *adj (apretado)* tight.
3 *adj (músculo)* stiff.
4 *adj (motor)* seized up.

agarrotamiento
1 *nm (atadura)* tightening.
2 *nm (rigidez)* stiffening.
3 *nm (de motor)* seizing up.

agarrotar
1 *vt (atar fuerte)* to tighten, tie up tightly.
2 *vt (oprimir)* to squeeze.
3 *vt (músculo)* to stiffen.
4 *vt (dar garrote)* to garotte.
5 **agarrotarse** *vpr (los músculos)* to stiffen.
6 *vpr (encasquillarse)* to seize up.

agasajado,-a
1 *pp* → agasajar.
2 *nm,f* guest of honour (US honor).

agasajar
1 *vt (obsequiar)* to smother with attention, treat well.
2 *vt (dar agasajo)* to wine and dine.

agasajo
1 *nm (acogida)* warm welcome; *(trato)* kindness.
2 *nm (regalo)* gift.
3 *nm (comida)* reception, banquet.

ágata *nf* agate.
▲ *Takes* el *in singular*.

agateador *nm* tree creeper.

agave *nf* agave.
agavilladora *nf* binder.
agavillar
1 *vt* to bind, sheave.
2 **agavillarse** *vpr fig* to get together, form groups.
agazapar
1 *vt* to grab (hold of).
2 **agazaparse** *vpr (esconderse)* to hide.
3 *vpr (agacharse)* to crouch (down), squat.
agencia *nf* agency; *(sucursal)* branch.
■ **agencia de transportes** carriers *pl*.
agencia inmobiliaria estate agent's, *us* real estate office.
agencia de turismo tourist office.
agencia de viajes travel agency.
agenciarse
1 *vpr (apañarse)* to manage, look after oneself, cope: **me las agenciaré como pueda** I'll manage somehow.
2 *vpr (proporcionarse)* to get oneself: **se agenció un puesto fenomenal** he got himself a fantastic job.
▲ *Conjugation model* [12], *like* **cambiar**.
agencioso,-a *adj* diligent.
agenda
1 *nf (libro)* diary.
2 *nf (orden del día)* agenda.
agente
1 *adj* agent.
2 *nm & nf* agent.
3 *nm* agent.
■ **agente de cambio y bolsa** stockbroker.
agente de policía *(hombre)* policeman; *(mujer)* policewoman.
agente de tráfico *(hombre)* traffic policeman; *(mujer)* traffic policewoman.
agente inmobiliario estate agent.
agermanado,-a *adj* Germanized.
agigantado,-a
1 *pp* → **agigantar**.
2 *adj* massive, huge.
✦ **a pasos agigantados** by leaps and bounds.
agigantar
1 *vt* to enlarge.
2 *vt fig* to exaggerate.
3 **agigantarse** *vpr* to become huge.
ágil *adj* agile.
agilidad *nf* agility: **con agilidad** swiftly.
agilipollado,-a
1 *pp* → **agilipollarse**.
2 *adj tabú* stupid, daft.
agilipollarse *vpr tabú* to become stupid, become daft.
agilización *nf* speeding up.
agilizar
1 *vt* to make agile.
2 *vt fig* to speed up.
▲ *Conjugation model* [4], *like* **realizar**.
ágilmente *adv* swiftly.
agiotaje *nm* speculation.
agiotista *nm & nf* speculator.

agitación
1 *nf* agitation.
2 *nf fig* excitement, restlessness.
agitado,-a
1 *pp* → **agitar**.
2 *adj (movido)* agitated, shaken; *(mar)* rough, choppy.
3 *adj (ansioso)* anxious.
4 *adj (ajetreado)* hectic.
agitador,-ra
1 *nm,f* agitator.
2 **agitador** *nm* QUÍM agitator.
agitanado,-a
1 *pp* → **agitanarse**.
2 *adj* Gypsy-like.
agitanarse *vt* to become Gypsy-like.
agitar
1 *vt (mover)* to agitate, shake; *(pañuelo)* to wave: **"Agítese antes de usarlo"** "Shake before use".
2 *vt (intranquilizar)* agitate, excite.
3 **agitarse** *vpr (moverse)* to move restlessly.
4 *vpr (inquietarse)* to become agitated/disturbed.
5 *vpr (mar)* to become rough.
aglomeración
1 *nf* agglomeration.
2 *nf (de gente)* crowd.
aglomerado,-a
1 *adj* → **aglomerar**.
2 **aglomerado** *nm (madera)* chipboard.
3 *nm (combustible)* briquette.
aglomerante *adj* binding material.
aglomerar
1 *vt (acumular)* to agglomerate, amass.
2 **aglomerarse** *vpr (acumularse)* to agglomerate, amass.
3 *vpr (gente)* to crowd.
aglutinación *nf* agglutination.
aglutinante
1 *adj* agglutinant, binding.
2 *nm* agglutinant.
■ **lengua aglutinante** agglutinative language.
aglutinar
1 *vt* to agglutinate, bind.
2 *vt fig* to bring together.
3 **aglutinarse** *vpr* to agglutinate.
4 *vpr fig* to come together.
agnación *nf* agnation.
agnado,-a
1 *adj* agnate.
2 *nm,f* agnate.
agnosticismo *nm* agnosticism.
agnóstico,-a
1 *adj* agnostic.
2 *nm,f* agnostic.
agobiado,-a
1 *pp* → **agobiar**.
2 *adj (doblado)* bent over/down, weighed down.
3 *adj fig (cansado)* exhausted; *(abrumado)* overwhelmed: **agobiado de trabajo** up to one's eyes in work; **agobiado de problemas** snowed under with problems.

agobiador,-ra *adj* → **agobiante**.
agobiante
1 *adj (cansado)* backbreaking, exhausting.
2 *adj (abrumado)* overwhelming.
3 *adj (lugar)* claustrophobic; *(calor)* oppressive.
4 *adj (persona)* tiresome, tiring.
agobiar
1 *vt (doblar)* to weigh/bend down.
2 *vt (abrumar)* to overwhelm.
3 **agobiarse** *vpr (angustiarse)* to worry too much, get worked up.
▲ *Conjugation model* [12], *like* **cambiar**.
agobio *nm* burden, fatigue, suffocation.
agolpamiento *nm* crowd, crush.
agolparse *vpr* to crowd, throng: **se le agolpaban las lágrimas en sus ojos** tears welled up in her eyes.
agonía
1 *nf* dying breath, last gasp: **murió después de una larga agonía** she died after a long illness; **en su agonía** on her deathbed.
2 *nf (sufrimiento)* agony, grief, sorrow.
3 **agonías** *nm & nf fam (quejica)* moaner; *(pesimista)* pessimist.
agónico,-a *adj* dying, death.
✦ **estar en estado agónico** to be at death's door.
■ **estertores agónicos** death rattle.
agonioso,-a *adj* anxious.
agonizante
1 *adj* dying.
2 *nm & nf* dying person.
agonizar
1 *vi* to be dying: **está agonizando** she could die any moment now.
2 *vi (acabarse)* to fail, fade away.
3 *vi (sufrir)* to suffer.
▲ *Conjugation model* [4], *like* **realizar**.
ágora *nf* agora.
▲ *Takes* **el** *in singular*.
agorafobia *nf* agoraphobia.
▲ *Takes* **el** *in singular*.
agorafóbico,-a *adj* agoraphobic.
agorar *vt* to predict.
agorero,-a
1 *adj* ominous: **¡qué agorera eres!** what a jinx you are!
2 *nm,f* fortune-teller.
■ **ave agorera** *fig* bird of ill omen.
agostadero *nm (lugar)* summer pasture.
agostar
1 *vt* to wither, wilt.
2 *vt fig* to extinguish, kill.
3 **agostarse** *vpr* to wither, wilt.
agosto *nm* August.
✦ **hacer su agosto** *fig* to make a packet/pile, feather one's nest.
▲ *For examples of use, see* **marzo**.
agotado,-a
1 *pp* → **agotar**.
2 *adj (cansado)* exhausted, worn out.

3 *adj (libros)* out of print; *(mercancías)* sold out.

agotador,-ra *adj* exhausting.

agotamiento *nm* exhaustion.
- **agotamiento físico** physical strain.

agotar
1 *vt (cansar)* to exhaust, tire/wear out.
2 *vt (gastar)* to exhaust, use up.
3 agotarse *vpr (cansarse)* to become exhausted, become tired out.
4 *vpr (gastarse)* to run out.
5 *vpr* COM to be sold out.

agraciado,-a
1 *pp* → **agraciar.**
2 *adj (bello)* attractive, beautiful.
3 *adj (ganador)* winning.
4 *nm,f* lucky winner.
✦ **ser poco agraciado, -a** to be unattractive/plain.

agraciar
1 *vt (embellecer)* to make more attractive, beautify.
2 *vt fml (conceder)* to bestow, reward with a favour (*us* favor).
▲ *Conjugation model* [12], *like cambiar.*

agradable *adj* nice, pleasant: poco agradable unpleasant.

agradablemente *adv* nicely, pleasantly.

agradar *vi* to please: esto me agrada I like this.

agradecer
1 *vt* to thank for, be grateful for.
2 *vt (uso impersonal)* to be welcome: siempre se agradece una ayuda help is always welcome.
▲ *Conjugation model* [43].

agradecido,-a
1 *pp* → **agradecer.**
2 *adj* grateful, thankful: le quedaría muy agradecido si… I should be very much obliged if…

agradecimiento *nm* gratefulness, gratitude, thankfulness.

agrado *nm* pleasure: no es de su agrado it isn't to his liking.

agramatical *adj* ungrammatical.

agramaticalidad *nf* ungrammaticality.

agrandamiento *nm* enlargement.

agrandar
1 *vt (hacer grande)* to enlarge, make larger.
2 *vt (exagerar)* to exaggerate.
3 agrandarse *vpr (hacerse grande)* to enlarge, become larger.
4 *vpr (acentuarse)* to become more intense.

agranujarse *vpr* to become a rogue.

agrario,-a *adj* agrarian, land, agricultural.
- **política agraria** agricultural policy.

agrarismo *nm* agrarianism.

agravamiento *nm* aggravation, worsening.

agravante
1 *adj* aggravating.
2 *mn o nf* added difficulty.
3 *mn o nf* JUR aggravating circumstance.
- **robo con agravante** aggravated theft.

agravar
1 *vt* to aggravate, worsen.
2 agravarse *vpr* to get worse, worsen.

agraviante
1 *adj* offending, insulting.
2 *nm,f* offender.

agraviar *vt* to offend, insult.
▲ *Conjugation model* [12], *like cambiar.*

agravio *nm* offence, insult.

agraz
1 *nm (uva)* unripe grape, sour grape; *(zumo)* sour grape juice.
2 *nm fig (amargura)* bitterness; *(sinsabor)* unpleasantness.
✦ **en agraz** *fig* prematurely, before its time.

agredir *vt* to attack.
▲ *Used only in forms which include the letter i in their endings:* agredía, agrediré, agrediendo.

agregación
1 *nf (añadidura)* aggregation.
2 *nf* EDUC post of teacher.
3 *nf* POL post of attaché; *(oficina)* office of the attaché.

agregado,-a
1 *pp* → **agregar.**
2 *adj* aggregate.
3 *nm,f (de instituto)* senior teacher; *(de universidad)* senior lecturer.
4 *nm,f* POL attaché.

agregaduría
1 *nf* EDUC post of teacher.
2 *nf* POL post of attaché; *(oficina)* office of the attaché.

agregar
1 *vt (añadir)* to add.
2 *vt (unir)* to gather.
3 *vt (destinar)* to appoint.
4 agregarse *vpr (unirse)* to join.
▲ *Conjugation model* [7], *like llegar.*

agremiar *vt* to form into a guild.

agresión *nf* aggression, attack.

agresivamente *adv* aggressively.

agresividad *nf* aggressiveness.

agresivo,-a *adj* aggressive.

agresor,-ra
1 *adj* attacking.
2 *nm,f* aggressor, attacker.

agreste
1 *adj (salvaje)* wild.
2 *adj (abrupto)* rugged; *(rocoso)* rocky.
3 *adj (sin cultivar)* uncultivated.
4 *adj fig (rudo)* uncouth, coarse.

agriado,-a
1 *pp* → **agriar.**
2 *adj (agrio)* sour.
3 *adj fig (amargado)* sour, embittered.

agriamente *adv* sourly.

agriar
1 *vt* to sour.
2 *vt fig (persona)* to embitter.
3 agriarse *vpr* to turn sour.
▲ *Conjugation model* [12], *like cambiar.*

agrícola *adj* agricultural, farming: las técnicas agrícolas han cambiado farming techniques have changed.

agricultor,-ra *nm,f* farmer.

agricultura *nf* agriculture, farming.

agridulce
1 *adj* bittersweet.
2 *adj* CULIN sweet and sour.

agrietamiento *nm* cracking; *(de la piel)* chapping.

agrietar
1 *vt* to crack; *(piel)* to chap.
2 agrietarse *vpr* to crack; *(piel)* to get chapped.

agrimensor,-ra *nm,f* surveyor.

agrimensura *nf* surveying.

agrio,-a
1 *adj* sour.
2 agrios *nm pl* citrus fruits.

agrisado,-a *adj* greyish.

agro *nm* agriculture.

agronomía *nf* agronomy.

agronómico,-a *adj* agronomical, agronomic.

agrónomo,-a
1 *adj* farming.
2 *nm,f* agronomist.

agropecuario,-a *adj* agricultural, farming.

agroturismo *nm* rural tourism.

agrumarse *vpr* to go lumpy.

agrupación
1 *nf* grouping, group.
2 *nf (asociación)* association.

agrupamiento
1 *nf* grouping, group.
2 *nf (asociación)* association.

agrupar
1 *vt* to group, put into groups.
2 agruparse *vpr* to group together, form a group.
3 *vpr (asociarse)* to associate.

agrura *nf* sourness, tartness.

agua
1 *nf* water: echarse al agua to dive in.
2 *nf (lluvia)* rain.
3 *nf* ARQ slope of a roof: tejado a dos aguas pitched roof.
4 aguas *nf pl (del mar, río)* waters: aguas arriba upstream.
5 *nf pl (de brillante)* water *sing*, sparkle *sing*.
✦ **claro como el agua** crystal clear.
como agua de mayo a godsend.
como dos gotas de agua like two peas in a pod.
estar con el agua al cuello *fig* to be up to one's neck in it.
estar entre dos aguas to sit on the fence.

hacérsele la boca agua a uno *fig* to make one's mouth water.

hacerse una cosa agua en la boca to melt in one's mouth.

nunca digas de esta agua no beberé never say never.

romper aguas to break waters.

■ **agua bendita** holy water.

agua corriente running water.

agua de colonia (eau de) cologne.

agua del grifo tap water.

agua de lluvia rainwater.

agua de mar seawater.

agua dulce fresh water.

agua mineral con gas sparkling mineral water.

agua mineral sin gas still mineral water.

agua oxigenada hydrogen peroxide.

agua potable drinking water.

agua salada salt water.

aguas jurisdiccionales territorial waters.

aguas menores *fam* pee *sing*.

aguas residuales sewage *sing*.

aguas termales thermal springs.

▲ *Takes* el *in singular.*

aguacatal *nm* avocado plantation.

aguacate *nm* (*árbol*) avocado; (*fruto*) avocado (pear).

aguacero *nm* heavy shower, downpour.

aguachirle *nf* dishwater.

▲ *Takes* el *in singular.*

aguada

1 *nf* fresh water supply.

2 *nf* ART gouache.

✦ **hacer aguada** to take on water.

aguadero *nm* drinking trough.

aguadilla *nf* → ahogadilla.

aguado,-a

1 *pp* → aguar.

2 *adj* watered down, wishy-washy: leche aguada watered-down milk.

aguador,-ra *nm,f* water carrier.

aguaducho *nm* flood.

aguafiestas *nm & nf* killjoy, spoilsport, wet blanket.

▲ *pl* aguafiestas.

aguafuerte

1 *mn o nf* ART etching: grabar algo al aguafuerte to etch something.

2 *mn o nf* QUÍM nitric acid.

▲ *Takes* el *in singular.*

aguafuertista *nm & nf* etcher.

aguamanil *nm* (*jarro*) water jug; (*palangana*) water bowl.

aguamanos *nm* water bowl.

▲ *pl* aguamanos.

aguamar *nm* jellyfish.

aguamarina *nf* aquamarine.

aguamiel *nf* hydromel.

▲ *Takes* el *in singular.*

aguanieve *nf* sleet.

▲ *Takes* el *in singular.*

aguanoso,-a

1 *adj* (*fruto*) watery.

2 *adj* (*lugar*) waterlogged.

aguantable *adj* bearable, tolerable.

aguantaderas *nf pl fam* patience *sing*.

✦ **tener aguantaderas** to put up with a lot, be tolerant.

aguantar

1 *vt* (*contener*) to hold (back).

2 *vt* (*sostener*) to hold, support.

3 *vt* (*soportar*) to tolerate: no aguanto más I can't stand any more, I can't take any more.

4 aguantarse *vpr* (*contenerse*) to keep back; (*risa, lágrimas*) to hold back.

5 *vpr* (*resignarse*) to resign oneself.

✦ **¡que se aguante!** *fam* that's her/his tough luck!

aguante

1 *nm* (*paciencia*) patience, endurance.

2 *nm* (*fuerza*) strength.

✦ **tener mucho aguante** (*paciente*) to be very patient; (*resistente*) to be strong, have a lot of stamina.

aguar

1 *vt* to water down, add water to.

2 aguarse *vpr* to become flooded.

✦ **aguar la fiesta a alguien** to spoil somebody's fun.

▲ *Conjugation model* [22], *like* averiguar.

aguardar

1 *vt* to wait (for), await: no sé lo que me aguarda el futuro I don't know what the future holds for me.

2 *vi* to wait.

aguardentoso,-a *adj* alcoholic, containing spirits.

■ **voz aguardentosa** rough/husky voice.

aguardiente *nm* eau de vie, spirit, liquor.

■ **aguardiente de caña** sugar cane liquor.

aguardo *nm* hide.

aguarrás *nm* turpentine.

aguatinta *nf* aquatint.

aguaturma *nf* Jerusalem artichoke.

aguaza *nf* sap.

aguazal *nm* puddle.

agudamente *adv* sharply.

agudeza

1 *nf* sharpness, keenness; (*dolor*) acuteness.

2 *nf fig* (*viveza*) wit, wittiness.

3 *nf fig* (*ingenio*) witticism, witty saying.

agudización

1 *nf* sharpening.

2 *nf* (*empeoramiento*) worsening.

agudizamiento

1 *nf* sharpening.

2 *nf* (*empeoramiento*) worsening.

agudizar

1 *vt* (*afilar*) to sharpen.

2 *vt* (*empeorar*) to worsen, intensify, make more acute.

3 agudizarse *vpr* (*afilarse*) to become sharper.

4 *vpr* (*empeorar*) to worsen, intensify, become more acute.

▲ *Conjugation model* [4], *like* realizar.

agudo,-a

1 *adj* (*afilado*) sharp.

2 *adj* (*dolor*) acute.

3 *adj fig* (*ingenioso*) witty; (*mordaz*) sharp.

4 *adj fig* (*sentido*) sharp, keen.

5 *adj* (*voz*) high-pitched.

6 *adj* (*sonido*) treble, high.

7 *adj* LING (*palabra*) oxytone; (*acento*) acute.

agüera *nf* irrigation ditch.

agüero *nm* omen, presage.

✦ **ser de mal agüero** to be ill-omened.

ser pájaro de mal agüero *fig* to be bird of ill omen.

aguerrido,-a

1 *pp* → aguerrir.

2 *adj* hardened.

aguerrir *vt* to harden, inure.

▲ *Used only in forms which include the letter* i *in their endings:* aguerría, aguerriré, aguerriendo.

aguijada *nf* goad.

aguijar

1 *vt* to goad.

2 *vt fig* (*apresurar*) to urge on.

3 *vt fig* (*estimular*) to stimulate.

aguijón

1 *nm* ZOOL sting.

2 *nm* BOT thorn, prickle.

3 *nm fig* (*estímulo*) sting, spur.

4 *nm* (*espuela*) spur.

aguijonada *nf* sting.

aguijonazo

1 *nm* (*punzada*) sting.

2 *nm fig* (*estímulo*) goad.

aguijonear

1 *vt* (*punzar*) to goad.

2 *vt fig* (*estimular*) to spur on.

águila *nf* eagle.

✦ **ser un águila** *fig* to be a genius.

tener vista de águila to be eagle-eyed.

■ **águila caudal** golden eagle.

águila culebrera short-toed eagle.

águila imperial imperial eagle.

águila pescadora osprey.

águila ratonera buzzard.

águila real golden eagle.

▲ *Takes* el *in singular.*

aguilando *nm* → aguinaldo.

aguileño,-a *adj* aquiline: nariz aguileña aquiline/hook nose.

aguilera *nf* eyrie.

agüilla *nf* watery liquid.

aguilón

1 *nm* ARQ gable, gable end.

2 *nm* TÉC jib.

aguilucho

1 *nm* (*cría del águila*) eaglet.

2 *nm* (*ave*) harrier.

aguinaldo

1 *nm (de Navidad)* Christmas bonus/box.
2 *nm (paga extra)* bonus.
3 *nm (villancico)* Christmas carol.

aguja

1 *nf* needle; *(de tricotar)* knitting needle.
2 *nf (de reloj)* hand; *(de tocadiscos)* stylus.
3 *nf (de arma)* firing pin.
4 *nf (obelisco)* obelisk; *(capitel)* spire, steeple.
5 *nf (de tren)* point, *US* switch.
6 *nf (pez)* garfish.
7 *nf (ave)* godwit.
8 *nf (pastel dulce)* sweet pastry; *(pastel salado)* meat/fish pastry.
9 **agujas** *nf pl* ribs: **carne de agujas** shoulder.
✦ **buscar una aguja en un pajar** to look for a needle in a haystack.

agujereado,-a

1 *pp →* **agujerear**.
2 *adj* with holes, perforated.

agujerear

vt to pierce, perforate, make holes in.

agujero

1 *nm* hole.
2 *nm fig (falta de dinero)* shortfall: **encontraron un agujero de varios millones de euros** they found that several million euros were missing.
■ **agujero negro** black hole.

agujetas

nf pl stiffness *sing*: **tener agujetas** to be stiff.

agujetero,-a

nm,f (fabricante) needle maker; *(vendedor)* needle seller.

aguoso,-a

adj → **acuoso,-a**.

agur

interj fam bye!, see you!

agusanado,-a

1 *pp →* **agusanarse**.
2 *adj* maggoty, wormy.

agusanarse

vpr to get maggoty, get wormy.

agustino,-a

1 *adj* Augustinian.
2 *nm,f* Augustinian.

agutí

nm agouti.

aguzadura

nf sharpening.

aguzanieves

nf pied wagtail.
▲ *pl* **aguzanieves**.

aguzar

1 *vt (afilar)* to sharpen.
2 *vt (estimular)* to spur on, prick.
3 **aguzarse** *vpr* to become sharper.
✦ **aguzar el oído** to prick up one's ears.
aguzar la vista to look attentively.
la necesidad aguza el ingenio necessity is the mother of invention.
▲ *Conjugation model* [4], *like* **realizar**.

ah

1 *interj (caer en la cuenta)* ah!, oh!: **¡ah, ya te entiendo!** ah, now I see!
2 *interj (sorpresa, admiración)* oh!

ahechar

vt to sieve, sift.

aherrojar

1 *vt (encadenar)* to chain, put in irons.
2 *vt (someter)* to oppress.

aherrumbrar

1 *vt (color)* to turn rusty red.
2 *vt (sabor)* to give a metallic taste to.
3 **aherrumbrarse** *vpr (oxidarse)* to rust, go rusty.
4 *vpr (saber a hierro)* to taste of metal.

ahí

adv there, in that place.
✦ **de ahí que** hence, therefore.
por ahí *(lugar)* round there; *(aproximadamente)* more or less.

ahijado,-a

1 *pp →* **ahijar**.
2 *nm,f* godchild; *(chico)* godson; *(chica)* goddaughter.
3 *nm,f (adoptivo)* adopted child.

ahijamiento

nm adoption.

ahijar

1 *vt* to adopt.
2 *vt fig* to attribute, impute.
3 **ahijarse** *vpr* to adopt.
▲ *Conjugation model* [15], *like* **aislar**.

ahilado,-a

1 *pp →* **ahilarse**.
2 *adj (viento)* light, soft.
3 *adj (voz)* thin, weak.

ahilarse

1 *vpr (adelgazarse)* to lose weight.
2 *vpr (desmayarse)* to faint with hunger.
3 *vpr BOT* to grow poorly.

ahincado,-a

1 *pp →* **ahincar**.
2 *adj* efficient.

ahincar

1 *vt* to press, urge.
2 **ahincarse** *vpr* to hurry up.
▲ *Conjugation model* [23].

ahínco

nm eagerness, keenness, enthusiasm: **con ahínco** eagerly, enthusiastically.

ahíto,-a

1 *adj (de comida)* stuffed, full.
2 *adj (harto)* fed up.
3 **ahíto** *nm* indigestion.

ahocicar

1 *vt fam* to shut somebody up.
2 *vi fam (claudicar)* to give in, yield.
3 *vi (caer)* to fall flat on one's face.
▲ *Conjugation model* [1], *like* **sacar**.

ahogadilla

nf ducking: **le hicieron/dieron una ahogadilla** they ducked her, they gave her a ducking.

ahogadillo

nm ducking.

ahogado,-a

1 *pp →* **ahogar**.
2 *adj* drowned.
3 *adj (asfixiado)* asphyxiated, suffocated.
4 *adj fig (deudas etc)* up to one's neck.
5 *adj (sitio)* stuffy, close.
6 *nm,f* drowned person.

ahogar

1 *vt (asfixiar)* to choke, suffocate: **la ahogó con un cojín** he suffocated her with a cushion.

2 *vt (en el agua)* to drown.
3 *vt (plantas)* to overwater.
4 *vt (motor)* to flood.
5 *vt (fuego)* to put out, extinguish.
6 *vt fig (reprimir)* to stifle, put down: **el presidente ahogó la revolución** the President put down the revolution; **apenas logró ahogar las lágrimas** she just managed to hold back her tears.
7 **ahogarse** *vpr* to be drowned, drown: **se cayó al río y se ahogó** he fell into the river and drowned.
8 *vpr (sofocarse)* to choke, suffocate: **me estoy ahogando de calor** the heat's stifling, I can't breathe in this heat.
9 *vpr (motor)* to flood.
✦ **ahogar las penas** to drown one's sorrows.
ahogarse en un vaso de agua *fig* to make a mountain out of a molehill.
▲ *Conjugation model* [7], *like* **llegar**.

ahogo

1 *nm (al respirar)* breathlessness, shortness of breath.
2 *nm (congoja)* anguish, sorrow, distress.
3 *nm (penuria)* financial difficulty.

ahombrarse

vpr fam to become mannish, become butch.

ahondar

1 *vt (hacer profundo)* to deepen, make deeper.
2 *vt (meter en profundidad)* to go deep.
3 *vi* to go deep.
4 *vi (investigar)* to examine: **ahondar en un problema** to examine a problem in depth.

ahora

1 *adv (en este momento)* now: **ahora no tengo tiempo** I haven't got time now.
2 *adv (hace un momento)* just a moment ago: **lo acabo de ver ahora** I've just seen it.
3 *adv (dentro de un momento)* in a minute, shortly: **ahora te lo preparo** I'll get it ready for you in a minute.
4 *conj (adversativa)* however: **gana poco; ahora, tampoco trabaja mucho** he doesn't earn very much; but then, he doesn't work very hard.
✦ **ahora bien** but, however.
ahora o nunca now or never.
de ahora en adelante from now on.
hasta ahora until now, so far.
por ahora for the time being.

ahorcado,-a

1 *pp →* **ahorcar**.
2 *adj* hanged.
3 *nm,f* hanged person.

ahorcajarse

vpr to sit astride.

ahorcamiento

nm hanging.

ahorcar

vt to hang.
✦ **se ahorcó con el cinturón** he hanged himself with his belt.
▲ *Conjugation model* [1], *like* **sacar**.

ahormar

1 *vt (ajustar)* to shape, form.
2 *vt fig* to mould.

ahornar *vt* to bake.
ahorquillado,-a
1 *pp* → ahorquillar.
2 *adj* forked.
ahorquillar
1 *vt (sujetar)* to prop up.
2 *vt (dar forma)* to shape like a fork.
ahorrador,-ra
1 *adj* thrifty.
2 *nm,f* thrifty person.
ahorrar
1 *vt (dinero, energía, etc)* to save: **hemos de ahorrar energía** we must save energy; **lo gasta todo, no ahorra nada** she spends it and and saves nothing.
2 *vt (molestia, problema)* to save, spare: **esto te ahorrará mucho trabajo** this will save you a lot of work; **no se lo dije por ahorrarle el disgusto** I didn't tell him to avoid upsetting him.
3 **ahorrarse** *vpr* to save oneself: **te ahorrarás problemas si lo haces como yo te digo** you'll save yourself problems if you do it the way I say; **de haber llamado antes me habría ahorrado el viaje** if I'd phoned first I'd have saved myself the journey; **te podrías haber ahorrado ese comentario** you could have kept that comment to yourself.
ahorrativo,-a *adj* thrifty.
ahorrillos *nm pl* nest egg *sing*.
ahorro
1 *nm* saving: **me supone un ahorro de 60 euros al mes** it represents a saving of 60 euros a month.
2 *nm (cualidad)* thrift.
3 **ahorros** *nm pl* savings: **tengo unos ahorros** I have some savings.
▪ **caja de ahorros** savings bank.
ahuecador *nm* bustle, crinoline.
ahuecamiento
1 *nm (acción)* hollowing out.
2 *nm (de colchón)* fluffing up; *(de tierra)* loosening.
3 *nm (de voz)* deepening.
4 *nm fig (engreimiento)* conceit, vanity.
ahuecar
1 *vt* to hollow out: **ahuecar las manos** to cup one's hands.
2 *vt (esponjar)* to fluff up; *(tierra)* to loosen.
3 *vt (voz)* to deepen.
4 **ahuecarse** *vpr (engreírse)* to become conceited, give oneself airs.
▲ *Conjugation model* [1], *like* sacar.
ahumado,-a
1 *pp* → ahumar.
2 *adj* smoked; *(bacon)* smoky.
3 **ahumado** *nm (proceso)* smoking.
ahumar
1 *vt (tratar con humo)* to smoke.
2 *vt (llenar de humo)* to fill with smoke, smoke out.
3 *vi (echar humo)* to give off smoke, smoke.

4 **ahumarse** *vpr (adquirir color)* to blacken, turn black; *(adquirir olor)* to develop a smoky smell; *(adquirir sabor)* to acquire a smoky taste.
5 *vpr fam (emborracharse)* to get drunk.
▲ *Conjugation model* [16], *like* aunar.
ahusado,-a *adj* tapered, tapering.
ahuyentar
1 *vt* to drive away, scare away.
2 *vt fig* to dismiss.
AI *abr* (**Amnistía Internacional**) Amnesty International; *(abreviatura)* AI.
ailanto *nm* tree of heaven.
aindiado,-a *adj* Indian-like.
airadamente *adv* irately, furiously, angrily.
airado,-a
1 *pp* → airarse.
2 *adj* angry, furious, irate.
airar
1 *vt* to anger, make furious.
2 **airarse** *vpr* to get angry.
▲ *Conjugation model* [15], *like* aislar.
airbag *nm* airbag.
▲ *Registered trademark.*
aire
1 *nm* air.
2 *nm (viento)* wind; *(corriente)* draught: **hace aire** it's windy.
3 *nm fig (aspecto)* air, appearance: **tiene un aire cansado** she looks tired.
4 *nm fig (parecido)* resemblance, likeness: **este niño tiene un aire a su abuelo** this boy takes after his grandfather; **tienen un aire de familia** there's a family likeness to them.
5 *nm fig (estilo)* style, manner, way: **lo hizo a su aire** he did it his way.
6 *nm fig (gracia)* gracefulness, elegance: **Luisa camina con mucho aire** Luisa walks very gracefully.
7 *nm fig (ambiente)* atmosphere: **había mucha tensión en el aire** the atmosphere was very tense.
8 *nm MÚS* air, melody.
✦ **al aire** *(hacia arriba)* into the air; *(al raso)* uncovered.
al aire libre in the open air, outdoors.
cambiar de aires to change one's surroundings, have a change of scenery.
darse aires to put on airs.
estar en el aire *(en antena)* to be on the air.
hacerse/darse aire to fan oneself.
saltar por los aires to blow up.
tener aires to put on airs.
tomar el aire to take the air, get some fresh air.
vivir del aire to live on air.
¡vete a tomar (el) aire! *fam* get lost!
▪ **aire acondicionado** air conditioning.
aire puro clean air.
aireación *nf* ventilation.
airear
1 *vt (ventilar)* to air.
2 *vt fig (un asunto)* to publicize.

3 **airearse** *vpr (tomar el aire)* to take/get some fresh air.
4 *vpr (resfriarse)* to catch a cold.
aireo
1 *nm (ventilación)* airing.
2 *nm fig (un asunto)* publicizing.
airón
1 *nm (garza)* heron.
2 *nm (penacho)* crest, tuft.
airosamente *adv* successfully, well.
airoso,-a
1 *adj (lugar)* windy.
2 *adj (persona)* graceful, elegant.
✦ **salir airoso,-a** to do well, be successful: **salió airoso de la entrevista** he did well in the interview.
aislacionismo *nm* isolationism.
aislacionista
1 *adj* isolationist.
2 *nm & nf* isolationist.
aislado,-a
1 *pp* → aislar.
2 *adj (suelto)* isolated.
3 *adj TÉC* insulated.
aislador,-ora
1 *adj* insulating.
2 **aislador** *nm* insulator.
aislamiento
1 *nm (acción)* isolation.
2 *nm TÉC* insulation.
aislante
1 *adj* insulating.
2 *nm* insulator.
aislar
1 *vt (dejar separado)* to isolate.
2 *vt TÉC* to insulate.
3 **aislarse** *vpr (uso reflexivo)* to isolate oneself (**de**, from).
▲ *Conjugation model* [15].
ajá *interj* good!
ajado,-a
1 *pp* → ajar.
2 *adj (piel)* wizened.
3 *adj (ropa)* shabby.
ajajá *interj* → ajá.
ajamonarse *vpr fam* to get plump.
ajar
1 *vt (deslucir)* to spoil, wear out.
2 **ajarse** *vpr (persona)* to become worn out, wear oneself out.
3 *vpr (piel)* to become wrinkled, wrinkle.
ajardinar *vt* to landscape, lay out with gardens.
a. J.C. *abr* → a. de J.C.
ajedrea *nf* savory.
ajedrecista *nm & nf* chess player.
ajedrez
1 *nm (juego)* chess.
2 *nm (tablero y piezas)* chess set.
ajedrezado,-a *adj* chequered, US checkered.
ajenjo
1 *nm (planta)* wormwood, absinth, absinthe.
2 *nm (bebida)* absinth, absinthe.

ajeno,-a
1 *adj (de otro)* another's, belonging to other people: **esta semana el equipo juega en campo ajeno** our team plays away from home this week; **eso sucedió por causas ajenas a nuestra voluntad** it happened for reasons beyond our control.
2 *adj (distante)* detached: **se mantuvo ajeno a la conversación** he didn't get involved in the conversation; **era totalmente ajeno a lo que sucedía** he was completely unaware of what was happening.
3 *adj (impropio)* inappropriate, unsuitable: **tuvo un comportamiento ajeno a él** it's not like him to behave that way.
4 *adj (extraño)* not involved: **es ajeno al escándalo de las escuchas telefónicas** he's not involved in the phone tapping affair; **"Prohibido el paso a toda persona ajena a la obra"** "Authorized personnel only".
✦ **meterse en lo ajeno** to meddle in other people's affairs.
vivir a costa ajena to live off other people.

ajete *nm* young garlic.

ajetreado,-a
1 *pp* → ajetrearse.
2 *adj* busy, hectic.

ajetrearse *vt* to be busy, bustle about.

ajetreo *nm* activity, bustle.

ají *nm AM* red pepper, chilli.

ajiaceite *nm* garlic and olive oil sauce.

ajicomino *nm* garlic and cumin sauce.

ajilimoje
1 *nm* garlic and pepper sauce.
2 ajilimojes *nm pl* things, bits and pieces.

ajilimójili *nm* → ajilimoje.

ajillo *nm*
✦ **al ajillo** fried with garlic.

ajipuerro *nm* wild leek.

ajo *nm* garlic.
✦ **estar en el ajo** *fam fig* to be involved, be in the thick of it.
■ **ajo tierno** young garlic.

ajoarriero *nm dish prepared with cod, olive oil, eggs and garlic.*

ajolote *nm* axolotl.

ajonjolí *nm* sesame.
▲ *pl ajonjolíes.*

ajonuez *nm* garlic and nutmeg sauce.
▲ *pl ajonueces.*

ajoqueso *nm* stew with garlic and cheese.

ajorca *nf* bracelet; *(para el tobillo)* anklet.

ajornalar *vt* to employ by the day.

ajuar
1 *nm (de novia)* trousseau.
2 *nm (de bebé)* layette.
3 *nm (muebles)* household furniture, household furnishings *pl*; *(bienes)* property, goods *pl*.

ajumarse *vpr fam* to get drunk.

ajuntar
1 *vt fam* to be friends with: **ahora no te ajunto** I am not friends with you now.
2 **ajuntarse** *vpr fam (cohabitar)* to cohabit, live together.

ajustable *adj (sábana)* fitted.

ajustado,-a
1 *pp* → ajustar.
2 *adj (precio)* very low, rock-bottom; *(presupuesto)* tight: **nuestros precios son tan ajustados que apenas sacamos ganancia** our prices are so low that we hardly make a profit; **trabajamos con un presupuesto muy ajustado** we're on a very tight budget.
3 *adj (apretado)* tight-fitting, tight: **lleva unos pantalones ajustadísimos** he wears very tight-fitting trousers.

ajustador,-ra
1 *adj* adjusting, fitting.
2 *nm,f* fitter.

ajustamiento *nm* settlement.

ajustar
1 *vt (adaptar)* to adjust, regulate.
2 *vt (apretar)* to tighten.
3 *vt (encajar)* to fit, fit tight.
4 *vt (acordar)* to fix, agree on, set.
5 *vi* to fit.
6 **ajustarse** *vpr (ceñirse)* to fit: **la puerta se ajusta perfectamente al marco** the door is a perfect fit.
7 *vpr (ponerse de acuerdo)* to come to an agreement; *(estar de acuerdo)* to agree with, fit in with: **esto no se ajusta a la verdad** this is not true; **esto no se ajusta a mi presupuesto** this is outside my price range.
✦ **ajustar cuentas** *COM* to settle up; *fig* to settle a score.
ajustarse el cinturón to tighten one's belt.

ajuste
1 *nm (unión)* adjustment, fitting.
2 *nm TÉC* assembly.
3 *nm COM* settlement, fixing.
4 *nm (tipografía)* make-up, composition.
■ **ajuste de cuentas** *fig* settling of scores.

ajusticiado,-a
1 *pp* → ajusticiar.
2 *adj* executed.
3 *nm,f* executed person.
✦ **morir ajusticiado,-a** to be executed.

ajusticiamiento *nm* execution.

ajusticiar *vt* to execute.
▲ *Conjugation model [12], like cambiar.*

al *contr* → a.
✦ **al + inf** on + ger: **me lo encontré al salir de casa** I met him when I was leaving, I met him on leaving; **al quedarse sin dinero, tuvo que ponerse a trabajar** when he ran out of money, he had to get down to work.
está al caer it's about to happen.
▲ *Contraction of a + el.*

ala
1 *nf* wing: **de dos alas** two-winged.
2 *nf (de sombrero)* brim.
3 *nf (de hélice)* blade.
4 *nf DEP* winger.
5 *nf (de mesa)* leaf, flap.
6 *nf fam (dinero)*: **me debes cincuenta del ala** you owe me fifty euros.
7 **alas** *nf pl (atrevimiento)* daring *sing*.
✦ **ahuecar el ala** *fam* to beat it, keep out of the way.
andar con el ala caída to be downcast.
cortarle las alas a alguien *fig* to clip somebody's wings.
dar alas a alguien to encourage somebody, egg somebody on.
volar con sus propias alas *fig* to stand on one's own two feet.
■ **ala delta** *(aparato)* hang glider; *(aparato)* hang gliding.
▲ *Takes el in singular.*

alabanza
1 *nf (elogio)* praise.
2 *nf (jactancia)* boasting, bragging.

alabar
1 *vt (elogiar)* to praise.
2 **alabarse** *vpr (jactarse)* to boast.

alabarda *nf* halberd.

alabardado,-a *adj* halberd-shaped.

alabardero
1 *nm (soldado)* halberdier.
2 *nm (claque)* member of the claque, paid applauder.

alabastrina *nf* thin sheet of alabaster.

alabastrino,-a *adj* alabastrine.

alabastro *nm* alabaster.

álabe
1 *nm (rama)* drooping branch.
2 *nm (de rueda hidráulica)* paddle; *(diente)* tooth.

alabear
1 *vt* to warp.
2 **alabearse** *vpr* to warp.

alabeo *nm* warp, warping.

alacena *nf* cupboard.

alacrán *nm* scorpion.

alada *nf (movimiento)* flutter, fluttering.

alado,-a
1 *adj (con alas)* winged.
2 *adj (veloz)* fast, quick.

alagartado,-a *adj* motley.

alambicado,-a
1 *adj (escaso)* given sparingly.
2 *adj fig (rebuscado)* overcomplicated.
3 *adj pey* affected.

alambicamiento
1 *nm (destilación)* distilling, distillation.
2 *nm (sutileza)* affectation.

alambicar
1 *vt (destilar)* to distil.
2 *vt (examinar)* to scrutinize.
3 *vt fig (estilo)* to complicate.
4 *vt fig (reducir ganancias)* to reduce to a minimum.
▲ *Conjugation model [1], like sacar.*

alambique *nm* still.
alambrada *nf* wire fence.
alambrado,-a
  1 *pp* → alambrar.
  2 *adj* wire-fenced.
  3 alambrado *nm* wire fence.
  4 *nm* → alambrera.
alambrar *vt* to fence (off) with wire.
alambre *nm* wire.
  ✦ estar como un alambre to be as thin as a rake.
  ▪ alambre de púas barbed wire.
alambrera
  1 *nf (para ventana)* wire netting.
  2 *nf (de brasero)* fireguard.
  3 *nf (de comida)* food safe.
alambrista *nm & nf* tightrope walker.
alameda
  1 *nf* poplar grove.
  2 *nf (paseo)* avenue, promenade, boulevard.
álamo *nm* poplar.
alancear *vt* to spear.
alano,-a *adj* mastiff, wolfhound.
alar *nm* eaves *pl*.
alarde *nm* display, bragging, boasting.
  ✦ hacer alarde de to flaunt, show off, parade.
alardear *vi* to boast, brag, show off.
alardeo *nm* → alarde.
alargadera
  1 *nf TÉC* extension.
  2 *nf QUÍM* adapter.
alargado,-a
  1 *pp* → alargar.
  2 *adj* long, elongated.
alargador,-ra
  1 *adj* lengthening, extending.
  2 alargador *nm* extension lead.
alargamiento
  1 *nm* lengthening; *(estirado)* stretching.
  2 *nm (prolongación)* prolongation, extension.
alargar
  1 *vt* to lengthen.
  2 *vt (estirar)* to stretch.
  3 *vt (prolongar)* to prolong.
  4 *vt (dar)* to hand, pass.
  5 alargarse *vpr* to lengthen.
  ▲ Conjugation model [7], like llegar.
alargo *nm* extension lead.
alarido *nm* screech, yell, shriek: dar un alarido to howl.
alarma *nf* alarm.
  ✦ dar la alarma to give the alarm, raise the alarm.
  ▪ alarma aérea air-raid warning.
alarmado,-a
  1 *pp* → alarmar.
  2 *adj* alarmed.
alarmante *adj* alarming.
alarmar
  1 *vt* to alarm.

2 **alarmarse** *vpr* to be alarmed, alarm oneself.
alarmismo *nm* alarmism.
alarmista *nm & nf* alarmist.
alauita *adj* Alaouite: el país alauita Morocco.
alavés,-esa
  1 *adj* of Álava, from Álava.
  2 *nm,f* person from Álava, inhabitant of Álava.
alazán,-ana
  1 *adj* light chestnut, sorrel.
  2 *nm,f (caballo)* sorrel horse.
alazor *nm* safflower.
  ▪ aceite de alazor safflower oil.
alba
  1 *nf* dawn, daybreak.
  2 *nf REL* alb.
  ✦ al rayar/romper el alba at dawn, at daybreak.
  ▲ Takes el in singular.
albaca *nf* → albahaca.
albacea *nm & nf JUR (hombre)* executor; *(mujer)* executrix.
albacetense
  1 *adj* of Albacete, from Albacete.
  2 *nm & nf* person from Albacete, inhabitant of Albacete.
albaceteño,-a
  1 *adj* of Albacete, from Albacete.
  2 *nm,f* person from Albacete, inhabitant of Albacete.
albacora *nf* albacore, long-fin tunny.
albahaca *nf* basil.
albanés,-esa
  1 *adj* Albanian.
  2 *nm,f (persona)* Albanian.
  3 albanés *nm (idioma)* Albanian.
Albania *nf* Albania.
albañal
  1 *nm* sewer, drain.
  2 *nm fig* mess.
albañil *nm (de ladrillos)* bricklayer; *(en general)* building worker.
albañilería
  1 *nf (oficio)* bricklaying.
  2 *nf (obra)* brickwork: techo de albañilería brick ceiling.
albar *adj* white.
albarán *nm* delivery note, despatch note.
albarca *nf* clog.
albarda *nf* packsaddle.
albardado,-a
  1 *pp* → albardar.
  2 *adj (caballo)* with the back of a different colour from the body.
albardar *vt* to saddle.
albardilla *nf* coping stone.
albaricoque
  1 *nm (fruta)* apricot.
  2 *nm (árbol)* apricot tree.
albaricoquero *nm* apricot tree.
albariño *nm* Albariño wine.

albarrana torre albarrana watchtower.
albarranilla *nf* scilla.
albatros *nm* albatross.
  ▲ *pl albatros.*
albayalde *nm* white lead.
albazano,-a *adj* bay.
albedrío *nm* will.
  ▪ libre albedrío free will.
albéitar *nm* veterinary surgeon.
alberca *nf* reservoir.
albérchiga
  1 *nf (melocotón)* peach.
  2 *nf (albaricoque)* apricot.
albérchigo *nm* → albérchiga.
albergar
  1 *vt (alojar)* to lodge, house, accommodate.
  2 *vt fig (sentimientos)* to cherish, harbour *(US harbor)*.
  3 albergarse *vpr* to stay.
  ▲ Conjugation model [7], like llegar.
albergue
  1 *nm (hostal)* hostel.
  2 *nm (refugio)* shelter, refuge.
  ✦ dar albergue to take in, put up.
  ▪ albergue juvenil youth hostel.
albero,-a
  1 *adj (blanco)* white.
  2 albero *nm* dishcloth.
albinismo *nm* albinism.
albino,-a
  1 *adj* albino.
  2 *nm,f* albino.
albis in albis *loc* left in the dark.
  ✦ estar in albis not to have the faintest idea.
  quedarse in albis not to know a thing.
albo,-a *adj lit* white.
albóndiga *nf* meatball.
albondiguilla *nf* meatball.
albor
  1 *nm (luz)* dawn.
  2 *nm lit (blancura)* whiteness.
  3 albores *nm pl lit (comienzo)* beginning sing.
alborada
  1 *nf (alba)* dawn, break of day.
  2 *nf (música)* dawn song.
  3 *nf (toque militar)* reveille.
alborear *vi* to dawn.
  ▲ Used only in the 3rd person; it does not take a subject.
albornoz *nm* bathrobe.
  ▲ *pl albornoces.*
alborotadamente
  1 *adv (agitadamente)* excitedly.
  2 *adv (ruidosamente)* noisily.
alborotadizo,-a *adj* excitable.
alborotado,-a
  1 *pp* → alborotar.
  2 *adj (agitado)* agitated, excited.
  3 *adj (ruidoso)* noisy, rowdy.
  4 *adj (desordenado)* untidy, messy.
  5 *adj (irreflexivo)* reckless, rash.

alborotador,-ra
1 *adj (rebelde)* rebellious, turbulent.
2 *adj (ruidoso)* noisy, rowdy.
3 *adj (mar)* rough, tempestuous.
4 *nm,f* troublemaker, agitator.

alborotar
1 *vt (agitar)* to agitate, excite.
2 *vt (desordenar)* to make untidy, turn upside down.
3 *vt (sublevar)* to incite to rebel.
4 *vi* to make a racket.
5 **alborotarse** *vpr (excitarse)* to get excited.
6 *vpr (el mar)* to get rough.
7 *vpr (alarmarse)* to be alarmed.

alboroto
1 *nm (gritería)* din, racket, row.
2 *nm (desorden)* uproar, commotion, disturbance.
3 *nm (sobresalto)* shock, alarm.

alborozado,-a
1 *pp* → alborozar.
2 *adj* overjoyed, jubilant.

alborozar
1 *vt* to delight, fill with joy.
2 **alborozarse** *vpr* to be overjoyed.
▲ *Conjugation model* [4], *like realizar.*

alborozo *nm* joy, merriment, gaiety.

albricias
1 *nf pl (regalo)* present *sing*, gift *sing*.
2 *interj* great!, smashing!

albufera *nf* lagoon.

álbum *nm* album.
▲ *pl álbumes.*

albumen *nm* albumen.
▲ *pl albúmenes.*

albúmina *nf* albumin.

albur *nm* chance: los albures de la vida the ups and downs of life.

albura *nf fml* whiteness.

alca *nf* razorbill.

alcachofa
1 *nf (planta)* artichoke.
2 *nf (pieza)* rose, sprinkler.

alcahuete,-a
1 *nm,f (hombre)* procurer; *(mujer)* procuress, go-between.
2 *nm,f (cotilla)* gossipmonger.

alcahuetear
1 *vi (chulear)* to procure, pimp.
2 *vi (chismorrear)* to gossip.

alcahuetería
1 *nf (tercería)* procuring.
2 *nf fam (encubrimiento)* concealment, hiding.
3 *nf fam (truco)* trick.

alcaide *nm* warder, jailer.

alcaldada *nf* abuse of authority.

alcalde *nm* mayor.

alcaldesa
1 *nf (cargo)* lady mayor, mayoress.
2 *nf (mujer del alcalde)* mayoress.

alcaldía
1 *nf (cargo)* mayorship: primero fue ministro y ahora tiene una alcaldía

first he was a minister and now he is a mayor.
2 *nf (oficina)* mayor's office, mayoralty.
3 *nf (territorio)* land under the jurisdiction of a mayor.

álcali *nm* alkali.

alcalinidad *nf* alkalinity.

alcalinizar *vt* to alkalize.

alcalino,-a *adj* alkaline.

alcaloide *nm* alkaloid.

alcalometría *nf* alkalimetry.

alcamonías *nf pl* aromatic seeds.

alcance
1 *nm* reach, grasp: está al alcance de todo el mundo it's within everyone's reach.
2 *nm (de arma)* range.
3 *nm (trascendencia)* scope, importance.
4 *nm (inteligencia)* intelligence: persona de pocos alcances person of low intelligence.

alcancía *nf* moneybox.

alcanfor *nm* camphor.

alcanforado,-a
1 *pp* → alcanforar.
2 *adj* camphorated.

alcanforar *vt* to camphorate.

alcanforero *nm* camphor tree.

alcantarilla
1 *nf (conducto)* sewer.
2 *nf (boca)* drain.

alcantarillado *nm* sewer system.

alcantarillar *vt* to lay sewers in.

alcanzable *adj* within reach, attainable.

alcanzar
1 *vt (gen)* to reach: no alcanzo el libro I can't reach the book.
2 *vt (persona)* to catch up, catch up with: los alcanzamos en la esquina we'll catch up with them at the corner.
3 *vt (pasar)* to pass, hand over: alcánzame el agua pass me some water.
4 *vt (entender)* to understand, grasp.
5 *vt (conseguir)* to attain, achieve: alcanzamos los objetivos we achieved the goals.
6 *vt (golpear)* to hit: el tiro la alcanzó en el pie the shot hit her in the foot.
7 *vt (afectar)* to affect: eso no nos alcanza it doesn't affect us.
8 *vi (ser suficiente)* to be sufficient (**para**, for), be enough (**para**, for), suffice (**para**, for): eso no alcanza para todos that's not enough for all of us.
9 *vi (ser capaz)* to manage, succeed: no alcanzo a verlo I can't see it.
▲ *Conjugation model* [4], *like realizar.*

alcaparra
1 *nf (fruto)* caper.
2 *nf (planta)* caper bush.

alcaparro *nm* caper bush.

alcaparrón *nm* caper.

alcaraván *nm* stone curlew.

alcaravea *nf* caraway.

alcarraza *nf* clay jar.

alcatraz *nm* gannet.
▲ *pl alcatraces.*

alcaudón *nm* shrike.

alcayata *nf* hook.

alcazaba *nf* fortress, citadel.

alcázar
1 *nm (fortaleza)* fortress, citadel.
2 *nm (palacio)* palace, castle.

alce *nm* elk, moose.

alción *nm (martín pescador)* kingfisher.

alcista
1 *adj (en bolsa)* bullish, rising: mercado alcista bull market; tendencia alcista upward tendency, upward trend.
2 *nm & nf* bull.

alcoba *nf* bedroom.
■ **secretos de alcoba** *fig* intimacies.

alcohol
1 *nm (sustancia)* alcohol.
2 *nm (bebida)* alcohol, spirits *pl.*
■ **alcohol desnaturalizado/metílico/de quemar** methylated spirits, methylated spirit.

alcoholemia *nf* alcohol: tasa/nivel de alcoholemia blood alcohol level.

alcoholera *nf* distillery.

alcoholero,-a *adj* alcohol, alcohol-producing.

alcohólico,-a
1 *adj* alcoholic.
2 *nm,f* alcoholic.
■ **Alcohólicos Anónimos** Alcoholics Anonymous.

alcoholímetro *nm* breathalyzer.

alcoholismo *nm* alcoholism.

alcoholización *nf* alcoholization.

alcoholizado,-a
1 *pp* → alcoholizar.
2 *adj* alcoholic.
3 *nm,f* alcoholic.

alcoholizar
1 *vt* to alcoholize, make alcoholic.
2 **alcoholizarse** *vpr* to become an alcoholic.
▲ *Conjugation model* [4], *like realizar.*

alcohómetro *nm* breathalyzer.

alcor *nm* hill.

Alcorán *nm* Koran.

alcoránico,-a *adj* koranic.

alcornocal *nm* cork oak grove.

alcornoque
1 *nm BOT* cork oak.
2 *nm fig* blockhead, idiot, dimwit.

alcorque *nm* basin, pit.

alcotán *nm* hobby.

alcotana *nf* pickaxe, *US* pickax.

alcurnia *nf* lineage, ancestry.
✦ **de alta alcurnia** of noble lineage.

alcuza *nf* oil bottle.

alcuzcuz *nm* couscous.

aldaba
1 *nf (llamador)* door knocker.
2 *nf (barra)* bar.
3 *nf (pestillo)* bolt.
✦ **tener buenas aldabas** *fig* to know the right people, have influence.

aldabada *nf* knock.

aldabazo *nm* loud knock.

aldabilla *nf* latch, hook.

aldabón *nm* large door knocker.

aldabonazo
1 *nm* loud knock: **dar un aldabonazo** to knock.
2 *nm fig* shock.

aldea *nf* hamlet, small village.

aldeano,-a
1 *adj (de aldea)* village.
2 *adj fig (rústico)* rustic.
3 *nm,f* villager.

aldehído *nm* aldehyde.

ale *interj* come on!

aleación *nf* alloy.

alear *vt (fundir)* to alloy.

aleatorio,-a *adj* random, chance, fortuitous.

alebrestarse
1 *vpr (agazaparse)* to lie down flat.
2 *vpr fig* to lose heart.

aleccionador,-ra
1 *adj (instructivo)* instructive, enlightening.
2 *adj (ejemplar)* exemplary.

aleccionamiento
1 *nm (instrucción)* instruction.
2 *nm (adiestramiento)* training.

aleccionar
1 *vt (instruir)* to teach, instruct.
2 *vt (adiestrar)* to train.

aledaño,-a
1 *adj* neighbouring (*us* neighboring), bordering.
2 **aledaños** *nm pl (de una ciudad)* outskirts.
✦ **en los aledaños** in the surrounding area.

alegación *nf* allegation, plea, claim.

alegar *vt* to allege, plead, claim: **alegó diferentes motivos** he put forward several reasons.
▲ *Conjugation model [7], like* **llegar.**

alegato
1 *nm (argumento)* claim, plea.
2 *nm (razonamiento)* reasoned allegation.

alegoría *nf* allegory.

alegórico,-a *adj* allegorical, allegoric.

alegorizar *vt* to allegorize.

alegrar
1 *vt (causar alegría)* to make happy, make glad, cheer up: **la fiesta me alegró mucho** the party cheered me up.
2 *vt fig (avivar)* to brighten (up), enliven.
3 *vt fam (achispar)* to make tipsy.
4 **alegrarse** *vpr* to be pleased, be glad: **me alegro mucho de que hayas ve-**

nido I am very pleased that you have come.
5 *vpr fam (achisparse)* to get tipsy.

alegre
1 *adj (contento)* happy, glad.
2 *adj (color)* bright.
3 *adj (música)* lively.
4 *adj (espacio)* cheerful, pleasant.
5 *adj fam (achispado)* tipsy.
6 *adj euf (irreflexivo)* thoughtless, irresponsible, rash.
■ **alegre de cascos** *fam* scatterbrained.

alegremente
1 *adv (con alegría)* happily, cheerfully.
2 *adv (frívolamente)* gaily.

alegreto
1 *adv* allegretto.
2 *adj* allegretto.
3 *nm* allegretto.

alegría
1 *nf (felicidad)* happiness, joy: ¡**qué alegría!** that's wonderful!, how marvellous!
2 *nf pey (irresponsabilidad)* irresponsibility, thoughtlessness, rashness: **gasta el dinero con una alegría increíble** she's very rash with money.
3 **alegrías** *nf pl* dance and song typical of Andalusia.
■ **alegría de vivir** joie de vivre.

alegro
1 *adv* allegro.
2 *adj* allegro.
3 *nm* allegro.

alegrón *nm fam* pleasant surprise.

alejado,-a
1 *pp* → **alejar.**
2 *adj (lejano)* far away, remote.
3 *adj (separado)* aloof, apart.

alejamiento
1 *nm (separación)* distance, separation.
2 *nm (enajenación)* estrangement.

Alejandría *nf* Alexandria.

alejandrino *nm* → **alejandrino, -a.**

alejandrino,-a
1 *adj LIT* Alexandrine.
2 **alejandrino** *nm LIT* Alexandrine.

alejar
1 *vt (llevar lejos)* to remove, move away.
2 *vt fig (ahuyentar)* to keep away: **aleja esa idea** get rid of that idea.
3 **alejarse** *vpr* to go/move away: **se alejaron lentamente** they went away slowly.

alelado,-a
1 *pp* → **alelar.**
2 *adj (atontado)* dazed.
3 *adj (asombrado)* astonished, amazed.

alelar
1 *vt (asombrar)* to overwhelm.
2 *vt (confundir)* to bewilder.
3 **alelarse** *vpr (asombrarse)* to be overwhelmed.
4 *vpr (confundirse)* to be bewildered.

alelí *nm* → **alhelí.**

aleluya
1 *mn o nf* hallelujah, alleluia.
2 *nf fam (pareado)* couplet.
3 *interj* hallelujah!

alemán,-ana
1 *adj* German.
2 *nm,f (persona)* German.
3 **alemán** *nm (idioma)* German.

Alemania *nf* Germany.
■ **Alemania Occidental** West Germany.
Alemania Oriental East Germany.

alentado,-a
1 *pp* → **alentar.**
2 *adj (valiente)* brave, daring.
3 *adj (altanero)* haughty, arrogant.

alentador,-ra *adj* encouraging.

alentar
1 *vi arc (respirar)* to breathe.
2 *vi fig (existir)* to exist, live on: **en su alma alientan buenos sentimientos** his soul is full of kindness.
3 *vt (animar)* to encourage.
4 *vt (tener)* to harbour (*us* harbor), cherish: **en su corazón alienta esperanzas de encontrarlo** in her heart she cherishes the hope of finding him.
5 **alentarse** *vpr (recuperarse)* to get well.
▲ *Conjugation model [27], like* **acertar.**

aleonado,-a *adj* → **leonado,-a.**

alerce *nm* larch.

alérgeno *nm* allergen.

alergia *nf* allergy.

alérgico,-a *adj* allergic (**a**, to).

alergista *nm & nf* allergist.

alergólogo,-a *nm,f* allergist.

alero
1 *nm ARQ* eaves *pl.*
2 *nm (coche)* wing.

alerón *nm* aileron.

alerta
1 *adv (vigilante)* on the alert.
2 *nf (atención)* alert.
3 *nm (señal)* alert, warning.
4 *interj* look/watch out!
✦ **dar la (voz de) alerta** to give the alert. **en estado de alerta** on the alert.

alertar
1 *vt* to alert (**de**, to).
2 *vi* to be alert.

aleta
1 *nf (de pez)* fin; *(de mamífero, de nadador)* flipper.
2 *nf (de nariz)* wing, ala.
3 *nf (de avión)* aileron; *(de coche)* wing.

aletargado,-a
1 *pp* → **aletargar.**
2 *adj (dormido)* lethargic.
3 *adj (amodorrado)* drowsy.

aletargamiento
1 *nm (letargo)* lethargy.
2 *nm (modorra)* drowsiness, sleepiness.

aletargar
1 *vt* to make drowsy/sleepy.
2 **aletargarse** *vpr* to become drowsy/sleepy.
▲ *Conjugation model [7], like* **llegar.**

aletear
1 *vi (ave)* to flutter, flap its wings.
2 *vi (pez)* to move its fins.
3 *vi (persona)* to wave one's arms about.

aleteo
1 *nm (de alas)* fluttering of wings, flapping of wings; *(de aleta)* moving of fins.
2 *nm (de brazos)* waving of the arms.
3 *nm fig (palpitación)* palpitation.

aleutiano,-a
1 *adj* Aleutian.
2 *nm,f (persona)* Aleutian.
3 **aleutiano** *nm (idioma)* Aleutian.
■ **islas Aleutianas** Aleutian Islands.

alevín
1 *nm (pescado)* fry, young fish.
2 *nm (principiante)* beginner.
3 *nm & nf DEP* competitor of the second youngest age group *(11 or 12 years old)*.
4 *adj DEP* of the second youngest age group *(11 or 12 years old)*.

alevosía
1 *nf (premeditación)* premeditation: con alevosía deliberately.
2 *nf (traición)* treachery, perfidy.

alevoso,-a
1 *adj (premeditado)* premeditated.
2 *adj (traidor)* treacherous.
3 *nm,f* person who has commited a premeditated crime.

alexia *nf* alexia.

alfa *nf* alpha.
■ **alfa y omega** *fig* alpha and omega, the beginning and the end.
▲ *Takes* el *in singular.*

alfabéticamente *adv* alphabetically, in alphabetical order.

alfabético,-a *adj* alphabetic, alphabetical.

alfabetización *nf* teaching of basic literacy: campaña de alfabetización literacy campaign.

alfabetizar
1 *vt (enseñar)* to teach to read and write.
2 *vt (ordenar)* to alphabetize, put in alphabetic order.
▲ *Conjugation model* [4], *like* realizar.

alfabeto
1 *nm (abecedario)* alphabet.
2 *nm (código)* code.
■ **alfabeto Morse** Morse code.

alfaguara *nf* abundant spring.

alfajor *nm* type of cake.

alfalfa *nf* alfalfa, lucerne.

alfalfal *nm* lucerne field, alfalfa field.

alfalfar *nm* → alfalfal.

alfanje
1 *nm (sable)* cutlass.
2 *nm (pez espada)* swordfish.

alfanumérico,-a *adj* alphanumeric.

alfaque *nm* sandbank.

alfar
1 *nm (obrador)* pottery, potter's workshop.
2 *nm (arcilla)* clay.

alfarería
1 *nf (arte)* pottery.
2 *nf (taller)* potter's workshop.
3 *nf (tienda)* pottery shop.

alfarero,-a *nm,f* potter.

alféizar *nm* sill, windowsill.

alfeñicarse
1 *vpr (remilgarse)* to become fussy.
2 *vpr (adelgazarse)* to lose weight.

alfeñique
1 *nm (pasta)* sugar paste.
2 *nm fig (persona)* weakling.
3 *nm fig (remilgo)* primness, affectation.

alferecía *nf fam* epilepsy.

alférez *nm* second lieutenant.
▲ *pl* alféreces.

alfil *nm* bishop.

alfiler
1 *nm (costura)* pin: sujetó la falda con alfileres she pinned up her dress.
2 *nm (joya)* brooch, pin.
3 *nm (del pelo)* clip; *(de tender ropa)* peg.
4 *nm (de corbata)* tiepin.
✦ **no caber ni un alfiler** to be crammed full, be absolutely packed.
prendido,-a con alfileres *fig* shaky.

alfilerazo
1 *nm (punzada)* pinprick.
2 *nm fig* taunt.

alfiletero *nm* pin box, pin case.

alfombra
1 *nf* carpet, rug.
2 *nf (de baño)* bathmat.
3 *nf (alfombrilla)* rug, mat.

alfombrado,-a
1 *pp* → alfombrar.
2 *adj* carpeted.
3 **alfombrado** *nm (acción)* carpeting.
4 *nm (conjunto de alfombras)* carpets *pl.*

alfombrar *vt* to carpet.

alfombrilla[1] *nf* rug, mat.

alfombrilla[2] *nf (enfermedad)* German measles *pl.*

alfonsí *adj* → alfonsino,-a.

alfonsino,-a *adj* Alphonsine.

alforfón *nm* buckwheat.

alforja
1 *nf (para caballerías)* saddlebag.
2 *nf (para el hombro)* knapsack.
3 *nf fig* provisions *pl.*

alga *nf* alga; *(marina)* seaweed.
▲ *Takes* el *in singular.*

algaida[1] *nf (maleza)* bush, thicket.

algaida[2] *nf (duna)* dune.

algalia *nf* civet.

algarabía *nf* din, racket, noise.

algarada
1 *nf (disturbio)* commotion, brawl.
2 *nf MIL* raid.

algarroba
1 *nf (fruto)* carob bean.
2 *nf (planta)* vetch.

algarrobal
1 *nm (de algarrobas)* vetch plantation.

2 *nm (de algarrobos)* carob tree plantation.

algarrobo *nm* carob tree.

algazara *nf* din, row, racket.

álgebra *nf* algebra.
▲ *Takes* el *in singular.*

algebraico,-a *adj* algebraic.

algidez *nf* algidity.

álgido,-a
1 *adj (frío)* icy, very cold.
2 *adj fig* culminating: el punto álgido the height.

algo
1 *pron (afirmación)* something; *(negación, interrogación)* anything: vamos a tomar algo let's have something to drink; ¿quieres algo? do you want anything?; ¿pasa algo? is anything wrong?, is anything the matter?; ¿queda algo de café? is there any coffee left?
2 *adv (un poco)* a bit, a little, somewhat: te queda algo grande it's a bit too big for you.
✦ **algo así** something like that.
algo es algo something is better than nothing.

algodón *nm* cotton.
✦ **criado,-a entre algodones** pampered.
■ **algodón dulce/de azúcar** candyfloss, *(US* cotton candy).
algodón en rama raw cotton.
algodón hidrófilo cotton wool.

algodonal *nm* cotton plantation, cotton field.

algodonero,-a
1 *adj* cotton.
2 *nm,f* cotton grower.
3 **algodonero** *nm (planta)* cotton plant.

algodonoso,-a *adj* cottony.

algoritmia *nf* algorithmics.

algorítmico,-a *adj* algorithmic.

algoritmo *nm* algorithm.

alguacil *nm* bailiff.
■ **alguacil de moscas** *(araña)* zebra spider.

alguien *pron (afirmativo)* somebody, someone; *(interrogativo, negativo)* anybody, anyone: preguntemos a alguien let's ask someone; ¿hay alguien? is anyone there?; ¿conoces a alguien que tenga coche? do you know anyone with a car?

algún *adj* → alguno,-a.
▲ *Used before singular masculine nouns.*

alguno,-a
1 *adj (afirmativo)* some; *(interrogativo, negativo)* any: alguna noche voy al cine some nights I go to the cinema; no vino persona alguna nobody came; ¿ha habido alguna llamada? has anyone phoned?, have there been any phone calls?; el ministro no facilitó dato alguno the minister didn't provide any information.

2 *pron (afirmativo)* someone, somebody; *(interrogativo, negativo)* anybody: que venga alguno que sepa francés get someone who speaks French.
+ **alguno que otro** some, a few.

alhaja
1 *nf* jewel, gem.
2 *nf fig (cosa, persona)* gem, treasure: ¡buena/menuda alhaja está hecho! he's a fine one!

alhajar
1 *vt (adornar)* to adorn with jewels.
2 *vt (amueblar)* to decorate.

alharaca *nf* fuss.
+ **hacer alharacas** to make a fuss.

alhelí *nm* wallflower, stock.
▲ *pl* alhelíes.

alheña
1 *nf (planta)* privet.
2 *nf (flor)* privet blossom.
3 *nf (polvo)* henna.

alhóndiga *nf* corn exchange.

alhucema *nf* lavender.

aliado,-a
1 *pp* → aliar.
2 *adj* allied.
3 *nm,f* ally.
■ **los Aliados** the Allies.

alianza
1 *nf (pacto)* alliance.
2 *nf (anillo)* wedding ring.

aliar
1 *vt* to ally.
2 aliarse *vpr (uso recíproco)* to become allies, form an alliance (**con**, with).
▲ *Conjugation model* [13], *like* desviar.

alias
1 *adv* alias.
2 *nm* alias.
▲ *pl* alias.

alicaído,-a
1 *adj fig (débil)* weak, feeble.
2 *adj fig (deprimido)* depressed, down.

alicantino,-a
1 *adj* of Alicante, from Alicante.
2 *nm,f* person from Alicante, inhabitant of Alicante.

alicatado,-a
1 *pp* → alicatar.
2 *adj* tiled.
3 alicatado *nm (acción)* tiling.
4 *nm (azulejos)* tiles *pl*.

alicatar
1 *vt (revestir)* to tile.
2 *vt (cortar)* to cut.

alicates *nm pl* pliers.

aliciente
1 *nm (incentivo)* incentive, inducement.
2 *nm (atractivo)* attraction, lure, charm.

alicorto,-a
1 *adj (de alas cortas)* short-winged.
2 *adj fig (apocado)* unambitious.

alícuota *adj* aliquot.

alienación
1 *nf (gen)* alienation.
2 *nf MED* derangement, madness.

alienado,-a
1 *pp* → alienar.
2 *adj (loco)* insane, deranged.
3 *nm,f* lunatic: un alienado mental a mentally-ill person.

alienador,-ra *adj* alienating.

alienante *adj* alienating.

alienar
1 *vt* to alienate.
2 *vt MED* to derange, drive mad.
3 alienarse *vpr* to become alienated.

alienígena *nm & nf* alien.

alienígeno,-a *adj* alien.

alienista *nm & nf* psychiatrist.

aliento
1 *nm (respiración)* breath, breathing.
2 *nm fig (ánimo)* spirit, courage.
+ **cobrar aliento** to get one's breath back.
dar aliento a alguien to encourage somebody.
quedarse sin aliento *(respirando mal)* to be breathless, be out of breath; *(sorprendido)* to gasp.

alifafe¹ *nm (achaque)* complaint, ailment.

alifafe² *nm (de caballo)* windgall.

aligator *nm* alligator.

aligátor *nm* alligator.

aligeramiento
1 *nm (peso)* lightening.
2 *nm (paso)* quickening.
3 *nm (dolor)* easing, soothing.

aligerar
1 *vt (descargar)* to lighten, make lighter.
2 *vt (aliviar)* to relieve, ease, soothe.
3 *vt (apresurar)* to speed up.
4 *vi (apresurar)* to speed up.
+ **¡aligera!** *fam* hurry up!
aligerar el paso to quicken one's pace.

aligustre *nm* privet.

alijo *nm* consignment: un alijo de armas a consignment of smuggled arms, an arms cache.

alimaña
1 *nf* pest.
2 alimañas *nf pl* vermin.

alimañero *nm* gamekeeper, pest controller.

alimentación
1 *nf (acción)* feeding.
2 *nf (alimento)* food; *(dieta)* diet.
3 *nf TÉC* feed.
■ **bomba de alimentación** feed pump.

alimentador,-ra
1 *adj* feeding.
2 alimentador *nm* feeder.

alimentar
1 *vt (dar alimento)* to feed.
2 *vt (mantener)* to keep, support: con su trabajo alimenta a toda su familia he works to keep the whole family.
3 *vt fig (alentar)* to encourage, foster, nurture; *(pasiones)* to feed, fuel, nurture.
4 *vt (uso técnico)* to feed.

5 *vi (servir de alimento)* to nourish, be nutritious: la verdura alimenta mucho vegetables are very nutritious.
6 alimentarse *vpr* to live (**de/con**, on): se alimenta de patatas he lives on potatoes.

alimentario,-a *adj* food.

alimenticio,-a
1 *adj (nutritivo)* nutritious, nutritive.
2 *adj (de la comida)* food.
■ **hábitos alimenticios** eating habits. **productos alimenticios** foodstuffs, food products.

alimento
1 *nm (comida)* food.
2 *nm (valor nutritivo)* nutritional value, nourishment: los caramelos tienen poco alimento sweets are not very nourishing.
3 *nm fig* fuel: los recuerdos eran el alimento de su ilusión he lived off his memories.

alimoche *nm* Egyptian vulture.

alimón al alimón together, in collaboration.

alineación
1 *nf (colocación)* alignment, lining up.
2 *nf (equipo)* line-up.
3 *nf POL* alignment.
■ **política de no alineación** non-alignment policy.

alineado,-a
1 *pp* → alinear.
2 *adj* aligned, lined-up.
■ **países no alineados** non-aligned countries.

alineamiento *nm* alignment.

alinear
1 *vt (poner en línea)* to align, line up.
2 *vt DEP* to pick, select.
3 *vt MIL* to form up.
4 alinearse *vpr (unirse)* to become aligned, align oneself (**con**, with).
5 *vpr MIL* to fall in.

aliñar *vt (gen)* to season, flavour (*US* flavor); *(ensalada)* to dress.

aliño *nm (gen)* seasoning; *(para ensalada)* dressing.

alioli *nm* garlic mayonnaise.

aliquebrado,-a
1 *adj* with a broken wing.
2 *adj fig (alicaído)* depressed, dejected.

alirón *interj* come on!

alisador,-ra
1 *adj* smoothing.
2 alisador *nm* smoothing tool.

alisamiento *nm* smoothing.

alisar
1 *vt* to smooth.
2 alisarse *vpr* to smooth: se alisó el pelo he smoothed his hair down.

aliseda *nf* alder grove.

alisios *nm pl* trade winds.

aliso *nm* alder.

alistado,-a
1 *pp* → alistar.
2 *adj* enrolled, enlisted.
alistamiento *nm* enlistment, recruitment.
alistar
1 *vt* to enlist, recruit.
2 **alistarse** *vpr* to enlist, join up, enrol (*us* enroll).
✦ **¡alístate!** *MIL* join the army!, join up!
aliteración *nf* alliteration.
aliterado,-a *adj* alliterative.
aliviadero *nm* spillway.
aliviador,-ra
1 *adj* comforting.
2 **aliviador** *nm (palanca)* lever on a millstone.
aliviar
1 *vt (aligerar)* to lighten, make lighter.
2 *vt fig (enfermedad, dolor)* to relieve, ease, alleviate, soothe.
3 *vt (consolar)* to comfort, console.
4 *vt (apresurar)* to hurry.
5 **aliviarse** *vpr (dolor)* to get better, diminish.
▲ *Conjugation model* [12], *like* cambiar.
alivio
1 *nm (aligeramiento)* lightening.
2 *nm (mejoría)* relief: ¡qué alivio! what a relief!
3 *nm (consuelo)* comfort, consolation.
✦ **ser de alivio** *fam (persona)* to be a fine one; *(cosa)* to be awful: un resfriado de alivio a stinking cold.
aljaba *nf* quiver.
aljama
1 *nf (reunión - musulmana)* Moorish assembly; *(- judía)* Jewish assembly.
2 *nf (barrio - musulmana)* Moorish quarter; *(- judío)* Jewish quarter.
3 *nf (mezquita)* mosque; *(sinagoga)* synagogue.
aljamía *nf Spanish written in Arabic characters.*
aljamiado,-a *adj written in Spanish with Arabic characters.*
aljibe *nm* cistern, tank.
aljófar *nm* small pearl: aljófar de rocío dewdrop.
aljofifa *nf* floorcloth.
allá
1 *adv (lugar)* there, over there: más allá further (on); allá va tu madre there goes your mother.
2 *adv (tiempo)* back: allá por los años sesenta back in the sixties.
✦ **allá se las componga** that's his problem.
allá tú/vosotros that's your problem.
no muy allá not very good.
allanamiento
1 *nm (aplanamiento)* levelling.
2 *nm fig* smoothing out.
■ **allanamiento de morada** unlawful entry; *(robo)* housebreaking, breaking and entering.

allanar
1 *vt (aplanar)* to level, flatten: allanar un monte to level a mountain.
2 *vt (dificultad etc)* to smooth out, solve, resolve.
3 *vt (pacificar)* to pacify, subdue: allanar la revuelta to put down the revolt.
4 *vt (entrar a la fuerza)* to break into: allanar un domicilio to break into a house.
5 **allanarse** *vpr (nivelarse)* to level out.
6 *vpr fig (avenirse)* to agree, comply (**a**, with): se allanó a las condiciones he agreed to the conditions.
✦ **allanar el terreno** *fig* to clear the way.
allegado,-a
1 *pp* → allegar.
2 *adj* close, related.
3 *nm,f (familia)* relative; *(amigo)* close friend.
allegar
1 *vt (juntar)* to gather, collect.
2 **allegarse** *vpr (llegarse)* to go round, come round.
▲ *Conjugation model* [7], *like* llegar.
allende *adv fml* beyond.
allí
1 *adv (lugar)* there, over there: allí abajo/arriba down/up there; por allí over there, round there.
2 *adv (tiempo)* then, at that moment: de allí a poco shortly afterwards.
alma *nf* soul.
✦ **agradecer a alguien con toda el alma** to thank somebody from the bottom of one's heart.
caerse el alma a los pies to become disheartened.
como alma que lleva el diablo in a flash.
con toda el alma wholeheartedly, with all one's heart.
llegar al alma de alguien to touch somebody, move somebody.
llevar en el alma a alguien to love somebody deeply.
no había ni una alma there wasn't a soul, there was nobody there.
no poder alguien con su alma to be absolutely exhausted.
parecer una alma en pena to look like a ghost.
partir el alma a alguien to break somebody's heart.
sentir algo en el alma to be deeply sorry about something.
ser el alma de la fiesta to be the life and soul of the party.
tener el alma en un hilo to have one's heart in one's mouth, be worried sick.
■ **alma de Dios** *fig* good soul.
alma en pena lost soul.
alma gemela kindred spirit.
▲ *Takes* el *in singular.*
almacén
1 *nm (local)* warehouse, storehouse.
2 *nm (habitación)* storeroom.

3 **almacenes** *nm pl* department store *sing.*
■ **grandes almacenes** department store *sing.*
almacenaje
1 *nm (almacenamiento)* storage, warehousing.
2 *nm (coste)* storage charge.
almacenamiento
1 *nm (acción)* storage, warehousing.
2 *nm (mercancías)* stock.
3 *nm INFORM* storage.
almacenar
1 *vt* to store, warehouse.
2 *vt (acumular)* to store up, keep.
almacenero *nm* storekeeper, warehouseman.
almacenista *nm & nf (vendedor)* wholesaler; *(propietario)* warehouse owner.
almáciga[1] *nf (resina)* mastic (resin).
almáciga[2] *nf (semillero)* → sedbed.
almácigo[1] *nm (arbusto)* mastic tree.
almácigo[2] *nm (semillero)* → sedbed.
almádana *nf* → almádena.
almádena *nf* sledgehammer.
almadraba
1 *nf (pesca)* tuna fishing, tunny fishing.
2 *nf (lugar)* tuna-fishing ground, tunny-fishing ground.
3 *nf (red)* tuna net, tunny net.
almadreña *nf* clog.
almagre *nm* red ochre.
almanaque *nm* almanac.
almario *nm* wardrobe, cupboard.
almarrá *nm* cotton gin.
▲ *pl* almarraes.
almazara *nf* olive-oil mill.
almeja *nf* clam.
almena
1 *nf* merlon.
2 **almenas** *nf pl* battlements.
almenado,-a *adj* crenellated: un castillo almenado a crenellated castle.
almenaje *nm* battlements *pl.*
almenar
1 *vt* to build battlements on.
2 *nm* torch holder.
almenara
1 *nf (fuego)* beacon.
2 *nf (candelabro)* candelabrum.
almendra
1 *nf* almond.
2 *nf (semilla)* kernel, stone.
almendrado,-a
1 *adj* almond-shaped.
2 **almendrado** *nm (pasta)* almond paste.
3 *nm (helado)* chocolate and nut-covered ice cream.
almendral *nm* almond grove.
almendro *nm* almond tree.
almendruco *nm* unripe almond.

almeriense
  1 *adj* of Almería, from Almería.
  2 *nm & nf* person from Almería, inhabitant of Almería.
almete *nm* helmet.
almiar *nm* haystack.
almíbar *nm* syrup.
almibarado,-a
  1 *pp* → almibarar.
  2 *adj* syrupy.
  3 *adj fig (voz)* sugary; *(palabras)* honeyed.
almibarar
  1 *vt* to preserve in syrup, cover in syrup.
  2 *vt fig* to sweeten: **almibarar las palabras** to use honeyed words.
almidón *nm* starch.
almidonado,-a
  1 *pp* → almidonar.
  2 *adj fam (demasiado acicalado)* dressed up to the nines.
  3 *adj fam (estirado)* stuffy, starchy, uptight.
almidonar *vt* to starch.
alminar *nm* minaret.
almiranta
  1 *nf (barco)* vice admiral's ship.
  2 *nf (mujer)* admiral's wife.
almirantazgo *nm* admiralty.
almirante *nm* admiral.
almirez *nm* mortar.
  ▲ *pl* almireces.
almizcle *nm* musk.
almizcleña *nf* grape hyacinth.
almizcleño,-a *adj* musky.
almizclera *nf* musk rat.
almizclero,-a
  1 *adj* musky.
  2 **almizclero** *nm* musk deer.
almogávar *adj* raider.
almohada *nf* pillow.
  ✦ **consultar algo con la almohada** *fam* to sleep on something.
almohadazo *nm* blow with a pillow.
almohade *adj* Almohad, Almohade.
almohadilla
  1 *nf (gen)* small cushion.
  2 *nf COST (para coser)* sewing cushion; *(para alfileres)* pincushion.
  3 *nf (tampón)* inkpad.
  4 *nf (de animal)* pad.
  5 *nf ARQ (de capitel)* volute cushion.
almohadillado,-a
  1 *pp* → almohadillar.
  2 *adj (forrado)* padded.
  3 *adj ARQ* rusticated.
  4 **almohadillado** *nm (relleno)* padding.
  5 *nm ARQ (acción)* rustication; *(resultado)* rustic, rustic work.
almohadillar
  1 *vt (forrar)* to pad.
  2 *vt (labrar)* to rusticate.
almohadón
  1 *nm (gen)* cushion, large pillow.
  2 *nm (funda)* pillow case.
  3 *nm ARQ* springer.

almohazar *vt* to groom, curry.
  ▲ *Conjugation model* [4], *like* realizar.
almoneda
  1 *nf (subasta)* auction.
  2 *nf (saldo)* clearance.
almorávide
  1 *adj* Almoravid.
  2 *nm & nf* Almoravid.
almorrana *nf fam* pile.
almorta *nf* grass pea, vetch.
almorzar
  1 *vi (al mediodía)* to have lunch; *(de desayuno)* to have breakfast; *(a media mañana)* to have elevenses, have a mid-morning snack.
  2 *vt (al mediodía)* to have for lunch; *(de desayuno)* to have for breakfast; *(a media mañana)* to have for elevenses, have for a mid-morning snack; *(almorzaré un bocadillo)* I'll have a sandwich for breakfast.
  ▲ *Conjugation model* [50], *like* forzar.
Almte. *abr* (**almirante**) admiral; *(abreviatura)* Adm.
almuecín *nm* muezzin.
almuédano *nm* muezzin.
almuerzo
  1 *nm (a mediodía)* lunch.
  2 *nm (a media mañana)* mid-morning snack, elevenses *pl*.
  3 *nm (desayuno)* breakfast.
alnado,-a *nm,f* stepchild; *(chico)* stepson; *(chica)* stepdaughter.
alocadamente *adv* foolishly, thoughtlessly.
alocado,-a
  1 *adj (distraído)* scatterbrained.
  2 *adj (loco)* crazy, wild, reckless.
  3 *adj (irreflexivo)* thoughtless, rash, impetuous.
  4 *nm,f (despistado)* scatterbrain; *(loco)* fool.
alocución *nf* address, speech.
aloe
  1 *nm (planta)* aloe.
  2 *nm (jugo)* aloes.
áloe *nm* → aloe.
aloja *nf* → alondra.
alojamiento *nm* lodging, accommodation: **dar alojamiento a alguien** to give accommodation to somebody.
alojar
  1 *vt (hospedar)* to lodge, put up, accommodate; *(dar vivienda a)* to house: **alojaron a los estudiantes en un albergue** they put the students up in a youth hostel.
  2 *vt MIL* to billet, quarter.
  3 *vt (meter)* to put, place.
  4 **alojarse** *vpr (persona)* to stay; *(bala etc)* to be lodged: **nos alojamos en un hotel frente al mar** we stayed in a hotel on the seafront; **la bala se alojó en la cabeza** the bullet lodged in his head.
  5 *vpr MIL* to be billeted, be quartered.

alomorfo,-a
  1 *adj* allomorphic.
  2 **alomorfo** *nm* allomorph.
alón *nm* plucked wing.
alondra *nf* lark.
  ▪ **alondra común** skylark.
alópata
  1 *adj* allopathic.
  2 *nm & nf* allopath.
alopatía *nf* allopathy.
alopecia *nf* alopecia.
alotropía *nf* allotropy.
alpaca[1] *nf (animal, tela)* alpaca.
alpaca[2] *nf (metal)* nickel silver, German silver, alpaca.
alpargata *nf rope-soled* sandal, espadrille.
alpargatería *nf (taller)* espadrille factory; *(tienda)* shoe shop.
alpargatero,-a *nm,f (fabricante)* espadrille maker; *(vendedor)* espadrille seller.
Alpes **los Alpes** *nm pl* the Alps.
alpestre
  1 *adj (de los Alpes)* Alpine; *(de las montañas)* alpine.
  2 *adj fig (montañoso)* mountainous, rough.
alpinismo *nm* mountaineering, mountain climbing.
alpinista *nm & nf* mountaineer, mountain climber.
alpino,-a *adj (de los Alpes)* Alpine; *(de las montañas)* alpine.
alpiste
  1 *nm* birdseed, canary grass.
  2 *nm fam (comida)* food; *(bebida)* booze.
alquería
  1 *nf (granja)* farmstead; *(casa de campo)* farmhouse.
  2 *nf (grupo de casas)* hamlet.
alquilar
  1 *vt (dar en alquiler - período largo)* to rent, rent out, let; *(- período corto)* to hire out: **alquila habitaciones a estudiantes** she rents out rooms to students, she lets rooms to students; **¿hay algún sitio dónde alquilen esquís?** is there anywhere that hires out skis?
  2 *vt (recibir en alquiler - período largo)* to rent; *(- período corto)* to hire: **alquilaron una casita** they rented a cottage; **¿por qué no alquilamos un coche?** why don't we hire a car?
  ✦ **"Se alquila"** "To let".
alquiler
  1 *nm (acción - de casa)* renting, letting; *(- de coche)* hire: **el alquiler de coches es caro** car hire is expensive.
  2 *nm (cuota - de casa)* rent; *(- de TV etc)* rental: **¿has pagado el alquiler del piso?** have you paid the rent on the flat?
  ✦ **"En alquiler"** "To let", *US* "For rent".
  ▪ **alquiler de úteros** surrogacy.

alquimia *nf* alchemy.
alquimista *nm & nf* alchemist.
alquitrán *nm* tar.
- alquitrán de hulla coal tar.

alquitranado,-a
1 *pp* → alquitranar.
2 *adj* tarred, tarry.
3 alquitranado *nm (acción)* tarring.
4 *nm (pavimento)* tarmac.

alquitranar *vt* to tar.

alrededor
1 *adv (lugar)* round, around: mira alrededor look around; a nuestro alrededor around us.
2 *adv* **alrededor de** *(tiempo)* around: alrededor de las cuatro around four o'clock.
3 *adv (aproximadamente)* about: alrededor de veinte about twenty.
4 alrededores *nm pl* surrounding area *sing*: en los alrededores de Sevilla in the vicinity of Seville, just outside Seville.

Alsacia *nf* Alsace.

alsaciano,-a
1 *adj* Alsatian.
2 *nm,f* Alsatian.

alt. *abr* (**altitud**) altitude; *(abreviatura)* alt.

alta
1 *nf (de un enfermo)* discharge: dieron de/el alta al enfermo the patient was discharged from hospital.
2 *nf (de un empleado)* registration *with Social Security*: la empresa lo dio de alta en la Seguridad Social the company registered him with Social Security.
3 *nf (entrada, admisión)* admission; *(ingreso)* membership: solicitó el alta en el club he applied for membership of the club.
4 *nf (en el ejército)* enrolment, enlistment.
▲ *Takes* el *in singular.*

altamente *adv* highly, extremely.
altaneramente *adv* arrogantly.
altanería *nf* arrogance, haughtiness, conceit.
altanero,-a *adj* arrogant, haughty, conceited.
altar *nm* altar.
- elevar a los altares to canonize. llevar/conducir al altar to lead to the altar, marry.
poner en un altar to put on a pedestal.
- altar mayor high altar.

altavoz *nm* loudspeaker.
▲ *pl* altavoces.

alterabilidad *nf* changeability.
alterable *adj* changeable, volatile.
alteración
1 *nf (cambio)* alteration, change.
2 *nf (excitación)* agitation, uneasiness, restlessness.
3 *nf (alboroto)* disturbance, quarrel, row.

- alteración del orden público breach of the peace, disturbance of the peace.

alterado,-a
1 *pp* → alterar.
2 *adj* upset, shaken.

alterar
1 *vt (cambiar)* to change, modify, alter: alteró nuestros planes he changed our plans.
2 *vt (estropear)* to spoil, upset; *(comida)* to make go off, turn bad: el calor altera la leche heat makes milk go off; drogas que alteran la percepción drugs which distort one's perception.
3 *vt (enfadar)* to annoy, upset: todo le altera the slightest thing upsets him.
4 *vt (inquietar)* to unnerve, make feel restless.
5 alterarse *vpr (cambiar)* to change.
6 *vpr (deteriorarse)* to go bad, go off.
7 *vpr (enfadarse)* to lose one's temper, get upset.
- alterar el orden público to disturb the peace, cause a breach of the peace.

altercado *nm* argument, quarrel.
alternadamente *adv* alternately.
alternador *nm* alternator.
alternancia *nf* alternation.
alternante *adj* alternating.
alternar
1 *vt (gen)* to alternate.
2 *vi (turnar)* to alternate.
3 *vi (relacionarse)* to meet people, socialize (**con**, with), mix (**con**, with): les gusta mucho alternar they are very sociable.
4 *vi (en salas de fiesta, bar)* to entertain.
5 alternarse *vpr (turnarse)* to take turns: se alternaron para conducir they took turns at driving.

alternativa *nf* alternative, option, choice.
- tomar la alternativa to become a fully-fledged bullfighter.
tomar una alternativa to decide, choose.

alternativamente *adv* alternatively.
alternativo,-a *adj* alternative.
alterne
1 *nm (copeo)* drinking.
2 *nm euf* prostitution.
- bar de alterne hostess bar.
chica de alterne hostess.

alterno,-a *adj* alternate, alternating: días alternos alternate days.

Alteza *nf* Highness.
- Su Alteza Real *(hombre)* His Royal Highness; *(mujer)* Her Royal Highness.

altibajos *nm pl* ups and downs: los altibajos de la vida the ups and downs of life.

altillo
1 *nm (encima de un armario)* top cupboard; *(desván)* attic.
2 *nm GEOG* hillock.

altilocuente *adj* grandiloquent.

altímetro *nm* altimeter.
altiplanicie *nf* high plateau.
altiplano *nm* high plateau.
altísimo,-a
1 *adj* very high.
2 El Altísimo *nm REL* the Almighty.

altisonancia *nf* grandiloquence.
altisonante *adj* grandiloquent, pompous.
altísono,-a *adj* → altisonante.
altitud *nf* height, altitude.
altivamente *adv* arrogantly.
altivez *nf* haughtiness, arrogance, conceit.
altiveza *nf* → altivez.
altivo,-a *adj* haughty, arrogant, conceited.

alto¹
1 *nm (parada)* stop: hicieron un alto para comer they stopped for lunch.
2 *interj* halt!; *(policía)* stop!
- dar el alto a alguien *MIL* to order somebody to halt.
- alto el fuego cease-fire.

alto,-a²
1 *adj (persona, edificio, árbol)* tall: es una mujer muy alta she's a very tall woman.
2 *adj (montaña, pared, techo, precio)* high: lleva zapatos de tacón alto she wears high-heeled shoes; la marea está alta it's high tide; tiene la presión alta he's got high blood pressure.
3 *adj (elevado)* top, upper: viven en los pisos altos they live on the upper floors.
4 *adj (importancia)* high, top: es un alto ejecutivo en la empresa he's a top executive in the company.
5 *adj (voz, sonido)* loud: lo dijo en voz alta she said it aloud; pon la tele más alta turn the telly up.
6 alto *adv* high (up): colocaron los platos muy alto they put the dishes very high up.
7 *adv (voz)* loud, loudly: ¿podrías hablar más alto? could you speak a bit louder?
8 *nm (altura)* height: solo hace dos metros de alto it's only two metres high.
9 *nm (elevación)* hill, high ground.
- a altas horas de la noche late at night.
en lo alto de on the top of.
pasar por alto to pass over.
por todo lo alto *fig* in a grand way.
tirando alto *fig* at the most.
- alta cocina haute cuisine.
alta sociedad high society.
alta tecnología high technology.
altas presiones high pressure *sing*.
alto horno blast furnace.

altozano
1 *nm (monte)* hillock, hill.
2 *nm (de una población)* upper part.

altramuz *nm* lupin.
▲ *pl* altramuces.

altruismo *nm* altruism.
altruista
1 *adj* altruistic.
2 *nm & nf* altruist.
altura
1 *nf (gen)* height: el edificio tiene una altura de 80 metros the building is 80 metres high.
2 *nf (altitud)* altitude.
3 *nf (nivel)* level, par; *(punto)* point: ¿a qué altura de la calle vives? how far up the street do you live?; hay un buzón en la calle Mayor, a la altura de la zapatería there's a post box in the High Street, near the shoe shop; el petrolero naufragó a la altura de Malpica the petrol tanker went down off Malpica.
4 *nf fig (mérito, valía, calidad)* merit, worth; *(dignidad)* dignity, excellence: todos son profesionales de altura demostrada all of them are professionals of proven worth.
5 **alturas** *nf pl REL* heavens.
✦ **a estas alturas** by now, at this stage.
estar a la altura de to measure up to, match up to, be on a par with.
estar a la altura de las circunstancias *fig* to be worthy of the occasion, rise to the occasion.
quedar a la altura del betún *fam* to make a very poor showing, look bad.
alubia *nf* bean.
alucinación *nf* hallucination.
alucinado,-a
1 *pp →* alucinar.
2 *adj arg* amazed, stunned, gobsmacked.
alucinador,-ra *adj* hallucinatory.
alucinamiento *nm* hallucination.
alucinante
1 *adj* hallucinatory.
2 *adj arg (extraordinario)* brilliant, fantastic, amazing, incredible, mind-blowing.
alucinar
1 *vt (producir sensaciones)* to hallucinate.
2 *vt fig (cautivar)* to fascinate, amaze, astound, flip out, stun.
3 *vi arg* to be amazed, be gobsmacked: ¡alucinas! you're out of your mind!, you're crazy!
alucine *nm arg* amazing thing: ¡vaya alucine! wow!
alucinógeno,-a
1 *adj* hallucinogenic.
2 **alucinógeno** *nm* hallucinogen.
alud *nm* avalanche.
aludido,-a
1 *pp →* aludir.
2 *adj* above-mentioned, in question.
✦ **darse por aludido,-a** to take the hint.
aludir *vi* to allude (a, to), mention (a, -), refer (a, to).
alumbrado,-a
1 *pp →* alumbrar.
2 *adj (iluminado)* lit, lighted.

3 *adj fam (achispado)* tipsy, merry.
4 **alumbrado** *nm TÉC* lighting, lights *pl*; *(coche)* lights *pl*.
■ **alumbrado público** street lighting.
alumbramiento
1 *nm (eléctrico)* lighting.
2 *nm (nacimiento)* childbirth.
alumbrar
1 *vt (iluminar)* to light, give light to, illuminate.
2 *vt fig (enseñar)* to enlighten.
3 *vi (iluminar)* to give light.
4 *vi (parir)* to give birth to.
5 **alumbrarse** *vpr fam (embriagarse)* to get tipsy.
alumbre *nm* alum.
alúmina *nf* aluminium oxide, alumina.
aluminio *nm* aluminium, *US* aluminum.
aluminosis *nf* aluminosis.
aluminoso,-a *adj* aluminous.
alumnado *nm (de colegio)* pupils *pl*; *(de universidad)* student body.
alumno,-a *nm,f (de colegio)* pupil; *(de universidad)* student.
■ **alumno externo** day pupil.
alumno interno boarder.
antiguo alumno *(de colegio)* old boy, former pupil; *(de universidad)* old student, former student.
alunizaje
1 *nm (en la luna)* moon landing.
2 *nm fam (un solo robo)* ram-raid; *(fenómeno)* ram-raiding: los ladrones habían consumido lo que en jerga delictiva se denomina alunizaje the thieves had pulled off what is known in underworld slang as a ram-raid.
alunizar *vi* to land on the moon.
▲ *Conjugation model* [4], *like realizar.*
alusión *nf* allusion, reference.
alusivo,-a *adj* allusive (a, to), referring (a, to).
aluvial *adj* alluvial.
aluvión
1 *nm* alluvion: tierra de aluvión alluvium, alluvial soil.
2 *nm fig* flood: un aluvión de insultos a barrage of insults; recibimos un aluvión de solicitudes we were inundated with applications, we received a flood of applications.
álveo *nm* river-bed, bed.
alveolar *adj* alveolar.
alveolo
1 *nm ANAT* alveolus.
2 *nm (de panal)* cell.
alvéolo *nm →* alveolo.
alza
1 *nf (aumento)* rise, increase.
2 *nf (impresión)* underlay.
3 *nf (de calzado)* raised insole.
4 *nf (de rifle)* rear sight, sight.
✦ **al alza/en alza** rising.
estar en alza *fig* to be up and coming, be on the rise.

jugar al alza *FIN* to bull the market.
▲ *Takes el in singular.*
alzacuello *nm* clerical collar, dog collar.
alzada
1 *nf (de caballo)* height.
2 *nf JUR* appeal.
alzado,-a
1 *pp →* alzar.
2 *adj* raised, lifted.
3 *adj (persona)* fraudulently bankrupt.
4 **alzado** *nm ARQ* elevation.
5 *nm (diseño)* design, sketch.
6 *nm (impresión)* gathering.
7 *nm (robo)* theft.
✦ **a mano alzada** by a show of hands.
alzamiento
1 *nm (aumento)* raising, lifting.
2 *nm (rebelión)* uprising, insurrection.
alzaprima
1 *nf (palanca)* lever, crowbar.
2 *nf (cuña)* wedge.
3 *nf (de instrumento músico)* bridge.
alzaprimar *vt* to lever up.
alzar
1 *vt (levantar)* to raise, lift: alzar los precios to raise prices; alzó la mano he raised his hand; no alces la voz don't raise your voice.
2 *vt (construir)* to build, erect.
3 *vt (un plano)* to draw up, make out.
4 *vt (quitar)* to remove, take off, take away: alzar la mesa to clear the table.
5 *vt (una cosecha)* to get in, gather in.
6 *vt (cortar la baraja)* to cut.
7 *vt REL* to elevate.
8 *vt (en impresión)* to gather.
9 **alzarse** *vpr (levantarse)* to rise up, get up.
10 *vpr (sublevarse)* to rise, rebel: alzarse en rebelión to rise up in rebellion.
11 *vpr (sobresalir)* to stand out.
12 *vpr JUR* to lodge an appeal.
✦ **alzar el vuelo** to take off.
alzar los ojos to look up.
alzar velas *MAR* to hoist sail.
alzarse con algo to run off with something: se alzó con la recaudación he ran off with the takings.
▲ *Conjugation model* [4], *like realizar.*
Alzheimer enfermedad de Alzheimer *nf* Alzheimer's disease.
a.m. *abr* **(ante meridiem)** ante meridiem; *(abreviatura)* a.m.
AM *abr RAD* **(modulación de amplitud)** amplitude modulation; *(abreviatura)* AM.
ama
1 *nf (señora)* lady of the house.
2 *nf (propietaria)* landlady.
■ **ama de casa** housewife.
ama de cría wet nurse.
ama de leche wet nurse.
ama de llaves housekeeper.
▲ *Takes el in singular.*
amabilidad *nf* kindness, affability: tenga la amabilidad de … would you be so kind as to …?

amable *adj* kind, nice: ¿sería usted tan amable de …? would you be so kind as to …?

amablemente *adv* kindly.

amado,-a
1 *pp* → **amar**.
2 *adj* loved, beloved.
3 *nm,f* love, sweetheart.

amadrinar
1 *vt (en bautizo)* to be the godmother to.
2 *vt (en boda)* to be bridesmaid to.
3 *vt (en barco)* to launch.

amaestrado,-a
1 *pp* → **amaestrar**.
2 *adj (adiestrado)* trained; *(domado)* tamed: ratón amaestrado performing mouse.

amaestrador,-ra
1 *adj (adiestrador)* training; *(domador)* taming.
2 *nm,f (adiestrador)* trainer; *(domador)* tamer.

amaestramiento *nm (adiestramiento)* training; *(doma)* taming.

amaestrar *vt (adiestrar)* to train; *(domar)* to tame.

amagar
1 *vt (dejar ver)* to show signs of.
2 *vt (amenazar)* to threaten: le amaga un gran riesgo great danger is in store for him.
3 *vt (fingir)* to simulate.
4 *vi (ser inminente)* to threaten, be imminent: amagaba lluvia it looked like rain.
5 *vi (enfermedad)* to show the first signs.
6 **amagarse** *vpr* to hide.
✦ **amagar y no dar** to be all bark and no bite.
▲ *Conjugation model* [7], *like* **llegar**.

amago
1 *nm (amenaza)* threatening.
2 *nm (señal)* sign, indication: amago de infarto mild heart attack.

amainar
1 *vi (viento)* to die down, drop.
2 *vi fig (calmarse)* to calm down.

amalgama *nf* amalgam.

amalgamación *nf* amalgamation.

amalgamar *vt* to amalgamate.

amamantamiento *nm* breast-feeding, suckling.

amamantar *vt* to breast-feed, suckle.

amancebamiento *nm* cohabitation, living together.

amancebarse *vpr* to cohabit, live together.

amanecer
1 *vi* to dawn, get light: en verano amanece pronto day breaks early in summer.
2 *vi (estar)* to be at dawn, be at daybreak: amanecimos en Barcelona we were in Barcelona at dawn.

3 *vi (despertar)* to wake up: amanecí muy cansado I woke up very tired.
4 *nm* dawn, daybreak.
✦ **al amanecer** at daybreak.
▲ *Conjugation model* [43], *like* **agradecer**; *in* 1 *used only in the 3rd person; it does not take a subject.*

amaneradamente *adv* in an affected way.

amanerado,-a
1 *pp* → **amanerar**.
2 *adj* affected, mannered.

amaneramiento *nm* affectation.

amanerar
1 *vt* to affect.
2 **amanerarse** *vpr* to become affected.
3 *vpr (afeminarse)* to become effeminate.

amanita *nf* amanita.

amansar
1 *vt (animal)* to tame; *(caballo)* to break in.
2 *vt fig (persona)* to tame, calm down; *(pasión etc)* to soothe, appease.
3 **amansarse** *vpr* to become tame.

amante
1 *adj* loving, fond (**de**, of).
2 *nm & nf* lover.

amanuense *nm & nf* scribe.

amañado,-a
1 *pp* → **amañar**.
2 *adj (mañoso)* skilful (*US* skillful).
3 *adj (falsificado)* faked, fake.

amañar
1 *vt (falsear)* to fiddle, fix; *(documentos)* to tamper with, doctor; *(cuentas)* to cook; *(elecciones)* to rig.
2 *vt (componer)* to fix, arrange.
3 **amañarse** *vpr (darse maña)* to be skilful (*US* skillful).
✦ **amañárselas** *fam* to manage: se las amaña muy bien para hacer el mínimo de trabajo he always manages to do as little work as possible.

amaño
1 *nm (disposición)* skill.
2 **amaños** *nm pl (instrumentos)* tools.
3 *nm pl (trucos)* tricks.

amapola *nf* poppy.

amar
1 *vt* to love.
2 **amarse** *vpr (uso recíproco)* to love each other, be in love (with each other).

amaraje *nm (hidroavión)* sea landing; *(nave espacial)* splashdown.

amaranto *nm* amaranth.

amarar *vi (hidroavión)* to land at sea; *(nave espacial)* to splash down.

amargado,-a
1 *pp* → **amargar**.
2 *adj* embittered, resentful: estar amargado,-a to feel very bitter.
3 *nm,f* bitter person.

amargamente *adv* bitterly.

amargar
1 *vi (tener sabor amargo)* to taste bitter: este pan amarga this bread tastes bitter.
2 *vt (hacer amargo)* to make bitter.
3 *vt fig (disgustos etc)* to embitter, make bitter: los disgustos le amargaron la existencia misfortunes made his life a misery.
4 *vt fig (estropear)* to spoil, ruin: la lluvia nos amargó el día the rain put a damper on our day.
5 **amargarse** *vpr (volverse amargo)* to become bitter.
6 *vpr fig* to become embittered, become bitter.
✦ **amargar la existencia/vida a alguien** to make somebody's life a misery. **a nadie le amarga un dulce** a gift is always welcome.
▲ *Conjugation model* [7], *like* **llegar**.

amargo,-a
1 *adj (sabor)* bitter.
2 *adj fig (carácter)* sour; *(experiencia)* bitter, sour, painful.
3 **amargo** *nm* bitterness.

amargor *nm* bitterness.

amargura
1 *nf* bitterness.
2 *nf (dolor)* sorrow, grief, sadness.

amárico,-a
1 *adj* Amharic.
2 **amárico** *nm (idioma)* Amharic.

amariconado,-a *adj fam* poofy, camp.

amarilis *nf* amaryllis.
▲ *pl* amarilis.

amarillear
1 *vi (volverse amarillo)* to yellow, go yellow.
2 *vi (tirar a amarillo)* to be yellowish.

amarillecer *vi* to go yellow.

amarillento,-a *adj* yellowish.

amarillez *nf* yellowness.

amarillismo *nm* sensationalism.

amarillista *adj* sensationalist.

amarillo,-a
1 *adj* yellow.
2 **amarillo** *nm* yellow.
▪ **prensa amarilla** sensationalist press.

amariposado,-a
1 *adj* butterfly-shaped.
2 *adj fam* effeminate.

amarizaje *nm* → **amaraje**.

amarizar *vi* → **amarar**.

amaro *nm* clary sage.

amarra
1 *nf* mooring rope.
2 **amarras** *nf pl fam fig* connections: tiene buenas amarras she has good connections, she has friends in high places.
✦ **soltar las amarras** *MAR* to cast off, let go; *fig* to break loose.

amarradero
1 *nm (poste)* mooring post; *(argolla)* mooring ring.
2 *nm (lugar)* mooring.
amarraje *nm* mooring charges *pl.*
amarrar
1 *vt (atar)* to tie (up), fasten.
2 *vt MAR* to moor, tie up.
amarre *nm* mooring.
amartelado,-a
1 *pp →* amartelarse.
2 *adj* lovesick.
✦ **andar amartelado,-a con** to be in love with.
amartelar
1 *vt* to drive crazy with jealousy.
2 **amartelarse** *vpr (enamorarse)* to fall in love; *(acariciarse)* to be all over one another.
amartillar
1 *vt (arma)* to cock.
2 *vt (martillear)* to hammer.
amasadera *nf* kneading trough.
amasar
1 *vt CULIN* to knead; *(cemento)* to mix.
2 *vt fig (reunir)* to amass.
3 *vt fam (urdir)* to cook up.
amasijo
1 *nm (masa)* dough; *(cemento, yeso)* mixture.
2 *nm fam (mezcolanza)* hotchpotch, jumble.
amateur
1 *adj* amateur.
2 *nm & nf* amateur.
▲ *pl* amateurs.
amateurismo *nm* amateurism.
amatista *nf* amethyst.
amatorio,-a *adj* love.
amazacotado,-a
1 *pp →* amazacotar.
2 *adj (compacto)* compact, dense: **arroz amazacotado** stodgy rice.
3 *adj fig* stodgy.
amazona
1 *nf (mitología)* Amazon.
2 *nf (jinete)* horsewoman.
Amazonas *nm* **el Amazonas** the Amazon.
amazónico,-a *adj* Amazonian.
ambages *nm pl* circumlocution *sing*: **dímelo sin ambages** tell it to me straight, don't beat about the bush.
✦ **hablar sin ambages** to speak plainly. **ir/andarse con ambages** to beat about the bush.
ámbar *nm* amber.
ambarino,-a *adj* amber.
Amberes *nm* Antwerp.
ambición *nf* ambition, aspiration.
ambicionar *vt* to want: **siempre ambicionó ser rico** it was always his ambition to be rich.
ambiciosamente *adv* ambitiously.

ambicioso,-a
1 *adj (plan etc)* ambitious; *(persona)* ambitious, enterprising.
2 *nm,f* ambitious person, go-getter.
ambidextro,-a
1 *adj* ambidextrous.
2 *nm,f* ambidextrous person.
ambidiestro,-a *adj →* ambidextro, -a.
ambientación
1 *nf (ambiente)* atmosphere.
2 *nf (localización)* setting.
ambientador *nm* air freshener.
ambiental
1 *adj (del ambiente)* environmental.
2 *adj (de fondo)* background.
ambientar
1 *vt (dar ambiente)* to give atmosphere to.
2 *vt (localizar)* to set.
3 **ambientarse** *vpr* to adapt, get used (a, to).
ambiente
1 *nm (aire)* air, atmosphere.
2 *nm (entorno)* environment, atmosphere: **ambiente familiar** family environment; **en este pub hay un ambiente muy bueno** this pub has a really good atmosphere; **no hay mucho ambiente de noche** there is not much going on at night.
✦ **cambiar de ambiente** to have a change of scene.
ambigú *nm* buffet, buffet supper.
▲ *pl* ambigúes.
ambiguamente *adv* ambiguously.
ambigüedad *nf* ambiguity.
ambiguo,-a *adj* ambiguous.
ámbito
1 *nm (espacio)* sphere, space: **en el ámbito nacional** nationwide; **en el ámbito de la región** within the region; **de ámbito local** local.
2 *nm (marco)* field: **en el ámbito de la informática** in the computer science field; **fuera del ámbito de mis capacidades** beyond my capabilities.
ambivalencia *nf* ambivalence.
ambivalente *adj* ambivalent.
amblar *vi* to amble.
ambos,-as
1 *adj* both: **por ambos lados** on both sides.
2 *pron* both: **me gustan ambos** I like both of them, I like them both.
ambrosía *nf* ambrosia.
ambulancia *nf* ambulance.
ambulante *adj* itinerant, travelling: **biblioteca ambulante** mobile library; **es una enciclopedia ambulante** he's a walking encyclopaedia.
ambulatorio,-a
1 *adj* ambulatory.
2 *adj* **ambulatorio** surgery, clinic.
ameba *nf* amoeba (*US* ameba).

amedrentar
1 *vt* to frighten, scare.
2 **amedrentarse** *vpr (asustarse)* to be frightened, be scared; *(acobardarse)* to become intimidated.
amelgar *vt* to furrow.
amelonado,-a
1 *adj* melon-shaped.
2 *adj fam* lovesick.
amén¹ *nm REL* amen.
✦ **decir amén a todo/todos** *fam* to agree with everything/everybody.
en un decir amén *fam* in the twinkling of an eye.
▲ *pl* amenes.
amén² amén de *(excepto)* except for; *(además de)* in addition to, as well as.
amenamente *adv* entertainingly.
amenaza *nf* threat, menace.
amenazador,-ra *adj* threatening, menacing.
amenazadoramente *adv* threateningly.
amenazante *adj* threatening, menacing.
amenazar
1 *vt (coaccionar)* to threaten: **lo amenazaron con el despido** they threatened to sack him.
2 *vt (presagiar)* to threaten: **el edificio amenaza ruina** the building is on the verge of collapse.
3 *vi (coaccionar)* to threaten: **amenaza con suicidarse** she's threatening to kill herself.
4 *vi fig (presagiar)* to threaten: **amenazaba lluvia** it looked like rain.
✦ **amenazar de muerte a alguien** to threaten to kill somebody.
▲ *Conjugation model* [4], *like realizar.*
amenguar
1 *vt (disminuir)* to reduce.
2 *vt (deshonrar)* to dishonour (*US* dishonor), defame.
▲ *Conjugation model* [22], *like averiguar.*
amenidad *nf* amenity, pleasantness, agreeableness.
amenizar *vt* to liven up, make entertaining, make enjoyable.
▲ *Conjugation model* [4], *like realizar.*
ameno,-a *adj* lively, entertaining, enjoyable.
amenorrea *nf* amenorrhoea (*US* amenorrhea).
amento *nm* catkin.
América *nf* America.
■ **América Central** Central America. **América del Norte** North America. **América del Sur** South America. **América Latina** Latin America.
americana *nf* jacket.
americanada *nf fam (película etc)* typical American effort; *(acontecimiento)* Hollywood-style affair.

americanismo *nm (palabra)* Spanish-American word; *(expresión)* Spanish-American expression.

americanista
1 *adj* Americanist.
2 *nm & nf* Americanist.

americanización *nf* Americanization.

americanizar *vt* to Americanize.
▲ *Conjugation model* [4], *like realizar.*

americano,-a
1 *adj* American.
2 *nm,f* American.

americio *nm* americium.

amerindio,-a
1 *adj* Amerindian, American Indian.
2 *nm,f* Amerindian, American Indian.

ameritar *vt* to deserve.

amerizaje *nm* → **amaraje.**

amerizar *vi* → **amarar.**
▲ *Conjugation model* [4], *like realizar.*

ametista *nf* → **amatista.**

ametralladora *nf* machine gun.

ametrallar
1 *vt* to machine-gun.
2 *vt fig (acosar)* to chase, pursue, besiege.

ametropía *nf* ametropy.

amianto *nm* asbestos.

amiba *nf* amoeba (*US* ameba).

amida *nf* amide.

amigable *adj* amicable, friendly.

amigablemente *adv* amicably.

amigacho,-a *nm,f fam* mate, friend.

amigarse *vpr (amancebarse)* to live together.

amígdala *nf* tonsil.

amigdalitis *nf* tonsillitis.
▲ *pl amigdalitis.*

amigo,-a
1 *adj (amigable)* friendly: es muy amigo de Julio he's very friendly with Julio.
2 *adj (aficionado)* fond (**de**, of): no es muy amiga de discotecas she's not keen on discos.
3 *nm,f* friend: una amiga mía a friend of mine; son amigos íntimos they are close friends.
4 *nm,f (novio)* boyfriend; *(novia)* girlfriend.
5 *nm,f (amante)* lover.
✦ **hacerse amigo,-a de** to make friends with.
hacerse amigos,-as to become friends.
▪ **amigo invisible** secret Santa.

amigote *nm fam* pal, mate, chum.

amiguete *nm fam* → **amigote.**

amiguismo *nm* contacts *pl*, string-pulling.

amiguito,-a *nm,f fam (gen)* lover; *(mujer)* mistress.

amilanado,-a
1 *pp* → **amilanar.**
2 *adj (asustado)* frightened.
3 *adj (desanimado)* discouraged, depressed.

amilanamiento
1 *nm (miedo)* fear.
2 *nm (desánimo)* discouragement, depression.

amilanar
1 *vt (asustar)* to frighten.
2 *vt (desanimar)* to discourage, depress, daunt.
3 **amilanarse** *vpr (asustarse)* to be frightened.
4 *vpr (desanimarse)* to be discouraged, be daunted, become depressed.

amina *nf* amine.

amino *nm* amino.

aminoácido *nm* amino acid.

aminoración *nf* reduction, decrease: aminoración de la velocidad reduction in speed.

aminorar *vt* to reduce, decrease.
✦ **aminorar el paso** to slow down.

amistad
1 *nf* friendship.
2 **amistades** *nf pl* friends.
✦ **hacer amistades** to make friends.
trabar amistad con alguien to make friends with somebody.
amistosamente *adv* amicably.

amistoso,-a *adj* friendly: partido amistoso friendly match.

amnesia *nf* amnesia, loss of memory: amnesia temporal blackout.

amnésico,-a
1 *adj* amnesiac, amnesic.
2 *nm,f* amnesiac, amnesic.

amniótico,-a *adj* amniotic.

amnistía *nf* amnesty.

amnistiar *vt* to amnesty, grant an amnesty to.
▲ *Conjugation model* [13], *like desviar.*

amo
1 *nm (señor)* master.
2 *nm (dueño)* owner.
3 *nm (jefe)* boss.
✦ **hacerse el amo** *fig* to be the boss (**de**, of), rule the roost.

amoblar *vt* to furnish.
▲ *Conjugation model* [31], *like contar.*

amodorrado,-a
1 *pp* → **amodorrarse.**
2 *adj* sleepy, drowsy.

amodorramiento *nm* sleepiness, drowsiness.

amodorrar
1 *vt* to make drowsy, make sleepy.
2 **amodorrarse** *vpr (adormecerse)* to feel drowsy, feel sleepy; *(dormirse)* to fall into a stupor.

amohinar
1 *vt (molestar)* to annoy.
2 **amohinarse** *vpr (enfadarse)* to get angry.

amojamado,-a *adj* wizened, wrinkled.

amojonamiento *nm* marking out.

amojonar *vt* to mark out.

amolado,-a
1 *pp* → **amolar.**
2 *adj* sharpened, ground.
3 **amolado** *nm* sharpening, grinding.

amolar
1 *vt* to sharpen, grind: amoló el cuchillo he ground the knife sharp.
2 *vt fam (molestar)* to bother, annoy.
▲ *Conjugation model* [31], *like contar.*

amoldable *adj* adaptable: es una chica amoldable a todo she adapts to everything.

amoldamiento
1 *nm* adapting, adjusting.
2 *nm fig* adaptation.

amoldar
1 *vt* to adapt, adjust.
2 **amoldarse** *vpr* to adapt, adjust (**a**, to): se amoldó a las costumbres españolas he adapted himself to Spanish customs.

amollar
1 *vi (ceder)* to yield, give in.
2 *vi MAR* to pay out.
3 *vt MAR* to pay out.

amonarse *vpr fam* to get drunk.

amonedar *vt* to coin, mint.

amonestación
1 *nf (represión)* reprimand, admonition, admonishment.
2 *nf (advertencia)* warning.
3 *nf DEP* caution, booking.
4 **amonestaciones** *nf pl* banns.

amonestar
1 *vt (reprender)* to reprimand, admonish.
2 *vt (advertir)* to warn.
3 *vt DEP* to caution, book.
4 *vt (en una boda)* to publish the banns of.

amoniacal *adj* ammoniacal.

amoniaco *nm* ammonia.

amoníaco *nm* ammonia.

amonio *nm* ammonium.

amonita *nf* ammonite.

amontillado,-a *nm* pale dry, amontillado.

amontonado,-a
1 *pp* → **amontonar.**
2 *adj* heaped up, piled up.

amontonamiento
1 *nm (acción)* heaping, piling.
2 *nm (montón)* heap, pile, stack.

amontonar
1 *vt* to heap up, pile up.
2 *vt (juntar)* to collect, gather, accumulate.
3 **amontonarse** *vpr* to heap up, pile up.
4 *vpr (gente)* to crowd together.
5 *vpr fam* to live together.

amor
1 *nm (gen)* love: amor a los padres love for one's parents; amor a la pintura love of painting; es mi amor she's my love.

2 *nm (cuidado)* loving care; *(devoción)* devotion: lo arregló con mucho amor she mended it lovingly.

3 amores *nm pl (asuntos)* love affairs, loves.

✦ **al amor de la lumbre** by the fireside.
amor con amor se paga one good turn deserves another.
con/de mil amores *fam* willingly, with pleasure.
hacer el amor to make love.
por amor al arte *fam* for the sake of it.
¡por el amor de Dios! for God's sake!

▪ **amor cortés** courtly love.
amor libre free love.
amor propio self-esteem.

amoragar *vt* to barbecue.
▲ *Conjugation model* [7], *like* **llegar**.

amoral *adj* amoral.

amoralidad *nf* amorality.

amoratado,-a
1 *pp* → **amoratarse**.
2 *adj (de frío)* blue with cold.
3 *adj (de un golpe)* bruised, black and blue.

amoratarse
1 *vpr (por frío)* to turn blue.
2 *vpr (por un golpe)* to turn black and blue.

amorcillo *nm* Cupid.

amordazar *vt (persona)* to gag; *(perro)* to muzzle.
▲ *Conjugation model* [4], *like* **realizar**.

amorfo,-a
1 *adj* amorphous.
2 *adj fig (persona)* characterless, insipid, weak.

amorío *nm* love affair, fling.

amorosamente *adv* lovingly.

amoroso,-a *adj* loving, affectionate.

amortajamiento *nm* shrouding.

amortajar *vt* to shroud, wrap in a shroud.

amortiguación *nf (de golpe)* cushioning; *(de dolor)* alleviation, easing; *(de ruido)* muffling; *(de luz)* subduing, dimming.

amortiguador,-ra
1 *adj (de golpe)* cushioning, softening; *(de dolor)* alleviating, mitigating; *(de ruido)* muffling; *(de luz)* subduing.
2 amortiguador *nm* AUTO shock absorber.
3 *nm* TÉC damper.

amortiguamiento *nm* → **amortiguación**.

amortiguar *vt (golpe)* to cushion; *(dolor)* to alleviate, ease, soothe; *(ruido)* to muffle; *(luz)* to subdue, dim.
▲ *Conjugation model* [22], *like* **averiguar**.

amortizable *adj* redeemable.

amortización
1 *nf (pago)* redemption.
2 *nf (recuperación)* amortization, depreciation, writing off.

amortizar
1 *vt (pagar)* to repay, pay off.
2 *vt (recuperar - lo pagado)* to get one's money's worth out of; *(- lo invertido)* to get a return on, recoup: después de poco tiempo ya habíamos amortizado el lavaplatos we soon got our money's worth out of the dishwasher, the dishwasher soon paid for itself.
▲ *Conjugation model* [4], *like* **realizar**.

amoscarse *vpr fam* to get angry.
▲ *Conjugation model* [1], *like* **sacar**.

amostazar *vt fam* to make angry, annoy.
▲ *Conjugation model* [4], *like* **realizar**.

amotinado,-a
1 *pp* → **amotinar**.
2 *adj* rebel, riotous, insurgent.
3 *adj* MIL mutinous.
4 *nm,f* rioter, insurgent.
5 *nm,f* MIL mutineer.

amotinamiento *nm (civil)* riot, rioting; *(militar)* mutiny; *(político)* insurrection.

amotinar
1 *vt* to incite to rebellion.
2 *vt* MIL to incite to mutiny.
3 amotinarse *vpr* to rebel, rise up, riot.
4 *vpr* MIL to mutiny.

amovible *adj* removable, detachable.

amovilidad *nf* removability, detachability.

ampararse
1 *vt (proteger)* to protect, shelter.
2 *vt (ayudar)* to help; *(favorecer)* to favour *(US* favor).
3 ampararse *vpr (protegerse)* to take shelter, protect oneself.
4 *vpr (acogerse)* to avail oneself of the protection *(**en**, of)*, seek protection *(**en**, in)*.

amparo *nm* protection, shelter.
✦ **al amparo de** under the protection of.

ampelis *nm* waxwing.
▲ *pl* **ampelis**.

amperaje *nm* amperage.

ampere *nm* → **amperio**.

amperímetro *nm* ammeter.

amperio *nm* ampere.

ampliable *adj (gen)* extendable, expandable: un capital inicial de 5.000 euros, ampliable a 500.000 a starting capital of 5,000 euros which may be increased to 500,000.

ampliación
1 *nf* enlargement, extension.
2 *nf* ARQ extension.
3 *nf (fotografía)* enlargement.
▪ **ampliación de capital** increase in capital.
ampliación de estudios furthering of studies.

ampliado,-a
1 *pp* → **ampliar**.
2 *adj* ARQ extended.
3 *adj (fotografía)* enlarged.

ampliadora *nf* enlarger.

ampliamente *adv* largely.

ampliar
1 *vt* to enlarge, extend.
2 *vt* ARQ to build an extension onto.
3 *vt (fotografía)* to enlarge.
4 *vt (capital)* to increase.
5 *vt (estudios)* to further.
6 *vt (tema, idea)* to develop, expand on.
▲ *Conjugation model* [13], *like* **desviar**.

amplificación *nf* amplification.

amplificador,-ra
1 *adj* amplifying.
2 amplificador *nm* amplifier.

amplificar *vt* to amplify.
▲ *Conjugation model* [1], *like* **sacar**.

amplio,-a
1 *adj (extenso)* large: amplia mayoría large majority.
2 *adj (espacioso)* roomy, spacious.
3 *adj (ancho)* wide, broad.
4 *adj (holgado)* loose.
✦ **en el sentido más amplio de la palabra** in the broadest sense of the word.

amplitud
1 *nf (extensión)* extent, range.
2 *nf (espacio)* room, space, spaciousness.
3 *nf (anchura)* width.
4 *nf (holgadura)* looseness.
5 *nf* FÍS amplitude.
✦ **de gran amplitud** *fig* far-reaching.
▪ **amplitud de miras** broad-mindedness.

ampolla
1 *nf* MED blister.
2 *nf (burbuja)* bubble.
3 *nf (vasija)* flask, bottle.
4 *nf (tubito)* ampoule, phial.

ampollarse *vpr* to blister.

ampulosidad *nf* pomposity, bombast.

ampuloso,-a *adj* inflated, pompous, bombastic.

amputación
1 *nf* amputation.
2 *nf fig* cutting out.

amputar
1 *vt* to amputate.
2 *vt fig* to cut out.

Amsterdam *nm* Amsterdam.

amueblado,-a
1 *pp* → **amueblar**.
2 *adj* furnished.

amueblar *vt* to furnish.
✦ **sin amueblar** unfurnished.

amuermado,-a
1 *pp* → **amuermar**.
2 *adj fam (aburrido)* bored.
3 *adj (atontado)* sleepy, dopey, groggy.
4 *adj (deprimido)* down, depressed.

amuermar
1 *vt fam (aburrir)* to bore.
2 *vt (atontar)* to make feel sleepy, make feel dopey, make feel groggy.
3 *vt (deprimir)* to depress, get down.
4 amuermarse *vpr (aburrirse)* to get bored.

5 *upr (atontarse)* to feel sleepy, feel dopey, feel groggy.
6 *upr (deprimirse)* to get depressed.

amujerado,-a *adj* effeminate.

amulatado,-a *adj* like a mulatto.

amuleto *nm* amulet, charm.
  ■ **amuleto de la suerte** lucky charm.

amura
  1 *nf (proa)* bow.
  2 *nf (cabo)* tack.

amurallado,-a
  1 *pp* → amurallar.
  2 *adj* walled.

amurallar *vt* to wall.

amurriarse *upr* to get angry.
  ▲ *Conjugation model* [12], *like cambiar.*

anabaptismo *nm* Anabaptism.

anabaptista
  1 *adj* Anabaptist.
  2 *nm & nf* Anabaptist.

anabólico,-a *adj* anabolic.

anabolismo *nm* anabolism.

anabolizante *adj* anabolic.

anacarado,-a *adj* pearly.

anacardo *nm (árbol)* cashew tree; *(fruto)* cashew nut.

anacoluto *nm* anacoluthon.

anaconda *nf* anaconda.

anacoreta *nm & nf* anchorite.

anacrónico,-a *adj* anachronistic, anachronic.

anacronismo *nm* anachronism.

ánade *nm* duck.
  ■ **ánade friso** gadwall.
  ánade rabudo pintail.
  ánade real mallard.
  ánade silbón wigeon.

anadear *vi* to waddle.

anaerobio,-a
  1 *adj* anaerobic.
  2 **anaerobio** *nm* anaerobe, anaerobium.

anáfora *nf* anaphora.

anafórico,-a *adj* anaphoric.

anagrama *nm* anagram.

anal *adj* anal.

anales *nm pl* annals.

analfabetismo *nm* illiteracy.

analfabeto,-a
  1 *adj* illiterate.
  2 *adj fig* stupid.
  3 *nm,f* illiterate person.
  4 *nm,f fig* stupid person, ignoramus: **es una analfabeta** she's stupid.

analgesia *nf* analgesia.

analgésico,-a
  1 *adj* analgesic.
  2 **analgésico** *nm* analgesic, painkiller.

análisis *nm* analysis.
  ■ **análisis de orina** urine test.
  análisis de sangre blood test.
  ▲ *pl análisis.*

analista *nm & nf* analyst.

analítica *nf* blood test.

analíticamente *adv* analytically.

analítico,-a *adj* analytic, analytical.

analizable *adj* analysable (*US* analyzable).

analizador,-ra
  1 *adj* analysing (*US* analyzing).
  2 **analizador** *nm* analyser (*US* analyzer).

analizar *vt* to analyse (*US* analyze).
  ▲ *Conjugation model* [4], *like realizar.*

análogamente *adv* analogously.

analogía *nf* analogy.

analógicamente *adv* analogically.

analógico,-a *adj* analogical.

analogismo *nm* analogy.

análogo,-a *adj* analogous, similar.

ananá *nf* pineapple.
  ▲ *pl ananaes.*

ananás *nf* pineapple.
  ▲ *pl ananases.*

anaquel *nm* shelf.

anaranjado,-a
  1 *adj* orangey.
  2 **anaranjado** *nm* orangey colour (*US* color).

anarco *nm & nf fam* anarchist.

anarcosindicalismo *nm* anarcho-syndicalism.

anarquía *nf* anarchy.

anárquicamente *adv* anarchically.

anárquico,-a *adj* anarchic, anarchical.

anarquismo *nm* anarchism.

anarquista
  1 *adj* anarchist.
  2 *nm & nf* anarchist.

anarquizante *adj* anarchistic.

anatema *nm* anathema.
  ✦ **lanzar anatemas contra** to curse, hurl abuse at.

anatematizar
  1 *vt* to anathematize.
  2 *vt fig* to curse.
  ▲ *Conjugation model* [4], *like realizar.*

anatomía *nf* anatomy.

anatómicamente *adv* anatomically.

anatómico,-a *adj* anatomical.

anatomista *nm & nf* anatomist.

anca *nf* haunch.
  ■ **ancas de rana** frogs' legs.
  ▲ *Takes el in singular.*

ancestral *adj* ancestral, ancient.

ancestro *nm* ancestor.

ancho,-a
  1 *adj (gen)* broad, wide.
  2 *adj (prenda - holgada)* loose-fitting; *(- grande)* too big: **me gusta la ropa ancha** I like loose fitting clothes; **la falda le está ancha** the skirt is too big for her.
  3 **ancho** *nm (anchura)* breadth, width: **¿qué ancho tiene?** how wide is it?; **tiene cuatro metros de ancho** it's four metres wide.

4 *nm (en costura)* width.
  ✦ **a sus anchas** *fam* comfortable, at ease.
  a lo ancho breadthwise, across.
    estar más ancho,-a que largo,-a to be full of oneself.
    estar muy ancho,-a to have plenty of space, have plenty of room.
    ponerse más ancho,-a que largo,-a to swell with pride.
    quedarse tan ancho,-a *fam* to behave as if nothing had happened, not bat an eyelid.

anchoa *nf* anchovy.

anchura *nf* breadth, width.
  ■ **anchura de pecho/cintura/caderas** bust/waist/hip measurement.

anchuroso,-a *adj* wide, broad; *(espacioso)* spacious.

ancianidad *nf* old age.

anciano,-a
  1 *adj* very old, elderly, aged.
  2 *nm,f* old person, elderly person.
  3 **los ancianos** *nm pl* old people, the elderly.

ancla *nf* anchor.
  ✦ **echar anclas** to drop anchor.
  ▲ *Takes el in singular.*

anclaje
  1 *nm MAR* anchorage.
  2 *nm TÉC* anchor.

anclar
  1 *vi MAR* to anchor.
  2 *vt TÉC* to anchor.

áncora *nf* anchor.
  ▲ *Takes el in singular.*

ancorar *vt-vi* → anclar.

andadas *nf pl fam* old ways.
  ✦ **volver a las andadas** to go back to one's old tricks.

andaderas *nf pl* baby-walker *sing.*

andado,-a
  1 *pp* → andar.
  2 *adj (común)* common.
  3 *adj (gastado)* worn out.

andador,-ra
  1 *adj (aficionado)* fond of walking; *(rápido)* fast-walking.
  2 *nm,f (bueno)* good walker; *(rápido)* fast walker.
  3 **andador** *nm (para niños)* baby-walker; *(para viejos)* walking frame.

andadura
  1 *nf (viaje)* journey.
  2 *nf (trayectoria - de persona)* career; *(- de organización etc)* activity, functioning: **este libro resume la andadura de la asociación** this book summarizes the activities of the association.
  ✦ **iniciar su andadura/comenzar su andadura** *(persona)* to start out; *(organización)* to start up: **inició su andadura teatral como figuranta** he began his theatrical career as an extra, he started out in the theatre as an extra; **la cooperativa inició su andadura en 1987** the cooperative started up in 1987.

Andalucía *nf* Andalusia.

andalucismo

1 *nm* LING *(palabra)* Andalusian word; *(expresión)* Andalusian expression.

2 *nm* POL Andalusian nationalism.

andalucista *adj* Andalusian nationalist.

andalusí *adj* of Moorish Spain.

andaluz,-za

1 *adj* Andalusian.

2 *nm,f (persona)* Andalusian.

3 **andaluz** *nm (dialecto)* Andalusian.

andamiaje *nm* scaffolding.

andamio *nm* scaffold.

andana *nf* row, line.

✦ **llamarse andana** *fam* to wash one's hands of a matter.

andanada

1 *nf* MAR broadside.

2 *nf (represión)* reprimand, rebuke.

3 *nf (en plaza de toros)* covered stand.

✦ **echar/soltar una andanada** *fig* to say something out of the blue.

andante

1 *adj* walking.

2 *adj* MÚS andante.

3 *adv* MÚS andante.

4 *nm* MÚS andante.

▪ **caballero andante** knight errant.

andanza

1 *nf* event, occurrence.

2 **andanzas** *nf pl* adventures.

andar

1 *vi (moverse)* to walk: **andaba por la calle principal** I was walking along the main street; **está cerca, iremos andando** it's not far, we'll walk.

2 *vi (trasladarse)* to move: **este coche anda despacio** this car goes very slowly.

3 *vi (funcionar)* to work, run, go: **este reloj no anda** this watch doesn't work; **el coche anda muy bien** the car goes very well.

4 *vi (estar)* to be: **¿cómo andas?** how are you?, how's it going?; **anda por los cincuenta** he's around fifty years old; **¿cómo andas de dinero?** how are you for money?

5 *vi (juntarse)* to mix (**con**, with).

6 *vt* to walk: **no puede andar ni cien metros** she can't even walk a hundred yards.

7 *nm* walk, gait.

8 **¡anda!** *interj* well!, oh!: **¡anda ya!** come off it!; **bésame, anda** go on, give me a kiss.

✦ **andar a gatas** to crawl.

andar de puntillas to tiptoe.

andar con cien ojos to keep one's wits about one.

andar con cuidado/andarse con cuidado to be careful.

andar con rodeos to beat about the bush.

andar por las nubes to be absent-minded.

andarse por las ramas *fig* to beat about the bush.

dime con quién andas y te diré quién eres a man is known by the company he keeps.

no andarse con rodeos to get straight to the point.

todo se andará all in good time.

▲ *Conjugation model* [64].

andares *nm pl* walk *sing*, gait *sing*.

andariego,-a

1 *adj (que anda)* fond of walking.

2 *adj (que viaja)* fond of travelling (US traveling).

3 *nm,f (andador)* good walker.

4 *nm,f (viajero)* person who likes travelling (US traveling).

andarín,-ina

1 *adj* good at walking.

2 *nm,f* good walker, tireless walker.

andas *nf pl* portable platform *sing*.

✦ **llevar a alguien en andas** *fig* to pamper somebody.

andén *nm* platform.

Andes *nm pl* **los Andes** the Andes.

andinismo *nm* mountaineering.

andinista *nm & nf* mountaineer.

andino,-a

1 *adj* Andean.

2 *nm,f* Andean.

andoba *nm & nf* arg *(hombre)* guy; *(mujer)* bird.

Andorra *nm* Andorra.

andorrano,-a

1 *adj* Andorran.

2 *nm,f* Andorran.

andrajo *nm* rag, tatter.

andrajoso,-a *adj* ragged, in tatters.

androceo *nm* androecium.

andrógeno *nm* androgen.

andrógino,-a *adj* androgynous.

androide *nm* android.

andrómina *nf* lie, trick.

andullo

1 *nm (hoja)* rolled tobacco leaf.

2 *nm (manojo)* bunch of tobacco leaves.

andurrial *nm* out-of-the-way place.

▲ *Also used in plural with the same meaning.*

anea *nf* bulrush, reed mace.

anécdota *nf* anecdote.

anecdotario *nm* collection of anecdotes.

anecdótico,-a *adj* anecdotic, anecdotal.

anecdotista *nm & nf* raconteur.

anegación *nf* flooding.

anegadizo,-a *adj* subject to flooding.

anegamiento *nm* → anegación.

anegar

1 *vt (inundar)* to flood.

2 *vt (ahogar)* to drown.

3 **anegarse** *vpr (inundarse)* to be flooded, flood.

4 *vpr (ahogarse)* to be drowned.

✦ **anegarse en llanto/lágrimas** to fill with tears, dissolve into tears.

▲ *Conjugation model* [7], *like* llegar.

anejo,-a

1 *adj* adjoining, attached (**a**, to).

2 **anejo** *nm* annexe (US annex).

anélido *nm* annelid.

anemia *nf* anaemia (US anemia).

anémico,-a

1 *adj* anaemic (US anemic).

2 *nm,f* anaemia (US anemia) sufferer, anaemic (US anemic) person.

anemómetro *nm* anemometer.

anemona *nf* anemone.

▪ **anemona de mar** sea anemone.

anémona *nf* → anemona.

anemone *nf* → anemona.

aneroide *adj* aneroid.

anestesia *nf* anaesthesia (US anesthesia).

anestesiar *vt* to anaesthetize (US anesthetize).

▲ *Conjugation model* [12], *like* cambiar.

anestésico,-a

1 *adj* anaesthetic (US anesthetic).

2 **anestésico** *nm* anaesthetic (US anesthetic).

anestesista *nm & nf* anaesthetist (US anesthesiologist).

aneurisma *nm* aneurysm.

anexar *vt* to annex.

anexión *nf* annexation.

anexionar *vt* to annex.

anexionismo *nm* annexationism.

anexionista

1 *adj* annexationist.

2 *nm & nf* annexationist.

anexo,-a

1 *adj* adjoining, attached (**a**, to).

2 **anexo** *nm* annexe (US annex).

anfeta *nm* arg → anfetamina.

anfetamina *nf* amphetamine.

anfibio,-a

1 *adj* amphibious.

2 **anfibio** *nm* amphibian.

3 **los anfibios** *nm pl* amphibia *pl*.

anfíbol *nm* amphibole.

anfibología *nf* amphibology.

anfiteatro

1 *nm* amphitheatre (US amphitheater).

2 *nm (en universidad)* lecture theatre (US theater).

3 *nm (en teatro, cine)* circle.

anfitrión,-ona *nm,f (hombre)* host; *(mujer)* hostess.

ánfora *nf* amphora.

anfractuosidad

1 *nf (desigualdad)* roughness.

2 *nf (torcido)* twisting, turning.

angarillas *nf pl* portable platform *sing*.

ángel *nm* angel.

✦ **ángel caído** fallen angel.

tener ángel to be charming.

- **ángel custodio/de la guarda** guardian angel.

angélica *nf* angelica.

angelical *adj* angelic, angelical.

angélico,-a *adj* angelic, angelical.

angelito *nm fam (diminutivo)* little angel.
+ **estar hecho,-a un angelito** *irón* to be a fine one: ¡menudo angelito está él hecho! butter wouldn't melt in his mouth!

angelote
1 *nm fam (niño)* chubby child.
2 *nm fam (adulto)* angel.

ángelus *nm* Angelus.
▲ *pl* ángelus.

angina *nf* angina.
+ **tener anginas** to have a sore throat.
- **angina de pecho** angina pectoris.

angioma *nm* angioma.

angiosperma *nf* angiosperm.

angiospermo,-a *adj* angiospermous.

anglicanismo *nm* Anglicanism.

anglicanizar *vt* anglicize.

anglicano,-a
1 *adj* Anglican.
2 *nm,f* Anglican.
- **la Iglesia Anglicana** the Anglican Church, the Church of England.

anglicismo *nm* Anglicism.

anglicista *nm & nf* Anglicist.

anglo,-a
1 *adj* Anglian.
2 *nm,f* Angle, Anglian.

angloamericano,-a
1 *adj* Anglo-American.
2 *nm,f* Anglo-American.

angloárabe
1 *adj* Anglo-Arab.
2 *nm & nf* Anglo-Arab.

anglofilia *nf* anglophilia.

anglófilo,-a
1 *adj* Anglophile.
2 *nm,f* Anglophile.

anglofobia *nf* anglophobia.

anglófobo,-a
1 *adj* Anglophobe.
2 *nm,f* Anglophobe.

anglófono,-a
1 *adj* English-speaking.
2 *nm,f* English speaker.

anglomanía *nf* Anglomania.

anglonormando,-a *adj* Anglo-Norman.
- **Islas anglonormandas** Channel Islands.

anglosajón,-ona
1 *adj* Anglo-Saxon.
2 *nm,f (persona)* Anglo-Saxon.
3 **anglosajón** *nm (idioma)* Anglo-Saxon.

Angola *nf* Angola.

angoleño,-a
1 *adj* Angolan.
2 *nm,f* Angolan.

angora *nf* angora.

angorina *nf* artificial angora.

angosto,-a *adj* narrow.

angostura
1 *nf (estrechez)* narrowness.
2 *nf (bebida)* angostura.

angra *nf* cove, inlet, creek.

ángstrom *nm* angstrom.

angstromio *nm* → ángstrom.

anguiforme *adj* snakelike.

anguila *nf* eel.
- **anguila de mar** conger eel.

angula *nf* elver.

angular *adj* angular.
- **(objetivo) gran angular** *(fotografía)* wide-angle lens.

ángulo
1 *nm* angle: formar ángulo con to be at an angle to.
2 *nm (rincón)* corner.
+ **en ángulo con** at an angle to.
- **ángulo de tiro** elevation.
ángulo recto right angle.

anguloso,-a *adj* angular.

angustia
1 *nf* anguish, affliction, distress: ¡qué angustia! how distressing!
2 *nf (física)* sickness, nausea.
- **angustia vital** anxiety state, angst.

angustiadamente *adv* with anguish, agonizingly.

angustiado,-a
1 *pp* → angustiar.
2 *adj (afligido)* distressed, upset; *(preocupado)* worried, anxious.

angustiar
1 *vt (afligir)* to distress, upset.
2 *vt (preocupar)* to worry, make anxious.
3 **angustiarse** *vpr (afligirse)* to become distressed, get upset.
4 *vpr (preocuparse)* to worry, get anxious.
▲ *Conjugation model* [12], *like* cambiar.

angustiosamente *adv* with anguish, agonizingly.

angustioso,-a *adj (situación)* distressing, worrying; *(mirada)* anguished.

anhelante *adj* longing, yearning.

anhelar *vt* to long for, yearn for: anhela ser famosa she longs to be famous.

anhelo *nm* longing, yearning.

anhelosamente *adv* longingly.

anheloso,-a *adj* longing.

anhídrido *nm* anhydride.

anhidro,-a *adj* anhydrous.

anidar
1 *vi (pájaro)* to nest, make one's nest.
2 *vi fig* to live, dwell: el miedo anida en su corazón fear lingers in her heart.
3 *vt fig* to shelter.

anilina *nf* aniline.

anilla
1 *nf (aro)* ring.
2 **anillas** *nf pl DEP* rings.
- **anilla de lata** ringpull.

anillado,-a
1 *pp* → anillar.

2 *adj (con anillos)* ringed.
3 *adj (con forma de anillos)* annular, ring-shaped.
4 *adj (ave)* ringed.
5 **anillado** *nm (ave)* ringing.

anillar
1 *vt (dar forma)* to make into a ring.
2 *vt (sujetar)* to ring.
3 *vt (ave)* to ring.

anillo
1 *nm* ring.
2 *nm (de planeta)* ring.
3 *nm ARQ* annulet.
4 *nm (de gusano)* annulus; *(de culebra)* coil.
+ **caérsele a alguien los anillos** to be beneath somebody.
venir como anillo al dedo to be just what somebody needed, suit somebody fine.
- **anillo de boda** wedding ring.
anillo de pedida/prometida engagement ring.

ánima
1 *nf* soul.
2 *nf (de arma)* bore.
3 **ánimas** *nf pl (toque)* evening bell *sing*.
- **ánima bendita** soul in purgatory.
▲ *Takes* el *in singular*.

animación
1 *nf (actividad)* activity, movement, bustle.
2 *nf (viveza)* liveliness: dar animación to liven up.
3 *nf CINEM* animation.

animadamente *adv* cheerfully, animatedly.

animado,-a
1 *pp* → animar.
2 *adj (movido)* animated, lively, jolly.
3 *adj (concurrido)* bustling, full of people.
4 *adj (alegre)* cheerful, in high spirits, excited.

animador,-ra
1 *adj* cheering, encouraging.
2 *nm,f (artista)* entertainer.
3 *nm,f (de un equipo)* cheerleader.

animadversión *nf* antagonism, hostility, ill will, animosity.
+ **sentir animadversión por alguien** to feel hostile towards somebody.

animal
1 *adj* animal.
2 *adj fig (basto)* rough; *(necio)* ignorant, stupid; *(grosero)* rude, coarse, uncouth.
3 *nm* animal.
4 *nm fig (basto)* rough person, brute, lout; *(necio)* dunce; *(grosero)* rude person: ¡animal! you brute!
- **animal de carga** beast of burden.
animal doméstico pet.
reino animal animal kingdom.

animalada *nf (acción)* stupid thing to do; *(dicho)* stupid thing to say: eso es una animalada that's incredibly stupid.

animalidad *nf* animality.

animalucho *nm fam (persona)* ugly brute.

animar

1 *vt (alegrar a alguien)* to cheer up.

2 *vt (alegrar algo)* to brighten up, liven up.

3 *vt (alentar)* to encourage.

4 **animarse** *vpr (persona)* to cheer up.

5 *vpr (fiesta etc)* to brighten up, liven up.

6 *vpr (decidirse)* to make up one's mind: anímate a venir say that you'll come.

anímico,-a *adj*

■ **estado anímico** frame of mind, state of mind.

animismo *nm* animism.

animista

1 *adj* animistic.

2 *nm & nf* animist.

ánimo

1 *nm (espíritu)* spirit; *(mente)* mind; *(alma)* soul.

2 *nm (intención)* intention, purpose: sin ánimo de ofender no offence intended.

3 *nm (valor)* courage: no tengo ánimos de nada I don't feel up to anything.

4 *nm (aliento)* encouragement.

5 *interj* cheer up!

✦ **con ánimo de** with the intention of. **dar ánimos a alguien** to encourage somebody. **hacerse el ánimo de** to get used to the idea of, come to terms with.

animosamente *adv (con atrevimiento)* bravely; *(con decisión)* resolutely.

animosidad *nf* animosity, ill will, hostility.

animoso,-a *adj (atrevido)* brave, courageous; *(decidido)* determined.

aniñado,-a

1 *pp* → **aniñarse.**

2 *adj* childlike.

3 *adj pey* childish.

aniñarse *vpr* to grow childish, become childish.

anión *nm* anion.

aniquilación *nf* annihilation, destruction.

aniquilador,-ra *adj* annihilating, destructive.

aniquilamiento *nm* → **aniquilación.**

aniquilar *vt* to annihilate, destroy: aniquilar al enemigo to wipe out the enemy.

anís

1 *nm (planta)* anise; *(grano)* aniseed.

2 *nm (bebida)* anisette.

3 *nm (confite)* aniseed ball.

✦ **no ser grano de anís** *fam* to be no trifle.

anisado,-a

1 *pp* → **anisar.**

2 *adj* flavoured *(US* flavored) with aniseed.

anisar *vt* to flavour *(US* flavor) with aniseed.

anisete *nm* anisette.

aniversario *nm* anniversary.

Ankara *nf* Ankara.

ankh *nf* ankh.

ano *nm* anus.

anoche *adv (late)* last night; *(early)* yesterday evening.

✦ **antes de anoche** the night before last.

anochecer

1 *vi* to get dark: cuando anocheció when it got dark.

2 *vi* to be at nightfall, reach at nightfall: anochecimos en Burgos we were in Burgos at dusk.

3 *nm* nightfall, dusk, evening.

✦ **al anochecer** at nightfall, at dusk.

▲ *Conjugation model [43], like* **agradecer***; in 1 used only in the 3rd person; it does not take a subject.*

anochecida *nf* nightfall, dusk.

anochecido,-a

1 *pp* → **anochecer.**

2 **anochecido** *adv* night, dark.

anodinamente *adv* dully, insipidly.

anodino,-a

1 *adj MED* anodyne.

2 *adj (ineficaz)* ineffective, inefficient.

3 *adj (soso)* insipid, dull.

4 **anodino** *nm MED* anodyne.

ánodo *nm* anode.

anofeles *nm* anopheles.

▲ *pl* **anofeles.**

anomalía *nf* anomaly.

anómalo,-a *adj* anomalous.

anona *nf* soursop.

anonadación *nf* → **anonadamiento.**

anonadado,-a

1 *pp* → **anonadar.**

2 *adj* dumbfounded, speechless.

✦ **dejar anonadado,-a a alguien** to dumbfound somebody, amaze somebody, take somebody aback, leave somebody speechless.

anonadamiento *nm (pasmo)* amazement, astonishment.

anonadante *adj (que sorprende)* amazing, astonishing, astounding.

anonadar *vt (sorprender)* to amaze, astonish, astound, dumbfound, take aback, leave speechless.

anónimamente *adv* anonymously.

anonimato *nm* anonymity.

✦ **permanecer en el anonimato** to remain anonymous, remain nameless.

anónimo,-a

1 *adj (desconocido)* anonymous.

2 *adj (sociedad)* limited, *US* incorporated.

3 **anónimo** *nm (carta)* anonymous letter; *(obra)* anonymous work.

4 *nm (anonimato)* anonymity.

anorak *nm* anorak.

▲ *pl* **anoraks.**

anorexia *nf* anorexia.

anoréxico,-a *adj* anorexic.

anormal

1 *adj (no normal)* abnormal.

2 *adj (inhabitual)* unusual: comportamiento anormal abnormal behaviour.

3 *adj MED* subnormal.

4 *nm & nf MED* subnormal person.

anormalidad *nf* abnormality.

anormalmente *adv* abnormally, unusually.

anotación

1 *nf (acotación)* annotation.

2 *nf (nota)* note.

3 *nf (apunte)* noting.

anotar

1 *vt (acotar)* to annotate, add notes to.

2 *vt (apuntar)* to take down, jot down, make a note of.

anovelado,-a *adj* novel-like.

anovulatorio,-a

1 *adj* anovulatory.

2 **anovulatorio** *nm* anovulant.

anquilosado,-a

1 *pp* → **anquilosar.**

2 *adj* ankylosed, anchylosed.

3 *adj fig* stagnated, paralysed.

anquilosamiento

1 *nm* ankylosis, anchylosis.

2 *nm fig* stagnation, paralysis.

anquilosar

1 *vt* to ankylose, anchylose.

2 **anquilosarse** *vpr* to ankylose, anchylose.

3 *vpr fig* to stagnate, be paralysed.

anquilosis *nf* ankylosis, anchylosis.

▲ *pl* **anquilosis.**

anquilostoma *nf* hookworm.

ánsar *nm* goose.

■ **ánsar común** greylag goose.

ansarino *nm* gosling.

ansarón

1 *nm (adulto)* goose.

2 *nm (cría)* gosling.

ansia

1 *nf (ansiedad)* anxiety; *(angustia)* anguish.

2 *nf (deseo)* eagerness, longing, yearning: tener ansia de poder to be longing for power.

3 *nf MED* sick feeling.

▲ *Takes* **el** *in singular.*

ansiado,-a

1 *pp* → **ansiar.**

2 *adj* longed-for.

ansiar *vt* to long for, yearn for: ansiaba la paz she longed for peace.

▲ *Conjugation model [13], like* **desviar***.*

ansiedad

1 *nf* anxiety.

2 *nf MED* nervous tension.

✦ **con ansiedad** anxiously.

ansiosamente

1 *adv (con desasosiego)* anxiously, desperately.

2 *adv (con deseo)* eagerly, longingly.
3 *adv (con avaricia)* greedily.

ansioso,-a
1 *adj (desasosegado)* anguished, anxious, desperate.
2 *adj (deseoso)* eager, longing (**por/de**, to): estaba ansioso de verla he couldn't wait to see her, he was dying to see her.
3 *adj (avaricioso)* greedy, covetous.

anta *nf* elk, moose.

antagónico,-a *adj* antagonistic.

antagonismo *nm* antagonism.

antagonista
1 *adj* antagonistic.
2 *nm & nf* antagonist.

antaño *adv* formerly, in olden times, long ago: las costumbres de antaño age-old traditions.

antañón,-ona *adj fam* very old.

antártico,-a *adj* Antarctic.

Antártida *nf* Antarctica.

ante[1]
1 *prep* before, in the presence of.
2 *prep (considerando)* in the face of: ante estas circunstancias under the circumstances.
✦ ante todo *(primero)* first of all; *(por encima de)* above all.

ante[2]
1 *nm* ZOOL elk, moose.
2 *nm (piel)* suede.

anteanoche *adv* the night before last.

anteayer *adv* the day before yesterday.

antebrazo *nm* forearm.

antecámara *nf* antechamber, anteroom.

antecedente
1 *adj* previous, preceding.
2 *nm* precedent.
3 *nm* GRAM antecedent.
4 *nm* MED history.
5 antecedentes *nm pl* record *sing*.
✦ estar en antecedentes to be well informed.
poner en antecedentes to put in the picture.
tener malos antecedentes to have a bad record.
■ antecedentes penales criminal record *sing*, police record *sing*, record *sing*: el acusado no tiene antecedentes penales the accused has no previous convictions.

anteceder *vt* to precede, come before.

antecesor,-ra
1 *nm,f (en un cargo)* predecessor.
2 *nm,f (antepasado)* ancestor.

antecocina *nf* scullery.

antedata *nf* antedate.

antedatar *vt* to antedate.

antedicho,-a
1 *adj* aforesaid, aforementioned.
2 *nm,f* person mentioned before, aforementioned person.

antediluviano,-a
1 *adj* antediluvian.
2 *adj fig* as old as the hills.

antefirma *nf fml* title of signatory.

antelación *nf* precedence: con cinco días de antelación five days beforehand.
✦ con antelación in advance.
con antelación a before, prior to.
con la debida antelación *fml* well in advance, in good time.
con mucha antelación long in advance, long beforehand, in good time.
con poca antelación at short notice.

antemano de antemano beforehand, in advance.

antemeridiano,-a *adj* ante meridiem.

antena
1 *nf* RAD TV aerial, antenna.
2 *nf* ANAT antenna, feeler.
✦ estar en antena to be on the air.
■ antena parabólica satellite dish.

anteojeras *nf pl* blinkers, US blinders.

anteojo
1 *nm* telescope.
2 anteojos *nm pl (binóculos)* binoculars, field glasses.
3 *nm pl (gafas)* glasses, spectacles.

antepalco *nm* anteroom to a box in a theatre.

antepasado,-a
1 *adj* previous, prior.
2 antepasado *nm* ancestor.
3 antepasados *nm pl* forefathers, forbears.

antepatio *nm* forecourt.

antepecho
1 *nm (pretil)* parapet, guardrail.
2 *nm (de ventana)* windowsill.

antepenúltimo,-a *adj* antepenultimate: el episodio antepenúltimo the second from last episode.

anteponer
1 *vt (poner delante)* to place in front (**a**, of), put in front (**a**, of); *(poner antes)* to put before.
2 *vt (preferir)* to prefer (**a**, to).
▲ *Conjugation model [78], like* **poner***; pp* **antepuesto,-a***.*

anteportada *nf* half title.

anteproyecto
1 *nm* preliminary plan, draft.
2 *nm* JUR first draft, discussion document.
■ anteproyecto de ley draft bill.

antepuesto,-a *pp* → **anteponer.**

antepuse *pt indef* → **anteponer.**

antera *nf* anther.

anterior
1 *adj (tiempo)* previous, preceding, before: el día anterior the day before; la noche anterior al examen the night before the exam.
2 *adj (lugar)* front: la parte anterior the front part.
3 *nm & nf* the previous one.

anterioridad *nf* priority.
✦ con anterioridad previously.
con anterioridad a prior to, before.

anteriormente *adv* previously, before.

antes
1 *adv (tiempo)* before, earlier: llámame antes de salir ring me before you leave; llegué antes que él I arrived before him; antes del partido before the match; deberías estar allí antes de las nueve you should be there before nine; bébete el café antes de que se enfríe drink your coffee before it gets cold.
2 *adv (en el pasado)* before, in the past.
3 *adv (lugar)* in front, before.
4 *conj* on the contrary, quite the opposite, rather: no la aborrece, antes la ama he doesn't hate her, on the contrary he loves her.
5 *adv* before.
✦ antes bien on the contrary: no se acobardó, antes bien se encaró con su enemigo he didn't shrink back, on the contrary, he stood up to his enemy.
antes de J.C. before Christ.
antes de nada first of all.
lo antes posible as soon as possible.

antesala *nf* anteroom, antechamber.
✦ en la antesala de *fig* on the verge of.
hacer antesala to wait.

antever
1 *vt (ver antes)* to see before.
2 *vt (prever)* to foresee.
▲ *Conjugation model [91], like* **ver***; pp* **antevisto,-a***.*

antevíspera *nf* two days before.

antevisto *pp* → **antever.**

antiabortista
1 *adj* anti-abortionist.
2 *nm & nf* anti-abortionist, antiabortion campaigner.

antiácido,-a
1 *adj* antacid.
2 antiácido *nm* antacid.

antiadherente *adj* nonstick.

antiaéreo,-a *adj* anti-aircraft.

antialcohólico,-a
1 *adj* teetotal.
2 *nm,f* teetotaller.

antialcoholismo *nm (postura)* antialcoholism; *(movimiento)* the fight against alcohol.

antiatómico,-a *adj* fall-out: refugio antiatómico fall-out shelter.

antibalas *adj* bullet-proof.

antibalístico,-a *adj* antiballistic.

antibiótico,-a
1 *adj* antibiotic.
2 antibiótico *nm* antibiotic.

anticanceroso,-a *adj* anti-cancer.

anticarro *adj* antitank.

anticaspa *adj* anti-dandruff: champú anticaspa dandruff shampoo.

anticatarral *adj* anticatarrhal.

anticiclón *nm* anticyclone, high pressure area.

anticiclónico,-a *adj* anticyclonic.

anticipación *nf* anticipation, advance.
✦ **con anticipación** in advance.

anticipadamente *adv* in advance.

anticipado,-a
1 *pp* → anticipar.
2 *adj* brought forward; *(temprano)* early: **gracias anticipadas** thanks in advance; **pago anticipado** payment in advance.
✦ **por anticipado** in advance.

anticipar
1 *vt* to anticipate, advance, bring forward.
2 *vt (dinero)* to advance.
3 **anticiparse** *vpr (llegar antes)* to come early.
4 *vpr (adelantarse)* to beat to it: **él se me anticipó** he beat me to it.

anticipo
1 *nm (gen)* foretaste, preview.
2 *nm (pago)* advance, advance payment.

anticlerical
1 *adj* anticlerical.
2 *nm & nf* anticlerical.

anticlericalismo *nm* anticlericalism.

anticlímax *nm* anticlimax.

anticlinal *nm* anticline.

anticoagulante
1 *adj* anticoagulant.
2 *nm* anticoagulant.

anticomunismo *nm* anti-Communism.

anticomunista
1 *adj* anti-Communist.
2 *nm & nf* anti-Communist.

anticoncepción *nf* contraception.

anticonceptivo,-a
1 *adj* contraceptive.
2 **anticonceptivo** *nm* contraceptive.

anticonformismo *nm* nonconformism.

anticonformista
1 *adj* nonconformist.
2 *nm & nf* nonconformist.

anticongelante
1 *adj* antifreeze.
2 **anticongelante** *nm* antifreeze.

anticonstitucional *adj* unconstitutional.

anticonstitucionalmente *adv* unconstitutionally.

anticorrosivo,-a
1 *adj* anticorrosive.
2 **anticorrosivo** *nm* anticorrosive.

anticristo *nm* Antichrist.

anticuado,-a *adj* antiquated, old-fashioned, obsolete, out-of-date.

anticuario *nm (conocedor)* antiquary, antiquarian; *(comerciante)* antique dealer.

anticuarse *vpr* to become antiquated, become obsolete.
▲ *Conjugation model* [10], *like adecuar.*

anticuerpo *nm* antibody.

antidemocrático,-a *adj (no democrático)* undemocratic; *(que ataca la democracia)* antidemocratic.

antideportivo,-a *adj* unsportsmanlike, unsporting.

antidepresivo,-a
1 *adj* antidepressant.
2 **antidepresivo** *nm* antidepressant.

antiderrapante *adj* nonskid.

antideslizante
1 *adj (neumático)* nonskid; *(suelo)* nonslip.
2 *nm* nonskid device.

antideslumbrante *adj* anti-glare, anti-dazzle.

antidetonante *adj* antiknock.

antidiabético,-a
1 *adj* antidiabetic.
2 **antidiabético** *nm* antidiabetic.

antidisturbios *adj* riot.
▪ **material antidisturbios** riot gear.
policía antidisturbios riot police.

antidoping *adj* anti-doping, anti-drug.

antídoto *nm* antidote.

antidroga *adj* anti-drug.

antieconómico,-a *adj* uneconomical.

antiespasmódico,-a *adj* antispasmodic.

antiestático,-a *adj* antistatic.

antiestético,-a *adj* ugly, unsightly, unattractive.

antifascismo *nm* anti-fascism.

antifascista *nm & nf* anti-fascist.

antifaz *nm* mask.
▲ *pl antifaces.*

antifebril *adj* antifebrile.

antifederal
1 *adj* antifederalist.
2 *nm & nf* antifederalist.

antifeminismo *nm* antifeminism.

antifeminista
1 *adj* antifeminist.
2 *nm & nf* antifeminist.

antífona *nf* antiphon.

antigás **careta/máscara antigás** *nf* gas mask.

antígeno,-a
1 *adj* antigenic.
2 **antígeno** *nm* antigen.

antigripal
1 *adj* flu.
2 *nm* flu remedy.

Antigua *nf* Antigua.

antigualla *nf pey* antique, relic.

antiguamente *adv* in the old days, in the past.

antigubernamental *adj* anti-government.

antigüedad
1 *nf (período)* antiquity: **este jarrón tiene 200 años de antigüedad** this vase is 200 years old.
2 *nf (en empleo)* seniority.
3 *nf (objeto)* antique.
✦ **en la antigüedad** in olden days, in former times.
▪ **tienda de antigüedades** antique shop.

antigüeño,-a
1 *adj* Antiguan.
2 *nm,f* Antiguan.

antiguo,-a
1 *adj (gen)* ancient, old; *(coche)* vintage, old.
2 *adj (en empleo)* senior.
3 *adj (pasado)* old-fashioned.
4 *adj (anterior)* former: **el antiguo primer ministro** the former Prime Minister.
5 **los antiguos** *nm pl* the ancients.
✦ **a la antigua** in an old-fashioned way.
de antiguo since ancient times.

antihéroe *nm* antihero.

antihigiénico,-a *adj* unhygienic, unhealthy.

antihistamínico,-a
1 *adj* antihistamine.
2 **antihistamínico** *nm* antihistamine.

antiimperialismo *nm* anti-imperialism.

antiinflacionista *adj* anti-inflationary.

antiinflamatorio,-a
1 *adj* anti-inflammatory.
2 **antiinflamatorio** *nm* anti-inflammatory.

antillano,-a
1 *adj* West Indian.
2 *nm,f* West Indian.

Antillas *nf pl* West Indies, Antilles.
▪ **Grandes Antillas** Greater Antilles.
Pequeñas Antillas Lesser Antilles.

antilogaritmo *nm* antilogarithm.

antílope *nm* antelope.

antimagnético,-a *adj* antimagnetic.

antimateria *nf* antimatter.

antimilitarismo *nm* antimilitarism.

antimilitarista
1 *adj* antimilitarist, antimilitaristic.
2 *nm & nf* antimilitarist.

antimísil
1 *adj* antimissile.
2 *nm* antimissile, antimissile missile.

antimonárquico,-a *adj* antimonarchical, opposed to the monarchy.

antimonio *nm* antimony.

antinatural *adj* unnatural, contrary to nature.

antiniebla *adj* anti-fog.
▪ **faros antiniebla** foglamps.
luces antiniebla foglamps.
▲ *pl antiniebla.*

antinomia *nf* antinomy.

antinómico,-a *adj* antinomic.

antinuclear *adj* antinuclear.

antioxidante
1 *adj (para alimentos)* antioxidant; *(para metales)* antirust.
2 *nm (para alimentos)* antioxidant; *(para metales)* antirust substance.

antipapa *nm* antipope.

antiparras *nf pl fam* specs, glasses.

antipatía *nf* antipathy, dislike, aversion.
✦ **coger antipatía a alguien** to take a dislike to somebody.
tener antipatía a alguien to dislike somebody.

antipático,-a
1 *adj* unfriendly, unpleasant, unkind: Eva me cae antipática I don't like Eva.
2 *nm,f* unpleasant person.

antipatriota *nm & nf* unpatriotic person.

antipatriótico,-a *adj* unpatriotic.

antipedagógico,-a *adj* pedagogically unsound.

antipersonal *adj* antipersonnel.

antipirético,-a
1 *adj* antipyretic.
2 *antipirético nm* antipyretic.

antípoda
1 *adj* antipodean, antipodal.
2 *nm & nf (persona)* antipodean.
3 *nm o nf (punto)* antipode, antipodes *pl.*
▲ *In 3 also used in plural with the same meaning.*

antiprogresista
1 *adj* antiprogressive.
2 *nm & nf* antiprogressive person.

antipulgas collar antipulgas flea collar.

antiquísimo,-a *adj* very old, ancient.

antirrábico,-a *adj* anti-rabies, anti-rabic.

antirreglamentario,-a *adj DEP* against the rules.

antirrepublicano,-a *adj* anti-Republican.

antirreumático,-a
1 *adj* anti-rheumatoid.
2 *antirreumático nm* anti-rheumatoid drug.

antirrevolucionario,-a
1 *adj* antirevolutionary.
2 *nm,f* antirevolutionary.

antirrobo *adj* anti-theft.
▪ **alarma antirrobo** *(para casa)* burglar alarm; *(para coche)* anti-theft device, car alarm.
▲ *pl antirrobo.*

antisemita
1 *adj* anti-Semitic.
2 *nm & nf* anti-Semite.

antisemítico,-a *adj* anti-Semitic.

antisemitismo *nm* anti-Semitism.

antiséptico,-a
1 *adj* antiseptic.
2 *antiséptico nm* antiseptic.

antisísmico,-a *adj* earthquake-proof.

antisocial
1 *adj* antisocial.
2 *nm & nf* antisocial person.

antitanque *adj* antitank.
▲ *pl antitanque.*

antiterrorista *adj* antiterrorist.

antítesis *nf* antithesis.
▲ *pl antítesis.*

antitetánica *nf* tetanus injection.

antitetánico,-a *adj* anti-tetanus.

antitético,-a *adj* antithetic, antithetical.

antitóxico,-a *adj* antitoxic.

antitoxina *nf* antitoxin.

antitranspirante
1 *adj* antiperspirant.
2 *nm* antiperspirant.

antituberculoso,-a *adj* antitubercular.

antivirus
1 *nm (fármaco)* antivirus drug.
2 *nm INFORM* antivirus.

antojadizo,-a *adj* capricious, fanciful, whimsical.

antojarse
1 *upr (encapricharse)* to feel like, fancy, take a fancy to: se le antojó un patinete she fancied a scooter; cuando se le antoje when he feels like it, when it appeals to him.
2 *upr (suponer)* to think, imagine, suppose, seem: se me antoja que no vendrá I have the feeling that she won't come.
✦ **hacer lo que se le antoja** to do what one fancies.

antojo
1 *nm (capricho)* whim, fancy; *(de embarazada)* craving.
2 *nm (en la piel)* birthmark.
✦ **a su** *(mi, tu, etc)* **antojo** arbitrarily.

antología *nf* anthology.
✦ **de antología** *fig* remarkable, outstanding.

antológico,-a *adj* anthological.

antonimia *nf* antonymy.

antónimo,-a
1 *adj* antonymous.
2 *antónimo nm* antonym.

antonomasia *nf* antonomasia.
✦ **por antonomasia** par excellence.

antorcha
1 *nf* torch.
2 *nf fig* guiding light.

antracita *nf* anthracite.

ántrax *nm* anthrax.
▲ *pl ántrax.*

antro
1 *nm (caverna)* cavern.
2 *nm (tugurio)* dump, hole, dive.
▪ **antro de perdición** den of vice.

antropocéntrico,-a *adj* anthropocentric.

antropocentrismo *nm* anthropocentrism.

antropofagia *nf* cannibalism.

antropófago,-a
1 *adj* cannibalistic.
2 *nm,f* cannibal.

antropoide
1 *adj* anthropoid, anthropoidal.
2 *nm & nf* anthropoid.

antropología *nf* anthropology.

antropológico,-a *adj* anthropological.

antropólogo,-a *nm,f* anthropologist.

antropomórfico,-a *adj* anthropomorphic.

antropomorfismo *nm* anthropomorphism.

antropomorfo,-a
1 *adj* anthropomorphic.
2 *nm,f* anthropomorphist.

antropónimo *nm* name of a person.

anual *adj* annual, yearly: gastos anuales yearly expenses.

anualidad *nf* annual payment, annuity.

anualmente *adv* annually, yearly.

anuario *nm* yearbook.

anubarrado,-a *adj* cloudy, overcast.

anublar *vt* to cloud (over).

anudadura
1 *nf (acción)* knotting, tying, fastening.
2 *nf (nudo)* knot.

anudamiento *nm* → anudadura.

anudar
1 *vt (atar)* to knot, tie, fasten.
2 *vt fig* to join, tie together.
3 **anudarse** *vpr* to tie, knot.
✦ **anudarse la voz/lengua** to become tongue-tied.

anuencia *nf* consent, approval.

anuente *adj* consenting, consentient.

anulable *adj* cancellable (*US* cancelable).

anulación
1 *nf (gen)* annulment, cancellation; *(de ley)* repeal; *(de sentencia)* quashing, overturning.
2 *nf DEP (de gol)* disallowing.
▪ **anulación de matrimonio** annulment of marriage.

anular[1]
1 *adj* ring-shaped.
2 *nm* ring finger.

anular[2]
1 *vt (matrimonio)* to annul; *(una ley)* to repeal; *(una sentencia)* to quash.
2 *vt (un pedido, viaje)* to cancel; *(un contrato)* to invalidate, cancel.
3 *vt DEP (un gol)* to disallow.
4 *vt fig (desautorizar)* to deprive of authority.
5 **anularse** *vpr* to lose one's authority.

anunciación *nf REL* Annunciation.

anunciador,-ra
1 *adj* announcing.
2 *adj (publicidad)* advertising: la empresa anunciadora the advertising agency.
3 *nm,f* announcer.
4 *nm,f (publicista)* advertiser.
anunciante *adj* → anunciador,-ra.
anunciar
1 *vt (avisar)* to announce, make public.
2 *vt (hacer publicidad)* to advertise.
3 **anunciarse** *upr* to put an advert (**en**, in).
▲ *Conjugation model* [12], *like* cambiar.
anuncio
1 *nm (aviso)* announcement; *(signo)* sign.
2 *nm (publicidad)* advertisement, advert, ad: pusimos un anuncio en el diario we put an ad in the paper.
3 *nm (valla publicitaria)* hoarding, *us* billboard.
4 *nm (cartel)* poster, notice.
■ **anuncios económicos/anuncios clasificados** classified adverts, small ads. **anuncios por palabras** classified adverts, small ads.
anverso
1 *nm (de moneda)* obverse.
2 *nm (de página)* recto.
anzuelo
1 *nm* fish-hook.
2 *nm fig* lure, bait.
✦ **echar el anzuelo,-a** to try to hook. **tragar/morder/picar el anzuelo** to swallow the bait.
añadido,-a
1 *pp* → añadir.
2 *adj* added.
3 **añadido** *nm (postizo)* switch, hairpiece.
4 *nm (añadidura)* addition, addendum.
añadidura *nf* addition, addendum.
✦ **por añadidura** besides, in addition.
añadir *vt* to add (**a**, to): añádele un poco de sal add a bit of salt (to it).
añagaza
1 *nf (señuelo)* decoy, stool pigeon, lure.
2 *nf fig (ardid)* lure, trick.
añal
1 *adj (anual)* annual.
2 *adj (animal)* year-old.
3 *nm & nf (animal)* yearling.
añejar
1 *vt (envejecer)* to age.
2 *vt (vino, queso)* to mature; *(jamón)* to cure.
3 **añejarse** *upr (mejorar)* to improve with age, mature.
4 *upr (estropearse)* to deteriorate.
añejo,-a
1 *adj (vino, queso)* mature; *(jamón)* cured.
2 *adj (viejo)* old.
añicos *nm pl* bits, pieces.
✦ **hacer añicos** to smash to pieces. **hacerse añicos** to shatter, smash to bits.

añil
1 *adj* indigo, blue.
2 *nm (arbusto)* indigo plant.
3 *nm (color)* indigo.
4 *nm (sustancia)* blue.
año
1 *nm* year: el año pasado last year; el año que viene next year; una vez al año once a year; los años sesenta the sixties; en estos últimos años in recent years.
2 *nm pl* years, age *sing*: ¿cuántos años tienes? how old are you?; tengo 20 años I'm 20 years old.
✦ **del año de la pera/de María Castaña** old-fashioned, ancient.
en mis *(tus, sus, etc)* **años mozos** in my *(his, her, etc)* youth.
entrado,-a en años getting on.
estar a años luz de *fig* to be miles away from.
estar de buen año to be in good shape.
hace años a long time ago, years ago.
¡por muchos años! *(cumpleaños)* many happy returns!; *(brindis)* here's to your health!
■ **año civil** calendar year.
año escolar school year.
año fiscal tax year.
año luz light year.
añojo *nm (becerro)* yearling calf; *(cordero)* yearling lamb.
añoranza *nf* longing (**de**, for), yearning (**de**, for), nostalgia (**de**, for): sentir añoranza de su país to be homesick.
añorar
1 *vt (gen)* to long for, miss, yearn for.
2 *vt (país)* to be homesick for, miss.
3 *vt (persona fallecida)* to mourn.
4 *vi* to pine.
añoso,-a *adj* very old, ancient.
añublar *vt* to blight.
añublo *nm* blight.
aojar *vt* to cast the evil eye on.
aorta *nf* aorta.
aovado,-a
1 *pp* → aovar.
2 *adj* egg-shapped, oval.
aovar *vi* to lay eggs.
aovillarse *upr* to curl up.
ap. *abr* (**aparte**) new paragraph.
apabullamiento *nm* bewilderment, confusion.
apabullante *adj (victoria, éxito)* resounding, overwhelming; *(persona)* overpowering.
apabullar
1 *vt (dejar confuso)* to bewilder, confuse.
2 *vt (abrumar)* to overwhelm.
apacentadero *nm* pasture.
apacentamiento *nm* pasturing, grazing.
apacentar
1 *vt (pacer)* to graze, put out to pasture.

2 *vt (alimentar)* to feed.
3 *vt fig (instruir)* to teach.
4 *vt fig (alimentar pasiones etc)* to gratify.
5 **apacentarse** *upr* to pasture, graze.
▲ *Conjugation model* [27], *like* acertar.
apache
1 *adj* Apache.
2 *nm & nf* Apache.
apachurrar *vt* to squash, flatten.
apacibilidad *nf* gentleness, calmness, mildness.
apacible *adj (persona)* gentle, calm, placid; *(vida)* quiet, peaceful; *(clima, tiempo)* mild; *(mar)* calm.
apaciguador,-ra
1 *adj* pacifying.
2 *nm,f* pacifier.
apaciguamiento *nm* pacification, appeasement.
apaciguar
1 *vt* to pacify, appease, placate, calm down.
2 **apaciguarse** *upr (persona)* to calm down; *(tormenta)* to abate; *(mar)* to become calm.
▲ *Conjugation model* [22], *like* averiguar.
apadrinamiento
1 *nm (de bautizo)* function of godfather.
2 *nm (de boda)* function of best man.
3 *nm (de duelo)* function of second.
4 *nm (mecenazgo)* sponsoring, patronage.
5 *nm (apoyo)* support, backing.
apadrinar
1 *vt (en bautizo)* to act as godfather to.
2 *vt (en boda)* to be the best man for.
3 *vt (en duelo)* to act as second to.
4 *vt (artista)* to sponsor.
apagadizo,-a *adj* slow to burn.
apagado,-a
1 *pp* → apagar.
2 *adj (luz etc)* out, off.
3 *adj (persona)* spiritless, lifeless.
4 *adj (voz)* sad; *(mirada)* expressionless, lifeless.
5 *adj (color)* dull.
6 *adj (volcán)* extinct.
apagar
1 *vt (fuego)* to extinguish, put out.
2 *vt (luz)* to turn out, turn off, put out.
3 *vt (televisión etc)* to switch off, turn off: apaga la radio turn the radio off.
4 *vt (color)* to soften.
5 *vt fig (dolor)* to soothe; *(pena)* to heal.
6 *vt fig (sed)* to quench.
7 **apagarse** *upr (luz)* to go out; *(televisión)* to go off.
8 *upr (emoción)* to fade, wane.
9 *upr fig (morirse)* to pass away.
✦ **apaga y vámonos** *fig* let's call it a day.
▲ *Conjugation model* [7], *like* llegar.
apagavelas *nm* candle snuffer.
▲ *pl* apagavelas.
apagón *nm* power cut, blackout.
apaisado,-a
1 *adj* oblong.
2 *adj INFORM* landscape.

apalabrar
1 *vt (concertar)* to make a verbal agreement on: **apalabrar una venta** to make a verbal agreement on a sale.
2 *vt (contratar)* to engage verbally.

Apalaches los (montes) Apalaches *nm pl* the Appalachians.

apalancado,-a
1 *pp →* **apalancar.**
2 *adj arg* settled.

apalancamiento
1 *nm (acción)* leverage.
2 *nm arg (pereza)* laziness.

apalancar
1 *vt (levantar)* to lever up; *(abrir)* to lever open: **apalancó la puerta** he levered the door open.
2 **apalancarse** *vpr arg* to settle oneself, settle down: **se apalancó ante la tele** she settled down in front of the telly.
3 *vpr arg* to get stuck in a rut.
▲ *Conjugation model* [1], *like sacar.*

apalanque *nm arg* laziness.

apaleado,-a
1 *pp →* **apalear.**
2 *adj* beaten.

apaleamiento *nm* beating, hitting, thrashing.

apalear[1] *vt (pegar)* to beat, cane, thrash.

apalear[2] *vt (grano)* to winnow.

apaleo
1 *nm (acción)* winnowing.
2 *nm (época)* winnowing time.

apantanar *vt* to flood.

apañado,-a
1 *pp →* **apañar.**
2 *adj (ordenado)* tidy; *(limpio)* clean; *(arreglado)* well-dressed, smart.
3 *adj (hábil)* skilful *(us* skilfull), clever; *(mañoso)* handy.
4 *adj (apropiado)* suitable.
✦ **estar apañado,-a/ir apañado,-a** *fam* to be in for a shock, have had it: **estamos apañados si no nos llega el dinero** we've had it if the money doesn't arrive.

apañar
1 *vt (ordenar)* to tidy; *(limpiar)* to clean.
2 *vt (recoger)* to collect.
3 *vt fam (robar)* to steal, snatch, nick, lift, swipe.
4 *vt (ataviar)* to smarten up.
5 *vt (remendar)* to patch, mend.
6 *vt (componer)* to fix, arrange: **apañamos una comida** we threw a a meal together.
7 **apañarse** *vpr* to manage, get by, make do: **ya se apañará sola** she'll manage on her own.
8 *vpr* to cohabit.
✦ **apañárselas** to manage, get by.

apaño
1 *nm (remiendo, compostura)* repair, mend, patch.
2 *nm (acuerdo)* agreement, deal.

3 *nm (habilidad)* skill.
4 *nm fam (lío amoroso)* (love) affair, fling; *(amante)* lover.
✦ **tener un apaño** *fam* to have a bit on the side.

aparador
1 *nm (escaparate)* shop window.
2 *nm (mueble)* sideboard, cupboard, buffet.

aparato
1 *nm (mecanismo)* (piece of) apparatus, set; *(eléctrico)* appliance: **aparatos eléctricos** equipment.
2 *nm (dispositivo)* device; *(instrumento)* instrument.
3 *nm (teléfono)* telephone: **está al aparato** he's on the phone.
4 *nm (avión)* plane.
5 *nm (exageración)* exaggeration.
6 *nm (ostentación)* pomp, display, show: **con mucho aparato** very pompously.
7 *nm (tormenta)* flashes of lightning *pl*: **una tormenta con gran aparato (eléctrico)** a storm with tremendous flashes of lightning.
■ **aparato auditivo** hearing aid.
aparato de radio radio set.
aparato de televisión television set.
aparato digestivo *ANAT* digestive system.
aparato ortopédico orthopedic aid.
el aparato del estado the State apparatus.

aparatosamente
1 *adv (con ostentación)* showily, ostentatiously.
2 *adv (con exageración)* with exaggeration.

aparatosidad
1 *nf (pomposidad)* pomposity, ostentation, showiness, show.
2 *nf (exageración)* exaggeration.

aparatoso,-a
1 *adj (ostentoso)* pompous, showy, ostentatious.
2 *adj (exagerado)* exaggerated.
3 *adj (caída, accidente)* spectacular.

aparcacoches *nm* doorman, parking attendant.
▲ *pl* **aparcacoches.**

aparcamiento
1 *nm (acción)* parking.
2 *nm (en la calle)* place to park, parking place.
3 *nm (parking)* car park, *us* parking lot.

aparcar
1 *vt* to park.
2 *vt fig (tema)* to put on one side.
3 *vi* to park.
✦ **"Prohibido aparcar"** "No parking".
▲ *Conjugation model* [1], *like sacar.*

aparcería *nf* sharecropping.

aparcero,-a *nm,f* sharecropper.

apareamiento
1 *nm (de cosas)* pairing off, matching up.
2 *nm (de animales)* mating.

aparear
1 *vt (cosas)* to pair off, match up.
2 *vt (animales)* to mate.
3 **aparearse** *vpr (uso recíproco)* to mate.

aparecer
1 *vi* to appear: **no aparece en la lista de invitados** she's not on the guest list.
2 *vi (dejarse ver)* to show up, turn up: **ya apareció el dinero** the money finally turned up; **espero que no aparezca por mi casa** I hope he doesn't show his face near my house.
3 *vi (en el mercado)* to come out (**en**, onto): **ya ha aparecido su nuevo libro** her new book has just been published.
4 **aparecerse** *vpr* to appear: **se le apareció la Virgen** the Virgin appeared to her.
▲ *Conjugation model* [43], *like agradecer.*

aparecido,-a
1 *pp →* **aparecer.**
2 *nm,f* ghost, spectre *(us* specter).

aparejado,-a
1 *pp →* **aparejar.**
2 *adj* suitable, fit.
✦ **ir aparejado,-a con** to go along with. **llevar/traer aparejado,-a** to entail.

aparejador,-ra *nm,f (de obras)* clerk of works; *(perito)* quantity surveyor.

aparejar
1 *vt (preparar)* to prepare, get ready.
2 *vt (caballos)* to harness.
3 *vt (barcos)* to rig out.

aparejo
1 *nm (equipo)* gear, equipment.
2 *nm (arreos)* harness.
3 *nm (jarcias, velas)* rigging.
4 *nm (polea)* block and tackle.
5 *nm (en construcción)* bond.
■ **aparejo de pesca** fishing tackle.

aparentar
1 *vt (simular)* to pretend, affect: **aparenta indiferencia** she pretends not to care, she affects indifference.
2 *vt (tener aspecto de)* to look: **no aparenta la edad que tiene** he doesn't look his age.
3 *vi* to show off.

aparente
1 *adj* apparent.
2 *adj (conveniente)* suitable.
3 *adj (lucido)* showy, smart.

aparentemente *adv* apparently.

aparición
1 *nf* appearance.
2 *nf (visión)* apparition.

apariencia *nf* appearance, aspect.
✦ **en apariencia** apparently, by all appearances.
guardar las apariencias *fig* to keep up appearances.
tener apariencia de to look like.

apartadero
1 *nm (de ferrocarril)* siding.
2 *nm (de carretera)* passing place.

apartado,-a
1 *pp* → apartar.
2 *adj (alejado)* remote, distant; *(aislado)* isolated, cut off.
3 *adj (retirado)* retired: **apartado de la política** retired from politics.
4 **apartado** *nm* post office box.
5 *nm (párrafo)* section.
✦ **mantenerse apartado,-a de algo/alguien** to keep away from something/somebody.

apartamento *nm* small flat, apartment.

apartamiento
1 *nm (separación)* removal; *(retirada)* withdrawal.
2 *nm (apartamento)* small flat, apartment.

apartar
1 *vt (alejar)* to move away: **aparta la planta del sol** move the plant out of the sun; **¿puedes apartar la moto?** can you move your motorbike?; **apartó la mirada** she looked away.
2 *vt (separar)* to separate; *(preservar de)* to protect from, keep away from: **peleaban con tanta violencia que nadie pudo apartarlos** they were fighting so fiercely that nobody could separate them; **lo que haga falta para apartar al menor del peligro** whatever is necessary to protect the child from danger.
3 *vt (reservar)* to put aside, set aside: **te he apartado un trozo de pastel** I've put a piece of cake aside for you, I've saved you a piece of cake.
4 *vt (de un cargo)* to remove: **ha sido apartado del servicio activo** he has been removed from active service.
5 **apartarse** *vpr (alejarse)* to move away: **apártate de allí** get away from there.
6 *vpr (separarse)* to withdraw, move away: **se apartó del tema** she veered off the subject.
✦ **apartar los ojos de** to take one's eyes off.
"Se aparta género" "A deposit secures any item".

aparte
1 *adv* apart, aside, separately: **eso se paga aparte** you'll have to pay for that separately.
2 *adj (distinto)* special: **eso es caso aparte** that's completely different.
3 *nm* TEAT aside.
4 *nm* LING paragraph: **punto y aparte** full stop, new paragraph.
✦ **aparte de** *(excepto)* apart from; *(además de)* as well as, besides.

apartheid *nm* apartheid.

aparthotel *nm* hotel apartments, US apartment hotel.

apartotel *nm* hotel apartments, US apartment hotel.

apasionadamente *adv* passionately, ardently.

apasionado,-a
1 *pp* → apasionar.
2 *adj* passionate, enthusiastic, fervent.
3 *nm,f* lover, enthusiast: **es un apasionado del boxeo** he's a boxing fanatic.
✦ **apasionado,-a por** very fond of.

apasionamiento *nm* passion, enthusiasm.

apasionante *adj* exciting, fascinating.

apasionar
1 *vt* to excite, fascinate, thrill: **me apasiona el queso** I adore cheese; **me apasiona la música clásica** I'm very fond of classical music.
2 **apasionarse** *vpr* to get excited, become enthusiastic (**por/de**, about).
3 *vpr (enamorarse)* to fall head over heels in love (**por/de**, with).

apatía *nf* apathy.

apático,-a
1 *adj* apathetic.
2 *nm,f* apathetic person.

apátrida
1 *adj* stateless.
2 *nm & nf* stateless person.

apdo. *abr* (**apartado**) post office box; *(abreviatura)* PO Box.

apeadero *nm* halt.

apear
1 *vt (desmontar)* to take down.
2 *vt (terreno)* to survey.
3 *vt* ARQ to prop up.
4 *vt fam* to dissuade.
5 **apearse** *vpr (del tren, autobús, etc)* to get off; *(del coche)* to get out of; *(del caballo)* to dismount.

apechugar *vi* to grin and bear it, lump it: **no nos gusta, pero nos toca apechugar** we're not happy about it, but we have to lump it; **no pienso apechugar con todo el trabajo** I don't intend to get lumbered with all the work.
▲ *Conjugation model* [7], *like* **llegar**.

apedrear
1 *vt (tirar piedras)* to throw stones at.
2 *vt (matar a pedradas)* to stone (to death).
3 *vi (granizar)* to hail.
4 **apedrearse** *vpr (estropearse por granizo)* to be damaged by hail.
▲ *In 3 used only in the 3rd person; it does not take a subject.*

apegado,-a
1 *pp* → apegarse.
2 *adj* attached (**a**, to).

apegarse *vpr* to become very fond (**a**, of), get attached (**a**, to).
▲ *Conjugation model* [7], *like* **llegar**.

apego *nm* attachment, affection, liking, fondness.
✦ **tomar apego a** to become attached to.

apelable *adj* appealable.

apelación
1 *nf* JUR appeal.
2 *nf (llamamiento)* appeal, call.
3 *nf fig* help.

✦ **interponer apelación** to appeal.
no tener apelación to be helpless.

apelar
1 *vi* JUR to appeal: **apelar de una sentencia** to appeal against a sentence.
2 *vi fig (recurrir)* to resort to: **tuvo que apelar a sus padres** he had to go to his parents.

apelativo,-a
1 *adj* appellative.
2 **apelativo** *nm* appellative, name.

apellidar
1 *vt* to call.
2 **apellidarse** *vpr* to be called, have as a surname.

apellido *nm* family name, surname, (US last name).
✦ **con nombre y apellidos** *fig* with all the details.

apelmazado,-a
1 *pp* → apelmazar.
2 *adj (comida)* heavy, stodgy; *(colchón)* lumpy; *(libro, estilo)* dense, stodgy; *(lana)* matted.

apelmazar
1 *vt* to compress, squeeze together.
2 **apelmazarse** *vpr (comida)* to go stodgy; *(colchón)* to go lumpy; *(lana)* to get matted.
3 *vpr (gente)* to crowd, throng.
▲ *Conjugation model* [4], *like* **realizar**.

apelotonar
1 *vt (amontonar)* to pile up, put into a pile; *(gente)* to cluster.
2 *vt (hacer una pelota)* to roll into a ball.
3 **apelotonarse** *vpr (gente)* to crowd together.

apenado,-a
1 *pp* → apenar.
2 *adj* troubled.

apenar
1 *vt* to make sad, sadden, grieve.
2 **apenarse** *vpr* to be grieved, be upset.

apenas
1 *adv (casi no)* scarcely, hardly: **apenas bebió** he hardly drank anything; **apenas lo conozco** I hardly know him.
2 *adv (con dificultad)* only just: **el niño apenas subió la escalera** the boy only just made it up the stairs.
3 *adv (tan pronto como)* as soon as, no sooner: **apenas entramos, sonó el teléfono** no sooner had we had come in than the phone rang.
✦ **apenas si** hardly: **apenas si se oía** it could hardly be heard.

apencar *vi fam* → apechugar.
▲ *Conjugation model* [1], *like* **sacar**.

apéndice
1 *nm (órgano interno)* appendix.
2 *nm (de libro)* appendix.
3 *nm (parte unida)* appendage.

apendicectomía *nf* appendectomy.

apendicitis *nf* appendicitis.
▲ *pl* **apendicitis**.

Apeninos los (montes) Apeninos *nm pl* the Apennines.

apeo
1 *nm (de finca)* surveying.
2 *nm (de árbol)* felling.
3 *nm (apuntalamiento)* shoring-up.

apercibimiento
1 *nm (preparación)* preparation.
2 *nm JUR* warning.

apercibir
1 *vt (preparar)* to prepare, get ready.
2 *vt (avisar)* to warn.
3 **apercibirse** *vpr (darse cuenta)* to notice (**de**, -).

apergaminado,-a
1 *pp →* apergaminarse.
2 *adj* parchment-like.
3 *adj (piel)* wrinkled; *(cara)* wizened.
▪ **papel apergaminado** parchment paper.

apergaminarse *vpr* to wrinkle, become wizened.

aperiódico,-a *adj* aperiodic.

aperitivo,-a
1 *adj* appetizing.
2 **aperitivo** *nm (bebida)* aperitif.
3 *nm (comida)* appetizer, snack.

apero
1 *nm* implement.
2 **aperos** *nm pl (aperos)* equipment *sing*, tools.
▪ **aperos de labranza** farming implements.

aperreado,-a
1 *pp →* aperrear.
2 *adj fam* lousy, wretched: **una vida aperreada** a dog's life.

aperrear
1 *vt (agobiar)* to wear out, exhaust.
2 **aperrearse** *vpr (trabajar mucho)* to overwork.
3 *vpr (emperrarse)* to become stubborn.

apertura
1 *nf (comienzo)* opening, beginning.
2 *nf POL* liberalization.
▪ **sesión de apertura** opening session.

aperturismo *nm* progressiveness.

aperturista
1 *adj* progressive.
2 *nm & nf* supporter of progressive political ideas.

apesadumbrado,-a
1 *pp →* apesadumbrar.
2 *adj* sad, distressed.

apesadumbrar *vt* to sadden, distress.

apestado,-a
1 *pp →* apestar.
2 *adj (olor)* foul, pestilent.
3 *adj MED* plague-ridden.
4 *adj fig (en cantidad)* infested (**de**, with), crawling (**de**, with).

apestar
1 *vi (oler mal)* to stink.
2 *vt (causar la peste)* to infect with the plague.

apestoso,-a
1 *adj* stinking: **un olor apestoso** a foul smell.
2 *adj fam (fastidioso)* annoying.

apétalo,-a *adj* apetalous.

apetecer
1 *vi (agradar)* to feel like, fancy: **¿te apetece ir al teatro?** do you fancy going to the theatre?; **¿qué os apetece tomar?** what would you like?
2 *vt fig (desear)* to long for, yearn for: **apetecer la fama** to long for fame.
▲ *Conjugation model* [43], *like* **agradecer**.

apetecible
1 *adj (empleo)* desirable; *(idea)* appealing.
2 *adj (comida)* tasty, appetizing.

apetencia
1 *nf (apetito)* appetite, hunger.
2 *nf fig (deseo)* longing, craving, desire.

apetito *nm* appetite.
✦ **abrir el apetito** to whet one's appetite. **tener apetito** to be hungry.
▪ **apetito carnal/sexual** sexual appetite.

apetitoso,-a
1 *adj (aspecto de comida)* appetizing; *(comida)* tasty, delicious.
2 *adj (oferta)* tempting.

API *abr* (**Agente de la Propiedad Inmobiliaria**) estate agent.

apiadar
1 *vt* to inspire pity in, move to pity.
2 **apiadarse** *vpr* to take pity (**de**, on).

apical *adj* apical.

ápice
1 *nm (punta)* apex.
2 *nm fig* tiny bit, speck, iota.
✦ **ni un ápice** not one bit.

apícola *adj* apicultural, beekeeping.

apicultor,-ra *nm,f* beekeeper, apiculturist, apiarist.

apicultura *nf* beekeeping, apiculture.

apilamiento *nm* piling up, heaping up.

apilar
1 *vt* to pile up, heap up.
2 **apilarse** *vpr* to pile up, heap up.

apiñado,-a
1 *pp →* apiñar.
2 *adj* crammed together, packed.

apiñamiento *nm* cramming, packing.

apiñar
1 *vt (apretar)* to pack, press together, jam.
2 **apiñarse** *vpr* to crowd (**en**, into).

apio *nm* celery.

apiolar *vt* to catch.

apisonadora *nf* steamroller, roadroller.

apisonador,-ra *adj* rolling.

apisonar *vt* to roll.

apizarrado,-a *adj* slaty, slate-coloured (*US* slate-colored).

aplacamiento *nm* placation, calming.

aplacar
1 *vt* to placate, calm, soothe.
2 **aplacarse** *vpr (persona)* to calm down; *(viento)* to abate, die down.
▲ *Conjugation model* [1], *like* **sacar**.

aplanador,-ra *adj* levelling (*US* leveling), smoothing.

aplanamiento *nm* levelling (*US* leveling), smoothing.

aplanar
1 *vt (igualar)* to smooth, level, make even.
2 *vt fig (deprimir)* to depress, dishearten.
3 **aplanarse** *vpr (desanimarse)* to become depressed, become disheartened.

aplastamiento
1 *nm* flattening, squashing.
2 *nm fig (moral)* crushing.

aplastante *adj* crushing, overwhelming.
▪ **triunfo/victoria aplastante** *(electoral)* landslide victory.

aplastar
1 *vt (gen)* to flatten, squash, crush.
2 *vt fig (destruir)* to crush, destroy: **aplastar al enemigo** to crush the enemy.
3 **aplastarse** *vpr* to be flattened, be squashed, be crushed.

aplatanado,-a
1 *pp →* aplatanar.
2 *adj fam* apathetic, lazy.

aplatanamiento *nm fam* apathy, laziness.

aplatanarse *vpr fam* to become apathetic.

aplaudir
1 *vt* to clap, applaud.
2 *vt fig (aprobar)* to applaud, approve.

aplauso
1 *nm* applause: **¡un aplauso para el señor Martín!** a round of applause for Mr Martín!
2 *nm fig (aprobación)* applause, praise, acclaim.

aplazado,-a
1 *pp →* aplazar.
2 *adj* postponed, put off.
▪ **pago aplazado** deferred payment.

aplazamiento *nm (gen)* adjournment, postponement; *(de pago)* deferment.

aplazar *vt (gen)* to adjourn, postpone, put off; *(un pago)* to defer.
▲ *Conjugation model* [4], *like* **realizar**.

aplicabilidad *nf* applicability.

aplicable *adj* applicable.

aplicación
1 *nf (gen)* application.
2 *nf (adorno)* appliqué.

aplicado,-a
1 *pp →* aplicar.
2 *adj (estudioso)* studious, diligent, hardworking: **es un alumno aplicado** he's a hard-working pupil.
▪ **ciencias aplicadas** applied sciences.

aplicador *nm* applicator.
aplicar
  1 *vt (gen)* to apply: aplicó una pomada sobre la herida she put some ointment on the wound; aplicó el método que había aprendido de su padre he applied the method he had learned from his father; para pedidos superiores a 250 se aplica un descuento del 10% for orders over 250 there is a 10% discount; en este caso la cláusula 5 no se aplica in this case clause 5 is not applicable.
  2 *vt (destinar)* to assign.
  3 aplicarse *vpr (esforzarse)* to apply oneself, work hard.
  ▲ *Conjugation model* [1], *like sacar.*
aplique
  1 *nm (adorno)* appliqué.
  2 *nm (lámpara)* wall light, wall lamp.
aplomar
  1 *vt* to plumb.
  2 aplomarse *vpr* to compose oneself.
aplomo *nm* composure, aplomb, self-possession.
apocado,-a
  1 *pp* → apocar.
  2 *adj (intimidado)* intimidated, frightened.
  3 *adj (tímido)* shy, timid.
apocalipsis *nm* apocalypse.
  ▲ *pl apocalipsis.*
apocalíptico,-a *adj* apocalyptic.
apocamiento *nm* timidity, lack of self-confidence.
apocar
  1 *vt (intimidar)* to intimidate, frighten.
  2 *vt (humillar)* to humiliate, belittle.
  3 apocarse *vpr (intimidarse)* to be intimidated.
  ▲ *Conjugation model* [1], *like sacar.*
apocopar *vt* to apocopate.
apócope *nm* apocope, apocopation.
apócrifo,-a *adj* apocryphal.
apodar
  1 *vt* to call, nickname.
  2 apodarse *vpr* to be nicknamed.
apoderado,-a
  1 *pp* → apoderar.
  2 *adj* authorized.
  3 *adj JUR* with power of attorney (**para**, to).
  4 *nm,f* agent, representative.
  5 *nm,f (de torero, deportista)* manager.
apoderar
  1 *vt* to authorize, empower.
  2 *vt JUR* to grant power of attorney.
  3 apoderarse *vpr* to take possession (**de**, of), seize (**de**, -): el miedo se apoderó de él he was seized by fear.
apodo *nm* nickname.
apódosis *nf* apodosis.
  ▲ *pl apódosis.*
apófisis *nf* apophysis.
  ▲ *pl apófisis.*

apogeo
  1 *nm (de órbita)* apogee.
  2 *nm fig (punto culminante)* summit, height, climax, peak.
  ✦ **estar en pleno apogeo** to be at its height.
apolillado,-a
  1 *pp* → apolillar.
  2 *adj* moth-eaten.
apolilladura *nf* moth hole.
apolillar
  1 *vt* to eat away at, make holes in.
  2 apolillarse *vpr* to become moth-eaten.
apolíneo,-a *adj* Apollonian.
apoliticismo *nm* apoliticism.
apolítico,-a *adj* apolitical.
apologética *nf* apologetics.
apologético,-a *adj* apologetic.
apología *nf* apology, defence (*us* defense).
apologista *nm & nf* apologist.
apólogo *nm* apologue.
apoltronado,-a
  1 *pp* → apoltronarse.
  2 *adj* lazy, idle.
apoltronamiento *nm* laziness, idleness.
apoltronarse
  1 *vpr (vegetar)* to grow lazy, get lazy, become idle.
  2 *vpr (sentarse)* to sit back, lounge about.
apoplejía *nf* apoplexy, stroke.
apoplético,-a
  1 *adj* apoplectic.
  2 *nm,f* apoplectic.
apoquinar *vt fam* to cough up, fork out.
aporcar *vt* to earth up.
  ▲ *Conjugation model* [1], *like sacar.*
aporreado,-a
  1 *pp* → aporrear.
  2 *adj (pobre)* hard up for money.
aporrear *vt (persona)* to beat, hit, thrash; *(puerta)* to bang on; *(piano)* to bang (away) on.
aporreo *nm (golpe)* beating, thrashing; *(de puerta)* banging; *(de piano)* thumping.
aportación *nf* contribution.
aportar¹
  1 *vt (contribuir)* to contribute.
  2 *vt (proporcionar)* to give, provide.
  ✦ **aportar su granito de arena** to do one's bit.
aportar² *vi (llegar a puerto)* to reach port.
aporte *nm* contribution.
aportillar *vt* to breach, make a breach in.
aposentamiento
  1 *nm (acción)* housing, lodging.
  2 *nm (aposento)* room.
  3 *nm (hospedaje)* lodgings *pl.*

aposentar
  1 *vt (alojar)* to lodge.
  2 aposentarse *vpr* to lodge, stay.
aposento
  1 *nm (cuarto)* room.
  2 *nm (hospedaje)* lodgings *pl.*
  ✦ **tomar aposento en** to put up at.
aposición *nf* apposition.
apósito *nm* dressing.
aposta *adv* on purpose, deliberately, intentionally.
apostadero
  1 *nm MIL* post, station.
  2 *nm MAR* naval station.
apostador,-ra
  1 *adj* betting.
  2 *nm,f* punter, person who places a bet.
apostante *adj-nm & nf* → apostador.
apostar¹
  1 *vt* to bet (**por**, on): te apuesto veinte euros a que no gana I bet you twenty euros that she won't win; apostó todo su dinero por Red Rum he bet all his money on Red Rum.
  2 *vi* to bet (**por**, on): apostó por él she bet on him; apuesto a que sí llega tarde I bet he'll be late.
  3 apostarse *vpr* to bet.
  ▲ *Conjugation model* [31], *like contar.*
apostar² *vt (situar)* to post, station.
apostasía *nf* apostasy.
apóstata *nm & nf* apostate.
apostatar *vi* to apostatize.
apostilla
  1 *nf* note, comment.
  2 *nf JUR* apostille.
apostillar *vt* to add notes, annotate.
apóstol
  1 *nm* apostle.
  2 *nm fig (defensor)* apostle, champion.
apostolado *nm* apostolate.
apostólico,-a
  1 *adj (de los apóstoles)* apostolic.
  2 *adj (del papa)* apostolic, papal: la bendición apostólica the papal blessing.
apostrofar
  1 *vt* to apostrophize.
  2 *vt (reñir)* to reprimand, tell off.
apóstrofe
  1 *nm o nf GRAM* apostrophe.
  2 *nm o nf (reprimenda)* reprimand, rebuke.
apóstrofo *nm* apostrophe.
apostura
  1 *nf (aspecto)* appearance, look.
  2 *nf (buen aspecto)* good bearing.
apotecario,-a *nm,f* apothecary.
apotegma *nm* apothegm, maxim.
apotema *nf* apothem.
apoteósico,-a *adj* enormous, tremendous.
apoteosis
  1 *nf* apotheosis.
  2 *nf (de un espectáculo)* grand finale.
  ▲ *pl apoteosis.*

apoyabrazos *nm* armrest.
  ▲ *pl* apoyabrazos.

apoyar
1 *vt* to lean, rest: apoyar la cabeza to rest one's head.
2 *vt (fundar)* to base, found: apoya su teoría en pruebas concluyentes he bases his theory on hard evidence.
3 *vt fig (defender algo)* to support; *(defender a alguien)* to back, support: sus padres le apoyan en todo her parents support everything she does.
4 **apoyarse** *vpr (descansar)* to lean (**en**, on), rest (**en**, on), stand (**en**, on): la estatua se apoya en un pilar the statue stands on a column; apóyate en mí lean on me; se apoya demasiado en sus padres he relies too much on his parents.
5 *vpr (dar el brazo)* to hold on (**en**, to).
6 *vpr fig (basarse)* to be based (**en**, on): ¿en qué te apoyas para decir eso? what do you base your arguments on?

apoyatura *nf* appoggiatura.

apoyo
1 *nm* support.
2 *nm fig* support, backing, help.

apreciable
1 *adj (perceptible)* appreciable, noticeable.
2 *adj (estimable)* valuable, precious.

apreciablemente *adv* appreciably.

apreciación
1 *nf (valorización)* appreciation, appraisal, evaluation.
2 *nf (juicio)* appraisal, assessment; *(percepción)* perception.
3 *nf (opinión)* view, opinion.
4 *nf (en valor)* appreciation.

apreciado,-a *adj* valued, appreciated.

apreciar
1 *vt (valorar)* to appraise (**en**, at).
2 *vt (sentir aprecio)* to regard highly, hold in high esteem: apreciar a alguien to be fond of somebody.
3 *vt (reconocer valor)* to appreciate.
4 *vt (percibir)* to notice, see, perceive: no sabe apreciar la diferencia he can't tell the difference.
5 **apreciarse** *vpr (notarse)* to be noticed, be noticeable: pueden apreciarse grietas en las paredes one can see cracks in the walls.
  ▲ *Conjugation model* [12], *like* cambiar.

apreciativo,-a *adj* appreciative.

aprecio *nm* esteem, regard.
  ✦ **sentir aprecio por alguien** to be fond of somebody.

aprehender
1 *vt (apresar)* to apprehend.
2 *vt (confiscar)* to seize.
3 *vt (percibir)* to understand.

aprehensión
1 *nf (captura)* apprehension, arrest.
2 *nf (de contrabando)* seizure.
3 *nf (percepción)* comprehension, understanding.

apremiador,-ra *adj* urgent, pressing.
apremiante *adj* urgent, pressing.

apremiar
1 *vt (compeler)* to urge, press, compel, put pressure on.
2 *vt (dar prisa)* to hurry, rush: no me apremies don't rush me.
3 *vt JUR* to compel, constrain.
4 *vi* to be urgent: el tiempo apremia time is short, time is running out, time presses on.
  ▲ *Conjugation model* [12], *like* cambiar.

apremio
1 *nm* pressure, urgency: por apremio de tiempo because time is short.
2 *nm JUR* writ.
  ■ **apremio de pago** demand for payment.

aprender
1 *vt* to learn: así aprenderás a no decir mentiras that'll teach you not to tell lies.
2 *vt (memorizar)* to learn by heart.
3 **aprenderse** *vpr* to learn, learn by heart.

aprendiz,-za *nm,f* apprentice, trainee: aprendiza de peluquera trainee hairdresser.

aprendizaje
1 *nm (situación)* apprenticeship.
2 *nm (tiempo)* training period.
3 *nm (en pedagogía)* learning.

aprensión *nf (miedo)* apprehension; *(asco)* squeamishness: si te da aprensión, no lo comas if you're not sure about it, don't eat it.
  ✦ **con aprensión** apprehensively, nervously.
  sentir aprensión to feel apprehensive.

aprensivo,-a
1 *adj* apprehensive.
2 *nm,f* apprehensive.

apresamiento *nm* seizure, capture.

apresar
1 *vt (tomar por fuerza)* to seize, capture.
2 *vt (asir)* to clutch.

aprestar
1 *vt (preparar)* to get ready, prepare.
2 *vt (tejidos)* to size.

apresto
1 *nm (preparación)* preparation.
2 *nm (tejidos)* sizing; *(material)* size.

apresuración *nf* haste, hurry.

apresuradamente *adv* hurriedly, in a hurry, in great haste.

apresurado,-a
1 *pp* → apresurar.
2 *adj (persona)* in a hurry.
3 *adj (cosa)* hurried, rushed, quick.

apresuramiento *nm* haste, hurry.

apresurar
1 *vt* to hurry up, speed up, accelerate.
2 **apresurarse** *vpr* to hurry, hurry up.
  ✦ **apresurar el paso** to quicken one's pace.

apretadamente *adv* closely.

apretado,-a
1 *pp* → apretar.
2 *adj (objeto)* tight.
3 *adj (en un espacio)* jammed; *(personas)* crowded, cramped.
4 *adj (ocupado)* busy: un día muy apretado a very busy day.
5 *adj (difícil)* tight, difficult.
  ✦ **estar/ir apretado,-a de dinero** to be short of money.

apretar
1 *vt (estrechar)* to squeeze, hug.
2 *vt (tornillo)* to tighten; *(cordones, nudo)* to do up tight.
3 *vt (comprimir)* to compress, press together, pack tight.
4 *vt (activar)* to press, push: si aprietas este botón sonará la alarma if you press this button the alarm will go off.
5 *vt fig (acosar)* to keep on at; *(presionar)* to put pressure on, pressurize.
6 *vi fig (aumentar)* to increase, get worse: el calor aprieta it's getting hotter and hotter.
7 *vi (prendas)* to fit tight, be tight on: esta falda me aprieta this skirt is too tight on me.
8 *vi (esforzarse)* to work hard: tendrás que apretar en tus estudios you'll have to study a lot harder, you'll have to pull your socks up.
9 **apretarse** *vpr (apiñar)* to narrow, tighten.
10 *vpr (agolparse)* to crowd together; *(acercarse)* to squeeze up.
  ✦ **apretar a correr** to start running.
  apretar el gatillo to pull the trigger.
  apretar el paso to quicken one's pace.
  apretar la mano a alguien to shake somebody's hand.
  ▲ *Conjugation model* [27], *like* acertar.

apretón
1 *nm* squeeze.
2 **apretones** *nm pl* crush *sing*.
  ■ **apretón de manos** handshake.

apretujado,-a *adj* squashed, cramped.

apretujar
1 *vt* to squeeze, crush.
2 **apretujarse** *vpr* to squeeze together, cram together.

apretujón *nm fam* squeeze, crush.

apretura
1 *nf (aglomeración)* crowd.
2 *nf fig (aprieto)* tight spot, fix.
3 *nf (escasez)* scarcity.
4 *nf (apremio)* urgency.
  ✦ **pasar apreturas** to suffer hardship.

aprieto *nm* tight spot, difficulty, scrape, fix.
  ✦ **poner a alguien en un aprieto** to put somebody in an awkward situation.
  salir del aprieto to get out of trouble.

apriorismo *nm* apriorism.

apriorístico,-a *adj* aprioristic.

aprisa *adv* quickly.

aprisco *nm* sheepfold.

aprisionar
1 *vt (encarcelar)* to imprison, put in prison.
2 *vt (sujetar)* to hold tight.

aprobación *nf (gen)* approval; *(ley)* passing.
+ **dar su** *(mi, tu, etc)* **aprobación** to give one's consent, approve.

aprobado,-a
1 *pp* → **aprobar**.
2 *adj* approved, passed.
3 **aprobado** *nm EDUC* pass (mark).
+ **sacar/tener un aprobado** to get a pass.

aprobar
1 *vt (gen)* to approve; *(ley)* to pass.
2 *vt (estar de acuerdo)* to approve of.
3 *vt EDUC (examen, asignatura)* to pass.
4 *vi* to pass.
▲ *Conjugation model* [31], *like* **contar**.

aprobatorio,-a *adj* approving, approbatory.

aprontar
1 *vt (disponer)* to get ready quickly.
2 *vt (entregar)* to hand over immediately.

apropiación *nf* appropriation.
▪ **apropiación indebida** *JUR* theft.

apropiadamente *adv* suitably, appropriately.

apropiado,-a
1 *pp* → **apropiar**.
2 *adj* suitable, fitting, appropriate.

apropiar
1 *vt (acomodar)* to make suitable, adapt.
2 **apropiarse** *upr* to appropriate (**de**, -), take possession (**de**, of).
▲ *Conjugation model* [12], *like* **cambiar**.

aprovechable *adj* usable.

aprovechadamente *adv* profitably.

aprovechado,-a
1 *pp* → **aprovechar**.
2 *adj (tiempo)* well used, well spent.
3 *adj (espacio)* well-planned.
4 *adj (diligente)* diligent, studious, hardworking.
5 *adj (que saca provecho de todo)* thrifty, economical, resourceful.
6 *adj pey (egoísta)* selfish; *(gorrón)* sponging, scrounging.
7 *nm,f fam (gorrón)* sponger, scrounger; *(oportunista)* opportunist.
+ **mal aprovechado,-a** wasted.

aprovechamiento
1 *nm (uso)* use, exploitation: **el aprovechamiento de los recursos naturales** the exploitation of natural resources.
2 *nm (provecho)* improvement, progress.

aprovechar
1 *vt (emplear útilmente)* to make good use of, make the most of.
2 *vt (sacar provecho)* to benefit from, take advantage of: **aprovechar la oportunidad/ocasión** to seize the opportunity.

3 *vi* to be useful, make the most of it: **eso no aprovecha para nada** that's useless.
4 *vi (avanzar)* to improve, progress.
5 **aprovecharse** *upr (de alguien)* to take advantage (**de**, of); *(de algo)* to make the most (**de**, of).
+ **¡que aproveche!** enjoy your meal!

aprovechón,-ona *nm,f fam* scrounger, sponger, freeloader.

aprovisionamiento *nm* supply, supplying, provision.

aprovisionar
1 *vt* to supply, provide (**de/con**, with): **aprovisionaron el fuerte de víveres** they supplied the fort with provisions.
2 **aprovisionarse** *upr* to stock up (**de**, on/with).

aproximación
1 *nf (gen)* approximation.
2 *nf (acercamiento)* bringing together; *(de países)* rapprochement.
3 *nf (lotería)* consolation prize.
+ **ni por aproximación** *fam* far from it.

aproximadamente *adv* approximately, roughly, around, about.

aproximado,-a
1 *pp* → **aproximar**.
2 *adj* approximate, estimated.
▪ **cálculo aproximado** rough estimate.

aproximar
1 *vt* to bring near, put near: **aproxima la mesita al sofá** put the coffee table nearer the sofa; **el accidente los aproximó más** the accident brought them closer together.
2 **aproximarse** *upr* to come near, come closer: **aproxímate** come closer; **el verano se aproxima** summer is getting nearer.

aproximativo,-a *adj* approximate, rough.

áptero,-a *adj* apterous.

aptitud
1 *nf (habilidad)* aptitude, ability: **demuestra aptitud para la música** he has a gift for music.
2 *nf (idoneidad)* suitability, aptness.

apto,-a
1 *adj (apropiado)* suitable, appropriate: **no es apto para este trabajo** he's not suitable for this job.
2 *adj (capaz)* capable, able.
3 *adj (físicamente)* fit.
+ **apto,-a para todos los públicos** *CINEM* U-certificate film, *US* rated G.
no apto,-a *CINEM* for adults only.

apuesta *nf* bet, wager.

apuesto,-a *adj (gen)* good-looking; *(hombre)* handsome.

apuntado,-a
1 *pp* → **apuntar**.
2 *adj (en punta)* pointed, sharp.
3 *adj (anotado)* written down, taken down.

apuntador,-ra *nm,f TEAT* prompter.

apuntalamiento *nm* shoring-up, underpinning.

apuntalar *vt* to prop (up), shore up, underpin.

apuntar
1 *vt (señalar)* to point (**a**, at): **es feo apuntar con el dedo** it's rude to point (with one's finger); **apuntó que ...** she pointed out that ...
2 *vt (arma)* to aim: **¡apunten!** take aim!
3 *vt (anotar)* to note down, make a note of: **se lo apunto en cuenta** I'll put it on your account, I'll charge it to your account; **la apuntamos en la lista** we put her on the list.
4 *vt (estar encaminado)* to be aimed (**a**, at), be designed (**a**, to).
5 *vt (insinuar)* to suggest, indicate.
6 *vt (sujetar)* to stitch, pin lightly, tack lightly.
7 *vt TEAT* to prompt.
8 *vt fam (en un examen)* to whisper the answer to.
9 *vi* to begin to appear: **cuando apunta el día** when day breaks.
10 *vi TEAT* to prompt.
11 **apuntarse** *upr (inscribirse)* to enrol.
12 *upr fam (participar)* to take part (**a**, in): **¿te apuntas?** are you game?
+ **apuntarse un tanto** to score a point.

apunte
1 *nm* note.
2 *nm (dibujo)* sketch.
3 *nm (apuntador)* prompter; *(voz del apuntador)* prompt; *(libreto del apuntador)* prompt book.
4 **apuntes** *nm pl (de clase)* notes.
+ **sacar un apunte** to do a sketch.
tomar apuntes to take notes.

apuntillar *vt* to finish off.

apuñalamiento *nm* stabbing.

apuñalar *vt* to stab.

apuradamente *adv* with difficulty.

apurado,-a
1 *pp* → **apurar**.
2 *adj (avergonzado)* embarrassed.
3 *adj (necesitado)* in need: **apurado,-a de dinero** hard up for money; **apurado,-a de tiempo** in a hurry, pushed for time.
4 *adj (dificultoso)* awkward, difficult.
5 *adj (exacto)* accurate, precise.
▪ **afeitado apurado** close shave.
situación apurada tight spot, jam.

apurar
1 *vt (terminar)* to finish up: **apurar una copa** to drain a glass; **apuraron dos botellas de vino** they polished off two bottles of wine.
2 *vt (apremiar)* to urge, put pressure on: **si me apuras ...** if you insist ..., if you push me ...
3 *vt (purificar)* to purify.
4 *vt (averiguar)* to investigate.
5 *vt AM (dar prisa)* to hurry, rush.
6 **apurarse** *upr (preocuparse)* to get worried, be worried.
7 *upr AM (darse prisa)* to hurry, rush.

apuro
1 *nm* fix, tight spot; *(de dinero)* hardship.
2 *nm (vergüenza)* embarrassment.
✦ **estar/encontrarse en un apuro** to be in a tight spot.
pasar apuros *(económicos)* to be hard up; *(dificultades)* to be in a tight spot.
¡qué apuro! how embarrassing!

aquejado,-a
1 *pp* → aquejar.
2 *adj* suffering (**de**, from).

aquejar *vt* to afflict, affect: le aqueja una enfermedad desconocida he is suffering from an unknown illness.

aquel,-ella
1 *adj* that: aquel coche that car.
2 *adj* **aquellos,-as** those: aquellas casas those houses.

aquél,-élla
1 *pron* that one; *(el anterior)* the former: aquél es el mío that one is mine; Nacho y Cristina han encontrado trabajo, aquél con una multinacional japonesa y ésta con una empresa alemana Nacho and Cristina have found jobs, the former with a Japanese multinational and the latter with a German firm.
2 *pron* **aquéllos,-as** those; *(los anteriores)* the former.
3 *aquél nm fam (donaire)* something: ella tiene un aquél she's got something about her.
✦ **aquél que ...** he who ...
todo aquél que ... anyone who ..., whoever ...

aquelarre *nm* witches' Sabbath.

aquella *adj* → aquel.

aquélla *pron* → aquél.

aquello *pron* that, it: aquello fue impresionante that was great; aquello no tiene remedio it's hopeless; aquello de que no tiene dinero es mentira it's not true that he hasn't got any money.
✦ **por aquello de** so as not to: cogió un taxi por aquello de no llegar tarde he took a taxi so as not to arrive late.

aquellos,-as *adj* → aquel,-ella.

aquéllos,-as *pron* → aquél,-éllas.

aquí
1 *adv (lugar)* here: por aquí por favor this way please.
2 *adv (tiempo)* now: de aquí en adelante from now on; de aquí tres meses in three months' (time).
✦ **de aquí para allá** back and forth, to and fro.
de aquí (que) hence.
hasta aquí podíamos llegar *fig* that's the end of it.

aquiescencia *nf* acquiescence.

aquiescente *adj* acquiescent.

aquietar *vt* to calm down, pacify.

aquilatamiento
1 *nm (oro, perlas, etc)* assay.

2 *nm fig (valoración)* assessment, evaluation.

aquilatar
1 *vt (oro, perlas, etc)* to assay.
2 *vt fig (evaluar)* to assess.

aquileño,-a *adj* → aguileño,-a.

aquilino,-a *adj* → aguileño,-a.

aquilón
1 *nm lit (polo norte)* North Pole.
2 *nm lit (viento norte)* north wind.

ara *nf (altar)* altar; *(piedra)* altar stone.
✦ **en aras de** *fml* for the sake of: en aras de la paz so as to keep the peace.

árabe
1 *adj (gen)* Arab; *(de Arabia)* Arabian.
2 *nm,f* Arab.
▪ **alfabeto árabe** Arabic alphabet.

arabesco *nm* arabesque.

Arabia *nf* Arabia.
▪ **Arabia Saudita** Saudi Arabia.

arábigo,-a
1 *adj* Arabic, Arabian.
2 *arábigo nm* Arabic.
▪ **números arábigos** arabic numerals.

arábigo,-a *adj* Arabic.
▪ **goma arábiga** gum Arabic.
número arábigo Arabic numeral.

arabismo *nm* Arabic expression.

arabista *nm & nf* Arabist.

arabizar *vt* to arabize.
▲ *Conjugation model* [4], *like realizar.*

arácnido *nm* arachnid.

arada
1 *nf (acción)* ploughing *(us* plowing).
2 *nf (tierra)* ploughed *(us* plowed) land.

arado *nm* plough *(us* plow).

arador *nm* ploughman *(us* plowman).

Aragón *nm* Aragon.

aragonés,-esa
1 *adj* Aragonese.
2 *nm,f* Aragonese.

aragonesismo *nm Aragonese expression.*

Aral el Mar de Aral the Aral Sea.

arameo,-a
1 *adj* Aramaean, Aramean.
2 *nm,f (persona)* Aramaean, Aramean.
3 *arameo nm (idioma)* Aramaic.

arancel *nm* tariff, customs duty.

arancelario,-a *adj* tariff, duty.
▪ **derechos arancelarios** customs duties.

arándano *nm* bilberry, blueberry.

arandela *nf* washer.

araña
1 *nf (arácnido)* spider.
2 *nf (pez)* weever.
3 *nf (planta)* love-in-a-mist.
4 *nf (lámpara)* chandelier.
▪ **araña de mar** spider crab.
tela de araña spider's web.

arañar
1 *vt (raspar)* to scratch.
2 *vt fig (recoger)* to scrape together.
3 **arañarse** *vpr* to scratch.

arañazo *nm* scratch.

arao *nm* guillemot.

arar *vt* to plough *(us* plow).

araucanismo *nm* Araucanian expression.

araucano,-a
1 *adj* Araucanian.
2 *nm,f* Araucanian.

araucaria *nf* araucaria, monkey puzzle tree.

arbitraje
1 *nm (desacuerdo)* arbitration.
2 *nm DEP (fútbol, boxeo)* refereeing; *(cricket, tenis)* umpiring.

arbitral *adj* of the referee: decisión arbitral referee's ruling.
▪ **sentencia arbitral** *JUR* judgement by arbitration.

arbitrar
1 *vt* to arbitrate.
2 *vt DEP (en fútbol, boxeo)* to referee; *(en cricket, tenis)* to umpire.
3 *vt (obtener)* to contrive; *(reunir)* to collect: arbitrar fondos to raise funds.

arbitrariamente *adv* arbitrarily.

arbitrariedad
1 *nf (acción)* arbitrary act.
2 *nf (condición)* arbitrariness.

arbitrario,-a *adj* arbitrary.

arbitrio
1 *nm (voluntad)* will; *(juicio)* judgement.
2 *nm (decisión)* power, choice.
3 *nm (medio)* mean.
4 **arbitrios** *nm pl* taxes.
✦ **dejar algo al arbitrio de alguien** to leave something to somebody's discretion.

arbitrista *nm & nf* armchair politician.

árbitro,-a
1 *nm,f* arbiter, arbitrator.
2 *nm,f DEP (fútbol, boxeo)* referee; *(cricket, tenis)* umpire.

árbol
1 *nm BOT* tree.
2 *nm TÉC* axle, shaft.
3 *nm MAR* mast.
4 *nm (gráfico)* tree (diagram).
✦ **los árboles no dejan ver el bosque** you can't see the wood for the trees.
▪ **árbol del amor** Judas tree.
árbol del cielo tree of Heaven.
árbol frutal fruit tree.

arbolado,-a
1 *pp* → arbolar.
2 *adj* wooded, with trees.
3 *adj (mar)* very high.
4 *adj* **arbolado** woodland.

arboladura *nf* masts and spars *pl.*

arbolar
1 *vt MAR* to mast.
2 *vt (enarbolar)* to hoist; *(esgrimir)* to brandish.
3 **arbolarse** *vpr (encabritarse)* to rear up.

arboleda *nf* grove, wood, copse, spinney.

arboledo *nm* woodland.

arborecer *vi* to grow.
▲ *Conjugation model* [43], *like agradecer.*

arbóreo,-a *adj* arboreal.
■ **vegetación arbórea** trees *pl.*

arborescente *adj* arborescent.

arboreto *nm* arboretum.

arboricida
1 *adj* tree-killing.
2 *nm* tree-killer.

arborícola *adj* arboreal.

arboricultor,-ra *nm,f* arboriculturist.

arboricultura *nf* arboriculture.

arboriforme *adj* tree-shaped.

arbotante *nm* flying buttress.

arbustivo,-a *adj* bushlike.

arbusto *nm* shrub, bush.

arca
1 *nf* chest.
2 *nf (caja de caudales)* strongbox, safe.
■ **arca de Noé** Noah's ark.
arcas públicas Treasury *sing.*
▲ *Takes el in singular.*

arcabucero *nm* arquebusier.

arcabuz *nm* arquebus.
▲ *pl arcabuces.*

arcada
1 *nf (conjunto de arcos)* arcade.
2 *nf (de puente)* arch.
3 *nf (vómitos)* retching.

arcaduz *nm* pipe, conduit.
▲ *pl arcaduces.*

arcaico,-a *adj* archaic.

arcaísmo *nm* archaism.

arcaizante *adj* archaistic.

arcángel *nm* archangel.

arcano,-a
1 *adj* arcane.
2 *adj* **arcano** secret, mystery.

arce *nm* maple (tree).
■ **arce menor** common maple, field maple.
arce real Norway maple.
arce rojo red maple.

arcediano *nm* archdeacon.

arcén *nm* side of the road, verge; *(de autopista)* hard shoulder.

archi- *pref* really, very, extremely: un archimillonario a multimillionaire; un actor archiconocido a really famous actor; es archisabido que ... everybody knows that ...; el archienemigo de Sherlock Holmes Sherlock Holmes' arch-enemy.

archibebe *nm* redshank.

archicofradía *nf* archconfraternity.

archiconocido,-a *adj* really well known, really famous.

archidiácono *nm* archdeacon.

archidiócesis *nf* archdiocese.
▲ *pl archidiócesis.*

archiducado *nm* archduchy.

archiduque,-esa *nm,f (hombre)* archduke; *(mujer)* archduchess.

archienemigo,-a *nm,f* arch-enemy.

archimandrita *nm* archimandrite.

archipiélago *nm* archipelago.

archivador,-ra
1 *nm,f (en archivo)* archivist; *(en oficina)* filing clerk.
2 **archivador** *nm (mueble)* filing cabinet; *(carpeta)* file.

archivar
1 *vt (ordenar)* to file (away).
2 *vt* INFORM to save.
3 *vt (arrinconar)* to shelve.
4 *vt fam (guardar)* to put (away).

archivero,-a *nm,f* archivist.

archivo
1 *nm (informe, ficha)* file.
2 *nm (documentos)* files *pl*, archives *pl.*
3 *nm* INFORM file.
4 *nm (lugar)* archive.
5 *nm (archivador)* filing cabinet.
6 *nm fig (modelo)* model, example.

archivolta *nf* archivolt.

arcilla *nf* clay.

arcilloso,-a *adj* clayey, clayish, clay-like.

arcipreste *nm* archpriest.

arco
1 *nm* ARQ arch.
2 *nm (en geometría)* arc.
3 *nm (arma)* bow.
4 *nm (de violín etc)* bow.
■ **arco apuntado** lancet arch, pointed arch.
arco de herradura horseshoe arch.
arco de medio punto semicircular arch.
arco de triunfo triumphal arch.
arco iris rainbow.
arco voltaico electric arc.

arcón *nm* large chest.

arder
1 *vi* to burn; *(completamente)* to burn down; *(sin llama)* to smoulder: el edificio está ardiendo the building is in flames.
2 *vi (resplandecer)* to glow.
3 *vi fig* to burn.
4 *vt* to burn.
✦ **arder de pasión** *fig* to burn with passion.
arder en guerras *fig* to be ravaged by war.
la cosa está que arde *fam* things are getting pretty hot.

ardid *nm* scheme, trick.

ardiente
1 *adj (encendido)* burning, hot, scalding.
2 *adj fig (intenso)* passionate, ardent; *(fervoroso)* eager.

ardientemente *adv* ardently, fervently.

ardilla *nf* squirrel.

ardite
✦ **me importa un ardite** I don't give a damn.

ardor
1 *nm* burning sensation, burn; *(calor)* heat.
2 *nm fig (ansia)* ardour (US ardor), fervour (US fervor).
✦ **con ardor** passionately.
■ **ardor de estómago** heartburn.

ardorosamente *adv* ardently, passionately.

ardoroso,-a
1 *adj* burning, hot.
2 *adj fig* ardent, passionate.

arduo,-a *adj* arduous, very difficult, awkward.

área
1 *nf (zona)* area, zone.
2 *nf (medida)* are.
3 *nf (superficie)* area.
■ **área de castigo** DEP penalty area.
área de gol DEP goal area.
área de servicio *(en autopista)* service area.
▲ *Takes el in sing.*

areca *nf* betel nut.

arena
1 *nf* sand: **playa de arena** sandy beach.
2 *nf (de circo romano)* arena.
3 *nf (plaza de toros)* bullring.
■ **arenas movedizas** quicksand *sing.*

arenal *nm* sands *pl*, sandy area.

arenga *nf* harangue.
✦ **echar/dirigir/pronunciar una arenga** to harangue.

arengar *vt* to harangue.
▲ *Conjugation model* [7], *like llegar.*

arenilla
1 *nf* fine sand.
2 **arenillas** *nf pl (cálculos)* stones.

arenisca *nf* sandstone.

arenoso,-a *adj* sandy.

arenque *nm* herring.
■ **arenque ahumado** kipper, kippered herring.

aréola *nf* areola.

areómetro *nm* hydrometer.

arete
1 *nm (anillo)* small ring.
2 *nm (pendiente)* earring.
3 *nm (pez)* red gurnard.

argamasa *nf* mortar.

Argel *nm* Algiers.

Argelia *nm* Algeria.

argelino,-a
1 *adj* Algerian.
2 *nm,f* Algerian.

argentado,-a
1 *adj (bañado en plata)* silver-plated.
2 *adj* LIT silvery.

argentán *nm* nickel silver, German silver.

argénteo,-a
1 *adj* TÉC silver-plated.
2 *adj lit* silver, silvery.

argentífero,-a *adj* argentiferous.

argentina *nf* → argentino,-a.

Argentina *nf* Argentina, the Argentine.

argentinismo *nm* Argentinian expression.

argentino,-a
1 *adj* Argentinian.
2 *nm,f* Argentinian.

argolla
1 *nf (aro)* (large) ring.
2 *nf fig* shackles *pl*.

argón *nm* argon.

argonauta *nm* argonaut.

argot
1 *nm (popular)* slang.
2 *nm (técnico)* jargon.

argucia *nf* sophism, subtlety.

argüir
1 *vt (deducir)* to deduce, conclude.
2 *vt (probar)* to prove.
3 *vt (reprochar)* to reproach.
4 *vi (discutir)* to argue (**contra**, with).
▲ *Conjugation model* [63].

argumentación
1 *nf (proceso)* arguing, argument.
2 *nf (argumento)* argument.

argumentar
1 *vt (deducir)* to deduce.
2 *vi (discutir)* to argue (**contra**, with).

argumentista *nm & nf* scriptwriter.

argumento
1 *nm* argument.
2 *nm (de novela, obra, etc)* plot.

arguyo *pres indic* → **argüir**.

aria *nf* aria.

aridecer
1 *vt* to dry up.
2 *vi* to dry up.
3 **aridecerse** *vpr* to dry up.
▲ *Conjugation model* [43], *like* **agradecer**.

aridez
1 *nf* aridity.
2 *nf fig* dryness.

árido,-a
1 *adj* arid.
2 *adj fig* dry.
3 **áridos** *nm pl* dry goods.

Aries *nm* Aries.
▲ *pl* Aries.

ariete
1 *nm (fútbol)* centre (*US* center) forward.
2 *nm (máquina)* battering ram.

ario,-a *adj* Aryan.

arisco,-a
1 *adj (persona - altiva)* unsociable, unfriendly; *(- áspera)* surly, gruff; *(- huidiza)* shy.
2 *adj (animal)* unfriendly.

arista
1 *nf (línea)* edge.
2 *nf (filamento del trigo)* beard.
3 *nf ARQ (de viga)* arris; *(de bóveda)* groin.
4 *nf (de montaña)* arête.
5 **aristas** *nf pl fig (dificultades)* difficulties.

aristocracia *nf* aristocracy.

aristócrata *nm & nf* aristocrat.

aristocrático,-a *adj* aristocratic.

aristotélico,-a *adj* Aristotelian.

aritmética *nf* arithmetic.

aritmético,-a *adj* arithmetical, arithmetic.

arlequín *nm* harlequin.

arlequinada *nf* piece of clowning, piece of buffoonery.

arlequinesco,-a *adj* grotesque, ridiculous.

arma
1 *nf* weapon, arm.
2 **armas** *nf pl (profesión)* army *sing*; *(fuerzas armadas)* armed forces; *(empresa militar)* military combat *sing*.
3 *nf pl (heráldica)* arms, armorial bearings.
✦ **alzarse en armas** to rise up in arms.
pasar por las armas to execute.
presentar armas to present arms.
rendir armas to surrender.
ser de armas tomar *fig* to be formidable.
tomar las armas to take up arms.
▪ **arma blanca** knife.
arma corta small arm.
arma de artillería artillery.
arma de doble filo *fig* double-edged sword.
arma de fuego firearm.
arma homicida murder weapon.
arma nuclear nuclear weapon.
licencia de armas firearms licence (*US* license).
▲ *Takes* el *in singular*.

armada *nf* navy, naval forces *pl*.
▪ **la Armada Invencible** the Spanish Armada.

armadía *nf* raft.

armadijo *nm* snare, trap.

armadillo *nm* armadillo.

armado,-a
1 *pp* → **armar**.
2 *adj* armed: **ir armado,-a** to be armed.
3 *adj (en mecánica)* mounted, assembled.

armador,-ra *nm,f* shipowner.

armadura
1 *nf (traje)* suit of armour (*US* armor).
2 *nf (armazón)* frame.
3 *nf ARQ* framework.

armamentismo *nm* arms build-up.

armamentista
1 *adj* arms.
2 *nm & nf (partidario)* rearmament supporter.
3 *nm & nf (fabricante)* arms manufacturer.
▪ **la carrera armamentista** the arms race.

armamentístico,-a *adj* → **armamentista**.

armamento
1 *nm (acción)* armament, arming.

2 **armamentos** *nm pl (armas)* armaments, arms.

armañac *nm* Armagnac.

armar
1 *vt (dar armas)* to arm: **armaron al pueblo** they armed the people.
2 *vt (cargar)* to load; *(bayoneta)* to fix.
3 *vt (montar - mueble)* to assemble; *(- tienda)* to pitch, put up; *(- trampa)* to set.
4 *vt (preparar)* to arrange, prepare; *(organizar)* to organize.
5 *vt fam (causar, originar)* to cause, kick up, create: **armó un lío tremendo** he kicked up a tremendous fuss.
6 *vt (embarcación)* to fit out.
7 *vt (tela)* to stiffen.
8 *vt TÉC* to reinforce.
9 **armarse** *vpr (proveerse)* to provide oneself (**de**, with), arm oneself (**de**, with): **se armó de pintura y pincel y se puso a pintar** he provided himself with paint and paintbrush and began to paint.
10 *vpr (producirse)* to be, break out: **se armó un jaleo** there was a right row.
✦ **armarla** *fam* to cause trouble, kick up a fuss.
armarse de paciencia to summon up patience.
armarse de valor to pluck up courage.
va a armarse la gorda *fam* there's going to be real trouble.

armario *nm (para ropa)* wardrobe, *US* closet; *(de cocina)* cupboard.
▪ **armario empotrado** built-in wardrobe, built-in cupboard.

armatoste
1 *nm (cosa)* monstrosity; *(máquina)* useless contraption.
2 *nm (persona)* useless great oaf.

armazón
1 *nm o nf* frame, framework; *(de madera)* timberwork.
2 *nm o nf ARQ* shell; *(de escultura)* armature.

armella *nf* eyebolt.

Armenia *nf* Armenia.

armenio,-a
1 *adj* Armenian.
2 *nm,f (persona)* Armenian.
3 **armenio** *nm (idioma)* Armenian.

armería
1 *nf (tienda)* gunsmith's (shop).
2 *nf (oficio)* gunsmith's craft.
3 *nf (museo)* armoury (*US* armory), museum of arms.

armero,-a *nm,f* armourer (*US* armorer); *(de armas de fuego)* gunsmith.
▪ **maestro armero** armourer (*US* armorer).

armiñado,-a
1 *adj (de armiño)* ermine-trimmed.
2 *adj (blanco)* white.

armiño *nm* ermine.

armisticio *nm* armistice.

armonía *nf* harmony.

armónica *nf* harmonica, mouth organ.
armónicamente *adv* in harmony, harmoniously.
armónico,-a
1 *adj* harmonic.
2 **armónico** *nm MÚS* harmonic.
armonio *nm* harmonium.
armoniosamente *adv* harmoniously.
armonioso,-a *adj* harmonious.
armonización *nf* harmonizing.
armonizar
1 *vt* to harmonize.
2 *vi* to harmonize.
▲ *Conjugation model* [4], *like realizar.*
ARN *abr MED* (**ácido ribonucleico**) ribonucleic acid; *(abreviatura)* RNA.
arnés
1 *nm (armadura)* armour (*US* armor).
2 **arneses** *nm pl* harness *sing*, trappings.
árnica *nf* arnica.
aro[1]
1 *nm* hoop, ring.
2 *nm (juego)* hoop.
3 *nm (servilletero)* serviette ring, *US* napkin ring.
4 *nm (sortija)* ring.
5 *nm (pendiente)* earring, sleeper.
✦ **entrar/pasar por el aro** to knuckle under.
aro[2] *nm (planta)* cuckoo-pint.
aroma *nm* aroma; *(del vino)* bouquet.
aromaterapeuta *nm & nf* aromatherapist.
aromaterapia *nf* aromatherapy.
aromático,-a *adj* aromatic, fragrant.
aromatización *nf* scenting, perfuming.
aromatizador *nm* air freshener.
aromatizante *adj* scenting, perfuming: **hierbas aromatizantes** aromatic herbs.
aromatizar *vt* to scent, perfume.
▲ *Conjugation model* [4], *like realizar.*
arpa *nf* harp.
▲ *Takes el in singular.*
arpado,-a *adj* serrated.
arpegio *nm* arpeggio.
arpeo *nm* grappling iron.
arpía
1 *nf* harpy.
2 *nf fam fig* dragon, old witch, harpy.
arpillera *nf* sackcloth, burlap, hessian, sacking.
arpista *nm & nf* harpist.
arpón *nm* harpoon.
arponar *vt* to harpoon.
arponear *vt* to harpoon.
arponero,-a *nm,f* harpooner.
arquear[1]
1 *vt (doblar)* to arch, bend, curve.
2 **arquearse** *vpr* to arch, bend, curve.

arquear[2] *vt (pesar)* to measure the tonnage of.
arqueo[1] *nm (curvatura)* bending, curving.
arqueo[2] *nm MAR (medición)* gauging; *(cabida)* tonnage.
arqueo[3] *nm COM* checking, cashing up.
✦ **hacer el arqueo** to cash up.
arqueolítico,-a *adj* Stone-Age.
arqueología *nf* archaeology (*US* archeology).
arqueológico,-a *adj* archaeological (*US* archeological).
arqueólogo,-a *nm,f* archaeologist (*US* archeologist).
arquería *nf* arcade.
arquero,-a *nm,f* archer.
arqueta *nf* small chest.
arquetípico,-a *adj* archetypal.
arquetipo *nm* archetype.
arquitecto,-a *nm,f* architect.
arquitectónico,-a *adj* architectural, architectonic.
arquitectura *nf* architecture.
arquitrabe *nm* architrave.
arquivolta *nf* archivolt.
arrabal
1 *nm* poor area, working-class area *(on the edge of town).*
2 **arrabales** *nm pl* outskirts.
arrabalero,-a
1 *adj (del arrabal)* of or from a poor area.
2 *adj pey (grosero)* vulgar, common, ill-bred.
3 *nm,f pey (grosero)* vulgar person, common person, ill-bred person.
arrabio *nm* cast iron.
arracada *nf* dangly earring.
arracimarse *vpr* to cluster together, bunch together.
arraigadamente *adv* firmly, securely.
arraigado,-a
1 *pp →* **arraigar.**
2 *adj* (deeply) rooted.
arraigar
1 *vi* to take root.
2 *vt (fijar)* to establish, strengthen.
3 **arraigarse** *vpr (establecerse)* to settle down.
▲ *Conjugation model* [7], *like llegar.*
arraigo
1 *nm (acción)* act of taking root.
2 *nm fig (raíces)* roots: **con mucho arraigo** deeply-rooted.
arramblar
1 *vt (cubrir de arena)* to cover with sand.
2 *vi fam (llevarse)* to make off (**con**, with): **arrambló con todo** he made off with everything.
arrancaclavos *nm* claw hammer, nail extractor.
▲ *pl arrancaclavos.*
arrancada *nf* jerk, jolt.

arrancar
1 *vt (árbol)* to uproot; *(flor)* to pull up.
2 *vt (plumas, cejas)* to pluck; *(cabello, diente)* to pull out; *(con violencia - página)* to tear out.
3 *vt (arrebatar)* to snatch, grab: **me arrancó el bolso** he snatched my bag.
4 *vt (obtener - aplausos, sonrisa)* to get; *(- confesión, información)* to extract.
5 *vt fig (rescatar)* to rescue, save: **intentaron arrancarle de la droga** they tried to get him off drugs.
6 *vt (coche)* to start.
7 *vi (partir)* to begin, start.
8 *vi (salir)* to go, leave.
9 *vi (coche)* to start; *(tren)* to pull out.
10 *vi fig (provenir)* to stem (**de**, from).
✦ **arrancar a correr** to break into a run.
▲ *Conjugation model* [1], *like sacar.*
arranchar *vt* to skirt.
arranque
1 *nm TÉC* starting mechanism.
2 *nm (comienzo)* start.
3 *nm fig (arrebato)* outburst, fit: **un arranque de furia** a fit of rage.
4 *nm ARQ (de escalera)* foot; *(de arco)* base.
5 *nm (decisión, valentía)* courage, determination.
6 *nm (ocurrencia ingeniosa)* joke, witticism.
✦ **en un arranque** impulsively.
arrapiezo
1 *nm (andrajo)* rag, tatter.
2 *nm (niño)* whippersnapper, urchin.
arras *nf pl* 13 coins given by bridegroom to bride during the wedding ceremony.
arrasado,-a
1 *pp →* **arrasar.**
2 *adj (devastado)* devastated, destroyed.
3 *adj (allanado)* levelled, smooth.
arrasar
1 *vt (destruir)* to raze, destroy.
2 *vt (allanar)* to level, smooth.
3 *vi (disco, libro, película)* to be a smash hit, sweep the board; *(deportista)* to sweep to victory.
✦ **arrasar con** *(gen)* to sweep away; *(comer)* to polish off; *(destrozar)* to destroy; *(robar)* to get away with, make off with.
arrastradamente *adv* miserably.
arrastradizo,-a *adj* trailing, dragging.
arrastrado,-a
1 *pp →* **arrastrar.**
2 *adj* wretched, miserable.
✦ **ir arrastrado,-a** to be hard up.
arrastrar
1 *vt (gen)* to drag, pull: **no arrastres los pies** don't drag your feet.
2 *vt (corriente, aire)* to sweep along.
3 *vt fig* to sway, win over, draw: **este grupo arrastra a muchas quinceañeras** this group draws lots of teenage girls; **lo arrastra la pasión por el teatro** he lives for the theatre.
4 *vt (traer como consecuencia)* to cause, bring, lead to.

5 *vt fig (tener)* to have: **arrastra ese catarro desde hace un mes** she's had that cold for a month; **arrastran muchos problemas** they've got lots of problems.
6 *vi* to drag, trail.
7 arrastrarse *vpr* to drag oneself, crawl.
8 *vpr fig (humillarse)* to creep, crawl.

arrastre
1 *nm (acción)* dragging, pulling.
2 *nm (telesquí)* drag lift.
3 *nm (en naipes)* lead.
✦ estar para el arrastre *fam (persona)* to be on one's last legs, be done for; *(objeto)* to be done for.
▪ materiales de arrastre trawling gear *sing*.

arrayán *nm* myrtle.

arre *interj* gee up!, giddy up!

arrea *interj fam* goodness me!

arrear
1 *vt (animales)* to spur on, urge on.
2 *vt (apresurar)* to hurry up.
3 *vt fam (pegar)* to hit: **le arreó una bofetada** she slapped him round the face.
4 *vi fam* to hurry.

arrebatado,-a
1 *pp* → **arrebatar**.
2 *adj (impetuoso)* rash, impetuous.
3 *adj (encolerizado)* furious, enraged.
4 *adj (ruborizado)* blushing, flushed.

arrebatador,-ra *adj fig* captivating, fascinating.

arrebatamiento *nm* → **arrebato**.

arrebatar
1 *vt (quitar)* to grab, snatch: **le arrebató el papel de las manos** she snatched the paper out of his hands; **esa enfermedad le arrebató la vida** that illness cost him his life.
2 *vt fig (cautivar)* to captivate, fascinate.
3 *vt (agostar)* to wither.
4 arrebatarse *vpr (enfurecerse)* to become furious; *(exaltarse)* to get carried away.
5 *vpr (agostarse)* to wither.
6 *vpr (cocer muy deprisa)* to burn, overcook.

arrebato *nm (arranque)* fit, outburst: **en un arrebato de celos mató a su amante** in a sudden fit of jealousy he killed his lover.

arrebol
1 *nm (de nubes)* red glow.
2 *nm (de mejillas)* glow, redness.
3 arreboles *nm pl (nubes)* red clouds.

arrebolada *nf* red clouds *pl*.

arrebolar
1 *vt (enrojecer)* to give a red glow to.
2 *vt (persona)* to make turn red.
3 arrebolarse *vpr (enrojecer)* to glow red.
4 *vpr (persona)* to blush.

arrebujar
1 *vt (arrugar)* to crumple: **arrebujó su ropa y salió de la habitación** he

screwed up his clothes and left the room.
2 *vt (arropar)* to wrap up.

arrechucho
1 *nm (indisposición)* ailment.
2 *nm (arranque)* outburst, fit.
3 *nm (empujón)* push, shove.

arreciar *vi* to get stronger, get worse: **la tormenta arreció y la vela mayor se rompió** the storm got worse and the mainsail broke.
▲ *Conjugation model* [12], *like* **cambiar**.

arrecife *nm* reef.

arrecirse *vpr* to be stiff with cold, be numb.
▲ *Used only in forms which include the letter i in their endings:* **arrecía, arreciré, arreciendo**.

arredrar
1 *vt* to intimidate, frighten, daunt: **las huelgas no arredran al gobierno** the government isn't intimidated by strikes.
2 arredrarse *vpr* to be frightened.

arreglado,-a
1 *pp* → **arreglar**.
2 *adj (solucionado)* settled, fixed, sorted out: **ya está todo arreglado** everything is settled, everything is sorted out.
3 *adj (ordenado)* tidy, neat, arranged, orderly: **lleva una vida muy arreglada** he has an orderly life.
4 *adj (bien vestido)* well-dressed, smart: **iba muy arreglado** he was dressed very smartly.
5 *adj (precio)* reasonable.
✦ ¡estamos arreglados,-as! *fam* that's all we needed!

arreglar
1 *vt (gen)* to settle, sort out, fix: **el tiempo lo arregla todo** time heals all wounds.
2 *vt (ordenar)* to tidy up, clear up.
3 *vt (reparar)* to mend, fix, repair: **tienes que llevar el vídeo a arreglar** you have to take the video to be repaired.
4 *vt MÚS* to arrange.
5 *vt fam* to sort out: **¡ya te arreglaré!** I'll teach you!, I'll sort you out.
6 arreglarse *vpr (componerse)* to get ready, dress up; *(cabello)* to do: **arréglate el pelo** do your hair.
7 *vpr (solucionarse)* to get sorted out, work out; *(pareja)* to get back together again.
✦ arreglárselas to manage, cope: **arréglatelas como puedas** do the best you can; **tuvo que arreglárselas solo** he had to look after himself; **¿cómo te las arreglas para tener tantas novias?** how do you manage to have so many girlfriends?

arreglista *nm & nf* arranger.

arreglo
1 *nm (acuerdo)* arrangement, agreement, settlement.
2 *nm (reparación)* repair.

3 *nm (orden)* order, tidiness.
4 *nm (limpieza)* cleaning, tidying; *(personal)* cleanliness.
5 *nm MÚS* arrangement.
✦ con arreglo a according to, in accordance with: **con arreglo al plan** according to the plan.
llegar a un arreglo to come to an arrangement, reach an agreement.
no tener arreglo *(cosa)* to be beyond repair; *(asunto)* to have no solution; *(persona)* to be hopeless: **ese reloj no tiene arreglo** that watch is beyond repair; **¡no tienes arreglo!** you're hopeless!
▪ arreglo de cuentas settling of scores, settling-up.

arrejuntarse *vpr fam* to shack up together, live together.

arrellanarse *vpr* to sit back, settle down.

arremangar
1 *vt* to roll up.
2 arremangarse *vpr* to roll up one's sleeves.
3 *vpr fig* to get serious, get down to it: **vamos, arremángate que hay que terminar el trabajo** come on, get down to it, we've got to finish this job.
▲ *Conjugation model* [7], *like* **llegar**.

arremeter
1 *vi (gen)* to attack, charge; *(el toro)* to charge.
2 *vi (verbalmente)* to attack.

arremetida *nf* attack, onslaught.

arremolinarse
1 *vpr (formar remolinos)* to whirl round.
2 *vpr fig (gente)* to crowd together, cram together.

arrendable
1 *adj* rentable.
2 *adj JUR* leasable.

arrendador,-ra
1 *adj* renting, leasing.
2 *nm,f* lessor; *(hombre)* landlord; *(mujer)* landlady.

arrendajo
1 *nm (ave)* jay.
2 *nm fam* mimic.

arrendamiento
1 *nm* renting, leasing, letting.
2 *nm (precio)* rent.

arrendar *vt (dar en alquiler)* to let, lease; *(tomar en alquiler)* to rent, lease.
▲ *Conjugation model* [27], *like* **acertar**.

arrendatario,-a
1 *adj* renting, leasing.
2 *nm,f (que da en arriendo)* leaseholder, lessee.
3 *nm,f (inquilino)* tenant.

arreos
1 *nm pl (de caballerías)* harness *sing*, trappings.
2 *nm pl (adornos)* adornment *sing*.

arrepanchingarse *vpr fam* to lounge, sprawl out.
▲ *Conjugation model* [7], *like* **llegar**.

arrepentida *nf* → arrepentido,-a.

arrepentido,-a
1 *pp* → arrepentirse.
2 *adj* regretful, repentant: **está arrepentida de lo que dijo** she's sorry about what she said.
3 *nm,f* penitent.

arrepentimiento *nm* regret, repentance: **después le vino el arrepentimiento** afterwards he felt sorry.

arrepentirse
1 *vpr (gen)* to regret (**de**, -): **se arrepintió de haber llegado tarde** he regretted having arrived late.
2 *vpr REL* to repent (**de**, of): **se arrepintió de sus pecados** he repented of his sins.
▲ Conjugation model [35], *like hervir.*

arrestado,-a
1 *pp* → arrestar.
2 *adj* arrested, detained.

arrestar
1 *vt* to arrest, detain.
2 *vt (poner en prisión)* to imprison, jail, put in prison.

arresto
1 *nm* arrest.
2 **arrestos** *nm pl (ímpetu)* daring *sing*, guts.
♦ **tener arrestos** to be bold, be daring.
estar bajo arresto to be under arrest.
■ **arresto mayor** close arrest.
arresto menor open arrest.

arriar
1 *vt (velas)* to lower.
2 *vt (bandera)* to strike.
▲ Conjugation model [13], *like desviar.*

arriate *nm* flower bed.

arriba
1 *adv* up; *(encima)* on (the) top: **ponlo más arriba** put it higher up.
2 *adv (piso)* upstairs: **vive arriba** he/she lives upstairs.
3 *adv (en escritos)* above: **véase más arriba** see above.
4 *interj* up!: **¡arriba la República!** long live the Republic!, up the Republic!
♦ **de arriba abajo** from top to bottom.
hacia arriba upwards.

arribada *nf* arrival.

arribar *vi (gen)* to arrive; *(barco)* to reach port, dock.

arribismo *nm* arrivisme, social climbing.

arribista
1 *adj* ambitious, self-seeking.
2 *nm & nf* arriviste, social climber, parvenu.

arribo *nm* arrival.

arriendo *nm* lease; *(de un piso)* renting.
♦ **dar en arriendo** to let out on lease.
tomar en arriendo to take on lease.

arriero *nm* muleteer.

arriesgado,-a
1 *pp* → arriesgar.
2 *adj (peligroso)* risky, dangerous.
3 *adj (temerario)* bold, daring, fearless.

arriesgar
1 *vt* to risk; *(dinero)* to stake: **arriesgó mucho dinero con esa operación** he staked a lot of money on that transaction.
2 *vt (aventurar)* to venture: **arriesgó una hipótesis absurda** she ventured an outrageous theory.
3 **arriesgarse** *vpr (uso reflexivo)* to risk: **se arriesgó mucho y fracasó** he took many risks and failed.
♦ **arriesgar el pellejo** *fam* to risk one's neck.
arriesgarse a hacer algo to dare to do something, risk doing something.
▲ Conjugation model [7], *like llegar.*

arrimadero
1 *nm (de pared)* wainscot.
2 *nm (estribo)* support.

arrimadizo,-a
1 *adj fig* parasitic.
2 *nm,f fig* parasite.

arrimar
1 *vt (acercar)* to move closer.
2 **arrimarse** *vpr* to move close, get close.
3 *vpr fam* to cohabit, live together.
♦ **arrimar a alguien** *fig* to seek somebody's protection.
arrimar al sol que más calienta *fig* to get on the winning side.

arrimo
1 *nm (apoyo)* support, protection.
2 *nm fig (ayuda)* help.
♦ **al arrimo de** under the protection of.

arrinconado,-a
1 *pp* → arrinconar.
2 *adj* put away, laid aside, forgotten.
3 *adj (persona)* forsaken.

arrinconar
1 *vt (poner en un rincón)* to put in a corner.
2 *vt (retirar)* to lay aside, put away.
3 *vt (acorralar)* to corner: **arrinconó a su enemigo en el callejón** he cornered his enemy in the alley.
4 *vt fig (desatender)* to neglect: **arrinconó a sus abuelos** he neglected his grandparents.
5 **arrinconarse** *vpr (aislarse)* to isolate oneself.

arriñonado,-a *adj* kidney-shaped.

arriscado,-a
1 *adj (con riscos)* craggy, rugged.
2 *adj (arriesgado)* risky, dangerous.
3 *adj (atrevido)* daring, bold.

arritmia *nf* arrhythmia.

arroba
1 *nf (medida de peso)* measure of weight equal to 11.502 kg, 25.3 lbs; *(medida de capacidad)* variable liquid measure.
2 *nf INFORM* at, @.
♦ **por arrobas** heaps of, stacks of, loads of: **había comida por arrobas** there was heaps of food.

arrobamiento *nm* rapture, ecstasy, enthralment (*US* enthrallment).

arrobar
1 *vt* to rapture, enthral (*US* enthrall).
2 **arrobarse** *vpr* to go into raptures, be enthralled.

arrobo *nm* → arrobamiento.

arrocero,-a
1 *adj* rice.
2 *nm,f (cultivador)* rice grower; *(vendedor)* rice seller.

arrodillado,-a
1 *pp* → arrodillarse.
2 *adj* on one's knees, kneeling down.

arrodillarse *vpr* to kneel down, get down on one's knees.

arrodrigar *vt* to stake.
▲ Conjugation model [7], *like llegar.*

arrogación *nf* arrogation.

arrogancia
1 *nf (orgullo)* arrogance.
2 *nf (gallardía)* gallantry, valour (*US* valor), bravery.

arrogante
1 *adj (orgulloso)* arrogant.
2 *adj (gallardo)* gallant, valiant, brave.

arrogantemente *adv* arrogantly, proudly.

arrogar
1 *vt JUR* to adopt.
2 **arrogarse** *vpr* to arrogate, assume, take upon oneself.
▲ Conjugation model [7], *like llegar.*

arrojadizo,-a *adj* for throwing.
■ **arma arrojadiza** projectile, missile.

arrojado,-a
1 *pp* → arrojar.
2 *adj* thrown, thrown out.
3 *adj (osado)* bold, fearless, daring.

arrojar
1 *vt (tirar)* to throw, fling: **lo arrojaron al mar** he was flung into the sea.
2 *vt (echar con violencia)* to throw out, kick out: **le arrojaron a la calle** he was kicked out on the street.
3 *vt (vomitar)* to vomit, throw up.
4 *vt (emitir - humo)* to send out, belch out; *(- olor)* to give off; *(- lava)* to spew out.
5 *vt (cuentas etc)* to show, produce, give.
6 *vi* to vomit.
7 **arrojarse** *vpr* to throw oneself: **se arrojó sobre él** she jumped on him.
♦ **"Prohibido arrojar basuras"** "No dumping".

arrojo *nm* boldness, dash, bravery, daring.

arrollador,-ra *adj* overwhelming, irresistible: **fue un éxito arrollador** it was a resounding success; **tiene una personalidad arrolladora** she's got an overpowering personality.

arrollamiento
1 *nm (acción)* rolling (up).
2 *nm (atropello)* running over, knocking down.
3 *nm fig (aplastamiento)* crushing, routing.

arrollar
 1 *vt (envolver)* to roll (up).
 2 *vt (el viento)* to sweep away.
 3 *vt (al enemigo)* to crush, rout.
 4 *vt (atropellar)* to run over.
arropamiento *nm* wrapping up.
arropar *vt* to wrap up: cada noche arropa a los niños en la cama every night she tucks her children up in bed.
arrope *nm* boiled must, grape syrup.
arrostrar
 1 *vt (afrontar)* to face: arrostraron al enemigo they faced the enemy.
 2 *vt (emprender)* to brave.
arroyada
 1 *nf (cauce)* stream bed.
 2 *nf (surco)* channel, gully.
 3 *nf (crecida)* flood, flooding.
arroyar *vt* to channel.
arroyo
 1 *nm (corriente de agua)* stream, brook.
 2 *nm (en la calle)* gutter.
 3 *nm fig (corriente)* flood, stream: de sus ojos salía un arroyo de lágrimas a flood of tears rolled down her cheeks.
 ✦ **poner (a alguien) en el arroyo** *fig* to chuck (somebody) out.
   sacar (a alguien) del arroyo *fig* to drag (somebody) from the gutter.
arroyuelo *nm* small stream, brook.
arroz *nm* rice.
 ▪ **arroz blanco** *(seco)* white rice; *(hervido)* boiled rice.
   arroz con leche rice pudding.
   arroz integral brown rice.
 ▲ *pl* arroces.
arrozal *nm* rice field, rice plantation.
arruga *nf (piel)* wrinkle; *(ropa)* crease.
arrugamiento *nm (piel)* wrinkling; *(ropa)* creasing.
arrugar
 1 *vt (piel)* to wrinkle; *(ropa)* to crease; *(papel)* to crumple (up).
 2 **arrugarse** *vpr (piel)* to wrinkle; *(ropa)* to crease; *(papel)* to crumple (up).
 3 *vpr fam (acobardarse)* to get the wind up.
 ✦ **arrugar el ceño/entrecejo** to frown.
 ▲ *Conjugation model* [7], *like* llegar.
arruinado,-a
 1 *pp* → **arruinar.**
 2 *adj* bankrupt, broke.
 3 *adj (estropeado)* ruined.
arruinar
 1 *vt* to bankrupt, ruin.
 2 *vt (estropear)* to damage: la tormenta ha arruinado la cosecha the storm has ruined the crops.
 3 **arruinarse** *vpr* to be bankrupt, be ruined.
arrullador,-ra
 1 *adj (sonido)* lulling.
 2 *adj (ave)* cooing.
arrullar
 1 *vt (ave)* to coo.
 2 *vt (adormecer)* to lull.

 3 **arrullarse** *vpr fig (acariciarse)* to bill and coo.
arrullo
 1 *nm (de ave)* cooing.
 2 *nm (nana)* lullaby.
 3 *nm (ropa bebé)* baby wrap.
 4 *nm (de enamorados)* billing and cooing.
arrumaco *nm fam (caricia)* caress; *(palabra cariñosa)* sweet nothing.
 ✦ **hacerse arrumacos** to pet.
   ir con arrumacos a alguien to flatter somebody.
 ▲ *Often used in plural.*
arrumar
 1 *vt* to stow.
 2 **arrumarse** *vpr* to cloud over.
arrumazón *nf* stowing.
arrumbar[1]
 1 *vt (apartar)* to put away, lay aside.
 2 *vt fig (persona)* to neglect, ignore.
arrumbar[2] *vi MAR* to set course (**hacia,** for).
arrurruz *nm* arrowroot.
arsenal
 1 *nm MAR* shipyard.
 2 *nm (de armas)* arsenal.
 3 *nm fig (cantidad)* storehouse, mine.
arsénico *nm* arsenic.
art. *abr* (**artículo**) article; *(abreviatura)* art.
arte
 1 *nm* art.
 2 *nm (habilidad)* craft, skill.
 3 *nm (astucia)* cunning.
 4 *nm (pesca)* fishing gear.
 ✦ **con malas artes** by evil means.
artefacto
 1 *nm* device, appliance; *(explosivo)* explosive device.
 2 *nm (en arqueología)* artefact.
artejo
 1 *nm (nudillo)* knuckle.
 2 *nm (de artrópodos)* article.
artemisa *nf* artemisia.
arteramente *adv* cunningly, artfully.
arteria *nf* artery.
 ▪ **arteria carótida** carotid artery.
   arteria coronaria coronary artery.
artería *nf* craftiness, artfulness.
arterial *adj* arterial.
arterioesclerosis *nf* arteriosclerosis.
 ▲ *pl* arterioesclerosis.
arteriola *nf* arteriole.
arteriopatía *nf* arteriopathy.
arteriosclerosis *nf* arteriosclerosis.
 ▲ *pl* arteriosclerosis.
arteriosclerósico,-a *adj* arteriosclerotic.
arteriosclerótico,-a *adj* arteriosclerotic.
artero,-a *adj* artful, crafty.
artesa *nf* trough.
artesanado *nm* craftsmen *pl.*

artesanal *adj (objeto)* handmade; *(comida)* home-made.
 ▪ **actividades artesanales** arts and crafts.
   industria artesanal craft industry.
artesanía
 1 *nf (calidad)* craftsmanship.
 2 *nf (arte, obra)* crafts *pl*, handicrafts *pl.*
 ▪ **objeto de artesanía** handmade object.
   obra de artesanía piece of craftsmanship.
artesano,-a
 1 *adj* handmade.
 2 *nm,f (hombre)* craftsman; *(mujer)* craftswoman.
artesiano,-a *adj* artesian.
 ▪ **pozo artesiano** artesian well.
artesón
 1 *nm (artesa)* trough.
 2 *nm (parte del artesonado)* coffer.
 3 *nm (artesonado)* coffered ceiling.
artesonado,-a
 1 *adj* panelled, coffered.
 2 **artesonado** *nm* panelled ceiling, coffered ceiling.
ártico,-a
 1 *adj* Arctic.
 2 **el Ártico** *nm* the Arctic.
 ▪ **el Círculo Ártico** the Arctic Circle.
   el océano Ártico the Arctic Ocean.
articulación
 1 *nf LING* articulation.
 2 *nf ANAT* joint, articulation.
 3 *nf TÉC* joint.
articulado,-a
 1 *pp* → **articular.**
 2 *adj (lenguaje)* articulate.
 3 *adj (objeto)* articulated.
 4 **articulado** *nm* articles *pl.*
articular
 1 *adj* articulated.
 2 *vt* to articulate.
 3 *vt JUR* to article.
articulatorio,-a *adj* articulatory.
articulista *nm & nf* columnist.
artículo
 1 *nm* article.
 2 *nm (mercancía)* article, product.
 ✦ **hacer el artículo** *fam* to plug something.
   in artículo mortis in articulo mortis.
 ▪ **artículo de fe** *REL* article of faith.
   artículo definido/determinado *LING* definite article.
   artículo de fondo leading article, editorial.
   artículo indefinido/indeterminado *LING* indefinite article.
   artículos alimenticios foodstuffs.
   artículos de consumo consumer goods.
   artículos de limpieza cleaning products.
   artículos de primera necesidad basic commodities.

artífice
1 *nm & nf (artista)* craftsman, artist.
2 *nm & nf (autor)* author: **Pepe ha sido el artífice de todo esto** this is all Pepe's doing.
3 *nm fig* architect: **él ha sido el artífice de este éxito** he's the man behind this success story.

artificial *adj* artificial.

artificialidad *nf* artificiality.

artificialmente *adv* artificially.

artificiero,-a *nm,f* artificer, armourer (*us* armorer).

artificio
1 *nm (habilidad)* skill, dexterity.
2 *nm (mecanismo)* device.
3 *nm (falta de naturalidad)* affectation: **su novela tiene demasiado artificio** her novel was written in an affected style.
4 *nm (engaño)* artifice, trick.
▪ **artificio pirotécnico** firework.

artificiosamente
1 *adv (hábilmente)* skilfully (*us* skillfully).
2 *adv (afectadamente)* in an affected way.
3 *adv (con disimulo)* slyly, craftily.

artificioso,-a
1 *adj (hábil)* skilful (*us* skillful), dexterous.
2 *adj (afectado)* affected.
3 *adj fig (disimulado)* sly, crafty.

artillería *nf* artillery.
▪ **artillería antiaérea** anti-aircraft guns *pl.*
artillería de campaña field guns *pl.*
artillería pesada heavy artillery.

artillero *nm* artilleryman.

artilugio
1 *nm (mecanismo)* device, gadget.
2 *nm fig (trampa)* trick, scheme.

artimaña *nf* artifice, trick, ruse.

artista *nm & nf* artist.
▪ **artista de cine** film star.

artísticamente *adv* artistically.

artístico,-a *adj* artistic.

artrítico,-a *adj* arthritic.

artritis *nf* arthritis.
▲ *pl* artritis.

artrópodo *nm* arthropod.

artrosis *nf* arthrosis.
▲ *pl* artrosis.

arveja
1 *nf (algarroba)* vetch.
2 *nf AM (garbanzo)* chickpea.

arvejo *nm AM* chickpea.

arvicultura *nf* cereal farming.

Arz. *abr* (**arzobispo**) archbishop; *(abreviatura)* Abp.

arzobispado *nm* archbishopric.

arzobispal *adj* of the archbishop, relating to the archbishop.

arzobispo *nm* archbishop.

arzón *nm* saddle tree.

Arzpo. *abr* (**arzobispo**) archbishop; *(abreviatura)* Abp.

as
1 *nm (naipes)* ace.
2 *nm (dados)* one.
3 *nm fig* ace, star, wizard: **Fangio fue un as del volante** Fangio was an ace driver.

asa *nf* handle.
▲ *Takes el in singular.*

asadero,-a
1 *adj* (for) roasting.
2 **asadero** *nm fig* oven.

asado,-a
1 *pp →* asar.
2 *adj* roast, roasted.
3 **asado** *nm* roast.
▪ **asado,-a de calor** *fig* roasting, boiling hot.
bien asado,-a well done.
poco asado,-a underdone, rare.

asador
1 *nm (utensilio)* roaster.
2 *nm (establecimiento)* grill room, grill house.

asaduras *nf pl* offal; *(de ave)* giblets *pl.*
✦ **echar las asaduras** *fam* to make a tremendous effort.

asaetado,-a
1 *pp →* asaetar.
2 *adj* arrow-shaped.

asaetar
1 *vt (disparar)* to shoot arrows at.
2 *vt (herir)* to wound with arrows; *(matar)* to kill with arrows.
3 *vt fig (molestar)* to bother, pester.
✦ **asaetar a alguien a preguntas** *fig* to bombard somebody with questions.

asalariado,-a
1 *pp →* asalariar.
2 *adj* salaried.
3 *nm,f* wage earner, salaried worker.

asalariar *vt* to employ.
▲ *Conjugation model* [12], *like* cambiar.

asalmonado,-a *adj* salmon-pink.

asaltacunas *adj fam* cradle snatcher.

asaltador,-ra
1 *adj* assaulting, attacking.
2 *nm,f* attacker; *(en robo)* raider, robber.

asaltante
1 *adj* assaulting, attacker.
2 *nm & nf* attacker; *(en robo)* raider, robber.

asaltar
1 *vt* to assault, attack; *(para robar)* to raid, rob.
2 *vt (abordar)* to approach, come up to.
3 *vt fig (surgir)* to assail: **me asaltó la duda de si había dicho la verdad** doubts sprang to my mind as to whether he had told the truth or not.

asalto
1 *nm* assault, attack; *(con robo)* raid, robbery.
2 *nm (boxeo)* round.
✦ **asalto a mano armada** armed robbery.
tomar por asalto to take by storm.

asamblea *nf* assembly, meeting.
▪ **asamblea general** general meeting.

asambleísta *nm & nf* member of an assembly, member of a meeting.

asar
1 *vt (cocer)* to roast.
2 *vt fig (importunar)* to annoy, pester.
3 **asarse** *vpr (cocerse)* to roast.
4 *vpr fig (pasar calor)* to be roasting, be boiling hot.
✦ **asar a la parrilla** to grill.
asar al horno to roast.

asaz
1 *adv lit (muy)* extremely, exceedingly, very: **su muerte fue asaz dolorosa** her death was extremely painful.
2 *adv lit (bastante)* rather, quite.

asbesto *nm* asbestos.

asbestosis *nf* asbestosis.

ascendencia
1 *nf* ancestry, ancestors *pl*: **era alemán, pero de ascendencia polaca** he was German, but of Polish descent.
2 *nf (influencia)* ascendancy.

ascendente
1 *adj* ascending, ascendant.
2 *nm* ascendant.

ascender
1 *vt* to promote.
2 *vi (subir)* to climb.
3 *vi (de categoría)* to be promoted (**a**, to).
4 *vi (sumar)* to amount (**a**, to).
▲ *Conjugation model* [28], *like* entender.

ascendiente
1 *adj* ascending, ascendant.
2 *nm & nf (antepasado)* ancestor.
3 *nm (influencia)* ascendancy, power.

ascensión *nf (subida)* climb, climbing.
▪ **día de la Ascensión** *REL* Ascension Day.

ascensional *adj* ascendant, upward.

ascensionista *nm & nf (en globo)* balloonist; *(alpinista)* mountaineer.

ascenso
1 *nm (subida)* climb, ascent.
2 *nm (aumento)* rise (**de**, in).
3 *nm (promoción)* promotion.

ascensor *nm* lift, *us* elevator.

ascensorista *nm & nf* lift attendant, *us* elevator operator.

asceta *nm & nf* ascetic.

ascética *nf* asceticism.

asceticismo *nm* asceticism.

ascético,-a *adj* ascetic.

asco *nm* disgust, repugnance.
✦ **coger asco a algo** to get sick of something.
dar asco to be disgusting: **dejó la cocina que daba asco** he left the kitchen in a terrible mess.
dar asco a alguien to make somebody sick: **me da asco ese sitio** this place makes me (feel) sick, this place is disgusting.

estar hecho,-a un asco *(cosa)* to be filthy, look a real mess; *(persona)* to be filthy, be in a right state.

hacer ascos a algo to turn up one's nose at something.

¡qué asco! how disgusting!, how revolting!

ascórbico,-a *adj* ascorbic.
- **ácido ascórbico** ascorbic acid.

ascua *nf* live coal.
+ **arrimar el ascua a su sardina** *fam* to look after number one.
estar en/sobre ascuas to be on tenterhooks.
tener a alguien sobre/en ascuas to keep somebody on tenterhooks.
▲ *Takes* el *in singular.*

aseado,-a
1 *pp* → asear.
2 *adj* clean, neat, tidy.

asear
1 *vt (adecentar)* to clean, tidy up.
2 **asearse** *vpr (arreglarse)* to wash, get washed.

asechanza *nf* trap.

asediar
1 *vt* to besiege, lay siege to.
2 *vt fig* to besiege, pester, harass.
▲ *Conjugation model* [12], *like* cambiar.

asedio
1 *nm* siege.
2 *nm fig* harassment: los famosos tienen que soportar el asedio de fotógrafos y periodistas famous people have to put up with harassment by photographers and reporters.

asegurado,-a
1 *pp* → asegurar.
2 *adj (con seguro)* insured: el coche está asegurado contra incendio the car is insured against fire.
3 *adj (garantizado)* secure: tiene el futuro asegurado his future is secure.
4 *adj (seguro)* secured, tightened: el tornillo está bien asegurado the screw is well tightened.
5 *nm,f (tomador de un seguro)* the insured person.

asegurador,-ra
1 *adj* insuring, insurance: compañía aseguradora insurance company.
2 *nm,f* insurer.

asegurar
1 *vt (fijar)* to secure.
2 *vt COM* to insure.
3 *vt (garantizar)* to assure, guarantee: te aseguro que lo haré I assure you that I'll do it.
4 **asegurarse** *vpr (cerciorarse)* to make sure: asegúrate de cerrar la ventana make sure you close the window.
5 *vpr COM* to insure oneself.

asemejar
1 *vt* to make alike, make similar.
2 **asemejarse a** *vpr* to look like, be like: se asemeja a su padre en la nariz he's got his father's nose.

asenso *nm* assent, consent.
+ **dar asenso** to assent.

asentaderas *nf pl fam* bottom *sing*, buttocks.

asentado,-a
1 *pp* → asentar.
2 *adj (situado)* placed, situated.
3 *adj (firme)* firm, secure.

asentamiento
1 *nm (poblado)* settlement.
2 *nm MIL* emplacement.

asentar
1 *vt (establecer)* to establish; *(apoyar)* to base.
2 *vt (colocar - gen)* to locate; *(- colonos)* to settle: todos los edificios asentados en la Villa Olímpica cuentan con aparcamiento propio all buildings in the Olympic Village have their own parking facilities; estas tribus estaban firmemente asentadas en la península these tribes were firmly settled in the peninsula.
3 *vt (fijar)* to fix, set.
4 *vt (calmar)* to calm, settle: toma esto para asentar el estómago take this to settle your stomach.
5 *vt (anotar)* to enter, note down.
6 *vt (golpes)* to deal.
7 **asentarse** *vpr (establecerse)* to settle: muchos judíos se han asentado en los territorios ocupados many Jews have settled in the occupied territories; una empresa japonesa ha decidido asentarse en Sevilla a Japanese company has decided to set up in Seville.
8 *vpr (aves)* to perch.
+ **asentar las bases** to lay the foundations.
▲ *Conjugation model* [27], *like* acertar.

asentimiento *nm* assent, consent, acquiescence.

asentir *vi* to assent, agree; *(con la cabeza)* to nod.
▲ *Conjugation model* [35], *like* hervir.

aseo
1 *nm (acción)* cleaning, tidying up.
2 *nm (limpieza)* cleanliness, tidiness.
3 *nm (habitación)* bathroom, toilet.
- **aseo personal** personal cleanliness, personal hygiene.
cuarto de aseo bathroom.

asépalo,-a *adj* without sepals, asepalous.

asepsia
1 *nf* asepsis.
2 *nf fig (frialdad)* coldness, indifference.

aséptico,-a
1 *adj* aseptic.
2 *adj fig* cold, indifferent.

asequible *adj* accessible: a un precio asequible at a reasonable price, at an affordable price; la casa que ha comprado no es asequible para todo el mundo the house he bought is not within everybody's reach.

aserción *nf* assertion, statement.

aserradero *nm* sawmill.

aserrado,-a
1 *adj* serrated.
2 **aserrado** *nm* sawing.

aserrador,-ra
1 *pp* → aserrar.
2 *adj* sawing.
3 **aserrador** *nm* sawyer.

aserradora *nf* power saw.

aserradura
1 *nf (acción)* sawing.
2 *nf (corte)* saw cut.
3 **aserraduras** *nf pl* sawdust *sing*.

aserrar *vt* to saw (up).
▲ *Conjugation model* [27], *like* acertar.

aserrín *nm* sawdust.

asertivamente *adv* assertively.

asertivo,-a *adj* assertive.

aserto *nm* → aserción.

asesinar
1 *vt* to kill, murder.
2 *vt (magnicidio)* to assassinate.

asesinato
1 *nm* killing, murder.
2 *nm (magnicidio)* assassination.

asesino,-a
1 *adj* murderous: no hallaron el arma asesina they couldn't find the murder weapon.
2 *nm,f* killer; *(hombre)* murderer; *(mujer)* murderess.

asesor,-ra
1 *adj* advisory.
2 *nm,f* adviser, consultant.
- **asesor,-ra de imagen** image consultant.
asesor,-ra fiscal tax advisor.

asesoramiento
1 *nm (acción)* advising.
2 *nm (consejo)* advice.

asesorar
1 *vt (dar consejo)* to advise, give advice.
2 *vt COM* to act as a consultant to.
3 **asesorarse** *vpr (tomar consejo)* to take advice, consult (de, -): se asesoró de expertos para tomar una decisión he got expert advice before making a decision.

asesoría
1 *nf (cargo)* consultancy.
2 *nf (oficina)* consultant's office.

asestar
1 *vt (arma)* to aim.
2 *vt (golpe)* to deal, give.
3 *vt (tiro)* to fire.
+ **asestar una puñalada** to stab.
asestar un puñetazo to punch.

aseveración *nf* asseveration, assertion.

aseverar *vt* to asseverate, affirm.

asexuado,-a *adj* asexual.

asexual *adj* asexual.

asexualidad *nf* asexuality.

asfaltado,-a
1 *pp* → asfaltar.
2 asfaltado *nm (acción)* asphalting.
3 *nm (pavimento)* asphalt, asphalted surface.

asfaltadora *nf* asphalt layer.

asfaltar *vt* to asphalt.

asfáltico,-a *adj* asphalt, containing asphalt.

asfalto *nm* asphalt.
✦ en el asfalto *fig* on the road.

asfixia *nf* asphyxia, suffocation, asphyxiation.

asfixiado,-a
1 *pp* → asfixiar.
2 *adj fam* broke, up to one's neck.

asfixiador,-ra *adj* → asfixiante.

asfixiante *adj* asphyxiating, suffocating: hace un calor asfixiante it's stiflingly hot.

asfixiar
1 *vt* to asphyxiate, suffocate.
2 asfixiarse *vpr* to asphyxiate, suffocate.
▲ *Conjugation model* [12], *like* cambiar.

asgo *pres indic* → asir.

así
1 *adv (de esta manera)* thus, (in) this way.
2 *adv (de esa manera)* (in) that way: por decirlo así so to speak; y así sucesivamente and so on.
3 *adv (tanto)* as: así usted como yo both you and I.
4 *adv (por tanto)* therefore.
5 *adv (tan pronto como)* as soon as: así que lo sepa as soon as I know.
6 *adj* such: un hombre así a man like that, such a man.
✦ así así so-so.
así que so: llovía, así que cogimos el paraguas it was raining, so we took our umbrella.
así sea so be it.

Asia *nf* Asia.

asiático,-a
1 *adj* Asian.
2 *nm,f* Asian.

asibilar *vt* to make sibilant.

asidero
1 *nm (asa)* handle.
2 *nm fig (excusa)* excuse, pretext.

asiduidad *nf* assiduity, frequency.
✦ con asiduidad frequently, regularly.

asiduo,-a
1 *adj* assiduous, frequent, regular.
2 *nm,f* regular: es un asiduo del cine he's a regular cinema-goer.

asiento
1 *nm (silla etc)* seat.
2 *nm (emplazamiento)* site.
3 *nm (sedimento)* sediment.
4 *nm fig (orden)* establishment.
5 *nm* COM entry, registry.
6 *nm (de vasija)* bottom.
7 *nm* ARQ settling.
✦ tomar asiento to take a seat.

■ asiento abatible reclining seat.
asiento delantero front seat.
asiento trasero rear seat, back seat.

asignación
1 *nf (acción)* assignment, allocation.
2 *nf (nombramiento)* appointment, assignment.
3 *nf (remuneración)* allocation, allowance; *(sueldo)* wage, salary.

asignar
1 *vt* to assign, allot, allocate.
2 *vt (nombrar)* to appoint, assign.

asignatura *nf* subject.
■ asignatura pendiente *(en el colegio)* subject which has to be retaken; *(en la política etc)* unresolved issue, issue which still has to be tackled, unfinished business.

asilado,-a
1 *pp* → asilar.
2 *nm,f* person who lives in a home or in care.
■ asilado,-a político,-a political refugee.
condición de asilado refugee status.

asilar
1 *vt* POL to give political asylum to, grant political asylum to.
2 *vt (recoger)* to give shelter to, take in.
3 *vt (internar)* to put in a home, take into care.

asilo
1 *nm (institución)* asylum, home, institution.
2 *nm fig (protección)* protection, assistance.
✦ dar asilo to shelter.
■ asilo de ancianos old people's home.
asilo político political asylum: pidió asilo político she asked for political asylum; le concedieron asilo político she was granted political asylum.

asimetría *nf* asymmetry.

asimétrico,-a *adj* asymmetric, asymmetrical.

asimiento
1 *nm (acción)* grasping, holding, seizing.
2 *nm (efecto)* attachment.

asimilable *adj* assimilable.

asimilación *nf* assimilation.

asimilar *vt* to assimilate.

asimilativo,-a *adj* assimilative, assimilating.

asimismo
1 *adv (también)* also, as well: asimismo afirmó que … he also stated that …
2 *adv (de esta manera)* likewise.
3 *adv (además)* moreover.

asíncrono,-a *adj* asynchronous.

asíndeton *nm* GRAM asyndeton.

asíntota *nf* MAT asymptote.

asir
1 *vt (agarrar)* to grab, seize, grasp, take hold of.
2 *vi (arraigar)* to take root.
3 asirse *vpr (agarrarse)* to hold on (a, to), cling (a, to).

✦ asirse a una idea *fam* to cling to an idea.
▲ *Conjugation model* [65].

Asiria *nf* Assyria.

asirio,-a
1 *adj* Assyrian.
2 *nm,f* Assyrian.
3 asirio *nm (idioma)* Assyrian.

asistencia
1 *nf (presencia)* attendance, presence: el presidente aún no ha confirmado su asistencia the president's attendance has not yet been confirmed; la reunión contó con la asistencia de todos los ediles all the councillors were present at the meeting.
2 *nf (público)* audience: hubo mucha asistencia al concierto there was a large audience at the concert.
3 *nf (ayuda)* assistance, help, aid: la Cruz Roja realizó una veintena de asistencias the Red Cross dealt with around twenty cases.
4 *nf* DEP *(en baloncesto, fútbol)* pass.
5 asistencias *nf pl (conjunto de personas)* assistants, helpers.
✦ con la asistencia de *(presencia)* in the presence of; *(ayuda)* with the assistance of.
■ asistencia económica financial aid.
asistencia jurídica legal aid.
asistencia médica medical assistance.
asistencia social social assistance.
asistencia técnica technical backup.
falta de asistencia absence.

asistenta *nf* cleaning lady.

asistente
1 *adj (que está)* attending: el público asistente aplaudió durante veinte minutos the audience applauded for twenty minutes.
2 *adj (que ayuda)* assistant.
3 *nm & nf (que está)* member of the audience: los asistentes al acto se quejaron del retraso those present at the ceremony complained about the delay.
4 *nm & nf (que ayuda)* assistant: el director dio la carta a su asistente para que la tradujera the director gave the letter to his assistant to translate.
5 *nm* MIL batman.
■ asistente social social worker.

asistido,-a
1 *pp* → asistir.
2 *adj* assisted.
✦ asistido,-a por ordenador computer-assisted.

asistir
1 *vi* to attend, be present: la niña asiste a la escuela cada día the little girl goes to school every day; solo asistieron diez personas only ten people were present.
2 *vt (servir)* to serve, wait on: los criados asistieron a los invitados durante la recepción the servants waited on the guests during the reception.

3 vt (ayudar) to help, assist; (a los enfermos) to attend, care for: **el médico que la atendió era mi hermano** the doctor who attended her was my brother.
✦ **me** (te, le, etc) **asiste la razón** fml I am (you are, he is, etc) correct.
me (te, le, etc) **asiste el derecho de …** I have (you have, he has, etc) the right to …

asma nf asthma.
▲ Takes el in singular.

asmático,-a
1 adj asthmatic.
2 nm,f asthmatic person, person suffering from asthma.

asnal adj asinine, of an ass, of a donkey.

asno
1 nm ass, donkey.
2 nm fam (persona) ass, idiot.

asociación nf association.
▪ **asociación de ideas** association of ideas.
asociación de vecinos residents' association.

asociacionismo nm associationism.

asociado,-a
1 pp → asociar.
2 adj associated, associate.
3 nm,f associate, partner.

asociamiento nm association.

asociar
1 vt to associate (**a/con**, with), connect, link: **asociaba aquel olor a su juventud** he associated that smell with his youth.
2 vt COM to take into partnership.
3 **asociarse** vpr (relacionarse) to be associated (**a/con**, with): **aquella música se asociaba con una época particular** that music was associated with a particular period.
4 vpr COM to collaborate, form a partnership, become partners.
▲ Conjugation model [12], like **cambiar**.

asociativo,-a adj associative.

asolación nf devastation, destruction, razing.

asolador,-ra adj razing, ravaging, devastating.

asolamiento nf → asolación.

asolanar vt to dry up.

asolapar
1 vt (tejas) to overlap.
2 vt fig to cloak, hide.

asolar vt (epidemia) to ravage; (ejército) to lay waste to, raze; (incendio, tempestad) to devastate.
▲ Conjugation model [31], like **contar**.

asolear
1 vt to expose to the sun, put in the sun.
2 **asolearse** vpr (persona) to sunbathe, expose oneself to the sun; (objeto) to be exposed to sunlight.

asomar
1 vi (empezar a aparecer) to appear, begin to show, come out: **todas las mañanas asoma el sol por el Este** every morning the sun rises in the East.
2 vt (mostrar) to show, put out, stick out: **te asoma la combinación por debajo de la falda** your slip's showing; **el chico asomó la cabeza por la ventana** the boy stuck his head out of the window.
3 **asomarse** vpr (a ventana) to stick one's head out (**a**, of), lean out (**a**, of); (a balcón) to come out (**a**, onto): **varios vecinos se asomaron a la ventana para ver qué pasaba** several neighbours stuck their heads out of their windows to see what was happening.
4 vpr (aparecer) to appear: **personas que se asoman a la pantalla televisiva** people who appear on our television screens; **las calles están casi desiertas, pero aún se asoma algún borracho** the streets are almost deserted, but the odd drunk is still to be seen.

asombrado,-a
1 pp → asombrar.
2 adj amazed, astonished, surprised: **me quedé asombrada** I was amazed.

asombrar
1 vt to amaze, astonish, surprise.
2 **asombrarse** vpr to be astonished, be amazed, be surprised: **nos asombramos de su altura** we were amazed at her height.

asombro nm amazement, astonishment, surprise.

asombrosamente adv amazingly, astonishingly.

asombroso,-a adj amazing, astonishing, surprising.

asomo nm sign, trace, hint: **lo hizo sin el menor asomo de interés** he did it without the slightest interest; **sin el menor asomo de duda** without a shadow of a doubt.
✦ **ni por asomo** by no means.

asonada nf putsch.

asonancia nf assonance.

asonante adj assonant.

asordar vt to deafen.

aspa
1 nf (cruz) cross.
2 nf (de molino) sail; (de ventilador) blade; (armazón) arms pl.
✦ **en forma de aspa** X-shaped.
▲ Takes el in singular.

aspar
1 vt to crucify.
2 vt fig (molestar) to annoy, pester.
✦ **¡que me aspen si …!** fam I'll be damned if …!
¡que te aspen! fam get lost!

aspaventar vt to frighten, scare.
▲ Conjugation model [27], like **acertar**.

aspaventero,-a
1 adj fussy, theatrical, exaggerated.
2 nm,f fussy person, theatrical person.

aspaventoso,-a adj fussy, theatrical, exaggerated.

aspaviento nm fuss.
✦ **hacer aspavientos** to make a great fuss.

aspecto
1 nm (faceta) aspect, side, angle: **en el aspecto político** from a political point of view, politically.
2 nm (apariencia) look, appearance: **¿qué aspecto tenía?** what did he look like?; **no tienes muy buen aspecto** you don't look too good; **este pastel tiene buen aspecto** this cake looks delicious.
✦ **en el aspecto de que** in the sense that, in that.

ásperamente
1 adv roughly.
2 adv fig harshly.

aspereza nf roughness, coarseness, asperity.

asperillo nm slightly bitter taste, slightly sour taste.

asperjar
1 vt to sprinkle.
2 vt REL to sprinkle with holy water.

áspero,-a
1 adj (cosa) rough, coarse.
2 adj fig (persona) surly.
3 adj (clima, tiempo) harsh.

asperón nm sandstone.

aspersión nf sprinkling.

aspersor nm sprinkler.

aspersorio nm aspergillum.

áspid nm asp.

áspide nm asp.

aspidistra nf aspidistra.

aspillera nf loophole, embrasure.

aspiración
1 nf (al respirar) inhalation, breathing in.
2 nf LING aspiration.
3 nf TÉC intake.
4 nf fig (ambición) aspiration, ambition: **su única aspiración fue ser feliz** being happy was his only ambition.
▪ **aspiración de aire** intake of air, air intake.

aspirada nf LING aspirate.

aspirado,-a
1 pp → aspirar.
2 adj aspirated.

aspirador,-ra
1 adj sucking: **bomba aspiradora** suction pump.
2 **aspirador** nm vacuum cleaner, Hoover.

aspiradora nf vacuum cleaner, Hoover.
✦ **pasar la aspiradora** to vacuum, Hoover.

aspirante
1 adj suction.
2 nm & nf candidate, applicant.
▪ **bomba aspirante** suction pump.

aspirar
1 vt (al respirar) to inhale, breathe in.
2 vt (absorber) to suck in, draw in.

3 *vt* LING to aspirate.
4 *vi fig (desear)* to aspire (**a**, to): **aspiraba a convertirse en una estrella de cine** he aspired to becoming a film star.
aspirina *nf* aspirin.
▲ *Registered trademark.*
asquear *vt* to disgust, revolt, make sick.
asquerosamente
1 *adv (desagradablemente)* disgustingly.
2 *adv (suciamente)* filthily.
asquerosidad *nf* filthy thing, revolting thing: **¡menuda asquerosidad!** how revolting!
asqueroso,-a
1 *adj (sucio)* dirty, filthy.
2 *adj (desagradable)* disgusting, revolting, foul.
3 *adj (que siente asco)* squeamish.
4 *nm,f (sucio)* filthy person, revolting person.
5 *nm,f (que siente asco)* squeamish person.
asta
1 *nf (de bandera)* staff, pole.
2 *nf (de lanza)* shaft; *(pica)* lance, pike.
3 *nf (cuerno)* horn.
♦ **a media asta** at half-mast.
▲ *Takes el in singular.*
astado,-a
1 *adj* horned.
2 **astado** *nm* bull.
ástato *nm* astatine.
astenia *nf* asthenia.
asténico,-a
1 *adj* asthenic.
2 *nm,f* asthenic.
áster *nm* aster.
asterisco *nm* asterisk.
asteroide
1 *adj* asteroid.
2 *nm* asteroid.
astifino,-a *adj* narrow-horned.
astigmático,-a
1 *adj* astigmatic.
2 *nm,f* person with astigmatism.
astigmatismo *nm* astigmatism.
astil
1 *nm (de herramienta)* handle.
2 *nm (de flecha)* shaft.
3 *nm (de balanza)* arm, beam.
4 *nm (de pluma)* quill.
astilla *nf* splinter, chip.
♦ **de tal palo, tal astilla** like father, like son.
hacer astillas *fig* to smash to smithereens.
astillar *vt* to splinter.
astillero *nm* shipyard, dockyard.
astilloso,-a *adj* brittle, easily splintered.
astracán *nm* astrakhan.
astracanada *nf* theatrical farce.
astrágalo
1 *nm* ANAT astragalus.
2 *nm* ARQ astragal.

astral *adj* astral.
▪ **carta astral** birth chart, individual horoscope.
astringencia *nf* astringency.
astringente
1 *adj* astringent.
2 *nm* astringent.
astringir *vt* to astringe, constrict.
▲ *Conjugation model* [6], *like dirigir.*
astro *nm* star.
▪ **astro de la pantalla** *fig* film star.
el astro rey *lit* the sun.
astrofísica *nf* astrophysics.
astrofísico,-a *adj* astrophysical.
astrolabio *nm* astrolabe.
astrología *nf* astrology.
astrológico,-a *adj* astrological.
astrólogo,-a *nm,f* astrologer.
astronauta *nm & nf* astronaut.
astronáutica *nf* astronautics.
astronáutico,-a *adj* astronautical.
astronave *nf* spaceship, spacecraft.
astronomía *nf* astronomy.
astronómico,-a
1 *adj* astronomical, astronomic.
2 *adj fig* astronomical.
astrónomo,-a *nm,f* astronomer.
astroso,-a
1 *adj (desastrado)* shabby, ragged, untidy.
2 *adj (despreciable)* contemptible.
3 *adj (desdichado)* unfortunate.
astucia
1 *nf* astuteness, cunning, shrewdness.
2 *nf (treta)* trick, ruse.
asturianismo *nm (palabra)* Asturian word; *(expresión)* Asturian expression.
asturiano,-a
1 *adj* Asturian.
2 *nm,f* Asturian.
Asturias *nm* Asturias.
astutamente *adv* astutely, cunningly.
astuto,-a *adj* astute, cunning, shrewd.
asueto *nm* time off, free time, rest: **mi tarde de asueto** my afternoon off; **los meses de asueto** the holiday months.
asumir *vt* to assume, take on, take upon oneself: **el coronel asumió el mando de las tropas** the colonel assumed command of the troops.
asunceno,-a
1 *adj* of Asunción, from Asunción.
2 *nm,f* person from Asunción, inhabitant of Asunción.
asunceño,-a
1 *adj* of Asunción, from Asunción.
2 *nm,f* person from Asunción, inhabitant of Asunción.
asunción *nf* assumption, taking on.
asuntillo *nm fam irón pey* business, affair.
asunto
1 *nm (cuestión)* matter, issue; *(tema)* subject; *(de obra)* theme: **no quiero hablar**

del asunto I don't want to discuss the matter.
2 *nm (negocio)* affair, business: **no es asunto tuyo** it's none of your business.
3 *nm (aventura)* affair, love affair.
▪ **asuntos a tratar** agenda *sing.*
asuntos exteriores POL Foreign Affairs.
asustadizo,-a *adj* easily frightened, easily scared.
asustado,-a *adj* frightened, scared.
asustar
1 *vt* to frighten, scare.
2 **asustarse** *vpr* to be frightened, be scared: **mi bebé se asusta del ruido** my baby is frightened of noise.
atabal *nm* kettledrum.
atacador,-ra
1 *adj* attacking, assailing.
2 *nm,f* attacker, assailant.
3 **atacador** *nm* ramrod.
atacante
1 *adj* attacking, assailing.
2 *nm & nf* attacker, assailant.
atacar
1 *vt (gen)* to attack.
2 *vt (criticar)* to attack, criticize.
3 *vt (afectar)* to attack, affect: **esas pastillas pueden atacar al estómago** those pills can upset your stomach.
♦ **atacar los nervios** to get on one's nerves.
▲ *Conjugation model* [1], *like sacar.*
atadero
1 *nm (cuerda)* cord, rope; *(cadena)* chain.
2 *nm (anilla)* halter ring, hitching hook.
atadijo *nm fam* bundle.
atado,-a
1 *pp* → **atar.**
2 *adj (tímido)* shy, timid.
3 **atado** *nm* bundle.
♦ **estar todo atado y bien atado** to be all sewn up.
atador,-ra *adj* binding.
atadora *nf* binder.
atadura
1 *nf (acción)* tying, binding, fastening.
2 *nf (cosa)* binding, string, cord.
3 *nf fig (unión)* tie.
4 *nf fig (impedimento)* tie, hindrance.
atafagar
1 *vt (sofocar)* to suffocate.
2 *vt (molestar)* to annoy, pester.
▲ *Conjugation model* [7], *like llegar.*
ataguía *nf* cofferdam, caisson.
ataharre *nm* crupper.
atahorma *nf* short-toed eagle.
atajar
1 *vi* to take a short cut.
2 *vt (interrumpir)* to interrupt.
3 *vt (entorpecer el paso)* to halt.
atajo
1 *nm (camino)* short cut.
2 *nm (rebaño)* herd.

3 nm fig (grupo) bunch: son un atajo de vagos they're a bunch of layabouts.
✦ **echar por el atajo/tirar por el atajo** fig to take a shortcut, take the easiest way out.
no hay atajo sin trabajo shortcuts don't help in the long run, there are no gains without pains.

atalaje nm → atelaje.

atalaya
1 nf (torre) watchtower, lookout; (mirador) vantage point.
2 nm (persona) watcher, lookout.

atalayar
1 vt (vigilar) to watch, watch over, observe.
2 vt pey (espiar) to spy on.

atañedero,-a adj concerning (a, -).

atañer vi to concern (a, -).
▲ Conjugation model [38], like tañer; used only in the 3rd person.

ataque
1 nm attack.
2 nm MED fit.
■ **ataque aéreo** air raid.
ataque de nervios nervous breakdown.

atar
1 vt to tie: le ataron las manos con una cuerda they tied her hands with a rope; se ató el pelo she tied her hair back.
2 vt fig to tie down: un negocio ata mucho a business really ties you down.
✦ **atar cabos** fig to put two and two together.
atar corto a alguien to keep somebody on a tight rein.

atarantado,-a
1 adj (aturdido) stunned, dazed.
2 adj (inquieto) restless.

ataraxia nf ataraxia, ataraxy.

atarazana nf shipyard, dockyard.

atardecer
1 vi to get dark, grow dark.
2 nm evening, dusk.
▲ Conjugation model [43], like agradecer; in 1 used only in the 3rd person; it does not take a subject.

atareado,-a
1 pp → atarear.
2 adj busy, occupied.

atarear
1 vt to keep busy, assign a task to.
2 atarearse vpr to be busy, work hard.

atarugar
1 vt fam (atestar) to stuff, pack, cram.
2 vt fig (hacer callar) to shut up.
3 atarugarse vpr (avergonzarse) to feel confused, feel embarrassed; (cortarse) to stop short, become tongue-tied.
4 vpr (atragantarse) to choke.

atascadero nm fig obstacle.

atascar
1 vt (bloquear) to block up, clog.
2 vt fig (obstaculizar) to hamper, hinder, obstruct.

3 atascarse vpr (bloquearse) to get blocked, get blocked up, get clogged: la tubería se atascó con la porquería the pipe got blocked up with dirt.
4 vpr (mecanismo) to jam, get jammed, get stuck.
5 vpr fig (estancarse) to get tangled up, get bogged down.
▲ Conjugation model [1], like sacar.

atasco
1 nm (acción) obstruction, blockage.
2 nm (de tráfico) traffic jam.

ataúd nm coffin.

ataviar
1 vt (arreglar) to dress up.
2 vt (adornar) to adorn, deck.
▲ Conjugation model [13], like desviar.

atávico,-a adj atavistic.

atavío
1 nm (adorno) decoration, adornment, ornament.
2 nm (vestido) dress, attire.

atavismo nm atavism.

atediar vt to bore.
▲ Conjugation model [12], like cambiar.

ateísmo nm atheism.

atelaje
1 nm (caballos) team of horses.
2 nm (arreos) harness.

atemorizar
1 vt to frighten, scare.
2 atemorizarse vpr to be frightened, be scared.
▲ Conjugation model [4], like realizar.

atemperación
1 nf (moderación) moderation, restraint, tempering.
2 nf (acomodación) adjustment, accommodation.

atemperar
1 vt (moderar) to moderate, temper.
2 vt (acomodar) to adjust (a, to), accommodate (a, to).

Atenas nf Athens.

atenazado,-a
1 pp → atenazar.
2 adj fig gripped, tormented: estaba atenazado por la angustia he was seized by anguish.

atenazar vt fig to torture, torment.
▲ Conjugation model [4], like realizar.

atención
1 nf (gen) attention: le encanta ser el centro de la atención he loves being the centre of attention; lo hace solo para que le prestes atención she's only doing it to get attention; es imposible atraer su atención it's impossible to get his attention.
2 nf (detalle) nice thought: fue una atención por su parte it was a nice thought, it was very kind of him.
3 ¡atención! interj (gen) your attention please!; (cuidado) watch out!, look out!: ¡atención a los dedos! mind your fingers!

✦ **a la atención de alguien** (en cartas) for the attention of somebody.
colmar muchas atenciones con alguien to smother somebody with attentions, make a fuss of somebody.
en atención a bearing in mind, taking into account.
en atención a que ... in view of the fact that ..., given that ...
llamar la atención to attract attention: procura no llamar la atención try not to attract attention; lo que más me llamó la atención fue que no llevara uniforme what I noticed most was that he wasn't wearing a uniform.
llamar la atención a alguien to take somebody to task.
prestar atención to pay attention (a, to).
tener una atención con alguien to think of somebody.

atender
1 vt (servir - cliente) to serve, attend to, see to: ¿ya la atienden a usted? are you being served?
2 vt (cuidar) to take care of, look after: el médico que me había atendido no estaba the doctor who had treated me wasn't there.
3 vt (negocio) to take care of; (teléfono) to answer.
4 vt (consejo, advertencia) to heed, pay attention to; (ruego, deseo, protesta) to attend to; (instrucción) to follow, carry out.
5 vi (prestar atención) to pay attention (a, to), attend (a, to): atiende, que te concierne a ti pay attention, this concerns you; el perro atiende a la voz de su dueño the dog always obeys its master's voice.
6 vi (cumplir con) to meet (a, -), fulfil (US fulfill) (a, -).
7 vi (tener en cuenta) to bear in mind.
✦ **atender por** to answer to the name of: el perro perdido atiende por "Canelo" the dog answers to the name of "Canelo".
▲ Conjugation model [28], like entender.

atendible adj worthy of attention, worthy of consideration.

ateneo nm athenaeum (US atheneum).

atenerse
1 vpr (ajustarse) to abide (a, by), comply (a, with).
2 vpr (acogerse) to rely (a, on).
▲ Conjugation model [87], like tener.

ateniense
1 adj Athenian.
2 nm,f Athenian.

atentado
1 nm (ataque) attack, assault: eso puede considerarse un atentado contra su vida it can be considered an attempt on his life.
2 nm (afrenta) affront.
■ **atentado terrorista** terrorist attack.

atentamente
1 *adv* attentively, carefully.
2 *adv (amablemente)* politely; *(en carta)* sincerely, faithfully: "**Le saluda atentamente**" "Yours sincerely", "Yours faithfully".

atentar
1 *vi (físicamente - a una institución)* to attack (**a**/**contra**, -), make an attack (**a**/**contra**, on); *(- a una persona)* to attempt to kill, make an attempt on somebody's life: **atentaron contra una comisaría** they made an attack on a police station; **planeaban intentar contra el rey** they were planning an attempt on the king's life.
2 *vi (violar)* to violate (**a**/**contra**, -): **la cantante dice que el artículo atenta a su intimidad** the singer says the article violates her right to privacy.
3 *vi (amenazar)* to threaten (**a**/**contra**, -): **actividades que atentan contra la seguridad nacional** activities which threaten national security; **están acusados de atentar contra la salud pública** they are accused of offences against public health.
▲ *Conjugation model* [27], *like acertar.*

atento,-a
1 *adj* attentive.
2 *adj (amable)* polite, courteous.
✦ **estar atento,-a a algo** *(prestar atención)* to pay attention to something; *(estar alerta)* to be on the alert for something, keep an eye out for something, be on the lookout for.

atenuación
1 *nf* attenuation, lessening.
2 *nf* JUR extenuation.

atenuante
1 *adj* attenuating.
2 *adj* JUR extenuating.
3 *nm* JUR extenuating circumstance.

atenuar
1 *vt* to attenuate.
2 *vt* JUR to extenuate.
▲ *Conjugation model* [11], *like actuar.*

ateo,-a
1 *adj* atheistic.
2 *nm,f* atheist.

aterciopelado,-a *adj* velvety, velvet: **tenía una voz aterciopelada** she had a velvety voice.

aterciopelar *vt* to buff.

aterido,-a
1 *pp* → **aterirse**.
2 *adj* stiff with cold, numb.

aterimiento *nm* stiffness from the cold, numbness.

aterirse *vpr* to be stiff with cold, be numb with cold: **caminé un rato, aterido de frío** I walked a short distance, numb with cold.
▲ *Used only in infinitive and participle.*

atérmico,-a *adj* heatproof.

aterrada *nf* landfall.

aterrador,-ra *adj* terrifying, frightful.

aterraje
1 *nm (avión)* landing.
2 *nm (barco)* landfall.

aterramiento *nm* fear, terror.

aterrar¹
1 *vt (asustar)* to terrify.
2 **aterrarse** *vpr* to be terrified.

aterrar²
1 *vt (derribar)* to pull down, demolish.
2 *vt (cubrir de tierra)* to cover with earth.
3 *vi (avión)* to land.
4 *vi (barco)* to stand inshore.
▲ *Conjugation model* [27], *like acertar.*

aterrizaje *nm* landing.
■ **aterrizaje forzoso** emergency landing. **aterrizaje violento** crash landing.

aterrizar
1 *vi* to land.
2 *vi fig* to show up, arrive.
▲ *Conjugation model* [4], *like realizar.*

aterronar
1 *vt* to cake, harden.
2 **aterronarse** *vpr* to go lumpy, cake, harden.

aterrorizar
1 *vt (gen)* to terrify.
2 *vt (terrorista)* to terrorize.
3 **aterrorizarse** *vpr* to be terrified.
▲ *Conjugation model* [4], *like realizar.*

atesoramiento *nm* hoarding, accumulation, storing up.

atesorar
1 *vt (acumular)* to hoard, accumulate, store up.
2 *vt fig* to possess.

atestación *nf* attestation, testimony.

atestado¹
1 *nm* JUR affidavit, statement.
2 **atestados** *nm pl* testimonials.

atestado,-a²
1 *pp* → **atestar 2**.
2 *adj* packed (**de**, with), crammed (**de**, with).

atestar¹ *vt* JUR to testify.

atestar²
1 *vt (atiborrar)* to cram (**de**, with), pack (**de**, with).
2 **atestarse** *vpr (de comida)* to stuff oneself (**de**, with).
▲ *Conjugation model* [27], *like acertar.*

atestiguación *nf* attestation, testimony.

atestiguar
1 *vt* JUR to testify to, bear witness to, give evidence of: **algunos testigos atestiguaron que los ladrones huyeron en coche** some witnesses testified that the thieves got away by car; **el amigo atestiguó su inocencia** his friend testified to his innocence.
2 *vt (ofrecer muestras)* to attest, testify, vouch for: **tu sinceridad atestigua que eres una buena persona** your sincerity vouches for the fact that you are an honest person.
▲ *Conjugation model* [22], *like averiguar.*

atetar *vt* to suckle.

atezado,-a
1 *pp* → **atezar**.
2 *adj (por el sol)* tanned.
3 *adj (color negro)* black, blackened.

atezar
1 *vt (broncear)* to tan, burn.
2 *vt (ennegrecer)* to blacken, turn black.
3 **atezarse** *vpr (broncearse)* to get tanned.
▲ *Conjugation model* [4], *like realizar.*

atiborrado,-a
1 *pp* → **atiborrar**.
2 *adj* full (**de**, of), stuffed (**de**, with), packed (**de**, with).

atiborrar
1 *vt (llenar)* to pack, cram, stuff (**de**, with).
2 **atiborrarse** *vpr fam (de comida)* to stuff oneself (**de**, with).

ático
1 *nm (vivienda)* penthouse, attic flat.
2 *nm* ARQ attic, loft.

atiesar *vt* to stiffen, tighten, stretch taut.

atigrado,-a *adj (con rayas)* striped; *(gato)* tabby.

atildado,-a
1 *pp* → **atildar**.
2 *adj* smart, neat, spruce.

atildamiento
1 *nm (acicalamiento)* elegance, tidiness.
2 *nm fig (crítica)* censure.

atildar
1 *vt (tipografía)* to mark with a tilde.
2 *vt (acicalar)* to tidy, clean up; *(persona)* to dress up.
3 *vt fig (criticar)* to criticize, censure, find fault with.
4 **atildarse** *vpr (uso reflexivo)* to spruce oneself up, smarten oneself up, get dressed up.

atinadamente *adv* correctly, sensibly, rightly.

atinado,-a
1 *pp* → **atinar**.
2 *adj (correcto)* right, accurate, correct; *(pertinente)* pertinent: **esa fue una decisión muy atinada** that was a very wise decision.
3 *adj (persona)* sensible.

atinar
1 *vi (dar con)* to hit upon, find: **si no atinas con la calle, llámame** if you can't find the street, call me.
2 *vi (acertar)* to get it right, be right, succeed: **nadie ha atinado a presentar un programa político coherente** nobody has managed to present a coherent political programme; **atiné en el blanco** I hit the target.

atípicamente *adv* atypically.

atípico,-a *adj* atypical.

atiplado,-a
1 *pp* → **atiplar**.
2 *adj* high-pitched.

atiplar
1 *vt (subir el tono)* to raise the pitch of.
2 **atiplarse** *vpr* to go squeaky.

atirantar *vt (poner tirante)* to tighten, tauten.

atiriciarse *vpr* to contract jaundice.

atisbador,-ra
1 *adj* prying, nosy.
2 *nm,f* observer, snooper, spy.

atisbar
1 *vt (observar)* to spy on, observe, watch.
2 *vt fig (vislumbrar)* to make out, discern.

atisbo
1 *nm (acción)* spying, watching.
2 *nm fig (indicio)* inkling, slight sign: mientras haya un atisbo de vida, el médico no abandonará al enfermo while there's the slightest flicker of life, the doctor will not give up on the patient.

atizador *nm* poker.

atizar
1 *vt (fuego)* to poke; *(vela)* to snuff.
2 *vt fig (pasiones)* to rouse, excite; *(rebelión)* to stir up.
3 *vt (dar - golpe)* give, deal.
4 **atizarse** *vpr fam (zamparse - comida)* to put away; *(- bebida)* to knock back.
✦ **¡atiza!** wow!
▲ *Conjugation model* [4], *like* **realizar**.

atizonar *vt* to blight.

atlante *nm* Atlas.

atlántico,-a *adj* Atlantic.
▪ **el (océano) Atlántico** the Atlantic (Ocean).

atlantismo *nm* NATOism.

atlantista *adj* pro-NATO.

atlas *nm* atlas.
▲ *pl* atlas.

atleta *nm & nf* athlete.

atlético,-a *adj* athletic.

atletismo *nm* athletics.

atmósfera *nf* atmosphere.

atmosférico,-a *adj* atmospheric, atmospherical.

atoar *vt* to tow.

atocha *nf* esparto.

atochal *nm* esparto field.

atocinar
1 *vt (abrir)* to slice up.
2 *vt fam (asesinar)* to do in, carve up.
3 **atocinarse** *vpr fam (enfadarse)* to get het up.
4 *vpr fam (enamorarse)* to fall madly in love.

atolladero
1 *nm (atascadero)* morass, quagmire.
2 *nm fig (aprieto)* fix, jam.
✦ **estar en un atolladero** to be in a jam.
sacar a alguien del atolladero to get somebody out of a fix.
salir del atolladero to get out of a jam.

atollar *vt* to obstruct, block up.

atolón *nm* atoll.

atolondradamente
1 *adv (con desatino)* recklessly.
2 *adv (con aturdimiento)* in a bewildered way, in a stunned way.

atolondrado,-a
1 *pp* → atolondrar.
2 *adj (desatinado)* scatterbrained, reckless, silly.
3 *adj (aturdido)* stunned, bewildered.

atolondramiento
1 *nm (desatino)* recklessness, silliness.
2 *nm (aturdimiento)* confusion, bewilderment.

atolondrar
1 *vt* to confuse, stun, bewilder.
2 **atolondrarse** *vpr* to be confused, be stunned, be bewildered.

atómico,-a *adj* atomic.

atomización *nf* atomization, spraying.

atomizador *nm* atomizer, spray, scent spray.

atomizar *vt* to atomize, spray.
▲ *Conjugation model* [4], *like* **realizar**.

átomo
1 *nm* atom.
2 *nm fig* atom, particle, speck.
✦ **ni un átomo de** not a trace of.
▪ **átomo de vida** spark of life.

atonal *adj* atonal.

atonía
1 *nf MED* atony.
2 *nf (apatía)* apathy, lethargy.

atónito,-a *adj* astonished, amazed: escuchó las noticias atónito he listened to the news in amazement.

átono,-a *adj* atonic, unstressed.

atontadamente
1 *adv (tontamente)* foolishly, recklessly.
2 *adv (confusamente)* in a bewildered way, in a stunned way.

atontado,-a
1 *pp* → atontar.
2 *adj (aturdido)* stunned, confused, bewildered.
3 *adj (tonto)* stupid, silly, foolish.

atontamiento *nm* bewilderment, stupefaction.

atontar
1 *vt (volver tonto)* to make stupid, stupefy, turn into a vegetable.
2 *vt (aturdir)* to confuse, bewilder, stun; *(con un golpe)* to stun, daze; *(marear)* to make dopey.
3 **atontarse** *vpr (volverse tonto)* to go stupid, turn into a vegetable.
4 *vpr (aturdirse)* to get confused, be bewildered; to become groggy, begin to feel groggy.

atontolinado,-a *pp-adj* → atontado,-a.

atontolinar *vt* → atontar.

atorar
1 *vt (obstruir)* to obstruct, block.
2 **atorarse** *vpr (atascarse)* to get stuck, get jammed.

3 *vpr fig* to get tongue-tied: estaba tan emocionado que cuando tuvo que hablar se atoró he was so overcome by emotion that when he had to speak he got tongue-tied.

atormentador,-ra
1 *adj* tormenting.
2 *nm,f (hombre)* tormentor; *(mujer)* tormentress.

atormentar
1 *vt (torturar)* to torture.
2 *vt fig (causar disgusto)* to torment, harass.
3 **atormentarse** *vpr (sufrir)* to torment oneself.

atornillador *nm* screwdriver.

atornillar *vt* to screw on, screw down, screw together.

atortolado,-a
1 *pp* → atortolar.
2 *adj* starry-eyed, lovey-dovey.

atortolar
1 *vt (aturdir)* to confuse.
2 *vt (turbar)* to disturb.
3 *vt (intimidar)* to intimidate, scare.

atortujar *vt* to squash, flatten.

atosigador,-ra
1 *adj* harassing, pressing.
2 *nm,f* oppressor, tormentor.

atosigamiento *nm* harassment.

atosigar *vt* to harass, pester.
▲ *Conjugation model* [4], *like* **realizar**.

atrabancar
1 *vt* to rush over, hurry over.
2 **atrabancarse** *vpr* to get into a jam.
▲ *Conjugation model* [1], *like* **sacar**.

atrabiliario,-a
1 *adj* bad-tempered, moody.
2 *nm,f* bad-tempered person, moody person.

atrabilis *nf fig* bad temper, moodiness.
▲ *pl* atrabilis.

atracadero *nm* landing place, wharf, berth.

atracador,-ra *nm,f (de banco)* (bank) robber; *(en la calle)* attacker, mugger, thief.

atracar
1 *vt (robar - banco, tienda)* to hold up, rob; *(- persona)* to mug.
2 *vt (de comida)* to stuff, fill.
3 *vi MAR (a otra nave)* to come alongside; *(a tierra)* to tie up, dock, berth.
4 **atracarse** *vpr (de comida)* to gorge oneself (**de**, on), stuff oneself (**de**, with); *(de bebida)* to guzzle (**de**, -).
▲ *Conjugation model* [1], *like* **sacar**.

atracción
1 *nf (gen)* attraction: sentía atracción por él she felt attracted to him.
2 **atracciones** *nf pl (de feria)* rides *pl*.

atraco *nm* hold-up, robbery.
✦ **¡esto es un atraco!** *fig* this is daylight robbery!
▪ **atraco a mano armada** *JUR* armed robbery.

atracón *nm fam* binge, blowout.
  ✦ **darse/pegarse un atracón** to make a pig of oneself.
atractivamente *adv* attractively.
atractivo,-a
  1 *adj* attractive, charming, appealing.
  2 atractivo *nm* attraction, charm, appeal: **el nuevo modelo tiene mucho atractivo** the new model is very attractive.
atraer
  1 *vt (gen)* to attract.
  2 *vt (cautivar)* to captivate, charm: **no me atrae el tema de la obra** the subject of the play doesn't appeal to me.
  ▲ *Conjugation model* [88], *like traer.*
atrafagar
  1 *vi* to bustle about, be busy.
  2 atrafagarse *vpr* to bustle about, be busy.
  ▲ *Conjugation model* [7], *like llegar.*
atragantarse
  1 *vpr (no poder tragar)* to choke (**con**, on), swallow the wrong way: **se atragantó con un hueso de aceituna** he choked on an olive stone.
  2 *vpr (atravesarse)* to get stuck in one's throat: **se le atragantó una espina** he got a fish bone stuck in his throat.
  3 *vpr fig (causar fastidio)* to turn off: **tengo a ese tipo atragantado** I can't stand that bloke.
atraigo *pres indic* → **atraer.**
atraillar
  1 *vt (atar)* to put on a leash.
  2 *vt fig (dominar)* to control.
  ▲ *Conjugation model* [15], *like aislar.*
atraje *pt indef* → **atraer.**
atramparse
  1 *vpr (caer en una trampa)* to be trapped, fall into a trap.
  2 *vpr (bloquearse)* to get clogged, get blocked up.
atrancar
  1 *vt (puerta)* to bar, bolt.
  2 *vt (obstruir)* to obstruct, block up.
  3 atrancarse *vpr (atascarse)* to get stuck.
  4 *vpr (al leer)* to stumble over one's words.
  ▲ *Conjugation model* [1], *like sacar.*
atrapamoscas *nf (dionea)* Venus flytrap; *(drosera)* sundew.
  ▲ *pl* **atrapamoscas.**
atrapar *vt* to seize, capture, catch.
atraque
  1 *nm (acción)* mooring.
  2 *nm (muelle)* mooring place, berth; *(de nave espacial)* link-up.
atrás
  1 *adv* back: **dio un salto atrás** she jumped back.
  2 *adv (tiempo)* ago: **días atrás** several days ago.
  3 *interj* stand back!, move back!
  ✦ **ir hacia atrás** to go backwards.

atrasado,-a
  1 *pp* → **atrasar.**
  2 *adj (desfasado)* outdated: **el sistema impositivo es injusto y atrasado** the tax system is unjust and outdated.
  3 *adj (pago)* overdue.
  4 *adj (reloj)* slow: **este reloj anda atrasado** this clock is slow.
  5 *adj (país)* backward, underdeveloped; *(alumno)* slow, backward: **es un país tecnológicamente atrasado** it's a technologically backward country.
atrasar
  1 *vt (gen)* to delay, postpone, put back; *(reloj)* to put back.
  2 *vi (reloj)* to be slow.
  3 atrasarse *vpr (tren etc)* to be late.
  4 *vpr (quedarse atrás)* to fall behind: **el corredor se atrasó en el último kilómetro de la carrera** the runner fell behind in the last kilometre of the race.
  ✦ **atrasarse en los pagos** to fall behind, be in arrears.
atraso
  1 *nm* delay.
  2 *nm (de reloj)* slowness: **el tren lleva mucho atraso** the train is very late.
  3 *nm (de un país)* backwardness.
  4 atrasos *nm pl COM* arrears.
atravesado,-a
  1 *pp* → **atravesar.**
  2 *adj (cruzado)* crossed, laid across.
  3 *adj (algo bizco)* cross-eyed.
  4 *adj (animal cruzado)* mongrel, crossbred.
  5 *adj fig (maligno)* wicked, bloodyminded.
  ✦ **tener a alguien atravesado,-a** *fig* to find somebody unbearable: **la tengo atravesada** I can't stand her.
atravesar
  1 *vt (cruzar)* to cross, go across, go over; *(pasar por)* to go through, pass through: **no sé cómo vamos a atravesar el río** I don't know how we're going to cross the river; **atravesaron el lago a nado** they swam across the lake; **la vi al atravesar la puerta principal** I saw her as I went through the main door.
  2 *vt (experimentar - gen)* to go through, experience; *(enfermedad etc)* to suffer: **está atravesando una mala racha** she's going through a bad patch; **España atravesó grandes dificultades económicas** Spain experienced great economic difficulties; **atravesó una grave enfermedad** he suffered a serious illness.
  3 *vt (poner oblicuamente)* to put across, lay across: **han atravesado un camión en la calle para cortar el tráfico** they've put a lorry across the street to stop the traffic.
  4 *vt (con bala etc)* to go through; *(con espada)* to run through: **la bala me atravesó el hombro** the bullet went

through my shoulder; **el príncipe atravesó el corazón del dragón con su espada** the prince ran his sword through the dragon's heart.
  5 *vt (situación)* to go through.
  6 atravesarse *vpr (estar atravesado)* to be in the way, be across.
  7 *vpr (inmiscuirse)* to interfere, meddle.
  ✦ **atravesarse alguien a uno** *fam* not to be able to bear somebody, not to be able to stand somebody.
  ▲ *Conjugation model* [27], *like acertar.*
atrayente *adj* attractive.
atreguar *vt* to agree to a truce.
atreverse *vpr* to dare, venture: **¿te atreves?** are you game?; **me atrevo con todos** I'll take everyone on; **¡a que no te atreves!** I dare you!
  ✦ **atreverse a hacer algo** to dare to do something.
  atreverse con algo to take something on.
  atreverse con alguien to be cheeky to somebody, be insolent to somebody.
atrevidamente *adv* boldly.
atrevido,-a
  1 *pp* → **atreverse.**
  2 *adj (osado)* daring, bold.
  3 *adj (insolente)* insolent, impudent.
  4 *adj (indecoroso)* daring, risqué.
atrevimiento
  1 *nm (osadía)* daring, boldness.
  2 *nm (insolencia)* effrontery, insolence, impudence.
atrezo *nm* props *pl.*
atrezzo *nm* → **atrezo.**
atribución
  1 *nf (acción)* attribution.
  2 *nf (poder)* power, authority.
atribuible *adj* attributable (**a**, to).
atribuir
  1 *vt* to attribute (**a**, to), ascribe.
  2 atribuirse *vpr* to assume.
  ▲ *Conjugation model* [62], *like huir.*
atribuladamente *adv* sadly.
atribulado,-a
  1 *pp* → **atribular.**
  2 *adj* sad, distressed.
atribular
  1 *vt* to grieve, afflict, distress.
  2 atribularse *vpr* to be grieved, be afflicted, be distressed.
atributivo,-a *adj* attributive.
atributo *nm* attribute, quality.
atrición *nf* attrition, sorrow.
atril *nm (para libros)* lectern, bookrest; *(para música)* music stand.
atrincheramiento *nm* entrenchment.
atrincherar
  1 *vt* to entrench, dig a trench.
  2 atrincherarse *vpr* to entrench os.
atrio
  1 *nm (patio)* atrium.
  2 *nm (vestíbulo)* vestibule, entrance hall.

atrípedo,-a *adj* black-footed.

atrirrostro,-a *adj* black-beaked.

atrito,-a *adj* contrite.

atrochar *vi* to take a short cut.

atrocidad
1 *nf (barbaridad)* atrocity, outrage.
2 *nf (disparate - acción)* something stupid, foolish thing; *(- dicho)* silly remark, stupid remark: es una atrocidad salir sin abrigo con el frío que hace it's madness to go out without a coat in this cold weather.

atrofia *nf* atrophy.

atrofiar
1 *vt* to atrophy.
2 **atrofiarse** *vpr* to atrophy.
▲ *Conjugation model* [12], *like* cambiar.

atronado,-a
1 *pp* → atronar.
2 *adj* rash, thoughtless, reckless.

atronador,-ra *adj* thundering, deafening.

atronamiento *nm* daze, stunned state.

atronar
1 *vt (asordar)* to deafen.
2 *vt (aturdir)* to stun, daze.

atropar *vt* to group together.

atropelladamente *adv* hastily, hurriedly.

atropellado,-a
1 *pp* → atropellar.
2 *adj (persona)* hasty, rash.
3 *adj (comportamiento)* abrupt, brusque.

atropellador,-ra *adj* brusque, impetuous, hasty.

atropellar
1 *vt* AUTO to knock down, run over.
2 *vt (arrollar)* to trample over.
3 *vt (empujar)* to push, jostle.
4 *vt fig (oprimir)* to oppress; *(sentimientos)* to outrage, offend, affront; *(derechos)* to disregard, violate.
5 **atropellarse** *vpr* to rush, hurry.

atropello
1 *nm (accidente)* accident, collision; *(de coche)* knocking down, running over.
2 *nm (apresuramiento)* haste.
3 *nm fig (agravio)* outrage, abuse; *(de derecho)* violation.
4 **atropellos** *nm pl* pushing and shoving *sing*.
✦ **con atropello** in a hurry, in a rush.

atropina *nf* atropine.

atroz
1 *adj (bárbaro)* atrocious, outrageous.
2 *adj fam (enorme)* enormous, huge, awful.
▲ *pl* atroces.

atrozmente
1 *adv* atrociously, outrageously.
2 *adv fam* dreadfully, terribly.

ATS *abr* MED (**ayudante técnico sanitario**) medical auxiliary.

atta. *abr* COM (**atenta**) letter: su atta. del 2 de febrero your letter of February 2nd.

atuendo *nm* attire, dress, outfit.

atufar
1 *vi (apestar)* to stink, smell awful.
2 *vt (asfixiar)* to choke.
3 *vt fig (enojar)* to annoy.
4 **atufarse** *vpr (vino)* to turn sour.
5 *vpr (marearse)* to feel sick; *(asfixiarse)* to choke.
6 *vpr fig (enojarse)* to get angry, get annoyed.

atufo *nm* anger, annoyance.

atún *nm* tuna, tuna fish, tunny.

atunero,-a
1 *adj* tuna.
2 **atunero** *nm* tuna fisherman.

aturdidamente
1 *adv (con confusión)* stunningly.
2 *adv (con atolondramiento)* recklessly.

aturdido,-a
1 *pp* → aturdir.
2 *adj (confundido)* stunned, dazed, bewildered.
3 *adj (atolondrado)* reckless, harebrained.

aturdimiento
1 *nm (confusión)* confusion, bewilderment.
2 *nm (por un golpe)* daze.
3 *nm (atolondramiento)* recklessness, thoughtlessness.
4 *nm (torpeza)* clumsiness, awkwardness.

aturdir
1 *vt (por golpe)* to stun, daze; *(por ruido)* to deafen; *(por droga)* to stupefy.
2 *vt fig (atolondrar)* to stun, dumbfound; *(confundir)* to bewilder, confuse.
3 **aturdirse** *vpr (atolondrarse)* to be stunned, be confused, be bewildered.

aturrullar
1 *vt* to confuse, bewilder.
2 **aturrullarse** *vpr* to get confused, get bewildered.

atusar
1 *vt (recortar)* to trim.
2 *vt (alisar)* to smooth (down), comb.
3 **atusarse** *vpr (acicalarse)* to overdress.

atutía *nf* tutty, crude zinc oxide.

atuve *pt indef* → atenerse.

auca *nf* wild goose.

audacia *nf* audacity, boldness, daring.

audaz *adj* audacious, bold, daring.
▲ *pl* audaces.

audazmente *adv* audaciously, boldly.

audibilidad *nf* audibility.

audible *adj* audible.

audición
1 *nf (acción)* hearing; *(radio, televisión)* reception.
2 *nf* TEAT audition: les hicieron una audición they had an audition, they were auditioned.
3 *nf* MÚS concert.

audiencia
1 *nf (recepción)* audience, hearing.
2 *nf (entrevista)* formal interview.
3 *nf* JUR high court.
4 *nf (público)* audience.
■ **índice de audiencia** ratings *pl*.

audífono *nm* hearing aid, deaf aid.

audímetro *nm* audience-monitoring device.

audiofrecuencia *nf* audio frequency.

audiomecanógrafo,-a *nm,f* audio typist.

audiometría *nf* audiometry.

audiómetro *nm* audiometer.

audiovisual
1 *adj* audio-visual.
2 *nm* audio-visual.

auditar *vt* to audit.

auditivo,-a
1 *adj* auditory: el nervio auditivo the auditory nerve.
2 **auditivo** *nm (auricular)* earpiece, receiver.

auditor,-ra
1 *nm,f* FIN auditor.
2 *adj* auditing.
3 **auditor** *nm* MIL legal adviser.

auditora *nf* firm of auditors.

auditoría
1 *nf (proceso)* auditing, audit.
2 *nf (empleo de auditor,-ra)* auditorship.

auditorio
1 *nm (público)* audience.
2 *nm (lugar)* auditorium, hall.

auditórium *nm* auditorium, hall.

auge
1 *nm (del mercado)* boom.
2 *nm (de precios)* boost.
3 *nm (de fama etc)* peak, summit.
4 *nm (de órbita)* apogee.
✦ **cobrar auge** to gain importance, become important.
     estar en auge to be on the increase, be thriving, be booming.

augita *nf* augite.

auguración *nf* augury, auguration.

augural *adj* augural.

augurar *vt* to augur.

augurio *nm* augury.

augusto,-a *adj* august, magnificent, majestic.

aula *nf (en escuela)* classroom; *(en universidad)* lecture room.
▲ *Takes* el *in singular.*

aulaga *nf* gorse, furze.

áulico,-a
1 *adj* court, courtly.
2 *nm,f* courtier.

aullador,-ra *adj* howling, yelling, baying.

aullar *vi* to howl, yell, bay.
▲ *Conjugation model* [16], *like* aunar.

aullido *nm* howl, yell.

aúllo *nm* howl, yell.

aumentador,-ra
1 *adj* augmenting, increasing.
2 **aumentador** *nm* ELEC booster.
aumentar
1 *vt* to augment, increase; *(precios)* to put up; *(producción)* to step up.
2 *vt (óptica)* to magnify.
3 *vt (fotos)* to enlarge.
4 *vt (sonido)* to amplify.
5 *vi* to rise, go up.
6 **aumentarse** *upr* to increase, be on the increase; *(precios)* to go up, rise.
aumentativo,-a *adj* augmentative.
aumento
1 *nm* increase, growth.
2 *nm (óptica)* magnification.
3 *nm (fotos)* enlargement.
4 *nm (sonido)* amplification.
5 *nm (salario)* rise, US raise.
✦ **ir en aumento** to be on the increase.
▪ **aumento de precios** rise in prices.
aun
1 *adv* even: aun los tontos lo saben even a fool knows that; te compraré la camiseta y aun el pantalón si sacas buenas notas I'll buy you the T-shirt and even the trousers if you get good marks.
2 *conj (+ gerundio o participio)* although, even though: aun llegando tarde, lo recibieron amablemente although he was late, he was given a warm reception; aun muerto nos podría causar problemas even though he's dead he could still cause us problems.
✦ **aun así** even so, even then.
aun cuando although, even though.
aun más even more.
aún *adv (afirmación)* still; *(negación, interrogación)* yet: aún estamos esperando tu respuesta we are still waiting for your answer; aún no ha llamado he hasn't phoned yet.
aunar *vt* to unite, combine, join.
✦ **aunar esfuerzos** to join forces.
▲ *Conjugation model* [16].
aunque
1 *conj (valor concesivo)* although, though; *(con énfasis)* even if, even though: aunque estoy enfermo no faltaré although I'm ill I won't miss it; aunque haga buen tiempo no saldré even if it's a fine day I won't go out.
2 *conj (valor adversativo)* but: es duro, aunque justo he's tough but fair.
aúpa *interj* up!, get up!
au pair *nf* au pair.
aupar
1 *vt (levantar)* to help up.
2 *vt fig (alabar)* to praise.
▲ *Conjugation model* [16], *like* **aunar**.
aura
1 *nf (aire)* gentle breeze.
2 *nf (halo)* aura.
3 *nf fig (aplauso)* applause, acclamation.
▲ *Takes* el *in singular.*

áureo,-a *adj* golden.
aureola *nf* aureole, halo.
auréola *nf* aureole, halo.
áurico,-a *adj* auric.
aurícula *nf* auricle.
auricular
1 *adj* auricular, of the ear.
2 *nm (teléfono)* receiver, earpiece.
3 *nm (dedo)* little finger.
4 **auriculares** *nm pl* earphones, headphones.
aurífero,-a *adj* auriferous.
auriga *nm (constelación)* charioteer.
aurora *nf* dawn, daybreak.
▪ **aurora boreal/borealis** aurora borealis, northern lights *pl*.
auscultación *nf* sounding, auscultation.
auscultar *vt* to sound (with a stethoscope).
ausencia *nf* absence.
✦ **brillar por su ausencia** to be conspicuous by one's absence.
ausentarse
1 *upr (faltar)* to be absent.
2 *upr (irse)* to leave.
ausente
1 *adj* absent.
2 *adj (distraído)* lost in thought.
3 *nm & nf* absentee.
4 *nm & nf* JUR missing person.
ausentismo *nm* absenteeism.
auspiciar
1 *vt (proteger)* to protect.
2 *vt (augurar)* to augur.
▲ *Conjugation model* [12], *like* **cambiar**.
auspicio *nm* auspice.
austeramente
1 *adv (sobriamente)* austerely.
2 *adv (severamente)* severely, sternly.
austeridad
1 *nf (sobriedad)* austerity.
2 *nf (severidad)* severity.
austero,-a
1 *adj (sobrio)* austere.
2 *adj (severo)* severe, stern.
austral
1 *adj* south, southern.
2 *nm (moneda)* austral *(monetary unit of Argentina)*.
Australasia *nf* Australasia.
australasiano,-a
1 *adj* Australasian.
2 *nm,f* Australasian.
Australia *nf* Australia.
australiano,-a
1 *adj* Australian.
2 *nm,f (persona)* Australian.
australopiteco *nm* australopithecine.
Austria *nf* Austria.
austriaco,-a *adj-nm,f →* **austríaco,-a**.
austríaco,-a
1 *adj* Austrian.
2 *nm,f* Austrian.

austro *nm* south wind.
autarquía[1] *nf (autosuficiencia)* autarky.
autarquía[2] *nf (autocracia)* autarchy.
autárquico,-a[1] *adj (autosuficiente)* autarkic.
autárquico,-a[2] *adj (autocrático)* autarchic.
auténtica *nf (certificado)* certificate; *(copia legalizada)* certified copy.
autenticación *nf* authentication; *(legalización)* legalization.
auténticamente
1 *adv* authentically.
2 *adv (realmente)* really, truly.
autenticar *vt* to authenticate; *(legalizar)* to authorize, legalize.
▲ *Conjugation model* [1], *like* **sacar**.
autenticidad *nf* authenticity.
auténtico,-a *adj* authentic, genuine, real: con chocolate auténtico with real chocolate.
autentificar *vt* to authenticate.
▲ *Conjugation model* [1], *like* **sacar**.
autentizar *vt* to authenticate.
▲ *Conjugation model* [4], *like* **realizar**.
autillo *nm* scops owl.
autismo *nm* autism.
autista *nm & nf* autistic person.
autístico,-a *adj* autistic.
auto[1] *nm (coche)* car.
▪ **autos de choque** bumper cars.
auto[2]
1 *nm* JUR decree, writ.
2 *nm* LIT mystery play, religious play.
3 **autos** *nm pl* papers, documents.
✦ **estar en autos** *fam* to be in the know.
▪ **auto de prisión** arrest warrant.
autoadherente *adj* self-adhesive.
autoadhesivo,-a *adj* self-adhesive.
autoanálisis *nm* self-analysis.
▲ *pl* autoanálisis.
autoayuda *nf* self-help.
autobanco *nm* drive-in bank.
autobiografía *nf* autobiography.
autobiográfico,-a *adj* autobiographical.
autobomba *nf* fire engine.
autobombearse *upr fam* to blow one's own trumpet.
autobombo *nm fam* self-praise, blowing one's own trumpet.
autobús *nm* bus.
autocamión *nm* lorry.
autocar *nm* coach.
autochoques *nm pl* bumper cars.
autociclo *nm* motorcycle.
autocine *nm* drive-in.
autoclave *nf* autoclave, sterilizer.
autocompasión *nf* self-pity.
autocomplacencia *nf* complacency.
autoconfesado,-a *adj* self-confessed.
autocontrol *nm* self-control.

autocontrolarse *vpr* to excercise self-control, control oneself.

autocopista *nf* stencilling machine.

autocracia *nf* autocracy.

autócrata *nm & nf* autocrat.

autocrático,-a *adj* autocratic.

autocrítica *nf* self-criticism.

autocross *nm* autocross.

autóctono,-a *adj* indigenous.

autocue *nm* autocue.

autodefensa *nf* self-defence (*US* self-defense).

autodestruirse *vpr* to self-destruct.
▲ *Conjugation model* [62], *like* **huir**.

autodeterminación *nf* self-determination.

autodidacta *nm & nf* self-taught person.

autodidacto,-a *adj* self-taught.

autodirección *nf* automatic pilot, autopilot.

autodisciplina *nf* self-discipline.

autodominio *nm* self-control.

autódromo *nm* motor racing track.

autoedición *nf* desktop publishing.

autoengaño *nm* self-deception.

autoescuela *nf* driving school, school of motoring.

autoestima *nf* self-esteem, self-respect.

autoestop *nm* → **autostop**.

autoestopista *nm & nf* → **autostopista**.

autofinanciación *nf* self-financing.

autógeno,-a *adj* autogenous.

autogestión *nf* self-management.

autogiro *nm* autogyro, helicopter.

autogobierno *nm* self-government.

autografiar *vt* to autograph.

autógrafo,-a
1 *adj* autographic.
2 **autógrafo** *nm* autograph.

autohipnosis *nf* self-hypnosis, auto-hypnosis.
▲ *pl* **autohipnosis**.

autoimpuesto,-a *adj* self-imposed.

autoincriminarse *vpr* to incriminate oneself.

autoinculpación *nf* confession, statement of guilt.

autoinculparse *vpr* to declare oneself guilty.

autoinducción *nf* self-induction.

autolesión *nf* self-inflicted pain, self-inflicted injury.

auto-limpiable *adj* self-cleaning.

autómata *nm* automaton.

automáticamente *adv* automatically.

automaticidad *nf* automaticity.

automático,-a *adj* automatic.

automatismo *nm* automatism.

automatización *nf* automation.

automatizar *vt* to automate.
▲ *Conjugation model* [4], *like* **realizar**.

automedicarse *vpr* to take medicines not prescribed by a doctor.
▲ *Conjugation model* [1], *like* **sacar**

automoción *nf* motoring.

automodelismo *nm* model cars *pl*.

automotor,-ra
1 *adj* self-propelled.
2 **automotor** *nm* diesel railcar.

automóvil *nm* automobile, car.

automovilismo
1 *nm* motoring.
2 *nm DEP* motor racing.

automovilista *nm & nf* motorist, driver.

automovilístico,-a *adj* car.

automutilación *nf* self-mutilation.

autonomía
1 *nf (gen)* autonomy.
2 *nf (capacidad para funcionar sin recargar)* range: **el nuevo avión tiene una autonomía de 3000 km** the new plane has a range of 3000 km; **este coche tiene una autonomía de 550 km** this car can go 550 km on one tank of petrol; **el teléfono tiene una autonomía de 9 horas** the telephone will work for 9 hours without a recharge.

autonómicamente *adv* autonomously.

autonómico,-a *adj* autonomous, self-governing.

autonomista *adj* autonomist.

autónomo,-a
1 *adj (región)* autonomous.
2 *adj (trabajador)* self-employed.
3 *nm,f COM* self-employed person.

autopase *nm* knock-on.

autopiloto *nm* automatic pilot, autopilot.

autopista *nf* motorway, *US* highway.

autopolinización *nf* self-pollination.

autoproclamado,-a *adj* self-appointed.

autopropulsado,-a *adj* self-propelled.

autopropulsión *nf* self-propulsion.

autopsia
1 *nf* autopsy, postmortem.
2 *nf fig* postmortem.

autopullman *nm* Pullman coach.

autor,-ra
1 *nm,f (escritor)* writer, author; *(hombre)* author; *(mujer)* authoress.
2 *nm,f (inventor)* inventor.
3 *nm,f (responsable - gen)* person responsible; *(- de delito)* perpetrator: **el autor del disparo** the person who fired the gun; **el autor del proyecto** the person behind the project; **el autor del diseño de la casa** the designer of the house; **el autor de las pinturas murales** the painter of the murals; **los autores del atentado** those who committed the attack; **se confesó autora**

de la muerte de su padre she confessed to murdering her father; **ha sido detenido como presunto autor del homicidio de Juan Sella** he has been arrested charged with the murder of Juan Sella.
■ **autor de teatro** playwright.

autoría
1 *nf (de obra)* authorship.
2 *nf (de delito)* responsibility: **nadie ha reivindicado la autoría del atentado** nobody has claimed responsibility for the attack; **el detenido confesó la autoría del delito** the man arrested admitted committing the crime.

autoridad *nf* authority.

autoritariamente *adv* despotically.

autoritario,-a *adj* authoritarian.

autoritarismo *nm* authoritarianism.

autoritativo,-a *adj* authoritative.

autorizable *adj* authorizable.

autorización *nf* authorization.

autorizadamente *adv* with authorization.

autorizado,-a
1 *pp* → **autorizar**.
2 *adj (oficial)* authorized, official.
3 *adj (experto)* authoritative, expert.

autorizar
1 *vt* to authorize.
2 *vt JUR* to legalize.
3 *vt (aprobar)* to approve of, give authority to.
▲ *Conjugation model* [4], *like* **realizar**.

autorretrato *nm* self-portrait.

autoservicio
1 *nm (restaurante)* self-service restaurant, cafeteria.
2 *nm (supermercado)* supermarket.

autostop *nm* hitchhiking.
✦ **hacer autostop** to hitchhike.

autostopista *nm & nf* hitch-hiker.

autosuficiencia *nf* self-sufficiency.

autosuficiente *adj* self-sufficient.

autosugestión *nf* autosuggestion.

autovacuna *nf* autovaccine.

autovía *nf* dual carriageway, *US* highway.

auxiliador,-ra
1 *adj* helping.
2 *nm,f* helper.

auxiliar
1 *adj* auxiliary, assistant.
2 *nm (persona)* auxiliary, assistant.
3 *nm GRAM (verbo)* auxilliary.
4 *vt (ayudar)* to help, assist; *(a un enfermo)* to attend; *(a un país)* to give aid to.
■ **auxiliar administrativo** administrative assistant.
auxiliar de vuelo flight attendant.
▲ *Conjugation model* [14].

auxilio
1 *nm* help, aid, assistance, relief.
2 *interj* help!
■ **primeros auxilios** first aid *sing*.

a/v *abr* (**a vista**) at sight, on sight.

Av. *abr* (**avenida**) avenue; *(abreviatura)* Av, Ave.

avadar *vi* to become fordable.

aval *nm* endorsement, guarantee.

avalador,-ra *nm,f* guarantor.

avalancha *nf* avalanche.

avalar *vt* to guarantee, endorse.

avalentonarse *vpr* to boast.

avalista *nm & nf* guarantor.

avalorar
1 *vt (evaluar)* to value (**en**, at), assess (**en**, at), estimate (**en**, at).
2 *vt (animar)* to encourage.

avaluación *nf* valuation.

avaluar *vt* to value, assess.
▲ *Conjugation model* [11], *like* **actuar**.

avance
1 *nm (acción)* advance.
2 *nm (pago)* advance payment; *(balance)* balancing; *(presupuesto)* estimate.
3 *nm (de película)* trailer.
■ **avance informativo** *TV* news preview, *US* news brief.

avante *adv* ahead, forward.

avanzada *nf* advance guard.

avanzadilla *nf* scout, patrol.

avanzado,-a
1 *pp* → **avanzar**.
2 *adj* advanced.
✦ **de avanzada edad** advanced in years, elderly.

avanzar
1 *vi* to advance, go forward.
2 *vt (mover adelante)* to advance, move forward.
3 *vt (dinero)* to advance.
4 *vt (promover)* to promote.
5 *vt (una propuesta)* to put forward.
6 **avanzarse** *vpr (adelantarse)* to go forward, advance; *(día, noche)* to draw in.
▲ *Conjugation model* [4], *like* **realizar**.

avanzo *nm (cómputos)* balancing; *(presupuesto)* estimate.

avaricia *nf (tacañería)* avarice, meanness, miserliness; *(codicia)* greed, avarice.
✦ **con avaricia** *fam* extremely: **es feo con avaricia** he's as ugly as sin.

avariciosamente *adv* avariciously, greedily.

avaricioso,-a *adj* → **avariento,-a**.

avariento,-a *adj (tacaño)* avaricious, mean, miserly; *(codicioso)* greedy, avaricious.

avaro,-a
1 *adj (tacaño)* avaricious, miserly, mean; *(codicioso)* greedy, avaricious.
2 *nm,f (tacaño)* miser; *(codicioso)* greedy person.

avasallador,-ra *adj* overwhelming, overpowering.

avasallamiento *nm* subjection, subjugation, domination.

avasallar *vt* to subjugate, subdue.

avatar *nm* change, transformation.
■ **los avatares de la vida** the ups and downs of life.

Avda. *abr* (**avenida**) avenue; *(abreviatura)* Av, Ave.

ave *nf* bird.
■ **ave de paso** bird of passage.
ave de rapiña bird of prey.
ave nocturna night-bird, night owl, nighthawk.
aves de corral poultry *sing*.
▲ *Takes* **el** *in singular*.

AVE *abr* (**Alta Velocidad Española**) Spanish high-speed train.
▲ *Used as masculine*.

avechucho
1 *nm* hideous bird.
2 *nm fam* eyesore.

avecinarse *vpr* to approach (**a**, -).

avecindarse *vpr* to settle, take up residence.

avefría *nf* lapwing, common plover.

avejentarse *vpr* to age (prematurely).

avejigarse *vpr* to blister.
▲ *Conjugation model* [7], *like* **llegar**.

avellana *nf* hazelnut.

avellanal *nm* hazel wood, hazel plantation.

avellanedo *nm* hazel wood, hazel plantation.

avellano
1 *nm (árbol)* hazelnut tree.
2 *nm (madera)* hazel wood.

avemaría *nf* Ave Maria, Hail Mary.
✦ **en un avemaría** in a twinkling, in a jiffy.
saber algo como el avemaría *fam* to know something backwards.

avena *nf* oats *pl*.

avenado,-a
1 *pp* → **avenar**.
2 *adj* half-crazy, rather mad.

avenal *nm* oatfield.

avenamiento *nm* draining, drainage.

avenar *vt* to drain.

avendré *fut* → **avenir**.

avenencia *nf* agreement, accord; *(comercial)* deal.

avengo *pres indic* → **avenir**.

avenida
1 *nf (calle)* avenue.
2 *nf (riada)* flood, spate.
3 *nf (concurrencia)* gathering, meeting.

avenido,-a *pp* → **avenir**.
✦ **bien avenidos,-as** in agreement, on good terms.
mal avenidos,-as in disagreement, on bad terms.

avenimiento
1 *nm* agreement, compromise.
2 *nm (concilio)* harmony, understanding.

avenir
1 *vt* to reconcile, bring together: **el juez consiguió avenir a los vecinos** the

judge helped the neighbours to reconcile their differences.
2 **avenirse** *vpr (llevarse bien)* to be on good terms, get on well: **yo tengo buen carácter y me avengo con cualquiera** I'm good-natured and I get on well with everyone.
3 *vpr (estar de acuerdo)* to agree (**a**, to), be in agreement (**a**, with): **al final se avinieron a abrir la puerta** they finally agreed to open the door.
▲ *Conjugation model* [90], *like* **venir**.

aventador,-ra
1 *adj* winnowing.
2 *nm,f* winnower.

aventadora *nf* winnowing machine.

aventajado,-a
1 *pp* → **aventajar**.
2 *adj (sobresaliente)* outstanding, exceptional; *(en cabeza)* in the lead.
3 *adj (provechoso)* advantageous, favourable *(US* favorable*)*.

aventajar
1 *vt (exceder)* to surpass, beat: **nadie lo aventaja en amabilidad** nobody can be kinder than him.
2 *vt (ir en cabeza)* to lead, be ahead; *(llegar)* to come first, come ahead (**a**, of).

aventamiento *nm* winnowing.

aventar
1 *vt AGR* to winnow.
2 *vt (viento)* to blow away; *(el fuego)* to blow (on), fan; *(cenizas)* to cast to the wind.
▲ *Conjugation model* [27], *like* **acertar**.

aventura
1 *nf* adventure.
2 *nf (riesgo)* hazard, risk.
3 *nf (relación amorosa)* (love) affair.

aventurado,-a
1 *pp* → **aventurar**.
2 *adj (arriesgado)* dangerous, risky.
3 *adj (atrevido)* daring, bold: **es aventurado decir que todos son iguales** it's going too far to say they're all alike.

aventurar
1 *vt (poner en peligro)* to hazard, risk.
2 *vt (idea, opinión, etc)* to venture, dare, hazard.
3 **aventurarse** *vpr* to venture, dare.

aventurero,-a
1 *adj* adventurous.
2 *nm,f (hombre)* adventurer; *(mujer)* adventuress.
✦ **de espíritu aventurero** adventurous, venturesome.

aventurismo *nm* adventurism.

avergonzado,-a
1 *pp* → **avergonzar**.
2 *adj* embarrassed, ashamed.

avergonzar
1 *vt (causar vergüenza)* to shame, put to shame; *(turbar)* to embarrass.
2 **avergonzarse** *vpr* to be ashamed (**de**, of), be embarrassed (**de**, about).
▲ *Conjugation model* [51].

avería
1 *nf (en productos)* damage.
2 *nf TÉC* failure.
3 *nf AUTO* breakdown: esta mañana he tenido una avería my car broke down this morning.

averiado,-a
1 *pp →* averiar.
2 *adj (en productos)* damaged.
3 *adj TÉC* faulty, not working, out of order: la máquina está averiada the machine is out of order, the machine is not working.
4 *adj AUTO* broken down.

averiar
1 *vt (productos)* to damage, spoil.
2 *vt TÉC* to cause to malfunction.
3 *vt AUTO* to cause a breakdown to.
4 **averiarse** *vpr (productos)* to get damaged.
5 *vpr TÉC* to malfunction, go wrong.
6 *vpr AUTO* to break down.
▲ *Conjugation model* [13], *like desviar*.

averiguable *adj* verifiable.

averiguación *nf* inquiry, investigation.

averiguar *vt* to inquire, investigate, find out about: averigua quién viene find out who's coming.
▲ *Conjugation model* [22].

averío
1 *nm (pajarera)* aviary.
2 *nm (bandada)* flock of birds.

averno *nm lit* Hades.

averroísmo *nm* Averroism.

aversión *nf* aversion.
✦ **sentir aversión por** to loathe.

avestruz *nm* ostrich.
▲ *pl avestruces*.

avetorillo *nm* little bittern.

avetoro *nm* bittern.

avezado,-a
1 *pp →* avezar.
2 *adj* seasoned, experienced: es un hombre avezado a estos avatares he's a man who's used to such ups and downs.

avezar
1 *vt* to accustom, familiarize.
2 **avezarse** *vpr (acostumbrarse)* to get used (a, to), get accustomed (a, to).
▲ *Conjugation model* [4], *like realizar*.

aviación
1 *nf* aviation.
2 *nf MIL* air force.
■ **accidente de aviación** air crash.

aviado,-a *pp →* aviar.
✦ **estar/ir aviado,-a** *fam* to be in trouble, be up the creek: ¡estaríamos aviados! that's all we needed!

aviador,-ra *nm,f* aviator, flier; *(hombre)* airman; *(mujer)* airwoman.

aviar
1 *vt (proveer)* to provide (de, with), supply.

2 *vt (arreglar)* to tidy; *(ordenar)* to put in order.
3 *vt (apresurar)* to hurry up: ¡venga, avía! come on, hurry up!
4 *vt (preparar)* to prepare, get ready.
5 **aviarse** *vpr (prepararse)* to prepare oneself.
6 *vpr (arreglárselas)* to manage, get by: con esto me avío I'll manage with this.
▲ *Conjugation model* [13], *like desviar*.

avícola *adj* poultry.

avicultor,-ra *nm,f* poultry keeper, poultry farmer.

avicultura *nf* aviculture; *(de aves de corral)* poultry keeping, poultry farming.

ávidamente *adv* eagerly.

avidez *nf* avidity, eagerness.

ávido,-a *adj* avid, eager: el chico estaba ávido de aventuras the boy was thirsty for adventure.

aviejar *vt* to age prematurely.

aviento *nm (bieldo)* winnowing rake; *(horca)* pitchfork.

avieso,-a *adj* perverse, evil, wicked.

avifauna *nf* avifauna.

avinagrado,-a
1 *pp →* avinagrar.
2 *adj* vinegary, sour.
■ **carácter avinagrado** sour character.

avinagrar
1 *vt* to turn sour, embitter.
2 **avinagrarse** *vpr* to turn sour.
3 *vpr fig* to become sour, become bitter.

avío
1 *nm (arreglo)* preparation, tidying.
2 *nm (comida)* provisions *pl*.
3 *nm (provecho)* profit, benefit: tu ayuda no nos hace avío your help isn't needed.
4 **avíos** *nm pl (instrumentos)* gear *sing*, tackle *sing*, equipment *sing*.

avión¹ *nm* aeroplane (*US* airplane), plane, aircraft.
✦ **ir/viajar en avión** to fly, go by plane. **por avión** *(correo)* airmail.
■ **avión a reacción** jet (plane).

avión² *nm (ave)* martin.
■ **avión común** house martin. **avión zapador** sand martin.

avioneta *nf* light plane, light aircraft.

aviónica *nf* avionics.

avisacoches *nm* parking attendant.
▲ *pl avisacoches*.

avisado,-a
1 *pp →* avisar.
2 *adj (advertido)* warned.
3 *adj (astuto)* shrewd; *(prudente)* wise, prudent.

avisador,-ra
1 *adj* warning.
2 **avisador** *nm (alarma)* warning device.
3 *nm (mensajero)* messenger.

avisar
1 *vt (informar)* to inform, notify, announce: nos avisó con una semana

de antelación she gave us a week's notice; avísanos cuando llegues let us know when you arrive; avisa al portero tell the porter.
2 *vt (advertir)* to warn: te aviso que no digas nada a nadie I warn you not to say anything to anybody.
3 *vt (mandar llamar)* to call for: tuvimos que avisar al médico we had to send for the doctor; avisó a la policía he notified the police.
✦ **"Se avisa grúa"** "Cars will be towed away".

aviso
1 *nm (información)* notice.
2 *nm (advertencia)* warning.
✦ **andar/estar sobre aviso** *(estar atento)* to be on the alert, keep one's eyes open; *(estar enterado)* to know what's going on, be in on it; *(estar avisado)* to have been warned.
hasta nuevo aviso until further notice.
mandar aviso to send word.
poner sobre aviso to forewarn.
sin previo aviso without prior notice.

avispa *nf* wasp.

avispado,-a
1 *pp →* avispar.
2 *adj* clever, smart, sharp.

avispar
1 *vt* to smarten up, quicken.
2 **avisparse** *vpr* to smarten up, quicken.

avispero
1 *nm (conjunto de avispas)* swarm of wasps.
2 *nm (nido de avispas)* wasp's nest.
3 *nm fig (lío)* tight spot, mess.
4 *nm MED* carbuncle.

avispón *nm* hornet.

avistar *vt* to see, sight.

avitaminosis *nf* avitaminosis, vitamin deficiency.
▲ *pl avitaminosis*.

avituallamiento *nm* provisioning.

avituallar *vt* to provision (de, with), supply with food.

avivado,-a
1 *pp →* avivar.
2 *adj fig* enlivened, quickened; *(enfado, pasión)* stirred, aroused.

avivar
1 *vt (fuego)* to stoke (up).
2 *vt (anhelos, deseos)* to enliven.
3 *vt (pasiones, dolor)* to intensify.
4 *vt (paso)* to quicken.
5 *vt (colores, luz)* to brighten up.
6 *vi* to become brighter, become livelier.
7 **avivarse** *vpr* to become brighter, become livelier.

avizor ✦ **estar ojo avizor** to be on the alert, be on the lookout.

avizorar *vt* to watch, spy on.

avoceta *nf* avocet.

avutarda *nf* great bustard.

axial *adj* axial.

axil *adj* axial.

axila
1 *nf (del cuerpo)* armpit, underarm.
2 *nf MED* axilla.
3 *nf (de planta)* axil.

axilar *adj* axillar, axillary.

axiología *nf* axiology.

axioma *nm* axiom.

axiomático,-a *adj* axiomatic.

axis *nm* axis.
▲ *pl* axis.

axoideo,-a *adj* axoidal.

ay
1 *interj (dolor)* ouch!, ow!
2 *interj (pena)* alas!: ¡ay de mí! woe is me!, poor me!
3 *interj (temor)* oh!: ¡ay! ¡qué miedo! oh God!, I'm terrified!
4 *nm (quejido)* moan, groan; *(suspiro)* sigh.
✦ ¡ay de mi! woe is me!
¡ay de ti *(si etc)* como ...! *(amenaza)* I'll give it to you *(him etc)* if ...!, you're *(he's etc)* in for it if ...!

aya
1 *nf arc (ama)* wet nurse.
2 *nf (niñera)* nanny.
3 *nf (institutriz)* governess.

ayatollah *nm* ayatollah.

ayer
1 *adv (el día anterior)* yesterday.
2 *adv (en el pasado)* in the past, formerly: ahora estás de acuerdo, pero ayer no now you agree but you didn't use to.
3 *nm* past.
✦ antes de ayer the day before yesterday.
ayer por la mañana/tarde yesterday morning/afternoon.
ayer por la noche last night.
de ayer a hoy overnight.
parece que fue ayer it seems like only yesterday.

ayo *nm arc* private tutor.

ayotera *nf* gourd, pumpkin.

Ayte. *abr* (**ayudante**) assistant; *(abreviatura)* asst.

ayuda
1 *nf* help, aid, assistance.
2 *nf (lavativa)* enema.
✦ ir en ayuda de alguien to come to somebody's assistance.
prestar ayuda to help (a, -).
■ ayuda de cámara valet.

ayudante
1 *nm & nf* assistant.
2 *nm & nf MIL* adjutant.
■ ayudante de dirección *(en teatro, cine)* production assistant.
ayudante técnico sanitario nurse.

ayudantía
1 *nf* assistantship.
2 *nf MIL* adjutancy.

ayudar
1 *vt* to help, aid, assist: ¿en qué podemos ayudarte? how can we help you?
2 ayudarse *vpr (apoyarse)* to make use (de/con, of).

ayunar *vi* to fast.

ayunas en ayunas on an empty stomach; *fig* in the dark: tómalo en ayunas take it on an empty stomach; me quedé en ayunas I was left in the dark.

ayuno *nm* fast, fasting.
✦ guardar ayuno to fast.

ayuntamiento
1 *nm (corporación)* town council, city council.
2 *nm (edificio)* town hall, city hall.
■ ayuntamiento carnal *fml* sexual intercourse.

azabache *nm* jet.
✦ negro,-a como el azabache jet-black.

azada *nf* hoe.

azadón *nm* mattock.

azadonar *vt* to hoe.

azafata
1 *nf (de avión)* air hostess, stewardess.
2 *nf (de congresos)* hostess.

azafrán *nm* saffron.

azafranado,-a *adj* saffron-coloured *(US* saffron-colored).

azagaya *nf* assegai.

azahar *nm (de naranjo)* orange blossom; *(de limonero)* lemon blossom.
■ agua de azahar orange flower water.

azalea *nf* azalea.

azar
1 *nm* chance.
2 *nm (percance)* misfortune, accident.
✦ al azar at random.
por puro azar by pure chance.
■ juegos de azar games of chance.
los azares de la vida the ups and downs of life.

azarado,-a
1 *pp* → azararse.
2 *adj* embarrassed.

azaramiento *nm* embarrassment.

azarar
1 *vt* to embarrass.
2 azararse *vpr* to be embarrassed.

azarbe *nm* trench, irrigation ditch.

azarosamente *adv* hazardously.

azaroso,-a *adj* risky, hazardous, dangerous.

Azerbaiyán *nm* Azerbaijan.

azerbaiyano,-a
1 *adj* Azerbaijani.
2 *nm,f (persona)* Azerbaijani.
3 azerbaiyano *nm (idioma)* Azerbaijani.

azerí
1 *adj* Azerbaijani.
2 *nm & nf* Azerbaijani.

ázimo,-a *adj* unleavened.
■ pan ázimo unleavened bread.

ázoe *nm arc* nitrogen.

azófar *nm* brass.

azogado,-a
1 *pp* → azogar.
2 *adj* restless.

azogar
1 *vt* to quicksilver, coat with quicksilver; *(espejos)* to silver.
2 azogarse *vpr (contraer la enfermedad)* to suffer from mercurialism.
3 *vpr fig (agitarse)* to move restlessly.

azogue *nm* mercury, quicksilver.

azolvar *vt* to block, obstruct.

azor *nm* goshawk.

azorado,-a
1 *pp* → azorar.
2 *adj* embarrassed.

azoramiento *nm* embarrassment.

azorar
1 *vt* to embarrass.
2 azorarse *vpr* to be embarrassed.

azorrarse *vpr* to feel drowsy, feel dopey.

azotacalles *nm & nf* layabout.
▲ *pl* azotacalles.

azotado,-a
1 *pp* → azotar.
2 *adj* whipped, flogged.
3 *adj fig* whipped, lashed.

azotaina *nf fam* spanking, smacking.
✦ dar una azotaina to spank, smack.

azotar
1 *vt (con látigo)* to whip, flog.
2 *vt (golpear)* to beat down on.
3 *vt (viento, olas)* to lash.
4 *vt fig (peste, hambre, etc)* to ravage.

azotazo *nm fam* smack.

azote
1 *nm (instrumento)* whip, scourge.
2 *nm (golpe)* lash, stroke (of the whip).
3 *nm (manotada)* smack.
4 *nm (del viento, del agua)* lashing.
5 *nm fig* scourge.

azotea *nf* flat roof.
✦ estar mal de la azotea *fam* to have a screw loose.

azteca
1 *adj* Aztec.
2 *nm & nf* Aztec.

aztequismo *nm (palabra)* Aztec word; *(expresión)* Aztec expression.

azúcar *mn o nf* sugar.
■ azúcar blanco refined sugar.
azúcar cande/candi sugar candy, rock candy.
azúcar de caña cane sugar.
azúcar de lustre icing sugar.
azúcar glas icing sugar.
azúcar moreno/negro brown sugar.
terrón de azúcar lump of sugar.

azucarado,-a
1 *pp* → azucarar.
2 *adj (con azúcar)* sugared, sweetened.

3 *adj (como el azúcar)* sugar-like; *(dulce)* sweet.

4 *adj fig* sugary.

azucarar

1 *vt* to sugar, sweeten.

2 *vt (bañar)* to dust with sugar, coat with sugar.

azucarera

1 *nf (vasija)* sugarbowl.

2 *nf (fábrica)* sugar factory.

azucarero,-a

1 *adj* sugar.

2 azucarero *nm (vasija)* sugar bowl.

azucarillo

1 *nm (terrón)* sugar lump.

2 *nm (pasta)* lemon candy.

azucena *nf* white lily.

azuela *nf* adze.

azufaifa *nf* jujube.

azufaifo *nm* jujube tree.

azufrado,-a

1 *pp* → azufrar.

2 *adj* sulphurous (*us* sulfurous).

azufrador,-ra

1 *adj* sulphur-bleached (*us* sulfur-bleached).

2 *nm,f* sulphur bleacher (*us* sulfur bleacher).

3 azufrador *nm* linen drier, linen dryer.

azufrar *vt* to sulphurate (*us* sulfurate).

azufre *nm* sulphur (*us* sulfur).

azufroso,-a *adj* sulphurous (*us* sulfurous).

azul

1 *adj* blue.

2 *nm* blue.

▪ **azul celeste** sky blue, light blue.
azul cielo sky blue, light blue.
azul eléctrico electric blue.
azul marino navy blue.
azul turquesa turquoise.
sangre azul blue blood.

azulado,-a

1 *pp* → azular.

2 *adj* blue, bluish.

azular *vt* to blue.

azularse *vpr* to turn blue.

azulear *vi* to be bluish, have a bluish tinge.

azulejero,-a *nm,f* tiler.

azulejo[1] *nm (pájaro)* bluebird.

azulejo[2] *nm (baldosa)* tile, glazed tile.

azulenco,-a *adj* bluish.

azulete *nm* blue: **dar azulete** to blue.

azulgrana

1 *nm* Barcelona player.

2 *adj* DEP of Barcelona Football Club.

▲ *pl* **azulgrana**.

azulino,-a *adj* bluish.

azumbre *nm o nf* liquid measure equivalent to 2.016 litres.

azur

1 *adj* azure.

2 *nm* azure.

azurita *nf* azurite.

azuzar

1 *vt* to egg on.

✦ **azuzar los perros a alguien** to set the dogs on somebody.

B, b *nf (la letra)* B, b.

baba

1 *nf (de animal, adulto)* spittle, saliva; *(de niño)* dribble.

2 *nf (de caracol, babosa)* slime.

✦ **caérsele a uno la baba** *fam* to drool: se le cae la baba con su nieta he drools over his granddaughter.

tener mala baba to have a bad temper.

babear

1 *vi (adulto, animal)* to slobber, slaver; *(niño)* to dribble.

2 *vi fig* to drool, slobber.

babel *nm o nf* bedlam.

Babel **torre de Babel** *nf* Tower of Babel.

babélico,-a *adj (confuso)* confused; *(difícil de entender)* unintelligible.

babeo *nm (de adulto, animal)* slobbering, slavering; *(de niño)* dribbling.

babero

1 *nm* bib.

2 *nm (babi)* child's overall.

babi *nm* child's overall.

Babia **estar en Babia** *loc* to have one's head in the clouds.

babieca

1 *adj* stupid.

2 *nm & nf* fool.

babilla *nf* stifle.

Babilonia *nf* Babylon.

babilónico,-a

1 *adj* Babylonian.

2 *nm,f* Babylonian.

3 *nm (idioma)* Babylonian.

babilonio,-a *adj-nm,f* → **babilónico,-a**.

bable *nm* Asturian dialect.

babor *nm* port.

✦ **a babor** to port, on the port side.

babosa *nf* slug.

babosear *vt* to dribble over, slobber over.

baboseo *nm* dribbling, slobbering.

baboso,-a

1 *adj (adulto, animal)* slobbering, slavering; *(niño)* dribbling, dribbly: ese niño es muy baboso that child dribbles a lot.

2 *adj fam fig* sloppy.

3 *nm,f (joven)* kid: mira cómo fuman, y no son más que unos babosos look at them smoking, and they're no more than kids.

babucha *nf* slipper.

babuino *nm* baboon.

baca *nf* rack, roof rack, luggage rack.

bacalada *nf* salted cod.

bacaladero,-a

1 *adj* cod: la pesca bacaladera es su principal industria cod fishing is their main industry.

2 *bacaladero nm* cod boat.

bacaladilla *nf* blue whiting.

bacalao *nm* cod.

✦ **cortar el bacalao** to be the boss, give the orders, wear the trousers.

¡te conozco bacalao! you can't fool me!

■ **bacalao salado** salt cod.

bacanal

1 *adj* Bacchanalian.

2 *nf* orgy.

bacará *nm* baccarat.

bacarrá *nm* baccara.

bache

1 *nm (en carretera)* pothole.

2 *nm (de aire)* air pocket.

3 *nm fig* bad patch.

bachiller *nm & nf person who has the Spanish certificate of secondary education.*

bachillerato

1 *nm* Spanish certificate of secondary education.

2 *nm* Spanish non-compulsory secondary education.

bacía *nf* barber's bowl.

bacilar *adj* bacillary.

bacilo *nm* bacillus.

bacín *nm* chamber pot.

backgammon *nm* backgammon.

bacón *nm* bacon.

bacteria *nf* bacterium: las bacterias provocan varias enfermedades bacteria cause a number of diseases.

bacteriano,-a *adj* bacterial.

bactericida

1 *adj* bactericidal.

2 *nm* bactericide.

bacteriología *nf* bacteriology.

bacteriológico,-a *adj* bacteriological.

bacteriólogo,-a *nm,f* bacteriologist.

báculo

1 *nm (palo)* staff.

2 *nm (de obispo)* crosier.

3 *nm fig* support: los hijos serán nuestro báculo en la vejez the children will be our support in our old age.

■ **báculo pastoral** crosier.

badajo *nm* clapper.

badajocense

1 *adj* of Badajoz, from Badajoz.

2 *nm & nf* person from Badajoz, inhabitant of Badajoz.

badajoceño,-a

1 *adj* of Badajoz, from Badajoz.

2 *nm,f* person from Badajoz, inhabitant of Badajoz.

badana

1 *nf (piel)* sheepskin.

2 *nf (persona)* lazybones, layabout.

✦ **zurrar la badana a alguien** to beat somebody up.

badén

1 *nm (bache)* pothole.

2 *nm (vado)* ford.

3 *nm (canal)* channel.

4 *nm (obstáculo)* speed bump.

badil *nm* fire shovel.

bádminton *nm* badminton.

bafle *nm* loudspeaker.

bagaje *nm* baggage.

■ **bagaje cultural** experience, background.

bagatela *nf* bagatelle, trifle.

Bagdad *nf* Baghdad.

bagre *nm* catfish.

bah *interj* bah!

Bahamas *nf pl* **las Bahamas** the Bahamas.

bahameño,-a
1 *adj* Bahamian.
2 *nm,f* Bahamian.

bahía *nf* bay.
■ **Gran Bahía Australiana** Great Australian Bight.

Bahrein *nm* Bahrein.

bahreiní
1 *adj* Bahreini.
2 *nm & nf* Bahreini.

bailable *adj* danceable: tócanos algo que sea bailable play something we can dance to.

bailador,-ra
1 *adj* dancing: una cabra bailadora a dancing goat.
2 *nm,f* dancer.

bailaor,-ra *nm,f* flamenco dancer.

bailar
1 *vt* to dance: bailamos un vals we danced a waltz.
2 *vt (hacer girar)* to spin: bailó una moneda en la mesa she spun a coin on the table.
3 *vi* to dance: ¿bailas? do you want to dance?, would you like to dance?; baila conmigo dance with me.
4 *vi (girar)* to spin: mira cómo baila la peonza look how the top spins.
5 *vi (ser grande)* to be too big: me bailan estos zapatos these shoes are too big for me.
6 *vi (moverse; cosa)* to wobble; *(persona)* to move about, fidget: esta silla baila this chair wobbles.
7 *vi (estar suelto)* to be loose: este tornillo baila this screw is loose.
♦ **bailar al son que le tocan** to swim with the tide.
ir a bailar to go dancing.
otro,-a que tal baila he's *(she's)* no different.
que me *(te, le, etc)* **quiten lo bailado** they can't take the memories away from me *(you, him, her, etc)*.
sacar a alguien a bailar to ask somebody to dance.
▲ *Conjugation model* [15], *like aislar*.

bailarín,-ina
1 *adj (que baila)* dancing; *(que gusta de bailar)* who likes dancing: es muy bailarina she loves dancing.
2 *nm,f* dancer.

baile
1 *nm* dance.
2 *nm (de etiqueta)* ball.
3 *nm (sala)* dance hall.
■ **baile clásico** ballet.
baile de disfraces masked ball, fancy dress ball, *us* costume ball.
baile de salón ballroom dancing.
baile de San Vito St Vitus' dance.

bailón,-ona
1 *adj* who likes dancing: es muy bailona she loves dancing.
2 *nm,f* keen dancer.

bailongo *nm fam* bop.

bailotear *vi fam* to bop, jig about.

bailoteo *nm fam* jigging about.

baja
1 *nf (descenso)* fall, drop: la baja del precio del petróleo the fall in the price of oil; el dólar sigue a la baja the dollar continues to fall.
2 *nf MIL* casualty: el ejército sufrió pocas bajas the army suffered few casualties.
3 *nf (por enfermedad)* sick leave; *(justificante)* medical certificate, doctor's note.
♦ **dar de baja** *(a enfermo)* to give a sick note to; *(a socio de club)* to expel; *(a soldado)* to declare missing.
darse de baja *(de un club)* to cancel one's membership, leave, drop out; *(en una suscripción)* to cancel one's subscription; *(por enfermedad)* to take sick leave.
estar de baja *(enfermo)* to be off sick; *(pasado)* to be dropping, on the way out.
estar en baja to be dropping, on the way out: los concursos televisivos están en baja television quiz shows are on the way out.
ser baja *(deportista)* to be injured, not be playing; *(militar)* to be reported missing: Osuna es baja para el partido de mañana Osuna is out of tomorrow's game.

bajada
1 *nf (disminución)* drop, fall: esto representa una bajada del 10% this represents a drop of 10%; ha habido una bajada en la cotización del dólar there has been a fall in the value of the dollar; sufrió una bajada de tensión her blood pressure dropped; subidas y bajadas ups and downs.
2 *nf (descenso)* descent; *(de telón, barrera)* lowering: mientras subía, no pensaba más que en la bajada all the while I was climbing up I could think of nothing but the descent; no crucen la vía después de la bajada de la barrera do not cross the line after the barrier has come down.
3 *nf (camino)* way down.
4 *nf (en carretera etc)* slope, hill.
■ **bajada de bandera** minimum fare.

bajamar *nf* low tide.

bajar
1 *vt (coger algo de un lugar alto)* to get down, take down: bajó un libro de la estantería he took a book down from the shelf.
2 *vt (dejar más abajo)* to lower: ¿has bajado las persianas? have you lowered the blinds?; ese cuadro está muy alto, bájalo un poco that picture's too high, bring it down a bit; se bajó los pantalones para que le pusieran una inyección he took his trousers down so that they could give him an injection.
3 *vt (reducir)* to lower, reduce, bring down: esto te bajará la tensión this

will lower your blood pressure; nuestro objetivo es bajar la inflación our aim is to reduce inflation; han bajado los impuestos directos they've cut down direct taxes; quieren bajar el precio de los libros they want to bring down the price of books.
4 *vt (reducir en intensidad)* to lower; *(voz)* to lower; *(sonido, luz, gas)* to turn down: baja la voz, que te van a oír lower your voice, they'll hear you; baja la tele un poco, no te oigo turn the telly down, I can't hear you; baja la calefacción, hace calor turn the heating down, it's hot.
5 *vt (alargar)* to lengthen, let down: la modista me bajó un poco la falda the dressmaker let my skirt down a bit.
6 *vt (recorrer de arriba abajo)* to go down, come down: bajamos la escalera we went down the stairs; bajó la calle corriendo she ran down the street.
7 *vt (en informática)* to download.
8 *vi (ir abajo - acercándose)* to come down; *(- alejándose)* to go down: ¡baja de ahí ahora mismo! come down from there right now!; ¿bajas en ascensor o por la escalera? are you going down in the lift or by the stairs?; bajó corriendo/volando he ran/flew down.
9 *vi (reducirse)* to fall, drop, come down: ha bajado la temperatura the temperature has dropped; los precios han bajado prices have come down; el yen sigue bajando the yen continues to fall.
10 *vi (hinchazón)* to go down; *(fiebre)* to go down, come down.
11 *vi (marea)* to go out.
12 *vi (apearse - de coche)* to get out *(de, of)*; *(de bicicleta, caballo)* to get off *(de, -)*; *(de avión, tren, autobús)* to get off *(de, -)*.
13 **bajarse** *vpr (ir abajo - acercándose)* to come down; *(- alejándose)* to go down.
14 *vpr (apearse - de coche)* to get out *(de, -)*; *(bicicleta, caballo)* to get off *(de, -)*; *(avión, tren, autobús)* to get off *(de, -)*.
15 *vpr (agacharse)* to bend down, bend over.
♦ **bajar la cabeza** to bow one's head.
no bajar de ... to be at least ..., not be less than ...: ese coche no baja de los tres millones that car must cost at least three million.

bajel *nm lit* vessel.

bajera *nf* bottom sheet.

bajero,-a *adj* lower, bottom.

bajeza
1 *nf (acción)* base action, despicable act, vile deed: cometió la bajeza de abandonarla he was despicable enough to abandon her.
2 *nf fig* baseness: bajeza moral moral baseness.

bajini *adv* → bajinis.

bajinis por lo bajinis *(disimuladamente)* on the sly; *(en voz baja)* in a low voice.

bajío *nm* sandbank.

bajista
1 *adj* downward: sigue la tendencia bajista the downward trend continues.
2 *nm & nf (músico)* bass player.

bajo,-a
1 *adj (gen)* low: una casa baja a low house; precios bajos low prices; el río está bajo the river is low; pon la música, pero baja put the music on low.
2 *adj (persona)* short, not tall: su padre es muy bajo her father is very short.
3 *adj (cabeza)* bowed, held low; *(ojos)* lowered, downcast: rezaba con la cabeza baja she prayed with her head bowed.
4 *adj (marea)* out: la marea está baja the tide is out.
5 *adj (despreciable)* despicable, contemptible, base.
6 *adj (territorio, río)* lower: la baja Navarra lower Navarre.
7 *adj (época)* later: la Baja Edad Media the late Middle Ages.
8 *adj (inferior)* poor, low: es de baja calidad it's poor quality; tu rendimiento es muy bajo your performance is very poor.

bajo
1 *nm (piso)* ground floor, *US* first floor.
2 *nm (de prenda)* bottoms *pl*, *US* cuff.
3 *nm MÚS (instrumento)* bass; *(contrabajo)* double bass.
4 *nm & nf MÚS (músico)* bass player; *(cantante)* bass.
5 *adv (en el aire)* low: el avión vuela bajo para evitar el radar the plane flies low to avoid the radar.
6 *adv (voz)* softly, quietly, in a low voice: habla muy bajo she speaks very quietly.
7 *prep* under: pasamos la noche bajo las estrellas we spent the night under the stars; bajo ningún concepto under no circumstances; bajo el yugo del dictador under the yoke of the dictator.
8 *prep (temperatura)* below: 10 grados bajo cero 10 degrees below zero.
9 **bajos** *nm pl (planta baja)* ground floor; *(sótano)* basement.
✦ **por lo bajo** *(disimuladamente)* on the sly; *(en voz baja)* in a low voice; *(sin exagerar)* conservatively.
▪ **bajas pasiones** animal passions.
bajos fondos underworld *sing*.

bajón
1 *nm* sharp fall, sharp drop, slump: la bolsa ha dado un considerable bajón there has been a sharp fall in share prices.
2 *nm (de ánimos)* depression.
3 *nm (de salud)* relapse: tuvo un bajón he suffered a relapse.
4 *nm MÚS* bassoon.

bajonista *nm & nf* bassoonist.
bajorrelieve *nm* bas-relief.
bajura de bajura *loc* inshore.

bakelita *nf* bakelite.
▲ *Registered trademark.*

bala
1 *nf* bullet: tiene una herida de bala he has a bullet wound; recibió una herida de bala he was hit by a bullet; el coche presentaba dos impactos de bala the car had been hit by two bullets.
2 *nf (paquete)* bale.
✦ **como una bala** *fam* like a shot: mi moto nueva va como una bala my new motorbike goes like a bullet.
▪ **bala de cañón** cannonball.
bala perdida stray bullet; *fig* birdbrain.
bala rasa good-for-nothing.
bala trazadora tracer bullet.

balacera *nf AM* shoot-out.
balada *nf* ballad.
baladí *adj* trivial.
▲ *pl baladí.*

baladronada *nf* piece of bravado.
balalaica *nf* balalaika.

balance
1 *nm (movimiento)* rocking.
2 *nm COM (operación)* balance; *(hoja)* balance sheet.
3 *nm (cálculo)* total: el balance provisional es de quince muertos the provisional death toll is fifteen.
4 *nm (resultado)* outcome, result: el balance de la reunión ha sido positivo on balance, the meeting was successful.
5 *nm (equilibrio)* balance.
✦ **hacer un balance de** to take stock of, weigh up, evaluate.
▪ **balance acústico** sound balance.

balancear
1 *vt (mecer)* to rock; *(columpio, brazo)* to swing.
2 *vi (mecer)* to rock; *(columpio, brazo)* to swing.
3 **balancearse** *vpr (mecerse)* to rock; *(columpio, brazo)* to swing.

balanceo *nm (gen)* swinging; *(suave)* rocking.

balancín
1 *nm (mecedora)* rocking chair.
2 *nm (columpio)* seesaw.
3 *nm (de motor)* rocker arm.
4 *nm (de volatinero)* balance pole.

balandra *nf* sloop.
balandrista *nm & nf (hombre)* yachtsman; *(mujer)* yachtswoman.
balandro *nm* yacht.
balano *nm* → **bálano**.
bálano *nm* glans penis.

balanza
1 *nf (aparato)* scales *pl*.
2 *nf COM* balance.
✦ **inclinar la balanza a favor de ...** to tip the scales in favour (*US* favor) of ...
▪ **balanza comercial** trade balance, balance of trade.
balanza de pagos balance of payments.

balar *vi* to bleat, baa.
balarrasa *nm & nf* good-for-nothing.
balastar *vt* to ballast.
balasto *nm* ballast.
balaustrada *nf* balustrade; *(en escalera)* banister.
balaustre *nm* → **balaústre**.
balaústre *nm* baluster.

balazo
1 *nm* shot: lo mataron de un balazo he was shot dead; murió acribillado a balazos he was riddled with bullets.
2 *nm (herida)* bullet wound.

balboa *nf* balboa *(monetary unit of Panama)*.

balbucear
1 *vi* to babble.
2 *vt* to babble: balbuceó una excusa tonta he babbled some stupid excuse.

balbuceo *nm* babbling.

balbuciente
1 *adj* stammering.
2 *adj fig* tentative, uncertain, hesitant: después de unos comienzos balbucientes, ... after a tentative start, ...

balbucir *vi* → **balbucear**.
Balcanes *nm pl* los Balcanes the Balkans.
balcánico,-a *adj* Balkan.

balcón
1 *nm (en edificio)* balcony.
2 *nm (mirador)* vantage point: desde su balcón en lo alto del peñasco ... from his vantage point at the top of the rocky crag ...

balda *nf* shelf.

baldado,-a
1 *adj (inválido)* crippled.
2 *adj fam (cansado)* shattered.

baldaquín *nm* baldachin, baldaquin, canopy.
baldaquino *nm* → **baldaquín**.

baldar
1 *vt (lisiar)* to cripple.
2 *vt fam (cansar)* to wear out.

balde *nm* bucket, pail.
✦ **de balde** free, for nothing.
en balde in vain.

baldear *vt* to wash down, swill down, sluice down.
baldeo *nm* washing down, swilling down, sluicing down.

baldío,-a
1 *adj (tierra - sin cultivar)* uncultivated; *(- estéril)* barren.
2 *adj (vano)* vain, useless: todos sus esfuerzos resultaron baldíos all his efforts were in vain.
3 **baldío** *nm* wasteland.

baldón
1 *nm (insulto)* insult, affront, slur.
2 *nm (deshonra)* disgrace.

baldosa *nf* floor tile.
baldosín *nm* tile, wall tile.

balear
1 *adj* Balearic.
2 *nm & nf* Balearic islander.
▪ **Islas Baleares** Balearic Islands.

baleárico,-a *adj* Balearic.

balido *nm* bleat, baa: se oyeron los balidos de las ovejas you could hear the bleating of the sheep.

balín *nm* pellet.

balinés,-esa
1 *adj* Balinese.
2 *nm,f* Balinese.

balística *nf* ballistics.

balístico,-a *adj* ballistic.

baliza
1 *nf (de mar)* buoy.
2 *nf (de tierra)* beacon.

balizar *vt* to mark.
▲ *Conjugation model* [4], *like realizar.*

ballena
1 *nf (animal)* whale.
2 *nf (material)* whalebone; *(tira de corsé)* stay.
▪ **ballena azul** blue whale.

ballenato *nm* whale calf.

ballenero,-a
1 *adj* whaling.
2 *nm,f (persona)* whaler.
3 **ballenero** *nm (barco)* whaling ship, whaler, whaleboat.

ballesta
1 *nf (arma)* crossbow.
2 *nf AUTO* spring.

ballestero *nm* crossbowman.

ballet *nm* ballet.
▲ *pl ballets.*

ballica *nf* rye grass.

balneario,-a
1 *adj* spa.
2 **balneario** *nm* spa, health resort.

balompié *nm* football, soccer, US soccer.

balón
1 *nm DEP* ball; *(de fútbol)* ball, football; *(de voleibol)* ball, volleyball; *(de rugby)* ball, rugby ball; *(de baloncesto)* ball, basketball.
2 *nm (para gas)* cylinder.
▪ **balón de medicina** medicine ball.
balón de oxígeno oxygen cylinder; *fig* shot in the arm, boost.

baloncestista *nm & nf* basketball player.

baloncesto *nm* basketball.

balonmanista *nm & nf* handball player.

balonmano *nm* handball.

balonvolea *nm* volleyball.

balsa
1 *nf* pool.
2 *nf MAR* raft.
✦ **como una balsa de aceite** *(mar)* like a millpond; *fig* very peaceful.

balsámico,-a *adj* balsamic.

bálsamo
1 *nm* balsam, balm.
2 *nm fig* comfort.

báltico,-a *adj* Baltic.
▪ **el (mar) Báltico** the Baltic (Sea).

baluarte
1 *nm (fortificación)* bastion.
2 *nm fig* bastion, stronghold.

bamba
1 *nf (baile)* bamba.
2 *nf (pastel)* cream bun.
3 *nf (zapato)* pump, US sneaker.

bambalina *nf* drop cloth, drop.
✦ **entre bambalinas** in the wings.

bamboleante *adj* swaying.

bambolear
1 *vi* to sway.
2 **bambolearse** *vpr* to sway.

bamboleo *nm* swaying.

bambolla *nf* pretence (US pretense).

bambú *nm* bamboo.
▲ *pl bambúes o bambús.*

banal *adj* trivial.

banalidad *nf* triviality.

banalización *nf* trivialization.

banalizar *vt* to trivialize.
▲ *Conjugation model* [4], *like realizar.*

banana *nf* banana.

bananero,-a
1 *adj* banana: hay muchas plantaciones bananeras there are a lot of banana plantations.
2 **bananero** *nm* banana tree.

banano *nm* banana tree.

banca
1 *nf COM* banking; *(bancos)* (the) banks *pl.*
2 *nf (asiento)* bench.
3 *nf (en juego)* bank.
✦ **hacer saltar la banca** to break the bank.

bancada
1 *nf (banco)* long bench.
2 *nf (superficie)* work surface.

bancal
1 *nm (en pendiente)* terrace.
2 *nm (en llano)* plot.

bancario,-a *adj (de un banco)* bank; *(de los bancos)* banking.
▪ **agencia bancaria** bank branch.
entidad bancaria bank.
grupo bancario banking group.
operaciones bancarias banking business *sing.*
sistema bancario banking system.

bancarrota *nf* bankruptcy.
✦ **caer en bancarrota** to go bankrupt.
estar en bancarrota to be bankrupt.

banco
1 *nm* bank.
2 *nm (asiento)* bench; *(de iglesia)* pew.
3 *nm (mesa)* bench, work bench.
4 *nm (de peces)* shoal.
▪ **banco de carpintero** workbench.
banco de datos data bank.

banco de hielo ice floe.
banco de imágenes image bank.
banco de memoria memory bank.
banco de niebla fog bank.
banco de órganos organ bank.
banco de prueba test bench.
banco de sangre blood bank.
banco de semen sperm bank.

banda¹
1 *nf (faja)* sash.
2 *nf (lista)* band.
3 *nf (tira)* strip.
4 *nf (lado)* side.
5 *nf (en billar)* cushion.
✦ **cerrarse en banda** to dig one's heels in.
coger por banda a alguien/pillar en banda a alguien to lay one's hands on somebody.
▪ **banda de frecuencia** radio band.
banda magnética magnetic strip.
banda sonora sound track.
banda transportadora conveyor belt.
línea de banda touchline.

banda²
1 *nf (músicos)* band.
2 *nf (maleantes)* gang.
3 *nf (pájaros)* flock.
▪ **banda armada** *(delincuentes)* armed gang; *(terroristas)* terrorist group.
banda de música band.
banda de rock rock group, rock band.
banda municipal town band.
banda terrorista terrorist group.

bandada
1 *nf (de pájaros)* flock; *(de insectos)* swarm; *(de peces)* shoal.
2 *nf (de personas)* horde: llegaron en bandadas they arrived in their thousands.

bandazo *nm* lurch.
✦ **dar bandazos** to lurch.

bandear
1 *vi* to move from side to side.
2 **bandearse** *vpr* to manage, cope, get by: aunque las cosas no nos van muy bien, nos bandeamos although things are not too good, we get by.

bandeja *nf (gen)* tray; *(para diapositivas)* magazine.
✦ **dejar algo a alguien en bandeja** to hand something to somebody on a plate.
poner algo a alguien en bandeja *fig* to hand something to somebody on a plate.
pasar la bandeja to pass round the hat.

bandera *nf* flag: la bandera del barco es griega the ship sails under the Greek flag.
✦ **arriar la bandera** to strike one's colours (US colors), surrender.
de bandera *fig* fantastic, great.
hasta la bandera jam-packed: se llenará hasta la bandera it will be jam-packed.
izar la bandera to raise the flag.

jurar bandera to swear allegiance to the flag.
- **bandera a cuadros** chequered flag.
bandera blanca white flag.
bandera nacional national flag.
bandera negra Jolly Roger.

bandería *nf* faction, party.

banderilla
1 *nf (tauromaquia)* banderilla *(barbed dart stuck into the bull's back).*
2 *nf (tapa)* pickled onion, carrot, gherkin, pepper, etc. on a cocktail stick.

banderillear *vt* to stick banderillas into the bull's back.

banderillero *nm* banderillero.

banderín *nm* pennant.
- **banderín de córner** corner flag.

banderita *nf* little flag.
- **el día de la banderita** flag day.

banderola *nf* pennant, banderole.

bandidaje *nm* banditry.

bandido,-a *nm,f* bandit.

bando[1]
1 *nm (facción)* faction, party, camp.
2 *nm (de aves)* flock; *(de insectos)* swarm; *(de peces)* shoal.
+ **pasar al otro bando/pasarse al otro bando** to go over to the other side.

bando[2] *nm (edicto)* edict, proclamation.

bandolera *nf* → **bandolero,-a.**

bandolerismo *nm* banditry.

bandolera *nf* bandolier.
+ **en bandolera** slung crossways over the shoulder.

bandolero *nm* bandit.

bandoneón *nm* type of large accordion.

bandurria *nf* bandurria, *(small guitar-like instrument with six pairs of strings).*

Bangladesh *nm* Bangladesh.

bangladesí
1 *adj* Bangladeshi.
2 *nm & nf* Bangladeshi.

banjo *nm* banjo.

banquero,-a *nm,f* banker.

banqueta
1 *nf (taburete)* stool; *(para los pies)* footstool.
2 *nf (banco)* little bench.

banquete *nm* banquet, feast.
- **banquete de bodas** wedding reception.
banquete de gala gala reception.
banquete nupcial wedding breakfast.

banquetear *vi* to banquet.

banquillo
1 *nm (en tribunal)* dock: el procesado se sentó en el banquillo de los acusados the accused sat in the dock.
2 *nm (en deporte)* bench.

banquisa *nf* ice field.

bantú
1 *adj* Bantu.
2 *nm & nf (persona)* Bantu.
3 *nm (idioma)* Bantu.
▲ *pl* bantúes o bantús.

bañador *nm (gen)* swimsuit; *(de mujer)* swimming costume, bathing costume; *(de hombre)* swimming trunks *pl.*

bañar
1 *vt (gen)* to bathe: la cálida luz del sol bañaba toda la estancia warm sunlight bathed the whole room.
2 *vt (lavar)* to bath: ¿vas a bañar al bebé? are you going to bath the baby?; me baño cada mañana I have a bath every morning.
3 *vt (cubrir)* to coat; *(en oro etc)* to plate: bañó los pasteles en chocolate she coated the cakes in chocolate; este anillo está bañado en oro this ring is gold-plated.
4 **bañarse** *vpr* to bathe; *(nadar)* to have a swim, go for a swim: se bañaban desnudos they were bathing naked; me voy a bañar, hace calor I'm going for a swim, it's hot.

bañera *nf* bath, bathtub.

bañista *nm & nf* bather, swimmer.

baño
1 *nm (gen)* bath; *(en piscina, mar)* dip, swim: me voy a dar un baño caliente I'm going to have a hot bath; se dio un baño en el lago he went for a dip in the lake; toma muchos baños de sol she sunbathes a lot; dicen que los baños de lodo son buenos they say mud baths are good.
2 *nm (cuarto)* bathroom; *(servicio)* toilet.
3 *nm (bañera)* bath, bathtub.
4 *nm (capa)* coat, coating; *(de oro etc)* plating: la galleta tiene un baño de chocolate the biscuit is coated in chocolate; este anillo tiene un baño de oro this ring is gold plated.
5 **baños** *nm pl (balneario)* spa *sing.*
- **baño de María** → **baño María.**
baño de pie footbath.
baño de sangre bloodbath.
baño de vapor steam bath.
baño María bain-marie.
baño turco Turkish bath.

bao *nm* beam.

baobab *nm* baobab, baobab tree.

baptista
1 *adj* Baptist.
2 *nm & nf* Baptist.

baptisterio *nm* baptistry.

baquelita *nf* bakelite.
▲ *Registered trademark.*

baqueta
1 *nf (de arma)* ramrod.
2 *nf (de tambor)* drumstick.

baqueteado,-a
1 *pp* → **baquetear.**
2 *adj (experimentado)* experienced.
3 *adj (maltratado)* abused, mistreated, ill-treated.

baquetear *vt* to mistreat, ill-treat, abuse.

baqueteo *nm* ill-treatment, mistreatment.

báquico,-a
1 *adj (de Baco)* Bacchic, Bacchanalian.
2 *adj* Bacchanalian.

bar
1 *nm (cafetería)* café, snack bar; *(de bebidas alcohólicas)* bar.
2 *nm Fís* bar.
▲ *pl* bares.

barahúnda *nf (ruido)* racket, din; *(caos)* chaos, pandemonium.

baraja
1 *nf (naipes)* pack, deck.
2 *nf (gama)* range.
+ **jugar con dos barajas** to be a double-dealer.
o jugamos todos o rompemos la baraja if we don't all pull our weight, we might as well call it off.

barajar
1 *vt (naipes)* to shuffle.
2 *vt fig (considerar - posibilidades etc)* to consider; *(- cifra)* to talk about.
3 *vt (problema)* to solve; *(obstáculo)* to overcome.

baranda *nf* handrail, banister.

barandal *nm* handrail.

barandilla *nf* handrail, banister.

baratija *nf* trinket, knick-knack.

baratillo
1 *nm (tienda)* junk shop; *(mercado)* flea market.
2 *nm (baratijas)* junk.

barato,-a
1 *adj* cheap.
2 **barato** *adv* cheaply, cheap.

baratura *nf* cheapness: teniendo en cuento su baratura ... bearing in mind how cheap it is ...

baraúnda *nf* → **barahúnda.**

barba
1 *nf* ANAT chin.
2 *nf (pelo)* beard.
+ **con toda la barba** true, real: es un caballero con toda la barba he's a real gentleman, he's every inch a gentleman.
dejarse barba to grow a beard.
en las barbas de alguien right under somebody's nose.
hacer la barba a alguien *(afeitar)* to shave somebody; *(molestar)* to annoy somebody; *(adular)* to fawn on.
por barba per head, a head, each.
reírse en las barbas de alguien to laugh in somebody's face.
subirse a las barbas de alguien to get cheeky with somebody.
- **barba cerrada** thick beard, bushy beard.
barba de ballena whalebone.
barba de chivo goatee beard.

barbacana
1 *nf (aspillera)* embrasure.
2 *nf (torre)* barbican.

barbacoa *nf* barbecue.

barbado,-a *adj* bearded, with a beard.

Barbados *nm* Barbados.
barbaridad
  1 *nf (crueldad - cualidad)* cruelty; *(- acto)* atrocity, act of cruelty.
  2 *nf (disparate)* piece of nonsense.
  3 *nf* **una barbaridad** *fam (mogollón)* loads *pl*, tons *pl*: acudieron una barbaridad de niños thousands of kids turned up; bebe una barbaridad he drinks a hell of a lot; pesa una barbaridad it weighs a ton.
  ✦ **¡qué barbaridad!** how awful!, how terrible!
barbarie
  1 *nf (rusticidad)* ignorance.
  2 *nf (crueldad - cualidad)* cruelty, savagery, brutality; *(- acto)* atrocity, act of cruelty.
barbarismo *nm* barbarism.
barbarizar *vt* to barbarize.
  ▲ *Conjugation model* [4]*, like* **realizar**.
bárbaro,-a
  1 *adj* HIST barbarian.
  2 *adj (cruel)* barbaric, savage, cruel.
  3 *adj (temerario)* daring.
  4 *adj fam (grande)* enormous, tremendous.
  5 *adj fam (espléndido)* fantastic, terrific: nos dieron una comida bárbara they gave us a fantastic lunch.
  6 *nm,f* HIST barbarian.
  7 **bárbaro** *adv*: lo pasamos bárbaro we had a great time.
barbechar *vt* to plough.
barbecho *nm* fallow land.
  ✦ **dejar en barbecho** to leave fallow.
barbería *nf* barber's shop, barber's.
barbero *nm* barber.
barbiblanco,-a *adj* → **barbicano,-a**.
barbicano,-a *adj* grey-bearded.
barbicastaño,-a *adj* brown-bearded.
barbilampiño,-a *adj* beardless.
barbilla *nf* chin.
barbiquejo *nm* → **barboquejo**.
barbitúrico *nm* barbiturate.
barbo *nm* barbel.
  ▪ **barbo de mar** red mullet.
barboquejo *nm* chin strap.
barbotar *vt* to splutter.
barboteo *nm* spluttering.
barbudo,-a
  1 *adj* bearded.
  2 *nm,f (hombre)* bearded man; *(mujer)* bearded lady.
barbullar *vi* to babble.
barbuquejo *nm* → **barboquejo**.
barca *nf* boat, small boat.
  ✦ **en la misma barca** in the same boat.
barcada
  1 *nf (carga)* boatload.
  2 *nf (peaje)* toll.
  3 *nf (flete)* freightage.
barcarola *nf* barcarole.
barcaza *nf* lighter.

barcelonés,-esa
  1 *adj* of Barcelona, from Barcelona.
  2 *nm,f* person from Barcelona, inhabitant of Barcelona.
barcelonista
  1 *adj* relating to Barcelona football club.
  2 *nm & nf* Barcelona supporter.
barcia *nf* chaff.
barco *nm (gen)* boat; *(grande)* ship.
  ▪ **barco cisterna** tanker.
  barco de guerra warship.
  barco de pasajeros passenger ship.
  barco de pesca fishing boat.
  barco de vapor steamer.
  barco de vela sailing boat.
  barco escuela training ship.
  barco mercante merchant ship.
bardana *nf* burdock.
bardo *nm* bard.
baremo
  1 *nm (para calcular)* ready reckoner.
  2 *nm (tarifas)* scale, table.
bargueño *nm* bureau.
baricentro *nm* barycentre *(US* barycenter*)*.
bario *nm* barium.
barisfera *nf* barysphere.
barítono *nm* baritone.
barloventear *vi* to ply to windward.
barlovento *nm* windward.
  ▪ **Islas de Barlovento** Windward Islands.
barman *nm* barman, *US* bartender.
  ▲ *pl* **bármanes**.
barnacla
  1 *nf (ave)* barnacle goose.
  2 *nf (crustáceo)* barnacle.
barniz
  1 *nm (para madera)* varnish; *(para cerámica)* glaze.
  2 *nm (noción)* smattering, general idea.
  ▲ *pl* **barnices**.
barnizado,-a
  1 *pp* → **barnizar**.
  2 *adj* varnished.
barnizador,-ra
  1 *adj* varnishing.
  2 *nm,f* varnisher.
barnizar *vt (madera)* to varnish; *(cerámica)* to glaze.
  ▲ *Conjugation model* [4]*, like* **realizar**.
barométrico,-a *adj* barometric.
barómetro *nm* barometer.
barón *nm* baron.
baronesa *nf* baroness.
baronía *nf* barony.
barquero,-a *nm,f (hombre)* boatman; *(mujer)* boatwoman.
barquilla *nf* basket, gondola.
barquillero,-a
  1 *nm,f (fabricante)* wafer maker.
  2 *nm,f (vendedor)* wafer seller.
barquillo *nm (gen)* wafer; *(cucurucho)* cornet.

barra
  1 *nf (en bar, cafetería)* bar: hay que pagar en la barra you have to pay at the bar.
  2 *nf (vara)* bar; *(para cortinas)* rod; *(de bicicleta)* crossbar.
  3 *nf (de helado)* block.
  4 *nf (de pan)* loaf.
  5 *nf (en tribunal)* bar, rail.
  6 *nf (signo de puntuación)* slash, solidus.
  7 *nf (de arena)* sand bar.
  ✦ **no reparar en barras** to stop at nothing.
  ▪ **barra americana** hostess bar.
  barra de carmín → **barra de labios**.
  barra de equilibrio → **barra fija**.
  barra de herramientas toolbar.
  barra de labios lipstick.
  barra de menú menu bar.
  barra espaciadora space bar.
  barra fija DEP horizontal bar, beam.
  barra inversa backslash.
  barra libre free bar.
  barras paralelas parallel bars.
  barras paralelas asimétricas asymmetric bars.
barrabás *nm* scoundrel.
barrabasada *nf* dirty trick.
barraca
  1 *nf (casita)* cottage *(typical in Valencia and Murcia)*.
  2 *nf (puesto)* stall; *(caseta de feria)* booth.
  3 *nf (chabola)* shack.
barracón *nm* hut, large hut.
barracuda *nf* barracuda.
barragana *nf* mistress.
barranco
  1 *nm (precipicio)* precipice.
  2 *nm (torrentera)* gully; *(más profunda)* ravine.
barranquillero,-a
  1 *adj* of Barranquilla, from Barranquilla.
  2 *nm,f* person from Barranquilla, inhabitant of Barranquilla.
barranquismo *nm* canyoning.
barraquismo *nm* slums *pl*.
barredor *nm* sweeper.
barreminas *nm* minesweeper.
  ▲ *pl* **barreminas**.
barrena *nf (gen)* drill; *(manual)* gimlet.
  ✦ **entrar en barrena** to go into a spin.
barrenar
  1 *vt* to drill.
  2 *vt (desbaratar)* to foil, thwart.
barrendero,-a *nm,f* road sweeper.
barrenillo *nm (insecto)* borer.
barreno
  1 *nm (barrena)* large drill.
  2 *nm (agujero)* drill hole, bore hole; *(para carga)* blast hole.
barreño *nm* large bowl.
barrer
  1 *vt (suelo)* to sweep; *(hojas, migas, etc)* to sweep up: barre el suelo antes de fregarlo sweep the floor before you mop it; barrió las migas she swept up the crumbs.

2 *vt (dejar sin nada)* to clean out: entraron ladrones y les barrieron la casa burglars broke in and cleaned them out.

3 *vt (limpiar)* to sweep away: el viento barrió las nubes del cielo the wind swept the clouds from the sky.

4 *vt (derrotar)* to trounce, wipe the floor with: Powell barrió a todos sus rivales Powell wiped the floor with his rivals.

5 *vi (arrasar)* to sweep the board: la canción española barrió the Spanish song swept the board.

✦ **barrer hacia dentro** to look after number one.

barrer para casa to look out for one's own interests.

barrera
1 *nf (gen)* barrier.
2 *nf (en plaza de toros - valla)* barrier; *(asientos)* front row.
3 *nf fig* obstacle.
✦ **mirar los toros desde la barrera** to sit on the fence.
poner barreras to hinder (a, -).
▪ **barrera aduanera** customs barrier.
barrera del sonido sound barrier.

bar-restaurante *nm* snack bar.

barretina *nf* Catalan cap.

barriada *nf* area.

barrica *nf* cask, *medium-sized* barrel.

barricada *nf* barricade.
✦ **levantar barricadas** to erect barricades.

barrido
1 *nm (limpieza)* sweep, sweeping: el suelo necesita un barrido the floor needs a sweep.
2 *nm (exploración automática)* scan, scanning.
3 *nm (con cámara)* pan, panning.

barriga *nf* belly, stomach, tummy.
✦ **echar barriga** to get a paunch.
tocarse la barriga to sit on one's backside, twiddle one's thumbs.
▪ **dolor de barriga** stomach-ache.

barrigón,-ona *adj* big-bellied.

barrigudo,-a *adj* big-bellied.

barril *nm* barrel, keg.
✦ **de barril** draught.

barrilete
1 *nm (de revólver)* chamber.
2 *nm (carpintería)* clamp.
3 *nm (barril pequeño)* small barrel.

barrillo *nm* pimple, spot.

barrio *nm* neighbourhood (*us* neighborhood); *(zona)* district, area: es un barrio muy tranquilo it's a very quiet neighbourhood; no vive en este barrio she doesn't live round here.
✦ **de barrio** local: el cine de barrio the local cinema.
irse al otro barrio *fam* to kick the bucket.
▪ **barrio chino** red-light district.
barrio comercial business district.

barrio histórico old town.
barrio latino Latin Quarter.
barrio periférico suburb.
barrio popular working-class area.
barrio residencial residential area.
barrios bajos slums.

barriobajero,-a
1 *adj* common, vulgar, low.
2 *nm,f* common person.

barritar *vi* to trumpet.

barrito *nm* trumpet.

barrizal *nm* quagmire.

barro¹
1 *nm (lodo)* mud.
2 *nm (arcilla)* clay: objetos de barro earthenware *sing*.
3 *nm (objeto)* earthenware object.
✦ **de barro** earthenware.

barro² *nm (grano)* spot, pimple.

barroco,-a
1 *adj ART* baroque.
2 *adj fig* ornate.
3 barroco *nm* baroque.

barroquismo *nm* baroque style.

barroso,-a *adj* muddy.

barrote
1 *nm* bar.
2 *nm (de escalera, silla)* rung.

barruntar *vt (sospechar)* to suspect; *(presentir)* to sense, have a feeling.

barrunto
1 *nm (sospecha)* suspicion; *(presentimiento)* feeling, presentiment, foreboding.
2 *nm (indicio)* sign.

bartola a la bartola *adv* carelessly.
✦ **tumbarse a la bartola/echarse a la bartola** to lounge about.

bártulos *nm pl* things, stuff *sing*.
✦ **liar los bártulos** to pack up, pack one's bags.

barullo *nm* noise, din, racket.

basa *nf* base.

basalto *nm* basalt.

basamento *nm* base, plinth.

basar
1 *vt* to base (**en**, on).
2 basarse *vpr (cosa)* to be based (**en**, on); *(persona)* to base oneself on: nuestra economía no puede basarse únicamente en el turismo our economy cannot be based solely on tourism; me baso en lo que he leído I base myself on what I have read; ¿en qué se basa para decir tales cosas? what grounds does he have for saying such things?

basca
1 *nf* nausea.
2 *nf fam (pandilla)* crowd.

báscula
1 *nf (gen)* scales *pl*; *(de farmacia)* weighing machine.
2 *nf (para vehículos)* weighbridge.

basculante
1 *adj* tilting.
2 *adj (camión)* tip-up.

bascular
1 *vi* to tilt.
2 *vi (oscilar)* to swing.
3 *vi (variar)* to swing, alternate.

base
1 *nf (gen)* base: la base de la torre the base of the tower.
2 *nf fig* basis: los cereales son la base de nuestra agricultura cereals form the basis of our agriculture; si partimos de la base de que … if we start from the premise that …
3 *nf QUÍM* base, alkali.
4 *nf MAT* base.
5 *nf (en béisbol)* base.
6 bases *nf pl (de concurso)* rules.
7 *nf pl* **las bases** *(de partido etc)* grass roots, rank and file.
✦ **a base de** *(por)* through, by means of, using; *(de)* consisting of: se hizo rico a base de trabajar mucho he became rich through hard work; una dieta a base de hortalizas y pescado a diet consisting of vegetables and fish.
a base de bien *fam* really well.
en base a based on, on the basis of.
▪ **base aérea** air base.
base de datos database.
base de datos documental documentary database.
base de datos relacional relational database.
base de lanzamiento launch site.
base de operaciones operational headquarters.
base imponible taxable income.
base naval naval base.

básicamente *adv* basically.

básico,-a
1 *adj (gen)* basic.
2 *adj (imprescindible)* essential, indispensable.

Basilea *nf* Basel, Basle.

basílica *nf* basilica.

basilisco *nm* basilisk.
✦ **ponerse hecho,-a un basilisco** to hit the roof, blow one's top.

basket *nm* → baloncesto.

básquet *nm* → baloncesto.

basset *nm* basset hound.
▲ *pl* bassets.

basta¹ *nf* tacking stitch.

basta² *interj* enough!, stop it!
✦ **¡basta de …!** that's enough …!, no more …!

bastante
1 *adj* enough, sufficient: ¿tienes bastante dinero? have you got enough money?
2 *adj (abundante)* quite a lot of: había bastante gente there were quite a lot of people.
3 *adv* enough: son lo bastante ricos como para poder permitírselo they're rich enough to be able to afford it.

4 *adv (un poco)* fairly, quite: **es bastante alto** it's fairly high; **nada bastante bien** she swims quite well; **está bastante lejos** it's quite a long way.
5 *adv (tiempo)* some time, quite a while: **hace bastante que no lo veo** I haven't seen him for some time.

bastar *vi* to be enough, be sufficient, suffice: **mi sueldo no basta para pagar el alquiler** my salary is not enough to pay the rent.
+ **bastar con** to be enough: **es muy concentrado, basta con una gota** it's highly concentrated, one drop is enough. **bastarse a sí mismo** to be self-sufficient.

bastardía *nf* bastardy.

bastardillo,-a *adj* italic.
+ **en bastardilla** in italics.
■ **letra bastardilla** italic type.

bastardo,-a
1 *adj* illegitimate, bastard.
2 *adj (despreciable)* base, mean.
3 *nm,f* bastard.

bastedad *nf* coarseness.

basteza *nf* crudeness, vulgarity.

bastidor
1 *nm* frame.
2 *nm (de lienzo)* stretcher.
3 *nm (de coche)* chassis.
4 *nm* TEAT wing.
+ **entre bastidores** in the wings; *fig* behind the scenes.

bastilla *nf* tacked hem.

bastimento
1 *nm* supplies *pl*, provisions *pl*.
2 *nm* MAR vessel.

bastión *nm* bastion.

basto¹
1 *nm* ≈ club.
2 bastos *nm pl* ≈ clubs: **el as de bastos** ≈ the ace of clubs.
+ **pintan bastos** things are getting tough.

basto,-a²
1 *adj (grosero)* coarse, rough.
2 *adj (sin pulimentar)* rough, unpolished.

bastón
1 *nm* stick, walking stick, US cane.
2 *nm (de esquí)* stick, ski stick.
3 *nm (insignia)* baton.
+ **empuñar el bastón** to take charge.

bastonazo *nm* blow with a stick.

bastoncillo
1 *nm* ANAT rod.
2 *nm (de algodón)* cotton bud.

bastonera *nf* umbrella stand.

basura
1 *nf (cosa)* rubbish, US garbage.
2 *nf (persona despreciable)* swine.
+ **bajar la basura/sacar la basura** to put the rubbish out.
tirar a la basura to throw away.

basurero
1 *nm (persona)* dustman, US garbage man.
2 *nm (lugar)* tip, rubbish dump.

bata
1 *nf (prenda ligera)* housecoat; *(albornoz)* dressing gown, US robe.
2 *nf (de trabajo)* overall; *(de médicos etc)* white coat.

batacazo *nm (golpe)* thump, bump, bang, crash; *(caída)* heavy fall: **tropezó y se dio un buen batacazo contra el suelo** he tripped and fell to the floor with a thud.

batalla *nf* battle.
+ **de batalla** *fam* ordinary, everyday: **zapatos de batalla** everyday shoes.
■ **batalla campal** pitched battle.

batallador,-ra
1 *adj* fighting: **es muy batalladora** she's a real fighter.
2 *nm,f* fighter.

batallar *vi* to battle, fight.

batallón
1 *nm* MIL battalion.
2 *nm (multitud)* horde.

batán *nm* fulling machine.

batata *nf* BOT sweet potato.

bate *nm* bat.

batea
1 *nf (barco)* flat-bottomed boat.
2 *nf (bandeja)* tray.
3 *nf (artesa)* trough.

bateador,-ra
1 *nm,f (en béisbol)* batter.
2 *nm,f (en cricket - hombre)* batsman; *(- mujer)* batswoman.

batear
1 *vi* to bat.
2 *vt* to hit.

batel *nm* skiff.

batería
1 *nf (eléctrica)* battery.
2 *nf* MIL battery.
3 *nf* TEAT footlights *pl*.
4 *nf (conjunto de cosas)* set; *(de preguntas)* barrage.
5 *nf* MÚS drums *pl*.
6 *nm & nf* drummer.
+ **aparcar en batería** to park at right angles to the kerb.
recargar las baterías to recharge one's batteries.
■ **batería antiaérea** anti-aircraft battery. **batería de cocina** pots and pans *pl*.

batiborrillo *nm* → batiburrillo.

batiburrillo *nm* jumble, hotchpotch.

batida *nf (de cazadores)* beat; *(de policía)* search.

batido,-a
1 *pp* → batir.
2 *adj (camino)* well-worn, well-trodden, beaten.
3 *adj (seda)* shot.
4 batido *nm* CULIN beaten eggs.
5 *nm (bebida)* milk shake.

batidor,-ra
1 *nm,f (de caza)* beater.
2 batidor *nm* CULIN *(manual)* whisk.

batidora *nf* blender, mixer.

batiente
1 *adj* beating.
2 *nm (marco - de puerta)* jamb; *(- de ventana)* frame.
3 *nm (hoja de puerta)* leaf.
4 *nm (de piano)* damper.
5 *nm (en costa)* exposed spot, wave-beaten spot.
+ **reírse a mandíbula batiente** to laugh one's head off.

batik *nm* batik.

batín *nm* short dressing gown.

batintín *nm* gong.

batir
1 *vt (huevos)* to beat; *(nata, claras)* to whip.
2 *vt (palmas)* to clap.
3 *vt (metales)* to beat.
4 *vt (alas)* to flap, beat.
5 *vt (derribar)* to knock down.
6 *vt (vencer)* to beat, defeat.
7 *vt* DEP *(marca, récord)* to break.
8 *vt (explorar)* to reconnoitre; *(registrar)* to comb, search.
9 *vt (cazador)* to beat.
10 batirse *vpr* to fight.
+ **batirse en duelo** to fight a duel.
batirse en retirada to retreat.

batiscafo *nm* bathyscaphe, bathyscaph.

batista *nf* cambric, batiste.

batracio,-a
1 *adj* batracian.
2 batracio *nm* batrachian.

Batuecas estar en las Batuecas to have one's head in the clouds.

baturrillo *nm* jumble, hotchpotch.

baturro,-a
1 *adj* Aragonese.
2 *nm,f (gen)* person from Aragon; *(del campo)* Aragonese peasant.

batuta *nf* baton.
+ **bajo la batuta de ...** conducted by ...
llevar la batuta to be the boss.

baúl *nm (cofre)* chest; *(de viaje)* trunk.

baudio *nm* baud.

bauprés *nm* bowsprit.
▲ *pl* baupreses.

bausán *nm* dummy.

bautismal *adj* baptismal.

bautismo
1 *nm (de niño)* baptism, christening.
2 *nm (de barco)* naming.
■ **bautismo de fuego** baptism of fire.

bautista *nm & nf* Baptist.

bautisterio *nm* baptistery, baptistry.

bautizar
1 *vt* to baptize, christen.
2 *vt (poner nombre a)* to name.
3 *vt (el vino)* to water down.
▲ *Conjugation model* [4], *like realizar.*

bautizo *nm (de niño)* baptism, christening; *(de barco)* naming.

bauxita *nf* bauxite.

bávaro,-a
1 *adj* Bavarian.
2 *nm,f* Bavarian.
Baviera *nf* Bavaria.
baya *nf* berry.
bayeta
1 *nf* baize.
2 *nf (paño)* cloth.
bayo,-a
1 *adj* bay, whitish yellow.
2 **bayo** *nm (caballo)* bay.
bayoneta *nf* bayonet.
✦ **calar las bayonetas** to fix bayonets.
bayonetazo *nm (embestida)* bayonet thrust; *(herida)* bayonet wound.
baza
1 *nf (naipes)* trick.
2 *nf (ventaja)* asset, advantage.
3 *nf (ocasión)* chance.
✦ **meter baza** *fig* to butt in, stick one's oar in.
  no poder meter baza not to be able to get a word in edgeways.
bazar
1 *nm (oriental)* bazaar.
2 *nm (tienda)* electrical goods and hardware shop.
bazo *nm* spleen.
bazofia
1 *nf (restos de comida)* scraps *pl*, leftovers *pl*.
2 *nf (comida mala)* pigswill.
3 *nf (basura)* rubbish: ¡vaya bazofia de película! what a rubbishy film!
bazooka *nm o nf* → **bazuca.**
bazuca *nm o nf* bazooka.
Bco. *abr* (banco) bank.
be *nf name of the letter b.*
✦ **tener las tres bes** to be good value and good quality.
beatería
1 *nf* piousness, devoutness.
2 *nf pey* sanctimoniousness.
beatificación *nf* beatification.
beatificar *vt* to beatify.
▲ *Conjugation model* [1], *like sacar.*
beatífico,-a *adj* beatific.
beatitud *nf* beatitude.
beato,-a
1 *adj (beatificado)* blessed.
2 *adj (devoto)* devout.
3 *adj pey* sanctimonious.
4 *adj (feliz)* happy.
5 *nm,f (persona beatificada)* beatified person.
bebé *nm* baby.
  ▪ **bebé probeta** test-tube baby.
bebedero,-a
1 *adj* drinkable: agua bebedera drinking water.
2 **bebedero** *nm (abrevadero)* water trough.
3 *nm (pico de vasija)* spout.
4 *nm (vasija)* drinking dish.

bebedizo,-a
1 *adj* drinkable.
2 **bebedizo** *nm* potion.
bebedor,-ra
1 *adj* hard-drinking.
2 *nm,f* hard drinker.
beber
1 *vt* to drink: no quiero beber nada I don't want anything to drink.
2 *vi* to drink.
3 *vi (emborracharse)* to drink, drink heavily: bebe mucho he's a heavy drinker.
✦ **beber por algo/alguien** to drink to something/somebody.
  beber a la salud de alguien to toast somebody.
  beber los vientos por *fig* to long for.
  beber por algo/alguien to drink to something/somebody.
bebercio *nm arg* booze, drink.
bebible *adj* drinkable.
bebida *nf* drink, beverage.
✦ **darse a la bebida** to take to drink, hit the bottle.
  ▪ **bebida alcohólica** alcoholic drink.
  bebida no alcohólica nonalcoholic drink.
bebido,-a
1 *pp* → **beber.**
2 *adj* merry, tipsy.
bebistrajo *nm fam* witch's brew.
beca *nf (gen)* grant; *(concedida por méritos)* scholarship, award.
becada *nf* woodcock.
becar *vt (gen)* to award a grant to; *(por méritos)* to award a scholarship to.
▲ *Conjugation model* [1], *like sacar.*
becario,-a *nm,f* grant holder, scholarship holder.
becerra *nf* → **becerro,-a.**
becerrada *nf* bullfight *(with bulls of up to three years).*
becerro,-a
1 *nm,f* calf *(up to one year old).*
2 **becerro** *nm (en tauromaquia)* young bull *(up to four years old).*
3 *nm (piel)* calfskin.
bechamel *nf* besamel.
becuadro *nm* natural, natural sign.
bedel,-la *nm,f* porter.
beduino,-a
1 *adj* Bedouin.
2 *nm,f* Bedouin.
befa *nf* jeer, taunt.
befar *vt* to jeer at, taunt.
befo,-a
1 *adj (belfo)* thick-lipped.
2 *adj (zambo)* knock-kneed.
begonia *nf* begonia.
behaviorismo *nm* behaviourism *(us* behaviorism).
behaviorista
1 *adj* behaviourist *(us* behaviorist).
2 *nm & nf* behaviourist *(us* behaviorist).

behaviorístico,-a *adj* behaviouristic *(us* behavioristic).
beicon *nm* bacon.
beige
1 *adj* beige.
2 *nm* beige.
beis
1 *adj* beige.
2 *nm* beige.
béisbol *nm* baseball.
beisbolero,-a *nm,f* baseball player.
bejuco *nm* liana.
bel *nm* bel.
Belcebú *nm* Beelzebub.
beldad *nf* beauty.
belén
1 *nm REL* nativity scene, crib.
2 *nm fig* mess.
✦ **meterse en belenes** to get into a fix.
Belén *nm* Bethlehem.
belfo,-a
1 *adj* thick-lipped.
2 **belfo** *nm* thick lip.
belga
1 *adj* Belgian.
2 *nm,f* Belgian.
Bélgica *nf* Belgium.
Belgrado *nm* Belgrade.
Belice *nm* Belize.
belicense
1 *adj* Belizean.
2 *nm,f* Belizean.
beliceño,-a *adj* → **belicense.**
belicismo *nm* warmongering.
belicista
1 *adj* pro-war.
2 *nm & nf* warmonger.
bélico,-a *adj* military.
  ▪ **conflicto bélico** armed conflict, war.
  material bélico military equipment.
belicoso,-a *adj* bellicose, aggressive.
beligerancia *nf* belligerence.
beligerante
1 *adj* belligerent: las parte beligerantes the warring parties.
2 *nm & nf* belligerent person.
belio *nm* bel.
bellaco,-a
1 *adj (malo)* wicked.
2 *adj (astuto)* cunning, sly.
3 *nm,f* villain, rogue.
belladona *nf* deadly nightshade, belladonna.
bellaquería *nf* wickedness, roguery.
belleza *nf* beauty.
bello,-a
1 *adj* beautiful.
2 *adj (bueno)* fine, noble.
  ▪ **bellas artes** fine arts.
bellota *nf* acorn.
belvedere *nm* belvedere.
bemol
1 *adj MÚS* flat.

2 *nm* *MÚS* flat.

3 **bemoles** *nm pl* *arg* guts.

✦ **tener bemoles** *arg (ser difícil)* to be tough, be tricky; *(ser demasiado)* to be too much, be rich.

Bencedrina *nf* Benzedrine.

▲ *Registered trademark.*

benceno *nm* benzene.

bencina *nf* benzine.

bendecir

1 *vt* to bless.

2 *vt (alabar)* to praise.

✦ **bendecir la mesa** to say grace.

▲ *Conjugation model* [79], *like* **predecir**.

bendición

1 *nf* blessing.

2 **bendiciones** *nf pl* wedding ceremony *sing.*

■ **bendición de la mesa** grace.

bendito,-a

1 *adj (bienaventurado)* blessed.

2 *adj irón (maldito)* damned, blessed.

3 *adj (feliz)* happy: ¡bendita la hora en que la conocí! happy the hour I met her!

4 *adj (poco inteligente)* simple.

5 *nm,f* simple soul.

✦ ¡bendito sea Dios! *fam* thank goodness!

benedictino,-a

1 *adj* Benedictine.

2 *nm,f* Benedictine.

benefactor,-ra

1 *adj* beneficent.

2 *nm,f (hombre)* benefactor; *(mujer)* benefactress.

beneficencia *nf* beneficence, charity.

beneficiado,-a

1 *pp* → **beneficiar**.

2 **beneficiado** *nm* beneficiary, incumbent.

✦ **salir beneficiado,-a de algo** to do well out of something.

verse beneficiado,-a con algo to benefit from something.

beneficiar

1 *vt* to benefit, favour (*US* favor).

2 *vt (mina)* to work.

3 *vt COM* to sell below par.

4 **beneficiarse** *vpr* to benefit.

5 *vpr COM* to profit.

✦ **beneficiarse a alguien** to have it off with somebody.

beneficiarse de algo to do well out of something, benefit from something.

▲ *Conjugation model* [12], *like* **cambiar**.

beneficiario,-a *nm,f* beneficiary.

beneficio

1 *nm (ganancia)* profit.

2 *nm (bien)* benefit.

✦ **en beneficio de** for the good of, for the benefit of, in the interest of: todo lo hace en beneficio propio everything he does is for his own good; la derecha ha perdido escaños en beneficio de la izquierda the right has lost seats to the left.

a beneficio de in aid of.

sacar beneficio de to profit from.

■ **beneficio bruto** gross profit.

beneficio neto clear profit.

beneficioso,-a *adj* beneficial.

benéfico,-a *adj* charitable.

■ **causa benéfica** charitable cause, charity.

función benéfica charity performance.

benemérito,-a *adj* worthy, distinguished.

■ **la Benemérita** the Spanish Civil Guard.

beneplácito *nm* approval: contamos con el beneplácito del ministro we have the minister's approval.

benevolencia

1 *nf* benevolence, kindness.

2 *nf (comprensión)* understanding.

benevolente *adj* → **benévolo**.

benévolo,-a

1 *adj* benevolent, kind.

2 *adj (comprensivo)* understanding.

bengala

1 *nf (de aviso etc)* flare.

2 *nf (para fiestas etc)* sparkler.

Bengala *nf* Bengal.

■ **golfo de Bengala** Bay of Bengal.

bengalí,-a

1 *adj* Bengali.

2 *nm,f (persona)* Bengali.

3 **bengalí** *nm (idioma)* Bengali.

benignidad *nf (del clima)* mildness, clemency.

benigno,-a

1 *adj (persona)* benign, gentle.

2 *adj (tumor)* benign.

3 *adj (clima)* mild.

benimeño,-a

1 *adj* Beninese.

2 *nm,f* Beninese.

Benín *nm* Benin.

benjamín,-ina

1 *nm,f (en familia - gen)* youngest child; *(hijo)* youngest son; *(hija)* youngest daughter.

2 *nm,f (en grupo)* youngest person.

3 *nm,f DEP* competitor of the youngest age group (9 or 10 years old).

4 *adj DEP* of the youngest age group (9 or 10 years old).

beodo,-a

1 *adj* drunk.

2 *nm,f* drunk, drunkard.

berberecho *nm* cockle, common cockle.

Berbería *nf* Barbary.

berberisco,-a

1 *adj* Berber.

2 *nm,f* Berber.

berbiquí *nm* brace: berbiquí y barrena brace and bit.

▲ *pl* berbiquíes.

bereber

1 *adj* Berber.

2 *nm & nf (persona)* Berber.

3 *nm (idioma)* Berber.

beréber *adj-nm & nf* → **bereber**.

berebere *adj-nm & nf* → **bereber**.

berenjena *nf* aubergine, *US* eggplant.

berenjenal

1 *nm* aubergine field, *US* eggplant field.

2 *nm fig* mess.

✦ **meterse en un berenjenal** to get oneself into a mess.

bergamota *nf* bergamot.

bergamote *nm* bergamot tree.

bergamoto *nm* bergamot tree.

bergante *nm* scoundrel, rascal.

bergantín *nm* brigantine, brig.

beriberi *nm* beriberi.

berilio *nm* beryllium.

berilo *nm* beryl.

Berlín *nm* Berlin.

berlina

1 *nf (carruaje)* berline.

2 *nf AUTO* four-door saloon.

berlinés,-esa

1 *adj* of Berlin, from Berlin.

2 *nm,f* Berliner.

bermejo,-a *adj* reddish.

bermellón *nm* vermilion.

bermudas *nm pl* Bermudas, Bermuda shorts.

Bermudas *nf pl* **las Bermudas** Bermuda *sing.*

Berna *nf* Bern, Berne.

bernés,-esa

1 *adj* of Bern, from Bern.

2 *nm,f* person from Bern, inhabitant of Bern.

berrear

1 *vi (becerro)* to bellow.

2 *vi (persona)* to bawl; *(niño)* to howl, bawl.

berreo

1 *nm (de niño)* bawling.

2 *nm (de becerro)* bellowing.

berrido

1 *nm (de becerro)* bellow.

2 *nm (de persona)* howl: le despertaron los berridos del bebé the baby's bawling woke him.

berrinche *nm* rage, tantrum, anger.

✦ **coger un berrinche** to throw a tantrum.

berro *nm* watercress.

berza

1 *nf* cabbage.

2 **berzas** *nm & nf* idiot, moron.

berzal *nm* cabbage patch.

berzotas *nm & nf* idiot, moron.

besamanos

1 *nm (ceremonia)* royal audience.

2 *nm (saludo)* hand kissing.

besamel
1 *adj* bechamel.
2 *nf* bechamel, bechamel sauce, white sauce.
■ **salsa besamel** white sauce, bechamel sauce.
besamela *nf* → **besamel**.
besar
1 *vt* to kiss.
2 **besarse** *vpr (uso recíproco)* to kiss.
3 *vpr fam (chocar)* to collide.
beso
1 *nm* kiss.
2 *nm fam (choque)* bump.
✦ **comerse a besos** to smother with kisses.
dar un beso a to kiss, give a kiss.
tirarle un beso a alguien to blow somebody a kiss.
■ **beso de Judas** kiss of Judas.
beso de la muerte kiss of death.
bestia
1 *nf (animal)* beast.
2 *nm & nf (persona - bruto)* brute; *(- ignorante)* ignorant fool; *(- torpe)* clumsy oaf.
3 *adj (bruto)* brutish.
4 *adj (ignorante)* ignorant; *(grosero)* rude; *(torpe)* clumsy.
5 *adj (asombroso)* fantastic, amazing.
✦ **a lo bestia** *(fuerte)* hard; *(a lo loco)* like a madman; *(rápido)* like mad; *(en cantidad)* in enormous amounts.
■ **mala bestia** nasty piece of work.
bestial
1 *adj (brutal)* beastly, bestial.
2 *adj fam (enorme)* enormous.
3 *adj fam (extraordinario)* great, fantastic.
bestialidad
1 *nf* bestiality, brutality.
2 *nf (tontería)* stupidity.
3 *nf fam (gran cantidad)* tons *pl*, loads *pl*, stacks *pl*: **una bestialidad de comida** tons of food.
bestiario *nm* bestiary.
best-seller *nm* best-seller.
besucón,-ona
1 *adj* fond of kissing: **es muy besucón** he's always kissing you.
2 *nm,f* person who's always kissing.
besugo
1 *nm (pez)* sea bream.
2 *nm (persona)* idiot.
✦ **sostener un diálogo para besugos** *fig* to talk at cross purposes.
besuguera *nf* shallow oval oven dish *(for cooking sea bream)*.
besuquear
1 *vt* to kiss again and again.
2 **besuquearse** *vpr (uso recíproco)* to smooch, neck, snog.
besuqueo *nm* smooching, necking, snogging.
beta *nf* beta.
■ **rayo beta** beta ray.
betabloqueante *nm* beta-blocker.

betel *nm* betel.
Bética *nf HIST* Andalusia.
bético,-a
1 *adj HIST* Andalusian.
2 *adj DEP* relating to Real Betis Balompié football club.
3 *nm,f HIST* Andalusian.
4 *nm,f DEP* Betis supporter.
betuminoso,-a *adj* bituminous.
betún
1 *nm (para zapatos)* shoe polish.
2 *nm QUÍM* bitumen.
bezo
1 *nm (labio)* thick lip.
2 *nm (de herida)* edge.
bezudo,-a *adj* thick-lipped.
Bhután *nm* Bhutan.
bhutanés,-esa
1 *adj* Bhutanese.
2 *nm,f* Bhutanese.
bianual *adj* biannual.
biatlón *nm* biathlon.
biberón *nm* baby's bottle, feeding bottle.
Biblia *nf* Bible.
bíblico,-a *adj* biblical.
bibliobús *nm* mobile library.
bibliófilo,-a *nm,f* bibliophile, book lover.
bibliografía *nf* bibliography.
bibliográfico,-a *adj* bibliographic, bibliographical.
bibliógrafo,-a *nm,f* bibliographer.
biblioteca
1 *nf* library.
2 *nf (mueble)* bookcase, bookshelf.
bibliotecario,-a *nm,f* librarian.
bibliotecología *nf* librarianship.
biblioteconomía *nf* librarianship.
BIC *abr* (**Brigada de Investigación Criminal**) ≈ Criminal Investigation Department; *(abreviatura)* CID.
bicameral *adj* bicameral.
bicameralismo *nm* bicameralism.
bicarbonato *nm* bicarbonate.
■ **bicarbonato sódico** bicarbonate of soda.
bicéfalo,-a *adj* two-headed, bicephalous.
bicentenario,-a
1 *adj* two-hundred-year-old.
2 **bicentenario** *nm* bicentenary, *US* bicentennial.
bíceps *nm* biceps.
▲ *pl* **bíceps**.
bicha *nf* snake.
bicharraco *nm fam* loathsome creature.
bichero *nm* boathook.
bicho
1 *nm (animal)* animal, creature; *(insecto)* bug, creepy-crawly.
2 *nm (persona)* odd character; *(niño)* little devil, little monkey.
■ **bicho raro** oddball, weirdo.

bici *nf fam* bike.
bicicleta *nf* bicycle.
■ **bicicleta de carreras** racing bike.
bicicleta de montaña mountain bike.
biciclo *nm* penny-farthing.
bicoca *nf fam (ganga)* bargain; *(chollo)* cushy number.
bicolor *adj* two-coloured *(US* two-colored).
bidé *nm* bidet.
bidimensional *adj* two-dimensional.
bidón *nm (normal)* drum; *(pequeño)* can.
biela *nf AUTO* connecting rod.
bieldo *nm* hayfork.
Bielorrusia *nf* Byelorussia.
bielorruso,-a
1 *adj* Byelorussian.
2 *nm,f (persona)* Byelorussian.
3 **bielorruso** *nm (idioma)* Byelorussian.
bien
1 *adv (gen)* well: **canta bien** she sings well; **la casa está bien construida** the house is well built; **trabaja bien** her work is good, she does a good job; **todo eso está muy bien, pero …** that's all very well, but …
2 *adv (como es debido)* properly, right: **si no pronuncias bien, no te van a entender** if you don't pronounce the words properly, they won't understand you; **siéntate bien** sit properly; **¡pórtate bien!** behave yourself!; **no está bien que hagan eso** it's not right for them to do that.
3 *adv (acertadamente)* right, correctly: **contestó bien a todas las preguntas** she answered all the questions correctly.
4 *adv (con éxito)* successfully.
5 *adv (de acuerdo)* O.K., all right: **—ven mañana a las dos. —bien** —come tomorrow at two. —all right.
6 *adv (de buena gana)* willingly, gladly: **bien me iría contigo si no tuviera que trabajar** I'd gladly go with you if I didn't have to work.
7 *adv (mucho)* very: **quiero un vaso de leche bien fría** I want a glass of nice cold milk; **ha pagado bien caro su error** he has paid dearly for his mistake; **dale bien fuerte** hit it good and hard; **es bien sencillo** it's really simple.
8 *adv (fácilmente)* easily: **bien se ve que … it is easy to see that …; **bien podrías haberme avisado** you might have warned me.
9 *adv (de gusto, olor, aspecto, etc)* good, nice, lovely: **esta cerveza está muy bien** this beer's very good; **la comida estaba bien** the food was nice; **quiero uno que esté bien** I want a good one.
10 *adv (de salud)* well: **¿te encuentras bien?** are you feeling all right?
11 *adv (físicamente)* good-looking: **su novio está muy bien** her boyfriend's very good-looking.

12 *adj (acomodado)* well-off.

13 *nm* good: **el bien siempre triunfa sobre el mal** good always triumphs over evil.

14 *nm (bienestar)* benefit: **lo hice por el bien de todos** I did it for the good of everyone.

15 bienes *nm pl* property *sing*, possessions.

16 bien ... bien *conj* either ... or: **se lo enviaremos bien por correo, bien por mensajero** we'll send it to you either by post or by messenger.

✦ **bien que** although.

en bien de for the sake of.

estarle bien algo a alguien to serve somebody right: **lo han despedido y le está bien** he's got the sack and it serves him right; **le está bien lo que le ha pasado** he deserves what happened to him.

hacer bien to do good.

tener a bien de hacer algo to be good enough to do something.

¡ya está bien! that's enough!

▪ **bien de consumo** consumer item.
bien de equipo capital asset.
bienes de consumo consumer goods.
bienes de equipo capital goods, capital assets.
bienes inmuebles real estate *sing*.
bienes muebles movables, personal property *sing*.
gente bien *fam* the upper classes *pl*.

bienal
1 *adj* biennial.
2 *nf* biennial exhibition, biennial festival.

bienamado,-a *adj* well-beloved.

bienaventurado,-a
1 *adj* REL blessed.
2 *adj (afortunado)* fortunate.

bienaventuranza
1 *nf* happiness, bliss.
2 Bienaventuranzas *nf pl* REL Beatitudes *pl*.

bienestar *nm* wellbeing, welfare: **bienestar social** social welfare.

bienhablado,-a *adj* well-spoken, polite.

bienhechor,-ra
1 *adj* beneficent, beneficial.
2 *nm,f (hombre)* benefactor; *(mujer)* benefactress.

bienintencionado,-a *adj* well-intentioned.

bienio
1 *nm (periodo)* two-year period, biennium.
2 *nm (aumento)* two-yearly increment.

bienoliente *adj* sweet-smelling.

bienquisto,-a *adj* liked, well-liked.

bienvenida *nf* welcome.
✦ **dar la bienvenida a** to welcome.

bienvenido,-a *adj* welcome: **tus consejos serán bienvenidos** your advice will be welcome; **hola María, ¡bien-** venida a Barcelona!** hello María, welcome to Barcelona!

bies *nm* bias binding.
✦ **al bies** on the bias.

bifásico,-a *adj* two-phase.

bífido,-a *adj* forked.

bifocal *adj* bifocal.
▪ **gafas bifocales** bifocals.

bifurcación
1 *nf* bifurcation.
2 *nf (de la carretera)* fork; *(de ferrocarril)* junction.

bifurcado,-a
1 *pp* → **bifurcarse.**
2 *adj* forked.

bifurcarse *vpr* to fork, branch off.
▲ *Conjugation model* [1], *like* **sacar.**

bigamia *nf* bigamy.

bígamo,-a
1 *adj* bigamous.
2 *nm,f* bigamist.

bígaro *nm* winkle.

bigarro *nm* → **bígaro.**

big bang *nm* big bang.

bigote
1 *nm* moustache *(US mustache)*.
2 *nm (de gato)* whiskers *pl*.

bigotera
1 *nf (compás)* bow compass.
2 *nf (protector)* moustache protector.
3 *nf (bocera)* moustache *(US mustache)*.

bigotudo,-a *adj* mustachioed: **le gustan los bigotudos** she likes men with moustaches.

bigudí *nm* curler.
▲ *pl* **bigudíes** o **bigudís.**

bikini *nm* → **biquini.**
▲ *Registered trademark.*

bilabial
1 *adj* bilabial.
2 *nf* bilabial.

bilateral *adj* bilateral.

bilbaíno,-a
1 *adj* of Bilbao, from Bilbao.
2 *nm,f* person from Bilbao, inhabitant of Bilbao.

biliar *adj* biliary, bile.

biliario,-a *adj* → **biliar.**

bilingüe *adj* bilingual.

bilingüismo *nm* bilingualism.

bilioso,-a *adj* bilious.

bilirrubina *nf* bilirubin.

bilis
1 *nf* bile.
2 *nf fig* spleen.
✦ **descargar la bilis contra** *fig* to vent one's spleen on.
▲ *pl* **bilis.**

billar
1 *nm* billiards.
2 *nm (mesa)* billiard table.
3 billares *nm pl* billiard room.
▪ **billar americano** pool.

billetaje *nm* tickets *pl*.

billete
1 *nm (moneda)* note, *US* bill: **un billete de cincuenta euros** a fifty-euro note.
2 *nm (de transporte, sorteo, teatro, etc)* ticket.
▪ **billete de ida** one-way ticket.
billete de ida y vuelta return ticket, *US* round-trip ticket.

billetera *nf* wallet, *US* billfold.

billetero *nm* purse, *US* change purse.

billón *nm* trillion.
▲ *Spanish usage coincides with former British usage: a* **billón** *is a million million.*

bimensual *adj* twice-monthly.

bimestral *adj* every two months, bimonthly.

bimestre *nm* period of two months.

bimotor
1 *adj* twin-engined.
2 *nm* twin-engined plane.

binario,-a *adj* binary.

bingo
1 *nm (juego)* bingo.
2 *nm (sala)* bingo hall.
✦ **¡bingo!** bingo!

binguero,-a
1 *adj* fond of bingo.
2 *nm,f (jugador)* bingo player; *(trabajador)* person who works in a bingo hall.

binocular
1 *adj* binocular.
2 binoculares *nm pl* field glasses, binoculars.

binóculo *nm* pince-nez.

binomio *nm* binomial.

biodegradable *adj* biodegradable.

biofísica *nf* biophysics.

biofísico,-a
1 *adj* biophysical.
2 *nm,f (persona)* biophysicist.

biografía *nf* biography.

biográfico,-a *adj* biographical.

biógrafo,-a *nm,f* biographer.

biología *nf* biology.

biológicamente *adv* biologically.

biológico,-a *adj* biological.

biólogo,-a *nm,f* biologist.

biomasa *nf* biomass.

biombo *nm* screen, folding screen.

biomecánica *nf* biomechanics.

biometría *nf* biometry.

biométrico,-a *adj* biometric.

biónica *nf* bionics.

biónico,-a *adj* bionic.

biopsia *nf* biopsy.

bioquímica *nf* biochemistry.

bioquímico,-a
1 *adj* biochemical.
2 *nm,f (persona)* biochemist.

biorretroacción *nf* biofeedback.

biorritmo *nm* biorhythm.

biosfera *nf* biosphere.
bióxido *nm* dioxide.
bip *nm* beep.
bipartidismo *nm* two-party system.
bipartidista *adj* two-party.
bipartito,-a *adj* bipartite.
bípedo,-a
  1 *adj* biped.
  2 **bípedo** *nm* biped.
biplano *nm* biplane.
biplaza
  1 *adj* two-seater.
  2 *nm* two-seater.
bipolar *adj* bipolar.
biquini
  1 *nm (traje de baño)* bikini.
  2 *nm* CULIN *(en Cataluña)* toasted ham and cheese sandwich.
  ▲ *Registered trademark.*
birdie *nm* DEP birdie.
birimbao *nm* Jew's harp.
birlar *vt fam* to pinch, nick.
birlibirloque **por arte de birlibirloque** as if by magic.
Birmania *nf* Burma.
birmano,-a
  1 *adj* Burmese.
  2 *nm,f (persona)* Burmese.
  3 **birmano** *nm (idioma)* Burmese.
birra *nf fam* beer.
birreactor,-ra
  1 *adj* twin-jet.
  2 **birreactor** *nm* twin-jet plane.
birrefracción *nf* birefringence, double refraction.
birreta *nf* biretta.
birrete
  1 *nm* → **birreta**.
  2 *nm* tasselled cap *worn by judges, lawyers or professors.*
birria
  1 *nf fam (cosa fea)* monstrosity.
  2 *nf (cosa mala)* rubbish: **este libro es una birria** this book is rubbish.
biruje *nm fam* → **biruji**.
biruji *nm fam* chilly wind.
bis
  1 *adv (en dirección)*: **viven en el 23 bis** they live at 23A.
  2 *adv* MÚS repeat, bis.
  3 *nm* encore.
  ▲ *pl* **bises**.
bisabuelo,-a *nm,f* great-grandparent; *(hombre)* great-grandfather; *(mujer)* great-grandmother.
bisagra *nf* hinge.
bisar *vt* to repeat.
bisbisar *vi* → **bisbisear**.
bisbisear *vi* to whisper.
bisbiseo *nm* whispering.
bisbita *nf* pipit.
  ■ **bisbita arbóreo** tree pipit.
  bisbita campestre tawny pipit.
  bisbita común meadow pipit.

biscote *nm* piece of Melba toast.
bisecar *vt* to bisect.
  ▲ *Conjugation model* [1], *like sacar.*
bisección *nf* bisection.
bisector,-triz *adj* bisecting.
bisectriz *nf* bisector, bisectrix.
  ▲ *pl* **bisectrices**.
bisel *nm* bevel.
biselado,-a
  1 *pp* → **biselar**.
  2 *adj* bevelled (US beveled).
  3 **biselado** *nm* bevelling (US beveling).
biselar *vt* to bevel.
bisemanal *adj* twice-weekly.
bisexual
  1 *adj* bisexual.
  2 *nm & nf* bisexual.
bisiesto *adj* leap, bissextile.
  ■ **año bisiesto** leap year.
bisilábico,-a *adj* → **bisílabo,-a**.
bisílabo,-a *adj* two-syllabled.
bismuto *nm* bismuth.
bisnieto,-a *nm,f* great-grandchild; *(chico)* great-grandson; *(chica)* great-granddaughter: **tiene quince bisnietos** she has fifteen great-grandchildren.
bisojo,-a *adj* cross-eyed.
bisonte *nm* bison.
bisoñé *nm* toupee, hairpiece.
bisoñez *nf* inexperience.
bisoño,-a
  1 *adj* inexperienced.
  2 *nm,f* novice.
bisté *nm* → **bistec**.
bistec *nm* steak.
bisturí *nm* scalpel.
  ▲ *pl* **bisturíes** *o* **bisturís**.
bisulfato *nm* bisulphate.
bisutería *nf* costume jewellery (US jewelry).
bit *nm* bit.
  ▲ *pl* **bits**.
bitácora *nf* binnacle.
bíter *nm* bitters *pl.*
bitoque *nm* bung, spigot.
bituminoso,-a *adj* bituminous.
biunívoco,-a *adj* one-to-one.
bivalente *adj* bivalent, divalent.
bivalvo,-a
  1 *adj* bivalve, bivalvular.
  2 **bivalvo** *nm* bivalve.
Bizancio *nm* Byzantium.
bizantino,-a
  1 *adj* Byzantine.
  2 *adj fig (discusión)* idle.
  3 *adj fig (decadente)* decadent.
bizarría
  1 *nf (valor)* bravery.
  2 *nf (generosidad)* generosity.
bizarro,-a
  1 *adj (valiente)* courageous.
  2 *adj (generoso)* generous.

bizco,-a
  1 *adj* cross-eyed.
  2 *nm,f* cross-eyed person.
bizcocho *nm* sponge, sponge cake.
biznieto,-a *nm,f* → **bisnieto,-a**.
bizquear
  1 *vi* to squint, be cross-eyed.
  2 *vt (guiñar)* to wink at.
bizquera *nf* squint.
blanca *nf* MÚS minim.
  ✦ **estar sin blanca** to be flat broke.
Blancanieves *nf* Snow White.
blanco,-a
  1 *adj* white.
  2 *adj (complexión)* fair-skinned: **tiene la piel muy blanca** she has very fair skin, she's very fair-skinned.
  3 *nm,f (gen)* white; *(hombre)* white man; *(mujer)* white woman.
  4 **blanco** *nm (color)* white.
  5 *nm (objetivo)* target, mark.
  6 *nm fig* object: **fue el blanco de todas sus críticas** he was the target of all their criticism.
  7 *nm (hueco)* blank, gap; *(en escrito)* blank space.
  8 *nm (vino)* white wine.
  ✦ **blanco y negro** black and white: **una película en blanco y negro** a black and white film.
  dar en el blanco to hit the mark; *fig* to hit the nail on the head.
  en blanco blank: **me dio un cheque en blanco** he gave me a blank cheque.
  más blanco,-a que la nieve as white as snow.
  no tener ni blanca to be flat broke.
  pasar la noche en blanco to have a sleepless night.
  quedarse en blanco *(no entender)* to fail to grasp the point; *(olvidarlo todo)* to forget everything: **me quedé en blanco** my mind went blank.
  ■ **blanco de España** whiting.
  blanco del ojo white of the eye.
blancor *nm* whiteness.
blancura *nf* whiteness.
blancuzco,-a *adj* whitish, off-white.
blandengue
  1 *adj (débil)* weak, feeble.
  2 *adj (fofo)* flabby.
blandir *vt* to brandish, wave.
  ▲ *Used only in forms which include the letter i in their endings:* **blandía, blandiré, blandiendo,** *etc.*
blando,-a
  1 *adj (gen)* soft.
  2 *adj (poco severo)* soft, lenient.
  3 *adj fig (benigno)* gentle, mild.
  4 *adj (cobarde)* cowardly.
blanducho,-a *adj* flabby.
blandura
  1 *nf* softness.
  2 *nf fig (dulzura)* gentleness, sweetness.
blanduzco,-a *adj* soft.

blanqueador,-ra
1 *adj* whitening.
2 **blanqueador** *nm (cal)* whitewash.
3 *nm (para la ropa)* whitener.

blanquear
1 *vt* to whiten, make white.
2 *vt (con cal)* to whitewash.
3 *vt (con lejía)* to bleach.
4 *vt (dinero)* to launder.
5 *vt (verduras)* to blanch.
6 *vt (pulir)* to polish.
7 *vi* to whiten, turn white.

blanquecino,-a *adj* whitish, off-white.

blanqueo
1 *nm* whitening.
2 *nm (con cal)* whitewashing.
3 *nm (de dinero)* laundering.

blasfemador,-ra
1 *adj* blasphemous.
2 *nm,f* blasphemer.

blasfemar
1 *vi (contra Dios)* to blaspheme (**contra**, against).
2 *vi (decir palabrotas)* to swear, curse.

blasfemia
1 *nf (contra Dios)* blasphemy.
2 *nf (palabrota)* curse.

blasfemo,-a
1 *adj* blasphemous.
2 *nm,f* blasphemer.

blasón
1 *nm (heráldica)* heraldry.
2 *nm (escudo)* coat of arms.
3 *nm (figura)* blazon, device.
4 *nm* fig honour (*us* honor), glory.
♦ **hacer blasón de** to boast about, vaunt.

blasonar
1 *vt* to emblazon.
2 *vi* to boast.

blástula *nf* blastula.

blazer *nm* blazer.
▲ *pl blazers.*

bledo *nm* common amaranth.
♦ **me importa un bledo** *fam* I couldn't care less, I don't give a damn.

blenorragia *nf* blenorrhagia.

blenorrea *nf* blenorrhoea (*us* blenorrhea).

blindado,-a
1 *pp* → **blindar.**
2 *adj* armoured (*us* armored), armour-plated (*us* armor-plated).
■ **coche blindado** bullet-proof car; *(furgoneta)* security van.
puerta blindada reinforced door.

blindaje
1 *nm* armour (*us* armor), armour-plating (*us* armor-plating).
2 *nm (de puerta)* reinforcing.

blindar
1 *vt* to armour-plate (*us* armor-plate).
2 *vt (puerta)* to reinforce.

bloc *nm* notepad, pad.
▲ *pl blocs.*

blocao *nm* blockhouse.

blocar *vt* DEP to block.

blofeador,-ra *nm,f* AM bluffer.

blofear *vi* AM to bluff.

blonda
1 *nf (encaje)* blond lace.
2 *nf (para tarta)* doily.

blondo,-a *adj (rubio)* blond.

bloque
1 *nm* block.
2 *nm (papel)* pad, notepad.
3 *nm* POL bloc.
♦ **en bloque** en bloc.
■ **bloque de pisos** block of flats.

bloquear
1 *vt (gen)* to block: **los manifestantes bloquearon la carretera** the demonstrators blocked the road; **el portero bloqueó el balón** the goalkeeper blocked the ball; **esto podría bloquear el proceso de paz** this could block the peace process.
2 *vt* MIL to blockade.
3 *vt (precios, cuentas)* to freeze.
4 *vt (mecanismo)* to jam; *(coche etc)* to immobilize.
5 **bloquearse** *vpr (persona)* to have a mental block.

bloqueo
1 *nm (gen)* blocking.
2 *nm* MIL blockade.
3 *nm (precios, cuenta)* freezing.
■ **bloqueo económico** trade boycott, economic boycott.
bloqueo mental mental block.
bloqueo naval naval blockade.

blues *nm* blues.
▲ *pl blues.*

bluff *nm* bluff.
▲ *pl bluffs.*

blusa *nf* blouse.

blusón *nm* loose blouse, smock.

boa
1 *nf (serpiente)* boa.
2 *nm (prenda)* boa, feather boa.
■ **boa constrictor** boa constrictor.

boato *nm* pomp, ostentation.

bobada *nf* silliness, foolishness.
♦ **decir bobadas** to talk nonsense.
hacer bobadas to act the fool.

bobalicón,-ona
1 *adj* simple.
2 *nm,f* simpleton.

bobamente *adv* foolishly.

bobear
1 *vi (hablar)* to talk nonsense.
2 *vi (actuar)* to play the fool.

bobería *nf* → **bobada.**

bóbilis **de bóbilis bóbilis** for nothing.

bobina
1 *nf* reel, bobbin.
2 *nf* ELEC coil.

bobinado *nm* winding.

bobinar *vt* to wind.

bobo,-a
1 *adj* silly, foolish.
2 *nm,f* fool.

bobsleigh *nm* bobsleigh.

boca
1 *nf* ANAT mouth.
2 *nf (de río)* mouth.
3 *nf (abertura)* entrance, opening: **hay una boca de metro en la esquina** there's an entrance to the underground on the corner.
♦ **abrir boca** to whet one's appetite.
andar en boca de todos to be the talk of the town, be on everyone's lips.
arreglarse la boca to have one's teeth seen to.
boca abajo face downwards.
boca arriba face upwards.
callarse la boca to shut up, shut one's mouth.
correr de boca en boca to be the talk of the town, be common knowledge.
en boca cerrada no entran moscas silence is golden.
hacer boca to whet one's appetite.
hacérsele la boca agua a alguien to make somebody's mouth water.
me lo has quitado de la boca you've taken the words right out of my mouth.
no abrir boca not to say a word.
no decir esta boca es mía not to say a word.
por la boca muere el pez silence is golden.
■ **boca a boca** kiss of life, mouth-to-mouth resuscitation.
boca de incendios fire hydrant.
boca del estómago pit of the stomach.
boca de riego hydrant.

bocacalle
1 *nf* entrance to a street: **tuerce por la primera bocacalle a la derecha** take the first turning on the right.
2 *nf (calle secundaria)* side street.

bocadillo
1 *nm* sandwich.
2 *nm (en cómics)* speech balloon.

bocadito *nm* profiterole.

bocado
1 *nm* mouthful.
2 *nm (piscolabis)* snack, bite to eat.
3 *nm (mordedura)* bite.
4 *nm (de caballo)* bit.
♦ **no probar bocado** not to eat a thing.
pegar un bocado a to bite.
■ **bocado de Adán** Adam's apple.
bocado de rey titbit, *us* tidbit, delicacy.

bocajarro **a bocajarro** *(disparar)* at point-blank range; *(decir algo)* point-blank.

bocallave *nf* keyhole.

bocamanga *nf* cuff.

bocamina *nf* pithead.

bocana *nf* entrance.

bocanada
1 *nf (de humo)* puff; *(de aire)* breath; *(de viento)* gust; *(de frío)* blast.
2 *nf (de líquido)* mouthful.
bocata *nm fam* sandwich, sarnie.
bocazas *nm & nf* bigmouth.
▲ *pl* bocazas.
bocera
1 *nf (escoriación)* crack *in the lips*.
2 *nf (mancha)* moustache *(us* mustache*)*.
3 **boceras** *nm & nf* bigmouth.
▲ *In 3 pl* ballets.
boceto *nm* sketch; *(proyecto)* outline.
bocha
1 *nf (bola)* bowl.
2 **bochas** *nf pl (juego)* bowls.
bochinche *nm (conmoción)* fuss, uproar; *(ruido)* racket, din, row.
bochorno
1 *nm (calor)* sultry weather, close weather, muggy weather, stifling heat; *(viento)* hot wind.
2 *nm fig (rubor)* embarrassment, shame.
bochornoso,-a
1 *adj (sofocante)* hot, sultry, muggy.
2 *adj fig (vergonzoso)* disgraceful, shameful.
bocina
1 *nf (de coche)* horn; *(de fábrica)* siren.
2 *nf (instrumento músico)* horn.
3 *nf (para ampliar la voz)* megaphone.
4 *nf (de gramófono)* horn.
✦ **tocar la bocina** to blow one's horn, sound one's horn.
bocinazo
1 *nm* hoot.
2 *nm (grito)* scream.
✦ **pegarle un bocinazo a alguien** *(en coche)* to blow one's horn at somebody; *(gritar)* to scream at somebody, shout at somebody.
bocio *nm* goitre.
bock *nm* beer mug.
▲ *pl* bocks.
bocoy *nm* large cask, large barrel.
boda *nf* marriage, wedding.
■ **bodas de oro** *(de matrimonio)* golden wedding *sing; (de ente)* fiftieth anniversary, golden jubilee.
bodas de plata *(de matrimonio)* silver wedding *sing; (de ente)* twenty-fifth anniversary, silver jubilee.
bodega
1 *nf (almacén)* wine cellar.
2 *nf (tienda)* wine shop.
3 *nf (fábrica)* winery.
4 *nf (de barco)* hold.
bodegón *nm* still life.
bodeguero,-a
1 *nm,f (de almacén)* cellarman.
2 *nm,f (vendedor)* wine merchant.
3 *nm,f (productor)* wine maker, wine producer.
bodoque
1 *nm (adorno)* raised embroidery work.
2 *nm & nf* dimwit.

bodrio *nm fam* rubbish, trash: ¡qué bodrio! what a load of rubbish!; ¡vaya bodrio de película! what a useless film!
body *nm* body.
▲ *pl* bodies.
BOE *abr* (**Boletín Oficial del Estado**) Official Gazette.
bóer *nm* Boer.
▲ *pl* bóers.
bofe *nm* lights *pl.*
✦ **echar los bofes** to slog one's guts out.
bofetada *nf* slap, slap in the face.
✦ **darle una bofetada a alguien** to slap somebody in the face.
no tener ni media bofetada to be a weed.
bofetón *nm* hard slap.
bofia *nf* **la bofia** *arg* the fuzz *pl,* the cops *pl.*
boga *nf* vogue.
✦ **estar en boga** to be in fashion.
bogar
1 *vi* to row.
2 *vi (navegar)* to sail.
▲ *Conjugation model* [7], *like* llegar.
bogavante *nm* lobster.
bogey *nm* bogey.
bogie *nm* bogie.
Bogotá *nm* Bogotá.
bogotano,-a
1 *adj* of Bogotá, from Bogotá.
2 *nm,f* person from Bogotá, inhabitant of Bogotá.
bohardilla *nf* → **buhardilla.**
bohemia *nf* → **bohemio,-a.**
Bohemia *nf* Bohemia.
bohemio,-a
1 *adj (vida etc)* bohemian.
2 *adj (de Bohemia)* Bohemian.
3 *nm,f (artista etc)* bohemian.
4 *nm,f (persona de Bohemia)* Bohemian.
5 **la bohemia** *nf* bohemian life style.
bohío *nm AM* hut.
boicot
1 *nm (no participación)* boycott.
2 *nm (sabotaje)* sabotage.
▲ *pl* boicots.
boicotear
1 *vt (no participar)* to boycott.
2 *vt (sabotear)* to sabotage.
boicoteo *nm* → **boicot.**
boina *nf* beret.
boîte *nf* nightclub.
▲ *pl* boîtes.
boj
1 *nm (árbol)* box tree.
2 *nm (madera)* boxwood.
▲ *pl* bojes.
bol *nm* bowl.
▲ *pl* boles.
bola
1 *nf (gen)* ball.
2 *nf fam* fib, lie.

✦ **no rascar bola** *(incompetente)* to make a mess of everything; *(gandul)* not to do a stroke.
■ **bola de cristal** crystal ball.
bola de nieve snowball.
bolardo *nm* bollard.
bolchevique
1 *adj* Bolshevik.
2 *nm & nf* Bolshevik.
bolcheviquismo *nm* Bolshevism.
bolchevismo *nm* Bolshevism.
bolera *nf* bowling alley.
bolero,-a^1
1 *adj* lying.
2 *nm,f* liar.
bolero,-a^2
1 *nm,f* bolero dancer.
2 **bolero** *nm (baile)* bolero.
3 *nm (prenda)* bolero, bolero jacket.
boleta *nf AM* ticket.
boletería
1 *nf AM (de teatro)* box office.
2 *nf (de estación)* ticket office.
boletero,-a *nm,f AM* ticket seller.
boletín
1 *nm (revista)* periodical.
2 *nm (de noticias)* bulletin, news bulletin.
3 *nm (impreso)* form.
4 *nm (de colegio)* report.
boleto
1 *nm* ticket.
2 *nm (quiniela)* coupon.
boli *nm fam* ballpen, biro.
boliche
1 *nm (bola pequeña)* jack.
2 *nm (juego de bolos)* bowling, skittles *pl.*
3 *nm (bolera)* bowling alley.
4 *nm (juguete)* cup-and-ball game.
bólido
1 *nm (en el espacio)* meteor, fireball.
2 *nm fam (coche)* racing car.
✦ **ir de bólido** to be rushed off one's feet.
bolígrafo *nm* ballpoint pen, ballpoint, biro.
bolillo *nm* bobbin.
bolina *nf* bowline.
✦ **ir de bolina** to sail close to the wind.
navegar de bolina to sail close to the wind.
bolinga *adj fam* pissed.
bolívar *nm* bolivar *(monetary unit of Venezuela)*.
Bolivia *nf* Bolivia.
boliviano,-a
1 *adj* Bolivian.
2 *nm,f* Bolivian.
3 **boliviano** *nm (moneda)* boliviano.
bollera *nf pey (lesbiana)* dyke.
bollería
1 *nf (establecimiento)* bakery.
2 *nf (bollos)* pastries *pl.*
bollero,-a *nm,f (fabricante)* baker, pastrycook; *(vendedor)* pastry-seller.

bollo
1 *nm (de pan)* bread roll, roll, breadbun; *(dulce)* pastry, bun.
2 *nm (abolladura)* dent.
3 *nm (chichón)* bump.
✦ **no está el horno para bollos** *fig* this is not the right time.

bolo
1 *nm* skittle, ninepin.
2 *nm (necio)* dunce, idiot.
3 **bolos** *nm pl* skittles.
▪ **bolo alimenticio** bolus.

bolsa¹
1 *nf (gen)* bag: ¿tiene una bolsa de plástico? have you got a plastic bag?
2 *nf (bajo los ojos)* bag.
3 *nf (beca)* grant, scholarship.
4 *nf (en prenda)* bag.
5 *nf (de pobreza, fraude, etc)* pocket.
6 *nf (para dinero)* purse.
7 *nf (premio)* purse.
8 *nf (de canguro etc)* pouch.
9 *nf AM* jacket.
✦ **¡la bolsa o la vida!** your money or your life!
▪ **bolsa de agua caliente** hot water bottle.
bolsa de aguas amniotic sac.
bolsa de aire air pocket.
bolsa de aseo toilet bag.
bolsa de basura rubbish bag, bin liner, *US* garbage bag.
bolsa de deportes sports bag.
bolsa de estudios scholarship.
bolsa de viaje travelling bag (*US* traveling bag).

bolsa²
1 *nf* stock exchange.
2 *nf (valores)* share prices: la bolsa ha subido dos puntos share prices are up two points.
▪ **bolsa de trabajo** *(en periódico)* job section, situations vacant.

bolsillo *nm* pocket.
✦ **de bolsillo** pocket: una calculadora de bolsillo a pocket calculator.
rascarse el bolsillo to dip into one's pocket.
sacar el dinero de su propio bolsillo *fig* to pay it out of one's own pocket.
tener a alguien en el bolsillo *fig* to have somebody eating out of one's hand, be able to twist somebody round one's little finger.

bolsín *nm* kerb market.

bolsista *nm & nf* stockbroker.

bolso *nm (gen)* bag; *(de señora)* handbag, *US* purse.
▪ **bolso de mano** bag: se puede llevar un solo bolso de mano you may take only one piece of hand luggage.

bomba¹
1 *nf (explosivo)* bomb: pusieron una bomba en el hotel they planted a bomb in the hotel.
2 *nf (noticia)* bombshell.
✦ **a prueba de bomba** bombproof.

pasarlo bomba to have a whale of a time.
▪ **bomba atómica** atomic bomb.
bomba de cobalto cobalt bomb.
bomba de gas lacrimógeno tear gas canister.
bomba de hidrógeno hydrogen bomb.
bomba de mano hand grenade.
bomba de neutrones neutron bomb.
bomba de relojería time bomb.
bomba fétida stink bomb.
bomba fumígena smoke bomb.
bomba incendiaria incendiary bomb, incendiary device.
bomba nuclear nuclear bomb.

bomba² *nf* pump.
▪ **bomba de agua** water pump.
bomba de gasolina fuel pump.

bombacho,-a
1 *adj* loose-fitting, baggy.
2 **bombachos** *nm pl* baggy trousers.

bombardear
1 *vt (con artillería)* to bombard, shell; *(desde el aire)* to bomb.
2 *vt fig* to bombard: me bombardearon a preguntas they bombarded me with questions.

bombardeo *nm (con artillería)* bombardment, shelling; *(desde el aire)* bombing.

bombardero *nm* bomber.

bombardino *nm* euphonium.

bombazo
1 *nm (explosión)* bomb blast, explosion.
2 *nm (cosa inesperada)* bombshell.
3 *nm (exitazo)* smash hit, smash.

bombear *vt (agua)* to pump.

bombeo *nm* pumping.

bombero,-a *nm (gen)* firefighter; *(hombre)* fireman; *(mujer)* firewoman.

bombilla *nf* light bulb, bulb.

bombín
1 *nm (sombrero)* bowler, bowler hat.
2 *nm (de cerradura)* cylinder.

bombo
1 *nm (tambor)* bass drum.
2 *nm (elogio)* build-up, hype.
3 *nm (para sorteo)* drum.
✦ **a bombo y platillo** with a great song and dance.
dar bombo to praise excessively.
hacer un bombo a alguien to get somebody pregnant.

bombón
1 *nm* chocolate.
2 *nm fam (persona)* knockout.

bombona *nf* cylinder.
▪ **bombona de butano** butane cylinder.

bombonera *nf* chocolate box.

bombonería *nm* sweet shop, *US* candy store.

bonachón,-ona
1 *adj* kind, good-natured.
2 *nm,f* kind soul.

bonaerense
1 *adj* of Buenos Aires, from Buenos Aires.
2 *nm & nf* person from Buenos Aires, inhabitant of Buenos Aires.

bonancible *adj (tiempo)* fair, settled; *(mar)* calm; *(viento)* light.

bonanza
1 *nf (mar)* calm sea.
2 *nf (tiempo)* fair weather.
3 *nf fig* prosperity.

bondad
1 *nf* goodness.
2 *nf (afabilidad)* kindness.
3 *nf (amabilidad)* kindness.
✦ **tener la bondad de** + *inf* to be kind enough to + *inf*: tenga la bondad de decirle que … please tell him that …

bondadoso,-a *adj* kind, good, good-natured.

bonete
1 *nm REL* biretta, cap.
2 *nm EDUC* college cap.
3 *nm (de rumiante)* reticulum.

bongó *nm* bongo.

boniato *nm* sweet potato.

bonificación
1 *nf (descuento)* discount.
2 *nf (cosa extra)* bonus.
3 *nf (mejoría)* improvement.

bonificar
1 *vt COM* to allow, discount.
2 *vt (mejorar)* to improve.
▲ *Conjugation model* [1], *like sacar.*

bonísimo,-a *adj* → **bueno,-a.**

bonito *nm (pez)* bonito, Atlantic bonito.

bonito,-a *adj* lovely, nice.

Bonn *nm* Bonn.

bono
1 *nm FIN* bond.
2 *nm (vale)* voucher.
3 *nm (billete)* ticket: he comprado un bono mensual I've bought a monthly ticket.
▪ **bono de caja** bank bond.
bono del Estado Government bond.
bono del Tesoro Treasury bond.

bonobús *nm* multiple-journey bus ticket.

bonoloto *nm* Spanish state-run lottery.

bonotrén *nm* multiple-journey train ticket.

bonsái *nm* bonsai.

bonzo *nm* bonze.
✦ **quemarse a lo bonzo** to set fire to oneself.

boñiga *nf* cow dung.

boñigo *nm* cowpat.

boom *nm* boom.

boomerang *nm* → **bumerán.**

boqueada *nf* gasp.
✦ **dar la última boqueada** to breathe one's last.

boquear
1 *vi (inspirar)* to gasp.
2 *vi (expirar)* to breathe one's last.

3 *vi (estar moribundo)* to be at death's door.

4 *vt (pronunciar)* to utter.

boquera *nf* crack *in the lips*.

boquerón *nm (pez)* anchovy.

boquete *nm* hole.

+ **abrir un boquete en** to make a hole in.

boquiabierto,-a

1 *adj* open-mouthed, agape.

2 *adj (embobado)* dumbfounded, flabbergasted, agape.

3 *adj (sin poder hablar)* speechless.

boquilla

1 *nf (de pipa, instrumento)* mouthpiece.

2 *nf (de tubo)* nozzle.

3 *nf (sujetacigarrillos)* cigarette holder.

4 *nf (filtro de cigarrillo)* tip.

5 *nf (de cigarro puro)* lit end.

bórax *nm* borax.

borbollón *nm* bubbling.

+ **a borbollones** fiercely, furiously: el petróleo salía a borbollones the oil gushed out.

Borbón *nm* Bourbon.

borbónico,-a

1 *adj* Bourbon.

2 *nm,f* Bourbonist.

borborigmo *nm* borborygmus, rumbling of the stomach.

borbotar *vi* → **borbotear.**

borbotear *vi* to bubble.

borboteo *nm* bubbling.

borbotón *nm* → **borbollón.**

borceguí *nm* ankle boot.

borda *nf* MAR gunwale.

+ **irse por la borda** to go down the drain.

tirar por la borda to throw overboard; *fig* to throw away.

bordada *nf* tack.

bordado,-a

1 *pp* → **bordar.**

2 *adj* embroidered.

3 **bordado** *nm* embroidering, embroidery.

bordador,-ra *nm,f* embroiderer.

bordadura *nf* embroidery.

bordar

1 *vt* to embroider.

2 *vt fig* to perform exquisitely.

borde[1]

1 *adj (tonto)* stupid: ¡no seas borde! don't be so stupid!

2 *adj (antipático)* unpleasant; *(malhumorado)* stroppy.

3 *adj (planta - silvestre)* wild.

4 *nm & nf* idiot.

borde[2]

1 *nm (extremo)* edge.

2 *nm (de vaso, copa)* rim.

3 *nm (de barco, carretera)* side; *(de río)* bank; *(de mar)* shore.

4 *nm (de prenda)* hem.

+ **estar al borde de** to be on the verge of.

bordear

1 *vt* to skirt, go round.

2 *vt (aproximarse)* to border on, verge on: esto bordea el ridículo this is verging on the ridiculous.

bordelés,-esa

1 *adj* of Bordeaux, from Bordeaux.

2 *nm,f* person from Bordeaux, inhabitant of Bordeaux.

bordillo *nm* kerb, US curb.

bordo *nm* MAR board.

+ **a bordo** on board.

bordón

1 *nm (palo)* staff.

2 *nm (cuerda)* bass string.

3 *nm (verso)* refrain.

boreal *adj* boreal, northern.

bóreas *nm* north wind.

borgoña *nm (vino)* Burgundy.

Borgoña *nf (región)* Burgundy.

borgoñés,-esa *adj-nm,f* → **borgoñón,-ona.**

borgoñón,-ona

1 *adj* Burgundian.

2 *nm,f* Burgundian.

bórico,-a *adj* boric.

borla

1 *nf* tassel.

2 *nf (de gorra)* pompom.

3 *nf (para polvos)* powder puff.

borne *nm* terminal.

boro *nm* boron.

borona

1 *nf (mijo)* millet.

2 *nf (maíz)* maize.

borra

1 *nf (pelusa)* fluff.

2 *nf (para cojines etc)* flock.

3 *nf (palabras de relleno)* waffle, padding.

borrachera *nf* drunken state: llevaba encima tal borrachera que no sabía dónde estaba she was so drunk she didn't know where she was; ¡estoy harta de tus borracheras! I'm fed up of you getting drunk!

+ **coger una borrachera/enganchar una borrachera/pillar una borrachera** to get drunk.

borrachín,-ina *nm,f* boozer.

borracho,-a

1 *adj (persona)* drunk.

2 *adj (pastel)* soaked in alcoholic syrup.

3 *nm,f* drunkard, drunk.

4 **borracho** *nm* sponge cake soaked in alcoholic syrup.

+ **borracho,-a como una cuba** blind drunk.

borrador

1 *nm (escrito)* rough version, first draft: aquí tienes el borrador del contrato here's the draft contract.

2 *nm (croquis)* rough sketch.

3 *nm (de pizarra)* duster.

4 *nm (goma)* eraser, GB rubber.

5 *nm (libro)* rough book.

borradura *nf* erasure.

borraja *nf* borage.

borrajear

1 *vt (escribir)* to scribble.

2 *vi (dibujar)* to doodle.

borrar

1 *vt (lo escrito)* to erase, rub out; *(superficie)* to clean: borra esa palabra rub out that word; borra la pizarra clean the blackboard.

2 *vt (cinta)* to erase.

3 *vt* INFORM to delete.

4 *vt (tachar)* to cross out, cross off: me han borrado de la lista they've crossed me off the list.

5 *vt (dar de baja)* to cancel the membership of: si no paga la cuota lo borraremos del club if he doesn't pay the fee we'll cancel his membership; me he borrado del club de golf I've resigned from the golf club.

6 **borrarse** *vpr* to disappear.

borrasca

1 *nf (ciclón)* depression, low-presssure area.

2 *nf (tormenta)* storm.

3 *nf (en un negocio etc)* bad spell, bad patch.

borrascoso,-a

1 *adj* stormy.

2 *adj fig* tempestuous.

borrego,-a

1 *nm,f* lamb.

2 *nm,f (ignorante)* moron.

+ **como borregos** like sheep.

borrico,-a

1 *nm,f (animal)* ass, donkey.

2 *nm,f fam (persona)* ass, dimwit.

borriquete *nm* sawhorse.

borrón

1 *nm (mancha)* blot, ink blot.

2 *nm fig* blemish.

3 *nm (boceto)* rough sketch.

+ **hacer borrón y cuenta nueva** to wipe the slate clean.

borronear

1 *vt (escribir)* to scribble.

2 *vt (dibujar)* to doodle.

borroso,-a *adj (visión)* blurred, hazy; *(foto)* blurred; *(idea etc)* vague, hazy.

boscaje *nm* thicket.

boscoso,-a *adj* wooded.

Bósforo *nm* Bosphorus.

Bosnia *nf* Bosnia.

■ **Bosnia-Herzegovina** Bosnia Herzegovina.

bosnio,-a

1 *adj* Bosnian.

2 *nm,f* Bosnian.

bosque *nm (pequeño)* wood; *(grande)* forest.

bosquecillo *nm* copse, spinney.

bosquejar

1 *vt (trazar rasgos)* to sketch, outline.

2 *vt (explicar sin detalles)* to outline, give an outline of.

bosquejo *nm (dibujo)* sketch; *(plan etc)* outline.

bosquimán *adj-nm & nf* → **bosquimano,-a.**

bosquimano,-a
1 *adj* Bushman.
2 *nm,f (persona)* Bushman.
3 **bosquimano** *nm (idioma)* Bushman.

bostezar *vi* to yawn.
▲ *Conjugation model* [4], *like realizar.*

bostezo *nm* yawn.

bostoniano,-a
1 *adj* Bostonian.
2 *nm,f* Bostonian.

bota¹ *nf* boot.
✦ **ponerse las botas** *fam* to stuff oneself.
■ **botas de agua** gum boots, *US* rubber boots, Wellington boots, wellingtons. **botas de esquí/botas de esquiar** ski boots.
botas militares jackboots.

bota² *nf (de vino)* wineskin.

botadura *nf* launch, launching.

botafumeiro *nm* censer.

botalón *nm* boom.

botana *nf AM* snack.

botánica *nf* botany.

botánico,-a
1 *adj* botanical.
2 *nm,f* botanist.

botanista *nm & nf* botanist.

botar
1 *vi (pelota)* to bounce.
2 *vi (persona)* to jump, jump up and down.
3 *vt (pelota)* to bounce.
4 *vt (barco)* to launch.
5 *vt fam (persona - del trabajo)* to fire, sack; *(- de un local)* to throw out, kick out, boot out.
✦ **está que bota** he's hopping mad.

botarate
1 *nm (tonto)* fool.
2 *nm AM* spendthrift.

botavara *nf* boom.

bote¹ *nm MAR* small boat.
■ **bote salvavidas** lifeboat.

bote² *nm (salto)* bounce.
✦ **a bote pronto** off the top of one's head.
dar botes *(persona)* to jump up and down; *(pelota)* to bounce.
dar botes de alegría to jump for joy.

bote³
1 *nm (lata)* tin, can.
2 *nm (tarro)* jar.
3 *nm (para propinas)* jar for tips, box for tips.
4 *nm (fondo)* kitty.
5 *nm (premio)* jackpot.
✦ **tener a alguien en el bote** to have somebody eating out of one's hand.
■ **bote de humo** smoke canister.

bote⁴ **de bote en bote** jam-packed.

botella
1 *nf* bottle.
2 *nf (de gas)* cylinder.

botellazo *nm* blow with a bottle.

botellero *nm* bottle rack, wine rack.

botellín *nm* small bottle.

botepronto *nm* drop kick.

botica *nf* pharmacy, chemist's.
✦ **hay de todo, como en botica** there's everything imaginable.

boticario,-a *nm,f* pharmacist, chemist, *US* druggist.

botija *nf* earthenware pitcher.

botijo *nm* earthenware jar *(with spout and handle for drinking).*

botín¹
1 *nm (zapato)* ankle boot.
2 *nm (cubierta)* gaiter.

botín²
1 *nm (de guerra)* spoils *pl*, booty: repartieron el botín they divided up the spoils.
2 *nm (de robo)* haul: se llevaron un botín de ocho millones they got away with eight million.
■ **botín de guerra** spoils *pl* of war.

botina *nf* ankle boot.

botiquín *nm* first-aid kit.

Botnia *nf* Bothnia.
■ **golfo de Botnia** Gulf of Bothnia.

botón
1 *nm (gen)* button: se me ha descosido un botón one of my buttons has come off; pulsa el botón rojo press the red button.
2 *nm (tirador)* knob: el botón de la puerta es de latón the doorknob is made of brass.
3 *nm BOT* bud.
4 **botones** *nm & nf (de hotel)* bellboy, *US* bellhop; *(recadero - chico)* errand boy; *(- chica)* errand girl.
■ **botón de muestra** sample.
botón de oro buttercup.

botonadura *nf* buttons *pl.*

Botsuana *nf* Botswana.

botsuanés,-esa
1 *adj* Botswanan.
2 *nm,f* Botswanan.

botulismo *nm* botulism.

boutique *nf* boutique.

bóveda *nf* vault.
■ **bóveda celeste** vault of heaven. **bóveda craneal** cranial vault. **bóveda de cañón** barrel vault. **bóveda de crucería** ribbed vault. **bóveda por arista** groin vault.

bóvido,-a
1 *adj* bovine.
2 **los bóvidos** *nm pl* the bovidae.

bovino,-a
1 *adj* bovine.
2 **bovino** *nm* bovine.
3 **bovinos** *nm pl* cattle.

box
1 *nm (de caballo)* stall.
2 *nm (en carrera de coches)* pit: el piloto tuvo que entrar en los boxes the driver had to make a pit stop.
▲ *pl boxes.*

boxeador,-ra *nm,f* boxer.

boxear *vi* to box.

boxeo *nm* boxing.

bóxer *nm (perro)* boxer.
▲ *pl bóxers.*

boya
1 *nf MAR* buoy.
2 *nf (corcho)* float.

boyante
1 *adj MAR* buoyant.
2 *adj fig* prosperous, successful, flourishing.

boyar *vt* to float.

boyardo,-a *nm,f* boyar.

boyero,-a *nm,f* oxherd.

boy scout *nm* boy scout.
▲ *pl boy scouts.*

bozal *nm* muzzle.

bozo *nm* fuzz.

bracear
1 *vi* to wave one's arms about.
2 *vi (nadar)* to swim.
3 *vi fig (forcejear)* to struggle.

bracero *nm* labourer *(US laborer).*

bracete **de bracete** arm-in-arm.

bradicardia *nf* bradycardia.

braga
1 *nf (prenda)* panties *pl*, knickers *pl.*
2 *nf fam* rubbish: esa película es una braga, no vayas a verla that film's rubbish, don't go to see it.
✦ **estar hecho,-a una braga** to be shattered, be knackered.
pillar a alguien en bragas to catch somebody with their trousers down.
▲ *In* 1, *usually used in plural.*

bragado,-a
1 *adj (malintencionado)* malicious.
2 *adj (firme)* determined.

bragadura *nm* crotch.

bragazas *nm fam* henpecked husband.
▲ *pl bragazas.*

braguero *nm* truss.

bragueta *nf* fly, flies *pl.*

braguetazo *nm fam* marriage for money.
✦ **pegar el braguetazo** to marry for money.

braguitas *nf pl* panties.

brahmán *nm* Brahman, Brahmin.

brahmánico,-a *adj* Brahmanic, Brahminic.

brahmanismo *nm* Brahmanism, Brahminism.

brahmín *nm* → **brahmán.**

braille *nm* Braille.

bramante *nm* string.

bramar
1 *vi (toro, ciervo)* to bellow.
2 *vi (persona - de cólera)* to roar, bellow; *(- de dolor)* to howl.

bramido
1 *nm (de toro, ciervo)* bellow.
2 *nm (de persona - de cólera)* bellow, roar; *(- de dolor)* howl.

Brandeburgo *nm* Brandenburg.
▪ **la Puerta de Brandeburgo** the Brandenburg Gate.

brandi *nm* brandy.
▲ *pl* **brandis**.

brandy *nm* brandy.
▲ *pl* **brandys**.

branquia *nf* gill.

branquial *adj* branchial.

braquial *adj* brachial.

brasa *nf* ember, live coal.
✦ **a la brasa** barbecued.

brasero *nm* brazier.

Brasil *nm* Brazil.

brasileño,-a
1 *adj* Brazilian.
2 *nm,f* Brazilian.

bravata
1 *nf (amenaza)* threat.
2 *nf (fanfarronada)* boast: **déjate de bravatas** stop boasting, stop showing off.

braveza
1 *nf (valor)* bravery.
2 *nf (violencia)* violence.
3 *nf (fiereza)* ferocity.

bravío,-a
1 *adj (animal)* wild, fierce.
2 *adj (planta)* wild.
3 *adj (persona)* uncouth.
4 *adj (aguas)* rough, wild.

bravo,-a
1 *adj (valiente)* brave, courageous.
2 *adj (fiero)* fierce, ferocious.
3 *adj (bueno)* fine, excellent.
4 *adj (mar)* rough.
5 *adj (enojado)* angry, violent.
6 *¡bravo! interj* well done!, bravo!
✦ **por las bravas** by force.

bravucón,-ona
1 *adj* bragging.
2 *nm,f* braggart.

bravuconada *nm* piece of bravado.

bravuconear *vi* to brag.

bravura
1 *nf (valentía)* bravery, courage.
2 *nf (fiereza)* fierceness, ferocity.

braza
1 *nf (medida)* fathom.
2 *nf (natación)* breaststroke.

brazada
1 *nf (natación)* stroke.
2 *nf (cantidad)* armful.

brazado *nm* armful.

brazal *nm* armband.

brazalete *nm* bracelet, bangle.

brazo
1 *nm (de persona)* arm.
2 *nm (de vestido)* arm, sleeve.
3 *nm (de silla, cruz, balanza)* arm.
4 *nm (de animal)* foreleg.
5 *nm (de río, candelabro, árbol)* branch.
6 *nm (de grúa)* jib.
7 **brazos** *nm pl* hands, workers.
✦ **a brazo partido** *(sin armas)* hand to hand; *(con empeño)* tooth and nail.
asidos,-as del brazo/cogidos,-as del brazo arm in arm.
con los brazos abiertos with open arms.
cruzarse de brazos to fold one's arms; *fig* to sit back and do nothing.
estar hecho,-a un brazo de mar to be dressed to kill.
no dar su brazo a torcer not to give way, stand one's ground, stand firm.
ser el brazo derecho de alguien *(hombre)* to be somebody's right-hand man; *(mujer)* to be somebody's right-hand woman.
▪ **brazo armado** military wing, military arm.
brazo de gitano ≈ swiss roll, *US* jelly roll.
brazo de mar inlet.
brazo político political wing.

brea *nf* tar, pitch.

brebaje *nm* brew, potion.

breca *nf* pandora.

brecha
1 *nf* break, opening.
2 *nf fig* breach.
✦ **abrir una brecha en** to break through.
estar en la brecha to be there.

brécol *nm* broccoli.

brega
1 *nf (lucha)* struggle, fight.
2 *nf (riña)* quarrel.

bregar
1 *vi (luchar)* to fight (**con**, against), struggle (**con**, against).
2 *vi (ajetrearse)* to work hard (**con**, at).
3 *vt (amasar)* to knead.
▲ *Conjugation model* [7], *like* **llegar**.

brema *nf* bream.

breña *nf* scrub.

breñal *nm* scrubland.

Bretaña
1 *nf (británica)* Britain.
2 *nf (francesa)* Brittany.
▪ **Gran Bretaña** Great Britain.

brete *nm* difficult position, tight spot, fix, jam.
✦ **estar en un brete** to be in a fix, be in a tight spot.
poner a alguien en un brete to put somebody in a difficult position, put somebody on the spot.

bretón,-ona
1 *adj* Breton.
2 *nm,f (persona)* Breton.
3 **bretón** *nm (idioma)* Breton.

breva
1 *nf (higo)* early fig.
2 *nf (cigarro)* flat cigar.
✦ **¡no caerá esa breva!** fat chance!, I should be so lucky!

breve
1 *adj* short, brief.
2 *nf MÚS* breve.
3 **breves** *nf pl (en periódico)* news-in-brief section *sing*.
✦ **en breve** soon, shortly.
en breves momentos soon, shortly.

brevedad *nf* brevity, briefness.
✦ **con la mayor brevedad** as soon as possible.

breviario
1 *nm REL* breviary.
2 *nm (compendio)* compendium.

brezal *nm* moor, heath.

brezo *nm* heather, heath.

bribón,-ona
1 *nm,f (sinvergüenza)* rotter.
2 *nm,f (niño)* rascal, little rascal.

bribonada *nf* dirty trick.

bricbarca *nf* barque.

bricolaje *nm* do-it-yourself, DIY.

brida
1 *nf (de caballo)* bridle.
2 *nf TÉC* flange.

bridge *nm* bridge.

brigada
1 *nf (unidad militar)* brigade.
2 *nf (de policía)* squad; *(de otros efectivos)* team.
3 *nm (soldado)* warrant officer.

brigadier *nm* brigadier.

brillante
1 *adj (extraordinario)* brilliant: **un alumno brillante** a brilliant student.
2 *adj (pelo, metal, zapatos)* shiny; *(ojos)* sparkling; *(luz, color)* bright; *(pintura)* gloss.
3 *nm (diamante)* diamond.

brillantemente *adv* brilliantly.

brillantez *nf* brilliance.

brillantina *nf* brilliantine.

brillar
1 *vi (luz, sol, luna, pelo, zapatos)* to shine.
2 *vi (ojos)* to sparkle; *(estrella)* to twinkle; *(metal, dientes)* to gleam; *(cosa húmeda)* to glisten.
3 *vi fig* to be outstanding.

brillo
1 *nm (gen)* shine.
2 *nm (de estrella)* twinkling; *(de ojos)* sparkle; *(de pelo, zapatos)* shine; *(de cosa húmeda)* glistening.
3 *nm (en televisor)* brightness.
4 *nm fig* brilliance.
✦ **sacar brillo a/dar brillo a** to shine, polish.

brincar *vi (cabra etc)* to skip; *(pájaro)* to hop; *(persona)* to leap, bound.
✦ **brincar de alegría** to jump for joy.

estar alguien que brinca to be hopping mad.

▲ *Conjugation model* [1], *like sacar.*

brinco *nm (de cabra)* skip, hop; *(de pájaro)* hop; *(de persona)* leap, bound.
✦ **dar un brinco** to skip, hop.
dar brincos to jump up and down.

brindar
1 *vi* to toast (**por**, to), drink (**por**, to): ¡brindemos por el futuro! let's drink to the future!
2 *vt (ofrecer)* to offer, provide: esto nos brinda muchas posibilidades this offers us many possibilities; **brindar a alguien una cosa** to offer something to somebody.
3 **brindarse** *vpr* to offer (**a**, to), volunteer (**a**, to): se brindó a prestarme ayuda he offered to help me.

brindis *nm* toast.
▲ *pl brindis.*

brío
1 *nm (espíritu)* spirit, verve; *(de motor)* go.
2 *nm (pujanza)* strength.
3 *nm (resolución)* determination.
4 *nm (valentía)* courage.

brioche *nm* brioche.

brioso,-a *adj (gen)* spirited; *(motor)* lively.

briqueta *nf* briquette.

brisa *nf* breeze.
▪ **brisa marina** sea breeze.

brisca *nf Spanish card game.*

británico,-a
1 *adj* British.
2 *nm,f* British person, Briton, Britisher.

brizna *nf (gen)* bit; *(hebra)* strand; *(de hierba)* blade.

broca *nf (barrena)* drill, bit.

brocado *nm* brocade.

brocal *nm (de pozo)* parapet.

brocha *nf* brush, paintbrush: pintor de brocha gorda house painter.
▪ **brocha de afeitar** shaving brush.

brochada *nf* brushstroke.

brochazo *nf* brushstroke.

broche
1 *nm (cierre)* fastener.
2 *nm (joya)* brooch.

brocheta *nf* skewer.

bróculi *nm* broccoli.

broma *nf* joke: no es broma I'm not joking, it's not a joke.
✦ **bromas aparte** joking apart.
decir algo en broma to joke about something: lo decía en broma I was joking.
entre bromas y veras half jokingly.
gastar una broma a alguien to play a joke on somebody.
no estar para bromas not to be in the mood for messing about.
tomar algo a broma to treat something as a joke, not to take something seriously.

▪ **broma de mal gusto** sick joke.
broma pesada practical joke.

bromear *vi* to joke.

bromista
1 *adj* fond of joking.
2 *nm & nf* joker.

bromo *nm* bromine.

bromuro *nm* bromide.

bronca
1 *nf (lío)* row.
2 *nf (riña)* quarrel; *(discusión)* argument; *(pelea)* fight.
3 *nf (reprimenda)* telling-off.
4 *nf (protesta del público)* noisy protests *pl*, jeers *pl*, jeering.
✦ **armar una bronca** to kick up a fuss.
echar una bronca a alguien to tell somebody off, give somebody a telling-off.

bronce
1 *nm* bronze.
2 *nm (medalla)* bronze, bronze medal.

bronceado,-a
1 *pp* → **broncear.**
2 *adj* bronzed.
3 *adj (piel)* tanned.
4 **bronceado** *nm* tan, suntan.

bronceador,-ra
1 *adj* tanning.
2 **bronceador** *nm (crema)* suntan cream, suntan lotion; *(aceite)* suntan oil.

broncear
1 *vt (metal)* to bronze.
2 *vt (persona)* to tan, suntan.
3 **broncearse** *vpr* to tan, get a tan: me bronceo fácilmente I tan very quickly, I soon tan.

bronco,-a
1 *adj (superficie)* rough; *(terreno)* rugged.
2 *adj (voz)* rough, gruff; *(tos)* rasping; *(sonido)* harsh.
3 *adj (persona)* rude, surly.

broncopulmonar *adj* bronchopulmonary.

bronquial *adj* bronchial.

bronquio *nm* bronchus.

bronquítico,-a *adj* bronchitic.

bronquitis *nf* bronchitis.
▲ *pl bronquitis.*

brontosaurio *nm* brontosaurus.

broquel *nm* shield.

broqueta *nf* skewer.

brotar
1 *vi (plantas - nacer)* to sprout; *(- echar brotes)* to come into bud.
2 *vi (agua)* to spring; *(sangre)* to flow; *(lágrimas)* to well up.
3 *vi (estallar)* to break out.
4 *vi fig* to spring: imágenes que brotan del lado oscuro del hombre images that spring from the darker side of man.
✦ **hacer brotar** to bring forth.

brote
1 *nm (renuevo)* shoot, sprout.

2 *nm (estallido)* outbreak: se ha producido un brote de neumonía there has been an outbreak of pneumonia.

broza
1 *nf (hojas)* dead leaves; *(ramitas)* dead twigs.
2 *nf (maleza)* scrub, brush.
3 *nf (suciedad)* dirt.
4 *nf (desperdicios)* rubbish.
5 *nf (palabras, paja)* waffle.

brucelosis *nf* brucellosis.
▲ *pl brucelosis.*

bruces de bruces face downwards.
✦ **caerse de bruces** to fall flat on one's face.

bruja
1 *nf (hechicera)* witch.
2 *nf (mujer - fea)* old hag; *(- malintencionada)* witch.

Brujas *nf* Bruges.

brujería *nf* witchcraft, sorcery.

brujo,-a
1 *adj* enchanting.
2 **brujo** *nm* wizard, sorcerer.

brújula *nf* compass.

bruma *nf* mist.

brumoso,-a *adj* misty.

Brunei *nm* Brunei.

bruno,-a *adj* dark brown.

bruñido,-a
1 *pp* → **bruñir.**
2 *adj* burnished.
3 **bruñido** *nm* burnishing.

bruñir *vt* to burnish, polish.
▲ *Conjugation model* [40], *like muñir.*

bruscamente *adv* sharply.

brusco,-a
1 *adj (repentino)* sudden.
2 *adj (persona)* brusque, abrupt.

Bruselas *nf* Brussels.

bruselense
1 *adj* of Brussels, from Brussels.
2 *nm & nf* person from Brussels, inhabitant of Brussels.

brusquedad
1 *nf (de carácter)* brusqueness, abruptness.
2 *nf (rapidez)* suddenness.
✦ **con brusquedad** sharply.

brut *adj* brut.

brutal
1 *adj (cruel)* brutal, savage.
2 *adj fig (enorme)* enormous, colossal.
3 *adj fig (magnífico)* terrific, fantastic.

brutalidad
1 *nf (crueldad)* brutality.
2 *nf (necedad)* stupid thing.
3 *nf (cantidad)* tremendous amount.

brutalmente *adv* brutally.

bruto,-a
1 *adj (cruel)* brutal.
2 *adj (necio)* stupid, thick.
3 *adj (tosco)* rough, coarse.
4 *adj (torpe)* clumsy.
5 *adj (grosero)* rude.

6 *adj (sueldo etc)* gross.

7 *adj (peso)* gross.

8 *adj (piedra)* rough, uncut.

9 *adj (petróleo)* crude.

10 *nm,f (persona - violenta)* brute, beast; *(necio)* ignoramus; *(grosero)* rude person.

11 bruto *nm (animal)* beast.

BSO *abr* CINEM **(Banda Sonora Original)** original soundtrack; *(abreviatura)* OST.

bubónico,-a *adj* bubonic.

bucal *adj* oral, mouth.

bucanero *nm* buccaneer.

Bucarest *nm* Bucharest.

búcaro

1 *nm (florero)* vase.

2 *nm (para beber)* earthenware drinking jar.

buceador,-ra *nm,f* diver.

bucear

1 *vi (en el agua)* to dive.

2 *vi fig (investigar)* to delve into.

buceo *nm* diving.

buche

1 *nm (de aves)* crow, crop.

2 *nm fam (del hombre)* belly.

3 *nm (pecho)* bosom.

4 *nm (lo que cabe en la boca)* mouthful.

bucino *nm* whelk.

bucle

1 *nm* curl, ringlet.

2 *nm* INFORM loop.

bucólico,-a *adj* bucolic.

Buda *nm* Buddha.

Budapest *nm* Budapest.

budín *nm* pudding.

budismo *nm* Buddhism.

budista

1 *adj* Buddhist.

2 *nm & nf* Buddhist.

buen *adj* → **bueno,-a.**

▲ *Used before a singular masculine noun.*

buenamente *adv*: haz lo que buenamente puedas just do what you can, do as much as you can, do the best you can.

buenaventura

1 *nf (futuro)* fortune, future.

2 *nf (buena suerte)* good fortune.

✦ **decirle a alguien la buenaventura** to tell somebody's fortune.

bueno,-a

1 *adj (gen)* good: es una película muy buena it's a very good film; los niños buenos obedecen a sus padres good children obey their parents; lo que necesitas es una buena taza de café what you need is a nice cup of coffee.

2 *adj (persona - amable)* kind; *(- agradable)* nice, polite.

3 *adj (tiempo)* good, nice: hizo un día muy bueno the weather was very good.

4 *adj (apropiado)* right, suitable; *(correcto)* right: no es bueno para los niños pequeños it's not suitable for small

children; esta llave no es la buena this key isn't the right one.

5 *adj (de salud)* well: ¿ya estás buena? are you better now?

6 *adj (grande)* big; *(considerable)* considerable: un buen número de participantes quite a few participants.

7 **¡bueno!** *interj (sorpresa)* well, very well; *(de acuerdo)* all right!

✦ **de buenas a primeras** *fam* all of a sudden, just like that.

estar bueno,-a to be in good health; *fam* to be good-looking.

estar de buen ver to be good-looking.

por la buenas willingly.

¡ésta sí que es buena! *fam* that's a good one!

▪ **buen humor** good humour (US humor).

buenas noches good evening.

buenas tardes good afternoon.

buenos días good morning.

la buena mesa good food.

la buena vida the good life.

▲ *See also* **buen.**

buey *nm* ox, bullock.

▪ **carne de buey** beef.

buey de mar crab.

buey marino sea cow.

búfalo *nm* buffalo.

bufanda *nf* scarf.

bufar

1 *vi (toro)* to snort.

2 *vi (persona)* to be fuming: **bufar de coraje** to be fuming with rage.

bufé *nm* buffet.

▪ **bufé libre** self-service buffet meal.

▲ *pl* **bufés.**

bufet *nm* → **bufé.**

▲ *pl* **bufetes.**

bufete

1 *nm (mesa)* writing desk.

2 *nm (de abogado)* lawyer's office: **abrir bufete** to set up as a lawyer.

bufido *nm* snort: entró en el despacho dando bufidos he came raging into the office.

bufo,-a *adj* comic, farcical, clownish.

✦ **hacer bufa de** to make fun of.

▪ **ópera bufa** comic opera.

bufón,-ona

1 *adj* buffoon.

2 *nm,f* buffoon, jester.

bufonada *nf* piece of buffoonery.

✦ **hacer bufonadas** to clown around.

bufonesco,-a *adj* comical, clownish.

buganvilla *nf* bougainvillaea.

bugui-bugui *nm* boogie-woogie.

buharda

1 *nf (ventana)* dormer window.

2 *nf (desván)* attic.

buhardilla *nf* → **buharda.**

búho *nm* owl.

▪ **búho real** eagle owl.

buhonería

1 *nf (actividad)* peddling, hawking.

2 *nf (mercancías)* wares.

buhonero,-a *nm,f* pedlar, hawker.

buitre *nm (ave y persona)* vulture.

buitrear *vt* to scrounge.

bujarrón

1 *adj fam* queer.

2 *nm fam* queer.

bujía

1 *nf (de motor)* spark plug.

2 *nf (vela)* candle.

3 *nf (candelero)* candlestick.

bula *nf (documento)* bull, papal bull.

bulbo *nm* bulb.

▪ **bulbo raquídeo** medulla oblongata.

bulboso,-a *adj* bulbous.

buldog *nm* bulldog.

bulerías *nf pl* song and dance from Andalusia.

bulevar *nm* boulevard.

Bulgaria *nf* Bulgaria.

búlgaro,-a

1 *adj* Bulgarian.

2 *nm,f (persona)* Bulgarian.

3 **búlgaro** *nm (idioma)* Bulgarian.

bulimia *nf* bulimia.

bulla

1 *nf (ruido)* din, uproar, racket, row.

2 *nf (multitud)* crowd.

bullabesa *nf* bouillabaisse.

bullanga *nf* racket.

bullanguero,-a

1 *adj (alborotador)* noisy, rowdy.

2 *adj (juerguista)* fun-loving.

3 *nm,f (alborotador)* rowdy.

4 *nm,f (juerguista)* fun-lover.

bulldozer *nm* bulldozer.

bullicio

1 *nm (ruido)* noise, racket.

2 *nm (tumulto)* bustle, hustle and bustle, hurly-burly.

bullicioso,-a

1 *adj (ruidoso)* noisy.

2 *adj (animado)* lively; *(con ajetreo)* busy.

bullir

1 *vi (líquido - hervir)* to boil; *(- agitarse)* to bubble up; *(mar)* to seethe; *(calle etc)* to swarm with, seethe with.

2 *vi (insectos)* to swarm; *(gente)* to bustle about.

▲ *Conjugation model* [41], *like* **mullir.**

bulo *nm* false rumour (US rumor), unfounded rumour (US rumor).

bulto

1 *nm (tamaño)* volume, size, bulk.

2 *nm (forma)* shape, form.

3 *nm (abultamiento - en cosa)* bulge; *(- en piel)* lump: el pañuelo te hace un bulto en el bolsillo your handkerchief makes a bulge in your pocket; tiene un bulto en el pecho she has a lump on her breast.

4 *nm (equipaje)* piece of luggage, item of luggage; *(fardo)* bundle; *(paquete)* package.

✦ **a bulto** roughly.

de bulto serious, important.

hacer bulto to take up space.

bum *interj* boom!

bumerán *nm* boomerang.

bumerang *nm* → **bumerán**.

bungalow *nm* bungalow.
- ▲ *pl* bungalows.

búnker *nm* bunker.
- ▲ *pl* búnkers.

buñuelo *nm* fritter: buñuelos de bacalao cod fritters.

BUP *abr* EDUC (**Bachillerato Unificado Polivalente**) former General Certificate of Secondary Education studies.

buque *nm* MAR ship, vessel.
- ■ buque cisterna tanker.
  buque de cabotaje coaster.
  buque de carga cargo ship.
  buque de guerra warship.
  buque de vapor steamer.
  buque de vela sailing ship.
  buque escuela training ship.
  buque factoría factory ship.
  buque insignia flagship.
  buque mercante merchant ship.
  buque tanque tanker.

buqué *nm* bouquet.

burbuja *nf* bubble.
- ✦ con burbujas *(bebida)* fizzy.
  sin burbujas *(bebida)* still.

burbujeante *adj* bubbling.

burbujear *vi* to bubble.

burbujeo *nm* bubbling.

burdégano *nm* hinny.

burdel *nm* brothel.

burdeos
- 1 *adj* maroon, burgundy.
- 2 *nm (color)* maroon, burgundy.
- 3 *nm (vino - en general)* Bordeaux; *(- tinto)* claret.

Burdeos *nm* Bordeaux.

burdo,-a
- 1 *adj (tejido)* coarse, rough.
- 2 *adj (persona)* coarse, crude.

bureo ir de bureo *fam* to go out on the town.

bureta *nf* burette (US buret).

burgalés,-esa
- 1 *adj* of Burgos, from Burgos.
- 2 *nm,f* person from Burgos, inhabitant of Burgos.

burger *nm fam* burger bar.

burgo *nm walled* town.

burgomaestre *nm* burgomaster.

burgués,-esa
- 1 *nm,f* bourgeois, middle-class.
- 2 *nm,f* member of the middle-class.

burguesía *nf* bourgeoisie, middle class.
- ■ alta burguesía upper middle-class.

buril *nm* burin.

burilar *vt* to engrave.

Burkina Faso *nm* Burkina Faso.

burla
- 1 *nf (mofa)* mockery, gibe.
- 2 *nf (broma)* joke.
- 3 *nf (engaño)* deception, trick.
- ✦ en son de burla in fun, tongue in cheek.
  entre burlas y veras half-jokingly.

burladero *nm* barrier behind which a bullfighter may take refuge from the bull.

burlador,-ra
- 1 *adj* mocking, deceiving.
- 2 **burlador** *nm* ladies' man.

burlar
- 1 *vt* to deceive, trick.
- 2 *vt (eludir)* to dodge, evade.
- 3 **burlarse** *vpr* to mock (**de**, -), make fun (**de**, of), laugh (**de**, at).

burlesco,-a *adj* burlesque, comical.

burlete *nm* draught excluder.

burlón,-ona
- 1 *adj* mocking.
- 2 *nm,f* joker.

burlonamente *adv* quizzically.

buró *nm* writing desk, bureau.

burocracia
- 1 *nf* bureaucracy.
- 2 *nf pey* red tape.

burócrata *nm & nf* bureaucrat.

burocrático,-a *adj* bureaucratic.

burrada
- 1 *nf* drove of asses.
- 2 *nf fig* foolishness, blunder.
- 3 *nf* una burrada *fam (cantidad)* loads *pl*, lots *pl*, tons *pl*: había una burrada de gente there were loads of people; gasté una burrada I spent a fortune.
- 4 *nf fam* a lot: me gusta una burrada I love it.
- ✦ decir burradas to talk rubbish, talk nonsense.

burro,-a
- 1 *adj* stupid.
- 2 *nm,f (animal)* donkey, ass.
- 3 *nm,f (persona ignorante)* ass.
- 4 **burro** *nm (de carpintero)* sawhorse.
- ✦ apearse del burro/bajarse del burro to climb down.
  no ver tres en un burro to be as blind as a bat.
  no verse tres en un burro to be pitch dark.
- ■ burro de carga workhorse.

bursátil *adj* stock-exchange: las autoridades bursátiles de Londres the London stock-exchange authorities.

bursitis *nf* bursitis.
- ▲ *pl* bursitis.

burundés,-esa
- 1 *adj* Burundian.
- 2 *nm,f* Burundian.

Burundi *nm* Burundi.

bus
- 1 *nm* AUTO bus.
- 2 *nm* INFORM bus.
- ▲ *pl* buses.

busca
- 1 *nf* search, hunt.
- 2 *nm fam* bleeper, pager.
- ✦ ir en busca de to search for, hunt for.

buscador,-ra
- 1 *adj* searching.
- 2 *nm,f* searcher, seeker.

- 3 **buscador** *nm (anteojo)* finder.
- 4 *nm* INFORM search engine.

buscapersonas *nm* bleeper, pager.

buscapiés *nm* jumping jack, cracker.
- ▲ *pl* buscapiés.

buscapleitos *nm & nf* troublemaker.
- ▲ *pl* buscapleitos.

buscar
- 1 *vt (gen)* to look for, search for: busco a un hombre que se llama Pedro I'm looking for a man called Pedro; la policía busca a un hombre de unos treinta años the police are searching for a man of about thirty; hay que buscar una solución al problema we have to find a solution to the problem.
- 2 *vt (en lista, índice, etc)* to look up: búscalo en el diccionario look it up in the dictionary.
- 3 *vt (ir a coger)* to go and get, fetch: ves a buscar pan go and get some bread; busca una médico, ¡rápido! fetch a doctor, quick!
- 4 *vt (recoger)* to pick up: iré a buscarte a la estación I'll pick you up at the station, I'll meet you at the station; a la una voy a buscar a los chicos al colegio at one o'clock I go to pick the children up from school.
- 5 *vt (intentar conseguir)* to try to achieve: no sé qué buscan con esto I don't know what they're trying to achieve with this.
- 6 *vi (mirar)* to look: he buscado en todas partes I've looked everywhere.
- ✦ buscársela *fam* to be looking for trouble: se la estaba buscando y la encontró she was looking for trouble and she found it.
  buscarse la vida *fam* to try and earn one's living.
  "Se busca ..." "... wanted".
- ▲ *Conjugation model* [1], *like* sacar.

buscavidas
- 1 *nm & nf* go-getter.
- 2 *nm & nf (chismoso)* snooper, busybody.
- ▲ *pl* buscavidas.

buscón,-ona *nm,f (ladrón)* petty thief.

buscona *nf* whore.

búsqueda *nf* search.

busto
- 1 *nm (figura)* bust.
- 2 *nm (pecho - de mujer)* bust; *(- de hombre)* chest.

butaca
- 1 *nf (sillón)* armchair.
- 2 *nf* TEAT seat.

butacón *nm* easy chair.

butano *nm* butane.

buten de buten *loc* great, fantastic.

butifarra *nf type of* pork sausage.

Buyumbura *nf* Bujumbura.

buzo *nm* diver.

buzón *nm* letter box, US mailbox.
- ✦ echar una carta al buzón to post a letter.

buzoneo *nm* leafleting.

byte *nm* INFORM byte.

C

C, c *nf (la letra)* C, c.

c/[1] *abr* (**calle**) street, road; *(abreviatura)* St., Rd.

c/[2] *abr* (**cargo**) cargo, freight.

c/[3] *abr* (**cuenta**) account; *(abreviatura)* a/c, acc, acct.

c. *abr* (**capítulo**) chapter; *(abreviatura)* ch.

C[1] *sím* (**Celsius**) Celsius; *(símbolo)* C.

C[2] *sím* (**centígrado**) centigrade; *(símbolo)* C.

C/ *abr* (**calle**) street, road; *(abreviatura)* St., Rd.

C. *abr* (**compañía**) Company; *(abreviatura)* Co.

Cª. *abr* (**compañía**) Company; *(abreviatura)* Co.

ca *interj* not at all!, not a bit of it!, never!

cabal
1 *adj (exacto)* exact, precise: **aquí hay ochocientos euros cabales** there are exactly eight hundred euros.
2 *adj (completo)* complete: **el juego de ajedrez no está cabal** the chess set isn't complete.
3 *adj fig (persona)* honest, upright.
✦ **a carta cabal** totally, through and through: **es sincero a carta cabal** he's totally sincere.
estar en sus cabales to be in one's right mind.

cábala
1 *nf (ciencia oculta)* cabala, cabbala.
2 *nf fig (conjetura)* guess, divination.
3 *nf fig (intriga)* plot.
✦ **hacer cábalas sobre algo** *fig* to speculate about something.
▲ *In 2, also used in plural with the same meaning.*

cabalgada
1 *nf (tropa)* troop of riders.
2 *nf (correría)* cavalry raid.

cabalgadura
1 *nf (bestia en que se cabalga)* mount.
2 *nf (bestia de carga)* beast of burden.

cabalgar
1 *vi (sobre un animal)* to ride (**en/sobre**, -): **cabalgó sobre un caballo blanco** she rode a white horse.

2 *vi (sobre otra cosa)* to straddle (**sobre**, -), sit astride (**sobre**, -): **el niño cabalgaba sobre la silla** the boy sat astride the chair.
3 *vt* to ride.
4 *vt (cubrir a una hembra)* to cover, mount.
▲ *Conjugation model [7], like llegar.*

cabalgata *nf* cavalcade.
■ **la cabalgata de los Reyes Magos** the procession of the Three Wise Men.

cabalista
1 *nm & nf* cabalist, cabbalist.
2 *nm & nf fig* intriguer, schemer.

cabalístico,-a
1 *adj* cabalist, cabbalistic.
2 *adj fig* hidden, occult.

caballa *nf* mackerel.

caballada *nf* drove of horses.

caballar *adj* equine, horse.
■ **raza caballar** equine race.

caballeresco,-a *adj* chivalrous, knightly.

caballería
1 *nf (cabalgadura)* mount.
2 *nf MIL* cavalry.
3 *nf HIST* chivalry, knighthood.
■ **caballería andante** knight errantry.
caballería ligera light cavalry.
libros de caballerías novels of chivalry.

caballeriza
1 *nf (cuadra)* stable.
2 *nf (personal)* stable hands *pl*, grooms *pl*.
3 *nf (conjunto de caballos)* stud.

caballerizo *nm* groom, stableboy, stableman.
■ **caballerizo mayor del rey** Master of the King's Horses.

caballero,-a
1 *adj* riding, mounted: **caballero en su rocín** riding a nag.
2 *adj fig (obstinado)* obstinate, stubborn: **es caballero en su propósito** he's very determined.
3 *nm* **caballero** gentleman, sir: **camisas de caballero** men's shirts, gentlemen's shirts.
4 *nm HIST* knight, cavalier.

5 *nm (hombre generoso, cortés)* gentleman.
6 *nm (noble)* gentleman.
✦ **armar caballero a alguien** to knight somebody.

caballerosamente *adv* chivalrously.

caballerosidad *nf* chivalry.

caballeroso,-a *adj* chivalrous, noble.

caballete
1 *nm (de pintor)* easel.
2 *nm ARQ* ridge.
3 *nm TÉC* trestle.
4 *nm (de nariz)* bridge.

caballista
1 *nm & nf (que entiende de caballos)* horse expert.
2 *nm & nf (que monta bien)* good rider.

caballito
1 *nm* small horse.
2 **caballitos** *nm pl (tiovivo)* merry-go-round *sing*, US carrousel *sing*.
■ **caballito de mar** sea horse.
caballito del diablo dragonfly.

caballo
1 *nm ZOOL* horse.
2 *nm TÉC* horsepower.
3 *nm (ajedrez)* knight.
4 *nm (naipes)* queen.
5 *nm arg (heroína)* junk, horse, scag, smack.
✦ **a caballo** on horseback.
a caballo entre ... *fig* halfway between ...
a caballo regalado no le mires el dentado *fig* don't look a gift horse in the mouth.
montar a caballo to ride.
■ **caballo de batalla** *fig* hobbyhorse.
caballo de carreras racehorse.
caballo de tiro cart horse.

caballón *nm* ridge.

caballuno,-a *adj* horsey, horse-like.

cabalmente *adv* exactly.

cabaña
1 *nf (choza)* cabin, hut, shack.
2 *nf (conjunto de ganados)* livestock: **la cabaña pirenaica** Pyrenean livestock.

cabañal
  1 *adj* animal.
  2 *nm* hamlet.
  ■ **camino cabañal** animal track.

cabaré *nm* cabaret, nightclub.
  ▲ *pl cabarés.*

cabaret *nm* cabaré.
  ▲ *pl cabarets.*

cabaretera *nf* cabaret entertainer.

cabe[1] *prep arc* next to.

cabe[2] *nm fam* header.

cabecear
  1 *vi (mover la cabeza)* to move one's head; *(para negar)* to shake one's head.
  2 *vi (dar cabezadas)* to nod.
  3 *vi (inclinarse)* to lean, slope.
  4 *vi MAR* to pitch.
  5 *vt DEP* to head.

cabeceo
  1 *nm (movimiento de la cabeza)* nodding, shaking; *(negación)* shaking.
  2 *nm (al dormirse)* nodding, nod.
  3 *nm MAR* pitching.

cabecera
  1 *nf (gen)* top, head.
  2 *nf (de cama)* headboard.
  3 *nf (de mesa)* head.
  4 *nf (de un río)* source, headwaters *pl.*
  5 *nf (de un periódico)* headline; *(de un libro)* headband.
  6 *nf (de una iglesia)* sanctuary.

cabecero *nm* headrest.

cabecilla *nm & nf* leader.

cabellera
  1 *nf* hair, head of hair.
  2 *nf (de cometa)* tail.

cabello
  1 *nm* hair.
  2 **cabellos** *nm pl (barbas de la mazorca)* corn silk *sing.*
  ■ **cabello de ángel** *(dulce)* sweet pumpkin preserve; *(pasta de sopa)* vermicelli.

cabelludo,-a
  1 *adj (persona)* hairy.
  2 *adj (planta, fruta)* downy.
  ■ **cuero cabelludo** scalp.

caber
  1 *vi (encajar)* to fit (**en**, into): **cabe ahí arriba** it'll fit up there; **no cabe más en la maleta** there isn't room for anything else in the suitcase; **en esta lata caben diez litros** this can holds ten litres.
  2 *vi (pasar)* to fit, go: **el sofá no cabe por la puerta** the sofa won't go through the door.
  3 *vi (ser posible)* to be possible: **cabe la posibilidad de que vengan** they might come; **cabe decir que ...** it's possible to say that ..., it can be said that ...; **no cabe ningún cambio** no changes may be made.
  4 *vi fml (corresponder)* to have: **me cupo el honor de recibirlos** I had the honour of welcoming them.

5 *vi MAT* to go: **ocho entre dos caben a cuatro** two into eight goes four times, eight divided by two is four.
  ✦ **dentro de lo que cabe** all things considered, considering.
    no cabe duda there is no doubt.
    no caber en sí de gozo *fig* to be beside oneself with joy.
    no me cabe en la cabeza *fig* I can't believe it, I can't understand it.
    si cabe if possible.
  ▲ *Conjugation model* [66].

cabestrar *vt* to halter.

cabestrillo *nm* sling: **llevaba el brazo en cabestrillo** she had her arm in a sling.

cabestro
  1 *nm (dogal)* halter.
  2 *nm (animal)* leading ox.

cabeza
  1 *nf (gen)* head: **diez mil por cabeza** ten thousand a head; **dos mil cabezas de ganado** two thousand head of cattle.
  2 *nf fig (juicio)* good judgement; *(talento)* talent, intelligence: **tiene una buena cabeza** she's intelligent.
  3 *nf (de región)* main town.
  4 *nm (jefe)* head, leader: **el cabeza de familia** the head of the family.
  ✦ **a la cabeza de** at the front of, at the top of: **a la cabeza de la lista** at the top of the list.
    andar de cabeza/ir de cabeza to be rushed off one's feet: **andamos de cabeza estos días** we've been rushed off our feet for the past few days.
    andar de cabeza por alguien to be crazy about somebody.
    cabeza abajo upside down.
    cabeza arriba the right way up, upright.
    calentarse la cabeza por algo to get worked up about something.
    darse de cabeza contra algo to bang one's head against something.
    de cabeza *(mentalmente)* in one's head; *(de memoria)* from memory.
    de pies a cabeza from head to toe, from top to toe.
    estar mal de la cabeza *fig* not to be right in the head.
    írsele a uno la cabeza *fig* to feel dizzy.
    meterse algo en la cabeza *fam* to get something into one's head.
    no levantar cabeza *fam (en deporte)* not to find form; *(en negocios)* not to get off the ground.
    no tener ni pies ni cabeza *fig* to be absurd, make no sense.
    pasarle a alguien por la cabeza *fig* to occur to somebody.
    perder la cabeza *fig* to lose one's head.
    quitarle a alguien algo de la cabeza *fig* to talk somebody out of something.
    quitarse algo de la cabeza to get something out of one's head, forget something.

    ser un cabeza dura to be stubborn.
    subirse algo a la cabeza *fig* to go to one's head.
    tengo la cabeza como un bombo *fam* my head is splitting.
    tirarse de cabeza to dive head first (**a/en**, into).
    traer a alguien de cabeza/llevar a alguien de cabeza to drive somebody crazy, drive somebody mad.
    volver la cabeza to look round.
  ■ **cabeza cuadrada** *fam* bigot.
    cabeza de ajo bulb of garlic.
    cabeza de chorlito *fam* scatterbrain.
    cabeza de espárrago asparagus tip.
    cabeza de lista main candidate.
    cabeza de partido administrative capital.
    cabeza de puente bridgehead.
    cabeza de turco scapegoat.
    cabeza hueca *fam* scatterbrain.
    cabeza loca *fam* scatterbrain.
    cabeza rapada skinhead.

cabezada
  1 *nf (golpe recibido)* blow on the head; *(golpe dado)* butt, head butt.
  2 *nf (saludo, al dormirse)* nod.
  3 *nf (correaje)* cavesson.
  4 *nf MAR* pitch, pitching.
  ✦ **dar cabezadas** *fam* to nod.
    darse de cabezadas *fam* to rack one's brains.
    echar una cabezada *fam* to have a snooze.

cabezal
  1 *nm TÉC* head, headstock.
  2 *nm (de tocadiscos)* pick-up.
  3 *nm (almohada)* pillow.
  4 *nm (vendaje)* compress.

cabezazo
  1 *nm (golpe recibido)* blow on the head; *(golpe dado)* butt.
  2 *nm DEP* header.
  ✦ **dar un cabezazo** *DEP* to head the ball.

cabezón,-ona
  1 *adj fam (de cabeza grande)* with a big head.
  2 *adj fam fig (terco)* pig-headed, stubborn.
  3 *nm,f fam (de cabeza grande)* person with a big head.
  4 *nm,f fam fig (terco)* pig-headed person, stubborn person.

cabezonada *nf fam* pig-headed action.

cabezonería
  1 *nf fam (obstinación)* pig-headedness, stubbornness.
  2 *nf fam (cabezonada)* pig-headed action.

cabezota
  1 *adj fam fig (terco)* pig-headed, stubborn.
  2 *nm & nf fam (de cabeza grande)* person with a big head.
  3 *nm,f fam fig (terco)* pig-headed person, stubborn person.

cabezudamente *adv* pig-headedly.

cabezudo,-a
1 adj (de cabeza grande) bigheaded.
2 adj fig (terco) pig-headed, stubborn.
3 adj fig (vino) heady.
4 cabezudo nm bigheaded dwarf (in a procession).
5 nm (pez) mullet.

cabezuela
1 nf (harina) second-grade flour.
2 nf BOT flower head.

cabida
1 nf capacity, room, space: el salón tiene cabida para cincuenta personas the hall holds fifty people; aquí no hay cabida para los gandules there's no room for idlers here.
2 nf (extensión) area, extension.
✦ dar cabida a to leave room for.

cabildada nf fam abuse of authority.

cabildear vi to scheme, intrigue.

cabildeo nm scheming, intriguing.

cabildo
1 nm (de iglesia) chapter.
2 nm (ayuntamiento) town council; (sala del ayuntamiento) town hall; (junta del ayuntamiento) council meeting.

cabina
1 nf (gen) cabin, booth.
2 nf (de barco, avión) cabin.
■ cabina de proyección projection room.
cabina telefónica telephone box, US telephone booth.

cabizbajo,-a adj crestfallen.

cable[1] nm (maroma) cable.
✦ echarle un cable a alguien fam to give somebody a hand.

cable[2] nm (cablegrama) cablegram, cable.

cableado nm wiring.

cablegrafiar vt to cable, send a cable.
▲ Conjugation model [13], like desviar.

cablegrama nm cablegram, cable.

cablevisión nf cable television.

cabo
1 nm (extremo) end, stub.
2 nm (parte pequeña) bit, piece: un cabo de cuerda a bit of string.
3 nm fig end: al cabo de un mes in a month's time; cambió de residencia al cabo de un mes he moved house a month later.
4 nm (cuerda) rope, line.
5 nm GEOG cape.
6 nm MIL corporal.
✦ al cabo finally.
atar cabos/juntar cabos fig to put two and two together.
de cabo a rabo from head to tail.
estar al cabo (de la calle) fig to be in on it, know what's going on.
llevar a cabo to carry out.
no dejar cabo suelto fig to leave no loose ends.
■ Cabo Cañaveral Cape Canaveral.
Cabo de Buena Esperanza Cape of Good Hope.
Cabo de Hornos Cape Horn.

Cabo Verde Cape Verde.
Ciudad del Cabo Cape Town.

cabotaje nm cabotage, coastal traffic.
■ barco de cabotaje coaster.

caboverdiano,-a
1 adj Cape Verdean.
2 nm,f Cape Verdean.

cabra nf goat.
✦ estar como una cabra fam to be off one's rocker, be nuts.
■ cabra montés wild goat, chamois.

cabracho nm scorpion fish.

cabrahigar vt to hang skewered wild figs on a fig tree in the belief that the tree will produce more fruit.
▲ Conjugation model [25].

cabrahígo nm (higuera) wild fig tree; (fruto) wild fig.

cabrales nm type of blue cheese.
▲ pl cabrales.

cabré fut → caber.

cabreado,-a
1 pp → cabrear.
2 adj fam furious, pissed off.

cabrear
1 vt fam to annoy, make angry.
2 cabrearse vpr fam to get angry, get worked up.

cabreo nm fam anger.
✦ agarrar un cabreo/coger un cabreo/pillar un cabreo fam to fly off the handle, hit the roof.
tener un cabreo/llevar un cabreo fam to be in a foul mood, be pissed off.

cabrero nm goatherd.

cabrestante nm capstan.

cabria nf gin.

cabrilla
1 nf (trípode) sawhorse.
2 cabrillas nf pl (manchas) scorch marks on the legs.
3 nf pl (pequeñas olas) white horses, whitecaps.
✦ hacer cabrillas to play ducks and drakes, skim stones.
jugar a salta cabrilla to play leapfrog.

cabrillear
1 vi (formar olas) to break into white horses.
2 vi (rielar) to glisten.

cabrio nm joist.

cabrío,-a
1 adj caprine, goatish.
2 cabrío nm (rebaño) herd of goats.

cabriola
1 nf (brinco) caper, skip.
2 nf (salto de caballo) capriole.
3 nf fig (voltereta) somersault.

cabriolé nm arc cabriolet.

cabritilla nf kid, kidskin.

cabrito
1 nm ZOOL kid.
2 nm arg (cabrón) bugger, bastard.
3 nm fig (que consiente el adulterio) cuckold.

cabrón,-ona
1 nm,f tabú (hombre) bastard; (mujer) bitch.
2 cabrón nm ZOOL he-goat, billy-goat.
3 nm tabú (que consiente el adulterio) cuckold.

cabronada nf tabú dirty trick.
✦ hacer una cabronada a alguien tabú to do the dirty on somebody, play a dirty trick on somebody.

cabronazo nm tabú bastard, fucker.

cabuchón nm cabochon.

cabujón nm → cabujón.

cabuya nf agave, pita.

caca
1 nf fam euf (excremento) pooh: ¿has hecho caca? have you been to the toilet?; ¿tienes caca? do you want to go to the toilet?; el niño ha hecho caca the baby's dirtied his nappy.
2 nf fam (en lenguaje infantil) dirt: deja eso, que es caca leave it, it's dirty.
3 nf fig shit, rubbish: esa película es una caca that film is shitty, that film is rubbish.

cacahual nm cacao plantation.

cacahuate nm → cacahuete.

cacahuete
1 nm (planta) groundnut.
2 nm (fruto) peanut.

cacahuey nm → cacahuete.

cacao
1 nm BOT cacao.
2 nm (polvo, bebida) cocoa.
3 nm fam (jaleo) mess, cockup.
✦ tener un cacao mental fam to be confused, US be screwed up.

cacaotal nm cacao plantation.

cacareado,-a
1 pp → cacarear.
2 adj hackneyed.

cacarear
1 vi (gallina) to cluck; (gallo) to crow.
2 vt fam fig to crow about, brag about.

cacareo
1 nm (de gallina) clucking; (de gallo) crowing.
2 nm & nf fam fig boasting, bragging.

cacatúa
1 nf (ave) cockatoo.
2 nf fam fig (mujer fea, vieja) old hag, old bag.

cacera nf irrigation ditch.

cacereño,-a
1 adj of Cáceres, from Cáceres.
2 nm,f person from Cáceres, inhabitant of Cáceres.

cacería nf hunting, hunt.
✦ ir de cacería to go hunting.

cacerola nf saucepan, casserole.

cacha
1 nf (de una arma) butt.
2 nf fam thigh.
3 cachas nm fam (hombre musculoso) hunk.

+ **estar cachas** *fam* to be muscly.
estar metido,-a en algo hasta las cachas to be up to one's eyeballs in something.

cachalote *nm* cachalot, sperm whale.

cacharrazo *nm fam* blow, punch.

cacharrería *nf* pottery shop.

cacharrero,-a *nm,f* pottery dealer.

cacharro
1 *nm (de cocina)* crock, piece of crockery.
2 *nm fam (cosa)* thing, piece of junk: **¿qué es ese cacharro?** what's that thing over there?
3 *nm fam pey (coche)* banger.

cachava *nf children's game similar to croquet.*

cachaza
1 *nf (lentitud)* slowness, sluggishness.
2 *nf (flema)* phlegm.
3 *nf (aguardiente)* rum.

cachazudo,-a
1 *adj (lento)* slow, sluggish.
2 *adj (flemático)* phlegmatic.

caché
1 *nm* → **cachet.**
2 *nm INFORM* cache.
■ **memoria caché** cache memory.

cachear *vt* to search, frisk.

cachemir
1 *adj* Kashmiri.
2 *nm & nf* Kashmiri.
3 **cachemir** *nm (tejido)* cashmere.

cachemira *nf (tejido)* cashmere.

Cachemira *nf* Kashmir.

cacheo *nm* searching, frisking.

cachet
1 *nm (elegancia)* cachet.
2 *nm (cotización de un artista)* fee.
▲ *pl* cachets.

cachetada *nf* slap.

cachete
1 *nm (bofetada)* slap.
2 *nm (golpe)* blow, punch.
3 *nm (carrillo)* cheek.

cachetero
1 *nm (puñal)* dagger.
2 *nm (en tauromaquia)* person who finishes off the bull with a dagger.

cachicuerno,-a *adj* with a horn handle.

cachifollar *vt fam* to squash, flatten.

cachimba *nf* pipe.

cachipolla *nf* mayfly, ephemera.

cachiporra *nf* club, truncheon.

cachiporrazo *nm* blow with a club, clubbing.

cachirulo
1 *nm (en Aragón)* neckerchief.
2 **cachirulos** *nm pl fam* things.

cachivache *nm fam* thing, piece of junk, knick-knack.

cacho *nm fam* bit, piece.
+ **¡cacho de bestia/animal!** you beast!
ser un cacho de pan to be an angel, be a dear.

cachón *nm* breaker.

cachondearse *vpr fam* to take the mickey (**de**, out of), make fun (**de**, of): **¿te estás cachondeando de mí?** are you taking the mickey out of me?

cachondeo
1 *nm fam (jarana)* messing about.
2 *nm fam (burla)* joke.
+ **armar cachondeo** *fam* to lark about.
estar de cachondeo to be joking.
irse de cachondeo to go out on the town.
tomarse algo a cachondeo *fam* to treat something as a joke.

cachondo,-a
1 *adj (excitado)* hot, randy, horny.
2 *adj fam* funny.

cachorrillo *nm* small pistol.

cachorro,-a *nm,f (de perro)* pup, puppy; *(de gato)* kitten; *(de león, oso, zorro, tigre)* cub; *(de otros mamíferos)* young.

cachucha
1 *nf (bote)* small rowing boat.
2 *nf (gorra)* cap.

cacica
1 *nf (jefa india)* chief, cacique.
2 *nf POL* local political boss.
▲ *See also* cacique.

cacillo *nm* dipper.

cacique
1 *nm (jefe indio)* chief, cacique.
2 *nm POL* local political boss.
3 *nm fig (déspota)* tyrant.
▲ *See also* cacica.

caciquil *adj pey* despotic.

caciquismo
1 *nm POL* caciquism.
2 *nm fig (despotismo)* despotism.

caco *nm fam* thief.

cacofonía *nf* cacophony.

cacofónico,-a *adj* cacophonous, cacophonic.

cacosmia *nf* cacosmia.

cacto *nm* cactus.

cactus *nm* cactus.
▲ *pl* cactus.

cacumen *nm fam fig* brains *pl.*

cada
1 *adj (de dos)* each; *(de varios)* every: **cada uno lleva su abrigo** they're each wearing their coat, each of them is wearing his coat; **cada cuatro días** every four days; **ocho de cada diez** eight out of (every) ten.
2 *adj fam (intensificador)* such: **¡dice cada cosa!** he says such strange things!; **¡le pegó cada grito!** she really shouted at him!
+ **a cada cual lo suyo** *(recibir)* everyone should get their fair share; *(pagar)* everyone should pay their own way.
a cada paso at every step.
¿cada cuánto? how often?: **¿cada cuánto vais al cine?** how often do you go to the cinema?

cada día every day.
cada vez más more and more, increasingly: **es cada vez más difícil de entender** it's more and more difficult to understand.

cadalso
1 *nm (patíbulo)* scaffold.
2 *nm (plataforma)* platform.

cadáver
1 *nm (de persona)* corpse, cadaver, body, dead body.
2 *nm (de animal)* body, carcass.

cadavérico,-a
1 *adj* cadaverous.
2 *adj fig* deathly pale, cadaverous.

cadena
1 *nf (gen)* chain; *(de perro)* leash, lead.
2 *nf (grupo de empresas)* chain: **una cadena de hoteles** a chain of hotels.
3 *nf (industrial)* line.
4 *nf (montañosa)* range.
5 *nf (musical)* music centre (*US* center).
6 *nf TV* channel.
7 *nf RAD* chain of stations.
8 *nf fig (serie)* series, sequence: **una cadena de acontecimientos** a series of events.
9 **cadenas** *nf pl AUTO* tyre (*US* tire) chains.
+ **tirar de la cadena (del váter)** to flush the toilet.
trabajar en cadena to work on the production line.
■ **cadena de fabricación** production line.
cadena de montaje assembly line.
cadena montañosa mountain range.
cadena perpetua life imprisonment.
cadena trófica food chain.
reacción en cadena chain reaction.
trabajo en cadena assembly-line work.

cadencia
1 *nf* cadence, rhythm.
2 *nf MÚS* cadenza.

cadencioso,-a
1 *adj* rhythmic, rhythmical.
2 *adj fig* measured, even.

cadeneta
1 *nf (labor de punto)* chain stitch.
2 *nf (de libro)* headband.
3 *nf (tira de papel de colores)* paper chain.

cadenilla *nf* small chain.

cadera *nf* hip.
+ **con las manos en las caderas** hands on hips.

cadete *nm* cadet.

cadi *nm & nf DEP* caddie.

cadí *nm (juez musulmán)* cadi.

cadmio *nm* cadmium.

caducado,-a *adj* out of date, no longer valid.

caducar
1 *vi (documento etc)* to expire: **mi pasaporte caduca este año** my passport expires this year.
2 *vi (alimento)* to pass its sell-by date; *(medicina)* to expire: **caduca a los dos**

meses use within two months of purchase.

3 *vi (período de tiempo)* to run out, lapse: el plazo para recoger los premios caduca en una semana the period in which prizes may be collected lapses in a week.

▲ *Conjugation model* [1], *like sacar.*

caduceo *nm* caduceus.

caducidad *nf* expiry: la fecha de caducidad del plazo the closing date; la fecha de caducidad del yogur the sell-by date on the yoghurt; la fecha de caducidad del carné the licence expiry date.

caduco,-a
1 *adj (pasado)* past its sell-by date, out-of-date.
2 *adj JUR* expired, lapsed.
3 *adj (decrépito)* decrepit, senile.
4 *adj BOT* deciduous.

caer
1 *vi (gen)* to fall: caer de espalda to fall on one's back; caer de rodillas to fall on one's knees.
2 *vi (derrumbar)* to fall down, collapse: cayó el edificio the building collapsed.
3 *vi (hallarse)* to be: el camino cae a la derecha the road is on the right; cae por allá abajo it's somewhere down there.
4 *vi (coincidir fechas)* to fall on, be: el día cuatro cae en jueves the fourth falls on a Thursday.
5 *vi (premio)* to go (en, to): el premio cayó en Oviedo the prize went to Oviedo.
6 *vi fam (entender)* to understand, get it: ya caigo I see, I get it; no caigo I don't get it.
7 *vi (perder posición)* to fall: el ministro cayó the minister fell.
8 *vi MIL (rendirse)* to surrender; *(morir)* to fall, die.
9 *vi (el sol)* to set; *(el día)* to draw in; *(el viento)* to drop.
10 *vi COST (descolgar)* to dip: el vestido cae de un lado your dress dips at one side.
11 **caerse** *vpr (gen)* to fall, fall down: se cayó por las escaleras he fell down the stairs; se te ha caído algo you've dropped something.
12 *vpr (desprenderse)* to fall out: se le cae el pelo he's losing his hair; el cuadro se cayó de la pared the picture fell off the wall.
✦ **al caer el día** in the evening.
al caer la noche at nightfall.
caer bien *(sentar)* to agree; *(prenda)* to suit; *(persona)* to like: no me cae bien la nata cream doesn't agree with me; ese vestido te cae muy bien that dress really suits you; cae bien a todo el mundo everyone likes her.
caer en cama *fig* to fall ill.
caer en la cuenta de to realize.

caer en la tentación *fig* to give in to temptation.
caer en manos de *fig* to fall into the hands of.
caer en un error *fig* to make a mistake.
caer mal *(sentar)* not to agree with; *(prenda)* not to suit; *(persona)* not to like: Juan me cae mal I don't like Juan.
caerse a pedazos *fig* to fall to pieces.
caerse de sueño *fig* to be dead on one's feet, be ready to drop.
caerse de viejo,-a *fig* to be falling apart with age.
caerse redondo,-a *fig* to collapse.
caer sobre to throw oneself on.
dejar caer to drop: dejé caer el vaso I dropped the glass.
dejarse caer por *fig* to drop by, come round: déjate caer por casa come round and see us.
estar al caer *(llegar)* to be about to arrive; *(ocurrir)* to be on the way: Elena está al caer Elena will be here any minute.
no tener dónde caerse muerto,-a *fam* to have nothing to one's name.

▲ *Conjugation model* [67].

café
1 *nm (gen)* coffee: ¿te apetece un café? do you fancy a coffee?, do you fancy a cup of coffee?
2 *nm (cafetería)* café, coffee bar, coffee shop.
▪ **café americano** large black coffee.
café con leche white coffee.
café molido ground coffee.
café solo black coffee.
café soluble instant coffee.
café torrefacto high-roast coffee.
grano de café coffee bean.

cafeína *nf* caffeine.

cafetal *nm* coffee plantation.

cafetera
1 *nf (para hacer café)* coffee-maker.
2 *nf (para servir café)* coffeepot.
3 *nf fam (coche viejo)* old banger, old crock.
✦ **estar como una cafetera** *fam* to be barmy, be nuts.
▪ **cafetera exprés** expresso-coffee machine.

cafetería *nf (gen)* snack bar, coffee bar; *(en un tren)* buffet car.

cafetero,-a
1 *adj* coffee.
2 *adj fam (persona)* coffee-loving: Elena es muy cafetera Elena loves coffee.

cafeto *nm* coffee.

cáfila
1 *nf (personas)* crowd.
2 *nf (animales)* herd, flock.

cafre
1 *adj fig (bárbaro)* brutal, barbarous.
2 *adj fig (rústico)* rough, coarse.
3 *nm & nf fig (bárbaro)* savage, beast.
4 *nm & nf fig (rústico)* rough person.

caftán *nm* caftan, kaftan.

cagada
1 *nf tabú (mierda)* shit, crap.
2 *nf tabú (equivocación)* fuck-up, cockup.

cagado,-a
1 *pp* → **cagar.**
2 *adj fam fig (cobarde)* coward.
3 *nm,f fam fig* chicken.
✦ **estar cagado,-a (de miedo)** *fam* to be shit-scared.

cagafierro *nm* slag.

cagajón *nm* dung.

cagalera *nf fam (diarrea)* the runs *pl.*
✦ **tener cagalera** *fam (diarrea)* to have the runs; *(miedo)* to be shit-scared.

cagar
1 *vi tabú* to shit, have a crap.
2 *vt tabú* to shit.
3 *vt tabú (echar a perder)* to ruin, spoil, mess up, muck up, cock up: ¡ya la has cagado! you've really cocked it up now!
4 **cagarse** *vpr tabú* to shit oneself.
5 *vpr tabú fig (acobardarse)* to be shit-scared.
✦ **cagarse de miedo** *tabú* to be shit-scared.
¡me cago en diez! *tabú* damn it!
¡me cago en la leche! *tabú* fuck!
¡me cago en la mar! *tabú* damn it!

▲ *Conjugation model* [7], *like llegar.*

cagarruta
1 *nf (excremento)* sheep dirt, goat dirt.
2 *nf fig (hombre insignificante)* little shit.

cagón,-ona
1 *adj fam* loose-bowelled (*US* loose-boweled): es muy cagón he's always going to the toilet.
2 *adj fam fig (cobarde)* wet, wimpy, weedy.
3 *nm,f fam* loose-bowelled (*US* loose-boweled) person: mi hijo es un cagón my little boy is always dirtying his nappy.
4 *nm,f fam fig (cobarde)* chicken, wimp, weed.

cagueta *nm & nf fam* chicken, coward.
▲ *Also used in plural with the same meaning.*

caída
1 *nf (acción de caer)* fall, falling.
2 *nf (pérdida)* loss: la caída del cabello hair loss.
3 *nf (de precios, temperatura)* fall, drop: ha habido una fuerte caída de ventas sales have fallen sharply.
4 *nf (de un terreno)* slope.
5 *nf (del sol)* setting.
6 *nf (de tejidos)* body, hang: una tela con mucha caída a material with a lot of body.
7 *nf COST (ancho)* width; *(largo)* length.
8 *nf fig* downfall, fall: la caída del Imperio the fall of the Empire.
✦ **a la caída del sol** at sunset.
▪ **caída de ojos** demure look.
caída libre free fall.

caído,-a
  1 *pp* → **caer.**
  2 *adj (gen)* fallen.
  3 *adj (hombros)* sloping.
  4 *adj fig (desanimado)* downhearted, crestfallen.
  5 los caídos *nm pl* the fallen.
  ✦ **caído,-a de hombros** with sloping shoulders.
  caído,-a del cielo *fig* out of the blue.

caigo *pres indic* → **caer.**

caimán *nm* alligator, cayman.

Caín *nm* Cain.
  ✦ **pasar las de Caín** *fam* to go through hell.

cairel
  1 *nm (postizo)* wig.
  2 *nm (pasamanería)* fringe.

Cairo El Cairo *nm* Cairo.

caja
  1 *nf (gen)* box.
  2 *nf (de madera)* chest; *(grande)* crate.
  3 *nf (de bebidas)* case.
  4 *nf (en comercio)* cash desk, till; *(en banco)* cashier's desk; *(en supermercado)* checkout: **robaron la caja** they robbed the till.
  5 *nf (féretro)* coffin.
  6 *nf AUTO* body.
  7 *nf (tipografía)* case.
  8 *nf (banco)* bank: **caja de ahorros** savings bank.
  9 *nf TÉC* housing, casing.
  10 *nf (de piano)* case; *(de violín)* body.
  ✦ **echar a alguien con cajas destempladas** *fam* to send somebody packing.
  entrar en caja *MIL* to be called up.
  hacer (la) caja to cash up.
  pagar en caja to pay at the cash desk.
  ■ **caja alta/baja** *(en impresión)* upper/lower case.
  caja craneana *ANAT* cranium, skull.
  caja de cambios *AUTO* gearbox.
  caja de caudales strongbox, safe.
  caja de colores paintbox.
  caja de empalmes *ELEC* junction box.
  caja de herramientas toolbox.
  caja de música musical box.
  caja fuerte safe.
  caja negra *AV* black box.
  caja postal de ahorros post office savings bank.
  caja registradora cash register.
  la caja tonta *fam* the goggle-box.

cajero,-a *nm,f* cashier.
  ■ **cajero automático** cash point, automatic cash dispenser, ATM.

cajetilla
  1 *nf (de tabaco)* packet, *US* pack.
  2 *nf (de cerillas)* box.

cajista *nm & nf* typesetter.

cajón
  1 *nm (en mueble)* drawer.
  2 *nm (caja grande)* crate.
  3 *nm (casilla)* stall.
  4 *nm (entre estantes)* shelf space.

  ✦ **ser de cajón** *fam* to be self-evident, be obvious.
  ■ **cajón de sastre** *fig* jumble.

cake *nm* fruit cake.

cal¹ *nf* lime.
  ✦ **cerrar a cal y canto** *(puerta etc)* to shut tight; *(joyas etc)* to lock away.
  de cal y canto *fig* strong, tough.
  una de cal y otra de arena *fam* six of one and half a dozen of the other.
  ■ **cal apagada/cal muerta** slaked lime.
  cal viva quicklime.

cal² *abr* (**caloría**) calorie; *(abreviatura)* cal.

cala¹
  1 *nf (exploración)* test boring.
  2 *nf (pedazo de una fruta)* slice, sample.
  3 *nf (de un buque)* hold.
  4 *nf (supositorio)* suppository.
  5 *nf fam* peseta.

cala²
  1 *nf (ensenada)* cove, creek.
  2 *nf (paraje para pescar)* fishing ground.

cala³ *nf (planta)* arum lily.

calabacín
  1 *nm (pequeño)* courgette, *US* zucchini.
  2 *nm (grande)* marrow, *US* squash.

calabaza
  1 *nf* gourd, pumpkin.
  2 *nf fig (cabeza humana)* hard nut, bonce.
  3 *nf fam (persona)* dimwit, idiot.
  ✦ **dar calabazas a alguien** *fam (suspender un examen)* to fail somebody; *(rechazar un pretendiente)* to turn somebody down, send somebody packing.

calabazada *nf (golpe)* blow on the head.

calabazar *nm* gourd field, pumpkin field.

calabobos *nm* drizzle.
  ▲ *pl* **calabobos.**

calabozo
  1 *nm (prisión)* jail, prison.
  2 *nm (celda)* cell.

calabrote *nm* hawser, warp.

calada *nf fam (de cigarrillo)* drag, puff; *(de porro)* hit, toke.

caladero *nm* fishing ground.

calado,-a
  1 *pp* → **calar.**
  2 *adj fam* soaked.
  3 calado *nm (de un barco)* draught (*US* draft).
  4 *nm (del agua sobre el fondo)* depth.
  5 *nm COST* openwork, embroidery.
  ✦ **estar calado,-a hasta los huesos** to be soaked to the skin.

calafate *nm* caulker.

calafatear *vt* to caulk.

calamar *nm* squid.
  ■ **calamares a la romana** squid fried in batter.

calambre
  1 *nm (contracción)* cramp: **le dio un calambre en la pantorrilla** she got a cramp in her calf muscle.

  2 *nm (descarga eléctrica)* electric shock.

calamidad
  1 *nf (desgracia)* calamity, disaster.
  2 *nf fig (persona)* dead loss, good-for-nothing.
  ✦ **ser una calamidad/estar hecho,-a una calamidad** *fam* to look a sight.

calamina *nf* calamine.

calamitoso,-a *adj* calamitous, disastrous.

cálamo
  1 *nm (tallo)* reed, stalk.
  2 *nm (flauta)* reed pipe.
  3 *nm (eje de pluma)* quill, calamus.

calamón *nm (ave)* sultana bird.

calamorra *nf fam* head, nut.

calandra *nf* radiator grille.

calandrado *nm* calendering.

calandrar *vt* to calender.

calandria¹
  1 *nf (ave)* calandra lark.
  2 *nm & nf (persona que se finge enferma)* malingerer.

calandria²
  1 *nf (máquina para satinar)* calender.
  2 *nf (máquina para levantar pesos)* treadmill.

calaña
  1 *nf (muestra, patrón)* sample, pattern.
  2 *nf fig (calidad, naturaleza)* nature, disposition.
  3 *nf pey* kind, type, sort: **esos hombres son de la misma calaña** those men are all the same type.

calar¹
  1 *adj* calcareous.
  2 *nm* limestone quarry.

calar²
  1 *vt (mojar)* to soak through, soak, drench: **el agua caló el jersey** the water soaked through the jumper.
  2 *vt (agujerear)* to go through, pierce, puncture.
  3 *vt (el sombrero)* to jam on.
  4 *vt COST* to do openwork on.
  5 *vt TÉC* to do fretwork on.
  6 *vt (la bayoneta)* to fix.
  7 *vt (las velas)* to strike; *(las redes)* to lower.
  8 *vt fig (penetrar)* to have an effect on: **lo que vimos caló hondo en nosotros** what we saw affected us deeply.
  9 *vt fam* to rumble, find out: **¡te han calado!** they have got your number!
  10 *vi MAR* to draw.
  11 calarse *vpr (mojarse)* to get soaked.
  12 *vpr (sombrero)* to pull down.
  13 *vpr AUTO* to stop, stall.

calavera
  1 *nf (cabeza del esqueleto)* skull.
  2 *nm fig (hombre)* madcap, tearaway, reckless fellow.

calaverada *nf* reckless escapade, madcap escapade.

calcado,-a
  1 *pp* → **calcar.**

2 **calcado** nm tracing.
+ **ser calcado,-a a alguien** fig to be the spitting image of somebody.
calcáneo nm calcaneus.
calcañal nm → calcañar.
calcañar nm heel.
calcaño nm heel.
calcar
 1 vt to trace.
 2 vt fig (imitar) to copy, imitate.
 ▲ Conjugation model [1], like sacar.
calcáreo,-a adj calcareous.
calce
 1 nm (llanta) rim.
 2 nm (cuña) wedge.
calcedonia nf chalcedony.
calcés nm masthead.
 ▲ pl calceses.
calceta
 1 nf (prenda) stocking.
 2 nf (punto) knitting.
 + **hacer calceta** to knit.
calcetín nm sock.
calcetón nm long heavy sock.
cálcico,-a adj calcium, calcic.
calcificación nf calcification.
calcificar
 1 vt to calcify.
 2 **calcificarse** vpr to calcify.
 ▲ Conjugation model [1], like sacar.
calcina nf concrete.
calcinación nf calcination.
calcinamiento nm calcination.
calcinar
 1 vt to calcine.
 2 vt fig to burn.
 3 **calcinarse** vpr to calcine.
calcio nm calcium.
calcita nf calcite.
calco
 1 nm (de dibujo) tracing.
 2 nm (copia) copy.
 3 nm fig (imitación) imitation, copy.
calcografía nf chalcography.
calcomanía nf transfer.
calcopirita nf chalcopyrite.
calculable adj calculable.
calculador,-ra
 1 adj calculating.
 2 nm,f calculator.
 ▪ **calculadora de bolsillo** pocket calculator.
calcular
 1 vt to calculate, work out: calcular una suma to calculate a figure.
 2 vt (evaluar) to estimate, calculate: calcular los daños to estimate the damage.
 3 vt (suponer) to think, suppose, figure, guess: calculo que vendrá mañana I suppose she'll come tomorrow.
 + **calculando por lo bajo** at the lowest estimate.

cálculo
 1 nm calculation, estimate.
 2 nm (conjetura) conjecture, reckoning: según sus cálculos by her reckoning.
 3 nm MAT calculus.
 4 nm MED gallstone.
 ▪ **cálculo biliar** bile stone.
 cálculo mental mental arithmetic.
Calcuta nf Calcutta.
caldas nf pl thermal springs.
caldeamiento nm heating, warming.
caldear
 1 vt (calentar) to warm, heat.
 2 vt fig (excitar) to heat up, warm up.
 3 **caldearse** vpr (calentarse) to get warm, become hot.
 4 vpr fig (excitarse) to warm up.
caldeo,-a
 1 adj Chaldean.
 2 nm,f Chaldean.
caldera
 1 nf boiler.
 2 nf (caldero) cauldron.
 ▪ **las calderas de Pedro Botero** fam hell.
calderada
 1 nf boilerful.
 2 nf (de caldero) cauldronful.
calderería
 1 nf (oficio) boilermaking.
 2 nf (tienda) boilermaker's shop.
calderero,-a nm,f boilermaker.
caldereta
 1 nf (pequeña caldera) small boiler, small cauldron.
 2 nf (guisado de pescado) fish stew.
 3 nf (guisado de cordero) lamb stew.
calderilla nf small change.
caldero
 1 nm (caldera) small cauldron.
 2 nm (contenido) cauldronful.
calderón
 1 nm (en imprenta) paragraph mark.
 2 nm MÚS pause.
caldo
 1 nm CULIN stock, broth.
 2 nm (sopa) consommé.
 3 **caldos** nm pl (vinos) wines.
 + **gallina vieja hace buen caldo** fig there's many a good tune played on an old fiddle.
 ▪ **caldo de carne** beef tea.
 caldo de cultivo BIOL culture medium; fig breeding ground.
 caldo de gallina chicken stock.
 caldo de pescado fish stock.
caldoso,-a adj runny, watery.
calé
 1 adj gypsy.
 2 nm & nf gypsy.
calefacción nf heating.
 ▪ **calefacción central** central heating.
calefactor
 1 nm (persona) heating engineer.
 2 nm (máquina) heater.
caleidoscópico,-a adj kaleidoscopic.
caleidoscopio nm kaleidoscope.
calendario nm calendar.
 ▪ **calendario académico** school year.

calendas nf pl calends, kalends.
caléndula nf calendula.
calentador,-ra
 1 adj heating.
 2 **calentador** nm heater.
 ▪ **calentador de agua** water heater.
calentamiento
 1 nm heating.
 2 nm DEP warm-up.
 ▪ **calentamiento global** global warming.
 ejercicios de calentamiento warm-up exercises.
calentar
 1 vt (comida, habitación, cuerpo) to warm up; (agua, horno) to heat.
 2 vt DEP to warm up, tone up.
 3 vt fig (exaltar) to heat up, inflame: calentar el ambiente to heat up the atmosphere.
 4 vt fig (irritar) to annoy.
 5 vt fam (excitar sexualmente) to arouse, turn on.
 6 vt fam (pegar) to tan, warm.
 7 **calentarse** vpr to get hot, get warm.
 8 vpr fig (enfadarse) to get heated, get annoyed.
 9 vpr fig (exaltarse) to get excited.
 10 vpr fam (excitarse sexualmente) to get horny, get randy.
 + **calentar el asiento** fig to warm the chair.
 calentarse los sesos/calentarse los cascos fig to get hot under the collar.
 ▲ Conjugation model [27], like acertar.
calentito,-a adj fam warm, nice and warm.
calentón,-ona
 1 adj fam horny, randy.
 2 nm,f fam randy person.
calentorro,-a adj-nm,f → calentón, -ona.
calentura nf fever, temperature: tiene calentura she has a fever.
calenturiento,-a adj feverish.
 ▪ **mente calenturienta** (exaltada) hothead; (excitada) dirty mind.
caleño,-a
 1 adj of Cali, from Cali.
 2 nm,f person from Cali, inhabitant of Cali.
calera
 1 nf (cantera) limestone quarry.
 2 nf (horno) lime kiln.
calero,-a
 1 adj limestone.
 2 nm,f lime burner.
calesa nf arc calash, calèche.
calesera
 1 nf (prenda) type of bolero jacket.
 2 nf (canción) Andalusian song.
calesín nm gig.
caleta nf cove.
caletre nm fam common sense.

calibrado *nm* boring, gauging (*US* gaging).

calibrador
1 *nm (instrumento para calibrar)* gauge (*US* gage), callipers *pl* (*US* calipers).
2 *nm (tubo)* bore.
■ **calibrador micrométrico** micrometer.

calibrar
1 *vt (graduar)* to calibrate.
2 *vt (medir)* to gauge (*US* gage), bore.
3 *vt fig (estudiar)* to gauge (*US* gage), weigh up, judge.

calibre
1 *nm (de arma)* calibre.
2 *nm TÉC* bore, gauge (*US* gage).
3 *nm fig (importancia)* importance.

calicanto *nm* stonework, masonry.

calicata *nf* bore.

caliche
1 *nm (costrilla de cal)* flake.
2 *nm (maca en una fruta)* bruise.

calicó *nm* calico.

calidad
1 *nf* quality: **vino de calidad** good-quality wine; **carne de mala calidad** poor-quality meat.
2 *nf (cualidad)* kind, types: **distintas calidades de papel** different types of paper.
3 *nf (condición)* rank, capacity: **en calidad de ministro** as a Minister.
✦ **de calidad superior** superior.
de primera calidad first-class.
■ **calidad de vida** quality of life.

cálido,-a *adj* warm: **un clima cálido** a warm climate.

calidoscópico,-a *adj* kaleidoscopic.

calidoscopio *nm* kaleidoscope.

calientabraguetas *nf tabú* prick teaser.
▲ *pl* calientabraguetas.

calientapiernas *nm pl* leg-warmers.

calientapiés *nm* foot warmer.
▲ *pl* calientapiés.

calientaplatos *nm* hotplate.
▲ *pl* calientaplatos.

caliente
1 *adj (mayor intensidad)* hot; *(menor intensidad)* warm.
2 *adj fig (acalorado)* heated, spirited.
3 *adj fam fig (lujurioso)* hot, randy.
✦ **en caliente** *(ahora)* right now; *(entonces)* there and then: **lo haré ahora en caliente, antes de que se me olvide** I'll do it now, while it's still fresh in my mind.

califa *nm* caliph.

califato *nm* caliphate.

calificable *adj* qualifiable.

calificación
1 *nf (gen)* qualification.
2 *nf (nota)* mark.
■ **libro de calificaciones** school report.

calificado,-a
1 *pp* → **calificar.**
2 *adj (con los requisitos necesarios)* qualified.
3 *adj (de autoridad, mérito)* eminent, well-known.
4 *adj (trabajador)* skilled.

calificador,-ra *adj* examining.

calificar
1 *vt (determinar las cualidades)* to describe, qualify: **calificaron la película de aburrida** they described the film as boring.
2 *vt EDUC* to mark, grade.
3 *vt (llamar)* to call: **lo calificó de idiota** he called him an idiot.
4 *vt LING* to qualify.
5 **calificarse** *upr (probar su nobleza)* to give proof of nobility.
▲ *Conjugation model* [1], *like* sacar.

calificativo,-a
1 *adj GRAM* qualifying: **adjetivo calificativo** qualifying adjective.
2 **calificativo** *nm* epithet.
3 *nm GRAM* qualifier.

California *nf* California.

californiano,-a
1 *adj* Californian.
2 *nm,f* Californian.

calígine
1 *nf lit (oscuridad)* darkness.
2 *nf lit (bochorno)* stifling heat.

caligrafía
1 *nf (arte)* calligraphy.
2 *nf (escritura de una persona)* handwriting.
■ **ejercicios de caligrafía** handwriting exercises.

caligrafiado,-a
1 *pp* → **caligrafiar.**
2 *adj beautifully* handwritten.

caligrafiar *vt* to copy, write by hand.
▲ *Conjugation model* [13], *like* desviar.

caligráfico,-a *adj* calligraphic.

calígrafo,-a *nm,f* calligrapher.

calima *nf* haze, mist.

calimocho *nm fam* drink made with wine and Coca Cola.

calimoso,-a *adj* hazy, misty.

calina *nf* haze, mist.

calinoso,-a *adj* hazy, misty.

calipso *nm* calypso.

caliqueño *nm* cheap cigar.

calistenia *nf* callisthenics.

cáliz
1 *nm REL* chalice.
2 *nm BOT* calyx.
3 *nm lit (copa)* cup.
▲ *pl* cálices.

caliza *nf* limestone.

calizo,-a *adj* lime.

callada *nf* silence.
✦ **dar la callada por respuesta** to say nothing in reply, ignore the other person's request.

calladamente *adv* silently.

callado,-a
1 *pp* → **callar.**
2 *adj (silencioso)* silent, quiet.
3 *adj (reservado)* reserved, quiet.
✦ **más callado,-a que un muerto** *fam* as quiet as a mouse.
tener algo callado to keep something quiet: **¡eso lo tenías bien callado!** you really kept that one quiet!

callandito
1 *adv fam (en silencio)* quietly, silently.
2 *adv fam (con sigilo)* on the quiet, on the sly.

callando *adv* → **callandito.**

callar
1 *vi (no hablar)* to be quiet, keep quiet: **calló porque no quería pelearse** she kept quiet because she didn't want to quarrel.
2 *vi (dejar de hablar)* to stop talking, shut up: **cuando calló todos aplaudieron** when he stopped talking everybody clapped; **¡quieres callar!** will you shut up!
3 *vi (un ruido)* to stop.
4 *vt (esconder)* to keep to oneself, not mention: **él calló su opinión** he kept his opinion to himself.
✦ **a la chita callando** *fam* on the quiet, on the sly.
¡calla! *fig* never!, no!
¡cállate! keep quiet!, be quiet!
quien calla otorga silence gives consent.

calle
1 *nf* street, road.
2 *nf DEP* lane.
✦ **dejar a alguien en la calle** *(sin trabajo)* to fire somebody; *(sin casa)* to leave somebody homeless.
doblar la calle to turn the corner.
echar a alguien de patitas en la calle to throw somebody out, kick somebody out.
echar/tirar por la calle de en medio *fig* to go ahead regardless/take the middle course.
hacer la calle *(prostituta)* to walk the streets.
llevar a alguien por la calle de la amargura to give somebody a tough time.
quedarse en la calle *(sin trabajo)* to be left jobless; *(sin casa)* to be homeless.

calleja *nf* narrow street.

callejear *vi* to wander (about) the streets.

callejeo *nm* wandering about.

callejero,-a
1 *adj (que gusta de callejear)* fond of wandering about.
2 *adj (relativo a la calle)* street, in the street: **fiesta callejera** street party; **motín callejero** street riot.
3 **callejero** *nm (de calles)* street directory; *(de teléfonos)* telephone directory *classified by streets.*

callejón *nm* back street, back alley.
+ **en un callejón sin salida** *fig* at an impasse, deadlocked.
▪ **callejón sin salida** cul-de-sac, dead end, blind alley.

callejuela *nf* narrow street, lane.

callicida *nm & nf* corn remover.

callista *nm & nf* chiropodist.

callo
1 *nm* MED callus, corn.
2 *nm fam (persona fea)* ugly sight.
3 **callos** *nm pl* CULIN tripe *sing*.

callosidad *nf* callosity, callus.

calloso,-a *adj* callous.

calma
1 *nf* calmness, calm, tranquillity (US tranquility).
2 *nf* COM slack period, lull.
3 *nf fam (cachaza)* slowness, phlegm: tiene mucha calma she's very calm.
4 *nf (tiempo)* calm weather.
+ **estar en calma** to be calm.
perder la calma to lose one's patience.
tomárselo con calma to take it easy.
▪ **calma chicha** dead calm.

calmante
1 *adj* soothing, sedative, tranquillizing (US tranquilizing).
2 *nm* sedative, tranquillizer (US tranquilizer).

calmar
1 *vt (persona)* to calm (down).
2 *vt (dolor)* to relieve, soothe.
3 *vi (estar en calma)* to fall calm.
4 **calmarse** *vpr (persona)* to calm down.
5 *vpr (dolor etc)* to abate, ease off.

calmo,-a *adj* uncultivated.

calmoso,-a
1 *adj (tranquilo)* calm, quiet.
2 *adj (flemático)* phlegmatic.
3 *adj (lento)* slow, sluggish.

caló *nm* gypsy language.
▪ *pl* caló.

calor
1 *nm* heat, warmth: hace calor it is hot; tengo calor I'm hot.
2 *nm fig (actividad)* heat: en el calor del debate in the heat of the debate.
3 *nm fig (afecto)* warmth.
+ **al calor de** *fig* under the wing of: fue criado al calor de sus abuelos he was brought up under his grandparents' wing.
entrar en calor to get warm; DEP to warm up.
▪ **calor natural** natural heat.
el calor del hogar *fig* the warmth of home.

caloría *nf* calorie.

calórico,-a *adj* caloric, calorific.

calorífero,-a
1 *adj* heat-producing.
2 **calorífero** *nm* heater, radiator.

calorífico,-a *adj* calorific.

calorífugo,-a
1 *adj (que no transmite el calor)* heat-resistant.
2 *adj (incombustible)* incombustible.

calorimetría *nf* calorimetry.

calorímetro *nm* calorimeter.

calostro *nm* colostrum.

calta *nf* marsh marigold.

calumnia
1 *nf* calumny.
2 *nf* JUR slander.

calumniador,-ra
1 *adj* calumnious, calumniatory.
2 *adj* JUR slanderous.
3 *nm,f* calumniator.
4 *nm,f* JUR slanderer.

calumniar
1 *vt* to calumniate.
2 *vt* JUR to slander.
▲ *Conjugation model* [12], *like cambiar.*

calumnioso,-a *adj* calumnious, slanderous.

calurosamente *adv* warmly: nos recibió calurosamente we were warmly received.

caluroso,-a
1 *adj (tiempo)* warm, hot.
2 *adj fig* warm, enthusiastic: nos dieron una bienvenida calurosa we were given a warm welcome.

calva
1 *nf (de la cabeza)* bald patch.
2 *nf (de un bosque)* clearing.

calvados *nm* Calvados.

calvario
1 *nm* Calvary.
2 *nm (Vía Crucis)* stations *pl* of the Cross.
3 *nm fig (sufrimiento)* ordeal, calvary.

calvero
1 *nm (de un bosque)* clearing.
2 *nm (gredal)* claypit.

calvez *nf* baldness.

calvicie *nf* baldness.

calvinismo *nm* Calvinism.

calvinista
1 *adj* Calvinist.
2 *nm & nf* Calvinist.

calvo,-a
1 *adj (persona)* bald.
2 *adj (terreno)* bare, barren.
3 *nm,f* bald person.

calza
1 *nf (prenda de vestir)* breeches *pl*.
2 *nf (cuña)* wedge, scotch.
3 *nf fam (media)* stocking.
▲ *In 1 and 3, also used in plural with the same meaning.*

calzada *nf* road, roadway, US pavement.

calzado,-a
1 *pp →* calzar.
2 *adj* wearing shoes, with shoes on: iba calzado para la lluvia he was wearing the right shoes for rain.
3 *adj* REL calced.
4 **calzado** *nm* footwear, shoes *pl*.

▪ **industria del calzado** footwear industry.
tienda de calzado shoe shop.

calzador *nm* shoehorn.

calzar
1 *vt (poner calzado)* to put shoes on: tienes que calzar al niño you have to put the child's shoes on.
2 *vt (llevar calzado)* to wear: calza botas she wears boots; ¿qué número calzas? what size do you take?; calzo el 40 I take size 40.
3 *vt (hacer zapatos)* to make shoes: aquel zapatero me calza that shoemaker makes my shoes.
4 *vt (poner una cuña)* to wedge, scotch.
5 *vt (colocar los neumáticos)* to put tyres (US tires) on.
6 **calzarse** *vpr (forma reflexiva)* to put (one's shoes) on: me calcé y me fui I put my shoes on and left.
▲ *Conjugation model* [4], *like realizar.*

calzo
1 *nm (calce)* wedge, scotch.
2 **calzos** *nm pl (de caballo)* stockings.

calzón *nm desus* trousers *pl*.

calzonazos *nm fam* henpecked husband.
▲ *pl* calzonazos.

calzoncillos *nm pl* underpants, pants, briefs.

cama
1 *nf (gen)* bed.
2 *nf fig (de animales)* lair.
+ **estar en cama** to be confined to bed, stay in bed.
guardar cama to be confined to bed, stay in bed.
hacer cama to be confined to bed, stay in bed.
hacer la cama to make the bed.
irse a la cama to go to bed.
llevarse a alguien a la cama *fam* to get somebody into bed.
meterse en la cama *(acostarse)* to go to bed; *(meterse dentro)* to get into bed.
▪ **cama de matrimonio** double bed.
cama doble double bed.
cama elástica trampoline.
cama individual single bed.
cama turca divan, couch.

camachuelo *nm* bullfinch.

camada
1 *nf (gen)* litter; *(de pájaros)* brood.
2 *nf (capa -gen)* layer; *(- de ladrillos)* course: tres camadas de manzanas three layers of apples.
3 *nf fig (banda)* gang, band.

camafeo *nm* cameo.

camal *nm (cabestro)* halter.

camaleón *nm* chameleon.

camaleónico,-a *adj fig* chameleon-like.

camama *nf fam* lie, trick.

camándula
1 *nf (rosario)* rosary.
2 *nf fig (marrullería)* trick.

camandulero,-a
1 *adj fam* hypocritical.
2 *nm,f fam* hypocrite.

cámara
1 *nf (sala, pieza)* chamber, room.
2 *nf (institución)* chamber.
3 *nf (para el grano)* granary.
4 *nf (de parlamento)* house.
5 *nf (de rueda)* inner tube.
6 *nf TÉC* chamber.
7 *nf (fotográfica, de cine)* camera.
8 *nf ANAT* cavity.
9 *nm & nf (hombre)* cameraman; *(mujer)* camerawoman.
10 **cámaras** *nf pl (diarrea)* diarrhoea *sing* (*US* diarrhea).
✦ **a cámara lenta** in slow motion.
▪ **cámara acorazada** strongroom.
  cámara alta *POL* upper house.
  cámara baja *POL* lower house.
  cámara de aire air chamber.
  cámara de cine cine camera, (*US* movie camera).
  cámara de comercio chamber of commerce.
  cámara de gas gas chamber.
  Cámara de los Comunes House of Commons.
  Cámara de los Diputados Chamber of Deputies.
  Cámara de los Lores House of Lords.
  cámara fotográfica camera.
  cámara frigorífica cold-storage room.
  cámara mortuoria funeral chamber.
  cámara nupcial bridal suite.

camarada
1 *nm & nf (de trabajo)* colleague, fellow worker, workmate; *(de colegio)* schoolmate, schoolfellow.
2 *nm & nf POL* comrade.

camaradería
1 *nf (gen)* companionship, friendship, camaraderie.
2 *nf POL* comradeship.

camarera
1 *nf (de hotel)* chambermaid.
2 *nf (sirvienta)* maid, servant.
3 *nf (de una reina)* lady-in-waiting.

camarero,-a
1 *nm,f (de bar, restaurante - hombre)* waiter; *(mujer)* waitress.
2 *nm,f (detrás de la barra - hombre)* barman; *(mujer)* barmaid.
3 *nm,f (en barco, avión - hombre)* steward; *(mujer)* stewardess.

camareta *nf* deck cabin.

camarilla
1 *nf* clique.
2 *nf POL* pressure group, lobby.

camarín *nm* small chapel.

camarlengo *nm* camerlengo, camerlingo.

camarón *nm* prawn, common prawn.

camarote *nm* cabin.

camastro *nm* rickety old bed.

camastrón,-ona
1 *adj fam* sly, cunning.
2 *nm,f fam* crafty person, sly old fox.

cambalache *nm pey* swap, exchange.

cambalachear *vt* to swap, exchange.

cámbaro *nm* crawfish, crayfish.

cambiable *adj* changeable.

cambiadizo,-a *adj* changeable.

cambiante
1 *adj (gen)* changing.
2 *adj (carácter)* moody.
3 *nm & nf (cambista)* moneychanger.
4 **cambiantes** *nm pl (reflejos)* glitters, gleams.

cambiar
1 *vt (gen)* to change: **han cambiado las sillas** the chairs have been changed.
2 *vt (intercambiar)* to exchange: **cambiar impresiones** to exchange views; **cambiar sellos** to swap stamps.
3 *vt (de sitio)* to shift, move.
4 *vt (dar cambio de moneda)* to change, give change for: **¿me puedes cambiar un billete de cien?** can you change a hundred-euro note for me?
5 *vt (moneda extranjera)* to change, exchange.
6 *vt (alterar)* to change: **cambiar la risa en llanto** to change laughter into tears.
7 *vi (gen)* to change: **has cambiado mucho** you have changed a lot.
8 *vi (viento)* to veer.
9 *vi (la velocidad de un automóvil)* to change, change gear.
10 **cambiarse** *vpr (mudarse de ropa)* to change, get changed: **tengo que cambiarme para la cena** I have to get changed for dinner.
11 *vpr (mudarse de casa)* to move: **nos hemos cambiado de barrio** we have moved to another district.
✦ **cambiar de chaqueta** *fig* to change sides.
  cambiar de dueño/manos/mano to change hands.
  cambiar de idea/opinión/parecer to change one's mind.
  cambiar de sitio to move, change places.
  cambiar de táctica to change tactics, change strategy.
  cambiar de tema to change the subject.
  cambiar los papeles to reverse the roles.
▲ *Conjugation model* [12].

cambiazo
1 *nm (cambio)* change.
2 *nm fam (estafa)* switch.
✦ **dar el cambiazo a alguien** to pull a fast one on somebody by making a switch: **la maleta no era suya - le habían dado el cambiazo** the suitcase wasn't his - they'd switched it for another one.

cambio
1 *nm* change, changing: **un cambio de tiempo** a change in the weather.
2 *nm (intercambio)* exchange, exchanging: **cambio de impresiones** exchange of views.
3 *nm (dinero suelto)* change, loose change; *(vuelta)* change: **¿me puedes dar cambio de cien euros?** can you change a hundred euros?; **me has dado mal el cambio** you've given me the wrong change.
4 *nm (acciones)* price, quotation; *(divisas)* exchange rate.
5 *nm (tren)* switch.
6 *nm AUTO* gear change.
✦ **a cambio de** in exchange for: **me dio dos libros a cambio del disco** he gave me two books in exchange for the record.
  a las primeras de cambio *fig* at the first opportunity.
  en cambio on the other hand, but, whereas: **tú no puedes cantar, en cambio él sí** you can't sing, but he can.
▪ **caja de cambio** *AUTO* gearbox.
  cambio automático *AUTO* automatic transmission.
  cambio de la guardia changing of the guard.
  cambio de marchas *(acción)* gear change; *(caja)* gearbox.
  cambio de planes change of plans.
  casa de cambio bureau de change.
  libre cambio free trade.

cambista *nm & nf* moneychanger.

Camboya *nf* Cambodia.

camboyano,-a
1 *adj* Cambodian.
2 *nm,f (persona)* Cambodian.
3 **camboyano** *nm (idioma)* Cambodian.

cámbrico,-a *adj* Cambrian.

camelar
1 *vt fam (galantear)* to flirt with.
2 *vt fam (engañar)* to cajole, sweet-talk, get round: **ha camelado a su padre para que le compre una moto** he's talked his father into buying him a motorbike.
3 **camelarse** *vpr fam* to cajole, sweet-talk, get round.

camelear *vt fam* to fool, take in.

camelia *nf* camellia.

camellero *nm* cameleer, camel-driver.

camello
1 *nm ZOOL* camel.
2 *nm arg (drogas)* drug pusher, pusher, dope dealer.

camelo
1 *nm fam (galanteo)* courting, flirting.
2 *nm fam (engaño)* hoax, sham.
3 *nm fam (cuento)* cock-and-bull story.

camembert *nm* Camembert.

camerino *nm* dressing room.

camero,-a *adj* three-quarter size: sábana camera three-quarter bed sheet.
■ cama camera three-quarter bed.

Camerún *nm* Cameroon.

camerunés,-esa
1 *adj* Cameroonian.
2 *nm,f* Cameroonian.

camilla
1 *nf (para enfermos)* stretcher.
2 *nf (cama)* small bed.
3 *nf (mesa camilla)* round table with a brazier underneath.

camillero,-a *nm,f* stretcher-bearer.

caminante *nm & nf* traveller (*us* traveler), walker.

caminar
1 *vi (andar)* to walk: caminamos durante cuatro horas we walked for four hours.
2 *vi (viajar)* to travel: caminar a Sevilla to travel to Seville.
3 *vi fig (seguir su curso)* to move, make its way: los planetas caminan alrededor del sol the planets move around the sun.
4 *vt (recorrer)* to cover, travel: he caminado cinco kilómetros I have covered five kilometres.

caminata *nf* long walk, trek.

caminero *adj* road.

camino
1 *nm (vía)* path, track.
2 *nm (ruta)* way, route: encontramos a Juan de camino a casa we met Juan on our way home.
3 *nm (viaje)* journey: dos horas de camino a two-hour journey.
4 *nm fig (medio)* way.
✦ a medio camino half-way.
abrir camino to clear the way (a, for).
abrir el camino to clear the way (a, for).
abrirse camino to make one's way: se abrió camino entre la gente she made her way through the people.
abrirse camino en la vida to get on in life.
coger de camino/pillar de camino to be on the way: tu casa nos pilla de camino your house is on our way.
estar en camino to be on the way.
ir camino de to be on one's way to.
ir por (el) buen/mal camino *fig* to be on the right/wrong track.
llevar buen camino to be on the right track.
llevar camino de to be on the way to, be heading for, look set to: lleva camino de convertirse en un gran atleta he's on his way to becoming a great athlete.
ponerse en camino to set off (on a journey).
■ camino de herradura bridle path.
camino de rosas *fig* bed of roses.
camino forestal forest track.
el Camino de Santiago *(vía láctea)* the Milky Way.

el camino del éxito *fig* the road to success.

camión *nm* lorry, *us* truck.
✦ estar como un camión *fam* to be gorgeous, be a knockout.
■ camión cisterna tanker.
camión de la basura dustcart, *us* garbage truck.
camión de mudanzas removal van.
camión frigorífico refrigerator lorry, (*us* refrigerator truck).

camionaje *nm* haulage.

camionero,-a *nm,f* lorry driver, *us* truck driver.

camioneta *nf* van.

camisa
1 *nf (prenda)* shirt.
2 *nf (de la culebra)* slough.
3 *nf (de frutos)* skin.
4 *nf TÉC (de horno)* lining; *(de cilindro)* sleeve.
5 *nf (de libro)* jacket.
6 *nf (carpeta)* folder.
✦ cambiar de camisa *fig* to change sides.
dejar a alguien sin camisa *fig* to leave somebody penniless, leave somebody very short of money.
en mangas de camisa in one's shirtsleeves.
jugarse hasta la camisa *fig* to put one's shirt on it.
meterse en camisa de once varas *fig* to meddle in other people's business.
no llegarle a alguien la camisa al cuerpo *fam* to be terrified.
perder hasta la camisa to lose one's shirt.
■ camisa de dormir nightgown, nightdress.
camisa de fuerza straitjacket.

camisería
1 *nf (tienda)* shirt shop, outfitters.
2 *nf (industria)* shirt industry.

camisero,-a
1 *adj* shirt: blusa camisera shirt blouse; vestido camisero shirtwaister.
2 *nm,f* outfitter, shirt maker.

camiseta
1 *nf (ropa interior)* vest, *us* undershirt.
2 *nf (niqui)* T-shirt.
3 *nf DEP* shirt, jersey.
✦ sudar la camiseta *fam* to sweat blood: sudamos la camiseta para ganar el partido we sweated blood to win the match.

camisola
1 *nf arc (camisa)* camisole.
2 *nf (camiseta deportiva)* shirt, jersey.

camisón *nm* nightdress, nightgown, nightie.

camomila *nf* camomile.

camorra *nf fam* row, quarrel, fight.
✦ armar camorra *fam* to kick up a row.
buscar camorra *fam* to look for trouble.

camorrista
1 *adj* quarrelsome, rowdy.
2 *nm & nf* troublemaker.

camp *adj* camp.

campal batalla campal pitched battle.

campamento
1 *nm (acción de acampar)* camping.
2 *nm (lugar)* camp.
3 *nm (tropa acampada)* camp.
■ campamento de trabajo work camp.
campamento de verano summer camp.

campana
1 *nf (gen)* bell.
2 *nf (de chimenea)* mantelpiece.
3 *nf fam (extractora)* extractor hood, (*us* stove extractor hood).
✦ a toque de campana *fig* to the sound of bells.
dar una vuelta de campana to overturn, roll over.
echar las campanas al vuelo *fig* to set all the bells ringing.
oír campanas y no saber dónde *fig* not to have a clue.
tañer las campanas/tocar las campanas to ring the bells.
■ campana de buzo diving bell.
campana de cristal bell jar, bell glass.

campanada
1 *nf* stroke of a bell, peal of a bell, ring of a bell.
2 *nf fig (escándalo)* scandal, sensation.
✦ dar la campanada *fig* to cause a sensation, cause a scandal.

campanario *nm* belfry, bell tower.

campanear
1 *vi* to ring the bells.
2 campanearse *vpr (contonearse)* to sway, swagger.

campaneo
1 *nm* peal of the bells.
2 *nm (contoneo)* sway, swagger.

campanero,-a
1 *nm,f (que toca)* bell-ringer.
2 *nm,f (que hace)* bell founder.

campaniforme *adj* campanulate, bell-shaped.

campanilla
1 *nf (gen)* small bell; *(de mano)* hand-bell.
2 *nf (adorno)* tassel.
3 *nf ANAT* uvula.
4 *nf (flor)* morning glory; *(aguileña)* aquilegia.
✦ de (muchas) campanillas *fam* very important, outstanding: es un pintor de muchas campanillas he's a very important painter.

campanillear *vi* to ring the bells.

campanilleo *nm* ringing.

campanillero *nm* bell-ringer.

campanilo *nm* campanile.

campanólogo,-a *nm,f* bell-ringer, campanologist.

campante
 1 *adj fam (despreocupado)* cool, unconcerned: se quedó tan campante cuando vio que había suspendido she didn't bat an eyelid when she knew she had failed.
 2 *adj fam (ufano)* proud, self-satisfied: iba tan campante con su coche nuevo he was so proud of his new car.

campanudo,-a
 1 *adj (forma de campana)* bell-shaped.
 2 *adj (escrito, orador)* pompous.

campaña
 1 *nf (conjunto de actividades)* campaign.
 2 *nf (campo plano)* plain.
 3 *nf (expedición militar)* expedition.
 ✦ de campaña *MIL* field: uniforme de campaña field uniform.
 ▪ campaña electoral election campaign.
 campaña publicitaria advertising campaign.

campañol *nm* vole.

campar
 1 *vi (sobresalir)* to excel, stand out.
 2 *vi (acampar)* to camp.

campear
 1 *vi (salir a pacer)* to graze.
 2 *vi (sobresalir)* to stand out, appear.

campechanería *nf fam* openness, informality.

campechanía *nf fam* → campechanería.

campechano,-a
 1 *adj fam (franco, alegre)* frank, open, good-humoured (*us* good-humored).
 2 *adj fam (sencillo)* unaffected, natural.

campeón,-ona *nm,f* champion.

campeonato *nm* championship.
 ✦ de campeonato *fam* great, fantastic: me llevé un susto de campeonato I got a terrible fright.

camperas *nf pl (botas)* Spanish leather boots.

campero,-a
 1 *adj* country, rural.
 2 *adj (al descubierto)* open-air.

campesinado *nm* peasantry, peasants *pl*.

campesino,-a
 1 *adj* country, rural.
 2 *nm,f (gen)* peasant; *(hombre)* countryman; *(mujer)* countrywoman.

campestre *adj* country, rural.

camping *nm* camp site.
 ✦ hacer camping/ir de camping to go camping.
 ▲ *pl* campings.

campiña
 1 *nf (campo)* countryside.
 2 *nf (cultivo)* stretch of cultivated land.

campista *nm & nf* camper.

campo
 1 *nm (campiña)* country, countryside: vivir en el campo to live in the country.
 2 *nm (agricultura)* field: los campos de maíz the cornfields; trabajar el campo to work the land.
 3 *nm (de deportes)* field, pitch.
 4 *nm (espacio)* space: en el campo de la medicina in the field of medicine.
 5 *nm fig* field, scope.
 ✦ dejarle a alguien el campo libre *fig* to leave the field open for somebody.
 ir a campo traviesa/través to cut across the fields.
 ▪ campo de batalla battlefield.
 campo de concentración concentration camp.
 campo de fútbol football pitch.
 campo de golf golf course, golf links *pl*.
 campo de tenis tennis court.
 campo de tiro shooting range.
 campo deportivo playing field.
 campo visual visual field.
 campo magnético magnetic field.
 casa de campo country house.
 trabajo de campo field work.

camposanto *nm* cemetery.

campus *nm* campus.
 ▪ campus universitario university campus.
 ▲ *pl* campus.

camuesa *nf* pippin.

camueso *nm* pippin tree.

camuflaje *nm* camouflage.

camuflar
 1 *vt* to camouflage.
 2 *vt fig* to hide, cover up.

can *nm lit* dog.

cana *nf* grey hair, white hair: me están saliendo canas I'm starting to go grey, I've got some grey hairs.
 ✦ echar una cana/canita al aire *fam* to let one's hair down.
 peinar canas *fam* to be getting on, be getting old.

Canadá *nm* Canada.

canadiense
 1 *adj* Canadian.
 2 *nm,f* Canadian.

canal
 1 *nm (artificial)* canal.
 2 *nm (natural)* channel.
 3 *nm o nf (de tejado)* gutter.
 4 *nm o nf TÉC* channel.
 5 *nm o nf (animal)* open carcass.
 ✦ abrir en canal to slit open.
 ▪ Canal de la Mancha English Channel.
 Canal de Panamá Panama Canal.
 canal de riego irrigation canal.

canaladura *nf* flute.

canalete *nm* paddle.

canalización
 1 *nf (acción)* canalization, channelling (*us* channeling).
 2 *nf (tubería)* piping.
 3 *nf fig (de opiniones)* directing; *(de dinero)* channelling (*us* channeling).

canalizar
 1 *vt (agua, área)* to canalize.
 2 *vt (riego)* to channel.
 3 *vt fig (opiniones)* to direct; *(dinero)* to channel.
 ▲ Conjugation model [4], *like realizar*.

canalla
 1 *nf pey (chusma)* riffraff, mob, rabble.
 2 *nm pey (hombre ruin)* rascal, scoundrel, swine, rotter.

canallada *nf* dirty trick.

canallesco,-a *adj pey* rotten, despicable.

canalón *nm (por el borde del tejado)* gutter; *(hacia el suelo)* drainpipe.

canana *nf* cartridge belt.

canapé
 1 *nm (sofá)* couch, sofa.
 2 *nm CULIN* canapé.
 ▲ *pl* canapés.

Canarias Islas Canarias *nf pl* Canary Islands.

canario,-a
 1 *adj GEOG* Canarian.
 2 *nm,f* Canarian.
 3 canario *nm (pájaro)* canary.

canasta
 1 *nf (cesto)* basket.
 2 *nf (juego de cartas)* canasta.
 3 *nf (en baloncesto)* basket.

canastero,-a
 1 *nm,f (que hace)* basket maker.
 2 *nm,f (que vende)* basket dealer.

canastilla
 1 *nf (cestilla)* small basket.
 2 *nf (de bebé)* layette.

canasto
 1 *nm (cesto)* basket, hamper.
 2 canastos *interj* good heavens!

cáncamo *nm* screweye.

cancamusa *nf fam* trick.

cancán
 1 *nm MÚS* cancan.
 2 *nm (prenda)* frilly petticoat.

cancel
 1 *nm (contrapuerta)* storm door.
 2 *nm (construcción)* screen.

cancela *nf* ironwork gate.

cancelación *nf* cancellation.

cancelar
 1 *vt (anular)* to cancel.
 2 *vt (saldar una deuda)* to settle, pay.

cáncer
 1 *nm (enfermedad)* cancer.
 2 *nm* Cáncer *(signo zodiacal)* Cancer.
 ▲ In 1 *pl* cánceres; in 2 *pl* Cáncer.

cancerarse *vpr* to become cancerous.

cancerbero
 1 *nm (perro de tres cabezas)* Cerberus.
 2 *nm fig (portero o guarda severo)* ogre.
 3 *nm DEP fig* goalkeeper.

cancerígeno,-a *adj* carcinogenic.

cancerología *nf* cancer research.
canceroso,-a *adj* cancerous.
cancha
 1 *nf (gen)* ground; *(tenis)* court.
 2 *nf (para peleas de gallos)* cockpit.
cancho *nm* boulder, rock.
cancilla *nf* gate.
canciller *nm* chancellor.
cancillería *nf* chancellery, chancellory.
canción *nf* song.
 ✦ ¡estamos siempre con la misma canción! *fam* here we go again!
 ▪ canción de cuna lullaby.
 canción de gesta chanson de geste.
cancioncilla *nf* ditty.
cancionero
 1 *nm (poemas)* collection of poems.
 2 *nm* MÚS songbook.
cancro *nm* canker.
candado *nm* padlock.
candar *vt* to padlock.
candeal *adj* white: pan/trigo candeal white bread/wheat.
candela
 1 *nf (vela)* candle.
 2 *nf (lumbre)* fire.
 3 *nf (flor del castaño)* blossom.
 4 *nf* FÍS candle, candela.
candelabro *nm* candelabra, candelabrum.
candelaria *nf* candelaria.
candelero *nm* candlestick.
 ✦ estar en el candelero *fig* to be at the top, be very popular.
candelilla *nf* catkin.
candente
 1 *adj (enrojecido por el fuego)* incandescent, red-hot; *(blanqueado por el fuego)* candescent, white-hot.
 2 *adj fig (cuestión, tema)* burning, pressing.
candi *adj* crystallized, candied: azúcar candi candy sugar.
candidato,-a *nm,f* candidate.
candidatura
 1 *nf (aspiración)* candidacy, candidature: presentó su candidatura she put forward her candidature.
 2 *nf (lista de candidatos)* list of candidates.
candidez *nf* ingenuousness, innocence.
cándido,-a
 1 *adj* ingenuous, innocent.
 2 *adj lit (níveo)* white, snowy.
candil *nm* oil lamp.
candileja
 1 *nf (candil)* oil lamp.
 2 candilejas *nf pl* footlights.
candonga
 1 *nf fam (zalamería)* blarney.
 2 *nf fam (burla)* teasing, joking.
 3 *nf (mula de tiro)* draught mule.
candongo,-a
 1 *adj fam (zalamero)* coaxing.
 2 *adj fam (holgazán)* lazy, idle.

 3 *nm,f fam (zalamero)* coaxer.
 4 *nm,f fam (holgazán)* layabout, lazybones.
candor
 1 *nm lit (suma blancura)* whiteness.
 2 *nm fig* innocence.
candoroso,-a *adj* innocent, pure.
caneca *nf* earthenware flask.
canela *nf* cinnamon.
 ✦ ser canela fina *fig* to be exquisite, be excellent.
canelo *nm* cinnamon tree.
canelón
 1 *nm (canalón)* gutter (on a roof).
 2 *nm (labor de pasamanería)* cord.
 3 canelones *nm pl (pasta)* cannelloni.
canesú *nm (de vestido)* bodice; *(de camisa)* yoke.
 ▲ *pl* canesúes.
cangilón *nm (vaso en forma de cántaro)* pitcher; *(de molino)* bucket.
cangreja *nf* brig sail.
cangrejo *nm (de mar)* crab.
 ✦ ir/andar como los cangrejos *fam* to take one step forward and two steps back.
 ponerse rojo,-a como un cangrejo *fam* to go as red as a lobster.
 ▪ cangrejo ermitaño hermit crab.
 cangrejo de río freshwater crayfish.
canguelo *nm arg* funk.
 ✦ tener canguelo *arg* to have the wind up.
canguilón *nm* bucket.
canguro
 1 *nm* ZOOL kangaroo.
 2 *nm & nf fam* baby-sitter.
caníbal
 1 *adj* cannibal.
 2 *adj fig (hombre cruel)* savage.
 3 *nm & nf* cannibal.
canibalismo *nm* cannibalism.
canica *nf* marble: jugar a las canicas to play marbles.
caniche *nm* poodle.
canicie *nf* whiteness, greyness.
canícula *nf* dog days *pl.*
canijo,-a *adj fam* weak, puny.
canilla
 1 *nf* ANAT long bone; *(de ave)* wing bone.
 2 *nf (de barril)* tap.
 3 *nf (carrete)* reel, bobbin.
canillera *nf (espinillera)* shin guard.
canino,-a
 1 *adj* canine.
 2 canino *nm* canine.
 ✦ tener hambre canina *fam* to be starving.
canje *nm* exchange.
canjeable *adj* exchangeable.
canjear *vt* to exchange.
cannabis *nm* cannabis.
cano,-a *adj* white, grey (US gray): un hombre de pelo cano a white-haired man, a grey-haired man.

canoa *nf* canoe; *(bote)* boat.
canódromo *nm* greyhound track, dog track.
canon
 1 *nm (regla)* canon, norm.
 2 *nm (composición musical)* canon.
 3 *nm (parte de la misa)* canon.
 4 *nm (cantidad de dinero)* tax.
 5 cánones *nm pl* rules: lo hizo como mandan los cánones de la medicina he did it in accordance with the rules of medicine.
 ▲ *pl* cánones.
canónico,-a *adj* canonical: derecho canónico canon law; matrimonio canónico canonical marriage.
canóniga *nf fam* nap before a meal.
canónigo *nm* canon.
canonización *nf* canonization.
canonizar *vt* to canonize.
 ▲ *Conjugation model* [4], *like* realizar.
canonjía
 1 *nf* canonry.
 2 *nf fig* sinecure.
canoro,-a *adj* musical: ave canora songbird.
canoso,-a *adj* grey-haired (US gray-haired), white-haired: un hombre canoso a white-haired man, a grey-haired man; el pelo canoso white hair, grey (US gray) hair.
canotié *nm* straw hat, boater.
 ▲ *pl* canotiés.
canotier *nm* → canotié.
cansadamente *adv* wearily.
cansado,-a
 1 *pp* → cansar.
 2 *adj (gen)* tired, weary: estoy cansada I'm tired.
 3 *adj (que fatiga)* tiring: es un trabajo muy cansado it's a very tiring job.
 4 *adj (pesado)* boring, tiresome.
 5 *adj (harto)* tired (de, of), fed up (de, with).
 ✦ tener la vista cansada to have eyestrain.
cansancio *nm* tiredness, weariness.
 ✦ estar muerto,-a de cansancio *fig* to be dead tired, be exhausted.
cansar
 1 *vt (causar cansancio)* to tire, tire out, make tired: este trabajo me cansa mucho this work tires me out; esta letra cansa la vista this writing strains my eyes.
 2 *vt (molestar)* to annoy; *(aburrir)* to tire, bore: me cansan sus discursos I'm fed up with his speeches; ¿no te cansa ver la televisión cada día? don't you get tired of watching TV every day?
 3 *vt (tierra)* to exhaust.
 4 *vi (causar cansancio)* to be tiring: eso que haces cansa mucho what you do is very tiring.
 5 *vi (aburrir)* to be boring: ¡cómo cansan esas classes! those clases bore me stiff!

6 cansarse *vpr (padecer cansancio)* to get tired, tire: **se cansa enseguida** she gets tired easily.
7 *vpr fig (hartarse)* to get tired (**de**, of), get fed up (**de**, with): **me cansé de sus chistes y me fui** I got tired of their jokes and I left.

cansino,-a *adj* slow, weary.

cantable
1 *adj* singable.
2 *nm* cantabile.

Cantabria *nf* Cantabria.

cantábrico,-a *adj* Cantabrian.
■ **mar Cantábrico** Bay of Biscay.

cántabro,-a
1 *adj* Cantabrian.
2 *nm,f* Cantabrian.

cantada *nf fam* blunder.

cantador,-ra *nm,f* singer.

cantaleta *nf* → cantilena.

cantamañanas *nm & nf fam* bullshitter.
▲ *pl* cantamañanas.

cantante
1 *adj* singing.
2 *nm & nf* singer.
✦ **llevar la voz cantante** *fig* to rule the roost.

cantaor,-ra *nm,f* flamenco singer.

cantar
1 *vt* to sing: **cantó una canción preciosa** she sang a beautiful song.
2 *vt fig (alabar)* to praise, sing the praises of: **cantaron las excelencias de sus vinos** they sang the praises of their wines.
3 *vt fig (misa)* to sing, say.
4 *vt (en juegos de naipes)* to call.
5 *vt fam (confesar)* to tell, reveal, confess; *(delatar)* to give away: **el hombre cantó todo lo que sabía sobre el asesinato a la policía** the man told the police everything he knew about the murder.
6 *vi* to sing: **cantaron a dos voces** they sang a duet.
7 *vi (pájaros)* to sing, chirp; *(insectos)* to chirp.
8 *vi fam (confesar)* to spill the beans, talk, confess.
9 *vi fam (oler mal)* to stink: **le cantan los pies** his feet stink.
10 *nm* song.
✦ **cantar como una almeja** *fam* to stick out like a sore thumb.
cantarlas claras *fam* to tell somebody straight.
cantarle a alguien las cuarenta *fam* to give somebody a piece of one's mind.
cantarle a alguien las verdades *fig* to give somebody a piece of one's mind.
en menos que canta un gallo *fam* in a flash, before you could say Jack Robinson.
¡eso es otro cantar! *fam* that's a totally different thing, that's a different kettle of fish.

ser coser y cantar *fam* to be as easy as pie, be child's play: **aquel examen fue coser y cantar** that exam was as easy as pie.
■ **cantar de gesta** chanson de geste.
Cantar de los Cantares Song of Songs, Song of Solomon.

cántara *nf* liquid measure *of 16.13 litres, equivalent to 3.5 gallons.*

cantarela *nf* first string of a violin or guitar.

cantárida *nf* Spanish fly.

cantarín,-ina
1 *adj fam (persona)* fond of singing: **Ana es muy cantarina** Ana loves singing.
2 *adj fam (voz)* sing-song.

cántaro
1 *nm (vasija)* pitcher.
2 *nm (contenido)* pitcherful.
✦ **llover a cántaros** *fig* to rain cats and dogs.

cantata *nf* cantata.

cantautor,-ra *nm,f* singer-songwriter.

cante
1 *nm MÚS* singing.
2 *nm fam fig* blunder.
3 *nm fam fig (regañina)* scolding.
✦ **¡vaya cante!** *fam* what a clanger!
■ **cante hondo/cante jondo** flamenco singing.

cantera
1 *nf (de piedra)* quarry.
2 *nf fig* breeding ground.
3 *nf DEP fig* young players *pl.*

cantería
1 *nf (arte)* hewing of stone.
2 *nf (obra)* stonework.

cantero *nm* stonemason.

cántico *nm* canticle.

cantidad
1 *nf (gen)* quantity; *(de dinero)* amount, sum: **había una gran cantidad de libros** there were a large number of books; **tuvieron que pagar una gran cantidad** they had to pay a large sum of money.
2 *adv fam* a lot: **llovía cantidad** it was pouring with rain.
✦ **cantidad de** *fam* lots of, loads of: **había cantidad de comida** there was loads of food.
en cantidad *fam* tons, loads: **había flores en cantidad** there were tons of flowers.
■ **cantidades industriales** *fam* tons, loads.

cantiga *nf* → cántiga.

cántiga *nf* song, ballad.

cantil *nm (en tierra)* cliff; *(en mar)* shelf.

cantilena
1 *nf (canción)* song, ballad.
2 *nf fam (repetición)* refrain, story: **la misma cantilena** the same old story.

cantillo
1 *nm (piedrecilla)* small stone.
2 cantillos *nm pl (juego)* jacks.

cantimplora *nf* water bottle.

cantina
1 *nf (comedor)* canteen.
2 *nf (de estación)* buffet.

cantinela *nf* → cantilena.

cantinero,-a *nm,f* bar attendant.

canto[1]
1 *nm (arte)* singing.
2 *nm (canción)* song.
3 *nm LIT* canto.
✦ **al canto del gallo** at daybreak, at cockcrow.

canto[2]
1 *nm (extremo)* edge: **de canto** sideways; **tiene tres centímetros de canto** it's three centimetres thick.
2 *nm (de cuchillo)* blunt edge.
3 *nm (esquina)* corner.
4 *nm (piedra)* stone, pebble.
✦ **al canto** *fam* for sure: **si llegamos tarde, bronca al canto** if we are late there'll be a row for sure.
darse con un canto en los dientes *fam* to be thankful for small mercies.
faltar el canto de un duro *fam* to come very close to, be on the verge of: **le faltó el canto de un duro para caerse del árbol** he came very close to falling out of the tree.
por el canto de un duro by inches.
■ **canto rodado** *(grande)* boulder; *(pequeño)* pebble.

cantón *nm* canton.

cantonera *nf (pieza)* corner piece.

cantonero,-a
1 *adj* idling, loafer.
2 *nm,f* idler, loafer.

cantor,-ra
1 *adj* singing.
2 *nm,f* singer.
✦ **pájaro cantor** songbird.

cantoral *nm* hymnal, hymn book.

cantueso *nm* type of lavender.

canturrear *vi* to hum.

canturreo *nm* humming.

canturriar *vi* to hum.
▲ *Conjugation model* [12], *like* **cambiar.**

cánula *nf* cannula.

canutas **pasarlas canutas** *fam* to have a hard time.

canutero *nm (alfiletero)* pin box.

canutillo *nm* bobbin, reel.

canuto
1 *nm (tubo)* tube.
2 *nm BOT* internode.
3 *nm arg (porro)* joint.

caña
1 *nf (planta)* reed.
2 *nf (tallo)* cane, stem.
3 *nf ANAT* bone marrow.
4 *nf (de calzado)* leg: **botas de media caña** calf-length boots.
5 *nf (de pescar)* rod.
6 *nf (de cerveza)* small glass of draught beer.

+ **darle/meterle caña a alguien/algo**
fam (coche) to step on the gas, put one's foot down; *(persona)* to beat somebody up, have a go at somebody.
■ **caña de azúcar** sugar cane.

cañacoro *nm* canna.

cañada
1 *nf* GEOG glen, dell, hollow.
2 *nf (sendero)* cattle track.

cañafístola *nf* cassia.

cañafístula *nf* cassia.

cañamazo
1 *nm (estopa)* tow.
2 *nm (tela)* burlap, tow cloth.
3 *nm fig (proyecto)* project.

cáñamo
1 *nm* BOT hemp.
2 *nm (tela)* hempen cloth.
■ **cáñamo indio** cannabis.

cañamón *nm* hemp seed.

cañaveral *nm* cane plantation.

cañería *nf* piping.

cañí
1 *adj (de raza gitana)* gypsy.
2 *adj (típico, folclórico)* typically Spanish, stereotypically Spanish: **la España cañí** clichéd Spain.
3 *nm,f* gypsy.

cañizal *nm* cane plantation.
▲ *pl* **cañís.**

cañizar *nm* cane plantation.

cañizo *nm* framework of interwoven canes.

caño
1 *nm (tubo)* tube.
2 *nm (chorro)* jet.
3 *nm (galería de mina)* gallery.
4 *nm (canal)* navigation channel.

cañón
1 *nm (de artillería)* gun; *(antiguamente)* cannon.
2 *nm (de arma)* barrel.
3 *nm (tubo)* tube, pipe.
4 *nm (de chimenea)* flue.
5 *nm* GEOG canyon.
6 *nm (foco)* spotlight.
7 *nm (de pluma)* quill.
8 *adj fam* terrific, great, fabulous: **esa chica está cañón** that girl is gorgeous.
9 *adv fam* very much: **lo pasamos cañón** we had a great time.
+ **estar al pie del cañón** *fig* to be working away, be hard at it.

cañonazo
1 *nm (disparo)* gunshot.
2 *nm* DEP shot.

cañonear *vt* to shell.

cañoneo *nm* gunfire.

cañonera *nf (lancha)* gunboat.

cañonería
1 *nf (de artillería)* artillery.
2 *nf (de órgano)* pipes *pl*.

cañonero,-a
1 *adj* armed.
2 **cañonero** *nm (barco)* gunboat.

caoba *nf* mahogany.

caolín *nm* kaolin.

caos *nm* chaos.
▲ *pl* **caos.**

caótico,-a *adj* chaotic.

cap. *abr* (**capítulo**) chapter; *(abreviatura)* ch.

Cap. *abr* (**capitán**) captain; *(abreviatura)* Capt.

CAP *abr* (**Centro de Asistencia Primaria**) Primary Health Centre *(abreviatura)* PHC.

capa
1 *nf (prenda)* cloak, cape.
2 *nf* GEOL stratum, layer.
3 *nf (de pintura)* coat; *(de polvo)* layer; *(de chocolate etc)* coating, layer: **una capa de pintura** a coat of paint.
4 *nf fig (estrato social)* class, stratum.
5 *nf (estrato social)* stratum.
+ **andar de capa caída** *fig* to be on the decline, have seen better days.
defender algo a capa y espada *fig* to defend something to the last.
hacer de su capa un sayo *fam* to do whatever one feels like.
so capa de *fig* under the pretext of.
■ **capa freática** water table.
capa pluvial REL pluvial, cope.

capacha *nf* basket.

capacho *nm* basket, hamper.

capacidad
1 *nf (gen)* capacity: **hay capacidad para cinco personas** there's room for five people; **el teatro tiene capacidad para acoger a doscientas personas** the theatre has a seating capacity of two hundred; **una botella con dos litros de capacidad** a two-litre bottle.
2 *nf fig (habilidad)* capability, ability: **tiene gran capacidad para las matemáticas** she has a talent for mathematics; **es una persona de mucha capacidad** she's a very intelligent person.

capacitación *nf* training.

capacitado,-a
1 *pp* → **capacitar.**
2 *adj* qualified.
3 *adj* JUR qualified, competent.
+ **estar capacitado,-a** to be trained, be qualified: **está capacitado para enseñar inglés** he's qualified to teach English.

capacitar
1 *vt (instruir)* to train, qualify.
2 *vt (autorizar)* to qualify, entitle.

capar
1 *vt* to geld, castrate.
2 *vt fam fig* to curtail.

caparazón
1 *nm* shell, carapace.
2 *nm fig* cover, protection.

caparrosa *nf* vitriol.

capataz,-za *nm,f (hombre)* foreman; *(mujer)* forewoman.

capaz
1 *adj (competente)* capable, able: **es una persona muy capaz** she's very capable.
2 *adj (cualificado)* qualified.
3 *adj (apto)* capable (**de**, of): **no es capaz de eso** he's incapable of doing that, he wouldn't do that; **¡no serías capaz!** you wouldn't dare!
4 *adj (grande)* spacious, roomy.
5 *adj (con espacio)* big enough (**para**, for): **el salón es capaz para cincuenta personas** there's room for fifty people in the hall.
▲ *pl* **capaces.**

capazo
1 *nm (cesto)* basket.
2 *nm (para bebé)* carry cot.

capcioso,-a *adj pey* cunning, insidious, artful: **una pregunta capciosa** a trick question.

capea *nf* amateur bullfight.

capear
1 *vt (tauromaquia)* to confront the bull with the cape.
2 *vt fam fig (entretener con engaños)* to stall, put off.
3 *vt fam fig (dificultades)* to dodge: **sabe capear las dificultades** he knows how to dodge difficulties.
+ **capear el temporal** *fig* to weather the storm, ride out the storm.

capellán *nm* chaplain.

capellanía *nf* chaplaincy.

capelo
1 *nm (sombrero rojo)* cardinal's hat.
2 *nm (dignidad de cardenal)* cardinalship.

Caperucita *nf* Little Red Riding Hood.

caperuza
1 *nf (prenda)* hood.
2 *nf (tapa)* cap, top: **la caperuza del bolígrafo** the top of the biro.

capicúa
1 *adj* reversible.
2 *nm (número)* reversible number; *(palabra)* palindrome: **424 es capicúa** 424 is a reversible number.

capilar
1 *adj (del cabello)* hair: **tónico capilar** hair tonic.
2 *adj* FÍS capillary.
3 *nm* capillary.

capilaridad *nf* capillarity.

capilla
1 *nf (iglesia)* chapel.
2 *nf* MÚS choir.
3 *nf (capucho)* hood.
4 *nf fig (grupo de adictos)* clan.
+ **estar en capilla** *(condenado a muerte)* to be awaiting execution; *(en ascuas)* to be like a cat on hot bricks.
■ **capilla ardiente** funeral chapel, mortuary chapel.

capillo
1 *nm (gorrito para niño)* bonnet; *(para bautizar)* christening cape.

2 *nm (capucha)* hood.
3 *nm (refuerzo del calzado)* toe lining.

capirotazo *nm* flip, flick.

capirote
1 *nm (gen)* hood; *(de mujer)* hennin.
2 *nm (capirotazo)* flip, flick.

capisayo
1 *nm (capotillo)* hooded cape.
2 *nm (vestidura de los obispos)* mantelletta.

capitación *nf* capitation.

capital
1 *adj (principal)* capital, principal, main, chief: **es de importancia capital** it's of capital importance.
2 *adj (relativo a la pérdida de la cabeza)* deadly, capital: **un pecado capital** a deadly sin, a cardinal sin; **una pena capital** capital punishment.
3 *adj (ciudad)* capital.
4 *nm FIN* capital.
5 *nf* capital, chief town.
▪ **capital activo** working capital.
capital inicial capital.
capital líquido net capital.
capital social share capital.
capital de provincia county town, *US* county seat.

capitalismo *nm* capitalism.

capitalista
1 *adj* capitalist, capitalistic.
2 *nm & nf* capitalist.

capitalización *nf* capitalization.

capitalizar *vt* to capitalize.
▲ *Conjugation model* [4], *like realizar*.

capitán,-ana
1 *nm,f (oficial)* captain.
2 *nm,f (jefe)* leader, chief.
3 *nm,f DEP* captain.
▪ **capitán de corbeta** lieutenant commander.
capitán de fragata commander.
capitán general field marshal, *US* general of the army.
capitán general de la Armada Admiral of the Fleet.

capitana *nf (nave)* flagship.

capitanear
1 *vt (gen)* to lead; *(tropas)* to command.
2 *vt (equipo)* to captain.
3 *vt (buque grande)* to captain; *(pesquero)* to skipper.

capitanía *nf* captaincy, captainship.
▪ **capitanía general** *(cargo)* rank of field marshal; *(edificio)* military headquarters *pl*.

capitel *nm* capital, chapitel.

capitolio *nm* capitol.

capitoné
1 *adj (acolchado)* upholstered.
2 *nm (camión de mudanzas)* removal van.

capitoste *nm & nf pey* bigwig.

capitulación
1 *nf MIL* capitulation.
2 *nf (acuerdo)* agreement.
3 **capitulaciones** *nf pl JUR* marriage settlement *sing*.

capitular
1 *adj* capitular, capitulary: **sala capitular** chapter house.
2 *nm (individuo de alguna comunidad eclesiástica)* capitular.
3 *vi MIL (rendirse)* to capitulate.
4 *vi (pactar)* to come to an agreement, reach an agreement.
5 *vt (pactar)* to agree to: **capitular las condiciones** to agree to the conditions.
6 *vt (hacer capítulos de cargos)* to charge.

capítulo
1 *nm (gen)* chapter.
2 *nm fig (tema)* subject, matter.
✦ **llamar a alguien a capítulo** *fig* to call somebody to account.
ser capítulo aparte *fig* to be another story.

capo *nm fam* boss.

capó *nm* bonnet, *US* hood.

capón¹ *nm (pollo)* capon.

capón² *nm (golpe)* rap on the head with the knuckles.

caponera
1 *nf (jaula)* coop.
2 *nf fig (prisión)* nick, clink.
3 *nf fig (sitio en que se encuentra buen trato)* open house.

caporal
1 *nm (jefe)* head, leader.
2 *nm (en una granja)* farm manager.

capota
1 *nf (sombrero femenino)* bonnet.
2 *nf (cubierta plegadiza)* folding hood, folding top.

capotar
1 *vi (un avión)* to nosedive.
2 *vi (un coche)* to overturn.

capote
1 *nm (capa con mangas)* cloak with sleeves, cape.
2 *nm (prenda militar)* greatcoat.
3 *nm (capa de torero)* cape.
✦ **echarle un capote a alguien** *fam* to give somebody a hand.
pensar para su capote/decir algo para su capote *fam* to think to oneself/ to say to oneself.

capotear
1 *vt (capear al toro)* to make passes using the cape.
2 *vt fig (evadir las dificultades)* to dodge.
3 *vt fig (entretener con engaños)* to stall.

capricho
1 *nm (deseo)* caprice, whim, fancy.
2 *nm MÚS* caprice, capriccio.
✦ **hacer algo por/a capricho** to do something because it takes one's fancy.

caprichoso,-a
1 *adj* capricious, whimsical, fanciful.
2 *nm,f* whimsical person.

caprichudo,-a *adj* → **caprichoso,-a**.

Capricornio *nm* Capricorn.

caprino,-a *adj* goat: **ganado caprino** goats *pl*.

cápsula
1 *nf (gen)* capsule.
2 *nf (de arma)* cap.
3 *nf (de botella)* cap, top.

capsular
1 *adj* capsular.
2 *vt* to capsulate.

Capt. *abr* (**capitán**) captain; *(abreviatura)* Capt.

captación
1 *nf (de ondas)* reception; *(de agua)* harnessing.
2 *nf (comprensión)* understanding, comprehension, grasping.
3 *nf (atracción)* winning, convincing: **captación de votos** winning of votes.

captar
1 *vt (ondas)* to receive, pick up; *(agua)* to harness.
2 *vt (entender)* to understand, grasp: **no pudo captar el significado de la palabra** he couldn't grasp the meaning of the word.
3 *vt (atraer a personas)* to attract, recruit: **captó nuevos adeptos para la secta** he recruited new followers to the sect.
4 *vt (atención, interés)* to hold; *(confianza)* to win, gain.
5 **captarse** *vpr* to draw, attract, win over.

captor,-ra *nm,f* captor, kidnapper.

captura *nf* capture.

capturar *vt* to capture, seize.

capucha *nf* hood.

capuchina *nf* nasturtium.

capuchino,-a
1 *adj* Capuchin.
2 *nm,f (monje)* Capuchin monk; *(monja)* Capuchin nun.
3 **capuchino** *nm (café)* cappuccino, frothy white coffee.

capuchón *nm (de estilográfica etc)* cap.

capullo
1 *nm (de insectos)* cocoon.
2 *nm BOT* bud.
3 *nm tabú (prepucio)* foreskin.
4 *nm tabú (estúpido)* silly bugger, dickhead.

capuz
1 *nm (capucho)* hood.
2 *nm (vestidura)* hooded cloak.
▲ *pl* **capuces**.

caquexia *nf* cachexy, cachexia.

caqui¹ *nm (árbol)* persimmon.

caqui² *adj* khaki.

cara
1 *nf (rostro)* face: **tiene una cara muy bonita** she's got a pretty face.
2 *nf (expresión)* face, expression: **tenía la cara muy triste** he looked sad; **nos miró con cara de asco** he looked at us with disgust.
3 *nf (lado)* side; *(de moneda)* right side: **mira la hoja por la otra cara** look at the other side of the sheet; **¿cara o cruz?** heads or tails?
4 *nf (superficie)* face.

5 *nf fig (aspecto)* look: este pastel tiene muy buena cara this cake looks very good.

6 *nf fam fig (desvergüenza)* cheek, nerve: ¡vaya cara! what a cheek!; ¡vaya cara que tienes! you've got a cheek!, you've got a nerve!

7 *nm & nf fam (caradura)* cheeky person.

✦ a la cara to somebody's face: se lo dijo a la cara he said it to her face.

caérsele a uno la cara de vergüenza *fam* to die of shame.

cara a facing: cara al sol facing the sun; cara a la pared facing the wall.

cara a cara face to face.

dar la cara *fig* to face the consequences.

dar la cara por alguien *fig* to stand up for somebody: el padre dio la cara por su hijo the father stood up for his son.

de cara facing: tenemos el viento de cara we're facing into the wind.

echar algo a cara o cruz to toss for something.

echar en cara *fig* to reproach for: le echó en cara su comportamiento he reproached her for her behaviour.

en la cara in somebody's face: se le rió en la cara he laughed in her face.

jugar algo a cara o cruz to toss for something.

lavar la cara a algo *fig* to give something a facelift, give something a once-over: si le lavamos la cara al piso lo venderemos más caro if we give the flat a once-over we'll get more for it.

no saber qué cara poner not to know what to do with oneself.

no tener cara para hacer algo *fig* not to dare do something: no tengo cara para decírselo I daren't tell her.

plantar cara a alguien *fig* to face up to somebody.

poner al mal tiempo buena cara to put on a brave face, grin and bear it.

poner buena cara to look pleased.

poner mala cara to pull a long face.

romperle la cara a alguien *fam* to smash somebody's face in.

tener buena cara to look well.

tener cara de to look: tenía cara de asustada she looked frightened; tenía cara de haber llorado he looked as if he had been crying.

tener mala cara to look bad.

tener más cara que espalda *fam* to have a lot of cheek.

verse las caras *fig* to come face to face.

volver la cara to look the other way.

■ **cara de circunstancias** *fig* serious look.

cara de perro *fam* scowling face.

cara de pocos amigos *fam* unfriendly face.

cara dura *fig* cheek, nerve: ¡qué cara más dura! what a cheek!, what a nerve!

cara larga *fig* long face.

caraba ser la caraba *loc fam* to be the limit, be the last straw.

carabao *nm* carabao.

carabela *nf* caravel.

carabina

1 *nf (arma)* carbine, rifle.

2 *nf fam fig* chaperon, chaperone.

✦ hacer de carabina/ir de carabina *fam* to act as chaperone.

carabinero,-a

1 *nm,f (oficial)* customs officer.

2 *carabinero nm HIST (soldado)* carabineer, carabinier.

3 *nm (crustáceo)* large prawn.

cárabo[1] *nm (escarabajo)* carabus, carabid beetle.

cárabo[2] *nm (ave)* tawny owl.

caracense

1 *adj* of Guadalajara, from Guadalajara.

2 *nm & nf* person from Guadalajara, inhabitant of Guadalajara.

caracho *interj* goodness me!, damn it!

caracol

1 *nm (de tierra)* snail.

2 *nm (de mar)* winkle.

3 *nm (concha)* sea shell.

4 *nm (del oído)* cochlea.

5 *nm (rizo)* kiss curl.

6 *nm (del reloj)* snail wheel.

7 *nm (de caballo)* caracole.

8 caracoles *interj* good heavens!

✦ hacer caracoles to caracole.

caracola *nf* conch.

caracolear *vi* to caracole.

carácter

1 *nm (personalidad)* character: es una mujer de mucho carácter she's got a strong character.

2 *nm (condición)* nature, kind: este proyecto es de carácter científico this project is of a scientific nature; asistió en carácter de observador he attended as an observer.

3 *nm (imprenta)* letter.

✦ tener buen carácter to be good-natured.

tener mal carácter to be bad-tempered.

■ **caracteres de imprenta** type *sing*, typeface *sing*.

caracteres góticos Gothic type *sing*.

▲ *pl* caracteres.

característica *nf* characteristic.

característico,-a

1 *adj* characteristic.

2 *nm,f (actor)* character actor; *(actriz)* character actress.

caracterización *nf* characterization.

caracterizado,-a

1 *pp →* caracterizar.

2 *adj (distinguido)* distinguished: un caracterizado político a distinguished politician.

caracterizar

1 *vt (determinar)* to characterize, portray: caracterizó las figuras de la comedia

he portrayed the characters in the comedy.

2 *vt (enaltecer)* to characterize.

3 *vt (representar)* to play well.

4 caracterizarse *vpr (distinguirse)* to be characterized: la vida en el campo se caracteriza por la tranquilidad life in the country is peaceful; se caracteriza por su sinceridad she is noted for her sincerity.

5 *vpr (vestirse, arreglarse)* to dress up (**de**, as): se caracterizó de policía he dressed up as a policeman.

▲ *Conjugation model* [4], *like realizar.*

caracterología *nf* characterology.

caracterológico,-a *adj* character type.

caradura

1 *adj fam* cheeky.

2 *nm & nf fam* cheeky devil.

✦ tener (mucha) caradura *fam* to have (a lot of) cheek.

carajillo *nm fam* coffee with a dash of brandy.

carajo

1 *nm tabú (pene)* prick.

2 *interj tabú* shit!

✦ irse algo al carajo *tabú (planes)* to fall through, go to pot; *(empresa)* to go bust.

¡**vete al carajo!** *tabú* go to hell!

caramba

1 *interj (extrañeza)* good heavens!, my God!

2 *interj (enfado)* damn it!

carámbano *nm* icicle.

carambola *nf (billar)* cannon, *US* carom.

✦ por carambola *fam* by a fluke, by chance: ganó por carambola she won by a fluke.

caramelizar *vt* to caramelize.

caramelo

1 *nm (dulce)* sweet, *US* candy.

2 *nm (azúcar quemado)* caramel, caramel syrup.

✦ a punto de caramelo syrupy; *fig* just right.

caramillo

1 *nm (flautilla)* pipe.

2 *nm (montón)* heap.

3 *nm (chisme)* piece of gossip.

carantoña

1 *nf fam pey (mujer)* mutton dressed as lamb.

2 carantoñas *nf pl (caricias)* caresses; *(lisonjas)* wheedling *sing*, cajolery *sing*.

✦ hacer carantoñas a alguien *(acariciar)* to caress somebody; *(adular)* to butter somebody up.

carapacho *nm (caparazón)* carapace.

caraqueño,-a

1 *adj* of Caracas, from Caracas.

2 *nm,f* person from Caracas, inhabitant of Caracas.

carátula
1 *nf (máscara)* mask.
2 *nf (cubierta)* cover.
3 *nf fig* theatre (*US* theater).

caravana
1 *nf (expedición)* caravan.
2 *nf (atasco)* traffic jam, tailback: había mucha caravana there was a big tailback.
3 *nf (remolque)* caravan, *US* trailer.

caravaning *nm* caravanning, *US* traveling by trailer.

caravansar *nm* → **caravasar**.

caravasar *nm* caravanserai, caravansary.

caray *interj* good heavens!, God!: ¡caray, qué tarde es! good heavens, it's very late!; ¡este caray de coche ya se ha estropeado! this damn car has broken down again!

carbohidrato *nm* carbohydrate.

carbón
1 *nm (gen)* coal.
2 *nm (carboncillo)* charcoal.
✦ negro,-a como el carbón as black as coal.
¡se acabó el carbón! *fam* that's that!
▪ carbón de leña charcoal.
carbón de piedra coal.
carbón mineral coal.
carbón vegetal charcoal.

carbonado *nm* black diamond, carbonado.

carbonar *vt* to turn into charcoal.

carbonatar *vt* to carbonate.

carbonato *nm* carbonate.

carboncillo *nm* charcoal.

carbonear *vt* to turn into charcoal.

carbonera *nf (donde se guarda carbón)* coal cellar.

carbonería *nf* coal merchant's.

carbonero,-a
1 *adj* coal.
2 *nm,f* coal dealer, coal merchant.
3 carbonero *nm (ave)* tit.
▪ barco carbonero collier.
carbonero común *(ave)* great tit.
carbonero garrapinos coal tit.
carbonero sibilino willow tit.
carbonero palustre marsh tit.

carbónico,-a *adj* carbonic.
▪ anhídrido carbónico carbon dioxide.
agua carbónica mineral water.

carbonífero,-a
1 *adj* carboniferous.
2 el carbonífero *nm (período geológico)* the Carboniferous, the Carboniferous period.

carbonilla
1 *nf (residuo de carbón)* coal dust.
2 *nf (de locomotora)* soot.

carbonización
1 *nf (reducción a carbón)* carbonization.
2 *nf (combustión)* burning, charring.

carbonizar
1 *vt (reducir a carbón)* to carbonize.

2 *vt (quemar)* to burn, char: murió carbonizado he was burnt to death.
3 **carbonizarse** *vpr* to carbonize.
▲ *Conjugation model* [4], *like realizar.*

carbono *nm* carbon.
▪ dióxido de carbono carbon dioxide.

carbunco *nm* anthrax.

carburación *nf* carburation.

carburador *nm* carburettor (*US* carburetor).

carburante *nm* fuel.

carburar
1 *vt (quemar)* to carburet.
2 *vi fam fig (funcionar)* to work properly: esta máquina de afeitar no carbura this shaver doesn't work properly; su cabeza ya no carbura his brain is out to lunch.

carburo *nm* carbide.

carca
1 *adj fam* square, straight.
2 *adj POL* reactionary.
3 *nm & nf fam* square, straight.
4 *nm & nf POL fam* reactionary.

carcaj *nm* quiver.
▲ *pl carcajes.*

carcajada *nf* burst of laughter, guffaw.
✦ reír(se) a carcajadas to laugh one's head off, roar with laughter.
soltar una carcajada to burst out laughing.

carcajear
1 *vi* to laugh heartily.
2 **carcajearse** *vpr (reírse)* to laugh heartily.
3 *vpr (burlarse)* to laugh (de, at): se carcajea de todo lo que digo he laughs at everything I say.

carcamal *nm fam pey* old fogey.

carcasa *nf (armazón)* frame, framework.

cárcava *nf (zanja)* ditch, trench.

cárcel
1 *nf* jail, gaol, prison: en la cárcel in jail.
2 *nf (aparato para sujetar)* clamp.
3 *nf (ranura)* groove.

carcelario,-a *adj* prison, goal, jail: el régimen carcelario es duro prison regulations are harsh.

carcelero,-a
1 *adj* prison, goal, jail.
2 *nm,f* jailer, gaoler, warder, *US* warden.

carcinógeno,-a
1 *adj* carcinogenic.
2 carcinógeno *nm* carcinogen.

carcinoma *nm* carcinoma, cancer.

cárcola *nf* pedal.

carcoma
1 *nf (insecto)* woodworm.
2 *nf (polvo)* wood dust.
3 *nf fig* plague: la envidia es la carcoma de la mejor amistad envy can sour the best of friendships.

carcomer
1 *vt (roer)* to eat away.
2 *vt fig (salud)* to undermine, eat away at; *(envidia etc)* to eat up, consume: aquella

enfermedad fue carcomiendo su salud that illness undermined his health; le carcomen los celos he is consumed with jealousy.
3 **carcomerse** *vpr fig* to be consumed (de, with), be eaten up (de, with).

carcomido,-a
1 *pp* → **carcomer**.
2 *adj (roído)* worm-eaten, riddled with woodworm.
3 *adj fig (salud)* undermined; *(envidia etc)* consumed, eaten up.

carda
1 *nf (acción de cardar)* carding.
2 *nf (instrumento)* card, teasel.
3 *nf fig (reprensión)* scolding, telling off.

cardado,-a
1 *pp* → **cardar**.
2 cardado *nm (carda)* carding.
3 *nm (del cabello)* backcombing.

cardador,-ra
1 *nm,f (persona)* carder.
2 cardador *nm (miriápodo)* millipede.

cardamomo *nm* cardamom.

cardar
1 *vt (lana etc)* to card.
2 *vt (cabello)* to backcomb.

cardenal[1] *nm REL* cardinal.

cardenal[2] *nm (hematoma)* bruise.

cardenalato *nm* cardinalship.

cardenalicio,-a *adj* of a cardinal, related to a cardinal, cardinal's.

cardencha
1 *nf (planta)* card thistle.
2 *nf (instrumento)* card, teasel.

cárdeno,-a *adj* purple, violet.

cardiaco,-a
1 *adj* cardiac, heart: ataque cardiaco heart attack.
2 *nm,f* person with a heart condition, person with heart disease.

cardíaco,-a *adj-nm,f* → **cardiaco**.

cardias *nm* cardia.
▲ *pl cardias.*

cardillo *nm* golden thistle.

cardinal *adj* cardinal.
▪ número cardinal cardinal number.

cardiocirujano,-a *nm,f* heart surgeon.

cardiografía *nf* cardiography.

cardiógrafo *nm* cardiograph.

cardiograma *nm* cardiogram.

cardiología *nf* cardiology.

cardiólogo,-a *nm,f* cardiologist.

cardiopatía *nf* heart condition, heart disease.

cardiovascular *adj* cardiovascular.

cardo
1 *nm BOT (espinoso)* thistle; *(comestible)* cardoon.
2 *nm fam (persona arisca)* nasty person, unfriendly person: es un cardo he's really unfriendly.

3 *nm fam (persona fea)* ugly person: su novio es un cardo her boyfriend's as ugly as sin.
- **cardo borriquero** *(planta)* milk thistle; *(persona)* ugly person.

cardume *nm* shoal of fish.

cardumen *nm* → **cardume.**

carear
1 *vt JUR* to confront, bring face to face: carearon al sospechoso con las dos víctimas the suspect was confronted with his victims.
2 *vt fig (comparar)* to compare: ha careado la copia con el original he has compared the copy with the original.
3 carearse *vpr (enfrentarse)* to meet face to face: al carearse casi discutieron when they met face to face they almost quarrelled.

carecer *vi* to lack (**de**, -): el pueblo carecía de alumbrado público the village lacked street lighting, the village had no street lighting.
▲ *Conjugation model* [43], *like* **agradecer.**

carena
1 *nf (de nave)* careening.
2 *nf (de vehículo)* streamlining.

carenado *nm* → **carena.**

carenar
1 *vt (un barco)* to careen.
2 *vt (un vehículo)* to streamline.

carencia *nf* lack (**de**, of): hay carencia de médicos there's a lack of doctors.

carente *adj* lacking (**de**, -): carente de agua lacking water; es una película carente de emoción the film lacks emotion.

careo *nm* confrontation.

carero,-a
1 *adj fam* pricey, dear: en esa charcutería son bastante careros that delicatessen's quite pricey.
2 *nm,f fam (persona)* shopkeeper who sells things at a high price; *(tienda)* pricey shop.

carestía
1 *nf (falta)* lack, shortage.
2 *nf (precio alto)* high cost, high price: la carestía de la vida the high cost of living.

careta *nf (máscara)* mask.
✦ **quitarle la careta a alguien** *fig* to unmask somebody.
- **careta antigás** gas mask.

careto *nm fam* face.

carey
1 *nm (animal)* sea turtle.
2 *nm (concha)* tortoiseshell.
▲ *pl* careyes.

carezco *pres indic* → **carecer.**

carga
1 *nf (acción)* loading: la carga de las mulas nos ha llevado media hora the loading of the mules took us half an hour.
2 *nf (lo cargado)* load; *(de avión, barco)* cargo, freight.

3 *nf (peso)* weight: las vigas aguantan una carga de varias toneladas the girders can hold a weight of several tons.
4 *nf (de pluma, bolígrafo)* refill.
5 *nf (de arma)* charge.
6 *nf (ataque)* charge.
7 *nf ELEC (de condensador)* charge; *(de circuito)* load.
8 *nf (tributo)* tax, charge.
9 *nf fig (responsabilidad)* responsibility, duty: los directores de empresas tienen muchas cargas managing directors have a lot of responsibilities.
10 *nf fig (molestia)* burden: el abuelo no es una carga our grandfather is not a burden.
✦ **ser un burro de carga** *fam* to be a dogsbody.
volver a la carga *fig* to go on and on about something.
- **andén de carga** loading platform.
carga afectiva *fig* emotional content.
carga de profundidad depth charge.
carga eléctrica electric charge.
carga explosiva explosive charge.
carga fiscal tax charge.
zona de carga y descarga loading and unloading bay.

cargadero *nm* loading bay.

cargado,-a
1 *pp* → **cargar.**
2 *adj (atmósfera)* heavy, dense.
3 *adj (bebida)* strong: dame un café cargado give me a strong cup of coffee; este combinado está un poco cargado de ron this drink has a bit too much rum in it.
4 *adj fam (borracho)* drunk, *(us* loaded).
5 *adj fig* burdened, weighed down: cargado,-a de responsabilidades weighed down with responsibility.
✦ **ser cargado,-a de espaldas** to be round-shouldered.

cargador,-ra
1 *adj* loading.
2 *nm,f (gen)* loader; *(de muelle)* docker, *us* stevedore; *(de alto horno)* stoker.
3 cargador *nm (de arma)* magazine.
4 *nm (de batería)* battery charger.
5 *nm (de pluma etc)* filler.

cargamento *nm (gen)* load; *(de avión, barco)* cargo, freight.

cargante *adj fam fig* boring, annoying, tedious.

cargar
1 *vt (poner peso)* to load: cargaremos los muebles en el camión we'll load the furniture onto the lorry; cargaron el barco de trigo the boat was loaded with wheat.
2 *vt (arma, máquina de fotos)* to load.
3 *vt ELEC* to charge: cargar las pilas to charge the batteries.
4 *vt (pluma etc)* to fill.
5 *vt (precio)* to charge; *(en cuenta)* to debit: nos cargaron un 7% de IVA we were charged 7% VAT.

6 *vt fig (poner muchas cosas)* to fill (**de**, with), cram (**de**, with): cargó su habitación de adornos she filled her room with ornaments.
7 *vt fig (trabajo)* to burden with, lumber with; *(responsabilidad)* to burden (**de**, with); *(culpa)* to put on, lay on: le cargó ese trabajo a Pedro Pedro was lumbered with that job.
8 *vt fam fig (molestar)* to bother, annoy: ese tipo me carga that guy annoys me.
9 *vt JUR* to charge.
10 *vt INFORM* to load.
11 *vt MIL* to charge.
12 *vt (naipes)* to trump; *(dados)* to load.
13 *vi (gen)* to load.
14 *vi (batería)* to charge.
15 *vi (toro, elefante, etc)* to charge.
16 *vi (atacar)* to charge (**contra/sobre**, -): el ejército cargó contra el enemigo the army charged the enemy.
17 *vi* **cargar con** *(algo que pesa)* to carry; *(una obligación)* to shoulder, take on: yo cargaré con la maleta I'll carry the suitcase; su padre cargó con las deudas his father took on the debts.
18 cargarse *vpr (llenarse)* to load oneself (**de**, with): cargarse de trabajo to burden oneself with work.
19 *vpr (el cielo)* to get cloudy, become overcast.
20 *vpr ELEC* to become charged.
21 *vpr EDUC fam (suspender)* to fail: el profesor se ha cargado a la mitad de los alumnos the teacher failed half the pupils.
22 *vpr fam (destrozar)* to smash, ruin: me he cargado el coche I've wrecked the car.
23 *vpr fam (matar)* to knock off.
✦ **cargar algo en la cuenta de alguien** *COM* to debit somebody's account with something.
cargar con alguien *fig* to take charge of somebody.
cargar con el muerto *fam* to be left holding the baby; *(ser culpado)* to get the blame.
cargar con la culpa to take the blame.
cargar con la responsabilidad to take the responsibility.
cargar con las consecuencias to suffer the consequences.
cargar la mano de algo *fam (poner mucho)* to add too much (of) something: cargar la mano de sal to add too much salt.
cargar las culpas a alguien to put the blame on somebody.
cargar las tintas *fam* to exaggerate.
cargarse de algo *fig* to weigh oneself down with something, saddle oneself with something, burden oneself with something: estaba cargado de deudas he was burdened with debt.
cargarse de paciencia to summon up one's patience.

cargárselas *fam* to get into trouble: **te las vas a cargar** you'll get into trouble, you're in for it.
▲ *Conjugation model* [7], *like* **llegar.**

cargazón
1 *nm (cargamento)* load.
2 *nm (de estómago, de cabeza)* heavy feeling.
3 *nm (de nubes)* heavy cloud.

cargo
1 *nm (peso)* load, weight.
2 *nm (empleo)* post, position: **el cargo de director** the post of director.
3 *nm (gobierno, custodia)* charge, responsibility: **tiene dos empleados a su cargo** he has two employees under him.
4 *nm FIN* charge, debit.
5 *nm JUR (falta)* charge, accusation.
✦ **cargo de** to occupy the post of.
correr a cargo de alguien to be the responsibility of somebody: **el discurso de inauguración correrá a cargo del Sr. Torres** Sr. Torres will make the opening speech; **los gastos de transporte corren a cargo del comprador** shipping costs are payable by the purchaser.
desempeñar el cargo de/ocupar el estar al cargo de to be in charge of.
hacerse cargo de *(responsabilizarse de)* to take charge of; *(entender)* to realize: **me hago cargo** I realize that.
jurar el cargo to take an oath.
■ **alto cargo** top job, high-ranking position.
cargo de conciencia *fig* weight on one's conscience.

carguero
1 *nm (embarcación)* freighter.
2 *nm (avión)* transport plane.

cariacontecido,-a *adj* down in the mouth, crestfallen.

cariado,-a *adj* decayed, carious.

cariar
1 *vt* to cause to decay.
2 **cariarse** *vpr* to decay.
▲ *Conjugation model* [12], *like* **cambiar.**

cariátide *nf* caryatid.

Caribe **el Caribe** *nm* the Caribbean.

caribeño,-a *adj* Caribbean.

caribú *nm* caribou.

caricato *nm* impressionist, impersonator.

caricatura *nf* caricature.

caricaturista *nm & nf* caricaturist.

caricaturizar *vt* to caricature.
▲ *Conjugation model* [4], *like* **realizar.**

caricia *nf* caress, stroke: **su madre le hizo una caricia en la mejilla** his mother stroked his cheek.

caridad *nf* charity.
✦ **¡por caridad!** for pity's sake!

caries *nf (enfermedad)* tooth decay, caries *pl; (lesión)* cavity: **tengo una caries** I've got a cavity.
▲ *pl* **caries.**

carilla *nf (plana)* page, side.

carillón *nm* carillon.

cariñena *nm (vino)* sweet wine from Cariñena.

cariño
1 *nm (amor)* love, affection: **los padres sienten mucho cariño por sus hijos** the parents love their children dearly; **tenía cariño a aquella pulsera** she was fond of that bracelet.
2 *nm (esmero)* loving care: **bordó sus iniciales con mucho cariño** she embroidered his initials with loving care.
3 *nm (apelativo)* darling, love, *US* honey: **¿pasa algo, cariño?** what's the matter, darling?
4 *nm fig (expresión)* caress, hug, kiss, cuddle: **siempre le está haciendo cariños a su nieta** he's always cuddling his granddaughter.
5 **cariños** *nm pl (recuerdos, saludos)* love *sing.*
✦ **coger/tomar cariño a alguien/algo** to grow fond of somebody/something. **"Con todo cariño"** *(en una carta)* "Lots of love".

cariñosamente *adv* affectionately.

cariñoso,-a *adj* loving, affectionate: **es muy cariñoso con los niños** he's very affectionate with the children.

carioca
1 *adj* of Rio de Janeiro, from Rio de Janeiro.
2 *nm & nf* person from Rio de Janeiro, inhabitant of Rio de Janeiro.

carisma *nm* charisma.

carismático,-a *adj* charismatic.

caritativo,-a *adj* charitable.

cariz *nm* aspect, look: **este asunto está tomando muy mal cariz** this affair is beginning to look bad.
▲ *pl* **carices.**

carlinga *nf (cabina del piloto)* cockpit; *(de pasajeros)* cabin.

carlismo *nm* Carlism.

carlista
1 *adj* Carlist.
2 *nm & nf* Carlist.

carmelita
1 *adj* Carmelite.
2 *nm & nf* Carmelite.

carmesí
1 *adj* crimson.
2 *nm* crimson.
▲ *pl* **carmesíes.**

carmín
1 *adj (color)* carmine.
2 *nm (color)* carmine.
3 *nm (rosal)* wild rose.
4 *nm (pintalabios)* lipstick.
■ **carmín de labios** lipstick.

carminativo,-a
1 *adj* carminative.
2 **carminativo** *nm* carminative.

carnación *nf* flesh colour (*US* color).

carnada *nf* bait.

carnal
1 *adj* carnal: **pecados carnales** carnal sins.
2 *adj fig (terrenal)* material: **no le interesa lo espiritual sino lo carnal** he's not interested in spiritual things but material things.
3 *adj (pariente)* first: **es primo carnal** he's my first cousin.

carnaval *nm* carnival.

carnaza
1 *nf (carnada)* bait.
2 *nf (carne abundante y mala)* low-grade meat, bad-quality meat: **hoy no he comprado carne porque solo he visto carnaza** I didn't buy any meat today because it all looked bad quality.

carne
1 *nf ANAT* flesh.
2 *nf CULIN* meat: **me gusta la carne** I like meat.
3 *nf (de fruta)* pulp.
4 *nf fig (cuerpo)* flesh: **la carne es débil** the flesh is weak.
✦ **echar toda la carne en el asador** *fig* to go in for everything.
en carne viva red raw.
en carne y hueso *fig* in person.
estar metido,-a en carnes *fam* to be plump.
ser de carne y hueso to be only human.
ser de pocas carnes *fam* to be thin.
ser uña y carne *fig* to be hand in glove.
■ **carne asada** roasted meat.
carne de cañón *fig* cannon fodder.
carne de cerdo pork.
carne de cordero lamb.
carne de gallina *fig* goose pimples *pl*, goose bumps, goose flesh: **se me pone la carne de gallina** it gives me goose pimples.
carne de ternera veal.
carne de vaca beef.
carne picada mince, mincemeat, *US* ground meat, loose meat.
carne viva raw flesh.

carné *nm* card.
■ **carné de conducir** driving licence.
carné de identidad identity card.
▲ *pl* **carnés.**

carnero
1 *nm (animal)* ram.
2 *nm (carne)* mutton.

carnestolendas *nf pl* Carnival *sing.*

carnet *nm* → **carné.**

carnicería
1 *nf* butcher's, butcher's shop.
2 *nf fig* carnage, slaughter: **la batalla fue una carnicería** the battle was a bloodbath.

carnicero,-a
1 *adj (animal)* carnivorous.
2 *adj fam (que le gusta la carne)* fond of meat: **Juan es muy carnicero** Juan is a real meat-lover.
3 *adj fig (cruel)* bloodthirsty, sanguinary.
4 *nm,f (profesión)* butcher.

5 _nm,f fig (persona)_ butcher.
6 _nm (animal)_ carnivore.

cárnico,-a _adj_ meat: **industrias cárnicas** meat industries.

carnívoro,-a
1 _adj_ carnivorous.
2 _nm,f_ carnivore.

carnosidad _nf_ fleshy part.

carnoso,-a _adj_ fleshy.

caro,-a
1 _adj (costoso)_ expensive, dear.
2 _adj (difícil)_ difficult: **los aprobados están caros en esta escuela** it's difficult to pass in this school.
3 caro _adv_ at a high price.
✦ **costar caro,-a/salir caro,-a** _(ser costoso)_ to cost a lot; _(causar daño)_ to cost dear: **la cena nos salió muy cara** the dinner turned out very expensive; **conducir borracho puede costar caro** there's a high price to pay for drinking and driving.
pagar caro,-a to pay a high price (for).
vender caro,-a to sell at a high price.

Carolina _nf_ Carolina: **Carolina del Norte** North Carolina.
▪ **Carolina del Sur** South Carolina.

carolingio,-a _adj_ Carolingian, Carlovingian.

carota _nm & nf fam_ cheeky person.

carótida _nf_ carotid.

carotina _nf_ carotene.

carozo _nm_ cob.

carpa¹ _nf (de uvas)_ small bunch of grapes.

carpa² _nf (pez)_ carp.

carpa³
1 _nf (de circo)_ big top, marquee.
2 _nf (tenderete)_ stall.

carpanta _nf fam_ ravenous hunger: **¡tengo una carpanta!** I'm starving!

Cárpatos los (montes) Cárpatos _nm pl_ the Carpathians.

carpe _nm_ hornbeam.

carpeta
1 _nf (archivador)_ folder, file; _(informática)_ folder.
2 _nf (de escritorio)_ table cover.
3 _nf (cartera)_ briefcase.

carpetazo dar carpetazo to shelve.

carpetovetónico,-a _adj pey_ over-patriotically Spanish, Spanish to the core.

carpintería
1 _nf (establecimiento)_ carpenter's shop.
2 _nf (obra y oficio)_ carpentry.
▪ **carpintería metálica** metalwork.

carpintero,-a
1 _adj_ carpenter.
2 _nm,f_ carpenter.

carpo _nm_ carpus.

carpología _nf_ carpology.

carraca¹ _nf (instrumento)_ rattle.

carraca² _nf (ave)_ roller.

carraca³
1 _nf pey (barco viejo)_ old tub.

2 _nf fam (coche viejo)_ banger, wreck: **tu coche está hecho una carraca** your car is an old banger.
3 _nf fam (persona achacosa)_ wreck; _(persona vieja)_ old crock.

carrasca _nf (encina)_ holm oak.

carraspear _vi_ to clear one's throat: **carraspeó antes de hablar** he cleared his throat before speaking.

carraspeo _nm_ throat-clearing.

carraspera _nf fam_ hoarseness.

carrasposo,-a _adj_ hoarse.

carrera
1 _nf (acción)_ run.
2 _nf (trayecto - de desfile)_ route; _(- de taxi)_ ride, journey; _(- de planeta)_ course.
3 _nf (camino)_ road.
4 _nf DEP_ race: **ganó la carrera** she won the race.
5 _nf (estudios)_ degree course, university education: **hacer la carrera de medicina** to study medicine; **¿qué carrera hiciste?** what did you study at University?, _us_ what did you major in?
6 _nf (profesión)_ career: **quiere una carrera en el teatro** he wants a career in the theatre; **es una mujer de carrera** she's a career woman.
7 _nf (de media)_ ladder, _us_ run.
8 _nf (calle)_ street, avenue.
✦ **a la carrera** in a hurry.
dar carrera a alguien to pay for somebody's studies.
darse una carrera to hurry, run as fast as one can.
de carrera _fig_ parrot fashion.
hacer carrera _fig_ to get on.
hacer carrera en la vida _fig_ to succeed in life.
hacer la carrera _euf_ to walk the streets.
no poder hacer carrera con/de alguien not to be able to do a thing with somebody: **Mariano es muy cabezota y no se puede hacer carrera de él** Mariano is so stubborn that you can't get anywhere with him.
tomar carrera to take a run.
▪ **carrera contra reloj** race against the clock.
carrera de armamentos/carrera armamentística arms race.
carrera de caballos horse race.
carrera de coches/carrera de automóviles car race.
carrera de fondo long-distance race.
carrera de medio fondo middle-distance race.
carrera de relevos relay race.
carrera de vallas hurdle race.
carrera diplomática diplomatic career.

carrerilla _nf MÚS_ run.
✦ **coger carrerilla/tomar carrerilla** to take a run.
saber algo de carrerilla to know something by heart.

carreta _nf_ cart.

carretada
1 _nf (carga)_ cartload.
2 _nf fam (montón)_ heaps _pl_, loads _pl_: **había una carretada de libros** there were loads of books.

carrete
1 _nm (de hilo)_ bobbin, reel.
2 _nm ELEC_ coil.
3 _nm (de caña de pescar)_ reel.
4 _nm (de película)_ spool; _(de fotos)_ film, roll of film.
5 _nm (de máquina de escribir)_ cartridge.
✦ **dar carrete** _(dar conversación)_ to go on and on: **¡con la prisa que tenía y él, venga a darme carrete!** I was in such a hurry and he kept going on and on!
tener carrete _fam (hablar mucho)_ to go on and on.

carretear _vt_ to cart.

carretera _nf_ road.
▪ **carretera comarcal** B road.
carretera de acceso approach road.
carretera de circunvalación ring road.
carretera nacional A road, main road.

carretería
1 _nf (oficio)_ cartwright's work.
2 _nf (taller)_ cartwright's shop.

carretero
1 _nm (conductor)_ carter, cart driver.
2 _nm (constructor)_ cartwright.
✦ **fumar como un carretero** _fam_ to smoke like a chimney.
hablar como un carretero/jurar como un carretero _fam_ to swear like a trooper.

carretilla _nf_ wheelbarrow.
✦ **decir algo de carretilla** _fig_ to say something parrot fashion.
saber algo de carretilla _fig_ to know something off by heart.
▪ **carretilla elevadora** fork-lift truck.

carretón _nm (carro pequeño)_ small cart.

carricero _nm_ teal.

carricoche
1 _nm (carro cubierto)_ caravan.
2 _nm pey (coche viejo)_ old banger, wreck.

carril
1 _nm (de ferrocarril)_ rail.
2 _nm (de carretera)_ lane.
3 _nm (surco)_ furrow.
4 _nm (de cortina)_ rail.
▪ **carril bus** bus lane.
carril de aceleración slip road.
carril de adelantamiento overtaking lane, fast lane.
carril lateral service road.

carril-bici _nm_ cycle lane, _us_ bikeway.
▲ _pl_ **carriles-bici**.

carrillera _nf_ jaw.

carrillo _nm_ cheek.
✦ **comer a dos carrillos** _fam_ to gobble up, devour.

carrito _nm (para la compra)_ trolley, _us_ cart.

carro
1 *nm (vehículo)* cart.
2 *nm (de supermercado, aeropuerto)* trolley, *US* cart.
3 *nm MIL* tank.
4 *nm (carga de un carro)* cartload.
5 *nm (de máquina de escribir)* carriage.
6 *nm fam (coche)* car.
✦ **apearse del carro** *fam* to give up, quit.
¡para el carro! *fam* hold your horses!, hold on!
carros y carretas *fam (ofensas)* insults, abuse; *(molestias)* setbacks, hitches, trouble, problems: **tuvo que aguantar carros y carretas** he had to put up with a lot of abuse.
■ **carro blindado** armoured (*US* armored) car.
carro de combate tank.
carro de la compra shopping trolley, *US* shopping cart.

carrocería *nf* body, bodywork.

carrocero,-a *nm,f* coach-builder.

carrocha *nf* eggs *pl*.

carromato *nm* covered wagon.

carroña
1 *nf* carrion.
2 *nf fig (personas despreciables)* trash, riffraff.

carroñero,-a
1 *adj* carrion-eating.
2 *nm,f* scavenger.

carroza
1 *adj fam* old, old-fashioned.
2 *nf (tirado por caballos)* coach, carriage.
3 *nf (coche adornado)* float.
4 *nf (coche fúnebre)* hearse.
5 *nm & nf fam* old fogey, square: **¡estás hecho un carroza!** you're so old-fashioned!

carruaje *nm* carriage, coach.

carrusel
1 *nm (ejercicio ecuestre)* horse tattoo.
2 *nm (tiovivo)* merry-go-round, *US* carrousel.

carta
1 *nf (misiva)* letter.
2 *nf (naipe)* card.
3 *nf (minuta)* menu.
4 *nf (documento jurídico)* charter.
5 *nf (mapa)* chart.
✦ **a la carta** à la carte.
dar carta blanca a alguien to give somebody a free hand, give somebody carte blanche.
echar una carta to post a letter, *US* mail a letter.
echar las cartas a alguien to tell somebody's fortune.
jugárselo todo a una carta *fig* to put all one's eggs in one basket.
no saber a qué carta quedarse *fig* not to know what to do.
poner las cartas sobre la mesa *fig* to put one's cards on the table.
tomar cartas en un asunto *fig* to take part in an affair.

■ **carta abierta** open letter.
carta blanca carte blanche.
carta certificada registered letter.
carta de ajuste *TV* test card.
carta de naturaleza/carta de ciudadanía naturalization papers *pl*.
carta de navegación navigation chart.
carta de presentación/carta de recomendación letter of introduction.
carta de vinos wine list.
carta urgente express letter.
"Cartas al director" *(de un periódico)* "Letters to the editor".

carta-bomba *nf* letter bomb.

cartabón *nm* set square, triangle.

cartagenero,-a
1 *adj* of Cartagena, from Cartagena.
2 *nm,f* person from Cartagena, inhabitant of Cartagena.

cartaginense
1 *adj* Carthaginian.
2 *nm & nf* Carthaginian.

cartaginés,-esa *adj-nm,f* → **cartaginense**.

Cartago *nm* Carthage.

cartapacio
1 *nm (cuaderno)* notebook.
2 *nm (carpeta)* folder, file.

cartearse *upr* to correspond (**con**, with), exchange letters (**con**, with), write (**con**, to): **me carteo con una chica en Irlanda** I have a pen friend in Ireland.

cartel *nm* poster, bill.
✦ **de cartel** *fig* reputed.
en cartel running, on: **esa película lleva 6 meses en cartel** that film has been running for 6 months.
"Prohibido fijar carteles" "Post no bills".
tener (buen) cartel *fig* to be popular.

cártel *nm* cartel, trust.

cartelera
1 *nf (para carteles)* hoarding, *US* billboard.
2 *nf (en periódicos)* entertainment section.
✦ **en cartelera** running, on: **esta película lleva dos años en cartelera** this film has been running for two years.

cartelero,-a *nm,f* billposter.

carteo *nm* correspondence, exchange of letters.

cárter
1 *nm TÉC* housing.
2 *nm (de bicicleta)* chain guard.
3 *nm (de coche)* crankcase.

cartera
1 *nf (monedero)* wallet.
2 *nf (de colegial)* satchel, school bag.
3 *nf (de ejecutivo)* briefcase.
4 *nf fig* portfolio: **ministro sin cartera** minister without portfolio.
5 *nf COM* portfolio.
✦ **tener algo en cartera** *fig* to be planning something.

■ **cartera de clientes** client portfolio.
cartera de pedidos order book.

cartería
1 *nf (empleo)* job of postal worker.
2 *nf (oficina)* sorting office.

carterista *nm & nf* pickpocket.

cartero,-a *nm,f (hombre)* postman; *(mujer)* postwoman.

cartesianismo *nm* Cartesianism.

cartesiano,-a
1 *adj* Cartesian.
2 *nm,f* Cartesian.

cartilaginoso,-a *adj* cartilaginous.

cartílago *nm* cartilage.

cartilla
1 *nf (para aprender)* first reader.
2 *nf (tratado breve)* primer.
3 *nf (cuaderno)* book.
✦ **cantar la cartilla a alguien/leer la cartilla a alguien** *fam* to tell somebody off.
■ **cartilla de ahorros** savings book.
cartilla de racionamiento ration book.
cartilla del seguro Social Security card.
cartilla militar military record.

cartografía *nf* cartography.

cartográfico,-a *adj* cartographic, cartographical.

cartógrafo,-a *nm,f* cartographer.

cartograma *nm* cartogram.

cartomancia *nf* cartomancy.

cartomancía *nf* cartomancy.

cartón
1 *nm (material)* cardboard.
2 *nm (de cigarrillos)* carton.
3 *nm (dibujo)* sketch.
■ **cartón piedra** papier-mâché.

cartoné **en cartoné** in hardback: **este libro está encuadernado en cartoné** this book is bound in hardback.

cartuchera *nf* cartridge holder, cartridge belt.

cartuchería *nf* cartridge factory.

cartucho
1 *nm (de explosivo)* cartridge.
2 *nm (de monedas)* roll (of coins).
3 *nm (cucurucho)* paper cone.
4 *nm (carga)* cartridge, refill.
✦ **quemar el último cartucho** *fam* to play one's last card.
■ **cartucho de fogueo** blank cartridge.

cartuja *nf* Charterhouse.

cartujano,-a
1 *adj* Carthusian.
2 *adj (caballo)* Andalusian breed of horse.
3 *nm,f* Carthusian.

cartujo,-a
1 *adj* Carthusian.
2 **cartujo** *nm* Carthusian.

cartulina *nf* thin cardboard.

carúncula *nf* caruncle.

carvajo *nm* oak.

carvallo *nm* oak.

casa
1 *nf (vivienda)* house.
2 *nf (piso)* flat.
3 *nf (edificio)* building.
4 *nf (hogar)* home: **vete a casa** go home; **nos quedamos en casa** we stayed at home; **fuimos a casa de Ana** we went to Ana's.
5 *nf (familia)* family.
6 *nf (linaje)* house: **la casa de los Austria** the House of Hapsburg.
7 *nf (empresa)* firm, company.
✦ **buscar casa** to go house-hunting.
caerse la casa encima *fig* not to be able to stand being in the house.
como Pedro por su casa *fig* as if he *(she, you, etc)* owned the place.
de andar por casa *(ropa)* for wearing around the house; *(procedimiento, arreglo)* rough, makeshift.
echar la casa por la ventana/tirar la casa por la ventana *fig* to spare no expense, push the boat out.
empezar la casa por el tejado *fig* to put the cart before the horse.
hacer la casa *fam* to do the housework.
jugar en casa *DEP* to play at home.
llevar la casa *fig* to run the house.
no parar en casa to never be at home.
no salir de casa not to go out.
pasar por casa to come round, come over.
poner casa to set up house.
ser muy de casa *fig* to be home-loving.
▪ **casa de citas** *euf* brothel.
casa de comidas eating house.
casa de empeños pawnshop.
casa de huéspedes boarding house.
casa de juego gambling house.
casa de modas fashion house.
casa de pisos block of flats.
casa de socorro first aid post.
casa matriz/casa principal *COM* head office, central office.
la casa de Tócame Roque *fam* bedlam.
casaca *nf* fitted short coat.
casación *nf* cassation, annulment.
casadero,-a *adj* of marrying age.
casado,-a
1 *pp* → casar.
2 *adj* married: **es una mujer casada** she's a married woman; **está casado con Elena** he's married to Elena.
3 *nm,f (hombre)* married man; *(mujer)* married woman.
▪ **los recién casados** the newly-weds.
casamata *nf* casemate.
casamentero,-a
1 *adj* matchmaking.
2 *nm,f* matchmaker.
casamiento
1 *nm (contrato)* marriage.
2 *nm (ceremonia)* wedding.
casanova *nm desus* Casanova, ladies' man.

casar[1]
1 *vt (disponer matrimonio)* to marry: **casó a su segunda hija** she married off her second daughter.
2 *vt (unir)* to join, fit.
3 *vi (casarse)* to marry **(con, -)**, get married **(con, to)**: **Pedro casó con su vecina Pedro** married his neighbour, Pedro got married to his neighbour.
4 *vi (armonizar)* to match, go together, fit together: **estos colores no casan** this colours don't match.
5 **casarse** *vpr* to get married **(con, to)** marry **(con, -)**.
✦ **casarse de penalti** *fam* to have a shotgun wedding.
casarse por la iglesia to get married in church, have a church wedding.
casarse por lo civil to get married in a registry office.
no casarse con nadie *fig* to keep oneself to oneself.
casar[2] *vt JUR* to annul, quash.
casba *nf* kasbah.
cascabel
1 *nm* bell.
2 *nm fam fig (persona alegre)* happy person; *(poco juiciosa)* rattlebrain.
✦ **ponerle el cascabel al gato** *fig* to bell the cat.
cascabelear
1 *vt fig (infundir esperanzas)* to take in, raise the hopes of.
2 *vi fam fig (portarse con ligereza)* to act recklessly.
cascabeleo *nm* rattle.
cascabelero,-a
1 *adj fig (poco juicioso)* scatterbrained.
2 **cascabelero** *nm (sonajero)* baby's rattle.
cascada *nf* cascade, waterfall.
cascado,-a
1 *pp* → cascar.
2 *adj (sonido, voz)* harsh, hoarse.
3 *adj (objeto)* broken-down, clapped-out: **el radiador está muy cascado** the radiator is on its last legs.
4 *adj fam (persona)* worn-out: **mi abuelo ya está muy cascado por los años** my grandfather is really showing his age.
cascajo
1 *nm (guijo)* gravel, rubble.
2 *nm (fragmentos)* bits *pl*, fragments *pl*.
3 *nm fam (trasto viejo)* piece of junk.
✦ **estar hecho,-a un cascajo** *fam (persona)* to be a wreck.
cascanueces *nm* nutcrackers *pl*.
▲ *pl* cascanueces.
cascapiñones *nm* nutcrackers *pl*.
▲ *pl* cascapiñones.
cascar
1 *vt (romper)* to crack: **cascar un huevo** to crack an egg.
2 *vt fam (pegar)* to hit, beat up.
3 *vi fam (morir)* to snuff it, kick the bucket.

4 *vi fam (charlar)* to chat.
5 *vi fam (dañar)* to harm: **la bebida casca** drinking is bad for you.
6 **cascarse** *vpr (romperse)* to crack.
7 *vpr (la voz)* to become harsh, become hoarse.
✦ **cascarla** *fam (morir)* to kick the bucket.
cascársela *tabú* to wank, *US* jerk off.
▲ *Conjugation model* [1], *like sacar.*
cáscara
1 *nf (de huevo, nuez)* shell.
2 *nf (de fruta)* skin, peel.
3 *nf (de grano)* husk.
4 **cáscaras** *interj (sorpresa)* good grief!; *(enfado)* damn it!
✦ **ser de la cáscara amarga** *fam (de ideas izquierdistas)* to be a lefty, be a left-winger.
cascarilla
1 *nf (de metal)* sheet.
2 *nf (de cacao)* cocoa.
cascarón *nm* eggshell.
✦ **recién salido del cascarón** *fam* wet behind the ears.
cascarrabias *nm & nf fam* grumpy person, bad-tempered person.
▲ *pl* cascarrabias.
casco
1 *nm (para la cabeza)* helmet.
2 *nm (cráneo)* skull.
3 *nm (fragmento)* broken piece, fragment.
4 *nm (de metralla)* piece of shrapnel.
5 *nm (de sombrero)* crown.
6 *nm (envase)* empty bottle.
7 *nm (de barco)* hull.
8 *nm (de caballería)* hoof.
9 **cascos** *nm pl (auriculares)* headphones.
10 *nm pl fam (cabeza)* head *sing*, brains.
✦ **calentarse los cascos/romperse los cascos** *fam* to rack one's brains.
ser alegre de cascos/ser ligero,-a de cascos *fam* to be scatterbrained.
▪ **casco protector** crash helmet.
casco urbano town centre (*US* center).
cascote
1 *nm (fragmento)* piece of rubble, piece of debris.
2 *nm (de metralla)* piece of shrapnel.
3 **cascotes** *nm pl* rubble *sing*.
caseína *nf* casein.
caserío
1 *nm (casa)* country house.
2 *nm (pueblo)* hamlet, small village.
casero,-a
1 *adj (persona)* home-loving.
2 *adj (productos)* home-made: **pan casero** home-made bread.
3 *adj (familiar)* family.
4 *adj DEP (árbitro, juez)* favouring (*us* favoring) the home team: **el equipo local ganó porque el árbitro estuvo muy casero** the home team won because the referee was biased in their favour.
5 *nm,f (dueño - hombre)* landlord; *(mujer)* landlady.
6 *nm,f (guarda)* keeper.

caserón *nm* big rambling house.

caseta

1 *nf (casita)* hut, booth.

2 *nf (de feria)* stall, stand.

3 *nf (de bañistas)* bathing hut, *US* bath house.

4 *nf DEP* changing room.

5 *nf (de perro)* kennel, doghouse.

casete

1 *nm (magnetófono)* cassette player, cassette recorder.

2 *nf (cinta)* cassette, cassette tape.

casi *adv* almost, nearly: había casi cincuenta personas there were almost fifty people; me tropecé y casi me caí I tripped and nearly fell over; no comió casi nada she hardly ate anything; casi prefiero el vestido rojo I think I prefer the red dress.

✦ **casi, casi** *fam* just about.

¡casi nada! *fam* peanuts!: le tocaron 5 millones, ¡casi nada! he won 5 million, peanuts!

casi no hardly: casi no los vemos we hardly see them.

casi nunca hardly ever: casi nunca llama he hardly ever phones.

casilla

1 *nf (casita)* hut, lodge.

2 *nf (de casillero)* pigeonhole.

3 *nf (cuadrícula)* square.

✦ **sacar a alguien de sus casillas** *fig* to drive somebody mad.

casillero *nm* pigeonholes *pl.*

casino *nm* casino.

casis *nm* blackcurrant bush.

▲ *pl* casis.

caso

1 *nm (ocasión)* case, occasion.

2 *nm (suceso)* event, happening.

3 *nm (asunto)* affair: el caso Clinton the Clinton affair.

4 *nm (policial, medical)* case: es un caso clínico it's a clinical case.

5 *nm (gramatical)* case.

✦ **cuando llegue el caso** in due course.

dado el caso de que ... in the event of ...

el caso es que ... the fact is that ..., the thing is that ...

en caso contrario otherwise.

en caso de in case of, in the event of.

en caso de necesidad if need be, if necessary.

en caso de que if: en caso de que te pierdas, llámame if you get lost, call me.

en cualquier caso in any case.

en el mejor de los casos at best.

en el peor de los casos at worst.

en este caso in such a case.

en todo caso anyhow, at any rate.

en último caso as a last resort.

en un caso extremo as a last resort.

¡eres *(es, etc)* **un caso!** *fam* you're *(he's etc)* a case!

hacer al caso/venir al caso to be relevant.

hacer caso de alguien/hacer caso a alguien to pay attention to somebody, take notice of somebody: no le hagas caso don't pay any attention to him.

hacer caso omiso de algo to take no notice of something, ignore something.

no venir al caso to be beside the point.

para el caso es igual it's the same, it doesn't make any difference.

pongamos por caso let's say, suppose.

verse en el caso de to be compelled to.

▪ **caso de fuerza mayor** dire necessity.

caso perdido hopeless case.

casona *nf* large house.

casorio *nm fam* wedding.

caspa *nf* dandruff.

Caspio el mar Caspio *nm* the Caspian Sea.

cáspita *interj* dear me!, goodness gracious!

casquería *nf* tripe shop.

casquero,-a *nm,f* tripe seller.

casquete

1 *nm (prenda)* skullcap.

2 *nm (peluca)* toupee.

3 *nm tabú (polvo)* shag, screw.

✦ **echar un casquete** *tabú* to have a shag, have a screw.

▪ **casquete esférico** fragment of a sphere.

casquete polar polar cap.

casquillo

1 *nm TÉC* ferrule, metal tip.

2 *nm (de cartucho)* case.

3 *nm (de flecha)* head.

casquivano,-a *adj fam* scatterbrained.

cassette

1 *nm (magnetófono)* cassette player, cassette recorder.

2 *nf (cinta)* cassette, cassette tape.

casta

1 *nf (grupo social)* caste.

2 *nf (linaje)* lineage, descent.

3 *nf (de animales)* breed.

4 *nf fig (calidad)* quality: esta carne es de buena casta this meat is good quality.

✦ **de casta** *(persona)* of breeding, of good stock; *(animal)* thoroughbred, purebred.

de casta le viene al galgo *fam* it runs in the family.

castaña

1 *nf BOT* chestnut.

2 *nf (de pelo)* bun.

3 *nf (vasija)* demijohn.

4 *nf fam (bofetada)* slap; *(golpe)* blow, punch: ayer se dio una castaña con el coche he crashed his car yesterday.

5 *nf fam (borrachera)* binge, skinful: anoche cogió una buena castaña he got plastered last night.

✦ **sacarle a alguien las castañas del fuego** to bail somebody out, get somebody out of trouble.

castañal *nm* chestnut grove.

castañar *nm* chestnut grove.

castañazo

1 *nm fam (golpe)* thump, whack.

2 *nm fam (de coche)* crash.

✦ **pegarse un castañazo** *fam* to crash.

castañero,-a *nm,f* chestnut seller.

castañeta

1 *nf (chasquido)* snap of the fingers.

2 *nf MÚS (castañuela)* castanet.

3 *nf (pez)* Ray's bream.

castañetear

1 *vt (tocar castañuelas)* to play castanets.

2 *vi (dientes)* to chatter.

3 *vi (los dedos)* to snap one's fingers.

castañeteo

1 *nm (de castañuelas)* sound of castanets.

2 *nm (de dientes)* chattering.

3 *nm (de dedos)* snapping.

castaño,-a

1 *adj* chestnut-brown, chestnut; *(pelo)* brown.

2 **castaño** *nm BOT (árbol)* chestnut tree.

3 *nm (madera)* chestnut.

✦ **pasar de castaño oscuro** *fam* to be going a bit too far.

castañola *nf* Ray's bream.

castañuela *nf* castanet.

✦ **alegre como unas castañuelas** *fam* happy as a sandboy.

castellanismo *nm word common to the Castilian spoken in Castile, expression common to the Castilian spoken in Castile.*

castellanizar *vt* to Hispanicize.

▲ *Conjugation model* [4], *like* **realizar.**

castellano,-a

1 *adj* Castilian.

2 *nm,f (persona)* Castilian.

3 **castellano** *nm (idioma)* Castilian, Spanish.

castellonense

1 *adj* of Castellón, from Castellón.

2 *nm & nf* person from Castellón, inhabitant of Castellón.

casticismo

1 *nm (de tradiciones)* love of tradition.

2 *nm (de lengua)* purity.

casticista *nm & nf* purist.

castidad *nf* chastity.

castigable *adj* punishable.

castigador,-ra *nm,f fam (hombre)* ladies' man; *(mujer)* man-eater.

castigar

1 *vt (aplicar una pena)* to punish: su madre la castigó her mother punished her.

2 *vt (dañar)* to damage, ruin: la sequía castigó las cosechas the drought ruined the crops.

3 *vt (una cabalgadura)* to ride hard.

4 *vt fam (seducir)* to seduce.

▲ *Conjugation model* [7], *like* **llegar.**

castigo

1 *nm (gen)* punishment.

2 *nm (en deporte)* penalty.

✦ **levantar un castigo** to lift a punishment.

- **castigo ejemplar** exemplary punishment.
 castigo máximo DEP penalty.
Castilla nf Castile.
 ✦ **¡ancha es Castilla!** fig it's a free world!
 - **Castilla la Nueva** New Castile.
 Castilla la Vieja Old Castile.
castillejo nm (andamio) scaffold.
castillo nm castle.
 ✦ **hacer castillos en el aire/levantar castillos en el aire** fig to build castles in the air, build castles in Spain.
 - **castillo de fuegos artificiales** firework display.
 castillo de naipes fig house of cards.
casting nm casting, audition.
 ▲ pl castings.
castizo,-a adj pure, authentic.
casto,-a adj chaste.
castor nm beaver.
castración nf castration.
castrado,-a
 1 pp → **castrar**.
 2 castrado nm eunuch.
castrar
 1 vt (capar) to castrate.
 2 vt (podar) to prune.
 3 vt (las colmenas) to uncap.
 4 vt fig (debilitar) to mutilate.
castrense adj military.
castrismo nm Castroism.
castrista
 1 adj Castroist.
 2 nm & nf Castroist.
casual adj accidental, chance: muchos descubrimientos surgen de forma casual many discoveries are made purely by chance.
 ✦ **por un casual** fam just by chance, by any chance.
casualidad
 1 nf chance, accident.
 2 nf (coincidencia) coincidence.
 ✦ **dar la casualidad** to just happen: dio la casualidad de que ya nos conocíamos it just happened that we had already met.
 de casualidad/por casualidad by chance.
casualmente adv by chance, by accident: nos encontramos casualmente we met by chance.
casuario nm cassowary.
casuca nf pey hovel.
casucha nf pey hovel.
casuística nf casuistry.
casuístico,-a adj casuistic, casuistical.
casulla nf chasuble.
cata
 1 nf (degustación) tasting: se realizó una cata de vinos there was a wine tasting.
 2 nf (porción) sample.
catabólico,-a adj catabolic.
catabolismo nm catabolism.

cataclismo nm cataclysm.
catacumbas nf pl catacombs.
catador,-ra nm,f taster.
 - **catador,-ra de vinos** wine taster.
catadura nf pey looks pl.
catafalco nm catafalque.
catafaro nm reflector.
catalán,-ana
 1 adj Catalan, Catalonian.
 2 nm,f (persona) Catalan.
 3 catalán nm (idioma) Catalan.
catalanismo
 1 nm LING Catalan word, Catalan expression.
 2 nm POL Catalan nationalism.
catalanista
 1 adj POL relating to Catalan nationalism.
 2 nm & nf POL Catalan nationalist.
catalejo nm telescope.
catalepsia nf catalepsy.
cataléptico,-a
 1 adj cataleptic.
 2 nm,f cataleptic.
catalicores nm sampling tube.
 ▲ pl catalicores.
catálisis nf catalysis.
 ▲ pl catálisis.
catalizador nm → **catalizador,-ra**.
catalizador,-ra
 1 adj catalytic.
 2 catalizador nm catalyst.
 3 nm AUTO catalytic converter, catalyser (US catalyzer).
catalizar
 1 vt QUÍM to catalyse (US catalyze).
 2 vt fig to act as a catalyst for.
 ▲ Conjugation model [4], like realizar.
catalogación nf cataloguing (US cataloging).
catalogar
 1 vt to catalogue (US catalog).
 2 vt fig to classify, class.
 ▲ Conjugation model [7], like llegar.
catálogo nm catalogue (US catalog).
catalpa nf catalpa, Indian bean tree.
Cataluña nf Catalonia.
catamarán nm catamaran.
cataplasma
 1 nf poultice, cataplasm.
 2 nf fam fig (pelma) bore.
cataplines nm pl fam nuts, balls.
catapulta nf catapult.
catapultar vt to catapult.
catar
 1 vt (probar) to taste.
 2 vt (examinar) to examine, inspect.
catarata
 1 nf waterfall.
 2 nf MED cataract.
 ✦ **operar de cataratas** MED to perform a cataract operation on.
 - **las cataratas del Niágara** the Niagara Falls.

cátaro,-a
 1 adj Cathar, Catharist.
 2 cátaro nm Cathar, Catharist.
catarral adj catarrhal, cold.
catarro nm cold, catarrh: cogí un catarro I caught a cold.
catarsis nf catharsis.
 ▲ pl catarsis.
catártico,-a adj cathartic.
catastral adj cadastral.
catastro nm cadastre, cadaster, official register.
catástrofe nf catastrophe.
catastrófico,-a adj catastrophic.
catastrofismo
 1 nm (teoría) catastrophism.
 2 nm (pesimismo) pessimism.
catatonia nf catatonia.
catavino
 1 nm (recipiente) tasting glass.
 2 catavinos nm & nf (persona) wine taster.
 ▲ pl catavinos.
cátcher nm & nf catcher.
catchup nm ketchup.
cate
 1 nm EDUC fam failed subject, fail: he tenido tres cates I failed three subjects.
 2 nm fam (golpe) thump, whack.
catear vt EDUC fam to fail, US flunk.
catecismo nm catechism.
catecúmeno,-a nm,f catechumen.
cátedra
 1 nf (cargo de universidad) professorship; (de instituto) post of head of department.
 2 nf (departamento) department: la cátedra de latín the Latin department.
 3 nf (aula) lecture room.
 ✦ **ex cátedra** ex cathedra.
 sentar cátedra fig to give a lesson.
 - **cátedra de San Pedro** Holy See.
catedral
 1 adj cathedral.
 2 nf cathedral.
 ✦ **como una catedral** fam huge, massive.
catedralicio,-a adj cathedral.
catedrático,-a nm,f (de universidad) professor; (de instituto) head of department.
cátedro,-a nm,f fam → **catedrático,-a**.
categoría nf category, class; (social) class: un restaurante de primera categoría a first-class restaurant.
 ✦ **de categoría** important, prominent: Mozart fue un músico de categoría Mozart was a prominent musician; se han comprado una casa de categoría they have bought a luxury house.
categóricamente adv categorically.
categórico,-a adj categoric, categorical.
 - **un no categórico** a flat refusal.

categorizar *vt* to categorize.
  ▲ *Conjugation model* [4], *like realizar.*
catenaria *nf* catenary.
catenario,-a *adj* catenary.
catequesis *nf* catechism.
  ▲ *pl catequesis.*
catequismo *nm* catechism.
catequista *nm & nf* catechist, catechizer.
catequizar
  1 *vt REL* to catechize.
  2 *vt (persuadir)* to persuade.
  ▲ *Conjugation model* [4], *like realizar.*
catering *nm* catering, catering service.
caterva *nf pey* throng, crowd.
catéter *nm* catheter.
cateto[1] *nm (de triángulo)* side of a right-angled triangle forming the right angle.
cateto,-a[2] *nm,f pey (palurdo)* dimwit, yokel.
catión *nm* cation.
catiusca *nf* wellington, wellington boot, *US* rubber boot.
catódico,-a *adj* cathodic.
  ■ **rayo catódico** cathode ray.
cátodo *nm* cathode.
catolicismo *nm* Catholicism.
católico,-a
  1 *adj* Catholic.
  2 *nm,f* Catholic.
  ✦ **no estar muy católico,-a** *fam (persona)* not to feel well, be under the weather; *(alimento)* to be a bit off: **no estoy muy católico, me duele la cabeza** I don't feel very well, I've got a headache.
catolizar *vt* to Catholicize.
  ▲ *Conjugation model* [4], *like realizar.*
catón[1] *nm fig (censor)* harsh critic.
catón[2] *nm (libro)* primer, first reading book.
catorce
  1 *adj (cardinal)* fourteen; *(ordinal)* fourteenth.
  2 *nm (número)* fourteen.
  3 *nm fam (quiniela)* jackpot: **ha sacado un catorce** he hit the jackpot.
  ▲ *See also seis.*
catorceavo,-a
  1 *adj* fourteenth.
  2 *nm,f* fourteenth.
  ▲ *See also sexto,-a.*
catre
  1 *nm (plegable)* folding bed; *(de campaña)* camp bed.
  2 *nm fam* bed, sack: **se fue al catre** he hit the sack.
  ✦ **llevarse a alguien al catre** *arg* to lay somebody.
catrecillo *nm* small folding chair.
catsup *nm →* **catchup.**
caucáseo,-a *adj* Caucasian.
caucasiano,-a *adj* Caucasian.

caucásico,-a
  1 *adj* Caucasian.
  2 *nm,f* Caucasian.
Cáucaso **el Cáucaso** *nm* the Caucasus.
  ■ **las montañas del Cáucaso** the Caucasus mountains.
cauce
  1 *nm (de río)* bed.
  2 *nm (conducto descubierto)* ditch, trench.
  3 *nm fig (canal)* channel, way: **el cauce reglamentario** the official channels.
caucho *nm* rubber.
caución
  1 *nf* guarantee.
  2 *nf JUR* bail.
caudal[1] *adj (de la cola)* caudal: **aleta caudal** caudal fin.
caudal[2]
  1 *nm (de río)* flow.
  2 *nm (bienes)* wealth, riches *pl.*
  3 *nm fig (abundancia)* abundance, wealth: **un caudal de recuerdos** a wealth of memories.
caudaloso,-a
  1 *adj (río)* deep, plentiful.
  2 *adj fig (persona)* wealthy.
caudillaje *nm* leadership.
caudillo *nm* leader, head.
causa
  1 *nf (gen)* cause: **murió por la causa** he died for the cause; **estamos aquí por tu causa** we are here for your sake.
  2 *nf (motivo)* cause, reason, motive: **el niño lloraba sin causa** the child was crying for no reason.
  3 *nf JUR (caso)* case, lawsuit; *(juicio)* trial.
  ✦ **a causa de** because of, on account of. **hacer causa común con** to make common cause with.
  instruir una causa *JUR* to take legal proceedings.
  por causa de because of, on account of.
  ■ **causa mayor** good reason: **no se puede faltar al trabajo si no es por causa mayor** you can't stay off work unless it's for a very good reason.
  causa pública *JUR* public good.
causal *adj* causal.
causalidad *nf* causality.
causante
  1 *adj* causal, causing: **el coche causante del accidente fue el amarillo** the car which caused the accident was the yellow one.
  2 *nm & nf (persona)* person who is the cause, causer.
causar
  1 *vt (provocar)* to cause, bring about: **las inundaciones causaron daños cuantiosos** the floods caused a great deal of damage.
  2 *vt (proporcionar)* to make, give: **su visita me causó un gran placer** her visit gave me great pleasure; **el nuevo portero me ha causado muy mala**

impresión the new porter made a bad impression on me.
causticidad *nf* causticity.
cáustico,-a *adj* caustic.
cautamente *adv* warily.
cautela *nf* caution, cautiousness: **tuvo la cautela de cerrar la puerta** he took the precaution of locking the door.
  ✦ **con cautela** cautiously.
cautelosamente *adv* cautiously.
cauteloso,-a *adj* cautious, wary.
cauterización *nf* cauterization.
cauterizador,-ra
  1 *adj* cauterizing, cauterant.
  2 cauterizador *nm* cautery, cauterant.
cauterizante *adj* cauterizing.
cauterizar
  1 *vt* to cauterize, fire.
  2 *vt fig* to apply drastic measures to.
  ▲ *Conjugation model* [4], *like realizar.*
cautivador,-ra
  1 *adj* captivating.
  2 *adj (encantador)* charming.
cautivar
  1 *vt* to take prisoner, capture.
  2 *vt fig (atraer)* to captivate, charm: **su sonrisa me cautivó** I was captivated by his smile.
cautiverio *nm* captivity.
cautividad *nf* captivity.
cautivo,-a
  1 *adj* captive.
  2 *nm,f* captive.
cauto,-a *adj* cautious, wary.
cava
  1 *nm (bebida)* cava, champagne.
  2 *nf (bodega)* wine cellar.
cavar
  1 *vt* to dig.
  2 *vi (ahondar)* to go deep: **la herida cava para adentro** the wound is quite deep.
  3 *vi fig (meditar)* to meditate (**en**, on).
  ✦ **cavar su propia tumba** *fig* to dig one's own grave.
caverna
  1 *nf* cavern, cave.
  2 *nf MED* cavity.
  ■ **hombre de las cavernas** caveman.
cavernario,-a *adj* cave, cavern.
cavernícola
  1 *adj* cave dwelling.
  2 *adj fam fig (reaccionario)* reactionary.
  3 *nm & nf* cave dweller, caveman.
  4 *nm & nf fam fig (reaccionario)* reactionary.
cavernoso,-a
  1 *adj* cavernous.
  2 *adj (voz etc)* hollow, deep: **una voz cavernosa** a deep voice.
caviar *nm* caviar.
cavidad *nf* cavity.
cavilación *nf* pondering, musing.
cavilar *vi* to ponder, think about, brood over: **cavilar sobre un problema** to ponder (over) a problem.

cavitación *nf* cavitation.

cayado
1 *nm (de pastor)* shepherd's crook.
2 *nm (de obispo)* crozier.
■ **cayado de la aorta** *MED* arch of the aorta.

cayena *nf* Cayenne, Cayenne pepper.

cayo *nm* key.

caz *nm* irrigation canal.
▲ *pl caces.*

caza
1 *nf (acción)* hunting.
2 *nf (de animales)* game.
3 *nf fig (persecución)* pursuit, chase.
4 *nm AV* fighter, fighter plane.
✦ **andar a la caza de algo/ir a la caza de algo** *fig* to hunt for something, be in search of something: **el periodista va a la caza de la mejor foto** the reporter hunts for the best photograph. **dar caza** to give chase. **ir de caza** to go hunting. **levantar la caza** to give the game away.
■ **caza de brujas** witch-hunt. **caza mayor** big game. **caza menor** small game.

cazabombardero *nm* fighter bomber.

cazador,-ra
1 *adj* hunting.
2 *nm,f* hunter.
■ **cazador de dotes** fortune hunter. **cazador de pieles** trapper.

cazadora *nf (chaqueta)* jacket.

cazadotes *nm* fortune hunter.
▲ *pl cazadotes.*

cazalla *nf* aniseed spirit.

cazar
1 *vt* to hunt: **Oscar salió a cazar liebres** Oscar went out hunting hares.
2 *vt fam (conseguir)* to catch, land: **cazó una fortuna** she landed a fortune; **cazó un buen marido** she landed a good husband.
3 *vt fam (descubrir)* to find out, discover: **las mentiras siempre se cazan** lies always catch up with you.
4 *vt fam (entender)* to understand, catch: **este chico no caza ni una** this boy doesn't understand a thing.
✦ **cazar furtivamente** to poach. **cazarlas al vuelo** *fam* to be quick on the uptake.
▲ *Conjugation model [4], like realizar.*

cazasubmarinos *nm* submarine chaser.
▲ *pl cazasubmarinos.*

cazatalentos *nm & nf* head-hunter, talent scout.
▲ *pl cazatalentos.*

cazatorpedero *nm* torpedo-boat destroyer, destroyer.

cazcarria *nf* splash of mud.

cazo
1 *nm (cucharón)* ladle.
2 *nm (cacerola)* saucepan.

cazoleta
1 *nf (de espada)* hand guard.
2 *nf TÉC* housing.
3 *nf (de pipa)* bowl.

cazón *nm* dogfish.

cazuela
1 *nf (utensilio)* casserole, saucepan.
2 *nf (guiso)* casserole, stew.
3 *nf (de sostén)* cup.
✦ **a la cazuela** *CULIN* stewed: **fideos a la cazuela** stewed noodles.

cazurrería *nf* sullenness, surliness.

cazurro,-a *adj* sullen, surly.

c/c *abr* (**cuenta corriente**) current account; *(abreviatura)* c/a.

c.c. *abr* (**centímetros cúbicos**) cubic centimetres; *(abreviatura)* cc.

CC¹ *abr* (**Cuerpo Consular**) consular corps.

CC² *abr* (**Código de Circulación**) highway code.

CC³ *abr* (**Código Civil**) civil code.

CC.OO. *abr* (**Comisiones Obreras**) Workers' Commission *(Spanish Communist-run labour union)*.

CD *abr* (**Cuerpo Diplomático**) diplomatic corps (Corps Diplomatique); *(abreviatura)* CD.

CDC *abr POL* (**Convergència Democràtica de Catalunya**) *Catalan centre party.*

CDS *abr POL* (**Centro Democrático y Social**) *Spanish centre party.*

ce *nf* name of the letter c.
✦ **ce por ce/ce por be** *fig* in great detail. **por ce o por be** *fig* for one reason or another.

CE *abr* (**Comunidad Europea**) European Community; *(abreviatura)* EC.

cebada *nf* barley.

cebadal *nm* barley field.

cebadera
1 *nf (morral)* nosebag.
2 *nf (cajón)* barley hopper.

cebadilla *nf* wild barley.

cebador *nm* primer.

cebar
1 *vt (animal)* to fatten, fatten up.
2 *vt (poner cebo)* to bait: **cebó el anzuelo con una lombriz** he baited the hook with an earthworm.
3 *vt TÉC fig* to prime.
4 *vt fig (pasiones etc)* to nourish: **cebar el alma con esperanza** to nourish one's soul with hope.
5 **cebarse** *vpr fig (dedicarse)* to devote oneself (en, to): **se ha cebado en el estudio** she devoted herself to study.
6 *vpr fig (ensañarse)* to show no mercy (**en/con**, towards), take it out (**en/con**, on), vent one's anger (**en/con**, on): **el asesino se cebó en su víctima** the killer showed no mercy towards his victim; **la peste se cebó con toda la población** the plague ravaged the whole town.

cebo
1 *nm (para animales)* food.
2 *nm (para pescar)* bait.
3 *nm fig (de arma)* primer.
4 *nm fig (señuelo)* bait, lure.

cebolla
1 *nf* onion.
2 *nf (bulbo)* bulb.
3 *nf (de ducha)* rose, nozzle.

cebolleta
1 *nf (especia)* chives *pl.*
2 *nf (cebolla)* spring onion.

cebollino
1 *nm (especia)* chives *pl.*
2 *nm (cebolla)* spring onion.
3 *nm fam (persona)* idiot, nitwit.

cebollón *nm* sweet onion.

cebón,-ona
1 *adj* fattened.
2 *nm,f* fattened animal.
3 **cebón** *nm (cerdo)* pig.

cebra *nf* zebra.
■ **paso cebra** zebra crossing, *US* crosswalk.

cebrado,-a *adj* striped.

cebú *nm* zebu.

ceca *nf* Royal Mint.
✦ **ir de la ceca a la Meca** *fam* to go from pillar to post.

cecear *vi* to lisp.

ceceo *nm* lisp.

cecidia *nf* cecidium.

cecina *nf* cured meat.

ceda *nf* zed.

cedacillo *nm* quaking grass.

cedazo *nm* sieve.

ceder
1 *vt (dar)* to cede, give: **deberías ceder tu asiento a esa señora anciana** you ought to give up your seat to that old lady; **cedió sus tierras al Ayuntamiento** he gave his land to the city council.
2 *vt DEP (balón)* to pass.
3 *vi (rendirse)* to yield (**a**, to), give way (**a**, to): **cedió a sus deseos** he yielded to her wishes; **no cedas** don't give in.
4 *vi (caerse)* to fall, give way: **cedieron las paredes** the walls caved in.
5 *vi (disminuir)* to diminish, slacken, go down: **la fiebre ha cedido** his temperature has gone down.
✦ **ceder el paso** *AUTO* to give way, *US* yield.

cedilla *nf* cedilla.

cedro *nm* cedar.

cédula
1 *nf* document, certificate.
2 *nf FIN* bond, warrant.
■ **cédula de citación** *JUR* summons. **cédula hipotecaria** mortgage bond.

CEE *abr* (**Comunidad Económica Europea**) European Economic Community; *(abreviatura)* EEC.

cefalalgia *nf* cephalalgia, headache.

cefalea *nf* migraine.

cefálico,-a *adj* cephalic.

cefalópodo,-a
1 *adj* cephalopod.
2 **cefalópodo** *nm* cephalopod.

cefalotórax *nm* cephalothorax.

céfiro *nm* zephyr.

cegador,-ra *adj* blinding.

cegar
1 *vt (gen)* to blind: **el sol me cegó** the sun blinded me; **le ciega la ambición** he's blind with ambition.
2 *vt (tapar)* to block up; *(puerta, ventana)* to wall up: **cegaron el pozo con cemento** the well was blocked up with concrete.
3 *vi (volverse ciego)* to go blind.
4 **cegarse** *vpr fig* to become blind, be blinded.
▲ *Conjugation model* [48], *like* **regar**.

cegato,-a
1 *adj fam* short-sighted.
2 *nm,f fam* short-sighted person.

ceguedad *nf* → **ceguera**.

ceguera
1 *nf* blindness.
2 *nf fig* obsession, blindness.

Ceilán *nm* Ceylon.

ceilanés,-esa
1 *adj* Ceylonese.
2 *nm,f* Ceylonese.

CEIP *abr* (**colegio de educación infantil y primaria**) Preschool and Primary School.

ceja
1 *nf* eyebrow.
2 *nf fig (parte saliente)* projecting edge; *(de un libro)* joint.
3 *nf MÚS* bridge.
✦ **estar hasta las cejas de algo** *fam* to be fed up to the back teeth with something.
fruncir las cejas to frown.
quemarse las cejas *fam* to burn the midnight oil.
tener algo entre ceja y ceja *fig* to have something in one's head.

cejar
1 *vi (retroceder)* to back up.
2 *vi fig (aflojar)* to give up, let up: **los trabajadores no cejaron hasta que consiguieron un aumento de sueldo** the workers didn't give up until they got a pay rise.

cejijunto,-a
1 *adj* with bushy eyebrows too close together.
2 *adj fig (ceñudo)* frowning.

cejilla *nf* capo.

cejudo,-a *adj* bushy-eyebrowed.

celada¹ *nf (de armadura)* sallet, helmet.

celada² *nf (emboscada)* ambush, trap.

celador,-ra
1 *nm,f (gen)* attendant.

2 *nm,f (de colegio)* monitor; *(de cárcel)* warden.

celar¹
1 *vt (la ley)* to observe closely, abide strictly by.
2 *vt (vigilar)* to watch over: **celo la conducta de mi hijo** I watch over my son's behaviour.
3 *vi* to watch (**por/sobre**, over).

celar² *vt fml (encubrir, ocultar)* to hide, conceal: **pienso que me ha celado algo** I think he's hiding something from me.

celda *nf* cell.
■ **celda de castigo** punishment cell.

celdilla *nf* cell.

celebérrimo,-a *adj* most famous, well-known.

celebración
1 *nf (fiesta)* celebration.
2 *nf (de una reunión etc)* holding: **la celebración del debate será esta tarde** the debate will be held this afternoon.
3 *nf (aplauso)* praise, applause.

celebrante
1 *adj* celebrant.
2 *nm* celebrant.

celebrar
1 *vt (festejar)* to celebrate: **celebrar una boda** to celebrate a wedding.
2 *vt (organizar)* to hold: **celebraron el debate ayer** the debate was held yesterday.
3 *vt (alabar)* to praise: **celebrar virtudes** to praise virtues.
4 *vt (estar contento)* to be happy about: **celebro lo de tu ascenso** I congratulate you on your promotion.
5 *vt REL (misa)* to say, celebrate.
6 *vi (misa)* to say Mass.
7 **celebrarse** *vpr (tener lugar)* to take place, be held: **el congreso se celebró en Granada** the conference was held in Granada; **mi cumpleaños se celebra en julio** my birthday is in July.

célebre *adj* well-known, famous, celebrated.

celebridad *nf* celebrity, fame.

celeridad *nf* celerity, speed.
✦ **con celeridad** quickly.

celeste
1 *adj* celestial.
2 *adj (color)* sky-blue.
3 *nm (color)* sky blue.

celestial
1 *adj* celestial, heavenly.
2 *adj fig (delicioso)* heavenly, delightful.

celestina *nf* procuress, bawd.

celíaco,-a *adj* coeliac (*US* celiac).

celibato *nm* celibacy.

célibe
1 *adj* celibate.
2 *nm & nf* celibate.

cellisca *nf* sleetstorm.

celo¹ *nm fam* sellotape, *US* Scotch tape.
▲ *Registered trademark.*

celo²
1 *nm (cuidado)* zeal, fervour (*US* fervor).
2 *nm BIOL (macho)* rut; *(hembra)* heat.
3 **celos** *nm pl* jealousy *sing*: **Pedro tiene celos de su hermana** Pedro is jealous of his sister.
✦ **dar celos** to make jealous: **así le dará más celos** he'll only make her more jealous.
estar en celo *(macho)* to be in rut; *(hembra)* to be on heat.

celofán *nm* cellophane.
▲ *Registered trademark.*

celosamente
1 *adv (con cuidado)* zealously.
2 *adv (con envidia)* jealously.

celosía
1 *nf (reja)* lattice.
2 *nf (ventana)* lattice window.

celoso,-a
1 *adj (cuidadoso)* zealous, conscientious.
2 *adj (envidioso)* jealous.
3 *adj (receloso)* suspicious.

Celsius *nm* Celsius.

celta
1 *adj* Celtic.
2 *nm & nf (persona)* Celt.
3 *nm (idioma)* Celtic.

celtibérico,-a *adj* → **celtíbero**.

celtibero,-a *adj* → **celtíbero**.

celtíbero,-a
1 *adj* Celtiberian.
2 *nm,f* Celtiberian.

céltico,-a *adj* Celtic.

célula *nf* cell.

celular *adj* cell, cellular.
■ **coche celular** Black Maria, *US* police wagon.

celulitis
1 *nf (grasa)* cellulite.
2 *nf (inflamación)* cellulitis.
▲ *pl* celulitis.

celuloide
1 *nm* celluloid.
2 *nm fig (cine)* screen: **las estrellas del celuloide** screen stars; **llevaron esta novela al celuloide** they made a film of this novel.
▲ *Registered trademark.*

celulosa *nf* cellulose.

cembro *nm* arolla pine.

cementación *nf* case-hardening.

cementar *vt* to case-harden.

cementerio *nm* cemetery, graveyard.
■ **cementerio de coches** scrapyard.

cemento
1 *nm (gen)* concrete, cement.
2 *nm (de los dientes)* cement.
✦ **tener la cara de cemento (armado)** *fam* to have a lot of cheek.
■ **cemento armado** reinforced concrete.

cena *nf (gen)* supper; *(formal)* dinner.
■ **la Santa Cena** the Last Supper.

cenacho *nm* basket.

cenáculo
1 *nm HIST* cenacle.
2 *nm fig (reunión)* coterie.
cenador *nm* bower, arbour (*US* arbor).
cenagal
1 *nm* marsh, swamp.
2 *nm fig* jam, tight spot.
cenagoso,-a *adj* muddy.
cenar
1 *vi* to have supper, have dinner: vamos a cenar we're going to have supper; me gusta salir a cenar I like going out to dinner.
2 *vt* to have for supper, have for dinner: hemos cenado sopa we had soup for dinner.
cenceño,-a *adj* thin, lean.
cencerrada *nf fam* tin-pan serenade *given to a widow or to a widower who remarries.*
cencerrear
1 *vi (cencerros)* to ring persistently.
2 *vi fig (un instrumento)* to scrape.
3 *vi fig (puertas, máquinas)* to rattle.
cencerro *nm* cowbell.
+ estar como un cencerro to be nuts, be crackers.
cendal *nm (tela)* silk cloth.
cenefa
1 *nf (sobre tejido)* edging, trimming.
2 *nf (sobre muro, pavimento, etc)* ornamental border, frieze.
cenetista
1 *adj* of the CNT, related to the CNT.
2 *nm & nf* member of the CNT.
cenicero *nm* ashtray.
cenicienta
1 *nf* dogsbody, skivvy.
2 *nf* la Cenicienta Cinderella.
ceniciento,-a *adj* ashen, ash-grey.
cenit *nm* zenith.
cenital *adj* zenithal.
ceniza
1 *nf* ash, ashes *pl.*
2 **cenizas** *nf pl (restos)* ashes.
cenizo,-a
1 *adj (de color gris)* ashen, ash-grey.
2 *nm,f fam fig (aguafiestas)* wet blanket, killjoy.
3 *nm,f fam fig (gafe)* jinx.
cenobio *nm* monastery.
cenobita *nm* coenobite.
cenotafio *nm* cenotaph.
censar
1 *vt (hacer el censo)* to take a census of.
2 *vt (registrar en el censo)* to register (in a census).
3 *vi (hacer el censo)* to take a census.
censo
1 *nm (padrón)* census.
2 *nm JUR* tax.
■ **censo electoral** electoral roll.
censor
1 *nm* censor.
2 *nm fig (crítico)* critic.
■ **censor jurado de cuentas** auditor.

censura
1 *nf* censorship: la película pasó por la censura the film went through the censors.
2 *nf (crítica)* censure, criticism, condemnation: su comportamiento es digno de censura his behaviour should be condemned.
■ **censura de cuentas** audit, auditing.
censurable *adj* censurable.
censurar
1 *vt* to censor: el libro fue censurado the book was censored.
2 *vt (criticar)* to censure, criticize.
cent. *abr* (**centavo**) cent; *(abreviatura)* c.
cént. *abr* (**céntimo**) cent, centime; *(abreviatura)* c.
centaura *nf* centaury.
centauro *nm* centaur.
centavo,-a
1 *adj* hundredth.
2 **centavo** *nm (parte)* hundredth, hundredth part.
3 *nm (moneda)* cent, centavo.
▲ See also *sexto,-a.*
centella
1 *nf (rayo)* lightning.
2 *nf (chispa)* spark, flash.
3 *nf fig* spark.
+ ser rápido,-a como una centella *fig* to be as quick as a flash.
centelleante *adj* sparkling, flashing.
centellear
1 *vi (gen)* to sparkle, flash.
2 *vi (estrellas)* to twinkle.
centelleo *nm* sparkling, flashing.
centena *nf* hundred.
centenar *nm* hundred.
+ a centenares/por centenares in hundreds.
centenario,-a
1 *adj (persona)* hundred-year-old, centenarian: su abuela es centenaria his grandmother is over a hundred years old.
2 *adj (periodo, fecha)* centenary, centennial.
3 *adj (cifra, cantidad)* three-figure: una cantidad centenaria a three-figure amount.
4 *nm,f (persona)* centenarian.
5 **centenario** *nm (aniversario)* centenary, centennial, hundredth anniversary.
centeno¹ *nm* rye.
centeno,-a² *adj* hundredth.
▲ See also *sexto,-a.*
centesimal *adj* centesimal.
centésimo,-a
1 *adj* hundredth.
2 *nm,f* hundredth.
3 **centésimo** *nm (moneda)* cent, centesimo.
▲ See also *sexto,-a.*
centiárea *nf* square metre (*US* meter).

centígrado,-a *adj* centigrade.
centigramo *nm* centigram, centigramme.
centilitro *nm* centilitre (*US* centiliter).
centímetro *nm* centimetre (*US* centimeter).
céntimo *nm* cent, centime.
+ estar sin un céntimo *fam* to be penniless.
centinela
1 *nm o nf MIL* sentry.
2 *nm o nf (guardián)* watch, lookout.
+ estar de centinela to stand sentry.
centinodia *nf* knotgrass.
centolla *nf* spider crab.
centollo *nm* spider crab.
centón
1 *nm (manta)* patchwork quilt.
2 *nm LIT fig* cento.
centrado,-a
1 *pp →* **centrar.**
2 *adj* centred (*US* centered) (**en**, on).
3 *adj fig (equilibrado)* balanced.
4 *adj fig (atento)* devoted (**en**, to).
central
1 *adj* central.
2 *nf (oficina principal)* head office, headquarters *pl.*
3 *nf (eléctrica)* power station.
■ **central de correos** central post office, main post office.
central nuclear nuclear power station.
central telefónica telephone exchange.
central térmica thermal power station.
centralismo *nm* centralism.
centralista
1 *adj* centralist, centralistic.
2 *nm & nf* centralist.
centralita *nf* switchboard.
centralización *nf* centralization.
centralizador,-ra *adj* centralizing.
centralizar
1 *vt* to centralize.
2 **centralizarse** *vpr* to be centralized.
▲ Conjugation model [4], like *realizar.*
centrar
1 *vt (gen)* to centre (*US* center).
2 *vt fig (atención etc)* to centre (*US* center), focus.
3 *vt fig (basar)* to centre (*US* center) around, base on.
4 *vi DEP* to centre (*US* center).
5 **centrarse** *vpr* to centre (*US* center) (**en**, on), focus (**en**, on): se centró en el tema principal he focused on the main topic.
6 *vpr (concentrarse)* to concentrate (**en**, on).
céntrico,-a *adj* central, *US* downtown: una calle céntrica a street in the city centre.
centrifugado *nm* spin.
centrifugador,-ra *adj* centrifugal.
centrifugadora *nf* centrifuge; *(para ropa)* spin-dryer.

centrifugar
1 *vt* to centrifuge.
2 *vt (ropa)* to spin-dry.
▲ *Conjugation model* [7], *like llegar.*

centrífugo,-a *adj* centrifugal.

centrípeto,-a *adj* centripetal.

centrismo *nm* centrism.

centrista
1 *adj* centre (*US* center): **es un partido centrista** it's a centre party.
2 *nm,f* centrist.

centro
1 *nm* centre (*US* center), middle: **el centro de la habitación** the centre of the room.
2 *nm (de ciudad)* town centre, city centre, *US* downtown area: **me voy al centro** I'm going into town, *US* I'm going downtown.
3 *nm (asociación)* centre (*US* center), association, institution.
4 *nm DEP* cross, centre (*US* center).
5 *nm POL* centre (*US* center).
▪ **centro benéfico** charitable organization.
 centro ciudad city centre, *US* downtown area.
 centro comercial shopping centre, *US* mall.
 centro cultural cultural centre (*US* center).
 centro de atracción centre (*US* center) of attraction.
 centro de enseñanza educational institution.
 centro de gravedad centre of gravity.
 centro de interés centre (*US* center) of interest.
 centro de mesa centrepiece (*US* centerpiece).
 centro docente educational institution.
 centro sanitario hospital, clinic.
 medio centro *DEP* centre (*US* center) half.
 partido de centro *POL* centre (*US* center) party.

centroafricano,-a
1 *adj* Central African.
2 *nm,f* Central African.
▪ **República Centroafricana** Central-African Republic.

Centroamérica *nf* Central America.

centroamericano,-a
1 *adj* Central American.
2 *nm,f* Central American.

centrocampista *nm & nf* midfield player.

centrocampo *nm* midfield.

centroeuropeo,-a
1 *adj* Central European.
2 *nm,f* Central European.

centuplicar
1 *vt* to centuple, multiply a hundredfold.
2 **centuplicarse** *upr* to be multiplied a hundredfold.
▲ *Conjugation model* [1], *like sacar.*

céntuplo,-a
1 *adj* centuple, hundredfold.
2 **céntuplo** *nm* centuple, hundredfold.

centuria *nf* century.

centurión *nm* centurion.

cénzalo *nm* mosquito.

ceñido,-a
1 *pp* → **ceñir.**
2 *adj (ropa)* close-fitting, tight-fitting, clinging.
3 *adj (curva)* tight.
4 *adj fig (moderado)* tight: **el presupuesto era muy ceñido** the budget was very tight.

ceñidor *nm* band.

ceñir
1 *vt (estrechar)* to cling to, be tight on: **el vestido le ciñe mucho el pecho** her dress is too tight round the bust.
2 *vt (rodear)* to surround, encircle: **las murallas ciñen la ciudad de Ávila** the walls encircle the city of Ávila.
3 *vt (abrazar)* to embrace.
4 *vt (la espada)* to gird.
5 **ceñirse** *upr (atenerse)* to keep (**a**, to), limit oneself (**a**, to): **ceñirse al tema** to keep to the subject.
6 *upr (adaptarse)* to adhere (**a**, to), stick (**a**, to), abide (**a**, by): **se ciñe a la normativa** she sticks to the rules.
7 *upr (ajustarse una prenda)* to cling.
▲ *Conjugation model* [36].

ceño *nm* frown.
✦ **arrugar el ceño/fruncir el ceño** to frown.

ceñudo,-a *adj* frowning.

CEOE *abr* (**Confederación Española de Organizaciones Empresariales**) ≈ Confederation of British Industry; *(abreviatura)* CBI.

cepa
1 *nf (de vid)* vine.
2 *nf (tronco)* stump; *(de vid)* stock, rootstock.
3 *nf fig (origen)* origin.
✦ **de buena cepa** of good stock.
 de pura cepa *fig* authentic, pure.

cepillado
1 *nm* brushing.
2 *nm (de carpintería)* planing.

cepillar
1 *vt (gen)* to brush.
2 *vt (madera)* to plane.
3 *vt fam (adular)* to butter up.
4 **cepillarse** *upr (gen)* to brush: **está cepillándose el pelo** she's brushing her hair.
5 *upr fam (matar)* to do in, wipe out.
6 *upr fam (suspender)* to fail, *US* flunk: **se ha cepillado a cuatro** he failed four students.
7 *upr fam (acabarse)* to polish off, finish up: **se cepilló todo el pastel** he polished off the whole cake.
8 *upr tabú (tirarse a)* to lay.

cepillo
1 *nm* brush.
2 *nm (de carpintería)* plane.
3 *nm (para limosnas)* collection box.
▪ **cepillo de dientes** toothbrush.
 cepillo del pelo hairbrush.
 cepillo de ropa clothes brush.
 cepillo de uñas nailbrush.

cepo
1 *nm (rama)* bough, branch.
2 *nm (de yunque)* stock.
3 *nm (de reo)* pillory, stocks *pl.*
4 *nm (trampa)* trap.
5 *nm (para auto)* clamp.

ceporro
1 *nm (cepo)* log.
2 *nm fig* dimwit, blockhead.
✦ **dormir como un ceporro** *fig* to sleep like a log.

cera
1 *nf* wax; *(de abeja)* beeswax.
2 *nf (de la oreja)* earwax, cerumen.
3 *nf (pulimento)* wax, polish.
✦ **blanco,-a como la cera** as white as snow.

cerafolio *nm* chervil.

cerámica
1 *nf (arte)* ceramics, pottery.
2 *nf (objeto)* piece of pottery.

cerámico,-a *adj* ceramic.

ceramista *nm & nf* ceramist, potter.

cerbatana *nf* blowpipe.

cerca¹ *nf (vallado)* fence, wall.

cerca² *adv (lugar y tiempo)* near, close: **el museo está muy cerca** the museum is nearby; **vente más cerca** come closer; **aquí cerca** near here.
✦ **cerca de** *(cercano a)* near, close; *(aproximadamente)* nearly, about, around: **cerca de la estación** near the station, close to the station; **cerca de un año** nearly a year; **cerca de dos mil** about two thousand.
 de cerca closely: **lo vi de cerca** I saw it close up.

cercado
1 *nm (lugar)* enclosure.
2 *nm (cerca)* fence, wall.

cercamiento *nm* enclosure.

cercanía
1 *nf* proximity, nearness.
2 **cercanías** *nf pl* outskirts, suburbs.

cercano,-a
1 *adj (inmediato)* near, close: **el fin está cercano** the end is near.
2 *adj (vecino)* nearby, neighbouring (*US* neighboring).
3 *adj (pariente)* close.
▪ **el Cercano Oriente** the Near East.

cercar
1 *vt (poner una cerca)* to fence in, enclose: **cercaron la hacienda** they fenced in the property.
2 *vt (rodear)* to surround, encircle: **unos árboles cercan la plaza** several trees encircle the square.

3 *vt MIL* to besiege, surround.
▲ *Conjugation model* [1], *like sacar.*
cercenamiento *nm* encroachment.
cercenar
1 *vt (cortar)* to cut, trim; *(amputar)* to amputate, cut off.
2 *vt (reducir)* to cut, reduce: **tuvieron que cercenar el presupuesto** they had to cut the budget.
cerceta *nf* teal.
cerciorar
1 *vt* to assure, affirm.
2 cerciorarse *vpr* to make sure (**de**, of): **se cercioró de que las ventanas estaban bien cerradas** she made sure (that) the windows were closed tight.
cerco
1 *nm (lo que rodea)* circle, ring.
2 *nm (aureola)* halo.
3 *nm (marco)* frame.
4 *nm (asedio)* siege.
+ alzar el cerco to raise the siege.
poner el cerco to besiege (**a**, -).
■ cerco policíaco police cordon.
cerda
1 *nf (animal)* sow.
2 *nf (pelo - de cerdo)* bristle; *(- de caballo)* horsehair.
■ cepillo de cerda bristle brush.
cerdada *nf fam* dirty trick.
+ hacerle una cerdada a alguien to do the dirty on somebody.
cerdamen *nm* tuft of bristle.
Cerdeña *nf* Sardinia.
cerdito *nm fam* piglet, piggy.
cerdo,-a
1 *nm,f fam pey (persona sucia)* pig, slob; *(persona despreciable)* pig, swine, bastard.
2 cerdo *nm (animal)* pig.
3 *nm (carne)* pork.
cereal
1 *adj* cereal.
2 *nm* cereal.
3 cereales *nm pl (desayuno)* breakfast cereal *sing.*
cerealista *adj* cereal, cereal-producing.
cerebelo *nm* cerebellum.
cerebral
1 *adj* cerebral, brain.
2 *adj fig* calculating.
cerebro
1 *nm ANAT* brain.
2 *nm fig* brains *pl*: **es el cerebro de la banda** he's the brains behind the gang.
ceremonia
1 *nf* ceremony.
2 *nf (cumplido)* deference, ceremony.
+ con mucha ceremonia/con gran ceremonia with great pomp.
ceremonial
1 *adj* ceremonial.
2 *nm* ceremonial.

ceremonioso,-a
1 *adj (que observa las ceremonias)* ceremonious, formal.
2 *adj pey (que gusta de cumplimientos)* pompous, stiff.
céreo,-a *adj* wax, waxen.
cerería *nf* chandler's shop, candle shop.
cereza *nf* cherry.
cerezal *nm* cherry orchard.
cerezo *nm* cherry tree.
cerilla
1 *nf (fósforo)* match.
2 *nf (de los oídos)* earwax.
cerillero,-a *nm,f* match seller.
cerina
1 *nf (del alcornoque)* cerin.
2 *nf (silicato)* cerium silicate.
cerio *nm* cerium.
cerne *nm* heart of the tree.
cerneja *nf* fetlock.
cerner
1 *vt (harina)* to sift.
2 *vt fig* to observe.
3 *vi (plantas)* to bud, blossom.
4 *vi (llover)* to drizzle.
5 cernerse *vpr (pájaro)* to hover.
6 *vpr (amenazar)* to threaten, loom, hang: **el miedo se cernía sobre la población** fear hung over the population.
▲ *Conjugation model* [28], *like entender.*
cernícalo
1 *nm (ave)* kestrel.
2 *nm fig* blockhead, dolt, dimwit.
cernidillo
1 *nm (lluvia menuda)* drizzle.
2 *nm fig (paso)* wiggle.
cernir *vt-vpr* → **cerner.**
▲ *Conjugation model* [29], *like discernir.*
cero
1 *nm MAT* zero: **diez grados bajo cero** ten degrees below zero.
2 *nm (cifra)* nought, zero: **saqué un cero en mates** I got nought out of ten in maths.
3 *nm DEP* nil: **ganamos tres a cero** we won three nil.
+ partir de cero *fig* to start from scratch.
ser un cero a la izquierda *fig* to be useless, be a good-for-nothing.
cerote *nm* cobbler's wax.
cerrado,-a
1 *pp* → **cerrar.**
2 *adj* shut, closed: **la ventana está cerrada** the window is closed.
3 *adj LING* close, closed: **vocal cerrada** close vowel.
4 *adj (acento)* broad, thick: **hablar un gallego cerrado** to speak with a broad Galician accent.
5 *adj (curva)* tight, sharp.
6 *adj (ovación)* thunderous.
7 *adj (barba)* bushy, thick.
8 *adj (noche)* black, dark; *(cielo)* overcast, dark.

9 *adj fig (oculto)* obscure, hidden.
10 *adj fig (persona introvertida)* uncommunicative, reserved.
11 *adj fig (intransigente)* intransigent, unyielding.
12 *adj fam fig (torpe)* thick, dim.
+ a ojos cerrados *fig* with one's eyes closed.
ser cerrado,-a de mollera *fam* to be pig-headed.
cerradura *nf* lock.
■ cerradura de seguridad security lock.
cerrajería
1 *nf (oficio)* locksmith's trade.
2 *nf (negocio)* locksmith's shop.
cerrajero,-a *nm,f* locksmith.
cerrar
1 *vt* to close, shut: **cierra la puerta** close the door; **cerró los ojos** she closed her eyes.
2 *vt (grifo, gas)* to turn off; *(luz)* to turn off, switch off.
3 *vt (cuenta)* to close.
4 *vt (cremallera)* to zip (up).
5 *vt (un negocio)* to close; *(- definitivamente)* to close down.
6 *vt (carta)* to seal.
7 *vt (discusión)* to end, finish.
8 *vt (compra)* to close, conclude.
9 *vt (agujero)* to plug; *(grieta)* to fill.
10 *vt (paraguas)* to close, shut, put down.
11 *vt (los puños)* to clench, close.
12 *vt (frontera, puerto)* to close; *(camino)* to block.
13 *vt (en dominó)* to block.
14 *vi* to close, shut: **no cierra bien** it doesn't close properly.
15 *vi (punto)* to cast off.
16 *vi (una herida)* to close up, heal.
17 cerrarse *vpr* to close, shut.
18 *vpr (una herida)* to close up, heal.
19 *vpr AUTO (meterse)* to cut in.
20 *vpr METEOR* to cloud over.
21 *vpr fig (obstinarse)* to dig one's heel in, stand fast; *(ponerse en actitud intransigente)* to close one's mind (**a**, to): **cerró en sus ideas** he stuck fast to his ideas.
+ cerrar con cerrojo to bolt.
cerrar con llave to lock.
cerrar con siete llaves *fig* to lock and double-lock.
cerrar el paso a alguien to block somebody's way, bar somebody's way.
cerrar el pico *fam* to shut one's trap.
cerrar la boca to shut up.
cerrar la puerta en las narices *fig* to shut the door in somebody's face.
cerrar las filas *fig* to close ranks.
cerrarse de golpe to slam shut.
▲ *Conjugation model* [27], *like acertar.*
cerrazón
1 *nf (del cielo)* stormy sky, black sky.
2 *nf fig (estupidez)* dimness, denseness.
3 *nf fig (obstinación)* obstinacy.
■ cerrazón mental narrow-mindedness.

cerril
1 *adj (terreno)* rough, uneven.
2 *adj (animal)* wild, untamed.
3 *adj (obstinado)* pig-headed, stubborn.

cerro *nm* hill.
✦ **irse por los cerros de Úbeda** *fig* to beat around the bush.

cerrojazo *nm* sharp bolting.
✦ **dar cerrojazo a algo/alguien** *fig* to cut something/somebody short.

cerrojo
1 *nm* bolt.
2 *nm (en fútbol)* blanket defence (*us* defense).
✦ **echar el cerrojo/correr el cerrojo** to bolt.

certamen *nm* competition, contest.

certero,-a
1 *adj (disparo)* accurate, good.
2 *adj (seguro)* certain, sure.

certeza *nf* certainty.
✦ **saber algo con certeza** to be certain of something.
tener la certeza de que … to be sure that …, be certain that …

certidumbre *nf* certainty.

certificable *adj* certifiable.

certificación
1 *nf (documento)* certificate.
2 *nf (confirmación)* certification.
3 *nf (de envío etc)* registration.

certificado,-a
1 *pp* → **certificar.**
2 *adj (envío)* registered.
3 **certificado** *nm (documento)* certificate.
4 *nm (carta)* registered letter; *(paquete)* registered package.
■ **certificado médico** medical certificate.

certificar
1 *vt (gen)* to certify.
2 *vt (carta, paquete)* to register.
▲ *Conjugation model* [1], *like* **sacar.**

cerúleo,-a *adj* cerulean, deep-blue.

cerumen *nm* earwax, cerumen.

cerusa *nf* ceruse.

cerval *adj* cervine, deer.
✦ **tener un miedo cerval** *fig* to be scared stiff.

cervantino,-a *adj* of Cervantes, relating to Cervantes, Cervantine.

cervato *nm* fawn.

cervecería
1 *nf (bar)* pub, bar.
2 *nf (destilería)* brewery.

cervecero,-a
1 *adj* beer.
2 **cervecero** *nm (fabricante)* brewer.

cerveza *nf* beer, ale.
■ **cerveza de barril** draught (*us* draft) beer.
cerveza dorada lager.
cerveza ligera lager.
cerveza negra stout.

cervical *adj* cervical, neck.

cérvido,-a
1 *adj* cervid.
2 **cérvido** *nm* cervid.

cerviz *nf* cervix, nape of the neck.
✦ **doblar la cerviz** *fig* to humble oneself.
ser duro,-a de cerviz *fig* to be pig-headed, be stubborn.
▲ *pl* **cervices.**

cervuno,-a *adj* cervine.

CES *abr (Consejo Económico y Social) Economic and Social Council.*

cesación *nf* cessation, suspension.

cesante
1 *adj (gen)* dismissed; *(ministro)* removed from office; *(embajador)* recalled.
2 *nm & nf* suspended official.

cesar
1 *vi* to cease, stop: **cesó de llover** it stopped raining.
2 *vi (en un empleo)* to leave, quit: **cesó en su cargo de ministro** he ceased his functions as minister.
✦ **sin cesar** incessantly.

césar *nm* Caesar.

cesárea *nf* Caesarean (*us* Cesarean), Caesarean (*us* Cesarean) section.

cesáreo,-a *adj* Caesarean.

cese
1 *nm* cessation.
2 *nm (despido)* dismissal.
✦ **dar el cese a alguien** to dismiss somebody.

CESID *abr (Centro Superior de Información de la Defensa) former Spanish military intelligence agency.*

cesio *nm* caesium, cesium.

cesión
1 *nf* cession.
2 *nf JUR* assignment, transfer.

cesionario,-a *nm,f* cessionary, assignee.

cesionista *nm & nf* grantor, assignee.

césped *nm* lawn, grass.

cesta
1 *nf* basket.
2 *nf DEP (baloncesto)* basket; *(pelota)* pelota basket, jai-alai basket.
■ **cesta de la compra** shopping basket.
cesta de Navidad Christmas hamper.

cestería
1 *nf (arte)* basketwork, basket making.
2 *nf (establecimiento)* basket shop.

cestero,-a *nm,f* basket maker.

cesto *nm* basket.
■ **cesto de los papeles** wastepaper basket.

cestodo *nm* cestode.

cesura *nf* caesura.

ceta *nf* → **zeta.**

cetáceo,-a
1 *adj* cetacean.
2 **cetáceo** *nm* cetacean.

cetme *nm Spanish gun used in the military service.*
▲ *Registered trademark.*

cetrería *nf* falconry.

cetrino,-a
1 *adj (color)* sallow, greenish yellow.
2 *adj fig* melancholic.

cetro *nm* sceptre (*us* scepter).
✦ **empuñar el cetro** to ascend the throne.
ostentar el cetro *fig* to hold the lead.

ceutí
1 *adj* of Ceuta, from Ceuta.
2 *nm & nf* person from Ceuta, inhabitant of Ceuta.
▲ *pl* **ceutíes.**

ceviche *nm raw seafood marinated in lemon or lime juice.*

Cf. *abr (confer)* confer; *(abreviatura)* Cf.

C.F. *abr (Club de Fútbol)* Football Club; *(abreviatura)* FC.
▲ *Also written* CF.

CFC *abr (clorofluorocarbono)* chloro-fluorocarbon; *(abreviatura)* CFC.

cfr. *abr (confer)* confer; *(abreviatura)* Cf.

cg *sím (centigramo)* centigram, centigramme; *(símbolo)* cg.

CGPJ *abr (Consejo General del Poder Judicial) general council of the judiciary.*

ch/. *abr (cheque)* cheque (*us* check).

cha *nm* shah.

chabacanada
1 *nf (vulgaridad)* vulgarity, bad taste.
2 *nf (grosería)* rude remark, coarse remark.

chabacanería *nf* → **chabacanada.**

chabacano,-a *adj* coarse, vulgar.

chabola *nf* shack: **un barrio de chabolas** a shanty town.

chabolismo *nm* shanty towns *pl*, slums *pl*.

chabolista *nm & nf* shanty dweller.

chacal *nm* jackal.

chacha
1 *nf fam (niñera)* nanny, nursemaid.
2 *nf fam (sirvienta)* maid.

chachachá *nm* → **cha-cha-chá.**

cha-cha-chá *nm* cha-cha, cha-cha-cha.

cháchara
1 *nf fam (conversación)* small talk, chatter.
2 **chácharas** *nf pl (baratijas)* trinkets, junk *sing*.
✦ **estar de cháchara** to have a yap.

chacharear *vi fam (hablar)* to chatter, gossip.

chachi *adj fam* → **chanchi.**

chacho,-a *nm,f fam (muchacho)* boy, lad; *(muchacha)* girl, lass.

chacina
1 *nf (carne)* seasoned pork.
2 *nf (embutido)* cold cut.

chacinería *nf* pork butcher's shop.

chacinero,-a *nm,f* pork butcher.

chacó *nm* shako.
▲ *pl* **chacós.**

chacolí *nm* dry *Basque wine.*
▲ *pl* **chacolíes.**

chacolotear *vi* to clatter.

chacoloteo *nm* clattering.

chacota *nf* joking, banter.
+ **hacer chacota de algo** to make a joke of something.
tomar algo a chacota to take something as a joke.

chacotear
1 *vi (burlarse)* to poke fun, make fun.
2 **chacotearse** *vpr* to poke fun (**de**, at), make fun (**de**, of).

Chad *nm* Chad.

chadiano,-a
1 *adj* Chadian.
2 *nm,f* Chadian.

chador *nm* chuddar, chudder, chuddah.

chafaldete *nm* clew line.

chafallar *vt fam* to botch (up).

chafallo
1 *nm fam (chapuza)* botched job, botch up.
2 *nm (borrón)* crossing out.

chafar
1 *vt (aplastar)* to squash, crush, flatten.
2 *vt (arrugar)* to crumple, crease.
3 *vt fam (interrumpir)* to butt in on.
4 *vt fam (estropear)* to ruin, spoil: **este frío me ha chafado los planes** this cold weather has ruined my plans.
5 *vt fam fig (abatir)* to crush; *(desengañar)* to disappoint: **hoy está algo chafado** he's feeling a bit down today.
6 **chafarse** *vpr (aplastarse)* to be squashed, be crushed, be flattened; *(arrugarse)* to become creased, become crumpled.

chafarote *nm type of* cutlass.

chafarrinada *nf* mark, stain.

chafarrinar *vt* to stain, mark.

chafarrinón *nm* spot, stain, mark.

chaflán
1 *nm (bisel)* chamfer.
2 *nm (esquina)* corner: **la casa del chaflán** the corner house.

chaira
1 *nf (cuchillo)* shoemaker's knife.
2 *nf (cilindro de afilar)* steel, sharpening steel.
3 *nf fam (navaja)* jack-knife, clasp-knife.

chal *nm* shawl.

chalado,-a
1 *pp* → **chalar**.
2 *adj (loco)* mad, crazy, nuts.
+ **estar chalado,-a por algo/alguien** to be mad about something/somebody, be crazy about something/somebody.

chaladura
1 *nf fam (chifladura)* crazy idea.
2 *nf fam (manía)* craze.
3 *nf fam (enamoramiento)* crazy infatuation.

chalán,-ana
1 *nm,f* horse dealer.
2 *nm,f (timador)* wheeler-dealer, shark.

chalana *nf* barge, lighter.

chalanear *vt pey* to wheel and deal.

chalar
1 *vt fam (enloquecer)* to drive crazy: **me chalan los bombones** I'm mad about chocolates, I'm crazy about chocolates, I simply adore chocolates.
2 **chalarse** *vpr fam* to go mad, go crazy, go nuts.
+ **chalarse por algo/alguien** to be mad about something/somebody.

chalaza *nf* chalaza.

chalé *nm* → **chalet**.
▲ *pl* **chalés**.

chaleco *nm* waistcoat, *US* vest; *(de punto)* sleeveless pullover, tank top.
■ **chaleco antibalas** bullet-proof vest.
chaleco salvavidas life jacket.

chalet
1 *nm (casa individual)* house, detached house.
2 *nm (en el campo)* country house, cottage; *(en la montaña)* mountain chalet.
3 *nm (de lujo)* villa.
4 *nm (adosado)* semidetached house.
▲ *pl* **chalets**.

chalina *nf (corbata)* cravat.

chalota *nf* shallot.

chalote *nm* shallot.

chalupa
1 *nf (embarcación)* boat, launch.
2 *adj fam fig (chalado)* nuts, crazy; *(muy enamorado)* crazy, mad.
+ **volverse chalupa** to go crazy.

chamán *nm* sorcerer, wizard, shaman.

chamar *vt* to swap, exchange.

chámara
1 *nf (leña)* brushwood.
2 *nf (llama)* blaze.

chamarasca *nf* → **chámara**.

chamarilear *vt* to swap, exchange.

chamarileo *nm* trading in second-hand goods.

chamarilería *nf* junk shop.

chamarilero,-a *nm,f* second-hand dealer, junk dealer.

chamarillero,-a *nm,f* → **chamarilero**.

chamariz *nm* greenfinch.
▲ *pl* **chamarices**.

chamarra *nf (zamarra)* sheepskin jacket.

chamba *nf fam* → **chiripa**.

chambelán *nm* chamberlain.

chambergo
1 *nm (abrigo)* coat.
2 *nm (sombrero)* broad-brimmed hat.

chambón,-ona
1 *adj fam (torpe)* clumsy.
2 *adj fam (con suerte)* lucky, flukey.
3 *nm,f fam* clumsy person.

chambonada
1 *nf fam (torpeza)* clumsiness.
2 *nf fam (patinazo)* blunder.
3 *nf fam (suerte)* fluke, piece of luck.

chambonear *vi* to botch, bungle.

chambra *nf* housecoat.

chamicera *nf* patch of burnt mountain.

chamiza
1 *nf (hierba)* chamiso.
2 *nf (leña)* brushwood.

chamizo
1 *nm (árbol chamuscado)* half-burnt tree.
2 *nm (leño quemado)* half-burnt log.
3 *nm (choza)* thatched hut.
4 *nm pey (tugurio)* hovel, shack.

chamorro,-a *adj* shaved, shorn.

champán[1] *nm (vino)* champagne.

champán[2] *nm (embarcación)* sampan.

champaña *nm* champagne.

champiñón *nm* mushroom.

champú *nm* shampoo.
■ **champú anticaspa** dandruff shampoo.
▲ *pl* **champúes** *o* **champús**.

champurrar *vt* to mix.

chamullar
1 *vi fam (hablar)* to speak, talk.
2 *vi fam (chapurrear)* to speak a little: **chamulla un poco el francés** she speaks a little French.

chamuscar
1 *vt* to singe, scorch.
2 **chamuscarse** *vpr* to be singed, get scorched.
▲ *Conjugation model* [1], *like* **sacar**.

chamusquina
1 *nf* scorching, singeing.
2 *nf fam fig* quarrel, fight.
+ **esto huele a chamusquina** *fam* there's something fishy going on.

chanada *nf fam* trick, ruse.

chance *nm* chance.

chancear
1 *vi* to joke, jest.
2 **chancearse** *vpr* to joke (**de**, about), make fun (**de**, of): **se chancea de todo** he makes fun of everything.

chancero,-a *adj* fond of joking.

chanchi
1 *adj fam* great, terrific, brilliant.
2 *adv fam* great: **lo pasamos chanchi** we had a great time.

chancho *nm AM (animal)* pig; *(carne)* pork.

chanchullero,-a
1 *adj fam* crooked, bent, underhand.
2 *nm,f fam* crook, racketeer.

chanchullo *nm fam* fiddle, wangle, racket.
+ **tener chanchullos** *fam* to be on the fiddle.

chancillería *nf* chancery.

chancla
1 *nf (zapato viejo)* old shoe.
2 *nf (chancleta)* flip-flop.

chancleta *nf* flip-flop.
+ **en chancletas** with the back(s) trodden down: **has estropeado las zapatillas por llevarlas siempre en chancletas** you've ruined your slippers by wearing them with the backs trodden down.

chancletear *vi* to shuffle.

chanclo
1 *nm (zueco)* clog.
2 *nm (elástico)* galosh, overshoe.

chancro *nm* chancre.

chándal *nm* track suit, jogging suit.

chanfaina
1 *nf (vegetal)* ≈ ratatouille.
2 *nf (de carne)* offal stew.

changüí
1 *nm fam (engaño)* trick, hoax.
2 *nm fam (novato)* beginner.
✦ **dar changüí a alguien** *fam (engañar)* to play a trick on somebody; *(hacer una broma)* to tease somebody.
▲ *pl* changüíes.

chanquete *nm* transparent goby.

chantaje *nm* blackmail.
✦ **hacer chantaje a alguien** to blackmail somebody.

chantajear *vt* to blackmail.

chantajista *nm & nf* blackmailer.

chantillí *nm* whipped cream.
▲ *pl* chantillíes.

chantre *nm* precentor, cantor.

chanza *nf* joke.
✦ **en chanza** jokingly, as a joke.
estar de chanza to be joking.

chao *interj fam* bye-bye!, cheerio!, so long!, ciao!

chapa
1 *nf (de metal)* sheet, plate.
2 *nf (de madera)* panel, sheet; *(enchapado)* veneer; *(contrachapado)* plywood.
3 *nf (tapón)* bottle top, cap.
4 *nf (ficha metálica)* metal tag, tally, token.
5 *nf (medalla)* badge, disc.
6 *nf fam fig (sentido común)* common sense.
7 *nf AUTO* bodywork.
8 **chapas** *nf pl* game *sing* of tossing up coins.
✦ **estar sin chapa** *fam* to be penniless.
▪ **chapa de identificación** *MIL* identity disc.
chapa ondulada corrugated iron.

chapado,-a
1 *pp* → chapar.
2 *adj (metal)* plated: chapado,-a en plata silver-plated.
3 *adj (madera)* veneered, finished.
✦ **estar chapado,-a a la antigua** *fig* to be old-fashioned.

chapalear *vi* to splash about.

chapaleo *nm* splash, splashing.

chapaleta *nf* flap valve.

chapar
1 *vt (metal)* to plate.
2 *vt (madera)* to veneer, finish.
3 *vt fig (encajar)* to come out with.
4 *vt fam fig (estudiar)* to study.

chaparrada *nf* downpour, heavy shower.

chaparral *nm* thicket, chaparral.

chaparrear *vi* to pour down, rain heavily.

chaparro,-a
1 *adj fig* tubby, chubby.
2 *nm,f fig* tubby person, chubby person.

chaparrón
1 *nm (lluvia)* downpour, heavy shower: cayó un buen chaparrón there was a downpour.
2 *nm fig* shower, bombardment.
✦ **aguantar el chaparrón** *fig* to weather the storm.

chapear
1 *vt (metal)* to plate.
2 *vt (madera)* to veneer, finish.

chapero *nm arg* male prostitute, rent boy.

chapín *nm (chanclo)* chopine, chopin.

chapista
1 *nm & nf* sheet metal worker.
2 *nm & nf AUTO* panel beater.

chapistería
1 *nf* sheet metal work.
2 *nf AUTO* panel beating.
▪ **taller de chapistería** body repair shop, *US* body shop.

chapitel
1 *nm (de torre)* spire.
2 *nm (de columna)* capital.

chapó¹ *nm (de billar)* type of billiards.
▲ *pl* chapós.

chapó² *interj fam* well done!, bravo!

chapodar *vt* to prune, trim.

chapón *nm* ink blot.

chapotear
1 *vi (agitar en el agua)* to splash about.
2 *vt (humedecer)* to moisten, dampen, sponge.

chapoteo
1 *nm (agitación en el agua)* splashing, paddling.
2 *nm (humidificación)* moistening, sponging.

chapucear *vt* to botch, bungle.

chapucería
1 *nf (tosquedad)* shoddiness.
2 *nf (chapuza)* botched job, shoddy piece of work.

chapucero,-a
1 *adj (trabajo)* botched, slapdash, shoddy; *(persona)* bungling, clumsy.
2 *nm,f (que trabaja mal)* bungler, botcher, shoddy worker.
3 *nm,f (embustero)* con artist, trickster; *(mentiroso)* liar.

chapurrar *vt* → chapurrear.

chapurrear
1 *vt* to speak a little, have a smattering of: chapurreo el inglés I have a smattering of English, I speak a little English.
2 *vt fam (mezclar)* to mix.

chapurreo *nm* jabbering.

chapuz
1 *nm (chapuzón)* duck, ducking.

2 *nm (chapuza)* botched job, shoddy piece of work.
▲ *pl* chapuces.

chapuza
1 *nf (trabajo sin importancia)* odd job.
2 *nf (trabajo mal hecho)* botched job, shoddy piece of work.
✦ **hacer una chapuza** to botch up.

chapuzar
1 *vt* to duck.
2 **chapuzarse** *vpr (zambullirse)* to dive in.
3 *vpr (bañarse)* to have a dip.
▲ *Conjugation model* [4], *like realizar.*

chapuzas *nm & nf* bungler, botcher, shoddy worker.
▲ *pl* chapuzas.

chapuzón
1 *nm (zambullida)* duck, dive.
2 *nm (baño)* dip.
✦ **darse un chapuzón** to have a dip.

chaqué *nm* morning coat.
▲ *pl* chaqués.

chaqueta *nf* jacket.
✦ **cambiar de chaqueta** *fam* to change sides, be a turncoat.
ser más vago,-a que la chaqueta de un guardia *fam* to be bone idle.
▪ **chaqueta de punto** cardigan.
chaqueta de esmoquin dinner jacket.

chaquete *nm* type of backgammon.

chaquetear *vi fam* to change sides, be a turncoat.

chaqueteo *nm fam* changing sides, turncoat tactics *pl.*

chaquetero,-a *nm,f fam* turncoat.

chaquetilla *nf* short jacket.

chaquetón *nm* winter jacket.
▪ **chaquetón tres cuartos** three-quarter length coat.

charada *nf* charade.

charanga
1 *nf* brass band.
2 *nf fam (bulla)* din, racket.

charca *nf* pool, pond.

charco *nm* puddle, pond.
✦ **cruzar el charco/pasar el charco** *(ir a América)* to cross the pond.

charcutería *nf* pork butcher's shop, delicatessen.

charcutero,-a *nm,f* pork butcher.

charla
1 *nf (conversación)* talk, chat.
2 *nf (conferencia)* talk, informal lecture.

charlador,-ra
1 *adj fam* talkative, chatty.
2 *nm,f fam* chatterbox, *US* motormouth.

charlar *vi* to chat, talk.
✦ **charlar por los codos** *fam* to be a real chatterbox.

charlatán,-ana
1 *adj (hablador)* talkative.
2 *adj (chismoso)* gossipy.
3 *nm,f (parlanchín)* chatterbox.
4 *nm,f (chismoso)* gossip; *(bocazas)* bigmouth.
5 *nm,f (embaucador)* trickster.

charlatanería
 1 *nf (palabrería)* verbosity, talkativeness.
 2 *nf (de vendedor)* spiel, patter.
charlestón *nm* charleston.
charlotada
 1 *nf (festejo taurino bufo)* comic bullfight.
 2 *nf fam (payasada)* clowning around, buffoonery.
charlotear *vi fam* to chatter, prattle.
charloteo *nm fam* chatter, prattle.
charnego,-a *nm,f pey person from another region of Spain who has settled in Catalonia.*
charnela *nf* hinge.
charol
 1 *nm (barniz)* varnish.
 2 *nm (cuero)* patent leather: **zapatos de charol** patent leather shoes.
 ✦ **darse charol** *fam* to blow one's trumpet, brag.
charolar *vt* to varnish.
charrán[1] *nm (pillo)* rogue, rascal, scoundrel.
charrán[2] *nm (ave)* tern.
 ▪ **charrán ártico** arctic tern.
 charrán común common tern.
 charrán patinegro Sandwich tern.
charranada *nf* dirty trick.
charrancito *nm* little tern.
charretera *nf* epaulette.
charro,-a
 1 *adj fig (persona)* coarse, uncouth.
 2 *adj fig (cosa)* gaudy, flashy, loud.
 3 *adj (de Salamanca)* from Salamanca.
 4 *nm,f* person from Salamanca.
chárter
 1 *adj* charter.
 2 *nm* charter.
 ▲ *pl* **chárter**.
chas *interj* wham!, crash!
chasca *nf (leña menuda)* brushwood.
chascar
 1 *vt (lengua)* to click; *(dedos)* to snap.
 2 *vt (látigo)* to crack.
 3 *vt (un manjar quebradizo)* to crunch.
 4 *vi (madera)* to crack.
 ▲ *Conjugation model* [1], *like* **sacar**.
chascarrillo *nm fam (chiste)* crack, joke; *(anécdota)* witty anecdote.
chasco
 1 *nm (engaño)* trick; *(broma)* joke.
 2 *nm fig (decepción)* disappointment.
 ✦ **dar un chasco a alguien** to play a trick on somebody.
 llevarse un chasco to be disappointed.
chasis
 1 *nm (del coche)* chassis.
 2 *nm (en fotografía)* plate holder.
 ✦ **quedarse en el chasis** *fam* to be all skin and bone.
chasquear[1]
 1 *vt (bromear)* to play a trick on.
 2 *vt (engañar)* to deceive.

 3 *vt (decepcionar)* to disappoint, let down.
 4 *vt (faltar a lo prometido)* to break, fail to keep.
 5 *vi (decepcionarse)* to be disappointed.
 6 **chasquearse** *vpr* to be disappointed.
chasquear[2]
 1 *vi (lengua)* to click; *(dedos)* to snap.
 2 *vi (látigo, madera)* to crack.
 3 *vi (un manjar)* to crunch.
chasquido
 1 *nm (de la lengua)* click; *(de los dedos)* snap.
 2 *nm (de látigo, madera)* crack.
 3 *nm (de manjar)* crunch.
chat *nm* chat.
 ▪ **sala de chat** chat room.
chatarra
 1 *nf (escoria)* slag.
 2 *nf (hierro viejo)* scrap iron, scrap.
 3 *nf fam pey (calderilla)* small change.
 4 *nf fam pey (joyas)* junk jewellery (*US* jewelry).
 5 *nf fam fig (trasto)* piece of junk: **esta máquina es una chatarra** this machine is a piece of junk.
 ▪ **parque de chatarra** scrap yard.
chatarrería *nf* scrap metal dealer's.
chatarrero,-a *nm,f* scrap dealer.
chateador,-ra *nm,f INFORM* chatter.
chatear
 1 *vi (Internet)* to chat.
 2 *vi fam* to have a few wines.
chateo[1] **ir de chateo** *loc fam* to go out for a few wines.
chateo[2] *nm INFORM fam* chat, chatting: **el chateo es una buena manera de practicar tu inglés** chatting is a good way to practise your English.
 ▪ **chateo interactivo** interactive chat.
 sala de chateo chat room.
chati *adj fam* duckie, love, *US* honey.
chato,-a
 1 *adj (nariz)* snub; *(persona)* snub-nosed.
 2 *adj (objeto)* flat, flattened; *(barco)* flat, shallow; *(torre)* low, squat.
 3 *nm,f (persona)* snub-nosed person.
 4 *nm,f fam (cariño)* love, dear, duckie: **¡adiós, chata!** bye, love!
 5 **chato** *nm fam (vaso de vino)* (small) glass of wine: **tomamos unos chatos** we had a few glasses of wine.
 ✦ **dejar chato,-a a alguien** *(vencer)* to crush somebody, defeat somebody; *(engañar)* to trick somebody, deceive somebody.
 quedarse chato,-a *fig* to be left dumbfounded.
chatungo,-a *adj fam* snub-nosed.
chauvinismo *nm* chauvinism.
chauvinista
 1 *adj* chauvinist.
 2 *nm & nf* chauvinist.
chaval,-la
 1 *adj fam* young.
 2 *nm,f (joven)* kid, youngster; *(chico)* lad, boy; *(chica)* lass, girl.
 3 *nm,f (apelativo)* mate.

 ✦ **estar hecho un chaval** *fam* to look very young.
chavea *nm fam* kid, lad.
chaveta *nf TÉC* cotter, cotter pin, key.
 ✦ **estar mal de la chaveta** *fam* to have a screw loose.
 perder la chaveta *fam* to go off one's rocker.
 perder la chaveta por algo/alguien *fam* to be crazy about something/somebody.
chavo
 1 *nm fam* brass farthing.
 2 **chavos** *nm pl (dinero)* money *sing*, cash *sing*.
 ✦ **estar sin un chavo** *fam* to be penniless, be broke.
 no tener un chavo *fam* to be skint, be broke.
chayote *nm* chayote.
chayotera *nf* chayote plant.
che[1]
 1 *interj AM fam* hey!, listen!
 2 *interj AM* (**muletilla**) you know, I mean, man, mate: **no sé dónde está, che** I don't know where it is, mate.
che[2] *nf name of the digraph ch.*
 ▲ *pl* **ches**.
checa
 1 *nf (policía secreta soviética)* Soviet secret police organization.
 2 *nf (lugar)* unofficial political court or prison.
Chechenia *nf* Chechnya.
checo,-a
 1 *adj* Czech.
 2 *nm,f (persona)* Czech.
 3 **checo** *nm (idioma)* Czech.
 ▪ **República Checa** Czech Republic.
checoslovaco,-a
 1 *adj* Czechoslovak, Czechoslovakian.
 2 *nm,f* Czechoslovak, Czechoslovakian.
Checoslovaquia *nf* Czechoslovakia.
chef *nm* chef.
 ▲ *pl* **chefs**.
cheli *nm arg* Madrid slang.
chelín *nm* shilling.
chelo *nm* → **violonchelo**.
chepa *nf fam* hump.
cheque *nm* cheque (*US* check).
 ✦ **cobrar un cheque** to cash a cheque (*US* check).
 extender un cheque to write a cheque (*US* check).
 extender un cheque a nombre de/hacer un cheque a nombre de to make a cheque (*US* check) out to, make a cheque (*US* check) payable to.
 ▪ **cheque abierto** open cheque (*US* check).
 cheque al portador cheque (*US* check) payable to bearer.
 cheque cruzado crossed cheque (*US* check).
 cheque de viaje traveller's cheque (*US* traveler's check).

cheque de viajero traveller's cheque (*US* traveler's check).

cheque en blanco blank cheque (*US* check).

cheque nominal cheque (*US* check) to order, order cheque (*US* check).

cheque sin fondos dud cheque (*US* check), bad cheque (*US* check).

talonario de cheques cheque book (*US* checkbook).

chequear
1 *vt (controlar)* to check.
2 *vt (comprobar)* to check up on.
3 *vt MED* to give a checkup to.

chequeo *nm MED* checkup.

Chequia *nf* Czechia.

chéster *nm* Cheshire cheese.
▲ *pl* chéster.

chevió *nm* cheviot.

cheviot *nm* cheviot.
▲ *pl* cheviots.

chic *adj* chic.
▲ *pl* chic.

chica
1 *nf (muchacha)* girl.
2 *nf (criada)* maid.

chicana
1 *nf (artimaña)* chicanery, trickery.
2 *nf (broma)* joke.
3 *adj* → chicano,-a.

chicane *nf AUTO* chicane.
▲ *pl* chicanes.

chicanero,-a *adj* trickster.

chicano,-a
1 *adj* chicano, Chicano.
2 *nm,f (hombre)* chicano; *(mujer)* chicana.

chicarrón,-ona *nm,f fam (chico)* strapping lad; *(chica)* strapping lass.

chicha *nf fam (carne en lenguaje infantil)* meat.
✦ **no ser ni chicha ni limonada** *fam* to be neither fish nor fowl.
tener muchas chichas *fam* to be chubby.

chícharo *nm AM (guisante)* pea.

chicharra
1 *nf (cigarra)* cicada.
2 *nf (timbre)* buzzer.
3 *nf fig (persona habladora)* chatterbox.
✦ **cantaba la chicharra** *fig* it was boiling hot.

chicharrero,-a
1 *nm,f fam (tinerfeño)* person from Tenerife, inhabitant of Tenerife.
2 **chicharrero** *nm fig (lugar caluroso)* oven, hothouse.

chicharro
1 *nm (chicharrón)* pork crackling, fried pork rind.
2 *nm (pez)* scad, horse mackerel.

chicharrón
1 *nm (de cerdo)* pork crackling, fried pork rind.
2 *nm fig (persona)* sunburnt person.
✦ **estar/quedar hecho,-a un chicharrón** *fig* to be burnt to a cinder.

chichear
1 *vt* to hiss.
2 *vi* to hiss.

chicheo *nm* hissing.

chichisbeo
1 *nm (galantería)* flattery, gallantry.
2 *nm (hombre)* gallant.

chichón *nm* bump, lump: ayer me pegué un buen chichón en la cabeza I got a nasty bump on the head yesterday.

chichonera *nf* helmet.

chicle *nm* chewing gum.

chiclear *vi* to chew gum.

chico,-a
1 *adj (pequeño)* small, little.
2 *nm,f (gen)* kid, youngster.
3 **chico** *nm (muchacho)* boy: es buen chico he's a good boy.
4 *nm (aprendiz)* errand boy; *(de oficina)* office boy.
✦ **como chico con zapatos nuevos** *fam* like a kid with a new toy.
dejar chico,-a a alguien *fig* to make somebody look small.

chicolear *vi fam* to pay compliments, say nice things.

chicoleo *nm fam* compliment.

chicoria *nf* chicory.

chicote,-a
1 *nm,f fam (hombre)* fine lad; *(mujer)* fine lass.
2 *nm fig (cigarro puro)* cigar.
3 *nm (extremo de cuerda)* rope end.

chifla¹ *nf (silbato)* whistle.

chifla² *nf (cuchilla)* skiver.

chiflado,-a
1 *pp* → chiflar.
2 *adj fam* mad, crazy, barmy, nuts, bonkers.
3 *nm,f fam* nut, loony, headcase.
✦ **estar chiflado,-a con/por algo** *fam* to be crazy about something, be mad about something.
estar chiflado,-a por alguien *fam (enamorado)* to be madly in love with somebody.

chifladura
1 *nf fam (locura)* craziness, madness.
2 *nf fam (afición)* craze, mania.

chiflar¹
1 *vi (silbar)* to hiss, whistle.
2 *vt (silbar)* to hiss, boo.
3 *vt fam (gustar)* to fascinate, enchant: le chifla el patinaje he's mad about skating; me chifla Lola I'm crazy about Lola.
4 **chiflarse** *vpr fam (enloquecer)* to go mad, go crazy, go round the bend.
✦ **chiflarse por alguien/algo** *fam* to be crazy about somebody/something, be mad about something/something.

chiflar² *vt (raspar las pieles)* to skive, pare.

chifle *nm (reclamo)* decoy.

chiflido *nm* whistle, whistling.

chihuahua *nm (perro)* chihuahua.

chií
1 *adj* Shiite.
2 *nm & nf* Shiite.
▲ *pl* chiíes.

chiíta *adj-nm & nf* → chií.

chilaba *nf* jellabah, jellaba.

chile *nm (pimiento)* chili, chili pepper.

Chile *nm* Chile.

chileno,-a
1 *adj* Chilean.
2 *nm,f* Chilean.

chilindrina
1 *nf fam (cosa sin importancia)* trifle.
2 *nf fam (anécdota)* anecdote, story.
3 *nf fam (chiste)* joke.

chilindrón
1 *nm (juego de naipes)* type of card game.
2 *nm (salsa)* sauce made from tomatoes, red peppers and onions.

chilla *nm (reclamo)* decoy.

chillar
1 *vi (persona)* to scream, shriek, shout: ¡no chilles! stop shouting!; chilla más que no te oigo speak up, I can't hear you.
2 *vi (cerdo)* to squeal; *(ratón)* to squeak; *(pájaro)* to squawk, screech.
3 *vi (radio)* to blare; *(frenos)* to screech, squeal; *(puerta, ventana)* to creak, squeak.
4 *vi (colores)* to be loud, be gaudy, clash.
5 *vi fam (reñir)* to tell off.
6 *vi fig (protestar)* to protest, complain.

chillería
1 *nf (chillidos)* screaming, yelling, howling.
2 *nf (regaño)* dressing-down, telling-off, reprimand.

chillido
1 *nm (de persona)* shriek, scream, cry.
2 *nm (de cerdo)* squeal; *(de ratón)* squeak; *(de pájaro)* squawk, screech.
3 *nm (de puerta, ventana)* creak, creaking, squeaking.

chillón,-ona
1 *adj (que chilla mucho)* screaming, loud.
2 *adj (voz)* shrill, high-pitched; *(sonido)* harsh, strident.
3 *adj fig (color)* loud, gaudy.
4 *nm,f* loudmouth.

chimenea
1 *nf* chimney.
2 *nf (hogar)* fireplace, hearth.
3 *nf (de barco)* funnel, stack.
4 *nf fam (cabeza)* nut, block.
✦ **no andar bien de la chimenea** *fam* to be off one's rocker.
▪ **chimenea de campana** canopy fireplace.
chimenea de ventilación air shaft.
chimenea francesa fireplace with a mantelpiece.

chimpancé *nm* chimpanzee.
▲ *pl* chimpancés.

china¹
1 *nf (piedra)* pebble.
2 *nf arg (droga)* small piece.

✦ **tocarle a uno la china** *fam* to lose out, be left carrying the can.

china²
1 *nf (seda)* china silk.
2 *nf (porcelana)* china.
3 *nf (vajilla)* china, chinaware.

China *nf* China.

chinarro *nm* stone.

chinazo
1 *nm (piedra)* stone.
2 *nm (golpe)* blow with a stone.

chinchar
1 *vt fam* to annoy, pester, bug: **deja de chinchar a la niña** stop pestering the little girl.
2 **chincharse** *vpr fam* to grin and bear it, put up with it, lump it.
✦ **¡chínchate!** *fam* hard luck!, tough luck! **¡para que te chinches!** *fam* so there!

chincharrero *nm* flea pit, bug-infested place.

chinche
1 *nm o nf ZOOL* bedbug, bug.
2 *nm & nf fam fig (persona)* bore, nuisance, pest.
✦ **caer como chinches/morir como chinches** *fam* to go down like flies.

chincheta *nf* drawing pin, *US* thumbtack.

chinchilla *nf* chinchilla.

chinchín
1 *nm (ruido)* chink, chink, tinkle.
2 *nm (brindis)* toast: **¡chinchín!** cheers!, good health!
✦ **hacer chinchín con las copas** to clink glasses.

chinchón *nm* aniseed liquor.

chinchona *nf* quinine.

chinchorrería
1 *nf (impertinencia)* insolence, disrespect.
2 *nf (exigencia)* fussiness.
3 *nf (chisme)* piece of gossip.

chinchorrero,-a
1 *adj (impertinente)* insolent.
2 *adj (quisquilloso)* fussy.
3 *adj (chismoso)* gossipy.

chinchorro
1 *nm (red)* dragnet.
2 *nm (embarcación)* dinghy.

chinchoso,-a *adj fam fig* wearisome, tiresome.

chiné
1 *adj* chiné.
2 *nm* chiné fabric.
▲ *pl* chinés.

chinela *nf* slipper, mule.

chinero *nm* china cupboard.

chinesco,-a *adj* Chinese.

chingada *nf fam* bother.

chingar
1 *vt tabú* to fuck, screw.
2 *vt tabú (robar)* to pinch: **me han chingado la cartera** my wallet has been pinched.
▲ *Conjugation model [7], like* **llegar.**

chino¹
1 *nm (piedrecita)* pebble.
2 **chinos** *nm pl* guessing game *sing.*

chino,-a²
1 *adj* Chinese.
2 *nm,f (persona)* Chinese person.
3 **chino** *nm (idioma)* Chinese.
4 *nm (colador)* sieve.
✦ **engañar a alguien como a un chino** *fam* to take somebody for a ride.
eso me suena a chino *fam* it's all Greek to me.
ser un trabajo de chinos *fam* to be a fiddly piece of work.
trabajar como un chino *fam* to work like a slave.

chintz *nm* chintz.

chip
1 *nm INFORM* chip.
2 **chips** *nm pl fam* crisps, *US* potato chips.
▲ *pl* chips.

chipén
1 *adj fam* terrific, marvellous (*US* marvelous), smashing.
2 *adv fam* great, super: **lo pasamos chipén** we had a great time.

chipirón *nm* baby squid.

Chipre *nm* Cyprus.

chipriota
1 *adj* Cypriot.
2 *nm & nf* Cypriot.

chips *nm pl* → **chip.**

chiquero
1 *nm (pocilga)* pigsty.
2 *nm (toril)* bullpen.

chiquilicuatro *nm fam* whippersnapper.

chiquillada
1 *nf (travesura)* childish prank.
2 *nf (niñería)* childish thing.
✦ **hacer chiquilladas** to behave childishly.

chiquillería *nf fam* kids *pl*, children *pl.*

chiquillo,-a *nm,f* kid, youngster.

chiquitear *vi* to have a few drinks.

chiquitín,-ina
1 *adj fam* tiny, weeny.
2 *nm,f* tiny tot.

chiquito,-a
1 *adj* tiny, very small, weeny.
2 *nm,f* tiny tot, kid.
3 **chiquito** *nm* small glass of wine.
✦ **no andarse con chiquitas** *fam* not to beat about the bush.

chiribita
1 *nf (chispa)* spark.
2 **chiribitas** *nf pl fam* spots before the eyes.
✦ **echar chiribitas** *fam* to be livid.

chiribitil
1 *nm (desván)* attic, garret.
2 *nm (cuarto pequeño)* tiny room, cubbyhole, den.

chirigota *nf fam* joke.
✦ **estar de chirigota** *fam* to be joking.
tomarse algo a chirigota *fam* to take something as a joke.

chirigotero,-a *adj fam* fond of joking.

chirimbolo *nm fam* thing, thingummy, whatsit.

chirimía
1 *nf (instrumento antiguo)* shawm.
2 *nf (instrumento popular)* chirimía.

chirimiri *nm* drizzle, fine misty rain.

chirimoya *nf* custard apple.

chirimoyo *nm* custard apple tree.

chiringuito *nm fam (en playa)* refreshment stall, refreshment stand; (*en carretera*) roadside snack bar, hot food stand.
✦ **montarse un chiringuito** *fam* to set up a small business.

chirinola
1 *nf (juego)* skittles *pl.*
2 *nf (conversación)* conversation.
3 *nf fig (fruslería)* trifle.
4 *nf (riña)* quarrel, row.
✦ **estar de chirinola** to be in good spirits.

chiripa
1 *nf (en el billar)* fluke, lucky stroke, scratch.
2 *nf fig (suerte)* fluke.
✦ **de chiripa/por chiripa** *fam* by a fluke, by sheer luck: **ganó por chiripa** he won by sheer luck, he won by a fluke.

chirivía
1 *nf (planta)* parsnip.
2 *nf (ave)* wagtail.

chirla *nf* small clam.

chirle *adj fam* insipid, wishy-washy.

chirlo
1 *nm (herida)* wound in the face.
2 *nm (cicatriz)* scar on the face.

chirona *nf arg* clink, nick.
✦ **estar en chirona** *arg* to be in the nick, be inside.

chirrear *vi* → **chirriar.**

chirriante *adj* squeaky, creaky.

chirriar
1 *vi (al freír comida etc)* to sizzle.
2 *vi (rueda, frenos)* to screech, squeal; (*puerta*) to creak.
3 *vi (aves)* to squawk.
4 *vi fig (persona)* to sing out of tune.
▲ *Conjugation model [13], like* **desviar.**

chirrido
1 *nm (de rueda, frenos)* screech; (*de puerta*) creak, creaking.
2 *nm (de aves)* squawk, squawking.

chirrión *nm (carro)* cart.

chirucas *nf pl* canvas boots.
▲ *Registered trademark.*

chirumen *nm fam* brains *pl*, grey matter.

chis *interj* sh!, ssh!, hush!

chischás *nm* clash, clashing.

chiscón *nm* hut, hovel.

chisgarabís *nm fam* busybody, meddler.
▲ *pl* chisgarabises.

chisguete
1 *nm fam (trago)* swig.
2 *nm fam (chorrillo)* jet, spurt.

chisme
1 *nm (comentario)* piece of gossip.
2 *nm (trasto)* knick-knack; *(de cocina etc)* gadget; *(cosa)* thing, thingamajig: ¿cómo funciona este chisme? how does this thing work?
✦ andar con chismes *fam* to gossip.

chismear *vi* to gossip.

chismería *nf* gossip, piece of gossip.

chismero,-a *adj* gossipy, gossiping.

chismografía *nf irón* gossip, gossiping.

chismorrear *vi fam* to gossip.

chismorreo *nm fam* gossip, gossiping.

chismoso,-a
1 *adj* gossipy, gossiping.
2 *nm,f* gossip.

chispa
1 *nf (de lumbre, eléctrica, etc)* spark.
2 *nf (brillo)* sparkle, glitter.
3 *nf (brillante pequeño)* small diamond.
4 *nf fam fig (un poco)* bit: bebió una chispa de licor she had a drop of liqueur; no me gustó ni chispa I didn't like it one bit; no hay ni una chispa de azúcar there isn't a bit of sugar left; no corre ni chispa de aire there's not a breath of wind.
5 *nf (de lluvia)* drop, droplet: caen chispas it's spitting.
6 *nf fig (ingenio, gracia)* wit, sparkle; *(inteligencia)* intelligence; *(viveza)* liveliness.
7 *nf (mentira)* lie.
✦ coger una chispa/pillar una chispa *fam* to get sloshed.
echar chispas *fig* to be raging.
no tiene ni chispa de gracia *fig* it's not funny at all, it's not a bit funny.
ser una chispa *fig* to be very bright.
tener chispa *fig* to be witty, be funny.
■ chispa eléctrica spark.

chisparse *upr fam* to get tipsy, get drunk.

chispazo
1 *nm (chispa)* spark.
2 *nm (quemadura)* burn.
3 *nm (chisme)* piece of gossip: dar el chispazo to gossip.
4 *nf fig* spark, flash: los últimos chispazos de la guerra the last flickers of war; tuvo un chispazo de ingenio she had a flash of inspiration.

chispeante
1 *adj* sparkling.
2 *adj fig* brilliant, scintillating.

chispear
1 *vi (echar chispas)* to spark, throw out sparks.
2 *vi METEOR* to drizzle, spit.
3 *vi fig (relucir)* to sparkle, shine: sus ojos chispeaban de ilusión her eyes shone with hope.
▲ *In 2, used only in the 3rd pers; it does not take a subject.*

chispitina
1 *nf fam* → chispa 4.
2 *nf fam (espacio de tiempo muy corto)* sec, mo: espera una chispitina wait a sec.

chispoleto,-a *adj* bright, sharp.

chisporrotear
1 *vi fam (el fuego)* to spark; *(la leña)* to crackle.
2 *vi fam (el aceite)* to spit.

chisporroteo
1 *nm fam (del fuego)* sparking; *(de la leña)* crackling.
2 *nm fam (del aceite)* spitting.

chisquero *nm* pocket lighter.

chist
1 *interj (silencio)* sh!, ssh!, hush!
2 *interj (para llamar)* psst!

chistar *vi* to speak.
✦ no chistar not to say a word.
sin chistar without saying a word: se fueron sin chistar they left without saying a word.

chiste
1 *nm (dicho)* joke, funny story.
2 *nm (dibujo)* cartoon.
✦ caer en el chiste to get the joke.
contar un chiste/explicar un chiste to tell a joke.
tener chiste *irón* to be funny.
tomar algo a chiste to take something as a joke.
■ chiste verde blue joke, dirty joke.

chistera
1 *nf (de pescador)* fish basket, angler's basket.
2 *nf fig (sombrero)* top hat.
3 *nf DEP* pelota basket.

chistorra *nf* thin *spicy pork sausage*.

chistoso,-a
1 *adj (persona)* witty, funny, fond of joking.
2 *adj (suceso)* funny, amusing.
3 *nm,f (persona)* joker, comic, comedian.

chistu *nm* Basque flute.

chistulari *nm* Basque flute player.

chita
1 *nf ANAT* anklebone.
2 *nf (juego)* jacks *pl*, quoits *pl*.
✦ a la chita callando *fam (en silencio)* quietly; *(con disimulo)* on the quiet, secretly.
dar en la chita to hit the nail on the head.

chiticalla *nm & nf fam (persona)* clam.

chiticallando
1 *adv fam (en silencio)* quietly.
2 *adv fam fig (en secreto)* secretly, on the quiet.

chito *interj* → chitón.

chitón *interj fam* sh!, ssh!, hush!, silence!

chivar
1 *vt fam (molestar)* to annoy, pester.
2 *vt fam (delatar)* to squeal on, tell on.
3 **chivarse** *upr fam* to tell, squeal, split: se chivó al profe he told the teacher.

chivatazo *nm fam* tip-off.

✦ dar el chivatazo to inform, squeal, give a tip-off.

chivatear *vi fam* to inform, split, squeal.

chivato,-a
1 *nm,f fam (delator)* informer, squealer, grass; *(acusica)* telltale.
2 **chivato** *nm (dispositivo)* gadget.
3 *nm ZOOL* kid, young goat.

chivo,-a *nm,f (cría macho)* kid, young goat; *(cría hembra)* kid, young she-goat.
✦ estar como un,-a chivo,-a *fam* to be crazy, be mad.
■ chivo expiatorio *fig* scapegoat.

choc *nm* shock.
■ choc nervioso nervous shock.
▲ *pl* chocs.

chocante
1 *adj (divertido)* funny.
2 *adj (sorprendente)* surprising, striking, startling.
3 *adj (raro)* strange, odd.
4 *adj (escandaloso)* shocking, offensive.

chocar
1 *vi (colisionar con algo)* to collide (**contra/con**, with), crash (**contra/con**, into), run (**contra/con**, into): el coche chocó con la pared the car crashed into the wall.
2 *vi (colisionar entre sí)* to collide (with each other), crash (into each other): dos coches chocaron two cars collided with each other.
3 *vi (una pelota)* to hit (**contra**, -), strike (**contra**, -).
4 *vi fig (pelear)* to fight, clash.
5 *vi fig (en una discusión)* to clash, fall out.
6 *vt fig (sorprender)* to surprise; *(extrañar)* to shock: me choca que no haya llegado todavía I'm surprised he hasn't arrived yet, it's strange that he hasn't arrived yet; me chocó lo que dijo I was shocked at what he said, what he said shocked me.
7 *vt (las manos)* to shake.
8 *vt (copas)* to clink.
✦ ¡choca esos cinco!/¡chócala! put it there!, give me five!
▲ *Conjugation model* [1], *like* sacar.

chocarrería *nf* coarse joke, dirty joke.

chocarrero,-a *adj* coarse, vulgar.

chocha *nf* woodcock.

chochear
1 *vi* to dodder, be senile.
2 *vi fig (de cariño)* to be tender, be soft: chochea por su nieto her grandson makes her soft.

chochera
1 *nf (senilidad)* dotage, senility.
2 *nf (cariño)* tenderness, sentimentality.

chochez *nf* → chochera.

chochín *nm* wren.

chocho¹
1 *nm (altramuz)* lupine.
2 *nm (dulce)* cinnamon candy stick.
3 *nm tabú* cunt, pussy.

4 chochos *nm pl (chucherías)* sweets, *US* candies.

chocho,-a²
1 *adj* doddering, senile.
2 *adj fig (de cariño)* tender, soft.
✦ **estar chocho,-a por alguien** *fig* to be soft about somebody.

choco *nm* small cuttlefish.

chocolate
1 *nm (sólido)* chocolate.
2 *nm (líquido)* drinking chocolate, cocoa.
3 *nm arg (hachís)* dope, hash.
✦ **las cosas claras y el chocolate espeso** *fam* let's get things clear.
▪ **chocolate a la taza** drinking chocolate.
chocolate con leche milk chocolate.
pastilla de chocolate bar of chocolate.
tableta de chocolate bar of chocolate.

chocolatera
1 *nf (vasija)* chocolate pot.
2 *nf fam fig (coche viejo)* old banger.

chocolatería
1 *nf (fábrica)* chocolate factory.
2 *nf (tienda)* chocolate shop.
3 *nf (donde se toma)* café specializing in drinking chocolate.

chocolatero,-a
1 *adj (aficionado al chocolate)* fond of chocolate, chocolate-loving.
2 *nm,f (aficionado al chocolate)* chocolate lover.
3 *nm,f (fabricante)* chocolate maker.
4 *nm,f (vendedor)* chocolate seller.

chocolatín
1 *nm (tableta)* bar of chocolate, chocolate bar.
2 *nm (bombón)* chocolate.

chocolatina *nf →* chocolatín.

chofer *nm →* chófer.

chófer
1 *nm (particular)* chauffeur.
2 *nm (de autocar etc)* driver.
▲ *pl* chóferes.

chola *nf →* cholla.

cholla
1 *nf fam (cabeza)* nut, block, head.
2 *nf fam (inteligencia)* brains *pl*, grey matter.

chollo
1 *nm fam (ganga)* bargain, snip, gift.
2 *nm (trabajo)* cushy job: **¡qué chollo!** what luck!

chopera *nf* poplar grove.

chopo¹ *nm (árbol)* poplar.
▪ **chopo blanco** white poplar.
chopo negro black poplar.

chopo² *nm fam (fusil)* gun.
✦ **cargar con el chopo** *fig* to join up.

chopped *nm (embutido, fiambre)* chopped ham.

choque
1 *nm (gen)* collision, impact; *(de coche, tren, etc)* crash, smash, collision.
2 *nm fig (enfrentamiento)* clash.

3 *nm MIL* skirmish.
4 *nm (discusión)* dispute, quarrel.
5 *nm MED* shock.
▪ **choque de frente** head-on collision.
choque múltiple pile-up.
fuerzas de choque shock troops.
policía de choque riot police.

choquezuela *nf* kneecap.

chorbo,-a
1 *nm,f fam* fellow.
2 *nm,f fam (novio)* boyfriend; *(novia)* girlfriend.

choricero,-a
1 *nm,f (fabricante)* sausage maker.
2 *nm,f (vendedor)* sausage seller.
3 *nm,f fam (persona vulgar)* coarse person.
4 *nm,f fam (ratero)* pickpocket.
5 *nm,f irón* person from Extremadura, inhabitant of Extremadura.

chorizada *nf fam* coarse saying, vulgar saying.

chorizar *vt fam* to pinch, nick.

chorizo,-a
1 *nm,f fam (carterista)* thief, pickpocket; *(delincuente)* yob.
2 **chorizo** *nm* chorizo *(highly-seasoned pork sausage)*.
3 *nm (balancín)* balancing pole.

chorlitejo *nm* plover.
▪ **chorlitejo chico** little ringed plover.
chorlitejo grande ringed plover.
chorlitejo patinegro Kentish plover.

chorlito *nm* plover.
▪ **chorlito dorado común** golden plover.

chorra
1 *adj tabú* stupid, foolish.
2 *nm & nf tabú* idiot, fool.
3 *nf fam (suerte)* luck: **tiene mucha chorra** he's very lucky.
4 *nf tabú (pene)* prick, dick.

chorrada
1 *nf (de líquido)* extra drop.
2 *nf fam (necedad)* piece of nonsense: **decir chorradas** to talk rubbish.
3 *nf (regalito)* little something.
4 *nf fam (adorno superfluo)* frill.
5 *nf fam (fruslería)* trinket, knick-knack.

chorrear
1 *vi (caer a chorro)* to spout, gush, spurt.
2 *vi (gotear)* to drip: **le chorrea el pelo** her hair is dripping wet.
3 *vi fam (ir sin interrupción)* to flow: **los escándalos chorrean** scandals are pouring out one after the other.
4 *vt (echar)* to drip: **la herida chorreaba sangre** blood was pouring from the wound; **la brocha chorrea pintura** the brush is dripping with paint.
5 *vt fam (abroncar)* to tick off, give a dressing-down to.
✦ **estar chorreando** *fam* to be dripping wet, be soaking; *(de sudor)* to pour with sweat, be dripping with sweat.

chorreo
1 *nm (en chorro)* gush, gushing, spurting, spouting.

2 *nm (goteo)* dripping, trickle.
3 *nm fam (bronca)* dressing-down, ticking-off.
4 *nm fam fig (gasto)* drain.
5 *nm fam fig (flujo)* flow, flood, torrent: **un chorreo de quejas** a flood of complaints.

chorrera
1 *nf (paraje)* channel.
2 *nf (señal del agua)* water mark.
3 *nf (de un río)* rapids *pl*.
4 *nf (de camisa)* shirt frill.

chorretada
1 *nf (chorro)* gush, spurt, jet.
2 *nf (cantidad)* extra drop.
✦ **hablar a chorretadas** to gabble.

chorrillo *nm fig (cantidad pequeña)* trickle, steady flow.

chorro
1 *nm (de líquido)* jet, spout, spurt, gush.
2 *nm (de gas)* jet, blast.
3 *nm (de poca cantidad)* trickle.
4 *nm (de luz)* flood.
5 *nm fig (de cosas)* stream, flood, torrent: **un chorro de insultos** a torrent of abuse.
✦ **a chorros** in abundance: **tiene dinero a chorros** he's got plenty of money, he's loaded (with money).
beber a chorro to drink by directing a stream of liquid into the mouth.
de propulsión a chorro jet-propelled.
estar como los chorros del oro *fam* to be as clean as a whistle.
hablar a chorros to gabble, jabber.
llover a chorros to pour down.
salir a chorros to gush forth, gush out.
▪ **avión a chorro** jet plane.
chorro de vapor steam jet.
chorro de voz loud voice.

chotacabras *nm o nf* nightjar.
▲ *pl* chotacabras.

chotearse *vpr fam* to make fun (**de**, of).

choteo *nm fam* fun, joking: **¡ya basta de choteo!** stop joking!
✦ **tomarse algo a choteo** to take something as a joke.

chotis *nm* schottische.
✦ **ser más agarrado,-a que un chotis** to be a skinflint.

choto,-a
1 *nm,f (cabrito)* kid, young goat; *(cabrita)* female kid, young she-goat.
2 *nm,f (ternero)* sucking calf.
✦ **estar como una chota** *fam* to be nuts, be round the bend.

chova *nf* chough.

chovinismo *nm* excessive patriotism, chauvinism.

chovinista
1 *adj* excessively patriotic, chauvinist.
2 *nm & nf* excessively patriotic person, chauvinist.

choza *nf* hut, shack.

chozno,-a *nm,f* great-great-great-grandchild.

chozo *nm* small hut.

christmas *nm* Christmas card.
   ▲ *pl* christmas.

chubascada *nf* heavy shower.

chubasco
   1 *nm (chaparrón)* heavy shower, downpour.
   2 *nm fig (adversidad)* setback, adversity.
   ▪ **chubasco de nieve** brief snowstorm.

chubasquero *nm* raincoat.

chubesqui *nm* stove.

chucha *nf fam (peseta)* peseta.

chuche *nm fam* sweet, *US* candy.

chuchear
   1 *vi (cuchichear)* to whisper.
   2 *vi (cazar)* to hunt with traps.

chuchería
   1 *nf fam (golosina)* sweet, *US* candy.
   2 *nf fam (fruslería)* trinket, knick-knack.
   3 *nf fam (bocado)* titbit, delicacy.

chuchirrido,-a
   1 *adj fam (ajado)* wrinkled, wizened.
   2 *adj fam (marchito)* faded.

chucho,-a
   1 *nm,f fam (perro)* mutt, *US* pooch.
   2 **chucho** *interj fam* shoo!, scat!

chucrut *nm* sauerkraut.

chucruta *nf* sauerkraut.

chueca¹
   1 *nf (del tronco)* stump.
   2 *nf (juego)* game resembling hockey.
   3 *nf fig (burla)* joke.

chueca² *nf (hueso)* ball of socket joint.

chueta *nm & nf* Balearic Jew.

chufa
   1 *nf (planta)* chufa; *(fruto)* tiger nut.
   2 *nf fam fig (bofetada)* slap.

chufla *nf fam (broma)* joke; *(burla)* taunt, jeer.
   ✦ **hacer chufla de algo/alguien** *fam* to make fun of something/somebody.

chufleta *nf →* **chufla.**

chufletear *vi fam* to joke, jest, banter.

chulada
   1 *nf fam (acto grosero)* coarse act, vulgar act; *(dicho grosero)* coarse remark, vulgar remark: **no digas chuladas** don't say such vulgar things.
   2 *nf fam (acto insolente)* cheeky act; *(dicho insolente)* cheeky remark.
   3 *nf fam (bravuconada)* brag, boast, swagger.
   4 *nf fam (algo bonito)* lovely thing: **tu vestido nuevo es una chulada** your new dress is gorgeous.

chulapo,-a
   1 *nm,f fam (hombre chulo)* spiv, flash Harry, show-off.
   2 *nm,f (de Madrid)* working-class person from Madrid.

chulapón,-ona *nm,f →* **chulapo,-a.**

chulear
   1 *vt fam (burlar)* to make fun of.
   2 *vt fam (hacer de chulo)* to pimp for: **ese hombre chulea a varias mujeres del barrio** that bloke pimps for several women in the area.
   3 *vt fam (robar)* to pinch, nick.
   4 *vi fam (presumir)* to brag, show off: **mira a Felipe cómo chulea con su coche nuevo** look at Felipe showing off his new car.
   5 **chulearse** *vpr fam (burlarse)* to make fun (**de**, of): **no te chulees más de ella** stop making fun of her.
   6 *vpr fam (presumir)* to brag, boast.

chulería
   1 *nf fam (jactancia)* bragging, swaggering.
   2 *nf fam (gracia)* wit, charm, sparkle.
   3 *nf fam (descaro)* cheek, insolence.
   4 *nf fam (acto grosero)* coarse act, vulgar act; *(dicho grosero)* coarse remark, vulgar remark.

chulesco,-a
   1 *adj fam (descarado)* cheeky, cocky.
   2 *adj fam (vulgar)* flashy, loud, brassy.

chuleta
   1 *nf (costilla)* chop, cutlet.
   2 *nf fam fig (entre estudiantes)* crib, crib note, *US* trot.
   3 *nf fam fig (bofetada)* slap.
   4 *adj fam (chulo)* cheeky, cocky.
   5 *nm & nf fam (chulo)* cheeky person.
   ▪ **chuleta de cerdo** pork chop.

chuletón *nm* chump chop.

chulo,-a
   1 *adj fam (descarado)* cocky, cheeky.
   2 *adj fam (vistoso)* showy, flashy.
   3 *adj fam (bonito)* nice, pretty: **¡qué vestido tan chulo!** what a nice dress!
   4 *nm,f fam (presuntuoso)* show-off, swank.
   5 *nm,f fam (castizo)* working-class person from Madrid.
   6 **chulo** *nm fam (proxeneta)* pimp.
   ✦ **ponerse chulo,-a** *fam* to get cocky, get cheeky.

chumacera
   1 *nf TÉC* bearing.
   2 *nf (de bote)* rowlock, *US* oarlock.

chumbera *nf* prickly pear.

chuminada *nf fam* silly thing, stupid thing.

chunga *nf fam* joke, fun.
   ✦ **estar de chunga** *fam* to be joking.
   tomar a chunga/tomar en chunga to take as a joke.

chungarse *vi fam →* **chunguearse.**
   ▲ *Conjugation model* [7], *like* llegar.

chungo,-a
   1 *adj fam (malo)* bad, dud, naff: **es una peli muy chunga** it's a naff film; **lo tenemos chungo** we've got problems.
   2 *adj arg (estropeado)* broken down, on the blink.
   3 *adj arg (divertido)* funny.

chungón,-ona *adj fam* fond of joking.

chunguearse
   1 *vpr fam (hacer broma)* to joke.
   2 *vpr fam (burlarse)* to take the piss (**de**, out of).

chunguero,-a *adj* fond of joking.

chupa *nf fam (chaqueta)* short jacket, bomber jacket.
   ✦ **poner a alguien como chupa de dómine** *fam* to give somebody a dressing-down, haul somebody over the coals.

chupacirios *nm fam pey* Holy Joe.
   ▲ *pl* chupacirios.

chupada *nf (a caramelo)* suck; *(a cigarro)* puff: **le dio una chupada a la piruleta** he sucked the lollipop; **le dio una chupada al cigarro** he puffed at the cigar.

chupado,-a
   1 *pp →* **chupado,-a.**
   2 *adj fig (muy flaco)* skinny, thin; *(mejillas, cara)* hollow.
   3 *adj fig (ajustado)* tight.
   4 *adj arg fig (muy fácil)* dead easy: **el examen estaba chupado** the exam was dead easy, the exam was a cinch.

chupador,-ra
   1 *adj (animal)* suctorial.
   2 **chupador** *nm (para bebé)* teething ring.

chupalámparas *nm fam* altar boy.
   ▲ *pl* chupalámparas.

chupar
   1 *vt* to suck.
   2 *vt (absorber)* to absorb, soak up, suck up: **esta planta chupa mucha agua** this plant absorbs a lot of water.
   3 *vt (hacienda)* to drain, sponge on.
   4 *vt fam (aprovecharse)* to milk.
   5 *vi* to suck.
   6 **chuparse** *vpr (consumirse)* to grow thin, waste away.
   7 *vpr fam (aguantar)* to put up with: **me chupé toda la conferencia** I sat through the whole lecture; **nos chupamos tres horas de cola** we had to queue up for three hours.
   ✦ **chuparle la sangre a alguien** to bleed somebody dry.
   chuparse los dedos to lick one's fingers.
   ¡chúpate ésa! *fam* stick that in your pipe and smoke it!
   está para chuparse los dedos *fam* it's really mouthwatering, it's fingerlicking good.

chupatintas *nm & nf fam pey* penpusher.
   ▲ *pl* chupatintas.

chupete
   1 *nm* dummy, *US* pacifier.
   2 *nm (tetina)* teat.

chupetear
   1 *vt* to suck at.
   2 *vi* to suck.

chupeteo *nm* sucking.

chupi
1 *adj fam* great, terrific, fantastic.
2 *adv fam* great: lo pasamos chupi we had a great time.

chupinazo
1 *nm (disparo)* loud bang.
2 *nm fam (en fútbol)* hard kick.

chupito *nm* nip, snifter.

chupón,-ona
1 *adj (que chupa)* sucking.
2 *adj fam fig (gorrón)* sponging, scrounging.
3 *adj fam fig (en deporte, que retiene mucho tiempo el balón)* selfish.
4 *nm,f fam fig (gorrón)* sponger, scrounger.
5 *nm,f fam fig (en deporte, que retiene mucho tiempo el balón)* player who hogs the ball.
6 **chupón** *nm BOT* sucker.
7 *nm (piruli)* lollipop.
8 *nm TÉC* sucker, piston.

chupóptero *nm fam irón* sponger, scrounger.

churdón *nm* raspberry.

churra *nf fam* fluke, good luck.

churrascado,-a *adj* scorched.

churrasco *nm* barbecued meat, barbecued steak.

churre *nm fam (pringue)* filth, grease.

churrería *nf* fritter shop.

churrero,-a
1 *nm,f* fritter maker, fritter seller.
2 *nm,f arg (con suerte)* lucky devil.

churrete *nm fam* dirty mark, grease spot.

churretón *nm fam* → **churrete**.

churretoso,-a *adj* dirty, filthy.

churriento,-a *adj fam* dirty, filthy.

churrigueresco,-a
1 *adj ARQ* Churrigueresque, Spanish baroque.
2 *adj fig* excessively ornate, loud, flashy, tawdry.

churro¹
1 *nm (dulce)* fritter, *US* cruller.
2 *nm fam (chapuza)* botch, slapdash job.
3 *nm fam (malo)* rubbish, mess: este programa de televisión es un churro this TV programme is lousy, this programme is rubbish; el examen me ha salido un churro I made a hash of the exam, I mucked up the exam.
4 *nm fam (suerte)* fluke: ¡qué churro de gol! what a jammy goal!
✦ de churro by a fluke, by a stroke of luck: consiguió el trabajo de churro he was really lucky to get the job.

churro,-a² *adj (res)* coarse-woolled (*US* coarse-wooled).

churrullero,-a
1 *adj (charlatán)* talkative; *(chismoso)* gossipy.
2 *nm,f (charlatán)* talkative; *(chistoso)* gossip.

churruscar
1 *vt* to burn.
2 **churruscarse** *vpr* to be burnt: el arroz se ha churruscado the rice got burnt.
▲ *Conjugation model* [1], *like* **sacar**.

churrusco *nm* piece of burnt toast.

churumbel *nm fam* kid, nipper.

churumbela *nf MÚS* hornpipe.

chus *interj (al perro)* here, boy!
✦ no decir ni chus ni mus *fam* not to say a word.

chuscada *nf* funny remark, joke.

chusco¹ *nm (de pan)* chunk of stale bread, stale crust.

chusco,-a² *adj (divertido)* funny, witty.

chusma *nf* riffraff, rabble, mob.

chusquero *nm MIL fam* ranker.

chut *nm DEP* shot, kick.

chutar
1 *vi DEP* to shoot, kick.
2 **chutarse** *vpr arg (droga)* to shoot up, mainline.
✦ ir alguien que chuta *fam* to be plenty, be more than enough: toma 5 euros, ¡y vas que chutas! here, take 5 euros, and that's your lot!

chute *nm arg* fix.

chuzo *nm* short pike.
✦ caer chuzos de punta *fam* to rain cats and dogs, pour down.
llover chuzos *fam* to come down in sheets, bucket down.

chuzón,-ona
1 *adj (astuto)* crafty, sly.
2 *adj (ingenioso)* witty, sharp, clever.

chuzonada *nf* piece of clowning around, prank.

CI *abr* (**coeficiente intelectual**) intelligence quotient; *(abreviatura)* IQ.

cía *nf* hipbone.

Cía. *abr* (**compañía**) Company - Co.; *(abreviatura)* Co.

ciaboga *nf* turn.

cianhídrico,-a *adj* hydrocyanic.

cianita *nf* cyanite.

cianotipo *nm* blueprint.

cianuro *nm* cyanide.
■ cianuro potásico potassium cyanide.

ciar
1 *vi (remar hacia atrás)* to back water.
2 *vi (andar hacia atrás)* to walk backwards.
3 *vi fig (aflojar)* to give up.
▲ *Conjugation model* [13], *like* **desviar**.

ciática *nf* sciatica.

ciático,-a *adj* sciatic.

cibercafé *nm* Internet café.

ciberespacio *nm* cyberspace.

cibernauta *nm & nf* Net user.

cibernética *nf* cybernetics.

cibernético,-a *adj* cybernetic.

cibersexo *nm* cybersex.

ciborio *nm* ciborium.

cicatería *nf* stinginess, meanness.

cicatero,-a
1 *adj* stingy, mean.
2 *nm,f* miser.

cicatriz *nf* scar.
▲ *pl* cicatrices.

cicatrización *nf* healing, cicatrization.

cicatrizar
1 *vt* to heal, cicatrize.
2 *vi* to heal, cicatrize.
3 **cicatrizarse** *vpr* to heal, cicatrize.
▲ *Conjugation model* [4], *like* **realizar**.

cícero *nm* pica.

cicerone *nm & nf* guide, cicerone.

ciclamen *nm* cyclamen.

ciclamor *nm* Judas tree.

cíclico,-a *adj* cyclic, cyclical.

ciclismo *nm* cycling.

ciclista
1 *adj* cycle, cycling.
2 *nm & nf* cyclist.

ciclo
1 *nm (gen)* cycle.
2 *nm (de conferencias etc)* course, series.

ciclocrós *nm* cyclo-cross.
▲ *pl* ciclocrós.

ciclocross *nm* cyclo-cross.
▲ *pl* ciclocross.

cicloide *nf* cycloid.

ciclomotor *nm* moped.

ciclón *nm* cyclone.
✦ como un ciclón *fig* like a whirlwind.

ciclónico,-a *adj* cyclonic.

cíclope *nm* Cyclops.

ciclópeo,-a *adj* Cyclopean, gigantic, huge, massive.

ciclorama *nm* cyclorama.

ciclostil *nm* cyclostyle.
▲ *Registered trademark.*

ciclostilar *vt* to cyclostyle.

ciclostilo *nm* → **ciclostil**.

cicloturismo *nm* touring by bicycle.

cicuta *nf* hemlock.

cidra *nf* citron.

cidro *nm* citron, citron tree.

ciegamente *adv* blindly: creía ciegamente en él she had blind faith in him.

ciego,-a
1 *adj (persona)* blind.
2 *adj (conducto)* blocked up.
3 *nm,f (persona)* blind person.
4 **ciego** *nm ANAT* caecum (*US* cecum), blind gut.
5 los ciegos *nm pl* the blind.
✦ a ciegas *(sin ver)* blindly; *(sin pensar)* without thinking: no digas las cosas a ciegas don't say things off the top of your head.
estar ciego,-a de ira to be blind with anger.
ponerse ciego,-a *fam (bebiendo)* to get blind drunk; *(de drogas)* to get stoned.
quedarse ciego,-a to go blind.
ser ciego,-a de nacimiento to be born blind.

cielo
1 *nm (gen)* sky.
2 *nm (clima)* weather, climate.
3 *nm* REL heaven.
4 *nm fig (Dios)* God.
5 *nm fig (techo)* ceiling; *(de cama)* canopy.
6 *nm fig (de boca)* roof.
7 **cielos** *interj* good heavens!
✦ **a cielo abierto** *(minería)* opencast.
   a cielo raso in the open (air).
   bajado,-a del cielo/caído,-a del cielo/ llovido,-a del cielo *fig* heaven-sent.
   ¡cielo santo! good heavens!
   clamar al cielo *fig* to be crying out for a solution.
   despejarse el cielo to clear up.
   estar en el séptimo cielo *fig* to be in seventh heaven.
   mover cielo y tierra/remover cielo y tierra *fig* to move heaven and earth.
   poner algo/a alguien por los cielos to praise something/somebody to the skies.
   poner el grito en el cielo to hit the ceiling.
   ser un cielo (de persona) *fam* to be an angel.
   venirse el cielo abajo *(llover)* to pour down; *(desmoralizarse)* to lose heart.
   ver el cielo abierto *fig* to see a way out.
■ **cielo raso** ceiling.
   El reino de los cielos the kingdom of heaven.

ciempiés *nm* centipede.
▲ *pl* ciempiés.

cien
1 *adj* one hundred, a hundred: **cien libras** one hundred pounds.
2 *nm* one hundred, a hundred.
✦ **cien por cien** one hundred per cent: **si estás segura al cien por cien** if you're one hundred per cent sure.
   ponerse a cien *fam* to blow one's top, get all worked up.
▲ *Used only before plural nouns; see also* ciento *and* seis.

ciénaga *nf* marsh, bog.

ciencia
1 *nf (disciplina)* science.
2 *nf (saber)* knowledge, learning.
✦ **saber algo a ciencia cierta** *fig* to know something for certain.
   ser un pozo de ciencia to be a well of knowledge.
■ **ciencia ficción** science fiction.
   ciencia infusa intuition.
   ciencias empresariales business studies.
   ciencias exactas mathematics *sing*.
   ciencias naturales natural sciences.
   ciencias ocultas the occult *sing*.

cienciología *nf* Scientology.

cienmilésimo,-a
1 *adj* hundred thousandth.
2 *nm,f* hundred thousandth.
▲ *See also* sexto,-a.

cienmillonésimo,-a
1 *adj* hundred millionth.
2 *nm,f* hundred millionth.
▲ *See also* sexto,-a.

cieno *nm* mud, mire.

científico,-a
1 *adj* scientific.
2 *nm,f* scientist.

ciento
1 *adj* one hundred, a hundred: **ciento ocho** one hundred and eight.
2 *nm (número)* hundred.
3 *nm* **un ciento** *(centena)* about a hundred: **tenemos varios cientos de ovejas** we have several hundred sheeps.
✦ **por ciento** per cent: **cuarenta por ciento** forty per cent.
   por cientos in hundreds, by the hundred.
▲ *See also* cien.

cierne *nm* blossoming, blooming.
✦ **en cierne/en ciernes** *fig* in embryo, potential, budding: **la política urbanística está en cierne** the town-planning policy is in its early stages.

cierre
1 *nm (acción)* closing, shutting; *(de fábrica)* shutdown; *(de radio etc)* close-down.
2 *nm (de prenda)* fastener; *(de bolso)* clasp; *(de cinturón)* buckle, clasp.
3 *nm (de tienda)* shutter, blind; *(de puerta)* catch; *(de automóvil)* choke.
■ **cierre centralizado** centralized locking system.
   cierre de seguridad safety lock.
   cierre patronal lockout.

ciertamente *adv* certainly.

cierto,-a
1 *adj (seguro)* certain, sure.
2 *adj (verdadero)* true: **no es cierto** that's not true.
3 *adj (algún)* certain, some: **ciertos libros** some books; **cierto tiempo** a certain time; **cierto día** one day.
4 **cierto** *adv* certainly.
✦ **en ciertos casos** in certain cases, in some cases.
   estar en lo cierto to be right.
   lo cierto es que … the fact is that …
   por cierto by the way.

ciervo,-a *nm,f (gen)* deer; *(macho)* stag, hart; *(hembra)* doe, hind.

cierzo *nm* north wind.

cifra
1 *nf (número)* figure, number: **un número de cuatro cifras** a four-figure number.
2 *nf (cantidad)* amount, number.
3 *nf (código)* cipher, code.
✦ **en cifra** *(codificado)* in code; *fig* mysteriously.
■ **cifra global** lump sum.

cifrado,-a
1 *pp* → cifrar.
2 *adj (codificado)* coded, in code: **un mensaje cifrado** a coded message.
3 *adj fig (ilusiones)* placed.
4 **cifrado** *nm (de fichero electrónico)* encryption.

cifrar
1 *vt (codificar)* to encode; *(en informática)* to encrypt.
2 *vt (compendiar)* to summarize.
3 *vt fig (poner)* to place *(en, in)*, pin *(en, on)*: **cifró todas sus esperanzas en su hijo** he placed all his hopes on his son.
4 **cifrarse** *vpr (valorar)* to come *(en, to)*.

cigala *nf* Dublin Bay prawn.

cigarra *nf* cicada.

cigarral *nm* country house *in Toledo*.

cigarrera *nf* cigar case.

cigarrero,-a *nm,f* street tobacco seller.

cigarrillo *nm* cigarette.
■ **cigarrillo con filtro** filter-tipped cigarette, filter cigarette.

cigarro
1 *nm (puro)* cigar.
2 *nm (cigarrillo)* cigarette.

cigarrón *nm* grasshopper.

cigoñal *nm* shadoof, shaduf.

cigoñino *nm* young stork.

cigoto *nm* zygote.

cigüeña
1 *nf (ave)* stork.
2 *nf* TÉC crank.

cigüeñal *nm* TÉC crankshaft.

cilantro *nm* coriander.

ciliado,-a *adj* ciliated.

ciliar *adj* ciliary.

cilicio *nm* hair shirt.

cilindrada *nf* cylinder capacity: **¿qué cilindrada tiene?** what size is the engine?

cilindrar *vt* to roll.

cilíndrico,-a *adj* cylindric, cylindrical.

cilindro *nm* cylinder.

cilindroeje *nm* axis cylinder, axon.

cilio *nm* cilium.

cima
1 *nf (de montaña)* summit, top; *(de árbol)* top.
2 *nf fig (cumbre)* summit, peak.
✦ **dar cima a algo** *fig* to complete something, crown something.

címbalo *nm* cymbal.

cimbel *nm* decoy.

cimborio *nm* dome.

cimborrio *nm* dome.

cimbra
1 *nf (armazón)* centring (US centering).
2 *nf (curvatura)* soffit.

cimbrar *vt* → cimbrear.

cimbreante
1 *adj (flexible)* flexible, supple.
2 *adj (garboso)* swaying.

cimbrear
1 *vt (hacer vibrar)* to make quiver; *(caña)* to waggle.
2 *vt (contonear)* to sway.
3 **cimbrearse** *vpr (contonearse)* to sway.

cimbreo
1 *nm (movimiento)* quiver, waggle.
2 *nm (contoneo)* sway, swaying.

cimentación
1 *nf (acción)* laying of foundations.
2 *nf (cimientos)* foundation, foundations *pl*.

cimentar
1 *vt ARQ* to lay the foundations of.
2 *vt fig (afianzar)* to strengthen, consolidate.
3 *vt fig (establecer)* to found, establish: cimentó su fe en la lectura de la Biblia his faith was founded on his reading of the Bible.
▲ *Conjugation model* [27], *like* **acertar**.

cimera *nf* crest.

cimero,-a
1 *adj (que remata)* highest, top.
2 *adj fig (insigne, ilustre)* famous, distinguished.

cimiento
1 *nm ARQ* foundation, foundations *pl*.
2 *nm fig* basis, origin.
✦ **desde los cimientos** *fig* from the very start.
echar los cimientos/poner los cimientos to lay the foundations.
▲ *Also used in plural with the same meaning.*

cimitarra *nf* scimitar.

cinabrio *nm* cinnabar.

cinamomo *nm* cinnamon, cinnamon tree.

cinc *nm* zinc.
▲ *pl* **cines**.

cincel *nm* chisel.

cincelado *nm* chiselling (*US* chiseling).

cincelar *vt* to chisel, engrave.

cincha
1 *nf (de caballo)* girth, *US* cinch.
2 *nf (de silla etc)* webbing.

cinchar
1 *vt (la silla)* to girth.
2 *vt (barril, rueda, etc)* to hoop.

cinchera *nf* belly.

cincho
1 *nm (cinturón)* belt.
2 *nm (aro)* hoop.

cinco
1 *adj (cardinal)* five; *(ordinal)* fifth.
2 *nm (número)* five.
✦ **¡choca esos cinco!/¡venga esos cinco!** *fam* put it there!, give me five.
▲ *See also* **seis**.

cincoenrama *nf* cinquefoil.

cincografía *nf* zincography.

cincuenta
1 *adj (cardinal)* fifty; *(ordinal)* fiftieth.
2 *nm (número)* fifty.
▲ *See also* **seis**.

cincuentavo,-a
1 *adj* fiftieth.
2 *nm,f* fiftieth.
▲ *See also* **sexto,-a**.

cincuentena *nf (exacto)* fifty; *(aproximado)* about fifty.

cincuentenario *nm* fiftieth anniversary.

cincuentón,-ona
1 *adj fam* fifty-year-old.
2 *nm,f* fifty-year-old.

cine
1 *nm (local)* cinema, *US* movie theater: ir al cine to go to the cinema, *US* go to the movies.
2 *nm (arte)* cinema.
✦ **hacer cine** to make films, *US* make movies.
ser de cine *fam* to be fabulous.
■ **cine de estreno** cinema *where new releases are shown*.
cine mudo silent films *pl*, *US* silent movies.
cine negro film noir.
cine sonoro talkies *pl*, talking films *pl*, *US* talking movies.

cineasta *nm & nf* film director, filmmaker.

cineclub
1 *nm (organización)* film society, film club.
2 *nm (local)* cinema, *US* movie theater.
▲ *pl* **cineclubs**.

cinéfilo,-a *nm,f* film buff, *US* movie buff.

cinegética *nf* hunting.

cinegético,-a *adj* of hunting, related to hunting, cynegetic.

cinema *nm* → **cine**.

cinemascope *nm* Cinemascope.
▲ *Registered trademark.*

cinemateca
1 *nf (archivo)* film library.
2 *nf (sala)* film institute.

cinemática *nf* kinematics.

cinematografiar *vt* to film.
▲ *Conjugation model* [13], *like* **desviar**.

cinematografía *nf* film-making, cinematography, *US* movie-making.

cinematográfico,-a *adj* cinematographic: la industria cinematográfica the film industry, *US* the movie industry.

cinematógrafo *nm* film projector, *US* movie projector.

cinerama *nm* cinerama.
▲ *Registered trademark.*

cinerario,-a *adj* cinerary.

cinestesia *nf* kinaesthesis.

cinética *nf* kinetics.

cinético,-a *adj* kinetic.

cingalés,-esa
1 *adj* Sinhalese.
2 *nm,f (persona)* Sinhalese.
3 cingalés *nm (idioma)* Sinhalese.

cíngaro,-a
1 *adj* gypsy, Tzigane.
2 *nm,f* gypsy, Tzigane.

cinglar¹ *vt (un bote)* to scull.

cinglar² *vt (forjar)* to puddle.

cíngulo *nm REL* cord.

cínico,-a
1 *adj* cynical.
2 *nm,f* cynic.

cinismo *nm* cynicism.

cinquillo *nm* card game.

cinta
1 *nf (gen)* band, strip; *(decorativa)* ribbon.
2 *nf COST* braid, edging.
3 *nf (para el pelo)* headband.
4 *nf TÉC* tape.
5 *nf (de máquina de escribir)* ribbon.
6 *nf CINEM* film.
7 *nf (casete)* tape.
8 *nf (de recogida de equipaje)* carrousel.
■ **cinta adhesiva** adhesive tape.
cinta aislante insulating tape.
cinta de vídeo video tape.
cinta magnética magnetic tape.
cinta magnetofónica recording tape.
cinta métrica tape measure.
cinta transportadora conveyor belt.

cintillo
1 *nm (para sombrero)* hatband.
2 *nm (collar)* necklace.

cinto *nm (cinturón)* belt; *(de sable)* sword belt.

cintra *nf* curvature, arch.

cintura *nf* waist.
✦ **coger a alguien por la cintura** to hold somebody round the waist.
meter a alguien en cintura *fam* to bring somebody into line.

cinturilla *nf* waistband.

cinturón *nm* belt.
✦ **apretarse el cinturón** *fig* to tighten one's belt.
■ **cinturón de castidad** chastity belt.
cinturón de seguridad safety belt, seat belt.

cipayo *nm* sepoy.

cipo *nm* cippus.

cipote
1 *adj (bobo)* stupid.
2 *adj (rechoncho)* chubby, tubby.
3 *nm tabú (pene)* prick, cock.

ciprés *nm* cypress.

circense *adj* circus.

circo
1 *nm (gen)* circus.
2 *nm GEOG* cirque.

circón *nm* zircon.

circonio *nm* zirconium.

circonita *nf* zirconite.

circuito
1 *nm (eléctrico)* circuit.
2 *nm (contorno)* circumference.
3 *nm (recorrido)* tour, circuit.
4 *nm (de carreras)* track, circuit.
■ **circuito cerrado de televisión** closed-circuit television.
corto circuito short circuit.

circulación
1 *nf (gen)* circulation.

2 *nf (de vehículos)* traffic: **esta autopista tiene mucha circulación** this is a busy motorway.
✦ **estar fuera de circulación** to be out of circulation.
  poner en circulación to put into circulation.
  quitar de la circulación/retirar de la circulación to withdraw from circulation.
■ **circulación rodada** vehicular traffic, traffic.
  circulación sanguínea/circulación de la sangre blood circulation.
  código de (la) circulación highway code.

circular
1 *adj* circular.
2 *nf (carta)* circular, circular letter.
3 *vi (gen)* to circulate, move, go round: **los billetes falsos todavía circulan** the false notes are still going around.
4 *vi (líquido, electricidad)* to circulate, flow: **la sangre no puede circular** the blood can't flow.
5 *vi (coche)* to drive; *(trenes, autobuses)* to run; *(peatón)* to walk: **circular por la izquierda** to drive on the left.
6 *vi fig (rumor etc)* to spread, get round.
✦ **"Circule por la derecha"** "Keep to the right".
  ¡circulen! move along!

circulatorio,-a *adj* circulatory.

círculo
1 *nm (gen)* circle.
2 *nm (asociación)* club, circle.
3 **círculos** *nm pl (ambientes)* circles.
■ **círculo familiar** family circle.
  círculo polar antártico Antarctic Circle.
  círculo polar ártico Arctic Circle.
  círculo vicioso *fig* vicious circle.

circuncidar *vt* to circumcise.
circuncisión *nf* circumcision.
circunciso,-a
1 *adj* circumcised.
2 circunciso *nm* circumcised man.
circundante *adj* surrounding.
circundar *vt* to surround.
circunferencia *nf* circumference.
circunferir *vt* to circumscribe.
  ▲ *Conjugation model* [35], *like* **hervir.**
circunflejo,-a
1 *adj* circumflex.
2 circunflejo *nm* circumflex.
circunlocución *nf* circumlocution.
circunloquio *nm* circumlocution.
circunnavegar *vt* to circumnavigate.
  ▲ *Conjugation model* [7], *like* **llegar.**
circunscribir
1 *vt* to circumscribe.
2 circunscribirse *vpr (ceñirse)* to confine oneself (**a**, to), limit oneself (**a**, to): **el director se circunscribe a organizar el trabajo** the director limits himself to organizing the work.
  ▲ *pp* **circunscrito,-a.**

circunscripción *nf* district, area.
■ **circunscripción electoral** constituency.
circunscrito,-a *pp* → **circunscribir.**
circunspección *nf* circumspection.
circunspecto,-a *adj* circumspect, serious, grave.
circunstancia *nf* circumstance.
✦ **en estas circunstancias** under the circumstances.
  poner cara de circunstancias *fam* to look grave.
circunstancial *adj* circumstantial.
circunstancialmente *adv* temporarily.
circunvalación *nf (carretera)* ring road.
■ **línea de circunvalación** *(de autobús)* circular route; *(de tren)* circular line.
circunvalar *vt* to go round.
circunvolar *vt* to fly around.
  ▲ *Conjugation model* [31], *like* **contar.**
circunvolución *nf* circumvolution.
cirial *nm* candlestick.
cirílico,-a *adj* Cyrillic.
cirio *nm* long wax candle.
✦ **armar un cirio** *fam* to kick up a rumpus.
cirro[1] *nm (tumor)* scirrhus.
cirro[2] *nm (nube)* cirrus.
cirrópodo *nm* cirriped.
cirrosis *nf* cirrhosis.
  ▲ *pl* **cirrosis.**
cirroso,-a *adj* cirrhotic.
cirrótico,-a *adj* cirrhotic.
ciruela *nf* plum.
■ **ciruela claudia** greengage.
  ciruela pasa prune.
ciruelo *nm* plum tree.
cirugía *nf* surgery.
■ **cirugía estética/cirugía plástica** plastic surgery.
cirujano,-a *nm,f* surgeon.
ciscar
1 *vt fam (ensuciar)* to dirty.
2 ciscarse *vpr euf (cagarse)* to soil oneself.
  ▲ *Conjugation model* [1], *like* **sacar.**
cisco
1 *nm (carbón)* coal dust, slack.
2 *nm fam (reyerta)* row, rumpus.
✦ **estar hecho,-a un cisco** *fam* to be all in, be a wreck.
  hacer cisco algo to shatter something, smash something to pieces.
  meter cisco *fam* to kick up a stink.
ciscón *nm* clinker.
cisma
1 *nm REL* schism.
2 *nm (desacuerdo)* discord, split.
3 *nm POL* split.
cismático,-a
1 *adj* schismatic.
2 *nm,f* schismatic.
cisne *nm* swan.
■ **canto del cisne** swan song.

cisterciense
1 *adj* Cistercian.
2 *nm & nf* Cistercian.
cisterna *nf* cistern, tank.
cistitis *nf* cystitis.
  ▲ *pl* **cistitis.**
cisura *nf* incision.
cita
1 *nf (para negocios, médico, etc)* appointment: **tengo una cita con mi abogado** I have an appointment with my lawyer.
2 *nf (amorosa)* date.
3 *nf (mención)* quotation.
✦ **darse cita** to meet; *fig* to come together: **se dieron cita en el cine** they met at the cinema; **estos aspectos se dan cita en el ensayo** these aspects come together in the essay.
  tener una cita to have an appointment, have an engagement.
■ **cita a ciegas** blind date.
citación
1 *nf (mención)* quotation.
2 *nf JUR* citation, summons.
citado,-a
1 *pp* → **citar.**
2 *adj* aforementioned, said: **la cantidad citada** the said amount.
citar
1 *vt (dar cita)* to make an appointment with, arrange to meet.
2 *vt (mencionar)* to quote.
3 *vt JUR* to summon.
4 citarse *vpr* to arrange to meet (**con**, -).
✦ **citar a alguien a juicio** to call somebody as a witness.
  citar de memoria to quote from memory.
citara *nf* brick partition.
cítara *nf* zither.
citerior *adj* hithermost.
citología *nf* cytology.
citoplasma *nm* cytoplasm.
cítrico,-a
1 *adj* citric.
2 cítricos *nm pl* citrus fruits.
citrina *nf* lemon oil.
citrino,-a *adj* sallow.
CiU *abr POL* (**Convergència i Unió**) *conservative Catalan nationalist political federation.*
ciudad *nf* city, town: **fuimos a la ciudad** we went into town, we went to town.
■ **ciudad dormitorio** dormitory suburb, dormitory town, commuter suburb.
  ciudad jardín garden city.
  ciudad universitaria university campus.
ciudadanía *nf* citizenship.
ciudadano,-a
1 *adj* civic.
2 *nm,f* citizen.
3 los ciudadanos *nm pl* townspeople, city dwellers.
ciudadela *nf* citadel, fortress.

ciudad-realeño,-a

1 *adj* of Ciudad Real, from Ciudad Real.
2 *nm,f* person from Ciudad Real, inhabitant of Ciudad Real.

civet *nm* game stew.

civeta *nf* civet cat.

cívico,-a *adj* civic.

civil

1 *adj* civil: **derecho civil** civil law.
2 *adj* (*no militar*) civilian.
3 *adj* (*no eclesiástico*) lay, secular.
4 *nm* (*de la Guardia Civil*) civil guard, member of the Guardia Civil.

civilista *nm & nf* expert in civil law.

civilización *nf* civilization.

civilizado,-a

1 *pp* → civilizar.
2 *adj* civilized.

civilizador,-ra

1 *adj* civilizing.
2 *nm,f* civilizer.

civilizar

1 *vt* to civilize.
2 **civilizarse** *vpr* to become civilized.
▲ *Conjugation model* [4], *like* **realizar**.

civismo

1 *nm* good citizenship, community spirit.
2 *nm* (*al servicio de los demás*) civility.

cizalla

1 *nf* (*tijeras*) metal shears *pl*, wire cutters *pl*.
2 *nf* (*fragmento de metal*) metal clippings *pl*, metal cuttings *pl*.
▲ *Also used in plural with the same meaning.*

cizaña *nf* BOT bearded darnel.
✦ **meter cizaña/sembrar cizaña** *fig* to cause trouble, stir up trouble.

cizañero,-a *nm,f* troublemaker.

cl *sím* (**centilitro**) centilitre (*US* centiliter); (*símbolo*) cl.

clac

1 *nm* (*de copa alta*) opera hat.
2 *nm* (*de tres picos*) cocked hat, three-cornered hat.
▲ *pl* **claques**.

clamar

1 *vi* to clamour (*US* clamor) (**por**, for), cry out (**por**, for): **clamar por la justicia** to cry out for justice.
2 *vt* to cry out for: **clamar ayuda** to cry out for help.
✦ **esto clama al cielo** *fig* this is crying out for a solution.

clamor

1 *nm* (*griterío*) shouting, din, noise.
2 *nm* (*voces de protesta o queja*) clamour (*US* clamor), outcry: **hubo un clamor popular contra esa ley** there was a public outcry against the law.
3 *nm* (*toque de campanas*) knell, toll.

clamoroso,-a

1 *adj* (*de voces*) clamorous, loud.
2 *adj* (*de quejas*) complaining.
3 *adj* (*éxito*) overwhelming.

clan *nm* clan.
▲ *pl* **clanes**.

clandestinamente *adv* clandestinely.

clandestinidad *nf* secrecy.
✦ **en la clandestinidad** in secret, underground.

clandestino,-a *adj* clandestine, underground, secret.

claque *nf fig* claque.

claqué *nm* tap dancing.

claqueta *nf* clapperboard.

clara *nf* → claro,-a.

claraboya *nf* skylight.

claramente *adv* clearly.

clarear

1 *vt* (*dar claridad*) to light up, illuminate.
2 *vt* (*aclarar un color*) to make lighter: **tienes que clarear ese azul** you have to make that blue lighter.
3 *vi* (*amanecer*) to dawn.
4 *vi* (*despejar el cielo*) to clear up.
5 **clearse** *vpr* (*transparentarse*) to let the light through, be transparent.
6 *vpr fig* (*delatarse*) to give oneself away.
▲ *In 3 and 4, used only in the 3rd pers; it does not take a subject.*

clarete

1 *adj* dark rosé.
2 *nm* dark rosé.

claridad

1 *nf* (*luminosidad*) light, brightness.
2 *nf* (*del agua, voz, etc*) clearness.
3 *nf* (*inteligibilidad*) clearness, clarity.
✦ **con claridad** clearly: **lo pudimos ver con claridad** we could see it clearly.

clarificación

1 *nf* clarification.
2 *nf fig* explanation.

clarificador,-ra

1 *adj* clarifying.
2 **clarificador** *nm* clarifier.

clarificar

1 *vt* to clarify, clear up.
2 **clarificarse** *vpr* to become clear, be cleared up.
▲ *Conjugation model* [1], *like* **sacar**.

clarín

1 *nm* (*instrumento*) bugle.
2 *nm & nf* (*músico*) bugler.

clarinete

1 *nm* (*instrumento*) clarinet.
2 *nm & nf* (*músico*) clarinettist, clarinetist.

clarinetista *nm & nf* clarinettist, clarinetist.

clarión *nm* chalk.

clarisa *nf* nun of the order of Saint Clare, Poor Clare, Clare.

clarividencia

1 *nf* (*percepción paranormal*) clairvoyance.
2 *nf* (*comprensión*) lucidity.

clarividente

1 *adj* (*adivino*) clairvoyant.
2 *adj* (*perspicaz*) lucid.
3 *nm & nf* clairvoyant.

claro,-a

1 *adj* (*gen*) clear: **no está nada claro** it's not clear at all.

2 *adj* (*iluminado*) bright, well-lit.
3 *adj* (*color*) light: **azul claro** light blue.
4 *adj* (*salsa etc*) thin; (*café, chocolate, etc*) weak.
5 *adj* (*evidente*) clear.
6 *adv* clearly.
7 **claro** *nm* (*gen*) gap, space; (*de bosque*) clearing.
8 *nm* (*en el pelo*) bald patch.
9 **¡claro!** *interj* of course!: **¡claro que no puedes!** of course you can't!
✦ **a las claras** openly.
  dejar algo claro to make something clear.
  estar claro to be clear.
  ¡lo llevas claro!/¡lo tienes claro! *fam* you've got it coming to you!
  más claro,-a que el agua *fam* as clear as daylight.
  poner en claro to make plain, clear up.
  sacar en claro to get out: **no sacamos nada en claro del informe** we didn't get anything out of the report.
■ **claro de luna** moonlight.
  mente clara *fig* clear mind.

claroscuro *nm* chiaroscuro.

clase

1 *nf* (*grupo, categoría*) class.
2 *nf* (*aula*) classroom; (*de universidad*) lecture hall.
3 *nf* (*tipo*) type, sort.
✦ **asistir a clase** to attend class.
  dar clase to teach.
  de buena clase good quality.
  de todas clases of all kinds, of all sorts.
  tener clase to have class.
  toda clase de all sorts of.
■ **clase alta** upper class.
  clase baja lower class.
  clase de conducir driving lesson.
  clase dirigente ruling class.
  clase media middle class.
  clase obrera working class.
  clase particular private class, private lesson.
  clase preferente business class.
  clases de recuperación remedial classes.
  clases pasivas pensioners.
  primera clase first class.
  segunda clase second class.

clásicas *nf pl* the classics.

clasicismo *nm* classicism.

clasicista

1 *adj* classicistic.
2 *nm & nf* classicist.

clásico,-a

1 *adj* (*de los clásicos*) classical: **literatura clásica** classical literature.
2 *adj* (*típico*) classic, typical: **la clásica pregunta** the typical question.
3 *adj* (*tradicional*) classic: **es un vestido clásico** it's a classic dress.
4 **clásico** *nm* classic: **este libro es un clásico de la ciencia ficción** this book is a science-fiction classic.

clasificación
1 *nf (gen)* classification.
2 *nf (distribución)* sorting, filing.
3 *nf DEP* league, table.
4 *nf (de discos)* top twenty, hit parade.

clasificador,-ra
1 *adj* classifying.
2 *nm,f* classifier.
3 **clasificador** *nm (mueble)* filing cabinet.
4 *nm (carpeta)* box file.

clasificar
1 *vt* to class, classify.
2 *vt (distribuir)* to sort, file.
3 **clasificarse** *vpr DEP* to qualify: Pedro no se clasificó para la final Pedro didn't qualify for the final.
4 *vpr (llegar)* to come: se clasificó en primera posición she came first.
▲ *Conjugation model* [1], *like sacar.*

clasificatorio,-a *adj* classifying.

clasismo *nm* class-consciousness.

clasista
1 *adj* class-conscious.
2 *nm & nf* class-conscious person.

claudicación *nf* submission, yielding.

claudicar *vi* to yield, give in.
▲ *Conjugation model* [1], *like sacar.*

claustral *adj* claustral, cloistral.

claustro
1 *nm ARQ* cloister.
2 *nm (estado monástico)* monastic life.
3 *nm (conjunto de profesores)* staff.
4 *nm (junta de profesores)* staff meeting; *(de universidad)* senate.

claustrofobia *nf* claustrophobia.

claustrofóbico,-a *adj* claustrophobic.

cláusula *nf* clause.

clausura
1 *nf (cierre)* closure: la policía procedió a la clausura de los bares nocturnos the police closed down the late-night bars.
2 *nf (acto)* closing ceremony, closing session: la clausura de los Juegos Olímpicos tendrá lugar a las siete de la tarde the closing ceremony of the Olympic Games will be held at seven p.m.
3 *nf REL* enclosure: es una monja de clausura she's an enclosed nun.

clausurar
1 *vt (poner fin)* to close, conclude.
2 *vt (cerrar)* to close (down).

clavado,-a
1 *pp →* **clavar.**
2 *adj (con clavos)* nailed, nail-studded.
3 *adj fam (preciso)* exact, precise: llegó a las seis clavadas he arrived at six o'clock on the dot.
4 *adj (fijo)* firmly fixed: tenía los ojos clavados en el suelo he was staring at the floor.
♦ **dejar clavado,-a a alguien** to leave somebody dumbfounded.
ser clavado,-a a alguien *fam* to be the spitting image of somebody.

clavadura *nf* prick with a nail.

clavar
1 *vt (con clavos)* to nail.
2 *vt (un clavo)* to bang, hammer in; *(estaca)* to drive: la víctima tenía una navaja clavada en el pecho the victim had a knife stuck in his chest.
3 *vt fig (atención)* to fix; *(ojos)* to rivet.
4 *vt fam (cobrar caro)* to sting, fleece: me clavaron trescientos euros I got stung for three hundred euros.
5 **clavarse** *vpr (gen)* to stick: se clavó un cuchillo en el pie she stuck a knife in her foot; me clavé una astilla en el dedo I got a splinter in my finger.

clave
1 *nf (de un enigma etc)* key, clue: la clave del éxito the key to success.
2 *nf (de signos)* code, key, cipher: un mensaje en clave a coded message.
3 *nf MÚS* key: en clave de sol in the key of G.
4 *nf ARQ* keystone.
5 *nm (instrumento)* harpsichord.
6 *adj (importante)* key: el hombre clave es el ministro de Hacienda the key man is the Chancellor of the Exchequer.

clavel *nm* carnation.

clavelito *nm* pink.

clavellina *nf* carnation.

clavero *nm* clove tree.

clavetear *vt* to stud with nails.

clavicémbalo *nm* harpsichord.

clavicordio *nm* clavichord.

clavícula *nf* clavicle, collarbone.

clavija
1 *nf TÉC* peg.
2 *nf ELEC (de enchufe)* pin.
♦ **apretarle las clavijas a alguien** *fam* to tighten the screws on somebody.

clavijero *nm MÚS* pegbox.

clavillo
1 *nm (de abanico, tijeras)* pivot, pin.
2 *nm (de piano)* wrest pin.

clavo
1 *nm* nail.
2 *nm BOT* clove.
3 *nm (callo)* corn.
4 *nm tabú (polvo)* screw: echar un clavo to have a screw.
♦ **como un clavo** *fam* very punctual, on the dot: llegó como un clavo she arrived on the dot.
dar en el clavo *fig* to hit the nail on the head.
estar sin un clavo *fam* to be flat broke.
no dar ni clavo *fam* not to lift a finger.
¡por los clavos de Cristo! for Christ's sake!
remachar el clavo *fig* to make matters worse.

claxon *nm* horn, hooter.
▲ *pl* cláxones; *registered trademark.*

clemátide *nf* clematis.

clemencia *nf* clemency, mercy.

clemente *adj* forgiving, merciful.

clementina *nf* clementine.

clepsidra *nf* clepsydra.

cleptomanía *nf* kleptomania.

cleptómano,-a
1 *adj* kleptomaniac.
2 *nm,f* kleptomaniac.

clerecía *nf* clergy.

clergyman *nm (traje)* clericals *pl*, clergyman's suit.
▲ *pl* clergymans.

clerical *adj* clerical.

clericalismo *nm* clericalism.

clérigo *nm* priest.

clero *nm* clergy.

clic *nm* click.
♦ **hacer clic** *(hacer ruido)* to click, go click; *INFORM* to click.

clicar
1 *vt* to click on.
2 *vi* to click.

cliché
1 *nm (imprenta)* plate.
2 *nm (fotografía)* negative.
3 *nm fig (lugar común)* cliché.

clienta *nf* client, customer.

cliente *nm & nf* client, customer.

clientela *nf* customers *pl*, clients *pl*, clientele.

clima
1 *nm* climate.
2 *nm fig* atmosphere, climate.

climatérico,-a *adj* climacteric, climacterical.

climaterio *nm* climacteric.

climático,-a *adj* climatic, climatical: un cambio climático a change in the climate, a change in the weather.

climatización *nf* air-conditioning.

climatizado,-a
1 *pp →* **climatizar.**
2 *adj* air-conditioned.

climatizar *vt* to air-condition.
▲ *Conjugation model* [4], *like realizar.*

climatología *nf* climatology.

climatológico,-a *adj* climatological.

clímax *nm* climax.
▲ *pl* clímax.

clínica
1 *nf (departamento)* clinic.
2 *nf (hospital)* clinic, private hospital.

clínicamente *adv* clinically.

clínico,-a
1 *adj* clinical: muerte clínica clinical death.
2 *nm,f (médico)* clinician, physician.

clip
1 *nm (para papel)* paper clip.
2 *nm (para pelo)* hair-grip, *US* bobby pin.
3 *nm (pendiente)* clip-on earring.
▲ *pl* clips.

clíper *nm* clipper.
▲ *pl* clíperes.

clisar *vt* to stereotype.

clisé *nm* → cliché.
clítoris *nm* clitoris.
▲ *pl* clítoris.
cloaca *nf* sewer, drain.
clon *nm* clone.
clonación *nf* cloning.
clonar *vt* to clone.
clónico,-a
1 *adj* cloned.
2 **clónico** *nm (ordenador)* clone.
cloquear *vi* to cluck.
cloqueo *nm* cluck, clucking.
cloral *nm* chloral.
cloramfenicol *nm* chloramphenicol.
clorato *nm* chlorate.
clorhídrico,-a *adj* hydrochloric.
▪ ácido clorhídico hydrochloric acid.
clórico,-a *adj* chloric.
cloro *nm* chlorine.
clorofila *nf* chlorophyll.
clorofílico,-a *adj* chlorophyllous.
clorofluorocarbono *nm* chlorofluorocarbon.
cloroformizar *vt* to chloroform.
cloroformo *nm* chloroform.
cloroplasto *nm* chloroplast.
clorosis *nf* chlorosis.
▲ *pl* clorosis.
cloruro *nm* chloride.
▪ cloruro sódico sodium chloride.
clown *nm* clown.
▲ *pl* clowns.
club *nm* club, society.
▪ club de campo country club.
club de fútbol football club.
club de golf golf club.
club de mar yacht club.
club de tenis tennis club.
club náutico yacht club.
club nocturno night club.
▲ *pl* clubs o clubes.
clueca
1 *adj* broody.
2 *nf* broody hen.
cluniacense
1 *adj* Cluniac.
2 *nm* Cluniac.
cm *sím* (**centímetro**) centimetre (*US* centimeter); *(símbolo)* cm.
Cnel. *abr* (**Coronel**) Colonel; *(abreviatura)* Col.
CNI *abr* (**Centro Nacional de Inteligencia**) *Spanish military intelligence agency*.
CNT *abr* (**Confederación Nacional del Trabajo**) National Confederation of Workers *(Spanish anarcho-syndicalist labour union)*.
coacción *nf* coercion, compulsion.
coaccionar *vt* to coerce, compel.
coactivo,-a *adj* coercive, compelling.
coadjutor,-ra
1 *nm,f* coadjutant.
2 **coadjutor** *nm* REL coadjutor.

coadyuvante *adj fml* coadjutant.
coadyuvar *vt fml* to contribute, help.
coagulación *nf* coagulation, clotting.
coagulante
1 *adj* coagulative.
2 *nm* coagulant.
coagular
1 *vt (gen)* to coagulate, clot; *(leche)* to curdle.
2 **coagularse** *vpr* to coagulate, clot; *(leche)* to curdle.
coágulo *nm* coagulum, clot.
coala *nm* koala, koala bear.
coalición *nf* coalition.
coaligarse *vpr* to ally.
coartada *nf* alibi.
coartar *vt* to limit, restrict.
coautor,-ra *nm,f* coauthor.
coaxial *adj* coaxial.
coba *nf fam* soft soap.
✦ dar coba a alguien *fam* to soft-soap somebody.
cobalto *nm* cobalt.
cobarde
1 *adj* cowardly.
2 *nm & nf* coward.
cobardía *nf* cowardice.
cobaya *nm* guinea pig.
cobayo *nm* guinea pig.
cobertizo *nm* shed, shack.
cobertor
1 *nm (colcha)* bedspread.
2 *nm (manta)* blanket.
cobertura
1 *nf (gen)* cover.
2 *nf (de una red, servicio)* coverage.
▪ cobertura de chocolate chocolate coating.
cobertura de seguros insurance cover.
cobijar
1 *vt (cubrir)* to cover.
2 *vt fig* to shelter.
3 *vt fig (a un criminal)* to harbour (*US* harbor).
4 **cobijarse** *vpr* to take shelter.
cobijo
1 *nm (hospedaje)* lodging.
2 *nm (refugio)* shelter.
3 *nm fig* protection, refuge.
cobista
1 *adj fam* soapy.
2 *nm & nf* crawler, toady.
cobla *nf* brass band.
cobol *nm* INFORM COBOL.
cobra¹ *nf (coyunda)* rope for yoking oxen.
cobra² *nf (serpiente)* cobra.
cobrador,-ra
1 *nm,f (de luz etc)* collector.
2 *nm,f (de transporte - hombre)* conductor; *(- mujer)* conductress.
cobrar
1 *vt (fijar precio por)* to charge; *(cheques)* to cash; *(salario)* to earn: ¿cuánto te ha cobrado? how much did he charge you?; ¿cuánto cobras? how much do

you earn?; cobro cada lunes I get paid every Monday.
2 *vt (caza)* to retrieve.
3 *vt* to get: si no te estás quieto vas a cobrar una torta if you don't keep still you'll get a smack.
4 *vt fig (adquirir)* to gain, get: le he cobrado cariño a ese lugar I've taken a liking to this place, I've grown fond of this place; cobrar fuerzas to gather strength.
5 *vi* to be in for it.
6 **cobrarse** *vpr (dinero)* to take, collect: cóbrate el café can you take for the coffee?
7 *vpr (víctimas)* to claim.
8 *vpr (recuperar)* to recover (**de**, from); *(volver en sí)* to come round.
✦ cobrarse venganza to take revenge.
cobre
1 *nm (metal)* copper.
2 *nm (batería de cocina)* copper pans *pl*.
✦ batir el cobre *fam* to go hard at it.
cobrizo,-a *adj* copper, copper-coloured (*US* copper-colored), coppery.
cobro
1 *nm (pago)* payment.
2 *nm (cobranza)* collection; *(de cheque)* cashing.
3 *nm (en caza)* retrieval.
✦ llamar a cobro revertido to reverse the charges, *US* call collect.
▪ cobro revertido reverse-charge, *US* collect.
coca¹
1 *nf (arbusto)* coca.
2 *nf arg* coke.
3 *nf fam (bebida)* Coke®.
coca² *nf (baya)* berry.
coca³
1 *nf (moño)* bun.
2 *nf (cabeza)* head.
coca⁴ *nf (dulce)* type of flat sponge cake; *(salada)* flat pizza-like tart.
cocaína *nf* cocaine.
cocainómano,-a *nm,f* cocaine addict.
cocción *nf (gen)* cooking; *(en agua)* boiling; *(en horno)* baking.
cóccix *nm* coccyx.
▲ *pl* cóccix.
cocear *vi* to kick.
cocedura *nf* baking.
cocer
1 *vt (gen)* to cook; *(hervir)* to boil; *(al horno)* to bake.
2 *vi (hervir)* to boil: el café cuece the coffee is boiling.
3 **cocerse** *vpr (gen)* to cook; *(hervir)* to boil; *(al horno)* to bake.
4 *vpr fam (de calor)* to be roasting, be boiling: me cuezo I'm boiling.
5 *vpr fam (tramarse)* to be cooking, be afoot, be going on: se está cociendo algo a nuestras espaldas there's something fishy (going on) behind our backs.
▲ *Conjugation model* [54].

cochambre
1 *nm o nf fam (porquería)* filth, muck.
2 *nm o nf fam (objeto)* filthy object.

cochambroso,-a *adj fam* filthy, dirty.

coche
1 *nm (automóvil)* car, automobile, motorcar: fuimos en coche we went by car.
2 *nm (de tren, de caballos)* carriage, coach.
3 *nm (de niño)* pram, *US* baby carriage.
■ coche bomba car bomb.
coche cama sleeping car.
coche de alquiler hired car, *US* rented car.
coche de bomberos fire engine.
coche de carreras racing car.
coche de época vintage car.
coche deportivo sports car.
coche familiar estate (car), *US* station wagon.
coche fúnebre hearse.
coches de choque dodgems, bumper cars.

cochecito cochecito de niño *nm* pushchair.

cochera *nf* depot.

cochero *nm* coachman.

cochifrito *nm (cordero)* mutton stew; *(cabrito)* goat stew.

cochinada
1 *nf fam (porquería)* dirty thing, filthy thing.
2 *nf fam (obscenidad)* obscenity.
3 *nf fam fig* dirty trick.
✦ decir cochinadas *fam* to say filthy words, say obscene things.
hacer una cochinada a alguien *fam* to play a dirty trick on somebody.

cochinería *nf* → cochinada.

cochinilla
1 *nf (crustáceo)* woodlouse.
2 *nf (insecto)* cochineal insect.
3 *nf (colorante)* cochineal.

cochinillo *nm* sucking pig.

cochino,-a
1 *adj (sucio)* filthy, disgusting.
2 *adj (miserable)* damn, bloody, lousy: ¡cochino trabajo! bloody work!
3 *nm,f ZOOL (gen)* pig; *(macho)* swine; *(hembra)* sow.
4 *nm,f fam (persona)* dirty person, filthy person, pig.

cochiquera *nf fam* pigsty.

cocido,-a
1 *pp* → cocer.
2 *adj* cooked; *(en agua)* boiled; *(al horno)* baked.
3 cocido *nm CULIN* stew.
✦ estar cocido,-a *fam* to be sloshed.

cociente *nm* quotient.

cocina
1 *nf (lugar)* kitchen.
2 *nf (gastronomía)* cooking: cocina española Spanish cooking, Spanish cuisine.
3 *nf (aparato)* cooker, *US* stove.
■ cocina casera home cooking.
cocina de gas gas cooker, *US* gas stove.
cocina de mercado seasonal produce.
cocina económica cooking range.
cocina eléctrica electric cooker, *US* electric stove.

cocinar
1 *vt* to cook.
2 *vi* to cook.

cocinero,-a *nm,f* cook.
■ primer cocinero chef.

cocinilla *nf* (small portable) cooker, *US* stove.

cocker *nm* cocker, cocker spaniel.
▲ *pl* cockers.

cocktail *nm* → cóctel.

coco¹
1 *nm BOT (árbol)* coconut palm.
2 *nm (fruta)* coconut.
■ coco rallado desiccated coconut.

coco² *nm (bacteria)* coccus.

coco³ *nm (larva)* larva, worm, grub.

coco⁴
1 *nm fam (fantasma)* bogeyman.
2 *nm arg (cabeza)* noddle, noggin, nut.
✦ comer el coco a alguien *fam* to brainwash somebody.
comerse el coco *fam* to get worked up, worry about it.
ser un coco *fam (feo)* to be ugly; *(dar miedo)* to be frightening.

cocodrilo *nm* crocodile.

cocorota *nf fam* head, nut.

cocotal *nm* coconut grove.

cocotero *nm* coconut palm.

cóctel
1 *nm (bebida)* cocktail.
2 *nm (fiesta)* cocktail party.
■ cóctel molotov Molotov cocktail.

coctelera *nf* cocktail shaker.

Cód. *abr* (código) code.

coda¹ *nf MÚS* coda.

coda² *nf (cuña)* wedge.

codadura *nf* layer.

codaste *nm* sternpost.

codazo
1 *nm (golpe)* poke with one's elbow, blow with one's elbow: le pegó un codazo she poked him with her elbow.
2 *nm (señal)* nudge with one's elbow.
✦ abrirse paso a codazos/abrirse camino a codazos to elbow one's way through.

codear
1 *vi (empujar)* to elbow.
2 codearse *vpr* to rub shoulders (con, with), hobnob (con, with).

codeína *nf* codeine.

codera *nf* elbow patch.

codeso *nm* laburnum.

códice *nm* codex.

codicia *nf* greed, covetousness, coveting.

codiciable *adj* desirable, covetable.

codiciado,-a
1 *pp* → codiciar.
2 *adj* coveted, much desired.

codiciar *vt* to covet, desire, crave for.
▲ *Conjugation model* [12], *like* cambiar.

codicilo *nm* codicil.

codicioso,-a
1 *adj* covetous, greedy.
2 *nm,f* covetous person, greedy person.

codificación
1 *nf (de leyes)* codification.
2 *nf (de mensajes)* encoding.
3 *nf INFORM* coding, code.

codificador,-ra
1 *adj JUR* codifying.
2 *adj (de mensajes)* encoding.
3 *nm,f JUR* codifier.
4 *nm,f (de mensajes)* encoder.
5 codificador *nm INFORM* encoder.

codificar
1 *vt (leyes)* to codify.
2 *vt (mensajes)* to encode.
3 *vt INFORM* to code.

código *nm* code.
■ código de barras bar code.
código de la circulación highway code.
código del honor code of honour (*US* honor).
código de señales *MAR* flag signals.
código Morse Morse code.

codillo
1 *nm (del brazo)* elbow.
2 *nm (en cocina)* shoulder.
3 *nm (de tubería)* elbow.

codo
1 *nm ANAT* elbow.
2 *nm TÉC* bend.
✦ alzar el codo/empinar el codo *fam* to have a few drinks, knock them back.
codo a codo/codo con codo *fig* side by side, closely.
de codos on one's elbows.
hablar por los codos *fam* to talk nineteen to the dozen, talk nonstop.
romperse los codos *fig* to study a lot, swot, cram.

codoñate *nm* quince marmalade.

codorniz *nf* quail.
▲ *pl* codornices.

COE¹ *abr* (Comité Olímpico Español) Spanish Olympic Committee.
▲ *Used as masculine.*

COE² *abr MIL* (Compañías de Operaciones Especiales) special operations group.
▲ *Used as feminine plural.*

coeducación *nf* coeducation.

coeficiente
1 *nm MAT* coefficient.
2 *nm (grado)* degree, rate.
■ coeficiente de crecimiento growth rate.
coeficiente de inteligencia intelligence quotient, IQ.

coercer *vt* to coerce.
▲ *Conjugation model* [2], *like* mecer.

coerción *nf* coercion, restraint.

coercitivo,-a *adj* coercive.

coetáneo,-a
1 *adj* contemporary.
2 *nm,f* contemporary.

coexistencia *nf* coexistence.
■ **coexistencia pacífica** peaceful coexistence.

coexistir *vi* to coexist.

cofa *nf* top.
■ **cofa mayor** maintop.

cofederado,-a
1 *pp* → **confederar.**
2 *adj* confederate.
3 *nm,f* confederate.

cofia *nf* bonnet.

cofrade *nm & nf (gen)* member; *(hombre)* brother; *(mujer)* sister.

cofradía
1 *nf (hermandad)* brotherhood.
2 *nf (asociación)* association.
3 *nf (gremio)* guild.

cofre *nm (grande)* trunk, chest; *(pequeño)* box, casket.

cogedor *nm* dustpan.

coger
1 *vt (asir)* to seize, take hold of: **coge al bebé** hold the baby.
2 *vt (apresar)* to capture, catch.
3 *vt (tomar)* to take: **coger un empleo** to take a job; **coge algo para beber** take a drink.
4 *vt (contratar)* to take on: **cogimos a una secretaria** we took on a secretary.
5 *vt (tren etc)* to catch.
6 *vt (tomar prestado)* to borrow: **te he cogido el libro** I've borrowed your book.
7 *vt (recolectar frutos etc)* to pick; *(del suelo)* to gather.
8 *vt (enfermedad, balón)* to catch: **cogí un resfriado** I caught a cold.
9 *vt (acento, costumbres)* to pick up.
10 *vt (velocidad, fuerza)* to gather.
11 *vt (atropellar)* to run over, knock down.
12 *vt (emisora, canal)* to pick up, get: **coger la BBC** to get the BBC.
13 *vt (notas)* to take, take down.
14 *vt (oír)* to catch: **no he cogido lo que ha dicho** I didn't catch what she said.
15 *vt (entender)* to understand, get: **no cogí el final** I didn't get the end.
16 *vt AM tabú* to fuck.
17 *vi (plantas, colores)* to take: **el limonero no ha cogido** the lemon tree didn't take.
18 *vi (ir)* to turn, take, go: **coge a la izquierda** turn left; **coge todo recto** go straight on.
19 *vi fam (caber)* to fit: **coge allí** it fits there; **no cogemos todos** there isn't room for all of us.
20 **cogerse** *vpr (pillarse)* to catch.
21 *vpr (agarrarse)* to hold on: **cógete fuerte** hold on tight.
✦ **coger algo por los pelos** *fig* to just make something: **cogimos el tren por los pelos** we just made the train.
coger del brazo a alguien to take somebody by the arm, grab somebody by the arm.
coger cariño a algo/alguien to become fond of something/somebody, take a liking to something/somebody.
coger desprevenido,-a *fig* to catch unawares.
coger miedo a algo to become afraid of something.
coger por sorpresa to catch by surprise.
coger puntos *(de media etc)* to pick up stitches.
coger una borrachera *fam* to get drunk.
coger una manía a alguien *fam* to take a dislike to somebody.
coger y ... *fam* to up and ..., go and ...: **cogió y se fue** she upped and left; **y entonces coge y lo insulta** so then she goes and insults him.
cogerse un cabreo *fam* to get very angry.
no hay por dónde cogerlo he hasn't got a leg to stand on.
▲ *Conjugation model [5], like* **proteger.**

cogestión *nf* copartnership.

cogida *nf* gore, goring: **el diestro sufrió una cogida en el muslo derecho** the bullfighter was gored in his right thigh.

cogido,-a
1 *pp* → **coger.**
2 *adj (sujeto)* fixed.
3 *adj (atrapado)* trapped, caught.
4 **cogido** *nm (pliegue)* gather, pleat; *(de cortina)* tie.
✦ **cogidos del brazo** arm in arm.

cognación *nf* cognation, kinship.

cognado *nm* cognate.

cognición *nf* cognition.

cognoscitivo,-a *adj* cognitive.

cogollo
1 *nm (de lechuga etc)* heart.
2 *nm (brote)* shoot.
3 *nm fig* heart, centre *(US* center).
4 *nm* **el cogollo** *fig* the cream, the best.
✦ **hasta el cogollo** *fam* to the core.

cogorza
✦ **agarrar una cogorza/pillar una cogorza** *fam* to get plastered, get drunk.

cogotazo *nm fam* blow on the back of the neck.

cogote *nm* back of the neck, nape of the neck.

cogujada *nf* crested lark.

cogulla
1 *nf (hábito)* habit.
2 *nf (capucha)* cowl.

cohabitación *nf* cohabitation.

cohabitar *vi* to cohabit, live together.

cohechar[1] *vt JUR* to bribe, suborn.

cohechar[2] *vt AGR* to plough for the last time before sowing.

cohecho *nm JUR* bribery.

coherencia *nf* coherence, coherency.

coherente *adj* coherent, connected.

coherentemente *adv* coherently.

cohesión *nf* cohesion.

cohesivo,-a *adj* cohesive.

cohete *nm* rocket.
✦ **como un cohete** *fam* like a rocket.
■ **cohete espacial** space rocket.
cohete propulsor propulsion rocket.

cohibición *nf* inhibition, restraint.

cohibido,-a
1 *pp* → **cohibir.**
2 *adj* inhibited, restrained.

cohibir
1 *vt* to inhibit, restrain.
2 **cohibirse** *vpr* to feel inhibited, feel embarrassed.
▲ *Conjugation model [21], like* **prohibir.**

cohombro *nm* cucumber.

cohorte
1 *nf MIL* cohort.
2 *nf fig* collection, group.

COI *abr (Comité Olímpico Internacional)* International Olympic Committee; *(abreviatura)* IOC.

coincidencia
1 *nf (gen)* coincidence.
2 *nm (acuerdo)* agreement.
✦ **dio la coincidencia de que ...** it just happened that ...
en coincidencia con ... in agreement with ...

coincidente *adj* coincident, coinciding.

coincidir
1 *vi (estar de acuerdo)* to agree (**en**, on), coincide (**en**, in): **siempre coincidimos en gustos** we always have the same tastes.
2 *vi (ajustarse)* to coincide.
3 *vi (ocurrir al mismo tiempo)* to be at the same time (**con**, as), coincide (**con**, with); *(en el mismo lugar)* to meet: **la muerte del rey coincidió con la victoria** the king's death coincided with the victory; **coincidimos en Barcelona** we met in Barcelona.

coito *nm* coitus, intercourse.

cojear
1 *vi (persona)* to limp, hobble.
2 *vi (muebles)* to wobble.
3 *vi fam fig (adolecer)* to falter.
✦ **cojear del mismo pie** *fam* to have the same faults.

cojera *nf* limp, lameness.

cojín *nm* cushion.

cojinete *nm TÉC* bearing.
■ **cojinete de agujas** needle bearing.
cojinete de bolas ball bearing.

cojitranco,-a
1 *adj fam pey* lame.
2 *nm,f fam pey* cripple.

cojo,-a
1 *adj (persona)* lame, crippled.
2 *adj (mueble)* wobbly.
3 *adj fig (defectuoso)* faulty, incomplete.

4 *nm,f* lame person, cripple.
✦ **andar a la pata coja** to hop, hop along.

cojón
1 *nm* ANAT tabú ball, bollock.
2 **¡cojones!** *interj* tabú fuck it!
✦ **de cojones** *tabú (estupendo)* fucking brilliant, fucking good; *(malo)* fucking awful, fucking bad.
ponérsele a uno los cojones de corbata *tabú* to shit bricks.
por cojones *tabú* like it or not.
tener cojones *tabú* to have balls.

cojonudo,-a *adj* tabú fucking great.

col *nf* cabbage.
■ **col de Bruselas** Brussels sprout.
col lombarda red cabbage.
col rizada curly kale.

col.¹ *abr* (**colección**) collection.

col.² *abr* (**columna**) column; *(abreviatura)* col.

cola¹
1 *nf (gen)* tail.
2 *nf (de vestido)* train; *(de chaqueta)* tail.
3 *nf (fila)* queue, US line.
✦ **a la cola** at the back, at the rear.
estar en la cola *fig* to be the last.
hacer cola to queue up, US stand in line.
ponerse en la cola to get into the queue, US get in line.
traer cola *fam* to have serious consequences.
■ **cola de caballo** *(planta)* horsetail; *(peinado)* ponytail.
vagón de cola rear coach.

cola² *nf (pegamento)* glue.
✦ **no pega ni con cola** *fam* it doesn't match at all.

cola³ *nf (árbol)* cola.

colaboración
1 *nf* collaboration.
2 *nf (prensa)* contribution.

colaboracionista
1 *adj* collaborating.
2 *nm & nf* collaborator.

colaboracionismo *nm* collaboration.

colaborador,-ra
1 *adj* collaborating.
2 *nm,f* collaborator.
3 *nm,f (prensa)* contributor.

colaborar
1 *vi* to collaborate (**con**, with).
2 *vi (prensa)* to contribute (**en**, to).

colación
1 *nf (comparación)* collation.
2 *nf (refrigerio)* light meal, snack, collation.
✦ **sacar a colación/traer a colación** to mention, bring up.

colacionar *vt fml (comparar)* to compare, collate.

colactáneo,-a *nm,f (niño)* foster brother; *(niña)* foster sister.

colada
1 *nf (lavado)* washing, laundry; *(con lejía)* bleaching.
2 *nf (ropa)* washing, wash.
3 *nf (de metal)* tapping.
4 *nf (volcánica)* outflow.
✦ **hacer la colada** to do the washing, do the laundry.

coladero
1 *nm (colador)* strainer, sieve.
2 *nm (paso estrecho)* narrow pass.
3 *nm fam (lugar por el que es fácil colarse)* easy place to get into.
4 *nm fam (examen fácil)* cinch, doddle; *(centro que aprueba mucho)* school where it is easy to pass exams.

colado,-a
1 *pp* → **colar**.
2 *adj fam fig (enamorado)* madly in love, head over heels in love.
3 *adj (metal)* cast.

colador
1 *nm (de té, café)* strainer.
2 *nm (de caldo, alimentos)* colander, sieve.
✦ **como un colador** *fam* full of holes, like a sieve.
dejar como un colador *fam* to riddle with bullets.

coladura *nf fam* clanger, slip-up.

colágeno *nm* collagen.

colapsado,-a
1 *pp* → **colapsar**.
2 *adj (gen)* jammed; *(tráfico)* at a standstill; *(calles)* blocked with traffic: **las líneas telefónicas están colapsadas** the telephone lines are jammed.

colapsar
1 *vt (ciudad, aeropuerto, etc)* to paralyse; *(tráfico)* to bring to a standstill, bring to a halt.
2 *vi* to collapse.
3 **colapsarse** *vpr* to collapse.

colapso
1 *nm* MED collapse.
2 *nm fig* breakdown.

colar
1 *vt (líquido)* to strain, filter.
2 *vt (lavar)* to wash; *(con lejía)* to bleach.
3 *vt (metales)* to cast.
4 *vt fam (hacer pasar)* to pass, slip; *(moneda)* to pass off; *(historia)* to give: **quería colar la cámara** he wanted to sneak the camera in.
5 *vi fam* to wash: **veremos si cuela** we'll see if it washes.
6 **colarse** *vpr (escabullirse)* to slip in, gatecrash.
7 *vpr (en una cola)* to push in, jump the queue, US jump the line.
8 *vpr fam (equivocarse)* to slip up, make a mistake.
9 *vpr (enamorarse)* to fall (**por**, for): **se coló por Ana** he fell for Ana.
▲ *Conjugation model* [31], *like* **contar**.

colateral *adj* collateral.

colcha *nf* bedspread.

colchón *nm* mattress.
■ **colchón de aire** air cushion.
colchón neumático air mattress.

colchonería *nf* mattress maker's (shop).

colchonero,-a
1 *nm,f* mattress maker.
2 *nm,f fam* Atlético de Madrid supporter.
3 *adj fam* relating to Atlético de Madrid football club.

colchoneta *nf* small mattress.

colcrén *nm* cold cream.

cole *nm fam* school.

coleada *nf* → **coletazo**.

colear
1 *vi (perro etc)* to wag its tail; *(vaca, caballo, etc)* to swish its tail.
2 *vi fam* to drag on: **aunque ya está casi solucionado, aún hay algún aspecto que colea** although almost everything has been sorted out, there are still some sticky points.

colección *nf* collection.

coleccionar *vt* to collect.

coleccionista *nm & nf* collector.

colect. *abr* (**colectivo**) association.

colecta *nf* collection.

colectar *vt* to collect.

colectividad *nf* community.
✦ **en colectividad** communally.

colectivismo *nm* collectivism.

colectivización *nf* collectivization.

colectivizar *vt* to collectivize.
▲ *Conjugation model* [4], *like* **realizar**.

colectivo,-a
1 *adj* collective, group.
2 **colectivo** *nm (asociación)* association, guild.
3 *nm* LING collective noun.

colector,-ra
1 *adj* collecting.
2 **colector** *nm (caño)* water pipe.
3 *nm (cloaca)* main sewer.
■ **colector de admisión** inlet manifold.
colector de escape exhaust manifold.

colega
1 *nm & nf* colleague.
2 *nm & nf arg (amigo)* chum, mate, US buddy.

colegatario,-a *nm,f* co-legatee.

colegiación *nf* membership of a college.

colegiado,-a
1 *pp* → **colegiarse**.
2 *adj* collegiate.
3 *nm,f* collegian.
4 **colegiado** *nm* DEP referee.

colegial,-la
1 *adj* collegial, collegiate.
2 *adj (escolar)* school.
3 *nm,f (gen)* schoolchild; *(chico)* schoolboy; *(chica)* schoolgirl.

colegiarse *vpr* to join a professional association.
▲ *Conjugation model* [12], *like* **cambiar**.

colegiata *nf* collegiate church.

colegio
1 *nm (escuela)* school: **van al colegio en autobús** they go to school by bus.
2 *nm (asociación)* college, association.
3 *nm (residencia)* hall of residence, *US* dormitory: **colegio cardenalicio** college of cardinals.
■ **colegio de abogados** the Bar.
colegio de monjas convent school.
colegio electoral *(votantes)* electoral college; *(lugar)* polling station.
colegio mayor/colegio universitario hall of residence, *US* dormitory.
colegio privado/colegio de pago public school, *US* private school.
colegio público state school.

colegir *vt* to infer, conclude.
▲ *Conjugation model* [55], *like* **elegir**.

coleóptero *nm* coleopteron.

cólera¹
1 *nf (bilis)* bile.
2 *nf fig (ira)* anger, rage.

cólera² *nm MED* cholera.

colérico,-a *adj* furious, irascible: **es colérico** he's bad-tempered.

colesterina *nf* cholesterin.

colesterol *nm* cholesterol.

coleta *nf* pigtail, ponytail.
✦ **cortarse la coleta** *(los toreros)* to retire from bullfighting; *fig* to retire.

coletazo
1 *nm (de la cola-perro)* wag of the tail; *(-vaca, caballo, etc)* swisch of the tail.
2 *nm fig* death throes *pl*, final tremor, stir.
✦ **dar coletazos** *(un coche)* to sway about.

coletilla *nf* postscript, addition.
■ **coletilla interrogativa** question tag.

coleto *nm (casaca)* doublet, jerkin.
✦ **decir para su coleto** *fam* to say to oneself.
echarse algo al coleto *fam (comer)* to put something away; *(beber)* to knock something back; *(leer)* to devour something.

colgadero,-a
1 *adj which may be hanged.*
2 **colgadero** *nm (garfio)* hook.

colgado,-a
1 *pp →* **colgar**.
2 *adj* hanging *(de,* from): **colgado del techo** hanging from the ceiling; **siempre está colgada del teléfono** she's always on the phone.
3 *adj (ahorcado)* hanged.
4 *adj fam (pendiente de resolución)* pending: **le ha quedado una asignatura colgada** he has to resit one exam, she has to do one retake.
5 *adj fam (totalmente pendiente)* dependent *(de,* on): **estábamos colgados de sus palabras** we were hanging on to his every word.
6 *adj arg (drogado)* stoned, high; *(loco)* crazy, off one's head.
7 *nm,f arg (drogado)* drug addict.

✦ **dejar a alguien colgado,-a** *fam* to leave somebody in the lurch, leave somebody high and dry, leave somebody stranded: **mi amiga me dejó colgada** my friend didn't turn up.
estar colgado,-a *(en apuros)* to be in a fix, be in a tight spot.

colgador *nm (coat)* hanger.

colgadura *nf* hangings *pl*, *US* drapes *pl*, drapery.

colgajo
1 *nm (de ropa)* rag, torn piece.
2 *nm (de piel)* flap, graft.
3 *nm (de uva)* bunch.

colgante
1 *adj* hanging: **puente colgante** suspension bridge.
2 *nm ARQ* festoon.
3 *nm (joya)* pendant.

colgar
1 *vt (gen)* to hang (up): **colgó el abrigo en el perchero** he hung his coat on the coat stand.
2 *vt (la colada)* to hang out.
3 *vt (ahorcar)* to hang.
4 *vt (atribuir)* to pin: **le han colgado el delito a él** they've pinned the crime on him.
5 *vt (el teléfono)* to put down.
6 *vt fam (suspender)* to fail: **me han colgado cuatro** I've failed four.
7 *vt (abandonar)* to give up: **colgar los libros** to give up studying; **el futbolista colgó sus botas** the footballer hung up his boots.
8 *vi (estar colgado)* to hang *(de,* from): **cuelga del techo** it hangs from the ceiling.
9 *vi (una prenda)* to hang down, be crooked: **esa falda te cuelga de un lado** that skirt's crooked on one side.
10 *vi (teléfono)* to hang up, ring off: **¡no cuelgue!** please hold!, hold the line, please!; **me colgó** he hung up on me.
11 **colgarse** *vpr (ahorcarse)* to hang oneself.
✦ **colgar de un hilo** *fig* to hang by a thread.
▲ *Conjugation model* [52].

colibrí *nm* humming bird.

cólico *nm* colic.

coliflor *nf* cauliflower.

coligarse *vpr* to associate *(con,* with), ally *(con,* with).

colijo *pres indic →* **colegir**.

colilla *nf* cigarette end, cigarette butt, butt.

colimbo *nm* diver.

colín
1 *adj (caballo)* bobtail.
2 *nm (de pan)* bread stick.

colina *nf* hill, slope.

colinabo *nm* kohlrabi.

colindante *adj* adjacent, adjoining.

colindar *vi* to be adjacent *(con,* to).

colirio *nm* eye drops *pl*.

colirrojo *nm* redstart.

coliseo *nm* coliseum, colosseum.

colisión
1 *nf (de vehículos)* collision, crash: **se produjo una colisión entre un autobús y un camión** there was a collision between a bus and a lorry.
2 *nf fig (conflicto)* clash, conflict.

colisionar
1 *vi (chocar)* to collide **(con/contra**, with), crash **(con/contra**, into).
2 *vi (enfrentarse)* to clash.

colista
1 *adj DEP* last.
2 *nm DEP (equipo)* bottom team.
✦ **ser el colista** to be last, be in last place.

colitis *nf* colitis.
▲ *pl* **colitis**.

colla¹ *nf (de pesca)* fish trap.

colla² *nf (descargadores)* team of dockers.

collado
1 *nm (colina)* hill.
2 *nm (paso entre montañas)* mountain pass.

collage *nm* collage.
▲ *pl* **collages**.

collalba *nf* wheatear.

collar
1 *nm (adorno)* necklace.
2 *nm (de animal)* collar.
3 *nm TÉC* collar, ring.

collarín
1 *nm (alzacuello)* bands *pl*.
2 *nm (aparato ortopédico)* surgical collar.
3 *nm (de botella)* label.

collarino *nm* gorgerin.

collera
1 *nf (de caballerías)* collar.
2 *nf fig (de presidiario)* chain gang.

colmado,-a
1 *pp →* **colmar**.
2 *adj* full, filled: **una cuchara colmada** a heaped spoonful.
3 **colmado** *nm* grocer's (shop), grocery store.

colmar
1 *vt (gen)* to fill **(de**, with); *(vaso, copa)* to fill to the brim.
2 *vt fig* to shower **(de**, with), overwhelm **(de**, with).

colmena *nf* beehive.

colmenar *nm* apiary.

colmenero,-a *nm,f* beekeeper.

colmenilla *nf* morel.

colmillo
1 *nm* eye tooth, canine tooth.
2 *nm (de carnívoro)* fang; *(de jabalí, elefante, morsa)* tusk.
✦ **enseñar los colmillos** *(animal)* to bare its teeth; *(persona)* to show one's teeth.

colmo¹ *nm* height, summit: **el colmo de la hipocresía** the height of hypocrisy.
✦ **¡esto es el colmo!** this is the last straw!, this is the limit!

para colmo to top it all, to make matters worse.

colmo,-a² *adj (que está colmado)* full, filled to the top.

colocación
1 *nf (situación)* positioning.
2 *nf (de una alfombra, moqueta)* laying; *(de un cuadro)* hanging.
3 *nf (de dinero)* investment.
4 *nf (empleo)* employment, job: **tiene una buena colocación** she has a good job.
5 *nf LING* collocation.

colocado,-a
1 *pp* → **colocar.**
2 *adj (empleado)* employed: **está bien colocada** she has a good job.
3 *adj arg (embriagado)* sozzled; *(drogado)* stoned, high.

colocar
1 *vt (gen)* to place, put; *(alfombra)* to lay; *(cuadro)* to hang.
2 *vt (dar empleo)* to get a job for.
3 *vt (casar)* to marry off: **ha colocado a su hija** he has married off his daughter.
4 *vt MIL* to position.
5 *vt FIN* to invest: **colocar dinero** to invest money.
6 *vt (mercancías)* to sell well.
7 *vt fam (artículos defectuosos)* to fob off.
8 *vt fam (explicar)* to give: **me colocó el mismo rollo** he gave me the same old story.
9 *vt arg (drogas)* to get stoned.
10 **colocarse** *vpr (situarse)* to place oneself, put oneself, find oneself a place: **el gato se colocó allí** the cat settled down there.
11 *vpr (trabajar)* to find a job (**de**, as), get a job (**de**, as): **se ha colocado de enfermera** she has got a job as a nurse.
12 *vpr DEP (clasificarse)* to be: **se han colocado segundos** they are in second place.
13 *vpr arg (embriagarse)* to get sozzled; *(drogarse)* to get stoned.
▲ *Conjugation model* [1], *like* **sacar.**

colocón *nm arg* high.

colodrillo *nm* back of the neck.

colofón
1 *nm (apéndice)* colophon.
2 *nm fig (remate)* crowning, climax, culmination: **el director dijo unas palabras de agradecimiento como colofón del acto** the director said a few words of thanks to round off the ceremony.

colofonía *nf* colophony.

coloidal *adj* colloidal.

coloide *nm* colloid.

Colombia *nf* Colombia.

colombiano,-a
1 *adj* Colombian.
2 *nm,f* Colombian.

colombino,-a *adj* of Christopher Columbus, Columbian.

colombofilia *nf* pigeon fancying, pigeon breeding.

colombófilo,-a
1 *adj* pigeon-breeding.
2 *nm,f* pigeon fancier.

colon *nm ANAT* colon.

colón *nm* colón *(monetary unit of Costa Rica and former unit of El Salvador).*

colonato *nm* tenant farming.

colonia¹
1 *nf (grupo)* colony.
2 *nf (vacaciones infantiles)* summer camp.
▲ *In 2, usually plural.*

colonia² *nf (perfume)* cologne.

Colonia *nf* Cologne.

colonial
1 *adj POL* colonial.
2 *adj (importado)* imported.
3 **coloniales** *nm pl* imported foodstuffs.

colonialismo *nm* colonialism.

colonialista
1 *adj* colonialist.
2 *nm & nf* colonialist.

colonización *nf* colonization.

colonizador,-ra
1 *adj* colonizing.
2 *nm,f* colonizer, colonist.

colonizar *vt* to colonize, settle.
▲ *Conjugation model* [4], *like* **realizar.**

colono
1 *nm (habitante)* colonist, settler.
2 *nm AGR* tenant farmer.

coloquial *adj* colloquial.

coloquialismo *nm* colloquialism.

coloquio *nm* talk, discussion.

color
1 *nm* colour (*US* color): **es de color verde** it's green.
2 *nm fml fig (carácter)* character.
3 *nm fig (tendencia)* tendency.
4 *nm o nf (del rostro)* colour (*US* color), complexion.
5 **colores** *nm pl (bandera)* colours (*US* colors), flag *sing*; *(equipo)* team *sing*.
✦ **coger color** *(cebolla)* to turn brown; *(hojas etc)* to turn yellow, turn brown.
dar color *(colorear)* to colour (*US* color); *fig* to liven up.
de color *(en color)* in colour (*US* color), coloured (*US* colored); *(persona)* coloured (*US* colored).
en color/en colores *(cine, foto)* in colour (*US* color).
no haber color to be no comparison: **entre tu coche y el mío no hay color, porque el mío es mucho mejor** your car isn't a patch on mine.
sacarle a alguien los colores *fam* to make somebody blush.
subido,-a de color *fig* risqué.
tener color to be lively.
verlo todo de color de rosa *fig* to see life through rose-coloured (*US* rose-colored) spectacles.

color local *fig* local colour (*US* color).
color sólido fast colour (*US* color).

coloración *nf* coloration, colouring (*US* coloring).

colorado,-a
1 *adj* coloured (*US* colored).
2 *adj (rojo)* red.
3 **colorado** *nm* red.
✦ **ponerse colorado,-a** to blush, go red.

colorante
1 *adj* colouring (*US* coloring).
2 *nm* colouring (*US* coloring), dye.

colorar *vt* to colour (*US* color).

colorear *vt* to colour (*US* color): **coloreó el dibujo** she coloured in the drawing.

colorete *nm* rouge, blusher.

colorido *nm* colour (*US* color).

colorín
1 *nm* bright colour (*US* color), vivid colour (*US* color).
2 *nm (jilguero)* goldfinch.
✦ **... y colorín colorado este cuento se ha acabado** ... and that's the end of the story.

colorir
1 *vt (dar color)* to colour (*US* color).
2 *vi (tomar color)* to colour (*US* color).
▲ *In 2, used only in the 3rd pers; it does not take a subject.*

colorismo *nm* predominant use of colour (*US* color).

colorista
1 *adj* colouristic (*US* coloristic).
2 *nm & nf* colourist (*US* colorist).

colosal
1 *adj* colossal, giant, huge.
2 *adj fig* splendid, excellent.

coloso *nm* colossus.

colt *nm* colt.
▲ *pl* **colts.**

coludir *vi* to collude.

columbario *nm* columbarium.

columbino,-a *adj* columbine, dove-like.

columbrar
1 *vt (vislumbrar)* to see, make out.
2 *vt fig (conjeturar)* to guess, conjecture.

columna
1 *nf (gen)* column.
2 *nf ANAT* spine.
3 *nf (elemento central)* backbone.
■ **columna de dirección** steering column.
columna miliar milestone.
columna vertebral *(de un cuerpo)* vertebral column, spinal column; *(de un sistema)* backbone.

columnata *nf* colonnade.

columnista *nm & nf* columnist.

columpiar
1 *vt* to swing.
2 **columpiarse** *vpr* to swing (**de**, on).
3 *vpr (al caminar)* to swing one's hips.
▲ *Conjugation model* [12], *like* **cambiar.**

columpio *nm* swing.

colusión *nf* collusion.

colutorio *nm* mouthwash.

colza *nf* rape.
- **aceite de colza** rapeseed oil, *US* canola oil.

coma[1]
1 *nf (puntuación)* comma.
2 *nf (en música)* comma.
3 *nf MAT* point: **cuatro coma cinco** four point five.
+ **sin faltar ni una coma** *fig* down to the last detail.

coma[2] *nm MED* coma.
+ **entrar en coma** to go into a coma.
- **coma profundo** deep coma.

comadre
1 *nf (partera)* midwife.
2 *nf (madrina)* godmother.
3 *nf fam (vecina)* neighbour (*US* neighbor); *(amiga)* friend.
4 *nf pey (chismosa)* gossip, gossipmonger.
5 *nf fam (alcahueta)* go-between.

comadrear *vi* to gossip, chat.

comadreja *nf* weasel.

comadreo *nm* gossip, gossiping, chitchat, tittle-tattle.

comadrería *nf* piece of gossip.

comadrero,-a
1 *adj* gossipy.
2 *nm,f* gossip, gossipmonger.

comadrona *nm,f* midwife.

comandancia
1 *nf (grado)* command.
2 *nf (edificio)* headquarters *pl*.
3 *nf (zona)* area under a commander's jurisdiction.

comandante
1 *nm (oficial)* commander, commanding officer.
2 *nm (graduación)* major.
3 *nm (piloto)* pilot.
- **comandante en jefe** commander-in-chief.

comandar *vt* to command.

comandita *nf COM* limited partnership, *US* silent partnership.
+ **ir en comandita** *fam* to go en masse.

comanditar *vt* to enter as a sleeping partner, *US* enter as a silent partner.

comanditario,-a *adj* sleeping, *US* silent: **sociedad comanditaria** limited partnership, *US* silent partnership.

comando
1 *nm MIL* commando.
2 *nm INFORM* command.

comarca *nf* area, region.

comarcal *adj* regional, local.

comatoso,-a *adj* comatose.
+ **estar en estado comatoso** to be in a coma.

comba
1 *nf (de cuerda, cable)* bend, curve.
2 *nf (de viga, pared)* sag, bulge.
3 *nf (de carretera)* camber.
4 *nf (cuerda)* skipping rope.

5 *nf (juego)* skipping.
+ **no perder comba** *fam* not to miss a chance.
saltar a la comba to skip, *US* skip rope.

combadura
1 *nf (de cuerda, cable)* bend, curve.
2 *nf (de viga, pared)* sag, bulge.
3 *nf (de carretera)* camber.

combar
1 *vt* to bend.
2 **combarse** *vpr (una cuerda)* to bend; *(viga, pared)* to sag, bulge.

combate
1 *nm (gen)* combat, battle.
2 *nm MIL* battle.
3 *nm (boxeo)* fight, contest.
+ **fuera de combate** *(gen)* out of action; *(en boxeo)* knocked out.
librar combate to wage battle.
- **combate nulo** draw.

combatiente
1 *adj* fighting.
2 *nm & nf* fighter, combatant.
3 *nm (ave)* ruff.

combatir
1 *vi* to fight (**contra**, against, -), struggle (**contra**, against): **combatir contra el enemigo** to fight (against) the enemy.
2 *vt (luchar contra)* to fight: **combatir el cáncer** to fight cancer.
3 *vt fig* to combat, fight.
4 *vt fig (batir, golpear)* to beat, lash: **las olas combaten el acantilado** the waves beat against the cliff.

combatividad *nf* fighting spirit, aggressiveness.

combativo,-a *adj* spirited, aggressive.

combinación
1 *nf* combination.
2 *nf (prenda)* slip.
3 *nf (cóctel)* cocktail.
4 *nf (lotería, quiniela)* permutation, numbers *pl*: **la combinación ganadora es la siguiente** the winning numbers are as follows.
5 *nf fig (artimaña)* fiddle, wangle.

combinado,-a
1 *pp* → **combinar**.
2 *adj MIL* combined.
3 **combinado** *nm (cóctel)* cocktail.
4 *nm DEP* all-star team.
5 *nm QUÍM* compound, combination.

combinar
1 *vt (gen)* to combine.
2 *vt (disponer)* to arrange, plan.
3 *vt QUÍM* to combine.
4 *vt (colores)* to match (**con**, -), go (**con**, with).
5 **combinarse** *vpr (ponerse de acuerdo)* to get together.

combo,-a
1 *adj* bent, curved.
2 *adj (pared)* sagging.

combustible
1 *adj* combustible.
2 *nm* fuel.

combustión *nf* combustion, burning.

comecocos
1 *nm arg (juego)* Pacman.
2 *nm arg (asunto, libro, etc)* brainwasher.
▲ *pl* **comecocos**.

comedero *nm* feeding trough, manger.

comedia
1 *nf TEAT* comedy, play.
2 *nf fig* farce, pretence (*US* pretense).
+ **hacer comedia** *fam* to put on an act.
- **comedia de costumbres** comedy of manners.
comedia de enredo farce.
comedia musical musical, musical comedy.

comediante,-a
1 *nm,f (hombre)* actor; *(mujer)* actress.
2 *nm,f fig* hypocrite, comedian.

comedido,-a
1 *pp* → **comedirse**.
2 *adj (cortés)* courteous, polite.
3 *adj (moderado)* moderate, restrained, reserved.

comedimiento *nm* restraint, moderation.

comediógrafo,-a *nm,f* playwright, dramatist.

comedirse *vpr* to restrain oneself.
▲ *Conjugation model* [34], *like* **servir**.

comedón *nm* blackhead.

comedor,-ra
1 *adj* with a huge appetite.
2 *nm,f (persona)* big eater.
3 **comedor** *nm (sala)* dining room; *(en una fábrica)* canteen; *(en universidad)* refectory, dining hall.
4 *nm (muebles)* dining room suite.

comendador *nm* commander.

comensal *nm & nf* person at the table, diner: **había cuatro comensales** there were four people dining together.

comentar
1 *vt (texto)* to comment on.
2 *vt (expresar una opinión)* to talk about, discuss.

comentario
1 *nm (observación)* remark, comment.
2 *nm (explicación, narración)* commentary.
3 **comentarios** *nm pl (murmuración)* gossip *sing*.
+ **dar lugar a comentarios** to cause gossip.
sin comentario no comment.

comentarista *nm & nf* commentator.

comenzar
1 *vt* to begin, start.
2 *vi* to begin, start: **comenzó a reír** he began to laugh, he began laughing.
+ **comenzar con** to begin with.
comenzar + ger to start by + *ger*: **comenzó explicando …** he started by explaining …
comenzar por + inf to begin by +*ing*: **comenzó por decir que …** he began by saying that …

comenzar por el principio to begin at the beginning, start at the beginning.
▲ *Conjugation model* [47], *like* **empezar**.

comer
1 *vt* to eat: **comer pescado** to eat fish.
2 *vt (tomar)* to have: **para cenar comimos sopa** we had soup for dinner.
3 *vt (color)* to fade.
4 *vt (corroer)* to corrode.
5 *vt fig (gastar)* to eat away; *(combustible)* to use, use up.
6 *vt (en ajedrez)* to take, capture.
7 *vi (gen)* to eat; *(a mediodía)* to have lunch, lunch; *(por la noche)* to have dinner, dine: **ayer comimos a las dos** yesterday we had lunch at two; **mañana vamos a comer fuera** tomorrow we're going to eat out; **David me ha invitado a comer** David's invited me to lunch.
8 *nm* eating.
9 comerse *vpr* to eat: **se lo comió todo** he ate all of it.
10 *vpr fig (saltarse)* to omit; *(párrafo)* to skip; *(palabra)* to swallow: **se come las palabras** she doesn't pronounce her words very clearly.
11 *vpr (color)* to fade.
12 *vpr (el mar, la tierra)* to swallow.
✦ **comer como un pajarito** *fam* not to eat enough to feed a sparrow.
comer como una lima/comer como un regimiento/comer por cuatro *fam* to eat like a horse.
come con los ojos his *(her, your, etc)* eyes are bigger than his *(her, your, etc)* belly.
comerse a alguien a besos *fig* to smother somebody with kisses.
comerse a alguien con los ojos *fig* to look at somebody lovingly.
comerse algo con los ojos *fam* to devour something with one's eyes.
comerse las uñas to bite one's nails.
¿con qué se come eso? *fam* what the heck is that?
dar de comer to feed.
echar de comer (a los animales) to feed (the animals).
está para comérsela *fam (mujer)* she's really tasty.
me come la envidia *fig* I'm green with envy.
no tener qué comer not to have enough to live on.
ser de buen comer to be a good eater.
sin comerlo ni beberlo *fam* without having had anything to do with it.

comerciable *adj* marketable.

comercial
1 *adj (del comercio)* commercial.
2 *adj (de tiendas)* shopping.
3 *nm & nf (vendedor)* seller; *(hombre)* salesman; *(mujer)* saleswoman.
■ **banco comercial** commercial bank.
tratado comercial commercial treaty.

comercialismo *nm* commercialism.

comercialización *nf* commercialization, marketing.

comercializar *vt* to commercialize, market.
▲ *Conjugation model* [4], *like* **realizar**.

comercialmente *adv* commercially.

comerciante
1 *adj* business-minded.
2 *nm & nf* merchant.
3 *nm & nf (interesado)* moneymaker.

comerciar
1 *vi (comprar y vender)* to trade, deal, buy and sell.
2 *vi (hacer negocios)* to do business (**con**, with).
▲ *Conjugation model* [12], *like* **cambiar**.

comercio
1 *nm (ocupación)* commerce, trade.
2 *nm (tienda)* shop, store.
3 *nm fig (trato sexual)* dealings *pl*, intercourse.
✦ **comercio al por mayor** wholesale trade.
comercio al por menor retail trade.
■ **comercio exterior** foreign trade.
libre comercio free trade.

comestible
1 *adj* edible, eatable.
2 comestibles *nm pl* groceries, food *sing*, foodstuffs *pl*.

cometa
1 *nm (cuerpo celeste)* comet.
2 *nf (juguete)* kite.

cometer *vt (crimen)* to commit; *(falta, error)* to make.

cometido
1 *nm (encargo)* task, assignment: **desempeñó su cometido** she carried out her task.
2 *nm (deber)* duty: **cumplió su cometido** he did his duty.

comezón *nf* itch, itching.
✦ **sentir comezón** *(tener picor)* to have an itch.
sentir comezón por +*inf fig* to be itching to +*inf*.

cómic *nm* comic.

comicial *adj* election, relating to elections.

comicidad *nf* comicalness, funniness.

comicios *nm pl POL* elections.

cómico,-a
1 *adj (divertido)* comic, comical, funny.
2 *adj (de comedia)* comedy.
3 *nm,f (actor)* comedian, comic.
■ **actor cómico** comedian.
cómico,-a de la legua strolling player.

comida
1 *nf (alimento)* food: **comida italiana** Italian food.
2 *nf (desayuno etc)* meal: **la primera comida del día** the first meal of the day.
3 *nf (almuerzo)* lunch.
■ **comida basura** junk food.
comida campestre picnic.
comida casera home cooking.
comida de negocios business lunch.
comida para gatos catfood.

comida para perros dogfood.
comida rápida fast food.

comidilla *nf fam fig* gossip, talk: **su embarazo es la comidilla del barrio** her pregnancy is the talk of the town.

comido,-a
1 *pp* → **comer**.
2 *adj* eaten.
3 *adj fam (fig)* having eaten: **saldré comido** I'll have something to eat before leaving.
✦ **lo comido por lo servido** *fam* fair do's.

comience *pres subj* → **comenzar**.

comienzo *nm* start, beginning.
✦ **a comienzos de** at the beginning of.
dar comienzo to begin, start.
estar en sus comienzos to be in its early stages.

comillas *nf pl* inverted commas, quotation marks.
✦ **abrir las comillas** to open quotation marks.
cerrar las comillas to close quotation marks.
entre comillas in inverted commas.

comilón,-ona
1 *adj* greedy, gluttonous.
2 *nm,f* big eater, glutton.

comilona *nf* big meal, blowout.

comino *nm BOT* cumin, cummin.
✦ **me importa un comino** *fam* I don't give a damn.
no valer un comino *fam* not to be worth tuppence.

comisaría
1 *nf* commissariat.
2 *nf (de policía)* police station.

comisariado *nm* commissariat.

comisario
1 *nm* commissioner, delegate.
2 *nm (de policía)* police inspector.

comiscar
1 *vt fam* to nibble.
2 *vi fam* to nibble.
▲ *Conjugation model* [1], *like* **sacar**.

comisión
1 *nf (retribución)* commission.
2 *nf (comité)* committee.
3 *nf (encargo)* assignment, commission.
4 *nf JUR* perpetration, committing.
✦ **a comisión/con comisión** on a commission basis: **trabajar a comisión** to work on a commission basis.
cobrar una comisión por algo to get a commission on something.
■ **comisión bancaria** service charge, bank commission.
comisión permanente standing committee.

comisionado,-a
1 *pp* → **comisionar**.
2 *adj* commissioned.
3 *nm,f* commissioner.

comisionar *vt* to commission.

comiso *nm* confiscation, seizure.

comisura *nf* corner, angle.

comité *nm* committee.
- **comité de empresa** works committee.

comitiva *nf* suite, retinue.
- **comitiva fúnebre** funeral procession.

como
1 *adv (modo)* how: **así fue como nos encontramos** this is how we met; **lo hizo como quiso** he did it the way he wanted to.
2 *adv (comparación)* as, like: **negro como la noche** as dark as night; **camina como su madre** he walks like his mother; **hablas como un político** you talk like a politician.
3 *adv (en calidad de)* as: **como director** as director; **como invitado** as a guest.
4 *adv (según)* as: **como dice tu amigo** as your friend says.
5 *adv fam (aproximadamente)* about: **había como unos cien** there were about a hundred.
6 *conj (así que)* as: **como llegaban se presentaban** they introduced themselves as they arrived.
7 *conj (si)* if: **como lo vuelvas a hacer…** if you do it again…
8 *conj (porque)* as, since: **como llegamos tarde no pudimos entrar** since we arrived late we couldn't get in.
+ **como quiera que** *(no importa cómo)* however; *(ya que)* since, as, inasmuch as.
  como no sea que unless.
  como sea whatever happens, no matter what.
  como si lo viera *fam* I can imagine perfectly well.
  como si nada/como si tal cosa as if nothing had happened.
  hacer como quien to pretend to +*inf*: **hizo como quien estaba enfermo** he pretended to be ill.
  hacer como si to pretend to +*inf*: **hace como si no viese nada** he's pretending not to see anything.
  tanto como eso no *fam* not as much as that.

cómo
1 *adv (interrogativo)* how: **¿cómo está usted?** how do you do?; **¿cómo lo supo?** how did he know?; **¿cómo ha dicho?** I beg your pardon?; **¿cómo te llamas?** what's your name?
2 *adv (por qué)* why: **¿cómo no viniste?** why didn't you come?
3 *adv (admiración)* how: **¡cómo corre el tiempo!** how time flies!
+ **¿a cómo están … ?** how much are … ?: **¿a cómo están las peras?** how much are the pears?
  ¿cómo? *fam* what?
  ¿cómo es eso? how come?
  ¿cómo es que …? how is it that …?
  ¡cómo no! but of course!, certainly!
- **el cómo y el porqué** the whys and wherefores.

cómoda *nf* chest of drawers, commode.

cómodamente *adv* comfortably.

comodidad
1 *nf (confort)* comfort.
2 *nf (facilidad)* convenience.
+ **con comodidad** comfortably.

comodín
1 *nm (mono)* joker; *(otra carta)* wild card.
2 *nm fig (persona)* factotum, man Friday, girl Friday; *(cosa)* multipurpose tool.
3 *nm fig (excusa)* excuse.
- **palabra comodín** word applicable to anything.

cómodo,-a
1 *adj* comfortable, cosy.
2 *adj (útil)* convenient, handy.
3 *adj (carácter)* easy-going.
+ **ponerse cómodo,-a** to make oneself comfortable.

comodón,-ona
1 *adj fam* comfort-loving.
2 *nm,f fam* comfort lover.

comodoro *nm* commodore.

comoquiera
1 **comoquiera que** *adv* anyway, anyhow: **comoquiera que sea** whatever way, one way or another.
2 *conj (causal)* since, as: **comoquiera que llegará tarde, no lo esperaremos** as he'll be late, we won't wait for him.

compactar *vt* to compact, compress.

compacto,-a
1 *adj (gen)* compact.
2 *adj (denso)* dense.
3 **compacto** *nm* compact disc.

compadecer
1 *vt* to pity, feel sorry for: **compadecer a los pobres** to pity the poor.
2 **compadecerse** *vpr* to take pity (**de**, on), pity (**de**, -), feel sorry (**de**, for): **se compadeció de la viuda** he took pity on the widow.
▲ *Conjugation model* [43], *like **agradecer**.*

compadraje *nm* conspiracy, plot.

compadre
1 *nm (padrino)* godfather.
2 *nm (padre)* father.
3 *nm fam (amigo)* mate, pal, friend.

compaginación
1 *nf (de libro)* make-up.
2 *nf (de dos cosas)* combination.

compaginar
1 *vt (combinar)* to combine, make compatible: **compagina el trabajo con los estudios** he can combine his job with his studies.
2 *vt (en impresión)* to make up.
3 **compaginarse** *vpr* to go together, be compatible.

compaña *nf* company, friends *pl.*

compañerismo *nm* companionship, fellowship, comradeship.

compañero,-a
1 *nm,f (sentimental, pareja)* partner.
2 *nm,f (colega)* companion, mate; *(camarada)* comrade.

3 *nm,f fig (guante, zapato, etc)* the other one, the one that goes with this one.
- **compañero,-a de armas** comrade-in-arms.
  compañero,-a de colegio schoolmate.
  compañero,-a de equipo team-mate.
  compañero,-a de fatigas fellow sufferer.
  compañero,-a de habitación roommate.
  compañero,-a de piso flatmate.
  compañero,-a de trabajo workmate, colleague.
  compañero,-a de viaje travelling companion.

compañía *nf* company.
+ **en compañía de** in the company of.
  hacer compañía a alguien to keep somebody company.
- **compañía de seguros** insurance company.
  compañía de teatro theatre (*US* theater) company.
  malas compañías bad company *sing.*

comparable *adj* comparable.

comparación *nf* comparison.
+ **en comparación con** compared to, in comparison to.
  no tienen ni punto de comparación there is no comparison.
  sin comparación beyond compare.

comparado,-a
1 *pp* → **comparar**.
2 *adj* compared (**con**, to).
3 *adj (gramática, lingüística)* comparative.

comparar *vt* to compare: **compara este vino con aquél** compare this wine to that one.
+ **¡no compares!** *fam* far from it!

comparativamente *adv* comparatively.

comparativo,-a
1 *adj* comparative.
2 **comparativo** *nm* comparative.

comparecencia *nf* appearance.
- **no comparecencia** nonappearance.
  orden de comparecencia summons.

comparecer
1 *vi JUR* to appear (**ante**, before).
2 *vi (presentarse)* to show up.
▲ *Conjugation model* [43], *like **agradecer**.*

comparsa
1 *nf (de teatro)* extras *pl.*
2 *nf (de carnaval)* masquerade, group of people in fancy dress.
3 *nm & nf* walk-on, extra.

compartimentado,-a *adj* partitioned.

compartimentar *vt* to compartmentalize.

compartimento *nm* compartment: **compartimento de primera clase** first-class compartment.
- **compartimento estanco** watertight compartment.

compartimiento *nm* → compartimiento.

compartir
1 *vt (dividir)* to divide (up), split, share
(out).
2 *vt (poseer en común)* to share: compar-
timos la misma habitación we share
the same room; no comparto su opinión I don't share his opinion.

compás
1 *nm (instrumento)* compass, compasses *pl.*
2 *nm (brújula)* compass.
3 *nm MÚS (división)* time; *(intervalo)* beat;
(ritmo) rhythm.
✦ al compás de in time to.
llevar el compás *(con la mano)* to beat
time; *(al bailar)* to keep time.
perder el compás to lose the beat.
▪ compás de espera MÚS bar rest; *(pausa)* pause.

compasado,-a
1 *pp* → compasar.
2 *adj* moderate, measured.

compasar
1 *vt (medir con compás)* to measure with
compasses.
2 *vt fig* to settle.
3 *vt MÚS* to divide into bars.

compasión *nf* compassion, pity.
✦ sin compasión merciless.
tener compasión de alguien to feel
sorry for somebody.

compasivamente *adv* sympathetically.

compasivo,-a *adj* compassionate, sympathetic.

compatibilidad *nf* compatibility.

compatibilizar *vt* to make compatible.
▲ *Conjugation model* [4], *like* realizar.

compatible *adj* compatible.

compatiblemente *adv* compatibly.

compatriota *nm & nf* compatriot; *(hombre)* fellow countryman; *(mujer)* fellow
countrywoman.

compeler *vt fml* to compel, force.

compendiar *vt* to summarize, abridge,
sum up.
▲ *Conjugation model* [12], *like* cambiar.

compendio *nm* summary, digest, précis, synopsis.

compenetración
1 *nf fig* mutual understanding.
2 *nf FÍS* interpenetration.

compenetrarse
1 *upr (uso recíproco)* to understand each
other: se compenetran muy bien
they understand each other very well.
2 *upr FÍS* to interpenetrate.
✦ compenetrarse con un papel *(actor)*
to get into one's role.

compensación *nf* compensation, indemnity.

✦ en compensación *(en pago)* in payment, as compensation; *(a cambio)* in
exchange.
▪ cámara de compensación clearing
house.
compensación bancaria clearing.

compensador,-ra
1 *adj* compensating.
2 compensador *nm* compensator.

compensar
1 *vt (pérdida, error)* to make up for.
2 *vt (indemnizar)* to compensate, indemnify: nos compensaron con quinientos euros they gave us five hundred
euros in compensation.
3 *vt TÉC* to balance, compensate.
4 *vt fam (merecer la pena)* to be worth
one's while: este trabajo no me compensa this job's not worth my while.

compensatorio,-a *adj* compensatory.

competencia
1 *nf (rivalidad)* competition, rivalry: hay
una gran competencia entre los dos
tenistas there's great competition between the two tennis players.
2 *nf (competidores)* competitors *pl*, rival
company: Emilio trabaja ahora para
la competencia Emilio is now working for our competitors.
3 *nf (habilidad)* competence, ability, proficiency.
4 *nf (incumbencia)* responsibility; *(jurisdicción)* jurisdiction: este asunto
no es de su competencia this matter is outside his jurisdiction, this
matter is outside his area of responsibility.
✦ en competencia con in competition
with.
hacer la competencia a to compete
with, compete against.

competente
1 *adj (capaz)* competent, capable, proficient.
2 *adj (adecuado)* adequate.
3 *adj JUR* competent.

competentemente *adv* competently.

competer
1 *vi (corresponder)* to be incumbent (**a**,
on), be the responsibility (**de**, of).
2 *vi (incumbir)* to come under the jurisdiction (**a**, of).

competición *nf* competition, contest.
▪ espíritu de competición competitive
spirit.

competido,-a
1 *pp* → competer.
2 *adj* hard-fought.

competidor,-ra
1 *adj (que compite)* competing.
2 *adj (rival)* rival.
3 *nm,f (rival)* competitor.
4 *nm,f (en competición deportiva)* competitor.
5 *nm,f (participante)* contestant, candidate.

competir *vi* to compete: los corredores compiten por el primer premio the runners are competing for the
first prize.
▲ *Conjugation model* [34], *like* servir.

competitividad *nf* competitiveness.

competitivo,-a *adj* competitive.

compilación
1 *nf (acción)* compiling.
2 *nf (obra)* compilation.

compilador,-ra *nm,f* compiler.

compilar *vt* to compile.

compincharse *upr fam* to conspire,
plot, get together.
✦ estar compinchado con alguien to
be in cahoots with somebody.

compinche
1 *nm & nf fam (amigo)* chum, pal, mate,
US buddy.
2 *nm & nf fam pey (cómplice)* accomplice,
sidekick.

complacencia
1 *nf (placer)* pleasure, satisfaction.
2 *nf (indulgencia)* indulgence.
✦ tener excesivas complacencias con
alguien to be over indulgent towards
somebody.

complacer
1 *vt (satisfacer)* to satisfy, gratify, oblige:
Juan me complace en todos mis de-
seos Juan satisfies all my desires; ¿en
qué puedo complacerle? what can I
do for you?
2 *vt (agradar)* to please: siempre intenta
complacerla he always tries to please
her.
3 *vt fml* to please, give pleasure: me complace anunciar … it gives me great
pleasure to announce…
4 complacerse *upr* to take pleasure (**en**,
in): los señores Solano se complacen
en invitarle al enlace matrimonial
de su hijo Mr and Mrs Solano have
great pleasure in inviting you to their
son's wedding.
▲ *Conjugation model* [76], *like* placer.

complacido,-a
1 *pp* → complacer.
2 *adj* pleased, satisfied.

complaciente
1 *adj* obliging, helpful.
2 *adj (marido)* complaisant.

complejidad *nf* complexity.

complejo,-a
1 *adj* complex.
2 complejo *nm* complex.
▪ complejo industrial industrial complex.
complejo turístico tourist resort.

complementar
1 *vt* to complement.
2 complementarse *upr* to complement
each other, be complementary to each
other.

complementario,-a *adj* complementary.

complemento
1 *nm (gen)* complement.
2 *nm GRAM* object, complement.
3 *nm (perfección)* perfection, culmination.
▪ **complemento circunstancial** adverbial complement.
complemento directo direct object.
complemento indirecto indirect object.

completamente *adv* completely.

completar
1 *vt (gen)* to complete.
2 *vt (acabar)* to finish; *(perfeccionar)* to round off.

completivo,-a *adj LING* object.

completo,-a
1 *adj (terminado)* finished, completed.
2 *adj (lleno)* full.
✦ **al completo** full up, filled to capacity.
por completo completely.

complexión *nf* constitution, build: su hermano es de complexión fuerte his brother is well-built.

complicación *nf* complication.
✦ **buscarse complicaciones** to make life difficult for oneself.

complicado,-a
1 *pp* → complicar.
2 *adj (gen)* complicated, complex.
3 *adj (carácter)* complex.
4 *adj (implicado)* involved: estaba complicado en la estafa he was involved in the fraud.

complicar
1 *vt (gen)* to complicate, make complicated.
2 *vt (implicar)* to involve (**en**, in).
3 **complicarse** *vpr (gen)* to make difficult for oneself.
4 *vpr (implicarse)* to get involved (**en**, in).
✦ **complicarse la vida** to make life difficult for oneself, make things hard for oneself.
▲ *Conjugation model* [1], *like* sacar.

cómplice *nm & nf* accomplice.

complicidad *nf* complicity.

complot *nm* plot, conspiracy.
▲ *pl* complots.

componedor,-ra *nm,f* typesetter.

componedora *nf* typesetting machine.

componenda *nf* shady deal, trick.
✦ **hacer componendas** to scheme.

componente
1 *adj* component, constituent.
2 *nm (pieza)* component, constituent; *(ingrediente)* ingredient.
3 *nm (miembro)* member.
✦ **de componente norte** *METEOR* northerly.
de componente sur *METEOR* southerly.

componer
1 *vt (formar)* to compose, make up, form: componer una medicina to make up a medicine.
2 *vt (reparar)* to fix, repair, mend.

3 *vt (adornar)* to adorn, decorate.
4 *vt (ataviar)* to dress up, make up.
5 *vt (riña)* to settle; *(ánimos)* to soothe.
6 *vt (música, versos)* to compose.
7 *vt (en impresión)* to set.
8 *vt fam (restablecer)* to settle: la sopa me ha compuesto el estómago the soup settled my stomach.
9 **componerse** *vpr (consistir)* to consist (**de**, of), be made up (**de**, of): las palabras se componen de sílabas words are made up of syllables.
10 *vpr (arreglarse)* to get ready; *(vestirse)* to get dressed: la novia se está componiendo the bride is getting ready.
✦ **componérselas** *fam* to manage, make, do: si hay algún problema que se las componga como pueda if there's any problem he'll have to manage as best he can.
▲ *Conjugation model* [78], *like* poner; *pp* compuesto,-a.

comportamiento *nm* behaviour (*US* behavior), conduct.

comportar
1 *vt (implica)* to involve, entail: eso comporta un cambio de planes that involves a change of plan.
2 **comportarse** *vpr (portarse)* to behave: se comportó mal she misbehaved.

composición
1 *nf (gen)* composition.
2 *nf (acuerdo)* agreement.
3 *nf (arreglo)* arrangement.
4 *nf (en impresión)* setting, composition.
✦ **hacer composición de lugar** *(decidirse)* to make a plan of action; *(formarse una idea)* to get a picture of a situation.

compositor,-ra *nm,f* composer.

compostelano,-a
1 *adj* of Santiago de Compostela, from Santiago de Compostela.
2 *nm,f* person from Santiago de Compostela, inhabitant of Santiago de Compostela.

compostura
1 *nf (composición)* composition.
2 *nf (reparación)* repair, mending.
3 *nf (dignidad)* composure, dignity; *(moderación)* restraint, moderation: perdió la compostura she lost her composure.
4 *nf (ajuste)* settlement, adjustment.
5 *nf (convenio)* agreement.
6 *nf (aseo)* neatness, tidiness.

compota *nf* compote.

compra *nf* purchase, buy.
✦ **hacer la compra** to do the shopping, go shopping.
ir a la compra to go shopping.
ir de compras to go shopping.
▪ **compra a crédito** credit purchase.
compra a plazos hire purchase, *US* instalment buying.
compra al contado cash purchase.

comprador,-ra *nm,f* purchaser, buyer, shopper.

comprar
1 *vt* to buy.
2 *vt fig (sobornar)* to bribe, buy off.
✦ **comprar al contado** to pay cash: lo compré al contado I paid cash for it.

compraventa *nf* buying and selling, dealing.

comprender
1 *vt (entender)* to understand: lo comprendiste mal you misunderstood it.
2 *vt (contener)* to comprise, include.
✦ **¿comprendes?** *(en conversación)* you see?
hacerse comprender to make oneself understood.
todo comprendido *(excursión etc)* all-in, inclusive.

comprensible *adj* understandable.

comprensión *nf* understanding.

comprensivamente *adv* sympathetically, understandingly.

comprensivo,-a
1 *adj (tolerante)* understanding.
2 *adj (que comprende o incluye)* comprehensive.
✦ **comprensivo,-a de** comprising, made up of.

compresa
1 *nf (higiénica)* sanitary towel.
2 *nf (vendaje)* compress.

compresibilidad *nf* compressibility.

compresible *adj* compressible.

compresión *nf* compression.

compresor,-ra
1 *adj* compressing.
2 **compresor** *nm* compressor.

comprimible *adj* compressible.

comprimido,-a
1 *pp* → comprimir.
2 *adj* compressed.
3 **comprimido** *nm* tablet.

comprimir
1 *vt (apretar)* to compress; *(gente)* to cram together.
2 *vt (reprimir)* to restrain.
3 **comprimirse** *vpr (apretarse)* to get compressed; *(gente)* to squeeze.
4 *vpr (contenerse)* to restrain oneself: me comprimí las ganas de llorar I fought back the tears.

comprobable *adj* verifiable, provable.

comprobación *nf* verification, check, checking.

comprobante
1 *nm (recibo)* receipt, voucher.
2 *nm JUR* document in proof.

comprobar
1 *vt (verificar)* to verify, check.
2 *vt (demostrar)* to prove.
3 *vt (observar)* to see, observe: como podrán ustedes comprobar as you can see for yourselves.
4 *vt (confirmar)* to confirm.
▲ *Conjugation model* [31], *like* contar.

comprometedor,-ra
1 *adj (situación etc)* compromising.
2 *adj (persona)* troublemaking.

comprometer
1 *vt (exponer a riesgo)* to endanger, jeopardize, risk; *(a una persona)* to compromise: **el general comprometió a los soldados** the general put the soldiers at risk.
2 *vt (implicar)* to involve, implicate: **esta carta compromete al alcalde en el asunto** this letter implicates the mayor in the affair.
3 *vt (obligar)* to commit.
4 *vt (poner en un aprieto)* to embarrass.
5 *vt (juzgar un tercero)* to submit to arbitration.
6 **comprometerse** *upr (contraer una obligación)* to commit oneself, pledge: **se comprometió a pagar** she promised to pay.
7 *upr (involucrarse)* to get involved.
8 *upr (establecer relaciones formales)* to get engaged.
✦ **comprometerse a hacer algo** to undertake to do something.

comprometido,-a
1 *pp →* **comprometer.**
2 *adj (difícil, arriesgado)* difficult, in jeopardy.
3 *adj (escritor, artista, etc)* committed.
4 *adj (involucrado)* involved.
5 *adj (para casarse)* engaged.

compromisario,-a
1 *adj* representative.
2 *nm,f* representative.

compromiso
1 *nm (obligación)* commitment, obligation: **cumplió sus compromisos** she fulfilled her obligations.
2 *nm (acuerdo)* agreement.
3 *nm (cita)* appointment; *(amorosa)* date.
4 *nm (dificultad)* difficult situation, bind.
5 *nm (matrimonial)* engagement.
✦ **libre de compromiso** without obligation.
poner a alguien en un compromiso to put somebody in a tight spot, put somebody in a difficult situation.
por compromiso out of a sense of duty.
soltero,-a y sin compromiso free and single, footloose and fancy-free.
▪ **compromiso matrimonial** engagement.
compromiso verbal verbal agreement.

compuerta *nf* sluice, floodgate.

compuesto,-a
1 *pp →* **componer.**
2 *adj (gen)* compound.
3 *adj (reparado)* repaired, mended.
4 *adj (elegante)* dressed up; *(arreglado)* tidy.
5 *adj fig (comedido)* composed.
6 **compuesto** *nm (químico, farmacéutico, etc)* compound.
✦ **quedarse compuesta y sin novio** to be left in the lurch.

compulsa
1 *nf (cotejo)* collation, comparison.
2 *nf JUR* certified true copy.

compulsar
1 *vt (cotejar)* to collate.
2 *vt JUR* to make a certified true copy of.

compulsión *nf* compulsion.

compulsivo,-a *adj* compelling, compulsive.

compunción
1 *nf (arrepentimiento)* compunction.
2 *nf fig (tristeza)* sorrow, sadness.

compungido,-a
1 *pp →* **compungir.**
2 *adj (arrepentido)* remorseful.
3 *adj fig (triste)* sorrowful, sad.

compungir
1 *vt fml (entristecer)* to sadden, make sad.
2 **compungirse** *upr (entristecerse)* to be saddened, feel sad.
▲ *Conjugation model* [6], *like* **dirigir.**

compuse *pt indef →* **componer.**

computable *adj* computable.

computación *nf* computing.

computador *nm* computer.

computadora *nf* computer.

computadorización *nf* computerization.

computadorizar *vt* to computerize.
▲ *Conjugation model* [4], *like* **realizar.**

computar
1 *vt (calcular)* to compute, calculate.
2 *vt fml (tomar en cuenta)* to take into account, count.

computarizar *vt* to computerize.
▲ *Conjugation model* [4], *like* **realizar.**

computerización *nf* computerization.

computerizar *vt* to computerize.

cómputo *nm* computation, calculation.

comulgante
1 *adj* communicant.
2 *nm & nf* communicant.

comulgar
1 *vi REL* to receive Holy Communion.
2 *vi fig (compartir ideas etc)* to share (**con**, -), agree (**con**, with): **no comulgo con sus ideas** I don't share his ideas.
3 *vt (administrar comunión)* to administer Holy Communion to.
✦ **comulgar con ruedas de molino** *fam* to believe anything: **¡no me hagas comulgar con ruedas de molino!** don't expect me to believe that!
▲ *Conjugation model* [7], *like* **llegar.**

comulgatorio *nm* communion rail, altar rail.

común
1 *adj (gen)* common: **eso es poco común** that's unusual.
2 *adj (compartido)* shared, communal.
3 *adj (amigos)* mutual.
4 **el común** *nm* the community.
5 **los Comunes** *nm pl POL* the Commons.

✦ **fuera de lo común** out of the ordinary.
hacer algo en común to do something jointly.
por lo común generally.
tener en común *(parecerse)* to have in common; *(compartir)* to share: **las dos hermanas no tienen nada en común** the two sisters have nothing in common; **tenemos el despacho en común** we share the same office.
▪ **bien común** common good.
el común de la gente the majority of people.

comuna *nf* commune.

comunal *adj* communal.

comunicable
1 *adj* communicable.
2 *adj (persona)* sociable.

comunicación
1 *nf (gen)* communication.
2 *nf (comunicado)* communication; *(oficial)* communiqué.
3 *nf (telefónica)* connection.
4 *nf (unión)* link, connection.
5 **comunicaciones** *nf pl* communications.
✦ **estar en comunicación con alguien** to be in touch with somebody.
poner a alguien en comunicación con alguien to put somebody in touch with somebody; *(por teléfono)* to put somebody through to somebody.
ponerse en comunicación con alguien to get in touch with somebody; *(por teléfono)* to get through to somebody.

comunicado,-a
1 *pp →* **comunicar.**
2 *adj* served: **el área está bien comunicada** the area is easily accessible by rail and road; **dos países bien comunicados** two countries with good (rail and road) communications.
3 **comunicado** *nm* communiqué.
▪ **comunicado de prensa** press release.

comunicador,-ra
1 *adj* transmitting.
2 *nm,f RAD TV (persona)* communicator.

comunicante
1 *adj* communicating.
2 *nm & nf* informer.

comunicar
1 *vt (hacer partícipe)* to communicate, convey, transmit: **Celia comunica a todos su alegría** Celia conveys her joy to everybody.
2 *vt (hacer saber)* to communicate, make known, tell.
3 *vt (conectar)* to connect.
4 *vi (ponerse en comunicación)* to communicate; *(por carta)* to correspond: **comunicaremos con usted** we'll get in touch with you.
5 *vi (teléfono)* to be engaged, *US* be busy.
6 *vi (estar conectado)* to communicate, be connected: **las habitaciones comunican** the rooms are connected.

7 comunicarse *vpr (tener relación)* to communicate; *(ponerse en contacto)* to get in touch, get in contact (**con**, with): **hace mucho que no me comunico con mi familia** I haven't been in contact with my family for ages.

8 *vpr (extenderse)* to spread: **el fuego se comunicó al bosque** the fire spread to the wood.

9 *vpr (estar conectado)* to be connected (**con**, to).

▲ *Conjugation model* [1], *like* **sacar**.

comunicativo,-a

1 *adj (actitud, sentimiento)* catching, infectious.

2 *adj (persona)* communicative, sociable, open.

comunidad *nf* community.

✦ **en comunidad** together.

▪ **comunidad autónoma** autonomous region.

comunidad de bienes *JUR* co-ownership.

comunidad de propietarios owners' association.

Comunidad Económica Europea European Economic Community.

comunión

1 *nf* communion, fellowship.

2 *nf REL* Holy Communion.

✦ **hacer la primera comunión** to make one's First Communion.

comunismo *nm* communism.

comunista

1 *adj* communist.

2 *nm & nf* communist.

comunitario,-a

1 *adj (gen)* of the community, relating to the community: **centro comunitario** community centre (*US* center).

2 *adj (de la Unión Europea)* Community, of the EU, relating to the UE: **España es un país comunitario** Spain is a member of the EU, Spain is an EU country.

comúnmente *adv (normalmente)* commonly, usually, generally; *(frecuentemente)* often.

comuña *nf* mixture of wheat and rye.

con

1 *prep (instrumento, medio)* with: **se defendió con un puñal** she defended herself with a knife; **hay que comerlo con una cuchara** you have to eat it with a spoon; **me divirtió con sus chistes** I really enjoyed his jokes.

2 *prep (modo, circunstancia)* in, with: **¿vas a salir con este frío?** are you going out in this cold?; **me gustas con ese vestido** you look nice in that dress, I like that dress on you.

3 *prep (juntamente, en compañía)* with: **se encerró con su prima en la habitación** she shut herself up in the room with her cousin; **Juan se quedó con las maletas** Juan was left with the suitcases.

4 *prep (contenido)* with: **encontré una cartera con dinero** I found a wallet with some money in it.

5 *prep (relación)* to: **yo hablo con todos** I speak to everybody; **fui amable con él** I was nice to him.

6 *prep (reciprocidad)*: **ámense unos con otros** love one another.

7 *prep (comparación)* compared to: **su fuerza no es nada comparada con la mía** his strength is nothing compared to mine.

8 *prep (a pesar de)* in spite of, despite: **con la nota que tenía no fue aceptado** he wasn't accepted in spite of his grade.

9 *prep* **con** + *inf* by + *ger*: **con disculparte no solucionas nada** you won't solve anything just by apologizing.

10 *prep (aunque)* in spite of: **con ser tan fuerte ...** in spite of being so strong ...

✦ **con que/con tal de que/con tal que** provided, as long as.

con todo (y eso) nevertheless, even so.

conato

1 *nm (intento)* attempt: **hizo un conato de hablar** she made an attempt to speak.

2 *nm (principio)* beginnings *pl*, start: **hubo un conato de incendio** a fire was started (and put out).

concadenar *vt* → **concatenar**.

concatenación *nf* concatenation.

concatenar

1 *vt* to concatenate, link together.

2 concatenarse *vpr* to concatenate, link together.

concavidad *nf* concavity.

cóncavo,-a *adj* concave.

concavoconvexo,-a *adj* concavoconvex.

concebible *adj* conceivable, imaginable.

concebir

1 *vt (engendrar)* to conceive.

2 *vt fig (comprender)* to understand: **no concibo tanta crueldad** I can't understand so much cruelty.

3 *vt fig (comenzar a sentir)* to experience, have: **concebir esperanzas** to build up one's hopes.

4 *vi (quedarse embarazada)* to become pregnant, conceive.

▲ *Conjugation model* [34], *like* **servir**.

conceder

1 *vt (otorgar)* to grant, concede; *(premio)* to award: **le concedieron el primer premio** he was awarded the first prize.

2 *vt (atribuir)* to give, attach: **no le concedí importancia a aquel asunto** I didn't attach importance to that affair.

3 *vt (oportunidad, tiempo)* to give.

4 *vt (admitir)* to concede, admit: **le concedo que no tengo razón** I admit I'm not right.

concejal,-la *nm,f (hombre)* town councillor, *US* town councilman; *(mujer)* town councillor, *US* town councilwoman.

concejalía *nf* councillorship.

concejo *nm* town council, council.

concelebrar *vt* to concelebrate.

concentración

1 *nf (gen)* concentration.

2 *nf (de gente)* gathering, rally.

▪ **concentración parcelaria** land consolidation, consolidation.

concentrado,-a

1 *pp* concentrate.

2 *adj* concentrated.

3 *adj fig (persona)* absorbed.

4 concentrado *nm* concentrate, extract.

concentrar

1 *vt* to concentrate.

2 concentrarse *vpr (reunirse)* to concentrate.

3 *vpr (fijar la atención)* to concentrate (**en**, on): **no conseguí concentrarme** I couldn't concentrate.

concéntrico,-a *adj* concentric.

concepción *nf* conception.

conceptismo *nm* conceptism.

concepto

1 *nm (idea)* concept, conception, idea.

2 *nm (opinión)* opinion, view.

3 *nm FIN* heading, section.

✦ **bajo ningún concepto** under no circumstances.

en concepto de by way of.

formarse un concepto de algo/alguien to form an opinion of something/somebody.

tener a alguien en buen concepto to have a high opinion of somebody.

tener buen concepto de algo/alguien to have a high opinion of something/somebody.

tener mal concepto de algo/alguien to have a low opinion of something/somebody.

conceptual *adj* conceptual.

conceptualismo *nm* conceptualism.

conceptualizar *vt* to conceptualize.

▲ *Conjugation model* [4], *like* **realizar**.

conceptuar *vt* to deem, think, consider: **siempre le he conceptuado de inteligente** I have always considered him to be intelligent.

✦ **estar bien/mal conceptuado,-a** to be well/badly considered.

▲ *Conjugation model* [11], *like* **actuar**.

conceptuoso,-a *adj* high-sounding, affected.

concerniente *adj* concerning, relating.

✦ **en lo concerniente a** *fml* with regard to.

concernir

1 *vi (afectar)* to concern, touch.

2 *vi (corresponder)* to be up to.

✦ **en lo que a mí** *(ti, él, etc)* **concierne** as far as I am *(you are, he is, etc)* concerned.

en lo que concierne a with regard to, with respect to.

por lo que a mí *(ti, él, etc)* **concierne** as far as I am *(you are, he is, etc)* concerned.

▲ *Conjugation model* [29], *like* **discernir**; *used only in the third persons of pres indic, imperf indic and pres subj; and nonpersonal forms.*

concertación *nf* agreement, reconciliation.

concertadamente
1 *adv (de acuerdo)* of a common accord.
2 *adv (en orden)* systematically.

concertado,-a
1 *pp* → **concertar**.
2 *adj* concerted.

concertar
1 *vt (planear)* to plan, coordinate.
2 *vt (entrevista)* to arrange; *(acuerdo)* to reach; *(tratado, negocio)* to conclude, settle: **concertar una cita** to arrange a meeting.
3 *vt (precio)* to agree on.
4 *vt MÚS* to harmonize.
5 *vi (concordar)* to agree, match up; *(números)* to tally.
6 *vi LING* to agree.
7 *vi MÚS* to harmonize, be in tune.
8 **concertarse** *vpr (ponerse de acuerdo)* to reach an agreement, get together.
▲ *Conjugation model* [27], *like* **acertar**.

concertina *nf* concertina.

concertino *nm* first violin.

concertista *nm & nf* soloist.

concesión
1 *nf* concession, granting.
2 *nf (de premio)* awarding.
✦ **hacer concesiones** to make concessions.

concesionario,-a
1 *adj* concessionary.
2 *nm,f* concessionaire, licence holder, licensee.
3 **concesionario** *nm (de coches)* dealer.

concesivo,-a *adj LING* concessive.

concha
1 *nf (caparazón)* shell.
2 *nf (carey)* tortoiseshell.
3 *nf (ostra)* oyster.
4 *nf TEAT* prompt box.
✦ **meterse en su concha** *fig* to withdraw into one's shell.
tener muchas conchas *fam* to be a sly one.
■ **concha de peregrino** scallop shell.

conchabar
1 *vt (unir)* to blend.
2 **conchabarse** *vpr fam (confabularse)* to plot, scheme.

conciencia
1 *nf (moral)* conscience.
2 *nf (conocimiento)* consciousness, awareness.
✦ **a conciencia** conscientiously.
con la conciencia tranquila with a clear conscience.
en conciencia in truth.
remorderle a alguien la conciencia to weigh on somebody's conscience.

tener conciencia de algo to be aware of something.
tomar conciencia de algo to become aware of something.
■ **conciencia de clase** class-consciousness.

concienciado,-a
1 *pp* → **concienciar**.
2 *adj* aware.

concienciar
1 *vt* to make aware (**de**, of).
2 **concienciarse** *vpr* to become aware (**de**, of).
▲ *Conjugation model* [12], *like* **cambiar**.

concienzudamente *adv* conscientiously.

concienzudo,-a *adj* conscientious.

concierto
1 *nm MÚS (sesión)* concert; *(composición)* concerto.
2 *nm (acuerdo)* agreement.
3 *nm (armonía)* concert, concord.
■ **concierto económico** economic accord.

conciliábulo *nm* secret meeting.

conciliación *nf* conciliation, reconciliation.

conciliador,-ra *adj* conciliatory, conciliating.

conciliar
1 *adj* conciliar.
2 *vt (gen)* to conciliate, bring together.
3 *vt (enemigos)* to reconcile.
4 **conciliarse** *vpr* to win.
▲ *Conjugation model* [12], *like* **cambiar**.

conciliatorio,-a *adj* conciliatory.

concilio *nm* council.
■ **el Concilio de Trento** el Council of Trent.
el Concilio Vaticano Segundo the Second Vatican Council.

concisión *nf* concision, conciseness.

conciso,-a *adj* concise, brief.

concitar *vt* to excite, incite, stir up, raise.

conciudadano,-a *nm,f* fellow citizen.

conclave
1 *nm REL* conclave.
2 *nm fig (reunión)* private meeting.
✦ **tener un conclave** to sit in conclave.

cónclave *nm* → **conclave**.

concluir
1 *vt (terminar)* to finish.
2 *vt (trato, negocio)* to close.
3 *vt (inferir)* to conclude, infer.
4 *vt (dar remate)* to put the finishing touches to.
5 *vi (finalizar)* to finish, come to an end, conclude.
▲ *Conjugation model* [62], *like* **huir**.

conclusión
1 *nf (final)* conclusion, end.
2 *nf (deducción)* conclusion.
✦ **en conclusión** in conclusion.
llegar a una conclusión to come to a conclusion.

concluso,-a *adj* adjourned pending sentence.

concluyente *adj* conclusive, decisive.

concomerse *vpr* to be consumed (**de**, with), itch (**de**, with): **concomerse de impaciencia** to itch with impatience; **concomerse de envidia** to be green with envy.

concomitancia *nf* concomitance.

concomitante *adj* concomitant.

concordancia
1 *nf* concordance, agreement.
2 *nf LING* agreement.

concordante *adj* concordant.

concordar
1 *vt (poner de acuerdo)* to bring into agreement, reconcile.
2 *vt LING* to make agree.
3 *vi (convenir)* to agree, coincide, match; *(números)* to tally: **yo no concuerdo contigo en este asunto** I don't agree with you on this matter; **la copia concuerda con el original** the copy matches the original.
4 *vi LING* to agree: **el adjetivo concuerda con el sustantivo** the adjective agrees with the noun.
▲ *Conjugation model* [31], *like* **contar**.

concordato *nm* concordat.

concorde *adj* in agreement.

concordia *nf* concord, harmony.

concreción
1 *nf (concisión)* concision, conciseness.
2 *nf (cálculo)* stone.
3 *nf (de minerales)* concretion.

concretamente
1 *adv (exactamente)* exactly: **no entiendo concretamente lo que quieres decir** I don't understand exactly what you mean.
2 *adv (en particular)* specifically, in particular: **me ofreció ese libro concretamente** he specifically offered me that book.

concretar
1 *vt (precisar)* to specify, state explicitly: **concretar los planes** to specify the plans.
2 *vt (hora, precio)* to fix, set: **aún no puedo concretar una fecha** I can't set a date yet.
3 *vt (resumir)* to sum up: **concretemos** let's sum up.
4 *vt (limitar)* to limit, confine: **concretó su actuación a cantar los éxitos** he limited his performance to just singing the hits.
5 **concretarse** *vpr (limitarse)* to limit oneself (**a**, to), confine oneself (**a**, to), keep (**a**, to): **me concreté a decir lo que sabía** I confined myself to just saying what I knew.
6 *vpr (materializarse)* to materialize; *(tomar forma)* to take shape; *(realizarse)* to become realized, come true.

concreto,-a
1 *adj (real)* concrete, real.
2 *adj (particular)* particular, specific: quiero ese libro concreto I want that particular book.
✦ **en concreto** *(en particular)* in particular, specifically; *(exactamente)* exactly. **en el caso concreto de ...** in the particular case of ...

concubina *nf* concubine.

concubinato *nm* concubinage.

conculcar *vt* to infringe, break, violate: conculcó la ley he broke the law.
▲ *Conjugation model* [1], *like* **sacar**.

concuñado,-a *nm,f (hombre)* wife's brother-in-law, sister-in-law's husband; *(mujer)* husband's sister-in-law, brother-in-law's wife.

concupiscencia *nf* concupiscence, lustfulness.

concupiscente *adj* concupiscent, lustful.

concurrencia
1 *nf (confluencia)* combination, concurrence.
2 *nf (público)* audience.
3 *nf (participación)* participation.

concurrente
1 *adj* concurrent.
2 *adj (competidores)* competing, contending.
3 *nm & nf (persona presente)* person present.
4 *nm & nf (público)* member of the audience.
5 *nm & nf (competidor)* competitor, contestant.
6 **los concurrentes** *nm pl* the audience *sing*, those present.

concurrido,-a
1 *pp* → **concurrir**.
2 *adj (lugar público)* busy, crowded.
3 *adj (espectáculo)* well-attended, popular.

concurrir
1 *vi (juntarse en un lugar - gente)* to gather, come together, meet: los fieles concurren en la iglesia the faithful gather at church; hoy concurren en las urnas 20 millones de alemanes 20 million Germans go to the polls today.
2 *vi (asistir)* to attend, be present: muchos ciudadanos concurrieron al acto many citizens attended the ceremony.
3 *vi (tomar parte - concurso etc)* to compete, take part; *(- elección)* to stand, run; *(- examen)* to be a candidate: varios candidatos concurrieron al certamen several candidates took part in the contest.
4 *vi (factores, circunstancias, etc)* to come together, combine: las causas que concurren hacen inviable su venta the combination of causes make its sale unviable; esto solo será posible si concurren circunstancias especiales this will only be possible if there are special circumstances; es raro que concurran

tantas cualidades en una sola persona it's strange to find so many qualities in a single person.
5 *vi (coincidir en el tiempo)* to coincide, concur, be at the same time.
6 *vi (contribuir)* to contribute (**a/en**, to).
7 *vi (estar de acuerdo)* to agree (**en**, on): concurrieron todos en el mismo sentir they all shared the same opinion.
8 *vi (calles etc)* to meet, converge; *(en geometría)* to cross, intersect.

concursante
1 *nm & nf (a concurso)* contestant, participant, competitor.
2 *nm & nf (a empleo)* candidate.

concursar
1 *vi (competir)* to compete, take part.
2 *vi (para un empleo)* to be a candidate.

concurso
1 *nm (gen)* competition; *(de belleza, deportivo)* contest; *(en televisión)* quiz.
2 *nm (para puestos)* public examination: las tres plazas de profesor saldrán a concurso applications are invited for the three teaching positions.
3 *nm fml (concurrencia)* gathering; *(de factores, circunstancias)* combination.
4 *nm (ayuda)* help, aid, collaboration.
5 *nm (licitación)* tender.
✦ **estar fuera de concurso** to be out of the running.
▪ **concurso hípico** horse show. **concurso literario** literary competition. **concurso radiofónico** radio quiz, radio quiz programme *(US* program).

condado *nm* county.

condal *adj* of a count, relating to a count.
▪ **la Ciudad Condal** Barcelona.

conde *nm* count.

condecoración *nf* decoration, medal.

condecorar *vt* to decorate.

condena
1 *nf JUR* sentence, conviction.
2 *nf (desaprobación)* condemnation, disapproval.
✦ **cumplir una condena** to serve a sentence.
▪ **condena a perpetuidad** life sentence. **condena condicional** suspended sentence.

condenable *adj* condemnable, blameworthy.

condenación
1 *nf* condemnation.
2 *nf REL* damnation.

condenadamente *adv fam* darned, damned.

condenado,-a
1 *pp* → **condenar**.
2 *adj JUR* convicted.
3 *adj REL* damned.
4 *adj (cegado)* condemned.
5 *adj (sin remedio)* hopeless.
6 *adj fig (maldito)* damn, damned: ese condenado perro vuelve a ladrar that damned dog is barking again.

7 *nm,f JUR* convict; *(a muerte)* condemned prisoner.
8 *nm,f fig (malvado)* wretch.
9 **los condenados** *nm pl REL* the damned.
✦ **trabajar como un condenado** *fam* to slog one's guts out, work like one possessed.

condenar
1 *vt JUR (declarar culpable)* to convict, find guilty.
2 *vt JUR (decretar condena)* to sentence, condemn: lo condenaron a muerte he was sentenced to death.
3 *vt (desaprobar)* to condemn.
4 *vt (forzar)* to condemn, doom.
5 *vt (tabicar)* to wall up, brick up.
6 **condenarse** *vpr* to be damned, condemn oneself.

condenatorio,-a *adj* condemnatory.

condensable *adj* condensable.

condensación
1 *nf (acción)* condensing.
2 *nf (efecto)* condensation.

condensado,-a
1 *pp* → **condensar**.
2 *adj* condensed.

condensador,-ra
1 *adj* condensing.
2 **condensador** *nm ELEC* condenser.

condensar
1 *vt* to condense.
2 **condensarse** *vpr* to condense.

condesa *nf* countess.

condescendencia
1 *nf (deferencia)* condescension.
2 *nf (amabilidad)* affability.

condescender
1 *vi (adaptarse)* to comply (**a**, with), consent (**a**, to): no estaba de acuerdo pero tuvo que condescender a la voluntad de los demás he didn't agree but he had to comply with all of the others.
2 *vi (dignarse)* to condescend.
▲ *Conjugation model* [28], *like* **entender**.

condescendiente
1 *adj (transigente)* condescending.
2 *adj (complaciente)* obliging, helpful.

condestable *nm* High Constable.

condición
1 *nf (naturaleza)* nature, condition.
2 *nf (carácter)* nature, character: es de condición apacible he is a gentle person.
3 *nf (circunstancia)* circumstance, condition.
4 *nf (estado social)* status, position: de condición humilde of humble origins.
5 *nf (calidad)* capacity: en su condición de profesor as a teacher.
6 *nf (exigencia)* condition: nos puso la condición de que llegáramos pronto he made it a condition that we should arrive early.
7 **condiciones** *nf pl (estado)* condition *sing*, state *sing*: condiciones de salud state of health.

8 *nf pl (aptitud)* aptitude *sing*, talent *sing*: tiene condiciones para el canto she has a talent for singing.

✦ **a condición de que ...** provided (that) ... **con la condición de que ...** on the condition that ...

en estas condiciones under these circumstances.

estar en condiciones de hacer algo *(físicas)* to be fit to do something; *(posición, autoridad)* to be in a position to do something.

estar en malas condiciones *(gen)* to be in a bad state, be in bad condition; *(comida)* to be off.

poner en condiciones to get ready.

▪ **condiciones de pago** conditions of payment.

condiciones de trabajo working conditions.

condiciones requeridas requirements.

persona de condición high-class person.

condicionado,-a
1 *pp* → condicionar.
2 *adj* conditioned.

condicional
1 *adj* conditional.
2 *nm* conditional.

condicionamiento *nm* conditioning.

condicionar
1 *vt (influir en)* to condition, determine.
2 *vt (supeditar)* to make conditional.

cóndilo *nm* condyle.

condimentación *nf* seasoning, flavouring *(US* flavoring).

condimentar *vt* to season, flavour *(US* flavor).

condimento *nm* seasoning, flavouring *(US* flavoring).

condiscípulo,-a *nm,f* fellow pupil, fellow student, schoolmate.

condolencia *nf* condolence, sympathy.

condolerse *vpr* to sympathize (**de**, with), feel sorry (**de**, for), feel pity (**de**, for).

▲ *Conjugation model* [32], *like* mover.

condominio
1 *nm (copropiedad)* joint ownership.
2 *nm (de un territorio)* condominium.

condón *nm* condom.

condonación *nf* condonation, remission.

condonar
1 *vt (perdonar)* to condone.
2 *vt (una deuda)* to cancel, remit.

cóndor *nm* condor.

conducción
1 *nf FÍS* conduction.
2 *nf (transporte)* transportation.
3 *nf (por tubería)* piping; *(eléctrica)* wiring.
4 *nf AUTO* driving.
5 *nf (cañería)* pipe, intake.

conducir
1 *vt (guiar)* to lead, take, show: un amigo nos condujo al lugar de los hechos a friend led us to the scene of the crime.
2 *vt (coche, animales)* to drive: conducir un camión to drive a lorry.
3 *vt (negocio)* to manage.
4 *vt (transportar)* to transport.
5 *vt (líquido)* to convey; *(electricidad)* to carry, conduct.
6 *vi (un coche)* to drive: conduce muy bien she drives very well.
7 *vi (llevar)* to lead (**a**, -): esto no conduce a nada this leads nowhere.
8 conducirse *vpr (comportarse)* to behave, conduct oneself.

▲ *Conjugation model* [46], *like* ...

conducta *nf* conduct, behaviour *(US* behavior).
▪ **mala conducta** misconduct, misbehaviour *(US* misbehavior).

conductancia *nf* conductance.

conductibilidad *nf* conductivity.

conductismo *nm* behaviourism *(US* behaviorism).

conductista
1 *adj* behavioural *(US* behavioral).
2 *nm & nf* behaviourist, *(US* behaviorist).

conductividad *nf* conductivity.

conductivo,-a *adj* conductive.

conducto
1 *nm (tubería)* pipe, conduit.
2 *nm (eléctrico)* cable, lead.
3 *nm ANAT* duct, canal: conducto auditivo auditory duct; conducto alimenticio alimentary canal.
4 *nm fig* channel: lo supimos por conductos oficiales we found out through official channels.
✦ **por conducto de** through.

conductor,-ra
1 *adj FÍS* conductive.
2 *nm,f AUTO* driver.
3 conductor *nm FÍS* conductor.

condumio *nm fam* grub, nosh, food.

conectar
1 *vt (gen)* to connect (up).
2 *vt (aparato eléctrico)* to switch on, plug in.
3 *vi RAD TV (coger)* to tune in (**con**, to); *(dar conexión)* to tune in (**con**, with): conectar con la BBC to tune in to the BBC.
4 *vi fam (llevarse bien)* to hit it off, get on well: Juan y yo conectamos enseguida Juan and I hit it off immediately.

conector *nm* connector.

coneja *nf* → conejo,-a.

conejar *nm* rabbit hutch.

conejera
1 *nf (conejal)* rabbit hutch.
2 *nf (madriguera)* rabbit warren, rabbit burrow.
3 *nf fig (cueva)* cave.
4 *nf fig (tugurio)* den, dive.

conejero,-a
1 *adj* rabbit-hunting.
2 *nm,f* rabbit breeder.

conejillo *nm* young rabbit.
▪ **conejillo de Indias** guinea pig.

conejito *nm fam* bunny.

conejo,-a
1 *nm,f (gen)* rabbit; *(macho)* buck; *(hembra)* doe.
2 conejo *nm tabú (coño)* cunt, pussy.
✦ **ser una coneja** *fam* to breed like a rabbit.
▪ **conejo de Indias** guinea pig.

conexión
1 *nf TÉC* connection.
2 *nf fig* relationship, connection.
✦ **estar en conexión con** to be connected to.

conexionar *vt* to connect.

conexo,-a *adj* connected, related.

confabulación *nf* conspiracy, plot.

confabulador,-ra *nm,f* conspirator, plotter.

confabular
1 *vi* to confabulate, discuss.
2 confabularse *vpr* to conspire, plot.

confección
1 *nf (acción)* dressmaking, tailoring; *(ropa)* off-the-peg clothes *pl*, ready-to-wear clothes *pl*: la industria de la confección the clothing industry.
2 *nf (realización)* making, making up: la confección de una lista the drawing up of a list.

confeccionador,-ra
1 *nm,f COST* outfitter.
2 *nm,f (realizador)* maker; *(de un escrito)* writer, author.

confeccionar *vt (vestido)* to make, make up; *(list)* to draw up; *(plato)* to prepare.

confeccionista *nm & nf* outfitter.

confederación *nf* confederation, confederacy.

confederal *adj* confederative.

confederar
1 *vt* to confederate.
2 confederarse *vpr* to confederate, become a confederation.

conferencia
1 *nf (charla)* talk, lecture.
2 *nf POL* conference, meeting.
3 *nf (teléfono)* long-distance call.
✦ **dar una conferencia sobre algo** to lecture on something, give a lecture on something.

poner una conferencia con to make a call to, place a call to.

▪ **conferencia a cobro revertido** reverse-charge call, *US* collect call.

conferencia de prensa press conference.

conferencia interurbana long-distance call.

conferenciante *nm & nf* lecturer.

conferenciar *vi* to confer: el embajador conferenció con el primer ministro sobre la crisis the ambassador
conferred with the Prime Minister on
the crisis.
▲ *Conjugation model* [12], *like cambiar.*

conferir
1 *vt (conceder)* to confer, bestow, award.
2 *vt (dar)* to give.
▲ *Conjugation model* [35], *like hervir.*

confesar
1 *vt (reconocer)* to confess, admit.
2 *vt (un crimen)* to own up to.
3 *vt (pecados)* to confess.
4 *vt REL* to confess, hear in confession.
5 *vi JUR* to own up.
6 confesarse *vpr* to go to confession,
confess.
+ confesarse culpable to admit one's
guilt, plead guilty.
confesar de plano *fam* to admit everything.
▲ *Conjugation model* [27], *like acertar.*

confesión
1 *nf (expresión)* confession, admission.
2 *nf REL* confession.
3 *nf (credo)* confession, faith.

confesional *adj* denominational.

confesionario *nm* confessional.

confeso,-a
1 *adj JUR* self-confessed.
2 *adj (judío)* converted.
3 *nm,f (judío)* converted Jew.

confesonario *nm* confessional.

confesor *nm* confessor.

confeti *nm* confetti.
▲ *pl confetis.*

confiadamente
1 *adv (con confianza)* confidently.
2 *adv (con engreimiento)* conceitedly.

confiado,-a
1 *pp →* **confiar.**
2 *adj (crédulo)* unsuspecting, gullible.
3 *adj (seguro)* confident, self-confident.
4 *adj (engreído)* self-satisfied; *(presumido)* conceited.

confianza
1 *nf (seguridad)* confidence.
2 *nf (fe)* trust.
3 *nf (familiaridad)* familiarity, intimacy.
4 *nf (presunción)* conceit.
+ con toda confianza in all confidence.
de confianza *(fiable)* reliable; *(de responsabilidad)* trustworthy: María es de
confianza María is trustworthy.
en confianza confidentially, in confidence.
estar en confianza to be among
friends.
tener confianza en uno mismo to be
self-confident.
tener mucha confianza con alguien
to be on intimate terms with somebody.
tomarse (muchas) confianzas to take
liberties.

tratar a alguien con confianza to
treat somebody like a friend.

confiar
1 *vi (tener fe)* to trust (**en**, -), confide (**en**,
in): no confiamos en él we don't trust
him.
2 *vi (estar seguro)* to be confident, trust:
confío en que no llegarán tarde I am
confident that they won't be late.
3 *vi (contar)* to count (**en**, on), rely (**en**,
on): confío en mi inteligencia para
resolver el problema I am counting on
my intelligence to solve the problem.
4 *vt (depositar)* to entrust.
5 *vt (secretos, problemas, etc)* to confide.
6 confiarse *vpr (entregarse)* to entrust
oneself: se confió a los médicos she
put herself in the hands of the doctors.
7 *vpr (confesarse)* to confide (**a**, in): me
confiaré a mi mejor amiga I'll con-
fide in my best friend.
8 *vpr (estar seguro)* to be overconfident: se
confió demasiado y suspendió el exa-
men he got overconfident and failed
the exam.
▲ *Conjugation model* [13], *like desviar.*

confidencia *nf* confidence, secret.

confidencial *adj* confidential.

confidencialidad *nf* confidentiality.

confidencialmente *adv* confidentially.

confidente,-a
1 *adj* trustworthy, reliable.
2 *nm,f (hombre)* confidant; *(mujer)* confidante.
3 *nm,f (de la policía)* informer.

configuración
1 *nf* configuration, shape.
2 *nf INFORM* configuration.
■ la configuración del terreno the lie
of the land.

configurar
1 *vt* to form, shape.
2 *vt INFORM* to configure.

confín
1 *adj* bordering.
2 *nm* limit, boundary: los confines de la
tierra the ends of the earth.
▲ *In 2, often used in plural.*

confinación *nf →* **confinamiento.**

confinamiento
1 *nm (encarcelamiento)* confinement.
2 *nm (exilio)* exile, banishment.

confinar
1 *vi (limitar)* to border: España confina
con Francia y Portugal Spain borders
on France and Portugal.
2 *vt (recluir)* to confine: confinaron al
preso en una celda the prisoner was
locked up in a cell.
3 confinarse *vpr* to shut oneself away.

confirmación *nf* confirmation.

confirmar
1 *vt* to confirm.
2 confirmarse *vpr* to be confirmed.

confirmatorio,-a *adj* confirmatory.

confiscación *nf* confiscation.

confiscar *vt* to confiscate.
▲ *Conjugation model* [1], *like sacar.*

confitado,-a
1 *pp →* **confitar.**
2 *adj (fruta)* candied, glacé.
■ frutas confitadas candied fruit *sing.*

confitar *vt (frutas)* to candy; *(carne)* to
preserve.

confite *nm* sweet, *US* candy.

confitería *nf* confectioner's, sweet shop,
US candy shop.

confitero,-a *nm,f* confectioner.

confitura *nf* preserve, jam.

conflagración
1 *nf (incendio)* conflagration.
2 *nf (de guerra)* flare-up.

conflictividad *nf* disputes *pl.*
■ conflictividad laboral industrial disputes *pl*, *US* labor disputes *pl.*

conflictivo,-a *adj (situación)* difficult;
(tema) controversial: zona conflictiva
area of conflict.

conflicto
1 *nm (choque)* conflict.
2 *nm fig (apuro)* dilemma.
■ conflicto laboral industrial dispute.

confluencia *nf* confluence.
■ punto de confluencia *fig* meeting point.

confluente
1 *adj* confluent.
2 *nm* confluence.

confluir *vi (personas)* to converge, come
together; *(ríos, caminos, etc)* to meet,
converge.
▲ *Conjugation model* [62], *like huir.*

conformación *nf* shape, structure.

conformar
1 *vt (dar forma)* to shape.
2 *vt (adaptar)* to conform, adjust: habrá
que conformar los gastos a los beneficios we'll have to adjust the expenses to the profits.
3 *vi (concordar)* to agree (**con**, with).
4 conformarse *vpr (contentarse)* to resign
oneself (**con**, to), be content (**con**,
with), make do (**con**, with): tendré que
conformarme con este sueldo I'll have
to be content with this salary.
+ ser de buen conformar to be easy-
going.

conforme
1 *adj (satisfecho)* satisfied: estaba conforme con la nota he was satisfied
with his mark.
2 *adj (de acuerdo)* in accordance with, in
keeping with: eso está conforme con
nuestras expectativas that meets our
expectations.
3 *adj (resignado)* resigned.
4 *adv (según, como)* as: todo salió conforme habíamos planeado everything
turned out as we'd planned.

5 *adv (en cuanto)* as soon as: telefoneó conforme llegó as soon as she arrived she phoned.
6 *adv (a medida que)* as: se presentaba conforme entraban los invitados she introduced herself as the guests came in.
7 *nm* approval, agreement.
8 *interj* all right!
✦ **conforme a** in accordance with, according to: conforme a lo que dijo according to what he said.
estar conforme to agree.
quedar conforme to agree: quedamos conformes con el precio we agreed on the price.

conformemente *adv* in accordance.
conformidad
1 *nf (acuerdo)* agreement.
2 *nf (aprobación)* approval, consent: nos dio su conformidad she gave us her consent.
3 *nf (resignación)* patience, resignation.
4 *nf (afinidad)* conformity.
✦ **en conformidad con algo** in conformity with something, in agreement with.
▪ **no conformidad** nonconformity.

conformismo *nm* conformism.
conformista
1 *adj* conformist.
2 *nm & nf* conformist.

confort *nm* comfort.
✦ **"Todo confort"** *(en anuncio)* "All mod cons", "Fully equipped".
▲ *pl* conforts.

confortable *adj* comfortable.
confortablemente *adv* comfortably.
confortador,-ra *adj* → confortante.
confortante
1 *adj (que fortalece)* invigorating.
2 *adj fig (consolador)* comforting, cheering.

confortar
1 *vt (dar vigor)* to invigorate.
2 *vt fig (consolar)* to comfort.
3 *vt fig (animar)* to cheer.

confraternal *adj* fraternal, brotherly.
confraternar *vi* to fraternize.
confraternidad *nf* confraternity, brotherhood.
confraternizar *vi* to fraternize.
▲ *Conjugation model* [4], *like* realizar.

confrontación
1 *nf (enfrentamiento)* confrontation.
2 *nf (comparación)* comparison, collation.

confrontar
1 *vt (gen)* to confront; *(carear)* to bring face to face.
2 *vt (cotejar)* to compare (**con**, with), collate (**con**, with).
3 *vi (lindar)* to border (**con**, on).
4 **confrontarse** *vpr* to face (**con**, -), confront (**con**, -): confrontarse con un competidor to face a competitor.

confundible *adj* easily confused.

confundir
1 *vt (mezclar)* to mix up.
2 *vt (equivocar)* to confuse (**con**, with), mistake (**con**, for): confundí un libro con otro I confused one book with another.
3 *vt (no reconocer)* to mistake (**con**, for): la confundí con su hermana I mistook her for her sister.
4 *vt (turbar)* to confound, embarrass.
5 **confundirse** *vpr (mezclarse)* to mingle; *(colores, formas)* to blend: los ladrones se confundieron con la multitud the thieves mingled with the crowd; la figura se confunde con los árboles the figure blends into the trees.
6 *vpr (equivocarse)* to get mixed up, make a mistake: me he confundido I have made a mistake; me confundí de calle I got the wrong street; se ha confundido de número you've got the wrong number.
7 *vpr (turbarse)* to be confused, be embarrassed.

confusamente *adv* confusedly.
confusión
1 *nf (desorden)* confusion, chaos.
2 *nf (equivocación)* mistake, confusion.
3 *nf (turbación)* confusion, embarrassment.

confusionismo *nm* confusion.
confuso,-a
1 *adj (ideas)* confused.
2 *adj (estilo etc)* obscure, confused.
3 *adj (recuerdos, formas)* vague, blurred.
4 *adj (mezclado)* mixed up.
5 *adj fig (turbado)* confused, embarrassed.

confutar *vt* to refute, confute.
conga *nf* conga.
congelación
1 *nf (gen)* freezing.
2 *nf (precios, salarios, etc)* freeze.
3 *nf MED (gen)* exposure; *(extremidades)* frostbite.

congelado,-a
1 *pp* → congelar.
2 *adj (gen)* frozen.
3 *adj MED* frostbitten.
4 **congelados** *nm pl* frozen food *sing*.

congelador *nm* freezer.
congelar
1 *vt (gen)* to freeze: congelar salarios to freeze salaries.
2 *vt MED* to cause frostbite on.
3 **congelarse** *vpr* to freeze.
4 *vpr MED* to get frostbite.

congénere
1 *adj* congeneric, congenerous.
2 *nm & nf* sort, kind: el águila y sus congéneres the eagle and similar birds; las prostitutas y sus congéneres prostitutes and their kind.

congeniar *vi* to get on: no congenia con mis amigos she doesn't get on with my friends.
▲ *Conjugation model* [12], *like* cambiar.

congénito,-a
1 *adj* congenital.
2 *adj fig* innate.

congestión *nf* congestion.
▪ **congestión cerebral** stroke.

congestionar
1 *vt* to congest.
2 **congestionarse** *vpr* to become congested.
3 *vpr (la cara)* to go red, blush.

conglobar *vt* to conglobate.
conglomeración *nf* conglomeration.
conglomerado
1 *nm TÉC* conglomerate.
2 *nm fig* conglomeration, collection.

conglomerar
1 *vt* to conglomerate.
2 **conglomerarse** *vpr* to conglomerate.

Congo *nm* Congo.
congoja
1 *nf (angustia)* anguish, distress.
2 *nf (pena)* grief, sorrow.

congoleño,-a
1 *adj* Congolese.
2 *nm,f* Congolese.

congolés,-esa *adj-nm,f* → congoleño,-a.

congraciar
1 *vt* to win over.
2 **congraciarse** *vpr* to ingratiate oneself (**con**, with).
▲ *Conjugation model* [12], *like* cambiar.

congratulación *nf fml* congratulation.
congratular
1 *vt fml* to congratulate on.
2 **congratularse** *vpr fml* to congratulate oneself (**de/por**, on).

congregación
1 *nf (reunión)* assembly.
2 *nf REL* congregation.

congregante *nm & nf* member of a congregation.
congregar
1 *vt* to congregate, assemble.
2 **congregarse** *vpr* to congregate, assemble.
▲ *Conjugation model* [7], *like* llegar.

congresista
1 *nm & nf (que asiste a un congreso)* congress participant.
2 *nm & nf (diputado)* member of congress; *(hombre)* congressman; *(mujer)* congresswoman.

congreso *nm* congress.
▪ **congreso de los Diputados** Parliament, *US* Congress.

congrio *nm* conger, conger eel.
congruencia
1 *nf (conveniencia)* congruity.
2 *nf MAT* congruence.

congruente
1 *adj (coherente)* coherent, suitable.
2 *adj MAT* congruent.

congruo,-a *adj* → congruente.

cónico,-a
1 *adj* conical.
2 *adj (en geometría)* conic.
conífera *nf* conifer.
conífero,-a *adj* coniferous.
conjetura *nf* conjecture.
✦ **hacer conjeturas** to make conjectures. **por conjetura** by guesswork.
conjetural *adj* conjectural.
conjeturar *vt* to conjecture.
conjugable *adj* conjugable.
conjugación *nf* conjugation.
conjugado,-a
1 *pp* → conjugar.
2 *adj (enlazado)* combined.
conjugar
1 *vt* to conjugate.
2 *vt fig* to join, combine, bring together.
3 **conjugarse** *vpr* to conjugate, be conjugated.
4 *vpr fig* to fit together.
▲ *Conjugation model* [7], *like llegar.*
conjunción *nf* conjunction.
conjuntado,-a
1 *pp* → conjuntar.
2 *adj* coordinated.
conjuntamente *adv* jointly, together.
conjuntar *vt* to coordinate.
conjuntiva *nf* conjunctiva.
conjuntivitis *nf* conjunctivitis.
▲ *pl conjuntivitis.*
conjuntivo,-a *adj* conjunctive.
conjunto,-a
1 *adj (compartido)* joint: **misión conjunta** joint mission.
2 *adj (combinado)* combined.
3 **conjunto** *nm (grupo)* group, collection: **un conjunto de libros** a collection of books.
4 *nm (todo)* whole: **el conjunto de los actores no convence** the actors as a whole are not convincing.
5 *nm (prenda)* outfit, ensemble; *(jersey y chaqueta)* twinset.
6 *nm MÚS (clásico)* ensemble; *(pop)* band, group.
7 *nm MAT* set.
8 *nm DEP* team.
✦ **de conjunto** overall.
en conjunto altogether, on the whole.
en su conjunto as a whole.
■ **base conjunta** joint base.
conjunto residencial housing estate.
conjunto urbanístico housing estate.
conjura *nf* plot, conspiracy.
conjuración *nf* plot, conspiracy.
conjurado,-a
1 *pp* → conjurar.
2 *adj* conspiring, plotting.
3 *nm,f* conspirator, plotter.
conjurar
1 *vt (gen)* to exorcise; *(peligro)* to avert, stave off, ward off.
2 *vt lit (rogar)* to beseech.

3 *vi (conspirar)* to conspire (**contra**, against).
4 **conjurarse** *vpr* to conspire (**contra**, against).
conjuro
1 *nm (exorcismo)* exorcism.
2 *nm (encantamiento)* spell, incantation.
conllevar
1 *vt (implicar)* to involve, entail; *(acarrear)* to imply, bring in its wake.
2 *vt (enfermedad)* to put up with; *(dolor)* to bear.
3 *vt (ayudar)* to help.
conmemoración *nf* commemoration.
conmemorar *vt* to commemorate.
conmemorativo,-a *adj* commemorative.
conmensurable *adj* commensurable.
conmigo *pron* with me, to me: **vino conmigo** she came with me; **hablaba conmigo** he was talking to me.
conminación *nf* threat, commination.
conminador,-ra *adj* threatening, menacing.
conminar *vt* to threaten, menace.
conminativo,-a
1 *adj* threatening, menacing.
2 *adj (sentencia)* coercive.
conminatorio,-a *adj* → conminativo,-a.
conmiseración *nf fml* commiseration, pity.
conmoción
1 *nf* commotion, shock: **causar conmoción** to cause a commotion.
2 *nf MED* concussion.
3 *nf (levantamiento)* riot.
■ **conmoción cerebral** concussion.
conmocionar
1 *vt* to shock.
2 *vt MED* to concuss.
3 *vt fig* to trouble, disturb.
conmovedor,-ra *adj* moving, touching.
conmover
1 *vt (persona)* to move, touch.
2 *vt (cosa)* to shake.
3 **conmoverse** *vpr (persona)* to be moved, be touched.
4 *vpr (cosa)* to be shaken.
▲ *Conjugation model* [32], *like mover.*
conmutabilidad *nf* commutability.
conmutable *adj* commutable.
conmutación *nf* commutation.
■ **conmutación de pena** commutation of sentence.
conmutador *nm* switch.
conmutar
1 *vt (cambiar)* to exchange.
2 *vt JUR* to commute.
3 *vt ELEC* to commutate.
conmutativo,-a *adj* commutative.
connatural *adj* connatural, inherent.

connaturalizarse *vpr* to become accustomed (**con**, to).
▲ *Conjugation model* [4], *like realizar.*
connivencia *nf* connivance, collusion.
connotación *nf* connotation.
connotar *vt* to connote.
connubio *nm lit* matrimony, marriage.
cono *nm* cone.
conocedor,-ra
1 *adj* expert.
2 *nm,f* expert (**de**, on), connoisseur (**de**, of): **es un conocedor de mariposas** he's an expert on butterflies.
conocer
1 *vt (gen)* to know; *(noticia)* to hear.
2 *vt (persona)* to meet, get to know: **la conocí ayer** I met her for the first time yesterday.
3 *vt (reconocer)* to recognize: **me conoció enseguida** she recognized me at once.
4 *vt (país, lugar)* to have been to: **no conozco Inglaterra** I've never been to England.
5 *vi (saber)* to know (**de**, about): **conocer de pinturas** to know about painting.
6 *vi JUR* to hear (**de**, -).
7 **conocerse** *vpr (a sí mismo)* to know oneself; *(dos o más personas)* to know each other; *(por primera vez)* to meet, get to know: **conócete a ti mismo** know yourself; **nos conocemos desde hace un año** we've known each other for a year; **nos conocimos en Berlín** we first met in Berlin.
✦ **conocer al dedillo/conocer palmo a palmo** to know like the back of one's hand, know backwards.
conocer de vista to know by sight.
dar a conocer to make known: **la emisora dio a conocer la noticia por la tarde** the radio station broadcast the news in the afternoon.
darse a conocer to make oneself known.
se conoce que ... *fam* apparently: **se conoce que no supo qué decir** apparently he didn't know what to say.
▲ *Conjugation model* [44].
conocido,-a
1 *pp* → conocer.
2 *adj* known: **ese nombre me es conocido** I've heard that name before.
3 *adj (famoso)* well-known.
4 *nm,f* acquaintance: **un conocido mío** an acquaintance of mine.
conocimiento
1 *nm (saber)* knowledge: **tiene pocos conocimientos de pintura** she knows little about painting.
2 *nm (sensatez)* good sense.
3 *nm (conciencia)* consciousness.
✦ **con conocimiento de causa** with full knowledge of the facts.
perder el conocimiento to lose consciousness.

poner algo en conocimiento de alguien to make something known to somebody, inform somebody of something.

recobrar el conocimiento to regain consciousness, come round.

tener conocimiento de algo to know about something.

▲ *In 1, also used in plural with the same meaning.*

conoide *adj* conoid.

conopeo *nm* canopy.

conque *conj* so: ya hemos acabado, conque ya te puedes ir we've finished now, so you can go.

conquense
1 *adj* of Cuenca, from Cuenca.
2 *nm & nf* person from Cuenca, inhabitant of Cuenca.

conquista *nf* conquest.
✦ hacer una conquista *(amorosa)* to make a conquest.

conquistador,-ra
1 *adj* conquering.
2 *nm,f* conqueror.
3 **conquistador** *nm (de América)* conquistador.
4 *nm fam fig (galán)* lady-killer.

conquistar
1 *vt (con las armas)* to conquer.
2 *vt fig (título etc)* to win.
3 *vt fig (ganarse)* to win, win over: nos conquistó con su amabilidad she won us over with her kindness.
4 *vt fig (enamorar)* to win.

consabido,-a
1 *adj fml (usual)* usual, familiar.
2 *adj (ya sabido)* well-known.

consagración
1 *nf REL* consecration.
2 *nf (artista etc)* recognition.
3 *nf (de una costumbre)* establishment.
4 *nf (dedicación)* dedication.

consagrado,-a
1 *pp →* consagrar.
2 *adj REL* consecrated.
3 *adj (reconocido)* recognized, established.
4 *adj (frase, costumbre)* time-honoured *(US* time-honored).
5 *adj (dedicado)* dedicated.

consagrar
1 *vt REL* to consecrate.
2 *vt (palabra, expresión)* to establish.
3 *vt (dedicar)* to dedicate: consagró su vida a los pobres he dedicated his life to the poor.
4 *vt (artista etc)* to confirm, establish: su última novela lo consagró como escritor his last novel established him as a writer.
5 **consagrarse** *vpr (dedicarse)* to devote oneself (**a**, to), dedicate oneself (**a**, to).
6 *vpr (hacerse reconocido)* to establish oneself.

consanguíneo,-a
1 *adj* consanguineous: hermana consanguínea half-sister.
2 *nm,f* blood relation.

consanguinidad *nf* consanguinity, blood relationship.

consciencia *nf →* conciencia.

consciente
1 *adj* conscious, aware.
2 *adj MED* conscious.
3 *adj (responsable)* reliable, responsible.
✦ **estar consciente** to be conscious.
ser consciente de algo to be aware of something: es muy consciente de sus limitaciones he's well aware of his own limitations.

conscientemente *adv* consciously.

consecución
1 *nf (objetivo)* attainment, achievement; *(deseo)* realization.
2 *nf (obtención)* obtaining, obtainment.

consecuencia
1 *nf* consequence, result.
2 *nf (coherencia)* consistency.
✦ **a consecuencia de** as a consequence of, as a result of.
atenerse a las consecuencias to suffer the consequences.
como consecuencia de as a consequence of, as a result of.
en consecuencia consequently, therefore, thus.
por consecuencia consequently, therefore.
sacar en consecuencia to conclude.
tener buenas consecuencias/traer buenas consecuencias to do good.
tener malas consecuencias/traer malas consecuencias to have ill effects.

consecuente
1 *adj (siguiente)* consequent.
2 *adj (resultante)* resulting.
3 *adj (coherente)* consistent.

consecuentemente
1 *adv (coherentemente)* consistently.
2 *adv (seguidamente)* consequently, therefore.

consecutivamente *adv* consecutively.

consecutivo,-a *adj* consecutive.

conseguir
1 *vt (cosa)* to obtain, get; *(objetivo)* to attain, achieve.
2 *vt (lograr)* to manage, succeed in: conseguí abrirlo I managed to open it; ¡lo conseguí! I did it!
▲ *Conjugation model* [56], *like* **seguir.**

conseja *nf lit* fable, legend.

consejería
1 *nf (lugar)* Council.
2 *nf (cargo)* councillor.

consejero,-a
1 *nm,f (asesor)* adviser, advisor, counsellor.
2 *nm,f POL* councillor.
3 *nm,f (de un consejo de administración)* member (of a board of directors).
✦ **ser buen,-na consejero,-a** *fam* to give sound advice.

■ **consejero,-a delegado,-a** managing director.
consejero,-a técnico,-a technical adviser.

consejo
1 *nm (recomendación)* advice: nos dio un consejo she gave us a piece of advice; procura seguir sus consejos try to follow her advice.
2 *nm (junta)* council, board.
✦ **celebrar consejo** to hold council.
pedir consejo a alguien to ask somebody for advice.
■ **consejo de administración** *(grupo)* board of directors; *(reunión)* board meeting.
consejo de disciplina disciplinary council.
Consejo de Europa European Council.
consejo de guerra court martial.
consejo de ministros *(grupo)* cabinet; *(reunión)* cabinet meeting.

consenso
1 *nm (acuerdo)* consensus.
2 *nm (consentimiento)* consent, assent.

consensual *adj* consensual.

consensuar *vt* to reach a consensus on.
▲ *Conjugation model* [11], *like* **actuar.**

consentido,-a
1 *pp →* consentir.
2 *adj (mimado)* spoiled, spoilt.
3 *nm,f (persona)* spoiled person, spoilt person; *(niño)* spoiled child, spoilt child.

consentimiento *nm* consent.

consentir
1 *vt (tolerar)* to allow, permit, tolerate: no consentiré que se marche así I won't allow him to leave that way.
2 *vt (mimar)* to spoil.
3 *vt (admitir)* to take, withstand: el ascensor consiente hasta quinientos kilos the lift can take up to five hundred kilos.
4 *vi (admitir)* to consent (**en**, to), agree (**en**, to): el niño no consiente en comer the child refuses to eat.
5 *vi (ceder)* to weaken.
6 **consentirse** *vpr (rajarse)* to crack, break.
▲ *Conjugation model* [35], *like* **hervir.**

conserje
1 *nm (portero)* porter; *(de hotel)* hall porter.
2 *nm (encargado)* caretaker.

conserjería
1 *nf (lugar)* porter's lodge, reception.
2 *nf (oficio)* job of porter.

conserva
1 *nf (en lata)* tinned food, canned food.
2 *nf (dulces)* preserves *pl.*
▲ *Also used in plural with the same meaning.*

conservación
1 *nf (de alimentos)* preservation.
2 *nf (calor etc)* conservation.
3 *nf (mantenimiento)* maintenance, upkeep.

- **instinto de conservación** instinct of self-preservation.

conservador,-ra
1 *adj POL* conservative.
2 *nm,f POL* conservative.
3 *nm,f (de museos)* curator.

conservadurismo *nm* conservatism.

conservante *nm* preservative.

conservar
1 *vt (alimentos)* to preserve.
2 *vt (mantener)* to keep in, maintain.
3 *vt (guardar)* to keep, save: **aún conservo las entradas** I still have the tickets.
4 *vt (enlatar)* to tin, can.
5 **conservarse** *upr (tradición etc)* to survive.
6 *upr fig (mantenerse)* to keep well: **tu padre se conserva muy bien** your father looks good for his age.
+ **conservarse con salud/conservarse en salud** to keep fit and well.

conservatorio *nm* conservatory, conservatoire, school of music.

conservería
1 *nf (industria)* canning industry.
2 *nf (fábrica)* cannery.

conservero,-a
1 *adj* canning: **industria conservera** canning industry.
2 *nm,f* canner.

considerable *adj* considerable.

considerablemente *adv* considerably.

consideración
1 *nf (reflexión)* consideration, attention: **este tema merece nuestra consideración** this subject deserves our attention.
2 *nf (respeto)* regard.
+ **con consideración** *(respeto)* respectfully; *(cuidado)* carefully.
de consideración important, serious: **estaba herido de consideración** he was seriously injured.
en consideración a considering.
por consideración a out of consideration for: **lo hizo por consideración a su hijo** he did it out of consideration for his son.
tomar algo en consideración to take something into account, take something into consideration.
tratar con consideración to treat with care.
tratar sin consideración to treat carelessly.
- **falta de consideración** lack of consideration.

considerado,-a
1 *pp →* **considerar.**
2 *adj (atento)* considerate, thoughtful.
3 *adj (apreciado)* respected.
+ **estar bien considerado,-a** to be well thought of, be highly regarded.
estar mal considerado,-a to be badly thought of.

considerar
1 *vt (reflexionar)* to consider, think over, think about: **debes considerar seriamente mi petición** you should consider my request seriously.
2 *vt (tomar en consideración)* to take into account: **considera todas las ventajas** take all the advantages into account.
3 *vt (respetar)* to treat with consideration, respect.
4 *vt (juzgar)* to judge, regard, deem.
5 **considerarse** *upr* to consider oneself.
+ **considerando que** considering that, considering.

consigna
1 *nf (en estación etc)* left-luggage office, *US* check-room.
2 *nf (señal, lema)* watchword.
3 *nf MIL* orders *pl*, instructions *pl*.

consignación
1 *nf (asignación)* allocation.
2 *nf (de mercancías)* consignment.

consignador,-ra *nm,f* shipper.

consignar
1 *vt (mercancías)* to consign, ship, dispatch.
2 *vt (destinar - dinero etc)* to allocate; *(- cantidad)* to assign.
3 *vt (anotar)* to note down, take down.

consignatario,-a
1 *nm,f (depositario)* trustee, mortgagee.
2 *nm,f COM* consignee.
- **consignatario,-a de buques** shipping agent.

consigo[1] *pres indic →* **conseguir.**

consigo[2]
1 *pron (3ª persona singular - hombre)* with him; *(- mujer)* with her; *(- cosa, animal)* with it: **lo trajo consigo** she brought it with her; **hablaba consigo mismo** he was talking to himself.
2 *pron (usted)* with you: **¿lo lleva consigo?** have you got it with you?
3 *pron (3ª persona plural)* with them: **las azafatas llevaban las maletas consigo** the hostesses carried their suitcases with them.
4 *pron (ustedes)* with you: **¿ustedes llevan toda la documentación consigo?** have you got all your papers with you?
+ **no tenerlas todas consigo** *fam* not to rate one's chances highly.

consiguiente *adj* consequent, resulting, resultant.
+ **por consiguiente** therefore, consequently.

consiguientemente *adv* therefore, consequently.

consintiente *adj* consenting, agreeing.

consistencia
1 *nf (dureza)* consistency, firmness, solidness.
2 *nf (coherencia)* coherence, soundness.
+ **sin consistencia** *(sin coherencia)* insubstantial; *(salsa etc)* too thin, too runny.

tomar consistencia *(tomar forma)* to take form, materialize; *(salsa etc)* to thicken.

consistente
1 *adj (firme)* firm, solid.
2 *adj fig* sound, solid: **un argumento consistente** a sound argument.
3 *adj CULIN* thick.
+ **consistente en** consisting of.

consistir
1 *vi (estribar)* to lie (**en**, in), consist (**en**, in): **la solución consiste en crear un nuevo archivo** the solution lies in creating a new file.
2 *vi (estar formado)* to consist (**en**, of).

consistorial *adj REL* consistorial.
- **casa consistorial** town hall.

consistorio
1 *nm (ayuntamiento)* town council.
2 *nm REL* consistory.

consocio,-a *nm,f* partner, associate.

consola
1 *nf (mueble)* console table.
2 *nf (de ordenador etc)* console.
- **consola de videojuegos** games console.

consolación *nf* consolation, comfort.
- **premio de consolación** consolation prize.

consolador,-ra
1 *adj* consoling, comforting.
2 **consolador** *nm* dildo.

consolar
1 *vt* to console, comfort.
2 **consolarse** *upr* to take comfort (**con**, from).
▲ *Conjugation model* [31], *like* **contar.**

consólida *nf* comfrey.

consolidación *nf* consolidation.

consolidar
1 *vt* to consolidate.
2 **consolidarse** *upr* to consolidate.

consolidativo,-a *adj* consolidating, consolidatory.

consomé *nm* clear soup, consommé.

consonancia
1 *nf LIT* consonance, rhyme.
2 *nf fig* harmony.
+ **en consonancia con** in harmony with.

consonante
1 *adj* consonant.
2 *nf* consonant.

consonántico,-a *adj* consonantal, consonant.

consonantismo *nm* consonant system.

consonar
1 *vi (rimar)* to rhyme.
2 *vi MÚS* to harmonize.
3 *vi fig* to agree (**con**, with), fit (**con**, -), be in harmony (**con**, -).
▲ *Conjugation model* [31], *like* **contar.**

consorcio *nm* consortium, partnership, association.

consorte
1 *nm & nf (cónyuge)* spouse.

2 consortes *nm pl JUR* accomplices, joint partners.

■ **príncipe consorte** prince consort.

conspicuo,-a *adj* conspicuous, outstanding.

conspiración *nf* conspiracy, plot.

conspirador,-ra *nm,f* conspirator, plotter.

conspirar *vi* to conspire, plot.

constancia
1 *nf (perseverancia)* constancy, perseverance.
2 *nf (evidencia)* evidence, proof: **no había constancia de delito** there wasn't any proof of crime.
✦ **dejar constancia de algo** *(registrar)* to put something on record; *(probar)* to prove something.

constante
1 *adj (invariable)* constant.
2 *adj (persona)* steadfast.
3 *nf MAT* constant.
■ **constantes vitales** vital signs.

constantemente *adv* constantly: **la gente entraba y salía constantemente** people were constantly going in and out, people kept going in and out all the time.

Constantinopla *nf* Constantinople.

constar
1 *vi (consistir en)* to consist (**de**, of), be made up (**de**, of), comprise (**de**, -): **el libro consta de cuatro capítulos** the book has four chapters.
2 *vi (figurar)* to figure, be included, appear: **su nombre consta en todas partes** his name appears everywhere.
3 *vi (ser cierto)* to be a fact: **me consta que ha llegado** I am certain that she has arrived, I know for a fact that she has arrived.
4 *vi (quedar claro)* to be clear, be known: **pero que conste que yo no se lo dije** but I'd like it to be quite clear that I didn't tell her; **que conste que ...** and let it be clearly understood that ...
✦ **hacer constar** *(señalar)* to point out, state; *(escribir)* to put down, include. **para que así conste** *fml* for the record.

constatación *nf* verification.

constatar *vt* to verify, confirm.

constelación *nf* constellation.

constelado,-a
1 *adj (estrellado)* starry.
2 *adj fig* strewn (**de**, with).

consternación *nf* consternation, dismay.

consternar
1 *vt* to dismay, shatter.
2 consternarse *vpr* to be dismayed, be aghast: **se consternó con la enfermedad** she was dismayed by her illness.

constipación *nf* cold.

constipado,-a
1 *pp →* **constiparse.**
2 constipado *nm MED* cold.
✦ **estar constipado,-a** to have a cold.

constiparse *vpr* to catch a cold.

constitución *nf* constitution.

constitucionalidad *nf* constitutionality.

constitucional
1 *adj* constitutional.
2 *nm & nf* constitutionalist.

constituir
1 *vt (formar)* to comprise, make up, constitute: **el sol y los planetas constituyen el sistema solar** the solar system is made up of the sun and the planets.
2 *vt (ser)* to be, constitute: **eso constituye un inconveniente** that's a drawback.
3 *vt (crear)* to create, set up, establish: **Carlos V constituyó un imperio** Charles V built an empire.
4 constituirse *vpr* to set oneself up as, become: **el general se constituyó en jefe del Estado** the general became Head of State.
▲ *Conjugation model* [62], *like* **huir.**

constitutivo,-a *adj* constituent, component.

constituyente
1 *adj* constituent.
2 *nm & nf (componente)* constituent.

constreñimiento
1 *nm (obligación)* constraint, imposition.
2 *nm (opresión)* restriction.

constreñir
1 *vt (forzar)* to constrain, compel, force.
2 *vt (limitar)* to limit, restrict.
3 *vt MED (cerrar)* to constrict.
▲ *Conjugation model* [36], *like* **ceñir.**

constricción *nf* constriction.

constrictor
1 *adj* constricting, constrictive.
2 constrictor *nm* constrictor.

construcción
1 *nf* construction: **la industria de la construcción** the construction industry.
2 *nf (edificio)* building.
✦ **en construcción/en vías de construcción** under construction.

constructivamente *adv* constructively.

constructivo,-a *adj* constructive.

constructor,-ra
1 *adj* construction, building.
2 *nm,f (de edificios)* builder; *(de barcos)* shipbuilder.
■ **empresa constructora** construction company, builders *pl.*

construir *vt* to construct, build.
▲ *Conjugation model* [62], *like* **huir.**

consubstanciación *nf* consubstantiation.

consubstancial *adj* consubstantial.

consuegro,-a *nm,f (padre - del yerno)* son-in-law's father; *(- de la nuera)* daughter-in-law's father; *(madre - del yerno)* son-in-law's mother; *(- de la nuera)* daughter-in-law's mother.

consuelo *nm* consolation, comfort.
✦ **sin consuelo** inconsolably.

consuetudinario,-a *adj* habitual, customary.

cónsul *nm & nf* consul.

consulado
1 *nm (oficina)* consulate.
2 *nm (cargo)* consulship.

consular *adj* consular.

consulta
1 *nf (acción)* consultation.
2 *nf (consejo)* advice, opinion: **¿te puedo hacer una consulta?** can I ask you something?
3 *nf MED* surgery, *US* doctor's office; *(consultorio)* consulting room: **horas de consulta** surgery hours, *US* office hours.
✦ **pasar consulta** to see patients, hold surgery.
■ **obra de consulta** reference book.

consultar
1 *vt (pedir opinión)* to consult (**con**, with/-), seek advice (**con**, from): **consulté con mis padres** I consulted with my parents.
2 *vt (buscar en un libro)* to look up: **consulté la palabra en el diccionario** I looked up the word in the dictionary.
✦ **consultar con un abogado** to consult a lawyer, take legal advice.
consultar con un médico to consult a doctor, take medical advice.
consultarlo con la almohada *fig* to sleep on it.

consultivo,-a *adj* consultative, advisory.

consultor,-ra
1 *adj* consulting.
2 *nm,f* consultant.

consultoría *nf (servicio)* consultancy; *(empresa)* consultancy firm.

consultorio
1 *nm MED (consulta)* surgery, *US* doctor's office; *(habitación)* consulting room.
2 *nm (ambulatorio)* outpatients' (department).
3 *nm (de información)* office; *(consultoría)* consultancy.
4 *nm (en periódicos)* problem page, advice column, agony column; *(en radio)* phone-in.

consumación *nf* consummation, completion; *(de un crimen)* perpetration.

consumado,-a
1 *pp →* **consumar.**
2 *adj (perfecto)* consummate, accomplished.
3 *adj fam* complete, perfect: **un tonto consumado** a complete and utter fool.

consumar
1 *vt (terminar)* to complete, carry out.
2 *vt (crimen)* to commit.
3 *vt (matrimonio)* to consummate.

consumición
1 *nf* consumption.
2 *nf (bebida)* drink.
■ **consumición mínima** basic charge.

consumido,-a
1 *pp* → **consumir.**
2 *adj fig (muy flaco)* thin, emaciated.
3 *adj fig (afligido)* consumed.
✦ **estar consumido,-a por algo** *fig* to be consumed with something, be eaten up with something.

consumidor,-ra
1 *adj* consuming.
2 *nm,f* consumer.

consumir
1 *vt (gastar, usar)* to consume, use.
2 *vt (destruir)* to destroy, consume: **el fuego consume la madera** fire destroys wood.
3 *vt (tomar)* to take, consume: **en España se consume más aceite de oliva que en otros países de Europa** more olive oil is consumed in Spain than in other European countries; **no consumimos alcohol** we don't drink alcohol.
4 *vt fig (carcomer, afligir)* to consume; *(poner nervioso)* to get on one's nerves, infuriate: **la envidia lo consumía** he was consumed with envy.
5 **consumirse** *upr (extinguirse)* to burn out.
6 *upr (secarse)* to boil away.
7 *upr (destruirse)* to be destroyed.
8 *upr fig (afligirse)* to waste away.
9 *upr fig (carcomerse)* to be consumed, be devoured.

consumismo *nm* consumerism.

consumista
1 *adj* consumerist.
2 *nm & nf* consumerist.

consumo *nm* consumption.

consunción *nf* consumption.

consuno
✦ **de consuno** together, with one accord.

consustancial *adj* innate (**a**, in), inherent (**a**, in).
✦ **ser consustancial con** to be inseparable from.

contabilidad
1 *nf (profesión)* accountancy; *(carrera)* accounting.
2 *nf (de empresa etc)* accounting, bookkeeping.
✦ **llevar la contabilidad** to keep the books.

contabilizar *vt* to enter in the books.
▲ *Conjugation model* [4], *like realizar.*

contable
1 *adj* countable.
2 *nm & nf* bookkeeper, accountant.

contactar *vt* to contact, get in touch (**con**, with).

contacto
1 *nm* contact.
2 *nm AUTO* ignition.
✦ **entrar en contacto con/ponerse en contact con** to get in touch with, get in contact with.

establecer contacto con to make contact with, get in contact with.
mantenerse en contacto con to keep in touch with, keep in contact with.
perder el contacto to lose touch.
▪ **contacto sexual** sexual contact.

contactología *nf* contact-lens manufacturing.

contactólogo,-a *nm,f* contact-lens specialist.

contadero,-a *adj* countable.

contado,-a
1 *pp* → **contar.**
2 *adj* few: **son contados los alumnos que aprobaron** the pupils who passed are few and far between.
✦ **en contadas ocasiones** seldom, rarely.
tiene los días contados *fig* his days are numbered.

contador,-ra
1 *adj* counting.
2 *nm,f (contable)* accountant, bookkeeper.
3 **contador** *nm* meter: **contador de gas** gas meter.

contaduría
1 *nf (oficio)* accountancy.
2 *nf (oficina)* accountant's office.

contagiar
1 *vt (enfermedad)* to transmit, pass on.
2 *vt fig* to infect, pass on, give: **me has contagiado tu resfriado** you've given me your cold; **me contagió la risa** her laugh was infectious.
3 **contagiarse** *upr (enfermar)* to get infected: **se contagió de malaria** he caught malaria.
4 *upr (transmitirse)* to be contagious: **esta enfermedad no se contagia** this disease is not contagious.
▲ *Conjugation model* [12], *like cambiar.*

contagio
1 *nm MED* contagion, infection.
2 *nm fig (perversión)* perversion, corruption.
3 *nm fig (transmisión)* contagion.

contagioso,-a *adj* infectious, contagious: **enfermedad contagiosa** infectious disease, contagious disease; **risa contagiosa** infectious laugh.

contáiner *nm* container.
▲ *pl* contáiners.

contaminación *nf* contamination; *(de agua, aire)* pollution.

contaminador,-ra *adj* contaminating; *(de agua, aire)* polluting.

contaminante
1 *adj* polluting.
2 *nm* polluting agent.

contaminar
1 *vt* to contaminate; *(agua, aire)* to pollute.
2 *vt fig* to contaminate, corrupt.
3 **contaminarse** *upr* to become contaminated; *(agua, aire)* to become polluted.
4 *upr fig* to be infected, be corrupted.

contante *adj (dinero)* cash: **dinero contante y sonante** ready cash, hard cash.

contar
1 *vt (calcular)* to count: **cuenta los días** count the days.
2 *vt (considerar)* to count, consider: **la cuenta entre sus amigas** he considers her one of his friends.
3 *vt (incluir)* to count, include: **éramos veinte contando a los niños** there were twenty of us including the children.
4 *vt (tener)* to have: **cuenta cuarenta años** she's forty.
5 *vt (explicar)* to tell: **me contó un cuento** to she told me a story.
6 *vi* to count: **los niños saben contar** the children know how to count.
7 *vi* **contar con** *(confiar en)* to rely on, count on: **cuento contigo** I'm relying on you; **contamos con tu ayuda** we're relying on your help.
8 *vi (incluir)* to count in: **cuenta conmigo para la fiesta** you can count me in for the party.
9 *vi (tener presente)* to take into account.
10 *vi (estar provisto de)* to have, be provided with: **el coche cuenta con aire acondicionado** the car is equipped with air-conditioning.
11 **contarse** *upr (incluirse)* to be included.
✦ **a contar desde** starting from.
contar con los dedos to count on one's fingers.
contarse que to be said (that): **se cuenta que huyó** it is said he ran away.
¡cuéntamelo a mí! *fam* you're telling me!, tell me about it!
¡cuéntaselo a tu abuela! *fam* come off it!, pull the other one!
¡habría mucho que contar! it's a long story!
¿qué cuentas?/¿qué te cuentas? *fam* how's it going?, how's things?
▲ *Conjugation model* [31].

contemplación
1 *nf (acción)* contemplation.
2 **contemplaciones** *nf pl (miramientos)* indulgence *sing.*
✦ **no andarse con contemplaciones** *fam* to make no bones about it, come straight to the point.

contemplar
1 *vt (mirar)* to contemplate, look at.
2 *vt (pensar)* to contemplate, consider.
3 *vt (tener en cuenta)* to provide for.
4 *vt (tratar bien)* to spoil.
5 *vi* to contemplate.

contemplativo,-a *adj* contemplative.

contemporaneidad *nf* contemporaneousness, contemporaneity.

contemporáneo,-a
1 *adj* contemporary.
2 *nm,f* contemporary.

contemporizador,-ra
1 *adj* compliant, compromising.
2 *nm,f* conformist.
contemporizar *vi* to compromise, be compliant.
▲ *Conjugation model* [4], *like realizar.*
contención
1 *nf (moderación)* moderation, control.
2 *nf JUR* lawsuit.
■ **muro de contención** retaining wall.
contencioso,-a
1 *adj* contentious.
2 *adj JUR* litigious.
3 **contencioso** *nm* legal action, case.
■ **asunto contencioso** judicial matter.
contendedor,-ra *nm,f* contender, antagonist.
contender
1 *vi (pelear)* to contend, fight.
2 *vi (competir)* to contest.
▲ *Conjugation model* [28], *like entender.*
contendiente
1 *adj* contending, competing.
2 *nm & nf* contender, contestant.
contenedor,-ra
1 *adj* containing.
2 **contenedor** *nm* container.
■ **contenedor de basura** rubbish skip.
contener
1 *vt (incluir)* to contain, hold: **este paquete contiene treinta galletas** this packet contains thirty biscuits.
2 *vt (detener)* to hold back, restrain: **la presa contiene el cauce del río** the dam holds back the flow of the river.
3 *vt (reprimir)* to restrain, hold back, contain; *(respiración)* to hold: **contuvo su alegría** he held back his joy; **contuve mis lágrimas** I held back the tears.
4 **contenerse** *vpr* to control oneself, contain oneself, keep a hold on oneself.
▲ *Conjugation model* [87], *like tener.*
contenido,-a
1 *pp →* **contener.**
2 *adj (moderado)* moderate, reserved.
3 **contenido** *nm* content, contents *pl.*
contentadizo,-a *adj* easy to please.
contentar
1 *vt (satisfacer)* to please, content.
2 **contentarse** *vpr (conformarse)* to make do (**con**, with), be satisfied (**con**, with).
✦ **ser de buen contentar** *fam* to be easy to please.
ser de mal contentar *fam* to be hard to please.
contento,-a
1 *adj* happy, pleased: **estoy contento de conocerle** I'm pleased to meet you.
2 **contento** *nm* happiness, joy, contentment.
✦ **darse por contento,-a** to consider oneself lucky.
estar más contento,-a que unas Pascuas *fam* to be as happy as a lark.
sentir gran contento to feel great joy.
conteo *nm* calculation.

contera
1 *nf (de bastón etc)* tip; *(de espada)* chape.
2 *nf fig (remate)* end, finish.
✦ **echar la contera** *fig* to finish, end.
por contera *fig* to cap it all.
contertulio,-a *nm,f* fellow guest.
contestable *adj* debatable.
contestación
1 *nf (respuesta)* answer, reply.
2 *nf (oposición)* opposition.
3 *nf JUR* plea.
✦ **dar contestación a** to answer.
en contestación a su carta ... *(en correspondencia)* in reply to your letter …
■ **mala contestación** *(errónea)* wrong answer; *(con mala educación)* retort.
contestador *nm* answering machine.
■ **contestador automático** answering machine.
contestar
1 *vt (responder)* to answer: **contestó bien** she gave the right answer.
2 *vt JUR* to confirm.
3 *vi (responder)* to answer; *(replicar)* to answer back: **¡no contestes!** don't answer back!
4 *vi (oponer)* to contest, question.
contestatario,-a
1 *adj* anti-establishment.
2 *nm,f* rebel.
contexto
1 *nm* context.
2 *nm fig* environment.
contextualizar *vt* to put into context, contextualize.
▲ *Conjugation model* [4], *like realizar.*
contextuar *vt* to prove with texts.
▲ *Conjugation model* [1], *like sacar.*
contextura
1 *nf (de materiales)* contexture.
2 *nf (de persona)* build.
contienda *nf* contest, dispute, struggle.
contigo *pron* with you: **iré contigo** I'll go with you.
contigüidad *nf* contiguity, closeness, nearness.
contiguo,-a *adj* contiguous (**a**, to), adjoining, adjacent (**a**, to): **la puerta contigua** the adjoining door; **la casa contigua** the house next door.
continencia *nf* continence.
continental *adj* continental.
continente
1 *nm GEOG* continent.
2 *nm (recipiente)* container.
3 *nm (compostura)* countenance.
contingencia
1 *nf (probabilidad)* contingency, eventuality.
2 *nf (riesgo)* risk, hazard.
contingente
1 *adj (posible)* contingent.
2 *nm MIL* contingent.
3 *nm (cuota)* quota, share.

continuación *nf* continuation, follow-up.
✦ **a continuación** next.
tener continuación to be continued.
continuadamente *adv* continuously.
continuador,-ra
1 *adj* continuing.
2 *nm,f* continuator.
continuamente *adv* continuously.
continuar
1 *vt (proseguir)* to continue, carry on: **continuó su camino** she continued on her way; **continuaron su viaje** they continued their journey.
2 *vi (permanecer, durar)* to continue, go on: **el espectáculo continúa** the show continues; **continúa lloviendo** it's still raining; **Pablo continúa en Praga** Pablo is still in Prague.
3 **continuarse** *vpr (extenderse)* to extend, run.
✦ **"Continuará"** *(capítulos, episodios, etc)* "To be continued".
▲ *Conjugation model* [11], *like actuar.*
continuativo,-a *adj* continuative.
continuidad *nf* continuity.
continuo,-a
1 *adj (seguido)* continuous.
2 *adj (continuado)* continual, constant.
3 **continuo** *nm (todo)* continuum.
4 *nm (de gente)* flow.
■ **corriente continua** direct current.
movimiento continuo perpetual motion.
contonearse *vpr (mujer)* to swing one's hips, wiggle; *(hombre)* to swagger.
contoneo *nm (de mujer)* swinging of the hips, wiggle; *(de hombre)* swaggering, swagger.
contornar
1 *vt (dar vueltas)* to skirt.
2 *vt (hacer los perfiles)* to trace the outline of.
contornear *vt →* **contornar.**
contorno
1 *nm (perfil)* outline; *(perímetro)* perimeter.
2 *nm (canto)* rim, edge.
3 **contornos** *nm pl (afueras)* surroundings *pl*, environment.
■ **contorno de pecho/cintura** bust/waist measurement.
contorsión *nf* contortion.
contorsionarse *vpr* to contort oneself, twist oneself.
contorsionista *nm & nf* contortionist.
contra
1 *prep* against: **juegan contra nosotros** they're playing against us; **lucharon contra los cartagineses** they fought against the Carthaginians; **tres contra uno** three against one.
2 *prep* for: **un producto contra las picaduras de mosquitos** a product for mosquito bites.
3 *prep (enfrente)* facing, opposite.
4 *nf fam* drawback, snag.

5 *interj* gosh!, good grief!

6 *interj* **la Contra** *(grupo contrarrevolucionario)* the Contras *pl*.

✦ **en contra** against: estaba en contra he was against it; los tienes en contra de ti they're against you.
en contra de lo que... contrary to...: en contra de lo que decían contrary to what they said.
llevar la contra a alguien to contradict somebody, disagree with somebody.
opinar en contra to disagree.

contraalmirante *nm* rear admiral.

contraatacar *vt* to counterattack.
▲ *Conjugation model* [1], *like* **sacar**.

contraataque *nm* counterattack.

contrabajo
1 *nm (instrumento)* double bass.
2 *nm (voz)* low bass.

contrabalancear *vt* to counterbalance.

contrabandista *nm & nf* smuggler; *(de armas)* gun runner.

contrabando
1 *nm* smuggling, contraband; *(de armas)* gunrunning.
2 *nm (mercancías)* smuggled goods *pl*, contraband.
✦ **de contrabando** contraband: tabaco de contrabando contraband tobacco.
pasar algo de contrabando to smuggle something in.

contrabarrera *nf* second row of seats.

contracción *nf* contraction.

contracepción *nf* contraception.

contraceptivo,-a
1 *adj* contraceptive.
2 contraceptivo *nm* contraceptive.

contrachapado *nm* plywood.

contracorriente *nf* crosscurrent.
✦ **ir a contracorriente** to go against the tide.

contráctil *adj* contractile.

contractilidad *nf* contractility.

contractual *adj* contractual.

contractura *nf* contracture.

contracultura *nf* counterculture.

contradanza *nf* contredanse, contradance.

contradecir
1 *vt (decir lo contrario)* to contradict: no me contradigas don't contradict me.
2 *vt (obrar en contradicción)* to be inconsistent with, be at variance with: su comportamiento contradice lo que dijo his behaviour is inconsistent with what he said.
3 **contradecirse** *vpr (decir lo contrario)* to contradict oneself: supimos que mentía porque se contradijo we knew he was lying because he contradicted himself.
4 *vpr (decir contradicciones)* to be inconsistent.

▲ *Conjugation model* [69], *like* **decir**; *pp* contradicho,-a.

contradicción *nf* contradiction.
✦ **estar en contradicción con** to be inconsistent with, contradictory to.
▪ **espíritu de la contradicción** contrariness.

contradicho,-a *pp* → **contradecir**.

contradictorio,-a *adj* contradictory.

contraer
1 *vt (encoger)* to contract: contraer un músculo to contract a muscle.
2 *vt (enfermedad)* to catch.
3 *vt (deuda)* to contract, incur; *(hábito)* to pick up.
4 *vt* LING to contract.
5 **contraerse** *vpr (encogerse)* to contract.
✦ **contraer matrimonio con alguien** to marry somebody.
contraer obligaciones to enter into obligations.
▲ *Conjugation model* [88], *like* **traer**.

contraespionaje *nm* counterespionage.

contrafaz *nf* reverse.
▲ *pl* contrafaces.

contrafuego *nm* backfire.

contrafuerte
1 *nm (de zapato)* heel stiffener.
2 *nm (de montaña)* spur.
3 *nm* ARQ buttress.

contragolpe
1 *nm* MED *(efecto)* counterstroke.
2 *nm (golpe)* counterblow.
3 *nm (contraataque)* counterattack.

contrahacer
1 *vt (falsificar)* to fake; *(moneda)* to counterfeit.
2 *vt (imitar)* to imitate.
▲ *Conjugation model* [72], *like* **haber**; *pp* contrahecho,-a.

contrahecho,-a
1 *pp* → **contrahacer**.
2 *adj* deformed, hunchbacked.
3 *nm,f* deformed person, hunchback.

contrahechura *nf (falsificación)* fake; *(de moneda)* counterfeit.

contrahuella *nf* riser.

contraigo *pres indic* → **contraer**.

contraindicación *nf* MED contraindication: "Contraindicaciones: no se han descrito" "May be used safely by anyone".

contraindicar *vt* MED to contraindicate: contraindicado en casos de úlcera duodenal not to be taken if suffering from duodenal ulcers.

contraje *pt indef* → **contraer**.

contralmirante *nm* rear admiral.

contralto *nm & nf* contralto.

contraluz *nm & nf* view against the light, back light.
✦ **a contraluz** against the light.
▲ *pl* contraluces.

contramaestre
1 *nm (capataz)* foreman.
2 *nm* MAR boatswain.

contramandar *vt* to countermand.

contramano
✦ **a contramano** the wrong way: circulaba a contramano he was driving on the wrong side of the road.

contramedida *nf* countermeasure.

contraofensiva *nf* counteroffensive.

contraorden *nf* countermand.

contrapartida
1 *nf* COM balancing entry.
2 *nf* fig compensation.

contrapelo
✦ **a contrapelo** *(contra la inclinación del pelo)* the wrong way: para empezar, se cepilla el perro a contrapelo to start with, brush the dog's fur the wrong way.
a contrapelo de contrary to, against.

contrapesar
1 *vt* to counterbalance, counterpoise.
2 *vt* fig to balance, offset.

contrapeso
1 *nm* counterweight.
2 *nm* fig counterbalance.

contraponer
1 *vt (oponer)* to set in opposition (a, to).
2 *vt* fig *(contrastar)* to contrast (a, with).
3 **contraponerse** *vpr (oponerse)* to be opposed.
▲ *Conjugation model* [78], *like* **poner**; *pp* contrapuesto,-a.

contraportada *nf* back page.

contraposición
1 *nf (contraste)* contrast.
2 *nf (oposición)* conflict, clash: contraposición de intereses conflict of interests.
✦ **estar en contraposición** to clash.

contraprestación *nf* contractual obligation.

contraproducente *adj* counterproductive.

contraproposición *nf* counterproposal.

contrapropuesta *nf* counterproposal.

contrapuerta *nf* storm door, double door.

contrapuesto,-a
1 *pp* → **contraponer**.
2 *adj* opposed.

contrapunto *nm* counterpoint.

contra-reloj
1 *adj* against the clock.
2 *nm (en ciclismo)* time trial; *(en esquí)* downhill event.

contrariado,-a
1 *pp* → **contrariar**.
2 *adj (disgustado)* upset, cross.

contrariamente *adv* contrary (a, to).

contrariar
1 *vi (oponerse)* to oppose, go against.
2 *vi (disgustar)* to annoy, upset: no quería contrariarte I didn't want to upset you.

3 *vi (dificultar)* to obstruct, hinder.
▲ *Conjugation model* [13], *like* desviar.

contrariedad
1 *nf (oposición)* opposition.
2 *nf (disgusto)* annoyance.
3 *nf (dificultad)* setback, obstacle.

contrario,-a
1 *adj (opuesto)* contrary, opposite: iba en sentido contrario he was going in the opposite direction; puntos de vista contrarios contrary points of view.
2 *adj (perjudicial)* harmful (a, to), bad (a, for): el fumar es contrario a la salud smoking is bad for your health.
3 *nm,f* opponent, adversary, rival.
✦ **al contrario** on the contrary.
de lo contrario otherwise.
en dirección contraria in the wrong direction.
llevar la contraria a alguien to oppose somebody.
por el contrario on the contrary.
todo lo contrario quite the opposite.
▪ **la parte contraria** *JUR* the opponent; *(en deportes)* the opposing team.

contrarreforma *nf* Counter Reformation.

contrarreloj
1 *adj* against the clock.
2 *nf* race against the clock.
▪ **(etapa) contrarreloj** time trial.

contrarrestar
1 *vt (hacer frente)* to resist, oppose.
2 *vt (neutralizar)* counteract, neutralize.
3 *vt (pelota)* to return.

contrarrevolucionario,-a
1 *adj* counter-revolutionary.
2 *nm,f* counter-revolutionary.

contrarrevolución *nf* counter-revolution.

contrasentido
1 *nm (contradicción)* contradiction.
2 *nm (disparate)* piece of nonsense: eso es un contrasentido that's nonsense.
3 *nm (mala interpretación)* misinterpretation.

contraseña
1 *nf (seña)* secret sign; *(palabra)* password.
2 *nf MIL* password, watchword, countersign.
▪ **contraseña de salida** *(en teatros etc)* pass.

contrastar
1 *vt (hacer frente)* to resist, repel: contrastar al enemigo to resist the enemy.
2 *vt (comprobar)* to check, verify.
3 *vt (pesos y medidas)* to check.
4 *vt (oro y plata)* to hallmark.
5 *vi (oponerse)* to contrast (con, with): la vegetación de los jardines contrasta con la sequedad del campo the vegetation of the gardens contrasts with the dryness of the countryside.

contraste
1 *nm (oposición)* contrast.
2 *nm (pesos y medidas)* verification.
3 *nm (oro y plata)* hallmark.

contrata *nf* contract.

contratación
1 *nf (contrato - obrero)* hiring; *(- empleado)* engagement.
2 *nf (pedido)* total orders *pl*, volume of business.

contratar
1 *vt (servicio etc)* to sign a contract for.
2 *vt (obrero)* to hire; *(empleado)* to engage; *(deportista)* to sign up.
3 *vt (un arriendo)* to take on.

contraterrorista *adj* anti-terrorist.

contratiempo *nm (contrariedad)* setback, hitch; *(accidente)* mishap.
✦ **a contratiempo** *MÚS* on the offbeat.

contratista *nm & nf* contractor.
▪ **contratista de obras** building contractor.

contrato *nm* contract.
▪ **contrato de alquiler/contrato de arrendamiento** lease, leasing agreement.
contrato de compraventa contract of sale.
contrato de trabajo work contract.
contrato temporal temporary contract.

contravención *nf* contravention, infringement, violation.

contravenir *vt* to contravene, infringe, violate: contravenir las leyes to infringe the law.
▲ *Conjugation model* [90], *like* venir.

contraventana *nf* shutter.

contrayente
1 *adj* contracting.
2 *nm & nf (en matrimonio)* contracting party.

contrecho,-a *adj* crippled.

contribución
1 *nf* contribution.
2 *nf (impuesto)* tax.
✦ **poner a contribución** to use, draw on.
▪ **contribución territorial** land tax.
contribución urbana rates *pl*.

contribuir
1 *vt (pagar)* to pay: los propietarios contribuyen el 20% the owners pay 20%.
2 *vi (aportar)* to contribute: el rey contribuyó con cuantiosas cantidades the king contributed a considerable amount; contribuir a los gastos to contribute to the expenses; varios factores contribuyen al crecimiento del paro several factors contribute to the rise in unemployment.
3 *vi (pagar impuestos)* to pay taxes.
▲ *Conjugation model* [62], *like* huir.

contributivo,-a *adj* contributory.

contribuyente
1 *adj* taxpaying.
2 *nm & nf* taxpayer.

contrición *nf* contrition.
✦ **hacer un acto de contrición** to repent.
▪ **acto de contrición** act of contrition.

contrincante *nm* opponent, rival.

contristar
1 *vt* to make sad.
2 **contristarse** *vpr* to become sad.

contrito,-a *adj* contrite, repentant.

control
1 *nm (gen)* control.
2 *nm (comprobación)* check.
3 *nm (sitio)* checkpoint.
✦ **bajo el control de** under the supervision of.
estar bajo control to be under control.
estar fuera de control to be out of control.
llevar el control to be in control.
perder el control to lose control.
▪ **control a distancia** remote control.
control de calidad quality control.
control de natalidad birth control.
control de pasaportes passport control: pasaron por el control de pasaportes they went through passport control.
control de sí mismo self-control.
control policial roadblock.

controlable *adj* controllable.

controlador,-ra
1 *adj* control.
2 *nm,f (aéreo)* air traffic controller.

controlar
1 *vt (gen)* to control.
2 *vt (comprobar)* to check.
3 **controlarse** *vpr (moderarse)* to control oneself.

controversia *nf* controversy, argument.

controvertido,-a
1 *pp* → controvertir.
2 *adj* controversial.

controvertir
1 *vt* to dispute, argue about.
2 *vi* to argue.

contubernio
1 *nm (cohabitación)* cohabitation.
2 *nm fig (confabulación)* conspiracy, collusion.

contumacia
1 *nf (obstinación)* obstinacy; *(rebeldía)* insubordination.
2 *nf JUR* contumacy.

contumaz
1 *adj (obstinado)* obstinate, stubborn.
2 *adj (rebelde)* insubordinate.
3 *adj JUR* contumacious.
▲ *pl* contumaces.

contundencia
1 *nf (de arma)* contusive properties *pl*.
2 *nf fig (convicción)* weight: la contundencia de un argumento the weight of an argument.

contundente
1 *adj (arma)* blunt.
2 *adj fig (categórico)* convincing, overwhelming, weighty: un "no" contundente a firm "no".

contundir *vt* to bruise, contuse.

conturbación *nf* anxiety, dismay, perturbation.

conturbado,-a
1 *pp* → conturbar.
2 *adj* anxious, dismayed, perturbed.

conturbar
1 *vt* to trouble, dismay, perturb.
2 **conturbarse** *vpr* to be troubled, be dismayed, become perturbed.

contusión *nf* contusion, bruise.

contusionar *vt* to contuse, bruise.

conurbación *nf* conurbation.

convalecencia *nf* convalescence.

convalecer *vi* to convalesce (**de**, after), recover (**de**, from).
▲ *Conjugation model* [43], *like agradecer.*

convaleciente
1 *adj* convalescent.
2 *nm & nf* convalescent.

convalidación
1 *nf EDUC* validation.
2 *nf (documentos)* ratification, authentication.

convalidar
1 *vt EDUC* to validate.
2 *vt (documentos)* to ratify, authenticate.

convección *nf* convection.

convecino,-a
1 *adj* neighbouring (*US* neighboring).
2 *nm,f* neighbour (*US* neighbor).

convector *nm* convector.

convencer
1 *vt (de algo)* to convince; *(para hacer algo)* to persuade: lo convencieron de su error they convinced him of his mistake; me han convencido para ir a un restaurante japonés they've persuaded me to go to a Japanese restaurant.
2 *vt fam (en frases negativas)* to like, be keen on: la película no me convenció I didn't like the film very much; ese color no me acaba de convencer I'm not sure about that colour.
3 *vi* to be convincing: el equipo local no convenció con su actuación the local team's performance was not very convincing.
4 **convencerse** *vpr* to become convinced, be convinced, convince oneself: se convenció de que era guapo he convinced himself that he was good-looking.
▲ *Conjugation model* [2], *like mecer.*

convencimiento *nm* conviction.
✦ **llegar al convencimiento de que ...** to be convinced that ...

convención
1 *nf (congreso)* convention, congress.
2 *nf (acuerdo)* convention, treaty.
3 *nf (costumbre)* convention.

convencional *adj* conventional.

convencionalismo *nm* conventionalism, conventionality.

convenible
1 *adj (conveniente)* suitable, fitting.
2 *adj (precio)* fair, reasonable.
3 *adj (persona)* accommodating.

convenido,-a
1 *pp* → convenir.
2 *adj* agreed, set, arranged.

conveniencia
1 *nf (utilidad)* usefulness: ya veo la conveniencia de tener aire condicionado I can see the usefulness of having air-conditioning.
2 *nf (oportunidad)* suitability, advisability: la conveniencia de estas medidas the advisability of these measures.
3 *nf (provecho)* interest, benefit: solo se preocupa de su propia conveniencia he only looks out for his own interests.
4 *nf (convenio)* agreement.
✦ **faltar a las conveniencias** not to keep social conventions.
▪ **conveniencias sociales** social conventions.
matrimonio de conveniencia marriage of convenience.

conveniente
1 *adj (útil)* useful.
2 *adj (oportuno)* suitable, convenient.
3 *adj (ventajoso)* advantageous.
4 *adj (aconsejable)* advisable: es conveniente llegar pronto it's advisable to arrive early.
5 *adj (precio)* good, fair.
✦ **creer conveniente** to think advisable, be better: creo conveniente decirle la verdad I think it's better to tell him the truth.
en el momento conveniente at the right time.

convenientemente *adv (adecuadamente)* suitably; *(bien)* properly.

convenio *nm* agreement, treaty.
▪ **convenio colectivo/convenio laboral** collective agreement.

convenir
1 *vt (acordar)* to agree, arrange: convenimos el precio we agreed the price.
2 *vi (acordar)* to agree: convinimos en la fecha we agreed on the date; convinieron en que se repartirían el trabajo they agreed on sharing the work; "Sueldo a convenir" "Salary negotiable".
3 *vi (ser oportuno o conveniente)* to be good for: no te conviene hacer esfuerzos it's not good for you to exert yourself; nos conviene llevarnos bien it's in our interest to get on well with each other.
4 *vi (ser adecuado o propio)* to suit: ese chico no te conviene that boy is not right for you; a un cura esas palabras no convienen a priest shouldn't use that sort of language.
✦ **conviene + inf** it is as well to + *inf*: conviene mencionar que ... it's as well to mention that ...

conviene que + subj it is better that, it is advisable + *inf*: conviene que te vayas it is better that you go.
▲ *Conjugation model* [90], *like venir.*

convento *nm (de monjas)* convent; *(de monjes)* monastery.

conventual *adj* conventual.

convergencia *nf* convergence.

convergente *adj* convergent, converging, concurring.

converger *vi* to converge, come together.
▲ *Conjugation model* [5], *like proteger.*

convergir *vi* to converge, come together.
▲ *Conjugation model* [6], *like dirigir.*

conversación *nf* conversation, talk.
✦ **dar conversación a alguien** to talk to somebody, keep somebody chatting.
dejar caer algo en la conversación *fig* to bring something up in conversation.
entablar conversación con alguien to get into conversation with somebody, engage somebody in conversation.
tener mucha conversación to have plenty to say.
tener poca conversación not to be very talkative.
trabar conversación con alguien to strike up a conversation with somebody, get into conversation with somebody.

conversador,-ra
1 *adj* talkative.
2 *nm,f* conversationalist, talker.

conversar *vi* to converse (**con**, with), talk (**con**, to).

conversión *nf* conversion.

converso,-a
1 *adj* converted.
2 *nm,f* convert.

convertibilidad *nf* convertibility.

convertible *adj* convertible.

convertidor *nm* converter.

convertir
1 *vt (transformar)* to change, turn, transform, convert: el calor convierte el agua en vapor heat transforms water into steam.
2 *vt (valores, monedas)* to change, exchange: convirtió sus euros en libras he changed his euros into pounds.
3 *vt REL* to convert: la convirtió al cristianismo he converted her to Christianity.
4 **convertirse** *vpr (transformarse)* to turn (**en**, into), change (**en**, into).
5 *vpr (volverse)* to become (**en**, -), turn (**en**, into): se convirtió en una joven preciosa she turned into a beautiful young woman; su sueño se convirtió en realidad his dream came true.
6 *vpr REL* to be converted (**a**, to).
▲ *Conjugation model* [29], *like discernir.*

convexidad *nf* convexity.

convexo,-a *adj* convex.

convicción *nf* conviction: tengo la convicción de que vendrán I firmly believe that they'll come.

convicto,-a *adj* guilty, convicted.

convidado,-a
  1 *pp* → **convidar**.
  2 *adj* invited.
  3 *nm,f* guest.
  ✦ **como un convidado de piedra** *fig* silent as a grave.

convidar
  1 *vt (invitar)* to invite: me convidó a una fiesta he invited me to a party; nos ha convidado a comer she's invited us to lunch.
  2 *vt (ofrecer)* to offer: nos convidó a pastel he offered us some cake.
  3 *vt fig (incitar, mover, animar)* to prompt, inspire, move: este tiempo convida a pasear this weather makes you want to go for a walk.
  4 convidarse *vpr fam (invitarse)* to invite oneself.

convincente *adj* convincing.

convincentemente *adv* convincingly.

convite
  1 *nm (invitación)* invitation.
  2 *nm (comida)* meal; *(fiesta)* party.

convivencia
  1 *nf* living together.
  2 *nf fig* coexistence.

convivir
  1 *vi* to live together.
  2 *vi fig* to coexist.
  ✦ **saber convivir** to give and take.

convocación *nf* calling.

convocar *vt* to convoke, summon, call together.
  ✦ **convocar oposiciones** to hold competitive examinations.
  convocar una reunión to call a meeting.
  ▲ *Conjugation model* [1], *like* **sacar**.

convocatoria
  1 *nf (citación)* convocation, summons *sing*, call to a meeting.
  2 *nf EDUC* examination: convocatoria de septiembre (September) resits *pl*.

convoluto,-a *adj* convoluted.

convoy
  1 *nm (escolta)* convoy.
  2 *nm (tren)* train.
  ▲ *pl* convoyes.

convoyar *vt* to convoy, guard, escort.

convulsión
  1 *nf MED* convulsion.
  2 *nf fig* upheaval.

convulsionar
  1 *vt MED* to convulse.
  2 *vt fig* to throw into confusion: los atentados han convulsionado el país the bombings have thrown the country into confusion.

convulsivo,-a *adj* convulsive.

convulso,-a *adj* convulsed (**de**, with): convulso de dolor convulsed with pain.

conyugal *adj* conjugal.
  ▪ **vida conyugal** married life.

cónyuge
  1 *nm & nf (gen)* spouse, partner; *(marido)* husband; *(mujer)* wife.
  2 cónyuges *nm pl* husband and wife, married couple *sing*.

coña
  1 *nf tabú (broma)* joke.
  2 *nf tabú (molestia)* nuisance, pain, drag, pain in the neck: es una coña tener que levantarse tan temprano it's a pain having to get up so early.
  ✦ **dar la coña** *tabú* to pester.
  decir algo de coña *tabú* to be joking, be kidding.
  estar de coña *tabú (estar de broma)* to be joking, be kidding; *(estar muy bien)* to be terrific, be brilliant.
  ¡ni de coña! no way!
  ser la coña *tabú* to be the limit.
  tomar algo a coña *tabú* to take something as a joke, treat something as a joke.

coñac *nm* cognac, brandy.
  ▲ *pl* coñacs.

coñazo *nm tabú* pain, drag.
  ✦ **dar el coñazo** *tabú* to be a real pain, pester, hassle.

coñearse *vpr tabú* to take the piss (**de**, out of).

coño
  1 *nm tabú* cunt.
  2 *interj tabú (sorpresa)* bloody hell, bugger me!, fuck me!; *(disgusto)* for God's sake, for fuck's sake!
  ✦ **estar en el quinto coño** *tabú* to be in the back of beyond.
  ¿qué coño quieres? *tabú* what the hell do you want?

coop. *abr (cooperativa)* cooperative; *(abreviatura)* coop, co-op.

cooperación *nf* cooperation.

cooperador,-ra
  1 *adj* cooperative, collaborating, participating.
  2 *nm,f* collaborator, cooperator.

cooperar *vi* to cooperate: cooperó con la policía en la detención he cooperated with the police in the arrest.

cooperativa *nf* cooperative.
  ▪ **cooperativa agrícola** farming cooperative.

cooperativista
  1 *adj* cooperative.
  2 *nm & nf (socio)* member of a cooperative.

cooperativo,-a *adj* cooperative.

coordenada *nf* coordinate.

coordinación *nf* coordination.

coordinado,-a
  1 *pp* → **coordinar**.
  2 *adj* coordinated.
  3 coordinado *nm (conjunto de ropa)* outfit, ensemble.

coordinador,-ra
  1 *adj* coordinating.
  2 *nm,f* coordinator.

coordinadora *nf (comité)* coordinating committee.
  ▪ **coordinadora general** joint committee.

coordinar *vt* to coordinate: coordinaron la compaña they coordinated the campaign.

copa
  1 *nf (vaso)* glass; *(bebida)* drink: ¿quieres una copa de vino? do you want a glass of wine?; ¿te apetece una copa? do you fancy a drink?
  2 *nf (de árbol)* top.
  3 *nf (trofeo)* cup.
  4 *nf (de sujetador)* cup.
  5 copas *nf pl (naipes)* hearts.
  ✦ **convidar a una copa** to treat to a drink.
  ir con una copa de más to have had one too many.
  ir de copas to go out drinking, go on a pub crawl.
  llevar una copa de más to have had one too many.
  tomar una copa to have a drink.

copal *nm* copal.

copar
  1 *vt (acaparar)* to win, take: el equipo sueco copó el primer puesto the Swedish team took the first place; los mejores asientos están copados the best seats are taken.
  2 *vt (llenar)* to fill.
  3 *vt (en juegos de azar)* to go banco.
  4 *vt fig (en una elección)* to win all the seats.
  5 *vt MIL* to capture, take.

copartícipe *nm & nf (socio)* partner; *(colaborador)* collaborator; *(copropietario)* joint owner.

COPE *abr RAD* (**Cadena de Ondas Populares Españolas**) *Spanish private broadcasting company*.

copear *vi* to drink, go drinking.

copec *nm* kopek, kopeck.
  ▲ *pl* copecs.

copeck *nm* kopeck, kopek.
  ▲ *pl* copecks.

copela *nf* cupel.

Copenhague *nm* Copenhagen.

copeo *nm* pub crawl.
  ✦ **ir de copeo** to go on a pub crawl, go out drinking.

copete
  1 *nm (cabello)* tuft.
  2 *nm (penacho)* crest.
  3 *nm (de caballo)* forelock.
  4 *nm (de mueble)* ornamental top, ornamentation; *(de montaña, helado)* top.
  5 *nm fig (atrevimiento)* arrogance.
  ✦ **de alto copete** *fam* high-class.

copia
1 *nf (gen)* copy.
2 *nf (de fotografía)* print.
3 *nf fig (persona)* image: **es la copia de su padre** he's the image of his father.
4 *nf lit (abundancia)* abundance.
✦ **sacar una copia** to make a copy.
▪ **copia legalizada** certified true copy. **papel de copia** copy paper.

copiador,-ra *adj* copying.

copiadora *nf* photocopier.

copiar
1 *vt (gen)* to copy: **lo copió del libro** he copied it from the book.
2 *vt EDUC* to cheat, copy.
3 *vt (escribir)* to take down.
✦ **copiar al pie de la letra** to copy word for word.
▲ *Conjugation model* [12], *like* **cambiar**.

copiloto
1 *nm AV* copilot.
2 *nm AUTO* co-driver.

copión,-ona
1 *nm,f EDUC fam* cheat, copier.
2 *nm,f fam (imitador)* copycat.

copiosamente *adv (gen)* abundantly, copiously; *(llover, nevar)* heavily: **copiosamente ilustrado** copiously illustrated.

copiosidad *nf* abundance.

copioso,-a
1 *adj fml (abundante)* plentiful, abundant, copious.
2 *adj fml (lluvia)* heavy; *(cabello)* long.

copista *nm & nf* copyist.

copla
1 *nf (verso, estrofa)* verse, stanza.
2 *nf (canción)* popular folk song.
3 *nf fam (monserga)* story, tale: **no te lo voy a regalar, así que deja ya esa copla** I'm not going to give it to you, so stop going on about it.
✦ **andar en coplas** *fam* to be the talk of the town, be common knowledge.

copo[1] *nm (gen)* flake; *(de nieve)* snowflake; *(de algodón)* ball (of cotton).
▪ **copos de avena** rolled oats.

copo[2] *nm (de red)* bottom of a seine.

copón *nm REL* ciborium.
✦ **del copón** *tabú* a hell of a: **me has dado un susto del copón** you gave me one hell of a shock; **tiene una moto del copón** he's got this great big motorbike.

coprocesador *nm* coprocessor.

coproducción *nf* co-production, joint production.

coproductor,-ra *nm,f* co-producer.

copropiedad *nf* joint ownership.

copropietario,-a *nm,f* joint owner, co-owner, co-proprietor.

coprotagonista *nm & nf* co-star.

coprotagonizar *vt* to co-star (-, in).

copto,-a
1 *adj* Coptic.
2 *nm,f* Copt.
3 **copto** *nm (lengua)* Coptic.

copudo,-a *adj* bushy, thick.

cópula
1 *nf (nexo)* link.
2 *nf (coito)* copulation, intercourse.
3 *nf LING* conjunction.

copular *vi* to copulate (**con**, with).

copulativo,-a *adj* copulative.

copyright *nm* copyright.

coque *nm* coke.

coqueta
1 *nf (mujer)* flirt, coquette.
2 *nf (mueble)* dressing table.

coquetear *vi* to flirt.

coqueteo *nm* flirtation.

coquetería *nf* coquetry, flirting, flirtation.

coqueto,-a
1 *adj* flirtatious.
2 **coqueto** *nm (hombre)* flirt.

coquetón,-ona
1 *adj (persona)* coquettish.
2 *adj fam (habitación etc)* cute, charming.

coquina *nf* small cockle.

coquito *nm (gesto)* face.

coracha *nf* leather bag.

coraje
1 *nm (valor)* courage, toughness.
2 *nm (ira)* anger.
✦ **dar coraje** *fam* to infuriate, make furious: **me da coraje que haya ganado él** it makes me furious that he won. **echarle coraje a algo** to put some spirit into something.

corajudo,-a
1 *adj (valiente)* tough, brave.
2 *adj (irritable)* quick-tempered.

coral[1]
1 *adj MÚS* choral.
2 *nf MÚS (grupo)* choir, choral society.
3 *nm MÚS (composición)* choral, chorale.

coral[2]
1 *nm ZOOL* coral.
2 **corales** *nm pl* coral beads.

coralina *nf* coralline.

coralino,-a *adj* coral.

corambre *nf* hides *pl*, skins *pl*.

Corán *nm* Koran.

coránico,-a *adj* Koranic.

coraza
1 *nf (armadura)* armour (*US* armor), cuirass.
2 *nf (caparazón)* shell, carapace.
3 *nf fig (protección)* armour (*US* armor), protection.

corazón
1 *nm ANAT* heart.
2 *nm fig (parte central)* heart, core: **en el corazón de la ciudad** in the heart of the city.
3 *nm (de fruta)* core.

4 *nm (apelativo)* darling, dear, sweetheart: **¿qué quieres, corazón?** what do you want, darling?
5 **corazones** *nm pl (naipes)* hearts.
✦ **abrir el corazón a alguien** *fig* to open one's heart to somebody.
de corazón/de todo corazón *fig* sincerely, in all sincerity.
estar con el corazón en un puño *fig* to have one's heart in one's mouth.
estar enfermo del corazón to have heart trouble.
hablar con el corazón en la mano *fig* to speak from the heart.
llegar al corazón de alguien to touch somebody's heart.
llevar el corazón en la mano to wear one's heart on one's sleeve.
me dice el corazón que ... I have a feeling that ...
padecer del corazón to have heart trouble.
romper el corazón a alguien *fig* to break somebody's heart.
ser duro de corazón to be hardhearted.
ser todo corazón *fig* to be all heart, be kindness itself.
tener buen corazón *fig* to be kindhearted.

corazonada
1 *nf (sentimiento)* hunch, feeling, inkling: **tuve la corazonada de que él no estaba** I had a hunch that he wasn't there.
2 *nf (impulso)* impulse.

corbata
1 *nf* tie, *US* necktie: **iba con corbata** he was wearing a tie.
2 *nf (de bandera)* sash, tassel.
✦ **tenerlos por corbata** *tabú* to be scared shitless.

corbatín *nm* bow tie.

corbeta *nf* corvette.

Córcega *nf* Corsica.

corcel *nm lit* steed, charger.

corchea *nf* quaver.

corchero,-a *adj* cork.

corcheta *nf* eye.

corchete
1 *nm COST* hook and eye, snap fastener.
2 *nm (signo impreso)* square bracket.

corcho
1 *nm* cork; *(corteza)* cork bark.
2 *nm (tapón)* cork.
3 *nm (para pescar, nadar)* float.
4 *nm (tabla)* cork mat.
5 *nm (tablón para anuncios, notas)* cork board.

córcholis *interj fam* goodness me!, *US* gee!

corcova *nf* hunchback, hump.

corcovado,-a
1 *pp →* **corcovar**.
2 *adj* hunchbacked.
3 *nm,f* hunchback.

corcovar *vt* to bend, curve.

corcovear *vi* to buck.

corcovo *nm* prance.

cordada *nf* rope.

cordaje
1 *nm (cuerdas)* ropes *pl*, cordage.
2 *nm* MAR rigging.

cordal *nm* tailpiece.

cordel *nm* rope, cord.
✦ **a cordel** in a straight line.

cordelería
1 *nf (oficio)* ropemaking.
2 *nf (cuerdas)* ropes *pl*.
3 *nf* MAR rigging.

cordelero,-a
1 *adj* ropemaking.
2 *nm,f* ropemaker.

cordero,-a
1 *nm,f* lamb.
2 *nm,f fig (persona dócil)* lamb, angel: **este chico es un corderito** this boy is a little angel.
3 **cordero** *nm (piel)* lambskin.
4 *nm (carne - joven)* lamb; *(- crecido)* mutton.
✦ **ser manso como un cordero** to be as gentle as a lamb.
■ **Cordero de Dios** Lamb of God.
   cordero lechal sucking lamb.
   cordero pascual paschal lamb.
   la madre del cordero *fam* the crux of the matter, the root of the problem.

cordial
1 *adj (afectuoso)* cordial, friendly, warm: **una bienvenida cordial** a warm welcome.
2 *adj (que fortalece)* cordial, stimulating.
3 *nm (bebida)* cordial.

cordialidad *nf* cordiality, warmth, friendliness.

cordialmente
1 *adv* cordially, warmly.
2 *adv (despedida en carta)* sincerely.

cordillera *nf* mountain range, mountain chain.

Córdoba *nf* Córdoba.

cordobán *nm (piel)* cordovan.

cordobés,-esa
1 *adj* of Córdoba, from Córdoba.
2 *nm,f* person from Córdoba.

cordón
1 *nm (cuerda)* string.
2 *nm (de zapatos)* shoelace, shoestring.
3 *nm (de adorno)* braid, cord.
4 *nm* ELEC flex.
5 *nm* REL cord.
6 *nm (cadena humana)* cordon.
■ **cordón umbilical** umbilical cord.

cordoncillo
1 *nm (en tejido)* rib, ribbing.
2 *nm (bordado)* braid, piping.
3 *nm (de moneda)* milling.

cordura *nf* good sense.
✦ **con cordura** sensibly, prudently, wisely.

corea *nf* MED Saint Vitus's dance, chorea.

Corea *nf* Korea.

■ **Corea del Norte** North Korea.
   Corea del Sur South Korea.

coreano,-a
1 *adj* Korean.
2 *nm,f (persona)* Korean.
3 **coreano** *nm (idioma)* Korean.

corear
1 *vt (cantar)* to chorus, sing in chorus.
2 *vt (hablar)* to chorus, speak in chorus.
3 *vt fig (aclamar)* to applaud.

coreografía *nf* choreography.

coreografiar *vt* to choreograph.

coreográfico,-a *adj* choreographic.

coreógrafo,-a *nm,f* choreographer.

coriambo *nm* choriamb, choriambus.

corifeo
1 *nm* coryphaeus.
2 *nm fig* leader.

corimbo *nm* corymb.

corindón *nm* corundum.

corintio,-a
1 *adj* Corinthian.
2 *nm,f* Corinthian.

corinto,-a
1 *adj* maroon.
2 **corinto** *nm (color)* maroon.

corion *nm* chorion.

corista *nf* chorus girl.

coriza *nf* coryza.

cormorán *nm* cormorant.
■ **cormorán moñudo** shag.

cornada *nf* goring.
✦ **dar cornadas** to gore.
   sufrir una cornada to be gored.

cornadura *nf* → **cornamenta.**

cornalina *nf* cornelian, carnelian.

cornamenta *nf (gen)* horns *pl*; *(del ciervo)* antlers *pl*.
✦ **poner la cornamenta a alguien** to cuckold somebody, be unfaithful to somebody.

cornamusa *nf* bagpipe.

córnea *nf* cornea.

cornear *vt* to gore.

corneja *nf* crow.

cornejo *nm* dogwood.

córneo,-a *adj* hornlike, corneous.

córner *nm* DEP *(lugar)* corner; *(golpe)* corner, corner kick.
✦ **lanzar un córner/sacar un córner/ tirar un córner** to take a corner.

corneta
1 *nf (instrumento)* bugle.
2 *nm & nf* MIL *(persona)* bugler.
✦ **a toque de corneta** under the bugle call.
■ **corneta de llaves** cornet.

cornete
1 *nm (de nariz)* turbinate, turbinate bone.
2 *nm (de helado)* cornet, cone.

cornetín
1 *nm (instrumento)* cornet.
2 *nm & nf (persona)* cornet player.

cornijal *nm* corner.

cornisa *nf* ARQ cornice.
■ **la Cornisa Cantábrica** the Cantabrian Coast.

cornisamento *nm* entablature.

cornisamiento *nm* entablature.

corno
1 *nm* BOT *(cornejo)* dogwood.
2 *nm* MÚS horn.
■ **corno inglés** MÚS cor anglais, English horn.

cornucopia
1 *nf (vaso)* cornucopia, horn of plenty.
2 *nf (espejo)* small mirror.

cornudo,-a
1 *adj (animal)* horned, antlered.
2 *adj fam pey (marido)* cuckolded.
3 **cornudo** *nm fam pey* cuckold.

coro
1 *nm* MÚS choir.
2 *nm* TEAT chorus.
✦ **a coro** *fig* all together.
   hacer coro *fig* to join in the chorus.

corografía *nf* chorography.

coroides *nf* choroid.
▲ *pl* coroides.

corola *nf* corolla.

corolario *nm* corollary.

corona
1 *nf (aro, cerco)* crown.
2 *nf (de flores etc)* wreath, garland, crown.
3 *nf fig (dignidad real)* King's, Queen's: **el discurso de la corona** the King's speech.
4 *nf fig (reino)* crown, kingdom.
5 *nf (coronilla)* crown, crown of the head.
6 *nf (aureola)* halo.
7 *nf (de diente, moneda)* crown.
8 *nf (en geometría)* annulus, ring.
■ **corona funeraria** funeral wreath.
   corona solar solar corona.

coronación
1 *nf* coronation.
2 *nf fig (culminación)* crowning.

coronamento *nm* → **coronamiento.**

coronamiento
1 *nm fig (culminación)* crowning.
2 *nm* ARQ *fig* crown.

coronar
1 *vt* to crown.
2 *vi* to crown.

coronario,-a *adj* coronary.
■ **insuficiencia coronaria** cardiac arrest.

coronel *nm* colonel.

coronilla
1 *nf (parte de la cabeza)* crown of the head.
2 *nf (tonsura)* tonsure.
✦ **andar de coronilla** *fam* to run around in circles.
   estar hasta la coronilla *fam* to be fed up (**de**, with).

corpachón
1 *nm (de ave)* carcass of a fowl.
2 *nm fam* big body, carcass.

corpanchón *nm* → **corpachón.**

corpiño *nm* bodice.

corporación *nf* corporation.
- **corporación metropolitana** city corporation.

corporal
1 *adj* corporal, body.
2 *nm* REL corporal, corporale.

corporativismo *nm* corporativism.

corporativo,-a *adj* corporative, corporate.
- **asociación corporativa** syndicate.
  imagen corporativa corporate image.

corpore
- **misa de corpore insepulto** funeral mass said in the presence of the body of the deceased.

corporeidad *nf* corporeity.

corpóreo,-a *adj* corporeal, bodily.

corpulencia *nf* corpulence, stoutness.

corpulento,-a *adj* corpulent, stocky, stout.

corpus *nm (conjunto)* corpus.
- **Corpus (Christi)** REL Corpus Christi.

corpuscular *adj* corpuscular.

corpúsculo *nm* corpuscle.

corral
1 *nm (de casa)* yard, courtyard.
2 *nm (de granja)* farmyard, US corral.
3 *nm (para niños)* playpen.
4 *nm* TEAT open-air theatre.

correa
1 *nf (tira de piel)* strap, leather strip.
2 *nf (de perro)* lead, leash.
3 *nf (de reloj)* watchstrap.
4 *nf (cinturón)* belt.
5 *nf* TÉC belt.
6 *nf (elasticidad)* elasticity, stretch.
+ **tener mucha correa** *fam* to have a lot of patience.
- **correa del ventilador** fan belt.
  correa sin fin conveyor belt.

correaje *nm* straps *pl.*

correazo *nm* lash with a belt.

corrección
1 *nf (rectificación)* correction.
2 *nf (educación)* courtesy, correctness, politeness, good manners *pl.*
3 *nf (represión)* rebuke.
4 *nf (en impresión)* proofreading.
+ **tratar con corrección** to be polite.
- **corrección de pruebas** proofreading.

correccional
1 *adj* correctional.
2 *nm* detention centre, reformatory.

correctamente
1 *adv (sin errores)* correctly, accurately.
2 *adv (con educación)* correctly, politely, properly.

correctivo,-a
1 *adj* corrective.
2 *nm* corrective.

correcto,-a
1 *adj (sin errores)* correct, accurate.
2 *adj (adecuado)* suitable.
3 *adj (educado)* polite, courteous.
4 *adj (conducta)* proper.

corrector,-ra
1 *adj* corrective.
2 *nm,f (de pruebas impresas)* proofreader.

corredera *nf* TÉC runner, groove, track.
+ **de corredera** sliding.

corredero,-a *adj* sliding: ventana corredera sliding window.

corredizo,-a *adj* sliding.

corredor,-ra
1 *adj* running.
2 *adj (ave)* flightless: ave corredora flightless bird.
3 *nm,f* DEP runner; *(de coches)* driver.
4 *nm,f* FIN broker.
5 **corredor** *nm (pasillo)* corridor, gallery.
- **corredor,-ra de bolsa** stockbroker.
  corredor,-ra de coches racing driver.
  corredor,-ra de fincas estate agent.
  corredor,-ra de fondo long-distance runner.
  corredor,-ra de medio fondo middle-distance runner.
  corredor,-ra de seguros insurance broker.

corredura *nf* overflow.

correduría *nf* brokerage.
- **correduría de seguros** insurance brokerage.

corregible *adj* rectifiable, which can be corrected.

corregidor
1 *nm* HIST *(magistrado)* corregidor.
2 *nm* HIST *(alcalde)* mayor.

corregir
1 *vt (enmendar)* to correct, rectify.
2 *vt (reprender)* to reprimand, scold, tell off.
3 *vt* EDUC to mark.
4 *vt (en impresión)* to read, proofread.
5 **corregirse** *vpr (persona)* to mend one's ways.
6 *vpr (defecto)* to right itself.
▲ Conjugation model [55], *like elegir*.

correhuela *nf* bindweed.

correlación *nf* correlation.

correlacionar
1 *vt* to correlate.
2 **correlacionarse** *vpr* to be correlated.

correlativo,-a
1 *adj* correlative.
2 *correlativo nm* correlative.

correlato *nm* correlate.

correligionario,-a *nm,f* co-religionist *(US* coreligionist).

correlimos *nm* dunlin.
▲ *pl* correlimos.

correntío *adj* flowing, running.

correo
1 *nm (servicio, correspondencia)* post, *US* mail.
2 *nm (persona)* courier.
3 *nm* MIL dispatch rider.
4 **correos** *nm pl (oficina)* post office *sing.*
+ **echar al correo** to post, *US* mail.
  por correo by post, *US* by mail.

- **apartado de correos** (post office) box.
  correo aéreo airmail.
  correo certificado registered post, *US* registered mail.
  correo electrónico electronic mail, e-mail.
  correo urgente special delivery.

correoso,-a
1 *adj (flexible)* flexible.
2 *adj fig (alimento)* tough, leathery.

correr
1 *vi (gen)* to run: se marchó corriendo she ran off.
2 *vi (darse prisa)* to rush, hurry: ¡corre, es tarde! hurry up, it's late!
3 *vi (viento)* to blow.
4 *vi (agua)* to flow, run.
5 *vi (tiempo)* to pass, fly.
6 *vi (noticias)* to spread, circulate: el rumor corría por la ciudad the rumour spread throughout the city.
7 *vi (conductor)* to drive fast: Juan corre mucho Juan drives very fast.
8 *vi (coche)* to go fast.
9 *vi (sueldo, interés)* to be payable.
10 *vi (puerta, ventana)* to slide.
11 *vi (moneda)* to be legal tender.
12 *vt (distancia)* to cover; *(país)* to travel through.
13 *vt (carrera)* to run; *(caballo)* to race, run.
14 *vt (echar)* to close; *(cortina)* to draw; *(cerrojo)* to bolt.
15 *vt (mover)* to pull up, move, draw up: corre la mesa move the table.
16 *vt (estar expuesto)* to run: correr un peligro to run a risk.
17 *vt (aventura)* to have.
18 *vt (avergonzar)* to make ashamed.
19 *vt (turbar)* to make embarrassed.
20 **correrse** *vpr (persona)* to move over; *(objeto)* to shift, slide.
21 *vpr (color, tinta)* to run.
22 *vpr (media)* to ladder.
23 *vpr (avergonzarse)* to blush, go red.
24 *vpr tabú (tener orgasmo)* to come.
+ **a todo correr** at full speed.
  correr a cargo de alguien *(ocuparse)* to take care of something; *(pagar)* to pay for something: la cena corre a mi cargo I'll pay for the dinner.
  correr con algo to be responsible for something.
  correr con los gastos to foot the bill.
  corre la voz de que ... rumour has it that ...
  correr mundo to be a globe-trotter.
  correr un peligro to be in danger.
  correrla *fam* to live it up.
  dejar correr algo to let something drop, let something ride.
  deprisa y corriendo in a hurry.
  el mes que corre the current month.

correría
1 *nf* MIL *(incursión)* raid, foray.
2 *nf (viaje)* trip, journey.
3 **correrías** *nf pl fam (aventuras)* adventures; *(viajes)* travels.

correspondencia

1 *nf (gen)* correspondence.

2 *nf (cartas)* post, *US* mail.

3 *nf (de trenes etc)* connection.

✦ **mantener correspondencia con alguien** to correspond with somebody.

▪ **curso por correspondencia** correspondence course.

corresponder

1 *vi (ser adecuado)* to become, befit; *(color, aspecto)* to match, go with: **este comportamiento es el que corresponde a su educación** this behaviour befits his education; **los zapatos no corresponden al vestido** the shoes don't go with the dress.

2 *vi (encajar)* to correspond (**a**, to), tally (**a**, with); *(descripción)* to fit.

3 *vi (pertenecer)* to belong, pertain: **esta mesa corresponde a mi habitación** this table belongs in my bedroom.

4 *vt (ser el turno)* to be one's turn: **me corresponde a mi** it's my turn.

5 *vt (en un reparto)* to get: **me correspondió un coche** I got a car.

6 *vt (incumbir)* to be the job of, be the responsibility of: **eso te corresponde a ti** that's your job.

7 *vt (devolver)* to return; *(amabilidad)* to repay: **ella le correspondió con otro regalo** she repaid him with another gift.

8 **corresponderse** *vpr (ajustarse)* to correspond; *(cifras)* to tally: **la dirección que te dio no se corresponde con la que yo tengo** the address he gave you doesn't correspond to the one I have.

9 *vpr (armonizar)* to be in harmony, go with.

10 *vpr (cartearse)* to correspond.

11 *vpr (amarse)* to love each other.

correspondiente

1 *adj (que corresponde)* corresponding (**a**, to).

2 *adj (apropiado)* suitable, appropriate.

3 *adj (respectivo)* own.

4 *adj (miembro)* correspondent.

corresponsal *nm & nf* correspondent.

corresponsalía *nf* post of correspondent.

corretaje *nm* brokerage.

corretear

1 *vi fam (correr)* to run about.

2 *vi fam (vagar)* to hang about.

correteo *nm* running about, hustle and bustle.

correvedile

1 *nm & nf fam fig (chismoso)* tell-tale, gossip.

2 *nm & nf fam fig (alcahuete)* go-between.

▲ *pl* **correvediles**.

correveidile *nm & nf* → **correvedile**.

▲ *pl* **correveidiles**.

corrida

1 *nf (carrera)* run, race.

2 *nf (de toros)* bullfight.

✦ **de corrida** *(rápidamente)* hastily, in a flash; *(de memoria)* by heart.

corrido,-a

1 *adj (peso)* good: **una tonelada corrida** a good ton.

2 *adj (seguido)* full, continuous: **balcón corrido** continuous balcony.

3 *adj fig (avergonzado)* abashed.

4 *adj fig (experimentado)* experienced.

5 *adj (tiempo)* running: **tres semanas corridas** three weeks running.

✦ **de corrido** *(sin parar)* without stopping; *(con fluidez)* fluently: **hablar un idioma de corrido** to speak a language fluently; **recitar de corrido** to reel off; **traducir de corrido** to translate at sight.

dejar corrido,-a a alguien *fig* to embarrass somebody.

quedarse corrido,-a *fig* to feel embarrassed.

corriente

1 *adj (común)* ordinary, average: **personas corrientes** ordinary people; **una familia corriente** an average family; **lo corriente es hablarlo primero** the usual thing is to talk it over first.

2 *adj (agua)* running.

3 *adj (fecha)* current, present: **el cinco del corriente mes** the fifth of the current month, the fifth of this month.

4 *adj (cuenta)* current.

5 *nm (mes)* current month, this month.

6 *nf (masa de agua)* current, stream, flow.

7 *nf (de aire)* draught *(US* draft).

8 *nf ELEC* current.

9 *nf (de arte etc)* trend, current, school.

✦ **al corriente** *(actualizado)* up to date; *(enterado)* aware; *(informado)* informed, in the know: **¿estás al corriente de los pagos?** are you up to date with the payments?; **¿estás al corriente de lo que ha pasado?** do you know what's happened?

corriente y moliente *fam* ordinary, run-of-the-mill.

dejarse llevar por la corriente *fig* to follow the herd, go with the flow.

ir a contracorriente/navegar contra corriente *fig* to go against the tide.

llevarle la corriente a alguien/seguirle la corriente a alguien to humour *(US* humor) somebody.

poner al corriente to bring up to date, put in the picture.

ponerse al corriente to get up to date, catch up.

salirse de lo corriente to be out of the ordinary.

tener al corriente to keep informed.

▪ **corriente abajo** downstream.

corriente alterna alternating current.

corriente arriba upstream.

Corriente del Golfo Gulf Stream.

corriente sanguínea bloodstream.

corrientemente *adv* usually, normally.

corrijo *pres indic* → **corregir**.

corrillo

1 *nm (corro)* small group of people talking, clique.

2 *nm (en la bolsa)* round enclosure.

corrimiento

1 *nm (acción)* slipping, sliding.

2 *nm MED* discharge.

3 *nm fig (vergüenza)* embarrassment.

▪ **corrimiento de tierras** landslide.

corro

1 *nm (cerco)* circle, ring.

2 *nm (juego)* ring-a-ring o'roses.

3 *nm (en la bolsa)* round enclosure.

✦ **entrar en el corro** to join in the circle.

hacer corro aparte *fig* to form a small circle.

hacerle corro a alguien *fig* to gather round somebody.

corroboración *nf* corroboration.

corroborar *vt* to corroborate: **corroborar con pruebas** to corroborate with proof.

corroborativo,-a *adj* corroborative.

corroer

1 *vt (desgastar)* to corrode.

2 *vt GEOL* to erode.

3 *vt fig (perturbar)* to corrode, eat away, eat up: **los celos lo corroen** he's eaten up with jealousy.

4 **corroerse** *vpr (desgastarse)* to become corroded.

5 *vpr fig* to be eaten up (**de**, with).

▲ *Conjugation model* [82], *like* **roer**.

corromper

1 *vt (pudrir)* to turn bad.

2 *vt (pervertir)* to corrupt, pervert.

3 *vt (sobornar)* to bribe.

4 **corromperse** *vpr (pudrirse)* to go bad, rot.

5 *vpr (pervertirse)* to become corrupted.

corrosión

1 *nf* corrosion, rust.

2 *nf GEOL* erosion.

corrosivo,-a

1 *adj* corrosive.

2 *adj fig* caustic.

3 **corrosivo** *nm* corrosive.

corrupción

1 *nf (putrefacción)* rot, decay.

2 *nf fig* corruption, degradation.

3 *nf fig (soborno)* bribery.

▪ **corrupción de menores** corruption of minors.

corruptela *nf* corruption, sharp practice.

corrupto,-a *adj* corrupt.

corruptor,-ra

1 *adj* corrupting.

2 *nm,f* corrupter, perverter.

corrusco *nm fam* crust of stale bread.

corsario,-a

1 *adj* privateer.

2 **corsario** *nm* privateer.

corsé *nm* corset.

corsetería *nf* ladies' underwear shop.

corso,-a

1 *adj* Corsican.

2 *nm,f* Corsican.

corta *nf* tree felling.

cortaalambres *nm* wire cutters *pl*.

▲ *pl* **cortaalambres**.

cortacésped *nm o nf* lawnmower.

cortacircuitos *nm* circuit breaker.
▲ *pl cortacircuitos.*

cortado,-a
1 *pp* → **cortar.**
2 *adj (troceado)* cut; *(en lonchas)* sliced.
3 *adj (leche)* sour.
4 *adj fig (estilo)* concise, clipped.
5 *adj fam (aturdido)* dumbfounded.
6 **cortado** *nm (café)* coffee with a dash of milk.
✦ **quedarse cortado,-a** *fam (sin palabras)* to be speechless, be lost for words; *(avergonzado)* to become embarrassed.

cortador,-ra
1 *adj* cutting.
2 *nm,f (sastre, zapatero)* cutter.

cortadora *nf* cutting machine.

cortadura
1 *nf (corte)* cut.
2 *nf (paso)* gorge.
3 **cortaduras** *nf pl (recortes)* cuttings, clippings.

cortafrío *nm* cold chisel.

cortafuego
1 *nm (en el campo)* firebreak.
2 *nm (en un edificio)* firewall.
3 *nm* INFORM firewall.

cortahuevos *nm* egg-slicer.
▲ *pl cortahuevos.*

cortalápices *nm* pencil sharpener.
▲ *pl cortalápices.*

cortante
1 *adj (que corta)* cutting, sharp.
2 *adj fig (aire)* biting.
3 *adj fig (persona, estilo)* sharp, brusque.

cortapapeles
1 *nm* paper knife.
2 *nm* TÉC guillotine.
▲ *pl cortapapeles.*

cortapastas *nm* pastry cutter.
▲ *pl cortapastas.*

cortapisa
1 *nf (condición)* condition, restriction.
2 *nf (dificultad)* difficulty, obstacle.
✦ **poner cortapisas** to impose conditions.
sin cortapisas with no strings attached.

cortaplumas *nm* penknife.
▲ *pl cortaplumas.*

cortapuros *nm* cigar cutter.
▲ *pl cortapuros.*

cortar
1 *vt (gen)* to cut: **cortar una cinta** to cut a ribbon; **cortar una película** to cut a film.
2 *vt (pelo)* to cut, trim.
3 *vt (árbol)* to cut down.
4 *vt (carne)* to carve.
5 *vt (pastel)* to cut up.
6 *vt (cabeza, teléfono, gas)* to cut off.
7 *vt (mayonesa, leche)* to curdle.
8 *vt (piel)* to chap, crack.
9 *vt (viento, frío)* to chill, bite.
10 *vt* COST to cut out.
11 *vt (interrumpir)* to cut off, interrupt.

12 *vt (bloquear)* to block: **cortaron la carretera** the road was blocked.
13 *vt (suprimir)* to cut out.
14 *vt fig (separar)* to divide, split, cut.
15 *vi* to cut.
16 **cortarse** *vpr* to cut: **este metal se corta fácilmente** this metal cuts easily.
17 *vpr (herirse)* to cut, cut oneself: **me he cortado** I've cut myself; **se cortó el dedo** he cut his finger.
18 *vpr (el pelo - por otro)* to have one's hair cut; *(- uno mismo)* to cut one's hair: **¿te has cortado el pelo?** have you had your hair cut?
19 *vpr (piel)* to become chapped.
20 *vpr (leche)* to go off, curdle; *(mayonesa)* to curdle.
21 *vpr (comunicación)* to be cut off.
22 *vpr fam (aturdirse)* to get embarrassed, get tongue-tied, go all shy: **no te cortes** don't be shy.
✦ **¡corta el rollo!** *fam* knock it off!
cortar con alguien *fam* to split up with somebody.
cortar el apetito to ruin one's appetite.
cortar el bacalao *fam* to be the boss.
cortar en seco *fig* to cut short.
cortar la digestión to give one indigestion, upset one's stomach.
cortar la palabra to interrupt.
cortar por la mitad to split down the middle.
cortar por lo sano *fam* to take drastic measures.

cortaúñas *nm* nail clippers.
▲ *pl cortaúñas.*

corte¹
1 *nf (del rey etc)* court.
2 *nf (séquito)* retinue.
3 *nf* AM *(tribunal)* court.
4 **las Cortes** *nf pl* the Spanish Parliament *sing.*
✦ **hacer la corte a** to court, pay court to.

corte²
1 *nm (gen)* cut: **me he hecho un corte en el dedo** I've cut my finger.
2 *nm (filo)* edge.
3 *nm (sección)* section: **corte horizontal** horizontal section.
4 *nm (de un libro)* edge.
5 *nm (de pelo)* cut, haircut.
6 *nm (de helado)* wafer, *(US* ice-cream sandwich).
7 *nm* COST *(cantidad de tela)* length.
8 *nm fam fig (réplica)* rebuff.
9 *nm fam fig (vergüenza)* embarrassment: **le daba corte entrar y se quedó fuera** he was too embarrassed to go in so he stayed outside.
✦ **dar un corte a alguien** *fam* to cut somebody dead.
¡qué corte! *fam* what a blow!
■ **corte de mangas** *tabú* V-sign.
corte y confección dressmaking.

cortedad
1 *nf (pequeñez)* shortness, smallness.
2 *nf fig (falta)* lack: **cortedad de instrucción** lack of education.

3 *nf fig (timidez)* shyness, timidity.

cortejar *vt* to court.

cortejo
1 *nm (acompañantes)* entourage, retinue.
2 *nm (galanteo)* courting.
■ **cortejo fúnebre** funeral cortège.
cortejo nupcial wedding party.

cortés *adj* courteous, polite.
✦ **lo cortés no quita lo valiente** *fam* you can be polite but brave at the same time.

cortesana *nf (prostituta)* courtesan, courtezan.

cortesano,-a
1 *adj (de la corte)* court.
2 *adj (cortés)* courteous, courtly.
3 *nm,f (de la corte)* courtier.

cortesía
1 *nf (educación)* courtesy, politeness: **ha sido una cortesía de tu parte acompañarnos hasta el aeropuerto** it was very kind of you to come with us to the airport.
2 *nf (en cartas)* formal ending.
3 *nf (tratamiento)* title.
4 *nf (reverencia)* bow, curtsy.
5 *nf (regalo)* present: **esta bolsa es una cortesía de la empresa** this bag is courtesy of the company.

cortésmente *adv* courteously, politely.

corteza
1 *nf (de árbol)* bark.
2 *nf (de pan)* crust.
3 *nf (de fruta)* peel, skin.
4 *nf (de queso)* rind.
5 *nf fig (apariencia)* outside appearance, outward appearance.
■ **corteza cerebral** cerebral cortex.
la corteza terrestre the earth's crust.

cortical *adj* cortical.

cortijero,-a *nm,f* Andalusian farmer.

cortijo *nm* Andalusian farm, Andalusian farmhouse.

cortina
1 *nf* curtain.
2 *nf fig* curtain, screen.
✦ **correr las cortinas** to draw the curtains.
■ **cortina de fuego** MIL *fig* barrage.
cortina de humo *fig* smoke screen.

cortinaje *nm* drapery.

cortinilla *nf* small lace curtain.

cortisona *nf* cortisone.

corto,-a
1 *adj (extensión)* short: **distancia corta** short distance.
2 *adj (duración)* short, brief: **una película corta** a short film.
3 *adj (escaso)* scant, meagre *(US* meager).
4 *adj fig (tonto)* thick, dim.
5 *adj fig (tímido)* shy, timid.
6 **corto** *nm* short film, short.
✦ **a la corta o a la larga** *fig* sooner or later, in the long run.
corto,-a de alcances *fam* thick, dim.
corto,-a de medios of scant means.
corto,-a de miras *fam* narrow-minded.

corto,-a de vista short-sighted.

ni corto,-a ni perezoso,-a *fam* without thinking twice.

quedarse corto,-a *(ropa)* to become too short: **el pantalón se me ha quedado corto** my trousers have become too short for me; *(calcular mal)* to underestimate, miscalculate: **te quedaste corto con los bocadillos** you didn't make enough sandwiches; *(un tiro)* to fall short; *(no decir todo)* to hold something back, not say enough.

cortocircuito *nm* short circuit.

cortometraje *nm* short film, short.

Coruña La Coruña *nf* Corunna, La Coruña.

coruñés,-esa
1 *adj* of Corunna, from Corunna.
2 *nm,f* person from Corunna, inhabitant of Corunna.

corva *nf* back of the knee.

corvadura *nf* curvature, curve.

corvejón
1 *nm (de caballo)* hock.
2 *nm (de gallo)* spur.
3 *nm (ave)* cormorant.

corveta *nf* curvet.

córvido *nm* crow: **los córvidos** the crow family.

corvina *nf* corvina.

corvo,-a
1 *adj* arched, curved.
2 *adj (nariz)* hooked.

corzo,-a *nm,f (macho)* roe buck; *(hembra)* roe deer.

cosa
1 *nf (gen)* thing: **coge tus cosas** take your things, take your stuff; **me dijo una cosa** she told me something; **¿alguna cosa más?** anything else?
2 *nf (asunto)* matter, business: **es cosa tuya** it's your business; **eso es otra cosa** that's something different.
3 *nf (nada)* nothing, not anything: **no hay cosa igual** there's nothing like it.
4 **cosas** *nf pl fam (manías)* hang-ups: **todos tenemos nuestras cosas** we've got all our hang-ups; **son cosas de niños** kids do that kind of thing.
✦ **así están las cosas** that's the way things are, that's how things stand.
como cosa tuya as if it were your idea.
como están las cosas as things stand.
como si tal cosa just like that.
cosa de about: **es cosa de unos minutos** it'll just take a few minutes.
cosa nunca vista something surprising.
cosas de la vida that's life.
decir cuatro cosas to tell a few home truths.
es cosa de ... *(tiempo)* it's time to ...; *(cuestión)* it's a matter of ...
lo que son las cosas much to my surprise.
no sea cosa que ... in case ...
no ser gran cosa not to be important.

no valer gran cosa not to be worth much.
ser cosa hecha *fam* to be no sooner said than done.
ser poquita cosa *fam* not to be much, not to amount too much.
■ **cosas de negocios** business matters.

cosaco,-a
1 *adj* Cossack.
2 **cosaco** *nm* Cossack.
✦ **beber como un cosaco** *fam* to drink like a fish.

coscorrón *nm* blow on the head, knock on the head.

coscurro *nm fam* crust of stale bread.

cosecante *nf* cosecant.

cosecha
1 *nf* harvest, crop.
2 *nf (tiempo)* harvest time.
3 *nf (año del vino)* vintage.
✦ **de cosecha propia** *(hortalizas, fruta)* home-grown; *fig (ideas etc)* of one's own invention.

cosechador,-ra *nm,f* harvester.

cosechadora *nf* combine harvester.

cosechar
1 *vi* to harvest, reap.
2 *vt (recoger)* to harvest.
3 *vt (cultivar)* to grow.
4 *vt fig* to reap, harvest, win: **cosechar éxitos** to achieve success.

cosechero,-a *nm,f* harvester, grower.

coseno *nm* cosine.

coser
1 *vt (unir)* to sew; *(un botón)* to sew on; *(pespuntes etc)* to stitch: **le cosí los pantalones** I sewed up her trousers.
2 *vt MED* to stitch up.
3 *vt (grapar)* to staple together.
4 *vt fig (unir)* to join.
5 *vt fig (atravesar)* to pierce: **coser a balazos** to riddle with bullets.
✦ **coser a puñaladas** *fam* to cut to pieces.
eso es coser y cantar *fam* it's plain sailing, it's a piece of cake, it's child's play.

cosido
1 *nm* sewing.
2 *nm MED* stitching.

cosificar *vt* to trivialize, belittle.
▲ *Conjugation model [1], like* **sacar**.

cosino *nm* cosine.

cosmética *nf* cosmetics *pl*: **línea de cosmética** range of cosmetics.

cosmético,-a
1 *adj* cosmetic.
2 **cosmético** *nm* cosmetic.

cósmico,-a *adj* cosmic.

cosmogonía *nf* cosmogony.

cosmografía *nf* cosmography.

cosmográfico,-a *adj* cosmographic, cosmographical.

cosmología *nf* cosmology.

cosmológico,-a *adj* cosmologic, cosmological.

cosmonauta *nm & nf* cosmonaut.

cosmonave *nf* spaceship, spacecraft.

cosmopolita
1 *adj* cosmopolitan.
2 *nm & nf* cosmopolitan.

cosmopolitismo *nm* cosmopolitanism.

cosmorama *nm* cosmorama.

cosmos *nm* cosmos.
▲ *pl* **cosmos**.

coso¹
1 *nm (lugar cercado)* arena, enclosure.
2 *nm (calle)* main street.
3 *nm lit (plaza de toros)* bullring.

coso² *nm (carcoma)* woodworm.

cospel *nm* blank.

cosquillas *nf pl* tickling *sing*.
✦ **hacer cosquillas a alguien** to tickle somebody.
tener cosquillas to be ticklish.
buscarle las cosquillas a alguien *fam* to needle somebody, annoy somebody.

cosquillear *vt* to tickle.
✦ **me cosquillea la idea de ...** I've been toying with the idea of ...

cosquilleo *nm* tickling.

cosquilloso,-a *adj* ticklish.

costa¹ *nf (litoral)* coast, coastline; *(playa)* beach, seaside, *US* shore: **tenemos una casa en la costa** we have a house at the seaside, *US* we have a house on the shore.

costa²
1 *nf FIN* cost, price.
2 **costas** *nf pl JUR* costs.
✦ **a costa de** *(aprovechándose)* at the expense of; *(a base de)* by, by dint of, by means of: **vive a costa de su padre** he lives at his father's expense; **lo consiguió a costa de muchos sacrificios** he managed it by making a lot of sacrifices.
a toda costa at all costs, at any price.
condenar a costas *JUR* to order to cover the costs.
pagar las costas *JUR* to pay costs.

Costa de Marfil *nf* Ivory Coast.

costado
1 *nm* side.
2 *nm MIL* flank.
3 **costados** *nm pl* lineage *sing*.
✦ **por los cuatro costados** through and through.

costal *nm* sack.
✦ **vaciar el costal** *fig* to relieve oneself of the burden.

costalada *nf* fall.
✦ **darse una costalada** to fall flat on one's face.

costalazo *nm* → **costalada**.

costalero
1 *nm (mozo)* porter.
2 *nm (de un paso)* bearer.

costanero,-a
1 *adj (inclinado)* sloping.
2 *adj (costero)* coastal.

costanilla *nf* steep street.

costar
1 *vi (valer)* to cost: ¿cuánto costó? how much was it?
2 *vi (ser difícil)* to be hard, be difficult; *(resultar difícil)* to be difficult for: cuesta encontrar trabajo it's hard to find a job; me cuesta el italiano I find Italian difficult.
3 *vi (tiempo)* to take: me costó cuatro horas it took me four hours.
+ costar barato,-a to be cheap: me costaron baratas las cortinas I got the curtains cheap.
costar caro,-a to be expensive, cost a lot; to pay dearly for something: esa afirmación le costará cara he'll pay dearly for saying that.
costar mucho/costar trabajo to be difficult, be hard work.
costar un ojo de la cara *fam* to cost an arm and a leg.
cueste lo que cueste at any cost, whatever it costs.
▲ *Conjugation model [31], like contar.*
Costa Rica *nf* Costa Rica.
costarricense
1 *adj* Costa Rican.
2 *nm & nf* Costa Rican.
costarriqueño,-a *adj-nm,f* → costarricense.
coste *nm* cost, price, expense.
■ coste de la vida cost of living.
precio de coste cost price.
costear¹ *vt MAR* to coast, sail along.
costear²
1 *vt (pagar)* to pay for, afford: su padre le costeó el viaje his father paid for his journey.
2 costearse *vpr* to pay one's way.
costera
1 *nf (costado)* side.
2 *nf (tiempo de pesca)* fishing season.
costero,-a
1 *adj* coastal, coast.
2 costero *nm (barco)* coasting vessel, coaster.
costilla
1 *nf ANAT* rib.
2 *nf CULIN* cutlet.
3 *nf fam fig (mujer)* wife, better half.
4 costillas *nf pl fam (espalda)* back *sing*.
+ medirle las costillas a alguien to give somebody a good hiding.
costillar *nm* ribs *pl*.
costo¹ *nm* cost, price.
costo² *nm arg (hachís)* dope.
costoso,-a
1 *adj (caro)* costly, expensive.
2 *adj (difícil)* hard, difficult.
costra
1 *nf* crust.
2 *nf MED* scab.
costroso,-a *adj* scabby.
costumbre
1 *nf (hábito)* habit: tengo la costumbre de comer temprano I'm in the habit of having lunch early.

2 *nf (tradición)* custom: es una costumbre rusa it's a Russian custom.
3 *nf JUR* usage.
4 costumbres *nf pl (personales)* ways, manner *sing*; *(de un pueblo)* customs.
+ como de costumbre as usual.
perder la costumbre to lose the habit.
tener por costumbre + *inf* to be in the habit of + *ger*.
■ la fuerza de la costumbre the force of habit.
persona de buenas costumbres respectable person.
costumbrismo *nm* folk literature.
costumbrista
1 *adj* about local customs.
2 *nm & nf* writer of folk literature.
costura
1 *nf (cosido)* sewing.
2 *nf (línea de puntadas)* seam: medias sin costura seamless stockings.
3 *nf (confección)* dressmaking.
+ meter a alguien en costura *fig* to bring somebody to reason.
sentar las costuras a alguien *fig* to give somebody a dressing-down.
■ alta costura haute couture.
cesto de la costura sewing basket.
costurera *nf* seamstress.
costurero
1 *nm (estuche)* sewing basket, sewing kit.
2 *nm (mueble)* workbox.
costurón
1 *nm (cosido)* untidy seam.
2 *nm (cicatriz)* noticeable scar.
cota¹ *nf (traje)* tabard.
■ cota de malla coat of mail.
cota²
1 *nf (altura)* height above sea level: la cota mil one thousand metres above sea level.
2 *nf (número en mapa)* spot height.
3 *nf fig (nivel)* level: la xenofobia está llegando a cotas muy altas xenophobia is showing an alarming increase.
cotangente *nf* cotangent.
cotarro *nm fam fig* noisy gathering.
+ dirigir el cotarro/ser el amo del cotarro *fam* to be the boss, run the show.
cotejable *adj* comparable.
cotejar *vt (gen)* to compare; *(textos)* to collate, compare.
cotejo *nm (gen)* comparison; *(textos)* collation, comparison.
coterráneo,-a
1 *adj* compatriot, from the same country, from the same region.
2 *nm,f (hombre)* fellow countryman; *(mujer)* fellow countrywoman.
cotidianamente *adv* daily, everyday.
cotidiano,-a *adj* daily, everyday: la vida cotidiana everyday life.
cotila *nf* socket.

cotiledón *nm* cotyledon.
cotilla
1 *nf (faja)* corset.
2 *nm & nf fam* busybody, gossip.
cotillear *vi fam* to gossip, tittle-tattle.
cotilleo *nm fam* gossip, gossiping, tittle-tattle.
cotillo *nm* hammerhead.
cotillón
1 *nm (danza)* cotillion, cotillon.
2 *nm (fiesta)* party, celebration *especially on New Year's Eve.*
cotizable *adj* quoted on the stock exchange.
■ acciones cotizables en bolsa stock market shares.
cotización
1 *nf FIN* quotation, market price.
2 *nf (cuota)* membership fee, subscription.
■ cotización de cierre closing price.
cotización del día current price.
cotización máxima high.
cotizar
1 *vt FIN* to quote, price.
2 *vi (pagar cuota)* to pay a subscription.
3 cotizarse *vpr (acciones)* to sell (a, at): las acciones del banco se cotizan a diez euros con veintitrés the bank's shares are selling at ten euros twenty-three.
4 *vpr fig (valorarse)* to be valued, be in demand: este pintor se cotiza mucho this painter is in great demand.
▲ *Conjugation model [4], like realizar.*
coto¹
1 *nm (terreno)* enclosure, reserve.
2 *nm (poste)* boundary mark.
3 *nm (límite)* restriction.
+ poner coto a algo to put a stop to something.
■ coto de caza game preserve.
coto² *nm (pez)* miller's thumb.
cotonificio *nm* cotton industry.
cotorra
1 *nf (ave)* parrot.
2 *nf fam fig* chatterbox.
+ hablar como una cotorra to be a chatterbox.
cotorrear *vi fam fig* to chatter, prattle (on).
cotorreo *nm fam fig* chatter, prattle.
cotudo,-a *adj* fluffy, cottony.
coturno *nm* cothurnus.
COU *abr EDUC* (**Curso de Orientación Universitaria**) ≈ *former pre-university course.*
coulomb *nm* coulomb.
covacha *nf* small cave.
covachuela *nf* small cellar, small cave.
cowboy *nm* cowboy.
▲ *pl cowboys.*
coxis *nm* coccyx.
▲ *pl coxis.*
coy *nm* hammock.
▲ *pl coyes.*

coyote *nm* coyote.

coyuntura
1 *nf ANAT* joint, articulation.
2 *nf fig (circunstancia)* moment, juncture.
■ **coyuntura económica** economic situation.
coyuntura política political situation.
coyuntura social social situation.

coz *nf* kick.
✦ **dar coces/dar una coz** to kick.
tratar a alguien a coces *fig* to treat somebody like dirt.
▲ *pl* **coces**.

C.P. *abr* (**código postal**) postcode, (*US* zip code).

crac
1 *nm (quiebra)* crash, bankruptcy: **el crac de la bolsa de Nueva York** the Wall Street crash.
2 *nm (onomatopeya)* crack, snap: **el brazo me hizo crac** my arm gave a crack.

crack
1 *nm (droga)* crack.
2 *nm (persona)* star, ace: **es un auténtico crack del fútbol** he's a crack football player.

crampón *nm* crampon.
▲ *pl* **crampones**.

craneal *adj* cranial.

craneano,-a *adj* cranial.

cráneo *nm* cranium, skull.
✦ **ir de cráneo** *fam* to have a lot on one's plate, have one's work cut out.
romperle el cráneo a alguien *fam* to smash somebody's head in.

crápula
1 *nf (borrachera)* drunkenness.
2 *nf fig (disipación)* dissipation, debauchery.
3 *nm (hombre)* reprobate, rake.

crascitar *vi* to caw, croak.

craso,-a
1 *adj (gordo)* fat, gross.
2 *adj fig (error)* gross, crass.

cráter *nm* crater.

crawl *nm* crawl.

creación
1 *nf (gen)* creation.
2 *nf (fundación)* foundation, establishment, setting up.

creador,-ra
1 *adj* creative.
2 *nm,f* creator, maker.

crear
1 *vt (gen)* to create: **crear problemas** to create problems.
2 *vt (fundar)* to found, establish; *(partido)* to set up.
3 *vt (inventar)* to invent.
4 **crearse** *vpr* to make, make for oneself: **crearse enemigos** to make enemies for oneself.
5 *vpr (imaginarse)* to imagine.

creatividad *nf* creativity.

creativo,-a *adj* creative.

crecendo **in crecendo** *loc* in crescendo.
✦ **ir en crecendo** to be increasing.

crecepelo *nm* hair restorer.

crecer
1 *vi (persona, planta)* to grow: **has crecido mucho** you've grown a lot; **se dejó crecer la barba** he grew a beard.
2 *vi (incrementar)* to increase, grow, get bigger: **la población ha crecido un uno por ciento** the population has grown by one per cent.
3 *vi (corriente, marea)* to rise.
4 *vi (luna)* to wax.
5 *vi (días)* to get longer: **los días crecen** the days are getting longer.
6 *vi (en labor de punto)* to add, increase.
7 **crecerse** *vpr (tomar mayor fuerza)* to grow in confidence: **se crece ante las dificultades** he comes into his own when faced with problems.
▲ *Conjugation model* [43], *like* **agradecer**.

creces *nf pl* increase *sing* in volume.
✦ **con creces** fully: **el dinero recaudado superó con creces lo que se necesitaba** the money collected far exceeded what was needed; **nos devolvió el dinero con creces** she returned the money with interest; **pagó su error con creces** he paid dearly for his mistake.

crecida *nf* flood, spate.

crecido,-a
1 *adj (persona)* grown, grown-up.
2 *adj (cantidad)* big, large.
3 *adj (río)* in flood, in spate.
4 *adj fig (engreído)* vain, conceited.

creciente
1 *adj (que crece)* growing; *(que aumenta)* increasing: **un interés creciente** an increasing interest.
2 *adj (precios)* rising.
3 *adj (luna)* crescent (in the first quarter).
4 *nf (de agua)* flood, spate.

crecimiento
1 *nm (desarrollo)* growth, increase.
2 *nm (subida)* rise.
3 *nm (de un río)* flooding, rising.

credencial
1 *adj* credential.
2 **credenciales** *nf pl* credentials.
■ **cartas credenciales** credentials.

credibilidad *nf* credibility.

crediticio,-a *adj* credit.

crédito
1 *nm COM* credit.
2 *nm (confianza)* credit, belief, credence.
3 *nm (fama)* reputation, standing.
✦ **a crédito** on credit.
dar crédito a *(creer)* to believe (in): **no doy crédito a mis oídos** I can't believe what I'm hearing.
ser digno,-a de crédito to be reliable.
tener crédito to have a good reputation.
■ **crédito hipotecario** debt secured by a mortgage.

credo
1 *nm REL* creed.
2 *nm MÚS* Credo.
3 *nm fig (creencias)* credo, creed.

credulidad *nf* credulity, gullibility.

crédulo,-a *adj* credulous, gullible.

creencia *nf* belief.
■ **creencia religiosa** religious belief.

creer
1 *vt (dar por cierto)* to believe: **si no lo veo no lo creo** I've got to see it to believe it.
2 *vt (suponer, opinar)* to think, suppose: **¿y tú que crees?** what do you think?; **creo que sí** I think so; **creo que no** I don't think so.
3 *vt (tener fe)* to believe.
4 *vi (tener fe)* to believe: **creo en Dios** I believe in God.
5 **creerse** *vpr (aceptar)* to believe: **no me lo creo** I don't believe it, I can't believe it; **no puedo creerme que sea tan barato** I can't believe it's so cheap.
6 *vpr (considerarse)* to think: **se cree un gran cantante** he thinks he's a great singer; **¿quién te has creído que eres?** who do you think you are?
✦ **creer a ciencia cierta** to be convinced.
creer a ojos cerrados to believe blindly.
creer a pies juntillas to firmly believe.
¡no creas! do you really think so?, I'm not so sure.
no vayas a creer que ... don't go thinking that …
¡que te crees tú eso! that's what you think!
¡ya lo creo! of course!
▲ *Conjugation model* [61], *like* **leer**.

creíble *adj* credible, believable.

creído,-a
1 *pp →* **creer**.
2 *adj* arrogant, vain, conceited.
✦ **ser un creído,-a** to be full of oneself.

crema
1 *nf (de leche, licor, ungüento)* cream.
2 *nf (natillas)* custard.
3 *nf (betún)* shoe polish.
4 *nf fig (lo mejor)* cream.
5 *adj* cream, cream coloured (*US* cream colored).
■ **crema bronceadora** suntan cream.
crema catalana *type of crème brûlée.*
crema de afeitar shaving cream.
crema de belleza beauty cream.
crema de champiñones cream of mushroom soup.
crema hidratante moisturizing cream.

cremación *nf* cremation.

cremallera
1 *nf (de vestido)* zip, zip fastener (*US* zipper).
2 *nf TÉC* rack.
✦ **echar la cremallera** *fam* to shut one's mouth, zip up.
■ **ferrocarril de cremallera** rack railway, cog railway.

crematística
1 *nf (economía política)* chrematistics.
2 *nf fam* money matters *pl.*

crematístico,-a *adj* chrematistic.

crematorio *nm* crematorium.

cremoso,-a *adj* creamy: queso cremoso full-fat cheese.

crencha
1 *nf (raya)* parting.
2 *nf (parte)* side of the hair.

creosota *nf* creosote.

crepe *nf (torta)* pancake, crepe.

crepé
1 *nm (postizo)* hairpiece.
2 *nm (tejido, caucho)* crepe.

crepería *nf* creperie.

crepitante *adj* crackling.

crepitar *vi* to crackle.

crepuscular *adj* twilight.

crepúsculo *nm* twilight.

cresa *nf* maggot.

crescendo in crescendo *loc* → crecendo.

crespo,-a
1 *adj (pelo)* frizzy.
2 *adj (estilo)* obscure.
3 *adj fig (irritado)* angry.

crespón *nm* crepe.

cresta
1 *nf (de ave)* crest; *(de gallo)* comb.
2 *nf (de pelo)* toupée.
3 *nf (de montaña, ola)* crest.
✦ dar a alguien en la cresta *fam* to deflate somebody, bring somebody down to earth.
   estar en la cresta de la ola *fam* to be on the crest of a wave.
   levantar la cresta/alzar la cresta *fam* to give oneself airs, get on one's high horse.

crestomatía *nf* chrestomathy, anthology.

crestón *nm* outcrop.

creta *nf* chalk.

Creta *nf* Crete.

cretense
1 *adj* Cretan.
2 *nm & nf* Cretan.

cretinismo
1 *nm (enfermedad)* cretinism.
2 *nm fam fig* cretinism, stupidity.

cretino,-a
1 *adj* stupid, cretinous.
2 *nm,f* cretin, idiot.

cretona *nf* cretonne.

creyente
1 *adj* believing.
2 *nm & nf* believer.

crezco *pres indic* → crecer.

cría
1 *nf (acto de criar)* nursing; *(de animal)* breeding, raising.
2 *nf (cachorro)* young.

3 *nf (camada - ovíparos)* brood; *(- mamíferos)* litter.

criada *nf* maid.

criadero
1 *nm (de plantas)* nursery; *(de animales)* breeding farm; *(de peces)* hatchery.
2 *nm (mina)* seam.
■ criadero de mejillones mussel bed.
   criadero de ostras oyster bed.

criado,-a
1 *pp* → criar.
2 *adj (animal)* reared, raised; *(persona)* bred, brought up.
3 *nm,f* servant.
✦ bien criado,-a well-bred.
   mal criado,-a ill-bred, spoilt.

criador *nm,f* breeder.

crianza
1 *nf (de animales)* breeding.
2 *nf (lactancia)* nursing.
3 *nf (educación)* upbringing.
■ vino de crianza mature wine.

criar
1 *vt (educar niños)* to bring up, rear, care for: lo crió una tía his aunt brought him up.
2 *vt (nutrir)* to feed (con, -); *(con pecho)* to suckle, nurse, breast-feed.
3 *vt (animales)* to breed, raise, rear.
4 *vt (producir)* to have, grow; *(vinos)* to make, mature.
5 *vi (engendrar)* to give birth.
6 criarse *upr (crecer)* to grow; *(formarse)* to be brought up.
7 *upr (producirse)* to grow.
▲ Conjugation model [13], like desviar.

criatura
1 *nf* creature.
2 *nf (niño)* baby, child.
3 *nf fig* baby.

criba
1 *nf (tamiz)* sieve.
2 *nf fig (selección)* screening.
✦ estar como una criba *fam* to be riddled with holes.
   hacer una criba to screen; *(en examen)* to fail lots of students.
   pasar por la criba *fig* to screen.

cribar
1 *vt (colar)* to sift, sieve.
2 *vt fig (seleccionar)* to screen.

cric *nm* jack.
▲ *pl* crics.

cricoides
1 *adj* cricoid.
2 *nm* cricoid.
▲ *pl* cricoides.

cricquet *nm* cricket.
▲ *pl* cricquets.

crimen
1 *nm (delito)* crime.
2 *nm (asesinato)* murder.
■ crimen pasional crime of passion.
▲ *pl* crímenes.

criminal
1 *adj* criminal.

2 *adj fam (muy malo)* awful, criminal, appalling.
3 *nm & nf* criminal.
■ criminal de guerra war criminal.

criminalidad *nf* criminality.
■ índice de criminalidad crime rate.

criminalista
1 *nm & nf (abogado)* criminal lawyer.
2 *nm & nf (estudioso)* criminologist.

criminología *nf* criminology.

criminólogo,-a *nm,f* criminologist.

crin *nf* mane.
▲ Also used in plural with the same meaning.

crinolina *nf* crinoline.

crío,-a
1 *nm,f fam* kid, child.
2 *adj fam* young: todavía eres muy crío you're still too young.
✦ ser un crío,-a *fam* to be childish.

criollo,-a
1 *adj* Creole.
2 *nm,f (persona)* Creole.
3 *nm (idioma)* Creole.

cripta *nf* crypt.

críptico,-a *adj* cryptic.

criptografía *nf* cryptography.

criptograma *nm* cryptogram.

criptón *nm* krypton.

críquet *nm* cricket.
▲ *pl* críquets.

crisálida *nf* chrysalis.

crisantemo *nm* chrysanthemum.

crisis
1 *nf (dificultad)* crisis.
2 *nf (ataque)* fit, attack: crisis de asma asthma attack; crisis de llanto fit of tears.
3 *nf (escasez)* shortage: crisis de alimentos food shortage.
✦ estar en crisis to be in crisis, reach crisis point.
■ crisis de gobierno cabinet crisis.
   crisis financiera financial crisis.
   crisis nerviosa nervous breakdown.
▲ *pl* crisis.

crisma
1 *nm o nf REL* chrism.
2 *nm o nf fam (cabeza)* head, nut.
✦ romperle la crisma a alguien to knock somebody's block off.

crisol
1 *nm* crucible.
2 *nm fig* melting pot.

crisólito *nm* chrysolite.

crispación *nf fig* tension: un clima de crispación a tense atmosphere.

crispado,-a
1 *pp* → crispar.
2 *adj* on edge, touchy, tense: tengo los nervios crispados my nerves are shot.

crispante *adj* annoying, irritating.

crispar
1 *vt ANAT* to contract, tense.
2 *vt fig (irritar)* to irritate, annoy, infuriate: ese tipo me crispa that guy infuriates me.

3 crisparse *vpr ANAT* to contract, tense.
4 *vpr fig (irritarse)* to get annoyed, get angry.
✦ **crispar los nervios a alguien** *fig* to get on somebody's nerves.

cristal
1 *nm (mineral)* crystal.
2 *nm (vidrio)* glass.
3 *nm (de ventana)* window pane, pane.
4 *nm (de lente)* lens.
5 *nm (de coche)* window.
6 cristales *nm pl (trozos)* glass *sing*: ten cuidado, hay cristales por el suelo be careful, there's some broken glass on the floor.
7 *nm pl (ventanas)* windows.
▪ **botella de cristal** glass bottle.
copa de cristal wine glass.
cristal de aumento magnifying glass.
cristal de cuarzo quartz crystal.
cristal de roca rock crystal.
cristal tallado cut glass.
vaso de cristal drinking glass.

cristalera
1 *nf (mueble)* display cabinet.
2 *nf (escaparate)* window, shop window.
3 *nf (conjunto de cristales)* windows *pl*; *(puertas)* glass doors *pl*; *(techo)* glass roof.

cristalería
1 *nf (fábrica)* glassworks.
2 *nf (tienda)* glassware shop.
3 *nf (conjunto)* glassware; *(vasos)* glasses *pl*.

cristalero,-a *nm,f* glazier.

cristalino,-a
1 *adj* transparent, crystal-clear.
2 cristalino *nm* crystalline lens.

cristalización
1 *nf* crystallization.
2 *nf fig* consolidation.

cristalizar
1 *vt* to crystallize.
2 *vi* to crystallize.
3 *vi fig* to crystallize (**en**, into).
4 cristalizarse *vpr* to crystallize.
▲ *Conjugation model* [4], *like realizar*.

cristalografía *nf* crystallography.
cristaloide *nm* crystalloid.
cristianar *vt fam* to christen, baptize.
cristiandad *nf* Christendom.
cristianismo *nm* Christianity.
cristianizar *vt* to convert to Christianity.
▲ *Conjugation model* [4], *like realizar*.

cristiano,-a
1 *adj REL* Christian.
2 *adj fam (vino)* watered-down.
3 *nm,f REL* Christian.
4 cristiano *nm fam* person, soul: cualquier cristiano lo entendería anybody would understand it.
✦ **hablar en cristiano** *fam (claro)* to speak plainly; *(en español)* to speak Spanish.
▪ **cristiano,-a nuevo,-a** *HIST* Moor or Jew converted to Christianity.

cristiano,-a viejo,-a *HIST* Christian without Moorish or Jewish ancestors.

Cristo
1 *nm REL* Christ.
2 *nm (crucifijo)* crucifix.
✦ **antes de Cristo** before Christ.
armar un Cristo *fam* to kick up a big fuss.
después de Cristo anno Domini.
donde Cristo dio las tres voces/donde Cristo perdió el gorro *fam* in the middle of nowhere.
estar hecho un Cristo *fam* to be a sorry sight, look a right state.
ni Cristo *fam* nobody: no había ni Cristo nobody was there, there wasn't a soul.
poner a alguien hecho un Cristo *fam* to have a real go at somebody.

criterio
1 *nm (en lógica)* criterion.
2 *nm (juicio)* judgement, discernment.
3 *nm (opinión)* opinion, point of view: en mi criterio in my opinion; muchos comparten ese criterio many others share that opinion.
✦ **cambiar de criterio** to change one's mind.
dejar a criterio de alguien to leave to somebody's discretion.
ser de amplios criterios to be broadminded.

crítica
1 *nf (juicio, censura)* criticism.
2 *nf (prensa)* review, write-up.
3 *nf (conjunto de críticos)* critics *pl*.
✦ **hacer críticas** to criticize.
ser dado,-a a las críticas to be very critical.
tener buena crítica to get good reviews.
▪ **crítica teatral** theatre (*US* theater) column.

criticar
1 *vt* to criticize.
2 *vi (murmurar)* to gossip.
▲ *Conjugation model* [1], *like sacar*.

crítico,-a
1 *adj* critical.
2 *nm,f* critic.

criticón,-ona
1 *adj fam* fault finding, nit-picking, hypercritical.
2 *nm,f fam* fault finder, nit-picker.

Croacia *nf* Croatia.
croar *vi* to croak.

croata
1 *adj* Croatian, Croat.
2 *nm & nf (persona)* Croat, Croatian.
3 *nm (idioma)* Croat, Croatian.

crocante *nm* almond brittle.
crocanti *nm* almond brittle.
croché *nm* crochet.
croissant *nm* croissant.
▲ *pl* croissants.
croissantería *nf* croissant shop.
crol *nm* crawl.

cromado,-a
1 *pp* → **cromar.**
2 *adj* chrome.
3 cromado *nm* chroming.

cromar *vt* to chrome.
cromático,-a *adj* chromatic.
cromatina *nf* chromatin.
cromatismo *nm* chromatism.
crómico,-a *adj* chromic.
crómlech *nm* cromlech.

cromo
1 *nm (metal)* chromium, chrome.
2 *nm (cromolitografía)* chromolithograph, chromo.
3 *nm (estampa)* picture card, sticker: un álbum de cromos a picture-card album.
✦ **ir hecho,-a un cromo** *fam* to look a sight.

cromolitografiar *vt* to print in colour.
cromolitografía *nf* colour printing.
cromosoma *nm* chromosome.

crónica
1 *nf (gen)* account, chronicle.
2 *nf (en periódico)* article, column, feature.
3 *nf RAD TV (programa)* programme (*US* program); *(reportaje)* feature, report.
4 *nf HIST* chronicle.
▪ **crónica de sociedad** society column, social column.
crónica de sucesos news in brief, news headlines *pl*.

crónico,-a
1 *adj* chronic.
2 *adj fig* deeply rooted.

cronicón *nm* short chronicle.

cronista
1 *nm & nf HIST* chronicler.
2 *nm & nf (de prensa)* columnist, feature writer.
3 *nm & nf RAD TV* commentator.

crono
1 *nm (cronómetro)* chronometer.
2 *nm DEP (tiempo)* time.

cronógrafo,-a
1 *nm,f* chronographer.
2 cronógrafo *nm* chronograph.

cronología *nf* chronology.
cronológicamente *adv* chronologically.
cronológico,-a *adj* chronological.
cronometrador,-ra *nm,f* timekeeper.
cronometraje *nm* timing.
cronometrar *vt* to time.

cronómetro
1 *nm* chronometer.
2 *nm DEP* stopwatch.

croquet *nm* croquet.
croqueta *nf* croquette.
croquis *nm* sketch, outline.
▲ *pl* croquis.
cros *nm (a pie)* cross-country race; *(en moto)* motocross race.
▲ *pl* cros.

cruasán *nm* croissant.
▲ *pl cruasanes.*
cruce
1 *nm* cross, crossing.
2 *nm AUTO* crossroads.
3 *nm (de razas)* crossbreeding.
4 *nm (interferencia telefónica etc)* crossed line: **hay un cruce** there's a crossed line.
5 *nm ELEC* short circuit.
crucería *nf ARQ* ogives *pl*, ribs *pl*.
crucero
1 *nm (buque)* cruiser.
2 *nm (viaje)* cruise.
3 *nm ARQ* transept.
✦ **hacer un crucero** to go on a cruise.
crucial
1 *adj* crucial.
2 *adj fig* crucial, critical.
crucificado,-a
1 *pp* → **crucificar.**
2 *adj* crucified.
crucificar
1 *vt* to crucify.
2 *vt fam fig* to torture.
▲ *Conjugation model* [1], *like sacar.*
crucifijo *nm* crucifix.
crucifixión *nf* crucifixion.
cruciforme *adj* cruciform, cross-shaped.
crucigrama *nm* crossword (puzzle).
crudeza
1 *nf (sin cocer)* rawness; *(sin madurar)* unripeness.
2 *nf (rudeza)* crudeness, rudeness, coarseness.
3 *nf (del clima)* harshness.
4 **crudezas** *nf pl* undigested food *sing.*
crudo,-a
1 *adj (sin cocer)* raw; *(poco hecho)* underdone: **la carne está cruda** the meat is underdone, the meat isn't cooked enough.
2 *adj fig (duro)* crude, coarse.
3 *adj (color)* natural, unbleached.
4 *adj (clima)* harsh.
5 **crudo** *nm (petróleo)* crude oil, crude.
✦ **verlo muy crudo** *fam* not to hold out much hope.
▪ **seda cruda** raw silk.
cruel
1 *adj (persona)* cruel (**con/para**, to).
2 *adj (clima)* harsh, severe.
crueldad
1 *nf* cruelty.
2 *nf (dureza)* harshness, severity.
cruelmente *adv* cruelly.
cruentamente *adv* bloodily.
cruento,-a *adj* bloody.
crujido
1 *nm (de puerta)* creak, creaking.
2 *nm (de patatas fritas)* crunching.
3 *nm (seda, papel)* rustle, rustling.
4 *nm (de dientes)* grinding.
crujiente
1 *adj (alimentos)* crunchy.
2 *adj (seda)* rustling.

crujir
1 *vi (puerta)* to creak.
2 *vi (patatas fritas)* to crunch.
3 *vi (seda, hojas)* to rustle.
4 *vi (dientes)* to grind.
crup *nm* croup.
crupié *nm & nf* croupier.
crupier *nm & nf* croupier.
crustáceo *nm* crustacean.
cruz
1 *nf (gen)* cross.
2 *nf (de moneda)* tails *pl:* **¿cara o cruz?** heads or tails?
3 *nf fig (carga)* burden, cross.
✦ **con los brazos en cruz** with outstretched arms.
hacer cruz y raya *fig* to swear never again.
hacerse cruces de algo *fig* to be amazed at something.
▪ **cruz gamada** swastika.
Cruz Roja Red Cross.
la señal de la cruz the sign of the cross.
▲ *pl cruces.*
cruzada
1 *nf HIST* crusade.
2 *nf (campaña)* campaign.
cruzado,-a
1 *pp* → **cruzar.**
2 *adj (gen)* crossed.
3 *adj (animal, planta)* crossbred.
4 *adj (prenda)* double-breasted.
5 *adj (brazos)* folded.
6 **cruzado** *nm HIST* crusader.
cruzamiento
1 *nm* crossing.
2 *nm (de animales)* cross-breeding.
cruzar
1 *vt (gen)* to cross: **cruzar los dedos** to cross one's fingers; **cruzar una calle** to cross a street.
2 *vt (poner atravesado)* to lay across; *(estar atravesado)* to lie across: **cruzar la carretera con un tronco** to lay a tree trunk across the road.
3 *vt (en geometría)* to intersect.
4 *vt (animales)* to cross.
5 *vt (miradas, palabras)* to exchange.
6 **cruzarse** *vpr (encontrarse)* to cross, pass each other.
7 *vpr (intercambiarse)* to exchange.
✦ **cruzar a nado** to swim across.
cruzar apuestas to make bets.
cruzar con una raya to draw a line across.
cruzar los brazos to fold one's arms.
cruzarle la cara a alguien *fig* to slap somebody's face.
cruzarse en el camino de alguien *fig* to cross somebody's path.
▲ *Conjugation model* [4], *like realizar.*
CSD *abr* (**Consejo Superior de Deportes**) ≈ Sports Council.
c.s.f. *abr* (**coste, seguro y flete**) cost, insurance and freight; *(abreviatura)* c.i.f., CIF.

CSIC *abr* (**Consejo Superior de Investigaciones Científicas**) Council for Scientific Research *(state body responsible for allocating grants for higher education and research).*
cta. *abr* (**cuenta**) account; *(abreviatura)* a/c, acc, acct.
cta. cte. *abr* (**cuenta corriente**) current account; *(abreviatura)* c/a.
cte. *abr* (**corriente**) of the present month, of the present year.
Cte. *abr* (**comandante**) commander; *(abreviatura)* Cmdr.
CTNE *abr* (**Compañía Telefónica Nacional de España**) *former Spanish telephone company.*
ctra. *abr* (**carretera**) road; *(abreviatura)* Rd.
cts. *abr* (**céntimos**) cents.
cu
1 *nf* name of the letter **q.**
2 *nf (naipes)* queen.
c/u *abr COM* (**cada uno**) each; *(abreviatura)* ea.
cuaderna *nf* frame.
cuadernillo *nm* booklet.
cuaderno *nm (libreta)* notebook, journal; *(escolar)* exercise book.
▪ **cuaderno de bitácora** logbook.
cuadra
1 *nf (establo)* stable.
2 *nf AM (manzana)* block, block of houses.
cuadradillo
1 *nm (azúcar)* lump.
2 *nm (barra de hierro)* square iron bar.
3 *nm (regla)* square ruler.
cuadrado,-a
1 *pp* → **cuadrar.**
2 *adj (forma)* square.
3 *adj fam (persona)* broad, stocky.
4 *adj fig (mente)* rigid, one-track.
5 **cuadrado** *nm* square.
✦ **elevar al cuadrado** to square: **tres al cuadrado son nueve** three squared is nine.
tenerlos cuadrados *tabú* to have balls.
cuadrafonía *nf* quadraphonics.
cuadrafónico,-a *adj* quadraphonic.
cuadragenario,-a
1 *adj* quadragenarian.
2 *nm,f* quadragenarian.
cuadragésimo,-a
1 *adj* fortieth.
2 *nm,f* fortieth.
▲ *See also sexto,-a.*
cuadrangular *adj* quadrangular.
cuadrángulo *nm* quadrangle.
cuadrante
1 *nm (reloj)* sundial.
2 *nm (instrumento)* quadrant.
3 *nm (cojín)* square pillow.
cuadrar
1 *vt (dar figura cuadrada)* to square, make square.
2 *vt (geometría, matemáticas)* to square.
3 *vt COM* to balance.

4 *vi (coincidir)* to square, agree.

5 *vi COM* to tally, add up: **las cuentas de este mes no cuadran** the accounts don't add up this month.

6 *vi fig (ir bien)* to suit: **el estilo no cuadra con el tema** the style doesn't suit the subject.

7 **cuadrarse** *vpr MIL* to stand to attention.

8 *vpr fig* to stand firm, stick to one's guns, dig one's heels in: **su madre se cuadró y él no pudo salir** his mother stuck to her guns and he couldn't go out.

cuadrático,-a *adj* quadratic.

cuadratura *nf* quadrature.

✦ **la cuadratura del círculo** *fig* squaring the circle.

cuádriceps *nm* quadriceps.

▲ *pl* cuádriceps.

cuadrícula *nf* squares *pl*, grid: **papel cuadriculado** squared paper.

cuadriculado,-a

1 *adj* squared.

2 **cuadriculado** *nm* squares *pl*, grid.

cuadricular

1 *vt* to square, divide into squares.

2 *adj* squared.

cuadrienio *nm* quadrennium.

cuadriga *nf* chariot.

cuadrilátero,-a

1 *adj* quadrilateral, four-sided.

2 **cuadrilátero** *nm (boxeo)* ring.

cuadrilla

1 *nf (grupo)* party, gang.

2 *nf (de bandidos etc)* gang, band.

3 *nf (de obreros)* gang, team.

4 *nf MIL* squad.

5 *nf (de toreros)* bullfighter's team.

cuadrilongo,-a *adj* rectangular.

cuadripartito,-a *adj* quadripartite.

cuadriplicar

1 *vt* to quadruple.

2 *vi* to quadruple.

▲ *Conjugation model* [1], *like* sacar.

cuadro

1 *nm (cuadrado)* square.

2 *nm (pintura)* painting, picture.

3 *nm TEAT* scene.

4 *nm (descripción)* description, picture: **un cuadro de la vida estudiantil** a description of student life.

5 *nm MIL* cadre.

6 *nm (dirigentes)* leaders *pl*; *(personal)* staff.

7 *nm (conjunto de datos)* chart, graph.

8 *nm (tablero de control)* panel.

9 *nm (de un jardín etc)* bed, patch, plot.

10 *nm fig (escena)* scene, sight: **desde la cima se ofrecía un cuadro maravilloso** there was a wonderful view from the summit.

11 *nm (de bicicleta)* frame.

12 *nm (armazón)* frame.

✦ **a cuadros** checked, *(US* checkered): **tela a cuadros** checked *(US* checkered) cloth.

en cuadro in a square.

estar en cuadro/quedarse en cuadro *fig* to be greatly reduced in numbers.

■ **cuadro clínico** clinical pattern.

cuadro de costumbres study of manners.

cuadro de distribución switchboard.

cuadro de mandos control panel.

cuadro facultativo medical staff.

cuadro sinóptico diagram, chart.

cuadrúmano *nm* → cuadrumano,-a.

cuadrumano,-a

1 *adj* quadrumanous.

2 **cuadrumano** *nm* quadrumane.

cuadrúpedo,-a

1 *adj* quadruped.

2 **cuadrúpedo** *nm* quadruped.

cuádruple *adj* quadruple, fourfold.

cuadruplicado,-a

1 *pp* → cuadruplicar.

2 *adj* quadruplicate.

✦ **por cuadruplicado** in quadruplicate.

cuadruplicar

1 *vt* to quadruple.

2 *vi* to quadruple.

cuádruplo,-a *adj* → cuádruple.

cuajada *nf (leche)* curd; *(requesón)* cottage cheese.

cuajado,-a

1 *pp* → cuajar.

2 *adj (leche)* curdled; *(sangre)* clotted; *(huevo)* set.

3 *adj (lleno)* full, filled: **el mar está cuajado de algas** the sea is full of seaweed; **tenía los ojos cuajados de lágrimas** his eyes were brimming with tears.

4 *adj fig (asombrado)* dumbfounded, astonished.

cuajar

1 *vt (gen)* to coagulate; *(leche)* to curdle; *(sangre)* to clot.

2 *vt (huevo)* to set.

3 *vt fig (recargar de adornos)* to fill with, cover.

4 *vi (nieve)* to lie.

5 *vi fig (tener éxito)* to be a success, come off: **la minifalda cuajó** the miniskirt was a success; **la cosa no cuajó** it didn't come off.

6 *vi fig (gustar)* to fit in, hit it off with: **Iván ha cuajado muy bien entre sus compañeros** Iván has really hit it off with his workmates.

7 **cuajarse** *vpr* to coagulate; *(leche)* to curdle; *(sangre)* clot.

8 *vpr (huevo)* to set.

9 *vpr fig (llenarse)* to fill up.

cuajarón *nm* clot.

cuajo

1 *nm (cuajadura)* rennet.

2 *nm fam fig* phlegm, calmness.

✦ **arrancar algo de cuajo** to tear something out by the roots.

tener cuajo *fam* to be cool, be laid-back.

cuákero,-a *adj-nm,f* → cuáquero,-a.

cual

1 *pron (precedido de artículo - persona)* who, whom: **entrevistamos a los obreros, los cuales nos informaron adecuadamente** we interviewed the workers, who duly informed us; **la gente a la cual preguntamos** the people whom we asked.

2 *pron (precedido de artículo - cosa)* which: **la casa tiene un mirador desde el cual se ve el mar** the house has a balcony with a view of the sea; **la ciudad en la cual nací** the city where I was born.

3 *pron (correlativo)* such as: **descubrimientos cuales los del Renacimiento** discoveries such as those made in the Renaissance.

4 *adv fml* as, like: **se enamoró cual si tuviese quince años** he fell in love like a teenager.

✦ **cada cual** everyone, everybody.

▲ *pl* cuales.

cuál

1 *pron (interrogativo)* which, which one, what: **¿cuál es el más alto?** which one is the tallest?; **¿cuáles son tus maletas?** which suitcases are yours?

2 *pron (valor distributivo)* some: **tiene muchos libros, cuáles de historia, cuáles de arte** he's got a lot of books, some on history, some on art.

3 *pron (exclamativo)* how, what: **¡cuál no sería mi asombro!** imagine my amazement!

4 *adj (interrogativo)* which.

✦ **a cuál más** equally: **a cuál más listo** each as clever as the other.

cuál más, cuál menos some more than others, to a greater or lesser degree.

▲ *pl* cuáles.

cualidad

1 *nf (de persona)* quality, attribute.

2 *nf (de cosa)* quality, property.

cualificado,-a

1 *pp* → cualificar.

2 *adj* qualified, skilled.

cualificar

1 *vt* to qualify.

2 **cualificarse** *vpr* to become qualified, complete one's training.

▲ *Conjugation model* [1], *like* sacar.

cualitativo,-a *adj* qualitative.

cualquier *adj (indefinido)* any: **cualquier otro día** any other day; **cualquier cosa** anything; **cualquier persona** anyone.

▲ *pl* cualesquier; *see also* cualquiera.

cualquiera

1 *adj (indefinido)* any: **un día cualquiera** any day; **una página cualquiera** any page.

2 *adj (ordinario)* ordinary: **no es una corbata cualquiera** it's not an ordinary tie.

3 *pron (persona indeterminada)* anybody, anyone; *(cosa indeterminada)* any, any

one: cualquiera lo compraría any-body would buy it; coge cualquiera take any one you want.

4 *pron (nadie)* nobody: ¡cualquiera lo coge! nobody would take it!

5 *nm & nf pey* nobody: ser un cualquiera to be a nobody.

6 *nf pey (prostituta)* hussy, floozy, tart.

7 *nf* **cualquiera que** *(persona)* whoever; *(cosa)* whatever, whichever: cualquiera que diga eso, miente whoever says that is lying; cualquiera que sea what-ever it is.

▲ *pl cualesquiera.*

cuan *adv fml* as: hizo el discurso cuan corto supo he made the speech as short as he could; cayó cuan largo era he fell flat on the floor.

▲ *Used only before adjectives and adverbs; see also cuanto.*

cuán *adv (interrogativo)* how: ¡cuán idio-ta! how stupid!

▲ *Used only before adjectives and adverbs; see also cuanto.*

cuando

1 *adv (tiempo)* when: cuando tenía diez años when he was ten.

2 *conj (temporal)* when, whenever: ven a verme cuando quieras come and see me whenever you want; iba condu-ciendo cuando vi una extraña luz I was driving along when I saw a strange light.

3 *conj (condicional)* if: cuando él lo dice if he says so.

4 *conj (causal)* since.

5 *prep* during, at the time of: cuando la guerra during the war.

✦ **cuando más** at the most.
cuando menos at least.
cuando mucho at the most.
cuando quiera que whenever.
de cuando en cuando/de vez en cuando now and then, from time to time.
hasta cuando until.

cuándo

1 *adv (interrogativo)* when: ¿cuándo es tu cumpleaños? when is your birth-day?

2 *nm* when: no sé el cómo ni el cuándo I don't know how or when.

✦ **¿de cuándo acá?** since when?

cuantía

1 *nf (cantidad)* quantity; *(importe)* amount: la cuantía de una factura the amount of a bill.

2 *nf (dimensión)* extent: la cuantía del desastre ecológico the extent of the ecological disaster.

✦ **de mayor cuantía** important.
de menor cuantía insignificant, lesser.

cuantificar *vt* to quantify, measure.

▲ *Conjugation model [1], like sacar.*

cuantioso,-a *adj (grande - en cantidad)* substantial, considerable; *(- en número)* numerous.

cuantitativo,-a *adj* quantitative.

cuanto¹ *nm FÍS* quantum: la teoría cuántica the quantum theory.

cuánto,-a

1 *adj (pregunta - singular)* how much; *(- plural)* how many: ¿cuánto dinero cues-ta? how much does it cost?; ¿cuántos coches hay? how many cars are there?; ¿cuántos años tienes? how old are you?

2 *adj (exclamación)* what a lot of, so many, so much: ¡cuánta gente! there are so many people!, what a lot of people!; ¡cuánto tiempo! it's been a long time!

3 *pron (singular)* how much; *(plural)* how many: ¿cuánto es? how much is it?; ¿cuánto pesas? how much do you weigh?; ¿cuántos erais? how many of you were there?; ¿a cuánto están los aguacates? how much are the av-ocados?

4 *adv* how, how much: ¡cuánto me ale-gro! I'm so glad!; no sabes cuánto lo odio you don't know how much I hate him.

cuanto,-a²

1 *adj (singular)* as much as; *(plural)* as many as: puedes beber cuanta agua quieras you can drink as much water as you want; puedes coger cuantos li-bros quieras you can take as many books as you want.

2 *pron (singular)* everything, all: vendió cuanto tenía he sold everything he had; escribe cuanto quieras write as much as you want.

3 *pron (plural)* all who, everybody who: cuantos entraron se asustaron every-body who came in was frightened.

✦ **cuanto a** with respect to, regarding, as for.
cuanto antes as soon as possible.
cuanto más *(máximo)* all the more.
cuanto más … más the more … the more: cuanto más habla más me asus-ta the more he talks the more he frigh-tens me.
cuantos,-as más, mejor the more, the merrier.
cuanto menos … menos the less … the less: cuanto menos comas, menos engordarás the less you eat, the less weight you'll put on.
cuantos,-as … tantos,-as as many … as: cuantas cabezas, tantos som-breros as many heads as hats.
en cuanto as soon as, when: en cuan-to llegue dile … as soon as he arrives tell him …
en cuanto a with respect to, regar-ding, as for: en cuanto a mí as for me, as far as I'm concerned.
en cuanto que insofar as, inasmuch as.
por cuanto given that, since.
unos,-as cuantos,-as some, a few.

▲ *pl cuantos,-as.*

cuaquerismo *nm* Quakerism.

cuáquero,-ra

1 *adj* Quaker.

2 *nm,f* Quaker.

cuarcita *nf* quartzite.

cuarenta

1 *adj (cardinal)* forty; *(ordinal)* fortieth.

2 *nm (número)* forty.

✦ **cantarle las cuarenta a alguien** to give somebody a piece of one's mind.

▲ *See also seis.*

cuarentavo,-a

1 *adj* fortieth.

2 *nm,f* fortieth.

▲ *See also sexto,-a.*

cuarentena

1 *nf (exacto)* forty; *(aproximado)* about forty.

2 *nf MED* quarantine.

✦ **poner a alguien en cuarentena** MED to quarantine somebody, put some-body in quarantine; *(no hablarle)* to send somebody to Coventry.

cuarentón,-ona

1 *adj* forty-year-old.

2 *nm,f (hombre)* forty-year-old man, man in his forties; *(mujer)* forty-year-old woman, woman in her forties.

cuaresma *nf* Lent.

cuarta

1 *nf (palmo)* span.

2 *nf (cuadrante)* quadrant.

▲ *See also cuarto,-a.*

cuartear

1 *vt (dividir en cuatro)* to quarter, divide into four.

2 *vt (descuartizar)* to quarter.

3 *vt (rajar)* to crack.

4 **cuartearse** *vpr (rajarse)* to crack, split.

cuartel

1 *nm MIL* barracks *pl*.

2 *nm (cuarta parte)* quarter.

✦ **no dar cuartel** *fig* to show no mercy.

■ **cuartel de invierno** winter quarters *pl*.
cuartel general headquarters *sing*.
lucha sin cuartel merciless fight, fight to the end.
vida de cuartel army life.

cuartelada *nf* putsch, military uprising.

cuartelazo *nm* putsch, military uprising.

cuartelero,-a *adj* barrack, barracks.

cuartelillo *nm* post, station.

✦ **dar cuartelillo a alguien** *fam* to bail somebody out.

cuarterón,-ona

1 *nm,f (mestizo)* quadroon.

2 **cuarterón** *nm (de puerta)* panel.

cuarteta *nf* quatrain.

cuarteto *nm* quartet.

cuartilla *nf* sheet of paper.

cuartillo *nm* liquid measure equivalent to 0.504 litres (*US* liters).

cuarto

1 *nm (parte)* quarter: un cuarto de hora a quarter of an hour.

2 *nm (de animal)* quarter.

3 *nm (de ropa)* quarter: **un chaquetón tres cuartos** a three-quarter length jacket.

4 *nm (habitación)* room.

5 cuartos *nm pl fam (dinero)* money *sing*, dough *sing*.

✦ **de tres al cuarto** *fam* worthless, third-rate.

estar sin un cuarto *fam* to be broke.

no levantar una cuarta del suelo *fam* to be a shorty.

tres cuartos de lo mismo *fam* almost exactly the same.

■ **cuarto creciente** first quarter.

cuarto de baño bathroom.

cuarto de estar living room.

cuarto delantero *(carne)* shoulder.

cuarto menguante last quarter.

cuarto oscuro *(fotografía)* darkroom.

cuarto trasero *(carne)* hindquarter.

cuarto trastero junk room.

cuartos de final *DEP* quarter finals.

cuatro cuartos *fam* very little money *sing*.

cuarto,-a
1 *adj (ordinal)* fourth: **llegó cuarto** he arrived in fourth place, he came fourth.
2 *nm,f* fourth.
▲ *In* 1 *and* 2, *see also* **sexto,-a**.

cuartofinalista *nm & nf* quarterfinalist.

cuartucho *nm fam* hovel, cramped room.

cuarzo *nm* quartz.

cuasi *adv* quasi.

cuaternario,-a
1 *adj* quaternary.
2 el cuaternario *nm* the quaternary.

cuatralbo,-a *adj* with four white feet.

cuatreño,-a *adj* four-year-old.

cuatrero *nm* cattle thief, rustler.

cuatrienio *nm* quadrennium, four-year period.

cuatrillizo,-a
1 *adj* quadruplet.
2 *nm,f* quadruplet.

cuatrillón *nm* quadrillion, *US* septillion.

cuatrimestral *adj (en frecuencia)* four-monthly; *(en duración)* four-month.

cuatrimestre *nm* four-month period: **en el primer cuatrimestre de 2007** in the first four months of 2007.

cuatrimotor *nm* four-engined plane.

cuatrisílabo,-a
1 *adj* quadrisyllabic.
2 cuatrisílabo *nm* quadrisyllable.

cuatro
1 *adj (cardinal)* four; *(ordinal)* fourth.
2 *nm (número)* four.
✦ **caer cuatro gotas** *fam* to rain very lightly, spit.
decirle cuatro cosas a alguien to tell somebody off.
más de cuatro *fam* several, a fair few.
■ **cuatro gatos** *fam* just a few people, hardly anyone.
▲ *See also* **seis**.

cuatrocientos,-as
1 *adj* four hundred.
2 cuatrocientos *nm (número)* four hundred.
▲ *See also* **seis**.

cuatrojos *nm & nf fam* four-eyes.
▲ *pl* **cuatrójos**.

cuba *nf* cask, barrel.
✦ **estar como una cuba** *fam* to be (as) drunk as a lord.

Cuba *nf* Cuba.

cubalibre *nm* rum and coke.

cubano,-a
1 *adj* Cuban.
2 *nm,f* Cuban.

cubata *nm fam* rum and coke.

cubero,-ra *nm,f* cooper, barrel-maker.
✦ **a ojo de buen cubero** at a rough guess.

cubertería *nf* cutlery.

cubeta
1 *nf (rectangular)* tray, tank, dish.
2 *nf (cubo)* bucket.
3 *nf (de barómetro)* bulb.

cubicaje *nm (gen)* cubic capacity; *(de coche)* engine size.

cubicar
1 *vt MAT* to cube.
2 *vt (motor)* **el motor del Seat cubica 2000 cc** the Seat has a two litre engine; **¿cuánto cubica el motor?** how big is the engine?, what size is the engine?

cúbico,-a *adj* cubic: **raíz cúbica** cube root.

cubículo *nm* cubicle.

cubierta
1 *nf (gen)* cover, covering.
2 *nf (de libro)* cover.
3 *nf ARQ* roof.
4 *nf (de neumático)* tyre *(US* tire).
5 *nf (capó)* bonnet, *US* hood.
6 *nf (de barco, avión)* deck.
✦ **en cubierta** on deck.
■ **cubierta de lona** tarpaulin, canvas.

cubierto,-a
1 *pp →* **cubrir.**
2 *adj (gen)* covered.
3 *adj (cielo)* overcast.
4 *adj (plaza)* filled.
5 *nm (techumbre)* cover.
6 *nm (en la mesa)* place setting.
7 *nm (menú)* meal at a fixed price: **el cubierto costó veinticinco euros** the meal was twenty-five euros a head.
8 cubiertos *nm pl* cutlery *sing*.
✦ **a cubierto de** safe from.
estar a cubierto to be under cover.
ponerse a cubierto to take cover.
tener las espaldas cubiertas *fam* to be well-heeled.
■ **juego de cubiertos** canteen of cutlery, set of cutlery.
precio del cubierto cover charge.

cubil *nm* den, lair.

cubilete
1 *nm (molde)* mould *(US* mold).

2 *nm (de dados)* dice cup, dice shaker; *(juego)* cup.

cubiletear
1 *vi (dados)* to shake.
2 *vi fig* to cheat, fiddle.

cubiletero *nm CULIN (molde)* pastry mould *(US* mold).

cubilote *nm* cupola.

cubismo *nm* cubism.

cubista
1 *adj* cubist.
2 *nm & nf* cubist.

cubito
1 *nm* little cube.
2 *nm (de hielo)* ice cube.

cúbito *nm* cubitus.

cubo¹
1 *nm (recipiente)* bucket.
2 *nm (de rueda)* hub.
■ **cubo de la basura** rubbish bin, *US* garbage can.

cubo² *nm MAT* cube.
✦ **elevar al cubo** to cube.

cubrecama *nm* bedspread.

cubrehuevos *nm* egg cosy.
▲ *pl* **cubrehuevos..**

cubrerradiador *nm* radiator muff.

cubretetera *nf* tea cosy.

cubrir
1 *vt (gen)* to cover: **cubre la silla con una sábana** cover the chair with a sheet.
2 *vt CULIN* to coat *(de*, with).
3 *vt (poner tejado)* to put a roof on.
4 *vt (niebla etc)* to shroud *(de*, in), cloak.
5 *vt (ocultar)* to hide: **cubrir un sentimiento** to hide a feeling.
6 *vt (llenar)* to fill *(de*, with), cover *(de*, with): **cubrir de agua** to fill with water; **cubrir una plaza** to fill a vacancy.
7 *vt (alcanzar)* to come up: **el agua le cubría hasta los tobillos** the water came up to his ankles.
8 *vt (gastos, necesidades)* to cover; *(deuda)* to meet, repay.
9 *vt (recorrer)* to cover; *(distancia)* to travel.
10 *vt (prensa)* to cover: **Juan cubrió el accidente** Juan covered the accident.
11 *vt (animales)* to pair, cover.
12 cubrirse *vpr (abrigarse)* to cover oneself.
13 *vpr (la cabeza)* to put one's hat on.
14 *vpr fig (protegerse)* to protect oneself.
15 *vpr (cielo)* to become overcast.
16 *vpr (llenarse)* to be filled.
✦ **cubrir de besos** to smother with kisses.
cubrir las apariencias to keep up appearances.
▲ *pp →* **cubierto,-a**.

cuca
1 *nf tabú* penis.
2 cucas *nf pl fam (chucherías)* sweets.
3 *nf pl fam (dinero)* pesetas.

cucaburra *nf* kookaburra.

cucamonas *nf pl fam* caresses.

cucaña
1 *nf (palo, juego)* greasy pole.
2 *nf fam (bicoca)* easy-pickings *pl*.

cucar
1 *vt (guiñar)* to wink (-, at).
2 *vt (hacer burla)* to mock.
▲ *Conjugation model* [1], *like sacar.*

cucaracha *nf* cockroach.

cuchara *nf* spoon.
✦ **meter algo con cuchara a alguien** *fam* to drum something into somebody.
meter cuchara *fam* to butt in.
▪ **cuchara de café** teaspoon, coffee spoon.
cuchara medidora measuring spoon.
cuchara sopera soup spoon.

cucharada *nf* spoonful.
▪ **cucharada colmada** heaped spoonful.
cucharada rasa level spoonful.
cucharada sopera tablespoonful.

cucharadita *nf* teaspoonful.

cucharilla *nf* teaspoon.
▪ **cucharilla de café** coffee spoon.

cucharita *nf* teaspoon.

cucharón *nm* ladle.

cuché *adj* coated: **papel cuché** coated paper.

cuchichear *vi* to whisper.

cuchicheo *nm* whispering.

cuchilla *nf (hoja)* blade.
▪ **cuchilla de afeitar** razor blade.

cuchillada *nf (golpe)* stab, slash; *(herida)* stab wound, knife wound.
✦ **dar una cuchillada** to stab.
matar a cuchilladas to stab to death.

cuchillazo *nm* → **cuchillada.**

cuchillería *nf* cutler's shop.

cuchillo
1 *nm* knife.
2 *nm* ARQ support.
✦ **pasar a alguien a cuchillo** to put somebody to the sword.
▪ **cuchillo de monte** hunting knife.
cuchillo de pan bread knife.
cuchillo de trinchar carving knife.
cuchillo eléctrico electric carving knife.

cuchipanda *nf fam (juerga)* spree; *(comilona)* feast.
✦ **salir de cuchipanda** *fam (de juerga)* to go on a spree; *(de comilona)* to have a good feed.

cuchitril
1 *nm (establo)* pigsty.
2 *nm fam (cuartucho)* hovel.

cuchufleta *nf fam* joke.

cuclillas en cuclillas *loc* crouching.
✦ **ponerse en cuclillas** to crouch down.

cuclillo *nm* cuckoo.

cuco[1] *nm (insecto)* caterpillar.

cuco,-a[2]
1 *adj fam (coquetón)* cute.
2 *adj (taimado)* shrewd, crafty.
3 **cuco** *nm (ave)* cuckoo.

cucú
1 *nm (canto)* cuckoo.
2 *nm (reloj)* cuckoo clock.
▲ *pl* **cucúes.**

cucurucho
1 *nm (de papel)* paper cone.
2 *nm (helado)* cornet, cone.
3 *nm (capirote)* pointed hood.

cuelgaplatos *nm* plate rack.
▲ *pl* **cuelgaplatos.**

cuellicorto,-a *adj* short-necked.

cuellilargo,-a *adj* long-necked.

cuello
1 *nm* ANAT neck.
2 *nm (de camisa, vestido, abrigo)* collar; *(de jersey)* neck: **un jersey de cuello alto** a polo neck jumper, US a turtleneck jumper.
3 *nm (de botella)* bottleneck.
✦ **apostar el cuello por algo** *fam* to put one's shirt on something.
cortar el cuello a alguien to slit somebody's throat.
estar con el agua al cuello *fig* to be in a tight spot.
estar metido,-a hasta el cuello *fam* to be up to one's neck in it.
hablar para el cuello de su camisa *fam* to mutter to os.
▪ **cuello cisne** polo neck, US turtle neck.
cuello de pajarita bow tie.
cuello de pico V-neck.
cuello redondo crew neck.
cuello vuelto roll neck.

cuenca
1 *nf (escudilla)* wooden bowl.
2 *nf* ANAT socket.
3 *nf* GEOG basin.
4 *nf (minera)* coalfield.

cuenco *nm (vasija)* earthenware bowl.

cuenta
1 *nf (bancaria)* account.
2 *nf (factura)* bill.
3 *nf (cálculo)* count, counting.
4 *nf (de collar etc)* bead.
✦ **caer en la cuenta** to realize: **y entonces caí en la cuenta de que** ... and then I realized that ..., and then it dawned on me that ...
cargar algo en cuenta de alguien to charge something to somebody's account.
dar a cuenta to give on account.
dar cuenta de algo *(comunicar)* to report something; *(acabar)* to polish something off: **dio cuenta del jamón** he polished off the ham.
en resumidas cuentas in short.
habida cuenta de taking into account.
hacer cuentas to do sums.
la cuenta de la vieja *fam* counting on one's fingers: **aún lo hace a la cuenta de la vieja** she still counts on her fingers.
las cuentas del Gran Capitán *fam* fictitious accounts.
más de la cuenta too much, too many: **comió más de la cuenta** she ate too much.
pasar la cuenta to send the bill.

pedir cuentas to ask for an explanation.
por cuenta de la casa on the house.
por la cuenta que le trae in one's own interest.
sacar cuentas to work out.
tener en cuenta to take into account.
trabajar por cuenta propia to be self-employed.
traer cuenta to be worthwhile.
▪ **cuenta al descubierto** overdrawn account.
cuenta atrás countdown.
cuenta corriente current account.
cuenta bancaria bank account.
cuenta de correo electrónico e-mail account.

cuentagotas *nm* dropper.
▲ *pl* **cuentagotas.**

cuentakilómetros *nm (de velocidad)* speedometer; *(de distancia)* mileometer.
▲ *pl* **cuentakilómetros.**

cuentarrevoluciones *nm* rev counter.
▲ *pl* **cuentarrevoluciones.**

cuentavueltas *nm* rev counter.
▲ *pl* **cuentavueltas.**

cuentista
1 *adj fam* overdramatic.
2 *nm & nf (autor)* story writer; *(narrador)* storyteller.
3 *nm & nf fam (que exagera)* over-dramatic person; *(que miente)* fibber, liar.

cuentitis *nf* pretending to be ill to get out of something.
▲ *pl* **cuentitis.**

cuento[1]
1 *nm (relato)* story, tale.
2 *nm* LIT short story.
3 *nm fam (chisme)* gossip.
4 *nm fam (embuste)* fib, story.
✦ **¿a cuento de qué?** *fam* why?, what for?
dejarse de cuentos *fam (ir al grano)* to get to the point; *(decir mentiras)* to stop telling fibs.
ir con el cuento a alguien to go and tell somebody.
no hagas como el cuento de la lechera *fig* don't count your chickens before they are hatched.
tener mucho cuento *fam* to make a lot of fuss.
traer algo a cuento *fig* to bring something up.
venir a cuento to be pertinent.
▪ **cuento chino** tall story.
cuento de hadas fairy tale.

cuerda
1 *nf (cordel)* rope, string.
2 *nf (instrumento)* string, cord; *(voz)* voice.
3 *nf (de reloj)* spring: **dar cuerda a un reloj** to wind up a watch.
4 *nf (en geometría)* chord.
5 *nf* DEP interior.
6 **cuerdas** *nf pl (boxeo)* ropes.
7 *nf pl* MÚS strings.
✦ **aflojar la cuerda** *fig* to ease up.
apretar la cuerda *fig* to tighten up.

bailar en la cuerda floja *fig* to be hanging from a thread.

bajo cuerda *fig* dishonestly, under the counter.

contra las cuerdas on the ropes.

dar cuerda a alguien *fam* to encourage somebody (to speak).

rompérsele a uno la cuerda to be at the end of one's tether.

■ **cuerda de la ropa** clothesline.
cuerda de presos chain gang.
cuerda floja tightrope.
cuerdas vocales vocal chords.

cuerdamente *adv* wisely.

cuerdo,-a
1 *adj (persona)* sane.
2 *adj (acción)* prudent, sensible.
3 *nm,f (persona)* sane person, person in one's right mind.

cuerna
1 *nf (cornamenta)* antlers *pl*, horns *pl*.
2 *nf (caza)* hunting horn.

cuerno
1 *nm* horn; *(de ciervo)* antlers *pl*.
2 *nm (de antena)* antlers *pl*.
3 *nm* MIL wing.
4 *nm* MÚS horn.
5 *interj* golly!, gosh!
✦ **mandar a alguien al cuerno** *fam* to send somebody packing, tell somebody to get lost.
mandar algo al cuerno *fam* to pack something in.
oler a cuerno quemado *fam* to be fishy: esto huele a cuerno quemado there's something fishy going on.
poner cuernos a alguien *fam* to cheat on somebody, be unfaithful to somebody.
romperse los cuernos *fam* to break one's back.
¡vete al cuerno! *fam* get lost!

cuero
1 *nm (de animal)* skin, hide.
2 *nm (curtido)* leather: pantalón de cuero leather trousers.
3 *nm (odre)* wineskin.
4 *nm (balón)* ball.
✦ **en cueros** *fam* naked.
en cueros vivos *fam* stark naked, starkers.
quedarse en cueros *fam* to strip off.

cuerpo
1 *nm* ANAT body.
2 *nm (constitución)* build.
3 *nm (figura)* figure; *(tronco)* trunk.
4 *nm (tronco)* trunk.
5 *nm (grupo)* body, force, corps: el cuerpo de bomberos the fire brigade (US the fire department).
6 *nm (cadáver)* corpse, body.
7 *nm (parte)* section, part; *(parte principal)* main part, main body: el cuerpo del libro the main body of the book; un armario de dos cuerpos a wardrobe in two sections.
8 *nm* QUÍM substance.
9 *nm* FÍS body.

10 *nm (vino, tela, etc)* body.
11 *nm* DEP length.
✦ **a cuerpo descubierto** defenceless (US defenseless).
cuerpo a cuerpo hand-to-hand.
de cuerpo entero full-length.
en cuerpo y alma *fig* heart and soul, body and soul.
estar de cuerpo presente to lie in state.
hacer de cuerpo *euf* to relieve oneself.
no tener nada en el cuerpo to have an empty stomach.
tener buen cuerpo to have a good figure.
tomar cuerpo *fig* to take shape.
■ **cuerpo de baile** corps de ballet.
cuerpo del delito JUR evidence, corpus delicti.
cuerpo diplomático diplomatic corps.
cuerpo legislativo legislative body.
cuerpo geométrico regular solid.
cuerpos celestes heavenly bodies.

cuervo *nm (córvido en general)* crow; *(específico)* raven.
✦ **cría cuervos y te sacarán los ojos** don't bite the hand that feeds you.
■ **cuervo marino** cormorant.

cuesco
1 *nm (hueso)* stone.
2 *nm fam (pedo)* fart.

cuesta *nf (pendiente)* slope.
✦ **a cuestas** on one's back, on one's shoulders.
cuesta abajo downhill.
cuesta arriba uphill.
hacérsele a uno algo cuesta arriba *fig* to find something an uphill struggle, find something very difficult.
ir cuesta abajo *fig* to go downhill.
■ **la cuesta de enero** *fig* the January squeeze.

cuestación *nf* charity collection.
✦ **hacer una cuestación** to raise money for charity.

cuestión
1 *nf (pregunta)* question.
2 *nf (asunto)* business, matter, question.
3 *nf (discusión)* dispute, quarrel, argument.
✦ **en cuestión** in question.
en cuestión de … *(tiempo)* in just a few …, in a matter of …: lo acabaré en cuestión de minutos I'll finish it in a few minutes.
eso es otra cuestión that's a whole different matter.
la cuestión es que … the thing is that …
ser cuestión de vida o muerte *fig* to be a matter of life or death.
■ **cuestión candente** burning question.

cuestionable *adj* questionable.

cuestionar *vt* to question.

cuestionario *nm* questionnaire.

cuestor
1 *nm (magistrado)* quaestor.
2 *nm (el que pide)* collector.

cueto
1 *nm (sitio elevado)* protected peak.
2 *nm (colina peñascosa)* rocky peak.

cueva *nf* cave.
■ **cueva de ladrones** *fig* den of thieves.

cuévano *nm* pannier.

cuezo[1] *pres indic* → cocer.

cuezo[2] *nm* trough.
✦ **meter el cuezo** *fam* to put one's foot in it.

cuidado
1 *nm (atención)* care, carefulness.
2 *nm (recelo)* worry.
3 *interj* look out!, watch out!: ¡cuidado con la moto! mind the motorbike!
✦ **andarse con cuidado/ir con cuidado** to go carefully.
con cuidado carefully.
"Cuidado con el perro" "Beware of the dog".
de cuidado *(enfermo)* very ill; *(peligroso)* dangerous.
estar al cuidado de *(cosa)* to be in charge of; *(persona)* to look after.
tener cuidado to be careful.
traer sin cuidado not to care.
■ **cuidados intensivos** intensive care *sing*.

cuidador,-ra *nm,f* keeper.
■ **cuidador,-ra de perros** dog handler.

cuidadosamente *adv* carefully.

cuidadoso,-a
1 *adj (atento)* careful.
2 *adj (celoso)* cautious.

cuidar
1 *vt* to look after, take care of, care for.
2 cuidarse *vpr* to take care of oneself, look after oneself: ¡cuídate mucho! take good care of yourself!
✦ **cuidar(se) de que** to make sure that: cuida de que no llegue tarde make sure he doesn't arrive late.
cuidar los detalles to pay attention to details.
cuidar una herida to dress a wound.
cuidarse de *(preocuparse)* to worry about, mind: no se cuida de lo que dicen she doesn't care what they say.

cuita *nf* trouble, sorrow, worry.

cuitado,-a *adj* worried, troubled.

culada *nf* fall on one's backside.

culamen *nm fam* fat arse (US fat ass).

culantro *nm* coriander.

culata
1 *nf (de arma)* butt.
2 *nf* AUTO cylinder head.
3 *nf (carne)* haunch, hindquarters *pl*.

culatazo *nm* kick, recoil.

culé
1 *adj fam* relating to Barcelona football club.
2 *nm & nf fam* Barcelona supporter.

culear *vi fam (mover el culo)* to wiggle one's bottom.

culebra *nf* snake.

culebrear
1 *vi (persona)* to zigzag.
2 *vi (río)* to meander, wind.

culebrilla
1 *nf MED* ringworm.
2 *nf (de cometa)* zigzag.

culebrina *nf* forked lightning.

culebrón *nm* television serial, soap opera.

culero,-a *adj (perezoso)* lazy.

culín *nm fam (de recipiente)* tiny bit, drop: quedaba un culín de vino there was a drop of wine left.

culinario,-a *adj* culinary, cooking: arte culinario cuisine.

culito *nm fam* botty.

culminación *nf* culmination, climax.

culminante *adj (momento)* culminating, climatic; *(punto)* highest.

culminar
1 *vi* to reach a peak.
2 *vi fig (acabar)* to finish, end.

culo
1 *nm fam* bottom, bum, arse *(us* ass).
2 *nm fam (ano)* arse *(us* ass).
3 *nm (de recipiente)* bottom: queda un culo there's a bit left in the bottom.
✦ **caer de culo** *fam* to fall flat on one's bottom.
  con el culo al aire *fig* in a fix, in a tight spot.
  ir de culo *fam* to be rushed off one's feet.
  lamer el culo a alguien *tabú* to lick somebody's arse *(us* ass).
  mojarse el culo *fig* to come down off the fence, make up one's mind.
  ser culo de mal asiento *fig* to be a fidget, not to be able to sit still.
  ¡vete a tomar por el culo! *tabú* fuck off!, up yours!

culombio *nm* coulomb.

culón,-ona *adj fam* big-bottomed.

culpa
1 *nf (culpabilidad)* guilt, blame.
2 *nf (falta)* fault: esto es culpa mía it's my fault.
✦ **echar la culpa a alguien** to put the blame on somebody.
  tener la culpa to be to blame *(de, for)*: yo no tengo la culpa I'm not to blame, it's not my fault.

culpabilidad *nf* guilt, culpabilility.

culpable
1 *adj* guilty.
2 *nm & nf* offender, culprit: él no es el culpable he's not to blame.
✦ **declararse culpable** to plead guilty.

culpar
1 *vt (gen)* to blame *(de, for)*: la culpó de todo he blamed her for everything.
2 *vt (de un delito)* to accuse *(de, of)*.

cultamente *adv* in a refined manner.

culteranismo *nm* Gongorism.

cultismo *nm* cultism.

cultivable *adj* cultivable.

cultivado,-a
1 *pp →* cultivar.
2 *adj* cultivated.
3 *adj fig (con cultura)* cultured, refined.

cultivador,-ra *nm,f* cultivator, grower.

cultivar
1 *vt* to cultivate, farm.
2 *vt (ejercitar facultades)* to work at, practise *(us* practice), improve: cultivar la memoria to improve one's memory.
3 *vt (en biología)* to produce.
✦ **cultivar las amistades** *fig* to cultivate friendships.

cultivo
1 *nm (acción)* cultivation, farming.
2 *nm (cosecha)* crop.
3 *nm BIOL* culture.
4 *nm fig (desarrollo)* development, growth.
✦ **dedicarse al cultivo de** to grow.
  poner en cultivo to cultivate.

culto,-a
1 *adj (persona)* cultured, educated.
2 *adj (estilo)* refined.
3 *culto nm* worship.
✦ **rendir culto a** to pay homage to, worship.
■ **culto dominical** Sunday worship.

cultura *nf* culture.
✦ **de cultura** educated.

cultural *adj* cultural.

culturismo *nm* body-building.

culturista *nm & nf* body-builder.

cumbia *nf* Columbian dance.

cumbre
1 *nf (de montaña)* summit, top.
2 *nf fig (culminación)* pinnacle.
3 *nf (reunión)* summit conference, summit meeting.

cumpleaños *nm* birthday.
▲ *pl* cumpleaños.

cumplidamente
1 *adv (ampliamente)* sufficiently.
2 *adv (totalmente)* completely.

cumplido,-a
1 *pp →* cumplir.
2 *adj (completo)* complete, full: el pago está cumplido the payment has been made in full.
3 *adj (abundante)* large, ample: esa camisa te va demasiado cumplida that shirt is too big for you.
4 *adj (perfecto)* perfect: es un cumplido caballero he's a perfect gentleman.
5 *adj (educado)* polite, courteous.
6 **cumplido** *nm* compliment.
✦ **cambiar cumplidos con alguien** to exchange pleasantries with somebody.
  de cumplido courtesy: una visita de cumplido a courtesy visit.
  deshacerse en cumplidos to be profuse in attentions.
  devolverle el cumplido a alguien to return somebody's compliment.
  hacer cumplidos to stand on ceremony.
  por cumplido out of courtesy.
  sin cumplidos informally.

cumplidor,-ra
1 *adj (que cumple)* who delivers the goods: es una chica muy cumplidora she always delivers the goods, she always fulfils her promises.
2 *adj (fiable)* reliable, dependable.

cumplimentar
1 *vt (felicitar)* to congratulate.
2 *vt (ejecutar)* to carry out, execute.

cumplimiento
1 *nm (orden)* carrying out, execution; *(deber, deseo)* fulfilment *(us* fulfillment)).
2 *nm (cumplido)* compliment.
■ **cumplimiento de la ley** observance of the law.

cumplir
1 *vt (orden)* to carry out; *(deseo)* to fulfil *(us* fulfill); *(deber)* to do.
2 *vt (promesa)* to keep.
3 *vt JUR (ley)* to observe, abide by; *(pena)* to serve.
4 *vt (años)* to be, turn: mañana cumplo treinta años I'll be thirty tomorrow; ha cumplido cuarenta años she has turned forty; ¡que cumplas muchos más! many happy returns!
5 *vt (satisfacer)* to do, carry out, fulfil *(us* fulfill).
6 *vi (plazo)* to expire, end.
7 *vi (deuda, pago)* to fall due.
8 **cumplirse** *vpr (realizarse)* to be fulfilled, come true: se cumplió la profecía the prophecy came true.
9 *vpr (fecha)* to be: hoy se cumplen cinco años de nuestra boda it's our fifth wedding anniversary today; se cumple una semana del comienzo del curso it's a week since the course began.
✦ **cumplir con alguien** to keep one's promise to somebody.
  cumplir con el deber to do one's duty.
  cumplir con la Iglesia to fulfil *(us* fulfill) one's religious obligations.
  cumplir con la ley to abide by the law.
  cumplir con las obligaciones to fulfil *(us* fulfill) one's obligations.
  cumplir con su palabra to keep one's word.
  para cumplir/por cumplir as a formality.

cúmulo
1 *nm (montón)* load, pile, heap; *(cantidad)* series, host, string: un cúmulo de desgracias a series of misfortunes.
2 *nm METEOR* cumulus.

cumulonimbo *nm* cumulonimbus.

cuna
1 *nf (cama)* cradle.
2 *nf (linaje)* birth, lineage, stock.
3 *nf fig (origen)* cradle, birthplace: la cuna de la filosofía the cradle of philosophy.
4 *nf (lugar de nacimiento)* birthplace.

cundir
1 *vi (extenderse)* to spread: cundió el pánico panic spread.

2 *vi (dar de sí)* to go a long way, go far: una hora cunde muy poco you can't do much in an hour; si me cunde el trabajo, te ayudaré con el tuyo if I get a lot of work done, I'll help you with yours.
3 *vi (aumentar de volumen)* to swell, expand: los fideos cunden al cocerse noodles expand when cooked.
✦ **cundió la voz que …** rumour (*US* rumor) had it that …

cuneiforme *adj* cuneiform.

cunero,-a
1 *adj (expósito)* foundling.
2 *adj fig (toro)* unpedigreed.
3 *nm,f (expósito)* foundling.

cuneta
1 *nf (de carretera)* verge.
2 *nf (zanja)* ditch.

cunicultor,-ra *nm,f* rabbit breeder.

cunicultura *nf* rabbit breeding.

cuña
1 *nf (pieza)* wedge.
2 *nf fig (influencia)* influence.
3 *nf (anuncio)* jingle.
4 *nf (para el enfermo)* bedpan.
✦ **hacer cuña** to be wedged in.
meter cuña *fig* to stir up trouble.
tener cuña *fig* to have influence.

cuñado,-a *nm,f (hombre)* brother-in-law; *(mujer)* sister-in-law.

cuñete *nm* keg.

cuño
1 *nm (troquel)* die, stamp.
2 *nm (sello)* stamp, mark.
✦ **de nuevo cuño** *fig* newly-coined.
tener el cuño to bear the mark.

cuota
1 *nf (pago)* membership fee, dues *pl.*
2 *nf (porción)* quota, share.
■ **cuota de mercado** *FIN* market share.

cuotidiano,-a *adj* daily.

cupe *pt indef* → **caber.**

cupé *nm* coupé.

cupido *nm* Cupid.

cupiera *imperf subj* → **caber.**

cuplé *nm popular lyrical song.*

cupletista *nf* music-hall singer.

cupo
1 *nm (cuota)* quota.
2 *nm MIL* contingent.
✦ **ser excedente de cupo** *MIL* to be exempt from military service.

cupón
1 *nm (vale)* coupon, voucher.
2 *nm COM* trading stamp.
3 *nm (de lotería)* ticket.
■ **cupón de los ciegos** *fam* lottery ticket for the blind.

cúprico,-a *adj* cupric.

cúpula *nf* cupola, dome.

cuquería
1 *nf (astucia)* craftiness.
2 *nf fam (monada)* pretty little thing.

cura
1 *nm REL* priest.
2 *nf* cure, healing.
3 *nf (tratamiento)* treatment: cura de adelgazamiento slimming treatment.
✦ **hacer las primeras curas** to give first aid.
no tiene cura *fam (situación)* it's hopeless, there's no way out; *(persona)* he/she is incorrigible.
■ **cura párroco** parish priest.
primeras curas first aid *sing.*

curable *adj* curable.

curación
1 *nf (gen)* cure.
2 *nf (de herida)* healing.
3 *nf (recuperación)* recovery.

curado,-a
1 *pp* → **curar.**
2 *adj (carne, pescado)* cured, salted; *(piel)* tanned.
3 *adj fig (persona)* hardened.

curador,-ra *nm,f* healer.

curandería *nf* quackery.

curanderismo
1 *nm (charlatanismo)* quackery.
2 *nm (de curador)* folk healing.

curandero,-a
1 *nm,f (charlatán)* quack.
2 *nm,f (curador)* folk healer.

curar
1 *vt (sanar)* to cure.
2 *vt (herida)* to dress; *(enfermedad)* to treat.
3 *vt (carne, pescado)* to cure; *(piel)* to tan; *(madera)* to season.
4 *vi (cuidar)* to take care (**de**, of).
5 *vi (recuperarse)* to recover, get well.
6 *vi (herida)* to heal (up).
7 **curarse** *vpr (recuperarse)* to recover (**de**, from), get well.
8 *vpr (herida)* to heal up.
✦ **curar un mal** *fig* to right a wrong.
curarse en salud *fig* to take precautions.

curare *nm* curare.

curasao *nm* curaçao.

curativo,-a *adj* curative: poder curativo healing power.

curato
1 *nm (cargo)* curacy.
2 *nm (parroquia)* parish.

cúrcuma *nf* turmeric.

curda *nf fam* drunkenness.
✦ **agarrar una curda/coger una curda** *fam* to get plastered.

curdo,-a
1 *adj* Kurdish.
2 *nm,f* Kurd.

cureña *nf* gun carriage.

curia
1 *nf REL* curia.
2 *nf JUR* Bar.

curiana *nf* black beetle.

curio *nm* curium.

curiosamente
1 *adv (con curiosidad)* curiously, strangely.
2 *adv (limpiamente)* cleanly.

curiosear
1 *vi (fisgar)* to pry, nose around.
2 *vi (mirar)* to look around.
3 *vt (fisgar)* to pry into.

curiosidad
1 *nf (gen)* curiosity.
2 *nf (aseo)* cleanliness, tidiness.
3 *nf (cuidado)* care.
✦ **despertar la curiosidad de alguien** to arouse somebody's curiosity.
tener curiosidad de algo to be curious about something.

curioso,-a
1 *adj* curious.
2 *adj (indiscreto)* inquisitive.
3 *adj (aseado)* clean, tidy, neat.
4 *adj (extraño)* strange, odd.
5 *nm,f (mirón)* onlooker.
6 *nm,f pey (indiscreto)* nosy parker, busybody.

currante *nm & nf arg* worker.

currar *vi arg* to grind, slave, graft.

curre *nm arg* job, meal ticket.

currelar *vi arg* → **currar.**

currelo *nm arg* job, meal ticket.

currículo *nm* curriculum, curriculum vitae.
▲ *pl* **currículos** o **currícula.**

currículum *nm* curriculum, curriculum vitae.
▲ *pl* **currículos** o **currícula.**

curro *nm arg* job, meal ticket.

curruca *nf* warbler.
■ **curruca cabecinegra** Sardinian warbler.
curruca capirotada blackcap.
curruca carrasqueña subalpine warbler.
curruca mirlona orphean warbler.
curruca mosquitera garden warbler.
curruca rabilarga Dartford warbler.
curruca tomillera spectacled warbler.
curruca zarcera whitethroat.
curruca zarcillera lesser whitethroat.

curry *nm* curry.

cursado,-a
1 *pp* → **cursar.**
2 *adj (versado)* experienced.
3 *adj (cartas)* dispatch.

cursante *nm & nf* student.

cursar
1 *vt (estudiar)* to study.
2 *vt (enviar)* to send, dispatch; *(orden)* to give.
3 *vt (tramitar)* to make an application.

cursi
1 *adj fam (afectado)* pretentious, affected, twee.
2 *nm & nf fam* pretentious person, affected person.

cursilada
1 *nf (cualidad)* affectation, pretentiousness.
2 *nf (hecho)* pretentious thing to do, posh thing to do.

3 *nf (obra, cosa)* pretentious thing: **las películas románticas me parecen una cursilada** for me romantic films are just sentimental slush.

cursilería *nf* → **cursilada.**

cursillista *nm,f* person on a course.

cursillo *nm* short course, training course.
- **cursillo de conferencias** course of lectures.
cursillo de reciclaje refresher course.

cursiva *nf (escritura)* cursive; *(tipografía)* italics *pl.*

cursivo,-a *adj* cursive: **letra cursiva** italics *pl.*

curso
1 *nm (dirección)* course, direction: **el curso de los acontecimientos** the course of events.
2 *nm EDUC (nivel)* year, class; *(materia)* course; *(escolar)* school year: **vamos al mismo curso** we are in the same class; **un curso de historia** a history course; **¿cuándo empieza el curso?** when do classes start?
3 *nm (río)* flow, current.
✦ **dar curso a algo** *(tramitar)* to deal with something; *(dar libertad)* to give free rein to something.
dejar que las cosas sigan su curso *fig* to let things take their course.
en el curso de ... *fig* during the course of ...
estar en curso *fig* to be under way.
- **año en curso** current year.
curso acelerado crash course.
mes en curso current month.
moneda de curso legal legal tender.

cursor
1 *nm INFORM* cursor.
2 *nm TÉC* slide.

curtido,-a
1 *pp* → **curtir.**
2 *adj (por el sol)* tanned, sunburnt.

3 *adj (cuero)* tanned.
4 *adj fig (endurecido)* hardened.
5 **curtido** *nm (operación)* tanning.
6 **curtidos** *nm pl* tanned leather *sing.*

curtidor,-ra *nm,f* tanner.

curtidos *nm pl* → **curtido,-a.**

curtiduría *nf* tannery.

curtir
1 *vt (piel)* to tan.
2 *vt fig (acostumbrar)* to harden, toughen.
3 **curtirse** *vpr (por el sol)* to get tanned.
4 *vpr fig (acostumbrarse)* to become hardened.

curva
1 *nf (gen)* curve.
2 *nf (de carretera)* bend.
3 *nf (gráfico)* curve, graph.
4 **curvas** *nf pl fam (cuerpo de mujer)* curves, curvy figure *sing.*
✦ **coger una curva/tomar una curva** to take a bend.
trazar una curva to draw a curve.
- **curva cerrada** sharp bend.
curva peligrosa dangerous bend.

curvar
1 *vt (gen)* to curve, bend.
2 *vt (espalda)* to arch.

curvatura *nf* curvature.

curvilíneo,-a
1 *adj* curvilinear, curvilineal.
2 *adj fam (del cuerpo)* curvaceous, shapely.

curvo,-a *adj* curved, bent.

cuscurrear *vi* to crunch.

cuscurro *nm* crust of bread.

cuscús *nm* couscous.

cúspide
1 *nf (cumbre)* summit, peak.
2 *nf (en geometría)* apex.
3 *nf fig* peak.

cusqui **hacer la cusqui** *loc fam (molestar)* to annoy; *(perjudicar)* to do the dirty on.

custodia
1 *nf* custody, care.
2 *nf REL* monstrance.
✦ **bajo custodia** in custody.

custodiar
1 *vt (proteger)* to keep, take care of.
2 *vt (vigilar)* to guard, watch over.
▲ *Conjugation model* [12], *like* **cambiar.**

custodio *nm* custodian, guard, keeper.

cutáneo,-a *adj* cutaneous, skin: **enfermedad cutánea** skin disease.

cúter
1 *nm (barco)* cutter.
2 *nm (cuchillo)* cutter.

cutí *nm* ticking.

cutícula *nf* cuticle.

cutirreacción *nf* skin test, scratch test.

cutis *nm* skin, complexion.
▲ *pl* **cutis.**

cutre
1 *adj (tacaño)* mean, stingy.
2 *adj fam (sórdido)* grotty, seedy.

cuyo,-a
1 *pron (personas)* whose, of whom: **el hombre cuya casa vimos** the man whose house we saw; **esta mujer, cuya hermana trabaja en Alemania ...** this woman, whose sister works in Germany..., this woman, the sister of whom works in Germany...
2 *pron (cosas)* whose, of which: **un árbol cuyas hojas presentan esta enfermedad** a tree with leaves that show signs of this disease.
✦ **a cuyo efecto/con cuyo objeto** to which end.
en cuyo caso in which case.

CV[1] *sím* (**caballos de vapor**) horse power; *(símbolo)* HP.

CV[2] *sím* (**currículum vítae**) curriculum vitae; *(abreviatura)* cv.

czar *nm* czar, tsar.

czarina *nf* czarina, tsarina.

D, d *nf (la letra)* D, d.

D. *abr (don)* Mister; *(abreviatura)* Mr.

Dª *abr (doña)* Mrs, Miss, Ms.

Da. *abr (doña)* Mrs, Miss, Ms.

dable *adj* feasible, possible.

dabute
  1 *adj arg* great, terrific, fantastic.
  2 *adv arg* great, terrifically.

dabuten *adj-adv arg* → **dabute.**

daca toma y daca, *nm* evenly matched contest: el primer asalto fue un toma y daca entre los dos boxeadores in the first round the two boxers each gave as good as they got.

dactilar *adj* digital.
  ■ **huellas dactilares** fingerprints.

dactilografía *nf* typing, typewriting.

dactilógrafo,-a *nm,f* typist.

dadá *adj* → **dadaísta.**

dadaísmo *nm* Dadaism.

dadaísta
  1 *adj* Dadaist.
  2 *nm & nf* Dadaist.

dádiva
  1 *nf (regalo)* gift, present.
  2 *nf (donación)* donation.

dadivoso,-a *adj* generous.

dado¹
  1 *nm (para jugar)* die.
  2 *nm TÉC* block.
  3 *nm ARQ* dado.
  ✦ **cargar los dados** to load the dice.
  echar los dados to throw the dice.

dado,-a²
  1 *pp* → **dar.**
  2 *adj* given: en un momento dado at a given moment, at a certain point; dada la base y la altura, hallar la superficie given the base and the height, find the area.
  3 *adj (en vista de)* in view of: dada su experiencia in view of his experience.
  4 *adj (hora)* past: son las cinco dadas it's past five o'clock.
  ✦ **dado que** since, as, given that: dado que llueve no saldremos as it's raining we won't go out.

ir dado,-a to be in for trouble: vas dado si crees que te esperaré if you think I'm going to wait for you, you've got another think coming.

ser dado,-a a to be keen on, be fond of: mi tío es muy dado a las hierbas medicinales my uncle is very fond of medicinal herbs.

dador,-ra
  1 *nm,f (que da)* giver.
  2 *nm,f (una carta)* bearer.
  3 *nm,f COM* drawer.

daga *nf* dagger.

daguerrotipo
  1 *nm (arte)* daguerreotypy.
  2 *nm (aparato, retrato)* daguerreotype.

daiquiri *nm* daiquiri.

Dakota *nf* Dakota.
  ■ **Dakota del Norte** North Dakota.
  Dakota del Sur South Dakota.

dalai lama *nm* Dalai Lama.

dalia *nf* dahlia.

dálmata
  1 *adj* Dalmatian.
  2 *nm* Dalmatian.

daltoniano,-a
  1 *adj* colour-blind *(US* color-blind), daltonic.
  2 *nm,f* person who is colour-blind *(US* color-blind).

daltónico,-a *adj* colour-blind, daltonic.

daltonismo *nm* colour *(US* color) blindness, daltonism.

dama
  1 *nf (señora)* lady.
  2 *nf (en el juego de damas)* king; *(en ajedrez)* queen.
  3 **damas** *nf pl* draughts, *(US* checkers).
  ✦ **¡damas y caballeros!** ladies and gentlemen!
  ■ **dama de honor** *(de novia)* bridesmaid; *(de reina)* lady-in-waiting.
  primera dama *(actriz)* leading lady; *(en política)* first lady.
  tablero de damas draughtboard, *(US* checkerboard).

damajuana *nf* demijohn.

damán *nm* marmot.

damasceno,-a *adj* Damascene.
  ■ **ciruela damascena** damson.
  ciruelo damasceno damson tree.

damasco
  1 *nm (tejido)* damask.
  2 *nm (árbol, fruto)* damson.

Damasco *nm* Damascus.

damasquina *nf* French marigold.

damasquinado,-a *adj* damascene.

damasquinar *vt* to damascene, damask.

damero *nm* draughtboard *(US* checkerboard).

damisela *nf irón* young lady, damsel.

damnificado,-a
  1 *pp* → **damnificar.**
  2 *adj (persona)* injured, harmed.
  3 *adj (cosa)* damaged.
  4 *nm,f* victim: él era uno de los damnificados por las inundaciones he was one of the flood victims.

damnificar
  1 *vt (a una persona)* to injure, harm.
  2 *vt (cosa)* to damage.
  ▲ *Conjugation model* [1], *like* sacar.

Damocles *nm* Damocles.
  ■ **espada de Damocles** *fig* Sword of Damocles.

dandi *nm* dandy.
  ▲ *pl dandis.*

dandy *nm* dandy.
  ▲ *pl dandys.*

danés,-esa
  1 *adj* Danish.
  2 *nm,f (persona)* Dane.
  3 **danés** *nm (idioma)* Danish.

dantesco,-a *adj* Dantesque.

Danubio el Danubio *nm* the Danube.

danza
  1 *nf (baile)* dance.
  2 *nf fig (negocio sucio)* shady business, shady deal; *(lío)* mess: no te metas en esa danza don't get mixed up in a deal like that.
  3 *nf fam fig (riña)* row.

✦ **armar una danza** *fig* to make a scene. **estar siempre en danza** *fig* to be always on the go.

▪ **la danza de la muerte** the dance of death.

danzante

1 *adj* dancing.
2 *nm & nf* dancer.
3 *nm & nf fam fig (intrigante)* busybody, meddler.
4 *nm & nf fam fig (botarate)* scatterbrain.

danzar

1 *vt (bailar)* to dance.
2 *vi (bailar)* to dance (**con**, with).
3 *vi (zascandilear)* to wander: se pasó la mañana danzando y no hizo los deberes he spent the morning milling about and he didn't do his homework.
4 *vi (estar tirado)* to lie around: tienes todas las hojas danzando por la mesa your papers are lying all over the table.
5 *vi (entrometerse)* to meddle, interfere (**en**, with/in).

▲ *Conjugation model* [4], *like realizar.*

danzarín,-ina *nm,f* dancer.

dañado,-a

1 *pp →* **dañar.**
2 *adj* damaged, spoiled.

dañar

1 *vt (causar dolor)* to hurt, harm.
2 *vt (estropear)* to damage, spoil.
3 *vt fig* to damage, stain: ese asunto dañará su reputación that affair will damage his reputation.
4 **dañarse** *vpr (estropearse)* to get damaged, spoil; *(alimentos)* to go bad, go off.

dañino,-a *adj* harmful (**para**, to), damaging (**para**, to).

▪ **animales dañinos** pests, vermin *sing.*

daño *nm (a persona)* harm, injury; *(a cosa)* damage; *(perjuicio)* wrong.

✦ **hacer daño** *(doler)* to hurt; *(causar dolor a alguien)* to hurt; *(ser malo para algo)* to damage, harm; *(ser malo para alguien)* to do somebody harm: me hace daño la pierna my leg hurts; me hizo daño con sus palabras her words hurt me; aquellas fotografías hicieron daño a su reputación those photographs damaged her reputation; una copa de vino no te hará ningún daño a glass of wine won't do you any harm.

hacerse daño to hurt oneself: se hizo daño en la mano she hurt her hand.

▪ **daños colaterales** collateral damage. **daños materiales** material damage *sing.*

daños y perjuicios *JUR* damages.

dañoso,-a *adj* harmful (**para**, to).

dar

1 *vt (gen)* to give: te daré un libro I'll give you a book.
2 *vt (poner en las manos, entregar)* to deliver, hand over; *(poner al alcance)* to pass, hand: dar un paquete to deliver a parcel; dame la sal pass me the salt.
3 *vt (proporcionar, ofrecer, procurar algo no material a una persona - noticia)* to tell, announce, report; *(consejo)* to give; *(recuerdos, recado)* to pass on, give: dales recuerdos a tus padres give your parents my regards; este amuleto me da suerte this lucky charm brings me good luck; espero que los niños no te den problemas I hope the children don't give you much trouble.
4 *vt (permitir tener algo, conceder)* to give: dale tiempo give him time; dales permiso give them permission.
5 *vt (pagar a cambio)* to give, pay: ¿cuánto me daría por esto? how much would you give me for it?
6 *vt (realizar una acción)*: dimos un paseo we went for a walk; dame un beso give me a kiss; le dio un golpe he hit him; dar palmadas to clap; dar un grito to let out a cry; dar un paso to take a step; dar una puñalada to stab; dar brillo to polish.
7 *vt (producir - cosecha)* to produce, yield; *(fruto, flores)* to bear, produce; *(beneficio, interés)* to produce, yield: la higuera da higos the fig tree bears figs; el sol da luz the sun shines.
8 *vt (celebrar, tener lugar - película)* to show, screen; *(obra de teatro)* to perform, put on; *(musical)* to play, perform; *(concierto)* to give, perform, put on; *(fiesta)* to give, throw: dio una conferencia he gave a talk; daremos una fiesta we'll have a party; en la tele dan una película estupenda there's a wonderful film on the telly.
9 *vt (pegar)* to hit: le dieron bien fuerte they hit him hard.
10 *vt (comunicar felicitaciones, pésames, etc)* to say: nos ha dado la enhorabuena por la boda she congratulated us on our marriage; dar los buenos días to say good morning; nos dio las gracias por el regalo he thanked us for our present.
11 *vt (afectar, causar)* to hit, make: me da el frío I'm cold; me da un dolor I feel a pain; el sol me daba en los ojos the sun was shining in my eyes.
12 *vt (expeler, desprender)* to give off: eso da humo it gives off smoke.
13 *vt (sonar el reloj las horas)* to strike: el reloj dio las seis the clock struck six.
14 *vt (untar, recubrir una superficie)* to apply, give: dio dos manos de pintura he gave it two coats of paint.
15 *vt (abrir el paso de conductos)* to turn on: he dado el gas I've turned the gas on.
16 *vt (en naipes)* to deal.
17 *vi (pegar, golpear)* to hit: la pelota le dio en toda la cara the ball hit him right in the face; dar sobre el yunque to hit the anvil.
18 *vi (en naipes)* to deal.
19 *vi* **dar a** *(botón, interruptor)* to press: dale al botón press the button.
20 *vi (mirar una cosa hacia una parte)* to look out onto, overlook; *(ir a parar a una parte)* to lead to, open onto: la ventana da a la playa the window looks out onto the beach; esa puerta da a la cocina this door leads to the kitchen.
21 *vi* **dar de** *(caer)* to fall: dio de narices en el suelo he fell flat on his face.
22 *vi* **dar de** *(suministrar)* to give: les dio de comer/beber he gave them something to eat/drink; esto les dará de qué hablar this'll give them something to talk about; dar de palos/bofetadas/tortas a alguien to beat somebody up.
23 *vi* **dar en** *(acertar)* to find, hit on.
24 *vi* **dar para** *(ser suficiente)* to be enough for, be sufficient for: la sopa da para cuatro the soup serves four.
25 **darse** *vpr (entregarse)* to give in, surrender.
26 *vpr (suceder, existir)* to happen, occur: a veces se da este caso this sometimes happens; se da el caso que ... the thing is that ...
27 *vpr (crecer)* to grow; *(cultivarse)* to be found, grow: aquí se dan bien las patatas potatoes grow well here.
28 *vpr* **darse a** *(consagrarse)* to devote oneself to; *(a un vicio)* to take to, abandon oneself to: se dio al estudio she devoted herself to study; se ha dado a la bebida he has taken to drink.
29 *vpr* **darse con/contra** *(chocar)* to crash (**contra/con**, into).

✦ **¡dale!** *fam (seguir)* go on!; *(venga)* come on!

dale que dale *fam* on and on.

dale que te pego *fam* on and on: y siguió dale que te pego contando batallitas and he kept on and on telling stories.

dar a alguien por + *pp* to assume, consider: la dieron por muerta they presumed she was dead; date por pagado consider yourself paid.

dar a entender que ... to give to understand that ..., imply that ...: dio a entender que no vendría she implied she wouldn't come.

dar algo por to assume, consider.

dar a luz to give birth (**a**, to).

dar a uno (mucho) gusto + *infinitivo* to be very pleased to ...: nos da mucho gusto verla we are very pleased to see her.

dar a uno no sé qué *fam* to give one a strange feeling: me da no sé qué que te vayas I feel funny about you leaving.

dar a uno + *sentimiento* to make one + *adjective*: me da asco it makes me sick.

dar con *(encontrar algo)* to find, discover; *(encontrar a alguien)* to meet, come across, bump into; *(acertar)* to find: al final dio con la calle she eventually found the street; al salir de casa dio con mi primo as he was

leaving the house, he bumped into my cousin; **dio con la solución** he found the solution.

dar con/contra algo *(chocar)* to bump into something: **el coche dio contra el árbol** the car hit the tree.

dar con los huesos en la cárcel *fam* to end up in jail.

dar de lado *(una cosa)* to discard; *(una persona)* to cold-shoulder.

dar de sí *(ropa)* to stretch, give; *(dinero, comida)* to go a long way.

dar gusto + infinitivo to be nice + *to* + *inf*: **da gusto verla jugar** it's nice to see her playing.

dar igual to be all the same, not matter: **le daba igual** it didn't matter to him, he didn't care.

dar la mano a alguien to shake hands with somebody.

dar lo mismo to be all the same, not matter: **me da lo mismo** I don't mind.

darle a algo *fam* to be too fond of something: **¡cómo le da a la cerveza!** he certainly knocks the beer back!

darle a uno algo *(sobrevenirle)* to have: **le dio un ataque de tos** she had a coughing fit; **si sigue así le dará algo** if she goes on like that she'll do herself a mischief.

darle a uno por hacer algo to take it into one's head to do something: **le ha dado por cantar** she has taken up singing, she's got into singing.

dar muerte a to kill.

dar muestras de to look: **daba muestras de cansancio** she looked tired.

dar parte de algo to report something.

dar razón de algo to give an account of something; *(correr la voz)* to let it be known.

dar razón de alguien to give somebody's whereabouts: **no nos supo dar razón de José** he couldn't tell us where José was.

dar(se) a conocer *(persona)* to introduce; *(noticia)* to release.

darse de narices con, dar de narices con to bump into.

dárselas de *fam* to pose as, fancy oneself as: **se las da de presidente** he fancies himself as president.

dársele a uno bien/mal algo to be good/bad at: **se le dan bien los idiomas** he's good at languages.

darse por aludido,-a *(entender una indirecta)* to take the hint; *(ofenderse)* to take it personally.

darse por ofendido,-a to take offence.

darse por satisfecho,-a to feel satisfied.

darse por vencido to give in, surrender.

no dar una *fam* not to get anything right.

¿qué se me da? why should I care?

¡y dale! *fam* there he (*you, they, etc*) goes (*go*) again!

▲ *Conjugation model* [68].

dardo
1 *nm (arma)* dart, arrow.
2 *nm* fig *(dicho)* cutting remark, caustic remark.

dársena *nf* dock, basin.

darviniano,-a *adj* Darwinian.

darvinismo *nm* Darwinism.

darvinista *nm & nf* Darwinist.

data
1 *nf (fecha)* date.
2 *nf* COM item.

datación *nf* dating.
 ▪ **datación por radiocarbono** radiocarbon dating.

datar
1 *vt (poner la data)* to date, put a date on.
2 *vt* COM to credit, enter.
3 *vi (tener origen)* to date (**de**, from), date back (**de**, to): **esa iglesia data del siglo XI** that church dates from the eleventh century.

dátil
1 *nm* date.
2 *nm fam (dedo)* finger.
 ▪ **dátil de mar** date shell.

datilera *nf* date palm.

dativo,-a
1 *adj* dative.
2 *dativo nm* dative.
 ✦ **en dativo** in the dative.

dato *nm (información)* fact, piece of information, datum: **no pudimos resolver el problema por falta de datos** we couldn't solve the problem due to lack of information.
 ▪ **datos personales** personal details.

dB *sím* (**decibelio**) decibel; *(símbolo)* dB.

d.C. *abr* (**después de Cristo**) Anno Domini; *(abreviatura)* AD.

dcha. *abr* (**derecha**) right.

DDT *abr* (**diclorodifeniltricloroetano**) dichlorodiphenyltrichloroethane; *(abreviatura)* DDT.

de[1] *nf name of the letter d.*

de[2]
1 *prep (posesión, pertenencia)* of: **el libro de Juan** Juan's book; **el coche de mis padres** my parents' car; **el hermano de mi padre** my father's brother; **la mesa de mi habitación** the table in my bedroom.
2 *prep (procedencia, origen)* from: **soy de Córdoba** I'm from Córdoba; **viene de Barcelona** she comes from Barcelona.
3 *prep (descripción)* with: **la niña de ojos castaños** the girl with dark eyes, the dark-eyed girl; **el señor del abrigo azul** the man in the blue coat.
4 *prep (tema)* of, on, about: **hablaron del tiempo** they talked about the weather.
5 *prep (materia)* made of, of: **una mesa de madera** a wooden table; **un anillo de oro** a gold ring; **lo hicieron de plástico** they made it out of plastic.

6 *prep (contenido)* of: **un vaso de agua** a glass of water.
7 *prep (uso)* for: **aguja de calcetar** knitting needle; **gallo de pelea** fighting cock.
8 *prep (oficio)* by, as: **trabaja de profesor** he works as a teacher; **es médico de profesión** he's a doctor by profession.
9 *prep (modo)* on, in, as: **de pie** standing up; **estar de moda** to be in fashion.
10 *prep (tiempo)* at, by, in: **de día** by day, during the day; **de noche** at night; **a las diez de la mañana** at ten in the morning.
11 *prep (lugar) varias traducciones*: **la vecina de arriba** our upstairs neighbour; **el lavabo de abajo** the downstairs toilet; **la ventana de la derecha** the window on the right; **la puerta de la calle** the street door.
12 *prep (precio)* at: **manzanas de dos euros el kilo** apples at two euros a kilo.
13 *prep (medida)* measuring: **una botella de dos litros** a two litre bottle; **una mesa de un metro de ancho** a metrewide table.
14 *prep (causa)* with, because of, of: **llorar de alegría** to cry with joy; **morir de frío** to die of cold.
15 *prep (agente)* by: **es una obra de Lope** a play by Lope.
16 *prep (con superlativo)* in, of: **el mejor de España** the best in Spain; **el mayor de los tres** the eldest of the three.
17 *prep (suposición)* if: **de haberlo dicho** if he had told us.
18 *prep (en una aposición)* of: **la ciudad de Barcelona** the city of Barcelona.
 ▲ *See also del.*

dé *pt indef* → **dar.**

deambular *vi* to saunter, stroll.

deambulatorio *nm* ambulatory.

deán *nm* dean.

debacle *nf* disaster, downfall.

debajo *adv* below, underneath: **el libro verde está debajo** the green book is underneath; **dame el de debajo** give me the one underneath.
 ✦ **debajo de** under, below, underneath: **el brasero está debajo de la mesa** the brazier is under the table.
 por debajo underneath: **tuvieron que pasar por debajo** they had to go underneath.
 por debajo de below, under: **eso es por debajo del nivel del mar** that's below sea level; **jugaron por debajo de sus posibilidades** they played below form; **el gato salió por debajo de la mesa** the cat came out from under the table.

debate *nm* debate, discussion.

debatir
1 *vt* to debate, discuss.
2 **debatirse** *vpr (forcejear)* to struggle: **el enfermo se debatía entre la vida y la muerte** the patient fought for his life.

debe *nm* debit side.

- **el debe y el haber** the debit and credit.

deber

1 *vt (estar obligado a algo)* to owe: **debemos respeto a nuestros padres** we owe respect to our parents.

2 *vt (dinero, cosa)* to owe: **te debo cincuenta euros** I owe you fifty euros.

3 *aux (obligación presente)* must, have to, have got to: **debo ir a comprar** I must go shopping; **debes acabar antes de que lleguen** you have to finish before they arrive.

4 *aux (obligación pasada)* should, ought to: **debía haberlo comprado ayer** I should have bought it yesterday.

5 *aux (obligación futura)* must, have to, have got to: **deberás tenerlo a las cinco** you must have it ready by five o'-clock.

6 *aux (obligación moral)* should, ought to: **no deberías haberlo hecho** you shouldn't have done it.

7 *aux* **deber de** *(probabilidad)* must; *(negativa)* can't: **deben de ser las seis** it must be six o'clock; **debes de haberlo oído** you must have heard it; **no sé cuántas veces he debido de decírtelo** I don't know how many times I must have told you; **no deben de haber llegado** they can't have arrived.

8 **deberse** *vpr (ser consecuencia)* to be due (**a**, to): **esto se debe a su falta de interés** this is due to his lack of interest.

9 *vpr (tener una obligación)* to have a duty (**a**, to): **un soldado se debe a su patria** a soldier has a duty to his country.

10 **deber** *nm (obligación)* duty, obligation.

11 **deberes** *nm pl (escolares)* homework *sing*.

- **cumplir con su deber** to do one's duty.
  hacer los deberes to do one's homework.

debidamente *adv* duly, properly: **entrega este impreso debidamente rellenado** hand in this form duly filled in; **los niños no se portaron debidamente** children didn't behave properly.

debido,-a

1 *pp →* **deber.**

2 *adj (merecido)* due: **con el debido respeto, …** with all due respect, …

3 *adj (conveniente)* right: **no pongas a la verdura más sal de la debida** don't put more salt than necessary on the vegetables.

4 *adj (adecuado)* proper, necessary: **tomaremos las debidas precauciones** we'll take the necessary precautions.

- **como es debido** *(correctamente)* right, properly; *(como es merecido)* deservedly: **siéntate en la silla como es debido** sit properly on the chair; **lo recibieron con todos los honores, como era debido** he was received with full honours, as was his due.

debido,-a a due to, owing to, because of: **las carreteras están cortadas debido al mal tiempo** the roads have been closed due to bad weather.

debido a que because: **no pudieron venir debido a que tenían el coche averiado** they couldn't come because their car had broken down.

en debida forma in due form.

más de lo debido too much.

débil

1 *adj (persona)* weak, feeble: **está aún muy débil para caminar** he's still too weak to walk.

2 *adj (ruido)* faint; *(luz)* dim, feeble.

3 *adj* LING weak.

4 *nm & nf* weak person.

5 **los débiles** *nm pl* the weak.

- **débil mental** mentally retarded person, mentally deficient person.

debilidad

1 *nf (de una persona)* weakness, feebleness; *(de un sonido)* faintness.

2 *nf fig* weakness: **los coches de carreras son su debilidad** he has a weakness for racing cars.

- **tener debilidad por** *(algo)* to have a weakness for; *(alguien)* to have a soft spot for: **tengo debilidad por mi sobrina** I have a soft spot for my niece.

debilitación *nf* weakening, debilitation.

debilitador,-ra *adj* weakening, debilitating.

debilitamiento *nm* weakening.

debilitante *adj* debilitating.

debilitar

1 *vt* to weaken, debilitate.

2 **debilitarse** *vpr* to weaken, get weak, become weak.

débilmente *adv* weakly.

debilucho,-a

1 *adj pey* weak, frail, delicate.

2 *nm,f* weakling.

débito

1 *nm (deuda)* debt.

2 *nm (debe)* debit.

debut *nm* debut, début.

debutante

1 *nm & nf (actor)* first-time actor; *(actriz)* first-time actress.

2 *nf (en sociedad)* debutante.

debutar *vi* to make one's debut, make one's début.

década *nf* decade.

decadencia *nf* decadence, decline, decay.

- **estar en (franca) decadencia** to be in (full) decline.

decadente

1 *adj* decadent.

2 *nm & nf* decadent.

decaedro *nm* decahedron.

decaer

1 *vi (perder fuerzas)* to weaken; *(- entusiasmo, interés)* to flag; *(- salud)* to go down, deteriorate, decay; *(- belleza etc)* to

lose: **su interés está decayendo** his interest is flagging; **Elena ha decaído en belleza** Elena has lost her beauty.

2 *vi (imperio, costumbre)* to decay.

3 *vi (fiebre)* to go down.

4 *vi (negocio)* to fall off, decline.

5 *vi (ánimo)* to lose heart: **su ánimo no decae** she doesn't lose heart.

▲ Conjugation model [67], *like caer.*

decagonal *adj* decagonal.

decágono *nm* decagon.

decagramo *nm* decagram, decagramme.

decaído,-a

1 *pp →* **decaer.**

2 *adj (débil)* weak.

3 *adj (triste)* sad, depressed, low.

decaimiento

1 *nm (debilidad)* weakness, weakening.

2 *nm (tristeza)* sadness.

decalcificación *nf →* **descalcificación.**

decalcificar *vt →* **descalcificar.**

decalitro *nm* decalitre (*US* decaliter).

decálogo *nm* Decalogue.

decámetro *nm* decametre (*US* decameter).

decanato

1 *nm (cargo, tiempo)* deanship: **la facultad fue reformada durante su decanato** the faculty was reformed during his deanship.

2 *nm (lugar)* deanery.

decano,-a

1 *nm,f (cargo)* dean.

2 *nm,f (miembro más antiguo)* senior member; *(hombre)* doyen; *(mujer)* doyenne.

decantación *nf* decanting.

decantar[1] *vt (verter)* to decant, pour off.

decantar[2]

1 *vt (alabar)* to praise, laud.

2 **decantarse** *vpr (preferir)* to prefer (**hacia/por**, -): **el público se decantó por el equipo local** the spectators were on the side of the local team.

decapar

1 *vt (óxido, cal)* to descale.

2 *vt (pintura)* to strip (off).

decapitación *nf* beheading, decapitation.

decapitar *vt* to behead, decapitate.

decápodo *nm* decapod.

decasílabo,-a

1 *adj* decasyllabic.

2 **decasílabo** *nm* decasyllable.

decatleta *nm* decathlete.

decatlón *nm* decathlon.

deceleración *nf* deceleration.

decelerar *vi* to decelerate.

decena

1 *nf (exacto)* ten.

2 *nf (aproximado)* about ten: **he invitado a una decena de personas** I have invited ten or so people.

- **por decenas** in tens.

decenal *adj* ten-year, decennial.

decencia
1 *nf (decoro)* decency, propriety.
2 *nf (honestidad)* honesty.
✦ **con decencia** decently.

decenio *nm* decade.

decentar
1 *vt (empezar a cortar)* to start: **decentamos el queso** we started the cheese.
2 *vt fig (empezar a destruir)* to erode: **esa vida le decentaba la salud** that life style eroded his health.
3 **decentarse** *vpr (ulcerarse)* to ulcerate.
▲ *Conjugation model* [27], *like acertar.*

decente
1 *adj (decoroso)* decent, proper.
2 *adj (honesto)* honest, upright; *(respetable)* decent, respectable.
3 *adj (limpio)* tidy, clean.
4 *adj (adecuado)* suitable, right: **ponte ropa decente para salir a cenar** put on some suitable clothes to go out for dinner.

decentemente *adv* decently.

decepción *nf* disappointment, disenchantment: **se llevó una gran decepción** she was terribly disappointed.

decepcionado,-a
1 *pp* → **decepcionar.**
2 *adj* disappointed.

decepcionante *adj* disappointing.

decepcionar *vt* to disappoint, let down: **no nos decepciones** don't disappoint us.

deceso *nm fml* decease.

dechado *nm* model, example: **ese hombre es un dechado de virtudes** that man is a paragon of virtue.

decibel *nm* decibel.

decibelio *nm* decibel.

decididamente
1 *adv (con determinación)* resolutely, with determination: **solicitó el trabajo decididamente** he applied for the job with determination.
2 *adv (definitivamente)* definitely: **decididamente no compraremos esa casa** we definitely won't buy that house.

decidido,-a
1 *pp* → **decidir.**
2 *adj* determined, resolute: **está decidido a acabar el trabajo** he's determined to finish the job; **ya lo tengo decidido** I've made up my mind.

decidir
1 *vt (gen)* to decide; *(asunto)* to settle: **decidieron responder las preguntas** they decided to answer the questions; **aún no hay nada decidido** nothing is settled yet.
2 *vt (convencer)* to persuade, convince: **aquellas circunstancias la decidieron a marchar** those circumstances persuaded her to leave.

3 *vt (resolver)* to resolve, decide: **decidió dejar de fumar** he resolved to stop smoking.
4 *vi* to decide, choose: **tuvo que decidir entre los dos** she had to decide between the two.
5 **decidirse** *vpr* to make up one's mind: **tienes que decidirte lo antes posible** you have to make up your mind as soon as possible.
✦ **decidirse por** to decide on: **se decidió por la falda roja** she decided on the red skirt.

decidor,-ra
1 *adj* eloquent, silver-tongued, witty.
2 *nm,f* wit.

decigramo *nm* decigram, decigramme.

decilitro *nm* decilitre *(US* deciliter).

décima *nf LIT* stanza of ten octosyllabic lines.
✦ **tener (unas) décimas** *fam* to have a slight temperature.

decimal
1 *adj* decimal.
2 *nm* decimal.

decímetro *nm* decimetre *(US* decimeter).

décimo,-a
1 *adj* tenth.
2 *nm,f* tenth.
3 **décimo** *nm tenth part of a* lottery ticket.
▲ *See also sexto,-a.*

decimoctavo,-a
1 *adj* eighteenth.
2 *nm,f* eighteenth.
▲ *See also sexto,-a.*

decimocuarto,-a
1 *adj* fourteenth.
2 *nm,f* fourteenth.
▲ *See also sexto,-a.*

decimonónico,-a *adj* nineteenth-century: **un escritor decimonónico** a nineteenth-century writer.

decimonono,-a
1 *adj* nineteenth.
2 *nm,f* nineteenth.
▲ *See also sexto,-a.*

decimonoveno,-a *adj-nm,f* → **decimonono,-a.**
▲ *See also sexto,-a.*

decimoquinto,-a
1 *adj* fifteenth.
2 *nm,f* fifteenth.
▲ *See also sexto,-a.*

decimoséptimo,-a
1 *adj* seventeenth.
2 *nm,f* seventeenth.
▲ *See also sexto,-a.*

decimosexto,-a
1 *adj* sixteenth.
2 *nm,f* sixteenth.
▲ *See also sexto,-a.*

decimotercero,-a
1 *adj* thirteenth.
2 *nm,f* thirteenth.
▲ *See also sexto,-a.*

decimotercio,-a *adj-nm,f* → **decimotercero,-a.**

decir
1 *vt (gen)* to say: **dice que llegarán tarde** she says they'll be late; **dijo algo interesante** he said something interesting.
2 *vt (contar, revelar)* to tell: **me dijo una mentira** he told me a lie; **dijo la verdad** she told the truth.
3 *vt (nombrar, llamar)* to call: **le dicen Cuca** she's called Cuca; **le dicen la casa encantada** it's known as the haunted house.
4 *vt (opinar)* to have to say: **¿qué me dices de la película?** what did you think of the film?
5 *vt (denotar)* to tell, show: **su cara dice que está contento** you can tell from his face that he's happy.
6 *vt (sugerir)* to mean: **¿te dice algo esa palabra?** does this word mean anything to you?
7 *vt (recitar)* to recite: **dijo un poema** he recited a poem.
8 *vt (un texto)* to read, say: **el texto dice lo siguiente** the text reads as follows.
9 **decirse** *vpr (reflexionar)* to say to oneself: **y yo me digo, ¿para qué sirve esto?** and I wonder, what is this for?
10 *vpr (llamarse)* to say: **¿cómo se dice mesa en alemán?** how do you say table in German?, what's the German word for table?
11 **decir** *nm* saying.
✦ **¿cómo diría yo?** how shall I put it?
como quien dice so to speak, as it were.
como si dijéramos so to speak, as it were.
decir bien/mal to look good/bad (**a**, **on**): **el amarillo dice mal a una morena** yellow doesn't suit a dark-haired woman.
decir para sí to say to oneself.
decir por decir to speak for the sake of speaking: **no lo digo por decir** I'm not just saying that.
digamos que ... let's say that ...
digan lo que digan whatever they say.
digo yo in my opinion, I think.
¡dímelo a mí! you're telling me!
el qué dirán what people say.
es decir that is (to say).
es un decir *fam* it's just a saying.
ni que decir tiene needless to say.
¡no me digas! really!
querer decir to mean: **¿qué quieres decir?** what do you mean?; **no quería decir eso** I didn't mean to say that; **quiero decir, ...** I mean, ...
se dice ... they say ..., it is said ...
y no digamos ... not to mention ...
¡y que lo digas! you bet!
▲ *Conjugation model* [69].

decisión
1 *nf (resolución)* decision: **sus padres tuvieron que tomar una decisión** his parents had to make a decision.

2 *nf (determinación)* determination, resolution: se levantó con decisión y la invitó a bailar he stood up resolutely and asked her to dance.

decisivamente *adv* decisively.

decisivo,-a
1 *adj (importante)* decisive.
2 *adj (concluyente)* decisive, final: un argumento decisivo a decisive argument.
✦ **de forma decisiva** definitely.

decisorio,-a *adj* → decisivo,-a.

declamación
1 *nf (acción)* recitation.
2 *nf (arte)* declamation.

declamar
1 *vi* to declaim, recite.
2 *vt* to declaim, recite.

declamatorio,-a *adj* declamatory.

declaración
1 *nf (gen)* declaration: declaración de renta income tax return; declaración de guerra declaration of war.
2 *nf (explicación pública)* statement, comment: el ministro hizo una declaración sorprendente the minister made a surprising statement; la artista se negó a hacer declaraciones sobre su divorcio the star refused to comment on her divorce.
3 *nf JUR* evidence.
4 *nf (en bridge)* bid.
✦ **prestar declaración** JUR to give evidence.
▲ *In 2, also used in plural with the same meaning.*

declaradamente *adv* openly.

declarado,-a *adj* open, professed.

declarante
1 *adj* declaring, who declares.
2 *adj JUR* who gives evidence.
3 *nm,f* declarer, declarant.
4 *nm,f JUR* witness.

declarar
1 *vt (gen)* to declare; *(manifestar)* to state: el inspector nos preguntó si teníamos algo que declarar the inspector asked us whether we had anything to declare; lo declararon vencedor he was declared the winner; el presidente declaró que no se devaluaría la corona the President stated that the crown would not be devalued.
2 *vt JUR* to find: lo declararon culpable he was found guilty.
3 *vt (en bridge)* to bid, declare.
4 *vi* to declare.
5 *vi JUR* to testify.
6 declararse *vpr (amor)* to declare one's love (a, for): le declaró su amor durante la fiesta he declared his love for her during the party.
7 *vpr (fuego, guerra, etc)* to break out, start: se declaró un incendio en el monte a fire broke out on the mountain.
✦ **declarar la guerra a un país** to declare war on a country.

declararse a favor de to declare oneself in favour (*US* in favor) of: se declaró a favor del aborto she declared herself in favour of abortion.
declararse en contra to declare oneself against.
declararse en huelga to go on strike.
declararse en quiebra to go into bankruptcy, declare oneself bankrupt.

declarativo,-a *adj* declarative.

declaratorio,-a *adj* declaratory.

declinable *adj* declinable.

declinación
1 *nf (gramatical)* declension.
2 *nf (astronómica)* declination.

declinar
1 *vi (brújula)* to decline.
2 *vi (disminuir)* to decline, come down: la fiebre ha empezado a declinar her fever has started to come down; la salud del enfermo declinó en otoño the patient's health declined in autumn.
3 *vi (acercarse al fin)* to end, draw to an end: salimos cuando declinaba la tarde we went out as evening fell.
4 *vt (rechazar)* to decline, refuse.
5 *vt GRAM* to decline.

declive
1 *nm (inclinación)* slope, incline.
2 *nm fig (decadencia)* decline.
✦ **en declive** *fig* on the decline.

decodificación *nf* decoding.

decodificador *nm* decoder.

decodificar *vt* to decode.

decoloración *nf (pérdida del color)* fading, discolouring (*US* discoloring), discoloration; *(blanqueo)* bleaching.

decolorante *adj* bleaching agent.

decolorar
1 *vt (perder el color)* to discolour (*US* discolor).
2 *vt (blanquear)* to bleach.
3 decolorarse *vpr (perder el color)* to fade, become discoloured (*US* discolored).
4 *vpr (blanquearse)* to be bleached.

decomisar *vt* to confiscate, seize.

decomiso
1 *nm (acción)* confiscation, seizure.
2 *nm (lo confiscado)* confiscated article, confiscated goods *pl*.

decoración
1 *nf (gen)* decoration.
2 *nf TEAT* scenery, set.
▪ **decoración de escaparate** window dressing.

decorado
1 *nm (efecto)* decoration.
2 *nm TEAT* scenery, set.

decorador,-ra
1 *adj* decorating.
2 *nm,f* decorator.
3 *nm,f TEAT* set designer.
▪ **decorador,-ra de escaparates** window dresser.

pintor,-ra decorador,-ra painter and decorator.

decorar *vt (gen)* to decorate, adorn, embellish; *(una casa)* to decorate.

decorativo,-a *adj* decorative, ornamental.
✦ **estar de figura decorativa** *fam* to be mere decoration.
ser una figura decorativa *fam* to be mere decoration.

decoro
1 *nm (honor)* decorum; *(respeto)* respect.
2 *nm (pudor)* modesty, decency.
✦ **guardar el decoro a alguien** to show respect for somebody.
con/sin decoro *(adj)* decent/indecent; *(adv)* decently/indecently: vivir con decoro to live decently.

decorosamente
1 *adv (como se debe)* with decorum.
2 *adv (con dignidad)* with dignity.
3 *adv (con decencia)* decently.

decoroso,-a
1 *adj (apropiado)* decorous, proper.
2 *adj (digno)* decent, respectable: un sueldo decoroso a decent salary.
3 *adj (respetable)* respectable, honourable (*US* honorable): un trabajo decoroso an honourable job.
4 *adj (decente)* decent: una muchacha decorosa a decent girl.

decrecer *vi (gen)* to decrease, diminish; *(aguas)* to subside, go down; *(días)* to get shorter, draw in; *(interés)* to decline: los días ya decrecen the days are drawing in now.
▲ *Conjugation model [43], like agradecer.*

decreciente *adj* decreasing, diminishing.

decrecimiento *nm* decrease, drop.

decrepitar *vi* to crackle.

decrépito,-a *adj* decrepit.

decrepitud *nf* decrepitude.

decrescendo
1 *adj* decrescendo.
2 *nm* decrescendo.

decretar
1 *vt (con decreto)* to decree.
2 *vt (ordenar)* to ordain, order.

decreto *nm* decree, order.
▪ **decreto ley** decree.

decúbito *nm* position.
▪ **decúbito prono/supino** prone/supine position.

decuplicar *vt* to multiply by ten, increase tenfold.

décuplo,-a
1 *adj* tenfold.
2 décuplo *nm* ten times: ahora vale el décuplo de lo que valía now it costs ten times what it used to.

decurrente *adj* decurrent.

decurso *nm* course: en el decurso de la historia in the course of history.

dedada
1 *nf (cantidad)* pinch.
2 *nf (mancha)* finger-mark.
dedal *nm* thimble.
dedalera *nf* foxglove.
dédalo *nm* labyrinth.
dedicación
1 *nf* dedication, devotion.
2 *nf REL* dedication, consecration.
✦ **de dedicación exclusiva** full-time: este trabajo es de dedicación exclusiva this is a full-time job.
de plena dedicación full-time.
dedicado,-a
1 *pp* → **dedicar.**
2 *adj* dedicated.
3 *adj (foto, etc)* signed.
dedicar
1 *vt (una dedicatoria)* to dedicate, inscribe.
2 *vt (tiempo, dinero)* to devote (**a**, to).
3 *vt (palabras)* to address: dedicó unas palabras al público she addressed a few comments to the audience.
4 *vt (tener admiración, atenciones, etc)* to show, have: le dedica muchas atenciones she devotes a lot of attention to him.
5 *vt REL* to dedicate, consecrate.
6 **dedicarse** *vpr* to devote oneself (**a**, to), dedicate oneself (**a**, to): se dedica a la enseñanza she's a teacher, she teaches; en verano se dedica a pasear in summer he spends his time walking; ¿a qué te dedicas? what do you do for a living?
▲ *Conjugation model* [1], *like sacar.*
dedicatoria *nf* dedication, inscription.
dedicatorio,-a *adj* dedicatory.
dedil *nm* fingerstall.
dedillo
✦ **al dedillo** perfectly: se conoce la legislación al dedillo she knows the law inside out; se conoce la zona al dedillo he knows the area like the back of his hand.
dedo
1 *nm (de la mano)* finger; *(del pie)* toe.
2 *nm (medida)* finger, digit.
✦ **a dos dedos de** *fig* only an inch away from.
chuparse el dedo *(un niño)* to suck one's thumb; *fig* to have been born yesterday: a mí no me engañas, que yo no me chupo el dedo you can't fool me, I wasn't born yesterday.
elegir a alguien a dedo *fig* to handpick somebody.
estar para chuparse los dedos *fam* to be finger-licking good, be mouthwatering.
hacer dedo *fam* to hitchhike.
ir a dedo *fam* to hitchhike.
meterse los dedos en la nariz to pick one's nose.
no mover un dedo *fig* not to lift a finger.
no tener dos dedos de frente *fig* to be as thick as two short planks.

pillarse/cogerse los dedos *fig* to get caught, get one's fingers burnt.
poner el dedo en la llaga *fig* to touch on a sore spot.
▪ **dedo anular** ring finger, third finger.
dedo del corazón middle finger.
dedo gordo *(de la mano)* thumb; *(del pie)* big toe.
dedo índice forefinger, index finger.
dedo meñique little finger.
dedo pulgar thumb.
yema del dedo fingertip.
deducción *nf* deduction.
deducible
1 *adj* deducible, inferable.
2 *adj COM* deductible.
deducir
1 *vt* to deduce, infer: de ahí dedujimos que no había podido jugar from that we deduced that he hadn't been able to play.
2 *vt (dinero)* to deduct, subtract.
3 **deducirse** *vpr* to follow: de aquí se deduce que … from this it follows that …
▲ *Conjugation model* [46], *like conducir.*
deductivo,-a *adj* deductive.
defecación *nf* defecation.
defecar *vi* to defecate.
▲ *Conjugation model* [1], *like sacar.*
defección *nf* defection, desertion.
defectivo,-a *adj* defective.
defecto
1 *nm (gen)* defect, fault; *(de una joya)* imperfection, flaw.
2 *nm (de persona - moral)* fault, shortcoming; *(- física)* handicap: nació con un defecto físico she was born handicapped.
✦ **en defecto de** for lack of.
pecar por defecto to be too conservative: al hacer la comida, pecó por defecto when she made lunch, she didn't do enough.
por defecto *INFORM* default: la impresora por defecto the default printer.
▪ **defecto de fábrica** manufacturing fault.
defecto de pronunciación speech defect.
defectuoso,-a *adj* defective, faulty.
defender
1 *vt (gen)* to defend (**contra/de**, against): defendió el castillo de sus enemigos he defended the castle against his enemies.
2 *vt (mantener una opinión, afirmación)* to defend, uphold; *(respaldar a alguien)* to stand up for, support.
3 *vt (proteger)* to protect (**contra/de**, against/from).
4 *vt JUR (algo)* to argue, plead; *(a alguien)* to defend.
5 **defenderse** *vpr (espabilarse)* to manage, get by, get along: ¿qué tal se defiende en inglés? how does she get by in English?, what's her English like?
✦ **defender una causa** *JUR* to argue a case.
▲ *Conjugation model* [28], *like entender.*

defendible
1 *adj (que se puede defender)* defensible.
2 *adj (que se puede justificar)* justifiable.
defendido,-a
1 *pp* → **defender.**
2 *adj JUR* defendant.
3 *nm,f JUR* defendant.
defenestración *nf* defenestration.
defenestrar *vt* to throw out the window.
defensa
1 *nf* defence (*US* defense).
2 *nm & nf DEP (jugador)* back, defender; *(conjunto de jugadores)* defence (*US* defense), defenders *pl*.
3 **defensas** *nf pl (colmillos de un animal)* tusks.
✦ **en defensa propia** in self-defence (*US* self-defense).
en legítima defensa in self-defence (*US* self-defense).
defensiva *nf* defensive.
✦ **estar a la defensiva** to be on the defensive.
jugar a la defensiva *DEP* to play a defensive game.
ponerse a la defensiva to go on the defensive.
defensivo,-a *adj* defensive.
defensor,-ra
1 *adj* defending.
2 *nm,f* defender.
3 *nm,f JUR* counsel for the defence (*US* defense).
▪ **defensor del pueblo** ombudsman.
deferencia *nf* deference.
✦ **en/por deferencia a** in deference to: por deferencia a su padre no mencionó aquel asunto in deference to his father he didn't mention that affair.
deferente *adj* deferential.
deferir
1 *vi* to defer (**a**, to).
2 *vt JUR* to delegate (**a**, to), transfer (**a**, to).
▲ *Conjugation model* [35], *like hervir.*
deficiencia
1 *nf (defecto)* deficiency, defect, shortcoming.
2 *nf (insuficiencia)* lack: fue debido a la deficiencia de medios it was due to the lack of means.
▪ **deficiencia mental** mental deficiency.
deficiente
1 *adj (defectuoso)* deficient, faulty: el resultado es deficiente the result is poor.
2 *adj (insuficiente)* lacking, insufficient.
3 *nm & nf* mentally retarded person.
▪ **deficiente mental** mentally retarded person.
déficit
1 *nm COM* deficit.
2 *nm fig* shortage.
▲ *pl* **déficit.**
deficitario,-a *adj* showing a deficit.
▪ **balance deficitario** balance showing a deficit.

definible *adj* definable.
definición *nf* definition.
 + **por definición** by definition.
definido,-a
 1 *pp* → **definir.**
 2 *adj* defined, definite.
definir
 1 *vt* to define.
 2 **definirse** *vpr* to be defined.
 3 *vpr (explicarse)* to make oneself clear, define one's position: **se definió a favor de la medida** he came out in favour of the measure.
definitivamente
 1 *adv (para siempre)* for good, once and for all: **se marchó definitivamente** she left for good.
 2 *adv (finalmente)* finally: **definitivamente llegaremos el veinte** we'll finally get there on the twentieth.
definitivo,-a *adj* definitive, final.
 + **en definitiva** finally, in short, all in all: **en definitiva, no lo compro porque no tengo dinero** in short, I'm not buying it because I haven't got enough money.
deflación *nf* deflation.
deflacionario,-a *adj* deflationary.
deflacionista *adj* deflationary.
deflagración *nf* deflagration.
deflagrar *vi* to deflagrate, burn.
deflector *nm* baffle, deflector.
defoliación *nf* defoliation.
defoliante
 1 *adj* defoliant.
 2 *nm* defoliant.
defoliar *vt* to defoliate.
deforestación *nf* deforestation.
deforestar *vt* to deforest.
deformación *nf* deformation, distortion.
deformado,-a
 1 *pp* → **deformar.**
 2 *adj* → **deforme.**
deformar
 1 *vt (gen)* to deform, put out of shape; *(cara)* to disfigure; *(realidad, imagen, etc)* to distort.
 2 **deformarse** *vpr* to become distorted, go out of shape.
deforme *adj (persona)* deformed; *(cosa)* misshapen, out of shape; *(imagen, cara)* distorted.
deformidad
 1 *nf* deformity, malformation.
 2 *nf fig* fault, shortcoming.
defraudación
 1 *nf (estafa)* fraud, cheating.
 2 *nf (decepción)* disappointment.
 ■ **defraudación fiscal** tax evasion.
defraudado,-a
 1 *pp* → **defraudar.**
 2 *adj (decepcionado)* disappointed.
defraudador,-ra
 1 *adj (decepcionante)* disappointing.

2 *adj (engañoso)* deceiving, cheating.
 3 *nm,f* person who commits fraud.
 ■ **defraudador,-ra fiscal** tax evader.
defraudar
 1 *vt (estafar)* to defraud, cheat: **defraudó a Hacienda** he evaded taxes.
 2 *vt (decepcionar)* to disappoint, deceive: **su actitud me ha defraudado** I'm disappointed with her attitude.
 3 *vt fig (frustrar)* to betray: **defraudar las esperanzas** to dash one's hopes.
defunción *nf fml* death, decease.
degeneración *nf* degeneration.
degenerado,-a
 1 *pp* → **degenerar.**
 2 *adj* degenerate.
 3 *nm,f* degenerate.
degenerar *vi* to degenerate.
degenerativo,-a *adj* degenerative.
deglución *nf* swallow, swallowing.
deglutir
 1 *vt* to swallow.
 2 *vi* to swallow.
degollación
 1 *nf (degüello)* throat cutting.
 2 *nf (decapitación)* beheading, decapitation.
 3 *nf (matanza)* slaughter, massacre.
degolladero *nm* slaughterhouse.
degolladura *nf* cut in the throat.
degollar
 1 *vt (cortar la garganta)* to slit the throat of.
 2 *vt (decapitar)* to behead, decapitate.
 3 *vt fig (arruinar)* to ruin, spoil.
 ▲ *Conjugation model* [58], *like* **agorar.**
degollina *nf fam* slaughter, massacre.
degradación
 1 *nf* degradation, debasement.
 2 *nf MIL* demotion.
 3 *nf ART* gradation.
degradante *adj* degrading, humiliating.
degradar
 1 *vt* to degrade, debase.
 2 *vt MIL* to demote.
 3 **degradarse** *vpr* to demean oneself, degrade oneself.
degüello
 1 *nm (degolladura)* throat cutting.
 2 *nm (decapitación)* beheading, decapitation.
degustación *nf* tasting.
 ■ **degustación de vinos** wine tasting.
degustar *vt* to taste, sample, try.
dehesa *nf* pasture, meadow.
dehiscente *adj* dehiscent.
deidad *nf* deity, divinity.
deificación *nf* deification.
deificar
 1 *vt* to deify.
 2 *vt fig* to glorify.
 ▲ *Conjugation model* [1], *like* **sacar.**
deísmo *nm* deism.

deísta
 1 *adj* deistic.
 2 *nm & nf* deist.
dejadez
 1 *nf (negligencia de sí mismo)* neglect, slovenliness.
 2 *nf (negligencia)* negligence, carelessness.
 3 *nf (pereza)* laziness, apathy.
dejado,-a
 1 *pp* → **dejar.**
 2 *adj (descuidado)* untidy, slovenly.
 3 *adj (negligente)* negligent.
 4 *adj (perezoso)* lazy.
 5 *nm,f* untidy person, slovenly person.
 + **dejado,-a de la mano de Dios** *fam* godforsaken.
dejar
 1 *vt (colocar)* to leave, put: **dejó unos tomates en la mesa** he left some tomatoes on the table.
 2 *vt (abandonar - persona, lugar)* to leave; *(- hábito, cosa, actividad)* to give up: **dejó el despacho a las ocho** she left the office at eight o'clock; **ha dejado a su mujer** he has left his wife; **dejó el tabaco** he gave up smoking.
 3 *vt (permitir)* to allow, let: **déjale jugar** let him play; **no nos dejaron ir allí** we were not allowed go there.
 4 *vt (prestar)* to lend: **me dejó su abrigo** she lent me her coat.
 5 *vt (ceder)* to give.
 6 *vt (producir dinero)* to bring in, make: **esta tienda deja un buen dinero** this shop makes a lot of money.
 7 *vt (producir humo, ceniza)* to produce, leave.
 8 *vt (esperar)* to wait: **deja que llegue** wait till he arrives.
 9 *vt (aplazar)* to put off: **dejémoslo hasta mañana** let's leave it till tomorrow.
 10 *vt (omitir)* to leave out, omit.
 11 *vt (causar un efecto)* to make: **me ha dejado nuevo** I feel like a new man; **le película me ha dejado triste** the film made me sad.
 12 *vt (legar)* to bequeath, leave.
 13 *aux* **dejar de** + *inf (cesar - voluntariamente)* to stop + *ger,* give up + *ger, (- involuntariamente)* to stop + *ger:* **ha dejado de llover** it's stopped raining; **dejó de fumar** he gave up smoking.
 14 *aux* **no dejar de** + *inf* not to fail *to* + *inf:* **no deja de sorprenderme** she never fails to surprise me; **no dejes de hacerlo** don't forget to do it; **no deja de molestarme** she's always annoying me.
 15 *aux* **dejar** + *pp:* **dejó dicho que vendría mañana** he left a message that he would come tomorrow; **lo dejó escrito en su agenda** he wrote it down in his diary.
 16 **dejarse** *vpr (abandonarse)* to neglect oneself, let oneself go.

17 *upr (olvidar)* to forget, leave behind: **me he dejado las llaves en casa** I've left my keys at home.

18 *upr (permitir)* to let oneself, allow oneself to: **se dejó pegar** he let himself be hit.

19 dejarse de *upr (cesar)* to stop: **déjate de llorar** stop crying; **déjate de tonterías** don't be silly.

✦ **dejar algo por imposible** to give up on something.
dejar caer to drop.
dejar en paz to leave alone.
dejar frío,-a *fig* to leave cold.
dejar mal a alguien to make somebody look bad.
dejar plantado,-a a alguien to stand somebody up.
dejar preocupado,-a to worry.
dejarse caer to drop, fall; *(en casa de alguien)* to drop in: **déjate caer por mi casa cuando puedas** drop in whenever you can.
dejarse llevar por algo to get carried away with something.
dejarse llevar por alguien to be influenced by somebody.
dejarse oír *(gen)* to be heard; *(gritar)* to make oneself heard.
dejarse sentir el frío/verano/invierno to feel the cold/summer/winter: **se deja sentir el invierno** one can feel that winter's here.

deje
1 *nm* slight accent: **tienes un deje andaluz** you've got a slight Andalusian accent.
2 *nm (regusto)* aftertaste.

dejo *nm* → **deje.**
del *contr (de + el)* → **de.**
delación *nf* denunciation, accusation.
delagatorio,-a *adj* delegating, that delegates.
delantal *nm* apron, pinafore.
delante
1 *adv (enfrente)* in front; *(adelantado)* in front, ahead: **él iba delante** he was ahead.
2 *adv* **de delante** in front: **los de delante** the ones in front; **el asiento de delante** the front seat.
3 *adv* **delante de** in front of, ahead of, before: **delante de mis ojos** before my eyes; **estaba delante de nosotros** she was in front of us; **se encontraron delante del teatro** they met outside the theatre.
4 *adv* **por delante** in front, ahead: **tenemos mucho tiempo por delante** we've got plenty of time ahead.
✦ **llevarse todo por delante** *fig* to destroy everything.

delantera
1 *nf (frente)* front (part).
2 *nf DEP* forward line, forwards *pl*.
3 *nf (ventaja)* lead, advantage.
4 delanteras *nf pl fam (tetas)* tits, boobs.

✦ **coger/tomar a alguien la delantera** *(en una carrera)* to take over the lead from somebody; *fig* to beat somebody to it: **quiso sentarse en el asiento libre, pero alguien le tomó la delantera** he was about to sit in the free seat when someone beat him to it.
coger/tomar la delantera to get ahead, take the lead.
llevar la delantera to be in the lead, be ahead.

delantero,-a
1 *adj* front, front part: **el asiento delantero** the front seat.
2 *adj MAR* fore.
3 delantero *nm DEP* forward.
4 *nm COST* front.
▪ **delantero centro** centre *(US* center) forward.

delatar
1 *vt* to inform on.
2 *vt (revelar)* to give away, reveal: **el humo lo delató** the smoke gave it away.
3 delatarse *upr* to give oneself away.

delator,-ra
1 *adj* accusing, denouncing.
2 *adj (reveladora)* which gives away.
3 *nm,f* accuser, denouncer.

delco *nm* distributor.
▲ *Registered trademark.*

deleble *adj* which can be erased easily, which can be rubbed out easily.

delectación *nf* delight, delectation.

delegación
1 *nf (gen)* delegation.
2 *nf (cargo)* office.
3 *nf (oficina)* branch, local office.

delegado,-a
1 *pp* → **delegar.**
2 *adj* delegated.
3 *nm,f* delegate.
4 *nm,f COM* representative.
▪ **delegado,-a de Hacienda** chief tax inspector.
delegado,-a del gobierno government representative.

delegar *vt* to delegate: **delegó sus poderes en Jaime** he delegated powers to Jaime.
▲ *Conjugation model* [7], *like* **llegar.**

deleitar
1 *vt* to delight, please.
2 deleitarse *upr* to delight **(con/en,** in), take delight **(con/en,** in): **se deleita con la música clásica** he takes delight in classical music.

deleite *nm* pleasure, delight.
deleitoso,-a *adj* delightful, enjoyable.
deletéreo,-a *adj* poisonous, deadly.
deletrear
1 *vt* to spell, spell out.
2 *vt fig (descifrar)* to decipher.

deletreo
1 *nm* spelling (out).
2 *nm fig (desciframiento)* deciphering.

deleznable
1 *adj (que se rompe fácilmente)* fragile, crumbly.
2 *adj (resbaladizo)* slippery.
3 *adj fig (inconsistente)* weak.
4 *adj fig (despreciable)* despicable, contemptible.

delfín[1] *nm HIST* dauphin.
delfín[2] *nm (animal)* dolphin.
delga *nf (varilla)* segment; *(conmutador)* commutator bar.

delgadez
1 *nf (esbeltez)* slenderness, slimness.
2 *nf (flacura)* thinness.

delgado,-a
1 *adj (poco ancho)* thin.
2 *adj (esbelto)* slim, slender.
3 *adj (flaco)* thin.
4 *adj fig (voz)* soft.
✦ **ponerse delgado,-a** to slim, get thin.

delgaducho,-a *adj pey* skinny, scrawny.
deliberación *nf* deliberation.
deliberadamente *adv* deliberately.
deliberado,-a
1 *pp* → **deliberar.**
2 *adj* deliberate, intentional.
deliberante *adj* deliberative.
deliberar
1 *vt* to decide.
2 *vi* to deliberate **(sobre,** on).
deliberativo,-a *adj* deliberative.
delicadamente *adv* delicately.
delicadeza
1 *nf (finura)* delicacy, daintiness.
2 *nf (tacto)* thoughtfulness; *(refinamiento)* refinement.
3 *nf (de salud)* frailty, delicacy.
✦ **con delicadeza** *(con tacto)* tactfully; *(con suavidad)* delicately, gently.
tener la delicadeza de to be kind enough to.
▪ **falta de delicadeza** *(falta de tacto)* tactlessness; *(de modales)* bad manners *pl.*

delicado,-a
1 *adj (fino)* delicate; *(exquisito)* exquisite; *(refinado)* refined: **un color delicado** a delicate colour.
2 *adj (difícil)* delicate, difficult: **una situación delicada** a delicate situation.
3 *adj (enfermizo)* frail, delicate.
4 *adj (frágil)* fragile.
5 *adj (exigente)* fussy, fastidious, hard to please.
6 *adj (cortés)* refined, polite.
7 *adj (muy sensible)* hypersensitive, extremely sensitive.
▪ **manjar delicado** delicacy.

delicaducho,-a *adj pey* frail, sickly.
delicia *nf* delight, pleasure: **este libro es una delicia** this book is delightful.
✦ **hacer las delicias de alguien** to delight somebody.
deliciosamente *adv* deliciously.

delicioso,-a *adj* delightful, charming; *(una comida)* delicious.

delictivo,-a *adj* criminal, punishable.
▪ **hecho delictivo** crime.

delimitación *nf* delimitation, demarcation.

delimitar
1 *vt (terreno)* to delimit, mark off.
2 *vt (definir)* to define, specify.

delincuencia *nf* delinquency.

delincuente
1 *adj* delinquent.
2 *nm & nf* delinquent.
▪ **delincuente habitual** offender.
delincuente sin antecedentes penales first offender.

delineación *nf* delineation, outlining.

delineante *nm & nf (hombre)* draughtsman; *(mujer)* draughtswoman.

delinear *vt* to delineate, outline, sketch.

delinquir *vi* to break the law, commit an offence (*US* offense).
▲ *Conjugation model* [9].

delirante *adj* delirious, frenzied.

delirantemente *adv* deliriously.

delirar
1 *vi* to be delirious.
2 *vi fig (decir despropósitos)* to talk nonsense.

delirio
1 *nm (desvarío)* delirium: ¡fue el delirio! it was great!
2 *nm fig (disparate)* nonsense.
✦ **con delirio** madly.
tener delirio por algo to be crazy about something.
▪ **delirios de grandeza** delusions of grandeur.

delírium trémens *nm* delirium tremens.

delito *nm* offence (*US* offense), crime.
✦ **ser cogido,-a en flagrante delito** to be caught red-handed.
▪ **delito común** common offence.
el cuerpo del delito the corpus delicti.

delta
1 *nf (letra)* delta.
2 *nf (ala delta)* hang-gliding.
3 *nm GEOG* delta.

deltoides
1 *adj* deltoid.
2 *nm* deltoid.
▲ *pl* deltoides.

demacración *nf* emaciation.

demacrado,-a
1 *pp* demacrar.
2 *adj (gen)* emaciated; *(cara)* haggard, drawn.

demacrarse *vpr* to waste away, become emaciated.

demagogia *nf* demagoguery, demagogy.

demagógico,-a *adj* demagogic, demagogical.

demagogo,-a *nm,f* demagogue.

demanda
1 *nf (petición)* petition, request.
2 *nf (pregunta)* inquiry.
3 *nf COM (pedido de mercancías)* demand: este verano la demanda de ventiladores ha aumentado this summer the demand for fans has increased.
4 *nf JUR* lawsuit.
✦ **en demanda de** asking for.
estimar una demanda to allow a claim.
presentar una demanda contra alguien to take legal action against somebody.
▪ **la ley de la oferta y la demanda** the law of supply and demand.

demandado,-a
1 *pp* → demandar.
2 *nm,f* defendant.
▪ **parte demandada** defendant.

demandante
1 *nm & nf JUR* plaintiff.
2 *nm & nf (persona que busca)* seeker, hunter; *(persona que compra)* buyer: demandantes de asilo político procedentes del este de Europa eastern European asylum seekers; la mayoría de los demandantes de piso prefieren una vivienda nueva most flat hunters prefer a brand new home.
3 *adj* pleading, begging: una mirada demandante a pleading look.
▪ **demandante de divorcio** person suing for divorce.
demandante de empleo job hunter.
parte demandante plaintiff.

demandar
1 *vt (pedir)* to request, ask for; *(desear)* to desire: los lectores demandaban nuevas aventuras the readers asked for new adventures.
2 *vt JUR* to sue.

demarcación
1 *nf (separación)* demarcation.
2 *nf (territorio)* district, zone.
▪ **línea de demarcación** demarcation line.

demarcar *vt* to demarcate.
▲ *Conjugation model* [1], *like* sacar.

demás
1 *adj* other, rest of: las demás cosas the other things; los demás niños the rest of the children.
2 *pron* the other, the rest: los demás llegaron tarde the others arrived late; lo demás ya lo conoces you already know the rest.
3 *adv* besides, moreover.
✦ **por demás** *(inútil)* in vain, useless; *(muy, demasiado)* too: es por demás que vayas there's no point in going; su marido es por demás tacaño her husband is too mean.
por lo demás apart from that, otherwise: es una película larga, pero por lo demás es interesante it's a long film, but otherwise it's interesting.

todo lo demás everything else: me gustó el principio y todo lo demás I liked the beginning and everything else.
y demás *fam* and so on: compramos claveles, rosas y demás flores we bought some carnations, some roses and so on.

demasía
1 *nf (exceso)* excess, surplus.
2 *nf (abuso)* abuse, outrage.
3 *nf (descaro)* insolence, impudence.
✦ **en demasía** excessively, in excess: fuma en demasía he smokes too much.

demasiado,-a
1 *adj (singular)* too much; *(plural)* too many: tienes demasiados discos you've got too many records; hay demasiado pan there's too much bread.
2 *adv (modificador de adjetivo)* too; *(modificador de verbo)* too much: es demasiado gordo he's too fat; bebes demasiado you drink too much.

demencia
1 *nf* insanity, madness, dementia.
2 *nf fig (disparate)* silly thing.
▪ **demencia precoz** dementia praecox.
demencia senil senile dementia.

demencial *adj* chaotic.

demente
1 *adj* mad, insane.
2 *nm & nf (persona enferma)* mental patient.
3 *nm & nf (loco, chalado)* lunatic.

demérito *nm* demerit, fault.

demiurgo *nm* demiurge.

democracia *nf* democracy.

demócrata
1 *adj* democratic.
2 *nm & nf* democrat.

demócratacristiano,-a
1 *adj* Christian Democratic.
2 *nm,f* Christian Democrat.

democráticamente *adv* democratically.

democrático,-a *adj* democratic.

democratización *nf* democratization.

democratizar
1 *vt* to democratize.
2 **democratizarse** *vpr* to democratize.
▲ *Conjugation model* [4], *like* realizar.

democristiano,-a *adj-nm,f* → democratacristiano,-a.

demografía *nf* demography.

demográfico,-a *adj* demographic: crecimiento demográfico population increase/growth; explosión demográfica population explosion.

demoledor,-ra
1 *adj* demolishing.
2 *adj fig* devastating: fue una crítica demoledora that was a devastating criticism.

demoler
1 *vt* to demolish, pull down, tear down.

2 *vt fig* to demolish, tear to pieces: demolieron su argumentación they tore her argument to pieces.
▲ *Conjugation model* [32], *like* **mover**.

demolición *nf* demolition.

demoniaco,-a *adj* demoniacal, demonic, possessed by the devil.

demoníaco,-a *adj* → **demoniaco**.

demonio *nm* demon, devil.
✦ **¿cómo/dónde/quién/qué demonios …?** *fam* how/where/who/what the hell …?
darse a (todos) los demonios *fam* to fly off the handle.
de mil demonios *fam* a hell of a: un examen de mil demonios a hell of an exam.
de todos los demonios *fam* → **de mil demonios**.
¡demonio! *fam* hell!, damn!
¡demonio con …! *fam* to hell with …!: ¡demonio con el niño! to hell with the child!
¡demonio de niño! *fam* you little devil!
¡demonios! *fam* hell!, damn!
llevarse a alguien el demonio/los demonios *fam* to get really angry, go spare.
oler a demonios *fam* to smell horrible.
ponerse como un demonio *fam* to get really angry.
¡que me lleve el demonio si …! *fam* I'll be blowed if …!: ¡que me lleve el demonio si te entiendo! I'll be blowed if I can understand you!
¡qué demonio! *fam* damn it!
¿qué demonios haces aquí? *fam* what the hell are you doing here?
saber a demonios *fam* to taste horrible.
ser el mismo demonio *fam* (muy malo) to be a real devil; (muy travieso) to be the devil himself; (muy hábil) to be a sly devil, be a crafty devil.
ser un demonio *fam* to be a real devil.
tener el demonio en el cuerpo *fam* to have the devil in one, be always on the go.

demontre *interj* damn it!

demora *nf* delay.
✦ **sin demora** without delay.

demorar
1 *vt (retrasar)* to delay, hold up: demoramos la fecha de publicación hasta la primavera we delayed the date of publication till springtime.
2 *vi (detenerse)* to stop: nos demoramos allí poco tiempo we stopped there for a short time.
3 demorarse *vpr (retrasarse)* to be delayed, be held up: me he demorado a causa de la lluvia I was delayed by the rain.
4 *vpr (detenerse en alguna parte)* to stop, linger.

demóstenes *nm fig* eloquent man.

demostrable *adj* demonstrable.

demostración
1 *nf (gen)* demonstration: hizo una demostración de su funcionamiento she demonstrated how it worked.
2 *nf (manifestación)* show, display: una demostración deportiva a sports display; una demostración de cariño a show of love.
3 *nf MAT* proof.

demostrador,-ra *nm,f* demonstrator.

demostrar
1 *vt (probar)* to prove, show: eso demuestra que no es nada inteligente that proves he's not clever at all.
2 *vt (hacer una demostración)* to demonstrate, show.
3 *vt (manifestar)* to show: demostró buena voluntad she showed goodwill.
4 *vt MAT* to prove.
▲ *Conjugation model* [31], *like* **contar**.

demostrativo,-a
1 *adj* demonstrative.
2 *nm* demonstrative.

demudado,-a
1 *pp* → **demudar**.
2 *adj (pálido)* pale.
3 *adj (alterado)* changed, distorted.

demudar
1 *vt (gen)* to change, alter: el susto le demudó el color de la cara her face turned pale with fright.
2 demudarse *vpr (palidecer)* to turn pale.
3 *vpr (alterarse)* to change one's expression.

denario *nm* denarius.

dendrita *nf* dendrite.

denegación *nf (rechazo)* refusal; (negación) denial.
■ **denegación de demanda** *JUR* dismissal.

denegar *vt (desestimar)* to refuse; (negar) to deny.
✦ **denegar una demanda** *JUR* to dismiss a claim.
▲ *Conjugation model* [48], *like* **regar**.

denegrido,-a *adj* blackened, darkened.

dengue
1 *nm (melindre)* affectation, fussiness.
2 *nm (enfermedad)* dengue fever.
✦ **hacer dengues** to be fussy, be finicky.

denier *nm* denier.

denigración *nf* denigration, disparagement.

denigrante *adj* denigrating, disparaging.

denigrar
1 *vt* to denigrate, disparage, run down.
2 *vt (insultar)* to insult, revile.

denodadamente *adv (con valentía)* bravely, courageously; (con resolución) determinedly, resolutely.

denodado,-a
1 *adj (valiente)* bold, brave.
2 *adj (decidido)* determined, resolute.

denominación
1 *nf (acción)* denomination, naming.
2 *nf (nombre)* denomination, name.
■ **denominación de origen** guarantee of origin, ≈ appellation d'origine contrôlée.

denominado,-a **número denominado** *MAT* compound number.

denominador,-ra
1 *adj* denominative.
2 *nm MAT* denominator.
■ **mínimo común denominador** lowest common denominator.

denominar *vt* to denominate, name.

denominativo,-a *adj* denominative.

denostar *vt* to insult.
▲ *Conjugation model* [31], *like* **contar**.

denotar *vt* to denote, indicate, show: su rostro denotaba cierto disgusto his face showed displeasure.

densamente *adv* densely, thickly.

densidad
1 *nf (gen)* density.
2 *nf fig (espesura)* thickness, denseness: la densidad de la niebla the thickness of the fog.
3 *nf fig (oscuridad)* darkness.
■ **alta densidad** high density.
densidad de población population density.
doble densidad double density.

densificar
1 *vt* to make dense, densify.
2 *vt (espesar)* to thicken.
▲ *Conjugation model* [1], *like* **sacar**.

denso,-a
1 *adj (gen)* dense; (espeso) dense, thick.
2 *adj fig (oscuro)* dark.

dentado,-a
1 *pp* → **dentar**.
2 *adj (con dientes)* toothed.
3 *adj (cuchillo)* serrated.
4 *adj BOT* dentate.
5 dentado *nm* perforation.

dentadura *nf* teeth *pl*, set of teeth.
■ **dentadura postiza** false teeth *pl*, dentures *pl*.

dental
1 *adj* dental.
2 *nm LING* dental.
■ **cepillo dental** toothbrush.
crema dental toothpaste.

dentar
1 *vi (echar los dientes)* to teethe.
2 *vt (formar dientes a una sierra)* to provide with teeth; (a un cuchillo) to serrate; (a una rueda) to provide with cogs.

dentario,-a *adj* dental.

dente al dente al dente.

dentellada
1 *nf (movimiento)* snap of the jaws.
2 *nf (mordisco)* bite.
3 *nf (señal)* tooth mark.

dentellar *vi* to chatter: dentellaba de miedo her teeth were chattering with fear.

dentellear *vt* to nibble (at).

dentera *nf fig (envidia)* envy.
+ **dar dentera a alguien** *(dar grima)* to set somebody's teeth on edge; *(dar envidia)* to make somebody green with envy: ese ruido le da dentera that noise sets his teeth on edge.

dentición
1 *nf (acción de dentar)* teething, dentition, cutting of the teeth.
2 *nf (época en que dentan los niños)* dentition.
3 *nf (serie de dientes)* set of teeth.

dentículo *nm* dentil, denticle.

dentífrico,-a
1 *adj* tooth.
2 **dentífrico** *nm* toothpaste.
▪ **pasta dentífrica** toothpaste.

dentina *nf* dentine (*us* dentin).

dentista *nm & nf* dentist.
+ **ir al dentista** to go to the dentist's.

dentón,-ona
1 *adj* toothy, bucktoothed, goofy.
2 *nm,f* toothy person.
3 **dentón** *nm (pez)* dentex.

dentro *adv* inside; *(de edificio)* indoors, inside: lo puse dentro I put it inside; vayamos a tomar una copa dentro let's have a drink indoors; está ahí dentro it's in there.
+ **dentro de** *(lugar)* in, inside; *(tiempo)* in: dentro de la casa in the house; dentro de una semana in a week, in a week's time.
dentro de lo posible as far as possible.
dentro de lo que cabe under the circumstances.
dentro de poco soon, shortly.
entrar/estar dentro de lo posible to be possible.
muy dentro deep down, deep inside: sentía amor muy dentro he felt love deep inside.
por dentro *(de una cosa)* (on the) inside; *(de una persona)* deep down, inside, inwardly: está podrido por dentro it's rotten inside; se siente muy solo por dentro he feels lonely inside.

dentudo,-a *adj-nm,f →* **dentón,-ona.**

denudar *vt* to denude.

denuedo *nm* bravery, courage.

denuesto *nm* insult, affront.

denuncia
1 *nf (acusación)* accusation, formal complaint, report; *(delación)* denunciation.
2 *nf JUR (acción)* reporting; *(documento)* report.
+ **presentar una denuncia contra alguien** to lodge a complaint against somebody, bring an action against somebody, report somebody.

denunciable *adj* which may be reported.

denunciador,-ra *nm,f* person who reports a crime.

denunciante *nm,f* person who reports a crime.

denunciar
1 *vt (poner una denuncia)* to report: nadie ha denunciado la estafa nobody has reported the fraud.
2 *vt (dar noticia)* to denounce: la oposición denunció la política del gobierno the opposition denounced government policy.
3 *vt (indicar)* to indicate: ese humo denuncia la presencia de un fuego that smoke indicates there's a fire.
▲ *Conjugation model* [12], *like* **cambiar.**

deontología *nf* deontology.

Dep. *abr* (**departamento**) department; *(abreviatura)* Dept.

D.E.P. *abr* (**descanse en paz**) rest in peace; *(abreviatura)* R.I.P.

deparar
1 *vt (presentar)* to bring, hold in store: nadie sabe lo que el destino nos deparará nobody knows what fate holds in store for us.
2 *vt (proporcionar)* to give, afford: su victoria me deparó una gran alegría his triumph made me very happy.

departamental *adj* departmental.

departamento
1 *nm (sección)* department, section: Departamento de Química Chemistry Department.
2 *nm (provincia)* district, province.
3 *nm (de tren)* compartment.
4 *nm (de un objeto)* compartment, section.

departir *vi fml* to talk, converse.

depauperación
1 *nf fml (empobrecimiento)* impoverishment.
2 *nf MED (debilitamiento)* weakening.

depauperar
1 *vt fml (empobrecer)* to impoverish.
2 *vt MED (debilitar)* to weaken.
3 **depauperarse** *vpr (empobrecerse)* to impoverish.
4 *vpr MED (debilitarse)* to weaken.

dependencia
1 *nf (hecho de depender)* dependence.
2 *nf (política)* dependency.
3 *nf (departamento)* department, section.
4 *nf (habitación)* room, outbuilding: el castillo tenía muchas dependencias the castle had several outbuildings.
5 *nf (sucursal)* branch.
6 *nf (conjunto de dependientes)* sales staff.
+ **estar bajo la dependencia de** to be dependent on.

depender
1 *vi* to depend (**de**, on): depende de ti it's up to you; depende de lo que quieras it depends on what you want.
2 *vi (estar bajo el mando o autoridad)* to be under, be answerable to; *(necesi-*

tar) to be dependent on: los vendedores dependen de Juan the salesmen are answerable to Juan, Juan is in charge of the salesmen; aún depende de sus padres she's still dependent on her parents.
+ **en lo que de mí** *(ti, él, etc)* depende ... as far as I *(you, he, etc)* am *(are, is)* concerned ...

dependienta *nf* shop assistant, salesgirl, saleswoman.

dependiente
1 *adj* dependent (**de**, on).
2 *nm & nf* shop assistant, salesman.

depilación *nf* depilation, hair removal.
+ **depilación a la cera** waxing.

depilar *vt* to depilate, remove the hair from; *(cejas)* to pluck.

depilatorio,-a
1 *adj* depilatory.
2 **depilatorio** *nm* depilatory.
▪ **crema depilatoria** hair-removing cream.

deplorable *adj* deplorable, regrettable.

deplorar *vt* to deplore, lament, regret deeply.

deponente
1 *adj JUR* testifying.
2 *adj LING* deponent.
3 *nm & nf JUR* deponent, witness.
4 *nm LING* deponent verb.

deponer
1 *vt (dejar)* to lay down, set aside; *(las armas)* to lay down: depuso su cólera tras la explicación que le dieron he set aside his anger when he was given an explanation.
2 *vt (destituir)* to remove from office; *(a un rey)* to depose.
3 *vt JUR (exponer)* to declare, testify, give evidence about.
4 *vi (defecar)* to defecate.
▲ *Conjugation model* [78], *like* **poner;** *pp* **depuesto,-a.**

deportación *nf* deportation.

deportado,-a
1 *pp →* **deportar.**
2 *adj* deported.
3 *nm,f* deportee, deported person.

deportar *vt* to deport.

deporte *nm* sport: ¿practicas algún deporte? do you do any sport?, do you play any sport?
+ **hacer algo por deporte** to do something as a hobby.
hacer deporte to do some sport.
▪ **campo de deportes** sports ground.
deportes de invierno winter sports.

deportista
1 *adj* sporty, keen on sport.
2 *nm & nf (hombre)* sportsman; *(mujer)* sportswoman.

deportividad *nf* sportsmanship.

deportivo,-a
1 *adj (aficionado al deporte)* sporting, sporty.

2 *adj (relacionado con el deporte)* sports: coche deportivo sports car; club deportivo sports club.
3 *adj (informal)* casual: ropa deportiva casual clothes.
4 *adj fig (correcto)* sportsmanlike, sporting.
5 **deportivo** *nm (coche)* sports car.

deposición
1 *nf (destitución)* removal from office; *(de un rey)* deposition, deposal.
2 *nf JUR* testimony, deposition, evidence.
3 *nf fml (defecación)* defecation.

depositador,-ra *nm,f* depositor.

depositante
1 *adj* who deposits.
2 *nm,f* depositor.

depositar
1 *vt (dinero, joyas)* to deposit: depositó los valores en el banco he deposited the bonds in the bank.
2 *vt (colocar)* to place, put: depositó el maletín en el asiento de atrás he placed the briefcase on the back seat.
3 *vt fig (dar, conceder)* to place: depositó en ella su confianza he placed his trust in her.
4 *vt (almacenar)* to store.
5 *vt (sedimentar)* to deposit.
6 **depositarse** *vpr (caer en el fondo)* to settle.

depositaría *nf* depository.

depositario,-a
1 *nm,f (de algo material)* depositary, trustee; *(de algo inmaterial)* repository.
2 *nm,f (tesorero)* treasurer.
3 **depositario** *nm (cajero)* cashier; *(tesorero)* treasurer.

depósito
1 *nm (recipiente)* tank.
2 *nm (almacén)* store, warehouse, depot.
3 *nm (financiero)* deposit.
4 *nm (sedimento)* deposit, sediment.
✦ en depósito in bond.
■ depósito de cadáveres mortuary, morgue.
  depósito de gasolina petrol tank.
  depósito de municiones ammunition dump.
  depósito de objetos perdidos lost property office (*us* lost-and-found department).
  depósito legal copyright.

depravación *nf* depravity, depravation.

depravado,-a
1 *pp →* **depravar.**
2 *adj* depraved.
3 *nm,f* depraved person, degenerate.

depravar
1 *vt* to deprave.
2 **depravarse** *vpr* to become depraved.

depre
1 *nf fam* depression, downer.
2 *adj fam* low, down, depressed.

deprecación *nf* deprecation.

deprecar *vt* to beg, implore.
▲ Conjugation model [1], *like* **sacar.**

depreciación *nf* depreciation.

depreciar
1 *vt* to depreciate.
2 **depreciarse** *vpr* to depreciate.
▲ Conjugation model [12], *like* **cambiar.**

depredación
1 *nf (saqueo)* pillaging, plundering.
2 *nf (malversación)* misappropriation (of funds), embezzlement.

depredador,-ra
1 *adj* depredatory.
2 *nm,f* depredator, pillager.

depredar *vt* to depredate, pillage.

depresión *nf* depression: depresión atmosférica atmospheric depression; depresión económica economic depression, slump.
■ depresión nerviosa nervous breakdown.

depresivo,-a
1 *adj (deprimente)* depressing.
2 *adj MED* depressive.

depresor,-ra
1 *adj* depressing.
2 **depresor** *nm MED* depressor.

deprimente *adj* depressing.

deprimido,-a
1 *pp →* **deprimir.**
2 *adj* depressed.

deprimir
1 *vt* to depress.
2 **deprimirse** *vpr* to get depressed.

deprisa *adv* quickly.

depto. *abr* (**departamento**) department; *(abreviatura)* Dept.

depuesto,-a *pp →* **deponer.**

depuración
1 *nf (del agua)* purification; *(de la sangre)* cleansing.
2 *nf fig (purga)* purge, purging.

depurado,-a
1 *pp →* **depurar.**
2 *adj (pulido)* elaborate, carefully worked: un estilo depurado a carefully worked style.

depurador,-ra
1 *adj* purifying.
2 **depurador** *nm (sustancia)* depurative; *(aparato)* purifier.

depurar
1 *vt (purificar agua)* to purify, depurate; *(sangre)* to cleanse.
2 *vt POL* to purge.
3 *vt fig (perfeccionar)* to purify, refine.

depurativo,-a
1 *adj* depurative.
2 **depurativo** *nm MED* depurative.

derby *nm* derby.

derecha
1 *nf (mano)* right hand.
2 *nf (lugar)* right: dame el de la derecha give me the one on the right.
3 *nf* **la derecha** *POL* the right, the right wing.

4 **¡derecha!** *interj MIL* right turn!
✦ ser de derechas to be right-wing.

derechamente
1 *adv (directamente)* directly, straight.
2 *adv (con discreción)* properly.

derechazo
1 *nm (bofetada)* right-hander.
2 *nm (en tauromaquia)* right-handed pass with the cape.

derechismo *nm* right-wing ideas *pl*.

derechista
1 *adj* right-wing, rightist.
2 *nm,f* right-winger, rightist.

derecho,-a
1 *adj* right: la mano derecha the right hand.
2 *adj (recto)* straight, upright: el cuadro no está derecho the picture isn't straight.
3 **derecho** *adv* straight: se fue derecho a la cama he went straight to bed; siga derecho go straight on.
4 **derecho** *nm (leyes)* law: ha estudiado derecho she studied law.
5 *nm (privilegio)* right: los derechos de las minorías the rights of minority groups.
6 *nm (de una tela, calcetín, etc)* right side.
7 **derechos** *nm pl (impuestos)* duties, taxes; *(tarifa)* fees.
✦ con derecho a with the right to.
  ¿con qué derecho ...? what right ...?: ¿con qué derecho te marchaste? what right did you have to leave?
  dar derecho to entitle to: el billete te da derecho a jugar media hora the ticket entitles you to play for half an hour.
  de derecho by right.
  estar en su derecho to be within one's rights.
  no hacer nada a derechas *fig* to do nothing right.
  ¡no hay derecho! it's not fair!
  "Reservados todos los derechos" "All rights reserved".
  "Se reserva el derecho de admisión" "The management reserves the right to refuse admission".
  ser un hombre hecho y derecho *fig* to be a real man.
  tener derecho a to be entitled to, have the right to: nadie tiene derecho a quejarse nobody is entitled to complain.
■ derecho civil civil law.
  derecho de admisión right *sing* to refuse admission.
  derecho mercantil commercial law, mercantile law.
  derecho penal criminal law.
  derecho político constitutional law.
  derechos civiles civil rights.
  derechos de aduana customs duties.
  derechos de autor royalties.
  derechos de matrícula registration fees.
  derechos de sucesión death duties.

derechos humanos human rights.
el derecho al voto the right to vote.

deriva *nf* drift.
+ **a la deriva** adrift.
   ir a la deriva to drift.

derivación
1 *nf LING* derivation.
2 *nf (en electricidad)* shunt.
3 *nf (de una carretera)* turn-off, diversion.

derivada *nf MAT* derivative.

derivado,-a
1 *pp* → derivar.
2 *adj* derived, derivative.
3 **derivado** *nm LING* derivative.
4 *nm (subproducto)* derivative, byproduct.

derivar
1 *vi (proceder)* to spring, arise, come, stem: **este respeto deriva de su autoridad** this respect stems from his authority.
2 *vi MAR* to drift.
3 *vi LING* to be derived (**de**, from), derive (**de**, from): **"pequeñito" deriva de "pequeño"** "pequeñito"is derived from "pequeño".
4 *vi (conducir)* to drift: **la conversación derivó hacia otro tema** the conversation drifted onto a different subject.
5 *vt (dirigir)* to direct, divert.
6 *vt LING* to derive.
7 *vt (en electricidad)* to shunt.
8 *vt MAT* to derive.
9 **derivarse** *vpr (proceder)* to result (**de**, from), stem (**de**, from).
10 *vpr LING* to be derived (**de**, from).

derivativo,-a
1 *adj* derivative.
2 **derivativo** *nm* derivative.

dermatitis *nf* dermatitis.
▲ *pl dermatitis.*

dermatoesqueleto *nm* exoskeleton, dermoskeleton.

dermatología *nf* dermatology.

dermatólogo,-a *nm,f* dermatologist.

dermatosis *nf* dermatosis.
▲ *pl dermatosis.*

dérmico,-a *adj* dermal, dermic, skin.

dermis *nf* dermis.
▲ *pl dermis.*

dermoprotector,-ra *adj* which is kind to the skin: **gel dermoprotector** shower gel which is kind to the skin.

derogable *adj* repealable.

derogación *nf* abolition, repeal.

derogar
1 *vt JUR* to abolish, repeal.
2 *vt (contrato)* to rescind, cancel.
▲ *Conjugation model [7], like llegar.*

derogatorio,-a *adj* repealing, abolishing, annulling.

derrama
1 *nf (repartimiento)* apportionment of taxes.
2 *nf (contribución)* special levy.

derramamiento
1 *nm* spilling; *(rebosamiento)* overflowing.
2 *nm (dispersión de gente)* scattering.
■ **derramamiento de sangre** bloodshed.

derramar
1 *vt* to pour out, spill: **derramó el agua** he spilt the water.
2 *vt (sangre, lágrimas)* to shed.
3 *vt (impuestos, etc)* to share out, distribute.
4 *vt fig (divulgar)* to spread: **derramar una noticia** to spread a piece of news.
5 **derramarse** *vpr* to spill, pour out.
6 *vpr (divulgarse)* to spread.
7 *vpr (desembocar)* to flow (**en**, into): **el Tajo se derrama en el Atlántico** the Tagus flows into the Atlantic.

derrame
1 *nm* pouring out, spilling.
2 *nm (de sangre, lágrimas)* shedding.
3 *nm (pérdida)* leak, leakage.
4 *nm MED* discharge.
5 *nm ARQ* splay.
■ **derrame cerebral** *MED* brain haemorrhage.

derrapaje *nm* skid.

derrapar *vi* to skid.

derrape *nm* skid.

derredor *nm* surroundings *pl*.
+ **al/en derredor** round, around: **miró en derredor y no pudo ver a nadie** he looked round and couldn't see anybody.
▲ *See also alrededor.*

derrengar
1 *vt (lastimar la espalda)* to sprain the back of.
2 *vt (torcer)* to twist.
3 *vt fig (cansarse)* to wear out, exhaust, shatter: **estoy derrengada** I'm shattered.
4 **derrengarse** *vpr (lastimarse la espalda)* to sprain one's back.
5 *vpr (cansarse)* to wear oneself out.

derretido,-a
1 *pp* → derretir.
2 *adj (gen)* melted; *(metales)* molten: **nieve derretida** melted snow.
+ **estar derretido,-a por alguien** *fig* to be madly in love with somebody.

derretimiento
1 *nm* melting; *(de la nieve)* thawing.
2 *nm fig (dilapidación)* wasting, squandering.
3 *nm fam (amor)* intense love, passion.

derretir
1 *vt (gen)* to melt; *(hielo, nieve)* to melt, thaw; *(metal)* to melt down.
2 *vt (dilapidar)* to waste, squander: **derritió su fortuna en un año** he wasted his fortune in a year.
3 **derretirse** *vpr (fundirse)* to melt; *(hielo, nieve)* to melt, thaw.
4 *vpr fig (de amor)* to burn (**de**, with).
5 *vpr (inquietarse)* to worry, fret.
▲ *Conjugation model [34], like servir.*

derribar
1 *vt (demoler)* to pull down, demolish, knock down: **derribar un edificio** to demolish a building, knock down a building.
2 *vt (hacer caer a una persona)* to knock over; *(de un caballo)* to throw: **el viento derribó a cuatro transeúntes** four people were blown over by the wind; **el caballo lo derribó** the horse threw him.
3 *vt (avión, enemigo)* to shoot down, bring down.
4 *vt (una puerta)* to batter down.
5 *vt fig (gobierno)* to overthrow; *(ministro)* to topple.

derribo *nm (demolición)* demolition, knocking down, pulling down.
■ **materiales de derribo** rubble *sing*.

derrocamiento
1 *nm (demolición)* demolition, knocking down, pulling down.
2 *nm fig (gobierno)* overthrow; *(ministro)* toppling.

derrocar
1 *vt (demoler)* to pull down, demolish, knock down.
2 *vt (gobierno)* to overthrow, bring down; *(ministro)* to oust from office, topple.
▲ *Conjugation model [1], like sacar.*

derrochador,-ra
1 *adj* wasteful, squandering, spendthrift.
2 *nm,f* squanderer, wasteful person, spendthrift.

derrochar
1 *vt (dilapidar)* to waste, squander.
2 *vt fig (rebosar)* to be full of: **esta chica derrocha salud** this girl is full of health.

derroche
1 *nm (despilfarro)* waste, squandering.
2 *nm (abundancia)* profusion, abundance: **un derroche de energía** a burst of energy.
+ **hacer un derroche de energía** *fig* to put a lot of energy (**en**, into).

derrochón,-ona *adj-nm,f* → **derrochador,-ra.**

derrota¹
1 *nf (camino)* path, road.
2 *nf MAR* course.

derrota²
1 *nm (de un ejército)* defeat.
2 *nm (fracaso)* failure, setback.
+ **sufrir una derrota** to suffer a defeat.

derrotado,-a
1 *pp* → derrotar.
2 *adj* defeated.
3 *adj (ropa)* worn out.
4 *adj (andrajoso)* in tatters, ragged.
5 *adj fam (cansado)* tired, bushed, whacked; *(deprimido)* depressed.

derrotar *vt* to defeat, beat: **me derrotó al tenis** he beat me at tennis.

derrote *nm* butt.

derrotero
1 *nm* MAR *(rumbo)* course; *(dirección)* direction.
2 *nm* MAR *(libro)* book of charts.
3 *nm fig (camino, medio)* path, course of action.

derrotismo *nm* defeatism.

derrotista
1 *adj* defeatist.
2 *nm & nf* defeatist.

derrubiar *vt* to erode, wash away.
▲ *Conjugation model* [12], *like* **cambiar**.

derrubio
1 *nm (acción)* erosion, washing away.
2 *nm (material)* alluvium.

derruido,-a
1 *pp* → **derruir**.
2 *adj* in ruins.

derruir *vt* to pull down, demolish, knock down.
▲ *Conjugation model* [62], *like* **huir**.

derrumbadero *nm* precipice, cliff.

derrumbamiento
1 *nm* falling down, collapse.
2 *nm (techo)* caving in.
3 *nm (de tierras)* landslide.

derrumbar
1 *vt (demoler)* to pull down, demolish, knock down.
2 *vt (despeñar)* to throw down, hurl down.
3 **derrumbarse** *vpr (un edificio)* to collapse, fall down; *(un techo)* to fall in, cave in.
4 *vpr fig* to collapse: después de tanta tensión se derrumbó y rompió a llorar with all the tension she collapsed and burst into tears.

derrumbe *nm* → **derrumbadero**, **derrumbamiento**.

derviche *nm* dervish.

desabastecido,-a *adj* out of: las tiendas se encuentran desabastecidas de alimentos there's no food in the shops, the shops are out of food.

desabollar *vt* to remove a dent from, remove the dents from.

desaborido,-a
1 *adj (comida)* tasteless, insipid.
2 *adj fig (persona)* dull.
3 *nm,f fig* dull person.

desabotonar
1 *vt (desabrochar)* to unbutton, undo.
2 *vi (abrirse las flores)* to open out, bloom, blossom.

desabrido,-a
1 *adj (comida)* tasteless, insipid.
2 *adj fig (persona)* surly; *(tono)* harsh, sharp.
3 *adj (tiempo)* unpleasant.

desabrigado,-a
1 *pp* → **desabrigar**.
2 *adj (lugar)* open, exposed.
3 *adj fig (sin protección)* unprotected, defenceless.
✦ **ir desabrigado,-a** not to be well wrapped up: hace frío, no puedes salir desabrigado it's cold, you have to wrap up warm to go out.

desabrigar
1 *vt (ropa)* to take someone's coat off.
2 **desabrigarse** *vpr (uso reflexivo)* to take off one's coat; *(en la cama)* to throw off the bedclothes.
▲ *Conjugation model* [7], *like* **llegar**.

desabrimiento
1 *nm (falta de sazón)* insipidness, insipidity.
2 *nm fig (desazón interior)* uneasiness.
3 *nm fig (aspereza en el trato)* harshness, sharpness.

desabrochar
1 *vt* to undo, unfasten.
2 **desabrocharse** *vpr (una prenda)* to come undone, come unfastened: la camisa se me desabrochó my shirt came undone.

desacatar
1 *vt (faltar al respeto)* to show no respect towards, be disrespectful.
2 *vt (desobedecer)* to disobey, not observe, defy.

desacato
1 *nm (falta de respeto)* lack of respect (**a**, for), disrespect (**a**, for).
2 *nm* JUR contempt (**a**, for).
✦ **desacato a la autoridad** contempt. **desacato al tribunal** contempt of court.

desaceleración *nf* deceleration.

desacelerar *vi* to decelerate.

desacerbar *vt* to temper.

desacertadamente
1 *adv (erróneamente)* wrongly, mistakenly.
2 *adv (inadecuadamente)* unfortunately, unwisely; *(sin tacto)* tactlessly.

desacertado,-a
1 *pp* → **desacertar**.
2 *adj (erróneo)* wrong, mistaken.
3 *adj (inadecuado)* unfortunate, unwise, inappropriate; *(sin tacto)* tactless: un comentario desacertado a tactless remark, an unfortunate remark.

desacertar
1 *vi (fallar)* to be wrong, be mistaken.
2 *vi (faltar de tacto)* to lack tact, be tactless.
▲ *Conjugation model* [27], *like* **acertar**.

desacierto
1 *nm (error)* mistake: fue un desacierto creer que lo entenderían it was a mistake thinking they could understand it.
2 *nm (falta de tacto)* lack of tact.

desacomodado,-a
1 *pp* → **desacomodar**.
2 *adj (sin empleo)* unemployed.
3 *adj (falto de medios económicos)* badly off, poor.

desacomodar
1 *vt (privar de comodidad)* to inconvenience.
2 *vt (dejar sin empleo)* to dismiss.
3 **desacomodarse** *vpr (perder el trabajo)* to lose one's job.

desacompañado,-a *adj* alone, lonely.

desaconsejable *adj* ill-advised, unwise.

desaconsejado,-a
1 *pp* → **desaconsejar**.
2 *adj* unwise: está desaconsejado comer demasiada sal it's unwise to eat too much salt.

desaconsejar *vt* to advise against.

desacoplar
1 *vt* TÉC to uncouple, remove.
2 *vt* ELEC to disconnect.

desacorde
1 *nm* MÚS discordant.
2 *nm fig* clashing, discordant, conflicting; *(colores)* clashing: opiniones desacordes conflicting opinions.

desacostumbrado,-a
1 *pp* → **desacostumbrar**.
2 *adj* unusual, strange.

desacostumbrar
1 *vt (hacer perder un uso)* to break of a habit, get out of a habit: cuando un niño empieza a hacer eso hay que desacostumbrarlo en seguida when a child starts to do that you have to get him out of the habit straightaway.
2 **desacostumbrarse** *vpr (perder la costumbre)* to get out of the habit (**de**, of), lose the habit (**de**, of), give up (**de**, -): me he desacostumbrado de beber I've given up drinking.
3 *vpr (perder la tolerancia)* to be no longer used (**a**, to): me he desacostumbrado al calor I'm no longer used to the heat, I can't take the heat any more.

desacreditar *vt* to discredit, bring discredit on, bring into discredit: tal comportamiento lo desacredita such behaviour brings discredit on him.

desactivación *nf* deactivation.
▪ **desactivación de explosivos** bomb disposal.

desactivar *vt* to defuse.

desacuerdo *nm* disagreement.
✦ **estar en desacuerdo con** to be in disagreement with.

desafección *nf* disaffection.

desafecto,-a
1 *adj* disaffected, opposed.
2 **desafecto** *nm* lack of affection, coldness.

desaferrar
1 *vt (soltar)* to let go, release.
2 *vt fig (disuadir)* to dissuade.
3 *vt* MAR to weigh.

desafiante *adj* challenging, defiant.

desafiar
1 *vt (gen)* to defy: explicaciones que desafían el entendimiento explanations which defy understanding.
2 *vt (no hacer caso a)* to flout; *(no obedecer)* to defy: rocas que parecen desafiar las leyes de la gravedad rocks which appear to defy the laws of gravity; desafiaron el bloqueo naval they flouted the naval blockade.

3 vt (plantar cara a - persona) to defy, stand up to; (- dificultad) to brave: **poca gente había que desafiara la tormenta y saliese a la calle** few were prepared to brave the storm and go out onto the streets.
✦ desafiar a alguien a hacer algo to challenge somebody to do something, dare somebody to do something: **lo desafió a comerse todo el pastel** she dared him to eat the whole cake.
▲ Conjugation model [13], like **desviar**.

desafición nf lack of affection, coldness.

desafilado,-a adj blunt.

desafilar
1 vt to blunt.
2 desafilarse vpr to go blunt.

desafinadamente adv out of tune.

desafinado,-a
1 pp → **desafinar**.
2 adj out of tune.

desafinar
1 vi (gen) to be out of tune; (cantar) to sing out of tune; (tocar) to play out of tune: **esta guitarra desafina** this guitar is out of tune.
2 vt to put out of tune.
3 desafinarse vpr to go out of tune.

desafío
1 nm (reto) challenge.
2 nm (duelo) duel.
3 nm (provocación) provocation, defiance.

desaforadamente
1 adv (con exceso) excessively.
2 adv (de forma escandalosa) outrageously.
3 adv (con atropello) lawlessly.

desaforado,-a
1 adj (exagerado) huge, enormous, terrible: **hizo un esfuerzo desaforado** he made a great effort.
2 adj (escandaloso) outrageous.
3 adj (fuera de la ley) lawless.

desaforar
1 vt (quebrantar los fueros) to encroach on the rights of.
2 vt (privar del fuero) to deprive of one's rights.
3 desaforarse vpr (descomedirse) to be disrespectful, be rude.
▲ Conjugation model [31], like **contar**.

desafortunadamente adv unfortunately.

desafortunado,-a
1 adj (sin suerte) unlucky, unfortunate.
2 adj (sin tino) unfortunate.

desafuero
1 nm JUR infringement of the law.
2 nm (abuso) outrage, excess.
✦ cometer un desafuero JUR to break the law; (abusar) to commit an outrage.

desagradable adj disagreeable, unpleasant.

desagradar vi to displease: **me desagrada su música** I don't like her music.

desagradecer vt to be ungrateful for, show ingratitude for.
▲ Conjugation model [43], like **agradecer**.

desagradecido,-a
1 pp → **desagradecer**.
2 adj ungrateful.
3 nm,f ungrateful person.
✦ mostrarse desagradecido,-a to be ungrateful, show ingratitude.

desagradecimiento nm ingratitude, ungratefulness.

desagrado nm displeasure, discontent.
✦ con desagrado reluctantly.

desagraviar
1 vt (reparar el agravio) to make amends for, make up for: **lo desagravió pidiendo disculpas en público** he made amends by making a public apology.
2 vt (compensar el agravio) to indemnify, compensate.
▲ Conjugation model [12], like **cambiar**.

desagravio nm amends pl, compensation.

desaguadero nm drain.

desaguar
1 vt (extraer el agua) to drain.
2 vi (un líquido) to drain, drain off/away; (un contenedor) to drain.
3 vi (desembocar) to flow (**en**, into), drain (**en**, into): **el Duero desagua en el Atlántico** the Douro flows into the Atlantic.
▲ Conjugation model [22], like **averiguar**.

desagüe
1 nm (acción) draining, drainage.
2 nm (agujero) drain, outlet.
3 nm (cañería) waste pipe, drainpipe.
■ desagüe del radiador AUTO radiator overflow pipe.

desaguisado,-a
1 adj (contra la ley) illegal, unlawful.
2 adj (contra la razón) outrageous.
3 desaguisado nm (delito) offence (US offense); (atropello) outrage.
4 nm fig (destrozo) damage; (fechoría) mischief.

desahogadamente
1 adv (con holgura) comfortable, with room to spare: **aquí cabemos cuatro desahogadamente** the four of us can fit in here comfortably.
2 adv (con dinero) comfortably.
3 adv (con descaro) insolently.

desahogado,-a
1 pp → **desahogar**.
2 adj (espacioso) roomy, spacious.
3 adj (con dinero) well-off, well-to-do, comfortable: **una posición desahogada** comfortable circumstances.
4 adj fig (descarado) cheeky, shameless, insolent.

desahogar
1 vt (consolar) to comfort; (aliviar) to relieve.
2 vt fig (mostrar) to vent, pour out: **desahogó sus penas** he vented his grief.

3 desahogarse vpr (desfogarse) to let off steam: **¡desahógate!** don't bottle it up!
4 vpr (confiarse) to open one's heart (**con**, to): **se desahogó con su madre** she poured her heart out to her mother.
5 vpr (descargar un problema) to get off one's chest: **necesitas desahogarte** you need to get it off your chest.
▲ Conjugation model [7], like **llegar**.

desahogo
1 nm (alivio) relief.
2 nm (esparcimiento) amusement, relaxation: **el fútbol le sirve de desahogo** football helps him let off steam.
3 nm (descaro) impudence, nerve.
4 nm fig (económico) comfort, ease: **viven con desahogo** they live comfortably.

desahuciado,-a
1 pp → **desahuciar**.
2 adj (enfermo) hopeless.
3 adj (inquilino) evicted.

desahuciar
1 vt to deprive of all hope: **los médicos desahuciaron al paciente** doctors abandoned all hope of saving the patient.
2 vt JUR (inquilino) to evict.
▲ Conjugation model [12], like **cambiar**.

desahucio nm eviction.

desairadamente
1 adv (sin gracia) ungracefully.
2 adv (con rudeza) rudely.

desairado,-a
1 pp → **desairar**.
2 adj (sin gracia) ungraceful; (sin éxito) unsuccessful; (desagradable) awkward: **fue una situación desairada** it was an awkward situation.
3 adj (humillante) humiliating.
✦ quedar desairado,-a to come off badly.

desairar
1 vt (desatender) to slight, snub: **lo desairó durante el cóctel de la embajada** she snubbed him during the cocktail party at the embassy.
2 vt (desestimar) to reject.

desaire
1 nm (menosprecio) slight, rebuff.
2 nm (falta de gracia) lack of charm.
✦ hacerle un desaire a alguien to snub somebody.

desajustar
1 vt (máquina) to put out of order.
2 vt fig (planes etc) to upset, spoil.
3 desajustarse vpr (máquina) to go wrong, break down; (piezas) to come apart, pull apart; (tornillo) to come loose.

desajuste
1 nm (mal funcionamiento) maladjustment; (avería) breakdown.
2 nm fig (planes etc) upsetting.
■ desajuste de horarios clashing timetables pl.
desajuste económico economic imbalance.

desalado,-a^1
1 pp → **desalar** 1.
2 adj CULIN desalted.

desalado,-a²
1 *pp* → desalar 2.
2 *adj (sin alas)* wingless.
3 *adj fig (acelerado)* hasty; *(ansioso)* anxious.
✦ **ir desalado,-a** to rush, hurry, dash.

desalar¹ *vt* to desalt, remove the salt from.

desalar²
1 *vt (quitar las alas)* to clip the wings of.
2 **desalarse** *vpr fig (darse prisa)* to rush, hurry.
3 *vpr fig (sentir anhelo)* to long (**por**, for).

desalentador,-ra *adj* discouraging, disheartening.

desalentar
1 *vt (dificultar el aliento)* to leave breathless, make get out of breath.
2 *vt fig (quitar el ánimo)* to discourage, dishearten.
3 **desalentarse** *vpr* to lose heart, get discouraged.
▲ *Conjugation model* [27], *like acertar.*

desaliento *nm* discouragement.

desalinear *vt* to put out of line.

desaliñadamente *adv* untidily, scruffily.

desaliñado,-a
1 *pp* → desaliñar.
2 *adj* untidy, unkempt, scruffy.

desaliñar *vt* to make untidy, make scruffy.

desaliño *nm* untidiness, scruffiness.

desalmado,-a
1 *adj (malvado)* wicked.
2 *adj (cruel)* cruel, heartless.
3 *nm,f (malvado)* wicked person.
4 *nm,f (cruel)* cruel person, heartless person.

desalojamiento
1 *nm (expulsión)* eviction, ejection.
2 *nm (marcha de un lugar)* evacuation, clearing.

desalojar
1 *vt (marcharse)* to evacuate, clear, move out of: ¡desalojen el edificio! evacuate the building!
2 *vt (inquilino)* to evict (**de**, from).
3 *vt MAR* to displace.
4 *vi (mudarse)* to move house, move out.

desalojo *nm* → desalojamiento.

desalquilado,-a
1 *pp* → desalquilar.
2 *adj* vacant, unrented.

desalquilar
1 *vt* to vacate.
2 **desalquilarse** *vpr* to become vacant.

desamarrar
1 *vt (desatar)* to untie.
2 *vt MAR* to unmoor, cast off.

desambientado,-a
1 *adj (persona)* out of place.
2 *adj (lugar)* lacking in atmosphere.

desambiguar *vt* to clear up, clarify.

desamor
1 *nm (desafecto)* lack of affection.
2 *nm (frialdad)* coldness, indifference.
3 *nm (antipatía)* dislike.

desamortizable *adj* disentailable.

desamortización *nf* disentailment.

desamortizar *vt* to disentail.
▲ *Conjugation model* [4], *like realizar.*

desamparadamente *adv* helplessly.

desamparado,-a
1 *pp* → desamparar.
2 *adj (persona)* helpless, unprotected.
3 *adj (lugar)* abandoned, forsaken.

desamparar
1 *vt* to abandon, desert, leave helpless.
2 *vt JUR* to renounce, relinquish.

desamparo
1 *nm (abandono)* abandonment, desertion.
2 *nm (falta de ayuda)* helplessness.
✦ **en desamparo** abandoned, helpless.

desamueblado,-a
1 *pp* → desamueblar.
2 *adj* unfurnished.

desamueblar *vt* to remove the furniture from, clear the furniture from.

desanclar *vi* to weigh anchor.

desancorar *vi* to weigh anchor.

desandar *vt* to go back over, retrace.
✦ **desandar lo andado** to retrace one's steps.
▲ *Conjugation model* [64], *like andar.*

desandrajado,-a *adj* ragged, tattered.

desangelado,-a *adj* insipid, lacking in charm.

desangrado,-a *pp* → desangrar.
✦ **estar desangrado,-a** to have lost blood.
morir desangrado,-a to bleed to death.
desangramiento *nm* bleeding.

desangrar
1 *vt (sangrar)* to bleed: los médicos lo desangraron the doctors bled him.
2 *vt (desaguar)* to drain.
3 *vt fig (empobrecer)* to bleed dry: el hijo mayor está desangrando a sus padres the eldest son is bleeding his parents dry.
4 **desangrarse** *vpr* to bleed heavily, lose blood.

desanidar
1 *vi (dejar el nido)* to leave the nest.
2 *vt fig (desalojar)* to oust (**de**, from).

desanimación *adj* discouragement.

desanimado,-a
1 *pp* → desanimar.
2 *adj (decaído)* dejected, downhearted.
3 *adj (espectáculo etc)* dull, lifeless.

desanimar
1 *vt* to discourage, dishearten.
2 **desanimarse** *vpr* to be discouraged, be disheartened, lose heart.

desánimo *nm* despondency, discouragement, dejection.

desanudar
1 *vt (nudo)* to untie; *(corbata, paquete)* to undo.
2 *vt fig (desenmarañar)* to straighten out, sort out.

desapacible *adj (gen)* unpleasant, disagreeable; *(tiempo)* nasty, unpleasant; *(sonido, tono)* harsh, unpleasant.

desaparecer *vi (dejar de estar)* to disappear.
✦ **desaparecer del mapa** *fig* to vanish off the face of the earth.
hacer desaparecer to cause to disappear, hide; *(quitar)* to get rid of.
▲ *Conjugation model* [43], *like agradecer.*

desaparecido,-a
1 *pp* → desaparecer.
2 *adj* missing.
3 *nm,f* missing person: había diez desaparecidos there were ten missing.

desaparejar
1 *vt (quitar los arreos)* to unharness.
2 *vt MAR* to unrig.

desaparición *nf* disappearance: ya han pasado tres días desde su desaparición she's been missing for three days.

desapasionadamente *adv* dispassionately, objectively, impartially.

desapasionado,-a
1 *pp* → desapasionar.
2 *adj* dispassionate, objective, impartial.

desapasionar
1 *vt* to make lose interest.
2 **desapasionarse** *vpr* to lose interest.

desapegar
1 *vt* to estrange.
2 **desapegarse** *vpr* to become estranged (**de**, from), distance oneself (**de**, from).
▲ *Conjugation model* [7], *like llegar.*

desapego
1 *nm (indiferencia)* indifference.
2 *nm (distanciamiento)* distancing.
3 *nm (falta de afecto)* coolness, lack of affection.

desapercibido,-a
1 *adj (inadvertido)* unnoticed.
2 *adj (desprevenido)* unprepared, unready.
✦ **pasar desapercibido,-a** to go unnoticed.

desaplicado,-a
1 *adj* lazy, slack.
2 *nm,f* lazybones, slacker.

desapoderado,-a
1 *adj (precipitado)* rash.
2 *adj fig (furioso)* violent, furious.

desapolillarse *vpr fam fig* to shake off the cobwebs.

desaprensión *nf* unscrupulousness.

desaprensivo,-a
1 *adj* unscrupulous.
2 *nm,f* unscrupulous person.

desaprobación *nf* disapproval.

desaprobador,-ra *adj* disapproving.

desaprobar *vt* to disapprove of: **sus padres desaprueban esa relación** his parents disapprove of the relationship.
▲ *Conjugation model* [31], *like* **contar**.

desaprobatorio,-a *adj* deprecatory, depreciatory.

desapropiar
1 *vt* to deprive (**de**, of).
2 **desapropiarse** *vpr* to give up, surrender, cede.
▲ *Conjugation model* [12], *like* **cambiar**.

desaprovechado,-a
1 *pp* → **desaprovechar**.
2 *adj (falto de rendimiento)* unused: **sus capacidades están totalmente desperdiciadas** his abilities are not being put to good use.
3 *adj (desperdiciado)* wasted.

desaprovechamiento *nm* misuse.

desaprovechar
1 *vt (no sacar suficiente provecho)* not to take advantage of.
2 *vt (desperdiciar)* to waste.
✦ **desaprovechar una ocasión** to miss an opportunity, waste an opportunity.

desapuntalar *vt* to remove the props from.

desarbolar *vt* to dismast.

desarmable *adj* that can be taken to pieces.

desarmado,-a
1 *pp* → **desarmar**.
2 *adj (sin armas)* unarmed.
3 *adj (desmontado)* dismantled, taken to pieces.

desarmar
1 *vt (quitar las armas)* to disarm.
2 *vt (desmontar)* to dismantle, take apart, take to pieces: **el mecánico desmontó el motor** the mechanic stripped the engine down.

desarme
1 *nm* disarmament.
2 *nm (de una máquina)* dismantling.
▪ **desarme nuclear** nuclear disarmament.

desarraigado,-a
1 *pp* → **desarraigar**.
2 *adj (árbol)* uprooted.
3 *adj fig (persona)* rootless, without roots, uprooted.
4 *adj fig (eliminado)* eradicated.

desarraigar
1 *vt (árbol, persona)* to uproot.
2 *vt fig (eliminar)* to eradicate, wipe out.
3 **desarraigarse** *vpr (árbol)* to become uprooted.
4 *vpr fig (persona)* to pull up one's roots.
▲ *Conjugation model* [7], *like* **llegar**.

desarraigo
1 *nm (de árbol, persona)* uprooting.
2 *nm fig (de hábito etc)* eradication.

desarrapado,-a *adj-nm,f* → **desharrapado,-a**.

desarrebujar
1 *vt (desenmarañar)* to untangle.
2 *vt fig (poner en claro)* to clarify, explain.

desarreglado,-a
1 *pp* → **desarreglar**.
2 *adj (lugar)* untidy, messy.
3 *adj (persona)* untidy, slovenly, unkempt.
4 *adj (vida, costumbres)* disorderly, irregular, disorganized.

desarreglar
1 *vt (desordenar)* make untidy, mess up, untidy.
2 *vt (estropear)* to spoil, upset: **su indiscreción desarregló los planes** his tactless remark upset our plans.

desarreglo *nm* mess, untidiness, disorder, confusion.

desarrendar
1 *vt (dejar una finca)* to vacate.
2 *vt (hacer dejar una finca)* to evict.

desarrimar *vt* to move away.

desarrollado,-a
1 *pp* → **desarrollar**.
2 *adj* developed: **es un país desarrollado** it's a developed country; **este niño está muy desarrollado para su edad** this boy is quite grown up for his age.

desarrollar
1 *vt (gen)* to develop: **desarrolló una gran inteligencia** he showed great intelligence; **desarrollar el cuerpo** to develop one's body.
2 *vt (deshacer un rollo)* to unroll, unfold.
3 *vt (exponer)* to expound, explain.
4 *vt (llevar a cabo)* to carry out: **desarrollar un proyecto** to carry out a project.
5 *vt MAT* to expand, develop.
6 **desarrollarse** *vpr (crecer)* to develop.
7 *vpr (transcurrir)* to take place: **la novela se desarrolla en el siglo XIX** the novel is set in the 19th century; **la representación se desarrolló perfectamente** the performance went off without a hitch.

desarrollo
1 *nm (gen)* development: **es una industria en pleno desarrollo** it's a flourishing industry; **el desarrollo de las ideas** the development of ideas.
2 *nm MAT* expansion.
3 *nm DEP* run, course.
▪ **índice de desarrollo** growth rate.
país en vías de desarrollo developing country.

desarropar
1 *vt (ropa)* to take some clothes off.
2 *vt (destapar)* to uncover.
3 **desarroparse** *vpr (en la cama)* to throw off one's bedclothes.

desarrugar
1 *vt (alisar)* to smooth out.
2 *vt (quitar las arrugas)* to get the creases out of.
✦ **desarrugar el entrecejo** to stop frowning. **desarrugar la frente** to stop frowning.
▲ *Conjugation model* [7], *like* **llegar**.

desarticulación
1 *nf MED* dislocation.

2 *nf fig* breaking up, dismantling: **la desarticulación de un grupo** the breaking up of a group.

desarticulado,-a
1 *pp* → **desarticular**.
2 *adj* disjointed: **un discurso desarticulado** a disjointed speech.

desarticular
1 *vt MED* to disarticulate, put out of joint, dislocate.
2 *vt (un mecanismo)* to take to pieces.
3 *vt fig (organización, banda, plan etc)* to break up, dismantle.

desarzonar *vt* to buck off, throw.

desaseado,-a
1 *adj (sucio)* untidy, dirty.
2 *adj (dejado)* untidy, slovenly, unkempt, scruffy.
3 *nm,f* untidy person, scruff.

desasear
1 *vt (ensuciar)* to dirty.
2 *vt (desordenar)* to mess up.

desaseo *nm* untidiness, scruffiness, dirtiness, slovenliness.

desasimiento *nm fig* unselfishness.

desasir
1 *vt* to release, let go of.
2 **desasirse** *vpr fig (desprenderse)* to rid oneself (**de**, of), get rid (**de**, of): **desasirse de malos hábitos** to give up bad habits.
▲ *Conjugation model* [65], *like* **asir**.

desasistencia *nf* desertion, abandonment.

desasistido,-a
1 *pp* → **desasistir**.
2 *adj* neglected.

desasistir *vt* to abandon, desert, forsake.

desasnar *vt fam* to civilize, refine, teach good manners to.

desasosegadamente *adv* restlessly, anxiously.

desasosegado,-a
1 *pp* → **desasosegar**.
2 *adj* restless, anxious.

desasosegar
1 *vt* to make restless, make uneasy.
2 **desasosegarse** *vpr* to become restless, become uneasy.
▲ *Conjugation model* [48], *like* **regar**.

desasosiego *nm* uneasiness, anxiety, restlessness.

desastrado,-a
1 *adj (desgraciado)* unfortunate.
2 *adj (desaseado)* untidy, slovenly, unkempt, scruffy.
3 *nm,f* untidy person, scruff.

desastre
1 *nm (catástrofe)* disaster, catastrophe.
2 *nm fam (calamidad)* disaster, flop: **la excursión fue un desastre** the trip was a washout; **ese tío es un desastre** that guy is absolutely hopeless; **es un desastre de mujer** she's a dead loss, she's a hopeless case.

desastrosamente *adv* disastrously.

desastroso,-a *adj* disastrous.

desatado,-a
1 *pp* → desatar.
2 *adj* loose, undone.
3 *adj fig* wild, uncontrolled.

desatar
1 *vt (soltar - gen)* to untie, undo, unfasten; *(- perro etc)* to let loose: **desató un paquete** she undid a parcel; **desata al perro** let the dog loose.
2 *vt fig (desencadenar)* to spark off, give rise to; *(pasiones)* to unleash: **su dimisión desató la polémica en el seno del partido** his resignation sparked off a dispute within the party.
3 desatarse *vpr (soltarse)* to come untied, come undone, come unfastened.
4 *vpr fig (desencadenarse)* to break, explode: **se desató una gran tormenta** a great storm broke; **se desató su alegría** she exploded with happiness.
✦ **desatarse en** to lash out with: **se desató en insultos** he lashed out with a stream of insults.
desatarse la lengua to loosen one's tongue.

desatascador *nm* plunger.

desatascar *vt* to unblock, clear.
▲ *Conjugation model* [1], *like sacar.*

desatavío *nm* untidiness, scruffiness.

desatención
1 *nf (falta de atención)* lack of attention.
2 *nf (descortesía)* impoliteness, discourtesy, disrespect.

desatender
1 *vt (no prestar atención)* to pay no attention to.
2 *vt (no hacer caso)* to neglect, disregard: **desatendió las órdenes** he disregarded the orders; **tuve que dejar el puesto desatendido** I had to leave the stall unattended.
▲ *Conjugation model* [28], *like entender.*

desatentamente
1 *adv* inattentively.
2 *adv (con descortesía)* impolitely, rudely.

desatento,-a
1 *adj (distraído)* inattentive: **está muy desatento** he doesn't pay attention.
2 *adj (descortés)* discourteous, impolite.
3 *nm,f (descortés)* impolite person, discourteous person.

desatinadamente
1 *adv (con imprudencia)* rashly, recklessly.
2 *adv (tontamente)* foolishly, stupidly.

desatinado,-a
1 *pp* → desatinar.
2 *adj (imprudente)* rash, reckless.
3 *adj (tonto)* foolish, silly.

desatinar
1 *vi (hacer)* to act foolishly; *(decir)* to talk nonsense.
2 *vt* to make act foolishly.

desatino
1 *nm (error)* mistake, blunder.

2 *nm (locura)* foolishness; *(tontería)* nonsense, silly thing: **decir desatinos** to talk nonsense.
3 *nm (falta de tacto)* clumsiness, heavy-handedness.

desatornillador *nm* screwdriver.

desatornillar *vt* to unscrew.

desatracar
1 *vt MAR* to cast off, unmoor.
2 *vi MAR* to shove off.
▲ *Conjugation model* [1], *like sacar.*

desatrancar
1 *vt (una puerta - con tranca)* to unbar; *(- con cerrojo)* to unbolt.
2 *vt (un conducto)* to unblock, clear.

desautorización
1 *nf* disapproval.
2 *nf (mentís)* denial.
3 *nf (descrédito)* discredit.

desautorizadamente *adv* without authorization.

desautorizado,-a
1 *pp* → desautorizar.
2 *adj* unauthorized.
3 *adj (prohibido)* banned, forbidden.
4 *adj (desmentido)* denied.
5 *adj (desacreditado)* discredited.

desautorizar
1 *vt (desaprobar)* to disapprove.
2 *vt (prohibir)* to ban, forbid: **el gobierno desautorizó la manifestación** the Government banned the demonstration.
3 *vt (desmentir)* to deny.
4 *vt (desacreditar)* to discredit.
▲ *Conjugation model* [4], *like realizar.*

desavenencia
1 *nf (desacuerdo)* disagreement, discord.
2 *nf (riña)* quarrel, row.

desavenido,-a
1 *pp* → desavenir.
2 *adj (en desacuerdo)* in disagreement.
3 *adj (reñido)* on bad terms: **hermanas desavenidas** sisters who are on bad terms, sisters who have fallen out.

desavenir
1 *vt* to cause to quarrel: **esa mujer los desavino** that woman made them quarrel.
2 desavenirse *vpr* to quarrel.
✦ **desavenirse con alguien** to fall out with somebody, have a difference of opinion with somebody.
▲ *Conjugation model* [90], *like venir.*

desaventajado,-a
1 *adj (persona)* at a disadvantage, underprivileged.
2 *adj (situación)* disadvantageous, unfavourable *(us* unfavorable).

desavío
1 *nm (desorden)* mess, disorder.
2 *nm (incomodidad)* inconvenience.

desayunar
1 *vi* to have breakfast, breakfast.
2 *vt* to have for breakfast: **he desayunado un café** I had coffee for breakfast.

3 desayunarse *vpr* to have breakfast: **se desayuna con tostadas todos los días** he has toast for breakfast every day.
✦ **ahora me desayuno** *(enterarse)* that's the first I've heard of it.

desayuno *nm* breakfast.

desazón
1 *nf (desabrimiento)* lack of flavour *(us* flavor), tastelessness.
2 *nf fig (disgusto)* grief, affliction, worry: **esa respuesta le causó una intensa desazón** that answer upset her.

desazonado,-a
1 *pp* → desazonar.
2 *adj fig (disgustado)* upset.
3 *adj fig (inquieto)* anxious, uneasy.
4 *adj (soso)* tasteless, insipid.

desazonar
1 *vt (quitar el sabor)* to make tasteless.
2 *vt fig (disgustar)* to annoy, upset.
3 *vt fig (inquietar)* to make uneasy, worry.
4 desazonarse *vpr fig (disgustarse)* to get upset.
5 *vpr fig (inquietarse)* to worry.
6 *vpr fig (sentirse indispuesto)* to feel unwell, feel off-colour *(us* off-color).

desbancar
1 *vt (en el juego)* to clean out.
2 *vt fig (suplantar)* to supplant, replace, take the place of.
▲ *Conjugation model* [1], *like sacar.*

desbandada *nf* scattering: **hubo una desbandada general** everybody scattered.
✦ **a la desbandada** helter-skelter, in all directions.

desbandarse *vpr* to scatter, disperse: **el rebaño se desbandó** the flock ran off in all directions.

desbarajustar
1 *vt (desordenar)* to mess up, turn upside down: **llegó él y lo desbarajustó todo** he arrived and turned everything upside down.
2 *vt (trastornar)* to upset.

desbarajuste *nm* disorder, confusion, mess: **¡qué desbarajuste!** what a mess!

desbaratado,-a *adj fig* debauched, dissolute.

desbaratamiento
1 *nm (desarreglo)* wrecking, destruction.
2 *nm (frustración)* frustration.
3 *nm (derroche)* waste, squandering.
4 *nm MIL* rout.

desbaratar
1 *vt (desarreglar)* to spoil, ruin, wreck.
2 *vt (frustrar)* to spoil, ruin: **nos desbarató los planes** she spoilt our plans.
3 *vt (malgastar)* to waste, squander.
4 *vt MIL* to rout, throw into confusion.
5 *vi (disparatar)* to talk nonsense.
6 desbaratarse *vpr (actuar)* to act foolishly; *(hablar)* to talk nonsense.

desbarrar
1 *vi fig (hablar)* to talk nonsense.

2 *vi fig (actuar)* to act foolishly, do silly things.

desbastar
1 *vt (madera)* to rough plane; *(piedra)* to smooth down; *(metal)* to rough down.
2 *vt fig* to refine, polish.

desbloquear
1 *vt TÉC* to free.
2 *vt FIN* to unfreeze.
3 *vt (un sitio)* to lift the blockade on.

desbloqueo
1 *nm TÉC* freeing.
2 *nm FIN* unfreezing.
3 *nm (de un sitio)* lifting of the blockade.

desbocadamente *adv* impudently, cheekily.

desbocado,-a
1 *pp* → **desbocar.**
2 *adj (arma)* wide-mouthed, bell-mouthed.
3 *adj (jarra)* with a chipped mouth.
4 *adj (caballo)* runaway.
5 *adj (una prenda)* loose-fitting.
6 *adj (río)* overflowing.
7 *adj fig (imaginación)* wild.
8 *adj fig (mal hablado)* foul-mouthed.
9 *nm,f fig* foul-mouthed person.

desbocar
1 *vt (jarra)* to break the mouth of.
2 *vt (una prenda)* to tear open, rip open.
3 *vi (desembocar)* to flow (**en**, into).
4 **desbocarse** *upr (caballo)* to run away, bolt.
5 *upr (una prenda)* to tear open.
6 *upr fig (persona)* to blow up, let out a stream of abuse.
▲ *Conjugation model* [1], *like* **sacar.**

desbordamiento
1 *nm* overflowing.
2 *nm fig* outbreak, outburst, explosion.

desbordante
1 *adj* overflowing, bursting: **llegó des-bordante de ilusión** she arrived bursting with excitement.
2 *adj (sin límite)* unrestrained, unbounded.

desbordar
1 *vt (sobrepasar)* to overflow: **el río desbordó su cauce** the river burst its banks.
2 *vt fig (exceder)* to surpass, exceed: **eso desborda mis conocimientos** that's way over my head.
3 *vi (salirse)* to overflow: **el río desbordó** the river overflowed.
4 **desbordarse** *upr (salirse)* to overflow, flood.
5 *upr fig* to burst.

desborrar *vt* to burl.

desbravar
1 *vt (animal)* to tame; *(caballo)* to break in.
2 *vi (perder braveza)* to become less wild, become less fierce.
3 *vi (calmarse)* to calm down.
4 *vi (licor)* to lose its strength.
5 **desbravarse** *upr (perder braveza)* to become less wild, become less fierce.
6 *upr (calmarse)* to calm down.
7 *upr (un licor)* to lose its strength.

desbroce *nm* → **desbrozo.**

desbrozar *vt (terreno)* to clear of weeds, clear of undergrowth; *(paso)* to clear.
▲ *Conjugation model* [4], *like* **realizar.**

desbrozo
1 *nm (acción)* clearing, clearing of weeds, clearing of undergrowth.
2 *nm (broza)* twigs *pl*, cuttings *pl*, undergrowth.

desbullar *vt* to shell.

descabalar
1 *vt (dejar incompleto)* to leave incomplete.
2 *vt (desnivelar)* to make uneven.

descabalgar *vi* to dismount.
▲ *Conjugation model* [7], *like* **llegar.**

descabellado,-a
1 *pp* → **descabellar.**
2 *adj fig* wild, crazy: **eso es totalmente descabellado** that's absolutely crazy; **una idea descabellada** a crackpot idea.

descabellar
1 *vt (despeinar)* to ruffle.
2 *vt (en tauromaquia)* to kill with the point of a sword on the cervix.

descabezado,-a
1 *pp* → **descabezar.**
2 *adj fig* wild, reckless, crazy.
3 *nm,f fig* wild person, reckless person.

descabezar
1 *vt (quitar la cabeza)* to behead, decapitate.
2 *vt (planta)* to top; *(árbol)* to cut the top off.
3 **descabezarse** *upr (desgranarse)* to shed grain.
4 *upr fam fig* to rack one's brains.
✦ **descabezar un sueño** *fam* to take a nap.
▲ *Conjugation model* [4], *like* **realizar.**

descabullirse *upr fig* to slip away.
▲ *Conjugation model* [41], *like* **mullir.**

descacharrante *adj fam* hilarious.

descacharrar *vt fam (romper)* to break; *(estropear)* to ruin, mess up, spoil.

descafeinado,-a
1 *adj* decaffeinated.
2 *adj fam fig* watered-down.
3 **descafeinado** *nm* decaffeinated coffee.
■ **café descafeinado** decaffeinated coffee.

descafeinar *vt* to decaffeinate.
▲ *Conjugation model* [17].

descalabazarse *upr fam fig* to rack one's brains.

descalabrado,-a
1 *pp* → **descalabrar.**
2 *adj (herido)* wounded, injured; *(en la cabeza)* wounded in the head, injured in the head.
3 *adj fig* damaged, ruined: **dejamos su negocio descalabrado** we left his business in ruins.

descalabradura
1 *nf (herida)* head wound.
2 *nf (cicatriz)* scar.

descalabrar
1 *vt (herir)* to injure; *(en la cabeza)* to injure in the head.
2 *vt fig (causar daño)* to ruin, damage: **la pérdida de las acciones ha descalabrado mi negocio** the fall in share prices has ruined my business.
3 **descalabrarse** *upr* to injure one's head

descalabro *nm* misfortune, damage, loss: **sufrir un descalabro** to suffer a misfortune.

descalcificación *nf* decalcification.

descalcificar
1 *vt* to decalcify.
2 **descalcificarse** *upr* to become decalcified.
▲ *Conjugation model* [1], *like* **sacar.**

descalificación
1 *nf* disqualification.
2 *nf (descrédito)* discredit.

descalificar
1 *vt* to disqualify.
2 *vt (desacreditar)* to discredit.
▲ *Conjugation model* [1], *like* **sacar.**

descalzar
1 *vt (zapatos)* to take off somebody's shoes **le descalzó a toda prisa** she tore off his shoes.
2 *vt (calzos)* to remove the chocks from.
3 **descalzarse** *upr (persona)* to take off one's shoes.
4 *upr (caballo)* to lose a shoe.
▲ *Conjugation model* [4], *like* **realizar.**

descalzo,-a
1 *adj* barefoot, barefooted.
2 *adj REL* barefoot.
3 *adj fig (pobre)* poor.
4 *nm,f REL (hombre)* barefoot monk; *(mujer)* barefoot nun.

descamación *nf* desquamation, flaking, flakiness.

descamarse *upr* to desquamate, flake off.

descambiar *vt* to change back.
▲ *Conjugation model* [12], *like* **cambiar.**

descaminado,-a *pp* → **descaminar.**
✦ **andar/ir/estar descaminado,-a** to be on the wrong track, be on the wrong road.

descaminar
1 *vt (desviar del camino)* to mislead, send in the wrong direction.
2 *vt fig (corromper)* to lead astray, mislead.

descamisado,-a
1 *adj* shirtless, without a shirt.
2 *adj fig (pobre)* poor, wretched.
3 *nm,f fig* wretch, poor person.
4 **descamisados** *nm pl HIST (en España)* liberals *who took part in the 1820 revolution*; *(en Argentina)* supporters of Perón.

descampado,-a
1 *adj* open.
2 **descampado** *nm* open space, open field.
✦ **al/en descampado** in the open country.

descansadamente *adv* without effort, comfortably, easily.

descansado,-a
1 *pp* → **descansar**.
2 *adj* rested, refreshed.
3 *adj (tranquilo)* easy, effortless: **vida descansada** easy life; **trabajo descansado** easy job.

descansar
1 *vi (gen)* to rest, have a rest; *(un momento)* to take a break.
2 *vi (dormir)* to sleep: **¡que descanses!** sleep well!
3 *vi (confiar)* to rely (**en**, on): **se puede descansar en él** you can rely on him.
4 *vi (apoyarse)* to rest (**sobre**, on), be supported (**sobre**, by).
5 *vi (basarse)* to be based (**en**, on): **la felicidad descansa en la libertad** happiness is based on freedom.
6 *vi (estar enterrado)* to lie, rest.
7 *vi (un terreno)* to lie fallow.
8 *vt (aliviar)* to rest: **descansa la cabeza** rest your head.
9 *vt MIL* to order.
✦ **descansar en paz** to rest in peace: **que en paz descanse** may he rest in peace.
¡descansen armas! order arms!

descansillo *nm* landing.

descanso
1 *nm* rest, break.
2 *nm (en un espectáculo)* interval; *(en un partido)* interval, half-time.
3 *nm (alivio)* relief, comfort: **¡qué descanso!** what a relief!
4 *nm (rellano)* landing.
✦ **¡descanso!** *MIL* at ease!
sin descanso without a break.
▪ **descanso eterno** eternal rest.

descantillar
1 *vt (romper los cantos)* to chip.
2 *vt fig (rebajar)* to deduct.
3 **descantillarse** *vpr* to get chipped.

descapitalizar *vt (perder el capital)* to undercapitalize.
▲ *Conjugation model [4], like realizar.*

descapotable
1 *adj* convertible.
2 *nm* convertible.

descapsulador *nm* bottle opener.

descaradamente *adv* impudently, cheekily.

descarado,-a
1 *adj (actitud)* shameless, brazen, insolent; *(persona)* cheeky.
2 *adj (patente)* blatant: **es una copia descarada de mi novela** it's a blatant copy of my novel.
3 *nm,f* shameless person, cheeky person.

descararse *vpr* to behave insolently, be cheeky: **se descaró a pedir un aumento** he had the nerve to ask for a rise.

descarbonatar *vt* to decarbonate.

descarburar *vt* to decarbonize, decarburize.

descarga
1 *nf (acción)* unloading.
2 *nf (eléctrica)* discharge.
3 *nf (de fuego)* discharge, firing.
4 *nf INFORM* download.
▪ **descarga cerrada** volley.

descargadero *nm* wharf, unloading dock.

descargador
1 *nm (gen)* unloader.
2 *nm (estibador)* docker, stevedore.

descargar
1 *vt (quitar una carga)* to unload.
2 *vt (disparar una arma)* to fire, discharge, shoot; *(vaciar una arma)* to unload: **descargaron salvas en su honor** they fired a salute in his honour.
3 *vt (dar un golpe)* to deal: **le descargó un puñetazo** he dealt him a blow.
4 *vt fig (de obligaciones, preocupaciones)* to free, relieve, release: **descargó sus preocupaciones contándole todo a su madre** he got everything off his chest by telling his mother all about it.
5 *vt fig (enfado)* to vent, give vent to.
6 *vt ELEC* to discharge; *(batería)* to run down.
7 *vt JUR* to absolve (**de**, of), acquit (**de**, of).
8 *vt INFORM* to download.
9 *vi ELEC* to discharge.
10 *vi (tormenta)* to break; *(nubes)* to burst.
12 *vi (desembocar)* to flow.
12 **descargarse** *vpr (pilas, baterías)* to discharge.
13 *vpr (desahogarse)* to blow up.
14 *vpr JUR* to clear oneself.
▲ *Conjugation model [7], like llegar.*

descargo
1 *nm (descarga)* unloading.
2 *nm COM* credit.
3 *nm JUR* discharge, acquittal.
4 *nm fig (excusa)* excuse; *(alivio)* relief.
✦ **en/para su descargo** in his defence *(US* defense).
▪ **pliego de descargo** evidence for the defence *(US* defense).

descarnado,-a
1 *pp* → **descarnar**.
2 *adj fig* straightforward, plain.

descarnador *nm* scraper.

descarnar
1 *vt (quitar la carne)* to strip the flesh from.
2 *vt (poner al descubierto)* to lay bare: **el agua descarnó las rocas de algas** the sea scoured the algae from the rocks.

descaro *nm* impudence, cheek, nerve: **tuvo el descaro de hacer algunas preguntas** she had the nerve to ask some questions.
✦ **¡qué descaro!** what a cheek!, what a nerve!, of all the cheek!

descarriado,-a
1 *pp* → **descarriar**.
2 *adj fig* lost.
✦ **ser la oveja descarriada** *fig* to be the lost sheep.

descarriar
1 *vt (apartar del camino)* to send the wrong way, put on the wrong road, misdirect.
2 *vt fig* to lead astray.
3 **descarriarse** *vpr (perderse)* to lose one's way, get lost, go the wrong way.
4 *vpr fig* to go astray.
▲ *Conjugation model [13], like desviar.*

descarrilamiento *nm* derailment.

descarrilar *vi* to be derailed, run off the rails, go off the rails.

descarrío *nm fig* deviation.

descartar
1 *vt* to discard, reject, rule out: **descartamos esa posibilidad** we ruled out that possibility.
2 **descartarse de** *vpr (cartas)* to discard, throw away.
✦ **quedar descartado,-a** to be left out, be ruled out.

descarte *nm* discard, discarded cards *pl*.

descasar
1 *vt (un matrimonio)* to annul the marriage of.
2 *vt fig (alterar)* to alter, upset.

descascarar *vt* to shell.

descascarillar
1 *vt* to husk.
2 **descascarillarse** *vpr* to chip, peel, flake off.

descastado,-a
1 *adj (poco cariñoso)* unaffectionate, cold.
2 *adj (desagradecido)* ungrateful.
3 *nm,f (poco cariñoso)* unaffectionate person.
4 *nm,f (desagradecido)* ungrateful person.

descendencia *nf* offspring, descendants *pl*.
✦ **morir sin descendencia** to die without issue, leave no children.

descendente *adj* descending, downward.

descender
1 *vi* to descend, go down, come down.
2 *vi (temperatura, nivel, etc)* to drop, fall, go down.
3 *vi (ser descendiente)* to descend (**de**, from), issue (**de**, from).
4 *vi (provenir)* to come (**de**, from).
5 *vt (llevar más bajo)* to take down, bring down, lower.
6 *vt (bajar)* to go down: **descendió la escalera muy rápidamente** he went down the stairs very quickly.
▲ *Conjugation model [28], like entender.*

descendiente *nm & nf* descendant; *(hijos)* offspring.
✦ **ser descendiente de** to be a descendant of.

descendimiento *nm* descent, lowering.

descenso
1 *nm (acción)* descent, lowering.
2 *nm (de temperatura)* drop, fall.
3 *nm fig (declive)* decline, fall.
4 *nm* DEP *(de división)* relegation; *(en esquí)* downhill race.

descentrado,-a
1 *pp* → **descentrar.**
2 *adj* off-centre (US off-center).
3 *adj fig (desorientado)* disoriented, all-at-sea.

descentralización *nf* decentralization.

descentralizar *vt* to decentralize.
▲ *Conjugation model [4], like realizar.*

descentrar
1 *vt* to put off-centre (US off-center).
2 *vt fig* to disorientate, throw, put off.
3 **descentrarse** *vpr* to go off-centre (US off-center).
4 *vpr fig* to become disorientated.

desceñir
1 *vt* to loosen.
2 **desceñirse** *vpr* to come loose.
▲ *Conjugation model [36], like ceñir.*

descepar
1 *vt* to uproot.
2 *vt fig (exterminar)* to eradicate.

descerebrar *vt* to decerebrate.

descerrajar
1 *vt* to force, break open.
2 *vt fam fig (un tiro)* to fire.

descifrable
1 *adj* decipherable.
2 *adj (letra)* legible.

desciframiento *nm* deciphering, decoding.

descifrar
1 *vt* to decipher, decode.
2 *vt fig (llegar a comprender)* to solve, figure out.

desclavar
1 *vt (quitar los clavos)* to remove the nails from.
2 *vt (desprender)* to take off.

descoagulante *adj* dissolving, liquefying.

descoagular *vt* to dissolve, liquefy.

descocado,-a
1 *pp* → **descocarse.**
2 *adj fam* bold, brazen, cheeky, barefaced.

descocarse *vpr* to be brazen, be cheeky.
▲ *Conjugation model [1], like sacar.*

descoco *nm* boldness, cheek.

descodificador *nm* decoder.

descodificar *vt* to decode.
▲ *Conjugation model [1], like sacar.*

descojonante *adj arg* bloody hilarious.

descojonarse *vpr arg* to piss oneself laughing.

descolgado,-a
1 *pp* → **descolgar.**
2 *adj* cut off from one's friends.
3 *nm,f* loner.

descolgar
1 *vt (cuadro etc)* to take down.
2 *vt (bajar)* to lower, let down.
3 *vt (el teléfono)* to pick up, lift: **dejó el teléfono descolgado** she left the telephone off the hook.
4 **descolgarse** *vpr (escurrirse)* to slip down, slide down: **se descolgó por la pared** he slid down the wall.
5 *vpr fam fig (dejarse caer)* to drop in, turn up: **se descolgó a cenar con dos amigos** he dropped in for dinner with two friends.
6 *vpr fam fig (separarse)* to break away; *(quedarse rezagado)* to fall behind.
7 *vpr fam fig (decir)* to come out (**con**, with); *(hacer)* to do unexpectedly, surprise: **se descolgó con una tontería** he made a stupid remark.
▲ *Conjugation model [52], like colgar.*

descollante *adj* outstanding.

descollar *vi* to stand out, excel: **descollaba en ingenio entre todos sus compañeros** her talent set her apart from her friends.
▲ *Conjugation model [31], like contar.*

descolocado,-a *adj* unemployed, out of a job, out of work.

descolonización *nf* decolonization.

descolonizar *vt* to decolonize.
▲ *Conjugation model [4], like realizar.*

descoloramiento *nm* discoloration; *(del pelo)* bleaching.

descolorar
1 *vt* to discolour (US discolor), fade; *(pelo)* to bleach.
2 **descolorarse** *vpr* to lose colour (US color), fade.

descolorido,-a
1 *pp* → **descolorir.**
2 *adj* discoloured (US discolored), faded.
3 *adj fig* dull, lifeless.

descolorimiento *nm* → **descoloramiento.**

descolorir *vt* → **descolorar.**

descombrar *vt* to clear.

descombro *nm* clearing.

descomedido,-a
1 *pp* → **descomedirse.**
2 *adj (excesivo)* excessive, immoderate.
3 *adj (descortés)* rude, impolite.
4 *nm,f* rude person, impolite person.

descomedimiento *nm* rudeness, insolence.

descomedirse *vpr* to be rude, be disrespectful.
▲ *Conjugation model [34], like servir.*

descompaginar *vt* to mess up, upset.

descompasar
1 *vt (hacer perder el compás)* to make lose the beat.
2 **descompasarse** *vpr* to be rude.

descompensado,-a *adj* unbalanced.

descompensar *vt* to unbalance, upset, throw out of kilter.

descomponer
1 *vt (separar)* to break down, split up.
2 *vt (estropear)* to break.
3 *vt (desorganizar)* to mess up, upset.
4 *vt (desordenar)* to mess up: **me ha descompuesto toda la habitación** he messed up my bedroom.
5 *vt* FÍS to resolve.
6 *vt* QUÍM to decompose.
7 *vt* MAT to split up.
8 *vt fig (molestar)* to disturb, upset; *(irritar)* irritate.
9 *vt (pudrir)* to rot.
10 **descomponerse** *vpr (pudrirse)* to decompose, rot.
11 *vpr (estropearse)* to break down.
12 *vpr (enfermar)* to feel ill.
13 *vpr (enfadarse)* to lose one's temper, get angry: **me descompongo cuando dices tantas tonterías** it makes me angry when you say such rubbish.
14 *vpr* FÍS to resolve.
15 *vpr* QUÍM to decompose.
16 *vpr* MAT to split.
▲ *Conjugation model [78], like poner; pp* descompuesto,-a.

descomponible *adj* which can be broken down.

descomposición
1 *nf (pudrimiento)* decomposition, decay.
2 *nf fig (decadencia)* decline, decadence.
3 *nf fam (diarrea)* diarrhoea (US diarrhea).

descompostura
1 *nf (desaliño)* untidiness, slovenliness.
2 *nf fig (descaro)* insolence, cheek.

descompresión *nf* decompression.

descompresor *nm* decompression valve.

descomprimir *vt* to decompress, depressurize.

descompuesto,-a
1 *pp* → **descomponer.**
2 *adj (podrido)* decomposed, decayed, rotten.
3 *adj (estropeado)* out of order, broken down.
4 *adj fig (alterado)* upset.
5 *adj fig (atrevido)* insolent, impudent.
✦ **estar descompuesto,-a** to have diarrhoea (US diarrhea).

descompuse *pt indef* → **descomponer.**

descomunal *adj* huge, enormous.

desconceptuar *vt* to discredit.
▲ *Conjugation model [11], like actuar.*

desconcertado,-a *adj* disconcerted, confused, upset.

desconcertante *adj* disconcerting, upsetting.

desconcertar
1 *vt (perturbar)* to disconcert, upset, disturb.
2 *vt (desorientar)* to confuse.
3 *vt* MED to dislocate.
4 **desconcertarse** *vpr (perturbarse)* to be disconcerted.

5 *upr (desorientarse)* to be bewildered, be confused.

6 *upr* MED to be dislocated.

▲ *Conjugation model* [27], *like* acertar.

desconchado,-a
1 *pp* → desconchar.
2 desconchado *nm (pared)* flaking, peeling; *(loza)* chipping.

desconchar
1 *vt (pared)* to peel off, flake; *(loza)* to chip.
2 desconcharse *upr* to peel off, flake off; *(loza)* to chip.

desconchón *nm (en pared)* bare patch; *(en loza)* chip.

desconcierto *nm* disorder, confusion, chaos: tales preguntas sembraron el desconcierto such questions sowed the seeds of doubt.

desconcordia *nf* discord, disagreement.

desconectado,-a
1 *pp* → desconectar.
2 *adj fig* cut off *(de,* from): estoy desconectado de mi familia política I have no contact with my in-laws.

desconectar
1 *vt* ELEC to disconnect.
2 *vt (un aparato)* to switch off, turn off.
3 *vt (desenchufar)* to unplug.
4 *vt fam fig* to turn off, switch off: como no le interesaba el tema desconectó as she wasn't interested in the subject she switched off.
5 desconectarse *upr fam fig (separarse)* to cut oneself off *(de,* from): me desconecté de mis amigos del colegio I lost touch with my school friends.

desconexión *nf* disconnection.

desconfiado,-a
1 *pp* → desconfiar.
2 *adj* distrustful, suspicious, wary.
3 *nm,f* distrustful person, suspicious person, wary person.

desconfianza *nf* distrust, mistrust, suspicion.

desconfiar
1 *vi (faltar la confianza)* to distrust *(de,* -), mistrust *(de,* -), be suspicious *(de,* of).
2 *vi (dudar)* to doubt *(de,* -).
3 *vi (tener cuidado)* to beware *(de,* of): "Desconfíe de las imitaciones" "Beware of imitations".

▲ *Conjugation model* [13], *like* desviar.

descongelante *nm* de-icer.

descongelar
1 *vt (comida)* to thaw, thaw out.
2 *vt (nevera)* to defrost.
3 *vt* FIN to unfreeze.

descongestión *nf (nasal)* unblocking, clearing, decongestion; *(del tráfico)* easing of congestion.

descongestionar *vt* to clear.

descongestionante *nm* decongestant.,

desconocer
1 *vt* not to know, be unaware of: desconozco su nombre I don't know her name.
2 *vt (no reconocer)* not to recognize: me lo encontré pero lo desconocí I met him but I didn't recognize him.
3 *vt (rechazar)* to disown: desconoce a sus amistades he disowns his friends.
4 *vt (no prestar atención)* not to pay attention to, ignore.

▲ *Conjugation model* [44], *like* conocer.

desconocido,-a
1 *pp* → desconocer.
2 *adj (no conocido)* unknown.
3 *adj (no reconocido)* unrecognized.
4 *adj (extraño)* strange, unfamiliar.
5 *nm,f* stranger, unknown person.
6 lo desconocido *nm* the unknown.
◆ estar desconocido,-a to be unrecognizable.

desconocimiento *nm* ignorance *(de,* of).

desconsideración *nf* lack of consideration, inconsiderateness, thoughtlessness.

desconsideradamente *adv* thoughtlessly.

desconsiderado,-a
1 *pp* → desconsiderar.
2 *adj* inconsiderate, thoughtless.
3 *nm,f* inconsiderate person, thoughtless person.

desconsiderar *vt* to lack consideration for.

desconsoladamente *adv* inconsolately.

desconsolado,-a
1 *pp* → desconsolar.
2 *adj* disconsolate, grief-stricken, inconsolable.

desconsolador,-ra *adj* heartbreaking, distressing.

desconsolar
1 *vt* to distress, grieve.
2 desconsolarse *upr* to be distressed.

▲ *Conjugation model* [31], *like* contar.

desconsuelo *nm* affliction, grief, sorrow.

descontado,-a *pp* → descontar.
◆ dar por descontado *fam* to take for granted: dimos por descontado que aprobaría we took it for granted he would pass.
por descontado needless to say, of course.

descontaminación *nf* decontamination.

descontaminar *vt* to decontaminate.

descontar
1 *vt (restar)* to deduct, take off, knock off: me han descontado el 12% they gave me a 12% discount.
2 *vt (excluir)* to leave out, exclude: si descontamos esa partida todavía quedan cuatro leaving out that consignment there are still four left.

3 *vt fig* to discount: su comportamiento descuenta credibilidad a la empresa his behaviour adversely affects the credibility of the firm.
4 *vt* DEP to add on.

▲ *Conjugation model* [31], *like* contar.

descontentadizo,-a *adj* hard to please.

descontentar
1 *vt* to make dissatisfied, make discontent, displease.
2 descontentarse *upr* to be displeased *(con,* with).

descontento,-a
1 *adj* displeased, unhappy, dissatisfied, discontented.
2 *nm,f* malcontent.
3 descontento *nm* discontent, dissatisfaction.

descontrol *nm fam* lack of control, chaos.

descontrolado,-a
1 *pp* → descontrolarse.
2 *adj* uncontrolled, out of control.
3 *adj fam fig* out of control, wild.

descontrolarse *upr (persona)* to lose control; *(avión etc)* to go out of control.

desconvenir *vi* to disagree.

▲ *Conjugation model* [90], *like* venir.

desconvocar *vt* to cancel, call off.

▲ *Conjugation model* [1], *like* sacar.

descorazonador,-ra *adj* disheartening, discouraging.

descorazonar
1 *vt* to dishearten, discourage.
2 descorazonarse *upr* to lose heart, get discouraged.

descorchador *nm* corkscrew.

descorchar *vt* to uncork.

descorche *nm* uncorking.

descornar
1 *vt* to dehorn, remove the horns of.
2 descornarse *upr fam fig (pensar)* to rack one's brains; *(trabajar)* to slave away, slog one's guts out.

▲ *Conjugation model* [31], *like* contar.

descorrer
1 *vt (cortinas)* to draw; *(cerrojo)* to unbolt.
2 *vt (volver atrás)* to retrace, go back over.
3 *vi (escurrirse)* to drip, trickle.
4 descorrerse *upr* to drip, trickle.

descorrimiento *nm* dripping, trickling.

descortés *adj* impolite, rude, discourteous.

descortesía *nf* impoliteness, rudeness, discourtesy.

descortésmente *adv* impolitely.

descortezar
1 *vt (árbol)* to bark, remove the bark from.
2 *vt (pan)* to remove the crust from; *(fruta)* to peel.
3 *vt fig (desbastar)* to refine, polish.

▲ *Conjugation model* [4], *like* realizar.

descoser
1 *vt* to unpick.
2 **descoserse** *vpr* to come unstitched.

descosido,-a
1 *pp* → **descoser.**
2 *adj fig (hablador)* talkative.
3 *adj fig (incoherente)* disconnected.
4 **descosido** *nm* open seam.
✦ **como un descosido** *fam (con exceso)* like wild, too much: **hablar como un descosido** to talk nineteen to the dozen; **beber como un descosido** to drink like a fish; **comer como un descosido** to eat like a horse.

descoyuntar
1 *vt (hueso)* to dislocate, disjoint.
2 *vt fig (cansar)* to exhaust, tire out.
3 **descoyuntarse** *vpr* to become dislocated.
✦ **descoyuntarse de risa** *fam* to split one's sides laughing.

descrédito *nm* discredit, disrepute: **el gobierno cayó en descrédito** the government was discredited.
✦ **ir en descrédito de** to be to the discredit of.

descreer *vt* to disbelieve.
▲ *Conjugation model* [61], *like leer.*

descreído,-a
1 *adj* disbelieving, unbelieving.
2 *nm,f* disbeliever, unbeliever.

descreimiento *nm* disbelief, unbelief.

descremado,-a
1 *pp* → **descremar.**
2 *adj* skimmed.
▪ **yogur descremado** low-fat yoghurt.

descremar *vt* to skim.

describir
1 *vt* to describe.
2 *vt (trazar)* to trace, describe.
▲ *pp descrito,-a.*

descripción
1 *nf* description.
2 *nf (acción de trazar)* tracing, describing, description.

descriptible *adj* describable.

descriptivo,-a *adj* descriptive.

descrito,-a
1 *pp* → **describir.**
2 *adj* described.
3 *adj (trazado)* traced, described.

descruzar *vt* to uncross.
▲ *Conjugation model* [4], *like realizar.*

descuadernar *vt* → **desencuadernar.**

descuajar
1 *vt (liquidar)* to liquefy.
2 *vt (arrancar de raíz)* to uproot.
3 *vt fig (desesperanzar)* to dishearten.

descuajaringar
1 *vt (desvencijar)* to pull to pieces, take to pieces.
2 **descuajaringarse** *vpr fam fig (cansarse)* to be exhausted, be worn out.
3 *vpr fam fig (reírse)* to fall about laughing.
▲ *Conjugation model* [7], *like llegar.*

descuaje *nm* → **descuajo.**

descuajo *nm* uprooting.

descuartizamiento *nm (de persona)* quartering; *(de animal)* quartering, cutting up.

descuartizar
1 *vt (persona)* to quarter; *(animal)* to quarter, cut up.
2 *vt fam fig* to pull to pieces, tear apart.
▲ *Conjugation model* [4], *like realizar.*

descubierta *nf MIL* reconnaissance, reconnoitring, scouting.

descubierto,-a
1 *pp* → **descubrir.**
2 *adj* open, uncovered: **el cielo está descubierto** the sky is clear.
3 *adj (sin sombrero)* bareheaded.
4 **descubierto** *nm FIN* overdraft.
✦ **a cielo descubierto** in the open.
al descubierto in the open.
estar en descubierto *COM* to be overdrawn, be in the red.
poner al descubierto to expose, bring out into the open.
quedar al descubierto to be exposed, come out into the open, come to light.

descubridor,-ra *nm,f* discoverer.

descubrimiento *nm* discovery.

descubrir
1 *vt (gen)* to discover; *(petróleo, oro, minas)* to find; *(conspiración)* to uncover; *(crimen)* to bring to light: **Colón descubrió América** Columbus discovered America.
2 *vt (revelar)* to reveal.
3 *vt (averiguar)* to find out, discover: **descubrimos sus intenciones** we found out his intentions.
4 *vt (delatar)* to give away.
5 *vt (divisar)* to make out, see.
6 *vt (destapar)* to uncover: **el ministro descubrió la estatua** the minister unveiled the statue.
7 **descubrirse** *vpr (la cabeza)* to take off one's hat.
8 *vpr fig (abrirse)* to open one's heart (**a/con**, to).
9 *vpr (en boxeo)* to lower one's guard.
▲ *pp descubierto,-a.*

descuento
1 *nm* discount, reduction, deduction.
2 *nm DEP* injury time.
✦ **con descuento** at a discount, on offer: **el precio con descuento es de siete euros** the discount price is seven euros.
descuento por pronto pago cash discount.

descuidadamente *adv* carelessly.

descuidado,-a
1 *pp* → **descuidar.**
2 *adj (negligente)* careless, negligent.
3 *adj (desaseado)* slovenly, untidy, neglected.
4 *adj (desprevenido)* unprepared.

descuidar
1 *vt* to neglect, overlook: **ha descuidado su higiene** he has neglected his personal hygiene.
2 *vt (distraer)* to distract.
3 *vt (liberar)* to free, release.
4 **descuidarse** *vpr (no tener cuidado)* to be careless: **se descuidó y se perdió** he was careless and got lost; **como te descuides, te vas a mojar los pies** if you don't look out, you're going to get your feet wet.
5 *vpr (no arreglarse)* to neglect oneself, let oneself go.
✦ **¡descuida/descuidad/descuiden!** don't worry!

descuidero *nm* pickpocket.

descuido
1 *nm (negligencia)* negligence, carelessness, neglect.
2 *nm (distracción)* oversight, slip, mistake.
3 *nm (desaliño)* slovenliness, untidiness.
✦ **al descuido** casually, nonchalantly.
con descuido without thinking.
por descuido inadvertently, by mistake.

descurtir *vt* to bleach, whiten.

desde
1 *prep (tiempo)* since: **desde 1992** since 1992; **¿desde cuándo?** since when?; **desde entonces** since then, from then on; **no hemos ido al cine desde hace un mes** we haven't been to the cinema for a month.
2 *prep (lugar)* from: **desde allí** from there; **desde lo alto** from the top of.
✦ **desde ahora** from now on.
desde hace mucho tiempo for a long time.
desde ... hasta from ... to: **desde la una hasta las cuatro** from one o'clock to four; **desde Barcelona hasta Tarragona** from Barcelona to Tarragona.
desde luego *(en realidad)* really; *(como respuesta)* of course, certainly.
desde que since: **desde que nos encontramos llama cada día** since we met he phones me every day.

desdecir
1 *vi (no ser igual)* not to be equal (**de**, to), not live up (**de**, to): **ese libro desdice mucho del anterior** that book doesn't measure up to the previous one.
2 *vi (no armonizar)* not to match (**de**, -), not to go (**de**, with): **ese tocado desdice del vestido** that headdress doesn't go with that dress.
3 *vi (orígenes, familia, raza)* to be unworthy (**de**, of): **desdice de sus orígenes** he is unworthy of his origins.
4 **desdecirse** *vpr* to go back on one's word, recant.
▲ *Conjugation model* [79], *like predecir; pp desdicho,-a.*

desdén *nm* disdain, scorn, contempt.
✦ **con desdén** scornfully, disdainfully.

desdentado,-a
1 *pp* → desdentar.
2 *adj* toothless.
3 desdentado *nm zool* edentate.
desdentar *vt* to remove the teeth of.
desdeñable
1 *adj (despreciable)* contemptible, despicable.
2 *adj (insignificante)* negligible, insignificant: ha alcanzado la cifra nada desdeñable de cinco millones it has reached the not insignificant figure of five million.
desdeñar
1 *vt (despreciar)* to disdain, scorn.
2 *vt (rechazar)* to turn down.
3 desdeñarse *vpr* not to deign (**de**, to): desdeñarse de hacer algo not to deign to do something.
desdeñoso,-a *adj* disdainful, contemptuous, scornful.
desdibujado,-a
1 *pp* → desdibujar.
2 *adj* blurred, faint.
desdibujar
1 *vt* to blur.
2 desdibujarse *vpr* to become blurred, become faint.
desdicha *nf* misfortune, misery, adversity.
✦ **para colmo de desdichas** to top it all.
por desdicha unfortunately.
desdichadamente *adv* unfortunately.
desdichado,-a
1 *adj* unfortunate, wretched, unlucky.
2 *nm,f* poor devil, wretch.
desdicho,-a *pp* → desdecir.
desdigo *pres indic* → desdecir.
desdinerar
1 *vt* to impoverish.
2 desdinerarse *vpr (quedarse sin dinero)* to run out of money.
desdiré *fut* → desdecir.
desdoblamiento
1 *nm* unfolding.
2 *nm (duplicación)* splitting.
▪ **desdoblamiento de personalidad** split personality.
desdoblar
1 *vt* to unfold.
2 *vt fig (duplicar)* to split.
desdorar *vt* to tarnish.
desdoro *nm* tarnishing.
desdramatizar *vt* to make less traumatic, play down.
▲ *Conjugation model* [4], *like* **realizar**.
deseable *adj* desirable.
deseado,-a
1 *pp* → desear.
2 *adj* desired: en el momento deseado at the right time.
desear
1 *vt (querer)* to want: deseo que venga I want him to come.
2 *vt (anhelar)* to long for, wish for, desire; *(para alguien)* to wish: estoy desean-

do que lleguen las vacaciones de Navidad I can't wait for the Christmas holidays; desearía tener un coche I wish I had a car; le deseó la mejor suerte she wished him good luck; ¿qué desea? can I help you?, what can I do for you?
3 *vt (sexualmente)* to desire.
✦ **dejar mucho/bastante que desear** to leave a lot to be desired.
es de desear que it is to be hoped that.
desecación
1 *nf (gen)* drying; *(plantas)* withering; *(pantano)* draining, drainage.
2 *nf quím* desiccation.
desecar
1 *vt (gen)* to dry up.
2 *vt (pantano, laguna, etc)* to drain.
3 desecarse *vpr* to dry up.
▲ *Conjugation model* [1], *like* **sacar**.
desechable *adj* disposable, throw-away.
desechar
1 *vt (tirar)* to discard, throw out, throw away: desecharon los libros que no les interesaban they threw away the books they weren't interested in.
2 *vt (rechazar)* to refuse, reject; *(proyecto, idea)* to drop, discard: desechó el empleo she turned down the job.
3 *vt (apartar de sí)* to put aside, cast aside: deberías desechar esa idea you should give up that idea.
desecho
1 *nm (residuo)* reject.
2 *nm (ropa)* castoff.
3 desechos *nm pl* waste *sing*, rubbish *sing*: desechos radiactivos radioactive waste.
✦ **de desecho** *(ropa)* cast-off; *(material)* waste.
ser un desecho de la sociedad *fig* to be a social outcast.
deselectrizar *vt* to discharge.
▲ *Conjugation model* [4], *like* **realizar**.
desembalaje *nm* unpacking.
desembalar *vt* to unpack.
desembaldosar *vt* to remove the tiles from.
desembarazado,-a
1 *pp* → desembarazar.
2 *adj* free and easy, uninhibited.
desembarazar
1 *vt (dejar libre)* to free.
2 *vt (desocupar)* to empty, clear.
3 desembarazarse *vpr (librarse)* to rid oneself (**de**, of), get rid (**de**, of): no conseguía desembarazarse de sus perseguidores he wasn't able to shake off his pursuers.
▲ *Conjugation model* [4], *like* **realizar**.
desembarazo *nm* confidence, assurance, ease.
desembarcadero *nm* landing stage, quay, pier.

desembarcar
1 *vi* to disembark, land, go ashore.
2 *vt (mercancías)* to unload; *(personas)* to disembark, put ashore.
3 desembarcarse *vpr* to disembark, land, go ashore.
▲ *Conjugation model* [1], *like* **sacar**.
desembarco *nm (mercancías)* landing, unloading; *(personas)* disembarkation, landing; *(tropas)* landing.
desembargar *vt jur* to raise an embargo, lift an embargo.
▲ *Conjugation model* [7], *like* **llegar**.
desembargo *nm jur* raising of an embargo, lifting of an embargo.
desembarque *nm* → desembarco.
desembarrancar *vt* to refloat.
▲ *Conjugation model* [1], *like* **sacar**.
desembocadura
1 *nf (de río)* mouth, outlet.
2 *nf (salida)* way out, exit.
desembocar
1 *vi (río)* to flow (**en**, into).
2 *vi (calle)* to end (**en**, at), lead (**en**, into).
3 *vi fig* to lead (**en**, to), end (**en**, in): todo desembocó en un final feliz it all ended well.
▲ *Conjugation model* [1], *like* **sacar**.
desembolsar *vt* to pay out.
desembolso
1 *nm (entrega de dinero)* payment; *(plazo)* instalment (*us* installment).
2 *nm (gasto)* expense, outlay, expenditure.
▪ **desembolso inicial** down payment.
desemborrachar *vt* to sober up.
desembotar *vt fig* to liven up.
✦ **desembotar el entendimiento** to sharpen one's understanding.
desembozar
1 *vt (quitar el embozo)* to unmask, uncover.
2 *vt fig* to uncover, bring out into the open.
▲ *Conjugation model* [4], *like* **realizar**.
desembragar
1 *vt téc* to disengage.
2 *vt auto* to release.
3 *vi auto* to release the clutch, declutch.
▲ *Conjugation model* [7], *like* **llegar**.
desembrague
1 *nm téc* disengaging.
2 *nm auto* declutching.
desembravecer *vt* to tame.
▲ *Conjugation model* [43], *like* **agradecer**.
desembriagar *vt* to sober up.
▲ *Conjugation model* [7], *like* **llegar**.
desembridar *vt* to unbridle.
desembrollar *vt* to clarify, clear up.
desembrujar *vt* to remove a spell from.
desembuchar
1 *vt (aves)* to disgorge.
2 *vt fam fig* to let out, come clean about.
3 *vi* to come clean, spill the beans: ¡desembucha de una vez! come out with it once and for all!

desemejante *adj* dissimilar, different.
desemejanza *nf* dissimilarity, difference.
desemejar
1 *vi* to differ, be dissimilar.
2 *vt* to change.
desempacar *vt* to unpack.
▲ *Conjugation model* [1], *like sacar.*
desempachar
1 *vt* to relieve from indigestion.
2 **desempacharse** *vpr* to be relieved from indigestion.
desempacho *nm fig* assurance, self-confidence.
desempadronar
1 *vt (dar de baja en el padrón)* to remove from the register.
2 *vt fig (matar)* to kill.
3 **desempadronarse** *vpr* to remove oneself from the register.
desempalmar *vt* to disconnect.
desempañar *vt* to wipe the steam from, demist.
desempapelar *vt* to strip.
desempaquetar *vt* to unpack, unwrap.
desemparejado,-a
1 *pp* → desemparejar.
2 *adj (sin pareja)* without a partner.
3 *adj (suelto)* odd: un calcetín desemparejado an odd sock.
desemparejar *vt* to separate.
desempatar
1 *vt* to break a tie between: no pudieron desempatar los votos they couldn't break the tie between the votes.
2 *vi DEP (desempatar un resultado)* to break the deadlock; *(jugar un partido de desempate)* to play a deciding match, play off.
desempate
1 *nm* tie-break, tiebreaker: los miembros del jurado tuvieron que hacer una votación de desempate the members of the jury had to take a deciding vote.
2 *nm DEP* play-off, tie-break.
■ **gol de desempate** deciding goal.
partido de desempate play off, deciding match.
desempedrar
1 *vt (arrancar las piedras)* to remove the paving from.
2 *vt fig (correr)* to run; *(pasear)* to take a walk.
▲ *Conjugation model* [3], *like zurcir.*
desempeñar
1 *vt (sacar lo empeñado)* to redeem, take out of pawn.
2 *vt (liberar a una persona de deudas)* to pay the debts of.
3 *vt (cumplir una obligación)* to discharge, fulfil *(US* fulfill), carry out; *(un cargo)* to fill, hold, occupy: desempeña el mismo cargo desde hace veinte años he's held the same post for twenty years.

4 *vt (papel)* to play: desempeñó el papel de Don Juan he played the part of Don Juan; desempeña un papel vital she plays a vital role.
desempeño
1 *nm (de algo empeñado)* redeeming; *(deuda)* payment.
2 *nm (obligaciones, cargo)* carrying out, fulfilment *(US* fulfillment).
3 *nm TEAT* performance, acting.
desempleado,-a
1 *adj* unemployed, out of work.
2 *nm,f* unemployed person.
3 **los desempleados** *nm pl* the unemployed.
desempleo *nm* unemployment.
◆ **cobrar el desempleo** to be on the dole, *(US* be on welfare).
desempolvar
1 *vt (quitar el polvo)* to dust.
2 *vt fig (volver a usar)* to unearth.
◆ **desempolvar recuerdos** *fig* to revive memories.
desemponzoñar *vt (persona)* to detoxicate; *(cosa)* to remove the poison from.
desenamorar
1 *vt* to make fall out of love **(de,** with).
2 **desenamorarse** *vpr* to fall out of love.
desencadenamiento
1 *nm (de algo encadenado)* unchaining.
2 *nm fig* outbreak, outburst.
desencadenar
1 *vt (quitar la cadena)* to unchain.
2 *vt (pasiones)* to unleash.
3 *vt fig (producir)* to spark off, give rise to: la detención desencadenó la revuelta the arrest sparked off the riot.
4 **desencadenarse** *vpr (desatarse)* to break loose.
5 *vpr (guerra, tormenta)* to break out: se desencadenó una tormenta a storm broke.
6 *vpr (acontecimientos)* to start.
desencajado,-a
1 *pp* → desencajar.
2 *adj (desunido)* out of place, out of joint.
3 *adj fig (rostro)* distorted; *(ojos)* wild.
desencajar
1 *vt (desunir)* to take apart, disjoint.
2 **desencajarse** *vpr (desunirse)* to come apart, come loose.
3 *vpr fig (rostro)* to become distorted, become twisted; *(ojos)* to look wild.
desencajonar *vt* to unpack, take out of a box.
desencallar *vt* to refloat.
desencaminado,-a *adj* on the wrong track: no vas muy desencaminado you're not far wrong.
desencaminar *vt* → descaminar.
desencantamiento *nm* disenchantment.
desencantar
1 *vt (deshacer el encantamiento)* to disenchant.
2 *vt (desilusionar)* to disillusion, disappoint.

3 **desencantarse** *vpr* to be disappointed, be disillusioned.
desencanto
1 *nm (pérdida del encantamiento)* disenchantment.
2 *nm (desilusión)* disillusionment, disappointment.
desencapotar
1 *vt desus (quitar el capote)* to uncloak.
2 *vt fig (descubrir)* to uncover.
3 **desencapotarse** *vpr fig (despejar el cielo)* to clear.
desencapricharse *vpr* to go off **(de,** -), lose interest **(de,** in).
desencarcelar *vt* to release from prison, free.
desencargar *vt* to cancel an order for.
▲ *Conjugation model* [7], *like llegar.*
desenchufar *vt* to unplug, disconnect.
desencofrar *vt* to remove the shuttering from.
desencoger
1 *vt (estirar)* to stretch out; *(desdoblar)* to unfold.
2 **desencogerse** *vpr (extenderse)* to stretch, give.
3 *vpr fig (perder el encogimiento)* to come out of one's shell, become more confident.
▲ *Conjugation model* [5], *like proteger.*
desencogimiento *nm fig* self-confidence, ease.
desencolar
1 *vt* to unglue, unstick.
2 **desencolarse** *vpr* to come unglued, come unstuck.
desenconar
1 *vt (quitar la inflamación)* to relieve the inflammation.
2 *vt fig (desahogar)* to calm.
3 **desenconarse** *vpr fig* to cool off, calm down.
desencordar *vt* to unstring.
▲ *Conjugation model* [31], *like contar.*
desencorvar *vt* to straighten.
desencuadernar
1 *vt* to unbind.
2 **desencuadernarse** *vpr* to come unbound.
desendemoniar *vt* to exorcise.
▲ *Conjugation model* [12], *like cambiar.*
desendiosar *vt fig* to humble, bring down to earth.
desenfadadamente
1 *adv (con desenvoltura)* casually, with ease, confidently.
2 *adv (con humor)* light-heartedly.
desenfadado,-a
1 *pp* → desenfadar.
2 *adj (despreocupado)* free and easy, care-free.
3 *adj (cómico)* light-hearted.
4 *adj (ropa)* casual.
desenfadar
1 *vt* to calm down.
2 **desenfadarse** *vpr* to calm down.

desenfado
1 *nm (soltura)* self-confidence, assurance.
2 *nm (franqueza)* frankness, openness.
3 *nm (facilidad)* ease.

desenfocado,-a
1 *pp* → desenfocar.
2 *adj* out of focus.
3 *adj fig* wrongly approached.

desenfocar
1 *vt* to take out of focus.
2 *vt fig* to approach wrong.
▲ *Conjugation model* [1], *like* **sacar.**

desenfoque
1 *nm* incorrect focusing.
2 *nm fig* wrong approach (**de**, to).

desenfrenado,-a
1 *pp* → desenfrenar.
2 *adj (gen)* frantic, uncontrolled, wild.
3 *adj (pasiones, vicios)* unbridled, uncontrolled.

desenfrenar
1 *vt* to unbridle.
2 **desenfrenarse** *vpr fig* to let loose, go wild.

desenfreno *nm (vicio)* licentiousness, debauchery; *(falta de control)* lack of control, wild abandon.

desenfundar
1 *vt (quitar)* to draw out, pull out.
2 *vt (destapar)* to uncover.

desenganchar
1 *vt (gen)* to unhook, unfasten; *(despegar)* to unstick.
2 *vt (caballerías)* to uncouple, unhitch.

desengañado,-a
1 *pp* → desengañar.
2 *adj (desilusionado)* disillusioned.
3 *adj (decepcionado)* disappointed, let down.

desengañar
1 *vt (hacer conocer la verdad)* to open the eyes of, put in the know.
2 *vt (decepcionar)* to disappoint.
3 *vt (desilusionar)* to disillusion.
4 **desengañarse** *vpr (ver la verdad)* to have one's eyes opened (**de**, about): cuando vio a sus oponentes se desengañó de ganar la carrera when he saw his opponents he realized he wouldn't win the race.
5 *vpr (tener una decepción)* to be disappointed.
6 *vpr (tener una desilusión)* to become disillusioned, be let down.
✦ **¡desengáñate!** face facts!, don't delude yourself!, stop kidding yourself!

desengaño
1 *nm (conocimiento de la verdad)* eye-opener.
2 *nm (desilusión)* disillusion; *(decepción)* disappointment.
✦ **llevarse/sufrir un desengaño** to be disappointed.

desengarzar *vt* to unravel.
▲ *Conjugation model* [4], *like* **realizar.**

desengastar *vt* to remove from its setting.

desengrasar *vt* to remove the grease from.

desenguantarse *vpr* to take off one's gloves.

desenhebrar
1 *vt* to unthread.
2 **desenhebrarse** *vpr* to come unthreaded.

desenjaular *vt* to let out of a cage, release.

desenlace
1 *nm (resultado)* outcome, result.
2 *nm (de una obra)* ending, denouement.
3 *nm (final)* end.

desenlazar
1 *vt (desatar)* to untie, undo.
2 *vt fig* to unravel, solve.
3 **desenlazarse** *vpr (desatarse)* to come undone.
4 *vpr fig (resolverse una acción)* to unfold, turn out: todo se desenlaza como el espectador espera everything turns out as the viewer expects.
▲ *Conjugation model* [4], *like* **realizar.**

desenmarañar
1 *vt (desenredar)* to untangle, unravel.
2 *vt fig (poner en claro)* to unravel, clear up; *(un asunto)* to sort out.

desenmascaramiento *nm* exposure.

desenmascarar *vt* to unmask.

desenmohecer
1 *vt* to remove the mould from.
2 **desenmohecerse** *vpr fig (recuperar un buen estado)* to recover, get back to normal, get back into the swing of things.
▲ *Conjugation model* [43], *like* **agradecer.**

desenmudecer
1 *vt* to give back the power of speech to.
2 *vi* to recover one's power of speech.
3 *vi fig (romper el silencio)* to break one's silence.
▲ *Conjugation model* [43], *like* **agradecer.**

desenredar
1 *vt* to untangle, disentangle.
2 **desenredarse** *vpr* to get out (**de**, of), extricate oneself (**de**, from).

desenrollar *vt* to unroll, unwind.

desenroscar
1 *vt* to unscrew, uncoil.
2 **desenroscarse** *vpr* to unscrew, uncoil.
▲ *Conjugation model* [1], *like* **sacar.**

desensamblar *vt* to separate.

desensillar *vt* to unsaddle.

desensortijado,-a *adj* straightened.

desentenderse
1 *vpr (afectar ignorancia)* to pretend not to know (**de**, -/about), ignore (**de**, -), feign ignorance (**de**, of): cuando ve la tele, se desentiende del teléfono when he's watching the telly, he pretends not to hear the telephone; se desentiende de mí she ignores me.
2 *vpr (no tomar parte en algo)* to take no part (**de**, in), have nothing to do (**de**, with).
▲ *Conjugation model* [28], *like* **entender.**

desenterrar
1 *vt (un objeto)* to unearth, dig up; *(cadáver)* to disinter, exhume.
2 *vt fig (recuerdos)* to recall, revive.
▲ *Conjugation model* [27], *like* **acertar.**

desentoldar *vt* to remove the awnings from.

desentonar
1 *vi MÚS (instrumento)* to be out of tune; *(cantante)* to sing out of tune.
2 *vi fig (combinar)* not to match (**con**, -): esos calcetines desentonan con tus zapatos those socks don't match your shoes.
3 *vi fig (estar fuera de lugar)* to be out of place, not to fit in (**con**, with).

desentrañar
1 *vt (sacar las entrañas)* to disembowel.
2 *vt fig* to find out, solve, unravel.
3 **desentrañarse** *vpr fig (darlo todo)* to give one's all.

desentrenado,-a *adj* out of training.

desentrenarse *vpr* to be out of training, get out of training.

desentumecer *vt (gen)* to loosen up; *(piernas)* to stretch.
▲ *Conjugation model* [43], *like* **agradecer.**

desenvainar *vt* to unsheathe, draw.

desenvoltura
1 *nf fig (soltura)* confidence, assurance.
2 *nf fig (gracia)* grace, ease.
3 *nf fig (atrevimiento)* boldness, forwardness.

desenvolver
1 *vt (quitar lo que envuelve)* to unwrap.
2 *vt (aclarar)* to clear up.
3 **desenvolverse** *vpr (desembalarse)* to come unwrapped.
4 *vpr (transcurrir)* to develop, go.
5 *vpr (manejarse)* to manage, cope: se desenvuelve muy bien en los negocios he manages very well in business.
▲ *Conjugation model* [32], *like* **mover;** *pp* **desenvuelto,-a.**

desenvuelto,-a
1 *pp* → desenvolver.
2 *adj (seguro)* confident, self-assured.
3 *adj (natural)* easy-going, natural, relaxed.
4 *adj (hábil)* graceful, natural.
5 *adj (descarado)* bold, forward.

desenzarzar
1 *vt (sacar de las zarzas)* to disentangle from brambles.
2 *vt fig (separar)* to separate (**de**, from).
▲ *Conjugation model* [4], *like* **realizar.**

deseo *nm* wish, desire.
✦ **formular un deseo** to make a wish.
   tener deseo de algo to wish something: tengo muchos deseos de que llegue el verano I wish summer would come, I'm longing for the summer.
■ **buenos deseos** good intentions.

deseoso,-a *adj* desirous, eager, anxious.
+ **estar deseoso,-a de algo** to long for something, yearn for something.
estar deseoso,-a de hacer algo to be eager to do something.

desequilibrado,-a
1 *pp* → **desequilibrar.**
2 *adj* unbalanced, out of balance.
3 *adj (persona)* mentally unbalanced.
4 *nm,f* unbalanced person: **es un desequilibrado mental** he's mentally unbalanced.

desequilibrar
1 *vt* to unbalance, throw off balance.
2 *vt fig* to unbalance.
3 **desequilibrarse** *vpr fig* to become unbalanced, become mentally disturbed.

desequilibrio
1 *nm* lack of balance, imbalance.
2 *nm fig (mental)* unbalanced state of mind.
▪ **desequilibrio mental** mental imbalance.

deserción
1 *nf MIL* desertion.
2 *nf fig (abandono)* abandonment, desertion.

desertar
1 *vi MIL* to desert.
2 *vi fig (abandonar)* to abandon, desert.

desértico,-a *adj* desert.

desertización *nf* desertification.

desertor,-ra *nm,f* deserter.

desesperación
1 *nf* despair, desperation.
2 *nf (irritación)* exasperation.
+ **ser una desesperación** to be exasperating, be unbearable.

desesperadamente *adv* desperately, frantically.

desesperado,-a
1 *pp* → **desesperar.**
2 *adj (sin esperanza)* hopeless, desperate.
3 *adj (irritado)* exasperated, infuriated.
4 *nm,f* desperate person.
+ **a la desesperada** *fig* as a last hope, in desperation.
como un,-a desesperado,-a *fig* like a mad person: **corría como un desesperado** he ran about like a madman.

desesperante *adj* exasperating, infuriating.

desesperanza *nf* despair, desperation, hopelessness.

desesperanzar
1 *vt* to drive to despair.
2 **desesperanzarse** *vpr* to despair, lose hope, give up hope (**de**, of).
▲ *Conjugation model* [4], *like* **realizar.**

desesperar
1 *vt (hacer perder la paciencia)* to drive to despair, make lose one's patience.
2 *vt (exasperar)* to exasperate.

3 *vi (desesperanzar)* to lose hope, despair: **desespero de volverla a ver** I've lost hope of ever seeing her again.
4 **desesperarse** *vpr (desesperanzar)* to lose hope, despair.
5 *vpr (irritarse)* to get irritated, become exasperated: **se desespera por todo** everything exasperates her.

desestabilización *nf* destabilization.

desestabilizador,-ra *adj* destabilizing.

desestabilizar *vt* to destabilize.
▲ *Conjugation model* [4], *like* **realizar.**

desestima *nf* disrespect, lack of respect.

desestimación
1 *nf* disrespect, lack of respect.
2 *nf JUR* refusal, rejection.

desestimar
1 *vt* to disregard, underestimate.
2 *vt JUR* to reject, refuse.

desfachatado,-a *adj fam* insolent, cheeky.

desfachatez *nf* cheek, nerve.

desfalcador,-ra
1 *adj* embezzling.
2 *nm,f* embezzler.

desfalcar *vt FIN* to embezzle.
▲ *Conjugation model* [1], *like* **sacar.**

desfalco *nm* embezzlement.

desfallecer
1 *vt (disminuir las fuerzas)* to weaken.
2 *vi (debilitar)* to weaken, lose strength.
3 *vi (decaer)* to lose heart.
▲ *Conjugation model* [43], *like* **agradecer.**

desfallecido,-a
1 *pp* → **desfallecer.**
2 *adj* weak, faint.

desfallecimiento *nm* faintness.

desfasado,-a
1 *pp* → **desfasar.**
2 *adj* outdated, out of date; *(persona)* old-fashioned, behind the times: **¡eres un desfasado!** you're just not with it!

desfasar
1 *vt TÉC* to phase out.
2 **desfasarse** *vpr TÉC* to change phase.
3 *vpr (persona)* to be out of synch.

desfase
1 *nm (diferencia)* imbalance, gap: **hay un gran desfase entre la demanda y la oferta** there's great imbalance between supply and demand.
2 *nm TÉC* phase difference.
▪ **desfase horario** *(entre países)* time difference; *(al volar en avión)* jet lag.

desfavorable *adj* unfavourable (*US* unfavorable).

desfavorablemente *adv* unfavourably, adversely.

desfavorecer
1 *vt (perjudicar)* to disadvantage, put at a disadvantage.
2 *vt (afear)* not to suit, not flatter: **ese traje te desfavorece** that dress doesn't suit you; **en esa foto sales muy desfa-**

vorecido you don't come out at all well in that photo.
▲ *Conjugation model* [43], *like* **agradecer.**

desfibrar *vt* to shred.

desfiguración *nf* disfigurement.

desfigurado,-a
1 *pp* → **desfigurar.**
2 *adj (persona)* disfigured.
3 *adj (estatua etc)* defaced.
4 *adj fig (hecho)* distorted.

desfigurar
1 *vt (cara)* to disfigure.
2 *vt (estatua etc)* to deface.
3 *vt fig (realidad, hechos, etc)* to distort.
4 **desfigurarse** *vpr (descomponerse)* to become distorted.

desfiladero *nm* defile, gorge, narrow pass.

desfilar
1 *vi (gen)* to march.
2 *vi MIL* to march, march past, parade.
3 *vi (moda)* to parade, walk up and down.
4 *vi fam (dejarse caer)* to pass, drop in: **por este restaurante desfilan muchas estrellas de cine** many film stars drop in at this restaurant.
5 *vi fam (irse)* to file out, leave.

desfile
1 *nm (gen)* parade, procession.
2 *nm MIL* parade.
3 *nm (moda)* fashion show.

desfloración *nf* deflowering.

desflorar
1 *vt (ajar)* to spoil, ruin.
2 *vt (desvirgar)* to deflower.
3 *vt (un tema)* to touch on, skim over.

desflorecer *vi* to lose its bloom.
▲ *Conjugation model* [43], *like* **agradecer.**

desfogar
1 *vt (descargar)* to give vent to, vent: **no pudo resistirlo más y desfogó su ira** he couldn't cope any more and vented his anger.
2 *vt (la cal)* to slake.
3 *vt (dar salida al fuego)* to vent.
4 *vi MAR (tormenta)* to burst, break.
5 **desfogarse** *vpr* to let off steam, vent one's anger.
▲ *Conjugation model* [7], *like* **llegar.**

desfondar
1 *vt (romper el fondo)* to break the bottom of.
2 *vt MAR* to damage the bottom of.
3 *vt fig (perder fuerza)* to wear out, tire out.
4 *vt (la tierra)* to plough deeply.
5 **desfondarse** *vpr (romperse el fondo)* to cave in, collapse, give way: **la butaca se ha desfondado** the bottom has come out of the chair.
6 *vpr fig (perder fuerzas)* to get exhausted, run out of steam: **no ganó porque se desfondó en el último kilómetro** he didn't win because he ran out of steam in the last kilometre.

desfonde
1 *nm (rotura del fondo)* collapsing.
2 *nm fig (cansancio)* exhaustion.

desgabilado,-a *adj* ungraceful, clumsy.

desgaire
1 *nm (desaliño)* nonchalance, carelessness.
2 *nm (ademán de desprecio)* scornful gesture.
✦ **al desgaire** nonchalantly, carelessly.

desgajar
1 *vt (rama)* to tear off; *(página)* to rip out, tear out.
2 *vt (romper)* to break.
3 *vt (despedazar)* to tear to pieces.
4 **desgajarse** *vpr* to break off, come off.

desgalichado,-a *adj fam* gawky, ungainly.

desgana
1 *nf (inapetencia)* lack of appetite.
2 *nf (tedio)* boredom, weariness.
✦ **con desgana** reluctantly.

desganado,-a
1 *pp* → **desganar**.
2 *adj (sin gana)* not hungry: **está desganado** he has no appetite.
3 *adj (apático)* apathetic, half-hearted.

desganar
1 *vt (quitar el apetito)* to spoil the appetite of.
2 *vt (quitar las ganas)* to turn off.
3 **desganarse** *vpr (perder el apetito)* to lose one's appetite.
4 *vpr (perder el interés)* to lose interest (**de**, in), go off (**de**, -).

desgañitarse *vpr fam* to shout oneself hoarse, shout one's head off.

desgarbado,-a *adj* ungainly, ungraceful, clumsy.

desgarrador,-ra
1 *adj* heartbreaking, heart-rending.
2 *adj (aterrador)* bloodcurdling.

desgarramiento *nm* ripping, tearing.

desgarrar
1 *vt (rasgar)* to tear, rip.
2 *vt fig (herir los sentimientos)* to break, rend.
3 **desgarrarse** *vpr (rasgarse)* to tear, rip.

desgarro
1 *nm (rompimiento)* tear, rip.
2 *nm fig (desvergüenza)* effrontery, insolence.
3 *nm fig (fanfarronada)* brag, boast.

desgarrón
1 *nm* tear, rip.
2 *nm (jirón)* tatter.

desgastar
1 *vt (ropa)* to wear out, wear away; *(tacones)* to wear down.
2 *vt (erosionar)* to erode.
3 *vt fig (debilitar)* to weaken.
4 **desgastarse** *vpr (gastarse)* to wear out, get worn.
5 *vpr fig (debilitarse)* to weaken.
6 *vpr fig (persona)* to wear oneself out.

desgaste
1 *nm (gen)* wear; *(metal)* corrosion; *(cuerda)* fraying; *(piedra)* erosion.
2 *nm (deterioro)* damage, deterioration.
3 *nm fig (debilitamiento)* weakening.
▪ **desgaste natural** wear and tear.

desglosar
1 *vt (escrito)* to detach.
2 *vt (gastos)* to break down.

desglose *nm* breakdown, separation.

desgobernar
1 *vt (perturbar el gobierno)* to disturb; *(gobernar sin tino)* to misgovern, misrule.
2 *vt MAR* to steer badly.
3 *vt (perturbar)* to disturb, upset.
▲ *Conjugation model* [27], *like* **acertar**.

desgobierno *nm* misgovernment, mishandling, mismanagement.

desgracia
1 *nf (desdicha)* misfortune.
2 *nf (mala suerte)* bad luck, mischance.
3 *nf (pérdida de favor)* disfavour (*US* disfavor).
4 *nf (accidente)* mishap, accident.
✦ **caer en desgracia** to lose favour (*US* favor), fall from grace.
para colmo de desgracias/para mayor desgracia to top it all, to top everything.
por desgracia unfortunately.
¡qué desgracia! how awful!

desgraciadamente *adv* unfortunately.

desgraciado,-a
1 *pp* → **desgraciar**.
2 *adj (sin suerte)* unfortunate, unlucky.
3 *adj (infeliz)* unhappy.
4 *nm,f* wretch, unfortunate person.
✦ **ser un,-a pobre desgraciado,-a** to be a poor devil.

desgraciar
1 *vt (echar a perder)* to spoil.
2 *vt (herir)* to injure.
3 *vt fam (deshonrar a una mujer)* to dishonour (*US* dishonor), disgrace.
4 **desgraciarse** *vpr (malograrse)* to fail, be spoiled; *(plan, proyecto)* to fall through.
▲ *Conjugation model* [12], *like* **cambiar**.

desgranadora *nf* threshing machine.

desgranamiento *nm (guisantes, maíz)* shelling; *(trigo)* threshing.

desgranar
1 *vt (guisante, maíz)* to shell; *(trigo)* to thresh; *(un racimo de uvas)* to pick the grapes from.
2 *vt (soltar)* to reel off.
3 **desgranarse** *vpr (soltarse)* to come apart, come unstrung: **se desgranó el collar** the necklace came unstrung.

desgravable *adj* tax-deductible.

desgravación *nf* deduction.
▪ **desgravación fiscal** tax deduction.

desgravar *vt* to deduct.

desgreñado,-a
1 *pp* → **desgreñar**.
2 *adj* dishevelled, ruffled, tousled.

desgreñar *vt* to dishevel, ruffle, tousle.

desguace
1 *nm (de barco)* breaking up; *(coche)* car breaking, scrapping.
2 *nm (lugar)* breaker's yard, scrapyard.

desguarnecer
1 *vt (quitar los adornos)* to remove the trimmings from.
2 *vt MIL* to dismantle.
3 *vt (animales de tiro)* to unharness, unhitch.
▲ *Conjugation model* [43], *like* **agradecer**.

desguazar
1 *vt (barco)* to break up; *(coche)* to scrap.
2 *vt (madera)* to rough-hew.
▲ *Conjugation model* [4], *like* **realizar**.

deshabillé *nm* negligee.

deshabitado,-a
1 *pp* → **deshabitar**.
2 *adj (pueblo, lugar)* uninhabited; *(casa, piso)* unoccupied.

deshabitar *vt* to leave, abandon, vacate.

deshabituar
1 *vt (hacer perder el hábito)* to break from the habit.
2 **deshabituarse** *vpr* to get out of the habit (**a**, of), give up (**a**, -).
▲ *Conjugation model* [11], *like* **actuar**.

deshacer
1 *vt (destruir)* to destroy.
2 *vt (estropear)* to ruin, damage; *(romper)* to break; *(desordenar)* to upset.
3 *vt (nudo)* to untie, loosen; *(paquete)* to undo, unwrap; *(cama)* to strip; *(equipaje)* to unpack; *(puntadas)* to unpick.
4 *vt MIL (poner en fuga)* to rout, put to flight.
5 *vt (romper un acuerdo)* to break off.
6 *vt (disolver)* to dissolve; *(derretir)* to melt.
7 *vt (desandar)* to retrace.
8 *vt (desmontar)* to take apart, take to pieces.
9 *vt (planes, proyectos)* to spoil, ruin.
10 **deshacerse** *vpr (nudo)* to come undone, come untied; *(puntada)* to come unsewn.
11 *vpr (disolverse)* to dissolve; *(derretirse)* to melt.
12 *vpr (desaparecer)* to disappear, fade away: **la nube se deshizo y salió el sol** the cloud disappeared and the sun came out.
13 *vpr (afligirse)* to go to pieces, be shattered: **cuando fue despedido se deshizo** when he was fired he went to pieces.
14 *vpr (librarse)* to get rid (**de**, of): **se deshizo del cadáver** he got rid of the corpse.
15 *vpr (agotarse)* to break one's back, wear oneself out.
16 *vpr (desvivirse)* to go out of one's way (**por**, to), bend over backwards.
17 *vpr (chiflarse)* to be crazy (**por**, about), be mad (**por**, about): **se deshace por las películas del oeste** he's crazy about westerns.
✦ **deshacerse en atenciones** to be extremely kind.

deshacerse en elogios/cumplidos to be full of praise.

deshacerse en excusas to apologize profusely.

deshacerse en llanto/lágrimas to cry one's eyes out.

▲ *Conjugation model* [73], *like hacer; pp deshecho,-a.*

desharrapado,-a
1 *adj* ragged, in tatters.
2 *nm,f* person dressed in rags.

deshebrar
1 *vt (sacar las hebras)* to ravel out, undo.
2 *vt fig (deshacer en partes delgadas)* to tear into shreds.

deshecho,-a
1 *pp* → **deshacer.**
2 *adj (destruido)* destroyed.
3 *adj (estropeado)* damaged, ruined.
4 *adj (nudo)* untied, undone; *(paquete)* unwrapped; *(cama)* unmade; *(equipaje)* unpacked.
5 *adj (disuelto)* dissolved; *(derretido)* melted.
6 *adj fig (cansado)* shattered, exhausted.
7 *adj fig (abatido)* devastated, shattered.

deshelar
1 *vt* to thaw, melt.
2 *vt (congelador)* to defrost.
3 *vt (coche)* to de-ice.
4 **deshelarse** *upr* to thaw out, melt.
▲ *Conjugation model* [27], *like acertar.*

desherbar *vt* to weed.
▲ *Conjugation model* [27], *like acertar.*

desheredado,-a
1 *pp* → **desheredar.**
2 *adj* disinherited.
3 *adj fig* deprived, underprivileged.
4 *nm,f* disinherited person.
5 *nm,f fig* deprived person, underprivileged person.
6 **los desheredados** *nm pl* the deprived.

desheredar *vt* to disinherit.

deshermanar
1 *vt* to change, make different.
2 **deshermanarse** *upr* to behave in an unbrotherly way.

deshidratación *nf* dehydration.

deshidratado,-a
1 *pp* → **deshidratar.**
2 *adj* dehydrated.

deshidratar
1 *vt* to dehydrate.
2 **deshidratarse** *upr* to become dehydrated.

deshidrogenar *vt* to dehydrogenate, dehydrogenize.

deshielo
1 *nm* thaw; *(de congelador)* defrosting; *(de parabrisas)* de-icing.
2 *nm fig* thaw.

deshilachado,-a
1 *pp* → **deshilachar.**
2 *adj* frayed.

deshilachar *vt* to fray.

deshilado *nm* openwork.

deshilar *vt* → **deshilachar.**

deshilvanado,-a
1 *pp* → **deshilvanar.**
2 *adj* untacked.
3 *adj fig* disconnected, incoherent, disjointed.

deshilvanar *vt* to untack.

deshinchado,-a
1 *pp* → **deshinchar.**
2 *adj (neumático etc)* flat, deflated.
3 *adj (sin hinchazón)* not swollen: **la rodilla ya la tienes deshinchada** the swelling in your knee has gone down.

deshinchar
1 *vt (neumático etc)* to deflate, let down.
2 *vt (reducir la hinchazón)* to reduce the swelling of.
3 *vt fig (quitar importancia)* to play down.
4 *vt fig (hacer perder el orgullo)* to bring down a peg or two.
5 *vt fig (enfado)* to give vent to.
6 **deshincharse** *upr* to deflate, go down.
7 *upr (reducirse la hinchazón)* to go down: **se me ha deshinchado la inflamación** the swelling has gone down.
8 *upr fam fig (perder el orgullo)* to get off one's high horse.
9 *upr fam fig (perder fuerzas)* to flag, run out of steam.
10 *upr fam fig (desanimarse)* to lose interest, become discouraged.

deshipotecar *vt* to free from mortgage.
▲ *Conjugation model* [1], *like sacar.*

deshojar
1 *vt (flor)* to strip the petals off; *(árbol)* to strip the leaves off.
2 *vt (libro)* to tear the pages out of.
3 **deshojarse** *upr (flor)* to lose its petals; *(árbol)* to lose its leaves.

deshollinador *nm* chimney sweep.

deshollinar *vt* to sweep.

deshonestamente *adv* dishonestly.

deshonestidad
1 *nf (sin honestidad)* dishonesty.
2 *nf (impudor)* indecency, immodesty.

deshonesto,-a
1 *adj (sin honestidad)* dishonest.
2 *adj (inmoral)* immodest, indecent.

deshonor *nm* dishonour *(us* dishonor), disgrace.

deshonra *nf* dishonour *(us* dishonor), disgrace.

deshonrar
1 *vt (gen)* to dishonour *(us* dishonor), disgrace.
2 *vt (injuriar)* to insult, defame.
3 *vt (a una mujer)* to dishonour *(us* dishonor).

deshonroso,-a *adj* dishonourable *(us* dishonorable), shameful, disgraceful.

deshora *nf* inconvenient time.
✦ **a deshora** *(inoportuno)* at an inconvenient time; *(muy tarde)* very late.

deshuesadora *nf (de fruta)* stoning machine; *(de carne)* boning machine.

deshuesar *vt (fruta)* to stone; *(carne)* to bone: **aceitunas deshuesadas** stoned olives.

deshumanización *nf* dehumanization.

deshumanizado,-a
1 *pp* → **deshumanizar.**
2 *adj* dehumanized.

deshumanizar *vt* to dehumanize.
▲ *Conjugation model* [4], *like realizar.*

desiderata *nf* desiderata *pl.*

desiderativo,-a *adj* desiderative.

desiderátum *nm* desideratum.

desidia *nf* negligence.

desidioso,-a *adj* negligent, lazy, slovenly.

desierto,-a
1 *adj (sin habitantes)* uninhabited, deserted: **una isla desierta** a desert island.
2 *adj (vacío)* deserted, empty: **la habitación estaba desierta** the room was empty.
3 *adj (no adjudicado)* void: **el primer premio ha sido declarado desierto** there was no first prize awarded.
4 **desierto** *nm* desert.
✦ **clamar en el desierto** *fig* to cry in the desert.
predicar en el desierto *fig* to preach in the desert.

designación
1 *nf (nombre)* name, designation.
2 *nf (nombramiento)* designation, appointment.

designar
1 *vt (denominar)* to designate: **ese término se ha usado para designar diversos conceptos** that term has been used to designate several concepts.
2 *vt (nombrar para un cargo)* to appoint, name, assign: **designaron a cuatro hombres para la misión** four men were assigned to the mission.
3 *vt (fijar)* to set, arrange, fix: **hay que designar el punto de encuentro** we have to arrange a meeting place.

designio *nm* intention, plan.
▪ **los designios del Señor** God's will *sing.*

desigual
1 *adj (gen)* unequal, uneven.
2 *adj (diferente)* different, unequal.
3 *adj (irregular)* uneven, irregular: **construyeron la casa en un terreno desigual** the house was built on uneven ground.
4 *adj (no liso)* uneven, rough.
5 *adj (variable)* changeable: **tiene un carácter muy desigual** she is very changeable.

desigualar
1 *vt (hacer diferente)* to make unequal, make different; *(tratar de modo distinto)* to treat unequally.

2 *vt (un terreno)* to make uneven, make rough.
3 desigualarse *vpr (adelantarse)* to get ahead (**a**, of).

desigualdad
1 *nf (gen)* inequality, difference.
2 *nf (irregularidad)* unevenness.
3 *nf (terreno)* unevenness, roughness.
4 *nf (inconstancia)* changeability.

desilusión *nf* disappointment, disillusion, disillusionment.

desilusionado,-a
1 *pp* → **desilusionar.**
2 *adj* disappointed, disillusioned, disheartened.

desilusionar
1 *vt* to disappoint, disillusion, dishearten.
2 desilusionarse *vpr* to be disappointed, become disillusioned.

desimanar *vt* to demagnetize.
desimantar *vt* to demagnetize.
desincrustar *vt* to descale.
desinencia *nf* ending, desinence.
desinfección *nf* disinfection.

desinfectante
1 *adj* disinfectant.
2 *nm* disinfectant.

desinfectar *vt* to disinfect.

desinflamación *nf* reduction of inflammation.

desinflamar
1 *vt* to reduce the inflammation in, reduce the swelling in.
2 desinflamarse *vpr* to go down, become less swollen.

desinflar
1 *vt (gen)* to deflate; *(una rueda)* to let down.
2 desinflarse *vpr* to go down, deflate.
3 *vpr fam fig (desanimarse)* to lose heart, become disheartened.

desinformación *nf* disinformation.
desinformar *vi* to misinform.
desinsectación *nf* fumigation.
desinsectar *vt* to fumigate.

desintegración
1 *nf* disintegration.
2 *nf fig* disintegration, break-up.
■ **desintegración atómica** atomic disintegration.
desintegración nuclear nuclear fission.

desintegrar
1 *vt* to disintegrate.
2 *vt fig* to disintegrate, break up.
3 *vt Fís* to split.
4 desintegrarse *vpr* to disintegrate.
5 *vpr fig* to break up.
6 *vpr Fís* to split.

desinterés
1 *nm (generosidad)* unselfishness, generosity.
2 *nm (falta de interés)* lack of interest, indifference.

desinteresadamente *adv* unselfishly, generously.

desinteresado,-a
1 *pp* → **desinteresarse.**
2 *adj* disinterested, unselfish.

desinteresarse
1 *vpr (perder el interés)* to lose interest (**de**, in), go off (**de**, -).
2 *vpr (desentenderse)* to have nothing to do (**de**, with).

desintoxicación *nf* detoxication, detoxification: **cura de desintoxicación alcohólica** drying-out treatment.

desintoxicar
1 *vt* to detoxicate, detoxify.
2 *vt (alcohol)* to dry out.
▲ *Conjugation model* [1], *like* **sacar.**

desistir
1 *vi (gen)* to desist, give up: **finalmente desistieron de su propósito** they finally gave up on their idea.
2 *vi (de una querella etc)* to abandon, relinquish.

desjarretar *vt* to hamstring.

desjuntar
1 *vt* to divide, separate.
2 desjuntarse *vpr* to come off.

deslabonar *vt* to unlink.

deslavado,-a
1 *pp* → **deslavar.**
2 *adj (desteñido)* washed out, faded.

deslavar *vt* to half-wash.

deslavazado,-a
1 *adj (insulso)* insipid.
2 *adj (mal compuesto)* disjointed.
3 *adj (falto de vigor)* limp.

desleal *adj* disloyal.

deslealtad *nf* disloyalty.

desleír
1 *vt (sólido)* to dissolve; *(líquido)* to dilute.
2 *vt fig* to dilute.
3 desleírse *vpr (sólido)* to dissolve; *(líquido)* to be diluted.
▲ *Conjugation model* [37], *like* **reír.**

deslenguado,-a
1 *pp* → **deslenguarse.**
2 *adj fig (descarado)* insolent, cheeky; *(grosero)* coarse, foul-mouthed.

deslenguarse *vpr* to be rude.
▲ *Conjugation model* [22], *like* **averiguar.**

desliar
1 *vt (desatar)* to undo, untie.
2 *vt (un paquete)* to unwrap, open.
3 desliarse *vpr (desatarse)* to come undone, come untied.
▲ *Conjugation model* [13], *like* **desviar.**

desligar
1 *vt (desatar)* to untie, unfasten.
2 *vt fig (separar)* to separate (**de**, from).
3 *vt fig (librar de una obligación)* to release (**de**, from), free (**de**, from): **lo desligó del compromiso que había contraído** he released him from the commitment he had entered into.
4 desligarse *vpr (desatarse)* to break away (**de**, from).

5 *vpr (librarse)* to release oneself (**de**, from), free oneself (**de**, from).
▲ *Conjugation model* [7], *like* **llegar.**

deslindar
1 *vt* to delimit, mark the boundaries of.
2 *vt fig* to clarify, define, outline.

deslinde
1 *nm* delimitation, demarcation.
2 *nm fig* definition.

deslío¹ *pres indic* → **desleír.**

deslío² *pres indic* → **desliar.**

desliz
1 *nm (resbalón)* slide, slip.
2 *nm fig (error)* slip, mistake error.
✦ **cometer/tener un desliz** *fig* to slip up, make a slip.
▲ *pl* **deslices.**

deslizador *nm* jet foil.

deslizamiento *nm* slipping, slip.
■ **deslizamiento de tierra** landslide.

deslizante *adj* sliding.

deslizar
1 *vt (pasar)* to slide, slip: **le deslizó un billete en la mano** she slipped a note into his hand.
2 *vt (decir o hacer por descuido)* to slip: **deslizó los datos en la conversación** she slipped the information into the conversation.
3 *vi (resbalar)* to slide, slip.
4 deslizarse *vpr (gen)* to slide; *(sobre agua)* to glide.
5 *vpr (salir)* to slip out (**de**, of); *(entrar)* to slip (**en**, into): **se deslizó en la habitación** he slipped into the room.
6 *vpr (fluir)* to flow, run: **el riachuelo se desliza por el valle** the stream flows through the valley.
7 *vpr (transcurrir)* to go by, fly.
▲ *Conjugation model* [4], *like* **realizar.**

deslomar
1 *vt (dañar la espalda)* to break the back of.
2 *vt (agotar)* to wear out.
3 deslomarse *vpr (trabajar mucho)* to wear oneself out, break one's back.

deslucido,-a
1 *pp* → **deslucir.**
2 *adj (sin brillantez)* faded, dull.
3 *adj (sin gracia)* unimpressive, unexciting, dull, lacklustre (*US* lackluster).

deslucir
1 *vt (quitar la brillantez)* to tarnish, take the shine off; *(descolorar)* to fade.
2 *vt fig (quitar la gracia)* to mar, spoil; *(desacreditar)* to discredit.
▲ *Conjugation model* [45], *like* **lucir.**

deslumbrador,-ra
1 *adj* dazzling.
2 *adj (que impresiona)* dazzling, impressive.

deslumbramiento *nm* dazzle, dazzling.

deslumbrante *adj* → **deslumbrador, -ra.**

deslumbrar *vt* to dazzle.

deslustrar
1 *vt (telas)* to take the shine off, dull.
2 *vt (vidrio)* to grind, frost.
3 *vt (metal)* to tarnish.
4 *vt fig (desacreditar)* to tarnish.
5 **deslustrarse** *vpr (metal)* to become dull.

deslustre
1 *nm (falta de lustre)* lack of shine.
2 *nm fig (descrédito)* discredit.

desluzco *pres indic* → **deslucir.**

desmadejado,-a
1 *pp* → **desmadejar.**
2 *adj fig* tired out, exhausted.

desmadejamiento *nm fig* exhaustion.

desmadejar *vt fig* to tire out, exhaust.

desmadrado,-a
1 *pp* → **desmadrar.**
2 *adj fam fig* wild, unruly.

desmadrar
1 *vt* to take from its mother.
2 **desmadrarse** *vpr fam fig* to go wild.

desmadre *nm fam* chaos: la fiesta fue un desmadre total the party was really wild.

desmagnetizar *vt* to demagnetize.
▲ *Conjugation model* [4], *like realizar.*

desmán[1] *nm (animal)* desman.

desmán[2]
1 *nm (exceso)* outrage, excess, abuse.
2 *nm (desgracia)* misfortune.

desmanarse *vpr* to stray from the herd.

desmandado,-a
1 *pp* → **desmandar.**
2 *adj (persona)* rebellious, unruly.
3 *adj (animal)* stray; *(caballo)* runaway.

desmandar
1 *vt (revocar)* to revoke.
2 **desmandarse** *vpr (descomedirse)* to rebel, misbehave, get out of hand.
3 *vpr (animal)* to stray from the herd; *(caballo)* to bolt.

desmano
✦ **a desmano** out of the way: eso me coge a desmano that's out of my way.

desmantelado,-a
1 *pp* → **desmantelar.**
2 *adj* dismantled.
3 *adj MAR* dismasted, unrigged.

desmantelamiento
1 *nm* dismantling.
2 *nm MAR* dismasting, unrigging.

desmantelar
1 *vt* to dismantle.
2 *vt MAR* to dismast, unrig.

desmañado,-a *adj* clumsy, awkward.

desmaquillador,-ra
1 *adj* cleansing.
2 **desmaquillador** *nm* make-up remover.
■ **crema/leche desmaquilladora** cleansing cream/milk.

desmaquillar
1 *vt* to remove make-up from.

2 **desmaquillarse** *vpr* to remove one's make-up.

desmarcarse
1 *vpr DEP* to get into an unmarked position.
2 *vpr (distanciarse)* to distance oneself (**de**, from), disassociate oneself (**de**, from).
3 *vpr fig (escabullirse)* to skive off, slip away.
▲ *Conjugation model* [1], *like sacar.*

desmarrido,-a *adj* dejected, downhearted.

desmayado,-a
1 *pp* → **desmayar.**
2 *adj (color)* dull, washed-out.
3 *adj (inconsciente)* unconscious.
4 *adj (cansado)* exhausted, worn-out.
✦ **caer desmayado,-a** to faint.

desmayar
1 *vt (causar desmayo)* to make faint.
2 *vi fig (acobardarse)* to lose heart.
3 **desmayarse** *vpr (perder el sentido)* to faint, lose consciousness.

desmayo
1 *nm (desaliento)* discouragement.
2 *nm (pérdida del conocimiento)* faint, fainting fit.
✦ **sin desmayo** unfaltering.
sufrir/tener un desmayo to faint.

desmedidamente *adv* immoderately.

desmedido,-a
1 *pp* → **desmedirse.**
2 *adj (desproporcionado)* excessive, disproportionate, out of all proportion.
3 *adj (sin límite)* boundless, unbounded.

desmedirse *vpr* to go too far.
▲ *Conjugation model* [34], *like servir.*

desmedrado,-a
1 *pp* → **desmedrar.**
2 *adj* puny, emaciated, tiny.

desmedrar
1 *vt (deteriorar)* to deteriorate.
2 *vi (decaer)* to decline, deteriorate, go down.

desmejora *nf* decline, deterioration.

desmejorar
1 *vt* to spoil, make worse, damage.
2 *vi* to deteriorate, get worse, go downhill.
3 **desmejorarse** *vpr* to deteriorate, get worse, go downhill.
✦ **estar desmejorado,-a** to look unwell, look worse.

desmelenado,-a
1 *pp* → **desmelenarse.**
2 *adj* tousled, dishevelled (*US* disheveled), ruffled.

desmelenar
1 *vt (desgreñar)* to tousle, dishevel.
2 **desmelenarse** *vpr fam (desmadrarse)* to let one's hair down.

desmembración
1 *nf* dismemberment.
2 *nf fig* separation, division.

desmembramiento *nm* → **desmembración.**

desmembrar
1 *vt* to dismember.
2 *vt fig* to split up, break up, divide.
▲ *Conjugation model* [3], *like zurcir.*

desmemoriado,-a
1 *adj* forgetful, absent-minded.
2 *nm,f* forgetful person, absent-minded person.

desmemoriarse *vpr* to lose one's memory.
▲ *Conjugation model* [12], *like cambiar.*

desmentir
1 *vt (negar)* to deny.
2 *vt (contradecir)* to contradict, belie.
3 *vt (desmerecer)* not to live up to.
▲ *Conjugation model* [35], *like hervir.*

desmenuzar
1 *vt (gen)* to break into little pieces; *(carne)* to chop up; *(pan)* to crumble; *(pescado)* to flake.
2 *vt fig (examinar)* to examine, look into, analyse (*US* analyze).
▲ *Conjugation model* [4], *like realizar.*

desmerecer
1 *vt (quitar mérito a)* to mar, detract from: la actuación del árbitro desmereció el partido the game was marred by the referee's performance.
2 *vi (perder valor)* to lose value, deteriorate: la victoria desmereció por la caída de su rival his triumph was married by the fact that his rival fell over.
3 *vi (ser inferior)* to compare unfavourably (*US* unfavorably) (**de**, with), be inferior (**de**, to): el nuevo presidente no desmerece de su predecesor the new president doesn't compare unfavourably with his predecessor.
✦ **no desmerecer algo/a alguien** to give something it's due/somebody their due: ganó Shaw, pero no hay que desmerecer a Wilson que es muy buena jugadora Shaw won, but one must give Wilson her due, she's a very good player.
▲ *Conjugation model* [43], *like agradecer.*

desmerecimiento *nm* demerit.

desmesura *nf* immoderation, disproportion.

desmesuradamente *adv* extremely, excessively, disproportionately.

desmesurado,-a
1 *pp* → **desmesurarse.**
2 *adj (excesivo)* excessive, disproportionate.
3 *adj (descortés)* insolent, discourteous, rude.

desmesurarse *vpr* to go too far.

desmigajar *vt* to crumble.

desmigar *vt* to crumble.
▲ *Conjugation model* [7], *like llegar.*

desmilitarización *nf* demilitarization.

desmilitarizar *vt* to demilitarize.
▲ *Conjugation model* [4], *like realizar.*

desmineralización *nf* demineralization.

desmineralizar *vt* to demineralize.
▲ *Conjugation model* [4], *like* **realizar**.

desmirriado,-a *adj fam* weedy, puny.

desmitificar *vt* to demystify.
▲ *Conjugation model* [1], *like* **sacar**.

desmochar
  1 *vt (árbol)* to pollard, lop.
  2 *vt fig (eliminar una parte)* to edit.

desmoldar *vt* to remove from a mould, turn out.

desmontable *adj* that can be taken to pieces.

desmontar
  1 *vt (desarmar)* to take to pieces, take down, dismantle.
  2 *vt (edificio)* to knock down.
  3 *vt (arma)* to uncock.
  4 *vt (cortar en un bosque)* to clear.
  5 *vt (allanar)* to level.
  6 *vt (quitar de la montura)* to unset, unmount.
  7 *vt (motor)* to strip.
  8 *vi (del caballo)* to dismount (**de**, -).

desmonte
  1 *nm (tala)* clearing of trees.
  2 *nm (terreno allanado)* levelled (*US* leveled) ground.

desmoralización *nf* demoralization.

desmoralizador,-ra *adj* demoralizing.

desmoralizante *adj* demoralizing.

desmoralizar
  1 *vt* to demoralize.
  2 **desmoralizarse** *upr* to become demoralized.
▲ *Conjugation model* [4], *like* **realizar**.

desmoronamiento *nm* crumbling, disintegration, fall.

desmoronar
  1 *vt* to crumble, destroy.
  2 **desmoronarse** *upr* to crumble, collapse, fall to pieces.
  3 *upr (venir a menos)* to crumble, collapse.
  4 *upr fig (decaer el ánimo)* to lose heart, fall apart.

desmovilización *nf* demobilization.

desmovilizar *vt* to demobilize.
▲ *Conjugation model* [4], *like* **realizar**.

desnacionalización *nf* denationalization, privatization.

desnacionalizar *vt* to denationalize, privatize.
▲ *Conjugation model* [4], *like* **realizar**.

desnarigado,-a
  1 *adj (sin nariz)* noseless; *(de nariz pequeña)* snub-nosed.
  2 *nm,f (sin nariz)* person without a nose; *(de nariz pequeña)* snub-nosed person.

desnatado,-a
  1 *pp* → **desnatar**.
  2 *adj (leche)* skimmed; *(yogur)* low-fat.

desnatar *vt* to skim.

desnaturalización
  1 *nf QUÍM* denaturation.
  2 *nf (destierro)* banishment.
  3 *nf (adulteración)* adulteration.

desnaturalizado,-a
  1 *pp* → **desnaturalizar**.
  2 *adj QUÍM* denatured.
  3 *adj (adulterado)* adulterated, distorted.
  4 *adj (persona)* unnatural.

desnaturalizar
  1 *vt (adulterar)* to adulterate.
  2 *vt QUÍM* to denature, denaturize.
  3 *vt (desterrar)* to banish.
▲ *Conjugation model* [4], *like* **realizar**.

desnivel
  1 *nm* unevenness.
  2 *nm (cuesta)* slope, drop.
  3 *nm fig* difference.

desnivelación *nf* unevenness, unlevelling (*US* unleveling).

desnivelado,-a
  1 *pp* → **desnivelar**.
  2 *adj (desigual)* uneven, not level, unequal.
  3 *adj (desequilibrado)* out of balance.

desnivelar
  1 *vt (sacar de nivel)* to make uneven, put on a different level.
  2 *vt (desequilibrar)* to throw out of balance; *(balanza)* to tip.
  3 **desnivelarse** *upr* to become uneven.

desnucar
  1 *vt* to break the neck of.
  2 **desnucarse** *upr* to break one's neck.
▲ *Conjugation model* [1], *like* **sacar**.

desnuclearizar *vt* to denuclearize.

desnudar
  1 *vt* to undress.
  2 *vt fig (despojar)* to strip.
  3 *vt fig (desenvainar)* to unsheathe.
  4 **desnudarse** *upr (persona)* to get undressed, take one's clothes off: **el niño se desnudó** the boy got undressed.
  5 *upr fig (rechazar)* to cast aside (**de**, -): **se desnudó de las pasiones** he cast aside his passions.

desnudez *nf* nudity, nakedness.

desnudismo *nm* nudism.

desnudista
  1 *adj* nudist.
  2 *nm,f* nudist.

desnudo,-a
  1 *adj (persona)* naked, nude; *(parte del cuerpo)* bare: **estaba totalmente desnuda** she was totally naked; **con los brazos desnudos** with bare arms.
  2 *adj fig (falto de lo que cubre o adorna)* plain, bare.
  3 *adj fig (falto de fortuna)* destitute.
  4 *adj fig (falto de algo no material)* devoid of: **este científico está desnudo de méritos** this scientist is devoid of merit.
  5 *adj fig (patente, claro)* plain: **la verdad desnuda** the plain truth.
  6 **desnudo** *nm ART* nude.
  ✦ **al desnudo** *(sin ropa)* naked; *(sin protección)* unprotected, exposed.
  poner al desnudo to lay bare, expose.

desnutrición *nf* malnutrition, undernourishment.

desnutrido,-a
  1 *pp* → **desnutrir**.
  2 *adj* undernourished.

desnutrirse *upr* to become undernourished.

desobedecer *vt* to disobey.
▲ *Conjugation model* [43], *like* **agradecer**.

desobediencia *nf* disobedience.

desobediente
  1 *adj* disobedient.
  2 *nm & nf* disobedient person.

desobligar
  1 *vt (librar de una obligación)* to free from an obligation.
  2 *vt fig (disgustar)* to disoblige.
▲ *Conjugation model* [7], *like* **llegar**.

desobstruir *vt* to clear.
▲ *Conjugation model* [62], *like* **huir**.

desocupación
  1 *nf (ociosidad)* leisure.
  2 *nf (desempleo)* unemployment.

desocupado,-a
  1 *pp* → **desocupar**.
  2 *adj (libre)* free, vacant: **esta mesa está desocupada** this table is free.
  3 *adj (ocioso)* free, not busy.
  4 *adj (desempleado)* unemployed, out of work.

desocupar
  1 *vt* to vacate, leave, empty.
  2 *vt MIL* to evacuate.
  3 **desocuparse** *upr (casa, habitación, etc)* to become empty, become vacant.
  4 *upr (perder el empleo)* to become unemployed; *(quedarse libre)* to be free.

desodorante
  1 *adj* deodorant.
  2 *nm* deodorant.

desodorar *vt* to deodorize.

desodorizar *vt* to deodorize.
▲ *Conjugation model* [4], *like* **realizar**.

desoír *vt* to ignore, take no notice of, turn a deaf ear to.
▲ *Conjugation model* [75], *like* **oír**.

desojar
  1 *vt (una aguja)* to break the eye of.
  2 **desojarse** *upr fig (estropearse la vista)* to strain one's eyes.

desolación
  1 *nf* desolation.
  2 *nf (tristeza)* affliction, grief.

desolado,-a
  1 *pp* → **desolar**.
  2 *adj (devastado)* desolated, devastated.
  3 *adj (triste)* distressed, heartbroken.

desolador,-ra
  1 *adj (devastador)* devastating, ravaging.
  2 *adj (desconsolador)* heartbreaking, devastating.

desolar
  1 *vt (devastar)* to devastate.
  2 *vt (desconsolar)* to desolate, distress.
  3 **desolarse** *upr* to be grieved.
▲ *Conjugation model* [31], *like* **contar**.

desollar
1 *vt* to skin, flay.
2 *vt fig (persona)* to injure.
✦ **desollar vivo,-a** *fig* to skin alive.
▲ *Conjugation model* [31], *like contar.*

desorbitado,-a
1 *pp* → **desorbitar.**
2 *adj* exorbitant, exaggerated, dispro-portionate: **un precio desorbitado** an exorbitant price.
✦ **tener los ojos desorbitados** to be wide-eyed.

desorbitar *vt* to exaggerate, blow out of proportion.

desorden
1 *nm* disorder, disarray, mess, untidi-ness: ¡vaya desorden! what a mess!
2 *nm (irregularidad)* irregularity.
3 **desórdenes** *nm pl (disturbios)* riots, disturbances, disorder *sing.*
4 *nm pl (excesos)* excesses.
5 *nm pl (malestar)* disorders: **desórdenes gástricos** stomach disorders.

desordenadamente *adv* pell-mell, in a disorderly fashion.

desordenado,-a
1 *pp* → **desordenar.**
2 *adj (habitación etc)* untidy, messy: **tie-nes la habitación desordenada** your room is a mess.
3 *adj (persona)* slovenly.
4 *adj (ideas)* confused.
5 *adj fig (vida)* licentious.

desordenar
1 *vt* to untidy, disarrange, mess up; *(alte-rar)* to disturb.
2 **desordenarse** *vpr* to get untidy, be-come untidy, get messed up.

desorejar *vt* to cut the ears off.

desorganización *nf* disorganization.

desorganizado,-a *adj* disorganized.

desorganizar *vt* to disorganize, disrupt.
▲ *Conjugation model* [4], *like realizar.*

desorientación
1 *nf* disorientation.
2 *nf fig* confusion.

desorientado,-a
1 *pp* → **desorientar.**
2 *adj* disorientated.
3 *adj fig* confused.

desorientar
1 *vt* to disorientate.
2 *vt fig (confundir)* to confuse.
3 **desorientarse** *vpr* to lose one's bea-rings, lose one's sense of direction, get lost.
4 *vpr fig (confundirse)* to get confused.

desosar *vt (fruta)* to stone; *(carne)* to bone.
▲ *Conjugation model* [59].

desovar *vi (insectos)* to lay eggs; *(peces)* to spawn.

desove *nm (insectos)* egg-laying; *(peces)* spawning.

desovillar
1 *vt* to unwind, unravel.
2 *vt fig* to clear up.

desoxidación *nf* deoxidization.

desoxidante
1 *adj* deoxidizing.
2 *nm* deoxidizer.

desoxidar *vt* to deoxidize.

desoxirribonucleico,-a *adj* deoxyri-bonucleic.

desoye *pres indic* → **desoír.**

despabilado,-a
1 *pp* → **despabilar.**
2 *adj (desvelado)* wide-awake.
3 *adj fig (listo)* smart, sharp, quick.
✦ **ser despabilado,-a** *fig* to be quick on the uptake, have one's wits about one.

despabilar
1 *vt (quitar el pábilo)* to snuff.
2 *vt fig (despertar)* to wake up.
3 *vt fig (despertar el ingenio)* to make get one's act together.
4 *vt fig (despachar con presteza)* to rush off.
5 *vi (darse prisa)* to hurry up: **despabila que tenemos que marcharnos** hurry up, we have to go.
6 **despabilarse** *vpr (despertarse)* to wake up: **despabílate, es tarde** wake up, it's late.
7 *vpr (avivarse)* to get one's act together, buck one's ideas up, wise up: **ya se despabilará en el colegio** he'll get his act together when he gets to school.

despachaderas
1 *nf pl (insolencia)* insolence, cheek.
2 *nf pl (habilidad)* skill, ability.
✦ **tener buenas despachaderas** *fig* to be on the ball.

despachado,-a
1 *pp* → **despachar.**
2 *adj (desfachatado)* insolent, cheeky.
3 *adj (hábil)* skilful (*US* skillful).

despachar
1 *vt (terminar)* to finish, dispatch.
2 *vt (resolver)* to resolve, get through; *(tratar un asunto)* to deal with, attend: **despachar la correspondencia** to deal with the mail; **despachamos varios asuntos en una hora** we attended to several matters in an hour.
3 *vt (enviar)* to send, dispatch.
4 *vt (despedir)* to dismiss, sack, fire: **he-mos despachado al portero** we dis-missed the doorman.
5 *vt (en tienda)* to serve; *(vender)* to sell: **¿ya le despachan?** are you being served?; **¿quién despachaba las en-tradas?** who was selling the tickets?
6 *vt fam fig (comer o beber)* to polish off, get through.
7 *vt fam fig (matar)* to kill.
8 **despacharse** *vpr (desembarazarse)* to get rid (**de**, of).
9 *vpr fam fig (comer o beber)* to put away, polish off.
10 *vpr fam (decir a uno lo que viene en gana)* to speak one's mind: **se despachó ante todos antes de presentar su dimisión** he gave them all a piece of his mind be-fore handing in his resignation.

✦ **despacharse a gusto con alguien** to give somebody a piece of one's mind.

despacho
1 *nm (envío)* sending, dispatch.
2 *nm (oficina)* office; *(estudio)* study.
3 *nm (venta)* sale, selling.
4 *nm (lugar de venta)* office.
5 *nm (comunicación)* message, dispatch: **despacho telefónico** telephone mes-sage; **despacho telegráfico** telegram.
■ **despacho de billetes/localidades** tick-et/box office.
despacho de vino wine merchant's.

despachurrar
1 *vt fam* to crush, squash.
2 **despachurrarse** *vpr fam* to get crushed, get squashed: **se despachurraron los higos** the figs got all squashed.

despacio
1 *adv (gen)* slowly: **entró despacio** she came in slowly.
2 *adv (silenciosamente)* quietly.
3 *interj* slow down!, take it easy!

despacioso,-a *adj* slow, sluggish.

despajar
1 *vt (separar la paja)* to winnow.
2 *vt fig (cribar la tierra)* to sieve, riddle.

despaldillar *vt* to break the shoulder of.

despalillar
1 *vt (la uva)* to remove the stalks from.
2 *vt (el tabaco)* to strip.

despampanante *adj fam* stunning.

despanzurrar *vt fam* to squash, crush.

desparasitar *vt (piojos)* to delouse; *(lombrices)* to worm.

desparejado,-a
1 *pp* → **desparejar.**
2 *adj (persona)* without a partner; *(obje-to)* odd: **un calcetín desparejado** an odd sock.

desparejar *vt* to separate.

desparejo,-a *adj* unlike, different.

desparpajo
1 *nm (desenvoltura)* ease, self-assurance.
2 *nm (descaro)* nerve, impudence.
✦ **con desparpajo** in a carefree way, confidently.

desparramar
1 *vt* to spread, scatter; *(un líquido)* to spill.
2 *vt (divulgar)* to spread.
3 **desparramarse** *vpr* to spread, scatter; *(líquido)* to spill.
4 *vpr (divulgar)* to spread.

desparvar *vt* to pile up.

despatarrado,-a
1 *pp* → **despatarrar.**
2 *adj* with one's legs wide open, with one's legs wide apart.

despatarrar
1 *vt (asombrar)* to astonish, amaze.
2 *vt fam (abrir las piernas)* to send sprawling.
3 **despatarrarse** *vpr (asombrarse)* to be astonished.
4 *vpr (abrirse de piernas)* to open one's legs wide: **se despatarró** he opened his legs wide.

5 *vpr (caer)* to go sprawling.
6 *vpr (mueble)* to collapse.

despatillar
1 *vt (madera)* to tenon.
2 *vt (cortar las patillas)* to shave the sideboards off.

despavesar
1 *vt (quitar el pábilo)* to snuff.
2 *vt (quitar la ceniza)* to blow the ashes off.

despavorido,-a *adj* terrified.

despavorirse *vpr* to be terrified.
▲ *Used only in the infinitive and pp.*

despechado,-a
1 *pp* → despechar¹.
2 *adj* bearing a grudge, spiteful.

despechar¹
1 *vt* to vex.
2 **despecharse** *vpr* to become vexed.

despechar² *vt fam (destetar)* to wean.

despecho *nm* spite.
✦ **a despecho de** in spite of, despite.
por despecho out of spite.

despechugado,-a
1 *pp* → despechugar.
2 *adj fam* bare-breasted.

despechugar
1 *vt* to cut the breast off.
2 **despechugarse** *vpr fam fig* to show one's breast, bare one's breast.
▲ *Conjugation model* [7], *like* llegar.

despectivamente *adv* contemptuously, disparagingly.

despectivo,-a
1 *adj* contemptuous, disparaging.
2 *adj GRAM* pejorative, derogatory.

despedazar
1 *vt* to tear to pieces, cut to pieces.
2 *vt fig (maltratar)* to break: le despedazó el alma she broke his heart.
▲ *Conjugation model* [4], *like* realizar.

despedida
1 *nf* farewell, goodbye.
2 *nf (en una carta)* closing formula.
3 *nf MÚS* last verse.
■ **despedida de soltera** hen night, hen party.
despedida de soltero stag night, stag party.

despedido,-a
1 *pp* → despedir.
2 *adj (sin empleo)* dismissed, sacked, fired.

despedir
1 *vt (lanzar)* to shoot, fire: la catapulta despedía piedras contra el muro the catapult fired stones against the wall.
2 *vt (echar)* to throw out.
3 *vt (emitir)* to emit, give off: las flores despedían buen olor the flowers gave off a nice smell.
4 *vt (del trabajo)* to dismiss, fire, sack.
5 *vt (decir adiós)* to see off, say goodbye to: me despidió en la puerta she saw me off at the door.
6 **despedirse** *vpr (decirse adiós)* to say goodbye (**de**, to): se despidió de todos she said goodbye to everyone.

7 *vpr (de un empleo)* to leave (**de**, -).
8 *vpr fig (olvidarse, renunciar)* to forget (**de**, -), give up (**de**, -): puedes despedirte de volverla a ver you can forget the idea of ever seeing her again.
✦ **despedirse a la francesa** to take French leave.
salir despedido,-a to shoot off.
▲ *Conjugation model* [34], *like* servir.

despegado,-a
1 *pp* → despegar.
2 *adj* detached, unstuck: el sobre está despegado the envelope has come unstuck.
3 *adj fig* cool, indifferent, distant.

despegar
1 *vt (desenganchar)* to unstick, take off, detach.
2 *vi (avión)* to take off; *(nave espacial)* to lift off, blast off.
3 *vi (comenzar el desarrollo)* to take off: la industria ha despegado con fuerza the industry has really taken off.
4 **despegarse** *vpr (separarse)* to come unstuck.
5 *vpr fig (perder afecto)* to lose affection (**de**, for).
✦ **no despegar los labios** *fig* not to say a word.
▲ *Conjugation model* [7], *like* llegar.

despego *nm* coolness, indifference.
✦ **con despego** with indifference.

despegue
1 *nm (avión)* takeoff; *(nave espacial)* liftoff, blast-off.
2 *nm fig (desarrollo)* takeoff, launching: despegue económico economic boom.
■ **pista de despegue** runway.

despeinado,-a
1 *pp* → despeinar.
2 *adj* dishevelled (*US* disheveled), unkempt, tousled.

despeinar
1 *vt* to dishevel, ruffle: el viento la despeinó the wind messed up her hair, the wind blew her hair about.
2 **despeinarse** *vpr* to mess up one's hair.

despejado,-a
1 *pp* → despejar.
2 *adj (seguro)* assured, self-confident.
3 *adj (sin sueño)* wide awake; *(listo)* bright, smart clever; *(lúcido)* clearheaded.
4 *adj (espacioso, ancho)* wide, spacious: tiene una frente despejada she's got a broad forehead.
5 *adj (sin nubes)* cloudless, clear.

despejar
1 *vt (desalojar)* to clear.
2 *vt (espabilar)* to wake up, clear the head of.
3 *vt fig (aclarar)* to clarify, clear up.
4 *vt DEP* to clear.
5 *vt MAT* to find.
6 *vt INFORM* to clear.
7 **despejarse** *vpr METEOR* to clear up.

8 *vpr (espabilarse)* to wake oneself up, clear one's head: voy a tomar el aire para despejarme I'm going to get some fresh air to wake myself up.
9 *vpr (aclararse)* to become clear.

despeje *nm* clearance.

despellejar
1 *vt (quitar la piel)* to skin.
2 *vt fig (criticar)* to pull to pieces: en cuanto tiene ocasión nos despelleja ante los jefes he runs us down in front of the bosses whenever he gets the chance.
3 **despellejarse** *vpr* to peel.

despelotado,-a
1 *pp* → despelotarse.
2 *adj fam* naked, starkers.

despelotarse
1 *vpr fam (desnudarse)* to strip off.
2 *vpr fam (reírse)* to laugh one's head off, split one's sides.

despelote
1 *nm fam (desnudo)* strip.
2 *nm fam (de risa)* laugh.

despeluchar
1 *vi (cambiar el pelo un animal)* to moult, shed.
2 **despelucharse** *vpr (perder pelo)* to shed: esta alfombra debe ser de mala calidad porque se despelucha it must be a poor quality rug because it's shedding.

despeluzar
1 *vt (desordenar el pelo)* to ruffle the hair of.
2 *vt (erizar el cabello)* to make one's hair stand on end: la noticia le despeluzó the news made his hair stand on end.
▲ *Conjugation model* [4], *like* realizar.

despeluznante *adj* horrible, dreadful.

despenalización *nf* legalization, decriminalization.

despenalizar *vt* to legalize, decriminalize.
▲ *Conjugation model* [4], *like* realizar.

despender
1 *vt (gastar)* to spend.
2 *vt (malgastar)* to waste, squander.

despensa
1 *nf (lugar)* pantry, larder.
2 *nf (víveres)* provisions *pl*, stock of food.

despeñadero *nm* cliff, precipice.

despeñar
1 *vt* to throw over a cliff.
2 **despeñarse** *vpr (caer)* to fall over a cliff.
3 *vpr fig (perderse)* to go off the straight and narrow.

despepitar *vt* to remove the pips from.

despepitarse
1 *vpr (gritar)* to shout.
2 *vpr fig (hablar, proceder descomedidamente)* to be rash.
✦ **despepitarse por algo** *(chiflarse)* to be mad about something.

desperdiciar *vt* to waste, squander; *(oportunidad)* to throw away.
▲ *Conjugation model* [12], *like cambiar.*

desperdicio
1 *nm* waste.
2 **desperdicios** *nm pl (basura)* rubbish *sing*; *(desechos)* scraps, leftovers.
✦ **no tener desperdicio** *fig* to be good from start to finish: **este libro no tiene desperdicio** that's an excellent book from start to finish.

desperdigamiento *nm* scattering.

desperdigar
1 *vt* to scatter, disperse.
2 **desperdigarse** *vpr* to scatter, disperse.
▲ *Conjugation model* [7], *like llegar.*

desperezarse *vpr* to stretch.
▲ *Conjugation model* [4], *like realizar.*

desperfecto
1 *nm (daño)* damage.
2 *nm (defecto)* flaw, defect.
✦ **causar desperfectos** to damage, cause damage: **el terremoto causó desperfectos** the earthquake caused some damage.
sufrir desperfectos to get damaged.

despersonalizar *vt* to depersonalize.
▲ *Conjugation model* [4], *like realizar.*

despertador
1 *adj* awakening.
2 **despertador** *nm* alarm clock.

despertar
1 *vt* to wake, wake up, awaken.
2 *vt (apetito)* to whet.
3 *vt fig (pasiones, deseos, etc)* to arouse; *(interés)* to awake; *(recuerdos)* to bring back: **su actitud despertó la duda** his attitude raised doubts.
4 *vi* to wake up, awake.
5 **despertarse** *vpr* to wake up, awake: **me desperté a las siete** I woke up at seven.
▲ *Conjugation model* [27], *like acertar.*

despestañar
1 *vt (quitar las pestañas)* to pluck the eyelashes of.
2 **despestañarse** *vpr fig (mirar con ahínco)* to strain one's eyes; *(estudiar mucho)* to burn the midnight oil.

despiadadamente *adv* ruthlessly.

despiadado,-a *adj* ruthless, merciless.

despicar
1 *vt (satisfacer)* to satisfy.
2 **despicarse** *vpr (vengarse)* to take one's revenge.
▲ *Conjugation model* [1], *like sacar.*

despido *nm* dismissal, sacking.
■ **despido improcedente** wrongful dismissal, unfair dismissal.

despiece *nm* quartering.

despierto,-a
1 *adj* awake.
2 *adj (espabilado)* lively, smart, sharp, bright.

despiezo *nm* bevelling.

despilfarrador,-ra
1 *adj* spendthrift, wasteful.
2 *nm,f* spendthrift, waster, squanderer.

despilfarrar *vt* to waste, squander.

despilfarro *nm* waste.

despintar
1 *vt* to take the paint off.
2 *vt fig (desfigurar)* to distort.
3 **despintarse** *vpr (borrarse los colores)* to fade.
4 *vpr (olvidar)* to forget: **lo he visto solo una vez, pero no se me despinta** I've only seen him once, but I'll never forget him.

despiojar
1 *vt (quitar los piojos)* to delouse.
2 *vt fig (sacar de la miseria)* to pull out of the gutter.

despique *nm* revenge, satisfaction.

despistadamente *adv* absent-mindedly.

despistado,-a
1 *pp* → **despistar.**
2 *adj (distraído)* absent-minded.
3 *adj (confundido)* confused.
4 *adj (desorientado)* lost: **estoy despistado, ya no sé dónde estamos** I'm lost, I don't know where we are.
5 *nm,f* absent-minded person, scatterbrain.
✦ **hacerse el/la despistado,-a** to pretend not to understand.

despistar
1 *vt (hacer perder la pista)* to lose, give the slip.
2 *vt fig (desorientar)* to mislead, confuse: **aquella casa me despistó y casi me pierdo** that house confused me and I almost got lost.
3 *vt fig (distraer la atención)* to distract.
4 *vi (disimular)* to mess about: **no despistes y contesta a lo que te pregunto** stop messing about and answer my question.
5 **despistarse** *vpr (perderse)* to get lost, lose one's way.
6 *vpr (distraerse)* to get confused, get muddled: **se despistó y se equivocó de calle** he wasn't thinking and took the wrong turning.

despiste
1 *nm (distracción)* absent-mindedness.
2 *nm (error)* mistake, slip.
✦ **tener un despiste** to be absent-minded: **tiene un despiste tan grande que no sabe qué hora es** he's so absent-minded he doesn't know what time of day it is.

desplacer *nm* displeasure.

desplantador,-ra
1 *adj* uprooting.
2 **desplantador** *nm* trowel.

desplantar *vt* to uproot, pull up.

desplante *nm fig* impudent remark, impudent act.

desplazado,-a
1 *pp* → **desplazar.**
2 *adj* out of place.

desplazamiento
1 *nm (traslado)* moving, removal.
2 *nm (viaje)* trip, journey: **el empleo requiere mucho desplazamiento** the job involves a lot of travelling.
3 *nm MAR* displacement.

desplazar
1 *vt (mover)* to move, shift.
2 *vt MAR* to displace.
3 *vt fig (sustituir)* to replace, take over from: **el disco compacto ha desplazado al disco de vinilo** compact discs have taken over from records.
4 **desplazarse** *vpr* to travel: **tiene que desplazarse a Barcelona cada día** he has to commute to Barcelona every day.
▲ *Conjugation model* [4], *like realizar.*

desplegar
1 *vt (extender)* to unfold, spread (out), open (out); *(alas)* to spread.
2 *vt MIL* to deploy.
3 *vt fig (aclarar)* to clarify: **desplegar el significado de una palabra** to clarify the meaning of a word.
4 *vt fig (ejercitar)* to show, display: **desplegar prudencia** to show prudence.
5 **desplegarse** *vpr MIL* to deploy.
▲ *Conjugation model* [48], *like regar.*

despliegue
1 *nm MIL* deployment.
2 *nm fig (exhibición)* display, show, manifestation.

desplomar
1 *vt (hacer perder la verticalidad)* to put out of plumb.
2 **desplomarse** *vpr (caer una pared)* to tumble down.
3 *vpr (caer algo de peso)* to fall down, collapse, topple over.
4 *vpr (persona)* to collapse.
5 *vpr (precios)* to slump, fall sharply.

desplome
1 *nm ARQ* overhang.
2 *nm (caída)* collapse.

desplumar
1 *vt (quitar las plumas)* to pluck.
2 *vt fig (estafar)* to fleece, swindle.
3 **desplumarse** *vpr* to moult.

despoblación *nf* depopulation.
■ **despoblación forestal** deforestation.

despoblado *nm* deserted place.

despoblar
1 *vt* to depopulate.
2 *vt fig (despojar)* to clear; *(de árboles)* to deforest.
3 **despoblarse** *vpr* to become depopulated, become deserted.
▲ *Conjugation model* [31], *like contar.*

despojar
1 *vt (quitar)* to deprive (**de**, of), strip: **la despojaron de todas sus joyas** she was stripped of all her jewels.
2 *vt JUR* to dispossess.

3 *vt (quitar lo que acompaña o cubre)* to strip.

4 *vt fam fig (quitar el dinero)* to fleece.

5 despojarse *vpr (quitarse ropa)* to take off (**de**, -).

6 *vpr (desposeerse voluntariamente)* to forsake (**de**, -), give up (**de**,-): se despojó de su hacienda she gave up her property.

7 *vpr fig* to free oneself (**de**, of).

despojo
1 *nm (botín)* plunder, booty.
2 despojos *nm pl (sobras)* leavings, scraps, leftovers.
3 *nm pl (de un animal)* offal *sing*.
4 *nm pl (restos mortales)* mortal remains.

despolitización *nf* depoliticization.

despolitizar *vt* depoliticize.
▲ *Conjugation model* [4], *like realizar.*

desportilladura *nf* chip.

desportillar
1 *vt* to chip.
2 desportillarse *vpr* to chip.

desposado,-a
1 *pp →* desposar.
2 *adj fml* newly wed.
3 *nm,f* newlywed.
4 los desposados *nm pl fml* the newly-weds.

desposar
1 *vt fml* to marry.
2 desposarse *vpr fml (prometerse)* to get engaged (**con**, to).
3 *vpr fml (casarse)* to get married (**con**, to).

desposeer
1 *vt (gen)* to dispossess: lo desposeyó de sus bienes he was dispossessed of his properties.
2 *vt (autoridad)* to remove.
3 desposeerse *vpr (renunciar)* to give up (**de**, -).
▲ *Conjugation model* [61], *like leer.*

desposeído,-a
1 *pp →* desposeer.
2 los desposeídos *nm pl* the have-nots, the dispossessed.

desposorios
1 *nm pl fml (boda)* marriage *sing*.
2 *nm pl (compromiso)* betrothal *sing*, engagement *sing*.

déspota *nm & nf* despot, tyrant.

despóticamente *adv* despotically.

despótico,-a *adj* despotic.

despotismo *nm* despotism.
■ **despotismo ilustrado** enlightened despotism.

despotricar *vi* to rave, rant on (**contra**, about).
▲ *Conjugation model* [1], *like sacar.*

despreciable
1 *adj* despicable, contemptible: es un hombre despreciable he's a despicable man.
2 *adj (sin importancia)* negligible.

despreciar
1 *vt (desdeñar)* to despise, scorn, look down on: desprecia a sus vecinos he looks down on his neighbours.
2 *vt (desestimar)* to reject; *(ignorar)* to disregard, ignore: no debemos despreciar ningún dato we mustn't reject any piece of information; los conductores borrachos desprecian el peligro drunk drivers ignore danger.
▲ *Conjugation model* [12], *like cambiar.*

despreciativo,-a *adj* scornful, contemptuous.

desprecio
1 *nm (desestima)* contempt, scorn, disdain.
2 *nm (desaire)* slight, snub.

desprender
1 *vt (separar)* to detach, remove.
2 *vt (soltar)* to release.
3 *vt (emanar)* to give off.
4 desprenderse *vpr (soltarse)* to come off, come away.
5 *vpr (emanar)* to emanate, be given off.
6 *vpr (renunciar)* to part with, give away: se desprendió de todo she gave everything away.
7 *vpr fig (liberarse)* to rid oneself (**de**, of), free oneself (**de**, from): se desprendió de la ira he rid himself of his wrath.
8 *vpr (deducirse)* to follow, be inferred, be implied: de aquí se desprende que no quiere volver a verte from this it follows that she doesn't want to see you again.

desprendido,-a
1 *pp →* desprender.
2 *adj fig* generous, disinterested, unselfish.

desprendimiento
1 *nm (acción de desprenderse)* detachment, loosening.
2 *nm fig (desinterés)* generosity, unselfishness.
■ **desprendimiento de retina** detachment of the retina.
desprendimiento de tierras landslide.

despreocupación
1 *nf (tranquilidad)* nonchalance, unconcern.
2 *nf (negligencia)* negligence, carelessness.
3 *nf (indiferencia)* indifference.

despreocupadamente *adv* carelessly, casually.

despreocupado,-a
1 *pp →* despreocuparse.
2 *adj (tranquilo)* unconcerned, unworried.
3 *adj (negligente)* negligent, careless, sloppy.
4 *adj (indiferente)* indifferent.

despreocuparse
1 *vpr (dejar de preocuparse)* to stop worrying: puedes despreocuparte de eso, yo me ocuparé you can stop worrying about that, I'll deal with it.

2 *vpr (desentenderse)* to be unconcerned (**de**, about), be indifferent (**de**, to): mi hermana se ha despreocupado de él my sister wants nothing to do with him.

desprestigiar
1 *vt* to discredit, ruin the reputation of: aquella actitud lo desprestigió that attitude ruined his reputation.
2 desprestigiarse *vpr* to lose one's prestige, lose one's good reputation.
▲ *Conjugation model* [12], *like cambiar.*

desprestigio *nm* discredit, loss of prestige, loss of reputation.
■ **campaña de desprestigio** smear campaign.

despresurizar *vt* to depressurize.
▲ *Conjugation model* [4], *like realizar.*

desprevenido,-a *adj* unprepared, unready.
✦ **coger/pillar a alguien desprevenido, -a** to catch somebody unawares, take somebody by surprise.

desproporción *nf* disproportion, lack of proportion.

desproporcionadamente *adv* disproportionately.

desproporcionado,-a
1 *pp →* desproporcionar.
2 *adj* disproportionate, out of proportion.

desproporcionar *vt* to disproportion.

despropósito *nm* absurdity, nonsense.
✦ **decir despropósitos** to talk nonsense.

desproveer *vt* to deprive.
▲ *Conjugation model* [61], *like leer;* pp desproveído,-a *and* desprovisto,-a.

desprovisto,-a
1 *pp →* desproveer.
2 *adj* lacking (**de**, -), devoid (**de**, of), without (**de**, -).
✦ **estar desprovisto,-a de** to be lacking, lack: estaba desprovisto de experiencia he lacked experience.

después
1 *adv* afterwards, later: iremos después we'll go later.
2 *adv (entonces)* then: y después dijo que sí and then he said yes.
3 *adv (luego)* next.
✦ **después de** *(tiempo)* after; *(desde)* since; *(+ pp)* after, once: después de la cena after supper; después de ella, nadie más lo consiguió no one else did it since she did; después de recogida la habitación se fue a dormir he went to bed after tidying up his room.
después de todo after all: después de todo no está tan mal it's not that bad after all.
después que after, when: después que saliera empezó a llover it started to rain just after he'd left.

despulpar *vt* to pulp.

despumar *vt* to skim.

despuntado,-a
1 *pp →* despuntar.
2 *adj* blunt.

despuntar
1 *vt (quitar la punta)* to blunt, make blunt.
2 *vt MAR* to round.
3 *vi (planta)* to sprout; *(flor)* to bud.
4 *vi (destacar)* to excel, stand out: este autor despunta en poesía this writer's poetry is outstanding; despuntaba por su destreza she was renowned for her cleverness.
✦ **al despuntar el alba/día** at dawn, at daybreak.

desquiciar
1 *vt (desencajar)* to unhinge, take off its hinges.
2 *vt fig (descomponer una cosa)* to upset, unsettle.
3 *vt fig (trastornar a una persona)* to unsettle, unhinge.
4 **desquiciarse** *vpr (desencajarse)* to come off its hinges.
5 *vpr fig (volverse loco)* to go crazy, become unhinged.
▲ *Conjugation model [12], like* **cambiar.**

desquitar
1 *vt (compensar un mal)* to compensate.
2 *vt (vengar)* to avenge.
3 **desquitarse** *vpr (compensar de un mal)* to make good: se desquitó de la pérdida comprando otro he made good the loss by buying another one.
4 *vpr (vengarse)* to take one's revenge (**de**, on), get even (**de**, with): el equipo se desquitó venciendo a los campeones the team got their own back by beating the champions.

desquite
1 *nm (compensación)* compensation.
2 *nm (venganza)* revenge, retaliation.
3 *nm DEP* return match.
✦ **tomarse el desquite** to have one's revenge.

desratización *nf* rodent control.

desratizar *vt* to rid of rats.
▲ *Conjugation model [4], like* **realizar.**

desregulación *nf* deregulation.

desregular *vt* to deregulate.

desriñonar
1 *vt* to break the back of.
2 *vt (agotar)* to wear out.
3 **desriñonarse** *vpr* to break one's back.
4 *vpr (agotarse)* to wear oneself out.

destacado,-a
1 *pp* → destacar.
2 *adj (persona)* outstanding, distinguished, prominent, leading; *(actuación)* outstanding.

destacamento *nm* detachment.

destacar
1 *vi (despuntar)* to stand out: destaca por su sabiduría he stands out because of his wisdom.
2 *vt MIL* to detach.
3 *vt (en pintura)* to highlight, make stand out.
4 *vt fig (dar énfasis)* to point out, emphasize: quiero destacar las dificultades I want to point out the difficulties.

5 **destacarse** *vpr* to stand out.
▲ *Conjugation model [1], like* **sacar.**

destajador *nm* blacksmith's hammer.

destajar
1 *vt (ajustar las condiciones)* to settle the conditions for.
2 *vt (en los naipes)* to cut.

destajo *nm* piecework.
✦ **a destajo** by the piece.
hablar a destajo *fig* to talk nineteen to the dozen.
trabajar a destajo to do piecework.

destalonar
1 *vt (gastar el talón)* to wear down the heel of.
2 *vt (quitar un talón de un talonario)* to detach.

destapar
1 *vt (gen)* to open: destapé la caja y vi que estaba vacía I opened the box and saw it was empty.
2 *vt (tapón)* to uncork; *(tapa)* to take the lid off.
3 *vt (en la cama)* to uncover.
4 *vt fig (descubrir)* to reveal, uncover.
5 **destaparse** *vpr (en la cama)* to take the bedclothes off, take the covers off.
6 *vpr fig (darse a conocer)* to open up: cuando se destapó resultó ser encantador when he opened up he turned out to be charming.

destape *nm fam* striptease.
✦ **película de destape** *fam* blue movie.

destapiar *vt* to pull down the walls of.

destaponar
1 *vt (de botella)* to uncork.
2 *vt (algo que obstruye)* to clear, unblock.

destarar *vt* to deduct the tare from.

destartalado,-a *adj (casa etc)* tumbledown, ramshackle; *(coche etc)* clapped-out, rickety; *(mueble)* dilapidated, shabby.

destejar
1 *vt (quitar las tejas)* to remove the tiles from.
2 *vt fig (dejar sin defensa)* to leave unprotected.

destejer
1 *vt (deshacer lo tejido)* to unweave; *(punto)* to undo.
2 *vt fig (desbaratar)* to mess up, take apart.

destellar *vi (gen)* to sparkle, glitter; *(estrella)* to twinkle.

destello
1 *nm (resplandor)* sparkle, flash; *(brillo)* gleam, shine.
2 *nm fig (atisbo)* glimmer, flash: a pesar de su enfermedad tiene destellos de lucidez despite his illness he can be lucid at times.

destemplado,-a
1 *pp* → destemplar.
2 *adj MÚS* out of tune.
3 *adj (voz, gesto)* sharp, snappy.
4 *adj (carácter)* irritable, tetchy.
5 *adj (tiempo)* unpleasant.

6 *adj MED* off colour, unwell.
7 *adj (acero)* untempered.
✦ **con cajas destempladas** rudely, brusquely.
sentirse destemplado,-a not to feel well.

destemplanza
1 *nf (falta de sobriedad)* intemperance.
2 *nf (del clima)* unsettledness.
3 *nf (malestar general)* indisposition.
4 *nf (de un instrumento)* dissonance.
5 *nf fig (falta de moderación)* lack of moderation.

destemplar
1 *vt (alterar)* to disturb, upset: los nervios destemplaron al equipo the team lost concentration due to nerves.
2 *vt (poner en infusión)* to infuse.
3 *vt MÚS* to make go out of tune.
4 *vt (un metal)* to untemper.
5 **destemplarse** *vpr MED* to feel indisposed, feel unwell.
6 *vpr (un instrumento)* to go out of tune.
7 *vpr (perder la moderación)* to become upset, get agitated.
8 *vpr (un metal)* to lose its temper.

desteñir
1 *vt* to discolour *(US* discolor), fade: tus pantalones han desteñido mi camisa blanca your trousers have discoloured my white shirt; el sol destiñó la ropa del escaparate the sun faded the clothes in the shop window.
2 *vi* to lose colour *(US* color), fade, run: si lavas esa camiseta en agua caliente desteñirá if you wash that T-shirt in hot water it will run.
3 **desteñirse** *vpr* to lose colour *(US* color), fade: la camiseta se destiñó the T-shirt faded.
▲ *Conjugation model [36], like* **ceñir.**

desternillarse ✦ **desternillarse de risa** *fam* to split one's sides laughing, be in stitches.

desterrado,-a
1 *pp* → desterrar.
2 *adj* exiled, banished.
3 *nm,f* exile, outcast.

desterrar
1 *vt* to exile, banish.
2 *vt fig* to banish: destierra el enfado y alégrate bury your anger and cheer up.
▲ *Conjugation model [27], like* **acertar.**

desterronar *vt* to break up the clods in.

destetar *vt* to wean.

destete *nm* weaning.

destiempo
✦ **a destiempo** inopportunely, at the wrong time, at the wrong moment: llegó a destiempo he arrived at the wrong moment.

destierro
1 *nm (pena)* banishment, exile.
2 *nm (lugar)* place of exile.
3 *nm fig (lugar muy apartado)* back of beyond.

destilación *nf* distillation.

destiladera *nf* still.

destilado,-a
1 *pp* → destilado.
2 *adj* distilled.
3 destilado *nm* distillate.

destilador,-ra
1 *adj* distilling.
2 *nm,f (persona)* distiller.
3 destilador *nm (alambique)* still.

destilar
1 *vt* to distil (*US* distill).
2 *vt (pus, sangre)* to exude: la herida destilaba pus pus oozed from the wound.
3 *vt (filtrar)* to filter.
4 *vt fig* to exude, reveal: su poesía destila tristeza his poems exude sorrow.
5 *vi (gotear)* to drip.

destilería *nf* distillery.

destinado,-a
1 *pp* → destinar.
2 *adj* destined (a, to), bound (a, for).
+ **estar destinado,-a al fracaso** to be doomed to failure.

destinar
1 *vt (asignar)* to assign, set aside, destine; *(dinero)* to allocate, set aside: destinó la ambulancia a casos de urgencia he kept the ambulance for emergencies.
2 *vt (persona)* to appoint, assign, send, post: lo han destinado a Madrid he has been posted to Madrid.
3 *vt MIL* to post.

destinatario,-a
1 *nm,f (de carta)* addressee.
2 *nm,f (de mercancías)* consignee.

destino
1 *nm (sino)* destiny, fate.
2 *nm (uso)* purpose, use.
3 *nm (lugar)* destination.
4 *nm (empleo)* post.
+ **con destino a** bound for, going to: un avión con destino a Madrid a plane bound for Madrid; el vuelo 977 con destino a París flight 977 to Paris. **salir con destino a** to leave for.

destitución *nf* dismissal, removal.

destituir *vt* to dismiss, remove from office.
▲ *Conjugation model* [62], *like huir*.

destocar
1 *vt (deshacer el tocado)* to mess up the hair of.
2 **destocarse** *upr (descubrirse la cabeza)* to take off one's hat.
▲ *Conjugation model* [1], *like sacar*.

destorcer
1 *vt (deshacer lo retorcido)* to untwist.
2 *vt fig (enderezar)* to straighten.
3 **destorcerse** *upr MAR (perder el rumbo)* to drift.

destornillador *nm* screwdriver.

destornillar
1 *vt* to unscrew.

2 **destornillarse** *upr* to come unscrewed.
3 *upr fig* to go crazy.

destrabar
1 *vt (quitar las trabas)* to unfetter.
2 *vt (desprender)* to remove, detach.

destral *nm* hatchet, small axe.

destrenzar *vt* to unplait, (*US* unbraid).
▲ *Conjugation model* [4], *like realizar*.

destreza *nf* skill, dexterity: tiene destreza she's skilful.

destripar
1 *vt (quitar las tripas)* to disembowel; *(pescado)* to gut.
2 *vt (cosa)* to tear open, cut open: destripó el colchón she ripped the mattress open.
3 *vt fig (despachurrar)* to crush, squash: la rueda le destripó el pie the wheel crushed her foot.
4 *vt fam fig (un relato)* to ruin: me destripó el chiste cuando iba por la mitad he ruined my joke when I was only halfway through it.

destripaterrones *nm fam pey* clodhopper.
▲ *pl destripaterrones*.

destronamiento
1 *nm* dethronement.
2 *nm fig* overthrow.

destronar
1 *vt* to dethrone.
2 *vt fig* to overthrow, unseat.

destroncar
1 *vt (tronchar un árbol)* to chop down.
2 *vt (interrumpir)* to interrupt.
3 *vt (cortar)* to cut.
▲ *Conjugation model* [1], *like sacar*.

destrozado,-a
1 *pp* → destrozar.
2 *adj (objeto)* smashed, broken, ruined: el coche quedó destrozado the car was a write-off.
3 *adj (persona - moralmente)* devastated, shattered; *(- físicamente)* exhausted, done in, worn out.

destrozar
1 *vt (romper)* to destroy, shatter, wreck; *(despedazar)* to tear to pieces, tear to shreds: la explosión destrozó el puente the explosion wrecked the bridge.
2 *vt fig (gastar)* to wear out: destroza los zapatos she wears her shoes out.
3 *vt fig (estropear)* to ruin, spoil; *(corazón)* to break: destrozó sus sueños she shattered his dreams.
4 *vt fig (causar daño moral)* to crush, shatter, devastate.
▲ *Conjugation model* [4], *like realizar*.

destrozo
1 *nm (acción)* destruction.
2 *nm (daño)* damage: la lluvia causó grandes destrozos en el huerto the rain caused terrible damage in the orchard.
▲ *Often used in plural with the same meaning.*

destrozón,-ona
1 *adj* destructive.
2 *nm,f* destroyer, destructive person.

destrucción *nf* destruction.

destructible *adj* destructible.

destructivamente *adv* destructively.

destructivo,-a *adj* destructive.

destructor,-ra
1 *adj* destructive.
2 **destructor** *nm MAR* destroyer.

destruir
1 *vt* to destroy.
2 *vt fig* to destroy, ruin, wreck: han destruido sus esperanzas they've shattered her hopes.
▲ *Conjugation model* [62], *like huir*.

desuerar *vt* to drain the whey from.

desuncir *vt* to unyoke.
▲ *Conjugation model* [3], *like zurcir*.

desunión
1 *nf (separación)* separation, division.
2 *nf fig (discordia)* discord, feud, dissension.

desunir
1 *vt (separar)* to divide, separate.
2 *vt fig* to cause discord, disunite.

desusado,-a
1 *pp* desusar.
2 *adj (insólito)* unusual, strange.
3 *adj (anticuado)* old-fashioned, out of date.

desuso *nm* disuse: eso está en desuso that's obsolete, that's outdated.
+ **caer en desuso** to fall into disuse.

desvaído,-a
1 *adj (color disipado)* faded, pale; *(borroso)* blurred.
2 *adj (persona)* tall and lanky.

desvainar *vt* to shell.

desvalido,-a
1 *adj* needy, destitute.
2 *nm,f* needy person, destitute person.
3 **los desvalidos** *nm pl* the needy, the destitute.

desvalijamiento *nm* theft, robbery.

desvalijar
1 *vt (a alguien)* to rob: me desvalijaron I was robbed.
2 *vt (un lugar)* to burgle: desvalijaron la tienda the shop was burgled.
3 *vt fig* to strip (bare), clean out: tu amigo me desvalija la nevera cada vez que viene your friend cleans out my fridge every time he comes.

desvalimiento *nm* helplessness, lack of protection.

desvalorización *nf* devaluation, depreciation.

desvalorizar *vt* to devalue, depreciate.
▲ *Conjugation model* [4], *like realizar*.

desván *nm* loft, attic.

desvanecer
1 *vt (hacer desaparecer)* to clear, dispel, disperse: el viento desvaneció la niebla the wind cleared the fog.

2 *vt (color)* to fade; *(contorno)* to blur.

3 *vt fig (recuerdo etc)* to dispel, banish: aquella respuesta desvaneció nuestras dudas that answer dispelled our doubts.

4 desvanecerse *vpr (disiparse)* to disperse, clear.

5 *vpr fig (desaparecer)* to vanish, disappear; *(recuerdos)* to fade.

6 *vpr fig (desmayarse)* to faint.

▲ *Conjugation model [43], like agradecer.*

desvanecimiento

1 *nm (desaparición)* disappearance, dispelling.

2 *nm (desmayo)* faint, fainting fit.

desvariar *vi* to be delirious, rave, talk nonsense.

▲ *Conjugation model [13], like desviar.*

desvarío

1 *nm (delirio)* delirium, raving.

2 *nm (disparate)* nonsense, act of madness.

3 *nm (capricho)* fancy, whim.

desvelado,-a

1 *pp* → **desvelar.**

2 *adj* awake, wide awake.

desvelar

1 *vt (quitar el sueño)* to keep awake: las películas de miedo me desvelan horror films keep me awake.

2 *vt fig (revelar)* to reveal, disclose: nos desveló el secreto she revealed the secret to us.

3 desvelarse *vpr* to be unable to sleep.

4 *vpr fig (dedicarse)* to devote oneself (**por**, to): siempre se ha desvelado por su familia she has always devoted herself to her family.

desvelo

1 *nm (insomnio)* sleeplessness, insomnia.

2 *nm (dedicación)* devotion, dedication: cuidaba a sus hijos con desvelo she doted on her children.

3 desvelos *nm pl (esfuerzos)* efforts, pains.

desvenar

1 *vt (quitar las venas a la carne, los nervios de las hojas del tabaco)* to remove the veins from.

2 *vt (sacar del filón)* to extract from a vein.

desvencijado,-a

1 *pp* → **desvencijar.**

2 *adj* rickety, broken-down, dilapidated.

desvencijar

1 *vt* to break, ruin.

2 desvencijarse *vpr* to fall apart, fall to pieces.

desvendar *vt* to remove the bandage from.

desventaja

1 *nf* disadvantage, drawback.

2 *nf (problema)* problem.

✦ **estar en desventaja** to be at a disadvantage.

desventajoso,-a *adj* disadvantageous, unfavourable (*us* unfavorable).

desventura *nf* misfortune, bad luck.

desventuradamente *adv* unfortunately.

desventurado,-a

1 *adj* unfortunate, unlucky.

2 *nm,f* unfortunate person, wretch.

3 los desventurados *nm pl* the unfortunate.

desvergonzadamente

1 *adv (sin vergüenza)* shamelessly.

2 *adv (con descaro)* impudently, cheekily.

desvergonzado,-a

1 *adj (sinvergüenza)* shameless, brazen.

2 *adj (descarado)* cheeky, rude, impudent.

3 *nm,f (sinvergüenza)* shameless person.

4 *nm,f (descarado)* cheeky person.

desvergüenza

1 *nf (falta de decoro)* shamelessness.

2 *nf (descaro)* cheek, nerve, impudence.

3 *nf (impertinencia)* insolent remark, rude remark.

desvestir

1 *vt* to undress.

2 desvestirse *vpr* to undress, get undressed: se desvistió he got undressed.

▲ *Conjugation model [34], like servir.*

desviación

1 *nf* deviation.

2 *nf (de carretera)* diversion, detour.

■ **desviación de columna** *MED* slipped disc.

desviacionismo *nm* deviationism.

desviacionista

1 *adj* deviationist.

2 *nm & nf* deviationist.

desviar

1 *vt (gen)* to deviate, change the course of: desvió la mirada she looked away.

2 *vt (golpe, balón)* to deflect.

3 *vt (carretera, río, barco, avión)* to divert.

4 *vt fig (tema)* to change.

5 *vt fig (disuadir)* to dissuade, put off: solo su madre conseguirá desviarlo de esa idea only his mother will be able to put him off that idea.

6 desviarse *vpr (avión, barco)* to go off course; *(coche)* to make a detour.

7 *vpr (golpe, balón)* to be deflected.

8 *vpr (persona, camino)* to leave: tenemos que desviarnos de la carretera en el kilómetro cinco we have to turn off at the five-kilometre mark.

9 *vpr fig (tema)* to stray (**de**, from), go (**de**, off).

▲ *Conjugation model [13].*

desvinculación *nf* releasing, freeing.

desvincular

1 *vt (gen)* to separate, detach, dissociate.

2 *vt (de la familia)* to cut off (**de**, from).

3 desvincularse *vpr* to cut oneself off (**de**, from), break away (**de**, from), dissociate oneself (**de**, from).

desvío

1 *nm* diversion, detour.

2 *nm fig (desagrado)* displeasure, indifference: lo trataron con desvío they treated him coldly.

desvirgar *vt* to deflower.

▲ *Conjugation model [7], like llegar.*

desvirtuar

1 *vt* to impair, spoil, distort.

2 *vt fig* to contradict, belie: desvirtuó sus palabras con sus actos his behaviour belied his words.

▲ *Conjugation model [11], like actuar.*

desvitrificar *vt* to devitrify.

▲ *Conjugation model [1], like sacar.*

desvivirse

1 *vpr (desvelarse)* to do one's utmost (**por**, for), be devoted (**por**, to).

2 *vpr (desear)* to be mad (**por**, about).

desyemar

1 *vt (quitar las yemas a las plantas)* to disbud.

2 *vt (sacar la yema al huevo)* to remove the yolk from.

detall ✦ **al detall** retail: vender algo al detall to sell something retail.

detalladamente *adv* in detail.

detallado,-a

1 *pp* → **detallar.**

2 *adj* detailed, thorough.

detallar

1 *vt* to detail, give the details of, tell in detail.

2 *vt (especificar)* to specify.

3 *vt COM* to retail, sell retail.

detalle

1 *nm (pormenor)* detail, particular.

2 *nm (delicadeza)* nice gesture, nice thought.

3 *nm (toque decorativo)* touch.

✦ **al detalle** *COM* retail.

contar algo con detalle to tell something in (great) detail.

¡qué detalle! how nice!, how sweet!

sin entrar en detalles without going into details.

tener un detalle to be considerate, be thoughtful: tuvo el detalle de comprar unos bombones she was thoughtful enough to buy some chocolates.

detallista

1 *adj (perfeccionista)* perfectionist.

2 *adj (que piensa en los demás)* thoughtful, considerate.

3 *nm & nf COM* retailer, retail trader.

detección *nf* detection.

detectable *adj* detectable.

detectar *vt* to detect.

detective *nm & nf* detective.

■ **detective privado,-a** private detective, private eye.

detector,-ra

1 *adj* detecting.

2 detector *nm* detector.

■ **detector de incendios** fire detector.

detector de mentiras lie detector.

detector de radar radar scanner.

detención

1 *nf (paro)* stopping, halting; *(interrupción)* stoppage, stop, halt.

2 *nf JUR* detention, arrest.

3 *nf (atención)* care.

✦ **con detención** carefully, thoroughly: lo explicó todo con mucha detención he explained it all very carefully.

detener

1 *vt (parar)* to stop, halt; *(proceso, negociación)* to hold up.

2 *vt (retener)* to keep, delay, detain: nos detuvo durante una hora she kept us for an hour.

3 *vt JUR* to detain, arrest.

4 **detenerse** *vpr (pararse)* to stop, halt: el tren se detuvo the train stopped.

5 *vpr (entretenerse)* to hang about, linger.

6 *vpr (pararse a considerar algo)* to dwell: no podemos detenernos en este asunto we can't dwell upon this matter.

▲ *Conjugation model* [87], *like tener.*

detenidamente *adv* carefully, thoroughly.

detenido,-a

1 *pp →* **detener.**

2 *adj (parado)* held up.

3 *adj (minucioso)* detailed, thorough, careful.

4 *adj JUR* under arrest: está detenido he's under arrest.

5 *nm,f JUR* prisoner.

detenimiento ✦ **con detenimiento** carefully, thoroughly.

detentar *vt JUR* to hold unlawfully.

detergente

1 *adj* detergent.

2 *nm* detergent.

deterger *vt* to deterge.

deteriorado,-a

1 *pp →* **deteriorar.**

2 *adj* damaged, worn.

deteriorar

1 *vt (estropear)* to damage, spoil; *(gastar)* to wear out.

2 **deteriorarse** *vpr (estropearse)* to get damaged; *(gastarse)* to wear out.

3 *vpr fig* to deteriorate, go downhill: su relación se ha deteriorado mucho últimamente their relationship has got a lot worse lately.

deterioro

1 *nm (daño)* damage, deterioration; *(desgaste)* wear and tear.

2 *nm fig (empeoramiento)* deterioration, worsening.

✦ **ir en deterioro de** to harm.

determinable *adj* determinable.

determinación

1 *nf (valor)* determination, resolution.

2 *nf (decisión)* decision.

3 *nf (firmeza)* firmness.

✦ **con determinación** determinedly. **tomar una determinación** to make a resolution, make a decision.

determinado,-a

1 *pp →* **determinar.**

2 *adj (preciso)* definite, precise, certain, given, particular.

3 *adj (día, hora, etc)* fixed, set, appointed.

4 *adj (resuelto)* determined, decisive, resolute.

5 *adj GRAM* definite.

6 *adj MAT* determinate.

determinante

1 *adj* decisive, determinant.

2 *nm MAT* determinant.

determinar

1 *vt (decidir)* to resolve, decide, determine: hemos determinado empezar en septiembre we've decided to start in September; tuvimos que determinar la raíz cuadrada de 361 we had to find the square root of 361.

2 *vt (señalar)* to determine.

3 *vt (fijar)* to fix, set, appoint.

4 *vt (estipular)* to stipulate, specify: la ley determina cómo hacerlo the law stipulates how to do it.

5 *vt (causar)* to bring about, cause: tales circunstancias determinaron la caída del Imperio such circumstances brought about the fall of the Empire.

6 *vt (hacer decidir)* to make decide, decide: su actitud me determinó a obrar his attitude made me decide to do something.

7 **determinarse** *vpr (decidirse)* to make up one's mind, decide.

determinativo,-a

1 *adj* determinant.

2 *adj LING* determinative.

determinismo *nm* determinism.

determinista

1 *adj* determinist.

2 *nm & nf* determinist.

detersión *nf* cleansing.

detestable *adj* detestable, hateful, repulsive.

detestación *nf* detestation, hatred.

detestar *vt* to detest, hate, abhor.

detonación *nf* detonation.

detonador *nm* detonator.

detonante

1 *adj* detonating, explosive.

2 *nm* detonator.

3 *nm fig* trigger.

detonar

1 *vi* to detonate, explode.

2 *vt* to detonate, set off.

detractor,-ra *nm,f* critic, detractor.

detraer

1 *vt (substraer)* to withdraw.

2 *nf fig (denigrar)* to denigrate.

detrás

1 *adv* behind: detrás de la puerta behind the door.

2 *adv (en la parte posterior)* at the back, in the back: el jardín está detrás the garden is at the back.

3 *adv (después)* then, afterwards: llegaron detrás de él they arrived after him.

✦ **detrás mío (tuyo, suyo, etc)** after me (you, him, etc).

ir detrás de to go after: voy detrás de Pedro I'm after Pedro.

por detrás *fig* behind one's back: se rieron de él por detrás they laughed at him behind his back.

detrimento

1 *nm* detriment.

2 *nm fig (daño moral)* harm, damage.

✦ **en detrimento de** to the detriment of. **sin detrimento de** without detriment to.

detrito *nm* detritus.

detritus *nm* detritus.

▲ *pl detritus.*

detuve *pt indef →* **detener.**

deuda

1 *nf* debt.

2 *nf REL* trespass.

✦ **contraer una deuda** to get into debt. **estar en deuda con alguien** *(de dinero)* to be in debt to somebody; *(moralmente)* to be indebted to somebody.

■ **deuda del Estado** public debt. **deuda exterior** external debt. **deuda pública** national debt.

deudo,-a *nm,f fml* relative.

deudor,-ra

1 *adj* debtor.

2 *nm,f* debtor.

devaluación *nf* devaluation.

devaluar *vt* to devalue.

▲ *Conjugation model* [11], *like actuar.*

devanado,-a

1 *pp →* **devanar.**

2 *devanado nm* winding, coiling.

devanador,-ra

1 *adj* winding.

2 *nm,f* winder.

3 *devanador nm* reel, spool.

devanar *vt (hilo)* to wind, reel; *(alambre)* to coil.

✦ **devanarse los sesos** *fam* to rack one's brains.

devaneo

1 *nm (delirio)* delirium, nonsense.

2 *nm (pasatiempo vano)* waste of time, frivolity.

3 *nm (amorío)* fling.

devastación *nf* devastation, destruction.

devastador,-ra

1 *adj* devastating.

2 *nm,f* devastator.

devastar *vt* to devastate, ravage, lay waste.

devengado,-a

1 *pp →* **devengar.**

2 *adj (sueldo)* due; *(intereses)* accrued, earned.

devengar
1 *vt (sueldo)* to earn.
2 *vt (interés)* to earn, accrue.
▲ *Conjugation model* [7], *like llegar.*
devengo *nm* amount due.
devenir[1] *vi* to happen, occur.
▲ *Conjugation model* [90], *like venir.*
devenir[2] *nm* flux.
deverbal *adj* derived from a verb.
devoción
1 *nf* devotion, devoutness.
2 *nf (afición)* devotion, dedication.
✦ **con devoción** devoutly.
no ser santo,-a de devoción *fam* not to be one's cup of tea: **Pedro no es santo de mi devoción** Pedro is not my cup of tea.
devocionario *nm* prayer book.
devolución
1 *nf (acción)* return, giving back; *(dinero)* repayment, refund: **exigieron la devolución del importe** they demanded a refund, they demanded their money back.
2 *nf JUR* devolution.
✦ **"No se admiten devoluciones"** COM "No refunds", "Goods cannot be exchanged".
devolver
1 *vt (volver algo a un estado anterior)* to put back, return: **devuelve la lámpara a su sitio** put the lamp back in its place.
2 *vt (por correo)* to send back, return.
3 *vt (restituir un dinero)* to refund, return.
4 *vt (una visita, un cumplido, etc)* to return, pay back: **nos devolvió la visita al martes siguiente** he returned the visit the following Tuesday.
5 *vt (restaurar)* to restore, give back: **la democracia devolvió las libertades** democracy restored freedom.
6 *vt fam (vomitar)* to vomit, throw up, bring up.
7 *vi fam (vomitar)* to throw up, be sick.
▲ *Conjugation model* [32], *like mover; pp* **devuelto,-a.**
devorador,-ra
1 *adj* devouring: **tenía una hambre devoradora** he was ravenously hungry.
2 *nm,f* devourer.
■ **devoradora de hombres** man-eater.
devorar
1 *vt* to devour.
2 *vt (engullir)* to eat up, gobble up.
3 *vt fig (consumir)* to devour, consume: **el fuego devoró los libros** the fire devoured the books.
4 *vt fig (corroer)* to eat up: **la envidia lo devoraba** he was eaten up with envy.
devotería *nf* false piety.
devoto,-a
1 *adj (piadoso)* devout, pious.
2 *adj (digno de devoción)* devotional.
3 *adj fig (dedicado)* devoted.
4 *nm,f REL* pious person, devout person.

5 *nm,f fig (seguidor)* devoted follower, devotee, admirer.
devuelto,-a
1 *pp →* **devolver.**
2 **devuelto** *nm (vómito)* vomit.
dextrina *nf* dextrin, dextrine.
dextrorso,-a *adj* dextrorse, dextrorsal.
dextrosa *nf* dextrose.
deyección
1 *nf (de volcán)* ejecta *pl.*
2 *nf MED (defecación)* defecation; *(excremento)* dejecta *pl,* faeces *pl.*
DF *abr (Distrito Federal)* federal district.
Dg *sím (decagramo)* decagram; *(símbolo)* Dg.
dg *sím (decigramo)* decigram; *(símbolo)* dg.
DGS[1] *abr (Dirección General de Sanidad)* government department responsible for public health.
DGS[2] *abr (Dirección General de Seguridad)* government department responsible for national security.
DGT *abr (Dirección General de Tráfico)* government department responsible for traffic.
di
1 *pt indef →* **dar.**
2 *imperat →* **decir.**
día
1 *nm* day: **¿qué día es hoy?** what day is it today?, what's the date today?
2 *nm (con luz)* daylight, daytime: **ya es de día** it's daylight.
3 *nm (tiempo)* day, weather: **tuvimos un buen día** it was a fine day.
4 **días** *nm pl (vida)* days.
✦ **a la luz del día** in daylight.
a los pocos días a few days later.
al caer el día at dusk.
al despuntar el día at dawn, at daybreak.
al día siguiente/al otro día the following day.
¡buenos días! good morning!
cada día/todos los días each day, every day.
cualquier día de estos any day now.
dar los buenos días to say good morning.
de día during the day.
de un día para otro from one day to the next, overnight.
del día fresh.
día a día day by day.
el día de mañana *fig* in the future.
el día menos pensado *fig* when you least expect it.
estar al día *fig* to be up to date.
hacer buen/mal día to be a nice/horrible day.
hasta el fin de sus días to the end of his days.
poner al día to bring up to date.

ser de día to be daylight.
si algún día if ever: **si algún día lo ves ...** if you ever see him ...
un buen día *fig* one fine day.
un día sí y otro no every other day.
vivir al día *fig* to live from hand to mouth, not to save a penny.
■ **día de año nuevo** New Year's Day.
día de descanso day off.
día de fiesta/día festivo holiday, bank holiday.
día de paga payday.
día entre semana weekday.
día lectivo teaching day.
día libre day off: **mañana cogeré el día libre** I'll take the day off tomorrow.
días alternos every other day *sing.*
diabetes *nf* diabetes.
▲ *pl diabetes.*
diabético,-a
1 *adj* diabetic.
2 *nm,f* diabetic.
diabla *nf (diablesa)* she-devil.
✦ **a la diabla** *fig* any old how.
diablear *vi* to get up to mischief.
diablesa *nf* she-devil.
diablillo *nm fam* little devil, little imp.
diablo
1 *nm* devil, demon.
2 *nm fig (niño)* little devil.
3 *nm (malvado)* wicked person.
✦ **¡al diablo con ...!** *fam* to hell with ...!
del diablo/de todos los diablos the devil of a ...: **armó un follón del diablo** he kicked up a hell of a rumpus.
¡diablos! damn!
enviar al diablo to send to the devil.
¿qué/dónde/cuándo diablos ...? *fam* what/where/when the hell ...?: **¿dónde diablos se han metido?** where the hell have they got to?
■ **el abogado del diablo** the devil's advocate.
un pobre diablo a poor devil.
diablura *nf* mischief, naughtiness.
✦ **hacer diabluras** to get up to mischief.
diabólico,-a *adj* diabolic, devilish, diabolical.
diábolo *nm* diabolo.
diaconado *nm* diaconate, deaconry.
diaconal *adj* diaconal.
diaconato *nm →* **diaconado.**
diaconisa *nf* deaconess.
diácono *nm* deacon.
diacrítico,-a *adj* diacritic, diacritical.
diacrónico,-a *adj* diachronic.
diadema
1 *nf (joya)* diadem.
2 *nf (adorno para el pelo)* hairband.
diafanidad *nf* diaphaneity, translucence; *(transparencia)* transparency.
diáfano,-a
1 *adj* diaphanous, translucent; *(transparente)* transparent.

2 *adj (claro)* clear, bright.
3 *adj fig (explicación)* clear; *(conducta)* impeccable.

diafragma
1 *nm* ANAT diaphragm.
2 *nm (en fotografía)* aperture.
3 *nm* MED diaphragm, cap.

diagnosis *nf* diagnosis.
▲ *pl diagnosis.*

diagnosticar *vt* to diagnose: le han diagnosticado un cáncer he was diagnosed as having cancer.
▲ *Conjugation model* [1], *like sacar.*

diagnóstico,-a
1 *adj* diagnostic.
2 diagnóstico *nm* diagnosis.

diagonal
1 *adj* diagonal.
2 *nf* diagonal.
✦ **en diagonal** diagonally.

diagonalmente *adv* diagonally.

diagrama *nm* diagram.
▪ **diagrama de flujo** INFORM flow chart.

dial *nm* dial.

dialectal *adj* dialectal.

dialectalismo *nm* dialectalism.

dialéctica *nf* dialectic, dialectics.

dialéctico,-a *adj* dialectical.

dialecto *nm* dialect.

dialectología *nf* dialectology.

diálisis *nf* dialysis.
▲ *pl diálisis.*

dializador *nm* dialysis machine.

dialogador,-ra *adj* willing to talk, willing to discuss matters.

dialogar
1 *vi (conversar)* to talk, have a conversation.
2 *vi fig (negociar)* to negotiate, hold talks (**sobre**, on): los ministros de ambos estados están dialogando sobre el tema the ministers of both countries are discussing the matter.
3 *vt (escribir en forma de diálogo)* to write in dialogue form.
▲ *Conjugation model* [7], *like llegar.*

diálogo *nm* dialogue, conversation.

diamantar *vt* to diamond.

diamante *nm* diamond.
▪ **diamante en bruto** uncut diamond.

diamantino,-a *adj* diamond-like, diamantine.

diametral *adj* diametrical, diametral.

diametralmente *adv* diametrically: son diametralmente opuestos they're diametrically opposed.

diámetro *nm* diameter.

diana
1 *nf* MIL reveille.
2 *nf* DEP *(objeto)* target; *(para dardos)* dartboard; *(blanco)* bull's eye.
✦ **hacer diana** to hit the bull's eye.
tocar diana MIL to sound reveille.

diantre
1 *interj fam (sorpresa)* crikey!, crumbs!, (US jeez!).
2 *interj fam (enfado)* damn it!, (US darn!).

diapasón
1 *nm* MÚS *(instrumento)* tuning fork.
2 *nm* MÚS *(trozo de madera)* fingerboard.
3 *nm* MÚS *(escala)* diapason, scale, range.
✦ **bajar/subir el diapasón** *fig* to lower/ raise the tone of one's voice.

diapositiva *nf* slide.

diariamente *adv* daily, every day.

diario,-a
1 *adj* daily, everyday: en esta ciudad llevamos diez muertos diarios there are ten deaths a day in this city.
2 diario *nm (prensa)* daily, paper, daily newspaper.
3 *nm (íntimo)* diary, journal.
✦ **a diario** daily, every day: eso pasa a diario that happens every day.
de diario daily, every day: ropa de diario everyday clothes.
▪ **diario de a bordo** logbook.
diario matinal/diario de la mañana morning newspaper.
diario de la tarde evening newspaper.
diario de navegación logbook.
diario de sesiones parliamentary report.
diario hablado news, news bulletin.

diarquía *nf* diarchy.

diarrea *nf* diarrhoea (US diarrhea).
▪ **diarrea verbal** *fam* verbal diarrhoea (US diarrhea).

diáspora *nf* Diaspora.

diastasa *nf* diastase.

diástole *nf* diastole.

diátesis *nf* diathesis.
▲ *pl diátesis.*

diatriba *nf* diatribe.
✦ **lanzar una diatriba** to launch a diatribe.

diávolo *nm* diabolo.

dibujante
1 *nm & nf* artist, drawer.
2 *nm & nf (de dibujos animados)* cartoonist.
3 *nm & nf* TÉC *(hombre)* draughtsman (US draftsman); *(mujer)* draughtswoman (US draftswoman).

dibujar
1 *vt* to draw, sketch.
2 *vt* TÉC to design.
3 *vt fig (describir)* to describe.
4 dibujarse *vpr (mostrarse)* to appear, be outlined: a lo lejos se dibuja la silueta del castillo there is the outline of a castle in the distance.

dibujo
1 *nm (arte)* drawing, sketching.
2 *nm (imagen)* drawing.
3 *nm (motivo)* pattern, design: esta camisa tiene un dibujo de rombos this shirt has a diamond pattern on it.
▪ **academia de dibujo** school of art, art school.

dibujo artístico artistic drawing.
dibujo lineal draughtsmanship (US draftsmanship).
dibujos animados cartoons.

dicción *nf* diction.

diccionario *nm* dictionary.

dicha
1 *nf (alegría)* happiness.
2 *nf (suerte)* fortune, good luck.
✦ **nunca es tarde si la dicha es buena** better late than never.

dicharachero,-a *adj* talkative and funny, witty.

dicharacho *nm* coarse expression.

dicho,-a
1 *pp →* decir.
2 *adj* said, mentioned: dicha casa … the said house …; dicho esto se marchó having said this he left.
3 dicho *nm* saying, proverb.
4 dichos *nm pl* betrothal *sing*.
✦ **del dicho al hecho hay mucho trecho** there's many a slip twixt cup and lip, it's easier said than done.
dicho de otro modo to put it another way, in other words.
dicho sea de paso let it be said in passing.
dicho y hecho no sooner said than done.
lo dicho what we (I, you, etc) said.
propiamente dicho,-a strictly speaking.

dichosamente *adv* fortunately, luckily, happily.

dichoso,-a
1 *adj* happy.
2 *adj (con suerte)* lucky, fortunate.
3 *adj fam (molesto)* damn, damned, bloody: ¡este dichoso calor! this damn heat!

diciembre *nm* December.
▲ *See also marzo.*

dicotomía *nf* dichotomy.

dicroísmo *nm* dichroism.

dicromatismo *nm* dichromatism.

dictado,-a
1 *pp →* dictar.
2 dictado *nm* dictation.
3 dictados *nm pl fig* dictates.
✦ **escribir al dictado** to take dictation.

dictador,-ra *nm,f* dictator.

dictadura *nf* dictatorship.

dictáfono *nm* Dictaphone.
▲ *Registered trademark.*

dictamen
1 *nm (opinión)* opinion.
2 *nm (informe)* report.

dictaminar *vi* to give an opinion (**sobre**, on): los expertos dictaminaron sobre la causa del incendio the experts gave their opinion on the cause of the fire.

dictar
1 *vt* to dictate.

2 *vt* JUR *(ley)* to enact, decree, announce; *(sentencia)* to pronounce, pass.
3 *vt* fig *(sugerir)* to suggest, say: hizo lo que le dictaba el corazón he did what his heart told him.

dictatorial *adj* dictatorial.

dicterio *nm* insult.

didáctica *nf* didactics.

didáctico,-a *adj* didactic.

diecinueve
1 *adj (cardinal)* nineteen; *(ordinal)* nineteenth.
2 *nm (número)* nineteen.
3 *nm (fecha)* nineteenth: el diecinueve de marzo the nineteenth of March.
▲ See also seis.

diecinueveavo,-a
1 *adj* nineteenth.
2 *nm,f* nineteenth.
▲ See also sexto,-a.

dieciochesco,-a *adj* eighteenth-century.

dieciochista *adj* eighteenth-century.

dieciocho
1 *adj (cardinal)* eighteen; *(ordinal)* eighteenth.
2 *nm (número)* eighteen.
3 *nm (fecha)* eighteenth.
▲ See also seis.

dieciochoavo,-a
1 *adj* eighteenth.
2 *nm,f* eighteenth.
▲ See also sexto,-a.

dieciséis
1 *adj (cardinal)* sixteen; *(ordinal)* sixteenth.
2 *nm (número)* sixteen.
3 *nm (fecha)* sixteenth.
▲ See also seis.

dieciseisavo,-a
1 *adj* sixteenth.
2 *nm,f* sixteenth.
▲ See also sexto,-a.

diecisiete
1 *adj (cardinal)* seventeen; *(ordinal)* seventeenth.
2 *nm (número)* seventeen.
3 *nm (fecha)* seventeenth.
▲ See also seis.

diecisieteavo,-a
1 *adj* seventeenth.
2 *nm,f* seventeenth.
▲ See also sexto,-a.

diente
1 *nm (gen)* tooth.
2 *nm (de ajo)* clove.
3 *nm (de rueda de engranaje)* cog, tooth; *(de sierra)* tooth; *(de tenedor)* prong.
4 *nm* ARQ *(adaraja)* toothing stone.
✦ apretar los dientes to grit one's teeth.
echar los dientes to teethe.
hablar entre dientes *fig* to mumble, mutter.
hincar el diente en *(apropiarse de)* to get one's hands on; *(abordar y tratar)* to get to grips with, get one's teeth into; *(criticar)* to slate, slander, attack.

poner los dientes largos a alguien *fig* to make somebody green with envy.
tener buen diente *fam* to have a good appetite.
▪ diente de ajo clove of garlic.
diente de leche milk tooth.
diente de león dandelion.
diente picado decayed tooth.
dientes postizos false teeth.

diera *imperf subj* → dar.

diéresis *nf* diaeresis, dieresis.
▲ *pl* diéresis.

diesel
1 *adj* diesel.
2 *nm* diesel engine.

diésel
1 *adj* diesel.
2 *nm* diesel engine.

diestra *nf* right hand.
✦ a la diestra on the right.

diestramente *adv* skilfully *(us* skillfully).

diestro,-a
1 *adj lit* right.
2 *adj (hábil)* skilful *(us* skillful).
3 *diestro nm* bullfighter.
✦ a diestro y siniestro left, right and centre *(us* center).

dieta[1] *nf (régimen, alimentación)* diet.
✦ estar a dieta to be on a diet.

dieta[2]
1 *nf (asamblea)* diet, assembly.
2 dietas *nf pl* expenses, allowance *sing.*
3 *nf pl (de médico)* doctor's fees.
4 *nf pl (de diputado)* emoluments.

dietario
1 *nm* accounts book.
2 *nm (agenda)* diary.

dietética *nf* → dietético,-a.

dietético,-a
1 *adj* dietary, dietetic.
2 *nf* dietetics.
▪ médico dietético dietician.

dietista *nm & nf* dietician.

diez
1 *adj (cardinal)* ten; *(ordinal)* tenth.
2 *nm (número)* ten.
3 *nm (fecha)* tenth.
▲ See also seis.

diezmar *vt* to decimate.

diezmilésimo,-a
1 *adj* ten-thousandth.
2 *nm,f* ten-thousandth.
▲ See also sexto,-a.

diezmo *nm* tithe.

difamación
1 *nf* defamation, slander.
2 *nf (por escrito)* libel.

difamador,-ra
1 *adj* defamatory, slanderous.
2 *adj (por escrito)* libellous *(us* libelous).
3 *nm,f* defamer, slanderer.

difamar
1 *vt* to defame, slander.
2 *vt (por escrito)* to libel.

difamatorio,-a
1 *adj* defamatory, slanderous.
2 *adj (por escrito)* libellous *(us* libelous).

diferencia
1 *nf* difference.
2 *nf (de opinión)* difference, disagreement.
✦ a diferencia de unlike: a diferencia de ellos unlike them.
hacer diferencia entre to make a distinction between.

diferenciación *nf* differentiation.

diferencial
1 *adj* distinguishing.
2 *nm* differential.

diferenciar
1 *vt (distinguir)* to differentiate, distinguish (entre, between).
2 *vt (hacer diferente)* to make different: diferenció la caja de mayor peso con una cruz he marked the heaviest box with an X.
3 diferenciarse *vpr* to differ, be different (por, because of).
4 *vpr (destacarse)* to distinguish oneself, stand out (por, because of): se diferencia por su acento she stands out because of her accent.
▲ Conjugation model [12], like cambiar.

diferente *adj* different: es diferente de/a todos it's different to/from them all.

diferido,-a *pp* → diferir.
✦ en diferido recorded.

diferir
1 *vt* to defer, postpone, put off.
2 *vi* to differ, be different (de/entre, from).
▲ Conjugation model [35], like hervir.

difícil
1 *adj* difficult, hard: es difícil de complacer she's hard to please; lo que dices es difícil de entender what you're saying is difficult to understand.
2 *adj (improbable)* unlikely: es difícil que nos encontremos allí it's unlikely that we'll meet there, we're unlikely to meet there.

difícilmente
1 *adv (apenas)* hardly: difícilmente puede oírnos he can hardly hear us.
2 *adv (con dificultad)* with difficulty: difícilmente ganará el torneo he's unlikely to win the tournament.

dificultad
1 *nf* difficulty.
2 *nf (obstáculo)* obstacle; *(problema)* trouble, problem.

dificultar *vt* to make difficult, hinder, obstruct: el fumar le dificultó la respiración smoking made it difficult for him to breathe.

dificultosamente *adv* with difficulty.
dificultoso,-a *adj* difficult, hard.
difteria *nf* diphtheria.
diftérico,-a *adj* diphtheric, diphtherial.
difuminar *vt* to blur, soften.
difumino *nm* stump.

difundir
  1 *vt (luz, calor)* to diffuse.
  2 *vt fig (noticia, enfermedad)* to spread.
  3 *vt RAD TV* to broadcast.
  4 **difundirse** *vpr (luz, calor)* to be diffused.
  5 *vpr fig (noticia, enfermedad)* to spread.

difunto,-a
  1 *adj* deceased, late.
  2 *nm,f* deceased.
  ▪ **Día de los difuntos** All Souls' Day, All Saints' Day.

difusible *adj* diffusible.

difusión
  1 *nf (de luz, calor)* diffusion.
  2 *nf fig (de noticia, enfermedad, etc)* spreading.
  3 *nf RAD* broadcast, broadcasting.
  ✦ **tener gran difusión** to be widely known, be widespread: **esa teoría tiene gran difusión** it's a widely-known theory.

difuso,-a
  1 *adj* diffuse.
  2 *adj fig* diffuse, wordy.

difusor,-ra
  1 *adj* spreading, propagating.
  2 *adj RAD TV* broadcasting.
  3 **difusor** *nm (de secador)* diffuser.

digerible *adj* digestible.

digerir
  1 *vt* to digest.
  2 *vt fig (asimilar)* to assimilate, absorb, digest, take in: **no ha digerido la noticia** the news hasn't sunk in yet.
  3 *vt fig (sufrir)* to suffer.
  ▲ *Conjugation model* [35], *like hervir*.

digestión *nf* digestion.
  ▪ **corte de digestión** stomach cramp.

digestivo,-a
  1 *adj* digestive.
  2 **digestivo** *nm* after dinner drink.

digitado,-a *adj* digitate.

digital *adj* digital.
  ▪ **huellas digitales** fingerprints.
  reloj digital *(de pulsera)* digital watch; *(de mesa)* digital clock.

digitalización *nf* digitizing.

digitalizar *vt* to digitize.

digitalmente *adv* digitally.

dígito *nm* digit.

dignamente *adv (con dignidad)* with dignity; *(decentemente)* decently; *(merecidamente)* worthily.

dignarse *vpr* to deign (**a**, to), condescend (**a**, to): **no se dignó a hablarnos** he didn't deign to talk to us.

dignatario,-a *nm,f* dignitary.

dignidad
  1 *nf (cualidad)* dignity.
  2 *nf (cargo)* rank, office, post.

dignificante *adj* dignifying.

dignificar *vt* to dignify.
  ▲ *Conjugation model* [1], *like sacar*.

digno,-a
  1 *adj (merecedor)* worthy, deserving: **digno,-a de confianza** trustworthy.
  2 *adj (adecuado)* fitting, appropiate.
  3 *adj (respetable)* worthy, honourable (*US* honorable).
  4 *adj (decente)* decent: **un trabajo digno** a decent job.
  ✦ **digno,-a de admiración** worthy of admiration, admirable.
  digno,-a de compasión pitiful.
  digno,-a de mención worth mentioning.
  digno,-a de verse worth seeing.

digo *pres indic* → **decir**.

digresión *nf* digression.

dije[1] *pt indef* → **decir**.

dije[2]
  1 *nm (alhaja)* trinket, charm.
  2 *nm fig (persona)* treasure, gem.

dilacerar
  1 *vt* to lacerate, tear apart.
  2 *vt fig* to damage, harm.

dilación *nf* delay.
  ✦ **sin dilación** without delay.

dilapidación *nf* wasting, squandering.

dilapidar *vt* to waste, squander.

dilatación
  1 *nf* dilation.
  2 *nf FÍS* expansion.

dilatadamente *adv* extensively, at length.

dilatado,-a
  1 *pp* → **dilatar**.
  2 *adj* dilated.
  3 *adj (vasto)* vast, extensive, large.
  4 *adj FÍS* expanded.

dilatar
  1 *vt* to dilate.
  2 *vt FÍS* to expand: **el calor dilata el hierro** heat expands iron.
  3 *vt (prolongar)* to prolong, extend: **dilataron la reunión más de lo esperado** they made the meeting go on longer than expected.
  4 *vt (retrasar)* to put off, delay, postpone.
  5 **dilatarse** *vpr* to dilate.
  6 *vpr FÍS* to expand.
  7 *vpr (prolongarse)* to be prolonged, drag on.
  8 *vpr (extenderse)* to go on, be a long time: **no quisiera dilatarme demasiado así que concluiré** I don't want to go on too long so I'll finish.
  9 *vpr (retrasarse)* to be delayed, be put off, be postponed.

dilatoria *nf* delay.

dilatorio,-a *adj* delaying.

dilección *nf* affection, love.

dilecto,-a *adj* beloved, dearly beloved.

dilema *nm* dilemma.

diletante *nm & nf* dilettante.

diletantismo *nm* dilettantism.

diligencia
  1 *nf (cuidado)* diligence, care.
  2 *nf (rapidez)* rapidity, speed.
  3 *nf (carreta)* stagecoach.
  4 *nf (nota oficial)* stamp.
  5 **diligencias** *nf pl JUR (trámites)* steps, measures; *(investigaciones)* investigations; *(resultados)* results of the investigations, findings; *(actuación)* proceedings: **el juez practicará las diligencias que estime oportunas** the judge will take whatever steps he thinks fit; **el juez que instruye las diligencias del caso Paz** the judge who is carrying out the investigation into the Paz case; **las diligencias contra Pedro Paz han sido archivadas por falta de pruebas** the case against Pedro Paz has been dropped due to lack of evidence.
  6 *nf pl (preparativos)* preparations: **las diligencias para construir el nuevo teatro se iniciaron el año pasado** preparations for the building of the new theatre began last year.
  7 *nf pl (gestiones)* business *sing*.
  ✦ **con diligencia** diligently.
  ▪ **diligencias previas** preliminary inquiries.

diligenciar
  1 *vt (poner los medios necesarios)* to take the necessary steps to.
  2 *vt (tramitar)* to make a formal application for.
  ▲ *Conjugation model* [12], *like cambiar*.

diligente
  1 *adj (cuidadoso)* diligent.
  2 *adj (rápido)* quick.

dilucidación *nf* elucidation.

dilucidar *vt* to elucidate, clear up, throw light on.

dilución
  1 *nf (de un sólido)* dissolution, dissolving.
  2 *nf (de un líquido)* dilution.

diluir
  1 *vt (un sólido)* to dissolve.
  2 *vt (un líquido)* to dilute.
  3 *vt (hacer más débil)* to tone down: **ese rojo es demasiado fuerte, hay que diluirlo** that red is too bright, it needs to be toned down.
  4 *vt fig (repartir)* to spread out: **para evitar abusos de poder, diluyó las competencias** to avoid abuse of power, he shared out responsibilities.
  5 **diluirse** *vpr (un sólido)* to dissolve.
  6 *vpr (un líquido)* to dilute.
  ▲ *Conjugation model* [62], *like huir*.

diluvial *adj* diluvial.

diluviar *vi* to pour with rain, pour down.
  ▲ *Conjugation model* [12], *like cambiar*; used only in 3rd person singular; it does not take a subject.

diluvio
  1 *nm* flood.
  2 *nm fig* torrent, deluge, flood: **un diluvio de preguntas** a deluge of questions.
  ▪ **el Diluvio (Universal)** the Flood.

diluyente *adj* diluting, solvent.

diluyo *pres indic* → **diluir**.

dimanar
1 *vi* to emanate (**de**, from): el arroyo dimana de esa montaña the stream emanates from that mountain.
2 *vi fig (proceder)* to emanate, come (**de**, from), proceed (**de**, from): esa actitud dimana de su forma de pensar that attitude comes from his way of thinking.

dimensión
1 *nf* dimension, size.
2 *nf fig (importancia)* importance.
✦ **de gran dimensión/de grandes dimensiones** very large, large-scale.
tomar las dimensiones de to measure, take the measurements of.
▲ *In 1, also used in plural with the same meaning.*

dimensional *adj* dimensional.

dimensionar *vt* to measure, take the measurements of.

dimes **dimes y diretes** *loc fam* quibbling *sing*, bickering *sing*.
✦ **andar en dimes y diretes** *fam* to quibble, bicker.

diminutivo,-a
1 *adj* diminutive.
2 **diminutivo** *nm* diminutive.

diminuto,-a *adj* tiny, minute.

dimisión *nf* resignation.
✦ **presentar la dimisión** to hand in one's resignation.

dimisionario,-a
1 *adj* outgoing, resigning.
2 *nm,f* person who has just resigned.

dimitir
1 *vt* to resign.
2 *vi* to resign (**de**, from): dimitió del/el cargo de presidente he resigned his post as president.

dimorfismo *nm* dimorphism.

dimorfo,-a *adj* dimorphous, dimorphic.

din *nm fam* money.
✦ **el din y el don** money and style, money and class.

dina *nf* dyne.

Dinamarca *nf* Denmark.

dinamarqués,-esa *adj-nm-nm,f* → **danés,-esa.**

dinámica *nf* dynamics.

dinámico,-a *adj* dynamic.

dinamismo *nm* dynamism.

dinamita
1 *nf* dynamite.
2 *nf fig* dynamite: esa chica es dinamita pura that girl is pure dynamite.
✦ **volar con dinamita** to dynamite, blow up.

dinamitar *vt* to dynamite, blow up.

dinamitero,-a
1 *nm,f person who blows things up with dynamite*: atentados llevados a cabo por dinamiteros del Cartel de Medellín bomb attacks carried out by agents of the Medellín Cartel.
2 *adj* dynamite: una ola de atentados dinamiteros a wave of dynamite attacks.

dinamo *nf* dynamo.
dínamo *nf* dynamo.

dinamoeléctrico,-a *adj* dynamoelectric, dynamoelectrical.

dinamometría *nf* dynamometry.

dinamómetro *nm* dynamometer.

dinar *nm* dinar.

dinastía *nf* dynasty.

dinástico,-a *adj* dynastic.

dineral *nm* fortune: ese coche cuesta un dineral that car costs a fortune.

dinerillo *nm fam* pittance, small amount of money.

dinero
1 *nm* money.
2 *nm (fortuna)* wealth.
✦ **andar bien de dinero** to have plenty of money.
andar mal/escaso,-a de dinero to be short of money.
de dinero wealthy, rich.
dinero llama dinero money makes money.
ganar dinero a espuertas to make a pile.
hacer dinero to make money.
tirar el dinero por la ventana to throw money down the drain.
■ **dinero contante (y sonante)** ready money, cash.
dinero (en) efectivo cash.
dinero en metálico cash.
dinero falso counterfeit money.
dinero negro/sucio dirty money.
dinero suelto loose change, change.

dingo *nm* dingo.

dinosaurio *nm* dinosaur.

dintel *nm* lintel.

diñar *vt fam* to give.
✦ **diñarla** *fam* to kick the bucket, snuff it.

diocesano,-a
1 *adj* diocesan.
2 *nm,f* diocesan.

diócesi *nf* → **diócesis.**

diócesis *nf* diocese.
▲ *pl* diócesis.

diodo *nm* diode.

dionea *nf* Venus flytrap.

dionisiaco,-a *adj* Dionysiac, Dionysian.

dionisíaco,-a *adj* Dionysiac, Dionysian.

dioptría *nf* dioptre (*us* diopter).

dios *nm* god.
✦ **¡a Dios gracias!** thank God!
a Dios rogando y con el mazo dando God helps those who help themselves.
¡alabado sea Dios! God be praised!
a la buena de Dios at random, any old how.
armar la de Dios es Cristo *fam* to raise hell, make an almighty racket.
costar algo Dios y ayuda to be very difficult, be a real hassle.
¡Dios dirá! we shall see!
¡Dios le bendiga! God bless you!
Dios los cría y ellos se juntan birds of a feather flock together.

Dios mediante God willing.
¡Dios me libre! God forbid!
¡Dios mío! my God!, good heavens!
¡Dios nos coja confesados! God help us!
hacer algo como Dios manda to do something properly.
ni Dios *fam* not a soul.
¡por Dios! for goodness sake!, for God's sake!
que Dios me perdone, pero ... God forgive me, but ...
todo Dios *fam* everybody.
¡vaya con Dios! farewell!, God be with you!
¡vaya por Dios! good heavens!

diosa *nf* goddess.

dióxido *nm* dioxide.

diplejía *nf* diplegia.

diplodoco *nm* diplodocus.

diploma *nm* diploma.

diplomacia *nf* diplomacy.

diplomado,-a
1 *pp* → **diplomarse.**
2 *adj* qualified, having a diploma.
3 *nm,f* qualified person.
4 *nm,f (universitario)* graduate.

diplomarse *vpr* to graduate.

diplomática *nf* diplomatics.

diplomático,-a
1 *adj* diplomatic.
2 *adj fig* diplomatic, tactful.
3 *nm,f* diplomat.

dipsomanía *nf* dipsomania.

dipsomaníaco,-a
1 *adj* dipsomaniac.
2 *nm,f* dipsomaniac.

dipsómano,-a *nm,f* dipsomaniac.

díptero,-a
1 *adj zool* dipterous.
2 *adj arq* dipteral.
3 **díptero** *nm* dipteran.

díptico *nm* diptych.

diptongación *nf* diphthongization.

diptongar *vt* to diphthongize.

diptongo *nm* diphthong.

diputación
1 *nf (cargo de diputado)* post of deputy, member of the Spanish Parliament.
2 *nf (conjunto de diputados)* deputies *pl*.
■ **diputación provincial** county council.

diputado,-a
1 *nm,f (miembro del Congreso)* deputy, member of the Spanish Parliament.
2 *nm,f (miembro de una diputación)* county councillor.

diputar *vt* to depute.

dique
1 *nm (muro)* dike, breakwater.
2 *nm fig* barrier, obstacle, check.
■ **dique de contención** dam.
dique seco dry dock.

Dir. *abr* (**director**) director; *(abreviatura)* Dir.

dire *nm fam* boss.

diré *fut* → decir.

dirección
1 *nf (acción de dirigir)* management, running: **le han encomendado la dirección de un banco** he has been entrusted with managing a bank.
2 *nf (cargo)* directorship, position of manager; *(de un partido)* leadership; *(de un colegio)* headship; *(de editorial)* position of editor.
3 *nf (junta)* board of directors, management.
4 *nf (oficina)* head office, headquarters *pl*.
5 *nf (sentido)* direction, way.
6 *nf (destino)* destination: **salió con dirección a Cádiz** he left for Cádiz.
7 *nf (domicilio)* address.
8 *nf TÉC* steering.
9 *nf fig (orientación)* direction: **el premio que gané cambió la dirección de mi vida** the prize I won changed my way of life.
✦ **llevar la dirección de algo** to run something, direct something.
▪ **calle de dirección única** one-way street.
dirección asistida *AUTO* power assisted steering, power steering.
dirección general head office.
"Dirección prohibida" "No entry".

direccionador *nm* router.

direccional *adj* directional.

directa *nf AUTO* top gear.

directamente
1 *adv (en seguida)* directly, straight away.
2 *adv (derecho)* straight, directly: **ven directamente a casa** come straight home.
3 *adv (sin intermediario)* directly: **díselo tú directamente** tell him yourself.

directiva
1 *nf (de una empresa)* board of directors, management.
2 *nf (directriz)* guideline.

directivo,-a
1 *adj* directive, managing.
2 *nm,f* director, manager, board member.

directo,-a
1 *adj* direct, straight.
2 **directo** *nm DEP* straight hit.
✦ **en directo** *TV* live.

director,-ra
1 *adj* directing, managing.
2 *nm,f* director, manager.
3 *nm,f (de colegio - hombre)* headmaster; *(mujer)* headmistress.
4 *nm,f (de universidad)* rector.
5 *nm,f (de editorial)* editor.
6 *nm,f (de cárcel)* governor.
7 *nm,f (de orquesta)* conductor.
▪ **director espiritual** father confessor.
director,-ra de cine film director.
director,-ra de escena stage manager.
director,-ra gerente managing director.

directorio,-a
1 *adj* directional, directive.
2 **directorio** *nm (gobierno)* governing body.
3 *nm (de direcciones)* directory, guide.
4 *nm (normas)* instructions *pl*, directive.
5 *nm INFORM* directory.

directriz
1 *adj* guiding.
2 *nf MAT* directrix.
3 **directrices** *nf pl* instructions.
▪ **líneas directrices** guidelines.
▲ *pl* directrices.

dirigente
1 *adj* leading, directing.
2 *nm & nf* leader.
3 *nm & nf (de empresa)* manager.

dirigible
1 *adj* dirigible.
2 *nm* dirigible, airship.

dirigir
1 *vt (empresa)* to manage; *(negocio, escuela)* to run; *(un periódico)* to edit.
2 *vt (orquesta)* to conduct; *(película)* to direct; *(obra de teatro)* to direct, produce.
3 *vt (coche)* to drive, steer; *(barco)* to steer; *(avión)* to pilot.
4 *vt (un partido)* to lead; *(expedición, revuelta)* to head; *(negociaciones)* to conduct.
5 *vt (carta, protesta)* to address; *(consejos)* to aim; *(esfuerzos, atención)* to concentrate.
6 *vt (apuntar - arma, telescopio)* to direct, aim, point; *(- mirada)* to turn: **dirigió la mirada hacia abajo** she looked down; **dirigió sus pasos hacia la puerta** he walked towards the door.
7 **dirigirse** *vpr (ir)* to go (**a**, to), make one's way (**a**, to), make (**a**, for): **nos dirigimos al cine** we made our way to the cinema.
8 *vpr (hablar)* to address (**a**, -), speak (**a**, to): **se dirigió a su padre** she addressed her father.
9 *vpr (escribir)* to write: **si quiere más información diríjase a esta dirección** if you want further information write to this address.
▲ *Conjugation model* [6].

dirigismo *nm* state control.

dirimente
1 *adj (que anula)* nullifying.
2 *adj (que acaba)* decisive, final.

dirimir
1 *vt (anular)* to annul, nullify, declare void.
2 *vt (resolver)* to solve, end.

discapacidad *nf* disability, handicap.
▪ **discapacidad física** physical disability.
discapacidad psíquica mental.

discapacitado,-a *adj* handicapped, disabled: **los discapacitados** the disabled.

discernimiento *nm* discernment, judgement.

discernir *vt* to discern, distinguish, tell: **discernir el cristal del vidrio** to distinguish between crystal and glass.
▲ *Conjugation model* [29].

disciplina
1 *nf (conjunto de reglas)* discipline.
2 *nf (doctrina)* doctrine.
3 *nf (asignatura)* subject.
4 *nf (azote)* scourge, discipline.

disciplinadamente *adv* with discipline.

disciplinado,-a *adj* disciplined.

disciplinar
1 *vt (imponer disciplina)* to discipline.
2 *vt (enseñar)* to instruct, teach.

disciplinario,-a *adj* disciplinary.

discípulo,-a
1 *nm,f (seguidor)* disciple, follower.
2 *nm,f (alumno)* pupil, student.

disc-jockey *nm & nf* disc jockey, DJ.
▲ *pl* disc jockey *o* disc jockeys.

disco
1 *nm* disc.
2 *nm DEP* discus.
3 *nm (de música)* record.
4 *nm INFORM* disk.
▪ **disco duro** hard disk.

discóbolo *nm* discus thrower, discobolus.

discografía *nf (lista)* discography; *(conjunto)* records *pl*.

discográfica *nf* record company.

discográfico,-a *adj* record.
▪ **casa discográfica** record company.

discoidal *adj* discoid, discoidal.

discoideo *adj* discoid, discoidal.

díscolo,-a *adj* ungovernable, disobedient, unruly.

disconforme *adj* in disagreement, not in agreement: **estoy disconforme contigo** I disagree with you, I don't agree with you.

disconformidad *nf* disagreement, disconformity.

discontinuar *vt* to discontinue.

discontinuidad *nf* discontinuity, lack of continuity.

discontinuo,-a *adj* discontinuous.
▪ **línea discontinua** *(en carretera)* broken white line.

discordancia
1 *nf (disconformidad)* disagreement, conflict.
2 *nf (diversidad)* difference, divergence.
3 *nf (de estilo, color)* clash.
4 *nf MÚS* dissonance, discordance.

discordante
1 *adj (en desacuerdo)* discordant, conflicting.
2 *adj (diferente)* divergent, differing.
3 *adj (estilo, color)* clashing.
4 *adj MÚS* dissonant, discordant.
✦ **dar la nota discordante/ser la nota discordante** *fig* to clash, hold a conflicting opinion: **a todos les pareció**

bien menos a él que siempre tenía que dar la nota discordante it seemed fine to everyone except him, who always had to be different.

discordar
1 *vi (no convenir)* to disagree, not to agree.
2 *vi (diferir)* to differ.
3 *vi MÚS* to be dissonant, be discordant.

discorde
1 *adj (en desacuerdo)* in disagreement.
2 *adj (diferente)* differing.
3 *adj MÚS* dissonant.

discordia *nf* discord.
✦ **ser el tercero en discordia** to be awkward, complicate things.
▪ **manzana de la discordia** bone of contention.

discoteca
1 *nf (local)* discotheque, nightclub.
2 *nf (colección de discos)* record collection, record library.

discotequero,-a *adj fam* disco: **es muy discotequera** she loves going to discos.

discreción
1 *nf (sensatez)* discretion, tact.
2 *nf (agudeza)* wit.
✦ **a discreción** *(a voluntad)* at one's discretion; *(sin límite)* in great amounts: **cada uno tomará a discreción la herramienta que crea más adecuada** it will be left to one's own discretion to choose a suitable tool; **nos dieron pasteles a discreción** they gave us an endless supply of cakes.

discrecional *adj* optional.
▪ **servicio discrecional** *(autobuses)* special bus service.

discrecionalmente *adv* at one's discretion.

discrepancia
1 *nf (diferencia)* discrepancy.
2 *nf (desacuerdo)* dissent, disagreement.

discrepante
1 *adj (diferente)* discrepant.
2 *adj (en desacuerdo)* differing, dissenting.

discrepar
1 *vi (diferenciarse)* to differ (**de**, from): **esta pieza discrepa de la otra en diez gramos** this piece differs from the other by ten grams.
2 *vi (disentir)* to disagree (**de**, with): **discrepó de su padre** she disagreed with her father.

discretamente *adv* tactfully, unobtrusively, quietly.

discreto,-a
1 *adj (prudente)* discreet, prudent, tactful.
2 *adj (sobrio)* sober, discreet: **llevaba un traje negro muy discreto** she wore a very discreet black dress.
3 *adj (moderado)* moderate, average, reasonable: **sus resultados fueron discretos** her results were average.
4 *nm,f* discreet person.

discriminación *nf* discrimination.
▪ **discriminación racial** racial discrimination.

discriminar
1 *vt (diferenciar)* to discriminate, distinguish.
2 *vt (por raza, religión, etc)* to discriminate against: **nos discriminaron porque éramos extranjeros** we were discriminated against because we were foreigners.

discriminatorio,-a *adj* discriminatory.

discromía *nf* dyschroa, dyschroia.

disculpa *nf* excuse, apology.
✦ **dar disculpas** to make excuses. **pedir disculpas a alguien** to apologize to somebody.

disculpable *adj* excusable, forgivable.

disculpar
1 *vt (descargar de culpa)* to excuse: **su enfermedad le disculpa** his illness excuses him.
2 *vt (perdonar)* to excuse, forgive: **espero que ustedes sabrán comprender y disculpar a mi amigo** I hope you will understand and forgive my friend; **¡disculpe!** excuse me!
3 **disculparse** *vpr* to apologize (**por**, for), excuse oneself: **se disculpó por haber mentido** she apologized for having lied.

discurrir
1 *vi (andar)* to walk, wander.
2 *vi (fluir)* to flow, run: **el río discurría despacio** the river flowed slowly.
3 *vi (transcurrir)* to pass, go by: **los días discurren tranquilos** the days go by peacefully.
4 *vi fig (reflexionar)* to think (**sobre**, about), ponder (**sobre**, on/over), meditate (**sobre**, on): **solía discurrir sobre la esencia del mundo** she used to ponder on the essence of the world.
5 *vt (idear)* to invent, think up.

discursivo,-a *adj* discursive.

discurso
1 *nm (conferencia)* speech, lecture, discourse.
2 *nm (razonamiento)* reasoning.
3 *nm (escrito, tratado)* discourse, dissertation.
4 *nm (expresión de lo que se piensa)* discourse: **he perdido el hilo del discurso** I've lost my train of thought.
5 *nm (del tiempo)* passing, passage: **el lento discurso de las horas** the slow passage of time.

discusión
1 *nf (charla)* discussion.
2 *nf (disputa)* argument.
✦ **tener una discusión** to argue, have an argument, quarrel.

discutible *adj* debatable, questionable.

discutido,-a
1 *pp* → **discutir**.
2 *adj* controversial.

discutidor,-ra *adj* argumentative.

discutir
1 *vt (examinar)* to discuss: **tenemos que discutir el modo de hacerlo** we have to discuss how to go about it.
2 *vt (contender)* to dispute, question, argue: **discutieron el precio** they argued over the price.
3 *vi (examinar)* to discuss (**de**, -): **discutieron de fútbol** they talked about football.
4 *vi (contender)* to argue: **los niños discutieron por la bicicleta** the boys argued over the bicycle.

disecación *nf* dissection.

disecar
1 *vt (dividir en partes)* to dissect.
2 *vt (rellenar animales)* to stuff.
3 *vt (planta)* to dry.
4 *vt fig* to dissect.
▲ *Conjugation model* [1], *like* **sacar**.

disección *nf* → **disecación**.

diseccionar *vt* to dissect.

diseminación *nf* dissemination, spreading.

diseminar
1 *vt* to disseminate, scatter, spread.
2 **diseminarse** *vpr* to spread.

disensión
1 *nf* dissension, disagreement.
2 *nf fig* quarrel.

disentería *nf* dysentery.

disentimiento *nm* dissent, disagreement.

disentir *vi* to dissent, disagree (**de**, with): **disiento de usted en las ideas fundamentales** I disagree with you on the main points.
▲ *Conjugation model* [35], *like* **hervir**.

diseñador,-ra *nm,f* designer.

diseñar *vt* to design.

diseño
1 *nm* design.
2 *nm (descripción con palabras)* description.

disertación *nf* dissertation, discourse.

disertar *vt* to discourse (**sobre**, on/upon), lecture (**sobre**, on).

diserto,-a *adj* fluent, eloquent.

disfasia *nf* dysphasia.

disforme *adj* deformed.

disfraz
1 *nm (para engañar)* disguise.
2 *nm (para una fiesta etc)* fancy dress outfit, fancy dress costume.
3 *nm fig (simulación)* simulation, pretence (*US* pretense).
✦ **bajo el disfraz de** *fig* under the guise of, under the pretence of. **sin disfraz** plainly.
▲ *pl* **disfraces**.

disfrazar
1 *vt (persona)* to disguise, dress up.
2 *vt (emoción)* hide, conceal; *(voz)* disguise.

3 disfrazarse *vpr (para engañar)* to disguise oneself (**de**, as).

4 *vpr (para una fiesta etc)* to dress up (**de**, as): **se disfrazó de payaso** he dressed up as a clown.

▲ *Conjugation model* [4], *like realizar.*

disfrutar

1 *vt (poseer)* to own, enjoy, possess; *(pensión, renta)* to receive: **Pepe disfruta las fincas de sus padres** Pepe owns his parents' properties.

2 *vt (aprovechar)* to make the most of.

3 *vi (poseer)* to enjoy (**de**, -), have (**de**, -), possess (**de**, -): **disfruta de buena salud** he enjoys good health; **el caballero disfrutaba de excelente fama en la ciudad** the gentleman had an excellent reputation in the city.

4 *vi (gozar)* to enjoy, enjoy oneself: **disfruta con el café** she enjoys coffee; **disfruté mucho en el cine** I enjoyed myself very much at the cinema; **disfruta haciéndome preguntas** she enjoys asking me questions.

disfrute

1 *nm (aprovechamiento)* benefit.

2 *nm (goce)* enjoyment.

disfunción *nf* dysfunction.

disgregación

1 *nf (separación)* disintegration.

2 *nf (dispersión)* break-up.

disgregar

1 *vt (separar)* to disintegrate.

2 *vt (dispersar)* to disperse, break up.

▲ *Conjugation model* [7], *like llegar.*

disgustado,-a

1 *pp →* **disgustar.**

2 *adj* angry, displeased, upset.

disgustar

1 *vt (molestar)* to displease, annoy, upset: **me disgusta mucho tu actitud** your attitude upsets me.

2 *vt (desagradar)* to dislike: **me disgusta ese sabor dulce** I don't like that sweet taste.

3 disgustarse *vpr (enfadarse)* to get angry, get upset: **se disgustó con nosotros por no poder ir al teatro** she got angry with us because she couldn't go to the theatre.

4 *vpr (pelearse)* to quarrel (**con**, with).

disgusto

1 *nm (enfado)* displeasure, annoyance, anger.

2 *nm (desgracia)* misfortune, problem: **sus padres han tenido varios disgustos** her parents have had their share of misfortunes.

3 *nm fig (pesadumbre)* sorrow, grief, pain: **aquel accidente le produjo gran disgusto** that road accident upset her terribly.

4 *nm fig (pelea)* argument, quarrel.

✦ **a disgusto** against one's will, reluctantly, unwillingly.

dar un disgusto to upset.

llevarse un disgusto to get upset.

sentirse/estar/hallarse a disgusto to feel ill at ease.

disidencia *nf* dissidence, disagreement.

disidente

1 *adj* dissident.

2 *nm & nf* dissident.

disidir *vi* to dissent.

disimétrico,-a *adj* dissymmetric, dissymetrical.

disimilar *vt* to dissimilate.

disimilitud *nf* dissimilarity.

disimulación *nf* pretence (*US* pretense), dissemblance.

disimuladamente

1 *adv (furtivamente)* without being seen, furtively.

2 *adv (astutamente)* craftily.

disimulado,-a

1 *pp →* **disimular.**

2 *adj (oculto)* hidden, concealed.

3 *adj (persona)* sly, crafty.

✦ **hacerse el/la disimulado,-a** to act dumb.

disimular

1 *vt (ocultar)* to hide, conceal: **no sabía cómo disimular su miedo** he couldn't hide his fear.

2 *vt (disculpar)* to excuse, overlook: **la madre disimulaba las travesuras del hijo** the mother overlooked her son's naughtiness.

3 *vt (disfrazar)* to disguise, hide.

4 *vi* to pretend, dissemble: **no disimules** stop pretending.

disimulo *nm* pretence (*US* pretense), dissemblance.

disipación *nf* dissipation.

disipado,-a

1 *pp →* **disipar.**

2 *adj* dissipated, wasted, debauched.

▪ **vida disipada** life of debauchery.

disipar

1 *vt (desvanecer)* to disperse, dissipate: **el sol disipa la niebla** the sun disperses the fog.

2 *vt (derrochar)* to squander, dissipate.

3 *vt fig (dudas, temores)* to dispel; *(esperanzas)* to destroy; *(sospechas)* to allay.

4 disiparse *vpr (desvanecerse)* to clear, disperse, dissipate.

5 *vpr (evaporarse)* to evaporate.

6 *vpr fig* to vanish, be dispelled.

dislate *nm* absurdity, nonsense.

dislexia *nf* dyslexia.

disléxico,-a

1 *adj* dyslexic.

2 *nm,f* dyslexic person.

dislocación

1 *nf (de huesos)* dislocation.

2 *nf fig* dismembering.

dislocar

1 *vt (sacar de lugar)* to dislocate.

2 *vt (dispersar)* to disperse.

3 *vt fig (desmembrar)* to dismember.

▲ *Conjugation model* [1], *like sacar.*

disloque *nm fam* last straw, end.

disminución *nf* decrease, reduction.

✦ **ir en disminución** to diminish, decrease.

disminuido,-a

1 *pp →* **disminuir.**

2 *adj* disabled.

3 *nm,f* disabled person.

4 los disminuidos *nm pl* the disabled.

disminuir

1 *vt (gen)* to decrease.

2 *vt (medidas, velocidad)* to reduce.

3 *vi (gen)* to diminish.

4 *vi (temperatura, precios)* to drop, fall.

▲ *Conjugation model* [62], *like huir.*

disociable *adj* dissociable.

disociación *nf* dissociation.

disociar *vt* to dissociate.

▲ *Conjugation model* [12], *like cambiar.*

disolubilidad *nf* solubility.

disoluble *adj* soluble, dissoluble.

disolución

1 *nf (gen)* dissolution.

2 *nf (anulación)* invalidation.

3 *nf fig (relajación)* looseness, dissoluteness.

4 *nf QUÍM* solution, dissolution.

disoluto,-a

1 *adj* dissolute.

2 *nm,f* dissolute person, libertine, debauchee.

disolvente

1 *adj* solvent, dissolvent.

2 *nm* solvent, dissolvent.

disolver

1 *vt (gen)* to dissolve.

2 *vt (anular)* to annul.

3 *vt (destruir)* to destroy: **la muerte disuelve todas las cosas** death destroys everything.

4 *vt fig (manifestación etc)* to break up.

5 disolverse *vpr (gen)* to dissolve.

6 *vpr fig* to be dissolved.

▲ *Conjugation model* [32], *like mover; pp disuelto,-a.*

disonancia

1 *nf MÚS* dissonance.

2 *nf fig* disharmony, dissonance.

disonante

1 *adj MÚS* dissonant, discordant.

2 *adj fig* discordant.

disonar

1 *vi MÚS* to be dissonant, be discordant.

2 *vi fig (discrepar)* to disagree.

▲ *Conjugation model* [31], *like contar.*

dispar *adj* unlike, different, disparate.

disparadero *nm* trigger.

✦ **poner a alguien en el disparadero** *fam* to force somebody into a corner, put somebody on the spot.

disparado,-a *adj fam* in a hurry: **salió disparado de casa** he rushed out of the house.

disparador

1 *nm (de arma)* trigger.

2 nm (de cámara) shutter release.

3 nm (de reloj) escapement.

disparar

1 vt (arma) to fire; (bala, flecha) to shoot: disparar un tiro to fire a shot.

2 vt (lanzar) to hurl, throw: disparar una piedra to throw a stone.

3 vt DEP to shoot.

4 vi fig (disparatar) to talk nonsense.

5 dispararse vpr (arma) to go off, fire; (despertador) to go off.

6 vpr fig (correr) to dash off, rush off.

7 vpr fig (precios) to shoot up.

8 vpr fig (saltar fuera de razón) to blow up, explode: estaba tan enfadado que se disparó en cuanto le dirigieron la palabra he was so angry that he simply blew up when they spoke to him.

disparatado,-a

1 pp → disparatar.

2 adj absurd, foolish, ridiculous.

disparatar

1 vi (decir) to talk nonsense.

2 vi (hacer) to act foolishly.

disparate

1 nm (hecho) foolish act, silly thing: has cometido un disparate you did something foolish.

2 nm (dicho) nonsense: no digas disparates don't talk nonsense.

3 nm (error) blunder, mistake: el examen estaba lleno de disparates the exam was full of mistakes.

4 nm fam (barbaridad) ridiculous amount: pidieron un disparate por la casa they asked a ridiculous amount for the house.

disparejo,-a adj different, unequal, uneven.

disparidad nf disparity, difference.

disparo

1 nm (acción) firing.

2 nm (efecto) shot: en la pared se veían dos disparos two bullet marks could be seen in the wall.

3 nm DEP shot.

dispendio nm squandering, waste.

dispensa nf dispensation, exemption.

dispensar

1 vt (conceder) to give, grant; (elogios) to confer.

2 vt (medicamentos) to dispense.

3 vt (eximir) to exempt, free: lo dispensaron del servicio militar he was exempted from doing military service.

4 vt (disculpar) to forgive, pardon: dispénsenos por el error forgive us for the mistake.

✦ dispense excuse me, pardon me.

dispensario nm dispensary, clinic.

dispersar

1 vt (gen) to disperse, scatter.

2 vt (manifestantes) to break up.

3 vt fig (esfuerzos, atención, etc) to spread, divide.

4 vt MIL to disperse, rout.

5 dispersarse vpr (gen) to disperse, scatter.

6 vpr (manifestantes) to disperse, break up.

7 vpr MIL to spread out.

dispersión nf (separación) dispersion; (esparcimiento) scattering.

disperso,-a adj (separado) dispersed; (esparcido) scattered.

displasia nf dysplasia.

display nm display.

displicencia

1 nf (indiferencia en el trato) coolness, indifference.

2 nf (desaliento) discouragement.

displicente

1 adj (indiferente) indifferent; (que desagrada) awkward, unpleasant.

2 adj (descontento) unhappy, discontented.

3 nm & nf discontent.

disponer

1 vt (colocar) to dispose, arrange, set out.

2 vt (preparar) to prepare, get ready: dispondremos la habitación we'll get the room ready.

3 vt (ordenar) to order, decree.

4 vt JUR to provide, stipulate: la ley lo dispone the law stipulates it.

5 vi (tener) to have (de, -): todas las habitaciones disponen de aire acondicionado all the rooms are equipped with air conditioning; no disponemos de tiempo we haven't got time.

6 vi (hacer uso) to make use (de, of), have the use (de, of): dispuso de su dinero he made use of his money.

7 disponerse vpr (prepararse) to get ready (a, to), prepare (a, to): me dispongo a salir I'm getting ready to go out.

▲ Conjugation model [78], like poner; pp dispuesto,-a.

disponibilidad

1 nf availability.

2 nf (dinero) financial assets pl, available funds pl; (mercancía) available stock.

▲ In 2, also used in plural with the same meaning.

disponible

1 adj (gen) available: no podrás ver a Lucía esta tarde, no está disponible you won't be able to see Lucía this afternoon, she's busy.

2 adj (tiempo) spare, free.

3 adj (a mano) on hand.

disposición

1 nf (capacidad) disposal.

2 nf (estado de ánimo) disposition, frame of mind.

3 nf (colocación) arrangement, layout.

4 nf (aptitud) aptitude, talent, gift.

5 nf JUR order, regulation.

✦ a la disposición de at the disposal of. a su disposición at your disposal, at your service.

estar en disposición de to be ready to, be in a state to: Paco aún no está en disposición de ir a trabajar Paco isn't ready to go to work yet.

■ disposiciones legales statutory provisions.

dispositivo nm device, gadget.

dispuesto,-a

1 pp → disponer.

2 adj (decidido) determined: estamos dispuestos a ir we are determined to go.

3 adj (preparado) prepared, ready, willing.

4 adj (arreglado) arranged, settled, ready: está todo dispuesto everything is set.

5 adj (despabilado) bright, clever, capable.

6 adj (servicial) helpful.

disputa

1 nf (discusión) dispute, argument, quarrel.

2 nf (enfrentamiento) clash, struggle.

✦ sin disputa without dispute.

tener una disputa to quarrel.

disputar

1 vi (discutir) to dispute, argue: disputaron por una tontería they argued over something stupid.

2 vt (competir) to compete for, contend for.

3 vt DEP to play: los equipos disputaron un partido amistoso the teams played a friendly match.

4 disputarse vpr (competir) to compete for, contend for: los dos amigos se disputan la misma plaza both friends are contending for the same post.

5 vpr DEP to be played: mañana se disputa la final the final will be played tomorrow, tomorrow is the final.

disquete nm diskette, floppy disk.

disquetera nf disk drive.

disquisición

1 nf disquisition.

2 disquisiciones nf pl digressions.

distancia

1 nf distance: a tres metros de distancia at a distance of three metres.

2 nf fig (diferencia) difference, gap.

✦ acortar distancias to bridge the gap. a distancia from a distance: lo vimos a distancia we saw it from a distance. guardar las distancias to keep one's distance.

■ distancia de seguridad AUTO safety distance.

distancia focal focal length.

distanciado,-a

1 pp → distanciar.

2 adj distant, separated.

distanciamiento nm distancing, separation: he notado cierto distanciamiento entre ellos I don't think they're as close as they used to be.

distanciar

1 vt to distance, separate.

2 distanciarse vpr to move away, become separated.

3 vpr fig (no tratarse) to grow apart, drift apart: se ha distanciado mucho de los amigos he's grown apart from his friends.

4 vpr fig (desvincularse) to distance oneself, disassociate oneself.

▲ Conjugation model [12], like cambiar.

distante
1 *adj (en el espacio)* distant, far; *(en el tiempo)* distant, remote.
2 *adj fig* distant.

distar
1 *vi* to be distant, be away: **ambas casas distan cuatro kilómetros entre sí** the houses are four kilometres apart.
2 *vi (ser diferente)* to be different: **Juan y Pedro no se entienden porque sus gustos distan mucho** Juan and Pedro don't get on well with each other because they have very different tastes.
✦ **distar mucho de** *fig* to be far from: **eso dista mucho de ser cierto** that's far from being true.

distender
1 *vt (aflojar)* to loosen.
2 *vt MED* to strain, pull.
3 *vt fig* to ease: **distender las relaciones entre países enemigos** to ease the relations between enemy countries.
4 **distenderse** *vpr (aflojarse)* to slacken.
5 *vpr MED* to be strained.
6 *vpr fig* to ease.
▲ *Conjugation model* [28], *like entender.*

distendido,-a
1 *adj (en medicina)* distended.
2 *adj (ambiente etc)* relaxed.

distensión
1 *nf (acción)* slackening.
2 *nf MED* strain.
3 *nf fig* easing.
4 *nf POL* détente.

distinción
1 *nf (gen)* distinction.
2 *nf (elegancia)* distinction, elegance, refinement.
3 *nf (deferencia)* deference, respect, consideration.
✦ **a distinción de** unlike, in contrast to.
hacer una distinción con alguien to treat somebody with deference.
sin distinción de irrespective of: **la ley se aplicará sin distinción de razas** the law will apply regardless of race.

distingo *nm* distinction.
distinguible *adj* distinguishable.
distinguido,-a
1 *pp* → **distinguir.**
2 *adj* distinguished.
3 *adj (elegante)* elegant.

distinguir
1 *vt (diferenciar)* to distinguish: **no distinguió el vino bueno del malo** he couldn't tell the difference between good wine and bad, he couldn't tell good wine from bad.
2 *vt (caracterizar)* to mark, distinguish.
3 *vt (ver)* to see, make out.
4 *vt (preferir)* to single out.
5 *vt (honrar)* to honour (*us* honor): **distinguieron al soldado con una cruz** the soldier was honoured with a cross.
6 **distinguirse** *vpr (destacar)* to stand out, distinguish oneself.

7 *vpr (diferenciarse)* to differ (**por**, in), be distinguished: **se distinguen por el color** they differ in colour.
8 *vpr (ser visible)* to be visible; *(ser audible)* to be audible.
▲ *Conjugation model* [8].

distintivo,-a
1 *adj* distinctive, distinguishing.
2 **distintivo** *nm (insignia)* badge, emblem; *(marca)* mark.
■ **rasgo distintivo** characteristic feature.

distinto,-a
1 *adj (diferente)* different.
2 *adj (claro)* distinct.
3 **distintos,-as** *adj vpr* various, several: **hay distintas maneras de hacerlo** there are various ways of doing it.

distorsión *nf* distortion.
distorsionar *vt* to distort.
distracción
1 *nf (divertimiento)* amusement, pastime, recreation, entertainment: **su principal distracción es hacer punto** knitting is her favourite pastime; **la ciudad tiene muchas distracciones** the city offers many forms of entertainment.
2 *nf (despiste)* distraction, absent-mindedness.
3 *nf (error)* oversight, slip.

distraer
1 *vt (divertir)* to amuse, entertain.
2 *vt (atención)* to distract; *(pena, dolor, preocupaciones)* to take one's mind off.
3 *vt euf (dinero)* to embezzle.
4 **distraerse** *vpr (divertirse)* to amuse oneself, enjoy oneself.
5 *vpr (entretenerse)* to relax, pass the time: **se distrajo leyendo** she passed the time reading.
6 *vpr (despistarse)* to get distracted, be inattentive, be absent-minded.
▲ *Conjugation model* [88], *like traer.*

distraídamente *adv* absent-mindedly, abstractedly.
distraído,-a
1 *pp* → **distraer.**
2 *adj (desatento)* absent-minded.
3 *adj (entretenido)* entertaining, fun.
4 *nm,f* absent-minded person.
✦ **hacerse el/la distraído,-a** to pretend not to notice.

distribución
1 *nf* distribution.
2 *nf (colocación)* arrangement.
3 *nf (reparto)* delivery.
4 *nf (disposición de una casa etc)* layout.

distribuidor,-ra
1 *adj* distributing, distributive.
2 *nm,f* distributor.
3 *nm,f COM* wholesaler.
4 **distribuidor** *nm AUTO* distributor.

distribuir
1 *vt (repartir)* to distribute.
2 *vt (correo)* to deliver; *(trabajo)* to share, allot; *(agua, gas, etc)* to supply.
3 *vt (un piso)* to lay out.

4 *vt (colocar)* to arrange, place: **he distribuido todo en el armario** I've placed everything in the cupboard.
▲ *Conjugation model* [62], *like huir.*

distributivo,-a *adj* distributive.
distrito *nm* district.
■ **distrito electoral** constituency.
distrito postal postal district.
distrofia *nf* dystrophy.
disturbar *vt* to disturb.
disturbio *nm* disturbance, riot.
disuadir *vt* to dissuade (**de**, from).
disuasión *nf* dissuasion.
disuasivo,-a *adj* dissuasive, deterrent.
disuasorio,-a *adj* dissuasive, deterrent.
disuelto,-a *pp* → **disolver.**
disyunción *nf* disjunction.
disyuntiva *nf* alternative.
disyuntivo,-a *adj* disjunctive.
ditirambo *nm* dithyramb.
DIU *abr MED* (**dispositivo intrauterino**) intrauterine device; *(abreviatura)* IUD.
diuresis *nf* diuresis.
▲ *pl diuresis.*
diurético,-a
1 *adj* diuretic.
2 **diurético** *nm* diuretic.
diurno,-a *adj* daily, daytime.
diva *nf MÚS* prima donna, diva.
divagación *nf* digression.
divagar *vi* to digress, ramble.
▲ *Conjugation model* [7], *like llegar.*
diván *nm* divan, couch.
díver *adj fam* great fun.
▲ *pl díver.*
divergencia *nf* divergence.
■ **divergencia de opiniones** diverging opinions *pl.*
divergente *adj* divergent, diverging.
divergir *vi* to diverge.
▲ *Conjugation model* [6], *like dirigir.*
diversidad *nf* diversity, variety.
diversificación *nf* diversification.
diversificar
1 *vt* to diversify, vary.
2 **diversificarse** *vpr* to be diversified, diversify.
▲ *Conjugation model* [1], *like sacar.*
diversión *nf* fun, amusement, entertainment: **en este pueblo hay pocas diversiones** there's not much to do in this village.
diverso,-a
1 *adj* different.
2 **diversos,-as** *adj vpr* several, various.
divertido,-a
1 *pp* → **divertir.**
2 *adj (gracioso)* funny, amusing.
3 *adj (entretenido)* fun, entertaining, enjoyable.
divertimento *nm MÚS* divertimento.

divertimiento
1 *nm (entretenimiento)* amusement, fun, entertainment.
2 *nm MÚS* divertimento.
divertir
1 *vt* to amuse, entertain.
2 **divertirse** *vpr* to enjoy oneself, have a good time: ¡diviértete! enjoy yourself!; lo hice por divertirme I did it for fun.
▲ *Conjugation model* [35], *like hervir.*
dividendo *nm* dividend.
dividir
1 *vt* to divide: dividir 4 entre 2 to divide 4 by 2.
2 *vt (separar)* to divide, separate: el río divide las dos comarcas the river separates the two counties.
3 *vt (repartir)* to divide, split: el hombre dividió la herencia entre sus hijos the man divided the inheritance between his children.
4 **dividirse** *vpr (separarse)* to divide, split up.
◆ **divide y vencerás** divide and conquer, divide and rule.
divieso *nm* boil.
divinamente *adv* divinely, wonderfully.
divinidad
1 *nf* divinity, God.
2 *nf (deidad pagana)* deity.
3 *nf (maravilla)* delight, wonderful thing.
◆ **¡es una divinidad!** *fam* it's *(he's, she's)* gorgeous!
divinización *nf* deification.
divinizar *vt* to deify.
▲ *Conjugation model* [4], *like realizar.*
divino,-a
1 *adj* divine.
2 *adj fam (bonito)* beautiful, gorgeous; *(extraordinario)* wonderful, fantastic.
divisa
1 *nf (emblema)* badge, emblem.
2 *nf (en heráldica)* device.
3 *nf (moneda)* currency, foreign currency: diez mil euros en divisas ten thousand euros in foreign currency.
divisar *vt* to discern, make out, distinguish.
divisibilidad *nf* divisibility.
divisible
1 *adj* dividable.
2 *adj MAT* divisible.
división
1 *nf* division.
2 *nf fig* division, divergence: hay división de opiniones there's a divergence of opinion.
■ **división acorazada/blindada** *MIL* armoured *(US* armored) division.
división de honor *DEP* league of honour *(US* honor).
primera/segunda división *DEP* first/second division.
divisor,-ra
1 *adj* dividing.
2 **divisor** *nm* divider.

3 *nm MAT* divisor.
■ **máximo común divisor** *MAT* highest common factor, *(US* highest common denominator).
mínimo común divisor *MAT* lowest common factor, *(US* lowest common denominator).
divisorio,-a *adj* dividing.
divo,-a *nm,f* star.
divorciado,-a
1 *pp* → divorciar.
2 *adj* divorced.
3 *nm,f (hombre)* divorcé; *(mujer)* divorcée.
divorciar
1 *vt* to divorce.
2 **divorciarse** *vpr* to get divorced (**de**, from): se divorció de ella he divorced her, he got a divorce from her.
▲ *Conjugation model* [12], *like cambiar.*
divorcio
1 *nm* divorce.
2 *nm fig* discrepancy: cada vez es más manifiesto su divorcio de opiniones their discrepancy is increasingly noticeable.
divulgación
1 *nf (difusión)* spreading.
2 *nf (de conocimientos)* popularization.
divulgador,-ra
1 *adj* divulging, revealing.
2 *nm,f* popularizer.
divulgar
1 *vt (difundir)* to divulge, spread, disclose.
2 *vt (por radio)* to broadcast.
3 *vt (propagar)* to popularize.
4 **divulgarse** *vpr* to become known, spread.
▲ *Conjugation model* [7], *like llegar.*
Djibouti *nm* Djibouti, Jibuti.
Djibuti *nm* Djibouti, Jibuti.
dl *sím* (**decilitro**) decilitre *(US* deciliter); *(símbolo)* dl.
Dl *sím* (**decalitro**) decalitre *(US* decaliter); *(símbolo)* Dl.
D.L. *abr* (**depósito legal**) legal deposit, bond.
dm *sím* (**decímetro**) decimetre *(US* decimeter); *(símbolo)* dm.
Dm *sím* (**decámetro**) decametre *(US* decameter); *(símbolo)* Dm.
D.m. *abr* (**Dios mediante**) God willing.
DNI *abr* (**Documento Nacional de Identidad**) identity card; *(abreviatura)* ID card.
do *nm (de solfa)* doh, do; *(de escala diatónica)* C.
◆ **dar el do de pecho** *fam* to surpass oneself.
■ **do de pecho** high C.
doberman *nm* Doberman (pinscher).
dobladillo
1 *nm (de vestido etc)* hem.
2 *nm (de pantalones)* turn-up, *US* cuff.
doblado,-a
1 *pp* → doblar.
2 *adj (mediana estatura y recio)* thickset.

3 *adj (curvo)* bent.
4 *adj (película)* dubbed.
5 *adj fam (agotado)* dead beat.
doblaje *nm* dubbing.
doblar
1 *vt (duplicar)* to double: le doblo la edad I'm twice as old as she is.
2 *vt (plegar)* to fold: doblar en cuatro to fold in four.
3 *vt (torcer)* to bend: doblar un dedo to bend a finger.
4 *vt (esquina)* to turn, go round.
5 *vt (película)* to dub.
6 *vt (a un actor)* to stand in (**a**, for), double (**a**, for): una bailarina la dobla en esa escena a dancer stands in for her in that scene.
7 *vi (girar)* to turn: doblar a la derecha to turn right.
8 *vi (campana)* to toll.
9 *vi CINEM* to play two parts, double.
10 **doblarse** *vpr (plegarse)* to fold.
11 *vpr (torcerse)* to bend.
12 *vpr (rendirse)* to give in.
doble
1 *adj* double.
2 *adj (nacionalidad)* dual.
3 *adj (fuerte)* thick: franela doble thick flannel.
4 *adj (fornido)* thickset.
5 *adj fig (engañoso)* two-faced.
6 *nm* double: tiene el doble que yo he's got twice as much as I have.
7 *nm (duplicado)* duplicate.
8 *nm (dobladillo)* hem.
9 *nm (de campana)* toll.
10 *nm & nf CINEM* stand-in, double; *(hombre)* stunt man; *(mujer)* stunt woman.
11 *adv* double.
12 **dobles** *nm pl (tenis)* doubles: dobles femeninos ladies' doubles.
◆ **ver doble** to see double.
■ **doble fondo** false bottom.
doblegar
1 *vt (doblar)* to bend, fold.
2 *vt (vencer)* to force to yield, subdue.
3 **doblegarse** *vpr (inclinarse)* to bend over, stoop.
4 *vpr (rendirse)* to give in.
▲ *Conjugation model* [7], *like llegar.*
doblemente
1 *adv* doubly: su hermano es doblemente imbécil his brother is twice as stupid.
2 *adv fig* deceitfully.
doblete
1 *nm (gen)* double.
2 *nm (serie de victorias)* series of wins, run of wins.
3 *nm LING* doublet.
4 *adj* medium.
◆ **hacer doblete** *(gen)* to do something twice; *(en espectáculo)* to come on twice, appear twice; *(en deporte)* to do the double.
doblez
1 *nm (pliegue)* fold.

2 *nm o nf fig (duplicidad)* duplicity, deceitfulness, two-facedness.
▲ *pl dobleces*.

doblón *nm* doubloon.

doc.[1] *abr* (**documento**) document; *(abreviatura)* doc.

doc.[2] *abr* (**docena**) dozen; *(abreviatura)* doz.

doce
1 *adj (cardinal)* twelve; *(ordinal)* twelfth.
2 *nm (número)* twelve.
3 *nm (fecha)* twelfth.
▲ *See also seis*.

doceavo,-a
1 *adj* twelfth.
2 *nm,f* twelfth.
▲ *See also sexto,-a*.

docena *nf* dozen: *una docena de manzanas* a dozen apples; *vinieron a docenas* they came in dozens.
✦ *a docenas COM* by the dozen.
▪ *la docena del fraile fig* a baker's dozen.

docencia *nf* teaching.

docente
1 *adj* teaching.
2 *nm & nf* teacher.

dócil *adj* docile, obedient.

docilidad *nf* docility, obedience.

dócilmente *adv* tamely.

dock
1 *nm (dársena)* dock.
2 docks *nm pl (almacenes)* warehouse *sing*.
▲ *pl docks*.

doctamente *adv* learnedly.

docto,-a
1 *adj* learned: *es docto en matemáticas* he's well versed in mathematics.
2 *nm,f* learned person, expert.

doctor,-ra *nm,f* doctor: *es doctor en físicas* he's a doctor of physics.
▪ **doctor,-ra honoris causa** honorary doctor.

doctorado *nm* doctorate, PhD.

doctoral
1 *adj* doctoral.
2 *adj fam (pedante)* pedantic, pompous.

doctorando,-a *nm,f* doctoral student, doctoral candidate, PhD student.

doctorar
1 *vt* to confer a doctorate on.
2 doctorarse *vpr* to get one's doctorate, get one's PhD.

doctrina
1 *nf* doctrine.
2 *nf (enseñanza)* teachings *pl*.

doctrinal *adj* doctrinal.

doctrinario,-a
1 *adj* doctrinaire.
2 *nm,f* doctrinaire.

doctrino *nm* orphan.

documentación
1 *nf* documentation, documents *pl*.
2 *nf (para identificar)* papers *pl*, identification.

documentado,-a
1 *pp* → **documentar**.
2 *adj* documented, researched.
3 *adj fam (enterado)* informed.

documental
1 *adj* documentary.
2 *nm* documentary.

documentalista
1 *nm & nf (cineasta)* documentary maker.
2 *nm & nf (investigador)* researcher.

documentar
1 *vt* to document.
2 *vt (a una persona)* to give information.
3 documentarse *vpr* to research (**sobre**, -), get information (**sobre**, about/on).

documento *nm* document.
▪ **Documento Nacional de Identidad** identity card.

dodecaedro *nm* dodecahedron.

dodecafónico,-a *adj* dodecaphonic.

dodecágono,-a
1 *adj* dodecagonal.
2 dodecágono *nm* dodecagon.

dodecasílabo,-a
1 *adj* dodecasyllabic, Alexandrine.
2 dodecasílabo *nm* dodecasyllable, Alexandrine.

dodo *nm* dodo.

dogal
1 *nm (para un animal)* halter.
2 *nm (soga de reo)* noose, hangman's noose.

dogma *nm* dogma.

dogmático,-a
1 *adj* dogmatic.
2 *nm,f* dogmatic.

dogmatismo *nm* dogmatism.

dogmatista *nm & nf* dogmatist.

dogmatizar *vi* to dogmatize.
▲ *Conjugation model* [4], *like realizar*.

dogo *nm* bulldog.

doguillo *nm* pug.

doladera *nf* cooper's axe.

dolaje *nm* wine absorbed by the barrel.

dólar *nm* dollar.

dolarización *nf* dollarisation.

dolby *nm* Dolby.
▲ *Registered trademark*.

dolencia *nf* ailment, illness.

doler
1 *vi* to ache, hurt: *me duele la cabeza* I've got a headache; *me duele la espalda* my back hurts, my back aches.
2 *vi (afligir)* to distress, sadden, upset, hurt: *me duele tal pobreza* such poverty distresses me.
3 *vi (sentir)* to be sorry, be sad: *me duele habérselo dicho* I'm sorry I told her about it.
4 dolerse *vpr (arrepentirse)* to repent (**de**, of), feel sorry (**de**, for): *se duele de sus pecados* he repents of his sins.
5 *vpr (lamentarse)* to complain (**de**, of).

6 *vpr (notar el efecto)* to feel the effects (**de**, of).
▲ *Conjugation model* [32], *like mover*.

dolido,-a
1 *pp* → **doler**.
2 *adj fig* hurt.

doliente *nm & nf* mourner.

dolmen *nm* dolmen.
▲ *pl dólmenes*.

dolo *nm* fraud.

Dolomitas los Dolomitas *nm pl* the Dolomites.

dolor
1 *nm* pain, ache.
2 *nm fig* pain, sorrow, grief.
✦ **causar dolor** *fig* to sadden, hurt, upset. **estar con los dolores** *(de parto)* to be in labour (*US* labor).
▪ **dolor de cabeza** headache.
dolor de muelas toothache.

dolorido,-a
1 *adj* sore, aching.
2 *adj fig* sorrowful, sad, hurt.

dolorosa
1 *nf arg* bill: *tráigame la dolorosa* what's the damage?
2 *nf* **la Dolorosa** *REL* Our Lady of Sorrow.

dolorosamente *adv* painfully.

doloroso,-a
1 *adj* painful.
2 *adj fig* painful, distressing.

doloso,-a *adj* fraudulent.

doma *nf* taming; *(de caballos)* breaking in.

domador,-ra *nm,f* tamer; *(de caballos)* horse breaker.

domar
1 *vt* to tame; *(caballos)* to break in.
2 *vt fig* to tame, control.

domeñar *vt* to subdue.

domesticable
1 *adj (que se puede domesticar)* tameable, domesticable.
2 *adj (que se puede enseñar)* trainable.

domesticación
1 *nf* domestication, taming.
2 *nf (adiestramiento)* training.

domesticar
1 *vt* to domesticate, tame.
2 *vt (adiestrar)* to train.
3 *vt fig* to subdue.
▲ *Conjugation model* [1], *like sacar*.

domesticidad *nf* domesticity.

doméstico,-a
1 *adj* domestic.
2 *nm,f* domestic, servant.
▪ **servicio doméstico** domestic help.

domiciliación *nf* payment by direct debit.

domiciliado,-a
1 *pp* → **domiciliar**.
2 *adj* resident, living.

domiciliar
1 *vt (dar domicilio)* to house, lodge.
2 *vt FIN* to pay by direct debit.

3 domiciliarse *upr (fijar domicilio)* to take up residence.
▲ *Conjugation model* [12], *like* **cambiar.**

domiciliario,-a *adj* house.
■ **arresto domiciliario** house arrest.

domicilio
1 *nm* residence, home, abode.
2 *nm (dirección)* address.
✦ **sin domicilio fijo** of no fixed abode. **"Reparto a domicilio gratuito"** "Free home delivery".
■ **domicilio fiscal** registered office.

dominación *nf* domination, dominion.

dominante
1 *adj* dominant, dominating.
2 *adj (que prevalece)* prevailing, predominating.
3 *adj (que avasalla)* domineering.

dominar
1 *vt (tener bajo dominio)* to dominate.
2 *vt (avasallar)* to domineer.
3 *vt (controlar)* to control, restrain: **dominar los nervios** to control one's nerves.
4 *vt (conocer a fondo)* to master: **domina el inglés** she has a good command of English.
5 *vt (ver)* to overlook, dominate: **el jardín domina toda la playa** the garden has a commanding view of the whole beach.
6 *vi (ser superior)* to dominate.
7 *vi (destacar)* to stand out: **domina mucho el rojo** red is the predominant colour.
8 *vi (predominar)* to predominate: **en esta fiesta dominan las mujeres** there are mostly women at this party.
9 dominarse *upr (controlarse)* to control oneself, restrain oneself.

dómine
1 *nm arc* Latin teacher.
2 *nm pey* pedant.

domingas *nf pl arg* boobs.

domingo *nm* Sunday.
■ **domingo de Ramos** Palm Sunday. **domingo de Resurrección/Pascua** Easter Sunday.
el traje de los domingos one's Sunday best.
▲ *See also* **jueves.**

dominguero,-a
1 *adj* Sunday.
2 *nm,f pey (conductor)* Sunday driver; *(excursionista)* day tripper.

dominguillo *nm* tumbler.

Dominica *nf* Dominica.

dominical
1 *adj* Sunday.
2 *nm (periódico)* Sunday newspaper; *(suplemento)* Sunday supplement.

dominicano,-a
1 *adj* Dominican.
2 *nm,f* Dominican.
■ **República Dominicana** Dominican Republic.

dominico,-a
1 *adj* Dominican.
2 *nm,f* Dominican.

dominio
1 *nm (soberanía)* dominion.
2 *nm (poder)* power, control.
3 *nm (supremacía)* supremacy.
4 *nm (de conocimientos)* mastery, good knowledge; *(de un idioma)* good command: **tiene un buen dominio del francés** she has a good command of French.
5 *nm (territorio)* domain.
6 *nm* INFORM domain.
✦ **dominio de sí mismo** self-control. **ejercer dominio** to exert control. **ser del dominio público** to be public knowledge.

dominó
1 *nm (juego)* dominoes *pl.*
2 *nm (fichas)* set of dominoes.
3 *nm (disfraz)* domino.
▲ *pl* **dominós.**

don¹
1 *nm (regalo)* gift, present.
2 *nm (talento)* talent, natural gift: **tienes el don de la palabra** you've got a way with words.
■ **don de gentes** natural ability to get on well with people.

don² *nm* Mr: **Señor Don Juan Pérez** Mr Juan Pérez; **don Luis llegó tarde** Luis was late.
■ **Don Fulano de Tal** Mr So-and-So. **un don nadie** a nobody.
▲ *Courtesy title placed before first names of men.*

donación *nf* donation.

donaire
1 *nm (gracia)* grace, elegance.
2 *nm (soltura de cuerpo)* poise.
3 *nm (chiste)* wisecrack, witticism.

donante *nm & nf* donor.
■ **donante de sangre** blood donor.

donar *vt fml* to donate, give: **donar los ojos** to donate one's eyes.

donativo *nm vt* donation.

doncel
1 *nm (noble)* young nobleman.
2 *nm (paje)* pageboy.

doncella
1 *nf (joven)* maiden, damsel.
2 *nf (criada)* maid, maidservant.

doncellez *nf* maidenhood.

donde *adv* where, in which: **el colegio donde estudié** the school where I studied.
✦ **de donde/desde donde** from where, whence: **ésta es la casa desde donde procedió el disparo** this is the house where the shot came from.
donde las dan las toman *fam* tit for tat.
¡mira por donde!/¡vaya por donde! *fam* fancy that!

dónde *pron* where: **¿dónde está?** where is it?; **no sé dónde está** I don't know where it is; **¿a dónde va?** where is he going?; **¿hasta dónde?** how far?

dondequiera *adv (en cualquier parte)* anywhere; *(en todas partes)* everywhere: **dondequiera que esté lo encontraremos** wherever he is we'll find him.

dondiego *nm* marvel-of-Peru, four-o'clock.
■ **dondiego de día** morning glory. **dondiego de noche** marvel-of-Peru, four-o'clock.

donjuán *nm* Don Juan, womanizer, Casanova.

donjuanesco *adj* womanizing, fond of women.

donjuanismo *nm* womanizing.

donoso,-a
1 *adj desus (gracioso)* graceful, elegant.
2 *adj desus (ocurrente)* witty.

donostiarra
1 *adj* of San Sebastián, from San Sebastián.
2 *nm & nf* person from San Sebastián, inhabitant of San Sebastián.

donosura
1 *nf (gracia)* elegance, grace, poise.
2 *nf (humor)* wit.

dónut *nm* doughnut.
▲ *pl* **dónuts;** *registered trademark.*

doña *nf* Mrs: **Doña Elena Suárez** Mrs Elena Suárez; **Doña Elena está enferma** Elena is ill.
▲ *Courtesy title placed before first names of women.*

dopaje *nm* doping.

dopar *vt* to dope, drug.

doping *nm* doping, drug-taking.

doquier *adv* anywhere: **doquier que esté** wherever he may be.
✦ **por doquier** everywhere.

doquiera *adv* → **doquier.**

dorada *nf* gilthead bream.

dorado,-a
1 *pp* → **dorar.**
2 *adj* golden; *(cubierto de oro)* gold-plated, gilt.
3 **dorado** *nm* TÉC gilding.

dorar
1 *vt (cubrir con oro)* to gild.
2 *vt (dar un baño de oro)* to gold-plate.
3 *vt* CULIN to brown.
✦ **dorar la píldora** *fig* to sugar the pill.

Dordoña el Dordoña *nm* the Dordogne.

dórico,-a
1 *adj* Dorian, Doric.
2 **dórico** *nm* Doric.
■ **orden dórico** Doric order.

dormida *nf* sleep, nap.

dormidero,-a *adj* soporific, sleep-inducing.

dormido,-a
1 *adj* asleep.
2 *adj (soñoliento)* sleepy: **tengo el brazo dormido** my arm has gone numb, my arm has gone to sleep.

✦ **quedarse dormido,-a** *(dormir)* to fall asleep; *(dormirse más de la cuenta)* to oversleep.

dormilón,-ona
  1 *adj fam* fond of sleeping: **es una chica muy dormilona** she's a real sleepyhead.
  2 *nm,f fam* sleepyhead.

dormir
  1 *vi* to sleep: **tengo ganas de dormir** I feel sleepy.
  2 *vi (pernoctar)* to spend the night: **dormimos en Zaragoza** we spent the night in Zaragoza.
  3 *vt* to put to sleep.
  4 dormirse *upr* to fall asleep, nod off.
  5 *upr fig* to go to sleep: **se me ha dormido el pie** my foot has gone to sleep.
  6 *upr fig (dejar de esforzarse)* to let things slide.
  ✦ **¡a dormir!** to bed!
    dormir a pierna suelta *fam* to sleep like a log.
    dormir como un lirón *fam* to sleep like a log.
    dormir la mona *fam* to sleep it off.
    dormir la siesta to have a nap.
    dormirla *fam* to sleep it off.
    dormirse en los laureles *fig* to rest on one's laurels.
  ▲ *Conjugation model* [33].

dormitar *vi* to doze, snooze.

dormitorio
  1 *nm (en una casa)* bedroom.
  2 *nm (colectivo)* dormitory.
  3 *nm (muebles)* bedroom suite.

dorsal
  1 *adj* dorsal, back.
  2 *adj* LING dorsal.
  3 *nm* DEP number.

dorso *nm* back, reverse.
  ✦ **"Instrucciones al dorso"** "See instructions on back".
    "Véase al dorso" "See overleaf".
  ■ **dorso de la mano** back of the hand.

dos
  1 *adj (cardinal)* two; *(ordinal)* second: **entre ellas dos** between the two of them.
  2 *nm (número)* two; *(fecha)* second.
  ✦ **cada dos por tres** *fam* every five minutes.
    como dos y dos son cuatro *fam* as sure as night follows day, as sure as eggs is eggs.
    de dos en dos in twos, in pairs.
    en un dos por tres *fam* in a flash.
  ■ **dos veces** twice: **es dos veces mayor que su hermana** she's twice as old as her sister.
  ▲ *See also* **seis**.

dosalbo,-a *adj (caballo)* with two white feet.

doscientos,-as
  1 *adj (numeral)* two hundred; *(cardinal)* two-hundredth.
  2 *nm,f* two hundred.
  ▲ *See also* **seis**.

dosel *nm* canopy.

doselera *nf* valance.

dosificación *nf* dosage.

dosificador *nm* dispenser.

dosificar
  1 *vt (gen)* to dose.
  2 *vt (esfuerzos etc)* to measure.
  ▲ *Conjugation model* [1], *like* **sacar**.

dosis *nf* dose.
  ▲ *pl* **dosis**.
  ✦ **a/en pequeñas dosis** in small doses.

dossier *nm* dossier.
  ▲ *pl* **dossieres**.

dotación
  1 *nf (con lo que se dota)* endowment.
  2 *nf (tripulación)* complement, crew.
  3 *nf (personal)* staff, personnel.

dotado,-a
  1 *pp →* **dotar**.
  2 *adj (equipado)* equipped, provided: **está dotado con airbag** it's equipped with an airbag.
  3 *adj (con dotes)* gifted: **está muy dotado para las matemáticas** he has a talent for mathematics.
  4 *adj arg (genitales)* well-hung.

dotar
  1 *vt (dar dote)* to give a dowry: **dotaron a su hija con diez mil euros** they gave their daughter a dowry of ten-thousand euros.
  2 *vt (proveer de personal)* to staff (**de**, with); *(de material)* to equip (**de**, with).
  3 *vt (bienes, dinero)* to assign.
  4 *vt fig (dones y cualidades)* to endow (**de**, with), provide (**de**, with): **la naturaleza la dotó de un sexto sentido** nature endowed her with a sixth sense.

dote
  1 *nm o nf* dowry.
  2 dotes *nf pl* gift *sing*, talent *sing*: **tiene dotes para el violín** he's a gifted violinist.
  ■ **dotes de mando** leadership qualities.

dovela *nf* voussoir.

dovelar *vt* to make wedge-shaped.

doy *pres indic →* **dar**.

DP *abr (distrito postal)* postal district; *(abreviatura)* PD.

dpt. *abr (departamento)* department; *(abreviatura)* dept.

Dr. *abr (doctor)* doctor; *(abreviatura)* Dr.

Dra. *abr (doctora)* doctor; *(abreviatura)* Dr.

dracma *nm* drachma.

draconiano,-a *adj* Draconian, harsh, drastic.

draga
  1 *nf (máquina)* dredge.
  2 *nf (barco)* dredger.

dragado *nm* dredging.

dragador *nm* dredger.

dragaminas *nm* minesweeper.
  ▲ *pl* **dragaminas**.

dragar *vt* to dredge.
  ▲ *Conjugation model* [7], *like* **llegar**.

drago *nm* dragon tree.

dragón
  1 *nm (reptil)* flying dragon.
  2 *nm (animal fabuloso)* dragon.
  3 *nm (planta)* snapdragon.
  4 *nm (pez)* greater weever.
  5 *nm (soldado)* dragoon.

dralón *nm* dralon.
  ▲ *Registered trademark*.

drama *nm* drama.

dramático,-a
  1 *adj* dramatic.
  2 *nm,f* dramatist.

dramatismo *nm* dramatism, drama.

dramatización *nf* dramatization.

dramatizar *vt* to dramatize.
  ▲ *Conjugation model* [4], *like* **realizar**.

dramaturgia *nf* dramatics.

dramaturgo,-a *nm,f* playwright, dramatist.

dramón *nm fam* melodrama.

drapeado,-a
  1 *adj* draped.
  2 drapeado *nm* drapery.

drapear *vt* to drape.

drásticamente *adv* drastically.

drástico,-a *adj* drastic.

drenaje *nm* drainage.
  ■ **colector de drenaje** main drain.
    tubo de drenaje drainpipe, drain.

drenar *vt* to drain.

Dresde *nf* Dresden.

driblar *vi* to dribble.

dribling *nm* dribbling.

dril
  1 *nm (tela)* drill, drilling.
  2 *nm (mono)* drill.

drive *nm* drive.

driza *nf* halyard.

droga
  1 *nf* drug.
  2 *nf fig (cosa desagradable)* nuisance.
  ■ **droga blanda/dura** soft/hard drug.

drogadicción *nf* drug addiction.

drogadicto,-a
  1 *adj* addicted to drugs.
  2 *nm,f* drug addict.

drogado,-a
  1 *pp →* **drogar**.
  2 *adj* drugged (up).
  3 *nm,f* drug addict.

drogar
  1 *vt* to drug.
  2 drogarse *upr* to take drugs.
  ▲ *Conjugation model* [7], *like* **llegar**.

drogata *nm & nf arg* junkie.

drogodependencia *nf* drug addiction, drug dependency.

drogodependiente *nm & nf* drug addict.

drogota *nm & nf arg* junkie.

droguería *nf* hardware shop.

dromedario *nm* dromedary.

drosera *nf* sundew.

druida,-esa *nm,f* druid.

dto. *abr* (**descuento**) discount.

dual
1 *adj* dual.
2 *nm* dual.
- **emisión en dual** bilingual broadcast.

dualidad *nf* duality.

dualismo *nm* dualism.

dualista *adj* dualistic.

dubitativamente *adv* tentatively.

dubitativo,-a *adj* doubtful.

Dublín *nm* Dublin.

dublinés,-esa
1 *adj* of Dublin, from Dublin.
2 *nm,f* Dubliner.

ducado
1 *nm* dukedom, duchy.
2 *nm* (*antigua moneda*) ducat.

ducal *adj* duke's, ducal.

ducentésimo,-a
1 *adj* two-hundredth.
2 *nm,f* two-hundredth.

ducha *nf* shower.
- **darse/tomar una ducha** to take a shower, have a shower.
  una ducha de agua fría *fam* a blow, a shock.

duchar
1 *vt* to give a shower.
2 **ducharse** *vpr* to take a shower, have a shower.

ducho,-a *adj* knowledgeable.
- **estar ducho,-a en la materia** to be well versed in the subject, be an expert on the subject.

duco *nm* lacquer.
- **pintar al duco** to lacquer.

dúctil *adj* ductile.

ductilidad *nf* ductility.

duda *nf* doubt.
- **no hay duda** there is no doubt.
  no te quepa duda make no mistake about it.
  poner algo en duda to question something.
  sacar a alguien de dudas to dispel somebody's doubts.
  salir de dudas to shed one's doubts.
  sin duda no doubt, without a doubt.
  sin la menor duda without the slightest doubt.

dudar
1 *vi* to doubt, have doubts: dudo de lo que dijo I have doubts about what he said.
2 *vi* (*titubear*) to hesitate: dudó en ir he hesitated whether to go or not; dudo entre quedarme o marcharme I'm not sure whether to stay or leave.
3 *vt* to doubt: lo dudo I doubt it; dudo que venga I doubt if he'll come.
- **dudar de alguien** to doubt somebody, mistrust somebody.

dudosamente
1 *adv* (*con incerteza*) doubtfully.
2 *adv* (*con vacilación*) hesitantly.
3 *adv* (*con sospecha*) suspiciously.

dudoso,-a
1 *adj* (*incierto*) doubtful, uncertain.
2 *adj* (*vacilante*) hesitant, undecided.
3 *adj* (*sospechoso*) suspicious, dubious.
4 *adj* (*poco seguro*) questionable.

duela *nf* stave.

duelo¹ *nm* (*combate*) duel.
- **batirse en duelo** to fight a duel.

duelo²
1 *nm* (*dolor*) grief, affliction.
2 *nm* (*luto*) mourning; (*reunión de parientes*) wake; (*cortejo*) cortege, funeral procession.
- **sin duelo** regardless.

duende
1 *nm* (*espíritu travieso*) goblin, elf.
2 *nm* (*encanto*) charm, magic: es una chica con duende she's got charm.

duendecillo *nm* imp, pixie.

dueña *nf* → **dueño,-a**.

dueño,-a
1 *nm,f* (*propietario*) owner: ¿quién es la dueña? who is the owner?
2 *nm,f* (*de casa, piso - hombre*) landlord; (*mujer*) landlady.
- **hacerse dueño,-a de la situación** *fig* to get the situation under control.
  ser dueño,-a de sí mismo,-a to be self-possessed.
  ser muy dueño,-a de *fig* to be entirely free to: es muy dueña de hacer lo que quiera she's entirely free to do whatever she wants.
- **dueño y señor** lord and master.

Duero el Duero *nm* the Douro.

dueto *nm* short duet.

dulcamara *nf* woody nightshade.

dulce
1 *adj* (*gen*) sweet.
2 *adj* (*clima*) mild.
3 *adj* *fig* soft, gentle.
4 *nm* CULIN (*caramelo*) sweet; (*pastel*) cake.
- **dulce de membrillo** quince jelly.

dulcemente *adv* sweetly.

dulcería
1 *nf* confectionery.
2 *nf* (*tienda*) confectioner's, US candy store.

dulcero,-a
1 *adj* sweet-toothed: es muy dulcero he has a sweet tooth.
2 *nm,f* confectioner.

dulcificante
1 *adj* sweetening.
2 *nm* sweetener.

dulcificar
1 *vt* to sweeten.
2 *vt* *fig* to soften.
▲ Conjugation model [1], *like sacar*.

dulcinea *nf* sweetheart.

dulzaina *nf* old type of wind instrument resembling a bassoon.

dulzaino,-a *adj* sweetish, sugary.

dulzamara *nf* woody nightshade.

dulzarrón,-ona *adj* sickly sweet, oversweet.

dulzón,-ona *adj* sickly sweet, oversweet.

dulzor
1 *nm* sweetness.
2 *nm* *fig* gentleness, sweetness, softness.

dulzura
1 *nf* sweetness.
2 *nf* *fig* softness, gentleness, sweetness.
3 *nf* *fig* (*clima*) mildness.

dumdum *nm* dumdum.

dumping *nm* dumping.

duna *nf* dune.

dúo *nm* duet.

duodécimo,-a
1 *adj* twelfth.
2 *nm,f* twelfth.
▲ See also *sexto,-a*.

duodenal *adj* duodenal.

duodeno *nm* duodenum.

dupdo. *abr* (**duplicado**) duplicate.

dúplex
1 *adj* duplex.
2 *nm* (*casa*) duplex, duplex apartment.
3 *nm* TÉC duplex.
▲ *pl* dúplex.

duplicación *nf* duplication, doubling.

duplicado,-a
1 *pp* → **duplicar**.
2 *adj* duplicate.
3 **duplicado** *nm* duplicate, copy.
- **por duplicado** in duplicate.

duplicar
1 *vt* (*gen*) to duplicate; (*cantidad*) to double.
2 **duplicarse** *vpr* to double.
▲ Conjugation model [1], *like sacar*.

duplicidad
1 *nf* duplicity.
2 *nf* *fig* duplicity, falseness.

duplo,-a
1 *adj* double.
2 *nm,f* double.

duque *nm* duke.

duquesa *nf* duchess.

durabilidad *nf* durability.

durable *adj* durable, lasting.

duración
1 *nf* duration, length: ¿cuál es la duración de la obra? how long is the play?
2 *nf* (*coche, máquina, etc*) life.
- **de larga duración** (*periodo de tiempo*) long, long-term; (*bombilla etc*) long-life; (*enfermedad*) long-term.

duradero,-a *adj* durable, lasting.

duralex *nm* duralex.
▲ Registered trademark.

duramen *nm* duramen.
▲ *pl* durámenes.

duramente
1 *adv (con dificultad)* hard.
2 *adv (con severidad)* harshly.

durante *adv* during, in, for: viví allí durante un año I lived there for a year; durante el verano during the summer; durante todo el día all day long.

durar
1 *vi* to last, go on for: la película duró tres horas the film went on for three hours.
2 *vi (ropa, calzado)* to wear well, last: ese abrigo le duró mucho he got a lot of wear out of that coat.

durativo,-a
1 *adj* lasting.
2 *adj GRAM* durative.

duraznero *nm* peach tree.

durazno
1 *nm (fruto)* peach.
2 *nm (árbol)* peach tree.

dureza
1 *nf* hardness, toughness.
2 *nf fig (de carácter)* toughness, harshness, severity.
3 *nf (callosidad)* corn.
▪ **dureza de corazón** hardheartedness, callousness.

durmiente
1 *adj* sleeping.
2 *nm* sleeper.
▪ **la Bella Durmiente** Sleeping Beauty.

duro,-a
1 *adj* hard.
2 *adj (carne)* tough; *(pan)* stale.
3 *adj (difícil)* hard, difficult.
4 *adj (cruel)* tough, hardhearted, callous.
5 *adj (resistente)* strong, tough.
6 *adj (obstinado)* obstinate, stubborn.
7 **duro** *nm (antiguamente)* five pesetas; *(moneda)* five-peseta coin.
8 *nm fam* tough guy.
9 *adv* hard: **dale duro** hit him hard.
✦ **lo que faltaba para el duro** *fam* just what I *(we etc)* needed!
ser duro,-a de mollera to be thick, be as thick as two short planks.

dux *nm HIST* doge.
▲ *pl* **dux**.

d/v *abr* (**días vista**): **a diez d/v** due within ten days.

DVD *nm* (**Disco Versátil Digital**) DVD.

E, e *nf (la letra)* E, e.

e *conj* and.

▲ *Used instead of y before words beginning with i or hi* compramos manzanas e higos we bought some apples and figs.

E *sím* (**este**) east; *(símbolo)* E.

ea

1 *interj (ánimo)* come on!

2 *interj (resolución)* so there!

EA *abr POL* (**Eusko Alkartasuna**) Basque Union *(Basque nationalist party).*

eagle *nm* eagle.

easonense

1 *adj* of San Sebastián, from San Sebastián.

2 *nm & nf* person from San Sebastián, inhabitant of San Sebastián .

EAU *abr* (**Emiratos Árabes Unidos**) United Arab Emirates; *(abreviatura)* UAE.

ebanista *nm & nf* cabinet-maker.

ebanistería

1 *nf (oficio)* cabinet-making.

2 *nf (taller)* cabinet-maker's.

ébano *nm* ebony.

ebonita *nf* ebonite.

ebriedad *nf* drunkenness, intoxication, inebriation.

ebrio,-a

1 *adj* drunk, intoxicated, inebriated.

2 *adj fig* blind: ebrio de ira blind with anger.

Ebro el Ebro *nm* the Ebro.

ebullición

1 *nf (hervor)* boil, boiling.

2 *nf fig (agitación)* excitement, turmoil, ebullience.

✦ **entrar en ebullición** to come to the boil.

estar en ebullición *fig* to be in turmoil.

ebúrneo,-a *adj* eburnean.

eccehomo *nm* Ecce Homo.

✦ **estar hecho,-a un eccehomo** *fam* to be a wreck.

eccema *nm* eczema.

echada *nf* throw.

echado,-a

1 *pp* → **echar.**

2 *adj (tumbado)* lying down.

✦ **ser un,-a echado,-a p'alante** *fam* to be forward.

echador,-ra *nm,f (de cartas)* fortune-teller.

echar

1 *vt (lanzar)* to throw: echar monedas en la fuente to throw coins in the fountain.

2 *vt (dejar caer)* to put, drop.

3 *vt (líquido)* to pour; *(comida)* to give; *(sal)* to add, put in.

4 *vt (carta)* to post, *US* mail.

5 *vt (expulsar)* to throw out: lo han echado del cine he was thrown out of the cinema.

6 *vt (despedir de empleo)* to sack, dismiss, fire: me han echado I've been sacked.

7 *vt (brotar, salir - plantas)* to sprout; *(- dientes)* to cut; *(- pelo)* to grow.

8 *vt (decir)* to tell.

9 *vt (emanar)* to give out, give off: la caja de fusibles echa chispas sparks are coming out of the fuse box.

10 *vt (suponer, calcular)* to guess: yo le echo 40 I think she's 40.

11 *vt (poner, aplicar)* to put on, apply.

12 *vt (llave)* to lock, turn; *(cerrojo)* to bolt, fasten: echa la llave lock the door, lock it; echa el cerrojo bolt the door, fasten the bolt.

13 *vt (multas, tributos)* to give, impose.

14 *vt (en naipes)* to deal.

15 *vt fam (en el cine, teatro)* to show, put on: echan una buena película en la tele there's a good film on TV.

16 *vi* **echar a** + *inf (empezar)* to begin to: echó a andar he began to walk; echó a correr she ran off.

17 *vi* **echar de** + *inf (dar)* echar de comer to feed.

18 *vi* **echar por** *(seguir, ir)* to take, follow: echó por la izquierda he went left.

19 **echarse** *vpr (arrojarse)* to throw oneself .

20 *vpr (tenderse)* to lie down: me voy a echar un rato I'm going to lie down for a bit.

21 *vpr (ponerse)* to put on.

22 *vpr (novio, novia)* to get oneself .

23 *vpr* **echarse a** + *inf (empezar)* to begin to: se echó a reír he burst out laughing.

✦ **echar abajo** → **echar por tierra.**

echar a cara o cruz to toss for.

echar algo a suertes *fig* to draw lots for something.

echar a un lado to push aside.

echar a perder to spoil.

echar a suertes to draw lots.

echar barriga/echar carnes to put on weight.

echar cuentas to calculate.

echar de menos/echar en falta to miss: la echa de menos he misses her.

echar el freno to put the brake on.

echar en cara to blame.

echar la buenaventura to tell somebody's fortune.

echar la casa por la ventana *fig* to spare no expense, splash out.

echar las bases de to lay the foundations for.

echar leña al fuego *fig* to add fuel to the fire.

echar maldiciones to curse.

echar mano a algo to reach for something.

echar mano de to make use of.

echar pelillos a la mar *fig* to bury the hatchet.

echar por tierra *(edificio)* to demolish; *(reputación etc)* to ruin.

echar una mano to give a hand.

echar una mirada/echar una ojeada to have a look, have a quick look.

echar una parrafada to have a chat.

echar una partida to play a game.

echar una regañina a alguien/echar un sermón a alguien to tell somebody off.

echarse a perder *(alimentos)* to go bad; *(personas)* to go downhill.

echarse a un lado to move to one side.

echarse atrás *(inclinarse)* to lean back; *(repensárselo)* to have second thoughts, get cold feet.

echárselas de *fam* to claim to be: se las echa de valiente he claims to be brave.

echar una siesta to have a siesta.
echar un cigarrillo to smoke a cigarette.

echarpe *nm* shawl, stole.

echazón *nf* jetsam.

eclampsia *nf* eclampsia.

eclecticismo *nm* eclecticism.

ecléctico,-a
1 *adj* eclectic.
2 *nm,f* eclectic.

eclesial *adj* ecclesiastic, ecclesiastical, church.

eclesiástico,-a
1 *adj* ecclesiastic, ecclesiastical, church.
2 eclesiástico *nm (clérigo)* clergyman.

eclipsar
1 *vt (astro)* to eclipse.
2 *vt fig* to eclipse, outshine.
3 eclipsarse *vpr (astro)* to be eclipsed.
4 *vpr fig (desaparecer)* to disappear, vanish.

eclipse *nm* eclipse.

eclíptica *nf* ecliptic.

eclíptico,-a *adj* ecliptic.

eclisa *nf TÉC* fishplate.

eclosión
1 *nf ZOOL* hatching, emergence.
2 *nf BOT* blossoming.
3 *nf fig* upsurge, flowering, emergence.

eclosionar *vi* to break out, emerge, burst out.

eco
1 *nm* echo.
2 *nm fig* echo, response.
✦ hacerse eco de to echo.
   tener eco *fig* to have impact, arouse interest.
▪ ecos de sociedad gossip column *sing*.

ecografía *nf* ultrasound scan.

ecógrafo *nm* ultrasound scanner.

ecología *nf* ecology.

ecológicamente *adj* ecologically.

ecológico,-a *adj* ecological.

ecologismo *nm* ecology movement.

ecologista
1 *adj* ecological: partido ecologista ecology party.
2 *nm & nf* ecologist.

ecólogo,-a *nm,f* ecologist.

economato *nm* company store.

econometría *nf* econometrics.

economía
1 *nf (administración)* economy.
2 *nf (ciencia)* economics.
3 *nf (ahorro)* economy, saving.
4 *nf (moderación)* economy, thrift, thriftiness.
5 economías *nf pl* savings.
✦ hacer economías to economize.
▪ economía de libre mercado free market economy.
   economía de mercado market economy.
   economía doméstica housekeeping.
   economía sumergida black economy.

económicamente
1 *adv* economically.
2 *adv (barato)* cheaply.

económico,-a
1 *adj (gen)* economic.
2 *adj (barato)* cheap, economical, inexpensive: la habitación resultó económica the room was cheap.
3 *adj (persona)* thrifty, careful with money.
▪ crisis económica economic crisis, recession.

economista *nm & nf* economist.

economizar
1 *vt (ahorrar)* to economize, save.
2 *vt (usar con cuidado)* to use sparingly.
3 *vi* to economize, save.
▲ *Conjugation model* [4], *like realizar.*

ecónomo
1 *nm FIN* trustee.
2 *nm REL* acting parish priest.

ecosistema *nm* ecosystem.

ectoparásito,-a
1 *adj* ectoparasitic.
2 ectoparásito *nm* ectoparasite.

ectoplasma *nm* ectoplasm.

ecu *nm* ECU.

ecuación *nf* equation.
▪ ecuación de primer grado simple equation.
   ecuación de segundo grado quadratic equation.

ecuador
1 *nm GEOG* equator.
2 *nm EDUC* half-way point.
✦ pasar el ecuador to cross the equator.

Ecuador *nm* Ecuador.

ecualizador *nm* equalizer.
▪ ecualizador gráfico graphic equalizer.

ecuánime
1 *adj (temperamento)* calm, placid, equable, even-tempered.
2 *adj (juicio, opinión)* fair, impartial.

ecuanimidad
1 *nf (temperamento)* equanimity.
2 *nf (juicio)* impartiality, fairness.

ecuatoguineano,-a
1 *adj* of Equatorial Guinea, from Equatorial Guinea.
2 *nm,f* person from Equatorial Guinea, inhabitant of Equatorial Guinea .

ecuatorial *adj* equatorial.

ecuatoriano,-a
1 *adj* Ecuadorian.
2 *nm,f* Ecuadorian.

ecuestre *adj* equestrian.

ecuménico,-a *adj* ecumenical, ecumenic.

ecumenismo *nm* ecumenicalism, ecumenicism.

eczema *nm* eczema.

ed.
1 *abr* (**edición**) edition; *(abreviatura)* ed.
2 *abr* (**editorial**) publishing house.
3 *abr* (**editor**) editor; *(abreviatura)* ed.

edad
1 *nf* age: a la edad de 20 años at the age of 20; ¿qué edad tiene usted? how old are you?; ya tiene edad para entenderlo he's old enough to understand it.
2 *nf (tiempo, época)* time, period.
✦ de cierta edad *euf* elderly.
   de mediana edad middle-aged.
   en edad escolar of school age.
▪ edad de oro golden age.
   edad del pavo awkward age.
   Edad Media Middle Ages *pl*.
   Edad Moderna Modern Age.
   la tercera edad *euf* old age, retirement age.

edecán *nm* aide-de-camp.

edelweiss *nm* edelweiss.

edema *nm* oedema (*US* edema).

edén
1 *nm* Eden.
2 *nm fig* paradise, heaven.

edénico,-a *adj fig* idyllic, heavenly.

edición
1 *nf (ejemplares)* edition.
2 *nf (publicación)* publication; *(de sellos)* issue: Ediciones Biblograf Biblograf Publications.
3 *nf INFORM* editing.
▪ edición anotada annotated text.
   edición de bolsillo pocket edition.
   edición en rústica paperback edition.
   edición pirata pirate edition.
   primera edición first edition.

edicto *nm* edict, proclamation.

edificable *adj* which can be built on: terreno edificable building land.

edificación *nf* building, construction.

edificador,-ra *adj* building.

edificante *adj* edifying, uplifting.

edificar
1 *vt (construir)* to build, construct.
2 *vt fig (crear)* to build, create.
3 *vt fig (dar ejemplo)* to edify, uplift.
▲ *Conjugation model* [1], *like sacar.*

edificio *nm* building.

edil,-la
1 *nm,f (concejal)* town councillor.
2 edil *nm (magistrado romano)* aedile.

Edimburgo *nm* Edinburgh.

Edipo *nm* Oedipus.
▪ complejo de Edipo Oedipus complex.

editar
1 *vt (libros, revistas)* to publish; *(discos)* to release.
2 *vt INFORM* to edit.

editor,-ra
1 *adj* publishing.
2 *nm,f (que edita)* publisher; *(que prepara)* editor.
3 editor *nm INFORM* editor.
▪ editor de fichero file editor.
   editor de textos text editor.

editorial
1 *adj* publishing.
2 *nm (artículo)* editorial, leading article, leader.
3 *nf* publishing house, publisher.
editorialista *nm & nf* leader writer.
edredón *nm* eiderdown, *US* comforter.
■ **edredón nórdico** continental quilt, duvet.
educación
1 *nf (preparación)* education.
2 *nf (crianza)* upbringing, breeding.
3 *nf (modales)* manners *pl*, politeness: no tiene ninguna educación en la mesa he has no table manners at all.
educadamente *adv* politely.
educado,-a *adj* polite.
educador,-ra
1 *adj* educating.
2 *nm,f* educator, teacher.
educando,-a *nm,f* pupil, student.
educar
1 *vt (enseñar)* to educate, teach.
2 *vt (criar)* to bring up.
3 *vt (en la cortesía etc)* to teach manners.
4 *vt (sentidos)* to educate, train.
▲ *Conjugation model* [1], *like sacar*.
educativo,-a *adj* educational: sistema educativo education system.
edulcorante *nm* sweetener.
edulcorar
1 *vt* to sweeten.
2 *vt fig* to soften, alleviate: los amigos edulcoraban su sufrimiento her friends alleviated her suffering.
EE UU *abr* (**Estados Unidos**) the United States of America; *(abreviatura)* USA.
efe *nf* name of the letter f.
efebo *nm* ephebe.
efectismo *nm* showiness, theatricality.
efectista *adj* showy, stagy.
efectivamente
1 *adv (realmente)* in fact, actually.
2 *adv (de verdad)* indeed.
efectividad *nf* effectiveness.
✦ **con efectividad desde** *(ley etc)* with effect from.
efectivo,-a
1 *adj (real)* real, true, actual.
2 *adj (que tiene efecto)* effective.
3 *adj (empleo)* permanent.
4 **efectivo** *nm (dinero)* cash.
5 *nm (plantilla)* staff, personnel.
6 **efectivos** *nm pl MIL* forces: efectivos de la Guardia Civil desactivaron el dispositivo members of the Civil Guard made the device safe.
✦ **efectivo en caja** petty cash.
en efectivo *(dinero)* in cash: pagar en efectivo to pay cash, pay in cash.
hacer algo efectivo,-a to carry something out.
hacer efectivo un cheque to cash a cheque.

hacerse efectivo,-a *JUR* to come into effect.
■ **dinero en efectivo** cash.
efecto
1 *nm (resultado)* effect, result, end: aquel jarabe no produjo ningún efecto that cough syrup had no effect.
2 *nm (impresión)* impression: la escena le hizo un gran efecto the scene made a great impression on her.
3 *nm (fin)* aim, object.
4 *nm DEP* spin: dio efecto a la pelota he put some spin on the ball.
5 *nm COM* bill, draft.
6 **efectos** *nm pl (bienes)* effects, possessions; *(mercancías)* goods; *(personales)* effects, belongings.
✦ **a efectos de ...** with the object of ...
a tal efecto to that end.
causar efecto to make an impression.
chutar con efecto to curl the ball, swerve the ball.
en efecto quite, yes indeed.
hacer buen efecto to be impressive, look good.
hacer efecto to make an impression, take effect, work.
ser de efecto retardado *fig* to be slow on the uptake.
surtir efecto to work, be effective.
tener efecto *(celebrarse)* to take place; *(entrar en vigor)* to take effect.
■ **efecto interbancario** bank draft, bank bill.
efectos de escritorio stationery *sing*.
efectos especiales special effects.
efectos personales personal belongings.
efectos públicos public bonds.
efectos secundarios side effects.
efectuación *nf* accomplishment.
efectuar
1 *vt (gen)* to carry out, perform, make, do: efectuaron una detención they carried out an arrest.
2 *vt (pago)* to make; *(pedido)* to place.
3 *vt (suma etc)* to do.
4 *vt (viaje, visita, etc)* to make.
5 **efectuarse** *vpr (realizarse)* to be carried out; *(acto etc)* to take place.
▲ *Conjugation model* [1], *like sacar*.
efeméride
1 *nf (aniversario)* anniversary; *(conmemoración)* commemoration.
2 *nf (acontecimiento)* event.
3 **efemérides** *nf pl (en periódico etc)* list of the day's anniversaries.
efervescencia
1 *nf (gen)* effervescence.
2 *nf (de bebida)* fizziness.
3 *nf fig (excitación)* high spirits *pl*; *(agitación)* turmoil.
efervescente
1 *adj (gen)* effervescent.
2 *adj (bebida)* sparkling, fizzy.
3 *adj (pastilla)* soluble.
4 *adj fig* high-spirited, vivacious.

eficacia
1 *nf (persona)* efficiency, effectiveness; *(cosas)* efficacy, effectiveness.
2 *nf (rendimiento)* efficiency.
eficaz
1 *adj (eficiente)* efficient.
2 *adj (cosa)* efficacious, effective.
3 *adj (que produce rendimiento)* efficient.
▲ *pl* eficaces.
eficazmente *adv* effectively.
eficiencia *nf* efficiency.
eficiente *adj* efficient.
eficientemente *adv* efficiently.
efigie *nf* effigy.
efímero,-a *adj* ephemeral, brief.
eflorescencia *nf* efflorescence.
efluvio
1 *nm* emanation, effusion, flow.
2 *nm fig* surge.
efusión
1 *nf (derramamiento)* effusion, pouring out.
2 *nf fig* effusiveness, warmth.
✦ **con efusión** *fig* effusively.
efusivamente *adv* effusively, warmly.
efusividad *nf* effusiveness.
efusivo,-a *adj* effusive, warm.
EGB *abr EDUC* (**Enseñanza General Básica**) ≈ *former Primary School Education*.
egeo,-a *adj* Aegean.
■ **el (mar) Egeo** the Aegean (Sea).
égida *nf* aegis.
✦ **bajo la égida de ...** under the auspices of ...
egipcio,-a
1 *adj* Egyptian.
2 *nm,f (persona)* Egyptian.
3 **egipcio** *nm (idioma)* Egyptian.
Egipto *nm* Egypt.
egiptología *nf* Egyptology.
egiptólogo,-a *nm,f* Egyptologist.
eglantina *nf* eglantine.
eglefino *nm* haddock.
égloga *nf* eclogue.
ego *nm* ego.
egocéntrico,-a *adj* egocentric, self-centred (*US* self-centered).
egocentrismo *nm* egocentricity.
egoísmo *nm* selfishness, egoism.
egoísta
1 *adj* selfish, egoistic, egoistical.
2 *nm & nf* egoist, selfish person.
ególatra
1 *adj* egomaniacal.
2 *nm & nf* egomaniac.
egolatría *nf* egomania, self-worship.
egotismo *nm* egotism.
egotista
1 *adj* egotistic, egotistical.
2 *nm & nf* egotist.
egregio,-a *adj* eminent, renowned, illustrious.

eh
1 *interj fam (para llamar)* hey!, hey you!
2 *interj fam (pregunta)* you what?
3 *interj fam (al final de frase)* OK?, right?: no te quiero volver a ver, ¿eh? I don't want to see you again, OK?; vendrás, ¿eh? you'll come, won't you?

eider *nm* eider duck.

einstenio *nm* einsteinium.

Eire *nm* Eire.

ej.
1 *abr* (**ejemplo**) example; *(abreviatura)* e.g..
2 *abr* (**ejemplar**) copy.

eje
1 *nm (línea, recta)* axis.
2 *nm TÉC* shaft, spindle.
3 *nm AUTO* axle.
4 *nm fig (zona principal)* centre (*US* center), main area: el eje comercial de la ciudad the city's main shopping area.
5 *nm fig (parte esencial)* crux, main idea, core: el eje de un discurso the core of a speech.
6 *nm (calle, carretera)* thoroughfare.
7 *nm* el Eje *POL* the Axis.
◆ partir por el eje a alguien *fam* to kill somebody.
▪ eje de abscisas *MAT* x-axis.
eje de ordenadas *MAT* y-axis.
eje delantero *AUTO* front axle.
eje trasero *AUTO* rear axle.

ejecución
1 *nf (de una orden etc)* carrying out, execution.
2 *nf MÚS* performance.
3 *nf (ajusticiamiento)* execution.
4 *nf JUR* seizure.

ejecutante *nm & nf* performer.

ejecutar
1 *vt (una orden etc)* to carry out.
2 *vt MÚS* to perform, play.
3 *vt (ajusticiar)* to execute.
4 *vt JUR* to seize.
5 *vt INFORM* to run.

ejecutiva *nf* executive, executive committee: la ejecutiva provincial del PSOE se reunió ayer en Málaga the provincial executive of the Socialist Party met yesterday in Málaga.

ejecutivo,-a
1 *adj* executive.
2 *adj (rápido)* prompt.
3 *nm,f* executive.
4 el ejecutivo *nm (gobierno)* the government: las propuestas del Ejecutivo han sido rechazadas por los sindicatos the Government's proposals have been rejected by the unions.
▪ poder ejecutivo the executive.

ejecutor,-ra
1 *nm,f* executor.
2 *nm,f (verdugo)* executioner.
▪ ejecutor,-ra testamentario,-a executor of a will.

ejecutoria *nf* writ of execution.

ejecutorio,-a *adj* executory, enforceable.

ejem *interj* ahem.

ejemplar
1 *adj* exemplary, model: un ciudadano ejemplar a model citizen.
2 *nm (copia)* copy, number, issue: ejemplar gratuito free copy.
3 *nm (prototipo)* specimen.

ejemplaridad *nf* exemplariness.

ejemplarizar *vt* to set an example to.
▲ *Conjugation model* [4], *like* **realizar**.

ejemplificación *nf* exemplification, illustration.

ejemplificar *vt* to illustrate, exemplify.
▲ *Conjugation model* [1], *like* **sacar**.

ejemplo
1 *nm* example.
2 *nm (modelo)* model.
◆ dar ejemplo to set an example.
poner de ejemplo to give as an example.
por ejemplo for example, for instance.
servir de ejemplo to serve as an example.
tomar ejemplo de alguien to follow somebody's example.

ejercer
1 *vt (profesión etc)* to practise (*US* practice), be in practice as: ejerce la abogacía she's in practice as a lawyer.
2 *vt (usar)* to exercise; *(influencia)* to exert.
3 *vi* to practise (*US* practice), work: ejerce de médico he works as a doctor.
◆ ejercer el derecho de to exercise one's right to.
▲ *Conjugation model* [2], *like* **mecer**.

ejercicio
1 *nm (de profesión)* practice; *(de derecho)* use, exercise; *(de función)* performance.
2 *nm EDUC* exercise; *(examen)* test; *(pregunta de examen)* question; *(deberes)* homework.
3 *nm DEP* exercise.
4 *nm FIN* year.
◆ en ejercicio practising (*US* practicing).
hacer ejercicio to do exercise, take exercise.
▪ ejercicio económico financial year, fiscal year.
ejercicios espirituales spiritual retreat.

ejercitar
1 *vt (profesión)* to practise (*US* practice).
2 *vt (enseñar)* to train.
3 ejercitarse *vpr (aprender)* to train.
4 *vpr MIL* to exercise.

ejército *nm* army.
▪ ejército de tierra army.
ejército del aire air force.

ejido *nm* common land.

el
1 *art def* the: el coche the car; el agua water; el Japón Japan; la Sra. Rodríguez Mrs. Rodríguez; llegó el martes he arrived on Tuesday.

2 el de *art def* the one: el del traje azul the one in the blue suit; el de Valencia the one from Valencia; el de tu hermano your brother's; el de hoy today's.
3 *art def* el que *(persona - sujeto)* the one who; *(- objeto)* the one, the one that, the one whom: el que vino ayer the one who came yesterday; el que vi the one I saw.
4 *art def (cosa)* the one, the one that, the one which: el que me diste the one (that) you gave me.

él
1 *pron (sujeto - persona)* he; *(- cosa, animal)* it: él vive aquí he lives here; él ladró it barked.
2 *pron (objeto - persona)* him; *(- cosa, animal)* it: comió con él she had lunch with him; no puedo vivir sin él I can't live without him.
◆ de él *(posesivo)* his: es de él it's his.
él mismo himself.

elaboración
1 *nf (producto)* manufacture, production.
2 *nf (madera, metal, etc)* working.
3 *nf (idea)* working out, development.
◆ de elaboración casera home-made.

elaborar
1 *vt (producto)* to make, manufacture, produce.
2 *vt (madera, metal, etc)* to work.
3 *vt (idea)* to work out, develop.

elasticidad
1 *nf (gen)* elasticity.
2 *nf (tela)* stretch.
3 *nf fig* flexibility.

elástico,-a
1 *adj* elastic.
2 *adj (telas)* elastic, stretch.
3 *adj fig* flexible: un horario elástico a flexible timetable.
4 elástico *nm* elastic.
5 elásticos *nm pl* braces, *US* suspenders.
◆ ser algo muy elástico,-a *fig* to be open to a number of interpretations.

elastina *nf* elastin.

ele¹ *interj* eh!

ele² *nf* name of the letter l.

elección
1 *nf (nombramiento)* election.
2 *nf (opción)* choice: lo dejamos a tu elección we'll leave it up to you; el color es a elección del cliente the choice of colour is left up to the customer.
3 elecciones *nf pl* elections.
◆ convocar elecciones to call an election.
no tener elección to have no choice, have no option.
▪ elecciones generales general election *sing*.

electivo,-a *adj* elective.

electo,-a *adj* elect.

elector,-ra *nm,f* voter, elector.

electorado *nm* electorate, voters *pl*.

electoral *adj* electoral.
electoralismo *nm pey* electioneering.
electoralista *adj pey* electioneering.
electorero,-a *nm,f pey* electioneer.
electricidad *nf* electricity.
electricista
1 *adj* electrical.
2 *nm & nf* electrician.
▪ **ingeniero electricista** electrical engineer.
eléctrico,-a *adj* electric, electrical.
electrificación *nf* electrification.
electrificar *vt* to electrify.
▲ *Conjugation model* [1], *like sacar.*
electrizante *adj fig* electrifying.
electrizar
1 *vt* to electrify.
2 *vt fig* to electrify, thrill, excite.
▲ *Conjugation model* [4], *like realizar.*
electrobomba *nf* electric pump.
electrocardiografía *nf* electrocardiography.
electrocardiograma *nm* electrocardiogram.
electrocardiógrafo *nm* electrocardiograph.
electrochoque *nm* electroconvulsive therapy.
electrocución *nf* electrocution.
electrocutar
1 *vt* to electrocute.
2 **electrocutarse** *vpr* to be electrocuted, electrocute oneself .
electrodinámica *nf* electrodynamics.
electrodinámico,-a *adj* electrodynamic.
electrodo *nm* electrode.
electrodoméstico *nm* electrical appliance.
electroencefalograma *nm* electroencephalogram.
electroencefalógrafo *nm* electroencephalograph.
electroencefalografía *nf* electroencephalography.
electrógeno,-a
1 *adj* generating, generating.
2 **electrógeno** *nm* electricity generator.
▪ **equipo electrógeno** electricity generator.
electroimán *nm* electromagnet.
electrólisis *nf* electrolysis.
▲ *pl* **electrólisis.**
electrolito *nm* electrolyte.
electrólito *nm* electrolyte.
electrolizar *vt* to electrolyse.
▲ *Conjugation model* [4], *like realizar.*
electromagnetismo *nm* electromagnetism.
electromagnético,-a *adj* electromagnetic.
electromecánica *nf* electromecanics.

electromecánico,-a *adj* electromechanical.
electrometalurgia *nf* electrometallurgy.
electrometría *nf* electrometry.
electromotor,-ra
1 *adj* electromotive.
2 **electromotor** *nm* electric motor.
electromotriz *adj* electromotive.
▲ *pl* **electromotrices.**
electrón *nm* electron.
electronegativo,-a *adj* electronegative.
electrónica *nf* electronics.
electrónico,-a *adj* electronic.
electronvoltio *nm* electron volt.
electropositivo,-a *adj* electropositive.
electroquímica *nf* electrochemistry.
electroquímico,-a *adj* electrochemical.
electroscopio *nm* electroscope.
electrostática *nf* electrostatics.
electrostático,-a *adj* electrostatic.
electrotecnia *nf* electrotechnics.
electrotécnico,-a *adj* electrical.
▪ **ingeniería electrotécnica** electrical engineering.
ingeniero,-a electrotécnico,-a electrical engineer.
electroterapia *nf* electrotherapy.
electrotermia *nf* electrothermy, electrothermics.
electuario *nm* electuary.
elefancía *nf* elephantiasis.
elefante,-a *nm,f (macho)* elephant; *(hembra)* cow elephant, female elephant.
▪ **elefante marino** elephant seal.
elefantiasis *nf* elephantiasis.
elegancia *nf* elegance, smartness, style.
elegante *adj* elegant, smart, stylish.
elegantemente *adv* elegantly, smartly.
elegía *nf* elegy.
elegiaco,-a
1 *adj* elegiac.
2 *adj fig* elegiac, plaintive.
elegíaco,-a *adj* → **elegiaco,-a.**
elegibilidad *nf* eligibility.
elegible *adj* eligible.
elegido,-a
1 *pp* → **elegir.**
2 *adj (escogido)* chosen.
3 *adj (predilecto)* preferred.
4 *adj POL* elected.
5 *nm,f* chosen one.
6 *nm,f POL* elected person.
7 **los elegidos** *nm pl* the chosen few.
elegir
1 *vt (escoger)* to choose: **puedes elegir entre cuatro destinos** you can choose from four destinations.
2 *vt POL* to elect.
▲ *Conjugation model* [55].

elemental
1 *adj (del elemento)* elemental.
2 *adj (obvio)* elementary, basic.
elemento
1 *nm (gen)* element.
2 *nm (parte)* component, part.
3 *nm (individuo)* type, sort.
4 **elementos** *nm pl (atmosféricos)* elements.
5 *nm pl (fundamentos)* rudiments, basic principles.
✦ **estar uno en su elemento** *fig* to be in one's element.
¡menudo elemento!/¡vaya elemento! *fam* he's a right one!
▪ **elementos de juicio** facts of the case.
elenco
1 *nm (catálogo)* index, catalogue (*US* catalog).
2 *nm (actores)* cast.
3 *nm (personal)* staff.
elepé *nm* LP (record).
elevación
1 *nf (de terreno)* elevation, rise.
2 *nf (precios)* rise, raising, increasing; *(voz, tono)* raising; *(peso)* raising, lifting.
3 *nf MAT* raising.
4 *nf REL* elevation.
elevado,-a
1 *pp* → **elevar.**
2 *adj (gen)* high.
3 *adj fig* lofty, noble.
✦ **elevado,-a a** MAT raised to: **elevado a la quinta potencia** raised to the power of five; **elevado al cubo** cubed; **elevado al cuadrado** squared.
elevador,-ra
1 *adj* elevating.
2 **elevador** *nm* AM lift, *US* elevator.
elevalunas *nm* window winder.
▪ **elevalunas eléctrico** electric window.
▲ *pl* **elevalunas.**
elevar
1 *vt (peso etc)* to elevate, raise, lift.
2 *vt (precios)* to raise, increase, put up; *(tono, voz)* to raise.
3 *vt (enaltecer)* to promote, raise: **lo elevaron a gerente** he was promoted to manager.
4 *vt MAT* to raise.
5 **elevarse** *vpr (subir)* to rise (up): **el humo se elevaba** the smoke was rising up.
6 *vpr (alcanzar)* to reach: **se eleva hasta el techo** it reaches the ceiling.
7 *vpr (erguirse, levantarse)* to stand: **allí se elevaba la catedral** there stood the cathedral.
8 *vpr (sumar)* to amount to, come to: **los gastos se elevan a cuarenta euros** the expenses amount to forty euros.
9 *vpr fig (engreírse)* to become conceited.
elfo *nm* elf.
elidir
1 *vt* to elide.
2 **elidirse** *vpr* to elide, be elided.
elijo *pres indic* → **elegir.**

eliminación *nf* elimination.
eliminador,-ra
  1 *adj* eliminating.
  2 *nm,f* eliminator.
eliminar
  1 *vt (gen)* to eliminate, exclude: **han eliminado el equipo del campeonato** they've eliminated the team from the championship.
  2 *vt (esperanzas, miedos, etc)* to get rid of, cast aside.
  3 *vt fam (matar)* to kill, eliminate.
eliminatoria *nf* heat, qualifying round.
eliminatorio,-a *adj* eliminatory.
elipse *nf* ellipse.
elipsis *nf* ellipsis.
  ▲ *pl elipsis.*
elipsoidal *adj* ellipsoidal.
elipsoide *nm* ellipsoid.
elíptico,-a *adj* elliptic, elliptical.
elisión *nf* elision.
elite *nf* elite.
élite *nf* elite.
elitismo *nm* elitism.
elitista *adj* elitist.
élitro *nm* elytrum.
elixir *nm* elixir.
elíxir *nm* elixir.
ella
  1 *pron (sujeto - persona)* she; *(- cosa, animal)* it: **ella vive aquí** she lives here.
  2 *pron (objeto - persona)* her; *(- cosa, animal)* it: **vino con ella** he came with her.
  ✦ **de ella** *(posesivo)* hers: **es de ella** it's hers.
  ella misma herself.
elle *nf* name of the digraph ll.
ello *pron* it: **no me digas nada de ello** don't tell me anything about it.
  ✦ **¡a ello!** to work!
  ello es que ... the thing is that ..., the fact is that ...
  por ello that's why: **por ello llegamos tarde** that's why we arrived late.
ellos,-as
  1 *pron (sujeto)* they: **ellas lo dijeron** they said so.
  2 *pron (objeto)* them: **vino con ellos** she came with them.
  ✦ **de ellos,-as** theirs: **el coche es de ellos** the car is theirs.
  ellos,-as mismos,-as themselves.
elocución *nf* elocution.
elocuencia *nf* eloquence.
elocuente *adj* eloquent.
elocuentemente *adv* eloquently.
elogiable *adj* praiseworthy.
elogiar *vt* to praise, eulogize.
  ▲ *Conjugation model* [12], *like cambiar.*
elogio *nm* praise, eulogy.
  ✦ **digno,-a de elogio** praiseworthy.
  hacer elogios de to sing the praises of.
elogiosamente *adv* eulogistically, admiringly.

elogioso,-a *adj* appreciative, complimentary, eulogistic.
elongación *nf* elongation.
elucidación *nf* elucidation, clarification.
elucidar *vt* to elucidate, explain.
elucubración *nf* lucubration.
elucubrar *vt* to lucubrate.
eludible *adj* avoidable.
eludir
  1 *vt (responsabilidad, justicia, etc)* to evade.
  2 *vt (pregunta)* to avoid, evade; *(persona)* to avoid.
elusivo,-a *adj* evasive.
E.M. *abr* MIL (**Estado Mayor**) staff.
Emª *abr* (**Eminencia**) Eminence.
emanación *nf* emanation.
emanar
  1 *vi (olor etc)* to emanate.
  2 *vi (derivar)* to derive (**de**, from), come (**de**, from).
emancipación *nf* emancipation.
emancipado,-a
  1 *pp* → **emancipar.**
  2 *adj* emancipated, free.
emancipador,-ra *adj* emancipating, liberating.
emancipar
  1 *vt* to emancipate, free.
  2 **emanciparse** *vpr* to become emancipated, become free.
emasculación *nf* emasculation, castration.
emascular *vt* to emasculate, castrate.
embabiamiento *nm fam* daydreaming, absent-mindedness.
embadurnar *vt* to daub, smear: **embadurnar de/con yeso** to daub with plaster.
embajada
  1 *nf (cargo)* ambassadorship, post of ambassador.
  2 *nf (edificio)* embassy.
  3 *nf (mensaje)* message.
  4 *nf fam (proposición)* cheeky proposition, cheeky suggestion.
embajador,-ra *nm,f* ambassador.
embalador,-ra *nm,f* packer.
embalaje *nm* packing, packaging.
  ▪ **gastos de embalaje** packing charge.
  papel de embalaje wrapping paper.
embalar
  1 *vt (empaquetar)* to pack, wrap.
  2 *vi (acelerar)* to speed up.
  3 **embalarse** *vpr (acelerar)* to speed up.
  4 *vpr fig (al hablar)* to gabble.
  5 *vpr fig (dejarse llevar)* to get carried away.
embaldosado
  1 *nm (trabajo)* tiling.
  2 *nm (suelo)* tiled floor.
embaldosar *vt* to tile.
embalsadero *nm* fen, marsh, swamp.
embalsamador,-ra *nm,f* embalmer.

embalsamar *vt* to embalm.
embalsar
  1 *vt (agua)* to dam up.
  2 *vt* MAR to hoist, lift.
  3 **embalsarse** *vpr* to be dammed up.
embalse
  1 *nm (acción)* damming.
  2 *nm (presa)* dam, reservoir.
embanastar
  1 *vt* to put into a basket.
  2 *vt fig (gente)* to cram into.
embancarse *vpr* to run aground.
  ▲ *Conjugation model* [1], *like sacar.*
embarazada *adj-nf* pregnant woman, expectant mother.
embarazado,-a
  1 *pp* → **embarazar.**
  2 *adj (mujer)* pregnant.
  3 *adj (turbado)* embarrassed.
embarazar
  1 *vt (mujer)* to make pregnant.
  2 *vt (estorbar)* to hinder.
  3 *vt (turbar)* to embarrass.
  4 **embarazarse** *vpr (quedarse encinta)* to become pregnant.
  5 *vpr (turbarse)* to get embarrassed.
  ▲ *Conjugation model* [4], *like realizar.*
embarazo
  1 *nm (preñez)* pregnancy.
  2 *nm (obstáculo)* obstruction, obstacle.
  3 *nm (turbación)* embarrassment.
  ▪ **embarazo fantasma** phantom pregnancy.
embarazoso,-a *adj* embarrassing, awkward, troublesome.
embarcación
  1 *nf (nave)* boat, vessel, craft.
  2 *nf (embarco)* embarkation.
  3 *nf (viaje)* voyage.
  ▪ **embarcación de pesca** fishing boat.
  embarcación de recreo pleasure boat.
embarcadero *nm* pier, jetty, quay.
embarcador,-ra *nm,f* docker.
embarcar
  1 *vt (personas)* to embark, put on board; *(mercancías)* to load.
  2 *vt fig* to involve, implicate.
  3 **embarcarse** *vpr (en barco)* to embark, go on board; *(en avión)* to board.
  4 *vpr fig* to embark upon, engage in: **se embarcó en una empresa peligrosa** he embarked upon a dangerous enterprise.
  ✦ **embarcarse en un asunto** *fig* to get involved in a matter.
  ▲ *Conjugation model* [1], *like sacar.*
embarco *nm* embarkation.
embardar *vt* to thatch.
embargar
  1 *vt* JUR to seize, sequestrate, impound.
  2 *vt (emociones)* to overcome: **un sentimiento de pena la embargaba** she was overcome by grief; **el dolor embargó mis sentidos** my senses were dulled by sorrow.
  ▲ *Conjugation model* [7], *like llegar.*

embargo
1 *nm (de bienes)* seizure of property, sequestration.
2 *nm (prohibición)* embargo.
✦ sin embargo nevertheless, however.

embarnizar *vt* to varnish.
▲ *Conjugation model* [4], *like realizar.*

embarque *nm (de personas)* boarding; *(de mercancías)* loading.

embarrado,-a
1 *pp* → embarrar.
2 *adj* muddy.

embarrancar
1 *vi MAR* to run aground.
2 *vi fig* to get bogged down.
3 embarrancarse *upr MAR* to run aground.
4 *upr fig* to get bogged down.
▲ *Conjugation model* [1], *like sacar.*

embarrar
1 *vt (untar de barro)* to cover with mud.
2 *vt (embadurnar)* to daub, smear.
3 embarrarse *upr* to get covered in mud.

embarrilar *vt* to barrel, put in barrels.

embarullador,-ra
1 *adj* bungling, muddling.
2 *nm,f* bungler, muddler.

embarullar
1 *vt (mezclar)* to muddle.
2 *vt (hacer mal)* to bungle.
3 *vt fam (liar)* to confuse.
4 embarullarse *upr (liarse)* to get muddled up, get confused.

embastar *vt* to baste, tack.

embastecer
1 *vi (engordar)* to grow fat.
2 embastecerse *upr (ponerse basto)* to become coarse.
▲ *Conjugation model* [43], *like agradecer.*

embate
1 *nm (de olas)* dashing, breaking.
2 *nm (viento)* summer sea breeze.
3 *nm fig (acometida)* outburst.

embaucador,-ra
1 *adj* deceitful.
2 *nm,f* cheat, swindler, trickster.

embaucar *vt* to deceive, trick, dupe, cheat, swindle.
▲ *Conjugation model* [1], *like sacar.*

embaular
1 *vt (meter en baúl)* to pack in a trunk.
2 *vt fig (engullir)* to gorge, guzzle.
3 *vt fig (llenar)* to cram, stuff.

embebecer
1 *vt* to delight, fascinate.
2 embebecerse *upr* to be delighted, be fascinated.
▲ *Conjugation model* [43], *like agradecer.*

embeber
1 *vt (absorber)* to soak up.
2 *vt (empapar)* to soak, drench.
3 *vt COST* to take in.
4 *vt fig (incorporar)* to insert: embeber un nuevo capítulo to insert a new chapter.
5 *vi (encogerse)* to shrink: la lana embebe wool shrinks.

6 **embeberse** *upr* to become absorbed (en, in).

embebido,-a
1 *pp* → embeber.
2 *adj* absorbed, engrossed.

embelecar *vt* to deceive, cheat.
▲ *Conjugation model* [1], *like sacar.*

embeleco *nm* deception, cheating.

embelesado,-a
1 *pp* → embelesar.
2 *adj* fascinated, delighted.

embelesar *vt* to charm, delight, fascinate.

embeleso *nm* delight, fascination.

embellecedor,-ra
1 *adj* beautifying: loción embellecedora beauty lotion.
2 embellecedor *nm AUTO* hubcap.

embellecer
1 *vt* to make beautiful, beautify.
2 embellecerse *upr* to make oneself beautiful, beautify oneself .
▲ *Conjugation model* [43], *like agradecer.*

embellecimiento *nm* beautification.

emberrenchinarse *upr fam* to fly into a tantrum.

emberrincharse *upr fam* to fly into a tantrum.

embestida
1 *nf (gen)* onslaught, attack.
2 *nf (de toro)* charge.

embestir
1 *vt (atacar)* to assault, attack.
2 *vt (toro)* to charge.
3 *vt (coche)* to smash (into).
▲ *Conjugation model* [34], *like servir.*

embetunar *vt (calzado)* to polish.

emblandecer
1 *vt* to soften.
2 emblandecerse *upr* to soften, go soft.
3 *upr fig* to relent.
▲ *Conjugation model* [43], *like agradecer.*

emblanquecer
1 *vt* to whiten, bleach.
2 emblanquecerse *upr* to go white, bleach.
▲ *Conjugation model* [43], *like agradecer.*

emblema
1 *nm* emblem, badge.
2 *nm (de marca)* logo.

emblemático,-a *adj* emblematic.

embobado,-a
1 *pp* → embobar.
2 *adj* fascinated, entranced.

embobamiento *nm* fascination, amazement.

embobar
1 *vt* to fascinate, amaze, entrance.
2 embobarse *upr* to be fascinated, be entranced: se embobaron con las luces they were fascinated by the lights.

embobecer *vt* to turn silly.
▲ *Conjugation model* [43], *like agradecer.*

embocadura
1 *nf (de río)* mouth.

2 *nf MÚS* mouthpiece.
3 *nf (de vino)* taste, flavour *(us* flavor).

embocar
1 *vt (en la boca)* to put into the mouth.
2 *vt (calle, canal)* to enter.
3 *vt (engullir)* to guzzle.
4 *vt fig (hacer creer)* to make believe: le embocó la historia he made her believe the story.
5 *vt (en golf)* to hole.
▲ *Conjugation model* [1], *like sacar.*

embolado
1 *nm TEAT* minor role.
2 *nm fig (engaño)* fib, lie.
3 *nm fig (problema)* tight spot.
4 *nm (toro)* bull with protective wooden balls on its horns.

embolar *vt (toro)* to put wooden balls on the horns of.

embolia *nf* embolism, clot.

émbolo *nm TÉC* piston; *(de cafetera)* plunger.

embolsar
1 *vt* to pocket.
2 *vt (cobrar)* to collect.
3 embolsarse *upr (cobrar)* to make, earn; *(ganar)* win.

emboquillado,-a *adj* filter-tipped.

emboquillar
1 *vt (cigarrillos)* to tip.
2 *vt (túnel, galería)* to open up.

emborrachar
1 *vt* to make drunk.
2 emborracharse *upr* to get drunk: se emborrachó con tequila he got drunk on tequila.

emborrascarse *upr* to become stormy, become overcast.

emborregado *adj* cloudy.

emborricarse
1 *upr fam (aturdirse)* to become confused, become bewildered.
2 *upr fam (enamorarse)* to fall in love.
▲ *Conjugation model* [1], *like sacar.*

emborronar
1 *vt (echar borrones)* to blot.
2 *vt (hacer garabatos)* to scribble on.
3 *vt fig (escribir mal)* to scribble.
4 emborronarse *upr (correrse la tinta)* to smudge.

emborrullarse *upr fam* to argue, quarrel.

emboscada *nf* ambush.
✦ tender una emboscada to lay an ambush.

emboscar *vt* to ambush.
▲ *Conjugation model* [1], *like sacar.*

embotado,-a
1 *pp* → embotar.
2 *adj (sentidos)* dull.
3 *adj (desafilado)* blunt.

embotadura
1 *nf (de los sentidos)* dulling.
2 *nf (despunte)* bluntness.

embotar
1 *vt (arma etc)* to blunt.
2 *vt fig (sentidos)* to dull; *(mente)* to numb, fuddle.
3 *vt fig (enervar)* to enervate, debilitate.
4 **embotarse** *vpr (arma etc)* to become blunt.
5 *vpr fig (sentidos)* to be dulled; *(mente)* to become numb.

embotellado,-a
1 *pp →* **embotellar.**
2 *adj* bottled.
3 **embotellado** *nm* bottling.

embotellador,-ra *nm,f* bottler.

embotelladora *nf* bottling machine.
■ **planta embotelladora** bottling plant.

embotellamiento
1 *nm (acción de embotellar)* bottling.
2 *nm AUTO fig* traffic jam.

embotellar
1 *vt (meter en botella)* to bottle.
2 *vt AUTO fig* to block, jam.
3 *vt fig (aprender de memoria)* to learn by heart.

embotijar
1 *vt* to put in jugs.
2 **embotijarse** *vpr (hincharse)* to swell.
3 *vpr (enojarse)* to become angry.

embozar
1 *vt (el rostro)* to muffle.
2 *vt (animales)* to muzzle.
3 *vt fig (ocultar)* to disguise, conceal.
4 **embozarse** *vpr (el rostro)* to muffle oneself up.

embozo
1 *nm (prenda)* muffler, mask.
2 *nm fig (recato)* reserve, caution, wariness.

embragar *vi* to engage the clutch.
▲ *Conjugation model* [7], *like* **llegar.**

embrague *nm* clutch.

embravecer
1 *vt* to enrage.
2 **embravecerse** *vpr* to fly into a rage.
3 *vpr (el mar)* to become rough.
▲ *Conjugation model* [43], *like* **agradecer.**

embrear *vt* to tar, pitch.

embriagado,-a
1 *pp →* **embriagar.**
2 *adj* intoxicated, drunk.

embriagador,-ra *adj* intoxicating.

embriagar
1 *vt* to make drunk, intoxicate.
2 *vt fig* to transport, enrapture.
3 **embriagarse** *vpr* to get drunk.
4 *vpr fig* to be transported, be enraptured.
▲ *Conjugation model* [7], *like* **llegar.**

embriaguez
1 *nf* intoxication, drunkenness.
2 *nf fig* intoxication, rapture.

embridar *vt* to bridle.

embriología *nf* embryology.

embrión
1 *nm* embryo.

2 *nm fig (idea etc)* beginnings *pl*, embryo; *(revolución)* seeds *pl*.
✦ **en embrión** in embryo.

embrionario,-a *adj* embryonic, embryonal.

embrolladamente *adv* confusedly.

embrollado,-a
1 *pp →* **embrollar.**
2 *adj* confused, muddled.

embrollador,-ra
1 *adj* confusing, muddling.
2 *nm,f* troublemaker.

embrollar
1 *vt* to confuse, muddle.
2 **embrollarse** *vpr* to get confused, get muddled.

embrollo
1 *nm (confusión)* muddle, mess.
2 *nm (mentira)* lie.
3 *nm fig (situación embarazosa)* embarrassing situation.

embromar *vt* to play jokes on, play a trick on, tease.

embrujado,-a
1 *pp →* **embrujar.**
2 *adj (persona)* bewitched; *(lugar)* haunted.

embrujar
1 *vt (persona)* to bewitch; *(lugar)* to haunt.
2 *vt fig (fascinar)* to bewitch, enchant.

embrujo
1 *nm* spell, charm.
2 *nm fig (fascinación)* fascination, attraction.

embrutecer
1 *vt (facultades etc)* to dull, deaden.
2 **embrutecerse** *vpr* to become dull, become stupefied.
▲ *Conjugation model* [43], *like* **agradecer.**

embuchado
1 *nm (embutido)* processed cold meat.
2 *nm fig (negocio)* cover-up.
3 *nm fig (fraude electoral)* election rigging.

embuchar
1 *vt (embutir)* to stuff; *(aves)* to force-feed.
2 *vt (comer mucho)* to stuff oneself with.
3 *vt fam fig (hacer creer)* to make believe.

embudo
1 *nm* funnel.
2 *nm fig* trick.

embuste *nm (mentira)* lie; *(engaño)* trick.

embustero,-a
1 *adj* lying, deceitful.
2 *nm,f* liar.

embutido
1 *nm (alimento)* processed cold meat, cold cut.
2 *nm (incrustación)* inlay.

embutir
1 *vt (llenar)* to stuff, cram, squeeze.
2 *vt (carne)* to stuff.
3 *vt (incrustar)* to inlay.
4 *vt fig (condensar)* to condense: **embutieron el texto en una página** they condensed the text into one page.
5 *vt fig (hacer creer)* to make believe.

6 *vt fig (llenar de comida)* to stuff.
7 **embutirse** *vpr fig (atiborrarse)* to stuff oneself (**de**, with).

eme *nf name of the letter* **m.**
✦ **esto es una eme** *fam* this is rubbish, this is crap.
¡vete a la eme! *fam* eff off!

emergencia
1 *nf (imprevisto)* emergency.
2 *nf (salida)* emergence.
✦ **en caso de emergencia** in an emergency, in case of emergency.
■ **estado de emergencia** state of emergency.

emergente
1 *adj* emerging, emergent.
2 *adj fig* resulting, consequent.

emerger
1 *vi* to emerge.
2 *vi (aparecer)* to appear, emerge, come into view.
3 *vi fig* to result.
▲ *Conjugation model* [5], *like* **proteger.**

emérito,-a *adj* emeritus.

emersión *nf* emersion.

emigración
1 *nf* emigration.
2 *nf (aves, pueblo)* migration.

emigrado,-a
1 *pp →* **emigrar.**
2 *adj* emigrant.
3 *adj POL* émigré.

emigrante
1 *adj* emigrant.
2 *nm & nf* emigrant.

emigrar *vi* to emigrate; *(aves, pueblo)* to migrate.

emilio *nm fam* e-mail.

eminencia
1 *nf (elevación)* height, elevation, hill.
2 *nf fig (mérito)* prominence.
3 *nf fig (persona)* eminence, eminency.
■ **eminencia gris** éminence grise.
Su Eminencia *REL* His Eminence.

eminente
1 *adj (elevado)* high.
2 *adj fig* eminent, distinguished.

eminentemente *adv* eminently.

emir *nm* emir.

emirato *nm* emirate.
■ **Emiratos Árabes Unidos** United Arab Emirates.

emisario,-a *nm,f* emissary.

emisión
1 *nf (gen)* emission.
2 *nf (bonos, sellos, monedas)* issue.
3 *nf RAD TV (programa)* broadcast; *(transmisión)* transmission.
■ **cierre de la emisión** *RAD TV* close-down.
emisión de bonos *FIN* bond issue.
emisión de obligaciones *FIN* issue of debentures.
emisión en directo *RAD TV* live transmission.
emisión pública *FIN* public issue.

emisor,-ra
1 *adj (banco etc)* issuing.
2 *adj RAD TV* broadcasting, transmitter.
3 *nm,f (banco etc)* issuer.
4 **emisor** *nm RAD* radio transmitter.
emisora *nf* broadcasting station, radio station.

emitir
1 *vt (sonido, luz)* to emit; *(olor)* to give off.
2 *vt (manifestar)* to express.
3 *vt (bonos, monedas, sellos)* to issue.
4 *vt RAD TV* to broadcast, transmit.
5 *vi RAD TV* to transmit.
✦ **emitir un fallo** *JUR* to pronounce judgement.
  emitir un juicio to express an opinion.
  emitir una sentencia *JUR* to pass sentence.

Emmo. *abr* (**Eminentísimo**) Most Eminent.

emoción
1 *nf (sentimiento)* emotion, feeling.
2 *nf (excitación)* excitement.
✦ **¡qué emoción!** how exciting!

emocionado,-a
1 *pp* → **emocionar**.
2 *adj* (deeply) moved, (deeply) touched.

emocional *adj* emotional.

emocionalmente *adv* emotionally.

emocionante
1 *adj (conmovedor)* moving, touching.
2 *adj (excitante)* exciting, thrilling.

emocionar
1 *vt (conmover)* to move, touch: **nos emocionaron sus palabras** we were touched by her words.
2 *vt (excitar)* to excite, thrill.
3 **emocionarse** *vpr (conmoverse)* to be moved, be touched.
4 *vpr (excitarse)* to get excited.

emoliente
1 *adj* emollient.
2 *nm* emollient.

emolumento *nm* emolument.

emoticón *nm INFORM* emoticon.

emoticono *nm INFORM* emoticon.

emotivamente *adv* emotively, emotionally.

emotividad *nf* emotiveness.

emotivo,-a *adj (persona)* emotional; *(acto etc)* moving, touching; *(palabras)* emotive, stirring, rousing.

empacadora *nf (de cajas etc)* packing machine; *(de pacas)* baling machine, baler.

empacar *vt (empaquetar - cajas etc)* to pack; *(- pacas)* to bale.
▲ *Conjugation model* [1], *like sacar.*

empacarse
1 *vpr (emperrarse)* to dig one's heels in.
2 *vpr fig (turbarse)* to become embarrassed.

empachado,-a
1 *pp* → **empachar**.
2 *adj (apocado)* slow-witted.
3 *adj (ahíto)* bloated, full.

empachar
1 *vt (comer demasiado)* to give indigestion.
2 *vt (impedir)* to obstruct.
3 *vt fig (aburrir)* to bore, make sick.
4 **empacharse** *vpr (de comer)* to have indigestion, get indigestion, get an upset stomach .

empacho
1 *nm (indigestión)* indigestion, upset stomach.
2 *nm fig (turbación)* embarrassment.
✦ **no tener empacho en decir algo** *fig* to have no qualms about saying something.
  sin empacho *fig* unashamedly.
  tener un empacho de algo *fig* to have had one's fill of something.

empachoso,-a
1 *adj (comida)* heavy, indigestible.
2 *adj fig (empalagoso)* sugary, cloying.
3 *adj fig (vergonzoso)* shameful.

empadrarse *vpr* to become too attached to one's father/parents.

empadronamiento
1 *nm (acción)* census taking.
2 *nm (padrón)* census.

empadronar
1 *vt (hacer el censo)* to take a census of.
2 *vt (apuntar)* to register in a census.
3 **empadronarse** *vpr* to register.

empajar *vt (cubrir)* to cover with straw; *(rellenar)* to stuff with straw.

empalagamiento
1 *nm (de comida)* sickliness.
2 *nm fig* bother, annoyance.

empalagar
1 *vi (dulces)* to be too sweet, be sickly.
2 *vi fig* to be cloying, pall.
▲ *Conjugation model* [7], *like llegar.*

empalago *nm* → **empalagamiento**.

empalagoso,-a
1 *adj (dulces)* too sweet, sickly.
2 *adj fig (persona)* sickly sweet, cloying.

empalar *vt* to impale.

empalizada *nf* palisade, fence.

empalizar *vt* to palisade.
▲ *Conjugation model* [4], *like realizar.*

empalmar
1 *vt (unir)* to join, connect.
2 *vt (cinta, cuerda, película)* to splice.
3 *vt fig (planes etc)* to combine, link up.
4 *vt (carpintería)* to join.
5 *vt DEP* to volley.
6 *vi (enlazar)* to join, connect.
7 *vi (seguir)* to follow on from: **esta idea empalma con la anterior** this idea follows on from the previous one.
8 **empalmarse** *vpr tabú* to get a hard-on.

empalme
1 *nm (gen)* connection.
2 *nm (cinta, cuerda, película)* splice.
3 *nm (carpintería)* joint.
4 *nm DEP* volley.
5 *nm (ferrocarril)* junction; *(carretera)* intersection, T-junction.

empanada *nf* pasty, pie.

empanadilla *nf* pasty.

empanado,-a
1 *pp* → **empanar**.
2 *adj (rebozado)* breaded, in breadcrumbs.

empanar
1 *vt (rebozar)* to coat in breadcrumbs.
2 *vt (poner entre masa)* to fill.

empantanado,-a
1 *pp* → **empantanar**.
2 *adj (inundado)* flooded.
3 *adj fig (atascado)* bogged down.

empantanar
1 *vt (inundar)* to flood.
2 *vt fig (detener)* to bring to a standstill.
3 **empantanarse** *vpr (inundarse)* to become flooded.
4 *vpr fig (detenerse)* to be bogged down.

empañado,-a
1 *pp* → **empañar**.
2 *adj (cristal)* steamed up, misty.
3 *adj (voz)* faint.
4 *adj fig (honor)* tainted, tarnished.

empañar
1 *vt (bebés)* to put a nappy on.
2 *vt (cristal)* to steam up.
3 *vt fig (honor etc)* to taint, tarnish.
4 **empañarse** *vpr (cristal)* to steam up.
5 *vpr fig (honor etc)* to become tainted, become tarnished.

empapado,-a
1 *pp* → **empapar**.
2 *adj* soaked.

empapar
1 *vt (humedecer)* to soak; *(penetrar)* to soak, drench: **empapar un vestido en agua jabonosa** to soak a dress in soapy water; **la lluvia nos empapó** we got drenched.
2 *vt (absorber)* to soak up: **el algodón empapa el agua** cotton soaks up water.
3 **empaparse** *vpr (humedecerse)* to get soaked.
4 *vpr (persona)* to get soaked, get drenched, be soaked, be drenched: **se empapó en sudor** he was drenched in sweat.
5 *vpr fig (ideas etc)* to soak up.
6 *vpr fig (enterarse bien)* to swot up (**de**, on).

empapelado
1 *nm (acción)* wallpapering.
2 *nm (papel)* wallpaper.

empapelador,-ra *nm,f* wallpaperer, decorator.

empapelar
1 *vt (envolver)* to wrap up in paper.
2 *vt (una pared)* to wallpaper, paper.
3 *vt fam fig (persona)* to try, prosecute.

empapuciado,-a
1 *pp* → **empapuciar**.
2 *adj fam* full, stuffed, bloated.

empapuciar *vt fam (personas)* to stuff with food; *(animales)* to force-feed.
▲ *Conjugation model* [12], *like cambiar.*

empapujado,-a
1 *pp* → **empapujar**.
2 *adj fam* full, bloated.

empapujar *vt fam* → empapuciar.
empapuzado,-a
1 *pp* → empapuzar.
2 *adj fam* full, stuffed, bloated.
empapuzar *vt fam* → empapuciar.
▲ *Conjugation model* [4], *like realizar.*
empaque[1] *nm (de paquete)* packing.
empaque[2] *nm (de una persona)* presence, bearing.
empaquetador,-ra *nm,f* packer.
empaquetadura *nf* packing.
empaquetar
1 *vt (hacer paquetes)* to pack (up), wrap (up).
2 *vt fig (personas)* to pack in, squeeze in.
3 *vt MIL (castigar)* to punish.
emparedado *nm* sandwich.
emparedar
1 *vt (entre paredes)* wall in.
2 *vt (en prisión)* to imprison, confine.
emparejadura *nf* matching.
emparejar
1 *vt (cosas)* to put into pairs, match; *(personas)* to pair off: empareja los dibujos put the drawings into pairs.
2 *vt (nivelar)* to make level; *(comparar)* to put on a par (**con**, with).
3 *vt (cuadrar)* to match (**con**, with): empareja el animal con el país match the animal with the country.
4 *vi (ser parejo)* to be even (**con**, with).
5 *vi (alcanzar)* to catch up (**con** , with).
6 **emparejarse** *upr (personas)* to pair up, pair off.
7 *upr (alcanzar nivel)* to catch up.
emparentado,-a
1 *pp* → emparentar.
2 *adj* related (**con**, to): estoy emparentado con su hermana I'm related to his sister by marriage.
emparentar *vi* to become related by marriage (**con**, to).
✦ **emparentar con una familia** to marry into a family.
▲ *Conjugation model* [31], *like contar.*
emparrado *nm* vine arbour (*US* arbor).
emparrar *vt* to train a vine.
emparrillar *vt* to grill.
empastar
1 *vt (diente)* to fill, put a filling in.
2 *vt (encuadernar)* to bind.
3 *vt (pintura)* to impaste.
empaste
1 *nm (de diente)* filling.
2 *nm (encuadernación)* binding.
3 *nm (pintura)* impasting.
empastelar *vt fig* to find a way out.
empatar *vt (acabar igualados)* to tie, draw; *(igualar)* to equalize: empataron a uno they drew one all; Pérez acaba de empatar Pérez has just equalized; estamos empatados we're equal.
empate *nm (en fútbol, rugby)* draw, *US* tie; *(en carrera, votación)* tie: en estos momentos hay empate a tres the

score at the moment is three all; el partido acabó con empate a tres the match ended in a three-all draw; el gol del empate the equalizer.
empatía *nf* empathy.
empavesada *nf* hammock cloth, tarpaulin.
empavesado *nm* bunting.
empavesar
1 *vt (engalanar)* to decorate with bunting, deck out with bunting.
2 *vt (cubrir con empavesados)* to tarpaulin.
empecatado,-a *adj* wretched.
empecinado,-a
1 *pp* → empecinarse.
2 *adj* stubborn, pig-headed.
empecinarse *upr* to be stubborn (**en**, about), be pig-headed (**en**, about).
✦ **empecinarse en hacer algo** to be set on doing something: se empecinó en ganar el premio she was set on winning the prize.
empedernido,-a *adj* confirmed, inveterate, hardened.
✦ **un,-a fumador,-ra/bebedor,-ra empedernido,-a** a hardened smoker/drinker.
empedrado,-a
1 *pp* → empedrar.
2 *adj (calle)* cobbled.
3 *adj (cielo)* cloudy.
4 **empedrado** *nm (adoquines)* cobbles *pl*, cobblestones *pl*.
5 *nm (acción)* cobbling, paving.
6 *nm* dish of rice with beans, lentils, etc.
empedrar *vt* to cobble, pave.
▲ *Conjugation model* [27], *like acertar.*
empeine
1 *nm (pie, zapato)* instep.
2 *nm (pubis)* groin.
empellar *vt* to push, jostle, shove.
empeller *vt* → empellar.
▲ *Conjugation model* [39].
empellón *nm* push, shove.
✦ **abrirse paso a empellones** to push one's way through.
empenachar *vt* to adorn with plumes.
empeñar
1 *vt (objetos)* to pawn, *US* hock.
2 *vt (palabra)* to pledge: empeñó su palabra he pledged his word.
3 **empeñarse** *upr (endeudarse)* to get into debt.
4 *upr (insistir)* to insist (**en**, on): se empeñó en venir con nosotros he insisted on coming with us.
✦ **estar empeñado,-a** to be in debt.
empeño
1 *nm (insistencia)* determination.
2 *nm (deuda)* pawn.
✦ **con empeño** eagerly.
poner empeño en to take pains to.
tener empeño en to be eager to.
▪ **papeleta de empeño** pawn ticket.
empeoramiento *nm* deterioration, worsening.

empeorar
1 *vi* to worsen, deteriorate.
2 *vt* to make worse: has empeorado la situación you've made the situation worse.
3 **empeorarse** *upr* to get worse: su estado de salud se ha empeorado his health has got worse.
empequeñecer
1 *vt* to diminish, make smaller.
2 *vt fig (persona)* to put in the shade, belittle.
3 *vt fig (edificio)* to dwarf.
▲ *Conjugation model* [43], *like agradecer.*
empequeñecimiento
1 *nm* diminishment, reduction.
2 *nm fig* belittlement.
emperador
1 *nm* emperor.
2 *nm (pez)* swordfish.
emperatriz *nf* empress.
▲ *pl emperatrices.*
emperejilarse *upr fam* to get dolled up.
emperifollarse *upr fam* to get dolled up.
empero *conj lit* yet, however.
emperramiento *nm* stubbornness.
emperrarse *upr* to dig one's heels in, become stubborn.
empezar
1 *vt* to begin, start: el profesor empezó la clase the teacher began the lesson; he empezado la botella I've started the bottle.
2 *vi* to begin, start: empezó a leer he began to read; empezó diciendo que … she began by saying that …
✦ **al empezar** at the beginning.
empezar con buen pie to get off to a good start, start well.
para empezar to begin with.
▲ *Conjugation model* [47].
empicarse *upr* to get the bug: se ha empicado por el golf he's got the golf bug.
▲ *Conjugation model* [1], *like sacar.*
empiece *nm fam* start, beginning.
empiltrarse *upr fam* to hit the sack.
empinado,-a
1 *pp* → empinar.
2 *adj (alto)* very high.
3 *adj fig (inclinado)* steep; *(vertical)* upright.
4 *adj fig (orgulloso)* stiff, upright, proud.
empinar
1 *vt (levantar)* to raise, lift.
2 *vt (recipiente)* to raise, tip up.
3 *vi fam (beber mucho)* to drink a lot.
4 **empinarse** *upr (persona)* to stand on tiptoe; *(animal)* to rear up.
5 *upr (alcanzar altura)* to tower.
✦ **empinar el codo** *fam* to bevvy, booze, have a few drinks.
empingorotado,-a
1 *pp* → empingorotar.
2 *adj (de clase alta)* upper-class.
3 *adj (engreído)* stuck-up, posh.

empingorotar
1 *vt (levantar)* to lift, raise.
2 **empingorotarse** *vpr (envanecerse)* to become conceited.

empiparse *vpr fam* to stuff oneself.

empíricamente *adv* empirically.

empírico,-a
1 *adj* empirical.
2 *nm,f* empiricist.

empirismo *nm* empiricism.

empitonar *vt* to gore.

empizarrar *vt* to put a slate roof, slate.

empizarrado *nm* slate roof.

emplastar *vt* to apply a poultice to, put a poultice on.

emplasto
1 *nm MED* poultice.
2 *nm fig (componenda)* botched job, bad job.
3 *nm fig (cosa pegajosa)* sticky thing.
4 *nm fig (persona)* sickly person.

emplazamiento¹ *nm JUR* summons.

emplazamiento²
1 *nm (localización)* location, site.
2 *nm MIL* positioning.

emplazar¹ *vt (citar)* to call together; *(a juicio)* to summons.
✦ **emplazar a la huelga** to call out on strike.
▲ *Conjugation model* [4], *like* **realizar**.

emplazar² *vt (situar)* to locate, place, situate.
▲ *Conjugation model* [4], *like* **realizar**.

empleado,-a *nm,f* employee, clerk.
■ **empleado,-a de hogar** servant.

emplear
1 *vt (dar empleo)* to employ.
2 *vt (usar)* to use: **empleó un cuchillo** he used a knife.
3 *vt (dinero)* to spend.
4 *vt (tiempo)* to invest, spend.
5 **emplearse** *vpr (usarse)* to be used: **este tipo de ordenador ya no se emplea** this type of computer is no longer used.
6 *vpr (tener trabajo)* to be employed.
✦ **emplear mal** to misuse.
emplearse a fondo to do one's utmost.
estarle bien empleado a alguien/ tenerlo bien empleado to serve somebody right: **te está bien empleado, deberías haberlo dejado en paz** it serves you right, you should have left it alone.

empleo
1 *nm (trabajo)* occupation, job.
2 *nm POL* employment.
3 *nm (uso)* use.
✦ **sin empleo** unemployed, out of work, jobless.
■ **empleo juvenil** youth employment.

emplomado *nm (ventana)* leading; *(tejado)* lead roof.
■ **vidrio emplomado** leaded glass.

emplomar
1 *vt (cubrir)* to cover with lead.
2 *vt (soldar)* to join with lead, seal with lead.
3 *vt (sellar)* to seal with lead.

emplumar
1 *vt (poner plumas)* to put feathers on, put a feather on.
2 *vt fam (arrestar)* to nick; *(castigar)* to punish.
3 *vi (pájaro)* to grow feathers.

empobrecer
1 *vi* to impoverish.
2 **empobrecerse** *vpr* to become poor, become impoverished.
▲ *Conjugation model* [43], *like* **agradecer**.

empobrecimiento *nm* impoverishment.

empollar
1 *vt (huevos)* to hatch.
2 *vt fam (estudiar)* to swot, swot up, *US* bone up on: **tendrías que empollar historia** you'll have to swot up your history.

empollón,-ona
1 *adj fam pey* swotty.
2 *nm,f fam pey* swot.

empolvado,-a
1 *pp* → **empolvar**.
2 *adj* dusty.

empolvar
1 *vt* to cover with dust.
2 **empolvarse** *vpr (la cara)* to powder one's face.

emponzoñamiento *nm* poisoning.

emponzoñar
1 *vt* to poison.
2 *vt fig* to corrupt.

emporcar *vt* to foul, dirty.

emporio
1 *nm COM* trading centre *(US* center), commercial centre *(US* center).
2 *nm (centro artístico)* artistic centre *(US* center), cultural centre *(US* center) .

emporrado,-a
1 *pp* → **emporrarse**.
2 *adj arg* stoned, high.

emporrarse *vpr arg* to get high, get stoned.

empotrado,-a
1 *pp* → **empotrar**.
2 *adj* fitted, built-in.

empotrar
1 *vt (armario etc)* to fit, build in.
2 *vt (de golpe etc)* to embed: **el viento lo empotró en el árbol** the wind embedded it in the tree.
3 **empotrarse** *vpr (de golpe etc)* to crash: **el coche se empotró en la pared** the car crashed into the wall.

emprendedor,-ra *adj* enterprising, resourceful.

emprender
1 *vt (gen)* to start.
2 *vt (misión)* to tackle; *(viaje)* to set off on; *(tarea)* to undertake.

✦ **emprender el vuelo** to take flight.
emprenderla con alguien *fam* to pick on somebody.
emprender la marcha to start out.

empreñar
1 *vt (fecundar)* to mate with.
2 *vt fam fig (molestar)* to bother, bug.

empresa
1 *nf (compañía)* firm, company.
2 *nf (dirección)* management.
3 *nf (acción)* undertaking, venture.
■ **empresa filial** subsidiary company.
empresa matriz parent company.
empresa multinacional multinational company.
empresa naviera shipping company.
libre empresa free enterprise.

empresariado *nm* employers *pl*.

empresarial *adj* managerial, management.

empresario,-a *nm,f (gen)* employer, manager; *(hombre)* businessman, manager; *(mujer)* businesswoman, manageress.
■ **empresario,-a de pompas fúnebres** undertaker.
empresario,-a de teatro impresario.

empréstito *nm* loan.
✦ **lanzar un empréstito** to float a loan.
■ **empréstito consolidado** consolidated loan.
empréstito público/oficial government loan.

empujar
1 *vt* to push, shove, thrust.
2 *vt fig* to force, urge, press: **la empujó a estudiar** she pushed her into studying.

empuje
1 *nm* push, thrust, drive.
2 *nm (presión)* pressure.
3 *nm fig (energía)* energy, drive.
✦ **necesitar empuje** *fig* to need encouragement.
ser una persona de empuje *fig* to be a person with a lot of go.

empujón *nm* push, shove.
✦ **a empujones** *(irregularmente)* by/in fits and starts; *(violentamente)* violently, pushing, shoving.
abrirse paso a empujones to push one's way through.
dar empujones to push and shove.
dar un empujón a algo *fig* to give something a push.

empuñadura *nf (gen)* handle; *(espada etc)* hilt.
✦ **hasta la empuñadura** up to the hilt.

empuñar
1 *vt (asir)* to grasp, seize.
2 *vt fig* to take up.

emú *nm* emu.

emulación *nf* emulation.

emulador,-ra *adj* emulating.

emular *vt* to emulate.

émulo,-a
1 *adj* emulous.
2 *nm,f* emulator, rival.

emulsión *nf* emulsion.

emulsionante
1 *adj* emulsifying.
2 *nm* emulsifier.

emulsionar *vt* to emulsify.

emulsivo,-a *adj* emulsifying.

en
1 *prep (lugar - gen)* in, at: **en Valencia** in Valencia; **en casa** at home; **en el trabajo** at work; **en la estación** at the station; **en la tele** on TV.
2 *prep (- en el interior)* in, inside: **en el cajón** in the drawer.
3 *prep (lugar - sobre)* on: **en la mesa** on the table.
4 *prep (año, mes, estación)* in; *(día)* on; *(época, momento)* at: **en 1994** in 1994; **en septiembre** in September; **en otoño** in autumn; **en aquel día** on that day; **en el día de Navidad** on Christmas Day; **en aquel momento** at that moment.
5 *prep (dirección)* into: **el helicóptero cayó en el mar** the helicopter fell into the sea; **entró en su casa** he went into his house.
6 *prep (transporte)* by: **ir en coche** to go by car; **ir en avión** to fly.
7 *prep (tema, materia)* at, in: **experto en economía** expert in economics; **bueno en ajedrez** good at chess; **Doctor en Medicina** Doctor of Medicine.
8 *prep (modo, manera)* in: **en broma** in fun; **en voz baja** in a low voice; **en inglés** in English; **lo conocí en el andar** I recognized him by his walk.
9 *prep (porcentaje)* by: **los valores aumentaron en un 6%** securities increased by 6%.
10 *prep* **en** + *ger* upon: **en llegando el maestro, los niños se levantan** upon the teacher's arrival, the children stand up.
✦ **de casa en casa** from house to house. **en camino** on the way. **en cuanto** as soon as.

enaceitar *vt* to oil, grease.

enagua *nf* petticoat, underskirt.
▲ *Also used in plural with the same meaning.*

enagüillas
1 *nf pl* short petticoat *sing*.
2 *nf pl (del traje griego)* fustanella *sing*.

enajenable *adj* alienable.

enajenación
1 *nf (distracción)* distraction, absent-mindedness.
2 *nf (transferencia)* transfer, alienation.
■ **enajenación mental** insanity, mental derangement.

enajenador,-ra *adj* alienating.

enajenamiento *nm* → enajenación.

enajenar
1 *vt (propiedad)* to alienate.
2 *vt fig (sacar de sí)* to drive mad, drive to distraction.
3 *vt fig (extasiar)* to enrapture.
4 **enajenarse** *vpr (desposeerse)* to deprive oneself (**de**, of).
5 *vpr (apartarse del trato)* to become estranged, become alienated.
6 *vpr fig (enloquecer)* to go mad.

enaltecer
1 *vt (ennoblecer)* to do credit to, ennoble.
2 *vt (alabar)* to praise, extol.
▲ *Conjugation model* [43], *like* **agradecer**.

enamoradizo,-a *adj* easily infatuated.

enamorado,-a
1 *adj* in love, lovesick.
2 *nm,f* lover, sweetheart.
✦ **ser un,-a enamorado,-a de algo** to love something, be a lover of something.

enamoramiento *nm* infatuation, falling in love.

enamorar
1 *vt* to win the heart of.
2 **enamorarse** *vpr* to fall in love (**de**, with).

enanismo *nm* dwarfism.

enano,-a
1 *adj* dwarf.
2 *nm,f* dwarf.
✦ **divertirse como un,-a enano,-a** *fam* to have a whale of a time. **trabajar como un,-a enano,-a** *fam* to work like a slave.

enarbolar
1 *vt (bandera)* to hoist.
2 *vt (arma)* to brandish.
3 *vt fig (defender)* to defend.
4 **enarbolarse** *vpr (caballo)* to rear up.
5 *vpr fig (enojarse)* to get angry.

enarcar *vt (lomo)* to arch; *(cejas)* to raise.
▲ *Conjugation model* [1], *like* **sacar**.

enardecedor,-ra *adj* rousing, exciting.

enardecer
1 *vt fig (excitar)* to excite, inflame, kindle.
2 **enardecerse** *vpr fig* to get worked up.
▲ *Conjugation model* [43], *like* **agradecer**.

enardecimiento *nm* excitement, passion, enthusiasm.

enarenar
1 *vt* to sand.
2 **enarenarse** *vpr* to run aground.

enastar *vt* to put a handle on.

encabalgamiento
1 *nm (para artillería)* gun carriage.
2 *nm (armazón)* support of crossbeams.
3 *nm LIT* enjambment.

encabestrar
1 *vt (poner cabestro)* to put a halter on.
2 **encabestrarse** *vpr (enredarse)* to get tangled in the halter.

encabezamiento
1 *nm (gen)* heading.
2 *nm (fórmula)* form of address.
3 *nm (preámbulo)* preamble.

encabezar
1 *vt (carta, lista)* to head.
2 *vt (acaudillar)* to lead.
3 *vt DEP (carrera)* to lead; *(clasificación)* to head, top.
▲ *Conjugation model* [4], *like* **realizar**.

encabritarse
1 *vpr (caballo)* to rear up.
2 *vpr (barco)* to rise; *(avión)* to zoom.
3 *vpr fig (enojarse)* to get angry, get cross.

encabronar
1 *vt tabú* to piss off.
2 **encabronarse** *vpr tabú* to get pissed off.

encadenado
1 *nm ARQ* buttress, reinforcement.
2 *nm CINEM* dissolve and fade-in.

encadenamiento
1 *nm TÉC* chaining.
2 *nm (unión)* connection, linking.
3 *nm LIT* concatenation, linking.

encadenar
1 *vt (poner cadenas)* to chain (up).
2 *vt fig (enlazar)* to connect, link up.
3 *vt fig (atar)* to tie down: **el cuidado de su madre la encadena en casa** looking after her mother ties her to the house.

encajar
1 *vt (ajustar)* to fit.
2 *vt (hueso)* to set.
3 *vt (recibir)* to take, withstand.
4 *vt (soportar)* to bear; *(hacer aguantar)* to force to sit through, force to listen to: **nos encajó un discurso de dos horas** we were forced to sit through a two hour speech.
5 *vt (indirecta, comentario)* to get in.
6 *vt (dar un golpe)* to land: **le encajó un golpe** he landed him a blow.
7 *vt TÉC* to gear.
8 *vi (caber)* to fit: **la ventana no encaja bien** the window doesn't fit properly.
9 *vi fig (corresponderse)* to fit (in), correspond, tally: **lo que dices no encaja con lo que vimos** what you're saying doesn't tally with what we saw.
10 *vi fig (ir bien)* to go, match, suit.
11 *vi fig (adaptarse)* to fit in, settle.
12 **encajarse** *vpr (atascarse)* to get stuck, stick.
13 *vpr fig (vestido)* to slip on; *(sombrero)* to put on.

encaje
1 *nm (acto)* fit, fitting.
2 *nm (hueco)* socket; *(caja)* housing.
3 *nm COST* lace.

encajonar
1 *vt (poner en cajas)* to put in a box, box up.
2 *vt (en un espacio)* to squeeze.
3 *vt (toros)* to pen.
4 *vt ARQ* to buttress.
5 **encajonarse** *vpr (en un sitio)* to squeeze in.
6 *vpr (río)* to narrow.

encalabrinar
1 *vt (olor, vino)* to go to one's head.
2 *vt (irritar)* to annoy, irritate.
3 **encalabrinarse** *vpr (obstinarse)* to be stubborn.
4 *vpr fam (enamorarse)* to fall in love.

encalado *nm* whitewashing.
encalar *vt* to whitewash.
encalladero *nm* sandbank, reef.
encallar
1 *vi* MAR to run aground.
2 *vi fig* to flounder, fail.
encallecer
1 *vi (piel)* to harden, become callused.
2 **encallecerse** *vpr fig (persona)* to become hardened.
▲ *Conjugation model* [43], *like* **agradecer**.
encalmarse *vpr (viento)* to drop; *(mar)* to become calm.
encalvecer *vi* to go bald.
▲ *Conjugation model* [43], *like* **agradecer**.
encamar
1 *vt (echar al suelo)* to lay out, put down.
2 **encamarse** *vpr (meterse en cama)* to take to one's bed.
3 *vpr (caza)* to hide.
4 *vpr (cereales)* to be laid.
encaminar
1 *vt (guiar, orientar)* to direct, guide, set on the right road, put on the right road.
2 **encaminarse** *vpr (dirigirse)* to head (**a**, for) (**hacia**, towards).
✦ **encaminar esfuerzos a** to concentrate one's efforts on.
estar bien encaminado,-a to be on the right track.
estar encaminado,-a hacia ... to be heading for ..., be set for ...
encamisar
1 *vt (camisa)* to put a shirt on.
2 *vt (funda)* to cover up.
3 *vt fig (encubrir)* to conceal.
encampanado,-a *adj* bell-shaped.
encanallar
1 *vt* to degrade, debase.
2 **encanallarse** *vpr* to degrade oneself, debase oneself.
encandecer
1 *vt* to make white-hot.
2 **encandecerse** *vpr* to get white-hot.
▲ *Conjugation model* [43], *like* **agradecer**.
encandilado,-a
1 *pp* → **encandilar**.
2 *adj (deslumbrado)* starry-eyed.
encandilar
1 *vt (deslumbrar)* to dazzle.
2 *vt (el fuego)* to poke.
3 *vt fig (fascinar)* to fascinate, daze.
4 *vt fig (amor etc)* to kindle.
5 **encandilarse** *vpr (ojos, rostro)* to light up.
encanecer
1 *vi (pelo)* to go grey (US gray).
2 *vi fig (persona)* to grow old.
3 **encanecerse** *vpr (pelo)* to go grey (US gray).
4 *vpr fig (persona)* to grow old.
▲ *Conjugation model* [43], *like* **agradecer**.
encanijarse *vpr* to become weak, become puny.
encantado,-a
1 *pp* → **encantar**.

2 *adj (contento)* pleased, delighted: **estoy encantada de conocerlo** I'm pleased to meet you.
3 *adj fig (embrujado)* haunted, enchanted: **castillo encantado** haunted castle.
4 *adj (distraído)* absent-minded.
encantador,-ra
1 *adj* enchanting, charming, delightful.
2 *nm,f (hombre)* charmer; *(mujer)* enchantress, charmer.
■ **encantador,-ra de serpientes** snake charmer.
encantamiento *nm* spell, charm, enchantment.
encantar
1 *vt (hechizar)* to cast a spell on, bewitch.
2 *vt fam (gustar)* to delight, love: **me encanta la natación** I love swimming.
encante
1 *nm (subasta)* auction.
2 *nm (lugar)* auction room.
encanto
1 *nm (hechizo)* spell, enchantment, charm.
2 *nm fig (cosa)* delight, enchantment; *(persona)* charm: **ese restaurante es un encanto** it's a delightful restaurant; **Pepe es un encanto** Pepe is charming.
3 *nm fam (apelativo)* love, darling, sweetheart: **lo que tú digas, encanto** whatever you say, darling.
4 **encantos** *nm pl (gracias)* charms.
encañada *nf* gorge, ravine.
encañado
1 *nm (conducción)* piping, drainage system.
2 *nm (para plantas)* trellis.
encañar
1 *vt (agua)* to pipe.
2 *vt (tierras)* to drain.
3 *vt (plantas)* to train.
encañizada
1 *nf (para peces)* crawl.
2 *nf (para plantas)* cane frame.
encañonar
1 *vt (encauzar)* to pipe, channel.
2 *vt (apuntar)* to aim at, point at.
3 *vt (planchar)* to goffer, flute.
4 *vi (aves)* to grow feathers.
encaperuzado,-a *adj* hooded.
encapirotado,-a *adj* hooded.
encapotado,-a
1 *pp* → **encapotar**.
2 *adj* overcast, cloudy.
encapotar
1 *vt (cubrir)* to put a cloak on.
2 **encapotarse** *vpr (persona)* to frown, look grim.
3 *vpr (cielo)* to become overcast, become cloudy.
▲ *In 3, used only in the 3rd pers; it does not take a subject.*
encaprichamiento *nm* infatuation.
encapricharse
1 *vpr (empeñarse)* to set one's mind (**con/en**, to).

2 *vpr (encariñarse)* to take a fancy (**con**, to); *(enamorarse)* to get a crush (**con**, on).
encapsular *vt* to encapsulate.
encapuchado,-a *adj* hooded.
encarado,-a *adj* **bien encarado** good-looking, nice-looking; **mal encarado** nasty-looking.
encaramar
1 *vt (levantar)* to raise, lift up.
2 *vt fig (elogiar)* to praise, extol.
3 *vt fig (elevar)* to promote to a high position.
4 **encaramarse** *vpr (subirse)* to climb up, get high up.
5 *vpr fig (encumbrarse)* to reach a high position.
encarar
1 *vt (afrontar)* to face, face up to, confront.
2 *vt (arma)* to point, aim.
3 *vt (poner cara a cara)* to face, face up to, confront.
4 **encararse** *vpr (situación, problema)* to face up (**a/con**, to).
5 *vpr (persona)* to stand up (**a/con**, to): **se encaró con el jefe y lo despidieron** he stood up to the boss and they fired him.
encarcelación *nf* imprisonment, incarceration.
encarcelamiento *nm* imprisonment, incarceration.
encarcelar *vt* to imprison, jail, incarcerate.
encarecer
1 *vt (precios)* to put up the price of.
2 *vt fig (elogiar)* to praise.
3 *vt fig (recomendar)* to urge, strongly recommend: **te encarezco que vengas** I urge you to come.
4 **encarecerse** *vpr (precio)* to become more expensive, go up in price.
▲ *Conjugation model* [43], *like* **agradecer**.
encarecidamente *adv* earnestly, insistently.
encarecimiento
1 *nm (precio)* increase in price, rise in price: **el encarecimiento de la vida** the rise in the cost of living.
2 *nm (insistencia)* insistence.
3 *nm (alabanza)* praising, extolling.
✦ **con encarecimiento** earnestly, insistently.
encargado,-a
1 *pp* → **encargar**.
2 *adj* in charge.
3 *nm,f* COM *(hombre)* manager; *(mujer)* manageress.
4 *nm,f (empleado)* person in charge.
■ **encargado,-a de curso** EDUC tutor.
encargado,-a de negocios POL chargé d'affaires.
encargar
1 *vt (encomendar)* to entrust, put in charge of.
2 *vt (recomendar)* to recommend, advise.

3 *vt COM (pedir)* to order, place an order for: **encargó 4 kilos de naranjas** he ordered 4 kilos of oranges.
4 *vt (mandar hacer)* to have made: **se encargó un vestido** she had a dress made.
5 encargarse de *vpr* to take charge of, look after, see to, deal with.
▲ *Conjugation model* [7], *like llegar.*

encargo
1 *nm (recado)* errand.
2 *nm (empleo)* job, assignment.
3 *nm (responsabilidad)* responsibility.
4 *nm COM* order, commission.
✦ **como hecho,-a de encargo** perfect. **hacer un encargo** *(recado)* to run an errand; *(pedido)* to place an order. **hecho,-a de encargo** *(a petición)* made to order; *(a la medida)* made to measure.

encariñado,-a
1 *pp →* **encariñarse.**
2 *adj* attached (**con**, to), fond (**con**, of).

encariñarse *vpr* to become fond (**con**, of), get attached (**con**, to) .

encarnación
1 *nf REL* incarnation.
2 *nf fig* embodiment, incarnation: **es la encarnación de la sabiduría** she's wisdom personified.

encarnado,-a
1 *pp →* **encarnar.**
2 *adj (hecho carne)* incarnate.
3 *adj (color)* red.
4 encarnado *nm (rojo)* red.
5 *nm (color de carne)* flesh colour (*US* color).
✦ **ponerse encarnado,-a** to blush, go red.

encarnadura *nf* **buena encarnadura** skin with good healing qualities; **mala encarnadura** skin with poor healing qualities.

encarnar
1 *vi REL* to become incarnate.
2 *vi MED* to heal.
3 *vt fig (personificar)* to embody, personify.
4 *vt TEAT fig* to play.
5 *vt (en anzuelo)* to bait.
6 *vt (dar color carne)* to give flesh colour (*US* color) to.

encarnecer *vi* to get fat.
▲ *Conjugation model* [43], *like agradecer.*

encarnizadamente *adv* cruelly, fiercely.

encarnizado,-a
1 *pp →* **encarnizar.**
2 *adj* bloody, fierce.

encarnizamiento *nm* fierceness, savagery, cruelty.

encarnizar
1 *vt (perro)* to flesh, blood.
2 *vt fig (enfurecer)* to enrage.
3 encarnizarse *vpr fig* to be cruel (**con/en**, to), be brutal (**con/en**, to).
✦ **encarnizarse con** to attack savagely.
▲ *Conjugation model* [4], *like realizar.*

encarpetar *vt* to file (away).

encarrilar
1 *vt (vehículo)* to put on the road, put on the rails.
2 *vt fig (encaminar)* to direct, guide, put on the right track.
✦ **encarrilar bien/mal un asunto** *fig* to get off to a good/bad start.

encartar
1 *vt JUR (proscribir)* to proscribe, outlaw, ban; *(encausar)* to indict.
2 *vt (incluir en libro)* to insert.
3 *vt (implicar)* to involve, implicate.
4 *vt (naipes)* to lead.

encarte
1 *nm (naipes)* lead.
2 *nm (folleto)* free leaflet, booklet; *(hoja intercalada)* insert.

encartonado *nm* cardboard binding.

encartonar
1 *vt (poner cartones)* to cover with cardboard.
2 *vt (encuadernar)* to bind with cardboard.

encasillado,-a
1 *pp →* **encasillar.**
2 *adj (actor)* typecast.
3 encasillado *nm (casillero)* pigeonholes *pl.*

encasillar
1 *vt (poner en casillas)* to pigeonhole.
2 *vt (clasificar)* to classify, class.
3 *vt (actor, actriz)* to typecast.
4 encasillarse *vpr fig* to limit oneself .

encasquetar
1 *vt (sombrero etc)* to pull down, put on.
2 *vt fig (idea etc)* to put into somebody's head.
3 *vt fam (colocar)* to dump on, foist on: **me encasquetaron a los niños y ellos se fueron al cine** they dumped the kids on me and went to the cinema.
4 encasquetarse *vpr fam fig (empeñarse)* to get into one's head.

encasquillamiento *nm* jamming.

encasquillarse *vpr* to jam.

encastrar
1 *vt (encajar)* to fit in, set in.
2 *vt (endentar)* to mesh.

encauchar *vt* to rubberize.

encausar *vt* to prosecute.

encáustico *nm* protective polish.

encauzamiento
1 *nm* channelling.
2 *nm fig* orientation, guidance.

encauzar
1 *vt* to channel.
2 *vt fig* to direct, guide.
▲ *Conjugation model* [4], *like realizar.*

encebollado,-a
1 *pp →* **encebollar.**
2 *adj* with onion.

encebollar *vt* to cook with onions.

encefálico,-a *adj* encephalic.

encefalitis *nf* encephalitis.
▲ *pl* **encefalitis.**

encéfalo *nm* encephalon.

encefalografía *nf* encephalography.

encefalógrafo *nm* encephalograph.

encefalograma *nm* encephalogram.

encefalopatía *nf* encephalopathy.
▪ **encefalopatía espongiforme bovina** bovine spongiform encephalopathy.

enceguecer
1 *vt (cegar)* to blind.
2 *vt fig (ofuscar)* to blind, dazzle.
3 *vi (perder la vista)* to go blind.
4 enceguecerse *vpr (perder la vista)* to go blind, lose one's sight.
▲ *Conjugation model* [43], *like agradecer.*

encelado,-a
1 *pp →* **encelar.**
2 *adj fam* madly in love.

encelar
1 *vt (dar celos)* to make jealous.
2 encelarse *vpr (tener celos)* to be jealous.
3 *vpr (estar en celo - ciervo)* to be in rut; *(- perro, gato)* to be on heat.

encella *nf* cheese mould (*US* mold).

encenagado,-a
1 *pp →* **encenagar.**
2 *adj* muddy, covered in mud.
3 *adj fig (vicioso)* depraved.

encenagarse
1 *vpr* to get covered in mud.
2 *vpr fig (en el vicio)* to wallow.
▲ *Conjugation model* [7], *like llegar.*

encendedor *nm* lighter.

encender
1 *vt (hacer arder)* to light, set fire to; *(cerilla)* to strike, light; *(vela)* to light.
2 *vt (luz, radio, tv)* to turn on, switch on, put on; *(gas)* to turn on, light.
3 *vt fig (ocasionar)* to kindle, provoke, spark off: **la construcción de la valla encendió las disputas entre las dos familias** the building of the fence sparked off the rows between the two families.
4 *vt fig (excitar)* to inflame, stir up.
5 encenderse *vpr (incendiarse)* to catch fire, ignite: **el edificio se encendió** the building caught fire.
6 *vpr (luz)* to go on, come on; *(llama)* to flare up.
7 *vpr fig (excitarse)* to flare up.
8 *vpr fig (ruborizarse)* to blush, go red.
▲ *Conjugation model* [28], *like entender.*

encendidamente *adv fig* passionately, ardently.

encendido,-a
1 *pp →* **encender.**
2 *adj (incendiado)* on fire, burning.
3 *adj (cigarrillo etc)* lit.
4 *adj (luz etc)* on.
5 *adj (color)* glowing, fiery.
6 *adj (rostro)* red, flushed.
7 encendido *nm (gen)* lighting.
8 *nm AUTO* ignition.

encenizar *vt* to cover with ashes.
▲ *Conjugation model* [4], *like realizar.*

encerado
1 *nm (lienzo)* tarpaulin.
2 *nm (capa de cera)* wax coating.
3 *nm (pizarra)* blackboard.

encerador,-ra
1 *adj* waxing, polishing.
2 *nm,f (persona)* floor waxer, floor polisher.

enceradora *nf (máquina)* floor waxer, floor polisher.

encerar *vt* to wax, polish.

encerradero
1 *nm (para rebaños)* pen, fold.
2 *nm (para toros)* bull pen.

encerrar
1 *vt (gen)* to shut in, shut up.
2 *vt (con llave)* to lock in, lock up: se ha encerrado en el baño she's locked herself in the bathroom.
3 *vt (palabras, frases, etc)* to put: encerrar entre paréntesis to put in brackets.
4 *vt (ajedrez, damas)* to block.
5 *vt fig (contener)* to contain, include; *(implicar)* to involve.
6 **encerrarse** *vpr (recogerse)* to go into retreat; *(en sí mismo)* to become withdrawn.
▲ *Conjugation model* [27], *like* **acertar**.

encerrona
1 *nf (retiro)* retreat, seclusion.
2 *nf (toros)* private bullfight.
3 *nf (para examen)* revision session before oral examination.
4 *nf fig (trampa)* trap.
✦ **preparar una encerrona a alguien/ tender una encerrona a alguien** *fig* to lay a trap for somebody.

encestar *vt* to score a basket.

enceste *nm* basket.

enchapado
1 *nm (chapería)* veneering.
2 *nm (chapa)* veneer.

encharcado,-a
1 *pp* → **encharcar**.
2 *adj* flooded, swamped.

encharcar
1 *vt* to flood, swamp.
2 **encharcarse** *vpr (terreno)* to swamp, get flooded.
3 *vpr (estómago)* to become bloated.
▲ *Conjugation model* [1], *like* **sacar**.

enchinar *vt* to pave with pebbles.

enchironar *vt arg* to put away, put in the slammer.

enchufado,-a
1 *pp* → **enchufar**.
2 *adj fam* well-connected, with friends in the right places.
3 *nm,f fam (gen)* person with friends in the right places, *US* wirepuller; *(en la escuela)* teacher's pet.

enchufar
1 *vt* ELEC to connect, plug in.
2 *vt (unir)* to join, connect, fit.
3 *vt fam fig* to pull strings for: no consigo trabajo porque no tengo a nadie que

me enchufe I can't get a job because I have nobody to pull strings for me; enchufó a su hija en su empresa he got his daughter a job in his company.
4 **enchufarse** *vpr fam fig* to get a job.

enchufe
1 *nm* ELEC *(hembra)* socket; *(macho)* plug.
2 *nm fam fig (trabajo)* easy job; *(influencias)* contacts *pl*, friends *pl* in high places.
✦ **tener enchufe** *fam* to have contacts.
■ **enchufe bipolar** two-pin plug.
enchufe tripolar three-pin plug.

enchufismo *nm fam* string-pulling.

encía *nf* gum.

encíclica *nf* encyclical.

enciclopedia *nf* encyclopaedia, encyclopedia.

enciclopédico,-a *adj* encyclopaedic, encyclopedic.

enciclopedismo *nm* encyclopaedism, encyclopedism.

encierro
1 *nm (toril)* bull pen; *(recorrido)* bull-running.
2 *nm (prisión)* locking up, confinement.
3 *nm (protesta)* sit-in.
4 *nm* REL retreat.

encima
1 *adv (más arriba)* above, overhead; *(sobre)* on top: tenían las estrellas encima they had the stars overhead; está allí encima it's there on top.
2 *adv (ropa etc)* on, on top: se puso la americana y encima el abrigo he put on his jacket and his coat on top; ponte algo encima put something on.
3 *adv (consigo)* on you *(him etc)*: ¿llevas cambio encima? do you have any change on you?
4 *adv (además)* in addition, besides: les dio un coche nuevo y muchas más cosas encima he gave them a new car and lots more besides.
5 *adv fam (por si fuera poco)* what's more, on top of that, besides: le robaron y encima le dieron una paliza they robbed him and on top of that they beat him up.
✦ **de encima** top, on top, above: el piso de encima the floor above.
encima de *(a más altura)* over, above; *(sobre)* on; *(además)* besides, as well as, on top of that: van a construir otro piso encima del nuestro they're going to build another flat above ours; está encima de la mesa it's on the table.
estar alguien encima de otro *fam* to be on somebody's back, be breathing down somebody's neck.
por encima *(a más altura)* above; *(de pasada)* superficially: lo repasó muy por encima he checked it through superficially.
por encima de *(más importante)* above; *(más allá)* beyond: Pepe está por encima de ti Pepe is above you; está por

encima de sus posibilidades it's beyond her capabilities.
por encima de todo above all.
quitarse algo de encima/quitarse a alguien de encima *fig* to get rid of something/get rid of somebody.
tener algo encima *fig* to be just round the corner: tenemos el invierno encima winter is almost upon us.

encimera *nf (en cocina - superficie)* worktop; *(- con fogones)* hob.

encimero,-a *adj* top: sábana encimera top sheet.

encina *nf* holm oak, evergreen oak, ilex.

encinta *adj* pregnant.

encintar *vt* to decorate with ribbons.

encizañar
1 *vt* to cause trouble between, stir things up between.
2 *vi* to cause trouble.

enclaustrar
1 *vt* to cloister, shut up in a convent, shut up in a monastery.
2 *vt fig* to cloister, shut up.
3 **enclaustrarse** *vpr* to shut oneself up.

enclavar
1 *vt (clavar)* to nail.
2 *vt (atravesar)* to pierce, transfix.
3 *vt (ubicar)* to locate, place.

enclave *nm* enclave.

enclenque
1 *adj (flaco)* skinny.
2 *adj (débil)* weak, puny; *(enfermizo)* sickly.
3 *nm & nf (flaco)* skinny person.
4 *nm & nf (débil)* weak person, puny person; *(enfermizo)* sickly person.

enclítico,-a
1 *adj* enclitic.
2 *nm,f* enclitic.

encocorar
1 *vt fam* to get on one's nerves, annoy, pester.
2 **encocorarse** *vpr* to get annoyed.

encofrado
1 *nm (para hormigón)* formwork, shuttering.
2 *nm (de mina)* timbering.

encofrar
1 *vt (hormigón)* to put up shuttering for.
2 *vt (mina)* to timber.

encoger
1 *vt (contraer)* to contract.
2 *vt (tejido)* to shrink.
3 *vt fig (asustar)* to intimidate, frighten.
4 *vi (tejido)* to shrink.
5 **encogerse** *vpr (contraerse)* to contract.
6 *vpr (tejido)* to shrink.
7 *vpr fig (amilanarse)* to be intimidated: sé valiente y no te encojas ante los demás be brave and don't let others intimidate you.
✦ **encogerse de hombros** to shrug one's shoulders.
se me encogió el corazón *fig* my heart sank.
▲ *Conjugation model* [5], *like* **proteger**.

encogido,-a
1 *pp* → encoger.
2 *adj fig (persona)* timid, shy, diffident.
3 *adj fig (corazón)* heavy; *(estómago)* in knots.

encogimiento
1 *nm (de tejido)* shrinkage.
2 *nm (del cuerpo)* hunching.
3 *nm fig (timidez)* shyness, diffidence.
✦ **encogimiento de hombros** shrug of the shoulders.

encolado
1 *nm (vinos)* clarification.
2 *nm (pintura)* sizing, pasting.
3 *nm (con cola)* gluing.
4 *nm (de películas)* splicing.

encolar
1 *vt (dar cola)* to glue.
2 *vt (en pintura)* to size, paste.
3 *vt (películas)* to splice.
4 *vt (vinos)* to clarify.

encolerizar
1 *vt* to anger, irritate, infuriate, exasperate.
2 **encolerizarse** *upr* to get angry, lose one's temper.
▲ *Conjugation model* [4], *like realizar.*

encomendar
1 *vt* to entrust, commend, put in charge: el rey le encomendó una importante misión the king entrusted him with an important mission.
2 **encomendarse** *upr* to entrust oneself (**a**, to).
✦ **encomendarse a Dios** to put one's trust in God, commend one's soul to God.
▲ *Conjugation model* [27], *like acertar.*

encomiable *adj* commendable, creditable, praiseworthy.

encomiar *vt* to extol, laud.
▲ *Conjugation model* [12], *like cambiar.*

encomiástico,-a *adj* laudatory, eulogistic.

encomienda
1 *nf (encargo)* assignment, mission.
2 *nf HIST* estate.

encomio *nm fml* praise, tribute, eulogy.
✦ **digno,-a de encomio** praiseworthy.

enconado,-a
1 *pp* → enconar.
2 *adj MED* inflamed, sore.
3 *adj fig (apasionado)* passionate, eager.
4 *adj fig (discusión, lucha)* bitter, fierce, heated.

enconar
1 *vt MED* to inflame.
2 *vt fig* to anger.
3 **enconarse** *upr MED* to become inflamed.
4 *upr fig (exasperarse)* to get irritated, get angry.
5 *upr fig (discusión)* to become heated; *(lucha)* to become fierce.

encono *nm* ill feeling, rancour (*US* rancor).

encontradizo,-a *adj* hacerse el encontradizo to manage to bump into somebody, feign surprise at meeting somebody.

encontrado,-a
1 *pp* → encontrar.
2 *adj* conflicting, contrary, opposing: opiniones encontradas conflicting opinions.

encontrar
1 *vt (gen)* to find.
2 *vt (una persona sin buscar)* to come across, meet, bump into.
3 *vt (dificultades)* to run into, come up against.
4 *vt (creer)* to think, find: no lo encuentro adecuado I don't think it's suitable.
5 *vt (notar)* to find: lo encuentro más difícil I find it more difficult; lo encuentro muy salado it tastes too salty; la encontré muy cambiada she has changed a lot.
6 *vt (chocar)* to collide.
7 **encontrarse** *upr (estar)* to be: se encuentra enfermo he's ill.
8 *upr (persona)* to meet; *(por casualidad)* to bump into, run into, meet: nos encontraremos allí we'll meet there.
9 *upr (dificultades)* to run into.
10 *upr (chocar)* to collide.
11 *upr fig (sentirse)* to feel, be: me encuentro mal I feel bad.
✦ **encontrarse con ganas de hacer algo/ encontrarse con fuerzas para hacer algo** to feel like doing something.
▲ *Conjugation model* [31], *like contar.*

encontrón *nm* → encontronazo.

encontronazo
1 *nm (choque)* collision, crash.
2 *nm (riña)* quarrel.
3 *nm fig (ideas etc)* clash.

encoñado,-a
1 *pp* → encoñarse.
2 *adj tabú* infatuated, besotted.

encoñarse *upr tabú* to become infatuated (**de**, with), have the hots (**de**, for).

encopetado,-a
1 *adj fig (presumido)* conceited, haughty, stuck-up.
2 *adj fig (de clase alta)* upper-class.

encorajar
1 *vt* to encourage.
2 **encorajarse** *upr* to get furious, get angry.

encorajinar
1 *vt fam* to make angry.
2 **encorajinarse** *upr fam* to get angry, lose one's temper.

encorbatado,-a
1 *adj (con corbata)* wearing a tie, with a tie on.
2 *adj fam (peripuesto)* all dressed up.

encorbatarse *upr* to put on a tie.

encorchar *vt* to cork.

encordar
1 *vt (instrumento)* to string.
2 *vt (rodear)* to tie with a rope.
3 **encordarse** *upr (alpinistas)* to rope up.
▲ *Conjugation model* [31], *like contar.*

encordonar *vt* to tie up with cords.

encorralar *vt* to pen, put in a pen.

encorsetado,-a
1 *pp* → encorsetar.
2 *adj fig* strict, rigorous.

encorsetar
1 *vt* to corset.
2 *vt fig* to limit, restrict.

encorvado,-a
1 *pp* → encorvar.
2 *adj (cosa)* bent, curved; *(persona)* bent, stooping.

encorvadura
1 *nf (acción)* bending.
2 *nf (de persona)* stoop, curvature.
3 *nf (curva)* bend, curve.

encorvamiento *nm* → encorvadura.

encorvar
1 *vt* to bend, curve.
2 **encorvarse** *upr* to bend, curve.
3 *upr (persona)* to become round-shouldered.

encrespado,-a
1 *pp* → encrespar.
2 *adj (pelo)* curly.
3 *adj (mar)* rough, choppy.

encrespar
1 *vt (pelo)* to curl, frizz.
2 *vt (mar)* to make choppy, make rough.
3 *vt fig (enfurecer)* to infuriate.
4 **encresparse** *upr (pelo)* to stand on end.
5 *upr (mar)* to get rough.
6 *upr fig (enfurecerse)* to get cross, get irritated.

encristalar *vt* to glaze, put in glass.

encrucijada
1 *nf* crossroads, intersection.
2 *nf fig* crossroads.
✦ **estar en la encrucijada** *fig* to be at crisis point.

encrudecer
1 *vt fig (exasperar)* to irritate.
2 *vi (clima)* to get colder, get worse.
3 **encrudecerse** *upr (clima)* to become colder.
▲ *Conjugation model* [43], *like agradecer.*

encuadernación
1 *nf (arte)* bookbinding.
2 *nf (cubierta)* binding.
■ **encuadernación en rústica** paperback. **encuadernación en tela** cloth binding. **taller de encuadernación** bindery.

encuadernador,-ra *nm,f* bookbinder.

encuadernar *vt* to bind.

encuadramiento *nm* framing.

encuadrar
1 *vt (cuadro etc)* to frame.
2 *vt fig (encajar)* to fit in, insert.
3 *vt fig (servir de límite)* to frame: las patillas encuadraban el rostro his sideboards framed his face.
4 *vt fig (en un grupo)* to incorporate.
5 **encuadrarse** *upr (incorporarse)* to join.

encuadre *nm* framing.

encubar *vt* to vat.

encubierta *nf* fraud.

encubiertamente
1 *adv (secretamente)* secretly.
2 *adv (fraudulentamente)* fraudulently.

encubierto,-a
1 *pp* fraud.
2 *adj (secreto)* secret, hidden, concealed.
3 *adj (fraudulento)* fraudulent, underhand.

encubridor,-ra *nm,f* accessory, abettor.

encubrimiento
1 *nm* concealment, hiding.
2 *nm JUR* cover-up.

encubrir
1 *vt (ocultar)* to conceal, hide.
2 *vt JUR (delito)* to cover up; *(criminal)* to cover up for.
▲ *pp* encubierto,-a.

encuentro
1 *nm (de personas)* meeting.
2 *nm DEP* meeting, clash; *(partido)* match, game: un encuentro amistoso a friendly game.
3 *nm (choque)* collision.
4 *nm (opiniones etc)* clash.
5 *nm MIL* skirmish.
✦ **ir al encuentro de alguien** to go to meet somebody.
salir al encuentro de alguien to set off to meet somebody.

encuesta
1 *nf (sondeo)* poll, survey.
2 *nf (pesquisa)* inquiry, investigation.
✦ **hacer una encuesta** to carry out an opinion poll.

encuestador,-ra *nm,f* pollster.

encuestar *vt* to poll.

encumbrado,-a
1 *pp* → encumbrar.
2 *adj (eminente)* distinguished, eminent.
3 *adj (socialmente)* upper-class.

encumbramiento
1 *nm (acción)* rise, raising.
2 *nm (posición)* high position, elevated status.

encumbrar
1 *vt fig* to exalt, elevate.
2 **encumbrarse** *vpr fig (envanecerse)* to grow proud, become haughty.

encurtidos *nm pl* pickles.

encurtir *vt* to pickle.

ende
✦ **por ende** therefore.

endeble *adj fml* feeble, weak, puny.

endeblez *nf* weakness, feebleness.

endecasílabo,-a
1 *adj* hendecasyllabic.
2 **endecasílabo** *nm* hendecasyllable.

endecha *nf* lament.

endemia *nf* endemic disease.

endémico,-a
1 *adj MED* endemic.
2 *adj fig* endemic, inherent.

endemoniadamante *adv* devilishly, devilish.

endemoniado,-a
1 *adj (poseso)* possessed.

2 *adj fig (diabólico)* diabolical.
3 *adj fig (maldito)* evil, wretched.

endemoniar
1 *vt* to bedevil.
2 *vt fig (irritar)* to anger.
3 **endemoniarse** *vpr fig* to get angry.
▲ *Conjugation model* [12], *like* cambiar.

endentar
1 *vt (encajar)* to interlock.
2 *vt (poner dientes)* to tooth.
▲ *Conjugation model* [31], *like* contar.

endentecer *vi* to teethe.
▲ *Conjugation model* [43], *like* agradecer.

enderezamiento *nm (derecho)* straightening out, straightening up; *(vertical)* setting upright.

enderezar
1 *vt (poner derecho)* to straighten out.
2 *vt (poner vertical)* to set upright.
3 *vt fig (situación etc)* to put right.
4 *vt fig (dirigir)* to direct, guide.
5 *vt fig (comportamiento)* to sort out, put straight, make behave: su padre se encargará de enderezarla her father will see that she behaves.
6 **enderezarse** *vpr (ponerse recto)* to straighten up.
7 *vpr (dirigirse)* to be directed (**a**, at).
▲ *Conjugation model* [4], *like* realizar.

endeudamiento *nm* borrowing, state of indebtedness.
■ **endeudamiento exterior** foreign debt.

endeudarse *vpr* to get into debt, fall into debt.

endiabladamente
1 *adv* diabolically.
2 *adv fig* extremely.

endiablado,-a
1 *adj (poseso)* possessed.
2 *adj fig (malo)* evil, wicked.
3 *adj fig (maldito)* wretched, cursed.
4 *adj fig (travieso)* devilish, mischievous.
5 *adj fig (feo)* ugly, horrible.
6 *adj fig (frenético)* wild, frenzied.

endiablar *vt* to bedevil.

endibia *nf* endive.

endilgar
1 *vt fam (trabajo etc)* to palm off onto, lumber with: me endilgó la parte más difícil he lumbered me with the most difficult bit.
2 *vt fam (hacer aguantar)* to make sit through, make listen to: nos endilgó un concierto de tres horas he made us sit through a concert which lasted three hours.
3 *vt fam (golpe)* to land.
▲ *Conjugation model* [7], *like* llegar.

endiñar *vt fam* → endilgar 2 *and* 3.

endiosamiento *nm* conceit, vanity.

endiosar
1 *vt* to deify.
2 **endiosarse** *vpr fig* to become conceited, become proud, become vain.

endocardio *nm* endocardium.

endocarpio *nm* endocarp.

endocarpo *nm* endocarp.

endocrino,-a
1 *adj* endocrine, endocrinal.
2 *nm,f fam* endocrinologist.
■ **glándula endocrina** endocrine gland.

endocrinología *nf* endocrinology.

endocrinólogo,-a *nm,f* endocrinologist.

endogamia *nf* endogamy, inbreeding.

endogámico,-a *adj* endogamic.

endomingado,-a
1 *pp* → endomingarse.
2 *adj fam* in one's Sunday best.

endomingarse *vpr fam* to put on one's Sunday best.

endoplasma *nm* endoplasm.

endosar
1 *vt* to endorse: endosó el cheque he endorsed the cheque.
2 *vt fam fig* to lumber with.

endoscopia *nf* endoscopy.

endoscopio *nm* endoscope.

endoso *nm* endorsement.
✦ **sin endoso** unendorsed.

endotérmico,-a *adj* endothermic.

endovenoso,-a *adj* intravenous.

endrina *nf* sloe.

endrino,-a
1 *adj* blue-black.
2 **endrino** *nm* sloe bush, blackthorn.

endulzar
1 *vt* to sweeten.
2 *vt fig (suavizar)* to alleviate, soften, ease.
▲ *Conjugation model* [4], *like* realizar.

endurecer
1 *vt* to harden, make hard.
2 *vt fig* to harden, toughen.
3 **endurecerse** *vpr* to become hardened, harden.
4 *vpr fig* to become tough, become hardened.
▲ *Conjugation model* [43], *like* agradecer.

endurecimiento *nm* hardening, toughening.

ene
1 *nf* name of the letter *n*.
2 *adj (indeterminado)* n: ene veces n times.

ENE *sím* (estenordeste) east-northeast; *(símbolo)* ENE.

eneágono *nm* nonagon.

enebrina *nf* juniper berry.

enebro *nm* juniper.

eneldo *nm* dill.

enema *nm* enema.

enemigo,-a
1 *adj* enemy, hostile.
2 *nm,f* enemy, foe.
✦ **ser enemigo,-a de algo** to be against something.

enemistad *nf* hostility, enmity, hatred.

enemistar
1 *vt* to make enemies of, set at odds, cause a rift between.
2 **enemistarse** *vpr* to become enemies.

✦ **enemistarse con alguien** *(enfadarse)* to fall out with somebody.

energética *nf* energetics.

energético,-a *adj* energy, power: **la crisis energética** the energy crisis.

energía
1 *nf* energy, power.
2 *nf fig* vigour, *(US* vigor).
▪ **energía cinética** kinetic energy.
energía eléctrica electric power.
energía hidráulica water power.
energía nuclear nuclear power.
energía vital *fig* vitality.

enérgicamente
1 *adv (decir, hablar)* forcefully, emphatically, firmly; *(negar)* vigorously; *(rechazar)* strongly.
2 *adv (agitar)* vigorously.

enérgico,-a
1 *adj* energetic, vigorous.
2 *adj fig (decisión)* firm; *(palabra)* strong.
✦ **en tono enérgico** emphatically.

energúmeno,-a
1 *nm,f* energumen.
2 *nm,f fam fig (hombre)* madman; *(mujer)* mad woman.
✦ **ponerse como un,-a energúmeno,-a** to go up the wall, blow one's top.

enero *nm* January.
▲ *See also* marzo.

enervación
1 *nf MED* enervation.
2 *nf fam (irritación)* irritation, exasperation.

enervador,-ra *adj* enervating.

enervante
1 *adj MED* enervating.
2 *adj fam (irritante)* irritating, exasperating.

enervar
1 *vt MED* to enervate.
2 *vt fam (irritar)* to irritate, exasperate, get on one's nerves.
3 **enervarse** *vpr fam* to get flustered, get worked up.

enésimo,-a
1 *adj* nth: **a la enésima potencia** to the nth power.
2 *adj fam* umpteenth: **te lo digo por enésima vez** this is the umpteenth time I've told you.

enfadadizo,-a *adj* irritable, touchy.

enfadado,-a
1 *pp* → **enfadar.**
2 *adj* angry, cross, annoyed, *US* mad: **parece enfadado** he looks angry.

enfadar
1 *vt* to make angry, make cross, annoy.
2 **enfadarse** *vpr* to get angry *(con,* with), get cross *(con,* with): **no te enfades conmigo** don't get angry with me.
3 *vpr (pelearse)* to fall out *(con,* with) *(por,* about).

enfado *nm* anger, irritation.
✦ **causar enfado** to irritate, annoy.
pasarse el enfado to calm down.

enfadoso,-a *adj* annoying, irritating.

enfaenado,-a *adj* hard at work.

enfaldado *adj* tied to one's mother's apron strings.

enfangar
1 *vt (ropa, persona)* to cover with mud; *(camino)* to turn to mud.
2 **enfangarse** *vpr (ropa, persona)* to get muddy, get covered in mud; *(camino)* to turn to mud.
3 *vpr fig (en negocios)* to get involved in dirty business; *(en vicios)* to wallow in vice.
▲ *Conjugation model* [7], *like* llegar.

enfardar
1 *vt AGR* to bale.
2 *vt (empaquetar)* to wrap up.

énfasis *nm o nf* emphasis, stress.
▲ *pl* énfasis.
✦ **dar énfasis a algo** to emphasize something.
poner énfasis en algo to place emphasis on something, emphasize something, stress something: **puso énfasis en la importancia de la solidaridad** he stressed the importance of solidarity.

enfático,-a *adj* emphatic.

enfatizar *vt* to emphasize, stress.
▲ *Conjugation model* [4], *like* realizar.

enfermar *vi* to fall ill, become ill, be taken ill.
✦ **enfermar de agotamiento** to suffer from exhaustion.
enfermar del corazón to have heart trouble.

enfermedad
1 *nf* illness, disease, sickness.
2 *nf fig* malaise, sickness.
✦ **estar de baja por enfermedad** to be off sick.
▪ **enfermedad contagiosa** contagious disease.
enfermedad infantil children's complaint.
enfermedad mental mental illness.
enfermedad venérea venereal disease.

enfermería *nf* infirmary, sick bay.

enfermero,-a *nm,f (hombre)* male nurse; *(mujer)* nurse.

enfermizo,-a
1 *adj* sickly, unhealthy.
2 *adj fig* morbid, unhealthy.

enfermo,-a
1 *adj* sick, ill: **María está enferma** María's ill.
2 *nm,f* sick person.
3 *nm,f (paciente)* patient.
✦ **caer enfermo,-a** to be taken ill.
poner enfermo,-a a alguien *fig* to make somebody sick, make somebody ill.
ponerse enfermo,-a to be taken ill.

enfermucho,-a *adj fam* ailing, sickly.

enfervorizar *vt* to arouse fervour *(US* fervor) in, arouse passions, enthuse .
▲ *Conjugation model* [4], *like* realizar.

enfilar
1 *vt (poner en fila)* to line up.
2 *vt (una calle)* to go along, go down; *(túnel)* to go through.
3 *vt (dirigir)* to direct.
4 *vi (tomar dirección)* to head for, head towards, make for: **enfilamos hacia Burgos** we headed for Burgos.

enfisema *nm* emphysema.

enflaquecer
1 *vt (poner flaco)* to make thin.
2 *vt fig (debilitar)* to weaken.
3 *vi (adelgazar)* to lose weight, get thin.
4 **enflaquecerse** *vpr (adelgazar)* to lose weight, grow thin.
▲ *Conjugation model* [43], *like* agradecer.

enflaquecido,-a
1 *pp* → **enflaquecer.**
2 *adj (delgado)* thin; *(débil)* weak, puny.

enflaquecimiento
1 *nm (adelgazamiento)* loss of weight.
2 *nm (debilidad)* weakening.

enfocar
1 *vt* to focus, focus on, get into focus.
2 *vt (luz)* to shine a light on.
3 *vt fig (problema etc)* to focus on, approach, look at.
✦ **bien enfocado,-a** *(fotografía)* in focus.
mal enfocado,-a *(fotografía)* out of focus.
▲ *Conjugation model* [1], *like* sacar.

enfoque
1 *nm (acción)* focus, focusing.
2 *nm fig* focus, approach, angle.

enfrascado,-a
1 *pp* → **enfrascarse.**
2 *adj* absorbed.

enfrascarse
1 *vpr fig* to become absorbed *(en,* in), become engrossed *(en,* in): **se enfrascó en su trabajo** he became engrossed in his work.
2 *vpr fig (en lectura)* to bury oneself *(en,* in).
▲ *Conjugation model* [1], *like* sacar.

enfrenar *vt* to brake, slow down.

enfrentamiento *nm* confrontation.

enfrentar
1 *vt (poner frente a frente)* to bring face to face, confront: **el debate enfrentó a los líderes** the debate brought the leaders face to face.
2 *vt (encarar)* to face, confront.
3 **enfrentarse** *vpr (hacer frente)* to face *(a/con,* -), confront *(a/con,* -): **tuvo que enfrentarse con los sindicatos** he had to confront the unions.
4 *vpr DEP* to meet *(a/con,* -).
5 *vpr (pelearse)* to have an argument *(a,* with), fall out *(a,* with); *(chocar)* to clash *(a/con,* with).

enfrente
1 *adv* opposite, in front, facing: **la iglesia está enfrente de mi casa** the church is opposite my house.

2 *adv fig* opposed to, against: **Pepe se puso enfrente del proyecto** Pepe was against the project.

enfriador,-ra
1 *adj* cooling.
2 enfriador *nm* cooler.

enfriamiento
1 *nm (acción)* cooling.
2 *nm MED* cold, chill.
✦ **pillar un enfriamiento** to catch a cold, catch a chill.

enfriar
1 *vt* to cool (down), chill.
2 *vt fig* to cool down.
3 *vi (clima)* to get cold, get colder.
4 *vi (ponerse frío)* to cool, cool down.
5 enfriarse *vpr (lo demasiado caliente)* to cool down; *(ponerse demasiado frío)* to go cold, get cold: **déjalo enfriar, está muy caliente** let it cool down, it's too hot; **se te enfría la sopa** your soup is getting cold.
6 *vpr (tener frío)* to get cold; *(resfriarse)* to catch a cold, get a cold.
7 *vpr fig* to cool off.
▲ *Conjugation model* [13], *like* **desviar**.

enfundar
1 *vt (espada)* to sheathe; *(pistola)* to put into one's holster.
2 enfundarse *vpr (ponerse)* to put on; *(abrigarse)* to wrap oneself up.

enfurecer
1 *vt* to infuriate, enrage.
2 enfurecerse *vpr* to get furious, lose one's temper.
3 *vpr (mar)* to become rough.
▲ *Conjugation model* [43], *like* **agradecer**.

enfurecimiento *nm* fury, infuriation, temper, rage.

enfurruñamiento *nm fam* sulking.

enfurruñarse *vpr fam* to sulk, get in a huff.

engaitar *vt fam* to trick, take in.

engalanado,-a
1 *pp* → **engalanar**.
2 *adj* decked out, festooned.

engalanar
1 *vt (cosa)* to festoon, deck out.
2 engalanarse *vpr (persona)* to dress up, get dressed up.

engallado,-a
1 *pp* → **engallarse**.
2 *adj fig (erguido)* straight, upright.
3 *adj fig (altanero)* conceited, haughty.

engallarse *vpr fig* to be cocky, get cocky.

enganchado,-a
1 *pp* → **enganchar**.
2 *adj arg (drogas)* hooked.

enganchar
1 *vt (agarrar con gancho)* to hook.
2 *vt (colgar)* to hang, hang up.
3 *vt (animales)* to harness.
4 *vt (vagones)* to couple.
5 *vt fig (atraer)* to rope in, persuade: **lo han enganchado para la obra** he's been roped into doing the play.

6 *vt fig (coger)* to catch: **la policía lo enganchó** the police caught him.
7 engancharse *vpr* to get caught (**en**, on), snag (**en**, on): **se le enganchó la camisa en un clavo** his shirt got caught on a nail.
8 *vpr MIL* to enlist, join up.
9 *vpr arg (drogas)* to get hooked (**a**, on).

enganche
1 *nm (gancho)* hook.
2 *nm (de animales)* hitching, harnessing.
3 *nm (de vagones)* coupling.
4 *nm MIL* enlistment, recruitment.

enganchón *nm* snag.

engañabobos
1 *nm & nf fam (persona)* con artist, trickster.
2 *nm fam (trampa)* con trick, trap.
▲ *pl* **engañabobos**.

engañadizo,-a *adj* gullible.

engañar
1 *vt (gen)* to deceive, mislead, fool, take in.
2 *vt (estafar)* to cheat, trick.
3 *vt (ser infiel)* to be unfaithful to.
4 *vi* to be deceptive.
5 engañarse *vpr (ilusionarse)* to deceive oneself .
6 *vpr (equivocarse)* to be mistaken, be wrong.
✦ **engañar el hambre** *fig* to stave off hunger.
engañar el tiempo *fig* to kill time.
las apariencias engañan appearances can be deceptive.

engañifa
1 *nf fam* trick, hoax.
2 *nf fam (estafa)* swindle.

engaño
1 *nm* deceit, deception.
2 *nm (estafa)* fraud, trick, swindle.
3 *nm (mentira)* lie.
4 *nm (error)* mistake.
✦ **estar en un engaño** to be mistaken.

engañosamente *adv* deceitfully.

engañoso,-a
1 *adj (gen)* deceptive.
2 *adj (palabras)* deceitful; *(consejo)* misleading.

engarce
1 *nm (de perlas etc)* threading, stringing.
2 *nm (de piedra)* setting, mounting.
3 *nm (hilo)* string.
4 *nm (conexión)* connection, linking.

engarzar
1 *vt (perlas etc)* to string, thread.
2 *vt (piedras)* to mount, set.
3 *vt fig (palabras, frases)* to string together.
▲ *Conjugation model* [4], *like* **realizar**.

engastar *vt* to set, mount.

engaste *nm* setting, mounting.

engatusamiento *nm* cajolery.

engatusar *vt fam* to get round, coax, cajole: **la engatusó para que cantara** he coaxed her into singing.

engendrar
1 *vt* to engender, beget.
2 *vt fig* to generate, give rise to.

engendro
1 *nm (feto)* foetus (*US* fetus).
2 *nm (ser informe)* malformed child.
3 *nm fam fig (persona)* freak.
4 *nm fig (cosa)* monstrosity.

englobar
1 *vt (incluir)* to include, comprise.
2 *vt (reunir)* to bring together, lump together.

engolado,-a
1 *adj (persona)* arrogant, pompous.
2 *adj (estilo etc)* high-flown.

engolfarse *vpr fam fig* to get absorbed (**en**, in).

engolletado,-a *adj fam* vain, conceited.

engolosinar
1 *vt* to tempt, entice.
2 engolosinarse *vpr* to become fond (**con**, of), develop a taste (**con**, for): **se ha engolosinado con el buen vino** he's developed a taste for fine wines.

engomado,-a
1 *pp* → **engomar**.
2 *adj (gomoso)* sticky.
3 engomado *nm* gum, glue.

engomar *vt* to gum, glue, stick.

engominarse *vpr (brillantina)* to put hair cream on; *(fijador)* to gel one's hair, put hair gel on.

engordar
1 *vt* to fatten, fatten up, make fat.
2 *vi (persona)* to put on weight, get fatter: **he engordado** I've got fatter.
3 *vi (alimento)* to be fattening: **la nata engorda mucha** cream is really fattening.

engorde *nm* fattening (up).

engorro *nm fam* bother, nuisance.

engorroso,-a *adj fam* bothersome, annoying, awkward.

engoznar *vt* to hinge.

engranaje
1 *nm TÉC* gears *pl*.
2 *nm (de reloj)* cogs *pl*.
3 *nm fig* machinery.

engranar
1 *vi TÉC* to engage, mesh.
2 *vi fig (enlazar)* to connect, link.
3 *vt TÉC* to engage, mesh.
4 *vt fig* to connect, link.

engrandecer
1 *vt (hacer grande)* to enlarge, magnify.
2 *vt (exaltar)* to extol, exalt.
3 *vt fig (enaltecer)* to enhance.
4 *vt fig (mente, espíritu)* to widen, broaden.
▲ *Conjugation model* [43], *like* **agradecer**.

engrandecimiento
1 *nm (aumento)* enlargement.
2 *nm (exaltación)* exaltation.
3 *nm fig (enaltecimiento)* enhancement.

engranujarse *vpr* to become a rogue.

engrasar
1 *vt (dar grasa)* to grease, oil, lubricate.
2 *vt (manchar)* to make greasy, stain with grease.

3 *vt fam fig (sobornar)* to grease somebody's palm.

engrase
1 *nm (acción)* greasing, lubrication, oiling.
2 *nm (sustancia)* lubricant.

engreídamente *adv* conceitedly.

engreído,-a *adj* vain, conceited, stuckup.

engreimiento *nm* vanity, conceit.

engreír
1 *vt (envanecer)* to make vain, make conceited.
2 **engreírse** *vpr* to become vain, become conceited.
▲ *Conjugation model* [37], *like reír.*

engrescar
1 *vt (incitar)* to cause trouble between; *(animar)* to get going, arouse, excite: intentó engrescar al público he tried to get the audience going, he tried to whip up enthusiasm.
2 **engrescarse** *vpr* to get embroiled.
▲ *Conjugation model* [1], *like sacar.*

engrosar
1 *vt (hacer grueso)* to thicken.
2 *vt fig (aumentar)* to increase, swell: Pepe pasó a engrosar las filas del ejército Pepe went on to swell the army's ranks.
3 *vi (engordar)* to get fat.
▲ *Conjugation model* [31], *like contar.*

engrudar *vt* to paste, stick with flour and water paste.

engrudo *nm* paste, flour and water paste.

engrumecerse *vpr (gen)* to go lumpy; *(sangre)* to clot; *(leche)* to curdle.
▲ *Conjugation model* [43], *like agradecer.*

enguantado,-a
1 *pp →* **enguantarse.**
2 *adj* gloved.

enguantarse *vpr* to put on one's gloves.

enguatar *vt* to pad.

enguijarrado *nm* cobbles *pl.*

enguirnaldar *vt* to garland.

engullir *vt* to swallow.
▲ *Conjugation model* [41], *like mullir.*

enharinar
1 *vt (cubrir)* to flour; *(manchar)* to sprinkle with flour.
2 *vt (la cara)* to whiten.

enhebrar
1 *vt* to thread.
2 *vt fig* to connect, link.

enhiesto,-a *adj* erect, upright.

enhilar
1 *vt (enhebrar)* to thread.
2 *vt fig (ideas etc)* to connect, link.
3 *vt fig (dirigir)* to direct, guide.

enhorabuena
1 *nf* congratulations *pl:* enhorabuena por el resultado congratulations on the result.
2 *adv* thank God: has llegado enhorabuena thank God you've arrived.

✦ dar la **enhorabuena** a to congratulate.
estar de **enhorabuena** to be happy.

enhoramala *adv* inopportunely, at the wrong time.

enhornar *vt* to put into the oven.

enigma *nm* enigma, puzzle, mystery.

enigmático,-a *adj* enigmatic, mysterious, puzzling.

enjabonar
1 *vt* to soap.
2 *vt fig* to soft-soap, butter-up.

enjaezar *vt* to harness.
▲ *Conjugation model* [4], *like realizar.*

enjalbegar
1 *vt (pared etc)* to whitewash.
2 *vt (la cara)* to paint.
▲ *Conjugation model* [7], *like llegar.*

enjambrar
1 *vt* to hive.
2 *vi* to swarm.

enjambre
1 *nm* swarm.
2 *nm fig* swarm, throng, crowd.

enjarciar *vt* to rig up: enjarciaron el barco they rigged up the boat.
▲ *Conjugation model* [12], *like cambiar.*

enjaretado *nm* latticework.

enjaretar
1 *vt fam fig (discurso etc)* to reel off.
2 *vt fam fig (trabajo etc)* to palm off.

enjaular
1 *vt* to cage.
2 *vt fam fig* to put in jail, put inside.

enjoyar
1 *vt* to adorn with jewels.
2 *vt fig* to adorn, decorate.
3 *vt (engastar)* to set.
4 **enjoyarse** *vpr fam* to put on lots of jewellery *(us* jewelry), be dripping with jewels .

enjuagadientes *nm* mouthwash.
▲ *pl enjuagadientes.*

enjuagar
1 *vt* to rinse: se enjuagó las manos y las secó con la toalla she rinsed her hands and dried them with the towel; la tetera debe enjuagarse con agua caliente the teapot should be rinsed out with hot water.
2 **enjuagarse** *vpr* to rinse one's mouth out.
▲ *Conjugation model* [7], *like llegar.*

enjuagatorio
1 *nm (líquido)* mouthwash.
2 *nm fig (intriga)* scheme, plot.

enjuague
1 *nm (acción)* rinse.
2 *nm (líquido)* mouthwash.
3 *nm fig (intriga)* scheme, plot.

enjugar
1 *vt (secar)* to dry, wipe (away), mop up.
2 *vt FIN* to clear, wipe out.

enjuiciamiento
1 *nm (opinión)* judgement, judgment.
2 *nm JUR (civil)* lawsuit; *(criminal)* trial, prosecution.

enjuiciar
1 *vt (juzgar)* to judge; *(examinar)* to examine.
2 *vt JUR (civil)* to sue; *(criminal)* to indict, prosecute.
▲ *Conjugation model* [12], *like cambiar.*

enjundia
1 *nf (grasa)* fat.
2 *nf fig (sustancia)* substance; *(importancia)* importance.
3 *nf fig (fuerza)* force, vitality.
4 *nf fig (carácter)* character.

enjundioso,-a
1 *adj (grasoso)* fatty.
2 *adj fig* meaty, substantial.

enjuto,-a *adj* thin, skinny, lean.

enlace
1 *nm (conexión)* link, connection.
2 *nm (boda)* marriage.
3 *nm (tren etc)* connection.
4 *nm (intermediario)* liaison, link.
5 *nm QUÍM* bond.
✦ establecer un **enlace** to forge a link.
servir de **enlace** to provide a link.
■ **enlace sindical** shop steward, *us* union delegate.
estación de **enlace** junction; *(metro)* connecting station.
vía de **enlace** crossover.

enladrillado,-a
1 *pp →* enladrillar.
2 *adj* brick.
3 enladrillado *nm* brick paving.

enladrillar *vt* to pave with bricks.

enlanado,-a *adj* covered with wool.

enlatado,-a
1 *pp →* enlatar.
2 *adj* canned, tinned.
3 enlatado *nm* canning, tinning.

enlatar *vt* to can, tin.

enlazar
1 *vt (unir)* to link, connect, tie (together).
2 *vt (ideas etc)* to link, connect, relate.
3 *vt (carreteras etc)* to connect.
4 *vi (trenes etc)* to connect (**con,** with).
5 **enlazarse** *vpr (unirse)* to be linked, be connected.
6 *vpr (casarse)* to get married, marry.
7 *vpr (familias)* to become linked by marriage.
▲ *Conjugation model* [4], *like realizar.*

enlechar *vt* to grout.

enlodar
1 *vt* to muddy, cover with mud.
2 *vt fig* to stain, besmirch, sully: el escándalo ha enlodado su reputación the scandal has sullied his reputation.
3 **enlodarse** *vpr* to get muddy.

enloquecedor,-ra *adj* maddening.

enloquecer
1 *vt (volver loco)* to drive mad.
2 *vt fam (gustar)* to be mad/crazy about, be wild about: le enloquece el teatro she's mad about the theatre.
3 *vi (volverse loco)* to go mad/crazy, go out of one's mind.

4 enloquecerse *vpr* to go mad/crazy, go out of one's mind.
▲ *Conjugation model* [43], *like* **agradecer.**

enloquecimiento *nm* insanity, madness.

enlosado *nm* (de losas) paving; (de baldosas) tiling.

enlosar *vt* (losas) to pave; (baldosas) to tile.

enlucido *nm* plaster.

enlucir
1 *vt* (paredes etc) to plaster.
2 *vt* (metales) to polish.

enlutado,-a
1 *pp* → **enlutar.**
2 *adj* mourning, in mourning.

enlutar
1 *vt* to cast a pall over, plunge into mourning.
2 *vt fig* (obscurecer) to darken.
3 *vt fig* (entristecer) to sadden.
4 enlutarse *vpr* to dress in mourning, go into mourning.

enmaderar *vt* (pared) to panel; (suelo) to lay down floorboards.

enmadrado,-a
1 *pp* → **enmadrarse.**
2 *adj* tied to one's mother's apron strings.

enmadrarse *vpr* to be tied to one's mother's apron strings.

enmarañamiento
1 *nm* entanglement, tangle.
2 *nm fig* muddle, confusion.

enmarañar
1 *vt* (enredar) to tangle.
2 *vt fig* to embroil, muddle up, confuse: ha enmarañado el asunto he's confused the issue.
3 enmarañarse *vpr* (enredarse) to get tangled: se le ha enmarañado el pelo her hair's got all tangled.
4 *vpr fig* to get into a muddle, get confused.
5 *vpr* METEOR to become overcast.

enmarcar
1 *vt* to frame.
2 *vt* (rodear) to surround.
▲ *Conjugation model* [1], *like* **sacar.**

enmascarado,-a
1 *pp* → **enmascarar.**
2 *adj* masked.
3 *nm,f* masked person.

enmascarar
1 *vt* to mask.
2 *vt fig* to mask, disguise, conceal.
3 enmascararse *vpr* (uso reflexivo) to put on a mask.

enmasillar *vt* to putty.

enmendadura *nf* correction, amendment.

enmendar
1 *vt* to correct, put right.
2 *vt* (un daño) to repair, put right.
3 *vt* JUR to amend.
4 enmendarse *vpr* to reform, mend one's ways.
▲ *Conjugation model* [27], *like* **acertar.**

enmienda
1 *nf* correction.
2 *nf* (de daño) repair, indemnity, compensation.
3 *nf* JUR amendment.
+ hacer propósito de enmienda to turn over a new leaf.
no tener enmienda to be incorrigible.

enmohecer
1 *vt* (pan, queso, etc) to make mouldy (US moldy); (metal) to rust.
2 *vt fig* to make rusty.
3 enmohecerse *vpr* (pan, queso, etc) to go mouldy (US moldy); (metal) to rust, go rusty.
4 *vpr fig* to go rusty.
▲ *Conjugation model* [43], *like* **agradecer.**

enmoquetar *vt* to carpet.

enmudecer
1 *vt* (hacer callar) to silence.
2 *vi* (quedar mudo) to be struck dumb; (perder la voz) to lose one's voice.
3 *vi* (callar) to fall silent, keep quiet.
▲ *Conjugation model* [43], *like* **agradecer.**

ennegrecer
1 *vt* to blacken, turn black.
2 ennegrecerse *vpr* to turn black, go black.
3 *vpr fig* to get dark, darken.
▲ *Conjugation model* [43], *like* **agradecer.**

ennoblecer
1 *vt* to ennoble.
2 *vt fig* (dignificar) to do honour (US honor) to, be a credit to.
3 *vt fig* (dar distinción) to add distinction, add refinement.
4 ennoblecerse *vpr* to become noble.
▲ *Conjugation model* [43], *like* **agradecer.**

enojadizo,-a *adj* irritable, touchy, quick-tempered.

enojado,-a
1 *pp* → **enojar.**
2 *adj* angry, cross.

enojar
1 *vt* to anger, annoy, make angry.
2 enojarse *vpr* to get angry (con, with), get annoyed (con, with), lose one's temper (con, with): se enojó con su jefe he got annoyed with his boss.
+ enojarse por algo to get angry about something.

enojo *nm* anger, annoyance, irritation.

enojosamente *adv* angrily.

enojoso,-a *adj* annoying, irritating.

enología *nf* oenology (US enology).

enólogo,-a *nm,f* oenologist.

enorgullecer
1 *vt* to fill with pride.
2 enorgullecerse *vpr* to be proud (de, of), pride oneself (de, on): se enorgullecía de su conocimientos he was proud of his knowledge.
▲ *Conjugation model* [43], *like* **agradecer.**

enorgullecimiento *nm* pride.

enorme
1 *adj* (grande) enormous, huge, vast.

2 *adj* (desmedido) tremendous, great.
3 *adj fam* (muy bueno) very good, excellent.

enormemente *adv* enormously, greatly, tremendously.

enormidad
1 *nf* (grandeza) enormity, hugeness.
2 *nf* (monstruosidad) monstrous thing.
3 *nf* (desatino) nonsense, gross mistake.
4 *nf fam* (mucho) a lot, loads: comimos una enormidad we ate loads.

enquiciar *vt* (puerta) to put on; (ventana) to put in.
▲ *Conjugation model* [12], *like* **cambiar.**

enquistamiento *nm* encystment.

enquistarse *vpr* to encyst.

enrabiar
1 *vt* to enrage, infuriate.
2 enrabiarse *vpr* to become enraged, be furious.
▲ *Conjugation model* [12], *like* **cambiar.**

enraizado,-a
1 *pp* → **enraizar.**
2 *adj* rooted.

enraizar
1 *vi* BOT to take root.
2 *vi fig* (persona) to put down roots.
3 enraizarse *vpr* (planta, árbol) to take root; (persona) to put down roots.
▲ *Conjugation model* [24].

enramada
1 *nf* (ramas) branches *pl.*
2 *nf* (adorno) decoration made of branches.
3 *nf* (cobertizo) bower, arbour.

enranciar
1 *vt* to make rancid.
2 enranciarse *vpr* to go rancid, go off.
▲ *Conjugation model* [12], *like* **cambiar.**

enrarecer
1 *vt* (aire) to rarefy.
2 *vt* (hacer escaso) to make scarce.
3 *vt fig* (situación, relación, etc) to put a strain on: aquella discusión enrareció nuestra relación that argument put a strain on our relationship.
4 *vi* (escasear) to become scarce.
5 enrarecerse *vpr* (aire) to rarefy.
6 *vpr* (escasear) to become scarce.
7 *vpr fig* (situación, relación, etc) to become strained.
▲ *Conjugation model* [43], *like* **agradecer.**

enrarecido,-a
1 *pp* → **enrarecer.**
2 *adj* (aire) rarefied.
3 *adj fig* (situación, ambiente) tense, strained.

enrasar
1 *vt* to make level, make even.
2 *vi* (líquido) to become level.

enredadera *nf* creeper, climbing plant.

enredador,-ra
1 *adj* (entrometido) troublemaking, meddlesome, interfering; (chismoso) gossipy.
2 *nm,f* (entrometido) troublemaker; (chismoso) busybody, gossip.

enredar

1 *vt (prender con red)* to catch in a net, net.

2 *vt (para cazar)* to set.

3 *vt (engatusar)* to involve, implicate.

4 *vt (meter cizaña)* to sow discord, cause trouble.

5 *vt (enmarañar)* to tangle up, entangle.

6 *vt (entretener)* to hold up, delay.

7 *vt fig (asunto etc)* to confuse, complicate; *(trabajo)* to make a mess of.

8 *vi (travesear)* to be mischievous.

9 **enredarse** *vpr (hacerse un lío)* to get tangled up, get entangled, get into a tangle.

10 *vpr (complicarse)* to get complicated, get confused.

11 *vpr (en discusión)* to become involved, get caught up.

12 *vpr (amancebarse)* to have an affair.

enredo

1 *nm (maraña)* tangle.

2 *nm (confusión)* mess, muddle, confusion, mix-up.

3 *nm (engaño)* deceit.

4 *nm (travesura)* mischief.

5 *nm (amoroso)* love affair.

6 *nm LIT* plot: **comedia de enredo** comedy of intrigue.

7 **enredos** *nm pl fam (trastos)* bits and pieces.

enrejado

1 *nm (reja)* railings *pl*, grating.

2 *nm (de celda etc)* bars *pl*; *(de jardín)* trellis; *(de ventana)* lattice; *(alambrada)* wire netting.

3 *nm COST* openwork.

enrejar

1 *vt (puerta, ventana)* to put a grating on.

2 *vt (vallar)* to fence, put railings round.

enrevesado,-a *adj* complicated, difficult.

enriar *vt* to ret.

enriquecer

1 *vt (hacer rico)* to make rich.

2 *vt fig* to enrich.

3 **enriquecerse** *vpr* to become rich, get rich.

▲ *Conjugation model* [43], *like* **agradecer**.

enriquecimiento *nm* enrichment, enhancement.

enristrar¹ *vt (lanza)* to couch.

enristrar² *vt (ajos etc)* to string together.

enrocar

1 *vi (ajedrez)* to castle.

2 *vt (ajedrez)* to castle.

▲ *Conjugation model* [1], *like* **sacar**.

enrojecer

1 *vt (volver rojo)* to redden, turn red; *(metal)* to make red-hot.

2 *vt fig (ruborizar)* to make blush, make turn red.

3 *vi (ponerse rojo)* to redden, turn red.

4 *vi fig (ruborizarse)* to blush, turn red.

5 **enrojecerse** *vpr (volverse rojo)* to turn red; *(metal)* to get red-hot.

6 *vpr fig (ruborizarse)* to blush.

▲ *Conjugation model* [43], *like* **agradecer**.

enrojecimiento

1 *nm (metal)* reddening, glowing.

2 *nm (rostro)* blushing.

enrolar

1 *vt* to enrol (*US* enroll), sign on, sign up.

2 *vt MIL* to enlist.

3 **enrolarse** *vpr* to enrol (*US* enroll), sign on.

4 *vpr MIL* to enlist, join up.

enrollable *adj* that rolls up: **persiana enrollable** roller blind.

enrollado,-a

1 *pp* → **enrollar**.

2 *adj (papel)* rolled up; *(cable)* coiled.

3 *adj fam (guay)* cool, great: **es una tía muy enrollada** she's a great woman.

4 *adj (ocupado)* busy, wrapped up (**con**, in), engrossed (**con**, in).

✦ **estar enrollado,-a con alguien** *fam (hablar)* to be deep in conversation with somebody; *(salir juntos)* to be going out with somebody, be seeing somebody; *(tener relaciones)* to be having an affair with somebody.

enrollar

1 *vt (papel)* to roll up; *(hilo)* to wind up; *(cable)* to coil.

2 *vt (a alguien)* to involve, mix up: **su familia lo enrolló en el negocio** his family got him involved in the business.

3 **enrollarse** *vpr fam fig (hablar)* to go on and on (**con**, to), chatter (**con**, to).

4 *vpr fam fig (tener relaciones)* to have an affair (**con**, with).

5 *vpr fam fig (liarse)* to get involved (**con**, with).

✦ **enrollarse bien** *arg* to get on well with people.

enrollarse como una persiana *fam* to rabbit on and on.

enrollarse mal *arg* to be difficult to get on with.

enronquecer

1 *vt* to make hoarse.

2 *vi* to go hoarse, become hoarse.

3 **enronquecerse** *vpr* to go hoarse, become hoarse.

▲ *Conjugation model* [43], *like* **agradecer**.

enronquecimiento *nm* hoarseness, huskiness.

enroque *nm* castling.

enroscado,-a *adj* curly.

enroscadura *nf* kink.

enroscar

1 *vt (gen)* to wind, coil (round); *(cable)* to twist.

2 *vt (tornillo)* to screw in.

3 **enroscarse** *vpr* to wind, coil; *(cable)* to roll up; *(serpiente)* to coil itself (up).

▲ *Conjugation model* [1], *like* **sacar**.

enrutador *nm* router.

ensacar *vt* to pack in sacks, bag, pack in bags.

▲ *Conjugation model* [1], *like* **sacar**.

ensaimada *nf spiral-shaped pastry made of light dough*.

ensalada

1 *nf* salad.

2 *nf fig* mix-up, mess.

■ **ensalada de frutas** fruit salad.

ensalada rusa Russian salad.

ensaladera *nf* salad bowl.

ensaladilla *nf* vegetable salad.

■ **ensaladilla rusa** Russian salad.

ensalivar *vt* to moisten with saliva.

ensalmo *nm* spell, incantation, charm.

✦ **como por ensalmo** as if by magic.

ensalzamiento

1 *nm (enaltecimiento)* exaltation.

2 *nm (elogio)* praise.

ensalzar

1 *vt (enaltecer)* to exalt.

2 *vt (elogiar)* to praise, extol (*US* extoll).

▲ *Conjugation model* [4], *like* **realizar**.

ensamblador

1 *nm (carpintería)* joiner.

2 *nm INFORM* assembler.

ensambladura *nf* joint.

ensamblaje *nm* assembly, joining.

ensamblar *vt* to join, assemble.

ensanchamiento *nm* widening, broadening.

ensanchar

1 *vt (gen)* to widen, enlarge, extend.

2 *vt COST* to let out.

3 **ensancharse** *vpr* to get wider, expand, spread, stretch.

4 *vpr fig (envanecerse)* to become conceited, get bigheaded.

ensanche

1 *nm (gen)* widening, enlargement, extension.

2 *nm (de ciudad)* urban development.

ensangrentado,-a

1 *pp* → **ensangrentar**.

2 *adj* bloodstained, bloody.

ensangrentar

1 *vt* to stain with blood, cover in blood.

2 **ensangrentarse** *vpr* to get stained with blood, be covered with blood.

▲ *Conjugation model* [27], *like* **acertar**.

ensañamiento *nm* cruelty, brutality.

ensañar

1 *vt* to enrage.

2 **ensañarse** *vpr* to be cruel (**con**, to), be brutal (**con**, with).

ensartar

1 *vt (cuentas)* to string (together), thread; *(aguja)* to thread.

2 *vt fig* to reel off, rattle off.

ensayar

1 *vt TEAT* to rehearse.

2 *vt MÚS* to practise (*US* practice).

3 *vt (probar)* to try out, test.

ensayismo *nm* essay writing.

ensayista *nm & nf* essayist.

ensayo

1 *nm TEAT* rehearsal.

2 *nm MÚS* practice.

3 *nm (prueba)* test, experiment, trial, attempt.

4 *nm (literario etc)* essay.

5 *nm (rugby)* try.

✦ **a modo de ensayo** as an experiment.

■ **ensayo general** dress rehearsal.

ensebar *vt* to grease.

enseguida *adv* at once, straight away, immediately.

▲ *Also written en seguida.*

ensenada *nf* cove, inlet.

enseña *nf* ensign, standard.

enseñado,-a

1 *pp* → enseñar.

2 *adj (educado)* educated, instructed; *(adiestrado)* trained: un niño bien enseñado a well-educated child.

enseñante

1 *adj* teaching.

2 *nm & nf* teacher.

enseñanza

1 *nf (educación)* education, teaching.

2 *nf (doctrina)* teaching, doctrine.

✦ **dedicarse a la enseñanza** to be a teacher.

■ **enseñanza general básica** general basic education.

enseñanza laboral vocational training.

enseñanza primaria primary education.

enseñanza privada private education.

enseñanza pública state education.

enseñanza secundaria secondary education.

enseñanza secundaria obligatoria compulsory secondary education.

enseñanza superior higher education.

enseñanza universitaria university education.

enseñar

1 *vt (en escuela etc)* to teach, train, instruct: nos enseñó a leer he taught us how to read.

2 *vt (educar)* to educate.

3 *vt (mostrar, dejar ver)* to show: me enseñó el libro he showed me the book; con ese jersey enseña el ombligo that sweater shows her navel.

4 *vt (señalar)* to point out.

✦ **enseñar los dientes** *fig* to bare one's teeth.

enseñorearse *vpr* to take over (**de**, -), take possession (**de**, of) .

enseres *nm pl (bienes)* belongings, goods; *(material)* equipment *sing*; *(herramientas)* tools.

ensilaje *nm* silage.

ensilar *vt* to ensile, store in a silo.

ensilladura

1 *nf (de la caballería)* back.

2 *nf (encorvadura)* curvature.

ensillar *vt* to saddle (up), put a saddle on.

ensimismado,-a

1 *pp* → ensimismarse.

2 *adj* engrossed, absorbed, lost.

ensimismamiento *nm* absorption.

ensimismarse

1 *vpr (absorberse)* to become engrossed.

2 *vpr (abstraerse)* to become lost in thought.

ensoberbecer

1 *vt* to make arrogant, make conceited.

2 **ensoberbecerse** *vpr* to become arrogant.

3 *vpr MAR fig* to get rough.

▲ *Conjugation model* [43], *like* **agradecer**.

ensombrecer

1 *vt* to cast a shadow over.

2 **ensombrecerse** *vpr* to darken.

3 *vpr fig (entristecerse)* to become gloomy.

▲ *Conjugation model* [43], *like* **agradecer**.

ensoñación *nf* daydream, pipe dream.

ensoñador,-ra

1 *adj* dreamy.

2 *nm,f* dreamer.

ensoñar *vt* to daydream about.

▲ *Conjugation model* [31], *like* **contar**.

ensopar *vt* to dunk, dip, soak.

ensordecedor,-ra *adj* deafening.

ensordecer

1 *vt* to deafen.

2 *vi* to go deaf.

▲ *Conjugation model* [43], *like* **agradecer**.

ensordecimiento *nm* deafness.

ensortijado,-a

1 *pp* → ensortijar.

2 *adj* curly.

ensortijar

1 *vt (gen)* to wind; *(cabello)* to curl.

2 **ensortijarse** *vpr (cabello)* to curl.

3 *vpr (ponerse sortijas)* to put rings on.

ensuciar

1 *vt* to dirty, make dirty.

2 *vt fig (reputación etc)* to tarnish, sully.

3 *vi fam (evacuar)* to mess oneself , soil oneself .

4 **ensuciarse** *vpr (mancharse)* to get dirty.

5 *vpr fam (evacuar)* to mess oneself , soil oneself .

▲ *Conjugation model* [12], *like* **cambiar**.

ensueño *nm* dream, fantasy.

✦ **de ensueño** dream: una casa de ensueño a dream home.

entablado

1 *nm (entarimado)* planking, planks *pl*.

2 *nm (suelo)* wooden floor.

entablar

1 *vt (poner tablas)* to plank, board.

2 *vt (conversación)* to begin, start, open; *(amistad)* to strike up; *(negocio)* to start; *(relaciones)* to establish.

3 *vt (ajedrez etc)* to set up.

✦ **entablar acción/entablar demanda** *AM* to take legal action.

entablillado *nm* splint.

entablillar *vt* to splint, put in a splint.

entalegar

1 *vt (en talegos)* to put in sacks.

2 *vt (atesorar)* to hoard.

3 *vt arg fig* to put inside, put in the nick.

entallar

1 *vt (esculpir)* to carve.

2 *vt COST* to take in at the waist: una camisa entallada a fitted shirt.

3 *vi COST* to fit.

entallecer *vi* to shoot, sprout.

▲ *Conjugation model* [43], *like* **agradecer**.

entarimado *nm* parquet floor.

entarimar *vt* to cover with parquet.

entarugado *nm* wooden paving blocks *pl*.

entarugar *vt* to lay wooden paving blocks.

▲ *Conjugation model* [7], *like* **llegar**.

éntasis *nf* entasis.

▲ *pl éntasis.*

ente

1 *nm (ser)* being.

2 *nm (institución)* entity, body, organization.

3 *nm fig* oddball.

enteco,-a *adj* weak, puny, frail.

entelarañado,-a *adj* full of spider's webs.

entelequia *nf* entelechy.

entendederas *nm pl fam* brains.

✦ **ser duro,-a de entendederas** *fam* to be slow on the uptake.

tener buenas entendederas *fam* to be quick-witted.

entendedor,-ra

1 *adj* knowledgeable: es entendedor de la música he's very knowledgeable about music.

2 *nm,f* expert.

entender

1 *nm (opinión)* understanding, opinion.

2 *vt (comprender)* to understand: no entendió nada he didn't understand anything.

3 *vt (darse cuenta)* to realize.

4 *vt (discurrir)* to think, believe: entiendo que sería mejor ir I think it would be better to go.

5 *vt (conocer a alguien)* to know.

6 *vt (interpretar)* to understand, take it: ¿debo entender que ya no quieres ir? do I take it you don't want any more?

7 *vi (tener conocimiento)* to know (**de**, about).

8 *vi (ser autoridad)* to be an expert (**en**, in); *(encargarse)* to deal (**en**, with).

9 *vi arg (ser homosexual)* to be gay.

10 **entenderse** *vpr (comprenderse)* to be understood: esta frase no se entiende you can't understand this sentence, this sentence is impossible to understand.

11 *vpr fam (conocerse)* to know what one is doing: yo ya me entiendo I have my reasons.

12 *vpr fam (llevarse bien)* to get along: mi suegra y yo no nos entendemos my mother-in-law and I don't get on.

13 *vpr fam (relación amorosa)* to have an affair (**con**, with): dicen que se entiende con la vecina de al lado they say he's having an affair with the woman next door.

✦ **a mi entender …** to my way of thinking …

dar a entender que … to imply that …

entender mal to misunderstand.

entenderse con algo to deal with, fathom out: **no me entiendo con estas instrucciones** I can't fathom out these instructions.

entenderse con alguien *(tratar)* to deal with somebody, negotiate with somebody; *(ponerse de acuerdo)* to agree with somebody.

entenderse por señas to make oneself understood by gestures.

hacerse entender to make oneself understood.

no entiendo ni jota *fam* I don't understand a word of it.

tener entendido que … to understand (that) …: **tengo entendido que llegaron tarde** I understand they were late.

▲ *Conjugation model* [28].

entendidamente *adv* knowledgeably.

entendido,-a
1 *pp* → **entender.**
2 *nm,f* expert.

entendimiento
1 *nm (comprensión)* understanding, comprehension.
2 *nm (sentido común)* understanding, sense, judgement.
3 *nm (inteligencia)* intelligence.

entenebrecer
1 *vt* to darken, obscure.
2 **entenebrecerse** *vpr* to become dark, get dark.
▲ *Conjugation model* [43], *like* **agradecer.**

entente *nf* agreement.
▪ **entente cordial** entente cordiale.

enterado,-a
1 *pp* → **enterar.**
2 *adj* knowledgeable, well-informed.
3 *nm,f fam* expert, authority.
✦ **darse por enterado,-a de algo** to be aware of something.
estar enterado,-a to be in the know.
estar enterado,-a de algo to be aware of something.
no darse por enterado,-a to turn a deaf ear.

enteramente *adv* completely, entirely.

enterar
1 *vt* to inform (**de**, about/of); *(poner al corriente)* to acquaint (**de**, with), tell (**de**, about).
2 **enterarse** *vpr (averiguar)* to find out (**de**, about).
3 *vpr (tener conocimiento)* to learn, hear: **me enteré del accidente** I heard about the accident.
4 *vpr (darse cuenta)* to realize.
✦ **para que te enteres** *fam* for your information.

entercarse *vpr* to insist, persist.
▲ *Conjugation model* [1], *like* **sacar.**

entereza
1 *nf* entirety, wholeness.
2 *nf fig (de carácter etc)* integrity, strength.

enterizo,-a *adj* in one piece, whole.

enternecedor,-ra *adj* moving, touching.

enternecer
1 *vt (ablandar)* to soften.
2 *vt (conmover)* to move, touch.
3 **enternecerse** *vpr* to be moved, be touched.
▲ *Conjugation model* [43], *like* **agradecer.**

enternecidamente *adv* tenderly.

enternecimiento
1 *nm (cariño)* tenderness.
2 *nm (compasión)* pity.

entero,-a
1 *adj (completo)* entire, whole, complete.
2 *adj fig (recto)* honest, upright.
3 *adj fig (firme)* firm, resolute.
4 *adj (robusto)* robust.
5 **entero** *nm* FIN point.
6 *nm* MAT whole number.
✦ **bajar enteros** FIN to go down points.
darse por entero a algo to devote oneself entirely to something.
subir enteros FIN to go up points.

enterrador *nm* gravedigger.

enterramiento *nm* burial, interment.

enterrar
1 *vt* to bury, inter.
2 *vt fig (olvidar)* to forget, give up.
3 **enterrarse** *vpr fig* to bury oneself .
✦ **enterrarse en vida** *fig* to cut oneself off from the world.
▲ *Conjugation model* [27], *like* **acertar.**

entesar *vt (dar fuerza)* to strengthen; *(dar tensión)* to tighten.
▲ *Conjugation model* [27], *like* **acertar.**

entibiar
1 *vt* to cool, make lukewarm.
2 *vt fig* to cool down, temper.
3 **entibiarse** *vpr* to become lukewarm.
4 *vpr fig* to cool off.
▲ *Conjugation model* [12], *like* **cambiar.**

entidad
1 *nf (esencia)* entity.
2 *nf (asociación etc)* firm, company.
3 *nf fig (importancia)* importance, significance.
✦ **de entidad** important, of importance.

entierro
1 *nm (acción)* burial.
2 *nm (ceremonia)* funeral.
✦ **parecer un entierro de tercera** *fam* to be like a funeral.

entintar
1 *vt (manchar)* to stain with ink.
2 *vt (en impresión)* to ink.
3 *vt fig (teñir)* to dye.

entlo. *abr* (**entresuelo**) first floor, mezzanine, US second floor.

entoldado
1 *nm (toldos)* awnings *pl.*
2 *nm (para fiestas etc)* marquee.

entoldar
1 *vt* to put an awning over.
2 **entoldarse** *vpr (el tiempo)* to become overcast, cloud over.

entomología *nf* entomology.

entomológico,-a *adj* entomologic, entomological.

entomólogo,-a *nm,f* entomologist.

entonación *nf* intonation.

entonado,-a
1 *pp* → **entonar.**
2 *adj* arrogant, conceited.

entonar
1 *vt (nota)* to pitch; *(canción)* to sing, intone.
2 *vt (organismo)* to tone up.
3 *vt (colores)* to match.
4 *vi* MÚS to intone.
5 *vi (colores)* to match.
6 *vi fig (armonizar)* to be in harmony (**con**, with), be in tune (**con**, with).
7 **entonarse** *vpr (engreírse)* to give oneself airs, be conceited.

entonces
1 *adv (en aquel momento)* then.
2 *adv (en tal caso)* so, then: **entonces no lo quieres** so you don't want it.
✦ **de entonces** in those days, of that time: **los coches de entonces** cars of that time.
desde entonces since then.
en aquel entonces at that time.
por (aquel) entonces at that time.

entono *nm* arrogance.

entontecer
1 *vi* to befuddle.
2 **entontecerse** *vpr* to become confused.
▲ *Conjugation model* [43], *like* **agradecer.**

entorchado *nm* braid.

entorchar
1 *vt (velas)* to twist together.
2 *vt (hilo, cuerda - seda)* to cover with silk; *(- metal)* to cover with wire.

entornado,-a
1 *pp* → **entornar.**
2 *adj (ojos etc)* half-closed; *(puerta)* ajar.

entornar
1 *vt (ojos etc)* to half-close.
2 *vt (puerta)* to leave ajar.

entorno
1 *nm* environment, surroundings *pl.*
2 *nm* INFORM environment.

entorpecer
1 *vt* to make numb, make dull.
2 *vt fig (dificultar)* to obstruct, impede, hinder; *(retardar)* to delay.
▲ *Conjugation model* [43], *like* **agradecer.**

entorpecimiento
1 *nm* dullness, numbness.
2 *nm fig (obstrucción)* obstruction, hindrance; *(retraso)* delay.

entortadura *nf* crookedness.

entortar *vt* to make crooked.

entosigar *vt* to poison.

entrada

1 nf (gen) entrance, entry.

2 nf (vestíbulo) hall, entrance.

3 nf (billete) ticket, admission: **Juan fue a sacar las entradas** Juan went to buy the tickets; **la entrada cuesta cinco euros** admission is five euros.

4 nf (público) audience.

5 nf (recaudación) takings pl, receipts pl; (ingresos) receipts pl, earnings pl.

6 nf (de libro, oración, etc) opening; (de año, mes) beginning: **la entrada de la primavera** the beginning of spring.

7 nf (pago inicial) down payment, deposit: **pagué una entrada de diez mil libras para la casa** I made a down payment of ten thousand pounds for the house.

8 nf (en libro cuentas) entry.

9 nf CULIN entrée, starter.

10 nf INFORM input.

11 nf DEP tackle.

12 nf (en diccionario) entry.

✦ **dar entrada a** to let in, allow in.

de entrada (desde el principio) straight away, from the outset; (en comida) for starters.

"Prohibida la entrada" "No admittance".

tener entradas (en la frente) to have a receding hairline: **tiene entradas en la frente** he's got a receding hairline..

■ **derechos de entrada** import duty sing.

entrada de capital capital inflow.

entrada principal main entrance.

media-entrada (aforo) half-capacity crowd.

entramado nm wooden framework.

entramar vt to make a framework for.

entrambos,-as

1 adj fml both.

2 pron fml both: **entrambos lo entendieron** they both understood it.

entrampar

1 vt (animal) to trap.

2 vt fig (engañar) to trick.

3 vt fig (enredar) to mess up, muddle.

4 entramparse upr (enredarse) to get into a mess.

5 upr (endeudarse) to get into debt.

entrante

1 adj entering, coming, incoming: **el año entrante** the coming year; **el mes entrante** next month.

2 nm CULIN starter.

entrañable

1 adj (amistad) intimate, close.

2 adj (amigo) dear.

3 adj (recuerdo) fond.

entrañablemente adv deeply, dearly.

entrañar

1 vt (introducir) to bury deep.

2 vt (contener) to contain; (implicar) to involve, entail: **el negocio entraña ciertas dificultades** the business involves a number of difficulties.

3 entrañarse upr to get deeply attached (con, to).

entrañas

1 nf pl (órgano) entrails pl, bowels pl.

2 nf pl fig (parte importante) core, heart.

3 nf pl fig (parte oculta) bowels: **las entrañas de la tierra** the bowels of the earth.

4 nf pl fig (sentimiento, afecto) feelings.

✦ **de buenas entrañas** fig good-hearted.

de malas entrañas fig heartless.

echar las entrañas fig to puke, throw up.

no tener entrañas fig to be heartless.

sacarle a uno las entrañas fig to bleed somebody dry.

sin entrañas fig heartless.

entrar

1 vi (ir adentro) to come in, go in: **entró por una puerta secreta** he went in through a secret door; **entró corriendo** she ran in; **entró en la casa** he went into the house.

2 vi (tener entrada) to be welcome.

3 vi (en una sociedad etc) to join; (en una profesión) to take up, join: **ha entrado en la masonería** he's joined the Masons; **ha entrado en la abogacía** she's taken up law; **ha entrado en la armada** he's joined the navy.

4 vi (encajar, caber) to fit: **las maletas no entran en el maletero** the suitcases won't fit in the boot; **este tornillo no entra** this screw doesn't fit.

5 vi (empezar - año, estación) to begin, start; (- período, época) to enter; (- libro, carta) to begin, open: **ya ha entrado el verano** summer has begun; **el libro entra con un asesinato** the book begins with a murder.

6 vi (venir) to come over, come on: **le entra fiebre** she's got fever coming on; **me entró dolor de cabeza** I got a headache; **me entraron ganas de llorar** I felt like crying.

7 vi (alcanzar) to reach: **ha entrado en los cuarenta** he has reached forty.

8 vi (deberes, planes) to come, enter: **ese no entraba en el trato** that didn't enter into the deal.

9 vi (adoptar) to enter (into), get (into): **entrar en las modas** to get into fashion.

10 vi INFORM to access.

11 vi AUTO to engage, change into: **no me entró la primera** I couldn't change into first gear.

12 vi MÚS to come in, enter; (al escenario) to enter: **entró Peribáñez** Peribáñez entered.

13 vt (meter) to put: **entra la bici en el garaje** put your bike into the garage.

14 vt (de contrabando) to smuggle.

15 vt COST to take in.

16 entrarse upr to get in.

✦ **bien entrado,-a ...** well into ...: **bien entrada la tarde** well into the evening; **bien entrado enero** well into January.

el año que entra next year, the coming year.

entrado,-a en años/entrado,-a en edad fig getting on in years.

entrar a trabajar to begin work.

entrar con buen pie fig to get off on the right foot.

entrar en cólera to get angry.

entrar en contacto to get in touch.

entrar en detalles to go into details.

entrar en materia to give an introduction.

entrar en religión to enter a religious order.

ese tío no me entra fam I can't stand that guy.

hacer entrar to invite in.

no entrar ni salir en algo fam to be indifferent to something.

no me entra el latín fam I can't get the hang of Latin.

no me entra en la cabeza fam I can't believe it, I can't get my head round it.

entre

1 prep (dos términos) between: **entre las cuatro y las cinco** between four and five; **entre tú y yo** between the two of us.

2 prep (varios) among, amongst: **entre los periódicos** among the newspapers.

3 prep (sumando) counting: **entre niños y adultos somos doce** there are twelve of us counting children and adults; **entre todos éramos veinte** there were twenty of us all together.

4 prep (en) in: **entre la lluvia** in the rain.

5 prep (entremedio) somewhere between: **entre azul y verde** somewhere between blue and green.

✦ **de entre** from among, out of: **la mejor de entre todas** the best out of all of them.

entre ... y ... what with ... and ...: **entre el frío y la lluvia ...** what with the cold and the rain ...

entre tanto meanwhile, in the meantime.

por entre (entre) among, amongst; (a través) through: **pasó por entre la multitud** he made his way through the crowd.

entreabierto,-a

1 pp → entreabrir.

2 adj (ojos etc) half-open; (puerta) ajar.

entreabrir

1 vt (ojos) to half open.

2 vt (puerta etc) to leave ajar.

▲ pp entreabierto,-a.

entreacto nm interval.

entrecano,-a adj greying, greyish.

entrecejo nm space between the eyebrows; (ceño) frown: **lo miró con entrecejo** she frowned at him.

✦ **fruncir el entrecejo** to frown.

entrecerrar vt to half close.

▲ Conjugation model [27], like acertar.

entrechocar vt to crash, collide.

▲ Conjugation model [1], like sacar.

entreclaro,-a adj fairly clear.

entrecó nm entrecôte.

entrecomar *vt* → entrecomillar.

entrecomillado,-a
1 *pp* → entrecomillar.
2 *adj* in inverted commas, in quotation marks.

entrecomillar *vt* to put in inverted commas, put in quotation marks.

entrecoro *nm* chancel.

entrecortado,-a
1 *pp* → entrecortar.
2 *adj (voz)* faltering, hesitant; *(respiración)* laboured (*US* labored), difficult.
3 *adj (intermitente)* intermittent.

entrecortar
1 *vt* to cut partially.
2 *vt fig* to cut off, interrupt.

entrecot *nm* entrecôte.
▲ *pl* entrecots.

entrecruzar *vt* to interweave.
▲ *Conjugation model* [4], *like realizar.*

entrecubiertas *nf pl* between-decks.

entredicho
1 *nm (prohibición)* prohibition, ban.
2 *nm REL* interdict.
3 *nm (duda)* doubt, question.
✦ **estar en entredicho** to be in doubt, be in question.
poner algo en entredicho to have one's doubts about something, call something into question, cast doubt on something.

entredós
1 *nm COST* insertion, panel.
2 *nm (mueble)* cabinet, dresser.
▲ *pl* entredoses.

entrefilete *nm (en la prensa)* brief article, little piece.

entrefino,-a *adj* medium-quality, of medium quality.

entrega
1 *nf (gen)* handing over.
2 *nf (de premios)* presentation.
3 *nf COM* delivery.
4 *nf (de posesiones)* surrender.
5 *nf (fascículo)* instalment (*US* installment), part.
6 *nf fig (devoción)* selflessness, devotion.
7 *nf DEP* pass.
✦ **hacer entrega de algo** *(dar)* to hand over; *(repartir)* to deliver; *(premios)* to present.
■ **entrega a domicilio** home delivery.
entrega contra reembolso cash on delivery.

entregar
1 *vt (dar)* to hand over: le entregó la escritura he handed the deeds over to him.
2 *vt (deberes, ejercicios)* to hand in, give in; *(premios)* to present, award.
3 *vt COM* to deliver.
4 *vt MIL* to surrender.
5 **entregarse** *vpr (rendirse)* to give in (**a**, to), surrender: el enemigo se entregó the enemy surrendered; se entregó a las autoridades he gave himself up to the authorities.

6 *vpr (dedicarse)* to devote oneself (**a**, to), be devoted (**a**, to): se entrega plenamente a su trabajo she's totally devoted to her work.
7 *vpr pey (caer en)* to give oneself over (**a**, to), take (**a**, to): se entregó a la bebida he took to the bottle.
▲ *Conjugation model* [7], *like llegar.*

entreguerras
✦ **de entreguerras** between the wars, interwar: el periodo de entreguerras the period between the wars.

entrelargo,-a *adj* medium-length, of medium length.

entrelazar *vt* to entwine, interweave, interlace.
✦ **entrelazar las manos** to join one's hands, hold hands.
▲ *Conjugation model* [4], *like realizar.*

entrelínea *nf* interlineation.

entrelinear *vt* to write between lines, insert between lines.

entrelistado,-a *adj* striped.

entrelucir *vi* to show through.
▲ *Conjugation model* [45], *like lucir.*

entremedias
1 *adv* in between.
2 *adv (mientras tanto)* meanwhile, in the meantime.
✦ **entremedias de** between, among.

entremés
1 *nm* entremeses *(entrante)* hors d'oeuvre.
2 *nm (obra corta)* interlude, short play, short farce.

entremeter
1 *vt* to insert, place between.
2 **entremeterse** *vpr* → entrometerse.

entremezclar
1 *vt* to intermingle.
2 **entremezclarse** *vpr* to intermingle.

entrenador,-ra *nm,f* trainer, coach.

entrenamiento *nm* training.

entrenar
1 *vt* to train, coach.
2 **entrenarse** *vpr* to train.

entreno *nm* training.

entrenzar *vt* to plait, braid.
▲ *Conjugation model* [4], *like realizar.*

entreoír *vt* to hear vaguely.
▲ *Conjugation model* [75], *like oír.*

entrepaño
1 *nm (de puerta etc)* panel.
2 *nm (entre columnas etc)* alcove, bay.
3 *nm (de estante)* shelf.

entrepierna *nf* crotch, crutch.
■ **pasarse algo por la entrepierna** not to give a toss about something: se lo pasó por la entrepierna she didn't give a toss about it.

entreponer *vt* to interpose, place between.
▲ *Conjugation model* [78], *like poner; pp* entrepuesto,-a.

entrepuesto,-a *pp* → entreponer.

entresacar
1 *vt (elegir)* to select, pick out.
2 *vt (pelo, plantas)* to thin out.
▲ *Conjugation model* [1], *like sacar.*

entresijo *nm fig* secret, mystery.
✦ **conocer todos los entresijos** *fig* to know all the ins and outs.
tener algo muchos entresijos *fig* to be very complicated.

entresuelo *nm* mezzanine, *GB* first floor, *US* second floor.

entretallar
1 *vt (labrar)* to carve.
2 *vt (calados)* to do openwork on.
3 *vt fig (detener)* to stop.
4 **entretallarse** *vpr* to fit in.

entretanto *adv* meanwhile, for the time being.
✦ **en el entretanto** in the meantime.

entretejer *vt* to interweave, intertwine.

entretela
1 *nf COST* interfacing, interlining.
2 **entretelas** *nf pl fam fig* heart *sing*: amor de mis entretelas my darling, my beloved.

entretenedor,-ra *adj* entertaining.

entretener
1 *vt (detener)* to hold up, detain; *(retrasar)* to delay: no quiero entreteneros más I don't want to hold you up any longer.
2 *vt (ocupar)* to keep busy: ese asunto me ha entretenido todo el día that business has kept me busy all day.
3 *vt (distraer)* to occupy, keep occupied.
4 *vt (divertir)* to entertain, amuse, distract.
5 *vt (hambre)* to kill, stave off; *(tiempo)* to while away.
6 **entretenerse** *vpr (retrasarse)* to be delayed, be held up.
7 *vpr (distraerse)* to keep oneself occupied.
8 *vpr (divertirse)* to amuse oneself .
✦ **solo para entretenerse** just for fun.
▲ *Conjugation model* [87], *like tener.*

entretenida *nf* mistress, kept woman.
✦ **dar a alguien la entretenida** to try to put somebody off.

entretenido,-a
1 *pp* → entretener.
2 *adj (divertido)* entertaining, amusing.
3 *adj (complicado)* time-consuming: un trabajo entretenido a time-consuming job.

entretenimiento
1 *nm (distracción)* entertainment, distraction, amusement.
2 *nm (mantenimiento)* maintenance, upkeep.

entretiempo *nm* period between seasons; *(primavera)* spring; *(otoño)* autumn.
✦ **un traje de entretiempo** a lightweight suit.

entreventana *nf* pier.

entrever
1 *vt* to glimpse, catch sight of, make out: entrevimos unas casas a lo lejos we

could make out some houses in the distance.

2 *vt fig (conjeturar)* to guess, suspect: entreveo lo que pretende I can guess what he wants.

+ dejar entrever to hint.

▲ *Conjugation model* [91], *like ver; pp entrevisto,-a.*

entreverado,-a
1 *pp* → entreverar.
2 *adj* mixed, patchy.
3 *adj CULIN* streaky.

entreverar *vt* to mix, mix up.

entrevés *pres indic* → entrever.

entreví *pt indef* → entrever.

entrevía *nf* gauge.

entrevista
1 *nf (prensa)* interview.
2 *nf (reunión)* meeting.
+ hacer una entrevista a alguien to interview somebody.

entrevistador,-ra *nm,f* interviewer.

entrevistar
1 *vt* to interview.
2 entrevistarse *vpr (prensa)* to have an interview (**con**, with).
3 *vpr (reunirse)* to have a meeting (**con**, with): el presidente se entrevistó con el rey the president had a meeting with the king.

entrevisto,-a *pp* → entrever.

entristecedor,-ra *adj* saddening.

entristecer
1 *vt* to sadden, make sad.
2 entristecerse *vpr* to be sad (**por**, about).
▲ *Conjugation model* [43], *like agradecer.*

entrometerse *vpr* to meddle, interfere: se entrometió en nuestros asuntos he interfered in our affairs.

entrometido,-a
1 *pp* → entrometerse.
2 *adj* interfering, nosy.
3 *nm,f* meddler, busybody, nosy parker.

entromparse *vpr fam* to get sloshed.

entroncamiento
1 *nm (relación)* relationship; *(por matrimonio)* relationship by marriage.
2 *nm (ferroviario)* junction.

entroncar
1 *vt* to relate, link, connect: la historia entronca las dinastías history links the dynasties.
2 *vi (parentesco)* to be related; *(por matrimonio)* to be related by marriage: la familia de mi mujer entronca con la vuestra my wife's family is related to yours.
+ entroncar con una familia to marry into a family.
▲ *Conjugation model* [1], *like sacar.*

entronización *nf* enthronement.

entronizar
1 *vt* to enthrone, put on the throne.
2 *vt fig* to worship, put on a pedestal.
▲ *Conjugation model* [4], *like realizar.*

entronque *nm* → entroncamiento.

entropía *nf* entropy.

entruchar *vt fam* to trick, dupe.

entubar
1 *vt* to tube, put in a tube.
2 *vt MIL arg* to punish.

entuerto
1 *nm (agravio)* wrong, injustice.
2 entuertos *nm pl* afterpains.
+ deshacer entuertos to right wrongs.

entumecer
1 *vt* to numb, make numb: el frío le entumeció los dedos the cold made his fingers numb.
2 entumecerse *vpr* to go numb, go to sleep.
3 *vpr fig (mar, río)* to swell.
▲ *Conjugation model* [43], *like agradecer.*

entumecido,-a
1 *pp* → entumecer.
2 *adj* numb.
3 *adj fig (mar, río)* swollen.

entumecimiento
1 *nm* numbness.
2 *nm (mar, río)* swelling.

entumido,-a *adj* numb.

entumirse *vpr* to go numb.

enturbiar
1 *vt* to make muddy, make cloudy, cloud.
2 *vt fig* to cloud, muddle, obscure.
3 enturbiarse *vpr* to get muddy, become cloudy.
4 *vpr fig* to get confused, get muddled.
▲ *Conjugation model* [12], *like cambiar.*

entusiasmado,-a
1 *pp* → entusiasmar.
2 *adj* excited.

entusiasmar
1 *vt (causar entusiasmo)* to fill with enthusiasm, excite.
2 *vt (gustar)* to like, love: me entusiasma la ópera I love opera.
3 entusiasmarse *vpr* to get enthusiastic (**con**, about), get excited (**con**, about).
4 *vpr (gustar)* to love (**con**, -), like (**con**, -).

entusiasmo *nm* enthusiasm.
+ con entusiasmo keenly, enthusiastically.

entusiasta
1 *adj* enthusiastic.
2 *nm & nf* lover, fan.

entusiástico,-a *adj* enthusiastic.

enumeración *nf (cómputo)* enumeration, count, reckoning; *(relación)* listing, enumeration.

enumerar *vt* to enumerate.

enunciación *nf* → enunciado.

enunciado
1 *nm (teoría etc)* enunciation.
2 *nm LING* statement.
3 *nm (problema etc)* wording.

enunciar
1 *vt (teoría)* to enunciate.
2 *vt (expresar)* to express, state, word.
▲ *Conjugation model* [12], *like cambiar.*

enunciativo,-a *adj* enunciative.
■ oración enunciativa statement.

enuresis *nf* bed-wetting.

envainar *vt* to sheathe.

envalentonamiento *nm* arrogance, boldness.

envalentonar
1 *vt* to make bold, make daring.
2 envalentonarse *vpr (volverse valiente)* to become bold, become daring.
3 *vpr (insolentarse)* to become arrogant, become aggressive.

envanecer
1 *vt* to make vain, make proud.
2 envanecerse *vpr* to become conceited (**de/por**, about), become vain (**de/por**, about): se envaneció de/por sus éxitos he got conceited about his success, his success went to his head.
▲ *Conjugation model* [43], *like agradecer.*

envanecimiento *nm* vanity, conceit.

envarado,-a
1 *pp* → envarar.
2 *adj (tieso)* stiff.
3 *adj (orgulloso)* conceited, proud.

envaramiento *nm* stiffness.

envarar
1 *vt (entumecer)* to numb, make numb.
2 envararse *vpr (entumecerse)* to go numb.
3 *vpr fam fig (engreírse)* to become vain, become conceited.

envasado,-a
1 *pp* → envasar.
2 *adj (bebidas)* bottled; *(conservas)* canned, tinned; *(paquetes)* packed.
3 envasado *nm (bebidas)* bottling; *(conservas)* canning; *(paquetes)* packing.
■ envasado al vacío vacuum-packed.

envasar *vt (botellas)* to bottle; *(latas)* to can, tin; *(paquetes)* to pack.

envase
1 *nm (acción - paquetes)* packing; *(- botellas)* bottling; *(- latas)* canning.
2 *nm (recipiente)* container.
3 *nm (botella vacía)* empty.
■ envase de cartón carton.
envase de plástico plastic container.
envase sin retorno nonreturnable bottle.

envedijarse
1 *vpr* to get tangled.
2 *vpr fig* to quarrel.

envejecer
1 *vt* to age, make look old: este peinado te envejece that hairstyle makes you look old.
2 *vi* to get old, grow old.
3 envejecerse *vpr* to get old, grow old.
▲ *Conjugation model* [43], *like agradecer.*

envejecido,-a
1 *pp* → envejecer.
2 *adj* aged, old, old-looking: Pablo está muy envejecido Pablo looks very old.

envejecimiento *nm* ageing, growing old.

envenenamiento *nm* poisoning.

envenenar
1 *vt* to poison.
2 *vt fig (palabras, acciones)* to interpret wrongly.
3 *vt fig (corromper)* to corrupt, poison.

enverar *vi* to begin to ripen.

enverdecer *vi* to become green.
▲ *Conjugation model* [43], *like* **agradecer.**

envergadura
1 *nf (de pájaro)* spread, span, wingspan.
2 *nf MAR* breadth (of sail).
3 *nf fig (de avión)* span, wingspan.
4 *nf fig (importancia)* importance, scope.
✦ **de gran envergadura/de mucha envergadura** very important, consequential, far-reaching.
   de poca envergadura unimportant, inconsequential.

envergar *vt* to fasten.
▲ *Conjugation model* [7], *like* **llegar.**

enverjado *nm* → **enrejado.**

envés
1 *nm (de página)* back, reverse.
2 *nm (de tela)* wrong side.
3 *nm BOT* reverse.
▲ *pl* **envés.**

envestidura *nf* investiture, inauguration.

enviado,-a
1 *pp* → **enviar.**
2 *nm,f* messenger, envoy.
■ **enviado,-a especial** special correspondent.

enviar
1 *vt (gen)* to send: **nos enviaron un telegrama** they sent us a telegram.
2 *vt COM* to dispatch, remit; *(por barco)* to ship.
✦ **enviar a alguien de paseo** *fam fig* to send somebody packing.
▲ *Conjugation model* [13], *like* **desviar.**

enviciar
1 *vt (pervertir)* to corrupt, pervert.
2 *vi BOT* to produce too many leaves and not enough fruit.
3 *vi fig (deformarse)* to become distorted.
4 **enviciarse** *vpr (pervertirse)* to become corrupted, fall into bad habits; *(aficionarse demasiado)* to become addicted (**en**, to).
▲ *Conjugation model* [12], *like* **cambiar.**

envidar *vi* to bid, bet.

envidia *nf* envy.
✦ **dar envidia** to make envious.
   morirse de envidia *fig* to be green with envy.
   tener envidia de algo/alguien to envy something/somebody.

envidiable *adj* enviable.

envidiar *vt* to envy, be envious of: **le envidia su éxito** he envies her success.
▲ *Conjugation model* [12], *like* **cambiar.**

envidiosamente *adv* with envy, enviously.

envidioso,-a *adj* envious.

envigar *vt* to put the beams in.
▲ *Conjugation model* [7], *like* **llegar.**

envilecer
1 *vt* to debase, degrade.
2 *vi* to lose value, be debased.
3 **envilecerse** *vpr* to debase oneself, degrade oneself: **bebió tanto que se envileció** he debased himself by drinking so much.
▲ *Conjugation model* [43], *like* **agradecer.**

envilecimiento *nm* degradation, debasement.

envinagrar *vt* to put vinegar on.

envío
1 *nm (acción)* sending, dispatch.
2 *nm COM* dispatch, shipment.
3 *nm (remesa)* consignment; *(paquete)* parcel.
4 *nm (mensaje electrónico)* posting.
✦ **hacer un envío** *COM* to dispatch an order.
■ **envío contra reembolso** cash on delivery.
   gastos de envío postage and packing.

envite
1 *nm (apuesta)* bet.
2 *nm fig (ofrecimiento)* offer, bid.
3 *nm (empujón)* push.
✦ **al primer envite** straightaway, right away.

enviudar *vi (hombre)* to become a widower, lose one's wife; *(mujer)* to become a widow, lose one's husband.

envoltorio
1 *nm (de caramelo etc)* wrapper.
2 *nm (lío)* bundle.

envoltura *nf* wrapping, wrapper.

envolvente *adj* enveloping.

envolver
1 *vt (con papel)* to wrap, wrap up: **no hace falta que me lo envuelva** there's no need to wrap it.
2 *vt (con ropa)* to wrap, wrap up: **estaba envuelta en una manta** she was wrapped in a blanket.
3 *vt (hilo, cinta)* to wind: **envuelva el hilo en la bobina** wind the thread onto the bobbin.
4 *vt (pasteles etc)* to coat, cover: **galletas envueltas en chocolate** chocolate-coated biscuits.
5 *vt fig (rodear)* to envelop, shroud: **la niebla envolvía el campanario** the fog enveloped the bell tower.
6 *vt fig (implicar)* to involve (**en**, in), implicate (**en**, in): **lo envolvieron en aquel asunto** they involved him in that affair.
7 *vt fig (confundir)* to confound.
8 *vt MIL* to surround, encircle.
9 **envolverse** *vpr (uso reflexivo)* to wrap oneself up (**en**, in).
10 *vpr fig (implicarse)* to become involved (**en**, in).
▲ *Conjugation model* [32], *like* **mover;** *pp* **envuelto,-a.**

envuelto,-a *pp* → **envolver.**

enyesado
1 *nm* plastering.
2 *nm MED* plaster cast.

enyesar
1 *vt* to plaster.
2 *vt MED* to put in plaster.

enzarzar
1 *vt (de zarzas)* to cover with brambles.
2 *vt fig (engrescar)* to sow discord among, set at odds.
3 **enzarzarse** *vpr (enredarse en zarzas)* to get entangled in brambles.
4 *vpr fig (discusión, asunto)* to get involved (**en**, in).
▲ *Conjugation model* [4], *like* **realizar.**

enzima *nm o nf* enzyme.

eñe *nf* name of the letter ñ.

eoceno,-a
1 *adj* Eocene.
2 **eoceno** *nm* Eocene.

eólico,-a *adj* wind: **energía eólica** wind power.

eolito *nm* eolith.

eón *nm* aeon (*US* eon).

epatar *vt arg* to knock dead.

E.P.D. *abr* (**en paz descanse**) rest in peace; *(abreviatura)* R.I.P.

epéntesis *nf* epenthesis.
▲ *pl* **epéntesis.**

épica *nf* epic poetry.

epicarpio *nm* epicarp.

epicarpo *nm* epicarp.

epiceno *adj* epicene.

epicentro *nm* epicentre (*US* epicenter).

épico,-a *adj* epic, heroic.

epicureísmo *nm* Epicureanism.

epicúreo,-a *adj* Epicurean.

epidemia *nf* epidemic.

epidémico,-a *adj* epidemic.

epidérmico,-a *adj* epidermic, skin: **enfermedad epidérmica** skin disease.

epidermis *nf* epidermis, skin.
▲ *pl* **epidermis.**

epifanía *nf* Epiphany, Twelfth Night.

epiglotis *nf* epiglottis.
▲ *pl* **epiglotis.**

epígono *nm* epigone.

epígrafe
1 *nm (cita)* epigraph.
2 *nm (título)* title, heading.

epigrafía *nf* epigraphy.

epigrama *nm* epigram, satirical poem.

epilepsia *nf* epilepsy.

epiléptico,-a
1 *adj* epileptic.
2 *nm,f* epileptic.

epílogo
1 *nm (parte final)* epilogue (*US* epilog).
2 *nm (resumen)* summary.

episcopado
1 *nm (obispos)* episcopacy.
2 *nm (lugar)* bishopric.
3 *nm (época)* episcopate.

episcopal *adj* episcopal.
episiotomía *nf* episiotomy.
episódico,-a *adj* episodic.
episodio
  1 *nm (literario)* episode.
  2 *nm (suceso)* incident, event.
epístola *nf fml* epistle, letter.
epistolario *nm* collection of letters.
epitafio *nm* epitaph.
epitalamio *nm* epithalamium.
epitelio *nm* epithelium.
epíteto *nm* epithet.
epítome *nm* epitome, abstract, summary.
E.P.M. *abr* (**en propia mano**) in person, personally.
EPO *abr* (**eritropoyetina**) erythropoietin; *(abreviatura)* EPO.
época
  1 *nf* time, age: en la época de Enrique VIII in the time of Henry VIII; en la época de los romanos in Roman times.
  2 *nf HIST* period, epoch: muebles de época period furniture.
  3 *nf AGR* season, time: la época de la recolección harvest time.
  ✦ **hacer época** to be a landmark, make history: un descubrimiento que hizo época a discovery which had a huge impact; un acuerdo que hizo época an agreement which made history.
  por aquella época about that time.
  ser de su época to be with the times.
epodo *nm* epode.
epónimo,-a
  1 *adj* eponymous.
  2 **epónimo** *nm* eponym.
epopeya
  1 *nf LIT* epic poem.
  2 *nf (hecho)* heroic deed.
épsilon *nf* epsilon.
epsomita *nf* Epsom salts *pl*.
equidad
  1 *nf JUR* equity.
  2 *nf (moderación)* fairness, reasonableness.
equidistancia *nf* equidistance.
equidistante *adj* equidistant.
equidistar *vi* to be equidistant (**de**, from).
équido,-a
  1 *adj* equine.
  2 **équido** *nm* equine.
equilátero,-a *adj* equilateral.
equilibrado,-a
  1 *pp* → **equilibrar**.
  2 *adj* balanced.
  3 *adj (persona)* sensible, well-balanced.
equilibrar
  1 *vt* to balance, poise: equilibrar los platillos de una balanza to balance the trays on a set of scales.
  2 *vt fig* to balance, adjust: tenemos que equilibrar el presupuesto we have to balance the budget.
  3 **equilibrarse** *vpr* to balance (**en**, on).
  4 *vpr fig* to recover one's balance.

equilibrio
  1 *nm (estabilidad)* balance: perdió el equilibrio he lost his balance.
  2 *nm FÍS* equilibrium.
  3 *nm fig (armonía)* balance, harmony.
  4 *nm fig (serenidad)* poise, composure.
  ✦ **hacer equilibrios** *fig* to perform a balancing act: tuvo que hacer equilibrios para llegar a fin de mes he had to pinch pennies to get to the end of the month.
  mantener el equilibrio to keep one's balance.
  perder el equilibrio to lose one's balance.
  ▪ **equilibrio de poderes** balance of power.
equilibrismo *nm (gen)* balancing act; *(de funámbulo)* tightrope walking.
equilibrista *nm & nf (funámbulo)* tightrope walker.
equimosis *nf* weal.
equino[1] *nm (erizo marino)* sea urchin.
equino,-a[2] *adj* equine, horse.
equinoccio *nm* equinox.
equinodermo *nm* echinoderm.
equipaje
  1 *nm* luggage, baggage.
  2 *nm (instrumental)* equipment, outfit.
  3 *nm (tripulación)* crew.
  ✦ **hacer el equipaje** to pack, do the packing.
  ▪ **equipaje de mano** hand luggage.
equipar
  1 *vt* to equip, furnish.
  2 *vt (barco)* to fit out.
  3 **equiparse** *vpr (uso reflexivo)* to kit oneself out (**con/de**, with), equip oneself (**con/de**, with) .
equiparable *adj* comparable (**a/con**, to/with).
equiparación *nf* comparison.
equiparar *vt* to compare (**a/con**, with), liken (**a/con**, to).
equipo
  1 *nm (prestaciones)* equipment.
  2 *nm (ropas, utensilios)* outfit, kit.
  3 *nm (de personas)* team.
  ▪ **equipo de alta fidelidad** hi-fi system.
  equipo de fútbol football team.
  equipo de música music centre, stereo system.
  equipo de novia trousseau.
  equipo de salvamento rescue team.
  gastos de equipo capital expenditure *sing*.
equis
  1 *nf* name of the letter x.
  2 *nf MAT* x, unknown quantity.
  ▲ *pl* equis.
equitación *nf* horsemanship, horse riding, *US* horseback riding.
equitativo,-a *adj* equitable, fair.
equivalencia
  1 *nf (igualdad)* equivalence.
  2 *nf (sustitución)* compensation.

equivalente
  1 *adj (igual)* equivalent.
  2 *adj (que sustituye)* compensatory.
  3 *nm* equivalent.
equivaler
  1 *vi (ser igual)* to be equivalent (**a**, to), be equal (**a**, to).
  2 *vi (significar)* to be tantamount (**a**, to), amount (**a**, to), mean (**a**, -): eso equivale a una declaración de guerra this amounts to a declaration of war.
  ▲ *Conjugation model* [89], *like* **valer**.
equivocación
  1 *nf (error)* mistake, error.
  2 *nf (malentendido)* misunderstanding.
  ✦ **cometer una equivocación** to make a mistake.
equivocadamente *adv* by mistake.
equivocado,-a
  1 *pp* → **equivocar**.
  2 *adj* mistaken, wrong.
equivocar
  1 *vt* to mistake, get wrong: equivoqué el precio I got the price wrong.
  2 *vt (cambiar)* to get mixed up: equivoqué vuestros regalos I got your presents mixed up.
  3 **equivocarse** *vpr* to make a mistake, be mistaken, be wrong; *(de dirección, camino etc)* to go wrong, get wrong: lo siento pero me he equivocado I'm sorry but I've made a mistake; quedamos el miércoles si no me equivoco we had an appointment on Wednesday if I'm not mistaken; te has equivocado de fecha you got the date wrong; me equivoqué de calle I got the wrong street.
  ▲ *Conjugation model* [1], *like* **sacar**.
equívoco,-a
  1 *adj* equivocal, misleading, ambiguous.
  2 **equívoco** *nm* ambiguity, double meaning.
  3 *nm (malentendido)* misunderstanding.
era[1] *nf (tiempo)* era, age.
  ▪ **era cristiana** Christian era.
era[2]
  1 *nf AGR* threshing floor.
  2 *nf (cuadro de jardín)* bed, plot.
era[3] *imperf indic* → **ser**.
eral *nm* bullock.
erario *nm* exchequer, treasury.
erasmismo *nm* Erasmianism.
erbio *nm* erbium.
ERC *abr POL* (**Esquerra Republicana de Catalunya**) *pro-independence Catalan party.*
ere *nf* name of the letter r.
ERE *abr* (**Expediente de regulación de empleo**) *job rationalization scheme.*
erección
  1 *nf (levantamiento)* erection, raising.
  2 *nf (órgano)* erection.
  3 *nf (institución)* foundation, establishment.
eréctil *adj* erectile.
erecto,-a *adj* erect.

eremita *nm* hermit, eremite.

erensano,-a
1 *adj* of Orense, from Orense.
2 *nm,f* person from Orense, inhabitant of Orense.

eres *pres indic* → **ser.**

eretismo *nm* erethism.

erg *nm* erg.

ergio *nm* erg.

ergonomía *nf* ergonomics.

ergonómico,-a *adj* ergonomic.

erguido,-a
1 *pp* → **erguir.**
2 *adj* erect, upright, straight.
3 *adj fig* proud.

erguir
1 *vt* to raise (up straight), erect, lift up.
2 **erguirse** *vpr (ponerse derecho)* to straighten up, stand up straight.
3 *vpr (alzarse)* to rise.
4 *vpr fig (engreírse)* to swell with pride.
▲ *Conjugation model* [70].

erial
1 *adj* uncultivated, untilled.
2 *nm* uncultivated land.

erica *nf* erica.

erigir
1 *vt (alzar)* to erect, build.
2 *vt (instituir)* to establish, found.
3 *vt (convertir)* to convert: **erigieron el edificio en embajada** they converted the building into the embassy.
4 *vt (elevar de categoría)* to make: **le erigieron jefe de la pandilla** they made him gang leader.
5 *vi (elevar de categoría)* to promote (**en**, to).
6 **erigirse** *vpr (atribuirse)* to set oneself up (**en**, as): **se erigió en presidente** he set himself up as president.
▲ *Conjugation model* [6], *like dirigir.*

eritema *nm* erythema.

Eritrea *nf* Eritrea.

eritreo,-a
1 *adj* Eritrean.
2 *nm,f (persona)* Eritrean.

eritropoyetina *nf* erythropoietin.

erizado,-a
1 *pp* → **erizar.**
2 *adj* bristly, prickly.
3 *adj fig* fraught (**de**, with), full (**de**, of): **una situación erizada de dificultades** a situation fraught with difficulties.

erizar
1 *vt (pelo - animal)* to bristle; *(- persona)* make stand on end: **lo que vio le erizó el pelo** what he saw made his hair stand on end.
2 **erizarse** *vpr (pelo - de animal)* to bristle; *(- de persona)* to stand on end: **el pelo se le erizó** his hair stood on end.
▲ *Conjugation model* [4], *like realizar.*

erizo
1 *nm (animal)* hedgehog.
2 *nm (planta)* burr.
3 *nm fig (persona)* surly person, prickly character.
■ **erizo de mar/erizo marino** sea urchin.

ermita *nf* hermitage, shrine.

ermitaño,-a
1 *adj* recluse: **lleva la vida de una persona ermitaña** she lives the life of a recluse.
2 *nm,f (persona solitaria)* hermit.
3 **ermitaño** *nm ZOOL* hermit crab.

erogación *nf* distribution, division, apportionment.

erogar *vt* to distribute, divide, apportion.
▲ *Conjugation model* [7], *like llegar.*

erógeno,-a *adj* erogenous, erogenic.

erosión
1 *nf* erosion, wearing away.
2 *nf fig* wear and tear.

erosionar
1 *vt* to erode.
2 *vt (gastar)* to wear away.

erosivo,-a *adj* erosive.

erótico,-a *adj* erotic.

erotismo *nm* eroticism.

erotizar *vt* to eroticize.
▲ *Conjugation model* [4], *like realizar.*

errabundo,-a
1 *adj* wandering, vagrant.
2 *adj fig* aimless.

erradamente *adv* mistakenly.

erradicación
1 *nf* eradication.
2 *nf (de enfermedad)* stamping out.

erradicar
1 *vt* to eradicate.
2 *vt (enfermedad)* to stamp out.
▲ *Conjugation model* [1], *like sacar.*

errado,-a
1 *pp* → **errar.**
2 *adj* mistaken, wrong, erroneous.

errante *adj* wandering, vagrant, errant.

errar
1 *vt (objetivo)* to miss, get wrong.
2 *vi (vagar)* to wander, rove, roam.
3 *vi (equivocarse)* to be mistaken, be wrong.
✦ **errar el camino** to take the wrong road; *fig* to choose the wrong course.
errar la respuesta to give the wrong answer.
errar el tiro to miss the mark.
errar y porfiar to persist in error.
▲ *Conjugation model* [57].

errata *nf* erratum, misprint.

errático,-a *adj* erratic.

erre *nf* name of the digraph *rr.*
✦ **erre que erre** *fam* stubbornly, pig-headedly.

erróneamente *adv* wrongly, erroneously.

erróneo,-a *adj* erroneous, wrong, mistaken, unsound: **juicio erróneo** unsound judgement; **explicación errónea** wrong explanation; **identificación errónea** mistaken identity.

error *nm* error, mistake: **cometió varios errores** he made a number of mistakes; **el artículo estaba lleno de errores** the article was full of mistakes.
✦ **caer en un error** to make a mistake.
estar en un error to be mistaken.
por error by mistake, in error.
■ **error de imprenta** misprint.
error judicial miscarriage of justice.

ertzaina *nmf member of the Basque regional police force.*

Ertzaintza *nf Basque regional police force.*

eructar *vi* to belch, burp.

eructo *nm* belch, burp.

erudición *nf* erudition, learning, scholarship.

eruditamente *adv* eruditely.

erudito,-a
1 *adj* erudite, learned, scholarly: **una mujer erudita** an erudite woman; **erudito en historia** learned in history.
2 *nm,f* scholar, expert.
■ **erudito,-a a la violeta** *fam* pseudo-intellectual.

erupción
1 *nf (volcánica)* eruption.
2 *nf (cutánea)* rash.
✦ **entrar en erupción** to erupt.

eruptivo,-a *adj* eruptive.

es *pres indic* → **ser.**

esa *adj* → **ese.**

ésa *pron* → **ése.**

esbeltez
1 *nf* slenderness, slimness.
2 *nf (elegancia)* gracefulness.

esbelto,-a
1 *adj* slim, slender, willowy.
2 *adj (elegante)* graceful.

esbirro
1 *nm HIST* bailiff.
2 *nm (ayudante)* henchman.

esbozar *vt* to sketch, outline.
✦ **esbozar una sonrisa** *fig* to force a smile, smile weakly.
▲ *Conjugation model* [4], *like realizar.*

esbozo *nm* sketch, outline, rough draft.

escabechado,-a
1 *pp* → **escabechar.**
2 *adj* pickled, in brine; *(arenque)* pickled, soused.

escabechar
1 *vt* to pickle, preserve in brine; *(arenque)* to souse, pickle.
2 *vt fam fig (matar)* to do in, bump off.
3 *vt fam fig (suspender)* to fail.

escabeche *nm* brine, pickle: **atún en escabeche** tuna in brine; **arenques en escabeche** soused herrings.

escabechina *nf fam* massacre.
✦ **hacer una escabechina** *EDUC fam* to fail a lot of students.

escabel *nm* low stool, footstool.

escabrosamente
1 *adv fig (con dificultad)* with difficulty.
2 *adv fig (con crudeza)* crudely, coarsely.

escabrosidad
1 *nf (desigualdad)* unevenness, roughness.
2 *nf fig (de carácter)* harshness.
3 *nf fig (dificultad)* toughness, difficulty.
4 *nf fig (indecencia)* coarseness, crudeness.

escabroso,-a
1 *adj (desigual)* uneven, rough: **terreno escabroso** rough terrain.
2 *adj fig (carácter)* harsh, rude.
3 *adj fig (difícil)* tough, difficult.
4 *adj fig (indecente)* indecent, coarse, crude.

escabullirse
1 *vpr (entre las manos)* to slip through.
2 *vpr fig (persona)* to slip away, sneak off, disappear.
▲ *Conjugation model* [41], *like mullir.*

escachar *vt fam (espachurrar)* to squash; *(romper)* to break.

escacharrar
1 *vt fam (romper)* to break.
2 *vt fam (estropear)* to ruin, spoil.
3 *vt fam (coche)* to smash up.
4 **escacharrarse** *vpr fam (estropearse)* to be ruined, be spoilt.

escafandra *nf* diving suit.
■ **escafandra autónoma** scuba.

escafandrista *nm & nf* diver.

escafandro *nm →* escafandra.

escagarruzarse *vpr fam* to crap oneself.
▲ *Conjugation model* [4], *like realizar.*

escala
1 *nf (escalera - de mano)* ladder; *(- de tijera)* stepladder.
2 *nf (graduación)* scale; *(de colores)* range.
3 *nf (mapa, plano, etc)* scale: **lo dibujó a escala** he drew it to scale.
4 *nf (puerto)* port of call; *(aeropuerto)* stopover.
5 *nf MÚS* scale.
6 *nf MIL* promotion list.
✦ **a gran escala/en gran escala** on a large scale.
en pequeña escala on a small scale.
hacer escala *(en barco)* to put in (**en**, at); *(en avión)* to stop over (**en**, in).
■ **escala de gato** rope ladder.
escala de valores scale of values.
escala móvil sliding scale.
escala musical scale.

escalada
1 *nf (montaña)* climb, climbing; *(pendiente)* scaling.
2 *nf fig (precios etc)* rise, increase; *(armas)* escalation: **la escalada del terrorismo** the increase in terrorism; **la escalada de las armas nucleares** the escalation in nuclear weapons.

escalador,-ra *nm,f* climber, mountaineer.

escalafón
1 *nm (de personas)* roll, promotion list.
2 *nm (graduación)* ladder; *(de salarios)* salary scale, wage scale.

escálamo *nm* rowlock.

escalar
1 *vt (montaña)* to climb; *(pendiente)* to scale.

2 *vt (asaltar)* to burgle.
3 *vt fig (subir)* to climb; *(armas, guerra)* to escalate.

escaldado,-a
1 *pp →* escaldar.
2 *adj* scalded.
3 *adj fig* wary, cautious.
✦ **salir escaldado,-a** *fig* to get one's fingers burnt.

escaldadura *nf* scald, scalding.

escaldar
1 *vt* to scald.
2 **escaldarse** *vpr* to get scalded.

escaleno
1 *adj* scalene.
2 *nm* scalene.

escalera
1 *nf* stairs *pl*, staircase.
2 *nf (escala)* ladder.
3 *nf (naipes)* run, sequence.
■ **escalera de caracol** spiral staircase.
escalera de incendios fire escape.
escalera de servicio back stairs *pl*, servant's staircase.
escalera doble/escalera de tijera stepladder.
escalera mecánica/escalera automática escalator.

escalerilla
1 *nf (de barco)* gangway; *(de avión)* steps *pl*.
2 *nf (en naipes)* run of three cards.

escalfar *vt* to poach: **huevos escalfados** poached eggs.

escalinata *nf* outside steps *pl*.

escalofriante *adj* chilling, bloodcurdling, hair-raising.

escalofriar
1 *vt* to give the shivers to.
2 **escalofriarse** *vpr* to get the shivers.
▲ *Conjugation model* [13], *like desviar.*

escalofrío *nm (de frío)* shiver; *(de miedo)* shudder, shiver; *(de fiebre)* chill, shiver: **me da escalofríos nada más pensar en ello** just thinking about it gives me the shivers.
✦ **tener escalofríos** to shiver.

escalón
1 *nm (peldaño)* step, stair; *(de escala)* rung.
2 *nm fig (grado)* degree, level, grade.
3 *nm fig (paso, medio)* stepping stone.
4 *nm MIL* echelon.

escalonado,-a
1 *pp →* escalonar.
2 *adj (espaciado)* spaced out, at regular intervals.
3 *adj (graduado)* graded.
4 *adj (corte de pelo)* in layers, layered.

escalonar
1 *vt (espaciar)* to place at intervals, space out.
2 *vt (graduar)* to grade.
3 *vt (cabello)* to layer, cut in layers.

escalopar *vt* to slice at an angle.

escalope *nm* escalope.

escalpelo *nm* scalpel.

escama
1 *nf* scale.

2 *nf fig (de piel, de jabón)* flake: **jabón en escamas** soap flakes.
3 *nf fig (recelo)* suspicion, resentment.

escamado,-a
1 *pp →* escamar.
2 *adj fam fig* wary, suspicious.

escamar
1 *vt (quitar escamas)* to scale, remove the scales from.
2 *vt fam fig* to make suspicious, make wary.
3 **escamarse** *vpr fam fig* to become suspicious, become wary, smell a rat.

escamón,-ona
1 *adj* suspicious.
2 **escamón** *nm fam* telling-off.

escamoso,-a
1 *adj* scaly.
2 *adj (piel)* dry, flaky.

escamotear
1 *vt (hacer desaparecer)* to make vanish, make disappear.
2 *vt fam (robar)* to pinch, lift; *(quitar)* to take, withhold, keep back.
3 *vt fam (problema, dificultad)* to skip, skirt round.
4 *vt (ocultar)* to keep secret.

escamoteo
1 *nm (prestidigitación)* sleight of hand, conjuring.
2 *nm fam (robo)* pilfering, pinching, lifting.

escampar
1 *vt* to clear out.
2 *vi METEOR* to stop raining, clear up.
▲ *In 2, used only in the 3rd person; it does not take a subject.*

escanciador *nm* wine waiter.

escanciar
1 *vt (servir)* to pour, serve.
2 *vi (beber)* to drink.
▲ *Conjugation model* [12], *like cambiar.*

escandalera *nf* racket, fuss, din, uproar.

escandalizar
1 *vt* to scandalize, shock: **el crimen escandalizó al público** the crime scandalized the public.
2 *vi* to make a racket, make a fuss, make a din.
3 **escandalizarse** *vpr* to be shocked (**de/por**, at), be scandalized (**de/por**, by): **se escandalizaron por la película** they were scandalized by the film.
▲ *Conjugation model* [4], *like realizar.*

escandallar
1 *vt (sondar)* to sound.
2 *vt COM* to fix the price of.

escandallo
1 *nm (del mar)* sounding lead.
2 *nm COM* price fixing, cost accounting.

escándalo
1 *nm* scandal: **su comportamiento es un escándalo** his behaviour is scandalous.
2 *nm (alboroto)* racket, fuss, din, uproar.
3 *nm fig (asombro)* astonishment, shock.
✦ **armar un escándalo** to kick up a fuss.
causar escándalo to cause a scandal.

escandalosamente *adv* scandalously, shockingly, outrageously.

escandaloso,-a
1 *adj* scandalous, shocking, outrageous.
2 *adj (alborotado)* noisy, rowdy.
3 *adj (color)* loud; *(risa)* uproarious.

Escandinavia *nf* Scandinavia.

escandinavo,-a
1 *adj* Scandinavian.
2 *nm,f* Scandinavian.

escandio *nm* scandium.

escandir *vt* to scan.

escanear *vt* to scan.

escáner *nm* scanner.

escantillón *nm* template.

escaño
1 *nm (banco)* bench.
2 *nm POL* seat.

escapada
1 *nf fam (salida)* quick trip.
2 *nf DEP* breakaway.
3 *nf (huida)* escape.
✦ **en una escapada** in a jiffy.
 hacer una escapada to make a quick trip, nip off, escape: **hicieron una escapada a la costa este fin de semana** they nipped off to the coast this weekend.

escapar
1 *vi (huir)* to escape, get away, run away: **escapó del campamento** he escaped from the camp.
2 *vi (librarse)* to escape.
3 *vi (quedar fuera del alcance)* to be beyond.
4 **escaparse** *vpr (huir)* to escape, run away, get away.
5 *vpr (librarse)* to escape, avoid.
6 *vpr (gas etc)* to leak.
7 *vpr (autobús etc)* to miss: **se me escapó el autobús** I missed the bus.
✦ **dejar escapar un suspiro** to let out a sigh.
 dejar escapar una oportunidad to let an opportunity slip.
 escapar a alguien to run away from somebody.
 escapar con vida to get out alive.
 escaparse de las manos to slip out of one's hands: **el pez se le escapó de las manos** the fish slipped out of his hands.
 escaparse con algo to make off with something.
 escaparse por un pelo *fam* to have a narrow escape, have a close shave.
 escapársele a uno algo *fig* **su visita se me escapó** her visit slipped my mind; **se me escapó la cometa** I let go of the kite; **se me escapó la risa** I burst out laughing; **se le escapó el secreto** he let the secret slip out.

escaparate *nm* shop window.

escaparatismo *nm* window-dressing.

escaparatista *nm & nf* window-dresser.

escapatoria
1 *nf (huida)* escape, flight.
2 *nf (excusa)* excuse, way out.
3 *nf fam (escapada)* quick trip.
✦ **no hay escapatoria** there is no way out.

escape
1 *nm (huida)* escape, flight, getaway.
2 *nm (de gas etc)* leak.
3 *nm TÉC* exhaust.
✦ **a escape** at full tilt.
 salir a escape *fig* to rush out.

escápula *nf* scapula, shoulder blade.

escapulario *nm* scapulary, scapular.

escaque *nm* square.

escaqueado,-a
1 *pp* → **escaquearse**.
2 *adj* chequered (*US* checkered).

escaquearse *upr fam* to shirk, skive off, wriggle out of: **¡no te escaquees!** don't try and wriggle out of it!

escaqueo *nm* cop-out.

escara *nf* eschar.

escarabajo
1 *nm* beetle.
2 *nm fam fig (persona)* little squirt.
3 *nm (de tejido)* flaw.
4 **escarabajos** *nm pl* scribble *sing*.

escaramujo
1 *nm (rosal)* wild rose, dog rose.
2 *nm (fruto)* rosehip.
3 *nm (crustáceo)* barnacle.

escaramuza
1 *nf MIL* skirmish.
2 *nf (riña)* run-in, squabble.

escaramuzar *vi* to skirmish.
▲ *Conjugation model* [4], *like* **realizar**.

escarapela *nf* cockade, rosette.

escarbar
1 *vt (suelo)* to scratch.
2 *vt (dientes, orejas)* to pick.
3 *vt (fuego)* to poke.
4 *vt (bolsillo, papeles)* to rummage in.
5 *vt fig (inquirir)* to inquire into, delve into.

escarcela *nf* sporran.

escarceo
1 *nm* small wave, ripple.
2 *nm (prueba)* attempt, foray.
3 *nm (aventura amorosa)* flirtation, start of a love affair.
4 **escarceos** *nm pl (del caballo)* prancing *sing*.
▪ **escarceos amorosos** affairs.

escarcha *nf* frost, hoarfrost.

escarchado,-a
1 *pp* → **escarchar**.
2 *adj METEOR* frosty, frost-covered.
3 *adj CULIN* crystallized, candied: **frutas escarchadas** crystallized fruit.

escarchar
1 *vi METEOR* to be frosty, be freezing.
2 *vt CULIN* to crystallize.
▲ *In 1, used only in the 3rd person; it does not take a subject.*

escarda *nf* weeding hoe.

escardar
1 *vt* to weed.
2 *vt fig* to weed out.

escardilla *nf* weeding hoe.

escardillo *nm* weeding hoe.

escariar *vt* to ream.
▲ *Conjugation model* [12], *like* **cambiar**.

escarificar *vt* to scarify.
▲ *Conjugation model* [1], *like* **sacar**.

escarlata
1 *adj* scarlet.
2 *nm (color)* scarlet.
3 *nf (tela)* scarlet.
4 *nf MED* scarlet fever.

escarlatina *nf* scarlet fever.

escarmentar
1 *vt* to punish severely, teach a lesson to.
2 *vi* to learn one's lesson: **a ver si escarmientas** that'll teach you (a lesson).
✦ **escarmentar en cabeza ajena** to learn from somebody else's mistakes.
▲ *Conjugation model* [27], *like* **acertar**.

escarmiento *nm* punishment, lesson.

escarnecer *vt* to scoff at, mock, ridicule.
▲ *Conjugation model* [43], *like* **agradecer**.

escarnecimiento *nm* mockery, derision, ridicule.

escarnio *nm* derision, mockery, ridicule.

escarola *nf* curly endive.

escarpa
1 *nf (declive)* escarpment, scarp, slope.
2 *nf MIL* escarpment, scarp.

escarpado,-a
1 *adj (inclinado)* steep, sheer.
2 *adj (abrupto)* craggy.

escarpadura *nf* → **escarpa**.

escarpia *nf* spike, hook.

escarpidor *nm* large-toothed comb.

escarpín
1 *nm (zapato)* pump.
2 *nm (calzado interior)* slipper.

escasamente *adv* scarcely, barely.

escasear
1 *vi (faltar)* to be scarce, get scarce: **escasea la leche** milk is scarce.
2 *vt (dar poco)* to be sparing with, skimp on.

escasez
1 *nf (carencia)* scarcity, lack, shortage.
2 *nf (mezquindad)* meanness, stinginess.

escaso,-a
1 *adj (insuficiente)* scarce, scant, very little, small.
2 *adj (recursos)* slender; *(dinero)* tight; *(público)* small; *(lluvias, salario)* low; *(tiempo)* very little.
3 *adj (poco de algo)* few: **escasos días** few days.
4 *adj (que le falta poco)* hardly, scarcely, barely: **un kilo escaso** barely a kilo.
5 *adj (mezquino)* miserly, mean.
✦ **andar escaso,-a de algo** to be short of something.

escatimar
1 *vt (escasear)* to stint, skimp on.
2 *vt (ahorrar)* to save, spare.
✦ **no escatimar esfuerzos** to spare no efforts.

escatimoso,-a
1 *adj (mezquino)* sparing, stingy, mean.
2 *adj (malicioso)* malicious, cunning, sly.

escatología[1] *nf REL* eschatology.

escatología[2] *nf (de excrementos)* scatology.

escatológico,-a[1] *adj REL* eschatological.

escatológico,-a[2] *adj (de excrementos)* scatological.

escayola
1 *nf (yeso)* plaster of Paris; *(estuco)* stucco.
2 *nf MED* plaster.

escayolar *vt* to put in plaster, plaster.

escena
1 *nf TEAT (parte)* scene; *(lugar)* stage.
2 *nf fig* scene.
+ **desaparecer de escena** *fam* to vanish.
entrar en escena to go on stage.
hacer una escena/montar una escena *fam* to make a scene.
poner en escena to stage.

escenario
1 *nm TEAT* stage.
2 *nm CINEM* scenario.
3 *nm fig* scene, setting.

escénico,-a *adj* scenic.

escenificación
1 *nf (de novela)* to dramatize.
2 *nf (de obra de teatro)* to stage.

escenificar
1 *vt (novela)* to dramatize.
2 *vt (obra de teatro)* to stage.

escenografía
1 *nm CINEM* set design.
2 *nm TEAT* stage design.

escenógrafo,-a
1 *nm,f CINEM* set designer.
2 *nm,f TEAT* stage designer.

escepticismo *nm* scepticism *(US* skepticism).

escéptico,-a
1 *adj* sceptic *(US* skeptic).
2 *nm,f* sceptic *(US* skeptic).

escindible *adj* divisible.

escindir
1 *vt* to split, divide.
2 **escindirse** *vpr* to split (off) (**en**, into).

escisión
1 *nf* split, division.
2 *nf FÍS* fission.
3 *nf MED* excision.

esclarecer
1 *vt (iluminar)* to light up, illuminate.
2 *vt fig (poner en claro)* to clear up, make clear, shed light on.
3 *vt fig (entendimiento)* to enlighten.
4 *vt fig (ennoblecer)* to ennoble.
5 *vi (amanecer)* to dawn.
▲ *Conjugation model* [43], *like agradecer.*

esclarecidamente *adv* illustriously.

esclarecido,-a
1 *pp* → **esclarecer.**
2 *adj* illustrious, distinguished.

esclarecimiento
1 *nm (explicación)* explanation, clarification.

2 *nm (entendimiento)* enlightenment.
3 *nm fig (ennoblecimiento)* ennoblement.

esclava
1 *nf (mujer)* slave; *(muchacha)* slave girl.
2 *nf (brazalete)* bangle.

esclavina *nf* short cape.

esclavista
1 *adj* pro-slavery.
2 *nm & nf* slavery supporter.

esclavitud *nf* slavery, servitude.

esclavizar *vt* to enslave.
▲ *Conjugation model* [4], *like realizar.*

esclavo,-a
1 *adj (literalmente)* enslaved; *(uso figurado)* tied: **es esclavo de su familia** he's tied to his family.
2 *nm,f (gen)* slave.
3 **esclavo** *nm (hombre)* slave; *(muchacho)* slave boy.
+ **ser esclavo,-a del tabaco/ser esclavo,-a de la bebida** to be addicted to cigarettes/be addicted to drink.
trabajar como un,-a esclavo,-a to work like a slave.

esclerosis *nf* sclerosis.
■ **esclerosis múltiple** multiple sclerosis.
▲ *pl esclerosis.*

esclusa *nf* lock, sluicegate, floodgate.

esclusero,-a *nm,f* lock keeper.

escoba *nf* brush, broom.
+ **estar como una escoba** *fam* to be as thin as a rake.
pasar la escoba to sweep up.
no vender una escoba *fam* not to sell a thing.

escobajo
1 *nm (escoba)* old broom.
2 *nm (raspa)* stalk.

escobazo
1 *nm (golpe)* blow with a brush, blow with a broom.
2 *nm (barredura)* quick sweep (round): **voy a dar un escobazo en la cocina** I'm going to give the kitchen a quick sweep.
+ **echar a alguien a escobazos** *fam* to boot somebody out.

escobilla
1 *nf* small brush.
2 *nf AUTO* windscreen-wiper blade.

escobillón *nm* swab.

escobón *nm* large brush, large broom.

escocedura
1 *nf (herida)* sore.
2 *nf (dolor)* soreness, smarting.

escocer
1 *vi* to smart, sting: **le escuecen sus heridas** his cuts sting.
2 *vi fig* to hurt.
3 **escocerse** *vpr (irritarse)* to become sore, become chapped; *(estar irritado)* to be sore, be chapped: **se le ha escocido el culito** his bottom's chapped.
▲ *Conjugation model* [54], *like cocer.*

escocés,-a
1 *adj* Scottish.

2 *nm,f (persona)* Scot; *(hombre)* Scotsman; *(mujer)* Scotswoman.
3 **escocés** *nm (idioma)* Scottish Gaelic.

Escocia *nf* Scotland.
■ **Nueva Escocia** Nova Scotia.

escofina *nf* rasp.

escoger *vt* to choose, pick out, select: **escogió un libro del montón** she chose a book from the pile; **escogió entre cuatro libros** he chose between four books; **lo escogió para/por marido** she chose him as her husband.
+ **a escoger** to choose from: **hay cuatro premios a escoger** there are four prizes to choose from.
no hay donde escoger they are all just as bad.
tener donde escoger to have a good choice.
▲ *Conjugation model* [5], *like proteger.*

escogidamente *adv* discerningly.

escogido,-a
1 *pp* → **escoger.**
2 *adj* chosen, selected; *(selecto)* choice, select: **obras escogidas** selected works; **productos escogidos** select products.

escogimiento *nm* choice, selection.

escolanía *nf (church)* choir.

escolano *nm* choirboy.

escolar
1 *adj* school, scholastic.
2 *nm & nf (chico)* schoolboy; *(chica)* schoolgirl.

escolaridad *nf* schooling.
■ **escolaridad obligatoria** compulsory schooling.
libro de escolaridad school record.

escolarizar *vt* to school.
▲ *Conjugation model* [4], *like realizar.*

escolasticismo *nm* scholasticism.

escolástico,-a *adj* scholastic.

escolio *nm* scholium.

escoliosis *nf* scoliosis.
▲ *pl escoliosis.*

escollera *nf* breakwater, jetty.

escollo
1 *nm MAR* reef, rock.
2 *nm fig* difficulty, pitfall, snag.

escolopendra *nf* centipede.

escolta
1 *nf* escort.
2 *nf MAR* convoy.
+ **dar escolta** to escort, accompany.
■ **escolta personal** bodyguard.

escoltar
1 *vt* to escort.
2 *vt MAR* to convoy.

escombrar *vt* to clear (out): **escombraron el barrio de indeseables** they cleared out all the undesirables from the district.

escombrera *nf* dump, rubbish heap, *GB* tip.

escombros *nm pl* rubble *sing*, debris *sing*.

esconder
1 *vt* to hide, conceal: escondió el dinero debajo de la cama he hid the money under the bed.
2 **esconderse** *upr* to hide: se esconde de nosotros she is hiding from us.

escondidas
✦ a escondidas secretly, in secret.
hacer algo a escondidas de alguien to do something behind somebody's back.

escondite
1 *nm (lugar)* hiding place.
2 *nm (juego)* hide-and-seek.
✦ jugar al escondite to play hide-and-seek.

escondrijo *nm* hiding place.

escoñado,-a
1 *pp* → escoñar.
2 *adj tabú* knackered, kaput: tengo el coche escoñado my car's kaput.

escoñar
1 *vt tabú* to knacker.
2 **escoñarse** *upr tabú* to be knackered.

escopeta *nf* shotgun.
■ escopeta de aire comprimido air gun.
escopeta de cañones recortados sawn-off shotgun.

escopetazo
1 *nm (tiro)* gunshot.
2 *nm (herida)* gunshot wound.
3 *nm fig (noticia)* bombshell.

escopeteado,-a *pp* → escopetear.
✦ ir escopeteado,-a/salir escopeteado,-a *fam* to be off like a shot.

escopetear
1 *vt* to shoot at with a shotgun.
2 **escopetearse** *upr fig (lisonjas)* to shower each other with compliments; *(insultos)* to shower each other with insults.

escoplear *vt* to chisel.

escoplo *nm* chisel.

escora
1 *nf (línea)* load line.
2 *nf (puntal)* stanchion.
3 *nf (inclinación)* list.

escorar *vi* to list, heel (over): el barco está escorado the ship is listing.
✦ escorar a babor to list to port.
escorar a estribor to list to starboard.

escorbuto *nm* scurvy.

escoria
1 *nf (metal)* slag, dross; *(carbón)* slag.
2 *nf (de volcán)* scoria.
3 *nf fig* dregs *pl*, scum: la escoria de la sociedad the dregs of society.

escoriación *nf* scraping.

escorial *nm* slag heap.

escoriar
1 *vt (rozar)* to chafe, scrape; *(raspar)* to graze.
2 **escoriarse** *upr (roce)* to be chafed; *(raspadura)* to be grazed.
▲ *Conjugation model [12], like cambiar.*

escorificar *vt* to scorify.
▲ *Conjugation model [1], like sacar.*

Escorpio *nm* Scorpio.

escorpión
1 *nm* scorpion.
2 *nm (signo zodiacal)* Scorpio.
▲ *In 1 pl escorpiones; in 2 pl Escorpión.*

escorzar *vt* to foreshorten.
▲ *Conjugation model [4], like realizar.*

escorzo *nm* foreshortening.

escota *nf* sheet.
■ escotas mayores main sheets.

escotado,-a
1 *pp* → escotar 1.
2 *adj COST* low-necked, low-cut: va muy escotada she's wearing a low-necked dress.
3 **escotado** *nm* low neckline.

escotadura *nf* low neckline.

escotar[1] *vt COST* to cut a low neckline in, cut out the neck of.

escotar[2]
1 *vt (pagar)* to share the cost of; *(pareja)* to go Dutch on.
2 *vt (río)* to draw water from.

escote[1] *nm COST* low neckline.

escote[2] *nm (parte)* share.
✦ pagar a escote to share the cost of; *(pareja)* to go Dutch on: pagamos la cuenta a escote we went Dutch on the bill.

escotilla *nf* hatchway, hatch.

escotillón
1 *nm TEAT* trapdoor.
2 *nm MAR* small hatch, scuttle.

escoto,-a
1 *adj HIST* Scottish.
2 *nm,f HIST* Scot.

escozor
1 *nm* stinging, smarting.
2 *nm fig* pain, grief.

escriba *nm* scribe.

escribanía
1 *nf (oficio)* job of clerk, clerkship.
2 *nf (oficina)* clerk's office.
3 *nf (mueble)* writing desk.
4 *nf (material)* writing set.

escribano,-a
1 *nm* clerk.
2 *nm JUR* clerk of court.
3 *nm (ave)* bunting.
■ escribano cerillo yellowhammer.
escribano hortelano ortolan bunting.
escribano palustre reed bunting.
escribano soteño cirl bunting.

escribidor *nm* hack, scribbler.

escribiente *nm* (office) clerk.

escribir
1 *vt (gen)* to write: escribe novelas en sus ratos libres he writes novels in his spare time.
2 *vt (deletrear)* to spell, write: ni siquiera sabe escribir su nombre he can't even write his name.
3 *vi* to write.
4 **escribirse** *upr (deletrear)* to spell, be spelt: ¿cómo se escribe? how do you spell it?
5 *upr (uso recíproco)* to write to each other: se escriben cada quince días they write to each other every fortnight.
✦ escribir a mano to write in longhand, write by hand.
escribir a máquina to type.
▲ *pp escrito,-a.*

escrito,-a
1 *pp* → escribir.
2 *adj* written; *(mencionado)* stated: un examen escrito a written exam; lo que viene escrito arriba what is stated above.
3 *escrito nm (documento)* writing, document, text.
4 *nm (obra)* work, writing: los escritos de Orwell Orwell's writings.
5 *nm JUR* writ.
✦ escrito,-a a máquina typewritten, typed.
poner por escrito to write down.
por escrito in writing, in black and white: se lo mandé por escrito I sent it to him in writing.

escritor,-ra *nm,f* writer.

escritorio
1 *nm (mueble)* writing desk, bureau.
2 *nm (oficina)* office.
■ objetos de escritorio stationery *sing.*

escritorzuelo,-a *nm,f (gen)* scribbler; *(periodista)* hack.

escritura
1 *nf (gen)* writing: escritura fonética phonetic script.
2 *nf (caligrafía)* handwriting, writing.
3 *nf JUR* deed, document.
■ escritura de propiedad title deed.
escritura de venta bill of sale.
escritura notarial notarial deed.

escriturar
1 *vt (hacer constar)* to formalize legally; *(una propiedad)* to register.
2 *vt (contratar)* to engage.

escrotal *adj* scrotal.

escroto *nm* scrotum.

escrúpulo
1 *nm (recelo)* scruple, doubt, qualm: no tuvo escrúpulos en decírselo he had no qualms about telling her.
2 *nm (aprensión)* fussiness: eso me da escrúpulos I'm finicky about it, I'm fussy about it.
3 *nm fig (cuidado)* extreme care: lo hizo con escrúpulo he did it with extreme care.
4 *nm (china)* pebble, stone.
✦ sin escrúpulos unscrupulous.
▲ *In 1 and 2, often used in plural with the same meaning.*

escrupulosamente *adv* scrupulously.

escrupulosidad *nf* scrupulousness, extreme care.

escrupuloso,-a
1 *adj* scrupulous.
2 *adj (aprensivo)* finicky, fussy.
3 *adj fig (exacto)* scrupulous, meticulous.

escrutador,-ra *adj* scrutinizing, searching, penetrating.

escrutar
1 *vt (examinar)* to scrutinize, examine carefully.
2 *vt (votos)* to count.

escrutinio
1 *nm (examen)* scrutiny, examination.
2 *nm (de votos)* count.

escuadra
1 *nf (instrumento -de dibujo)* set square; *(-de carpintería)* square; *(pieza de metal)* bracket.
2 *nf (de tropas)* squad; *(de buques)* squadron, fleet.
3 *nf (fútbol)* angle.
+ **a escuadra** at right angles.

escuadrar *vt* to square.

escuadrilla *nf* squadron.

escuadrón *nm* squadron.

escualidez
1 *nf (delgadez)* extreme thinness, emaciation.
2 *nf (suciedad)* squalor.

escuálido,-a
1 *adj (delgado)* emaciated, extremely thin, skinny.
2 *adj (sucio)* squalid, filthy.

escualo *nm* (spiny) shark.

escucha
1 *nf (acción)* listening: **dedica poco tiempo a la escucha de la radio** she spends little time listening to the radio; **para entender la música, la escucha es insustituible** to understand music, there's no substitute for listening to it.
2 *nm* MIL scout.
3 *nm (aparato)* monitor.
4 *nm,f (persona)* programme monitor.
+ **estar a la escucha de** to be listening out for.
estar en escucha to be listening out.
■ **escuchas telefónicas** phone tapping *sing.*

escuchar
1 *vt* to listen to; *(oír)* to hear: **escuchar ópera** to listen to opera.
2 *vt (atender)* to listen to, pay attention to: **no escuchaba mis consejos** he didn't listen to my advice.
3 **escucharse** *upr* to speak in an affected way.

escuchimizado,-a
1 *pp* → escuchimizarse.
2 *adj fam* puny, scrawny.

escuchimizarse *upr fam* to get thin, become scrawny.
▲ *Conjugation model* [4], *like realizar.*

escudar
1 *vt* to shield.
2 *vt fig* to shield, protect, defend.
3 **escudarse** *upr fig (ampararse)* to hide behind, use as an excuse: **se escuda en su enfermedad para no ir** he uses his illness as an excuse for not going.

escudería *nf* racing team.

escudero *nm (hidalgo)* knight; *(paje)* page.

escudete *nm* gusset.

escudilla *nf* bowl.

escudo
1 *nm (arma)* shield.
2 *nm (de armas)* coat of arms.
3 *nm (moneda)* escudo.
4 *nm fig (amparo)* protection, shield.
■ **escudo de armas** coat of arms.
escudo humano human shield.

escudriñar *vt (examinar)* to scrutinize, examine; *(inquirir)* to inquire into, investigate.

escuela
1 *nf (gen)* school.
2 *nf (experiencia)* experience, instruction.
+ **ser de la vieja escuela** to be of the old school.
tener buena escuela to be well trained.
■ **escuela de artes y oficios** Technical College.
escuela de Bellas Artes Art School.
escuela de conducir driving school.
escuela de idiomas language school.
escuela nocturna night school.
escuela privada private school, GB public school.
escuela pública state school.

escuetamente
1 *adv (sin adornos)* simply.
2 *adv (concisamente)* concisely, briefly, succinctly.

escueto,-a
1 *adj (sin adornos)* bare, plain, unadorned.
2 *adj (conciso)* concise, brief, succinct.

escuezo *pres indic* → escocer.

esculcar *vt (espiar)* to spy on.
▲ *Conjugation model* [1], *like sacar.*

esculpir *vt (gen)* to sculpt, sculpture; *(madera)* to carve; *(metal)* to engrave.

escultismo *nm* scouting; *(organización)* scout movement.

escultor,-ra
1 *nm,f (hombre)* sculptor; *(mujer)* sculptress.
2 *nm,f (en madera)* carver; *(en metal)* engraver.

escultórico,-a *adj* sculptural.

escultura *nf (gen)* sculpture; *(en madera)* carving; *(en metal)* engraving.

escultural
1 *adj* sculptural.
2 *adj fig (mujer)* statuesque.

escupidera *nf* spittoon, US cuspidor.

escupidura
1 *nf (escupitajo)* spit, spittle.
2 *nf (en labios)* cracking.

escupiña *nf* warty venus.

escupir
1 *vi* to spit: **le escupió en la cara** he spat in his face.
2 *vt* to spit out: **escupió la papilla** he spat out his food.

3 *vt fig (despedir)* to belch out: **la fábrica escupía humo** the factory belched out smoke.
4 *vt fam fig (confesar)* to come clean, confess.

escupitajo *nm fam* gob, spit.

escurreplatos *nm* plate rack.
▲ *pl escurreplatos.*

escurridero *nm* draining board.

escurridizo,-a
1 *adj* slippery.
2 *adj fig* slippery, elusive.
■ **lazo escurridizo** slipknot.

escurrido,-a
1 *pp* → escurrir.
2 *adj (seco)* drained.
3 *adj (persona)* thin, slim; *(mujer)* slim-hipped.

escurridor
1 *nm (colador)* strainer, colander.
2 *nm (de platos)* plate rack.
3 *nm (para ropa)* wringer, mangle.

escurriduras *nf pl* dregs: **las escurriduras del vino** the dregs of the wine.

escurrir
1 *vt (platos etc)* to drain; *(ropa)* to wring out; *(comida)* to strain.
2 *vi (destilar)* to drip, trickle.
3 *vi (deslizar)* to slip, slide.
4 **escurrirse** *upr (platos etc)* to drain.
5 *upr (líquido)* to drip, trickle.
6 *upr (deslizarse)* to slip, slide.
7 *upr fam (escapar)* to run away, slip away.
8 *upr fam (decir demasiado)* to let slip.
+ **escurrir el bulto** *fam* to dodge the issue.

escúter *nm* scooter.

esdrújulo,-a
1 *adj* proparoxytone, stressed on the antepenultimate syllable.
2 **esdrújulo** *nm* proparoxytone, word stressed on the antepenultimate syllable.

ese
1 *nf* name of the letter *s.*
2 **eses** *nf pl* zigzags.
+ **hacer eses** *(gen)* to zigzag; *(por borrachera)* to stagger about.

ese,-a *adj* that; *(plural)* those: **ese coche** that car; **esas casas** those houses; **¿te acuerdas del tío ese?** do you remember that bloke?; **¡qué idiota es el tipo ese!** what a stupid guy!
▲ *pl esos,-as.*

ése,-a
1 *pron (cosa)* that one: **dame ése** give me that one; **tiene una casa como ésa** she's got a house like that one.
2 *pron (hombre - sujeto)* he; *(mujer - sujeto)* she: **ése me lo dijo** he told me.
3 *pron (hombre - complemento)* him; *(mujer - complemento)* her: **se lo dio a ésa** he gave it to her; **lo compré a ése del bigote** I bought it from the one with the moustache; **hablé con ése que llegó anoche** I talked to the one who arrived last night.

4 *pron (anterior)* the former: Juan y Pepe fueron al bar; éste pidió dos cañas y ése buscó una mesa Juan and Pepe went to the bar; the latter ordered two beers and the former looked for a table.
✦ **¡conque ésas tenemos!** *fam* so that's the way things are!
¡ni por ésas! *fam* no way!
¡no me vengas con ésas! *fam* come off it!
▲ *pl* **ésos,-as**; *the written accent may be omitted when no confusion with adjectives is possible.*

ESE *sím* (**estesudeste**) east-southeast; *(símbolo)* ESE.

esencia
1 *nf* essence.
2 *nf (perfume)* essence, perfume, scent.
✦ **en esencia** *(brevemente)* briefly; *(esencialmente)* in essence.
■ **quinta esencia** quintessence.

esencial *adj* essential.
✦ **en lo esencial** in the main.
lo esencial the main thing.

esencialmente *adv* essentially.

esfera
1 *nf* sphere, globe.
2 *nf (de reloj)* dial, face.
3 *nf fig (campo)* field, sphere; *(ambiente)* sphere, circle.

esférico,-a
1 *adj* spherical.
2 *esférico nm (balón)* ball.

esferoidal *adj* spheroidal.

esferoide *nm* spheroid.

esfinge *nf* sphinx.
✦ **parecer una esfinge** *fig* to be enigmatic, be inscrutable.

esfínter *nm* sphincter.

esforzado,-a
1 *pp* → **esforzar.**
2 *adj (animoso)* energetic, vigorous; *(valiente)* bold.

esforzar
1 *vt (forzar)* to strain: esforzar la vista/voz to strain one's eyes/voice.
2 *vt (animar)* to encourage, spur on.
3 esforzarse *vpr (físicamente)* to make an effort, exert oneself; *(moralmente)* to try hard, strive: se esfuerza en ser educado he tries hard to be polite; debes esforzarte si quieres aprobar you'll have to work hard if you want to pass; se ha esforzado para llegar a la cumbre she has striven to get to the top.
▲ *Conjugation model* [50], *like* **forzar.**

esfuerzo
1 *nm* effort, endeavour *(us* endeavor).
2 *nm (valor)* courage, spirit.
✦ **hacer un esfuerzo** *(físico)* to make an effort, exert oneself; *(moral)* to try hard, strive.
sin esfuerzo effortlessly.

esfumar
1 *vt (esfuminar)* to stump, blend.

2 *vt (colores)* to tone down.
3 esfumarse *vpr fam (largarse)* to disappear, fade away.

esfuminar *vt* to stump.

esfumino
1 *nm (utensilio)* stump, soft pencil.
2 *nm (dibujo)* stump drawing.

esgrima *nf* fencing.

esgrimidor,-ra *nm,f* fencer.

esgrimir
1 *vt (arma)* to wield, brandish.
2 *vt fig (argumento)* to put forward.
3 *vi* to fence.

esguince
1 *nm MED* sprain: se hizo un esguince en el tobillo she sprained her ankle.
2 *nm (gesto)* swerve, dodge.
3 *nm (gesto de disgusto)* frown.

eslabón
1 *nm* link.
2 *nm (para sacar fuego)* steel.
3 *nm (alacrán)* scorpion.
■ **el eslabón perdido** the missing link.

eslabonamiento *nm* linking.

eslabonar
1 *vt* to link together, join.
2 *vt fig* to link, connect.
3 eslabonarse *vpr fig* to link together.

eslalon *nm* slalom.

eslavo,-a
1 *adj* Slavonic.
2 *nm,f (persona)* Slav.
3 *eslavo nm (idioma)* Slavonic.

eslinga *nf* sling.

eslip
1 *nm (ropa interior)* men's briefs *pl,* underpants *pl.*
2 *nm (bañador)* trunks *pl.*
▲ *pl* **eslips.**

eslogan *nm* slogan.
■ **eslogan publicitario** advertising slogan.
▲ *pl* **eslóganes.**

eslora *nf* length: un barco de 30 metros de eslora a thirty-metre boat.

eslovaco,-a
1 *adj* Slovak.
2 *nm,f (persona)* Slovak.
3 *eslovaco nm (idioma)* Slovak.

Eslovaquia *nf* Slovakia.

Eslovenia *nf* Slovenia.

esloveno,-a
1 *adj* Slovene.
2 *nm,f (persona)* Slovene.
3 *esloveno nm (idioma)* Slovene.

esmaltado,-a
1 *pp* → **esmaltar.**
2 *adj* enamelled *(us* enameled).
3 *esmaltado nm* enamelling *(us* enameling).

esmaltar
1 *vt* to enamel.
2 *vt (uñas)* to varnish.
3 *vt fig (adornar)* to decorate, adorn.

esmalte
1 *nm (gen)* enamel.
2 *nm (de uñas)* nail varnish, nail polish.
3 *nm (objeto esmaltado)* enamelled object.
4 *nm (color)* smalt.
5 *nm fig (adorno)* adornment, decoration; *(esplendor)* splendour *(us* splendor).
■ **esmalte de uñas** nail polish, nail varnish.

esmeradamente *adv* carefully, neatly.

esmerado,-a
1 *pp* → **esmerar.**
2 *adj (trabajo)* careful, neat.
3 *adj (persona)* careful, painstaking, conscientious.

esmeralda *nf* emerald.

esmerar
1 *vt (pulir)* to polish.
2 esmerarse *vpr* to do one's best **(en/por**, to), take great pains **(en/por**, over) .

esmerejón *nm* merlin.

esmeril *nm* emery.
■ **papel de esmeril** emery paper.

esmerilar *vt* to polish with emery paper.

esmero *nm* great care, neatness.
✦ **poner esmero en algo** to take great pains over something.

Esmirna *nf* Smyrna.
■ **pasa de Esmirna** sultana.

esmirriado,-a *adj fam* puny, scraggy.

esmoquin *nf* dinner jacket, *us* tuxedo.
▲ *pl* **esmóquines.**

esnifada *nf arg* sniff, snort.

esnifar *vt arg* to sniff, snort.

esnob
1 *adj (persona)* snobbish; *(lugar etc)* posh.
2 *nm & nf* snob.
▲ *pl* **esnobs.**

esnobismo *nm* snobbery, snobbishness.

eso *pron* that: eso es lo que dijo that's what she said.
✦ **a eso de las ...** *fam (hora)* at about ..., around ...: llegaron a eso de las tres they arrived around three.
¿cómo es eso? how come?
en eso at that moment.
eso de ... all that: eso de tu hermana es una mentira all that about your sister is a lie.
¡eso es! that's it!
eso mismo ... that's just ...: eso mismo pienso yo that's just what I think.
¡eso sí que no! certainly not!
¡nada de eso! none of that!
por eso ... that's why: por eso no vinieron that's why they didn't come.
y eso que ... *fam* ever though: no se acuerda, y eso que se lo acaban de decir he can't remember, even though he has just been told.

ESO *abr EDUC* (**Enseñanza Secundaria Obligatoria**) *compulsory secondary education up to 16.*

esofágico,-a *adj* oesophageal *(us* esophageal).

esófago *nm* oesophagus (*us* esophagus), gullet.

esos,-as *adj* those.

▲ *See also* ese,-a.

ésos,-as *pron* those (ones).

▲ *See also* ése,-a.

esotérico,-a *adj* esoteric.

esoterismo *nm* esotericism.

espabilado,-a

1 *pp* → espabilar.

2 *adj* → despabilado,-a.

espabilar *vt-vi-vpr* → despabilar.

espachurrar *vt* to squash.

espaciador *nm* space-bar.

espacial

1 *adj* MAT spatial, spacial.

2 *adj* (*del cosmos*) space: estación espacial space station; misión espacial space mission.

espaciar

1 *vt* to space out.

2 **espaciarse** *vpr* to spread oneself out, stretch out.

▲ *Conjugation model* [12], *like cambiar.*

espacio

1 *nm* (*gen*) space: queda un espacio entre el armario y la pared there's a space between the wardrobe and the wall; la exploración del espacio the exploration of space.

2 *nm* (*que se ocupa*) space, room: necesitamos más espacio we need more room.

3 *nm* (*de tiempo*) period, space.

4 *nm* (*programa*) programme (*us* program).

✦ **a doble espacio** double-spaced.

por espacio de ... for ...: se interrumpió el programa por espacio de veinte minutos the programme was interrupted for twenty minutes..

■ **doble espacio** double spacing.

espacio aéreo air space.

espacio radiofónico radio programme (*us* program).

espacio televisivo TV programme (*us* program).

espacio verde open space, green space.

espacio vital living space.

espacioso,-a

1 *adj* (*ancho*) spacious, roomy.

2 *adj* (*lento*) slow.

espada

1 *nf* (*arma*) sword.

2 *nf* (*naipe*) spade.

3 *nm* (*torero*) matador.

4 **espadas** *nf pl* (*palo de baraja*) spades.

✦ **desnudar la espada** to draw one's sword.

entrar con espada en mano *fig* to come in looking for trouble.

estar entre la espada y la pared *fig* to be between the devil and the deep blue sea.

■ **espada de dos filos** *fig* double-edged sword.

espadachín

1 *nm* swordsman.

2 *nm pey* (*presuntuoso*) bully.

espadaña

1 *nf* ARQ bell gable.

2 *nf* BOT bulrush.

espadín *nm* sprat.

espadista *nm & nf arg* burglar.

espaguetis *nm pl* spaghetti *sing.*

■ **espaguetis a la boloñesa** spaghetti bolognese.

espalda

1 *nf* (*gen*) back.

2 *nf* (*natación*) backstroke.

✦ **a espaldas de alguien** *fig* behind somebody's back.

a las espaldas on one's back.

ancho,-a de espaldas broad-shouldered.

caerse de espaldas *fig* to fall flat on one's back.

cargado,-a de espaldas round-shouldered, stooping.

dar la espalda *fig* to turn one's back on.

de espaldas from behind: lo vimos de espaldas we saw him from behind.

echarse algo a la espalda *fig* to take something on.

echarse entre pecho y espalda/meterse entre pecho y espalda *fam* to tuck away.

por la espalda from behind.

tener las espaldas anchas *fig* to be easy-going.

tener las espaldas guardadas *fig* to have friends in high places, have contacts.

volver la espalda a alguien to turn one's back on somebody.

■ **espalda mojada** *fam* wetback.

▲ *In* 1, *often used in plural with the same meaning.*

espaldar

1 *nm* (*de silla*) back.

2 *nm* (*para plantas*) trellis.

espaldarazo

1 *nm* (*golpe*) slap on the back.

2 *nm fig* accolade.

espaldera

1 *nf* (*para plantas*) trellis.

2 **espalderas** *nf pl* DEP wall bars.

espaldilla

1 *nf* ANAT shoulder-blade.

2 *nf* CULIN shoulder.

espantada

1 *nf* (*animales*) stampede.

2 *nf* (*personas*) withdrawal.

✦ **dar la espantada** to stampede, run away.

pegar una estampada to withdraw, pull out.

espantadizo,-a *adj* easily frightened.

espantajo

1 *nm* (*muñeco*) scarecrow.

2 *nm fig* (*cosa*) sight, fright.

3 *nm fig* (*persona*) sight, fright; (*coco*) bogeyman.

espantalobos *nm* bladder senna.

▲ *pl* espantalobos.

espantapájaros *nm* scarecrow.

▲ *pl* espantapájaros.

espantar

1 *vt* (*asustar*) to frighten, scare, scare off.

2 *vt* (*ahuyentar*) to frighten away.

3 **espantarse** *vpr* (*asustarse*) to be frightened, be scared: el perro se espantó con el ruido the dog was scared by the noise; se espantó de sus amenazas their threats frightened him.

4 *vpr* (*asombrarse*) to be amazed, be astonished.

espanto

1 *nm* (*miedo*) fright, dread, terror.

2 *nm* (*asombro*) astonishment, amazement.

✦ **de espanto** (*miedo*) frightening, terrifying; (*feo*) horrible; (*intensidad*) dreadful, shocking: nos llovió de espanto the rain was dreadful, it was pouring down.

¡qué espanto! how awful!

espantoso,-a

1 *adj* (*terrible*) frightful, dreadful.

2 *adj* (*asombroso*) astonishing, amazing.

3 *adj* (*desmesurado*) dreadful, terrible: hizo un frío espantoso the cold was awful, it was absolutely freezing.

España *nf* Spain.

español,-la

1 *adj* Spanish.

2 *nm,f* (*persona*) Spaniard.

3 **español** *nm* (*idioma*) Spanish, Castilian.

Española La Española *nf* Hispaniola.

españolada *nf pey* something typically Spanish.

españolear *vi* to give exaggerated publicity to Spain or Spanish things .

españolismo

1 *nm* (*giro, expresión*) Spanish word, Spanish expression.

2 *nm* (*carácter*) Spanishness, Spanish quality.

3 *nm* (*amor*) love of Spain, love of Spanish things.

españolista

1 *adj* pro-Spanish, Hispanophile.

2 *adj* DEP relating to Español football club.

3 *nm & nf* Hispanophile.

4 *nm & nf* DEP RCD Espanyol supporter.

españolizar

1 *vt* to Hispanicize, make Spanish.

2 **españolizarse** *vpr* to adopt Spanish ways.

esparadrapo *nm* sticking plaster.

esparaván *nm* sparrowhawk.

esparavel

1 *nm* (*red*) casting net.

2 *nm* (*albañilería*) mortarboard.

esparcido,-a

1 *pp* → esparcir.

2 *adj* (*desparramado*) scattered.

3 *adj* (*rumor*) widespread.

4 *adj (divertido)* cheerful, gay; *(franco)* frank, open.

esparcimiento
1 *nm (franqueza)* frankness, openness; *(alegría)* cheerfulness, gaiety.
2 *nm (recreo)* amusement, diversion.

esparcir
1 *vt (desparramar)* to scatter.
2 *vt fig (divulgar)* to spread.
3 *vt fig (divertir)* to amuse.
4 **esparcirse** *vpr (desparramarse)* to scatter, be scattered.
5 *vpr fig (divulgarse)* to spread out.
6 *vpr fig (divertirse)* to amuse oneself .
▲ *Conjugation model* [3], *like zurcir.*

espárrago *nm* asparagus.
✦ **¡vete a freír espárragos!** *fam* get lost!
▪ **espárrago triguero** wild asparagus.

esparraguera
1 *nf BOT* asparagus plant.
2 *nf CULIN* asparagus dish.

esparrancado,-a
1 *pp →* **esparrancarse.**
2 *adj (abierto de piernas)* with one's legs wide apart.
3 *adj (cosa)* too far apart.

esparrancarse *vpr fam* to open one's legs.
▲ *Conjugation model* [1], *like sacar.*

Esparta *nf* Sparta.

espartano,-a
1 *adj* Spartan.
2 *adj fig* Spartan, austere.
3 *nm,f* Spartan.

espartero,-a *nm,f* esparto worker.

esparto *nm* esparto grass.

espasmo *nm* spasm.

espasmódico,-a *adj* spasmodic, jerky.

espástico,-a *adj* spastic.

espata *nf* spathe.

espatarrarse
1 *vpr fam (abrir)* to open one's legs wide, sprawl.
2 *vpr fam (al caer)* to go sprawling.

espato *nm* spar.
▪ **espato flúor** fluorspar.

espátula
1 *nf (gen)* spatula.
2 *nf (de pintor)* palette knife; *(de cristalero)* putty knife.
3 *nf TÉC* stripping knife.
4 *nf (ave)* spoonbill.

especia *nf* spice.

especial
1 *adj (gen)* special.
2 *adj (remilgado)* fussy (**para**, about), finicky (**para**, about): **es un poco especial para la comida** she's a bit finicky about food.
✦ **en especial** especially.
  especial para … suitable for …

especialidad
1 *nf (gen)* speciality (*US* specialty).
2 *nf EDUC* main subject, specialized field.

especialista
1 *adj* specialist.
2 *nm & nf* specialist.
3 *nm & nf CINEM* stand-in; *(hombre)* stunt man; *(mujer)* stunt woman.

especialización *nf* specialization.

especializado,-a
1 *pp →* **especializar.**
2 *adj* specialized.
✦ **estar especializado,-a en algo** to be a specialist in something, be specialized in something.

especializar
1 *vi* to specialize.
2 *vt* to specialize.
3 **especializarse** *vpr* to specialize (**en**, in).
▲ *Conjugation model* [4], *like realizar.*

especialmente
1 *adv (exclusivamente)* specially.
2 *adv (particularmente)* especially.

especie
1 *nf (de animales, plantas)* species.
2 *nf (tipo)* kind, sort.
3 *nf (tema)* matter, notion, idea; *(noticia)* piece of news.
✦ **en especie** in kind: **pagar en especie** to pay in kind.

especiería
1 *nf (tienda)* grocer's shop.
2 *nf (especias)* spices *pl.*

especiero,-a
1 *nm,f* grocer.
2 **especiero** *nm* spice rack.

especificación *nf* specification.

específicamente *adv* specifically.

especificar *vt* to specify.
▲ *Conjugation model* [1], *like sacar.*

especificativo,-a *adj* defining, specifying: **proposiciones especificativas y explicativas** defining and non-defining relative clauses.

específico,-a
1 *adj* specific.
2 **específico** *nm (medicamento)* specific; *(especialidad)* patent medicine.
▪ **peso específico** specific gravity.

espécimen *nm* specimen.
▲ *pl* **especímenes.**

especioso,-a
1 *adj* beautiful.
2 *adj fig* specious, deceitful.

espectacular *adj* spectacular.

espectacularidad *nf* spectacular nature.

espectacularmente *adv* spectacularly.

espectáculo
1 *nm* spectacle, sight.
2 *nm (diversión)* entertainment.
3 *nm (TV, radio, etc)* performance, show.
4 *nm (escándalo)* scandal.
✦ **dar un espectáculo** *irón* to make a scene, make a spectacle of oneself .

montar un espectáculo to put on a show; *irón* to make a scene, make a spectacle of oneself .

espectador,-ra
1 *nm,f (de deportes)* spectator.
2 *nm,f (de obra, película)* member of the audience; *(de televisión)* viewer.
3 *nm,f (de accidente etc)* onlooker.
4 **espectadores** *nm pl (de obra, película)* audience *sing*; *(de programa televisivo)* viewers.

espectral *adj* spectral, ghostly.

espectro
1 *nm FÍS* spectrum.
2 *nm (fantasma)* spectre (*US* specter), ghost, apparition.
3 *nm fig (persona)* ghost.
4 *nm (conjunto, serie)* range.

espectrografía *nf* spectrography.

espectrógrafo *nm* spectrograph.

espectrograma *nm* spectrogram.

espectroscopia *nf* spectroscopy.

espectroscopio *nm* spectroscope.

especulación *nf* speculation.
▪ **especulación del suelo** land speculation.

especulador,-ra
1 *adj* speculating.
2 *nm,f* speculator.

especular
1 *vt fig (reflexionar)* to speculate about.
2 *vi (comerciar)* to speculate (**en**, in); *(en bolsa)* to speculate (**en**, on).
3 *vi (conjeturar)* to speculate (**sobre**, about).

especulativo,-a *adj* speculative, theoretical.

espejear *vi* to shine, gleam.

espejismo
1 *nm* mirage.
2 *nm fig* mirage, illusion.

espejo
1 *nm* mirror.
2 *nm fig (imagen)* mirror, reflection.
3 *nm fig (modelo)* model.
✦ **la cara es el espejo del alma** *fig* the eyes are the window of the soul.
▪ **espejo retrovisor** rear-view mirror.

espejuelo
1 *nm (yeso)* selenite.
2 *nm (señuelo)* lark mirror.
3 **espejuelos** *nm pl (anteojos)* spectacles, glasses.

espeleología *nf* potholing, speleology.

espeleólogo,-a *nm,f* potholer, speleologist.

espeluznante *adj* hair-raising, terrifying, horrifying.

espeluznar *vt* to horrify, terrify, make one's hair stand on end.

espeluzno *nm* shiver, shudder.

espera
1 *nf* wait, waiting.
2 *nf (paciencia)* patience.
3 *nf JUR* respite.

✦ **en espera de ...** waiting for ...
estar a la espera to be waiting, be expecting.
tener espera to have patience.

esperanto *nm* Esperanto.

esperanza *nf* hope, expectance.
✦ **abrigar esperanzas** to foster hopes.
con la esperanza de ... in the hope of ...
con la esperanza de que ... in the hope that ...
dar esperanzas a alguien to give somebody hope.
estar en estado de buena esperanza to be pregnant, be expecting.
tener la esperanza puesta en algo to have one's hopes pinned on something.
tener muchas esperanzas to have high hopes.
tener pocas esperanzas to have little hope.
▪ **esperanza de vida** life expectancy.

esperanzador,-ra *adj* encouraging.

esperanzar
1 *vt* to give hope to.
2 *vi* to have hope.
3 esperanzarse *vpr* to have hope.
▲ *Conjugation model* [4], *like realizar.*

esperar
1 *vt (tener esperanza)* to hope for, expect: **esperan un milagro** they're hoping for a miracle; **esperar la gloria** to hope for glory.
2 *vt (contar, creer)* to expect: **no te esperábamos hasta mañana** we didn't expect you till tomorrow; **llegaron tarde como era de esperar** they arrived late as expected.
3 *vt (aguardar)* to wait for, await: **espera un momento** wait a moment; **espero a mi padre** I'm waiting for my father.
4 *vt (desear)* to hope: **espero que cantes** I hope you'll sing; **espero verlo** I hope to see him.
5 *vt (ser inevitable)* to await, be ahead: **mala noche nos espera** there's a bad night ahead.
6 *vt fig (bebé)* to expect.
7 *vi* to wait: **esperaré hasta que lleguen** I'll wait until they get here.
8 esperarse *vpr (aguardar)* to wait: **espérense en recepción** please wait in reception.
9 *vpr (creer, contar)* to expect: **se espera que seas puntual** you're expected to be punctual.
10 *vpr (desear)* to hope: **se espera que lo hayan pasado bien** we hope you've had a good time.
✦ **en espera de noticias tuyas** we hope to hear from you soon.
¡espérate sentado! don't hold your breath!, you'll be waiting till the cows come home!
espero que no I hope not.
espero que sí I hope so.

hacer esperar a alguien to keep somebody waiting.
hacerse esperar to keep people waiting.
quien espera desespera a watched pot never boils.

esperma *nm* sperm.
▪ **esperma de ballena** spermaceti.

espermaticida
1 *adj* spermicidal.
2 *nm* spermicide.

espermático,-a *adj* sperm.
▪ **cuenta espermática** sperm count.

espermatozoide *nm* spermatozoon, sperm.

espermicida
1 *adj* spermicidal.
2 *nm* spermicide.

esperpéntico,-a
1 *adj fam (grotesco)* grotesque, macabre.
2 *adj fam (ridículo)* ridiculous, absurd.

esperpento
1 *nm fam (cosa, persona)* fright, sight.
2 *nm fam (absurdo)* absurdity, piece of nonsense.

espesante *nm* thickener.

espesar
1 *vt (salsa etc)* to thicken; *(tejido etc)* to make thicker.
2 espesarse *vpr (gen)* to get thicker.
3 *vpr (salsa etc)* to thicken.

espeso,-a
1 *adj (líquido, sustancia, objeto)* thick.
2 *adj (bosque, niebla)* thick, dense.
3 *adj (pasta, masa)* stiff.
4 *adj fig (libro)* dense, difficult.
✦ **estar espeso,-a** *fam* not to be able to think straight.

espesor *nm* thickness: **cuatro centímetros de espesor** four centimetres thick.

espesura
1 *nf (de líquido, objeto)* thickness.
2 *nf (de niebla etc)* denseness.
3 *nf fig (en bosque)* thicket, dense wood.

espetar
1 *vt (carne etc)* to skewer.
2 *vt (clavar)* to stab.
3 *vt fig (decir)* to blurt out.

espeto *nm* spit, skewer.

espetón *nm* spit, skewer.

espía *nm & nf* spy.

espiar *vt* to spy on, watch.
▲ *Conjugation model* [13], *like desviar.*

espichar
1 *vt (pinchar)* to stab.
2 *vi fam (morir)* to snuff it, kick the bucket.
✦ **espicharla** *fam* to snuff it, kick the bucket.

espiga
1 *nf (gen)* spike; *(de trigo)* ear.
2 *nf (de tejido)* herringbone.
3 *nf (clavija)* peg, pin.
4 *nf (de cuchillo)* tang; *(de tornillo)* bolt; *(de clavo)* shank.
5 *nf (de campana)* clapper.

espigado,-a
1 *pp* → **espigar.**
2 *adj BOT* ripe.
3 *adj (en forma de espiga)* ear-shaped.
4 *adj fig (persona)* tall, lanky.

espigar
1 *vt AGR* to glean.
2 *vt fig (datos)* to glean, collect.
3 *vi AGR* to ear.
4 espigarse *vpr (persona)* to shoot up.
▲ *Conjugation model* [7], *like llegar.*

espigón
1 *nm MAR* breakwater, jetty.
2 *nm (punta)* sharp point, spike.
3 *nm (cerro)* peak.

espiguilla
1 *nf (espiga)* spikelet.
2 *nf (dibujo)* herringbone.

espín *nm* spin.

espina
1 *nf (de planta)* thorn.
2 *nf (de pez)* fishbone.
3 *nf (columna vertebral)* spine, backbone.
4 *nf fig (pesar)* sadness, sorrow, grief.
5 *nf fig (duda)* suspicion, doubt.
6 *nf fig (dificultad)* difficulty, problem.
✦ **dar mala espina** *fig* to arouse one's suspicions, not to like the look of something: **eso me da mala espina** I don't like the look of it.
estar en espinas to be on edge.
no hay rosa sin espinas *fig* you have to take the rough with the smooth.
sacarse la espina *fig* to get even, get one's own back.
tener clavada una espina to be suffering, be smarting.
▪ **espina dorsal** spinal column, spine, backbone.

espinaca *nf* spinach.

espinal *adj* spinal: **médula espinal** spinal marrow.

espinapez *nm* herringbone.

espinar
1 *vt (punzar)* to prick.
2 *vt fig (herir)* to offend, hurt.
3 espinarse *vpr (punzarse)* to prick.

espinazo *nm* spine, backbone.
✦ **doblar el espinazo** *fam* to bow and scrape.

espinel *nm* trawl line.

espineta *nf* virginal.

espingarda *nf fig* beanpole.

espinilla
1 *nf (de la pierna)* shinbone.
2 *nf (grano)* blackhead.

espinillera *nf* shinpad.

espino
1 *nm (árbol)* hawthorn.
2 *nm (alambre)* barbed wire.
▪ **espino albar** common hawthorn.
espino negro blackthorn.

espinosillo *nm* stickleback.

espinoso,-a
1 *adj (planta)* thorny.

2 *adj (pez)* spiny.

3 *adj fig* thorny, prickly, difficult, tricky.

espionaje *nm* spying, espionage: película de espionaje spy film.

■ **espionaje industrial** industrial espionage.

espira *nf (vuelta de espiral)* spire.

espiración *nf* breathing out, exhalation, expiration.

espiral

1 *adj* spiral: escalera espiral spiral staircase.

2 *nf* spiral.

3 *nf (de reloj)* hairspring.

espirar

1 *vt* to exhale, breathe out.

2 *vi* to breathe.

espiritismo *nm* spiritualism.

espiritista

1 *adj* spiritualistic.

2 *nm & nf* spiritualist.

espiritoso

1 *adj (animoso)* spirited.

2 *adj (licor etc)* spirituous.

espíritu

1 *nm (gen)* spirit.

2 *nm (alma)* soul, spirit.

3 *nm (fantasma)* ghost, spirit.

4 *nm (licores)* spirits *pl.*

5 *nm fig (idea central)* spirit, essence, soul.

✦ **exhalar el espíritu** to give up the ghost.
levantar el espíritu to cheer up.
ser pobre de espíritu to be poor in spirit.

■ **el espíritu de la ley** the spirit of the law.
el Espíritu Santo the Holy Ghost.
espíritu de contradicción contrariness.
espíritu de cuerpo esprit de corps.
espíritu de vino purified alcohol.
espíritu deportivo sportsmanship.
grandeza de espíritu noble-heartedness.

espiritual *adj* spiritual.

espiritualidad *nf* spirituality.

espiritualismo *nm* spiritualism.

espiritualista *adj* spiritualist.

espiritualizar *vt* to spiritualize.

▲ *Conjugation model [4], like realizar.*

espiritualmente *adv* spiritually.

espirómetro *nm* spirometer.

espita *nf* tap, *US* spigot.

espitoso,-a *adj* spaced out, high.

espléndidamente

1 *adv (con magnificencia)* splendidly, magnificently.

2 *adv (con generosidad)* generously, lavishly.

esplendidez

1 *nf (magnificencia)* magnificence, splendour (*US* splendor).

2 *nf (generosidad)* generosity.

espléndido,-a

1 *adj (magnífico)* splendid, magnificent.

2 *adj (generoso)* generous, lavish.

esplendor

1 *nm (resplandor)* brilliance, shining.

2 *nm fig (magnificencia)* magnificence, splendour (*US* splendor).

3 *nm (auge)* glory.

esplendoroso,-a

1 *adj (resplandeciente)* brilliant, radiant, shining.

2 *adj (grandioso)* magnificent, lavish.

espliego *nm* lavender.

esplín *nm* melancholy, spleen.

▲ *pl esplines.*

espolada

1 *nf (golpe)* prick with a spur.

2 *nf (trago)* swig.

espoleadura *nf* spur wound.

espolear

1 *vt* to spur on.

2 *vt fig* to spur on, encourage.

espoleta¹ *nf (de bomba etc)* fuse.

✦ **quitar la espoleta** to defuse.

espoleta² *nf (de ave)* wishbone.

espolio *nm* → expolio.

espolón

1 *nm (de ave)* spur.

2 *nm (de caballería)* fetlock.

3 *nm (de nave)* ram.

4 *nm (malecón)* sea wall.

5 *nm fam (sabañón)* chilblain.

✦ **embestir con el espolón** *MAR* to ram.

espolvoreador *nm* sifter.

espolvorear

1 *vt (despolvorear)* to dust.

2 *vt (esparcir)* to powder, sprinkle.

espondeo *nm* spondee.

espongiforme *adj* spongiform.

esponja

1 *nf* sponge.

2 *nf fig (gorrón)* sponger.

3 *nf fig (bebedor)* hard drinker.

4 *nf (tejido)* towelling.

✦ **beber como una esponja** *fig* to drink like a fish.
pasar la esponja *fam* to let it drop, forget about it.

esponjar

1 *vt (ahuecar)* to fluff up; *(tierra)* to loosen.

2 **esponjarse** *upr fig (envanecerse)* to swell with pride.

3 *upr fig (físicamente)* to glow with health.

esponjoso,-a *adj (gen)* spongy; *(bizcocho)* light.

esponsales *nm pl fml* betrothal *sing,* engagement *sing.*

espontáneamente *adv* spontaneously.

espontanearse *upr* to confide (**con**, in).

espontaneidad *nf* spontaneity.

✦ **con espontaneidad** naturally.

espontáneo,-a

1 *adj (cosa)* spontaneous; *(discurso)* impromptu, unprepared.

2 *adj (persona)* natural, unaffected.

3 *nm,f* spectator who spontaneously joins in the bullfight.

espora *nf* spore.

esporádicamente *adv* sporadically.

esporádico,-a *adj* sporadic.

esportear *vt* to carry in baskets.

esportillo *nm* esparto basket.

esposa *nf* wife.

esposado,-a

1 *pp* → esposar.

2 *adj (casado)* married.

3 *adj (con esposas)* handcuffed.

esposar *vt* to handcuff, put handcuffs on.

esposas *nf pl* handcuffs.

✦ **poner las esposas** to put handcuffs on.

esposo

1 *nm* husband.

2 **esposos** *nm pl* husband and wife.

esprint *nm* sprint.

esprintar *vi* to sprint.

esprínter *nm & nf* sprinter.

espuela

1 *nf* spur.

2 *nf fig* spur, stimulus.

✦ **poner espuelas a alguien** *fig* to spur somebody on.

espuerta *nf* two-handled rush basket.

✦ **a espuertas** *fig* in abundance.

espulgar

1 *vt (desparasitar)* to delouse.

2 *vt fig (examinar)* to examine, scrutinize.

▲ *Conjugation model [7], like llegar.*

espuma

1 *nf (gen)* foam; *(de jabón)* lather; *(de cerveza)* froth, head; *(olas)* surf.

2 *nf (impurezas)* scum.

3 *nf (tejido)* foam.

✦ **crecer como la espuma** *fig* to shoot up.
hacer espuma *(jabón)* to lather; *(cerveza)* to froth; *(olas)* to foam.

■ **espuma de afeitar** shaving foam.

espumadera *nf* skimmer.

espumajear *vi* to foam, froth.

espumante *nm* foaming agent.

espumar

1 *vt (quitar espuma)* to skim.

2 *vi (hacer espuma - jabón)* to lather; *(- cerveza)* to froth; *(- vino)* to sparkle; *(- olas)* to foam.

espumarajo *nm* foam, froth.

✦ **echar espumarajos** *fig* to foam at the mouth.

espumear *vt-vi* → espumar.

espumillón *nm* tinsel.

espumosidad *nf* frothiness.

espumoso,-a *adj (ola)* foamy, frothy; *(jabón)* lathery; *(vino)* sparkling.

espurio,-a

1 *adj (bastardo)* illegitimate.

2 *adj fig (falso)* spurious, false.

▲ *The form espúreo,-a is incorrect.*

espurrear *vt* to sprinkle.

espurriar *vt* to sprinkle.

esputar *vt* to spit (out).

esputo *nm* sputum, spit.

esqueje *nm* cutting.

esquela
1 *nf (carta)* short letter.
2 *nf (mortuoria)* obituary notice.
■ **esquela de defunción** obituary notice.

esquelético,-a
1 *adj (del esqueleto)* skeletal: estructura esquelética bone structure.
2 *adj fam (delgado)* skinny, bony.
+ **estar esquelético,-a** *fam* to be skin and bones.

esqueleto
1 *nm* ANAT skeleton.
2 *nm* ARQ framework.
+ **mover el esqueleto** *fam* to boogie, party on down.

esquema
1 *nm (gráfica)* diagram.
2 *nm (plan)* outline, plan.

esquemático,-a *adj* schematic, diagrammatic.
■ **corte esquemático** cross-section.

esquematizar
1 *vt (plan, idea)* to outline.
2 *vt (plano etc)* to sketch.
▲ *Conjugation model [4], like realizar.*

esquí
1 *nm (tabla)* ski.
2 *nm* DEP skiing.
■ **esquí acuático** water-skiing.
esquí alpino alpine skiing.
esquí de fondo cross-country skiing.
esquí náutico water-skiing.
esquí nórdico Nordic skiing.
▲ *pl esquís.*

esquiador,-ra *nm,f* skier.
■ **esquiador,-ra de fondo** cross-country skier.

esquiar *vi* to ski.
▲ *Conjugation model [13], like desviar.*

esquibob *nm* skibob.

esquife *nm* skiff.

esquila¹ *nf (campanilla)* small bell, handbell, cow-bell.

esquila²
1 *nf (camarón)* squilla.
2 *nf (cebolla)* squill.

esquila³ *nf (esquileo)* sheepshearing.

esquilador,-ra *nm,f* sheepshearer.

esquiladora *nf* shears *pl.*

esquilar
1 *vt (pelo)* to clip.
2 *vt (ovejas)* to shear.

esquileo
1 *nm (acción)* sheep-shearing.
2 *nm (época)* shearing time.

esquilmar
1 *vt (cosecha etc)* to harvest.
2 *vt fig (agotar)* to exhaust.
3 *vt fig (abusar)* to fleece.

esquilón *nm* large cowbell.

esquimal
1 *adj* Eskimo.
2 *nm & nf* Eskimo.
3 *nm (idioma)* Eskimo.

esquina *nf* corner.
+ **a la vuelta de la esquina** just round the corner.
doblar la esquina to turn the corner.
hacer esquina con to be on the corner of.

esquinado,-a
1 *pp* → esquinar.
2 *adj fig (persona)* difficult, irritable.

esquinar
1 *vt (hacer esquina)* to form a corner with, be on the corner of: la tienda esquina la Calle Mayor the shop's on the corner of the High Street.
2 *vt (poner en esquina)* to put in a corner: hay que esquinar el armario we have to put the wardrobe in the corner.
3 *vt (madero)* to square.
4 *vt fig (enemistar)* to set against.
5 *vi (hacer esquina)* to form a corner with.
6 **esquinarse** *vpr fig (enemistarse)* to fall out.

esquinazo *nm* corner.
+ **dar el esquinazo a alguien** *fam* to give somebody the slip.

esquirla *nf* splinter.

esquirol *nm* blackleg, scab.

esquisto *nm* shale.

esquivar
1 *vt (persona)* to avoid, shun.
2 *vt (golpe)* to dodge, elude.

esquivo,-a *adj* cold, aloof.

esquizofrenia *nf* schizophrenia.

esquizofrénico,-a
1 *adj* schizophrenic.
2 *nm,f* schizophrenic.

esquizoide
1 *adj* schizoid.
2 *nm & nf* schizoid.

esta *adj* → este,-a.

está *pres indic* → estar.

ésta *pron* → éste,-a.

estabilidad *nf* stability.

estabilización *nf* stabilization.

estabilizador,-ra
1 *adj* stabilizing.
2 **estabilizador** *nm* stabilizer.

estabilizante *nm* stabilizer.

estabilizar
1 *vt* to stabilize, make stable.
2 **estabilizarse** *vpr* to become stable, become stabilized.
▲ *Conjugation model [4], like realizar.*

estable *adj* stable, steady.

establecer
1 *vt (gen)* to establish; *(fundar)* to found, set up.
2 *vt (récord)* to set.
3 *vt (ordenar)* to state, lay down, establish: tal como establece la ley as the law states.
4 **establecerse** *vpr (en un lugar)* to settle; *(en un negocio)* to set up in business.
▲ *Conjugation model [43], like agradecer.*

establecimiento
1 *nm (acto)* establishment, founding, setting-up.
2 *nm (de gente)* settlement.
3 *nm (local)* establishment, shop, store.
4 *nm* JUR statute, ordinance.

establo
1 *nm* stable, cowshed, stall.
2 *nm fig* filthy place, pigsty.

estabulación *nf* stabling.

estabular *vt* to stable.

estaca
1 *nf (palo con punta)* stake, post; *(para tienda de campaña)* peg.
2 *nf (garrote)* stick, cudgel.
3 *nf (rama)* cutting.
4 *nf (clavo)* spike.

estacada
1 *nf (obra)* fence, fencing.
2 *nf* MIL stockade.
+ **dejar a alguien en la estacada** *fig* to leave somebody in the lurch.
estar en la estacada *fig* to be in a fix.

estacazo *nm* blow with a stick.

estación
1 *nf (del año, temporada)* season: la estación de las nieves the snowy season.
2 *nf (de tren, radio)* station.
3 *nf* REL station.
+ **hacer estación** to make a stop.
■ **estación balnearia** spa.
estación de esquí ski resort.
estación de servicio service station.
estación de trabajo INFORM workstation.
estación meteorológica weather station.

estacional *adj* seasonal.

estacionalmente *adv* seasonally.

estacionamiento
1 *nm* AUTO *(acción)* parking; *(lugar)* car park, US parking lot.
2 *nm* MIL stationing.
3 *nm fig (estancamiento)* impasse.

estacionar
1 *vt (colocar)* to position, place.
2 *vt* AUTO to park.
3 **estacionarse** *vpr (estancarse)* to be stationary, remain in the same place.
4 *vpr* AUTO to park.

estacionario,-a *adj* stationary, stable.

estadía
1 *nf (estancia)* stay.
2 *nf (indemnización)* demurrage.
3 *nf (del modelo)* sitting.

estadio
1 *nm (lugar)* stadium.
2 *nm (fase)* stage, phase.
3 *nm arc (medida)* stadium, furlong.

estadista
1 *nm & nf* POL *(hombre)* statesman; *(mujer)* stateswoman.
2 *nm & nf* MAT statistician.

estadística
1 *nf (ciencia)* statistics.
2 *nf (dato)* statistic, figure.

estadísticamente *adv* statistically.
estadístico,-a
1 *adj* statistical.
2 *nm,f* statistician.
estado
1 *nm (situación)* state, condition: su estado es delicado his condition is delicate; ahora les informamos del estado de las carreteras and now for some traffic news.
2 *nm (en orden social)* status.
3 *nm* HIST estate.
4 *nm* POL state: varios jefes de estado asistieron al congreso various heads of state attended the congress.
✦ **estar en buen estado** to be in good condition.
    estar en estado to be pregnant.
    estar en estado de funcionamiento to be in working order.
    estar en mal estado to be in bad condition.
■ **estado civil** marital status.
    estado de ánimo state of mind.
    estado de bienestar welfare state.
    estado de cuentas statement of accounts.
    estado de excepción state of emergency.
    estado de guerra state of war.
    estado de salud state of health.
    estado mayor MIL staff.
    estado noble noble estate.
    estado sólido solid state.
Estados Unidos *nm pl* The United States.
estadounidense
1 *adj* American, from the United States.
2 *nm & nf* American, person from the United States.
estafa *nf* fraud, swindle.
estafador,-ra *nm,f* racketeer, swindler, trickster.
estafar *vt* to swindle, trick, cheat, defraud.
✦ **me han estafado** *fam* I've been done, I've been had.
estafermo
1 *nm fig (parado)* slow person, dummy.
2 *nm fig (de mal aspecto)* sight, mess.
estafeta *nf* branch post office.
estafilococo *nm* staphylococcus.
estalactita *nf* stalactite.
estalagmita *nm* stalagmite.
estalinismo *nm* Stalinism.
estalinista
1 *adj* Stalinist.
2 *nm & nf* Stalinist.
estallar
1 *vi (reventar)* to explode, blow up.
2 *vi (neumático)* to burst; *(bomba)* to explode, go off; *(cristal)* to shatter.
3 *vi (volcán)* to erupt.
4 *vi (látigo)* to crack.
5 *vi fig (rebelión, epidemia)* to break out.
6 *vi fig (pasión, sentimientos)* to burst: estallar en lágrimas to burst into tears.

estallido
1 *nm (explosión)* explosion.
2 *nm (de trueno)* crash; *(de látigo)* crack.
3 *nm fig* outbreak.
estambre
1 *nm* COST worsted, woollen yarn (US woolen yarn).
2 *nm* BOT stamen.
Estambul *nm* Istanbul.
estamento *nm* class, stratum.
estameña *nf* serge.
estaminífero,-a *adj* staminate.
estampa
1 *nf (imagen)* picture.
2 *nf (escena)* scene: una estampa conmovedora a moving scene.
3 *nf (impresión)* print; *(proceso)* printing.
4 *nf (marca)* hallmark: la estampa del éxito the hallmark of success.
5 *nf fig (aspecto)* appearance, look, aspect: tiene estampa de delincuente he looks like a criminal.
6 *nf fig (parecido)* image.
✦ **dar a la estampa** to publish.
    tener buena estampa *fig* to be good-looking.
    ser la viva estampa de ... to be the spitting image of ...: es la viva estampa de su madre she's the spitting image of her mother.
estampación *nf* printing.
estampado,-a
1 *pp → estampar.*
2 *adj (gen)* patterned, print; *(tela)* printed; *(metal)* stamped.
3 **estampado** *nm (tela)* print.
4 *nm (proceso - tela)* printing; *(- metal)* stamping.
estampar
1 *vt (imprimir)* to print.
2 *vt (metales)* to stamp.
3 *vt (dejar huella)* to stamp.
4 *vt fam (arrojar)* to hurl: estampó el jarrón contra la puerta he hurled the vase against the door.
5 *vt fam (dar -beso)* to plant; *(-golpe)* to land, deal: le estampó un puñetazo he punched him.
6 **estamparse** *vpr fam (estrellarse)* to crash: el coche se estampó contra la pared the car crashed into the wall.
✦ **estampar la firma** to sign.
estampida
1 *nf (ruido)* bang.
2 *nf (de animales)* stampede.
✦ **de estampida** suddenly: salir de estampida to be off like a shot.
estampido *nm* bang.
✦ **dar un estampido** to go bang.
estampilla *nf* stamp, rubber stamp.
estampillado *nm* rubber stamping.
estampillar *vt (gen)* to stamp; *(documento)* to rubber-stamp.
estampita *nf* religious print.
■ **el timo de la estampita** *con trick involving a supposedly winning lottery ticket.*

estancado,-a
1 *pp → estancar.*
2 *adj (agua)* stagnant.
3 *adj fig (asunto, negocio)* at a standstill; *(negociaciones)* deadlocked; *(persona)* stuck, bogged down.
estancamiento
1 *nm* stagnation.
2 *nm fig* deadlock, standstill.
estancar
1 *vt (aguas)* to hold up, hold back, dam; *(flujo)* to check.
2 *vt fig (progreso)* to check, block, hold up; *(negociaciones)* to bring to a standstill.
3 *vt fig (monopolizar)* to have a state monopoly on.
4 **estancarse** *vpr (líquido)* to stagnate, become stagnant.
5 *vpr fig* to stagnate, get bogged down; *(negociaciones)* to be deadlocked, make no headway.
▲ *Conjugation model* [1], *like sacar.*
estancia
1 *nf (permanencia)* stay.
2 *nf (aposento)* room.
3 *nf (estrofa)* stanza.
estanco,-a
1 *adj* watertight: compartimento estanco watertight compartment.
2 **estanco** *nm (monopolio)* state monopoly.
3 *nm (tienda)* tobacconist's.
estándar
1 *adj* standard, standardized: modelo estándar standard model; reglas estándar set rules.
2 *nm* standard.
▲ *pl* estándares.
estandarización *nf* standardization.
estandarizar *vt* to standardize.
▲ *Conjugation model* [4], *like realizar.*
estandarte *nm* standard, banner.
estanque
1 *nm (de peces etc)* pool, pond.
2 *nm (para proveer agua)* reservoir, tank.
estanquero,-a *nm,f* tobacconist.
estanquidad *nf* watertightness.
estante
1 *nm (anaquel)* shelf; *(para libros)* bookcase.
2 *nm (de máquina)* stand.
estantería *nf* shelving, shelves *pl.*
estantigua *nf fig* sight, scarecrow.
estañado *nm* tin plating.
estañar
1 *vt (con estaño)* to tin-plate.
2 *vt (soldar)* to solder.
estaño *nm* tin.
estaquilla
1 *nf (de madera)* peg, pin; *(de tienda de campaña)* tent peg.
2 *nf (clavo)* tack, spike.
estaquillar *vt* to peg down, fasten with pegs.

estar

1 *vi (lugar, posición)* to be: estaba sobre la mesa it was on the table; allí está there it is; estamos en casa we are at home; los precios están altos prices are high.

2 *vi (permanecer)* to be, stay: estuvimos allí diez días we stayed there for ten days.

3 *vi (cualidades transitorias)* to be: está cansado he's tired; está mal he's ill.

4 *vi (una prenda)* to suit, be: el vestido negro te está bien the black dress suits you; te está grande it's too big for you.

5 *aux* **estar** + *gerundio* to be: estaban cantando they were singing.

6 *aux* **estar a** *(precio)* to be, sell at; *(fecha)* to be: están a 20 euros they're 20 euros; estamos a 15 de marzo it's the 15th of March.

7 *aux* **estar con** *(tener)* to have; *(estar de acuerdo)* to agree with: estoy con gripe I have the flu; estoy con Ana I agree with Ana.

8 *aux* **estar de** *(gen)* to be; *(trabajar)* to be, be working as; *(ir vestido)* to be, be dressed in: estar de vacaciones to be on holiday; estar de exámenes to be doing exams; está de mal humor she's in a bad mood; está de profesor he works as a teacher; está de defensa he plays in defence; está de uniforme he's in uniform.

9 *aux* **estar en** *(consistir)* to be, lie; *(entender)* to understand; *(creer)* to think, believe; *(depender de uno)* to be up to: el motivo está en el dinero money is the reason; su fracaso está en su falta de motivación his failure lies in his lack of motivation; estoy en lo que quieres decir I understand what you mean; estoy en que no vendrán I don't think they'll come; está en él decírselo it's up to him to tell her.

10 *aux;* **estar para** *(estar a punto)* to be about to; *(estar acabado)* to be finished, be ready; *(estar de humor)* to feel like, be in the mood for: está para marchar she's about to leave; no estoy para bromas I'm in no mood for jokes; estará para las cuatro it'll be finished by four.

11 *aux* **estar por** *(no haberse ejecutado)* to remain to be; *(estar determinado)* to be for; *(ir a)* to be going to; *(a favor)* to be for: está por escribir it still has to be written; estoy por quedarme I'm for staying; está por salir she's going to go out; estamos por este partido we're for this party.

12 *aux* **estar que** *fam* to be nearly, be really, be practically: está que se hunde it's practically ruined.

13 *aux* **estar sin** + *inf* not to have been + *pp*: el coche está sin lavar the car hasn't been washed, the car still needs washing.

14 **estarse** *vpr (permanecer)* to spend, stay: se estuvo todo el día leyendo she spent all day reading.

✦ **en seguida está** it'll be ready in a moment.
está bien it's all right.
está mal it's wrong.
está que rabia *fam* he/she is hopping mad.
estar a la que salta *fam* to be ready to seize any opportunity.
estar a matar *fam* to be at daggers drawn.
estar a punto de to be about to.
estar a tiempo de to be in time to.
estar al caer to be here any minute.
estar de más not to be needed.
estar de miedo *fam* to be a real cracker.
estar en lo cierto to be right.
estar en todo not to miss a trick.
¡estáte quieto,-a! keep still!, stop fidgeting!
estoy que no puedo más *fam* I can't take any more.
▲ *Conjugation model* [71].

estarcido *nm* stencil.

estarcir *vt* to stencil.
▲ *Conjugation model* [3], *like zurcir.*

estás *pres indic* → **estar.**

estasis *nf* stasis.
▲ *pl estasis.*

estatal *adj* state.

estática *nf* statics.

estático,-a *adj* static.

estatificar *vt* to nationalize.
▲ *Conjugation model* [1], *like sacar.*

estatismo

1 *nm (inmovilidad)* immobility.

2 *nm (poder del estado)* statism.

estator *nm* stator.

estatoscopio *nm* statoscope.

estatua *nf* statue.
✦ **quedarse hecho,-a una estatua** *fig* to be transfixed.

estatuaria *nf* statuary.

estatuario,-a

1 *adj* statuary.

2 *adj fig* statuesque.

estatuilla *nf* statuette, figurine.

estatuir *vt* to establish, state.
▲ *Conjugation model* [62], *like huir.*

estatura *nf* height, stature: ¿qué estatura tiene? how tall is he?

estatutario,-a *adj* statutory.

estatuto *nm* statute.
■ **estatuto de autonomía** statute of autonomy.

estay *nm* stay.

este[1]

1 *adj* east, eastern.

2 *adj (dirección)* easterly; *(viento)* east, easterly: dirección este easterly direction.

3 *nm* east.

4 *nm (viento)* east wind.

esté *pres subj* → **estar.**

este,-a[2] *adj* this; *(plural)* these: este libro this book; estas manzanas these apples; la película esta no vale nada this film's not any good.
▲ *pl estos,-as.*

éste,-a

1 *pron (cosa)* this one: dame éste give me this one; coge éstas take these.

2 *pron (hombre - sujeto)* he; *(mujer - sujeto)* she: ésta me lo dijo she told me.

3 *pron (hombre - complemento)* him; *(mujer - complemento)* her: se lo dio a éste she gave it to him.

4 *pron (este último)* the latter: Pepe y Luis fueron al bar; éste pidió dos cañas y ése buscó una mesa Pepe and Luis went to the bar; the latter ordered two beers and the former looked for a table.

5 *pron pey* this one.
✦ **y en éstas ...** *fam* and then ..., and suddenly ...
▲ *pl éstos,-as; the written accent may be omitted when no confusion with adjectives is possible.*

estearina *nf* stearin.

estela[1]

1 *nf (de barco)* wake, wash; *(de avión)* vapour *(US* vapor*)* trail; *(de cometa)* tail.

2 *nf fig* trail.

estela[2] *nf (monumento)* stela, stele.

estelar

1 *adj (sideral)* stellar.

2 *adj fig* star: figura estelar star.
■ **luz estelar** starlight.

estenocardia *nf* stenocardia.

estenografía *nf* shorthand, stenography.

estenografiar *vt* to take down in shorthand, stenograph.
▲ *Conjugation model* [13], *like desviar.*

estenográfico,-a *adj* (in) shorthand, stenographic.

estenógrafo,-a *nm,f* shorthand writer, shorthand typist, stenographer.

estenordeste

1 *nm* east-northeast.

2 *nm (viento)* east-northeast wind.

estenotipia

1 *nf (arte)* stenotypy.

2 *nf (máquina)* Stenotype(r).

estenotipista *nm & nf* stenotypist.

estentóreo,-a *adj* stentorian, thundering, booming.

estepa[1] *nf (llanura)* steppe.

estepa[2] *nf (planta)* rockrose.

estepario,-a *adj* steppe, from the steppes.

éster *nm* ester.

estera *nf* rush mat.

esterar *vt* to cover with rush matting.

estercolar

1 *vt (abonar)* to manure.

2 *vi (excremento)* to dung.

estercolero
1 *nm* dunghill, dung heap.
2 *nm fig* pigsty.

estéreo *nm* stereo.

estereóbato *nm* stereobate.

estereofonía *nf* stereo, stereophony, stereophonic sound.

estereofónico,-a *adj* stereo, stereophonic.

estereografía *nf* stereography.

estereográfico,-a *adj* stereographic.

estereógrafo,-a *nm,f* stereographer.

estereograma *nm* stereogram.

estereometría *nf* stereometry.

estereoscopia *nf* stereoscopy.

estereoscopio *nm* stereoscope.

estereotipado,-a
1 *pp* → estereotipar.
2 *adj fig* stereotyped, standard, set.
■ **frase estereotipada** hackneyed phrase, cliché.

estereotipar *vt* to stereotype.

estereotipia
1 *nf (arte)* stereotypy.
2 *nf (máquina)* stereotype.
3 *nf fig (de un gesto)* stereotypy.

estereotipo *nm* stereotype.

estereotomía *nf* stereotomy.

estéril
1 *adj (tierra)* sterile, barren.
2 *adj (hombre)* sterile; *(mujer)* sterile, infertile.
3 *adj (aséptico)* sterile.
4 *adj fig* futile, useless.

esterilidad
1 *nf (de terreno)* sterility, barrenness.
2 *nf (de hombre)* sterility; *(de mujer)* sterility, infertility.
3 *nf fig* futility, uselessness.

esterilización *nf* sterilization.

esterilizador,-ra
1 *adj* sterilizing.
2 **esterilizador** *nm* sterilizer.

esterilizar *vt* to sterilize.
▲ *Conjugation model* [4], *like realizar.*

esterilla
1 *nf (felpudo)* small mat.
2 *nf (de cañamazo)* rush matting, wickerwork.
3 *nf (trencilla)* gold braid, silver braid.
■ **esterilla de playa** beach mat.

esterlina
1 *adj* sterling.
2 *nf* sterling.

esternocleidomastoideo
1 *adj* sternocleidomastoid.
2 *nm* sternocleidomastoid.

esternón *nm* sternum, breastbone.

estero *nm* estuary, inlet.

esteroide *nm* steroid.

estertor *nm* death-rattle.

estesudeste
1 *nm* east-southeast.
2 *nm (viento)* east-southeast wind.

esteta *nm & nf* aesthete *(US* esthete).

estética *nf* aesthetics *(US* esthetics).

estéticamente *adv* aesthetically.

esteticismo *nm* aestheticism *(US* estheticism).

esteticista *nm & nf* beautician.

estético,-a *adj* aesthetic *(US* esthetic).

estetoscopia *nf* stethoscopy.

estetoscopio *nm* stethoscope.

esteva *nf* ploughtail *(US* plowtail).

estevado,-a
1 *adj* bow-legged, bandy-legged.
2 *nm,f* bow-legged person.

estiaje *nm* low water level.

estiba *nf MAR* stowing, loading.

estibador *nm* docker, stevedore.

estibar
1 *vt (apretar)* to compress.
2 *vt MAR (distribuir los pesos)* to trim; *(colocar)* to stow.

estiércol *nm* dung, manure.

estigma
1 *nm (gen)* stigma.
2 *nm (marca)* brand, mark; *(de nacimiento)* birthmark.
3 *nm REL* stigma.

estigmatizar
1 *vt (marcar con hierro)* to brand.
2 *vt REL* to stigmatize.
3 *vt fig (afrentar)* to stigmatize, brand.
▲ *Conjugation model* [4], *like realizar.*

estilar
1 *vt JUR* to draw up.
2 *vi (acostumbrar)* to be in the habit of: estila levantarse pronto she usually gets up early.
3 **estilarse** *vpr (ser costumbre)* to be customary; *(estar de moda)* to be fashionable, be in vogue, be in fashion.

estilete
1 *nm (punzón)* stylus.
2 *nm (puñal)* stiletto.
3 *nm MED* probe.

estilismo *nm* stylism.

estilista
1 *nm & nf (escritor)* stylist.
2 *nm & nf (diseñador)* stylist, designer.

estilística *nf* stylistics.

estilístico,-a *adj* stylistic.

estilización *nf* stylization.

estilizar
1 *vt* to stylize.
2 *vt (hacer delgado)* to make thinner: ese vestido te estiliza that dress makes you look thinner.
▲ *Conjugation model* [4], *like realizar.*

estilo
1 *nm (gen)* style.
2 *nm (modo)* manner, fashion.
3 *nm GRAM* speech.
4 *nm (natación)* stroke.
✦ **al estilo de ...** in the style of ...
algo por el estilo something like that.
■ **estilo de vida** way of life.

estilo braza breaststroke.
estilo directo *LING* direct speech.
estilo indirecto *LING* indirect speech.
estilo libre freestyle.
estilo mariposa butterfly.

estilográfica *nf* fountain pen.

estilográfico,-a *adj* stylographic.

estima
1 *nf* esteem, respect.
2 *nf MAR* dead reckoning.
✦ **tener a alguien en gran estima** to hold somebody in great esteem.

estimable
1 *adj* esteemed, reputable, worthy.
2 *adj (cantidad)* considerable.

estimación
1 *nf (afecto)* esteem, respect.
2 *nf (valoración)* estimation, evaluation.
3 *nf (cálculo)* estimate.
■ **estima propia** self-esteem.

estimado,-a
1 *pp* → estimar.
2 *adj (apreciado)* esteemed, respected.
3 *adj (valorado)* valued, estimated: el precio estimado the estimated price.
✦ **estimado señor/estimada señora** *(en carta)* Dear Sir/Dear Madam.

estimar
1 *vt (apreciar)* to esteem, respect, hold in esteem, admire.
2 *vt (valorar)* to value: estimaron el cuadro en dos millones the picture was valued at two million.
3 *vt (juzgar, creer)* to consider, think, reckon.
4 *vt (calcular)* to estimate: estimamos el costo en cuatrocientos euros we estimate the cost at four-hundred euros.
5 *vt JUR (una demanda)* to admit.

estimativo,-a *adj* estimated, approximate.

estimulación *nf* stimulation.

estimulante
1 *adj* stimulating, encouraging.
2 *nm* stimulant.

estimular
1 *vt (animar)* to encourage, stimulate.
2 *vt (apetito, pasiones)* to whet.

estímulo
1 *nm* stimulus, stimulation.
2 *nm fig* encouragement.
3 *nm COM* incentive.

estío *nm* summer.

estipendiar *vt* to remunerate.
▲ *Conjugation model* [12], *like cambiar.*

estipendio *nm* stipend, fee, remuneration.

estipulación
1 *nf JUR* stipulation, condition, proviso.
2 *nf (acuerdo)* agreement.

estipular *vt* to stipulate.

estirada *nf DEP* dive.

estiradamente *adv* scarcely, hardly.

estirado,-a
1 *pp* → estirar.

2 adj fig (en el vestir) stiff, formal, starchy.
3 adj fig (orgulloso) stiff, conceited, haughty.
4 estirado nm (textil) drawing.
5 nm (del pelo) straightening; (de la piel) lift.

estiramiento nm stretch.
■ estiramiento facial facelift.

estirar
1 vt (gen) to stretch.
2 vt (cuello) to crane.
3 vt (medias) to pull up; (falda) to pull down.
4 vt (planchar ligeramente) to iron out the creases, give a quick iron; (alisar) to smooth out.
5 vt fig (escrito, opinión, etc) to spin out, stretch out.
6 vt fig (dinero) to spin out, make go further.
7 vi (crecer) to shoot up.
8 estirarse vpr (crecer) to shoot up.
9 vpr (desperezarse) to stretch.
✦ estirar las piernas fam to stretch one's legs.
estirar la pata fam to kick the bucket, snuff it.

estirón nm pull, jerk, tug.
✦ dar un estirón/pegar un estirón fam to shoot up, grow up quickly.

estirpe nf stock, lineage, race.

estival adj summer.
■ época estival summertime.

esto pron this: esto es lo que me dio this is what she gave me; esto me gusta I like this.
✦ a todo esto by the way: a todo esto, ¿cómo te llamas? by the way, what's your name?
en esto ... just then, when: me estaba hablando y en esto rompió a llorar she was talking to me when she burst out crying.
esto ... (vacilación) er ...
esto es that is, ie: vendrán pasado mañana, esto es, el miércoles they're coming day after tomorrow, that is, on Wednesday.
esto de ... the business about ..., all that about ...

estocada nf stab, thrust.
■ estocada final fig coup de grâce.

Estocolmo nm Stockholm.
■ síndrome de Estocolmo Stockholm syndrome.

estofa nf fig class, type: gente de baja estofa low-class people.

estofado[1] nm CULIN stew.

estofado[2] nm COST quilting.

estofar[1] vt CULIN to stew.

estofar[2] vt (acolchar) to quilt.

estoicismo nm stoicism.

estoico,-a
1 adj stoic, stoical.
2 nm,f stoic.

estola nf stole.

estolidez nf fml stupidity, denseness.

estólido,-a adj fml stupid, thick, dense.

estoma nm stoma.

estomacal
1 adj (del estómago) stomach, of the stomach.
2 adj (digestivo) digestive.
3 nm (bebida) digestive liqueur.

estómago nm stomach.
✦ revolver el estómago fam to turn one's stomach.
tener buen estómago to have a strong stomach; fig to be thick-skinned.
■ dolor de estómago stomachache.

estomatología nf stomatology.

estomatólogo,-a nm,f stomatologist.

Estonia nf Estonia.

estonio,-a
1 adj Estonian.
2 nm,f (persona) Estonian.
3 estonio nm (idioma) Estonian.

estopa
1 nf (fibra) tow.
2 nf (tela) burlap.
■ estopa de acero steel wool.

estopilla nf cheesecloth.

estoque
1 nm (espada) sword.
2 nm BOT gladiolus.

estoquear vt to stab, thrust at.

estor nm roller blind.

estorbar
1 vt (dificultar) to hinder, get in the way; (obstruir) to obstruct, block, hold up: esa mesa estorba el paso that table is blocking the way.
2 vt fig (molestar) to annoy, bother, disturb.
3 vi (ser obstáculo) to be in the way.
4 vi fig (molestar) to be a nuisance.

estorbo
1 nm (obstáculo) obstruction, obstacle.
2 nm (molestia) hindrance, encumbrance; (persona) nuisance.

estornino nm starling.

estornudar vi to sneeze.

estornudo nm sneeze.

estos,-as adj these.
▲ See also este,-a.

éstos,-as pron these (ones).
▲ See also este,-a.

estoy pres indic → estar.

estrabismo nm strabismus, squint: tengo estrabismo I have a squint.

estrado
1 nm stage, platform; (tarima) dais.
2 estrados nm pl JUR courtrooms.

estrafalario,-a
1 adj fam (desaliñado) slovenly.
2 adj fam fig (extravagante) eccentric, weird, outlandish.

estragar
1 vt (dañar) to devastate, ruin, ravage.
2 vt (viciar) to corrupt, deprave.

estrago nm havoc, ruin, ravage.
✦ causar estragos en/hacer estragos en to play havoc with, badly damage.

estragón nm tarragon.

estrambote nm additional verses pl.

estrambótico,-a adj fam outlandish, eccentric, weird.

estramonio nm thorn apple.

estrangulación
1 nf strangling.
2 nf MED strangulation.

estrangulador,-ra
1 adj strangling.
2 adj MED strangulating.
3 nm,f strangler.
4 estrangulador nm AUTO choke.

estrangulamiento nm → estrangulación.

estrangular
1 vt (ahogar) to strangle.
2 vt MED to strangulate.
3 vt AUTO to throttle.

estraperlear vi to deal in black-market goods.

estraperlista nm & nf black marketeer.

estraperlo nm black market.

estrás nm strass, paste, rhinestone.

Estrasburgo nm Strasbourg.

estratagema
1 nf MIL stratagem.
2 nf fam fig trick.

estratega nm & nf strategist.

estrategia nf strategy.

estratégicamente adv strategically.

estratégico,-a adj strategic.

estratificación nf stratification.

estratificar
1 vt to stratify.
2 estratificarse vpr to be stratified.
▲ Conjugation model [1], like sacar.

estrato
1 nm GEOL stratum.
2 nm (capa) stratum.
3 nm (nivel social) stratum, class.
4 nm (nube) stratus.
■ estratos sociales social strata.

estratocúmulo nm stratocumulus.

estratosfera nf stratosphere.

estrave nm stern.

estraza nf rag, piece of cloth.

estrechamente
1 adv (con estrechez) narrowly, tightly.
2 adv fig (con exactitud) exactly.
3 adv fig (con rigor) rigorously, strictly.
4 adv fig (con intimidad) closely, intimately: están estrechamente unidos they're very close.

estrechamiento
1 nm (de valle, carretera, etc) narrowing.
2 nm (de prenda) taking in.
3 nm (lugar estrecho) narrow point.
4 nm fig coming closer together, rapprochement: estrechamiento de relaciones diplomáticas rapprochement in diplomatic relations.

◆ **"Estrechamiento de calzada"** *AUTO* "Road narrows".

estrechar
1 *vt (carretera)* to make narrower.
2 *vt (prenda)* to take in.
3 *vt (abrazar)* to squeeze, hug; *(mano)* to shake: **nos estrechamos las manos** we shook hands.
4 *vt fig (obligar)* to compel, constrain.
5 *vt fig (relaciones, lazos)* to strengthen.
6 *vt fig (unir)* to bring closer, bring together: **aquellas penalidades nos estrecharon** that hardship brought us together.
7 **estrecharse** *vpr (valle etc)* to narrow, become narrower.
8 *vpr (apretarse)* to squeeze together, squeeze up.
9 *vpr fig (relaciones etc)* to strengthen, get stronger.
10 *vpr fig (gastos etc)* to economize, tighten one's belt.
◆ **estrechar la mano de alguien** to shake hands with somebody, shake somebody's hand.
■ **estrechar los lazos de amistad** *fig* to strengthen the bonds of friendship.

estrechez
1 *nf (poco ancho)* narrowness.
2 *nf (falta espacio)* lack of space.
3 *nf (prendas)* tightness.
4 *nf fig (económica)* want, need.
5 *nf fig (de tiempo)* lack of time.
6 *nf fig (amistad)* closeness, intimacy.
7 *nf fig (rigidez)* strictness.
8 *nf fig (apuro)* tight spot.
◆ **pasar estrecheces** *fig* to be hard up.
vivir en la estrechez/vivir con estrecheces *fig* to live from hand to mouth.
■ **estrechez de miras/estrechez de ideas** *fig* narrow-mindedness.

estrecho,-a
1 *adj (poco ancho)* narrow.
2 *adj (ropa)* tight; *(calzado)* tight, small.
3 *adj (habitación)* cramped, poky, small.
4 *adj (sin espacio)* packed, jam-packed.
5 *adj fig (amistad etc)* close, intimate.
6 *adj fig (mezquino)* mean.
7 *adj fig (estricto)* narrow, rigid.
8 *adj fam fig (conservador con el sexo)* prudish, strait-laced.
9 **estrecho** *nm GEOG* strait, straits *pl*.
◆ **ser estrecho,-a de miras** *fig* to be narrow-minded.
■ **el Estrecho de Gibraltar** the Straits of Gibraltar.

estrechura
1 *nf (de paso)* narrowness, narrow point.
2 *nf fig (de amistad)* closeness, intimacy.

estregadera
1 *nf (cepillo)* scrubbing brush.
2 *nf (para los pies)* scraper.

estregar *vt (con paño)* to rub; *(con cepillo)* to scrub.
▲ *Conjugation model* [48], *like* **regar**.

estrella
1 *nf (gen)* star: **hotel de cuatro estrellas** four-star hotel.

2 *nf fig (destino)* destiny, fate.
◆ **haber nacido con buena estrella** *fig* to be born under a lucky star.
tener buena estrella/tener mala estrella *fig* to be lucky/be unlucky.
ver las estrellas *fig* to see stars.
■ **estrella de cine** film star.
estrella de mar starfish.
estrella errante/estrella fugaz shooting star.

estrellado,-a
1 *pp* → **estrellar**.
2 *adj (cielo)* starry, star-spangled, full of stars.
3 *adj (forma)* star-shaped.
4 *adj (hecho pedazos)* smashed, shattered.
5 *adj (huevo)* fried.

estrellar
1 *vt (llenar de estrellas)* to cover with stars.
2 *vt fam (hacer pedazos)* to smash (to pieces), shatter.
3 *vt (freír)* to fry.
4 **estrellarse** *vpr (llenarse de estrellas)* to be full of stars.
5 *vpr (hacerse pedazos)* to smash, shatter: **el vaso se estrelló contra el suelo** the glass smashed against the floor.
6 *vpr (chocar)* to crash: **el camión se estrelló contra el muro** the lorry crashed into the wall.
7 *vpr fig (problema, dificultad)* to come up against, run into.

estrellato *nm* stardom.

estremecedor,-ra
1 *adj* startling.
2 *adj (grito)* bloodcurdling.

estremecer
1 *vt (gen)* to shake.
2 *vt fig (asustar)* to startle, frighten.
3 **estremecerse** *vpr (temblar)* to shake.
4 *vpr (de miedo)* to tremble, shudder; *(de frío)* to shiver, tremble.
5 *vpr fig* to shudder.
▲ *Conjugation model* [43], *like* **agradecer**.

estremecido,-a
1 *pp* → **estremecer**.
2 *adj* shaking, trembling: **estaba estremecida de frío** she was trembling with cold.

estremecimiento
1 *nm (movimiento)* tremor, vibration.
2 *nm (de miedo)* trembling, shuddering; *(de frío)* shiver, trembling.

estrena *nf* gift, present.

estrenar
1 *vt (gen)* to use for the first time; *(ropa)* to wear for the first time.
2 *vt (obra)* to perform for the first time, give the first performance of; *(película)* to release, put on release.
3 **estrenarse** *vpr* to make one's debut.
◆ **estrenar piso** to move into a new flat.

estreno
1 *nm (de algo)* first use.
2 *nm (persona)* début, first appearance.
3 *nm (de obra)* first performance; *(de película)* new release, premiere.
■ **riguroso estreno** world premiere.

estreñido,-a
1 *pp* → **estreñir**.
2 *adj* constipated.
3 *adj fig* mean, stingy.

estreñimiento *nm* constipation.

estreñir
1 *vt* to constipate, make constipated.
2 **estreñirse** *vpr* to become constipated.
▲ *Conjugation model* [36], *like* **ceñir**.

estrépito
1 *nm* din, racket, clatter.
2 *nm fig* ostentation, fuss.

estrepitosamente *adv* noisily.

estrepitoso,-a
1 *adj* noisy, clamorous.
2 *adj (ruido)* deafening.
3 *adj fig (éxito)* resounding; *(fracaso)* spectacular.

estreptococo *nm* streptococcus.

estreptomicina *nf* streptomycin.

estrés *nm* stress.
▲ *pl* **estreses**.

estresado,-a *adj* under stress.

estresante *adj* stressful.

estría
1 *nf (ranura)* groove.
2 *nf ARQ* flute.
3 *nf (en la piel)* stretch mark.

estriación *nf* striation.

estriar
1 *vt (hacer ranuras)* to groove.
2 *vt ARQ* to flute.
3 *vt (piel)* to give stretch marks.
4 **estriarse** *vpr (piel)* to get stretch marks.
▲ *Conjugation model* [13], *like* **desviar**.

estribación
1 *nf* spur.
2 **estribaciones** *nf pl* foothills.

estribar
1 *vi (apoyarse)* to rest (**en**, on).
2 *vi fig (basarse)* to lie (**en**, in).

estribillo
1 *nm (de poesía)* refrain; *(de canción)* chorus.
2 *nm (muletilla)* pet phrase, pet saying.

estribo
1 *nm (de jinete)* stirrup.
2 *nm (de carruaje, tren)* step.
3 *nm AUTO* running board; *(de moto)* footrest.
4 *nm ARQ* buttress; *(de puente)* pier, support.
5 *nm (del oído)* stirrup bone.
6 *nm (de alpinista)* rope ladder.
7 *nm fig (apoyo)* support.
◆ **perder los estribos** *fig* to lose one's head, lose one's temper.

estribor *nm* starboard.

estricnina *nf* strychnine.

estrictamente *adv* strictly.

estricto,-a *adj* strict, rigorous.

estridencia
1 *nf (ruido)* stridency, shrillness.
2 *nf (color etc)* loudness, garishness, gaudiness.

estridente
1 *adj (ruido)* strident, shrill.
2 *adj (color etc)* loud, garish, gaudy.

estro
1 *nm (inspiración)* inspiration.
2 *nm (celo)* oestrus (*US* estrus).
3 *nm (mosca)* botfly.

estroboscópico,-a *adj* stroboscopic.
▪ luces estroboscópicas strobe lighting.

estroboscopio *nm* stroboscope, strobe.

estrofa *nf* stanza, verse.

estrógeno,-a
1 *adj* oestrogenic (*US* estrogenic).
2 **estrógeno** *nm* oestrogen (*US* estrogen).

estroncio *nm* strontium.

estropajo
1 *nm (para fregar)* scourer.
2 *nm (planta)* loofah.
3 *nm fig (desecho)* useless thing.

estropajoso,-a
1 *adj (lengua)* furry.
2 *adj (forma de hablar)* stammering.
3 *adj (desaseado)* slovenly; *(andrajoso)* ragged.
4 *adj (carne etc)* gristly, tough.
5 *adj (pelo)* straw-like.

estropear
1 *vt (máquina)* to damage, break, ruin.
2 *vt (cosecha)* to spoil, ruin.
3 *vt (plan etc)* to spoil, ruin.
4 *vt (salud)* to be bad for.
5 *vt (envejecer)* to age.
6 *vt (manos, pelo)* to ruin.
7 **estropearse** *vpr (máquina)* to break down.
8 *vpr (cosecha)* to be spoiled, get damaged.
9 *vpr (plan etc)* to fail, fall through, go wrong.
10 *vpr (comida)* to go bad.

estropicio
1 *nm fam (rotura)* breakage, damage; *(ruido producido)* crash, clatter, smash.
2 *nm fam (desorden)* mess; *(jaleo)* fuss, rumpus.

estructura
1 *nf (gen)* structure.
2 *nf (armazón)* frame, framework.

estructuración *nf* structure, organization.

estructurado,-a
1 *pp* → estructurar.
2 *adj* structured, organized.

estructural *adj* structural.

estructuralismo *nm* structuralism.

estructuralista
1 *adj* structuralist.
2 *nm & nf* structuralist.

estructurar
1 *vt* to structure, organize.
2 **estructurarse** *vpr* to be structured, be organized.

estruendo
1 *nm (ruido)* great noise, din.
2 *nm (confusión)* uproar, tumult.
3 *nm fig (pompa)* pomp, ostentation.

estruendoso,-a *adj (ruido)* noisy, deafening; *(aplauso)* thunderous.

estrujar
1 *vt (exprimir)* to squeeze.
2 *vt (apretar - alguien)* to crush; *(- algo)* to screw up: casi le estrujaron en el ascensor they almost crushed him in the lift; estrujó el papel she screwed the paper up.
3 *vt (ropa)* to wring.
4 *vt fig (sacar partido)* to drain, bleed dry.
5 **estrujarse** *vpr (apretujarse)* to crowd, throng.
✦ estrujarse los sesos/estrujarse el cerebro *fam* to rack one's brains.

estrujón *nm* tight squeeze, big hug.

estuario *nm* estuary.

estucado *nm* stucco, stucco work.

estucar *vt* to stucco.
▲ *Conjugation model* [1], *like* sacar.

estuche
1 *nm (caja)* case, box.
2 *nm (vaina)* sheath.
3 *nm (conjunto)* set.
▪ estuche de aseo toilet bag.

estuco *nm* stucco.

estudiado,-a
1 *pp* → estudiar.
2 *adj (afectado)* affected, studied; *(rebuscado)* elaborate, recherché.

estudiantado *nm* students *pl*, student body.

estudiante *nm & nf* student.

estudiantil *adj* student, of students.

estudiantina *nf* student band.

estudiar
1 *vt (gen)* to study, learn: estudia francés en el colegio she's learning French at school.
2 *vt (en universidad)* to read, study: estudia medicina en Barcelona he's studying medicine at Barcelona.
3 *vt (trabajar)* to work, study: tienes que estudiar más you have to work harder.
4 *vt (observar)* to examine, observe.
5 *vi* to study: estudia para maestro he's training to be a teacher.
6 **estudiarse** *vpr* to consider: se está estudiando la posibilidad the possibility is being considered.
✦ estudiar de memoria to learn by heart.
▲ *Conjugation model* [12], *like* cambiar.

estudio
1 *nm (gen)* study.
2 *nm (encuesta)* survey, study; *(investigación)* research.
3 *nm (apartamento)* studio flat (*US* apartment), bedsit.
4 *nm (sala)* studio.
5 **estudios** *nm pl (conocimientos)* studies, education *sing*.
✦ cursar estudios to study.
dar estudios a alguien to pay for somebody's education.
dedicarse al estudio de algo to study something.

estar algo en estudio to be under consideration.
hacer estudios to study.
tener estudios to be well-educated.
▪ estudio cinematográfico film studio.
estudio de grabación recording studio.
estudio de mercado market research.
estudio de televisión television studio.

estudioso,-a
1 *adj* studious.
2 *nm,f* student, scholar.

estufa
1 *nf (calentador)* heater, stove; *(de gas, eléctrica)* fire.
2 *nf (invernadero)* greenhouse, hothouse.

estufilla
1 *nf (brasero)* brazier, foot warmer.
2 *nf (manguito)* muff.

estulticia *nf lit* stupidity, foolishness.

estulto,-a *adj lit* stupid, foolish.

estupa
1 *nf arg (grupo)* drug squad.
2 *nm & nf (oficial)* drug-squad officer.

estupefacción *nf* stupefaction, astonishment, amazement.

estupefaciente
1 *adj* stupefying.
2 *nm* drug, narcotic.

estupefacto,-a *adj* astounded, dumbfounded, flabbergasted.

estupendamente *adv* marvellously (*US* marvelously), wonderfully.

estupendo,-a *adj* marvellous (*US* marvelous), wonderful, super.
✦ ¡estupendo! *fam* great!

estupidez *nf* stupidity, stupid thing.
✦ cometer una estupidez to do something stupid, do something silly.
¡qué estupidez! *(dicho)* what a stupid thing to say!; *(hecho)* what a stupid thing to do!
▲ *pl* estupideces.

estúpido,-a
1 *adj* stupid, silly.
2 *nm,f* berk, idiot.

estupor *nm* stupor, amazement, astonishment.
✦ causar estupor to astonish.

estuprar *vt* to rape.

estupro *nm* rape.

estuquista *nm & nf* stucco worker.

esturión *nm* sturgeon.

estuve *pt indef* → estar.

esvástica *nf* swastika.

ETA *abr* (**Euzkadi Ta Askatasuna**) Basque Land and Liberty *(radical Basque separatist movement)* .

etano *nm* ethane.

etapa
1 *nf* period, stage.
2 *nf (parada)* stop, stage: la primera etapa es Zaragoza the first stop is Zaragoza.
3 *nm DEP* leg, stage.
✦ por etapas in stages.
quemar etapas *fig* to get on in leaps and bounds.

etarra
1 *adj* ETA, of ETA, from ETA.
2 *nm & nf* member of ETA.

etc. *abr* (**etcétera**) etcetera; *(abreviatura)* etc.

etcétera *nf* etcetera, and so on.
✦ **y un largo etcétera** and much/many more besides.

éter
1 *nm* QUÍM ether.
2 *nm (celestial)* ether, heavens *pl*, sky.
▲ *pl* **éteres**.

etéreo,-a *adj* ethereal.

eternamente *adv* eternally.

eternidad
1 *nf* eternity.
2 *nf fam* ages *pl*: **te esperé una eternidad** I waited for you for ages.

eternizar
1 *vt* to eternize, eternalize.
2 *vt fam* to prolong endlessly.
3 **eternizarse** *vpr fam (ser interminable)* to be interminable, be endless; *(discusión)* to drag on.
4 *vpr fam (tardar mucho)* to take ages.
▲ *Conjugation model* [4], *like* **realizar**.

eterno,-a *adj* eternal, everlasting, endless.

ética *nf* ethics *pl*, ethic: **ética del trabajo** work ethic.

éticamente *adv* ethically.

ético,-a
1 *adj* ethical.
2 *nm,f* ethicist.

etileno *nm* ethylene.

etílico,-a *adj* ethylic.
✦ **en estado etílico** intoxicated.
■ **alcohol etílico** ethyl alcohol.
  intoxicación etílica alcohol poisoning.

etilo *nm* ethyl.

etimología *nf* etymology.

etimológico,-a *adj* etymological.

etimologizar *vt* to etymologize.
▲ *Conjugation model* [4], *like* **realizar**.

etimólogo,-a *nm,f* etymologist.

etiología *nf* aetiology (US etiology).

etiope *adj* → **etíope**.

etíope
1 *adj* Ethiopian.
2 *nm & nf (persona)* Ethiopian.
3 **etíope** *nm (idioma)* Ethiopian, Ethiopic.

Etiopía *nf* Ethiopia.

etiópico,-a
1 *adj* Ethiopian.
2 *nm,f (persona)* Ethiopian.
3 **etiópico** *nm (idioma)* Ethiopian, Ethiopic.

etiqueta
1 *nf (rótulo)* label, tag.
2 *nf (formalidad)* etiquette, formality, ceremony.
✦ **de etiqueta** formal: **traje de etiqueta** formal dress, evening dress.
  vestirse de etiqueta to wear formal dress.

etiquetar *vt* to label, put a label on.

etiquetero,-a *adj* formal, ceremonious.

etmoides *nm* ethmoid bone.
▲ *pl* **etmoides**.

etnia *nf* ethnic group.

étnicamente *adv* ethnically.

étnico,-a *adj* ethnic.

etnografía *nf* ethnography.

etnográfico,-a *adj* ethnographic, ethnographical.

etnógrafo,-a *nm,f* ethnographer.

etnología *nf* ethnology.

etnológico,-a *adj* ethnologic, ethnological.

etnólogo,-a *nm,f* ethnologist.

etrusco,-a
1 *adj* Etruscan.
2 *nm,f (persona)* Etruscan.
3 **etrusco** *nm (idioma)* Etruscan.

ETS[1] *abr* (**Escuela Técnica Superior**) technical college.

ETS[2] *abr* (**enfermedad de transmisión sexual**) sexually transmitted disease; *(abreviatura)* STD.

ETT *abr* (**empresa de trabajo temporal**) temping agencyi.

eucalipto *nm* eucalyptus.

eucaristía *nf* Eucharist.

eucarístico,-a *adj* Eucharistic.

eufemismo *nm* euphemism.

eufemístico,-a *adj* euphemistic.

eufonía *nf* euphony.

eufónico,-a *adj* euphonic, euphonious.

euforia *nf* euphoria, elation.

eufórico,-a *adj* euphoric, elated.

Éufrates **el Éufrates** *nm* the Euphrates.

eunuco *nm* eunuch.

eureka *interj* eureka!

euritmia *nf* eurythmics.

euro *nm* euro.

euroafricano,-a
1 *adj* Eurafrican.
2 *nm,f* Eurafrican.

euroasiático,-a
1 *adj* Eurasian.
2 *nm,f* Eurasian.

eurocheque *nm* Eurocheque.

eurocomunismo *nm* Eurocommunism.

eurocomunista
1 *adj* Eurocommunist.
2 *nm & nf* Eurocommunist.

eurócrata *nm & nf* Eurocrat.

eurodiputado,-a *nm,f* Member of the European Parliament, MEP, Euro MP.

eurodivisa *nf* Eurocurrency.

eurodólar *nm* Eurodollar.

euroescéptico,-a *nm,f* Eurosceptic.

euromisil *nf* Euromissile.

Europa *nf* Europe.

europeidad *nf* Europeanity.

europeísmo *nm* Europeanism.

europeísta
1 *adj* pro-European.
2 *nm & nf* pro-European.

europeización *nf* Europeanization.

europeizar *vt* to Europeanize.
▲ *Conjugation model* [26], *like* **homogeneizar**.

europeo,-a
1 *adj* European.
2 *nm,f* European.
■ **Comunidad Europea** European Community.
  Unión Europea European Union.

Eurotúnel *nm* Eurotunnel.

eurovisión *nf* Eurovision.

euscalduna
1 *adj* Basque.
2 *adj (que habla vasco)* Basque-speaking.
3 *nm & nf* Basque speaker.

Euskadi *nm* the Basque Country.

euskera *nm (idioma)* Basque.

eusquera *nm* → **euskera**.

eutanasia *nf* euthanasia.

evacuación *nf* evacuation.

evacuado,-a
1 *pp* → **evacuar**.
2 *nm,f* evacuee.

evacuar
1 *vt (lugar)* to evacuate.
2 *vt* JUR to issue.
3 *vt* ANAT to empty.
4 *vt (llevar a cabo)* to carry out.
✦ **evacuar el vientre** to have a bowel movement.
▲ *Conjugation model* [10], *like* **adecuar**.

evadido,-a
1 *pp* → **evadir**.
2 *adj* escaped.
3 *nm,f* escapee, fugitive.

evadir
1 *vt (peligro, respuesta)* to avoid; *(responsabilidad)* to shirk.
2 *vt (capital, impuestos)* to evade.
3 **evadirse** *vpr (escaparse)* to escape.

evaluación
1 *nf* evaluation, assessment.
2 *nf* EDUC *(acción)* assessment; *(examen)* exam.

evaluador,-ra *nm,f* assessor.

evaluar *vt* to evaluate, assess.
▲ *Conjugation model* [11], *like* **actuar**.

evanescente *adj* evanescent.

evangélico,-a *adj* evangelical.

evangelio *nm* gospel: **el Evangelio según San Mateo** the Gospel according to Saint Matthew.

evangelismo *nm* evangelism.

evangelista *nm* evangelist.

evangelización *nf* evangelization, evangelizing.

evangelizador,-ra
1 *adj* evangelizing.
2 *nm,f* evangelist.

evangelizar *vt* to evangelize, preach the gospel to.
▲ *Conjugation model* [4], *like realizar.*
evaporable *adj* evaporable.
evaporación *nf* evaporation.
evaporar
1 *vt* to evaporate.
2 **evaporarse** *vpr* to evaporate.
3 *vpr fig* to vanish, disappear.
evasión
1 *nf (fuga)* escape, flight.
2 *nf fig* escape, escapism.
■ **evasión fiscal/evasión de impuestos** tax evasion.
novela de evasión escapist novel.
evasiva *nf* evasive answer.
✦ **contestar con una evasiva** not to give a straight answer, avoid the issue.
evasivo,-a *adj* evasive.
evección *nf* evection.
evento
1 *nm (acontecimiento)* event.
2 *nm (imprevisto)* eventuality, contingency.
✦ **a todo evento** in any event.
eventual
1 *adj (casual)* chance; *(probable)* possible.
2 *adj (trabajo)* casual, temporary, provisional.
3 *adj (ingresos, gastos)* incidental.
4 *nm & nf* casual worker, temporary worker.
eventualidad *nf* eventuality, contingency.
eventualmente
1 *adv (casualmente)* by chance; *(posiblemente)* possibly.
2 *adv (temporalmente)* provisionally.
evicción *nf* eviction.
evidencia *nf (claridad)* obviousness, clearness; *(certeza)* certainty.
✦ **poner algo en evidencia** to demonstrate something.
poner a alguien en evidencia to make a fool of somebody, show somebody up.
ponerse en evidencia to show oneself up.
evidenciar *vt* to show, make evident, prove, make obvious.
▲ *Conjugation model* [12], *like cambiar.*
evidente *adj* evident, obvious.
evidentemente *adv* evidently, obviously.
evitable *adj* avoidable, preventable.
evitación *nf* avoidance, prevention.
evitar
1 *vt (gen)* to avoid: **evitó una confrontación** he avoided a confrontation.
2 *vt (impedir)* to prevent, avoid: **no pudo evitar que lo hiciera** he couldn't prevent him (from) doing it.
3 *vt (ahorrar)* to spare, save: **intenté evitarle la molestia** I tried to save him the trouble.
evocación *nf* evocation, recollection, recalling.

evocador,-ra *adj* evocative.
evocar
1 *vt (recuerdo)* to evoke, call up; *(pasado)* to recall.
2 *vt (recordar)* to evoke, bring to mind: **aquel paisaje evocaba el de su pueblo natal** the landscape evoked that of her home town.
3 *vt (a espíritu)* to invoke.
▲ *Conjugation model* [1], *like sacar.*
evolución
1 *nf (cambio)* evolution; *(desarrollo)* development.
2 *nf (vuelta)* turn.
3 *nf MIL* manoeuvre (*US* maneuver).
evolucionar
1 *vi (gen)* to evolve, develop.
2 *vi (dar vueltas)* to turn.
3 *vi MIL* to manoeuvre (*US* maneuver).
✦ **evolucionar a pasos agigantados** to take giant strides.
evolucionismo *nm* evolutionism.
evolucionista
1 *adj* evolutionist.
2 *nm & nf* evolutionist.
evolutivo,-a *adj* evolutionary, evolving.
ex- *pref* ex-, former: **el ex primer ministro** the former prime minister.
■ **ex alumno** *(colegio - chico)* old boy; *(- chica)* old girl; *(universidad)* former student, ex-student.
ex combatiente ex-serviceman, *US* veteran.
exabrupto *nm* sharp comment, sudden outburst.
✦ **contestar con un exabrupto** to snap back.
exacción
1 *nf (impuestos)* exaction.
2 *nf (extorsión)* extortion.
exacerbación
1 *nf (agravamiento)* exacerbation, aggravation.
2 *nf (irritación)* exacerbation, exasperation.
exacerbante
1 *adj (agravante)* aggravating.
2 *adj (irritante)* irritating, exasperating.
exacerbar
1 *vt (agravar)* to exacerbate, aggravate, make worse.
2 *vt (irritar)* to exacerbate, exasperate, irritate.
3 **exacerbarse** *vpr (agravarse)* to be exacerbated, worsen.
4 *vpr (irritarse)* to become exasperated.
exactamente *adv* exactly, precisely.
exactitud *nf (fidelidad)* exactness; *(precisión)* accuracy.
✦ **con exactitud** accurately.
exacto,-a
1 *adj (fiel)* faithful, true; *(preciso)* accurate, exact.
2 *adj (verdad)* true: **eso no es exacto** that's not true.

✦ **¡exacto!** precisely!
para ser exacto ... to be precise ...
exageración *nf* exaggeration.
✦ **¡qué exageración!** come off it!
exageradamente
1 *adv (con exageración)* exaggeratedly.
2 *adv (excesivamente)* exaggeratedly, extremely, exceedingly.
exagerado,-a
1 *pp →* **exagerar.**
2 *adj (gen)* exaggerated; *(historia)* far-fetched.
3 *adj (excesivo)* excessive.
4 *adj (precio)* exorbitant.
5 *adj (gesto)* flamboyant.
✦ **ser exagerado,-a** *(persona)* to exaggerate.
exagerar
1 *vt* to exaggerate.
2 *vi* to exaggerate.
3 *vi (abusar)* to overdo it, do too much: **exagera con el trabajo** he's doing too much work.
exaltación
1 *nf (gloria)* exaltation, praise.
2 *nf (júbilo)* exaltation, elation.
3 *nf (excitación)* overexcitement.
4 *nf POL fam* fanaticism.
exaltado,-a
1 *pp →* **exaltar.**
2 *adj (discusión etc)* heated, impassioned.
3 *adj (persona)* hot-headed, worked up.
4 *nm,f fam* hothead.
5 *nm,f POL fam* fanatic, extremist.
exaltar
1 *vt (elevar)* to raise, promote.
2 *vt fig (alabar)* to exalt, praise, extol.
3 **exaltarse** *vpr (excitarse)* to get overexcited, get worked up, get carried away.
examen
1 *nm* examination, exam.
2 *nm (estudio)* consideration, examination, study.
✦ **aprobar un examen** to pass an exam.
hacer un examen to do an exam.
presentarse a un examen to take an exam, sit an exam.
■ **examen de conciencia** soul-searching.
examen de conducir driving test.
examen de ingreso entrance examination.
examen final final examination.
examen médico checkup.
examen oral oral examination.
▲ *pl* **exámenes.**
examinador,-ra
1 *adj* examining.
2 *nm,f* examiner.
examinando,-a *nm,f* candidate, examinee.
examinar
1 *vt (gen)* to examine.
2 *vt (investigar)* to consider, inspect, go over.
3 **examinarse** *vpr* to take an examination, sit an examination.

exangüe
1 *adj (desangrado)* bloodless.
2 *adj fig (débil)* weak, lifeless.

exánime
1 *adj (muerto)* dead.
2 *adj fig (débil)* worn-out, exhausted; *(desmayado)* lifeless.

exantema *nm* exanthema.

exasperación *nf* exasperation.

exasperante *adj* exasperating.

exasperar
1 *vt* to exasperate.
2 **exasperarse** *vpr* to get exasperated.

Exca *abr* (**Excelencia**) Excellency; *(abreviatura)* Exc..

Exca. *abr* (**Excelencia**) Excellency; *(abreviatura)* Exc..

excarcelación *nf* release (from prison).

excarcelar *vt* to release (from prison).

excavación
1 *nf* excavation, digging.
2 *nf (arqueológica)* dig.

excavador,-ra
1 *adj* excavating, digging.
2 *nm,f (persona)* excavator, digger.

excavadora *nf (máquina)* digger.

excavar *vt* to excavate, dig.

excedencia
1 *nf (de funcionario etc)* leave: **excedencia por maternidad** maternity leave.
2 *nf (sueldo)* paid leave.
3 *nf (de profesor)* sabbatical leave.

excedente
1 *adj (excesivo)* excessive.
2 *adj (sobrante)* excess, surplus.
3 *adj (funcionario)* on leave; *(profesor)* on sabbatical leave.
4 *nm COM* surplus, excess.
■ **excedente de cupo** *MIL* person who is exempted from military service.

exceder
1 *vt (superar)* to excel, surpass: **éste excede al tuyo en calidad** this one surpasses yours in quality.
2 *vt (sobrepasar)* to exceed, be in excess of: **las ventas han excedido nuestras previsiones** sales have exceeded our predictions.
3 *vi (sobrar)* to be surplus, be left over: **los agricultores venderán a bajo precio los productos que exceden** the farmers will sell the surplus products at a low price.
4 *vi (ser demasiado)* to be beyond, be outside: **esto excede su competencia** this is outside his jurisdiction.
5 **excederse** *vpr (pasarse)* to overdo it, go too far.
6 *vpr (en atenciones etc)* to be extremely kind.
✦ **exceder de** to exceed, be over.
 excederse a sí mismo,-a to surpass oneself , excel oneself .
 excederse en sus funciones to exceed one's duty.

excelencia *nf* excellence.

✦ **por excelencia** par excellence.
 Su Excelencia/Vuestra Excelencia *(hombre)* His Excellency; *(mujer)* Her Excellency.

excelente *adj* excellent, first-rate.

excelentemente *adv* excellently.

excelentísimo,-a *adj (alcalde)* Your Worship; *(juez)* Your Honour (*US* Honor); *(embajador)* Your Excellency.

excelso,-a *adj* lofty, sublime.

excentricidad *nf* eccentricity.

excéntrico,-a *adj* eccentric.

excepción *nf* exception.
✦ **a excepción de/con excepción de** with the exception of, except for.
 de excepción exceptional.
 hacer una excepción to make an exception.
 la excepción confirma la regla the exception proves the rule.

excepcional
1 *adj (extraordinario)* exceptional, outstanding.
2 *adj (raro)* exceptional, unusual.

excepcionalmente
1 *adv (muy)* exceptionally.
2 *adv (como excepción)* as an exception, under exceptional circumstances; *(raras veces)* on rare occasions.

excepto *adv* except (for), apart from, excepting.

exceptuación *nf* exception, exclusion.

exceptuar
1 *vt* to except, leave out, exclude.
2 **exceptuarse** *vpr* to be excepted, be excluded.
▲ *Conjugation model* [11], *like* **actuar**.

excesivamente *adv* excessively, too.

excesivo,-a *adj* excessive.

exceso
1 *nm* excess.
2 *nm COM* surplus.
✦ **en exceso** too much, in excess, excessively: **fuma en exceso** he smokes too much..
■ **exceso de equipaje** excess baggage.
 exceso de peso excess weight.
 exceso de velocidad speeding, exceeding the speed limit: **le multaron por exceso de velocidad** they fined him for speeding.

excipiente *nm* excipient.

excisión *nf* excision.

excitabilidad *nf* excitability.

excitable *adj* excitable, easily worked up.

excitación
1 *nf (acción)* excitation.
2 *nf (sentimiento)* excitement.

excitante
1 *adj* exciting.
2 *adj MED* stimulating.
3 *nm* stimulant.

excitar
1 *vt* to excite.

2 *vt (emociones)* to stimulate, arouse.
3 **excitarse** *vpr* to get excited, get worked up, get carried away.

exclamación
1 *nf* exclamation; *(grito)* cry.
2 *nf (signo)* exclamation mark.
✦ **exhalar una exclamación/lanzar una exclamación** to cry out.
■ **signo de exclamación** exclamation mark.

exclamar
1 *vt* to exclaim, cry out.
2 *vi* to exclaim, cry out.

exclamativo,-a *adj* exclamatory.

exclamatorio,-a *adj* exclamatory.

exclaustrado,-a
1 *pp →* **exclaustrar**.
2 *nm,f (monje)* secularized monk; *(monja)* secularized nun.

exclaustrar
1 *vt* to secularize.
2 **exclaustrarse** *vpr* to secularize.

excluir
1 *vt* to exclude, shut out.
2 *vt (rechazar)* to reject; *(descartar)* to rule out; *(expulsar)* to throw out.
▲ *Conjugation model* [62], *like* **huir**.

exclusión *nf* exclusion, shutting out.
✦ **a exclusión de/con exclusión de** with the exclusion of, excluding, not counting.

exclusiva
1 *nf COM* sole right.
2 *nf (prensa)* exclusive, scoop.
✦ **en exclusiva** exclusively.
 tener la exclusiva de algo to have the sole rights to something.

exclusivamente *adv* exclusively.

exclusive
1 *adv (exclusivamente)* exclusively.
2 *adv (sin contar)* exclusive: **del cinco al diez de enero exclusive** from the fifth to the tenth of January exclusive.

exclusividad *nf* exclusiveness, exclusivity.

exclusivismo *nm* exclusivism.

exclusivista
1 *adj* exclusivist.
2 *nm & nf* exclusivist.

exclusivo,-a *adj* exclusive.

excluyente *adj* exclusive.

Excmo.,-a. *abr* (**Excelentísimo**) Most Excellent.

excombatiente *nm* ex-serviceman, *US* veteran.

excomulgar *vt* to excommunicate.
▲ *Conjugation model* [7], *like* **llegar**.

excomunión *nf* excommunication.

excoriación
1 *nf* excoriation, chafing.
2 *nf (raspadura)* graze.

excoriar
1 *vt (rozar)* to chafe.
2 *vt (raspar)* to graze.
3 **excoriarse** *vpr (roce)* to be chafed.

4 *vpr (raspadura)* to be grazed.
▲ *Conjugation model* [12], *like* **cambiar**.

excrecencia *nf* excrescence.

excreción *nf* excretion.

excrementar *vi* to defecate.

excremento *nf* excrement.

excretar *vi* to excrete.

excretor,-ra *adj* excretory.

excretorio,-a *adj* excretory.

exculpación
1 *nf* exoneration.
2 *nf JUR* acquittal.

exculpar
1 *vt* to exonerate.
2 *vt JUR* to acquit.

excursión *nf* excursion, trip.
✦ **hacer una excursión/ir de excursión** to go on an excursion, go on a trip.

excursionismo *nm* hiking, rambling.

excursionista *nm & nf* tripper; *(a pie)* hiker, rambler.

excusa
1 *nf (pretexto)* excuse.
2 *nf (disculpa)* excuse, apology.
✦ **dar excusas** to make excuses.
ofrecer sus excusas/presentar sus excusas to apologize.

excusable *adj* excusable, forgivable, pardonable.

excusado¹ *nm* toilet.

excusado,-a²
1 *pp* → **excusar**.
2 *adj (perdonado)* excused, forgiven, pardoned.
3 *adj (exento)* excused, exempt: **excusado de pagar** exempt from paying.
4 *adj (reservado)* private.
5 *adj (superfluo)* unnecessary, superfluous.
✦ **excusado es decir que ...** needless to say (that) ..., it goes without saying (that) ...

excusar
1 *vt (justificar)* to excuse.
2 *vt (disculpar)* to pardon, forgive, excuse.
3 *vt (evitar)* to avoid, prevent; *(ahorrar)* to save, spare.
4 *vt (eximir)* to exempt (**de**, from).
5 *vt* **excusar** + *inf* to have no need: **excusas comprarlo** you don't need to buy it.
6 **excusarse** *vpr (justificarse)* to excuse oneself; *(disculparse)* to apologize: **se excusó por llegar tarde** he apologized for being late.

execrable *adj* execrable, abominable.

execración *nf* execration.

execrar *vt* to execrate, abhor, deplore.

exégesis *nf* exegesis.
▲ *pl* **exégesis**.

exegeta *nm* exegete.

exención *nf* exemption.
■ **exención de impuestos** tax exemption.

exento,-a
1 *pp* → **eximir**.
2 *adj* free (**de**, from), exempt (**de**, from).
3 *adj JUR* exempt.
4 *adj (descubierto)* open.
✦ **exento,-a de aduanas** duty-free.
exento,-a de peligro without danger.
exento,-a de preocupaciones carefree.

exequias *nf pl* obsequies, funeral rites.

exergo *nm* exergue.

exfoliación *nf* exfoliation.

exfoliar
1 *vt* to exfoliate.
2 **exfoliarse** *vpr* to exfoliate.
▲ *Conjugation model* [12], *like* **cambiar**.

exhalación
1 *nf* exhalation.
2 *nf (estrella)* shooting star; *(rayo)* flash of lightning.
✦ **pasar como una exhalación** *fig* to flash past.

exhalar
1 *vt (gases, vapores, etc)* to give off; *(aire)* to exhale, breathe out.
2 *vt fig (suspiros etc)* to heave, let out; *(quejas)* to utter.
3 **exhalarse** *vpr fig (persona)* to rush.

exhaustivamente *adv* exhaustively, thoroughly, comprehensively.

exhaustivo,-a *adj* exhaustive, thorough, comprehensive.
✦ **de modo exhaustivo** thoroughly.

exhausto,-a *adj* exhausted.

exheredación *nf* disinheritance.

exheredar *vt* to disinherit.

exhibición
1 *nf (exposición)* exhibition, show.
2 *nf CINEM* showing.

exhibicionismo *nm* exhibitionism.

exhibicionista *nm & nf* exhibitionist.

exhibir
1 *vt* to exhibit, show, display.
2 *vt (ostentar)* to show off.
3 *vt JUR* to produce.
4 **exhibirse** *vpr (ostentar)* to show off, make an exhibition of oneself .

exhortación *nf* exhortation.

exhortar *vt* to exhort.

exhortativo,-a *adj* exhortative.

exhumación *nf* exhumation.

exhumar
1 *vt* to exhume.
2 *vt fig* to revive, recall.

exigencia
1 *nf* demand, exigency.
2 *nf (requisito)* requirement.

exigente *adj* demanding, exacting.

exigir
1 *vt (pedir por derecho)* to demand.
2 *vt (pedir con energía)* to insist on, demand.
3 *vt fig (necesitar)* to require, call for: **esta planta exige muchos cuidados** this plant requires a lot of care.

✦ **exigir demasiado** to be very demanding.
▲ *Conjugation model* [6], *like* **dirigir**.

exigüidad
1 *nf (de tamaño)* smallness, slightness.
2 *nf (de cantidad)* scantness, meagreness *(US* meagerness).
■ **exigüidad de recursos** lack of funds.

exiguo,-a
1 *adj (pequeño)* small, tiny, slight.
2 *adj (escaso)* scanty, meagre *(US* meager).

exilado,-a
1 *pp* → **exilar**.
2 *adj* exiled, in exile.
3 *nm,f* exile.

exilar
1 *vt* to exile, send into exile.
2 **exilarse** *vpr* to go into exile.

exiliado,-a
1 *pp* → **exiliar**.
2 *adj-nm,f* → **exilado,-a**.

exiliar *vt-vpr* → **exilar**.
▲ *Conjugation model* [12], *like* **cambiar**.

exilio
1 *nm (acción)* exile, banishment.
2 *nm (lugar)* exile, place of exile.
✦ **enviar al exilio** to send into exile.

eximio,-a *adj* distinguished, renowned, eminent.

eximir
1 *vt* to exempt (**de**, from), free (**de**, from), excuse (**de**, from): **le eximieron de sus responsabilidades** they freed him from his responsibilities.
2 **eximirse** *vpr* to free oneself (**de**, from).
▲ *pp* **exento,-a** *o* **eximido,-a**.

exinanido,-a *adj* debilitated, very weak.

existencia
1 *nf (vida)* existence, life.
2 **existencias** *nf pl* stock *sing*, stocks.
✦ **en existencia** in stock.
liquidación de existencias clearance sale.
renovar las existencias to restock.

existencial *adj* existential.

existencialismo *nm* existentialism.

existencialista
1 *adj* existentialist.
2 *nm & nf* existentialist.

existente
1 *adj* existing, existent.
2 *adj COM* in stock.

existir *vi* to exist, be: **existe un problema** there's a problem; **la tienda existe desde hace cincuenta años** the shop has been in existence for fifty years.
✦ **dejar de existir** *(empresa)* to fold.

exitazo *nm fam* terrific success, smash hit.

éxito *nm* success: **la obra fue un éxito rotundo** the play was a huge success.
✦ **con éxito** successfully.
no tener éxito to fail, not succeed.
sin éxito unsuccessfully, without success.

tener éxito to be successful: ha tenido éxito en el mundo del espectáculo he's been successful in show business.
- **éxito de taquilla** box-office success.

exitoso,-a *adj* successful.

exocrino,-a *adj* exocrine.

éxodo *nm* exodus.

exogamia *nf* exogamy.

exógamo,-a *adj* exogamic.

exógeno,-a *adj* exogenous.

exoneración *nf* exoneration.

exonerar
1 *vt* to exonerate.
2 *vt (despedir)* to dismiss.

exorable *adj* exorable.

exorbitancia *nf* exorbitance, excessiveness.

exorbitante *adj* exorbitant, excessive.

exorbitar *vt* to exaggerate.

exorcismo *nm* exorcism.

exorcista *nm & nf* exorcist.

exorcizar *vt* to exorcise.
▲ *Conjugation model* [4], *like realizar.*

exordio *nm* foreword, exordium.

exornar *vt* to adorn, embellish.

exotérico,-a *adj* exoteric.

exotérmico,-a *adj* exothermic.

exótico,-a *adj* exotic.

exotismo *nm* exoticism.

expandir
1 *vt (dilatar)* to expand.
2 *vt fig (divulgar)* to spread.
3 **expandirse** *upr (dilatarse)* to expand.
4 *upr fig (divulgarse)* to spread.

expansión
1 *nf (dilatación)* expansion.
2 *nf (difusión)* spreading.
3 *nf (aumento)* expansion, increase, growth: la expansión industrial industrial growth.
4 *nf fig (manifestación efusiva)* expansiveness.
5 *nf fig (recreo)* relaxation, recreation.

expansionarse
1 *upr (dilatarse)* to expand.
2 *upr fig (divertirse)* to amuse oneself, relax.
3 *upr fig (espontanearse)* to open one's heart.

expansionismo *nm* expansionism.

expansionista *adj* expansionist.

expansivo,-a
1 *adj (gas etc)* expansive.
2 *adj fig (franco)* expansive, open, frank.

expatriación *nf (exilio)* expatriation; *(emigración)* emigration.

expatriado,-a
1 *pp →* expatriar.
2 *nm,f* expatriate.

expatriar
1 *vt* to expatriate, banish.
2 **expatriarse** *upr (emigrar)* to emigrate, become an expatriate; *(exilarse)* to go into exile.
▲ *Conjugation model* [14], *like auxiliar.*

expectación
1 *nf (esperanza)* expectation, expectancy, anticipation.
2 *nf (emoción)* excitement: su visita fue motivo de una gran expectación her visit caused a lot of excitement.

expectante *adj* expectant.

expectativa
1 *nf (esperanza)* expectation, hope.
2 *nf (posibilidad)* prospect.
✦ **estar a la expectativa de algo** to be waiting for something.
- **expectativa de vida** life expectancy.

expectoración
1 *nf (acción)* expectoration.
2 *nf (flema)* sputum, phlegm.

expectorante
1 *adj* expectorant.
2 *nm* expectorant.

expectorar
1 *vt* to expectorate.
2 *vi* to expectorate.

expedición
1 *nf (gen)* expedition.
2 *nf (grupo de personas)* expedition, party.
3 *nf (acción de expedir)* dispatch, shipping; *(remesa)* shipment.

expedicionario,-a
1 *adj* expeditionary.
2 *nm,f* member of an expedition.
- **cuerpo expedicionario/grupo expedicionario** MIL expeditionary force.

expedidor,-ra *nm,f* sender, dispatcher, shipper.

expedientar *vt* to take disciplinary action against, open a file on.

expediente
1 *nm* JUR proceedings *pl*, action: expediente judicial legal proceedings.
2 *nm (informe)* dossier, record; *(ficha)* file.
3 *nm (recurso)* expedient.
✦ **cubrir el expediente** *fam* to keep up appearances.
formar expediente a alguien to take proceedings against somebody.
incoar expediente to start proceedings.
- **expediente académico** school record.
expediente de regulación de empleo job adjustment plan.

expedienteo *nm pey* red tape.

expedir
1 *vt (mercancías)* to send, dispatch, ship; *(correo)* to send, dispatch.
2 *vt (pasaporte, título)* to issue.
3 *vt (contrato, documento)* to draw up.
▲ *Conjugation model* [34], *like servir.*

expeditivamente *adv* expeditiously.

expeditivo,-a *adj* expeditious.

expedito,-a
1 *adj (libre)* free, clear.
2 *adj (rápido)* expeditious, speedy, prompt.

expelente *adj* expelling.

expeler *vt* to expel, eject, throw out.
▲ *pp* expulso,-a *o* expelido,-a.

expendedor,-ra
1 *adj* which sells: una máquina expendedora de billetes a ticket machine.
2 *nm,f* seller: el expendedor de billetes the ticket seller.
- **expendedor,-ra de tabaco** tobacconist.
expendedor automático vending machine.
máquina expendedora vending machine.

expendedora *nf* vending machine.

expendeduría *nf* tobacconist's *(shop)*.

expender
1 *vt (gastar)* to spend.
2 *vt (vender)* to sell.
3 *vt (vender al menudeo)* to retail, sell.

expensas *nf pl* expenses, charges, costs.
✦ **a expensas de** at the expense of.

experiencia
1 *nf (gen)* experience.
2 *nf (experimento)* experiment.
✦ **por experiencia** from experience.

experimentación *nf* experimentation, experimenting, testing.

experimentado,-a
1 *pp →* experimentar.
2 *adj (persona)* experienced.
3 *adj (método)* tested, tried.

experimental *adj* experimental.

experimentar
1 *vt (hacer experimentos)* to experiment, test.
2 *vt (probar)* to test, try out.
3 *vt (sentir, notar)* to experience, feel; *(-cambio)* to undergo; *(-aumento)* to show; *(-pérdida, derrota)* to suffer.
✦ **experimentar una mejoría** to improve, make progress.

experimento *nm* experiment, test.
✦ **hacer experimentos de** to perform experiments on.

expertamente *adv* expertly, skilfully *(us skillfully)*.

experto,-a
1 *adj* expert.
2 *nm,f* expert.

expiación *nf* expiation, atonement.

expiar *vt* to expiate, atone for.
▲ *Conjugation model* [13], *like desviar.*

expiatorio,-a *adj* sacrificial.

expiración *nf* expiration; *(mes, plazo)* expiry.
- **fecha de expiración** expiry date.

expirar *vi* to expire.

explanada *nf* esplanade.

explanar
1 *vt (allanar)* to level, grade.
2 *vt fig (explicar)* to explain, elucidate; *(aclarar)* to clear up.

explayar
1 *vt fml (extender)* to extend, spread out.

2 explayarse *vpr (dilatarse al hablar)* to dwell (**en**, on), talk at length (**en**, about).

3 *vpr (confiarse)* to confide (**con**, in), open one's heart (**con**, to).

4 *vpr fig (divertirse)* to amuse oneself, enjoy oneself.

explicable *adj* explicable, explainable.

explicación
1 *nf* explanation.
2 *nf (motivo)* reason.
✦ **sin dar explicaciones** without giving any reason.

explicaderas *nf pl fam* way *sing* of explaining.
✦ **tener buenas explicaderas** *fam* to be good at explaining things.

explicar
1 *vt (gen)* to explain, expound, tell: ¿puedes explicar cómo desmontarlo? can you explain how to dismantle it?; explícame por qué no viniste tell me why you didn't come.
2 *vt (justificar)* to justify: no pudo explicar su presencia he couldn't justify his presence.
3 explicarse *vpr (expresarse)* to explain oneself, make oneself understood, make oneself clear.
4 *vpr (comprender)* to understand, make out: no me lo explico I can't understand it.
✦ **¿me explico?** do you understand?
▲ *Conjugation model* [1], *like* **sacar.**

explicativo,-a *adj* explanatory.
explícitamente *adv* explicitly.
explicitar *vt* to state explicitly.
explícito,-a *adj* explicit.

exploración
1 *nf (gen)* exploration.
2 *nf TÉC* scanning.
3 *nf MIL* reconnaissance.

explorador,-ra
1 *adj* exploring, exploratory.
2 *adj MIL* scouting.
3 *nm,f (persona)* explorer.
4 *nm,f (niño)* boy scout; *(niña)* girl guide, *US* girl scout.
5 explorador *nm MED* probe.
6 *nm TÉC* scanner.
7 *nm (de internet)* browser.
8 *nm MIL* scout.

explorar
1 *vt (gen)* to explore.
2 *vt MED* to probe.
3 *vt MIL* to reconnoitre.
4 *vt TÉC* to scan.
5 *vt (de mina)* to drill, prospect.
✦ **explorar el terreno** *fig* to see how the land lies.

exploratorio,-a
1 *adj* exploratory.
2 *adj MED* exploratory, probing.

explosión
1 *nf* explosion, blast, blowing up.
2 *nf fig* outburst.

✦ **hacer explosión** to explode.
■ **explosión demográfica** population explosion.

explosionar
1 *vt* to explode.
2 *vi* to explode, blow up.

explosivamente *adv* expeditiously.
explosiva *nf LING* plosive.

explosivo,-a
1 *adj* explosive.
2 *adj LING* plosive.
3 explosivo *nm* explosive.

explotable
1 *adj (mina)* exploitable, workable.
2 *adj (terreno)* which can be farmed, which can be cultivated.

explotación
1 *nf (gen)* exploitation.
2 *nf (de terreno)* cultivation, farming.
3 *nf (de industria)* running, operating.
4 *nf (de recursos)* tapping, exploitation.
5 *nf pey (abuso)* exploitation.
■ **explotación agrícola** farm.
explotación forestal forestry.
explotación minera mine.

explotador,-ra *nm,f pey* exploiter.

explotar
1 *vt (sacar provecho)* to exploit; *(mina)* to work; *(tierra)* to cultivate; *(industria)* to operate, run; *(recursos)* to tap, exploit.
2 *vt pey (personas)* to exploit.
3 *vt (bomba)* to explode.
4 *vi (explosionar)* to explode, blow up.

expoliación *nf* plundering, pillaging, despoiling.

expoliar *vt* to plunder, pillage, despoil.
▲ *Conjugation model* [12], *like* **cambiar.**

expolio
1 *nm (acción)* plundering, pillaging, despoiling.
2 *nm (botín)* loot, booty.
3 *nm fam (alboroto)* din, racket, row.

exponencial *adj* exponential.

exponencialmente *adv* exponentially.

exponente
1 *adj* exponent, expounding.
2 *nm MAT* index, exponent.
3 *nm (prototipo)* exponent: Gandhi fue el máximo exponente del pacifismo Gandhi was the greatest exponent of pacifism.

exponer
1 *vt (explicar)* to expound, explain; *(propuesta)* to put forward; *(hechos)* to state, set out.
2 *vt (mostrar)* to show, exhibit; *(mercancías)* to display.
3 *vt (arriesgar)* to expose, risk, endanger.
4 *vt (al sol etc)* to expose.
5 *vt (un recién nacido)* to abandon.
6 exponerse *vpr (arriesgarse)* to expose oneself (**a**, to), run the risk (**a**, of): se ha expuesto a muchos peligros he has exposed himself to many dangers.

✦ **exponer mucho** to take great risks, run a lot of risks.
▲ *Conjugation model* [78], *like* **poner;** *pp* **expuesto,-a.**

exportable *adj* exportable, for exportation.

exportación *nf* export, exportation.
■ **artículos de exportación** export items.
derechos de exportación export duties.
licencia de exportación export licence.

exportador,-ra
1 *adj* exporting.
2 *nm,f* exporter.

exportar *vt* to export.

exposición
1 *nf (de arte)* exhibition, show; *(de mercancías)* display.
2 *nf (explicación)* account, explanation; *(hechos, ideas)* exposé.
3 *nf (al sol etc)* exposure.
4 *nf (fotografía)* exposure.
5 *nf (riesgo)* risk.
■ **exposición universal** world fair.

expositivo,-a *adj* explanatory.

expósito,-a
1 *adj* abandoned.
2 *nm,f* foundling.

expositor,-ra
1 *adj* exponent.
2 *nm,f (de teoría)* exponent; *(de arte)* exhibitor.
3 expositor *nm (objeto)* display stand.

exprés
1 *adj (tren)* express.
2 *adj (café)* expresso, espresso.
3 *adj (olla)* pressure.

expresado,-a
1 *pp* → **expresar.**
2 *adj (mencionado)* aforesaid, abovementioned.

expresamente
1 *adv (específicamente)* specifically, expressly.
2 *adv (deliberadamente)* on purpose, deliberately.

expresar
1 *vt (gen)* to express: expresó los sentimientos del pueblo he expressed the feelings of the people.
2 *vt (manifestar)* to state; *(comunicar)* to convey.
3 expresarse *vpr* to express oneself: se expresa bien he expresses himself well.

expresión
1 *nf* expression.
2 expresiones *nf pl* greetings, regards.
✦ **perdone la expresión** pardon the expression.
reducir algo a la mínima expresión to reduce something to the bare minimum.
■ **expresión corporal** free expression.

expresionismo *nm* expressionism.
expresionista
1 *adj* expressionist.
2 *nm & nf* expressionist.

expresivamente
1 *adv (con expresividad)* expressively.
2 *adv (con cariño)* affectionately.
expresividad *nf* expressivity.
expresivo,-a
1 *adj (elocuente)* expressive.
2 *adj (mirada)* meaningful; *(silencio)* eloquent.
3 *adj (afectuoso)* affectionate, warm.
✦ **ser poco expresivo,-a** not to show one's feelings.
expreso,-a
1 *adj (especificado)* express.
2 **expreso** *nm (tren)* express, express train.
3 *adv (expresamente)* on purpose, deliberately.
✦ **con el fin expreso de** with the express purpose of.
exprimidera *nf* lemon squeezer, *US* juicer.
exprimidor *nm* lemon squeezer, *US* juicer.
exprimir
1 *vt (fruto)* to squeeze; *(zumo)* to squeeze out.
2 *vt fig (persona)* to exploit, bleed dry.
expropiación *nf* expropriation.
expropiar *vt* to expropriate.
▲ *Conjugation model* [12], *like* **cambiar**.
expuesto,-a
1 *pp →* **exponer**.
2 *adj (peligroso)* dangerous, risky; *(sin protección)* exposed.
✦ **estar expuesto a algo** to be exposed to something.
expugnar *vt* to take by storm.
expulsar
1 *vt (expeler)* to expel, eject, throw out; *(humo etc)* to belch out.
2 *vt DEP* to send off.
3 *vt (alumno)* to expel; *(de universidad)* to send down, *US* expel.
expulsión
1 *nf* expulsion, ejection.
2 *nf DEP* sending off.
3 *nf (alumno)* expulsion; *(de universidad)* sending down, *US* expulsion.
expulso,-a *pp →* **expeler**.
expulsor,-ra
1 *adj* ejecting: **mecanismo expulsor** ejector mechanism.
2 **expulsor** *nm TÉC* ejector.
expurgación
1 *nf* expurgation.
2 *nf fig* purge, purging.
expurgar
1 *vt* to expurgate.
2 *vt fig* to purge.
▲ *Conjugation model* [7], *like* **llegar**.
expuse *pt indef →* **exponer**.
exquisitamente *adv* exquisitely.
exquisitez
1 *nf* exquisiteness.
2 *nf (manjar)* delicacy.
▲ *pl* **exquisiteces**.

exquisito,-a
1 *adj (gen)* exquisite.
2 *adj (gusto)* refined; *(sabor)* delicious, exquisite; *(lugar)* delightful, exquisite.
extasiado,-a
1 *pp →* **extasiar**.
2 *adj* ecstatic.
✦ **quedarse extasiado,-a** to go into ecstasies, go into raptures.
extasiar
1 *vt* to enrapture.
2 **extasiarse** *vpr* to go into ecstasies, go into raptures.
▲ *Conjugation model* [13], *like* **desviar**.
éxtasis *nm* ecstasy, rapture.
▲ *pl* **éxtasis**.
extático,-a *adj* extatic.
extemporáneo,-a
1 *adj (lluvia etc)* unseasonable.
2 *adj (inconveniente)* inappropriate, untimely, unfortunate.
extender
1 *vt (mapa, papel)* to spread (out), open (out).
2 *vt (brazo etc)* to stretch (out); *(alas)* to spread.
3 *vt (mantequilla etc)* to spread.
4 *vt (documento)* to draw up; *(cheque)* to make out; *(pasaporte, certificado)* to issue.
5 *vt fig (hacer mayor)* to extend, enlarge.
6 *vt fig (idea, creencia, noticia)* to spread.
7 **extenderse** *vpr (durar)* to extend, last: **el período que estudiaremos se extiende entre los siglos XVIII y XIX** the period we're going to study goes from the 18th century to the 19th century.
8 *vpr (terreno)* to stretch.
9 *vpr fig (difundirse)* to spread, extend.
10 *vpr fig (al hablar)* to enlarge, expand, go into detail.
▲ *Conjugation model* [28], *like* **entender**.
extendido,-a
1 *pp →* **extender**.
2 *adj (difundido)* widespread.
3 *adj (mano etc)* outstretched.
extensamente
1 *adv* at length, extensively.
2 *adv (ampliamente)* widely.
extensible *adj* extendable: **mesa extensible** extendable table.
extensión
1 *nf (gen)* extension.
2 *nf (dimensión)* extent, size; *(superficie)* area, expanse.
3 *nf (duración)* duration, length.
4 *nf (de un escrito, discurso)* length.
5 *nf MÚS* range.
✦ **en toda la extensión de la palabra** in every sense of the word.
por extensión by extension.
extensivo,-a *adj* extendable, extensive.
✦ **hacer algo extensivo,-a a alguien** to extend something to somebody.
ser extensivo,-a a to extend to, apply to.

extenso,-a
1 *adj (amplio)* extensive, vast; *(grande)* large.
2 *adj (largo)* lengthy, long: **una carta extensa** a long letter.
✦ **por extenso** at length, in detail.
extensor,-ra
1 *adj* extending: **músculo extensor** extensor muscle.
2 **extensor** *nm DEP* chest expander.
extenuación
1 *nf (agotamiento)* exhaustion.
2 *nf (debilidad)* weakening.
3 *nf (enflaquecimiento)* emaciation.
extenuado,-a
1 *pp →* **extenuar**.
2 *adj (agotado)* exhausted.
3 *adj (débil)* weak.
4 *adj (flaco)* emaciated.
extenuante *adj* exhausting.
extenuar
1 *vt (agotar)* to exhaust.
2 *vt (debilitar)* to weaken.
3 **extenuarse** *vpr (agotarse)* to exhaust oneself , wear oneself out.
▲ *Conjugation model* [11], *like* **actuar**.
exterior
1 *adj (gen)* exterior, outer, external.
2 *adj (ventana, puerta)* outside; *(pared)* outer.
3 *adj (aspecto)* outward.
4 *adj (extranjero)* foreign: **política exterior** foreign policy.
5 *nm (superficie externa)* exterior, outside.
6 *nm (extranjero)* abroad, overseas.
7 *nm (de una persona)* appearance.
8 *nm DEP* outside.
9 **exteriores** *nm pl CINEM* location shots.
exterioridad *nf* outward appearance, external appearance.
exteriorización *nf* manifestation, externalization.
exteriorizar *vt* to show, reveal, express outwardly.
▲ *Conjugation model* [4], *like* **realizar**.
exteriormente *adv* outwardly, externally.
exterminación *nf (supresión)* extermination, wiping out; *(destrucción)* destruction.
exterminador,-ra
1 *adj* exterminating.
2 *nm,f* exterminator.
exterminar *vt (suprimir)* to exterminate, wipe out; *(destruir)* to destroy.
exterminio *nm* extermination, wiping out; *(destrucción)* destruction.
externado *nm* day school.
externamente *adv* externally, outwardly.
externo,-a
1 *adj* external, outward: **parte externa** outside.
2 *adj (alumno)* day.
3 *nm,f (alumno)* day pupil.

✦ **"Uso externo"** *(medicamentos)* "External use only".

extinción *nf* extinction.

extinguir
1 *vt (fuego etc)* to extinguish, put out.
2 *vt (especie, deuda, epidemia)* to wipe out.
3 **extinguirse** *vpr (fuego etc)* to go out.
4 *vpr (especie etc)* to become extinct, die out.
5 *vpr (amor)* to die away.
6 *vpr (plazo)* to expire, run out.
▲ *Conjugation model* [8], *like* **distinguir**.

extinto,-a
1 *adj (fuego etc)* extinguished, out.
2 *adj (raza etc)* extinct.

extintor *nm* fire extinguisher.

extirpable
1 *adj MED* removable.
2 *adj fig* eradicable.

extirpación
1 *nf MED* removal, extraction.
2 *nf fig* eradication, wiping out, stamping out.

extirpar
1 *vt MED* to remove, extract.
2 *vt fig* to eradicate, wipe out, stamp out.

extorsión
1 *nf (usurpación)* extortion.
2 *nf fig (molestia)* inconvenience, trouble.
✦ **causar extorsión a alguien** to cause great inconvenience to somebody, put somebody out.

extorsionar
1 *vt (usurpar)* to extort, exact.
2 *vt fig (molestar)* to inconvenience, cause inconvenience to.

extra
1 *adj fam* extra.
2 *adj fam (superior)* top-quality, best-quality.
3 *adj (paga)* bonus.
4 *nm & nf CINEM* extra.
5 *nm fam (gasto)* additional expense.
6 *nm fam (plus)* bonus.
7 **la extra** *nf fam (paga)* bonus payment.
✦ **hacer un extra** *fam* to give oneself a treat, treat oneself: **aunque estoy a régimen hoy he hecho un extra y me he comido un trozo de pastel** although I'm on a diet I've given myself a treat today and had a piece of cake.

extra- *pref* extra-.

extracción
1 *nf (gen)* extraction; *(de lotería)* draw.
2 *nf (origen)* descent, extraction.
■ **extracción de datos** *INFORM* data retrieval.

extractar *vt* to summarize.

extracto
1 *nm (sustancia)* extract.
2 *nm (trozo)* extract, excerpt.
3 *nm (resumen)* summary.
■ **extracto de cuenta** statement of account, bank statement.

extractor *nm* extractor.

extracurricular *adj* extracurricular.

extradición *nf* extradition.
✦ **otorgar la extradición de alguien** to extradite somebody.

extradir *vt* to extradite.

extraditar *vt* to extradite.

extradós *nm* extrados.

extraer
1 *vt (gen)* to extract.
2 *vt (muelas)* to extract, take out: **le han extraído las muelas del juicio** he's had his wisdom teeth taken out.
3 *vt (conclusión)* to draw.
▲ *Conjugation model* [88], *like* **traer**.

extraescolar *adj* out of school, extracurricular.
■ **actividades extraescolares** extracurricular activities.

extrafino,-a *adj* superfine, best quality.
■ **azúcar extrafino** castor sugar.
chocolate extrafino superfine chocolate.

extrajudicial *adj* extrajudicial.

extralargo,-a *adj* king-size.

extralimitación *nf* abuse.

extralimitarse *vpr fig* to go too far, overstep.
✦ **extralimitarse en sus funciones** *fig* to exceed one's authority.

extramatrimonial *adj* extramarital.

extramuros *adv* outside the city.

extranjería *nf* status of foreigners.
■ **ley de extranjería** immigration law.

extranjerismo *nm* foreign expression.

extranjerizar *vt* to introduce foreign customs into, make foreign.
▲ *Conjugation model* [4], *like* **realizar**.

extranjero,-a
1 *adj* foreign, alien.
2 *nm,f* foreigner.
3 **extranjero** *nm* foreign countries *pl*, abroad: **ir al extranjero** to go abroad.
✦ **del extranjero** from abroad.
en el extranjero abroad.

extranjis
✦ **de extranjis** *fam* secretly, on the sly.

extrañamente *adv* strangely, oddly.

extrañamiento
1 *nm (destierro)* banishment, exile.
2 *nm (sorpresa)* surprise, astonishment.

extrañar
1 *vt (sorprender)* to surprise: **me extraña que no lo hayas visto** I'm surprised you haven't seen it.
2 *vt (notar extraño)* to find strange, not to be used to: **extraño esta cama** I'm not used to this bed.
3 *vt (desterrar)* to banish, exile.
4 **extrañarse** *vpr (desterrarse)* to go into exile.
5 *vpr (sorprenderse)* to be surprised *(de/por,* at).
✦ **no es de extrañar** it's hardly surprising, (it's) no wonder: **no es de extrañar que te echaran** no wonder they threw you out.

extrañeza
1 *nf* strangeness.
2 *nf (sorpresa)* surprise, wonder, astonishment.
✦ **causar extrañeza** to surprise.

extraño,-a
1 *adj (no conocido)* alien, foreign: **cuerpo extraño** foreign body.
2 *adj (particular)* strange, peculiar, odd, funny: **vimos una cosa extraña anoche** we saw something strange last night.
3 *nm,f* stranger: **es un extraño en su familia** he's a stranger to his family.
✦ **no es extraño que ...** it is not surprising that ...
ser extraño,-a a algo to have nothing to do with something.

extraoficial
1 *adj* unofficial, informal.
2 *adj (declaración etc)* off-the-record.

extraoficialmente *adv* unofficially.

extraordinaria *nf (paga)* bonus payment.

extraordinariamente *adv* extraordinarily, unusually.

extraordinario,-a
1 *adj (fuera de lo común)* extraordinary, unusual; *(sorprendente)* surprising; *(admirable)* outstanding, exceptional.
2 *adj (raro)* queer, odd.
3 *adj (gastos etc)* additional, extra; *(paga)* bonus.
4 *adj (revista etc)* special.
5 **extraordinario** *nm (correo)* special delivery.
6 *nm (revista etc)* special issue.
7 *nm (manjar)* extra dish.
■ **horas extraordinarias** overtime.

extraplano,-a *adj* slimline.

extrapolar *vt* to extrapolate.

extrarradio *nm* outskirts *pl*, suburbs *pl*.

extrasensorial *adj* extrasensory.

extraterreno,-a *adj* extraterrestrial, extramundane.

extraterrestre
1 *adj* extramundane, extraterrestrial.
2 *nm & nf* alien.

extraterritorialidad *nf* extraterritoriality.

extraterritorial *adj* extraterritorial.

extrauterino,-a *adj* extra-uterine: **embarazo extrauterino** ectopic pregnancy.

extravagancia *nf* extravagance, eccentricity.

extravagante
1 *adj (comportamiento)* extravagant outrageous; *(persona, ropa)* flamboyant.
2 *nm & nf* flamboyant person.

extravasar
1 *vt* to extravasate.
2 **extravasarse** *vpr* to extravasate.

extravenarse *vpr* to extravasate.

extraversión *nf* extraversion.

extravertido,-a *adj-nm,f* → **extrovertido,-a**.

extraviado,-a
1 *pp* → **extraviar.**
2 *adj (disoluto)* dissolute.
3 *adj (perdido - persona, objeto)* missing, lost; *(- perro, niño)* stray.
4 *adj (lugar)* out-of-the-way.
5 *adj (vista)* vacant.

extraviar
1 *vt (persona)* to mislead.
2 *vt (objeto)* to mislay, lose.
3 *vt (desorientar)* to make get lost.
4 *vt (pervertir)* to lead astray.
5 extraviarse *vpr (persona)* to get lost, lose one's way.
6 *vpr (objeto)* to get mislaid.
7 *vpr fig (descarriarse)* to go astray.
8 *vpr fig (errar)* to be mistaken.
▲ *Conjugation model* [13], *like* **desviar.**

extravío
1 *nm (persona)* misleading; *(cosa)* loss, mislaying.
2 *nm fig (perversión)* deviation, leading astray.
3 *nm fig (error)* mistake, error.

extremadamente *adv* extremely.

extremado,-a
1 *pp* → **extremar.**
2 *adj* extreme.

Extremadura *nf* Estremadura.

extremar
1 *vt* to carry to extremes, carry to the limit, overdo: han extremado los preparativos they've overdone the preparations.
2 extremarse *vpr* to do one's best, do one's utmost, take great pains: se ha extremado en acabarlo she's done her utmost to finish it.
✦ **extremar la prudencia** to be extremely careful.

extremaunción *nf* extreme unction.

extremeño,-a
1 *adj* Estremaduran.
2 *nm,f* Estremaduran.

extremidad
1 *nf (parte extrema)* extremity; *(punta)* end, tip.
2 *nf ANAT* limb, extremity.

extremis
✦ **in extremis** as a last resort: un intento in extremis de evitar la huelga a last-ditch attempt to avoid the strike; un gol in extremis fue anulado por el colegiado a last-minute goal was disallowed by the referee.

extremismo *nm* extremism.

extremista
1 *adj* extremist.
2 *nm & nf* extremist.

extremo,-a
1 *adj (exagerado)* extreme: calor extremo extreme heat; extrema vejez extreme old age.
2 *adj (distante)* further.
3 *adj fig (intenso)* utmost.
4 extremo *nm (punta)* extreme, end: el extremo de la calle the end of the street.
5 *nm (punto último)* point, extreme: pasar de un extremo a otro to go from one extreme to another; llegó al extremo de mendigar por la calle she got to the point of begging in the street.
6 *nm (asunto, materia)* matter, question.
7 *nm DEP* wing.
✦ **en caso extremo** as a last resort.
en extremo extremely, very much.
en último extremo as a last resort.
hasta tal extremo to such a point.
los extremos se tocan *fig* extremes meet.

pasar de un extremo a otro to go from one extreme to another.
■ **Extremo Oriente** Far East.
extremo-derecha *(fútbol)* right wing.
extremo-izquierda *(fútbol)* left wing.

extremoso,-a
1 *adj* effusive, demonstrative.
2 *adj (vehemente)* extreme, excessive.

extrínseco,-a *adj* extrinsic.

extroversión *nf* extroversion.

extrovertido,-a
1 *adj* extroverted.
2 *nm,f* extrovert.

extrudir *vt* to extrude.

extrusión *nf* extrusion.

exuberancia *nf* exuberance.

exuberante
1 *adj* exuberant.
2 *adj (vegetación)* lush, abundant.

exudar
1 *vi* to exude, ooze (out).
2 *vt* to exude, ooze (out).

exultación *nf* exultation.

exultar *vi* to rejoice, exult.
✦ **exultar de alegría** to jump for joy.

exvoto *nm* votive offering.

eyaculación *nf* ejaculation.
■ **eyaculación precoz** premature ejaculation.

eyacular *vi* to ejaculate.

eyección *nf* ejection.

eyectable *adj* ejectable: asiento eyectable ejector seat.

eyectar *vt* to eject.

eyector *nm* ejector.

EZLN *abr* (**Ejército Zapatista de Liberación nacional**) Zapatist Army of National Liberation; *(abreviatura)* EZNL.

F, f *nf (la letra)* F, f.

fº *abr* (**folio**) folio; *(abreviatura)* fo.

fª *abr* (**franco a bordo**) free on board; *(abreviatura)* FOB.

f.ª *abr* (**factura**) invoice.

F *sím* (**Fahrenheit**) Fahrenheit; *(símbolo)* F.

fa *nm* F.

fa. *abr* (**franco a bordo**) free on board; *(abreviatura)* FOB.

fabada *nf* bean stew *including pork sausage and bacon.*

fábrica
1 *nf (industria)* factory, plant.
2 *nf (fabricación)* manufacture.
3 *nf ARQ* masonry: **las paredes son de fábrica** the walls are made of stone.
■ **fábrica de cerveza** brewery.
fábrica de conservas cannery, canning factory.
fábrica de gas gasworks.
fábrica de harina flour mill.
fábrica de montaje assembly plant.
fábrica de papel paper mill.
precio de fábrica factory price, exworks price.

fabricación *nf* manufacture, production, making.
✦ **de fabricación casera** home-made.
de fabricación propia our own make.
■ **defecto de fabricación** manufacturing fault.
fabricación en cadena mass production.
productos de fabricación defectuosa seconds.

fabricante *nm & nf* manufacturer, maker.

fabricar
1 *vt (producir)* to make, manufacture, produce.
2 *vt fig (inventar)* to fabricate, invent.
✦ **fabricado,-a en España** made in Spain.
fabricar en serie to mass-produce.
▲ *Conjugation model* [1], *like* **sacar**.

fabril *adj* manufacturing.

fábula
1 *nf LIT* fable.
2 *nf (mito)* myth, legend.

3 *nf (mentira)* invention.
✦ **de fábula** *fam* smashing, fabulous: **el examen me ha ido de fábula** the exam went really well.

fabular
1 *vt (contar fábulas)* to fable.
2 *vt (imaginar)* to imagine.

fabulista *nm & nf* writer of fables.

fabuloso,-a
1 *adj (fantástico)* fabulous, fantastic.
2 *adj LIT* fabulous, mythical.

faca *nf* large *curved* knife.

facción
1 *nf POL* faction.
2 **facciones** *nf pl (rasgos)* facial features, features.

faccioso,-a
1 *adj* factious, seditious.
2 *nm,f* rebel.

faceta *nf* facet.

facha¹
1 *nf fam (aspecto)* appearance, look: **ese chico tiene muy buena facha** that boy's really good-looking.
2 *nf (mamarracho)* mess, sight.
✦ **estar hecho,-a una facha** to look a mess, look a sight.

facha²
1 *adj pey* fascist.
2 *nm & nf pey* fascist, extreme right-winger.

fachada
1 *nf ARQ* façade, front.
2 *nf fam (apariencia)* outward show.
✦ **con fachada a** facing, overlooking.

fachado,-a
✦ **bien fachado,-a** *fam* good-looking.
mal fachado,-a *fam* ugly.

fachenda
1 *nf (actitud)* swankiness, conceit.
2 *nm & nf (persona)* swank, show-off.

fachendear *vi fam* to swank, show-off.

fachendoso,-a *adj fam* swanky.

fachoso,-a *adj fam* odd-looking.

facial *adj* facial.

fácil
1 *adj* easy.

2 *adj (probable)* probable, likely: **no es muy fácil que vengan** they're not likely to come.
3 *adj pey (mujer)* loose.

facilidad
1 *nf (simplicidad)* ease, facility: **ya puede caminar con gran facilidad** he can already walk well.
2 *nf (aptitud)* talent, gift: **tiene facilidad para la música** he has a gift for music.
3 **facilidades** *nf pl (medios que facilitan)* facilities: **nos dieron facilidades de financiación** we were given favourable terms.
■ **facilidad de palabra** fluency.
"Facilidades de pago" "Easy terms".

facilitación
1 *nf (simplificación)* facilitation.
2 *nf (abastecimiento)* provision, supply.

facilitar
1 *vt (simplificar)* to make easy, make easier, facilitate.
2 *vt (proporcionar)* to provide with, supply with: **nos facilitaron información muy útil** they provided us with some very useful information.
3 *vt (concertar entrevista etc)* to arrange: **nos facilitó una entrevista para el martes** she arranged a meeting for us on Tuesday.

fácilmente *adv* easily.

facilón,-ona
1 *adj fam (muy fácil)* dead easy.
2 *adj (trivial)* hackneyed, lacking originality.

facineroso,-a *nm,f* criminal.

facistol *nm (atril)* lectern.

facsímil *nm* facsimile.

facsímile *nm* facsimile.

factibilidad *nf* practicability.

factible *adj* feasible, practicable, workable.

facticio,-a *adj* factitious, artificial.

fáctico,-a
1 *adj (relativo a hechos)* factual, of fact: **es una simple cuestión fáctica** it's a simple question of fact.

2 *adj (basado en hechos)* factual, real, actual.
- **poderes fácticos** extraparlamentary political powers.

factor
1 *nm (gen)* factor.
2 *nm (empleado de ferrocarriles)* luggage clerk.

factoría
1 *nf* COM trading post.
2 *nf (fábrica)* factory, mill.

factótum
1 *nm (empleado)* factotum.
2 *nm (persona entremetida)* busybody.
3 *nm (persona de confianza)* right-hand man.
▲ *pl* factótums.

factual *adj* factual.

factura *nf* invoice, bill.
✦ **pasar factura** *fig* to make somebody pay; *(traer consecuencias)* to take its toll: me ayudó mucho pero después me pasó factura I paid dearly for his help; beber mucho acaba pasando factura heavy drinking takes its toll.
pasar factura a, presentar factura a to invoice, send a bill to.
- **factura pro forma** pro forma invoice.

facturación
1 *nf* COM invoicing.
2 *nf (de equipajes)* registration, check-in.

facturar
1 *vt* COM to invoice, charge for.
2 *vt (equipaje)* to register, check in.

facultad
1 *nf (capacidad)* faculty, ability.
2 *nf (poder)* faculty, power.
3 *nf (universitaria)* faculty, school.
✦ **tener facultad para hacer algo** to be authorized to do something.
- **facultades mentales** mental powers.

facultar *vt* to empower, authorize.

facultativo,-a
1 *adj (opcional)* optional.
2 *adj (profesional)* professional.
3 *nm,f* doctor, physician.

facundia *nf* verbosity, wordiness, long-windedness.

facundo,-a *adj (locuaz)* verbose, wordy, long-winded; *(parlanchín)* talkative.

FAD *abr* (**Fomento de las artes decorativas**) *Spanish organisation for decorative arts.*

fado *nm* fado *(type of Portuguese folk song).*

faena
1 *nf (tarea)* task, job.
2 *nf* fam *(mala pasada)* dirty trick.
3 *nf (tauromaquia)* performance.
✦ **estar metido,-a en faena** *fam* to be hard at work.
- **faenas agrícolas** agricultural work.
faenas de la casa housework *sing*, household chores.

faenar
1 *vi (pescar)* to fish.
2 *vi (laborar)* to work.
3 *vt (matar reses)* to slaughter.

faetón *nm* phaeton.

fagocito *nm* phagocyte.

fagot
1 *nm (instrumento)* bassoon.
2 *nm & nf (músico)* bassoonist.

fagotista *nm & nf* bassoonist.

FAI *abr* POL (**Federación Anarquista Ibérica**) *Spanish anarchist federation.*

fair play *nm* fair play.

faisán *nm* pheasant.

faja
1 *nf (cinturón)* band, belt.
2 *nf (ropa interior)* corset, girdle.
3 *nf (banda)* sash.
4 *nf (correo)* wrapper.
5 *nf (franja de terreno)* strip.

fajar *vt* to bind, wrap.

fajín *nm* sash.

fajina
1 *nf (haces de mies)* shock.
2 *nf (haz de leña)* brushwood, kindling.

fajo *nm* bundle; *(de billetes)* wad.

fakir *nm* fakir.

falacia
1 *nf (error)* fallacy.
2 *nf (engaño)* deceit, trick.
3 *nf (hábito de engañar)* deceitfulness.

falange
1 *nf* ANAT phalange, phalanx.
2 *nf* MIL phalanx.
3 *nf (movimiento político)* the Spanish Falangist Movement.

falangismo *nm* Falangist Movement.

falangista
1 *adj* Falangist.
2 *nm & nf* Falangist.

falaz
1 *adj (erróneo)* fallacious.
2 *adj (engañoso)* deceitful, false.
▲ *pl* falaces.

falca *nf* wedge.

falda
1 *nf (prenda)* skirt.
2 *nf (regazo)* lap.
3 *nf (ladera)* slope.
4 *nf (corte de carne)* brisket.
5 *nf (de mesa camilla)* tablecloth.
6 **faldas** *nf pl* fam *fig (mujeres)* women, girls: dimitió porque le descubrieron un lío de faldas he resigned after being caught having an affair.
✦ **andar siempre entre faldas** to be always with women.
andar pegado,-a a las faldas de la madre to be tied to one's mother's apron strings.
- **falda escocesa** kilt.
falda pantalón culottes *pl*.

faldero,-a *adj (mujeriego)* fond of women.

faldillas *nf pl* tails.

faldón
1 *nm (de traje)* coat-tail; *(de camisa)* shirt-tail.
2 *nm (prenda de bebé)* wraparound skirt.
3 *nm (de tejado)* gable.

faldriquera *nf* → faltriquera.

falibilidad *nf* fallibility.

falible *adj* fallible.

fálico,-a *adj* phallic.

falla¹
1 *nf (defecto)* defect, fault.
2 *nf* GEOG fault.

falla²
1 *nf (figura)* cardboard figure burnt on Saint Joseph's Day in Valencia.
2 **las fallas** *nf pl* firework celebrations held in Valencia on Saint Joseph's Day.

fallar¹
1 *vi* JUR to pass sentence, pass judgement.
2 *vi (premio)* to award a prize.
3 *vt* JUR to pass, pronounce.
4 *vt (premio)* to award.

fallar²
1 *vi (fracasar, no funcionar)* to fail.
2 *vi (puntería)* to miss; *(plan)* to go wrong.
3 *vi (ceder)* to give way, collapse.
4 *vt (en naipes)* to trump.

falleba *nf* espagnolette.

fallecer *vi* fml to pass away, die.
▲ *Conjugation model* [43], *like* agradecer.

fallecido,-a *adj* deceased.

fallecimiento *nm* decease, demise.

fallido,-a *adj* unsuccessful, frustrated.
- **deuda fallida** COM bad debt.

fallo¹
1 *nm* JUR judgement, ruling.
2 *nm (en concurso)* decision.

fallo²
1 *nm (error)* mistake, blunder; *(fracaso)* failure.
2 *nm (defecto)* fault, defect.

fallo,-a *adj (naipes)* void.

falo *nm* phallus.

falocracia *nf* male chauvinism.

falócrata *nm* male chauvinist, male chauvinist pig.

falsamente *adv* falsely.

falsario,-a
1 *nm,f (mentiroso)* liar.
2 *nm,f (falsificador)* forger, counterfeiter.

falseamiento *nm* falsification.

falsear
1 *vt (deformar un informe etc)* to falsify; *(unos hechos, la verdad)* to distort.
2 *vt (falsificar)* to counterfeit, forge.
3 *vt (en construcción)* to bevel.
4 *vi (perder consistencia)* to sag.
5 *vi* MÚS to be dissonant, be out of tune.

falsedad
1 *nf (hipocresía)* falseness, hypocrisy; *(doblez)* duplicity.
2 *nf (mentira)* falsehood, lie.

falsete *nm* falsetto.

falsía *nf (hipocresía)* falseness, hypocrisy; *(doblez)* duplicity.

falsificación
1 *nf (acto)* falsification; *(de firma, cuadro)* forging, forgery; *(de dinero)* counterfeiting.
2 *nf (objeto)* forgery.

falsificador,-ra
1 *adj (de firma, cuadro)* forging; *(de dinero)* counterfeiting.
2 *nm,f (de firma, cuadro)* forger; *(de dinero)* counterfeiter.

falsificar
1 *vt (gen)* to falsify.
2 *vt (firma, cuadro)* to forge; *(dinero)* to counterfeit, forge.
▲ *Conjugation model* [1], *like sacar.*

falsilla *nf* writing guide, guide sheet.

falso,-a
1 *adj (no verdadero)* false, untrue.
2 *adj (moneda)* false, counterfeit; *(cuadro, sello)* forged.
3 *adj (persona)* insincere, false; *(sonrisa)* false.
4 *nm,f (persona)* insincere person.
✦ **dar un paso en falso** *(tropezar)* to trip, stumble; *(cometer un error)* to make a mistake, make a wrong move.
en falso *(con falsedad)* falsely; *(sin apoyo)* without proper support.
jurar en falso to commit perjury.
■ **falsa alarma** false alarm.

falta
1 *nf (carencia)* lack: **falta de sensibilidad** lack of sensitivity.
2 *nf (escasez)* shortage: **existe una falta de agua** there is a water shortage.
3 *nf (ausencia)* absence.
4 *nf (error)* mistake: **has hecho una falta de ortografía** you've made a spelling mistake.
5 *nf (defecto)* fault, defect.
6 *nf (mala acción)* misdeed.
7 *nf* MED missed period.
8 *nf* JUR misdemeanour (US misdemeanor).
9 *nf* DEP *(fútbol)* foul; *(tenis)* fault.
✦ **a falta de ...** for want of ..., for lack of ...
coger a alguien en falta to catch somebody out.
echar en falta to miss.
¡falta hacía! and about time too!
hacer falta to be necessary: **hizo falta un martillo** we needed a hammer.
no hace falta que ... there is no need for ...
pillar a alguien en falta to catch somebody out.
poner falta a alguien to mark somebody absent.
por falta de ... → **a falta de.**
sacar faltas a to find fault with.
sacar una falta DEP to take a free kick.
sin falta without fail.
tirar una falta DEP to take a free kick.
■ **falta de educación** bad manners *pl.*
falta de pago nonpayment.

faltar
1 *vi (no estar una cosa)* to be missing; *(una persona)* to be absent: **me falta un zapato** one of my shoes is missing; **¿quién falta?** who's missing?; **ha faltado mucho a clase** he has missed a lot of classes; **mañana a las tres,**

¡no faltes! tomorrow at three, be sure to come!
2 *vi (haber poco)* to be lacking, be needed: **falta (más) leche** we need (more) milk, there isn't enough milk.
3 *vi (no tener)* to lack, not have (enough): **le falta genio** she's got no character.
4 *vi (quedar)* to remain, be left: **¿cuánto falta para Alicante?** how much further is it to Alicante?; **falta poco para que ...** it won't be long till ...; **falta mucho por hacer** there's still a lot to be done.
5 *vi (no respetar)* to insult, be rude to: **no la perdonaré que me faltara** I'll never forgive her for being rude to me.
✦ **faltar a la verdad** not to tell the truth, lie.
faltar a su deber to fail in one's duty.
faltar a su palabra to break one's word.
faltar a su promesa not to keep one's promise.
faltar al respeto a alguien to be rude to somebody, insult somebody.
faltar en los pagos not to keep up with the payments.
¡lo que me (te, le, etc) faltaba! that's all I (you, he, etc) needed!
¡no faltaba más! *(por supuesto)* of course!, but of course!; *(por supuesto que no)* absolutely not!
¡solo me (te, le, etc) faltaba eso! that's all I (you, he, etc) needed!

falto,-a **estar falto,-a de** to lack, be short of, be without: **estamos faltos de dinero** we're short of money; **el país está falto de recursos** the country lacks resources.

faltón,-ona
1 *adj (informal)* unreliable.
2 *adj (grosero)* rude, disrespectful.

faltriquera *nf* fob.
✦ **rascarse la faltriquera** *fam* to dig into one's pocket.

falúa *nf* launch.

falucho *nm* felucca.

fama
1 *nf (renombre)* fame, renown.
2 *nf (reputación)* reputation.
✦ **de fama** famous.
de fama mundial world-famous.
tener buena fama to have a good name.
tener mala fama to have a bad name.

famélico,-a *adj* starving, famished.

familia
1 *nf* family.
2 *nf (prole)* children *pl*, family.
✦ **acordarse de la familia de alguien** *fam* to insult somebody.
en familia *(con la familia)* with the family; *(con muy poca gente)* in private.
estar en familia to be among friends.
sentirse como en familia to feel at home, feel like one of the family.
ser como de la familia to be like one of the family.

ser de buena familia to come from a good family.
ser de familia humilde to be of humble origin.
venir algo de familia to run in the family.
■ **familia numerosa** large family.
familia política in-laws *pl.*
la Sagrada Familia the Holy Family.

familiar
1 *adj (de la familia)* family, of the family.
2 *adj (conocido)* familiar, well-known.
3 *adj (tamaño)* family.
4 *adj* LING colloquial.
5 *nm & nf* relation, relative.

familiaridad *nf* familiarity, informality.

familiarizar
1 *vt* to familiarize (**con**, with), make familiar (**con**, with): **ha familiarizado a todo el mundo con la música clásica** he has familiarized everyone with classical music.
2 **familiarizarse** *vpr* to get to know, familiarize oneself: **familiarízate con el teclado** get to know the keyboard, get used to the keyboard.
▲ *Conjugation model* [4], *like realizar.*

familiarmente *adv* familiarly.

famoso,-a
1 *adj* famous, well-known.
2 **los famosos** *nm pl* the famous.

fámulo *nm (criado)* servant; *(en colegio)* fag.

fan *nm & nf* fan, admirer.
✦ **ser un,-a fan de algo** to be mad about something.

fanal
1 *nm (farol grande)* beacon.
2 *nm (campana)* bell glass.

fanático,-a
1 *adj* fanatic, fanatical.
2 *nm,f* fanatic.

fanatismo *nm* fanaticism.

fanatizar *vt* to make a fanatic.
▲ *Conjugation model* [4], *like realizar.*

fandango
1 *nm* MÚS fandango.
2 *nm fam (jaleo)* row, rumpus.

fandanguero,-a *nm,f fam* reveller (US reveler).

fandanguillo *nm type of* fandango.

fanega
1 *nf (medida de grano - en Castilla)* unit of dry measure equivalent to 55.5 litres or 1.58 bushels; *(- en Aragón)* unit of dry measure equivalent to 22.4 litres or 0.64 bushels.
2 *nf (medida de superficie)* unit of area equivalent to 6,460 square metres or 1.59 acres.

fanerógamo,-a
1 *adj* phanerogamic, phanerogamous.
2 **fanerógamo** *nm* phanerogam.

fanfarria
1 *nf* MÚS fanfare.
2 *nf fam (bravata)* boasting, bragging, showing-off.

fanfarrón,-ona
1 *adj fam* swanky, boastful.
2 *nm,f* show-off, swank, braggart.

fanfarronada
1 *nf fam (chulería)* showing off, swanking.
2 *nf fam (bravata)* brag, boast.

fanfarronear
1 *vi fam (chulear)* to show off, swank.
2 *vi (bravear)* to brag, boast.

fanfarronería *nf* → **fanfarronada.**

fangal *nm* mire, quagmire, bog.

fango
1 *nm (barro)* mud, mire.
2 *nm fig* degradation.

fangoso,-a *adj* muddy.

fantasear
1 *vi (forjar en la imaginación)* to daydream, dream.
2 *vi (presumir)* to boast, show off.
3 *vt (imaginar)* dream.

fantasía
1 *nf (imaginación)* fantasy.
2 *nf (irrealidad)* fancy.
✦ **de fantasía** *(gen)* fancy; *(joya)* imitation.
  tener mucha fantasía to be too full of imagination.

fantasioso,-a *adj* imaginative.

fantasma
1 *nm (espectro)* phantom, ghost.
2 *nm fam (fanfarrón)* braggart, show-off.

fantasmagoría *nf* phantasmagoria.

fantasmal *adj* ghostly.

fantásticamente
1 *adv (con fantasía)* fantastically.
2 *adv (estupendamente)* wonderfully.

fantástico,-a
1 *adj* fantastic.
2 *adj (estupendo)* wonderful.

fantochada *nf fam* foolish act, silly thing.

fantoche
1 *nm (títere)* puppet, marionette.
2 *nm pey (fanfarrón)* braggart, show-off.
3 *nm pey (mamarracho)* nincompoop, ninny: **iba hecho un fantoche con aquel sombrero** he looked ridiculous with that hat on.

faquir *nm* fakir.

farad *nm* farad.

faradio *nm* farad.

faralá *nm* flounce, frill.
▲ *pl* **faralaes.**

farallón *nm* crag, rock.

faramalla
1 *nf (charla)* blarney, patter.
2 *nf (farfolla)* bauble.

farándula
1 *nf (compañía de teatro)* group of strolling players.
2 *nf (profesión, mundo del teatro)* acting, the theatre *(US* theater), the stage.
3 *nf fam fig (charla embrollada)* blarney.

farandulero,-a
1 *nm,f (actor)* strolling player.
2 *nm,f (hablador y engañador)* confidence trickster, con man.

faraón *nm* Pharaoh.

faraónico,-a *adj* Pharaonic.

fardada
1 *nf arg (acción)* show, display: **se pegó una fardada, dijo que había aprobado sin estudiar** he boasted that he'd passed the exam without working.
2 *nf arg (objeto)* flash thing: **esa moto es una fardada** that motorbike's really flash.

fardar
1 *vi arg (presumir)* to show off, swank: **siempre anda fardando de coche** he's always showing off his car.
2 *vi (lucir)* to be classy, be flash: **ese coche farda mucho** it's a really flash car.

fardo *nm (paquete)* bundle, pack.
✦ **estar hecho,-a un fardo** *fam* to be really fat.

fardón,-ona *adj arg* classy, flash.

farero,-a *nm,f* lighthouse keeper.

farfolla
1 *nf BOT* husk.
2 *nf (cosa sin importancia)* worthless thing.

farfulla *nf* gabble.

farfullador,-ra *nm,f* gabbler, jabberer.

farfullar *vt* to gabble, jabber.

farfulleo *nm* gabbling, splutter.

farfullero,-a
1 *adj (tartamudo)* gabbling, jabbering.
2 *adj (chapucero)* slapdash, shoddy.

faria *nf* kind of cigar.

farináceo,-a *adj* starchy, farinaceous.

faringe *nf* pharynx.

faríngeo,-a *adj* pharyngeal.

faringitis *nf* pharyngitis.
▲ *pl* **faringitis.**

farisaico,-a
1 *adj* Pharisaic, Pharisaical.
2 *adj fig (falso)* hypocritical.

fariseísmo
1 *nm* Phariseeism.
2 *nm fig (falsedad)* hypocrisy.

fariseo,-a
1 *nm,f* Pharisee.
2 *nm,f fig (falso)* hypocrite.

farmacéutico,-a
1 *adj* pharmaceutical.
2 *nm,f (licenciado)* pharmacist.
3 *nm,f (en una farmacia)* chemist, *US* druggist, pharmacist.

farmacia
1 *nf (estudios)* pharmacy.
2 *nf (tienda)* chemist's (shop), *US* drugstore, pharmacy.

fármaco *nm* medicine, medication.

farmacología *nf* pharmacology.

farmacológico,-a *adj* pharmacological.

farmacólogo,-a *nm,f* pharmacologist, pharmacist.

faro
1 *nm (torre)* lighthouse, beacon.
2 *nm (coche)* headlight.
3 *nm fig (guía)* guiding light, guide.

farol
1 *nm (luz)* lantern; *(farola)* streetlamp, streetlight.
2 *nm arg (fardada)* bragging, swank; *(engaño)* bluff.
3 *nm arg (en juegos de naipes)* bluff.
✦ **¡adelante con los faroles!** come on then!, keep it up!
  marcarse un farol *fam* to brag, boast, swank.
  tirarse un farol *fam* to brag, boast, swank.
  ■ **farol de situación** navigation lights *pl.*

farola *nf* streetlight, streetlamp; *(de gas)* gas lamp.

farolear *vi fam* to brag, boast, swank.

farolero,-a
1 *adj fam (que fanfarronea)* boastful.
2 *nm,f fam (fanfarrón)* show-off.
3 **farolero** *nm (de profesión)* lamplighter.

farolillo
1 *nm (farol de papel)* Chinese lantern.
2 *nm BOT* Canterbury bell.
■ **el farolillo rojo** the last one.

farra *nf fam* binge, spree.
✦ **ir de farra** to go out on the town.

fárrago *nm* hotch-potch, jumble.

farragoso,-a *adj* confused, rambling.

farruco,-a *adj fam* conceited, cocky.

farsa
1 *nf TEAT* farce.
2 *nf (enredo)* sham, farce.

farsante
1 *adj* lying, deceitful.
2 *nm & nf* fake, impostor.

fas por fas o por nefas *loc* by hook or by crook, by any means.

fascículo *nm* instalment *(US* installment), fascicule, fascicle: **esta enciclopedia se vende en fascículos semanales** this encyclopaedia is sold in weekly instalments.

fascinación *nf* fascination.

fascinador,-ra *adj* fascinating.

fascinante *adj* fascinating.

fascinar *vt* to fascinate, captivate.

fascismo *nm* fascism.

fascista
1 *adj* fascist.
2 *nm & nf* fascist.

fase
1 *nf (etapa)* phase, stage.
2 *nf (en electricidad)* phase.

fastidiado,-a
1 *adj (hastiado)* sickened, disgusted.
2 *adj (molesto)* annoyed.
3 *adj (dañado)* damaged, in bad condition.

4 *adj fam (estropeado)* ruined, spoilt.

5 *adj fam (mal de salud)* ill, sick, in a bad way; *(órgano, miembro)* bad: **su madre está bastante fastidiada** his mother is in a bad way; **tenía el estómago fastidiado** she had a bad stomach.

◆ **estar fastidiado,-a de, andar fastidiado,-a de ...** *fam* to have a bad ...: **anda fastidiado del corazón** he has a bad heart.

fastidiar

1 *vt (hastiar)* to sicken, disgust.

2 *vt (molestar)* to annoy, bother: **me fastidia tener que salir** it's a nuisance having to go out.

3 *vt (partes del cuerpo)* to hurt: **le fastidia el estómago** he's got a bad stomach.

4 *vt fam (estropear)* to damage, ruin; *(planes)* to spoil, upset, mess up: **la lluvia nos fastidió los planes** the rain spoilt our plans.

5 fastidiarse *vpr (aguantarse)* to put up with, grin and bear it: **si no le gusta el plan que se fastidie** if he doesn't like the plan he can lump it.

6 *vpr fam (estropearse)* to go wrong, break down: **se ha fastidiado la tele** the telly has gone wrong.

7 *vpr (lastimarse)* to hurt oneself, injure oneself: **me he fastidiado los dedos** I've hurt my fingers.

◆ **¡a fastidiarse tocan!** we'll have to grin and bear it!

¡no fastidies! *fam* you're kidding!

¡que se fastidie! *fam* that's his *(her)* tough luck!

▲ *Conjugation model* [12], *like* **cambiar.**

fastidio

1 *nm (molestia)* bother, nuisance.

2 *nm (aburrimiento)* boredom.

3 *nm (repugnancia)* repugnance, revulsion.

◆ **¡qué fastidio!** what a nuisance!

fastidioso,-a

1 *adj (molesto)* annoying, irksome.

2 *adj (aburrido)* boring, tedious.

fasto *nm* pomp, display.

fastos *nm pl* annals, archives.

fastuosamente *adv* magnificently, pompously.

fastuosidad *nf* pomp, lavishness.

fastuoso,-a

1 *adj (cosa)* splendid, lavish.

2 *adj (persona)* lavish, ostentatious.

fatal

1 *adj (inexorable)* fateful.

2 *adj (mortal)* deadly, fatal: **el accidente fue fatal** the accident was fatal.

3 *adj fam (muy malo)* awful, horrible, terrible: **su redacción estaba fatal** his composition was awful; **nos lo pasamos fatal** we had a rotten time.

4 *adv fam* awfully, terribly.

fatalidad

1 *nf (destino)* fate.

2 *nf (desgracia)* misfortune.

fatalismo *nm* fatalism.

fatalista

1 *adj* fatalistic.

2 *nm & nf* fatalist.

fatalmente

1 *adv (inevitablemente)* inevitably.

2 *adv (muy mal)* awfully, terribly.

fatídicamente *adv* fatefully.

fatídico,-a

1 *adj (desastroso)* disastrous, calamitous.

2 *adj fml (profético)* fateful, ominous.

fatiga

1 *nf (cansancio)* fatigue.

2 fatigas *nf pl (penalidades)* troubles, difficulties.

fatigar

1 *vt (cansar)* to wear out, tire: **jugar con niños fatiga a cualquiera** playing with children is enough to tire anyone out.

2 *vt (molestar)* to annoy.

3 fatigarse *vpr* to tire, get tired: **se fatigó de tanto subir y bajar escaleras** she got tired of going up and down the stairs all the time.

▲ *Conjugation model* [7], *like* **llegar.**

fatigosamente *adv* with (great) difficulty, painfully.

fatigoso,-a

1 *adj (cansado)* tiring, exhaust

2 *adj (respiración)* laboured *(us* labored).

fatuidad *nf* fatuity, fatuousness.

fatuo,-a

1 *adj (necio)* fatuous.

2 *adj (vano)* vain, conceited.

fauces

1 *nf pl (en anatomía)* fauces, gullet *sing.*

2 *nf pl fig* jaws.

fauna *nf* fauna.

fauno *nm* faun.

fausto[1] *nm* pomp, splendour *(us* splendor).

fausto,-a[2] *adj fml* fortunate, auspicious.

fauvismo *nm* fauvism.

fauvista *nm & nf* fauvist.

favor *nm* favour *(us* favor).

◆ **a favor de** in favour *(us* favor) of.

a mi *(tu, su, etc)* favor in my *(your, his, etc)* favour *(us* favor): **al final quedamos 2 a 1 a nuestro favor** we finally won 2 to 1.

en favor de in favour *(us* favor) of.

hacer un favor to do a favour *(us* favor).

haga *(hagan, etc)* **el favor de** + *inf fml* please + *inf.*

¿me harías *(harían, haríais, etc)* **el favor de** + *inf?* could you + *inf?*

por favor please.

tener a alguien a su favor to have somebody on one's side.

tener algo a su favor to have something in one's favour *(us* favor).

favorable *adj* favourable *(us* favorable); *(condiciones)* suitable.

◆ **mostrarse favorable a algo** to be in favour *(us* favor) of something.

favorablemente *adv* favourably *(us* favorably).

favorecedor,-ra

1 *adj (gen)* favouring *(us* favoring), favourable *(us* favorable).

2 *adj (que embellece)* becoming: **un vestido favorecedor** a becoming dress.

3 *adj (retrato)* flattering.

favorecer

1 *vt (ayudar)* to favour *(us* favor), help: **su política ha favorecido la economía** his policies have benefitted the economy.

2 *vt (agraciar)* to flatter, suit: **el azul no me favorece** blue doesn't suit me.

▲ *Conjugation model* [43], *like* **agradecer.**

favorecido,-a

1 *adj (atractivo)* well-favoured *(us* well-favored): **está muy favorecida con ese vestido** that dress really suits her.

2 *adj (afortunado)* lucky, fortunate: **resultó poco favorecido por la suerte** fortune did not smile on him.

favoritismo *nm* favouritism *(us* favoritism).

favorito,-a

1 *adj* favourite *(us* favorite).

2 *nm,f* favourite *(us* favorite).

fax

1 *nm (sistema, documento)* fax.

2 *nm (aparato)* fax machine, fax.

◆ **enviar por fax** to fax.

faz

1 *nf lit (cara)* face: **su faz estaba perfectamente rasurada** his face was perfectly shaven; **fueron borrados de la faz de la tierra** they were wiped off the face of the earth.

2 *nf (de moneda, medalla)* obverse.

▪ **la Santa Faz, la Sacra Faz** the Holy Face.

▲ *pl* **faces.**

f.c. *abr* **(ferrocarril)** railway; *(abreviatura)* rly.

F.C.[1] *abr* **(Fútbol Club)** football club; *(abreviatura)* F. C.

F.C.[2] *abr* **(Ferrocarril)** railway; *(abreviatura)* rly.

F. de T. *abr* **(Fulano de Tal)** Mr. So-and-So.

fdo. *abr* **(firmado)** signed.

fe

1 *nf* faith.

2 *nf JUR (certificado)* certificate.

◆ **de buena fe** in good faith, with good intentions: **lo hizo de buena fe, pensando que nos ayudaría** he did it in good faith thinking it would help us.

de mala fe dishonestly, with dishonest intentions.

tener una fe ciega to have blind faith **(en,** in).

▪ **fe de bautismo** baptism certificate.

fe de matrimonio marriage certificate.

fe de erratas errata *pl.*

fe de vida *document proving that somebody is still alive.*

la fe cristiana the Christian faith.

fealdad *nf* ugliness.

febrero *nm* February.

▲ *See also* **marzo**.

febrífugo,-a
1 *adj* febrifuge.
2 **febrífugo** *nm* febrifuge.

febril
1 *adj* MED feverish.
2 *adj (muy intenso)* hectic, restless.

febrilidad *nf* feverishness.

febrilmente *adv* feverishly, hectically.

fecal *adj* faecal.

fecha
1 *nf* date: ¿qué fecha es hoy? what's the date today?
2 *nf (día)* day: la carta tardó tres fechas en llegar the letter took three days to get here; en unas fechas debutará en el Teatro Nacional in a few days he'll be making his debut at the National Theatre.
3 **fechas** *nf pl (época)* time *sing*: por esas fechas at that time; en estas fechas at this time of year; el año pasado por estas fechas this time last year.
✦ **a seis** *(cuatro, diez, etc)* días fecha COM six *(four, ten, etc)* days after sight.
con fecha … dated …
de fecha … dated …
en fecha próxima at an early date.
fijar la fecha to fix a date.
hasta la fecha so far, until now.
poner fecha a to date.
sin fecha undated.
■ **fecha de caducidad** expiry date.
fecha de nacimiento date of birth.
fecha límite deadline, closing date.
fecha tope deadline, closing date.

fechador *nm* date stamp.

fechar *vt* to date, put the date on.

fechoría *nf* misdeed, misdemeanour *(us* misdemeanor); *(de niño)* mischief.

fécula *nf* starch.

feculento,-a *adj* starchy.

fecundable *adj* fertilizable.

fecundación *nf* fertilization.

fecundar *vt* to fertilize.

fecundidad
1 *nf (fertilidad)* fertility.
2 *nf (productividad)* productivity, fruitfulness.

fecundizar *vt* to make fertile.
▲ *Conjugation model* [4], *like* **realizar**.

fecundo,-a *adj* fertile, fecund.

FEDER *abr* (**Fondo Europeo de Desarrollo Regional**) European Regional Development Fund; *(abreviatura)* ERDF.

federación *nf* federation.

federado,-a *adj* federated.

federal
1 *adj* federal.
2 *nm & nf* federal.

federalismo *nm* federalism.

federalista
1 *adj* federalist.
2 *nm & nf* federalist.

federar *vt* to federate.

federativo,-a
1 *adj* federative.
2 **federativo** *nm* federation member.

fehaciente *adj fml (irrefutable)* incontrovertible, irrefutable; *(fiable)* reliable: tenemos pruebas fehacientes we have irrefutable proof.
■ **copia fehaciente** certified true copy.

fehacientemente *adv* for certain.

felación *nf* fellatio.

feldespato *nm* feldspar, felspar.

felicidad *nf* happiness.
✦ **¡(muchas) felicidades!** *(éxitos)* congratulations!; *(cumpleaños)* happy birthday!; *(Navidad)* Merry Christmas!

felicitación
1 *nf (acción)* congratulation.
2 *nf (tarjeta)* greetings card.
3 **felicitaciones** *nf pl* congratulations.

felicitar
1 *vt* to congratulate (**por**, on): nos felicitó por el acuerdo he congratulated us on the agreement.
2 *vt (Navidades, Santo, cumpleaños)* to wish somebody…: felicitar a alguien las Navidades to wish somebody a Merry Christmas; felicitar a alguien por su Santo to wish somebody a happy Saint's Day.
3 **felicitarse** *vpr* to be glad, be pleased: me felicito de que hayas aprobado el examen I'm pleased you passed the exam.
✦ **¡te** *(le, os, etc)* **felicito!** congratulations!

félido,-a *nm,f* cat, feline.

feligrés,-esa *nm,f* parishioner.

feligresía *nf* parish, parishioners *pl*.

felino,-a
1 *adj* feline.
2 **felino** *nm* feline.

feliz
1 *adj* happy.
2 *adj (acertado)* fortunate.
✦ **¡feliz Navidad!, ¡felices Navidades!** Happy Christmas, Merry Christmas!
▲ *pl* **felices**.

felizmente
1 *adv (con felicidad)* happily.
2 *adv (por suerte)* fortunately.

felón,-ona
1 *adj* treacherous, villainous, wicked.
2 *nm,f* traitor, villain.

felonía *nf* treachery, villainy.

felpa *nf* plush.
■ **osito de felpa** teddy bear.

felpudo,-a
1 *adj (textil)* plushy, velvety.
2 **felpudo** *nm (alfombrilla)* mat, doormat.

femenino,-a
1 *adj* feminine.
2 *adj (sexo)* female; *(equipo, asociación)* women's: la asociación femenina de tenis the women's tennis association.

femineidad *nf* femininity.

feminidad *nf* femininity.

feminismo *nm* feminism.

feminista
1 *adj* feminist.
2 *nm & nf* feminist.

femoral *adj* femoral.

fémur *nm* femur.

fenecer
1 *vi arc (terminar)* to come to an end, expire.
2 *vi euf (morir)* to pass away, die.
▲ *Conjugation model* [43], *like* **agradecer**.

fenecimiento
1 *nm arc (fin)* close, end.
2 *nm euf (muerte)* decease, death.

Fenicia *nf* Phoenicia.

fenicio,-a
1 *adj* Phoenician.
2 *nm,f (persona)* Phoenician.
3 **fenicio** *nm (idioma)* Phoenician.

fénix
1 *nm (mitología)* phoenix.
2 *nm (genio)* genius, prodigy.
▲ *pl* **fénix**.

fenol *nm* phenol.

fenomenal
1 *adj (relativo al fenómeno)* phenomenal.
2 *adj fam (fantástico)* great, terrific.
3 *adj fam (enorme)* colossal, huge.
4 *adv* wonderfully, marvellously: lo pasamos fenomenal jugando al tenis we had a fantastic time playing tennis.

fenómeno
1 *nm (manifestación)* phenomenon.
2 *nm (prodigio)* genius.
3 *nm (monstruo)* freak.
4 *adj fam (fantástico)* fantastic, terrific.
5 *interj* terrific!, fantastic!
■ **fenómeno atmosférico** atmospheric phenomenon.

fenotipo *nm* phenotype.

feo,-a
1 *adj (persona - nada atractiva)* ugly; *(- poco atractiva)* plain.
2 *adj (aspecto, situación, tiempo, etc)* nasty, horrible, unpleasant, ugly: hizo un tiempo feísimo the weather was really awful; al asunto se está poniendo feo things are turning nasty.
3 *adj (acción)* horrible, awful: robar a un amigo es una acción muy fea stealing from a friend is a horrible thing to do.
4 *adj (indigno)* rude, not nice, improper: insultar es feo it's rude to insult people.
5 *nm,f* ugly person.
6 **feo** *nm (ofensa)* slight, snub.
✦ **hacerle un feo a alguien** to slight somebody, snub somebody.
ser más feo que Picio to be as ugly as sin.

siempre me *(te, etc)* toca bailar con la más fea I *(you, etc)* always get the short end of the stick.

feracidad *nf* fertility.

feraz *adj* fertile.
▲ *pl* **feraces.**

féretro *nm* coffin.

feria
1 *nf* COM fair.
2 *nf (fiesta)* fair, festival.
▪ **feria de ganado** livestock fair.
feria de muestras trade fair, trade exhibition.
la Feria de Sevilla the Seville Festival.

feriado,-a
▪ **día feriado** holiday.

ferial
1 *adj* fair.
2 *nm* fair.

feriante
1 *nm & nf (vendedor)* stallholder, trader.
2 *nm & nf (comprador)* fair-goer.

feriar *vt* to trade at a fair.
▲ *Conjugation model* [12], *like* **cambiar.**

ferina ▪ **tos ferina** whooping cough.

fermentación *nf* fermentation.

fermentar *vi* to ferment.

fermento *nm* ferment.

fermio *nm* fermium.

ferocidad *nf* ferocity, fierceness.

ferodo *nm* brake lining.
▲ *Registered trademark.*

feroz *adj* fierce, ferocious.
▪ **el lobo feroz** the big bad wolf.
▲ *pl* **feroces.**

ferozmente *adv* fiercely, ferociously.

férreo,-a
1 *adj* ferreous.
2 *adj fig (tenaz)* iron: **voluntad férrea** iron will.

ferrería *nf* ironworks, foundry.

ferretería
1 *nf (tienda)* ironmonger's (shop), hardware store.
2 *nf (género)* ironmongery, hardware.
3 *nf (ferrería)* forge.

ferretero,-a *nm,f* ironmonger, hardware dealer.

férrico,-a *adj* ferric.

ferrita *nf* ferrite.

ferrocarril *nm* railway, US railroad.

ferrohormigón *nm* ferroconcrete.

ferroso,-a *adj* ferrous.

ferrovial *adj* railway, rail, US railroad.

ferroviario,-a
1 *adj* railway, rail, US railroad.
2 *nm,f (trabajador)* railway worker, US railroad worker.

ferruginoso,-a *adj* ferruginous.

ferry *nm* ferry.

fértil *adj* fertile, rich.

fertilidad *nf* fertility, fecundity.

fertilización *nf* fertilization.

fertilizante
1 *adj* fertilizing.
2 *nm (abono)* fertilizer.

fertilizar *vt* to fertilize.
▲ *Conjugation model* [4], *like* **realizar.**

férula *nf* ferule, rod.
✦ **bajo la férula de alguien** *fig* under the rule of somebody.

férvido,-a *adj* fervid, ardent.

ferviente *adj* fervent, passionate.

fervientemente *adv* fervently, passionately.

fervor *nm* fervour (US fervor).

fervorosamente *adv* ardently.

fervoroso,-a *adj* fervent, passionate.

festejar
1 *vt (celebrar)* to celebrate: **festejaron su victoria con cava** they celebrated his victory with cava.
2 *vt (agasajar)* to wine and dine, entertain: **festejaron al campeón en su pueblo natal** the champion was given a very warm welcome in his home town.
3 *vt (cortejar)* to court, woo.

festejo
1 *nm* feast, entertainment.
2 *nm (galanteo)* courting, courtship.
3 **festejos** *nm pl* festivities.

festín *nm* feast, banquet.

festival *nm* festival.

festividad
1 *nf (fiesta)* festivity, celebration.
2 *nf (día)* feast day, holiday.

festivo,-a
1 *adj (alegre)* festive, merry.
2 *adj (humorístico)* witty.

festón
1 *nm* COST festoon.
2 *nm (adorno floral)* garland.

festonear *vt* to festoon.

fetal *adj* foetal (US fetal).
▪ **posición fetal** foetal position.

fetén
1 *adj fam (formidable)* terrific, smashing, great.
2 *adj fam (auténtico)* genuine.
3 *adv fam (muy bien)* great: **ambos equipos jugaron fetén** both teams played great.
4 **la fetén** *nf fam (la verdad)* the truth.

fetiche *nm* fetish.

fetichismo *nm* fetishism.

fetichista
1 *adj* fetishist.
2 *nm & nf* fetishist.

fetidez *nf* stink, stench, fetidness.

fétido,-a *adj* stinking, fetid.

feto
1 *nm* foetus (US fetus).
2 *nm fam (feo)* monster, ugly sod.

feúcho,-a *adj fam* plain, unattractive.

feudal *adj* feudal.

feudalismo *nm* feudalism.

feudo *nm* fief, feud.

FEVE *abr* (**Ferrocarriles Españoles de Vía Estrecha**) *Spanish narrow railway line company.*

fez *nm* fez.
▲ *pl* **feces.**

FF.AA. *abr* (**Fuerzas Armadas**) Armed Forces.

FF.CC. *abr* (**ferrocarriles**) railways; *(abreviatura)* rly.

FF.NN. *abr* MIL (**Fuerzas Navales**) Navy.

fiabilidad *nf* reliability, trustworthiness.

fiable *adj* reliable, trustworthy.

fiado,-a
1 *adj* COM on credit.
2 *adj (confiado)* trusting.
✦ **comprar al fiado** to buy on credit.
vender al fiado to sell on credit.

fiador,-ra
1 *nm,f* person who sells on credit.
2 **fiador** *nm (de escopeta)* safety catch.
3 *nm (cerrojo)* bolt.
✦ **ser fiador,-ra de alguien** *(pagar fianza)* to stand bail for somebody; *(avalar)* to vouch for somebody.

fiambre
1 *adj* served cold, cold.
2 *adj irón (noticia etc)* stale, old.
3 *nm* CULIN cold meat, cold cut: **nos sirvieron toda clase de fiambres y patés** we were served all kinds of cold meats and pâtés.
4 *nm fam (cadáver)* stiff, corpse.
✦ **dejar fiambre a alguien** to do somebody in, bump somebody off.

fiambrera *nf* lunch box.

fianza
1 *nf (depósito)* deposit, security.
2 *nf* JUR bail.
✦ **bajo fianza** on bail.

fiar
1 *vt (asegurar)* to vouch for: **hará lo que promete, yo lo fío** he'll do what he promises, I can vouch for him.
2 *vt (vender)* to sell on credit: **el lechero me fía** the milkman lets me owe him, the milkman lets me pay him later.
3 *vt (confiar)* to confide, entrust: **fió a su nieto toda su fortuna** he entrusted his entire fortune to his grandson.
4 **fiarse** *vpr (confiarse)* to trust (**de**, -): **no me fío de él** I don't trust him; **no te fíes, la apariencias engañan** watch out, appearances can be deceptive.
✦ **de fiar** *(persona)* trustworthy, reliable; *(cosa)* reliable.
"No se fía" "No credit given".
▲ *Conjugation model* [13], *like* **desviar.**

fiasco *nm* fiasco, failure.

FIBA *abr* (**Federación Internacional de Baloncesto Amateur**) International Amateur Basketball Association.

fibra
1 *nf (filamento)* fibre (US fiber); *(de madera)* grain.
2 *nf fig (carácter)* push, go.

- **fibra de carbono** carbon fibreglass (*US* fiber).
  fibra de vidrio fibreglass (*US* fiberglass).
  fibra óptica optical fibre (*US* fiber).

fibroma *nm* fibroma.

fibrosis *nf* fibrosis.
▲ *pl fibrosis.*

fibrositis *nf* fibrositis.
▲ *pl fibrositis.*

fibroso,-a *adj* fibrous.

fíbula *nf* fibula.

ficción *nf* fiction.

ficha
1 *nf (tarjeta)* index card, file card.
2 *nf (de teléfono)* token.
3 *nf (en juegos)* counter; *(naipes)* chip; *(ajedrez)* piece, man; *(dominó)* domino.
4 *nf (de un deportista)* signing-on fee.
- **ficha artística** cast.
  ficha policial police record.
  ficha técnica technical specifications *pl*; *(de película)* credits *pl*.

fichaje *nm* signing (up).

fichar
1 *vt (anotar)* to put on an index card; *(registrar)* to open a file on.
2 *vt fam (conocer)* to size up: ya lo tienen bien fichado they've got him sized up.
3 *vt DEP* to sign up, sign on: el entrenador fichó a varios jugadores the manager signed up some players.
4 *vi (al entrar)* to clock in; *(al salir)* to clock out.
5 *vi DEP* to sign up (**por**, with): finalmente fichó por el Barcelona he finally signed up with Barcelona FC.
- **estar fichado,-a (por la policía)** to have a police record.

fichero
1 *nm (archivo)* card index.
2 *nm (mueble)* filing cabinet, file.
3 *nm INFORM* file.

ficticio,-a *adj* fictitious.

ficus *nm* rubber plant.
▲ *pl ficus.*

fidedigno,-a *adj* trustworthy, reliable.

fideicomisario,-a *nm,f* trustee.

fideicomiso *nm* trusteeship.
- **bajo fideicomiso/en fideicomiso** in trusteeship.

fidelidad
1 *nf (lealtad)* fidelity, faithfulness.
2 *nf (exactitud)* accuracy.
- **alta fidelidad** high fidelity, hi-fi.

fideo *nm* noodle.
- **estar como un fideo** *fam* to be as thin as a rake.

fiduciario,-a
1 *adj* fiduciary.
2 *nm,f* fiduciary.

fiebre
1 *nf (enfermedad)* fever, temperature: tiene la fiebre muy alta she has a very high temperature.

2 *nf (agitación)* fever, excitement: la fiebre del oro gold fever, the gold rush; una fiebre religiosa sacudió al país religious fever shook the country.
+ **tener fiebre** to have a temperature.
- **fiebre amarilla** yellow fever.
  fiebre de Malta brucellosis.
  fiebre del heno hay fever.
  fiebre puerperal puerperal fever.
  fiebre reumática rheumatic fever.

fiel
1 *adj (leal)* faithful, loyal.
2 *adj (exacto)* accurate; *(memoria)* reliable.
3 *nm (de balanza)* needle, pointer.
4 **los fieles** *nm pl* the faithful.
+ **ser fiel a** to be faithful to.

fielmente
1 *adv (con lealtad)* faithfully, loyally.
2 *adv (con exactitud)* accurately, exactly.

fieltro *nm* felt.

fiera
1 *nf (animal)* wild animal, wild beast.
2 *nf fig (persona)* beast, brute.
3 *nf fig (genio)* wizard.
4 *nf (toro)* bull.
+ **estar hecho,-a una fiera** *fam* to be in a rage.
  ser una fiera para algo *fam* to be brilliant at something.
- **casa de fieras** menagerie.

fieramente *adv* wildly.

fiereza *nf (ferocidad)* ferocity, ferociousness; *(crueldad)* cruelty.

fiero,-a
1 *adj (animal salvaje)* wild; *(feroz)* fierce, ferocious.
2 *adj (persona)* cruel.

fiesta
1 *nf (día no laborable)* holiday: el viernes es fiesta Friday's a holiday.
2 *nf (reunión)* party: celebraron una fiesta en mi honor they held a party in my honour.
3 *nf REL* feast: es la fiesta de San Crispín it's the feast of St Crispin.
4 **fiestas** *nf pl (festividades)* festivity, fiesta: el pueblo está en fiestas it's the local festivities.
5 *nf pl (navidad)* Christmas: a ver si nos vemos estas fiestas maybe we'll see each other this Christmas.
+ **aguar la fiesta** to be a wet blanket, be a killjoy.
  estar de fiesta *fig* to be in a festive mood.
  ¡felices fiestas! Merry Christmas!
  hacer fiesta un día to take a day off.
  no estar para fiestas to be in no mood for jokes.
  ¡tengamos la fiesta en paz! let's not argue!
- **fiesta de cumpleaños** birthday party.
  fiesta de disfraces fancy-dress party.
  fiesta de guardar day of obligation.
  fiesta de la cerveza beer festival.
  Fiesta de la Hispanidad Columbus Day.
  Fiesta del Trabajo Labour (*US* Labor) Day.

fiesta de precepto day of obligation.
  fiesta fija immovable feast.
  fiesta móvil movable feast.
  fiesta nacional *(día festivo)* public holiday; *(tauromaquia)* bullfighting.
  la fiesta de los toros bullfighting.
  las fiestas de Navidad Christmas *sing*.

FIFA *abr* (**Federación Internacional de Fútbol Asociación**) Fédération Internationale de Football Association; *(abreviatura)* FIFA.

fig. *abr* (**figura**) figure; *(abreviatura)* fig.

figle *nm* ophicleide.

figón *nm arc* cheap restaurant, greasy spoon.

figura
1 *nf (gen)* figure.
2 *nf (forma)* shape.
3 *nf (en obra, película)* character.
+ **tener buena figura** to have a good figure.
  tener mala figura to have a bad figure.
- **figura decorativa** figurehead.
  figura geométrica geometrical figure.
  figura retórica figure of speech.

figuración *nf* imagination.
+ **son figuraciones mías** *(tuyas, suyas, etc)* it's just my *(your, his, etc)* imagination.

figurado,-a *adj* figurative.
+ **en sentido figurado** figuratively.

figurante
1 *nm & nf (comparsa)* extra.
2 *nm & nf (figurón)* figurehead.

figurar
1 *vt (representar)* to represent: estas líneas figuran una casa these lines represent a house.
2 *vt (simular)* to simulate, feign: figuró un desmayo she pretended to faint.
3 *vi (encontrarse)* to appear, be, figure: su nombre no figura en la lista his name isn't on the list; figura como director he appears as director.
4 *vi (destacar)* to stand out, be important: le gusta mucho figurar he likes to be noticed.
5 **figurarse** *vpr (imaginarse)* to imagine, suppose: me figuro que quieres más dinero I suppose you want some more money.
+ **¡figúrate!** just imagine!
  ya me lo figuraba I thought as much.

figurativo,-a *adj* figurative.

figurilla *nf* statuette.

figurín
1 *nm (dibujo)* sketch.
2 *nm (revista)* fashion magazine.
+ **ir hecho,-a un figurín** to be dressed up to the nines.

figurinista *nm & nf* costume designer.

figurón *nm pey* show-off, swank.
- **figurón de proa** figurehead.

fijacarteles *nm & nf* billposter.
▲ *pl fijacarteles.*
fijación
1 *nf (colocación)* setting, fixing.
2 *nf (sujeción)* fastening.
3 *nf (obsesión)* obsession.
4 **fijaciones** *nf pl (esquí)* bindings.
fijado *nm* fixing.
fijador,-ra
1 *adj* fixing.
2 **fijador** *nm (para pelo)* hairspray, hair gel.
3 *nm (para dibujo etc)* fixative; *(para foto)* fixer.
fijamente *adv* fixedly.
fijapelo *nm* hair spray, styling gel.
fijar
1 *vt (sujetar)* to fix, fasten; *(puerta)* to hang; *(ventana)* to put in.
2 *vt (pegar)* to stick.
3 *vt (establecer)* to set, determine, fix: fijamos un precio we fixed a price.
4 *vt (en fotografía, química)* to fix.
5 **fijarse** *vpr (hacerse fijo)* to settle: el dolor se fijó en la cabeza the pain settled in his head.
6 *vpr (darse cuenta)* to notice: ¿te fijaste en el color de sus ojos? did you notice the colour of his eyes?
7 *vpr (poner atención)* to pay attention, watch: fíjate cómo se hace watch how it's done.
✦ **fijar la vista** to stare (**en**, at).
fijar los ojos to stare (**en**, at).
fijar residencia to take up residence.
¡fíjate! (just) fancy that!
"Prohibido fijar carteles" "Post no bills".
fijasello *nm* stamp hinge.
fijativo *nm* fixative.
fijeza
1 *nf (persistencia)* insistence, firmness.
2 *nf (seguridad)* certainty.
✦ **mirar algo con fijeza** to stare at something.
saber algo con fijeza to know something for certain.
fijo,-a
1 *adj (sujeto)* fixed, fastened.
2 *adj (establecido)* set, definite, firm: fecha fija set date.
3 *adj (firme)* steady, stable, firm.
4 *adj (permanente)* permanent: empleo fijo permanent job; residencia fija fixed address.
5 *adj (fotografía)* fast.
✦ **de fijo** for certain, for sure.
estar fijo,-a en to be settled in.
fila
1 *nf (línea)* file, line.
2 *nf (de local)* row.
3 **filas** *nf pl (de ejército, partido)* ranks.
✦ **cerrar filas** *MIL* to close ranks.
en fila de uno, en fila india in single file.
en primera fila in the front row.

estar en filas *MIL* to be doing one's military service.
llamar a alguien a filas *MIL* to call somebody up.
poner en fila to line up.
¡rompan filas! *MIL* fall out!, dismiss!
salirse de la fila to step out of line.
Filadelfia *nf* Philadelphia.
filamento *nm* filament.
filantropía *nf* philanthropy.
filantrópico,-a *adj* philanthropic.
filántropo,-a *nm,f* philanthropist.
filarmónico,-a *adj* philharmonic.
filatelia *nf* philately, stamp collecting.
filatélico,-a *adj* philatelic.
filatelista *nm & nf* philatelist, stamp collector.
filete
1 *nm (de carne, pescado)* fillet (*US* filet); *(solomillo)* sirloin steak.
2 *nm (encuadernación, moldura)* fillet.
3 *nm (de tornillo)* thread.
filetear *vt* to fillet.
filfa *nf fam* hoax.
filiación
1 *nf (datos personales)* particulars *pl.*
2 *nf POL* affiliation.
filial
1 *adj (del hijo)* filial.
2 *adj COM* subsidiary.
3 *nf COM* subsidiary, branch.
filiforme *adj* threadlike.
filigrana
1 *nf (orfebrería)* filigree.
2 *nf (papel)* watermark.
3 *nf (cosa delicada)* delicate piece of work.
filípica *nf* philippic, tirade.
Filipinas las Filipinas *nf pl* the Philippines.
filipino,-a
1 *adj* Filipino.
2 *nm,f (persona)* Filipino.
3 **filipino** *nm (idioma)* Filipino.
filisteo,-a
1 *adj* Philistine.
2 *nm,f* Philistine.
film *nm* film, *US* movie.
▲ *pl films.*
filmación *nf* filming, shooting.
filmar *vt* to film, shoot.
filme *nm* → **film.**
fílmico,-a *adj* film, cinema.
filmina *nf* slide, transparency.
filmografía *nf* filmography, films *pl.*
filmoteca
1 *nf (archivo)* film library.
2 *nf (sala de proyección)* film institute.
3 *nf (colección)* film collection.
filo *nm* cutting edge, edge.
✦ **sacar filo a algo** to sharpen something.
al filo de *fig* on the stroke of.
arma de doble filo *fig* double-edged sword.

como el filo de un cuchillo *(aire, viento)* biting.
filo- *pref* philo-.
filología *nf* philology.
filológico,-a *adj* philological.
filólogo,-a *nm,f* philologist.
filón
1 *nm (mineral)* seam, vein.
2 *nm (buen negocio)* gold mine.
filosofal
■ **piedra filosofal** philosopher's stone.
filosofar *vi* to philosophize.
filosofía *nf* philosophy.
✦ **tomarse algo con filosofía** to take something philosophically.
filosóficamente *adv* philosophically.
filosófico,-a *adj* philosophical.
filósofo,-a *nm,f* philosopher.
filoxera *nf* phylloxera.
filtración
1 *nf* filtration.
2 *nf (de información)* leak.
filtrador,-ra
1 *adj* filtering.
2 **filtrador** *nm* filter.
filtrar
1 *vt (hacer pasar)* to filter: filtra el café para que no queden posos filter the coffee to remove the grounds.
2 *vt (seleccionar)* to filter: la secretaria filtra las llamadas the secretary filters his phone calls.
3 *vt (divulgar)* to leak: filtró al enemigo información reservada he leaked confidential information to the enemy.
4 **filtrarse** *vpr (pasar a través)* to filter: la luz se filtraba a través de la cortina the light filtered through the curtain.
filtro¹ *nm (material)* filter.
filtro² *nm (poción)* philtre, love potion.
fimbria
1 *nf (borde)* hem.
2 *nf (orla)* edging, border.
fimosis *nf* phimosis.
▲ *pl fimosis.*
fin
1 *nm (final)* end.
2 *nm (objetivo)* purpose, aim.
✦ **a fin de** in order to, so as to.
a fin de que so that.
a fines de at the end of.
¡al fin! at last!
al fin y al cabo when all's said and done.
con buen fin with good intentions.
con el fin de with the intention of.
con este fin with this aim.
dar fin a to put an end to.
en fin anyway.
llegar a su fin to come to an end.
no tener fin to be endless.
poner fin a to put an end to.
¡por fin! at last!
sin fin endless.
tocar a su fin to come to an end.
■ **fin de fiesta** grand finale.

fin de semana *(tiempo)* weekend; *(bolsa)* weekend bag.
(noche de) Fin de Año New Year's Eve.
finado,-a *nm,f* deceased.
final
  1 *adj (último)* final, last.
  2 *nm* end.
  3 *nm MÚS* finale.
  4 *nf DEP* final.
  ✦ **al final** in the end.
  al final del día at the end of the day.
  hasta el final until the end.
  ▪ **final de línea** terminus.
  final feliz happy ending.
finalidad *nf* purpose, aim.
finalista
  1 *adj* in the final: **Brasil es uno de los equipos finalistas** Brazil is one of the teams in the final.
  2 *nm & nf* finalist.
finalización *nf* completion, finalization.
finalizar
  1 *vt* to end, finish.
  2 *vi* to end, finish.
  ▲ *Conjugation model* [4], *like realizar.*
finalmente *adv* finally.
finamente
  1 *adv (con delicadeza)* delicately, elegantly.
  2 *adv (con agudeza)* shrewdly.
  3 *adv (con sutileza)* subtly.
financiación *nf* financing.
financiamiento *nm* financing.
financiar *vt* to finance.
  ▲ *Conjugation model* [12], *like cambiar.*
financiero,-a
  1 *adj* financial.
  2 *nm,f* financier.
finanzas *nf pl* finances.
finar
  1 *vi fml (morir)* to pass away, die.
  2 finarse *vpr (desear)* to yearn (**por,** for).
finca *nf* property, estate.
  ▪ **finca rústica** country property.
  finca urbana building.
finés,-esa
  1 *adj* Finnish.
  2 *nm,f (persona)* Finn.
  3 finés *nm (idioma)* Finnish.
fineza
  1 *nf* delicacy, daintiness.
  2 *nf (cumplido)* courtesy, compliment.
fingido,-a
  1 *pp →* **fingir.**
  2 *adj* feigned, false.
  3 *adj (hipócrita)* hypocritical.
  ▪ **nombre fingido** false name.
fingimiento *nm* pretence (*US* pretense), simulation.
fingir
  1 *vt* to feign, pretend: **fingió indiferencia** he feigned indifference; **fingía no conocerme** she pretended not to know me; **fingió la voz de su madre** she imitated her mother's voice.

2 fingirse *vpr* to pretend to be: **se finge cojo** he pretends to be lame.
  ▲ *Conjugation model* [6], *like dirigir.*
finiquitar
  1 *vt (saldar una cuenta)* to settle; *(saldar una deuda)* to discharge.
  2 *vt fam (acabar)* to finish, end.
finiquito
  1 *nm (acción)* settlement.
  2 *nm (documento)* final discharge.
finisecular *adj* turn-of-the-century.
finito,-a *adj* finite.
finlandés,-esa
  1 *adj* Finnish.
  2 *nm,f (persona)* Finn.
  3 finlandés *nm (idioma)* Finnish.
Finlandia *nf* Finland.
fino,-a
  1 *adj (delicado)* fine, delicate.
  2 *adj (alimentos)* choice, select.
  3 *adj (sentidos)* sharp, acute.
  4 *adj (delgado)* thin.
  5 *adj (educado)* refined, polite.
  6 *adj (sutil)* subtle.
  7 fino *nm (vino)* dry sherry.
  ✦ **estar fino,-a** *fam* to be witty.
  ir fino,-a *fam* to have had a few.
  ▪ **oro fino** pure gold.
finolis
  1 *adj fam (remilgado)* fussy, finicky.
  2 *adj fam (cursi)* affected.
  ▲ *pl* **finolis.**
finta *nf* feint.
fintar *vi* to feint.
finura
  1 *nf (calidad)* fineness.
  2 *nf (agudeza)* sharpness, acuteness.
  3 *nf (refinamiento)* refinement.
  4 *nf (sutileza)* finesse.
  ▪ **finura de espíritu** sensitivity.
fiordo *nm* fiord, fjord.
firma
  1 *nf (autógrafo)* signature.
  2 *nf (acto)* signing.
  3 *nf (empresa)* firm.
firmamento *nm* firmament.
firmante
  1 *adj* signatory.
  2 *nm & nf* signatory.
  ▪ **el/la abajo firmante** the undersigned.
firmar *vt* to sign.
firme
  1 *adj (estable)* firm, steady.
  2 *adj (color)* fast.
  3 *nm (pavimento)* road surface.
  4 *adv* hard.
  ✦ **de firme** hard.
  en firme firm: **nos hizo una propuesta en firme** he made us a firm proposal.
  estar en lo firme to be in the right.
  ¡firmes! *MIL* attention!
  mantenerse firme *fig* to hold one's ground.
firmemente *adv* firmly. ,

firmeza *nf* firmness, steadiness.
fiscal
  1 *adj* fiscal, tax.
  2 *nm & nf JUR* public prosecutor, *US* district attorney.
  3 *nm & nf fig* snooper, informer.
fiscalía *nf* public prosecutor's office, *US* district attorney's office.
fiscalización *nf* supervision, inspection.
fiscalizar *vt* to supervise, inspect.
  ▲ *Conjugation model* [4], *like realizar.*
fisco *nm* exchequer, *US* treasury.
fisgar *vt fam* to pry, snoop.
  ▲ *Conjugation model* [7], *like llegar.*
fisgón,-ona *adj (espía)* snooper; *(curioso)* busybody.
fisgonear *vt* to pry, snoop.
física *nf* physics.
físicamente *adv* physically.
físico,-a
  1 *adj* physical.
  2 *nm,f (profesión)* physicist.
  3 físico *nm (aspecto)* physique.
fisicoquímica *nf* physical chemistry.
fisiología *nf* physiology.
fisiológico,-a *adj* physiological.
fisiólogo,-a *nm,f* physiologist.
fisión *nf* fission.
fisioterapeuta *nm & nf* physiotherapist.
fisioterapia *nf* physiotherapy.
fisonomía *nf* physiognomy, appearance.
fisonómico,-a *adj* physiognomical, physiognomic.
fisonomista *nm & nf* physiognomist.
  ✦ **ser buen fisonomista** to be good at remembering faces.
  ser mal fisonomista to be no good at remembering faces.
fístula *nf* fistula.
fisura *nf* fissure.
fito- *pref* phyto-.
FIV *abr MED* **(fecundación in vitro)** in vitro fertilization; *(abreviatura)* IVF.
Fiyi *nm* Fiji.
fiyiano,-a
  1 *adj* Fijian.
  2 *nm,f (persona)* Fijian.
  3 fiyiano *nm (idioma)* Fijian.
flaccidez *nf* flaccidity, flabbiness, flaccidness.
fláccido,-a *adj* flaccid, flabby.
flacidez *nf →* **flaccidez.**
flácido,-a *adj →* **fláccido.**
flaco,-a
  1 *adj (delgado)* thin, skinny.
  2 *adj (débil)* weak, frail.
  3 flaco *nm (debilidad)* weak point, weak spot; *(vicio)* bad habit.
flacucho,-a *adj pey* skinny.
flacura *nf* thinness, skinniness.
flagelación *nf* flagellation, whipping.
flagelar
  1 *vt (azotar)* to flagellate, whip.
  2 *vt fig (censurar)* to flay, criticize.

flagelo
1 *nm (objeto)* whip.
2 *nm (calamidad)* calamity.
3 *nm BIOL* flagellum.

flagrante *adj* flagrant.
+ **en flagrante delito** red-handed.

flamante
1 *adj (vistoso)* splendid, brilliant.
2 *adj (nuevo)* brand-new.

flameado,-a *adj* flambé.

flameante *adj* flamboyant.

flamear
1 *vi (llamear)* to flame, blaze.
2 *vi (ondear)* to flutter, flap.
3 *vt CULIN* to flambé.

flamenco,-a
1 *adj (de Flandes)* Flemish.
2 *adj (gitano)* Andalusian gypsy.
3 *adj (música)* flamenco.
4 *adj (robusto)* sturdy; *(saludable)* healthy.
5 *nm,f (persona)* Fleming.
6 **flamenco** *nm (idioma)* Flemish.
7 *nm (música)* flamenco music, flamenco.
8 *nm (ave)* flamingo.

flámula *nf* streamer, pennant.

flan
1 *nm (dulce)* crème caramel.
2 *nm (de arena, arroz, etc)* pie.
+ **estar como un flan** to be shaking like a leaf.
  estar hecho,-a un flan → **estar como un flan.**

flanco *nm* flank, side.

Flandes *nm* Flanders.

flanera *nf* mould *(us* mold).

flanquear *vt* to flank.

flaquear
1 *vi (ceder)* to weaken, give in.
2 *vi (fallar)* to fail: **su memoria ya flaquea** his memory is already failing.
3 *vi (desalentarse)* to lose heart.
4 *vi (disminuir)* to decrease.

flaqueza *nf* weakness, frailty.

flash
1 *nm (fotografía)* flash, flashlight.
2 *nm (noticia breve)* newsflash.
▲ *pl* **flashes.**

flato *nm (dolor)* stitch: **le dio flato** he got a stitch.

flatulencia *nf* flatulence, wind.

flatulento,-a *adj* flatulent.

flauta
1 *nf (instrumento)* flute.
2 *nm & nf (músico)* flautist *(us* flutist), flute player.
+ **sonar la flauta** to happen by chance, be a lucky fluke.
■ **flauta de Pan** pipes *pl* of Pan.
  flauta dulce recorder.
  flauta travesera flute, transverse flute, cross flute.

flautín
1 *nm (instrumento)* piccolo.
2 *nm & nf (músico)* piccolo player.

flautista *nm & nf* flute player, flautist *(us* flutist).
■ **el Flautista de Hamelín** the Pied Piper of Hamelin.

flebitis *nf* phlebitis.
▲ *pl* **flebitis.**

flecha
1 *nf (arma)* arrow; *(dardo)* dart.
2 *nf ARQ* spire, flèche.
3 *nf (indicación)* arrow.
+ **salir como una flecha** to go off like a shot.
  "Siga la flecha" "Follow the arrow".

flechar *vt* to sweep off one's feet.

flechazo
1 *nm (disparo)* arrow shot.
2 *nm (herida)* arrow wound.
3 *nm fig (enamoramiento)* love at first sight.

flechilla *nf* dart.

fleco
1 *nm (adorno)* fringe.
2 *nm (borde deshilachado)* frayed edge.
3 *nm (asunto pendiente menor)* minor point, final detail: **quedan por resolver unos pocos flecos** just a few minor points remain to be solved.

fleje
1 *nm TÉC* metal strip, metal band.
2 *nm (de tonel)* hoop.

flema *nf* phlegm.

flemático,-a *adj* phlegmatic.

flemón *nm (en la encía)* gumboil; *(en el cuerpo)* abscess.

flequillo *nm* fringe, *us* bangs *pl.*

fletador,-ra *nm,f* charterer, freighter.

fletamiento *nm* chartering.

fletar *vt* to charter, freight.

flete
1 *nm (alquiler)* freightage.
2 *nm (carga)* cargo.

flexibilidad *nf* flexibility.

flexible *adj* flexible.

flexión
1 *nf (doblegamiento)* flexion, bending.
2 *nf LING* inflection.
■ **flexiones abdominales** sit-ups
  flexiones de brazo press-ups, *us* push-ups.

flexional *adj* inflected.

flexionar *vt (músculo)* to flex; *(cuerpo)* to bend.

flexo *nm* adjustable table lamp, anglepoise lamp.

flipado,-a
1 *pp* → **flipar.**
2 *adj arg (drogado)* stoned.

flipante *adj arg* incredible, unbelievable, amazing.

flipar
1 *vt arg (gustar mucho)* to drive wild: **le flipan los coches de carreras** he's crazy about racing cars; **me flipa este disco** I really love this record.
2 *vi (asombrarse)* to be amazed, be stunned: **era increíble, yo flipaba con**

lo que decía it was incredible, I couldn't believe what he was saying.
3 *vi (pasárselo bomba)* to freak out: **la música era una caña, la gente flipaba** the music was brilliant, everyone was freaking out.
4 **fliparse** *vpr arg (drogarse)* to get high.

flipe *nm arg* trip.

flipper *nm fam* pinball machine.

flirtear *vi* to flirt.

flirteo *nm* flirtation, flirting.

flojear
1 *vi (disminuir)* to fall off, go down.
2 *vi (debilitarse)* to weaken, grow weak.

flojedad
1 *nf (debilidad)* weakness, slackness.
2 *nf (atonía)* flabbiness, limpness.

flojera *nf fam* weakness, faintness.

flojo,-a
1 *adj (suelto)* loose; *(no tensado)* slack.
2 *adj (débil)* weak: **soplarán vientos flojos del nordeste** there will be light northeasterly winds.
3 *adj (perezoso)* lazy, idle.
4 *adj (mediocre)* poor: **es un estudiante flojo** he's a poor student; **una colecta floja** a poor collection.
5 *adj (poco activo)* slack, slow: **por la mañana trabajamos pero la tarde fue muy floja** we worked hard in the morning, but the afternoon was very slack.
6 *nm,f* lazybones, idler.
+ **estar flojo,-a en algo** to be weak at something.
  me la trae floja *arg* I couldn't give a toss.

flor
1 *nf BOT* flower.
2 *nf (piropo)* compliment.
+ **a flor de piel** skin-deep.
  a flor de tierra at ground level.
  echar flores a alguien to pay somebody compliments.
  en flor in flower, in bloom, in blossom.
  en la flor de la vida *fig* in the prime of life.
■ **flor de azahar** orange blossom.
  flor de harina pure wheat flour.
  flor de lis fleur-de-lis.
  la flor de la canela the best.
  la flor y nata *fig* the cream, the crème de la crème.

flora *nf* flora.

floración *nf (plantas)* flowering, blooming; *(árboles)* blossoming.

floral *adj* floral.

florar *vi (plantas)* to flower, bloom; *(árboles)* to blossom.

floreado,-a *adj* flowered, flowery.

florear
1 *vt (adornar)* to adorn with flowers.
2 *vt fam (piropear)* to pay compliments to.
3 *vi (guitarra)* to play in arpeggio.
4 *vi (esgrima)* to flourish.

florecer
1 *vi (plantas)* to flower, bloom; *(árboles)* to blossom.

2 vi (prosperar) to flourish, thrive.

3 florecerse vpr (enmohecerse) to go mouldy (us moldy).

▲ Conjugation model [43], like **agradecer**.

floreciente adj flourishing, prosperous.

florecimiento
1 nm (plantas) flowering, blooming; (árboles) blossoming.
2 nm (auge) flourishing.

Florencia nf Florence.

florentino,-a
1 adj Florentine.
2 nm,f Florentine.

floreo nm flourish.

florería nf florist's (shop).

florero nm vase.

florescencia nf florescence.

floresta nf wood, thicket.

florete nm foil.

florezco pres indic → **florecer**.

floricultor,-ra nm,f flower grower.

floricultura nf flower growing, floriculture.

florido,-a
1 adj (con flores) flowery.
2 adj (selecto) choice, select.
3 adj (lenguaje, estilo) florid.
✦ lo más florido the cream.

florilegio nm anthology.

florín nm florin.

floripondio
1 nm pey (flor grande) great big gaudy flower.
2 nm (adorno exagerado) heavy ornamentation.

florista nm & nf florist.

floristería nf florist's (shop).

floritura nf pey heavy ornamentation.

florón
1 nm ARQ rosette.
2 nm (heráldica) fleuron.

flota nf fleet.
▪ flota de guerra war fleet.
flota pesquera fishing fleet.

flotabilidad nf buoyancy.

flotación nf flotation, floating.

flotador
1 nm float.
2 nm (de niño) rubber ring.
3 nm (de cisterna) float, ballcock.

flotante adj floating.

flotar
1 vi to float.
2 vi (ondear) to wave, flutter.

flote a flote loc afloat.
sacar a flote un negocio to put a business on a sound footing.

salir a flote (superar dificultades) to get back on one's feet, get out of difficulty; (surgir) to come to the surface, resurface: durante la reunión salieron a flote antiguas rencillas old quarrels resurfaced during the meeting.

flotilla nf flotilla.

fluctuación nf fluctuation.

fluctuante adj fluctuating, subject to fluctuation.

fluctuar
1 vi (variar) to fluctuate.
2 vi (vacilar) to hesitate.
▲ Conjugation model [11], like **actuar**.

fluente adj flowing, fluid.

fluidez
1 nf (facilidad de paso) fluidity.
2 nf (facilidad de expresión) fluency.
▪ fluidez verbal fluency.

fluido,-a
1 adj (sin obstáculos) fluid.
2 adj (lenguaje, estilo) fluent.
3 fluido nm FÍS fluid.
▪ fluido eléctrico current, power.

fluir vi to flow.
▲ Conjugation model [62], like **huir**.

flujo
1 nm (brote) flow.
2 nm (marea) rising tide.
3 nm FÍS flux.
4 nm MED discharge.
5 nm INFORM discharge.

flúor nm fluorine.

fluorescencia nf fluorescence.

fluorescente
1 adj fluorescent.
2 nm fluorescent light.

fluorización nf fluoridation.

fluoruro nm fluoride.

fluvial adj fluvial, river.

flux nm flush.

fluyo pres indic → **fluir**.

FM abr RAD (modulación de frecuencia, frecuencia modulada) frequency modulation; (abreviatura) FM.

FMI abr (**Fondo Monetario Internacional**) International Monetary Fund; (abreviatura) IMF.

fo. abr (**folio**) folio; (abreviatura) fo.

fobia nf phobia.

foca
1 nf seal.
2 nf fam (persona) fat lump.
▪ piel de foca sealskin.

focal adj focal.

focha nf coot.

foco
1 nm (centro) centre (us center), focal point.
2 nm (en física) focus.
3 nm (lámpara) spotlight, floodlight.
4 nm fig (lugar) centre (us center).
▪ foco de atención focus of attention.

fofo,-a
1 adj (material) soft, spongy.
2 adj (persona) flabby.

fogarada nf bonfire.

fogata nf bonfire.

fogón
1 nm (de cocina) kitchen range, stove.
2 nm (de máquina de vapor) firebox.

fogonazo nm flash.

fogonero nm stoker.

fogosamente adv fierily.

fogosidad nf (persona) ardour (us ardor) fire.

fogoso,-a adj fiery, spirited.

foguear
1 vt MIL to accustom to gunfire.
2 vt fig to harden.

fogueo de fogueo adj blank: un cartucho de fogueo a blank, cartridge.

foie-gras nm foie-gras.

foja nf coot.

fol. abr (**folio**) folio; (abreviatura) fol.

folclor nm → **folclore**.

folclore
1 nm folklore.
2 nm (juerga, jaleo) binge.

folclórica nf (cantante) flamenco singer.

folclórico,-a
1 adj (popular) folkloric, popular, traditional.
2 adj fam pey quaint.

folclorista nm & nf folklorist.

folía nf popular song and dance of the Canary Islands.

foliación nf foliation.

foliar vt to foliate, folio, number.
▲ Conjugation model [12], like **cambiar**.

folicular adj follicular.

folículo nm follicle.

folio nm folio, leaf.
✦ en folio in folio, folio.

foliolo nm leaflet.

folíolo nm leaflet.

folk nm folk music.

folklore nm → **folclore**.

folklórico,-a adj → **folclórico,-a**.

folklorista nm & nf → **folclorista**.

folla mala folla nf tabú (mala pata) bad luck.
✦ tener mala folla tabú (hombre) to be a bastard; (mujer) to be a bitch.

follada nf tabú screw, fuck.

follaje
1 nm BOT foliage, leaves pl.
2 nm (palabrería) verbiage, verbosity.

follar
1 vi tabú (copular) to fuck (**con**, with), screw (**con**, -).
2 vt tabú (suspender) to fail: me han follado en mates I've failed maths.

3 follarse *vpr tabú (copular)* to fuck (**a**, -), screw (**a**, -): **se folló a aquel tío** she screwed that guy.

folletín
1 *nm (relato)* newspaper serial.
2 *nm fig (melodrama)* melodrama, saga.
✦ **¡menudo folletín!** what a saga!

folletinesco,-a *adj* melodramatic.

folletinista *nm & nf* serial writer.

folleto *nm (prospecto)* pamphlet, leaflet, brochure; *(explicativo)* instruction leaflet; *(turístico)* brochure.

follón
1 *nm fam (alboroto)* rumpus, shindy.
2 *nm fam (enredo, confusión)* mess, trouble.
✦ **armar (un) follón** *fam* to kick up a rumpus.
meterse en un follón to get into a mess, get into trouble.

follonero,-a
1 *adj* troublemaking.
2 *nm,f* troublemaker.

fomentar *vt* to promote, encourage, foster.

fomento
1 *nm (promoción)* promotion, encouragement.
2 *nm MED* fomentation.

fonación *nf* phonation.

fonda *nf (mesón)* inn.

fondeadero *nm* anchorage.

fondeado,-a
1 *adj (anclado)* anchored.
2 *adj (rico)* well-off, wealthy.

fondear
1 *vt (sondear)* to sound.
2 *vt (registrar)* to search.
3 *vt fig (examinar)* to get to the bottom of, delve into.
4 *vi* to anchor.

fondeo
1 *nm (sondeo)* sounding.
2 *nm (registro)* searching.
3 *nm (acto de anclar)* anchoring.

fondillos *nm pl* seat *sing (of trousers)*.

fondista
1 *nm & nf (de mesón)* innkeeper.
2 *nm & nf DEP* long-distance runner.

fondo
1 *nm (parte más baja)* bottom: **en el fondo del pozo** at the bottom of the well; **hay un fondo de verdad en lo que dice** there is an element of truth in what he says.
2 *nm (parte más lejana)* end, back: **al fondo de la sala** at the back of the hall; **al fondo del pasillo** at the end of the corridor.
3 *nm (segundo término)* background.
4 *nm (profundidad)* depth: **tiene poco fondo** it's not very deep.
5 *nm (aguante)* stamina: **estoy entrenando para coger fondo** I'm training to build up my stamina.
6 *nm FIN* fund.
7 *nm (de libros etc)* stock.

8 *nm (motivo)* reason; *(raíz)* root: **el fondo de nuestra protesta** the reason for our protest; **esto no toca el fondo de la cuestión** this does not get to the root of the question.
9 fondos *nm pl (dinero)* funds, money *sing*: **recaudamos fondos a beneficio de los necesitados** we raise funds for the needy.
✦ **a fondo** *(adjetival)* thorough; *(adverbial)* thoroughly.
a fondo perdido nonrecoverable, nonreturnable: **les concedieron una subvención a fondo perdido** they were given a grant.
de ... en fondo ... abreast.
en el fondo *fig* deep down, at heart.
reunir fondos to raise funds.
tocar fondo *(barco)* to touch bottom; *fig* to reach rock bottom.
■ **fondo común** kitty.
fondo de inversión investment fund.
fondo del mar sea bed.
fondo de pensiones pension fund.
Fondo Monetario Internacional International Monetary Fund.
fondos bloqueados frozen assets.
fondos disponibles available funds, liquid assets.
fondo y forma form and substance.
fondos públicos public funds.

fondón,-ona *adj fam* big-bottomed, fat.

fonducha *nf pey (restaurante)* cheap restaurant; *(pensión)* cheap boarding house.

fonducho *nm pey* → **fonducha**.

fondue *nf* fondue.

fonema *nm* phoneme.

fonémico,-a *adj* phonemic.

fonendoscopio *nm* stethoscope.

fonética *nf* phonetics *sing*.

fonético,-a *adj* phonetic.

foniatra *nm & nf* speech therapist.

foniatría *nf* speech therapy.

fónico,-a *adj* phonic.

fono- *pref* phono-.

fonocaptor *nm* pick-up.

fonográfico,-a *adj* phonographic.

fonógrafo *nm* gramophone, *US* phonograph.

fonología *nf* phonology.

fonológico,-a *adj* phonological.

fonólogo,-a *nm,f* phonologist.

fonoteca *nf* record library.

fontana *nf lit* fountain, spring.

fontanería *nf* plumbing.

fontanero,-a *nm,f* plumber.

footing *nm* jogging.
✦ **hacer footing** to go jogging.

FOP *abr (Fuerzas del Orden Público)* Spanish police.

foque *nm* jib.

forajido,-a *nm,f* outlaw, desperado.

foral *adj* of the fueros, relating to the fueros.

foráneo,-a *adj* alien, foreign.

forastero,-a
1 *adj* foreign, alien.
2 *nm,f* stranger, outsider.

forcejear *vi* to wrestle, struggle.

forcejeo *nm* struggle, struggling.

fórceps *nm* forceps *pl*.
▲ *pl* **fórceps**.

forense
1 *adj* forensic, legal.
2 *nm & nf* forensic surgeon.
■ **médico forense** forensic surgeon.

forestal *adj* forest.

forfait *nm* ski pass.
▲ *pl* **forfaits**.

forja
1 *nf (fragua)* forge.
2 *nf (forjado)* forging.
3 *nf (ferrería)* ironworks, foundry.
4 *nf fig (formación)* formation: **la forja del carácter** the formation of character.

forjado,-a
1 *adj* forging.
2 forjado *nm ARQ (entramado)* framework.

forjar
1 *vt (metales)* to forge.
2 *vt fig (crear)* to create, make.
3 *vt fig (imaginar)* to imagine: **forjar sueños** to dream.
4 forjarse *vpr (crearse)* to forge for oneself: **forjarse un buen futuro** to forge a fine future for oneself.
5 *vpr (imaginarse)* to dream up: **forjarse ilusiones** to build up false hopes.

forma
1 *nf (gen)* form, shape: **en forma de X** X-shaped.
2 *nf (manera)* way.
3 *nf DEP* form.
4 formas *nf pl (modales)* manners, social conventions.
5 *nf pl fam (de mujer)* curves.
✦ **de esta forma** in this way.
de forma que so that.
de todas formas anyway, in any case.
estar en baja forma to be off form.
estar en forma to be in shape, be fit.
ponerse en forma to get fit.
■ **buenas formas** good manners.
forma de pago method of payment.
forma física physical fitness.
la Sagrada Forma the Host.

formación
1 *nf (gen)* formation.
2 *nf (educación)* upbringing.
3 *nf (enseñanza)* education, training.
✦ **en formación** *MIL* in formation.
■ **formación musical** musical training.
formación profesional vocational training.
formación universitaria university education.

formal
1 *adj (con los requisitos necesarios)* formal: **noviazgo formal** formal engagement; **promesa formal** formal promise.
2 *adj (serio)* serious, serious-minded.

3 *adj (cumplidor)* reliable, dependable.
4 *adj (cortés)* polite.
+ **sed formales** behave yourselves.

formaldehído *nm* formaldehyde.

formalidad
1 *nf (norma de comportamiento)* formality.
2 *nf (seriedad)* seriousness.
3 *nf (fiabilidad)* reliability.
4 *nf (trámite)* formality, requisite.
+ **¡un poco de formalidad!** please behave yourselves!
una mera formalidad a mere formality.

formalina *nf* formalin.

formalismo *nm* formalism.

formalista
1 *adj* formalistic.
2 *nm & nf* formalist.

formalizar
1 *vt (hacer formal)* to make formal: **formalizaron su noviazgo** they made their engagement formal.
2 *vt (legalizar)* to formalize, legalize: **formalizaron la venta del terreno** they formalized the sale of the land.
3 **formalizarse** *vpr (hacerse serio)* to become serious, grow serious.
▲ *Conjugation model* [4], *like realizar.*

formalmente
1 *adv (con formalidad)* formally.
2 *adv (con seriedad)* seriously.
3 *adv (con cortesía)* politely.
4 *adv (respecto a la forma)* formally.

formar
1 *vt (gen)* to form.
2 *vt (integrar, constituir)* to form, constitute: **formar parte de algo** to be a part of something.
3 *vt (educar)* to bring up.
4 *vt (enseñar)* to educate.
5 *vi MIL (colocarse)* to form up.
6 **formarse** *vpr (desarrollarse)* to grow, develop.
7 *vpr (educarse)* to be educated, be trained.
+ **¡a formar!** *MIL* fall in!

formatear *vt* to format.

formativo,-a
1 *adj (que forma)* formative.
2 *adj (que educa)* educational.

formato
1 *nm (gen)* format.
2 *nm (del papel)* size.

formica *nf* Formica.
▲ *Registered trademark.*

fórmico,-a *adj* formic.

formidable
1 *adj (tremendo)* tremendous, formidable.
2 *adj (maravilloso)* wonderful, terrific.
3 *interj* great!

formol *nm* formol.

formón *nm* firmer chisel.

Formosa *nf* Formosa.

fórmula
1 *nf (gen)* formula.
2 *nf (receta)* recipe.
3 *nf AUTO (categoría)* formula: **fórmula uno** formula one.
+ **por pura fórmula** for form's sake.

formulación *nf* formulation.

formular
1 *vt (una teoría)* to formulate.
2 *vt (quejas, peticiones)* to express, make; *(deseo)* to make; *(pregunta)* to ask.
3 *vi QUÍM* to write formulae.

formulario,-a
1 *adj (rutinario)* routine: **una visita formularia** a formal visit.
2 **formulario** *nm (documento)* form: **formulario de solicitud** application form.
3 *nm (recetario)* formulary, collection of formulae.

formulismo *nm* formulism.

fornicación *nf fml* fornication.

fornicador,-ra
1 *adj fml* fornicating.
2 *nm,f fml* fornicator.

fornicar *vi fml* to fornicate.
▲ *Conjugation model* [1], *like sacar.*

fornido,-a *adj* strapping, hefty.

fornitura
1 *nf MIL (correaje y cartuchera)* belts *pl* and cartridge belt.
2 *nf COST (accesorios)* accessories *pl*.
3 *nf (de un reloj)* spare parts *pl*.
▲ *In 1, also used in plural with the same meaning.*

foro
1 *nm HIST* forum.
2 *nm (tribunal)* law court, court of justice.
3 *nm (abogacía)* bar, legal profession: **se dedicó al foro** he joined the bar.
4 *nm TEAT* back (of the stage).
5 *nm (reunión)* meeting.

forofo,-a *nm,f fam* fan, supporter.

forrado,-a
1 *adj COST* lined.
2 *adj (tapizado)* upholstered.
3 *adj fam (rico)* well-heeled, well-off.

forraje
1 *nm (pienso)* fodder, forage.
2 *nm fam (mezcla)* hotch-potch.

forrajear
1 *vt* to get in the fodder.
2 *vt MIL* to forage.

forrajero,-a *adj* fodder.
plantas forrajeras fodder crops.

forrar
1 *vt (por dentro)* to line.
2 *vt (por fuera)* to cover.
3 *vt (tapizar)* to upholster.
4 **forrarse** *vpr fam (de dinero)* to make a fortune, make a packet.

forro
1 *nm (interior)* lining.
2 *nm (funda)* cover, case.
3 *nm (tapizado)* upholstery.
+ **ni por el forro** *fam* not in the slightest.

fortachón,-ona *adj fam* strong, strapping.

fortalecedor,-ra *adj* fortifying.

fortalecer
1 *vt* to fortify, strengthen.
2 **fortalecerse** *vpr* to strengthen, become stronger.
▲ *Conjugation model* [43], *like agradecer.*

fortalecimiento *nm* fortification, strengthening.

fortaleza
1 *nf (vigor)* strength, vigour (*US* vigor).
2 *nf (de espíritu)* fortitude.
3 *nf (recinto fortificado)* fortress, stronghold.

forte *nm* forte.

fortificación *nf* fortification, fortifying.

fortificante
1 *adj* fortifying.
2 *nm* fortifier, tonic.

fortificar *vt* to fortify, strengthen.
▲ *Conjugation model* [1], *like sacar.*

fortín *nm* small fort, bunker.

fortísimo,-a
1 *adj (muy fuerte)* very strong.
2 *adj MÚS* fortissimo.
3 **fortísimo** *adv MÚS* fortissimo.

fortuito,-a *adj* chance, fortuitous.

fortuna
1 *nf (destino)* fortune, fate.
2 *nf (suerte)* luck.
3 *nf (capital)* fortune.
4 *nf (éxito, aceptación)* success.
+ **por fortuna** fortunately.
probar fortuna to try one's luck.
■ **buena fortuna** good luck.
la rueda de la fortuna the wheel of fortune.
mala fortuna misfortune.

forum *nm* discussion.

forúnculo *nm* boil, furuncle.

forzado,-a
1 *adj (obligado)* forced.
2 *adj (rebuscado)* forced, strained.
■ **risa forzada** forced laugh.

forzar
1 *vt (persona)* to force, compel.
2 *vt (cosa)* to force open, break open.
3 *vt (violar)* to rape.
▲ *Conjugation model* [50].

forzosamente *adv* necessarily.

forzoso,-a
1 *adj (inevitable)* inevitable, unavoidable.
2 *adj (obligatorio)* obligatory, compulsory.

forzudo,-a *adj* strong, brawny.

fosa
1 *nf (sepultura)* grave.
2 *nf (hoyo)* pit, hollow.
3 *nf ANAT* cavity, fossa.
4 *nf (en el océano)* trench, deep.
■ **fosa Atlántica** Atlantic trench.
fosa común common grave.
fosa séptica septic tank.
fosas nasales nostrils.

fosfato *nm* phosphate.
- **fosfato de cal** calcium phosphate.

fosforecer *vi* to phosphoresce, glow.
▲ *Conjugation model [43], like agradecer.*

fosforera
1 *nf (caja)* matchbox.
2 *nf (fábrica)* match factory.

fosforero,-a *nm,f* match seller.

fosforescencia *nf* phosphorescence.

fosforescente *adj* phosphorescent.

fosfórico,-a *adj* phosphoric.

fosforito
1 *adj* fluorescent: una cazadora rosa fosforito a fluorescent pink jacket.
2 *nm* highlighter: señalo los errores con un fosforito I highlight the mistakes.

fósforo
1 *nm* QUÍM phosphorus.
2 *nm (cerilla)* match.

fósil
1 *adj* fossil.
2 *nm* fossil.

fosilización *nf* fossilization.

fosilizado,-a *adj* fossilized.

fosilizarse *vpr* to fossilize, become fossilized.
▲ *Conjugation model [4], like realizar.*

foso
1 *nm (hoyo)* hole, pit.
2 *nm (de fortaleza)* moat.
3 *nm (en teatro, deportes)* pit.
4 *nm (en un garaje)* inspection pit.
- **foso de la orquesta** orchestra pit.

foto *nf fam* photo, picture.
+ **sacar fotos** to take photos.

foto- *pref* photo-.

fotocalco *nm* photoprint.

fotocélula *nf* photoelectric cell.

fotocomposición *nf* filmsetting, US photosetting.

fotocopia *nf* photocopy.
+ **hacer una fotocopia de algo/sacar una fotocopia de algo** to photocopy something.

fotocopiadora *nf* photocopier, photocopying machine.

fotocopiar *vt* to photocopy.
▲ *Conjugation model [12], like cambiar.*

fotoeléctrico,-a *adj* photoelectric.
- **célula fotoeléctrica** photoelectric cell.

fotogénico,-a *adj* photogenic.

fotograbado *nm* photogravure, photoengraving.

fotograbar *vt* to photoengrave.

fotografía
1 *nf (proceso)* photography.
2 *nf (retrato)* photograph.
+ **hacer fotografías/sacar fotografías** to take photographs.

fotografiar
1 *vt* to photograph, take a photograph of.
2 **fotografiarse** *vpr* to have one's photograph taken.
▲ *Conjugation model [13], like desviar.*

fotográfico,-a *adj* photographic.

fotógrafo,-a *nm,f* photographer.
- **fotógrafo de prensa** press photographer.

fotograma *nm* shot.

fotólisis *nf* photolysis.
▲ *pl fotólisis.*

fotolito *nm* film.

fotomatón *nm* photo booth.
▲ *Registered trademark.*

fotomecánica *nf* process engraving.

fotómetro *nm* light meter, exposure meter.

fotomontaje *nm* photomontage.

fotón *nm* photon.

fotonovela *nf* photo romance.

fotosensible *adj* photosensitive.

fotosíntesis *nf* photosynthesis.
▲ *pl fotosíntesis.*

fotostato *nm* photostat.

fototeca *nf* photograph library.

foxterrier *nm & nf* fox terrier.
▲ *pl foxterriers.*

fox-trot *nm* foxtrot.

FP *abr* EDUC (**Formación Profesional**) Professional Formation *(vocational training)*.

Fr. *abr* (**Fray**) friar, frater, brother; *(abreviatura)* Fr.

frac *nm* dress coat, tails *pl*.
▲ *pl fracs o fraques.*

fracasado,-a
1 *adj (fallido)* unsuccessful.
2 *nm,f (persona)* failure.

fracasar *vi* to fail, be unsuccessful, fall through.

fracaso *nm* failure.

fracción
1 *nf (gen)* fraction.
2 *nf* POL faction.

fraccionamiento *nm* breaking up, splitting up, division; *(de petróleo)* cracking.

fraccionar
1 *vt* to divide, break up, split up.
2 **fraccionarse** *vpr* to break up, split up.

fraccionario,-a *adj* fractional.

fractura *nf* fracture.

fracturar *vt* to fracture, break.

fragancia *nf* fragrance.

fragante *adj* fragrant, scented.

fraganti in **fraganti** *loc* in flagrante delicto, in flagrante, red-handed.

fragata *nf* frigate.

frágil
1 *adj (quebradizo)* fragile, breakable.
2 *adj (débil)* frail, weak.

fragilidad
1 *nf (cualidad)* fragility.
2 *nf (debilidad)* frailty, weakness.

fragmentación *nf* fragmentation.

fragmentar
1 *vt (partir)* to fragment.
2 *vt (dividir)* to divide up.

3 **fragmentarse** *vpr* to break up, break into pieces.

fragmentario,-a *adj* fragmentary.

fragmento
1 *nm (pedazo)* fragment, piece.
2 *nm (literario)* passage.

fragor *nm* din, roar; *(de trueno)* crash.

fragoroso,-a *adj* thunderous, deafening.

fragosidad
1 *nf (del terreno)* roughness, unevenness.
2 *nf (de la vegetación)* thickness, denseness.

fragoso,-a *adj (abrupto)* rough, uneven.

fragua *nf* forge.

fraguado *nm* setting, hardening.

fraguar
1 *vt (metal)* to forge.
2 *vt fig (plan)* to dream up, fabricate; *(conspiración)* to hatch.
3 *vi (endurecerse)* to set, harden.
▲ *Conjugation model [22], like averiguar.*

fraile *nm* friar, monk.

frailecillo *nm* puffin.

frailesco,-a *adj* monkish.

fraluno,-a *adj* monkish.

frambuesa *nf* raspberry.

frambueso *nm* raspberry cane.

francachela *nf fam* feast.

francamente
1 *adv (con franqueza)* frankly.
2 *adv (claramente)* clearly.

francés,-esa
1 *adj* French.
2 *nm,f (persona)* French person; *(hombre)* Frenchman; *(mujer)* Frenchwoman.
3 **francés** *nm (idioma)* French.
4 *nm* tabú *(felación)* blow job.
+ **hacer un francés al alguien** *tabú* to give somebody a blow job.
marcharse a la francesa to take French leave.
- **tortilla francesa** plain omelette.

francesilla *nf* buttercup.

Francfort *nm* Frankfurt.

franchute *nm,f pey* Frog.

Francia *nf* France.

francio *nm* francium.

franciscano,-a
1 *adj* Franciscan.
2 *nm,f* Franciscan.

francmasón,-ona *nm,f* freemason.

francmasonería *nf* freemasonry.

franco[1] *nm* franc.

franco,-a[2]
1 *adj* HIST Frankish.
2 *nm,f* HIST *(persona)* Frank.
3 **franco** *nm* HIST *(idioma)* Frankish.

franco,-a[3]
1 *adj (persona)* frank, open.
2 *adj (cosa)* clear, obvious.
3 *adj* COM free.
+ **franco,-a a bordo** free on board.
franco,-a de porte y embalaje post and packaging free.
franco de aduana duty-free.
franco fábrica ex-works.

francoalemán,-ana *adj* Franco-German.

francoespañol,-la *adj* Franco-Spanish.

francófilo,-a
1 *adj* Francophile.
2 *nm,f* Francophile.

francófono,-a
1 *adj* French-speaking, francophone.
2 *nm,f* French speaker, francophone.

francote,-a *adj fam* outspoken, forthright.

francotirador,-ra *nm,f* sniper.

franela *nf* flannel.

frangollón,-ona *adj* bungling.

franja
1 *nf (banda)* band, strip.
2 *nf (de tierra)* strip.
3 *nf COST* fringe, border.
■ **la franja de Gaza** the Gaza strip.

franqueable
1 *adj* crossable, which can be crossed.
2 *adj (obstáculo)* surmountable.

franquear
1 *vt (dejar libre)* to free, clear.
2 *vt (atravesar)* to cross; *(superar)* to overcome: **franquear un problema** to overcome a problem.
3 *vt (carta)* to frank.
4 **franquearse** *vpr* to unbosom oneself, open up one's heart.
✦ **a franquear en destino** postage paid.
■ **máquina de franquear** franking machine.

franqueo *nm* postage.

franqueza
1 *nf (sinceridad)* frankness, openness.
2 *nf (confianza)* familiarity, intimacy.

franquicia
1 *nf* exemption.
2 *nf COM* franchise.
■ **franquicia arancelaria** exemption from customs duty.

franquismo
1 *nm (movimiento)* Francoism.
2 *nm (régimen)* the Franco regime.

franquista
1 *adj* Francoist, pro-Franco.
2 *nm & nf* Francoist, Franco supporter.

frasco *nm* flask.

frase
1 *nf (oración)* sentence.
2 *nf (expresión)* phrase.
■ **frase hecha** set phrase, set expression, idiom.

frasear *vt* to phrase.

fraseo *nm* phrasing.

fraseología
1 *nf LING* phraseology.
2 *nf (palabrería)* verbosity.

fraternal *adj* fraternal, brotherly.

fraternalmente *adv* fraternally.

fraternidad *nf* fraternity, brotherhood.

fraternización *nf* fraternization.

fraternizar *vi* to fraternize.
▲ *Conjugation model* [4], *like realizar.*

fraterno,-a *adj* fraternal, brotherly.

fratricida
1 *adj* fratricidal.
2 *nm & nf* fratricide.

fratricidio *nm* fratricide.

fraude *nm* fraud.
■ **fraude fiscal** tax evasion.

fraudulencia *nf* fraudulence.

fraudulento,-a *adj* fraudulent.

fray *nm* Brother.

frazada *nf AM* blanket.

freático,-a *adj* phreatic.
■ **nivel freático,-a** water table.

frecuencia *nf* frequency.
✦ **con frecuencia** frequently, often.
■ **alta frecuencia** high frequency.
baja frecuencia low frequency.
frecuencia modulada frequency modulation.

frecuentado,-a
1 *pp* → **frecuentar.**
2 *adj* frequented, popular: **un bar frecuentado por soldados** a bar popular with soldiers, a bar frequented by soldiers.

frecuentar *vt* to frequent, visit.

frecuente
1 *adj (repetido)* frequent.
2 *adj (usual)* common.

frecuentemente *adv* frequently, often.

fregadero *nm* kitchen sink.

fregado
1 *nm (lavado)* washing; *(frotado)* scrubbing.
2 *nm fam (riña)* fight, quarrel; *(lío)* mess, muddle.

fregar
1 *vt (lavar)* to wash.
2 *vt (frotar)* to scrub.
3 *vt (el suelo)* to mop.
✦ **fregar los platos** to wash the dishes, *GB* do the washing up, wash up.
▲ *Conjugation model* [48], *like regar.*

fregona
1 *nf pey (sirvienta)* drudge, *GB* skivvy.
2 *nf (utensilio)* mop.
3 *nf (mujer ordinaria)* common woman.

fregotear *vt fam* to give a quick wipe.

fregoteo *nm fam* quick wipe.

freidora *nf* fryer, deep fryer.

freiduría *nf* bar or shop specializing in fried fish.

freír
1 *vt (guisar)* to fry.
2 *vt fig* to annoy, exasperate.
3 **freírse** *vpr (comida)* to fry.
4 *vpr fig (pasar mucho calor)* to be roasting, be boiling hot.
✦ **freír a preguntas** to bombard with questions.
▲ *Conjugation model* [37], *like reír; pp frito,-a.*

frenado *nm* braking.

frenar
1 *vt* to brake.
2 *vt fig* to restrain, check.
3 *vi* to brake: **frenó de golpe** he jammed on the brakes.

frenazo *nm* sudden braking.
✦ **dar un frenazo** to jam on the brakes.

frenesí *nm* frenzy.
▲ *pl frenesíes.*

frenéticamente
1 *adv (exaltadamente)* frantically.
2 *adv (con cólera)* wildly.

frenético,-a
1 *adj (exaltado)* frenzied, frantic.
2 *adj (colérico)* wild, mad.

frenillo *nm* fraenum (*US* frenum).

freno
1 *nm (de auto)* brake.
2 *nm (de caballería)* bit.
3 *nm fig (contención)* curb, check.
✦ **morder el freno** *fig* to champ at the bit.
poner el freno to put on the brake.
poner freno a algo *fig* to curb something.
soltar el freno to release the brake.
■ **freno de disco** disc brake.
freno de mano handbrake.
freno de tambor drum brake.
líquido de frenos brake fluid.

frenología *nf* phrenology.

frente
1 *nm (gen)* front.
2 *nm MIL* front, front line.
3 *nf ANAT* forehead.
✦ **al frente de** *(delante)* at the head of; *(hacia delante)* ahead.
arrugar la frente to frown.
chocar de frente to crash head on.
con la frente muy alta with one's head up high.
de frente *(hacia adelante)* straight ahead; *(sin rodeos)* straight.
frente a *(enfrente de)* in front of, opposite; *(en contra de)* against; *(en presencia de)* in the presence of.
frente a frente face to face.
hacer frente a algo to face something, face up to something.
hacer frente a alguien to challenge somebody, face up to somebody.
no tener dos dedos de frente to be as thick as two short planks.
ponerse al frente de algo to take command of something.

fresa
1 *nf (planta)* strawberry plant.
2 *nf (fruto)* strawberry.
3 *nf TÉC* milling cutter.
4 *nf (del dentista)* drill.
5 *adj* strawberry.

fresado
1 *nm TÉC* milling.
2 *nm (del dentista)* drilling.

fresadora
1 *nf TÉC* milling machine.
2 *nf (del dentista)* drill.

fresar
1 *vt TÉC* to mill.
2 *vt (dentista)* to drill.

fresca
1 *nf (de la mañana)* cool of the morning; *(del atardecer)* cool of the evening: ahora hace demasiado calor para viajar, saldremos con la fresca it's too hot to travel now, we'll leave when it's cooler.
2 *nf fam (impertinencia)* cheeky remark.
♦ decirle cuatro frescas a alguien to tell somebody a few home truths.

frescachón,-ona *adj fam* healthy, sturdy.

frescales *nm & nf* cheeky devil.
▲ *pl frescales.*

fresco,-a
1 *adj (temperatura)* cool, cold: viento fresco cool wind; agua fresca cold water.
2 *adj (tela, vestido)* light, cool.
3 *adj (aspecto)* healthy, fresh.
4 *adj (comida)* fresh.
5 *adj (reciente)* fresh, new: noticias frescas latest news *sing*.
6 *adj fig (impasible)* cool, calm, unworried.
7 *adj (desvergonzado)* cheeky, shameless.
8 fresco *nm (frescor)* fresh air, cool air.
9 *nm ART* fresco.
♦ al fresco in the cool.
hacer fresco to be chilly.
quedarse tan fresco,-a not to bat an eyelid.
¡qué fresco,-a! what a nerve!
¡sí que estamos frescos! now we're in a fine mess!
tomar el fresco to get some fresh air.

frescor *nm* coolness, freshness.

frescura
1 *nf (frescor)* freshness, coolness.
2 *nf (desvergüenza)* cheek, nerve.
3 *nf (calma)* coolness, calmness.
♦ ¡qué frescura! what a nerve!

fresia *nf* freesia.

fresneda *nf* ash grove.

fresno *nm* ash tree.

fresón
1 *nm (planta)* strawberry plant.
2 *nm (fruto)* (large) strawberry.

fresquera *nf* meat safe.

freudiano,-a
1 *adj* Freudian.
2 *nm,f* Freudian.

freza¹ *nf (desove)* spawning; *(huevos)* spawn.

freza² *nf* droppings *pl*.

frezar¹ *vi (desovar)* to spawn.
▲ *Conjugation model* [4], *like realizar.*

frezar² *vi (defecar)* to defecate.
▲ *Conjugation model* [4], *like realizar.*

friable *adj* friable.

frialdad
1 *nf (frío)* coldness.

2 *nf (indiferencia)* coldness, indifference: fue recibido con frialdad he was given a cool reception.
3 *nf (frigidez)* frigidity.

fríamente *adv* coldly, coolly.

fricandó *nm* fricandeau.

fricasé *nm* fricassee.

fricativo,-a *adj* fricative.

fricción
1 *nf (roce)* friction.
2 *nf (friega)* rub, rubbing.
3 *nf (desacuerdo)* friction, discord.

friccionar *vt* to rub, massage.

friega *nf* rub, rubbing.

friegaplatos *nm & nf* dishwasher.
▲ *pl friegaplatos.*

Frigia *nf* Phrygia.

frigidez *nf* frigidity.

frígido,-a
1 *adj* frigid.
2 *nm,f* frigid person.

frigio,-a
1 *adj* Phrygian.
2 *nm,f (persona)* Phrygian.
3 frigio *nm (idioma)* Phrygian.

frigorífico,-a
1 *adj* refrigerating.
2 frigorífico *nm (electrodoméstico)* refrigerator, fridge.
3 *nm (cámara frigorífica)* cold store.

frijol *nm* bean, kidney bean.

fríjol *nm* bean, kidney bean.

frío,-a
1 *adj (gen)* cold.
2 *adj (indiferente)* cold, cool, indifferent; *(pasmado)* stunned: la película me dejó frío the film left me cold.
3 frío *nm* cold.
♦ coger a alguien en frío *fig* to catch somebody on the hop.
coger frío to catch (a) cold.
hacer frío to be cold.
hace un frío que pela *fam* it's freezing cold.
pillar frío to catch a cold.
tener frío/pasar frío to be cold.

friolera
1 *nf (chuchería)* trifle, trinket.
2 *nf fam (gran cantidad)* fortune: se gastó la friolera de 300 euros en unos zapatos he spent a mere 300 euros on a pair of shoes.

friolero,-a *adj* sensitive to the cold: es muy friolera she really feels the cold.

frisar¹ *vi (acercarse)* to approach, border *(con/en,* on).
♦ frisar con .../frisar en ... to be getting on for ..., be going on ...: frisa en los cincuenta she's getting on for fifty.

frisar² *vt (refregar)* to rub.

Frisia *nf* Friesland.

frisio,-a
1 *adj* Friesian.

2 *nm,f (persona)* Friesian.
3 frisio *nm (idioma)* Friesian.

friso
1 *nm ARQ* frieze.
2 *nm (zócalo)* skirting board.

frisón,-ona
1 *adj* Friesian.
2 *nm,f (persona)* Friesian.
3 frisón *nm (idioma)* Friesian.

fritada *nf* fried dish.
▪ fritada de pescado dish of fried fish.

fritanga *nf pey* greasy food, greasy dish.

frito,-a
1 *adj CULIN* fried.
2 *adj fam* fed up, sick: este niño me tiene frita I'm sick and tired of this kid.
3 frito *nm* piece of fried food.
♦ quedarse frito,-a *fam (dormido)* to fall fast asleep; *(muerto)* to snuff it.

fritura *nf* fried dish.
▪ fritura de pescado dish of fried fish.

frivolidad *nf* frivolity.

frívolo,-a *adj* frivolous.

fronda *nf* foliage.

frondosidad *nf* foliage, luxuriance.

frondoso,-a *adj* leafy, luxuriant.

frontal
1 *adj ANAT* frontal.
2 *adj (choque etc)* head-on.
3 *adj (delantero)* front.
4 *nm ANAT* frontal bone.

frontera
1 *nf* frontier, border.
2 *nf fig* limit, bounds *pl*, borderline.

fronterizo,-a
1 *adj* border, frontier.
2 *adj fig* borderline.

frontero,-a *adj* opposite.

frontis
1 *nm (fachada)* façade, front.
2 *nm (frontón)* pediment.
3 *nm (en artes gráficas)* frontispiece.
▲ *pl frontis.*

frontispicio *nm* → frontis.

frontón
1 *nm (juego)* pelota.
2 *nm (edificio)* pelota court.
3 *nm ARQ* pediment.

frotación *nf* rubbing.

frotamiento *nm* rubbing.

frotar *vt* to rub.
♦ frotarse las manos to rub one's hands together.

frote *nm* rubbing.

frotis *nm* smear.

fructífero,-a
1 *adj BOT* fruit-bearing.
2 *adj fig* fruitful.

fructificar
1 *vi (dar fruto)* to bear fruit, produce a crop.
2 *vi fig (ser provechoso)* to be fruitful.
▲ *Conjugation model* [1], *like sacar.*

fructosa *nf* fructose.
fructuoso,-a *adj* fruitful.
frufrú *nm* rustle, swish.
frugal *adj* frugal.
frugalidad *nf* frugality, frugalness.
frugalmente *adv* frugally, sparingly.
frugívoro,-a *adj* frugivorous.
fruición *nf* pleasure, delight, enjoyment.
frunce *nm* gather, gathering.
✦ **con frunces** gathered.
fruncido,-a
1 *pp* → fruncir.
2 *adj* gathered.
3 **fruncido** *nm (frunces)* gathers; *(acción)* gathering.
fruncir
1 *vt* COST to gather.
2 *vt (los labios)* to purse, pucker.
✦ **fruncir el ceño** to frown, knit one's brow.
▲ *Conjugation model* [3], *like zurcir.*
fruslería
1 *nf (chuchería)* trinket.
2 *nf fam (tontería)* trifle.
frustración *nf* frustration.
frustrado,-a
1 *adj (persona)* frustrated.
2 *adj (hechos)* frustrated, unsuccessful.
frustrante *adj* frustrating.
frustrar
1 *vt (cosa)* to frustrate, thwart.
2 *vt (persona)* to disappoint.
3 **frustrarse** *vpr (proyectos, planes)* to fail, come to nothing.
4 *vpr (persona)* to get frustrated, get disappointed.
frustre *nm fam* frustration.
fruta *nf* fruit.
▪ **fruta de sartén** fritter.
fruta del tiempo fresh fruit.
fruta escarchada candied fruit.
fruta seca dried fruit.
frutal
1 *adj* fruit.
2 *nm* fruit tree.
frutería *nf* fruit shop.
frutero,-a
1 *adj* fruit.
2 *nm,f* fruit seller, fruiterer.
3 **frutero** *nm* fruit dish, fruit bowl.
fruticultura *nf* fruit farming.
fruto
1 *nm (fruta)* fruit.
2 *nm (resultado)* fruit, result, product.
✦ **dar fruto** to bear fruit.
sacar fruto de algo to profit from something.
▪ **frutos secos** *(almendras etc)* nuts; *(pasas etc)* dried fruit *sing.*
fu **ni fu ni fa** *loc* so-so, average.
fucsia
1 *nf* fuchsia.
2 *adj* fuchsia.

fuego
1 *nm* fire.
2 *nm (lumbre)* light.
3 *nm (cocina)* burner, ring.
4 *nm (ardor)* ardour (US ardor), zeal.
✦ **a fuego lento** on a low flame; *(al horno)* in a slow oven.
estar entre dos fuegos to be caught between the Devil and the deep blue sea.
hacer fuego MIL to open fire.
¿me da fuego? have you got a light?
poner las manos en el fuego por algo/alguien to stake one's life on something/somebody.
prender fuego a algo to set fire to something.
romper fuego MIL to open fire.
▪ **fuego cruzado** crossfire.
fuego de Santelmo Saint Elmo's fire.
fuego fatuo will-o'-the-wisp, Jack-o'-lantern.
fuego graneado sustained fire.
fuego nutrido heavy fire.
fuegos artificiales fireworks.
fuel *nm* fuel oil.
fuelle
1 *nm (aparato)* bellows *pl.*
2 *nm (de flauta)* bag.
3 *nm (de bolso)* accordion pleats *pl.*
4 *nm (de cámara fotográfica)* bellows *pl.*
fuel-oil *nm* fuel oil.
fuente
1 *nf (manantial)* spring.
2 *nf (artificial)* fountain.
3 *nf (recipiente)* serving dish, dish.
4 *nf fig* source.
✦ **de buena fuente** from reliable sources.
de fuente fidedigna from reliable sources.
fuer **a fuer de** *loc fml* as a: **a fuer de amiga** as a friend.
fuera[1]
1 *adv (exterior)* out, outside: **por fuera** on the outside; **gente de fuera** people from other places; **salimos fuera** we went out, we went outside.
2 *adv (alejado)* away; *(en el extranjero)* abroad.
3 *interj* get out!
4 **fuera de** *prep (un lugar)* out of; *(más allá de)* outside, beyond; *(excepto)* except for, apart from.
✦ **estar fuera de sí** to be beside oneself.
fuera de combate knocked out.
fuera de duda beyond doubt.
fuera de lo normal extraordinary, very unusual.
fuera de peligro out of danger.
fuera de serie extraordinary.
jugar fuera DEP to play away.
▪ **el equipo de fuera** DEP the away team.
fuera de juego offside.
fuera[2]
1 *imperf subj* → ser.
2 *imperf subj* → ir.

fueraborda
1 *nm (motor)* outboard engine, outboard motor.
2 *nf (embarcación)* dinghy with an outboard motor.
fuero
1 *nm (ley)* code of laws.
2 *nm (privilegio)* privilege; *(exención)* exemption.
3 *nm (jurisdicción)* jurisdiction.
4 **fueros** *nm pl (presunción)* arrogance: **no tengas tantos fueros** don't be so arrogant.
✦ **en el fuero interno de alguien** deep down, in one's heart of hearts.
fuerte
1 *adj (gen)* strong: **un café bien fuerte** a good strong coffee; **un fuerte olor a gas** a strong smell of gas; **tiene un sabor fuerte** it has a strong taste; **una cuerda fuerte** a strong rope; **un acento vasco fuerte** a strong Basque accent; **el euro está muy fuerte** the euro is very strong; **hay una fuerte conexión entre los dos** there is a strong connection between them.
2 *adj (en asignatura)* strong, good: **está muy fuerte en historia** she's very strong on history.
3 *adj (viento)* strong; *(lluvia, nevada)* heavy; *(tormenta, seísmo)* severe; *(calor)* intense: **vientos fuertes del norte** strong northerly winds; **los fuertes calores del verano** the intense summer heat.
4 *adj (escena - violento)* violent; *(- escandaloso)* shocking; *(- inquietante)* disturbing.
5 *adj (dolor, enfermedad)* severe, bad: **una fuerte colitis** a severe stomach infection; **una jaqueca fuerte** a splitting headache.
6 *adj (golpe)* hard, heavy.
7 *adj (sonido)* loud.
8 *adj (subida)* steep, sharp; *(bajada)* sharp: **el fuerte aumento del paro** the steep rise in unemployment; **un fuerte descenso en el precio del petróleo** a sharp fall in the price of oil.
9 *adj (discusión)* heated, violent; *(protesta)* violent, vigorous; *(polémica)* bitter; *(aplauso)* loud, thunderous.
10 *adj (presión)* intense; *(influencia)* powerful, strong.
11 *adj (suma de dinero)* large: **pagaron una fuerte suma de dinero** they paid a large sum of money; **tuvo que hacer un fuerte desembolso** he had to spend a great deal of money; **esto requiere una fuerte inversión** this requires large-scale investment.
12 *adj (comida - pesado)* heavy; *(- cargado)* rich: **no le gustan las cenas muy fuertes** he doesn't like heavy suppers; **este guiso lo encuentro un poco fuerte** I find this stew a little rich.
13 *adj (color)* intense.

14 *adj (contraste)* marked, sharp; *(tendencia)* strong, marked.

15 *adj (cosa fija)* stiff, tight.

16 *adj fam (terrible)* awful.

17 *nm (fortificación)* fort.

18 *nm (punto fuerte)* forte, strong point.

19 *adv (mucho)* a lot: **comer fuerte** to eat a lot.

20 *adv (con fuerza)* hard: **empuja fuerte** push hard; **llovía fuerte** it was raining hard; **le pegó fuerte** she hit him hard.

21 *adv (volumen)* loud: **la música sonaba fuerte** the music was loud.

✦ **¡abrázame fuerte!** hold me tight!
estar fuerte en algo to be good at something.
¡habla más fuerte! speak up!

fuertemente *adv (con fuerza)* strongly; *(mucho)* heavily: **iban fuertemente armados** they were heavily armed; **fuertemente subvencionado** heavily subsidized.

fuerza
1 *nf (gen)* strength.
2 *nf (violencia)* force, violence: **recurrió a la fuerza** he resorted to violence.
3 *nf (militar)* force.
4 *nf (en física)* force.
5 *nf (electricidad)* power, electric power.
6 *nf (poder)* power.
7 fuerzas *nf pl (el poder)* authorities: **las fuerzas vivas de la localidad** the local authorities.

✦ **a fuerza de** by dint of, by force of.
a la fuerza by force.
con fuerza *(gen)* strongly; *(llover)* heavily; *(apretar, agarrar)* tightly; *(pegar, empujar)* hard.
írsele a alguien la fuerza por la boca to be all talk.
por fuerza by force.
por la fuerza against one's will.
por la fuerza de la costumbre by force of habit.

■ **fuerza bruta** brute force.
fuerzas del orden público police force *sing.*
fuerza de voluntad willpower.
fuerza mayor force majeure.
fuerza de gravedad force of gravity.
Fuerzas Aéreas Royal Air Force.
Fuerzas Armadas Armed Forces.

fuese
1 *imperf subj* → **ser.**
2 *imperf subj* → **ir.**

fuga
1 *nf (huida)* flight, escape.
2 *nf (escape)* leak.
3 *nf MÚS* fugue.

✦ **darse a la fuga** to take flight.
poner en fuga to put to flight.
■ **fuga de cerebros** brain drain.
fuga de divisas flight of capital.

fugacidad *nf* fleetingness.

fugarse *vpr (gen)* to flee, escape; *(de casa)* to run away from home; *(de casa y con amante)* to elope (**con**, with).

▲ *Conjugation model* [7], *like* **llegar.**

fugaz *adj* fleeting, brief.

▲ *pl* **fugaces.**

fugazmente *adv* fleetingly.

fugitivo,-a
1 *adj (en fuga)* fleeing.
2 *adj fig (efímero)* ephemeral, fleeting.
3 *nm,f* fugitive, runaway.

fui
1 *pt indef* → **ser.**
2 *pt indef* → **ir.**

ful
1 *adj (falso)* bogus, phoney.
2 *nf arg (mierda)* shit.

fulana *nf pey* whore, tart.

fulano,-a
1 *nm,f* so-and-so; *(hombre)* what's his name; *(mujer)* what's her name.
2 fulano *nm fam pey* guy, *GB* bloke.

✦ **Don Fulano de Tal** Mr So-and-So.
Doña Fulana de Tal Mrs So-and-So.

fular *nm* foulard, scarf.

fulcro *nm* fulcrum.

fulero,-a
1 *adj* cheating, crooked.
2 *nm,f* cheater.

fúlgido,-a *adj lit* shining, glowing, bright.

fulgor
1 *nm (resplandor)* brilliance, glow.
2 *nm fig (esplendor)* splendour (*US* splendor).

fulgurante
1 *adj (brillante)* brilliant, shining.
2 *adj fig (rápido)* rapid.

fulgurar *vi* to shine, glow.

fullería
1 *nf (trampa)* cheating.
2 *nf (en los naipes)* cardsharping.
✦ **hacer fullerías** to cheat.

fullero,-a
1 *adj (tramposo)* cheating.
2 *nm,f (en los naipes)* cheat, cardsharp, cardsharper.

fulmar *nm* fulmar.

fulminación *nf* fulmination.

fulminado,-a *adj* struck by lightning.

fulminante
1 *adj (que arroja rayos)* fulminating.
2 *adj fig (instantáneo)* instantaneous; *(rápido)* swift; *(súbito)* sudden: **su destitución fue fulminante** he was dismissed on the spot, he was summarily dismissed.
3 *adj (enfermedad)* sudden.
4 *nm (materia explosiva)* fuse, detonator.
■ **cápsula fulminante** percussion cap.
mirada fulminante withering look.

fulminar
1 *vt* to strike with lightning.
2 *vt fig* to strike dead.
✦ **fulminar a alguien (con la mirada)** to look daggers at somebody.

fumada *nf* puff (of smoke).

fumadero *nm pey* smoking den.

fumado,-a *adj arg* stoned.

fumador,-ra
1 *adj* smoking.
2 *nm,f* smoker.
✦ **los no fumadores** nonsmokers.

fumar
1 *vt* to smoke.
2 *vi* to smoke.
3 fumarse *vpr* to smoke: **se fumó diez cigarrillos** he smoked ten cigarettes.
4 *vpr (malgastar)* to waste: **se fumó su fortuna en dos años** he wasted his fortune in two years.
✦ **fumarse las clases** *fam* to play truant, *US* play hooky.
"No fumar" "No smoking".

fumarel *nm* tern.
■ **fumarel cariblanco** whiskered tern.
fumarel común black tern.

fumeta *nm & nf arg* dope fiend, pothead.

fumigación *nf* fumigation.

fumigar *vt* to fumigate.

▲ *Conjugation model* [7], *like* **llegar.**

funámbulo,-a *nm,f* tightrope walker.

función
1 *nf (gen)* function.
2 *nf (cargo)* duty.
3 *nf (espectáculo)* performance, show.
✦ **en función de** according to.
en funciones acting: **el presidente en funciones cerró la reunión** the acting president closed the meeting.
entrar en función *(persona)* to take up one's post.
estar en funciones to be in office.
■ **función de noche** evening performance.
función de tarde matinée.

funcional *adj* functional.

funcionalidad *nf* functionality.

funcionalismo *nm* functionalism.

funcionalista
1 *adj* functionalist.
2 *nm* functionalist.

funcionamiento *nm* operation, working.
✦ **poner en funcionamiento** to put into operation.

funcionar *vi (desempeñar una función)* to work, function: **funciona con gasolina/diesel** it runs on petrol/diesel.
✦ **hacer funcionar algo** to operate something.
"No funciona" "Out of order".

funcionariado *nm* civil service, civil servants *pl.*

funcionario,-a *nm,f* functionary, employee.
■ **funcionario,-a público,-a** civil servant, government employee.

funda
1 *nf (flexible)* cover.
2 *nf (rígida)* case.
3 *nf (de arma blanca)* sheath.
4 *nf (de disco)* sleeve.
■ **funda de almohada** pillowcase.
funda de colchón mattress cover.

fundación *nf* foundation.

fundado,-a *adj* firm, well-founded, justified.
✦ **mal fundado,-a** ill-founded.

fundador,-ra *nm,f* founder.

fundamental *adj* fundamental.

fundamentalismo *nm* fundamentalism.

fundamentalista
1 *adj* fundamentalist.
2 *nm & nf* fundamentalist.

fundamentalmente *adv* fundamentally, basically.

fundamentar
1 *vt fig* to base (**en**, on).
2 *vt (construcción)* to lay the foundations of.

fundamento
1 *nm (base)* basis, grounds *pl.*
2 *nm (seriedad)* seriousness; *(confianza)* reliability: **Cecilia es persona de fundamento** Cecilia is reliable.
3 **fundamentos** *nm pl (construcción)* foundations.
✦ **sin fundamento** unfounded.

fundar
1 *vt (crear)* to found; *(erigir)* to raise: **su padre fundó la empresa** her father founded the company.
2 *vt (basar)* to base, found: **funda su teoría en falsos argumentos** he bases his theory on false arguments.
3 **fundarse** *vpr (crearse)* to be founded: **la empresa se fundó en 1845** the company was founded in 1845.
4 *vpr (teoría, afirmación)* to be based (**en**, on); *(persona)* to base oneself (**en**, on): **la teoría se funda en falsos argumentos** the theory is based on false arguments.

fundición
1 *nf (derretimiento)* melting.
2 *nf (de metales)* smelting.
3 *nf (acción de dar forma)* casting.
4 *nf (lugar)* foundry, smelting works.
■ **fundición de acero** steelworks.
hierro de fundición cast iron.

fundido *nm (entrando)* fade-in; *(saliendo)* fade-out.

fundidor *nm* smelter, caster.

fundir
1 *vt (derretir)* to melt: **el sol funde la nieve** the sun melts the snow.
2 *vt (separar mena y metal)* to smelt.
3 *vt (dar forma)* to cast: **fundir una figura en bronce** to cast a figure in bronze.
4 *vt (bombilla, plomos)* to blow.
5 *vt (unir)* to unite, join.
6 *vt fam (despilfarrar)* to waste, blow: **fundió todo el dinero en aquel regalo** he blew all his money on that present.
7 **fundirse** *vpr (derretirse)* to melt: **la nieve se funde** snow melts.
8 *vpr (bombilla, plomos)* to fuse, go, blow, burn out: **se han fundido los plomos** the fuses have gone.
9 *vpr (unirse)* to merge.

fúnebre
1 *adj (mortuorio)* funeral.
2 *adj (lúgubre)* mournful, lugubrious.

funeral
1 *adj* funeral.
2 *nm (entierro)* funeral.
3 *nm (conmemoración)* memorial service.
▲ *In 1 and 2, also used in plural with the same meaning.*

funerala **a la funerala** *loc MIL* with reversed arms.
■ **ojo a la funerala** *fam* black eye.

funeraria *nf* undertaker's, *US* funeral parlor.

funerario,-a *adj* funerary, funeral.

funesto,-a *adj* ill-fated, fatal: **el accidente tuvo consecuencias funestas** the accident had fatal consequences.

fungicida
1 *adj* fungicidal.
2 *nm* fungicide.

funicular *nm* funicular, funicular railway.

furcia *nf pey* whore, tart.

furgón
1 *nm AUTO* van, truck.
2 *nm (de tren)* (goods) wagon, *US* boxcar.
■ **furgón de cola** guard's van.

furgoneta *nf* van.

furia *nf* fury, rage.
✦ **ponerse hecho,-a una furia** to get furious, fly into a rage.

furibundo,-a *adj* furious, enraged.

furiosamente *adv* furiously.

furioso,-a
1 *adj (colérico)* furious.
2 *adj (tempestad, vendaval)* raging.
✦ **ponerse furioso,-a** to get angry.

furor *nm* fury, rage.
✦ **hacer furor** *fig* to be all the rage.

furriel *nm* quartermaster.

furtivamente *adv* furtively.

furtivo,-a *adj* furtive.
■ **caza furtiva** poaching.
cazador furtivo poacher.
pescador furtivo poacher.
pesca furtiva poaching.

furúnculo *nm* boil.

fusa *nf* demisemiquaver, *US* thirty-second note.

fuseaux *nm* ski pants *pl.*

fuselaje *nm* fuselage.

fusible
1 *adj* fusible.
2 *nm* fuse.

fusil *nm* rifle, gun.
✦ **echarse el fusil a la cara** to aim one's rifle.
■ **fusil ametrallador** automatic rifle.
fusil de juguete popgun, toy gun.
fusil de repetición repeater, magazine rifle.

fusilamiento *nm* shooting, execution.

fusilar
1 *vt (ejecutar)* to shoot, execute.
2 *vt (plagiar)* to plagiarize.

fusilería
1 *nf (fusiles)* rifles *pl.*
2 *nf (soldados fusileros)* fusiliers *pl.*
3 *nf (descarga)* rifle fire, rifle shots *pl.*
■ **descarga de fusilería/fuego de fusilería** fusillade.

fusilero *nm* fusilier, rifleman.

fusión
1 *nf (de metales)* fusion, melting; *(de hielo)* thawing, melting.
2 *nf (de intereses, partidos, ideas)* fusion.
3 *nf (de empresas)* merger, amalgamation.

fusionar
1 *vt (fundir)* to fuse.
2 *vt (unir)* to join, unite.
3 *vt COM* to merge: **proponen fusionar ambas empresas** they propose to merge the two companies.
4 **fusionarse** *vpr (unir)* to join, unite; *(empresas)* to merge.

fusta *nf* riding whip.

fuste
1 *nm (palo)* stick.
2 *nm (de columna)* shaft.
3 *nm (importancia)* importance: **una empresa de fuste** an important firm; **un hombre de fuste** a man of consequence.

fustigar
1 *vt (al caballo)* to whip, lash.
2 *vt (censurar, criticar)* to criticize severely.
▲ *Conjugation model [7], like llegar.*

futbito *nm* five-a-side football.

futbol *nm* → **fútbol**.

fútbol *nm* football, soccer.
■ **fútbol americano** American football.

futbolero,-a
1 *nm,f fam* football fan, soccer fan.
2 *adj* football-crazy, soccer-crazy.

futbolín *nm* table football.
▲ *Registered trademark.*

futbolista *nm & nf* footballer, football player, soccer player.

futbolístico,-a *adj* football.

futesa *nf fam* trifle.

fútil *adj* unimportant, trivial.

futilidad *nf* triviality.
✦ **hablar de futilidades** to talk about trivialities.

futón *nm* futon.

futura *nf* → **futuro,-a**.

futurismo *nm* futurism.

futurista
1 *adj* futuristic.
2 *nm & nf* futurist.

futuro,-a
1 *adj* future.
2 *nm,f (prometido)* fiancé, intended; *(prometida)* fiancée, intended.
3 **futuro** *nm* future.
4 **futuros** *nm pl (financieros)* futures.
✦ **en un futuro próximo** in the near future.
■ **futuro imperfecto** future.
futuro perfecto future perfect.

futurología *nf* futurology.

futurólogo,-a *nm,f* futurologist.

G, g *nf (la letra)* G, g.

g *sím* (**gramo**) gram, gramme; *(símbolo)* g.

g/ *abr FIN* (**giro**) giro.

gabacho,-a
1 *adj pey* frog.
2 *nm,f pey* frog.

gabán *nm* overcoat.

gabardina
1 *nf (impermeable)* raincoat.
2 *nf (tela)* gabardine.
✦ **en gabardina/con gabardina** fried in batter: **tomamos gambas en gabardina** we had prawns in batter.

gabarra *nf* barge, lighter.

gabarrero,-a *nm,f* bargee.

gabela *nf* tax, duty.

gabinete
1 *nm (habitación)* study.
2 *nm POL* cabinet.
3 *nm (despacho)* office.
4 *nm (en museo)* section, room.
5 *nm (departamento)* department: **el Gabinete de Industria aprobó algunas medidas** the Industry Department passed some measures.
■ **gabinete de consulta** *MED* surgery.
gabinete de crisis emergency cabinet.
gabinete de lectura reading room.
gabinete en la sombra shadow cabinet.

gablete *nm* gable, gable end.

Gabón *nm* Gabon.

gabonés,-esa
1 *adj* Gabonese.
2 *nm,f* Gabonese.

gacela *nf* gazelle.

gaceta
1 *nf (publicación)* gazette.
2 *nf fam (persona)* gossip.
✦ **ser una gaceta** *fam* to be the local newspaper.

gacetilla
1 *nf (sección de noticias)* "news in brief" section.
2 *nf (boletín informativo)* newssheet.

gacetillero,-a
1 *nm,f (editor)* editor of "news in brief" section.
2 *nm,f (periodista)* journalist.

gacha
1 *nf (masa)* paste.
2 **gachas** *nf pl (papilla)* porridge *sing*.
✦ **hacerse unas gachas** *fig* to turn sentimental.

gachí *nf arg* bird, chick.

gachó *nm arg* bloke, guy, geezer.

gacho,-a *adj* drooping, bent.
✦ **a gachas** on all fours.
con la cabeza gacha with one's head bowed.
con las orejas gachas *fig* with one's tail between one's legs.

gachón,-ona *adj fam* amusing, charming.

gaditano,-a
1 *adj* of Cádiz, from Cádiz.
2 *nm,f* person from Cádiz, inhabitant of Cádiz.

gaélico,-a
1 *adj* Gaelic.
2 **gaélico** *nm* Gaelic.

gafa
1 *nf (grapa)* clamp.
2 **gafas** *nf pl* spectacles, glasses.
3 *nf pl (de motorista, esquí, natación)* goggles.
■ **gafas de bucear** diving mask *sing*.
gafas de sol sunglasses.

gafar
1 *vt (agarrar)* to hook.
2 *vt fam (traer mala suerte)* to put a jinx on, bring bad luck to.

gafe
1 *adj fam* jinx.
2 *nm & nf fam* jinx.

gafete *nm* hook and eye.

gafotas *nm & nf fam* four-eyes.

gafudo,-a
1 *adj fam* four-eyed.
2 *nm,f fam* four-eyes.

gag *nm* gag, sketch.
▲ *pl* **gags**.

gaita
1 *nf* bagpipes *pl*, pipes *pl*.
2 *nf fam* bother, drag, pain.
✦ **¡menuda gaita!/¡qué gaita!** *fam* what a drag!
templar gaitas *fam* to smooth things out.

gaitero,-a
1 *nm,f MÚS* piper, bagpipe player.
2 *adj (chillón)* gaudy, flashy.
3 *adj (bufo)* buffoonish, clownish.

gajes *nm pl (dietas)* allowance *sing*, expenses.
■ **gajes del oficio** *irón* occupational hazards.

gajo
1 *nm (de fruta)* segment.
2 *nm (racimo)* bunch.
3 *nm (rama)* torn-off branch.

GAL *abr POL* (**Grupos Antiterroristas de Liberación**) Anti-Terrorist Liberation Squads *(counter-terror unit)* .

gala
1 *nf (espectáculo)* gala.
2 *nf (vestido)* best dress.
3 **galas** *nf pl (adorno)* finery *sing*: **se pusieron sus mejores galas para la fiesta** they dressed up in their best clothes for the party.
✦ **de gala** *(gen)* dressed up; *(militar)* in full uniform.
hacer gala de to make a show of.
lucir sus mejores galas to be dressed in all one's finery.
tener algo a gala to be proud of something.
■ **cena de gala** gala dinner.
galas de novia bridal attire.
noche de gala gala night.

galáctico,-a *adj* galactic.

galán
1 *nm (atractivo)* handsome young man; *(mujeriego)* ladies' man.
2 *nm (pretendiente)* suitor.
3 *nm TEAT* hero.
4 *adj* smart, handsome.
■ **galán de noche** *(flor)* night jasmine; *(mueble)* valet.

galancete
1 *nm pey* foppish young man.
2 *nm TEAT* young male lead.

galano,-a *adj* smart, elegant.

galante *adj* courteous, gallant, chivalrous.

galanteador,-ra *adj* flirtatious.

galantear *vt* to court, woo.

galantemente *adv* gallantly, politely.

galanteo *nm* flirtation, wooing.

galantería
1 *nf (caballerosidad)* gallantry, chivalry.
2 *nf (piropo)* compliment.

galanura *nf* gracefulness, elegance.

galápago
1 *nm (animal)* turtle.
2 *nm (lingote)* ingot.
3 *nm (silla de montar)* light saddle.

Galápagos las (islas) Galápagos *nf pl* the Galápagos Islands.

galardón *nm* prize.

galardonado,-a
1 *pp* → **galardonar.**
2 *adj* prizewinning: no me gustó la novela galardonada I didn't like the prizewinning novel.
3 *nm,f* prizewinner.

galardonar *vt (premio)* to award a prize to; *(medalla)* to award a medal to: lo galardonaron con varios premios literarios he was awarded several literary prizes.

galaxia *nf* galaxy.

galbana *nf fam* sluggishness, laziness, apathy.
✦ **tener galbana** to feel lazy, feel sluggish.

galena *nf* lead sulphide.

galeno *nm fam* doctor.

galeón *nm* galleon.

galeote *nm* galley slave.

galera
1 *nf (mar)* galley.
2 *nf (crustáceo)* squilla.
3 *nf (imprenta)* galley.
✦ **condenar a alguien a galeras** to send somebody to the galleys.

galerada *nf* galley proof.

galería
1 *nf (gen)* gallery.
2 *nf (corredor descubierto)* balcony, verandah.
3 *nf TEAT* gallery, balcony.
4 *nf (para cortinas)* pelmet, (US cornice) .
✦ **hacer algo de cara a la galería** to play to the gallery.
hacer algo para la galería to play to the gallery.
■ **galería comercial/galerías comerciales** shopping centre *sing.*

galerín *nf* small galley.

galerna *nf* strong northwest wind.

galerno *nm* → **galerna.**

galés,-a
1 *adj* Welsh.

2 *nm,f (persona)* Welsh person; *(hombre)* Welshman; *(mujer)* Welshwoman.
3 **galés** *nm (idioma)* Welsh.

Gales *nm* Wales.
■ **País de Gales** Wales.

galga *nf* boulder, large stone.

galgo,-a *nm,f* greyhound.
✦ **¡échale un galgo!** *fam* don't count on it.
salir como un galgo *fam* to shoot out, shoot off.

Galia *nf* Gaul.

gálibo *nm* loading gauge.
■ **luces de gálibo** clearance lights.

Galicia *nf* Galicia.

galicismo *nm* Gallicism.

gálico,-a *adj* Gallic.

Galilea *nf* Galilee.
■ **Mar de Galilea** Sea of Galilee.

galileo,-a
1 *adj* Galilean.
2 *nm,f* Galilean.

galimatías *nm fam* gibberish, double Dutch.
▲ *pl* galimatías.

gallardear *vi* to strut.

gallardete *nm* pennant.

gallardía
1 *nf (elegancia)* elegance, poise.
2 *nf (arresto)* gallantry, bravery.

gallardo,-a
1 *adj (apuesto)* elegant, handsome.
2 *adj (valeroso)* brave, gallant.

gallear *vi* to swank, show off.

gallego,-a
1 *adj* Galician.
2 *nm,f (persona)* Galician.
3 **gallego** *nm (idioma)* Galician.

gallera *nf* coop.

galleta
1 *nf CULIN* biscuit, (US cookie).
2 *nf fam (cachete)* slap, smack: le dio una galleta al niño sin motivo he smacked the child for no reason at all.
3 *nf fam (golpe)* crash: ¡menuda galleta se dio contra el muro! he crashed into the wall!
4 *nf (mineral)* type of anthracite.
■ **galleta maría** Marie biscuit, rich tea biscuit.

gallina
1 *nf* hen.
2 *nm & nf fam* chicken, coward.
✦ **acostarse con las gallinas** to go to bed very early.
como gallina en corral ajeno *fam* like a fish out of water.
jugar a la gallina ciega to play blind man's buff.
matar la gallina de los huevos de oro *fam* to kill the goose that lays the golden eggs.
■ **gallina clueca** broody hen.
gallina de agua coot.
gallina de Guinea guinea fowl.
gallina de mar stargazer.

piel de gallina gooseflesh, goose pimples *pl.*

gallinero
1 *nm* henhouse.
2 *nm fam* bedlam, madhouse: aquello era un gallinero, todos hablaban a la vez it was a madhouse, everyone was talking at the same time.
3 *nm* el gallinero *TEAT* the gods *pl.*

gallinita
■ **la gallinita ciega** blind man's buff.

gallito
1 *nm fam (presumido)* cock of the walk, show-off.
2 *nm fam (bravucón)* bully, troublemaker.

gallo
1 *nm* cock, rooster.
2 *nm (pez)* John Dory.
3 *nm fig (al cantar)* false note; *(al hablar)* squeak.
4 *nm fam fig (mandón)* cock of the walk.
5 *nm fam (presumido, bravucón)* cocky person, tough guy.
✦ **alzar el gallo** *fam* to get on one's high horse.
bajar el gallo *fam* to get off one's high horse.
en menos que canta un gallo in a flash.
estar como gallo en gallinero *fam* to strut about like a cock.
otro gallo me (te, le, etc) cantara *fam* things would have turned out differently.
tener mucho gallo *fam* to be very cocky.
■ **gallo de pelea** fighting cock, gamecock.
gallo lira black grouse.
gallo silvestre capercaillie, woodgrouse.

galo,-a
1 *adj HIST* Gaulish.
2 *adj irón* French: el país galo France.
3 *nm,f HIST (persona)* Gaul.
4 **galo** *nm HIST (idioma)* Gaulish.

galocha *nf* type of clog.

galón[1]
1 *nm (cinta)* braid.
2 *nm MIL* stripe, chevron.

galón[2] *nm (medida)* gallon.

galonear *vt* to braid.

galopada *nf* gallop.

galopante
1 *adj (equitación)* galloping.
2 *adj fig* galloping: una gangrena galopante se lo llevó de la noche a la mañana galloping gangrene did away with him overnight.

galopar *vi* to gallop.

galope *nm* gallop.
✦ **a galope/al galope** at a gallop; *fig* in a rush.
a galope tendido at full gallop.
a medio galope at a canter.

galopín
1 *nm (golfillo)* urchin, ragamuffin.
2 *nm (bribón)* rogue.

galvánico,-a *adj* galvanic.

galvanismo *nm* galvanism.

galvanización *nf* galvanization.

galvanizado,-a
1 *pp* → galvanizar.
2 *adj* galvanized.
3 galvanizado *nm* FÍS galvanization.

galvanizar *vt* to galvanize.
▲ *Conjugation model* [4], *like realizar*.

galvanómetro *nm* galvanometer.

gama¹
1 *nf* MÚS scale.
2 *nf (gradación, variedad)* range: el cuadro tenía toda la gama de verdes there was every shade of green in the painting.

gama² *nf* ZOOL doe.

gamba¹ *nf* ZOOL prawn; *(pequeña)* shrimp.

gamba² *nf arg (pierna)* leg.
✦ **meter la gamba** *fam* to put one's foot in it.

gamberrada *nf* act of hooliganism, act of vandalism: su última gamberrada ha sido romper todos los cristales his latest act of vandalism was to break all the windows.
✦ **hacer una gamberrada** to cause trouble.

gamberrismo *nm* hooliganism, vandalism.

gamberro,-a
1 *adj* loutish, rowdy.
2 *nm,f* vandal, hooligan, lout.

gambeta
1 *nf (en danza)* cross-step.
2 *nf (equitación)* curvet, prance.

gambetear
1 *vi (danzar)* to cross-step.
2 *vi (equitación)* to curvet, prance.

Gambia *nf* Gambia.

gambiano,-a
1 *adj* Gambian.
2 *nm,f* Gambian.

gambito *nm* gambit.

gamella *nf* feeding trough.

gameto *nm* gamete.

gamma *nf* gamma.
▪ **rayos gamma** gamma rays.

gammaglobulina *nf* gamma globulin.

gamo *nm* fallow deer.

gamuza
1 *nf* ZOOL chamois.
2 *nf (piel)* chamois leather.
3 *nf (paño)* duster.

gana
1 *nf (deseo)* wish (**de**, for), desire.
2 *nf (apetito)* appetite; *(hambre)* hunger.
✦ **dar a alguien la gana de hacer algo** *fam* to feel like doing something: no me da la real gana I don't damn well feel like it.
de buena gana willingly.
de mala gana reluctantly.

entrarle a uno ganas de (hacer) algo to really feel like (doing) something.
hacer algo con ganas *fam* to really enjoy doing something: después del viaje durmió con ganas after the journey she had a good long sleep.
quedarse con las ganas de hacer algo *fam* not to get to do something, not get a chance to do something: se quedó con las ganas de explicarnos su viaje she didn't get to tell us about her journey.
tener ganas de (hacer) algo to feel like (doing) something.
tenerle ganas a alguien *fam* to have it in for somebody.
venir a uno en gana *fam* to feel like: no me viene en gana I don't feel like it.

ganadería
1 *nf (crianza)* cattle raising, stockbreeding.
2 *nf (ganado)* cattle, livestock.
3 *nf (raza particular)* herd: el toro era de la ganadería Domecq the bull was from the Domecq herds.
4 *nf (rancho)* stock farm, cattle ranch.

ganadero,-a
1 *adj* cattle.
2 *nm,f (propietario)* cattle breeder, stockbreeder.
3 *nm,f (cuidador de ganado)* herdsman, (US herder).

ganado
1 *nm* livestock, stock; *(vacas)* cattle.
2 *nm fam (gente)* crowd: ¡menudo ganado había en la fiesta! there was a real odd crowd at the party!
▪ **ganado bovino** cattle *pl*.
ganado caballar horses *pl*.
ganado caprino goats *pl*.
ganado de cerda pigs *pl*.
ganado equino horses *pl*.
ganado lanar sheep *pl*.
ganado mayor *(bovino)* cattle *pl*; *(caballar)* horses *pl*.
ganado menor *(ovino)* sheep *pl*; *(caprino)* goats *pl*; *(porcino)* pigs *pl*.
ganado ovino sheep *pl*.
ganado vacuno cattle *pl*.

ganador,-ra
1 *adj* winning.
2 *nm,f* winner.

ganancia *nf* gain, profit: tuvieron buenas ganancias gracias a la ampliación they made a lot of money thanks to the extension.
✦ **no (te, le, etc) arriendo la ganancia** I wouldn't like to swap places with *(you, him, etc)*.
▪ **ganancia líquida** COM net profit.
margen de ganancia COM profit margin.

ganancial *adj* relating to profit, relating to earnings.
▪ **bienes gananciales** community property *sing*.

ganancioso,-a *adj* profitable, lucrative.
✦ **salir ganancioso,-a de algo** to gain from something, benefit from something, do well out of something.

ganapán
1 *nm (recadero, botones)* odd-jobman, dogsbody.
2 *nm (hombre tosco)* lout.

ganar
1 *vt (partido, concurso, premio)* to win: ganaron el partido they won the match.
2 *vt (dinero)* to earn: ¿cuánto ganas al año? how much do you earn a year?
3 *vt (conquistar)* to capture: ganaron la ciudad a los árabes they captured the city from the Arabs.
4 *vt (alcanzar)* to reach: ganaron la cima they reached the summit.
5 *vt (lograr)* to win: finalmente ganaron la amistad de sus vecinos they finally won the friendship of their neighbours.
6 *vi (mejorar)* to improve: ha ganado mucho con los años it has improved greatly with age.
7 *vi (cambiar favorablemente)* to gain: ganamos con el cambio we gained with the change.
8 **ganarse** *vpr* to earn: me gano mil euros al mes I earn a thousand euros a month; se gana bien la vida he makes a good living.
9 *vpr (ser merecedor)* to deserve: se lo han ganado they deserve it.
✦ **ganar a alguien en algo** to be better than somebody at something: me ganas en inglés you're better at English than I am; ella le gana en inteligencia she's much more intelligent than he is.
ganar terreno to gain ground.
ganarse la vida to earn a living, earn one's living.
ganarse el pan *fam* to earn one's bread and butter.
llevar las de ganar *fig* to hold the winning card, hold all the cards.
no ganar para disgustos *fig* to be one thing after another.
salir ganando to gain, benefit, do well out of it.
¡te la vas a ganar! *fam* you're going to get it!

ganchillo
1 *nm (aguja)* crochet hook.
2 *nm (labor)* crochet work.
✦ **hacer ganchillo** to crochet.

gancho
1 *nm* hook.
2 *nm (para ropa)* peg.
3 *nm (cayado)* shepherd's crook.
4 *nm fam (atractivo)* attractiveness, charm.
5 *nm fam (compinche de un estafador)* bait, decoy.
6 *nm (en boxeo)* hook.
7 *nm (en baloncesto)* hook shot.

✦ **echar el gancho a alguien** *fam* to hook somebody.
tener gancho *fam* to be attractive, have charm.

ganchudo,-a *adj* hook-shaped.

gandul,-la
1 *adj* lazy, idle.
2 *nm,f* idler, loafer, lazybones, slacker.

gandulear *vi* to idle, loaf around, laze around, slack.

gandulería *nf* idleness, laziness.

ganga¹
1 *nf (algo barato)* bargain, good buy.
2 *nf fam (algo fácil)* gift, cinch, piece of cake.
3 *nf (ave)* sandgrouse.
■ **precio de ganga** bargain price.

ganga² *nf (en minería)* gang, gangue.

Ganges el Ganges *nm* the Ganges.

ganglio *nm* ganglion.

gangoso,-a *adj* nasal, twanging.

gangrena *nf* gangrene.

gangrenarse *vpr* to become gangrenous.

gangrenoso,-a *adj* gangrenous.

gángster *nm* gangster.
▲ *pl* **gángsteres.**

ganguear *vi* to speak with a twang.

gangueo *nm* nasal accent, twang.

gansada *nf fam* silly thing to say, silly thing to do: **estoy harto de tus gansadas** I'm fed up with your fooling about.

gansear *vi* to do silly things, say silly things.

ganso,-a
1 *nm,f* ZOOL goose; *(macho)* gander.
2 *nm,f (gandul)* lazy oaf.
3 *nm,f (torpe)* dimwit, fool, idiot.
4 *nm,f (bromista)* clown, prankster.
5 *adj (gandul)* slow, lazy.
6 *adj (torpe)* dim.
7 *adj (bromista)* fond of joking.
✦ **hacer el ganso** *fam* to play the fool.
¡no seas ganso! don't be an idiot!
■ **ganso bravo/ganso salvaje** wild goose.
paso de ganso MIL goose-step.

Gante *nm* Ghent.

ganzúa
1 *nf (garfio)* picklock.
2 *nf (ladrón)* burglar.
3 *nf (sonsacador)* coaxer, wheedler.

gañán
1 *nm (mozo de labranza)* farm hand.
2 *nm (hombre tosco)* big brute.

gañido *nm* yelp.

gañir
1 *vi (aullar)* to yelp; *(aves)* to caw, croak.
2 *vi fig (resollar)* to scream, shriek.
3 *vi fam (estar ronco)* to croak, wheeze.
▲ *Conjugation model* [40], *like* **muñir.**

gañote *nm fam* throat, gullet.
✦ **de gañote** free.

garabatear
1 *vt (escribir)* to scribble, scrawl; *(dibujar)* to doodle.
2 *vi (escribir)* to scribble, scrawl; *(dibujar)* to doodle.

garabato
1 *nm (gancho)* hook.
2 *nm (dibujo)* doodle; *(escritura)* scrawl, scribble.

garaje *nm* garage.

garambaina
1 *nf* cheap finery, frippery.
2 **garambainas** *nf pl fam* fooling about *sing*, messing about *sing*, nonsense *sing*: **déjate de garambainas y haz los deberes** stop messing about and do your homework.

garante
1 *adj* responsible, acting as guarantor.
2 *nm & nf* guarantor.

garantía
1 *nf (seguridad)* guarantee, security.
2 *nf* COM guarantee, warranty: **la televisión tiene garantía por seis meses** the television has a six-month guarantee.
3 *nf* JUR bond, warranty, security.
✦ **bajo garantía** under guarantee.
■ **certificado de garantía** guarantee.
garantías constitucionales constitutional guarantees.

garantizado,-a
1 *pp* → **garantizar.**
2 *adj* guaranteed.
3 *adj* JUR secured.

garantizar
1 *vt* to guarantee.
2 *vt* COM to warrant.
3 *vt (responder por)* to vouch for, stand as guarantor for: **su padre le garantizó para la compra de la moto** his father stood as guarantor for him when he bought the motorbike.
▲ *Conjugation model* [4], *like* **realizar.**

garañón *nm* stud donkey.

garapiña *nf* sugar coating.

garapiñar
1 *vt (gen)* to coat with sugar.
2 *vt (fruta)* to candy.
■ **almendra garapiñada** sugared almond.

garbanzo *nm* chickpea.
✦ **en toda tierra de garbanzos** everywhere.
ganarse los garbanzos *fam* to earn one's bread and butter.
■ **garbanzo negro** *fam* black sheep.

garbearse *vpr fam* to take a stroll.

garbeo
1 *nm fam* walk, stroll.
2 *nm (viaje)* trip.
✦ **dar un garbeo/darse un garbeo** to go for a walk.

garbo
1 *nm (airosidad al andar)* gracefulness, poise.
2 *nm (gracia)* grace, stylishness.

3 *nm (generosidad)* generosity, unselfishness.

garboso,-a
1 *adj (airoso)* graceful, stylish.
2 *adj (generoso)* generous.

gardenia *nf* gardenia.

garduña *nf* marten.

garduño,-a
1 *adj* thieving.
2 *nm,f* sneak thief.

garete
✦ **ir(se) al garete** to collapse, fail.

garfio *nm* hook, grapple.

gargajear *vi* to clear one's throat noisily, spit.

gargajo *nm* spit, phlegm.

garganta
1 *nf (cuello)* throat.
2 *nf (desfiladero)* gorge, narrow pass.
3 *nf (voz)* voice.
4 *nf (empeine)* instep.
✦ **tener a alguien atravesado en la garganta** *fam* not to be able to stand somebody.
tener buena garganta to have a good voice.
tener un nudo en la garganta *fig* to have a lump in one's throat.
■ **dolor de garganta** sore throat.

gargantilla *nf* short necklace, choker.

gárgaras *nm pl* gargles *pl*, gargling *sing*.
✦ **hacer gárgaras** to gargle.
mandar a hacer gárgaras *fam* to tell somebody to get lost: **¡vete a hacer gárgaras!** get lost!

gargarismo
1 *nm (gárgaras)* gargles *pl*, gargling.
2 *nm (líquido)* gargling solution.

gargarizar *vi* to gargle.
▲ *Conjugation model* [4], *like* **realizar.**

gárgola *nf* gargoyle.

garguero *nm fam* throat.

gargüero *nm fam* throat.

garita
1 *nf (caseta)* box, cabin, hut; *(de centinela)* sentry box.
2 *nf (portería)* porter's lodge.

garito
1 *nm (casa de juego)* gambling den, gaming house.
2 *nm (antro de diversión)* dive, joint: **este garito abre hasta la 6 de la madrugada** this joint is open till 6 a.m.

garlar *vi fam* to chatter, prattle.

garlito
1 *nm (red)* net.
2 *nm fig (trampa)* trap.
✦ **caer en el garlito** *fam* to fall into the trap.
coger a alguien en el garlito *fig* to catch somebody in the act, catch somebody red-handed.

garlopa *nf* jack plane.

garnacha
1 *nf (uva)* sweet reddish-black grape.
2 *nf (vino)* wine made from this grape.

Garona el Garona *nm* the Garonne.

garra
1 *nf (de mamífero)* paw, claw; *(de ave)* talon.
2 *nf fig (fuerza)* personality, character: **es una persona con mucha garra** she has a lot of character.
3 *nf fam pey (de persona)* hand, paw: **¡quita tus sucias garras de aquí!** get your dirty hands off that!
4 **garras** *nf pl (poder)* clutches.
✦ **caer en las garras de alguien** *fig* to fall into somebody's clutches.
echar la garra a alguien *fig* to lay one's hands on somebody.
tener garra *(relato etc)* to be compelling; *(persona)* to have charisma.

garrafa *nf* carafe.
✦ **de garrafa** *fam* cheap, bad quality: **en aquel bar el whisky es de garrafa** the whisky's cheap and nasty in that bar.

garrafal *adj* monumental, huge, terrible: **cometieron un error garrafal** they made a terrible mistake.

garrafón *nm* demijohn, large carafe.

garrapata *nf* tick.

garrapatear *vi (escribir)* to scribble, scrawl; *(dibujar)* to doodle.

garrapato *nm (escritura)* scribble, scrawl; *(dibujo)* doodle.

garrapatoso,-a *adj* scrawled, scribbled.

garrapiñar *vt* → garapiñar.

garrido,-a
1 *adj (hombre)* handsome; *(mujer)* pretty.
2 *adj (elegante)* smart.

garrocha
1 *nf (gen)* goad stick.
2 *nf (en tauromaquia)* pike, lance.

garrochazo *nm* jab from a goad stick, pike thrust.

garrota *nf* thick stick, cudgel.

garrotazo *nm* blow with a stick.
✦ **dar un garrotazo a** to hit with a stick.

garrote
1 *nm* thick stick, cudgel, club.
2 *nm (pena capital)* garrotte.
✦ **dar garrote a alguien** to garrotte somebody.
■ **garrote vil** garrotte.

garrotillo *nm* croup.

garrucha *nf* pulley.

garrulería *nf* garrulity.

garrulo,-a
1 *adj* uncouth.
2 *nm,f* uncouth person.

gárrulo,-a
1 *adj (ave)* twittering.
2 *adj (persona)* garrulous.

garulo,-a *adj* → garrulo,-a.

garza *nf* heron.
■ **garza real** grey heron.

garzo,-a
1 *adj lit (ojos)* forget-me-not blue.
2 *adj lit (persona)* blue-eyed.

gas
1 *nm (gen)* gas.
2 **gases** *nm pl (flatulencias)* wind *sing*, flatulence *sing*, *(us* gas *sing)*.
✦ **a todo gas** *fam* flat out, at full tilt.
tener gases to have wind.
■ **agua con gas** carbonated water, fizzy water.
gas butano butane gas.
gas ciudad town gas.
gas de escape exhaust fumes *pl*.
gas hilarante laughing gas.
gas mostaza mustard gas.
gas natural natural gas.
gas noble inert gas.
gas pobre producer gas.

gasa
1 *nf* gauze.
2 *nf (pañal)* gauze nappy, *(us* gauze diaper).
■ **gasa hidrófila** surgical gauze.

gascón,-ona
1 *adj* Gascon.
2 *nm,f* Gascon.

Gascuña *nf* Gascony.

gaseosa *nf (gb* lemonade), *(us* soda), pop.

gaseoso,-a
1 *adj* gaseous, gassy.
2 *adj (bebida)* carbonated, fizzy.

gasificación *nf* gasification.

gasificar *vt* to gasify.
▲ *Conjugation model* [1], *like* sacar.

gasoducto *nm* gas pipeline.

gasógeno *nm* gazogene.

gasoil *nm* diesel oil.

gasóleo *nm* diesel oil.

gasolina *nf* petrol, *(us* gasoline, gas).
✦ **poner gasolina** to get some petrol.
■ **gasolina normal** three-star petrol.
gasolina sin plomo unleaded petrol.
gasolina súper four-star petrol.

gasolinera
1 *nf* petrol station, *(us* gas station).
2 *nf (lancha)* motorboat.

gasómetro *nm* gasometer.

gastado,-a
1 *pp* → gastar.
2 *adj (desgastado)* worn-out.
3 *adj (acabado)* finished, empty, used up.
4 *adj (manido)* hackneyed, well-worn: **ese tema está ya muy gastado** that's a very well-worn topic.
5 *adj (abatido)* worn-out, drained; *(aviejado)* old.
6 *adj (debilitado)* weak, spent, finished: **este gobierno ya está gastado** this government is finished.

gastador,-ra
1 *adj (derrochador)* spendthrift.
2 *nm,f (derrochador)* spendthrift, spender.
3 **gastador** *nm (zapador)* sapper.

gastar
1 *vt (consumir dinero, tiempo)* to spend; *(gasolina, electricidad)* to use (up), consume: **este coche gasta mucha gasolina** this car uses a lot of petrol.
2 *vt (malgastar)* to waste: **gastó la fortuna en cuatro días** he squandered all the money in four days.
3 *vt (usar perfume, jabón)* to use; *(ropa)* to wear: **¿qué número gastas?** what size do you take?
4 *vt (tener)* to have: **gastar mal genio** to have a bad temper.
5 **gastarse** *vpr (desgastarse)* to wear out: **se le han gastado los zapatos** his shoes are worn out.
6 *vpr (consumirse)* to run out: **se nos ha gastado toda la gasolina** we've run out of petrol.
✦ **gastarlas** *fam* to behave: **ya sé cómo las gastas** I know what you get up to.

gasterópodo *nm* gastropod.

gasto *nm* expenditure, expense: **este mes el gasto de agua se ha disparado** expenditure on water has shot up this month.
■ **gastos de mantenimiento** running costs, maintenance costs.
gastos de representación entertainment allowance *sing*.
gastos diarios daily expenses.

gástrico,-a *adj* gastric.

gastritis *nf* gastritis.
▲ *pl* gastritis.

gastroenteritis *nf* gastroenteritis.
▲ *pl* gastroenteritis.

gastronomía *nf* gastronomy.

gastronómico,-a *adj* gastronomic, gastronomical.

gastrónomo,-a
1 *nm,f (especialista)* gastronome: **el cocinero de ese restaurante es un gastrónomo reconocido** the chef at that restaurant is a well-known gastronome.
2 *nm,f (aficionado a comer bien)* gourmet.

gata *nf* she-cat, cat.
▲ *Véase también* gato.

gatas
✦ **a gatas** on all fours.
andar a gatas to crawl.

gatear
1 *vi (andar a gatas)* to crawl.
2 *vi (trepar)* to climb.

gatera
1 *nf* cat door, cat flap.
2 *nf MAR* cat hole.

gatillazo *nm* click of the trigger.

gatillo *nm* trigger.
✦ **apretar el gatillo** to pull the trigger.

gatito,-a *nm,f fam* kitty, pusy.

gato,-a
1 **gato** *nm* cat, tomcat.
2 *nm (de coche)* jack.
3 **gato,-a** *nm,f fam* person from Madrid, inhabitant of Madrid.
✦ **buscarle tres/cinco pies al gato** *fam* to split hairs, complicate things.
dar gato por liebre *fam* to take somebody in, con somebody.
hay gato encerrado *fam* there's something fishy going on.

llevar el gato al agua/llevarse el gato al agua *fam* to pull it off, succeed.
ser cuatro gatos *fam* to be a handful of people: *eran cuatro gatos* there was hardly a soul there.
ser gato viejo *fam* to be an old hand.
■ **gato de algalia** civet cat.
gato de Angora Angora cat.
gato montés wildcat, (*us* bobcat).
gato siamés Siamese cat.

gatuno,-a *adj* catlike, feline.

gatuperio
1 *nm (mezcla)* hotch-potch, mess, jumble.
2 *nm (chanchullo)* web of intrigue, tangle.

gaudeamus *nm fml* party.
▲ *pl gaudeamus.*

gaveta
1 *nf (cajón)* drawer.
2 *nf (mueble)* chest of drawers.

gavia *nf* topsail.

gavilán *nm* sparrowhawk.

gavilla
1 *nf (de ramas etc)* sheaf.
2 *nf pey (de gente)* gang, band.

gaviota *nf* seagull, gull.
■ **gaviota argéntea** herring gull.
gaviota cabecinegra Mediterranean gull.
gaviota cana common gull.
gaviota enana little gull.
gaviota reidora black-headed gull.
gaviota tridáctila kittiwake.

gay
1 *adj* gay, homosexual.
2 *nm* gay, homosexual.
■ **el movimiento gay** the Gay Liberation Movement.
▲ *pl gays.*

gayo,-a *adj lit* gay, cheerful.
■ **la gaya ciencia** poetry, the art of poetry.

gayola *nf arg* nick, clink.

gazapo¹ *nm ZOOL* young rabbit.

gazapo²
1 *nm (mentira)* lie.
2 *nm (error)* blunder, slip.

gazmoñada *nf* prudishness, prudery.

gazmoñería *nf* prudishness, prudery.

gazmoñero,-a *adj* prudish.

gazmoño,-a *adj* prudish.

gaznápiro,-a
1 *adj fam* dim, thick.
2 *nm,f fam* dolt, dimwit.

gaznate *nm* gullet.

gazpacho *nm* cold soup made of tomatoes and other vegetables.

gazuza *nf fam* hunger.
✦ **tener gazuza** *fam* to be famished.

ge *nf* name of the letter *g*.

géiser *nm* geyser.

geisha *nf* geisha.

gel *nm* gel.
■ **gel de baño/gel de ducha** shower gel.

gelatina
1 *nf (sustancia)* gelatine.
2 *nf (preparado alimenticio)* jelly.

gelatinoso,-a *adj* gelatinous, jelly-like.

gélido,-a *adj* icy, icy cold.

gelignita *nf* gelignite.

gema
1 *nf BOT* bud.
2 *nf (piedra)* gem.

gemación *nf* gemmation.

gemebundo,-a *adj* grumbling, complaining.

gemelo,-a
1 *adj* twin.
2 *nm,f* twin.
3 **gemelo** *nm (músculo)* calf muscle.
4 **gemelos** *nm pl (botones)* cufflinks.
5 *nm pl (anteojos)* binoculars.
6 *nm pl* **Gemelos** *(zodiaco)* Gemini *sing.*
■ **gemelo idéntico** identical twin.

gemido
1 *nm (quejido)* groan, moan.
2 *nm (gimoteo)* whimper.

geminado,-a *adj* geminate.

Géminis *nm* Gemini.
▲ *pl Géminis.*

gemir
1 *vi (quejarse)* to moan, groan: *estuvo toda la noche gimiendo de dolor* she was moaning with pain all night.
2 *vi fig (aullar)* to whimper.
▲ *Conjugation model* [34], *like servir.*

gemología *nf* gemology.

gen *nm* gene.

genciana *nf* gentian.

gendarme *nm* gendarme.

gendarmería *nf* gendarmerie.

gene *nm* gene.

genealogía *nf* genealogy.

genealógico,-a *adj* genealogical.
■ **árbol genealógico** family tree.

genealogista *nm & nf* genealogist.

generación *nf* generation.

generacional *adj* generation, generational.
■ **la barrera generacional** the generation gap.

generador,-ra
1 *adj* generating.
2 **generador** *nm (máquina)* generator.

general
1 *adj* general.
2 *adj (común)* common, usual, widespread: *es un comportamiento muy general* it is a very common sort of behaviour.
3 *nm (oficial)* general.
✦ **en general** in general, generally.
por lo general in general, generally.

generala *nf* general's wife.
✦ **tocar a generala** to call to arms.

generalato
1 *nm (grado)* generalship.
2 *nm (conjunto de generales)* generals *pl.*

generalidad
1 *nf (gen)* generality.
2 *nf (mayoría)* majority: *la generalidad de los comerciantes se opuso a la ley* the majority of traders were against the law.
3 *nf (generalización)* general statement.
4 **generalidades** *nf pl (nociones)* basic knowledge *sing*: *no está muy informado de este tema, solo sabe generalidades* he's not well informed on the subject, his knowledge is very general.

generalísimo *nm* generalissimo, supreme commander.

Generalitat *nf* autonomous government of Catalonia and Valencia.

generalización
1 *nf (gen)* generalization.
2 *nf (extensión)* spread, spreading: *la generalización de las tarjetas de crédito es evidente* it is evident that credit cards are now widely used.

generalizado,-a
1 *pp →* **generalizar.**
2 *adj* widespread, common.

generalizador,-ra *adj* generalizing.

generalizar
1 *vt (gen)* to generalize.
2 *vt (extender)* to spread, popularize: *la televisión ha generalizado ciertas costumbres* television has popularized certain habits.
3 **generalizarse** *vpr* to spread, become widespread, become common: *el uso de cascos se ha generalizado últimamente* the use of helmets has recently become widespread.
▲ *Conjugation model* [4], *like realizar.*

generalmente *adv* generally, usually.

generar *vt* to generate.

generativo,-a *adj* generative.

generatriz *nf* generatrix.
▲ *pl generatrices.*

genéricamente *adv* generically.

genérico,-a *adj* generic.

género
1 *nm (clase)* kind, sort: *no me gustó ese género de vida* I didn't like that sort of life.
2 *nm (tela)* cloth.
3 *nm (mercancía)* article, piece of merchandise.
4 *nm GRAM* gender.
5 *nm BIOL* genus.
6 *nm (literario)* genre.
7 **géneros** *nm pl (mercancías)* goods.
■ **género chico** light opera.
género de punto knitwear.
género dramático drama.
género lírico opera.
géneros de punto knitted goods.

generosamente *adv* generously.

generosidad *nf* generosity, unselfishness.

generoso,-a *adj* generous (**con/para**, to).

génesis
1 *nf* genesis.
2 **el Génesis** *nm* Genesis.
▲ *pl* **génesis**.
genética *nf* genetics *sing*.
genético,-a *adj* genetic.
genetista *nm & nf* geneticist.
genial
1 *adj* brilliant, inspired.
2 *adj fam* terrific, great, smashing: **eso me parece genial** that sounds terrific.
3 *adv fam* great: **ese tío toca el saxo genial** that guy's a great sax player.
genialidad
1 *nf (idea)* brilliant idea, stroke of genius.
2 *nf (acción)* peculiarity: **una de sus genialidades es llevar un calcetín de cada color** he has the peculiar habit of wearing odd socks.
3 *nf (cualidad)* genius.
genio
1 *nm (carácter)* temper, disposition.
2 *nm (facultad)* genius: **Einstein fue un genio** Einstein was a genius.
3 *nm (espíritu)* spirit: **el genio del Renacimiento** the Renaissance spirit.
4 *nm (ser fantástico)* genie.
✦ **estar de mal genio** to be in a bad mood.
tener mal genio to have a bad temper.
genital
1 *adj* genital.
2 **genitales** *nm pl* genitals.
genitivo *nm* genitive.
geniudo,-a *adj* bad-tempered.
Genl. *abr* (**General**) general; *(abreviatura)* Gen.
genocidio *nm* genocide.
genoma *nm* genome, genom.
genotipo *nm* genotype.
Génova *nf* Genoa.
genovés,-esa
1 *adj* Genoese.
2 *nm,f* Genoese.
gente
1 *nf* people *pl*: **había mucha gente** there were a lot of people.
2 *nf (familia)* family, folks *pl*, people *pl*: **me gusta estar con mi gente** I like being with my family.
3 *nf (personal)* staff.
4 *nf MIL* troops *pl*.
▪ **gente baja** low-class people.
gente de bien honest people.
gente gorda *fam* bigwigs *pl*.
la gente bien *pey* the well-to-do, the well-off: **son gente bien** they're well-to-do.
gente menuda *fam* nippers *pl*, kids *pl*.
gentil
1 *adj (amable)* kind.
2 *adj (apuesto)* charming.
3 *adj (pagano)* heathen, pagan; *(no judío)* gentile.
4 *nm & nf* Gentile.

gentileza
1 *nf (gracia)* grace, elegance, poise: **caminaba con gran gentileza** she walked very gracefully.
2 *nf (cortesía)* politeness, kindness: **tuvo la gentileza de dedicarnos la última canción** he was kind enough to dedicate the last song to us.
✦ **es una gentileza de la casa** it's on the house.
por gentileza de *fml* by courtesy of.
gentilhombre *nm arc* gentleman.
gentilicio
1 *adj* gentile.
2 *nm* gentile.
gentilmente *adv* gracefully.
gentío *nm* crowd.
✦ **¡qué gentío!** what a crowd!
gentuza *nf pey* mob, rabble, riffraff.
genuflexión *nf* genuflexion.
genuinamente *adv* genuinely.
genuino,-a *adj* genuine, authentic.
GEO *abr* MIL (**Grupos Especiales de Operaciones**) ≈ Special Air Service; *(abreviatura)* SAS.
geocéntrico,-a *adj* geocentric.
geodesia *nf* geodesy.
geodésico,-a *adj* geodesic.
geofísica *nf* geophysics *sing*.
geofísico,-a
1 *adj* geophysical.
2 *nm,f* geophysicist.
geografía *nf* geography.
▪ **geografía física** physical geography.
geografía política political geography.
geografía social social geography.
geográfico,-a *adj* geographic, geographical.
geógrafo,-a *nm,f* geographer.
geología *nf* geology.
geológico,-a *adj* geologic, geological.
geólogo,-a *nm,f* geologist.
geomagnético,-a *adj* geomagnetic.
geomagnetismo *nm* geomagnetism.
geómetra *nm & nf* geometer, geometrician.
geometría *nf* geometry.
▪ **geometría del espacio** solid geometry.
geometría descriptiva descriptive geometry.
geométrico,-a *adj* geometric, geometrical.
geomórfico,-a *adj* geomorphic.
geomorfología *nf* geomorphology.
geopolítica *nf* geopolitics.
geopolítico,-a *adj* geopolitical.
geoquímica *nf* geochemistry.
geoquímico,-a *adj* geochemical.
Georgia *nf* Georgia.
▪ **Georgia del Sur** South Georgia.
georgiano,-a
1 *adj* Georgian.

2 *nm,f (persona)* Georgian.
3 **georgiano** *nm (idioma)* Georgian.
geotectónico,-a *adj* geotectonic.
geranio *nf* geranium.
gerbo *nm* gerbil.
gerencia
1 *nf (actividad)* management, administration.
2 *nf (oficina)* manager's office: **hay que pasar por gerencia para cobrar** you have to go to the manager's office to get paid.
gerente *nm & nf (hombre)* manager; *(mujer)* manageress.
geriatra *nm & nf* geriatrician.
geriatría *nf* geriatrics *sing*.
geriátrico,-a
1 *adj* geriatric.
2 **geriátrico** *nm (sanatorio)* geriatric hospital; *(residencia)* old people's home.
▪ **residencia geriátrica** old people's home.
gerifalte
1 *nm (ave)* gerfalcon, gyrfalcon.
2 *nm fam (persona sobresaliente)* bigwig.
✦ **estar como un gerifalte/vivir como un gerifalte** to live like a lord.
germanía *nf* thieves' cant.
germánico,-a *adj* Germanic.
germanio *nm* germanium.
germanismo *nm* Germanism.
germanista *nm & nf* Germanist, German specialist.
germano,-a *adj* Germanic.
germanooccidental
1 *adj* West German.
2 *nm & nf* West German.
germanooriental
1 *adj* East German.
2 *nm & nf* East German.
germen *nm* germ.
▪ **germen de trigo** wheat germ.
▲ *pl* **gérmenes**.
germicida
1 *adj* germicidal.
2 *nm* germicide.
germinación *nf* germination.
germinal *adj* germinal.
germinar *vi* to germinate.
gerontocracia *nf* gerontocracy.
gerontología *nf* gerontology.
gerontólogo,-a *nm,f* gerontologist.
gerundense
1 *adj* of Gerona, from Gerona.
2 *nm & nf* person from Gerona, inhabitant of Gerona.
gerundio *nm* gerund.
gesta *nf arc* heroic deed, exploit.
gestación
1 *nf* gestation.
2 *nf (período)* gestation period.
✦ **en gestación** *fig* in preparation, in the pipeline.

■ **estado de gestación** state of pregnancy.

gestante
1 *adj* gestating.
2 *nf* expectant mother.

gestar
1 *vt* to gestate.
2 **gestarse** *vpr fig (sentimiento)* to grow; *(idea)* to develop; *(plan)* to be under way, be in the pipeline: un sentimiento de ira se gestó en la población a feeling of anger spread among the population; el plan de recuperación se gestó en varias reuniones the recovery plan was the product of several meetings; este movimiento se gestó en Europa en el siglo quince this movement developed in Europe in the fifteenth century; se está gestando cambios importantes important changes are on the way.

gestatorio,-a *adj* gestatorial.
■ **silla gestatoria** gestatorial chair.

gesticulación *nf* gesticulation, gestures *pl.*

gesticular *vi* to gesticulate.

gestión
1 *nf (trámite)* step, measure, move: tengo que realizar varias gestiones, después nos veremos I have a few errands to do, so I'll see you later.
2 *nf (comercial)* administration, management: la gestión de la empresa corre a cargo del hijo del dueño the owner's son is in charge of managing the company.
3 *nf (negociación)* negotiation: su gestión para liberar a los rehenes fracasó his efforts to free the hostages failed.
■ **gestión de datos** data management.
▲ *In 1 and 3, also used in plural with the same meaning.*

gestionar
1 *vt (negociar)* to negotiate.
2 *vt (administrar)* to manage, run.
3 *vt (hacer diligencias)* to take steps to, arrange.

gesto
1 *nm (movimiento)* gesture: hizo un gesto con la mano y todos callaron inmediatamente she waved her hand and everyone fell silent.
2 *nm (mueca)* grimace.
3 *nm (rostro)* face: vimos que habían perdido porque traían el gesto triste we could tell they'd lost by the sad look on their faces.
4 *nm (acción)* gesture, sign: dar la mano al vencedor es un gesto de educación shaking the winner's hand is a sign of politeness.
✦ **estar de buen gesto** to be in a good mood.
estar de mal gesto to be in a bad mood.
hacer gestos a *fam* to make gestures at.
torcer el gesto *fam* to look disappointed.

gestor,-ra
1 *adj* managing.
2 *nm,f (administrador)* manager, director.
3 *nm,f person who transacts official business on his clients' behalf,* ≈ solicitor.
■ **gestor administrativo** agent, business agent.

gestoría *nf agency which transacts official business on its clients' behalf,* ≈ solicitor's .

gestual *adj* using gestures.

Ghana *nf* Ghana.

ghanés,-a
1 *adj* Ghanaian.
2 *nm,f* Ghanaian.

Ghates los Ghates *nm pl* the Ghats.

GIA *abr* (**Grupo Islámico Armado**) *armed Islamic group.*

giba *nf* hump, hunch.

gibar *vt fam* to annoy: ¡no te giba, ahora resulta que no quiere ir! get this - now he's decided not to go!

gibón *nm* gibbon.

giboso,-a
1 *adj* humpbacked, hunchbacked.
2 *nm,f* humpback, hunchback.

Gibraltar *nm* Gibraltar.

gibraltareño,-a
1 *adj* Gibraltarian.
2 *nm,f* Gibraltarian.

giga[1] *nf (música y baile)* gig.

giga[2] *nf (gigabyte)* giga, gigabyte.

gigabyte *nm* gigabyte.

gigante *adj* giant, gigantic, huge.

gigante,-a *nm,f (hombre)* giant; *(mujer)* giantess.

gigantesco,-a *adj* giant, gigantic, giant-size.

gigantismo *nm* gigantism, giantism.

gigoló *nm* gigolo.

gijonense
1 *adj* of Gijón, from Gijón.
2 *nm & nf* person from Gijón, inhabitant of Gijón.

gili *adj-nm & nf arg pey* → **gilipolla.**
▲ *pl gilis.*

gilí *adj-nm & nf arg pey* → **gilipolla.**
▲ *pl gilís.*

gilipolla
1 *adj tabú* stupid.
2 *nm & nf tabú* jerk, arsehole (*US* asshole), *GB* prat.

gilipollada
1 *nf tabú (dicho)* bullshit, rubbish: eso es una gilipollada that's bullshit.
2 *nf tabú (hecho)* stupid thing to do.

gilipollas
1 *adj tabú* stupid.
2 *nm & nf* jerk, arsehole (*US* asshole), *GB* prat.
▲ *pl gilipollas.*

gilipollez *nf tabú* → **gilipollada.**
▲ *pl gilipolleces.*

gillette *nf* razor blade.
▲ *Registered trademark.*

gimiente *adj* whimpering.

gimnasia *nf* gymnastics *sing.*
✦ **confundir la gimnasia con la magnesia** *fam* to confuse two totally different things.
hacer gimnasia to do gymnastics.
■ **gimnasia deportiva** gymnastics.
gimnasia rítmica rhythmic gymnastics.
gimnasia sueca callisthenics.

gimnasio *nm* gymnasium, gym.

gimnasta *nm & nf* gymnast.

gimnástico,-a *adj* gymnastic.

gimnosperma *nf* gymnosperm.

gimnospermo,-a *adj* gymnospermous.

gimotear *vi* to whine, whimper.

gimoteo *nm* whining, whimpering.

gincana *nf* gymkhana.

ginebra *nf* gin.

Ginebra *nf* Geneva.

gineceo
1 *nm BOT* gynoecium.
2 *nm (lugar)* gynaecium.

ginecología *nf* gynaecology (*US* gynecology).

ginecológico,-a *adj* gynaecological (*US* gynecological).

ginecólogo,-a *nm,f* gynaecologist (*US* gynecologist).

gineta *nf* genet.

gingival *adj* gingival, gum.

gingivitis *nf* gingivitis.
▲ *pl gingivitis.*

gingko *nm* ginkgo, gingko, maidenhair tree.

gira
1 *nf (artística)* tour: la compañía de teatro realizó una gira de dos meses the theatre company went on a two-month tour.
2 *nf (excursión)* trip, excursion.
✦ **estar de gira** to be on tour.

girado,-a *nm,f* drawee.

girador,-ra *nm,f* drawer.

giralda *nf* weathercock.
■ **La Giralda** *The Tower of Seville Cathedral.*

girar
1 *vi (dar vueltas)* to rotate, whirl, spin: el dinero hace girar al mundo money makes the world go round.
2 *vi (torcer)* to turn: girar a la izquierda to turn left.
3 *vi fig (versar)* to deal with: la conversación giró en torno al teatro the conversation evolved around theatre.
4 *vi COM* to have a turnover: esta empresa gira mucho this company has a big turnover; giran por valor de cien millones al mes they have a monthly turnover of a hundred million.
5 *vt COM* to issue: girar una letra to issue a draft.
6 *vt (cambiar de sentido)* to turn, turn around: girar el cuerpo to turn one's body.
✦ **girar en descubierto** *COM* to overdraw.

girasol *nm* sunflower.
giratorio,-a *adj* rotating, gyratory.
- **silla giratoria** swivel chair.

giro
1 *nm (vuelta)* turn, turning.
2 *nm (dirección)* course, direction.
3 *nm COM* draft.
4 *nm (frase)* turn of phrase, expression.
+ **dar un nuevo giro a** to give a new twist to, put in a new light.
tomar un nuevo giro to take a new turn.
- **giro en descubierto** overdraft.
giro postal money order.
giro telegráfico money order.

girocompás *nm* gyrocompass.
girola *nf* ambulatory.
giroscópico,-a *adj* gyroscopic.
giroscopio *nm* gyroscope.
giróscopo *nm* gyroscope.
gitanada *nf* wheedling, cajolement.
gitanear *vt* to wheedle, cajole.

gitanería
1 *nf (gitanos)* gypsies *pl*, gipsies *pl*.
2 *nf fig (engaño)* wheedling, cajolement.

gitanesco,-a *adj* gypsy-like, gipsy-like.

gitanismo
1 *nm* gipsy customs *pl*.
2 *nm LING* gipsy word, gipsy phrase, gipsy expression.

gitano,-a
1 *adj* gypsy, gipsy.
2 *adj fig (zalamero)* flattering.
3 *nm,f* gypsy, gipsy.
4 *nm,f fig (zalamero)* flatterer.
5 *nm,f fam (estafador)* fiddler, swindler.

glaciación *nf* glaciation.

glacial
1 *adj* glacial.
2 *adj fig* glacial, icy: tuvo un recibimiento glacial he had an icy reception.

glaciar *nm* glacier.
gladiador *nm* gladiator.
gladiolo *nm* gladiolus.
gladíolo *nm* gladiolus.
glamour *nm* charm, glamour.
glande *nm* glans penis.

glándula *nf* gland.
- **glándula pineal** pineal body, pineal gland.
glándula pituitaria pituitary gland.
glándula sudorípara sweat gland.
glándula tiroides thyroid gland.

glandular *adj* glandular.

glasé
1 *adj* glacé.
2 *nm (tafetán)* glacé silk.

glaseado *nm* glacé.
glasear *vt* to glaze.
glauco,-a *adj fml* bluish-green, glaucous.
glaucoma *nm* glaucoma.
gleba *nf* land.
- **siervo de la gleba** serf.
glena *nf* socket.

glicerina *nf* glycerin, glycerine.
global *adj* global, comprehensive, overall.
globalización *nf* globalization.
globalmente *adv* globally, as a whole.

globo
1 *nm (esfera)* globe, sphere.
2 *nm (tierra)* globe.
3 *nm (de aire)* balloon.
4 *nm (pantalla de lámpara)* globe, glass lampshade.
5 *nm arg (condón)* rubber, johnny.
6 *nm (de tebeo)* speech balloon.
7 *nm (en tenis)* lob.
- **globo aerostático** hot air balloon, hydrogen balloon.
globo celeste globe.
globo dirigible airship.
globo ocular eyeball.
globo terráqueo/globo terrestre globe.

globoso,-a *adj* globular.
globular *adj* globular.
globulina *nf* globulin.

glóbulo *nm* globule.
- **glóbulo blanco** white corpuscle.
glóbulo rojo red corpuscle.

gloria
1 *nf (bienaventuranza)* glory.
2 *nf (fama)* fame, honour (*US* honor).
3 *nf (cielo)* heaven.
4 *nf (esplendor)* boast.
5 *nf (cántico)* Gloria.
6 *nf fam (placer)* bliss, delight: es una gloria verlos crecer tan felices it's delightful to watch them grow up so happy.
7 *nf fam (héroe)* hero.
+ **cubrirse de gloria** *irón* to make a fool of oneself .
dar gloria to be a delight.
estar en la gloria *fam* to be in seventh heaven.
oler a gloria *fam* to smell divine.
saber a gloria *fam* to taste divine.

gloriar
1 *vt* to glorify.
2 **gloriarse** *vpr (jactarse)* to boast (**de**, about), show off: se gloria de ser el alumno predilecto he boasts that he's her favourite pupil.
3 *vpr (complacerse)* to take pride (**de**, in).

glorieta
1 *nf (en un jardín)* arbour (*US* arbor).
2 *nf (plazoleta)* small square.
3 *nf (cruce de calles)* roundabout, (*US* traffic circle).

glorificación *nf* glorification.
glorificar *vt* to glorify.
▲ *Conjugation model* [1], *like sacar*.
gloriosamente *adv* gloriously.
glorioso,-a *adj* glorious.

glosa
1 *nf (explicación, comentario)* gloss, comment note.
2 *nf (poema)* gloss.

glosar
1 *vt (explicar)* to gloss.
2 *vt (interpretar)* to interpret.
3 *vt (comentar)* to comment on, speak about: la prensa glosó extensamente el discurso del presidente the press gave the president's speech wide coverage.

glosario *nm* glossary.
glotis *nf* glottis.
▲ *pl glotis*.

glotón,-ona
1 *adj* greedy, gluttonous.
2 *nm,f* glutton.
3 **glotón** *nm ZOOL* wolverine, glutton.

glotonear *vi* to eat greedily.
glotonería *nf* gluttony, greed.
glucemia *nf* glycemia.
glúcido *nm* glucide.
glucosa *nf* glucose.
gluglú *nm (de agua)* gurgle, glug-glug; *(de pavo)* gobble gobble.
gluten *nm* gluten.

glúteo,-a
1 *adj* gluteal.
2 **glúteo** *nm* gluteus.

glutinoso,-a *adj* glutinous.
gneis *nm* gneiss.
▲ *pl gneis*.
gnomo *nm* gnome.
gnosis *nf* gnosis.
▲ *pl gnosis*.
gnosticismo *nm* Gnosticism.

gnóstico,-a
1 *adj* Gnostic.
2 *nm,f* Gnostic.

gobernable *adj* governable.
gobernación *nf* government.
- **Ministerio de la Gobernación** Home Office, (*US* Department of the Interior).

gobernador,-ra
1 *adj* governing.
2 *nm,f* governor.
- **gobernador civil** provincial governor.
la junta gobernadora the governing board.

gobernanta
1 *nf (en un hotel)* staff manageress.
2 *nf (en una casa)* housekeeper.

gobernante
1 *adj* ruling, governing.
2 *nm & nf* ruler, leader.
- **la clase gobernante** the ruling class.

gobernar
1 *vt (gen)* to govern.
2 *vt (un país)* to rule.
3 *vt (una familia)* to run.
4 *vt (un negocio)* to run, handle.
5 *vt (un barco)* to steer.
6 *vt (guiar)* to guide.
7 *vt (dominar)* to dominate, boss about: lo gobierna su mujer his wife bosses him about.
8 *vi (un barco)* to steer.

9 gobernarse *vpr* to manage one's own affairs, manage by oneself, look after oneself: **desde que vive sola ha aprendido a gobernarse** living alone has taught her to look after herself.
▲ *Conjugation model* [27], *like acertar.*

gobierno
1 *nm* POL government.
2 *nm (mando)* command, running, handling: **ambos comparten el gobierno de la casa** they share the running of the household; **no le compete el gobierno de tales asuntos** he is not entitled to handle such affairs.
3 *nm (conducción)* direction, control; *(de un barco)* steering; *(de timón)* rudder.
✦ **para tu (su) gobierno** for your own information.
 servir de gobierno to serve as a guideline.

gobio *nm* gudgeon.

goce *nm* pleasure, enjoyment.

godo,-a
1 *adj* Gothic.
2 *nm,f (persona)* Goth.
3 **godo** *nm (idioma)* Gothic.

gofre *nm* waffle.

gol *nm* goal.
✦ **marcar un gol/meter un gol** to score a goal.
 meter un gol a alguien *fam* to pull a fast one on somebody.
■ **gol cantado** open goal.
 gol fantasma controversial goal.
 tiro a gol shot at goal.

gola
1 *nf (garganta)* throat, gullet.
2 *nf (gorguera)* ruff.

golazo *nm fam* hell of a goal.

golden
■ **manzana golden** golden delicious.

goleada *nf* feast of goals.
✦ **ganar por goleada** to hammer the opposition.

goleador,-ra *nm,f* scorer.
■ **el máximo goleador** the top scorer.

golear *vt* to hammer.

goleta *nf* schooner.

golf
1 *nm (deporte)* golf.
2 *nm (terreno)* golf course.

golfa *nf fam (prostituta)* slut, tart, hussy.

golfante
1 *adj* naughty.
2 *adj fam* rascal, scoundrel.

golfear
1 *vi (vagabundear)* to loaf around.
2 *vi (hacer gamberradas)* to get up to no good.

golfería
1 *nf (golfos)* layabouts *pl*, good-for-nothings *pl*, louts *pl*.
2 *nf (acción)* loutish act, act of vandalism: **andar rompiendo cristales es una golfería** going about breaking windows is vandalism.

golfillo,-a *nm,f* street urchin.

golfista *nm & nf* golfer.

golfo[1] *nm* gulf, large bay.

golfo,-a[2]
1 *adj (niño)* naughty; *(joven)* idle, lazy.
2 *nm,f (holgazán)* good-for-nothing, layabout; *(niño)* rascal, little devil.
■ **sesión golfa** late-night showing.

gollete
1 *nm (de persona)* throat, gullet.
2 *nm (de botella)* neck.

golondrina
1 *nf (ave)* swallow.
2 *nf (embarcación)* motorboat.
■ **golondrina de mar** tern.

golondrino
1 *nm (ave)* young swallow.
2 *nm (vagabundo)* tramp.
3 *nm (forúnculo)* boil in the armpit.
4 *nm (desertor)* deserter.

golosear *vi* to eat sweets, (US eat candy).

golosina *nf* sweet, (US candy).

golosinear *vi* to eat sweets, (US eat candy).

goloso,-a
1 *adj* sweet-toothed.
2 *adj fig (apetecible)* mouthwatering, inviting: **le hicieron una oferta tan golosa que no se pudo resistir** the offer was so tempting that she couldn't resist.
3 *nm,f* sweet lover, (US candy lover).
✦ **ser un,-a goloso,-a** *(que le gustan los dulces)* to have a sweet tooth; *(glotón)* to be greedy.

golpazo *nm* heavy blow, bang.

golpe
1 *nm* blow, knock; *(puñetazo)* punch: **le dio un golpe** he hit him.
2 *nm (de coche)* collision; *(fuerte)* bang; *(ligero)* bump.
3 *nm fig (desgracia)* blow, misfortune: **su muerte fue un duro golpe para nosotros** his death was a great blow to us.
4 *nm (gracia)* witticism, sally: **aunque parece serio tiene golpes muy buenos** he may seem rather serious, but he's really good crack.
5 *nm fam (robo)* hold-up, robbery.
6 *nm (militar)* coup.
✦ **a golpes** by force.
 al primer golpe de vista at first glance.
 de golpe/de golpe y porrazo suddenly, all of a sudden.
 de un golpe all at once, in one go.
 errar el golpe to miss.
 no dar golpe/no pegar ni golpe *fam* not to lift a finger, not do a blessed thing.
 parar el golpe to soften the blow.
■ **golpe bajo** *fig* punch below the belt.
 golpe de efecto dramatic move.
 golpe de Estado coup, coup d'état.
 golpe de fortuna stroke of luck.
 golpe de gracia coup de grâce.
 golpe de mano surprise attack.
 golpe de vista quick glance.
 golpe franco *(fútbol)* free kick.

golpe maestro masterstroke.
 golpe mortal death blow, fatal blow.

golpear *vt (gen)* to hit, strike; *(personas)* to thump, hit, punch; *(puerta)* to knock on.

golpecito *nm fam* tap.

golpetazo *nm* heavy blow.

golpetear
1 *vt* to bang.
2 *vi* to bang: **la ventana golpeteaba con el viento** the window was banging in the wind.

golpeteo *nm* banging, hammering.

golpismo *nm* tendency towards coups d'état.

golpista
1 *nm & nf* person involved in a coup d'état: **los golpistas asaltaron el parlamento** the rebels attacked the parliament building.
2 *adj* relating to coups d'état.

goma
1 *nf (material)* gum, rubber.
2 *nf (de borrar)* rubber, (US eraser).
3 *nf (de pegar)* glue, gum.
4 *nf (banda elástica)* rubber band.
5 *nf arg (preservativo)* rubber.
■ **goma arábiga** gum arabic.
 goma de mascar chewing gum.
 suela de goma rubber sole.

gomaespuma *nf* foam rubber.

gomero,-a
1 *adj* of Gomera, from Gomera.
2 *nm,f* person from Gomera, inhabitant of Gomera.

gomina *nf* hair cream.

gominola *nf* jelly bean, jelly.

gomoso,-a
1 *adj* sticky.
2 **gomoso** *nm pey* fop.

gónada *nf* gonad.

góndola
1 *nf (embarcación)* gondola.
2 *nf (carruaje)* carriage.

gondolero,-a *nm,f* gondolier.

gong *nm* gong.
▲ *pl* gongs.

gongo *nm* gong.

gongorino,-a *adj* Gongoristic.

gongorismo *nm* Gongorism.

gongorista *nm & nf* Gongorist.

goniómetro *nm* goniometer.

gonococo *nm* gonococcus.

gonorrea *nf* gonorrhoea (US gonorrhea).

gordiano
■ **nudo gordiano** Gordian knot.

gordinflón,-ona
1 *adj* chubby, fat.
2 *nm,f* chubby person, fatty.

gordo,-a
1 *adj (carnoso)* fat: **se puso gordo** he got fat.
2 *adj (grueso)* thick.
3 *adj (grave)* serious.

4 *adj (importante)* big: ¡qué mentira tan gorda! what a big lie!

5 *nm,f* fat person; *(familiarmente)* fatty.

6 gordo *nm fam (grasa)* fat.

7 *nm* **el gordo** the first prize *in the lottery.*

✦ **armarse la gorda** *fam* to be hell to pay.

caer gordo,-a *fam* not to stand somebody: el vecino me cae gordo I can't stand my neighbour.

estar sin gorda *fam* to be broke.

hacer la vista gorda *fam* to turn a blind eye.

ni gorda *fam* not a thing, nothing: sin gafas no veo ni gorda I can't see a thing without glasses.

quedarse sin gorda *fam* to be broke.

gordura *nf* fatness.

gorgojo

1 *nm (insecto)* weevil.

2 *nm fam fig* dwarf, small person.

gorgorito *nm* trill.

gorgotear *vi* to gurgle.

gorgoteo *nm* gurgle, gurgling.

gorguera

1 *nf (de adorno)* ruff.

2 *nf (de armadura)* gorget.

gorigori *nm fam* dirge, funeral chant.

✦ **cantar el gorigori a alguien** *fam* to bury somebody.

gorila

1 *nm (animal)* gorilla.

2 *nm fam (guardaespaldas)* bodyguard; *(en club)* bouncer.

gorjear

1 *vi* to chirp, twitter.

2 gorjearse *vpr* to gurgle, burble.

gorjeo

1 *nm (ave)* chirping, twittering.

2 *nm (bebé)* gurgling.

gorra

1 *nf (gen)* cap.

2 *nf (con visera)* peaked cap.

✦ **de gorra** *fam* free, for nothing.

■ **gorra con orejeras** cap with earflaps.

gorrear *vi* to scrounge, be a parasite.

gorrero,-a *nm,f* sponger, scrounger.

gorrinada

1 *nf fam* something dirty, disgusting thing.

2 *nf fam (mala pasada)* dirty trick: aquello fue una gorrinada y no una broma that was a dirty trick, not a joke.

gorrinería

1 *nf fam* something dirty, disgusting thing.

2 *nf fam (mala pasada)* dirty trick.

gorrino,-a

1 *adj* dirty, piglike.

2 *nm,f* pig.

gorrión,-ona *nm,f* sparrow.

■ **gorrión común** house sparrow.

gorrión chillón rock sparrow.

gorrión molinero tree sparrow.

gorrión moruno Spanish sparrow.

gorro

1 *nm* cap.

2 *nm (de bebé)* bonnet.

3 *nm (de cocinero)* chef's hat.

✦ **estar hasta el gorro** *fam* to have had enough (**de**, of), be fed up (**de**, with).

ponerle el gorro a alguien *(irritar)* to annoy somebody, get on somebody's nerves; *(ridiculizar)* to make fun of somebody.

■ **gorro de dormir** nightcap.

gorro frigio Phrygian cap.

gorrón,-ona

1 *adj fam* scrounging, sponging.

2 *nm,f* sponger, scrounger.

gorronear *vi* to scrounge, be a parasite.

gota

1 *nf* drop.

2 *nf (de sudor)* bead.

3 *nf (de aire)* breath.

4 *nf MED* gout.

5 *nf ARQ* gutta.

✦ **caer cuatro gotas/caer unas gotas** to be spitting with rain.

gota a gota drop by drop.

ni gota not a bit, nothing at all: con tanta gente no vimos ni gota there were so many people we couldn't see a thing.

ser la gota que colma el vaso to be the straw that broke the camel's back.

ser la última gota to be the last straw.

sudar la gota gorda to sweat blood.

■ **gota a gota/transfusión gota a gota** drip, drip feed.

gota fría cold air pool.

gotear

1 *vi (grifo)* to drip; *(tejado)* to leak.

2 *vi (lluvia)* to drizzle.

▲ *In 2, used in 3rd person only; it does not take a subject.*

goteo *nm* dripping.

gotera

1 *nf (agujero)* leak.

2 *nf (agua)* drip.

3 *nf (mancha)* drip mark.

4 *nf fam fig (achaque)* chronic ailment.

✦ **estar lleno,-a de goteras** *fam* to be full of aches and pains.

goterón *nm* large drop.

gótico,-a

1 *adj* Gothic.

2 gótico *nm (idioma)* Gothic.

gourmet *nm & nf* gourmet.

▲ *pl* gourmets.

goyesco,-a *adj* in the style of Goya.

gozada *nf fam* delight: ¡qué gozada de película! what a great film!

gozar

1 *vt (poseer, disfrutar)* to enjoy: gozaron una gran fortuna they possessed a great fortune.

2 *vt (trato carnal)* take advantage of: después de gozarla la abandonó after taking advantage of her, he abandoned her.

3 *vi (poseer, disfrutar)* to enjoy (**de**, -): goza de extensas propiedades it has many properties; goza de muy buena salud he enjoys very good health.

4 *vi (sentir placer)* to enjoy oneself: gozamos con su presencia we really enjoy her company.

▲ *Conjugation model* [4], *like* **realizar**.

gozne *nm* hinge.

gozo

1 *nm* joy, delight, pleasure.

2 gozos *nm pl (composición poética)* poem *sing* in honour of the Virgin.

gozoso,-a

1 *adj (contento)* delighted.

2 *adj (que produce alegría)* joyful, happy.

g/p *abr* (**giro postal**) postal order; *(abreviatura)* p.o.

g.p. *abr* → **g/p**.

grabación *nf* recording.

grabado,-a

1 *pp* → **grabar**.

2 *adj* engraved.

3 grabado *nm (arte)* engraving.

4 *nm (dibujo)* picture, drawing.

■ **grabado al agua fuerte** etching.

grabador,-ra

1 *adj* recording.

2 *nm,f* engraver.

grabadora *nf (aparato)* tape recorder.

grabar

1 *vt ART* to engrave.

2 *vt (registrar)* to record.

3 *vt INFORM* to save.

✦ **grabarse en la memoria** *fig* to be engraved on one's memory.

quedarse algo muy grabado *fig* to stick in one's mind.

gracejo *nm* charm, winsomeness.

✦ **con mucho gracejo** most engagingly.

gracia

1 *nf REL* grace.

2 *nf (favor)* favour (*US* favor).

3 *nf (clemencia)* pardon: el condenado esperó la gracia del rey the prisoner awaited the king's pardon.

4 *nf (buen trato)* graciousness.

5 *nf (atractivo)* grace, charm.

6 *nf (garbo)* grace.

7 *nf (chiste)* joke.

8 *nf irón (algo molesto)* nuisance, pain: ¡vaya gracia tener que esperar tanto! what a nuisance to have to wait so long!

9 *nf fml (nombre)* name: dígame su gracia tell me your name.

10 gracias *nf pl* thank you, thanks.

11 *nf pl* **las gracias** *(mitología)* the Graces.

✦ **caer en gracia a alguien** to make a hit with somebody: le has caído en gracia he's taken a liking to you.

dar gracias a alguien to thank somebody.

estar en gracia to be in a state of grace.

gracias a thanks to.

gracias a Dios thank God, thank goodness.

hacer gracia, tener gracia *(diversión)* to be funny; *(desprecio)* to be ridiculous: me hace gracia, se cree que lo invitaré isn't it funny, he thinks I'm inviting him!

por la gracia de Dios by the grace of God.

¡qué gracia! how funny!

reírle las gracias a alguien to laugh at somebody's jokes.

¡vaya gracia!/¡vaya una gracia! well, that's great that is!, that's just great!

y gracias *irón* you should be so lucky: **nada de comida fina, te darán un bocadillo y gracias** there'll be no posh food, with a bit of luck you'll get a sandwich.

grácil *adj* lissom, gracile.

gracilidad *nf* lissomness.

grácilmente *adv* lissomly.

gracioso,-a
1 *adj (atractivo)* graceful, charming.
2 *adj (bromista)* witty, facetious.
3 *adj (divertido)* funny, amusing.
4 *adj (tratamiento)* Gracious: **Su Graciosa Majestad** Her Gracious Majesty.
5 *nm,f TEAT* jester, clown, fool.
✦ **hacerse el gracioso** to try to be funny.

grada
1 *nf (peldaño)* step, stair.
2 *nf (gradería)* tier.
3 *nf (tarima)* stand.
4 *nf MAR* slipway, building berth.
5 **gradas** *nf pl* stands, terraces.

gradación
1 *nf* gradation.
2 *nf MÚS* scale.
3 *nf (retórica)* climax.

gradería *nf* stands *pl*, terraces *pl*.

graderío *nm* → **gradería.**

gradiente *nm* gradient, *US* grade.

grado
1 *nm (gen)* degree: **estábamos a 27 grados** it was 27 degrees.
2 *nm (estado)* stage.
3 *nm EDUC (curso)* class, year, *US* grade.
4 *nm EDUC (título)* degree.
5 *nm (peldaño)* step.
6 *nm MIL* rank.
7 *nm LING* degree.
✦ **de buen grado** willingly, with good grace.
de mal grado unwillingly, with bad grace.
en sumo grado to the highest degree.
en tal grado so much so.

graduable *adj* adjustable.

graduación
1 *nf (gen)* graduation.
2 *nf (de alcohol)* strength: **ese vino tiene mucha graduación** that wine is very strong.
3 *nf MIL* rank, degree of rank.
4 *nf EDUC* graduation: **todos los alumnos celebraron su graduación** all the students celebrated their graduation.

graduado,-a
1 *pp* → **graduar.**
2 *adj* graduated.
3 *nm,f EDUC* graduate.

■ **gafas graduadas** prescription glasses.
graduado escolar *certificate of elementary school studies.*

gradual *adj* gradual.

gradualmente *adv* gradually.

graduar
1 *vt (termómetro)* to graduate, calibrate.
2 *vt (regular)* to adjust, regulate.
3 *vt (conceder un diploma)* to confer a degree on, (*US* graduate); *(conceder un grado)* to confer a rank.
4 *vt (medir)* to gauge, measure; *(la vista)* to test, check.
5 **graduarse** *vpr* to graduate, get one's degree.
✦ **graduarse la vista** to have one's eyes tested.
▲ *Conjugation model* [11], *like* **actuar.**

grafema *nm* grapheme.

graffiti *nm pl* → **grafiti.**

grafía
1 *nf (signo)* graphic symbol.
2 *nf (escritura)* writing.
3 *nf (ortografía)* spelling.

gráficamente *adv* graphically.

grafía *nf* graph, diagram.

gráfico,-a
1 *adj* graphic.
2 *adj fig (vívido)* vivid, graphic.
3 **gráfico** *nm (dibujo)* sketch, chart.
■ **artes gráficas** graphic arts.

grafiosis *nf* Dutch elm disease.

grafismo
1 *nm (diseño gráfico)* graphic design, graphics *pl*.
2 *nm (grafía)* graphic symbol.
3 *nm fig (fuerza descriptiva)* vividness, graphicness.

grafista *nm & nf* graphic designer.

grafiti *nm pl* graffiti.

grafito *nm* graphite.

grafología *nf* graphology.

grafólogo,-a *nm,f* graphologist.

gragea *nf* pill, tablet.

grajilla *nf* jackdaw.

grajo,-a *nm,f* rook.

gral. *abr* (**general**) general; *(abreviatura)* gen.

grama *nf* Bermuda grass.

gramática *nf* grammar.
■ **gramática generativa** transformational grammar.
gramática parda *fig* cunning, astuteness.
gramática tradicional traditional grammar.

gramatical *adj* grammatical.

gramaticalidad *nf* grammaticalness.

gramaticalmente *adv* grammatically.

gramático,-a
1 *adj* grammatical.
2 *nm,f* grammarian.

gramináceo,-a *adj* gramineous.

gramíneo,-a
1 *adj* gramineous, graminaceous.
2 **gramíneas** *nf pl* grasses, the grass family *sing*.

gramo *nm* gram, gramme.

gramófono *nm* gramophone.

gramola *nf* gramophone.
▲ *Registered trademark.*

Grampianos los montes Grampianos *nm pl* the Grampians.

gran
1 *adj (fuerte, intenso)* great: **el coche tomó la curva a gran velocidad** the car went into the bend at high speed; **se llevaron un gran susto** they were terribly shocked.
2 *adj (excelente)* great: **aquél era un gran libro** that was a great book.
3 *adj (principal)* grand: **el gran maestre de la orden** the grand master of the order.
▲ *Used before singular nouns; see also* **grande.**

grana[1]
1 *nf (semilla)* seed.
2 *nf (acción)* seeding.

grana[2]
1 *nf (insecto)* cochineal.
2 *nf (sustancia)* cochineal.
3 *nf (color)* maroon, claret.
4 *adj* maroon, claret.
■ **grana del paraíso** cardamom.

granada
1 *nf BOT* pomegranate.
2 *nf MIL* grenade, shell.
■ **granada de mano** hand grenade.

Granada *nf* Granada.

granadero *nm* grenadier.

granadilla *nf* passion fruit.

granadina
1 *nf (refresco)* grenadine.
2 *nf (cante)* flamenco song from Granada.

granadino,-a
1 *adj* of Granada, from Granada.
2 *nm,f* person from Granada, inhabitant of Granada.

granado,-a
1 *pp* → **granar.**
2 *adj (maduro)* mature, ripened, of a certain age: **es un muchacho ya granado** he's a fine young man now.
3 *adj (ilustre)* illustrious.
4 **granado** *nm* pomegranate tree.
✦ **el más granado/lo más granado** the finest.

granar *vi* to seed.

granate
1 *adj* maroon, claret.
2 *nm (color)* maroon, claret.
3 *nm (mineral)* garnet.

granazón *nf* seeding, ripening.

grande
1 *adj (tamaño)* large, big: **esta casa es demasiado grande para ellos dos** this house is too big for the two of them.

2 *adj (fuerte, intenso)* great: **su partida les produjo una pena muy grande** his departure caused them great sorrow.
3 *adj (mayor)* grown-up, old, big.
4 *nm (de elevada jerarquía)* great.
✦ **a lo grande** on a grand scale, in a big way.
estar grande una cosa a alguien to be too big on somebody.
pasarlo en grande *fam* to have a great time.
vivir a lo grande *fig* to live in style.
▪ **Grande de España** grandee.
▲ *See also* **gran.**

grandeza
1 *nf (tamaño)* size.
2 *nf (importancia)* greatness.
3 *nf (generosidad)* generosity.
4 *nf (dignidad nobiliaria)* nobility.
▪ **grandeza de alma** magnanimity.
grandeza de ánimo moral courage.

grandilocuencia *nf* grandiloquence, pomp.

grandilocuente *adj* grandiloquent, pompous.

grandiosidad *nf* grandeur, magnificence, splendour (*US* splendor).
▪ **gesto de grandiosidad** grand gesture.

grandioso,-a *adj* grandiose, grand, magnificent.

grandote *adj fam* huge, great big.

grandullón,-ona
1 *adj fam pey* great big.
2 *nm,f fam pey (chico)* oversized boy; *(chica)* oversized girl.

granel **a granel**
1 *loc (sin envase)* in bulk: **compramos el aceite a granel** we buy oil in bulk.
2 *loc (en abundancia)* tons of, lots of: **whisky a granel** whisky galore.

granero *nm* granary, barn.

granítico,-a *adj* granitic, granite.

granito *nm* granite.

granívoro,-a *adj* granivorous.

granizada
1 *nf* hailstorm.
2 *nf fig (lluvia)* hail, shower: **lanzaron una granizada de flechas** they fired a hail of arrows.

granizado,-a
1 *pp* → **granizar.**
2 **granizado** *nm* iced drink.
▪ **granizado de limón** iced lemon drink.

granizar *vi* to hail.
▲ *Conjugation model* [4], *like* **realizar;** *3rd person only; it does not take a subject.*

granizo *nm* hail, hailstone.

granja *nf* farm.

granjearse *upr* to win, obtain, earn: **se ha granjeado la amistad de todos** he has won the friendship of everyone.

granjero,-a *nm,f* farmer.

grano
1 *nm* grain; *(de café)* bean.

2 *nm MED* pimple, spot: **me ha salido un grano en la nariz** I've got a spot on my nose.
3 **granos** *nm pl* cereals.
✦ **ir al grano** *fam* to come to the point, get to the point.
ni un grano not a bit.
no es grano de anís *fam* it's not to be sniffed at.
▪ **grano de arena** *fig* small contribution, bit: **nosotros también pusimos nuestro grano de arena** we did our bit too.

granuja
1 *nf (uva)* grapes *pl.*
2 *nm (pilluelo)* ragamuffin, urchin.
3 *nm (estafador)* crook, trickster.

granujada *nf* nasty trick.

granujería *nf* gang of rogues, gang of urchins.

granulación *nf* granulation.

granulado,-a
1 *pp* → **granular.**
2 *adj* granulated.
3 **granulado** *nm (en farmacia)* powder.

granular
1 *adj* granular.
2 *vt* to granulate.

gránulo
1 *nm* granule.
2 *nm (en farmacia)* small pill.

granuloso,-a
1 *adj (superficie)* granular.
2 *adj (piel)* pimply.

granzas *nf pl* chaff *sing.*

grao *nm* landing beach, shore.

grapa
1 *nf (para papel)* staple.
2 *nf (en construcción)* cramp iron.
3 *nf (de uvas)* bunch, bunch of grapes.

grapadora *nf* stapler.

grapar *vt* to staple.

GRAPO *abr* (**Grupos de Resistencia Antifascista Primero de Octubre**) *radical left-wing group employing direct action methods* .

grasa *nf* grease, fat.

grasiento,-a *adj* greasy, oily.

graso,-a *adj* greasy, oily, fatty: **tiene la piel grasa y el pelo graso** he's got oily skin and greasy hair.

grasoso,-a *adj* greasy, oily.

gratamente *adv* pleasantly.

gratén *nm* gratin.
✦ **al gratén** au gratin.

gratificación
1 *nf (satisfacción)* gratification.
2 *nf (recompensa)* reward.
3 *nf (extra)* bonus.

gratificador,-ra *adj* gratifying, rewarding.

gratificante *adj* gratifying, rewarding.

gratificar
1 *vt (satisfacer)* to gratify.

2 *vt (recompensar)* to reward, tip: **"Se gratificará"** "Reward offered".
▲ *Conjugation model* [1], *like* **sacar.**

gratinador *nm* grill.

gratinar *vt* to cook under the grill, brown under the grill.

gratis *adv* free: **el segundo paquete te sale gratis** you get the second packet free.

gratitud *nf* gratitude.

grato,-a *adj* pleasant, pleasing (**para**, to): **me es grato anunciarles que ... I** am pleased to inform you that ...

gratuidad
1 *nf* **en algunos países la gratuidad de la enseñanza es un hecho** in some countries free education is a fact.
2 *nf (arbitrariedad)* gratuitousness.

gratuitamente
1 *adv (de balde)* free of charge, free.
2 *adv (sin fundamento)* unfoundedly.

gratuito,-a
1 *adj (de balde)* free: **muestra gratuita** free sample.
2 *adj (sin fundamento)* arbitrary, gratuitous.

grava
1 *nf (guijas)* gravel.
2 *nf (piedra machacada)* crushed stone.

gravable *adj* taxable.

gravamen
1 *nm (carga)* burden, obligation.
2 *nm (impuesto)* tax, duty.
▲ *pl* **gravámenes.**

gravar *vt* to tax: **el gobierno ha decidido gravar el tabaco** the Government has decided to tax tobacco; **esta finca está gravada con una hipoteca** there is a mortgage on this property.

grave
1 *adj (pesado)* heavy.
2 *adj (serio)* grave, serious: **los últimos acontecimientos suponen un grave empeoramiento de la situación** recent events pose a grave threat to the situation; **fue acusado de grave negligencia** he was charged with gross negligence.
3 *adj (difícil)* difficult.
4 *adj (solemne)* solemn.
5 *adj (voz, nota)* deep, low.
6 *adj LING (acento)* grave; *(palabra)* paroxytone.
✦ **estar grave** to be seriously ill.

gravedad
1 *nf FÍS* gravity.
2 *nf (importancia)* gravity, seriousness: **fue herido de gravedad** he was seriously injured.
3 *nf (seriedad)* solemnity, gravity.
4 *nf (de sonido)* depth.

gravemente
1 *adv (seriamente)* seriously.
2 *adv (solemnemente)* solemnly, gravely.

gravera *nf* gravel pit.

gravidez *nf* pregnancy.
✦ **en estado de gravidez** pregnant.

grávido,-a
1 adj fml (lleno) full.
2 adj (embarazada) pregnant, gravid.

gravilla nf fine gravel.

gravitación nf gravitation.

gravitacional adj gravitational.

gravitar
1 vi Fís to gravitate.
2 vi (apoyarse en) to rest (**sobre**, on).
3 vi fig (amenazar) to loom (**sobre**, over).

gravitatorio,-a adj gravitational.

gravoso,-a
1 adj (costoso) costly, expensive.
2 adj (molesto) burdensome.

graznar
1 vi (cuervo) to caw, croak.
2 vi (oca) to honk.
3 vi (pato) to quack.

graznido
1 nm (de cuervo) caw, croak.
2 nm (de oca) honk.
3 nm (de pato) quack.

greba nf greave.

greca nf fret, fretwork.

Grecia nf Greece.

grecolatino,-a adj Graeco-Latin.

grecorromano,-a adj Graeco-Roman.

greda nf fuller's earth, clay.

gredal nm claypit.

green nm green.

gregario,-a
1 adj gregarious.
2 gregario nm (en ciclismo) cyclist who rides so as to help a team-mate.
■ instinto gregario herd instinct.

gregoriano,-a adj Gregorian.
■ canto gregoriano Gregorian chant.

greguería
1 nf (algarabía) hubbub.
2 nf LIT type of aphorism.

grelo nm turnip top.

gremial
1 adj trade union, union.
2 adj HIST guild.

gremio
1 nm HIST guild, corporation.
2 nm (sindicato) union.
3 nm (profesión) profession.

Grenada nf Grenada.

greña
1 nf lock of entangled hair.
2 greñas nf pl untidy mop of hair.
✦ andar a la greña fam to squabble.

greñudo,-a
1 adj (pelo) tangled.
2 adj (persona) unkempt, dishevelled (US disheveled).

gres nm stoneware.
■ gres flameado glazed earthenware.

gresca
1 nf (bulla) racket.
2 nf (riña) row.
✦ armar gresca to kick up a racket.

grey
1 nf (rebaño) flock, herd.
2 nf (de personas) group, bunch; (en religión) flock.

grial nm Grail.
■ el Santo Grial the Holy Grail.

griego,-a
1 adj Greek.
2 nm,f (persona) Greek.
3 griego nm (idioma) Greek.

grieta
1 nf crack, crevice.
2 nf (en la piel) chap, crack.

grifa nf arg marijuana.

grifería nf taps pl, (US faucets pl).

grifo
1 nm (llave) tap, (US faucet).
2 nm (animal) griffin, gryphon, griffon.
✦ abrir el grifo to turn the tap on.
cerrar el grifo to turn the tap off.

grill nm grill: pollo al grill grilled chicken.
▲ pl grills.

grilla nf female cricket.

grillado,-a adj fam barmy.

grillete nm shackle.

grillo[1] nm ZOOL cricket.
✦ andar a grillos fam to potter about.

grillo[2] nm (tallo) sprout.

grillos nm pl fetters, shackles.

grima nf displeasure, disgust, annoyance.
✦ dar grima (dar dentera) to set one's teeth on edge.

grímpola nf pennant.

gringo,-a
1 adj fam Yankee.
2 nm,f fam Yankee.

gripal adj related to flu: síntomas gripales flu symptoms.
■ afección gripal flu.

gripe nf flu, influenza.
✦ coger la gripe to catch (the) flu.
estar con gripe to have (the) flu.
tener la gripe to have (the) flu.

griposo,-a adj flu.
✦ estar griposo to have (the) flu.

gris
1 adj grey (US gray).
2 adj fig (mediocre) mediocre, third-rate.
3 adj fig (triste) grey (US gray), gloomy.
4 nm (color) grey (US gray).
5 nm arg (policía) cop.
6 los grises nm pl arg the cops, the police sing.
■ gris marengo charcoal grey.
gris perla pearl grey.

grisáceo,-a adj greyish.

grisalla nf chiaroscuro, grisaille.

grisú nm firedamp.

gritar vi (gen) to shout; (chillar) cry out, scream: ¡no me grites! don't shout at me!

griterío nm shouting, uproar.

grito nm shout; (chillido) cry, scream.

✦ a grito limpio/a grito pelado at the top of one's voice.
a voz en grito at the top of one's voice.
dar un grito to shout; (chillar) to scream.
el último grito fig the latest thing, the last word.
pedir algo a gritos fig to be crying out for something, be badly in need of something.
pegar un grito to shout; (chillar) to scream.
poner el grito en el cielo fig to hit the ceiling, hit the roof.

gritón,-ona
1 adj noisy, loudmouthed.
2 nm,f loudmouth.

groenlandés,-esa
1 adj Greenlandic.
2 nm,f (persona) Greenlander.
3 groenlandés nm (idioma) Greenlandic.

Groenlandia nf Greenland.

grog nm grog, punch.

grogui
1 adj DEP punch-drunk, groggy.
2 adj fig groggy, half-asleep.

grosella nf redcurrant.
■ grosella espinosa gooseberry.
grosella negra blackcurrant.
grosella roja redcurrant.
grosella silvestre gooseberry.

grosellero nm redcurrant bush.
■ grosellero espinoso gooseberry bush.
grosellero negro blackcurrant bush.

groseramente adv grossly, crudely, rudely.

grosería
1 nf (ordinariez) rude word, rude expression.
2 nf (rusticidad) rudeness, coarseness.
✦ decir una grosería to say something rude.

grosero,-a
1 adj (tosco) coarse, crude.
2 adj (maleducado) rude.
3 nm,f rude person.

grosor nm thickness.

grosso
✦ grosso modo roughly, approximately.

grosura nf fat, suet.

grotesco,-a adj grotesque, ridiculous.

grúa
1 nf (construcción) crane, derrick.
2 nf AUTO breakdown van, (US tow truck).

gruesa nf (doce docenas) gross.

grueso,-a
1 adj (objeto) thick.
2 adj (persona) fat, stout.
3 grueso nm (grosor) thickness.
4 nm (parte principal) bulk.

grulla nf crane.

grullo,-a adj scrounging.

grumete nm cabin boy.

grumo nm lump; (de sangre) clot; (de leche) curd.

grumoso,-a *adj* lumpy, clotted.

gruñido *nm* grunt, growl.

gruñir *vi* to grunt.

▲ *Conjugation model* [40], *like muñir.*

gruñón,-ona

1 *adj* grumbling, grumpy.

2 *nm,f* grumbler, grouch.

grupa *nf* croup, hindquarters *pl.*

✦ **montar a la grupa** to ride pillion.

volver grupas *fig* to turn back, retrace one's steps.

grupi *nm & nf* groupie.

grupo

1 *nm* group.

2 *nm* TÉC unit, set.

✦ **en grupo** together, en masse: **todos bajaron en grupo a quejarse** they all went down together to complain.

▪ **grupo electrógeno** power plant.

grupo sanguíneo blood group.

grupúsculo *nm* small group.

gruta *nf* cavern, grotto, cave.

gruyere *nm* gruyère.

gua

1 *nm (juego)* marbles *pl.*

2 *nm (hoyo)* hole for the marbles.

guacamayo *nm* macaw.

guache *nm* gouache.

guadalajareño,-a

1 *adj* of Guadalajara, from Guadalajara.

2 *nm,f* person from Guadalajara, inhabitant of Guadalajara .

Guadalupe *nf* Guadaloupe.

guadamecí *nm* embossed leather.

▲ *pl guadamecíes.*

guadaña *nf* scythe.

guadañador,-ra *nm,f (persona)* mower.

guadañadora *nf (máquina)* mowing machine.

guadañar *vt* to mow, scythe.

guadarnés,-esa

1 *nm,f (hombre)* stable boy; *(mujer)* stable girl.

2 **guadarnés** *nm* tack room.

guagua *nf* worthless thing.

gualdo,-a *adj* yellow.

▪ **la bandera roja y gualda** the Spanish flag.

gualdrapa *nf* horse blanket.

guanaco *nm* guanaco.

guano

1 *nm (abono natural)* guano.

2 *nm (abono artificial)* manure, fertilizer.

guantada *nf* slap.

guantazo *nm* slap.

guante *nm* glove.

✦ **arrojar el guante a alguien** *fig* to throw down the gauntlet to somebody.

colgar los guantes *(en boxeo)* to give up boxing.

echar el guante a algo *fam* to nick something.

echar el guante a alguien *fam* to catch somebody.

recoger el guante *fig* to take up the gauntlet.

sentar como un guante *fig* to fit like a glove.

suave como un guante *fig* as meek as a lamb.

guantelete *nm* gauntlet.

guantera *nf* glove compartment.

guaperas

1 *adj fam* good-looking, *(US* cute).

2 *nm & nf* good looker, looker, *(US* cutie).

▲ *pl guaperas.*

guapetón,-ona *adj fam* good-looking.

guapo,-a

1 *adj* good-looking, *(US* cute); *(hombre)* handsome; *(mujer)* beautiful, pretty: **este chico es muy guapo** this boy is very handsome; **estás muy guapa** you look very pretty.

2 *adj arg (bonito)* nice, smart.

3 *nm,f* good-looking person, good-looker.

4 *nm,f fam (decidido)* daredevil: **a ver quién es el guapo que se atreve a ir** I wonder who'll be brave enough to go.

5 **guapo** *nm (galán)* ladies' man.

✦ **hacerse el guapo** *fam* to act the tough guy.

guapote,-a *adj fam* good-looking.

guapura *nf fam* good looks *pl.*

guarda

1 *nm & nf (persona)* guard, keeper.

2 *nf (custodia)* custody, care.

3 *nf (de la ley etc)* observance.

4 *nf (en cerradura - pieza fija)* ward; *(- pieza móvil)* lever.

5 *nf (de libro)* flyleaf.

▪ **Ángel de la Guarda** guardian angel.

guarda forestal forest ranger.

guarda jurado security guard.

guardabarrera *nm & nf* gatekeeper.

guardabarros *nm* mudguard, *(US* fender).

▲ *pl guardabarros.*

guardabosque *nm* forester.

guardacabras *nm & nf* goatherd.

▲ *pl guardacabras.*

guardacoches *nm & nf* parking attendant.

▲ *pl guardacoches.*

guardacostas

1 *nm & nf (persona)* coastguard.

2 *nm* coastguard vessel.

▲ *pl guardacostas.*

guardaespaldas *nm & nf* bodyguard.

▲ *pl guardaespaldas.*

guardafrenos *nm & nf* guard.

▲ *pl guardafrenos.*

guardagujas *nm & nf (hombre)* pointsman, *(US* switchman); *(mujer)* pointswoman, *(US* switchwoman).

▲ *pl guardagujas.*

guardameta *nm & nf* goalkeeper.

guardamuebles *nm* furniture warehouse.

▲ *pl guardamuebles.*

guardapelo *nm* locket.

guardapolvo

1 *nm (cubierta)* dust cover.

2 *nm (mono)* overalls *pl.*

guardar

1 *vt (cuidar)* to keep, watch over, keep an eye on: **el pastor guarda su rebaño** the shepherd watches over his flock.

2 *vt (conservar)* to keep, hold: **guardo muy buenos recuerdos de la infancia** I have very fond memories of my childhood; **guardo pocas esperanzas de que vuelva** I hold out little hope that he will return.

3 *vt (la ley)* to observe, obey; *(un secreto)* to keep.

4 *vt (poner en un sitio)* to put away: **guárdate el dinero** put your money away; **guárdatelo en el bolsillo** put it in your pocket.

5 *vt (reservar)* to save, keep: **le guardaron el mejor sitio** they saved the best seat for him.

6 *vt (proteger)* to protect, save: **¡Dios salve al rey!** God save the King!

7 *vt* INFORM to save.

8 *vt* **guardarse de** *(precaverse, evitar)* to guard against, avoid, be careful not to: **te guardarás muy bien de revelar nuestro secreto** be very careful not to reveal our secret.

✦ **guardar cola** to queue up, *(US* wait in line).

guardar conexión con to be connected with.

guardar la derecha to keep to the right.

guardar las formas to be polite.

guardar parecido con to be similar to.

guardar relación con to be related to.

guardar rencor to harbour resentment (a, against).

guardársela a alguien *fig* to have it in for somebody.

guardarropa

1 *nm (armario)* wardrobe.

2 *nm (cuarto)* cloakroom.

3 *nm & nf* cloakroom attendant.

guardarropía *nf* wardrobe for props.

guardavía *nm (hombre)* signalman.

guardería

1 *nf* crèche, nursery.

2 *nf (oficio de guarda)* keeping.

▪ **guardería infantil** nursery, nursery school.

guardia

1 *nf (vigilancia)* watch, lookout.

2 *nf (servicio)* duty, call: **dos veces al mes le toca guardia en el hospital** she's on call at the hospital twice a month.

3 *nf (tropa)* guard.

4 *nm & nf (hombre)* policeman; *(mujer)* policewoman.

✦ **bajar la guardia** to lower one's guard.

estar de guardia *(doctor)* to be on duty, be on call; *(soldado)* to be on guard duty; *(marino)* to be on watch.

estar en guardia to be on guard.
mantener la guardia to keep watch.
montar la guardia to mount guard.
ponerse en guardia to put oneself on one's guard.
- **farmacia de guardia** duty chemist's.
guardia civil Civil Guard.
guardia de asalto assault guard.
guardia de corps Royal Guard.
guardia de tráfico *(hombre)* traffic policeman; *(mujer)* traffic policewoman.
guardia urbano,-a *(hombre)* policeman; *(mujer)* policewoman.
médico de guardia doctor on duty.

guardiamarina *nm* midshipman.

guardián,-ana *nm,f* guardian, keeper, custodian.

guardilla *nf* attic, garret.

guarecer *vt* to take shelter (**de**, from), shelter (**de**, from): **nos guarecimos de la lluvia bajo un árbol** we sheltered from the rain under a tree.
▲ *Conjugation model* [43], *like agradecer.*

guarida
1 *nf* ZOOL haunt, den, lair.
2 *nf pey (refugio)* hide-out.

guarismo *nm* cipher, figure.

guarnecer
1 *vt (decorar)* to adorn, decorate; *(en cocina)* to garnish.
2 *vt (proveer)* to provide (**de**, with).
3 *vt* MIL to garrison.
4 *vt (en construcción)* to plaster.
5 *vt (joya)* to set.
6 *vt (caballo)* to harness.
▲ *Conjugation model* [43], *like agradecer.*

guarnecido,-a
1 *pp →* **guarnecer.**
2 *adj (gen)* decorated, trimmed; *(en cocina)* garnished (**de**, with).
3 *adj (dotado)* equipped.
4 *adj* MIL garrisoned.
5 **guarnecido** *nm (en construcción)* plaster.

guarnición
1 *nf (gen)* decoration, trimmings *pl.*
2 *nf (de joya)* setting.
3 *nf* CULIN accompaniment to a main dish: **bistec con guarnición** steak with vegetables/chips/salad *etc.*
4 *nf* MIL garrison.
5 *nf (en arma blanca)* guard.
6 **guarniciones** *nf pl (en equitación)* harness *sing.*

guarnicionería *nf* saddlery.

guarnicionero,-a *nm,f* saddler.

guarrada
1 *nf fam* something dirty, disgusting thing: **¡no hagas guarradas!** don't do such filthy things!
2 *nf fam (mala pasada)* dirty trick: **¡vaya guarrada me ha hecho!** he really did the dirty on me!
✦ **decir guarradas** to have a foul mouth.

guarrería *nf →* **guarrada.**

guarro,-a
1 *adj* dirty, filthy.
2 *nm,f* pig, dirty pig.

guasa *nf* jest, fun, mockery.
✦ **con guasa** jokingly: **le dijo con guasa que era muy simpático** she jokingly told him that he was very nice.
estar de guasa to be joking.

guasearse *vpr* to tease (**de**, -), make fun (**de**, of): **se guasearon tanto de él que ya no volvió** they teased him so much that he never went back.

guasón,-ona
1 *adj* funny, joking.
2 *nm,f* jester, joker.

guata
1 *nf (algodón)* raw cotton.
2 *nf (relleno)* padding.

guateado,-a
1 *pp →* **guatear.**
2 *adj* padded, quilted.

guatear *vt* to wad, pad.

Guatemala *nf* Guatemala.

guatemalteco,-a
1 *adj* Guatemalan.
2 *nm,f* Guatemalan.

guateque *nm* party.

guau
1 *interj (perro)* woof!, bow-wow!
2 *interj (asombro)* wow!

guay *adj fam* great, cool.

guayaba *nf* guava.

guayabera *nf* summer shirt *for men.*

guayabo *nm* guava tree.

Guayana *nf* Guiana.
- **Guayana Francesa** French Guiana.

guayanés,-esa
1 *adj* Guianese.
2 *nm,f* Guianese.

guayaquileño,-a
1 *adj* of Guayaquil, from Guayaquil.
2 *nm,f* person from Guayaquil, inhabitant of Guayaquil.

gubernamental *adj* government, governmental: **la política gubernamental** government policy.

gubernativo,-a *adj* government, governmental.

gubia *nf* gouge.

guedeja
1 *nf (cabellera)* long hair.
2 *nf (de león)* mane.

güelfo,-a *nm,f* Guelph, Guelf.

guepardo *nm* cheetah.

guerra *nf* war.
✦ **dar guerra** *fam* to cause problems, cause trouble: **cuando era niño nos daba mucha guerra** when he was a child he was a real handful.
declarar la guerra a to declare war on.
en guerra at war.
ser de antes de la guerra *fam* to be donkey's years old.

tenerle la guerra declarada a alguien *fam* to have it in for somebody.
- **guerra bacteriológica/guerra biológica** germ warfare.
guerra civil civil war.
guerra comercial trade war.
guerra de Cuba Spanish-American War.
guerra de la Independencia Spanish War of Independence.
guerra de las galaxias star wars.
guerra de los Seis Días Six Day War.
guerra de los Treinta Años Thirty Years' War.
guerra de nervios war of nerves.
guerra del Golfo Gulf War.
guerra fría cold war.
guerra mundial world war.
guerra nuclear nuclear war.
guerra psicológica psychological warfare.
guerra química chemical warfare.
guerra santa holy war.
guerra total all-out war.
la Primer Guerra Mundial World War I, the First World War.
la Segunda Guerra Mundial World War II, the Second World War.

guerrear *vi* to war.

guerrera *nf (chaqueta)* army jacket.

guerrero,-a
1 *adj* warlike.
2 *adj fam (niño)* difficult: **de pequeño era muy guerrero** he was quite a handful when he was a boy.
3 *nm,f* warrior, soldier.

guerrilla
1 *nf (guerra)* guerrilla warfare.
2 *nf (banda)* guerrilla band.

guerrillero,-a *nm,f* guerrilla.

gueto *nm* ghetto.

guía
1 *nm & nf (persona)* guide, leader.
2 *nf (norma)* guidance, guideline.
3 *nf (libro)* guidebook.
4 *nf (de bicicleta)* handlebar.
5 *nf (de bigote)* end, tip.
6 *nf (carril)* rail, guide.
7 *nf* BOT main stem.
- **guía de teléfonos** telephone directory, phone book.

guiar
1 *vt* to guide, lead.
2 *vt (conducir automóvil)* to drive; *(barco)* to steer; *(avión)* to pilot; *(caballo, bici)* to ride.
3 *vt (plantas)* to train.
4 **guiarse** *vpr* to be guided: **nos guiamos por tu consejo** we are guided by your advice.
▲ *Conjugation model* [13], *like desviar.*

guija¹ *nf (legumbre)* vetch.

guija² *nf (piedra)* pebble.

guijarral *nm* pebbly place.

guijarro *nm* pebble, stone.

guijarroso,-a *adj* pebbly.

guijo *nm* gravel.

guillado,-a
1 *pp* → **guillarse.**
2 *adj fam* nutty, loony.

guilladura *nf fam* madness, craziness.

guillarse
1 *vpr fam (chiflarse)* to become a real loony, go bonkers.
2 *vpr fam (escabullirse)* to get away.
✦ **guillárselas** *fam* to clear out.

guillotina *nf* guillotine.

guillotinar *vt* to guillotine.

guinda
1 *nf (fruta)* sour cherry, morello cherry.
2 *nf (remate)* finishing touch, final touch: la última aria fue la guinda de un recital extraordinario the final aria made a fitting finale to an extraordinary recital.

guindaleza *nf* hawser.

guindar
1 *vt (izar)* to hoist, raise.
2 *vt fam (colgar)* to hang.
3 *vt (conseguir)* to snatch: les guindó la única plaza vacante she snatched the only vacancy.
4 *vt arg (robar)* to nick, lift.
5 **guindarse** *vpr* to let oneself down (**de/por**, -), slide down (**de/por**, -): se guindó por la cuerda hasta el suelo he slid down the rope to the ground.

guindilla
1 *nf* red pepper, chilli.
2 *nf fam (policía)* cop.

guindo *nm* morello cherry tree.
✦ **caerse alguien del guindo** *fam* to cotton on, twig.

guinea *nf* guinea.

Guinea *nf* Guinea.
■ **Guinea Ecuatorial** Equatorial Guinea. **Guinea-Bissau** Guinea-Bissau. **Nueva Guinea** New Guinea.

guineano,-a
1 *adj* Guinean.
2 *nm,f* Guinean.

guinga *nf* gingham.

guingán *nm* gingham.

guiñapo
1 *nm (andrajo)* rag, tatter.
2 *nm fig (persona)* wreck.
✦ **poner a alguien como un guiñapo** to pull somebody to pieces.

guiñar
1 *vt* to wink: me guiñó un ojo he winked at me.
2 *vt MAR* to yaw.

guiño *nm* wink.

guiñol *nm* puppet theatre.

guiñolesco,-a *adj* like a puppet show.

guion
1 *nm (esquema)* notes *pl*, sketch, outline.
2 *nm GRAM* hyphen, dash.
3 *nm CINEM* script.
4 *nm (estandarte)* standard, banner.

■ **guion bajo** underscore.
guion de codornices corncrake.

guionista *nm & nf* scriptwriter.

guipar
1 *vt fam (ver)* to see, spot.
2 *vt fam (descubrir)* to see through.

guipure *nm* guipure.

guiri *nm & nf arg* foreigner.
▲ *pl* **guiris.**

guirigay
1 *nm (lenguaje)* gibberish.
2 *nm (griterío)* racket, noise, din.

guirlache *nm* almond brittle.

guirnalda *nf* garland, wreath.

guiropa *nf* meat and potato stew.

guisa *nf* manner, way.
✦ **a guisa de** by way of, as, like: se puso la caja a guisa de sombrero he put the box on his head like a hat; solo a ti se te ocurre presentarse de esa guisa only you could turn up like that.

guisado,-a
1 *pp* → **guisar.**
2 *adj* cooked, stewed.
3 **guisado** *nm* stew.

guisante *nm* pea.

guisar
1 *vt* to cook, stew.
2 *vpr* **guisarse** to cook, stew: el pollo se guisó en muy poco tiempo the chicken cooked very quickly.
✦ **tú te lo guisas, tú te lo comes** as you make your bed so you must lie on it.

guiso *nm* stew.

güisqui *nm* whisky.
■ **güisqui escocés** Scotch whisky, Scotch.

guita *nf arg* dough, bread.
✦ **quedarse sin guita** *arg* to be broke.

guitarra
1 *nf* guitar.
2 *nm & nf* guitarist.

guitarreo *nm* strumming on the guitar.

guitarrería
1 *nf (tienda)* guitar shop.
2 *nf (fábrica)* guitar factory.

guitarrero,-a
1 *nm,f (vendedor)* guitar seller.
2 *nm,f (fabricante)* guitar maker.

guitarrillo *nm* small four-string guitar.

guitarrista *nm & nf* guitarist.

guitarro *nm* → **guitarrillo.**

gula *nf* gluttony.

gumía *nf* Moorish dagger.

guripa
1 *nm fam (soldado)* soldier.
2 *nm fam (policía)* cop.
3 *nm fam (granuja)* scoundrel.

gurmet *nm & nf* gourmet.
▲ *pl* **gurmets.**

gurriato
1 *nm (ave)* young sparrow.
2 *nm fam (niño)* kid, nipper.

gurrumino,-a *adj* weak.

gurú *nm* guru.

gusanillo
1 *nm* little worm.
2 *nm (espiral)* spiral binding.
3 *nm (intranquilidad)* niggling doubt: me quedo con el gusanillo de saber si estará bien I can't help wondering if she'll be all right.
✦ **entrarle a alguien el gusanillo de algo** *fam* to get the bug: ya de pequeña le entró el gusanillo del teatro she got the theatre bug while she was still young.
matar el gusanillo *fam* to have a snack.

gusano
1 *nm* worm; *(oruga)* caterpillar.
2 *nm fig (persona)* worm.
■ **gusano de seda** silkworm.

gusarapo *nm* tiny creature.

gustar
1 *vt (agradar)* to like: me gusta el vino I like wine.
2 *vt (probar)* to taste, try: gusté una pizca para ver si estaba salado I tasted a little bit to see if it was too salty.
3 *vi (tener complacencia)* to enjoy (**de**, -): gusta del buen comer she enjoys good food.
✦ **cuando guste/cuando gustes** *fml* whenever you want.
¿gustas? *fml* would you like some?
¿Ud. gusta? *fml* would you like some?

gustativo,-a *adj* gustative.
■ **papila gustativa** taste bud.

gustazo *nm fam* great pleasure.
✦ **darse el gustazo de algo** *fam* to take great pleasure in something, take great delight in something.
darse un gustazo to treat oneself.

gustillo
1 *nm fam (regusto)* aftertaste: ese gustillo ácido es desagradable that sharp aftertaste is unpleasant.
2 *nm fam (satisfacción)* satisfaction, pleasure: verlo tan enfadado me dio cierto gustillo I got a kick out of seeing him so angry.

gusto
1 *nm (sentido, sabor)* taste.
2 *nm (inclinación)* liking, taste: es una persona de gustos sencillos she's a person of simple tastes.
3 *nm (placer)* pleasure: tengo el gusto de presentarle a mi marido may I introduce you to my husband?
4 *nm (capricho)* whim, fancy.
✦ **cogerle el gusto a algo** to take a liking to something.
con mucho gusto with pleasure.
dar gusto to please, delight: me da gusto verla comer I enjoy watching her eat.
darse el gusto de to treat oneself to.
de buen gusto in good taste.
de mal gusto in bad taste.

el gusto es mío the pleasure is mine.

estar a gusto to feel comfortable, feel at ease.

hacer algo a gusto to enjoy doing something.

hacer algo por gusto to do something for fun.

ir algo a gustos to be a matter of taste.

por gusto for the sake of it.

¡qué gusto! how lovely!

tanto gusto pleased to meet you.

tener buen gusto to have good taste.

tener el gusto de + *inf* to have the pleasure of + *ger*.

tener mal gusto to have bad taste.

tener mucho gusto en + *inf* to be delighted to + *inf*.

gustosamente *adv* with pleasure, gladly, willingly.

gustoso,-a
 1 *adj (sabroso)* tasty, savoury, palatable.
 2 *adj (agradable)* agreeable, pleasant.
 3 *adj (con gusto)* glad, willing, ready: aceptó gustosa she accepted willingly.

gutapercha *nf* gutta-percha.

gutural *adj* guttural.

Guyana *nf* Guyana.

guyanés,-esa
 1 *adj* Guyanese.
 2 *nm,f* Guyanese.

gymkhana *nf* gymkhana.

H, h *nf (la letra)* H, h.

h¹ *abr* (**hora**) hour; *(abreviatura)* h.

h² *abr* (**habitante**) inhabitant.

ha¹ *pres indic* → **haber**.

ha² *sím* (**hectárea**) hectare; *(símbolo)* ha.

haba

  1 *nf (legumbre)* broad bean.

  2 *nf (café, cacao)* bean.

  3 *nf (para votación)* voting ball.

  4 *nf (roncha)* swelling.

  ✦ **en todas partes cuecen habas** *fig* it's the same the whole world over.

  son habas contadas *fam* it's for sure, it's a cert.

  ▪ **haba de las Indias** sweet pea.

Habana La Habana *nf* Havana.

habanera *nf* music and dance from Havana.

habanero,-a

  1 *adj* of Havana, from Havana.

  2 *nm,f* person from Havana, inhabitant of Havana.

habano,-a

  1 *adj* of Havana, from Havana.

  2 habano *nm* Havana cigar.

hábeas hábeas corpus *nm* JUR habeas corpus.

haber

  1 *vi (impersonal)* to be: **hay un coche** there's a car; **había cuatro libros** there were four books; **hubo una fiesta** there was a party; **habrá pasteles** there will be some cakes; **¿cuántos había?** how many were there?

  2 *aux (en tiempos compuestos)* to have: **lo has hecho** you have done it; **la había visto antes** I had seen her before.

  3 *aux* **haber de** + *infin (obligación)* to have to, must, should: **has de pedirlo** you have to ask for it; **han de venir hoy** they must come today.

  4 *aux* **haber que** + *infin (obligación)* must, have to: **hay que decírselo** we have to tell her; **no hay que reír** you mustn't laugh; **habrá que hacerlo** we'll have to do it.

  5 *nm* COM credit, assets *pl*.

  6 haberes *nm pl (posesiones)* property *sing*, assets.

  7 *nm pl (sueldo)* salary *sing*, pay *sing*, wages.

  ✦ **algo habrá** there must be something in it.

  años ha years ago: **dos años ha** two years ago.

  ¡de haberlo sabido! if only I had known!

  ¡haberlo dicho! why didn't you say so!

  habérselas con alguien *fam* to be up against somebody.

  había una vez ... once upon a time there was ..., there was once ...

  ¡habráse visto! what a cheek!

  has de saber que ... you should know that ...

  ¡hay que ver! well, really!, well, I never!

  ¡he dicho! and that's that!

  no hay de qué you're welcome, don't mention it.

  no hay (nada) como ... there's nothing like ...

  no hay por donde cogerlo *fam* he's/it's impossible.

  no hay quien ... it's impossible ...: **no hay quien lo beba** it's impossible to drink; **no hay quien pueda con esa gente** those people are impossible to deal with.

  no hay tal it isn't true.

  ¿qué hay? hello!, hi!, how are you doing?

  ser de lo que no hay *fam* to be impossible.

  tener en su haber *fig* to be to one's credit.

  ▲ *Conjugation model* [72]; *in 3 and 5, used only in the 3rd person and does not take a subject.*

haberes *nm pl* → **haber**.

habichuela *nf (gen)* bean; *(judía blanca)* haricot bean; *(judía verde)* French bean, green bean.

habido,-a *adj* that is, that are: **los hijos habidos en el matrimonio** the children of the marriage; **los cambios habidos en la sociedad española** changes which have taken place in Spanish society.

  ✦ **habida cuenta de ...** taking into account ..., bearing in mind that ...

  ... habidos,-as y por haber ... imaginable: **todos los productos habidos y por haber** every single product imaginable.

  todo lo habido y por haber *fam* as much as is humanly possible: **rezamos todo lo habido y por haber** we prayed and prayed.

hábil

  1 *adj (diestro)* skilful (US skillful).

  2 *adj (despabilado)* clever, smart.

  3 *adj (acto)* clever.

  4 *adj (apto, adecuado)* good, suitable: **un local hábil para restaurante** a suitable place for a restaurant.

  ✦ **en tiempo hábil** at the proper time.

  ser hábil en algo/ser hábil para algo *(persona)* to be good at something.

  ▪ **día hábil** working day.

habilidad

  1 *nf (aptitud)* skill.

  2 *nf (astucia)* cleverness, smartness.

  3 *nf* JUR capacity, competence.

  4 *nf (gracia)* talent.

  ✦ **con gran habilidad** very skilfully.

  tener habilidad manual to be good with one's hands.

  tener habilidad para algo to be good at something.

habilidoso,-a *adj* skilful (US skillful), clever.

habilitación

  1 *nf (oficina)* paymaster's office.

  2 *nf (de un espacio)* fitting out.

  3 *nf (capacitación)* qualification; *(autorización)* authorization.

habilitado,-a

  1 *pp* → **habilitar**.

  2 *nm,f (hombre)* paymaster; *(mujer)* paymistress.

habilitar

  1 *vt (espacio)* to fit out; *(tiempo)* to set aside: **habilitó una habitación para consulta** he fitted a bedroom out as a consulting room; **habilitó algún tiempo para preguntas** she set some time aside for questions.

2 *vt (capacitar)* to entitle, qualify; *(autorizar)* to empower, authorize.

3 *vt FIN* to finance.

hábilmente *adv* skilfully (*US* skillfully).

habitable *adj* habitable, livable, liveable.

habitación
1 *nf (gen)* room.
2 *nf (dormitorio)* bedroom.
3 *nf BIOL* habitat.
■ **habitación doble** double room.
habitación individual single room.

habitáculo
1 *nm (vivienda)* dwelling.
2 *nm BIOL* habitat.
3 *nm (cabina)* cabin.

habitante *nm & nf* inhabitant.

habitar
1 *vt* to live in, inhabit.
2 *vi* to live.

hábitat *nm* habitat.
▲ *pl hábitats.*

hábito
1 *nm (costumbre)* habit, custom.
2 *nm (vestido)* habit.
✦ **adquirir el hábito de ...** to get into the habit of …
colgar los hábitos to give up the cloth.
crear hábito to be habit-forming.
el hábito no hace al monje *fig* clothes don't make the man.
tener el hábito de ... to be in the habit of …
tener malos hábitos to have bad habits.
tomar el hábito *(hombre)* to take holy orders; *(mujer)* to take the veil.

habituación *nf* habituation.

habitual
1 *adj* usual, habitual, customary.
2 *adj (asiduo)* regular.

habitualmente *adv (repetidamente)* usually; *(regularmente)* regularly.

habituar
1 *vt* to accustom (**a**, to).
2 **habituarse** *vpr* to become accustomed (**a**, to), get used (**a**, to).
▲ *Conjugation model* [11], *like actuar.*

habla
1 *nf (facultad)* speech.
2 *nf (idioma)* language; *(dialecto)* dialect.
✦ **¡al habla!** *(al teléfono)* speaking!
de habla española/de habla hispana Spanish-speaking.
estar al habla con alguien to be in touch with somebody.
perder el habla to lose one's power of speech.
ponerse al habla con alguien to get in touch with somebody.
quedarse sin habla to be left speechless.
■ **habla regional** regional dialect.
▲ *Takes el in singular.*

hablado,-a
1 *pp →* **hablar.**

2 *adj* spoken, oral: **francés hablado** spoken French.
✦ **bien hablado,-a** well-spoken.
ser un,-a mal hablado,-a to be foul-mouthed, be coarse.
■ **cine hablado** talkies *pl.*

hablador,-ra
1 *adj (parlanchín)* talkative.
2 *adj (chismoso)* gossipy.
3 *nm,f (parlanchín)* talker, chatterbox.
4 *nm,f (chismoso)* gossip.

habladuría *nf (chisme)* piece of gossip; *(rumor)* rumour (*US* rumor).
▲ *Also used in plural with the same meaning.*

hablante
1 *adj* speaking.
2 *nm & nf* speaker.

hablar
1 *vi (gen)* to speak, talk: **habló conmigo** he spoke to me.
2 *vi (mencionar)* to talk, mention: **no me habló de eso** she didn't mention that.
3 *vi (murmurar)* to talk: **eso dará que hablar** that will set people talking.
4 *vi (dar un tratamiento)* to call (**de**, -): **háblame de tú** call me by my first name.
5 *vi fig (salir)* to go out: **habló tres años con Luis** she went out with Luis for three years.
6 *vt (idioma)* to speak: **habla francés** he speaks French.
7 *vt (tratar)* to talk over, discuss: **ya lo hablaremos después** we'll discuss it later.
8 **hablarse** *vpr (uso recíproco)* to speak, talk: **ayer nos hablamos por teléfono** we spoke on the 'phone yesterday.
✦ **es como hablar a la pared** *fig* it's like talking to a brick wall.
eso es hablar now you're talking.
estar hablando *(cuadro etc)* to be almost alive.
hablar a solas to talk to oneself.
hablar alto to speak loud: **¿puedes hablar más alto?** can you speak up, please?
hablar bajo to speak softly.
hablar bien de alguien to speak well of somebody.
hablar claro to speak plainly.
hablar como un libro *(expresarse muy bien)* to speak very well, express oneself very clearly; *(hablar con afectación)* to speak affectedly.
hablar con el corazón to speak from the heart.
hablar en broma to be joking.
hablar en cristiano *fam* to talk plainly.
hablar en nombre de alguien to speak on somebody's behalf.
hablar mal de alguien to speak badly of somebody.
hablar por hablar to talk for the sake of talking.
hablar por los codos *fam* to be a chatterbox.

no hablarse con alguien not to be on speaking terms with somebody.
no hay más que hablar there's nothing more to be said.
no se hable más de ello and that's that.
¡quién fue a hablar! look who's talking!
se habla de que ... it is said that …
"Se habla inglés" "English spoken".
sin hablar de not to mention.
sin hablar palabra without saying a word.

hablilla *nf (rumor)* rumour (*US* rumor); *(chisme)* piece of gossip.

habón *nm* bump, swelling, lump.

habré *fut →* **haber.**

hacedero,-a *adj* feasible, practicable, possible.

hacedor,-ra *nm,f* maker.
■ **el Sumo Hacedor/el Supremo Hacedor** the Maker.

hacendado,-a
1 *pp →* **hacendar.**
2 *adj* landed.
3 *nm,f* landowner.

hacendar
1 *vt* to give property to.
2 **hacendarse** *vpr* to settle.

hacendista *nm & nf* financial expert, tax consultant.

hacendoso,-a *adj* house-proud, hard-working.

hacer
1 *vt (producir, fabricar, crear)* to make: **hacían mucho ruido** they were making a lot of noise; **hice un pastel** I made a cake; **haz un esfuerzo** make an effort; **has hecho pocos errores** you haven't made many mistakes; **hacer un poema** to write a poem; **hacer una casa** to build a house; **¿has hecho los deberes?** have you done your homework?
2 *vt (arreglar, disponer - uñas)* to do; *(- barba)* to trim; *(- cama)* to make; *(- maleta)* to pack.
3 *vt (obrar, ejecutar)* to do: **haz lo que quieras** do what you want; **hazme un favor** do me a favour; **hacer recados** to run errands.
4 *vt (conseguir - amigos, dinero)* to make.
5 *vt (obligar)* to make: **hazla callar** make her shut up; **nos hizo leer** she made us read.
6 *vt (creer, suponer)* to think: **la hacía en Roma** I thought she was in Rome; **me dijo que me hacía más joven** he said he thought I was younger.
7 *vt (recorrer)* to do: **hice Barcelona-Madrid en seis horas** I did Barcelona to Madrid in six hours; **hacer noventa kilómetros por hora** to do ninety kilometres per hour.
8 *vt (en suma)* to make: **con esta hacen ochenta** that makes eighty.

9 *vt (ocupar un lugar)* to be: él hace el número cuatro he's the fourth on the list.

10 *vt (hacer parecer)* to make look: ese vestido te hace mayor that dress makes you look older.

11 *vt (acostumbrar)* to accustom.

12 *vt (practicar)* to do: ¿haces deporte? do you do any sport?; hago kárate y natación I do karate and I swim; hacer abdominales to do sit-ups; hacer dedos to do finger exercises (on the piano); hacer piernas to limber up.

13 *vt (sustituyendo a otro verbo)* to do: su hermano no quiso ir y ella hizo lo mismo her brother didn't want to go and neither did she.

14 *vi (actuar)* to play (**de**, -); *(representar)* to act: hizo de Peribáñez he played Peribáñez; hizo de abuela she played the grandmother.

15 *vi (comportarse)* to pretend to be, act: hacer el tonto to act the fool.

16 *vi (clima)* to be: hace buen día it's a fine day; hacía frío it was cold.

17 *vi (tiempo pasado)* ago: hace tres años three years ago; ¿cuánto hace de eso? how long ago is that?; hacía años que no la había visto I hadn't seen her for years.

18 **hacerse** *upr (volverse)* to become, get: hacerse viejo to grow old; hacerse rico to get rich.

19 *upr (crecer)* to grow: se ha hecho mucho he's grown a lot.

20 *upr (acostumbrarse)* to get used (**a**, to), become accustomed (**a**, to): se hizo al colegio nuevo he got used to his new school.

21 *upr (resultar)* to become, go on, seem: la película se hizo muy larga the film went on too long, I found the film too long; los días se hacían eternos the days seemed endless.

22 *upr (simular)* to pretend: se hizo la elegante she pretended to be elegant.

23 *upr (mandar hacer)* to have made, have done: me hice un vestido en la modista I had a dress made at the dressmaker's; me hice la permanente en la peluquería I had a perm at the hairdresser's.

✦ **a medio hacer** half-done, half-finished.

¡así se hace! that's it!, that's the way!

¡buena la has hecho! *fam* you've done it now!

eso no hace al caso that has nothing to do with it.

hace mucho a long time ago.

¿hace?/¿te hace? OK?

hacer algo por hacer to do something for the sake of it.

hacer a todo to turn one's hand to anything.

hacer bien to do the right thing.

hacer bien en ... to be right to ...: **hice bien en ir** I was right to go.

hacer burla de to make fun of.

hacer como que + *ind* to pretend, act as if: hizo como que no sabía nada he acted as if he knew nothing.

hacer como si + *subj* to pretend, act as if: hizo como si supiera la verdad she acted as if she knew the truth.

hacer conocer to make known.

hacer de las suyas *fam* to do it again, be back to one's old tricks.

hacer de vientre/hacer del cuerpo *euf* to move one's bowels.

hacer el amor to make love.

hacer el cuerpo a algo *fig* to get used to something: necesita hacer el cuerpo al calor she needs to get her body used to the heat.

hacer el indio *fam* to fool around.

hacer el ridículo to make a fool of oneself.

hacer gracia to amuse: a mí no me hace ninguna gracia I don't find that at all funny.

hacer mal to do the wrong thing: hice mal en invitarlo I was wrong to invite him.

hacer para + *infin* → **hacer por**.

hacer por + *infin* to try to, do one's best to: haz por llegar pronto try to arrive early.

hacer saber *(noticia)* to make known; *(a una persona)* to inform, let know: si tienes algún problema, házmelo saber if you have any problems, let me know.

hacerse a la mar to put to sea.

hacerse a un lado to step aside.

hacerse a uno mismo *(hombre)* to be a self-made man; *(mujer)* to be a self-made woman.

hacerse con to get hold of: me hice con el disco I managed to get the record.

hacerse el/la sordo,-a *fig* to turn a deaf ear.

hacerse una idea de algo to imagine something.

hacer tiempo to kill time.

ser el que hace y deshace *fig* to call the shots.

tener mucho que hacer to have a lot to do.

▲ *Conjugation model* [73]; *pp* hecho,-a.

hacha¹ *nf (instrumento)* axe (*US* ax).

✦ **ser una hacha en algo** to be an ace at something, be a wizard at something.

▲ *Takes el in singular.*

hacha²

1 *nf (vela)* large candle.

2 *nf (antorcha)* torch.

▲ *Takes el in singular.*

hachazo *nm* blow with an axe (*US* ax), hack.

hache *nf (la letra)* aitch.

✦ **¡llámalo hache!** *fam* it's all the same!, call it what you like!

por hache o por be *fam* for one reason or another.

hachear

1 *vt* to chop.

2 *vi* to chop.

hachís *nm* hashish.

hacho *nm* beacon.

hachón

1 *nm (vela)* large candle.

2 *nm (brasero)* type of brazier.

hacia

1 *prep (dirección)* towards, to: hacia la inmortalidad towards immortality.

2 *prep (tiempo)* at about, at around: estaremos ahí hacia las dos we'll be there at about two.

✦ **hacia abajo** downward(s), down: empújalo hacia abajo push it downwards.

hacia acá this way.

hacia adelante forward(s): inclínate hacia delante lean forward.

hacia allá that way.

hacia atrás backward(s), back.

hacia casa home, homeward, towards home.

hacienda

1 *nf (bienes)* property, wealth, possessions *pl*.

2 *nf (finca)* estate, property, (*US* ranch).

3 *nf FIN* Treasury.

■ **Delegación de Hacienda** local Inland Revenue office.

hacienda pública public funds *pl*, public finances *pl*.

Ministerio de Hacienda Finance Ministry, *GB* Exchequer, (*US* Treasury).

Ministro de Hacienda Minister of Finance, *GB* Chancellor of the Exchequer, (*US* Secretary of the Treasury).

hacina *nf* stack.

hacinamiento *nm (de cosas)* piling, heaping; *(de personas)* overcrowding.

hacinar

1 *vt AGR* to stack.

2 *vt fig (amontonar)* to pile up, heap up.

3 **hacinarse** *upr fig (personas)* to be packed, be crowded.

hada *nf* fairy.

■ **hada madrina** fairy godmother.

▲ *Takes el in singular.*

hadado,-a

1 *adj* related to fate.

2 *adj (mágico)* magic, prodigious.

hado *nm* destiny, fate.

hagiografía *nf* hagiography.

hagiógrafo,-a *nm,f* hagiographer, hagiographist.

hago *pres indic* → **hacer**.

haiga *nf fam* luxurious limousine.

▲ *Takes el in singular.*

Haití *nm* Haiti.

haitiano,-a

1 *adj* Haitian.

2 *nm,f* Haitian.

hala

1 *interj (dar prisa)* go on!, get moving!

2 *interj (infundir ánimo)* come on!

3 *interj (sorpresa)* oh dear!
4 *interj (fuera)* clear off!, get out!
5 *interj (exageración)* come off it!

halagador,-ra *adj* flattering.

halagar
1 *vt (lisonjear)* to flatter.
2 *vt (satisfacer)* to please.
▲ Conjugation model [7], *like llegar.*

halago *nm* compliment, flattery.

halagüeño,-a
1 *adj (adulador)* flattering.
2 *adj (promesa, futuro)* promising.
✦ **en tono halagüeño** flatteringly.

halar *vt* to haul, pull.

halcón *nm* falcon.
▪ **halcón común** (peregrine) falcon.

halconería *nf* falconry.

halconero,-a *nm,f* falconer.

halda
1 *nf (falda)* skirt.
2 *nf (arpillera)* sackcloth, sacking.

hale
1 *interj (dar prisa)* get going!, get a move on!
2 *interj (sorpresa)* oh dear!

haleche *nm* anchovy.

halibut *nm* halibut.

hálito
1 *nm (aliento)* breath.
2 *nm (vapor)* vapour (*us* vapor).
3 *nm lit* gentle breeze.

halitosis *nf* halitosis, bad breath.
▲ *pl* halitosis.

hallado,-a
1 *pp* → **hallar.**
2 *adj* **bien hallado,-a** at ease, in one's element; **mal hallado,-a** uneasy, uncomfortable.

hallar
1 *vt (encontrar)* to find.
2 *vt (averiguar)* to find out; *(descubrir)* to discover.
3 *vt (ver, notar)* to see, observe.
4 **hallarse** *vpr (estar)* to be: **se hallaba en Manresa** she was in Manresa; **se hallaba enfermo** he was ill.

hallazgo
1 *nm (descubrimiento)* finding, discovery: **hallazgo de un cadáver** body found.
2 *nm (cosa descubierta)* find.

halo *nm* halo, aura.

halógeno,-a
1 *adj* halogenous.
2 halógeno *nm* halogen.

haloideo *nm* haloid.

haltera *nf* dumbbell.

halterofilia *nf* weightlifting.

halterófilo,-a *nm,f* weightlifter.

hamaca
1 *nf (de red)* hammock.
2 *nf (tumbona)* deck chair.

hámago
1 *nm* bee glue.
2 *nm fig* repugnance.

hamamélide hamamélide de Virginia *loc* witch hazel.

hambre *nf* hunger, starvation, famine.
✦ **entretener el hambre** *fig* to stave off hunger: **eso te entretendrá el hambre hasta la cena** that'll tide you over until dinner.
   matar de hambre a alguien to starve somebody to death.
   matar el hambre *fig* to stave off hunger.
   morirse de hambre to die of starvation, be starving.
   pasar hambre to be hungry, go hungry.
   ser más listo,-a que el hambre *fig* to be a cunning devil.
   ser un,-a muerto,-a de hambre *pey* to be a good-for-nothing.
   tener hambre to be hungry.
▪ **hambre y sed de justicia** *fig* hunger and thirst for justice.
   salario de hambre starvation wages *pl.*
▲ *Takes* **el** *in singular.*

hambriento,-a
1 *adj* hungry, starving.
2 *adj fig* hungry, longing: **hambriento de justicia** longing for justice.
3 *nm,f* hungry person, starving person.
4 los hambrientos *nm pl* the hungry.

hambrón,-ona *adj pey* famished.

hambruna *nf* famine.

Hamburgo *nm* Hamburg.

hamburgués,-esa
1 *adj* of Hamburg, from Hamburg.
2 *nm,f* person from Hamburg, inhabitant of Hamburg.

hamburguesa *nf* hamburger, beefburger.

hamburguesería *nf* hamburger restaurant.

hampa *nf* underworld.
▲ *Takes* **el** *in singular.*

hampesco,-a *adj* underworld, criminal.

hampón,-ona
1 *adj* tough, rowdy.
2 *nm,f* thug, criminal.

hámster *nm* hamster.
▲ *pl* hámsters.

hándicap *nm* handicap.
▲ *pl* hándicaps.

handicapar *vt* to handicap.

hangar *nm* hangar.

hápax *nm* hapax legomenon.

haragán,-ana
1 *adj* lazy, idle.
2 *nm,f* lazybones, idler.

haraganear *vi* to idle, loaf around.

harakiri *nm* hara-kiri.

harapiento,-a *adj* ragged, tattered, in rags.

harapo *nm* rag, tatter.
✦ **hecho,-a un harapo** in tatters.

haraquiri *nm* hara-kiri.

hardware *nm* hardware.

harem *nm* harem.

harén *nm* harem.
▲ *pl* harenes.

harina *nf* flour.
✦ **eso es harina de otro costal** *fam* that's another kettle of fish.
▪ **harina de avena** oatmeal.
   harina de maíz cornflour, (*us* cornstarch).
   harina de pescado fish meal.
   harina de trigo wheat flour.
   harina lacteada malted milk.

harinoso,-a *adj* floury.

harnero *nm* sieve.

harpillera *nf* burlap.

hartar
1 *vt (atiborrar)* to satiate, fill up: **los pasteles de chocolate hartan mucho** chocolate cakes are very filling.
2 *vt fig (deseo etc)* to satisfy.
3 *vt (fastidiar)* to annoy, irritate: **me harta con sus tonterías** his silly remarks get on muy nerves.
4 *vt (cansar)* to tire, bore.
5 *vt (causar, dar)* to overwhelm (**de**, with): **lo hartó de regalos** she showered him with presents; **lo hartaron a golpes** they beat him up.
6 hartarse *vpr (atiborrarse)* to eat one's fill, stuff oneself.
7 *vpr (cansarse)* to get fed up (**de**, with), get tired (**de**, of): **me harté de esperarla** I got tired of waiting for her.
8 *vpr fam (hacer algo)* to do nothing but: **me harté de leer** I did nothing but read.
✦ **hasta hartarse** to repletion: **dormir hasta hartarse** to have one's fill of sleep; **comer hasta hartarse** to eat oneself sick.

hartazgo *nm* bellyful.
✦ **darse un hartazgo de ...** to stuff oneself with …, have one's fill of …

hartazón *nm* → **hartazgo.**

harto,-a
1 *adj (repleto)* full, satiated.
2 *adj fam (cansado)* tired (**de**, of), fed up (**de**, with): **estoy harto de leer** I'm tired of reading.
3 *adj desus (bastante)* enough: **hartas dificultades** enough difficulties.
4 harto *adv desus (muy)* quite, very: **harto bueno** very good.
✦ **¡me tienes harto,-a!** I'm fed up with you!
   ¡ya estoy harto,-a! I'm fed up!, I'm sick and tired of it!

hartura
1 *nf (hartazgo)* bellyful.
2 *nf (abundancia)* abundance, plenty, glut.
3 *nf fig (deseo etc)* fulfilment (*us* fulfillment).
✦ **¡qué hartura!** what a drag!
   tener una hartura de algo to be fed up with something.

has *pres indic* → **haber.**

hasta
1 *prep (tiempo)* until, till, up to: **hasta enero** until January; **hasta el sábado** until Saturday; **desde las diez hasta las dos** from ten to two; **sabe contar hasta 20** he can count (up) to 20.
2 *prep (lugar)* as far as, up to, down to: **hasta allí** up to there.
3 *prep (cantidad)* up to, as many as: **había hasta seis coches** there were up to six cars.
4 *prep (incluso)* even: **hasta sabe escribir** she even knows how to write.
5 *prep (como despedida)* see you: **¡hasta el lunes!** see you on Monday!; **¡hasta mañana!** see you tomorrow!
✦ **desde ... hasta ...** from ... to ...: **de Berga hasta Sabadell** from Berga to Sabadell.
¿hasta cuándo? until when?, how long?: **¿hasta cuándo tendremos que aguantar este gobierno?** how long are we going to have to put up with this government?
¿hasta dónde? how far?
hasta el punto que ... to such a point that ...
¡hasta la vista! see you!, cheerio!, (*US* so long!).
¡hasta luego! see you later!
hasta más no poder as much as possible: **bebió hasta más no poder** he drank as much as he could take.
hasta que until: **estaré aquí hasta que volváis** I'll be here until you come back.

hastiado,-a
1 *pp* → hastiar.
2 *adj* disgusted (**de**, with), sick (**de**, of).

hastial *nm* gable (end).

hastiar
1 *vt* to bore.
2 **hastiarse** *vpr* to get sick (**de**, of), get tired (**de**, of).
▲ Conjugation model [13], *like desviar*.

hastío
1 *nm (repugnancia)* disgust, loathing.
2 *nm fig (aburrimiento)* boredom, weariness.

hatajo
1 *nm* small herd, small flock.
2 *nm fig* heap, lot, bunch: **un hatajo de disparates** a load of nonsense; **un hatajo de ladrones** a gang of thieves; **un hatajo de mentiras** a pack of lies.

hatillo *nm* small bundle.

hato
1 *nm (rebaño)* herd, flock.
2 *nm (de ropa etc)* bundle.
✦ **liar el hato** *fig* to pack one's bags, get ready to go.

Hawai *nm* Hawaii.

hawaiano,-a
1 *adj* Hawaiian.
2 *nm,f* Hawaiian.

hay *pres indic* → haber.

haya¹
1 *nf BOT* beech.
2 *nf (madera)* beech, beech wood.
■ **haya cobriza** copper beech.

haya² *pres subj* → haber.

Haya La Haya *nf* The Hague.

hayal *nm* beech groove.

hayedo *nm* beech groove.

hayo
1 *nm (arbusto)* coca.
2 *nm (mezcla)* coca leaves and lime salts.

hayuco *nm* beechnut.

haz¹
1 *nm (de cosas)* bundle.
2 *nm (de mieses etc)* sheaf.
3 *nm (de luz)* shaft, beam.
▲ *pl* haces.

haz² *nm (cara)* face.
▲ *pl* haces.

haz³ *imperat* → hacer.

haza *nf* piece of arable land.

hazaña *nf* deed, exploit, heroic feat.

hazmerreír *nm* laughing stock.

HB *abr POL* (**Herri Batasuna**) Popular Union (*pro-independence Basque party*).

he¹ *adv* **he aquí un ejemplo** here is an example; **he aquí los papeles** here are the papers; **hete aquí** here you are; **heme aquí** here I am.
✦ **he ahí la cuestión** that's the question.
he aquí el problema that's the problem.

he² *interj* hey!

he³ *pres indic* → haber.

hebdomadario,-a *adj* weekly.

hebijón *nm* pin of a buckle, prong of a buckle.

hebilla *nf* buckle.

hebra
1 *nf (de hilo)* thread, piece of thread.
2 *nf (de carne)* sinew; *(de legumbre)* string; *(de madera)* grain; *(de planta)* strand.
3 *nf (veta)* vein.
4 *nf fig* thread.
✦ **pegar la hebra** *fam* to get chatting, chew the fat.

hebraico,-a *adj* Hebraic, Hebraical, Hebrew.

hebraísmo *nm* Hebraism.

hebraísta *nm & nf* Hebraist.

hebreo,-a
1 *adj* Hebrew.
2 *nm,f (persona)* Hebrew.
3 **hebreo** *nm (idioma)* Hebrew.
✦ **jurar en hebreo** *fam* to curse and swear.

Hébridas (Islas) Hébridas *nf pl* Hebrides.

hecatombe
1 *nf HIST* hecatomb.
2 *nf (desgracia)* disaster, catastrophe.

hechicería
1 *nf (arte)* sorcery, witchcraft.
2 *nf (hechizo)* spell, charm.

hechicero,-a
1 *adj* bewitching, charming.
2 *nm,f (hombre)* sorcerer, wizard; *(mujer)* sorceress, witch.

hechizar
1 *vt (embrujar)* to bewitch, cast a spell on.
2 *vt fig (cautivar)* to charm, bewitch.
▲ Conjugation model [4], *like realizar*.

hechizo
1 *nm (embrujo)* charm, spell.
2 *nm fig (embelesamiento)* fascination, charm.

hecho,-a
1 *pp* → hacer.
2 *adj (carne)* done.
3 *adj (persona)* mature.
4 *adj (frase, expresión)* set.
5 *adj (ropa)* ready-made.
6 **hecho** *nm (realidad)* fact.
7 *nm (suceso)* event, incident.
8 **¡hecho!** *interj* done!, agreed!
✦ **a lo hecho pecho** it's no use crying over spilt milk.
¡bien hecho! well done!
de hecho in fact.
el hecho es que ... the fact is that ...
eso está hecho *fig* that won't take long, that'll only take a minute.
estar hecho,-a un,-a ... to be ...: **esta habitación está hecha un asco** this room is in a right mess; **está hecho un vago** he's a real waster, he's a real layabout.
hecho,-a a mano handmade.
hecho,-a a máquina machine-made.
hecho,-a en casa home-made.
hechos son amores actions speak louder than words.
lo hecho hecho está what's done is done.
muy hecho,-a *(carne)* well-cooked; *(pasada)* overdone.
poco,-a hecho,-a *(carne)* rare; *(insuficientemente)* underdone.
ser un hombre hecho y derecho to be a real man.
■ **hecho consumado** fait accompli.
hecho de armas feat of arms.
Hechos de los Apóstoles *REL* Acts of the Apostles.

hechura
1 *nf (forma)* shape.
2 *nf COST* cut.
3 *nf (elaboración)* making.
4 *nf fml (obra)* creation, product.
■ **hechura de Dios** God's creature.

hectárea *nf* hectare.

hectogramo *nm* hectogramme (*US* hectogram).

hectolitro *nm* hectolitre (*US* hectoliter).

hectómetro *nm* hectometre (*US* hectometer).

hectovatio *nm* hectowatt.

hedentina
1 *nf (olor)* stink.
2 *nf (lugar)* stinking place, stinking hole.

heder
1 *vi (apestar)* to stink (**a**, of): hedía a muerto it stank of death.
2 *vi fig (cansar)* to annoy, pester.
▲ *Conjugation model* [28], *like* **entender**.

hediondez *nf* stink, stench.

hediondo,-a
1 *adj (apestoso)* stinking, foul-smelling, smelly.
2 *adj fig (asqueroso)* filthy, repulsive.
3 *adj fig (molesto)* annoying.

hedonismo *nm* hedonism.

hedonista
1 *adj* hedonistic, hedonic.
2 *nm & nf* hedonist.

hedor *nm* stink, stench.

hegeliano,-a
1 *adj* Hegelian.
2 *nm,f* Hegelian.

hegemonía *nf* hegemony.

hégira *nf* Hegira, Hejira.

héjira *nf* Hegira, Hejira.

helada *nf METEOR* frost: habrá heladas en las zonas montañosas there will be frost in the mountains.
■ **helada blanca** hoarfrost, white frost.

heladera
1 *nf (nevera)* refrigerator.
2 *nf (máquina de helados)* ice-cream maker.

heladería *nf* ice-cream parlour (*US* parlor).

heladero,-a *nm,f (hombre)* ice-cream man; *(mujer)* ice-cream woman.

helado,-a
1 *pp →* **helar.**
2 *adj (gen)* frozen: estoy helado I'm frozen.
3 *adj (muy frío)* icy, freezing cold.
4 *adj (café, té)* iced.
5 *adj fig (pasmado)* dumbfounded.
6 **helado** *nm* ice-cream.
✦ **dejar a alguien helado,-a** to stun somebody.
    quedarse helado,-a *fam* to be flabbergasted, be stunned.
■ **helado de corte** wafer.

helador,-ra *adj* icy, freezing.

heladora *nf* ice-cream maker.

helar
1 *vt (congelar)* to freeze.
2 *vt (plantas)* to kill, freeze: el frío ha helado los geranios the frost has killed the geraniums.
3 *vi METEOR* to freeze: anoche heló it froze last night.
4 **helarse** *vpr (congelarse)* to freeze: el estanque se ha helado the pond has frozen over.
5 *vpr (planta)* to be killed by frost.
6 *vpr (persona)* to freeze, freeze to death: me estoy helando I'm freezing.
✦ **se me heló la sangre** *fig* my blood ran cold.

▲ *Conjugation model* [27], *like* **acertar**; *in 3, used only in the 3rd person; it does not take a subject.*

helechal *nm* fern bed.

helecho *nm* fern.

helénico,-a *adj* Hellenic, Greek.

helenio *nm* elecampane.

helenismo *nm* Hellenism.

helenista
1 *adj* Hellenistic.
2 *nm & nf* Hellenist.

helenístico,-a *adj* Hellenistic, Hellenistical.

helenizar *vt* to Hellenize.

heleno,-a
1 *adj* Hellene, Hellenian, Greek.
2 *nm,f* Hellene, Greek.

helero
1 *nm (masa)* ice sheet.
2 *nm (capa)* snow cap.

helgadura *nf* gap.

heliaco,-a *adj* heliacal.

helíaco,-a *adj* heliacal.

hélice
1 *nf (espiral)* helix.
2 *nf (propulsor)* propeller.

helicoidal *adj* helicoidal.

helicón *nm* helicon.

helicóptero *nm* helicopter.
✦ **en helicóptero** by helicopter.

helio *nm* helium.

heliocéntrico,-a *adj* heliocentric.

heliograbado *nm* photogravure.

heliografía *nf* heliography.

heliógrafo *nm* heliograph.

heliosis *nf* sunstroke.
▲ *pl* **heliosis**.

heliotropo *nm* heliotrope.

helipuerto *nm* heliport.

helitransportado,-a *adj* transported by helicopter.

helminto *nm* helminth.

Helsinki *nm* Helsinki.

Helvecia *nf* Helvetia.

helvético,-a
1 *adj* Helvetian, Swiss.
2 *nm,f* Helvetian, Swiss.

hematíe *nm* red blood corpuscle.

hematites *nf* haematite (*US* hematite).
▲ *pl* **hematites**.

hematología *nf* haematology (*US* hematology).

hematólogo,-a *nm,f* haematologist (*US* hematologist).

hematoma *nm* haematoma (*US* hematoma), bruise.

hematosis *nf* haematosis (*US* hematosis).
▲ *pl* **hematosis**.

hembra
1 *nf (animal)* female: la mula hembra the she-ass.

2 *nf (mujer)* woman: es una real hembra she's a good-looking woman.
3 *nf TÉC* female.
4 *nf (de tornillo)* nut.
5 *nf (de enchufe)* socket.
6 *nf (corchete)* eye.

hembrilla
1 *nf (piececita)* female.
2 *nf (armella)* eyebolt.

hemeroteca *nf* newspaper library.

hemiciclo
1 *nm (semicírculo)* hemicycle.
2 *nm (parlamento)* floor.

hemiplejia *nf* hemiplegia.

hemiplejía *nf* hemiplegia.

hemipléjico,-a *adj* hemiplegic.

hemíptero *nm* hemipteran.

hemisférico,-a *adj* hemispheric, hemispherical.

hemisferio *nm* hemisphere.
■ **hemisferio cerebral** cerebral hemisphere.
    hemisferio norte northern hemisphere.
    hemisferio sur southern hemisphere.

hemistiquio *nm* hemistich.

hemodiálisis *nf* haemodialysis (*US* hemodialysis).
▲ *pl* **hemodiálisis**.

hemofilia *nf* haemophilia (*US* hemophilia).

hemofílico,-a
1 *adj* haemophilic (*US* hemophilic).
2 *nm,f* haemophiliac (*US* hemophiliac).

hemoglobina *nf* haemoglobin (*US* hemoglobin).

hemorragia *nf* haemorrhage (*US* hemorrhage).
■ **hemorragia cerebral** cerebral haemorrhage (*US* hemorrhage).
    hemorragia interna internal bleeding, internal haemorrhage (*US* hemorrhage).
    hemorragia nasal nosebleed.

hemorroide
1 *nf* haemorrhoid (*US* hemorrhoid).
2 **hemorroides** *nf pl* piles, haemorrhoids (*US* hemorrhoids).

hemos *pres indic →* **haber.**

henar
1 *nm (henil)* hayloft.
2 *nm (terreno)* hayfield, hay meadow.

henchidura *nf* filling.

henchir
1 *vt (llenar)* to fill (**de**, with), stuff (**de**, with), cram (**de**, with): henchir de aire to fill with air.
2 **henchirse** *vpr (atiborrarse)* to stuff oneself (**de**, with).
✦ **henchirse de orgullo** *fig* to swell with pride.
▲ *Conjugation model* [34], *like* **servir**.

hendedura *nf →* **hendidura.**

hender
1 *vt (cortar)* to cleave, split, crack.

2 *vt fig (agua, olas)* to cut: **el buque hiende las aguas** the ship cuts through the water.

3 *vt fig (abrirse paso)* to make one's way through.

4 henderse *vpr* to split, crack.

▲ *Conjugation model* [28], *like entender.*

hendidura *nf* cleft, crack.

hendir *vt-vpr* → **hender.**

▲ *Conjugation model* [29], *like discernir.*

heneador,-ra *nm,f* haymaker.

henificación *nf* haymaking.

henificar *vt* to ted.

henil *nm* hayloft.

heno *nm* hay.

hepático,-a *adj* hepatic, liver.

hepatitis *nf* hepatitis.

▲ *pl hepatitis.*

hepatología *nf* hepatology.

heptaedro *nm* heptahedron.

heptagonal *adj* heptagonal.

heptágono,-a
1 *adj* heptagonal.
2 heptágono *nm* heptagon.

heptasílabo,-a
1 *adj* heptasyllabic.
2 heptasílabo *nm* heptasyllable.

heráldica *nf* heraldry.

heráldico,-a *adj* heraldic.

heraldo *nm* herald.

herbáceo,-a *adj* herbaceous.

herbaje *nm* grass, pasture.

herbario,-a
1 *adj* herbal.
2 *nm,f (botánico)* botanist.
3 herbario *nm (colección)* herbarium.

herbecer *vi* to begin to grow.

▲ *Conjugation model* [43], *like agradecer.*

herbicida *nm* weedkiller, herbicide.

herbívoro,-a
1 *adj* herbivorous, grass-eating.
2 *nm,f* herbivore.

herbolario,-a
1 *adj fig (botarate)* crazy, foolish.
2 *nm,f (persona)* herbalist.
3 herbolario *nm (tienda)* herbalist's (shop).

herboristería *nf* herbalist's (shop).

herboso,-a *adj* grassy.

hercio *nm* hertz.

hercúleo,-a *adj* Herculean.

hércules *nm fig* Hercules.

heredable *adj* inheritable.

heredad
1 *nf (terreno)* country estate.
2 *nf (bienes)* private estate, property.

heredado,-a
1 *pp* → **heredar.**
2 *adj* inherited.

heredar
1 *vt* to inherit: **heredó una fortuna de sus padres** she inherited a fortune from her parents.

2 *vt fig* to inherit: **ha heredado los ojos de su padre** he's got his father's eyes.

heredero,-a *nm,f (hombre)* heir; *(mujer)* heiress.
✦ nombrar heredero,-a a alguien to make somebody one's heir/heiress.
■ príncipe heredero/princesa heredera crown prince/crown princess.
único heredero,-a *(hombre)* sole heir; *(mujer)* sole heiress.

hereditario,-a *adj* hereditary.

hereje
1 *nm & nf* heretic.
2 *nm & nf fig (descarado)* rascal.

herejía
1 *nf* heresy.
2 *nf fam fig (disparate)* nonsense.

herencia
1 *nf* inheritance, legacy.
2 *nf (genética)* heredity.

heresiarca *nm & nf* heresiarch.

herético,-a *adj* heretical.

herida
1 *nf* wound.
2 *nf fig* wound, outrage.

herido,-a
1 *pp* → **herir.**
2 *adj (físicamente)* wounded, injured, hurt: **el niño resultó herido** the boy was injured.
3 *adj fig (emocionalmente)* hurt, wounded.
4 *nm,f* wounded person, injured person.
5 los heridos *nm pl* the wounded.
✦ caer herido,-a to be wounded.
herido,-a de gravedad badly injured.
herido,-a de muerte mortally wounded.
hurgar en la herida *fig* to turn the knife in the wound.
lamerse las heridas *fig* to lick one's wounds.
sentirse herido,-a *fig* to feel hurt.
tocar a alguien en la herida *fig* to touch somebody's sore spot.

herir
1 *vt (dañar)* to wound, injure, hurt: **lo hirieron en la pierna** they wounded him in the leg.
2 *vt (golpear)* to beat, hit.
3 *vt (un instrumento)* to play, pluck.
4 *vt (la vista)* to offend, hurt; *(el oído)* to hurt, offend: **este color hiere la vista** this colour hurts your eyes.
5 *vt (luz)* to dazzle.
6 *vt fig (ofender)* to hurt, offend.
7 herirse *vpr (uso reflexivo)* to injure oneself, hurt oneself: **se hirió en la mano** he injured his hand.
✦ herir a alguien en lo vivo *fig* to cut somebody to the quick.
herir a alguien en su amor propio *fig* to wound somebody's pride.
herir de muerte to mortally wound.

▲ *Conjugation model* [35], *like hervir.*

hermafrodita
1 *adj* hermaphrodite.
2 *nm & nf* hermaphrodite.

hermanable
1 *adj (compatible)* compatible.
2 *adj (a juego)* matching (**con**, -).

hermanado,-a
1 *pp* → **hermanar.**
2 *adj fig (semejante)* similar, alike.
3 *adj (a juego)* matched.
4 *adj (ciudad, pueblo)* twinned.

hermanar
1 *vt (unir)* to unite, join.
2 *vt (combinar)* to combine.
3 *vt (personas)* to unite spiritually.
4 *vt (ciudades)* to twin.
5 hermanarse *vpr (combinarse)* to combine.
6 *vpr (hombres)* to become brothers in spirit; *(mujeres)* to become sisters in spirit.
7 *vpr (ciudades)* to become twinned.

hermanastro,-a *nm,f (hombre)* stepbrother; *(mujer)* stepsister.

hermandad
1 *nf (de hermanos)* fraternity, brotherhood; *(de hermanas)* fraternity, sisterhood.
2 *nf fig (cofradía)* brotherhood; *(grupo)* association.
3 *nf fig (amistad íntima)* close relationship.

hermano,-a
1 *adj (gen)* related, similar.
2 *adj (ciudades)* twin; *(lenguas, países)* sister.
3 *nm,f (hombre)* brother; *(mujer)* sister: **¿cuántos hermanos tienes?** how many brothers and sisters have you got?
■ hermano gemelo/hermana gemela twin brother/twin sister.
hermano político/hermana política brother-in-law/sister-in-law.

hermenéutica *nf* hermeneutics *sing.*

herméticamente *adv* hermetically: **cerrado herméticamente** hermetically sealed.

hermético,-a
1 *adj* hermetic, hermetical, airtight: **un envase hermético** an airtight container.
2 *adj fig* impenetrable, secretive.

hermetismo
1 *nm* hermetism.
2 *nm fig* impenetrability, secrecy, secretiveness.

hermosear *vt* to beautify, make beautiful.

hermoso,-a
1 *adj (gen)* beautiful, lovely: **una mujer hermosa** a beautiful woman; **hace un día hermoso** it's a lovely day.
2 *adj (hombre)* handsome.

hermosura
1 *adj (cualidad - de mujer, lugar)* beauty, loveliness; *(- de hombre)* handsomeness.
2 *nf (mujer hermosa)* beautiful woman, beauty.
3 *nf (persona, cosa)* beautiful thing: **¡qué hermosura de ojos!** what beautiful eyes!; **¡qué hermosura de niño!** what a beautiful child!

hernia *nf* hernia, rupture.
herniado,-a
  1 *pp* → herniarse.
  2 *adj* ruptured.
herniarse *upr* to rupture oneself.
  ▲ *Conjugation model* [12], *like* **cambiar.**
Herodes *nm* Herod.
  ✦ **ir de Herodes a Pilatos** *fig* to go from pillar to post.
héroe *nm* hero.
heroicamente *adv* heroically.
heroico,-a *adj* heroic.
heroína
  1 *nf (mujer)* heroine.
  2 *nf (droga)* heroin.
heroinómano,-a *nm,f* heroin addict.
heroísmo *nm* heroism.
herpe *nm* herpes, shingles.
herpes *nm* herpes, shingles.
  ▲ *pl* herpes.
herpético,-a *adj* herpetic.
herrada *nf* wooden bucket.
herradero *nm (acción)* branding.
herrador *nm* blacksmith.
herradura *nf* horseshoe.
  ✦ **en forma de herradura** horseshoe-shaped.
herraje *nm* iron fittings *pl*, ironwork.
herramienta *nf* tool.
herrar
  1 *vt (caballo)* to shoe.
  2 *vt (ganado)* to brand.
  ▲ *Conjugation model* [27], *like* **acertar.**
herreño,-a
  1 *adj* of Hierro, from Hierro.
  2 *nm,f* person from Hierro, inhabitant of Hierro.
herrería
  1 *nf (fábrica)* ironworks *pl*.
  2 *nf (taller)* forge, smithy, blacksmith's.
  3 *nf (oficio)* smithery.
  4 *nf fig (alboroto)* racket.
herrerillo *nm* great tit.
  ■ **herrerillo capuchino** crested tit.
herrero *nm* blacksmith, smith.
herrete *nm* tag, metal tip.
herrumbre
  1 *nf (óxido)* rust.
  2 *nf (sabor)* rusty taste.
herrumbroso,-a *adj* rusty.
hertz *nm* hertz.
  ▲ *pl* hertz.
hertziano,-a *adj* Hertzian.
hervidero
  1 *nm (ebullición)* boiling, bubbling.
  2 *nm (manantial)* hot spring.
  3 *nm fig (multitud)* swarm, throng: el metro era un hervidero de gente the underground was seething with people.
  4 *nm fig (sitio)* hotbed: el país era un hervidero de rebelión the country was a hotbed of rebellion.

hervir
  1 *vt* to boil.
  2 *vi* to boil: el agua ya hierve the water is boiling.
  3 *vi fig (el mar)* to surge.
  4 *vi fig (excitarse)* to boil, seethe: está que hierve de ira he's seething with anger.
  5 *vi fig (abundar)* to swarm (**de/en**, with), seethe (**de/en**, with): aquel lugar hervía de gente that place was swarming with people.
  ✦ **hervir en deseos de** *fig* to be consumed with.
  romper a hervir to come to the boil.
  ▲ *Conjugation model* [35].
hervor
  1 *nm* boiling, bubbling.
  2 *nm fig* fire, ardour (*us* ardor).
  ✦ **dar un hervor a algo** to blanch something.
hetaira *nf* hetaera.
hetera *nf* hetaera.
heteróclito,-a
  1 *adj* heteroclite.
  2 *adj fml fig* heterogeneous, irregular.
heterodoxia *nf* heterodoxy.
heterodoxo,-a
  1 *adj* heterodox, unorthodox.
  2 *nm,f* heterodox person.
heterogamia *nf* heterogamy.
heterogeneidad *nf* heterogeneity, heterogeneousness.
heterogéneo,-a *adj* heterogeneous.
heteronimia *nf* heteronomy.
heterónomo,-a *adj* heteronomous.
heterosexual
  1 *adj* heterosexual.
  2 *nm & nf* heterosexual.
heterosexualidad *nf* heterosexuality.
heurística *nf* heuristics *sing*.
heurístico,-a *adj* heuristic.
hexaedro *nm* hexahedron.
hexagonal *adj* hexagonal.
hexágono *nm* hexagon.
hexámetro *nm* hexameter.
hez
  1 *nf (poso)* sediment, dregs *pl*.
  2 *nf fig (lo más vil)* scum, dregs *pl*.
  3 **heces** *nf pl* faeces (*us* feces), excrement.
  ▲ *pl* heces.
Hg *sím* (**hectogramo**) hectogramme; (*símbolo*) Hg.
hialino,-a *adj* hyaline.
hiato *nm* hiatus.
hibernación *nf* hibernation.
hibernar *vi* to hibernate.
hibisco *nm* hibiscus.
híbrido,-a
  1 *adj* hybrid.
  2 *nm,f* hybrid.
hice *pt indef* → **hacer.**
hiciste *pt indef* → **hacer.**

hidalgo,-a
  1 *adj desus* noble.
  2 *adj fig (noble)* noble, generous.
  3 *adj fig (caballeroso)* gentlemanly.
  4 **hidalgo** *nm* nobleman, gentleman.
hidalguía
  1 *nf desus* nobility.
  2 *nf fig (generosidad)* generosity, nobleness.
  3 *nf fig (caballerosidad)* chivalry, gentlemanliness.
hidra
  1 *nf (culebra)* sea snake.
  2 *nf (pólipo)* hydra.
hidrácido *nm* hydracid.
hidratación
  1 *nf* hydration.
  2 *nf (de la piel)* moisturizing.
hidratante
  1 *adj* moisturizing.
  2 *nf* moisturizing cream.
hidratar
  1 *vt* to hydrate.
  2 *vt (piel)* to moisturize.
hidrato *nm* hydrate.
  ■ **hidrato de carbono** carbohydrate.
hidráulica *nf* hydraulics *sing*.
hidráulico,-a *adj* hydraulic.
hídrico,-a *adj* hydric.
hidroala *nm* hydrofoil.
hidroavión *nm* seaplane, (*us* hydroplane).
hidrocarburo *nm* hydrocarbon.
hidrocefalia *nf* hydrocephalus, hydrocephaly.
hidrodinámica *nf* hydrodynamics *sing*.
hidrodinámico,-a *adj* hydrodynamic.
hidroelectricidad *nf* hydroelectricity.
hidroeléctrico,-a *adj* hydroelectric.
hidrófilo,-a
  1 *adj (organismo)* hydrophilous.
  2 *adj (absorbente)* absorbent: algodón hidrófilo cotton wool, (*us* absorbent cotton).
hidrofobia *nf* hydrophobia, rabies.
hidrófobo,-a
  1 *adj* hydrophobic.
  2 *nm,f* hydrophobic person.
hidrófugo,-a *adj* water-repellent.
hidrogenar *vt* to hydrogenate.
hidrógeno *nm* hydrogen.
hidrografía *nf* hydrography.
hidrográfico,-a *adj* hydrographic.
hidrógrafo,-a *nm,f* hydrographer.
hidrólisis *nf* hydrolysis.
  ▲ *pl* hidrólisis.
hidrolizar *vt* to hydrolyse.
  ▲ *Conjugation model* [4], *like* **realizar.**
hidrología *nf* hydrology.
hidromasaje
  ■ **bañera de hidromasaje** *nf* Jacuzzi(r), whirlpool bath.
hidrometría *nf* hydrometry.
hidropesía *nf* dropsy.
hidrópico,-a *adj* dropsical, dropsied.

hidroplano
1 *nm (hidroavión)* seaplane, *(US* hydroplane).
2 *nm (embarcación)* hydroplane.
hidroponía *nf* hydroponics.
hidrosfera *nf* hydrosphere.
hidrosoluble *adj* soluble in water.
hidrostática *nf* hydrostatics.
hidrostático,-a *adj* hydrostatic.
hidroterapia *nf* hydrotherapy.
hidróxido *nm* hydroxide.
hiedra *nf* ivy.
hiel
1 *nf* bile.
2 *nf fig* bitterness, gall.
hielo
1 *nm* ice.
2 *nm fig (frialdad)* coldness.
✦ **romper el hielo** *fig* to break the ice.
▪ **cubito de hielo** ice cube.
hiena *nf* hyaena, hyena.
hierático,-a
1 *adj REL* hieratic, hieratical.
2 *adj (rígido)* rigid.
hierba
1 *nf* grass.
2 *nf CULIN* herb.
3 *nf arg (marihuana)* grass.
4 **hierbas** *nf pl (veneno)* poison *sing*, potion *sing*.
5 *nf pl (pastos)* grass *sing*, pastureland *sing*.
✦ **mala hierba nunca muere** the Devil looks after his own.
... y otras hierbas *fam* ... amongst others.
▪ **finas hierbas** mixed herbs.
hierba luisa lemon verbena.
hierba mate maté.
hierbabuena *nf* mint.
hierbajo *nm* weed.
hierro
1 *nm (metal)* iron.
2 *nm (punta)* head, point.
3 *nm (marca)* brand.
4 *nm fig (arma)* steel, weapon.
5 **hierros** *nm pl (prisiones)* chains, shackles.
✦ **machacar en hierro frío** to bang one's head against a brick wall.
quien a hierro mata a hierro muere he who lives by the sword, shall die by the sword.
quitarle hierro a algo to play something down.
ser de hierro to be as strong as an ox.
▪ **hierro colado** cast iron.
hierro forjado wrought iron.
hierro fundido cast iron.
hifi *adj* hi-fi.
higa
1 *nf (amuleto)* fist-shaped amulet.
2 *nf (gesto)* obscene gesture.
3 *nf fig (burla)* mockery; *(desprecio)* scorn.
✦ **no me importa una higa** *fam* I don't give a fig.
higadilla *nf →* higadillo.

higadillo *nm* liver.
✦ **echar los higadillos** *fam* to go flat out.
hígado
1 *nm* liver.
2 **hígados** *nm pl euf* guts.
✦ **tener hígados** *fam* to have guts.
higiene *nf* hygiene.
higiénico,-a *adj* hygienic.
higienista *nm & nf* hygienist.
higienizar *vt* to make hygienic.
▲ *Conjugation model* [4], *like realizar.*
higo *nm* fig.
✦ **de higos a brevas** *fig* once in a blue moon.
estar hecho,-a un higo *fam (persona)* to be wizened; *(cosa)* be screwed up, be crumpled.
me importa un higo *fam* I couldn't care less.
¡y un higo! *fam* not on your life!, nothing doing!
▪ **higo chumbo** prickly pear.
higrometría *nf* hygrometry.
higrómetro *nm* hygrometer.
higroscopio *nm* hygroscope.
higuera *nf* fig tree.
✦ **caer de la higuera** *fig* to come back to earth.
estar en la higuera *fig* to have one's head in the clouds.
▪ **higuera chumba** prickly pear.
hijastro,-a *nm,f (niño, niña)* stepchild; *(hijo)* stepson; *(hija)* stepdaughter.
hijo,-a
1 *nm,f (niño, niña)* child; *(chico)* son; *(chica)* daughter: ¿dónde está mi hijo? where's my son?; tiene dos hijos y dos hijas he has two sons and two daughters.
2 *nm,f (aposición)* junior: Juan Rodríguez, hijo Juan Rodríguez junior.
3 **hijos** *nm pl* children: tiene cuatro hijos she has four children.
4 *nm pl (descendientes)* descendants.
✦ **¡hijo,-a de mi alma!** *fam* my dear child!
hijo,-a mío,-a *(chico)* my boy, my son, my child; *(chica)* my girl, my daughter, my child; *(hombre, mujer)* my dear.
todo hijo de vecino *fam* everyone, everyone else.
▪ **hijo,-a adoptivo,-a** *(niño, niña)* adopted child; *(chico)* adopted son; *(chica)* adopted daughter.
hijo,-a de papá *(chico)* daddy's boy; *(chica)* daddy's girl.
hijo,-a de puta *tabú (hombre)* son of a bitch; *(mujer)* fucking cow.
hijo,-a único,-a *(niño, niña)* only child; *(chico)* only son; *(chica)* only daughter.
hijo político/hija política son-in-law/daughter-in-law.
un hijo de tal *fam* a real so-and-so.
hijoputa *nm tabú* bastard, motherfucker.
hijos *nm pl →* hijo.
hijuelo *nm* shoot.

hila¹
1 *nf (acción de hilar)* spinning.
2 **hilas** *nf pl (hebras)* lint *sing*.
hila²
1 *nf (hilera)* line, row.
2 *nf (tripa)* thin gut.
✦ **a la hila** in a row.
hilacha
1 *nf (hilacho)* loose thread.
2 *nf (resto)* rest.
hilacho *nm* loose thread.
hilada
1 *nf (hilacho)* loose thread.
2 *nf (de ladrillos)* course.
hiladillo *nm* braid.
hilado,-a
1 *pp →* hilar.
2 *adj* spun.
3 **hilado** *nm (operación)* spinning.
4 *nm (hilo)* thread.
▪ **fábrica de hilados** spinning mill.
tejidos de hilado spun textiles.
hilador,-ra *nm,f* spinner.
hilandería
1 *nf (arte)* spinning.
2 *nf (fábrica)* spinning mill; *(de algodón)* cotton mill.
hilandero,-a *nm,f* spinner.
hilar
1 *vt* to spin.
2 *vt fig* to work out.
✦ **hilar muy fino/hilar muy delgado** *fig* to split hairs.
hilarante *adj* hilarious: gas hilarante laughing gas.
hilaridad *nf fml* hilarity, mirth.
hilas *nf pl →* hila.
hilatura
1 *nf (arte)* spinning.
2 *nf (industria)* spinning mill.
hilaza
1 *nf (hilado)* thread, yarn.
2 *nf (hilo gordo)* thick thread.
3 *nf (hilo basto)* coarse thread.
hilera
1 *nf (línea)* line, row.
2 *nf (hilo)* thread.
3 *nf (viga)* ridgepole.
✦ **en hilera** in line.
hilo
1 *nm* thread; *(grueso)* yarn.
2 *nm (lino)* linen.
3 *nm (alambre, cable)* wire.
4 *nm fig (de luz)* thread, thin beam; *(de líquido)* trickle, thin stream.
5 *nm fig (de historia, discurso)* thread; *(de pensamiento)* train.
6 *nm fig (de la vida)* course.
✦ **al hilo** on the grain: cortar al hilo to cut on the grain.
coger el hilo *fig* to catch the drift, get the drift.
con un hilo de voz in a tiny voice, in a faint voice.

estar colgando de un hilo *fig* to be hanging by a thread.
estar pendiente de un hilo *fig* to be hanging by a thread.
mover los hilos *fig* to pull the strings.
perder el hilo *fig* to lose the thread.
seguir el hilo *fig* to follow.
■ **hilo musical** piped music, Musak.

hilván
1 *nm (costura)* tacking, basting.
2 *nm (punto)* tack, tacking stitch, basting stitch.

hilvanar
1 *vt* to tack, baste.
2 *vt fig* to put together, outline.

Himalaya *nm* → **himalayo,-a.**

himalayo,-a
1 *adj* Himalayan.
2 **el Himalaya** *nm* the Himalayas *pl.*

himen *nm* hymen.

himeneo
1 *nm lit (casamiento)* wedding, marriage.
2 *nm (epitalamio)* epithalamium.

himenóptero,-a
1 *adj* hymenopterous.
2 **himenóptero** *nm* hymenopteran.

himno *nm* hymn.
■ **himno nacional** national anthem.

hincapié **hacer hincapié** *nm (insistir)* to insist on; *(subrayar)* to emphasize (**en**, -), put emphasis (**en**, on), stress (**en**, -).

hincar
1 *vt (clavar)* to drive (in).
2 *vt (apoyar)* to set firmly.
✦ **hincar el diente en algo** *(comida etc)* to sink one's teeth into something; *fig* to get one's teeth into something.
hincarla *fig* to work.
hincarse de rodillas to kneel (down).
▲ *Conjugation model* [1], *like sacar.*

hincha
1 *nf (antipatía)* dislike, grudge.
2 *nm & nf DEP* fan, supporter.
✦ **tener hincha a alguien** to have it in for somebody, bear a grudge against somebody: **le tiene hincha** she's got it in for him.

hinchada *nf DEP fam* fans *pl*, supporters *pl.*

hinchado,-a
1 *pp* → **hinchar.**
2 *adj (inflado)* inflated, blown up.
3 *adj (piel)* swollen, puffed up; *(estómago)* bloated.
4 *adj fig (persona)* vain, conceited.
5 *adj fig (estilo, lenguaje)* pompous, bombastic.

hinchar
1 *vt (inflar)* to inflate, blow up; *(con bomba)* to pump up: **hinchar una pelota** to pump up a ball; **hinchar un globo** to blow up a balloon.
2 *vt fig (exagerar)* to inflate, blow up, exaggerate.

3 **hincharse** *vpr MED* to swell (up): **se me ha hinchado el pie** my foot has swollen up.
4 *vpr (engreírse)* to become conceited, become bigheaded.
5 *vpr fam (comer)* to stuff oneself.
6 *vpr fam (hacer dinero)* to make a packet, line one's pockets.
✦ **hincharle a alguien la cabeza con algo** *fig* to stuff somebody's head with something.
hincharle a golpes/hinchar a palos *fam* to beat, thrash.
hincharse de algo to do something a lot: **hincharse de llorar** to cry one's eyes out; **hincharse de correr** to run around a lot.
hinchársele a uno las narices *fam* to get sick and tired.

hinchazón
1 *nf* swelling, inflation.
2 *nf fig (presunción)* vanity, conceit; *(pomposidad)* pomposity, pompousness.

hindi *nm* Hindi.

hindú
1 *adj* Hindu.
2 *nm & nf* Hindu.

hinduismo *nm* Hinduism.

hiniesta *nf* broom.

hinojo¹ *nm arc* knee.
✦ **de hinojos** on one's knees.
postrarse de hinojos to kneel down.

hinojo² *nm BOT* fennel.

hioides *nm* hyoid.
▲ *pl* hioides.

hipar
1 *vi (tener hipo)* to hiccup, hiccough, have the hiccups, have the hiccoughs.
2 *vi (gimotear)* to whine, whimper.
✦ **hipar por algo** *fam* to long for something, yearn for something.

hiperactivo,-a *adj* hyperactive.

hipérbaton *nm* hyperbaton.

hipérbola *nf* hyperbola.

hipérbole *nf* hyperbole.

hiperbólico,-a *adj* hyperbolic, hyperbolical.

hiperbóreo,-a *adj* hyperborean.

hipercrítico,-a *adj* hypercritical.

hiperespacio *nm* hyperspace.

hiperglucemia *nf* hyperglycaemia *(US* hyperglycemia).

hypermedia *nf* hypermedia.

hipermercado *nm* hypermarket, superstore.

hipermétrope
1 *adj* long-sighted.
2 *nm & nf* long-sighted person.

hipermetropía *nf* long-sightedness.

hipernervioso,-a *adj* highly strung.

hiperónimo *nm* superordinate.

hipersensible *adj* hypersensitive.

hipertensión *nf* high blood pressure, hypertension.

hipertenso,-a
1 *adj* hypertensive.
2 *nm,f* hypertensive.

hipertexto *nm* hypertext.

hipertextual *adj* hypertext: **un salto hipertextual** a hypertext link.

hipertrofia *nf* hypertrophy.

hipertrofiar
1 *vt* to hypertrophy.
2 **hipertrofiarse** *vpr* to hypertrophy.

hípica *nf* horse riding.

hípico,-a *adj* horse, equestrian.
■ **club hípico** riding club.

hipido *nm* whimper, sob.

hipnosis *nf* hypnosis.
▲ *pl* hipnosis.

hipnótico,-a *adj* hypnotic.

hipnotismo *nm* hypnotism.

hipnotizador,-ra
1 *adj* hypnotizing.
2 *nm,f* hypnotist.

hipnotizar *vt* to hypnotize.
▲ *Conjugation model* [4], *like realizar.*

hipo *nm* hiccup, hiccough: **tengo hipo** I've got the hiccups.
✦ **quitar el hipo** to cure hiccups; *fig* to take one's breath away.
tener hipo contra alguien *fig* to bear a grudge against somebody.
tener hipo por algo *fig* to be longing for something.

hipoalergénico,-a *adj* hypoallergenic.

hipocalórico,-a *adj* low-calorie.

hipocampo *nm* sea horse.

hipocentro *nm* hypocentre *(US* hypocenter).

hipocondría *nf* hypochondria.

hipocondríaco,-a
1 *adj* hypochondriac.
2 *nm,f* hypochondriac.

hipocondrio *nm* hypochondrium.

hipocorístico *nm* pet name, nickname.

hipocrático,-a *adj* Hippocratic.

hipocresía *nf* hypocrisy.

hipócrita
1 *adj* hypocritical.
2 *nm & nf* hypocrite.

hipocríticamente *adv* hipocritically.

hipodérmico,-a *adj* hypodermic.

hipodermis *nf* hypodermis.
▲ *pl* hipodermis.

hipódromo *nm* racetrack, racecourse.

hipófisis *nf* hypophysis.
▲ *pl* hipófisis.

hipogrifo *nm* hippogriff, hippogryph.

hipomóvil *adj* horse-drawn.

hipónimo *nm* hyponym.

hipopótamo *nm* hippopotamus.

hipotálamo *nm* hypothalamus.

hipotaxis *nf* hypotaxis, subordination.
▲ *pl* hipotaxis.

hipoteca
1 *nf* mortgage.
2 *nf fig* drawback.

hipotecar
1 *vt* to mortgage.
2 *vt fig* to jeopardize.
▲ *Conjugation model* [1], *like sacar.*

hipotecario,-a *adj* mortgage.

hipotensión *nf* low blood pressure, hypotension.

hipotenso,-a *adj* hypotensive.

hipotenusa *nf* hypotenuse.

hipotermia *nf* hypothermia.

hipótesis *nf* hypothesis.
■ hipótesis de trabajo working thesis.
▲ *pl* hipótesis.

hipotético,-a *adj* hypothetic, hypothetical.

hippie
1 *adj* hippy.
2 *nm & nf* hippy.

hiriente
1 *adj* wounding.
2 *adj fig* hurtful, cutting, wounding.

hirsuto,-a
1 *adj* hirsute, hairy; *(cerdoso)* bristly.
2 *adj fig (persona)* rough, brusque, surly.

hirviente *adj* boiling, seething.

hisopear *vt* to sprinkle.

hisopo
1 *nm BOT* hyssop.
2 *nm REL* aspergillum, sprinkler.

hispalense
1 *adj fml* of Seville, from Seville.
2 *nm & nf fml* person from Seville, inhabitant of Seville.

hispánico,-a *adj* Hispanic, Spanish.
■ filología hispánica *(carrera)* Spanish language and literature.

hispanidad
1 *nf (carácter)* Spanishness.
2 *nf (mundo hispánico)* Spanish world, Hispanic world.
■ Día de la Hispanidad Columbus Day.

hispanismo
1 *nm (cultural)* Hispanism, Hispanic studies *pl.*
2 *nm (lingüístico)* Hispanicism.

hispanista *nm & nf* Hispanist.

hispanizar *vt* to Hispanicize.
▲ *Conjugation model* [4], *like realizar.*

hispano,-a
1 *adj (de España)* Spanish, Hispanic.
2 *adj (de América)* Spanish-American.
3 *nm,f (de España)* Spaniard.
4 *nm,f (de América)* Spanish American, *(US* Hispanic).

hispanoamericanismo *nm* Latin Americanism.

hispanoamericano,-a *adj* Spanish American, Latin American.

Hispanoamérica *nf* Spanish America, Latin America.

hispanoárabe
1 *adj* Hispano-Arabic.
2 *nm & nf* Spanish Arab.

hispanofilia *nf* love of Spain.

hispanófilo,-a
1 *adj* Hispanophile.
2 *nm,f* Hispanophile.

hispanófobo,-a
1 *adj* hispanophobic.
2 *nm,f* hispanophobe.

hispanófono,-a *adj-nm,f* → hispano-hablante.

hispanohablante
1 *adj* Spanish-speaking.
2 *nm & nf* Spanish speaker: los hispano-hablantes native Spanish speakers.

híspido,-a *adj* hispid.

histamina *nf* histamine.

histerectomía *nf* hysterectomy.

histeria *nf* hysteria.
■ ataque de histeria hysterics *pl.*
histeria colectiva *fam* mass hysteria.

histéricamente *adv* hysterically.

histérico,-a
1 *adj* hysterical.
2 *nm,f* hysteric.
✦ poner histérico,-a a alguien *fam* to drive somebody mad, wind somebody up.

histerismo
1 *nm* hysteria.
2 *nm fig* hysterics *pl.*

histología *nf* histology.

histológico,-a *adj* histological.

historia
1 *nf (estudio)* history.
2 *nf (narración)* story, tale.
3 *nf fig (cuento)* story, take, excuse.
✦ ¡déjate de historias! get to the point!, stop beating about the bush!
es la historia de siempre it's the same old story.
ir con historias to tell stories.
pasar a la historia to go down in history.
tener una historia con alguien *(lío)* to have some trouble with somebody; *(aventura)* to have a fling with somebody.
■ historia antigua ancient history.
historia natural natural history.
historia universal world history.

historiado,-a
1 *pp* → historiar.
2 *adj fig* overelaborate, florid.

historiador,-ra *nm,f* historian.

historial
1 *nm MED* medical record, case history.
2 *nm (currículo)* curriculum vitae.
3 *nm (antecedentes)* background.
4 *nm INFORM* history.

historiar
1 *vt (contar)* to tell the story of; *(acontecimientos)* to recount.

2 *vt (escribir)* to write the history of; *(acontecimientos)* to chronicle.
3 *vt (en pintura)* to depict.
▲ *Conjugation model* [13], *like desviar.*

históricamente *adv* historically.

historicidad *nf* historicity.

historicismo *nm* historicism.

histórico,-a
1 *adj (relativo a la historia)* historical.
2 *adj (importante)* historic, memorable.
3 *adj (cierto)* factual, true: el libro se basa en hechos históricos the book is based on historical facts.
4 *adj LING* historical.

historieta
1 *nf (cuento)* short story, tale, anecdote.
2 *nf (viñetas)* comic strip, cartoon.

historiografía *nf* historiography.

historiógrafo,-a
1 *nm,f (historiador)* historian.
2 *nm,f (cronista)* chronicler.

histrión
1 *nm (actor)* player, actor.
2 *nm fig* clown, buffoon.

histriónico,-a *adj* histrionic.

histrionismo *nm* histrionics *pl*, theatrical behaviour *(US* behavior).

hita *nf* sprig.

hitita
1 *adj* Hittite.
2 *nm,f (persona)* Hittite.
3 *nm (idioma)* Hittite.

hitleriano,-a *adj* Hitler, Hitlerite.

hitlerismo *nm* Hitlerism.

hito
1 *nm (mojón - para distancias)* milestone; *(- para límites)* boundary stone.
2 *nm (juego)* quoits *pl.*
3 *nm (blanco)* bull's eye.
4 *nm fig (objetivo)* target, aim, goal.
5 *nm fig (hecho importante)* milestone, landmark.
✦ dar en el hito to hit the nail on the head.
mirar de hito en hito to stare at.

hizo *pt indef* → hacer.

Hl *sím* (**hectolitro**) hectolitre *(US* hectoliter); *(símbolo)* Hl.

Hm *sím* (**hectómetro**) hectometre *(US* hectometer); *(símbolo)* Hm.

hnos *abr* (**hermanos**) brothers; *(abreviatura)* bros.

hobby *nm* hobby.
▲ *pl* hobbys.

hocicar
1 *vt (hozar)* to root in, root among.
2 *vi (dar con los hocicos)* to hit one's face (**con/contra/en**, against).
3 *vi fig (con un obstáculo)* to run (**con/contra/en**, into).

hocico
1 *nm (de animal)* snout, muzzle.
2 *nm pey (de persona)* nose, snout.
✦ caer de hocicos/darse de hocicos to fall flat on one's face.

dar de hocicos contra to bump into.
estar de hocico/poner hocico to be in a bad mood.
meter los hocicos en algo *fam* to stick one's nose into something, poke one's nose into something.

hocicón,-ona
1 *adj (animal)* big-snouted.
2 *adj (persona)* big-mouthed.

hocicudo,-a *adj* → hocicón,-ona.

hocino[1] *nm (hoz)* billhook.

hocino[2]
1 *nm (terreno)* valley floor.
2 *nm (angostura)* narrows *pl*.

hociquear *vt-vi* → hocicar.

hockey *nm* hockey.
■ hockey sobre hielo ice hockey.
hockey sobre hierba (field) hockey.

hodierno,-a *adj* present-day.

hogaño
1 *adv* this present year.
2 *adv lit* these days, in this day and age.

hogar
1 *nm (de chimenea)* hearth, fireplace.
2 *nm fig (casa)* home.
3 *nm fig (familia)* family.
✦ crear un hogar/formar un hogar to start a family.
hogar dulce hogar *fam* home sweet home.
sin hogar homeless.
■ la vida del hogar family life, home life.

hogareño,-a
1 *adj (vida)* home, family.
2 *adj (persona)* home-loving, stay-at-home.

hogaza *nf* large loaf (of bread).

hoguera
1 *nf* bonfire.
2 *nf fig* blaze.
✦ morir en la hoguera *euf* to be burnt at the stake.

hoja
1 *nf (gen)* leaf.
2 *nf (pétalo)* petal.
3 *nf (de papel)* sheet; *(impreso)* handout, printed sheet.
4 *nf (de libro)* leaf, page.
5 *nf (de metal)* sheet.
6 *nf (de cuchillo etc)* blade.
7 *nf (de puerta, ventana)* leaf; *(de mesa)* leaf, flap: una ventana de dos hojas a double-leaf window.
8 *nf (porción de tierra)* fallow land.
✦ batir hoja to beat metal.
de hoja caduca *BOT* deciduous.
de hoja perenne *BOT* evergreen.
no tiene vuelta de hoja *fig* there's no doubt about it.
temblar como una hoja to shake like a leaf.
volver la hoja *fig* to change the subject.
■ hoja de afeitar razor blade.
hoja de cálculo spreadsheet.
hoja de parra *fig* cover, alibi.
hoja de ruta waybill.

hoja de servicios service record.
hoja en blanco blank sheet of paper.
hoja seca dead leaf.
hoja suelta loose leaf, loose sheet.

hojalata *nf* tin, tin plate.

hojalatería
1 *nf (oficio)* tinwork.
2 *nf (objetos)* tinware.
3 *nf (taller, tienda)* tinsmith's.

hojalatero *nm* tinsmith.

hojaldrado,-a
1 *pp* → hojaldrar.
2 *adj* puff: pasta hojaldrada puff pastry.

hojaldrar *vt* to make into puff pastry.

hojaldre *nm o nf* puff pastry.
▲ Usually considered masculine.

hojarasca
1 *nf (hojas caídas)* fallen leaves *pl*, dead leaves *pl*.
2 *nf (frondosidad)* foliage.
3 *nf fig (cosa inútil)* rubbish; *(palabras)* waffle, padding: tu libro está lleno de hojarasca your book is rubbish.

hojeada *nf* flick: le daré una hojeada al libro I'll flick through the book.

hojear *vt* to leaf through, flick through.

hojoso,-a *adj* leafy.

hojuela
1 *nf CULIN* pancake.
2 *nf (de la aceituna)* pressed olive skins *pl*.
3 *nf (hoja de metal)* foil.

hola *interj fam* hello!, hullo!, *(US* hi!).

Holanda *nf* Holland.

holandés,-esa
1 *adj* Dutch.
2 *nm,f (persona)* Dutch person; *(hombre)* Dutchman; *(mujer)* Dutchwoman.
3 holandés *nm (idioma)* Dutch.

holandesa *nf (papel)* quarto sheet.

holding *nm* holding company.
▲ *pl* holdings.

holgadamente
1 *adv (con amplio margen)* easily: caben cuatro niños holgadamente four children fit in easily; ganaron holgadamente they won easily.
2 *adv (con comodidad)* comfortably: viven holgadamente they are well off, they are comfortably off.

holgado,-a
1 *pp* → holgar.
2 *adj (desocupado)* idle.
3 *adj (ropa)* loose, baggy: un jersey holgado a loose-fitting jumper.
4 *adj (espacio)* roomy.
5 *adj (victoria)* easy, comfortable; *(mayoría)* comfortable.
6 *adj (posición)* comfortable, well-off.
✦ andar/estar holgado,-a de tiempo to have plenty of time.
ir holgado,-a to have plenty of room.

holganza
1 *nf (ocio)* leisure, idleness.
2 *nf (diversión)* pleasure.

holgar
1 *vi (descansar)* to rest.
2 *vi (estar ocioso)* to be idle.
3 holgarse *vpr (alegrarse)* to be pleased (con/de, with).
4 *vpr (divertirse)* to enjoy oneself.
✦ huelga decir que ... needless to say (that) ...
huelgan las palabras no comment.
▲ *Conjugation model* [52], *like* colgar.

holgazán,-ana
1 *adj* idle, lazy.
2 *nm,f* lazybones, layabout.

holgazanear *vi* to laze around, loaf around, idle.

holgazanería *nf* idleness, laziness.

holgorio *nm* revelry, merriment.

holgura
1 *nf (ropa)* looseness.
2 *nf (espacio)* room, spaciousness: cabíamos con holgura there was plenty of room for us.
3 *nf TÉC* play.
4 *nf fig (bienestar)* affluence, comfort: viven con holgura they live comfortably, they are well-off.

holístico,-a *adj* holistic.

holladura
1 *nf (huella)* footprint.
2 *nf (pisoteo)* trampling.

hollar
1 *vt (comprimir)* to tread (on), set foot on.
2 *vt (pisar)* to trample on.
3 *vt fig (humillar)* to humiliate.
▲ *Conjugation model* [31], *like* contar.

hollejo *nm* skin, peel.

hollín *nm* soot.

holmio *nm* holmium.

holocausto *nm* holocaust.
✦ ofrecer algo en holocausto *fig* to offer something as a sacrifice.

holografía *nf* holography.

holográfico,-a *adj* holographic.

hológrafo *nm* holograph.

holograma *nm* hologram.

hombrada *nf* manly action.

hombre
1 *nm (individuo)* man: el hombre y la mujer man and woman.
2 *nm (especie)* man, mankind.
3 *nm fam (marido)* husband.
4 *interj (asombro)* hey!, hey there!, well!: ¡hombre, Pedro, no te esperaba! hey, Pedro, I didn't expect you!
5 *interj (enfático)* sure!: ¡sí hombre! you bet!, yeah sure!; ¡hombre claro! of course!, you bet!
6 *interj (enfado)* but really!: ¡pero hombre! but really!; ¡anda hombre! come on!
✦ de hombre a hombre man-to-man.
hacer un hombre to make a man of: te hará un hombre it'll make a man of you.

hacerse un hombre to become a man.

¡hombre al agua! man overboard!

¡pobre hombre! poor chap!, poor bloke! (us poor guy!).

portarse como un hombre to act like a man.

ser muy hombre to be every inch a man.

ser otro hombre to be a changed man.

■ **buen hombre** good fellow.

el hombre de la calle the man in the street.

el hombre medio the average man.

hombre anuncio sandwich man.

hombre de bien good man, honest man.

hombre de estado statesman.

hombre de letras man of letters.

hombre de mundo man of the world.

hombre de negocios businessman.

hombre de paja *fig* front man.

hombre de palabra man of his word.

hombre de peso important figure.

hombre de pro honest man.

hombre del tiempo weatherman.

hombre del saco *fam* bogey man.

hombre lobo werewolf.

hombre orquesta one-man band.

hombre rana frogman.

hombrear¹ *vi (dárselas de hombre)* to act the man; *(parecerse al hombre)* to be turning into a man.

hombrear²

1 *vi (con hombros)* to push with one's shoulders.

2 *vi fig (querer igualarse)* to try to act (**con**, like): **hombrear con los mayores** to try to act like an adult.

hombrera

1 *nf (almohadilla)* shoulder pad.

2 *nf (tirante)* shoulder strap.

3 *nf MIL* epaulette.

hombretón *nm* big fellow, well-built fellow.

hombría *nm* manliness, virility.

hombro *nm* shoulder.

✦ **a hombros** on one's shoulders.

arrimar el hombro to help out, lend a hand.

echarse algo al hombro to shoulder something.

estar hombro a hombro con alguien *fig* to rub shoulders with somebody.

tener la cabeza sobre los hombros *fig* to have one's head squarely on one's shoulders.

hombruno,-a *adj* mannish, manly.

homenaje *nm* homage, tribute.

✦ **en homenaje a** in honour (us honor) of.

rendir homenaje a alguien to pay homage to somebody, pay tribute to somebody.

homenajear *vt* to pay tribute to.

homeópata

1 *adj* homeopathic.

2 *nm & nf* homeopath.

homeopatía *nf* homeopathy.

homeopático,-a *adj* homeopathic.

homérico,-a *adj* Homeric.

homicida

1 *adj* homicidal, murder: **el arma homicida** the murder weapon.

2 *nm & nf (hombre)* murderer; *(mujer)* murderess.

homicidio *nm (voluntario)* homicide, murder; *(involuntario)* manslaughter.

homilía *nf* homily, sermon.

homínido

1 *adj* hominoid.

2 *nm* hominid, hominoid.

homofonía *nf* homophony.

homófono,-a

1 *adj* homophonous, homophonic.

2 **homófono** *nm* homophone.

homogeneidad *nf* homogeneity, uniformity.

homogeneización *nf* homogenization.

homogeneizar *vt* to homogenize, make homogeneous.

▲ *Conjugation model* [26].

homogéneo,-a *adj* homogeneous, uniform.

homógrafo,-a

1 *adj* homographic.

2 **homógrafo** *nm* homograph.

homologable *adj* equivalent.

homologación

1 *nf (registro)* official approval, official recognition.

2 *nf DEP* ratification.

3 *nf (equiparación)* parity.

homologado,-a

1 *pp* → **homologar.**

2 *adj (centro, estudios)* officially approved, officially recognized: **centro de estudios homologado** officially recognized school.

3 *adj (productos)* authorized.

homologar

1 *vt (comprobar)* to approve, recognize, authorize.

2 *vt DEP* to ratify.

▲ *Conjugation model* [7], *like* **llegar.**

homología *nf* homology.

homólogo,-a

1 *adj* equivalent, homologous.

2 *nm,f* opposite number, counterpart.

homónimo,-a

1 *adj* homonymous.

2 **homónimo** *nm* homonym.

homosexual

1 *adj* homosexual.

2 *nm & nf* homosexual.

homosexualidad *nf* homosexuality.

honda *nf* sling.

hondear

1 *vt (reconocer el fondo)* to sound.

2 *vt (descargar)* to unload.

hondo,-a

1 *adj* deep.

2 *adj fig* profound, deep.

3 **hondo** *nm (fondo)* bottom, depths *pl*: **en lo hondo de la caja** at the bottom of the box.

4 *nm (medida)* depth: **tiene dos metros de hondo** it's two metres deep.

hondonada *nf* hollow, depression.

hondura *nf* depth.

✦ **meterse en honduras** *(profundizar)* to go into too much detail; *(tratar sin conocimiento)* to get out of one's depth, get in over one's head.

Honduras *nm* Honduras.

hondureño,-a

1 *adj* Honduran.

2 *nm,f* Honduran.

honestamente

1 *adv (con honestidad)* honestly.

2 *adv (con decencia)* decently, properly.

3 *adv (con recato)* modestly.

honestidad

1 *nf (honradez)* honesty, uprightness.

2 *nf (decencia)* decency.

3 *nf (recato)* modesty.

honesto,-a

1 *adj (honrado)* honest, upright.

2 *adj (decente)* decent.

3 *adj (recatado)* modest.

hongo

1 *nm (gen)* fungus; *(comestible)* mushroom; *(venenoso)* toadstool.

2 *nm (sombrero)* bowler, bowler hat.

■ **hongo atómico/hongo nuclear** mushroom cloud.

honor

1 *nm (virtud)* honour (us honor).

2 *nm (reputación)* reputation, honour (us honor), good name.

3 *nm (de la mujer)* virtue.

4 **honores** *nm pl (título)* title *sing*, distinction *sing*.

5 *nm pl (agasajo)* honours (us honors).

✦ **con honores militares** with military honours (us honors).

en honor a la verdad to be fair, in all fairness.

es un honor para mí it's an honour (us honor) for me.

hacer honor a to live up to: **hace honor a su reputación** he lives up to his reputation.

hacer los honores to do the honours (us honors).

jurar por su honor to swear on one's honour (us honor).

perder su honor *(una mujer)* to lose one's honour (us honor).

por mi honor upon my honour (us honor).

rendir los honores a to pay honour (us honor) to.

ser cuestión de honor to be a point of honour (us honor).

■ **hombre de honor** man of honour (us honor).

honorabilidad *nf* honourableness (*us* honorableness).

honorable *adj* honourable (*us* honorable).

honorablemente *adv* honourably (*us* honorably).

honorario,-a
1 *adj* honorary.
2 **honorarios** *nm pl* fee *sing*, fees, emoluments.

honorífico,-a *adj* honorary.
▪ **cargo honorífico** unpaid post.

honoris honoris causa *adj* honoris causa.

honra
1 *nf (dignidad propia)* dignity.
2 *nf (honor)* honour (*us* honor).
3 *nf (buena reputación)* reputation, good name.
4 *nf (de la mujer)* virtue.
5 **honras** *nf pl (fúnebres)* last honours (*us* honors).
✦ **¡a mucha honra!** and (I'm) proud of it!
me cabe la honra de ... I have the honour (*us* honor) of ...
tener a mucha honra algo to be very proud of something.

honradamente *adv* honestly, fairly.

honradez *nf* honesty, integrity.

honrado,-a
1 *pp* → honrar.
2 *adj (honesto)* honest.
3 *adj (decente)* upright, respectable.
4 *adj (honorable)* honourable (*us* honorable).

honrar
1 *vt (gen)* to honour (*us* honor): **nos honró con su presencia** he honoured us with his presence.
2 *vt (enaltecer)* to do credit to: **ese gesto te honra** that gesture does you credit.
3 **honrarse** *vpr* to be honoured (*us* honored).

honrilla *nf* self-respect, pride.
✦ **por la negra honrilla** for the sake of appearances.

honroso,-a
1 *adj (que honra)* honourable (*us* honorable).
2 *adj (decoroso)* respectable, reputable.

hontanar *nm* spring.

hopear
1 *vi (la cola)* to wag its tail.
2 *vi fig (corretear)* to run about.

hopo¹
1 *nm (cola)* bushy tail.
2 *nm (mechón)* shock of hair.

hopo² *interj (fuera)* out!

hora
1 *nf (unidad de tiempo)* hour: **media hora** half an hour.
2 *nf (tiempo)* time: **¿qué hora es?** what time is it?; **es hora de marchar** it's time to go; **no es hora de ...** this is no time to ...

3 *nf (cita)* appointment: **tengo hora para las cuatro y media** I have an appointment at half past four.
✦ **a altas horas** in the small hours.
a buena hora *(oportunamente)* at the right time; *(afortunadamente)* fortunately.
¡a buenas horas! and about time too!
a estas horas *(ahora)* by now; *(indicando sorpresa)* at this time (of the day): **a estas horas la tienda estará cerrada** the shop will be closed by now; **¿qué haces aquí a estas horas?** what are you doing here at this time?
a la hora at the proper time, on time.
a la hora de la verdad at the moment of truth, when it comes to it.
a primera hora first thing in the morning.
a su hora at the proper time, in time.
a última hora at the last moment.
comer entre horas to eat between meals, snack.
dar hora to give an appointment.
dar la hora to strike the hour.
de última hora last-minute: **una noticia de última hora** some last-minute news.
en mala hora *(inoportunamente)* at the wrong time; *(desafortunadamente)* unfortunately.
ir con la hora pegada al culo *tabú* to run around like a blue-arsed fly.
pedir hora to make an appointment.
poner en hora to set.
por horas by the hour: **cobro por horas** I get paid by the hour.
tener horas de vuelo *fig* to be an old hand.
¡ya era hora! and about time too!
▪ **hora de acostarse** bedtime.
hora de cenar dinner time.
hora de comer lunch time, dinner time.
hora oficial standard time.
hora peninsular time in mainland Spain.
hora punta rush hour.
horas extras overtime: **no quiere hacer horas extras** he doesn't want to work overtime.
horas muertas spare time.

horadar
1 *vt (perforar)* to pierce.
2 *vt (taladrar)* to drill (through), bore (through).

horario,-a
1 *adj* time: **cambio horario** time change.
2 **horario** *nm* timetable, (*us* schedule).
3 *nm (jornada laboral)* hours *pl*, timetable: **tengo horario de mañana** I work mornings.
4 *nm (de reloj)* hour hand.
▪ **horario comercial** *(tienda)* opening hours *pl*; *(empresa)* business hours *pl*.
horario laboral working hours *pl*.

horca
1 *nf (patíbulo)* gallows *pl*, gibbet.
2 *nf AGR* hayfork, pitchfork.
3 *nf (de ajos, cebollas)* string.

horcadura *nf* fork.

horcajadas a horcajadas *loc* astride.

horcajadura *nf* crotch.

horchata *nf* sweet milky drink made from tiger nuts or almonds.
✦ **tener sangre de horchata** *fam* to have water in one's veins, be gutless.

horchatería *nf* bar where *horchata* is sold.

horchatero,-a *nm,f* horchata seller.

horcón *nm* pitchfork.

horda
1 *nf* horde, mob.
2 *nf fig* gang.

horizontal *adj* horizontal.

horizontalidad *nf* horizontality.

horizontalmente *adv* horizontally.

horizonte *nm* horizon.

horma
1 *nf* mould (*us* mold), form.
2 *nf (de zapato)* last.
✦ **encontrar uno la horma de su zapato** *fig* to meet one's match.

hormiga *nf* ant.
▪ **hormiga blanca** white ant.
hormiga obrera worker ant.

hormigón *nm* concrete.
▪ **hormigón armado** reinforced concrete.

hormigonera *nf* concrete mixer.

hormiguear
1 *vi* to itch, tingle: **me hormigueaba la mano** I had pins and needles in my hand.
2 *vi (bullir)* to swarm, teem.

hormigueo
1 *nm* pins and needles *pl*, tingling sensation, itching sensation.
2 *nm fig* anxiety, uneasiness.

hormiguero *nm* ant hill, ant's nest.
✦ **ser un hormiguero** *fig* to be swarming with people, be crawling with people: **el centro era un hormiguero** the city centre was crawling with people.

hormiguilla
1 *nf (cosquilleo)* pins and needles *pl*, tingling sensation, itching sensation.
2 *nf fam fig (remordimiento)* remorse.

hormiguillo
1 *nm (cosquilleo)* pins and needles *pl*, tingling sensation, itching sensation.
2 *nm (línea de obreros)* line.

hormiguita *nf fam* small ant.
✦ **ser una hormiguita** *fam* to be hardworking and thrifty.

hormona *nf* hormone.

hormonal *adj* hormonal.

hornacho *nm* excavation.

hornacina *nf* niche.

hornada
1 *nf* batch.
2 *nf fig* set, batch.

hornaza
1 *nf (horno)* silversmith's crucible.
2 *nf (color amarillo)* light yellow glazing.

hornazo *nm (rosca)* sausage and ham pie decorated with hard-boiled eggs.

hornear
1 *vi* to bake.
2 *vt* to bake.

hornillo
1 *nm TÉC* small furnace.
2 *nm (para cocinar)* stove.
3 *nm (en las minas)* blast hole.
■ **hornillo eléctrico** hotplate.

horno
1 *nm (de cocina)* oven.
2 *nm TÉC* furnace.
3 *nm (cerámica, ladrillos)* kiln.
4 *nm (panadería)* bakery.
✦ **no estar el horno para bollos** *fam* not to be the right time.
ser un horno *fam* to be boiling hot, be roasting.
■ **horno crematorio** crematorium.
horno de fundición smelting furnace.
horno (de) microondas microwave oven.
horno eléctrico electric oven.

horóscopo *nm* horoscope.

horquilla
1 *nf (de pelo)* hairgrip, hairclip, (*US* bobby pin).
2 *nf AGR* pitchfork.
3 *nf (de bicicleta)* fork.

horrendo,-a *adj* horrible, horrifying, awful, frightful.

hórreo *nm* granary.

horrible *adj* horrible, dreadful, awful.

horriblemente *adv* horribly.

horripilación *nf* horripilation.

horripilante *adj* hair-raising, horrifying, terrifying.

horripilar *vt* to horrify, scare stiff, give the creeps: los detalles del asesinato los horripilaron the details of the murder made their hair stand on end.

horrísono,-a *adj* terrible.

horro,-a
1 *adj (esclavo)* free.
2 *adj fig (carente)* lacking.

horror
1 *nm (repulsión)* horror, terror.
2 *nm (temor)* hate.
3 *nm fig (atrocidad)* atrocity.
4 *nm fam fig (gran cantidad)* an awful lot: me gusta un horror I'm crazy about him; bebió horrores he drank a tremendous amount.
✦ **¡qué horror!** how awful!

horrorizar
1 *vt (causar horror)* to horrify, terrify.
2 *vt fam (disgustar)* to disgust, turn off: me horroriza ese tipo de película that kind of film really turns me off.
3 **horrorizarse** *vpr* to be horrified.
▲ *Conjugation model [4], like realizar.*

horrorosamente
1 *adv* horribly.
2 *adv fam* terribly, awfully.

horroroso,-a
1 *adj (que causa miedo)* horrifying, terrifying.
2 *adj fam (feo)* ghastly, hideous.
3 *adj fam (malísimo)* dreadful, awful.
4 *adj fam (muy grande)* awful: tenía una hambre horrorosa I was terribly hungry.

hortaliza *nf* vegetable.

hortelano,-a
1 *adj* market-gardening, (*US* truck-farming).
2 *nm,f* market gardener, (*US* truck farmer).
✦ **como el perro del hortelano** *fig* dog in the manger.

hortense *adj* vegetable.

hortensia *nf* hydrangea.

hortera
1 *adj fam (grosero)* common, vulgar, tasteless; *(cursi)* corny, tacky; *(ostentoso)* flashy.
2 *nm & nf* vulgar person, person with no taste: tu amiga es una hortera your friend has no taste.

horterada *nf fam (cosa)* tacky thing; *(acto)* tacky thing to do.

hortícola *adj* horticultural.

horticultor,-ra *nm,f* horticulturist.

horticultura *nf* horticulture.

hosco,-a
1 *adj (insociable)* sullen, surly.
2 *adj (lugar)* gloomy, dark.

hospedaje
1 *nm (acción)* lodging; *(precio)* cost of lodging.
2 *nm (lugar)* lodgings *pl*, accommodation.

hospedar
1 *vt* to lodge, put up.
2 **hospedarse** *vpr* to stay (**en**, at).

hospedería *nf* inn, hostelry.

hospiciano,-a
1 *nm,f (huérfano)* orphan, child living in an orphanage.
2 *nm,f (peregrino)* person staying in a hospice.
3 *nm,f (pobre)* person living in a poorhouse.

hospicio
1 *nm (de huérfanos)* orphanage.
2 *nm (de peregrinos)* hospice.
3 *nm (de pobres)* poorhouse.

hospital *nm* hospital, infirmary: Marta está en el hospital Marta is in hospital, (*US* Marta is in the hospital).
■ **hospital de (primera) sangre** *MIL* field hospital.

hospitalario,-a
1 *adj (acogedor)* hospitable.
2 *adj MED* hospital.

hospitalidad *nf* hospitality.

hospitalización *nf* hospitalization.

hospitalizar *vt* to send into hospital, hospitalize.
▲ *Conjugation model [4], like realizar.*

hosquedad
1 *nf* surliness, sullenness.
2 *nf (de un lugar)* darkness.

hostal *nm* hostel, hotel.

hostelería
1 *nf (actividad)* catering business.
2 *nf (estudios)* hotel management.

hostelero,-a
1 *nm,f* hotel manager.
2 *adj* hotel: la industria hostelera the hotel industry.

hostería *nf* inn, lodging house.

hosti *interj tabú* → **hostia**.

hostia
1 *nf REL* host, Eucharistic wafer.
2 *nf tabú (choque)* bump, bash; *(torta)* slap, smack, punch.
3 *interj tabú* damn it!, Jesus!, bloody hell!, fuck!
✦ **darle una hostia a alguien/pegarle una hostia a alguien** *tabú* to give somebody a hiding, give somebody a smack in the face.
darse de hostias *tabú* to fight.
darse/pegarse una hostia con el coche to have a car crash.
darse una hostia/pegarse una hostia *tabú* to give oneself a real bash, come a cropper.
de la hostia tremendous, a hell of a: tienen una casa de la hostia they've got one hell of a house; hacían un ruido de la hostia they were making one hell of a racket.
estar de mala hostia *tabú* to be in a shitty mood.
ir a toda hostia *tabú* to go flat out.
ser la hostia *tabú (fantástico)* to be bloody amazing, be bloody fantastic; *(penoso)* to be bloody useless.

hostiar *vt tabú* to thump, whack.

hostiario
1 *nm (caja)* wafer box.
2 *nm (molde)* wafer mould (*US* mold).

hostigamiento *nm* harassment.

hostigar
1 *vt (azotar)* to whip.
2 *vt fig (perseguir)* to plague, persecute; *(al enemigo)* to harass.
3 *vt fig (molestar)* to pester.
▲ *Conjugation model [7], like llegar.*

hostil *adj* hostile.

hostilidad
1 *nf* hostility.
2 **hostilidades** *nf pl* hostilities.

hostilizar *vt* to harass.

hotel
1 *nm (establecimiento)* hotel.
2 *nm (casa)* villa, mansion.
3 *nm arg (cárcel)* clink, nick.

hotelero,-a
1 *adj* hotel.
2 *nm,f* hotel manager, hotelier.

hotentote,-a
1 *adj* Hottentot.
2 *nm,f (persona)* Hottentot.
3 **hotentote** *nm* Hottentot.

hovercraft *nm* hovercraft.

hoy
1 *adv (día)* today.
2 *adv fig (actualmente)* now, nowadays.
✦ **de hoy a mañana** very soon, overnight.
de hoy en adelante from now on.
en el día de hoy today.
hasta hoy up till now.
hoy (en) día nowadays, today, these days.
hoy por hoy at the present time, right now.
por hoy for the present.

hoya
1 *nf (hoyo)* hole, pit.
2 *nf (sepultura)* grave.
3 *nf GEOG* valley, dale.

hoyanca *nf* common grave.

hoyo
1 *nm (agujero)* hole, pit.
2 *nm (sepultura)* grave.
3 *nm (hoyuelo)* dimple.
4 *nm (golf)* hole.

hoyuelo *nm* dimple.

hoz[1] *nf AGR* sickle.
✦ **la hoz y el martillo** *POL* the hammer and the sickle.
▲ *pl* **hoces**.

hoz[2] *nf GEOG* ravine, gorge.
▲ *pl* **hoces**.

hozar *vt* to root in, root among, dig up.
▲ *Conjugation model* [4], *like* **realizar**.

HR *abr* (**Hotel Residencia**) guesthouse, boarding house.

hube *pt indef* → **haber**.

hubiera *imperf subj* → **haber**.

hucha
1 *nf* moneybox, piggy bank.
2 *nf fig* savings *pl*, nest egg.

hueco,-a
1 *adj* hollow: **pared hueca** hollow wall, stud wall.
2 *adj (vacío)* empty.
3 *adj (cóncavo)* concave.
4 *adj (sonido)* hollow; *(voz)* deep.
5 *adj (mullido)* spongy, soft.
6 *adj fig (presumido)* vain, conceited.
7 *adj (estilo etc)* affected, empty.
8 *hueco nm (cavidad)* hollow, hole.
9 *nm (de tiempo)* slot, free time; *(de espacio)* empty space: **solo tengo un hueco después de comer** I'm only free after lunch.
10 *nm fig (vacante)* vacancy.
11 *nm ARQ* opening.
✦ **dejar un hueco** to leave a gap.
hacer un hueco a alguien to make room for somebody.
llenar un hueco *fig* to fill a need, fill a gap.
▪ **hueco de la escalera** stairwell.
hueco del ascensor lift shaft, *(US* elevator shaft).
hueco de la ventana window recess.

huecograbado *nm* photogravure.

huecorrelieve *nm* linocut.

huele *pres indic* → **oler**.

huelga *nf* strike.
✦ **estar en huelga/estar de huelga** to be on strike.
hacer huelga to go on strike.
ir a la huelga to go on strike.
▪ **huelga a la japonesa** work-in.
huelga de brazos caídos go-slow.
huelga de celo work-to-rule.
huelga de hambre hunger strike.
huelga general general strike.
huelga salvaje wildcat strike.
▲ *See also* **holgar**.

huelgo
1 *nm (aliento)* breath.
2 *nm TÉC* play.

huelguista *nm & nf* striker.

huella
1 *nf (de pie)* footprint; *(de ruedas)* track.
2 *nf fig (vestigio)* trace, sign: **las huellas del tiempo** the traces of time.
✦ **dejar huella** to leave one's mark (**en**, on).
no quedar ni huella not to be a trace.
seguir las huellas de alguien *fig* to follow in somebody's footsteps.
▪ **huella dactilar** fingerprint.

huelveño,-a
1 *adj* of Huelva, from Huelva.
2 *nm,f* person from Huelva, inhabitant of Huelva.

huérfano,-a
1 *adj* orphan, orphaned.
2 *adj fig (carente)* lacking, devoid: **huérfano de afecto** devoid of affection.
3 *nm,f* orphan.
▪ **huérfano,-a de guerra** war orphan.
huérfano,-a de madre motherless.
huérfano,-a de padre fatherless.

huero,-a *adj fig* empty.

huerta
1 *nf (terreno)* market garden, *US* truck garden.
2 *nf (zona)* irrigated agricultural and market-gardening region.

huerto *nm (de verduras)* vegetable garden, kitchen garden; *(de frutas)* orchard.
✦ **llevarse a alguien al huerto** *fam (engañar)* to lead somebody up the garden path; *(llevarse a la cama)* to get somebody into bed.

huesa *nf fml* grave.

hueso
1 *nm ANAT* bone.
2 *nm (de fruta)* stone, *(US* pit).
3 *nm fam fig (cosa difícil)* struggle, problem: **las mates son un hueso para mí** I find maths really hard.
4 *nm fam fig (persona desagradable)* pain in the neck, jerk.
5 *nm fam fig (profesor)* strict teacher, stickler.
✦ **dar con los huesos en** *fig* to end up in.
dar con los huesos en el suelo to end up on the floor.
darle a la sin hueso to talk one's head off.

estar en los huesos *fig* to be all skin and bone.
no poder con sus huesos *fig* to be all in.
romperle los huesos a alguien *fig* to beat somebody up.
ser un hueso duro de roer *fig* to be a hard nut to crack.
tener los huesos molidos to be exhausted, be dead beat.

huesoso,-a *adj* bony.

huésped,-da
1 *nm,f (invitado)* guest.
2 *nm,f (en hotel)* lodger, boarder.
3 *nm,f (anfitrión)* host; *(anfitriona)* hostess.

hueste
1 *nf MIL* army, host.
2 *huestes nf pl fig (seguidores)* followers, supporters, fans.
▲ *In* 1, *also used in plural with the same meaning.*

huesudo,-a *adj* bony.

hueva *nf* roe, spawn.
▪ **huevas de esturión** caviar *sing*.

huevar *vi* to begin to lay.

huevazos *nm tabú* wanker *(US* asshole).
▲ *pl* **huevazos**.

huevera
1 *nf (copa)* egg cup.
2 *nf (cartón)* egg box.

huevería *nf* egg shop.

huevero,-a *nm,f (persona)* egg seller.

huevo
1 *nm* egg.
2 *nm COST* darning egg.
3 *huevos nm pl fam* balls *pl*.
✦ **costar un huevo** *fam* to cost an arm and a leg.
estar hasta los huevos *fam* to be pissed off (**de**, with).
hacer algo por huevos *fam* to do something even if it kills one.
parecerse como un huevo a una castaña *fig* to be as different as chalk and cheese.
poner a huevo *fam* to hand on a plate: **se lo pusieron a huevo** they handed it to him on a plate.
ser el huevo de Colón *fig* to be easier than it seems.
tener huevos *fam* to have balls.
¡y un huevo! *fam* like hell!
▪ **huevo duro** hard-boiled egg.
huevo escalfado poached egg.
huevo estrellado/huevo frito fried egg.
huevo pasado por agua soft-boiled egg.
huevos revueltos scrambled eggs.

huevón,-ona *adj* sluggish.

huevos *nm pl* → **huevo**.

hugonote
1 *adj* Huguenot.
2 *nm & nf* Huguenot.

huida
1 *nf* flight, escape.
2 *nf (de caballo)* shying, bolting.

huidero,-a
1 *adj* → huidizo,-a.
2 **huidero** *nm* shelter, cover.

huidizo,-a
1 *adj (esquivo)* fleeting, elusive.
2 *adj (tímido)* shy.

huir
1 *vi (escapar)* to flee, run away: huir de la policía to get away from the police.
2 *vi (evitar)* to avoid (**de**, -), keep away (**de**, from), shun (**de**, -): huir del pecado to shun sin.
3 *vi (el tiempo)* to fly.
4 *vt (evitar)* to avoid: huye la tentación, hijo mío avoid temptation, my son.
▲ *Conjugation model* [62].

hule *nm* oilcloth, oilskin.

hulla *nf* coal.
▪ hulla blanca white coal.

hullero,-a *adj* coal.
▪ explotación hullera *(industria)* mining; *(mina)* mine.

humanamente
1 *adv (como humano)* humanly.
2 *adv (con humanidad)* humanely.

humanidad
1 *nf (género humano)* humanity, mankind.
2 *nf (cualidad)* humanity, humaneness.
3 *nf (benignidad)* compassion, benevolence, kindness.
4 *nf (corpulencia)* corpulence.
5 **humanidades** *nf pl* EDUC humanities.

humanismo *nm* humanism.

humanista *nm & nf* humanist.

humanístico,-a *adj* humanistic.

humanitario,-a *adj* humanitarian.

humanitarismo *nm* humanitarianism.

humanización *nf* humanization.

humanizar
1 *vt* to humanize.
2 **humanizarse** *vpr* to become more human.
▲ *Conjugation model* [4], *like realizar.*

humano,-a
1 *adj* human.
2 *adj (benigno)* humane.
3 **humano** *nm* human (being).

humanoide
1 *adj* humanoid.
2 *nm & nf* humanoid.

humarada *nf* cloud of smoke.

humareda *nf* cloud of smoke.

humazo *nm* dense smoke.

humeante
1 *adj (de humo)* smoky, smoking.
2 *adj (de vaho)* steaming.

humear
1 *vi (humo)* to smoke, give off smoke.
2 *vi (vaho)* to steam, give off steam.
3 *vi fig (presumir)* to be conceited.
4 *vi fig (estar vivo - enemistad etc)* to smoulder *(us* smolder).

humectador *nm* humidifier.

humectante *adj* moistening.

humedad
1 *nf* humidity.
2 *nf (de vapor)* moisture.
3 *nf (sensación)* dampness: la habitación tiene humedad the room is damp.

humedecer
1 *vt* to moisten, dampen.
2 **humedecerse** *vpr* to become damp, become wet, become moist.
▲ *Conjugation model* [43], *like agradecer.*

húmedo,-a
1 *adj (clima)* humid, damp.
2 *adj (impregnado)* damp, moist, wet.

humeral *adj* humeral.

humero *nm* chimney.

húmero *nm* humerus.

humidificador *nm* humidifier.

humidificar *vt* to humidify.

humildad *nf* humility, humbleness.

humilde *adj* humble, modest.
✦ de humilde cuna of humble birth.

humildemente *adv* humbly.

humillación *nf* humiliation, humbling.

humilladero *nm* calvary.

humillante *adj* humiliating, humbling.

humillar
1 *vt* to humiliate, humble.
2 *vt (bajar - la cabeza)* to bow; *(- la rodilla)* to bend.
3 **humillarse** *vpr* to humble oneself, lower oneself: se humilló ante el jefe he humbled himself before his boss.

humo
1 *nm* smoke.
2 *nm (gas)* fumes *pl.*
3 *nm (vapor)* steam, vapour *(us* vapor).
4 **humos** *nm pl fig (vanidad)* conceit *sing,* airs.
✦ a humo de pajas *fig* thoughtlessly.
bajarle los humos a alguien *fig* to put somebody in his/her place.
echar humo to smoke.
subírsele los humos a uno *fig* to become conceited, get on one's high horse.
tener muchos humos *fig* to put on airs.

humor
1 *nm (ánimo)* mood.
2 *nm (carácter)* temper.
3 *nm (gracia)* humour *(us* humor).
4 *nm (líquido)* humour *(us* humor).
✦ estar de buen humor/estar de mal humor to be in a good mood/to be in a bad mood.
estar de humor para algo/tener humor para algo to feel like (doing) something, feel in the mood for (doing) something: no estoy de humor para cotilleos I'm not in the mood for gossiping.
tener un humor de perros *fam* to be in a foul mood.

▪ humor acuoso aqueous humour *(us* humor).
humor negro black comedy.
humor vítreo vitreous humour *(us* humor).

humorada
1 *nf (gracia)* joke, witticism.
2 *nf (extravagancia)* caprice, whim.

humorado,-a *adj* bien humorado good-humoured *(us* good-humored); mal humorado bad-tempered.

humorismo *nm* humour *(us* humor).

humorista
1 *adj* humorous.
2 *nm & nf (autor)* humorist; *(cómico)* comedian.

humorístico,-a *adj* humorous, funny, amusing.

humoso,-a *adj* smoky.

humus *nm* humus.
▲ *pl humus.*

hundible *adj* sinkable.

hundido,-a
1 *pp* → hundir.
2 *adj (barco etc)* sunken.
3 *adj (ojos)* deep-set; *(mejillas)* hollow.
4 *adj fig (abrumado)* demoralized.

hundimiento
1 *nm (barco)* sinking.
2 *nm (tierra)* subsidence.
3 *nm (edificio)* collapse.
4 *nm* FIN *fig* crash, slump.

hundir
1 *vt (sumir)* to submerge, plunge: hundió la mano en la arena she plunged her hand into the sand.
2 *vt (barco)* to sink.
3 *vt (cuchillo etc)* to drive, thrust.
4 *vt (derrumbar)* to demolish, ruin: el terremoto hundió el edificio the earthquake caused the building to collapse.
5 *vt fig (abatir)* to demoralize; *(al enemigo)* to defeat.
6 *vt fig (arruinar)* to ruin, destroy: su indiscreción hundió el proyecto his remark ruined the project.
7 **hundirse** *vpr (barco)* to sink.
8 *vpr (derrumbarse)* to collapse, fall down.
9 *vpr (arruinarse)* to be ruined, collapse.
10 *vpr fig (sucumbir)* to go to pieces: se hundió en el dolor she was grief-stricken.
✦ hundir a alguien en la miseria *fig* to plunge somebody into misery.

húngaro,-a
1 *adj* Hungarian.
2 *nm,f (persona)* Hungarian.
3 **húngaro** *nm (idioma)* Hungarian.

Hungría *nf* Hungary.

huno,-a
1 *adj* Hunnish.
2 *nm,f* Hun.

huracán *nm* hurricane.

huracanado,-a *adj* hurricane: vientos huracanados hurricane winds.

huraño,-a *adj* sullen, unsociable.

hurgar
1 *vt (remover)* to poke, rake.
2 *vt (bolsillo, bolso, etc)* to rummage in, go through.
3 *vt fig (fisgar)* to stir up.
4 *vt fig (incitar)* to poke at.
5 hurgarse *vpr* to pick.
✦ **hurgar en el pasado** to dig up the past.
hurgar en la herida *fig* to turn the knife (in the wound), rub salt in the wound.
hurgarse las narices to pick one's nose.
▲ *Conjugation model* [7], *like* **llegar**.

hurgón *nm* poker; *(de fuego)* rake.

hurgonear *vt* to poke, rake.

hurguillas *nm & nf* busybody.
▲ *pl* **hurguillas**.

hurí *nf* houri.

hurón,-ona
1 *nm,f fam fig (fisgón)* busybody, nosy parker.

2 *nm,f fam fig (huraño)* unsociable person.
3 hurón *nm (animal)* ferret.

huronear
1 *vi (cazar con hurón)* to ferret.
2 *vi fig (escudriñar)* to pry, snoop, ferret.

hurra *interj* hurray!, hurrah!

hurraca *nf* magpie.

hurtadillas a hurtadillas *loc* stealthily, on the sly.

hurtar
1 *vt (robar)* to steal, pilfer.
2 *vt (no dar el peso)* to cheat on the weight.
3 *vt fig (desviar)* to dodge.
4 *vt fig (plagiar)* to plagiarize.

hurto *nm* petty theft, pilfering.

húsar *nm* hussar.

husillo¹ *nm (tornillo)* screw.
husillo² *nm (desagüe)* drain.

husmeador,-ra
1 *adj (con la nariz)* sniffing.

2 *adj fig (fisgón)* prying, snooping.
3 *nm,f fig (fisgón)* snooper.

husmear
1 *vt (con el olfato)* to sniff, scent.
2 *vt fig (indagar)* to pry (**en**, into), snoop (**en**, into).
3 *vi* to sniff.
4 *vi fig* to snoop around.

husmeo
1 *nm* sniffing.
2 *nm fig* prying, snooping.

huso *nm (para hilar)* spindle, bobbin.
■ **huso horario** time zone.

huy
1 *interj (sorpresa)* well!, wow!: ¡huy qué grande! wow! it's huge!
2 *interj (dolor)* ouch!, ow!
3 *interj (miedo)* argh!, aah!

huyo *pres indic* → **huir**.

huyuyuy *interj (reproche)* tut, tut, tut!

Hz *sím* (**hertzio**) hertz; *(símbolo)* Hz.

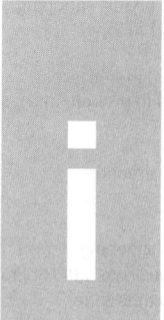

I, i *nf (la letra)* I, i.
- **i griega** *name of the letter y.*
  i latina *name of the letter i.*
- ▲ *pl* **ies.**

IAE *abr* (**Impuesto de/sobre actividades económicas**) *tax paid by businesses and self-employed people in order to operate legally).*

ib. *abr* (**ibidem**) ibidem; *(abreviatura)* ibid., ib.

Iberia *nf* Iberia.

ibérico,-a *adj* Iberian.
- **Península Ibérica** Iberian Peninsula.

ibero,-a *adj-nm,f* → **íbero,-a.**

íbero,-a
1 *adj* Iberian.
2 *nm,f (persona)* Iberian.
3 **íbero** *nm (idioma)* Iberian.

Iberoamérica *nf* Latin America.

iberoamericano,-a
1 *adj* Latin American.
2 *nm,f* Latin American.

IBI *abr* (**Impuesto de Bienes e Inmuebles**) *property tax.*

íbice *nm* ibex.

ibicenco,-a
1 *adj* Ibizan.
2 *nm,f* Ibizan.

ibid. *abr* (**ibidem**) ibidem; *(abreviatura)* ibid., ib.

ibis *nm* ibis.
- ▲ *pl* ibis.

Ibiza *nf* Ibiza.

iceberg *nm* iceberg.
- ▲ *pl* icebergs.

icono *nm* icon.

iconoclasia *nf* iconoclasm.

iconoclasta
1 *adj* iconoclastic.
2 *nm & nf* iconoclast.

iconografía *nf* iconography.

ictericia *nf* jaundice.

ictiófago,-a
1 *adj* fish-eating.
2 *nm,f* fish eater.

íd. *abr* (**idem**) idem; *(abreviatura)* id.

ida *nf (acción)* going; *(salida)* departure.
- **de ida sola** single, (*US* one-way).
  de ida y vuelta *(billete)* return, (*US* round-trip).
  idas y venidas comings and goings.

idea
1 *nf* idea.
2 *nf (noción)* notion.
3 *nf (ingenio)* imagination.
- **cambiar de idea** to change one's mind.
  darle ideas a alguien to put ideas in somebody's head.
  hacer algo a mala idea to do something on purpose, do something deliberately.
  hacerse a la idea de algo to get used to the idea of something, accept something.
  llevar idea de to intend to, have the intention of.
  ¡ni idea! no idea!, not a clue!
  no te puedes hacer una idea you have no idea.
  no tener ni idea *fam* to have no idea, not have a clue.
  ser de ideas fijas to be narrow-minded, have very fixed ideas.
  tener ideas de bombero to have funny ideas, have madcap ideas.
  tener mala idea *fam* to be a nasty piece of work.
- **idea fija** fixed idea.
  ligera idea vague idea.
  mala idea evil intention.

ideal
1 *adj* ideal.
2 *adj fam (perfecto)* marvellous.
3 *nm* ideal.

idealismo *nm* idealism.

idealista
1 *adj* idealistic.
2 *nm & nf* idealist.

idealización *nf* idealization.

idealizar *vt* to idealize.
- ▲ *Conjugation model* [4], *like realizar.*

idealmente *adv* ideally.

idear
1 *vt (concebir)* to conceive.
2 *vt (inventar)* to design.

ideario *nm* ideology.

ídem *adv* ditto, idem.
- **ídem de ídem** *fam* as well, too: yo quiero una cerveza —y yo ídem de ídem I'd like a beer —me too.

idénticamente *adv* identically.

idéntico,-a *adj* identical: es idéntico a su padre he's the (spitting) image of his father.

identidad *nf* identity.
- **carnet de identidad** identity card.

identificable *adj* identifiable.

identificación *nf* identification.

identificar
1 *vt* to identify.
2 **identificarse** *vpr (mostrar la documentación)* to identify oneself.
3 *vpr (solidarizarse)* to identify (**con**, with).
- ▲ *Conjugation model* [1], *like sacar.*

identificativo,-a *adj* identity: una tarjeta identificativa an identity card.

ideograma *nm* ideogram.

ideología *nf* ideology.

ideológico,-a *adj* ideological.

ideólogo,-a *nm,f* ideologist.

idílicamente *adv* idyllically.

idílico,-a *adj* idyllic.

idilio
1 *nm lit* idyll.
2 *nm fam* romance.

idiocia *nf* idiocy.

idiolecto *nm* idiolect.

idioma *nm* language: es imprescindible saber idiomas it's essential to have languages.

idiomático,-a *adj* idiomatic.
- **expresión idiomática** idiom.

idiosincrasia *nf* idiosyncrasy.

idiosincrásico,-a *adj* idiosyncratic.

idiota
1 *adj MED* idiotic.
2 *adj fam (tonto)* stupid: es idiota perdido el pobre he's such an idiot.
3 *nm & nf* idiot.

✦ **hacer el idiota** *(hacer payasadas)* to be silly, fool about; *(perder una oportunidad)* to be stupid.

idiotez
  1 *nf* MED idiocy.
  2 *nf (estupidez)* stupid thing to say, stupid thing to do: **deja ya de hacer idioteces** stop being silly.
  ✦ **decir idioteces** to talk rubbish.
  ser una idiotez to be absurd.
  ▲ *pl* **idioteces**.

idiotizar *vt* to turn into an idiot: **el dinero lo está idiotizando** money's making him lose his head; **los críos de hoy día están idiotizados por los videojuegos** kids today are turning into zombies because of video games.
  ▲ *Conjugation model* [4], *like* **realizar**.

ido,-a
  1 *adj (loco)* mad.
  2 *adj (despistado)* absent-minded.
  ✦ **estar ido,-a** *fam (loco)* to be mad; *(despistado)* to be miles away.

idólatra
  1 *adj* idolatrous.
  2 *nm & nf (hombre)* idolater; *(mujer)* idolatress.

idolatrar
  1 *vt* to worship.
  2 *vt fig* to idolize.

idolatría *nf* idolatry.

ídolo *nm* idol.

idoneidad *nf* suitability.

idóneo,-a *adj* suitable.

idus *nm pl* HIST ides.

i.e. *abr* (**id est, esto es**) that is to say; *(abreviatura)* i.e.

IES *abr* (**Instituto de Educación Secundaria**) *state secondary school.*

iglesia
  1 *nf (edificio)* church.
  2 *nf (institución)* Church.
  ✦ **casarse por la iglesia** to have a church wedding.
  con la iglesia hemos topado we're really up against it now.
  ▪ **iglesia parroquial** parish church.
  la Iglesia Católica the Catholic Church.
  la Iglesia Protestante the Protestant Church.

iglú *nm* igloo.
  ▲ *pl* **iglúes**.

ígneo,-a *adj* igneous.

ignición *nf* ignition.

ignífugo,-a *adj* flameproof, noninflammable.

ignominia *nf* ignominy, public shame.

ignominiosamente *adv* ignominiously.

ignominioso,-a *adj* ignominious.

ignorancia *nf* ignorance.

ignorante
  1 *adj* ignorant.
  2 *nm & nf* ignoramus.

✦ **ser un pobre ignorante** to be a poor fool.

ignorar
  1 *vt (desconocer)* not to know, not be aware of, be unaware of: **ignoraba que fueran vecinos** I didn't know they were neighbours; **se ignora el paradero del delincuente** the criminal's whereabouts are unknown.
  2 *vt (no hacer caso)* to ignore.

ignoto,-a *adj* unknown.

igual
  1 *adj (parte)* equal.
  2 *adj (lo mismo)* the same: **estas dos copias son iguales** these two copies are the same; **es igual de alto que tú** he is as tall as you; **son de igual tamaño** they are equal in size; **tengo dos vestidos iguales** I've two identical dresses.
  3 *adj (muy parecido)* just like: **es igual que su hermano** he's just like his brother.
  4 *adj* MAT equal: **A es igual a B** A equals B, A is equal to B; **dos más dos es igual a cuatro** two plus two makes four.
  5 *nm (persona)* equal: **solo habla con sus iguales** he only talks to his equals.
  6 *nm* MAT *(signo)* equals sign: **no te dejes el igual** don't leave the equals sign out.
  7 *adv (en comparativas)* the same: **he comido igual que tú** I've eaten as much as you; **cobra igual que yo** she earns the same as I do.
  8 *adv fam* maybe, perhaps: **igual no vienen** they may well not come.
  9 *adv* **iguales** *(en tenis)* all: **iguales a treinta** thirty all; **iguales a cuarenta** deuce.
  ✦ **a partes iguales** into equal parts.
  al igual que like.
  da igual it doesn't matter.
  de igual a igual as an equal.
  es igual it doesn't matter.
  ir iguales *(al mismo nivel)* to be at the same level; *(en deportes)* to be even; *(en el vestir)* to be dressed the same.
  por igual *(uniformemente)* evenly.
  siempre igual always the same.
  sin igual *(hallazgo)* unparalleled; *(persona)* unrivalled; *(belleza)* unique.
  ¡habráse visto cosa igual! I've never seen anything like it.

iguala
  1 *nf (contrato)* agreement.
  2 *nf (cuota)* agreed fee.

igualación
  1 *nf (de cantidades)* equalization; *(del marcador)* levelling.
  2 *nf (de un terreno)* levelling.
  3 *nf (igualdad)* equality: **la mujer aspira a la igualación de su capacidad laboral a la de los varones** women aspire to equality of opportunities with men in the labour market.

igualado,-a
  1 *pp* → **igualar**.
  2 *adj (allanado)* level; *(pulido)* smooth.
  3 *adj* DEP evenly matched, closely fought: **tras un primer tiempo muy igualado** after a very evenly matched first half.

igualar
  1 *vt* to make equal: **ambas delegaciones han logrado finalmente igualar sus posturas** the two delegations have managed to iron out their differences; **tendremos que igualar los precios a los de la competencia** we'll have to bring our prices into line with those of our competitors; **se ha llegado a un nivel de progreso nunca antes igualado** progress has reached previously unattained levels.
  2 *vt (allanar)* to level; *(pulir)* to smooth.
  3 *vt (comparar)* to match: **no hay nadie que lo iguale** nobody can match him, he has no equal.
  4 *vt* DEP *(partido)* to draw; *(tanteo)* to equalize.
  5 **igualarse** *vpr (ser iguales)* to be equal.
  6 *vpr (compararse)* to be compared.

igualdad
  1 *nf* equality.
  2 *nf (de superficie)* levelness.
  ✦ **en igualdad de condiciones, ...** all things being equal, ...
  estar en igualdad de condiciones to be on equal terms.
  ▪ **igualdad de derechos** equal rights.
  igualdad de oportunidades equal opportunities.

igualitario,-a *adj* egalitarian.

igualitarismo *nm* egalitarianism.

igualmente
  1 *adv (del mismo modo)* equally: **es igualmente usual que ...** it is just as usual that ...
  2 *adv (también)* likewise; *(a pesar de ello)* all the same, still: **se refirió igualmente a ...** he also referred to ...; **aunque no te hayan invitado puedes venir igualmente** even though you haven't been invited you can still come.
  3 *adv (como respuesta)* the same to you: **¡que haya suerte! —¡igualmente!** good luck! —the same to you!

iguana *nf* iguana.

ijada *nf* flank.

ijar *nm* → **ijada**.

ikastola *nf* Basque school.

ikurriña *nf* Basque flag.

ilación *nf* cohesion.

ilativo,-a *adj* inferential.

ilegal *adj* illegal.

ilegalidad *nf* illegality.

ilegalmente *adv* illegally.

ilegibilidad *nf* illegibility.

ilegible *adj* unreadable, illegible.

ilegitimidad *nf* illegitimacy.

ilegítimo,-a *adj* illegitimate.

íleon
  1 *nm (intestino)* ileum.
  2 *nm (hueso)* ilium.

ilerdense
  1 *adj* of Lérida, from Lérida.

2 *nm & nf* person from Lérida, inhabitant of Lérida.

ileso,-a *adj* unharmed, unhurt.
+ **resultar ileso,-a** to be unhurt, be unharmed.
salir ileso,-a to escape unhurt, escape unharmed.

iletrado,-a *adj* illiterate.

ilícitamente *adv* illicitly.

ilícito,-a *adj* unlawful, illicit.

ilimitado,-a *adj* unlimited.

ilion *nm* ilium.

Ilmo.,-a. *abr* (**ilustrísimo**) Your Excellence, Your Excellency.

ilógicamente *adv* illogically.

ilógico,-a *adj* illogical.

Iltre. *abr* (**ilustre**) eminent, distinguished.

iluminación
1 *nf* (*de una sala*) lighting; (*de una feria*) illumination; (*de una película, un espectáculo*) lighting.
2 *nf* (*de manuscritos*) illumination.
■ **iluminación artificial** artificial lighting.
iluminación indirecta indirect lighting.

iluminado,-a
1 *pp* → **iluminar**.
2 *adj* (*habitación*) lit; (*calles*) lit, lit up.
3 *nm,f* illuminate.

iluminador,-ra
1 *adj* illuminating.
2 *nm,f* (*de manuscritos*) illuminator.

iluminar
1 *vt* to light, light up.
2 *vt* (*manuscrito*) to illuminate.
3 *vt fig* to enlighten.

iluminaria *nf* → **luminaria**.

ilusión
1 *nf* (*no real*) illusion, illusory hope.
2 *nf* (*esperanza*) hope.
3 *nf* (*sueño*) dream.
4 *nf* (*emoción*) excitement.
+ **hacerle ilusión algo a alguien** to be excited about something, look forward to something: **me hizo mucha ilusión que me llamaras** I was really pleased you phoned; **me hace mucha ilusión que vengáis** I'm really looking forward to your visit.
hacerse ilusiones to raise one's hopes, expect too much.
■ **ilusión óptica** optical illusion.

ilusionado,-a
1 *pp* → **ilusionar**.
2 *adj* excited.
+ **estar ilusionado,-a con algo** to be excited about something.

ilusionar
1 *vt* (*crear ilusiones*) to raise hopes.
2 *vt* (*entusiasmar*) to excite.
3 **ilusionarse** *vpr* (*esperanzarse*) to build up one's hopes.
4 *vpr* (*entusiasmarse*) to be excited (**con**, about).

ilusionismo *nm* conjuring.

ilusionista
1 *adj* illusionistic.
2 *nm & nf* conjurer, illusionist.

iluso,-a
1 *adj* naive, gullible.
2 *nm,f* naive person, gullible person.

ilusorio,-a *adj* illusory.

ilustración
1 *nf* (*de un texto*) illustration.
2 *nf* (*erudición*) learning, erudition.
3 *nf* **la Ilustración** *HIST* the Enlightenment.
+ **como ilustración** by way of illustration.

ilustrado,-a
1 *adj* (*texto*) illustrated.
2 *adj* (*culto*) learned, erudite.
3 *adj HIST* of the Enlightenment.

ilustrador,-ra
1 *adj* illustrative.
2 *nm,f* illustrator.

ilustrar
1 *vt* (*texto*) to illustrate.
2 *vt* (*aclarar*) to explain.
3 *vt* (*instruir*) to enlighten.
4 **ilustrarse** *vpr* to learn.

ilustrativo,-a *adj* illustrative.

ilustre
1 *adj* (*célebre*) renowned, illustrious.
2 *adj* (*distinguido*) distinguished.

ilustrísimo,-a
1 *adj* (*superlativo*) most illustrious.
2 *adj* (*forma de tratamiento*) honourable.
+ **Ilustrísimo Sr Alcalde** (*en una carta*) Dear Sir.
Su Ilustrísima (*al mencionarlo*) His Grace, His Lordship; (*dirigiéndose a él*) Your Grace, My Lord.

imagen
1 *nf* image.
2 *nf TV* picture.
+ **ser la viva imagen de alguien** to be the spitting image of somebody.

imaginable *adj* imaginable.

imaginación *nf* imagination, fantasy.
+ **son imaginaciones tuyas** you're imagining things.

imaginar
1 *vt* (*gen*) to imagine: **imagina un mundo sin fronteras** imagine a world without frontiers; **imaginemos que estamos en la selva** let's imagine we're all in the jungle.
2 *vt* (*pensar*) to think, imagine: **¡imagina que todos estamos a su entera disposición!** she thinks we're all at her beck and call!
3 *vt* (*idear*) to devise, think up: **imaginó una estrategia para despistar al vigilante** he thought up a way to distract the guard's attention.
▲ *The form* **imaginarse** *is also used in all senses, especially in colloquial speech.*

imaginaria *nf MIL* (*guardia*) reserve guard; (*guardia nocturna*) night guard.

imaginario,-a *adj* imaginary.

imaginativo,-a *adj* imaginative.

imaginería *nf* religious images *pl*.

imaginero *nm* maker of religious images.

imán¹ *nm* magnet.

imán² *nm REL* imam.

imanación *nf* → **imantación**.

imanar *vt* → **imantar**.

imantación *nf* magnetization.

imantar *vt* to magnetize.

imbatible *adj* unbeatable.

imbatido,-a *adj* unbeaten.

imbécil
1 *adj MED* (*retrasado*) imbecile.
2 *adj fam* stupid, imbecile.
3 *nm & nf MED* imbecile.
4 *nm & nf fam* idiot, imbecile.

imbecilidad
1 *nf MED* imbecility.
2 *nf fam* stupid thing to do.

imberbe *adj* beardless.

imbornal
1 *nm* (*de una terraza*) drain.
2 *nm* (*de un barco*) scupper.

imborrable *adj* indelible.

imborrablemente *adv* indelibly.

imbricación *nf* interweaving.

imbricar
1 *vt* to interweave.
2 **imbricarse** *vpr* to be interwoven.

imbuir
1 *vt* to imbue.
2 **imbuirse** *vpr* to become imbued (**de**, with).

imitable *adj* imitable.

imitación
1 *nf* (*copia*) imitation.
2 *nf* (*parodia*) impression.
+ **de imitación** imitation.

imitador,-ra
1 *adj* imitative.
2 *nm,f* imitator.
3 *nm,f* (*cómico*) impressionist.

imitamonas *nm & nf fam* copycat.
▲ *pl* **imitamoscas**.

imitar *vt* to copy, imitate; (*gestos*) to mimic; (*persona*) to mimic, do an impression of.

imitativo,-a *adj* imitative.

impaciencia *nf* impatience.

impacientar
1 *vt* to make lose one's patience, exasperate.
2 **impacientarse** *vpr* to lose one's patience, get impatient.

impaciente *adj* impatient, anxious: **ya estoy impaciente por llegar** I can't wait to get there.

impacientemente *adv* impatiently.

impactado,-a
1 *pp* → **impactar**.
2 *adj* impacted.

impactante *adj* striking, powerful.

impactar
1 *vt* (*físicamente*) to hit: **el misil impactó en el blanco** the missile hit its target.

2 *vt (impresionar)* to make an impression on: **esa escena me impactó mucho** that scene made a deep impression on me.

3 *vt (influir, afectar)* to affect.

impacto
1 *nm (choque)* impact.
2 *nm (marca)* mark; *(agujero)* hole.
✦ causar impacto to cause a stir.
■ impacto de bala bullet hole: **recibió tres impactos de bala** he was hit by three bullets.

impagable
1 *adj* unpayable.
2 *adj fig (de mucho valor)* invaluable.

impagado,-a
1 *adj* unpaid.
2 impagado *nm (cosa)* unpaid item; *(deuda)* unpaid debt.

impago *nm* nonpayment.

impala *nm* impala.

impalpable *adj* impalpable.

impar
1 *adj* odd.
2 *nm* odd number.

imparable *adj* unstoppable.

imparcial *adj* impartial, fair.

imparcialidad *nf* impartiality.

imparcialmente *adv* impartially.

impartir *vt (justicia)* to administer; *(lección)* to give.
✦ impartir clases *(en colegio)* to teach; *(en universidad)* to lecture.
impartir la bendición to bless.

impasibilidad *nf* impassiveness.

impasible *adj* impassive.
✦ quedarse impasible to remain impassive.

impasse *nm* impasse.

impavidez *nf* dauntlessness.

impávido,-a *adj* dauntless.

impecable *adj* impeccable, faultless.
✦ ir impecable to be impeccably dressed.

impecablemente *adv* impeccably.

impedido,-a
1 *pp* → **impedir.**
2 *adj* disabled, handicapped.
3 *nm,f* disabled person, handicapped person.
4 los impedidos *nm pl* the disabled, the handicapped.

impedimento
1 *nm (gen)* impediment; *(obstáculo)* hindrance, obstacle; *(problema)* hitch: **no hay ningún impedimento para que salga del país** there is no reason why he should not leave the country; **hicimos el viaje hasta Sigüenza sin ningún impedimento** we reached Sigüenza without a hitch.
2 *nm JUR (a un matrimonio)* impediment.

impedir
1 *vt (hacer imposible)* to prevent, stop: **¿hay algo que te lo impida?** is there anything stopping you?; **su enferme-**

dad le impide desplazarse her illness makes it impossible for her to get about.
2 *vt (obstaculizar)* to hinder, impede.
✦ impedir el paso to block the way.
▲ Conjugation model [34], *like servir.*

impelente *adj* driving.

impeler
1 *vt* to drive forward, propel.
2 *vt fig (incitar)* to impel, incite.

impenetrabilidad *nf* impenetrability.

impenetrable
1 *adj (bosque)* impenetrable.
2 *adj fig (misterio)* impenetrable, unfathomable.
3 *adj (persona, actitud)* inscrutable.

impenitencia *nf* impenitence.

impenitente
1 *adj (pecador)* impenitent, unrepentant.
2 *adj fig (lector, bebedor)* inveterate.

impensable *adj* unthinkable.

impensado,-a
1 *adj (espontáneo)* spontaneous, impromptu.
2 *adj (inesperado)* unexpected.

impepinable *adj fam* unavoidable, certain, inevitable.

impepinablemente *adj fam* unavoidably, for sure, for certain.

imperante *adj* prevailing.

imperar *vi* to rule, prevail.

imperativamente *adv* imperatively.

imperativo,-a
1 *adj* imperative.
2 imperativo *nm LING* imperative.

imperceptibilidad *nf* imperceptibility.

imperceptible *adj* imperceptible.

imperceptiblemente *adv* imperceptibly.

imperdible *nm* safety pin.

imperdonable *adj* unforgivable, inexcusable.

imperecedero,-a
1 *adj (producto)* imperishable.
2 *adj fig* everlasting.

imperfección
1 *nf* imperfection.
2 *nf (defecto)* defect, fault.

imperfecto,-a
1 *adj* imperfect.
2 *adj LING* imperfect.
3 imperfecto *nm* imperfect, imperfect tense.

imperial *adj* imperial.

imperialismo *nm* imperialism.

imperialista
1 *adj* imperialist.
2 *nm & nf* imperialist.

impericia *nf* inexperience.

imperio *nm* empire.
✦ valer un imperio *fam* to be priceless, be worth a fortune.

imperiosamente
1 *adv (con autoridad)* imperiously.
2 *adv (con urgencia)* imperatively.

imperioso,-a
1 *adj (autoritario)* imperious.
2 *adj (necesario)* urgent, pressing.
✦ tener una necesidad imperiosa *fam* to be dying to go.
■ necesidad imperiosa pressing need.

impermeabilidad *nf* impermeability.

impermeabilización
1 *nf (de un tejido)* waterproofing.
2 *nf (de un suelo)* sealing.
3 *nf fig (de una frontera)* sealing.

impermeabilizar *vt* to waterproof.
▲ Conjugation model [4], *like realizar.*

impermeable
1 *adj (gen)* impermeable, impervious; *(tejido, ropa)* waterproof.
2 *adj fig* impervious.
3 *nm* raincoat.

impersonal *adj* impersonal.

impersonalidad *nf* impersonality.

impertérrito,-a *adj* imperturbable, undaunted.

impertinencia
1 *nf* impertinence.
2 *nf (palabras)* impertinent remark.
✦ decir impertinencias to be impertinent.

impertinente
1 *adj* impertinent.
2 impertinentes *nm pl* lorgnette *sing*.

impertinentemente *adj* impertinently.

imperturbable *adj* imperturbable.

impétigo *nm* impetigo.

ímpetu
1 *nm (fuerza)* vigour (*US* vigor); *(entusiasmo)* enthusiasm; *(energía)* energy: **entró con ímpetu en la sala** he burst into the room; **empezaron con mucho ímpetu** they started off eagerly, they started off with great gusto.
2 *nm (impulso)* impetus; *(fuerza)* force.

impetuosamente *adv* impetuously.

impetuosidad *nf* impetuosity.

impetuoso,-a
1 *adj (persona)* impetuous.
2 *adj (viento)* violent.

impiedad *nf* impiety.

impío,-a
1 *adj* impious.
2 *nm,f* infidel.

implacable *adj* implacable, relentless.

implacablemente *adv* implacably.

implantación
1 *nf (de modas, costumbres)* introduction.
2 *nf MED* implant.

implantar
1 *vt* to introduce.
2 *vt MED* to implant.

implante *nm* implant.
■ implante de cabello hair transplant.

implicación *nf* implication.

implicar
1 *vt (conllevar)* to imply.
2 *vt (involucrar)* to implicate, involve (**en**, in): lo implicaron en la huida they implicated him in the escape.
▲ *Conjugation model* [1], *like sacar.*
implícitamente *adv* implicitly.
implícito,-a *adj* implicit.
✦ **llevar implícito,-a algo** to imply something.
implorante *adj* imploring.
implorar *vt* to implore, entreat, beg.
implosión *nf* implosion.
implosiva *nf LING* implosive.
implosivo,-a *adj* implosive.
impolítico,-a *adj* impolitic.
impoluto,-a *adj* immaculate, spotless.
imponderabilidad *nf* imponderability.
imponderable
1 *adj (factor)* imponderable; *(valor)* incalculable.
2 *nm* imponderable.
▪ **factores imponderables** imponderables, imponderabilia.
imponente
1 *adj* impressive.
2 *adv fam (buenísimo)* terrific.
imponer
1 *vt (ley, límite, sanción)* to impose.
2 *vt (obediencia)* to exact.
3 *vt (respeto)* to inspire.
4 *vt FIN (cantidad)* to deposit.
5 *vi (asustar)* to be frightening.
6 **imponerse** *vpr* to impose one's authority (**a**, on).
7 *vpr (obligarse)* to force oneself to.
8 *vpr (prevalecer)* to prevail.
9 *vpr (predominar)* to become fashionable.
▲ *Conjugation model* [78], *like poner; pp impuesto,-a.*
imponible *adj* taxable, subject to taxation.
impopular *adj* unpopular.
impopularidad *nf* unpopularity.
importación
1 *nf (acción)* importation, import.
2 *nf (productos)* imports *pl*: la importación ha crecido este trimestre imports have risen this quarter.
▪ **artículo de importación** imported item.
artículos de importación imported goods.
importador,-ra
1 *adj* importing.
2 *nm,f* importer.
importancia *nf* importance.
✦ **dar importancia a algo** to take something seriously.
darse importancia to give oneself airs.
de importancia *(gen)* important; *(herida, lesión)* serious.
no tiene importancia it's nothing, it doesn't matter, it's not important.

quitar importancia a algo, **restar importancia a algo** to play something down.
sin importancia unimportant.
tener importancia to be important.
importante
1 *adj (gen)* important; *(por su gravedad)* serious; *(por su cantidad)* considerable: es importante que aprenda a nadar it is important that he (should) learn to swim.
2 *adj (influyente)* important.
importar
1 *vt COM (traer de fuera)* to import.
2 *vt (valer)* to amount to: ¿a cuánto importa la factura? how much does the bill amount to?
3 *vi (tener importancia)* to matter: me importa mucho tu opinión your opinion matters a lot to me.
4 *vi (molestar)* to mind: ¿te importaría cerrar la ventana? would you mind closing the window?; no me importa el qué dirán I don't mind what people say.
✦ **¡a ti qué te importa!** *fam* mind your own business!
lo que importa es que ... the important thing is that ...
me importa un bledo/pito/comino *fam* I couldn't care less.
no importa it doesn't matter.
importe *nm (gen)* price, cost; *(cantidad)* amount; *(tarifa)* fare.
importunar *vt (molestar)* to pester; *(uso formal)* to importune.
importuno,-a *adj* importunate.
imposibilidad *nf* impossibility.
imposibilitado,-a
1 *adj (inválido)* disabled: ha quedado imposibilitado de las dos piernas he has lost the use of both legs; está imposibilitada en la cama she's bedridden.
2 *adj (incapaz)* unable.
✦ **verse imposibilitado,-a para hacer algo** to be unable to do something.
imposibilitar *vt (impedir)* to make impossible, prevent.
imposible *adj* impossible.
✦ **estar imposible** to be impossible.
hacer lo imposible to do the impossible, do one's utmost.
hacerle la vida imposible a alguien to make life impossible for somebody.
parece imposible que ... I can't believe that ...
ponerse imposible *fam* to become impossible.
imposición
1 *nf (gen)* imposition.
2 *nf FIN (cantidad)* deposit; *(impuesto)* tax.
✦ **hacer una imposición** to make a deposit.
▪ **imposición de manos** laying on of hands.
impositivo,-a *adj* tax.
▪ **tipo impositivo** tax rate.
impositor,-ra *nm,f* depositor.

impostor,-ra
1 *nm,f (farsante)* impostor.
2 *nm,f (difamador)* slanderer.
impostura
1 *nf (trampa)* imposture, fraud.
2 *nf (calumnia)* slander.
impotencia *nf* impotence.
impotente *adj* impotent.
✦ **sentirse impotente** to feel powerless, feel helpless: me sentí impotente ante tanta injusticia I felt powerless against so much injustice.
impracticable
1 *adj (irrealizable)* unfeasible.
2 *adj (camino etc)* impassable.
3 *adj (puerta, ventana)* which doesn't open or shut.
imprecación *nf* imprecation, curse.
✦ **proferir imprecaciones** to curse.
imprecar *vt* to imprecate.
imprecisamente *adv* imprecisely.
imprecisión *nf* imprecision, lack of precision.
impreciso,-a *adj* imprecise, vague.
impredecible *adj (persona)* unpredictable; *(circunstancia)* unforeseeable.
impregnación *nf* impregnation.
impregnar
1 *vt* to impregnate (**de**, with).
2 **impregnarse** *vpr* to become impregnated.
imprenta
1 *nf (arte)* printing: la invención de la imprenta the invention of printing.
2 *nf (taller)* printer's, printing house.
imprescindible *adj* essential, indispensable.
impresentable
1 *adj (gen)* unpresentable.
2 *adj fig (vergonzoso)* shameful.
✦ **ser un,-a impresentable** *fam* to be an embarrassment.
impresión
1 *nf (en imprenta)* printing.
2 *nf (huella)* impression, imprint.
3 *nf fig (efecto)* impression; *(negativo)* shock: en una entrevista es importante causar buena impresión in an interview it's important to create a good impression; no me ha causado buena impresión el conferenciante I wasn't very impressed with the speaker; el día en que lo conocí me llevé muy mala impresión my first impression of him was not very favourable; me da la impresión de que no va a volver I get the impression she's not coming back; una ducha fría de buena mañana da impresión a cold shower in the morning is a shock to the system.
4 *nf (opinión)* impression.
✦ **cambiar impresiones** to compare notes.
de impresión *fam* amazing.
impresionabilidad *nf* impressionability.

impresionable *adj* impressionable.
impresionante
1 *adj (admirable)* impressive: **una actuación impresionante** an impressive performance.
2 *adj (impactante)* powerful; *(inquietante)* disturbing: **un impresionante documental sobre los crímenes de guerra** a powerful documentary on war crimes.
3 *adj (sorprendente)* astonishing, amazing: **me ocurrió algo realmente impresionante** something really astonishing happened to me.
4 *adj fam (gen)* incredible; *(negativamente)* terrible; *(enorme)* tremendous: **había unas olas impresionantes** there were some tremendous waves; **hace un calor impresionante** it's terribly hot; **tiene una fuerza impresionante** he's incredibly strong; **la vista desde arriba era impresionante** the view from the top was breathtaking.
impresionar
1 *vt (causar admiración)* to impress: **nos impresionó su facilidad de palabra** we were impressed by her articulateness; **me impresionó mucho el libro cuando lo leí por primera vez** the first time I read the book it made a great impression on me; **sus hazañas bélicas no me impresionan ni lo más mínimo** his war exploits don't impress me in the slightest.
2 *vt (afectar)*; *(inquietar)* to disturb: **su muerte me impresionó mucho** I was greatly affected by his death; **la escena de la ejecución nos dejó impresionados** we found the execution scene very disturbing.
3 *vt (película)* to expose.
impresionismo *nm* impressionism.
impresionista
1 *adj* impressionist.
2 *nm & nf* impressionist.
impreso,-a
1 *pp* → **imprimir**.
2 *adj* printed.
3 **impreso** *nm (formulario)* form.
4 **impresos** *nm pl (en carta etc)* printed matter *sing*.
▪ **impreso postal** printed matter.
impresor,-ra
1 *adj* printing.
2 *nm,f (persona)* printer.
impresora *nf (máquina)* printer.
imprevisible *adj (hecho)* unforeseeable; *(persona)* unpredictable.
imprevisión *nf* lack of foresight, improvidence.
imprevisor,-ra *adj* improvident.
imprevisto,-a
1 *adj (circunstancia)* unforeseen; *(visita)* unexpected.
2 *nm (incidente)* unforeseen event: **diles que ha surgido un imprevisto** tell them something unexpected has cropped up.

3 **imprevistos** *nm pl (gastos)* incidental expenses.
imprimación *nf* priming.
imprimar *vt* to prime.
imprimátur *nm* imprimatur.
▲ *pl* **imprimátur**.
imprimible *adj* printable.
imprimir
1 *vt (gen)* to print.
2 *vt (dejar huella)* to stamp.
3 *vt fig (grabar)* to fix.
4 *vt (dar)* to give: **éstas son circunstancias que imprimen carácter** these are character-building experiences.
✦ **imprimir estilo** to leave one's mark.
imprimir un ritmo to set the pace.
▪ **máquina de imprimir** printing machine.
▲ *pp* **imprimido,-a** o **impreso,-a**.
improbabilidad *nf* improbability.
improbable *adj* improbable, unlikely.
ímprobo,-a
1 *adj (trabajo)* arduous, laborious: **tuve que hacer un esfuerzo ímprobo para acabar a tiempo** I had to make a superhuman effort to finish on time.
2 *adj (deshonesto)* dishonest.
improcedencia
1 *nf* inappropriateness.
2 *nf JUR* inadmissibility.
improcedente
1 *adj* inappropriate.
2 *adj JUR* inadmissible.
improductivo,-a *adj* unproductive.
impromptu *nm* impromptu.
impronta *nf* mark.
impronunciable *adj* unpronounceable.
improperio *nm* insult.
impropiamente *adv* improperly.
impropiedad *nf (gen)* unsuitability, inappropriateness; *(del lenguaje)* impropriety.
impropio,-a
1 *adj (inadecuado)* unsuitable, inappropriate.
2 *adj (incorrecto)* improper.
✦ **ser impropio,-a de alguien** not to be worthy of somebody, be beneath somebody.
ser impropio,-a para algo to be unsuitable for something.
improrrogable *adj (gen)* that can not be extended; *(plazo)* final.
improvisación *nf* improvisation.
improvisadamente *adv* ad lib, extempore.
improvisado,-a *adj (gen)* improvised; *(discurso)* impromptu.
improvisador,-ra
1 *adj* improvising.
2 *nm,f* improviser.
improvisar
1 *vt* to improvise.
2 *vi* to improvise.

improviso **de improviso** *loc (repentinamente)* suddenly, all of a sudden; *(inesperadamente)* unexpectedly.
imprudencia
1 *nf (falta de prudencia)* imprudence, carelessness; *(en la carretera)* dangerous driving.
2 *nf (acción imprudente)* rash move, reckless move; *(indiscreción)* indiscretion: **fue una imprudencia dejarle que llevara el coche** it was unwise to let him drive the car; **cometió una imprudencia con decírselo** it was unwise to tell him.
✦ **las imprudencias se pagan** carelessness costs lives.
▪ **imprudencia temeraria** *(gen)* criminal negligence; *(en carretera)* reckless driving.
imprudente
1 *adj* imprudent, careless: **es imprudente conducir a esa velocidad** it is dangerous to drive at that speed.
2 *nm & nf (imprudente)* imprudent person, careless person; *(indiscreto)* indiscreet person.
imprudentemente *adv* imprudently, uncautiously, recklessly.
impúber
1 *adj* prepubescent.
2 *nm & nf* prepubescent child.
impublicable *adj* unpublishable.
impudente *adj* bold-faced, brassy.
impudicia *nf* immodesty.
impúdico,-a
1 *adj (indecente)* immodest, indecent.
2 *adj (desvergonzado)* shameless.
impudor *nm* immodesty.
impuesto,-a
1 *pp* → **imponer**.
2 **impuesto** *nm* tax, duty.
▪ **impuesto revolucionario** protection money *(paid to a terrorist organization)*.
impuesto sobre el valor añadido (IVA) value added tax (VAT).
impuesto sobre la renta income tax.
tienda libre de impuestos duty-free shop.
impugnable
1 *adj (decisión, resultado)* contestable.
2 *nm (opinión, teoría)* refutable.
impugnación
1 *nf (de lo reglamentado)* contestation.
2 *nf (de una teoría)* refutation.
impugnar
1 *vt (resultado)* to contest.
2 *vt (teoría)* to refute.
impulsar
1 *vt* to impel.
2 *vt TÉC* to drive forward.
3 *vt (potenciar)* to promote.
4 *vt (incitar)* to drive.
✦ **impulsar a alguien a hacer algo** to drive somebody to do something.
impulsión *nf* impulsion.

impulsivo,-a
1 *adj* impulsive.
2 *nm,f* impulsive person.
impulso
1 *nm* impulse.
2 *nm (fuerza, velocidad)* momentum.
✦ **actuar por impulso** to act on an impulse.
tomar impulso to take a run-up.
impulsor,-ra
1 *adj* driving.
2 *nm,f* promoter, driving force: **los impulsores del proceso de paz** those behind the peace process.
impune *adj* unpunished.
✦ **quedar impune** to go unpunished.
salir impune to go unpunished.
impunemente *adv* with impunity.
impunidad *nf* impunity.
impuntualidad *nf* unpunctuality.
impureza *nf* impurity.
impuro,-a *adj* impure.
imputable *adj* attributable (**a**, to).
imputación *nf* imputation, accusation.
imputar *vt* to impute.
✦ **imputar algo a alguien** to impute something to somebody.
Imserso *abr* (**Instituto de Mayores y Servicios Sociales**) *national institute for social services.*
inabarcable *adj* huge, vast.
inabordable *adj* unapproachable.
inacabable *adj* interminable, endless.
inacabado,-a *adj* unfinished.
inaccesibilidad *nf* inaccessibility.
inaccesible *adj* inaccessible.
inaccesiblemente *adv* inaccessibly.
inacción *nf* inaction, inactivity.
inaceptable *adj* unacceptable.
inacostumbrado,-a *adj* unaccustomed.
inactividad *nf* inactivity.
inactivo,-a *adj* inactive.
inadaptable *adj* unadaptable.
inadaptación *nf* maladjustment.
inadaptado,-a
1 *adj* maladjusted.
2 *nm,f* misfit.
inadecuación *nf* inadequacy.
inadecuadamente *adv* unsuitably, inappropriately.
inadecuado,-a
1 *adj* unsuitable.
2 *adj (inapropiado)* inappropriate.
inadmisibilidad *nf* inadmissibility.
inadmisible *adj* unacceptable, inadmissible.
inadmisiblemente *adv* inadmissibly.
inadvertencia *nf* inadvertence.
inadvertido,-a
1 *adj (no visto)* unseen, unnoticed.
2 *adj (distraído)* inattentive.
✦ **pasar inadvertido,-a** to go unnoticed.

inagotable
1 *adj (cantidad)* inexhaustible.
2 *adj (persona)* tireless.
inaguantable *adj* unbearable.
inalámbrico,-a
1 *adj* cordless.
2 **inalámbrico** *nm (teléfono)* cordless phone.
inalcanzable *adj* unattainable, unreachable.
inalienable *adj* inalienable.
▪ **derecho inalienable** inalienable right.
inalterable
1 *adj (propiedad)* unchanging.
2 *adj (color)* fast.
3 *adj (persona, vida)* impassive, imperturbable.
inalterado,-a *adj (marcador)* unaltered, unchanged.
inamovible
1 *adj (gen)* immovable; *(permanente)* permanent; *(no cambiable)* unchangeable.
2 *adj (tradición, máxima)* unchanging.
3 *adj (certeza)* unwavering, unshakeable; *(oferta)* final, non-negotiable; *(decisión)* final, irrevocable.
inane *adj* pointless, futile.
inanición *nf* starvation.
inanidad *nf* pointlessness.
inanimado,-a *adj* inanimate, lifeless.
inánime *adj* lifeless.
inapagable *adj* unextinguishable.
inapelable *adj (sentencia)* unappealable.
inapetencia *nf* lack of appetite, loss of appetite.
inapetente *adj* lacking in appetite.
inaplazable *adj* which cannot be postponed.
inaplicabilidad *nf* inapplicability.
inaplicable *adj* inapplicable.
inapreciable
1 *adj (insignificante)* imperceptible, insignificant.
2 *adj (valioso)* invaluable, priceless.
inaprensible
1 *adj (inasible)* which cannot be held.
2 *adj (incomprensible)* impossible to grasp.
inapropiadamente *adv* inappropriately.
inapropiado *adj* inappropriate.
inarmónico,-a *adj* unharmonious.
inarrugable *adj* crease-resistant.
inarticulable *adj* unpronounceable.
inarticulado,-a *adj* inarticulate.
inasequible
1 *adj (objetivo)* unattainable.
2 *adj (precio)* prohibitive.
3 *adj (persona)* unapproachable.
inasistencia *nf* non-attendance, absence.
inastillable *adj (vidrio)* shatterproof.

inatacable
1 *adj (posición, fortaleza)* unassailable.
2 *adj (idea, postura)* irrefutable.
inatento,-a *adj* inattentive.
inaudibilidad *nf* inaudibility.
inaudible *adj* inaudible.
inaudito,-a
1 *adj (nunca oído)* unheard-of.
2 *adj (monstruoso)* outrageous.
inauguración *nf* opening, inauguration.
inaugurador,-ra
1 *adj* inauguratory.
2 *nm,f* inaugurator.
inaugural *adj* inaugural, opening.
inaugurar *vt* to inaugurate, open.
inca
1 *adj* Inca.
2 *nm & nf* Inca.
incaico,-a *adj* Inca.
incalculable *adj* incalculable.
incalculablemente *adv* incalculably.
incalificable *adj (intolerable)* unspeakable.
incandescencia *nf* incandescence.
incandescente *adj* incandescent.
incansable *adj* tireless.
incapacidad
1 *nf (gen)* incapacity, inability: **su incapacidad para el trabajo queda patente** his inability to do the job is obvious.
2 *nf (insuficiencia)* disability.
3 *nf* JUR incapacity.
▪ **incapacidad física** physical disability.
incapacidad laboral invalidity.
incapacidad laboral transitoria temporary disability.
incapacidad parcial partial disability.
incapacidad psíquica mental handicap.
incapacidad total total disability.
incapacitado,-a *adj (físicamente)* incapacitated, handicapped, disabled; *(mentalmente)* incapacitated, unfit.
incapacitar
1 *vt (impedir)* to incapacitate.
2 *vt* JUR to disqualify.
incapaz
1 *adj* incapable (**de**, of): **es incapaz de decir que no** he's incapable of saying no, he can't say no.
2 *adj (incompetente)* incompetent: **para los trabajos duros es totalmente incapaz** he's totally incapable of doing heavy work.
▲ *pl* **incapaces.**
incautación *nf* seizure.
incautamente *adv* incautiously.
incautarse
1 **incautarse de** *vpr* JUR *(confiscar)* to seize, confiscate.
2 *vpr (apropiarse de)* to appropriate.
incauto,-a
1 *adj (crédulo)* gullible.
2 *nm,f* gullible person.

incendiar
1 *vt* to set on fire, set fire to.
2 **incendiarse** *vpr* to catch fire.
▲ *Conjugation model* [12], *like cambiar.*

incendiario,-a
1 *adj (bomba)* incendiary.
2 *adj fig (escrito)* inflammatory.
3 *nm,f* arsonist.

incendio *nm* fire.
■ **incendio intencionado/incendio provocado** arson.

incensario *nm* censer, thurible.

incensurable *adj* irreproachable.

incentivar
1 *vt (persona)* to motivate, encourage.
2 *vt (producción)* to boost, encourage.

incentivo *nm* incentive.

incertidumbre *nf* uncertainty.

incesante *adj* incessant, unceasing.

incesantemente *adv* incessantly.

incesto *nm* incest.

incestuosamente *adv* incestuously.

incestuoso,-a *adj* incestuous.

incidencia
1 *nf (repercusión)* repercussion, consequence; *(efecto)* effect, impact: la crisis ha tenido incidencia directa en el transporte the crisis has had a direct impact on transport; son reformas legislativas sin incidencia histórica alguna they are legislative reforms with no historical repercussions whatever.
2 *nf (frecuencia)* incidence.

incidental *adj* incidental.

incidente
1 *adj* incidental.
2 *nm* incident, event.

incidir
1 **incidir en** *vi (repercutir en)* to have an effect on, affect: la crisis ha incidido notablemente en el turismo the crisis has had a considerable effect on tourism.
2 *vi (incurrir en)* to fall into: su retórica incide en lamentables lugares comunes his rhetoric is plagued with silly clichés.
3 *vi (tratar)* to touch upon; *(insistir en)* to stress: el ministro volvió a incidir en el tema del racismo the minister again touched upon the subject of racism.
4 *vi (luz, rayo)* to fall on.
5 *vi MED* to incise in, incise into.
✦ **incidir en un error** to make a mistake.

incienso *nm* incense.

incierto,-a
1 *adj (poco seguro)* uncertain, doubtful.
2 *adj (desconocido)* unknown.

incineración *nf (de basuras)* incineration; *(de cadáveres)* cremation.

incinerador *nm (de basuras)* incinerator.

incinerar *vt (basura)* to incinerate; *(cadáveres)* to cremate.

incipiente *adj* incipient.

incisión *nf* incision.

incisivamente *adv* incisively.

incisivo,-a
1 *adj (instrumento)* cutting, sharp.
2 *adj fig (persona, humor)* incisive, mordant.
3 *nm (diente)* incisor.

inciso,-a
1 *adj (estilo)* jerky.
2 **inciso** *nm (comentario)* comment, passing remark; *(de un artículo)* subsection.
3 *nm* LING interpolated clause.
✦ **a modo de inciso** in passing.

incitación *nf* incitement (a, to).

incitador,-ra
1 *adj* inciting.
2 *nm,f* inciter.

incitante
1 *adj (estimulante)* inciting.
2 *adj (provocativo)* provocative.

incitar *vt* to incite (a, to): incitó a la tropa a la rebelión he incited the troops to mutiny; sus escritos incitan al racismo his writings encourage racism.

incivil
1 *adj (sin civismo)* uncivil.
2 *adj (grosero)* uncivil, rude.

incivilidad *nf* incivility.

incivilizado,-a *adj* uncivilized.

inclasificable *adj* unclassifiable.

inclemencia *nf* inclemency, harshness: las inclemencias del tiempo the inclement weather.

inclemente *adj* inclement, harsh.

inclinación
1 *nf (desviación)* slant.
2 *nf (tendencia)* leaning.
3 *nf (afición, cariño)* penchant.
4 *nf (saludo)* bow; *(asentimiento)* nod: me saludó con una inclinación de la cabeza he nodded to me.
✦ **sentir inclinación por ...** to have a penchant for ...: siente inclinación por la música he has a musical bent.

inclinado,-a *adj (terreno)* sloping; *(edificio)* leaning, tilting.
■ **la torre inclinada de Pisa** the Leaning Tower of Pisa.

inclinar
1 *vt (ladear)* to tilt: inclina un poco más la jarra tilt the jug a bit more; con el plato inclinado hacia ti with the plate tilted towards you.
2 *vt fig (persuadir)* to dispose, move.
3 **inclinarse** *vpr (doblarse)* to bend, lean; *(como saludo)* to bow: este árbol se inclina hacia la derecha this tree leans towards the right; se inclinó ante la primera dama she bowed to the First Lady; inclinado sobre el cadáver leaning over the body.
4 *vpr* **inclinarse a** *fig (propender a)* to incline to, incline towards: me inclino a pensar que nos ha engañado I am inclined to think that he has cheated us.

5 *vpr* **inclinarse por** *(escoger)* to choose, opt for: se inclinaron por el candidato más joven they opted for the youngest candidate.
✦ **inclinar la cabeza** to bow.

ínclito,-a *adj lit* illustrious.

incluido,-a *adj (gen)* included; *(adjunto)* enclosed.

incluir
1 *vt* to include.
2 *vt (contener)* to contain, comprise: este precio incluye todos los gastos this is an all-inclusive price.
3 *vt (adjuntar - en carta etc)* to enclose.
▲ *Conjugation model* [62], *like huir.*

inclusa *nf* foundling home.

inclusero,-a
1 *adj* foundling.
2 *nm,f* foundling.

inclusión *nf* inclusion.

inclusivamente *adv* inclusively.

inclusive *adv* inclusive: "Cerrado del 1 al 8, ambos inclusive" "Closed from 1st to 8th inclusive".

inclusivo,-a *adj* inclusive.

incluso
1 *adv* even.
2 *prep* even.

incoar *vt* to initiate.
✦ **incoar expediente contra** to initiate proceedings against.

incoativo,-a *adj* LING inchoative.

incobrable *adj* irrecoverable.
■ **deuda incobrable** bad debt, irrecoverable debt.

incógnita
1 *nf* MAT unknown quantity.
2 *nf fig (misterio)* mystery.

incógnito,-a *adj* unknown.
✦ **de incógnito** incognito.

incoherencia *nf (falta de coherencia)* incoherence: esta tesis está plagada de incoherencias this thesis is full of inconsistencies.

incoherente *adj* incoherent, disconnected.

incoherentemente *adv* incoherently.

incoloro,-a *adj* colourless.

incólume *adj* unscathed, unharmed.

incombustible *adj* incombustible, fireproof.

incomestible *adj* uneatable, inedible.

incomible *adj* uneatable, inedible.

incómodamente *adv* awkwardly.

incomodar
1 *vt (causar molestia)* to inconvenience.
2 *vt (fastidiar)* to annoy, bother.
3 *vt (enojar)* to anger.
4 **incomodarse** *vpr (tomarse la molestia)* to put oneself out.
5 *vpr (enfadarse)* to get annoyed, get angry.

incomodidad
1 *nf* discomfort.
2 *nf (molestia)* inconvenience.
3 *nf (malestar)* unrest, uneasiness.

incómodo,-a *adj* uncomfortable.
+ **sentirse incómodo,-a** to feel uncomfortable, feel awkward.

incomparable *adj* incomparable.

incomparecencia *nf* nonattendance, failure to attend, nonappearance.

incompatibilidad *nf* incompatibility.
+ **incompatibilidad de caracteres** mutual incompatibility.

incompatible *adj* incompatible.

incompetencia *nf* incompetence.

incompetente *adj* incompetent.

incompetentemente *adv* incompetently.

incompleto,-a
1 *adj* incomplete.
2 *adj (inacabado)* unfinished.

incomprendido,-a *adj* misunderstood.
+ **ser un,-a incomprendido,-a** to be misunderstood.

incomprensibilidad *nf* incomprehensibility.

incomprensible *adj* incomprehensible.

incomprensión *nf* lack of understanding.

incomprobable *adj* unverifiable.

incomunicable *adj* incommunicable.

incomunicación
1 *nf (de un lugar)* isolation.
2 *nf (de un preso)* solitary confinement.
3 *nf (entre dos personas)* lack of communication.

incomunicado,-a
1 *adj (aislado)* isolated.
2 *adj (por la nieve)* cut off: **nos hemos quedado incomunicados** we are cut off.
3 *adj (preso)* in solitary confinement.

incomunicar
1 *vt (lugar)* to isolate, cut off.
2 *vt (habitación)* to shut off.
3 *vt (preso)* to hold in solitary confinement.
▲ *Conjugation model* [1], *like* **sacar.**

inconcebible *adj* inconceivable, unthinkable.

inconciliable *adj* irreconcilable.

inconcluso,-a *adj* unfinished.

inconcreto,-a *adj* vague.

incondicional
1 *adj (rendición)* unconditional.
2 *adj (amistad, admiración)* unquestioning.
3 *nm & nf* staunch supporter.

incondicionalmente *adv* unconditionally.

inconexión *nf* lack of connection.

inconexo,-a *adj* disconnected.

inconfesable *adj* shameful.

inconfeso,-a *adj JUR* unconfessed.

inconformismo *nm* nonconformism.

inconformista
1 *adj* nonconformist.
2 *nm & nf* nonconformist.

inconfundible *adj* unmistakable.

incongruencia *nf* incongruity.

incongruente *adj* incongruous.

incongruentemente *adv* incongruently.

incongruo,-a *adj* incongruous.

inconmensurable *adj* immeasurable.

inconmensurablemente *adv* immeasurably.

inconmovible
1 *adj (decisión)* unshakable, firm.
2 *adj (personas)* immovable.

inconquistable *adj* invincible, unconquerable.

inconsciencia
1 *nf MED* unconsciousness.
2 *nf (irreflexión)* thoughtlessness.

inconsciente
1 *adj MED* unconscious.
2 *adj (irreflexivo)* thoughtless.
3 *nm & nf (persona)* thoughtless person.
4 **el inconsciente** *nm (en psicoanálisis)* the unconscious.

inconscientemente *adv* inadvertently, unknowingly, unwittingly.

inconsecuencia *nf* inconsistency, inconsequence.

inconsecuente
1 *adj* inconsistent.
2 *nm & nf* inconsistent person.

inconsideración *nf* inconsiderateness, lack of consideration.

inconsiderado,-a *adj* inconsiderate.

inconsistencia
1 *nf (de un terreno)* softness.
2 *nf (de una teoría)* insubstantiality, lack of substance; *(de una investigación)* lack of substantial evidence.

inconsistente
1 *adj (sin firmeza)* flimsy.
2 *adj (sin rigor)* weak.

inconsolable *adj* inconsolable, disconsolate.

inconstancia
1 *nf (indolencia)* lack of discipline.
2 *nf (variabilidad)* inconstancy, changeability.

inconstante
1 *adj (indolente)* lacking in discipline.
2 *adj (variable)* inconstant, changeable.

inconstitucionalidad *nf* unconstitutionality.

inconstitucional *adj* unconstitutional.

incontable *adj* countless, uncountable.

incontaminado,-a *adj* unpolluted.

incontenible *adj* uncontrollable.

incontestable *adj* indisputable.

incontestado,-a *adj* uncontested, unchallenged.

incontinencia *nf* incontinence.

incontinente *adj* incontinent.

incontrolable *adj* uncontrollable.

incontrolado,-a *adj* uncontrolled.

incontrovertiblemente *adv* incontrovertibly, unquestionably.

incontrovertible *adj* incontrovertible, indisputable.

incontrovertido,-a *adj* unquestioned.

inconveniencia
1 *nf (gen)* inconvenience.
2 *nf (imprudencia)* tactless remark.
+ **decir una inconveniencia** to be tactless.

inconveniente
1 *adj (gen)* inconvenient; *(inapropiado)* inappropriate.
2 *nm (desventaja)* drawback; *(dificultad)* problem.
+ **no tener inconveniente en hacer algo** to have no objection to doing something: **por mí no hay ningún inconveniente** that's fine by me; **si no tienen inconveniente, se aplazará la reunión** if there is no objection, the meeting will be postponed.

incordiar *vt* to pester, bother.
▲ *Conjugation model* [12], *like* **cambiar.**

incordio *nm fam* nuisance.

incorporación
1 *nf (llegada)* arrival; *(inclusión)* inclusion; *(unión)* joining: **han anunciado la incorporación de tres nuevas secretarias a la plantilla** they have announced that three new secretaries are joining the staff; **la incorporación de la mujer al mundo del trabajo** women entering the job market; **fue el año de la plena incorporación de España a la CEE** it was the year Spain became a full member of the EEC; **la incorporación del sonido al cine** the coming of sound to the cinema; **espera su incorporación a filas** he's waiting to be called up; **la incorporación de Nadal ha reforzado notablemente el equipo** Nadal's joining the team has strengthened it considerably.
2 *nf (del cuerpo)* sitting-up.

incorporado,-a
1 *pp* → **incorporar.**
2 *adj (elemento)* built-in: **con radio-casete incorporado** with a built-in radio cassette.

incorporar
1 *vt (añadir)* to incorporate, include: **habrá que incorporar el documento al acta** the document will have to be included in the minutes.
2 *vt CULIN (añadir)* to add; *(salsa)* to blend in.
3 *vt (enfermo)* to help to sit up: **incorporado en la cama** sitting up in bed.
4 **incorporarse** *vpr (levantarse)* to sit up.
5 *vpr (a un trabajo)* to start; *(a una empresa, equipo, etc)* to join: **acaba de incorporarse a la plantilla** he has recently joined the company.
+ **incorporarse a filas** to join up.

incorporarse a su destino to take up one's post.

incorpóreo,-a *adj* incorporeal.

incorrección
1 *nf (falta de corrección)* incorrectness.
2 *nf (error)* mistake.
3 *nf (descortesía)* impoliteness; *(palabra descortés)* impolite remark.

incorrectamente *adv* incorrectly.

incorrecto,-a
1 *adj (inexacto)* incorrect.
2 *adj (descortés)* impolite.

incorregible *adj* incorrigible.

incorruptible *adj* incorruptible.

incorrupto,-a *adj* uncorrupted.

incredulidad *nf* incredulity.

incrédulo,-a
1 *adj* incredulous.
2 *adj REL* unbelieving.
3 *nm,f* disbeliever, incredulous person.
4 *nm,f REL* unbeliever.

increíble *adj* incredible, unbelievable.

increíblemente *adv* incredibly.

incrementar *vt* to increase.

incremento *nm* increase, rise.
■ incremento salarial wage rise, *(US* raise).

increpar
1 *vt (reprender)* to rebuke.
2 *vt (insultar)* to abuse.

incriminación *nf* incrimination.

incriminar *vt* to incriminate.

incriminatorio,-a *adj (testimonio)* incriminatory.

incruento,-a *adj* bloodless.

incrustación
1 *nf* incrustation, encrustation.
2 *nf (artística)* inlaying, inlay.

incrustar
1 *vt* to incrust, encrust.
2 *vt (arte)* to inlay.
3 incrustarse *vpr* to become embedded (en, in): la bala se incrustó en el muro the bullet embedded itself in the wall.

incubación *nf* incubation.

incubadora *nf* incubator.

incubar *vt* to incubate.

incubo *nm* incubus.

incuestionable *adj* unquestionable.

inculcación *nf* inculcation.

inculcar *vt* to inculcate, instil: les inculcaron la necesidad de tener estudios they instilled in them the need to study.
▲ *Conjugation model* [1], *like* sacar.

inculpación *nf* accusation.

inculpado,-a
1 *adj* accused.
2 *nm,f* accused: la inculpada ha presentado recurso contra su procesamiento the accused has appealed against her prosecution; son cuatro los inculpados en el caso Alfesa four people have been charged in connection with the Alfesa case.

inculpar *vt* to accuse (de, of).

inculto,-a
1 *adj (persona)* uneducated.
2 *adj (terreno)* uncultivated, untilled.
3 *nm,f (persona)* ignorant person, ignoramus.

incultura *nf* ignorance, lack of education.

incumbencia *nf* duty, concern: eso es incumbencia del estado that is the government's concern; no es asunto de tu incumbencia it is none of your business; no es de mi incumbencia it is not my responsibility.

incumbir *vi* to be incumbent (a, upon), be the responsibility (a, of): la decisión incumbe al director the decision is up to the manager.

incumplido,-a *adj (promesa)* broken.

incumplimiento *nm (de una promesa)* failure to keep; *(de una orden)* noncompliance, failure to obey; *(de un deber)* negligence.
■ incumplimiento de contrato breach of contract.

incumplir *vt (promesa)* to break; *(deber)* to fail to fulfil; *(contrato)* to break; *(orden)* to disobey, fail to comply with.

incunable
1 *adj* incunabular.
2 *nm* incunabulum.

incurabilidad *nf* incurability.

incurable *adj* incurable.

incurablemente *adv* incurably.

incurrir
1 incurrir en *vi (error)* to fall into; *(delito)* to commit.
2 *vi (ira etc)* to incur.

incursión *nf* incursion.

indagación *nf* investigation, inquiry.

indagar *vt* to investigate, inquire into.
▲ *Conjugation model* [7], *like* llegar.

indebidamente
1 *adv (ilegalmente)* wrongfully.
2 *adv (impropiamente)* improperly.
3 *adv (sin justificación)* unjustifiably.

indebido,-a
1 *adj (injusto)* unfair; *(injustificado)* unjustified; *(ilegal)* wrongful, unlawful, illegal: el uso indebido de hábitos religiosos es castigado por la ley unlawful wearing of religious habits is punishable by law; lo multaron por estacionamiento indebido he was fined for illegal parking.
2 *adj (excesivo)* excessive; *(inapropiado)* inappropriate; *(impropio)* improper: hizo uso indebido del claxon he made improper use of the horn.

indecencia
1 *nf* indecency.
2 *nf (acción indecente)* scandal, outrage.

indecente
1 *adj (impúdico)* indecent; *(indecoroso)* improper.

2 *adj (indigno)* miserable; *(cochambroso)* filthy.
3 *adj (vil)* wretched.

indecentemente *adv* indecently.

indecible *adj* indescribable.
✦ sufrir lo indecible to suffer unspeakably.

indeciblemente *adv* unspeakably.

indecisamente *adv* indecisively.

indecisión *nf* indecision.

indeciso,-a
1 *adj (persona - por naturaleza)* indecisive; *(- puntualmente)* undecided.
2 *adj (asunto - no resuelto)* undecided; *(- que no resuelve)* inconclusive.
3 *nm,f (persona)* ditherer.

indeclinable
1 *adj LING (sin declinación)* indeclinable.
2 *adj (ineludible)* unavoidable.

indecoro *nm* indecorum.

indecoroso,-a *adj* indecorous.

indefectible *adj* inevitable, unavoidable.

indefectiblemente *adv (inevitablemente)* inevitably, unavoidably; *(invariablemente)* invariably.

indefendible *adj* indefensible.

indefensable *adj* indefensible.

indefensible *adj* indefensible.

indefensión *nf* defencelessness.

indefenso,-a *adj* defenceless, helpless.

indefinible *adj* indefinable, vague.

indefinidamente *adv* indefinitely.

indefinido,-a
1 *adj (periodo de tiempo)* indefinite; *(contrato)* open-ended.
2 *adj (impreciso)* indefinite, indefinable.
3 *adj LING* indefinite.

indeformable *adj* which will not lose its shape.

indeleble *adj* indelible.

indeleblemente *adv* indelibly.

indelicadeza
1 *nf* lack of tact.
2 *nf (acto indelicado)* tactless act.

indelicado,-a *adj* indelicate.

indemne *adj (persona)* unharmed, unhurt; *(cosa)* undamaged.

indemnidad *nf* indemnity.

indemnización
1 *nf (compensación)* compensation, indemnity.
2 *nf (acción)* indemnification.
■ indemnización por daños y perjuicios damages *pl.*
indemnización por despido severance pay.

indemnizar *vt* to compensate (de/por, for), indemnify (de/por, for).
▲ *Conjugation model* [4], *like* realizar.

indemostrable *adj* unprovable.

independencia *nf* independence.
✦ con independencia de independently of.

independentismo *nm* independence movement.

independentista
1 *adj (movimiento)* independence.
2 *nm & nf* supporter of independence.

independiente
1 *adj* independent.
2 *adj (individualista)* self-sufficient: el garaje tiene entrada independiente the garage has its own separate entrance.

independientemente
1 *adv* independently (**de**, of): los dos sistemas de seguridad funcionan independientemente both security systems work independently.
2 *adv (sin tener en cuenta)* regardless (**de**, of), irrespective (**de**, of); *(aparte de)* leaving aside.

independizar
1 *vt* to make independent.
2 **independizarse** *upr* to become independent (**de**, of).
▲ *Conjugation model* [4], *like realizar.*

indescifrable *adj* indecipherable.

indescriptible *adj* indescribable.

indescriptiblemente *adv* indescribably.

indeseable *adj* undesirable.

indesmallable *adj* ladderproof.

indestructible *adj* indestructible.

indeterminable *adj* indeterminable.

indeterminación
1 *nf (de una persona)* indecisiveness, irresolution.
2 *nf (de una fecha, un asunto)* unfixed nature: la indeterminación de la cantidad no plantea problema alguno the fact that the quantity has not been fixed presents no problem.

indeterminado,-a
1 *adj (gen)* indeterminate; *(en tiempo, número)* indefinite.
2 *adj (impreciso)* vague.
3 *adj* LING *(artículo)* indefinite.
✦ **por tiempo indeterminado** indefinitely.

indexación *nf* indexing.

indexar *vt* to index.

India *nf* India.

indiano,-a
1 *adj* HIST *(de Las Indias)* from the Americas.
2 *nm,f* Spanish emigrant *who returned to Spain after making his fortune in the Americas.*

indicación
1 *nf (indicio)* indication, mention: no hay indicación del nombre del autor there is no indication as to the name of the author.
2 *nf (gesto, señal)* sign: el policía nos hizo una indicación de que paráramos the policeman signalled us to stop; no vimos la indicación de prohibido aparcar we didn't see the "No Parking"

sign; para ir a Córdoba se siguen las indicaciones Granada-Sevilla for Córdoba, you follow the signs for Granada and Seville.
3 *nf (instrucción)* instruction; *(recomendación)* recommendation; *(sugerencia)* suggestion.
✦ **"Indicaciones"** *(en prospecto médico)* "Recommended uses".
por indicación de *(instrucciones)* on the orders of; *(sugerencia)* at the suggestion of; *(recomendación)* on the recommendation of.

indicado,-a *adj* appropriate, suitable.

indicador,-ra
1 *adj (gen)* which indicates, indicating.
2 *nm (gen)* indicator; *(señal de tráfico)* sign, traffic sign, road sign; *(con aguja, escala)* gauge: el indicador de la gasolina no funciona the petrol gauge doesn't work.
■ **indicador económico** economic indicator.

indicar
1 *vt* to indicate, point out: ¿cuánto indica la aguja? what does the gauge read?
2 *vt (aconsejar)* to advise.
✦ **indicarle el camino a alguien** to show somebody the way.
▲ *Conjugation model* [1], *like sacar.*

indicativo,-a
1 *adj* indicative.
2 **indicativo** *nm* LING indicative.

índice
1 *nm (gen)* index; *(indicio)* sign, indicator.
2 *nm (de un libro)* index, table of contents; *(catálogo)* catalogue.
3 *nm (dedo)* index finger, forefinger.
■ **índice de mortalidad** death rate.
índice de natalidad birth rate.
índice de precios al consumo retail price index.

indicio
1 *nm (señal)* sign.
2 *nm (resto)* trace.

índico,-a *adj* East Indian, Indian.
■ **el (océano) Índico** the Indian Ocean.

indiferencia *nf* indifference.

indiferenciación *nf* lack of differentiation.

indiferente *adj* indifferent.
✦ **me es indiferente** I don't care.

indígena
1 *adj* indigenous, native.
2 *nm & nf* native.

indigencia *nf* extreme poverty, indigence.

indigenismo
1 *nm (movimiento)* indigenous movement.
2 *nm (vocablo)* native language borrowing.

indigente
1 *adj* indigent, poverty-stricken.
2 *nm & nf* poor person: los indigentes the needy.

indigerible
1 *adj (comida)* indigestible.
2 *adj fig (persona)* hard to stomach.

indigestarse
1 *upr (comida)* to give indigestion: se me ha indigestado la comida I haven't digested my food.
2 *upr fam fig (no agradar)* to be hard to stomach.

indigestión *nf* indigestion.

indigesto,-a *adj (alimento)* hard to digest, indigestible.
✦ **estar indigesto,-a** to have indigestion.

indignación *nf* indignation.

indignado,-a *adj* indignant (**por**, at/about).

indignante *adj* outrageous.

indignar
1 *vt* to infuriate.
2 **indignarse** *upr* to become indignant (**por**, at/about).

indignidad *nf* indignity.

indigno,-a
1 *adj* unworthy (**de**, of).
2 *adj (vil)* low, contemptible.

indio,-a
1 *adj* Indian.
2 *nm,f* Indian.
✦ **en fila india** in single file.
hablar como los indios to speak pidgin English *(Spanish etc)*.
hacer el indio *fam* to muck about, act the goat, play the fool.

indirecta *nf* hint, insinuation.
✦ **lanzar una indirecta/tirar una indirecta** to drop a hint.

indirectamente *adv* indirectly.

indirecto,-a *adj* indirect.

indiscernible *adj* indiscernible.

indisciplina *nf* indiscipline, lack of discipline.

indisciplinado,-a
1 *adj* undisciplined.
2 *nm,f* undisciplined person.

indisciplinarse *upr* to become undisciplined.

indiscreción *nf* indiscretion.

indiscretamente *adv* indiscreetly, tactlessly.

indiscreto,-a
1 *adj* indiscreet.
2 *nm,f* indiscreet person.

indiscriminadamente *adv* indiscriminately.

indiscriminado,-a *adj* indiscriminate.

indiscutible *adj* indisputable, unquestionable.

indiscutiblemente *adv* indisputably, unquestionably.

indisolubilidad *nf* indissolubility.

indisoluble *adj (sustancia)* indissoluble.

indispensable *adj* indispensable, essential.

indisponer
1 *vt (enemistar)* to set (**contra**, against): los rumores lo han indispuesto contra mí the rumours have set him against me.
2 *vt MED* to upset, make unwell.
3 *vt (plan, proyecto)* to upset, spoil.
4 **indisponerse** *vpr (enemistarse)* to fall out (**con**, with).
5 *vpr (enfermarse)* to be unwell.
▲ *Conjugation model* [78], *like* **poner**; *pp* indispuesto,-a.

indisponible *adj* unavailable.

indisposición
1 *nf MED* indisposition.
2 *nf (reticencia)* indisposition, unwillingness.

indispuesto,-a
1 *pp* → **indisponer.**
2 *adj MED* indisposed, unwell.
3 *adj (enemistado)* on bad terms (**con**, with).

indisputable *adj* indisputable.

indistinguible *adj* indistinguishable.

indistintamente
1 *adv (por igual)* equally: las normas se aplican a hombres y mujeres indistintamente the rules apply equally to both men and women.
2 *adv (con imprecisión)* indistinctly.

indistinto,-a
1 *adj (indiferente)* immaterial: es indistinto it makes no difference.
2 *adj (difuso, impreciso)* indistinct.
3 *adj (indiferenciado)* not differentiated.
4 *adj FIN (cuenta)* joint.

individual
1 *adj* individual.
2 **individuales** *nm pl DEP* singles.

individualidad *nf* individuality.

individualismo *nm* individualism.

individualista
1 *adj* individualistic.
2 *nm & nf* individualist.

individualización *nf* individualization.

individualizar
1 *vt (hacer individual)* to individualize.
2 *vt (diferenciar)* to single out.
▲ *Conjugation model* [4], *like* **realizar.**

individualmente *adv* individually.

individuo,-a
1 **individuo,-a** *nm,f pey (gen)* character, individual; *(hombre)* bloke, guy, chap; *(mujer)* woman.
2 **individuo** *nm* person.

indivisible *adj* indivisible.

indiviso,-a *adj* undivided.

Indo el Indo *nm* the Indus.

indócil *adj* unmanageable.

indocumentado,-a
1 *adj (sin documentación)* without means of identification.
2 *adj pey (ignorante)* ignorant.
3 *nm,f (sin documentación)* person not carrying identity papers.
4 *nm,f pey* ignoramus.

indoeuropeo,-a
1 *adj* Indo-European.
2 *nm,f (persona)* Indo-European.
3 **indoeuropeo** *nm (idioma)* Indo-European.

índole
1 *nf (carácter)* disposition, nature.
2 *nf (tipo)* type, kind.

indolencia *nf* indolence.

indolente *adj* indolent.

indoloro,-a *adj* painless.

indomable
1 *adj (animal)* untamable.
2 *adj fig (valor, heroísmo)* indomitable; *(carácter)* unruly.

indomesticable *adj* untamable.

indomesticado,-a *adj* untamed.

indómito,-a *adj* indomitable.

Indonesia *nf* Indonesia.

indonesio,-a
1 *adj* Indonesian.
2 *nm,f* Indonesian.

indubitable *adj* indubitable.

inducción *nf* induction.

inducir
1 *vt (incitar)* to induce.
2 *vt (inferir)* to infer, deduce.
3 *vt ELEC* to induce.
✦ **inducir a error** to mislead.
▲ *Conjugation model* [46], *like* **conducir.**

inductivo,-a *adj* inductive.

inductor,-ra
1 *adj (instigador)* instigating.
2 *adj FÍS* inductive.
3 *nm,f* instigator.
4 **inductor** *nm* inductor.

indudable *adj* unquestionable.
✦ **es indudable que …** there is no doubt that …

indudablemente *adv* doubtlessly, undoubtedly.

indulgencia *nf* indulgence, leniency.
■ **indulgencia plenaria** *REL* plenary indulgence.

indulgente *adj* indulgent, lenient.

indultar
1 *vt JUR* to pardon.
2 *vt (eximir)* to exempt.

indulto *nm* pardon, amnesty.

indumentaria *nf* clothing, clothes *pl.*

industria
1 *nf (gen)* industry.
2 *nf (fábrica)* factory.
■ **industria terciaria** tertiary industry.

industrial
1 *adj* industrial.
2 *nm & nf* industrialist, manufacturer.

industrialismo *nm* industrialism.

industrialización *nf* industrialization.

industrializar
1 *vt* to industrialize.
2 **industrializarse** *vpr* to become industrialized.
▲ *Conjugation model* [4], *like* **realizar.**

industrialmente *adv* industrially.

industrioso,-a *adj* industrious.

inédito,-a
1 *adj (libro)* unpublished.
2 *adj (nuevo)* new, unheard of.
3 *adj (desconocido)* unknown.

INEF *abr EDUC* (**Instituto Nacional de Educación Física**) *physical education college.*

inefable *adj* ineffable.

inefablemente *adv* ineffably, indescribably.

inefectivo,-a *adj (irreal)* unreal.

ineficacia
1 *nf (falta de eficacia)* inefficiency.
2 *nf (falta de efectividad)* ineffectiveness.

ineficaz
1 *adj (incompetente)* inefficient.
2 *adj (improductivo)* ineffective.
▲ *pl* **ineficaces.**

ineficazmente *adv* inefficiently.

ineficiencia *nf* inefficiency.

ineficiente *adj* inefficient.

ineluctable *adj* inescapable.

ineludible *adj* unavoidable, inevitable.

ineludiblemente *adv* inescapably.

INEM *abr* (**Instituto Nacional de Empleo**) ≈ Unemployment Benefit Office; *(abreviatura)* UBO.

inenarrable *adj* indescribable.

inencogible *adj* unshrinkable.

ineptitud *nf* incompetence, ineptitude.

inepto,-a
1 *adj (persona)* incompetent, inept.
2 *nm,f* incompetent person: es un inepto he's incompetent.

inequívoco,-a *adj* unmistakable.

inercia
1 *nf* inertia.
2 *nf (pasividad)* apathy.
✦ **hacer algo por inercia** to do something out of habit.

inerme
1 *adj (desarmado)* unarmed.
2 *adj (indefenso)* defenceless.

inerte
1 *adj (materia, gas)* inert.
2 *adj (cadáver)* lifeless.

inescrutable *adj* inscrutable, impenetrable.

inesperadamente *adv* unexpectedly.

inesperado,-a *adj* unexpected.

inestabilidad *nf* instability, unsteadiness.
■ **inestabilidad atmosférica** changeable weather.

inestable *adj* unstable, unsteady.

inestimable *adj* inestimable, invaluable.

inevitabilidad *nf* inevitability.

inevitable *adj* inevitable, unavoidable.

inevitablemente *adv* inevitably.

inexactitud
1 *nf* inaccuracy, incorrectness.
2 *nf (error)* error.

inexacto,-a adj inexact, inaccurate.
inexcusable
1 adj (imperdonable) inexcusable.
2 adj (obligatorio) unavoidable.
inexcusablemente adv inexcusably.
inexistencia nf nonexistence.
inexistente adj nonexistent.
inexorabilidad nf inexorability.
inexorable adj inexorable.
inexorablemente adv inexorably.
inexperiencia nf inexperience.
inexperimentado,-a adj inexperienced, unseasoned.
inexperto,-a adj inexperienced.
inexplicable adj inexplicable.
inexplicablemente adv inexplicably.
inexplicado,-a adj unexplained.
inexplorado,-a adj unexplored.
inexplotable adj unworkable.
inexpresable adj inexpressible.
inexpresivo,-a adj (cara, persona) inexpressive, expressionless.
inexpugnable
1 adj (fortaleza) unassailable, impregnable.
2 adj (persona) hard-headed, stubborn.
inextinguible adj inextinguishable.
inextirpable adj ineradicable.
inextricable adj inextricable.
inextricablemente adv inextricably.
infalibilidad nf infallibility.
infalible adj infallible.
infamar vt to defame.
infame
1 adj (vil) despicable, vile.
2 adj (muy malo) awful, terrible.
infamia nf (deshonra) disgrace; (hecho vil) disgraceful thing to do, despicable thing to do.
infancia
1 nf (de una persona - gen) childhood; (- primera parte) infancy.
2 nf (de un proyecto etc) infancy.
3 nf (los niños) children pl.
■ **primera infancia** infancy.
infantado nm title and territory of the infante or infanta.
infantazgo nm → infantado.
infante,-a
1 nm,f (hombre) infante, prince; (mujer) infanta, princess.
2 infante nm lit (niño) infant.
3 nm (soldado) infantryman.
infantería nf infantry.
■ **infantería de marina** marines pl.
infantería ligera light infantry.
infanticida
1 adj infanticidal.
2 nm & nf infanticide, child-murderer.
infanticidio nm infanticide.
infantil
1 adj (literatura, juego) children's; (equipo) junior; (parálisis) infantile.

2 adj (aniñado) childlike.
3 adj (inmaduro) childish.
infantilismo nm infantilism.
infarto
1 nm (de miocardio) heart attack.
2 nm (de otros órganos) infarction, infarct.
■ **infarto de miocardio** heart attack.
infatigable adj indefatigable, tireless.
infausto,-a adj lit ill-starred.
infección nf infection.
infeccioso,-a adj infectious.
infectar
1 vt to infect (de, with).
2 **infectarse** vpr to become infected (de, with).
infecto,-a
1 adj (gen) infected.
2 adj fig (olor) putrid; (lugar) foul; (mente) filthy.
infecundidad nf infertility.
infecundo,-a adj infertile.
infelicidad nf unhappiness.
infeliz
1 adj (desdichado) unhappy.
2 adj (ingenuo) ingenuous.
3 nm & nf (ingenuo) poor soul.
▲ pl **infelices**.
infelizmente adv unhappily.
inferencia nf inference.
inferior
1 adj (situado debajo) lower.
2 adj (cantidad) less, lower: un número inferior a diez a number below ten.
3 adj (en calidad) inferior (a, to).
4 nm & nf (en rango) subordinate; (en calidad) inferior.
inferioridad nf inferiority.
◆ **estar en inferioridad de condiciones** to be at a disadvantage.
inferir
1 vt (deducir) to infer (de, from), conclude.
2 vt (daño físico) to inflict; (daño moral) to cause.
▲ Conjugation model [35], like **hervir**.
infernáculo nm hopscotch.
infernal
1 adj (del infierno) infernal.
2 adj fam fig hellish: hace un calor infernal it's hellishly hot.
infernillo nm → infiernillo.
infestación nf infestation.
infestar vt (invadir) to infest: los turistas han infestado la costa the coast is swarming with tourists; el perro ha infestado la casa de pulgas the dog has filled the house with fleas.
infidelidad
1 nf (sexual) infidelity, unfaithfulness.
2 nf (de un amigo) disloyalty.
3 nf (inexactitud) inaccuracy.
infiel
1 adj (esposo) unfaithful (a/con/para, to); (amigo) disloyal (a, to): le fue infiel con su mejor amigo she was unfaithful to him with his best friend.

2 adj (inexacto) inaccurate.
3 adj REL unbelieving, infidel.
4 nm & nf REL unbeliever, nonbeliever, infidel.
infiernillo nm portable stove.
infierno nm hell.
◆ **estar en el quinto infierno** to be in the back of beyond.
ir al infierno to go to hell.
mandar a alguien al infierno to tell somebody to get lost.
¡vete al infierno! go to hell!, get lost!
infijo nm infix.
infiltración
1 nf (de un espía, una idea) infiltration.
2 nf (de un líquido) seepage.
infiltrado,-a
1 adj infiltrated.
2 nm,f infiltrator.
infiltrar
1 vt to infiltrate.
2 **infiltrarse** vpr to infiltrate (en, -): el topo se infiltró en el servicio de inteligencia the mole infiltrated the intelligence service.
3 vpr (líquido) to seep (en, into); (luz) to filter (en, into).
ínfimo,-a adj (en calidad) lowest, poorest; (precio) ridiculous: es de ínfima calidad it's of the poorest quality.
infinidad
1 nf (infinito) infinity.
2 nf (gran cantidad) great number, infinite number: una infinidad de problemas an infinite number problems; en infinidad de ocasiones on countless occasions.
infinitamente adv infinitely.
infinitesimal adj infinitesimal.
infinitésimo,-a adj infinitesimal.
infinitivo,-a
1 adj infinitive.
2 infinitivo nm infinitive.
infinito,-a
1 adj infinite.
2 **el infinito** nm the infinite, infinity.
3 infinito adv (muchísimo) infinitely.
inflable adj inflatable.
inflación nf inflation.
inflacionario,-a adj inflationary.
inflacionismo nm inflationism.
inflacionista
1 adj inflationist.
2 adj (inflacionario) inflationary.
inflamable adj inflammable.
inflamación
1 nf MED inflammation.
2 nf (combustión) combustion, ignition.
inflamar
1 vt (encender) to ignite, set on fire.
2 vt fig (pasiones etc) to excite, arouse, stir.
3 vt MED to inflame.
4 **inflamarse** vpr MED to become inflamed.
inflamatorio,-a adj inflammatory.

inflar
1 *vt (balón)* to blow up, inflate.
2 *vt fig (hechos, noticias)* to exaggerate.
3 *vt (precios)* to inflate.
4 **inflarse** *vpr* to inflate one's opinion of oneself.
5 *vpr fam (hartarse de comer)* to stuff one-self (**de**, with): **nos inflamos de salchichas** we stuffed ourselves with sausages; **este fin de semana me he inflado a leer** I read nonstop all week-end.

inflexibilidad *nf* inflexibility.
inflexible *adj* inflexible.
inflexiblemente *adv* adamantly, inflexibly.
inflexión *nf* inflection.
infligir *vt (castigo)* to inflict, impose; *(pena)* to cause.
✦ **infligir daños** to cause damage.
infligir una derrota a to defeat.
▲ *Conjugation model* [6], *like* **dirigir**.
inflorescencia *nf* inflorescence.
influencia *nf* influence.
✦ **tener influencia sobre alguien** to have an influence on somebody.
tener influencias to be influential.
influenciable *adj* easily influenced, easily led.
influenciar *vt* to influence.
▲ *Conjugation model* [12], *like* **cambiar**.
influir
1 *vt* to influence.
2 *vi* to have influence.
✦ **influir en algo** to have influence on something.
▲ *Conjugation model* [62], *like* **huir**.
influjo *nm* influence.
influyente *adj* influential.
información
1 *nf (conocimiento)* information.
2 *nf (noticia)* piece of news; *(conjunto de noticias)* news.
3 *nf (oficina)* information department; *(mesa)* information desk.
4 *nf (en telefónica)* directory enquiries *pl*, *(US* information).
■ **información deportiva** *(en televisión)* sports news; *(en prensa)* sports pages *pl*. **oficina de información** information bureau.
informador,-ra
1 *adj* informing.
2 *nm,f (que facilita información)* informant; *(de la policía)* informer.
3 *nm,f (periodista)* reporter.
informal
1 *adj (desenfadado)* informal.
2 *adj (persona)* unreliable.
informalidad
1 *nf (desenfado)* informality.
2 *nf (en persona)* unreliability: **¡qué informalidad!, dijo que venía a las tres y todavía sin aparecer** she's so unreliable!, she said she'd be here at three and she still hasn't shown up.

informalmente
1 *adv (con desenfado)* informally.
2 *adv (con irresponsabilidad)* unreliably.
informante
1 *adj* providing information, informing.
2 *nm & nf (en encuesta)* informant.
informar
1 *vt (dar noticia)* to inform (**de**, about).
2 *vi* to inform (**de**, about), tell (**de**, about).
3 **informarse** *vpr* to find out (**de**, about).
informática *nf* computer science, computing.
informático,-a
1 *adj* computer, computing.
2 *nm,f* computer expert.
informativo,-a
1 *adj (ilustrativo)* informative: **una campaña con carácter informativo** a public awareness campaign.
2 *adj (programa)* news.
3 **informativo** *nm* news programme, news.
✦ **abrir expediente informativo a alguien** to investigate somebody.
■ **espacio informativo** news programme. **folleto informativo** information leaflet. **programa informativo** news programme.
informatización *nf* computerization.
informatizar *vt* to computerize.
▲ *Conjugation model* [4], *like* **realizar**.
informe
1 *adj (sin forma)* shapeless, formless.
2 *nm* report.
3 **informes** *nm pl* references.
✦ **dar informes sobre alguien** *(referencias)* to provide references for somebody; *(datos)* to give information about somebody.
infortunado,-a *adj* unfortunate.
infortunio *nf* misfortune.
infracción *nf* infraction, infringement.
■ **infracción de tráfico** driving offence.
infractor,-ra
1 *adj* offending.
2 *nm,f* offender.
infraestructura
1 *nf (de una organización)* infrastructure: **infraestructura hotelera** hotel infra-structure; **la infraestructura sanitaria de la zona es excelente** health services in the area are excellent.
2 *nf (de una edificación)* foundations *pl*.
in fraganti *loc* in the act, red-handed.
✦ **pillar a alguien in fraganti** *fam* to catch somebody red-handed.
infrahumano,-a *adj* subhuman.
inframundo *nm* underworld.
infranqueable
1 *adj* impassable.
2 *adj fig* insurmountable.
infrarrojo,-a *adj* infrared.
infrautilizar *vt* to underuse.
infravaloración *nf* underestimate.

infravalorar *vt* to underestimate.
infrecuencia *nf* infrequency.
infrecuente *adj* infrequent.
infringir *vt (gen)* to infringe; *(ley)* to break.
▲ *Conjugation model* [6], *like* **dirigir**.
infructuosamente *adv* unsuccess-fully.
infructuoso,-a *adj* fruitless, unsuccessful.
ínfulas *nf pl* pretensions.
✦ **darse ínfulas** to put on airs.
infumable *adj (tabaco)* unsmokable.
infundado,-a *adj* unfounded, ground-less.
infundio *nm* untruth: **¡eso no son más que infundios!** that is nothing but a pack of lies!
infundir *vt (respeto)* to command; *(miedo)* to fill with; *(valor)* to instil; *(deseo)* to infuse with.
▲ *pp* **infundido,-a** o **infuso,-a**.
infusión *nf (acción)* infusion; *(bebida)* herbal tea, infusion: **infusión de manzanilla/menta** camomile/mint tea.
infuso,-a
1 *pp* → **infundir**.
2 *adj* inspired.
✦ **saber algo por ciencia infusa** *fam* to intuit something.
ingeniar
1 *vt* to devise.
2 **ingeniárselas** *vpr* to manage, find a way, contrive: **habrá que ingeniárselas para que nos dejen pasar gratis** we'll have to find some way of getting in free; **se las ingenió para que le subieran el sueldo** he wangled a salary increase.
▲ *Conjugation model* [12], *like* **cambiar**.
ingeniería *nf* engineering.
ingeniero,-a *nm,f* engineer.
■ **ingeniero,-a agrónomo** agronomist. **ingeniero,-a de caminos, canales y puertos** civil engineer.
ingeniero,-a de minas mining engineer.
ingeniero,-a forestal forestry expert.
ingeniero,-a industrial industrial engineer.
ingeniero,-a técnico technical engineer.
ingenio
1 *nm (talento)* talent; *(chispa)* wit.
2 *nm (habilidad)* ingenuity.
3 *nm (individuo)* genius.
4 *nm (aparato)* device.
✦ **aguzar el ingenio** to sharpen one's wits.
ingeniosamente *adv* cleverly, ingeniously.
ingeniosidad
1 *nf (ingenio)* ingenuity.
2 *nf (agudeza)* wittiness.
ingenioso,-a *adj (inteligente)* ingenious, clever; *(con chispa)* witty.
ingente *adj* enormous.

ingenuamente *adv* ingenuously.
ingenuidad *nf* ingenuousness, naivety.
ingenuo,-a
1 *adj* naive, ingenuous.
2 *nm,f* naive person.
ingerir *vt (alimentos)* to eat; *(bebida)* to drink.
+ **ingerir alimentos** to eat.
 ingerir bebidas alcohólicas to drink alcohol.
▲ *Conjugation model* [35], *like* hervir.
ingesta *nf* → **ingestión**.
ingestión *nf* ingestion, consumption, swallowing: en caso de ingestión accidental … if swallowed by accident …; su muerte fue provocada por la ingestión de setas venenosas her death was caused by eating poisonous toadstools.
Inglaterra *nf* England.
ingle *nf* groin.
inglés,-esa
1 *adj* English.
2 *nm,f (persona)* English person; *(hombre)* Englishman; *(mujer)* Englishwoman.
3 **inglés** *nm (idioma)* English.
+ **los ingleses** the English.
inglete *nm* mitre *(us* miter).
ingletear *vt* to mitre *(us* miter).
ingobernable
1 *adj (nación)* ungovernable.
2 *adj (nave)* unsteerable.
ingratitud *nf* ingratitude, ungratefulness.
ingrato,-a
1 *adj (persona)* ungrateful.
2 *adj (trabajo, tarea)* thankless.
3 *adj (tiempo)* unpleasant.
ingravidez *nf* weightlessness.
ingrávido,-a *adj* weightless.
ingrediente *nm* ingredient.
ingresar
1 *vt (dinero)* to pay in, deposit: quiero ingresar este dinero en mi cuenta I would like to pay this money into my account.
2 **ingresar en** *vi (entrar)* to join.
3 *vi (hospital)* to be admitted to.
+ **ingresar cadáver** to be dead on arrival.
ingreso
1 *nm (en club, ejército)* joining; *(en hospital)* admission; *(en prisión)* entrance; *(en universidad)* entrance: el juez ordenó su ingreso en prisión the judge ordered that he be remanded in custody.
2 *nm (entrada)* entry.
3 *nm FIN* deposit: quiero hacer un ingreso de mil euros I want to make a deposit of a thousand euros.
4 **ingresos** *nm pl (sueldo, renta)* income *sing*; *(beneficios)* revenue *sing*.
inguinal *adj* inguinal.
inhábil
1 *adj (poco habilidoso)* unskilful *(us* unskillful).
2 *adj (día)* nonworking.

inhabilitación *nf JUR* disqualification.
inhabilitar *vt JUR* to disqualify: lo han inhabilitado para el ejercicio de la medicina he has been debarred from practising medicine, he has been struck off as a doctor.
inhabitable *adj* uninhabitable.
inhabitado,-a *adj* uninhabited.
inhalación *nf* inhalation.
inhalador *nm* inhaler.
inhalar *vt* to inhale, breathe in.
inherente *adj* inherent (**a**, in).
inhibición *nf* inhibition.
inhibido
1 *pp* → **inhibir**.
2 *adj* inhibited.
inhibir
1 *vt (reprimir)* to inhibit.
2 *vt MED* to inhibit.
3 **inhibirse** *upr (reprimirse)* to be inhibited.
4 *upr (abstenerse)* to refrain (**de**, from); *(negarse)* to refuse (**de**, to).
5 *upr JUR* to disqualify oneself: el juez se inhibió a favor del tribunal supremo the judge referred the case to the supreme court.
+ **inhibirse de un problema** to refuse to acknowledge a problem.
 inhibirse de una decisión to avoid making a decision.
inhospitalario,-a *adj* inhospitable.
inhóspito,-a *adj* inhospitable.
inhumación *nf* burial.
inhumanidad *nf* inhumanity.
inhumano,-a
1 *adj (persona)* inhuman, cruel.
2 *adj (dolor, sufrimiento)* inhuman.
inhumar *vt* to bury.
iniciación
1 *nf (comienzo)* start, beginning.
2 *nf (de una persona)* initiation, introduction (**a**, to).
iniciado,-a
1 *adj (persona)* initiated.
2 *nm,f* initiate.
iniciador,-ra
1 *adj* initiatory.
2 *nm,f* initiator.
inicial
1 *adj* initial.
2 *nf* initial.
inicialización *nf INFORM* initialization.
inicializar *vt INFORM* to initialize.
iniciar
1 *vt (empezar)* to start, begin.
2 *vt (introducir)* to initiate (**en**, in).
3 **iniciarse** *upr (empezar)* to start, begin.
+ **iniciarse en** to start to learn about.
▲ *Conjugation model* [12], *like* cambiar.
iniciativa *nf* initiative.
+ **por propia iniciativa** on one's own initiative.
 tomar la iniciativa to take the initiative.
■ **iniciativa privada** private enterprise.

inicio *nm* beginning, start.
inicuo,-a *adj* iniquitous.
inigualable *adj* unrivalled.
inigualado,-a *adj* unequalled.
inimaginable *adj* unimaginable.
inimitable *adj* inimitable.
ininflamable *adj* nonflammable, noninflammable.
ininteligibilidad *nf* unintelligibility.
ininteligible *adj* unintelligible.
ininteligiblemente *adv* incoherently, unintelligibly.
ininterrumpido,-a *adj* uninterrupted.
iniquidad *nf* iniquity.
injerencia *nf* interference.
injerirse *upr* to interfere (**en**, in).
injertar *vt* to graft.
injerto *nm* graft.
injuria
1 *nf* insult, affront.
2 *nf JUR* slander.
injuriar
1 *vt (insultar)* to insult.
2 *vt JUR* to slander.
▲ *Conjugation model* [12], *like* cambiar.
injurioso,-a
1 *adj* offensive.
2 *adj JUR* slanderous.
injustamente *adv* unjustly, unfairly.
injusticia *nf* injustice, unfairness.
injustificable *adj* unjustifiable, indefensible.
injustificablemente *adv* indefensibly, unjustifiably.
injustificado,-a *adj* unjustified.
injusto,-a *adj* unfair, unjust.
+ **ser injusto,-a con alguien** to do somebody an injustice.
inmaculadamente *adv* immaculately.
inmaculado,-a *adj* immaculate.
■ **la Inmaculada** the Virgin Mary.
inmadurez *nf* immaturity.
inmaduro,-a *adj* immature.
inmanejable *adj* unmanageable.
inmanencia *nf* immanency.
inmanente *adj* immanent.
inmarcesible *adj lit* unfading.
inmaterial *adj* immaterial.
inmediaciones *nf pl (de una zona)* surrounding area *sing*; *(de una casa)* vicinity *sing*: las inmediaciones de Nápoles the area surrounding Naples; registraron las inmediaciones de la zona they searched the immediate area.
inmediatamente *adv* immediately.
inmediatez *nf* immediacy, immediateness.
inmediato,-a
1 *adj (poco después)* immediate.

2 *adj (contiguo)* next (**a**, to), adjoining (**a**, -).
✦ **de inmediato** immediately.

inmejorable *adj (gen)* unbeatable, unsurpassable; *(calidad)* excellent.

inmemorial *adj* immemorial.
✦ **desde tiempos inmemoriales** from time immemorial.

inmensamente *adv* immensely.

inmensidad
1 *nf* immensity: la inmensidad del océano the vast expanse of the ocean.
2 *nf (gran cantidad)* great number.

inmenso,-a *adj* immense, vast.

inmerecido,-a *adj* undeserved.

inmersión *nf (gen)* immersion; *(de un buceador, submarino)* dive.

inmerso,-a *adj* immersed (**en**, in).

inmigración *nf* immigration.

inmigrante
1 *adj* immigrant.
2 *nm & nf* immigrant.

inmigrar *vi* to immigrate.

inminencia *nf* imminence.

inminente *adj* imminent.

inmiscuirse *vpr* to interfere, meddle (**en**, in).
▲ *Conjugation model* [62], *like* **huir**.

inmobiliario,-a
1 *adj* property, (*US* real estate).
2 **(agencia) inmobiliaria** *nf (dedicada a la compraventa)* estate agency, (*US* real estate company); *(dedicada a la construcción)* construction company.
■ **agente de la propiedad inmobiliaria** estate agent, (*US* realtor).
mercado inmobiliario property market.

inmoderado,-a *adj* immoderate.

inmodestia *nf* arrogance, immodesty, lack of modesty.

inmolación *nf* immolation.

inmolar *vt* to immolate, sacrifice.

inmoral *adj* immoral.

inmoralidad *nf* immorality.

inmortal
1 *adj* immortal.
2 *nm & nf* immortal.

inmortalidad *nf* immortality.

inmortalizar *vt* to immortalize.
▲ *Conjugation model* [4], *like* **realizar**.

inmotivado,-a
1 *adj (sin motivo)* uncalled for.
2 *adj (sin motivación)* unmotivated.

inmóvil
1 *adj* still, motionless.
2 *adj fig (constante)* determined, steadfast.
✦ **estar inmóvil** to stand still.
quedarse inmóvil to remain still, keep still.

inmovilidad *nf* immobility.

inmovilismo *nm* immobilism.

inmovilista
1 *adj* reactionary.
2 *nm & nf* reactionary.

inmovilización *nf* immobilization.

inmovilizar *vt* to immobilize.
▲ *Conjugation model* [4], *like* **realizar**.

inmueble *nm* building.
■ **bienes inmuebles** real estate *sing*.

inmundicia
1 *nf (suciedad)* dirt.
2 *nf (basura)* rubbish.

inmundo,-a
1 *adj (sucio)* dirty, filthy; *(asqueroso)* disgusting: es un lugar inmundo it's a pigsty.
2 *adj fig* dirty.

inmune
1 *adj MED* immune (**a**, to).
2 *adj (exento)* exempt (**de**, from).

inmunidad *nf* immunity.
■ **inmunidad diplomática** diplomatic immunity.
inmunidad parlamentaria parliamentary immunity.

inmunitario,-a *adj* immune: el sistema inmunitario the immune system.

inmunización *nf* immunization.

inmunizar *vt* to immunize.
▲ *Conjugation model* [4], *like* **realizar**.

inmunodeficiencia *nf* immunodeficiency.

inmunodeficiente
1 *adj* immunodeficient.
2 *nm & nf* immnunodeficient.

inmunodepresor,-ra
1 *adj* immunosuppressive.
2 **inmunodepresor** *nm* immunosuppressant.

inmunología *nf* immunology.

inmunoterapia *nf* immunotherapy.

inmutabilidad *nf* immutability.

inmutable *adj* unchangeable, immutable.

inmutar
1 *vt* to affect.
2 **inmutarse** *vpr* to react.
✦ **no inmutarse** not to bat an eyelid.
sin inmutarse without batting an eyelid.

innato,-a *adj* innate, inborn.

innecesario,-a *adj* unnecessary.

innegable *adj* undeniable.

innoble *adj* ignoble.

innoblemente *adv* ignobly.

innombrable *adj* unmentionable.

innominado,-a *adj* nameless.

innovación *nf* innovation.

innovador,-ra
1 *adj* innovatory.
2 *nm,f* innovator.

innovar *vi* to innovate.

innumerable *adj* innumerable, countless.

inobservancia *nf* nonobservance (**de**, of).

inocencia
1 *nf* innocence.
2 *nf (ingenuidad)* naivety, innocence.

inocentada *nf* practical joke.
✦ **gastarle la inocentada a alguien** to play a practical joke on somebody, play a trick on somebody.

inocente
1 *adj* innocent.
2 *adj (ingenuo)* naive, innocent.
3 *nm & nf* innocent person.
4 *nm & nf* naive person, innocent person.
✦ **hacerse el inocente/la inocente** to play the innocent.
■ **día de los Inocentes** 28th December, (≈ *April Fools' Day*).
los Santos Inocentes the Holy Innocents.

inocentemente *adv* innocently.

inocentón,-ona
1 *adj fam* naive.
2 *nm,f fam* naive person, gullible person.

inocuidad *nf* harmlessness, innocuousness.

inoculación *nf* inoculation.

inocular *vt* to inoculate.

inocuo,-a *adj* innocuous, harmless.

inodoro,-a
1 *adj* odourless.
2 **inodoro** *nm* toilet.

inofensivo,-a *adj* harmless, inoffensive.

inolvidable *adj* unforgettable.

inoperable *adj* inoperable.

inoperancia *nf* ineffectiveness.

inoperante *adj* ineffective, inoperative.

inopia **estar en la inopia** *loc fam (distraído)* to have one's head in the clouds; *(ignorante)* to be in the dark.

inopinado,-a *adj* unexpected.

inoportunamente *adv* inopportunely, inconveniently.

inoportuno,-a *adj (visita etc)* inopportune, untimely; *(comentario etc)* inopportune, ill-timed.

inorgánico,-a *adj* inorganic.

inoxidable *adj* rustproof.

input *nm* input.

inquebrantable *adj (promesa)* unbreakable; *(fe)* unshakeable, unwavering; *(fidelidad)* unswerving.

inquietante *adj* disturbing.

inquietar
1 *vt* to worry.
2 **inquietarse** *vpr* to worry (**por**, about).

inquieto,-a
1 *adj (agitado)* restless.
2 *adj (preocupado)* worried, anxious.
3 *adj (interesado)* eager, interested.

inquietud
1 *nf (agitación)* restlessness.
2 *nf (preocupación)* worry, anxiety.
3 *nf (interés)* interest.
✦ **tener inquietudes** to have many interests.

inquilino,-a *nm,f* tenant.

inquina *nf* animosity, antipathy.
✦ **tener inquina a alguien** to feel animosity towards somebody.

inquirir *vt* to inquire, investigate.
▲ *Conjugation model* [30], *like* **adquirir**.

inquisición
1 *nf* inquiry.
2 *nf* **la (Santa) Inquisición** *HIST* the Inquisition, the Spanish Inquisition.

inquisidor,-ra
1 *adj* inquisitive, inquiring.
2 **inquisidor** *nm* inquisitor.

inquisitivo,-a *adj* inquisitive.

inri para más inri *loc fam* to make things even worse, to cap it all, on top of that.

INRI *abr* (**Iesus Nazarenus Rex Iudaeorum**) INRI.

insaciable *adj* insatiable.

insalubre *adj* insalubrious, unhealthy.

insalubridad *nf* insalubrity.

insano,-a
1 *adj (no sano)* unhealthy.
2 *adj (loco)* insane.

insatisfacción *nf* dissatisfaction.

insatisfactorio,-a *adj* unsatisfactory.

insatisfecho,-a *adj* dissatisfied, unsatisfied.

inscribir
1 *vt (grabar)* to inscribe.
2 *vt (apuntar)* to register; *(en un concurso)* to enter; *(en un curso)* to enrol (*US* enroll): ¿con qué fecha lo inscribieron en el Registro Civil? on what date was his birth registered?
3 **inscribirse** *vpr (gen)* to register; *(para un concurso)* to enter; *(para un curso)* to enrol (*US* enroll): me inscribí para el concurso I entered the competition.
▲ *pp inscrito,-a.*

inscripción
1 *nf (grabado)* inscription.
2 *nf (registro)* registration; *(en un concurso)* entry; *(en un curso)* enrolment (*US* enrollment).

inscrito,-a *pp* → **inscribir**.

insecticida
1 *adj* insecticidal.
2 *nm* insecticide.

insectívoro,-a
1 *adj* insectivorous.
2 **insectívoro** *nm* insectivore.

insecto *nm* insect.

inseguridad
1 *nf (falta de confianza)* insecurity.
2 *nf (duda)* uncertainty.
3 *nf (peligro)* lack of safety.
■ **inseguridad ciudadana** lack of safety on the streets: hay que solucionar el problema de la inseguridad ciudadana we have to make our streets safer.

inseguro,-a
1 *adj (sin confianza)* insecure.
2 *adj (que duda)* uncertain.
3 *adj (peligroso)* unsafe.

inseminación *nf* insemination.
■ **inseminación artificial** artificial insemination.

inseminar *vt* to inseminate.

insensatez *nf* foolishness.
✦ **decir insensateces** to talk nonsense. **hacer insensateces** to be foolish.

insensato,-a
1 *adj* foolish.
2 *nm,f* fool.

insensibilidad *nf* insensitivity.

insensibilizar
1 *vt MED* to desensitize.
2 *vt* to make insensitive.

insensible
1 *adj* insensitive, unfeeling, thoughtless.
2 *adj MED* insensible: **insensible al dolor** insensible to pain.
3 *adj (imperceptible)* insensible, imperceptible.

insensiblemente *adv (insensiblemente)* imperceptibly.

inseparable *adj* inseparable.

inseparablemente *adv* inseparably.

insepulto,-a *adj* unburied.

inserción *nf* insertion.

insertar *vt* to insert (**en**, into).

inserto,-a *adj* inserted.

inservible *adj* useless.

insidia
1 *nf (palabra)* malicious remark; *(acto)* act of malice, malicious deed: **fue víctima de las insidias de sus compañeros** he was a victim of his colleagues' malicious talk.
2 *nf (maldad)* maliciousness.

insidioso,-a *adj* malicious.

insigne *adj* distinguished, eminent.

insignia
1 *nf (distintivo)* badge.
2 *nf (bandera)* flag; *(estandarte)* banner.

insignificancia
1 *nf (cualidad)* insignificance.
2 *nf (pequeñez)* trifle.

insignificante *adj* insignificant.

insinceramente *adv* insincerely.

insinceridad *nf* insincerity.

insincero,-a *adj* insincere.

insinuación
1 *nf (indicación)* insinuation, hint.
2 *nf fam (amorosa)* overture.
✦ **hacerle insinuaciones a alguien** *(insinuarse)* to make a pass at somebody.

insinuante
1 *adj (gen)* insinuating.
2 *adj (provocativo)* suggestive.

insinuar
1 *vt* to insinuate, hint: ¿qué insinúas? what are you insinuating?; me insinuó que no tenía intención de contratarme he hinted that he had no intention of taking me on.
2 **insinuarse** *vpr (amorosamente)* to a pass (**a**, at).
▲ *Conjugation model* [11], *like* **actuar**.

insipidez *nf* insipidity.

insípido,-a
1 *adj (comida)* tasteless, insipid.
2 *adj fig* insipid.

insistencia *nf (acción)* insistence, persistence; *(cualidad)* insistency: perdóneme la insistencia, pero ... forgive me for being so insistent but ...; llamé a su puerta con insistencia I knocked at her door repeatedly.

insistente *adj* insistent.

insistir
1 *vi* to insist (**en**, on): insistió en que acudiera a su fiesta he insisted that I should go to his party; no insistas stop going on about it.
2 *vi (enfatizar)* to stress (**en**, -), emphasize (**en**, -).

in situ *loc* in situ.

insobornable *adj* incorruptible.

insociable *adj* unsociable.

insolación
1 *nf MED* sunstroke.
2 *nf (en meteorología)* sunshine, sunlight.

insolencia
1 *nf (atrevimiento)* insolence.
2 *nf (palabra)* cheeky remark; *(acción)* cheeky thing to do.
✦ **decir insolencias** to be insolent, be cheeky.

insolentarse *vpr* to be cheeky.

insolente
1 *adj (descarado)* insolent.
2 *adj (soberbio)* haughty.
3 *nm,f (descarado)* insolent person.
4 *nm,f (soberbio)* haughty person.

insolentemente *adv* insolently.

insolidaridad *nf* lack of solidarity.

insolidario,-a *adj* unsupportive, selfish.

insólito,-a *adj* extremely unusual.

insoluble *adj* insoluble.

insolvencia *nf* insolvency.

insolvente *adj* insolvent.
✦ **declararse insolvente** to declare oneself bankrupt.

insomne
1 *adj* sleepless: una noche insomne a sleepless night; hizo un estudio de las personas insomnes she carried out a study on insomniacs.
2 *nm & nf* insomniac.

insomnio *nm* insomnia.
✦ **tener insomnio** to suffer from insomnia.
■ **noches de insomnio** sleepless nights.

insondable *adj* unfathomable.

insonorización *nf* soundproofing.

insonorizado,-a *adj* soundproof.

insonorizar *vt* to soundproof.
▲ *Conjugation model* [4], *like* **realizar**.

insoportable *adj* unbearable.

insoportablemente *adv* unbearably, intolerably.

insoslayable *adj* unavoidable.

insospechable
1 *adj (inimaginable)* unforeseeable.
2 *adj (sorprendente)* amazing, outlandish.

insospechado,-a
1 *adj (no sospechado)* unsuspected.
2 *adj (inesperado)* unexpected.

insostenible *adj* untenable.

inspección *nf (gen)* examination, inspection; *(policial)* search.
- **inspección sanitaria** health inspection.
  inspección tributaria tax inspection.

inspeccionar *vt (gen)* to inspect; *(zona, lugar del crimen)* to search.

inspector,-ra *nm,f* inspector.
- **inspector,-ra de hacienda** tax inspector.
  inspector,-ra de policía police inspector.
  inspector,-ra de sanidad health inspector.
  inspector,-ra de trabajo factory inspector.
  inspector,-ra jefe chief inspector.

inspiración
1 *nf* inspiration.
2 *nf (inhalación)* inhalation.

inspirado,-a *adj* inspired.

inspirador,-ra
1 *adj* inspiring, stimulating.
2 *nm,f* inspirer.

inspirar
1 *vt (aspirar)* to inhale, breathe in.
2 *vt (infundir)* to inspire.
3 **inspirarse** *vpr* to be inspired (**en**, by).

INSS *abr* (**Instituto Nacional de la Seguridad Social**) *national institute for social security.*

instalación
1 *nf (de un aparato)* installation: ¿quién le hizo la instalación del gas? who did the gas installation?, who installed the gas?
2 *nf (de personas)* settling in; *(de empresas)* establishment, setting up: ha aumentado la instalación en nuestro suelo de empresas extranjeras more foreign companies have set up here.
3 **instalaciones** *nf pl (de un servicio)* facilities *pl*: el nuevo complejo deportivo tiene unas instalaciones fabulosas the new sports complex has fabulous facilities.
- **instalación deportiva** sports centre.
  instalación eléctrica electrical system, electrics *pl*.

instalador,-ra *nm,f* installer, fitter.

instalar
1 *vt (colocar)* to install: aún no han instalado la alarma they haven't installed the alarm yet.
2 *vt (equipar)* to fit out.
3 *vt (acomodar)* to put, put up, house: nos instalaron en el ala derecha de la mansión they put us in the right wing of the mansion.

4 **instalarse** *vpr (persona)* to settle; *(empresa)* to set up.

instancia
1 *nf (petición)* request; *(solicitud)* form.
2 *nf JUR* instance.
+ **a instancia de/a instancias de** at the request of.
  en última instancia as a last resort.

instantánea *nf (foto)* snapshot, snap.

instantáneamente *adv* instantaneously.

instantáneo,-a
1 *adj (inmediato)* instantaneous, immediate.
2 *adj (momentáneo)* brief, fleeting.
- **café instantáneo** instant coffee.
  muerte instantánea instantaneous death.

instante *nm* moment, instant.
+ **a cada instante** all the time.
  al instante instantly, immediately.
  en un instante in a minute.

instar *vi (insistir)* to press, urge.
+ **instar a alguien a que haga algo** to urge somebody to do something.

instauración *nf* establishment.

instaurar *vt* to establish.

instigación *nf* instigation.

instigador,-ra
1 *adj* instigating.
2 *nm,f* instigator.

instigar *vt (a una persona)* to instigate; *(a una acción)* to incite: la rebelión fue instigada por los nobles the uprising was instigated by the nobles; fue su amante quien la instigó a cometer el asesinato it was her lover who incited her to commit the murder.
▲ *Conjugation model* [7], *like* **llegar.**

instintivamente *adv* instinctively.

instintivo,-a *adj* instinctive.

instinto *nm* instinct.
+ **por instinto** instinctively.

institución
1 *nf (organismo)* institution.
2 *nf (creación)* establishment, institution; *(introducción)* introduction.
+ **ser una institución** to be an institution.
- **institución benéfica** charitable organization.

institucional *adj* institutional.

institucionalización *nf* institutionalization.

institucionalizar *vt* to institutionalize.

instituir
1 *vt (crear)* to institute, establish.
2 *vt (nombrar)* to appoint.
▲ *Conjugation model* [62], *like* **huir.**

instituto
1 *nm (asociación)* institute.
2 *nm EDUC* state secondary school, (*US* high school).
- **instituto de bachillerato** state secondary school, (*US* high school).

instituto de belleza beauty salon.
instituto de enseñanza media state secondary school, (*US* high school).
instituto de formación profesional ≈ technical college.

institutriz *nf* governess.
▲ *pl* **institutrices.**

instrucción
1 *nf (enseñanza)* instruction; *(cultura)* education: una persona de vasta instrucción a highly educated person.
2 *nf MIL* military training.
3 *nf JUR (de un expediente)* preliminary investigation: ¿quién llevó a cabo la instrucción del sumario? who carried out the preliminary investigation into the case?
4 *nf (orden)* instruction: tengo instrucciones de no dejar entrar a nadie I have instructions not to let anyone in.
5 **instrucciones** *nf pl (indicaciones)* instructions: siga las instrucciones de montaje follow the assembly instructions.
- **instrucción militar** military training.
  juez,-za de instrucción examining magistrate.
  manual de instrucciones instruction manual.

instructivo,-a *adj (conferencia)* instructive; *(juguete)* educational.

instructor,-ra
1 *adj (gen)* instructing.
2 *adj JUR (juez)* examining, investigating.
3 *nm,f* instructor.
- **instructor,-ra de vuelo** flying instructor.
  juez,-za instructor,-ra examining magistrate.

instruido,-a *adj* well-educated.

instruir
1 *vt (enseñar)* to instruct.
2 *vt MIL* to train.
3 *vt JUR* to examine, investigate: el juez Murriñas instruyó la causa judge Murriñas investigated the case.
▲ *Conjugation model* [62], *like* **huir.**

instrumentación *nf* instrumentation.

instrumental
1 *adj (música)* instrumental.
2 *nm* instruments *pl*, instrumentation.
- **instrumental quirúrgico** surgical instruments *pl*.

instrumentar *vt (gen)* to arrange; *(para orquesta)* to orchestrate.

instrumentista
1 *nm & nf (músico)* instrumentalist.
2 *nm & nf (fabricante)* instrument maker.

instrumento *nm* instrument.
- **instrumento de cuerda** stringed instrument.
  instrumento de percusión percussion instrument.
  instrumento de viento wind instrument.

insubordinación *nf* insubordination.
insubordinado,-a
1 *adj* insubordinate.
2 *nm,f* insubordinate person.
insubordinar
1 *vt* to stir up.
2 insubordinarse *vpr* to rebel.
insubstancial *adj* insubstantial.
insubstancialidad *nf* insubstantiality.
insubstituible *adj* irreplaceable.
insuficiencia
1 *nf (escasez)* shortage, insufficiency.
2 *nf MED* failure, insufficiency.
■ insuficiencia cardiaca heart failure.
insuficiente
1 *adj* insufficient.
2 *nm EDUC* fail: saqué un insuficiente en inglés I failed the English exam.
insuficientemente *adv* insufficiently.
insufrible *adj* insufferable.
ínsula *nf LIT* island.
insular
1 *adj* insular.
2 *nm & nf* islander.
insulina *nf* insulin.
insulsez *nf* insipidity.
insulso,-a
1 *adj (comida)* insipid, tasteless.
2 *adj (persona)* dull.
insultante *adj* insulting.
insultar *vt* to insult.
insulto *nm* insult.
insumisión
1 *nf (gen)* rebelliousness.
2 *nf MIL* refusal to do military service.
insumiso,-a
1 *adj* rebellious.
2 *nm,f MIL person who refuses to do military service or community service in lieu.*
insuperable *adj (calidad, capacidad)* unbeatable; *(obstáculo, miedo, complejo)* unsurmountable, insuperable; *(maestro)* unparalleled, unrivalled.
insurgente
1 *adj* insurgent.
2 *nm & nf* insurgent.
insurrección *nf* insurrection, uprising.
insurrecto,-a
1 *adj* insurgent.
2 *nm,f* insurgent.
insustancial *adj* → insubstancial.
insustancialidad *nf* → insubstancialidad.
insustituible *adj* → insubstituible.
intachable *adj* irreproachable.
intacto,-a *adj* intact.
intangible *adj* intangible.
integración *nf* integration.
integral
1 *adj (intrínseco)* integral; *(completo)* full.
2 *adj (pan, pasta)* wholemeal; *(arroz)* brown.
3 *nf MAT* integral.

integralmente *adv* completely.
íntegramente *adv* entirely.
integrante
1 *adj* integral.
2 *nm & nf* member: han apresado a un tercer integrante de la banda they've captured a third member of the gang.
■ parte integrante integral part.
integrar
1 *vt (formar)* to make up: ¿qué países integran las Naciones Unidas? which countries make up the United Nations?
2 *vt (ayudar a la integración)* to integrate, fit in: es un grupo difícil de integrar en nuestra sociedad it's a group which is to integrate into our society.
3 integrarse *vpr* to integrate.
✦ integrarse en un país to become integrated into a country.
integridad *nf* integrity.
integrismo *nm (gen)* reaction; *(religioso)* fundamentalism.
integrista
1 *adj (gen)* reactionary; *(religioso)* fundamentalist.
2 *nm & nf (gen)* reactionary; *(en religión)* fundamentalist.
íntegro,-a
1 *adj (completo)* whole, entire; *(versión)* unabridged.
2 *adj (honrado)* honest, upright.
intelecto *nm* intellect.
intelectual
1 *adj* intellectual.
2 *nm & nf* intellectual.
intelectualidad *nf* intellectuals *pl*, intelligentsia.
intelectualizar *vt* to intellectualize.
inteligencia *nf* intelligence.
■ inteligencia artificial artificial intelligence.
inteligente
1 *adj* intelligent.
2 *adj (edificio)* smart.
inteligentemente *adv* intelligently.
inteligibilidad *nf* intelligibility.
inteligible *adj* intelligible.
intemperante *adj* intolerant.
intemperie *nf* bad weather.
✦ a la intemperie in the open (air), outdoors.
intempestivo,-a *adj* untimely, inopportune.
intemporal *adj* timeless.
intención
1 *nf (propósito)* intention.
2 *nf (malicia)* maliciousness.
✦ con doble intención with double meaning.
con intención deliberately, intentionally.
con intención de in order to, with the intention of.
con la mejor intención with the best of intentions.

con mala intención deliberately, intentionally.
con segunda intención with double meaning.
tener buenas intenciones to mean well, be well-intentioned.
tener intención de to intend to.
■ buena intención good will.
mala intención ill will, malice.
intencionadamente *adv* intentionally, deliberately.
intencionado,-a *adj* deliberate, intentional.
■ bien intencionado,-a *(acción)* well-meant; *(persona)* well-meaning.
mal intencionado,-a malicious.
intencional *adj* intentional.
intencionalidad *nf* intent, intention.
intendencia *nf MIL (cuerpo)* ≈ service corps, *(US* quartermaster corps).
intendente
1 *nm* supervisor.
2 *nm MIL* quartermaster general.
intensamente *adv* intensely.
intensidad
1 *nf (gen)* intensity: está nevando con mucha intensidad it's snowing heavily.
2 *nf (del viento)* force; *(de un ruido)* loudness, high volume.
3 *nf (de una enfermedad)* severity; *(del dolor)* acuteness.
4 *nf (de la luz, del color)* brightness, intensity; *(del amor, de la fe)* strength.
intensificación *nf* intensification.
intensificar *vt* to intensify.
▲ *Conjugation model* [1], *like* sacar.
intensivamente *adv* intensively.
intensivo,-a *adj* intensive.
■ curso intensivo crash course.
intenso,-a
1 *adj (gen)* intense.
2 *adj (dolor)* acute.
3 *adj (luz, color)* bright, intense.
4 *adj (amor)* passionate.
intentar *vt* to try.
intento *nm* attempt, try.
✦ al primer intento at the first attempt.
intento de asesinato attempted murder.
intentona *nf* frustrated attempt.
■ intentona golpista attempted coup.
interacción *nf* interaction.
interactivo,-a *adj* interactive.
interbancario,-a *adj* interbank.
intercalar *vt* to insert.
intercambiable *adj* interchangeable.
intercambiar *vt* to exchange.
▲ *Conjugation model* [12], *like* cambiar.
intercambio *nm* exchange, interchange.
interceder *vi* to intercede.
✦ interceder ante alguien por alguien to intercede with somebody on somebody's behalf.

interceptación *nf* interception.
interceptar
 1 *vt (mensaje, correspondencia)* to intercept.
 2 *vt (obstruir)* to block; *(tráfico)* to hold up.
interceptor
 1 *adj* intercepting.
 2 *nm* interceptor.
intercesión *nf* intercession, mediation.
intercesor,-ra
 1 *adj* interceding.
 2 *nm,f* intercessor.
intercomunicación *nf* intercommunication.
interconectar *vt* interconnect.
interconexión *nf* interconnection.
intercontinental *adj* intercontinental.
intercostal *adj* intercostal.
intercultural *adj* cross-cultural.
interdental *adj* interdental.
interdependencia *nf* interdependence.
interdependiente *adj* interdependent.
interdicción *nf* interdiction.
interdicto *nm* interdict.
interdisciplinario,-a *adj* interdisciplinary.
interés
 1 *nm (gen)* interest; *(propio)* self-interest: ha mostrado mucho interés por el piso he has shown great interest in the flat; lo hace solo por interés he's only doing it for what he can get out of it; cuando crezcas verás que era por tu interés when you're older you'll realize it was for your own good.
 2 *nm* FIN interest.
 ✦ **de gran interés** very interesting.
 ir en interés de to be in the interests of.
 poner interés en algo to take an interest in something, put effort into something: debes poner más interés en tu trabajo you should take more interest in your work.
 tener interés en to be interested in.
 ▪ **interés compuesto** compound interest.
 interés simple simple interest.
 intereses creados vested interests.
interesado,-a
 1 *adj (gen)* interested.
 2 *adj (egoísta)* selfish, self-interested.
 3 *nm,f (gen)* interested party.
 4 *nm,f (egoísta)* selfish person.
 ✦ **estar interesado,-a en algo** to be interested in something.
 estar interesado,-a por alguien to take an interest in somebody.
 ser un,-a interesado,-a to be selfish, act out of self-interest.
 ▪ **parte interesada** interested party.
interesante *adj* interesting.
 ✦ **estar en estado interesante** to be expecting.

hacerse el/la interesante to try to attract attention.
interesar
 1 *vt* to interest: la política no me interesa politics doesn't interest me.
 2 *vt (despertar interés)* to interest: quiero interesarlos en mi proyecto I want to interest them in my project.
 3 *vt (afectar)* to concern: todos tus problemas me interesan all of your problems concern me.
 4 *vt (ser útil)* to be in somebody's interest: la construcción del pantano nos interesa a todos the construction of the reservoir is in everyone's interest; no te interesa vender el coche ahora it wouldn't be a good idea to sell the car now.
 5 **interesarse** *vpr* to take an interest (**por**, in).
 ✦ **interesarse por la salud de alguien** to ask after somebody's health.
interestatal *adj* interstate.
interface *nf* interface.
interfaz *nf* interface.
 ▲ *pl interfaces.*
interfecto,-a
 1 *nm,f* JUR victim.
 2 *nm,f fam* person in question.
interferencia
 1 *nf (gen)* interference; *(intencionada)* jamming.
 2 *nf fig* interference.
interferir
 1 *vt (transmisión, programa)* to jam.
 2 *vt (obstaculizar)* to interfere in.
 3 *vi* to meddle, interfere.
 ▲ *Conjugation model* [35], *like hervir.*
interfono *nm* intercom.
intergubernamental *adj* intergovernmental.
ínterin en el ínterin *loc* meanwhile.
interina *nf (asistenta)* cleaning lady.
interinidad
 1 *nf (gen)* temporariness.
 2 *nf (trabajo)* temporary post; *(en la enseñanza)* temporary teaching post *(in state education).*
interino,-a
 1 *adj* temporary, provisional.
 2 *adj (director, presidente)* acting.
 3 *nm,f (sustituto)* stand-in.
interior
 1 *adj (bolsillo)* inside; *(habitación)* without a view, interior; *(jardín)* interior: es un piso muy oscuro porque es todo interior it's a very dark flat as none of the rooms has an outside window.
 2 *adj (del país)* domestic, internal.
 3 *adj* GEOG inland.
 4 *nm (en una vivienda)* inside: pasemos al interior let's go inside.
 5 *nm (conciencia)* inside: en mi interior pienso que me he equivocado deep down I think I made a mistake.
 6 *nm* GEOG interior.

 7 *nm* **Interior** Ministry of the Interior, ≈ GB Home Office, ≈ US Department of the Interior.
 8 **interiores** *nm pl (en cine)* interiors, interior shots: rodaron los interiores en el palacio they shot the interiors in the palace.
 ▪ **patio interior** inner courtyard.
interioridad
 1 *nf* inside, heart of hearts: en su interioridad siente desasosiego por la decisión tomada deep down inside he regrets the decision he took.
 2 **interioridades** *nf pl* private affairs.
interiorismo *nm* interior design.
interiorista *nm & nf* interior designer.
interiorización
 1 *nf (de una creencia)* internalization.
 2 *nf (de sentimientos)* suppression, repression.
interiorizar
 1 *vt (creencia, principio)* to internalize.
 2 *vt (sentimiento)* to suppress, repress.
 ▲ *Conjugation model* [4], *like realizar.*
interiormente *adv* inside.
interjección *nf* interjection.
interlineador *nm* line spacer.
interlocutor,-ra *nm,f* speaker, interlocutor: mi interlocutor the person I was speaking to.
interludio *nm* interlude.
intermediar *vi* to mediate.
intermediario,-a
 1 *adj* intermediary.
 2 *nm,f (gen)* intermediary; *(en disputas)* mediator.
 3 **intermediario** *nm (en negocios)* middleman: es mucho mejor comprar sin intermediarios it's much better to cut out the middleman.
 ✦ **servir de intermediario,-a** to act as an intermediary.
intermedio,-a
 1 *adj (gen)* intermediate; *(tamaño)* medium; *(calidad)* average, medium; *(tiempo)* transitional, intervening; *(espacio)* between.
 2 **intermedio** *nm (de un espectáculo)* interval, intermission.
interminable *adj* endless, interminable.
interminablemente *adv* interminably.
interministerial *adj* interministerial.
intermitencia *nf* intermittence.
 ✦ **con intermitencia** intermittently.
intermitente
 1 *adj (gen)* intermittent; *(luz, destello)* flashing.
 2 *nm* AUTO indicator, *(US* blinker).
internacional
 1 *adj* international.
 2 **La Internacional** *nf* POL the Internationale.

internacionalismo *nm* internationalism.

internacionalidad *nf* internationality.

internacionalista
1 *adj* internationalist.
2 *nm & nf* internationalist.

internacionalizar
1 *vt* to internationalize.
2 **internacionalizarse** *vpr* to become international.

internacionalmente *adv* internationally.

internado,-a
1 *pp* → **internar**.
2 **internado** *nm* boarding school.

internamente *adv* internally.

internamiento *nm (en un hospital)* confinement.

internar
1 *vt (en un colegio)* to send to boarding school; *(en un hospital)* to confine (**en**, to).
2 **internarse** *vpr (penetrar)* to penetrate: **se internaron en la selva** they went deep into the jungle.

internauta *nm & nf* internaut, netsurfer.

internista *nm & nf* internist.

interno,-a
1 *adj (órgano)* internal.
2 *adj (política)* domestic, home.
3 *adj (alumno)* boarding.
4 *nm,f (alumno)* boarder.
5 *nm,f (médico)* intern.
6 *nm,f (preso)* prisoner.
■ **medicina interna** internal medicine.

interparlamentario,-a *adj* interparliamentary.

interpelación
1 *nf POL* interpellation.
2 *nf (gen)* question.

interpelar *vt POL* to interpellate.

interpersonal *adj* interpersonal.

interplanetario,-a *adj* interplanetary.

Interpol *nf* Interpol.

interpolación *nf* interpolation.

interpolar *vt* to interpolate.

interponer
1 *vt* to interpose.
2 *vt JUR* to lodge: **su intención es interponer recurso contra la sentencia** they intend to lodge an appeal against the sentence.
3 **interponerse** *vpr (físicamente)* to interpose oneself.
4 *vpr fig* to intervene.
✦ **interponerse en el camino de alguien** to stand in somebody's way.
▲ *Conjugation model* [78], *like* **poner**; *pp* **interpuesto,-a**.

interposición
1 *nf* interposition.
2 *nf JUR* lodging: **estudian la interposición de un recurso** they are considering lodging an appeal.

interpretación
1 *nf (gen)* interpretation.
2 *nf (de pieza, obra)* performance.
3 *nf (de idiomas)* interpreting.

interpretar
1 *vt* to interpret.
2 *vt (obra, pieza)* to perform; *(papel)* to play; *(canción)* to sing.

interpretativo,-a *adj* interpretative.

intérprete
1 *nm & nf (traductor)* interpreter.
2 *nm & nf (actor, músico)* performer.

interpuesto,-a *pp* → **interponer**.

interracial *adj* interracial.

interregno *nm* interregnum.

interrelación *nf* interrelation.

interrelacionar *vt* to interrelate.

interrogación
1 *nf (acción)* interrogation, questioning.
2 *nf (signo)* question mark, interrogation mark.
3 *nf (pregunta)* question.

interrogador,-a *nm,f* interrogator.

interrogante
1 *adj (mirada, gesto)* interrogating, questioning.
2 *nm (incógnita)* question mark.

interrogar
1 *vt* to question.
2 *vt (a testigo etc)* to interrogate.
▲ *Conjugation model* [7], *like* **llegar**.

interrogativo,-a *adj* interrogative.

interrogatorio *nm* interrogation.
✦ **someter a alguien a un interrogatorio** to interrogate somebody.

interrumpir
1 *vt (gen)* to interrupt: **no me interrumpas** don't interrupt me.
2 *vt (obras)* to stop, halt; *(discurso)* to break off; *(vacaciones)* to cut short; *(tráfico)* to block.
✦ **interrumpir el paso** to block the way.

interrupción *nf* interruption.
✦ **sin interrupción** uninterruptedly.
■ **interrupción del embarazo** termination of pregnancy.

interruptor *nm* switch.

intersecarse *vpr* to intersect.

intersección *nf* intersection.

intersticio *nm* interstice.

interurbano,-a *adj (gen)* inter-city; *(llamada)* trunk, long-distance.

intervalo
1 *nm (de tiempo)* interval.
2 *nm (de espacio)* gap.

intervención
1 *nf (gen)* intervention.
2 *nf (discurso)* speech.
3 *nf MED* operation.
4 *nf (de una empresa)* auditing.
5 *nf (de un teléfono)* tapping.
■ **intervención quirúrgica** surgical operation.

intervencionismo *nm* interventionism.

intervencionista
1 *adj* interventionist.
2 *nm & nf* interventionist.

intervenir
1 *vi (tomar parte)* to take part (**en**, in); *(mediar)* to intervene.
2 *vi (interrumpir)* to intervene.
3 *vi (hablar)* to speak (**en**, at).
4 *vt MED* to operate on.
5 *vt (alijo, mercancía)* to seize.
6 *vt (teléfono)* to tap.
7 *vt (cuentas)* to audit.
▲ *Conjugation model* [90], *like* **venir**.

interventor,-ra
1 *nm,f (gen)* inspector, auditor; *(de ayuntamiento)* treasurer.
2 *nm,f (en elecciones)* scrutineer.
■ **interventor,-ra de cuentas** auditor.

interviú *nm* interview.

intervocálico,-a *adj* intervocalic.

intestado,-a *adj* intestate.

intestinal *adj* intestinal.

intestino,-a
1 *adj (lucha)* internecine.
2 **intestino** *nm* intestine.
■ **intestino ciego** caecum (*US* cecum).
intestino delgado small intestine.
intestino grueso large intestine.

íntimamente *adv* intimately.

intimar *vi* to become close (**con**, to).

intimidación *nf* intimidation.

intimidad
1 *nf (amistad)* intimacy.
2 *nf (vida privada)* privacy, private life.
3 **intimidades** *nf pl (asuntos privados)* private matters, personal affairs: **no pienso contar mis intimidades en público** I'm not going to discuss my personal affairs in public.
✦ **en la intimidad** in private: **la boda se celebró en la intimidad** it was a private wedding.

intimidar *vt* to intimidate.

intimidatorio,-a *adj* intimidating, threatening.

intimismo *nm* intimism.

intimista *adj* intimist.

íntimo,-a
1 *adj (vida)* private.
2 *adj (amigo, relación)* close.
3 *adj (sentimiento, emoción)* most intimate.
4 *adj (higiene)* personal.
5 *adj (ambiente, decoración)* intimate.
6 *nm,f (amigo)* close friend.

intocable *adj* untouchable.

intolerable *adj* intolerable, unbearable.

intolerancia *nf* intolerance: **intolerancia a la lactosa** intolerance of lactose.

intolerante
1 *adj* intolerant.
2 *nm & nf* intolerant person.

intonso,-a *adj* uncut.

intoxicación *nf* poisoning.
- **intoxicación alimenticia** food poisoning.

intoxicar
1 *vt* to poison.
2 **intoxicarse** *vpr* to poison oneself.
▲ *Conjugation model* [1], *like sacar.*

intraducible *adj* untranslatable.

intramuros *adv* within the city walls.

intramuscular *adj* intramuscular.

intranquilidad *nf* worry, uneasiness.

intranquilizar
1 *vt* to worry.
2 **intranquilizarse** *vpr* to worry, get worried.
▲ *Conjugation model* [4], *like realizar.*

intranquilo,-a *adj* worried, uneasy.

intranscribible *adj* unprintable.

intransferible *adj* nontransferable.

intransigencia *nf* intransigence.

intransigente *adj* intransigent.

intransitable *adj* impassable.

intransitivo,-a *adj* intransitive.

intrascendencia *nf* unimportance, insignificance.

intrascendente *adj* unimportant, insignificant.

intratable
1 *adj (persona)* bad-tempered, unsociable.
2 *adj (asunto)* intractable.

intrauterino,-a *adj* intrauterine.

intravenoso,-a *adj* intravenous.

intrepidez *nf* fearlessness, courage.

intrépido,-a *adj* intrepid.

intriga
1 *nf (maquinación secreta)* intrigue: las intrigas palaciegas han existido en todas las épocas court intrigues have always existed.
2 *nf (curiosidad)* curiosity.
3 *nf (de una narración, película)* intrigue.

intrigado,-a *adj* intrigued.

intrigante
1 *adj (curioso, interesante)* intriguing.
2 *adj pey* scheming.
3 *nm & nf (persona)* intriguer, schemer.

intrigar
1 *vt (interesar)* to intrigue.
2 *vi (maquinar)* to intrigue, plot, scheme.
▲ *Conjugation model* [7], *like llegar.*

intrincadamente *adv* intricately.

intrincado,-a
1 *adj (asunto)* intricate, complicate.
2 *adj (camino)* winding, roundabout.

intríngulis *nm fam (dificultad)* snag, catch.
+ **tener intríngulis** to be tricky, be difficult.
▲ *pl intríngulis.*

intrínsecamente *adv* intrinsically.

intrínseco,-a *adj* intrinsic.

introducción *nf* introduction.

introducir
1 *vt (gen)* to introduce; *(legislación)* to introduce, bring in; *(cambios)* to make (**en**, to): quieren introducir un nuevo impuesto they want to bring in a new tax; el sistema se introdujo en el año 1984 the system was introduced in 1984.
2 *vt (meter)* to put, place; *(insertar)* insert: el domador introduce su cabeza en las fauces del león the lion tamer puts his head in the lion's mouth; introduce la llave en la cerradura insert the key in the lock; la introdujeron violentamente en un coche they bundled her into a car.
3 *vt (importar)* to bring in, import; *(clandestinamente)* to smuggle in: logró introducir en el penal una lima he managed to smuggle a file into the prison; introducía la droga en cajetillas de tabaco he smuggled the drugs in in cigarette packets.
4 **introducirse** *vpr (entrar)* to go in, get in, enter: el balón se introdujo en la portería the ball went into the net; los vemos introducirse en el ascensor we see them get into the lift.
+ **introducir modificaciones/novedades/cambios en algo** to modify something, make changes to something.
▲ *Conjugation model* [46], *like conducir.*

introductor,-ra
1 *adj* introductory.
2 *nm,f* introducer.

introductorio,-a *adj* introductory.

intromisión *nf* interference, meddling.

introspección *nf* introspection.

introspectivo,-a *adj* introspective.

introversión *nf* introversion.

introvertido,-a
1 *adj* introverted.
2 *nm,f* introvert.

intrusión *nf* intrusion.

intrusismo *nm* quackery.

intruso,-a
1 *adj* intrusive.
2 *nm,f* intruder.

intubación *nf* intubation.

intubar *vt* to intubate.

intuición *nf* intuition.

intuir *vt* to sense, feel.
▲ *Conjugation model* [62], *like huir.*

intuitivamente *adv* intuitively.

intuitivo,-a *adj* intuitive.

inundación *nf* flood, flooding.

inundar
1 *vt* to flood.
2 *vt fig* to inundate.

inusitado,-a *adj* uncommon, rare.

inusual *adj* unusual.

inútil
1 *adj (gen)* useless.
2 *adj (intento)* vain, futile.

3 *adj MED* disabled.
4 *adj MIL* unfit: lo declararon inútil para el servicio he was declared unfit for military service.
5 *nm & nf fam (persona)* hopeless case.
+ **es inútil que** + *subj* there is no point in + *ger*: es inútil que le digas nada there's no point in saying anything to her.

inutilidad *nf* uselessness.

inutilizable *adj* unusable.

inutilizar
1 *vt* to render useless.
2 *vt (máquina)* to put out of action.
▲ *Conjugation model* [4], *like realizar.*

invadir *vt* to invade: le invadió la nostalgia he was overcome by nostalgia.

invalidación *nf* invalidation.

invalidar *vt* to invalidate.

invalidez
1 *nf JUR (nulidad)* invalidity.
2 *nf MED (incapacidad)* disablement, disability.

inválido,-a
1 *adj JUR (nulo)* invalid.
2 *adj (persona)* disabled, handicapped.
3 *nm,f* disabled person, handicapped person.

invariabilidad *nf* invariability.

invariable *adj* invariable.

invariablemente *adv* invariably.

invasión *nf* invasion.

invasivo,-va *adj* invasive.

invasor,-ra
1 *adj* invading.
2 *nm,f* invader.

invectiva *nf* invective.

invencible *adj (ejército)* invincible; *(obstáculo)* unsurmountable.

invención
1 *nf (invento)* invention.
2 *nf (mentira)* fabrication.

invendible *adj* unsaleable.

inventar
1 *vt (crear)* to invent.
2 *vt (imaginar)* to imagine.
3 *vt (mentir)* to make up, fabricate.
+ **inventar excusas** to make up excuses.

inventariar *vt* to make an inventory of.

inventario *nm* inventory.
+ **hacer inventario** to do the stocktaking.

inventiva *nf* inventiveness.

inventivo,-a *adj* inventive.

invento *nm* invention.

inventor,-ra *nm,f* inventor.

invernáculo *nm* greenhouse, hothouse.

invernadero *nm* greenhouse, hothouse.
- **efecto invernadero** greenhouse effect.

invernal *adj* winter, wintry.

invernar
1 *vi* to (spend the) winter (**en**, in).
2 *vi (animales)* to hibernate.
▲ *Conjugation model* [27], *like acertar.*

inverosímil *adj* unlikely.

inverosimilitud *nf* improbability, unlikelihood.

inversamente *adv* inversely.

inversión
1 *nf (gen)* inversion.
2 *nf FIN* investment.

inversionista *nm & nf* investor.

inverso,-a *adj* inverse, opposite.
✦ **a la inversa** *(al contrario)* on the contrary; *(en el otro sentido)* the other way round.
en orden inverso in reverse order.
en sentido inverso in the opposite direction.
y a la inversa and vice versa.

inversor,-ra *nm,f* investor.

invertebrado,-a
1 *adj* invertebrate.
2 **invertebrado** *nm* invertebrate.

invertido,-a
1 *pp* → **invertir**.
2 *adj* reversed, inverted.
3 *adj* homosexual.
4 *nm,f* homosexual.

invertir
1 *vt (orden)* to invert, reverse.
2 *vt (dirección)* to reverse.
3 *vt (tiempo)* to spend (**en**, on).
4 *vt FIN* to invest (**en**, in).
▲ *Conjugation model* [35], *like* **hervir**.

investidura *nf* investiture.

investigación
1 *nf (indagación)* investigation, enquiry.
2 *nf (estudio)* research.

investigador,-ra
1 *adj (que indaga)* investigating.
2 *adj (que estudia)* research.
3 *nm,f (científico)* researcher.
4 *nm,f (detective)* investigator.
▪ **investigador,-ra privado,-a** private investigator.

investigar
1 *vt (indagar)* to investigate.
2 *vt (campo)* to do research on.
▲ *Conjugation model* [7], *like* **llegar**.

investir *vt* to invest.
▲ *Conjugation model* [34], *like* **servir**.

inveterado,-a *adj* deep-rooted.

inviable *adj* non-viable, unfeasible.

invicto,-a *adj* unconquered.

invidente
1 *adj* blind.
2 *nm & nf* blind person.

invierno *nm* winter.

inviolabilidad *nf* inviolability.

inviolable *adj* inviolable.

inviolado,-a *adj* inviolate.

invisibilidad *nf* invisibility.

invisible *adj* invisible.

invisiblemente *adv* invisibly.

invitación *nf* invitation.

invitado,-a
1 *adj* invited.
2 *nm,f* guest.

invitar
1 *vt* to invite: **a esta ronda invito yo** this round is on me; **invita la casa** it's on the house; **me invitó a una cerveza** she bought me a beer; **nos han invitado a cenar en un restaurante** they are taking us out to dinner; **me invitó a que pasara** she invited me in.
2 *vi (incitar)* to encourage; *(a la violencia)* to incite: **esta piscina invita a bañarse** the water is tempting.

in vitro *loc* in vitro.

invocación *nf* invocation.

invocar *vt* to invoke.
▲ *Conjugation model* [1], *like* **sacar**.

involución
1 *nf BIOL* involution.
2 *nf POL* regression, reaction.

involucionista
1 *adj POL* reactionary.
2 *nm & nf POL* reactionary.

involucrar *vt* to involve (**en**, in).

involuntariamente *adv* inadvertently, involuntarily, unintentionally.

involuntario,-a *adj (reflejo, movimiento)* involuntary; *(error)* unintentional.

involutivo,-a
1 *adj BIOL* involutional.
2 *adj POL* regressive.

invulnerabilidad *nf* invulnerability.

invulnerable *adj* invulnerable.

inyección *nf* injection.
✦ **poner una inyección** to give an injection.

inyectable
1 *adj* injectable.
2 *nm* injection.

inyectar *vt* to inject (**en**, into): **le inyectaron morfina** he was injected with morphine.

inyector *nm* injector.

iodo *nm* iodine.

ion *nm* ion.

iónico,-a *adj* ionic.

ionización *nf* ionization.

ionizador *nm* ionizer.

ionizar *vt* to ionize.

ionosfera *nf* ionosphere.

IPC *abr* (**Índice de Precios al Consumo**) retail price index; *(abreviatura)* RPI.

ir
1 *vi (gen)* to go; *(acudir)* to come: **fuimos a Grecia** we went to Greece; **¿adónde vas?** where are you going?; **¿dónde van estos platos?** where do these plates go?; **este tren va muy lento** this train is very slow; **ella siempre va a la última** she's very trendy; **¡ya voy!** I'm coming!
2 *vi (camino etc)* to lead: **este camino va a la aldea** this road leads to the village.
3 *vi (funcionar)* to work, go: **el ascensor no va** the lift isn't working; **¿cómo te fue en la entrevista?** how did your interview go?
4 *vi (sentar bien)* to suit; *(agradar)* to like: **el rojo no te va** red doesn't suit you; **no me va la música tecno** I don't like techno music.
5 *vi (tratar)* to be about: **¿de qué va la película?** what's the film about?
6 **ir** + *a* + *infin aux* going to: **voy a venderlo** I'm going to sell it.
7 *aux* **ir** + *gerundio* **fuimos andando** we walked, we went on foot; **fue corriendo al pueblo** he ran to the village.
8 *aux* **ir** + *pp* to be: **ir cansado,-a** to be tired.
9 **irse** *vpr (marcharse)* to go away, leave: **se ha ido al cine** he's gone to the cinema; **me voy a la piscina** I'm going to the swimming pool; **¡vete!** go away!; **se fueron a las nueve** they left at nine.
10 *vpr (deslizarse)* to slip.
11 *vpr (gastarse)* to go, disappear.
✦ **ir a pie/en tren/en coche** to go on foot/by train/by car.
ir de compras to go shopping.
ir de culo *fam* to be rushed off one's feet.
ir tirando to get by.
irse a pique *(barco)* to sink; *(proyecto etc)* to fall through.
irse de vacaciones to go on holiday.
irse por las ramas to get sidetracked, beat about the bush.
¡qué va! not at all!, no way! rubbish!
vas que chutas *fam* you're set.
¡vete a saber! who knows!
▲ *Conjugation model* [74].

ira *nf* wrath, rage.

iracundo,-a *adj* irritable, irate.

Irak *nm* Iraq.

Irán *nm* Iran.

iraní
1 *adj* Iranian.
2 *nm & nf* Iranian.
▲ *pl* **iraníes**.

iranio,-a
1 *adj* Iranian.
2 *nm,f (persona)* Iranian.
3 **iranio** *nm (idioma)* Iranian.

iraquí
1 *adj* Iraqi.
2 *nm & nf (persona)* Iraqi.
3 *nm (idioma)* Iraqi.
▲ *pl* **iraquíes**.

irascibilidad *nf* irascibility.

irascible *adj* irascible, irritable.

iridiscencia *nf* iridescence.

iridiscente *adj* iridescent.

iris *nm* iris.
▲ *pl* **iris**.

irisación *nf* iridescence.

irisado,-a *adj* iridescent.

Irlanda *nf* Ireland.
▪ **Irlanda del Norte** Northern Ireland.

irlandés,-esa
1 *adj* Irish.

2 *nm,f (persona - hombre)* Irishman; *(- mujer)* Irish woman.
3 irlandés *nm (idioma)* Irish.

ironía *nf* irony.
+ **con ironía** ironically.
■ **ironías del destino** quirks of fate.

irónicamente
1 *adv* ironically.
2 *adv (con burla)* mockingly.

irónico,-a
1 *adj* ironic.
2 *adj (burlón)* mocking.

ironizar *vt* to make fun of.
▲ *Conjugation model* [4], *like realizar.*

IRPF *abr* (**Impuesto sobre la Renta de las Personas Físicas**) income tax.

irracional *adj* irrational.
irracionalidad *nf* irrationality.
irradiación *nf* irradiation.
irradiar *vt* to irradiate, radiate.
▲ *Conjugation model* [12], *like cambiar.*

irrazonable *adj* unreasonable.
irreal *adj* unreal.
irrealidad *nf* unreality.
irrealizable *adj* unfeasible.
irrealizado,-a *adj* unfulfilled.
irrebatible *adj* irrefutable.
irreconciliable *adj* irreconcilable.
irreconocible *adj* unrecognizable.
irrecuperable *adj* irretrievable.
irredimible *adj* irredeemable, beyond redemption.
irreducible *adj* irreducible.
irreductible *adj* irreducible.
irreemplazable *adj* irreplaceable.
irreflexión *nf* rashness.
irreflexivamente *adv* impetuously.
irreflexivo,-a *adj (acto)* rash; *(persona)* impetuous.
irrefrenable *adj* uncontrollable.
irrefutable *adj* irrefutable.
irrefutablemente *adv* irrefutably.
irregular *adj* irregular.
irregularidad *nf* irregularity.
irregularmente *adv* irregularly.
irrelevante *adj* irrelevant.
irreligioso,-a *adj* irreligious.
irremediable *adj (daño)* irremediable; *(pérdida)* irreplaceable; *(vicio)* incurable.
irremediablemente *adv* irremediably.
irremisible *adj* unpardonable, unforgivable.
irremplazable *adj* irreplaceable.
irreparable *adj* irreparable.
irreparablemente *adv* irreparably.
irrepetible *adj* unrepeatable.
irreprimible *adj* irrepressible.
irreprochable *adj* irreproachable.

irresistible
1 *adj* irresistible.
2 *adj pey (insoportable)* unbearable.

irresistiblemente *adv* irresistibly.
irresoluto,-a *adj* indecisive, irresolute.
irresolución *nf* indecision.
irrespetuoso,-a *adj* disrespectful.

irrespirable
1 *adj (aire)* unbreathable.
2 *adj (ambiente)* oppressive.

irresponsabilidad *nf* irresponsibility.

irresponsable
1 *adj* irresponsible.
2 *nm & nf* irresponsible person.

irresponsablemente *adv* irresponsibly.

irreverencia *nf* irreverence.
irreverente *adj* irreverent.
irreverentemente *adv* irreverently.
irreversible *adj* irreversible.
irrevocable *adj* irrevocable.
irrigable *adj* irrigable.
irrigación *nf* irrigation.
irrigar *vt* to irrigate.
irrisible *adj* laughable.
irrisión *nf* derision.
irrisoriamente *adv* laughably.

irrisorio,-a
1 *adj* derisory, ridiculous.
2 *adj (insignificante)* insignificant.

irritabilidad *nf* irritability.
irritable *adj* irritable.
irritación *nf* irritation.
irritante *adj* irritating, aggravating, annoying.

irritar
1 *vt* to irritate.
2 irritarse *vpr* to lose one's temper, get annoyed.

irrompible *adj* unbreakable.
irrumpir *vi* to burst (**en**, into).
irrupción *nf* irruption.

isabelino,-a
1 *adj (en España)* Isabelline.
2 *adj (en Inglaterra)* Elizabethan.

isla *nf* island.
islam *nm* Islam.
islámico,-a *adj* Islamic.
islamismo *nm* Islam.

islamista
1 *adj (estudioso)* Islamist.
2 *adj (fundamentalista)* Islamic fundamentalist.
3 *nm & nf (estudioso)* Islamist.
4 *nm & nf (fundamentalista)* Islamic fundamentalist.

islamita *adj* Islamic.
islamizar *vt* to Islamize.

islandés,-esa
1 *adj* Icelandic.

2 *nm,f (persona)* Icelander.
3 islandés *nm (idioma)* Icelandic.

Islandia *nf* Iceland.

isleño,-a
1 *adj* island.
2 *nm,f* islander.

isleta
1 *nf* GEOG islet.
2 *nf (de una calzada)* traffic island.

islote *nm* small uninhabited island.
ismo *nm* ism.
isobara *nf* isobar.
isométrico,-a *adj* isometric.
isósceles *adj* isosceles.
isotérmico,-a *adj* isothermal: pon los congelados en una bolsa isotérmica put the frozen food in a freezer bag; un camión isotérmico a refrigerated lorry.

isotermo *nm* isotherm.
isótopo *nm* isotope.
Israel *nm* Israel.

israelí
1 *adj* Israeli.
2 *nm & nf* Israeli.

israelita
1 *adj* HIST Israelite.
2 *nm & nf* HIST Israelite.

istmo *nm* isthmus.
ít. *abr* (**ítem**) item, likewise.
Italia *nf* Italy.

italiano,-a
1 *adj* Italian.
2 *nm,f (persona)* Italian.
3 italiano *nm (idioma)* Italian.

itálica *nf (letra)* italics.
itálico,-a *adj* Italic.
iterar *vt* to iterate.
itinerante *adj* itinerant.
itinerario *nm* itinerary.

ITV *abr* AUTO (**Inspección Técnica de Vehículos**) ≈ Ministry of Transport test; *(abreviatura)* MOT test.

IU *abr* POL (**Izquierda Unida**) United Left *(left-wing political coalition whose nucleus is formed by the Communist Party)*.

IVA *abr* (**impuesto sobre el valor añadido**) value-added tax; *(abreviatura)* VAT.

izar *vt* to hoist.
▲ *Conjugation model* [4], *like realizar.*

izqd° *abr* (**izquierdo**) left.
izqdª *abr* (**izquierda**) left.
izqdo,-a *abr* (**izquierdo**) left.

izquierda
1 *nf (mano)* left hand; *(pierna)* left leg.
2 *nf* POL the left.
+ **girar a la izquierda** to turn left.
ser de izquierdas to be left-wing.

izquierdista
1 *adj* left-wing.
2 *nm & nf* left-winger.

izquierdo,-a *adj* left.
izquierdoso,-a *adj fam* leftish.

J, j *nf (la letra)* J, j.

ja ¡ja, ja! *interj (risa)* ha, ha!; *(con sarcasmo)* tee hee!, ho ho!; *(con incredulidad)* ha ha!, ho ho!.

jabalí *nm* wild boar.
- jabalí verrugoso warthog.
▲ *pl* jabalíes.

jabalina¹ *nf ZOOL* female wild boar.

jabalina² *nf DEP* javelin.

jabato
1 *nm ZOOL* young wild boar.
2 *nm (hombre valiente)* daredevil.

jabón *nm* soap.
✦ darle jabón a alguien *fam* to butter somebody up.
- jabón de olor toilet soap.
  jabón de sastre French chalk.
  jabón de tocador toilet soap.

jabonada *nf* soaping.

jabonaduras *nf pl* suds.

jabonar *vt* → enjabonar.

jaboncillo
1 *nm (pastilla)* small bar of toilet soap.
2 *nm (de sastre)* French chalk.
3 *nm BOT* soapberry.

jabonera
1 *nf* soap dish.
2 *nf BOT* soapwort.

jabonero,-a
1 *adj (industria)* soap.
2 *adj (toro)* dirty white.

jabonoso,-a *adj* soapy.

jabugo *nm* → jamón.

jaca *nf* cob, small horse.

jacarandá *nf* jacaranda.

jacarandoso,-a *adj* jolly, merry.

jacinto *nm* hyacinth.

jacobeo,-a *adj* of Saint James.
- la ruta jacobea *the pilgrim's route to Santiago de Compostela.*

jacobinismo *nm* Jacobinism.

jacobino,-a
1 *adj HIST* Jacobin.
2 *nm,f HIST* Jacobin.

jacobita
1 *adj* Jacobite.
2 *nm & nf* Jacobite.

jactancia *nf* boastfulness, boasting, bragging.

jactancioso,-a
1 *adj* boastful.
2 *nm,f* braggart.

jactarse *vpr* to boast, brag (de, about).

jaculatoria *nf* short prayer.

jacuzzi *nm* jacuzzi.
▲ *Registered trademark.*

jade *nm* jade.

jadeante *adj* panting, breathless.

jadear *vi* to pant.

jadeo *nm* panting.

jaez
1 *nm fig* ilk: gente de ese jaez people of that ilk.
2 jaeces *nm pl* trappings.
▲ *pl* jaeces.

jaguar *nm* jaguar.

jai *nf arg* bird, (*US* broad, chick).

jainismo *nm* Jainism.

jalar
1 *vt (tirar de)* to pull, heave.
2 *vt fam (comer)* to wolf down.

jalbegar *vt (pared)* to whitewash.

jalbegue *nm* whitewash.

jalea *nf* jelly.
- jalea real royal jelly.

jalear
1 *vt (animar)* to cheer (on), clap and shout (at).
2 *vt (caza)* to urge (on).

jaleo
1 *nm (alboroto)* din, racket: no se oye nada con este jaleo I can't hear a thing with all this racket.
2 *nm (escándalo)* fuss, commotion: cuando se enteren se va a montar un jaleo tremendo there'll be a terrible fuss when they find out.
3 *nm (riña)* row.
4 *nm (confusión)* muddle: me he armado tal jaleo que no sé ni dónde estoy I'm so mixed up I don't know whether I'm coming or going; menudo jaleo de cuentas tenéis mon-

tado you've made a right mess of the accounts.
5 *nm MÚS* Andalusian dance and music.

jaleoso,-a *adj (enredoso)* complicated, mixed-up.

jalón¹
1 *nm (estaca)* stake, post.
2 *nm fig* milestone, landmark.
✦ marcar un jalón to mark a watershed.

jalón² *nm (tirón)* pull.

jalonar
1 *vt (con estacas)* to stake out.
2 *vt fig* to mark: el viaje estuvo jalonado de incidentes it was an eventful journey.

Jamaica *nf* Jamaica.

jamaicano,-a
1 *adj* Jamaican.
2 *nm,f* Jamaican.

jamás *adv (+ indic)* never; *(+ subj)* ever: jamás volveré I shall never return; el mejor presidente que jamás haya existido the best president ever.
✦ jamás de los jamases never ever.
  por siempre jamás for ever (and ever).

jamba *nf* jamb.

jamelgo *nm pey* nag, hack.

jamón
1 *nm (curado)* cured ham; *(pata del cerdo)* leg of ham.
2 *nm fam (muslo)* thigh.
✦ estar jamón *fam* to be a hunk.
  ¡y un jamón (con chorreras)! *fam* you should be so lucky!, you must be joking!
- jamón de jabugo cured ham.
  jamón de York boiled ham.
  jamón en dulce boiled ham.
  jamón serrano cured ham.

jamona
1 *adj fam* buxom.
2 *nf fam* buxom woman.

Japón *nm* Japan.

japonés,-esa
1 *adj* Japanese.
2 *nm,f (persona)* Japanese.
3 japonés *nm (idioma)* Japanese.

japuta *nf* Ray's bream.

jaque *nm* check.
+ **dar jaque a** to put in check.
  tener en jaque a alguien to have somebody on the rack.
■ **jaque al rey** check.
  jaque mate checkmate.

jaquear
1 *vt (en ajedrez)* to check.
2 *vt fig (hostigar)* to harass.

jaqueca *nf* migraine, headache.

jara *nf* rockrose.

jarabe
1 *nm* CULIN syrup.
2 *nm* MED syrup, mixture, medicine.
+ **darle a alguien jarabe de palo** to give somebody a good hiding.
■ **jarabe para la tos** cough syrup.

jarana
1 *nf fam (juerga)* wild party, spree.
2 *nf (jaleo)* racket, din.
+ **armar jarana** to make a racket.
  irse de jarana to go out on the town.

jaranero,-a *adj* party-loving.

jarcha *nf* LIT Mozarabic stanza.

jarcia
1 *nf (náutica)* rigging, ropes *pl.*
2 *nf (pesca)* fishing tackle.

jardín *nm* garden.
■ **jardín botánico** botanical garden.
  jardín de infancia nursery school.

jardinera
1 *nf (mujer)* gardener.
2 *nf (mueble para tiestos)* plant stand; *(en ventana)* window box.

jardinería *nf* gardening.
■ **jardinería paisajista** landscape gardening.

jardinero,-a *nm,f* gardener.

jardinista *nm & nf* landscape gardener.

jareta *nf (de adorno)* tuck; *(dobladillo hueco)* casing.

jaro,-a *adj* red-haired.

jarra
1 *nf (para servir)* jug, (US pitcher).
2 *nf (para beber)* tankard, beer mug: **dos jarras de cerveza y unas patatas fritas, por favor** two pints of beer and a packet of crisps, please.
+ **con los brazos en jarras** arms akimbo, hands on hips.

jarrete *nm (de una res)* hock.

jarretera *nf arc* garter.
■ **la Orden de la Jarretera** the Order of the Garter.

jarro
1 *nm (recipiente)* jug.
2 *nm (contenido)* jugful.
+ **caer como un jarro de agua fría** to come as a shock.
  echar un jarro de agua fría a alguien to dash somebody's hopes.

jarrón
1 *nm* vase.
2 *nm* ART urn.

jaspe *nm* jasper.

jaspeado,-a
1 *pp →* **jaspear.**
2 *adj* mottled, speckled.

jaspear *vt* to speckle.

Jauja *nf (sitio)* promised land; *(situación)* the good life.
+ **esto es Jauja** this is the life!: **éste se cree que esto es Jauja** he thinks the world owes him a living.

jaula
1 *nf (para animales)* cage.
2 *nf (embalaje)* crate.
3 *nf (niños)* playpen.

jauría
1 *nf* pack of hounds.
2 *nf fig* gang.

Java *nf* Java.

javanés,-esa
1 *adj* Javanese.
2 *nm,f* Javanese.

jazmín *nm* jasmine.

jazz *nm* jazz.

jazzístico,-a *adj* jazz.

J.C. *abr* (**Jesucristo**) Jesus Christ; *(abreviatura)* J.C.

je *interj* ha!.

jeep *nm* jeep.
▲ *pl* **jeeps; registered trademark.**

jefa *nf fam →* **jefe,-a.**

jefatura
1 *nf (sede)* central office; *(militar)* headquarters.
2 *nf (cargo, dirección)* leadership.

jefe,-a
1 *nm,f* boss, head, chief.
2 *nm,f* COM *(hombre)* manager; *(mujer)* manageress.
3 *nm,f* POL leader.
4 *nm,f* MIL officer in command.
5 *nm,f (de una tribu)* chief.
6 **¡jefe!** *interj fam* waiter!.
7 **la jefa** *nf fam* the old lady, the wife.
■ **jefe de cocina** chef.
  jefe de estación station master.
  jefe de Estado Head of State.
  jefe de Estado Mayor Chief of Staff.
  jefe de redacción editor in chief.
  jefe de taller foreman.
  jefe de ventas sales manager.
  jefe supremo commander-in-chief.

Jehová *nm* Jehovah.
■ **testigos de Jehová** Jehovah's Witnesses.

jengibre *nm* ginger.

jeque *nm* sheik, sheikh.

jerarca *nm* hierarch.

jerarquía
1 *nf* hierarchy.
2 *nf (grado)* scale.
3 *nf (categoría)* rank.
4 *nf (persona)* high-ranking person.

jerárquico,-a *adj* hierarchical, hierarchic.

jerarquizado,-a
1 *pp →* **jerarquizar.**
2 *adj* hierarchical.

jerarquizar *vt* to organize into hierarchies.

jerbo *nm* gerbil.

jeremiada *nf* jeremiad.

jeremías *nm & nf* whinger, whiner.
▲ *pl* **jeremías.**

jerez *nm* sherry.
▲ *pl* **jereces.**

jerga¹
1 *nf (lenguaje)* jargon.
2 *nf pey (jerigonza)* gibberish, jargon.

jerga² *nf (tela)* serge.

jergal *adj* jargon.

jergón *nm (colchón)* pallet.

jerigonza
1 *nf pey* gibberish, jargon.
2 *nf (argot)* slang.

jeringa *nf* syringe.
■ **jeringa de engrase** grease gun.

jeringar
1 *vt* MED *desus* to syringe.
2 *vt fam* to pester.
3 **jeringarse** *vpr fam euf →* **joderse.**

jeringuilla *nf* syringe, hypodermic syringe.

jeroglífico,-a
1 *adj* hieroglyphic.
2 **jeroglífico** *nm* hieroglyph, hieroglyphic.
3 *nm (juego)* rebus.

jersey *nm* sweater, pullover, jumper.
▲ *pl* **jerséis.**

Jerusalén *nm* Jerusalem.

Jesucristo *nm* Jesus Christ.

jesuita
1 *adj* Jesuit.
2 *nm & nf* Jesuit.

jesuítico,-a
1 *adj* Jesuitic.
2 *adj fig* cautious.

Jesús
1 *nm* Jesus.
2 **¡Jesús!** *interj (al estornudar)* bless you!.
3 **¡Jesús, (por Dios)!** *interj fam (como queja)* for God's sake!, for goodness' sake!; *(con sorpresa)* oh my God!.
■ **el Niño Jesús** Baby Jesus.

jet
1 *nm* jet.
2 **la jet** *nf (famosos)* the jet set.
■ **la jet set** the jet set.

jeta
1 *nf fam (cara)* mug, face.
2 *nf (hocico)* snout.
3 *nf (descaro)* cheek.
4 *nm & nf fam* cheeky monkey, cheeky bugger.
+ **tener jeta** *fam* to be cheeky, have a nerve.

jetudo,-a
1 *adj fam (trompudo)* big-nosed.
2 *adj fam (descarado)* cheeky.

Jezabel *nf* Jezebel.

ji *interj* hee!.

jíbaro,-a
1 *adj (indígena)* Jivaro.
2 *nm,f* peasant.
jibia *nf* cuttlefish.
jiddish *nm* → yiddish.
jihad *nf* → yihad.
jijona *nm type of soft* nougat.
jilguero *nm* goldfinch.
jilipollas *nm & nf tabú* → gilipollas.
jineta¹ *nf zool* genet.
jineta² **a la jineta** *loc* with short stirrups.
jinete *nm* rider, horseman.
jingoísmo *nm* jingoism.
jingoísta
1 *adj* jingoistic.
2 *nm & nf* jingoist.
jiñar
1 *vi tabú* to shit oneself .
2 **jiñarse** *vpr tabú* to shit oneself .
jipi *nm & nf* → hippy.
jipiar
1 *vi (gemir)* to groan.
2 *vi (cantar)* to wail.
jipido *nm* → jipío.
jipijapa *nm* Panama hat.
jipío *nm fam (en el cante)* wailing.
jipioso,-a
1 *adj fam pey* scruffy-looking, hippyish.
2 *nm,f fam pey* scruff.
jira *nf desus (merienda)* picnic.
jirafa
1 *nf* giraffe.
2 *nf fam (persona)* beanpole.
3 *nf (de micrófono)* boom.
jirafista *nm & nf* boom operator.
jirón
1 *nm* shred: **una camisa hecha jirones** a tattered shirt.
2 *nm lit* fragment: **jirones de frases** unfinished sentences.
✦ **hacer algo jirones** to tear something to shreds.
jitomate *nm* tomato.
jiu-jitsu *nm* jujitsu, jiujitsu.
JJ.OO. *abr* (**Juegos Olímpicos**) Olympic Games.
jo *interj fam (para indicar - sorpresa)* wow!, blimey!; *(- admiración)* wow!; *(- disgusto)* damn!, blast!.
jobar *interj fam* → jo.
jockey *nm* jockey.
jocosamente *adv* jocularly, humorously.
jocoserio,-a *adj* tragicomic.
jocosidad
1 *nf (humor)* jocularity.
2 *nf (broma)* joke.
jocoso,-a *adj (persona)* jocular; *(tono)* humorous, jokey.
jocundidad *nf* jocundity.
jocundo,-a *adj lit* jolly, jovial.
joder
1 *vt tabú (copular)* to fuck, screw.

2 *vt tabú (fastidiar)* to pester, annoy, piss off.
3 *vt tabú (estropear)* to fuck up.
4 *vt tabú (lastimar)* to do in, bugger up: **se jodió la rodilla** he did his knee in.
5 *interj tabú (con enfado, fastidio)* damn it!, shit!, bloody hell!, fuck!; *(con asombro)* Christ!, Jesus!: **¡joder, qué frío hace!** Christ, it's freezing!.
6 **joderse** *vpr tabú (aguantarse)* to lump it, put up with it.
7 *vpr tabú (echarse a perder)* to get fucked up.
8 *vpr tabú (estropearse)* to go bust.
✦ **¡hay que joderse!** *tabú* tough shit!.
¡la jodiste! *tabú* you screwed it up!.
¡no me jodas! *tabú (con asombro)* bugger me!; fuck me!; *(con fastidio)* bugger off!; fuck off!.
¡que se joda(n)! *tabú* bugger him/her/them!; fuck him/her/them!
jodido,-a
1 *pp* → joder.
2 *adj tabú (enfermo)* in a bad way; *(cansado)* knackered, fucked.
3 *adj tabú (maldito, molesto)* bloody, fucking, sodding.
4 *adj tabú (estropeado, roto)* bust, fucked up, buggered.
5 *adj tabú (difícil)* fucking difficult.
jodienda
1 *nf tabú* screwing.
2 *nf tabú (fastidio)* bugger, pain in the arse.
jofaina *nf* washbasin.
jogging *nm* jogging: **practican el jogging** they go jogging.
jolgorio
1 *nm (juerga)* binge.
2 *nm (algazara)* party: **menudo jolgorio tienen montado los vecinos** the neighbours are really living it up.
jolín
1 *interj fam (asombro)* wow!, good grief!
2 *interj (enfado)* blast!, damn!
jolines *interj fam* → jolín.
jónico,-a
1 *adj (mar)* Ionian; *(pueblo, dialecto)* Ionian, Ionic.
2 *adj (orden, capitel)* Ionic.
3 *nm,f* Ionian.
4 **jónico** *nm (dialecto)* Ionian.
■ **el (mar) Jónico** the Ionian Sea.
Jordán el río Jordán *nf* the river Jordan.
Jordania *nf* Jordan.
jordano,-a
1 *adj* Jordanian.
2 *nm,f* Jordanian.
jornada
1 *nf (día de trabajo)* working day: **una jornada de ocho horas** an eight-hour day; **ha sido una jornada intensiva** it's been a hard day's work.
2 *nf (camino recorrido)* day's journey: **estamos a dos jornadas de camino** we've got another two days' travelling to do.

3 *nf (en periodismo)* day: **las noticias de la jornada** today's news; **la jornada deportiva del sábado** Saturday's sport.
4 **jornadas** *nf pl* conference *sing*.
■ **jornada completa** full-time.
jornada intensiva *eight-to-three working day without a lunch break.*
jornada laboral working day.
jornada partida working day with a lunch break.
media jornada half-day.
jornal *nm* day's wage.
✦ **trabajar a jornal** to be paid by the day.
jornalero,-a *nm,f* day labourer.
joroba
1 *nf (deformidad)* hump.
2 *nf fam (fastidio)* nuisance, drag.
3 *interj fam (sorpresa, admiración)* wow!; *(disgusto)* damn!, blast!
jorobado,-a
1 *adj* hunchbacked, humpbacked.
2 *nm,f* hunchback, humpback.
jorobar
1 *vt fam (fastidiar)* to bother, pester, annoy.
2 *vt fam (romper)* to smash up, break.
3 *vt fam (estropear)* to ruin, wreck.
4 **jorobarse** *vpr fam (aguantarse)* to put up with it.
✦ **¡no jorobes!** *(fastidio)* stop pestering me!; *(incredulidad)* pull the other one!
jota¹
1 *nf name of the letter j.*
2 *nf (cantidad mínima)* jot, scrap.
3 *nf (naipe)* jack.
✦ **ni jota** *fam* not a thing: **no se ve ni jota** you can't see a thing; **no entendí ni jota de lo que me dijo** I didn't understand a word he said.
jota² *nf popular Spanish dance and music.*
joule *nm* joule.
joven
1 *adj* young: **yo de joven no hacía esas cosas** I didn't do things like that when I was young.
2 *nm & nf (hombre)* youth, young man; *(mujer)* young lady, girl: **los jóvenes de hoy día** the youth of today.
jovial *adj* jovial, cheerful, good-humoured.
jovialidad *nf* joviality, cheerfulness.
jovialmente *adv* jovially.
joya
1 *nf* jewel, piece of jewellery *(us* jewelry): **le robaron las joyas** they stole her jewellery.
2 *nf fig* treasure.
joyería
1 *nf (tienda)* jewellery *(us* jewelry) shop, jeweller's shop, *(us* jeweler's) store.
2 *nf (comercio)* jewellery *(us* jewelry) trade.
joyero,-a
1 *nm,f* jeweller *(us* jeweler).
2 **joyero** *nm* jewellery *(us* jewelry) case.
joystick *nm* joystick.
Juan *nm* John.

✦ **Juan Palomo, yo me lo guiso, yo me lo como** I'm all right Jack.
ser un Don Juan to be a flirt, be a philanderer.
▪ **Juan Lanas** *(endeble)* wimp; *(marido dominado)* henpecked husband.

juanete
1 *nm (en el pie)* bunion.
2 *nm (en un barco)* topgallant.

jubilación
1 *nf (acción)* retirement.
2 *nf (dinero)* pension.
▪ **jubilación anticipada** early retirement.

jubilado,-a
1 *pp →* jubilar.
2 *adj* retired.
3 *nm & nf* pensioner, retired person, *(US retiree).*

jubilar
1 *vt (retirar)* to retire.
2 *vt (persona)* to pension off; *(objeto)* to get rid of, ditch.
3 **jubilarse** *upr (retirarse)* to retire.

jubileo *nm (perdón)* indulgence.

júbilo *nm* jubilation, joy.

jubilosamente *adv* jubilantly.

jubiloso,-a *adj* jubilant, joyful.

jubón *nm arc* doublet.

Judá *nf* Judah.

judaico,-a *adj* Judaic.

judaísmo *nm* Judaism.

judas *nm* traitor, Judas.
▲ *pl judas.*

Judea *nf* Judaea.

judeocristiano,-a *adj* Judaeo-Christian.

judeoespañol,-la *adj* Judaeo-Spanish.

judería *nf* Jewish quarter.

judía *nf (planta)* bean.
▪ **judía blanca** haricot bean.
judía pinta kidney bean.
judía verde French bean, green bean.

judiada *nf fam* dirty trick.

judicatura
1 *nf (profesión)* judgeship.
2 *nf (cuerpo)* judiciary, judicature.
3 *nf (duración del cargo)* term of office *as a judge.*

judicial *adj* judicial.

judicialmente *adv* judicially.

judío,-a
1 *adj (gen)* Jewish.
2 *adj HIST (de Judá)* Judaean.
3 *adj fam pey* miserly.
4 *nm,f (persona)* Jew.
5 *nm,f HIST (de Judá)* Judaean.
6 *nm,f fam pey* miser, scrooge.

judión *nm large* bean.

judo *nm* judo.

judoca *nm & nf* judoka.

juego
1 *nm (actividad recreativa)* game; *(actividad deportiva)* sport.

2 *nm (con dinero)* gambling.
3 *nm (acción de jugar)* playing.
4 *nm (en tenis)* game; *(en naipes)* round, game.
5 *nm (conjunto de piezas)* set: **un juego de llaves** a set of keys.
6 *nm (movimiento)* play: **este eje tiene demasiado juego** there's too much play on this axle; **el tobillo ha perdido todo el juego** my ankle has gone stiff.
7 *nm (combinación de elementos)* coordination: **con cortinas a juego** with matching curtains.
✦ **andar en juego/estar en juego** to be at stake.
descubrirle el juego a alguien to see through somebody's game.
entrar en juego *(persona)* to come on; *(factor)* to come into play.
hacer juego *(combinar)* to match.
hacerle el juego a alguien *(apoyar)* to back somebody up; *(seguir el juego)* to play along with somebody; *(dejarse engañar)* to play into somebody's hands.
¡hagan juego! place your bets!
ir a juego con algo to match something.
poner en juego *(usar)* to use; *(arriesgar)* to risk, stake.
seguirle el juego a alguien to play along with somebody.
▪ **juego de azar** game of chance.
juego de café/té coffee/tea service.
juego de ingenio guessing game.
juego de manos sleight of hand.
juego de mesa board game.
juego de niños *fig* piece of cake.
juego de palabras play on words, pun.
juego limpio/sucio fair/foul play.
juegos florales poetry competition *sing.*
juegos malabares juggling *sing.*
Juegos Olímpicos Olympic Games.

juerga *nf fam* rave-up, bash: **está siempre de juerga** he's always out having a good time, he's always out partying.
✦ **correrse una juerga** to have a ball.
irse de juerga to go out on the town.

juerguearse *upr fam* to have a good time.

juerguista
1 *adj* fun-loving.
2 *nm & nf* raver.

jueves *nm* Thursday: **todos los jueves** every Thursday; **el jueves que viene** next Thursday; **el jueves de la semana que viene** next Thursday; **este jueves no, el otro** next Thursday; **del jueves en ocho** a week on Thursday; **el jueves pasado** last Thursday; **el otro jueves** last Thursday; **el jueves por la mañana/noche** on Thursday morning/night; **viene a verme los jueves** she comes to see me on Thursdays; **el partido del jueves** Thursday's match.
✦ **no ser nada del otro jueves** to be nothing to write home about.

▪ **Jueves Santo** Maundy Thursday.
▲ *pl jueves.*

juez,-za *nm,f* judge.
✦ **ser juez y parte** to be biased.
▪ **juez de banda** linesman.
juez de campo field judge.
juez de instrucción examining magistrate.
juez de línea linesman.
juez de paz justice of the peace.
juez de primera instancia examining magistrate.
juez de salida starter.
juez de silla umpire.

jugada
1 *nf (en ajedrez)* move; *(en billar)* shot; *(en dardos)* throw.
2 *nf (momento del juego)* move, piece of play: **la jugada del gol** the move which lead to the goal.
3 *nf fam* dirty trick.
4 *nf FIN* speculation.
✦ **hacerle una mala jugada a alguien** to play a dirty trick on somebody.

jugador,-ra
1 *nm,f* player.
2 *nm,f (apostador)* gambler.
▪ **jugador,-a de Bolsa** speculator.

jugar
1 *vi* to play: **unos jugaron a cartas, otros a fútbol** some played cards, others football.
2 *vi (burlarse)* to play: **estás jugando con mis sentimientos** you're playing with my feelings.
3 *vt (intervenir)* to play, go: **juega tú primero** you go first; **¿quién juega?** whose go is it?
4 *vt (hacer uso - una pieza)* to move; *(- una carta)* to play.
5 *vt (apostar)* to bet, stake.
6 **jugarse** *upr (arriesgar)* to risk: **se jugó la vida por mí** he risked his life for me.
7 *upr (apostarse)* to bet: **¿cuánto te juegas a que no viene?** what's the betting he won't come?
✦ **jugar con fuego** to play with fire.
jugar fuerte to play hard.
jugar limpio to play fair.
jugarse el todo por el todo to stake everything one has.
jugársela a alguien *(engañar)* to take somebody for a ride; *(al cónyuge)* to do the dirty on somebody, cheat on somebody.
jugar sucio to play dirty.
▲ *Conjugation model* [53].

jugarreta *nf fam* dirty trick.

juglar *nm* minstrel.

juglaresa *nf female* minstrel.

juglaresco,-a *adj* minstrel.

juglaría *nf* minstrelsy.

jugo
1 *nm (gen)* juice.
2 *nm (interés)* substance: **una novela con mucho jugo** it's a meaty novel.

+ **sacar el jugo a algo** *fig* to make the most of something.
sacarle el jugo a alguien to exploit somebody.
■ **jugos gástricos** gastric juices.
jugosidad *nf* juiciness.
jugoslavo,-a
1 *adj* Yugoslav, Yugoslavian.
2 *nm,f* Yugoslav, Yugoslavian.
jugoso,-a
1 *adj (fruta, carne)* juicy.
2 *adj (negocio)* substantial, lucrative.
3 *adj (comentario, novela)* meaty.
juguete
1 *nm* toy.
2 *nm fig* plaything.
+ **ser el juguete de alguien** to be somebody's plaything: **somos juguetes del destino** we are the playthings of fate.
juguetear *vi* to play (**con**, with).
jugueteo *nm* playing.
juguetería
1 *nf (tienda)* toy shop.
2 *nf (industria)* toy business.
juguetón,-ona *adj* playful, frolicsome.
juicio
1 *nm (gen)* judgement: **a mi juicio** in my opinion.
2 *nm (sensatez)* reason, common sense.
3 *nm JUR* trial, lawsuit.
4 *nm REL* judgement.
+ **a juicio de alguien** in somebody's opinion.
dejar algo a juicio de alguien to leave something to somebody's discretion.
emitir un juicio sobre algo to express an opinion about something.
en su sano juicio in one's right mind.
llevar a alguien a juicio to take legal action against somebody, sue somebody.
perder el juicio to go mad.
■ **Juicio Final/Juicio Universal** Final Judgement.
juicioso,-a *adj (persona)* sensible, wise; *(decisión)* judicious.
julandrón,-ona *nm arg* sucker, mug.
julay *nm arg* sucker, mug.
julepe
1 *nm (juego)* type of card game.
2 *nm fam (esfuerzo)* hard work.
3 *nm (bebida)* julep.
juliana *nf* damewort.
julio¹ *nm* July.
▲ *For examples of use, see* **marzo**.
julio² *nm Fís* joule.
jumbo *nm* jumbo jet.
jumento *nm* ass, donkey.
jumera *nf fam* bender.
+ **agarrar una jumera/pillar una jumera** *fam* to get plastered, go on a bender.
jumilla *nm wine from Jumilla, Murcia.*
juncal
1 *adj BOT* rushlike.
2 *adj lit* graceful.
3 *nm BOT* reedbed.

juncia *nf* sedge.
junco¹
1 *nm BOT* rush, reed.
2 *nm (bastón)* walking stick, cane.
junco² *nm MAR* junk.
jungla *nf* jungle.
■ **la jungla del asfalto** the concrete jungle.
junio *nm* June.
▲ *For examples of use, see* **marzo**.
júnior
1 *adj DEP* junior.
2 *nm & nf REL* junior novice.
3 *nm & nf DEP* junior.
▲ *pl* **júniors**.
junípero *nm* juniper.
junquillo
1 *nm BOT* jonquil.
2 *nm (moldura)* beading.
junta
1 *nf (reunión)* meeting, assembly, conference.
2 *nf (conjunto de personas)* board, council, committee.
3 *nf (sesión)* session, sitting.
4 *nf (militar)* junta.
5 *nf (punto de unión)* joint.
■ **junta administrativa** administrative board.
junta de accionistas shareholders' meeting.
junta de culata gasket.
junta de empresa works council.
junta directiva board of directors.
junta militar military junta.
juntar
1 *vt (unir)* to join together, put together; *(piezas)* to assemble: **junta las mesas** put the tables together.
2 *vt fam (coleccionar)* to collect.
3 *vt (reunir - dinero)* to raise; *(- gente)* to gather together.
4 **juntarse** *vpr (unirse)* to join, get together; *(ríos, caminos)* to meet: **nos juntamos todos los domingos** we get together every Sunday.
5 *vpr (acercarse)* to squeeze up: **juntaos un poco que no quepo** squeeze up, I can't get in.
6 *vpr (relacionarse)* to go out (**con**, with), mix (**con**, with): **últimamente no se junta con nadie** she is being remarkably antisocial lately.
7 *vpr (amancebarse)* to move in (**con**, with), start living together.
juntillas a pies juntillas *loc fam* → **pie**.
junto,-a *adj* together: **colocó dos sillas juntas** he put two chairs next to each other; **es la primera vez que veo tanto dinero junto** it's the first time I've seen so much money in one place.
+ **junto a** next to: **vive junto a mí** he lives next door to me; **un hotel junto al lago** a hotel by the lake.
junto con along with, together with: **me lo mandó junto con el paquete** he sent it along with the parcel.

juntura *nf* joint.
Júpiter *nm* Jupiter.
jura *nf (acción)* oath; *(ceremonia)* swearing-in, pledge.
■ **jura de bandera** oath of allegiance to the flag.
jurado,-a
1 *pp* → **jurar**.
2 *adj* sworn.
3 *nm JUR (tribunal)* jury; *(miembro del tribunal)* juror, member of the jury.
4 *nm (en un concurso)* panel of judges, jury.
juramentar
1 *vt* to swear in.
2 **juramentarse** *vpr* to take the oath.
juramento
1 *nm JUR* oath.
2 *nm (blasfemia)* swearword.
+ **tomar juramento a alguien** to swear somebody in.
■ **juramento de fidelidad** oath of allegiance.
juramento falso perjury.
jurar
1 *vt* to swear, take an oath.
2 *vi (blasfemar)* to curse, swear.
+ **jurar en falso** to commit perjury.
jurar en vano to take the name of the Lord in vain.
jurar fidelidad to pledge allegiance.
jurársela(s) a alguien to have it in for somebody.
¡(te) lo juro por Dios! I swear to God!
jurásico,-a
1 *adj* Jurassic.
2 **el jurásico** *nm* the Jurassic.
jurel *nm* scad, horse mackerel.
jurídico,-a *adj* legal, juridical.
+ **por la vía jurídica** in court.
■ **sistema jurídico** legal system.
jurisconsulto *nm* jurist, legal expert.
jurisdicción *nf* jurisdiction.
jurisdiccional *adj* jurisdictional.
jurispericia *nf* jurisprudence.
jurisperito,-a *nm,f* jurist, legal expert.
jurisprudencia *nf* jurisprudence.
jurista *nm & nf* jurist, lawyer.
justa
1 *nf HIST* joust.
2 *nf (certamen)* competition.
justamente
1 *adv (con justicia)* justly, fairly.
2 *adv (exactamente)* exactly.
3 *adv (precisamente)* precisely.
justar *vi* to joust.
justear *vi* to joust.
justeza *nf* fairness.
justicia
1 *nf (equidad, derecho)* justice, fairness.
2 *nf* **la justicia** *(organismo)* the law.
+ **administrar justicia** to administer justice.
en justicia in all fairness.
hacer justicia to do justice.

hacer justicia a algo/alguien to do justice to somebody/something.
ser de justicia to be only fair.
tomarse la justicia por su mano to take the law into one's own hands.

justiciable *adj* actionable.

justiciero,-a *adj* avenging.

justificable *adj* justifiable.

justificación *nf* justification: **no tiene justificación subir los precios** there is no justification for putting prices up.

justificante
1 *adj* justifying.
2 *nm (prueba)* written proof.

justificar
1 *vt (acción)* to justify.
2 *vt (persona)* to excuse.
3 **justificarse** *vpr (persona)* to justify oneself; *(acción)* to be justified.
✦ **justificarse con alguien** to apologize to somebody.
▲ *Conjugation model* [1], *like* sacar.

justipreciación *nf* valuation.

justipreciar *vt* to value.

justiprecio *nm* valuation.

justo,-a
1 *adj (persona, decisión)* just, fair; *(sentencia)* just: **es justo que te den el premio a ti** it is only fair that you should get the prize.
2 *adj (ropa)* tight: **esta falda me queda muy justa** this skirt is too tight for me

3 *adj (exacto)* exact: **tengo el dinero justo para el autobús** I have the exact money for the bus; **en el lugar justo donde lo enterraron** in the exact place where he was buried.
4 *adj (escaso)* just enough: **me queda lo justo para llegar a fin de mes** I have just enough money to get by.
5 *adj (preciso)* exact, precise: **estamos los justos para jugar una partida** there are just the right number of us to play.
6 *nm,f* just person, fair person.
7 **justo** *adv (en el preciso momento)* just; *(en el preciso lugar)* right: **me ascendieron justo cuando menos lo esperaba** I was promoted just when I was least expecting it; **justo en este momento iba para allí** I was just on my way there; **vivo justo en el centro de la ciudad** I live right in the centre of town.
8 **los justos** *nm pl REL* the just.
✦ **ir justo,-a de dinero** to be short of money.
ir justo,-a de tiempo to be pressed for time.
justo en ese momento just at that moment.
no es justo it isn't fair.

juvenil
1 *adj* young, youthful: **estás muy juvenil con ese vestido** you look very young in that dress.
2 *adj DEP* junior, youth.

3 *nm & nf DEP* junior, youth: **los juveniles** the juniors, the youth team.
■ **moda juvenil** teenage fashion.

juventud
1 *nf (período)* youth.
2 *nf (aspecto joven)* youthfulness.
3 *nf (los jóvenes)* young people *pl*, youth *pl*: **la juventud actual** the youth of today, young people today.
✦ **conservar la juventud** to keep one's youthful looks.
■ **las Juventudes Socialistas** the Young Socialists.

juzgado *nm (local)* court.
✦ **ser de juzgado de guardia** *fam* to be outrageous, be scandalous.
■ **juzgado de guardia** court, police court.
juzgado de instrucción court of first instance.
juzgado de primera instancia court of first instance.
juzgado municipal town court, city court.

juzgar
1 *vt (formar juicio)* to judge: **mañana lo juzgan** he will appear in court tomorrow; **no me juzgues mal, pero …** don't get me wrong, but …
2 *vt (considerar)* to consider, think: **juzgo conveniente que se le traslade a otra oficina** I think that he should be moved to a different office.
✦ **a juzgar por** judging by.
juzgar como válido,-a to deem valid.
▲ *Conjugation model* [7], *like* llegar.

K, k *nf (la letra)* K, k.
ka
1 *nf name of the letter k.*
2 *nf (naipes)* king.
kafkiano,-a *adj* Kafkaesque.
káiser *nm* Kaiser.
kaki
1 *nm (árbol)* persimmon tree.
2 *nm (fruta)* persimmon.
kamikaze *nm* kamikaze.
Kampuchea *nf* Kampuchea.
kampucheo,-a
1 *adj* Kampuchean.
2 *nm,f* Kampuchean.
kapok *nm* kapok.
karaoke
1 *nm (práctica)* karaoke.
2 *nm (aparato)* karaoke machine.
3 *nm (local)* karaoke bar.
kárate *nm* karate.
karateca *nm & nf* karateist.
karateka *nm & nf* karateist.
karma *nf* karma.
karst *nm* karst.
kárstico,-a *adj* karstic.
kart *nm* go-kart, kart.
▲ *pl karts; registered trademark.*
karting *nm* go-kart racing, karting.
kárting *nm* karting.
Kathmandu *nm* Katmandu, Kathmandu.
katiuska *nf* Wellington boot, rubber boot.
kayac *nm* kayak.
▲ *pl kayacs.*
kayak *nm* kayak.
▲ *pl kayaks.*
kazajio,-a
1 *adj* Kazakh.

2 *nm,f (persona)* Kazakh.
3 **kazajio** *nm (idioma)* Kazakh.
Kazajstán *nm* Kazakhstan.
kéfir *nm* kefir.
kendo *nm* kendo.
Kenia *nf* Kenya.
keniano,-a
1 *adj* Kenyan.
2 *nm,f* Kenyan.
keroseno *nm* kerosene.
ketchup *nm* ketchup.
kg *sím* (**kilogramo**) kilogram; *(símbolo)* kg.
Khartum *nm* Khartoum.
kibutz *nm* kibbutz.
kilo
1 *nm* kilogram.
2 *nm arg (antiguamente)* million pesetas.
kilobyte *nm* kilobyte.
kilocaloría *nf* kilocalorie.
kilogramo *nm* kilogram.
kilohercio *nm* → **kilohertz**.
kilohertz *nm* kilohertz.
▲ *pl kilohertz.*
kilolitro *nm* kilolitre, *(US* kiloliter).
kilometraje *nm* ≈ mileage.
kilometrar *vt* to measure the distance of *(in kilometres).*
kilométrico,-a
1 *adj* kilometric: este mapa indica la distancia kilométrica entre las ciudades this map shows the distance in kilometres between towns.
2 *adj fam (larguísimo)* endless.
3 **kilométrico** *nm* runabout ticket.
kilómetro *nm* kilometre, *(US* kilometer).
kilovatio *nm* → **kilowatt**.
kilowatt *nm* kilowatt.
kimono *nm* → **quimono**.
kiosco *nm* → **quiosco**.

kirguís
1 *adj* Kirghiz.
2 *nm & nf (persona)* Kirghiz.
3 *nm (idioma)* Kirghiz.
Kirguizistán *nm* Kirghizstan, Kirghizia.
Kiribati *nm* Kiribati.
kit *nm* kit.
▲ *pl kits.*
kitsch
1 *adj* kitsch.
2 *nm (arte)* kitsch; *(objeto)* piece of kitsch.
kiwi
1 *nm (ave)* kiwi.
2 *nm (fruta)* kiwi, kiwi fruit.
Kl *sím* (**kilolitro**) kilolitre *(US* kiloliter); *(símbolo)* Kl.
kleenex *nm* Kleenex, tissue.
▲ *Registered trademark.*
km *sím* (**kilómetro, kilómetros**) kilometre, *(US* kilometer); *(símbolo)* km.
km/h *abr* (**kilómetros hora**) kilometres *(US* kilometers) per hour; *(abreviatura)* kph.
knock-out *nm* knockout.
KO *abr* (**knock-out**) knockout; *(abreviatura)* KO.
✦ **dejar a alguien KO** to knock somebody out.
koala *nm* koala.
kung-fu *nm* kung-fu.
kurdo,-a
1 *adj* Kurdish.
2 *nm,f (persona)* Kurd.
3 **kurdo** *nm (idioma)* Kurdish.
Kuwait *nm* Kuwait.
kuwaití
1 *adj* Kuwaiti.
2 *nm,f* Kuwaiti.
kW *sím* (**kilovatio**) kilowatt; *(símbolo)* kW.
kW/h *abr* (**kilovatios hora**) kilowatts per hour; *(abreviatura)* kWh.

L, l *nf (la letra)* L, l.

l *sím* (**litro**) litre (*US* liter); *(símbolo)* l.

la¹ *art def* the: **la casa** the house.
✦ **la de** the amount of, the number of: ¡**la de coches que había!** the number of cars there were!

la² *pron (persona)* her; *(cosa)* it: **la invité a cenar** I invited her to supper; **no la he leído** I haven't read it.
▲ *See also* **las.**

la³ *nm MÚS* la, lah, A.

LAB *abr* (**Langile Abertzaleen Batzordea**) Assembly of Nationalist Workers *(Basque nationalist labour union)*.

laberíntico,-a *adj* labyrinthic, labyrinthine.

laberinto *nm* labyrinth, maze.

labia *nf fam* loquacity.
✦ **tener labia** *fam* to have the gift of the gab.

labiado,-a *adj* labiate.

labial
  1 *adj (gen)* labial.
  2 *nf LING* labial.

lábil
  1 *adj (no estable)* unstable; *(frágil)* fragile.
  2 *adj QUÍM* labile.

labio *nm* lip.
  ▪ **labio leporino** harelip.

labiodental
  1 *adj* labiodental.
  2 *nf* labiodental.

labor
  1 *nf (gen)* work.
  2 *nf (costura)* embroidery, needlework; *(punto)* knitting.
  ✦ **estar por la labor** to be willing to help. "**Profesión: sus labores**" "Occupation: housewife".
  ▪ **labores del campo** farm work. **labores del hogar** housework.
  ▲ *In 2, also used in plural with the same meaning.*

laborable
  1 *adj (de trabajo)* working.
  2 *adj AGR* arable.
  ▪ **día laborable** working day, workday.

laboral *adj* labour.
  ▪ **accidente laboral** industrial accident, accident in the workplace.

laboralista *adj (abogado)* labour relations.

laboratorio *nm* laboratory.

laboriosamente *adv* painstakingly.

laboriosidad *nf* laboriousness.

laborioso,-a
  1 *adj (trabajador)* industrious, diligent.
  2 *adj (trabajoso)* laborious.

laborismo *nm* Labour Movement.

laborista
  1 *adj* Labour.
  2 *nm & nf* Labour (Party) member.

labrado,-a
  1 *pp →* **labrar.**
  2 **labrado** *nm (de piedra, mármol)* carving.

labrador,-ra *nm,f* farmer.

labranza *nf* farming.

labrar
  1 *vt AGR (campo)* to work; *(con arado)* to plough (*US* plow).
  2 *vt (metal)* to work; *(madera)* to carve; *(piedra)* to cut.
  ✦ **labrarse un futuro** to make a future for oneself.

labriego,-a *nm,f* farm worker.

laburno *nm* laburnum.

laca
  1 *nf (en arte)* lacquer; *(resina)* shellac.
  2 *nf (para pelo)* hair spray.
  ▪ **laca de uñas** nail varnish, nail polish.

lacar *vt* to lacquer.

lacayo *nm* lackey, footman.

laceración *nf* laceration.

lacerante *adj lit (dolor)* searing.

lacerar
  1 *vt* to lacerate, tear.
  2 *vt fig* to harm, damage.

lacería *nf* ornamental bows *pl.*

lacero,-a
  1 *nm,f (de ganado)* lassoer.
  2 *nm,f (furtivo)* poacher.
  3 *nm,f (de perros)* dog-catcher.

lacio,-a
  1 *adj (cabello)* straight.
  2 *adj (marchito)* withered.
  3 *adj (sin vigor)* limp.

lacón *nm* ham.
  ▪ **lacón con grelos** hock of pork with turnip tops.

lacónicamente *adv* laconically.

lacónico,-a *adj* laconic.

laconismo *nm* laconism, laconicism.

lacra
  1 *nf (señal)* mark, scar.
  2 *nf (mal)* evil, scourge.
  3 *nf (defecto)* fault.

lacrado,-a
  1 *pp →* **lacrar.**
  2 *adj (sobre)* sealed with wax.

lacrar *vt* to seal (with sealing wax).

lacre *nm* sealing wax.

lacrimal *adj* tear, lacrimal, lachrymal.

lacrimógeno,-a *adj* tearful: **una historia lacrimógena** a tear-jerker.
  ▪ **gas lacrimógeno** tear-gas.

lacrimoso,-a *adj* tearful.

lacrosse *nm* lacrosse.

lactancia *nf (acción)* lactation; *(periodo)* breast-feeding: **durante la lactancia, la madre ...** while she is breast-feeding, the mother ...

lactante
  1 *adj* lactational.
  2 *nm & nf* unweaned baby.

lacteado,-a *adj* with milk.

lácteo,-a *adj* milk, milky.
  ▪ **productos lácteos** dairy products.

láctico,-a *adj* lactic.

lactosa *nf* lactose.

lacustre *adj* lake.

ladear
  1 *vt* to tilt.
  2 **ladearse** *vpr (inclinarse)* to lean, lean over.
  3 *vpr fam (apartarse)* to move.

ladeo *nm* tilt.

ladera *nf* hillside.

ladilla *nf* crab louse.

ladino,-a
1 *adj* sly.
2 **ladino** *nm (lengua)* Ladino.
lado *nm (gen)* side.
✦ **al lado de algo** beside something: lo he dejado al lado del teléfono I've left it beside the phone; la casa de al lado next door.
al lado de alguien next to somebody: me puse a su lado I sat next to her; a su lado no vale nada he's nothing compared to her; no se movió de su lado en toda la enfermedad he stood by him all through his illness.
dar de lado a alguien to ignore somebody.
de medio lado tilted, on the tilt.
de un lado para otro about, all over the place, to and fro, backwards and forwards.
dejar a alguien de lado to leave somebody out.
dejar algo a un lado to leave something aside.
dejar algo de lado to leave something aside.
estar al lado *(muy cerca)* to be very near.
hacerse a un lado to get out of the way.
poner a un lado to set aside.
poner algo de lado to put something sideways.
por un lado ... por otro ... on the one hand ... on the other hand ...
ladrador,-ra *adj* barking.
ladrar *vi* to bark.
ladrido *nm* bark: con tanto ladrido no se oye nada you can't hear a thing with all that barking.
✦ **dar ladridos** to bark.
ladrillazo *nm* blow with a brick.
ladrillo
1 *nm (en construcción)* brick.
2 *nm fam* pain, bore.
ladrón,-ona
1 *adj* thieving.
2 *nm,f (persona - que roba)* thief; *(- que tima, engaña)* crook.
3 **ladrón** *nm (enchufe)* adaptor.
✦ **¡al ladrón!** stop thief!
ladronzuelo,-a *nm,f* petty thief.
lagar *nm* press.
lagarta *nf* → lagarto,-a.
lagartija *nf* small lizard.
lagarto,-a
1 *nm,f (animal)* lizard.
2 *nm,f fam (pícaro)* sly devil.
✦ **¡lagarto, lagarto!** *fam* God preserve us!, Heaven help us!
lagartón,-ona *nm,f fam* sly devil.
lago *nm* lake.
lagópodo *nm* grouse.
■ **lagópodo escocés** red grouse.
lágrima
1 *nf (ocular)* tear.
2 *nf (de lámpara, pendiente)* teardrop.

✦ **llorar a lágrima viva** *fam* to cry one's eyes out.
saltársele las lágrimas a alguien to bring tears to one's eyes: se me saltaron las lágrimas tears came to my eyes, it brought tears to my eyes.
■ **lágrimas de cocodrilo** crocodile tears.
lagrimal
1 *adj* tear, lachrymal.
2 *nm* corner of the eye.
lagrimear
1 *vi (ojos)* to run, water.
2 *vi (persona)* to cry easily.
lagrimeo
1 *nm (del ojo)* watering.
2 *nm (llanto)* weeping, shedding of tears.
lagrimón *nm* large teardrop, large tear.
lagrimoso,-a *adj* tearful.
laguna
1 *nf* small lake, lagoon.
2 *nf fig (de conocimiento)* gap; *(de la memoria)* memory lapse.
laicado *nm* laity.
laicismo *nm* laicism, secularism.
laico,-a
1 *adj* lay, secular.
2 *nm,f (hombre)* layman; *(mujer)* laywoman.
laísmo *nm* incorrect use of la and las as indirect objects instead of le and les.
laísta
1 *adj* given to laísmo.
2 *nm & nf* person who is given to laísmo.
laja *nf* slab.
lama¹ *nm REL* lama.
lama²
1 *nf (lámina)* slat.
2 *nf (barro)* slime.
lamé *nm* lamé.
lameculos *nm & nf tabú* arse licker, (*US* ass licker).
▲ *pl* lameculos.
lamedura *nf* licking.
lamentable *adj (injusticia)* regrettable, deplorable; *(estado)* sorry, pitiful.
lamentablemente *adv* regrettably.
lamentación *nf* wail, wailing, lamentation.
lamentar
1 *vt* to regret.
2 **lamentarse** *vpr* to complain.
lamento *nm* moan, cry.
lamer *vt* to lick.
lametazo *nm* lick.
lametón *nm* lick.
lamido,-a
1 *adj (relamido)* prissy.
2 *adj (flaco)* scrawny.
3 *adj (desgastado)* worn.
lámina
1 *nf (gen)* sheet, plate.
2 *nf (ilustración)* illustration; *(grabado)* engraving.
laminación *nf* lamination.

laminado,-a
1 *pp* → laminar.
2 *adj* laminated.
3 **laminado** *nm* lamination.
laminar
1 *adj* laminar.
2 *vt* to laminate.
lampar *vi fam* to beg.
lámpara
1 *nf* lamp.
2 *nf RAD* valve.
■ **lámpara de mesa** table lamp.
lámpara de pie standard lamp.
lamparilla
1 *nf (lámpara)* small lamp.
2 *nf (vela)* candle.
lamparón *nm fam* stain.
lampiño,-a *adj* hairless.
lampista *nm & nf fam (gen)* handyman; *(fontanero)* plumber; *(electricista)* electrician.
lamprea *nf* lamprey.
lana
1 *nf* wool.
2 **lanas** *nf pl fam (pelo)* long hair *sing*: ¡córtate esas lanas! get your hair cut!
✦ **cardarle la lana a alguien** *fam* to tick somebody off, tell somebody off.
de lana woollen (*US* woolen).
ir por lana y salir trasquilado,-a *fam* to go for wool and come home shorn.
lanar *adj* wool-bearing.
lance
1 *nm (suceso)* event.
2 *nm (infortunio)* incident.
3 *nm (pelea)* quarrel.
4 *nm DEP* move.
✦ **de lance** second-hand.
■ **lance de fortuna** stroke of luck.
lance de honor duel.
lanceado,-a *adj* → lanceolado,-a.
lanceolado,-a *adj* lanceolate.
lancero *nm* lancer.
lanceta *nf* lancet, lance.
lancha *nf (bote)* launch, boat; *(a motor)* speedboat, motorboat.
■ **lancha motora** speedboat, motorboat.
lancha neumática rubber dinghy.
lancha salvavidas lifeboat.
lanchero *nm* boatman.
lanchón *nm* barge.
landa *nf* moor.
landó *nm* landau.
lanero,-a *adj* wool.
langosta
1 *nf (crustáceo)* crawfish, spiny lobster.
2 *nf (insecto)* locust.
langostino *nm* type of prawn.
lánguidamente *adv* languidly, limply.
languidecer *vi* to languish.
▲ *Conjugation model* [43], *like* agradecer.
languidez
1 *nf (falta de vigor)* languor.
2 *nf (flaqueza)* listlessness.

lánguido,-a
1 *adj (falto de vigor)* languid, languorous.
2 *adj (débil)* listless.

lanilla
1 *nf (tejido)* flannel.
2 *nf (pelusilla)* fluff.

lanolina *nf* lanolin, lanoline.

lanoso,-a *adj (gen)* furry, woolly (*US* wooly).

lanudo,-a *adj* woolly (*US* wooly).

lanza
1 *nf* lance, spear.
2 *nf (de carro)* shaft.
✦ **lanza en ristre** *fam* ready for action.
romper una lanza por to stick up for, defend.

lanzacohetes *nm* rocket launcher.
▲ *pl* lanzacohetes.

lanzadera *nf* shuttle.

lanzado,-a
1 *pp* → **lanzar.**
2 *adj (impetuoso)* impetuous; *(decidido)* determined.
✦ **ir lanzado,-a** to be zooming along.
salir lanzado,-a to zoom out.
ser un,-a lanzado,-a *fam* to be very forward.

lanzador,-ra *nm,f (de jabalina)* thrower; *(de béisbol)* pitcher; *(de cricket)* bowler.

lanzagranadas *nm* grenade launcher.
▲ *pl* lanzagranadas.

lanzallamas *nm* flame-thrower.
▲ *pl* lanzallamas.

lanzamiento
1 *nm (acción de lanzar)* throwing.
2 *nm (de cohete)* launching; *(de proyectil)* firing; *(de bomba)* dropping.
■ **lanzamiento de disco** discus throwing.
lanzamiento de jabalina javelin throwing.
lanzamiento de peso shot put.

lanzaminas *nm* minelayer.
▲ *pl* lanzaminas.

lanzamisiles *nm* missile launcher.
▲ *pl* lanzamisiles.

lanzar
1 *vt (gen)* to throw: **lanzó una piedra al arroyo** he threw a stone into the stream; **se lanzó al vacío de un rascacielos** he threw himself off a skyscraper.
2 *vt (cohete)* to launch.
3 *vt fig (grito)* to let out; *(insulto)* to fire; *(mirada)* to gave: **me lanzó una mirada furtiva** she gave me a furtive look.
4 *vt (producto)* to launch.
5 **lanzarse** *vpr (actuar decididamente)* to throw oneself, launch oneself into: **se lanzaron al ataque sin pensarlo dos veces** they threw themselves straight into the attack; **se lanzaron a la calle en protesta por la nueva ley** they went out onto the streets to protest against the new law.
✦ **lanzarse contra alguien** to attack somebody.
▲ *Conjugation model* [4], *like* **realizar.**

lanzatorpedos *nm* torpedo tube.
▲ *pl* lanzatorpedos.

laña *nf* clamp.

Laos *nm* Laos.

laosiano,-a
1 *adj* Laotian.
2 *nm,f (persona)* Laotian.
3 **laosiano** *nm (idioma)* Laotian.

lapa
1 *nf (molusco)* limpet.
2 *nf pey (persona)* bore.
✦ **pegarse como una lapa** *fam* to cling like a leech.

laparoscopia *nf* laparoscopy.

lapicero *nm* pencil.

lápida *nf (sepulcral)* tombstone, slab; *(conmemorativa)* plaque.

lapidación *nf* lapidation, stoning.

lapidar *vt* to stone.

lapidario,-a
1 *adj (frase - concisa)* terse, concise; *(- contundente)* categorical.
2 *nm,f (de piedras preciosas)* lapidary.
3 *nm,f (de lápidas)* monumental mason.

lapislázuli *nm* lapis lazuli.

lápiz *nm* pencil.
■ **lápices de colores** coloured (*US* colored) pencils, crayons.
lápiz de labios lipstick.
lápiz de ojos eyeliner.
lápiz óptico light pen.
▲ *pl* lápices.

lapo *nm fam* gob.

lapón,-ona
1 *adj* Lapp.
2 *nm,f* Laplander, Lapp.

Laponia *nf* Lapland.

lapso
1 *nm (de tiempo)* period of time, lapse: **en el lapso de un mes** in the space of a month.
2 *nm (error)* → **lapsus.**

lapsus *nm (error)* slip; *(de memoria)* memory lapse, lapse of memory.
■ **lapsus linguae** slip of the tongue.
▲ *pl* lapsus.

laquear *vt* to lacquer.

lar
1 *nm (deidad)* lar.
2 *nm (de lumbre)* hearth.
3 **lares** *nm pl (dioses)* lares.
4 *nm pl lit (casa)* home *sing.*

lardo *nm* lard.

larga *nf* → **largo,-a.**

largamente *adv* at length, for a long time.

largar
1 *vt fam (dar)* to give: **le largó un discurso de media hora** he gave him a half-hour speech; **le largó un sopapo en toda la cara** he slapped him in the face.
2 *vt fam (despedir)* to sack, fire, give the push: **creo que me van a largar** I think I'm going to get the sack.
3 *vt fam (contar)* to tell: **si la presionan un poco más lo largará todo** if they push her a bit more she'll tell them everything; **esa lo larga todo** she can't keep anything to herself.
4 *vi fam (hablar)* to chatter, natter.
5 **largarse** *vpr fam (irse)* to go, leave: **me largo** I'm off, (*US* I'm out of here).
✦ **largar amarras** to cast off.
¡lárgate! *fam* get lost!, clear off!, get out!
▲ *Conjugation model* [7], *like* **llegar.**

largo,-a
1 *adj (en longitud)* long: **me he comprado un vestido largo** I've bought myself a long dress.
2 *adj (en extensión)* long: **esta redacción es demasiado larga** this composition is too long; **se me hizo muy larga la película** I thought the film dragged on; **hace largo tiempo de eso** it's a long time now.
3 *adj (alto)* tall: **¡qué largo está tu hijo!** hasn't your son grown!; **se cayó cuan larga era** she fell flat on her face.
4 *adj (en cantidad)* good: **llevo una hora larga esperándote** I've been waiting for you for over an hour.
5 **largo** *nm* length: **¿qué mide de largo?** how long is it?, what length is it?
6 *nm (de tela)* length: **con dos largos te basta para una falda** two lengths will be enough for a skirt.
7 *nm (de piscina)* length, (*US* lap).
8 *nm MÚS* largo.
9 **largas** *nf pl (de vehículo)* full beam, full headlights: **llevas las largas puestas** you've got full beam on.
10 **¡largo!** *interj fam* get out!: **¡largo de aquí!** get out of here!
✦ **a la larga** in the long run.
a lo largo lengthwise: **mídelo a lo largo** measure it lengthwise.
a lo largo de along, throughout: **a lo largo del año** throughout the year; **he aprendido mucho a lo largo de los años** I've learned a lot over the years.
dar largas a algo to put off doing something.
dar largas a alguien to put somebody off.
esto va para largo this is going to take a long time.
ir de largo to wear a long dress.
largo y tendido at length.
pasar de largo to pass by.
ser más largo,-a que un día sin pan *fam* to take ages, take forever.
tener para largo to be busy for a long time: **¿tienes para largo?** will you be long?
venir de largo to go back a long way.
vestir de largo to wear a long dress.

largometraje *nm* feature film, full-length film.

larguero
1 *nm (en fútbol)* crossbar.
2 *nm (en construcción)* crossbeam; *(de puerta)* jamb; *(de cama)* side.

largueza *nf* largesse, (*US* largess), generosity.

larguirucho,-a *adj fam* lanky.
largura *nf* length.
laringe *nf* larynx.
laríngeo,-a *adj* laryngeal.
laringitis *nf* laryngitis.
▲ *pl laringitis.*
laringología *nf* laryngology.
laringólogo,-a *nm,f* laryngologist.
larva *nf* larva.
larvado,-a *adj (enfermedad)* dormant.
larvario,-a *adj* larval.
las
1 *art def* the: **las casas** the houses.
2 *pron (objeto directo)* them: **las vi** I saw them.
▲ *See also la.*
lasaña *nf* lasagna, lasagne.
lasca *nf* chip.
lascivia *nf* lasciviousness, lewdness.
lascivo,-a *adj* lascivious, lewd.
láser *nm* laser.
▲ *pl láser.*
lasitud *nf* lassitude, weariness.
lástima *nf* pity.
✦ **por lástima** out of pity.
¡**qué lástima!** what a pity!
tener lástima a alguien to feel sorry for somebody.
lastimar
1 *vt (herir)* to hurt, injure.
2 *vt (ofender)* to offend.
3 **lastimarse** *upr* to hurt oneself.
lastimero,-a *adj* pitiful.
lastimosamente *adv* pitifully.
lastimoso,-a *adj* pitiful, sorry.
lastrar
1 *vt MAR* to ballast.
2 *vt fig* to hinder.
lastre
1 *nm MAR* ballast.
2 *nm fig* dead weight, burden.
lata
1 *nf (hojalata)* tin plate.
2 *nf (envase)* tin, can: **una lata de atún** a tin of tuna; **una lata de cerveza** a can of beer.
3 *nf (fastidio)* bore, drag: **es una lata tener que rellenar estos formularios** it's a drag having to fill in all these forms.
✦ **dar la lata** *fam* to annoy, be a nuisance (a, to).
en lata canned, tinned: **sardinas en lata** tinned sardines.
latazo *nm fam* pain, bummer.
latencia *nf* latency.
latente *adj* latent.
lateral
1 *adj (gen)* side.
2 *adj (parentesco)* lateral.
3 *nm (de carretera)* service lane; *(de avenida)* side lane.
lateralmente *adv* sideways, laterally.
látex *nm* latex.
▲ *pl látex.*

latido *nm* beat.
latifundio
1 *nm (finca)* latifundium *(large estate)*.
2 *nm (sistema)* → **latifundismo.**
latifundismo *nm* distribution of land in large estates.
latifundista
1 *adj* relating to *latifundismo.*
2 *nm & nf* estate owner, large land owner.
latigazo
1 *nm (golpe de látigo)* lash; *(herida)* whiplash injury.
2 *nm (sonido)* crack.
3 *nm arg (trago)* swig.
✦ **dar latigazos a** to whip.
látigo *nm* whip.
latiguillo *nm fam (muletilla)* verbal tic.
latín *nm* Latin.
✦ **saber (mucho) latín** *fam* to be too clever by half.
latinajo *nm fam* Latin phrase.
latinismo *nm* Latinism.
latinista *nm & nf* Latinist.
latinizar *vt* to Latinize.
latino,-a
1 *adj* Latin.
2 *nm,f* Latin.
Latinoamérica *nf* Latin America.
latinoamericano,-a
1 *adj* Latin American.
2 *nm,f* Latin American.
latir *vi* to beat.
latitud
1 *nf* latitude.
2 **latitudes** *nf pl fig (zona, región)* area *sing*: ¿**qué haces tú por estas latitudes?** what are you doing around here?
latitudinal *adj* latitudinal.
lato,-a *adj* broad, wide.
latón *nm* brass.
latoso,-a
1 *adj fam* annoying, boring.
2 *nm,f fam* bore.
latrocinio *nm fml* theft, robbery.
LAU[1] *abr* (**Ley de Arrendamientos Urbanos**) *law on urban leasing*.
LAU[2] *abr* (**Ley de Autonomía Universitaria**) *University Autonomy Law*.
laúd *nm* lute.
laudable *adj* laudable, praiseworthy.
láudano *nm* laudanum.
laudatorio,-a *adj* laudatory.
laureada *nf MIL (insignia)* decoration.
laureado,-a *adj* prizewinning: **el artista laureado** the prize-winning artist; **es el tenista más laureado del circuito** he's won more trophies than anyone else on the circuit.
laurear
1 *vt* to award a prize to: **lo laurearon con varios premios** he was awarded several prizes.
2 *vt (militar)* to decorate: **fue laureado por su valor** he was decorated for his bravery.

laurel *nm (árbol)* bay.
■ **hoja de laurel** bay leaf.
Lausana *nf* Lausanne.
lava *nf* lava.
lavable *adj* washable.
lavabo
1 *nm (pila)* washbasin.
2 *nm (cuarto de baño)* washroom.
3 *nm (público)* toilet: ¿**dónde están los lavabos de señoras?** where's the ladies' toilet?
lavada *nf* big wash: **con quince hijos, imagínate las lavadas que hacía mi madre** with fifteen children, imagine the washes my mother used to do.
lavadedos *nm* finger bowl.
▲ *pl lavadedos.*
lavadero
1 *nm (en casa)* laundry room.
2 *nm (público)* public washing place.
3 *nm (pila)* sink.
4 *nm (de una mina)* washery.
lavado,-a
1 *pp* → **lavar.**
2 *adj* washed.
3 **lavado** *nm* wash: **a esas cortinas les hace falta un buen lavado** those curtains need a good wash.
✦ **hacerle un lavado de cerebro a alguien** to brainwash somebody.
hacer un lavado de estómago a alguien to pump somebody's stomach out.
■ **lavado a mano** hand wash.
lavado de cara facelift.
lavado de cerebro brainwashing.
lavado en seco dry-cleaning.
lavadora *nf* washing machine.
lavafrutas *nm* finger bowl.
▲ *pl lavafrutas.*
lavamanos *nm* washbasin.
▲ *pl lavamanos.*
lavanda *nf* lavender.
lavandera
1 *nf (mujer)* washerwoman, laundress.
2 *nf (pájaro)* wagtail.
lavandería *nf (automática)* launderette, *(US* laundromat); *(con servicio completo)* laundry.
■ **servicio de lavandería** laundry service.
lavaojos *nm* eyebath.
▲ *pl lavaojos.*
lavaplatos *nm* dishwasher.
▲ *pl lavaplatos.*
lavar
1 *vt (ropa, cuerpo, etc)* to wash: ¿**me has lavado los calcetines?** have you washed my socks?
2 *vt (platos)* to wash up.
3 *vt fig (conciencia, honor)* to clean.
4 **lavarse** *upr* to wash oneself, have a wash.
✦ **lavar a mano** to hand-wash.
lavar en seco to dry-clean.
lavar los platos to wash the dishes, *(GB* do the washing-up), wash up.

lavativa *nf* enema.

lavatorio
1 *nm (ceremonia de Jueves Santo)* maundy.
2 *nm (de la misa)* lavabo.

lavavajillas *nm* dishwasher.
▲ *pl* lavavajillas.

lavazas *nf pl* slops *pl.*

lavotear *vi* to wash hurriedly.

lavoteo *nm* quick wash.

laxante
1 *adj* laxative.
2 *nm* laxative.

laxar *vt* to loosen.

laxitud *nf* laxity, laxness.

laxo,-a
1 *adj (sin tensión)* slack.
2 *adj (poco estricto)* lax.

laya *nf* kind.
✦ **de toda laya** of all kinds.

lazada
1 *nf (nudo)* knot.
2 *nf (lazo)* bow.

lazar *vt* to lasso.
▲ *Conjugation model* [4], *like realizar.*

lazareto
1 *nm (hospital de leprosos)* lazaretto.
2 *nm (para cuarentenas)* quarantine station.

lazarillo *nm* guide.
▪ **perro lazarillo** guide dog.

lazo
1 *nm (cinta)* ribbon; *(de adorno)* bow.
2 *nm fig (vínculo)* tie, bond.
3 *nm (trampa)* snare, trap.
▪ **lazo corredizo** slipknot.

lb *sím* (**libra**) pound; *(símbolo)* lb.

Lda. *abr* (**licenciada**) woman graduate, graduate.

Ldo. *abr* (**licenciado**) man graduate, graduate.

le
1 *pron (objeto directo)* him; *(usted)* you: unos atracadores le mataron some muggers killed him; ¿quién le sirvió? who served you?
2 *pron (objeto indirecto - a él)* him; *(- a ella)* her; *(- a usted)* you: le regalaron un perrito they gave him a puppy; le repito la pregunta I'll repeat the question for you.
▲ *See also* les *and* leísmo.

leal
1 *adj* loyal, faithful.
2 *adj (justo)* fair.

lealmente *adv* loyally, faithfully.

lealtad *nf* loyalty, faithfulness.

leandra *nf arg (antiguamente)* peseta.

lebrato *nm* leveret.

lebrel *nm* greyhound.

lebrillo *nm* bowl.

lección *nf* lesson.
✦ **dar una lección a alguien** *fig* to teach somebody a lesson.

tomarle la lección a alguien to test somebody.
▪ **lección inaugural** inaugural lecture.
lección magistral master class.

lechada *nf* whitewash.

lechal *adj* sucking.

lechazo *nm (cordero)* sucking lamb.

leche
1 *nf* milk.
2 *nf fam (golpe)* knock; *(accidente)* crash: te voy a dar una leche como no te estés quieto I'll wallop you if you don't keep still; se pegó una leche bajando las escaleras she crashed down the stairs; no corras tanto que nos vamos a dar una leche don't drive so fast, we're going to crash.
3 *nf tabú (fastidio)* drag, bastard, bummer: vaya una leche tener que levantarse tan temprano what a bastard having to get up so early.
4 *nf fam (suerte)* luck: ¡qué mala leche, mira que perder el avión! what rotten luck, fancy missing the plane!; ¡qué leche tienes hijo! you jammy bugger!
5 *nf tabú (semen)* spunk, *(US* scum).
✦ **a toda leche** *fam* at full belt, flat out.
de la leche *arg* bloody, bleeding, frigging.
estar de mala leche *fam* to be in a foul mood.
más blanco,-a que la leche as white as a sheet.
ser la leche *tabú* to be bloody incredible.
tener mala leche *fam (mal carácter)* to have a foul temper; *(malicia - hombre)* to be a bastard; *(- mujer)* to be a bitch.
▪ **leche condensada** condensed milk.
leche descremada skimmed milk.
leche desnatada skimmed milk.
leche entera whole milk.
leche en polvo powdered milk.
leche frita *dessert made of fried milk and flour batter.*
leche materna mother's milk.
leche merengada *iced drink made from milk, egg whites and sugar, flavoured with cinnamon.*

lechecillas *nf pl* sweetbreads.

lechera
1 *nf (persona)* milkmaid, dairymaid.
2 *nf (recipiente - de mesa)* milk jug; *(- para llevar leche)* milk churn.
▪ **el cuento de la lechera** counting one's chickens before they're hatched.

lechería *nf* dairy.

lechero,-a
1 *adj* milk.
2 **lechero** *nm* milkman, dairyman.
▪ **central lechera** dairy, dairies *pl.*

lecho *nm (gen)* bed; *(de un río)* river bed.

lechón *nm (animal)* piglet; *(en cocina)* sucking pig.

lechoso,-a *adj (de la leche)* milky; *(color)* pasty white.

lechuga *nf* lettuce.
✦ **fresco,-a como una lechuga** *fam* as fresh as a daisy.

lechuguino *nm* fop.

lechuza *nf* owl.
▪ **lechuza común** barn owl.

lecitina *nf* lecithin.

lectivo,-a *adj* school: mañana es día lectivo tomorrow's a school day, there are classes tomorrow.
▪ **horas lectivas** *(gen)* hours of classes; *(de profesor)* teaching hours.

lector,-ra
1 *adj* reading.
2 *nm,f* reader.
3 *nm,f EDUC* foreign language assistant.
4 **lector** *nm TÉC* scanner.
▪ **lector óptico** optical scanner.

lectorado *nm* language assistantship.

lectura
1 *nf* reading.
2 *nf (material de lectura)* reading matter.
3 *nf (interpretación)* interpretation, reading.

leer
1 *vt (gen)* to read.
2 *vt (tesis)* to defend.
3 *vi* to read.
✦ **leer entre líneas** to read between the lines.
▲ *Conjugation model* [61].

legación *nf* legation.

legado,-a
1 *pp →* **legar.**
2 **legado** *nm (herencia)* legacy, bequest.
3 **legado** *nm (persona)* legate, representative.

legajo *nm* dossier.

legal
1 *adj (gen)* legal.
2 *adj arg (persona)* above-board, upfront.

legalidad
1 *nf (de una acción etc)* legality, lawfulness.
2 *nf (sistema de leyes)* law.
▪ **la legalidad vigente** the law as it stands.

legalista
1 *adj* legalistic.
2 *nm & nf* legalist.

legalización
1 *nf (de una situación, unión)* legalization.
2 *nf (de documento, firma)* to authenticate.

legalizar
1 *vt (situación, unión)* to legalize.
2 *vt (documento, firma)* to authenticate.
3 **legalizarse** *vpr* to become legal.
▲ *Conjugation model* [4], *like realizar.*

legalmente *adv* legally, lawfully.

légamo *nm* slime.

legaña *nf* sleep.

legañoso,-a *adj* bleary-eyed.

legar
1 *vt* to bequeath.
2 *vt fig* to hand down, pass on.
▲ *Conjugation model* [7], *like llegar.*

legatario,-a *nm,f* legatee.

legendario,-a *adj* legendary.
legibilidad *nf* legibility.
legible *adj* legible.
legión
1 *nf MIL* legion.
2 *nf fig* crowd: **una legión de seguidores** a crowd of followers.
■ **Legión Extranjera** Foreign Legion.
legionario,-a
1 *adj* legionary.
2 **legionario** *nm* legionary, legionnaire.
■ **enfermedad del legionario** legionnaire's disease.
legionella
1 *nf (enfermedad)* Legionnaire's disease.
2 *nf (bacteria)* legionella bacterium.
legislación *nf* legislation.
legislador,-ra
1 *adj* legislative.
2 *nm,f* legislator.
legislar *vi* to legislate.
legislativo,-a *adj* legislative.
legislatura
1 *nf (período)* term of office.
2 *nf (cuerpo)* legislative body.
legitimación *nf* legitimization.
legítimamente *adv* legitimamente.
legitimar *vt* to legitimate.
legitimidad *nf* legitimacy.
legitimismo *nm* legitimism.
legitimista
1 *adj* legitimist.
2 *nm & nf* legitimist.
legítimo,-a
1 *adj JUR* legitimate.
2 *adj (genuino)* real, authentic.
lego,-a
1 *adj* lay, secular.
2 *adj (ignorante)* ignorant: **soy lego en la materia** I know nothing about the subject.
3 *nm,f REL (hermano)* lay brother; *(hermana)* lay sister.
legrado
1 *nm (de matriz)* curettage.
2 *nm (de huesos)* scraping.
legrar *vt (matriz)* to curette; *(hueso)* to scrape.
legua *nf (medida)* league.
✦ **notarse a la legua** *fam* to stick out a mile.
■ **legua marina** marine league.
leguleyo,-a *nm,f pey* pettifogging solicitor.
legumbre
1 *nf (planta)* legume.
2 *nf (fruto)* pulse.
leguminoso,-a
1 *adj* leguminous.
2 **leguminosas** *nf pl* leguminous plants.
lehendakari *nm President of the Basque autonomous government.*
leída *nf (lectura)* reading.

leído,-a
1 *pp* → **leer.**
2 *adj* well-read.
leísmo *nm incorrect use of le and les as direct object instead of lo and los.*
leísta
1 *adj* given to *leísmo.*
2 *nm & nf person who is given to leísmo.*
leitmotiv *nm* leitmotiv.
▲ *pl* **leitmotivs.**
lejanía *nf* distance.
lejano,-a *adj (tierra,país)* distant, far-off, far-away; *(pariente,familia)* distant.
lejía *nf* bleach.
lejísimo,-a *adj* far away, far off, distant: **en un país lejísimo** in a country far far away.
lejísimos *adv* very far.
lejos *adv* far, far away, far off.
✦ **a lo lejos** in the distance, far away.
de lejos from a distance.
desde lejos from a distance.
lejos de far from: **lejos de reponerse, empeoró y al final murió** far from recovering, he got worse and eventually died.
quedar lejos to be far.
sin ir más lejos *(por ejemplo)* for example, to take a case in point; *(por cierto)* as a matter of fact, as it happens.
lelo,-a *adj fam* gormless, stupid.
lema *nm (gen)* motto; *(en publicidad)* slogan.
lempira *nm* lempira.
lemúrido *nm* bush-baby.
lencería
1 *nf (ropa interior)* lingerie.
2 *nf (ropa blanca)* linen.
3 *nf (tienda - de ropa interior)* lingerie shop; *(- de ropa blanca)* linen shop.
lencero,-a *nm,f* draper.
lendakari *nm* → **lehendakari.**
lengua
1 *nf ANAT* tongue.
2 *nf (idioma)* language.
3 *nf (de tierra)* strip.
✦ **con la lengua fuera** *fam* with one's tongue hanging out.
darle a la lengua *fam* to chat.
dicen las malas lenguas que ... gossip has it that ...
hacerse lenguas de algo to rave about something.
irse de la lengua *fam* to let the cat out of the bag.
no tener pelos en la lengua *fig* not to mince one's words.
tener algo en la punta de la lengua *fig* to have something on the tip of one's tongue.
tener la lengua muy larga *fam* to have a loose tongue.
tener una lengua viperina to have a vicious tongue.
tirar de la lengua a alguien *fam* to pump somebody for information.
trabarse la lengua to get tongue-tied.

■ **lengua de gato** langue de chat.
lengua de trapo babbling.
lengua d'oc langue d'oc.
lengua d'oíl langue d'oïl.
lengua madre parent language.
lengua materna mother tongue.
lenguado *nm* sole.
lenguaje
1 *nm (gen)* language.
2 *nm (habla)* speech.
lenguaraz *adj (hablador)* garrulous; *(descarado)* insolent.
▲ *pl* **lenguaraces.**
lengüeta
1 *nf MÚS* reed.
2 *nf (de zapato)* tongue.
lengüetada *nf* lick.
lengüetazo *nm* lick.
lenidad *nf* leniency.
Leningrado *nm* Leningrad.
leninismo *nm* Leninism.
leninista
1 *adj* Leninist.
2 *nm & nf* Leninist.
lenitivo,-a
1 *adj* soothing, lenitive.
2 **lenitivo** *nm* lenitive.
lenocinio *nm* procuring.
■ **casa de lenocinio** brothel.
lentamente *adv* slowly.
lente
1 *nm o nf* lens.
2 **lentes** *nm pl* glasses, spectacles.
■ **lente de aumento** magnifying glass.
lentes de contacto contact lenses.
lenteja *nf* lentil.
lentejuela *nf* sequin.
lentilla *nf* contact lens.
lentitud *nf* slowness.
✦ **con lentitud** slowly.
lento,-a
1 *adj* slow.
2 **lento** *adv* slowly.
leña
1 *nf* wood, firewood.
2 *nf fam fig (paliza)* hiding; *(violencia)* trouble.
✦ **dar leña a alguien** *fam* to give somebody a hiding.
leñador,-ra *nm,f* woodcutter, lumberjack.
leñazo *nm fam (golpe)* whack, thwack; *(accidente)* crash.
leñe *interj fam* bloody hell!, damn it!, *(US* dammit!).
leñera *nf* woodshed.
leño
1 *nm* log.
2 *nm fig (tonto)* blockhead, thickhead.
✦ **dormir como un leño** to sleep like a log.
leñoso,-a *adj* ligneous, woody.
Leo
1 *adj* Leo.
2 *nm (signo)* Leo.
3 *nm & nf (persona)* Leo.

león,-ona
1 *nm,f (animal - macho)* lion; *(- hembra)* lioness.
2 *nm,f (persona)* lion-hearted person.
✦ **no es tan fiero el león como lo pintan** he's not as bad as he's made out to be.
■ **león marino** sea lion.
León *nm* León.
■ **golfo de León** Gulf of Lions.
leonado,-a *adj* tawny.
leonera
1 *nf* lion's den.
2 *nf fig (habitación)* tip.
leonés,-esa
1 *adj* of León, from León.
2 *nm,f* person from León, inhabitant of León.
leonino,-a
1 *adj (de león)* lion-like, leonine.
2 *adj (contrato)* unfair.
leontina *nf desus* watch chain.
leopardo *nm* leopard.
leotardos *nm pl* thick woollen tights.
Lepe **saber más que Lepe** *loc fam* to be smart, be sharp: **ese chaval sabe más que Lepe** there are no flies on that lad.
lepidóptero,-a
1 *adj* lepidopterous.
2 **lepidóptero** *nm* lepidopteran.
lepisma *nf* silverfish.
leporino,-a
■ **labio leporino** harelip.
lepra *nf* leprosy.
leprosería *nf* leper hospital.
leproso,-a
1 *adj* leprous.
2 *nm,f* leper.
lerdo,-a *adj fam* slow-witted.
leridano,-a
1 *adj* of Lérida, from Lérida.
2 *nm,f* person from Lérida, inhabitant of Lérida.
les
1 *pron (objeto directo)* them; *(ustedes)* you: **dice que les vio ayer** she says she saw them yesterday; **no les entiendo** I don't understand you.
2 *pron (objeto indirecto)* them; *(a ustedes)* you: **entraron en casa ladrones y les robaron** burglars broke in and robbed them; **les doy una oportunidad más** I'll give you one more chance.
▲ *See also* **le.**
lesa majestad *nf* lese-majesty.
lesbiana *nf* lesbian.
lesbianismo *nm* lesbianism.
lesbiano,-a *adj* lesbian.
lésbico,-a *adj* lesbian.
lesión
1 *nf (daño físico)* wound, injury.
2 *nf (perjuicio)* harm.
lesionado,-a
1 *pp* → **lesionar.**
2 *adj* injured.
3 *nm,f* injured person.

lesionar
1 *vt (herir)* to injure.
2 *vt (perjudicar)* to harm.
3 **lesionarse** *vpr* to get injured.
lesivo,-a *adj* damaging, injurious.
Lesotho *nm* Lesotho.
letal *adj* lethal, deadly.
letanía
1 *nf REL* litany.
2 *nf fam (lista)* long list; *(sermón)* spiel.
letárgico,-a *adj* lethargic.
letargo *nm* lethargy.
letón,-ona
1 *adj* Latvian.
2 *nm,f (persona)* Latvian.
3 **letón** *nm (idioma)* Latvian.
Letonia *nf* Latvia.
letra
1 *nf (del alfabeto)* letter.
2 *nf (de imprenta)* character.
3 *nf (escritura)* handwriting: **tiene muy buena letra** she has very nice handwriting.
4 *nf (de canción)* lyrics *pl*, words *pl*.
5 *nf (de cambio)* bill of exchange.
6 **letras** *nf pl EDUC* arts; *(literatura)* letters.
✦ **a la letra** to the letter.
al pie de la letra to the letter.
aprender las primeras letras to learn to read and write.
con la letra clara clearly, neatly.
la letra con sangre entra spare the rod and spoil the child.
letra por letra word for word.
ponerle a alguien unas letras to write to somebody, drop a line to somebody.
■ **letra de cambio** bill of exchange, draft.
letra de imprenta block capitals *pl*.
letra de molde print.
letra del tesoro treasury bond.
letra gótica Gothic script.
letra mayúscula capital letter.
letra menuda small print.
letra minúscula small letter.
letra pequeña small print.
letrado,-a
1 *adj* learned, erudite.
2 *nm,f* lawyer.
letrero *nm* sign, notice.
letrina *nf* latrine.
letrista *nm & nf* lyricist.
leucemia *nf* leukaemia, *(US* leukemia).
leucocito *nm* leucocyte, white blood cell.
leucoma *nm* leucoma.
leva
1 *nf MIL* levy.
2 *nf MAR* weighing anchor.
levadizo,-a *adj* which can be raised.
levadura *nf* yeast.
levantador,-ra **levantador,-ra de pesas** weightlifter.
levantamiento
1 *nm (de objeto, peso)* lifting.

2 *nm (de una sanción)* lifting, raising.
3 *nm (de un ejército etc)* uprising, revolt.
4 *nm (de un edificio)* erection, raising.
5 *nm (de terreno)* uplifting.
■ **levantamiento del cadáver** removal of the body.
levantamiento de pesas weightlifting.
levantar
1 *vt (alzar)* to raise, lift: **no lo puedo levantar, pesa mucho** I can't lift it, it's heavy; **la levantó con una sola mano** he lifted her up with just one hand; **levanta la tapa** lift the lid up; **que levanten la mano los que quieran venir** all those who want to come, raise their hands.
2 *vt (construir)* to erect, build.
3 *vt (empresa - hacer rentable)* to get off the ground; *(- establecer)* to set up.
4 *vt (despegar)* to loosen, unstick: **la humedad ha levantado el papel** the damp has made the wallpaper come off; **el agua ha levantado el parqué** the water lifted the parquet floor.
5 *vt (suprimir)* to lift: **levantaron la prohibición de fumar** they lifted the ban on smoking.
6 *vt (cadáver)* to remove.
7 *vt (causar)* to cause: **el ruido me ha levantado dolor de cabeza** the noise has given me a headache; **procura no levantar sospechas** try not to arouse suspicion.
8 *vt (trazar, dibujar)* to draw.
9 *vt (animal de caza)* to flush out.
10 *vi (día)* to brighten up; *(nubes)* to clear: **si el día levanta, iremos a la playa** if the weather brightens up, we'll go to the beach.
11 **levantarse** *vpr (alzarse)* to rise: **el rascacielos se levantaba ante nosotros** the skyscraper rose up in front of us.
12 *vpr (ponerse de pie)* to stand up.
13 *vpr (dejar la cama)* to get up, get out of bed.
14 *vpr (sublevarse)* to rebel, rise up.
15 *vpr (viento, oleaje)* to get up: **se levantó una tormenta violentísima** a violent storm got up.
✦ **levantar el campamento** to strike camp.
levantar falsos testimonios contra alguien to bear false witness against somebody.
levantar la moral a alguien to cheer somebody up, raise somebody's spirits.
levantar la vista to look up.
levantar la voz to raise one's voice.
levantarse con el pie izquierdo *fig* to get out of bed on the wrong side.
se levanta la sesión court adjourned.
levante
1 *nm (este)* East.
2 *nm (viento)* east wind.
3 *nm* **Levante** *(región española)* the regions of Valencia and Murcia.
4 *nm* **el Levante** *(oriente medio)* the Levant.

levantino,-a
1 *adj (valenciano)* Valencian; *(murciano)* of Murcia, from Murcia.
2 *nm,f (valenciano)* Valencian; *(murciano)* person from Murcia.
levantisco,-a *adj (persona)* rebellious; *(momento)* turbulent.
levar *vt (ancla)* to weigh.
✦ **levar anclas** *(acción)* to weigh anchor, set sail; *(orden)* anchors aweigh!
leve
1 *adj (ligero, suave)* slight; *(de poco peso)* light.
2 *adj (poco importante)* slight, trifling; *(poco grave)* minor.
levedad
1 *nf (ligereza)* lightness.
2 *nf (poca importancia)* insignificance.
levemente *adv* lightly, slightly.
leviatán *nm* leviathan.
levita
1 *nf (abrigo)* frock coat.
2 *nm & nf (de Leví)* Levite.
levitación *nf* levitation.
levitar *vi* to levitate.
levítico,-a
1 *adj* Levitical.
2 **el Levítico** *nm* Leviticus.
lexema *nm* lexeme.
léxico,-a
1 *adj* lexical.
2 **léxico** *nm (diccionario)* lexicon.
3 *nm (vocabulario)* vocabulary.
lexicografía *nf* lexicography.
lexicográfico,-a *adj* lexicographical, lexicographic.
lexicógrafo,-a *nm,f* lexicographer.
lexicología *nf* lexicology.
lexicológico,-a *adj* lexicological.
lexicólogo,-a *nm,f* lexicologist.
lexicón *nm* lexicon.
ley
1 *nf (gen)* law; *(proyecto de ley)* bill, act; *(regla)* rule.
2 *nf (de metal)* purity.
✦ **aprobar una ley** to pass a bill.
con todas las de la ley proper.
de ley *(oro)* pure; *(plata)* sterling; *(persona)* genuine.
¡es ley de vida! that's life!, that's the way the cookie crumbles!
estar fuera de la ley to be outside the law.
hecha la ley, hecha la trampa whatever the law, there's always a loophole, laws are made to be broken.
por ley by law.
▪ **la ley del más fuerte** the law of the jungle.
ley del embudo double standards *pl*.
ley marcial martial law.
ley orgánica constitutional law.
ley sálica Salic law.
ley seca prohibition law.

leyenda
1 *nf (narración)* legend.
2 *nf (inscripción)* inscription.
▪ **leyenda negra** black legend.
lezna *nf* awl.
lía *nf (cuerda)* thick rope.
liado,-a
1 *pp* → **liar.**
2 *adj (ocupado)* busy.
3 *adj (confuso)* mixed up.
✦ **estar liado,-a** to be busy.
estar liado,-a con alguien to be involved with somebody, be having an affair with somebody: **¿crees que están liados?** do you think they're involved with each other?
liana *nf* liana.
liante *nm* stirrer.
liar
1 *vt (atar)* to tie up, bind; *(envolver)* to wrap up.
2 *vt (cigarrillo)* to roll.
3 *vt (lana)* to wind.
4 *vt fam (complicar)* to mix up, make a mess of; *(confundir)* to confuse: **con tus inventos lo has liado todo** you've messed everything up with your silly ideas; **cuéntale la verdad y no le líes** más tell him the truth and stop messing him about; **vete por pasos que así no te líes** take it slowly, that way you won't get all mixed up.
5 *vt fam (engatusar)* to involve: **me han liado para que me meta en el negocio** they managed to get me involved in the deal.
6 **liarse a** + *sustantivo vpr* to start + *ger.* se **liaron a patadas/golpes** they started kicking/hitting each other.
✦ **liarse con alguien** to have an affair with somebody.
▲ *Conjugation model* [13], *like* **desviar.**
libación *nf* libation.
libanés,-esa
1 *adj* Lebanese.
2 *nm,f* Lebanese.
Líbano **el Líbano** *nm* the Lebanon.
libar
1 *vt (néctar)* to suck.
2 *vt lit (bebida)* to imbibe.
libelo *nm* libel.
libélula *nf* dragonfly.
liberación
1 *nf (de una dependencia)* liberation; *(de una persona)* freeing, release: **la liberación de la mujer** Women's Lib.
2 *nf (de hipoteca)* redemption.
liberado,-a
1 *pp* → **liberar.**
2 *adj* liberated.
liberador,-ra
1 *adj* liberating.
2 *nm,f* liberator.
liberal
1 *adj* liberal.
2 *nm & nf* liberal.
3 *nm & nf (del partido liberal)* Liberal.

liberalidad *nf (generosidad)* generosity, liberality.
liberalismo *nm* liberalism.
liberalista
1 *adj* liberalist.
2 *nm & nf* liberal.
liberalización *nf (en política)* liberalization; *(en economía)* relaxation of restrictions: **la liberalización del comercio internacional generará riqueza** the relaxation of international trade restrictions will generate wealth.
liberalizar
1 *vt (país, política)* to liberalize; *(mercado)* to relax restrictions on.
2 **liberalizarse** *vpr* to become more liberal.
liberalmente *adv* liberally.
liberar
1 *vt (persona, animal)* to free; *(país, ciudad)* to liberate.
2 *vt (energía)* to release.
✦ **liberar a alguien de algo** to free somebody from something.
liberatorio,-a *adj* liberating.
Liberia *nf* Liberia.
liberiano,-a
1 *adj* Liberian.
2 *nm,f* Liberian.
líbero *nm* sweeper.
libérrimo,-a *adj lit* free, totally free.
libertad
1 *nf (gen)* freedom, liberty.
2 *nf (confianza)* freedom: **puede disponer de él con toda libertad** he may use it with complete freedom.
3 **libertades** *nf pl* liberties.
✦ **dejar en libertad** to free, release.
poner en libertad to free, release.
tomarse la libertad de + *inf* to take the liberty of + *ger.*
tomarse libertades con alguien to take liberties with somebody.
▪ **libertad bajo fianza** bail.
libertad bajo palabra parole.
libertad condicional parole.
libertad de expresión freedom of expression.
libertad de imprenta freedom of the press.
libertad provisional bail.
libertador,-ra
1 *adj* liberating.
2 *nm,f* liberator.
libertar *vt* to liberate.
libertario,-a
1 *adj* libertarian.
2 *nm,f* libertarian.
libertinaje *nm* licentiousness.
libertino,-a
1 *adj* licentious.
2 *nm,f* libertine.
liberto,-a *nm,f (hombre)* freedman; *(mujer)* freedwoman.
Libia *nf* Libya.

libidinoso,-a *adj* libidinous, lustful.
libido *nf* libido.
libido *nf* libido.
libio,-a
1 *adj* Libyan.
2 *nm,f* Libyan.
libra
1 *nf (moneda, medida)* pound.
2 *nf arg (antiguamente)* a hundred pesetas.
3 *nf* **Libra** *(signo zodiacal)* Libra.
- **libra esterlina** pound sterling.
libra irlandesa Irish pound, punt.
▲ *pl* Libra.
libraco *nm pey* big fat book, great big thick book.
librado,-a
1 *pp* → librar.
2 *nm,f* drawee.
librador,-ra *nm,f* drawer.
libramiento *nm* order of payment.
libranza *nf* order of payment.
librar
1 *vt* to save (**de**, from): lo hemos librado del castigo we have saved him from punishment; la nevada nos libró de ir al colegio the snow stopped us from having to go to school; me libraron de toda responsabilidad they absolved me of all responsibility; el Señor os librará del mal the Lord will deliver you from evil.
2 *vt (batalla)* to fight, wage: libraron una larga batalla they fought a long battle.
3 *vt (letra)* to issue.
4 *vi fam (tener libre)* to be off, not to work: libro todos los lunes I've got Mondays off, I'm off on Mondays.
5 **librarse** *vpr* to escape (**de**, from): intentaron librarse de sus perseguidores they tried to throw off their pursuers; siempre se libra de hacer los trabajos sucios he always gets out of doing the dirty work.
✦ **¡Dios me** *(nos etc)* **libre!** Heaven forbid!, God forbid!
librarse de una buena *fam* to have a close shave.
libre
1 *adj (gen)* free.
2 *adj (asiento)* free, vacant: ¿está libre? is this seat free?
3 *adj (sin ocupación)* free: mañana tenemos el día libre we've got the day off tomorrow; si tengo un rato libre ya me pasaré if I've a spare moment I'll call round.
4 *adj (exento)* free: el que esté libre de pecado que tire la primera piedra let he who is without sin cast the first stone; es una inversión libre de impuestos it's a tax-free investment.
5 *adj (alumno)* external.
6 *adj (en natación)* free-style.
✦ **dejar libre a alguien** to set somebody free.
ir por libre *fam* to do one's own thing.
- **entrada libre** free admittance.

librea *nf* livery.
✦ **de librea** liveried.
librecambio *nm* free trade.
librecambismo *nm* free trade.
librecambista
1 *adj* free-trade.
2 *nm & nf* free-trader.
libremente *adv* freely.
librepensador,-ra
1 *adj* freethinking.
2 *nm,f* freethinker.
librepensamiento *nm* freethinking.
librería
1 *nf (tienda)* bookshop, bookstore.
2 *nf (mueble)* bookcase; *(estantería)* bookshelf.
librero,-a *nm,f* bookseller.
libresco,-a *adj* bookish.
libreta
1 *nf (para anotar)* notebook.
2 *nf (de ahorros)* savings book.
- **libreta de ahorros** savings book.
libretista *nm & nf* librettist.
libreto *nm* libretto.
librillo
1 *nm (libro)* small book.
2 *nm (estómago)* third stomach.
librito *nm* small book.
- **librito de lomo** escalope cordon bleu.
libro
1 *nm (gen)* book.
2 *nm zool* third stomach.
3 **libros** *nm pl* accounts.
✦ **llevar los libros** to do the bookkeeping.
como un libro abierto *(con claridad)* clearly.
- **libro blanco** *pol* white paper.
libro de bolsillo paperback.
libro de cabecera *(favorito)* favourite book; *(guía)* bible.
libro de caja cash-book.
libro de cocina cookery book, recipe book, *us* cookbook.
libro de consulta reference book.
libro de coro hymn book.
libro de familia *book recording details of births, marriages, etc. in a family.*
libro de horas book of hours.
libro de reclamaciones complaints book.
libro de texto textbook.
libro de visitas visitors' book.
Lic. *abr* (**licenciado,-a**) licenciate, graduate.
licantropía *nf* lycanthropy.
licántropo *nm* lycanthrope.
licencia
1 *nf (permiso)* licence *(us* license), permission.
2 *nf (documento)* licence *(us* license), permit.
3 *nf mil* discharge.
✦ **tomarse la licencia de** to take the licence *(us* license) to.
- **licencia fiscal** *tax paid by businesses and the self-employed in order to operate legally.*

licencia poética poetic licence *(us* license).
licenciado,-a
1 *pp* → licenciar.
2 *nm,f educ* graduate: es licenciada en Matemáticas she's a Maths graduate.
3 *nm,f (abogado)* lawyer.
4 **licenciado** *nm mil* discharged soldier.
licenciar
1 *vt educ* to award a degree to.
2 *vt mil* to discharge.
3 **licenciarse** *vpr* to graduate.
licenciatura *nf* four year university degree.
licencioso,-a *adj* licentious, dissolute.
liceo
1 *nm (colegio)* secondary school.
2 *nm (sociedad)* literary society, recreational society.
lichi *nm* lychee.
licitación *nf* bid.
licitador,-ra *nm,f* bidder.
licitar *vt* to bid.
lícito,-a
1 *adj (legal)* licit, lawful.
2 *adj (justo)* fair.
licitud
1 *nf (legalidad)* lawfulness.
2 *nf (justicia)* fairness.
licor *nm (dulce)* liqueur; *(bebida alcohólica)* liquor, spirits *pl*.
licorera
1 *nf (botella)* decanter.
2 *nf (mueble)* drinks cabinet.
licuación *nf* liquefaction.
licuadora *nf* juice extractor.
licuar *vt* to liquefy.
▲ *Conjugation model* [10], *like adecuar*.
licuefacción *nf* liquefaction.
lid
1 *nf* contest, fight.
2 *nf fig (controversia)* dispute.
✦ **en buena lid** fair and square.
experto,-a en estas lides experienced in these matters.
líder *nm & nf* leader.
liderar *vt* to lead.
liderato *nm* leadership.
liderazgo *nm* leadership.
lidia
1 *nf (de toros)* bullfight.
2 *nf (lucha)* fight, struggle.
lidiar
1 *vt (toro)* to fight.
2 **lidiar con** *vi fig (luchar con)* to battle with, struggle against.
▲ *Conjugation model* [12], *like cambiar*.
liebre
1 *nf (animal)* hare.
2 *nf dep* pacemaker.
✦ **levantar la liebre** to let the cat out of the bag.
Liechtenstein *nm* Liechtenstein.
liendre *nf* nit.

lienzo
1 *nm ART (tela)* canvas; *(cuadro)* painting.
2 *nm (tejido)* linen.
lifting *nm* facelift.
▲ *pl liftings.*
liga
1 *nf (para media)* garter.
2 *nf (asociación)* league, alliance.
3 *nf DEP* league.
ligado,-a
1 *pp* → **ligar.**
2 *adj* linked.
3 **ligado** *nm (al escribir)* ligature.
ligadura
1 *nf (atadura)* tie, bond.
2 *nf MED* ligature.
▪ **ligadura de trompas** sterilization.
ligamento *nm* ligament.
ligar
1 *vt (atar)* to tie, bind: **lo ligaron de manos y pies** they bound him hand and foot.
2 *vt (unir)* to link, connect: **un hombre estrechamente ligado a la historia española** a man closely linked with Spanish history.
3 *vt (metales)* to alloy: **ligan cinc y cobre para hacer latón** they alloy zinc and copper to make brass.
4 *vt CULIN* to bind: **liga la carne picada con huevo** bind the mince with egg.
5 *vi fam (conquistar)* to score: **con esa pinta no me sorprende que no ligues** I'm not surprised you never score looking like that; **ligó con una italiana** he picked up an Italian girl, he got off with an Italian girl.
✦ **estar ligado,-a a** to be linked to, be connected.
ir ligado,-a a → **estar ligado,-a.**
ligarse a alguien *fam* to pick somebody up, get off with somebody.
ligazón *nf* link, bond.
ligeramente *adv (por encima)* lightly; *(un poco)* slightly; *(con ligereza)* superficially.
ligereza
1 *nf (poco peso)* lightness.
2 *nf (prontitud)* swiftness.
3 *nf (agilidad)* agility.
4 *nf fig (frivolidad)* flippancy, frivolity.
✦ **con ligereza** *(con rapidez, agilidad)* swiftly; *(a la ligera)* flippantly.
ligero,-a
1 *adj (liviano)* light.
2 *adj (sin importancia)* minor, light.
3 *adj (rápido)* swift.
4 *adj (ágil)* agile.
5 *adj (frívolo)* flippant.
✦ **a la ligera** lightly, flippantly.
ser ligero,-a de cascos to be irresponsible.
tomarse las cosas a la ligera to make light of things, not take things seriously.
viajar ligero,-a de peso to travel light.

light
1 *adj (comida)* low-calorie; *(refresco)* diet.
2 *adj (cigarrillo)* light.
3 *adj (ideología)* watered-down.
lignito *nm* lignite.
ligón,-ona *nm,f fam* flirt.
ligoteo *nm fam* flirting.
✦ **ir de ligoteo** *fam* to go out on the pick-up.
ligue *nm fam* pick-up, date: **su último ligue es poli** her latest boyfriend's a cop; **no busca una relación estable, prefiere los ligues de fin de semana** he doesn't want a steady girlfriend, he prefers one-night stands; **los sábados van de ligue** on Saturday they go out looking for talent.
liguero,-a
1 *adj (de la liga)* league.
2 **liguero** *nm (de las medias)* suspender belt.
liguilla *nf* round-robin, mini-league.
ligur
1 *adj* Ligurian.
2 *nm,f* Ligurian.
▪ **Mar Ligur** Ligurian Sea.
Liguria *nf* Liguria.
ligurino,-a *adj-nm,f* → **ligur.**
lija
1 *nf (papel)* sandpaper.
2 *nf (pez)* dogfish.
lijado *nm* sanding.
lijadora *nf* sanding machine.
lijar *vt* to sand.
lila¹
1 *adj (color)* lilac.
2 *nf (flor)* lilac.
lila²
1 *adj fam (tonto)* dim.
2 *nm & nf fam* nitwit.
liliputiense
1 *adj* Lilliputian.
2 *adj fig* Lilliputian.
3 *nm & nf* Lilliputian.
lima¹
1 *nf (herramienta)* file; *(para uñas)* nail file.
2 *nf (acabado)* final polish.
✦ **comer como una lima** *fam* to eat like a horse.
lima² *nf (fruta)* lime; *(árbol)* lime tree.
limadura *nf* filing.
limar
1 *vt (pulir)* to file.
2 *vt fig (perfeccionar)* to polish up.
✦ **limar asperezas** *fig* to smooth things off.
limbo
1 *nm REL* limbo.
2 *nm BOT* limb.
✦ **estar en el limbo** *fam* to be miles away.
limeño,-a
1 *adj* of Lima, from Lima.
2 *nm,f* person from Lima, inhabitant of Lima.
limero *nm* lime tree.

limitación *nf* limitation.
limitado,-a
1 *pp* → **limitar.**
2 *adj* limited.
limitar
1 *vt (gen)* to limit.
2 **limitar con** *vi* to border with.
✦ **limitarse a** + *inf* to restrict oneself to + *ger*, do no more than + *inf*: **una persona inteligente no se limita a ver la televisión** an intelligent person does not restrict himself to watching television; **limítate a cumplir ordenes** just obey orders.
límite
1 *nm (extremo)* limit; *(en un terreno)* boundary.
2 *nm (frontera)* boundary.
✦ **sin límites** boundless.
todo tiene un límite there's a limit to everything.
▪ **límite de velocidad** speed limit.
limítrofe *adj* bordering.
limo *nm* slime.
limón *nm* lemon.
limonada *nf* lemonade.
limonar *nm* lemon grove.
limonera *nf* brimstone butterfly.
limonero,-a
1 *adj (del limón)* lemon.
2 **limonero** *nm* lemon tree.
limonita *nf* limonite.
limosna *nf* alms *pl*, charity.
✦ **dar limosna** to give money to the poor: **le di una limosna** I gave him some money.
pedir limosna to beg.
limosnero,-a *nm,f* almoner.
limoso,-a *adj* slimy.
limousine *nf* → **limusina.**
limpia *nf* → **limpio,-a.**
limpiabarros *nm* scraper.
limpiabotas *nm* bootblack.
▲ *pl limpiabotas.*
limpiabotellas *nm* bottlebrush.
limpiacristales
1 *nm (producto)* window cleaning fluid.
2 *nm & nf (persona)* window cleaner.
▲ *pl limpiacristales.*
limpiada *nf* clean.
limpiador,-ra
1 *adj* cleaning.
2 *nm,f (persona)* cleaner.
3 **limpiador** *nm (producto)* cleaning product.
limpiamente *adv* cleanly.
limpiaparabrisas *nm* windscreen wiper, *US* windshield wiper.
▲ *pl limpiaparabrisas.*
limpiapipas *nm* pipe cleaner.
limpiar
1 *vt (gen)* to clean, cleanse.
2 *vt (con paño)* to wipe.

3 *vt fig (purificar)* to purify.
4 *vt fam (robar)* to pinch, nick.
▲ *Conjugation model* [12], *like* **cambiar**.

limpidez *nf* limpidity.

límpido,-a *adj* limpid.

limpieza
1 *nf (ausencia de suciedad)* cleanliness.
2 *nf (acción de limpiar)* cleaning.
3 *nf (pureza)* purity.
4 *nf (honradez)* honesty, fairness.
5 *nf (precisión)* precision, accuracy.
✦ **hacer limpieza general** to have a spring clean, have a general clean-up, *US* do a spring-cleaning.
■ **limpieza de sangre** purity of blood.
limpieza en seco dry-cleaning.
limpieza étnica ethnic cleansing.
señora de la limpieza cleaner, cleaning lady.
señor de la limpieza cleaner.

limpio,-a
1 *adj (sin suciedad)* clean: **este detergente lo deja todo muy limpio** this detergent gets everything beautifully clean.
2 *adj (claro)* neat, tidy.
3 *adj (puro)* pure.
4 *adj (honesto)* honest, fair.
5 *adj (juego)* fair.
6 *adj COM (neto)* net: **al mes vendré a salir por las 1,500 limpios** I make roughly 1.500 a month after tax; **ganó 250 limpios** she made 250 clear profit.
7 *nf fam (eliminación)* clearing-out.
8 *adv* fairly: **no juegan limpio, hacen trampa** they don't play fair, they cheat.
✦ **dejar limpio,-a a alguien** *fam* to clean somebody out.
pasar algo a limpio to make a fair copy of something, write something out neatly.
sacar en limpio to conclude, infer.

limusina *nf* limousine.

linaje
1 *nm (ascendencia)* lineage.
2 *nm fig (clase)* kind, sort.

linajudo,-a *adj* highborn.

linaza *nf* linseed.

lince
1 *nm ZOOL* lynx.
2 *nm fig (persona)* sharp-eyed person.

linchamiento *nm* lynching.

linchar *vt* to lynch.

lindante *adj* adjoining, bordering.

lindar *vi* to border (**con**, on), adjoin (**con**, -).

linde *nm o nf* boundary.

lindero,-a
1 *adj* bordering, adjoining.
2 **lindero** *nm* → **linde**.

lindeza
1 *nf (belleza)* prettiness.
2 *nf (piropo)* flattering remark.
3 **lindezas** *nf pl irón (insultos)* insults.

lindo,-a *adj* pretty, nice, lovely.
✦ **de lo lindo** *fam* a great deal.

línea
1 *nf (gen)* line.
2 *nf (tipo)* figure.
✦ **de primera línea** first-class, first-rate.
en líneas generales in general.
guardar la línea to keep one's figure.
■ **línea aérea** airline.
línea continua solid line, unbroken line.
línea de meta finishing line.
línea de puntos dotted line.
línea de salida starting line.

lineal *adj* linear.

linealidad *nf* linearity.

linfa *nf* lymph.

linfático,-a *adj* lymphatic.

lingotazo *nm fam* swig.

lingote *nm* ingot.

lingual *adj* lingual.

lingüista *nm & nf* linguist.

lingüística *nf* linguistics.

lingüísticamente *adv* linguistically.

lingüístico,-a *adj* linguistic.

linier *nm* linesman.

linimento *nm* liniment.

lino
1 *nm (tela)* linen.
2 *nm BOT* flax.

linóleo *nm* linoleum.

linotipia *nf* Linotype.

linotipista *nm & nf* typesetter.

linotipo *nm* Linotype.

linterna
1 *nf (de pilas)* torch.
2 *nf (farol)* lantern, lamp.
3 *nf ARQ* lantern.
■ **linterna (eléctrica)** flashlight, torch.

lío
1 *nm (embrollo)* mess.
2 *nm (aventura amorosa)* affair.
3 *nm (fardo)* bundle.
✦ **armar un lío** to make a fuss.
hacerse un lío *(uso literal)* to get tangled up; *(uso figurado)* to get muddled up.
meterse en un lío to get oneself into a mess.
¡qué lío! what a mess!
tener un lío con alguien to be having an affair with somebody.

liofilizado,-a *adj* freeze-dried.

liofilizar *vt* to freeze-dry.

lioso,-a *adj* confusing.

lípido *nm* lipid.

liposoluble *adj* fat-soluble.

liposoma *nm* liposome.

lipotimia *nf* blackout.

liquen *nm* lichen.

liquidación
1 *nf (venta)* sale.
2 *nf (pago)* settlement.
3 *nf (de activos)* liquidation.
4 *nf (fin)* end.
■ **liquidación total** clearance sale.

liquidador,-ra *nm,f* liquidator.

liquidar
1 *vt (deuda)* to settle, liquidate.
2 *vt (mercancías)* to sell off.
3 *vt fam (dinero)* to spend, blow.
4 *vt fam (matar)* to knock off.

liquidez *nf* liquidity.

líquido,-a
1 *adj (gen)* liquid.
2 *adj (neto)* net.
3 *adj (en metálico)* in cash.
4 **líquido** *nm* liquid.

lira¹ *nf MÚS* lyre.

lira² *nf (moneda)* lira.

lírica *nf* poetry, lyric poetry.

lírico,-a
1 *adj* lyric, lyrical.
2 *nm,f* lyric poet.

lirio *nm* lily.
■ **lirio de agua** calla lily.
lirio tigrado tiger lily.

lirismo *nm* lyricism.

lirón *nm* dormouse.
✦ **dormir como un lirón** to sleep like a log.

lis *nf (planta)* lily.

lisa *nf* grey mullet.

Lisboa *nf* Lisbon.

lisérgico,-a *adj* lysergic.

lisiado,-a
1 *adj* crippled.
2 *nm,f* cripple.

lisiar *vt* to cripple.

liso,-a
1 *adj (sin desigualdades)* smooth, even.
2 *adj (sin desniveles)* flat.
3 *adj (sin arrugas)* smooth.
4 *adj (pelo)* straight.
5 *adj (color)* plain.
✦ **lisa y llanamente** purely and simply.

lisonja *nf* flattering remark.

lisonjear *vt* to flatter.

lisonjero,-a *adj* flattering.

lista
1 *nf (relación)* list: **mira la lista de precios** look at the price list.
2 *nf (raya)* stripe: **me he comprado una camisa a listas** I've bought myself a striped shirt.
3 *nf (tira)* strip, slip.
✦ **pasar lista** to call the roll.
tachar de la lista to cross out, cross off the list.
■ **lista de bodas** wedding list.
lista de correos poste restante, *US* general delivery.
lista de espera waiting list.
lista negra blacklist.

listado,-a
1 *pp* → **listar**.
2 *adj (a rayas)* striped.
3 **listado** *nm (lista)* list.

listeza *nf* smartness, sharpness.

listillo,-a *nm,f fam* smart aleck, *GB* clever clogs.

listín *nm* telephone directory.

listo,-a
1 *adj (inteligente)* clever, smart.
2 *adj (preparado)* ready: ¿estás lista? are you ready?
3 *adj (acabado)* finished: lo quiero listo para el lunes I want it finished by Monday.
4 *adj (diligente)* quick, prompt.
5 *nm,f* clever person.
✦ ir listo,-a *fam* to have another thing coming: va listo si se cree que el premio es suyo if he thinks he's going to get the prize he's got another thing coming.
pasarse de listo,-a *fam* to be too clever by half.

listón
1 *nm (de madera)* lath, strip.
2 *nm* DEP bar.

listonar *vt* to batten.

listura *nf* cleverness.

lisura *nf* smoothness.

litera *nf* bunk bed; *(en barco)* bunk; *(tren)* couchette.

literal *adj* literal.

literalmente *adv* literally.

literario,-a *adj* literary.

literato,-a *nm,f (gen)* writer; *(hombre)* man of letters; *(mujer)* woman of letters.

literatura *nf* literature.

litigación *nf* litigation.

litigante
1 *adj* litigant.
2 *nm & nf* litigant.

litigar
1 *vi* JUR to litigate.
2 *vi (disputar)* to argue, dispute.
▲ Conjugation model [7], *like* llegar.

litigio
1 *nm* JUR litigation, lawsuit.
2 *nm (disputa)* dispute.

litio *nm* lithium.

litografía
1 *nf (arte)* lithography.
2 *nf (reproducción)* lithograph.

litografiar *vt* to lithograph.

litográfico,-a *adj* lithographic.

litógrafo,-a *nm,f* lithographer.

litoral
1 *adj* coastal.
2 *nm* coast.

litosfera *nf* lithosphere.

litro *nm* litre, US liter.

litrona *nf arg* litre bottle of beer.

Lituania *nf* Lithuania.

lituano,-a
1 *adj* Lithuanian.
2 *nm,f (persona)* Lithuanian.
3 *lituano nm (idioma)* Lithuanian.

liturgia *nf* liturgy.

litúrgico,-a *adj* liturgical.

liviandad *nf* lightness.

liviano,-a
1 *adj (ligero)* light.

2 *adj fig (inconstante)* frivolous.
3 *adj fig (lascivo)* lewd.

lividecer *vi* to become livid.
▲ Conjugation model [43], *like agradecer*.

lívido,-a *adj* livid.

living *nm* living room, sitting room.
▲ pl livings.

lixiviar *vt* to leach.

liza
1 *nf* HIST lists *pl*.
2 *nf fig (lucha)* struggle, combat.
✦ entrar en liza to enter the arena.

llaga *nf (gen)* sore; *(en la boca)* ulcer.
✦ poner el dedo en la llaga to touch a sore spot.

llagar
1 *vt* to cover with ulcers.
2 **llagarse** *vpr* to get sores: se le ha llagado el cuerpo de tanto estar en la cama he has got bedsores after such a long time in bed.

llama¹ *nf (de fuego)* flame.
✦ en llamas ablaze, in flames.

llama² *nf* ZOOL llama.

llamada
1 *nf (gen)* call.
2 *nf (a la puerta)* knock, ring.
3 *nf (en texto)* reference mark.
■ **llamada interurbana** long-distance call.
llamada perdida lost call.
llamada telefónica telephone call, phone call.
llamada urbana local call.

llamado,-a
1 *pp* → llamar.
2 *adj* called, named.

llamador
1 *nm (de una puerta)* door knocker.
2 *nm (timbre)* bell.

llamamiento
1 *nm (petición)* appeal.
2 *nm (convocatoria)* call.

llamar
1 *vt (gen)* to call: llámalo, creo que no te ha visto call him, I don't think he's seen you; tu madre te llama your mum's calling you.
2 *vt (convocar)* to summon: habrá que llamar al médico we'll have to call the doctor; llueve, mejor que llamemos un taxi it's raining, we'd better call a taxi.
3 *vt (dar nombre)* to name: ¿cómo vais a llamar al niño? what are you going to call the baby?
4 *vt (atraer)* to appeal to: a mí viajar no me llama mucho travelling doesn't really appeal to me.
5 *vi (a la puerta)* to knock; *(al timbre)* to ring; *(al teléfono)* to ring, call, phone: ¿quién llama? who's there?; han llamado a la puerta there's somebody at the door; te llaman por la otra línea there's a call for you on the other line.
6 **llamarse** *vpr (tener nombre)* to be called: me llamo Juan my name is Juan, I'm called Juan.

✦ llamar a alguien de todo *fam* to call somebody everything under the sun.
llamar a alguien por señas to wave at somebody.
llamar a filas to call up.
llamar a la huelga to call out on strike.
llamar por teléfono to call, phone, GB ring, ring up.

llamarada
1 *nf (de fuego)* sudden blaze.
2 *nf fig (de vergüenza)* sudden flush, blush.
3 *nf fig (de ira, cólera)* outburst.

llamativamente *adv* gaudily.

llamativo,-a *adj* showy, flashy.

llamear *vi* to blaze.

llana *nf (herramienta)* float.

llanero,-a *adj (hombre)* plainsman; *(mujer)* plainswoman.
■ el Llanero Solitario the Lone Ranger.

llaneza
1 *nf (sencillez)* simplicity.
2 *nf (franqueza)* frankness.

llanito,-a
1 *adj* Gibraltarian.
2 *nm,f* Gibraltarian.

llano,-a
1 *adj (plano)* flat, even, level.
2 *adj (franco)* open, frank.
3 *adj (sencillo)* simple.
4 *llano nm (llanura)* plain.
✦ en llano,-a plainly.

llanote,-a *adj fam* down-to-earth.

llanta *nf* wheel rim, rim.
■ llantas de aleación alloy wheels.

llantera *nf fam* → llantina.

llantina *nf fam* sobbing: agarró una llantina porque no le quise comprar el juguete he started sobbing because I wouldn't buy him the toy.

llanto *nm* crying, weeping.

llanura
1 *nf (llano)* plain.
2 *nf (igualdad)* plainness.

llave
1 *nf (de puerta etc)* key.
2 *nf* TÉC wrench.
3 *nf (en judo)* lock.
4 *nf (en texto)* bracket.
5 *nf* MÚS key.
✦ bajo llave under lock and key.
cerrar con llave to lock.
echar la llave to lock the door.
llave en mano ready for immediate occupancy.
■ llave de contacto ignition key.
llave de paso *(del gas)* mains tap; *(del agua)* stopcock.
llave dinamométrica torque wrench.
llave falsa skeleton key.
llave inglesa monkey wrench.
llave maestra master key.

llavero *nm* key ring.

llavín *nm* latchkey.

llegada
1 *nf (entrada)* arrival.
2 *nf* DEP finishing line.

llegar

1 *vi* to arrive (**a**, at/in), get (**a**, at), reach (**a**, -): cuando llegues a París, llámanos call us when you arrive in Paris; el tren ha llegado tarde the train arrived late; ¿a qué hora llegaste al trabajo? what time did you get to work?; llegó a casa cansado he was tired when he got home; llegó el primero he arrived first.

2 *vi (alcanzar)* to reach: ¿llegas a ese estante? can you reach that shelf?; llegó a los noventa he reached the age of ninety; llegamos a los objetivos previstos we reached our target.

3 *vi (ser suficiente)* to be enough, suffice: una sola tarta no llegará para todos one cake won't be enough for all of us; ¿te llega con diez euros? is ten euros enough?

4 *vi (conseguir)* to manage: no llego a entender lo que quiere decir I can't quite understand what he's trying to say.

5 *vi (cantidad)* to amount (**a**, to): su sueldo no llega a cinco millones his salary is less than five million.

6 *vi (suceder)* to come, arrive: llegó el momento the moment arrived.

7 *vi* **llegar a** + *inf (uso enfático)* llegó a llamarme ladrón he went so far as to call me a thief, he even called me a thief; si llego a saber que hay huelga, no me levanto if I'd known there was a strike, I wouldn't have got out of bed; si lo llega a pillar lo mata if he'd caught him he'd have killed him.

8 **llegarse** *vpr fam (ir a)* to go over to, nip over to, slip over to, nip over to: llégate al súper y trae jabón nip over to the supermarket and get some soap.

✦ **¡hasta ahí podíamos llegar!** that's about the limit!
llegar a más *(persona)* to better os; *(cosa - empeorar)* to worsen; *(- mejorar)* to improve.
llegar lejos to go far.
▲ *Conjugation model* [7].

llenado,-a

1 *pp* → **llenar.**

2 **llenado** *nm (de un recipiente)* filling.

llenar

1 *vt (espacio, recipiente)* to fill.

2 *vt (formulario)* to fill in.

3 *vt (tiempo)* to fill, occupy.

4 *vt (satisfacer)* to fulfil, please: el trabajo que hago no me llena I don't find my job very fulfilling.

5 *vi (comida)* to be very filling.

6 **llenarse** *vpr (gen)* to fill.

7 *vpr (de gente)* to fill up: el estadio se llena todos los domingos the stadium fills up every Sunday.

8 *vpr (de comida)* to get full, overeat: me he llenado tanto que no puedo ni respirar I've eaten so much I can't breathe; se llena con nada que come he gets full up very quickly.

9 *vpr* **llenar de** *(alegría)* to fill with; *(favores, regalos)* to shower with; *(insultos)* to heap on.

llenazo *nm fam* full house.
llenito,-a *adj fam* chubby.

lleno,-a

1 *adj* full (**de**, of): dame un vaso lleno de agua give me a glass full of water; está lleno de gente it's full of people.

2 *adj (cubierto)* covered (**de**, with).

3 **lleno** *nm* TEAT full house: hoy hay lleno total it's a full house today.

✦ **de lleno** smack, right: le dio de lleno en el ojo it hit him smack in the eye.
lleno,-a hasta el borde brimful.

llevadero,-a *adj* bearable.

llevar

1 *vt (gen)* to take: llévale esto a tu abuela take this to your granny; llévate los libros a tu habitación take these books to your bedroom; lleva a tu hermanita al colegio take your little sister to school; te llevo en coche I'll take you in the car, I'll give you a lift.

2 *vt (tener)* to have; *(tener encima)* to have, carry: ¿qué llevas ahí? what's that you've got there?; ¿cuánto dinero llevas? how much money have you got on you?; llevaba un bate de béisbol she was carrying a baseball bat; llevaba las luces de posición encendidas his sidelights were on; llevo la calefacción puesta I've got the heating on; llevas los pantalones sucios your trousers are dirty.

3 *vt (prenda)* to wear, have on: no me gusta llevar sombrero I don't like wearing a hat; no llevaba nada she had nothing on; llevaré un clavel en el ojal I shall be wearing a carnation in my buttonhole.

4 *vt (aguantar)* to cope with: ¿cómo lleva lo de quedarse sin trabajo? how's he coping with losing his job?

5 *vt (dirigir)* to be in charge of: ¿quién lleva el tema de los pedidos? who's in charge of orders?; lleva la empresa ella solita she runs the company all by herself.

6 *vt (conducir - coche)* to drive; *(moto)* - to ride: lleva un Seat azul he drives a blue Seat.

7 *vt (pasar tiempo)* to be: llevo un mes aquí I have been here for a month; lleva tres días sin venir a trabajar he hasn't been to work for three days.

8 *vt (libros, cuentas)* to keep.

9 *vt (años)* to be older: te llevo tres años I'm three years older than you.

10 *vt (vida)* to lead: lleva una vida muy ajetreada she leads a hectic life.

11 *vt (tiempo, esfuerzo)* to take: este trabajo nos llevará más de un mes this job will take us over a month.

12 *vt (compás, paso, ritmo)* to keep: contigo no bailo, no sabes llevar el paso I'm not dancing with you, you can't keep in step.

13 *vt fam (cobrar)* to charge: ¿cuánto te llevaron por la reparación? how much did they charge you for the repairs?

14 *vi* **llevar a** *(conducir)* to take, lead: esta senda lleva a la cima this path takes you to the summit; y esto, ¿adónde nos lleva? and where will this lead us?

15 *vi* **llevar a** + *inf (inducir)* to lead to, make: esto me lleva a pensar que ... this leads me to think that ...; ¿qué lo llevó a actuar así? what made him act like that?

16 *vi* **llevar** + *participio* to have: llevo escritas cuatro cartas I've written four letters.

17 **llevarse** *vpr (obtener)* to get; *(ganar)* to win: los rusos se llevaron todas las medallas the Russians won all the medals.

18 *vpr (recibir)* to get: se llevó un buen susto he got quite a shock; me llevé una agradable sorpresa I had a pleasant surprise.

19 *vpr (estar de moda)* to be fashionable: este color ya no se lleva this colour is not fashionable any more.

20 *vpr (entenderse)* to get on (**con**, with), get along (**con**, with): se lleva bien con sus padres he gets on well with his parents; se llevan muy mal they don't get on at all.

21 *vpr* MAT to carry over.

✦ **dejarse llevar por ...** to be influenced by ..., get carried away with ...
llevar adelante to carry out.
llevar a la práctica to put into practice.
llevar la cuenta de to keep track of.
llevar las de + *inf* to be likely to + *inf*: las llevas de perder you'll lose.
llevarse a matar to be at daggers drawn.
llevarse por delante *(gen)* to carry away, sweep away; *(viento)* to blow away; *(coche)* to run over.

llorar

1 *vi* to cry, weep.

2 *vi fam (quejarse)* to moan.

3 *vt* to mourn.

✦ **echarse a llorar** to start crying.
el que no llora no mama *fam* if you don't ask you never get.
llorar a lágrima viva *fam* to cry one's heart out.
llorar a moco tendido *fam* to cry one's heart out.

llorera *nf fam* sobbing, crying: al decir adiós nos entró la llorera we started sobbing when we said goodbye.

llorica *nm & nf fam* → **llorón,-ona.**

lloriquear *vi* to whimper, weep.

lloriqueo *nm* whimpering.

lloro *nm* tears *pl*, weeping.

llorón,-ona

1 *adj* weeping.

2 *nm,f fam* crybaby.

3 **la llorona** *nf* en cuanto se emborracha le da la llorona when she gets drunk she comes over all weepy.

lloroso,-a *adj* tearful, weeping.

llover *vi* to rain: llueve it's raining; no llueve desde hace meses it hasn't rained for months; parece que va a llover it looks like rain.
✦ **como llovido del cielo** out of the blue.
como quien oye llover like water off a duck's back.
ha llovido mucho desde entonces a lot of water's passed under the bridge since then.
llover a cántaros to pour down, rain cats and dogs.
nunca llueve a gusto de todos you can't please everyone.
siempre llueve sobre mojado it never rains but it pours.
▲ *Conjugation model* [32], *like mover; used only in the 3rd pers; it does not take a subject.*

llovizna *nf* drizzle.

lloviznar *vi* to drizzle.
▲ *Used only in the 3rd pers, it does not take a subject.*

lluvia
1 *nf* rain.
2 *nf fig* shower, barrage.
■ **lluvia ácida** acid rain.
lluvia de estrellas meteor shower.

lluvioso,-a *adj* rainy, wet.

lo
1 *art neut* the: lo mismo me pasó a mí the same thing happened to me; lo mejor de la película es la música the best part of the film is the music; lo difícil es encontrar respuestas what's difficult is finding answers; le gusta todo lo francés she likes anything French.
2 *pron (objeto directo - él)* him; *(-usted)* you: no lo conozco de nada I don't know him from Adam; a usted no lo quiero ver más por aquí I don't want to see you here again.
3 *pron (objeto directo - cosa, animal)* it: ¿lo has probado? have you tried it?
✦ **con lo cual** so.
lo cual which.
lo que what.

loa *nf* praise.

loable *adj* laudable, praiseworthy.

LOAPA *abr* (**Ley Orgánica de Armonización del Proceso Autonómico**) *institutional law for the harmonization of the devolution process.*

loar *vt* to praise, extol.

lobanillo *nm* wen.

lobato
1 *nm* ZOOL wolf cub.
2 *nm (en los Scouts)* Cub.

lobezno,-a *nm,f* wolf cub.

lobo,-a *nm,f (macho)* wolf; *(hembra)* she-wolf.
✦ **menos lobos Caperucita** *fam* come off it!
oscuro,-a como la boca del lobo pitch-dark.
■ **lobo de mar** *(persona)* sea dog.
lobo marino sea lion.

lobotomía *nf* lobotomy.

lóbrego,-a *adj* bleak, gloomy.

lobreguez *nf* gloominess, bleakness.

lobulado,-a *adj* lobulated.

lóbulo *nm* lobe.

lobuno,-a *adj* wolfish.

loca *nf arg (homosexual afeminado)* queen.
▲ *See also loco,-a.*

local
1 *adj* local.
2 *nm (para negocio)* premises *pl.*
■ **local comercial** business premises *pl.*

localidad
1 *nf (ciudad)* town.
2 *nf* TEAT *(asiento)* seat; *(billete)* ticket.
✦ **"Agotadas las localidades"** "Sold out".

localismo
1 *nm (al hablar)* localism.
2 *nm pey* localism.

localista *adj pey* parochial.

localizable *adj* traceable: no está localizable he cannot be contacted.

localización
1 *nf (determinación del lugar)* localization: la localización de un donante llevó varias horas it took several hours to find a donor.
2 *nf (limitación)* restriction: la localización del brote será difícil it will be difficult to restrict the spread of the outbreak.

localizar
1 *vt (encontrar)* to locate, find.
2 *vt (infección, incendio)* to localize.

localmente *adv* locally.

locamente *adv* madly.

locatis
1 *adj fam* loopy, loony.
2 *nm & nf fam* loony, nutter, nutcase.

locativo,-a
1 *adj* locative.
2 **locativo** *nm* locative.

locato,-a *nm,f* loony, crackpot.

locáut *nm* lockout.

loc. cit. *abr* (**loco citato**) loco citato; *(abreviatura)* loc. cit., lc.

loción *nf* lotion.
■ **loción para después del afeitado** aftershave, aftershave lotion.

loco,-a
1 *adj (gen)* mad, crazy, insane.
2 *adj (muy ocupado)* terribly busy.
3 *adj fam (asombroso)* amazing: tiene unas ganas locas de casarse she's dying to get married.
4 *nm,f* lunatic, insane person.
✦ **a lo loco** any old how.
como un,-a loco,-a like mad.
estar loco,-a de alegría to be over the moon.
estar loco,-a por alguien to be mad about somebody.
hacer el loco to act wild.
hacerse el/la loco,-a to pretend to know nothing, act dumb.

¡**ni loco,-a!** no way!
volver loco,-a a alguien to drive somebody crazy, drive somebody mad: este ruido me vuelve loco this noise is driving me mad; esa chica me vuelve loco I'm crazy about that girl.
volverse loco,-a to go mad.
■ **loco,-a de remate** stark raving mad.

locomoción *nf* locomotion.

locomotor,-ra *adj* locomotive.

locomotora *nf* locomotive.

locomotriz *adj* locomotive.
▲ *pl locomotrices.*

locuacidad *nf* loquacity.

locuaz *adj* loquacious, talkative.
▲ *pl locuaces.*

locución *nf* phrase, locution.

locuelo,-a *adj fam* clown, goon.

locura
1 *nf (perturbación)* madness, insanity.
2 *nf (insensatez)* folly.
✦ **con locura** madly.
de locura *fam* amazing.
hacer una locura to do something silly.
¡**qué locura!** it's mad!

locutor,-ra *nm,f (gen)* announcer; *(de noticias)* news reader.

locutorio
1 *nm (de cárcel)* visiting room; *(de convento)* parlour, US parlor.
2 *nm (de teléfonos)* telephone booth.
3 *nm (de radio)* studio.

lodazal *nm* mire.

lodo *nm* mud.

lodoso,-a *adj* muddy.

LOE *abr* (**Ley Orgánica de Educación**) *institutional law on the overall structuring of the education system.*

logarítmico,-a *adj* logarithmic.

logaritmo *nm* logarithm.

logia
1 *nf (masónica)* lodge.
2 *nf* ARQ loggia.

lógica *nf* logic.
■ **lógica matemática** mathematical logic.

lógicamente *adv* logically.

lógico,-a
1 *adj (de la lógica)* logical.
2 *adj (natural)* normal, to be expected: es lógico que lo niegue it's to be expected that he should deny it.
3 *nm,f* logician.

logística *nf* logistics.

logístico,-a *adj* logistic.

logopeda *nm & nf* speech therapist.

logo *nm* logo.

logopedia *nf* speech therapy.

logotipo *nm* logo, logotype.

logrado,-a
1 *pp* → **lograr.**
2 *adj (conseguido)* successful.

lograr *vt (conseguir)* to manage to get, achieve; *(sueño)* to fulfil; *(victoria, premio)* to win: logré hacerlo I managed to do it.

logro
1 *nm (éxito)* success, achievement.
2 *nm (beneficio)* gain, profit.

logroñés,-esa
1 *adj* of Logroño, from Logroño.
2 *nm,f* person from Logroño, inhabitant of Logroño.

Loira el Loira *nm* the Loire.

loísmo *nm incorrect use of lo and los as indirect objects instead of le and les.*

loma *nf* hill.

lombarda *nf* red cabbage.

lombriz *nf (de tierra)* earthworm; *(intestinal)* worm.
▲ *pl* lombrices.

lomo
1 *nm CULIN (de cerdo)* loin; *(de ternera)* sirloin.
2 *nm ANAT* back.
3 *nm (de libro)* spine.
✦ **ir a lomos de** to ride.
▪ **lomo de cerdo** loin of pork.

lona *nf* canvas.

loncha *nf (de jamón, queso, etc)* slice; *(de tocino, bacon)* rasher.

londinense
1 *adj* of London, from London.
2 *nm & nf* Londoner.

Londres *nm* London.

loneta *nf* sailcloth.

longaniza *nf* cured pork sausage.

longevidad *nf* longevity.

longevo,-a *adj* long-lived.

longitud
1 *nf* length: tiene cinco metros de longitud it's five metres long.
2 *nf GEOG* longitude.
✦ **longitud de onda** wavelength.

longitudinal *adj* longitudinal, lengthwise.

longitudinalmente *adv* longitudinally, lengthways.

longui
✦ **hacerse el longui** *fam* to act dumb, pretend not to have heard, pretend not to have noticed.

longuis *nm fam* → **longui**.

lonja
1 *nf (mercado)* exchange, market.
2 *nf ARQ* raised porch.
3 *nf (loncha)* slice, rasher.

lontananza *nf (fondo)* background.
✦ **en lontananza** in the distance.

loor *nm lit* praise.

loquero,-a *nm,f fam (enfermero)* nurse in a mental hospital.

lor *nm* → **lord**.
▲ *pl* lores.

lord *nm* lord.

loriga *nf HIST* cuirass.

loro
1 *nm (pájaro)* parrot.
2 *nm arg (mujer fea)* bag.

3 *nm arg (charlatán)* windbag.
4 *nm arg (radio)* radio cassette.
✦ **estar al loro** *arg (atento)* to be on the ball, keep one's wits about one; *(informado)* to know the score.

los
1 *art def* the: los niños the boys.
2 *pron (objeto directo)* them; *(ustedes)* you: los vi I saw them; a ustedes dos no los quiero volver a ver I don't want to see you two again.
▲ *See also* lo, el.

losa
1 *nf* flagstone, slab.
2 *nf (de sepulcro)* gravestone.

loseta *nf* floor tile.

lote
1 *nm (parte)* share, portion.
2 *nm COM* lot, batch.
✦ **darse el lote** *fam* to pet.
pegarse el lote *fam* to pet.

lotería *nf* lottery.
✦ **tocarle la lotería a uno** *(uso literal)* to win a prize in the lottery; *(uso figurado)* to strike it lucky.
▪ **lotería primitiva** ≈ National Lottery.

loto *nm (flor)* lotus.

loza
1 *nf (cerámica)* china.
2 *nf (de cocina)* crockery.

lozanía
1 *nf (de persona)* healthiness, lustiness.
2 *nf (de planta)* freshness.
3 *nf (de vegetación)* lushness, luxuriance.

lozano,-a
1 *adj (persona)* healthy, lusty.
2 *adj (planta)* fresh.
3 *adj (vegetación)* lush, luxuriant.

ltda. *abr* (**limitada**) limited; *(abreviatura)* Ltd.

lubina *nf* bass.

lubricación *nf* lubrication.

lubricante
1 *adj* lubricating.
2 *nm* lubricant.

lubricar *vt* to lubricate.
▲ *Conjugation model* [1], *like* sacar.

lubricidad
1 *nf (lujuria)* lubricity, lewdness.
2 *nf (calidad de resbaladizo)* slipperiness.

lúbrico,-a
1 *adj (lujurioso)* lubricious, lewd.
2 *adj (resbaladizo)* slippery.

lubrificante *nm* lubricant.

lubrificar *vt* to lubricate.
▲ *Conjugation model* [1], *like* sacar.

lucense
1 *adj* of Lugo, from Lugo.
2 *nm & nf* person from Lugo, inhabitant of Lugo.

lucerna *nf* skylight.

lucero *nm* bright star.
▪ **lucero del alba** morning star.

lucha
1 *nf (gen)* fight, struggle.
2 *nf DEP* wrestling.

▪ **lucha de clases** class struggle.
lucha libre free-style wrestling.

luchador,-ra
1 *nm,f (gen)* fighter.
2 *nm,f DEP* wrestler.

luchar
1 *vi (gen)* to fight.
2 *vi DEP* to wrestle.

lucidez *nf* lucidity.

lucido,-a
1 *pp* → **lucir**.
2 *adj* beautiful.

lúcido,-a *adj* lucid, clear-headed.

luciérnaga *nf* glow-worm.

lucífero,-a *adj lit* resplendent.

lucimiento
1 *nm (oportunidad de lucirse)* showing off.
2 *nm (brillo)* brilliance.

lucio *nm* pike.

lución *nm* slowworm.

lucir
1 *vt (mostrar)* to show, display; *(ropa)* to wear, sport: lucía un modelo precioso she was sporting a beautiful outfit.
2 *vt (presumir de)* to show off: luce su cartera como si fuera un trofeo she flashes her wallet about as if it were a trophy.
3 *vi (tener buen aspecto)* to look good: esas cortinas no lucen en esta sala tan oscura those curtains don't look their best in such a dark room.
4 *vi (rendir resultado)* to pay off, do good: va mucho a la peluquería pero no le luce nada she goes to the hairdresser's, but it doesn't seem to make any difference; hay que ver que poco le lucen tantos años de estudio all those years of study have done him no good at all.
5 *vi (sobresalir)* to excel: lucía más que nadie con su traje nuevo he stood out from the rest in his new suit.
6 *vi (brillar las estrellas)* to shine, glow.
7 **lucirse** *vpr (sobresalir)* to be brilliant: realmente se lució con su interpretación de Otelo his interpretation of Othello was brilliant.
8 *vpr (presumir)* to show off: sacó el coche nuevo para lucirse ante los amigos he got out his new car to show off to his friends.
▲ *Conjugation model* [45].

lucrarse *vpr* to make a profit.

lucrativo,-a *adj* lucrative, profitable.

lucro *nm* gain, profit.
▪ **afán de lucro** profit motive: lo hizo sin afán de lucro he did it with no profit motive in mind.

luctuoso,-a *adj lit* mournful, sorrowful.

ludibrio *nm lit* scoff.

lúdico,-a *adj* recreational: actividades lúdicas recreational activities, recreation.

ludópata *nm & nf* compulsive gambler.

ludopatía *nf* compulsive gambling.

lúdrico,-a *adj* → lúdico,-a.

luego
1 *adv (después)* then, afterwards, next: primero cómete la sopa y luego ya traeré la carne first eat your soup and then I'll bring the meat.
2 *adv (más tarde)* later: luego te llamo, que ahora estoy ocupada I'm busy now, I'll call you later.
3 *adv (prontamente)* presently, immediately.
4 *conj* so, therefore: no han llamado, luego no creo que vengan they haven't called so I don't think they'll come.
✦ hasta luego see you, see you later, so long.

lugar
1 *nm (sitio, ciudad)* place: tiene que aparecer por algún lugar it has to be somewhere; he descubierto el lugar más idílico del mundo I've discovered the most idyllic place in the world; la iglesia no es lugar para bailar the church is no place to dance.
2 *nm (posición, situación)* place, position: tú ponte en mi lugar y lo entenderás put yourself in my position and you'll understand; ¿qué lugar ocupa en la empresa? what's her position in the company?
3 *nm (espacio)* room, space: ya no hay lugar para más muebles there's no room for any more furniture.
✦ dar lugar a to give rise to.
dejar a alguien en mal lugar to make somebody look foolish, show somebody up.
en lugar de instead of.
en primer lugar firstly.
fuera de lugar *(descolocado)* out of place; *(inoportuno)* inappropriate.
hacer lugar to make room.
no ha lugar la protesta objection overruled.
sin lugar a dudas undoubtedly.
tener lugar to take place.
■ lugar común commonplace.

lugareño,-a
1 *adj* local.
2 *nm,f* local.

lugarteniente *nm* deputy.

lúgubre *adj (triste)* bleak, lugubrious; *(fúnebre)* sombre (*us* somber), mournful.

Luisiana *nf* Louisiana.

lujo *nm* luxury.
✦ con todo lujo de detalles in great detail.
de lujo luxury, luxurious.
vivir con mucho lujo to live in luxury.

lujosamente *adv* luxuriously.

lujoso,-a *adj* luxurious.

lujuria *nf* lewdness, lust, lechery.

lujurioso,-a
1 *adj* lustful, lecherous.
2 *nm,f* lecher.

lumbago *nm* lumbago.

lumbar *adj* lumbar.

lumbre
1 *nf (fuego)* fire; *(candela)* light.
2 *nf (para cigarrillo)* light: ¿me das lumbre? could you give me a light please?
✦ a la luz de la lumbre by the light of the fire.

lumbrera *nf (persona)* genius, luminary; *(con ironía)* bright spark.

luminaria
1 *nf (en iglesia)* altar lamp.
2 *nf (en fiestas)* light.

lumínico,-a *adj* light.

luminiscencia *nf* luminiscence.

luminiscente *adj* luminiscent.

luminosidad *nf* brightness, luminosity.

luminoso,-a *adj* bright, luminous.

luminotecnia *nf* lighting.

luminotécnico,-a *adj* lighting.

lumpemproletariado *nm* lumpenproletariat.

luna
1 *nf (satélite)* moon.
2 *nf (cristal)* window pane; *(de coche)* window; *(de ventana)* glass.
3 *nf (espejo)* mirror.
4 *nf (de uña)* half-moon.
✦ dejar a la luna de Valencia to thwart, disappoint.
estar en la luna *fam* to be miles away.
pedir la luna *fam* to ask for the moon.
quedarse a la luna de Valencia *fam* to be thwarted, be disappointed.
■ luna creciente waxing moon.
luna llena full moon.
luna menguante waning moon.
luna nueva new moon.
luna de miel honey moon.

lunación *nf* lunation.

lunar
1 *adj* lunar, moon: las fases lunares the phases of the moon.
2 *nm (en la piel)* beauty spot.
✦ de lunares spotted.

lunático,-a
1 *adj* lunatic.
2 *nm,f* lunatic.

lunes *nm* Monday.
▲ *pl* lunes; see also jueves.

luneta *nf car* window.
■ luneta térmica heated rear windscreen.
luneta trasera rear windscreen, rear window.

lunfardo *nm Buenos Aires slang*.

lúnula *nf* half-moon, lunule.

lupa *nf* magnifying glass.
✦ con lupa meticulously.

lupanar *nm* brothel.

lúpulo *nm* hop.

lustrabotas *nm & nf* bootblack.

lustrar *vt* to polish.

lustre
1 *nm (brillo)* polish, shine, lustre, *us* luster.
2 *nm fig (esplendor)* glory.

lustro *nm* five years *pl*: tras casi un lustro de ausencia after almost five years' absence.

lustroso,-a *adj* shiny.

luteranismo *nm* Lutheranism.

luterano,-a
1 *adj* Lutheran.
2 *nm,f* Lutheran.

luto
1 *nm* mourning.
2 *nm fig* grief.
✦ estar de luto to mourn.
ir de luto to be in mourning.
■ luto oficial official mourning.
medio luto half-mourning.

lux *nm* lux.

luxación *nf* dislocation.

Luxemburgo *nm* Luxembourg.

luxemburgués,-esa
1 *adj* of Luxembourg, from Luxembourg.
2 *nm,f* Luxembourger, person from Luxembourg.

luz
1 *nf (gen)* light: en esta sala entra mucha luz this room gets plenty of light; ya no queda luz para leer there's not enough light to read.
2 *nf fam (electricidad)* electricity: nos han cortado la luz we've had the electricity cut off; nos hemos quedado sin luz the power has gone off; da la luz turn the light on.
3 *nf (iluminación)* lighting.
4 *nf ARQ* span.
5 *nf (modelo)* torch: Dios es mi luz y mi guía God is my torch and my guide.
6 luces *nf pl fam* intelligence *sing*: es un hombre de pocas luces he's not very bright.
✦ a la luz del día in daylight.
a plena luz del día in broad daylight.
a todas luces obviously, clearly.
dar a luz to give birth.
dar luz verde a to give the green light to.
sacar a la luz to bring to light.
salir a la luz to come out.
ver la luz *(persona)* to come into the world; *(libro etc)* to come out.
■ luces cortas dipped headlights.
luces de carretera full beam.
luces de cruce dipped headlights.
luces de posición sidelights.
luces largas full beam.
luz del día daylight.
luz del sol sunlight.
▲ *pl* luces.

luzco *pres indic* → lucir.

M, m *nf (la letra)* M, m.

m¹ *sím* (**metro**) metre (*US* meter); *(símbo-lo)* m.

m² *sím* (**milla**) mile; *(símbolo)* m.

m³ *abr* (**minuto**) minute; *(abreviatura)* min.

m/¹ *abr* (**mes**) month.

m/² *abr* (**mi**) my.

maca
1 *nf (en fruta)* bruise.
2 *nf (señal)* flaw, blemish.

macabeo rollo macabeo *nm →* rollo.

macabro,-a *adj* macabre.

macaco,-a
1 *nm,f* ZOOL macaque.
2 *nm,f fam (niño)* little monkey.
3 *nm,f fam pey* squirt.
■ **macaco rhesus** rhesus monkey.

macadán *nm* macadam.
▲ *Also written* **macadam**.

macanudo,-a *adj fam* great, terrific.

macarra
1 *adj fam (de mal gusto)* tacky.
2 *adj fam (propio de matones)* thuggish.
3 *nm (hortera)* flash Harry.
4 *nm fam (matón)* thug.
5 *nm fam (proxeneta)* pimp.

macarrilla *nm & nf →* **macarra**.

macarrón
1 *nm (pasta italiana)* piece of macaroni.
2 *nm (dulce)* macaroon.
3 *nm* TÉC *(de cable)* sheath, sheathing.
4 **macarrones** *nm pl* macaroni.

macarrónico,-a *adj fam* broken: habla un español macarrónico his Spanish is absolutely awful.

macarse *vpr* to go bad.

macedonia *nf* fruit salad.
■ **macedonia de frutas** fruit salad. **macedonia de verduras** mixed vegetables.

Macedonia *nf* Macedonia.

macedonio,-a
1 *adj* Macedonian.
2 *nm,f (persona)* Macedonian.
3 **macedonio** *nm (idioma)* Macedonian.

maceración
1 *nf (remojo - de fruta)* maceration, soaking; *(- de carne,pescado)* marinading.
2 *nf (a golpes)* pounding, tenderizing.

maceramiento *nm →* **maceración**.

macerar
1 *vt (poner en remojo - fruta)* to macerate, soak; *(- carne,pescado)* to marinade.
2 *vt (golpeando)* to pound, tenderize.

macero,-a *nm,f* macebearer.

maceta¹ *nf* flowerpot.
✦ **regar las macetas** to water the plants.

maceta² *nf (herramienta)* mallet.

macetero *nm* flowerpot holder.

macferlán *nm* inverness.

Mach *nm* Mach.
■ **número de Mach** Mach number.

macha *adj (almeja)* type of clam.

machaca
1 *nm & nf arg (persona)* dogsbody.
2 *nm arg (soldado)* squaddie.

machacante *nm fam (antiguamente)* five-peseta coin.

machacar
1 *vt (triturar)* to crush.
2 *vt fam (vencer)* to hammer, thrash.
3 *vt fam (dañar)* to kill; *(cansar, agotar)* to wear out, kill.
4 *vt fam (estudiar)* to swot up on, *US* grind away at.
5 *vt fam (insistir en)* to harp on about, go on about.
6 *vi (estudiar)* to swot up, cram, *US* grind.
7 *vi (insistir en)* to go on (**con**, about), harp on (**con**, about).
✦ **machacársela** *tabú* to wank, *US* jerk off. **por mí como si se la machaca** *tabú* I couldn't give a toss.
▲ *Conjugation model* [1], *like* sacar.

machacón,-ona
1 *adj fam* insistent, repetitive.
2 *nm,f fam* pain.

machaconería *nf fam* insistence, repetition.

machada
1 *nf fam pey (fanfarronada)* bragging, swanking.
2 *nf fam (acto de valentía)* brave act, stunt.

machamartillo a machamartillo *loc* firmly, staunchly.

machaque
1 *nm (golpes repetidos)* beating.
2 *nm (trituración)* crushing, pounding.
3 *nm fam (derrota)* hammering.
4 *nm (insistencia)* dogged insistence.

machaqueo *nm →* **machaque**.

machetazo *nm* blow with a machete: se abrieron el paso a machetazos they cut their way through with a machete.

machete *nm* machete.

machihembrado,-a *nm (ranura y lengüeta)* tongue and groove joint; *(caja y espiga)* mortise and tenon joint.

machihembrar *vt (ranura y lengüeta)* to join with a tongue and groove; *(caja y espiga)* to mortise, join with a mortise and tenon.

machismo *nm* male chauvinism.

machista
1 *adj* male chauvinist.
2 *nm & nf* male chauvinist.

macho
1 *adj (animal,planta)* male.
2 *adj (persona)* macho, tough.
3 *nm (animal,planta)* male.
4 *nm (del enchufe)* plug; *(del corchete)* hook.
5 *nm (mula)* mule.
6 *nm fam (hombre)* macho man, tough guy.
7 *nm fam (como apelativo)* mate, pal, man: ¡qué tal, macho! hello, mate!
■ **macho cabrío** billy goat.

machón *nm* ARQ buttress.

machorra *nf tabú (lesbiana)* dyke.

machota *nf fam* tomboy.

machote,-a
1 *adj (valiente)* tough.
2 *adj fam (hombre)* manly, tough; *(mujer)* tomboyish.
3 **machote** *nm fam* he-man, tough guy.

machucadura *nf* bruise.

machucar *vt →* **machacar**.

macilento,-a *adj* wan, pallid.

macillo *nm* hammer.

macis *nm* mace.

macizo,-a
1 *adj (plata)* solid.
2 *adj (fuerte)* solid, well-built: **se ha puesto maciza con tanto deporte** she's developed a strong body with so much sport.
3 *adj fam (persona)* good-looking: **el profe está macizo** the teacher is a hunk; **la protagonista está maciza** the actress who plays the lead is gorgeous.
4 **macizo** *nm (montañoso)* massif, mountain mass.
5 *nm (de flores)* bed.
6 *nm (de una pared)* section.

macramé *nm* macramé.

macro *nf* INFORM macro.

macrobiótica *nf* macrobiotics.

macrobiótico,-a
1 *adj* macrobiotic.
2 *nm,f* macrobiotic.

macrocefalia *nf* macrocephaly, macrocephalia.

macrocosmo *nm* macrocosm.

macrocosmos *nm* macrocosm.
▲ *pl* macrocosmos.

macroeconomía *nf* macroeconomics.

macroeconómico,-a *adj* macroeconomic.

macroscópico,-a *adj* macroscopic.

mácula *nf lit* blemish.
✦ **sin mácula** unblemished, flawless.

macuto *nm* knapsack, rucksack.
■ **radio macuto** *fam* bush telegraph, the grapevine.

Madagascar *nm* Madagascar.

madama *nf fam* brothel keeper.

madeja *nf (de lana)* skein, hank.
✦ **enredar la madeja** to complicate matters.
ser una madeja de nervios to be a bundle of nerves.

madera
1 *nf (en el árbol)* wood; *(cortada)* timber, *US* lumber: **es de madera** it's made of wood, it's wooden.
2 *nf fig (aptitudes)* talent.
✦ **tener madera de …** to have the makings of a …: **tiene madera de artista** she has the makings of an artist; **no tiene madera de gerente** he's not management material.
tocar madera to touch wood.

maderable *adj* timber-yielding.

maderaje *nm* timbering.

maderamen *nm* → **maderaje**.

maderero,-a *adj (industria)* timber.

madero
1 *nm* piece of timber.
2 *nm arg (policía)* cop.

madona *nf* Madonna.

madrastra *nf* stepmother.

madraza *nf fam* doting mother.

madre
1 *nf* mother: **es madre de seis hijos** she's a mother of six; **pronto será madre** she'll soon be a mother; **ha sido como una madre para mí** she's been like a mother to me.
2 *nf (causa)* root: **la madre de todos los vicios** the root of all evil.
3 *nf (monja)* sister.
4 *nf (del río)* bed.
✦ **ahí está la madre del cordero** *fam* that's where the trouble lies.
ciento y la madre *fam* the world and his wife, *US* everyone and his brother.
de puta madre *tabú* brilliant, fucking brilliant.
¡la madre que te parió! *tabú (hombre)* you bastard!; *(mujer)* you bitch!
¡madre mía! *fam* good heavens!
salirse de madre *fam (río)* to burst its banks; *(persona)* to lose control.
¡tu madre! *tabú* up yours!
■ **futura madre** mother-to-be.
madre adoptiva adoptive mother.
madre alquilada/madre de alquiler surrogate mother.
madre de familia mother.
madre de leche wet nurse.
madre patria one's motherland.
madre política mother-in-law.
madre soltera single mother.
madre superiora mother superior.

madreperla
1 *nf (molusco)* pearl oyster.
2 *nf (concha)* mother-of-pearl.

madrépora *nf* madrepore.

madrero,-a *adj* very tied to one's mother: **es muy madrero** he's a mummy's boy.

madreselva *nf* honeysuckle.

Madrid *nf* Madrid.

madridista
1 *adj* relating to Real Madrid football club.
2 *nm & nf* Real Madrid supporter.

madrigal *nm* madrigal.

madriguera
1 *nf (de conejo)* burrow, warren; *(de zorro)* den, lair; *(de tejón)* set.
2 *nf (de gente)* den, lair, hide-out.

madrileño,-a
1 *adj* of Madrid, from Madrid.
2 *nm,f* person from Madrid, inhabitant of Madrid.

Madriles Los Madriles *nm pl fam* Madrid *sing*.

madrina
1 *nf (de bautizo)* godmother.
2 *nf (de boda)* ≈ matron of honour *(usually the bridegroom's mother)*.
3 *nf (de una asociación)* patroness, patron.
4 *nf (de un acto oficial)* lady president.
5 *nf (de barco)* woman who launches a ship.

madroño
1 *nm (árbol)* strawberry tree.
2 *nm (fruto)* fruit of the strawberry tree.
3 *nm (borla)* tassel.
■ **el oso y el madroño** symbol of the city of Madrid.

madrugada
1 *nf (alba)* dawn, daybreak.
2 *nf (después de medianoche)* early morning: **a las cinco de la madrugada** at five o'clock in the morning.
✦ **de madrugada** *(al amanecer)* at dawn; *(muy temprano)* very early (in the morning).

madrugador,-ra
1 *nm,f* early riser.
2 *adj* who gets up early: **es una mujer madrugadora** she's an early riser, she gets up very early.

madrugar
1 *vi (levantarse pronto)* to get up early.
2 *vi (adelantarse)* to get there first.
3 *vi (ocurrir pronto)* to come out early.
✦ **a quien madruga Dios le ayuda** the early bird catches the worm.
no por mucho madrugar amanece más temprano time must take its course.
▲ *Conjugation model* [7], *like* llegar.

madrugón darse un madrugón/pegarse un madrugón *loc fam* to get up at the crack of dawn.

maduración
1 *nf (de un fruto)* ripening.
2 *nf (de una persona)* maturing.
3 *nf (de un plan)* fruition.

maduramente *adv* maturely.

madurar
1 *vi (fruto)* to ripen.
2 *vi (persona)* to mature.
3 *vt (fruto)* to ripen.
4 *vt (plan, proyecto)* to think about carefully, develop fully.

madurez
1 *nf (de la persona)* maturity.
2 *nf (de la fruta)* ripeness.

maduro,-a
1 *adj (persona)* mature.
2 *adj (fruta)* ripe.
✦ **de edad madura** of mature years.

maese *nm arc* master: **maese Pérez** Master Pérez.

maestranza
1 *nf (instalaciones - de ejército)* arsenal; *(- de armada)* dockyard.
2 *nf (personal - de ejército)* arsenal workers *pl*; *(- de armada)* dockyard workers *pl*.

maestrazgo
1 *nm (cargo)* mastership.
2 *nm (territorio)* territory under a master's jurisdiction.

maestre *nm* HIST master: **fue maestre de la Orden de Alcántara** he was Master of the Order of Alcántara.

maestresala *nm arc* butler.

maestría
1 *nf (destreza)* mastery, skill.
2 *nf (título)* mastership.

maestrillo,-a
+ **cada maestrillo tiene su librillo** to each his own.

maestro,-a
1 *adj (principal)* master; *(pared, viga)* main, supporting.
2 *nm,f (de primaria - hombre)* schoolmaster; *(- mujer)* schoolmistress.
3 *nm,f (instructor)* teacher: **fue mi maestro en todo** he taught me everything I know.
4 *nm,f (experto)* master: **es un maestro en el arte de mentir** he is a master in the art of lying, he is a consummate liar.
5 *nm,f (que alecciona)* teacher: **la vida es la mejor maestra** life is the best teacher.
6 **maestro** *nm (compositor)* composer; *(director)* conductor: **el maestro Falla** the great composer Falla; **¡música, maestro!** music, maestro!
7 *nm (de un oficio)* master: **maestro albañil/carpintero** master bricklayer/carpenter.
8 *nm (en toros)* matador.
■ **grandes maestros** great masters.
maestro de ceremonias master of ceremonies.
maestro de escuela schoolteacher.
maestro de esgrima fencing master.
maestro de obras *(arquitecto)* master builder; *(capataz)* foreman; *(aparejador)* clerk of works.

mafia *nf* mafia.

mafioso,-a
1 *adj* mafia.
2 *nm,f (de la mafia siciliana)* mafioso; *(criminal)* gangster.

magacín
1 *nm (revista)* magazine.
2 *nm (programa)* chat show.

magazine *nm* → **magacín.**

magdalena *nf* small sponge cake.

Magdalena **llorar como una Magdalena** *loc* to cry one's eyes out.
■ **la Magdalena** Mary Magdalene. **María Magdalena** Mary Magdalene.

magenta *nf* magenta.

magia *nf* magic.
+ **como por arte de magia** as if by magic.
■ **magia blanca** white magic.
magia negra black magic.
número de magia/truco de magia magic trick.

magiar
1 *adj* Magyar.
2 *nm & nf* Magyar.

mágico,-a
1 *adj (pócima, palabra)* magic; *(ritual)* magical.
2 *adj (maravilloso)* magical, wonderful.

magisterio
1 *nm (estudios)* teacher training: **estudia magisterio** she's training to be a teacher.
2 *nm (profesión)* teaching profession.
3 *nm (profesores)* teachers *pl.*
4 *nm fig (gravedad)* seriousness.

magistrado,-a
1 *nm,f (juez)* judge.
2 *nm,f (miembro del Tribunal Supremo)* High Court judge, *us* Supreme Court judge.

magistral
1 *adj EDUC* magisterial.
2 *adj (interpretación)* masterly, masterful.
3 *adj (tono, lenguaje)* magisterial, bombastic.

magistralmente *adv* masterfully.

magistratura
1 *nf (cuerpo)* judges *pl.*
2 *nf (profesión)* judgeship.
3 *nf (tiempo)* judgeship.
■ **Magistratura de Trabajo** Industrial Tribunal.

magma *nf* magma.

magnanimidad *nf* magnanimity.

magnánimo,-a *adj* magnanimous.

magnate *nm* tycoon, magnate.

magnesia *nf* magnesia.

magnésico,-a *adj* magnesic.

magnesio *nm* magnesium.

magnético,-a *adj* magnetic.

magnetismo *nm* magnetism.

magnetización *nf* magnetization.

magnetizar
1 *vt (cuerpo)* to magnetize.
2 *vt fig (persona)* to hypnotize, captivate.
▲ *Conjugation model* [4], *like* **realizar.**

magneto *nm* magneto.

magnetofón *nm* → **magnetófono.**

magnetofónico,-a *adj* sound recording.

magnetófono *nm* tape recorder.

magnicida *nm & nf* assassin.

magnicidio *nm* assassination.

magníficamente *adv* magnificently.

magnificar
1 *vt (ensalzar)* to praise, extol.
2 *vt (exagerar)* to exaggerate, magnify.
▲ *Conjugation model* [1], *like* **sacar.**

magníficat *nm REL* Magnificat.

magnificencia
1 *nf (grandiosidad)* magnificence, splendour.
2 *nf (generosidad)* lavishness, generosity.

magnificente *adj* lavish, generous.

magnífico,-a *adj* magnificent, splendid.

magnitud
1 *nf FÍS* magnitude.
2 *nf fig (importancia)* magnitude, extent, size.

magno,-a *adj* great.
■ **Alejandro Magno** Alexander the Great.

magnolia *nf (árbol, flor)* magnolia.

magnolio *nm* magnolia.

mago,-a *nm,f (gen)* magician, conjurer; *(de los cuentos)* wizard.
■ **los Reyes Magos** the Magi, the Three Wise Men, the Three Kings.

magrear *vt tabú* to grope.

magreo *nm tabú* groping.

magrez *nf* leanness.

magro,-a
1 *adj* lean.
2 **magro** *nm (de carne de cerdo)* loin of pork.
■ **carne magra** lean meat.

magulladura *nf* bruise, contusion.

magullar
1 *vt* to bruise.
2 **magullarse** *vpr (fruta)* to bruise; *(persona)* to bruise oneself, be bruised.

mahatma *nm* mahatma.

mahometano,-a
1 *adj* Muslim.
2 *nm,f* Muslim.

mahometismo *nm* Islam.

mahonesa *nf* → **mayonesa.**

maicena *nf* cornflour.

mailing *nm* mailshot.

maillot
1 *nm (de ciclista)* jersey.
2 *nm (de baile)* leotard.
3 *nm (de natación)* swimsuit.

maitines *nm pl REL* matins.

maitre *nm & nf* head waiter, maître d'hôtel.

maíz
1 *nm (planta)* maize, *us* corn.
2 *nm (grano)* sweet corn, *us* corn.

maizal *nm* maize field, *us* corn field.

majada
1 *nf (redil)* sheepfold.
2 *nf (excremento)* cowpat.

majadería *nf* nonsense, balderdash: **eso son majaderías** that's nonsense.

majadero,-a
1 *adj* stupid, dim-witted.
2 *nm,f* idiot, dimwit.

majar *vt* to crush.

majara
1 *adj fam* loony, nuts, crazy: **está majara perdido** he's off his rocker; **se ha vuelto majara** he's gone crackers.
2 *nm & nf* loony, nutter.

majareta *adj fam* → **majara.**

majestad
1 *nf (distinción)* majesty.
2 *nf (tratamiento)* Majesty: **Su Majestad el Rey** His Majesty the King.

majestuosidad *nf* majesty.

majestuoso,-a *adj* majestic.

majeza *nf (simpatía)* niceness, charm.

majo,-a
1 *adj (persona - simpático)* nice; *(- bonito)* nice, good-looking; *(cosa)* nice, lovely.
2 *adj (tratamiento)* love, *us* honey.
3 *nm,f member of the Madrid populace in the 18th and 19th centuries.*

majoleta *nf* hawthorn berry, haw.

majoleto *nm* hawthorn.

majorette *nf* majorette.

majuelo¹ *nm (majoleto)* hawthorn.

majuelo² *nm (viña)* young vine.

mal

1 *nm* evil: el bien y el mal good and evil; luchar contra el mal to fight against evil.

2 *nm (daño)* harm.

3 *nm (enfermedad)* sickness.

4 *adj (forma apocopada de malo)* bad: este ha sido mal año de fresas this has been a bad year for strawberries.

5 *adv (no adecuadamente)* badly: se portó mal con nosotros he treated us badly.

6 *adv (enfermo)* ill, sick: me encuentro mal I feel ill, I don't feel well.

7 *adv (incorrectamente)* wrong: lo has hecho mal you've done it wrong.

8 *adv (difícilmente)* hardly, scarcely: veo muy mal desde aquí I can hardly see from here.

9 *adv (desagradablemente)* bad: aquí huele mal it smells bad in here; como sigas así, acabarás mal if you keep on like that, you'll end up in trouble.

10 *adv (en frases negativas)* bad, badly: la película no está mal the film's not bad.

✦ **a grandes males, grandes remedios** desperate situations call for desperate measures.

de mal en peor from bad to worse.

estar a mal con alguien to be on bad terms with somebody.

mal que bien one way or another.

mal que les *(te, etc)* **pese** whether they *(you, etc)* like it or not.

menos mal que ... it's a good job that ..., thank God that ...

no hay mal que cien años dure nothing goes on forever.

no hay mal que por bien no venga every cloud has a silver lining.

■ **mal de altura** altitude sickness.

mal de ojo evil eye.

mal de la rosa pellagra.

mal de la tierra homesickness.

mal francés syphilis.

malabar *adj →* **juego.**

malabarismo *nm* juggling.

✦ **hacer malabarismos** to juggle.

malabarista *nm & nf* juggler.

malacostumbrado,-a *adj* spoilt.

malacostumbrar

1 *vt (malcriar)* to spoil.

2 *vt (viciar)* to get into bad habits.

málaga *nm* sweet Málaga wine.

malagueña *nf popular music and dance originally from Málaga.*

malagueño,-a

1 *adj* of Málaga, from Málaga.

2 *nm,f* person from Málaga, inhabitant of Málaga.

malagueta *nf (especia)* allspice.

malaje

1 *adj fam (malvado)* wicked, mean, nasty.

2 *adj fam (soso)* dull, boring.

3 *nm & nf fam (malvado)* villain, baddie, nasty person.

4 *nm & nf fam (soso)* bore, killjoy, wet blanket.

malandanza *nf arc* misfortune.

malandrín,-ina

1 *adj* roguish.

2 *nm,f* rogue.

malapata

1 *nf fam* bad luck.

2 *nm & nf fam* clumsy idiot.

malaquita *nf* malachite.

malar *adj* malar.

malaria *nf* malaria.

malasio,-a

1 *adj* Malaysian.

2 *nm,f* Malaysian.

malasombra

1 *adj* dreary, dull, boring.

2 *nm & nf fam* clod, clumsy idiot.

3 *nf (aburrimiento)* dreariness.

malaúva *nf →* **uva.**

malavenido,-a *adj →* **avenido,-a.**

malaventura *nf* misfortune.

malaventurado,-a

1 *adj* ill-fated, unfortunate.

2 *nm,f* unfortunate person.

Malawi *nm* Malawi.

malawiano,-a

1 *adj* Malawian.

2 *nm,f* Malawian.

Malaya *nf* Malaya.

malayo,-a

1 *adj* Malay.

2 *nm,f (persona)* Malay.

3 **malayo** *nm (idioma)* Malay.

Malaysia *nf* Malaysia.

malbaratar

1 *vt (derrochar)* to waste, squander.

2 *vt (malvender)* to undersell.

malcarado,-a

1 *adj (enfadado)* grim-faced, annoyed.

2 *adj (de poco fiar)* suspicious-looking.

malcasado,-a

1 *adj (no feliz)* unhappily married.

2 *adj (separado)* separated; *(divorciado)* divorced.

malcasarse *vpr* to make an unhappy marriage.

malcomer *vi* not to eat enough.

malcriado,-a

1 *adj (maleducado)* ill-mannered; *(mimado)* spoilt.

2 *nm,f* spoilt child.

malcriar *vt* to spoil.

▲ *Conjugation model* [13], *like* **desviar.**

maldad

1 *nf (cualidad)* evil, wickedness.

2 *nf (acto)* evil thing, wicked thing.

maldecir

1 *vt* to curse, damn.

2 *vi* to curse.

✦ **maldecir de** to speak ill of.

▲ *Conjugation model* [79], *like* **predecir.**

maldiciente

1 *adj (que difama)* slanderous, defamatory.

2 *adj (que blasfema)* foul-mouthed.

3 *nm & nf (difamador)* slanderer.

4 *nm & nf (blasfemo)* foul-mouthed person.

maldición

1 *nf* curse.

2 *interj* damnation!, damn it!

maldito,-a

1 *pp →* **maldecir.**

2 *adj (no bendito)* damned.

3 *adj fam (que causa molestia)* damned, wretched, bloody, damn: ese maldito niño acabará conmigo that wretched boy will be the death of me; malditas las ganas que tengo de verlo I'm not looking forward to seeing to him one bit.

✦ **¡maldita sea!** *fam* damn it!

Maldivas *nm* Maldives.

maldivo,-a

1 *adj* Maldivian.

2 *nm,f* Maldivian.

maleabilidad *nf* malleability.

maleable *adj* malleable.

maleante *nm & nf* delinquent, criminal.

malear

1 *vt (dañar)* to spoil, damage.

2 *vt (pervertir)* to corrupt, lead astray.

3 **malearse** *vpr (cosecha, producto)* to go bad.

4 *vpr (pervertirse)* to go astray: se ha maleado desde que va con esa gente those people have led her astray.

malecón

1 *nm (muro - en el mar)* sea wall; *(- en la vía férrea)* embankment.

2 *nm (dique, rompeolas)* mole, breakwater; *(embarcadero)* jetty.

maledicencia

1 *nf (en la vida política)* slander.

2 *nf (en la vida civil)* evil talk, gossip.

maleducado,-a

1 *adj* bad mannered, rude.

2 *nm,f* bad-mannered person, rude person: es una maleducada she's really rude.

maleducar *vt (niño)* to spoil.

maleficio *nm* curse, evil spell.

maléfico,-a *adj* evil, harmful.

malentendido *nm* misunderstanding.

malestar

1 *nm (incomodidad)* discomfort.

2 *nm fig (inquietud)* unease, unrest.

✦ **sentir un malestar general** to feel generally unwell.

maleta

1 *nf* suitcase, case.

2 *nm & nf fam* useless person.

✦ **hacer la maleta** *(empacar)* to pack; *(irse)* to pack up.

maletero
1 *nm* AUTO boot, US trunk.
2 *nm (mozo)* porter; *(en aeropuerto)* baggage handler.

maletilla *nm* novice bullfighter.

maletín
1 *nm (de ejecutivo)* briefcase.
2 *nm (maleta)* small case.

malevolencia *nf* malevolence.

malévolo,-a *adj* malevolent.

maleza
1 *nf (malas hierbas)* weeds *pl*.
2 *nf (arbustos)* undergrowth, scrub.

malformación *nf* malformation.

malgache
1 *adj* Madagascan, Malagsy.
2 *nm & nf* Madagascan.

malgastador,-ra *nm,f* spendthrift, squanderer.

malgastar *vt* to waste, squander.

malhablado,-a
1 *adj* foul-mouthed.
2 *nm,f* foul-mouthed person: **es un malhablado** he's always swearing.

malhadado,-a *adj lit* ill-fated.

malhecho,-a *adj (cuerpo, persona)* deformed.

malhechor,-ra
1 *adj* criminal.
2 *nm,f* wrongdoer, criminal.

malherir *vt* to wound badly: **fue malherido en la refriega** he was badly wounded in the scuffle.
▲ *Conjugation model* [35], *like hervir.*

malhumor *nm* bad temper.
✦ **estar de malhumor** to be in a bad mood.
tener malhumor to be bad-tempered.

malhumoradamente *adv* grumpily.

malhumorado,-a *adj* bad-tempered.
✦ **estar malhumorado,-a** to be in a bad mood.

Malí *nm* Mali.

malicia
1 *nf (mala intención)* malice.
2 *nf (maldad)* evil, maliciousness.
3 *nf (astucia)* slyness, craftiness, cunning: **para triunfar hay que tener un poco de malicia** to get ahead you have to be a bit crafty.
4 *nf (sospecha)* suspicion.
✦ **decir algo con malicia** to say something maliciously.
hacer algo con malicia to do something with malice.

maliciar
1 *vt* to suspect.
2 **maliciarse** *vpr* to suspect.

maliciosamente *adv* maliciously, spitefully.

malicioso,-a
1 *adj (malintencionado)* malicious, spiteful.
2 *adj (malpensado)* suspicious-minded.

3 *nm,f (malicioso)* malicious person.
4 *nm,f (malpensado)* person with a suspicious mind.

maliense
1 *adj* Malian.
2 *nm & nf* Malian.

malignidad
1 *nf (de un tumor)* malignancy.
2 *nf (de una persona)* malignity, evil nature.

maligno,-a
1 *adj (tumor)* malignant.
2 *adj (persona, intención)* evil, malicious.
3 **el Maligno** *nm* the Evil One.

malillo,-a
1 *adj (diminutivo de malo)* → **malo,-a.**
2 *adj fam (mediocre)* poor, second-rate.

malintencionado,-a
1 *adj* malicious, spiteful.
2 *nm,f* malicious person.

malinterpretar *vt* to misinterpret.

malísimo,-a *adj* really bad, terrible, awful.

malito,-a
1 *adj (diminutivo de malo)* → **malo,-a.**
2 *adj (enfermo)* poorly: **como comas tantos caramelos, te vas a poner malito** if you eat so many sweets, you'll make yourself ill.

malla
1 *nf (red)* mesh.
2 *nf (prenda)* leotard.
3 **mallas** *nf pl (medias sin pie)* leggings.
■ **cota de mallas** coat of mail.

Mallorca *nf* Majorca.

mallorquín,-ina
1 *adj* Majorcan.
2 *nm,f (persona)* Majorcan.
3 **mallorquín** *nm (dialecto)* Majorcan.

malmirado,-a *adj* inconsiderate.
✦ **estar malmirado,-a** *(comportamiento)* to be frowned upon; *(persona)* to be disliked.

malnacido,-a
1 *adj* despicable.
2 *nm,f* despicable person: **hacer eso es de malnacidos** that is despicable.

malnutrición *nf* malnutrition.

malnutrido,-a *adj* malnourished.

malo,-a
1 *adj* bad: **¡qué día tan malo hace!** what dreadful weather!; **este vino es muy malo** this wine is very bad; **es mala señal que no hayan llamado todavía** it's a bad sign that they haven't phoned yet.
2 *adj (malvado)* wicked, evil: **es muy mala persona** he's a nasty piece of work.
3 *adj (travieso)* naughty: **¡qué niño más malo!** what a naughty child!
4 *adj (nocivo)* harmful: **el tabaco es malo para la salud** smoking is bad for you.
5 *adj (enfermo)* ill, sick: **no ha venido a trabajar porque está malo con gripe** he's off sick with flu.

6 *adj (estropeado)* off: **este pescado ya está malo** this fish has gone off already.
7 *adj (falso)* false: **este rubí es malo** this ruby is false.
8 *adj (difícil)* difficult: **el tobillo es malo de curar** ankles take a long time to heal.
9 *nm,f (en la ficción)* baddy, villain: **¿quién es el malo?** who's the baddy?
✦ **de mala manera** badly, rudely.
estar a malas con alguien to be on bad terms with somebody.
estar de malas *(malhumorado)* to be in a bad mood; *(desafortunado)* to be unlucky.
estar malo,-a *fam* to be ill, US be sick.
lo malo es que ... the trouble is that ...
¡malo! bad news!: **cuando no mira a los ojos ¡malo!** if he doesn't look you in the eye it's bad news.
poner malo,-a a alguien *fam* to drive somebody mad.
ponerse malo,-a *fam* to get ill, US get sick.
por las buenas o por las malas whether one likes it or not.
por las malas by force.
ser el malo de la película to be the baddy.
■ **mala educación** bad manners *pl*.
mala hierba weed.
mala jugada dirty trick.
mala pasada dirty trick.
mala pata bad luck.
malos tratos ill-treatment.
mala voluntad ill will.

malogrado,-a
1 *adj (desaprovechado)* wasted.
2 *adj (frustrado)* abortive, failed.
3 *adj (difunto)* ill-fated.

malograr
1 *vt (desaprovechar)* to waste.
2 *vt (estropear)* to spoil, ruin.
3 **malograrse** *vpr (plan, proyecto)* to fail, fall through; *(cosecha)* to fail, be ruined.
4 *vpr (persona)* to die before one's time.

maloliente *adj* foul-smelling, stinking.

malparado,-a
✦ **dejar malparado,-a a alguien** *(en una situación)* to make somebody look bad; *(en una pelea)* to leave somebody in a bad way.
salir malparado,-a to come off badly.

malpensado,-a
1 *adj* nasty-minded.
2 *nm,f* nasty-minded person: **es una malpensada** she thinks the worst of people.

malquerencia *nf* aversion, ill will.

malsano,-a *adj (ambiente, vida)* unhealthy; *(curiosidad)* morbid, unhealthy; *(mente)* sick.

malsonante *adj (grosero)* offensive, rude.
■ **palabras malsonantes** swearwords.

malta *nf* malt.

Malta *nf* Malta.

maltear *vt* to malt.

maltés
1 *adj* Maltese.
2 *nm,f (persona)* Maltese.
3 **maltés** *nm (idioma)* Maltese.

maltraer *vt* to ill-treat.
+ **llevar a alguien a maltraer** *fam* to give somebody a hard time.

maltratar *vt (tratar mal)* to ill-treat, mistreat; *(pegar)* to batter.

maltrato *nm* mistreatment, ill-treatment.

maltrecho,-a
1 *adj (persona)* battered, wrecked.
2 *adj (cosa)* damaged, destroyed.

maltusianismo *nm* Malthusianism.

maltusiano,-a
1 *adj* Malthusian.
2 *nm,f* Malthusian.

malucho,-a
1 *adj fam (de baja calidad)* poor, bad.
2 *adj fam (enfermo)* under the weather, poorly.

malva
1 *adj (color)* mauve.
2 *nf BOT* mallow.
+ **estar criando malvas** *fam* to be pushing up the daisies.
estar como una malva to be as meek as a lamb.
■ **malva loca** hollyhock, rose mallow.

malvadamente *adv* wickedly, evilly.

malvado,-a
1 *adj* wicked, evil.
2 *nm,f* villain, evil person.

malvarrosa *nf* hollyhock.

malvasía *nf (uva)* malvasia; *(vino)* malmsey, malvasia.

malvavisco *nm* marshmallow.

malvender *vt* to sell at a loss.

malversación *nf* misappropriation, embezzlement.
■ **malversación de fondos** embezzlement.

malversador,-ra
1 *adj* embezzling.
2 *nm,f* embezzler.

malversar *vt* to embezzle, misappropriate.

Malvinas Islas Malvinas *nf pl* Falkland Islands, Falklands.

malvinense
1 *adj* of the Falklands, from the Falklands.
2 *nm & nf* Falklander, Falkland islander.

malvinero,-a *adj-nm,f →* **malvinense.**

malvivir *vi* to live very badly, eke out a living, get by: **no tenemos más que para malvivir** we've only just got enough to get by on.
+ **de malvivir** *(persona)* shady, unsavoury.

mama
1 *nf (pecho)* breast; *(de animal)* mammary gland.
2 *nf fam (madre)* mum.

mamá *nf fam* mum, mummy, *US* mom.

mamada
1 *nf (acción)* sucking; *(toma de bebé)* feed.
2 *nf fam tabú (felación)* blow job.

mamado,-a *adj tabú (borracho)* pissed, plastered.

mamar
1 *vt (succionar)* to suck.
2 *vt fig (aprender de pequeño)* to grow up with.
3 *vi (bebé)* to feed; *(animal)* to suckle.
4 **mamarse** *vpr tabú (emborracharse)* to get pissed, get plastered.
+ **dar de mamar** to breast-feed.

mamario,-a *adj* mammary.

mamarrachada *nf fam (acción)* ridiculous thing to do; *(ropa)* ridiculous thing to wear.

mamarracho
1 *nm fam (ridículo - persona)* sight; *(- vestido, cuadro)* monstrosity.
2 *nm fam (tonto)* moron, idiot.

mambo *nm* mambo.

mameluco
1 *nm HIST* Mameluke.
2 *nm fam* idiot, moron.

mamey
1 *nm (árbol)* mamey, mammee.
2 *nm (fruto)* mamey, mammee (apple).

mamífero,-a
1 *adj* mammalian.
2 **mamífero** *nm* mammal.

mamografía *nf (técnica)* mammography; *(radiografía)* mammogram, mammograph.

mamola hacerle la mamola a alguien *loc fam (para hacer reír)* to chuck somebody under the chin; *(para engatusar)* to make a fool out of somebody.

mamón,-ona *adj tabú (hombre)* pillock, prick; *(mujer)* bitch.

mamotreto
1 *nm (libro)* great big thick book, weighty tome.
2 *nm (armatoste)* monstrosity, massive thing.

mampara *nf* screen.
■ **mampara de baño** shower screen.

mamparo *nm* bulkhead.

mamporro
1 *nm fam (golpe que se da)* punch, thump, thwack.
2 *nm fam (golpe que se recibe involuntariamente)* bump, bang.

mampostería *nf* masonry, stone work.
■ **mampostería en seco** dry-stone work.
muro de mampostería stone wall.

mampostero *nm* stonemason.

mamut *nm* mammoth.

maná *nm* manna.

manada
1 *nf (vacas, elefantes)* herd; *(ovejas)* flock; *(lobos, perros)* pack.
2 *nf fam (personas)* horde.
+ **a manadas/en manada** en masse.

manager *nm & nf (hombre)* manager; *(mujer)* manageress.

mánager *nm* manager.

managüense
1 *adj* of Managua, from Managua.
2 *nm & nf* person from Managua, inhabitant of Managua.

manantial *nm* spring.
■ **agua de manantial** spring water.

manar
1 *vi (salir)* to flow (**de**, from), pour (**de**, from), well (**de**, from): **el agua manaba de la roca** water welled from the rock.
2 *vi fig (abundar)* to abound in, be rich in.
3 *vt* to drip with: **la herida mana sangre** blood is flowing from the wound, the wound is bleeding.

manatí *nm* manatee.

manazanar *nm* apple orchard.

manazas
1 *adj* clumsy.
2 *nm & nf fam* clumsy person.
▲ *pl* manazas.

manceba *nf* concubine.
▲ *See also* mancebo,-a.

mancebía *nf arc* brothel.

mancebo,-a
1 *nm,f arc (joven - hombre)* young man; *(- mujer)* young woman.
2 *nm,f (dependiente)* assistant.

mancha
1 *nf* stain, spot.
2 *nf fig* blemish.
+ **sin mancha** flawless, spotless.
■ **mancha solar** sunspot.

manchado,-a
1 *pp →* **manchar.**
2 *adj* stained.
3 *adj (café)* with a spot of milk.
4 *adj (animal)* spotted.

manchar
1 *vt* to stain, dirty.
2 *vt fig* to tarnish.
3 *vi* to stain.
4 **mancharse** *vpr* to get dirty: **me he manchado la camisa de aceite** I've got oil on my shirt.

manchego,-a
1 *adj* of La Mancha, from La Mancha.
2 *nm,f* native of La Mancha.
3 **manchego** *nm* cheese from La Mancha.

manchú
1 *adj* Manchu.
2 *nm & nf (persona)* Manchu.
3 **manchú** *nm (idioma)* Manchu.

Manchuria *nf* Manchuria.

mancilla *nf arc* blemish, stain.

mancillar *vt arc* to sully: **mancilló el honor de la familia** he sullied the family's reputation.

manco,-a
1 *adj (sin un brazo)* one-armed; *(sin brazos)* armless; *(sin una mano)* one-handed; *(sin manos)* without hands: **quedó manco del brazo derecho** he lost his right arm.
2 *nm,f (sin brazo)* one-armed person; *(sin brazos)* armless person; *(sin mano)* one-handed person; *(sin manos)* person with no hands.
✦ no ser manco,-a/no quedarse manco,-a *fam (bueno)* to be pretty useful; *(lanzado)* not to be backward.

mancomunar
1 *vt* to bring together, join.
2 mancomunarse *vpr* to join forces, unite.

mancomunidad
1 *nf (asociación)* community, association.
2 *nf (de municipios)* association.

mandado,-a
1 *pp →* **mandar.**
2 *nm,f* dogsbody, minion: **a mí me da igual, yo solo soy un mandado** I don't mind, I'm just doing my job.
3 mandado *nm (recado)* errand.
✦ hacer un mandado *fam* to run an errand.

mandamás *nm & nf fam* bigwig, boss.
▲ *pl* **mandamases.**

mandamiento
1 *nm* REL commandment.
2 *nm* JUR warrant, order.
■ los Diez Mandamientos the Ten Commandments.
mandamiento judicial court order.

mandanga
1 *nf fam (calma)* sluggishness, slowness.
2 mandangas *nf pl fam* nonsense *sing*.
✦ ¡no me vengas con mandangas! don't give me that!

mandar
1 *vt (ordenar)* to order, tell: **nos mandó que fuéramos puntuales** he told us to be on time.
2 *vt (enviar)* to send: **mi madre me mandó por pan** my mother sent me out to get some bread; **lo mandé por correo** I sent it by post; **hoy mismo he mandado la carta** I posted the letter today.
3 *vi (dirigir - un grupo)* to be in charge; *(- un país)* to be in power: **¿quién manda aquí?** who's in charge here?
✦ ¡a mandar! you're in charge!
lo que usted mande as you wish, as you say.
mandar a alguien a paseo/hacer gárgaras/freír espárragos *fam* to tell somebody to get lost, tell somebody to take a running jump.
¿mande? *fam* pardon?

mandarín
1 *nm (persona)* mandarin.
2 *nm (idioma)* Mandarin, Mandarin Chinese.

mandarina *nf* mandarin, tangerine.
mandarino *nm* mandarin, mandarin orange tree.

mandatario,-a
1 *nm,f* JUR agent.
2 *nm,f* POL leader: **el primer mandatario** the leader, the head of state.

mandato
1 *nm (orden)* order, command.
2 *nm* JUR mandate.
3 *nm* POL term of office.
■ mandato judicial court order.

mandíbula *nf* jaw.

mandil *nm* apron.

mandioca *nf* manioc, cassava.

mando
1 *nm (autoridad)* command: **le han relevado en el mando** he's been dismissed.
2 *nm (período)* term of office.
3 *nm (persona)* person in charge; *(oficial)* officer.
4 *nm (botón)* control.
✦ ejercer el mando to be in charge.
estar al mando de to be in charge of.
■ alto mando high-ranking officer.
mando a distancia *(sistema)* remote control; *(aparato)* remote control unit.
mandos intermedios middle management.
mandos militares military officers.
mandos policiales police officers.

mandoble
1 *nm fam (con la mano)* blow.
2 *nm (con espada)* blow with a sword, swordstroke.
3 *nm fam (espada)* large sword.

mandolina *nf* mandolin.

mandón,-ona
1 *adj fam* bossy.
2 *nm,f fam* bossy boots.

mandrágora *nf* mandrake.

mandril
1 *nm* ZOOL mandril.
2 *nm* TÉC mandrel.

manduca *nf fam* grub, nosh, food.

manducar *vt fam* to eat, stuff oneself.

manear *vt* to hobble.

manecilla *nf (de reloj)* hand.

manejable *adj* manageable, easy-to-handle.

manejar
1 *vt (manipular)* to handle, operate, use: **maneja muy bien el bisturí** he's an expert with the scalpel.
2 *vt (dirigir)* to run, manage.
3 *vt (manipular)* to manipulate.
4 *vt* AM to drive.
5 *vi* AM to drive.
6 manejarse *vpr* to manage, get by: **se las maneja muy bien sola** she manages very well by herself.

manejo
1 *nm (uso)* handling, use: **ya le ha cogido el manejo al ordenador** she's got the hang of the computer now.

2 *nm (funcionamiento)* running.
3 *nm (de un negocio)* management.
4 *nm (ardid)* trick, scheme.
5 *nm* AM *(de coche)* driving.

manera
1 *nf (gen)* way, manner.
2 maneras *nf pl (educación)* manners.
✦ a manera de by way of.
a la manera de in the style of.
a mi *(tu etc)* **manera** my *(your etc)* way.
de cualquier manera *(en cualquier caso)* in any case; *(sin cuidado, consideración, interés)* carelessly.
de manera que so that.
de ninguna manera certainly not.
de todas maneras in any case, anyhow.
de mala manera *fam (groseramente)* rudely; *(con violencia)* roughly.
¡de una manera! in such a way!
de una manera o de otra whatever way.
en cierta manera in a way.
en gran manera enormously.
no hay manera it's impossible.
¡qué manera de … ! what a way to … !
■ manera de ser character.

manga
1 *nf* sleeve: **de manga corta/larga** short/long-sleeved; **en mangas de camisa** in shirt sleeves; **sin mangas** sleeveless.
2 *nf (manguera)* hose (pipe).
3 *nf (de pescar)* casting net.
4 *nf* CULIN *(de pastelero)* icing bag; *(de filtrar)* muslin strainer.
5 *nf* DEP round.
✦ estar algo manga por hombro *fam* to be in a mess, be topsy-turvy.
hacerle un corte de mangas a alguien *tabú* to put two fingers up at somebody, US give somebody the finger.
sacarse algo de la manga to pull something out of one's hat.
ser de manga ancha to be very lenient.
tener algo en la manga to keep something up one's sleeve.
tener manga ancha to be very lenient.
■ manga abombada/manga abullonada puffed sleeve.
manga camisera shirt sleeve.
manga corta short sleeve.
manga de riego hosepipe.
manga japonesa seamless sleeve.
manga larga long sleeve.
manga raglán raglan sleeve.
manga tres cuartos three-quarter sleeve.
media manga elbow-length sleeve.

manganeso *nm* manganese.

mangante
1 *nm & nf fam pey (ladrón)* thief.
2 *nm & nf fam pey (estafador)* crook, con man.

mangar *vt fam* to pinch, nick, swipe.
▲ *Conjugation model* [7], *like* **llegar.**

manglar *nm* mangrove swamp.

mango¹ *nm* handle.

mango² *nm* BOT mango.

mangoneador,-ra
1 *nm,f fam (entrometido)* busybody.
2 *nm,f (mandón)* bossy boots.
mangonear
1 *vt fam (dominar)* to boss around, boss about.
2 *vi fam (entrometerse)* to be a busybody; *(dominar)* to be bossy.
mangoneo *nm fam (entrometimiento)* meddling.
mangosta *nf* mongoose.
manguera
1 *nf (de riego)* hose, hosepipe.
2 *nf (de bombero)* hose, fire hose.
mangui
1 *nm & nf arg (ladrón)* thief.
2 *nm & nf arg (sinvergüenza)* crook.
manguito
1 *nm (de manos)* muff.
2 *nm (de manga)* oversleeve.
3 *nm TÉC* sleeve.
mani *nf arg* demo.
maní *nm* peanut.
▲ *pl manises.*
manía
1 *nf MED* manía.
2 *nf (ojeriza)* dislike, grudge: **le tiene manía** he's got it in for her; **tengo manía a ese cantante** I can't stand that singer.
3 *nf (costumbre)* habit; *(rareza)* quirk, peculiar habit; *(obsesión)* obsession, mania: **tiene la manía de morderse las uñas** she has a habit of biting her nails.
4 *nf (pasión)* craze, fad, mania: **ahora le ha dado la manía por las antigüedades** she's really into antiques at the moment.
✦ **cogerle/tomarle manía a alguien** *fam* to take a dislike to somebody.
▪ **mania persecutoria** persecution mania.
maniaco,-a *nm,f* → **maníaco,-a.**
maníaco,-a
1 *adj MED* manic.
2 *nm,f fam* maniac.
▪ **maníaco,-a depresivo,-a** manic depressive.
maníaco,-a sexual sex maniac.
maniatar *vt* to tie up: **lo maniataron** they tied his hands.
maniático,-a
1 *adj (raro)* cranky; *(quisquilloso)* fussy, finicky; *(fanático)* obsessive.
2 *nm,f (quisquilloso)* fusspot: **es un maniático del orden** he's a stickler for tidiness.
3 *nm,f (loco)* crackpot, crank.
manicomio *nm* mental hospital.
manicura *nf* manicure.
✦ **hacerse la manicura** to have a manicure.
▲ *See also* **manicuro,-a.**
manicuro,-a *nm,f* manicurist.
manido,-a
1 *adj (frase)* hackneyed; *(tema)* stale.
2 *adj (objeto)* well-worn.

manierismo *nm* mannerism.
manierista
1 *adj* manneristic.
2 *nm & nf* mannerist.
manifestación
1 *nf (de protesta etc)* demonstration.
2 *nf (expresión - gen)* sign; *(- artística)* example.
3 **manifestaciones** *nf pl (declaración)* statement *sing*, declaration *sing*, comments *pl.*
manifestante *nm & nf* demonstrator.
manifestar
1 *vt (declarar)* to state; *(expresar)* to express: **el ministro manifestó que no asistiría a la cumbre** the minister stated that he would not attend the summit; **manifestaron su desacuerdo con la decisión** they expressed their disagreement with the decision; **queremos manifestar nuestro apoyo a los huelguistas** we want to express our support for the strikers.
2 *vt (mostrar)* to show: **cuando abre la boca manifiesta su ignorancia** as soon as he opens his mouth he shows his ignorance.
3 **manifestarse** *vpr (hacerse evidente)* to become apparent.
4 *vpr* to demonstrate: **se manifestaron a favor del desarme nuclear** they demonstrated in favour of nuclear disarmament.
5 *vpr* to declare oneself, express: **se manifiesta contrario a la monarquía** he is against the monarchy.
▲ *Conjugation model* [27], *like* **acertar.**
manifiesto,-a
1 *adj* obvious, evident.
2 **manifiesto** *nm* manifesto.
✦ **poner de manifiesto** to make evident. **ser un hecho manifiesto** to be blatantly obvious.
manija *nf* handle.
manilla
1 *nf (grillete)* handcuff.
2 *nf (de reloj)* hand.
3 *nf* → **manija.**
manillar *nm* handlebars *pl.*
maniobra
1 *nf (con un coche)* manoeuvre *(US* maneuver): **tuve que hacer muchas maniobras para meter el coche en el hueco** it took me a lot of manoeuvring to get the car into the space.
2 *nf (táctica)* manoeuvre *(US* maneuver), ploy.
3 **maniobras** *nf pl MIL* manoeuvres *(US* maneuvers).
✦ **estar de maniobras** to be on manoeuvres *(US* maneuvers).
maniobrabilidad *nf* manoeuvrability *(US* maneuverability).
maniobrable *adj* manoeuvrable *(US* maneuverable).

maniobrar *vi* to manoeuvre *(US* maneuver).
manipulación
1 *nf (ilícita)* manipulation.
2 *nf (de alimentos)* handling.
3 *nf (de una máquina)* use, operation.
4 *nf TÉC* manipulation.
▪ **manipulación de alimentos** food handling.
manipulador,-ra
1 *adj* manipulative.
2 *nm,f* manipulator.
manipular
1 *vt (persona)* to manipulate.
2 *vt (mercancías, alimentos)* to handle.
3 *vt (aparato, máquina)* to use, operate.
4 *vt fig* to interfere with.
maniqueísmo *nm (doctrina)* Manichaeism.
maniqueo,-a
1 *adj HIST* Manichaean.
2 *nm,f HIST* Manichaean.
maniquí
1 *nm (muñeco)* dummy, mannequin.
2 *nm & nf (modelo)* model.
▲ *pl maniquíes.*
manirroto,-a
1 *adj fam* spendthrift, extravagant.
2 *nm,f fam* spendthrift.
manitas
1 *adj fam* handy.
2 *nm & nf (hombre)* handyman; *(mujer)* handy woman: **mi hermana es una manitas** my sister's very handy.
✦ **hacer manitas** to hold hands. **ser un/una manitas** to be very good with one's hands.
▲ *pl manitas.*
manivela *nf* crank, handle.
manjar *nm* delicious dish, delicacy.
▪ **manjar de dioses** delicacy.
mano
1 *nf ANAT* hand.
2 *nf ZOOL (de caballo)* forefoot; *(de gato, perro, etc)* paw.
3 *nf (lado)* side: **el lavabo está a mano derecha** the toilet is on the right.
4 *nf (de reloj)* hand.
5 *nf (de pintura)* coat.
6 *nf (de jabón)* soaping.
7 *nf (habilidad)* skill: **tienes muy buena mano con los niños** you're very good with children.
8 *nf (influencia)* influence.
9 *nf (ayuda)* hand.
10 *nf (de mortero)* pestle.
11 *nf (de naipes - jugada, conjunto de cartas)* hand; *(- jugador)* leader: **en esta jugada soy mano yo** it's my lead this time.
12 *nf DEP (en fútbol)* handball.
13 **manos** *nf pl (poder)* hands *sing*, power *sing.*
✦ **abrir la mano** to become more flexible, become more lenient.
alzar/levantar la mano a alguien to raise one's hand to somebody.

a mano *(escrito)* handwritten, by hand; *(hecho)* handmade, by hand; *(lavado)* by hand; *(cerca)* to hand, handy, near.

a mano armada armed.

a manos llenas generously.

bajo mano underhandedly.

cogidos,-as de la mano hand-in-hand.

con el corazón en la mano sincerely, with one's heart on one's sleeve.

con las manos en la masa red-handed.

con las manos vacías empty-handed.

con una mano detrás y otra delante *fam* without a penny to one's name.

dar la mano a/tender la mano a *(saludar)* to shake hands with; *(ayudar)* to offer one's hand to.

darse la mano *(dos personas)* to shake hands; *(dos cosas)* to be very similar.

dejar de la mano to abandon.

de primera mano *(objeto)* brand-new; *(noticia)* first-hand.

echar mano de algo to resort to something, draw on something.

echar una mano to give a hand, lend a hand.

en buenas manos in good hands.

estar en las manos de alguien to be in somebody's hands.

hecho,-a a mano handmade.

írsele la mano a alguien *(no contenerse)* to lose control; *(exagerar)* to go over the top: **se le fue la mano al echarle sal al pescado** he put too much salt on the fish.

¡las manos quietas! *fam* hands off!

lavarse las manos *fig* to wash one's hands.

llegar a las manos to come to blows.

llevarse las manos a la cabeza to be horrified.

¡manos arriba! hands up!

mano sobre mano idle, twiddling one's thumbs.

meter la mano en algo to get involved in something, intervene in something.

meter mano *fam (toquetear)* to grope, touch up; *(intervenir)* to do something, take action.

pedir la mano de alguien to ask for somebody's hand.

ponerle la mano encima a alguien to lay a hand on somebody.

poner la mano en el fuego por alguien to risk one's neck for somebody.

poner manos a la obra to get down to work, get cracking.

quedar algo muy a mano to be very near.

ser la mano derecha de alguien to be somebody's right hand.

ser mano de santo to work wonders.

tener algo a mano to have something handy.

tener buena mano para algo to have a knack for something, be a dab hand at something.

tener buenas manos to be good with one's hands.

tener la mano (muy) larga *(para pegar)* to be quick to lift a hand; *(para robar)* to be light-fingered, have sticky fingers.

tener las manos limpias to be clean.

tener mano de hierro to rule with an iron fist.

tener mano izquierda to have a lot of tact.

traerse algo entre manos to be planning something, be up to something.

■ **mano a mano** *(concurso)* contest; *(conversación)* tête-a-tête.

mano de cerdo pig's trotter.

mano de obra labour.

mano dura a firm hand: **hay que tratarlos con mano dura** you have to be firm with them; **pidió mano dura con los gamberros** he called for a firm hand to be taken with hooligans.

manojo *nm* bunch.

✦ **ser un manojo de nervios** to be a bundle of nerves.

manoletina

1 *nf (en toros)* type of pass.

2 *nf (calzado)* open, low-heeled shoe, similar to those used by bullfighters.

manómetro *nm* pressure gauge.

manopla

1 *nf (guante)* mitten.

2 *nf (de armadura)* gauntlet.

manoseado,-a

1 *adj (objeto)* worn; *(libro)* well-thumbed; *(fruta,etc)* handled.

2 *adj (idea,tema)* well-worn, hackneyed.

manosear *vt (objeto)* to handle; *(persona)* to feel up, grope.

manoseo *nm (de una cosa)* handling; *(de una persona)* touching, groping.

manota *nf fam* mitt.

manotada *nf* → **manotazo.**

manotazo *nm* slap, smack, swipe.

✦ **quitar algo a alguien de un manotazo** to swipe something away from somebody.

manotear *vi (gesticular)* to wave one's hands about.

manoteo *nm (gesticulación)* waving.

mansalva a mansalva *loc (en gran cantidad)* loads, stacks, tons: **repartieron premios a mansalva** they handed out prizes left, right and centre.

nm (disparar) at point-blank range, at close range.

mansarda *nf* attic.

mansedumbre

1 *nf (de una persona)* meekness, docility.

2 *nf (de un animal)* tameness.

mansión *nf* mansion.

manso,-a

1 *adj (animal)* tame.

2 *adj (persona)* docile, meek.

mansurrón,-ona *adj fam* very gentle, very tame.

manta

1 *nf (gen)* blanket.

2 *nm & nf fam (perezoso)* lazybones.

✦ **a manta** *fam* by the dozen: **en esta zona hay conejos a manta** there are loads of rabbits in this area.

liarse la manta a la cabeza to take the plunge, throw caution to the wind.

tirar de la manta to let the cat out of the bag.

■ **manta de palos** *fam* thrashing.

manta de viaje travelling rug.

manta eléctrica electric blanket.

mantear *vt* to toss in a blanket.

manteca *nf (de animal)* fat; *(elaborado)* lard; *(de leche)* cream.

■ **manteca de cacahuete** peanut butter.

manteca de cacao cocoa butter.

manteca de cerdo lard.

manteca de vaca butter.

mantecada *nf* small sponge cake.

mantecado

1 *nm (dulce)* very crumbly shortbread (eaten particularly at Christmas).

2 *nm (helado)* dairy ice cream.

mantecoso,-a *adj* greasy.

mantel *nm (de mesa)* tablecloth; *(del altar)* altar cloth.

mantelería *nf* table linen.

mantención *nf* maintenance.

mantener

1 *vt (conservar)* to keep: **la policía mantiene el orden público** the police keep law and order; **la nevera mantiene los alimentos en buenas condiciones** the fridge keeps food fresh; **"Mantenga Zamora limpia"** "Keep Zamora tidy".

2 *vt (tener)* to keep: **"Mantener en posición vertical"** "Keep vertical"; **"Mantener fuera del alcance de los niños"** "Keep out of the reach of children".

3 *vt (sostener)* to support, hold up, hold: **estos pilares mantienen el techo** these pillars support the roof; **no sé como se mantiene en pie con lo que ha bebido** I don't know how he can stand up after having drunk so much.

4 *vt (sustentar)* to support, maintain: **ella sola mantiene a toda la familia** she supports the whole family by herself.

5 *vt (afirmación etc)* to maintain: **pues yo mantengo que no es verdad** well, I maintain that it is not true.

6 *vt (conversación, relaciones)* to have; *(reunión)* to hold, have; *(correspondencia)* to keep up; *(promesa, palabra)* to keep: **afirma que no mantuvieron relaciones sexuales** he states that they did not have sexual intercourse; **mantuvieron una larga correspondencia** they kept up a lengthy correspondence; **mantuvimos una reunión en su despacho** we held a meeting in her office.

7 **mantenerse** *vpr (sostenerse)* to remain, stand.

8 *vpr (continuar en un estado, una posición)* to keep: **se mantuvo a distancia** she kept her distance; **se mantiene firme en sus creencias** he remains firm in his beliefs.

9 *vpr (sostenerse)* to manage, maintain oneself, support oneself.

10 *vpr (alimentarse)* to eat, live: **se mantiene a base de fruta** she lives on fruit, she eats only fruit; **no nos mantenemos del aire** we can't live on air.

✦ **mantener algo en secreto** to keep something secret.

mantenerse aparte to stay out of it, not get involved.

mantenerse en contacto con to stay in contact with.

mantenerse en forma to keep in shape, keep in trim, keep fit.

mantenerse en pie to stand, remain standing.

mantenerse en sus trece to stick to one's guns.

mantenerse vivo,-a to stay alive.

▲ *Conjugation model* [87], *like* **tener**.

mantenida *nf pey* kept woman.

mantenido,-a
1 *pp* → **mantener**.
2 *adj* continuous.

mantenimiento
1 *nm (gen)* maintenance.
2 *nm (alimento)* sustenance.
■ **clase de mantenimiento** keep-fit class.
servicio de mantenimiento maintenance service.
técnico de mantenimiento maintenance engineer.

manteo *nm* tossing in a blanket.

mantequera *nf (para servir mantequilla)* butter dish; *(para hacerla)* churn.

mantequería
1 *nf (tienda)* delicatessen.
2 *nf (fábrica)* dairy.

mantequilla *nf* butter.
✦ **de mantequilla** *fam* weak.

mantilla
1 *nf (de mujer)* mantilla.
2 *nf (de niño)* shawl.
✦ **estar en mantillas** to be in its early stages, be in its infancy.

mantillo
1 *nm (abono del suelo)* humus.
2 *nm (abono del estiércol)* manure.

mantis *nf* mantis.
■ **mantis religiosa** praying mantis.

manto
1 *nm (capa)* cloak.
2 *nm (de la Tierra)* layer, stratum.
3 *nm fig* veil, cloak.

mantón *nm* large shawl.
■ **mantón de Manila** embroidered silk shawl.

manual
1 *adj* manual.
2 *nm* manual, handbook.

manualidad
1 *nf* handicraft.
2 **manualidades** *nf pl* arts and crafts.

manualmente *adv* manually.

manubrio *nm* crank, crankhandle.

manufactura
1 *nf (acción)* manufacture.
2 *nf (producto)* product, manufactured article.
3 *nf (fábrica)* factory.

manufacturar *vt* to manufacture.

manufacturero,-a *adj* manufacturing.

manumisión *nf* manumission, freedom.

manumiso,-a *adj* free from slavery.
■ **esclavo manumiso** freed slave.

manumitir *vt* to manumit, set free.

manuscrito,-a
1 *adj* handwritten, manuscript.
2 **manuscrito** *nm* manuscript.

manutención
1 *nf (gen)* maintenance.
2 *nf (alimenticia)* food, board.

manzana
1 *nf* BOT apple.
2 *nf (de casas)* block.
✦ **ser la manzana de la discordia** to be a bone of contention.

manzanal
1 *nm (árbol)* apple tree.
2 *nm (manzanar)* apple orchard.

manzanilla
1 *nf (planta)* camomile.
2 *nf (infusión)* camomile tea.

manzanillo *nm* manzanilla.

manzano *nm* apple tree.

maña
1 *nf (habilidad)* skill, knack.
2 *nf (astucia)* trick.
✦ **más vale maña que fuerza** brain is better than brawn.
tener maña para algo to be skilful (*us* skillful) at something, be good at something.

mañana
1 *nf* morning: **hace una mañana preciosa** it's a beautiful morning; **me levanté a las seis de la mañana** I got up at six in the morning.
2 *nm* tomorrow, future: **tienes que pensar en el mañana** you have to think of the future.
3 *adv* tomorrow: **mañana no tengo que ir a trabajar** I don't have to go to work tomorrow.
✦ **de mañana** in the morning.
¡hasta mañana! see you tomorrow!
mañana por la mañana tomorrow morning.
mañana será otro día tomorrow is another day.
pasado mañana the day after tomorrow.
por la mañana in the morning.

mañanero,-a
1 *adj (de la mañana)* morning.
2 *adj (madrugador)* early-rising: **es muy mañanero** he's an early riser.

mañanita *nf* bed shawl.

maño,-a
1 *adj fam* Aragonese.
2 *nm,f fam* Aragonese person.

mañoso,-a
1 *adj (habilidoso)* handy, skilful, *us* skillful.
2 *adj (astuto)* crafty.

maoísmo *nm* Maoism.

maoísta
1 *adj* Maoist.
2 *nm & nf* Maoist.

maorí
1 *adj* Maori.
2 *nm,f (persona)* Maori.
3 *nm (idioma)* Maori.

mapa *nm* map.
✦ **borrar algo del mapa** *fam* to wipe something off, get rid of something.
hecho,-a un mapa *fam* disfigured.
■ **mapa de carreteras** road map.
mapa del tiempo weather map.
mapa mudo blank map.

mapache *nm* racoon.

mapamundi *nm* map of the world.

maqueta
1 *nf (de edificio, monumento, etc)* scale model.
2 *nf (de libro)* dummy.
3 *nf (de disco)* demo.

maquetar *vt* to do the page layout of.

maquetista
1 *nm & nf (de maquetas)* model maker, modeller (*us* modeler).
2 *nm & nf (de libros)* page designer.

maqueto,-a *nm,f fam pey* name used by Basque people to refer to immigrants from the rest of Spain.

maqui *nm & nf* → **maquis**.

maquiavélico,-a *adj* Machiavellian.

maquiavelismo *nm* Machiavellism.

maquillador,-ra *nm,f* make-up assistant.

maquillaje *nm* make-up.

maquillar
1 *vt* to make up.
2 **maquillarse** *vpr (ponerse maquillaje)* to make oneself up, put one's make-up on; *(llevar maquillaje)* to wear make-up.

máquina
1 *nf (gen)* machine.
2 *nf (de un tren)* engine.
3 *nf fig* machinery: **la máquina del Estado** the State machinery.
4 *nf (expendedora)* vending machine.
✦ **a máquina** *(cosido)* machine-sewn; *(escrito)* typewritten.
a toda máquina at full blast.
coser a máquina to use a sewing machine, sew on a sewing machine.
escribir a máquina to type, typewrite.

- **máquina de afeitar** shaver, electric razor.
  máquina de coser sewing machine.
  máquina de escribir typewriter.
  máquina de fotos/máquina fotográfica camera.
  máquina de lavar washing machine.
  máquina de tabaco cigarette machine.
  máquina de tricotar knitting machine.
  máquina de vapor steam engine.
  máquina tragaperras slot machine.

maquinación *nf* plot, scheme, machination.

maquinador,-ra
1 *adj* scheming, machinating.
2 *nm,f* plotter, schemer, machinator.

maquinal *adj* mechanical.

maquinalmente *adv* mechanically.

maquinar *vt* to scheme, plot.

maquinaria
1 *nf* (*conjunto de máquinas*) machinery.
2 *nf* (*mecanismo*) mechanism.

maquinilla *nf* razor.
- **maquinilla eléctrica/maquinilla de afeitar** razor.

maquinismo *nm* mechanization.

maquinista
1 *nm & nf* (*operador*) machinist.
2 *nm & nf* (*de tren*) engine driver, *US* engineer.
3 *nm & nf* CINEM camera assistant.

maquinización *nf* mechanization.

maquinizar *vt* to mechanize.
▲ *Conjugation model* [4], *like realizar*.

maquis
1 *nm* underground resistance movement.
2 *nm & nf* resistance fighter.
▲ *pl maquis*.

mar
1 *nm o nf* (*gen*) sea.
2 *nm o nf* (*marejada*) swell.
◆ **en alta mar** on the high sea, on the open sea.
  estar hecho,-a un mar de lágrimas to be crying his/her eyes out, be in floods of tears.
  hacerse a la mar to put (out) to sea, set sail.
  la mar de … *fam* (*mucha cantidad*) a lot of, lots of, loads of: **vino la mar de gente** loads of people came.
3 *nm o nf* (*muy*) very, really: **estás la mar de guapa** you look really lovely; **fue la mar de divertido** it was great fun.
  llover a mares to rain cats and dogs, bucket down.
  ¡pelillos a la mar! *fam* let bygones be bygones!
  por mar by sea.
- **mar adentro** out to sea.
  mar de fondo (*corriente*) ground swell; (*agitación*) undercurrent.
  mar gruesa heavy sea.
  mar picada rough sea.
  mar rizada slightly choppy sea.

marabino,-a
1 *adj* of Maracaibo, from Maracaibo.
2 *nm,f* person from Maracaibo, inhabitant of Maracaibo.

marabú *nm* marabou.

marabunta
1 *nf* swarm of ants.
2 *nf fam fig* mob, crowd.

maraca *nf* maraca.

maracaibero,-a
1 *adj* of Maracaibo, from Maracaibo.
2 *nm,f* person from Maracaibo, inhabitant of Maracaibo.

maracuyá *nf* passion fruit.

marajá *nm* maharajah.

maraña
1 *nf* (*espesura*) thicket.
2 *nf* (*enredo*) tangle.
3 *nf* (*asunto confuso*) muddle, mess.

marasmo
1 *nm* MED marasmus.
2 *nm fig* apathy, stagnation.

maratón *nm* marathon.

maratoniano,-a *adj* marathon.

maravedí *nm* maravedi.

maravilla
1 *nf* wonder, marvel: **las maravillas de la ciencia** the wonders of science; **¡qué maravilla de reloj!** what a wonderful watch!
2 *nf* (*pasta*) semolina.
◆ **a las mil maravillas** wonderfully well.
  de maravilla wonderfully: **el examen me salió de maravilla** the exam went wonderfully.
  decir maravillas de algo/alguien to sing the praises of something/somebody.
  hacer maravillas to do wonders.
  venir de maravilla to be just the thing, be perfect.

maravillar
1 *vt* to astonish, amaze.
2 **maravillarse** *vpr* to marvel (**de**, at).

maravillosamente *adv* marvellously, splendidly.

maravilloso,-a *adj* wonderful, marvellous.

marbete *nm* (*etiqueta*) label.

marca
1 *nf* (*señal*) mark, sign.
2 *nf* (*en comestibles, productos del hogar*) brand; (*en otros productos*) make.
3 *nf* DEP record.
4 *nf* (*acción*) marking.
◆ **de marca** brand: **productos de marca** brand products.
  de marca mayor *fam* terrible, tremendous.
- **marca de fábrica** trademark.
  marca registrada registered trademark.

marcadamente *adv* markedly.

marcado,-a
1 *pp* → **marcar**.
2 *adj* (*señalado*) marked.

3 *adj* (*evidente*) distinct, definite; (*acento*) marked, pronounced.

marcador
1 *nm* DEP scoreboard.
2 *nm* INFORM bookmark.

marcaje *nm* marking.

marcapasos *nm* pacemaker.
▲ *pl marcapasos*.

marcar
1 *vt* (*señalar*) to mark; (*ganado*) to brand.
2 *vt* (*herir físicamente*) to slash; (*traumatizar*) to mark: **le marcaron la cara de un navajazo** they slashed his face with a knife; **la muerte de su hijo la marcó para siempre** the death of her son marked her for life.
3 *vt* DEP (*gol, canasta*) to score.
4 *vt* DEP (*al contrario*) to mark.
5 *vt* (*pelo*) to set.
6 *vt* (*cantidad*) to indicate, show: **el termómetro marca 20 grados** the thermometer shows 20 degrees; **¿qué precio marca la etiqueta?** what's the price on the tag?
7 *vt* (*en teléfono*) to dial.
8 *vt* (*resaltar*) to show.
◆ **marcar el compás** to mark the rhythm.
  marcar el paso to mark time.
  marcarse un farol to show off.
  marcarse un tanto, marcarse un triunfo to score points.
▲ *Conjugation model* [1], *like sacar*.

marcha
1 *nf* (*de protesta, soldados*) march.
2 *nf* (*progreso*) course, progress: **la marcha de las negociaciones** the progress of the negotiations.
3 *nf* (*partida*) departure; (*abandono*) leaving: **lamentaremos su marcha** we'll be sorry when he leaves.
4 *nf* (*velocidad*) speed.
5 *nf* AUTO gear.
6 *nf* MÚS march.
7 *nf* DEP walk.
8 *nf fam* (*de persona*) go, energy; (*de lugar, ambiente*) life: **esta mujer tiene una marcha increíble** she's full of life, she's full of energy; **aquí no hay marcha** this place is dead.
◆ **a marchas forzadas** against the clock.
  a toda marcha at full speed.
  abrir la marcha to head the march.
  cerrar la marcha to bring up the rear.
  dar marcha atrás (*coche*) to reverse; (*proyecto*) to fall through.
  ¡en marcha! off we go!
  estar en marcha (*máquina*) to be on, be working; (*cambio, proyecto*) to be under way.
  ir de marcha (*en el ejército*) to go on a march; (*por la noche*) to go out on the razzle, go out on the town.
  irle la marcha a alguien *fam* to be a real raver.
  poner en marcha (*coche*) to start; (*proyecto*) to start up.
  sobre la marcha as we (*I, you, etc*) go along, as we (*I, you, etc*) go.

■ **marcha atlética** *DEP* walk.
marcha atrás *AUTO* reverse (gear).
marcha fúnebre funeral march.
marcha nupcial wedding march.

marchador,-ra *nm,f* walker.

marchamo *nm* seal.

marchante *nm & nf* dealer.
■ **marchante de arte** art dealer.

marchar
1 *vi (ir)* to go, walk.
2 *vi (funcionar)* to work, run.
3 *vi MIL* to march.
4 **marcharse** *vpr* to leave.
✦ **¡marchando!** *fam* coming up!: ¡marchando una de patatas! one portion of chips coming up!
marchar sobre ruedas to go smoothly.

marchitar
1 *vt* to wither.
2 **marchitarse** *vpr* to wither.

marchito,-a *adj (planta)* withered; *(belleza)* faded.

marchoso,-a
1 *adj fam (persona)* fun-loving, wild; *(música, sitio)* lively.
2 *nm,f* raver, fun-lover.

marcial *adj* martial.

marcianitos los marcianitos *nm pl fam* space invaders.

marciano,-a
1 *adj* Martian.
2 *nm,f* Martian.

marco
1 *nm (de cuadro, ventana)* frame.
2 *nm fig* framework, setting.
3 *nm (moneda)* mark.
4 *nm DEP* goalpost.
■ **marco jurídico** legal framework.

marea
1 *nf* tide.
2 *nf (multitud)* sea: una marea de gente a sea of people.
■ **marea alta** high tide.
marea baja low tide.
marea negra oil slick.
marea roja red tide.
marea viva spring tide.

mareado,-a
1 *adj (en general)* sick; *(en el coche)* carsick; *(en el mar)* seasick; *(en avión)* airsick: estoy mareado I feel sick.
2 *adj (aturdido)* dizzy, giddy; *(a punto de desmayarse)* faint: estoy como mareada I feel a bit dizzy.
3 *adj (bebido)* tipsy.

mareaje *nm (rumbo)* ship's course.

mareante
1 *adj (que marea)* sickening.
2 *adj (pesado)* tedious.

marear
1 *vt (producir malestar)* to make sick: el coche me marea mucho I get carsick easily.
2 *vt (aturdir)* to make dizzy: este ruido marea this noise makes your head spin.

3 *vt fam (molestar)* to annoy: deja ya de marear, niño stop being a nuisance.
4 **marearse** *vpr (en general)* to get sick; *(en el coche)* to get carsick; *(en el mar)* to get seasick; *(en avión)* to get airsick.
5 *vpr (sentir vértigo)* to get dizzy; *(a punto de desmayarse)* to feel faint.
6 *vpr (emborracharse)* to get tipsy.

marejada *nf* swell.

marejadilla *nf* slight swell.

maremagno *nm* → **mare mágnum.**

maremágnum *nm* → **mare mágnum.**

mare mágnum
1 *nm (abundancia)* wealth.
2 *nm (confusión)* confusion, chaos, mayhem: un mare mágnum de gente a sea of people; un mare mágnum de papeles masses of papers.

maremoto *nm (seísmo)* seaquake; *(ola)* tidal wave.

marengo gris marengo *nm* dark grey.

mareo
1 *nm (en general)* sickness; *(en el mar)* seasickness; *(en el coche)* carsickness; *(en avión)* airsickness.
2 *nm (aturdimiento)* dizziness.
3 *nm (confusión)* muddle, mess.

marfil *nm* ivory.

marfileño,-a
1 *adj (color, piel)* ivory.
2 *adj (de Costa de Marfil)* of the Ivory Coast, from the Ivory Coast.
3 *nm,f* native of the Ivory Coast, inhabitant of the Ivory Coast.

marga *nf* marl.

margarina *nf* margarine.

margarita
1 *nf BOT* daisy.
2 *nf (de máquina)* daisywheel.
3 *nm (cóctel)* margarita.
✦ **deshojar la margarita** to play "he/she loves me, he/she loves me not".
echarle margaritas a los cerdos to cast pearls before swine.

margen
1 *nm o nf (extremidad)* border, edge.
2 *nm o nf (de río)* bank; *(de camino)* edge.
3 *nm (del papel)* margin.
4 *nm (oportunidad)* chance.
5 *nm COM* margin.
✦ **al margen de ...** apart from ..., out of ...
al margen de la ley outside the law.
dar margen para to give scope for.
dejar algo al margen to leave something aside.
dejar a alguien al margen to leave somebody out.
mantenerse al margen not to get involved.
■ **margen de beneficios** profit margin.
margen de error margin of error.

marginación
1 *nf (rechazo social)* ostracism, marginalization.
2 *nf (exclusión)* exclusion.

marginado,-a
1 *pp* → **marginar.**
2 *adj (proyecto)* pushed aside, excluded.
3 *adj (persona)* marginalized, alienated.
4 *nm,f* social outcast, social misfit.
✦ **sentirse marginado,-a** to feel like an outsider, feel rejected.

marginal
1 *adj (ilustración, nota)* marginal, in the margin.
2 *adj (tema, asunto)* marginal, minor.
3 *adj (persona)* marginalized; *(grupo)* on the margins of society.
4 *adj (teatro, música)* fringe.

marginar
1 *vt (persona)* to leave out, exclude; *(grupo social)* to ostracize, marginalize.
2 *vt (asunto)* to push aside.

maría
1 *nf fam (asignatura fácil)* easy subject.
2 *nf fam (ama de casa)* housewife.
3 *nf arg (marihuana)* pot, grass.

mariachi *nm (persona, música)* mariachi; *(orquesta)* mariachi band.

marianista
1 *adj* Marianist.
2 *nm & nf* Marianist.

mariano,-a *adj* Marian.

marica *nm fam pey* poof, queer.
✦ **¡marica el último!** *fam* last one's a sissy!

Maricastaña del tiempo de Maricastaña *loc fam* as old as the hills.

maricón
1 *nm fam pey (homosexual)* poofter, poof, queer.
2 *nm fam (indeseable)* bastard.

maricona *nf arg* queen.

mariconada
1 *nf fam (faena)* dirty trick.
2 *nf fam (acción, gesto)* poofy thing to do.

mariconear *vi fam* to ponce about, camp it up.

mariconeo *nm fam* poofy behaviour.

mariconera *nf fam* man's clutch bag.

mariconería
1 *nf fam (homosexualidad)* queerness.
2 *nf fam (acción, gesto)* poofy thing to do; *(características)* queerness, poofiness.

maridaje
1 *nm (entre parejas)* married life, marriage.
2 *nm (entre empresas)* close cooperation.

maridar
1 *vt (personas)* to marry.
2 *vt (empresas, proyectos)* to interlink.

marido *nm* husband.

marihuana *nf* marijuana.

marijuana *nf* → **marihuana.**

marimacho
1 *nm fam (niña, joven)* tomboy; *(mujer)* butch woman.
2 *nm fam (lesbiana)* dyke.

marimandón,-ona *nm,f fam* bossy boots.

marimba *nf* marimba.

marimorena *nf fam* rumpus, row: cuando se enteraron se armó la marimorena when they found out all hell broke loose.
✦ **armar la marimorena** *fam* to kick up a row.

marina
1 *nf (flota)* navy.
2 *nf (zona)* seacoast.
3 *nf (pintura)* seascape.
4 *nf (navegación)* seamanship.
▪ **comandancia de marina** naval command.
marina de guerra navy.
marina mercante merchant navy, merchant marine.
marino mercante merchant sailor.

marinar *vt* to marinate.

marine *nm* marine.

marinería
1 *nf (profesión)* navy.
2 *nf (marinos)* sailors *pl*, crew.

marinero,-a
1 *adj (embarcación)* seaworthy; *(nación)* seafaring: un pueblo marinero a fishing village.
2 *adj (blusa, cuello)* sailor.
3 **marinero** *nm* sailor.
✦ **a la marinera** *CULIN* (cooked) in garlic, onions and parsley.
marinero de agua dulce *fam* landlubber.
▪ **traje de marinero** sailor suit.

marino,-a
1 *adj (corriente, animal)* marine.
2 **marino** *nm (profesional)* seaman, sailor.

mariología *nf* Mariology, Maryology.

marioneta
1 *nf (muñeco)* puppet, marionette.
2 *nf pey (persona)* puppet.
▪ **(teatro de) marionetas** puppet show.

mariposa
1 *nf (insecto)* butterfly.
2 *nf (natación)* butterfly.
3 *nf (lamparilla)* oil lamp.
4 *nf (tuerca)* wing nut.
5 *nf fam pey (afeminado)* pansy.
✦ **a otra cosa mariposa** *fam* and now for something completely different.
nadar mariposa to swim butterfly style, do the butterfly.
▪ **mariposa nocturna** moth.

mariposear
1 *vi (ser inconstante)* to be fickle; *(en el amor)* to flirt; *(en el trabajo)* to flit.
2 *vi (andar alrededor)* to buzz around.

mariposón
1 *nm fam (ligón)* flirt.
2 *nm fam (afeminado)* pansy.

mariquita
1 *nf ZOOL* ladybird, *US* ladybug.
2 *nm fam (marica)* sissy.

marisabidilla *nf fam* know-all.

mariscada *nf (comida)* seafood dish; *(en menú)* seafood platter.

mariscal *nm* marshal.
▪ **mariscal de campo** field marshal.

mariscar *vi* to fish for shellfish.

marisco *nm* seafood, shellfish.

marisma *nf* salt marsh.

marismeño,-a *adj (cultivo)* marshy.

marisquería *nf* seafood restaurant.

marista
1 *adj* Marist.
2 *nm & nf* Marist.

marital *adj* marital.

marítimo,-a *adj (legislación)* maritime; *(ciudad)* coastal; *(ruta, transporte)* sea; *(seguro)* marine; *(agente)* shipping.

marjal *nm* marsh.

marketing *nm* marketing.

Mármara Mar de Mármara *nm* Sea of Marmara.

marmita *nf* casserole, cooking pot.

marmitako *nm* Basque tuna and potato stew.

mármol *nm* marble.

marmolería
1 *nf (taller)* marble cutter's workshop.
2 *nf (de un edificio)* marblework.

marmolista *nm & nf* marble cutter, monumental mason.

marmóreo,-a *adj* marmoreal, marble.

marmota
1 *nf ZOOL* marmot.
2 *nf fam (dormilón)* sleepyhead.
3 *nf fam* scullery maid.
✦ **dormir como una marmota** *fam* to sleep like a log.
▪ **marmota de América** groundhog.

maroma *nf* thick rope.

maromo *nm fam* guy, bloke.

marqués,-esa *nm,f (hombre)* marquis, marquess; *(mujer)* marchioness.

marquesado *nm* marquisate.

marquesina *nf (de un hotel)* canopy; *(de una parada de autobús)* bus shelter.

marquetería *nf* marquetry, inlaid work.

marquito *nm* mount.

marrajo,-a
1 *adj (persona)* sly.
2 **marrajo** *nm (pez marino)* mako.

marranada
1 *nf fam (cosa sucia)* filthy thing: esta camiseta está hecha una marranada this T-shirt is filthy.
2 *nf fam (indecencia)* filthy thing: esta película es una marranada this film's filthy, this film's pure filth.
3 *nf fam (vileza)* dirty trick: me ha hecho una marranada en toda regla he really did the dirty on me.

marranería *nf fam* → **marranada**.

marrano,-a
1 *adj fam (sucio)* filthy, dirty.
2 *adj fam (sinvergüenza)* swine.
3 *nm,f fam (sucio)* filthy pig, dirty pig.
4 *nm,f fam (sinvergüenza)* swine.
5 **marrano** *nm ZOOL* pig.

marrar
1 *vt* to miss.
2 *vi* to go wrong, fail.

marras de marras *loc fam* in question.

marrasquino *nm* maraschino.

marrón
1 *adj* brown.
2 *nm (color)* brown.
3 *nm arg (condena)* sentence.
4 *nm arg (fastidio)* pain, drag.
✦ **comerse un marrón** *arg* to own up.

marron glacé *nm* marron glacé.

marroquí,-ina
1 *adj* Moroccan.
2 *nm,f* Moroccan.

marroquinería
1 *nf (fabricación)* leather industry.
2 *nf (artículos)* leather goods *pl*.

Marruecos *nm* Morocco.

marrullería *nf fam (engaño)* craftiness.

marrullero,-a *adj fam (gen)* crafty, devious; *(jugador)* dirty.

Marsella *nf* Marseilles.

marsopa *nf* porpoise.

marsupial
1 *adj* marsupial.
2 *nm* marsupial.

marsupio *nm* marsupium.

marta *nf* marten.
▪ **marta cebellina** sable.

Marte *nm* Mars.

martes *nm* Tuesday.
▪ **martes y trece** ≈ Friday the thirteenth.
martes de carnaval Shrove Tuesday, Pancake Tuesday, Pancake Day.
▲ *See also* **jueves**.

martillar *vt* to hammer.

martillazo *nm* blow with a hammer.

martillear *vt* to hammer.

martilleo *nm* hammering.

martillo *nm* hammer.
▪ **lanzamiento de martillo** throwing the hammer.
martillo neumático pneumatic drill.

martinete¹
1 *nm (ave)* heron.
2 *nm (penacho)* plume.

martinete²
1 *nm (mazo)* drop hammer.
2 *nm (de piano)* hammer.

martingala
1 *nf fam (artimaña)* ruse, trick.
2 *nf fam (asunto pesado)* pain, drag.

Martinica *nf* Martinique.

martín pescador *nm* kingfisher.

mártir *nm & nf* martyr.

martirio
1 *nm* martyrdom.
2 *nm fig* torture, torment.

martirizar
1 *vt* to martyr.
2 *vt fig* to torment, torture.
▲ *Conjugation model* [4], *like* **realizar**.

maruja *nf fam* housewife.

marxismo *nm* Marxism.

marxista
1 *adj* Marxist.
2 *nm & nf* Marxist.

marzo *nm* March: el día 16 de marzo March the sixteenth, the sixteenth of March; el 1 de marzo cae en Sábado the first of March is a Saturday; mi cumpleaños es el 2 de marzo my birthday is on the 2nd of March; nací el 6 de marzo de 1961 I was born on March 6th 1961; durante el mes de marzo in March; en marzo del año que viene next March; en marzo del año pasado last March; a finales de marzo at the end of March; a mediados de marzo in mid-March; a principios de marzo at the beginning of March.

mas *conj* but.

más
1 *adv (comparativo)* more: éste es más alto que aquél this one is taller than that one; este año ha llovido más it has rained more this year; no te lo puedo dar porque no tengo más I can't give it to you because I haven't got any more; hay más niñas que niños there are more girls than boys; es más listo de lo que tú te crees he's cleverer than you think.
2 *adv (con números o cantidades)* more: más de tres more than three.
3 *adv (superlativo)* most: el más caro the most expensive; es la más guapa she's the prettiest.
4 *adv (después de pron interrog e indef)* else: ¿algo más? anything else?; ¿dónde/qué/quién más? where/what/who else?; nada/nadie más nothing/nobody else.
5 *adv (exclamativo)* so: ¡está más despistado! he's so absent-minded!; ¡qué película más buena! what a wonderful film!
6 *prep MAT* plus: dos más dos igual a cuatro two plus two is four.
7 *nm (signo)* plus sign.
✦ a lo más at the most.
a lo más tardar at the latest.
cada vez más more and more.
como el que más as well as anyone.
cuanto más, mejor the more the better.
cuanto más ... menos ... the more ... the less ...: cuanto más lo digo, menos caso me hacen the more I insist, the less anyone listens to me.
de más spare, extra.
de más está decir needless to say.
el que más y el que menos every single one.
es más what's more.
estar de más to be unwanted, not be needed.
no estaría de más it wouldn't be a bad idea.
más bien rather.
más o menos more or less.
ni más ni menos exactly.

los más, las más most, the majority: los más opinan que ... the majority think that ...
por más (que) however much.
¿qué más da? what difference does it make?, what does it matter?
sin más ni más just like that, without reason.
tener sus más y sus menos *(personas)* to have some problems, have differences; *(cosas)* to have good points and bad points.
■ el más allá the beyond.

masa
1 *nf (en general)* mass.
2 *nf FÍS* mass: unidad de masa unit of mass; masa de agua mass of water.
3 *nf CULIN (para pan)* dough; *(para tartas)* pastry; *(para pasteles)* mixture.
4 *nf (de gente)* mass, crowd: atraer a las masas to draw the crowds; en masa en masse.
5 *nf (mortero)* mortar.
6 *nf ELEC* earth, *US* ground.
■ masa atómica atomic mass.
masa encefálica brain.
masa específica specific mass.

masacrar *vt* to massacre.

masacre *nf* massacre.

masaje *nm* massage.
✦ darle a alguien un masaje to give somebody a massage.

masajear *vt* to massage.

masajista
1 *nm & nf (hombre)* masseur; *(mujer)* masseuse.
2 *nm,f DEP (en fútbol)* physiotherapist, physio.

mascar *vt* to chew.
▲ *Conjugation model [1], like sacar.*

máscara
1 *nf (careta)* mask.
2 *nf fig (disfraz, pretexto)* mask, front.
3 *nf (traje)* fancy dress.
4 *nf (persona)* masked person.
5 máscaras *nf pl (fiesta)* masquerade *sing.*
✦ quitarle la máscara a alguien to unmask somebody.
quitarse la máscara to reveal oneself.
■ máscara antigás/máscara de gas gas mask.
máscara de oxígeno oxygen mask.
traje de máscara fancy dress.

mascarada
1 *nf (fiesta)* masquerade, masked ball.
2 *nf (enredo)* farce.

mascarilla
1 *nf* mask.
2 *nf (cosmética - de belleza)* face mask; *(- de barro)* face pack.
3 *nf MED* face mask.
■ mascarilla de oxígeno oxygen mask.

mascarón
1 *nm (máscara)* large mask.
2 *nm MAR* figurehead.
■ mascarón de proa figurehead.

mascarse *vpr fam* to be in the air: ya se masca la tragedia there's a feeling of tragedy in the air.

Mascate *nm* Muscat.

mascota
1 *nf (figura)* mascot.
2 *nf (animal doméstico)* pet.

masculinidad *nf* masculinity.

masculinizar *vt* to make masculine.

masculino,-a
1 *adj* male: la población masculina the male population.
2 *adj (para hombres)* men's; *(propio de hombres)* masculine, manly: ropa masculina men's clothes.
3 *adj GRAM* masculine.
4 **masculino** *nm* masculine.

mascullar *vt* to mumble, mutter.

masía *nf* Catalan farmhouse.

masificación
1 *nf (ocupación masiva)* overcrowding.
2 *nf (indiferenciación)* lumping together.

masificado,-a
1 *pp →* masificar.
2 *adj* overcrowded.

masificar
1 *vt (llenar)* to overcrowd.
2 *vt (igualar)* to lump together.

masilla *nf* putty.

masivo,-a *adj* mass, massive, on a mass scale.

masoca *nm & nf fam* masochist.

masón,-ona
1 *adj* masonic.
2 *nm,f* Mason, Freemason.

masonería *nf* Masonry, Freemasonry.

masónico,-a *adj* masonic.

masoquismo *nm* masochism.

masoquista
1 *adj* masochistic.
2 *nm & nf* masochist.

mastaba *nf* mastaba.

mastectomía *nf* mastectomy.

master *nm EDUC* Master's degree.

máster
1 *nm (copia)* master, master copy.
2 *nm (estudios)* master's degree.

masticación *nf* chewing, mastication.

masticar *vt* to chew, masticate.
▲ *Conjugation model [1], like sacar.*

mástil
1 *nm (asta)* mast, pole.
2 *nm MAR* mast.
3 *nm MÚS* neck.

mastín *nm* mastiff.

mástique *nm* mastic.

mastitis *nf* mastitis.
▲ *pl* mastitis.

mastodonte
1 *nm (animal)* mastodon.
2 *nm fam (cosa)* huge thing, enormous thing; *(persona)* giant.

mastodóntico,-a *adj fam* huge, enormous.

mastoides nf mastoid.
  ▲ pl mastoides.

mastuerzo
  1 nm (berro) cress.
  2 nm fam pey dolt, moron, oaf.

masturbación nf masturbation.

masturbar
  1 vt to masturbate.
  2 **masturbarse** vpr to masturbate.

mata
  1 nf (arbusto) shrub, bush.
  2 nf (ramita) sprig: una mata de tomillo a sprig of thyme.
  3 nf AM (bosque) forest.
  ■ **mata de pelo** head of hair.

matachín
  1 nm (matarife) slaughterman.
  2 nm fam (camorrista) thug.

matadero nm slaughterhouse, abattoir.

matador,-ra
  1 adj fam (agotador) exhausting, killing.
  2 adj fam (de mal gusto) dreadful, appalling.
  3 matador nm matador, bullfighter.

matadura nf harness sore, sore.

matalahúga nf → matalahúva.

matalahúva
  1 nf (planta) anise.
  2 nf (semilla) aniseed.

matamoscas
  1 nm (insecticida) fly spray.
  2 nm (pala) fly swat.

matanza
  1 nf (gen) slaughter.
  2 nf (del cerdo) pig killing.
  3 nf (carne) pork products pl.

matar
  1 vt (persona - gen) to kill; (- asesinar) to murder.
  2 vt (animal - gen) to kill; (- para alimentación) to slaughter.
  3 vt fam (sorprender) to have on, kid: ¿que se ha fugado? ¡no me mates! he ran away? you're having me on!
  4 vt fam (incomodar, causar dolor) to kill; (volver loco) to drive mad: estos zapatos me están matando this shoes are killing me.
  5 vt (dejar pasmado) to amaze, stun: me han matado con el cambio de jefe the change of boss really knocked me sideways.
  6 vt (pasar) to kill: mientras, voy a matar el tiempo dando una vuelta meanwhile, I'll go for a walk just to kill time.
  7 vt (satisfacer - sed) to quench; (- hambre) to stay, stave off.
  8 vt (inutilizar - sello) to frank.
  9 vt (destruir - ilusiones) to kill.
  10 vt (limar - arista, esquina) to round.
  11 vt (suavizar - color) to tone down.
  12 vt arg (porro, cigarrillo) to stub out.
  13 **matarse** vpr (involuntariamente) to die; (voluntariamente) to kill oneself: se mató en un accidente de tráfico she was killed in a car crash.

  ✦ **llevarse a matar con alguien** to be at daggers drawn with somebody.
  matarlas callando to be a wolf in a sheep's clothing.
  matarse a trabajar to work oneself to death.
  que me maten si … I'll be damned if …

matarife nm slaughterman.

matarratas
  1 nm (raticida) rat poison.
  2 nm fam (aguardiente) rotgut.
  ▲ pl matarratas.

matasanos nm & nf fam quack.
  ▲ pl matasanos.

matasellar vt to frank.

matasellos
  1 nm (marca) postmark.
  2 nm (instrumento) stamp, date stamp.
  ▲ pl matasellos.

matasuegras nm blower, party blower.
  ▲ pl matasuegras.

mate¹ adj (sin brillo) matt.

mate² nm (ajedrez) mate.

mate³ nm (hierba) maté.

matemática nf (ciencia) mathematics: matemática aplicada applied mathematics.
  ▲ See also matemático,-a.

matemáticamente adv mathematically.

matemáticas nf pl mathematics sing.

matemático,-a
  1 adj mathematical.
  2 nm,f mathematician.

materia
  1 nf (sustancia) matter.
  2 nf (material) material, substance.
  3 nf (asignatura) subject.
  4 nf (asunto) subject, matter: ésta es la materia objeto de discusión this is the subject in question.
  ✦ **en materia de …** on the subject of …
  entrar en materia to get to the point.
  ■ **índice de materias** table of contents.
  materia gris grey matter.
  materia prima raw material.

material
  1 adj (en general) material; (físico) physical.
  2 adj (real) real: el autor material del asesinato the murderer.
  3 nm (sustancia) material.
  4 nm (conjunto de cosas) material, materials pl, equipment.
  5 nm (datos, información) material.
  ■ **material de guerra** war material.
  material de oficina office stationery.
  materiales de construcción building materials.
  materiales de desecho waste material sing.
  material escolar teaching material(s).

materialidad nf material nature.

materialismo nm materialism.

materialista
  1 adj materialistic.
  2 nm & nf materialist.

materialización nf materialization.

materializar
  1 vt to put into practice (US practise), carry out.
  2 **materializarse** vpr to materialize.
  ▲ Conjugation model [4], like realizar.

materialmente
  1 adv materially, physically: es materialmente imposible it is physically impossible.
  2 adv (realmente) absolutely, utterly.

maternal adj maternal, motherly.

maternidad
  1 nf maternity, motherhood.
  2 nf (hospital) maternity hospital.

materno,-a adj (abuelo etc) maternal.
  ✦ **por parte materna** on my (his, her, etc) mother's side.

mates nf pl fam maths (US math).

matinal
  1 adj morning.
  2 nf matinée.

matinée nf matinée.

matiz
  1 nm (color) shade, tint.
  2 nm (variación) nuance.
  3 nm (rasgo) hint.
  ▲ pl matices.

matización
  1 nf ART (combinación) blending; (con otro tono) shading.
  2 nf (variación) nuances pl.
  3 nf (aclaración) clarification.

matizar
  1 vt ART (colores) to blend.
  2 vt (sonido) to modulate.
  3 vt (añadir un matiz) to tinge (de, with).
  4 vt (añadir) to add (by way of clarification): el presidente madridista matizó que … the Madrid chairman added that …
  5 vt (aclarar) to qualify, clarify: el portavoz del gobierno matizó posteriormente las declaraciones del ministro a government spokesman later clarified the minister's statements; esta cuestión habría que matizarla let's examine this question more closely.
  6 vt (revisar) to revise: recientes investigaciones podrían obligarnos a matizar este juicio recent investigations may oblige us to revise this judgement.
  ▲ Conjugation model [4], like realizar.

matojo nm small shrub, bush.

matón,-ona
  1 nm,f fam bully, thug.
  2 nm,f fam (guardaespaldas) bodyguard.

matorral
  1 nm (maleza) bushes pl, thicket.
  2 nm (terreno) scrubland.

matraca
  1 nf (instrumento) wooden rattle.
  2 nf fam (molestia) pest, nuisance.
  ✦ **dar la matraca** fam to be a nuisance.

matraquear
  1 vi to rattle.
  2 vi fig to be a nuisance.

matraz *nm* flask.
▲ *pl matraces*.
matriarca *nf* matriarch.
matriarcado *nm* matriarchy.
matriarcal *adj* matriarchal.
matricida *nf* matricide.
matricidio *nm* matricide.
matrícula
1 *nf (lista)* list, roll.
2 *nf (registro - de personas)* registration, enrollment; *(de vehículos)* registration: plazo de matrícula registration period.
3 *nf (tasa)* registration fee(s), tuition fee(s).
4 *nf AUTO (número)* registration number, *US* license number.
5 *nf AUTO (placa)* number plate, *US* license plate.
▪ matrícula de honor distinction.
matriculación *nf (de personas)* registration, enrollment; *(de vehículos)* registration.
matricular
1 *vt (persona)* to register, enroll; *(vehículo)* to register.
2 matricularse *vpr* to register, enroll: me he matriculado en Informática I've enrolled for computer science.
matrimonial *adj (derecho)* matrimonial; *(problema)* marital.
▪ agencia matrimonial marriage bureau. enlace matrimonial wedding. vida matrimonial married life.
matrimonialista *adj (abogado)* divorce.
matrimonio
1 *nm (estado)* marriage, matrimony.
2 *nm (pareja)* married couple.
✦ consumar el matrimonio to consummate one's marriage.
▪ matrimonio civil civil marriage.
matritense *adj* of/from Madrid.
matriz
1 *nf ANAT* womb.
2 *nf TÉC* mould *(US* mold).
3 *nf (original)* original, master copy.
4 *nf (de talonario)* stub, counterfoil.
5 *nf MAT* matrix.
6 *adj* principal.
▲ *pl matrices*.
matrona
1 *nf (madre)* matron.
2 *nf (comadrona)* midwife.
3 *nf (en cárceles)* female prison warden.
Matusalén más viejo que Matusalén *loc* as old as Methuselah.
matute
1 *nm (acción)* smuggling.
2 *nm (género)* smuggled goods.
✦ de matute illegally, smuggled.
matutino,-a
1 *adj* morning.
2 matutino *nm (periódico)* morning paper.
maula *nm & nf fam* dead loss.

maullar *vi* to mew, miaow, *US* meow.
▲ *Conjugation model* [16], *like* **aunar**.
maullido *nm* mewing, miaow, *US* meow.
Mauricio *nm* Mauritius.
Mauritania *nf* Mauritania.
mauritano,-a
1 *adj* Mauritanian.
2 *nm,f* Mauritanian.
máuser *nm* Mauser.
▲ *Registered trademark*.
mausoleo *nm* mausoleum.
maxilar
1 *adj* maxillary.
2 *nm* jaw, jawbone.
maxilofacial *adj* maxillofacial.
máxima
1 *nf (frase breve)* maxim, saying.
2 *nf (regla)* rule, maxim.
3 *nf (temperatura)* maximum temperature.
maximalismo *nm* maximalism.
maximalista
1 *adj* maximalist.
2 *nm & nf* maximalist.
máxime *adv fml* especially.
maximizar *vt* to maximize.
▲ *Conjugation model* [4], *like* **realizar**.
máximo,-a
1 *adj (velocidad)* maximum; *(puntuación, condecoración)* highest: el máximo dirigente del país the leader of the country.
2 máximo *nm* maximum: tenéis una hora como máximo para acabar you must be finished in an hour; llegó a casa como máximo a las dos he was home by two o'clock at the latest; me tomé (como) máximo tres cervezas I had three beers at the most; pon la calefacción al máximo turn the heating up to the maximum.
máximum *nm* maximum.
maxisingle *nm* twelve inch single.
▲ *pl maxisingles*.
maya
1 *adj* Mayan.
2 *nm & nf (persona)* Mayan.
3 maya *nm (idioma)* Mayan.
mayal *nm* flail.
mayar *vi* to miaow, mew, *US* meow.
mayestático,-a *adj* majestic.
▪ el plural mayestático the royal "we".
mayido *nm* miaowing.
mayo
1 *nm* May.
2 *nm (palo)* maypole.
✦ hasta el cuarenta de mayo, no te quites el sayo never cast a clout till May be out.
▪ el primer de mayo May Day.
▲ *For examples of use, see* **marzo**.
mayólica *nf* majolica.
mayonesa *nf* mayonnaise.

mayor
1 *adj (comparativo)* bigger, greater, larger; *(persona)* older; *(hermanos, hijos)* elder, older: necesito una talla mayor I need a larger size; tengo dos hermanos mayores I have two older brothers; mi hermano mayor vendrá a la fiesta my elder brother will come to the party.
2 *adj (superlativo)* biggest, greatest, largest; *(persona)* oldest; *(hermanos, hijos)* eldest, oldest: el mayor gato que jamás he visto the biggest cat I've ever seen; su mayor preocupación her biggest worry; este es mi hijo mayor this is my eldest son.
3 *adj (de edad)* mature, elderly: la gente mayor elderly people; mi padre está ya muy mayor my father is very old now.
4 *adj (adulto)* grown-up: ya eres mayor, así que defiéndete tú solo you are old enough to stand up for yourself now; siéntate como una persona mayor sit up properly.
5 *adj (principal)* main.
6 *adj MÚS* major.
7 *nm MIL* major.
8 *nm* mayor que *MAT (signo)* more than.
9 los mayores *nm pl (adultos)* grown-ups, adults; *(antepasados)* ancestors.
10 el/la mayor *nm,f (entre varios)* the oldest; *(entre hermanos, hijos)* the eldest, the oldest.
✦ al por mayor wholesale.
hacerse mayor to grow up.
no ir/pasar a mayores not to come to anything, not to be anything serious.
ser mayor de edad to be of age.
▪ calle mayor high street, *US* main street.
mayoral
1 *nm (pastor)* head shepherd.
2 *nm (cochero)* coachman.
3 *nm (capataz)* foreman.
mayorazgo
1 *nm (institución)* primogeniture.
2 *nm (bienes)* entailed estate.
3 *nm (persona)* heir.
4 *nm fig (primogénito)* eldest son.
mayordomo *nm* butler.
mayoría *nf* majority: la mayoría de los hombres … most men …
✦ alcanzar la mayoría de edad to come of age.
estar en mayoría to be in the majority. tener mayoría de edad to be of age.
▪ mayoría absoluta absolute majority. mayoría de edad age of majority. mayoría relativa relative majority. mayoría silenciosa silent majority.
mayorista
1 *adj* wholesale.
2 *nm & nf* wholesaler.
mayoritario,-a
1 *adj (de la mayoría)* majority.
2 *adj FIN* principal.
mayormente *adv* mainly.
mayúscula *nf* capital, capital letter.

mayúsculo,-a
1 *adj (enorme)* enormous, gigantic; *(terrible)* terrible.
2 *adj (letra)* capital.

maza
1 *nf HIST (arma)* mace.
2 *nf (utensilio)* sledgehammer.
3 *nf MÚS* drumstick.
4 *nm DEP* club.

mazacote *nm CULIN (masa)* stodge.

mazapán *nm* marzipan.

mazazo
1 *nm (golpe)* heavy blow *(with a mace)*.
2 *nm fam fig* blow: su ascenso ha caído como un mazazo en la oficina her promotion came as a blow to everyone in the office.

mazmorra *nf* dungeon.

mazo
1 *nm (martillo)* mallet.
2 *nm (del mortero)* pestle.
3 *nm (de naipes)* pack, deck; *(de billetes, papeles)* wad.

mazorca *nf* cob.
■ mazorca de maíz corncob.

mazurca *nf* mazurka.

m/c *abr* (mi cuenta) my account.

m/cta. *abr* (mi cuenta) my account.

me
1 *pron* me: no me lo dijo she didn't tell me; dámelo give it to me; me envió una postal desde Menorca he sent me a postcard from Minorca; me han robado la cartera I've had my wallet stolen.
2 *pron (reflexivo)* myself: me veo en el espejo I can see myself in the mirror; me he comprado unos zapatos I bought myself some shoes; me levanto a las ocho I get up at eight o'clock.

meada
1 *nf fam* piss, slash.
2 *nf fam (mancha)* piss stain.
✦ echar una meada *fam* to have a piss, go for a pee.

meadero *nm fam* bog.

meado *nm fam* piss, pee: meados de gato cat piss.

meandro *nm* meander.

mear
1 *vi fam* to have a piss, have a wee, have a pee, piss.
2 mearse *vpr fam* to wet oneself: me estoy meando I'm dying for a pee.

MEC *abr* (**Ministerio de Educación y Ciencia**) ≈ Department of Education and Science; *(abreviatura)* DES.

meca
1 *nf* mecca, Mecca.
2 *nf* la Meca *(ciudad)* Mecca.
✦ andar de la Ceca a la Meca *fam* to rush about.

mecachis *interj fam* damn!, US darn!

mecánica
1 *nf (ciencia)* mechanics.
2 *nf (mecanismo)* mechanism.

■ mecánica cuántica quantum mechanics.

mecánicamente *adv* mechanically.

mecanicismo *nm* mechanism.

mecanicista
1 *adj* mechanistic.
2 *nm & nf* mechanist.

mecánico,-a
1 *adj* mechanical.
2 *nm,f* mechanic.
■ mecánico dentista dental technician.

mecanismo
1 *nm* mechanism.
2 *nm fig (funcionamiento)* working, mechanism.
■ mecanismo de dirección steering mechanism.

mecanización *nf* mechanization.

mecanizado,-a *adj* mechanized.

mecanizar *vt* to mechanize.
▲ Conjugation model [4], like *realizar*.

mecano *nm* Meccano.
▲ Registered trademark.

mecanografía *nf* typing.

mecanografiar *vt* to type.
▲ Conjugation model [13], like *desviar*.

mecanógrafo,-a *nm,f* typist.

mecedora *nf* rocking chair.

mecenas *nm & nf* patron.

mecenazgo *nm* patronage.

mecer
1 *vt* to rock.
2 mecerse *vpr (en una silla)* to rock; *(en un columpio)* to swing.
3 *vpr (bambolearse)* to sway.
▲ Conjugation model [2].

mecha
1 *nf (de vela)* wick.
2 *nf MIL* fuse.
3 *nf CULIN* lardoon, lardon.
4 mechas *nf pl (de pelo)* highlights.
✦ a toda mecha *fam* at full pelt.
aguantar mecha *fam* to grin and bear it.
ponerse mechas to have highlights put in (one's hair).

mechado,-a *adj* larded.
■ carne mechada larded meat.

mechar *vt (carne)* to lard.

mechero *nm* (cigarette) lighter.

mechón
1 *nm (de pelo)* lock, strand.
2 *nm (de hilos)* tuft.

medalla
1 *nf (deportiva)* medal; *(religiosa)* holy medal; *(medallón)* small medallion.
2 *nm & nf DEP* medallist *(US* medalist), medal winner.

medallero *nm DEP* medals table.

medallista *nm & nf DEP* medallist *(US* medalist), medal winner.

medallón
1 *nm (joya - medalla)* medallion; *(- cajita colgante)* locket.
2 *nm ART* medallion.

3 *nm (de carne, pescado)* médaillon, medallion, slice.
■ medallones de merluza slices of hake.

médano *nm (duna)* sand dune; *(banco)* sandbank.

medellinense
1 *adj* of Medellín, from Medellín.
2 *nm & nf* person from Medellín, inhabitant of Medellín.

media
1 *nf (media calza)* stocking; *(calcetín)* sock.
2 *nf (promedio)* average.
3 *nf MAT* mean.
4 *nf* la media *(hora)* half past, half past the hour: llegó a la media en punto he arrived at exactly half past; al dar la media at half past the hour.
5 medias *nf pl (enteras)* tights, pantihose; *(no enteras)* stockings.
✦ a medias *(sin terminar)* not finished, half done; *(compartido)* half each: ha dejado ese cuadro a medias he's left that painting half finished; compramos el ordenador a medias we went halves on the computer.
hacer media to knit.
ir/pagar a medias to go halves.
■ media naranja better half.
media pensión half board.
medias enteras tights.

mediación *nf* mediation.
✦ por mediación de through.

mediado,-a *adj (recipiente)* half-full, half-empty; *(sesión, representación)* halfway through.
✦ a mediados de halfway through: llegaré a mediados de mes I'll be there around the middle of the month; lo quiero para mediados de semana I need it mid-week, I'd like it sometime in the middle of the week; a mediados de año ya me quedé sin dinero I'd run out of money halfway through the year.

mediador,-ra
1 *adj* mediating.
2 *nm,f* mediator.

medial *adj* medial.

medialuna
1 *nf (símbolo)* crescent.
2 *nf CULIN* croissant.

mediana
1 *nf MAT* median.
2 *nf (de la carretera)* central reservation.
3 *nf (cerveza en Cataluña)* bottle of beer containing a third of a litre.

medianamente *adv* moderately.

medianero,-a *adj* dividing.

medianía
1 *nf (mediocridad)* mediocrity.
2 *nf (persona)* mediocre person.

mediano,-a
1 *adj (de calidad)* average; *(de tamaño)* medium, medium-sized.
2 *adj (mediocre)* ordinary, mediocre.

medianoche
1 *nf* midnight.
2 *nf CULIN* sweet bun.
mediante *adj* by means of.
mediar
1 *vi (interceder)* to intercede (**en favor de**, on behalf of).
2 *vi (interponerse)* to mediate (**en**, in), intervene (**en**, in).
3 *vi (estar en medio)* to be: **entre las dos calles media un parque** in between the two streets there is a park; **medió una semana entre sus visitas** a week went by in between his visits; **de una casa a otra media un abismo** there's a world of difference between one house and the other.
4 *vi (llegar a la mitad)* **mediaba la primavera cuando nos fuimos** it was halfway through spring when we left.
5 *vi (ocurrir)* **media el hecho de que ...** it so happens that ...
▲ *Conjugation model* [12], *like cambiar.*
mediatización *nf* influence.
mediatizar *vt* to influence.
medicación
1 *nf (tratamiento)* medication, medical treatment.
2 *nf (medicamentos)* medication, medicines *pl.*
medicamento *nm* medicine, drug.
medicamentoso,-a *adj* medicinal.
medicar
1 *vt (administrar medicamentos)* to medicate; *(recetar)* to prescribe.
2 **medicarse** *vpr* to take medicine.
medicastro *nm pey* quack.
medicina *nf* medicine.
■ **estudiante de medicina** medical student.
medicina preventiva preventive medicine.
medicinal *adj* medicinal.
medición
1 *nf (acción)* measuring.
2 *nf (número)* measurement.
✦ **hacer mediciones** to take measurements.
médico,-a
1 *adj* medical.
2 *nm,f* doctor, physician.
■ **médico,-a de cabecera** general practitioner, GP.
médico,-a de familia family doctor.
médico,-a forense forensic scientist.
médico interno houseman, *US* intern.
medida
1 *nf (acción)* measuring; *(dato, número)* measurement: **¿qué medidas tienes?** what are your measurements?
2 *nf (disposición)* measure: **habrá que tomar medidas cuanto antes** measures will have to be taken as soon as possible.
3 *nf (grado)* extent: **en cierta medida** to a certain extent; **en mayor medida** to a greater extent.

4 *nf (prudencia)* moderation.
5 *nf LIT* measure, metre.
✦ **a (la) medida** *(traje)* made-to-measure.
a medida que as.
en la medida de lo posible as far as possible.
tomar/adoptar medidas to take steps, take measures.
tomarle las medidas a alguien to take somebody's measurements.
■ **medida de capacidad** measure of capacity.
medida de longitud measure of length.
medida de seguridad security measure.
medida de volumen measure of volume.
medidor,-ra
1 *adj* measuring.
2 **medidor** *nm AM (contador)* meter.
medieval *adj* medieval, mediaeval.
medievalismo *nm* medievalism, mediaevalism.
medievalista
1 *adj* medievalist, mediaevalist.
2 *adj & nf* medievalist, mediaevalist.
medievo *nm* Middle Ages *pl.*
medina *nf* medina.
medio,-a
1 *adj (mitad)* half: **las dos y media** half past two; **media docena de huevos** half a dozen eggs; **un año y medio** a year and a half.
2 *adj (intermedio)* middle: **a media tarde** in the middle of the afternoon.
3 *adj (de promedio)* average: **una velocidad media de ...** an average speed of ...
4 *adv* half: **medio terminado,-a** half-finished; **he dejado los platos a medio lavar** I've left the washing-up half-done.
5 **medio** *nm (mitad)* half.
6 *nm (centro)* middle: **en el medio de la plaza** in the middle of the square.
7 *nm (contexto - físico)* environment: **tiene problemas de adaptación al medio** she has problems adapting to her environment.
8 *nm (social)* circle: **se mueve en un medio muy poco estimulante** he moves in rather boring circles.
9 **medios** *nm pl (recursos)* means.
✦ **equivocarse de medio a medio** to get it all wrong.
estar (todo) por el medio to be in the way.
por medio de through, by means of.
ponerse en medio to get in the way.
por todos los medios by all means.
quitar algo/alguien de en medio to get something/somebody out of the way.
■ **media aritmética** arithmetic mean.
medio ambiente environment.
medio fondo middle-distance: **una carrera de medio fondo** a middle-distance race.

medios de comunicación (mass) media.
medios de transporte means of transport.
medioambiental *adj* environmental.
mediocampista *nm & nf* midfield player.
mediocre *adj* mediocre.
mediocridad *nf* mediocrity.
mediodía
1 *nm (las doce)* noon, midday.
2 *nm (hora del almuerzo)* lunchtime.
3 *nm (orientación)* South.
medioevo *nm* → medievo.
mediofondista *nm & nf* middle-distance runner.
mediopensionista *nm & nf* day student.
medir
1 *vt (dimensiones)* to measure.
2 *vt (riesgos)* to gauge, weigh up.
3 *vt (palabras)* to weigh, choose carefully.
4 *vt (versos)* to scan.
5 *vi (tener una dimensión)* to measure, be: **¿cuánto mides?** how tall are you?; **mide dos metros de alto por uno de ancho** it's two metres high by one metre wide.
6 **medirse** *vpr* to measure oneself.
✦ **medirse con alguien** to measure oneself against somebody.
▲ *Conjugation model* [34], *like servir.*
meditabundo,-a *adj* pensive, thoughtful.
meditación *nf* meditation.
meditar
1 *vt* to meditate, think.
2 *vi* to meditate (**sobre**, over), ponder.
meditativo,-a *adj* meditative.
mediterráneo,-a
1 *adj* Mediterranean.
2 *nm,f* Mediterranean.
■ **el (mar) Mediterráneo** the Mediterranean (Sea).
médium *nm & nf* medium.
▲ *pl* médiums.
medo,-a
1 *adj* Median.
2 *nm,f (persona)* Mede.
3 **medo** *nm (idioma)* Median.
medrar
1 *vi (planta, animal)* to thrive, grow.
2 *vi (mejorar socialmente)* to get rich, prosper.
medro
1 *nm (crecimiento)* growth.
2 *nm (mejora)* progress, achievements *pl.*
medroso,-a
1 *adj* fearful.
2 *nm,f* fearful person.
médula
1 *nf ANAT* marrow.
2 *nf BOT* pith.
3 *nf fig (esencia)* core, heart.

✦ **hasta la médula** to the marrow, through and through.
▪ **médula espinal** spinal cord.
médula ósea bone marrow.

medular
1 *adj* ANAT marrow.
2 *adj fig* essential, fundamental.
▪ **trasplante medular** bone marrow transplant.

meduloso,-a *adj* pithy.

medusa *nf* jellyfish.

mefistofélico,-a *adj* Mephistophelian.

mefítico,-a *adj* mephitic, poisonous.

megabyte *nm* megabyte.

megaciclo *nm* megacycle.

megafonía
1 *nf (técnica)* sound amplification.
2 *nf (aparato)* PA system, public-address system: avisaron por megafonía they gave it out over the PA.

megáfono *nm* megaphone.

megahercio *nm* megahertz.

megahertz *nm* megahertz.
▲ *pl megahertz.*

megalítico,-a *adj* megalithic.

megalito *nm* megalith.

megalomanía *nf* megalomania.

megalómano,-a
1 *adj* megalomaniac.
2 *nm,f* megalomaniac.

megalópolis *nf* megalopolis.
▲ *pl megalópolis.*

megaocteto *nm* megabyte.

megatón *nm* megaton.

megavatio *nm* megawatt.

megavoltio *nm* megavolt.

meiosis *nf* meiosis.
▲ *pl meiosis.*

mejicanismo *nm* Mexicanism.

mejicano,-a
1 *adj* Mexican.
2 *nm,f* Mexican.

Méjico *nm* Mexico.

mejilla *nf* cheek.
✦ **poner la otra mejilla** to turn the other cheek.

mejillón *nm* mussel.

mejillonero,-a
1 *adj* mussel.
2 *nf (instalación)* mussel farm.

mejor
1 *adj (comparativo)* better: este libro es mejor que aquél this book is better than that one; es mejor no hablar de eso it's better not talk about that.
2 *adj (superlativo)* best: la mejor película que he visto jamás the best film I've ever seen; mi mejor amigo,-a my best friend.
3 *adv (comparativo)* better: cada vez mejor better and better every day.
4 *adv (superlativo)* best: es el que mejor canta he's the one who sings the best.

5 **el/la mejor** *nm,f* the best (one).
✦ **a lo mejor** perhaps, maybe.
en el mejor de los casos at the very best.
mejor dicho or rather.
mejor o peor one way or another.
mejor que mejor so much the better.
tanto mejor so much the better.

mejora
1 *nf (progreso)* improvement.
2 **mejoras** *nf pl (obras)* alterations, improvements.

mejorable *adj* which could be improved.

mejoramiento *nm* improvement.

mejorana *nf* marjoram.

mejorar
1 *vt* to improve.
2 *vi* to improve, get better.
3 **mejorarse** *vpr* to get better: ¡que te mejores! I hope you get better.

mejoría *nf* improvement.

mejunje *nm* concoction.

melamina *nf* melamine.

melancolía *nf* melancholy, sadness.

melancólico,-a
1 *adj* melancholic, melancholy.
2 *nm,f* melancholic person.

melanina *nf* melanin.

melaza *nf* molasses.

melcocha *nf* honey toffee.

melé *nm* scrum.

melena
1 *nf (de persona)* long hair.
2 *nf (de león, caballo)* mane.
3 **melenas** *nf pl* unruly mop of hair *sing.*
✦ **soltarse la melena** *fam* to let one's hair down.

melenudo,-a
1 *adj pey* long-haired.
2 **melenudo** *nm pey* long-haired layabout.

melifluo,-a *adj* mellifluous.

melindre
1 *nm* CULIN honey fritter.
2 *nm fig* affectation.
✦ **andarse con melindres** *(en los modales)* to be fussy; *(al hablar)* to mince one's words.

melindroso,-a *adj* finicky, affected.

melisa *nf* lemon balm.

mella
1 *nf (hendedura)* nick, notch.
2 *nf (hueco)* hollow, gap; *(en los dientes)* gap.
✦ **hacer mella en** *(en objeto)* to dent; *(en persona)* to make an impression on; *(en honor, reputación)* to damage.

mellado,-a
1 *adj (persona)* gap-toothed.
2 *adj (objeto)* notched, chipped.
3 *adj (honor, orgullo)* damaged.

mellar
1 *vt (objeto)* to chip, nick.
2 *vt fig* to dent, damage.

mellizo,-a
1 *adj* twin.
2 *nm,f* twin.

melocotón *nm* peach.
▪ **melocotón en almíbar** tinned peach, peach in syrup, US canned peach.

melocotonar *nm* peach orchard.

melocotonero *nm* peach tree.

melodía *nf* melody.

melódico,-a *adj* melodic.

melodioso,-a *adj* melodious.

melodrama *nm* melodrama.

melodramático,-a *adj* melodramatic.

melomanía *nf* love of music.

melómano,-a *adj* music lover.

melón
1 *nm (fruto)* melon.
2 *nm fam (cabeza)* head, nut, noggin.
3 *nm fam (persona)* bonehead, dummy.
✦ **estrujarse el melón** *fam* to rack one's brains.

melonar *nm* melon patch.

melopea *nf fam* booze-up.
✦ **agarrar una melopea/pillar una melopea** *fam* to get sloshed.

melosidad *nf (dulzura)* sweetness, sugariness; *(en exceso)* sickliness.

meloso,-a *adj (dulce)* sweet, honeyed; *(empalagoso)* sickly.

membrana *nf* membrane.
▪ **membrana mucosa** mucous membrane.

membranoso,-a *adj* membranous.

membrete *nm* letterhead.

membrillo
1 *nm (árbol)* quince tree.
2 *nm (fruta)* quince.
3 *nm (dulce)* quince jelly.
▪ **carne de membrillo** quince jelly.

membrudo,-a *adj* burly.

memento *nm* REL *(oración)* memento.

memez
1 *nf (falta de juicio)* stupidity.
2 *nf (tontería)* stupid thing to do/say etc: ¡eso son memeces! that's balderdash!
▲ *pl memeces.*

memo,-a
1 *adj fam* stupid, dim.
2 *nm,f fam* dummy, moron.

memorable *adj* memorable.

memorando *nm* → **memorándum.**

memorándum
1 *nm (cuaderno)* notebook.
2 *nm (informe diplomático)* memorandum.
▲ *pl memorándums.*

memoria
1 *nf (gen)* memory: me falla la memoria my memory is playing tricks on me.
2 *nf (informe)* report.
3 *nf (inventario)* inventory.
4 **memorias** *nf pl (biografía)* memoirs.
✦ **a la memoria de** in memory of.
de memoria (off) by heart, by memory.
hacer memoria to try to remember.

si no me falla la memoria... if my memory serves me well/right…
tener buena/mala memoria to have a good/bad memory.
traer a la memoria to call to mind.
- **memoria de acceso aleatorio** random access memory.
memoria de elefante a memory like an elephant.
memoria RAM RAM memory.

memorial
1 *nm (acto)* memorial, conmemoration.
2 *nm (escrito)* request.

memorión,-ona
1 *adj fam* with a brilliant memory.
2 *nm,f fam (persona)* person with a brilliant memory.
3 **memorión** *nm fam* brilliant memory.

memorístico,-a *adj* memory.
memorización *nf* memorizing.
memorizar *vt* to memorize.
mena *nf* ore.
menaje *nm* household goods.
- **menaje de cocina** kitchen equipment.
mención *nf* mention.
- **digno de mención** worth mentioning.
hacer mención de algo to mention something.
- **mención honorífica** honourable mention.
mencionar *vt* to mention, cite.

menda
1 **el menda/la menda/mi menda** *pron fam* yours truly: **mi menda se va a dar un paseo ahora mismo** yours truly is going for a walk now.
2 *nm & nf fam (hombre)* bloke, guy; *(mujer)* woman.

mendacidad *nf lit* mendacity.
mendaz *adj lit* mendacious.
▲ *pl* **mendaces**.

mendelevio *nm* mendelevium.
mendelismo *nm* Mendelism, Mendelianism.
mendicante *adj* mendicant.
mendicidad *nf* begging.
mendigar *vi* to beg.
mendigo,-a *nm,f* beggar.
mendo *nm* lemon sole.

mendrugo
1 *nm* hard crust (of bread).
2 *nm fam (tonto)* blockhead.

menear
1 *vt (cabeza)* to shake; *(cola)* to wag; *(cuerpo, caderas)* to wiggle.
2 **menearse** *vpr (moverse)* to move.
3 *vpr (darse prisa)* to hurry (up), get a move on.
- **de no te menees** *fam* a hell of a: **se armó un follón de no te menees** there was a hell of a fuss.
meneársela *tabú* to wank, *us* jerk off.

meneo
1 *nm (de cola)* wagging; *(de caderas)* wiggling.

2 *nm (sacudida)* shake: **le dio un meneo para que se despertara** he shook her to wake her up.
3 *nm fam (golpe)* bang, bump; *(paliza)* hiding.

menester
1 *nm (necesidad)* need.
2 **menesteres** *nm pl fam (actividades)* business *sing*; *(necesidades)* call of nature *sing*.
- **es menester que ...** it is necessary that …

menesteroso,-a
1 *adj* needy.
2 *nm,f* needy person.

menestra *nf (plato)* vegetable stew; *(ingrediente)* mixed vegetables *pl*.
mengano,-a *nm,f* so-and-so.

mengua
1 *nf (disminución)* decrease, decline.
2 *nf (descrédito)* discredit.
- **sin mengua de** without detriment to.

menguado,-a *adj* diminished.
menguante *adj (luna)* waning.

menguar
1 *vi (número, cantidad)* to diminish, decrease; *(temperatura, nivel)* to fall, drop.
2 *vi (salud)* decline.
3 *vi (luna)* to wane.
4 *vi (labor)* to decrease.
5 *vt (disminuir)* to diminish, reduce.
6 *vt (en labor)* to decrease.
▲ *Conjugation model* [22], *like* **averiguar**.

menhir *nm* menhir.
meninge *nm* meninx.
meningitis *nm* meningitis.
▲ *pl* **meningitis**.

menisco *nm* meniscus.
menopausia *nf* menopause.
menopáusico,-a *adj* menopausal.

menor
1 *adj (comparativo - en tamaño)* smaller; *(- en calidad, importancia)* lesser; *(- en edad)* younger: **necesito una talla menor** I need a smaller size; **se corre menor peligro** it's less dangerous; **mi hermano menor** my younger brother.
2 *adj (superlativo - en tamaño)* smallest; *(- en calidad, importancia)* least; *(- en edad)* youngest: **cogió el trozo de menos tamaño** she took the smallest piece; **no tiene la menor importancia** it's not at all important; **su hermano menor se quedará en casa** his youngest brother is going to stay at home.
3 *adj (inferior)* minor.
4 *adj MÚS* minor.
5 *nm & nf JUR* minor.
- **al por menor** retail.
apto,-a para menores *(gen)* suitable for all ages; *(película)* U-certificate, *us* rated G.
ser menor de edad to be under age.
- **menor de edad** minor.
tribunal de menores juvenile court.

Menorca *nf* Minorca.
menorquín,-ina
1 *adj* Minorcan.
2 *nm,f* Minorcan.

menos
1 *adj (comparativo - en cantidad)* less; *(- en número)* fewer: **hoy hay menos gente** there are fewer people today; **viajar en tren cuesta menos dinero** going by train costs less money; **hay menos mesas que en el otro restaurante** there are fewer tables than in the other restaurant; **yo tengo menos años que tú** I'm younger than you.
2 *adj (superlativo - de cantidad)* least; *(- de número)* fewest: **yo soy la que menos culpa tiene** I'm the least guilty.
3 *adv (comparativo - de cantidad)* less; *(- de número)* fewer: **voy al gimnasio menos que antes** I go to the gym less than before; **vinieron menos de veinte personas** fewer than twenty people came; **deberías ir menos deprisa** you shouldn't go so fast; **hay que conducir a menos de 100 km/h** one cannot drive over 100 km/h.
4 *adv (superlativo)* least: **es el menos guapo de toda la familia** he's the least good-looking member of the family.
5 *adv (con horas)* to: **las tres menos cuarto** a quarter to three.
6 *adv MAT* minus: **cuatro menos dos, dos** four minus two is two.
7 *prep* but, except: **todo menos eso** anything but that; **todos fueron al cine menos Alberto** everyone went to the cinema except Alberto.
8 *pron (cantidad)* less; *(número)* fewer: **me pagó menos** he paid me less; **esperaban a más de mil personas pero vinieron menos** they were expecting over a thousand people but fewer came.
9 *nm MAT* minus sign.
- **al menos/a lo menos** at least.
a menos que unless.
aún menos much less.
cada vez menos less and less.
dar (dinero) de menos to shortchange.
en menos de nada in no time at all.
eso es lo de menos that's the least of my worries.
ir a menos to go down in the world.
lo menos at least: **lo menos que puedes hacer** the least you can do.
menos da una piedra something's better than nothing.
¡menos mal! thank God!
¡ni mucho menos! far from it!
no ser para menos to be no wonder.
para no ser menos so as not to be outdone.
por lo menos at least.
por menos de nada for no reason at all.
qué menos que ... … is the least anybody could do/could have done.

si al menos ... if only ...

venirse a menos to come down in the world.

¡ya será menos! come off it!

menoscabar
1 *vt (mermar)* to reduce, lessen, diminish.
2 *vt (dañar)* to impair, spoil.
3 *vt (desprestigiar)* to discredit.

menoscabo
1 *nm (mengua)* reduction, lessening.
2 *nm (daño)* damage.
3 *nm (perjuicio)* impairment.
✦ **con menoscabo de** to the detriment of.
sin menoscabo de without detriment to.

menospreciable *adj* contemptible.

menospreciar
1 *vt (despreciar)* to despise, scorn: **toda su familia lo menospreciaba** he was despised by his entire family.
2 *vt (no valorar)* to undervalue, underrate: **le empresa menospreciaba su importancia** the company undervalued his importance.
▲ *Conjugation model [12], like cambiar.*

menospreciativo,-a *adj* scornful, disparaging.

menosprecio
1 *nm (desprecio)* scorn, contempt.
2 *nm (poco aprecio)* underestimation, lack of appreciation.

mensáfono *nm* pager.

mensaje
1 *nm (en general)* message: **deje su mensaje después de oír la señal** please leave your message after the tone.
2 *nm (envío electrónico)* posting.
■ **mensaje de la Corona** King's Speech, Queen's Speech.
mensaje publicitario advertisement, commercial.

mensajería *nf* courier service.

mensajero,-a
1 *adj* messenger: **una paloma mensajera** a carrier pigeon.
2 *nm,f (profesional)* courier; *(que trae un mensaje)* messenger.

menstruación *nf* menstruation.

menstrual *adj* menstrual.

menstruar *vi* to menstruate.
▲ *Conjugation model [11], like actuar.*

menstruo *nm* menstruation.

mensual *adj* monthly: **gana 1.200 euros mensuales** he earns 1,200 euros a month.

mensualidad *nf (que se cobra)* monthly salary; *(que se paga)* monthly instalment.

mensualmente *adv* monthly.

ménsula *nf* corbel.

mensurable *adj* measurable.

menta
1 *nf (hierba)* mint.
2 *nf (infusión)* mint tea.
3 *nf (licor)* crème de menthe.

mentado,-a
1 *adj fml (mencionado)* aforementioned.
2 *adj fml (famoso)* famous.

mental *adj* mental.

mentalidad *nf* mentality.

mentalización *nf* awareness: **es una cuestión de mentalización** it's a question of getting into the right frame of mind.

mentalizar
1 *vt* to make aware, make realize: **hay que mentalizar a la gente para que sepa lo que pasa** the people must be made aware of what's happening.
2 **mentalizarse** *vpr (tomar conciencia)* to become aware.
3 *vpr (hacerse a la idea)* to get used to the idea, come to terms with the idea: **tendremos que mentalizarnos todos** we'll all have to get used to the idea.
▲ *Conjugation model [4], like realizar.*

mentalmente *adv* mentally.

mentar *vt* to mention.
▲ *Conjugation model [27], like acertar.*

mente
1 *nf (pensamiento)* mind.
2 *nf (facultades)* mind, intelligence, intellect.
✦ **tener algo en mente** to bear something in mind.

mentecato,-a
1 *adj* idiot.
2 *nm,f* fool.

mentir *vi* to lie: **eso me ha dicho, pero sé que miente** that's what he said, but I know he's lying.
✦ **miente más que habla** he's lying through his teeth.
▲ *Conjugation model [35], like hervir.*

mentira *nf* lie.
✦ **aunque parezca mentira** strange though it may seem.
de mentira *(en broma)* for a laugh, as a joke; *(artificial)* false.
decir mentiras to tell lies.
parece mentira it's unbelievable.
■ **mentira piadosa** white lie.
una mentira como una casa *fam* a whopper.

mentirijilla *nf fam* fib.
✦ **de mentirijillas** *(en broma)* as a joke, for a laugh; *(artificial)* false, make-believe.

mentiroso,-a
1 *adj* lying.
2 *nm,f* liar.

mentís *nm* denial.
✦ **dar un mentís a un rumor** to deny a rumour.
▲ *pl mentís.*

mentol *nm* menthol.

mentolado,-a *adj* mentholated.

mentón *nm* chin.

mentor *nm* mentor.

menú
1 *nm CULIN* menu.
2 *nm INFORM* menu.
■ **menú del día** set menu.
▲ *pl menús.*

menudear
1 *vt* to repeat frequently.
2 *vi* to happen frequently.

menudencia
1 *nf (bagatela)* trifle.
2 *nf (exactitud)* exactness, accuracy, precision.
3 *nf (esmero)* meticulousness.

menudillos *nm pl* giblets.

menudo,-a
1 *adj (pequeño)* small, tiny.
2 *adj (enfático)* fine, some, what a...: **¡menudo lío!** what a mess!
3 **menudos** *nm pl (moneda)* change *sing.*
4 *nm pl (de res)* offal *sing*; *(de ave)* giblets.
✦ **a menudo** often, frequently: **nos vemos a menudo** we often meet up.

meñique *adj* little.
■ **(dedo) meñique** little finger.

meódromo *nm tabú* bog, *US* john.

meollo
1 *nm ANAT (sesos)* brains *pl*; *(médula)* marrow.
2 *nm (lo esencial)* core, heart, crux.
✦ **el meollo de la cuestión** the crux of the matter.

meón,-ona
1 *nm,f fam* person who wets himself/herself.
2 *nm,f fam fig (cobarde)* wimp, wet, yellowbelly: **¡eres un meón!** what a wimp!
3 *nm,f fam fig (recién nacido)* baby.

mequetrefe *nm & nf* whippersnapper.

meramente *adv* merely, simply.

mercachifle
1 *nm & nf pey (comerciante)* pedlar.
2 *nm & nf (interesado)* money-grubber.

mercadear *vi* to trade.

mercader *nm arc* merchant.

mercadería *nf* merchandise.

mercadillo *nm* flea market, bazaar.

mercado *nm* market.
■ **mercado bursátil** stock market.
Mercado Común Common Market.
mercado de abastos wholesale food market.
mercado de trabajo job market.
mercado de valores stock market.
mercado negro black market.

mercadotecnia *nf* marketing.

mercancía *nf (gen)* goods.
■ **(tren) mercancías** goods train.

mercante *adj* merchant.

mercantil *adj* mercantile, commercial.

mercantilismo *nm* mercantilism.

mercantilista
1 *adj* mercantilist.
2 *nm & nf* mercantilist.

mercantilizar *vt* to commercialize.
merced *nf* favour.
✦ **a merced de** at the mercy of.
merced a thanks to.
▪ **Vuestra Merced** Your Worship.
mercedario,-a
1 *adj* belonging to the order of Our Lady of Mercy.
2 *nm,f* member of the order of Our Lady of Mercy.
mercenario,-a
1 *adj* mercenary.
2 *nm,f* mercenary.
mercería
1 *nf (artículos)* haberdashery, *US* notions store.
2 *nf (tienda)* haberdasher's shop, *US* notions store.
mercero,-a *nm,f* haberdasher, *US* notions dealer.
mercurial *adj* mercurial.
mercurio *nm* QUÍM mercury, quicksilver.
Mercurio *nm* Mercury.
merecedor,-ra *adj* worthy.
✦ **ser merecedor,-ra de** to be worthy of.
merecer
1 *vt* to deserve, be worth: mereció el premio he deserved the prize; **merece la pena verlo** it's worth a visit.
2 *vt (tener necesidad)* to need to be + *pp*, need + *ger*. la información merece ser comprobada the information needs checking.
3 *vt (valer)* to earn, get: su comportamiento le mereció una reprimenda his behaviour earned him a severe telling off.
✦ **merecer la pena** to be worth it.
lo tiene bien merecido *(premio, etc)* he *(she, etc)* really deserved it; *(castigo)* he *(she, etc,)* asked for it, it serves him *(her, etc,)* right.
▲ *Conjugation model* [43], *like* **agradecer**.
merecidamente *adv* deservedly.
merecido,-a
1 *pp* → **merecer**.
2 *adj* fully deserved, well deserved.
3 merecido *nm* (just) deserts *pl*, comeuppance.
✦ **llevar su merecido** to get one's comeuppance.
bien merecido lo tiene he *(she, etc)* had it coming to him *(her, etc)*.
merecimiento
1 *nm (mérito)* merit, worthiness.
2 *nm (esfuerzo)* effort.
✦ **hacer merecimientos para algo** to bend over backwards to do something.
merendar
1 *vi* to have an afternoon snack, have tea.
2 *vt* to have something for tea.
3 merendarse *vpr fam (vencer)* to thrash (**a**, -), beat (**a**, -).
4 *vpr (acabar rápidamente)* to knock off.
▲ *Conjugation model* [27], *like* **acertar**.

merendero
1 *nm (instalación)* open-air snack bar.
2 *nm (en el campo)* picnic spot; *(en la playa)* beachfront snack bar.
merendola *nf fam* slap-up meal.
merengado,-a *adj* → **leche**.
merengar *vt fam* to ruin.
merengue
1 *nm* CULIN meringue.
2 *nm fam (persona)* weakling, weed.
3 *nm* MÚS merengue.
4 *nm & nf fam* Real Madrid supporter.
5 *adj fam related to Real Madrid football club*.
meretriz *nf* prostitute.
▲ *pl* **meretrices**.
meridiano,-a
1 *adj (de mediodía)* midday.
2 *adj fig (claro)* obvious.
3 *nm* meridian.
meridional
1 *adj* southern.
2 *nm & nf* southerner.
merienda
1 *nf (a media tarde)* afternoon snack, tea.
2 *nf (en el campo)* picnic.
✦ **ir de merienda** to go for a picnic.
ser una merienda de negros *fam* to be pandemonium, be in an uproar.
merina *nf* merino sheep.
merino,-a *adj* merino.
▪ **lana merina** merino wool.
mérito
1 *nm (de alguien)* merit: le han dado el premio por sus méritos she was awarded the prize on her merits.
2 *nm (de algo)* merit, worth: tiene mucho mérito lo que has hecho what you have done is quite an achievement.
✦ **hacer mérito de algo** to mention something: hicieron mérito de su generosidad they mentioned his generosity.
hacer méritos para algo to strive to be deserving of something.
meritorio,-a
1 *adj* praiseworthy, meritorious.
2 *nm,f* unpaid trainee.
merluza *nf* hake.
✦ **agarrar una merluza** *fam* to get plastered.
merluzo,-a
1 *adj fam* foolish, silly.
2 *nm,f* fool, twit, twerp.
merma *nf* decrease, reduction.
mermar
1 *vt* to reduce.
2 *vi* to decrease, diminish.
mermelada *nf* jam; *(de cítricos)* marmalade.
mero *nm (pez)* grouper.
mero,-a *adj* mere.
merodeador,-ra
1 *adj* prowling.
2 *adj* MIL marauding.
3 *nm,f* prowler.
4 *nm,f* MIL marauder.

merodear
1 *vi (curiosear)* to prowl about.
2 *vi* MIL to maraud.
merodeo
1 *nm* prowling.
2 *nm* MIL marauding.
merovingio,-a
1 *adj* Merovingian.
2 *nm,f* Merovingian.
mes
1 *nm* month: en el mes de abril in (the month of) April; dentro de un mes in a month's time; ¿cuánto ganas al mes? how much do you earn a month?
2 *nm (mensualidad - que cobrar)* monthly salary; *(- que pagar)* monthly instalment *(US* installment).
✦ **estar con el mes** *fam* to have one's period.
el mes pasado/que viene last/next month.
▪ **mes civil** calendar month.
mesa
1 *nf (gen)* table; *(de oficina)* desk: mis llaves están encima de la mesa my keys are on the table; se sentaron todos a la mesa they all sat at the table.
2 *nf (comida)* food.
3 *nf (personas)* board, committee.
✦ **a mesa puesta** with one's every need catered for.
de mesa *(vino)* table.
levantarse de la mesa to leave the table.
poner la mesa to set the table, lay the table.
quitar/recoger la mesa to clear the table.
ser amante de la buena mesa to be a gourmet.
servir la mesa to wait at table.
▪ **mesa camilla** *round table under which a heater is usually placed*.
mesa de despacho desk.
mesa de mezclas mixing desk.
mesa de noche bedside table.
mesa de operaciones operating table.
mesa electoral electoral college.
mesa nido nest of tables.
mesa plegable folding table.
mesa redonda *(coloquio)* round table.
mesana
1 *nf (palo)* mizzenmast.
2 *nf (vela)* mizzen.
▪ **palo de mesana** mizzenmast.
mesar *vt* to tear.
✦ **mesarse la barba/el pelo** to tear at one's beard/hair.
mescalina *nf* mescaline.
mescolanza *nf* → **mezcolanza**.
mesenterio *nm* mesentery.
meseta
1 *nf* GEOG plateau, tableland, plain.
2 *nf (descansillo)* staircase landing.
mesiánico,-a *adj* Messianic.
mesianismo *nm* Messianism.

mesías *nm* Messiah.
- ■ **el Mesías** the Messiah.
- ▲ *pl* mesías.

mesilla *nf* small table.
- ■ **mesilla de noche** bedside table.

mesita *nf* small table.
- ■ **mesita de noche** bedside table.

mesnada
1 *nf* HIST armed retinue.
2 *nf* fig followers *pl*.

mesocarpio *nm* mesocarp.

mesocracia
1 *nf* (forma de gobierno) government by the middle class.
2 *nf* (clase media) middle-class society.

mesocrático,-a *adj* middle-class, pertaining to the middle classes.

mesolítico,-a
1 *adj* Mesolithic.
2 **el mesolítico** *nm* the Mesolithic.

mesón
1 *nm* (antiguamente) inn, tavern.
2 *nm* (actualmente) old-style restaurant.

mesonero,-a *nm,f* innkeeper.

Mesopotamia *nf* HIST Mesopotamia.

mesopotamio,-a
1 *adj* HIST Mesopotamian.
2 *nm,f* HIST Mesopotamian.

mesta *nf* HIST farmers' guild.

mestizaje *nm* crossbreeding.

mestizo,-a
1 *adj* of mixed race, mestizo.
2 *adj* pey half-breed.
3 *nm,f* person of mixed race, mestizo.
4 *nm,f* pey half-breed.

mesura *nf* restraint, moderation.

mesurar
1 *vt* to moderate.
2 **mesurarse** *vpr* to restrain oneself.

meta
1 *nf* (en atletismo, motociclismo) finishing line; (en carreras de caballos) winning post.
2 *nf* (portería) goal.
3 *nf* fig goal, aim, purpose.

metabólico,-a *adj* metabolic.

metabolismo *nm* metabolism.

metabolizar *vt* to metabolize.

metacrilato
1 *nm* QUÍM methacrylate.
2 *nm* (material) Perspex®.

metadona *nf* methadone.

metafísica *nf* metaphysics.

metafísico,-a
1 *adj* metaphysical.
2 *nm,f* metaphysician.

metáfora *nf* metaphor.

metafóricamente *adv* metaphorically.

metafórico,-a *adj* metaphorical, metaphoric.

metal
1 *nm* metal.

2 *nm* MÚS brass.
- ■ **el vil metal** filthy lucre, money.
  metal noble noble metal.
  metal precioso precious metal.

metalario,-a *nm,f* metal worker.

metalenguaje *nm* metalanguage.

metálico,-a
1 *adj* metallic.
2 **metalico** *nm* cash.

metalingüístico,-a *adj* metalinguistic.

metalingüística *nf* metalinguistics.

metalista *nm & nf* metal worker.

metalistería *nf* metal work.

metalización *nf* metallization (US metalization).

metalizado,-a *adj* metallic.
- ■ **pintura metalizada** metallic paint.

metalizar *vt* to metallize (US metalize).

metaloide *nm* metalloid.

metalurgia *nf* metallurgy.

metalúrgico,-a
1 *adj* metallurgical.
2 *nm,f* metallurgist.

metamórfico,-a *adj* metamorphic.

metamorfismo *nm* metamorphism.

metamorfosear *vt* to metamorphose.

metamorfosis *nf* metamorphosis.
- ▲ *pl* metamorfosis.

metano *nm* methane.

metanol *nm* methanol.

metástasis *nf* metastasis.
- ▲ *pl* metástasis.

metatarso *nm* metatarsus.

metátesis *nf* metathesis.
- ▲ *pl* metátesis.

metedor *nm* nappy liner, US diaper liner.

metedura metedura de pata *nf* fam faux pas, blunder, booboo.

metempsicosis *nf* metempsychosis.
- ▲ *pl* metempsicosis.

meteórico,-a *adj* meteoric.

meteorito *nm* meteorite.

meteoro *nm* meteor.

meteorología *nf* meteorology.

meteorológico,-a *adj* meteorological, weather.

meteorólogo,-a *nm,f* meteorologist.

metepatas *nm & nf* fam bigmouth.

meter
1 *vt* (introducir) to put: mete esto en el armario put this in the wardrobe; lo metieron en la cárcel they put him in prison; mete el dinero en el banco put your money in the bank.
2 *vt* (implicar) to put into (**en**, -), get into (**en**, -), involve in (**en**, -): en buen lío nos has metido you've got us into a real mess; tú me metiste en este asunto you got me involved in this business.
3 *vt* fam (dar) to give: menudo susto que nos metió he gave us a real fright; nos metió una bofetada por hablar he

gave us a slap for talking; ya le has metido miedo al niño now you've frightened the baby; nos metió un rollo insoportable he bored us to death; métele prisa o no llegamos hurry him up or we won't get there on time.
4 *vt* (hacer) to make: no metáis tanto ruido don't be so noisy.
5 *vt* (ropa - acortar) to take up; (- estrechar) to take in.
6 *vt* AUTO (marcha) to put into: mete primera put it into first.
7 *vt* DEP to score: metieron dos goles they scored two goals.
8 **meterse** *vpr* (introducirse en) to get in: métete dentro get in; se metió en el coche rápidamente he got quickly into the car, he jumped into the car; se metió en la cama he got into bed.
9 *vpr* (tomar parte - negocio) to go into (**en**, -); (involucrarse en) to get involved (**en**, in/with), get mixed up (**en**, in/with): se ha metido en un negocio de compraventa she's gone into buying and selling; se ha metido en una secta she's got mixed up with a sect.
10 *vpr* (introducirse) to get involved (**en**, in): se ha metido en la especulación del terreno he's got involved in property speculation; se ha metido en el Ayuntamiento now he's on the council; siempre te estás metiendo donde no te llaman you're always sticking your nose in where you're not wanted; me metí totalmente en el papel I got completely into in the role; se mete a fondo en todo lo que hace he throws himself into everything he does; nos vamos a meter en la compra de un piso we're going to take the plunge and buy a flat.
11 *vpr* (ir) to go: ¿dónde se habrá metido? where can he have got to?
12 *vpr* (provocar) to pick (**con**, on): no te metas con él que es más fuerte que tú don't pick on him, he's stronger than you.
13 *vpr* (dedicarse) to go (**en**, into): quiere meterse en política he wants to go into politics.
✦ **a todo meter** at full blast.
   meterse alguien donde no le llaman to poke one's nose into others' affairs.
   meterse alguien en lo que no le importa to stick one's nose into others' business.
   meterse en todo to be a meddler, stick one's nose into everything.
   no meterse en nada not to get involved.
   ¡métetelo donde te quepa! tabú you can stuff it!

meticulosamente *adv* thoroughly, meticulously.

meticulosidad *nf* meticulousness.

meticuloso,-a
1 *adj* (cuidadoso) meticulous.
2 *adj* pey (escrupuloso) fussy, finicky.

metida metida de pata *nf* → metedura.

metidito,-a
+ **metidito,-a en años** *fam euf* getting on a bit, a bit long in the tooth.
   metidito,-a en carnes *fam euf* on the plump side,.

metido,-a
1 *pp* → meter.
2 *adj (envuelto, implicado)* involved (**en**, in).
3 **metido** *nm (empujón)* shove.
4 *nm fam* dressing-down, telling-off.
+ **darle/pegarle un metido a alguien** *fam* to have a go at somebody, give somebody a dressing down.
   estar metido,-a en años *fam* to be getting on.
   estar metido,-a en carnes *fam* to be a bit on the plump side.

metijón,-ona *nm,f fam* busybody, nosy parker.

metileno *nm* methylene.

metílico,-a *adj* methylic.

metódicamente *adv* methodically.

metódico,-a *adj* methodical.

metodismo *nm* Methodism.

metodista
1 *adj* Methodist.
2 *nm & nf* Methodist.

método
1 *nm* method.
2 *nm (en pedagogía)* course.

metodología *nf* methodology.

metodológico,-a *adj* methodological.

metomentodo *nm & nf fam* busybody.

metonimia *nf* metonymy.

metraje *nm (longitud)* length; *(película rodada)* footage.
■ **corto metraje** short (film).
   largo metraje (full-length) feature film.

metralla *nf* shrapnel.

metralleta *nf* sub-machine-gun.

métrica *nf* metrics *pl*.

métrico,-a
1 *adj (sistema, unidad)* metric.
2 *adj (del verso)* metrical, metric.
■ **sistema métrico** metric system.

metro
1 *nm* metre *(us* meter).
2 *nm (cinta)* tape measure.
3 *nm (transporte)* underground, tube, *us* subway.
■ **metro cuadrado** square metre.
   metro cúbico cubic metre.

metrónomo *nm* metronome.

metrópoli *nf* metropolis.

metrópolis *nf* → metrópoli.

metropolitano,-a
1 *adj* metropolitan.
2 **metropolitano** *nm fml* underground, tube, *us* subway.
■ **área metropolitana** metropolitan area.

meublé *nm (casa de citas)* brothel.

mexicanismo *nm* Mexicanism.

mexicano,-a
1 *adj* Mexican.
2 *nm,f* Mexican.

México *nm* Mexico.

mezcla
1 *nf (acción)* mixing, blending.
2 *nf (producto)* mixture, blend.
3 *nf (de película etc)* mixing.
4 *nf (textil)* mixed fibres: **una falda de mezcla** a skirt made from mixed fibres.
5 *nf (argamasa)* mortar.
■ **mezcla de razas** mixture of races.

mezclador,-ra
1 *adj* mixing.
2 *nm,f* mixer.

mezclar
1 *vt (incorporar, unir)* to mix, blend: **hay que mezclar el huevo con la harina** you have to mix the egg with the flour.
2 *vt (desordenar)* to mix up.
3 *vt (persona)* to involve (**en**, in): **le han mezclado en negocios turbios** they've involved him in shady dealings.
4 **mezclarse** *vpr (personas)* to mix (**con**, with): **a mí no me gusta la gente con quien te mezclas** I don't like the people you're mixing with.
5 *vpr (cosas)* to get mixed up: **se me han mezclado todos los papeles** my papers have got all mixed up.
6 *vpr (entremeterse)* to interfere (**en**, in).

mezclilla *nf (tela)* lightweight mixed fibre.

mezcolanza *nf* mixture, hotchpotch.

mezquindad
1 *nf* meanness, stinginess.
2 *nf (acción)* mean thing.

mezquino,-a
1 *adj (avaro)* stingy, niggardly.
2 *adj (bajo)* low, base.
3 *adj (pobre)* miserable, poor.

mezquita *nf* mosque.

m/f *abr* **(mi favor)** my favour.

mg *sím* **(miligramo)** milligramme *(us* milligram); *(símbolo)* mg.

mi¹ *adj* my: **éste es mi hermano** this is my brother; **son mis libros** they're my books.

mi² *nm MÚS* E.

mí *pron* me: **éste es para mí** this one is for me; **a mí no me gusta** I don't like it.
+ **en cuanto a mí...** as far as I'm concerned...
   para mí que ... I think that ...
   ¡por mí! I don't mind.

miaja *nf fam* → migaja.

miasma *nm* miasma.

miau *nm* miaow, meow, mew.

mica¹ *nf GEOL* mica.

mica² *nf ZOOL* female (long-tailed) monkey.

micción *nf* micturition.

micelio *nm* spawn.

micénico,-a *adj* Mycenaean.

michelín *nm fam* spare tyre.

mico
1 *nm (animal)* (long-tailed) monkey.
2 *nm fam fig (niño)* little monkey.
3 *nm fam fig (feo)* sight.
+ **ir hecho,-a un mico** *fam* to look a sight.
   quedarse hecho,-a un mico to be shown up.
   ser el último mico *fam* to be the lowest of the low, be last in the pecking order.

micología *nf* mycology.

micosis *nf* mycosis.
▲ *pl* **micosis**.

micra *nf* micron.

micro *nm fam* mike, microphone.

microbio
1 *nm* microbe.
2 *nm fam (enano)* little squirt.

microbiología *nf* microbiology.

microbiólogo,-a *nm,f* microbiolgist.

microbús *nm* minibus.

microchip *nm* microchip.

microcirugía *nf* microsurgery.

microclima *nm* microclimate.

microcomputador *nm* microcomputer.

microcosmo *nm* microcosm.

microcosmos *nm* microcosm.
▲ *pl* **microcosmos**.

microeconomía *nf* microeconomics.

microelectrónica *nf* microelectronics.

microficha *nf* microfiche.

microfilm *nm* microfilm.

microfilmar *vt* to microfilm.

microfilme *nm* microfilm.

micrófono *nm* microphone.

micrómetro *nm* micrometer.

microondas *nm* microwave.
■ **horno microondas** microwave oven.

microordenador *nm* microcomputer.

microprocesador *nm* microprocessor.

micropunto *nm* microdot.

microscópico,-a *adj* microscopic.

microscopio *nm* microscope.

microsurco *nm* microgroove.

microteléfono *nm* handset.

miedica *nm & nf fam* scaredy-cat.

miedo *nm* fear: **no dijo nada por miedo a las represalias** he said nothing for fear of reprisals; **me da miedo el avión** I'm scared of flying; **¡qué miedo!** how frightening!
+ **dar/meter miedo a alguien** to frighten somebody, scare somebody.
   de miedo *fam (fabuloso)* great, terrific; *(de terror)* terrifying.
   morirse de miedo to be scared stiff.
   tener miedo to be scared, be frightened, be afraid: **tiene miedo a la oscuridad** he's afraid of the dark.
■ **miedo al escenario** stage fright.

miedoso,-a
1 *adj* easily frightened.
2 *adj (cobarde)* cowardly: ¡no seas tan miedoso, que no duele nada! be brave, it doesn't hurt at all!

miel *nf* honey.
✦ dejar a alguien con la miel en los labios to leave somebody wanting more.
miel sobre hojuelas it just gets better and better, it's even better than it sounded.
no hay miel sin hiel you've got to take the rough with the smooth.
ser todo miel *fig* to be all sweetness and light.

mielina *nf* myelin.

miembro
1 *nm (extremidad)* limb.
2 *nm (viril)* member.
3 *nm (socio)* member.
4 *nm* MAT member.
■ estado miembro member state.
miembro viril male member, penis.

miente *nf arc* mind.
✦ parar mientes en to notice.

mientras
1 *adv* in the meantime, meanwhile: voy por unas toallas, mientras (tanto), vete calentando el agua I'm going to get some towels, in the meantime you can start heating the water.
2 *conj (temporal)* while, whilst: mientras estés de vacaciones no pienses en el trabajo while you're on holiday, don't think about work; mientras estaba fuera tuvo un accidente he had an accident while he was away.
3 *conj (adversativa)* whereas: yo al menos he estudiado, mientras que tú no at least I have studied, whereas you haven't.
4 *conj (hasta que)* until: no sabremos quién lo hizo mientras no tengamos las pruebas necesarias we won't know who did it until we have the necessary evidence.
5 *conj (condicional)* as long as: te lo explico mientras no se lo digas a nadie más I'll tell you as long as you don't tell anyone else.

miércoles *nm* Wednesday.
■ Miércoles de Ceniza Ash Wednesday.
▲ *See also* jueves.

mierda
1 *nf tabú (excremento)* shit: he pisado una mierda de perro I've stepped in some dog shit.
2 *nf tabú fig* crap: esta película es una mierda this film is crap.
3 *nf tabú (borrachera)* drunken state: ¡vaya mierda lleva encima! he's pissed as a fart!
4 *interj tabú* shit!
✦ una mierda de... tabú a crappy…, a shitty…: es una mierda de coche it's a crappy old car.

¡(y) una mierda! tabú up yours!
mandar a alguien a la mierda tabú to tell somebody to get lost: si no te deja en paz mándalo a la mierda if he doesn't leave you alone tell him to get lost; ¡vete a la mierda! piss off!

mies
1 *nf* corn, grain.
2 *nf (cosecha)* harvest time.
3 **mieses** *nf pl* cornfields.
▲ *pl* mieses.

miga
1 *nf (parte blanda del pan)* crumb, soft part; *(pan desmenuzado)* breadcrumbs.
2 *nf (trocito)* bit, small piece.
3 *nf fig (sustancia)* substance: un hombre de miga a man of substance.
4 **migas** *nf pl* CULIN fried breadcrumbs.
✦ estar hecho,-a migas *fam (persona - agotado)* to be exhausted, be worn out; *(- destrozado moralmente)* to be a wreck.
hacer algo migas to smash something to smithereens.
hacer buenas/malas migas con to get along well/badly with.
tener algo miga to be no easy matter.
■ migas de pan breadcrumbs *pl.*

migaja
1 *nf (gen)* crumb; *(de pan)* breadcrumb.
2 *nf fam fig* bit, scrap: no tiene ni una migaja de inteligencia he hasn't got a scrap of intelligence.

migar *vt* to crumble.

migración *nf* migration.

migraña *nf* migraine.

migrar *vi* to migrate.

migratorio,-a *adj* migratory.

mijo *nm* millet.

mil
1 *adj* thousand.
2 *adj (milésimo)* thousandth.
3 *nm* a thousand, one thousand.
■ el año dos mil the year two thousand.
las Mil y Una Noches the Arabian Nights.
mil millones a thousand million, US billion.
▲ *See also* seis *and* sexto,-a.

milagrería *nf* belief in miracles.

milagrero,-a
1 *adj (que cree)* who believes in miracles.
2 *adj fam (que hace milagros)* who works miracles.

milagro *nm* miracle: no se ha caído de milagro it's a miracle it hasn't fallen over.
✦ contar su vida y milagros to tell one's life story.
hacer milagros to work miracles.

milagrosamente *adv* miraculously.

milagroso,-a
1 *adj* miraculous.
2 *adj (asombroso)* marvellous.

milanesa a la milanesa *loc* done in breadcrumbs.

milano *nm* kite.

mildeu *nm* mildew.

mildiu *nm* mildew.

milenario,-a
1 *adj* millennial.
2 **milenario** *nm* millennium.

milenio *nm* millennium.

milésimo,-a
1 *adj* thousandth.
2 *nm,f* thousandth.
▲ *See also* sexto,-a.

milhojas *nm* CULIN millefeuille, puff pastry.
▲ *pl* milhojas.

mili *nf fam* military service.
✦ hacer la mili *fam* to do one's military service.

milibar *nm* milibar.

milicia
1 *nf (disciplina)* art of warfare.
2 *nf (militares)* military.
3 *nf (gente armada)* militia.
■ milicias (universitarias) *military service for University students*.

miliciano,-a
1 *adj* of the militia.
2 *nm,f (hombre)* militiaman; *(mujer)* militiawoman.

miligramo *nm* milligram, milligramme.

mililitro *nm* millilitre (US milliliter).

milimétrico,-a *adj* pinpoint.
■ precisión milimétrica pinpoint accuracy.

milímetro *nm* millimetre (US millimeter).

militancia *nf* militancy.

militante
1 *adj* militant.
2 *nm & nf (de una asociación)* active member; *(de un partido político)* active party member; *(activista)* militant.

militar
1 *adj* military.
2 *nm* military man, soldier: los militares the armed forces.
3 *vi* MIL to serve.
4 *vi* POL *(ser miembro)* to be an active member; *(ser activista)* to be a militant, be an activist.
■ tribunal militar military court.

militarismo *nm* militarism.

militarista
1 *adj* militarist.
2 *nm & nf* militarist.

militarización *nf* militarization.

militarizar *vt* to militarize.

milla *nf* mile.
■ milla náutica nautical mile.

millar *nm* thousand.
✦ a millares by the thousands.

millón
1 *nm* million: un millón de euros a million euros; tres millones de dólares three million dollars.
2 **millones** *nm pl* a fortune: ha pagado millones por ese cuadro the picture cost him a fortune.

✦ **millones de veces** thousands of times.
un millón de gracias thanks a million.

millonada *nf fam* bomb, fortune, packet: **el piso les costó una millonada** the flat cost them a packet.

millonario,-a
1 *adj* millionaire.
2 *nm,f (hombre)* millionaire; *(mujer)* millionairess.

millonésimo,-a
1 *adj* millionth.
2 *nm,f* millionth.
▲ *See also* sexto,-a.

milonga *nf* milonga, *(Argentinian dance and song)*.

milpiés *nm* millipede.
▲ *pl* milpiés.

milrayas *nm (tejido)* candy stripe.

mimar *vt (consentir)* to spoil; *(mimar con exceso)* to pamper, mollycoddle: **se comporta como un niño mimado** he behaves like a spoilt child; **lo miman demasiado** he's too pampered, he's spoilt.

mimbre *nm* wicker.

mimesis *nf* mimesis.
▲ *pl* mimesis.

mimético,-a *adj* mimetic.

mimetismo *nm* mimicry.

mímica *nf* mimicry.

mímico,-a *adj* mimic.

mimo
1 *nm (actor)* mime artist.
2 *nm (cariño)* pampering.
3 *nm (cuidado)* care: **trátame el cachorro con mucho mimo** treat the puppy with tender loving care.
✦ **hacerle mimos a alguien** to pamper somebody.
tener mucho mimo to be spoilt.

mimosa *nf BOT* mimosa.

mimoso,-a
1 *adj (mimado)* spoilt.
2 *adj (cariñoso)* affectionate, loving; *(meloso)* overaffectionate, clingy.

mina
1 *nf (mine)*: **trabaja en una mina** he works down a mine.
2 *nf fig (cosa)* gold mine: **este negocio es una mina** this business is a gold mine.
3 *nf (explosivo)* mine.
4 *nf (de lápiz)* lead; *(de bolígrafo)* refill.
✦ **ser una mina de información** to be a mine of information.
■ **campo de minas** minefield.
detector de minas mine detector.
mina de carbón coal mine.
mina de oro gold mine.
mina de plata silver mine.

minador,-ra
1 *nm,f (ingeniero)* sapper.
2 **minador** *nm (buque)* minelayer.

minar
1 *vt (terreno)* to mine.
2 *vt fig (salud, resistencia)* to undermine, weaken.

minarete *nm* minaret.

mineral
1 *adj* mineral.
2 *nm* mineral.
■ **agua mineral** mineral water.
mineral de hierro iron ore.

mineralización *nf* mineralization.

mineralizar *vt* to mineralize.

mineralogía *nf* mineralogy.

mineralógico,-a *adj* mineralogical.

minería
1 *nf (técnica)* mining.
2 *nf (mineros)* miners *pl*.
3 *nf (industria)* mining industry.

minero,-a
1 *adj* mining.
2 *nm,f* miner.

mineromedicinal **aguas mineromedicinales** *nf pl* medicinal waters.

minestrone *nf* minestrone.

minga *nf tabú* dick.

mingitorio *nm* public toilet.

mini *nf fam* miniskirt.

miniar *vt ART* to illuminate.

miniatura
1 *nf (reproducción)* miniature.
2 *nf ART (pintura)* miniature; *(de manuscritos)* illumination, miniature.
3 *nf ART (técnica - en retrato)* miniaturization; *(- en manuscritos)* illumination.
4 *nf fig* tiny thing: **¡qué miniatura de perro!** what a tiny little dog!
✦ **en miniatura** in miniature.

miniaturista *nm & nf* miniaturist.

miniaturizar
1 *vt* to miniaturize.
2 *vt (manuscritos)* to illuminate.

minifalda *nf* mini skirt.

minifundio *nm* smallholding.

minifundista *nm & nf* smallholder.

minigolf *nm* crazy golf.

mínima *nf (temperatura)* minimum temperature: **ayer la mínima la dio Burgos** Burgos had the lowest temperature yesterday.

mínimamente *adv* slightly.

minimizar *vt* to minimize.

mínimo,-a
1 *adj* minimum, lowest: **con un esfuerzo mínimo ya habremos llegado** if we try just a bit harder we'll get there; **hemos llegado a temperaturas mínimas** we've reached minimum temperatures; **no me importa lo más mínimo** I couldn't care less.
2 **mínimo** *nm* minimum: **pon el gas en el mínimo** turn the gas right down.
✦ **como mínimo** at least.
ni la más mínima idea not the faintest (idea).
■ **mínimo común múltiplo** lowest common multiple.

minina *nf tabú* willie.

minino *nm fam* pussy, kitty.

minio *nm* red lead, minium.

minipimer *nm & nf* hand blender.
▲ *Registered trademark.*

miniserie *nf* miniseries.

ministerial *adj* ministerial.

ministerio
1 *nm POL* ministry, *US* department.
2 *nm REL* ministry.
■ **Ministerio de Defensa** Ministry of Defense.
ministerio fiscal ≈Department of Public Prosecution.
Ministerio de Asuntos Exteriores Ministry of Foreign Affairs, *GB* ≈ Foreign Office, *US* ≈ State Department.
Ministerio de Economía y Hacienda Ministry of Finance, *GB* ≈ Exchequer, Treasury, *US* Treasury Department.
Ministerio del Interior Ministry of the Interior, *GB* ≈ Home Office, *US* ≈ Department of the Interior.
Ministerio de Obras Públicas Ministry of Public Works, *US* Department of Public Works.

ministrable *adj who is in the running for ministry, who may become a minister.*

ministro,-a
1 *nm,f POL* minister, *US* secretary.
2 *nm,f REL* minister.
■ **Ministro,-a de Asuntos Exteriores** Minister for Foreign Affairs, *GB* ≈ Foreign Secretary, *US* ≈ Secretary of State.
Ministro,-a de Defensa Minister of Defence, *US* Defense Secretary.
Ministro,-a de Economía y Hacienda Minister of Finance, *GB* ≈ Chancellor of the Exchequer, *US* ≈ Secretary of the Treasury.
Ministro,-a del Interior Minister of the Interior, *GB* ≈ Home Secretary, *US* ≈ Secretary of the Interior.
Ministro,-a de Justicia Minister of Justice, *GB* ≈ Lord Chancellor.
ministro,-a sin cartera minister without portfolio.
ministro de Dios minister of God.
primer,-ra ministro,-a prime minister.

minoico,-a *adj* Minoan.

minoría *nf* minority.

minorista
1 *adj* retail.
2 *nm & nf* retailer.

minoritario,-a *adj* minority: **un grupo minoritario** a minority group.

minucia *nf* trifle.

minuciosamente *adv* painstakingly, in detail.

minuciosidad *nf* meticulousness, thoroughness.

minucioso,-a *adj* meticulous, thorough, painstaking.

minué *nm* minuet.

minuendo *nm* minuend.

minueto *nm* minuet.

minúscula *nf (letra)* small letter; *(en imprenta)* lower-case letter.
✦ **con minúscula** in small letters.

minúsculo,-a *adj (letra)* small; *(persona, objeto)* minute, minuscule; *(detalle)* insignificant.

minusvalía
1 *nf (económica)* decrease in value.
2 *nf (de una persona)* handicap, disability.

minusválido,-a
1 *adj* disabled, handicapped.
2 *nm,f* disabled person.

minusvalorar *vt* to underestimate.

minuta
1 *nf (factura)* bill; *(de un abogado)* solicitor's fees *pl*.
2 *nf (borrador)* draft.
3 *nf CULIN* menu.

minutero *nm* minute hand.

minuto *nm* minute.
✦ **al minuto** at once.

mío,-a
1 *adj* my, of mine: **no es vecino mío** he's not my neighbour; **un pariente mío** a relative of mine; **es muy amiga mía** she's a good friend of mine.
2 *pron* mine: **este abrigo es mío** this coat is mine; **dámelo, es mío** give it to me, it's mine; **esto no es lo mío** I don't think this is my scene; **lo mío es el fútbol** football is what I really like; **¿tú no eras de los míos?** weren't you on my side?; **este chico es de los míos** this guy is just like me.
✦ **ésta es la mía** this is what I've been waiting for.
los míos *fam* my family *sing*, my folks.

miocardio *nm* myocardium.

miope
1 *adj* short-sighted, myopic.
2 *nm & nf* short-sighted person.

miopía *nf* short-sightedness.

MIR *abr MED* (**Médico Interno Residente**) houseman, *US* intern.

mira
1 *nf (dispositivo)* sight.
2 *nf fig* intention: **no sé cuáles son sus miras en este asunto** I don't know what his intentions are.
✦ **con miras a** with a view to: **lo hizo con miras a montar un negocio** he did it with a view to setting up a business.
estrecho,-a de miras narrow-minded.
tener sus miras en algo/alguien to have one's eye on something/somebody.
■ **mira telescópica** telescopic sight.

mirada *nf (gen)* look; *(vistazo)* glance: **una mirada de odio** a look of hate; **échale una mirada a esto** have a glance at this.
✦ **aguantar la mirada a alguien** to stare somebody out.
apartar la mirada to look away.
clavar la mirada en algo/alguien to stare at something/somebody, fix one's eye on something/somebody.

devorar con la mirada to leer at.
echar una mirada a algo/alguien to take a look at something/somebody.
fulminar a alguien con la mirada to look daggers at somebody.
levantar la mirada to look up.
■ **mirada asesina** evil look.
mirada de soslayo sideways glance.
mirada fija gaze.
mirada perdida/vaga far-away look.

miradero *nm* → **mirador**.

mirado,-a
1 *pp* → **mirar**.
2 *adj (cauto)* cautious.
3 *adj (cuidadoso)* careful.
4 *adj (considerado)* considerate.
✦ **estar muy bien mirado,-a** to be highly respected.
estar muy mal mirado,-a to be looked down on.
bien mirado after all.

mirador
1 *nm (balcón)* glassed-in balcony.
2 *nm (lugar)* viewing point.

miraguano
1 *nm (palmera)* kapok tree.
2 *nm (material)* kapok.

miramiento *nm* consideration.
✦ **andarse con miramientos** to be extremely polite.
sin miramientos with total disregard.

mirar
1 *vt (observar)* to look at; *(con atención)* to watch: **mira lo que dice este letrero** look at this sign; **mírame a los ojos** look me in the eye; **pasa todo el día mirándose en el espejo** he spends all day looking at himself in the mirror; **se miraron sorprendidos** they looked at each other in surprise.
2 *vt (buscar)* to look; *(registrar)* to search: **ya he mirado por todas partes y no lo encuentro** I've looked everywhere and I can't find it; **me miraron todo al pasar por la aduana** they went through everything at customs.
3 *vt (tener cuidado con)* to watch: **mira bien lo que haces** watch what you do.
4 *vt (averiguar)* to see, find out: **mira (a ver) si lo han vendido ya** see whether they have sold it yet.
5 *vt (dar)* to face: **el dormitorio mira a poniente** the bedroom faces west.
6 *vt (tener cuidado con)* to watch, mind, be careful: **mira bien lo que dices** watch what you say.
7 *vt (tener en cuenta)* to consider: **cuando le apetece algo no mira nada** when he wants something he just goes for it; **los jóvenes de hoy no miran nada** young people today have no consideration.
8 *vi (gen)* to look; *(con atención)* to stare.
9 *vi (buscar)* to look: **mira debajo de la cama** look under the bed.
10 *vi (tener cuidado)* to mind, watch, be careful: **mira que no te engañen** mind they don't cheat you.

✦ **de mírame y no me toques** very fragile, delicate.
mira que si … what if …
¡mira! *(gen)* look!; *(con asombro)* well I never!, fancy that!; *(como aviso)* look here!
mira que te lo dije I did tell you, didn't I?
mira quién habla look who's talking.
mira, yo no digo nada look, I'm not saying a thing.
mirándolo bien … thinking about it …
mirar a alguien por encima del hombro to look down one's nose at somebody.
mirar algo/a alguien con buenos/malos ojos to have a good/bad opinion of something/somebody.
mirar algo por encima to have a quick look at something.
mirar atrás to look back.
mirar de arriba a abajo a alguien to look somebody up and down.
mirar por alguien to think of somebody.
mirarse en alguien to look up to somebody.
¡mira por donde! would you believe it!
¡mira que! ¡mira que es tonto! he's so stupid!

miríada *nf* myriad.

mirilla *nf* peephole, spyhole.

miriñaque *nm* crinoline.

miriópodo *nm* myriapod.

mirlitón *nm* kazoo.

mirlo *nm* blackbird.
✦ **ser un mirlo blanco** to be one in a million.

mirón,-ona
1 *adj fam* nosy.
2 *adj (espectador)* onlooking.
3 *nm,f fam pey (curioso)* nosy parker.
4 *nm,f (espectador)* onlooker.
5 *nm,f pey (voyeur)* voyeur, Peeping Tom.

mirra *nf* myrrh.

mirto *nm* myrtle.

misa *nf* mass.
✦ **cantar misa** to celebrate one's first mass.
decir misa to say mass.
por mí como si dice misa *fig* I couldn't care less.
ir a misa *(asistir)* to go to mass; *(ser cierto)* to be gospel: **esto va a misa** you can take it from me.
no saber de la misa la media not to have a clue.
oír misa to hear mass.
■ **misa cantada** sung mass.
misa de campaña open-air mass.
misa de difuntos requiem mass.
misa del gallo midnight Mass on Christmas Eve.

misal *nm* missal.

misantropía *nf* misanthropy.

misántropo,-a
1 *adj* misanthropic.
2 *nm,f* misanthrope, misanthropist.

miscelánea *nf* miscellany.
misceláneo,-a *adj* miscellaneous.
miserable
 1 *adj (desdichado)* miserable.
 2 *adj (insignificante)* miserly; *(tacaño)* mean.
 3 *adj (malvado)* wretched.
 4 *nm & nf (malvado)* wretch.
 5 *nm & nf (tacaño)* miser.
miserablemente *adv* miserably.
miseria
 1 *nf (pobreza)* extreme poverty: **viven el la miseria** they live in extreme poverty.
 2 *nf (desgracia)* misery, wretchedness.
 3 *nf (tacañería)* meanness.
 4 *nf fam (dinero)* pittance: **pagan una miseria** the pay is dreadful.
misericordia *nf* mercy.
misericordioso,-a
 1 *adj* merciful.
 2 **los misericordiosos** *nm pl* the merciful.
mísero,-a
 1 *adj* miserable: **no nos dieron ni un mísero céntimo** they didn't even give us a single cent; **¡oh, mísero de mí!** woe is me!
 2 *nm,f* miser.
misil *nm* missile.
 ▪ **misil aire-aire** air-to-air missile.
 misil balístico ballistic missile.
 misil de crucero cruise missile.
 misil de medio alcance intermediate range ballistic missile.
 misil teledirigido guided misile.
 misil tierra-aire surface-to-air missile.
mísil *nm* → **misil**.
misión
 1 *nf (tarea)* mission, task.
 2 *nf REL* mission.
 ✦ **irse a las misiones** to become a missionary.
 ▪ **misión de buena voluntad** goodwill mission.
 misión diplomática diplomatic mission.
misionero,-a
 1 *adj* mission.
 2 *nm,f* missionary.
Misisipí
 1 *nm (estado)* Mississippi.
 2 **el Misisipí** *nm (río)* the Mississippi.
misiva *nf* missive.
mismamente *adv fam* precisely.
mismísimo,-a *adj* (very) same: **nació el mismísimo día que yo** he was born on the very same day as me; **llegaré hasta el mismísimo presidente si hace falta** I'll talk to the President himself if it's necessary; **este niño es el mismísimo demonio** this child is the devil himself.
mismito **ahora mismito** *loc* right now.
mismo,-a
 1 *adj (idéntico)* same: **el mismo color** the same colour; **tiene la misma cara que su padre** he looks just like his dad.

 2 *adj (enfático)* very: **en esta misma casa nací yo** I was born in this very house; **ni sus mismos amigos lo entienden** even his own friends don't understand him.
 3 *pron* same: **es el mismo del año pasado** it's the same one as last year.
 4 **mismo** *adv* same: **piensa lo mismo que tu** he thinks the same as you; **ahora mismo viene** he'll be here in a second; **parece que fue ayer mismo** it seems like only yesterday; **para mañana mismo lo tengo acabado** I'll have it done by tomorrow; **vamos a sentarnos aquí mismo** let's sit right here.
 ✦ **yo** *(ti, etc)* **mismo,-a** myself *(yourself, etc)*: **lo hice yo mismo** I did it myself; **te estás perjudicando a ti mismo** you're not doing yourself any favours; **con el sr. Suárez por favor —yo mismo —speaking.** may I speak to Mr Suárez please? —speaking.
 es lo mismo *(la misma cosa)* it amounts to the same thing; *(no importa)* it doesn't matter.
 lo mismo da it doesn't matter.
 o lo que es lo mismo that is to say.
 ¡por eso mismo! precisely: **por eso mismo no fui** that's why I didn't go.
 volver a las mismas/estar en las mismas to be back at square one.
misoginia *nf* misogyny.
misógino,-a
 1 *adj* misogynous.
 2 *nm,f* misogynist.
miss *nf* miss.
mistela *nf* sweet wine.
míster *nm (en fútbol)* manager, coach.
 ▲ *pl* **místers**.
misterio *nm* mystery: **no han podido resolver el misterio** they haven't been able to solve the mystery.
 ✦ **hacer algo con mucho misterio** to do something in secret.
misteriosamente *adv* mysteriously.
misterioso,-a *adj* mysterious.
mística
 1 *nf (misticismo)* mysticism.
 2 *nf (teología)* mystic theology.
misticismo *nm* mysticism.
místico,-a
 1 *adj* mystic, mystical.
 2 *nm,f (persona)* mystic.
mistral *nm* mistral.
mitad
 1 *nf* half: **me llevo la mitad** I'll take half; **estamos a mitad de camino** we're halfway there; **a mitad de precio** half-price; **llegó en mitad de la película** he arrived halfway through the film.
 2 *nf (medio)* middle: **en mitad de la plaza** in the middle of the square.
 ✦ **partir algo por la mitad** to cut/split something in half.
mítico,-a *adj* mythical.

mitificación
 1 *nf (conversión en mito)* making into a myth.
 2 *nf (adoración)* hero worship; *(de políticos)* personality cult.
mitificar
 1 *vt (convertir en mito)* to make a myth of, mythicize.
 2 *vt (adorar)* to hero-worship.
mitigación *nf* mitigation.
mitigador,-ra *adj* mitigating.
mitigar *vt* to mitigate, relieve.
 ▲ *Conjugation model* [7], *like* **llegar**.
mitin *nm* meeting, rally.
 ▲ *pl* **mítines**.
mito *nm* myth.
mitología *nf* mythology.
mitológico,-a *adj* mythological.
mitomanía
 1 *nf* mythomania, tendency to embroider the truth.
 2 *nf (idolatría)* hero worship.
mitómano,-a
 1 *adj* mythomaniac.
 2 *nm,f* mythomaniac.
 3 *nm,f (idólatra)* hero-worshipper.
mitón *nm* mitten.
mitosis *nf* mitosis.
 ▲ *pl* **mitosis**.
mitra
 1 *nf (tocado)* mitre.
 2 *nf (cargo)* bishopric.
mitral
 1 *adj* mitral, mitre-shaped.
 2 *adj MED (válvula)* mitral.
mixomatosis *nf* myxomatosis.
 ▲ *pl* **mixomatosis**.
mixteca
 1 *adj* Mixtec.
 2 *nm & nf* Mixtec.
mixteco,-a *adj-nm,f* → **mixteca**.
mixto,-a
 1 *adj* mixed: **una ensalada mixta** a mixed salad.
 2 **mixto** *nm (sándwich)* toasted ham and cheese sandwich.
 ▪ **colegio mixto** coeducational school, co-ed school.
mixtura *nf* mixture.
ml *sím (mililitro)* millilitre *(US milliliter)*; *(símbolo)* ml.
m/L *abr (mi letra, mi letra de crédito)* my credit bill.
mm *sím (milímetro)* millimetre *(US millimeter)*; *(símbolo)* mm.
Mm *sím (miriámetro)* myriametre *(US myriameter)*; *(símbolo)* Mm.
m.n. *abr (moneda nacional)* national currency.
mnemotecnia *nf* mnemonics.
mnemotécnico,-a *adj* mnemonic.
moabita
 1 *adj HIST* Moabite.
 2 *nm & nf HIST* Moabite.

moaré *nm* moiré.

mobiliario *nm* furniture.

moca *nf (café)* mocha.

mocasín *nm* moccasin.

mocedad *nf* youth: en mis mocedades in my youth.

mocerío *nm* young people *pl*.

mocetón,-ona *nm,f (hombre)* strapping young lad; *(mujer)* strapping young woman.

mochales *adj fam* round the bend.

mochila *nf* rucksack, backpack.

mochilero,-a *nm,f* backpacker.

mocho,-a
1 *adj (torre)* flat-topped; *(árbol)* lopped, pollarded.
2 **mocho** *nm (de la escopeta)* butt.

mochuelo
1 *nm* ZOOL little owl.
2 *nm fam fig (fastidio)* bore.
✦ **cada mochuelo a su olivo** each to his own.
cargar con el mochuelo to be landed with it.
cargarle el mochuelo a alguien to pass the buck.

moción
1 *nf* motion.
2 *nf (movimiento)* motion, movement.
✦ **aprobar una moción** to pass a motion.
■ **moción de censura** vote of no confidence.

moco
1 *nm (mucosidad)* mucus; *(familiarmente)* snot.
2 *nm (de vela)* drips *pl*.
3 *nm (de pavo)* wattle.
✦ **limpiarse los mocos** *fam* to blow one's nose.
llorar a moco tendido *fam* to cry one's eyes out.
no es moco de pavo *fam* it's not to be sneezed at.
tener mocos *fam* to have a runny nose.
tirarse el moco *fam* to show off.

mocoso,-a
1 *adj* snotty.
2 *nm,f fam* brat.

moda
1 *nf* fashion: me gusta ir a la moda I like to keep up with fashion.
2 *nf (locura)* craze.
✦ **de moda** fashionable, popular.
estar de moda to be in fashion.
la última moda the latest fashion.
pasado,-a de moda old-fashioned.
pasar de moda to go out of fashion.
ser un,-a esclavo,-a de la moda to be a slave to fashion.

modal *adj* modal.

modales *nm pl* manners.
✦ **tener buenos/malos modales** to have good/bad manners.

modalidad
1 *nf* form, method, means, way.
2 *nf (deporte)* sport; *(en atletismo, esquí)* event; *(en vela)* class: ganó la modalidad de 400 metros vallas he won the 400 metres hurdles.
■ **modalidad de pago** method of payment.
modalidad deportiva sport.

modelado *nm* modelling (US modeling).

modelador,-ra *nm,f* modeller (US modeler).

modelar *vt* to model, shape.

modélico,-a *adj* model.

modelismo *nm (de arcilla etc)* modelling; *(de piezas)* model-making.

modelo
1 *adj* model: un estudiante modelo a model student.
2 *nm & nf (persona)* (fashion) model.
3 *nm (patrón)* model: esto te puede servir de modelo you can use this as a model.
4 *nm (diseño)* model: este modelo es más económico this is a more economical model.
5 *nm (traje)* number.
■ **desfile de modelos** fashion show.

módem *nm* modem.
▲ *pl* **módems.**

moderación *nf* moderation: beber con moderación to drink in moderation; conducir con moderación to drive carefully.

moderado,-a
1 *adj* moderate.
2 *nm,f* moderate.

moderador,-ra
1 *adj* moderating.
2 *nm,f (de reunión)* chairperson; *(- hombre)* chairman; *(- mujer)* chairwoman; *(de debate)* moderator.

moderar
1 *vt (gen)* to moderate; *(velocidad)* to reduce.
2 **moderarse** *vpr* to control oneself.
✦ **moderarse en las palabras** to measure one's words, mind what one says.

modernamente
1 *adv (actualmente)* nowadays, at present, currently.
2 *adv (recientemente)* recently.

modernidad
1 *nf* modernity.
2 *nf fam* in-crowd.

modernismo
1 *nm (arte, literatura)* Modernism.
2 *nm (estilo español)* Spanish Art Nouveau, Modernismo.

modernista
1 *adj* Modernist.
2 *adj* ART *(en España)* Spanish Art Nouveau, Modernista.
3 *nm & nf* Modernist.
4 *nm & nf* ART *(en España)* Modernista.

modernización *nf* modernization.

modernizar
1 *vt* to modernize.
2 **modernizarse** *vpr* to be modernized.
▲ Conjugation model [4], *like realizar.*

moderno,-a *adj* modern.

modestamente *adv* modestly.

modestia *nf* modesty.
✦ **con modestia** modestly.
modestia aparte in all modesty.

modesto,-a
1 *adj* modest.
2 *nm,f* modest person.

módico,-a
1 *adj* modest.
2 *adj (precio)* reasonable.

modificable *adj* modifiable.

modificación *nf* alteration, modification.

modificador,-ra
1 *adj* modifying.
2 **modificador** *nm* modifier.

modificar *vt* to alter, modify.
▲ Conjugation model [1], *like sacar.*

modismo *nm* idiom.

modista
1 *nm & nf (diseñador)* fashion designer.
2 *nm & nf (de ropa para mujer)* dressmaker; *(de ropa para hombre)* tailor.

modistilla *nf* dressmaker's assistant.

modisto
1 *nm (diseñador)* fashion designer.
2 *nm (sastre)* tailor.

modo
1 *nm* way, manner: no me convence su modo de trabajar I'm not sure about the way he does his job.
2 *nm* LING mood: el modo subjuntivo the subjunctive mood; adverbios de modo adverbs of manner.
3 **modos** *nm pl* manners.
✦ **a modo de** as a, like a: lo utilizaron a modo de un jarrón they used it as a vase.
de cualquier modo *(como conector de frases)* in any case, anyway; *(despreocupadamente)* any old how.
de modo que so: de modo que ya lo sabes so now you know.
de todos modos anyhow, at any rate.
en cierto modo in a way.
■ **modo de empleo** instructions *pl*.
modo de ser character: es su modo de ser that's the way he is.

modorra *nf fam* drowsiness, sleepiness: me ha entrado la modorra I feel sleepy.

modoso,-a *adj* quiet, well-behaved.

modulación *nf* modulation.

modulador,-ra
1 *adj* modulating.
2 *nm,f* modulator.

modular
1 *vt* to modulate.
2 *adj* modular.

módulo
1 *nm (gen)* module.

2 *nm (mueble)* unit: muebles por módulos modular furniture, furniture in units.

mofa *nf* mockery, derision.
+ **hacer mofa de algo/alguien** to mock something/somebody.

mofarse *vpr* to scoff, mock.
+ **mofarse de algo/alguien** to mock something/somebody, make fun of something/somebody.

mofeta *nf* skunk.

moflete *nm fam* chubby cheek.

mofletudo,-a *adj fam* chubby-cheeked.

Mogadiscio *nm* Mogadishu, Mogadiscio.

mogol,-la *adj-nm,f* → **mongol,-la.**
■ **el Gran Mogol** the Great Mogul.

mogollón
1 *nm fam* heaps *pl*, stacks *pl*, loads *pl*: había mogollón de gente there were loads of people.
2 *nm fam (alboroto)* racket.
3 *adv fam* a lot: nos gustó mogollón it was dead brilliant.

mohair *nm* mohair.

mohicano,-a
1 *adj* Mohican.
2 *nm,f* Mohican.

mohín *nm* grimace, face, look: hizo un mohín de enfado he gave an angry look.
+ **hacer mohínes** to pull faces.

mohíno,-a *adj* sulky.
+ **estar mohíno,-a** to sulk, be sulking.

moho
1 *nm* mould, (*US* mold).
2 *nm (de metales - hierro)* rust; *(- cobre)* verdigris.
+ **criar moho** to go mouldy (*US* moldy).
no criar moho *fig* to be always on the move: no cría moho he never sits still.

mohoso,-a
1 *adj* mouldy (*US* moldy).
2 *adj (oxidado)* rusty.

moisés *nm* wicker carrycot, Moses basket.
▲ *pl* moisés.

mojado,-a *adj (húmedo)* wet, moist; *(empapado)* drenched, soaked, wet through.

mojama *nf* dried salted tuna.

mojar
1 *vt (gen)* to wet.
2 *vt (humedecer)* to dampen.
3 *vt (alimento)* to dip, dunk: moja el pan en la salsa dip your bread in the sauce.
4 *vt (cama)* to wet.
5 **mojarse** *vpr* to get wet.
6 *vpr fam (comprometerse)* to commit oneself, get involved.

mojarra *nf* two-banded bream.

moje *nm* sauce.

mojicón
1 *nm (bollo)* sponge bun.
2 *nm (golpe)* punch.

mojiganga
1 *nf TEAT* short farce.
2 *nf* mockery.

mojigatería
1 *nf (gazmoñería)* prudishness.
2 *nf (falsa humildad)* sanctimoniousness.

mojigato,-a
1 *adj (gazmoño)* prudish; *(falso)* sanctimonious.
2 *nm,f (gazmoño)* prude; *(falso)* sanctimonious person.

mojón *nm (poste - de distancia)* milepost; *(piedra)* milestone; *(- de camino)* landmark.
■ **mojón kilométrico** ≈ milestone.

moka *nf* → **moca.**

molar¹
1 *adj* molar.
2 *nm (diente)* molar.

molar²
1 *vi arg (gustar)* to be cool; *(estar de moda)* to be hip, be in: esta música mola cantidad this music's really cool.
2 *vi arg (presumir)* to show off, be flash.

Moldavia *nf* Moldavia.

moldavo,-a
1 *adj* Moldavian.
2 *nm,f* Moldavian.

molde *nm* mould (*US* mold).
+ **romper el molde** to break the mould (*US* mold).

moldeable *adj* mouldable (*US* moldable).

moldeado,-a
1 *adj* moulded (*US* molded).
2 **moldeado** *nm ART* moulding (*US* molding).
3 *nm (de pelo)* soft perm.

moldeador,-ra
1 *adj ART* moulding (*US* molding).
2 **moldeador** *nm (de pelo)* curling tongs *pl*.

moldear
1 *vt ART (dar forma)* to mould (*US* mold); *(- en un molde)* to cast.
2 *vt (pelo)* to give a soft perm.

Moldova *nf* Moldova.

moldura *nf* moulding (*US* molding).

mole *nf* mass, bulk, hulk: ese edificio es una mole de cemento the building is a mass of cement; este tío es una mole he's a hulking great bloke.

molécula *nf* molecule.

molecular *adj* molecular.

moler
1 *vt (gen)* to grind, mill; *(machacar)* to pound.
2 *vt (cansar)* to wear out.
+ **moler a palos** to beat up.
▲ *Conjugation model* [32], *like* mover.

molestar
1 *vt (interrumpir)* to disturb: no lo molestes, que está durmiendo don't disturb him, he's asleep.

2 *vt (perturbar)* to bother, annoy, upset: me molestan los ruidos noise bothers me; todo le molesta everything upsets him; sus comentarios empiezan a molestarme his comments are starting to get on my nerves.
3 *vt (importunar)* to pester: ¡deja de molestarme ya! stop pestering me!
4 *vt (hacer daño - apretar)* to hurt, be too tight; *(- picar)* to irritate: estos zapatos me molestan these shoes hurt my feet.
5 *vt (ofender)* to upset: me molesta que no me lo dijeran I'm upset I wasn't told.
6 **molestarse** *vpr (tomarse la molestia)* to bother: no se moleste en venir, ya se lo mandaremos a casa don't bother coming, we'll send it round to you; ni se molestó en decir adiós he didn't even bother to say goodbye; perdone que le moleste I'm sorry to bother you.
7 *vpr (ofenderse)* to take offence: se ha molestado con tu comentario he was offended by your comment.

molestia
1 *nf (incomodidad)* bother, trouble; *(fastidio)* nuisance.
2 *nf MED* trouble, slight pain.
+ **no es molestia** it's no trouble.
perdonen las molestias please excuse the inconvenience.
ser una molestia to be a nuisance.
si no es molestia if you don't mind.
tomarse la molestia de hacer algo to take the trouble to do something.

molesto,-a
1 *adj* annoying, troublesome.
2 *adj (enfadado)* annoyed.
3 *adj (incómodo)* uncomfortable.
4 *adj MED* sore: los puntos ya han cicatrizado, pero todavía está molesto the stitches have healed, but he's still sore.
+ **estar molesto,-a con alguien** to be upset with somebody.
ser molesto to be a nuisance.

molido,-a
1 *adj (café)* ground; *(trigo)* milled.
2 *adj fam (cansado)* worn-out.
+ **estar molido,-a** *fam* to be worn-out.

molienda *nf (de café)* grinding; *(de trigo)* milling.

moliente **corriente y moliente** *loc* run of the mill, common or garden.

molinero,-a *nm,f* miller.

molinete
1 *nm (ventilador)* fan.
2 *nm (juguete)* toy windmill.
3 *nm (de puerta)* turnstile.

molinillo *nm* grinder, mill.
■ **molinillo de café** coffee grinder.

molino *nm* mill.
■ **molino de viento** windmill.

molla
1 *nf (parte magra de la carne)* lean (meat).
2 *nf (pulpa)* flesh.
3 **mollas** *nf pl fam* flab *sing*, spare tyres.

mollar
1 *adj (carnoso)* fleshy.
2 *adj fam (cosa)* good quality; *(persona)* good-looking.

molleja
1 *nf (de ave)* gizzard.
2 *nf (de res)* sweetbread.

mollera *nf fam (inteligencia)* brains *pl*, sense; *(cabeza)* loaf, bonce.
✦ **duro,-a de mollera** *fam (tonto)* dense, thick; *(testarudo)* pig-headed.

molón,-na *adj arg* cool, brill, fab.

molusco *nm* mollusc (*us* mollusk).

momentáneamente
1 *adv (por poco tiempo)* momentarily.
2 *adv (inmediatamente)* immediately, straightaway.

momentáneo,-a *adj (que dura poco tiempo)* momentary; *(provisional)* temporary.

momento
1 *nm* moment: ¡espera un momento! hang on a moment!; en un momento estoy contigo I'll be with you in a moment; llegamos en un momento it took us no time at all to get there.
2 *nm (período)* time: fueron momentos difíciles they were difficult times; has escogido mal momento para venir you've chosen a bad time to call.
3 *nm (oportunidad)* time, moment: ya llegará tu momento your time will come.
✦ **a cada momento** every second, all the time.
al momento immediately.
del momento *(en el pasado)* of the time, of that time; *(de ahora)* current, present-day.
de momento for the moment.
de un momento a otro any minute now.
desde el momento en que ... *(en cuanto)* from the moment …, as soon as …:
desde el momento en que te vi... from the moment I saw you…
en cualquier momento at any moment, at any time.
en este momento at the moment.
por el momento for the time being.
por momentos by the minute.

momia *nf* mummy.

momificación *nf* mummification.

momificar *vt* to mummify.

momio *nm fam* cushy number.

mona
1 *nf fam (borrachera)* drunken state: lleva una mona que no se tiene he's absolutely legless.
2 *nf fam (imitador)* copycat.
✦ **aunque la mona se vista de seda, mona se queda** you can't make a silk purse out of a sow's ear.
mandar a freír monas a alguien *fam* to tell somebody to get stuffed.
▪ **mona (de Pascua)** Easter cake.

monacal *adj* monastic.

monacato
1 *nm (profesión)* monkhood.
2 *nm (institución)* monastic community.

Mónaco *nm* Monaco.

monada
1 *nf (cosa bonita)* beauty, lovely thing; *(persona)* gorgeous person, sweet thing, delight: ¡este niño es una monada! what a gorgeous baby!; ¡qué monada de jersey! what a lovely jumper!
2 *nf (gracia)* funny little ways *pl*; *(jugada)* trick: hace las mismas monadas que su hermano he has his brother's funny little ways; deja ya de hacer monadas stop fooling around.
3 *nf (zalamería)* winning ways *pl*.

monaguillo *nm* altar boy.

monarca *nm* monarch.

monarquía *nf* monarchy.
▪ **monarquía absoluta** absolute monarchy.

monárquico,-a
1 *adj* monarchic, monarchical.
2 *nm,f* monarchist.

monarquismo *nm* monarchism.

monasterio *nm* monastery.

monástico,-a *adj* monastic.

monda
1 *nf (piel)* peel, skin.
2 *nf (acción)* peeling.
✦ **ser la monda (lironda)** *fam (divertido)* to be a scream; *(indignante)* to be just too much.

mondadientes *nm* toothpick.
▲ *pl* mondadientes.

mondadura
1 *nf (piel - de fruta)* peel; *(- de patata)* peelings *pl*.
2 *nf (acción)* peeling.

mondar
1 *vt (pelar)* to peel.
2 *vt (podar)* to prune.
✦ **mondarse de risa** to laugh one's head off.

mondo,-a *adj (limpio)* bare; *(sencillo)* plain.
✦ **mondo,-a y lirondo,-a** *fam* pure and simple.

mondongo *nm* innards *pl*.

moneda
1 *nf (pieza)* coin: una moneda de dos euros a two-euro coin.
2 *nf (divisa)* currency.
✦ **pagar a alguien con la misma moneda** to pay somebody back in kind.
ser moneda corriente *fig* to be commonplace.
▪ **moneda corriente** legal tender.
moneda divisionaria/fraccionaria small change.
moneda falsa counterfeit money.
moneda fuerte strong currency.
moneda suelta small change.

monedero *nm* purse.

monegasco,-a
1 *adj* Monegasque.
2 *nm,f* Monegasque.

monería *nf* → monada.

monetario,-a
1 *adj* monetary.
2 **monetario** *nm* collection of coins and medals.
▪ **crisis monetaria** monetary crisis.
sistema monetario monetary system.

monetarismo *nm* monetarism.

monetarista
1 *adj* monetarist.
2 *nm & nf* monetarist.

mongol,-la
1 *adj* Mongolian, Mongol.
2 *nm & nf (habitante)* Mongolian, Mongol.
3 **mongol** *nm (idioma)* Mongolian.

Mongolia *nf* Mongolia.
▪ **Mongolia Interior/Exterior** Inner/Outer Mongolia.

mongólico,-a
1 *adj* affected by Down's syndrome.
2 *adj* Mongolian.
3 *nm,f* person affected by Down's syndrome.
4 *nm,f* Mongolian.

mongolismo *nm* Down's syndrome, mongolism.

monicaco *nm fam (hombre)* dodgy geezer.

monigote
1 *nm (figura)* rag doll, paper doll.
2 *nm pey (persona)* stooge, puppet.
3 *nm (dibujo)* matchstick man, doodle.
4 *nm (de convento)* lay brother.

monismo *nm* monism.

monista
1 *adj* monistic.
2 *nm & nf* monist.

monitor,-ra
1 *nm,f (profesor)* instructor.
2 **monitor** *nm (pantalla)* monitor, screen.

monja *nf* nun.
✦ **meterse a monja** to take the veil, become a nun.

monje *nm* monk.

monjil *adj* nun's: la vida monjil a nun's life, the life of a nun.

mono,-a
1 *adj (bonito)* nice, lovely, cute: ¡qué vestido más mono! what a lovely dress!; su novia es muy mona his girlfriend's really cute.
2 *nm,f zool* monkey.
3 *nm,f fam pey (joven)* little brat.
4 **mono** *nm pey (persona fea)* ugly devil.
5 *nm (prenda - de trabajo)* overalls *pl*; *(- de calle)* jump suit, dungarees *pl*; *(- de niños)* rompers *pl*.
6 *nm arg (síndrome de abstinencia - drogas)* cold turkey; *(- tabaco, alcohol)* withdrawal symptoms: lleva tres días sin fumar y está con el mono he hasn't smoked for three days and he's suffering from withdrawal symptoms;

tengo mono de cine I've got a craving to go to the cinema.
+ **ser el último mono** *fam* to be a nobody.
¡tengo monos en la cara, o qué! *fam* do you want a photo?
■ **mono de imitación** copycat.

monocarril *nm* monorail.

monocolor *adj* monochrome.

monocorde
1 *adj (canto)* single-stringed.
2 *adj fig (monótono)* dull, monotonous.

monocotiledónea *nf* monocotyledon.

monocotiledóneo,-a *adj* monocotyledonous.

monocromático,-a *adj* monochromatic.

monocromía *nf* monochrome.

monocromo,-a *adj* monochrome.

monocular *adj* monocular.

monóculo *nm* monocle.

monocultivo *nm* monoculture.

monódico,-a *adj* monodic.

monofásico,-a *adj* single-phase.

monofonía *nm* mono.

monofónico,-a *adj* mono.

monogamia *nf* monogamy.

monógamo,-a
1 *adj* monogamous.
2 *nm,f* monogamist.

monografía *nf* monograph.

monográfico,-a *adj* monographic, single-theme.

monograma *nm* monogram.

monokini *nm* monokini.

monolingüe *adj* monolingual.

monolítico,-a *adj* monolithic.

monolito *nm* monolith.

monologar *vi* to soliloquize.

monólogo *nm (reflexión)* monologue; *(en teatro)* soliloquy.

monomanía
1 *nf MED* monomania.
2 *nf fam* obsession, fixation.

monomaníaco,-a *adj MED* monomaniac.

monomio *nm MAT* monomial.

monoparental *adj* one-parent, single-parent.

monopatín *nm* skateboard.

monoplano *nm* monoplane.

monoplaza
1 *adj* single-seat.
2 *nm* single-seater.

monopolio *nm* monopoly.

monopolista
1 *adj* monopolistic.
2 *nm & nf* monopolist.

monopolización *nf* monopolization.

monopolizador,-ra
1 *adj* monopolizing.
2 *nm,f* monopolizer.

monopolizar *vt* to monopolize.
▲ *Conjugation model* [4]*, like* **realizar**.

monorraíl *nm* monorail.

monosabio *nm* picador's assistant.

monosilábico,-a *adj* monosyllabic.

monosílabo,-a
1 *adj* monosyllabic.
2 **monosílabo** *nm* monosyllable.

monoteísmo *nm* monotheism.

monoteísta
1 *adj* monotheistic.
2 *nm & nf* monotheist.

monotonía *nf* monotony.

monótono,-a *adj* monotonous.

monovolumen *nm* people carrier.
▲ *pl* **monovolúmenes**.

monóxido *nm* monoxide.
■ **monóxido de carbono** carbon monoxide.

Mons *abr* (**monseñor**) Monsignor; *(abreviatura)* Mgr.

monseñor *nm* Monsignor.

monserga *nf fam (lección)* nagging, preaching; *(despropósito)* tall story, drivel, rubbish: déjame de monsergas que ya sé lo que tengo que hacer stop nagging me, I know what I've got to do; tú a lo tuyo y no me vengas con monsergas you get on with your own job and stop lecturing me.

monstruo
1 *adj fam (extraordinario)* fantastic, terrific: una película monstruo a terrific film.
2 *nm* monster.
3 *nm (en fealdad)* monstrosity.
4 *nm fam (genio)* genius, prodigy.

monstruosidad *nf (cosa)* monstrosity; *(fealdad)* hideousness: este edificio es una monstruosidad this building is absolutely monstrous.

monstruoso,-a
1 *adj (por tamaño, crueldad)* monstrous.
2 *adj (por fealdad)* hideous.

monta
1 *nf (importancia)* value, account, importance.
2 *nf (de un caballo)* riding.
3 *nf (apareamiento)* mating season.
+ **de poca monta** insignificant.

montacargas *nm* goods lift, service lift, *us* freight elevator.

montador,-ra
1 *nm,f (operario)* fitter.
2 *nm,f (de joyas)* setter.
3 *nm,f (de cine)* film editor.

montadora *nf* splicer, splicing machine.
▲ *See also* **montador,-ra**.

montaje
1 *nm (de piezas)* assembly.
2 *nm (de una película)* editing.
3 *nm (de un espectáculo)* staging.
4 *nm (en foto)* montage.
5 *nm fam (farsa)* setup.
■ **montaje fotográfico** montage.

montante
1 *nm (total)* total, total amount.
2 *nm (pieza vertical)* upright.
3 *nm (parteluz)* mullion.
4 *nm (ventana)* skylight.
5 *nf* high tide.

montaña *nf* mountain.
+ **hacer una montaña de algo** to blow something out of all proportion.
hacer una montaña de un grano de arena to make a mountain out of a molehill.
■ **montaña rusa** roller coaster, big dipper.
las Montañas Rocosas the Rocky Mountains.

montañero,-a
1 *adj* mountaineering.
2 *nm,f* mountaineer.

montañés,-esa
1 *adj (de montaña)* mountain, highland.
2 *adj (de Santander)* from Santander.
3 *nm,f (de la montaña)* highlander, mountain person.
4 *nm,f (santanderino)* person from Santander.

montañismo *nm* mountaineering, mountain climbing.

montañoso,-a *adj* mountainous.

montaplatos *nm* dumb waiter.
▲ *pl* **montaplatos**.

montar
1 *vi (subir - caballo, bicicleta)* to mount, get on; *(- coche)* to get in; *(- avión)* to get on, board.
2 *vi (viajar)* to travel; *(cabalgar, ir en bicicleta)* to ride: está acostumbrado a montar en avión he's used to travelling by plane; ¿sabes montar a caballo/en bicicleta? can you ride a horse/bicycle?
3 *vt (subir - caballo)* to mount, get on: montó el caballo y salió al galope he mounted his horse and galloped away.
4 *vt (subir - persona)* to put on: monté al niño en la bicicleta I lifted the kid onto his bike; la monté atrás y le di una vuelta en la moto I took her for a ride on the back of my bike.
5 *vt (ensamblar)* to assemble, put together; *(tienda de campaña)* to put up: ya he montado la librería I've assembled the bookcase.
6 *vt (fusil)* to cock.
7 *vt (sobreponer)* to overlap.
8 *vt (nata)* to whip; *(claras)* to whisk.
9 *vt (joyas)* to set.
10 *vt (negocio, consulta)* to set up, start.
11 *vt (casa)* to set up: han montado el piso en poco tiempo they've decorated and furnished the flat in no time.
12 *vt CINEM* to edit, mount.
13 *vt TEAT* to stage.
14 *vt COM* to amount to, come to: el total monta ochenta y cinco euros the total amounts to eighty-five euros.
15 **montarse** *vpr (subirse)* to get on; *(- en un coche)* to get in; *(- en un caballo)* to mount, get on.

16 *vpr fam (armarse)* to break out: **se montó un buen jaleo** there was a real to-do.
✦ **montar a pelo** to ride bareback.
montar en cólera to fly into a rage.
montar guardia to stand guard.
montárselo *fam* to set oneself up, get things nicely worked out: **hay que ver cómo te lo montas** you've got things nicely worked out, you certainly do all right for yourself.
tanto monta it makes no difference.

montaraz
1 *adj (de montaña)* mountain.
2 *adj (tosco)* rough, coarse.
3 *adj (arisco)* unsociable, unapproachable.
▲ *pl* **montaraces**.

monte
1 *nm* mountain, mount.
2 *nm (bosque)* wild, woodland.
✦ **de monte** wild.
echarse/tirarse al monte to take to the hills.
■ **monte alto** woodland, forest.
monte bajo scrub.
Monte Olimpo Mount Olympus.
monte de piedad pawnbroker's, pawnshop.
monte de Venus *(del pubis)* mons veneris; *(de la mano)* Mount of Venus.

Montecarlo *nm* Monte Carlo.

montenegrino,-a
1 *adj* Montenegrin.
2 *nm,f* Montenegrin.

Montenegro *nm* Montenegro.

montepío
1 *nm (sociedad)* friendly society, benefit society.
2 *nm (depósito)* welfare fund.

montera *nf* bullfighter's hat.

montería *nf (caza)* hunt; *(arte de cazar)* hunting.

montero,-a *nm,f* hunter.

montés *adj* wild.

montevideano,-a
1 *adj* of Montevideo, from Montevideo.
2 *nm,f* person from Montevideo, inhabitant of Montevideo.

montículo *nm* mound, hillock.

montilla *nm* montilla wine, *dry sherry from Montilla, Córdoba*.

monto *nm* total, total amount.

montón
1 *nm* heap, pile: **un montón de revistas** a pile of magazines.
2 *nm fam (gran cantidad)* stacks *pl*, loads *pl*, heaps *pl*: **vino un montón de gente** loads of people came; **los tienen a montones** they've got stacks of them.
✦ **ser del montón** to be nothing special, be one of the crowd: **es del montón** he's just an ordinary bloke.

montura
1 *nf (cabalgadura)* mount.
2 *nf (silla)* saddle; *(arreos)* harness.

3 *nf (armazón - de gafas)* frame; *(- de joyas)* setting.
4 *nf (armadura)* mounting.

monumental
1 *adj* monumental: **París es una ciudad monumental** Paris is famous for its monuments.
2 *adj fam (enorme)* phenomenal.

monumento
1 *nm* ART monument.
2 *nm fam (mujer)* statuesque woman.

monzón *nm* monsoon.

monzónico,-a *adj* monsoon.

moña
1 *nf (lazo)* ribbon.
2 *nf fam (borrachera)* bender.
✦ **coger una moña** *fam* to get plastered.

moño *nm* bun.
✦ **estar hasta el moño** *fam* to be fed up to the back teeth.

moquear *vi* to have a runny nose.

moqueo *nm* runny nose.

moqueta
1 *nf* fitted carpet.
2 *nf (material)* moquette.
✦ **de moqueta** moquette.

moquillo *nm (de perro)* distemper; *(de ave)* pip.

mor **por mor de** *prep* for the sake of.

mora
1 *nf (de moral)* mulberry.
2 *nf (zarzamora)* blackberry.

morada *nf* adobe, dwelling.

morado,-a
1 *adj (color)* purple; *(ojo)* black.
2 **morado** *nm (color)* purple.
3 *nm (hematoma)* bruise.
✦ **pasarlas moradas** *fam* to have a tough time.
ponerse morado,-a *fam (de comida)* to stuff oneself; *(de vino, placer etc)* to get one's fill.

morador,-ra *nm,f* dweller, inhabitant.

moradura *nf* bruise.

moral¹
1 *adj* moral.
2 *nf (reglas)* morals *pl*.
3 *nf (ánimo)* morale, spirits *pl*.
✦ **estar bajo,-a de moral** to be in low spirits.
estar con la moral por los suelos to be down in the dumps.
levantar la moral a alguien to boost somebody's morale, raise somebody's spirits.
tener más moral que el Alcoyano to be a born optimist.
■ **obligación moral** moral duty.

moral² *nm* BOT mulberry tree.

moraleja *nf* moral.

moralidad *nf* morality.

moralina *nf* false morals *pl*.

moralista
1 *adj* moralistic.
2 *nm & nf* moralist.

moralizador,-ra *adj* moralizing.

moralizar
1 *vi* to moralize.
2 *vt* to moralize.
▲ *Conjugation model* [4], *like* **realizar**.

moralmente *adv* morally.

morapio *nm* red plonk.

morar *vi* to reside, dwell.

moratón *nm fam* bruise.

moratoria *nf* moratorium.

morbidez *nf* softness, tenderness.

mórbido,-a
1 *adj (suave)* soft, delicate.
2 *adj* MED *(malsano)* morbid.

morbilidad *nf* morbidity (rate).

morbo
1 *nm (enfermedad)* sickness.
2 *nm fam (excitación)* thrill; *(interés)* morbid curiosity.
✦ **producir morbo a** to turn on.
tener morbo *fam (persona)* to be sexy, be a turn-on; *(cosa)* to be a turn-on.

morbosidad
1 *nf (enfermedad)* morbidity.
2 *nf (excitación)* morbid pleasure; *(interés)* morbid curiosity.

morboso,-a
1 *adj* MED *(enfermo)* morbid.
2 *adj fam (obsesión, placer)* morbid; *(persona)* kinky.
✦ **ser un,-a morboso,-a** *fam* to be a pervert.
■ **placer morboso** morbid pleasure.

morcilla
1 *nf* black pudding.
2 *nf* TEAT ad lib.
✦ **meter morcilla** to ad lib.
que le *(les, etc)* **den morcilla** *fam* he *(she, etc)* can drop dead for all I care, stuff him *(her, etc)*!: **que te den morcilla** stuff you!

mordacidad *nf* mordacity, sharpness.

mordaz *adj* mordant, sarcastic.
▲ *pl* **mordaces**.

mordaza *nf* gag.

mordazmente *adv* incisively, sharply.

mordedor,-ra *adj* biting.
✦ **perro mordedor, poco ladrador** his/her bark is worse than his/her bite.

mordedura *nf* bite.

morder
1 *vt* to bite: **le ha mordido mi perro** my dog's bitten him.
2 *vi* to bite: **ten cuidado que muerde** be careful, it bites.
3 **morderse** *vpr* to bite.
✦ **está que muerde** *fam* he's/she's fuming.
morder el anzuelo to take the bait.
morder el polvo to bite the dust.
morderse la lengua *(por accidente)* to bite one's tongue; *(callarse)* to hold one's tongue.
morderse las uñas to bite one's nails.
▲ *Conjugation model* [32], *like* **mover**.

mordida
1 *nf fam (mordisco)* bite.
2 *nf fam (soborno)* bribe.
mordiente *nm* mordant.
mordisco *nm* bite.
mordisquear *vt* to nibble.
morena[1] *nf* → moreno,-a.
morena[2] *nf (pez)* moray eel.
morenez *nf* brownness.
moreno,-a
1 *adj (pelo)* dark, dark-haired.
2 *adj (piel)* dark, dark-skinned: **de piel morena** dark-skinned.
3 *adj (de raza negra)* black.
4 *adj (bronceado)* brown, suntanned, tanned.
5 *adj (pan, azúcar)* brown.
6 *nm,f (de pelo)* dark-haired person.
7 *nm,f (de piel)* dark-skinned person.
8 *nm,f (de raza negra)* black person.
9 **moreno** *nm* suntan.
✦ **estar moreno,-a** to be brown, suntanned.
ponerse moreno,-a to get brown, get tanned, get a suntan.
ser moreno,-a *(de pelo)* to have dark hair; *(de piel)* to have dark skin.
morera *nf* white mulberry.
morería *nf (barrio)* Moorish Quarter.
moretón *nm* bruise.
morfema *nm* morpheme.
morfina *nf* morphine.
morfinomanía *nf* morphine addiction, morphinism.
morfinómano,-a
1 *adj* addicted to morphine.
2 *nm,f* morphine addict.
morfología *nf* morphology.
morfológico,-a *adj* morphological.
morganático,-a *adj* morganatic.
morgue *nf* morgue.
moribundo,-a
1 *adj* moribund.
2 *nm,f* moribund.
morigerar *vt* to moderate.
moriles *nm wine from Moriles, Córdoba.*
morir
1 *vi (ser vivo)* to die: **murieron de hipotermia** they died of hypothermia; **murió joven** he died young; **murió de vejez** she died of old age.
2 *vi (día)* to finish, come to an end.
3 *vi (fuego)* to die down.
4 *vi (sendero, río)* to end.
5 **morirse** *vpr* to die: **se murió a pocas horas del accidente** he died shortly after the accident; **se le murieron los padres cuando era niño** his parents died when he was a child.
✦ **morir ahogado** to drown.
morir con las botas puestas to die with one's boots on.
morirse de aburrimiento to be bored to death.

morirse de frío *(fallecer)* to die of cold; *(tener frío)* to be freezing.
morirse de ganas de … to be dying to …
morirse de hambre to starve; *fig* to be starving.
morirse de miedo to be scared stiff.
morirse de pena to die of a broken heart.
morirse de risa to kill oneself laughing: **es para morirse de risa** it's a scream.
morirse del susto to die of shock.
morirse de vergüenza to die of embarrassment.
morirse por + *inf* to be dying to + *inf* something: **se muere por verla** he's dying to see her.
morirse por alguien to be mad about somebody.
¡muera…!/¡mueran…! death to…!, down with…!: **¡mueran los dictadores!** down with the dictators!
▲ *Conjugation model* [33], *like* **dormir**; *pp* **muerto,-a.**
morisco,-a
1 *adj* Moorish, Morisco.
2 *nm,f* Morisco *(Spanish Moor converted to Christianity).*
morisqueta
1 *nf (mueca)* grimace.
2 *nf (engaño)* dirty trick.
✦ **hacer morisquetas** to pull faces.
morlaco *nm* bull.
mormón,-ona
1 *adj* Mormon.
2 *nm,f* Mormon.
mormónico,-a *adj* Mormon.
mormonismo *nm* Mormonism.
moro,-a
1 *adj* Moorish.
2 *adj fam (árabe)* Arab.
3 *nm,f* Moor.
4 *nm,f (árabe)* Arab.
5 **moro** *nm fam pey* male chauvinist.
✦ **bajar al moro** *arg to travel down to Morocco to buy hash.*
hay moros en la costa the coast isn't clear.
morosidad
1 *nf (tardanza)* delay; *(- en un pago)* arrears *pl.*
2 *nf (lentitud)* sluggishness.
moroso,-a
1 *adj* FIN *(cliente)* defaulting, slow in paying, in arrears.
2 *adj (lento)* slow, sluggish.
3 *nm,f* defaulter.
morrada *nf* → morrazo.
morral
1 *nm* hunter's bag.
2 *nm* MIL knapsack, haversack.
morralla
1 *nf (pescado)* small fish.
2 *nf pey (gente)* riffraff.
3 *nf pey (cosas)* junk.
4 *nf pey (cambio)* small change, worthless coins.

morrazo **pegarse un morrazo** *loc fam* to give oneself a bash.
morrear
1 *vt fam* to snog.
2 **morrearse** *vpr fam* to snog, have a snog.
morrena *nf* moraine.
morreo *nm fam* snog.
morrillo *nm (de animal)* back of the neck.
morriña *nf* homesickness.
morrión *nm* helmet.
morro
1 *nm fam (de persona - boca)* lips *pl*, mouth; *(cara)* face: **le pegó una bofetada en los morros** he smacked him in the face.
2 *nm fam (cara dura)* cheek: **tiene un morro que se lo pisa** he's got an incredible nerve!
3 *nm (de animal)* snout, nose.
4 *nm (de coche)* nose.
✦ **beber a morro** *fam* to drink straight from the bottle.
estar de morros *fam* to be in a foul mood.
poner morros *fam* to pout.
torcer el morro *fam* to pout.
morrocotudo,-a *adj fam* terrific, fantastic, brilliant.
morrón
1 *adj* **pimiento morrón** sweet red pepper.
2 *nm fam* → morrazo.
morrudo,-a *adj fam* thick-lipped.
morsa *nf* walrus.
Morse *nm* Morse code.
mortadela *nf* mortadella.
mortaja *nf* shroud.
mortal
1 *adj (criatura, ser)* mortal.
2 *adj (veneno)* lethal, deadly; *(peligro, herida)* mortal.
3 *adj (propio de un muerto)* deathly.
4 *adj (aburrimiento, susto)* deadly.
5 *nm & nf* mortal.
6 **los mortales** *nm pl* mortals.
mortalidad *nf* mortality.
mortalmente *adv* mortally, fatally.
mortandad *nf* death toll.
mortecino,-a
1 *adj (luz)* faint, dull.
2 *adj (color)* lifeless, dull.
mortero *nm* mortar.
mortífero,-a *adj* deadly, lethal.
mortificación *nf* mortification.
mortificante *adj* mortifying.
mortificar *vt* to mortify.
▲ *Conjugation model* [1], *like* **sacar.**
mortinato,-a *adj* stillborn.
mortuorio,-a *adj* mortuary.
moruno,-a *adj* Moorish.
Mosa el Mosa *nm* the Meuse.
mosaico *nm* mosaic.
mosca
1 *nf* fly.
2 *nf (barba)* tuft.
3 *nf fam (dinero)* dough.

✦ **aflojar/soltar la mosca** *fam* to fork out money, cough up.
caer como moscas to drop like flies.
estar con la mosca detrás de la oreja to be suspicious.
estar mosca *fam (sospechar)* to be suspicious; *(estar enfadado)* to be cross.
no se oía una mosca you could have heard a pin drop.
por si las moscas just in case.
¿qué mosca te *(le, etc)* **ha picado?** *fam* what's bugging you *(him, etc)*?
■ **mosca muerta** *fig* hypocrite.

moscada **nuez moscada** *nf* nutmeg.

moscarda *nf* blowfly, bluebottle.

moscardón
1 *nm* blowfly.
2 *nm (persona)* pest.

moscatel *nm* muscatel.

moscón *nm* → **moscardón**.

mosconear
1 *vt fam* to pester.
2 *vi fam* to be a pest, be a pain.

moscovita
1 *adj* Muscovite.
2 *nm & nf* Muscovite.

moscovita,-a
1 *adj* Muscovite.
2 *nm,f* Muscovite.

Moscú *nm* Moscow.

mosquear
1 *vt fam* to annoy.
2 **mosquearse** *upr fam (enfadarse)* to get cross.
3 *upr fam (sospechar)* to smell a rat.

mosquerío *nm* swarm of flies.

mosquete *nm* musket.

mosquetero *nm* musketeer.

mosquetón
1 *nm (arma)* short carbine.
2 *nm (cierre)* snap link.

mosquita **hacerse la mosquita muerta** *loc* to look as if butter wouldn't melt in one's mouth.

mosquitera *nf* mosquito net.

mosquitero *nm* mosquito net.
■ **mosquitero común** chiffchaff.
mosquitero musical willow warbler.
mosquitero silbador wood warbler.

mosquito *nm* mosquito.

mostacera *nf* mustard pot.

mostacho *nm* moustache.

mostachón *nm CULIN* macaroon.

mostaza *nf* mustard.

mosto
1 *nm (del vino)* must.
2 *nm (zumo)* grape juice.

mostrador *nm (de tienda)* counter; *(de bar)* bar.

mostrar
1 *vt* to show: **nos mostró una parte de su colección** he showed us part of his collection.
2 *vt (exponer)* to exhibit, display.
3 *vt (señalar)* to point out, explain.

4 **mostrarse** *upr* to appear: **no se ha mostrado en público después del escándalo** he hasn't appeared in public since the scandal; **no se mostró muy apenado** he didn't seem too upset.
5 *upr (ser)* be; *(resultar ser)* to prove to be, turn out to be: **se mostró muy valiente cuando atracaron el banco** he was very brave when they held up the bank; **se mostró un buen padre** he proved to be a good father.

mostrenco,-a
1 *adj (tonto)* thick.
2 *adj (grande)* mammoth.
3 *nm,f (tonto)* thickhead.
4 *nm,f (grande)* fatso.

mota
1 *nf (partícula)* speck.
2 *nf (mancha)* spot; *(dibujo)* dot.
3 *nf (nudillo en el paño)* burl.
■ **mota de polvo** speck of dust.

mote *nm* nickname.

moteado,-a *adj* dotted, speckled.

motear *vt* to fleck, speck.

motejar *vt* to nickname.

motel *nm* motel.

motete *nm* motet.

motilidad *nf* motility.

motín
1 *nm (levantamiento)* riot, uprising.
2 *nm (de tropas)* mutiny.

motivación
1 *nf (estímulo)* motivation.
2 *nf (razón)* motive.

motivar
1 *vt (causar)* to cause, give rise to: **el despido de los trabajadores motivó la huelga** the sacking of the workers caused the strike.
2 *vt (estimular)* to motivate.

motivo
1 *nm* motive, reason, cause, grounds *pl*: **no tienes motivo para estar deprimido** you have no reason to be depressed; **no pudo venir por motivos de salud** he couldn't come for health reasons; **no sé cuál es el motivo de su queja** I don't know what his grounds for complaint are.
2 *nm (de dibujo, música)* motif, leitmotif.
✦ **bajo ningún motivo** under no circumstances.
con motivo de *(debido a)* owing to; *(en ocasión de)* on the occasion of.
dar motivo a to give rise to.
sin motivo for no apparent reason.
tener motivos para … to have reason to …

moto *nf fam (motocicleta)* motorbike; *(escúter)* moped.
✦ **como una moto** *fam (inquieto)* all excited; *(loco)* off one's trolley; *(enfadado)* fuming: **cuando se enteró se puso como una moto** he blew his top when he found out.

■ **moto acuática** jet ski.

motocarro *nm* three-wheeled van.

motocicleta *nf* motorcycle, motorbike.

motociclismo *nm* motorcycling.

motociclista *nm & nf* motorcyclist.

motociclo *nm* motorcycle.

motocross *nm* motocross.

motocultivo *nm* mechanised agriculture.

motonáutica *nf* speedboat racing, powerboat racing: **un campeonato de motonáutica** a speedboat competition.

motonáutico,-a *adj* speedboat, powerboat.

motor,-ra
1 *adj* motive: **fuerza motora** motive power.
2 *adj BIOL* motor: **función motora** motor function.
3 **motor** *nm TÉC* engine.
4 *nm fig* driving force: **él es el motor de la empresa** he is the driving force behind the company.
■ **motor de arranque** starter motor.
motor de explosión internal-combustion engine.
motor de inyección fuel-injection engine.
motor de reacción jet engine.
motor fuera bordo outboard motor.

motora *nf* small motorboat.

motorismo *nm* motorcycling.

motorista *nm & nf* motorcyclist.

motorizado,-a *adj* motorized.

motorizar
1 *vt* to motorize.
2 **motorizarse** *upr* to get wheels, be mobile.
▲ *Conjugation model* [4], *like realizar.*

motosierra *nf* power saw.

motriz *adj* motive.
■ **fuerza motriz** motive power.
▲ *pl* **motrices**; *used only with feminine nouns.*

motu **de motu propio** *loc* of one's own accord.

mousse *nf CULIN* mousse.

mouton
1 *nm (piel)* sheepskin.
2 *nm (abrigo)* sheepskin coat.

movedizo,-a
1 *adj (fácil de mover)* easy to move.
2 *adj (inconstante)* fickle.
3 *adj (inestable)* unstable.

mover
1 *vt (gen)* to move; *(de un sitio a otro)* to move, shift: **movió el pie** he moved his foot; **¿quieres que te mueva la mesa?** do you want me to shift the table?
2 *vt (hacer funcionar)* to drive, make work: **esta manivela mueve la máquina** this crank makes the machine work.

3 vt (suscitar) to incite, cause, provoke: la declaración movió guerra the statement provoked a war; actuó movido por los celos he was driven by jealousy.
4 vt (hacer gestiones) to deal with: él movía todo el asunto he dealt with the whole business.
5 moverse vpr (gen) to move: no te muevas de aquí hasta que yo vuelva don't move till I get back.
6 vpr fam (darse prisa) to get a move on: ¡muévete, que llegaremos tarde! get a move on or we'll be late!
7 vpr fam (espabilarse) to get a move on: como no te muevas, no encuentras piso if you don't get a move on you won't find a flat; hay que saber moverse en este mundo you've got to be able to find you way around in this world.
8 vpr (relacionarse) to move: se mueve en ambientes muy selectos he moves in very high circles.
▲ Conjugation model [32].
movible adj movable.
movida
1 nf fam (animación) action.
2 nf fam (agitación) to-do, stir, commotion.
3 nf la movida (madrileña) the Madrid nightclub and music scene in the early 80's.
movido,-a
1 pp → mover.
2 adj (día, temporada) busy, hectic: he tenido una mañana muy movida I've had a really hectic morning.
3 adj (persona) active.
4 adj (fiesta, concurso) lively.
5 adj (foto) blurred.
móvil
1 adj movable, mobile.
2 nm FÍS moving body.
3 nm (motivo) motive.
4 nm (decoración, juguete) mobile.
5 nm (teléfono) mobile (phone), cell phone.
movilidad nf mobility.
movilización nf mobilization.
movilizar vt to mobilize.
▲ Conjugation model [4], like realizar.
movimiento
1 nm (gen) movement; (técnicamente) motion.
2 nm (de gente, ideas) activity; (de vehículos) traffic: en esta ciudad hay mucho movimiento this is a very lively town.
3 nm (artístico, político) movement.
4 nm (financiero) operations pl: un extracto de los movimientos de la cuenta a bank statement.
5 nm MÚS (parte de la composición) movement; (velocidad de una composición) tempo.
6 nm el Movimiento the Falangist Movement.
✦ en movimiento in motion.
■ movimiento de caja turnover.
movimiento sísmico earth tremor.

moviola nf (máquina) editing projector, Moviola.
▲ Registered trademark.
moza
1 nf (chica) lass.
2 nf arc maid.
✦ ser una buena moza to be a fine young woman.
mozalbete nm young lad.
Mozambique nm Mozambique.
mozambiqueño,-a
1 adj Mozambiquean.
2 nm,f Mozambiquean.
mozárabe
1 adj Mozarab.
2 nm & nf Mozarab.
mozo,-a
1 adj young.
2 adj (soltero) unmarried, single.
3 mozo nm (joven) young man, lad.
4 nm (camarero) waiter.
5 nm (de hotel) bellboy.
6 nm (de estación) porter.
7 nm MIL conscript.
✦ ser un buen mozo to be a fine young man.
■ años mozos youth: en mis años mozos when I was young, in my young day.
mozuelo,-a nm,f (hombre) young lad; (mujer) young lass.
m/p abr (mi pagaré) I owe you; (abreviatura) I.O.U.
MP3 abr (Moving Pictures Experts Group Audio Layer 3) MP3.
ms. abr (manuscrito) manuscript; (abreviatura) ms.
MSF abr (Médicos Sin Fronteras) Doctors Without Frontiers.
Mtro. abr (maestro) master.
mu interj (mugido) moo.
✦ no decir ni mu fam not to say a word.
muaré nm moiré.
muchacha nf → muchacho,-a.
muchachada
1 nf (acción) childish prank: a su edad todavía intenta hacer muchachadas he still larks around as if he were a boy.
2 nf (grupo) youngsters pl.
muchachil adj (de chico) boyish; (de chica) girlish.
muchacho,-a
1 nm,f (chico) boy; (chica) girl.
2 nf (sirvienta) maid, girl.
muchedumbre
1 nf (de personas) crowd.
2 nf (de cosas) pile.
mucho,-a
1 adj (singular - en afirmativas) a lot of; (- en negativas, interrogativas) a lot of, much: hicieron mucho ruido they made a lot of noise; no tiene mucho dinero he hasn't got a lot of/much money; ¿nos queda mucha gasolina? have we got a lot of/much petrol left?

2 adj (plural - en afirmativas) a lot of, lots of; (- en negativas, interrogativas) a lot of, many: son muchos socios en ese club the club has a lot of members; hay mucha gente esperando there are a lot of people waiting; tiene muchos discos he's got lots of records; no hay muchas copas there aren't a lot of/many glasses; ¿tienes muchos libros? have you got a lot of/many books?; hace mucho calor/frío it's very hot/cold; tengo mucha hambre/sed I'm very hungry/thirsty.
3 adj (demasiado - singular) too much; (- plural) too many: es mucho trabajo para una sola persona it's too much work for just one person; el proyecto supone demasiados problemas the project involves too many problems; ya son muchas preguntas that's far too many questions.
4 pron (singular) a lot, much; (plural) a lot, many: no me queda mucho por hacer I haven't got much left to do; muchos de ellos acudieron many of them came; muchos de mis amigos viven en el extranjero a lot of my friends live abroad; muchos dicen que no es apto para el trabajo a lot of people say he's not suitable for the job.
5 adv (de cantidad) a lot, much: mucho mejor/peor much better/worse; era mucho más peligroso de lo que pensábamos it was much more dangerous than we thought; se preocupa mucho por ellos he worries a lot about them; me gusta mucho I like it a lot; lo siento mucho I'm really sorry; me alegro mucho de verte I'm very pleased to see you; ¿te ha gustado la película? —sí, mucho did you like the film? —yes, very much; ¿estaba buena la comida? —sí, mucho was the food good? —yes, very good.
6 adv (de tiempo) mucho antes/después much earlier/later; hace mucho que no nos vemos we haven't seen each other for a long time.
7 adv (de frecuencia) often: no vienen mucho por aquí they don't come here often.
✦ como mucho at the most: te pagarán como mucho treinta euros they'll pay you thirty euros at the most.
con mucho by far: es con mucho el mejor concursante he's the best competitor by far.
muy mucho fam very much so.
ni mucho nowhere near as: no es ni con mucho tan inteligente he's nowhere near as clever.
ni mucho menos far from: no es ni mucho menos tonto he's far from stupid.
por mucho que however much: por mucho que lo intentes no lo conseguirás you won't get it however much you try.

mucosa *nf* mucous membrane.

mucosidad *nf* mucus.

mucoso,-a *adj* mucous.
- **membrana mucosa** mucous membrane.

muda
1 *nf (de ropa)* change of clothes, *particularly underwear*.
2 *nf (de plumas)* moulting (*US* molting).
3 *nf (de la voz)* breaking.

mudable
1 *adj* changeable.
2 *adj (carácter)* fickle.

mudanza
1 *nf (de residencia)* moving.
2 *nf (cambio)* change.
3 *nf (de ideas)* changeability.
4 **mudanzas** *nf pl* removals *pl*, removal firm.
✦ **estar de mudanza** to be moving: los González están de mudanza the González's are moving.

mudar
1 *vt* to change, alter.
2 *vt (trasladar)* to change, move: nos van a mudar a otro edificio they're going to move us to another building.
3 *vt (plumas)* to moult (*US* molt).
4 *vt (voz)* to break: le está mudando la voz his voice is breaking.
5 *vt (piel)* to shed.
6 **mudarse** *vpr* to change.
7 *vpr (de residencia)* to move.
✦ **mudarse de casa** to move, move house. **mudarse de ropa** to change clothes.

mudéjar
1 *adj* Mudéjar.
2 *nm & nf* Mudéjar.

mudez *nf* dumbness, muteness.

mudo,-a
1 *adj (por defecto)* dumb; *(por voluntad)* silent, quiet.
2 *adj CINEM* silent.
3 *adj (vocal, consonante)* mute.
4 *nm,f* dumb person.
✦ **estar mudo,-a** to be dumb. **mudo,-a de asombro** dumbfounded. **quedarse mudo,-a** to be left speechless.

mueble
1 *nm* piece of furniture.
2 *adj* movable.
3 **muebles** *nm pl* furniture *sing*: no tienen muchos muebles they haven't got a lot of furniture.
✦ **con muebles** furnished. **sin muebles** unfurnished.
- **mueble bar** cocktail cabinet.

mueblista *nm & nf (que fabrica)* furniture maker; *(que vende)* furniture dealer.

mueca
1 *nf (de burla)* mocking gesture, face.
2 *nf (de dolor)* grimace.
✦ **hacer muecas** *(de burla)* to pull faces; *(de dolor)* to wince.

muela
1 *nf (diente)* tooth, molar.
2 *nf (de molino)* millstone.
3 *nf (para afilar)* grindstone.
- **muela del juicio** wisdom tooth.

muelle¹
1 *adj (vida)* cushy.
2 *adj (blando)* soft, springy.
3 *nm (elástico)* spring.
- **colchón de muelles** spring mattress.

muelle² *nm MAR* dock, wharf; *(malecón)* pier, jetty.

muérdago *nm* mistletoe.

muerdo *nm fam* bite.

muermo *nm fam (situación, fiesta)* drag, pain, bore; *(persona - pesada)* pain in the neck, bore, drag; *(- sosa)* drip, wet: ¡tengo un muermo! I can't be bothered to move!

muerte
1 *nf* death: una muerte natural a natural death.
2 *nf (asesinato)* murder.
3 *nf* la muerte death.
✦ **a vida o muerte** life-and-death. **dar muerte a alguien** to kill somebody. **de mala muerte** *fam* grotty, crummy, rotten: nos alojamos en una pensión de mala muerte we stayed in this grotty old guest house. **estar de muerte** *fam (comida)* to be scrumptious; *(persona)* to be gorgeous. **a muerte** to the death: un duelo a muerte a duel to the death. **hasta que la muerte nos separe** till death do us part. **odiar a muerte** to detest, loathe.
- **muerte cerebral** brain death.

muerto,-a
1 *pp* → morir.
2 *adj (sin vida)* dead; *(sin actividad)* lifeless: este pueblo está muerto there's nothing going on in this village.
3 *adj fam (cansado)* tired, worn out: estoy muerto I'm beat; la mudanza me ha dejado muerto moving house has finished me off.
4 *adj (marchito)* faded, withered.
5 *nm,f* dead person; *(cadáver)* corpse.
6 *nm,f (víctima)* victim.
7 **muerto** *nm fam* drag, bore.
✦ **dejar muerto,-a a alguien** *fam (de cansancio)* to finish somebody off; *(de asombro)* to leave somebody dumbfounded. **caer muerto,-a** to drop dead. **cargar con el muerto** to be left holding the baby. **cargarle el muerto a alguien** to pass the buck to somebody. **hacer el muerto** *(en el agua)* to float on one's back. **hacerse el muerto** to pretend to be dead. **medio muerto,-a** half-dead. **"Muerto en combate"** "Killed in action".

no tener dónde caerse muerto,-a not to have a penny to one's name. **ser un/una muerto,-a de hambre** to be a good-for-nothing. ¡tus muertos! *tabú* up yours!

muesca
1 *nf (corte)* nick, notch.
2 *nf (concavidad)* mortise, mortice.

muesli *nm* muesli.

muestra
1 *nf (ejemplar)* sample: ¿me da una muestra de esta tela? could I have a sample of this fabric?
2 *nf (modelo)* pattern: usa este patrón como muestra use this pattern as a sample.
3 *nf (señal)* proof, sign: a mitad de la carrera ya daba muestras de cansancio he was showing signs of tiredness halfway through the race.
4 *nf (rótulo)* sign.
5 *nf (exposición)* show, display: había una muestra de algunos de sus productos they had some of their products on display.
✦ **como muestra un botón** as a sample.
- **muestra gratuita** free sample.

muestrario *nm* collection of samples.

muestreo *nm (gen)* sampling; *(aleatorio)* random sample, cross-section.

muflón *nm* mouflon, moufflon.

mugido
1 *nm (de vaca - uno)* moo; *(- varios)* mooing.
2 *nm (de toro - uno)* bellow; *(- varios)* bellowing.

mugir
1 *vi (vaca)* to moo.
2 *vi (toro)* to bellow.
▲ *Conjugation model* [6], *like* **dirigir**.

mugre *nf* grime, filth.

mugriento,-a *adj* grimy, filthy.

muguet *nm* → **muguete**.

muguete *nm* lily of the valley.

mujer
1 *nf* woman: sale con dos mujeres a la vez he's going out with two women at the same time.
2 *nf (esposa)* wife.
✦ **ser muy mujer de su casa** to be very houseproud. **ser muy mujer** to be very womanly. **ya es mujer** she's become a woman.
- **mujer de la calle** streetwalker. **mujer de la limpieza** cleaning lady. **mujer de la vida** streetwalker. **mujer de mundo** woman of the world. **mujer de negocios** businesswoman. **mujer de vida alegre** floozy, hussy. **mujer fatal** femme fatale. **mujer objeto** sex object. **mujer pública** prostitute.

mujeriego,-a
1 *adj pey* fond of the ladies.
2 **mujeriego** *nm* womanizer.

✦ ser **mujeriego** to be a womanizer, be a ladies' man.

mujeril *adj* womanly, woman's, feminine.

mujerío *nm* group of women: el mujerío del pueblo the women of the village.

mujerona *nf fam* big woman.

mujerzuela *nf pey* harlot, loose woman.

mújol *nm* grey mullet.

mula *nf* → mulo,-a.

muladar *nm* dump.

muladí *nm & nf Spanish Christian converted to Islam.*

mular ganado mular *nm* mules *pl.*

mulato,-a
1 *adj* mulatto.
2 *nm,f* mulatto.

mulero *nm* muleteer.

muleta
1 *nf (para andar)* crutch.
2 *nf fig (apoyo)* prop, support.
3 *nf (en toros)* muleta *red cape.*

muletilla
1 *nf (bastón)* cross-handled cane.
2 *nf (frase repetida)* pet phrase; *(- de persona famosa)* catch phrase; *(palabra)* pet word.

muletón *nm* flannelette.

mulillas *nf pl* team *sing* of mules *(which drag the dead bull from the ring).*

mullido,-a *adj* soft, springy.

mullir
1 *vt (lana)* to soften; *(almohada, colchón)* to fluff up.
2 *vt (tierra)* to break up.
▲ Conjugation model [41].

mulo,-a *nm,f (macho)* mule; *(hembra)* she-mule.
✦ estar **hecho,-a un/una mulo,-a** to be as strong as an ox.
ser **más terco,-a que una mula** to be as stubborn as a mule.

multa *nf (gen)* fine; *(de tráfico)* ticket: me pusieron una multa por aparcar en la acera I got a ticket for parking on the pavement.
✦ poner **una multa a alguien** to fine somebody, give somebody a fine: me pusieron una multa de cien euros I was fined a hundred euros.

multar *vt* to fine: ¿cuánto te multaron? how much did they fine you?

multiacceso *nm* multiaccess.

multicines *nm pl* multiplex *sing*, multiscreen cinema *sing.*

multicolor *adj* multicoloured, *us* multicolored.

multicopiar *vt* to duplicate.

multicopista *nf* duplicator.

multicultural *adj* multicultural.

multidimensional *adj* multidimensional.

multidireccional *adj* multidirectional.

multidisciplinar *adj* multidisciplinary.

multifacético,-a *adj* multifaceted.

multiforme *adj* multiform.

multigrado *adj* multigrade.

multilateral *adj* multilateral.

multimedia
1 *adj* multimedia.
2 *nf* multimedia.

multimillonario,-a
1 *adj (de libras)* multimillion-pound; *(de dólares)* multimillion-dollar: un contrato multimillonario a multimillion-dollar contract.
2 *nm,f* multimillionaire.

multinacional
1 *adj* multinational.
2 *nf* multinational.

multípara *nf* multiparous.

múltiple
1 *adj* multiple: un efecto múltiple a multiple effect; sistema múltiple multiple system.
2 *adj (muchos)* many, a number of, numerous: opiniones múltiples a number of opinions.

multiplicable *adj* multipliable.

multiplicación *nf* multiplication.

multiplicador,-ra
1 *adj* multiplying.
2 **multiplicador** *nm* multiplier.

multiplicar
1 *vt* to multiply (**por**, by).
2 **multiplicarse** *vpr (reproducirse)* to multiply.
3 *vpr fig (atender a todo)* to be everywhere at the same time.
▲ Conjugation model [1], *like sacar.*

multiplicidad *nf* multiplicity.

múltiplo
1 *adj* multiple.
2 *nm* multiple.

multipropiedad *nf* time-share.

multirracial *adj* multiracial.

multirriesgo *adj* fully comprehensive.
■ seguro/**póliza multirriesgo** fully-comprehensive insurance policy.

multitud
1 *nf (de personas)* crowd.
2 *nf (de cosas, ideas)* multitude.
■ baño de **multitud** walkabout.

multitudinario,-a *adj* multitudinous.

multiuso *adj* multipurpose.

mundanal *adj* of the world, mundane.
✦ huir **del mundanal ruido** to get away from it all.

mundanería *nf* worldliness.

mundano,-a *adj* of the world, mundane.

mundial
1 *adj* worldwide, world.
2 *nm* world championship.
✦ de **fama mundial** world-famous.
■ mundial **de fútbol** World Cup.

mundialmente *adv* worldwide, all over the world.
✦ mundialmente **conocido,-a** world-famous.

mundillo *nm* world, circles *pl*: el mundillo teatral theatrical circles.

mundo
1 *nm* world: ha dado la vuelta al mundo dos veces he's been around the world twice; se cree que hay otros mundos habitados people believe that there are other inhabited worlds; vive aislado en su propio mundo he's isolated himself in his own little world; el mundo de la aristocracia the world of the aristocracy; el mundo del cine the cinema, the world of cinema.
2 *nm fig (abismo)* vast difference: entre su forma de vivir y la mía hay un mundo our ways of life are worlds apart.
3 *nm (baúl)* trunk.
✦ caérsele/venírsele a alguien el mundo encima to see one's world turned upside down.
correr/ver **mundo** to see places.
desde que el **mundo es mundo** since the beginning of time.
el fin del **mundo** the end of the world.
el **mundo es un pañuelo** it's a small world.
hacer un **mundo de algo** to make a big fuss over something.
medio **mundo** *fig* absolutely everybody.
no ser **nada del otro mundo** to be nothing to write home about.
ponerse el **mundo por montera** not to care what people think.
por nada del **mundo** not for all the world.
ser una mujer/un hombre de **mundo** to be a woman/man of the world.
traer al **mundo** to bring into the world.
tener **mundo** to know the ways of the world.
venir al **mundo** to come into the world.
■ el Nuevo **Mundo** the New World.
el otro **mundo** the hereafter.
el Tercer **Mundo** the Third World.

mundología *nf fam* worldliness.
✦ tener **mundología** *(tener experiencia)* to know the ways of the world; *(haber viajado)* to have travelled (*us* traveled) the world, be a seasoned traveller (*us* traveler).

mundonuevo *nm* peepshow.

munición *nf* ammunition, munitions *pl.*

municipal
1 *adj (gobierno)* town, municipal; *(instalaciones)* council.
2 *nm & nf (hombre)* policeman; *(mujer)* policewoman.
3 las municipales *nf pl* local elections.

municipio
1 *nm* municipality.
2 *nm (ayuntamiento)* town council.

munificencia *nf* munificence.

muñeca
1 *nf ANAT* wrist.
2 *nf (juguete)* doll.
- **muñeca de trapo** rag doll.

muñeco
1 *nm (juguete)* doll.
2 *nm fig (títere)* puppet: **un muñeco en manos del destino** a puppet in the hands of fate.
- **muñeco de nieve** snowman.
  muñeco de trapo rag doll.

muñeira *nf popular Galician dance.*

muñequera *nf* wristband.

muñir *vt (amañar)* to fix.

muñón *nm ANAT* stump.

mural
1 *adj* mural.
2 *nm* mural.

muralla *nf* city wall.

murciano,-a
1 *adj* of Murcia, from Murcia.
2 *nm,f* person from Murcia, inhabitant of Murcia.

murciélago *nm* bat.

murga *nf fam* nuisance.
- **dar la murga** *fam* to be a pain in the neck.

murmullante *adj* babbling.

murmullar *vi* → murmurar.

murmullo *nm (susurro)* whisper, whispering; *(voz baja)* murmur, murmuring; *(de arroyo)* babbling, burbling; *(de hojas)* rustle, rustling; *(del viento)* sighing, murmur.

murmuración *nf* gossip, backbiting.

murmurador,-ra
1 *adj* gossipy.
2 *nm,f* gossip.

murmurar
1 *vt (susurrar)* to murmur, whisper.
2 *vi (criticar)* to gossip.
3 *vi (persona - susurrar)* to whisper; *(- decir en voz baja)* to murmur; *(agua)* to murmur, babble; *(hojas)* to rustle; *(viento)* to sigh, murmur.

muro *nm* wall.
- **el Muro de las Lamentaciones** the Wailing Wall.

murria *nf* sadness, melancholy.

murrio,-a *adj* sad, melancholic.

mus *nm* card game in which players use signs to communicate.

musa
1 *nf* muse.
2 **las musas** *nf pl* the Arts.

musaraña *nf ZOOL* shrew.
- **estar pensando en las musarañas** to daydream.

musculación *nf* body-building.

muscular *adj* muscular.

musculatura *nf* muscles *pl*, musculature.

músculo *nm* muscle.

musculoso,-a *adj* muscular.

muselina *nf* muslin.

museo *nm* museum.
- **museo de arte** art museum.
  museo de cera wax museum.

musgo *nm* moss.
- **cubierto,-a de musgo** mossy, moss-covered.

musgoso,-a *adj* mossy.

música *nf* music.
- **irse con la música a otra parte** *fam* to clear off.
- **música ambiental** Muzak.
  música de fondo background music.
  música clásica classical music.
  música de cámara chamber music.
  música ligera easy listening.

musical
1 *adj* musical.
2 *nm* musical.

musicalidad *nf* musicality.

musicar *vt* to write the music for, set to music.

músico,-a
1 *adj* musical: **composición música** musical composition.
2 *nm,f* musician.
- **instrumento músico** musical instrument.

musicología *nf* musicology.

musicólogo,-a *nm,f* musicologist.

musiquero,-a *nm,f fam* music lover, music buff.

musiquilla *nf fam pey* tacky music.

musitar *vi (susurrar)* to whisper; *(hablar entre dientes)* to mumble, mutter.

muslamen *nm fam* thighs, good pair of thighs.

muslo
1 *nm* thigh.
2 *nm CULIN (de ave)* drumstick.

mustango *nm* mustang.

mustiarse *vi* to wilt, wither.

mustio,-a
1 *adj (plantas)* withered, faded.
2 *adj (persona)* down, downcast, sad.

musulmán,-ana
1 *adj* Muslim, Moslem.
2 *nm,f* Muslim, Moslem.

mutabilidad *nf* mutability, changeability.

mutable *adj* mutable.

mutación
1 *nf* change.
2 *nf BIOL* mutation.

mutante
1 *adj* mutant.
2 *nm & nf* mutant.

mutilación *nf* mutilation.

mutilado,-a
1 *adj (persona)* crippled, disabled; *(objeto)* mutilated.
2 *nm,f* cripple.
- **mutilado de guerra** war cripple.

mutilar *vt (persona)* to cripple; *(objeto)* to mutilate.

mutis *nm TEAT* exit.
- **hacer mutis** *(salir)* to make oneself scarce; *(callar)* to say nothing; *(en teatro)* to exit.

mutismo *nm* silence.

mutua *nf* mutual benefit society.
- **mutua de seguros** mutual insurance company.

mutualidad
1 *nf (asociación)* mutual benefit society.
2 *nf (reciprocidad)* mutuality.

mutualista
1 *adj* of a mutual benefit society.
2 *nm & nf* member of a mutual benefit society.

mutuamente *adv* mutually: **se quieren mutuamente** they love each other, they love one another.

mutuo,-a *adj* mutual, reciprocal: **por mutuo acuerdo** by mutual agreement.

muy *adv* very: **es muy difícil** it's very difficult; **se levantó muy temprano** he got up very early; **lo has hecho muy bien** you've done it very well; **es un trabajador muy bueno** he's a very good worker; **el muy tonto se cree que no lo he visto** the idiot thinks I haven't seen him.
- **muy de mañana** very early in the morning.
  muy señor mío *(en carta)* Dear Sir.
  ser muy hombre/mujer *fam* to be a real man/woman.
  por muy ... no matter how ..., however ...: **por muy astuto que sea no nos podrá engañar** now matter how crafty he is he won't be able to con us.

N, n *nf (la letra)* N, n.

N *sím* (**norte**) north; *(símbolo)* N.

n/ *abr* (**nuestro,-a**) our.

n.¹ *abr* (**nacido,-a**) born; *(abreviatura)* b.

n.² *abr* (**nombre**) name; *(abreviatura)* n.

n° *abr* (**número**) number; *(abreviatura)* n.

nabab *nm* nabob.

nabo

1 *nm (planta)* turnip.

2 *nm (raíz)* root vegetable.

3 *nm tabú* prick, cock.

nácar *nm* mother-of-pearl.

nacarado,-a *adj* mother-of-pearl, nacred.

nacarino,-a *adj* nacreous, mother-of-pearl.

nacer

1 *vi (persona)* to be born; *(ave)* to hatch out; *(semilla, planta)* to sprout: nació con muchos problemas de salud she was born with a lot of health problems; nació en una buena familia he was born into a good family; no ha nacido para sufrir he wasn't born to suffer.

2 *vi (río)* to rise; *(agua)* to spring; *(camino)* to start, begin.

3 *vi (sol)* to rise.

4 *vi (pelo)* to start to grow: ya le ha nacido la barba his beard has started to grow.

5 *vi (idea, sentimiento)* to originate (**de**, from), spring (**de**, from), stem (**de**, from): el miedo nace de la ignorancia fear stems from ignorance.

✦ **al nacer** at birth.

nacer a algo *(persona)* to take one's first steps in; *(cosa)* to give birth to: nacieron a la democracia el día que se firmó la constitución democracy was born the day the constitution was signed.

nacer ayer to be born yesterday: no nací ayer I wasn't born yesterday.

nacer con suerte/nacer de pie to be born under a lucky star.

nacer para algo to be born to be something: nació para ser estrella she was born to be a star.

nadie nace enseñado we all have to learn.

volver a nacer to have a lucky escape.

▲ *Conjugation model* [42].

nacido,-a *adj* born.

✦ **bien nacido,-a** *(de buena cuna)* of noble birth; *(de buen corazón)* kind-hearted.

mal nacido,-a despicable.

naciente

1 *adj (nuevo)* new.

2 *adj (creciente)* growing.

3 *nm (este)* East.

nacimiento

1 *nm* birth.

2 *nm (de río)* source: vamos a visitar el nacimiento del río Segura we're going to see the source of the river Segura.

3 *nm fig* origin, beginning.

4 *nm (pesebre)* crib, Nativity scene.

✦ **de nacimiento** from birth: es ciega de nacimiento she was born blind; es una mancha de nacimiento it's a birthmark; éste es tonto de nacimiento what a stupid idiot!

nación *nf* nation.

▪ **Naciones Unidas** United Nations.

nacional

1 *adj* national.

2 *adj (producto, mercado)* domestic.

3 *adj (vuelo)* domestic; *(noticias)* national.

4 los Nacionales *nm pl HIST* the Nationalists *supporters of Franco during the Spanish Civil War.*

nacionalidad *nf* nationality: ser de nacionalidad española to have Spanish nationality.

✦ **tener doble nacionalidad** to have dual nationality.

nacionalismo *nm* nationalism.

nacionalista

1 *nm* nationalist.

2 *nm & nf* nationalist.

nacionalización

1 *nf (de una persona)* naturalization.

2 *nf (de una empresa)* nationalization.

nacionalizar

1 *vt (persona)* to naturalize.

2 *vt (empresa)* to nationalize.

3 nacionalizarse *vpr (persona)* to become naturalized: nacionalizarse español/británico/etc to take up Spanish/British/etc citizenship.

▲ *Conjugation model* [4], *like realizar.*

nacionalsocialismo *nm* National Socialism.

nacionalsocialista

1 *adj* National Socialist.

2 *nm & nf* National Socialist.

nada

1 *pron* nothing: no quiero nada I don't want anything; (no hay) nada como … there's nothing like …; no hace nada que lo vi por aquí I saw him round here just a minute ago; ¿te has hecho daño? —no, no ha sido nada did you hurt yourself? —no, I'm all right thank you.

2 *adv* (not) at all: no me gusta nada I don't like it at all; no la veo nada cambiada she hasn't changed at all.

3 *nf* nothingness.

✦ **antes de nada** first of all.

como si nada just like that.

de nada *(no hay de qué)* don't mention it, think nothing of it, *(us* you're welcome); *(insignificante)* insignificant: gracias, —de nada thanks, —don't mention it; es una tontería de nada it's nothing much.

dentro de nada in a moment.

nada de eso not at all, nothing of the kind: ¿se casa Maribel? —¡nada de eso! is Maribel getting married? —absolutely not!, no way!; no quiero llantos ni nada de eso I don't want any crying or anything of that sort.

nada más … as soon as …, no sooner …: nada más verlo quiso comprarlo as soon as he saw it he wanted to buy it; nada más llegar se puso a llover no sooner had we arrived than it started to rain.

nada menos que no less than: está aquí nada menos que el presidente the president himself is here no less.

por nada for no reason at all.

por nada del mundo (not) for anything in the world.

¡y nada de …! and don't …!: **¡y nada de bañarse en el río!** and don't go bathing in the river!

nadador,-ra *nm,f* swimmer.

nadar *vi* to swim.

✦ **nadar contra corriente** *fig* to go against the tide.

nadar en la abundancia to be rolling in it, live in the lap of luxury.

nadar entre dos aguas to sit on the fence.

nadar y guardar la ropa to have one's cake and eat it, have it both ways.

nadería *nf* trifle.

nadie *pron* nobody, not … anybody: **aquí no hay nadie** there's nobody here; **no vino nadie de su familia** none of his relatives came; **¿nadie quiere más pastel?** doesn't anybody want any more cake?

✦ **ser un don nadie** to be a nobody.

nadir *nm* nadir.

nado a nado *loc* swimming: **cruzaron el río a nado** they swam across the river.

nafta *nf* naphtha.

naftalina *nf* naphthalene.

▪ **bola de naftalina** mothball.

náhuatl *nm (lengua)* Nahuatl.

naif
1 *adj* naïf, naive.
2 *nm* naïf art.

nailon *nm* nylon.
▲ *Registered trademark.*

naipe *nm* playing card.

nal. *abr* (**nacional**) national; *(abreviatura)* nat.

nalga *nf* buttock.

Namibia *nf* Namibia.

namibio,-a
1 *adj* Namibian.
2 *nm,f* Namibian.

nana *nf* lullaby.

✦ **del año de la nana** *fam* as old as the hills.

nanay *interj fam* no way!

nandrolona *nf* nandrolone.

nao *nf lit* vessel.

napa *nf* nappa.

napalm *nm* napalm.

napias *nf pl fam* snout *sing*, conk *sing*.

Napoleón *nm* Napoleon.

napoleónico,-a *adj* Napoleonic.

Nápoles *nm* Naples.

napolitano,-a
1 *adj* Neapolitan.
2 *nm,f* Neapolitan.

naranja
1 *nf (fruto)* orange.
2 *adj (color)* orange.

✦ **encontrar su media naranja** to find the man/woman of one's dreams.

mi media naranja my better half.

¡naranjas de la China! *fam* no way!

▪ **naranja sanguina** blood orange.

naranjada *nf* orangeade, orange drink.

naranjal *nm* orange grove.

naranjero,-a
1 *adj* orange: **la industria naranjera** the orange industry.
2 *nm,f (agricultor)* orange grower; *(vendedor)* orange seller.
3 *naranjero nm* blunderbuss.

naranjo *nm* orange tree.

narcisismo *nm* narcissism.

narcisista
1 *adj* narcissistic.
2 *nm & nf* narcissist.

narciso
1 *nm (flor)* daffodil, narcissus.
2 *nm (hombre)* narcissist.

narco *nm & nf arg* drug trafficker.

narcosis *nf* narcosis.
▲ *pl* narcosis.

narcótico,-a
1 *adj* narcotic.
2 **narcótico** *nm (medicamento)* narcotic; *(droga)* drug.

narcotizar *vt (medicar)* to narcotize; *(drogar)* to drug.

narcotraficante
1 *adj* drug trafficking.
2 *nm & nf* drug trafficker.

narcotráfico *nm* drug trafficking.

nardo *nm* nard, spikenard.

narguile *nm* hookah, water pipe.

narices *interj fam* → **nariz**.

narigón,-ona
1 *adj fam* big-nosed.
2 **narigón** *nm fam* huge conk, big nose.

narigudo,-a *adj* → **narigón,-ona**.

nariz
1 *nf ANAT* nose.
2 *nf fig (sentido)* sense of smell.
3 **¡narices!** *interj fam* not on your life!

✦ **asomar las narices** to nose about, nose around.

dar en la nariz algo a alguien to get the feeling (that) …: **me da en la nariz que nos oculta algo** I get the feeling he's hiding something.

darle a alguien con la puerta en las narices to slam a door in somebody's face.

darse de narices con algo/alguien to bump into something/somebody.

dejar a alguien con tantas narices /dejar a alguien con un palmo de narices to let somebody down.

¡de narices! *fam* brilliant!

en las narices de alguien right under somebody's nose.

estar hasta las narices de *fam* to be fed up (to the back teeth) with.

hacer lo que le sale a uno de las narices *fam* to do whatever one likes, do whatever one feels like.

meter las narices en algo to poke one's nose into something.

no ver uno más allá de sus narices to see no further than the end of one's nose.

pasar algo por las narices a alguien to keep going on about something to somebody, harp on about something to somebody.

romper las narices a alguien to smash somebody's face in.

romperse las narices to fall flat on one's face.

salirle algo a uno de las narices to feel like doing something: **no voy porque no me sale de las narices** I'm not going because I don't bloody well feel like it.

tener narices *fam (ser abusivo)* to be beyond a joke, be too much; *(tener valor)* to have guts.

¡tiene narices (la cosa)! *fam* it's a bit much!

tocar las narices *fam* to be a nuisance, be a pest: **¡quieres dejar de tocarme las narices!** will you get off my back!

tocarse las narices *fam* to do sod all.

¡tócate las narices! *fam (con asombro)* would you believe it?; *(con enfado)* (isn't it) bloody marvellous!

▪ **nariz aguileña** aquiline nose.

nariz griega straight nose.

nariz respingona turned-up nose.

▲ *pl* narices.

narizota *nf fam* conk, hooter.

narizotas *nm & nf fam* big-nose.

▲ *pl* narizotas.

narración
1 *nf (exposición)* narration, account.
2 *nf (historia)* story.

narrador,-ra *nm,f* storyteller, narrator.

narrar *vt (gen)* to tell, relate, narrate; *(partido)* to commentate.

narrativa *nf (género)* fiction.

narrativo,-a *adj* narrative.

nártex *nm* narthex.
▲ *pl* nártex.

narval *nm* narwhal.

nasa *nf (aparejo)* keepnet; *(cesta)* creel.

nasal
1 *adj* nasal.
2 *nf (letra)* nasal.

nasalidad *nf* nasality.

nasalización *nf* nasalization.

nasalizar *vt* to nasalize.

nasalmente *adv* nasally.

nata
1 *nf* cream.
2 *nf (de leche hervida)* skin.
▪ **nata líquida** single cream.

nata montada whipped cream.

natación *nf* swimming.
▪ **natación sincronizada** synchronized swimming.

natal *adj* native.

- **ciudad natal** home town: *murió en su ciudad natal* he died in his home town, he died in the town where he was born.
país natal native country.
pueblo natal home town.

natalicio,-a
1 *adj* birthday.
2 **natalicio** *nm* birthday.

natalidad *nf* birth rate.

natillas *nf pl* custard *sing.*

natividad *nf* nativity.

nativo,-a
1 *adj* native.
2 *nm,f* native.
- **(profesor,-ra) nativo,-a** native teacher.

nato,-a *adj* born.

natura *nf* nature.
✦ **contra natura** against nature.

natural
1 *adj (no artificial)* natural.
2 *adj (fruta, flor)* fresh.
3 *adj (sin elaboración)* plain; *(sin alteración)* additive-free: **yogur natural** plain yoghurt.
4 *adj (espontáneo)* unaffected, natural: *en esta foto has quedado más natural* you look more natural in this photo.
5 *adj (lógico)* natural, to be expected.
6 *adj (ilegítimo)* natural, illegitimate.
7 *nm (temperamento)* nature, disposition: *es de natural irritable* he is irritable by nature.
8 *nm (nativo)* native, inhabitant.
9 *nm (en toreo)* type of pass.
✦ **al natural** *(en la realidad)* in real life; *CULIN* in its own juice.
de tamaño natural life-sized.
del natural *(pintado, sacado)* from life.
ser natural de to be a native of, come from.

naturaleza
1 *nf* nature.
2 *nf (temperamento)* nature, character.
3 *nf (complexión)* physical constitution.
4 *nf (clase, tipo)* nature, kind.
✦ **en plena naturaleza** in the wild.
por naturaleza by nature.
- **naturaleza humana** human nature, human condition.
naturaleza muerta *ART* still life.
protección de la naturaleza nature conservation.

naturalidad
1 *nf (sencillez)* naturalness.
2 *nf (espontaneidad)* ease, spontaneity: *actúa con mucha naturalidad* acting seems to come naturally to him, he acts very naturally.
✦ **con la mayor naturalidad del mundo** as if it were the most natural thing in the world.

naturalismo *nm* naturalism.

naturalista
1 *adj* naturalist.
2 *nm & nf* naturalist.

naturalización *nf* naturalization.

naturalizar
1 *vt* to naturalize.
2 **naturalizarse** *vpr* to become naturalized: *se ha naturalizado español* he has taken up Spanish citizenship.
▲ *Conjugation model* [4], *like realizar.*

naturalmente
1 *adv* naturally.
2 *interj* naturally!, of course!: *sí, naturalmente* yes, of course!; *naturalmente que no* of course not.

naturismo *nm* naturism.

naturista
1 *adj* naturist.
2 *nm & nf* naturist.

naturópata
1 *adj* naturopathic.
2 *nm & nf* naturopath.

naturopatía *nf* naturopathy.

naturopático,-a *adj* naturopathic.

naufragar
1 *vi (barco)* to sink, be wrecked; *(persona)* to be shipwrecked.
2 *vi fig* to fail.
▲ *Conjugation model* [7], *like llegar.*

naufragio
1 *nm* shipwreck.
2 *nm fig* failure.

náufrago,-a
1 *adj* wrecked, shipwrecked.
2 *nm,f* shipwrecked person, castaway.

Nauru *nm* Nauru.

nauruano,-a
1 *adj* Nauruan.
2 *nm,f* Nauruan.

náusea
1 *nf* nausea, sickness: *¿sintió usted náuseas en su anterior embarazo?* did you experience any nausea in your previous pregnancy?
2 *nf fig (repugnancia)* repulsion.
✦ **dar náusea(s)** to make sick: *me da náuseas* it makes me sick.
▲ *Often used in plural with the same meaning.*

nauseabundo,-a *adj* nauseating, sickening.

náutica *nf* navigation, seamanship.

náutico,-a
1 *adj* nautical.
2 **náuticos** *nm pl (calzado)* deck shoes.
- **deportes náuticos** water sports.

nautilo *nm* nautilus.

navaja
1 *nf (cuchillo)* penknife, pocketknife.
2 *nf (molusco)* razor-shell.
- **navaja de afeitar** razor.
navaja de monte hunting knife.

navajazo
1 *nm (acción)* stab.
2 *nm (herida)* stab wound, knife wound.

navajero,-a *nm,f* thug *(armed with a knife).*

navajo,-a
1 *adj* Navajo.
2 *nm,f* Navajo.

naval *adj* naval.

Navarra *nf* Navarre.

navarro,-a
1 *adj* Navarrese.
2 *nm,f* Navarrese.

nave
1 *nf (náutica)* ship, vessel.
2 *nf (espacial)* spaceship, spacecraft.
3 *nf ARQ (central)* nave; *(lateral)* aisle.
4 *nf (almacén)* industrial warehouse; *(fábrica)* plant.
✦ **quemar las naves** to burn one's boats, burn one's bridges.
- **nave espacial** spaceship.
nave central nave.
nave lateral aisle.
nave industrial industrial unit.

navegabilidad
1 *nf (de las aguas)* navigability.
2 *nf (de un barco)* seaworthiness; *(de un avión)* airworthiness.

navegable
1 *adj (río)* navigable.
2 *adj (barco)* seaworthy.

navegación
1 *nf (arte)* navigation.
2 *nf (tráfico)* shipping.
3 *nf (viaje por mar)* sea journey, voyage.
- **instrumento de navegación** instrument of navigation.
navegación aérea air navigation, flying.
navegación fluvial river navigation.

navegador *nm (de internet)* browser.

navegante
1 *adj* seafaring.
2 *nm & nf* navigator, seafarer.

navegar
1 *vi (persona)* to sail, navigate.
2 *vi (barco)* to sail.
3 *vi (avión)* to fly.
✦ **navegar a la deriva** to drift.
navegar contra corriente to go against the tide.
navegar en Internet to surf the net.
▲ *Conjugation model* [7], *like llegar.*

navel *nm* navel orange.

Navidad *nf* Christmas.
✦ **felicitar las Navidades a alguien** to wish somebody a merry Christmas.
- **árbol de Navidad** Christmas tree.
tarjeta de Navidad Christmas card.

navideño,-a *adj* Christmas: *había un ambiente navideño* there was a Christmassy feeling.

naviera *nf (empresa)* shipping company.

naviero,-a
1 *adj* shipping.
2 *nm,f (propietario)* shipowner.

navío *nm* vessel, ship.
- **navío de guerra** war vessel, warship.

náyade *nf* naiad.

nazareno,a
1 *adj HIST* Nazarene, Nazarite.
2 *nm,f HIST* Nazarene, Nazarite.
3 **nazareno** *nm (penitente)* penitent *in Holy Week processions.*
- **Jesús el Nazareno** Jesus of Nazareth.

nazarí
1 *adj HIST* Nazarite.
2 *nm & nf HIST* Nazarite.
▲ *pl* nazaríes.
nazarita *adj* → **nazarí.**
nazi
1 *adj* Nazi.
2 *nm & nf* Nazi.
nazismo *nm* Nazism.
N.B. *abr* (**nota bene**) note well; *(abreviatura)* N.B, n.b.
n/c *abr* (**nuestra cuenta**) our account.
n/cta *abr* (**nuestra cuenta**) our account.
NE² *sím* (**nordeste**) northeast; *(símbolo)* NE.
Neanderthal *adj* Neanderthal.
neblina *nf* mist.
neblinoso,-a *adj* misty.
nebrina *nf* juniper berry.
nebular *adj* nebular.
nebulizador *nm* nebulizer.
nebulosa *nf* nebula.
nebulosamente *adv* nebulously.
nebulosidad *nf* nebulosity.
nebuloso,-a
1 *adj* cloudy, hazy.
2 *adj fig* vague, nebulous.
necedad
1 *nf (ignorancia)* stupidity, foolishness.
2 *nf (acción)* stupid thing to do; *(comentario)* stupid thing to say.
✦ **decir necedades** to talk nonsense, talk rubbish.
necesariamente *adv* necessarily.
necesario,-a *adj* necessary: fue necesario hacerlo it had to be done; es necesario que acudas a la reunión you must attend the meeting.
✦ **hacerse necesario,-a** *(algo)* to be required; *(persona)* to become vital, become essential.
si fuera necesario if need be, if necessary.
neceser
1 *nm (bolsa de aseo)* toilet bag.
2 *nm (de maquillaje)* make-up bag, make-up kit.
3 *nm (de viaje)* vanity case.
4 *nm (de costura)* sewing kit.
■ **neceser de viaje** vanity case.
necesidad
1 *nf* necessity, need.
2 *nf (hambre)* hunger.
3 *nf (pobreza)* poverty, want.
✦ **de necesidad** essential.
hacer sus necesidades *fam* to relieve oneself.
no hay necesidad de ... there's no need to ...
pasar necesidades to be in need, suffer hardship.
necesitado,-a *adj* needy, poor.
necesitar *vt* to need.
✦ **"Se necesita chico"** "Boy wanted".
neciamente *adv* inanely.

necio,-a
1 *adj* stupid.
2 *nm,f* imbecile, idiot.
nécora *nf* fiddler crab.
necrofilia *nf* necrophilia.
necrófilo,-a
1 *adj* necrophiliac.
2 *nm,f* necrophiliac.
necrología
1 *nf (biografía)* obituary.
2 *nf (lista)* obituaries *pl.*
necrológico,-a
1 *adj* obituary, necrological.
2 **necrológicas** *nf pl (sección prensa)* obituaries *pl.*
■ **nota necrológica** obituary.
necromancia *nf* necromancy.
necrópolis *nf* necropolis.
▲ *pl* necrópolis.
necrosis *nf* necrosis.
▲ *pl* necrosis.
néctar *nm* nectar.
nectarina *nf* nectarine.
neerlandés,-esa
1 *adj* Dutch.
2 *nm,f (persona - hombre)* Dutchman; *(- mujer)* Dutch woman.
3 *nm,f (idioma)* Dutch.
nefando,-a *adj* nefarious, unspeakable.
nefario,-a *adj* nefarious.
nefasto,-a
1 *adj (desgraciado)* unlucky, ill-fated, bad.
2 *adj (perjudicial)* harmful, fatal.
nefrítico,-a *adj* nephritic.
■ **cólico nefrítico** nephrocolic.
nefritis *nf* nephritis.
▲ *pl* nefritis.
negación
1 *nf (de un ideal, derecho)* negation.
2 *nf (de una acusación)* denial.
3 *nf (negativa)* refusal.
4 *nf (en gramática)* negative.
negado,-a
1 *adj (inepto)* hopeless, useless.
2 *nm,f* no-hoper, total loss.
✦ **ser negado,-a para algo** to be hopeless at something, be useless at something, be a total loss at something.
negar
1 *vt (rechazar)* to deny: lo negó rotundamente she denied it categorically.
2 *vt (no conceder)* to refuse.
3 **negarse** *vpr* to refuse (a, to): se negó a devolverme el dinero he refused to give me my money back.
✦ **negar con la cabeza** to shake one's head.
negar la entrada a alguien to refuse entrance to somebody, not let somebody in.
negarse a sí mismo,-a to deny oneself.
▲ *Conjugation model* [48], *like regar.*
negativa *nf (negación)* negative answer; *(de una acusación)* denial; *(rechazo)* refusal.

negativamente *adv* negatively.
negativismo *nm* negativism.
negativo,-a
1 *adj* negative: su respuesta ha sido negativa his answer was no.
2 **negativo** *nm (en fotografía)* negative.
negligé *nm* negligee.
negligencia *nf* negligence, carelessness.
negligente
1 *adj* negligent.
2 *nm & nf* negligent person.
negligentemente *adv* negligently.
negociable *adj* negotiable.
negociación *nf* negotiation.
■ **negociación colectiva** collective bargaining.
negociado *nm (sección)* department.
negociador,-ra
1 *adj* negotiating.
2 *nm,f* negotiator.
negociante
1 *adj* negotiating.
2 *adj fam* money-grubbing.
3 *nm & nf* dealer, merchant.
4 *nm & nf fam* money-grubber.
negociar
1 *vi (comerciar)* to do business, deal (**con**, in): negocian con trigo they deal in wheat.
2 *vt POL* to negotiate.
▲ *Conjugation model* [12], *like cambiar.*
negocio
1 *nm (actividad)* business.
2 *nm (gestión)* deal, transaction.
3 *nm (asunto)* affair.
4 *nm (local)* shop, *US* store: hemos abierto un negocio en pleno centro we've opened up a new shop right in the centre of town.
✦ **¡bonito negocio hemos hecho!** *(con ironía)* some deal that was!, some deal that turned out to be!
hablar de negocios to talk business.
hacer negocio to make a profit.
hacer un buen negocio *(comercialmente)* to do a good deal; *(gen)* to do well.
negra *nf MÚS* crotchet, *US* quarter note.
negrear *vi* to turn black.
negrero,-a
1 *adj HIST* slave.
2 *nm,f HIST* slave trader.
3 *nm,f fam fig* slave driver.
■ **barco negrero** slave ship.
negrilla *nf* → **negrillo,-a.**
negrillo,-a *adj (color)* blackish.
■ **(letra) negrilla** bold, bold type.
negrita *nf* bold, bold type.
negritud *nf* blackness.
negro,-a
1 *adj (gen)* black.
2 *adj (oscuro)* dark: el cielo está negro completamente the sky is very dark.

3 *adj (bronceado)* brown, tanned, suntanned: me he puesto negra estas vacaciones I got really brown on holiday this year.
4 *adj (poco favorable)* awful, terrible: llevamos una semana negra we've had a terrible week.
5 *adj (cine, novela)* detective.
6 *adj (tabaco)* black.
7 *nm,f (hombre)* black (man); *(mujer)* black (woman).
8 negro *nm (color)* black.
9 *nm (escritor)* ghostwriter.
10 *nm (tabaco)* black tobacco.
✦ **estar negro,-a** *fam (enfadado)* to be cross; *(bronceado)* to be really brown, be really tanned.
negro,-a como la boca de lobo pitch-black.
negro,-a como un tizón as black as coal.
pasarlas negras *fam* to have a rough time of it.
poner negro,-a a alguien to drive somebody up the wall.
ponerse negro,-a *(persona)* to get angry, get mad; *(ambiente, situación)* to look bad.
tener la negra *fam* to be unlucky.
trabajar como un negro to work like a dog, work like a slave.
verlo todo negro to be very pessimistic.
verse negro,-a para hacer algo to have a tough time doing something: se veían negros para arreglarlo todo en una tarde they had their work cut out to get it all done in one afternoon.
vérselas negras *fam* to have a tough time.

negroide
1 *adj* Negroid.
2 *nm & nf* Negro, Negroid.

negror *nm* blackness.

negrura *nf* blackness.

negruzco,-a *adj* blackish.

némesis *nf* nemesis.

nemoroso,-a *adj* sylvan.

nemotecnia *nf* → mnemotecnia.

nemotécnico,-a *adj* → mnemotécnico,-a.

nene,-a
1 *nm,f (niño)* baby boy; *(niña)* baby girl.
2 *nm,f (apelativo)* baby.

nenúfar *nm* water lily.

neocelandés,-esa
1 *adj* of New Zealand, from New Zealand.
2 *nm,f* New Zealander.

neoclasicismo *nm* neoclassicism.

neoclásico,-a
1 *adj* neoclassical.
2 *nm,f* neoclassicist.

neocolonialismo *nm* neocolonialism.

neófito,-a *nm,f* neophyte.

neolítico,-a
1 *adj* neolithic.
2 neolítico *nm* Neolithic.

neologismo *nm* neologism.

neón *nm* neon.

neonatal *adj* neonatal.

neonato,-a *nm,f* neonate.

neonatología *nf* neonatology.

neonazi
1 *adj* neonazi.
2 *nm & nf* neonazi.

neorrealismo *nm* neorealism.

neoyorquino,-a
1 *adj* of New York, from New York.
2 *nm,f* New Yorker.

neozelandés,-esa
1 *adj* of New Zealand, from New Zealand.
2 *nm,f* New Zealander.

Nepal *nm* Nepal.

nepalés,-esa
1 *adj* Nepalese, Nepali.
2 *nm,f* Nepalese, Nepali.
3 nepalés *nm (idioma)* Nepalese, Nepali.

nepalí
1 *adj* Nepalese, Nepali.
2 *nm, & nf (persona)* Nepalese, Nepali.
3 *nm (idioma)* Nepalese, Nepali.

nepotismo *nm* nepotism.

Neptuno *nm* Neptune.

nereida *nf* nereid.

nervadura
1 *nf ARQ* ribs *pl.*
2 *nf BOT* nervures *pl.*

nervio
1 *nm ANAT* nerve.
2 *nm BOT* nervure, vein.
3 *nm (tendón de la carne)* sinew.
4 *nm ARQ* rib.
5 *nm (de un libro)* rib.
6 *nm (vigor)* energy, vitality.
7 nervios *nm pl* nerves.
✦ **ataque de nervios** fit of panic, attack of nerves.
estar mal de los nervios *fam* to suffer with one's nerves.
ponerle los nervios de punta a alguien to get on somebody's nerves.
ser puro nervio to be a real live wire.
tener los nervios de punta to be on edge.
■ **nervio óptico** optical nerve.

nerviosamente *adv* nervously.

nerviosidad *nf* → nerviosismo.

nerviosismo
1 *nm (excitación)* nervousness.
2 *nm (inquietud)* disquiet.

nervioso,-a
1 *adj (gen)* nervous.
2 *adj (excitable)* excitable.
3 *adj (intranquilo)* nervous, uptight, edgy.
✦ **poner nervioso,-a a alguien** to get on somebody's nerves.
ponerse nervioso,-a *(intranquilizarse)* to get nervous; *(impacientarse)* to get all excited; *(aturullarse)* to get flustered.

nervudo,-a *adj ANAT* sinewy, wiry.

neto,-a
1 *adj (peso, cantidad)* net.
2 *adj (claro)* neat, clear.

neumático,-a
1 *adj* pneumatic.
2 neumático *nm* tyre *(US* tire).

neumonía *nf* pneumonia.

neumotórax *nm* pneumothorax.

neura
1 *nf fam* obsession: ahora le ha dado la neura de que no quiere ir a clase now he's got it into his head that he doesn't want to go to school.
2 *adj fam* neurotic.
3 *nm & nf* neurotic.

neuralgia *nf* neuralgia.

neurálgico,-a
1 *adj MED* neuralgic.
2 *adj fig (fundamental)* key, main: el centro neurálgico de la organización the nerve centre of the organization.

neurastenia *nf* neurasthenia.

neurasténico,-a
1 *adj* neurasthenic.
2 *nm,f* neurasthenic person.

neuritis *nf* neuritis.
▲ *pl neuritis.*

neurocirujano,-a *nm,f* neurosurgeon.

neurología *nf* neurology.

neurológico,-a *adj* neurological.

neurólogo,-a *nm,f* neurologist.

neurona *nf* neuron, neurone.

neurosis *nf* neurosis.
▲ *pl neurosis.*

neurótico,-a
1 *adj* neurotic.
2 *nm,f* neurotic.

neurovegetativo,-a *adj* neurovegetative.

neutral *adj* neutral.

neutralidad *nf* neutrality.

neutralización *nf* neutralization.

neutralizar *vt* to neutralize.

neutro,-a
1 *adj* neutral.
2 *adj LING* neuter.
3 neutro *nm* neuter.

neutrón *nm* neutron.

nevada *nf* snowfall.

nevado,-a *adj (gen)* covered with snow; *(montaña)* snow-capped.

nevar *vi* to snow.
▲ *Conjugation model [27], like acertar; used only in the 3rd person; it does not take a subject.*

nevasca *nf* snowstorm.

nevera
1 *nf (eléctrica)* fridge, refrigerator.
2 *nf (para excursiones)* cool box.
3 *nf fam fig* freezing cold place: esta casa es una nevera this house is freezing.

nevero *nm* ice field.

nevisca *nf* light snowfall.

newton *nm* newton.
▲ *pl newtons.*

nexo

1 *nm (unión)* connection, link.

2 *nm* LING connective.

- **nexo de unión** nexus.

n/f *abr* (**nuestro favor**) our favour (US favor); *(abreviatura)* our fav.

n/g *abr* (**nuestro giro**) our order; *(abreviatura)* our o.

ni

1 *conj* neither, nor: no tengo tiempo ni ganas I don't have the time or the inclination, I neither have the time nor the inclination.

2 *conj (ni siquiera)* not even: no lo quiero ni regalado I wouldn't want it even if they were giving it away; no tengo tiempo ni para comer I don't even have time to eat.

- **¡ni hablar!** no way!

  ni que it's not as if: ni que fuera tonta it's not as if I were stupid!; ni que hubiera sido millonario anyone would think he were a millionaire!

niacina *nf* niacin.

Nicaragua *nf* Nicaragua.

nicaragüense

1 *adj* Nicaraguan.

2 *nm & nf* Nicaraguan.

nicaragüeño,-a *adj* → **nicaragüense**.

nicho

1 *nm (funerario)* wall tomb.

2 *nm (para escultura)* niche.

- **nicho ecológico** niche.

nicotina *nf* nicotine.

nictalopía *nf* night blindness.

nidada *nf (huevos)* clutch; *(polluelos)* brood.

nidal *nm* nest.

nidificar *vi* to nest.

nido *nm* nest.

- **caerse del nido** *fig* to be born yesterday: ¿qué te crees, que me acabo de caer del nido o qué? what do you take me for? I wasn't born yesterday you know!

- **nido de abeja** smocking.

  nido de amor love nest.

  nido de ladrones den of thieves.

niebla

1 *nf (nubes)* fog.

2 *nf fig* mist.

- **niebla tóxica** smog.

nieto,-a *nm,f* grandchild; *(niño)* grandson; *(niña)* granddaughter: tiene muchos nietos he has many grandchildren.

nieve *nf* snow.

NIF *abr* (**Número de Identificación Fiscal**) *tax identification number*.

Níger *nm* Niger.

Nigeria *nf* Nigeria.

nigeriano,-a

1 *adj* Nigerian.

2 *nm,f* Nigerian.

nigromancia *nf* necromancy.

nigromante *nm & nf* necromancer.

nigromántico,-a

1 *adj* necromantic.

2 *nm,f* necromancer.

nihilismo *nm* nihilism.

nihilista

1 *adj* nihilistic.

2 *nm & nf* nihilist.

Nilo el Nilo *nm* the Nile.

nilón *nm* nylon.

▲ *Registered trademark.*

nilótico,-a *adj* Nilotic.

nimbado,-a *adj* nimbused.

nimbo *nm* nimbus.

nimiedad

1 *nf (cualidad)* smallness, triviality.

2 *nf (cosa nimia)* trifle.

nimio,-a *adj* insignificant, trivial.

ninfa *nf* nymph.

ninfómana *nf* nymphomaniac.

ninfomanía *nf* nymphomania.

ningún *adj* → **ninguno,-a**.

- **de ningún modo** in no way.

▲ *Used before a masculine singular noun.*

ninguno,-a

1 *adj* no, not any: aquí no veo ningún bolígrafo azul I can't see any blue biro here; no lo encuentro por ningún sitio I can't find it anywhere; no tengo ningunas ganas de salir I don't feel like going out at all.

2 *pron (persona)* nobody, no one: ninguno lo vio no one saw it.

3 *pron (objeto)* not any, none: ninguno me gusta I don't like any of them; de ese color no me queda ninguna I don't have any left in that colour.

- **en ninguna parte** nowhere.

  ninguna cosa nothing.

  ninguno,-a de nosotros *(ellos etc)* none of us *(them etc)*.

▲ *See also* **ningún**.

niña *nf* → **niño,-a**.

niñada *nf* → **niñería**.

niñato,-a *nm,f fam* brat.

niñera *nf* nanny.

niñería

1 *nf (chiquillada)* childishness, childish behaviour (US behavior).

2 *nf (nimiedad)* trifle.

- **hacer niñerías** to be childish.

niñero,-a *adj* fond of children: el abuelo es muy niñero granddad loves children.

niñez *nf (de una persona)* childhood; *(de una idea, proyecto)* infancy.

niño,-a

1 *nm,f (gen)* child; *(chico)* boy, little boy; *(chica)* girl, little girl: tienen dos niños y una niña they've got two boys and a girl.

2 *nm,f (bebé)* baby: ¿para cuándo es el niño? when is the baby due?; ha tenido una niña preciosa she's had a beautiful baby girl.

3 *nm,f pey (en comportamiento)* baby; *(en experiencia)* child: no seas niño y acábate la cena don't be such a baby, eat up your dinner!; en cuestiones de dinero es un niño aún in money matters he's still very naive.

4 **niños** *nm pl* children, kids.

- **de niño,-a** as a child.

  desde niño,-a from childhood: vivo en esta casa desde muy niña I've lived in this house since I was a little girl.

  la niña bonita *the number 15.*

  ... ni que niño muerto! *fam* my foot!: ¡qué moto ni qué niño muerto! motorbike, my foot!

  querer a alguien como a la niña de sus ojos to adore somebody, have a soft spot for somebody.

  ser como la niña de sus ojos para alguien to be the apple of somebody's eye.

- **niña del ojo** pupil.

  niño,-a bien rich kid.

  niño,-a bonito,-a *(de los padres)* spoilt child; *(de otros)* pet: es el niño bonito del profe he's the teacher's pet.

  niño,-a burbuja baby in the bubble.

  niño,-a probeta test-tube baby.

  niño de papá rich kid.

  niño pera *fam* daddy's boy.

nipón,-ona

1 *adj* Nipponese.

2 *nm,f* Nipponese.

níquel *nm* nickel.

niquelado,-a

1 *adj* nickel-plated.

2 **niquelado** *nm* nickelling.

niquelar *vt* to nickel.

niqui *nm* T-shirt.

nirvana *nm* nirvana.

níscalo *nm* milk cap.

níspero

1 *nm (fruto)* medlar.

2 *nm (árbol)* medlar tree.

nitidez

1 *nf (transparencia)* clearness, transparency.

2 *nf (claridad)* accuracy, precision.

3 *nf (de imagen)* sharpness.

nítido,-a

1 *adj (transparente)* clear, transparent.

2 *adj (claro)* accurate, precise.

3 *adj (imagen)* sharp.

nitrato *nm* nitrate.

nítrico,-a *adj* nitric.

nitrito *nm* nitrite.

nitrogenado,-a *adj* nitrogenous.

nitrógeno *nm* nitrogen.

nitroglicerina *nf* nitroglycerine.

nitroso,-a *adj* nitrous.

nivel

1 *nm (altura)* level, height: el nivel de las aguas de un río the water level of a river; el sofá está al nivel de la ventana the sofa is level with the window.

2 *nm (categoría)* level, standard, degree: no están al mismo nivel intelectual they are not at the same intellectual level; mis alumnos tienen muy buen nivel de inglés my students' English is very good.

3 *nm (instrumento)* level.

✦ **a nivel de** as for: a nivel de gastos as far as expenses are concerned, regarding expenses.

al más alto nivel at the highest level.

▪ **nivel de producción** production level.

nivel de vida standard of living.

nivel del mar sea level.

nivelación

1 *nf (de un terreno)* levelling (*US* leveling).

2 *nf (de diferencias, posturas)* reconciliation.

nivelado,-a

1 *pp* → **nivelar**.

2 *adj* level.

nivelador,-ra *adj* levelling (*US* leveling).

niveladora *nf* bulldozer.

nivelar

1 *vt (gen)* to level out, level off.

2 *vt (diferencias etc)* to reconcile.

níveo,-a *adj lit* snow-white.

Niza *nf* Nice.

n/L *abr* (**nuestra letra, nuestra letra de crédito**) our letter of credit; *(abreviatura)* our L/C.

NNE *sím* (**nordnoreste**) north-northeast; *(abreviatura)* NNE.

NNO *sím* (**nordnoroeste**) north-northwest; *(abreviatura)* NNW.

no

1 *adv* no, not: no, no quiero agua no, I don't want any water; tú no not you.

2 *adv (en frases negativas)* not: no lo compres don't buy it; ella no es alemana, es belga she's not German, she's Belgian; no me gusta el arroz I don't like rice; no vendrá he won't come; no vinieron they didn't come.

3 *adv (en frases interrogativas)* ¿te gusta, no? you like it, don't you?; ¿a que no me pillas? I bet you can't catch me; ¿no se habrá apuntado él también, no? he wouldn't have signed up as well, would he?

4 *adv (en comparativas)* mejor gastarse el dinero ahora que no guardarlo para después it's better to spend the money now than to save it for later.

5 *adv (prefijo)* non-: la no violencia nonviolence.

6 *nm* no: un no rotundo a definite no.

✦ **¡a que no!** do you want a bet?, what's the bet?

no bien the moment, as soon as: no bien entró por la puerta vio que faltaba el dinero he noticed the money was missing the moment he came in the door.

no más *(solo)* only; *(basta de)* no more.

no obstante notwithstanding.

no sin not without: se marchó, no sin antes expresar su disconformidad he left, but not without first expressing his disagreement.

o, si no *(rectificación)* or rather; *(hipótesis)* or otherwise, or if not.

¡que no! I said no!

n/o *abr* (**nuestra orden**) our order; *(abreviatura)* our o.

NO² *sím* (**nordoeste**) northwest; *(símbolo)* NW.

nobel *nm* Nobel prize.

▪ **premio Nobel** Nobel prize.

nobiliario,-a *adj* noble.

▪ **título nobiliario** title.

noble

1 *adj (gen)* noble; *(madera)* fine.

2 *nm & nf (hombre)* nobleman; *(mujer)* noblewoman.

3 los nobles *nm pl* the nobility *sing*.

noblemente *adv* nobly.

nobleza

1 *nf (cualidad)* nobility, honesty, uprightness.

2 *nf (los nobles)* nobility.

noblote,-a *adj fam* sincere, open.

noche *nf (gen)* night; *(al atardecer)* evening: esta noche salimos we are going out tonight; hasta mañana por la noche see you tomorrow night; ¡pero, si son las 10 de la noche! look at the time, it's ten o'clock!; llegaremos de noche it'll be dark when we arrive.

✦ **ayer (por la) noche** last night.

buenas noches *(saludo)* good evening; *(despedida)* good night.

de noche todos los gatos son pardos all cats are grey in the dark.

hacer noche en to spend the night in: hicimos noche en Belfast we stayed overnight in Belfast.

hacer turno de noche to work nights.

hacerse de noche to grow dark.

la noche de los tiempos the dawn of time.

noche y día day and night.

pasar mala noche to sleep badly, have a bad night.

pasar la noche en blanco not to sleep a wink all night.

por la noche at night, after dark: llegamos por la noche we arrived after dark; por la noche no abren it is not open at night.

ser de noche to be dark.

ser noche cerrada to be pitch dark.

ser la noche y el día to be like chalk and cheese.

de la noche a la mañana *fig* overnight.

▪ **media noche** midnight.

noche toledana *fam* sleepless night.

Nochebuena *nf* Christmas Eve.

Nochevieja *nf* New Year's Eve.

noción

1 *nf* notion, idea.

2 nociones *nf pl* smattering *sing*, basic knowledge *sing*.

✦ **perder la noción del tiempo** to lose track of time.

nocional *adj* notional.

nocividad *nf* noxiousness.

nocivo,-a *adj* noxious, harmful.

noctambulismo *nm* nocturnality.

noctámbulo,-a

1 *adj* nocturnal.

2 *nm,f fam (trasnochador)* night owl, *US* night hawk.

noctívago,-a *adj lit* nocturnal.

nocturnidad

1 *nf (noche)* night-time.

2 *nf JUR* the aggravating circumstance of a crime having been committed at night.

nocturno,-a

1 *adj (gen)* nocturnal; *(vida)* night; *(clase)* evening.

2 *adj ZOOL* nocturnal.

3 nocturno *nm* night school.

4 *nm MÚS* nocturne.

nodo *nm* node.

NODO *abr CINEM* (**Noticiarios y Documentales Cinematográficos**) *Spanish cinema newsreels (shown from 1942 to 1976).*

nodriza

1 *nf (mujer)* wet nurse.

2 *nf (vehículo)* supply.

▪ **avión nodriza** supply plane.

nodular *adj* nodular, nodulated.

nódulo *nm* nodule.

Noé *nm* Noah.

nogal *nm* walnut tree.

nogalina *nf* walnut dye.

nogueral *nm* walnut grove.

nómada

1 *adj* nomadic.

2 *nm & nf* nomad.

nomadismo *nm* nomadism.

nombradía *nf* fame.

nombrado,-a *adj* well-known.

nombramiento *nm* appointment.

nombrar

1 *vt (dar nombre, mencionar)* to name.

2 *vt (llamar)* to call.

3 *vt (designar)* to name, appoint: lo han nombrado director he has been appointed director.

nombre

1 *nm* name: se le conoce más por el nombre de Pepe he's better known as Pepe; ¿este cheque va a su nombre? is this cheque in your name?

2 *nm LING* noun.

3 *nm (fama)* reputation: es un cirujano de nombre he is a well-known surgeon.

✦ **a nombre de** in the name of: mándalo a nombre del director address it to the manager; va a nombre de todos nosotros it's addressed to all of us; abrimos una cuenta a nombre de los dos we opened a joint account.

conocer a alguien de nombre to know somebody by name.

en el nombre del Padre, del Hijo … in the name of the Father, the Son …
en nombre de on behalf of.
llamar a las cosas por su nombre *fig* to call a spade a spade.
no tener nombre *fig* to be unspeakable.
■ nombre artístico stage name.
nombre comercial trade name.
nombre de guerra nom de guerre.
nombre de pila first name, Christian name.
nombre propio proper noun.
nombre y apellidos full name *sing*.

nomenclador *nm* → nomenclatura.

nomenclátor *nm* → nomenclatura.

nomenclatura *nf* nomenclature.

nomeolvides
1 *nm (flor)* forget-me-not.
2 *nm (pulsera)* identity bracelet.
▲ *pl* nomeolvides.

nómina
1 *nf (plantilla)* payroll.
2 *nf (sueldo)* pay cheque (*US* check); *(papel)* pay slip.
3 *nf (lista)* list.
✦ estar en nómina to be on the staff.

nominación *nf* nomination.

nominal *adj* nominal.

nominalismo *nm* nominalism.

nominalista
1 *adj* nominalist, nominalistic.
2 *nm & nf* nominalist.

nominalización *nf* substantivization.

nominalizar *vt* to substantivize.

nominalmente *adv* nominally.

nominar *vt* to nominate.

nominativo,-a
1 *adj (cheque)* personal: un talón nominativo a favor de … a cheque made out to …, a cheque payable to …
2 *adj LING* nominative.
3 nominativo *nm* nominative.

non
1 *adj (número)* odd.
2 *nm* odd number.
✦ pares y nones odds and evens.

nonagenario,-a
1 *adj* nonagenarian.
2 *nm,f* nonagenarian.

nonagésimo,-a
1 *adj* ninetieth.
2 *nm,f* ninetieth.

nonato,-a
1 *adj (mediante cesárea)* born by Caesarean section; *(después de morir la madre)* born of a dead mother.
2 *adj (no nacido)* unborn.

nones *interj* no way!: me ha dicho que nones the answer is no.

nono,-a *adj* → noveno,-a.

noquear *vt* to knock out.

noray *nm* bollard.

norcoreano,-a
1 *adj* North Korean.
2 *nm,f* North Korean.

nordeste
1 *nm* northeast.
2 *nm (viento)* northeasterly.

nórdico,-a
1 *adj (del norte)* northern.
2 *adj (de los países del norte)* Nordic.
3 *nm,f (persona)* Scandinavian.
4 nórdico *nm (idioma)* Norse.
■ funda nórdica duvet cover.

noreste *nm* → nordeste.

noria
1 *nf (para agua)* water wheel.
2 *nf (de feria)* big wheel.

norirlandés,-esa
1 *adj* Northern Irish.
2 *nm,f (hombre)* Northern Irishman; *(mujer)* Northern Irishwoman.

norma *nf* norm, rule.
■ norma de conducta rule of conduct.

normal
1 *adj (corriente, habitual)* normal, usual, average; *(lógico)* normal, natural.
2 *nf (escuela)* teacher training college.
3 *nf (gasolina)* two-star petrol, *US* regular gasoline.
4 *nf (en geometría)* perpendicular, normal.

normalidad *nf* normality: las elecciones transcurrieron en la más absoluta normalidad the elections went off without incident; normalidad absoluta en las carreteras españolas traffic is completely normal on Spanish roads.
✦ con normalidad normally, as normal.
volver a la normalidad to return to normal.

normalización *nf* normalization.

normalizar *vt* to normalize, restore to normal.
▲ *Conjugation model* [4], *like* realizar.

normalmente *adv* normally, usually.

Normandía *nf* Normandy.
■ el desembarco en Normandía the Normandy Landings *pl*, D-Day.

normando,-a
1 *adj (de Normandía)* Norman.
2 *adj HIST (germánico)* Norse.
3 *nm,f (de Normandía)* Norman.

normativa *nf* rules *pl*, regulations *pl*.

normativo,-a *adj* normative.

noroeste
1 *nm* northwest: navegamos en dirección noroeste we're sailing in a northwesterly direction.
2 *nm (viento)* northwesterly.

norte
1 *nm* north: la estrella polar señala el norte the Pole Star shows where north is; vive al norte de la región he lives to the north of the region; los países del norte the Northern countries; nos dirigimos hacia el norte we're heading North.
2 *nm (viento)* northerly wind.
3 *nm fig (dirección, sentido)* direction; *(objetivo)* aim.

✦ perder el norte to lose sight of one's objectives, lose one's way.
sin norte aimless.
■ norte magnético magnetic North.

Norteamérica *nf (América del Norte)* North America; *(Estados Unidos)* America.

norteamericano,-a
1 *adj (de América del Norte)* North American; *(de Estados Unidos)* American.
2 *nm,f (de América del Norte)* North American; *(de Estados Unidos)* American.

Noruega *nf* Norway.

noruego,-a
1 *adj* Norwegian.
2 *nm,f (persona)* Norwegian.
3 noruego *nm (idioma)* Norwegian.

nos
1 *pron (complemento)* us: nos van a pillar they're going to catch us; nos dijo que no nos moviéramos he told us not to move.
2 *pron (uso reflexivo)* ourselves: nos lavamos we wash ourselves.
3 *pron (uso recíproco)* each other: nos vemos mucho we see each other often.

no-siniestralidad bonificación de no-siniestralidad *nf* no-claims bonus.

nosotros,-as
1 *pron (sujeto)* we: nosotros no fuimos we didn't go; ¿quién viene? —¡nosotros! who's coming? —we are!
2 *pron (complemento)* us: con nosotros,-as with us.

nostalgia
1 *nf* nostalgia.
2 *nf (añoranza)* homesickness.

nostálgico,-a *adj* nostalgic.

nota
1 *nf (anotación)* note: déjale una nota diciendo que nos hemos ido leave him a note telling him that we've left.
2 *nf (calificación)* mark, grade; *(calificación alta)* high mark: me han puesto muy mala nota en inglés I got a very bad mark in English; mi examen estaba para nota my paper deserved a high mark; si quieres nota tendrás que presentarte al oral if you want a higher mark you'll have to go for a viva.
3 *nf (cuenta)* bill: ¿nos trae la nota por favor? could you bring us the bill please?
4 *nf fig (detalle)* touch: las velas le daban una nota de distinción a la cena the candles gave the dinner a touch of class.
5 *nf MÚS* note.
6 *nm arg (tipo)* bloke.
✦ dar la nota *fam* to draw attention to oneself.
sacar buenas notas to get good marks.
tomar nota de algo *(apuntar)* to note something down; *(fijarse)* to take note of something.

notabilidad *nf* notability.

notable

1 *adj (apreciable)* noticeable; *(considerable, marcado)* considerable, remarkable: **la diferencia entre un coche y otro es notable** there's a considerable difference between one car and another.

2 *adj (digno de mención)* noteworthy, notable.

3 *adj (ilustre)* well-known.

4 *nm (persona)* dignitary, notable.

5 *nm (calificación) mark equivalent to between 70% and 80% in the Spanish marking system.*

notablemente *adv* notably.

notación *nf* notation.

notar

1 *vt (percibir)* to notice: **he notado que han subido los precios** I've noticed they've put their prices up.

2 *vt (sentir)* to feel: **noto un poco de calor** I feel a bit hot; **la noto un poco triste últimamente** she looks a bit down lately.

3 notarse *vpr (percibirse)* to be noticeable, be evident, show: **apenas se le nota la cicatriz** you can hardly see his scar; **¿se nota que no me he peinado?** can you tell I haven't combed my hair?

4 *vpr (sentirse)* to feel.

✦ hacer notar to point out.

hacerse notar to draw attention to oneself.

se nota que ... one can see that ...

notaría

1 *nf (profesión)* profession of notary.

2 *nf (despacho)* notary's office.

notariado

1 *nm (profesión)* profession of notary.

2 *nm (conjunto de notarios)* notaries *pl*.

notarial *adj* notarial.

notario,-a *nm,f* notary, notary public.

noticia

1 *nf (información)* news *pl*: **una noticia** a piece of news; **acaba de llegarnos la noticia de que ...** news is just coming in of ...; **eso no es noticia** that's nothing new; **¿has tenido noticias de Laura?** have you had any news from Laura?, have you heard anything from Laura?; **tengo noticias para ti** I've got news for you.

2 *nf (conocimiento)* idea: **no tenía noticia de que hubieran quebrado** I had no idea they had gone bankrupt.

3 las noticias *nf pl* the news.

✦ dar la noticia to break the news.

¡primera noticia! that's news to me!

ser noticia to be in the news.

■ noticia bomba bombshell.

noticiario *nm* news.

notición *nm fam* bombshell.

notificación *nf* notification.

■ notificación judicial summons *sing*.

notificar *vt* to notify, inform.

▲ *Conjugation model [1], like sacar.*

notoriamente *adv* significantly, markedly.

notoriedad

1 *nf (fama)* fame, prestige.

2 *nf (evidencia)* obviousness.

notorio,-a *adj* well-known.

novatada

1 *nf (broma)* practical joke *(played on a new student, recruit, etc)*.

2 *nf (fallo)* beginner's mistake.

✦ pagar la novatada to learn the hard way.

novato,-a

1 *adj (persona)* inexperienced, green.

2 *nm,f (principiante)* novice, beginner.

3 *nm,f (universidad)* fresher *(us* freshman).

novecentismo *nm Spanish literary movement of the 1900s; spirit of the 20th century.*

novecientos,-as

1 *adj* nine hundred; *(ordinal)* nine-hundredth.

2 novecientos *nm pl* nine hundred.

▲ *See also seis.*

novedad

1 *nf (cualidad)* newness.

2 *nf (cosa nueva)* novelty.

3 *nf (cambio)* change, innovation: **está introduciendo muchas novedades en el departamento** he's making a lot of changes in the department; **no ha habido ninguna novedad desde que te fuiste** nothing has changed since you left.

4 *nf (noticia)* news: **¡vaya una novedad, hace tiempo que lo sabíamos!** that's nothing new - we've known for quite a while!

✦ sin novedad without incident.

sin novedad en el frente all's quiet on the Western front.

■ últimas novedades *(en ropa)* latest fashion *sing*; *(en libros, discos)* latest releases.

novedoso,-a *adj* novel.

novel

1 *adj (escritor, escultor)* novice.

2 *nm* beginner.

novela

1 *nf* novel.

2 *nf (en TV, radio)* serial.

■ novela corta novella.

novela de caballerías romance of chivalry.

novela de suspense thriller.

novela negra detective novel, detective story.

novela policíaca detective story.

novela por entregas serial.

novela rosa romance, novelette.

novelar

1 *vt* to novelize, convert into a novel.

2 *vi* to write novels.

novelero,-a

1 *adj (aficionado a leer novelas)* fond of reading novels.

2 *adj (fantasioso)* highly imaginative.

3 *adj (chismoso)* gossipy.

novelesco,-a

1 *adj (de la novela)* fictional, novelistic.

2 *adj (de novela)* fiction-like.

novelista *nm & nf* novelist.

novelística

1 *nf (producción literaria)* novels, fiction.

2 *nf (estudio)* study of the novel.

novelístico,-a *adj* novelistic.

novena *nf REL* novena.

noveno,-a

1 *adj* ninth.

2 *nm,f* ninth.

▲ *See also sexto.*

noventa

1 *adj* ninety.

2 *nm* ninety.

▲ *See also sesenta.*

noventayochista *nm & nf member of the Generación del 98, generation of Spanish writers.*

novia

1 *nf (amiga)* girlfriend.

2 *nf (prometida)* fiancée; *(en boda)* bride.

✦ quedarse compuesto,-a y sin novia *fam* to be left in the lurch, be left high and dry.

noviazgo *nm* engagement.

noviciado *nm* noviciate, novitiate.

novicio,-a

1 *nm,f (principiante)* beginner.

2 *nm,f REL* novice.

noviembre *nm* November.

▲ *For examples of use, see marzo.*

noviero,-a *adj fam (chico)* girl-mad; *(chica)* boy-mad: **ella es muy noviera** she's totally boy-mad.

novilla *nf* heifer.

novillada

1 *nf (corrida)* bullfight with young bulls.

2 *nf (novillos)* herd of young bulls.

novillero,-a

1 *nm,f (torero)* novice bullfighter.

2 *nm,f (estudiante)* truant.

novillo *nm* young bull.

✦ hacer novillos *fam* to play truant, skip school, *us* play hooky.

novilunio *nm* new moon.

novio

1 *nm (amigo)* boyfriend.

2 *nm (prometido)* fiancé; *(en boda)* bridegroom.

✦ quedarse compuesto,-a y sin novio *fam* to be left in the lurch, be left high and dry.

los novios the bride and groom.

ser novios *(salir juntos)* to be going out; *(estar prometidos)* to be engaged.

novísimo,-a *adj* very new.

N.S. *abr* (**Nuestro Señor**) Our Lord.

Nª. Sª. *abr* (**Nuestra Señora**) Our Lady.

nto. *abr* (**neto**) net; *(abreviatura)* n.

nubarrón
  1 *nm (nube)* storm cloud.
  2 *nm fam fig* cloud on the horizon.

nube
  1 *nf* cloud.
  2 *nf fig (multitud - de personas)* swarm, crowd; *(- de insectos)* cloud.
  ✦ **caído,-a de las nubes** out of the blue.
  estar en las nubes/vivir en las nubes to have one's head in the clouds.
  estar por las nubes *(precio)* to be sky-high.
  poner a alguien por las nubes *fig* to praise somebody to the skies.
  ■ **nube de verano** *(nube)* sudden summer storm; *(enfado)* storm in a teacup.

núbil *adj* nubile.

nublado,-a
  1 *adj* cloudy, overcast.
  2 nublado *nm* storm cloud.

nublar
  1 *vt (cielo)* to cloud.
  2 nublarse *upr* to cloud over.

nublo *adj* cloudy.

nubosidad *nf* cloudiness.
  ■ **nubosidad variable** variable cloud cover.

nuboso,-a *adj* cloudy.

nuca *nf* nape (of the neck): **con las manos en la nuca** hands behind one's neck.

nuclear
  1 *adj* nuclear.
  2 *nf* nuclear power station.

núcleo
  1 *nm* nucleus.
  2 *nm (parte central)* core.
  3 *nm (grupo de gente)* circle, group.
  ■ **núcleo urbano** city centre *(us* center).

nudillo *nm* knuckle.

nudismo *nm* nudism.

nudista
  1 *adj* nudist.
  2 *nm & nf* nudist.

nudo
  1 *nm* knot: **hazme un nudo en este hilo** tie a knot in this thread for me; **¿me haces el nudo de la corbata?** can you tie my tie for me?
  2 *nm fig (vínculo)* link, tie.
  3 *nm (de un argumento)* climax.
  4 *nm (en madera)* knot.
  5 *nm (unidad de velocidad)* knot.
  ✦ **el nudo de la cuestión** the heart of the matter.
  hacérsele a uno un nudo en la garganta *fig* to get a lump in one's throat.
  hacer un nudo to tie a knot.
  ■ **nudo corredizo** slipknot.
  nudo ferroviario junction.
  nudo gordiano Gordian knot.
  nudo de carreteras spaghetti junction.
  nudo marinero sailor's knot.

nudosidad *nf* knottiness.

nudoso,-a *adj (madera)* knotty, knobbly; *(manos, vara)* gnarled.

nuera *nf* daughter-in-law.

nuestro,-a
  1 *adj* our, of ours: **éste es nuestro colegio** this is our school; **un amigo nuestro** a friend of ours.
  2 *pron* ours: **este libro es nuestro** this book is ours.
  ✦ **la nuestra** *fam* our chance.
  lo nuestro *(relación)* our relationship, us; *(asunto)* our business; *(actividad)* our thing.
  los nuestros *fam* our side *sing*, our people.

nueva *nf* tidings *pl*, news *sing*.
  ■ **la buena nueva** glad tidings *pl*.

nuevamente *adv* again.

nueve
  1 *adj* nine; *(noveno)* ninth.
  2 *nm* nine.
  ▲ *See also* **seis**.

nuevo,-a
  1 *adj* new.
  2 *adj (adicional)* further.
  3 *nm,f* newcomer; *(principiante)* beginner; *(universidad)* fresher *(us* freshman).
  ✦ **de nuevo** again.
  coger a alguien de nuevas to take somebody by surprise.
  estar (como) nuevo,-a *(objeto)* to be as good as new; *(persona)* to feel like new, feel as good as new.
  hacerse de nuevas to pretend not to know.
  ¿qué hay de nuevo? *fam* what's new?

nuez *nf BOT* walnut.
  ✦ **rebanar la nuez a alguien** *fam* to slit somebody's throat.
  ■ **nuez (de Adán)** Adam's apple.
  nuez moscada nutmeg.
  ▲ *pl* **nueces**.

nulidad
  1 *nf (ineptitud)* incompetence.
  2 *nf (persona)* hopeless person.
  3 *nf JUR* nullity.
  ✦ **conceder la nulidad de un matrimonio** to have a marriage annulled.
  ser una nulidad (para algo) to be useless (at something).

nulo,-a
  1 *adj (persona)* useless, totally inept.
  2 *adj (sin valor)* null and void, invalid.
  ✦ **ser nulo,-a para algo** to be useless at something.
  ■ **voto nulo** invalid vote.

núm. *abr* (**número**) number; *(abreviatura)* n.

numantino,-a
  1 *adj HIST* Numantian.
  2 *adj fig (resistencia)* heroic.
  3 *nm,f* Numantian.

numen *nm lit* muse.
  ■ **numen poético** poetic inspiration.

numeración
  1 *nf (proceso)* numbering.
  2 *nf (conjunto)* numbers *pl*.
  3 *nf (sistema)* numbers *pl*, numerals *pl*.

  ■ **numeración arábiga** Arabic numerals *pl*.
  numeración decimal decimal system.
  numeración romana Roman numerals *pl*.

numerador *nm* numerator.

numeral
  1 *adj* numeral.
  2 *nm* numeral.

numerar
  1 *vt* to number.
  2 numerarse *upr MIL* to number off.
  ✦ **sin numerar** unnumbered.

numerario,-a *adj* with tenure, permanent.
  ■ **profesor,-ra numerario,-a** *lecturer who has tenure, lecturer who has a permanent contract*.
  profesor,-ra no numerario,-a *lecturer without tenure*.

numerarse *upr* → **numerar**.

numérico,-a *adj* numerical.

número
  1 *nm (gen)* number.
  2 *nm (de una publicación)* number, issue.
  3 *nm (de zapatos)* size: **¿qué número calzas?** what's your shoe size?, what size shoe do you take?
  4 *nm (de un espectáculo)* act.
  5 *nm (de lotería)* lottery ticket number.
  6 *nm (cargo sin graduación)* officer.
  7 *nm LING* number.
  8 *nm fam* scene.
  9 *nm fam (persona)* case: **tenemos un profesor que es un número** we have a teacher who's a real case.
  ✦ **en números redondos** in round figures.
  en números rojos in the red.
  hacer números to do the figures.
  montar un número *fam* to make a scene.
  pedir número to take a numbered ticket.
  ser el número uno to be the number one.
  ser miembro de número to be a full member.
  sin número *(edificio)* unnumbered; *(en abundancia)* countless.
  ■ **número arábigo** Arabic numeral.
  número atrasado back number.
  número de matrícula registration number, *us* license number.
  número de serie serial number.
  número entero whole number.
  número extraordinario *(en prensa)* special edition, special issue.
  número fraccionario fraction.
  número impar odd number.
  número ordinal ordinal number.
  número par even number.
  número primo prime number.
  número quebrado fraction.
  número romano Roman numeral.

numeroso,-a *adj* numerous: **son familia numerosa** they're a large family.

numerus clausus *nm pl* numerus clausus, quota.

numismática *nf* numismatics.
numismático,-a
1 *adj* numismatic.
2 *nm,f* numismatist.
nunca
1 *adv* never.
2 *adv (en interrogativa)* ever: ¿has visto nunca cosa igual? have you ever seen anything like it?
✦ **más que nunca** more than ever.
nunca jamás never ever.
nunca más never again.
ser lo nunca visto to be unheard of.
nunciatura *nf* nunciature.
nuncio *nm* nuncio.
▪ **nuncio apostólico** papal nuncio.

nupcial *adj (marcha, tarta)* wedding; *(misa)* nuptial; *(lecho)* marriage.
nupcialidad *nf* number of weddings.
nupcias *nf pl fml* wedding *sing*, nuptials.
✦ **casarse en segundas nupcias** to remarry, marry for the second time.
nurse *nf* nanny.
nutria *nf* otter.
nutrición *nf* nutrition.
nutrido,-a
1 *adj (alimentado)* nourished.
2 *adj fig (abundante)* large: nutridos aplausos enthusiastic applause.
✦ **nutrido,-a de** filled with, abounding in.

▪ **bien nutrido,-a** well-nourished.
mal nutrido,-a undernourished.
nutriente
1 *adj* nutrient.
2 *nm* nutrient.
nutrir
1 *vt (alimentar)* to feed, nourish.
2 *vt fig* to encourage.
3 *vt (abastecer)* to supply (**de**, with).
4 **nutrirse** *vpr (alimentarse)* to receive nourishment (**de**, from).
5 *vpr fig (abastecerse)* to draw (**de**, on).
nutritivo,-a *adj* nutritious, nourishing.
▪ **sustancia nutritiva** nutrient.
valor nutritivo nutritional value.

Ñ, ñ *nf the fifteenth letter of the Spanish alphabet.*

ñame *nm AM* yam.

ñam ñam *interj* yum yum.

ñandú *nm AM* rhea.

ñoñería *nf (tontería)* inanity, nonsense.

ñoñez
  1 *nf (sosera)* insipidness, dullness.

2 *nf (falta de seguridad)* wetness, wimpishness.

3 *nf (tontería)* inanity, nonsense.

ñoño,-a
  1 *adj (soso)* insipid, dull.
  2 *adj (tímido)* shy.
  3 *adj (remilgado)* fussy.
  4 *adj (poco seguro)* wet, drippy, wimpish: no seas ñoño, no es más que un ras-

guño don't be such a wimp, it's no more than a scratch; es tan ñoña, no tiene iniciativa she's such a drip, she's got no initiative.
  5 *adj AM* old.
  6 *nm,f* drip.

ñoqui *nm* gnocchi *pl.*

ñora *nf type of* red pepper.

ñu *nm* gnu.

O, o *nf (la letra)* O, o.
+ **no saber hacer la o con un canuto** *fam* to be as thick as two short planks.

o
1 *conj* or: ¿té o café? tea or coffee?
2 *conj (concesiva)* whether ... or: estudie o no, tiene que aprobar whether he studies or not, he has to pass.
+ **o ... o ...** either ... or ...: o vamos hoy o mañana we'll either go today or tomorrow.
o sea que so: o sea que no vienes so you're not coming then; o sea, que no voy in other words, I am not going.
▲ *Often written* ó *between numbers.*

O *sím* (oeste) west; *(símbolo)* W.

OAA *abr* (**Organización para la Agricultura y la Alimentación**) Food and Agriculture Organization; *(abreviatura)* FAO.

oasis *nm* oasis.
▲ *pl* oasis.

obcecación *nf (empeño)* obstinacy; *(ofuscación)* blindness.

obcecado,-a *adj* blind: está obcecado con ella he is infatuated with her.

obcecar
1 *vt* to blind: lo obcecan los celos he is blinded by jealousy.
2 **obcecarse** *vpr* to be obstinate: se obcecó en venderlo he got it into his head that he wanted to sell it.
▲ *Conjugation model* [1], *like* sacar.

ob. cit. *abr* (**obra citada**) in the work cited; *(abreviatura)* op. cit.

obedecer
1 *vt (autoridad, regla, ley)* to obey: tú a callar y a obedecer shut up and do as you are told; este niño no obedece this child is disobedient.
2 *vi (persona)* to obey.
3 *vi (responder)* to respond (a, to).
4 *vi (tener por causa)* to be due (a, to): ¿a qué obedece su visita? what is the reason for your visit?
▲ *Conjugation model* [43], *like* agradecer.

obediencia *nf* obedience.

obediente *adj* obedient.

obedientemente *adv* obediently.

obelisco *nm* obelisk.

obertura *nf MÚS* overture.

obesidad *nf* obesity.

obeso,-a *adj* obese.

óbice *nm fml* impediment: eso no es óbice para que dejes de asistir that is no reason for you not to attend.

obispado
1 *nm (diócesis, cargo)* bishopric.
2 *nm (residencia)* episcopal residence.

obispal *adj* episcopal.

obispo *nm* bishop.

óbito *nm fml* demise.

obituario
1 *nm (de una parroquia)* register of deaths.
2 *nm (de un periódico)* obituary.

objeción *nf* objection.
+ **poner objeción a algo** to object to something.
poner una objeción to raise an objection.
■ **objeción de conciencia** conscientious objection.

objetante *adj* objecting.

objetar *vt* to object: no tengo nada que objetar I have no objections.

objetivamente *adv* objectively.

objetivar *vt* to objectify, present objectively.

objetividad *nf* objectivity.

objetivismo *nm* objectivism.

objetivo,-a
1 *adj* objective.
2 **objetivo** *nm (fin)* aim, objective.
3 *nm MIL* target.
4 *nm (lente)* lens.

objeto
1 *nm (cosa)* object.
2 *nm (fin)* aim, purpose, object: el objeto de la campaña es recaudar fondos the object of the campaign is to raise funds.
3 *nm (finalidad)* intention: ¿con qué objeto acudió Vd. al domicilio de la acusada? with what intention did you visit the home of the accused?

4 *nm (blanco)* object: era objeto de gran admiración she was an object of great admiration; fui objeto de grandes muestras de cariño I was showered with affection.
5 *nm (tema)* subject: el objeto de esta charla es la acupuntura the subject of this talk is acupuncture.
+ **sin objeto** pointlessly.
con objeto de in order to.
no tiene objeto que + *subj* there's no point in + *ger*: no tiene objeto que vengas there's no point in you coming.
tener por objeto + *inf* to be designed to + *inf*.
■ **objetos de regalo** gifts.
objetos de valor valuables.
objetos perdidos lost property *sing*.

objetor,-ra
1 *adj* objecting, dissenting.
2 *nm,f* objector.
■ **objetor de conciencia** conscientious objector.

oblación *nf* oblation.

oblea *nf* wafer.

oblicuidad *nf* obliquity.

oblicuo,-a *adj* oblique.

obligación
1 *nf (deber)* duty, obligation: no tengo ninguna obligación de ir I am under no obligation to go; cumplió con su obligación he did his duty.
2 *nf FIN* bond.
+ **antes la obligación que la devoción** business before pleasure.
■ **obligaciones familiares** family obligations.

obligacionista *nm & nf* bondholder.

obligado,-a
1 *pp* → obligar.
2 *adj (forzoso)* required; *(normal)* customary: la Acrópolis es visita obligada visiting the Acropolis is a must; es cortesía obligada regalar un ramo de flores a la anfitriona it is customary to give the hostess a bunch of flowers.
+ **estar obligado,-a a alguien** to be obliged to somebody.

estar obligado,-a a hacer algo to be obliged to do something.

obligar
1 *vt* to force, oblige, make.
2 **obligarse** *upr* to undertake, promise.
✦ **obligar a alguien a hacer algo** to force somebody to do something, make somebody do something.
▲ *Conjugation model* [7], *like* **llegar**.

obligatoriedad *nf* obligatory nature.

obligatorio,-a *adj* compulsory, obligatory.

obliterar *vt (gen)* to obliterate; *(sello)* to frank.

oblongo,-a *adj* oblong.

obnubilación
1 *nf (de la vista)* blurring; *(de la mente)* confusion.
2 *nf (fascinación)* fascination.

obnubilado,-a *adj (ofuscado)* blinded, dazzled: desde que la conoció está obnubilado he's been obsessed ever since he met her.

obnubilar
1 *vt* to cloud, blind.
2 *vt (fascinar)* to fascinate.
3 **obnubilarse** *upr* to become confused.
4 *upr (quedarse fascinado)* to be fascinated, be amazed.

oboe *nm* oboe.

oboísta *nm & nf* oboist.

obpo. *abr* (**obispo**) bishop.

obra
1 *nf (trabajo)* work.
2 *nf LIT (obras completas)* work; *(libro)* book.
3 *nf (acto)* deed: esto seguro que es obra suya I'm sure it's his work.
4 *nf (institución)* institution, foundation.
5 *nf (construcción)* building site.
6 **obras** *nf pl (en casa)* alterations, repairs; *(en carretera)* road works: no quiero meterme en obras I don't want to start having alterations done; esta semana estamos de obras we've got the workmen in this week; había retenciones a causa de las obras there were delays because of the roadworks; "Carretera cortada por obras" "Road closed for repairs".
✦ **"En obras"** "Building works".
¡manos a la obra! let's get cracking!
obras son amores, que no buenas razones actions speak louder than words.
por obra y gracia de thanks to.
por obra y gracia del Espíritu Santo by the power of the Holy Spirit; *fam* as if by magic.
▪ **obra benéfica** charity.
obra de arte work of art.
obra de caridad good deed.
obra de teatro play.
obra maestra masterpiece.
obra musical musical.
obras completas collected works.
obras públicas public works.

obrador *nm* workshop: obrador de pastelería baker's, cake maker's.

obraje *nm* manufacturing.

obrar
1 *vi (proceder)* to act, behave: obró de buena fe he acted in good faith.
2 *vi (encontrarse)* to be: la carta obra en mi poder the letter is in my hands.
3 *vt (hacer)* to work: obrar milagros to work miracles.

obrero,-a
1 *adj* working.
2 *nm,f* worker, labourer.

obscenidad *nf* obscenity.

obsceno,-a *adj* obscene.

obscurantismo *nm* obscurantism.

obscurantista
1 *adj* obscurantist.
2 *nm & nf* obscurantist.

obscurecer
1 *vi* to get dark: está obscureciendo it's getting dark.
2 *vt (ensombrecer)* to darken.
3 *vt fig (ofuscar)* to cloud, obscure.
4 *vt ART* to shade.
5 **obscurecerse** *upr (día, tiempo)* to get cloudy.
▲ *Conjugation model* [43], *like* **agradecer**.

obscurecimiento *nm* darkening.

obscuridad
1 *nf* darkness.
2 *nf fig* obscurity.

obscuro,-a
1 *adj (cielo, color)* dark.
2 *adj (idea, razonamiento)* obscure.
3 *adj (futuro, porvenir)* uncertain, gloomy.
4 *adj (intención)* dubious, unclear.
✦ **a obscuras** in the dark.

obsequiar *vt (regalar)* to give, offer: la obsequió con unas flores he gave her some flowers.
▲ *Conjugation model* [12], *like* **cambiar**.

obsequio *nm* gift, present.

obsequioso,-a
1 *adj (amable, complaciente)* obliging.
2 *adj pey* obsequious.

observable *adj* noticeable, observable.

observación
1 *nf (acción)* observation.
2 *nf (comentario)* observation, comment, remark.
✦ **estar en observación** to be under observation.

observador,-ra
1 *adj* observant.
2 *nm,f* observer.

observancia *nf* observance.

observar
1 *vt (mirar)* to observe, watch.
2 *vt (notar)* to notice: hemos observado que llega usted tarde con frecuencia we have noticed that you often arrive late; me he observado un bulto extraño I've noticed that I have a strange lump.
3 *vt (mostrar)* to display, show: observa buen comportamiento he is well behaved.
4 *vt (cumplir)* to observe, obey.

observatorio *nm* observatory.
▪ **observatorio meteorológico** weather station.

obsesión *nf* obsession.

obsesionar
1 *vt* to obsess: el trabajo lo tiene obsesionado he is a workaholic.
2 **obsesionarse** *upr* to get obsessed: se obsesiona con todo he has an obsessive personality.
✦ **estar obsesionado,-a con alguien** to be obsessed with somebody.

obsesivo,-a *adj* obsessive.

obseso,-a
1 *nm,f* maniac.
2 *adj* obsessed.
▪ **obseso,-a sexual** sex maniac.

obsidiana *nf* obsidian.

obsolescente *adj* obsolescent.

obsoleto,-a *adj* obsolete.

obstaculizar *vt* to obstruct, hinder.
▲ *Conjugation model* [4], *like* **realizar**.

obstáculo
1 *nm (barrera)* obstacle: las escaleras pueden ser un insuperable obstáculo para el minusválido stairs can be an unsurmountable obstacle for a disabled person.
2 *nm (inconveniente)* objection: no vamos a avanzar si sigues poniendo obstáculos we won't get anywhere if you keep raising objections.
3 *nm (valla)* fence, jump.
✦ **salvar un obstáculo** to overcome an obstacle.
▪ **carrera de obstáculos** *(para niños)* obstacle race; *(de caballos, atletas)* steeplechase.

obstante
1 **no obstante** *adv* nevertheless, however.
2 **no obstante** *prep* in spite of, despite.

obstar no obstar para *loc* not to prevent from: esto no obsta para que cumpla el servicio militar this will not prevent him from doing his military service.

obstetra *nm & nf* obstetrician.

obstetricia *nf* obstetrics.

obstétrico,-a *adj* obstetric.

obstinación *nf* obstinacy, stubbornness.

obstinadamente *adv* obstinately.

obstinado,-a *adj* obstinate, stubborn.

obstinarse *upr* to persist (**en**, in), insist (**en**, on).

obstrucción *nf* obstruction.

obstruccionismo *nm* obstructionism.

obstruccionista *nm & nf* obstructionist.

obstruir
1 *vt* to obstruct, block.
2 **obstruirse** *upr* to get blocked up.
▲ *Conjugation model* [62], *like* **huir**.

obtención *nf* obtaining.
obtener
1 *vt (beca, resultados)* to get, obtain; *(premio)* to win; *(ganancias)* to make: **obtener el perdón** to be pardoned.
2 **obtenerse** *vpr* to get, be obtained: **con este detergente se obtienen resultados sorprendentes** with this detergent you get surprising results; **la energía se obtiene de la descomposición del átomo** energy is obtained by splitting the atom.
▲ *Conjugation model* [87], *like* **tener.**
obtenible *adj* obtainable.
obturación *nf* blockage, obstruction.
obturador
1 *nm* stopper.
2 *nm (de cámara fotográfica)* shutter.
obturar *vt* to block up, plug up.
obtuso,-a *adj* obtuse.
obús
1 *nm* MIL *(proyectil)* shell; *(cañón)* howitzer.
2 *nm* AUTO valve core.
obviamente *adv* obviously, plainly.
obviar *vt fml* to obviate, remove.
obvio,-a *adj* obvious.
OC *abr* (**onda corta**) short wave; *(abreviatura)* SW.
oca *nf* goose.
■ **el juego de la oca** ≈ snakes and ladders.
ocarina *nf* ocarina.
ocasión
1 *nf (momento)* occasion: **la conocí con ocasión de un congreso** I met her at a conference; **fuimos con ocasión de su aniversario** we went on the occasion of her anniversary.
2 *nf (oportunidad)* opportunity, chance: **cómpralo, aprovecha la ocasión** buy it while you've got the chance; **puedes aprovechar la ocasión para ir a verla** while you are there you could call in on her.
3 *nf* COM bargain.
4 *nf (motivo)* reason: **no me ha dado ocasión para enfadarme con él** I have never had reason to get annoyed with him.
◆ **de ocasión** *(de segunda mano)* second-hand; *(barato)* cut-price, at bargain prices.
en cierta ocasión once, on one occasion.
la ocasión hace al ladrón opportunity makes the thief.
a la ocasión la pintan calva strike while the iron is hot.
ocasional
1 *adj (gen)* occasional.
2 *adj (trabajo)* temporary, casual.
3 *adj (encuentro)* chance.
4 *adj (ingreso)* irregular.
ocasionalmente *adv* occasionally.
ocasionar *vt (causar)* to cause, bring about.

ocaso
1 *nm (anochecer)* sunset.
2 *nm fig (declive)* fall, decline.
3 *nm (occidente)* west.
occidental
1 *adj* western, occidental.
2 *nm & nf (persona)* westerner.
occidente *nm* the West.
occipital
1 *adj* occipital.
2 *nm* occipital, occipital bone.
occitano,-a
1 *adj* Languedocian.
2 *nm,f (persona)* Languedocian.
3 **occitano** *nm (idioma)* Languedocian.
OCDE *abr* (**Organización de Cooperación y Desarrollo Económicos**) Organization for Economic Cooperation and Development; *(abreviatura)* OECD.
Oceanía *nf* Oceania.
oceánico,-a *adj (corriente)* oceanic: **la inmensidad oceánica** the immensity of the ocean.
océano *nm* ocean.
▲ *In poetry also written* **oceano.**
oceanografía *nf* oceanography.
oceanográfico,-a *adj* oceanographic.
oceanógrafo,-a *nm,f* oceanographer.
ocelote *nm* ocelot.
ochavado,-a *adj* octagonal, eight-sided.
ochavo *nm desus* old copper coin.
◆ **no tener un ochavo** *fam* to be penniless.
no vale un ochavo it's not worth a farthing.
ochenta
1 *adj* eighty; *(octagésimo)* eightieth.
2 *nm* eighty.
▲ *See also* **sesenta.**
ochentón,-ona
1 *adj* eighty-year-old.
2 *nm,f* eighty-year-old, octogenarian.
ocho
1 *adj* eight; *(octavo)* eighth.
2 *nm* eight.
◆ **a los ocho días** in a week's time.
darle igual a uno ocho que ochenta *fam* not to mind either way.
más chulo,-a que un ocho *fam (engreído)* full of os; *(guapo)* smart.
▲ *See also* **seis.**
ochocientos,-as
1 *adj* eight hundred; *(ordinal)* eight hundredth.
2 *nm,f* eight hundred.
ocio
1 *nm (tiempo libre)* leisure.
2 *nm (desocupación)* idleness.
◆ **ratos de ocio** spare time *sing*, leisure time *sing*.
ociosidad *nf* idleness.
◆ **la ociosidad es madre de todos los vicios** the devil finds work for idle hands to do.

ocioso,-a
1 *adj (desocupado)* idle.
2 *adj (innecesario)* pointless, useless.
3 *nm,f* idler.
ocluir
1 *vt* to occlude.
2 **ocluirse** *vpr* to become obstructed.
▲ *Conjugation model* [62], *like* **huir.**
oclusión *nf* occlusion.
oclusiva *nf* LING occlusive.
oclusivo,-a *adj* occlusive.
ocre
1 *adj* ochre.
2 *nm* ochre.
octaédrico,-a *adj* octahedral.
octaedro *nm* octahedron.
octagonal *adj* octagonal.
octágono,-a
1 *adj* octagonal.
2 **octágono** *nm* octagon.
octanaje *nm* number of octanes.
octano *nm* octane.
octava *nf (en música)* octave.
octaviano,-a *adj* Octavian.
octavilla
1 *nf (impreso)* pamphlet.
2 *nf arc (pliego)* octavo.
octavo,-a
1 *adj* eighth: **llegó en octavo lugar** he came eighth.
2 *nm,f* eighth: **era la octava en la lista** she was the eighth on the list.
3 **octavo** *nm (parte)* eighth.
■ **octavos de final** round before the quarter finals.
▲ *See also* **sexto.**
octeto *nm* octet.
octogenario,-a
1 *adj* octogenarian.
2 *nm,f* octogenarian.
octogésimo,-a *adj* eightieth.
octogonal *adj* octagonal.
octógono *nm* octagon.
octosílabo,-a
1 *adj* octosyllabic.
2 **octosílabo** *nm* octosyllable.
octubre *nm* October.
▲ *For examples of use, see* **marzo.**
OCU *abr* (**Organización de Consumidores y Usuarios**) *consumers's organization.*
ocular
1 *adj* eye, ocular: **problema ocular** eye problem; **inspección ocular** visual inspection.
2 *nm* eyepiece.
oculista *nm & nf* eye specialist, ophthalmologist.
■ **médico,-a oculista** eye specialist.
ocultación
1 *nf* concealment: **ocultación de bienes** non-declaration of assets; **ocultación de los hechos** concealment of evidence.
2 *nf (de cuerpo celeste)* occultation.

ocultar *vt (gen)* to hide, conceal: se ocultó en un árbol he hid in a tree; me ocultó la verdad he hid the truth from me.

ocultismo *nm* occultism.
- el ocultismo the occult.

ocultista
1 *adj* occult, occultist.
2 *nm & nf* occultist.

oculto,-a
1 *adj (escondido)* hidden: quedaba oculto tras las ramas it was hidden behind the branches.
2 *adj (misterioso)* cryptic; *(esotérico)* occult.

ocupación
1 *nf (llenado)* occupation: la ocupación hotelera en agosto superó el 82% hotels were 82% full in August.
2 *nf MIL* occupation.
3 *nf (empleo)* occupation, employment, job.
4 *nf (actividad)* activity, duty, job.
+ ocupación ilegal de viviendas squatting.

ocupacional *adj* occupational.

ocupado,-a
1 *pp* → ocupar.
2 *adj (persona)* busy.
3 *adj (asiento)* taken; *(teléfono)* engaged, *US* busy; *(puesto de trabajo)* filled: ¿está ocupado el baño? is there anyone in the bathroom?
4 *adj MIL* occupied.

ocupante
1 *nm & nf* occupant.
2 *nm & nf (de una vivienda)* occupier, occupant; *(ilegal)* squatter.

ocupar
1 *vt* to occupy, take: él siempre ocupa este asiento he always occupies this seat, he always sits here.
2 *vt (adueñarse de)* to occupy, take: el ejército invasor ocupó la ciudad the invading army occupied the city.
3 *vt (llenar)* to take up: la mesa ocupa casi toda la habitación the table takes up most of the room.
4 *vt (dedicar)* to do: ¿en qué ocupa sus ratos libres? what do you do in your spare time?
5 *vt (habitar)* to live in, occupy: los García ocupan el piso de arriba the Garcías live in the flat upstairs; la delegación japonesa ocupa las habitaciones superiores the Japanese delegation occupies the upper rooms.
6 *vt (estar - en un cargo)* to hold, fill; *(- en posición)* to occupy, be in: ahora ocupa la cartera de Trabajo he is now Minister of Labour; no tiene intención de ocupar el cargo he has no intention of taking up the position; nuestro equipo ocupa la cuarta posición our team is in fourth place.
7 *vt (dar trabajo)* to employ: el calzado ocupa a casi toda la población most

of the town works in the shoe industry; mis hijos me ocupan demasiado my children take up too much of my time.
8 **ocuparse de** *vpr (encargarse de)* to take care of; *(tratar)* to deal with.
+ ocuparse de lo suyo to mind one's own business.

ocurrencia
1 *nf (idea)* idea; *(disparatada)* absurd idea.
2 *nf (agudeza)* witty remark.
+ ¡qué ocurrencia! that's ridiculous!

ocurrente *adj* witty, amusing.

ocurrir
1 *vi* to happen: ¿qué fue lo que ocurrió? what happened?; ¿qué ocurre? what's wrong?; ¿te ocurre algo? are you alright?
2 **ocurrirse** *vpr* to occur to: no se me ocurre nada nothing occurs to me, I can't think of anything; a nadie se le ocurrió nada nobody came up with any ideas; se me ocurrió pensar que … it crossed my mind that …, it occurred to me that; ¡se te ocurre cada cosa! you come out with some funny ideas!
+ lo que ocurre es que … the thing is that …
por lo que pueda ocurrir just in case.

oda *nf* ode.

odalisca *nf* odalisque.

odeón *nm* odeum, odeon.

odiar *vt* to hate, loathe: la odio a muerte I hate her guts.
+ odio tener que … I hate having to …
▲ *Conjugation model* [12], *like cambiar.*

odio *nm* hatred, loathing.
+ tenerle odio a alguien to hate somebody.
- mirada de odio glare.
odio mortal hatred.

odioso,-a *adj* hateful, despicable, odious.

odisea
1 *nf* odyssey.
2 *nf fam* ordeal.

odontología *nf* dentistry, odontology.

odontológico,-a *adj* dental, odontological.

odontólogo,-a *nm,f* dental surgeon, odontologist.

odorífero,-a *adj* odoriferous.

odorífico,-a *adj* odoriferous.

odre *nm* wineskin.

OEA *abr* (**Organización de Estados Americanos**) Organization of American States; *(abreviatura)* OAS.

oeste
1 *nm* west.
2 *adj (ala, viento)* west; *(rumbo)* westerly.
+ en dirección oeste westward.
- el lejano Oeste the Far West.
el Oeste americano the American West.
películas del oeste westerns.
viento oeste west wind, westerly.

ofender
1 *vt (herir)* to offend: lo he dicho sin ánimo de ofender I didn't mean to offend you; no quisiera ofenderte, pero … no offence, but …
2 *vt (disgustar)* to hurt: esta decoración ofende a la vista this decoration is an eyesore.
3 **ofenderse** *vpr* to get offended: se ofendió conmigo por lo que le dije what I said offended him.
+ ofenderse por nada to be quick to take offence.

ofendido,-a
1 *pp* → ofender.
2 *adj* offended.
+ darse por ofendido,-a to take offence.

ofensa *nf* offence.

ofensiva *nf MIL* offensive.
+ tomar la ofensiva to take the offensive.

ofensivo,-a *adj* offensive.

ofensor,-ra
1 *adj* offending.
2 *nm,f* offender.

oferta
1 *nf* offer.
2 *nf COM* bid, tender.
3 *nf (suministro)* supply.
+ estar de oferta to be on (special) offer.
la ley de la oferta y la demanda the law of supply and demand.
- oferta pública de adquisición (OPA) takeover bid.

ofertar
1 *vt (vender en oferta)* to offer at reduced prices.
2 *vt (ofrecer)* to offer.

ofertorio *nm* offertory.

off
1 *adj (apagado)* off.
2 *adj TEAT* offstage.
3 *adj CINEM* offscreen.
- voz en off voice offstage.

office *nm* pantry.
- cocina-office kitchen-diner.

offset *nm* offset.

oficial
1 *adj* official.
2 *nm & nf (en oficina)* office worker, clerk; *(en oficio)* assistant.
3 *nm & nf MIL* officer.
4 *nm & nf (en la Administración)* official, officer.
5 *nm & nf (en albañilería)* skilled labourer.

oficiala *nf (operaria)* assistant: oficiala de peluquería hairdresser's assistant.

oficialidad
1 *nf* official nature.
2 *nf MIL* officers *pl*, officialdom.

oficializar *vt* to make official.
▲ *Conjugation model* [4], *like realizar.*

oficialmente *adv* officially.

oficiante *nm & nf* officiant.

oficiar
1 *vt (misa)* to say.
2 *vi (sacerdote)* to officiate.
3 *vi (ejercer)* to act (**de**, as): oficiar de intermediario to act as a go-between; oficiar de maestro de ceremonias to act as master of ceremonies.

oficina *nf* office.
■ horas de oficina business hours.
oficina de empleo job centre, *us* job office.
oficina pública government office.
oficina de turismo tourist information office.

oficinista *nm & nf* office worker, clerk.

oficio
1 *nm (ocupación)* job, occupation; *(especializado)* trade: aprender un oficio to learn a trade.
2 *nm (función)* role, function.
3 *nm (comunicado oficial)* official letter, official note.
4 *nm REL* service.
✦ de oficio by trade.
ser del oficio to be in the trade.
no tener ni oficio ni beneficio to be idle.
■ oficio de difuntos funeral mass.
oficio divino divine office.
el Santo Oficio the Holy Office, the Inquisition.

oficioso,-a
1 *adj (noticia, fuente)* unofficial.
2 *adj (persona)* officious.

ofidio *nm* snake.

ofimática *nf* office automation, office IT.

ofrecer
1 *vt (dar - premio, amistad)* to offer; *(- banquete, fiesta)* to hold; *(- regalo)* to give.
2 *vt (presentar)* to present: la montaña ofrecía un panorama desolador the mountain looked desolate; ofrecer resistencia to offer resistance.
3 ofrecerse *vpr (prestarse)* to offer, volunteer: se ofreció a llevarme he offered to give me a lift; se ofreció voluntario he volunteered.
4 *vpr (disponer)* to want: ¿qué se le ofrece? what can I do for you?
▲ Conjugation model [43], like *agradecer*.

ofrecimiento *nm* offer, offering.

ofrenda *nf* offering.

ofrendar *vt* to make an offering of.

oftálmico,-a *adj* ophthalmic.

oftalmología *nf* ophthalmology.

oftalmológico,-a *adj* ophthalmic.

oftalmólogo,-a *nm,f* eye specialist, ophthalmologist.

ofuscación *nf* blinding, dazzling.

ofuscar
1 *vt (confundir)* to muddle, befuddle.
2 *vt (deslumbrar)* to dazzle.
3 ofuscarse *vpr* to get muddled: de pronto se ofuscó y no pudo continuar con el examen his mind suddenly went blank and he couldn't go on with the exam.
▲ Conjugation model [1], like *sacar*.

ogaño *adv* → hogaño.

ogro *nm* ogre.

oh *interj* oh!

ohm *nm* ohm.
▲ *pl* ohms.

ohmio *nm* ohm.

oídas de oídas *loc* by hearsay: yo solo lo sé de oídas it's just hearsay; lo conozco de oídas I've heard of him.

oído
1 *nm (sentido)* hearing.
2 *nm (órgano)* ear.
✦ aguzar el oído to prick up one's ears.
aprender de oído to learn by ear.
decirle algo a alguien al oído to whisper something in somebody's ear.
entrarle algo a alguien por un oído y salirle por el otro to go in one ear and out the other.
hacer oídos sordos to turn a deaf ear.
llegar algo a oídos de alguien to come to somebody's notice.
regalarle a alguien el oído to flatter somebody.
ser duro,-a de oído to be hard of hearing.
ser todo oídos to be all ears.
tener buen oído to have a good ear.
tocar de oído to play by ear.

oiga
1 *pres subj* → oír.
2 *interj (para llamar la atención)* excuse me!; *(en bar etc)* waiter!; *(por teléfono)* hello?; *(con enfado)* listen!, look here!

oír
1 *vt (percibir sonidos)* to hear: no oigo nada I can't hear a thing; se oye ni una mosca you could hear a pin drop.
2 *vt (atender)* to answer: ¡Dios te oiga! if only!
3 *vt JUR* to hear.
✦ como lo oyes *fam* believe it or not.
¡lo que hay que oír! what next!
oír, ver y callar hear no evil, see no evil, speak no evil.
▲ Conjugation model [75].

OIRT *abr TV* (**Organización Internacional de Radiodifusión y Televisión**) International Radio and Television Organization; *(abreviatura)* IRTO.

OIT *abr* (**Organización Internacional del Trabajo**) International Labour Organization; *(abreviatura)* ILO.

ojal *nm* buttonhole.

ojalá *interj* I hope so: ojalá que llueva I wish it would rain; ¡ojalá sea verdad! I hope it's true!

ojeada *nf* glance, quick look.
✦ echar una ojeada *(mirar)* to take a quick look (**a**, at); *(vigilar)* to keep an eye (**a**, on).

ojeador,-ra *nm,f* beater.

ojear[1] *vt (mirar)* to have a quick look at.

ojear[2] *vt (caza)* to beat.

ojeo *nm* beating.

ojeras *nf pl* dark rings under the eyes.

ojeriza *nf fam* dislike.
✦ tenerle ojeriza a alguien to have it in for somebody.

ojeroso,-a *adj* haggard.
✦ estar ojeroso,-a to have rings under one's eyes.

ojete
1 *nm (en zapato)* eyelet.
2 *nm tabú* arsehole.

ojiva
1 *nf ARQ* ogive.
2 *nf MIL* warhead.

ojival *adj (arte)* ogival.
■ arco ojival lancet arch, gothic arch, ogive.

ojo
1 *nm* eye.
2 *nm (agujero)* hole; *(de aguja)* eye.
3 *nm (cuidado, precaución)* care: ¡ojo! careful!, watch out!; ojo con lo que hacéis behave yourselves!
4 *nm (perspicacia)* insight, eye: tiene buen ojo para vestirse he has a good eye for fashion; tiene mucho ojo para los negocios she's got a head for business.
5 *nm (enjabonado)* wash: hay que darle un ojo (de jabón) it just needs a quick wash.
✦ a ojo *(aproximadamente)* at a rough guess; *(a primera vista)* at a glance.
a ojos vistas visibly.
andar con cien ojos to keep one's wits about one.
andarse con ojo to be very careful.
costar un ojo de la cara to cost an arm and a leg.
cuatro ojos ven más que dos two heads are better than one.
¡dichosos los ojos que te ven! it's so great to see you!
echar el ojo a algo to lay eyes on something.
en un abrir y cerrar de ojos in the twinkling of an eye.
estar con cien ojos to keep one's wits about one.
mirar con buenos ojos to look favourably on, approve of.
no pegar ojo *fam* not to sleep a wink.
ojos que no ven, corazón que no siente out of sight, out of mind.
poner los ojos en blanco to swoon.
saltar a los ojos to be evident.
saltarle un ojo a alguien to poke somebody's eye out.
tener buen ojo (para algo) to have a good eye (for something).
tenerle el ojo echado a algo to have one's eye on something.
■ cuatro ojos *fam* four-eyes.
ojo a la virulé *fam* black eye.
ojo de buey *MAR* porthole.
ojo de la cerradura keyhole.
ojo morado black eye.
ojos saltones bulging eyes.

okapi *nm* okapi.

okupa *nm & nf arg* squatter.

OL *abr* (**onda larga**) long wave; *(abreviatura)* LW.

ola *nf* wave.
- **la nueva ola** the new wave.
  ola de calor heat wave.
  ola de frío cold spell.

ole *interj (en los toros)* olé!; *(en espectáculo)* bravo!; *(como enhorabuena)* hoorah!, hurray!
- ▲ *Also written* olé.

oleáceas *nf pl* oleaceae.

oleáceo,-a *adj* oleaceous.

oleada
- 1 *nf* big wave.
- 2 *nf fig* wave: una oleada de atentados a wave of terrorist attacks.

oleaginoso,-a *adj* oleaginous.

oleaje *nm* swell: se ha levantado mucho oleaje the sea has got very choppy.

oleicultura
- 1 *nf (cultivo)* olive-growing.
- 2 *nf (fabricación)* olive oil industry.

óleo
- 1 *nm (material)* oil; *(obra)* oil painting.
- 2 *nm REL* chrism, oil.
- ✦ **pintar al óleo** to paint in oils.
- ▪ **pintura al óleo** oil painting.
  santos óleos holy oils.

oleoducto *nm* pipeline.

oleoso,-a *adj* oily.

oler
- 1 *vt* to smell: huele esta sopa smell this soup.
- 2 *vi* to smell: huele a gas it smells of gas in here.
- 3 **olerse** *vpr* to feel, sense: se ha olido que nos vamos she has sensed that we are leaving; me huelo que esto no va a ir bien I have a hunch this is not going to work out.
- ✦ **oler mal** *(pescado etc)* to smell bad; *(asunto)* to be fishy: este negocio me huele mal this business sounds a bit fishy to me.
  huele que apesta it stinks.
  oler a chamusquina *fam* to smell fishy.
  oler a cuerno quemado *fam* to smell fishy.
- ▲ *Conjugation model* [60].

olfatear
- 1 *vt (oler)* to sniff, smell.
- 2 *vt fig (indagar)* to nose into, pry into.
- 3 *vt (sospechar)* to suspect.

olfateo
- 1 *nm* sniffing.
- 2 *nm fig* snooping.

olfativo,-a *adj* olfactory.

olfato
- 1 *nm* sense of smell: con la gripe he perdido el olfato the flu has left me with no sense of smell.
- 2 *nm fig (intuición)* good nose; *(cualidades)* flair: tiene olfato para la noticia he's got a nose for news; tiene olfato para los negocios she has a flair for business.

olfatorio,-a *adj* olfactory.

oligarca *nm & nf* oligarch.

oligarquía *nf* oligarchy.

oligárquico,-a *adj* oligarchic, oligarchical.

oligoelemento *nm* trace element.

oligofrenia
- 1 *nf (enfermedad)* mental handicap.
- 2 *nf pey* mental deficiency.

oligofrénico,-a
- 1 *adj* mentally retarded.
- 2 *adj fam pey* moronic.
- 3 *nm,f* mentally retarded person.
- 4 *nm,f fam pey* moron.

olimpiada *nf HIST* Olympiad.
- ▪ **las Olimpiadas** the Olympic Games.
- ▲ *Also written* olimpíada.

olímpicamente pasar olímpicamente *loc fam* not to give a damn (**de**, about): paso olímpicamente de ir a clase I can't be bothered to go to my class.

olímpico,-a
- 1 *adj* Olympic.
- 2 *adj (grandioso)* monumental.
- ▪ **los Juegos Olímpicos** the Olympic Games.

Olimpo el Olimpo *nm* Mount Olympus.
- ▪ **los dioses del Olimpo** the Olympian Gods, the Olympians.

oliscar *vt →* olisquear.

olisquear
- 1 *vt (olfatear)* to sniff.
- 2 *vi fig (curiosear)* to nose around.

oliva *nf* olive.

oliváceo,-a *adj* olive green.

olivar *nm* olive grove.

olivarero,-a
- 1 *adj (industria)* olive; *(región)* olive-growing.
- 2 *nm,f* olive grower.

olivicultura *nf* olive-growing.

olivo *nm* olive tree.

olla
- 1 *nf (utensilio)* pan.
- 2 *nf (comida)* type of stew.
- ▪ **olla a presión** pressure cooker.
  olla de grillos *fam* bedlam.
  olla exprés pressure cooker.
  olla gitana *type of* vegetable stew.
  olla podrida *type of* meat stew.

olmedo *nm* elm grove.

olmo *nm* elm tree.

ológrafo,-a *adj →* **hológrafo.**

olor *nm* smell: hay olor a quemado it smells as if something's burning.
- ✦ **al olor de** attracted by.
  en olor de santidad like a saint.
- ▪ **olor corporal** body odour.

oloroso,-a
- 1 *adj* fragrant, sweet-smelling.
- 2 *nm (vino)* full-bodied sherry.

OLP *abr* (**Organización para la Liberación de Palestina**) Palestine Liberation Organization; *(abreviatura)* PLO.

olvidadizo,-a *adj* forgetful: no te hagas el olvidadizo don't pretend you've forgotten.

olvidado,-a
- 1 *pp →* olvidar.
- 2 *adj* forgotten.
- ✦ **olvidado,-a de Dios** godforsaken.

olvidar
- 1 *vt* to forget: no te olvidaré nunca I'll never forget you; he olvidado el paraguas en casa I've left my umbrella at home.
- 2 **olvidarse** *vpr* to forget (**de**, -): se me ha olvidado tu número de teléfono I've forgotten your telephone number; se olvidó de cerrar la puerta he forgot to close the door; me olvidé de que venías hoy I forgot you were coming today.
- ✦ **¡olvídame!** *fam* get lost!

olvido
- 1 *nm (desmemoria)* oblivion.
- 2 *nm (descuido)* forgetfulness, absent-mindedness.
- 3 *nm (lapsus)* oversight, lapse (of memory): fue un olvido imperdonable it was an unforgivable oversight.
- ✦ **relegar al olvido** to cast into oblivion.

OM *abr RAD* (**onda media**) medium wave; *(abreviatura)* MW.

O.M. *abr* (**Orden Ministerial**) ministerial order.

Omán *nm* Oman.

omaní
- 1 *adj* Omani.
- 2 *nm & nf* Omani.

ombligo *nm* navel.
- ✦ **el ombligo del mundo** the centre of the world.

omega *nf (letra)* omega.

omeya
- 1 *adj HIST* Ommiad.
- 2 *nm & nf HIST* Ommiad.

ominoso,-a *adj fml* abominable.

omisión *nf* omission.

omiso,-a
- ✦ **hacer caso omiso de** to ignore, pay no attention to.

omitir
- 1 *vt (no decir)* to omit, leave out.
- 2 *vt (dejar de hacer)* to neglect, overlook.

ómnibus *nm* bus.
- ▲ *pl* ómnibus.

omnímodo,-a *adj fml* all-embracing.

omnipotencia *nf* omnipotence.

omnipotente *adj* omnipotent, almighty.

omnipresencia *nf* omnipresence.

omnipresente *adj* omnipresent.

omnisapiente *adj* all-knowing, omniscient.

omnisciencia *nf* omniscience.

omnisciente *adj* omniscient.

omnívoro,-a
1 *adj* omnivorous.
2 *nm,f* omnivore.

omoplato *nm* shoulder blade.
▲ *Also written* **omóplato**.

omóplato *nm* shoulder blade.
▲ *Also written* **omoplato**.

OMS *abr* (**Organización Mundial de la Salud**) World Health Organization; *(abreviatura)* WHO.

onagra *nf* evening primrose.
■ **aceite de onagra** evening primrose oil.

onanismo *nm* onanism.

once
1 *adj* eleven; *(undécimo)* eleventh.
2 *nm* eleven.
▲ *See also* **seis**.

ONCE *abr* (**Organización Nacional de Ciegos Españoles**) ≈ Royal National Institute for the Blind; *(abreviatura)* RNIB.

onceavo,-a
1 *adj (parte)* eleventh: **la onceava parte de ...** an eleventh of ...
2 *nm* eleventh: **tres onceavos** three elevenths.
▲ *See also* **sexto**.

onceno,-a *adj* → **undécimo,-a**.

oncología *nf* oncology.

oncológico,-a *adj* oncological.

oncólogo,-a *nm,f* oncologist.

onda
1 *nf* wave.
2 *nf (en el agua)* ripple.
3 *nf (en el pelo)* wave.
4 *nf fam* wavelength.
✦ **coger la onda** to understand, get it. **estar en la misma onda que alguien** *fam* to be on the same wavelength as somebody.
estar en la onda *arg* to know what it's all about, be up to date.
■ **onda expansiva** shock wave.
onda larga long wave.
onda media medium wave.

ondeado,-a *adj* wavy.

ondeante *adj (bandera)* waving; *(ropa)* flowing; *(movimiento)* rolling.

ondear
1 *vi (bandera)* to fly, flutter.
2 *vi (agua)* to ripple.
3 *vi (pelo)* to blow about.
✦ **ondear a media asta** to be flying at half mast.

ondina *nf* water nymph, undine.

ondoso,-a *adj* billowy.

ondulación
1 *nf* undulation, wave.
2 *nf (agua)* ripple.

ondulado,-a
1 *pp* → **ondular**.
2 *adj (pelo)* wavy.

ondulante *adj (paisaje, terreno)* undulating, rolling; *(serpiente)* sinuous; *(movimiento, melodía)* rolling.

ondular
1 *vt (pelo)* to wave.
2 *vi lit (agua)* to undulate.

ondulatorio,-a *adj* undulatory.
■ **mecánica ondulatoria** wave mechanics.

oneroso,-a *adj* onerous.
✦ **resultar oneroso,-a** to be a financial burden.

ONG *abr* (**Organización no Gubernamental**) nongovernmental organization; *(abreviatura)* NGO.

ónice *nm* onyx.

onírico,-a *adj* dream, of dreams.

ónix *nm* onyx.

ONO *sím* (**oesnoroeste**) west-northwest; *(símbolo)* WNW.

onomástica *nf* saint's day.

onomástico,-a *adj* onomastic: **fiesta onomástica** saint's day; **lista onomástica** list of names.

onomatopeya *nf* onomatopoeia.

onomatopéyico,-a *adj* onomatopoeic.

ontogénesis *nf* ontogenesis.
▲ *pl* **ontogénesis**.

ontología *nf* ontology.

ontológico,-a *adj* ontological.

ONU *abr* (**Organización de las Naciones Unidas**) United Nations Organization; *(abreviatura)* UNO.

onubense
1 *adj* of Huelva, from Huelva.
2 *nm & nf* person from Huelva, inhabitant of Huelva.

onza¹ *nf (peso)* ounce.

onza² *nf ZOOL* ounce, snow leopard.

OPA *abr* (**Oferta Pública de Adquisición**) takeover bid.

opacidad *nf* opaqueness, opacity.

opaco,-a
1 *adj (ventana, pantalla)* opaque.
2 *adj lit (persona, día)* dull.

opalescencia *nf* opalescence.

opalescente *adj* opalescent.

opalino,-a *adj (de ópalo)* opal; *(opalescente)* opal-like, opaline.

ópalo *nm* opal.

opción
1 *nf (en general)* option: **esta opción es la mejor** this is the best option.
2 *nf (alternativa)* option, choice: **no tienes otra opción** you have no choice; **España tiene opción a dos medallas** Spain is in the running for two medals.
3 *nf (derecho)* right: **esto te da opción a participar otra vez** this gives you the right to take part again.
■ **opción de compra** option to buy.

opcional *adj* optional.

op. cit. *abr* → **ob. cit.**

open *nm DEP* open.
▲ *pl* **open**.

OPEP *abr* (**Organización de los Países Exportadores de Petróleo**) Organization of Petroleum Exporting Countries; *(abreviatura)* OPEC.

ópera *nf* opera.

operable *adj* operable.

operación
1 *nf (gen)* operation.
2 *nf FIN* transaction, deal.
■ **operación quirúrgica** operation.

operacional *adj* operational.

operador,-ra
1 *nm,f (telefónico)* operator.
2 *nm,f CINEM (de cámara - hombre)* cameraman; *(- mujer)* camerawoman; *(- de proyector)* projectionist.
3 *nm,f TÉC* operator.
4 *nm,f FIN* trader.
5 **operador** *nm MAT (signo)* operator.
✦ **operador turístico** tour operator.

operando *nm* operand.

operante *adj* operative.

operar
1 *vt MED* to operate (**a**, on): **¿quién te operó?** who operated on you?
2 *vt (producir)* to bring about.
3 *vi (actuar)* to operate.
4 *vi (negociar)* to deal (**con**, with).
5 **operarse** *vpr MED* to have an operation: **se ha operado del corazón** he has had a heart operation.
6 *vpr (producirse)* to come about: **se han operado grandes cambios en el país** the country has undergone many changes.

operario,-a *nm,f* operator, worker.

operativo,-a *adj* operative.

operatorio,-a *adj MED* operative.

opereta *nf* operetta.

operístico,-a *adj* operatic: **la temporada operística** the opera season.

opiáceo,-a *adj* opiate.

opinable *adj* debatable.

opinar *vi* to think (**de**, about): **¿qué opinas de esta cuestión?** what do you think about this matter?; **aquí todos tenemos derecho a opinar** we all have the right to give our opinion here.

opinión *nf (juicio)* opinion, view: **en mi opinión** in my opinion, in my view; **este colegio no me merece muy buena opinión** I have a poor opinion of that school.
✦ **cambiar de opinión** to change one's mind.
■ **la opinión pública** public opinion.

opio *nm* opium.

opiómano,-a
1 *adj* opium-addicted.
2 *nm,f* opium addict.

opíparo,-a *adj fml* lavish: **una cena opípara** a feast.

oponente
1 *adj* opposing.
2 *nm & nf* opponent.

oponer
1 *vt* to reply with, counter with: él opuso sus razones para no aceptar el cargo he gave his reasons for not accepting the post; no tienen nada que oponer a nuestras razones they cannot reply to our arguments.
2 **oponerse** *vpr (estar en contra)* to oppose (**a**, -), be against (**a**, -): se opusieron a nuestra boda they were against our wedding.
3 *vpr (ser contrario)* to be in opposition (**a**, to), contradict (**a**, -).
✦ **oponer resistencia** to offer resistance.
▲ *Conjugation model* [78], *like* **poner**; *pp* **opuesto,-a**.

oporto *nm* port.
Oporto *nm* Oporto.

oportunamente
1 *adv (en el momento adecuado)* at the right time, at the appropriate time.
2 *adv (convenientemente)* suitably, appropriately; *(correctamente)* properly, correctly.

oportunidad
1 *nf* opportunity, chance.
2 *nf (ganga)* bargain.

oportunismo *nm* opportunism.

oportunista
1 *adj (persona)* opportunist; *(política)* opportunistic.
2 *nm & nf* opportunist.

oportuno,-a
1 *adj (a tiempo)* opportune, timely: la oferta llegó en el momento oportuno the offer came at the right time.
2 *adj (conveniente)* appropriate: habrá que tomar las medidas oportunas the appropriate measures will have to be taken.
3 *adj (ingenioso)* witty, sharp: estás hoy muy oportuno you're really sharp today.

oposición
1 *nf (antagonismo)* opposition.
2 *nf (examen)* competitive examination.
✦ **preparar las oposiciones** to study for a competitive exam.

opositar *vi (presentarse a examen)* to sit for a competitive exam; *(prepararse)* to study for a competitive exam.

opositor,-ra *nm,f* candidate preparing for an official exam.

opresión *nf* oppression.
■ **opresión en el pecho** tightness of the chest.

opresivo,-a *adj* oppressive.

opresor,-ra
1 *adj* oppressive, oppressing.
2 *nm,f* oppressor.

oprimido,-a
1 *pp →* **oprimir**.
2 *adj* oppressed.
3 *nm,f* oppressed person.
4 **los oprimidos** *nm pl* the oppressed.

oprimir
1 *vt (botón)* to press: oprima el botón verde press the green button; me oprime el cinturón this belt is too tight for me.
2 *vt fig* to oppress.

oprobio *nm* opprobrium.

optar
1 *vi (elegir)* to choose (**entre**, from): puede optar entre tres modelos diferentes you have three different models to choose from; opté por no decir nada I decided not to say anything.
2 *vi (aspirar)* to apply (**a**, for).

optativa *nf EDUC (asignatura)* optional subject.

optativo,-a
1 *adj* optional.
2 *adj LING (oración, modo)* optative.

óptica
1 *nf (tienda)* optician's.
2 *nf FÍS* optics.
3 *nf (enfoque)* viewpoint.

óptico,-a
1 *adj (nervio, ángulo)* optic; *(ilusión, instrumento, efecto)* optical.
2 *nm,f* optician.

optimismo *nm* optimism.

optimista
1 *adj* optimistic.
2 *nm & nf* optimist.

optimizar *vt* to optimize.

óptimo,-a *adj* very best, optimum.

opuesto,-a
1 *pp →* **oponer**.
2 *adj (contrario)* contrary, opposed: versiones opuestas de los hechos contrasting versions of the facts; en sentido opuesto in the opposite direction.
3 *adj (de enfrente)* opposite.

opugnar *vt fml* to oppose.

opulencia *nf* opulence.
✦ **vivir en la opulencia** to live in opulence.

opulento,-a *adj* opulent.

opus *nm MÚS* opus.
■ **Opus Dei** Opus Dei.

opúsculo *nm fml* opuscule, short work.

oquedad
1 *nf (hueco)* cavity.
2 *nf fig* vacuity, emptiness.

ora *conj arc* now.
✦ **ora ... ora ...** be it ... or ...

oración
1 *nf REL (plegaria)* prayer; *(acción)* praying.
2 *nf LING* clause, sentence.
■ **oración compuesta** complex sentence.
oración principal main clause.
oración simple simple sentence.
oración subordinada subordinate clause.
partes de la oración parts of speech.

oráculo *nm* oracle.

orador,-ra *nm,f* speaker, orator: es muy buen orador he is a very good speaker.

oral
1 *adj* oral.
2 *nm EDUC (examen)* oral, oral exam; *(de universidad)* viva, viva voce.
✦ **por vía oral** *MED* to be taken orally.

oralmente *adv* orally.

orangután *nm ZOOL* orang-utan, orangoutang.

orante *adj* praying, at prayer: estatua orante statue of a person kneeling in prayer.

orar *vi* to pray.

orate *nm & nf lit* lunatic.

oratoria *nf* oratory.

oratorio,-a
1 *adj (estilo, arte)* oratorical.
2 **oratorio** *nm MÚS* oratorio.
3 *nm REL* oratory.

orbe *nm (esfera)* orb; *(mundo)* world: por todo el orbe around the world.

órbita
1 *nf (de un astro)* orbit.
2 *nf (del ojo)* socket: se le salían los ojos de las órbitas his eyes were popping out of his head.
3 *nf (ámbito)* field.
■ **órbita de actuación** field of activity.

orbital *adj* orbital.

orbitar *vi* to orbit.

orbitario,-a *adj* orbital.

orca *nf* killer whale, orc.

Orcadas las Islas Orcadas *nf pl* the Orkneys, the Orkney Islands, Orkney.

órdago *nm* bet *in the card game of mus*.
✦ **de órdago** *fam* amazing: hace un frío de órdago it's freezing cold.

orden
1 *nm (ordenación)* order: es un amante del orden he loves order; clasificados por orden alfabético classified in alphabetical order.
2 *nm BIOL* order.
3 *nm ARQ* order: el orden jónico the Ionic order.
4 *nm* field, sphere: cuestiones de orden internacional international matters.
5 *nf (mandato)* order: ¡es una orden! that's an order!; ¡a la orden mi comandante! right away sir!; siempre está dando órdenes he's always ordering people about.
6 *nf REL* order: la orden franciscana the Franciscan order.
✦ **del orden de** of the order of, *(US* on the order of).
de primer orden first-rate.
estar algo a la orden del día to be the done thing.
por orden de by order of.
por orden de aparición in order of appearance.
sin orden ni concierto any old how.
■ **el orden del día** the agenda.
la orden del día *MIL* the order of the day.
las fuerzas del orden the security forces.

orden de búsqueda y captura → **orden de detención**.

orden de caballería order of knighthood.

orden de detención arrest warrant: se ha dictado una orden de detención contra Juan Gómez an order has been issued for the arrest of Juan Gómez.

orden de pago order of payment.

orden de registro search warrant.

orden judicial court order.

orden público public order, the peace, law and order: una alteración del orden público a breach of the peace.

ordenación
1 *nf (disposición)* arrangement, organizing.
2 *nf REL* ordination.

ordenada *nf MAT* ordinate.

ordenado,-a
1 *pp* → **ordenar**.
2 *adj (habitación)* tidy, in order; *(persona)* tidy, well-organized.
3 *adj REL* ordained.

ordenador,-ra
1 *adj* ordering.
2 *adj REL* ordaining.
3 **ordenador** *nm INFORM* computer.
■ **ordenador personal** personal computer.

ordenamiento
1 *nm JUR* ordinance.
2 *nm (ordenación)* ordering, arranging.

ordenanza
1 *nm (soldado)* orderly.
2 *nm (empleado)* office boy.
3 *nf (norma)* ordinance.
■ **ordenanza municipal** bylaw.

ordenar
1 *vt (arreglar)* to put in order; *(habitación)* to tidy up: ordenó a los alumnos en filas she lined up the students; los libros estaban ordenados por materias the books were classified by subject matter.
2 *vt (mandar)* to order: me ordenó que saliera de la habitación he ordered me to leave the room.
3 *vt REL* to ordain.
4 *vt (encaminar)* to direct.
✦ **ordenar las ideas** *fig* to collect one's thoughts.

ordenata *nm fam* computer.

ordeñadora *nf* milking machine.

ordeñar *vt* to milk.

ordeño *nm* milking.

ordinal
1 *adj* ordinal.
2 *nm* ordinal.

ordinariez
1 *nf (defecto)* vulgarity.
2 *nf (expresión)* vulgar remark: ¡qué ordinariez! how vulgar!
✦ **decir ordinarieces** to be vulgar.
▲ *pl* ordinarieces.

ordinario,-a
1 *adj (corriente)* ordinary, common.
2 *adj (grosero)* vulgar, common.
✦ **de ordinario** usually.

orear
1 *vt* to air.
2 **orearse** *vpr* to get some fresh air.

orégano *nm* oregano.
✦ **no todo el monte es orégano** life's not all beer and skittles.

oreja
1 *nf* ear.
2 *nf (de sillón)* wing.
✦ **poner/tener una sonrisa de oreja a oreja** to grin like a Cheshire cat, grin from ear to ear.
verle las orejas al lobo to see the red light, wake up to a danger, realize things could go wrong.
■ **oreja de mar** ear shell, ormer.
sillón de orejas wing chair.

orejera *nf (de gorro)* earflap; *(de sillón)* wing.

orejero *nm (sillón)* wing chair.

orejón
1 *nm* dried apricot or peach.
2 *nm fam* big-ears.

orejudo,-a
1 *adj* big-eared.
2 *nm* long-eared bat.

oremus *nm REL* let us pray.
✦ **perder el oremus** *(ir desorientado)* to be all at sixes and sevens; *(perder la paciencia)* to lose one's cool.

orfanato *nm* orphanage.

orfandad *nf* orphanage.

orfebre *nm* goldsmith, silversmith.

orfebrería *nf (en oro)* gold work; *(en plata)* silver work.

orfelinato *nm* orphanage.

orfeón *nm* choral society.

orfeonista *nm & nf* member of a choral society.

órfico,-a *adj lit* orphic.

organdí *nm* organdie.

orgánico,-a *adj* organic.

organigrama *nm (de empresa)* organization chart; *(de informática)* flow chart.

organillero,-a *nm,f* organ-grinder.

organillo *nm* barrel organ.

organismo
1 *nm (humano)* organism.
2 *nm (institucional)* organization, body.

organista *nm & nf* organist.

organización *nf* organization.

organizado,-a
1 *pp* → **organizar**.
2 *adj* organized.

organizador,-ra
1 *adj* organizing.
2 *nm,f* organizer.

organizar
1 *vt* to organize: van a organizar una fiesta they're going to have a party.
2 **organizarse** *vpr (ordenarse)* to get organized: no sabe organizarse he is very badly organized.

3 *vpr (crearse)* to be organized: se ha organizado una colecta a collection has been organized.
4 *vpr (armarse)* to be, occur: se organizó un escándalo tremendo there was a terrible to-do.
▲ *Conjugation model* [4], *like* **realizar**.

organizativo,-a *adj* organizational.

órgano *nm* organ.

orgasmo *nm* orgasm.

orgía *nf* orgy.

orgiástico,-a *adj* orgiastic.

orgullo
1 *nm (propia estima)* pride.
2 *nm (arrogancia)* arrogance, haughtiness.

orgullosamente *adv* proudly.

orgulloso,-a
1 *adj (satisfecho)* proud.
2 *adj (arrogante)* arrogant, haughty.
✦ **estar orgulloso,-a de ...** to be proud of ...
ser orgulloso,-a to be arrogant.

orientación
1 *nf (capacidad)* sense of direction.
2 *nf (de un edificio)* aspect: la casa tiene orientación sur the house faces south.
3 *nf (dirección)* orientation, direction; *(tendencia)* leanings *pl*, tendency.
4 *nf (guía)* guidance, orientation.
■ **orientación profesional** career guidance, vocational guidance.

orientador,-ra
1 *adj (función)* advisory, guiding.
2 *nm,f* guide, adviser, counsellor.

oriental
1 *adj* eastern, oriental.
2 *nm & nf* Oriental.

orientalismo *nm* Orientalism.

orientalista
1 *adj* Orientalistic.
2 *nm & nf* Orientalist.

orientar
1 *vt (casa)* to face; *(antena, barco)* to point; *(velas)* to trim: la casa está orientada al mar the house faces the sea; orientaron la barca hacia la costa they pointed the boat towards the coast.
2 *vt (esfuerzos, investigaciones)* to direct.
3 *vt (guiar)* to guide; *(aconsejar)* to advise: el examen nos orientó de cómo íbamos muy mal the exam gave us an idea of how we were getting on.
4 **orientarse** *vpr* to find one's bearings: nos orientamos por las estrellas we were guided by the stars; yo me oriento muy mal I have an appalling sense of direction; todavía no me he orientado en este trabajo I haven't learnt the ropes yet.

oriente *nm* East.
■ **el Extremo Oriente** the Far East.
el Lejano Oriente the Far East.
el Oriente Medio the Middle East.
el Oriente Próximo the Near East.

orificio *nm (agujero)* hole; *(abertura)* opening; *(en el cuerpo)* orifice.

origen
1 *nm (causa)* cause, origin: el origen del problema del paro the cause of the unemployment problem.
2 *nm (procedencia - gen)* origin; *(- de persona)* extraction: de origen español of Spanish extraction; de origen modesto of humble origins; Zamora es mi ciudad de origen I am originally from Zamora.
✦ dar origen a to give rise to.
en su origen originally.
tener su origen en to originate in.
▪ idioma de origen source language.
país de origen country of origin.
▲ *pl* orígenes.

original
1 *adj (gen)* original.
2 *nm* original.
✦ en el original in the original.
ser original de *(procedente de, nacido en)* from: productos originales de Cuba products from Cuba; mi familia es original de América my family is originally from America.

originalidad *nf* originality.
originar
1 *vt* to cause, give rise to.
2 originarse *vpr* to originate.
originariamente *adv* originally.
originario,-a *adj* original.
✦ ser originario,-a de *(persona)* to come from; *(costumbre)* to originate in.

orilla
1 *nf (borde)* edge.
2 *nf (del río)* bank; *(del mar)* shore.
✦ a la orilla del mar by the sea.
orillar
1 *vt (resolver)* to solve.
2 *vt (sortear)* to get round.
orillo *nm* selvedge, selvage.
orín¹ *nm* rust.
orín² *nm* urine.
▲ *pl* orines.
orina *nf* urine.
orinal *nm* chamber pot; *(para niños)* potty.
orinar
1 *vi* to urinate.
2 *vt (sangre)* to pass.
3 orinarse *vpr fam* to wet oneself: todavía se orina en la cama he still wets the bed.
oriundo,-a
1 *adj* native of.
2 *nm,f DEP* foreign player of Spanish parentage playing for a Spanish team,
✦ ser oriundo,-a de to come from.
orla
1 *nf (adorno)* edging.
2 *nf (foto)* class graduation photo.
orlar *vt* to border.
ornamentación *nf* ornamentation.
ornamental *adj* ornamental.
ornamentar *vt* to adorn, decorate.
ornamento *nm* ornament.

ornar *vt* to adorn.
ornato *nm* ornament.
ornitología *nf* ornithology.
ornitológico,-a *adj* ornithological.
ornitólogo,-a *nm,f* ornithologist.
ornitorrinco *nm* platypus.
oro
1 *nm* gold: un reloj de oro a gold watch.
2 *adj (color)* golden.
3 oros *nm pl (baraja española)* ≈ diamonds.
✦ guardar algo como oro en paño to cherish something.
hacerse de oro to make a fortune.
no es oro todo lo que reluce all that glitters is not gold.
prometer el oro y el moro to promise the earth.
tener un corazón de oro to have a heart of gold.
▪ oro de ley pure gold.
oro negro oil.
orografía *nf* orography.
orográfico,-a *adj* orographic.
orondo,-a
1 *adj (gordo)* hearty, plump.
2 *adj (satisfecho)* smug, self-satisfied.
oropel
1 *nm (material)* tinsel.
2 *nm (ostentosidad)* glitter.
✦ de oropel glittery.
oropéndola *nf* golden oriole.
orquesta
1 *nf (clásica)* orchestra; *(popular)* dance band.
2 *nf (lugar)* orchestra pit.
orquestación *nf* orchestration.
orquestal *adj* orchestral.
orquestar *vt* to orchestrate.
orquídea *nf* orchid.
orsay *nm fam* offside.
ortiga *nf* nettle.
ortodoncia *nf* orthodontics, dental orthopaedics.
ortodoxia *nf* orthodoxy.
ortodoxo,-a
1 *adj* orthodox.
2 *nm,f* orthodox.
ortografía *nf* spelling; *(uso formal)* orthography: se me da muy mal la ortografía I can't spell.
▪ falta de ortografía spelling mistake.
ortográfico,-a *adj* spelling; *(uso formal)* orthographic: regla ortográfica spelling rule.
▪ signo ortográfico punctuation mark; *(tilde)* written accent.
signos ortográficos punctuation and accents.
ortopedia *nf* orthopaedics.
ortopédico,-a
1 *adj* orthopaedic.
2 *nm,f* orthopaedist.
ortopedista *nm & nf* orthopaedist.
oruga *nf* caterpillar.

orujo
1 *nm (bebida)* eau-de-vie, spirit.
2 *nm* marc, pomace: el aceite de orujo de oliva es de inferior calidad olive oil from a second pressing is of inferior quality.
orza¹ *nf* earthenware jar.
orza² *nf MAR* luff.
orzuelo *nm* sty.
os
1 *pron (complemento directo)* you: os escucho I am listening to you.
2 *pron (complemento indirecto)* you: os traje un libro I brought you a book; os he dicho que no os mováis I told you not to move.
3 *pron (reflexivo)* yourselves: ¿ya os estáis vistiendo? are you getting dressed already?
4 *pron (recíproco)* each other: os parecéis mucho you look very much alike.
osa *nf* bear, she-bear.
✦ ¡anda la osa! *fam* crikey!
▪ Osa Mayor Great Bear, Plough, *(US* Big Dipper).
Osa Menor Little Bear.
osadía
1 *nf (audacia)* audacity, daring.
2 *nf (desvergüenza)* effrontery, nerve.
osado,-a
1 *adj (audaz)* audacious, daring.
2 *adj (desvergonzado)* shameless.
osamenta *nf (esqueleto)* skeleton; *(huesos)* bones *pl*.
osar *vi lit* to dare, have the audacity to.
osario
1 *nm (parte del cementerio)* ossuary.
2 *nm (cementerio)* burial ground.
Oscar *nm* Oscar.
▲ *pl* óscar.
oscarizable *adj* potentially Oscar-winning: pocos la consideran una película oscarizable few think the film a potential Oscar winner.
oscarizado,-a
1 *adj* Oscar-winning.
2 *nm,f* Oscar-winner.
oscense
1 *adj* of Huesca, from Huesca.
2 *nm & nf* person from Huesca, inhabitant of Huesca.
oscilación
1 *nf (de precios)* fluctuation.
2 *nf FÍS* oscillation.
oscilador *nm* oscillator.
oscilante
1 *adj (precios etc)* fluctuating.
2 *adj FÍS* oscillating.
oscilar
1 *vi (variar)* to vary, fluctuate.
2 *vi FÍS* to oscillate.
oscilatorio,-a *adj* oscillating.
oscilógrafo *nm* oscillograph.
ósculo *nm lit* kiss.
oscurantismo *nm* obscurantism.

oscurantista *adj-nm & nf* → obscurantista.

oscuras a oscuras *loc* in the dark.

oscurecer *vt-vi* → obscurecer.

oscuridad *nf* → obscuridad.

oscuro,-a *adj* → obscuro.

óseo,-a *adj (tejido, estructura)* bone.

osera *nf* bear's den.

osezno *nm* bear cub.

osificación *nf* ossification.

osificar *vt* to ossify.

osito *nm (cachorro)* bear cub.
  ■ osito de peluche teddy bear.

Oslo *nm* Oslo.

osmio *nm* osmium.

osmosis *nf* → ósmosis.
  ▲ *pl* osmosis.

ósmosis *nf* osmosis.
  ▲ *pl* ósmosis.

oso *nm* bear.
  ✦ hacer el oso *fam* to fool around.
  ■ como un oso *fam (muy peludo)* as hairy as an ape.
  oso hormiguero anteater.
  oso panda panda.
  oso pardo brown bear.
  oso polar polar bear.

OSO *sím (oessudoeste)* west-southwest; *(símbolo)* WSW.

ostensible *adj* obvious, visible.

ostentación *nf* ostentation: vive sin ostentación alguna she lives totally without ostentation.
  ✦ con ostentación ostentatiously.
  hacer ostentación to be ostentatious.
  hacer ostentación de algo to flaunt something.

ostentar
  1 *vt (jactarse de)* to show off, flaunt.
  2 *vt (poseer)* to hold.
  ✦ ostentar el cargo de to hold the position of.

ostentoso,-a *adj* ostentatious.

osteomielitis *nf* osteomyelitis.
  ▲ *pl* osteomielitis.

osteópata *nm & nf* osteopath.

osteopatía *nf* osteopathy.

osteopático,-a *adj* osteopathic.

ostión *nm* large oyster.

ostra *nf* oyster.
  ✦ ¡ostras! crikey!, wow!, *(US* gee!).
  ■ ostra perlífera pearl oyster.

ostracismo *nm* ostracism.

ostrero,-a
  1 *adj* oyster.
  2 ostrero *nm (ave)* oystercatcher.

ostrícola *adj* oyster.

ostrogodo,-a
  1 *adj* Ostrogothic.
  2 *nm,f* Ostrogoth.

osuno,-a *adj* bear-like.

OTAN *abr* (**Organización del Tratado del Atlántico Norte**) North Atlantic Treaty Organization; *(abreviatura)* NATO.

oteador,-ra *nm,f* lookout.

otear *vt (horizonte)* to scan.

otero *nm* hillock.

OTI *abr* TV (**Organización de la Televisión Iberoamericana**) Latin American television organization.

otitis *nf* ear infection, otitis.
  ▲ *pl* otitis.

otología *nf* otology.

otomán *nm (tela)* ottoman.

otomana *nf (cama turca)* ottoman.

otomano,-a
  1 *adj* Ottoman.
  2 *nm,f (persona)* Ottoman.

otoñal *adj* autumnal, autumn, *(US* fall).

otoño *nm* autumn, *(US* fall).

otorgamiento *nm* granting.

otorgante *adj (de un premio)* awarding.

otorgar
  1 *vt (conceder)* to grant, give (a, to); *(premio)* to award (a, to).
  2 *vt* JUR to execute, draw up.
  ▲ *Conjugation model* [7], *like* llegar.

otorrino *nm & nf fam* → otorrinolaringólogo,-a.

otorrinolaringólogo,-a *nm,f* ear, nose and throat specialist, ENT specialist.

otorrinolaringología *nf* ear, nose and throat, ENT.

otro,-a
  1 *adj* other, another: quiero otro pastel I want another cake; eso ya es otra cosa that's different; otra vez será some other time; el otro día ... the other day ...; otro día venís todos juntos next time you could all come.
  2 *pron* other, another: otros others; unos te dicen que sí y otros que no you get a different opinion from everyone; no hay otro como él he's something else; otro que te busca somebody else looking for you; otro no lo hubiera hecho not everyone is like that.
  ✦ otro de tantos nothing exceptional.
  otro que tal baila he *(she)* is just as bad.
  ¡otra! ¡otra! encore!, more!

otrora *adv arc* formerly.

OUA *abr* (**Organización de la Unidad Africana**) Organization of African Unity; *(abreviatura)* OAU.

ovación *nf* ovation, cheering, applause.

ovacionar *vt* to give an ovation (a, to), applaud (a, -).

oval *adj* oval.

ovalado,-a *adj* oval.

óvalo *nm* oval.

ovario *nm* ovary.

oveja *nf* sheep, ewe.
  ✦ cada oveja con su pareja like should stick to like.
  ■ la oveja negra de la familia the black sheep of the family.

overtura *nf* MÚS overture.

ovetense
  1 *adj* of Oviedo, from Oviedo.
  2 *nm & nf* person from Oviedo, inhabitant of Oviedo.

ovillar *vt* to roll into a ball.

ovillo *nm* ball of wool.
  ✦ hacerse un ovillo *fig* to curl up into a ball.

ovino,-a *adj* ovine, sheep.

ovíparo,-a *adj* oviparous.

ovni *nm* UFO.

OVNI *abr* (**Objeto Volador no Identificado**) Unidentified Flying Object; *(abreviatura)* UFO.

ovulación *nf* ovulation.

ovular
  1 *adj* ovular.
  2 *vi* to ovulate.

óvulo *nm* ovule.

oxiacetilénico,-a *adj* oxyacetylene.

oxiacetileno *nm* oxyacetylene.

oxidable *adj* oxidizable.

oxidación
  1 *nf* QUÍM oxidation.
  2 *nf (proceso)* rusting; *(capa)* rust.

oxidado,-a
  1 *adj* rusty.
  2 *adj* QUÍM oxidized.

oxidante
  1 *adj* oxidizing.
  2 *nm* oxidizer.

oxidar
  1 *vt* QUÍM to oxidize.
  2 *vt (enmohecer)* to rust.
  3 oxidarse *vpr* QUÍM to oxidize.
  4 *vpr (enmohecerse)* to rust, go rusty.

óxido
  1 *nm (herrumbre)* rust.
  2 *nm* QUÍM oxide.

oxigenación
  1 *nf fig* airing.
  2 *nf* QUÍM oxygenation.

oxigenado,-a
  1 *adj* QUÍM oxygenated.
  2 *adj (pelo)* bleached.

oxigenar
  1 *vt* QUÍM to oxygenate.
  2 *vt (blanquear)* to bleach.
  3 *vt (pulmones)* to get some fresh air in: hay que oxigenar el cuerpo you must get some fresh air.
  4 oxigenarse *vpr (persona)* to get some fresh air.

oxígeno *nm* oxygen.

oye
  1 *pres indic* → oír.
  2 *interj fam (para llamar la atención)* hey!; *(con enfado)* listen!, look here!: oye, guapo look here, sunshine!

oyente
  1 *nm & nf* RAD listener.
  2 *nm & nf (alumno)* unregistered student.
  3 *adj* listening.

ozono *nm* ozone.
  ■ capa de ozono ozone layer.

P, p *nf (la letra)* P, p.

p. *abr* (**página**) page; *(abreviatura)* p.

P *abr* (**parking**) car park, *(US* parking lot).

P. *abr REL* (**padre**) Father; *(abreviatura)* Fr.

p.a. *abr* (**por autorización**) on behalf of; *(abreviatura)* pp.

pabellón
 1 *nm ARQ* pavilion.
 2 *nm (en una feria)* stand.
 3 *nm (bandera)* flag.
 4 *nm ANAT* (external) ear.

pabilo *nm* wick.

pábilo *nm* wick.

pábulo *nm* fuel.
 ✦ **dar pábulo a** to fuel, encourage.

pacana *nf* pecan nut.

pacanero *nm* pecan tree.

pacato,-a *adj fam* prudish.

pacense
 1 *adj* of Badajoz, from Badajoz.
 2 *nm & nf* person from Badajoz, inhabitant of Badajoz.

paceño,-a
 1 *adj* of La Paz, from La Paz.
 2 *nm,f* person from La Paz, inhabitant of La Paz.

pacer *vi* to graze.
 ▲ *Conjugation model* [42], *like* **nacer**.

pachá *nm* pasha, pacha.
 ✦ **vivir como un pachá** to live like a king.

pachanga *nf (bullicio)* party atmosphere; *(música)* party music.

pachanguero,-a *adj (música)* rowdy and catchy.

pacharán *nm* sloe liqueur.

pachón,-ona
 1 *adj (perro)* pointer.
 2 *adj fam (persona)* laid-back.
 ■ **perro pachón** pointer.

pachorra *nf fam* phlegm.
 ✦ **tener pachorra** *fam* to be laid-back.

pachucho,-a
 1 *adj fam (persona)* poorly.
 2 *adj fam (fruta)* overripe.
 ✦ **estar pachucho,-a** to feel under the weather.

pachulí *nm* patchouli.

paciencia *nf* patience.
 ✦ **agotar la paciencia a alguien** to try somebody's patience.
  armarse de paciencia to grin and bear it.
  tener paciencia to be patient.

paciente
 1 *adj* patient.
 2 *nm & nf* patient.

pacientemente *adv* patiently.

pacificación *nf* pacification.

pacificador,-ra
 1 *adj* pacifying.
 2 *nm,f* peacemaker.

pacíficamente *adv* peacefully.

pacificar
 1 *vt* to pacify.
 2 *vt (calmar)* to appease.
 ▲ *Conjugation model* [1], *like* **sacar**.

pacífico,-a *adj* peaceful.
 ■ **el (océano) Pacífico** the Pacific (Ocean).

pacifismo *nm* pacifism.

pacifista
 1 *adj* pacifist.
 2 *nm & nf* pacifist.

pacotilla **de pacotilla** *loc fam* second-rate.

pactar
 1 *vt* to agree (to).
 2 *vi* to come to an agreement.

pacto *nm* pact, agreement.

padecer
 1 *vt* to suffer: **padece una enfermedad incurable** he suffers from an incurable disease.
 2 *vi (sufrir)* to suffer (**de**, from).
 ▲ *Conjugation model* [43], *like* **agradecer**.

padecimiento *nm* suffering.

padrastro
 1 *nm (padre)* stepfather.
 2 *nm (en las uñas)* hangnail.

padrazo *nm fam* loving father.

padre
 1 *nm* father.
 2 *nm REL (sacerdote)* father.
 3 *nm* **Padre** *REL* Father.
 4 **padres** *nm pl* parents.
 5 *adj fam (fenomenal)* terrific.
 ✦ **de padre y muy señor mío** *fam* almighty.
  no tener ni padre, ni madre, ni perrito que le ladre to be all alone in the world.
  ser cada uno de su padre y su madre to be an odd mixture.
  ¡su *(tu etc)* **padre!** *fam* and the same to you!
 ■ **padre de familia** head of the family.
  padre espiritual confessor.
  padre político father-in-law.
  el Santo Padre the Holy Father, the Pope.

padrenuestro *nm* Lord's Prayer.
 ✦ **rezar un padrenuestro** to say the Lord's Prayer.

padrinazgo *nm (protección)* patronage.

padrino
 1 *nm (de bautizo)* godfather.
 2 *nm (de boda)* bride's father *who acts as best man*.
 3 *nm (patrocinador)* sponsor.
 4 **padrinos** *nm pl* godparents.
 ✦ **tener buenos padrinos** *fig* to have good contacts.

padrón *nm (censo)* census; *(para votar)* electoral roll.

paella
 1 *nf (comida)* paella.
 2 *nf* → **paellera**.

paellera *nf* paella pan.

paf *interj* splat.

pág *abr* (**página**) page; *(abreviatura)* p.

pag. *abr* (**pagaré**) I owe you; *(abreviatura)* IOU.

paga
 1 *nf (sueldo)* pay.
 2 *nf (de los niños)* pocket money.
 ■ **paga extra** bonus.
  paga y señal down payment.

pagadero,-a *adj* payable.

pagado,-a *pp* → **pagar**.
 ✦ **pagado,-a de sí mismo,-a** smug, self-satisfied.

pagador,-ra
1 *adj* paying.
2 *nm,f (gen)* payer.
3 *nm,f (en banco)* cashier.

pagaduría *nf* pay office.

paganismo *nm* paganism.

pagano,-a¹
1 *adj* REL pagan.
2 *nm,f* REL pagan.

pagano,-a² *nm,f fam* one who pays.

pagar
1 *vt* to pay: ya he pagado lo que debía I've already paid what I owed.
2 *vi* to pay: en esta empresa pagan muy bien this company pays very well.
+ ¡me las pagarás! *fam* you'll pay for this!
pagar al contado to pay cash.
pagar en metálico to pay cash.
pagarlas todas juntas *fam* to pay for one's sins: las pagarás todas juntas your sins will catch up with you in the end.
▲ *Conjugation model* [7], *like* llegar.

pagaré *nm* promissory note.
■ pagaré del Tesoro government bond.

página *nf* page.
■ páginas amarillas yellow pages.

paginación *nf* pagination.

paginar *vt* to paginate.

pago¹
1 *nm* payment.
2 *nm (recompensa)* reward.
+ en pago por in return for.
■ pago a cuenta payment on account.
pago por adelantado advance payment.

pago² *nm* area.
+ por estos pagos around here.

pagoda *nf* pagoda.

pagro *nm* Couch's sea bream.

paguro
1 *nm (ermitaño)* hermit crab.
2 *nm (centolla)* spider crab.

paíño *nm* storm petrel.

paipái *nm* fan.

pairo
1 estar al pairo *loc* to lie to.
2 ponerse al pairo *loc* to heave to.

país *nm* country.
+ del país local.

paisaje *nm* landscape.

paisajista *nm & nf (pintor)* landscape artist.

paisajístico,-a *adj* landscape.

paisano,-a
1 *nm,f (compatriota - hombre)* fellow countryman; *(- mujer)* fellow countrywoman: es paisana mía she comes from the same part of the country as me.
2 *nm,f (campesino - hombre)* countryman; *(- mujer)* countrywoman.
+ de paisano *(policía)* in plain clothes; *(soldado)* in civilian clothes.

paja
1 *nf* straw.

2 *nf fig (relleno)* waffle.
3 *nf tabú (masturbación)* wank.
+ hacerse una paja *tabú* to wank, (US jerk off).
meter paja to waffle.
por un quítame allá esas pajas for no reason at all.

pajar
1 *nm (lugar)* hayloft.
2 *nm (almiar)* haystack.

pájara
1 *nf fam fig (mujer astuta)* slyboots; *(malintencionada)* nasty piece of work.
2 *nf fam (en ciclismo)* bonk.

pajarera *nf* aviary.

pajarería *nf (tienda)* caged-bird shop.

pajarero,-a *adj* of birds.

pajarita
1 *nf (de cuello)* bow tie.
2 *nf (de papel)* paper bird.

pajarito,-a
1 *nm,f* little bird, birdie.
2 pajarito *nm fam (pene)* willy, willie.
+ me lo ha dicho un pajarito a little bird told me.
quedarse como un pajarito *(morir)* to snuff it.

pájaro
1 *nm (animal)* bird.
2 *nm fam fig (hombre astuto)* slyboots; *(malintencionado)* nasty piece of work.
+ más vale pájaro en mano que ciento volando a bird in the hand is worth two in the bush.
matar dos pájaros de un tiro to kill two birds with one stone.
tener la cabeza llena de pájaros to be scatterbrained.
■ pájaro bobo penguin.
pájaro carpintero woodpecker.
pájaro de cuenta *fam* slyboots.
pájaro de mal agüero bird of ill omen.

pajarraca *nf fam* brawl.

pajarraco,-a
1 *nm,f (pájaro)* big ugly bird.
2 *nm,f pey (persona - taimada)* slyboots; *(- malintencionada)* nasty piece of work.

pajaza *nf* litter.

paje *nm* page.
+ a lo paje *(corte de pelo)* pageboy style.

pajita *nf (para beber)* straw.

pajizo,-a *adj* straw-coloured (US straw-colored).

pajolero,-a *adj fam* bloody.

Pakistán *nm* Pakistan.

pakistaní
1 *adj* Pakistani.
2 *nm & nf* Pakistani.
▲ *pl* pakistaníes.

pala
1 *nf (herramienta)* shovel; *(de jardinería)* spade.
2 *nf (de cocina)* slice.
3 *nf* DEP *(de ping-pong)* bat; *(de remo)* blade; *(de frontón)* bat.

4 *nf (de hélice)* blade.
5 *nf (de zapato)* upper.

palabra *nf* word.
+ dar su palabra to give one's word, promise: te doy mi palabra de que estaré allí I promise you I'll be there.
decir la última palabra to have the last word.
dejar a alguien con la palabra en la boca to cut somebody off.
dirigirle la palabra a alguien to address somebody.
en una palabra in a word.
medir las palabras to weigh one's words.
no decir ni media palabra a nadie not to breath a word to anyone.
no dirigirle la palabra a alguien not to be speaking to somebody.
palabra por palabra word for word.
quitarle a alguien la palabra to cut somebody short, interrupt somebody.
ser hombre/mujer de palabra to be a man of his word/a woman of her word.
ser hombre/mujer de pocas palabras to be a man/woman of few words.
tener la palabra to have the floor.
tener palabra to keep one's word.
tener unas palabras con alguien to have words with somebody.
tomarle a alguien la palabra to take somebody at their word.
■ palabra clave key word.
palabra de honor word of honour.
palabras mayores *(palabrotas)* swearwords; *(cosa importante)* serious talk.

palabreja *nf* difficult word.

palabrería *nf pey* hot air, talk.

palabrota *nf* swearword.
+ decir palabrotas to swear.

palacete *nm* mansion.

palaciego,-a *adj* palatial.

palacio *nm* palace.
■ palacio de congresos conference hall.
Palacio de Justicia Law Courts *pl.*

palada
1 *nf (gen)* shovelful; *(de jardinería)* spadeful.
2 *nf (de remo)* stroke.

paladar
1 *nm* palate.
2 *nm fig* taste.
+ tener buen paladar *(persona)* to have a discerning palate; *(vino)* to be smooth.

paladear *vt* to savour, relish.

paladín
1 *nm* HIST paladin.
2 *nm fig* champion.

paladino,-a *adj* open, public.

palafito *nm* house on stilts.

palafrén *nm* palfrey.

palafrenero *nm* groom.

palanca
1 *nf (gen)* lever.
2 *nf (manecilla)* handle.

3 *nf DEP* diving board.
4 *nf fig (influencia)* contacts *pl.*
✦ **hacer palanca** to lever.
tener palanca to have contacts, know people in the right places.
▪ **palanca de cambio** gearstick.
palangana *nf* bowl, washbasin (*US* washbowl).
palangre
1 *nm (arte de pesca)* boulter *(a long stout line with many hooks).*
2 *nm (merluza)* hake *caught using a boulter.*
palangrero
1 *nm (barco)* fishing boat *which fishes with boulters.*
2 *nm (pescador)* fisherman *who fishes with boulters.*
palanqueta
1 *nf (para forzar algo)* crowbar.
2 *nf (palanca)* small lever.
palanquín *nm (asiento)* palanquin.
palatal
1 *adj* palatal.
2 *nf* palatal.
palatino,-a¹ *adj (del paladar)* palatal.
palatino,-a² *adj* palatine.
palco *nm (en el teatro)* box.
▪ **palco escénico** stage.
palenque
1 *nm (valla)* wooden palisade.
2 *nm (área)* arena.
palentino,-a
1 *adj* of Palencia, from Palencia.
2 *nm,f* person from Palencia, inhabitant of Palencia.
paleografía *nf* palaeography (*US* paleography).
paleógrafo,-a *nm,f* palaeographer (*US* paleographer).
paleolítico,-a
1 *adj* Palaeolithic (*US* Paleolithic).
2 el paleolítico,-a *nm* the Palaeolithic (*US* Paleolithic).
paleontología *nf* palaeontology (*US* paleontology).
paleontólogo,-a *nm,f* palaeontologist (*US* paleontologist).
Palestina *nf* Palestine.
palestino,-a
1 *adj* Palestinian.
2 *nm,f* Palestinian.
palestra *nf* arena, forum.
✦ **salir a la palestra** to come forward.
saltar a la palestra to come to the fore.
paleta
1 *nf (de pintor)* palette.
2 *nf (de albañil)* trowel.
3 *nf (de cocina)* slice.
4 *nf (de hélice etc)* blade.
5 *nf fam (diente)* front tooth.
6 *nf DEP* bat.
7 *nf (pala)* small shovel.
8 *nf fam (mujer)* → **paleto,-a.**
paletada
1 *nf (de albañil)* going over with a trowel.
2 *nf fam* oafish thing to do or say.

paletilla
1 *nf ANAT* shoulder blade.
2 *nf CULIN* shoulder.
paletó *nm HIST* long fitted coat.
paleto,-a
1 *nm,f fam pey* oaf, country bumpkin, yokel.
2 *adj fam pey* oafish.
paletón *nm* bit.
paliar *vt* to palliate, alleviate.
▲ *Conjugation model* [12], *like* **cambiar.**
paliativo,-a
1 *adj* palliative.
2 paliativo *nm* palliative.
palidecer
1 *vi* to turn pale.
2 *vi fig* to fade.
▲ *Conjugation model* [43], *like* **agradecer.**
palidez *nf* paleness, pallor.
pálido,-a *adj* pale.
palillero *nm* toothpick holder.
palillo
1 *nm (mondadientes)* toothpick.
2 *nm MÚS* drumstick.
✦ **estar como un palillo** *fam* to be as thin as a rake.
▪ **palillos chinos** chopsticks.
palíndromo *nm* palindrome.
palio *nm* canopy.
✦ **recibir a alguien bajo palio** to give somebody a royal welcome.
palique *nm fam* chat, small talk.
✦ **estar de palique** *fam* to chat.
palisandro *nm* rosewood.
palito *nm* little stick.
▪ **palito de pescado** fish finger.
palitroque
1 *nm (palo)* stick.
2 *nm (en toreo)* banderilla.
paliza
1 *nf* beating, thrashing.
2 *nf fam (derrota)* thrashing.
3 *nf fam (pesadez)* pain.
✦ **dar una paliza a alguien/pegar una paliza a alguien** to beat somebody up.
dar la paliza *fam* to be a pain.
darse la paliza *fam* to slog one's guts out.
ser un paliza/ser un palizas *fam* to be a pain, be a pain in the neck.
palizada *nf* palisade, stockade.
palma
1 *nf BOT* palm (tree).
2 *nf (de la mano)* palm.
3 palmas *nf pl (aplausos)* clapping *sing,* applause *sing.*
✦ **batir palmas/dar palmas** to clap.
como la palma de la mano like the back of one's hand.
llevarse la palma to take the biscuit.
palmada
1 *nf (aplauso)* clapping.
2 *nf (golpe)* slap, pat: me dio una palmada en el hombro he gave me a slap on the back.
✦ **dar palmadas** to clap.

palmadita *nf* slap, pat.
palmar¹ *nm* palm grove.
palmar² **palmarla** *loc fam* to snuff it, kick the bucket.
palmarés
1 *nm (lista)* list of winners.
2 *nm (historial)* list of achievements; *(de deportista)* record, track record: tiene en su palmarés tres campeonatos de España he has won three Spanish championships.
palmario,-a *adj* obvious, evident.
palmatoria *nf* candlestick.
palmeado,-a
1 *adj BOT* palmate.
2 *adj ZOOL (dedos)* webbed.
palmear *vi* to clap.
palmense
1 *adj* of Las Palmas, from Las Palmas.
2 *nm & nf* person from Las Palmas, inhabitant of Las Palmas.
palmeo *nm* clapping.
palmera
1 *nf BOT* palm tree, palm.
2 *nf (pasta)* heart-shaped pastry.
palmeral *nm* palm grove.
palmero,-a
1 *adj (de la Palma)* from La Palma, of La Palma.
2 *nm,f* person from La Palma, inhabitant of La Palma.
palmeta *nf* cane.
palmetazo *nm* stroke of the cane.
✦ **dar un palmetazo a alguien** *fig* to haul somebody over the coals.
palmípedo,-a
1 *adj* web-footed.
2 palmípedas *nf pl ZOOL (género)* web-footed birds.
palmitas **llevar a alguien en palmitas** *loc* to cosset somebody.
palmito
1 *nm CULIN* palm heart.
2 *nm BOT* palmetto.
3 *nm fam (tipo)* figure.
palmo *nm (medida)* span.
✦ **conocer algo palmo a palmo** to know something like the back of one's hand.
dejar a alguien con un palmo de narices *fam* to let somebody down badly.
palmotear *vi* to clap.
palmoteo *nm* clapping.
palo
1 *nm (estaca)* stick; *(de valla)* post; *(de telégrafos)* pole.
2 *nm (golpe)* blow: le pegaron un palo que casi lo matan they almost beat him to death; ha sido un palo que se las suspendieran todas what a drag that he's failed every subject!
3 *nm (madera)* wood.
4 *nm (de la letra)* stroke: haz el palo de la "p" más largo make the stroke of the "p" longer.
5 *nm (de baraja)* suit.

6 *nm* MAR mast.
7 *nm* DEP *(de una portería)* goal post.
8 *nm (de golf)* club.
✦ a palo seco *(comida)* on its own; *(bebida)* neat.
dar palos to beat.
dar palos de ciego to grope about in the dark.
de tal palo tal astilla like father like son.
echar a palos to kick out.
estar hecho,-a un palo *fam* to be as thin as a rake.
no dar un palo al agua *fam* not to do a stroke.
■ **palo de escoba** broomstick.
palo de golf golf club.
palo dulce liquorice.
palo mayor mainmast.

paloma *nf (gen)* pigeon; *(blanca)* dove.
■ **paloma blanca** dove.
paloma de la paz dove of peace.
paloma mensajera carrier pigeon.
paloma torcaz wood pigeon.

palomar *nm* dovecote.

palometa
1 *nf* Ray's bream.
2 *nf (tuerca)* wing nut.
■ **palometa negra** Ray's bream.

palomilla
1 *nf (insecto)* moth.
2 *nf (tuerca)* wing nut.
3 *nf (armazón)* bracket.

palomino
1 *nm* young pigeon.
2 *nm fam* droppings *pl*.

palomita *nf* aniseed and water.
■ **palomitas de maíz** popcorn *sing*.

palomo *nm* cock pigeon.

palote
1 *nm (palo)* stick.
2 *nm (dibujo)* stroke.

palpable
1 *adj* palpable.
2 *adj fig (evidente)* obvious, evident.

palpablemente *adv* palpably.

palpación *nf* palpation.

palpar
1 *vt* MED to palpate.
2 *vt* to feel.
3 *vt fig (percibir)* to sense, feel: **se palpa cierto descontento en el ambiente** there's discontent in the air.

palpitación *nf* palpitation.

palpitante
1 *adj* MED palpitating, throbbing.
2 *adj (tema, cuestión)* burning.
3 *adj (luz, reflejo)* flashing.
✦ de palpitante actualidad burning.

palpitar *vi* to palpitate, throb.

pálpito *nm* hunch, feeling.

palúdico,-a *adj* malarial.
■ **fiebres palúdicas** malaria *sing*.

paludismo *nm* malaria.

palurdo,-a
1 *adj pey* uncouth.
2 *nm,f* country bumpkin.

palustre *adj (de las lagunas)* lake; *(de los pantanos)* marshy.

pamela *nf* wide-brimmed straw hat.

pamema *nf (tontería)* piece of nonsense: **no digas pamemas** stop talking nonsense.

pampa *nf* pampas *pl*.

pámpano *nm* vine shoot.

pamplina *nf (tontería)* daft thing: **no me vengas con pamplinas** don't be so daft!

pamplinero,-a *adj* sweet-talking.

pamplinoso,-a *adj* → **pamplinero,-a**.

pamplonés,-esa
1 *adj* of Pamplona, from Pamplona.
2 *nm,f* person from Pamplona, inhabitant of Pamplona.

pamplonica *adj-nm & nf* → **pamplonés, -esa**.

pan
1 *nm (masa)* bread; *(hogaza)* loaf of bread.
2 *nm (alimento)* food, bread.
3 *nm (de metal)* leaf, foil.
✦ a falta de pan, buenas son tortas beggars can't be choosers.
con su pan se lo coma I don't give a damn.
contigo pan y cebolla you're all that matters to me.
estar a pan y agua to be on a strict diet.
ganarse el pan to earn one's living.
llamar al pan, pan y al vino, vino to call a spade a spade.
ser el pan nuestro de cada día to be an everyday occurrence, be par for the course.
ser más bueno que el pan to be very good.
ser pan comido *fam* to be a piece of cake.
■ **barra de pan** loaf of bread.
pan ácimo unleavened bread.
pan candeal white bread.
pan de molde packet sliced bread.
pan de oro gold leaf.
pan de Viena bridge roll.
pan integral wholemeal bread.
pan rallado breadcrumbs *pl*.

pana *nf* corduroy.

panacea *nf* panacea.

panadería *nf* bakery, baker's.

panadero,-a *nm,f* baker.

panadizo *nm* whitlow.

panal *nm* honeycomb.

panamá *nf* panama, panama hat.

Panamá *nm* Panama.
■ **sombrero panamá** Panama hat.

panameño,-a
1 *adj* Panamanian.
2 *nm,f* Panamanian.

panamericano,-a *adj* Pan-American.
■ **la Panamericana** the Pan-American Highway.

panavisión *nf* Panavision.

pancarta
1 *nf* placard.
2 *nf* INFORM banner.

panceta *nf* bacon.

panchito *nm* roasted peanut.

pancho,-a *adj fam* calm, laid-back.
✦ quedarse tan pancho,-a to behave as if nothing had happened, not be the least bit bothered.

páncreas *nm* pancreas.
▲ *pl* **páncreas**.

pancreático,-a *adj* pancreatic.
■ **jugo pancreático** pancreatic juice.

pancromático,-a *adj* panchromatic.

panda[1] *nm* ZOOL panda.

panda[2] *nf (de amigos)* group; *(de gamberros)* gang.

pandear
1 *vi (hacia fuera)* to bulge; *(hacia abajo)* to sag.
2 *vi (torcerse)* to warp.

pandemónium *nm* pandemonium.

pandeo
1 *nm (hacia fuera)* bulge; *(hacia abajo)* sag.
2 *nm (torcedura)* warp.

pandereta *nf* small tambourine.

pandero
1 *nm* tambourine.
2 *nm fam* bottom, behind.

pandilla *nf* group of friends.

panecillo *nm* bread roll.

panegírico,-a
1 *adj* panegyrical, panegyric.
2 **panegírico** *nm* panegyric.

panel
1 *nm (gen)* panel.
2 *nm (tablero)* noticeboard; *(en la carretera)* hoarding, *(us* billboard).
■ **panel de expertos** a panel of experts.
panel de mando control panel.
panel solar solar panel.

panera *nf (para la mesa)* breadbasket; *(de cocina)* bread bin, *(us* bread box).

panero,-a *adj* bread-loving: **es muy panera** she loves bread.

pánfilo,-a
1 *adj (tonto)* moronic.
2 *adj (lento)* slow.
3 *nm,f* moron.

panfletario,-a *adj (estilo)* propagandist.

panfletista *nm & nf* pamphleteer.

panfleto
1 *nm* political pamphlet.
2 *nm fig* propaganda.

pánico *nm* panic: **tengo pánico a las serpientes** I have a horror of snakes; **a mí el avión me da pánico** flying absolutely terrifies me; **¡que no cunda el pánico!** don't panic!; **nada más aparecer el tiburón, cundió el pánico entre los bañistas** the bathers were thrown into a panic the moment the shark appeared.

◆ **de pánico** *(bueno)* terrific; *(malo)* terrible.
ser presa del pánico to be panic-stricken.
panificadora *nf* industrial bakery.
panificar *vi* to manufacture bread.
panizo *nm* millet.
panocha *nf (de maíz)* corncob; *(de trigo)* ear.
panoja *nf* → panocha.
panoli
1 *adj fam* simple.
2 *nm & nf fam* simpleton.
panoplia
1 *nf (armadura)* suit of armour.
2 *nf (colección)* arms collection.
3 *nf (escudo con armas)* shield.
panorama
1 *nm (paisaje)* panorama, view.
2 *nm (aspecto)* situation, outlook: el panorama político actual the present political situation.
panorámica *nf* panorama.
panorámico,-a *adj* panoramic.
▪ **vista panorámica** scenic view, panoramic view.
panqueque *nm AM* pancake.
pantagruélico,-a *adj* Pantagruelian.
pantalla
1 *nf* screen.
2 *nf (de lámpara)* lampshade.
3 *nf fig (tapadera)* cover.
▪ **la pequeña pantalla** television.
pantalla de humo smoke screen.
pantalón *nm* trousers *pl*, *(US* pants).
◆ **bajarse los pantalones** to take one's trousers down; *fig* to climb down, give in.
llevar los pantalones to wear the trousers.
▪ **pantalón bombacho** *(corto)* knickerbockers *pl*, breeches *pl*; *(largo)* long breeches *(tied at the ankle)*.
pantalón corto *(gen)* shorts *pl*; *(infantil)* short trousers *pl*.
pantalón de pinzas pleated trousers *pl*.
pantalón tejano jeans *pl*.
pantalón vaquero jeans *pl*.
▲ *Often used in plural with the same meaning.*
pantanal *nm* marsh.
pantano
1 *nm (artificial)* reservoir.
2 *nm (cenagoso)* marsh.
pantanoso,-a *adj* marshy.
panteísmo *nm* pantheism.
panteísta
1 *adj* pantheist.
2 *nm & nf* pantheist.
panteístico,-a *adj* pantheistic.
panteón *nm* pantheon.
▪ **panteón familiar** family vault.
pantera *nf* panther.
panties *nm pl* tights.

pantomima
1 *nf (representación)* pantomime, mime.
2 *nf fig* farce, pretence.
pantoque *nm* bilge.
pantorrilla *nf* calf.
pantufla *nf* slipper.
panty *nm* tights *pl*.
▲ *pl* pantys; *often used in plural with the same meaning.*
panza *nf* belly.
panzada
1 *nf fam (atracón - de comer)* binge, blowout; *(- de beber)* binge: anoche me pegué una panzada de fumar I smoked myself silly last night.
2 *nf (en el agua)* belly flop.
panzazo *nm* belly flop.
panzudo,-a *adj* paunchy, potbellied.
pañal *nm* nappy, *(US* diaper).
◆ **estar en pañales** *(estar verde - persona)* to be very green; *(- proyecto)* to be in its infancy.
ser un niño de pañales to be a baby.
pañería *nf* draper's, draper's shop.
pañero,-a *nm,f* draper.
paño
1 *nm (gen)* cloth; *(de lana)* woollen cloth: un abrigo de paño a woollen coat.
2 *nm (para polvo)* duster; *(de cocina)* dishcloth.
3 *nm (de pared)* panel, stretch.
◆ **con paños calientes** gently: dímelo sin paños calientes tell it to me straight.
conocerse el paño to know what's what.
en paños menores *(con la ropa interior)* in one's underwear; *(desnudo)* stark naked.
ser el paño de lágrimas de alguien to be somebody's shoulder to cry on.
▪ **paño de cocina** dishcloth.
pañol *nm* storeroom.
pañoleta
1 *nf (de señora)* shawl.
2 *nf (de torero)* bullfighter's tie.
pañuelo
1 *nm* handkerchief.
2 *nm (chal)* shawl.
papa¹
1 *nm fam* dad.
2 *nm* el Papa the Pope.
papa² *nf (patata)* potato.
◆ **ni papa** not a thing.
no saber ni papa *fam* not to have a clue.
▪ **papas fritas** *(calientes)* chips, *US* French fries; *(de bolsa)* crisps, *(US* chips).
papá *nm fam* dad, daddy.
▪ **Papá Noel** Father Christmas, Santa Claus.
papada *nf* double chin.
papado *nm* papacy.
papagayo
1 *nm* parrot.
2 *nm fig* chatterbox.
◆ **como un papagayo** parrot fashion.

papal *adj* papal.
papamoscas *nm* flycatcher.
▲ *pl* papamoscas.
papamóvil *nm fam* Popemobile.
papanatas *nm & nf* simpleton.
▲ *pl* papanatas.
papar *vt fam* → papear.
paparrucha
1 *nf fam (mentira)* fib.
2 *nf (tontería)* nonsense.
paparruchada *nf fam* → paparrucha.
papaya *nf* papaya.
papayo *nm* papaya tree.
papear *vi fam* to eat, have something to eat.
papel
1 *nm (gen)* paper; *(hoja)* piece of paper: lo apuntó en un papel he wrote it down on a piece of paper.
2 *nm (en obra, película)* role, part: ¿qué papel te ha tocado en la obra? what's your role in the play?; hizo el papel de Hamlet he played Hamlet.
3 *nm (función)* role: ¿qué papel desempeñas en la empresa? what's your role in the company?
4 **papeles** *nm pl fam (documentación)* papers: ¿tienes los papeles en regla? are your papers in order?
◆ **aprenderse el papel** to learn one's lines.
hacer buen papel to do well.
hacer el papel to pretend.
hacer el papel de alguien *(en teatro, cine)* to play the part of somebody.
hacer mal papel to do badly.
saberse el papel to know one's lines.
perder los papeles to lose control.
ser papel mojado to be worthless, not be worth the paper it's printed on.
sobre el papel on paper.
▪ **papel carbón** carbon paper.
papel cebolla onionskin.
papel celo sticky tape, Sellotape.
papel charol glazed paper.
papel cuadriculado squared paper.
papel de aluminio aluminium foil.
papel de arroz rice paper.
papel de barbas bloom.
papel de calcar tracing paper.
papel de carta writing paper.
papel de escribir notepaper, writing paper.
papel de estaño tin foil.
papel de estraza brown paper.
papel de fumar cigarette paper.
papel de lija sandpaper.
papel de pagos al Estado *certificate of payment to a government department.*
papel de plata silver foil, tinfoil.
papel de seda tissue paper.
papel guarro artist's paper.
papel higiénico toilet paper.
papel maché papier-mâché.
papel moneda paper money.
papel parafinado greaseproof paper.
papel pintado wallpaper.

papel satinado glossy paper.
papel secante blotting paper.
papel vegetal film.
papeleo *nm fam* red tape, paperwork.
papelera
1 *nf* wastepaper basket.
2 *nf (en la calle)* litter bin.
- **papelera de reciclaje** trash can.
papelería *nf* stationer's.
papelero,-a *adj (del papel)* paper: **la industria papelera** the paper industry.
papeleta
1 *nf (de empeño)* ticket.
2 *nf (de voto)* ballot paper.
3 *nf (de examen)* results slip.
4 *nf fam (problema)* tricky problem: **¡vaya papeleta!** what an awful situation!
- **papeleta de voto** ballot paper.
papelina *nf arg* paper, bindle.
papelito *nm* slip of paper.
papelón
1 *nm fam* ridiculous situation: **¡vaya papelón que hemos hecho delante de todo el mundo!** we made right fools of ourselves in front of everybody!
2 *nm fam (actuación)* brilliant acting: **en esa película hizo un papelón** he acted brilliantly in that film.
papelote *nm* worthless piece of paper.
papeo *nm arg* grub.
paperas *nf pl* mumps.
papi *nm fam* dad, daddy.
papila *nf* papilla.
papilla
1 *nf (infantil)* baby food.
2 *nf (masa espesa)* pap, mush.
- **echar la (primera) papilla** *fam* to be as sick as a dog.
estar hecho,-a papilla *fam (persona)* to be shattered; *(objeto)* to be falling to bits.
hacer papilla a alguien *fam* to make mincemeat of somebody.
papiro *nm* papyrus.
papiroflexia *nf* origami.
papirotazo *nm* flick.
papirote *nm* flick.
papista *adj* papist.
- **ser más papista que el papa** to out-Herod Herod.
papo
1 *nm (de ave)* crop; *(de animal)* dewlap.
2 *nm fam (de persona)* double chin.
papú
1 *adj* Papuan.
2 *nm & nf* Papuan.
▲ *pl* papúes.
Papúa *nf* Papua.
- **Papúa Nueva Guinea** Papua New Guinea.
paquebote *nm* packet boat.
paquete
1 *nm (cajita)* packet, pack; *(bulto)* package; *(postal)* parcel: **un paquete de cigarrillos** a packet of cigarettes.

2 *nm (conjunto)* set, packet: **un paquete de medidas** a package, a package of measures.
3 *nm fam (inútil)* useless person, wally.
4 *nm fam (genitales masculinos)* bulge, packet.
- **ir de paquete** to ride pillion.
marcar paquete *fam* to have a bulge in one's trousers.
meter un paquete a alguien *arg* to come down on somebody like a ton of bricks.
- **paquete postal** parcel.
paquetería *nf* packaging.
paquidermo *nm* pachyderm.
Paquistán *nm* Pakistan.
paquistaní
1 *adj* Pakistani.
2 *nm & nf* Pakistani.
par
1 *adj* equal.
2 *adj MAT* even.
3 *nm (dos)* couple; *(pareja)* pair: **un par de naranjas** a couple of oranges; **un par de veces** a couple of times; **un par de pantalones** a pair of trousers.
4 *nm (título)* peer.
- **a la par** *(al mismo tiempo)* at the same time; *(juntos)* together.
a pares in twos, two by two.
de par en par wide open.
sin par matchless.
- **pares y nones** odds and evens.
PAR *abr POL* (**Partido Aragonés Regionalista**) *Aragonese regionalist party.*
para
1 *prep (finalidad)* for: **he comprado un regalo para mi abuela** I've bought a present for my grandmother; **es para su cumpleaños** it's for her birthday.
2 *prep (uso, utilidad)* for: **los cuchillos son para cortar, no para jugar con ellos** knives are for cutting, not for playing with; **¿tienes algo para el dolor de cabeza?** have you got anything for a headache?
3 *prep (destino, dirección)* for, to: **salimos para Lugo el domingo** we leave for Lugo on Sunday; **el tren para Toledo sale a las 18.00** the train to Toledo leaves at 18.00; **¿para dónde vas?** where are you going?; **voy para allá inmediatamente** I'll be there in a minute.
4 *prep (tiempo, fechas límites)* by, before: **lo necesito para el viernes** I need it by Friday; **la carretera estará acabada para antes del verano** the road will be finished before the summer.
5 *prep (comparación)* for: **para los años que tiene está muy activa** she's very active for her age; **pesa poquísimo para lo grande que es** it's very light for its size.
6 *conj (finalidad)* to, in order to: **lo hice para ahorrar tiempo** I did it to save time; **para estar sano es preciso comer**

bien in order to be healthy one must eat properly.
7 *conj (suficiente)* enough: **tal como nos han tratado es para no volver nunca más** the way they treated us is enough to make you never go back there again.
- **para con** towards, to: **han sido muy injustos para con los empleados** they have been very unfair to their employees; **cumplió con sus obligaciones para con la iglesia** he fulfilled his obligations to the church.
para entonces by then.
para que so that: **déjale una nota a tu madre para que sepa dónde estás** leave your mother a note so that she knows where you are; **cierra la puerta para que no entre el perro** shut the door so that the dog doesn't get in; **aún es pronto para que vuelvan** it's still too early for them to be back.
¿para qué? what for?: **¿para qué has comprado eso?** what did you buy that for?
¡que para qué! *fam* very, really, terribly: **¡hace un frío que para qué!** it's freezing; **¡es más torpe que para qué!** she's so clumsy!
parabién *nm* congratulations *pl.*
parábola
1 *nf REL* parable.
2 *nf MAT* parabola.
parabólica *nf* satellite dish.
parabólico,-a *adj* parabolic.
- **antena parabólica** satellite dish.
parabrisas *nm* windscreen.
▲ *pl* parabrisas.
paracaídas *nm* parachute.
- **tirarse en paracaídas** to parachute.
▲ *pl* paracaídas.
paracaidismo *nm* parachuting.
paracaidista
1 *nm & nf DEP* parachutist.
2 *nm & nf MIL* paratrooper.
parachoques
1 *nm AUTO* bumper, *(US* fender).
2 *nm (de tren)* buffer.
▲ *pl* parachoques.
parada[1]
1 *nf (gen)* stop, halt.
2 *nf (de autobús etc)* stop.
3 *nf (pausa)* pause.
4 *nf DEP* save, catch.
- **hacer parada en** to stop at, stop in.
- **parada de autobús** bus stop.
parada de taxis taxi rank, *(US* cab stand).
parada discrecional request stop.
parada[2] *nf MIL* parade.
- **parada militar** parade.
paradero *nm* whereabouts *pl.*
- **estar en paradero desconocido** to be missing.
- **paradero desconocido** whereabouts unknown.
paradigma *nm* paradigm.

paradigmático,-a *adj* paradigmatic.
paradisíaco,-a *adj* heavenly.
parado,-a
1 *pp* → parar.
2 *adj (quieto)* still, motionless.
3 *adj fig (lento)* slow, awkward.
4 *adj (sin trabajo)* unemployed.
5 *nm,f* unemployed person: **los parados** the unemployed.
✦ **estar parado,-a** to be unemployed.
salir bien parado,-a to come off well.
salir mal parado,-a to come off badly.
paradoja *nf* paradox.
paradójico,-a *adj* paradoxical.
parador
1 *nm (hotel)* state-run hotel.
2 *nm arc (posada)* inn.
▪ **parador nacional de turismo** state-run hotel *usually of historic or monumental value.*
paraestatal *adj* public-sector.
parafernalia *nf* paraphernalia.
parafina *nf* paraffin.
parafrasear *vt* to paraphrase.
paráfrasis *nf* paraphrase.
▲ *pl paráfrasis.*
parágrafo *nm* paragraph.
paraguas *nm* umbrella.
▲ *pl paraguas.*
Paraguay *nm* Paraguay.
paraguaya *nf type of* peach.
paraguayo,-a
1 *adj* Paraguayan.
2 *nm,f* Paraguayan.
paragüero *nm* umbrella stand.
paraíso
1 *nm* paradise.
2 *nm TEAT (gallinero)* gods *pl.*
▪ **paraíso terrenal** heaven on earth.
paraíso fiscal tax haven.
paraje *nm* spot.
paralela
1 *nf (línea)* parallel, parallel line.
2 **paralelas** *nf pl DEP* parallel bars.
paralelismo
1 *nm* parallelism.
2 *nm fig* similarity.
paralelo,-a
1 *adj* parallel.
2 **paralelo** *nm* parallel.
paralelogramo *nm* parallelogram.
paralimpiada *nf* Special Olympics *pl.*
paralímpico,-a
1 *adj* of or relating to the Special Olympics.
2 *nm,f* athlete competing in the Special Olympics.
▪ **los Juegos Paralímpicos** Special Olympic Games.
parálisis *nf* paralysis.
▪ **parálisis infantil** poliomyelitis.
▲ *pl parálisis.*
paralítico,-a
1 *adj* paralytic.
2 *nm,f* paralytic.

paralización
1 *nf* paralysis.
2 *nf COM* stagnation.
paralizar
1 *vt MED* to paralyse.
2 *vt (circulación)* to bring to a standstill; *(obras, actividad)* to bring to a halt; *(negociaciones, proyecto)* to freeze.
▲ *Conjugation model* [4], *like realizar.*
paramento
1 *nm (adorno)* ornament, decoration.
2 *nm (de una pared)* face.
parámetro *nm* parameter.
paramilitar *adj* paramilitary.
páramo *nm* moor.
parangón *nm* comparison.
parangonar *vt fml* to compare.
paraninfo *nm* assembly hall of a university.
paranoia *nf* paranoia.
paranoico,-a
1 *adj* paranoic, paranoiac.
2 *nm,f* paranoic, paranoiac.
paranoide
1 *adj* paranoid.
2 *nm & nf* paranoid.
paranormal *adj* paranormal.
▪ **fenómeno paranormal** paranormal phenomenon.
parapente *nm* paragliding.
parapentista *nm & nf* paraglider.
parapetarse
1 *upr* to take shelter, take cover.
2 *upr fig* to take refuge.
parapeto *nm* parapet.
paraplejía *nf* paraplegia.
parapléjico,-a
1 *adj* paraplegic.
2 *nm,f* paraplegic.
parapsicología *nf* parapsychology.
parapsicológico,-a *adj* parapsychological.
parapsicólogo,-a *nm,f* parapsychologist.
parar
1 *vt* to stop: **nos paró la policía** the police stopped us.
2 *vt DEP* to save, catch: **ha parado tres pelotas** he's made three saves.
3 *vi* to stop: **aquí no para el tren** the train doesn't stop here; **¡para de gritar!** stop shouting!
4 *vi (alojarse)* to stay: **¿dónde estás parando?** where are you staying?
5 *vi (hallarse)* to be: **no para en casa** she's never at home.
6 *vi (llegar)* to lead; *(acabar)* to end up: **no se sabe en qué parará esta aventura** who knows how this adventure will end; **fue a parar a la cárcel** he ended up in prison.
7 **pararse** *upr* to stop.
✦ **no parar (quieto,-a)** *(ser activo, viajar)* to be always be on the go; *(ser inquieto)* not to stop moving.

pararse a to stop to.
pararse en seco to stop dead.
sin parar nonstop.
¿dónde vamos a parar? what's the world coming to?
pararrayos *nm* lightning conductor.
▲ *pl pararrayos.*
parasicología *nf* → parapsicología.
parasicológico,-a *adj* → parapsicológico,-a.
parasicólogo,-a *nm,f* → parapsicólogo,-a.
parasitario,-a *adj* parasitic.
parasitismo *nm* parasitism.
parásito,-a
1 *adj* parasitic.
2 **parásito** *nm BIOL* parasite.
3 *nm pey (persona)* parasite, hanger-on.
4 **parásitos** *nm pl RAD* interference *sing.*
parasol *nm* parasol, sunshade.
parca **la parca** *nf fig* death.
parcela
1 *nf (de tierra)* plot (of land).
2 *nf fig* share, portion.
parcelación *nf (de un terreno)* division into plots.
parcelar *vt (finca)* to divide into plots.
parche
1 *nm* patch.
2 *nm fig (chapuza)* botch job.
✦ **poner un parche a algo** to patch something up.
parchear *vt* to patch up.
parchís *nm* ludo.
▲ *pl parchís.*
parcial
1 *adj (gen)* partial; *(examen)* covering part of the course.
2 *adj (tendencioso)* partial, biased.
3 *nm (examen)* examination covering part of the course and counting towards the final mark.
parcialidad *nf (injusticia)* bias, partiality.
parcialmente *adv* partially, partly.
parco,-a
1 *adj (escaso)* frugal, sparing.
2 *adj (moderado)* moderate, sober.
✦ **ser parco,-a en palabras/ideas** to be a person of few words/ideas.
pardiez *interj arc* gadzooks!
pardillo,-a
1 *adj fam (persona)* gormless.
2 *nm,f fam* mug.
3 **pardillo** *nm (pájaro)* linnet.
▪ **pardillo sizerín** redpoll.
pardo,-a
1 *adj (color tierra)* brown.
2 *adj (sin luz)* dark, dim.
pardusco,-a *adj* dull brown.
pareado,-a
1 *adj (poesía)* rhyming.
2 *adj (casa)* semidetached.
3 **pareado** *nm* couplet.
▪ **versos pareados** rhyming couplets.

parecer
1 *nm (opinión)* opinion, mind: ¿has cambiado de parecer? have you changed your mind?
2 *vi* to seem, look (like): parece fácil it seems easy, it looks easy; parece de verdad it looks real; parece un oso it looks like a bear.
3 *vi (opinar)* to think: me parece que sí I think so; ¿qué te parece? what do you think?
4 *vi (aparentar)* to look as if: parece que va a llover it looks as if it's going to rain.
5 parecerse *vpr* to be alike, look like: se parecen mucho they're very much alike; el pequeño se parece mucho a su padre the little one looks just like his father.
+ a lo que parece apparently.
al parecer apparently.
parecer bien to seem right.
parecer mal to seem wrong.
¡parece mentira! I can't believe it!
según parece apparently.
▲ *Conjugation model* [43], *like* agradecer; *in 4, used only in the 3rd pers, it does not take a subject.*

parecido,-a
1 *adj* similar.
2 parecido *nm* resemblance, likeness.
+ tener parecido con alguien to bear a resemblance to somebody.
■ bien parecido,-a good-looking.
mal parecido,-a ugly.

pared
1 *nf* wall.
2 *nf (de una montaña)* side.
+ las paredes oyen walls have ears.
poner a alguien contra la pared to put somebody in a tight spot.
■ pared maestra main wall, structural wall.
pared medianera party wall.

paredón
1 *nm (como defensa)* wall.
2 *nm (de fusilamiento)* execution wall.
+ llevar a alguien al paredón to put somebody before a firing squad.
■ paredón de fusilamiento execution wall.

pareja
1 *nf (gen)* pair: he perdido la pareja de este gemelo I've lost the other cufflink.
2 *nf (de personas)* couple; *(de baile)* partner: no hay más que parejas en esta fiesta everybody at this party is paired off; ¿vendrás con pareja? will you come with a partner?; ¡pareja, venir aquí! you two, come over here!; una pareja de la Guardia Civil two civil guards.
3 *nf (de cartas)* pair.
+ hacer buena pareja to make a good couple.
hacer pareja to be two of a kind.
por parejas in pairs.

vivir en pareja to live with somebody: están viviendo en pareja they're living together.

parejo,-a *adj (sin diferencia)* the same; *(por igual)* even.

parentela *nf* relatives *pl*, relations *pl*.

parentesco *nm* kinship, relationship: ¿qué parentesco tenéis? how are you related?

paréntesis
1 *nm (gen)* parenthesis; *(signo)* brackets *pl*.
2 *nm fig (interrupción)* break, interruption.
+ abrir paréntesis to open brackets.
cerrar paréntesis to close brackets.
entre paréntesis in brackets, in parentheses.
hacer un paréntesis *fig* to take a break.
▲ *pl* paréntesis.

pareo *nm* sarong.

paresa *nf* peeress.

pargo *nm* Couch's sea bream.

paria *nm & nf* pariah.

parida *nf fam* piece of nonsense: no dices más que paridas you talk a load of rubbish.

paridad
1 *nf (gen)* parity, equality.
2 *nf FIN* parity of exchange.

parido,-a *pp* → parir.

pariente,-a
1 *nm,f* relative.
2 la parienta *nf fam (esposa)* the missus.

parietal
1 *adj* parietal.
2 *nm* parietal.

parihuelas
1 *nf pl (camilla)* stretcher *sing*.
2 *nf pl (para mercancías)* handbarrow *sing*.

paripé hacer el paripé *loc* to put on an act.

parir
1 *vt fam* to give birth to.
2 *vt fig (producir)* to produce.
3 *vi* to give birth.
+ parirla *fam* to cock it up.
poner a alguien a parir *fam* to slag somebody off.

París *nm* Paris.

parisino,-a
1 *adj* Parisian.
2 *nm,f* Parisian.

paritario,-a *adj* joint.
■ comité paritario joint committee.

paritorio *nm* delivery room.

parka *nf* parka.

parking *nm* car park, *(US* parking lot).

párkinson *nm* Parkinson's disease.

parlamentar *vi* to parley.

parlamentario,-a
1 *adj* parliamentary.
2 *nm,f* member of parliament.

parlamento
1 *nm* parliament.
2 *nm (discurso)* speech.

parlanchín,-ina
1 *adj* talkative.
2 *nm,f fam* chatterbox.

parlante *adj* talking.

parlar *vi* → parlotear.

parlotear *vi fam* to chatter, prattle on.

parloteo *nm* chattering.
+ estar de parloteo to be chatting.

parmesano,-a
1 *adj* Parmesan.
2 parmesano *nm (queso)* Parmesan cheese.

parné *nm arg* dough.

paro
1 *nm* stop.
2 *nm (desempleo)* unemployment; *(subsidio)* unemployment benefit, *(US* unemployment compensation).
3 *nm (interrupción)* stoppage, strike: han convocado paros durante todo el mes they've called strikes throughout the month.
+ cobrar el paro to be on unemployment benefit, be on the dole.
estar en el paro to be unemployed.
■ paro cardiaco cardiac arrest.
paro indefinido indefinite strike.

parodia *nf* parody.

parodiar *vt* to parody.
▲ *Conjugation model* [12], *like* cambiar.

paródico,-a *adj* parodic.

paroxismo *nm* paroxysm.

paroxístico,-a *adj* paroxysmic.

parpadear
1 *vi (ojos)* to blink, wink.
2 *vi (luz)* to flicker, twinkle.

parpadeo
1 *nm (de los párpados)* blinking.
2 *nm (de la luz, las estrellas)* flickering, twinkling.

párpado *nm* eyelid.

parque
1 *nm (jardines)* park.
2 *nm (coches - de un país)* total number; *(- de un propietario)* fleet: el parque automovilístico español the total number of cars in Spain.
3 *nm (de niños)* playpen.
■ parque acuático waterpark.
parque de atracciones amusement park, funfair.
parque de bomberos fire station.
parque eólico wind farm.
parque móvil official car pool.
parque nacional national park.
parque natural natural park.
parque temático theme park.
parque zoológico zoo, zoological gardens *pl*.

parqué *nm* parquet.

parquedad
1 *nf (moderación)* moderation.
2 *nf (de ideas, palabras)* sparseness.

parquet *nm* → parqué.

parquímetro *nm* parking meter.

párr. *abr* (**párrafo**) paragraph; *(abreviatura)* para.

parra *nf* grapevine.
✦ **subirse a la parra** *fam (mostrarse insolente)* to get cocky; *(ponerse furioso)* to blow one's top, hit the roof.

parrafada
1 *nf fam (conversación)* chat.
2 *nf fam (discurso)* spiel, speech.
✦ **echar una parrafada con alguien** to have a chat with somebody.
soltar la parrafada to go on and on.

párrafo *nm* paragraph.

parranda *nf fam* spree.
✦ **ir(se) de parranda** to go out on the town.

parrandear *vi fam* to go out.

parricida *nm & nf* parricide.

parricidio *nm* parricide.

parrilla
1 *nf* grill, *(us* broiler), barbecue.
2 *nf (restaurante)* grillroom, rotisserie.
3 *nf TÉC* grate.
4 *nf (en carrera de coches)* starting grid, grid.
✦ **a la parrilla** *CULIN* grilled.
▪ **parrilla de salida** starting grid.

parrillada *nf* mixed grill *(of meat or fish)*.

párroco *nm* parish priest.

parroquia
1 *nf (área)* parish.
2 *nf (iglesia)* parish church.
3 *nf (feligreses)* parishioners *pl*, congregation.
4 *nf fam (clientela)* customers *pl*, clientele.

parroquial *adj* parish, parochial.

parroquiano,-a
1 *nm,f (fiel)* parishioner.
2 *nm,f fam (cliente)* customer, client.

parsimonia
1 *nf (lentitud)* slowness.
2 *nf (calma)* calmness.
3 *nf (moderación)* parsimony.

parsimonioso,-a *adj (tranquilo)* slow, unhurried.

parte
1 *nf (gen)* part; *(en una partición)* portion: **divide el pastel en tres partes** cut the cake into three (slices).
2 *nf (en negocio)* share: **yo quiero la parte que me toca de los beneficios** I want my share of the profits.
3 *nf (lugar)* place: **no lo venden en ninguna parte** they don't sell it anywhere; **no sabemos en qué parte del país está** we don't know whereabouts in the country it is; **en esta parte de la ciudad hay muchos bares** there are lots of bars in this area.
4 *nf (en un conflicto)* side: **las dos partes quieren llevar la razón** both sides believe they are right.
5 *nf JUR* party.
6 *nm (comunicado)* official report: **han dicho en el parte que iba a llover** the weather report said it was going to rain.
7 **partes** *nf pl fam* privates, private parts.

✦ **dar parte** to report.
de parte a parte through.
de parte de on behalf of, from: **vengo de parte de mi padre** my father sent me; **llaman de parte de la central** I have a call from head office.
¿de parte de quien? who's calling please?
de un tiempo a esta parte up until now.
en parte partly: **en parte tienes razón** you have a point there.
estar de parte de to support.
formar parte de to be part of: **para formar parte del comité hay que ser socio** you have to be a member to sit on the committee.
llevar la mejor/peor parte to have the best/worst of it.
no llevar a ninguna parte not to lead anywhere.
por todas partes everywhere.
por una parte, ... por otra ... on the one hand ..., on the other hand ...
tomar parte to take sides.
tomar parte en algo to take part in something.
vamos/vayamos por partes one step at a time.
▪ **parte de la oración** part of speech.
parte médico medical report.
parte meteorológico weather report.
partes pudendas private parts.
partes vergonzosas private parts.

parteluz *nm* mullion.
▲ *pl* **parteluces**.

partenaire *nm* partner.

partera *nf* midwife.

parterre *nm* flowerbed.

partición *nf (de una herencia)* partition, division.

participación
1 *nf (intervención)* participation, involvement.
2 *nf (comunicado)* announcement: **¿te han mandado la participación de boda?** have they notified you of their wedding?
3 *nf FIN (acción)* share.
4 *nf (en lotería)* (part of a) lottery ticket.

participante
1 *adj* participating: **las obras participantes en el premio** the works in contention for the prize.
2 *nm & nf* participant.

participar
1 *vi (tomar parte - en una conversación)* to participate, take part; *(- en un proyecto)* to take part; *(- en un torneo)* to enter, take part.
2 *vi (compartir)* to share **(de, -)**: **yo no participo de tu opinión** I don't share your view.
3 *vi FIN* to have a share.
4 *vt (notificar)* to notify, inform.

partícipe
1 *adj* participating.
2 *nm & nf* participant.
✦ **hacer partícipe a alguien de algo** *(notificar)* to inform somebody about something; *(compartir)* to share something with somebody.
ser partícipe de algo to contribute to something, play a part in something.

participio *nm* participle.

partícula *nf* particle.
▪ **partícula elemental** elementary particle.

particular
1 *adj (concreto)* particular.
2 *adj (privado)* private: **doy clases particulares** I give private tuition; **no pienso hablar de mi vida particular** I will not discuss my private life; **en mi domicilio particular** at my home address.
3 *adj (privativo)* peculiar, particular, special: **el olor particular del azahar** the peculiar smell of orange blossom.
4 *adj (extraordinario)* noteworthy, extraordinary: **tiene un carácter muy particular** he's very much his own man.
5 *nm (individuo)* private individual: **compré el coche a un particular** I bought the car from a private owner.
6 *nm (asunto)* matter, subject.
✦ **en particular** in particular, particularly.
no tener nada de particular *(no ser nada especial)* to be nothing special; *(no ser nada extraño)* to be completely normal.
sin otro particular, le saluda ... Yours sincerely, ...

particularidad
1 *nf (gen)* peculiarity.
2 *nf (singularidad)* singularity, peculiarity.
3 *nf (detalle)* detail.

particularización
1 *nf (gen)* particularization.
2 *nf (distinción)* difference.

particularizar
1 *vt (distinguir)* to distinguish, make different, differentiate.
2 *vt (detallar)* to detail.

particularmente
1 *adv (especialmente)* particularly.
2 *adv (personalmente)* personally.

partida
1 *nf (remesa)* consignment, lot.
2 *nf (documento)* certificate.
3 *nf FIN* entry, item.
4 *nf (juego)* game: **una partida de naipes** a game of cards.
5 *nf (grupo - de soldados)* squad, gang; *(- de cazadores)* party.
✦ **jugar una partida** to play a game.
jugarle una mala partida a alguien to play a dirty trick on somebody.
por partida doble twice over.
▪ **partida de caza** *(de caza mayor)* hunting party; *(de caza menor)* shooting party.
partida de nacimiento birth certificate.
partida doble double entry.

partidario,-a
1 *adj* supporting.
2 *nm,f* supporter.
◆ **mostrarse partidario,-a de algo** to be in favour of something.
ser/no ser partidario,-a de algo to be in favour of something/be against something: **yo no soy partidario de cambiarlo de colegio** I am not in favour of him changing schools.

partidismo *nm* political bias, partisanship.
◆ **ser acusado,-a de partidismo** to be accused of political bias.

partidista *adj* biased, partisan.

partido,-a
1 *pp* → **partir**.
2 *adj (dividido)* divided.
3 *adj (roto)* broken, split.
4 **partido** *nm (grupo político)* party, group.
5 *nm (provecho)* profit, advantage.
6 *nm* DEP *(equipo)* team; *(juego)* game, match: **un partido de rugby** a rugby match.
◆ **sacar partido de** to profit from.
ser un buen partido *fam* to be a good catch.
tomar partido to take sides.
tomar partido por alguien to side with somebody.
■ **partido amistoso** friendly game.
partido de exhibición exhibition match.
partido de ida first leg.
partido de vuelta second leg.
partido judicial administrative area.
partido político political party.
sistema de partidos party system.

partir
1 *vt (dividir)* to divide, split: **prefiero que me lo parta en lonchas** I'd prefer it cut into slices; **voy a partir pan** I'll cut some bread; **partió el pastel en dos mitades** he cut the cake in two.
2 *vt (romper)* to break; *(nueces, almendras)* to crack.
3 *vt fam (fastidiar)* to mess up.
4 *vi (irse)* to leave, set out, set off.
5 *vi (proceder)* to originate from: **¿de quién partió la idea?** whose idea was it?
6 **partirse** *vpr* to break: **se ha partido la pierna** he's broken his leg.
◆ **a partir de hoy** from now on.
para partirse *fam* hilarious.
partir a alguien por la mitad to ruin somebody's plans, mess somebody up.
partir la cara a alguien *fam* to smash somebody's face in.
partirse de risa *fam* to split one's sides laughing.

partisano,-a *nm,f* partisan.

partitivo,-a
1 *adj* partitive.
2 **partitivo** *nm* partitive.

partitura *nf* score.

parto *nm (proceso)* delivery, labour (US labor); *(efecto)* childbirth: **fue un parto difícil** it was a difficult birth.

◆ **estar de parto** to be in labour (US labor).
ser el parto de los montes *fam (chasco)* to be a big letdown; *(fracaso)* to be a flop.
■ **dolores de parto** labour (US labor) pains.
parto múltiple multiple birth.
parto sin dolor painless birth.

parturienta *nf (de parto)* woman in labour (US labor); *(después del parto)* woman who has just given birth.

parvedad *nf* paucity.

parvo,-a *adj* sparse.

parvulario *nm* nursery school.

párvulo,-a *nm,f* infant.

PAS *abr* (**personal de administración y servicios**) *workers employed in universities that are not related with teaching.*

pasa *nf* raisin.
■ **pasa de Corinto** currant.

pasable *adj* passable.

pasacalle *nm lively music played in the street by bands in fiestas.*

pasada
1 *nf (con un trapo etc)* wipe; *(con la plancha)* iron: **ya le he dado una pasada a la estantería** I've given the shelves a quick dusting; **estas sábanas no necesitan más que una pasada** these sheets just need a quick iron.
2 *nf (en costura)* stitch, tacking stitch; *(en punto)* row, row of stitches: **dale unas pasadas al dobladillo que lo tengo descosido** just tack up my hem, it's come unstitched.
3 *nf (de pintura)* coat, lick.
4 *nf (repaso)* check, going over: **le daré otra pasada al informe antes de entregarlo** I'll just check the report again before I hand it in.
5 *nf fam (exageración)* **esa tienda es una pasada de cara** that shop's incredibly expensive.
6 *nf (abuso)* rip off: **¿100 euros la hora?, ¡qué pasada!** 100 euros an hour?, what a rip off!
7 *nf (maravilla)* something else: **es una pasada de película** that film's too much, that film's something else.
◆ **de pasada** *(de paso)* in passing; *(rápidamente)* hastily.

pasadera *nf* stepping stone.

pasadizo *nm* passage.

pasado,-a
1 *pp* → **pasar**.
2 *adj* past, gone by.
3 *adj (año, semana, etc)* last: **la semana pasada** last week.
4 *adj (después)* after: **pasadas las once** after eleven.
5 *adj (estropeado)* bad.
6 **pasado** *nm (tiempo)* past.
7 *nm* LING past, past tense.
◆ **estar muy pasado,-a** *arg* to be really out of it.

pasado,-a de moda out of date, out of fashion, old-fashioned.
■ **pasado mañana** the day after tomorrow.

pasador
1 *nm (de pelo)* hair slide, slide.
2 *nm (de corbata)* tie-pin.
3 *nm (de puerta etc)* bolt, fastener.
4 *nm (colador)* strainer, colander.

pasaje
1 *nm (paso)* passage.
2 *nm (viaje)* passage.
3 *nf (tarifa)* fare, ticket.
4 *nf (pasajeros)* passengers *pl*.
5 *nf (fragmento)* passage.

pasajero,-a
1 *adj* passing.
2 *nm,f* passenger.

pasamanería *nf* braids *pl*.

pasamano *nm* handrail.

pasamanos *nm* handrail.
▲ *pl* pasamanos.

pasamontañas *nm* balaclava.
▲ *pl* pasamontañas.

pasante *nm* assistant.

pasaporte *nm* passport.
◆ **dar el pasaporte a alguien** *fam* to chuck somebody out.

pasapurés *nm* vegetable mill.
▲ *pl* pasapurés.

pasar
1 *vi (ir)* to pass, pass by, go: **pasaba por ahí cuando sucedió el accidente** I was just passing by when the accident happened; **todos los cables y tuberías pasan por debajo del suelo** all the wires and pipes go under the floor; **pasa de un idioma a otro sin darse cuenta** he goes from one language to another without realizing.
2 *vi (tiempo)* to pass, go by: **¡cómo pasa el tiempo!** doesn't time fly!; **yo lo hago por pasar el tiempo** I do it to pass the time.
3 *vi (entrar)* to come in, go in: **pasa, está abierto** come in, it's not locked; **me dijeron que pasara sin llamar** they told me to go in without knocking.
4 *vi (cesar)* to pass, cease: **en cuanto pase la tormenta salimos** we'll go out when the storm has passed; **si no se te pasa el dolor, llámame** if the pain doesn't go away, call me; **tranquila, que ya ha pasado todo** don't worry, it's all over now.
5 *vi (límite)* to exceed (**de**, -).
6 *vi (ocurrir)* to happen.
7 *vi (sufrir)* to suffer.
8 *vt (trasladar)* to move, transfer: **pasa este documento al otro disquete** move this file to the other diskette; **lo han pasado al departamento de ventas** he has been transferred to the sales department.
9 *vt (comunicar, dar)* to give: **pásale el informe al jefe** give this report to the boss; **mi hijo me ha pasado la gripe** my son has given me the flu.

10 *vt (cruzar)* to cross: **pasamos la frontera ayer** we crossed the border yesterday.

11 *vt (alcanzar)* to pass, reach: **pásame la sal, por favor** pass me the salt, please.

12 *vt (aventajar)* to surpass, be better than: **tu hermano ya te pasa en matemáticas** your brother is better than you at maths.

13 *vt (adelantar)* to overtake: **me pasó un deportivo rojo en una curva** a red sports car overtook me on a bend.

14 *vt (deslizar)* to run: **pasó el dedo por el estante** he ran his finger along the shelf; **la etiqueta se pasa por aquí y el precio sale en la pantalla** you run the tag through here and the price comes up on the screen.

15 *vt (tolerar)* to overlook: **esta vez te la paso, pero que no se repita** I'll overlook it this time, but don't let it happen again.

16 *vt (aprobar)* to pass: **pasé el examen a la primera** I passed my test first time.

17 *vt (proyectar)* to show: **pasaron unas diapositivas y luego una película** they showed some slides and then a film.

18 *vt (tiempo - estar)* to spend; *(- disfrutar, padecer)* to have: **pasaremos el verano en Sada** we're spending the summer in Sada; **he pasado una noche fatal** I've had a terrible night; **pasamos unas vacaciones estupendas** we had a wonderful holiday.

19 pasarse *vpr (desertar)* to pass over (**a**, to): **se ha pasado al otro bando** she's gone over to the other side.

20 *vpr (pudrirse)* to go off.

21 *vpr (olvidarse)* to forget: **se me pasó la fecha de entrega** I forgot about the deadline.

22 *vpr (ir)* to go by (**por**, -), call in (**por**, at): **pásate por casa cuando quieras** pop in any time.

23 *vpr fam (excederse)* to overdo it; *(ir demasiado lejos)* to go too far (**de**, -): **te has pasado de sincero** you were too honest.

✦ **pasar de algo** *fam* not to be bothered about something: **paso de hacer cola** I can't be bothered to queue up; **pasa de todo** he couldn't care less about anything, he doesn't give a damn about anything.
  pasar de largo to go past.
  pasar la página to turn the page.
  pasarlo bien to have a good time.
  pasar por to pass for.
  pasar por alto to ignore.
  pasar por encima de alguien to go over somebody's head.
  pasar sin to do without.
  pasarse de la raya to go too far, overstep the mark.
  ¿qué pasa? what's the matter?, what's wrong?

pasarela
1 *nf (puente)* footbridge; *(de un barco)* gangway.
2 *nf (de modelos)* catwalk.

pasatiempo
1 *nm* pastime, hobby.
2 pasatiempos *nm pl* puzzles.

pascua
1 *nf (cristiana)* Easter; *(judía)* Passover.
2 pascuas *nf pl* Christmas *sing*.
✦ **de Pascuas a Ramos** once in a blue moon.
  contento,-a como unas pascuas as happy as a sandboy.
  hacerle la pascua a alguien to mess things up for somebody.
  ... y santas pascuas … and that's that.
■ **pascua de Pentecostés** Whitsun, Whitsuntide.
  pascua de Resurrección Easter.

pascual *adj* Easter, paschal.

pase
1 *nm (permiso)* pass.
2 *nm (cambio)* move.
3 *nm (desfile)* show.
4 *nm CINEM* showing.
5 *nm DEP* pass.
■ **pase de modelos** fashion show.
  pase de pernocta overnight pass.

paseante *nm & nf* walker.

pasear
1 *vi* to stroll, go for a walk.
2 *vt* to take for a walk.
3 *vt fig (exhibir)* to show off.

paseíllo *nm (en toros)* opening procession.

paseo
1 *nm (a pie)* walk, stroll; *(a caballo)* ride.
2 *nm (en coche)* drive; *(en bicicleta, moto)* ride.
3 *nm (calle)* avenue, promenade.
✦ **dar el paseo a alguien** to bump somebody off.
  dar un paseo to go for a walk.
  mandar a paseo a alguien *fam* to send somebody packing.
  ¡vete a paseo! *fam* go away!, get lost!
■ **paseo marítimo** promenade, esplanade, seafront.

pasillo *nm* corridor.

pasión *nf* passion.

pasional *adj (gen)* passionate.

pasionaria *nf* passion flower.

pasivamente *adv* passively.

pasividad *nf* passiveness, passivity.

pasivo,-a
1 *adj* passive.
2 *pasivo nm COM* liabilities *pl*.
■ **voz pasiva** passive voice, passive.

pasma **la pasma** *nf arg* the cops *pl*, the (old) bill.

pasmado,-a *adj* flabbergasted, openmouthed: **¿qué haces ahí pasmado?** what are you gaping at?
✦ **dejar pasmado,-a a alguien** to stun somebody, amaze somebody.

quedarse pasmado,-a to be flabbergasted, be stunned.

pasmar
1 *vt* to astonish, amaze.
2 pasmarse *vpr fam (asombrarse)* to be astonished, be amazed.
3 *vpr fam (enfriarse)* to freeze, get cold.
✦ **pasmarse de frío** to be frozen to the marrow.

pasmarote *nm fam* twit.

pasmo
1 *nm (asombro)* amazement, astonishment: **cuando se enteren, les va a dar un pasmo** when they find out, they'll get a right shock.
2 *nm (resfriado)* chill: **con el frío que hace nos va a dar un pasmo** we'll freeze to death in this cold.

pasmoso,-a *adj* astonishing, amazing.

paso
1 *nm (movimiento)* step, footstep: **¡no des ni un paso más!** don't move another step!; **he oído pasos** I heard footsteps.
2 *nm (distancia)* pace.
3 *nm (camino)* passage, way.
4 *nm (avance)* progress, advance.
5 *nm (trámite)* step, move.
6 *nm (de montaña)* mountain pass; *(de mar)* strait.
7 *nm REL* float *(used in Holy Week processions)*.
✦ **a cada paso** at every turn.
  a paso de tortuga at a snail's pace.
  abrirse paso to force one's way through.
  apretar el paso to hurry.
  cerrarle el paso a alguien to block somebody's way.
  dar paso a *(hacer posible)* to pave the way for; *(provocar)* to give rise to; *(dejar pasar)* to let through, make way for; *(pasar a)* to move on to.
  dar sus primeros pasos to start walking.
  dar un paso en falso *(al andar)* to lose one's footing; *(equivocarse)* to make a false move.
  estar a un paso/a dos pasos to be very close: **estamos a un paso de encontrar la solución** the solution is just around the corner.
  estar de paso to be passing through.
  hacer algo de paso to do something as well: **de paso, tráeme tabaco** while you're there, get me some cigarettes.
  no dar un paso sin ... not to do a thing without …
  paso a paso step by step.
  "Prohibido el paso" "No entry".
  salir al paso de alguien to waylay somebody.
  salir al paso de algo to forestall something.
  seguirle los pasos a alguien to follow somebody close behind; *fig* to follow in somebody's footsteps.
■ **ceda el paso** *(señal)* give way sign, *(US* yield sign).

paso a nivel level crossing, (*US* grade crossing).
paso de cebra zebra crossing.
paso de peatones pedestrian crossing.
paso del ecuador half-way point *(in university studies)*.
paso elevado flyover.
paso subterráneo *(de peatones)* subway.

pasodoble *nm* paso doble.

pasota
1 *nm & nf fam (joven apático)* dropout.
2 *nm & nf fam (persona despreocupada)* laidback person: **es un pasota** he doesn't care about anything.
3 *adj fam (jerga, joven)* belonging to the late 70's-early 80's Spanish dropout phenomenon.
4 *adj fam (despreocupado)* laid-back: **es muy pasota** he doesn't care about anything.

pasotismo *nm* couldn't-care-less attitude.

paspartú *nm* passe-partout.
▲ *pl* **paspartús**.

pasquín *nm* satirical poster.

pasta
1 *nf (masa)* paste.
2 *nf CULIN (italiana)* pasta; *(de bizcocho, crepes)* mixture; *(para pasteles)* pastry.
3 *nf (croissant, ensaimada, etc)* pastry; *(de té)* petit four, biscuit, *(US* cookie).
4 *nf fam (dinero)* dosh, dough, money.
5 *nf (de encuadernación)* boards *pl*.
✦ **ser de buena pasta** *fam* to be good-natured.
soltar la pasta to hand over the dosh.
▪ **pasta choux** choux pastry.
pasta de dientes toothpaste.
pasta de hojaldre puff pastry.
pasta gansa a packet, a fortune.

pastaflora *nf* sweet shortcrust pastry.

pastar
1 *vt* to pasture, graze.
2 *vi* to pasture, graze.

pastel
1 *adj (color)* pastel.
2 *nm CULIN (tipo bizcocho)* cake; *(tipo empanada)* pie: **tenemos pastel de manzana y de chocolate** we've got apple pie and chocolate cake.
3 *nm ART (material, obra)* pastel; *(técnica)* pastel drawing.
4 *nm fam (conspiración)* plot.
✦ **al pastel** pastel: **dibujo al pastel** pastel drawing.
descubrir el pastel to let the cat out of the bag.
▪ **pastel de boda** wedding cake.
pastel de carne meat pie, meatloaf.
pastel de pescado fish pie.

pastelería
1 *nf (tienda)* cake shop, baker's, confectioner's.
2 *nf (pasteles)* cakes and pastries.
3 *nf (técnica)* baking.

pastelero,-a
1 *adj (industria)* baking.
2 *nm,f (cocinero)* pastrycook; *(vendedor)* cake seller.

pasterización *nf* → **pasteurización**.
pasterizado,-a *adj* → **pasteurizado,-a**.
pasterizar *vt* → **pasteurizar**.
pasteurización *nf* pasteurization.
pasteurizado,-a *adj* pasteurized.
pasteurizar *vt* to pasteurize.
pastiche *nm* pastiche.

pastilla
1 *nf (medicina)* tablet, pill.
2 *nf (de chocolate, jabón)* bar.
3 *nf* **la pastilla** *(anticonceptivo)* the pill.
✦ **a toda pastilla** *fam (velocidad)* at full speed, at full tilt; *(volumen)* at full blast.
▪ **pastilla de freno** brake shoe.
pastilla para la garganta throat lozenge, throat pastille.

pastillero *nm* pillbox.

pastizal *nm* pastureland, pasture.

pasto
1 *nm (pastizal)* pasture.
2 *nm (acción)* grazing.
✦ **a todo pasto** in large quantities: **gasta el dinero a todo pasto** he spends money like water; **comimos a todo pasto** we stuffed ourselves with food.
ser pasto de las llamas to go up in flames.

pastón *nm fam* packet, bomb, fortune.

pastor,-ra
1 *nm,f (del campo - hombre)* shepherd; *(- mujer)* shepherdess.
2 **pastor** *nm REL* pastor.
▪ **pastor alemán** German shepherd, Alsatian.

pastoral
1 *adj* pastoral.
2 *nf LIT* pastoral.
3 *nf MÚS* pastorale, pastoral.
▪ **carta pastoral** pastoral letter.

pastorear *vi* to graze, pasture.

pastoreo *nm* pasture.

pastoril *adj* pastoral.

pastosidad
1 *nf (de masa)* doughiness.
2 *nf (de la lengua)* furriness.
3 *nf (de la voz)* mellowness.

pastoso,-a
1 *adj (sustancia)* pasty, doughy.
2 *adj (lengua)* furry.
3 *adj (voz)* mellow.

Pat. *abr* (**patente**) patent.

pata¹
1 *nf (gen)* leg.
2 *nf (garra)* paw.
3 *nf (pezuña)* hoof.
✦ **a cuatro patas** on all fours.
a la pata coja hopping, on one leg.
a la pata la llana *fam* down to earth.
a pata *fam* on foot.
meter la pata *fam* to put one's foot in it.
patas arriba upside down.

tener mala pata *fam* to have bad luck.
▪ **pata de gallo** *(dibujo, motivo)* hound's-tooth check, dog's-tooth check.
patas de gallo *(arrugas)* crow's feet.

pata² *nf (ave)* → **pato,-a**.

pataca *nf* Jerusalem artichoke.

patada *nf* kick.
✦ **dar una patada** to kick.
echar a alguien a patadas to kick somebody out.
me da cien patadas *fam* I can't bear it.
sentar como una patada en el estómago *fam* to be like a kick in the teeth.
tener de algo a patadas *fam* to have lots of something.
tratar a patadas *fam* to treat like dirt.

patalear
1 *vi (con enfado)* to stamp one's feet.
2 *vi (protestar)* to kick up a fuss.

pataleo
1 *nm (con los pies)* stamping.
2 *nm (protesta)* complaining.
▪ **derecho al pataleo** *fam* the right to complain.

pataleta *nf fam* tantrum.

patán *nm* boor.

patata *nf* potato.
✦ **no saber ni patata** *fam* not to have a clue.
ser una patata *fam* to be useless.
▪ **patatas bravas** *sautéed potatoes with a spicy sauce*.
patatas fritas *(de bolsa)* crisps, *US* chips; *(de sartén)* chips, *US* French fries.

patatero,-a *adj (de patata)* potato.
✦ **ser un rollo patatero** *fam* to be a real drag.

patatín **que si patatín que si patatán** *loc fam* and so on and so forth.

patatús *nm fam (ataque)* fit; *(susto)* shock: **como se lo cuentes le da un patatús** he'll have a fit if you tell him.

patchuli *nm* patchouli.

paté *nm* pâté.

patear
1 *vt* to kick.
2 *vt (andar)* to walk.
3 *vi (con enfado)* to stamp one's feet.
4 **patearse** *vpr (lugar)* to traipse round: **esta mañana nos hemos pateado la ciudad entera** we've traipsed round the whole city this morning.
5 *vpr (dinero)* to blow.

patena *nf* paten.
✦ **limpio,-a como una patena** spotless, as clean as a new pin.

patentado,-a *adj* patented.

patentar *vt* to patent.

patente
1 *adj (evidente)* obvious, patent.
2 *nf* patent.
▪ **patente de corso** *HIST* letter of marque; *fig* free rein, carte blanche.

patentizar *vt* to make evident.

pateo *nm* stamping.

patera *nf* boat.

paternal *adj* paternal.

paternalismo *nm* paternalism.

paternalista
1 *adj* paternalistic.
2 *adj pey* patronizing.

paternidad
1 *nf* paternity.
2 *nf (autoría)* authorship.

paterno,-a *adj* paternal.

patéticamente *adv* pathetically.

patético,-a *adj* pathetic.

patetismo
1 *nm LIT* pathos.
2 *nm (dramatismo)* poignancy: imágenes de gran patetismo poignant scenes, moving scenes.

patibulario,-a *adj* sinister.

patíbulo *nm* gallows *sing*.

paticojo,-a *adj* lame, gammy-legged.

paticorto,-a *adj* short-legged.

patidifuso,-a *adj fam* gobsmacked, flabbergasted.
✦ **quedarse patidifuso,-a** *fam* to be gobsmacked.

patiestevado,-a *adj* bandy-legged.

patilargo,-a *adj* leggy, long-legged.

patilla
1 *nf (pata)* leg.
2 *nf (de las gafas)* arm.
3 *nf pl* sideboards, *(US* sideburns).

patín
1 *nm (de ruedas)* roller skate, skate; *(de hielo)* ice skate.
2 *nm (tabla)* skateboard.
3 *nm (patinete)* scooter.
4 *nm (en el mar)* pedalo.

pátina *nf* patina.

patinador,-ra *nm,f* skater.
■ **patinador,-ra artístico,-a** figure skater.

patinaje *nm* skating.
■ **patinaje artístico** figure skating.
patinaje sobre hielo ice-skating.
patinaje sobre ruedas roller skating.

patinar
1 *vi (como diversión)* to skate.
2 *vi (por accidente)* to slip.
3 *vi (vehículo)* to skid.
4 *vi (meter la pata)* to put one's foot in it; *(equivocarse)* to boob, make a boob.
✦ **patinar sobre hielo** to ice-skate.

patinazo
1 *nm* skid.
2 *nm fam (error)* boob, blunder.
✦ **pegar un patinazo** *(resbalar - persona)* to slip; *(- coche)* to skid; *(meter la pata)* to make a boob, drop a clanger.

patineta *nf* scooter.

patinete *nm* scooter.

patio
1 *nm (de una casa)* courtyard; *(de un colegio)* playground.
2 *nm TEAT* pit.

✦ **¡cómo está el patio!** *fam* what a state things are in!
■ **patio de butacas** stalls *pl*, *(US* orchestra).

patitieso,-a *adj fam (sorprendido)* flabbergasted; *(inmóvil por el frío)* frozenstiff.

patito *nm fam* duckling.
■ **patito feo** ugly duckling.

patituerto,-a *adj fam* bandy-legged.

patizambo,-a *adj (de rodillas abajo)* knock-kneed; *(con las piernas arqueadas)* bandy-legged.

pato,-a
1 *nm,f (ave - en general)* duck; *(- macho)* drake; *(- hembra)* duck.
2 **pato** *nm fam (persona)* clumsy person.
✦ **pagar el pato** *fam* to carry the can.
ser un pato mareado *fam* to be really clumsy.

patochada *nf fam* nonsense.
✦ **decir patochadas** to talk rubbish.

patógeno,-a *adj* pathogenic.

patología *nf* pathology.

patológico,-a *adj* pathological.

patólogo,-a *nm & f* pathologist.

patoso,-a *adj* clumsy.

patraña *nf* story: no cuenta más que patrañas he lies through his teeth.

patria *nf* homeland.
■ **patria celestial** heaven.
patria chica home town.

patriarca *nm* patriarch.

patriarcado *nm* patriarchy.

patriarcal *adj* patriarchal.

patricio,-a
1 *adj* patrician.
2 **patricio** *nm* patrician.

patrimonio
1 *nm (gen)* patrimony; *(riqueza)* wealth.
2 *nm (histórico, cultural)* heritage.
■ **impuesto sobre el patrimonio** capital gains tax.
patrimonio artístico artistic heritage.
patrimonio cultural cultural heritage.
patrimonio nacional wealth of the nation.

patrio,-a *adj* of one's homeland.
■ **orgullo patrio** national pride.
patria potestad custody.

patriota *nm & nf* patriot.

patriotería *nf* jingoism.

patriotero,-a *adj* chauvinistic.

patriótico,-a *adj* patriotic.

patriotismo *nm* patriotism.

patrocinador,-ra
1 *adj* sponsoring.
2 *nm,f* sponsor.

patrocinar *vt* to sponsor.

patrocinio *nm* sponsorship.

patrón,-ona
1 *nm,f (dueño de una casa)* landlord; *(dueña)* landlady.
2 *nm,f (jefe)* employer, boss; *(hombre)* master; *(mujer)* mistress.

3 *nm,f REL* patron saint.
4 **patrón** *nm (en costura)* pattern.
5 *nm (de barco)* skipper.
6 *nm (modelo)* standard.
✦ **cortado,-a por el mismo patrón** cast in the same mould.
donde hay patrón no manda marinero what the boss says goes.
■ **patrón oro** gold standard.

patronal
1 *adj (fiesta)* of one's patron saint.
2 *adj (organización, oferta)* management.
3 *nf (institución)* employers' association; *(de una empresa)* management.

patronato
1 *nm (consejo)* board, council; *(benéfico)* trust.
2 *nm (patronal)* employers' association.
3 *nm REL* patronage.

patronazgo *nm* patronage.

patronear *vt* to skipper.

patronímico,-a
1 *adj* patronymic.
2 **patronímico** *nm* patronymic.

patrono,-a *nm,f →* patrón,-ona.

patrulla
1 *nf (de vigilancia)* patrol.
2 *nf (de rescate)* party.
✦ **estar de patrulla** to be on patrol.
■ **patrulla de rescate** rescue party.

patrullar
1 *vt* to patrol.
2 *vi* to be out on patrol.

patrullera *nf (barco)* patrol boat; *(avión)* patrol plane.

patrullero *nm (barco)* patrol boat; *(avión)* patrol plane.

patuco *nm (de niños)* bootee; *(de adultos)* bedsock.

patulea *nf fam* mob.

paulatinamente *adv* gradually.

paulatino,-a *adj* gradual.
✦ **de modo paulatino** gradually.

paupérrimo,-a *adj* extremely poor, impoverished.

pausa
1 *nf* pause.
2 *nf MÚS* rest.
✦ **con pausa** slowly.
hacer una pausa to pause, take a break.
sin pausa uninterruptedly.

pausadamente *adv* unhurriedly.

pausado,-a *adj* unhurried, slow.

pauta
1 *nf (norma)* rule, guideline; *(modelo)* model, pattern.
2 *nf (en el papel)* lines *pl*.
3 *nf MÚS* staff.
✦ **marcar la pauta** to set the standard, establish the guidelines.
■ **pauta de comportamiento** standard of behaviour.

pautado,-a *adj (papel)* ruled.

pava
1 *nf (de un cigarrillo)* cigarette butt.

2 *nf (hervidora)* kettle.
3 *nf (animal)* → **pavo,-a.**
pavada *nf fam* silly thing to say or do.
pavesa *nf* spark.
pavía *nf* clingstone peach.
pavimentación *nf (con losas)* paving; *(con asfalto)* surfacing.
pavimentar *vt (con losas)* to pave; *(con asfalto)* to surface.
pavimento *nm (de losas)* pavement; *(de asfalto)* road surface.
pavisoso,-a *adj fam* silly.
pavo,-a
1 *adj fam (soso)* wet; *(tímido)* shy.
2 *nm,f (ave - macho)* turkey; *(- hembra)* turkey hen.
3 *nm,f fam (persona)* drip.
4 pavo *nm fam (timidez)* shyness: tiene un pavo horroroso he's incredibly shy.
5 *nm fam (antiguamente)* five-peseta coin.
✦ **estar en la edad del pavo** to be at that silly age.
pelar la pava *fam* to court.
subírsele el pavo a alguien *fam* to go red, blush.
▪ **pava real** peahen.
pavo real peacock.
pavonearse *vpr* to brag, swagger.
pavoneo *nm* strutting.
pavor *nm* terror: me da pavor it terrifies me.
pavoroso,-a *adj* frightful.
payasada
1 *nf* buffoonery, clowning: siempre está haciendo payasadas he's always clowning around.
2 *nf fam* silly thing, stupid thing.
payaso,-a
1 *nm,f (artista de circo)* clown.
2 *nm,f fam* joker.
✦ **hacer el payaso** *fam* to clown around.
payés,-esa *nm,f* Catalan farmer or country person.
payo,-a *nm,f* non-Gypsy *(in Gypsy jargon)*.
paz *nf* peace.
✦ **aquí paz y después gloria** and there's an end to it, and that's that.
dejar en paz to leave alone.
estar en paz to be even, be quits.
firmar la paz to sign a peace treaty.
hacer las paces to make up.
poner paz to make peace.
que en paz descanse rest his *(her)* soul.
y en paz *fam* and that's it.
▲ *pl* paces.
pazguatería
1 *nf* prudishness.
2 *nf (acción)* prudish thing to say or do.
pazguato,-a
1 *adj (gazmoño)* prudish.
2 *nm,f (gazmoño)* prude; *(tonto)* nincompoop.
pazo *nm* Galician country house.
pbro. *abr (presbítero)* presbyter.
p.c. *abr (por ciento)* per cent; *(abreviatura)* pc.

PC *abr (ordenador personal)* personal computer; *(abreviatura)* PC.
PCE *abr POL (Partido Comunista de España)* Spanish Communist Party.
PCUS *abr POL (Partido Comunista de la Unión Soviética)* Communist Party of the Soviet Union; *(abreviatura)* CPSU.
P.D. *abr (posdata)* postscript; *(abreviatura)* PS, ps.
PDF *abr (portable document format)* portable document format; *(abreviatura)* PDF.
pe *nf* name of the letter **p**.
✦ **de pe a pa** *fam* from A to Z, from beginning to end.
PE *abr (Parlamento Europeo)* European Parliament; *(abreviatura)* EP.
peaje
1 *nm (dinero)* toll.
2 *nm (lugar)* tollbooth.
peana *nf* pedestal, stand.
peatón *nm* pedestrian.
peatonal *adj (calle, zona)* pedestrian.
peca *nf* freckle.
pecado *nm* sin.
✦ **cometer/hacer un pecado** to commit a sin.
estar en pecado to have committed a sin.
▪ **pecado capital** deadly sin.
pecado mortal mortal sin.
pecado original original sin.
pecado venial venial sin.
pecador,-ra
1 *adj* sinful, sinning.
2 *nm,f* sinner.
pecaminoso,-a *adj* sinful, wicked.
pecar *vi* to sin.
✦ **pecar de ...** to be too ..., be over-...: pequé de meticulosa I was too meticulous.
▲ *Conjugation model* [1], *like* **sacar.**
peccata minuta *nf* peccadillo.
pecera *nf (redonda)* fishbowl; *(rectangular)* fish tank.
pechera
1 *nf (de camisa)* shirt front; *(de delantal)* bib.
2 *nf fam (pecho)* bosom.
pechina *nf* scallop.
pecho
1 *nm (gen)* chest.
2 *nm (seno)* breast.
✦ **a lo hecho pecho** what's done is done.
dar el pecho to breast-feed.
partirse el pecho *fam* to break one's back.
sacar pecho to stick one's chest out.
tomar a pecho algo *(ofenderse)* to take something to heart; *(mostrar mucho interés)* to take something very seriously.
pechuga
1 *nf (de un ave)* breast.
2 *nf fam (de mujer)* bust.

pechugón,-ona *adj fam* big-breasted, busty, buxom: una pechugona a woman with big breasts.
pecíolo *nm* petiole.
pécora ser una mala pécora *loc fam* to be a bitch.
pecoso,-a *adj (persona)* freckly; *(cara)* freckled.
pectina *nf* pectin.
pectoral
1 *adj (músculo)* pectoral.
2 *adj (pastilla, jarabe)* cough.
3 *nm (músculo)* pectoral muscle.
4 *nm (jarabe)* cough mixture.
5 *nm (de obispo)* pectoral cross.
pecuario,-a *adj* cattle.
peculiar
1 *adj (raro)* peculiar.
2 *adj (característico)* particular, personal.
peculiaridad *nf* peculiarity.
peculiarmente *adv* peculiarly.
peculio *nm* savings *pl*.
pecuniario,-a *adj* pecuniary.
pedagogía *nf* pedagogy.
pedagógico,-a *adj* pedagogic(al).
pedagogo,-a *nm,f* educator, pedagogue.
pedal
1 *nm* pedal.
2 *nm fam* bender.
✦ **agarrar/coger un pedal** *fam* to get plastered.
▪ **pedal del acelerador** accelerator pedal, *US* gas pedal.
pedal del embrague clutch pedal.
pedal del freno brake pedal.
pedalada *nf* unas cuantas pedaladas más y estaremos arriba a bit more pedalling and we'll be at the top.
pedalear *vi* to pedal.
pedaleo *nm* pedalling.
pedáneo,-a *adj* municipal.
pedanía *nf* hamlet.
pedante
1 *adj* pedantic, pompous.
2 *nm & nf* pedant.
pedantería *nf* pedantry, pomposity.
pedazo
1 *nm* piece, bit.
2 *nm fam (con insultos)* ¡pedazo de animal! stupid idiot!
✦ **estar hecho,-a pedazos** *fam (materialmente)* to be falling apart; *(psíquicamente)* to be going to pieces.
hacer pedazos to smash to pieces: me ha hecho pedazos el cenicero he's smashed my ashtray.
ser un pedazo de pan to be a real sweetie, be a real pet.
pederasta *nm* pederast.
pedernal
1 *nm (sílex)* flint.
2 *nm fig* rock.

pedestal *nm* pedestal.
✦ **poner/tener a alguien en un pedestal** to put/hold somebody on a pedestal.

pedestre
1 *adj (a pie)* on foot.
2 *adj (vulgar)* pedestrian.

pediatra *nm & nf* paediatrician (*US* pediatrician).
▪ **médico pediatra** paediatrician (*US* pediatrician).

pediatría *nf* paediatrics (*US* pediatrics).

pediátrico,-a *adj* paediatric (*US* pediatric).

pedicuro,-a *nm,f* chiropodist.

pedida *nf (compromiso)* engagement; *(fiesta)* engagement party.

pedido
1 *nm (de mercancías)* order.
2 *nm (petición)* request, petition.
✦ **hacer un pedido** to place an order.

pedigrí *nm* pedigree.

pedigüeño,-a
1 *adj* pestering.
2 *nm,f* pest.

pedir
1 *vt (gen)* to ask for: me pidió el teléfono he asked me for my phone number; me pidió que la acompañara she asked me to go with her.
2 *vt (mercancías, en restaurante)* to order: lo pedí por teléfono I ordered it over the phone; ¿qué has pedido de postre? what did you order for dessert?
3 *vt (necesitar)* to need, cry out for: este suelo está pidiendo a gritos un fregado this floor is crying out to be washed.
4 *vi (por la calle)* to beg: siempre hay gente pidiendo there are always people begging.
✦ **a pedir de boca** just right, perfectly.
pedir la cuenta to ask for the bill.
pedir la mano de alguien to ask for somebody's hand in marriage.
▲ *Conjugation model* [34], *like servir.*

pedo *nm fam* fart.
✦ **estar pedo/ir pedo** *fam (por el alcohol)* to be pissed; *(por drogas)* to be stoned.
tirarse un pedo *fam* to fart, drop one.

pedofilia *nf* paedophilia, pedophilia.

pedófilo,-a *nm,f* paedophile (*US* pedophile).

pedorrear *vi fam* to fart *(repeatedly).*

pedorrera *nf fam* wind.

pedorreta *nf fam* raspberry.
✦ **hacer una pedorreta a alguien** *fam* to blow a raspberry at somebody.

pedorro,-a
1 *nm,f fam* person who farts a lot.
2 *nm,f fam (tonto)* stupid fart.
3 *adj* farting.
4 *adj fam (tonto)* stupid.

pedrada *nf* blow with a stone.
✦ **matar a alguien a pedradas** to stone somebody to death.
pegarle una pedrada a alguien to hit somebody with a stone.

pedrea
1 *nf (de la lotería)* small prizes in the Spanish national lottery: le tocó la pedrea he won one of the small prizes, he had a small win.
2 *nf (de granizo)* hailstorm.

pedregal *nm* rocky ground.

pedregoso,-a *adj* stony, rocky.

pedrera *nf* stone quarry.

pedrería *nf* precious stones *pl.*

pedrisco *nm (granizo)* hail; *(tormenta)* hailstorm.

pedrusco *nm* rough stone.

pedúnculo
1 *nm (de crustáceo)* stalk.
2 *nm (de planta)* stem.

peerse *vpr tabú* to fart.

pega *nf fam (dificultad)* snag: me pusieron muchas pegas para ver si así desistía they made it difficult for me to see if I would give up.
✦ **de pega** fake, phoney: una pistola de pega a toy gun.
poner pegas a todo to find fault with everything.

pegada *nf DEP (de boxeador)* punch.

pegadizo,-a
1 *adj (canción, música)* catchy.
2 *adj (sustancia)* sticky, adhesive.

pegado,-a
1 *pp → pegar.*
2 *adj* clueless: está más pegado que un sello he hasn't got a clue.

pegajosidad *nf* stickiness.

pegajoso,-a
1 *adj (mano, dedo)* sticky: hace un calor pegajoso it's really hot and sticky.
2 *adj pey (persona)* clingy.

pegamento *nm* glue.

pegar¹
1 *vt (gen)* to stick; *(con pegamento)* to glue, stick with glue; *(con cola)* to paste, stick with paste: pega estos sellos en el álbum stick these stamps in your album; han pegado un póster en la puerta they've stuck up a poster on the door.
2 *vt (coser)* to sew on: pégame este botón sew this button on for me.
3 *vt (contagiar)* to give: me has pegado la gripe you've given me your flu.
4 *vt (acercar)* to move close to: pega la estantería a la pared move the bookcase against the wall.
5 *vt INFORM* to paste.
6 *vi (combinar)* to match: esta blusa no pega con la falda this blouse doesn't go with the skirt.
7 **pegarse** *vpr (quemarse)* to stick: se me ha vuelto a pegar el arroz the rice has stuck again.
8 *vpr (persona)* to latch onto: a mí siempre se me pegan los chiflados I always seem to attract loonies; se me pegó un tío en el pub y no hubo forma de deshacerme de él a bloke

latched onto me in the pub and I couldn't get rid of him.
✦ **no pegar ni con cola** *(no entonar)* to be totally wrong, look totally out of place; *(ser increíble)* to be impossible to believe.

pegar²
1 *vt (golpear)* to hit: mamá, Pablo me ha pegado mum, Pablo hit me; pega a su mujer he beats his wife; estos niños siempre se están pegando these kids are always fighting.
2 *vt (dar)* to give: ¡vaya susto me has pegado! you didn't half scare me!; deja ya de pegar gritos stop shouting; lleva toda la mañana pegando saltos de alegría she's been jumping for joy all morning.
3 *vi (tener fuerza)* to beat down: ¡cómo pega el sol hoy! it's a real scorcher today!
4 *vi (beber)* to knock back: le gusta pegarle al whisky ¿eh? he likes knocking back the whisky, doesn't he.
5 *vpr (tropezar)* to bump (con, into).
✦ **dále que te pego** over and over again, on and on.
no pegar golpe not to do a blessed thing.
no pegar ojo not to sleep a wink.
pegar fuerte *(golpear)* to hit hard; *(tener éxito)* to be all the rage.
pegarle fuego a algo to set fire to something.
pegarle una paliza a alguien to beat somebody up.
pegarle un tiro a alguien to shoot somebody.
pegarse la vida padre *fam* to live the life of Riley.
pegársela *(caerse)* to fall over, fall down; *(tener un accidente)* to have an accident.
pegársela a alguien *(engañar)* to do the dirty on somebody; *(ser infiel)* to be unfaithful to somebody.
pegarse un tiro to shoot oneself.

pegatina *nf* sticker.

pego **dar el pego** *loc fam* to look like the real thing.

pegón,-ona *nm,f fam* fond of hitting people: es un chaval muy pegón he's always hitting people.

pegote
1 *nm fam (masa)* sticky dollop, blob.
2 *nm fam (chapuza)* botch-up, botched job: ese cuadro ahí queda como un pegote that painting sticks out like a sore thumb.
3 *nm fam (fanfarronada)* brag, boast.
✦ **tirarse pegotes** *fam* to show off.

peinada *nf* combing.
✦ **darse una peinada** to comb one's hair.

peinado
1 *nm (tocado)* hairdo; *(acción)* combing: te han hecho un peinado precioso they've done your hair really nicely;

¡qué pelos!, te hace falta un buen peinado your hair really needs combing.
2 *nm (registro policial)* police search.
peinado,-a
1 *pp →* peinar.
2 *adj* combed.
+ ir bien peinado,-a to be well groomed. ir mal peinado,-a to have one's hair in a mess.
peinador,-ra
1 *nm,f (peluquero)* hairdresser.
2 peinador *nm (de tela)* peignoir.
peinar
1 *vt (gen)* to comb; *(con cepillo)* to brush.
2 *vt (registrar)* to comb, search.
peine *nm* comb.
+ ¡te vas a enterar de lo que vale un peine! *fam* you're going to get what's coming to you, you're going to cop it.
peineta *nf* ornamental comb.
p. ej. *abr* (por ejemplo) for example; *(abreviatura)* eg.
pejiguera *nf fam* bother.
Pekín *nm* Peking.
pela
1 *nf fam (antiguamente)* peseta.
2 pelas *nf pl fam (dinero)* dough, money.
pelada *nf fam* short haircut.
peladilla *nf* sugared almond.
pelado,-a
1 *pp →* pelar.
2 *adj* bald, bare.
3 *adj (cabeza)* hairless, bald.
4 *adj (terreno)* barren, treeless.
5 *adj fam (sin dinero)* broke.
6 pelado *nm fam* short haircut.
peladuras *nf pl* peelings.
pelagatos *nm & nf fam* nobody.
▲ *pl* pelagatos.
pelaje
1 *nm (de animal)* coat, fur.
2 *nm fam* looks *pl.*
pelambre *nm fam* hair.
pelambrera *nf fam* hair.
pelanas *nm & nf fam* nobody.
▲ *pl* pelanas.
pelandusca *nf fam* floozy.
pelapatatas *nm* potato peeler.
▲ *pl* pelapatatas.
pelar
1 *vt (persona)* to cut somebody's hair.
2 *vt (animal - quitar las plumas)* to pluck; *(- quitar la piel)* to skin.
3 *vt (fruta, patata, etc)* to peel.
4 pelarse *vpr (cortarse el pelo)* to get one's hair cut.
5 *vpr (piel)* to be peeling.
+ correr que se las pela *fam* to run like mad.
pelarse de frío *fam* to freeze.
ser duro,-a de pelar *fam* to be a tough nut to crack.
peldaño *nm* step.

pelea
1 *nf (física)* fight; *(verbal)* quarrel, row.
2 *nf (esfuerzo)* struggle.
+ buscar pelea to look for trouble.
peleador,-ra
1 *adj* argumentative.
2 *nm,f* brawler.
pelear
1 *vi (físicamente)* to fight; *(verbalmente)* to quarrel, argue.
2 *vi (hacer un esfuerzo)* to work hard, struggle.
3 pelearse *vpr (físicamente)* to fight; *(verbalmente)* to quarrel, argue.
+ pelear por algo to fight for something.
pelele
1 *nm (muñeco de paja)* straw puppet.
2 *nm (persona)* puppet.
3 *nm (de bebé)* romper suit.
peleón,-ona *nm,f (persona)* quarrelsome.
▪ vino peleón plonk.
peletería
1 *nf (establecimiento)* fur shop, furrier's.
2 *nf (industria)* fur industry.
peletero,-a
1 *adj (industria)* fur.
2 *nm,f* furrier.
peliagudo,-a *adj* tricky.
pelícano *nm* pelican.
película *nf* film.
+ allá películas *fam* too bad.
de película fantastic.
echar/poner una película to show a film: ¿qué película echan hoy en la tele? what film's on the telly today?
no saber de qué va la película *fam* to have no idea, not have a clue.
▪ película de miedo horror film.
película de suspense thriller.
película en blanco y negro black-and-white film.
película en color colour film.
película del oeste western.
película muda silent movie.
peliculero,-a
1 *nm,f (aficionado al cine)* cinema fan: es una peliculera tremenda she spends her life watching films.
2 *nm,f fam (fantasioso, exagerado)* prone to fantasizing: es muy peliculero he's always fantasizing.
peliculón *nm fam* blockbuster.
peligrar *vi* to be in danger.
peligro
1 *nm* danger.
2 *nm fam (persona)* menace.
+ correr peligro de to be in danger of.
estar en peligro to be in danger.
estar fuera de peligro to be out of danger.
poner algo en peligro to endanger something, put something at risk.
poner en peligro la vida de alguien to put somebody's life at risk.
▪ "Peligro de muerte" "Danger".

peligrosamente *adv* dangerously.
peligrosidad *nf* danger, dangerousness.
peligroso,-a *adj* dangerous.
pelillo *nm fam* hair.
+ pelillos a la mar let's let bygones be bygones.
pelín *nm fam* teeny bit.
pelirrojo,-a
1 *adj* red-haired.
2 *nm,f* redhead.
pella
1 *nf (de una coliflor)* head.
2 *nf (masa)* lump.
pellejo
1 *nm (piel)* skin.
2 *nm (odre)* wineskin.
+ jugarse el pellejo to risk one's neck.
ponerse en el pellejo de alguien to put oneself in somebody's shoes.
salvar el pellejo to save one's skin.
pelliza *nf (adornada con piel)* fur-trimmed coat; *(forrada de piel)* fur-lined coat.
pellizcar *vt* to pinch, nip.
▲ *Conjugation model* [1], *like* sacar.
pellizco *nm* pinch, nip.
pelma *nm & nf fam* bore.
pelmazo,-a *nm,f fam →* pelma.
pelo
1 *nm* hair: tiene un pelo muy bonito she has beautiful hair; siempre he llevado el pelo corto I've always had short hair.
2 *nm (de animal)* coat, fur.
3 *nm fam* bit: faltó un pelo para que lo pegara I came to within an inch of hitting him; perdí el tren por un pelo I missed the train by seconds.
+ a pelo *(sin montura)* bareback; *(sin ayuda)* without help; *(sin nada)* without anything.
caérsele el pelo a alguien *fam* to cop it, be for it.
con pelos y señales in great detail, down to the last detail.
de medio pelo second-rate.
estar hasta los pelos *fam* to be fed up (de, with).
no tener pelos en la lengua to speak one's mind, not mince words.
no tener un pelo de tonto,-a *fam* to be nobody's fool.
no verle el pelo a alguien to see neither hide nor hair of somebody.
poner los pelos de punta to make one's hair stand on end.
por los pelos by the skin of one's teeth.
ser un hombre de pelo en pecho *fam* to be a real man.
soltarse el pelo to let one's hair down.
tirarse de los pelos *(estar furioso)* to be furious; *(arrepentirse)* to kick oneself.
tocarle un pelo a alguien to lay a finger on somebody.
tomar el pelo a alguien to pull somebody's leg.
venir al pelo *fam* to be just the thing.
▪ pelo de camello camelhair.

pelón,-ona
  1 *adj* bald.
  2 *nm,f* bald person.
pelota
  1 *nf* ball.
  2 *nm & nf fam* creep.
  3 pelotas *nf pl tabú* balls.
  ✦ devolverle la pelota a alguien to pass the ball back into somebody's court.
    en pelotas *fam* starkers.
    estar hasta las pelotas *tabú* to be pissed off.
    hacer la pelota a alguien *fam* to butter somebody up, suck up to somebody.
    pasarse la pelota *fam* to pass the buck.
  ▪ pelota de fútbol football.
    pelota vasca pelota, jai alai.
pelotari *nm* pelota player.
pelotazo
  1 *nm* blow with a ball: **le rompieron las gafas de un pelotazo** they broke his glasses with a ball.
  2 *nm arg (de bebida)* slug, swig; *(de droga)* shot.
pelotear *vi (entrenarse - fútbol)* to kick a ball around; *(- tenis)* to knock up; *(jugar con la pelota)* to throw a ball round.
peloteo
  1 *nm (fútbol)* kickabout; *(tenis)* knock-up.
  2 *nm fam* → **pelotilleo.**
pelotera *nf fam* row.
pelotilla *nf* small ball.
  ✦ hacer la pelotilla a alguien *fam* to butter somebody up.
    hacer pelotillas *fam* to pick one's nose.
pelotilleo *nm fam* creeping.
pelotillero,-a
  1 *adj* crawling.
  2 *nm,f fam* creep, crawler.
pelotón
  1 *nm MIL* squad.
  2 *nm fig (grupo)* bunch.
  3 *nm (de ciclistas)* pack, peloton.
peltre *nm* pewter.
peluca *nf* wig.
peluche
  1 *nm (tejido)* plush.
  2 *nm (muñeco)* teddy bear, cuddly toy.
peludo,-a *adj* hairy.
peluquería *nf* hairdresser's.
peluquero,-a *nm,f* hairdresser.
peluquín *nm* hairpiece.
  ✦ ¡ni hablar del peluquín! *fam* no way!
pelusa
  1 *nf (pelo)* fluff.
  2 *nf fam (celos)* jealousy.
pelusilla *nf* → **pelusa.**
pelviano,-a *adj* pelvic.
pélvico,-a *adj* pelvic.
pelvis *nf* pelvis.
  ▲ *pl* pelvis.
pena
  1 *nf (castigo)* sentence, punishment: **lo han condenado a una pena de seis meses de cárcel** he was sentenced to six months' imprisonment.

  2 *nf (tristeza)* grief, sorrow: **me da pena verlo tan solo** it makes me sad to see him so lonely.
  3 *nf (lástima)* pity: **¡qué pena que no podáis venir!** it's a shame you can't make it!
  4 *nf (dificultad)* hardship, trouble.
  ✦ a duras penas with great difficulty.
    de pena *fam* awful, terrible, pathetic.
    hecho,-a una pena *fam* in a bad way.
    merecer la pena/valer la pena to be worth while, be worth it.
    sin pena ni gloria undistinguished.
  ▪ pena capital capital punishment.
    pena de muerte death penalty.
penacho
  1 *nm (de un ave)* tuft.
  2 *nm (adorno)* plume.
penado,-a *nm,f* convict.
penal
  1 *adj (código)* penal; *(derecho, antecedentes)* criminal.
  2 *nm (prisión)* prison, *(US* penitentiary).
penalidad *nf* trouble, hardship.
penalista *nm & nf* criminal lawyer.
penalización
  1 *nf (acción)* penalization; *(castigo)* penalty, punishment.
  2 *nf DEP* penalty.
penalizar *vt* to penalize.
  ▲ Conjugation model [4], *like realizar.*
penalti *nm* penalty.
  ✦ casarse de penalti *fam* to have a shotgun wedding.
    marcar un gol de penalti to score a penalty.
penar
  1 *vt (castigar)* to punish, penalize.
  2 *vi (padecer)* to suffer, grieve.
penca *nf* fleshy leaf.
penco *nm (caballo)* nag.
pendejo,-a *adj fam* nincompoop.
pendencia *nf* brawl.
pendenciero,-a *adj* quarrelsome.
pender *vi* to hang (**de**, from).
pendiente
  1 *adj* hanging.
  2 *adj (asunto)* pending, outstanding.
  3 *nf (cuesta)* slope; *(inclinación)* gradient.
  4 *nm (joya)* earring.
  ✦ estar pendiente de algo *(a la espera)* to be waiting for something; *(atento)* to follow something closely.
    estar pendiente de alguien *(atento)* to be watching somebody; *(dispuesto)* to be at somebody's beck and call.
pendón
  1 *nm (bandera)* banner, standard.
  2 *nm fam pey (mujer)* slut; *(hombre)* rascal.
pendular *adj* pendular.
péndulo *nm* pendulum.
pene *nm* penis.
penene *nm & nf* → **PNN.**
penetración
  1 *nf* penetration.
  2 *nf (perspicacia)* insight.

penetrante *adj* penetrating.
penetrar
  1 *vi (introducirse - en un territorio)* to penetrate (**en**, -); *(- en una casa, propiedad)* to enter: **no nos atrevimos a penetrar en la selva** we didn't dare go into the jungle.
  2 *vi (atravesar)* to penetrate, seep through: **la humedad ha penetrado por el suelo** damp has seeped through the floor; **el frío penetra por las finas paredes** the cold comes in through the thin walls.
  3 *vi fig (entender)* to comprehend (**en**, -); *(analizar)* to look (**en**, into).
  4 *vt (atravesar)* to penetrate; *(ruido)* to pierce: **el olor era tan fuerte que penetró la ropa** the smell was so strong that it got right into our clothes.
  5 *vt (descifrar - misterio)* to get to the bottom of; *(- secreto)* to fathom (out).
penicilina *nf* penicillin.
Peninos los (montes) Peninos *nm pl* the Pennines.
península
  1 *nf* peninsula.
  2 *nf (ibérica)* mainland Spain.
  ▪ la Península Ibérica the Iberian Peninsula.
peninsular
  1 *adj* peninsular.
  2 *adj* of from mainland Spain, from mainland Spain.
  3 *nm & nf* person from mainland Spain.
penique *nm* penny.
penitencia
  1 *nf REL (virtud)* penitence; *(castigo, sacramento)* penance.
  2 *nf (pesadez)* punishment.
penitenciaría *nf* penitentiary.
penitenciario,-a *adj (institución, sistema)* prison.
penitente
  1 *adj* penitent.
  2 *nm & nf* penitent.
penosamente
  1 *adv (con trabajo)* laboriously.
  2 *adv (con pena)* painfully.
penoso,-a
  1 *adj (doloroso)* painful; *(triste)* sad.
  2 *adj (trabajoso)* laborious, hard.
  3 *adj (desastroso)* terrible, awful, dreadful.
pensable *adj* thinkable.
pensado,-a
  1 *pp* → **pensar.**
  2 *adj (considerado)* thought-out; *(diseñado)* designed.
  ✦ el día menos pensado ... when you least expect it ...
    ser mal pensado,-a to think the worst of people.
    tener algo pensado to have something planned, have something in mind.
pensador,-ra
  1 *adj* thinking.
  2 *nm,f* thinker.

pensamiento
1 *nm (idea)* thought.
2 *nm (mente)* mind.
3 *nm BOT* pansy.
pensante *adj* thinking.
pensar
1 *vi (gen)* to think (**en**, of/about): estuvo pensando en sus amigos he was thinking about his friends.
2 *vi (considerar)* to consider, think (**en**, about).
3 *vi (creer)* to think, think about.
4 *vi (opinar)* to think (**de**, about).
5 *vi (decidir)* to decide.
6 *vi (tener la intención)* to intend to, plan, think of.
7 **pensarse** *vpr* to think about.
✦ **¡ni pensarlo!** no way! don't even think about it!
pensar bien/mal de alguien to think well/badly of somebody.
sin pensar without thinking.
▲ *Conjugation model* [27], *like* **acertar**.
pensativamente *adv* pensatively.
pensativo,-a *adj* pensive.
Pensilvania *nf* Pennsylvania.
pensión
1 *nf (para jubilados)* pension; *(para ex cónyuge)* maintenance.
2 *nf (casa de huéspedes)* hostel, boarding house, guesthouse, lodgings *pl*.
3 *nf (cantidad que se paga)* board and lodging, bed and board.
▪ **pensión completa** full board.
pensión vitalicia life annuity.
pensionado,-a
1 *adj* pensioned.
2 *nm,f* pensioner.
3 **pensionado** *nm (colegio)* boarding school.
pensionista
1 *nm & nf (jubilado)* pensioner.
2 *nm & nf (residente - en un internado)* boarder; *(- en una pensión)* lodger.
▪ **medio pensionista** person with half-board.
pentagonal *adj* pentagonal.
pentágono *nm* pentagon.
pentagrama *nm MÚS* stave, staff.
pentatlón *nm* pentathlon.
Pentecostés *nm (cristiano)* Pentecost, Whit Sunday; *(judío)* Pentecost.
penúltimo,-a
1 *adj* penultimate.
2 *nm,f* last but one, next to last: quedé la penúltima en la carrera I was last but one in the race.
▪ **la penúltima** *fam* last drink: hay que tomarse la penúltima let's have one for the road.
penumbra *nf (gen)* semidarkness; *(de un eclipse)* penumbra: la habitación estaba en penumbra the room was in semidarkness.
penuria
1 *nf (escasez)* shortage.
2 *nf (pobreza)* extreme poverty, penury.

peña[1] *nf (piedra)* rock; *(monte)* crag.
peña[2] *nf (grupo)* group of friends; *(asociación)* club.
peñasco *nm* crag.
peñascoso,-a *adj* craggy.
peñazo *nm fam* pain.
peñón *nm* craggy rock.
✦ **el Peñón de Gibraltar** the Rock of Gibraltar.
peón
1 *nm (trabajador)* unskilled labourer *(US laborer)*.
2 *nm (agrícola)* farm hand, farm worker.
3 *nm (en el ajedrez)* pawn.
4 *nm (peonza)* top, spinning top.
▪ **peón caminero** road mender.
peón de albañil building labourer *(US laborer)*.
peonada *nf* day's work.
peonía *nf BOT* peony.
peonza *nf* top, spinning top.
peor
1 *adj (comparativo)* worse: tu coche es peor que el mío your car is worse than mine.
2 *adj (superlativo)* worst.
✦ **en el peor de los casos** at worst.
peor es nada it's better than nothing.
Pepa ¡viva la Pepa! *interj fam* hurray!, hurrah!
pepinazo
1 *nm (estallido)* blast.
2 *nm (disparo)* cannonball shot.
pepinillo *nm* gherkin.
pepino *nm* cucumber.
✦ **me importa un pepino** *fam* I don't give a damn.
pepita
1 *nf (de fruta)* seed, pip.
2 *nf (de oro)* nugget.
pepito *nm* grilled meat sandwich.
pepitoria *nf* stew *containing egg yolk*.
pepona *nf* doll.
péptico,-a *adj* peptic.
peque *nm* kid.
pequeñez
1 *nf (de tamaño)* smallness.
2 *nf (insignificancia)* trifle.
▲ *pl* **pequeñeces**.
pequeñito,-a *adj fam* teeny, wee, tiddly.
pequeño,-a
1 *adj (de tamaño)* little, small: este jersey me está pequeño this jumper is too small for me.
2 *adj (de edad)* young.
3 *adj (en tiempo)* short: nos hemos tomado unas pequeñas vacaciones we've taken a short holiday.
4 *nm,f (niño)* little one: a esta hora los pequeños tienen que estar en la cama kids should be in bed by now; a la pequeña le encanta la tele the little one loves watching telly.

✦ **de pequeño,-a** as a child.
ser el pequeño/la pequeña to be the youngest.
Pequín *nm* Peking.
pequinés,-esa
1 *adj* Pekinese.
2 *nm,f* person from Pekin, inhabitant of Pekin, Pekinese.
3 **pekinés** *nm (perro)* Pekinese.
pera
1 *nf (fruta)* pear.
2 *nf (interruptor)* pear-shaped switch: dale a la pera de la luz switch the light on/off.
✦ **pedir peras al olmo** *fam* to ask the impossible.
ponerle a alguien las peras al cuarto *fam* to tear somebody off a strip.
ser la pera *fam (persona divertida)* to be a real laugh; *(situación indignante)* to be unbelievable, be incredible.
peral *nm* pear tree.
peraltar *vt (carretera)* to camber.
peralte *nm (de una carretera)* camber.
perca *nf* perch.
percal *nm* percale.
✦ **conocerse el percal** *fam* to know the score, know what's what.
percance *nm* mishap.
per cápita *loc* per capita.
percatarse *vpr* to notice (**de**, -), realize (**de**, -).
percebe
1 *nm* goose barnacle.
2 *nm fam (persona)* dimwit.
percepción *nf* perception.
perceptible *adj* perceptible, noticeable.
perceptiblemente *adv* perceptibly.
perceptivo,-a *adj* perceptive.
percha
1 *nf (de ropa)* hanger.
2 *nf (perchero de pie)* coat stand; *(perchero de pared)* rack; *(gancho)* hook.
3 *nf fam* body, figure: el traje está bien, pero me gusta más la percha the suit's nice, but I prefer what's inside it; con la percha que tienes seguro que te queda precioso you have such a nice figure I'm sure it will look lovely.
perchero *nm (de pared)* clothes rack; *(de pie)* coat stand.
percherón,-ona *adj (caballo)* Percheron.
percibir
1 *vt (notar)* to perceive, notice.
2 *vt (dinero)* to receive.
percusión *nf* percussion.
percusionista *nm & nf* percussionist.
percusor *nm* hammer.
percutir
1 *vt (golpear)* to strike.
2 *vt MED* to percuss.
percutor *nm* → **percusor**.
perdedor,-ra
1 *adj* losing.
2 *nm,f* loser.

perder

1 *vt (gen)* to lose: he perdido el bolígrafo I've lost my pen.
2 *vt (malgastar, desperdiciar)* to waste: se pasa el día perdiendo el tiempo he's always wasting time.
3 *vt (tren etc)* to miss.
4 *vt (ser causa de daños)* to be the ruin of: le perdió su afición al juego gambling was his downfall.
5 *vi (gen)* to lose; *(salir perdiendo)* to lose out.
6 *vi (empeorar)* to get worse: esta ciudad ha perdido mucho, ya no es lo que era this city has gone downhill, it isn't what it used to be.
7 **perderse** *vpr (extraviarse - persona)* to get lost; *(- animal)* to go missing: se me ha perdido un pendiente I've lost an earring.
8 *vpr (confundirse)* to get confused, get mixed up: en cuanto hablan de política me pierdo when they talk about politics I get lost.
9 *vpr (desaparecer)* to disappear, take off: en cuanto ve problemas, se pierde as soon as there's a problem, he disappears.
10 *vpr (dejar escapar)* to miss: ¡no te lo pierdas! don't miss it!
✦ **echar a perder** to spoil.
perder agua to leak.
perder color to fade.
perder de vista to lose sight of.
perdérselo *fam* tú te lo pierdes it's your loss.
perderse por algo/alguien *fam* to give up everything for somebody/something.
¡piérdete! *fam* get lost!
salir perdiendo to come off worse, lose out.
tener buen perder to be a good loser.
tener mal perder to be a bad loser.
▲ *Conjugation model* [28], *like entender.*

perdición

1 *nf (moral)* undoing, ruin: estas amistades lo van a llevar a la perdición those friends will be the ruin of him.
2 *nf (daño)* harm, ruin: el tabaco es mi perdición smoking will be the end of me.

pérdida

1 *nf (daño)* loss: las tormentas han originado muchas pérdidas materiales the storms have caused serious damage; no hay que lamentar pérdidas humanas fortunately, nobody has been killed.
2 *nf (desperdicio)* waste.
3 *nf (acción de perder)* loss: la pérdida del billete fue un desastre losing the ticket was a disaster.
4 *nf (escape)* leak.
✦ **llorar la pérdida de alguien** to mourn for somebody.
no tiene pérdida you can't miss it.
ser una pérdida de tiempo to be a waste of time.

perdidamente *adv* madly.

perdido,-a

1 *pp* → **perder.**
2 *adj (extraviado)* lost.
3 *adj (desperdiciado)* wasted.
4 *adj (bala)* stray.
5 *adj (aislado)* isolated, cut-off.
6 *adj fam (como enfatizador)* complete, utter, total: es idiota perdido he's a complete idiot.
7 *nm,f (persona)* degenerate.
✦ **estar perdido,-a** *(extraviado)* to be lost; *(no tener salida)* to have had it, be for it: como hagan una inspección estamos perdidos if there's an inspection we've had it.
ponerse perdido,-a *fam* to get filthy, get dirty.

perdigón

1 *nm* pellet.
2 *nm* ZOOL young partridge.

perdigonada *nf (disparo)* shot; *(herida)* pellet wound.

perdiguero *nm* gun dog.

perdiz *nf* partridge.
✦ **fueron felices y comieron perdices** and they all lived happily ever after.
■ **perdiz común** red-legged partridge.
perdiz nival ptarmigan.
perdiz pardilla common partridge.
▲ *pl perdices.*

perdón *nm* pardon, forgiveness.
✦ **con perdón** if you pardon the expression.
no tener perdón to be unforgivable.
pedir perdón to apologize, say sorry.
¡perdón! *(para excusarse)* sorry!; *(para preguntar, hacerse paso)* excuse me.

perdonable *adj* excusable, forgivable, pardonable.

perdonar

1 *vt (gen)* to forgive; *(acusado)* to pardon: Dios te perdone may God forgive you.
2 *vt (excusar)* to excuse: perdona que te interrumpa excuse me for interrupting, sorry to bother you; "Perdonen las molestias" "We apologize for any inconvenience".
3 *vt (deuda)* to write off.
4 *vt fam (prescindir de)* to do without, go without: las vacaciones no las perdono I won't go without my holidays.
✦ **no perdonar ni una** *fam* to be unrelenting, not let somebody get away with anything.
perdonarle la vida a alguien to spare somebody's life.

perdonavidas *nm & nf fam* bully.

perdulario,-a *nm,f* ne'er-do-well.

perdurable

1 *adj (perpetuo)* everlasting.
2 *adj (duradero)* long-lasting.

perdurar *vi* to last, continue to exist, live on.

perecedero,-a *adj* perishable.

perecer *vi* to perish, die.
▲ *Conjugation model* [43], *like agradecer.*

peregrinación *nf* pilgrimage.

peregrinaje *nm* pilgrimage.

peregrinar

1 *vi* to go on a pilgrimage.
2 *vi fig* to traipse, trail.

peregrino,-a

1 *adj (en peregrinaje)* travelling.
2 *adj (ave)* migratory.
3 *adj fig (idea, ocurrencia)* strange, peculiar.
4 *nm,f* REL pilgrim.

perejil *nm* parsley.

perengano *nm,f* → **fulano.**

perenne *adj* perennial.

perentorio,-a *adj* peremptory, urgent.

pereza *nf* laziness: ¡qué pereza lavar los platos! I don't feel like doing the washing up; me da pereza I can't be bothered.
✦ **tener pereza** to feel lazy.

perezosamente *adv* lazily.

perezoso,-a

1 *adj* lazy.
2 *nm,f* lazy person, idler, lazybones.
3 **perezoso** *nm* ZOOL sloth.

perfección *nf* perfection.
✦ **a la perfección** perfectly: habla inglés a la perfección he speaks perfect English.

perfeccionamiento *nm* improvement.

perfeccionar

1 *vt (mejorar)* to improve.
2 *vt (hacer perfecto)* to perfect.

perfeccionismo *nm* perfectionism.

perfeccionista

1 *adj* perfectionist.
2 *nm & nf* perfectionist.

perfectamente

1 *adv (completamente)* perfectly.
2 *adv (como asentimiento)* all right!, great!, fine!

perfecto,-a *adj* perfect.

perfidia *nf* perfidy.

pérfido,-a

1 *adj* perfidious.
2 *nm,f* traitor.

perfil

1 *nm (gen)* profile.
2 *nm (silueta)* outline.
3 *nm (para un trabajo)* outline.
✦ **de perfil** in profile: ponte de perfil show me your profile.

perfilar

1 *vt (dar forma)* to outline.
2 *vt (perfeccionar)* to perfect.
3 **perfilarse** *vpr* to take shape: Torres se perfila como ganador Torres is beginning to look like the winner.

perforación

1 *nf (gen)* perforation.
2 *nf (en una mina)* drilling, boring.
3 *nf (de papel)* punching.

perforado,-a

1 *pp* → **perforar.**
2 *adj (pulmón)* punctured.

perforadora
1 *nf (en una mina)* drill.
2 *nf (de papeles)* punch.
perforar
1 *vt (gen)* to perforate.
2 *vt (terreno)* to drill, bore.
3 *vt (papel)* to punch.
perfumar *vt* to perfume, scent: **se perfuma antes de salir** she puts perfume on before going out.
perfume *nm* perfume.
perfumería
1 *nf (tienda)* perfumery.
2 *nf (industria)* perfume industry.
perfumista *nm & nf* perfumer.
pergamino *nm* parchment.
pergeñar *vt* to prepare.
pérgola *nf* pergola.
pericardio *nm* pericardium.
pericarpio *nm* pericarp.
pericia *nf* skill.
pericial *adj (informe)* done by an expert.
perico
1 *nm (ave)* parakeet.
2 *nm (orinal)* chamber pot.
3 *nm arg (droga)* coke, snow.
periferia
1 *nf (gen)* periphery.
2 *nf (de una ciudad)* outskirts *pl.*
periférico,-a
1 *adj (gen)* peripheral.
2 *adj (barrio, zona)* outlying.
3 **periférico** *nm INFORM* peripheral unit.
perifollo
1 *nm BOT* common chervil.
2 **perifollos** *nm pl fam (adornos)* frills.
perífrasis *nf* periphrasis.
perifrástico,-a *adj* periphrastic.
perilla *nf* goatee.
✦ **ir de perilla/venir de perilla** *fam* to come in really handy.
perímetro *nm* perimeter.
perindola *nf* small top.
periné *nm* perineum.
perineo *nm* perineum.
periódicamente *adv* periodically.
periodicidad *nf* periodicity.
periódico,-a
1 *adj* periodical.
2 **periódico** *nm* newspaper.
periodicucho *nm fam* rag.
periodismo *nm* journalism.
periodista *nm & nf* journalist.
periodístico,-a *adj* journalistic.
periodo *nm* period.
período *nm* period.
peripatético,-a *adj (ridículo)* absurd, pathetic.
peripecia *nf* incident.
periplo
1 *nm* long journey.
2 *nm (por mar)* voyage.
peripuesto,-a *adj fam* all dressed up.

periquete *nm fam* jiffy.
✦ **en un periquete** in a jiffy, in two shakes, in a sec.
periquito,-a
1 **periquito** *nm & nf (gen)* parakeet; *(australiano)* budgerigar.
2 **periquito,-a** *nm,f fam (mujer)* girl; *(hombre)* boy, lad.
3 *nm,f DEP fam* supporter of the Real Club Deportivo Español.
periscopio *nm* periscope.
perista *nm & nf* fence.
peristáltico,-a *adj* peristaltic.
peristilo *nm* peristyle.
perístole *nf* peristalsis.
peritaje
1 *nm (informe)* expert's report; *(para el seguro)* loss adjuster's report.
2 *nm (investigación)* inspection, survey.
3 *nm (estudios)* technical studies *pl.*
▪ **peritaje mercantil** accountancy.
perito,-a
1 *adj* expert.
2 *nm,f (experto)* expert; *(en seguros)* loss adjuster.
3 *nm,f (en ingeniería)* technician.
▪ **perito,-a agrónomo,-a** agricultural technician.
perito,-a industrial engineer.
perito,-a mercantil accountant.
peritoneo *nm* peritoneum.
peritonitis *nf* peritonitis.
▲ *pl* peritonitis.
perjudicado,-a
1 *pp* → **perjudicar.**
2 *nm,f* person who loses out, person affected: **los más perjudicados han sido los campesinos** farmers have been worst affected.
perjudicar *vt* to adversely affect, be bad for, be detrimental to: **sabes que beber te perjudica** you know that drinking is bad for you; **esta sequía perjudica a la agricultura** the drought is hitting the farmers.
▲ *Conjugation model* [1], *like sacar.*
perjudicial *adj* harmful.
perjuicio *nm (material)* damage; *(económico)* loss.
✦ **causar perjuicio a alguien** to damage somebody's interests.
con perjuicio para resulting in damage to.
en perjuicio de adversely affecting, to the detriment of, against.
sin perjuicio de without adversely affecting, without detriment to; *JUR* without prejudice to.
perjurar
1 *vi* to commit perjury.
2 *vt* to swear: **juró y perjuró que él no había sido** he swore blind he hadn't done it.
perjurio *nm* perjury.
perjuro,-a
1 *adj* perjured.
2 *nm,f* perjurer.

perla
1 *nf* pearl.
2 *nf fig* gem.
✦ **de perlas** *fam* perfect: **tu regalo me vino de perlas** your present was just what I needed; **la fiesta salió de perlas** the party was a real success.
▪ **collar de perlas** pearl necklace.
perla cultivada cultured pearl.
perlado,-a *adj* pearled.
✦ **perlado,-a de sudor** beaded with sweat.
perlífero,-a *adj* pearl-bearing, pearl.
permanecer *vi* to stay, remain.
▲ *Conjugation model* [43], *like agradecer.*
permanencia
1 *nf (estancia)* stay.
2 *nf (continuidad)* continuance.
permanente
1 *adj* permanent, lasting.
2 *nf (del pelo)* permanent wave: **se ha hecho la permanente** she's had her hair permed.
▪ **servicio permanente** 24-hour service.
permanentemente *adv* permanently.
permanganato *nm* permanganate.
permeabilidad *nf* permeability.
permeable *adj* permeable.
permisible *adj* permissible.
permisividad *nf* permissiveness.
permisivo,-a *adj* permissive.
permiso
1 *nm* permission.
2 *nm (documento)* permit.
3 *nm MIL* leave.
✦ **con permiso** excuse me.
con su permiso if you'll excuse me.
estar de permiso to be on leave.
pedir permiso to ask permission.
▪ **permiso de conducir** driving licence, *US* driver's licence.
permiso de residencia residence permit.
permitir
1 *vt* to allow, let: **permitió que sus hijas fueran al concierto** he let his daughters go to the concert; **no te permito que hables así** I won't allow you to talk to me like that; **no se permite fumar** no smoking; **el sol me da en los ojos y no me permite ver** I can't see because the sun's in my eyes.
2 **permitirse** *vpr* to allow oneself, afford: **no me puedo permitir comprarme un coche** I can't afford to buy a car.
✦ **¿me permite?** may I?
si el tiempo lo permite weather permitting.
permuta *nf* exchange.
permutable *adj* exchangeable.
permutación *nf* permutation.
permutar
1 *vt* to exchange.
2 *vt MAT* to permute.
pernera *nf* leg, trouser leg.

pernetas *loc (en pernetas)* barelegged.

pernicioso,-a *adj* pernicious, harmful.

pernil *nm (pata de animal)* haunch; *(del cerdo)* ham; *(del pantalón)* leg.

pernio *nm* hinge.

perno *nm* bolt.

pernocta pase de pernocta *nm* overnight pass.

pernoctar *vi* to spend the night, stay overnight.

pero
1 *conj* but: éramos pobres, pero felices we were poor, but happy; era un examen difícil, pero que muy difícil, ¿sabes? it was a difficult exam, and I mean really difficult.
2 *nm* objection, fault.
✦ **no hay pero que valga** I don't want any arguments.
poner peros to find fault (**a**, with).

perogrullada *nf* platitude, truism.

perogrullo verdad de perogrullo *nf* truism.

perol *nm* cooking pot.

perola *nf* saucepan, pan.

peroné *nm* fibula.

peronismo *nm* Peronism.

peronista
1 *adj* Peronist.
2 *nm & nf* Peronist.

perorar
1 *vi (dar un discurso)* to deliver a speech.
2 *vi pey* to blabber on (**sobre**, about).

perorata *nf* spiel.

peróxido *nm* peroxide.
■ **peróxido de hidrógeno** hydrogen peroxide.

perpendicular
1 *adj* perpendicular.
2 *nf* perpendicular.

perpendicularidad *nf* perpendicularity.

perpetración *nf* commission, perpetration.

perpetrar *vt* to perpetrate, commit.

perpetuación *nf* perpetuation.

perpetuamente *adv* perpetually.

perpetuar
1 *vt* to perpetuate.
2 **perpetuarse** *vpr* to be perpetuated.
▲ *Conjugation model* [11], *like actuar.*

perpetuidad *nf* perpetuity.
✦ **a perpetuidad** for ever and ever.

perpetuo,-a *adj (gen)* perpetual; *(cargo)* permanent.
■ **nieves perpetuas** perpetual snows.

perplejidad *nf* perplexity: me miró con perplejidad he looked at me perplexed.

perplejo,-a *adj* perplexed.

perra
1 *nf (animal)* bitch.
2 *nf fam (pataleta)* tantrum.

3 *nf (deseo fuerte)* obsession: ¡vaya perra tiene con mudarse de casa! he's obsessed about moving house!
4 **perras** *nf pl fam* readies.
✦ ¡**para ti la perra gorda!** *fam* OK, you win!
■ **perra chica** *five centimo coin.*
perra gorda *ten centimo coin.*

perrera
1 *nf (lugar)* dog pound.
2 *nf (vehículo)* dog-catcher's van.
■ **perrera municipal** dog pound.

perrería *nf fam* dirty trick.

perrito
1 *nm (animal)* small dog.
2 **perrito (caliente)** *nm (salchicha)* hot dog.

perro,-a
1 *adj* rotten.
2 **perro** *nm ZOOL* dog.
✦ **a otro perro con ese hueso** pull the other one.
atar los perros con longaniza *fam* to have money to burn.
coger una perra *fam* to have a tantrum.
"Cuidado con el perro" "Beware of the dog".
de perros *fam* rotten, lousy.
llevarse como el perro y el gato *fam* to fight like cat and dog.
llevar una vida de perros *fam* to lead a dog's life.
no valer ni tres perras gordas *fam* not to be worth a penny.
perro ladrador, poco mordedor his *(her etc)* bark is worse than his *(her etc)* bite.
ser perro viejo *fam* to be long in the tooth.
■ **perro caliente** hot dog.
perro callejero stray dog.
perro de caza hunting dog.
perro de compañía pet dog.
perro de muestra pointer.
perro de rastro tracker dog.
perro faldero lapdog.
perro pastor sheepdog.
perro perdiguero gundog.
perro policía police dog.
perro rastrero tracker dog.

perruno,-a
1 *adj (del perro)* dog's.
2 *adj fam (tos)* chesty, thick.

persa
1 *adj* Persian.
2 *nm & nf (persona)* Persian.
3 **persa** *nm (idioma)* Persian.

per se *loc* per se.

persecución
1 *nf* pursuit.
2 *nf (represión)* persecution.

persecutorio,-a *adj* persecutory.

perseguible *adj* chargeable: no es perseguible he cannot be charged.

perseguidor,-ora
1 *nm,f* pursuer.
2 *nm,f (represor)* persecutor.

perseguir
1 *vt* to pursue, chase: nos persiguió un coche de policía a police car chased us.
2 *vt fig (seguir)* to follow: este perro me persigue this dog follows me everywhere.
3 *vt (reprimir)* to persecute.
4 *vt fig (pretender)* to be after, be looking for: lo que persigue es que la invite a la fiesta she's after an invite to the party.
5 *vt JUR* to prosecute.
▲ *Conjugation model* [56], *like seguir.*

perseverancia *nf* perseverance.

perseverante *adj* persevering.

perseverar *vi* to persevere.

Persia *nf* Persia.

persiana *nf* blind.

pérsico,-a *adj →* persa.
■ **golfo Pérsico** Persian Gulf.

persignarse *vpr* to cross oneself.

persistencia *nf* persistence.

persistente *adj* persistent.

persistir
1 *vi (mantenerse firme)* to persist, persevere.
2 *vi (durar)* to continue, persist.

persona *nf* person: tu tío es muy buena persona your uncle is a nice man; faltan dos personas there are two people missing.
✦ **en persona** in person.
■ **persona física** individual.
persona jurídica legal entity.

personaje
1 *nm (famoso)* celebrity.
2 *nm (en obra, película)* character.

personal
1 *adj* personal.
2 *nm (de una empresa)* personnel, staff.
3 *nm fam (gente)* everyone, everybody: hoy está el personal un poco apagado everyone's a bit down today.
4 *nf DEP (falta)* personal foul.
■ **personal docente** teaching staff.

personalidad
1 *nf (carácter)* personality.
2 *nf (personaje)* celebrity.

personalismo
1 *nm (ofensa personal)* personal attack: dejemos a un lado los personalismos let's not get personal.
2 *nm (partidismo)* partiality.

personalista
1 *adj (parcial)* partial, biased.
2 *adj (egoísta)* selfish.

personalizado,-a *adj* personalized.

personalizar
1 *vt* to personalize.
2 *vi* to get personal.

personalmente *adv* personally.

personarse *vpr* to appear in person, present oneself.

personificación *nf* personification.

personificar *vt* to personify.
▲ *Conjugation model* [1], *like sacar.*

perspectiva
1 *nf ART* perspective.
2 *nf (posibilidad)* prospect: este negocio presenta muy buenas perspectivas this business has good prospects.
3 *nf (vista)* view, perspective: desde aquí se divisa una buena perspectiva de la ciudad you get a really good view of the city from here.
4 *nf (punto de vista)* point of view.

perspicacia *nf* sharpness, perspicacity.
perspicaz *adj* sharp, perspicacious.
▲ *pl* perspicaces.

perspicazmente *adv* perspicaciously.
persuadir
1 *vt* to persuade, convince.
2 **persuadirse** *vpr* to be convinced.

persuasión *nf* persuasion.
persuasivo,-a *adj* persuasive.
pertenecer *vi* to belong (a, to).
▲ *Conjugation model* [43], *like agradecer.*

perteneciente *adj* belonging (a, to).
pertenencia
1 *nf (propiedad)* property: esto es de mi pertenencia this belongs to me.
2 *nf (afiliación)* membership.
3 **pertenencias** *nf pl (bienes)* belongings.

pértiga *nf* pole.
■ **salto de pértiga** pole vault.

pertinaz
1 *adj (sequía, frío)* prolonged, persistent.
2 *adj (persona)* obstinate.
▲ *pl* pertinaces.

pertinencia
1 *nf (conveniencia)* appropriateness.
2 *nf (relevancia)* relevance, pertinence.

pertinente
1 *adj (oportuno)* appropriate.
2 *adj (relevante)* pertinent, relevant.

pertrechar
1 *vt* to supply (de, with).
2 **pertrecharse** *vpr* to equip oneself.

pertrechos
1 *nm pl* equipment *sing.*
2 *nm pl MIL* military equipment *sing.*

perturbación
1 *nf* disruption, disturbance.
2 *nf (mental)* disorder.
■ **perturbación del orden público** public disorder, breach of the peace.

perturbado,-a
1 *adj (trastornado)* mentally disturbed.
2 *adj (intranquilo)* perturbed.
3 *nm,f* mentally disturbed person.

perturbador,-ra *adj* disturbing.
perturbar
1 *vt (alterar)* to disturb, perturb.
2 *vt (inquietar)* to perturb.
✦ **perturbar el orden** to disturb the peace.

Perú *nm* Peru.
peruano,-a
1 *adj* Peruvian.
2 *nm,f* Peruvian.

perversamente *adv* perversely.
perversidad *nf (maldad)* wickedness.
perversión
1 *nf (maldad)* wickedness.
2 *nf (sexual)* perversion.

perverso,-a
1 *adj (malvado)* evil, wicked.
2 *nm,f* evil person.

pervertido,-a
1 *pp* → pervertir.
2 *adj (gen)* corrupt; *(sexualmente)* perverted.
3 *nm,f (sexual)* pervert.

pervertidor,-ra
1 *adj* corrupting.
2 *nm,f (gen)* corruptor.

pervertir *vt (gen)* to corrupt; *(sexualmente)* to pervert.
▲ *Conjugation model* [35], *like hervir.*

pervivencia *nf* survival.
pervivir *vi* to live on, persist, survive.
pesa *nf* weight.
pesabebés *nm* baby scales *pl.*
▲ *pl* pesabebés.

pesadamente *adv* sluggishly, heavily.
pesadez
1 *nf (lentitud)* sluggishness.
2 *nf (molestia)* bore: ¡menuda pesadez tener que repetirlo! what a nuisance to have to do it all again!
3 *nf (de un objeto)* heaviness.
✦ **tener pesadez de estómago** to have indigestion.

pesadilla *nf* nightmare.
pesado,-a
1 *pp* → pesar.
2 *adj (gen)* heavy.
3 *adj (molesto)* tiresome; *(aburrido)* boring.
4 *adj (trabajoso)* tough, hard.
5 *adj (sueño)* deep.
6 *nm,f (persona)* bore, pain.
✦ **ponerse pesado,-a** to get boring, be a pain.

pesadumbre *nf* sorrow, grief.
pesaje
1 *nm* weighing.
2 *nm DEP* weigh-in.

pésame *nm* condolences *pl.*
✦ **darle el pésame a alguien** to offer somebody one's condolences.
mi más sentido pésame my deepest sympathy.

pesar
1 *vi* to weigh: ¿cuánto pesas? how much do you weigh?; no pesas nada you are really light.
2 *vi (tener mucho peso)* to be heavy: ¡cómo pesa esta maleta! this suitcase is really heavy!
3 *vi (sentir)* to be sorry, regret: me pesa mucho no haberle invitado I really regret not having invited him.
4 *vi (influir)* to carry weight: su opinión pesa más que la nuestra her opinion carries more weight than ours.

5 *vt* to weigh.
6 *nm (pena)* sorrow, grief.
7 *nm (arrepentimiento)* regret.
✦ **a mi (nuestro etc) pesar** to my *(our etc)* regret.
a pesar de despite, in spite of.
a pesar de los pesares in spite of everything.
mal que me (le etc) pese to my *(his etc)* great regret.
pese a que ... despite the fact that..., although ...

pesario *nm* pessary.
pesaroso,-a *adj* sorry, regretful.
pesca
1 *nf (actividad)* fishing.
2 *nf (peces)* fish.
■ **pesca con caña** angling.
pesca de altura deep-sea fishing.
pesca de arrastre trawling.
pesca de bajura inshore fishing.

pescada *nf* hake.
pescadería *nf* fishmonger's, fish shop.
pescadero,-a *nm,f* fishmonger.
pescadilla *nf* young hake.
pescadito pescadito frito *nm* whitebait.

pescado *nm* fish.
■ **pescado azul** blue fish.
pescado blanco white fish.

pescador,-ra
1 *adj* fishing.
2 *nm,f (hombre)* fisherman; *(mujer)* fisherwoman.
■ **pescador de bajura** inshore fisherman.

pescante *nm (asiento)* coachman's seat.
pescar
1 *vi (ir a pescar)* to fish, go fishing.
2 *vt (sacar del agua)* to get, catch.
3 *vt fam (agarrar)* catch: he pescado un resfriado de aquí te espero I've caught a really nasty cold.
4 *vt (conseguir)* to get, catch: lleva años intentando pescar novio she's been trying to get a boyfriend for years.
5 *vt fam (comprender)* to understand, get: éste no pesca una, el pobre he's a bit slow, poor thing.
6 *vt fam (coger por sorpresa)* to catch.
✦ **ir a pescar** to go fishing.
▲ *Conjugation model* [1], *like sacar.*

pescozón *nm* slap on the neck.
pescuezo *nm* neck.
✦ **retorcerle el pescuezo a alguien** *fam* to wring somebody's neck.

pesebre
1 *nm (de Navidad)* crib.
2 *nm (para animales)* manger, stall.

peseta *nf* peseta.
✦ **mirar la peseta** to be careful with one's money.

pesetero,-a
1 *adj* money-grubbing.
2 *nm,f* money-grubber.

pésimamente *adv* dreadfully.

pesimismo *nm* pessimism.
pesimista
 1 *adj* pessimistic.
 2 *nm & nf* pessimist.
pésimo,-a *adj* dreadful, awful.
peso
 1 *nm (gen)* weight.
 2 *nm (balanza)* scales *pl*.
 3 *nm (carga)* load, burden.
 ✦ **caerse por su propio peso** to be self-evident, be obvious.
  de peso *(pesado)* heavy; *(importante)* important; *(influyente)* influential; *(convincente)* strong, powerful.
  ganar peso to put on weight, gain weight.
  hacer el peso *fam* to convince: no me acaba de hacer el peso I'm not sure about it.
  perder peso to lose weight.
  quitar un peso de encima de alguien to take a weight off somebody's mind.
 ▪ **peso bruto** gross weight.
  peso gallo bantamweight.
  peso ligero lightweight.
  peso neto net weight.
  peso pesado heavyweight.
  peso pluma featherweight.
pespunte *nm* backstitch.
pesquería *nf* fishery.
pesquero,-a
 1 *adj* fishing.
 2 **pesquero** *nm* fishing boat.
pesquis *nm fam* gumption, common sense.
pesquisa *nf* inquiry.
pestaña
 1 *nf (del ojo)* eyelash.
 2 *nf TÉC* flange.
pestañear *vi* to blink.
 ✦ **sin pestañear** without batting an eyelid.
pestañeo *nm* blinking.
peste
 1 *nf (epidemia)* plague.
 2 *nf (mal olor)* stink, stench: ¡qué peste a tabaco hay aquí! it stinks of tobacco smoke in here!
 3 *nf (cosa molesta)* pest.
 ✦ **decir/echar pestes de alguien** to slag somebody off.
 ▪ **peste bubónica** bubonic plague.
  peste negra Black Death.
pesticida *nm* pesticide.
pestilencia
 1 *nf (mal olor)* stink, stench.
 2 *nf desus (epidemia)* pestilence.
pestilente *adj (apestoso)* stinking.
pestillo
 1 *nm (de puerta)* bolt; *(de ventana)* catch.
 2 *nm (de una cerradura)* bolt.
 ✦ **cerrar con pestillo** to bolt.
pestiño
 1 *nm CULIN* honey-coated sweet fritter.
 2 *nm fam (persona)* bore; *(cosa)* drag.

petaca
 1 *nf (de bebida)* hip flask.
 2 *nf (de cigarros)* cigarette case; *(de tabaco picado)* tobacco pouch.
 3 *nf fam (en una cama)* apple-pie bed.
pétalo *nm* petal.
petanca *nf* petanque, boules.
petardear *vi* to backfire.
petardo
 1 *nm (de verbena)* firecracker, banger.
 2 *nm MIL* petard.
 3 *nm fam (persona - aburrido)* boring fart, pain in the neck; *(- feo)* ugly person; *(- inútil)* good-for-nothing.
 4 *nm arg (de hachís)* spliff.
petate
 1 *nm (de soldado, marinero)* kit bag.
 2 *nm fam (equipaje)* bags *pl*: como sigáis así cojo el petate y me voy if you behave like this, I'll pack up and go.
 3 *nm (para dormir)* mat.
 ✦ **liar el petate** *fam (irse)* to pack up and go.
petenera *nf MÚS* Andalusian song.
 ✦ **salirse por peteneras** *fam* to go off at a tangent, change the subject.
petición
 1 *nf (gen)* request.
 2 *nf* plea, petition.
 ✦ **a petición de** at the request of.
 ▪ **petición de gracia** appeal for clemency.
petimetre *nm* fop.
petirrojo *nm* robin.
petisú *nm* éclair.
peto
 1 *nm (pantalón)* pair of dungarees; *(pieza del pantalón)* bib.
 2 *nm HIST* breastplate.
pétreo,-a *adj* stony.
petrificar
 1 *vt (fosilizar)* to petrify.
 2 *vt (sorprender)* to astound; *(aterrorizar)* to petrify.
 ▲ *Conjugation model* [1], *like* **sacar.**
petrodólar *nm* petrodollar.
petróleo *nm* oil.
petrolero,-a
 1 *adj* oil.
 2 **petrolero** *nm* oil tanker.
petrolífero,-a *adj* oil-bearing.
petroquímica *nf* petrochemistry.
petroquímico,-a *adj* petrochemical.
petulancia *nf* vanity.
petulante *adj* vain.
petunia *nf* petunia.
peúco *nm →* **patuco.**
peyorativo,-a *adj* pejorative.
pez[1] *nm* fish.
 ▪ **pez espada** swordfish.
 ✦ **estar pez en algo** *fam* to be useless at something, know nothing about something.
  estar/sentirse como pez en el agua to be in one's element.

pez gordo *fig* big shot.
 pez martillo hammerhead shark.
 pez rata stargazer.
 ▲ *pl* **peces.**
pez[2] *nf* pitch.
 ✦ **negro,-a como la pez** pitch-black.
pezón *nm* nipple.
pezonera *nf* linchpin.
pezuña *nf* hoof.
piada *nf* cheep.
piadosamente *adv* piously.
piadoso,-a
 1 *adj* pious, devout.
 2 *adj (clemente)* merciful, compassionate.
piafar *vi* to paw the ground.
píamente *adv* piously.
pianista *nm & nf* pianist.
pianístico,-a *adj* pianistic.
piano
 1 *nm* piano.
 2 *adv* piano, quietly.
 ✦ **piano de cola** grand piano.
  piano vertical upright piano.
pianoforte *nm* pianoforte.
pianola *nf* Pianola.
 ▲ *Registered trademark.*
piar *vi* to chirp, tweet.
 ▲ *Conjugation model* [13], *like* **desviar.**
piara *nf* herd of pigs.
piastra *nf* piastre.
PIB *abr* (**producto interior bruto**) gross domestic product; *(abreviatura)* GDP.
pibe,-a *nm,f* kid.
pica
 1 *nf (lanza)* pike.
 2 *nf (de picador)* goad.
 3 *nf (de la baraja)* spade.
 ✦ **poner una pica en Flandes** to bring off a coup.
picacho *nm* mountain peak.
picada
 1 *nf (picadura - de avispa)* sting; *(- de mosquito)* bite.
 2 *nf (de pez)* bite.
picadero
 1 *nm (escuela)* riding school.
 2 *nm fam* bachelor pad.
picadillo *nm (de carne)* minced meat, mince; *(de verduras)* chopped vegetables.
 ✦ **hacer picadillo a alguien** *fam* to make mincemeat of somebody.
picado,-a
 1 *pp →* **picar.**
 2 *adj CULIN (cortado - verdura)* finely chopped; *(- carne)* minced.
 3 *adj (vino)* vinegary, sour, off.
 4 *adj (metal)* pitted.
 5 *adj (piel, cara)* pockmarked.
 6 *adj (tabaco)* cut.
 7 *adj (mar)* choppy.
 8 *adj (diente)* decayed.
 9 *adj fam (ofendido)* offended.
 10 **picado** *nm (de avión)* dive.

◆ **caer en picado** to plummet.
estar picado,-a *fam* to be upset, be miffed.

picador
1 *nm (tauromaquia)* picador.
2 *nm (minero)* face worker.

picadora *nf* mincer.

picadura
1 *nf (de insecto, serpiente)* bite; *(de abeja, avispa)* sting.
2 *nf (tabaco)* cut tobacco.
3 *nf (en los dientes)* decay.

picaflor *nm (ave)* hummingbird.

picahielos *nm* ice pick.

picajoso,-a *adj fam* touchy.

picante
1 *adj (comida)* hot.
2 *adj fig (chiste, película)* spicy.
3 *nm (comida)* hot food.
4 *nm (sabor)* hot flavour.

picapedrero *nm* stonecutter.

picapica *nm (que hace estornudar)* sneezing powder; *(que causa picor)* itching powder.
■ **polvos picapica** itching powder.

picapleitos *nm & nf* second-rate lawyer.

picaporte
1 *nm (para llamar)* door knocker.
2 *nm (para abrir)* door handle.

picar
1 *vt (morder - insecto)* to bite; *(- abeja, avispa)* to sting.
2 *vt (corroer)* to eat away, rot: tengo el coche picado de la humedad my car's all rusty from the damp; tengo las muelas picadas de comer tantos caramelos my teeth are bad from eating so many sweets; la polilla me ha picado el baúl moths have eaten away the trunk.
3 *vt (perforar - papel, tarjeta)* to punch.
4 *vt (dar con un pico)* to jab, goad.
5 *vt CULIN (cortar)* to chop finely; *(carne)* to mince.
6 *vt (comida)* to nibble: vamos a salir a picar algo we're going to get a bite to eat.
7 *vt (incitar)* to arouse: me picó la curiosidad it aroused my curiosity.
8 *vt (herir)* to wound: le ha picado el orgullo it has wounded his pride.
9 *vt (toro)* to goad.
10 *vt (cebo)* to bite.
11 *vi (sentir escozor)* to itch: me pica todo el cuerpo I'm itching all over.
12 *vi (calentar)* to be hot, be strong: hoy pica el sol en cantidad the sun's really strong today.
13 *vi (estar picante)* to be hot: estos pimientos pican muchísimo these peppers are really hot.
14 *vi (pez)* to bite; *(persona)* to fall for it.
15 *vi (caer en la cuenta)* to cotton on, twig.
16 *vi (comer)* to have a nibble.
17 **picarse** *vpr (muela)* to decay, go bad: se me ha picado una muela one of my teeth has gone bad.

18 *vpr (fruta)* to begin to rot.
19 *vpr (tela)* to be moth-eaten.
20 *vpr (mar)* to get choppy.
21 *vpr (vino)* to go vinegary, go sour, go off.
22 *vpr (metal)* to pit.
23 *vpr (ofenderse)* to take offence.
24 *vpr fam (picar el orgullo)* to get annoyed.
25 *vpr arg (pincharse droga)* to shoot up.
◆ **picar alto** to aim high.
quien se pica, ajos come *fam* if the cap fits, wear it.
▲ *Conjugation model* [1], *like* sacar.

picardía
1 *nf (astucia)* craftiness.
2 *nf (atrevimiento)* naughtiness.
3 *nf (dicho atrevido)* risqué comment.
◆ **tener picardía** to be crafty.

picardías *nm sexy* negligee.
▲ *pl* picardías.

picaresca *nf* → picaresco,-a.

picaresco,-a
1 *adj lit* picaresque.
2 *nf* picaresque genre.

pícaro,-a
1 *adj (astuto)* crafty, sly.
2 *adj (atrevido)* wicked.
3 *nm,f (persona astuta)* slyboots, crafty devil.

picatoste *nm small* crouton.

picazo,-a *adj (caballo)* piebald.

picazón *nf (picor)* itch.

picea *nf* spruce.

picha *nf tabú* prick.

pichear
1 *vt* to pitch.
2 *vi* to pitch.

pichi *nm* pinafore dress, *(us* jumper).

pichichi
1 *nm (goleador)* top goal scorer.
2 *nm (trofeo)* top goal scorer's trophy.

pichón,-ona
1 *nm,f* pigeon.
2 *nm,f (apelativo)* darling.

picnic *nm* picnic.
◆ **ir de picnic** to go for a picnic.

pico¹
1 *nm (de ave)* beak.
2 *nm (herramienta)* pickaxe, pick.
3 *nm (de montaña)* peak.
4 *nm (punta)* corner.
5 *nm fam (boca)* mouth, gob, trap: cierra el pico shut your trap; en cuanto abre el pico, mete la pata as soon as he opens his trap, he puts his foot in it.
6 *nm arg (de heroína)* fix: se dio un pico he gave himself a fix.
7 **y pico** *loc (cantidad)* tres mil y pico three thousand odd; llegaremos sobre las seis y pico we'll be there just after six.
◆ **callar el pico** *fam* to keep one's mouth shut.
costar un pico *fam* to cost an arm and a leg.
irse de picos pardos *fam* to go out on the town.

tener un pico de oro *fam* to have the gift of the gab.

pico² *nm* woodpecker.
■ **pico menor** lesser-spotted woodpecker.
pico picapinos great-spotted woodpecker.

picogordo *nm* hawfinch.

picor
1 *nm (gen)* itch.
2 *nm (de comida)* burning sensation.
◆ **tener picores** to feel itchy.

picota
1 *nf HIST* pillory.
2 *nf (fruta)* bigarreau cherry.
◆ **poner a alguien en la picota** *(criticar)* to pillory somebody; *(exponer)* to put somebody on the spot.

picotazo
1 *nm (de ave)* peck.
2 *nm (de insecto, reptil)* bite; *(de abeja, avispa)* sting.

picotear
1 *vt (ave)* to peck, peck at.
2 *vt (persona)* to nibble, snack.

picoteo
1 *nm (de ave)* pecking.
2 *nm (acción de comer)* nibbling, snacking.

picto,-a
1 *adj* Pictish.
2 *nm,f* Pict.
3 **picto** *nm* Pictish.

pictórico,-a *adj* pictorial.

picudo,-a *adj* pointed.

pie
1 *nm ANAT* foot: llevo de pie todo el día I've been on my feet all day; me duelen los pies my feet ache.
2 *nm (base - de una lámpara)* base; *(- de una escultura)* plinth.
3 *nm (de un verso)* foot.
4 *nm (medida de longitud)* foot.
5 *nm (de un documento)* foot; *(de una fotografía, dibujo)* caption.
◆ **a los pies de la cama** at the foot of the bed.
al pie de *(cerca)* close by.
al pie de la letra word for word.
al pie del cañón *fam* hard at it, working.
a pie on foot.
buscarle los tres pies al gato *fam* to split hairs.
creer algo a pies juntillas *fam* to believe something implicitly.
dar pie a to give occasion for.
de los pies a la cabeza from head to toe.
empezar con buen/mal pie to start off on the right/wrong foot.
estar en pie de guerra to be on a war footing; *fig* to be on the war path.
hacer pie to touch the bottom.
ir con pies de plomo to tread very carefully.
nacer de pie to be born with a silver spoon in one's mouth.

no dar pie con bola to mess everything up, not get anything right.
no tener ni pies ni cabeza to be ludicrous, be absurd.
pararle los pies a alguien to put somebody in their place.
poner los pies en to set foot in.
ponerse de/en pie to get to one's feet, stand up.
saber de qué pie cojea alguien to know what somebody's weakness is.
tenerse de pie to keep on one's feet.
- **pie de atleta** athlete's foot.
pie de imprenta imprint.
pies planos flat feet.

piedad
1 *nf (misericordia)* pity, mercy.
2 *nf (devoción religiosa)* piety.
✦ **¡por piedad!** for pity's sake!
tener piedad de alguien to have mercy on somebody.

piedra
1 *nf* stone.
2 *nf (granizo)* hailstone.
3 *nf (en el riñón)* stone.
4 *nf (de un encendedor)* flint.
5 *nf (de afilar)* grindstone.
✦ **no ser de piedra** *fam* to be human, not be made of stone.
pasar a alguien por la piedra *tabú* to lay somebody.
quedarse de piedra *fam* to be stunned.
- **piedra angular** cornerstone.
piedra filosofal philosopher's stone.
piedra pómez pumice stone.
piedra preciosa gem, precious stone.

piel
1 *nf (de persona)* skin.
2 *nf (de animal - sin curtir)* hide; *(- curtida)* leather; *(- con pelo)* fur: **un bolso de piel** a leather bag; **un abrigo de piel** a fur coat.
3 *nf (de la fruta, patatas)* peel.
✦ **dejarse la piel** *fam* to give all one's got, sweat blood.
tener la piel de gallina to have goose pimples.
- **piel roja** redskin.

piélago *nm lit* ocean.

pienso *nm* fodder.

piercing *nm* body piercing.

pierna *nf* leg.

pieza
1 *nf (gen)* piece; *(de un aparato)* part.
2 *nf MÚS* piece, piece of music.
3 *nf TEAT* play.
4 *nf (de un juego de tablero)* piece.
5 *nf (en caza)* piece.
6 *nf (habitación)* room.
7 *nf (de tela)* roll; *(remiendo)* patch.
✦ **dejar de una pieza** to dumbfound.
quedarse de una pieza to be dumbfounded.
- **pieza de recambio** spare part.

pífano *nm* fife.

pifia *nf fam* blunder.
✦ **hacer una pifia** *fam* to make a blunder.

pifiar **pifiarla** *loc fam* to put one's foot in it, make a blunder.

pigmentación *nf* pigmentation.

pigmento *nm* pigment.

pigmeo,-a
1 *adj (raza)* Pygmy.
2 *adj fig* pygmy.
3 *nm,f (raza)* Pygmy.
4 *nm,f fig* pygmy.

pignorar *vt* to pawn.

pijada
1 *nf fam (menudencia)* trifle.
2 *nf fam (tontería)* stupid thing to say: **no dice más que pijadas el pobre** he just talks absolute rubbish.

pija *nf tabú* prick.
▲ See also **pijo,-a**.

pijama *nm* pyjamas *(US* pajamas) *pl.*

pijería *nf fam* → **pijotería**.

pijo,-a
1 *adj fam* posh.
2 *nm,f fam (chico)* rich boy; *(chica)* rich girl.
3 **pijo** *nm tabú* prick.

pijotería
1 *nf fam (pijos)* rich kids *pl.*
2 *nf (cosa insignificante)* trifle.
3 *nf (comentario)* stupid comment.

pijotero,-a
1 *adj* annoying.
2 *nm,f fam* pain in the neck.

pila
1 *nf ELEC* battery.
2 *nf (de fregar)* sink.
3 *nf (de bautismo)* font.
4 *nf fam (montón)* pile, heap: **tengo una pila de cosas que hacer** I've got piles of work to do; **hace ya una pila de años que no voy** I haven't been there for yonks.
✦ **ponerse las pilas** *fam* to get one's act together.
- **pila bautismal** font.

pilar *nm* pillar.

pilastra *nf* pilaster.

píldora
1 *nf* pill, tablet.
2 *nf* **la píldora** *(anticonceptivo)* the pill.
✦ **tragarse la píldora** *fam* to fall for it.

pileta *nf AM* swimming pool.

pilila *nf fam* willy.

pillaje *nm* looting.

pillar
1 *vt (coger)* to catch.
2 *vt fam (robar)* to nick.
3 *vt fam (atropellar)* to run over.
4 *vt fam (entender)* to catch, get, grasp.
5 *vi fam (encontrarse)* to be: **me pilla muy cerca de casa** it's very near home; **te pilla un poco lejos** it's a long way for you to go; **te pilla de camino** it's on your way.

pillastre *nm fam* rascal.

pillería *nf fam (travesura)* mischief: **siempre está haciendo pillerías** he's always up to no good.

pillín,-ina *nm,f fam* crafty little devil.

pillo,-a
1 *adj (travieso)* naughty.
2 *adj (astuto)* crafty.
3 *nm,f (niño)* little monkey, little devil.
4 *nm,f (adulto)* rogue, rascal.

pilluelo *nm* scamp, ragamuffin, urchin.

pilón
1 *nm (de una fuente)* basin.
2 *nm (abrevadero)* trough; *(lavadero)* sink.

pilonga *adj* shrivelled.
- **castaña pilonga** dried chestnut.

píloro *nm* pylorus.

piloso,-a *adj* hair.

pilotaje *nm (de un avión)* piloting; *(de un barco)* steering; *(de un coche)* driving.

pilotar *vt (avión)* to pilot, fly; *(coche)* to drive; *(barco)* to sail.

pilote *nm* pile.

piloto
1 *nm (conductor - de avión)* pilot; *(- de coche)* driver; *(- de barco)* pilot; *(- de moto)* rider.
2 *nm (luz - de un aparato)* pilot light; *(- de un vehículo)* rear light.
3 *adj (proyecto, programa)* pilot, test.
- **piloto automático** automatic pilot.
piloto de aviación air pilot.
piloto de carreras racing driver.

piltra *nf fam* bed.

piltrafa *nf* scrap.
✦ **estar hecho,-a una piltrafa** *(persona)* to be just skin and bones; *(ropa)* to be tatty.

pimentero
1 *nm (recipiente)* pepper pot.
2 *nm (planta)* pepper plant.

pimentón *nm* paprika.
- **pimentón picante** cayenne pepper.

pimienta *nf (especia)* pepper.
- **pimienta blanca** white pepper.
pimienta negra black pepper.

pimiento *nm (gen)* pepper; *(rojo)* red pepper; *(verde)* green pepper.
✦ **no importar un pimiento** *fam* not to give a damn: **le importa un pimiento lo que opine la gente** he couldn't give a damn what people think.
no valer un pimiento *fam (cosa)* not to be worth twopence; *(persona)* to be nothing to look at.
¡y un pimiento! *fam* like hell!
- **pimiento del piquillo** *slightly hot* red pepper.
pimiento de Padrón small green pepper *(either sweet or very hot).*
pimiento morrón sweet pepper.

pimpante *adj fam* unconcerned: **tan pimpante** as if nothing had happened.

pimpinela *nf* pimpernel.

pimplar
1 *vi fam* to booze.
2 **pimplarse** *vpr fam* to knock back.

pimpollo
1 *nm (brote)* shoot; *(árbol joven)* sapling; *(capullo)* bud.
2 *nm fam (persona)* dish, good-looker.
✦ **estar hecho,-a un pimpollo** *fam* to look good for one's age.
pimpón *nm* → ping-pong.
pinacoteca *nf* art gallery.
pináculo *nm* pinnacle.
pinar *nm* pine grove.
pincel *nm* paintbrush.
pincelada *nf* brush stroke: describió la situación con apenas dos pinceladas she briefly described the situation.
✦ **dar las últimas pinceladas a algo** to put the finishing touches to something.
pincha *nm & nf fam* DJ, disc jockey.
pinchadiscos *nm & nf fam* disc jockey, DJ.
pinchar
1 *vt (punzar)* to prick: se ha pinchado el dedo en el rosal he pricked his finger on the rosebush; se nos ha pinchado un neumático we have had a puncture; me han pinchado el globo, mamá Mum, they've burst my balloon.
2 *vt MED (poner inyección)* to give a injection, give a jab, *(us* give a shot): me pincharon tres veces porque no encontraban la vena they stuck the needle in me three times because they couldn't find the vein.
3 *vt (sujetar)* to spear, jab.
4 *vt (enfadar)* to needle: como siga pinchándola van a acabar peleándose if he keeps needling her they'll end up fighting.
5 *vt (estimular)* to push: en casa me pinchan para que me apunte al gimnasio the family are trying to persuade me to go to the gym.
6 *vt fam (intervenir)* to tap: sospechan que les han pinchado el teléfono they suspect their phone's been tapped.
7 *vt fam (poner disco)* to play: enróllate y pínchanos algo más movido get with it and put on something more lively.
8 **pincharse** *vpr fam (droga)* to shoot up.
✦ **ni pinchar ni cortar** *fam* to have nothing to do with it, have no say in something.
pinchazo
1 *nm (de neumático)* puncture.
2 *nm (con aguja etc)* prick: me he dado un pinchazo con la aguja mientras cosía I pricked my finger with the needle while I was sewing.
3 *nm (inyección)* injection, jab, *(us* shot).
4 *nm (de dolor)* sharp pain.
pinche *nm,f (de cocina)* kitchen assistant.
pinchito
1 *nm (de carne)* shish kebab.
2 *nm (aperitivo)* snack.
■ **pinchito moruno** shish kebab.

pincho
1 *nm (de una planta)* thorn.
2 *nm (de un erizo)* spine, prickle.
3 *nm (de aperitivo)* snack.
4 *nm (de carne)* shish kebab.
5 *nm (brocheta)* skewer.
■ **pincho moruno** shish kebab.
pineal *adj* pineal.
pineda *nf* pine grove.
pingajo *nm pey (de ropa)* rag.
pingo *nm fam (de ropa)* rag.
✦ **ir hecho,-a un pingo** *fam* to look a right mess.
ser un pingo *fam* to be out all the time.
ping-pong *nm* table tennis, ping-pong.
pingüe *adj* substantial.
pingüino *nm* penguin.
pinitos **hacer pinitos** *loc (un niño)* to toddle, start to walk; *(en una materia)* to try one's hand at something.
pino *nm (árbol)* pine tree; *(madera)* pine.
✦ **estar en el quinto pino** *fam* to be in the back of beyond.
hacer el pino to do a handstand.
pinrel *nm fam* foot.
pinsapo *nm* Spanish fir.
pinta
1 *nf (mancha)* dot.
2 *nf (medida)* pint.
3 *nf fam (aspecto)* look: ¡vaya una pinta que llevas con ese traje! you look dreadful in that suit!; tu vecino tiene muy mala pinta I don't like the look of your neighbour; esta película tiene pinta de estar bien this film looks as if it could be good.
4 *nm fam pey (persona)* dodgy character.
pintada *nf* graffiti.
pintado,-a
1 *pp* → **pintar**.
2 *adj (parecido)* identical.
3 *adj (maquillado)* made-up.
✦ **el más pintado** *fam* anyone, anybody, any of us.
venir que ni pintado,-a *fam* to be just the ticket.
pintalabios *nm* lipstick.
▲ *pl* pintalabios.
pintamonas
1 *nm & nf fam* nobody.
2 *nm & nf fam (pintor)* dauber.
▲ *pl* pintamonas.
pintar
1 *vt (gen)* to paint; *(dibujar)* to draw.
2 *vt (maquillar)* to make up.
3 *vt fig (describir)* to paint a picture: me lo pintaron todo tan bonito que firmé they painted such a rosy picture that I signed.
4 *vi (gen)* to paint.
5 *vi (marcar)* to write: este boli no pinta this biro doesn't write.
6 *vi fam (tener que ver)* to do, have to do: él, ¿qué pintaba allí? what was he doing there?; aquí no pinto nada yo there's no place for me here.

7 *vi (en la baraja)* to be trumps.
8 **pintarse** *vpr (maquillarse)* to put one's make up on.
✦ **pintárselas** to be an expert.
pintarse las uñas to paint one's nails.
pintarse los labios to put lipstick on.
pintarrajear
1 *vt fam* to daub.
2 **pintarrajearse** *vpr* to doll oneself up.
pintarrajo *nm fam* daub.
pintaúñas *nm* nail varnish, nail polish.
▲ *pl* pintaúñas.
pintiparado,-a
✦ **venir pintiparado,-a** *fam* to be just perfect.
pinto,-a *adj* spotted.
pintor,-ra *nm,f (de cuadros)* artist, painter; *(de paredes)* painter and decorator.
■ **pintor,-ra de brocha gorda** *(de paredes)* painter and decorator; *pey* dauber.
pintoresco,-a
1 *adj (lugar)* picturesque.
2 *adj (persona)* bizarre, colourful *(us* colorful).
pintura
1 *nf (arte)* painting.
2 *nf (cuadro)* picture.
3 *nf (producto)* paint: un bote de pintura a tin of paint; esta casa necesita una buena mano de pintura this house really needs painting.
✦ **no poder ver ni en pintura** *fam* not to be able to stand the sight of.
pinza
1 *nf (de cangrejo)* pincer.
2 *nf (de la ropa)* clothes peg.
3 *nf (en pantalón, falda)* pleat.
4 **pinzas** *nf pl (herramienta)* pincers.
5 *nf pl (de depilar)* tweezers.
6 *nf pl (de servir hielo)* tongs.
pinzamiento *nm* trapped nerve.
pinzón *nm* finch.
■ **pinzón real** brambling.
pinzón vulgar chaffinch.
piña
1 *nf (fruta)* pineapple.
2 *nf (del pino)* pine cone.
3 *nf (golpe)* bang; *(fuerte)* crash: dieron una piña contra un muro they crashed into a wall.
4 *nf fam (de personas)* clique.
✦ **hacer piña/formar piña** to close ranks, pull together.
piñata *nf* hollow figure filled with sweets *(which children try to break open at parties)*.
piño *nm arg* tooth.
piñón
1 *nm (del pino - semilla)* pine seed; *(- comestible)* pine nut kernel.
2 *nm TÉC* pinion.
✦ **estar a partir un piñón con alguien** *fam* to be as thick as thieves with somebody.
pío *nm* chirp.

✦ **no decir ni pío** *fam* not to say a word, not open one's mouth.

pío,-a *adj* pious.

piojo *nm* louse.

piojoso,-a
  1 *adj (lleno de piojos)* lousy, louse-infested.
  2 *adj fam (sucio)* lousy, filthy.
  3 *adj (miserable)* despicable.

piolet *nm* ice axe (*US* ax).

pionero,-a
  1 *adj* pioneering.
  2 *nm,f* pioneer.

piorrea *nf* pyorrhoea.

pipa¹ *nf (de tabaco)* pipe.
  ✦ **fumar en pipa** to smoke a pipe.

pipa² *nf (de girasol)* sunflower seed.
  ✦ **no tener ni para pipas** *fam* to be broke, be skint.
  pasarlo pipa *fam* to have a brilliant time, have a ball.

pipermín *nm (licor)* crème de menthe.

pipeta *nf* pipette.

pipí *nm fam* pee, wee-wee.
  ✦ **hacer pipí** to go for a pee.
  hacerse pipí to wet oneself.

pipiolo,-a
  1 *nm,f fam (novato)* novice.
  2 *nm,f fam (demasiado joven)* kid, baby.

pique
  1 *nm (resentimiento)* pique, grudge.
  2 *nm (rivalidad)* rivalry, needle: **tiene un pique increíble con el vecino** there's a lot of needle between him and his neighbour.
  ✦ **a pique de** about to.
  irse a pique *(barco)* to sink; *(plan, proyecto)* to go under, fall through.

piqué *nm* piqué.

piqueta *nf* pickaxe.

piquete
  1 *nm (de huelga)* picket.
  2 *nm (de soldados)* squad.

pira *nf* pyre.

pirado,-a
  1 *pp →* **pirarse.**
  2 *adj fam (loco)* loony, wacky.
  3 *nm,f fam* loony.

piragua *nf* canoe.

piragüismo *nm* canoeing.

piragüista *nm & nf* canoeist.

piramidal *adj* pyramidal.

pirámide *nf* pyramid.

piraña *nf* piranha.

pirarse *vpr fam* to split, sling one's hook, make oneself scarce: **se las ha pirado** he has slung his hook.

pirata
  1 *adj* pirate.
  2 *nm HIST* pirate.
  3 *nm & nf (de la informática)* hacker.
  ■ **pirata aéreo** hijacker.

piratear
  1 *vt (gen)* to pirate.
  2 *vt (avión)* to hijack.

piratería *nf (gen)* piracy.
  ■ **piratería aérea** hijacking.

pirenaico,-a
  1 *adj* Pyrenean.
  2 *nm,f* Pyrenean.

pírex *nm* pyrex.

pirindolo *nm fam* thingummy.

Pirineos **los Pirineos** *nm pl* the Pyrenees.

piripi *adj fam* tipsy.

pirita *nf* pyrite.

piro **darse el piro** *loc fam* to make oneself scarce.

piromanía *nf* pyromania.

pirómano,-a
  1 *adj* pyromaniacal.
  2 *nm,f* pyromaniac.

piropear *vt* to make flirtatious comments to.

piropo *nm* compliment, flirtatious comment.
  ✦ **echar un piropo a** to pay a compliment to.

pirotecnia *nf* fireworks *pl*, pyrotechnics.

pirotécnico,-a
  1 *adj* pyrotechnic.
  2 *nm,f* fireworks expert.

pirrar
  1 *vi fam* to be mad about: **me pirran los coches de carreras** I'm mad about racing cars.
  2 **pirrarse** *vpr* to be mad (**por**, about).

pirueta *nf* pirouette.
  ✦ **hacer piruetas** *(en danza)* to pirouette; *(ante una dificultad)* to work miracles.

piruetear *vi* to pirouette.

piruleta *nf* lollipop.

pirulí
  1 *nm fam (de caramelo)* lollipop.
  2 *nm fam (de telecomunicaciones)* telecommunications tower.

pis *nm fam* wee, pee.
  ✦ **hacer pis** to wee, pee.

pisada
  1 *nf* footstep.
  2 *nf (huella)* footprint.

pisapapeles *nm* paperweight.
  ▲ *pl* **pisapapeles.**

pisar
  1 *vt (gen)* to tread on, step on: **me ha pisado al salir** he trod on my foot as he was going out.
  2 *vt (acelerador, embrague)* to put one's foot on.
  3 *vt fig (entrar)* to set foot in: **hace años que no piso ese bar** I haven't set foot in that bar for years.
  4 *vt fam (idea, proyecto)* to steal; *(noticia)* to scoop.
  5 *vt fig (rebajar)* to walk all over: **no se deja pisar por nadie** nobody walks all over him.

  6 *vi* to tread, walk, step: **no pises muy fuerte que nos oyen los vecinos** tread more quietly, the neighbours will hear us.
  ✦ **pisar fuerte** *fig* to go all out, make a big impact.
  pisar la uva to tread grapes.

pisaverde *nm desus* fop.

piscardo *nm* minnow.

piscifactoría *nf* fish farm.

piscina *nf* swimming pool.

Piscis
  1 *nm (constelación)* Pisces.
  2 *nm & nf (persona)* Pisces.

piscolabis *nm* snack.
  ▲ *pl* **piscolabis.**

piso
  1 *nm (para vivir)* flat.
  2 *nm (planta)* floor: **¿a qué piso va?** what floor do you want?
  3 *nm (suelo)* floor.
  4 *nm (suela del zapato)* sole.
  5 *nm (de una tarta)* tier.
  ■ **piso amueblado** furnished flat.
  piso de alquiler rented flat.
  piso franco safe house.
  piso piloto show flat.

pisón *nm* ram.

pisotear
  1 *vt (pisar)* to trample.
  2 *vt fig (persona)* to walk all over.

pisotón *nm* stamp: **me han pegado un pisotón** somebody stepped on my foot.

pista
  1 *nf (rastro)* trail, track.
  2 *nf (indicio)* clue.
  3 *nf (de baile)* dance floor.
  4 *nf (camino)* track.
  5 *nf (de tenis)* court.
  6 *nf (de circo)* ring.
  7 *nf (de aterrizaje)* runway.
  ✦ **seguirle la pista a alguien** to be on somebody's trail.
  ■ **pista de aterrizaje** *(en aeropuerto)* runway; *(improvisado)* landing strip.
  pista de baile dance floor.
  pista de esquí ski slope.
  pista de tenis tennis court.

pistachero *nm* pistachio tree.

pistacho *nm* pistachio (nut).

pistilo *nm* pistil.

pisto *nm* type of ratatouille.
  ✦ **darse pisto** *fam* to give oneself airs.

pistola
  1 *nf* gun.
  2 *nf (para pintar)* spray gun.
  3 *nf (de pan)* loaf of bread.
  ■ **pistola de juguete** toy gun.
  pistola engrasadora grease gun.
  pistola pulverizadora spray gun.

pistolera *nf* holster.

pistolero *nm* gunman.

pistoletazo *nm* gunshot.
  ■ **pistoletazo de salida** starting signal.

pistón
1 *nm (de un motor)* piston.
2 *nm (de un arma)* cap.
3 *nm MÚS (corneta)* cornet; *(llave)* key.
pistonudo,-a *adj fam* marvellous.
pita[1] *nf BOT* pita.
pita[2] *nf fam (gallina)* cluck-cluck: ¡pitas, pitas! here - chick, chick, chick!
pitada
1 *nf (bocinazo)* hoot, honk.
2 *nf (pitido)* whistle.
3 *nf (del público)* booing.
pitanza *nf arc* food.
pitar
1 *vi (silbar)* to blow a whistle.
2 *vi (tocar la bocina)* to hoot, honk.
3 *vi (abuchear)* to boo and hiss.
4 *vi (funcionar)* to work: este mechero no pita this lighter doesn't work.
5 *vt DEP (falta)* to whistle.
✦ **ir/irse pitando** *fam* to rush out, dash off.
pítcher *nm & nf* pitcher.
pitido
1 *nm (silbido)* whistle.
2 *nm (bocinazo)* hoot, honk.
pitillera *nf* cigarette case.
pitillo *nm* cigarette.
✦ **de pitillo** *(pantalón)* drainpipe.
pitiminí de pitiminí *loc fam* small and delicate.
■ **rosal de pitiminí** miniature rose.
pito[1]
1 *nm (silbato)* whistle.
2 *nm (de coche)* horn.
3 *nm (de voz)* high pitch.
4 *nm fam (pitillo)* fag.
5 *nm fam (pene)* willy.
6 *nm (abucheo)* booing.
7 *nm (con los dedos)* click.
✦ **me importa un pito** *fam* I don't give a hoot/damn.
por pitos o por flautas *fam* for one reason or another.
tocar el pito to hoot.
tomar a alguien por el pito de un sereno *fam* to mess somebody around.
pito[2] *nm (pájaro)* woodpecker.
■ **pito real** green woodpecker.
pitón[1] *nf ZOOL* python.
pitón[2]
1 *nm (del toro)* horn.
2 *nm (de un botijo)* spout.
pitonisa *nf* fortune teller.
pitorrearse *upr fam* to make fun (**de**, of).
pitorreo *nm fam (burla)* mocking; *(broma)* joking: ¡vaya un pitorreo que se traen conmigo estos niños! these kids are taking the mickey out of me.
✦ **tomarse las cosas a pitorreo** *fam* not to take things seriously.
pitorro *nm* spout.
pitote *nm fam (lío)* mess; *(barullo)* racket.
pitufo,-a *nm,f fam* little one.
pituitaria *nf* pituitary (gland).

pituitario,-a *adj* pituitary.
pituso,-a *nm,f* cute child.
pívot *nm & nf* centre.
pivotar *vi* to pivot.
pivote *nm* pivot.
pizarra
1 *nf (mineral)* slate.
2 *nf (para escribir)* blackboard.
pizarral *nm* slate quarry.
pizca *nf fam (gen)* bit; *(de sal)* pinch.
✦ **no tener ni pizca de gracia** *fam* not to be the slightest bit funny.
pizpireta *adj* lively.
pizza *nf* pizza.
pizzería *nf* pizzeria, pizza parlour.
placa
1 *nf (de metal)* sheet.
2 *nf GEOL* plate.
3 *nf (con el nombre - conmemorativa)* plaque; *(- insignia)* badge; *(- letrero)* sign.
4 *nf (de matrícula)* number plate, US license plate.
5 *nf (de cocina)* ring.
6 *nf (de hielo)* sheet.
7 *nf (radiografía)* plate.
8 *nf (dental)* plaque.
placaje *nm* tackle.
placar *vt (en rugby)* to tackle.
▲ *Conjugation model* [1] *sacar.*
placebo *nm* placebo.
placenta *nf* placenta.
placentero,-a *adj* pleasant.
placer
1 *nm* pleasure.
2 *vi* to please: haz lo que te plazca do as you please.
■ **viaje de placer** pleasure trip.
placidez *nf* placidity.
plácido,-a *adj* placid, calm.
plaf *interj* splash!, plop!
plafón *nm (lámpara - de techo)* ceiling light; *(- de pared)* wall light.
plaga
1 *nf (epidemia)* plague.
2 *nf (de insectos)* plague, pest.
3 *nf fig* invasion.
plagar *vt* to plague, infest: este verano el país se ha plagado de turistas the country was invaded by tourists this summer.
▲ *Conjugation model* [7], *like llegar.*
plagiar *vt* to plagiarize.
▲ *Conjugation model* [12], *like cambiar.*
plagio *nm* plagiarism.
plaguicida *nm* pesticide.
plan
1 *nm (intención)* plan.
2 *nm (programa)* project.
3 *nm (régimen)* diet.
4 *nm fam (aventura amorosa)* fling; *(amante)* bit on the side.
5 *nm fam (para salir)* plans *pl*: ¿tienes plan para el fin de semana? are you doing anything this weekend?

6 *nm fam (actitud)* mood: hoy está en plan tonto he's in a stupid mood today; me lo dijo en plan de broma he said it as a joke.
✦ **a todo plan** *fam* in luxury.
estar a plan *fam* to be on a diet.
no ser plan *fam* not to be on.
■ **plan de adelgazamiento** diet.
plan de desarrollo development plan.
plan de estudios syllabus.
plan de inversiones investment plan.
plana *nf (página)* page: la noticia viene en primera plana the news is on the front page.
✦ **a toda plana** full page: lo han publicado a toda plana they did a full-page report on it.
■ **plana mayor** *(de ejército)* staff; *(de empresa)* top management; *(de partido político)* caucus.
plancha
1 *nf (de metal)* plate, sheet.
2 *nf (electrodoméstico)* iron; *(acción de planchar)* ironing; *(ropa que planchar)* clothes to be ironed: tengo un montón de plancha acumulada I've got a mountain of clothes to iron.
3 *nf (placa de cocina)* griddle, hotplate.
4 *nf fam (error)* boob, faux pas.
5 *nf (al saltar al agua)* belly flop; *(en fútbol)* diving header.
6 *nf (de imprenta)* plate.
✦ **a la plancha** grilled.
hacer una plancha *fam* to boob, make a boob.
planchado,-a
1 *pp* → *planchar.*
2 *adj fam (sorprendido)* lost for words.
3 **planchado** *nm (acción)* ironing; *(acto)* iron, press: con un planchado se te queda como nueva la falda a quick press will leave your skirt like new.
planchar *vt* to iron, press.
planchazo
1 *nm fam (error)* boob.
2 *nm (al tirarse al agua)* belly flop.
planchista *nm & nf* panel beater.
plancton *nm* plankton.
planeador *nm* glider.
planear
1 *vt (futuro, idea)* to plan.
2 *vi (en el aire)* to glide.
planeo *nm* gliding, glide.
planeta *nm* planet.
planetario,-a
1 *adj* planetary.
2 **planetario** *nm* planetarium.
planicie *nf* plain.
planificación *nf* planning.
planificador,-ra
1 *adj* planning.
2 *nm,f* planner.
planificar *vt* to plan.
planilla *nf* application form.
plano,-a
1 *adj (superficie)* flat.

2 plano *nm (de una ciudad)* street plan, map.

3 *nm (de una casa)* plan.

4 *nm (nivel)* level.

5 *nm* CINEM shot.

6 *nm* MAT plane.

7 *nm fig (perspectiva)* point of view: **desde un plano particular** from a personal point of view.

✦ **de plano** *(rechazar)* flatly, point blank.
en primer plano in the foreground, close-up.
en segundo plano in the background.

▪ **plano inclinado** inclined plane.
primer plano *(foto, cine)* close-up.

planta

1 *nf* BOT plant.

2 *nf (del pie)* sole.

3 *nf (de un edificio - piso)* floor; *(- sección horizontal)* plan.

4 *nf (industrial)* plant.

✦ **de nueva planta** brand-new.
tener buena planta to be good-looking.

▪ **planta baja** ground floor, *(US* first floor).

plantación

1 *nf (terreno)* plantation.

2 *nf (acción)* planting.

plantado,-a

1 *pp* → **plantar**.

2 *adj* planted.

✦ **bien plantado,-a** good-looking.
dejar a alguien plantado,-a to stand somebody up.

plantar

1 *vt* AGR to plant.

2 *vt (colocar - gen)* to put, place; *(- tienda de campaña)* to pitch, put up.

3 *vt fam (persona)* to leave, dump: **lo plantó dos semanas antes de la boda** she dumped him two weeks before the wedding.

4 *vt (dar)* to give: **le plantó un beso en la mejilla** she gave him a kiss on the cheek.

5 plantarse *vpr fam (colocarse)* to place oneself, position oneself : **se plantó en la esquina** she positioned herself on the corner.

6 *vpr fam (resistirse)* to dig one's heels in: **se ha plantado en tres millones y no se mueve** he's holding out for three million and he won't budge.

7 *vpr (en la baraja)* to stick: **¡me planto!** I stick.

8 *vpr fam (llegar)* to get there, be there, arrive: **nos plantamos en casa en quince minutos** we were home in fifteen minutes.

✦ **plantarle cara a alguien** *fam* to stand up to somebody.

plante *nm (laboral)* stand, protest action.

✦ **dar un plante a alguien** to stand somebody up.

planteamiento

1 *nm* MAT *(formulación - de un problema)* formulation; *(- de una teoría)* exposition.

2 *nm (enfoque)* approach.

plantear

1 *vt (pregunta)* to pose, raise; *(cuestión)* to raise; *(acuerdo)* to suggest.

2 *vt (problema, dificultad)* to cause, give rise to.

3 *vt (trazar un plan)* to plan, outline.

4 *vt* MAT *(problema)* to formulate.

5 plantearse *vpr* to consider.

plantel *nm* cadre.

plantificar

1 *vt fam (colocar)* to put, place.

2 *vt fam (dar)* to give.

3 plantificarse *vpr fam (llegar)* to get to, arrive at.

plantilla

1 *nf (patrón)* model, pattern.

2 *nf (para dibujo lineal)* French curve; *(para rotulación)* stencil; *(para siluetas)* template.

3 *nf (de zapato)* insole.

4 *nf (personal)* staff.

✦ **estar en plantilla** to be on the payroll.

plantío *nm* field.

plantón **darle plantón a alguien** *loc fam (no presentarse)* to stand somebody up; *(llegar con retraso)* to keep somebody waiting.

plañidera *nf* hired mourner.

plañidero,-a *adj* plaintive, mournful.

plañido *nm* mourning, lament.

plañir *vi* to mourn.

▲ *Conjugation model* [40], *like* **muñir**.

plaqueta

1 *nf (de sangre)* platelet.

2 *nf (de gres)* small tile.

plasma *nm* plasma.

plasmar *vt fig* to give expression to, give shape to, capture.

plasta

1 *nf fam (sustancia)* mess.

2 *nm & nf fam (persona)* pain in the neck, nuisance.

plastelina *nf* Plasticine.

plástica *nf* plastic arts *pl*.

plasticidad *nf* plasticity.

plástico,-a

1 *adj* plastic.

2 *adj (lenguaje)* colourful *(US* colorful), vivid.

3 plástico *nm (material)* plastic.

4 *nm arg* record.

plastificado,-a *adj* laminated.

plastificar *vt* to laminate.

plastilina *nf* Plasticine.

plata

1 *nf* silver.

2 *nf* AM money.

✦ **hablar en plata** *fam* to be frank, put in bluntly.

▪ **plata de ley** sterling silver.

plataforma

1 *nf* platform.

2 *nf fig (trampolín)* springboard.

3 *nf (conjunto de personas)* group, grouping.

▪ **plataforma continental** continental shelf.
plataforma petrolífera oil rig.
plataforma sindical union representatives *pl*.

platanal *nm* banana plantation.

platanero,-a

1 *adj* banana.

2 platanero *nm* banana tree.

plátano

1 *nm* banana.

2 *nm (árbol)* plane tree.

platea *nf* stalls *pl*.

plateado,-a

1 *pp* → **platear**.

2 *adj (color)* silvery.

platear *vt* to silver-plate.

plateresco,-a *adj* plateresque.

platería *nf (taller)* silversmith's.

platero,-a *nm, f* silversmith.

plática *nf* talk.

platicar *vi* to chat, talk.

▲ *Conjugation model* [1], *like* **sacar**.

platija *nf* plaice.

platillo

1 *nm (de postre)* dessert plate; *(de café)* saucer.

2 *nm (de balanza)* pan.

3 platillos *nm pl* MÚS cymbals.

▪ **platillo volante/volador** flying saucer.

platina

1 *nf (de microscopio)* slide.

2 *nf* MÚS → **pletina**.

platino

1 *nm* platinum.

2 *adj (rubio)* platinum, peroxide.

3 platinos *nm pl (de un motor)* contact points.

plato

1 *nm (recipiente)* plate, dish.

2 *nm* CULIN dish: **hace unos platos buenísimos** he's a wonderful cook.

3 *nm (en comida)* course: **de primer plato hay sopa y de segundo pescado** we've got soup for starters and fish for the main course.

4 *nm (de una balanza)* pan.

5 *nm (de un tocadiscos)* turntable.

✦ **fregar/lavar los platos** to do the dishes, do the washing-up.
pagar los platos rotos *fam* to take the blame, carry the can.
tener cara de no haber roto un plato (en la vida) *fam* to look as if butter wouldn't melt in one's mouth.

▪ **plato combinado** *single-course meal with different things together on one plate*.
plato de postre dessert plate.
plato fuerte *(de una comida)* main course; *(de un acto)* main attraction; *(de un espectáculo)* star attraction.
plato hondo soup plate, soup dish.
plato llano dinner plate.
plato sopero soup plate, soup dish.

plató *nm (de cine)* set, film set; *(de televisión)* floor.

platónico,-a *adj* platonic.

platonismo *nm* Platonism.

plausible
1 *adj (admirable)* commendable.
2 *adj (recomendable)* advisable.
3 *adj (probable)* plausible.

playa
1 *nf (superficie de arena)* beach.
2 *nf (costa)* seaside.

playeras *nf pl* canvas shoes.

playero,-a *adj* beach.

plaza
1 *nf (de una población)* square.
2 *nf (mercado)* marketplace.
3 *nf (en un vehículo)* seat: se ha comprado un deportivo de dos plazas she's bought a two-seater sports car.
4 *nf (puesto de trabajo)* position, vacancy: se presentaron cien personas para tan solo dos plazas there were a hundred applicants for only two vacancies.
5 *nf (fortaleza)* stronghold.
▪ **plaza de armas** parade ground.
plaza de parking parking space.
plaza de toros bullring.
plaza mayor main square.

plazo
1 *nm (periodo de tiempo)* time: tiene tres días de plazo para presentar la documentación you have three days in which to hand in the papers; se me pasó el plazo para echar la solicitud I missed the deadline to send the application form.
2 *nm (de compra)* instalment, *(US* install-ment).
✦ **comprar algo a plazos** to buy something on hire purchase, *(US* buy something on an installment plan).

plazoleta *nf* small square.

pleamar *nf* high tide.

plebe
1 *nf (gen)* common people.
2 *nf HIST* masses *pl*.

plebeyo,-a
1 *adj* plebeian.
2 *nm,f* plebeian.

plebiscito *nm* plebiscite.

plectro *nm* plectrum.

plegable *adj* folding, collapsible.

plegamiento *nm* folding.

plegar
1 *vt* to fold.
2 **plegarse** *vpr* to yield, give in.
▲ *Conjugation model* [48], *like* **regar**.

plegaria *nf* prayer.

pleiteador,-ra *adj* litigious.

pleitear *vi* to sue.

pleitesía *nf* tribute.
✦ **rendir pleitesía a alguien** to pay homage to.

pleitista *adj* litigious.

pleito *nm* litigation, lawsuit.
✦ **poner un pleito a alguien** to sue somebody.

plenamente *adv* fully.

plenario,-a *adj* plenary.

plenilunio *nm* full moon.

plenipotenciario,-a *adj* plenipotentiary.

plenitud
1 *nf (cúspide)* peak: está en la plenitud de la vida she's in the prime of life; está en la plenitud de su carrera como bailarina she's at the peak of her career as a ballet dancer.
2 *nf (sensación física)* fullness.

pleno,-a
1 *adj (gen)* full, complete: les robaron en pleno día they were mugged in broad daylight; estamos en plena selva amazónica we are in the heart of the Amazonian jungle; en pleno centro de la ciudad right in the centre of the city.
2 **pleno** *nm (reunión)* plenary meeting.
▪ **pleno empleo** full employment.

pleonasmo *nm* pleonasm.

pletina *nf* deck, cassette deck.
▪ **doble pletina** twin cassette deck.

plétora *nf* plethora, wealth.

pletórico,-a *adj* full.
✦ **pletórico de alegría/dicha** jubilant, euphoric.

pleura *nf* pleura.

pleuresía *nf* pleurisy.

plexiglás *nm* Perspex.
▲ *Registered trademark.*

plexo *nm* plexus.

pléyade *nf* cluster.

plica *nf* sealed envelope.

pliego
1 *nm (papel)* sheet of paper.
2 *nm (documento)* JUR document.
▪ **pliego de cargos** list of charges.
pliego de condiciones specifications *pl*.
pliego de descargos JUR evidence for the defence.

pliegue
1 *nm* fold.
2 *nm (en la ropa)* pleat.

plinto
1 *nm* ARQ plinth.
2 *nm (en gimnasia)* vaulting horse, box.

plisado,-a *adj* pleated.

plisar *vt* to pleat.

plomada
1 *nf (de albañil)* plumb line.
2 *nf (sonda)* lead.
3 *nf (para pescar)* weights *pl*.

plomazo *nm & nf fam* bore.

plomizo,-a *adj (color)* lead-coloured.

plomo
1 *nm* lead.
2 *nm (pesa)* lead weight.
3 *nm* ELEC fuse.
4 *nm fam fig* bore: ¡vaya un plomo de profe! this teacher is such a pain!
5 *nm fam (balas)* lead: les llenaron el cuerpo de plomo they filled them full of lead.
✦ **a plomo** vertically.
andar con pies de plomo *fam* to tread very carefully.
caer a plomo *(cortinas)* to hang straight; *(personas)* to collapse.
sin plomo *(gasolina)* unleaded, lead-free.

pluma
1 *nf (de ave)* feather.
2 *nf (de relleno)* feather, down.
3 *nf (de escribir - estilográfica)* fountain pen; *(- usada antiguamente)* quill pen.
✦ **a vuela pluma** off the top of one's head.
tener pluma *fam* to be really camp.
▪ **pluma estilográfica** fountain pen.

plumada *nf* flourish.

plumado,-a *adj* fledged, feathered.

plumaje *nm (de ave)* plumage.

plumazo *nm* stroke of the pen.
✦ **de un plumazo** at/in one fell swoop, at a stroke.

plumcake *nm* fruitcake.

plumero
1 *nm (para el polvo)* feather duster.
2 *nm (de adorno)* plume.
✦ **vérsele el plumero a alguien** *fam* to see through somebody, have somebody's number.

plumier *nm* pencil case, pencil box.

plumilla *nf* nib.

plumín *nm* nib.

plumón
1 *nm (de un ave)* down.
2 *nm (anorak)* down-filled anorak.

plural
1 *adj* plural.
2 *nm* plural.
▪ **plural mayestático** royal 'we'.

pluralidad *nf (gen)* multiplicity; *(diversidad)* diversity: hay que aceptar la pluralidad lingüística de nuestra sociedad one must recognize the multilingual reality of our society.

pluralismo *nm* pluralism.

pluralista *adj* pluralist.

pluralizar
1 *vt* LING to pluralize.
2 *vi (generalizar)* to generalize.

pluriempleado,-a
1 *adj* who has more than one job.
2 *nm,f* person who has more than one job.

pluriempleo *nm* having more than one job.

plurilingüe *adj* multilingual.

plus *nm* bonus.

pluscuamperfecto *nm* pluperfect.

plusmarca *nf* record.

plusmarquista *nm & nf* record holder.

plusvalía

1 *nf (aumento)* appreciation.

2 *nf (impuesto)* capital gains tax.

3 *nf (en teoría marxista)* surplus value.

plutocracia *nf* plutocracy.

plutócrata *nm & nf* plutocrat.

Plutón *nm* Pluto.

plutonio *nm* plutonium.

pluvial *adj* rain, pluvial.

pluviómetro *nm* rain gauge.

pluviosidad *nf* rainfall.

Plza. *abr* (**plaza**) square; *(abreviatura)* Sq.

p.m. *abr* (**post meridiem** (*después del mediodía*) post meridiem; *(abreviatura)* p.m.

PM *abr* (**Policía Militar**) military police; *(abreviatura)* MP.

PNB *abr* (**Producto Nacional Bruto**) gross national product; *(abreviatura)* GNP.

PNN *abr* EDUC (**Personal No Numerario**) university lecturer without tenure.

▲ *Used as both masculine and feminine.*

PNV *abr* POL (**Partido Nacionalista Vasco**) conservative Basque nationalist party.

P.O. *abr* (**por orden**) on behalf of; *(abreviatura)* pp.

poblacho *nm fam* dump.

población

1 *nf (número de habitantes)* population.

2 *nf (lugar - ciudad)* town; *(- pueblo)* village.

■ **población activa** working population. **población pasiva** nonworking population.

poblado,-a

1 *pp →* **poblar.**

2 *adj (zona)* populated.

3 *adj (barba, cejas)* bushy.

4 *poblado nm (zona habitada)* settlement.

poblador,-ra *nm,f* settler.

poblamiento *nm* settlement.

poblar

1 *vt (ocupar territorio)* to settle.

2 *vt (habitar)* to inhabit: muchas especies diferentes pueblan el parque many different species inhabit the park.

3 *vt (llenar)* to fill: la casa estaba poblada de telarañas the house was full of cobwebs; han poblado de árboles el campo they've planted the field with trees.

pobre

1 *adj (gen)* poor.

2 *adj (infeliz)* poor: ¡ojalá estuviera aquí tu pobre padre! if only your dear father were here now!; pobre de ti si te acercas a ella otra vez don't go near her again or you'll be sorry; ¡ay, pobre de mí, que vieja estoy ya! poor old me, I'm getting old!

3 *nm & nf (con poco dinero)* poor person; *(mendigo)* beggar: siempre les da dinero a los pobres she always gives money to the poor.

4 *nm & nf (infeliz)* poor thing: la pobre se cree que le van a devolver el dinero the poor thing thinks she is going to get her money back.

✦ **no salir de pobres** *fam* to be condemned to eternal poverty.

pobremente *adv* poorly, badly.

pobreza

1 *nf (escasez de dinero)* poverty.

2 *nf (falta)* lack, scarcity.

pocha *nf (alubia)* white bean.

pocho,-a

1 *adj fam (planta)* faded.

2 *adj fam (alimento)* bad.

3 *adj fam (persona)* off-colour (US off-color), poorly: estoy pocha I feel poorly.

pocholada *nf fam →* **monada.**

pocholo,-a

1 *adj fam (bonito)* cute.

2 *nm,f fam* cutie.

pocilga *nf* pigsty.

pócima

1 *nf (preparado)* potion.

2 *nf fam (brebaje)* concoction.

poción *nf* potion.

poco,-a

1 *adj* little; *(plural)* few, not many: hago muy poco ejercicio últimamente I do very little exercise these days; somos pocos para tanto trabajo there are too few of us for so much work; pocas Navidades salimos de viaje we don't often travel at Christmas.

2 *poco pron* little; *(en plural)* not many: lo poco que aprendí se me ha olvidado what little I learned I've forgotten; pocos conocen la importancia del descubrimiento not many people realize the importance of the discovery.

3 *adv* little, not much: voy poco por allí I rarely go there, I go there very little; bebí muy poco I didn't drink much.

4 **un poco** *nm* a little, a bit: ¿me das un poco? could you give me a little?; échale un poco de sal add a bit of salt; espera un poco wait a bit.

✦ **a poco de** shortly after.
dentro de poco soon, presently.
hace poco not long ago.
pocas veces rarely, not often, seldom.
poco antes shortly before.
poco a poco slowly, gradually, bit by bit.
poco después shortly afterwards.
poco después de shortly after.
poco más o menos more or less.
poco menos que almost, nearly.
por poco nearly.
por si fuera poco as if that weren't enough, to top it all, on top of everything.

poda *nf* pruning.

podadera *nf* pruning shears *pl.*

podar *vt* to prune.

podenco *nm* hound.

poder

1 *vt (de facultad)* can, be able to: ¿puedes echarme una mano? can you lend me a hand?; no pude abrirlo I couldn't open it, I was unable to open it; se puede ver Mallorca desde aquí you can see Majorca from here; esto no se puede comer you can't eat this, this is uneatable.

2 *vt (de permiso)* may, can: pueden pagar en efectivo o con tarjeta you can pay in cash or by credit card; ¿puedo fumar? may I smoke?; puede retirarse you may leave; no se puede fumar aquí smoking is not allowed here.

3 *vt (conjetura)* may, might: podría estar enfermo he may be ill, he might be ill, he could be ill; podría haberlo dejado sobre la mesa I may have left it on the table.

4 *vt (juicio)* can: ¡podrías habérmelo dicho! you could have told me!; no se puede ir por ahí diciendo cosas así you can't go around saying things like that.

5 *vt (sugerencias)* can: podrías ponerte el pantalón azul con la blusa roja you could wear the blue trousers with the red blouse; podríamos ir a esquiar we could go skiing.

6 *vi (superar)* to be stronger than: la curiosidad pudo más que el miedo his curiosity proved stronger than his fear; tú puedes a todos you can beat all of them.

7 *nm (gen)* power: el poder ha quedado en manos de la emperatriz power has fallen into the hands of the empress.

8 *nm (posesión)* possession, hands *pl*: el documento está ahora en mi poder the document is now in my hands.

✦ **a más no poder** to one's utmost, as … as possible: corría a más no poder he was running as fast as he could go; le gusta el helado a más no poder he's crazy about ice-cream; es feo a más no poder he's really ugly, he's as ugly as sin.
en el poder *(partido)* in power, in office.
en poder de in the hands of.
no poder con alguien not to be able to stand somebody.
no poder más *(comer)* not to be able to manage any more; *(continuar)* not to be able to go on any more: estaba buenísimo, pero no puedo más it was wonderful, but I couldn't eat another thing; se ha dormido, el pobre no podía más he's fallen asleep, the poor mite was tired out.
no poder menos que not to be able to resist, not be able to help: no pude menos que sonreírme I couldn't help smiling.
no poder ser to be impossible: eso no puede ser that's impossible, it can't be.
poder con to manage, cope: ¿puedes con tantas bolsas? can you manage all those bags?, can you carry all those

bags?; no puedo con tanta comida I can't eat all that food.
por poderes by proxy.
puede que maybe, perhaps: **puede que no lo sepas, pero ...** maybe you don't know, but ...; **puede que venga más tarde** she may come later.
¿se puede? can I come in?
■ **poder notarial** power of attorney.
▲ *Conjugation model* [77].

poderío
1 *nm (autoridad)* power.
2 *nm (fuerza)* strength.

poderoso,-a *adj* powerful.

podio *nm* podium.

podium *nm* → podio.

podología *nf* chiropody.

podólogo,-a *nm,f* chiropodist.

podómetro *nm* pedometer.

podredumbre
1 *nf (de un cuerpo)* rottenness.
2 *nf (lo podrido)* rot.
3 *nf fig (moral)* corruption.

podrido,-a
1 *adj* rotten.
2 *adj fig* corrupt.
✦ **estar podrido,-a de millones** *fam* to be stinking rich.

poema
1 *nm* poem.
2 *nm fam* **su reencuentro fue todo un poema** their reunion was quite something; **le han puesto la cara hecha un poema** they've made a right mess of his face.

poesía
1 *nf* poetry.
2 *nf (poema)* poem.

poeta *nm & nf* poet.

poetastro *nm* second-rate poet, writer of doggerel.

poético,-a *adj* poetic.

poetisa *nf* poetess.

poetizar *vt* to poeticize.

poíno *nm* gantry.

pointer *nm* pointer.

póker *nm* → póquer.

polaco,-a
1 *adj* Polish.
2 *nm,f (persona)* Pole.
3 *nm,f fam pey (catalán)* Catalan.
4 **polaco** *nm (idioma)* Polish.

polaina
1 *nf* HIST *(calza)* gaiter.
2 **polainas** *nf pl (pantalón)* pantaloons.

polar *adj* polar.
■ **estrella polar** Pole Star, Polaris.

polaridad *nf* polarity.

polarización *nf* polarization.

polarizar
1 *vt* FÍS to polarize.
2 *vt (atención)* to focus.
3 **polarizarse** *vpr* to become polarized.

polaroid *nf* Polaroid.
▲ *Registered trademark.*

polca *nf* polka.

polea *nf* pulley.

polémica *nf* controversy.

polémico,-a *adj* controversial.

polemista *nm & nf* polemicist.

polemizar *vi* to debate.

polen *nm* pollen.

poleo
1 *nm (planta)* pennyroyal.
2 *nm (infusión)* mint tea.

poli
1 *nm & nf fam (individuo)* cop.
2 **la poli** *nf fam (cuerpo)* the (old) bill, the cops *pl*.

polichinela *nm (personaje)* Punch.

policía
1 *nf* police, police force.
2 *nm & nf (gen)* police officer; *(hombre)* policeman; *(mujer)* policewoman.
■ **policía de tráfico** *(cuerpo)* traffic police.
policía judicial *(cuerpo)* judicial police.
policía militar *(cuerpo)* military police.
policía nacional *(cuerpo)* national police force; *(agente)* member of the national police force.
policía secreta *(cuerpo)* secret police.
policía urbana *(cuerpo)* local police force; *(agente)* member of the local police force.

policíaco,-a *adj* detective.

policial *adj* police.

policlínica *nf* general hospital.

policromía *nf* polychromy.

policromo,-a *adj* polychrome.

polideportivo *nm* sports centre.

poliedro *nm* polyhedron.

poliéster *nm* polyester.
▲ *pl* poliésteres.

poliestireno *nm* polystyrene.

polietileno *nm* polythene.

polifacético,-a *adj* versatile.

polifásico,-a *adj* polyphase.

polifonía *nf* polyphony.

polifónico,-a *adj* polyphonic.

poligamia *nf* polygamy.

polígamo,-a
1 *adj* polygamous.
2 *nm,f* polygamist.

polígloto,-a
1 *adj* polyglot.
2 *nm,f* polyglot.

poligonal *adj* polygonal.

polígono
1 *nm (figura)* polygon.
2 *nm (gen)* area; *(de viviendas)* development, housing estate.
■ **polígono comercial** trading estate.
polígono de tiro firing range.
polígono industrial industrial estate.

polígrafo,-a *nm,f* polygraph.

poliinsaturado,-a *adj* polyunsaturated.

polilla *nf* moth.

polímero *nm* polymer.

polimorfismo *nm* polymorphism.

polimorfo,-a *adj* polymorphic.

polinización *nf* pollination.

polinizar *vt* to pollinate.

polinomio *nm* polynomial.

polio *nf* polio.

poliomielitis *nf* poliomyelitis.
▲ *pl* poliomielitis.

polipiel *nm* leatherette.

pólipo *nm* polyp.

polisemia *nf* polysemy.

polisémico,-a *adj* polysemous.

polisílabo,-a
1 *adj* polysyllabic.
2 **polisílabo** *nm* polysyllable.

polisón *nm* bustle.

politécnico,-a
1 *adj (gen)* polytechnic.
2 **politécnico** *nm (instituto)* technical college.
■ **universidad politécnica** polytechnic.

politeísmo *nm* polytheism.

politeísta
1 *adj* polytheistic.
2 *nm & nf* polytheist.

política
1 *nf* politics.
2 *nf (dirección)* policy.

políticamente *adv* politically.
✦ **políticamente correcto,-a** politically correct.

politicastro,-a *nm,f* third-rate politician.

político,-a
1 *adj* political.
2 *adj (cortés)* tactful.
3 *adj (por matrimonio)* -in-law: **madre política** mother-in-law; **padre político** father-in-law.
4 *nm,f* politician.

politiqueo *nm fam* politicking.

politizar *vt* to politicize.

poliuretano *nm* polyurethane.

polivalente
1 *adj (en química)* polyvalent.
2 *adj fig (versátil)* versatile, multipurpose.

polivinilo *nm* polyvinyl.

póliza
1 *nf (de seguros)* policy.
2 *nf (sello)* official tax stamp.
■ **póliza de seguros** insurance policy.

polizón *nm* stowaway.

polizonte *nm fam* cop.

polla
1 *nf* ZOOL young hen.
2 *nf tabú (órgano sexual)* prick, cock.
■ **polla de agua** moorhen.

pollada *nf* brood.

pollera *nf* AM skirt.

pollería *nf (tienda)* poultry shop; *(sección de supermercado)* poultry section.

pollero,-a *nm,f* poulterer.

pollino,-a
  1 *nm,f* ZOOL donkey.
  2 *nm,f fam* ignoramus.
pollito *nm* chick.
pollo
  1 *nm* chicken.
  2 *nm fam (joven)* young man.
polluelo *nm* chick.
polo
  1 *nm* TÉC pole.
  2 *nm (caramelo)* ice lolly.
  3 *nm* DEP polo.
  4 *nm (camiseta)* polo shirt.
  ✦ **ser polos opuestos** to be poles apart.
  ▪ **polo de atracción** *fig* centre of attraction.
    polo magnético magnetic pole.
    Polo Norte North Pole.
    Polo Sur South Pole.
  ▲ In 3, registered trademark.
pololos *nm pl* bloomers *pl*.
polonesa *nf* MÚS polonaise.
Polonia *nf* Poland.
poltrona *nf* easy chair.
poltrón,-ona *adj* lazy.
poltronería *nf* laziness.
polución
  1 *nf (atmosférica)* pollution.
  2 *nf (eyaculación)* emission.
  ▪ **polución nocturna** nocturnal emission, wet dream.
polucionar *vt* to pollute.
polvareda
  1 *nf (de polvo)* cloud of dust.
  2 *nf (escándalo)* uproar.
  ✦ **levantar una polvareda** to raise a cloud of dust; *fig* to cause an uproar.
polvera
  1 *nf (estuche)* (powder) compact.
  2 *nf (borla)* powder puff.
polvo
  1 *nm (suciedad)* dust.
  2 *nm (medicamento etc)* powder.
  3 *nm tabú* screw, fuck.
  4 *polvos nm pl (para maquillar)* face powder.
  ✦ **echar un polvo** *tabú* to screw.
    en polvo *(leche, cacao)* powdered; *(nieve)* powdery.
    estar hecho,-a polvo *fam (persona)* to be shattered; *(coche)* to be a write-off.
    hacer polvo a alguien *fam* to shatter somebody.
    limpiar el polvo/quitar el polvo to dust.
    polvo eres y en polvo te convertirás dust thou art and unto dust shalt thou return.
  ▪ **polvos de talco** talcum powder *sing*.
pólvora *nf* gunpowder.
  ✦ **correr como la pólvora** *fam* to spread like wildfire.
polvoriento,-a *adj* dusty.
polvorilla *nf fam (persona inquieta)* fidget.

polvorín
  1 *nm (arsenal)* gunpowder magazine.
  2 *nm fig (lugar)* powder keg.
polvorón *nm very crumbly shortcake made with flour, almonds and lard which is eaten particularly at Christmas*.
polvoroso,-a *adj* dusty.
  ✦ **poner pies en polvorosa** *fam* to beat it.
pomada *nf* cream.
pomelo *nm (fruto)* grapefruit; *(árbol)* grapefruit tree.
pómez piedra pómez *nf* pumice stone.
pomo
  1 *nm (de puerta)* knob.
  2 *nm (de espada)* pommel.
pompa
  1 *nf (de jabón, chicle)* bubble.
  2 *nf (ostentación)* pomp.
  ▪ **pompas de jabón** soap bubbles.
    pompas fúnebres *(funeral)* funeral *sing*; *(funeraria)* funeral parlour *sing*, undertaker's *sing*.
pompis *nm fam* behind, backside.
  ▲ *pl* pompis.
pompón *nm* pompom.
pomposidad *nf* pomposity.
pomposo,-a *adj* pompous.
pómulo
  1 *nm (hueso)* cheekbone.
  2 *nm (mejilla)* cheek.
ponche *nm* punch.
  ▪ **ponche de huevo** eggnog.
ponchera *nf* punchbowl.
poncho *nm* poncho.
ponderación
  1 *nf (cuidado)* deliberation, careful consideration.
  2 *nf (admiración)* high esteem.
  ✦ **hablar con ponderación** to weigh one's words.
ponderado,-a
  1 *pp* → ponderar.
  2 *adj (prudente)* measured.
ponderar
  1 *vt (sopesar)* to ponder, consider, think over, weigh up.
  2 *vt (alabar)* to praise highly.
ponedero *nm* nest box.
ponedora
  1 *adj (gallina)* laying.
  2 *nf* layer.
ponencia *nf (académica)* paper; *(parlamentaria)* address, speech.
ponente *nm & nf* speaker.
poner
  1 *vt (gen)* to place, put, set: **pon el jarrón en la mesa** put the vase on the table.
  2 *vt (prenda)* to put on: **ponle los zapatos a Alberto** put Alberto's shoes on; **me pondré el pantalón negro** I'll put my black trousers on, I'll wear my black trousers.
  3 *vt (encender)* to turn on, put on: **puso la radio** she put the radio on; **¿has puesto la alarma?** have you turned the alarm on?

  4 *vt (programar)* to set: **he puesto el despertador a las siete** I've set the alarm clock for seven.
  5 *vt (instalar)* to install, put in: **¿habéis puesto calefacción?** have you had central heating put in?
  6 *vt (establecer)* to open: **han puesto un bar en la esquina** they've opened a bar on the corner.
  7 *vt (escribir)* to put, write: **pon tu nombre aquí** put your name here; **¿qué has puesto aquí?** what's this you've written here?
  8 *vt (decir)* to say: **¿qué pone ese letrero?** what does that sign say?
  9 *vt (en cine, televisión)* to show: **esa película ya la han puesto cuatro veces** they've shown that film four times already; **lo ponen mañana a las tres** it's on tomorrow at three o'clock.
  10 *vt (dar nombre)* to name, call: **le pusieron Laura** they called her Laura.
  11 *vt (huevos)* to lay.
  12 *vt (dinero)* to put in: **pusimos veinte euros cada uno** we put in twenty euros each.
  13 *vt (telegrama, fax)* to send; *(nota)* to leave.
  14 *vt (deber, multa)* to give: **nos han puesto deberes para las vacaciones** they've given us homework for the holidays; **me han puesto una multa por exceso de velocidad** I've been fined for speeding.
  15 *vt* **poner** + *adj* to make, turn: **la has puesto triste** you've made her sad.
  16 **ponerse** *vpr (sol)* to set.
  17 *vpr (volverse)* to become, get, turn: **se pone colorado por cualquier cosa** he blushes at the slightest thing; **se puso muy contenta con la noticia** the news made her very happy.
  18 *vpr (contestar al teléfono)* to answer the phone; *(hablar por teléfono)* to come to the phone: **llamé a tu casa y se puso un hombre** I rang your home number and a man answered the phone; **en este momento no se puede poner** he can't come to the phone right now; **a mí no me hace caso, ponte tú** he won't listen to me, you speak to him.
  19 *vpr* **ponerse a** + *inf* to start + *to* + *inf* + *-ing*: **se puso a cantar** he started to sing, he started singing.
  ✦ **poner a alguien de algo** to call somebody something: **lo puso de ladrón y de mentiroso** she called him a thief and a liar.
    poner al corriente to inform, bring up to date.
    poner al día to bring up to date.
    poner bien algo/a alguien to speak well of something/somebody.
    poner de manifiesto to make evident.
    poner de relieve to emphasize.
    poner en libertad to set free.
    poner en práctica to carry out.
    poner por las nubes to praise to the skies.

ponerse a malas con alguien to fall out with somebody.
ponerse de acuerdo to agree.
ponerse de pie to stand up.
ponerse en pie to stand up.
pongamos que ... let's suppose ...
▲ *Conjugation model* [78].

póney *nm* pony.

poni *nm* pony.

poniente
1 *nm (dirección)* west.
2 *nm (viento)* west wind, westerly wind.

pontificado *nm* pontificate.

pontificar *vi* to pontificate.

pontífice *nm* pope, pontiff.

pontificio,-a *adj* pontifical.

pontón *nm* pontoon.

ponzoña *nf* venom.

ponzoñoso,-a *adj* venomous.

popa *nf* stern.

pope *nm* pope.

popelín *nm* poplin.

populachero,-a *adj* common.

populacho *nm* mob, masses *pl*.

popular
1 *adj (del pueblo)* traditional.
2 *adj (muy conocido)* popular.

popularidad *nf* popularity.

popularización *nf* popularization.

popularizar *vt* to popularize.
▲ *Conjugation model* [4], *like realizar*.

popularmente *adv* popularly.

populista *adj* populist.

populoso,-a *adj* populous.

popurrí *nm* potpourri.

poquedad *nf (timidez)* timidity.

póquer *nm* poker.
✦ **cara de póquer** poker-faced.

poquitín *nm fam* teeny bit, wee bit.

poquito *nm fam* little bit.

por
1 *prep (gen)* for: lo hice por ti I did it for you; lo compré por dos euros I bought it for two euros.
2 *prep (a través de)* through, by: entra por la puerta trasera come in by the back door; pasamos por Valladolid we went through Valladolid; iremos por la autopista we'll go on the motorway.
3 *prep (calle, carretera)* along, down, up: íbamos por la calle cuando ... we were walking along the street when ...; subí por la Calle Jovellanos I went up Jovellanos Street.
4 *prep (lugar aproximado)* in, near, round: anda por el edificio he's somewhere in the building; está por la Plaza Mayor it's somewhere near the Plaza Mayor; está por aquí it's somewhere round here.
5 *prep (causa)* because of: las plantas han muerto por el frío the plants have died because of the cold; sus-

pendieron el concierto por la lluvia they cancelled the concert because of the rain.
6 *prep (tiempo)* at, for: nos veremos por vacaciones I'll see you during the holidays.
7 *prep (medio)* by: lo enviaré por avión I'll send it by air; está hablando por teléfono he's on the phone; llegó por correo it arrived by post.
8 *prep (autoría)* by: fue escrito por Azorín it was written by Azorín.
9 *prep (distribución)* per: cinco por ciento five per cent; tocamos a dieciocho euros por persona it works out at eighteen euros per person; iba a veinte kilómetros por hora it was going at twenty kilometres an hour.
10 *prep (tras)* by: registraron la cárcel celda por celda they searched the prison cell by cell; les interrogó uno por uno he interrogated each one in turn.
11 *prep (con pasiva)* by: fue comprado por la reina it was bought by the queen.
12 *prep (a favor de)* for, in favour of, (*US* in favor of): estoy por una amnistía general I'm in favour of a general amnesty.
13 *prep (en calidad de)* as: la tomó por esposa he took her as his wife.
14 *prep (en lugar de)* instead of, in the place of: ve tú por mí you go in my place.
15 *prep (multiplicado por)* times, multiplied by: tres por cuatro, doce three fours are twelve, three times four is twelve.
16 *prep* **por** *adj* **que** no matter how *adj*: por caro que sea, lo voy a comprar no matter how expensive it is I'm going to buy it; por viejo que parezca funciona even though it looks old, it still works.
✦ **estar por +** *inf (a punto de)* to be on the point of + *-ing*.
estar por hacer to remain to be done, not to have been done yet.
por aquí around here.
por lo tanto therefore.
por lo visto apparently.
por más que + *subj* however much, no matter how much.
por mí as far as I am concerned.
por mucho que + *subj* however much, no matter how much.
¿por qué? why?
por supuesto of course.
por tanto therefore, so.

porcelana *nf* china, porcelain: una porcelana a piece of china.

porcentaje *nm* percentage.

porcentual *adj* percentage.

porche *nm* veranda(h), (*US* porch).

porcino,-a *adj* porcine.
■ **ganado porcino** pigs *pl*, (*US* hogs *pl*).

porción
1 *nf (gen)* portion, part.
2 *nf (cuota)* share.

pordiosero,-a *nm,f* beggar.

porfía
1 *nf (insistencia)* insistence, obstinacy.
2 *nf (discusión)* squabble.

porfiado,-a *adj* stubborn, obstinate.

porfiar
1 *vi (insistir)* to insist (**en**, on).
2 *vi (discutir)* to squabble.
▲ *Conjugation model* [13], *like desviar*.

pormenor *nm* detail.
✦ **al pormenor** retail.

pormenorizado,-a
1 *pp* → pormenorizar.
2 *adj* detailed.

pormenorizar *vt* to detail.
▲ *Conjugation model* [4], *like realizar*.

porno
1 *adj fam* porno.
2 *nm* porn.

pornografía *nf* pornography.

pornográfico,-a *adj* pornographic.

poro *nm* pore.

porosidad *nf* porosity.

poroso,-a *adj* porous.

porque
1 *conj (de causa)* because: no voy porque no quiero I'm not going because I don't want to.
2 *conj (de finalidad)* in order that, so that.

porqué *nm* cause, reason: nunca sabremos el porqué we'll never know why.

porquería
1 *nf (suciedad)* dirt, filth: esta cocina está hecha una porquería this kitchen is filthy.
2 *nf (mala calidad)* rubbish: el último libro que ha sacado es una porquería his latest book is rubbish; el postre era una porquería the dessert was disgusting; ¡vaya una porquería de coche se ha comprado! what a pathetic car she's bought!; le pagan una porquería de sueldo he gets paid a pittance.
3 *porquerías nf pl fam (chucherías)* rubbish, junk food: este niño no come más que porquerías this kid is always eating rubbish.
4 *nf pl fam (obscenidades - palabrotas)* swearwords; (- actos) disgusting behaviour: ¡no digas esas porquerías! don't use such filthy language!; esas porquerías no deberían verlas los niños kids shouldn't watch such filthy programmes.

porqueriza *nf* pigsty.

porquerizo,-a *nm,f* swineherd.

porquero,-a *nm,f* swineherd.

porra
1 *nf (palo)* club; (de policía) truncheon.
2 *nf CULIN* kind of fritter.
3 *nf (juego)* sweepstake.
✦ **irse a la porra** *fam (proyecto, objetivo)* to go up in smoke, go down the drain.
mandar a la porra a alguien *fam* to tell somebody to get lost, send somebody packing: ¡vete a la porra! get lost!

¡y una porra! *fam (incredulidad)* come off it!; *(negación)* get lost!, like hell!

porrada *nf fam (gran cantidad)* pile.
+ **una porrada de** *fam* tons of, loads of.

porrazo *nm (con bastón)* blow; *(al caer)* bump, knock.
+ **darle/pegarle un porrazo a alguien** to hit somebody.
darse/pegarse un porrazo *(caerse)* to fall over; *(tener un accidente)* to have a crash.
darse/pegarse un porrazo contra algo to crash into something.
de golpe y porrazo all of a sudden.

porreta en **porreta/en porretas** *loc* starkers.

porrillo a **porrillo** *loc fam* galore.

porro *nm fam* joint, spliff.

porrón *nm typical Catalan glass drinking vessel with a thin spout used for pouring wine into the mouth.*

portaaeronaves *nm* aircraft-carrier.
▲ *pl portaaeronaves.*

portaagujas *nm* cartridge.
▲ *pl portaagujas.*

portaaviones *nm* aircraft carrier.
▲ *pl portaaviones.*

portabrocas *nm* chuck.
▲ *pl portabrocas.*

portacontenedores *nm* container ship.
▲ *pl portacontenedores.*

portada
1 *nf (de revista, periódico)* front page; *(de libro)* title page.
2 *nf (tapa de libro)* cover.
3 *nf ARQ* façade.

portador,-ra
1 *adj* carrying.
2 *nm,f (de un virus)* carrier; *(de un cheque)* bearer.
+ **páguese al portador** pay the bearer.

portaequipajes
1 *nm (de un coche - maletero)* boot, *(US* trunk); *(- en el techo)* roof rack.
2 *nm (de un tren)* luggage rack.
▲ *pl portaequipajes.*

portafolios
1 *nm (carpeta - de piel)* portfolio; *(- de cartón)* folder.
2 *nm (maletín)* briefcase.
▲ *pl portafolios.*

portal *nm (entrada de edificio)* hallway: los buzones están en el portal the letter boxes are in the hallway; nos cruzamos en el portal we met in the entrance hall.
■ **el portal de Belén** the stable at Bethlehem.

portalámparas *nm* bulbholder.
▲ *pl portalámparas.*

portaligas *nm* garter belt.
▲ *pl portaligas*

portalón *nm* gateway.

portamaletas *nm →* **portaequipajes.**
▲ *pl portamaletas.*

portaminas *nm* propelling pencil.
▲ *pl portaminas.*

portamonedas *nm* purse, *(US* change purse).
▲ *pl portamonedas.*

portante *nm* amble.
+ **coger/tomar el portante** *fam* to clear off, do a bunk.

portaobjetos *nm* mount, slide.
▲ *pl portaobjetos.*

portar
1 *vt* to carry.
2 **portarse** *vpr* to behave.
+ **portarse bien** to be good, behave oneself.
portarse mal to be naughty.

portátil *adj* portable.

portatostadas *nm* toast rack.
▲ *pl portatostadas.*

portavoz *nm & nf (gen)* spokesperson; *(hombre)* spokesman; *(mujer)* spokeswoman.
▲ *pl portavoces.*

portazo *nm* bang, slam *(of a door)*: dio un portazo y se fue she slammed the door and left; no des portazos don't slam the door; la puerta se cerró de un portazo the door slammed shut.

porte
1 *nm (aspecto - de una persona)* bearing; *(- de una cosa etc)* appearance.
2 *nm (transporte)* carriage, freight: ¿quién va a pagar los portes? who will pay the cost of freight?
■ **portes debidos** carriage due.
portes pagados carriage paid.

porteador,-ra *nm,f* porter.

portear *vi* to carry.

portento *nm* wonder.

portentoso,-a *adj* prodigious.

portería
1 *nf (de un edificio)* porter's lodge.
2 *nf (vivienda del portero)* porter's flat.
3 *nf DEP* goal.

portero,-a
1 *nm,f (de un edificio)* porter.
2 *nm,f DEP* goalkeeper.
■ **portero automático** entryphone.

pórtico *nm* portico.

portillo *nm* breach.

portón *nm* large door.
■ **portón trasero** tail-gate.

portorriqueño,-a *adj →* **puertorriqueño,-a.**

portuario,-a *adj* port, dock: las autoridades portuarias the port authorities; los trabajadores portuarios están en huelga the dock workers are on strike.
■ **recinto portuario** port.
zona portuaria port.

Portugal *nm* Portugal.

portugués,-esa
1 *adj* Portuguese.
2 *nm,f (persona)* Portuguese.
3 **portugués** *nm (idioma)* Portuguese.

porvenir *nm* future.

pos en **pos de** *adv* after, in pursuit of.

posada *nf* inn.
+ **dar posada a alguien** to take somebody in, give somebody shelter.

posaderas *nf pl fam* buttocks.

posadero,-a *nm,f* innkeeper.

posar
1 *vi (para foto etc)* to pose.
2 *vt (colocar)* to rest.
3 **posarse** *vpr (pájaro)* to alight, perch, sit.
4 *vpr (sedimento)* to settle.

posavasos *nm* coaster.
▲ *pl posavasos.*

posdata *nf* postscript.

pose
1 *nf (postura)* pose.
2 *nf pey (actitud)* pose, air.

poseedor,-ra *nm,f* owner.

poseer
1 *vt (propiedad)* to own, possess.
2 *vt (conocimientos, talento, etc)* to have.
▲ *Conjugation model* [61], *like* **leer.**

poseído,-a
1 *pp →* **poseer.**
2 *adj →* **poseso,-a.**

posesión *nf* possession: lo han detenido por posesión de drogas he was arrested for possession of drugs.
+ **estar en posesión de** to be in possession of, have: está en posesión del título de arquitecto he has an architect's degree; se cree que está en posesión de la verdad she thinks she has a monopoly on the truth.
estar en posesión de alguien to be in somebody's hands.
tomar posesión *(de un cargo)* to take up; *(de un territorio)* to occupy: el nuevo director tomará hoy posesión de su cargo the new manager will take up his post today.

posesivo,-a
1 *adj* possessive.
2 *nm,f* possessive person.

poseso,-a
1 *adj* possessed.
2 *nm,f* possessed person: actuó como un poseso he acted like a man possessed.

posguerra *nf* postwar period.

posibilidad
1 *nf* possibility: ¿hay alguna posibilidad de que salga elegida? is there any chance of her being elected?
2 **posibilidades** *nf pl (económicas)* means *pl*: un coche no está dentro de mis posibilidades I can't afford a car.

posible
1 *adj* possible.
2 **posibles** *nm pl (dinero)* means.
+ **de ser posible** if possible.
hacer todo lo posible to do one's best.

posiblemente *adv* possibly.

posición
1 *nf (postura, situación)* position.
2 *nf (condición - económica)* situation; *(- social)* status.

positivamente *adv* positively: sé positivamente que no van a aceptar nuestra oferta I know for certain they won't accept our offer.

positivismo *nm* positivism.

positivo,-a
1 *adj* positive.
2 **positivo** *nm* positive.

poso
1 *nm (del café)* dregs *pl.*
2 *nm fig* trace.

posología *nf* dosage.

posparto *nm* postpartum.
■ **depresión posparto** postnatal depression.

posponer *vt (en el tiempo)* to postpone, delay, put off; *(en el espacio)* to put back, put in the background.
▲ *Conjugation model* [78], *like* **poner;** *pp* **pospuesto,-a.**

posta
1 *nf (de caballos)* change of horses.
2 *nf (lugar)* staging post.
3 *nf (bala)* pellet.
✦ **a posta** on purpose.

postal
1 *adj* postal.
2 *nf* postcard.
■ **servicio postal** postal service.

poste *nm* post.
■ **poste indicador** signpost.
poste telefónico telegraph pole.

póster *nm* poster.
▲ *pl* **pósters.**

postergación
1 *nf (aplazamiento)* deferment, delay.
2 *nf (de una persona)* relegation.

postergar
1 *vt (retrasar)* to postpone, delay.
2 *vt (perjudicar)* to relegate, put back.
▲ *Conjugation model* [7], *like* **llegar.**

posteridad *nf* posterity.

posterior
1 *adj (en el espacio)* back, rear: en la parte posterior del edificio at the back of the building.
2 *adj (en el tiempo)* later: su ascenso fue posterior his promotion came later.

posteriori **a posteriori** *loc* a posteriori.

posteriormente *adv* later.

postgrado *nm* postgraduate course.
■ **curso de postgrado** postgraduate course.

postgraduado,-a *nm,f* postgraduate student.

postigo *nm (de ventana)* shutter; *(de puerta)* wicket gate.

postilla *nf* scab.

postín *nm fam* airs *pl,* importance.
✦ **darse postín** *fam* to put on airs.
de postín *fam* posh.

postizo,-a
1 *adj* false.
2 **postizo** *nm* hairpiece.

postnatal *adj* postnatal.

postor,-ra *nm,f* bidder.

postración *nf* prostration.

postrado,-a *pp →* **postrar.**

postrar
1 *vt* to prostrate.
2 **postrarse** *vpr* to prostrate oneself.

postre *nm* dessert: ¿qué quieres de postre? what would you like for dessert?
✦ **a la postre** finally.

postrero,-a *adj* last.

postrimerías *nf pl* last years *pl.*
✦ **en las postrimerías de** at the end of.

postulación *nf* charity collection.

postulado,-a
1 *pp →* **postular.**
2 **postulado** *nm (verdad)* postulate.
3 *nm (principio, idea)* principle.

postulante
1 *nm & nf (para obras benéficas)* person who collects money for charity.
2 *nm & nf REL* postulant.

postular
1 *vt (defender)* to postulate.
2 *vi (pedir)* to collect (**para,** for).

póstumamente *adv* posthumously.

póstumo,-a *adj* posthumous.

postura
1 *nf (de un cuerpo)* posture, position.
2 *nf (actitud)* attitude.
3 *nf (en una subasta)* bid.

posventa *adj* after-sales.
■ **servicio posventa** after-sales service.

potable
1 *adj* drinkable.
2 *adj (aceptable)* acceptable.

potaje
1 *nm CULIN* hotpot.
2 *nm fam (mezcla)* hotchpotch.

potasa *nf* potash.

potasio *nm* potassium.

pote *nm (vasija)* pot.
✦ **ir de potes** to go on a pub-crawl.
■ **pote gallego** *(type of)* hotpot.

potencia
1 *nf (capacidad)* power: este coche tiene mucha potencia this car is very powerful.
2 *nf (país)* power: una reunión de las primeras potencias mundiales a meeting of the world superpowers.
3 *nf (en matemática)* power: elevamos seis a la tercera potencia we raise six to the power of three.
✦ **en potencia** potential, budding.

potenciación *nf (impulso)* strengthening.

potencial
1 *adj* potential.
2 *nm* potential: la región ha aumentado su potencial económico the region's economic potential has increased;

nuestro potencial investigador está abandonando el país our best researchers are leaving the country.
3 *nm LING* conditional tense.
■ **potencial humano** human resources *pl.*

potenciar *vt* to strengthen.

potentado,-a *nm* tycoon, potentate.

potente *adj* powerful.

potestad *nf* power.

potestativo,-a *adj* optional.

potingue
1 *nm fam (crema)* face cream.
2 *nm fam (comida)* concoction.

potito *nm* jar of baby food.

poto *nm (planta)* scindapsus, devil's eye.

potosí **valer un potosí** *loc fam (objeto)* to be worth a fortune; *(persona)* to be a treasure.

potra *nf fam (suerte)* luck: ¡qué potra tienes! you're really jammy!

potrero *nm (lugar)* paddock.

potro,-a
1 *nm,f ZOOL (macho)* colt; *(hembra)* filly.
2 **potro** *nm (de tortura)* rack.
3 *nm (en gimnasia)* horse.

poyo *nm* stone bench.

poza
1 *nf (charco)* large puddle.
2 *nf (en un río)* pool.
3 *nf (foso séptico)* cesspit.

pozo
1 *nm (de agua, petróleo)* well.
2 *nm (de una mina)* shaft.
✦ **ser un pozo de sabiduría** to be a fount of wisdom.
ser un pozo sin fondo to be a bottomless pit.
■ **pozo ciego/negro** cesspit.
pozo petrolífero oil well.

PP *abr POL* (**Partido Popular**) Popular Party *(national conservative party).*

P.P. *abr* (**por poder**) on behalf of; *(abreviatura)* pp.

ppm *abr* (**páginas por minuto**) pages per minute; *(abreviatura)* ppm.

práctica
1 *nf* practice.
2 *nf (habilidad)* skill.
3 **prácticas** *nf pl* practical *sing:* ahora que he aprobado la teórica puedo pasar a las prácticas now that I've passed the theory I can move on to the practical.
✦ **en la práctica** in practice.
llevar a la práctica to put into practice.

practicabilidad *nf* practicability.

practicable
1 *adj (realizable)* feasible.
2 *adj (transitable)* passable.

prácticamente *adv* practically.

practicante
1 *adj REL* practising (*US* practicing).
2 *nm & nf (persona)* nurse.

practicar
1 *vt (gen)* to practise (*US* practice).

2 *vt (hacer)* to make; *(deporte)* to play: se le practicará la intervención el mes entrante he'll be operated on next month.
3 *vi* to practise (*US* practice).
▲ *Conjugation model* [1], *like* **sacar**.

práctico,-a
1 *adj (gen)* practical.
2 *adj (hábil)* skilful (*US* skillful).
3 *adj (pragmático)* practical.
4 práctico *nm MAR* pilot.

pradera *nf* prairie, grassland.

prado *nf* meadow.

Praga *nf* Prague.

pragmático,-a *adj* pragmatic.

pragmatismo *nm* pragmatism.

pragmatista *nm & nf* pragmatist.

pral. *abr* (**principal**) first floor, (*US* second floor).

praliné *nm* praline.

praxis *nf* praxis.
▲ *pl* **praxis**.

preámbulo *nm* preamble.
✦ **sin más preámbulos** without further ado.

preaviso *nm* notice.

prebenda
1 *nf REL* prebend.
2 *nf (beneficio)* perk.
3 *nf (trabajo fácil)* cushy job.

preboste
1 *nm HIST* provost.
2 *nm fam* leader.

precalentamiento *nm DEP* warming up.

precalentar *vt* to pre-heat.

precariedad *nf* precariousness.

precario,-a *adj* precarious.

precaución *nf* precaution.
✦ **conducir con precaución** to drive carefully.
tomar precauciones to take precautions.

precautorio,-a *adj* precautionary.

precaverse *vpr* to take precautions (**de/contra**, against).

precavido,-a *adj* cautious.
✦ **hombre precavido/mujer precavida vale por dos** forewarned is forearmed.

precedencia *nf* precedence.
✦ **dar precedencia a** to give precedence to.
■ **orden de precedencia** order of precedence.

precedente
1 *adj* preceding.
2 *nm* precedent.
✦ **sentar precedente** to set a precedent.
servir de precedente to set a precedent: hoy puedes salir, pero que no sirva de precedente you can go out today, but don't make a habit of it.
sin precedente without precedent, unprecedented.

preceder *vt* to precede.

preceptiva *nf* precepts *pl.*

preceptivo,-a *adj* compulsory.

precepto *nm* precept.
■ **día de precepto** day of obligation.

preceptor,-ra *nm,f EDUC* tutor.

preceptuar *vt* to establish.
▲ *Conjugation model* [11], *like* **actuar**.

preces *nf pl* prayers.

preciado,-a *adj* precious.

preciarse *vpr* to be proud (**de**, of).
▲ *Conjugation model* [12], *like* **cambiar**.

precintar *vt* to seal.

precinto *nm* seal.

precio
1 *nm (coste)* price: ¿a qué precio está? how much is it?
2 *nm fig (valor)* value.
✦ **a cualquier precio** at any cost.
a precio de coste at cost price.
no tener precio *fig* to be priceless.

preciosidad
1 *nf (belleza)* loveliness.
2 *nf (cosa bella)* beautiful thing: ¡qué preciosidad de hija tienes! what a lovely daughter you have!; me he comprado un sombrero que es una preciosidad I've bought myself a beautiful hat.

precioso,-a
1 *adj (bello)* beautiful.
2 *adj (valioso)* precious.

preciosura *nf fam* → **preciosidad**.

precipicio *nm* cliff, precipice.
✦ **al borde del precipicio** on the edge of the precipice; *fig* on the edge of disaster.

precipitación
1 *nf (prisa)* rush, haste, hurry.
2 *nf METEOR* precipitation, rainfall.
✦ **con precipitación** hastily.

precipitadamente *adv* hastily.

precipitado,-a
1 *pp* → **precipitar**.
2 *adj (apresurado)* hasty, rash.

precipitar
1 *vt (apresurar)* to rush; *(adelantar)* to bring forward.
2 *vt QUÍM* to precipitate.
3 *vt (lanzar)* to push, throw.
4 **precipitarse** *vpr (apresurarse)* to rush, be hasty.
5 *vpr (caer)* to fall; *(arrojarse)* to throw os.

precisamente *adv (exactamente)* precisely: precisamente por eso me gusta that's precisely why I like it; no fue precisamente muy buen resultado it wasn't exactly a good result; pero si fue él precisamente quien nos lo dijo but it was he himself who told us.

precisar
1 *vt* to say exactly: no sabría precisar cuántos entraron I couldn't say exactly how many came in.
2 *vt (necesitar)* to need: "Se precisa cocinero" "Cook wanted".
3 *vi* to be necessary.

precisión *nf* precision, accuracy.

preciso,-a
1 *adj* precise, exact, accurate.
2 *adj (necesario)* necessary.
✦ **en el preciso momento que** at the precise moment that, just as.
ser preciso to be necessary, be essential: es preciso que acabes ya you must finish now.

preclaro,-ra *adj* illustrious.

precocidad
1 *nf (de persona)* precociousness.
2 *nf (de un fenómeno)* earliness.

precocinado,-a *adj* precooked.

preconcebido,-a *adj* preconceived.

preconizar *vt* to advocate.

precoz
1 *adj (persona)* precocious.
2 *adj (cosecha)* early.
3 *adj (diagnóstico)* early.
▲ *pl* **precoces**.

precursor,-ra
1 *adj* precursory.
2 *nm,f* precursor.

predador,-ra *adj* predatory.

predecesor,-ra *nm,f* predecessor.

predecir *vt* to predict.
▲ *Conjugation model* [79].

predestinación *nf* predestination.

predestinado,-a
1 *pp* → **predestinar**.
2 *adj* predestined.

predestinar *vt* to predestine.

predeterminación *nf* predetermination.

predeterminar *vt* to predetermine.

prédica *nf* sermon.

predicación *nf* preaching.

predicado *nm* predicate.

predicador,-ra *nm,f* preacher.

predicamento *nm* prestige.

predicar *vt* to preach.
✦ **predicar con el ejemplo** to practise (*US* practice) what one preaches.
▲ *Conjugation model* [1], *like* **sacar**.

predicativo,-a *adj* predicative.

predicción *nf* prediction.

predilección *nf* predilection.
✦ **sentir predilección por** to prefer: siente predilección por su hija pequeña he has a soft spot for his youngest daughter.

predilecto,-a *adj* favourite.

predio *nm* property.

predisponer *vt* to predispose.
▲ *Conjugation model* [78], *like* **poner**; *pp* **predispuesto,-a**.

predisposición *nf* predisposition.

predispuesto,-a *pp* → **predisponer**.

predominante *adj* predominant.

predominar *vt* to predominate.

predominio *nm* predominance.

preeminencia *nf* pre-eminence.

preeminente *adj* pre-eminent.

preescolar *adj (enseñanza, edad, etapa)* preschool, nursery-school.

preestablecer *vt* to pre-establish.

preestablecido,-a
1 *pp* → **preestablecer.**
2 *adj* pre-established.

preestreno *nm* preview.

prefabricado,-a *adj* prefabricated.

prefacio *nm* preface.

prefecto
1 *nm* REL prefect, prefect apostolic.
2 *nm* HIST prefect.

prefectura *nf* prefecture.

preferencia *nf* preference.
✦ **mostrar preferencia por alguien** to show preference to somebody.
tener preferencia AUTO *(de paso)* to have right of way.
▪ **trato de preferencia** preferential treatment.

preferente *adj* preferential.

preferentemente *adv* preferably.

preferible *adj* preferable: **es preferible que no salga del país** he'd better not leave the country.

preferiblemente *adv* preferably.

preferido,-a
1 *pp* → **preferir.**
2 *adj* favourite (US favorite).

preferir *vt* to prefer: **prefiero el campo a la ciudad** I prefer the country to the city; **yo preferiría que se lo dijeras tú** I'd rather you told him.
▲ *Conjugation model* [35], *like* **hervir.**

prefijar
1 *vt* LING to prefix.
2 *vt (determinar)* to fix in advance.

prefijo
1 *nm* LING prefix.
2 *nm (telefónico)* dialling code, (US area code).

pregón
1 *nm (anuncio)* public announcement.
2 *nm (discurso)* speech; *(de fiestas)* opening address, opening speech.

pregonar
1 *vt (noticia)* to announce, make public; *(secreto)* to tell everybody, broadcast: **se lo dije en secreto, pero lo ha estado pregonando por ahí** I told him in confidence, but he's been broadcasting it.
2 *vt (mercancía)* to cry.
3 *vt (bando municipal)* to proclaim.

pregonero *nm* town crier.

pregrabado,-a
1 *pp* → **pregrabar.**
2 *adj* prerecorded.

pregrabar *vt* to prerecord.

preguerra *nf* pre-war period.

pregunta *nf* question.
✦ **hacer una pregunta a alguien** to ask somebody a question.

preguntar
1 *vt* to ask.

2 **preguntarse** *vpr* to wonder: **me pregunto si vendrá** I wonder if he'll come.
✦ **preguntar por alguien** to ask after somebody, ask about somebody.

preguntón,-ona *adj fam* inquisitive, nosy.
✦ **ser un preguntón/una preguntona** to ask too many questions.

prehistoria *nf* prehistory.

prehistórico,-a *adj* prehistoric.

prejuicio *nm* prejudice: **yo no tengo prejuicios** I'm not prejudiced.
✦ **sin prejuicios** unprejudiced, unbiased.

prejuzgar *vt* to prejudge.

prelación *nf* priority.

prelado *nm* prelate.

preliminar
1 *adj* preliminary.
2 *nm* preliminary.

preludiar
1 *vt* MÚS to prelude.
2 *vt (iniciar)* to announce.

preludio *nm* prelude.

premamá *adj (ropa)* maternity.

prematrimonial *adj* premarital.
▪ **relaciones prematrimoniales** premarital sex *sing*.

prematuramente *adv* prematurely.

prematuro,-a
1 *adj* premature.
2 *nm,f* premature baby.

premeditación *nf* premeditation.
✦ **con premeditación y alevosía** with malice aforethought.

premeditadamente *adv* with premeditation.

premeditado,-a
1 *pp* → **premeditar.**
2 *adj* premeditated.

premeditar *vt* to premeditate.

premenstrual *adj* premenstrual.

premiado,-a
1 *pp* → **premiar.**
2 *adj* prizewinning.
3 *nm,f* prizewinner.

premiar
1 *vt (otorgar premio)* to award a prize to.
2 *vt (recompensar)* to reward.
▲ *Conjugation model* [12], *like* **cambiar.**

premio
1 *nm* prize: **me han tocado dos premios** I've won two prizes.
2 *nm (recompensa)* reward.

premiosidad *nf* awkwardness.

premioso,-a *adj (movimiento, estilo)* awkward, laboured.

premisa *nf* premise.

premonición *nf* premonition.

premonitorio,-a *adj* premonitory.

premura
1 *nf (prisa)* urgency.
2 *nf (escasez - de tiempo)* pressure; *(- de espacio)* shortage.

prenatal *adj* antenatal.

prenda
1 *nf (de vestir)* garment.
2 *nf (prueba)* token, pledge: **te dejo este collar en prenda** I'll leave you this necklace as a pledge.
3 *nf (cualidad)* talent.
4 *nf (persona)* darling, love.
5 *nf (en juego)* forfeit.
✦ **no soltar prenda** not to say a word.

prendarse *vpr* to fall in love (**de**, with): **se quedó prendado de la camisa en cuanto la vio** he fell in love with the shirt the minute he saw it; **la actuación los ha dejado prendados** the performance stole their hearts.

prendedor *nm (broche)* brooch; *(alfiler)* pin.
▪ **prendedor de corbata** tie pin.

prender
1 *vt (agarrar)* to catch; *(arrestar)* to arrest.
2 *vt (sujetar)* to attach; *(con agujas)* to pin.
3 *vt (encender - fuego)* to light; *(- luz)* to turn on.
4 *vi (arraigar - planta, costumbre)* to take root.
5 *vi (fuego, madera, etc)* to catch light, catch fire.
6 **prenderse** *vpr* to catch fire.
✦ **prender fuego a** to set fire to, set light to.

prendimiento *nm* arrest.

prensa
1 *nf (máquina)* press; *(de imprimir)* printing press.
2 *nf (periodistas)* press; *(periódicos)* papers *pl*: **¿lees la prensa todos los días?** do you read the paper every day?
✦ **estar en prensa** *(libro)* to be in the press.
tener buena/mala prensa to have a good/bad press.
▪ **libertad de prensa** freedom of the press.

prensado,-a
1 *pp* → **prensar.**
2 *adj* pressed.
3 **prensado** *nm* pressing.

prensar *vt* to press.

prensil *adj* prehensile.

preñado,-a *adj* pregnant.

preñar *vt (mujer)* to make pregnant; *(animal)* to impregnate.

preñez *nf* pregnancy.

preocupación *nf* worry.

preocupado,-a
1 *pp* → **preocupar.**
2 *adj* worried.

preocupante *adj* worrying.

preocupar
1 *vt* to worry.
2 **preocuparse** *vpr (sentir preocupación)* to worry (**por**, about), get worried (**por**, about).
3 *vpr (ocuparse)* to mind (**de**, -): **tú preocúpate de lo tuyo** mind your own business.

preparación
1 *nf (gen)* preparation: **la preparación del viaje fue muy laboriosa** organizing the trip was a laborious task.

2 *nf (física, deportiva)* training.

3 *nf (conocimientos)* knowledge: la candidata tiene una excelente preparación en informática the candidate is fully trained in computer science; necesitamos personal con la preparación suficiente we need competent staff.

preparado,-a
1 *pp* → preparar.
2 *adj* ready, prepared.
3 preparado *nm (sustancia)* preparation.

preparador,-ra
1 *nm,f EDUC* private tutor *who coaches students for competitive exams.*
2 *nm,f DEP* coach.

preparar
1 *vt* to prepare, get ready: voy a preparar el desayuno I'll get breakfast ready; ¿habéis preparado el viaje? have you arranged the trip?; prepárate para recibir una buena reprimenda get ready for a good telling-off.
2 *vt (enseñar)* to teach: en esta academia los preparan muy bien the standards of teaching are very high in this school.
3 *vt DEP (entrenar)* to train, coach: le está preparando su padre his father's coaching him; se está preparando para el maratón she's training for the marathon.
4 *vt (estudiar)* to revise for, work for: ¿has preparado el examen de inglés? have you studied for the English exam?
✦ **preparar oposiciones** to study for competitive exams.

preparativos *nm pl* arrangements, preparations.

preparatorio,-a *adj* preparatory.

preponderancia *nf* preponderance.

preponderante *adj* preponderant.

preponderar *vi* to prevail.

preposición *nf* preposition.

preposicional *adj* prepositional.

prepotencia
1 *nf (poder)* dominance.
2 *nf (arrogancia)* arrogance.

prepotente *adj* arrogant, domineering.

prepucio *nm* foreskin.

prerrogativa *nf* prerogative.

Pres. *abr* (presidente,-a) President; *(abreviatura)* Pres.

presa
1 *nf (cosa prendida)* prey.
2 *nf (embalse)* dam.
3 *nf (acción)* capture.
✦ **hacer presa en** to take hold of, seize.
presa de algo seized by: la víctima gritaba presa del terror the victim screamed, terror-stricken.
ser fácil presa de alguien to be easy prey for somebody.
■ **ave de presa** bird of prey.

presagiar *vt* to be a warning of, foretell.
▲ *Conjugation model* [12], *like* cambiar.

presagio
1 *nm (señal)* omen.
2 *nm (adivinación)* premonition.
■ **mal presagio** ill omen.

presbicia *nf* long-sightedness.

présbita *adj* long-sighted.

présbite *adj* long-sighted.

presbiterianismo *nm* Presbyterianism.

presbiteriano,-a
1 *adj* Presbyterian.
2 *nm,f* Presbyterian.

presbiterio *nm* presbytery.

presbítero *nm* priest.

prescindible *adj* expendable, dispensable.

prescindir prescindir de *vi (pasar sin)* to do without; *(no contar con)* to leave out: prescindamos de formalismos let's cut out the formalities; prescindieron de él para la organización del viaje they left him out of the arrangements for the trip.

prescribir
1 *vt (recetar)* to prescribe.
2 *vt JUR (ordenar)* to prescribe, state.
3 *vi JUR (extinguirse)* to expire, lapse.
▲ *pp* prescrito,-a.

prescripción *nf* prescription.
✦ **por prescripción facultativa** on doctor's orders.

prescrito,-a *pp* → prescribir.

preseleccionado,-a
1 *pp* → preseleccionar.
2 *adj* preselected, short-listed.

preseleccionar *vt* to short-list.

presencia
1 *nf (gen)* presence.
2 *nf (aspecto)* appearance: vino un señor de muy buena presencia a very smart man came.
✦ **hacer acto de presencia** to appear, put in an appearance.
■ **presencia de ánimo** presence of mind.

presencial testigo presencial *nm* eyewitness.

presenciar *vt (acontecimiento)* to be present at; *(accidente, atraco)* to witness.
▲ *Conjugation model* [12], *like* cambiar.

presentable
1 *adj (arreglado)* presentable; *(a medio vestir)* decent: no pases que no estoy presentable don't come in, I'm not decent.
2 *adj (en condiciones)* reasonable, presentable: he hecho un dibujo que está más o menos presentable I've done a sketch which is more or less presentable.

presentación
1 *nf (de un objeto, documento, etc)* presentation, showing: la presentación del carné es imprescindible para entrar passes must be shown to allow access; ¿para cuándo es la presentación de la traducción? when do we have to hand in the translation?
2 *nf (de personas)* introduction: nuestro invitado de hoy no requiere presentación alguna our guest today needs no introduction.
3 *nf (de producto - lanzamiento)* launching; *(- exposición)* presentation.
4 *nf POL (a elecciones)* candidature, candidacy.
5 *nf (aspecto)* presentation: la presentación del currículum tiene que ser excelente your CV must be extremely well presented.
6 *nf (de un programa)* presentation.
✦ **hacer las presentaciones** to do the introductions.
■ **presentación en sociedad** début.

presentador,-ra *nm,f* presenter.

presentar
1 *vt (gen)* to present; *(mostrar)* to show: hay que presentar la identificación you have to show your identification; me ha presentado sus disculpas he has apologized; presentó a concurso su primera novela she entered her first novel in a competition.
2 *vt (entregar)* to hand in.
3 *vt (sacar al mercado)* to launch.
4 *vt (personas)* to introduce: ¿te han presentado ya? have you been introduced yet?; os presento a mi novia this is my girlfriend.
5 *vt TV* to present.
6 *vt (ofrecer)* to offer, show: esta cicatriz no presenta buen aspecto that scar doesn't look good.
7 **presentarse** *vpr (comparecer)* to turn up: nos presentamos en su casa sin previo aviso we turned up at her house without prior warning; se presentó a la policía inmediatamente he went straight to the police.
8 *vpr (para elección)* to stand; *(en un concurso)* to enter.
✦ **presentar una denuncia** to lodge a complaint.
presentar una ponencia to present a paper.

presente
1 *adj* present.
2 *nm (tiempo)* present.
3 *nm LING* present tense.
4 *nm (obsequio)* gift.
5 **presentes** *nm pl* those present: los aquí presentes damos por válido el presupuesto those of us present approve the budget.
✦ **mejorando lo presente** present company excepted.
por el presente for the moment.
por la presente … *(en cartas)* hereby.
tener presente to bear in mind.
■ **presente histórico** present historic.

presentimiento *nm* premonition, presentiment: tengo el presentimiento de

que les ha pasado algo I've got the feeling something has happened to them.

presentir *vt* to have a feeling (**que**, that).
▲ *Conjugation model* [35], *like hervir.*

preservación *nf* preservation.

preservar *vt* to preserve.

preservativo *nm* condom.

presidencia
1 *nf POL* presidency.
2 *nf (de una empresa)* chairmanship, (*US* presidency).
3 *nf (de un club, sociedad, etc.)* presidency.
4 *nf (de una reunión)* chairmanship.

presidencial *adj* presidential.

presidente,-ta
1 *nm,f POL* president.
2 *nm,f (de una empresa - hombre)* chairman, (*US* president); (*- mujer*) chairwoman, (*US* president).
3 *nm,f (de un club, sociedad, etc)* president.
4 *nm,f (de una reunión - hombre)* chairman; (*- mujer*) chairwoman.

presidiario,-a *nm,f* convict, prisoner.

presidio *nm* prison, penitentiary.

presidir
1 *vt (reunión)* to chair, preside over.
2 *vt (país)* to be president of.
3 *vt (predominar)* to prevail.

presilla *nf* fastener.

presión *nf* pressure.
■ **grupo de presión** pressure group.
presión arterial blood pressure.
presión atmosférica atmospheric pressure.
presión sanguínea blood pressure.

presionar
1 *vt (objeto)* to press.
2 *vt (persona)* to pressure, put pressure on.

preso,-a
1 *adj* imprisoned: **lo han metido preso** he's been put in prison.
2 *nm,f* prisoner.
✦ **estar preso,-a** to be in prison.

prestación
1 *nf (servicio)* service.
2 *nf (de la Seguridad Social)* benefit, allowance.
3 *nf (características - de una cuenta bancaria)* yield; (*- de un coche, electrodoméstico, etc*) performance.
■ **prestación por desempleo** unemployment benefit.

prestado,-a
1 *pp →* prestar.
2 *adj* lent, on loan.
✦ **dejar algo prestado,-a** to lend something.
pedir prestado,-a to borrow.
por servicios prestados for services rendered.

prestamista *nm & nf* moneylender.

préstamo
1 *nm (crédito)* loan.
2 *nm (acción de prestar)* lending; (*acción de pedir prestado*) borrowing.
3 *nm LING* loanword.

✦ **pedir un préstamo** to ask for a loan.
■ **préstamo hipotecario** home loan, mortgage.

prestancia *nf (elegancia)* elegance.

prestar
1 *vt (dejar prestado)* to lend, loan.
2 *vt (pedir prestado)* to borrow.
3 *vt (servicio)* to do, render.
4 *vt (ayuda)* to give.
5 **prestarse** *vpr (ofrecerse)* to lend oneself: **se prestó para ayudar en la operación de rescate** he offered to help in the rescue operation.
6 *vpr (ser motivo)* to lend itself: **estas indicaciones se prestan a malas interpretaciones** these instructions are open to misinterpretation.
7 *vpr (acceder)* to agree, give in.
✦ **prestar juramento** to swear.

prestatario,-a
1 *adj* borrowing.
2 *nm,f* borrower.

presteza *nf* promptness.
✦ **con presteza** promptly.

prestidigitación *nf* conjuring, magic.

prestidigitador,-ra *nm,f* conjuror, magician.

prestigio *nm* prestige.

prestigioso,-a *adj* prestigious.

presto,-a
1 *adj (preparado)* ready.
2 *adj (rápido)* quick.
3 **presto** *adv arc* swiftly.

presumible *adj* likely: **un más que presumible aumento de la inflación** a more than likely rise in inflation; **se abalanzó sobre él con el presumible intento de robarle** he jumped on him presumably to rob him.

presumido,-a
1 *adj (arrogante)* conceited; (*en el vestir*) vain.
2 *nm,f (arrogante)* conceited person; (*en el vestir*) vain person.

presumir
1 *vi (vanagloriarse)* to boast (**de**, about), show off (**de**, about): **siempre está presumiendo de sus hijos** she's always boasting about her children; **presume de habilidoso** he likes to think he is a handyman.
2 *vi (ser presumido)* to be vain: **le gusta mucho presumir** he's really vain.
3 *vt (suponer)* to suppose, assume: **por sus andares presumo que está borracho** from the way he's walking I assume he's drunk.
✦ **como era de presumir** as was to be expected.

presunción
1 *nf (vanidad)* conceit.
2 *nf (suposición)* presumption.
■ **presunción de inocencia** presumption of innocence.

presuntamente *adv* allegedly.

presunto,-a *adj* presumed, alleged: **el presunto autor del delito** the alleged criminal.

presuntuosidad *nf* presumptuousness.

presuntuoso,-a *adj (presumido)* conceited, vain; (*arrogante*) presumptuous.

presuponer *vt* to presuppose.
▲ *Conjugation model* [78], *like poner; pp* presupuesto,-a.

presupuestar *vt (proyecto)* to budget for; (*construcción, obra, etc*) to estimate.

presupuestario,-a *adj* budget.

presupuesto,-a
1 *pp →* presuponer.
2 **presupuesto** *nm (en finanzas, política)* budget; (*de una obra, reparación, etc*) estimate.
3 *nm (supuesto)* assumption.
■ **los presupuestos generales del Estado** the national budget *sing*.

presurizar *vt* to pressurize.

presuroso,-a *adj* hurried, hasty.

pretencioso,-a
1 *adj* pretentious.
2 *nm,f* pretentious person.

pretender
1 *vt (querer)* to want to: **pretende ganar el concurso** he wants to win the contest.
2 *vt (intentar)* to try to: **no sé qué pretende hacer** I don't know what he's trying to do.
3 *vt (cortejar)* to court.

pretendido,-a
1 *pp →* pretender.
2 *adj* supposed.

pretendiente
1 *nm (enamorado)* suitor.
2 *nm & nf (a un puesto)* applicant.
3 *nm & nf (al trono)* pretender.

pretensión
1 *nf (intención)* aim; (*ambición*) ambition: **no tengo pretensiones de escritor** I don't aspire to being a writer.
2 *nf (derecho)* claim.
✦ **sin pretensiones** unpretentious, of modest pretensions.

pretérito,-a
1 *adj* past: **en tiempos pretéritos** in the past.
2 **pretérito** *nm* simple past, preterite.
■ **pretérito anterior** past anterior.
pretérito imperfecto imperfect.
pretérito indefinido simple past.
pretérito perfecto present perfect.
pretérito pluscuamperfecto past perfect.

pretextar *vt* to allege.

pretexto *nm* pretext.
✦ **con el pretexto de** on the pretext of.

pretil *nm (muro)* parapet.

pretor *nm HIST* praetor, pretor.

pretoriano,-a *adj HIST* Pretorian.
■ **Guarda pretoriana** Pretorian Guard.

prevalecer *vi* to prevail.
▲ *Conjugation model* [43], *like* **agradecer.**
prevalente *adj* predominant.
prevalerse *vpr* to take advantage (**de,** of).
▲ *Conjugation model* [89], *like* **valer.**
prevaricación *nf JUR* deliberate neglect of duty.
prevaricar *vi JUR* to fail deliberately to do one's duty.
prevención
  1 *nf (precaución)* prevention: **se tomarán medidas para la prevención de incendios** fire prevention measures will be taken.
  2 *nf (medida)* measure, preventive measure: **las prevenciones contra el ruido han surtido efecto** anti-noise measures have proved effective.
  3 *nf (prejuicio)* prejudice: **al principio le tenía cierta prevención** at first she was somewhat prejudiced against him.
  ✦ **en prevención de** as a precaution against.
  ▪ **prevención del embarazo** family planning.
prevenido,-a
  1 *pp* → **prevenir.**
  2 *adj* forewarned.
  ✦ **hombre prevenido vale por dos** forewarned is forearmed.
prevenir
  1 *vt (evitar)* to avoid, prevent.
  2 *vt (advertir)* to warn: **me previnieron contra su mal humor** they warned me about his bad mood.
  ✦ **más vale prevenir que curar** prevention is better than cure.
  ▲ *Conjugation model* [90], *like* **venir.**
preventivo,-a *adj (medicina, medida, etc)* preventive, preventative.
prever
  1 *vt (anticipar)* to foresee, forecast.
  2 *vt (preparar)* to plan.
  ▲ *Conjugation model* [91], *like* **ver;** *pp* **previsto,-a.**
previamente *adv* previously.
previo,-a *adj* previous.
previsible *adj* foreseeable.
previsiblemente *adv* foreseeably, most likely: **su valor aumentará previsiblemente** it's value is most likely to increase.
previsión
  1 *nf (anticipación)* forecast.
  2 *nf (precaución)* precaution.
  ✦ **en previsión de** as a precaution against.
  ▪ **previsión meteorológica** weather forecast.
previsor,-ra *adj* farsighted.
previsto,-a *pp* → **prever.**
  ✦ **tener previsto,-a** to plan: **no tenía previsto salir esta tarde** I hadn't planned to go out this afternoon.
prieto,-a *adj* tight.

prima
  1 *nf (gratificación)* bonus.
  2 *nf (del seguro)* insurance premium.
primacía *nf* primacy.
primado *nm* primate.
primal
  1 *adj* yearling.
  2 *nm & nf* yearling.
primar
  1 *vt (recompensar)* to reward.
  2 *vt (poner en primer lugar)* to put first, give precedence to.
  3 *vi (predominar)* to be important; *(sobresalir)* to stand out.
  ✦ **primar sobre** to be more important than.
primaria *nf* primary education.
primario,-a *adj* primary.
primate *nm* primate.
primavera
  1 *nf* spring.
  2 *nf lit (año)* year: **tiene solo veinte primaveras** she's is just twenty; **una chica de quince primaveras** a girl of fifteen summers.
  3 *nf BOT* primrose.
primaveral *adj* spring, spring-like.
primer *adj* → **primero,-a.**
primera
  1 *nf AUTO* first gear: **mete primera y vámonos** put it into first and let's go.
  2 *nf (en transportes)* first class: **viajan siempre en primera** they always travel first-class.
  ✦ **de primera** first-rate, first-class.
primerizo,-a
  1 *adj (gen)* novice; *(madre)* first-time.
  2 *nm,f* beginner: **una madre primeriza** a first-time mother.
primero,-a
  1 *adj* first: **el primer día del año** the first day of the year; **la primera calle a la derecha** the first street on the right.
  2 *nm,f* first: **es la primera de la clase** she's top of the class.
  3 primero *adv (en primer lugar)* first: **primero vamos a mirarlo en el diccionario** let's look it up in the dictionary first.
  ✦ **a primeros de mes/año** at the beginning of the month/year.
  lo primero es lo primero first things first.
  ▲ *Before singular masculine nouns the form* **primer** *is used.*
primicia
  1 *nf BOT* first fruit.
  2 *nf (noticia)* scoop: **¿quién dio la primicia del asesinato?** who carried the scoop on the murder.
primigenio,-a *adj* original.
primípara *adj* primipara, first-time mother.
primitiva *nf (lotería)* ≈ National Lottery.
primitivismo *nm* primitivism.

primitivista
  1 *adj* primitivist.
  2 *nm & nf* primitivist.
primitivo,-a
  1 *adj HIST* primitive.
  2 *adj (original)* original.
  3 *adj (rudimentario)* basic.
primo,-a
  1 *adj (materia)* raw.
  2 *adj MAT (número)* prime.
  3 *nm,f (familiar)* cousin.
  4 primo *nm fam* mug, sucker.
  ✦ **hacer el primo** *fam* to be taken for a ride.
  ▪ **primo,-a hermano,-a** first cousin.
  primo,-a segundo,-a second cousin.
primogénito,-a
  1 *adj* first-born, eldest.
  2 *nm,f* first-born, eldest.
primor
  1 *nm (delicadeza)* delicateness, delicacy.
  2 *nm (hermosura)* beauty: **tiene un niño que es un primor** her son is lovely.
  ✦ **con primor** delicately.
primordial *adj* essential.
primoroso,-a *adj* delicate.
prímula *nf* primula.
princesa *nf* princess.
principado *nm* principality.
principal
  1 *adj* main, chief: **lo principal es que duerma bien** the main thing is that he sleeps well.
  2 *nm (piso)* first floor, *(US* second floor).
principalmente *adv* principally, mainly, chiefly.
príncipe *nm* prince.
  ▪ **edición príncipe** first edition.
  príncipe azul Prince Charming.
  príncipe de las tinieblas Prince of Darkness.
principesco,-a *adj* princely.
principiante,-a *nm,f* beginner.
principio
  1 *nm (inicio)* beginning, start: **me voy de vacaciones a principios de mes** I'm going on holiday at the beginning of the month.
  2 *nm (base)* principle.
  3 *nm (moral)* principle: **no tiene principios** he has no principles.
  4 principios *nm pl* rudiments.
  ✦ **al principio** at first, at the beginning.
  en principio in principle.
pringado,-a
  1 *pp* → **pringar.**
  2 *nm,f fam pey* mug.
pringar
  1 *vt (ensuciar)* to make greasy: **me he puesto las manos pringando de grasa** I've got my hands covered in grease.
  2 *vt (untar)* to soak in oil.
  3 *vi fam (trabajar)* to work hard.
  4 *vi fam (meter)* to involve, mix up in: **media empresa está pringada en el asunto** half the company are mixed up in the affair.

✦ **pringarla** *arg (morir)* t❺ kick the bucket; *(meter la pata)* to screw up.
▲ *Conjugation model* [7], *like* **llegar.**

pringoso,-a *adj* greasy.

pringue *nm* grease.

prior,-ra *nm* REL,*f (hombre)* prior; *(mujer)* prioress.

priorato
1 *nm* REL *(cargo)* priorate; *(residencia)* priory.
2 *nm (vino)* wine from Priorat, Tarragona.

priori a priori *loc* a priori.

prioridad *nf* priority.

prioritario,-a *adj* priority.

prisa *nf* hurry: con tantas prisas me he olvidado la llave I was in such a rush that I forgot the key; salimos del cine a toda prisa we dashed out of the cinema; ¡date prisa que no llegamos! hurry up or we'll never make it!
✦ **correr prisa** to be urgent.
darse prisa to hurry.
de prisa → deprisa.
de prisa y corriendo in a mad rush.
meterle prisa a alguien to rush somebody.
sin prisa pero sin pausa slowly but surely.
tener prisa to be in a hurry.

prisión *nf* prison: lo han condenado a tres años de prisión he's been sentenced to three years imprisonment.
✦ **estar en prisión preventiva** to be remanded in custody, be on remand.

prisionero,-a *nm,f* prisoner.

prisma
1 *nm* prism.
2 *nm fig (perspectiva)* angle.

prismático,-a
1 *adj* prismatic.
2 **prismáticos** *nm pl* binoculars.

prístino,-a
1 *adj (primitivo)* original.
2 *adj (puro)* pristine.

priva *nf arg* booze.

privacidad *nf* privacy.

privación *nf* deprivation, privation.
✦ **pasar privaciones** to suffer hardship.

privado,-a
1 *pp →* privar.
2 *adj* private.
✦ **en privado** in private.

privar
1 *vt (despojar)* to deprive (**de,** of).
2 *vi fam (gustar)* to adore: me priva el chocolate I'm crazy about chocolate.
3 *vi fam (estar de moda)* to be in fashion: hoy día lo que priva es la bici bikes are all the rage these days.
4 *vi fam (beber)* to booze.
✦ **no privarse de nada** *fam* to pamper oneself, want for nothing.

privativo,-a *adj (propio, exclusivo)* exclusive.

✦ **ser privativo,-a de** to be the exclusive right of: el desempleo no es privativo de nuestro país unemployment is not restricted to our country.

privatización *nf* privatization.

privatizar *vt* to privatize.

privilegiado,-a
1 *adj* privileged.
2 *nm,f* privileged person.

privilegiar *vt* to privilege.

privilegio *nm* privilege.

pro
1 *nm* advantage.
2 *prep* pro-, in favour of: una campaña pro amnistía a pro-amnesty campaign.
✦ **ser un hombre/una mujer de pro** to be a fine upstanding man/woman.
▪ **los pros y los contras** the pros and cons.

proa *nf* bow, prow.

probabilidad *nf* probability: tengo muchas probabilidades de conseguir la beca I've a good chance of getting the grant; las probabilidades de que ganen son mínimas they have a very slim chance of winning.

probable
1 *adj (posible)* probable, likely: lo más probable es que haya huido it's very likely that he has run away; es probable que no hayan recibido el paquete they probably haven't received the parcel.
2 *adj (demostrable)* provable.

probablemente *adv* probably.

probado,-a
1 *pp →* probar.
2 *adj* proven.

probador *nm* changing room, fitting room.

probar
1 *vt (demostrar)* to prove: esto prueba la veracidad de su testimonio this proves the truth of his testimony.
2 *vt (comprobar)* to test, check: prueba el coche a ver cómo responde check the car to see how it performs.
3 *vt (vino, comida, etc)* to taste, try: prueba el estofado a ver si está bien de sal taste the stew for salt; ¿has probado alguna vez las judías con almejas? have you ever tried beans with clams?; nunca pruebo el cava porque me da sueño I never drink cava because it makes me sleepy.
4 *vt (prenda, zapato, etc)* to try on: pruébatelo antes de llevártelo try it on before buying it.
5 *vi* to try: prueba a cambiarle la pila try changing the battery.
▲ *Conjugation model* [31], *like* **contar.**

probeta *nf* test tube.

probidad *nf* honesty, integrity.

problema *nm* problem: el dinero no trae más que problemas money brings nothing but problems.

✦ **dar problemas** to cause problems.
tener problemas con to have trouble with.

problemática *nf* problems *pl*, questions *pl*.

problemático,-a *adj (cuestión)* problematic; *(joven)* difficult.

probo,-a *adj* honest.

probóscide *nf* proboscis.

procacidad *nf (atrevimiento)* impudence; *(insolencia)* insolence: no hizo más que soltar procacidades he was being really obscene.

procaz *adj* indecent, vulgar.
▲ *pl* procaces.

procedencia
1 *nf (de lugar, persona, etc)* origin: ¿conoce la procedencia de este dinero? do you know where this money came from?; se ignora la procedencia de los detenidos the origin of the detainees is unknown.
2 *nf (de barco, tren etc)* origin.
3 *nf (de comportamiento)* appropriateness.
▪ **país de procedencia** country of origin.

procedente
1 *adj* coming (**de,** from): el tren procedente de Sevilla the train arriving from Seville.
2 *adj (adecuado)* appropriate, correct.

proceder
1 *vi (pasar a ejecutar)* to proceed: ahora procedemos a la entrega de premios we now move on to the presentation of prizes.
2 *vi (actuar)* to act: en estas situaciones uno no sabe cómo proceder one doesn't know what to do in these situations.
3 *vi (ser adecuado)* to be appropriate: se les avisará cuando proceda you will be informed in due course.
4 *vi* JUR to start proceedings (**contra,** against).
5 *nm* behaviour (*US* behavior): su extraño proceder confundió a todos his strange behaviour confused everybody.
✦ **proceder de** *(venir de)* to come from: ¿de dónde procede su familia? where is her family from?

procedimiento
1 *nm (método)* procedure.
2 *nm* JUR proceedings *pl*.

proceloso,-a *adj lit* stormy.

prócer *nm* great man.
▲ *pl* próceres.

procesable *adj* indictable.

procesado,-a
1 *pp →* procesar.
2 *adj* INFORM processed.
3 *adj* JUR tried.
4 *nm,f* JUR the accused.

procesador *nm* processor.
▪ **procesador de textos** INFORM word processor.

procesal JUR *adj* procedural.
▪ **derecho procesal** JUR procedural law.

procesamiento
1 *nm JUR* trial.
2 *nm INFORM* processing.
✦ **dictar auto de procesamiento contra alguien** *JUR* to commit somebody for trial, prosecute somebody.
■ **auto de procesamiento** *JUR* prosecution.
procesamiento de datos *INFORM* data processing.
procesamiento de textos *INFORM* word processing.

procesar
1 *vt (gen)* to process.
2 *vt JUR* to try.

procesión *nf* procession.
✦ **la procesión va por dentro** *fam* he *(she etc)* is putting on a brave face.

procesionaria *nf* processionary.

procesionario,-a *adj* processional.

proceso
1 *nm (gen)* process.
2 *nm (en el tiempo)* time.
3 *nm JUR* trial.
■ **proceso de datos** *INFORM* data processing.

proclama
1 *nf (discurso político)* proclamation.
2 *nf (anuncio público)* public announcement; *(de matrimonio)* banns *pl*.
■ **proclamas matrimoniales** banns.

proclamación *nf* proclamation.

proclamar
1 *vt (declarar públicamente)* to proclaim.
2 *vt (revelar)* to broadcast: **se lo conté ayer y ya lo ha proclamado a voz en grito** I told him yesterday and now he's broadcast it to the whole world.
3 **proclamarse** *upr* to proclaim oneself.

proclítico,-a *adj* proclitic.

proclive *adj* prone.
✦ **mostrarse/ser proclive a algo** to be prone to something.

proclividad *nf* proclivity.

procónsul *nm* proconsul.

procreación *nf* procreation.

procrear *vi* to procreate.

procuración *nf* power of attorney.

procurador,-ra *nm,f JUR* procurator.

procurar
1 *vt* to try: **procura no enfadarte** try not to get angry.
2 *vt (proporcionar)* to get: **nos han procurado billetes para el partido** they've managed to get us some tickets for the match.

prodigar
1 *vt* to be lavish with.
2 **prodigarse** *upr (dejarse ver)* to overexpose oneself.
▲ *Conjugation model* [7], *like* **llegar**.

prodigio *nm* prodigy, miracle.
■ **niño,-a prodigio** child prodigy.

prodigioso,-a *adj* prodigious.

pródigo,-a
1 *adj (generoso - persona)* lavish; *(- naturaleza)* bountiful.
2 *adj (derrochador)* wasteful.

✦ **ser pródigo,-a en** *(generoso)* to be generous with; *(derrochador)* to be extravagant with.
■ **el Hijo Pródigo** the Prodigal Son.

producción *nf* production.
■ **producción en cadena** mass production.

producir
1 *vt (gen)* to produce.
2 *vt (causar)* to cause.
3 *vt (cosecha, fruto, etc)* to yield.
4 **producirse** *upr* to happen: **se ha producido un accidente en la autopista** there has been an accident on the motorway.
✦ **producir en cadena** to mass-produce.
▲ *Conjugation model* [46], *like* **conducir**.

productividad *nf* productivity.

productivo,-a *adj (reunión, tierra, etc)* productive; *(inversión)* profitable.

producto
1 *nm (gen)* product: **una amplia gama de productos** a wide range of products.
2 *nm MAT* product.
3 *nm (resultado)* result, product.
4 *nm (provecho)* fruit: **lo compró con el producto de su trabajo** he bought it with the fruit of his labours.
■ **producto acabado** finished product.
producto interior bruto gross domestic product.
producto nacional bruto gross national product.
producto químico chemical.
productos agrícolas agricultural produce.
productos alimenticios foodstuffs.
productos de belleza cosmetics.
productos de limpieza cleaning products.

productor,-ra
1 *adj* producing.
2 *nm,f* producer.

productora *nf CINEM* production company.

proeza *nf* feat, heroic deed.

prof. *abr* (**profesor**) *(de instituto)* teacher; *(de universidad)* lecturer.

profanación *nf* desecration.

profanador,-ra *nm,f* desecrator.
■ **profanador,-ra de tumbas** grave robber.

profanamiento *nm* desecration.

profanar *vt* to desecrate, profane.

profano,-a
1 *adj (no sagrado)* profane, secular.
2 *adj (no experto)* lay.
3 *nm,f (hombre)* layman; *(mujer)* laywoman.
✦ **ser profano,-a en la materia** to know nothing about the subject.

profe *nm & nf fam* teacher.

profecía *nf* prophecy.

proferir *vt (palabra, sonido, etc)* to utter; *(insulto)* to hurl.
▲ *Conjugation model* [35], *like* **hervir**.

profesar
1 *vt (creencia, religión)* to profess.
2 *vt (sentimiento)* to have: **profeso una gran admiración por ella** I have great admiration for her.
3 *vt (profesión)* to practise (*US* practice).
4 *vi REL* to profess.

profesión
1 *nf* profession.
2 *nf REL* taking of vows.
✦ **de profesión** by profession: **es químico de profesión** he's a chemist by profession.
■ **profesión de fe** profession of faith.
profesión liberal profession.

profesional
1 *adj (gen)* professional: **es futbolista profesional** he's a professional footballer.
2 *nm & nf* professional: **en este barrio viven mayormente profesionales** mostly professional people live in this neighbourhood; **trabaja el cuero de maravilla, es todo un profesional** he does wonders with leather, he's a real professional; **los profesionales de la enseñanza están en huelga** the teachers are on strike.

profesionalidad *nf* professionalism.

profesionalizar
1 *vt* to make professional: **quieren profesionalizar el ejército** they want to make the army professional.
2 **profesionalizarse** *upr* to turn professional.

profesionalmente *adv* professionally.

profeso **ex profeso** *loc* on purpose.

profesor,-ra *nm,f (de enseñanza media)* teacher; *(de universidad)* lecturer.
■ **profesor,-ra particular** private tutor.

profesorado
1 *nm (conjunto de profesores)* teaching staff.
2 *nm (cargo)* teaching post; *(actividad)* teaching profession.

profeta *nm* prophet.
✦ **nadie es profeta en su tierra** no one is a prophet in his own land.

profético,-a *adj* prophetic.

profetisa *nf* prophetess.

profetizar *vt* to prophesy.
▲ *Conjugation model* [4], *like* **realizar**.

profiláctico,-a
1 *adj (medida)* prophylactic.
2 **profiláctico** *nm fml (preservativo)* condom.

profilaxis *nf* prophylaxis.
▲ *pl* **profilaxis**.

prófugo,-a
1 *adj* on the run, fugitive.
2 *nm,f* fugitive.
3 **prófugo** *nm MIL* deserter.
✦ **ser prófugo,-a de la justicia** to be a fugitive.

profundamente *adv* profoundly, deeply: **estaba profundamente dormida** she was sound sleep; **le estoy**

profundamente agradecida I am profoundly grateful to you; **lo lamento profundamente** I'm deeply sorry; **respirad profundamente** take a deep breath.

profundidad
1 *nf* depth: **en las profundidades del océano** in the depths of the ocean; **tiene cuatro metros de profundidad** it's four metres deep.
2 *nf (de persona, pensamiento, etc)* depth, profundity.
✦ **en profundidad** in depth.
▪ **profundidad de campo** depth of field.

profundizar
1 *vt (agujero, hoyo)* to deepen.
2 *vt* **profundizar en** *(tema, cuestión)* to look deeply into, analyse (*US* analyze) in depth.
▲ *Conjugation model* [4], *like realizar.*

profundo,-a
1 *adj (gen)* deep: **el agua es muy profunda** the water's very deep; **se encuentra sumida en una profunda crisis** she is going through a deep crisis; **es una quemadura profunda** it's a serious burn; **posee un conocimiento profundo de la materia** she has a thorough knowledge of the subject.
2 *adj (tristeza, dolor, etc)* intense.
3 *adj (cambio, transformación, etc)* profound, total.
4 *adj (pensamiento, persona, etc)* profound, deep.

profusamente *adv* profusely.

profusión *nf* profusion: **estaba ilustrado con profusión de dibujos** it was profusely illustrated.

profuso,-a *adj* profuse.

progenie
1 *nf fml (familia)* progeny, offspring.
2 *nf (linaje)* lineage.

progenitor,-ra
1 *nm,f (padre)* father; *(madre)* mother.
2 **progenitores** *nm pl* parents.

progenitura *nf* offspring.

progesterona *nf* progesterone.

prognosis *nf* prognosis.
▲ *pl* **prognosis.**

programa
1 *nm (gen)* programme (*US* program).
2 *nm INFORM* program.
3 *nm EDUC (de un curso)* syllabus.
4 *nm (plan)* plan.
▪ **programa electoral** election manifesto, (*US* election program).

programable *adj* programmable (*US* programable).

programación
1 *nf (de televisión, radio, etc)* programming (*US* programing): **¿qué cadena tiene mejor programación?** which channel has the best programmes?
2 *nf (de teatro)* billing.
3 *nf (de vídeo)* programming.
4 *nf INFORM* programming.

programador,-ra *nm,f INFORM* programmer.

programar
1 *vt (gen)* to programme (*US* program).
2 *vt INFORM* to program.
3 *vt (organizar, planear, etc)* to plan.

progre
1 *adj fam* lefty.
2 *nm & nf fam* lefty.

progresar *vi* to progress, make progress: **no has progresado mucho en ortografía** you haven't made much progress with your spelling; **desde que volvió del hospital ha progresado muchísimo** since he came home from hospital he's made rapid progress.

progresía *nf fam* lefties *pl.*

progresión *nf* progression.
▪ **progresión aritmética** arithmetic progression.
progresión geométrica geometric progression.

progresismo *nm* progressivism.

progresista
1 *adj* progressive.
2 *nm & nf* progressive.

progresivamente *adv* progressively.

progresivo,-a *adj* progressive.

progreso *nm* progress.
✦ **hacer progresos** to make good progress.

prohibición *nf* prohibition, ban.
✦ **levantar la prohibición** to lift the ban.

prohibicionista *adj* prohibitionist.

prohibido,-a
1 *pp →* **prohibir.**
2 *adj* forbidden.
✦ **"Prohibido fumar"** "No smoking".

prohibir *vt* to forbid.
▲ *Conjugation model* [21].

prohibitivo,-a *adj* prohibitive.

prohijamiento *nm* adoption.

prohijar *vt* to adopt.
▲ *Conjugation model* [20], *like amohinar.*

prohombre *nm* great man.

prójima *nf fam pey* slut, tart.

prójimo *nm* fellow man, neighbour (*US* neighbor): **lo que opine el prójimo le da lo mismo** he doesn't care what other people think.
✦ **amarás a tu prójimo como a ti mismo** love thy neighbour as thyself.

pról. *abr* (**prólogo**) prologue (*US* prolog).

prolapso *nm* prolapse.

prole *nf* offspring.

prolegómeno *nm (de un texto)* introduction: **¡déjate de prolegómenos!** stop beating about the bush!

proletariado *nm* proletariat.

proletario,-a
1 *adj* proletarian.
2 *nm,f* proletarian.

proliferación *nf* proliferation.

proliferar *vi* to proliferate.

prolífico,-a *adj* prolific.

prolijidad
1 *nf (extensión excesiva)* long-windedness, verbosity.
2 *nf (meticulosidad)* meticulousness.

prolijo,-a
1 *adj (largo en exceso)* long-winded, verbose.
2 *adj (meticuloso)* meticulous.

prologar *vt* to prologue (*US* prolog).

prólogo *nm* prologue (*US* prolog).

prolongación
1 *nf (gen)* prolongation.
2 *nf (aplazamiento)* extension.

prolongado,-a
1 *pp →* **prolongar.**
2 *adj (largo)* prolonged, lengthy.

prolongar
1 *vt (en el tiempo)* to prolong.
2 *vt (en el espacio)* to extend.
3 **prolongarse** *vpr* to go on.
▲ *Conjugation model* [7], *like llegar.*

promediar
1 *vt* to average out.
2 *vi* to mediate.
▲ *Conjugation model* [12], *like cambiar.*

promedio *nm* average.

promesa
1 *nf* promise.
2 *nf (persona)* budding talent: **la joven promesa de las letras españolas** the promising young Spanish writer.
✦ **faltar a una promesa** to break a promise.
hacer una promesa to make a promise.

prometedor,-ra *adj* promising.

prometer
1 *vt* to promise: **¿lo prometes?** promise?; **te prometo que no lo volveré a hacer** I promise I won't do it again.
2 *vi* to be promising: **esta chica es una pintora que promete** this girl is a promising artist.
3 **prometerse** *vpr (pareja)* to get engaged.
✦ **prometerse en matrimonio** to get engaged.
prometérselas muy felices *fam* to have high hopes.
prometer el oro y el moro to promise the Earth.

prometido,-a
1 *pp →* **prometer.**
2 *nm,f (hombre)* fiancé; *(mujer)* fiancée.
✦ **lo prometido es deuda** promises are meant to be kept.

prominencia
1 *nf (montículo)* hillock, mound; *(elevación)* rise.
2 *nf (protuberancia)* protuberance.
3 *nf (de partido, teoría, etc)* prominence.

prominente *adj* prominent.

promiscuidad *nf* promiscuousness, promiscuity.

promiscuo,-a *adj* promiscuous.

promoción
1 *nf (gen)* promotion.
2 *nf EDUC* year, (*US* class): esa chica era compañera mía de promoción that girl was in the same year as me.
▪ **campaña de promoción** promotion campaign.
promoción interna internal promotion.

promocionar
1 *vt (gen)* to promote.
2 *vt (ideas, relaciones, etc)* to foster.

promontorio *nm* promontory, headland.

promotor,-ra
1 *nm,f (inmobiliario)* developer.
2 *nm,f (de una idea, plan, etc)* promoter.
3 *nm,f (de ventas)* representative.

promotora *nf* property developer.

promover *vt* to promote.
▲ *Conjugation model* [32], *like* **mover**.

promulgación *nf* enactment, promulgation.

promulgar *vt* to enact, promulgate.
▲ *Conjugation model* [7], *like* **llegar**.

pronombre *nm* pronoun.
▪ **pronombre demostrativo** demonstrative pronoun.
pronombre personal personal pronoun.
pronombre relativo relative pronoun.

pronominal *adj* pronominal.

pronosticador,-ra *nm,f* forecaster.

pronosticar *vt* to predict.
▲ *Conjugation model* [1], *like* **sacar**.

pronóstico
1 *nm (del tiempo)* forecast.
2 *nm MED* prognosis.
✦ **de pronóstico grave** serious: ha sufrido heridas de pronóstico grave she sustained serious injuries.
de pronóstico reservado el estado del paciente es de pronóstico reservado the patient is being kept in for observation.
▪ **pronóstico meteorológico** weather forecast.

prontitud *nf* promptness.
✦ **con prontitud** promptly, quickly.

pronto,-a
1 *adj* quick, fast: la pronta reacción del conductor evitó un desastre the driver's quick reaction prevented a disaster.
2 **pronto** *nm fam (gen)* sudden urge, sudden impulse; *(de ira)* fit: le dio un pronto de los suyos y se puso a pintar el piso he was overcome by a sudden urge and started to paint the flat.
3 *adv (rápido)* soon: no llores que pronto vendrá tu mamá don't cry, your mummy will be here soon.
4 *adv (temprano)* early: has llegado demasiado pronto you've arrived too early.

✦ **de pronto** suddenly: de pronto se acordó de la consigna he suddenly remembered the watchword.
¡hasta pronto! see you soon!
lo más pronto posible as soon as possible.
por lo/de pronto *(para empezar)* for a start; *(por el momento)* for the moment.

pronunciación
1 *nf* pronunciation.
2 *nf* pronouncement.

pronunciado,-a
1 *pp* → **pronunciar**.
2 *adj (marcado)* marked, pronounced.

pronunciamiento
1 *nm MIL* uprising.
2 *nm JUR* pronouncement.

pronunciar
1 *vt (gen)* to pronounce.
2 *vt (discurso)* to make.
3 **pronunciarse** *vpr (expresarse)* to declare oneself : se pronunció en contra de la ley he declared himself against the law; aún no se ha pronunciado sobre el traslado he still hasn't expressed an opinion about the move.
4 *vpr (intensificarse)* to become more pronounced.
▲ *Conjugation model* [12], *like* **cambiar**.

propagación *nf* propagation, spreading.

propaganda
1 *nf (publicidad)* advertising: reparte propaganda por las casas he delivers advertising material door to door; les han hecho mucha propaganda por televisión they've been advertised a lot on television.
2 *nf (electoral)* propaganda.

propagar *vt* to propagate, spread.

propalar *vt* to spread.

propano *nm* propane.

propasarse *vpr* to go too far: se propasó bebiendo he drank too much; se propasó con ella y ella lo denunció he tried it on with her and she reported him to the police.

propender *vi* to be inclined (**a**, to).

propensión *nf* inclination, tendency.

propenso,-a *adj* inclined.
✦ **ser propenso,-a a algo** to be prone to something.

propiamente *adv* exactly.

propiciar
1 *vt (favorecer)* to pave the way for, contribute to; *(causar)* to cause, lead to, bring about: la muerte del dictador propició el cambio político the death of the dictator paved the way for political change.
2 *vt (ganar)* to earn, win: se propició el respeto de todos he won the respect of everyone.
▲ *Conjugation model* [12], *like* **cambiar**.

propiciatorio,-a *adj* propitiatory.

propicio,-a *adj (gen)* suitable; *(uso formal)* propitious.

propiedad
1 *nf (derecho)* ownership: ¿a quién corresponde la propiedad de esta finca? to whom does this property belong?; este campo es de mi propiedad I own this field, this field is my property.
2 *nf (bien inmueble)* property: tiene propiedades por toda la costa he has properties all along the coast.
3 *nf (corrección)* propriety: compórtate con propiedad behave properly; hay que aprender a hablar con propiedad one must learn to speak correctly.
4 *nf (cualidad)* property: el apio tiene muy buenas propiedades celery has excellent properties.
▪ **propiedad intelectual** copyright.
propiedad particular private property.
propiedad privada private property.

propietario,-a *nm,f* owner.

propina *nf* tip.
✦ **dar propina a alguien** to tip somebody, give somebody a tip.
de propina *fam (además)* for good measure.

propinar *vt* to give.

propio,-a
1 *adj (de nuestra propiedad)* own: lo pagué de mi propio bolsillo I paid for it out of my own pocket; me lo quitaron ante mis propias narices they took it from right under my nose.
2 *adj (indicado)* proper, appropriate: lo propio sería mandar una carta de agradecimiento the proper thing to do would be to send a thank-you letter.
3 *adj (característico)* typical: es muy propio de él it's very typical of him.
4 *adj (mismo - él)* himself; *(- ella)* herself; *(- cosa, animal)* itself; *(- en plural)* themselves: el propio profesor no sabía la respuesta the teacher himself didn't know the answer.

proponedor,-ra *nm,f* proposer, mover.

proponente *nm & nf* proposer, sponsor.

proponer
1 *vt (persona, plan, etc)* to propose: les propuso irse de vacaciones juntos he suggested going on holiday together; propongo un brindis I propose a toast.
2 **proponerse** *vpr* to intend: me he propuesto dejar el tabaco I intend to give up smoking; se propuso ser actriz y lo consiguió she was determined to become an actress and she succeeded.
▲ *Conjugation model* [78], *like* **poner**; *pp* propuesto,-a.

proporción *nf* proportion: se ha levantado un escándalo de grandes proporciones there has been a tremendous scandal.
✦ **en proporciones iguales** in equal proportions.

proporcionadamente *adv* proportionately.

proporcionado,-a
1 *pp* → proporcionar.
2 *adj* in proportion.
✦ **estar bien/mal proporcionado,-a** *(dibujo)* to be in/out of proportion; *(físico)* to be well/badly proportioned.

proporcional *adj* proportionate, proportional.

proporcionalmente *adv* proportionally, proportionately.

proporcionar
1 *vt (ayuda, dinero, etc)* to supply; *(consejo)* to give.
2 *vt (dibujo)* to proportion.

proposición
1 *nf (idea)* proposal, proposition; *(sugerencia)* suggestion: **tengo una proposición que hacerte** I have a proposition to put to you.
2 *nf LING* clause.
✦ **hacerle a alguien proposiciones deshonestas** to make an indecent proposal to somebody.
▪ **proposición de matrimonio** proposal of marriage.

propósito
1 *nm (intención)* intention: **me he hecho el firme propósito de acabar el libro hoy** it is my firm intention to finish the book today.
2 *nm (objetivo)* aim: **su único propósito es mantenerse en la presidencia** his only aim is to continue in the presidency.
✦ **a propósito** *(por cierto)* by the way; *(adrede)* on purpose.

propuesta *nf* proposal.

propuesto,-a *pp* → proponer.

propugnación *nf* advocacy.

propugnar *vt* to advocate.

propulsante *nm* propellant.

propulsar
1 *vt (medida, idea, etc)* to promote.
2 *vt (cohete, nave, etc)* to propel.

propulsión *nf* propulsion.
▪ **propulsión a chorro** jet propulsion.

propulsor,-ra
1 *adj* driving: **la fuerza propulsora del movimiento** the driving force behind the movement.
2 *nm,f (de idea, medida, etc)* promoter.
3 **propulsor** *nm (motor)* motor, engine; *(hélice)* screw, propeller.
▪ **propulsor de chorro** jet engine.

prorrata *nf* share.
✦ **a prorrata** pro rata.

prorratear *vt* to apportion, *(US* prorate).

prórroga
1 *nf (de un plazo)* extension.
2 *nf DEP* extra time, *(US* overtime).
3 *nf MIL* deferment.

prorrogable *adj* renewable.

prorrogar
1 *vt (aplazar)* to postpone; *(alargar)* to extend: **han prorrogado el plazo de matrícula por la fuerte demanda** the registration period has been extended due to heavy demand.
2 *vt DEP (partido)* to postpone.
▲ Conjugation model [7], like *llegar*.

prorrumpir *vi* to burst.
✦ **prorrumpir en sollozos** to burst into tears.

prosa *nf* prose.

prosaico,-a *adj* prosaic.

prosapia *nf* ancestry, lineage.

proscenio *nm HIST* proscenium.

proscribir
1 *vt (prohibir)* to proscribe, ban.
2 *vt (exiliar)* to exile.
▲ *pp* proscrito,-a.

proscripción
1 *nf (prohibición)* proscription.
2 *nf (exilio)* exile.

proscrito,-a
1 *pp* → proscribir.
2 *nm,f (exiliado)* exile; *(criminal)* outlaw.

proseguir *vt* to continue, carry on.
▲ Conjugation model [56], like *seguir*.

proselitismo *nm* proselytism.
✦ **hacer proselitismo** to proselytize.

proselitista
1 *adj* proselytic.
2 *nm & nf* proselytizer.

prosélito *nm* proselyte.

prosista *nm & nf* prose writer.

prosístico,-a *adj* prose: **una obra prosística** a prose work.

prosodia *nf* prosody.

prosódico,-a *adj* prosodic.

prosopopeya
1 *nf (figura retórica)* prosopopoeia.
2 *nf (solemnidad)* pomposity.

prospección
1 *nf (del suelo)* surveying; *(para minerales)* prospecting.
2 *nf (investigación)* research: **prospección de mercado** market research.

prospectar *vt (el suelo)* to survey; *(para minerales)* to prospect.

prospecto *nm* leaflet, prospectus.

prosperar *vi* to prosper, thrive.

prosperidad *nf* prosperity.

próspero,-a *adj* prosperous.
✦ **próspero Año Nuevo** prosperous New Year.

próstata *nf* prostate, prostate gland.

prosternación *nf* prostration.

prosternarse *vpr* to prostrate oneself.

prostíbulo *nm* brothel.

prostitución *nf* prostitution.

prostituir
1 *vt* to prostitute.
2 **prostituirse** *vpr* to prostitute oneself.
▲ Conjugation model [62], like *huir*.

prostituta *nf* prostitute.

prostituto *nm* male prostitute.

prota **ir de prota** *loc fam* to want to be the centre of attention.

protagonismo *nm* leading role: **el protagonismo político de la mujer es todavía escaso** women continue to play a minor role in politics; **una tendencia con marcado protagonismo en el mundo del arte** a prominent trend in the art world.
✦ **restar protagonismo a alguien** to steal somebody's limelight.
tener afán de protagonismo to want to be the centre of attention.

protagonista
1 *adj* main, leading: **el grupo protagonista del escándalo** the group at the centre of the scandal; **con Richard James en el papel protagonista** with Richard James in the leading role.
2 *nm & nf (de película - actor)* leading man; *(- actriz)* leading lady: **la famosa actriz encarnará el papel de protagonista** the famous actress will play the leading role.
3 *nm & nf (de novela, obra de teatro, etc)* main character, protagonist.
4 *nm & nf (de un hecho)* main protagonist: **el protagonista del escándalo financiero del año** the central character in the financial scandal of the year; **el humor fue el principal protagonista** humour was the main feature; **cuando te casas te toca hacer de protagonista** on your wedding day you are the centre of attention.
▪ **protagonista principal** star.

protagonizar
1 *vt (película etc)* to star in.
2 *vt (suceso, acontecimiento, etc)* to play a leading part in.
▲ Conjugation model [4], like *realizar*.

protección *nf* protection.

proteccionismo *nm* protectionism.

proteccionista
1 *adj* protectionist.
2 *nm & nf* protectionist.

protector,-ra
1 *adj* protective.
2 *nm,f (persona)* protector.
3 **protector** *nm DEP (de boca)* gumshield; *(coquilla)* box.
▪ **protector labial** lip salve.

protectorado *nm (territorio)* protectorate.

proteger *vt* to protect: **ropa de abrigo para protegerse del frío** warm clothes to protect oneself against the cold.
▲ Conjugation model [5].

protegido,-a
1 *pp* → proteger.
2 *nm,f (hombre)* protégé; *(mujer)* protégée.

proteico,-a
1 *adj lit (cambiante)* protean.
2 *adj QUÍM* proteinous.

proteína *nf* protein: **una dieta rica en proteínas** a high-protein diet.

proteínico,-a *adj* proteinic: **es de gran contenido proteínico** it's rich in protein.

protésico,-a protésico,-a dental *nm,f* dental technician.

prótesis
1 *nf* MED prosthesis: lleva una prótesis de pierna he has an artificial leg; lleva una prótesis de cadera she's had a hip replacement.
2 *nf* LING prosthesis, prosthesis.
■ **prótesis dental** denture.

protesta
1 *nf* protest: han elevado su protesta al ministerio they have registered their protest with the ministry.
2 *nf* JUR objection: protesta admitida objection sustained; no se admite la protesta objection overruled.
✦ **en protesta por** in protest against, as a protest against.
■ **movimiento de protesta** protest movement.

protestante
1 *adj* Protestant.
2 *nm & nf* Protestant.

protestantismo *nm* Protestantism.

protestar
1 *vi (mostrar disconformidad)* to protest (**contra**, against).
2 *vi* JUR to raise an objection: ¡protesto, su señoría! objection, Your Honour!
3 *vi (refunfuñar)* to moan: te pasas la vida protestando you're always moaning.
✦ **sin protestar** without protest.

protestón,-ona
1 *adj fam* moaning.
2 *nm,f fam* moaner.

protocolario,-a *adj* formal.

protocolo
1 *nm (gen)* protocol.
2 *nm fig (formalismo)* etiquette, formality: no me gustan las cenas con tanto protocolo I don't like very formal dinners.
✦ **de protocolo** *(visita)* formal.

protón *nm* proton.

protoplasma *nm* protoplasm.

prototípico,-a *adj* archetypal.

prototipo *nm* prototype.

protozoo *nm* protozoan.

protráctil *adj* protractile.

protuberancia *nf* protuberance.

protuberante *adj* protuberant.

prov. *abr* (**provincia**) province; *(abreviatura)* prov.

provecho
1 *nm (beneficio)* benefit: tanto dinero le ha hecho más daño que provecho so much money has done him more harm than good; le ha sacado el máximo provecho a la herencia he has made the most of his inheritance.
2 *nm (aprovechamiento)* use: es lamentable que no se le saque provecho a estos campos it's a shame that these fields aren't put to better use; ha estudiado con provecho he has benefitted from his studies.

✦ **¡buen provecho!** enjoy your meal!
de provecho *(persona)* likely; *(experiencia)* worthwhile.
en provecho de alguien for somebody's benefit.
en provecho propio for one's own benefit.

provechoso,-a
1 *adj (beneficioso)* beneficial; *(lucrativo)* profitable.
2 *adj (de utilidad)* useful, worthwhile.

provecto,-a *adj lit* advanced.

proveedor,-ra *nm,f* supplier, purveyor.

proveer
1 *vt (suministrar)* to provide (**de**, with).
2 *vt (cubrir)* to fill.
3 *vt* JUR to give an interim ruling on.
✦ **Dios proveerá** the Lord will provide.
▲ *Conjugation model* [61], *like* **leer**; *pp* provisto,-a.

proveniencia *nf* origin, provenance.

proveniente proveniente de *loc* from, coming from, arriving from.

provenir *vi* to come (**de**, from).
▲ *Conjugation model* [90], *like* **venir**.

Provenza *nf* Provence.

provenzal
1 *adj* Provençal.
2 *nm & nf (persona)* Provençal.
3 *nm (idioma)* Provençal.

proverbial *adj* proverbial.

proverbio *nm* proverb, saying.
■ **los proverbios de Salomón** the Proverbs.

providencia
1 *nf* REL providence.
2 *nf* JUR ruling.
✦ **dictar una providencia** JUR to issue a ruling.
■ **Providencia Divina** REL Divine Providence.

providencial *adj* providential.

providencialmente *adv* providentially.

próvido,-a *adj* provident.

provincia *nf* province.
✦ **de provincias** provincial.

provincial
1 *adj* provincial.
2 *nm,f* REL provincial.

provinciala *nf* provincial.

provincianismo *nm* provincialism.

provinciano,-a
1 *adj pey* provincial.
2 *nm,f* provincial.

provisión
1 *nf (suministro)* provision, supply: se quedaron sin provisiones a mitad de camino halfway through the journey they ran out of supplies.
2 *nf (de un empleo)* filling.
3 *nf* JUR provision.
✦ **hacer provisión de** to make provision for.

provisional *adj* provisional, temporary.
✦ **de forma provisional** provisionally.

provisionalmente *adv* provisionally.

provisto,-a
1 *pp* → **proveer**.
2 *adj* provided (**de**, with), equipped (**de**, with).

provocación
1 *nf (gen)* provocation.
2 *nf (del parto)* induction.

provocador,-ra
1 *adj* provocative.
2 *nm,f* instigator.

provocar *vt* to provoke.
✦ **provocar el parto** to induce birth.
provocar un incendio *(con intención)* to commit arson; *(sin intención)* to cause a fire.
▲ *Conjugation model* [1], *like* **sacar**.

provocativo,-a *adj* provocative.

proxeneta *nm & nf (hombre)* procurer; *(mujer)* procuress.

proxenetismo *nm* procurement.

próximamente *adv* shortly, soon.

proximidad
1 *nf* proximity.
2 proximidades *nf pl (vecindad)* vicinity *sing*.
✦ **en las proximidades de** in the vicinity of.

próximo,-a
1 *adj (cerca)* near.
2 *adj (siguiente)* next: el mes próximo next month; en los próximos días in the next few days.

proyección
1 *nf (gen)* projection.
2 *nf* CINEM screening, showing.
3 *nf (alcance)* scope; *(fama)* renown; *(implicaciones)* implications *pl*.

proyectar
1 *vt (viaje, escapada)* to plan.
2 *vt (luz)* to project.
3 *vt (película)* to show.
4 *vt (sentimientos)* to project.
5 *vt* ARQ to design.
6 *vt (cosa lanzada)* to throw, fling.

proyectil *nm* projectile, missile.

proyecto
1 *nm (propósito)* plan: ¿qué proyectos tenéis para el año próximo? what are your plans for next year?; tenemos en proyecto la ampliación de la empresa we are planning to expand the company.
2 *nm (plan)* project: el proyecto del ayuntamiento no satisface al vecindario the council's project doesn't satisfy the residents.
3 *nm* ARQ designs *pl*.
■ **proyecto de ley** JUR bill.

proyector
1 *nm (de cine)* film projector; *(de diapositivas)* slide projector.
2 *nm (foco)* spotlight.

prudencia
1 *nf (cuidado)* care, caution; *(moderación)* moderation: hay que conducir con prudencia you must drive carefully.

2 *nf (sensatez)* prudence.
3 *nf REL (virtud)* prudence.
prudencial *adj* sensible, prudent.
✦ **a una distancia prudencial** at a safe distance.
prudente *adj* sensible, prudent.
prudentemente *adv* prudently, judiciously.
prueba
1 *nf (demostración)* proof: **ahí está la prueba de que no decía la verdad** there's the proof that he wasn't telling the truth.
2 *nf (experimento)* experiment, trial: **hemos hecho la prueba de no regañarla a ver qué pasa** we've tried not telling her off to see what happens; **haz la prueba** try it.
3 *nf (examen)* test.
4 *nf TÉC* trial.
5 *nf MED* test.
6 *nf DEP* event.
7 *nf JUR* evidence: **lo absolvieron por falta de pruebas** he was acquitted due to lack of evidence.
8 *nf (en imprenta)* proof: **necesitamos un corrector de pruebas** we need a proofreader.
9 *nf (en costura)* fitting.
✦ **a prueba de** proof against: **a prueba de balas** bulletproof; **a prueba de golpes** shockproof.
en prueba de as a sign of: **toma este anillo en prueba de mi amor** take this ring as a sign of my love.
poner a prueba to put to the test.
■ **prueba de acceso** entrance examination.
prueba de fuego acid test.
prueba del embarazo pregnancy test.
prueba nuclear nuclear test.
prurito
1 *nm MED* itching.
2 *nm fig* obsession.
Prusia *nf* Prussia.
pruso,-a
1 *adj* Prussian.
2 *nm,f* Prussian.
P.S. *abr* (**post scriptum**) postscript; *(abreviatura)* PS.
psicoanálisis *nm* psychoanalysis.
▲ *pl psicoanálisis.*
psicoanalista *nm & nf* psychoanalyst.
psicoanalítico,-a *adj* psychoanalytic, psychoanalytical.
psicoanalizar *vt* to psychoanalyse (*US* psychoanalyze).
psicodélico,-a *adj* psychedelic.
psicodrama *nm* psychodrama.
psicofármaco *nm* psychoactive drug.
psicología *nf* psychology.
psicológicamente *adv* psychologically.
psicológico,-a *adj* psychological.
psicólogo,-a *nm,f* psychologist.

psicomotriz *adj* psychomotor.
▲ *pl psicomotrices.*
psicópata *nm & nf* psychopath.
psicopatía *nf* psychopathy.
psicopático,-a *adj* psychopathic.
psicopatología *nf* psychopathology.
psicosis *nf* psychosis.
▲ *pl psicosis.*
psicosomático,-a *adj* psychosomatic.
psicoterapeuta *nm & nf* psychotherapist.
psicoterapia *nf* psychotherapy.
psicótico,-a *adj* psychotic.
psique *nf* psyche.
psiquiatra *nm & nf* psychiatrist.
psiquiatría *nf* psychiatry.
psiquiátrico,-a
1 *adj* psychiatric.
2 psiquiátrico *nm* mental hospital, psychiatric hospital.
psíquico,-a *adj* psychic, psychical.
psiquis *nf* psyche.
PSOE *abr POL* (**Partido Socialista Obrero Español**) *Spanish socialist party.*
psoriasis *nf* psoriasis.
▲ *pl psoriasis.*
PSUC *abr POL* (**Partit Socialista Unificat de Catalunya**) *Catalan socialist party.*
pta. *abr* (**peseta**) peseta.
pterodáctilo *nm* pterodactyl.
púa
1 *nf (de peine, cepillo)* tooth.
2 *nf (de erizo)* quill.
3 *nf MÚS* plectrum.
4 *nf (de alambre)* barb.
5 *nf arg (antiguamente)* peseta.
puaj *interj* yuck!
pub *nm* pub.
▲ *pl pubs o pubes.*
púber
1 *adj* pubescent, adolescent.
2 *nm & nf* adolescent.
▲ *pl púberes.*
pubertad *nf* puberty.
pubescente *adj* pubescent.
púbico,-a *adj* pubic.
pubis
1 *nm* pubes *pl.*
2 *nm (hueso)* pubis.
▲ *pl pubis.*
publicable *adj* publishable.
publicación *nf* publication.
públicamente *adv* publicly.
publicar
1 *vt (libro, noticia, etc)* to publish.
2 *vt (secreto)* to broadcast, spread.
▲ *Conjugation model* [1], *like sacar.*
publicidad
1 *nf (comercial)* advertising: **ahora pasemos a la publicidad** and now for a commercial break; **tanta publicidad estropea las películas** commercial breaks ruin films.

2 *nf (divulgación)* publicity: **le han dado mucha publicidad a la boda real** the royal wedding has been given a lot of publicity.
publicista *nm & nf* advertising executive.
publicitario,-a
1 *adj* advertising.
2 *nm,f* advertising executive.
■ **anuncio publicitario** *(gen)* advertisement, advert; *(de televisión, radio, etc)* advert, commercial.
corte publicitario commercial break.
público,-a
1 *adj* public.
2 público *nm (de un espectáculo)* audience; *(de televisión)* audience, viewers *pl:* **el público aplaudió entusiasmado** the audience applauded warmly; **no es autor de mucho público** he is not a very popular author; **no hay mucho público hoy** there aren't many people today; **su público la sigue incondicionalmente** her fans follow her everywhere.
✦ **en público** in public.
hacer público,-a *(comunicado)* to announce (publicly).
ser del dominio público to be common knowledge.
ser un peligro público to be a public nuisance.
■ **el gran público** the general public.
opinión pública public opinion.
publirreportaje *nm (documentary style)* television advertisement.
pucherazo *nm fam* electoral rigging: **se sospecha que hubo pucherazo** it is suspected that the election was rigged.
puchero
1 *nm (olla)* cooking pot.
2 *nm CULIN* meat and vegetable stew.
3 *nm (gesto)* pout.
✦ **hacer pucheros** to pout.
pudding *nm* → **budín.**
pudendo,-a *adj (feo)* ugly; *(indecente)* indecent.
pudibundez *nf* prudishness.
pudibundo,-a *adj* prudish.
púdico,-a *adj* chaste, decent.
pudiente *adj* wealthy, rich.
pudín *nm* → **budín.**
pudor
1 *nm (decencia)* decency: **se desnudó sin ningún tipo de pudor** he undressed with no sign of embarrassment.
2 *nm (modestia)* modesty.
pudoroso,-a *adj* decent, chaste.
pudridero *nm (para cadáveres)* temporary vault.
pudrir
1 *vt* to rot.
2 pudrirse *vpr* to rot.
pueblerino,-a
1 *adj (de pueblo)* village.
2 *adj pey* countrified.

3 *nm,f* villager.

4 *nm,f pey* country bumpkin.

pueblo
1 *nm (población)* village: **en mi pueblo no tenemos esas costumbres** we don't do that where I come from; **es de pueblo** he's a bit of a yokel.
2 *nm (gente)* people.

puente
1 *nm (sobre un río etc)* bridge.
2 *nm (fiesta)* day taken off between a public holiday and the weekend or another holiday: **el Pilar cae en jueves y el viernes hacemos puente** Columbus Day is on a Thursday and we're taking Friday off as well; **el martes es fiesta, pero el lunes no tengo puente** Tuesday's a holiday, but I haven't got Monday off.
3 *nm (en dentadura, gafas)* bridge.
4 *nm (en un coche)* bridge circuit.
5 *nm (en gimnasia)* bridge.
✦ hacer el puente *fam (en vehículo)* to hotwire; *(en gimnasia)* to do a backbend.
▪ puente aéreo *(pasajeros)* shuttle service; *(emergencia)* airlift.
puente colgante suspension bridge.
puente de mando *MAR* bridge.
puente levadizo drawbridge.

puerco,-a
1 *adj fam (sucio)* filthy.
2 *adj (canalla)* rotten.
3 *nm,f (animal - macho)* pig; *(- hembra)* sow.
4 *nm,f fam (persona sucia)* pig.
5 *nm,f fam (sinvergüenza)* swine, rotter.
▪ puerco espín/puerco espino porcupine.

puericultor,-ora *nm,f* child care specialist.

puericultura *nf* child care.

pueril
1 *adj (infantil)* puerile, childish.
2 *adj (iluso)* naive.
3 *adj (insignificante)* trivial.

puerilidad
1 *nf (infantilismo)* puerility, childishness.
2 *nf (ingenuidad)* naivety.

puerperal *adj* puerperal.

puerperio *nm* puerperium.

puerro *nm* leek.

puerta
1 *nf* door: **cierra la puerta** shut the door.
2 *nf (verja)* gate: **las puertas de la ciudad** the gates of the city; **la puerta del jardín** the garden gate.
3 *nf DEP (portería)* goal.
✦ a las puertas de on the threshold of, close to.
a las puertas de la muerte at death's door.
a puerta cerrada in private, behind closed doors.
dar a alguien con la puerta en las narices *fam* to slam the door in somebody's face.
de puerta a puerta (from) door to door.
de puertas adentro in private.

en puertas very close.
entrar por la puerta grande to make a grand entrance.
escuchar detrás de la puerta to eavesdrop.
salir por la puerta grande to make a grand exit.
▪ puerta corredera sliding door.
puerta de embarque gate.
puerta de la calle main door, front door.
puerta de servicio service entrance.
puerta giratoria revolving door.
tiro a puerta shot at goal.

puerto
1 *nm MAR* port, harbour.
2 *nm (de montaña)* (mountain) pass.
▪ puerto deportivo marina.
puerto franco free port.
puerto pesquero fishing port.

Puerto Príncipe *nm* Port-au-Prince.

Puerto Rico *nm* Puerto Rico.

puertorriqueño,-a
1 *adj* Puerto Rican.
2 *nm,f* Puerto Rican.

pues
1 *conj (ya que)* since, as.
2 *conj (por lo tanto)* therefore, so.
3 *conj (repetitivo)* then.
4 *conj (enfático)* well: **pues bien** well then; **¡pues claro!** of course!; **pues no** well no.

puesta
1 *nf (colocación)* setting.
2 *nf (de huevos)* laying.
▪ puesta a punto *(de vehículo)* tuning, tune-up.
puesta al día updating.
puesta de largo coming out.
puesta de sol sunset.
puesta en escena staging.
puesta en marcha *(de vehículo)* starting; *(de proyecto, empresa etc)* starting-up.

puesto,-a
1 *pp* → **poner.**
2 puesto *nm (sitio)* place: **ya han llegado al primer puesto de la liga** they've made it to the top of the league.
3 *nm (de mercado)* stall; *(de feria etc)* stand.
4 *nm (empleo)* position, post.
5 *nm MIL* post.
✦ estar muy puesto,-a en algo to be well up in something.
ir (muy) puesto,-a to be very smart.
puesto que since, as.
▪ puesto de la Guardia Civil Civil Guard post.
puesto de mando command post.
puesto de socorro first-aid post.
puesto de vigilancia lookout post.

puf¹ *nm* pouf, pouffe.
▲ *pl* **pufs.**

puf² *interj (por calor, cansancio, etc)* phew!; *(con asco)* pooh!, yuck!

pufo *nm fam* trick, dirty trick.
✦ meterle un pufo a alguien *fam* to pull a fast one on somebody.

púgil
1 *nm (boxeador)* boxer.
2 *nm HIST* gladiator *(who fought bare-fisted).*

pugilato
1 *nm (boxeo)* boxing.
2 *nm fig (disputa)* battle.

pugilista *nm* boxer.

pugilístico,-a *adj* boxing.

pugna *nf* battle, struggle.

pugnar *vi* to fight, struggle.

pugnaz *adj* pugnacious.
▲ *pl* **pugnaces.**

puja¹
1 *nf (acción)* bidding.
2 *nf (cantidad)* bid.

puja² *nf (pugna)* battle, struggle.

pujador,-ra *nm,f* bidder.

pujante *adj* thriving.

pujanza *nf* strength.

pujar¹ *vt (en subasta)* to bid higher.

pujar² *vi (pugnar)* to struggle.

pujo *nm MED* tenesmus.

pulcritud *nf* neatness.

pulcro,-a *adj* neat.

pulga *nf* flea.
✦ buscarle las pulgas a alguien *fam* to wind somebody up.
tener malas pulgas *fam* to have a rotten temper.

pulgada *nf* inch.

pulgar *nm* thumb.

Pulgarcito *nm* Tom Thumb.

pulgón *nm* aphid.

pulgoso,-a *adj (perro)* flea-ridden.

pulguillas *nm & nf fam* touchy type.
▲ *pl* **pulguillas.**

pulido,-a
1 *adj (pulimentado)* polished.
2 *adj (pulcro)* neat, clean.
3 pulido *nm* polishing.

pulimentar *vt* to polish.

pulimento *nm* polishing.

pulir
1 *vt (superficie)* to polish.
2 *vt (estilo)* to polish; *(maneras, modales, etc)* to refine.
3 *vt fam (cartera, dinero)* to pinch.
4 pulirse *vpr fam (dilapidar)* to polish off.

pulla *nf* gibe.

pullover *nm* pullover.
▲ *pl* **pullovers.**

pulmón *nm* lung.
✦ gritar a pleno pulmón to scream at the top of one's voice.
▪ pulmón artificial/pulmón de acero iron lung.

pulmonar *adj* lung, pulmonary.

pulmonía *nf* pneumonia.

pulpa *nf* pulp.

pulpejo *nm* fleshy part.

púlpito *nm* pulpit.

pulpo
1 *nm* ZOOL octopus.
2 *nm fam (persona)* groper.
3 *nm (correa)* bungee cord.

pulquérrimo,-a *adj* immaculate, spotless.

pulsación
1 *nf* pulsation.
2 *nf (de corazón)* beat.
3 *nf (en mecanografía)* stroke: ¿cuántas pulsaciones tienes por minuto? how many words a minute can you type?

pulsador *nm (gen)* push button, button; *(de la luz)* switch.

pulsar
1 *vt (botón, timbre, etc)* to press.
2 *vt (tecla - de máquina de escribir)* to tap; *(- de piano)* to play.
3 *vt fig (opinión)* to sound out.
4 *vi (corazón etc)* to beat, throb.

púlsar *nm* pulsar.
▲ *pl* púlsares.

pulsátil *adj* pulsatile.

pulsera
1 *nf* bracelet.
2 *nf (de reloj)* watch strap.

pulso
1 *nm (presión sanguínea)* pulse: déjame que te tome el pulso let me take your pulse.
2 *nm (firmeza en la mano)* steady hand: para dibujar hay que tener buen pulso to be able to draw you need a steady hand; tengo el pulso fatal my hand won't stop shaking.
3 *nm fig (prudencia)* care, tact.
✦ echarse un pulso con alguien to have an arm-wrestle with somebody.
echar un pulso to arm-wrestle.
ganarse algo a pulso to work hard for something.
levantar algo a pulso to lift something with one's bare hands.
tomarle el pulso a la opinión pública to sound out public opinion.

pulular *vi* to swarm.

pulverización
1 *nf (de un sólido)* pulverization.
2 *nf (de un líquido)* spraying.
3 *nf fig* destruction.

pulverizador *nm* spray, atomizer.

pulverizar
1 *vt (líquido)* to atomize, spray.
2 *vt (sólido)* to pulverize.
3 *vt (enemigo)* to crush, wipe out.
▲ Conjugation model [4], *like realizar.*

pulverulento,-a *adj* powdery.

pum *interj* bang!

puma *nm* puma, mountain lion, cougar.

pumba *interj fam* crash, bang, wallop!

pun *interj* bang!
✦ ni pun *fam* not a thing, nothing at all: no hace ni pun he doesn't do a thing.

puna
1 *nf (páramo andino)* puna *(high cold dry Andean plateau).*
2 *nf (soroche)* mountain sickness, puna.

punción *nf* puncture.

puncionar *vt* to puncture.

pundonor *nm* pride.

punible *adj* punishable.

púnico,-a *adj* Punic.

punitivo,-a *adj* punitive.

punk
1 *adj* punk.
2 *nm* punk.

punki
1 *adj* punk.
2 *nm & nf* punk.

punta
1 *nf (extremo)* tip; *(extremo afilado)* point.
2 *nf (clavo)* nail.
3 *nf* CULIN *(pizca)* pinch.
4 *nf* GEOG point.
5 **puntas** *nf pl (del pelo)* ends: solo quiero que me corte un poco las puntas I just want a trim.
6 *nf pl (zapatillas de ballet)* point shoes, ballet shoes.
✦ a punta de pistola at gunpoint.
a punta pala *fam* by the hundreds: había niños a punta pala there were hordes of kids.
de punta a punta from one end to the other: nos recorrimos la ciudad de punta a punta we went all round the town.
de punta en blanco dressed up to the nines.
en hora punta at peak time.
estar de punta con alguien to be at odds with somebody.
sacar punta a *(lápiz)* to sharpen; *(palabras)* to read too much into.
ser la punta del iceberg to be the tip of the iceberg.
tener algo en la punta de la lengua to have something on the tip of one's tongue.

puntada *nf* stitch.

puntal
1 *nm* prop.
2 *nm fig* support.

puntapié *nm* kick.

punteado,-a
1 *adj* dotted.
2 **punteado** *nm (puntos)* dotting.
3 *nm* MÚS plucking.

puntear
1 *vt (dibujar)* to dot.
2 *vt* MÚS to pluck.

punteo *nm* MÚS plucking, *(us* picking).

puntera *nf (de zapato, calcetín, etc)* toe; *(protector)* toecap.

puntería *nf* aim: ¡qué buena puntería! what a good shot!; tiene muy buena puntería he's a very good shot.

puntero,-a
1 *adj* leading.
2 **puntero** *nm (para señalar)* pointer.
3 *nm (para agujerear)* chisel.

puntiagudo,-a *adj* pointed.

puntilla
1 *nf* COST lace.
2 *nf (puñal)* dagger.
✦ andar de puntillas to tiptoe, walk on tiptoe.
dar la puntilla *fam* to finish off.
de puntillas on tiptoe: si te pones de puntillas a lo mejor alcanzas if you stand on tiptoe you might reach it.

puntillismo *nm* pointillism.

puntillista *adj* pointillist.

puntilloso,-a
1 *adj (susceptible)* touchy.
2 *adj (exigente)* punctilious.

punto
1 *nm (gen)* point.
2 *nm (marca)* dot.
3 *nm (tanto)* point: nos llevan cinco puntos de ventaja they're five points ahead of us.
4 *nm (detrás de abreviatura)* dot; *(al final de la oración)* full stop, *(us* period).
5 *nm (lugar)* spot: ¿en qué punto de la carretera se encuentran? exactly where on the road are they?
6 *nm (tema)* point.
7 *nm (tejido)* knitwear: me he comprado una falda de punto I bought a knitted skirt.
8 *nm (en costura, sutura, etc)* stitch: me caí y me dieron tres puntos en la barbilla I fell and needed three stitches on my chin.
9 *nm (de libro)* bookmark.
10 *nm (en la media)* ladder, *(us* run).
✦ al punto *(rápidamente)* immediately.
a punto de caramelo *(en repostería)* caramelized; *(en su punto)* just right, perfect: pídele el aumento ahora que está a punto de caramelo ask him for a rise now that he's in the mood.
a punto de nieve stiff: tienes que batir las claras a punto de nieve you have to beat the egg whites stiff.
coger un punto *fam* to get tipsy, get merry.
con puntos y comas in detail.
dar en el punto to hit the nail on the head.
de todo punto absolutely.
en punto sharp, on the dot: son las tres en punto it's exactly three o'clock.
estar a punto to be ready.
estar a punto de to be about to, be on the point of: ese jarrón está a punto de caerse that vase is about to fall; estuvimos a punto de matarnos we nearly got killed.
estar en su punto *(comida)* to be cooked to perfection: la pasta está en su punto the pasta is just right; este

pastel te ha quedado en su punto this cake has turned out perfect.

ganar por puntos to win on points.

ganar puntos to win points.

hacer punto to knit.

hasta cierto punto up to a certain point.

hasta tal punto que … to such an extent that …

llegar a punto to arrive on time.

perder puntos *(gen)* to lose points; *(alumno)* to lose marks: **perdió puntos porque su letra era mala** he lost marks because of his bad handwriting.

poner los puntos sobre las íes to dot one's i's and cross one's t's.

poner punto final a algo to put an end to something.

¡punto en boca! mum's the word!

punto por punto in detail.

■ **dos puntos** colon.

punto cadena chain stitch.

punto cardinal cardinal point.

punto culminante climax.

punto de apoyo *(en palanca)* fulcrum; *(base)* cornerstone.

punto de arranque beginning.

punto débil weak point.

punto de break break point.

punto decimal decimal point.

punto de congelación freezing point.

punto de contacto point of contact.

punto de cruz cross-stitch.

punto de ebullición boiling point.

punto de encuentro meeting point.

punto de fusión melting point.

punto de libro bookmark.

punto del revés purl stitch.

punto de media stocking stitch.

punto de mira *(objetivo)* target; *(en rifle)* sight, front sight; *(punto de vista)* viewpoint.

punto de partida starting point.

punto de partido match point.

punto de referencia point of reference.

punto de ruptura break point.

punto de servicio service point.

punto de set set point.

punto de sutura stitch.

punto de venta sales outlet.

punto de vista point of view.

punto final *(en dictado)* full stop, *(us period)*.

punto flaco weak point.

punto fuerte strong point.

punto muerto *(en un coche)* neutral; *(en una negociación)* standstill, stalemate, deadlock: **deja el coche en punto muerto** leave the car in neutral; **las negociaciones ha entrado en punto muerto** the negotiations have reached a stalemate.

punto negro *(en la piel)* blackhead; *(en la carretera)* black spot.

punto neurálgico nerve centre.

punto y aparte *(en ortografía)* full stop, new paragraph, *(us period)*, new paragraph.

punto y coma semicolon.

punto y seguido full stop, new sentence, *(us period)*, new sentence.

puntuable *adj* valid: este torneo no es puntuable para el campeonato nacional this tournament does not count towards the national championship.

puntuación

1 *nf (en ortografía)* punctuation.

2 *nf (acción de puntuar)* scoring; *(total de puntos)* score: obtuvo una puntuación muy alta she got a very high score.

3 *nf EDUC (acción)* marking; *(nota)* mark: obtuvo una puntuación muy alta she got a very high mark.

puntual

1 *adj (que llega a su hora)* punctual: han llegado muy puntuales they've arrived right on time.

2 *adj (detallado)* detailed.

3 *adj (aislado)* specific.

puntualidad *nf* punctuality.

✦ **con puntualidad** punctually.

puntualización *nf* remark.

puntualizar

1 *vt (detallar)* to give full details of.

2 *vt (especificar)* to point out.

▲ *Conjugation model* [4], *like* realizar.

puntualmente *adv* punctually, on time.

puntuar

1 *vt LING* to punctuate.

2 *vt EDUC* to mark.

3 *vi DEP* to score.

▲ *Conjugation model* [11], *like* actuar.

punzada *nf* sharp pain, stab of pain.

punzante *adj* stabbing.

punzar

1 *vt* to prick.

2 *vt fig* to torment.

▲ *Conjugation model* [4], *like* realizar.

punzón *nm* punch.

puñado *nm* handful.

✦ **a puñados** *fam* galore.

puñal *nm* dagger.

✦ **poner un puñal en el pecho a alguien** to hold a knife to somebody's throat.

puñalada

1 *nf (acción)* stab; *(herida)* stab wound: lo mataron a puñaladas he was stabbed to death.

2 *nf (disgusto)* blow.

■ **puñalada trapera** *fam* stab in the back.

puñeta

1 *nf fam* nuisance.

2 *interj fam* bloody hell!

✦ **en la quinta puñeta** *fam* in the back of beyond.

hacer la puñeta a alguien *fam* to make life difficult for somebody, cause problems for somebody.

irse a hacer puñetas *fam (plan)* to go down the drain, fall through; *(persona)* to go to hell, get lost: ¡vete a hacer puñetas! go to hell!

mandar a alguien a hacer puñetas *fam* to tell somebody to get lost.

puñetazo *nm* punch.

✦ **dar/pegar un puñetazo a alguien** to punch somebody.

puñetero,-a

1 *adj fam (fastidioso)* damned.

2 *adj fam (difícil)* tricky.

3 *adj fam (persona - molesta)* annoying; *(- malintencionada)* bloody-minded.

4 *nm,f fam (persona molesta)* pain in the neck; *(persona malintencionada)* nasty piece of work.

puño

1 *nm (mano)* fist.

2 *nm (de arma)* handle.

3 *nm (de camisa, abrigo etc)* cuff.

✦ **de puño y letra de alguien** written by somebody's own hand.

decir mentiras como puños *fam* to lie through one's teeth.

decir verdades como puños *fam* to be a straight talker.

pupa

1 *nf (en el labio)* cold sore.

2 *nf fam (en lenguaje infantil)* pain: mamá, me he hecho pupa mummy, I've hurt myself.

3 *nf (insecto)* pupa.

4 **pupas** *nm & nf (persona)* walking disaster.

pupila *nf* pupil.

pupilaje *nm (de persona)* board and lodging; *(de caballo)* stabling; *(de coche)* garaging: "Se admiten coches a pupilaje" "Garaging facilities available".

pupilo,-a *nm,f (de un tutor)* pupil.

pupitre *nm* school desk.

puramente *adv* purely, simply.

purasangre

1 *adj* thoroughbred.

2 *nm (caballo)* thoroughbred.

puré *nm (espeso)* purée; *(sopa)* thick soup: hoy tenemos puré de zanahoria today we've got thick carrot soup.

✦ **hacer a alguien puré** *fam (físicamente)* to make mincemeat of somebody; *(moralmente)* to shatter somebody.

hecho,-a puré *fam* shattered.

■ **puré de patatas** mashed potatoes.

pureta

1 *adj arg* square, fuddy-duddy.

2 *nm & nf arg* square, fuddy-duddy.

pureza

1 *nf (gen)* purity.

2 *nf (castidad)* chastity.

purga *nf* purge.

purgación

1 *nf (acción)* purging.

2 **purgaciones** *nf pl fam* blennorrhoea *(us* blennorrhea).

purgante

1 *adj* purgative.

2 *nm* purgative, laxative.

purgar *vt* to purge *(de,* of).

▲ *Conjugation model* [7], *like* llegar.

purgatorio *nm* purgatory.

puridad en puridad *loc* in effect.

purificación *nf* purification.

purificador,-ra
1 *adj* purifying.
2 **purificador** *nm* purifier.

purificante *adj* purifying.

purificar *vt* to purify.

purismo *nm* purism.

purista
1 *adj* purist.
2 *nm & nf* purist.

puritano,-a
1 *adj* puritan, puritanic.
2 *nm,f* puritan.

puro,-a
1 *adj (sin mezcla)* pure: me voy al campo a respirar aire puro I'm going to the country to breathe some clean air; tiene un perro de pura raza he has a purebred dog.
2 *adj (mero)* sheer, mere, pure: me enteré por pura casualidad I found out by pure chance.
3 *adj (casto)* chaste, pure.
4 **puro** *nm* cigar.
✦ **caerle a alguien un puro** to be for the high jump, be in big trouble, be for it: si se entera el jefe, te caerá un puro if the boss finds out, you're for it.

meterle un puro a alguien *tabú* to throw the book at somebody.

púrpura
1 *adj* purple.
2 *nm* purple.

purpúreo,-a *adj* purple.

purpurina *nf* glitter.

purrusalda *nf* dish of leeks, potato and cod.

purulento,-a *adj* purulent.

pus *nm* pus.

pusilánime *adj* faint-hearted, pusillanimous.

pusilanimidad *nf* faint-heartedness, pusillanimity.

pústula *nf* pustule.

puta *nf tabú* prostitute, whore.
✦ **de puta madre** *tabú* great, brilliant, bloody fantastic.
de puta pena *tabú* dreadful, bloody awful.
ir de putas *tabú* to go whoring.
ni puta idea *tabú* not a bloody clue.
pasarlas putas *tabú* to go through hell.

putada *nf tabú (mala pasada)* dirty trick, rotten trick; *(mala suerte)* rotten luck: me han hecho una putada gordísima they've really done the dirty on me; ¡qué putada, ya han cerrado! oh bugger, it's closed already!

putañero,-a *adj tabú* whoring.

putativo,-a *adj* putative.

putear
1 *vt tabú* to fuck about.
2 *vi tabú* to go whoring.

puteo *nm tabú* fucking about.

putero,-a *adj tabú* whoring.

puticlub *nm tabú* pick-up joint.
▲ *pl* puticlubs o puticlubes.

puto,-a
1 *adj tabú (miserable)* bloody, fucking: no tengo ni un puto duro I haven't got any fucking money.
2 **puto** *nm tabú (prostituto)* male prostitute, rent boy.
3 *nm tabú (sinvergüenza)* bastard, fucker.

putrefacción *nf* putrefaction, rotting.

putrefacto,-a *adj* putrefied, rotten.

pútrido,-a *adj* putrefied, rotten.

puya
1 *nf (punta de lanza)* tip, point.
2 *nf (comentario)* gibe.

puyazo
1 *nm* jab with a lance.
2 *nm (comentario)* gibe.

puzzle *nm* puzzle.

PVP *abr* **(precio de venta al público)** recommended retail price; *(abreviatura)* RRP.

Pza. *abr* → **Plza.**

Q, q *nf (la letra)* Q, q.

Qatar *nm* Qatar.

q.b.s.m. *abr fml* (**que besa su mano**) *formal Spanish courtesy formula.*

q.b.s.p. *abr fml* (**que besa sus pies**) *formal Spanish courtesy formula.*

Q.D.G. *abr fml* (**que Dios guarde**) *formal Spanish courtesy formula.*

▲ *Also written q.D.g.*

q.e.g.e. *abr* (**que en gloria esté**) God rest his *(her etc)* soul.

q.e.p.d. *abr* (**que en paz descanse**) rest in peace; *(abreviatura)* RIP.

q.e.s.m. *abr fml* (**que estrecha su mano**) *formal Spanish courtesy formula.*

Qm *sím* (**quintal métrico**) quintal.

q.s.g.h. *abr fml* (**que santa gloria haya**) rest in peace; *(abreviatura)* RIP.

quantum *nm* quantum.

▲ *pl quanta.*

quásar *nm* quasar.

que¹

1 *pron (sujeto, persona, etc)* who, that; *(cosa)* that, which: **la chica que vino ayer está enferma** the girl who came yesterday is ill; **el árbol que se quemó está en el jardín** the tree that got burnt is in the garden; **este árbol, que parecía muerto en invierno, está rebrotando** this tree, which looked dead in winter, is sprouting.

2 *pron (complemento, persona)* whom, who; *(cosa)* that, which: **el coche que me prestaste está ahí** the car (that) you lent me is there; **el niño que viste ayer es mi hijo** the boy you saw yesterday is my son.

3 *pron prep + que (complemento circunstancial)* which; *(lugar)* where; *(tiempo)* when: **la pistola con que le hirieron era nuestra** the gun with which he was wounded was ours, the gun he was wounded with was ours; **la casa en que vivía estaba lejos** the house where he lived was far away.

4 *pron def art + que* the one which, the one that: **ese libro es el que me gusta** that's the book I like; **ésa es la que quiero** that's the one I want.

que²

1 *conj* that: **dice que no vendrá** he says (that) he won't come; **quiero que lo hagas** I want you to do it.

2 *conj (en comparaciones)* than: **es más alto que su padre** he is taller than his father.

3 *conj (deseo, mandato, etc)* **¡que esperes un momento!** wait a moment!; **¡que te diviertas!** enjoy yourself!

4 *conj (duda, extrañeza, etc)* **¿que no te hicieron pagar nada?** (you say) they didn't make you pay anything?

5 *conj (causal, consecutiva, etc)* **¡arriba, que ya son las ocho!** get up, it's eight o'clock!

6 *conj (tanto si … como si …)* whether … or not …: **que llueva que no llueva, iremos de excursión** whether it rains or not, we're going on a trip.

7 *conj (reiterativo)* and: **charla que charla se nos pasó la hora** we were so busy talking that the hour just flew by.

8 *conj (final)* so that: **ven aquí que te vea bien** come here so that I can see you properly.

9 *conj fam (condicional)* if: **que te gusta, te lo quedas; que no te gusta, lo cambias** if you like it, keep it; if you don't, you can change it.

10 *conj* **que no** *(adversativa)* not: **justicia pido, que no gracia** I want justice, not mercy.

✦ **¿a que no …?** I bet you can't …!: **a que no sabes la respuesta** I bet you don't know the answer.

¿a que no?/¿a que sí? right?, isn't that right?

¡con lo que …! you know how much …: **¡con lo que le gusta el queso y se lo han prohibido!** you know how much he likes cheese, and now he's not allowed to have any!

que para qué *(para énfasis)* **hace un frío que para qué** it's really cold, it's so cold, it's freezing cold; **se da unos aires que para qué** he puts on these ridiculous airs.

que si esto que si lo otro what with one thing and the other: **que si esto, que si lo otro, total que no lo ha traí-** do what with one thing and another, in the end he didn't bring it.

que yo sepa as far as I know.

yo que tú … if I were you …

qué

1 *pron* what: **no sé qué hacer** I don't know what to do; **¿qué querías?** what did you want?

2 *adj (cuál)* which: **no sé qué libro quiere** I don't know which book he wants.

3 *adj (en frases interrogativas)* how, what: **¿qué años tienes?** how old are you?; **¿qué has dicho?** what did you say?

4 *adj (en frases exclamativas)* how, what: **¡qué bonito!** how nice!; **¡qué contenta estoy!** I'm so happy!; **¡qué flor más bonita!** what a lovely flower!; **¡qué pena!** what a pity!

5 *adj (cantidad)* what: **¡qué de gente!** what a crowd!

✦ **no hay de qué** don't mention it.

¿qué hay?/¿qué tal? *fam* how are things?

¡y qué! *fam* so what!

quebrada *nf* GEOL *(depresión)* depression; *(paso)* gorge, ravine.

quebradero **quebradero de cabeza** *nm fig* worry, headache.

quebradizo,-a

1 *adj (frágil)* fragile, brittle; *(pastel)* short.

2 *adj fig (enfermizo)* unhealthy, sickly.

3 *adj fig (débil moralmente)* weak, frail.

quebrado,-a

1 *pp →* **quebrar.**

2 *adj (terreno)* rugged, rough, uneven; *(camino)* tortuous.

3 *adj FIN* bankrupt: **este negocio está quebrado** this business is bankrupt.

4 *adj (pálido)* pale, pallid.

5 *adj (herniado)* ruptured.

6 *adj (número)* fractional.

7 *nm,f FIN* bankrupt.

8 quebrado *nm MAT* fraction.

quebradura

1 *nf (grieta)* fissure, crack.

2 *nf GEOL (depresión)* depression; *(paso)* gorge, ravine.

3 *nf (hernia)* rupture.

quebrantado,-a
1 *pp* → quebrantar.
2 *adj (debilitado)* feeble, weak.

quebrantador,-ra *adj* crushing.

quebrantahuesos
1 *nm (ave)* lammergeier.
2 *nm fig (persona pesada)* bore, pest.
▲ *pl* quebrantahuesos.

quebrantamiento
1 *nm (rotura)* breaking.
2 *nm (debilitamiento)* weakening.
3 *nm (de una ley)* violation, infringement.

quebrantaolas *nm* breakwater.
▲ *pl* quebrantaolas.

quebrantar
1 *vt (cascar)* to crack.
2 *vt (romper)* to break, shatter; *(machacar)* to grind.
3 *vt (debilitar)* to weaken.
4 *vt fig (salud, posición, fortuna, etc)* to undermine, shatter.
5 *vt fig (incumplir)* to break, violate: es la primera vez que quebranta la ley it's the first time he has broken the law.
6 *vt fig (suavizar)* to take the edge off, temper; *(ablandar)* to soften: el sol ha quebrantado el frío the sun has taken the edge off the cold; quebrantó su furor con una sonrisa he tempered his anger with a smile.
7 *vt fig (causar lástima)* to wound, shatter: aquello me quebrantó el corazón that broke my heart.
8 quebrantarse *vpr (cascarse)* to crack.
9 *vpr (romperse)* to break.
10 *vpr (la salud)* to be shattered: se quebrantó con tantos esfuerzos he felt shattered after such hard work.

quebranto
1 *nm fig (desaliento)* discouragement.
2 *nm fig (lástima)* pity.
3 *nm fig (pérdida)* severe loss; *(daño)* damage, harm.
4 *nm fig (aflicción)* grief, pain, sorrow.

quebrar
1 *vt (romper, incumplir, etc)* to break.
2 *vt (doblar el cuerpo)* to bend.
3 *vt fig (interrumpir)* to alter the course of, interrupt: ese incidente quebró el curso de la discusión that incident altered the course of the discussion.
4 *vt fig (suavizar)* to soften; *(un color)* to fade.
5 *vi FIN* to go bankrupt.
6 *vi fig (flaquear)* to weaken.
7 quebrarse *vpr (romperse)* to break.
8 *vpr (herniarse)* to rupture oneself.
9 *vpr (interrumpirse)* to be broken, open up: la cordillera se quiebra a pocos kilómetros there is a break in the mountain range in a few kilometres.
10 *vpr fig (ánimo)* to break, crack.
▲ Conjugation model [27], *like* acertar.

queche *nm* ketch.

quechemarín *nm* ketch, yawl.

quechua
1 *adj* Quechua.

2 *nm & nf (persona)* Quechua.
3 quechua *nm (idioma)* Quechua.

queda *nf desu* curfew.

quedada
1 *nf fam (tomadura de pelo)* wind-up.
2 *nf fam (reunión)* meet-up.

quedado,-a
1 *pp* → quedar.
2 *adj* lacking initiative.

quedamente *adv (suavemente)* softly; *(calladamente)* quietly.

quedar
1 *vi (permanecer)* to remain, stay: quedó quieto he remained still; la carta quedó abierta the letter was left open.
2 *vi fig (terminar)* to end: la discusión quedó aquí the discussion ended here.
3 *vi (cita)* to arrange to meet: quedamos en el aeropuerto a las diez we arranged to meet at the airport at ten o'clock.
4 *vi (resultado de algo)* to be: al morir sus padres quedó solo en la vida when his parents died he was left all alone in the world; quedó ciego por culpa del accidente he went blind as a result of the accident; te ha quedado muy bien la tarta your cake has turned out really well.
5 *vi (favorecer)* to look, fit: el abrigo me queda grande the coat is too big for me; esta falda no me queda bien this skirt doesn't fit me; allí quedaría bien un cuadro a picture would look nice there; ¿qué tal me queda? does it suit me?, how does it look on me?
6 *vi (estar situado)* to be: ¿por dónde queda? whereabouts is it?; eso queda por detrás del cine that's somewhere behind the cinema.
7 *vi (restar)* to be left, remain: quedan tres bombones there are three chocolates left; después del incendio solo quedan las cenizas after the fire only ashes remain.
8 *vi (faltar)* to be, be still: queda mucho que hacer there's a lot to be done; quedan cuatro kilómetros para llegar there are still four kilometres to go.
9 *vi* quedar en *(convenir)* to agree to: quedamos en volver más tarde we agreed to come back later; quedamos en que la película no era buena we agreed that it wasn't a good film.
10 *vi* quedar por + *inf* not to have been + *pp*: la cama quedó por hacer the bed had not been made, the bed was left unmade; quedan esos platos por lavar there are still those dishes to be washed up; queda por ver si llegarán a algún acuerdo it remains to be seen whether they will come to some agreement.
11 *vi* quedar + *gerundio* to be, remain: cuando me fui el niño quedaba durmiendo when I left the child was sleeping.
12 quedarse *vpr (permanecer)* to remain, stay, be: se quedaron una semana

they stayed for a week; Juan se ha quedado en casa Juan stayed at home.
13 *vpr (resultado de algo)* to be, remain: se quedó sin trabajo she lost her job; nos quedamos sin dinero we ran out of money; quedó entusiasmado he was delighted.
14 *vpr euf (morirse)* to die.
15 *vpr (mar, viento, etc)* to become calm; *(viento)* to drop.
16 *vpr* quedarse con *(retener algo)* to keep: quédese con el cambio keep the change.
✦ ahí quedó la cosa that's the way it was left.
¿en qué quedamos? so what's it to be?
no quedar títere con cabeza *fam* to leave nothing intact.
"Queda de usted atentamente ..." *(en cartas)* "Yours faithfully ...".
quedar a deber algo to owe something.
quedar alguien bien/mal to make a good/bad impression.
quedar como un señor/una señora *fam* to create a very good impression.
quedar en nada to come to nothing.
quedarse atrás *fig* to be left behind.
quedarse con alguien *fam* to make a fool of somebody, have somebody on.
quedarse con la boca abierta *fig* to be dumbfounded, be stunned.
quedarse con las ganas de algo *fig* to go without something.
quedarse en blanco to go blank.
quedarse sin algo to run out of something.
quedarse sin blanca *fam* to be broke.
quedarse tan tranquilo,-a *fam* not to bat an eyelid.

quedo,-a
1 *adj* quiet, still.
2 *adj (voz)* low.
3 quedo *adv (calladamente)* quietly; *(suavemente)* softly.
✦ de quedo slowly.
quedo a quedo slowly.

quehacer *nm* task, chore, job.
■ quehaceres domésticos housework *sing*, household chores.

queimada *nf hot punch made with grape spirit, typical of Galicia.*

queja
1 *nf (descontento)* complaint.
2 *nf (de dolor)* moan, groan.
✦ dar queja de algo/alguien to complaint about something/somebody.
presentar una queja to lodge a complaint.
no tener queja de alguien to have no complaints about somebody.

quejarse
1 *vpr (de descontento)* to complain (de, about): ¡no te quejes! stop complaining!
2 *vpr (de dolor)* to moan, groan.

quejica
1 *adj fam* complaining, grumpy, querulous.
2 *nm & nf* moaner, grouse.

quejicoso,-a *adj* grumpy, querulous.

quejido *nm* groan, moan.
✦ **dar quejidos** to groan, moan.

quejigo *nm* gall oak.

quejo *nm* jaw, jawbone.

quejoso,-a *adj* complaining: no tiene por qué estar quejoso he has nothing to complain about.

quejumbroso,-a
1 *adj (persona)* whining, plaintive.
2 *adj (tono)* querulous: lo dijo con tono quejumbroso he said it in a querulous tone.

quelonio *adj* chelonian.

quema
1 *nf (acción, efecto, etc)* burning.
2 *nf (fuego)* fire.
✦ **huir de la quema** to beat it, flee.

quemadero *nm* incinerator.

quemado,-a
1 *pp* → quemar.
2 *adj* burnt; *(por el sol)* sunburnt.
3 *adj fig (resentido)* embittered.
4 *adj fam (acabado)* spent, burnt-out: este humorista está muy quemado this comedian is burnt-out.
5 *adj arg (sexualmente)* hot.
✦ **ir quemado,-a** *arg* to be dying for it.
oler a quemado to have a burnt smell: aquí huele a quemado there's a smell of burning in here; ¿hueles a quemado? can you smell burning?
saber a quemado to taste burnt, have a burnt taste.

quemador,-ra
1 *adj (que quema)* burning.
2 *adj (incendiario)* incendiary.
3 *nm,f (que quema)* burner.
4 *nm,f (incendiario)* arsonist, fire raiser.
5 **quemador** *nm* burner.

quemadura
1 *nf (acción)* burning.
2 *nf (herida)* burn; *(de sol)* sunburn; *(escaldadura)* scald.
3 *nf (de plantas)* scorch.

quemar
1 *vt (gen)* to burn; *(plantas)* to scorch: quemó un leño she burnt a log; la lejía quemó su ropa the bleach burnt his clothes.
2 *vt (incendiar)* to set on fire.
3 *vt (destilar)* to distil.
4 *vt fig (dinero)* to throw away, squander.
5 *vt fam (acabar)* to burn out: tanta popularidad lo ha quemado so much popularity burnt him out; dar clase quema mucho teaching burns you out.
6 *vi (estar muy caliente)* to be burning hot: esta sopa quema this soup is burning hot.

7 **quemarse** *vpr (persona)* to burn oneself; *(cosa)* to be burnt: se ha quemado la carne the meat got burnt; el niño se quemó los dedos the boy burnt his fingers.
8 *vpr fig (deteriorarse el prestigio)* to burn oneself out; *(en política)* to be a has-been.
9 *vpr fig (ir a acertar)* to get warm: ¡que te quemas! you're getting warm!

quemarropa a quemarropa *loc* at close range, at point-blank range: le dispararon a quemarropa he was shot at point-blank range.

quemazón
1 *nf (calor)* intense heat.
2 *nf fig (ardor)* burning sensation; *(picor)* itch.
3 *nf fig (dicho picante)* cutting remark.

quena *nf* Indian flute.

quepis *nm* kepi.
▲ *pl* quepis.

quepo *pres indic* → caber.

queratina *nf* keratin.

querella
1 *nf JUR* action, lawsuit.
2 *nf (queja)* complaint.
3 *nf (enfrentamiento)* dispute, quarrel.
✦ **presentar una querella contra alguien** *JUR* to bring an action against somebody, take legal action against somebody, take somebody to court.

querellante *nm & nf JUR* plaintiff.

querellarse *vpr JUR* to take legal action *(contra, against)*: se querelló contra su ex marido she took her ex-husband to court.

querencia
1 *nf (acción)* love.
2 *nf (inclinación del animal)* homing instinct; *(inclinación del hombre)* homesickness.
3 *nf (lugar del animal)* lair, haunt; *(lugar del hombre)* home ground.
✦ **buscar la querencia** to home, head for home.

querendón,-ona *nm,f* lover.

querer
1 *vt (amar)* to love: Juan y Elena se quieren Juan and Elena love each other.
2 *vt (desear)* to want: quiero que vengas I want you to come; quiere ser ingeniera she wants to be an engineer; ¿cuánto quieres por la falda? how much do you want for the skirt?; como tú quieras as you wish; lo hizo sin querer he didn't mean to do it; quieras o no, iremos (whether you) like it or not, we're going; quiere ser un hombre y aún es un niño he's trying to be a man, but he's still a child.
3 *vt (buscar)* to be asking for, be looking for: este chico quiere pelea this boy is asking for trouble.
4 *vt (petición)* would: ¿quieres venir? would you like to come?; ¿quiere cerrar la puerta? would you mind

closing the door?, could you close the door?
5 *vt (requerir)* to need: este traje quiere un buen planchado this suit needs ironing.
6 *vt (verificarse)* may, might: parece que quiere llover it looks as if it might rain.
7 *nm* love, affection.
✦ **está como quiere** *fam* he/she is gorgeous.
hacer algo queriendo to do something deliberately, do something on purpose.
hacerse querer to have winning ways.
¡por lo que más quieras! for heaven's sake!
querer es poder where there's a will there's a way.
quien bien te quiere te hará llorar you've got to be cruel to be kind.
quien quiera que whoever.
quiero y no puedo *fig* I would if I could, but I can't: es de quiero y no puedo it doesn't quite make it, it's not quite right, it falls short.
sí, quiero *(en una boda)* I do.
▲ *Conjugation model* [80].

querido,-a
1 *pp* → querer.
2 *adj (amado)* dear, beloved; *(en carta)* dear.
3 *nm,f (amante)* lover; *(mujer)* mistress.
4 *nm,f fam (apelativo)* darling.

quermes *nm* kermes.
▲ *pl* quermes.

quermés *nf* kermis.
▲ *pl* quermés.

queroseno *nm* kerosene.

querré *fut* → querer.

querube *nm* cherub.

querubín *nm* cherub.

quesadilla
1 *nf (pastel de queso y masa)* cheesecake.
2 *nf (pastel dulce)* sweet pie.

quesera
1 *nf (fábrica)* cheese factory.
2 *nf (para servirlo)* cheese dish.

quesería *nf* dairy.

quesero,-a
1 *adj* cheese.
2 *adj (que le gusta)* cheese-loving.
3 *nm,f (que lo hace)* cheese maker.
4 *nm,f (que lo vende)* cheese seller.
5 *nm,f (que le gusta)* cheese-lover.

quesito *nm* cheese portion.

queso *nm* cheese.
✦ **darla con queso** *fam* to cheat, trick.
■ **queso de bola** Edam cheese.
queso de cabra goat's cheese.
queso de cerdo brawn, *(us* headcheese).
queso en lonchas cheese slices *pl*.
queso rallado grated cheese.

quetzal *nm* quetzal.

quevedos *nm pl* pince-nez *sing*.

quiá *interj* no!, surely not!, never!

quianti *nm* Chianti.

quiasma *nm* chiasma.

quiche *nf* quiche.
quiché
 1 *adj* Quiche.
 2 *nm,f (persona)* Quiche.
 3 *nm (idioma)* Quiche.
quichua *adj-nm,f* → quechua.
quicial *nm* hinging post.
quicio *nm* pivot hole.
 + **estar fuera de quicio** *fam* to be beside oneself.
  sacar a alguien de quicio *fam* to get on somebody's nerves.
quico *nm* roasted salted corn.
Quico ponerse como el Quico *loc* to stuff oneself.
quid *nm* crux: éste es el quid de la cuestión this is the crux of the matter.
 + **dar en el quid** to hit the nail on the head.
quídam
 1 *nm fam pey (sujeto cualquiera)* so-and-so.
 2 *nm fam pey (sujeto insignificante)* nobody, nonentity.
quiebra
 1 *nf (rotura)* break, crack.
 2 *nf (bancarrota)* failure, bankruptcy; *(crack)* crash, collapse: el último director llevó la empresa a la quiebra the last manager led the company into bankruptcy.
 3 *nf (pérdida)* loss.
 4 *nf GEOG* gorge.
 5 *nf fig (fracaso)* failure.
quiebro
 1 *nm (en tauromaquia)* dodge.
 2 *nm MÚS* trill.
 + **hacer un quiebro** to dodge, avoid.
quien
 1 *pron (sujeto)* who: me encontré a Toni, quien me dijo que estabas enfermo I met Toni, who told me you were ill.
 2 *pron (complemento)* who, whom: las personas a quienes me encontré ayer están aquí the people (whom) I met yesterday are here; se lo das a quien quieras you can give it to whoever you want.
 3 *pron (indefinido)* whoever, anyone who: quien sepa la respuesta que me lo diga anyone who knows the answer tell me.
 + **como quien** as if: hace como quien no ve she acts as if she can't see.
  quien más quien menos *fig* everybody.
 ▲ *pl* quienes.
quién
 1 *pron (sujeto)* who: ¿quién te lo dijo? who told you?
 2 *pron (complemento)* who, whom: ¿con quién hablas? who are you talking to?; ¿para quién es? who is it for?
 3 *pron* **de quién** *(posesivo)* whose: ¿de quién es esto? whose is this?; ¿de quién es ese coche? whose car is that?
 ▲ *pl* quiénes.

quienquiera *pron* whoever: entre, quienquiera que sea come in, whoever you may be.
 ▲ *pl* quienesquiera.
quiescente *adj* still.
quietismo
 1 *nm (inercia)* inertia, stagnation.
 2 *nm REL* quietism.
quietista
 1 *adj* quietist.
 2 *nm & nf* quietist.
quieto,-a
 1 *adj (sin movimiento)* still, motionless: ¡estáte quieta! keep still!, don't move!
 2 *adj fig (sosegado)* quiet, calm: el mar estaba quieto the sea was calm.
quietud
 1 *nf (sin movimiento)* stillness.
 2 *nf fig (sosiego)* calmness, calm.
quif *nm arg* hashish, hash.
quijada *nf* jaw, jawbone.
quijera *nf* cheek strap.
quijotada *nf* quixotic act.
quijote
 1 *adj fig* quixotic.
 2 *nm fig* quixotic man.
 ▪ **Don Quijote** Don Quixote.
quijotería *nf* quixotic act.
quijotescamente *adv* quixotically.
quijotesco,-a *adj* quixotic.
quijotismo *nm* quixotism.
quilate
 1 *nm (unidad de peso)* carat.
 2 *nm (unidad del oro)* carat *(US* karat).
 + **de muchos quilates** *fig* of great value.
quilla *nf* keel.
quilo¹ *nm (líquido)* chyle.
 + **sudar el quilo** *fam* to sweat blood.
quilo² *nm* → kilo.
quilogramo *nm* → kilogramo.
quilométrico,-a *adj* → kilométrico, -a.
quilómetro *adj* → kilómetro.
quimbambas las quimbambas *nf pl fam* the back of beyond, the middle of nowhere: se fue a vivir a las quimbambas he went to live in the back of beyond.
quimera
 1 *nf (mitología)* chimera.
 2 *nf fig (ilusión)* wild fancy, fantasy, pipe dream.
 3 *nf fig (preocupación)* worry; *(sospecha infundada)* unfounded suspicion.
quimérico,-a *adj* unrealistic, fantastic.
química *nf* chemistry.
químicamente *adv* chemically.
químico,-a
 1 *adj* chemical.
 2 *nm,f* chemist.
quimioterapia *nf* chemotherapy.
quimo *nm* chyme.
quimono *nm* kimono.

quina
 1 *nf (corteza)* cinchona bark.
 2 *nf (líquido)* quinine.
 + **tragar quina** *fig* to swallow hard, grin and bear it.
quincalla *nf (objetos de metal)* cheap metalware; *(baratija)* trinket.
quincallería *nf (tienda - de objetos de metal)* hardware shop; *(- de baratijas)* cheap jewellery shop.
quincallero,-a *nm,f (de objetos de metal)* seller of cheap metalware; *(de baratijas)* trinket seller.
quince
 1 *adj (cardinal)* fifteen; *(ordinal)* fifteenth.
 2 *nm* fifteen.
 ▪ **quince días** fortnight *sing*.
 ▲ *See also* seis.
quinceañero,-a
 1 *adj (de quince años)* fifteen-year-old.
 2 *adj (adolescente)* teenage.
 3 *nm,f (de quince años)* fifteen-year-old.
 4 *nm,f (adolescente)* teenager; *(aficionado a música pop)* teenybopper: el cine estaba lleno de quinceañeros the cinema was full of teenagers.
quinceavo,-a
 1 *adj* fifth.
 2 *nm,f* fifth.
 ▲ *See also* sexto,-a.
quincena
 1 *nf (tiempo)* fortnight: la primera quincena de mayo the first two weeks in May.
 2 *nf (paga)* fortnightly pay.
quincenal *adj* fortnightly, every two weeks.
quincuagenario,-a
 1 *adj* quinquagenarian.
 2 *nm,f* quinquagenarian, person in his/her fifties.
quincuagésimo,-a
 1 *adj* fiftieth.
 2 *nm,f* fiftieth.
 ▲ *See also* sexto,-a.
quingentésimo,-a
 1 *adj* five hundredth.
 2 *nm,f* five hundredth.
 ▲ *See also* sexto,-a.
quingombó *nm* okra, ladies' fingers.
quiniela *nf* football pools *pl.*
 + **hacer la/una quiniela** to do the pools.
quinielista *nm & nf* person who does the pools.
quinielístico,-a *adj* to do with football pools: fue una jornada quinielística excelente it was a great day for the football pools.
quinientista *adj* fifteenth-century.
quinientos,-as
 1 *adj (cardinal)* five hundred; *(ordinal)* five-hundredth: dos mil quinientos two thousand five hundred, twenty-five hundred; quinientos tres five hundred and three.
 2 **quinientos** *nm (número)* five hundred.
 + **a las quinientas** *fam* very late.
 ▲ *See also* seis.

quinina *nf* quinine.

quino *nm* cinchona.

quinqué *nm* oil lamp.
▲ *pl* quinqués.

quinquenal *adj* quinquennial, five-year: fue un plan quinquenal it was a five-year plan.

quinquenio *nm* quinquennium, five-year period.

quinqui *nm & nf fam* delinquent, petty criminal.

quinta
1 *nf (casa)* country house.
2 *nf (reemplazo militar)* call-up, conscript, (*US* draft).
3 *nf MÚS* fifth.
✦ **entrar en quintas** to be called up, (*US* be drafted).
  ser de la misma quinta *fig* to be the same age.

quintacolumnista
1 *adj* fifth columnist.
2 *nm & nf* fifth columnist.

quintaesencia *nf* quintessence.

quintal *nm* quintal *(46 kilograms)*.
▪ **quintal métrico** quintal *(100 kg)*.

quintar
1 *vt (sacar por sorteo)* to take one in five of.
2 *vt (para el servicio militar)* to conscript, (*US* draft).

quinteto *nm* quintet.

quintilla *nf* five-line stanza.

quintillizo,-a *nm,f* quintuplet, quin.

Quintín armarse la de San Quintín *loc fam* to be a hell of a ruckus: después del concierto se armó la de San Quintín after the concert all hell broke loose.

quinto,-a
1 *adj* fifth.
2 *nm,f* fifth.
3 **quinto** *nm MIL* conscript, recruit.
4 *nm fam (de cerveza)* small bottle of beer *(= 20 cl)*.
▲ *See also* **sexto,-a**.

quintuplicación *nf* quintupling.

quintuplicar *vt* to quintuple.
▲ *Conjugation model* [1], *like* **sacar**.

quíntuplo,-a
1 *adj* quintuple.
2 **quíntuplo** *nm* quintuple.

quinzavo,-a *adj-nm,f* → **quinceavo,-a**.

quiñón *nm* piece of land.

quiosco *nm* kiosk; *(de periódicos)* newsstand, newspaper stand; *(de música)* bandstand.

quiosquero,-a *nm,f* newsagent: su tío es quiosquero her uncle has a newsstand.

quiqui *nm child's hairstyle in the form of a tuft*.

quiquiriquí
1 *nm* cock-a-doodle-doo.

2 *nm fig (gallito)* cock of the walk.
3 *nm (tupé)* quiff.
▲ *pl* quiquiriquíes.

quirófano *nm* operating theatre (*US* theater).

quiromancia *nf* palmistry, chiromancy.

quiromancía *nf* → **quiromancia**.

quiromántico,-a *nm,f* palmist, chiromancer.

quiromasaje *nm* chiropractic.

quiromasajista *nm,f* chiropractor.

quirúrgico,-a *adj* surgical.

quise *pt indef* → **querer**.

quisicosa *nf fam* puzzle, riddle.

quisque **cada quisque/todo quisque** *pron* everybody, everyone.

quisqui *pron* → **quisque**.

quisquilla
1 *nf (camarón)* (common) prawn.
2 *nf (insignificancia)* triviality, trifle.

quisquilloso,-a
1 *adj* finicky, fussy, touchy.
2 *nm,f* fusspot.

quiste *nm* cyst.

quístico,-a *adj* cystic.

quita *nf* partial acquittance.

quitaesmaltes *nm* nail varnish remover, nail polish remover.
▲ *pl* quitaesmaltes.

quitamanchas *nm* stain remover.
▲ *pl* quitamanchas.

quitamiedos *nm* handrail.
▲ *pl* quitamiedos.

quitanieves *nm* snowplough (*US* snowplow).
▲ *pl* quitanieves.

quitapinturas *nm* paint stripper.
▲ *pl* quitapinturas.

quitapón **de quitapón** *fam* detachable, removable.

quitar
1 *vt (separar)* to remove, take off: le quitó la piel a la pera he peeled the pear; quita la tapa remove the lid.
2 *vt (sacar)* to take off, take out; *(prendas)* to take off; *(tiempo)* to take up: el médico quitó los puntos al enfermo the doctor took out the patient's stitches; quítate los zapatos take your shoes off.
3 *vt (apartar)* to take away, take off: quita eso de ahí clear that away.
4 *vt (hacer desaparecer)* to remove; *(dolor)* to relieve; *(sed)* to quench: si lo comes te quitará el apetito if you eat it, it will spoil your appetite; eso te quitará el hambre that'll stop you feeling hungry; el café me quita el sueño coffee keeps me awake.
5 *vt (despojar)* to take; *(robar)* to steal: me han quitado la cartera my wallet's been stolen; le quitó la vida he killed him.

6 *vt (restar)* to subtract; *(descontar)* to take off.
7 *vt (prohibir)* to forbid, rule out: me han quitado el alcohol I've been told to cut out alcohol.
8 *vt (impedir)* to prevent: eso no quita para que se lo diga that's no reason not to tell him.
9 *vt (disminuir)* to take away: eso no le quita mérito a la obra that doesn't take anything away from the work.
10 *vt fam (radio, agua, etc)* to turn off.
11 **quitarse** *vpr (desaparecer)* to go away, come out: se me han quitado las ganas I don't feel like it any more; esa mancha no se quita that stain won't come out.
12 *vpr* **quitarse de** *(del juego, bebida, etc)* to give up: se quitó de fumar she gave up smoking.
✦ **de quita y pon** *(que se desprende)* removable, detachable; *(no permanente)* temporary.
  ¡quita/quítate de ahí! move!, get away!
  quitando ... except ...
  quitar de delante to clear away.
  quitar el hipo *fig* to take one's breath away.
  quitar el sueño *(desvelar)* to keep awake; *(preocupar)* to worry: eso no me quitará el sueño I won't lose any sleep over that.
  quitar importancia a algo to play something down.
  quitar la mesa to clear the table.
  quitar las ganas a alguien to put somebody off.
  quitarse algo/a alguien de encima to get rid of something/somebody.
  quitarse años *fig* to lie about one's age.
  quitarse la vida *euf* to commit suicide; *(admirar)* to admire.

quitasol *nm* parasol, sunshade.

quite
1 *nm (acción de quitar)* removal.
2 *nm (en esgrima)* parry.
3 *nm (en tauromaquia)* distraction of the bull to allow the escape of another bullfighter.
✦ **estar al quite** *fig* to be on hand, be ready and waiting.

quiteño,-a
1 *adj* of Quito, from Quito.
2 *nm,f* person from Quito, inhabitant of Quito.

quitina *nf* chitin.

quitinoso,-a *adj* chitinous.

quito,-a *adj* free, exempt (**de**, from).

quivi *nm* kiwi fruit.

quizá *adv* → **quizás**.

quizás *adv* perhaps, maybe: quizás venga hoy maybe she'll come today, she may come today.

quórum *nm* quorum.
▲ *pl* quórum.

R, r *nf (la letra)* R, r.

R. *abr* (**reverendo,-a**) Reverend; *(abreviatura)* Revd.

rabadán *nm* head shepherd.

rabadilla
  1 *nf ANAT* coccyx.
  2 *nf (de animal)* rump.

rabanero,-a
  1 *adj fig (vestido)* short.
  2 *adj fig (desvergonzado)* insolent, cheeky.

rabanillo *nm* wild radish.

rabaniza *nf (simiente)* radish seed.

rábano *nm* radish.
  ✦ **¡me importa un rábano!** I don't give a toss!, I couldn't care less!
  tomar el rábano por las hojas *fam* to get the wrong end of the stick.
  ¡un rábano!/¡y un rábano! no way!
  ■ **rábano blanco/rábano picante** horseradish.
  rábano silvestre wild horseradish.

rabel *nm* rebec.

rabí *nm* rabbi.
  ▲ *pl* **rabíes.**

rabia
  1 *nf MED* rabies.
  2 *nf fig (enfado)* rage, fury, anger.
  ✦ **dar rabia** to make furious: *aquella pregunta me dio mucha rabia* that question made me absolutely furious.
  ¡qué rabia! *fam* how annoying!
  tener rabia a alguien not to be able to stand the sight of somebody.

rabiar
  1 *vi MED* to have rabies.
  2 *vi (enfadarse)* to rage, be furious: *Elena está que rabia* Elena is furious.
  3 *vi fig (padecer)* to suffer (**de**, from): *rabiar de hambre* to be dying of hunger; *rabiar de dolor* to writhe in pain.
  ✦ **a rabiar** *fam* a lot, very much: *el niño lloraba a rabiar* the boy cried himself sick.
  estar a rabiar con alguien to be furious at somebody.
  hacer rabiar a alguien to make somebody see red.

rabiar por to be dying for, long for: *rabiaba por tener un coche nuevo* she was dying for a new car.
  ▲ *Conjugation model* [12], *like* **cambiar.**

rabiatar *vt* to tie by the tail.

rábico,-a *adj* rabid.

rabieta *nf fam* tantrum.
  ✦ **coger una rabieta** *fam* to throw a tantrum.

rabilargo,-a
  1 *adj* long-tailed.
  2 rabilargo *nm (ave)* magpie.

rabillo
  1 *nm (pecíolo)* stalk, stem.
  2 *nm (cizaña)* darnel.
  3 *nm COST* tab, strap.
  ✦ **mirar por el rabillo del ojo** to look out of the corner of one's eye: *me miró por el rabillo del ojo* she looked at me out of the corner of her eye.
  ■ **rabillo del ojo** corner of one's eye.

rabínico,-a *adj* rabbinical.

rabino *nm* rabbi.

rabión *nm* rapids *pl.*

rabiosamente *adv* furiously.

rabioso,-a
  1 *adj MED* rabid.
  2 *adj fig (airado)* furious, angry.
  3 *adj fig (excesivo)* terrible, intense.
  4 *adj fam (color)* shocking, gaudy, garish; *(sabor)* very hot.
  ✦ **ponerse rabioso,-a** to fly into a rage.

rabo
  1 *nm (gen)* tail.
  2 *nm tabú* cock, prick, dick.
  ✦ **aún falta el rabo por desollar** *fam* the worst is yet to come.
  con el rabo entre piernas *fam* with one's tail between one's legs.

rabón,-ona *adj (de rabo corto)* bobtail; *(sin rabo)* tailless.

rabosear *vt* to spoil.

racanear
  1 *vi fam (ser tacaño)* to be mean, be stingy.
  2 *vi fam (ser vago)* to idle, slack.

racaneo *nm fam* → **racanería.**

racanería
  1 *nf fam (tacañería)* meanness, stinginess.
  2 *nf fam (holgazanería)* idleness, laziness.

rácano,-a
  1 *adj fam (tacaño)* mean, stingy.
  2 *adj fam (holgazán)* idle, lazy.

RACE *abr AUTO* (**Real Automóvil Club de España**) *Spanish automobile club.*

racer
  1 *nm (caballo)* racehorse.
  2 *nm (barco)* sailing ship.

racha
  1 *nf (ráfaga)* gust, squall.
  2 *nf fig (período)* spell, patch.
  3 *nf fig (serie)* string, run, series *sing*: *hubo una racha de incendios* there was a series of fires.
  ✦ **a rachas** in fits and starts, on and off.
  tener una buena racha to have a run of good luck.
  tener una mala racha to go through a bad patch.

racheado,-a *adj* gusty.

racial *adj* racial, race: *disturbios raciales* race riots.

racimo *nm* bunch, cluster.

raciocinio
  1 *nm (razón)* reason.
  2 *nm (argumento)* reasoning.

ración
  1 *nf (parte)* ration, portion, share.
  2 *nf (de comida)* portion, serving, helping: *"Cuatro raciones"* "Serves four".
  3 *nf (prebenda)* prebend.

racionado,-a *adj* rationed.

racional *adj* rational.

racionalidad *nf* rationality.

racionalismo *nm* rationalism.

racionalista
  1 *adj* rationalist.
  2 *nm & nf* rationalist.

racionalización *nf* rationalization.

racionalizar *vt* to rationalize.
  ▲ *Conjugation model* [4], *like* **realizar.**

racionalmente *adv* rationally, reasonably.

racionamiento *nm* rationing.

racionar
1 *vt (limitar)* to ration.
2 *vt MIL (distribuir)* to ration out.
racismo *nm* racism, racialism.
racista
1 *adj* racist, racialist.
2 *nm & nf* racist, racialist.
racor *nm* connecter, adapter, adaptor.
rada *nf* bay, inlet.
radar *nm* radar.
▲ *pl radares.*
radiación *nf* radiation.
radiactividad *nf* radioactivity.
radiactivo,-a *adj* radioactive.
radiado,-a
1 *pp* → **radiar.**
2 *adj (en forma de radios)* radiate.
3 *adj (emitido por radio)* broadcast.
radiador *nm* radiator.
radial *adj* radial.
radián *nm* radian.
radiante *adj fig* radiant: **radiante de alegría** radiant with joy.
radiar
1 *vi (irradiar)* to radiate, irradiate.
2 *vt (irradiar)* to radiate, irradiate.
3 *vt (retransmitir)* to broadcast, transmit, radio.
4 *vt MED* to X-ray.
▲ *Conjugation model* [12], *like* **cambiar.**
radicación
1 *nf (instalación)* taking root, settling down.
2 *nf (ubicación)* setting, location.
radical
1 *adj* radical.
2 *nm (en gramática, matemática, etc)* root, radical.
radicalismo *nm* radicalism.
radicalizar
1 *vt* to radicalize.
2 *vt (postura)* to harden.
3 radicalizarse *upr (conflicto)* to intensify.
4 *upr (postura)* to harden.
▲ *Conjugation model* [4], *like* **realizar.**
radicalmente *adv* radically.
radicar
1 *vi (encontrarse)* to be (**en**, in), be situated (**en**, in): **el documento radica en la notaría** the document is in the notary's office.
2 *vi fig (consistir)* to lie (**en**, in), stem (**en**, from): **el problema radica en la falta de solidaridad** the problem lies in the lack of solidarity.
3 *vi (arraigar)* to take root.
4 radicarse *upr (arraigarse)* to take root.
5 *upr (establecerse)* to settle (down).
▲ *Conjugation model* [1], *like* **sacar.**
radio¹
1 *nm (de círculo)* radius: **en un radio de 10 metros** within a radius of 10 metres.
2 *nm (de rueda)* spoke.
3 *nm (campo)* scope.
▪ **radio de acción** *fig* field of action, scope.

radio²
1 *nf (radiodifusión)* radio: **lo oí por la radio** I heard it on the radio.
2 *nf (aparato)* radio, wireless.
3 *nm & nf fam (persona)* radio operator.
▪ **radio galera** crystal set.
radio pirata pirate radio station.
radio³ *nm QUÍM* radium.
radioactividad *nf* radioactivity.
radioactivo,-a *adj* radioactive.
radioaficionado,-a *nm,f* radio ham.
radiobaliza *nf* radio beacon.
radiobiología *nf* radiobiology.
radiocarbono *nm* radiocarbon.
radiocasete *nm* radio cassette, radio cassette player.
radiocomunicación *nf* radio communication.
radiocontrol *nm* radio control.
radiodespertador *nm* radio alarm clock.
radio-despertador *nm* radio alarm.
radiodifusión *nf* broadcasting.
radioescucha *nm & nf* listener, (*US* auditor).
radiofonía *nf* radio, radiotelephony.
radiofónico,-a *adj* radio: **concurso radiofónico** radio quiz programme (*US* program).
radiófono *nm* radiophone.
radiofrecuencia *nf* radio frequency.
radiografía
1 *nf (técnica)* radiography.
2 *nf (imagen)* X-ray, radiograph.
✦ **hacerse una radiografía** to have an X-ray taken.
radiografiar *vt* to X-ray.
▲ *Conjugation model* [13], *like* **desviar.**
radiógrafo,-a *nm,f* radiographer.
radiogramola *nf* radiogram.
radiología *nf* radiology.
radiólogo,-a *nm,f* radiologist.
radiometría *nf* radiometry.
radiómetro *nm* radiometer.
radionovela *nf* serial.
radiorreceptor *nm* radio, radio set, radio receiver, wireless, wireless set.
radioscopia *nf* radioscopy.
radiotaxi *nm* radio taxi, radio cab.
radiotelefonía *nf* radiotelephony.
radiotelefónico,-a *adj* radiotelephonic.
radioteléfono *nm* radiotelephone.
radiotelegrafista *nm & nf* radio operator, wireless operator.
radiotelegrafía *nf* radiotelegraphy.
radiotelegráfico,-a *adj* radiotelegraphic.
radiotelescopio *nm* radio telescope.
radiotelevisión *nf* radio and television.
radioterapeuta *nm & nf* radiotherapist.

radioterapia *nf* radiotherapy, radium therapy.
radiotransmisión *nf* radio transmission, broadcasting.
radiotransmisor *nm* radio transmitter.
radiotransmitir *vt* to broadcast.
radioyente *nm & nf* listener.
radón *nm* radon.
RAE *abr* (**Real Academia Española**) Spanish royal academy.
raedura *nf* scrapings *pl.*
raer *vt* to scrape (off).
▲ *Conjugation model* [81].
ráfaga
1 *nf (de viento)* gust, squall.
2 *nf (de disparos)* burst.
3 *nf (de luz)* flash.
rafia *nf* raffia.
raglán *adj* raglan: **mangas raglán** raglan sleeves.
▲ *pl raglán.*
ragú *nm* ragout.
raid
1 *nm (incursión)* raid.
2 *nm (vuelo a gran distancia)* long-distance flight, long-haul flight.
▪ **raid aéreo** air raid.
▲ *pl raids.*
raído,-a
1 *pp* → **raer.**
2 *adj (deteriorado)* threadbare, worn.
3 *adj fig (descarado)* shameless, cheeky.
raigambre
1 *nf (raíces)* roots *pl*, root system.
2 *nf fig* tradition, history.
✦ **de honda raigambre** deeply-rooted.
rail *nm* rail.
raíl *nm* rail.
raíz *nf* root.
✦ **a raíz de** *fig* as a result of.
arrancar de raíz to pull up by the roots, uproot; *fig* to eradicate.
cortar algo de raíz *(erradicar)* to root out something; *(abortar)* to nip something in the bud.
de raíz entirely.
echar raíces *(planta)* to take root; *(persona)* to settle, put down roots.
▪ **raíz cuadrada** square root.
raíz cúbica cube root.
▲ *pl raíces.*
raja
1 *nf (corte)* cut, slit.
2 *nf (hendidura)* crack, split.
3 *nf (tajada)* slice.
rajá *nm* rajah.
▲ *pl rajaes.*
rajada *nf tabú* → **rajado,-a.**
rajado,-a
1 *pp* → **rajar.**
2 *adj fam (que falta a su palabra)* who backs out.
3 *adj fam (cobarde)* yellow.
4 *nm,f fam (que falta a su palabra)* quitter.
5 *nm,f fam (cobarde)* chicken, coward.

rajadura nf crack, split.
rajar
1 vt (hender) to split, crack.
2 vt (hacer tajadas) to slice.
3 vt arg (acuchillar) to cut up.
4 vi fam fig (jactarse) to show off, boast.
5 vi fam fig (hablar mucho) to chatter, babble on.
6 vi fam fig (desacreditar) to criticize.
7 **rajarse** vpr (partirse) to split, crack.
8 vpr fam (desistir) to back out, quit.
9 vpr fam (acobardarse) to chicken out.
rajatabla a rajatabla loc to the letter, strictly.
ralea nf pey type, sort, kind: ellas son de la misma ralea they're two of a kind, they're birds of a feather.
ralentí nm CINEM slow motion.
✦ al ralentí CINEM in slow motion; (motor) ticking over.
ralentizar vt to slow down.
rallado,-a
1 pp → rallar.
2 adj (queso etc) grated.
rallador nm grater.
ralladura nf grated rind: ralladura de limón grated lemon rind.
rallar vt to grate.
rally nm rally.
▲ pl rallys.
ralo,-a
1 adj (pelo) sparse, thin.
2 adj (dientes) with gaps between them.
rama nf branch.
✦ andarse por las ramas/irse por las ramas fam to beat about the bush.
en rama raw: canela en rama cinnamon stick.
ramadán nm Ramadan.
ramaje nm foliage, branches pl.
ramal
1 nm (de cuerda) strand.
2 nm (de camino etc) branch.
ramalazo
1 nm fam (ataque) fit.
2 nm fam pey (apariencia de homosexual) effeminacy.
✦ tener un ramalazo de locura to be a little mad, have a streak of madness.
rambla
1 nf (lecho de agua) watercourse, channel.
2 nf (paseo) boulevard, avenue.
ramera nf whore, prostitute.
ramificación nf ramification.
ramificarse vpr to ramify, branch (out).
▲ Conjugation model [1], like sacar.
ramillete
1 nm posy.
2 nm fig (conjunto) bunch, group, collection.
ramito nm sprig.
ramiza nf branches pl.
ramo
1 nm (de flores) bunch, bouquet.
2 nm (de árbol) branch.

3 nm fig (sector) field: el ramo de la alimentación the food sector, the food industry.
ramojo nm loose branches pl, sticks pl.
ramonear vi to browse.
ramoso,-a adj with many branches.
rampa¹ nf (calambre) cramp.
rampa² nf (pendiente) ramp.
■ rampa de lanzamiento launching pad.
rampante adj rampant, blatant.
ramplón,-ona adj fig coarse, vulgar.
ramplonería nf coarseness, vulgarity.
rana nf frog.
✦ salir rana fam to be a letdown, be a disappointment.
ranchera
1 nf AM Mexican folk song.
2 nf (coche) station wagon.
ranchero,-a
1 nm,f (granjero) rancher, farmer.
2 nm,f (cocinero) cook.
rancho
1 nm MIL mess.
2 nm AM (granja) ranch, farm.
✦ hacer rancho aparte fam to go one's own way.
rancidez nf rancidness, rancidity.
ranciedad nf → rancidez.
rancio,-a
1 adj (comestibles) stale; (mantequilla) rancid.
2 adj fig (antiguo) old, ancient: de rancio abolengo of ancient lineage.
■ vino rancio old wine, mellow wine.
rand nm rand.
randa¹ nf (encaje) lace trimming.
randa² nm fam (ratero) pickpocket.
ranglán adj → raglán.
rango nm rank: tiene rango de general he holds the rank of general.
✦ de alto rango/de mucho rango high-ranking.
Rangún nm Rangoon.
ranking nm ranking.
▲ pl rankings.
ranúnculo nm buttercup.
ranura
1 nf (canal) groove.
2 nf (para monedas, fichas, etc) slot.
ranurado,-a adj grooved.
rap nm rap.
rapacidad nf rapacity, rapaciousness.
rapapolvo nm fam dressing-down, ticking off, talking-to.
✦ echar un rapapolvo a alguien fam to give somebody a dressing-down.
rapar
1 vt (afeitar) to shave.
2 vt (pelo) to crop.
rapavelas nm pey (sacristán) verger; (monaguillo) altar boy.
▲ pl rapavelas.

rapaz¹
1 adj ZOOL predatory, of prey: ave rapaz bird of prey.
2 adj fig (persona) rapacious, grasping.
3 nf (ave) bird of prey.
▲ pl rapaces.
rapaz,-za² nm,f youngster; (muchacho) lad; (muchacha) lass.
▲ pl rapaces.
rape¹ nm (pez) angler fish.
rape² nm fam (rasura) quick shave.
✦ al rape close-cropped, short.
rapé nm snuff.
rapero,-a nm,f rapper.
rápidamente adv quickly.
rapidez nf speed, rapidity: con rapidez quickly.
rápido,-a
1 adj quick, fast.
2 adv quickly: ¡rápido! hurry up!, make it snappy!
3 rápido nm (tren) fast train, express train.
4 rápidos nm pl (del río) rapids.
rapiña nf fam robbery, theft.
rapiñar vt fam to pinch, steal.
rapónchigo nm rampion.
raposa nf → raposo,-a.
raposear vi to be sly.
raposera nf foxhole.
raposero,-a adj fox.
■ perro raposero foxhound.
raposo,-a
1 nm,f (macho) fox; (hembra) female fox, vixen.
2 nm,f fig (persona) sly fox.
rappel nm abseiling.
✦ hacer rappel to abseil.
rapsoda nm rhapsodist.
rapsodia nf rhapsody.
raptar vt to kidnap, abduct.
rapto
1 nm (secuestro) kidnapping, abduction.
2 nm fig (impulso) outburst, fit.
raptor,-ra nm,f kidnapper, abductor.
raquero,-a nm,f beachcomber.
raqueta
1 nf (de tenis) racket; (de ping-pong) bat, (US paddle).
2 nf (para nieve) snowshoe.
3 nf (en casinos) rake.
raquídeo,-a adj → bulbo raquídeo.
raquis nm rachis.
▲ pl raquis.
raquítico,-a
1 adj MED rachitic.
2 adj fig (exiguo) meagre (US meager), small.
3 adj fig (débil) weak.
4 nm,f rachitic person.
raquitismo nm rachitis, rickets pl.
raramente
1 adv (rara vez) rarely, seldom.
2 adv (con rareza) oddly, strangely.

rareza
1 *nf (poco común)* rarity, rareness.
2 *nf (escasez)* scarcity.
3 *nf (peculiaridad)* oddity.
4 *nf (extravagancia)* eccentricity.

rarificar *vt* to rarefy.
▲ *Conjugation model* [1], *like sacar.*

raro,-a
1 *adj (poco común)* rare.
2 *adj (escaso)* scarce, rare: **son raras las personas que saben apreciarlo** very few people can appreciate it.
3 *adj (peculiar)* odd, strange, weird: **últimamente la encuentro rara** I think she's been acting a little strange recently.
4 *adj (excelente)* excellent: **escribió un libro raro, una verdadera obra de arte** she wrote a very good book, a real work of art.
✦ **¡qué raro!** how odd!, that's strange! **rara vez** seldom: **rara vez aparece por aquí** she rarely shows her face around here.

ras a **ras de** (on a) *loc* level with.
✦ **a lras de tierra** at ground level. **al ras** to the brim: **he llenado los vasos al ras** I filled the glasses to the brim. **volar a ras de tierra** to fly low, hedgehop.

rasa *nf* thin patch.

rasante
1 *adj (tiro)* grazing, close; *(vuelo)* low, skimming.
2 *nf (inclinación)* slope.
▪ **cambio de rasante** brow of a hill.

rasar
1 *vt (igualar)* to level.
2 *vt (pasar rozando)* to graze, skim.
✦ **rasar el suelo** *(avión)* to fly low, hedgehop.

rasca
1 *nf fam (hambre)* hunger.
2 *nf fam (frío)* cold: **hace una rasca que pela** it's absolutely freezing.

rascacielos *nm* skyscraper.
▲ *pl* rascacielos.

rascador
1 *nm (para rascar)* scraper.
2 *nm (para desgranar)* sheller, husker.
3 *nm (para cerillas)* striking surface.

rascar
1 *vt (la piel)* to scratch.
2 *vt (con rascador)* to scrape, rasp.
3 *vt (un instrumento)* to strum.
▲ *Conjugation model* [1], *like sacar.*

rascatripas *nm & nf fam* third-rate violinist.
▲ *pl* rascatripas.

rascón,-ona
1 *adj* sharp, rough.
2 **rascón** *nm (ave)* water rail.

rasera *nf* spatula, fish slice.

rasero *nm* strickle.
✦ **por el mismo rasero** *fig* equally.

rasgado,-a
1 *pp* → **rasgar.**

2 *adj (roto)* torn, ripped.
3 *adj (ojos)* almond-shaped.
4 *adj (boca)* wide.
5 *adj fam (desenvuelto)* confident.

rasgadura *nf* tear, strip.

rasgar *vt* to tear, rip.
✦ **rasgarse las vestiduras** *fig* to pull one's hair out.
▲ *Conjugation model* [7], *like llegar.*

rasgo
1 *nm (línea)* stroke; *(adorno)* flourish.
2 *nm (facción del rostro)* feature: **sus rasgos me son familiares** she looks familiar to me.
3 *nm (peculiaridad)* characteristic, feature, trait.
4 *nm (acto)* act, feat: **un rasgo de heroísmo** an act of heroism.
✦ **explicar a grandes rasgos** to outline, give a general outline of.

rasgón *nm* tear, rip.

rasguear
1 *vt (instrumento)* to strum.
2 *vi (al escribir)* to write with a flourish.

rasgueo *nm* strumming.

rasguñar *vt* to scratch, scrape.

rasguño
1 *nm (arañazo)* scratch, scrape: **me he hecho un rasguño en la mano** I scratched my hand.
2 *nm (dibujo)* sketch.

rasilla
1 *nf (tela)* serge.
2 *nf (ladrillo)* tile.

raso,-a
1 *adj (plano)* flat, level; *(liso)* smooth: **una cucharada rasa** a level spoonful.
2 *adj (a poca altura)* low.
3 *adj (atmósfera)* clear, cloudless.
4 **raso** *nm (tejido)* satin.
✦ **al raso** in the open, in the open air. **hacer tabla rasa** *fam* to make a clean sweep.

raspa
1 *nf (de pescado)* bone, backbone.
2 *nf (de cereal)* beard.

raspado,-a *nm* scraping, scrape.

raspador *nm* scraper.

raspadura
1 *nf (ralladura)* scraping, scrapings *pl.*
2 *nf (señal)* scratch, mark.

raspar
1 *vt (rascar)* to scrape (- off); *(dañar)* to scratch, graze.
2 *vt (con lija)* to sand, sand down.
3 *vt (hurtar)* to nick, pinch.
4 *vt (rasar)* to graze, skim.
5 *vi (vino)* to be sharp.
6 *vi (piel)* to be rough; *(toalla etc)* to scratch.
✦ **raspando** *fig* by the skin of one's teeth.

raspear *vi* to scratch.

raspilla *nf* forget-me-not.

rasposo,-a *adj* rough, sharp.

rasqueta *nf* scraper.

rastafari *nm & nf* Rastafarian.

rastafariano,-a *adj* Rastafarian.

rastra
1 *nf (rastro)* trail, track.
2 *nf (grada)* harrow.
3 *nf (sarta)* string.
4 *nf (para pescar)* trawl, trawl net.
✦ **a rastras** *(arrastrando)* dragging; *(sin querer)* unwillingly, grudgingly: **llevar a rastras** to drag along.

rastreador *nm* tracker.
▪ **rastreador de minas** minesweeper.

rastrear
1 *vt (seguir el rastro)* to trail, track, trace.
2 *vt (río)* to drag, dredge.
3 *vt (para pescar)* to trawl.
4 *vt (zona)* to comb, search.
5 *vt (averiguar)* to find out.
6 *vi AGR* to rake.
7 *vi AV* to fly very low.

rastreo
1 *nm (seguimiento)* tracking, trailing, tracing.
2 *nm (de río)* dragging, dredging.
3 *nm (de pesca)* trawling.
4 *nm (de zona)* combing.
5 *nm AGR* raking.

rastreramente *adv* basely.

rastrero,-a
1 *adj (que arrastra)* creeping, crawling.
2 *adj BOT* creeping.
3 *adj (vuelo)* low.
4 *adj fig (bajo)* vile, base.

rastrillar
1 *vt (hojas etc)* to rake.
2 *vt (lino, cáñamo)* to comb, hackle.

rastrillo
1 *nm (rastro)* rake.
2 *nm (para cáñamo, lino, etc)* comb, hackle.
3 *nm (compuerta)* portcullis.
4 *nm fam (mercadillo)* flea market.
▪ **rastrillo benéfico** jumble sale.

rastro
1 *nm (instrumento)* rake.
2 *nm (señal)* trace, track, sign; *(olor)* scent: **ni rastro de sangre** not a trace of blood.
3 *nm (vestigio)* vestige.
4 *nm (mercado)* flea market: **el Rastro** the Madrid flea market.
✦ **perder el rastro de alguien** to lose somebody's trail. **seguir el rastro de alguien** to follow somebody's trail.

rastrojar *vt* to clear of stubble.

rastrojo
1 *nm (paja)* stubble.
2 *nm (campo)* stubble field.

rasurar *vt* to shave.

rata
1 *nf ZOOL* rat.
2 *nm fam (ratero)* pickpocket, thief.
3 *nm & nf (tacaño)* miser, skinflint.
✦ **ser más pobre que las ratas** *fam* to be as poor as a church mouse.

ratafía *nf* ratafia.

rataplán *nm* drumbeat, ratatat-tat.

ratear¹
1 *vt fam (hurtar)* to steal.
2 *vi (andar a rastras)* to crawl, creep.
ratear² *vt (repartir)* to share out proportionally, give out pro rata.
rateo *nm* pro rata distribution.
ratería *nf* petty theft, pilfering.
ratero,-a *nm,f* pickpocket.
raticida *nm* rat poison.
ratificación *nf* ratification.
ratificar
1 *vt* to ratify.
2 **ratificarse** *upr* to be confirmed, be ratified.
▲ *Conjugation model* [1], *like sacar.*
ratio *nf* ratio.
rato
1 *nm (tiempo)* time, while, moment: habló hace un rato he spoke a while ago; hace mucho rato que se fue she left quite a while ago; charlamos un rato we chatted for a while.
2 *nm (espacio)* way: hay un buen rato hasta Vigo it's a long way to Vigo.
3 *nm fam (mucho)* very, a lot: este libro es un rato bueno this is a very good book; sabe un rato de deportes she's a mine of information about sports; me gusta un rato I love it.
✦ **al poco rato** shortly after.
a ratos at times.
a ratos perdidos at odd moments.
hacer pasar un mal rato a alguien to give somebody a rough time.
¡hasta otro rato! see you later!
hay para rato it'll take a while.
pasar el rato to kill time.
pasar un buen rato to have a good time.
pasar un mal rato to have a bad time.
■ **ratos libres** free time *sing.*
ratón *nm* mouse.
■ **ratón de biblioteca** *fam* bookworm.
ratonera
1 *nf (trampa)* mousetrap.
2 *nf (agujero)* mousehole.
3 *nf fam fig* trap.
✦ **caer en la ratonera** *fig* to fall into the trap.
ratonero,-a
1 *adj* mousy.
2 **ratonero** *nm (ave)* buzzard.
raudal
1 *nm (agua)* torrent, flood.
2 *nm fig (abundancia)* flood, wave.
✦ **a raudales** in torrents: la gente entraba a raudales people poured in, people flooded in; hemos recibido felicitaciones a raudales congratulations have been flowing in.
raudo,-a *adj lit* swift, rapid.
raviolis *nm pl* ravioli.
raya¹
1 *nf (línea)* line.
2 *nf (de color)* stripe: pantalón a rayas striped trousers.

3 *nf (del pantalón)* crease.
4 *nf (del pelo)* parting, (*US* part): lleva la raya a un lado he parts his hair on the/one side.
5 *nf (guion)* dash.
6 *nf (límite)* limit.
7 *nf arg (de droga)* line.
✦ **cruz y raya** *fam* that's that.
dar ciento y raya a alguien/dar quince y raya a alguien *fam* to run rings round somebody.
hacerse la raya to part one's hair.
tener a alguien a raya *fig* to keep somebody under control, keep somebody at bay.
raya² *nf (pez)* skate.
rayadillo *nm* striped cotton.
rayado,-a
1 *pp* → **rayar.**
2 *adj (tejido)* striped.
3 *adj (papel)* ruled.
4 *adj (arma)* rifled.
5 **rayado** *nm* stripes *pl.*
rayano,-a
1 *adj* bordering.
2 *adj fig* bordering (**en**, on): tiene unos pensamientos rayanos en la locura his thoughts are bordering on madness.
rayar
1 *vt (líneas)* to draw lines on, line, rule.
2 *vt (superficie)* to scratch: me han rayado el coche someone scratched my car.
3 *vt (tachar)* to cross out.
4 *vt (subrayar)* to underline.
5 *vi (limitar)* to border (**con**, on): su terreno raya con el nuestro his plot borders on ours.
6 *vi fig (acercarse)* to border (**en**, on): su actitud rayaba en la histeria his attitude bordered on hysteria; raya en los cincuenta he's nearly fifty.
7 *vi (día, alba, luz, etc)* to break: al rayar el día at dawn, at daybreak.
rayo
1 *nm* ray, beam: rayo de sol sunbeam; rayo de luz ray of light.
2 *nm (relámpago)* lightning, flash of lightning.
3 *nm fig (persona)* live wire.
✦ **caer como un rayo** *fam* to drop like a bombshell.
echar rayos *fam* to be fuming, be hopping mad.
¡mal rayo lo parta!/¡que lo parta un rayo! *fam* to hell with him!
saber a rayos *fam* to taste awful.
■ **rayo de luna** moonbeam.
rayos ultravioletas/UVA ultraviolet rays.
rayos X X-rays.
rayón *nm* rayon.
rayuela *nf* hopscotch.
raza¹
1 *nf* race.
2 *nf (animal)* breed.

✦ **de raza** *(perro)* pedigree; *(caballo)* thoroughbred.
■ **raza humana** human race.
raza²
1 *nf (rayo)* ray, beam.
2 *nf (grieta)* crack.
razia *nf* raid.
razón
1 *nf (facultad)* reason.
2 *nf (motivo)* reason, cause.
3 *nf (mensaje)* message.
4 *nf (justicia)* justice.
5 *nf MAT* ratio, rate.
✦ **a razón de** in the ratio of, at the rate of.
asistirle a uno la razón to be in the right.
atender a razones to listen to reason.
con razón with good reason.
con razón o sin ella rightly or wrongly.
dar la razón a alguien to agree with somebody, say that somebody is right.
entrar en razón to listen to reason: se lo volví a explicar pero él no entraba en razón I explained it all again to him but he was having nothing of it.
mandar razón to send a message.
no tener razón to be wrong.
perder la razón to lose one's reason.
"Razón aquí" "Enquire within", "Apply within".
razón de más para ... all the more reason to ...
"Razón en portería" "Inquiries to caretaker".
tener razón to be right: tienes toda la razón you're quite right.
tener razones para hacer algo to have reason to do something.
■ **razón de Estado** reason of State.
razón de ser raison d'être.
razón social trade name.
razonable *adj* reasonable.
✦ **dentro de lo razonable** within reason.
razonablemente *adv* reasonably, rationally.
razonado,-a
1 *pp* → **razonar.**
2 *adj* reasoned, well-reasoned.
razonamiento *nm* reasoning.
razonar
1 *vi (discurrir)* to reason.
2 *vi (hablar)* to talk.
3 *vt (explicar)* to reason out.
razzia *nf* razzia, raid.
RDA *abr* (**ex-República Democrática de Alemania**) German Democratic Republic; *(abreviatura)* GDR.
re *nm* re, ray, D.
reabastecer *vt (alimentos)* to revictual; *(combustible)* to refuel.
▲ *Conjugation model* [43], *like agradecer.*
reabastecimiento *nm (alimentos)* revictualling; *(combustible)* refuelling.
reabierto,-a *pp* → **reabrir.**
reabrir *vt* to reopen.
▲ *pp reabierto,-a.*

reacción *nf* reaction.
  ✦ **reacción en cadena** chain reaction.
reaccionar *vi* to react: la multitud reaccionó con violencia the crowd reacted violently.
reaccionario,-a
  1 *adj* reactionary.
  2 *nm,f* reactionary.
reacio,-a *adj* reluctant, unwilling: se mostró reacio a venir con nosotros he was reluctant to come with us.
reacondicionamiento *nm* reconditioning.
reacondicionar *vt* to recondition.
reactancia *nf* reactance.
reactivación *nf* reactivation.
reactivar *vt* to reactivate.
reactivo,-a
  1 *adj* reactive.
  2 **reactivo** *nm* reagent.
reactor
  1 *nm* reactor.
  2 *nm* AV jet, jet plane.
  ▪ **reactor nuclear** nuclear reactor.
readaptación
  1 *nf (rehabilitación)* rehabilitation.
  2 *nf (profesional)* retraining.
readaptar
  1 *vt* to readapt, readjust.
  2 **readaptarse** *vpr* to readapt, readjust.
readmisión *nf (gen)* readmission; *(de un trabajador)* reinstatement.
readmitir *vt (gen)* to readmit; *(un trabajador)* to reinstate.
reafirmación *nf* reaffirmation, reassertion.
reafirmar *vt* to reaffirm, reassert.
reagravarse *vpr* to get worse, worsen.
reagrupación *nf* regrouping.
reagrupamiento *nm* regrouping.
reagrupar
  1 *vt* to regroup.
  2 **reagruparse** *vpr* to regroup.
reajustar *vt* to readjust.
reajuste *nm* readjustment.
  ▪ **reajuste ministerial** cabinet reshuffle.
real¹ *adj (verdadero)* real: en la vida real in real life; es un hecho real it's a true story.
real²
  1 *adj (regio)* royal: familia real royal family; palacio real royal palace.
  2 *adj fig* grand, fine: es una real moza she's a good-looking girl.
  3 *nm (de feria)* fairground.
  4 *nm (moneda)* old Spanish coin *worth one quarter of a peseta.*
  ✦ **estar sin un real** to be penniless.
  no me da la real gana *fam* I don't feel like it.
  no valer un real to be worthless, not be worth tuppence.
  por real decreto JUR by royal decree.

realce
  1 *nm (adorno)* relief: bordado de realce relief embroidery.
  2 *nm fig (lustre)* prestige, distinction.
  ✦ **dar realce a algo** to enhance something.
  poner de realce to highlight.
realengo,-a *adj* of the crown.
realeza *nf* royalty.
realidad *nf* reality.
  ✦ **en realidad** actually, in fact.
  la realidad es que ... the fact of the matter is that ...
realimentación *nf* feedback.
realineamiento *nm* realignment.
realinear *vt* to realign.
realismo¹ *nm (de la realidad)* realism.
realismo² *nm (de la monarquía)* royalism.
realista¹
  1 *adj (de la realidad)* realistic: hay que ser realista one must be realistic.
  2 *nm & nf (de la realidad)* realist.
realista²
  1 *adj (de la monarquía)* royalist.
  2 *nm & nf (de la monarquía)* royalist.
reality reality (show) *nm* TV reality show.
realizable
  1 *adj (plan etc)* feasible.
  2 *adj (objetivo)* attainable.
realización
  1 *nf (de un deseo)* fulfilment *(US fulfill-ment).*
  2 *nf (ejecución)* execution, carrying out.
  3 *nf (de obra, película, etc)* production.
realizador,-ra *nm,f* producer.
realizar
  1 *vt (ambición)* to realize, fulfil *(US fulfill), achieve; (deseo, esperanza, etc* to fulfil *(US fulfill).*
  2 *vt (llevar a cabo)* to accomplish, carry out, do, fulfil *(US fulfill).*
  3 *vt (un viaje)* to make.
  4 *vt (película, programa, etc)* to produce.
  5 *vt* COM to realize.
  6 **realizarse** *vpr (ambición, deseo, etc)* to be fulfilled, be achieved; *(sueño)* to come true.
  7 *vpr (llevarse a cabo)* to be executed, be carried out.
  8 *vpr (persona)* to fulfil *(US fulfill)* oneself.
  ▲ *Conjugation model* [4].
realmente
  1 *adv (de verdad)* really, truly: realmente no sé cómo hacerlo I really don't know how to do it.
  2 *adv (en realidad)* actually, in fact: realmente no hacía tanto frío in fact it wasn't too cold.
realojar *vt* to rehouse.
realquilado,-a
  1 *pp →* **realquilar.**
  2 *adj* sublet.
  3 *nm,f* person who sublets from another.
realquilar *vt* to sublet, sublease.

realzar
  1 *vt (elevar)* to raise, lift.
  2 *vt fig (engrandecer)* to enhance, height-en: aquel vestido realzaba su belleza that dress enhanced her beauty.
  3 *vt (pintura)* to highlight.
  ▲ *Conjugation model* [4], *like realizar.*
reanimación *nf* revival.
reanimar
  1 *vt (persona)* to revive.
  2 *vt (fiesta, conversación, etc)* to liven up.
  3 **reanimarse** *vpr (persona)* to revive; *(volver en sí)* to come round.
  4 *vpr (fiesta, conversación, etc)* to liven up.
reanudación
  1 *nf (gen)* renewal, resumption, re-estab-lishment.
  2 *nf (conversaciones, negociaciones, etc)* resumption (**de**, of); *(clases)* return (**de**, to); *(amistad)* renewal.
reanudar
  1 *vt (gen)* to renew, resume, re-establish.
  2 *vt (conversaciones, negociaciones, etc)* to resume; *(clases)* to start again; *(amistad)* to renew; *(paso, marcha, etc)* to set off again on.
  3 **reanudarse** *vpr* to start again, resume.
reaparecer
  1 *vi (gen)* to reappear.
  2 *vi (un artista etc)* to make a comeback.
  3 *vi (un fenómeno)* to recur.
  ▲ *Conjugation model* [43], *like agradecer.*
reaparición
  1 *nf (gen)* reappearance.
  2 *nf (artista etc)* comeback.
  3 *nf (fenómeno)* recurrence.
reapertura *nf* reopening.
reaprovisionar *vt* to replenish, restock.
rearmar
  1 *vt* to rearm.
  2 **rearmarse** *vpr* to rearm.
rearme *nm* rearmament, rearming.
reaseguro *nm* reinsurance.
reasentamiento *nm* resettlement.
reasentar *vt* to resettle.
reasumir *vt* to reassume, resume.
reasunción *nf* reassumption, resump-tion.
reata
  1 *nf (cuerda)* rope.
  2 *nf (hilera)* pack train.
  ✦ **de reata** in single file.
reatar
  1 *vt (volver a atar)* to retie.
  2 *vt (atar apretadamente)* to tie tightly.
  3 *vt (caballerías)* to tie up in single file.
reavivar
  1 *vt (fuego)* to stoke, stoke up.
  2 *vt (dolor)* to intensify; *(interés)* to revive.
rebaba *nf* rough edge.
rebaja
  1 *nf (reducción)* reduction, lowering.
  2 *nf (descuento)* discount, reduction: me hizo una rebaja he gave me a dis-count.

3 rebajas *nf pl* sales.
✦ **"Grandes rebajas"** "Huge reductions".
▪ **precio de rebaja** sale price.

rebajado,-a
1 *pp* → **rebajar.**
2 *adj (de nivel)* lowered; *(arco)* depressed.
3 *adj (precio)* reduced: **a precio rebajado** at a reduced price.
4 *adj (color)* softened.
5 *adj (humillado)* humbled.
6 rebajado *nm MIL* soldier exempted from duty.

rebajar
1 *vt (nivel)* to lower; *(arco)* to depress.
2 *vt (precio)* to cut, reduce.
3 *vt (color)* to soften, tone down; *(intensidad)* to diminish.
4 *vt (bebida)* to water down.
5 *vt (comida - sazonamiento)* to make milder; *(- densidad)* to make thinner, thin out.
6 *vt fig (humillar)* to humiliate.
7 rebajarse *vpr MIL* to be exempted.
8 *vpr fig (humillarse)* to humble oneself.
✦ **rebajarse a hacer algo** to stoop to do something, lower oneself to do something.
rebajarse ante alguien to humble oneself before somebody.

rebaje *nm* exemption.

rebajo *nm* groove, rabbet.

rebanada *nf* slice.

rebanar
1 *vt (hacer rebanadas)* to slice, cut into slices.
2 *vt (cortar)* to cut off, slice off.

rebañar
1 *vt (recoger)* to clean out.
2 *vt (comida)* to finish off: **rebañó el plato con pan** he wiped his plate clean with some bread.

rebaño
1 *nm (gen)* herd; *(de ovejas)* flock.
2 *nm REL* flock.

rebasar
1 *vt (gen)* to exceed, go beyond, surpass.
2 *vt (límite, marca, etc)* to overstep.
3 *vt (náutica)* to pass.
4 *vt AUTO* to overtake.

rebatible *adj* refutable.

rebatir *vt* to refute.

rebato *nm* alarm.
✦ **tocar a rebato** to sound the alarm.

rebautizar *vt* to rechristen, rebaptize.
▲ *Conjugation model* [4], *like realizar.*

rebeca *nf* cardigan.

rebeco *nm* chamois.

rebelarse *vpr* to rebel, revolt.

rebelde
1 *adj* rebellious.
2 *adj fig (tos etc)* persistent.
3 *nm & nf* rebel.

rebeldía
1 *nf* rebelliousness.
2 *nf JUR* default.
✦ **declararse en rebeldía** *JUR* to default.

rebelión *nf* rebellion, revolt.

reblandecer
1 *vt* to soften.
2 reblandecerse *vpr* to soften, become soft.
▲ *Conjugation model* [43], *like agradecer.*

reblandecimiento *nm* softening.

rebobinado,-a
1 *pp* → **rebobinar.**
2 *adj* rewound.
3 rebobinado *nm* rewinding.

rebobinar *vt* to rewind.

reborde *nm (de mesa)* edge; *(de taza, de tela, etc)* edging.

rebosadero *nm* overflow.

rebosante *adj* overflowing, brimming: **rebosante de satisfacción** brimming with satisfaction; **rebosante de salud** bursting with health.

rebosar
1 *vi (derramarse)* to overflow, brim over.
2 *vi fig* to brim (**de**, with), burst (**de**, with): **rebosar de alegría** to be brimming with joy.
3 *vi fig (abundar)* to abound.
4 *vt fig (sentimiento)* to brim with; *(salud)* to exude.

rebotado,-a
1 *pp* → **rebotar.**
2 *adj (persona)* reject.
3 *adj (sacerdote)* ex-priest.

rebotar
1 *vi (pelota)* to bounce, rebound; *(bala)* to ricochet.
2 *vt (clavo)* to clinch.
3 *vt (ataque)* to repel.
4 *vt (conturbar)* to put off, upset: **su novio me rebota** her boyfriend puts me off.
5 rebotarse *vpr (conturbarse)* to get angry, get upset.

rebote
1 *nm (de balón)* bounce, rebound.
2 *nm (de bala)* ricochet.
✦ **de rebote** *fig* on the rebound.

rebotica *nf* back room *(in a chemist's)*.

rebozado,-a
1 *pp* → **rebozar.**
2 *adj* coated in breadcrumbs, coated in batter: **ternera rebozada** breaded veal, veal coated in breadcrumbs.

rebozar
1 *vt (la cara)* to cover.
2 *vt CULIN* to coat in breadcrumbs, coat in batter.
3 rebozarse *vpr* to cover one's face.
▲ *Conjugation model* [4], *like realizar.*

rebozo
1 *nm (prenda)* muffler, wrap.
2 *nm fig (simulación)* dissimulation.
✦ **de rebozo** secretly, in secret.
sin rebozo openly, frankly.

rebrotar *vi* to shoot, sprout.

rebufar *vi* to snort loudly.

rebufo *nm* loud snort.

rebujado,-a
1 *adj (enredado)* tangled up.
2 *adj (desordenado)* untidy, messy.

rebujina *nf fam* bustle.

rebujiña *nf fam* bustle.

rebullir
1 *vi* to stir, begin to move.
2 rebullirse *vpr* to stir, begin to move.
▲ *Conjugation model* [41], *like mullir.*

rebuscado,-a
1 *pp* → **rebuscar.**
2 *adj (gen)* affected, recherché; *(estilo)* elaborate, contrived.

rebuscador,-ra *nm,f* scavenger.

rebuscar *vt* to search carefully for.
▲ *Conjugation model* [1], *like sacar.*

rebuznar *vi* to bray.

rebuzno *nm* bray, braying.

recabar
1 *vt (solicitar)* to ask for, entreat.
2 *vt (obtener)* to attain, obtain, manage to get.

recadero,-a *nm,f (gen)* messenger; *(muchacho)* messenger boy; *(muchacha)* messenger girl.

recado
1 *nm (mensaje)* message: **te dejó un recado** he left a message for you; **¿quiere dejar algún recado?** would you like to leave a message?
2 *nm (encargo)* errand: **me hizo un recado** she ran the errand for me.
3 recados *nm pl (compras)* shopping *sing*: **tengo que hacer unos recados** I have to go out to buy a few things.

recaer
1 *vi (volver a caer)* to fall again.
2 *vi (enfermedad)* to relapse, have a relapse.
3 *vi (vicios etc)* to relapse, backslide.
4 *vi (corresponder)* to fall (**sobre**, on): **el premio recayó sobre Teresa** the prize went to Teresa.
▲ *Conjugation model* [67], *like caer.*

recaída
1 *nf (enfermedad)* relapse.
2 *nf (vicios etc)* relapse, backslide.
✦ **sufrir una recaída** to have a relapse.

recalar
1 *vt* to soak.
2 *vi MAR* to put in (**en**, at).
3 *vi fig (aparecer)* to show up.

recalcar *vt fig* to emphasize, stress, underline.
▲ *Conjugation model* [1], *like sacar.*

recalcitrante *adj* recalcitrant.

recalentar
1 *vt (volver a calentar)* to reheat, warm up.
2 *vt (calentar demasiado)* to overheat.
▲ *Conjugation model* [27], *like acertar.*

recalmón *nm* lull.

recalzo *nm (de cimientos)* reinforcement.

recamado *nm* embroidery.

recamar *vt* to embroider.

recámara
  1 *nf (cuarto)* dressing room.
  2 *nf (de mina)* blast hole.
  3 *nf (de arma)* chamber.
  4 *nf fig (cautela)* reserve, caution.
recambiar *vt* to change (over).
  ▲ *Conjugation model* [12], *like cambiar.*
recambio *nm* spare, spare part; *(de pluma, bolígrafo, etc)* refill.
recapacitar
  1 *vi* to think (**sobre**, over): recapacita sobre ello think it over.
  2 *vt* to think over.
recapitulación *nf* recapitulation, summing up.
recapitular *vt* to recapitulate, sum up.
recarga *nf* refill.
recargable *adj (pluma, mechero, etc)* refillable; *(pila)* rechargeable.
recargado,-a
  1 *pp* → recargar.
  2 *adj (sobrecargado)* overloaded.
  3 *adj fig (exagerado)* overelaborate, exaggerated, contrived.
recargar
  1 *vt (volver a cargar)* to reload; *(pilas)* to recharge; *(mechero)* to refill.
  2 *vt (sobrecargar)* to overload.
  3 *vt fig (exagerar)* to overelaborate, exaggerate.
  4 *vt FIN* to increase.
  ▲ *Conjugation model* [7], *like llegar.*
recargo *nm* extra charge, surcharge.
recatadamente
  1 *adv (con prudencia)* prudently, cautiously.
  2 *adv (con modestia)* modestly.
  3 *adv (con decencia)* decently.
recatado,-a
  1 *pp* → recatar.
  2 *adj (prudente)* cautious, prudent.
  3 *adj (modesto)* modest.
  4 *adj (decente)* decent.
recatar
  1 *vt* to hide, cover up.
  2 **recatarse** *vpr* to be cautious.
  ✦ **sin recatar** openly.
recato
  1 *nm (cautela)* caution.
  2 *nm (pudor)* modesty: sin recato openly, unreservedly.
recauchutado *nm* retreading.
recauchutar *vt* to retread, remould (*US* remold).
recaudación
  1 *nf (cobro)* collection.
  2 *nf (cantidad recaudada)* takings *pl*: hicimos una buena recaudación ayer the takings were good yesterday.
  3 *nf (oficina)* tax collector's office.
recaudador,-ra *nm,f* tax collector.
recaudar *vt* to collect.
recaudo
  1 *nm (recaudación)* collection.
  2 *nm (precaución)* precaution.

✦ **estar a buen recaudo** to be in safekeeping.
  poner algo a buen recaudo to put something in a safe place.
recelar
  1 *vt (sospechar)* to suspect, distrust.
  2 *vt (temer)* to fear.
  3 *vi (desconfiar)* to be suspicious (**de**, of): recela de todos he is suspicious of everybody.
recelo *nm* suspicion: con recelo suspiciously.
receloso,-a *adj* suspicious.
recensión *nf* review.
recental *adj* sucking: cordero recental sucking lamb.
recepción
  1 *nf (gen)* reception.
  2 *nf (de documento, carta etc)* receipt.
  3 *nf (oficina etc)* reception, reception desk.
recepcionista *nm & nf* receptionist.
receptáculo *nm* receptacle.
receptividad *nf* receptiveness, receptivity.
receptivo,-a *adj* receptive (**a**, to).
receptor,-ra
  1 *adj* receiving.
  2 *nm,f* receiver, recipient.
  3 **receptor** *nm (de radio etc)* receiver.
recesión *nf* recession: una fuerte recesión a deep recession.
recesivo,-a *adj* recessive.
receso *nm* recess.
receta
  1 *nf MED* prescription.
  2 *nf CULIN* recipe.
  3 *nf fig* recipe, formula.
recetar *vt* to prescribe: el médico le recetó estas pastillas the doctor prescribed these tablets for him.
recetario
  1 *nm MED* prescription pad.
  2 *nm CULIN* cookery book, (*US* cookbook).
rechace *nm DEP* point-blank save.
rechazar
  1 *vt (gen)* to reject, turn down, refuse.
  2 *vt (ataque)* to repel, repulse, drive back.
  3 *vt MED* to reject.
  ▲ *Conjugation model* [4], *like realizar.*
rechazo
  1 *nm* rejection, refusal.
  2 *nm MED* rejection.
  3 *nm (negativa)* denial, rejection.
  ✦ **de rechazo** on the rebound; *(bala)* as it ricocheted; *(uso figurado)* indirectly, as a consequence.
rechifla
  1 *nf fam (silbido)* hissing, booing, catcalls *pl*.
  2 *nf fam (burla)* mockery, jeering.
rechiflar
  1 *vi (silbar)* to hiss, boo.
  2 **rechiflarse** *vpr (burlarse)* to mock, make fun of.
rechinamiento *nm* squeak.

rechinante *adj* creaky, squeaky.
rechinar
  1 *vi (madera)* to creak; *(metal)* to squeak, screech; *(dientes)* to grind, grate.
  2 *vi (aceptar con repugnancia)* to accept reluctantly.
rechistar *vi* to say, reply: hazlo sin rechistar do it without saying a word, do it without complaining.
rechoncho,-a *adj fam* chubby, tubby.
rechupado,-a *adj* skinny, thin.
rechupete de rechupete *loc fam (muy bien)* super, brill, marvellous (*US* marvelous), fantastic; *(comida)* delicious, scrumptious, yummy.
recibí *nm COM* receipt.
recibidor *nm (de casa)* entrance hall.
recibimiento *nm* reception, welcome.
recibir
  1 *vt (gen)* to receive: el ministro nos recibió a las diez the minister received us at ten o'clock.
  2 *vt (invitados)* to entertain.
  3 *vt (salir al encuentro)* to meet: nos recibió en la puerta he met us at the door.
  4 *vt (acoger)* to welcome, receive: recibió su ofrecimiento con alegría his offer was welcomed enthusiastically.
  ✦ **recibe un abrazo de** *(en carta)* best wishes from, lots of love from.
  recibí *(factura)* received.
  recibir una negativa to be refused, meet with a refusal.
recibo
  1 *nm (resguardo)* receipt.
  2 *nm (factura)* invoice, bill.
  3 *nm (recepción)* reception, receiving.
reciclable *adj* recyclable.
reciclado,-a
  1 *pp* → reciclar.
  2 *adj* recycled.
reciclaje
  1 *nm (de materias)* recycling.
  2 *nm (de personas)* retraining.
  ■ **curso de reciclaje** refresher course.
reciclar
  1 *vt (materiales)* to recycle.
  2 *vt (personas)* to retrain.
reciedumbre *nf* strength.
recién *adv (gen)* recently, newly; *(café, pan, etc)* freshly: un pastel recién hecho a freshly baked cake; estaba recién duchado cuando llegaron he was just out of the shower when they arrived.
  ✦ **"Recién pintado"** "Wet paint".
  ■ **recién casados** newly weds.
  recién llegado,-a newcomer.
  recién nacido,-a newborn baby.
  ▲ *Used only before a past participle.*
reciente *adj* recent.
recientemente *adv* recently, lately.
recinto *nm* grounds *pl*, precincts *pl*, area.
  ■ **recinto comercial** shopping centre (*US* center).
  recinto ferial fairground.

recio,-a
1 adj (fuerte) strong, robust, sturdy.
2 adj (grueso) thick.
3 adj (duro) hard.
4 adj (voz) loud; (clima) harsh, severe.
5 recio adv (hablar) loudly, loud.
6 adv (con fuerza) hard, heavily.
✦ en lo más recio de in the thick of: en lo más recio del combate in the thick of the fight.

recipiente nm container, receptacle.

reciprocidad nf reciprocity.

recíproco,-a adj reciprocal, mutual: un sentimiento recíproco a mutual feeling.
✦ a la recíproca vice versa.

recitación nf recitation.

recitado nm recitation.

recital
1 nm MÚS recital, concert.
2 nm LIT reading: recital de poesía poetry reading.

recitar vt to recite.

recitativo nm recitative.

reclamación
1 nf (demanda) claim, demand.
2 nf (queja) complaint, protest, objection.
✦ presentar una reclamación to lodge a complaint.

reclamante nm & nf claimant.

reclamar
1 vt (pedir) to demand, claim.
2 vt (exigir) to require, demand.
3 vi (protestar) to protest (contra, against): reclamaron contra aquella medida they protested against the measure.
4 vi to appeal.

reclamo
1 nm (para cazar) decoy bird, lure.
2 nm (silbato) bird call.
3 nm (llamada) call.
4 nm (anuncio) advertisement; (eslogan) advertising slogan.
5 nm fig inducement.

reclinable adj reclining.

reclinar
1 vt to lean.
2 reclinarse vpr to lean back, recline: se reclinó sobre la almohada he lent back on the pillow.

reclinatorio nm prie-dieu.

recluido,-a
1 pp → recluir.
2 adj (gen) shut in, locked in.
3 adj (en cárcel) imprisoned, interned.
4 adj (en manicomio) confined.

recluir
1 vt (encerrar) to shut in.
2 vt (en cárcel) to imprison, intern.
3 vt (en manicomio) to confine.
▲ Conjugation model [62], like huir.

reclusión
1 nf (encierro) seclusion.
2 nf (encarcelamiento) imprisonment, internment.
3 nf (lugar) retreat.

■ reclusión mayor long prison sentence.
reclusión menor short prison sentence.
reclusión perpetua life imprisonment.

recluso,-a
1 adj imprisoned: población reclusa prison population.
2 nm,f prisoner.

recluta
1 nm & nf (voluntario) recruit.
2 nm & nf (obligado) conscript.
3 nf (reclutamiento) recruitment, conscription.

reclutamiento
1 nm (voluntario) recruitment.
2 nm (obligatorio) conscription.
3 nm (reclutas - voluntarios) recruits pl; (- obligatorios) conscripts pl.

reclutar
1 vt (voluntarios) to recruit.
2 vt (obligatorio) to conscript.

recobrar
1 vt (gen) to recover.
2 vt (conocimiento, fuerzas, esperanzas, etc) to regain; (aliento) to get back.
3 vt (tiempo) to make up.
4 vt MIL to recapture.
5 recobrarse vpr (recuperarse) to recover (de, from), recuperate (de, from).

recocer
1 vt (volver a cocer) to cook again.
2 vt (cocer mucho) to overcook.
3 vt TÉC to anneal.
4 recocerse vpr (cocerse mucho) to overcook.
5 vpr fig (atormentarse) to be consumed (de, with).
▲ Conjugation model [54], like cocer.

recochinearse vpr fam to make fun (de, of), laugh (de, at).

recochineo nm fam mockery.

recodar
1 vi to lean on one's elbows.
2 recodarse vpr to lean on one's elbows.

recodo
1 nm (de río) turn, twist; (de camino) bend.
2 nm (recoveco) nook.

recogedor nm dustpan.

recogepelotas nm & nf (muchacho) ball boy; (muchacha) ball girl.
▲ pl recogepelotas.

recoger
1 vt (volver a coger) to take again, take back.
2 vt (coger) to pick up, take back: recoja el paquete pick the parcel up.
3 vt (ir a buscar) to pick up, collect: me recogerá a las cuatro he'll pick me up at four o'clock.
4 vt (cosecha) to harvest, gather; (fruta) to pick.
5 vt (guardar) to put away: recoge la plata put the silverware away.
6 vt (poner al abrigo) to bring in: recoge las toallas, va a llover bring those towels in, it's going to rain.

7 vt (suspender) to seize: recoger una publicación to seize a publication.
8 vt (juntar) to gather, collect: hemos recogido mucho dinero we have collected a lot of money.
9 vt (velas) to take in; (cortinas) to draw.
10 vt (dar asilo) to take in, shelter: lo recogieron sus abuelos he was taken in by his grandparents.
11 vt (ordenar) to clear up, tidy up.
12 vt (limpiar) to clean; (el polvo) to wipe off; (líquido) to wipe up.
13 vt (remangar - prendas) to pick up, lift up; (- mangas) to roll up.
14 vt COST to shorten, take up: la modista me recogió la falda the seamstress shortened my skirt.
15 recogerse vpr (irse a casa) to go home.
16 vpr (irse a dormir) to go to bed.
17 vpr (para meditar) to retire, withdraw.
✦ recoger la mesa to clear the table.
recogerse el pelo to put one's hair up, tie one's hair back.
▲ Conjugation model [5], like proteger.

recogida
1 nf (gen) collection.
2 nf (cosecha) harvest, harvesting.
■ recogida de datos data capture.
recogida de equipajes baggage reclaim.

recogido,-a
1 pp → recoger.
2 adj (apartado) secluded, withdrawn.
3 adj (pelo) pinned back, tied back.
4 adj (pequeño) small.
5 recogido nm (de pelo) hairdo; (de vestido) tuck, gathering: llevaba un recogido en el pelo she wore her hair up.

recogimiento nm withdrawal, recollection.
✦ vivir con recogimiento to lead a withdrawn life, lead a secluded life.

recolección
1 nf (recopilación) collection, gathering.
2 nf (cosecha) harvest, harvesting.
3 nf (tiempo de cosecha) harvest time.

recolectar
1 vt (reunir) to gather, collect.
2 vt (cosechar) to harvest.

recolector,-ra nm,f picker.

recoleto,-a
1 adj (lugar) quiet, secluded.
2 adj (persona) withdrawn, retiring.

recomendable adj recommendable, advisable.
✦ no ser recomendable to be unwise: no sería recomendable salir de casa it would be unwise to leave home, leaving home is not recommended.

recomendación nf (consejo) recommendation, advice; (para empleo) reference: no sé qué hacer, ¿tienes alguna recomendación? I don't know what to do, have you any recommendations?

recomendado,-a
1 pp → recomendar.
2 adj recommended.

3 *nm,f (hombre)* protégé; *(mujer)* protégée.

recomendar *vt* to recommend, advise: te recomiendo que estudies más I recommend that you study harder.
▲ *Conjugation model* [27], *like* **acertar**.

recomenzar *vt* to recommence, begin again, start again.
▲ *Conjugation model* [47], *like* **empezar**.

recompensa *nf* reward, recompense.
✦ **en recompensa** as a reward, in return: en recompensa de sus esfuerzos as a reward for his efforts.

recompensar
1 *vt (compensar)* to compensate.
2 *vt (remunerar)* to reward, recompense.
✦ **"Se recompensará"** "Reward offered".

recomponer
1 *vt* to repair, mend.
2 *vt fam (acicalar)* to dress up.
▲ *Conjugation model* [78], *like* **poner**; *pp* recompuesto,-a.

recomposición *nf* repairing, mending.

recompuesto,-a
1 *pp →* **recomponer**.
2 *adj (acicalado)* dressed up.

reconcentrar
1 *vt (concentrar)* to concentrate (**en**, to).
2 *vt (reunir)* to bring together.
3 *vt fig (disimular)* to conceal: reconcentraba su odio en el corazón he concealed his hatred in his heart.
4 reconcentrarse *vpr (ensimismarse)* to become absorbed in thought, concentrate, become engrossed.

reconciliable *adj* reconcilable.

reconciliación *nf* reconciliation.

reconciliar
1 *vt* to reconcile.
2 reconciliarse *vpr (uso recíproco)* to be reconciled.
▲ *Conjugation model* [12], *like* **cambiar**.

reconcomerse *vpr fam* to be consumed (**de**, with): se reconcomía de envidia he was consumed with envy.

reconcomio
1 *nm (deseo)* itch, desire, longing.
2 *nm fig (sospecha)* suspicion.
3 *nm fam (rencor)* grudge, resentment.

recóndito,-a *adj* hidden, secret.
✦ **en lo más recóndito de** in the depths of: en lo más recóndito del alma deep down (in one's heart).

reconfortante
1 *adj* comforting.
2 *nm MED* tonic.

reconfortar
1 *vt (confortar)* to comfort.
2 *vt (animar)* to cheer up.

reconocer
1 *vt (gen)* to recognize: me reconoció enseguida he recognized me at once.
2 *vt (examinar)* to examine: los jueces reconocieron la pista the judges examined the track.
3 *vt (agradecer)* to be grateful for.

4 *vt (admitir)* to recognize, admit: reconoció su error she admitted her mistake.
5 *vt (afrontar)* to face: reconozcámoslo let's face it.
6 *vt MIL (terreno)* to reconnoitre (*US* reconnoiter).
7 *vt MED (paciente)* to examine.
8 reconocerse *vpr* to recognize each other.
9 *vpr (admitirse)* to admit: se reconoció culpable he admitted his guilt.
▲ *Conjugation model* [44], *like* **conocer**.

reconocible *adj* recognizable.

reconocido,-a
1 *pp →* **reconocer**.
2 *adj (agradecido)* grateful.

reconocimiento
1 *nm (gen)* recognition.
2 *nm (admisión)* admission.
3 *nm MIL* reconnaissance.
4 *nm MED* examination, checkup.
✦ **en reconocimiento de** in recognition of, in appreciation of.

reconquista
1 *nf* reconquest.
2 *nf* **la Reconquista** the Reconquest *(of Spain, from the Moors)*.

reconquistar *vt* to reconquer, recapture, regain.

reconsideración *nf* reconsideration.

reconsiderar *vt* to reconsider.

reconstituir *vt* to reconstitute.
▲ *Conjugation model* [62], *like* **huir**.

reconstituyente *nm* tonic.

reconstrucción *nf* reconstruction.

reconstruir *vt* to reconstruct.
▲ *Conjugation model* [62], *like* **huir**.

recontar
1 *vt (volver a calcular)* to recount, count again.
2 *vt (volver a narrar)* to recount, retell.

reconvención *nf* reproach, reprimand.

reconvenir *vt* to reproach, reprimand.
▲ *Conjugation model* [90], *like* **venir**.

reconversión
1 *nf* restructuring.
2 *nf (industrial)* rationalization.

reconvertir
1 *vt* to restructure.
2 *vt (industria)* to restructure, reorganize.
▲ *Conjugation model* [35], *like* **hervir**.

recopilación *nf (colección)* compilation, collection; *(de leyes)* code.

recopilador,-ra *nm,f* collecter.

recopilar *vt* to compile, collect.

recórcholis *interj fam* crumbs!, (*US* rats!).

récord
1 *adj* record: en un tiempo récord in record time.
2 *nm* record.
▲ *pl* récords.

recordar
1 *vt (rememorar)* to remember: no recuerdo nada I can't remember anything; ¿recuerdas? do you remember?

2 *vt (traer a la memoria)* to remind (**a**, of): me recuerda a mi hermano he reminds me of my brother; recuérdale que escriba remind her to write.
3 *vt (conmemorar)* to commemorate.
✦ **que yo recuerde** as far as I can remember.
si mal no recuerdo if I remember rightly, if my memory serves me right.
▲ *Conjugation model* [31], *like* **contar**.

recordatorio
1 *nm (aviso)* reminder.
2 *nm REL (defunción)* in memoriam card; *(comunión)* souvenir of First Communion.

recordman *nm* record holder.

recordwoman *nf* record holder.

recorrer
1 *vt (distancia)* to cover, travel.
2 *vt (país)* to tour, travel over, travel round: recorrimos Alemania en cuatro días we toured Germany in four days.
3 *vt (ciudad)* to visit, walk round.
4 *vt (registrar)* to check, go through, examine: recorrimos toda la biblioteca y no encontramos el libro we checked the whole library and couldn't find the book.
5 *vt (un escrito)* to look over, go over, look through.
6 *vt (reparar)* to mend, repair.

recorrido
1 *nm (trayecto)* journey, trip: hizo el recorrido en dos horas the journey took him two hours.
2 *nm (distancia)* distance travelled: un tren de largo recorrido a long-distance train.
3 *nm (itinerario)* itinerary, route.
4 *nm DEP* round.

recortable
1 *adj* cutout.
2 *nm* cutout.

recortado,-a
1 *pp →* **recortar**.
2 *adj (cortado)* cut out.
3 *adj (borde)* jagged.
4 *adj (irregular)* uneven, irregular.

recortar
1 *vt (muñecos, telas, etc)* to cut out.
2 *vt (lo que sobra)* to cut off.
3 *vt (el pelo)* to trim.
4 *vt fig* to cut, restrict: han recortado las subvenciones subsidies have been cut.
5 recortarse *vpr (sobresalir)* to stand out.

recorte
1 *nm (acción)* cutting.
2 *nm (trozo)* cutting, clipping.
3 *nm (de periódico)* press clipping, newspaper cutting.
4 *nm (de pelo)* trim, cut, reduction.
5 *nm fig (reducción)* cut, reduction: recorte del presupuesto budget cut.

recostado,-a
1 *pp* → recostar.
2 *adj* reclining, leaning, lying.

recostar
1 *vt* to lean: recuéstalo en la pared lean it against the wall.
2 **recostarse** *vpr (apoyarse)* to lean.
3 *vpr (tumbarse)* to lie down.
4 *vpr (sestear)* to take a short rest.
▲ *Conjugation model* [31], *like* contar.

recoveco
1 *nm (vuelta)* turn, bend.
2 *nm (rincón)* nook, corner.
✦ **sin recovecos** *fig* plainly, frankly.

recreación
1 *nf* recreation.
2 *nf (diversión)* recreation, break, amusement.

recrear¹
1 *vt (divertir)* to amuse, entertain.
2 **recrearse** *vpr* to amuse oneself, enjoy oneself.
✦ **recrearse con/recrearse en** to take pleasure in, take delight in.

recrear² *vt (volver a crear)* to re-create, reproduce.

recreativo,-a *adj* recreational.

recremento *nm* recrement.

recreo
1 *nm (diversión)* recreation, amusement, entertainment.
2 *nm (en la escuela)* playtime, break: se lo comió en la hora de recreo he had it at break time.
✦ **de recreo** pleasure: barco de recreo pleasure boat.
ser un recreo para la vista to be a joy to behold.

recriar *vt* to breed.
▲ *Conjugation model* [13], *like* desviar.

recriminación *nf* recrimination.

recriminar
1 *vt (reprender)* to recriminate.
2 *vt (reprochar)* to reproach.

recriminatorio,-a *adj* recriminatory.

recrudecer
1 *vi (empeorar)* to worsen, aggravate.
2 *vi (aumentar)* to be increasing: el frío ha recrudecido it's getting colder.
3 **recrudecerse** *vpr (empeorar)* to worsen, aggravate.
4 *vpr (aumentar)* to be increasing.
▲ *Conjugation model* [43], *like* agradecer.

recrudecimiento
1 *nm (empeoramiento)* worsening.
2 *nm (aumento)* rise (**de**, in), deepening, upsurge.

recta
1 *nf (línea)* straight line.
2 *nf (en carretera)* straight.
■ **recta final** home straight.

rectal *adj* rectal.

rectamente *adv fig* honestly, uprightly.

rectangular *adj* rectangular.

rectángulo,-a
1 *adj* rectangular: triángulo rectángulo right-angled triangle, *US* right triangle.
2 **rectángulo** *nm* rectangle.

rectificable *adj* rectifiable.

rectificación
1 *nf* rectification.
2 *nf (corrección)* correction, remedy.

rectificador,-ra
1 *adj* rectifying.
2 **rectificador** *nm* rectifier.

rectificar
1 *vt* to rectify.
2 *vt (corregir)* to correct.
3 *vt AUTO* to straighten up.
4 **rectificarse** *vpr* to correct oneself.
▲ *Conjugation model* [1], *like* sacar.

rectilíneo,-a *adj* rectilinear.

rectitud
1 *nf* straightness.
2 *nf fig* uprightness, honesty, rectitude.

recto,-a
1 *adj (derecho)* straight.
2 *adj fig (honesto)* honest, upright.
3 *adj (ángulo)* right.
4 **recto** *nm ANAT* rectum.
5 *adv* straight, straight on: vaya todo recto go straight on.

rector,-ra
1 *adj* ruling, governing.
2 *nm,f EDUC* vice chancellor, *(US* president).
3 *nm,f REL* rector.

rectorado
1 *nm EDUC (cargo)* vice chancellorship, *(US* presidency); *(oficina)* vice chancellor's office, *(US* president's office).
2 *nm REL (cargo)* rectorship; *(oficina)* rector's office.

rectoral *adj* rectorial.

rectoría
1 *nf (casa)* rectory.
2 *nf (cargo)* rectorship.

rectriz *nf* rectrix.
▲ *pl* rectrices.

recua
1 *nf (de animales)* train.
2 *nf fig* string, drove, line.

recuadro
1 *nm (cuadro)* frame.
2 *nm (en prensa)* box.

recubierto,-a *pp* → recubrir.

recubrimiento *nm* covering; *(de pintura)* coating.

recubrir *vt* to cover (**con/de**, with); *(con pintura)* to coat (**con/de**, with).
▲ *pp* recubierto,-a.

recuento *nm* recount, count.
✦ **hacer (el) recuento de** to count, recount.

recuerdo
1 *nm (imagen)* memory, recollection.
2 *nm (regalo)* souvenir, keepsake.
3 **recuerdos** *nm pl (saludos)* regards, greetings; *(en carta)* best wishes: me dio recuerdos para ti he sends you his

regards; ¡recuerdos a tu hermana! say hello to your sister for me!
✦ **en recuerdo de** in memory of.
tener un buen recuerdo de algo to have happy memories of something.

recular
1 *vi (retroceder)* to go back.
2 *vi (ejército)* to retreat.
3 *vi fam fig (ceder)* to back down.

recuperable *adj* recoverable, retrievable.

recuperación *nf* recovery, recuperation, retrieval.

recuperar
1 *vt (gen)* to recover, recuperate, retrieve.
2 *vt (afecto)* to win back; *(conocimiento)* to regain; *(salud)* to recover; *(tiempo, clases, etc)* to make up.
3 **recuperarse** *vpr (disgusto, emoción, etc)* to get over (**de**, -), recover (**de**, from).
4 *vpr (enfermedad)* to recover (**de**, from), recuperate (**de**, from).

recurrente
1 *adj* recurrent.
2 *adj JUR* appealing.
3 *nm & nf JUR* appealer.

recurrible *adj* appealable.

recurrir
1 *vi JUR* to appeal.
2 *vi (acogerse - a algo)* to resort (**a**, to); *(- a alguien)* to turn (**a**, to): recurrió a la mentira he resorted to lies; recurrió a sus padres she turned to her parents.

recursividad *nf* recurrence.

recurso
1 *nm (medio)* resort.
2 *nm JUR* appeal.
3 **recursos** *nm pl* resources, means.
✦ **como último recurso** as a last resort.
de recursos resourceful.
■ **recurso de apelación** *JUR* appeal.
recurso de casación *JUR* high court appeal.
recursos naturales natural resources.

recusable *adj* objectionable.

recusación
1 *nf* rejection.
2 *nf JUR* challenge.

recusar
1 *vt* to reject, refuse.
2 *vt JUR* to challenge.

red
1 *nf (gen)* net.
2 *nf (redecilla)* hairnet.
3 *nf (sistema)* network, system.
4 *nf ELEC* mains *pl.*
5 *nf INFORM* network.
6 *nf (estadística)* graph.
7 *nf fig (trampa)* trap.
✦ **caer en la red/caer en las redes** *fig* to fall into the trap.
echar las redes to cast one's nets.
■ **red barredera** dragnet.
red comercial sales network.
red de carreteras road network.
red de espionaje spy ring.

red de supermercados chain of supermarkets.
red ferroviaria rail network, railway network.

redacción
1 *nf (escritura)* writing.
2 *nf (escrito)* composition, essay.
3 *nf (estilo)* wording.
4 *nf (prensa)* editing.
5 *nf (oficina)* editorial office.
6 *nf (redactores)* editorial staff.

redactar
1 *vt (escribir)* to write, compose.
2 *vt (con estilo)* to word: **tienes que redactarlo mejor** you have to word it better.
3 *vt (tratado, discurso, etc)* to draft, draw up.
4 *vt (prensa)* to edit.

redactor,-ra *nm,f* editor.
▪ **redactor jefe** editor in chief.

redada
1 *nf (de peces)* catch, haul.
2 *nf fig (en un sitio)* raid; *(en varios sitios a la vez)* round-up: **hicieron una redada de narcotraficantes** they rounded up drug traffickers.

redaño
1 *nm (mesenterio)* mesentery.
2 **redaños** *nm pl fam (fuerza)* guts.

redecilla
1 *nf (tejido)* net, netting.
2 *nf (de pelo)* hairnet.
3 *nf (estómago)* reticulum.

redecorar *vt* to redecorate.

rededor *nm* surroundings *pl*.

redención *nf* redemption.

redentor,-ra
1 *adj* redeeming.
2 *nm,f* redeemer.
3 **el Redentor** *nm REL* the Redeemer.

redentorista *nm & nf* Redemptorist.

redescubrimiento *nm* rediscovery.

redescubrir *vt* to rediscover.

redicho,-a *adj fam* affected, pretentious.

rediez
1 *interj fam (sorpresa)* good heavens!
2 *interj fam (enfado)* damn it!
3 *interj fam (dolor)* ow!, ouch!

redil *nm* fold, sheepfold.
✦ **volver al redil** *fig* to return to the fold.

redimible *adj* redeemable.

redimir
1 *vt* to redeem.
2 **redimirse** *vpr* to redeem oneself.

redingote *nm* redingote.

rediós *interj* → **rediez**.

rediseñar *vt* to redesign.

redistribución *nf* redistribution.

redistribuir *vt* to redistribute.
▲ *Conjugation model* [62], *like huir*.

rédito *nm* interest, yield.

redivivo,-a *adj* revived, resuscitated.

redoblar
1 *vt (aumentar)* to redouble, intensify: **redoblar esfuerzos** to redouble one's

efforts; **redoblar la vigilancia** to step up security.
2 *vt (doblar)* to bend back; *(un clavo)* to clinch.
3 *vi (tambores)* to roll.

redoble *nm* roll.

redoma *nf* flask.

redomado,-a
1 *adj (astuto)* sly.
2 *adj (consumado)* utter, out-and-out: **es un hipócrita redomado** he's an utter hypocrite.

redonda
1 *nf (comarca)* region.
2 *nf MÚS* semibreve, *(US* whole note).
✦ **a la redonda** around: **la explosión se oyó en varios kilómetros a la redonda** the explosion could be heard several kilometres away.

redondeado,-a
1 *pp* → **redondear**.
2 *adj* rounded.

redondear
1 *vt (poner redondo)* to round, make round.
2 *vt (cantidad)* to round off, round up, make up to a round figure.
3 *vt COST* to level off.
4 **redondearse** *vpr (ponerse redondo)* to become round.
5 *vpr fig (enriquecerse)* to become wealthy.

redondel
1 *nm (círculo)* circle, ring.
2 *nm (en toros)* ring, arena.

redondez *nf* roundness.
✦ **en toda la redondez de la tierra** in the whole wide world.

redondilla
1 *nf (poema)* quatrain.
2 *nf (letra)* round hand.

redondo,-a
1 *adj (circular)* round.
2 *adj (sin rodeo)* straightforward.
3 *adj (rotundo)* categorical: **un no redondo** a flat refusal.
4 *adj fig (perfecto)* perfect, excellent: **un beneficio redondo** an excellent profit.
5 *adj fig (cantidad)* round: **en números redondos** in round figures.
6 *nm (círculo)* circle.
7 *nm (de carne)* topside.
✦ **caer redondo,-a** *(caerse)* to collapse; *(morir)* to drop dead.
en redondo around.
negarse en redondo *fig* to flatly refuse.

reducción *nf* reduction.

reducido,-a
1 *pp* → **reducir**.
2 *adj (limitado)* limited; *(pequeño)* small.
3 *adj (precio)* low.

reducir
1 *vt (gen)* to reduce: **reducir a cenizas** to reduce to ashes.
2 *vt (disminuir)* to reduce, cut, cut down on: **reducir gastos** to cut down on expenses.

3 *vt (vencer)* to subdue.
4 *vt MED* to set.
5 *vt (una salsa, etc)* to reduce, boil down.
6 *vi AUTO* to change down, change to a lower gear.
7 **reducirse** *vpr (gen)* to be reduced; *(decrecer)* to decrease.
8 *vpr (resultar)* to come down (**a**, to): **todo se redujo a una equivocación** it all came down to a mistake.
▲ *Conjugation model* [46], *like conducir*.

reductible *adj* reducible.

reducto *nm* redoubt, stronghold.

reductor,-ra *adj* reducing.

redundancia *nf* redundancy.

redundante *adj* redundant.

redundar
1 *vi (rebosar)* to overflow.
2 *vi (abundar)* to abound.
3 *vi (resultar)* to redound (**en**, to): **redundó en nuestro beneficio** it was to our advantage.

reduplicación *nf* reduplication, redoubling.

reduplicar *vt* to reduplicate, redouble.
▲ *Conjugation model* [1], *like sacar*.

reedición *nf (de libro)* reprint, reissue; *(de disco)* rerelease.

reedificación *nf* rebuilding.

reedificar *vt* to rebuild.
▲ *Conjugation model* [1], *like sacar*.

reeditar *vt (libro)* to reprint, reissue; *(disco)* to rerelease.

reeducación *nf* re-education.

reeducar *vt* to re-educate.
▲ *Conjugation model* [1], *like sacar*.

reelección *nf* re-election.

reelecto,-a *adj* re-elected.

reelegir *vt* to re-elect.
▲ *Conjugation model* [55], *like elegir*.

reembolsable *adj* reimbursable.

reembolsar
1 *vt (pagar)* to reimburse; *(cantidad)* to repay.
2 *vt (devolver)* to refund.
3 **reembolsarse** *vpr (cobrar)* to be paid.

reembolso
1 *nm (pago)* reimbursement; *(cantidad)* payment.
2 *nm (devolución)* refund.
▪ **contra reembolso** cash on delivery.

reemplazable *adj* replaceable.

reemplazar *vt* to replace.
▲ *Conjugation model* [4], *like realizar*.

reemplazo
1 *nm* replacement.
2 *nm MIL* call-up.

reemprender *vt* to start again: **después de comer reemprendieron el viaje** after lunch they continued on their journey.

reencarnación *nf* reincarnation.

reencarnarse *vpr* to be reincarnated.

reencontrarse *vpr* to find oneself again.
▲ *Conjugation model* [31], *like* **contar**.

reencuentro *nm* reunion.

reenganchado *nm* re-enlisted soldier.

reenganchar
1 *vt* to re-enlist.
2 **reengancharse** *vpr* to re-enlist.

reenganche *nm* re-enlistment.

reestrenar *vt* to rerun, rerelease.

reestreno *nm* (teatro) revival; (cine) rerelease, rerun: **cine de reestreno** cinema (where rereleases are shown).

reestructuración *nf* restructuring, reorganization.

reestructurar *vt* to restructure, reorganize.

reexaminar *vt* to reexamine.

reexpedir *vt* to return, send back.
▲ *Conjugation model* [34], *like* **servir**.

reexportar *vt* to re-export.

ref. *abr* (**referencia**) reference; (abreviatura) ref.

refacción *nf* refreshment, snack.

refajo *nm* petticoat, underskirt.

refanfinflarse *vpr fam* not to matter one bit to: **eso me la refanfinfla** I don't give a toss about it.

refectorio *nm* refectory, dining hall.

referencia
1 *nf* (relación) reference.
2 **referencias** *nf pl* (informes) references.
✦ **con referencia a** with reference to.
hacer referencia a algo to refer to something.

referendo *nm* referendum.

referéndum *nm* referendum.
▲ *pl* **referéndum**.

referente *adj* concerning (**a**, -), regarding (**a**, -).

referir
1 *vt* (expresar) to tell, relate.
2 *vt* (remitir) to refer.
3 *vt* (situar) to set.
4 **referirse** *vpr* to refer (**a**, to): **me refiero a lo que acordamos** I'm referring to what we agreed.
✦ **por lo que se refiere a eso** as for that, as far as that is concerned, with regard to that.
▲ *Conjugation model* [35], *like* **hervir**.

refilón
▲ **de refilón** *loc* (oblicuamente) obliquely, at a slant; (fig (de paso) briefly.
mirar algo de refilón to look at something out of the corner of one's eye.

refinado,-a
1 *pp* → **refinar**.
2 *adj* (gen) refined.
3 *adj fig* (astuto) sly.
4 **refinado** *nm* (del azúcar etc) refining.

refinador,-ra
1 *adj* refining.
2 *nm,f* refiner.

refinamiento
1 *nm* (esmero) refinement.
2 *nm* (ensañamiento) cruelty.

refinar
1 *vt* (azúcar etc) to refine.
2 *vt fig* (escrito etc) to polish, refine.
3 **refinarse** *vpr* (pulirse) to become refined.

refinería *nf* refinery.

refino,-a *adj* very fine.

reflación *nf* reflation.

reflectante *adj* reflective.

reflectar *vt* to reflect.

reflector,-ra
1 *adj* reflecting.
2 **reflector** *nm* (cuerpo) reflector.
3 *nm* ELEC searchlight, spotlight.
4 *nm* (telescopio) reflector, reflecting telescope.

reflejar
1 *vt* (gen) to reflect.
2 *vt* (mostrar) to show: **su rostro refleja sus sentimientos** her face shows her feelings.
3 **reflejarse** *vpr* to be reflected.

reflejo,-a
1 *adj* reflected.
2 *adj* GRAM reflexive.
3 *adj* (movimiento) reflex.
4 **reflejo** *nm* (imagen) reflection.
5 *nm* (destello) gleam, glint.
6 *nm* (en el pelo) tint, rinse.
7 *nm* (movimiento) reflex.
8 *nm fig* (muestra) sign, reflection: **sus palabras son reflejo de sus pensamientos** his words reflect his thinking.
9 **reflejos** *nm pl* (mechas) streaks, highlights.
✦ **tener reflejos** to have good reflexes.
■ **reflejo condicionado** conditioned reflex.

réflex
1 *nm* (sistema) reflex.
2 *nm* (cámara) reflex camera.
▲ *pl* **réflex**.

reflexión *nf* reflection.
✦ **con reflexión** on reflection.
sin reflexión without thinking.

reflexionar *vi* to reflect (**sobre**, on), think (**sobre**, about): **reflexionamos sobre el tema** we reflected on the subject.

reflexivo,-a
1 *adj* reflective, thoughtful.
2 *adj* GRAM reflexive.

reflexoterapia *nf* reflexology.

reflorecer
1 *vi* to blossom again, flower again.
2 *vi fig* to flourish again.
▲ *Conjugation model* [43], *like* **agradecer**.

reflotar *vt* to refloat.

reflujo *nm* ebb tide, ebb.

refocilar
1 *vt* (alegrar) to amuse, enjoy.
2 **refocilarse** *vpr* to delight (**con**, in), gloat (**con**, over).

reforestación *nf* reforestation, reafforestation.

reforestar *vt* to reforest, reafforest.

reforma
1 *nf* (gen) reform.
2 *nf* (mejora) improvement.
3 *nf* **la Reforma** REL the Reformation.
4 **reformas** *nf pl* (en construcción) alterations, repairs, improvements.
✦ **"Cerrado por reformas"** "Closed for alterations".
■ **reforma agraria** agrarian reform.
reforma fiscal tax reform.

reformador,-ra
1 *adj* reforming.
2 *nm,f* reformer.

reformar
1 *vt* (gen) to reform.
2 *vt* ARQ to renovate, do up.
3 *vt* (una prenda) to alter.
4 **reformarse** *vpr* (corregirse) to reform oneself.

reformatear *vt* INFORM to reformat.

reformateo *nm* INFORM reformatting.

reformatorio *nm* reformatory, reform school.
■ **reformatorio de menores** remand home.

reformismo *nm* reformism.

reformista
1 *adj* reformist.
2 *nm & nf* reformist.

reforzado,-a
1 *pp* → **reforzar**.
2 *adj* reinforced, strengthened.

reforzar
1 *vt* to reinforce, strengthen.
2 **reforzarse** *vpr* to be reinforced, be strengthened.
▲ *Conjugation model* [50], *like* **forzar**.

refracción *nf* refraction.
■ **ángulo de refracción** angle of refraction.
índice de refracción refractive index.
refracción doble double refraction, birefringence.

refractar
1 *vt* to refract.
2 **refractarse** *vpr* to refract.

refractario,-a
1 *adj* (al fuego) heat-resistant.
2 *adj* (persona - que rehúsa) reluctant, unwilling; (- opuesta) opposed: **es refractario al progreso** he's opposed to progress.

refractivo,-a *adj* refractive.

refractor *nm* refractor, refracting telescope.

refrán *nm* proverb, saying.
✦ **como dice el refrán** as the saying goes.

refranero *nm* collection of proverbs, collection of sayings.

refrangible *adj* refrangible.

refregar
1 *vt* to rub hard.

2 *vt fam fig* to rub in: **me refregó mi error** he kept on about my mistake.
▲ *Conjugation model* [48], *like* **regar**.

refregón *nm* rub, rubbing.

refreír
1 *vt (volver a freír)* to fry again.
2 *vt (freír demasiado)* to overdo, overfry.
▲ *Conjugation model* [37], *like* **reír**; *pp* **refrito** *o* **refreído**.

refrenar
1 *vt (contener)* to restrain, curb, control.
2 *vt (al caballo)* to rein in.
3 refrenarse *vpr* to restrain onese!f.

refrendar
1 *vt (firmar)* to endorse, countersign.
2 *vt (aprobar)* to ratify, approve.

refrendo *nm (firma)* endorsement, countersignature.

refrescante *adj* refreshing.

refrescar
1 *vt (poner fresco)* to cool, refresh.
2 *vt fig (la memoria)* to refresh; *(idiomas)* to brush up on: **necesito refrescar un poco el francés** I need to brush up on my French a bit.
3 *vi (el tiempo)* to get cooler, cool down, turn cooler.
4 *vi (comida, bebida)* to be refreshing.
5 refrescarse *vpr (gen)* to cool down, cool off; *(lavarse)* to freshen up; *(tomar el fresco)* to get a breath of fresh air.
6 *vpr (beber)* to have a cold drink.
▲ *Conjugation model* [1], *like* **sacar**.

refresco *nm (bebida)* soft drink.
+ de refresco fresh.

refriega
1 *nf (lucha)* scuffle, brawl.
2 *nf (escaramuza)* skirmish.

refrigeración
1 *nf* refrigeration.
2 *nf (aire acondicionado)* air conditioning.
3 *nf (sistema)* cooling system.

refrigerado,-a
1 *pp* → **refrigerar**.
2 *adj (enfriado)* refrigerated, cooled.
3 *adj (con aire acondicionado)* air-conditioned.

refrigerador *nm* fridge, refrigerator.

refrigerante
1 *adj* refrigerating, cooling.
2 *nm* refrigerant.

refrigerar
1 *vt (enfriar)* to refrigerate.
2 *vt (con aire acondicionado)* to air-condition.

refrigerio *nm* refreshments *pl*, snack.

refringente *adj* refringent.

refrito,-a
1 *pp* → **refreír**.
2 refrito *nm fam fig* rehash.

refuerzo
1 *nm (fortalecimiento)* reinforcement, strengthening.
2 refuerzos *nm pl* MIL reinforcements.

refugiado,-a
1 *pp* → **refugiar**.
2 *adj* refugee.
3 *nm,f* refugee.
■ **refugiado político** political refugee.

refugiar
1 *vt* to shelter, give refuge to.
2 refugiarse *vpr (gen)* to take refuge; *(de la lluvia)* to shelter.
▲ *Conjugation model* [12], *like* **cambiar**.

refugio
1 *nm (gen)* shelter, refuge.
2 *nm fig* refuge.
3 *nm* AUTO traffic island.
■ **refugio antiaéreo** air-raid shelter.
refugio atómico (nuclear) fallout shelter.

refulgencia *nf* radiance, brilliance.

refulgente *adj* radiant, brilliant.

refulgir *vi (brillar)* to shine; *(resplandecer)* to glitter, sparkle.
▲ *Conjugation model* [6], *like* **dirigir**.

refundar *vt fig* to reform.

refundición
1 *nf (metales)* recasting.
2 *nf fig (literaria)* adaptation.

refundir
1 *vt (metales)* to recast.
2 *vt fig (comedia etc)* to adapt.

refunfuñar *vi fam* to grumble, moan, complain.

refunfuño *nm* muttering.

refunfuñón,-ona
1 *adj fam* grumpy, grumbling, moaning.
2 *nm,f fam* grumbler, moaner.

refutable *adj* refutable, disprovable.

refutación *nf* refutation, disproof.

refutar *vt* to refute, disprove.

reg. *abr* (**registro**) register; *(abreviatura)* reg.

regadera *nf* watering can.
+ estar como una regadera *fam* to be as mad as a hatter.

regadío,-a
1 *adj* irrigable.
2 regadío *nm (acción)* irrigation, watering.
3 *nm (tierras)* irrigated land.
+ de regadío irrigable, irrigated.
■ **cultivo de regadío** irrigation farming.

regala *nf* gunwale, gunnel.

regaladamente *adv fig* comfortably, pleasantly.

regalado,-a
1 *pp* → **regalar**.
2 *adj (de regalo)* given as a present.
3 *adj (muy barato)* dirt cheap: **esta camisa está regalada** this shirt is dirt cheap.
4 *adj (gratis)* free.
5 *adj (delicado)* delicate.
6 *adj (agradable)* comfortable, pleasant: **llevar una vida regalada** to lead an easy life, lead a pleasant life, live the life of Riley.

regalar
1 *vt (dar un regalo)* to give as a present: **le podemos regalar un libro para su cumpleaños** we can get him a book for his birthday.
2 *vt (dar)* to give away: **me iba corto y lo regalé** it was too short for me so I gave it away.
3 *vt (dar gratis)* to give: **con cada botella regalan un vaso** there's a free glass with each bottle.
4 *vt (halagar)* to flatter.
5 *vt (deleitar)* to delight.
6 regalarse *vpr (deleitarse)* to treat oneself (**con**, to): **se regaló con una copa de champaña** he treated himself to a glass of champagne.
+ regalar el oído a alguien to flatter somebody.
regalar la vista to be a pleasure to look at.

regalía
1 *nf (prerrogativa)* royal prerogative.
2 *nf fig (privilegio)* privilege, prerogative.

regaliz *nm* liquorice (*US* licorice).
▲ *pl* **regalices**.

regalo
1 *nm (obsequio)* gift, present.
2 *nm (complacencia)* pleasure, joy: **este vino es un regalo para el paladar** this is an excellent wine.
3 *nm (comodidad)* comfort, pleasure: **vive con gran regalo** she lives a life of luxury.
4 *nm (exquisitez)* delicacy.
5 *nm (ganga)* bargain, steal.

regañadientes **a regañadientes** *loc* reluctantly, grudgingly, unwillingly.

regañar
1 *vt* to scold, tell off.
2 *vi (reñir)* to argue, quarrel, fall out: **no hacen más que regañar** they're always quarrelling.
3 *vi (refunfuñar)* to moan, grumble, complain.

regañina
1 *nf (reprensión)* scolding, telling-off.
2 *nf (riña)* quarrel, argument.

regaño *nm* scolding, telling-off.

regañón,-ona
1 *adj fam* grumpy, irritable.
2 *nm,f* grumbler, moaner.

regar
1 *vt (plantas, tierra, río, etc)* to water.
2 *vt (calle)* to wash down, hose down.
3 *vt fig (esparcir)* to sprinkle, scatter.
4 *vt fig (derramar)* to pour.
+ regar con lágrimas *fig* to bathe in tears.
▲ *Conjugation model* [48].

regata¹ *nf* MAR regatta, boat race.

regata² *nf (surco)* irrigation channel.

regate
1 *nm (gen)* dodge.
2 *nm* DEP dribbling.

regateador,-ra *nm,f* haggler.

regatear
1 *vt (un precio)* to haggle over, barter for.
2 *vt (escatimar)* to be sparing with: **les regatea la fruta** he's sparing with fruit.
3 *vi (comerciar)* to haggle, bargain.
4 *vi DEP* to dribble.
5 *vi MAR* to race.
✦ **no regatear esfuerzos** to spare no effort.

regateo
1 *nm (precios)* haggling, bargaining.
2 *nm DEP* dribbling.

regatista *nm & nf (hombre)* yachtsman; *(mujer)* yachtswoman.

regato
1 *nm (charco)* pool.
2 *nm (arroyo)* stream.

regazo *nm* lap: **en el regazo** on my *(your, his, etc)* lap.

regencia *nf* regency.

regeneración *nf* regeneration.

regenerador,-ra
1 *adj* regenerative.
2 *nm,f* regenerator.

regenerar *vt* to regenerate.

regenta
1 *nf (mujer del que manda)* manager's wife.
2 *nf (mujer del regente)* regent's wife.

regentar
1 *vt POL* to govern, rule.
2 *vt (cargo)* to hold.
3 *vt (dirigir)* to manage, direct.

regente,-a
1 *adj* ruling, governing.
2 *nm & nf POL* regent.
3 *nm & nf JUR* magistrate.
4 *nm & nf (director)* manager.

reggae *nm* reggae.

regiamente *adv* regally, royally.

regicida
1 *adj* regicidal.
2 *nm & nf* regicide.

regicidio *nm* regicide.

regidor,-ra
1 *adj* ruling, governing.
2 *nm,f (concejal)* town councillor.
3 *nm,f TEAT* stage manager.

régimen
1 *nm POL* regime.
2 *nm MED* diet.
3 *nm (condiciones)* system, regime, rules *pl*; *(forma de producirse)* pattern.
4 *nm TÉC* speed.
5 *nm LING* government.
✦ **estar a régimen** to be on a diet.
poner a régimen to put on a diet.
ponerse a régimen to go on a diet.
▪ **régimen de vida** way of life.
régimen tormentoso *(clima)* stormy weather.
▲ *pl* **regímenes**.

regimentar *vt* to regiment.

regimiento *nm* regiment.

regio,-a
1 *adj (real)* royal, regal.

2 *adj fig (magnífico)* magnificent, splendid, majestic: **finca regia** magnificent building.

región *nf* region.

regional *adj* regional.

regionalismo *nm* regionalism.

regionalista
1 *adj* regionalist.
2 *nm & nf* regionalist.

regir
1 *vt (gobernar)* to govern, rule.
2 *vt (dirigir)* to manage, direct, run.
3 *vt LING* to govern.
4 *vi (ley etc)* to be in force, apply; *(costumbre)* to prevail: **esta ley aún rige** this law is still in force.
5 **regirse** *vpr (guiarse)* to follow, abide (**por**, by), go (**por**, by): **se rige por la opinión de su padre** he goes by his father's opinion.
✦ **el mes que rige** the present month.
no regir *fam* to have a screw loose.
▲ *Conjugation model* [55], *like* **elegir**.

registrado,-a
1 *pp* → **registrar**.
2 *adj* registered, recorded, noted, listed; *(marca)* registered.

registrador,-ra
1 *adj* registering, recording: **caja registradora** cash register.
2 *nm,f* registrar.
▪ **registrador,-ra de la propiedad** land registrar.

registrar
1 *vt (inspeccionar)* to search, inspect, look through: **me registraron el bolso** my bag was searched.
2 *vt (cachear)* to frisk.
3 *vt (inscribir)* to register, record, note; *(matricular)* to register.
4 *vt (grabar)* to record.
5 *vt fig (detectar)* to notice: **hemos registrado diversos fallos** we have noticed several faults.
6 **registrarse** *vpr (matricularse)* to register, enrol (*US* enroll).
7 *vpr (detectarse)* to be recorded.
8 *vpr (ocurrir)* to happen: **se ha registrado un terremoto** there has been an earthquake.

registro
1 *nm (inspección)* search, inspection.
2 *nm (inscripción)* registration, recording; *(matriculación)* enrolment (*US* enrollment), registration.
3 *nm JUR (oficina)* registry; *(libro)* register.
4 *nm MÚS* register; *(de órgano)* stop.
5 *nm INFORM* register.
6 *nm TÉC* inspection hole.
✦ **tocar todos los registros** *fig* to pull out all the stops.
▪ **registro civil** births, marriages and deaths register; *(oficina)* registry office.
registro de la propiedad land registry.
registro electoral electoral roll.
registro mercantil business register.

regla
1 *nf (norma)* rule, regulation, norm.
2 *nf (pauta)* pattern, rule.
3 *nf (instrumento)* ruler.
4 *nf MAT* rule.
5 *nf (menstruación)* period.
✦ **en regla** in order: **está todo en regla** everything's in order.
obrar según las reglas to play by the rules.
por regla general as a rule, as a general rule.
saber las cuatro reglas *fam* to know the three Rs.
salir de la regla to overstep the mark.
tener la regla to have one's period.
▪ **las reglas del juego** the rules of the game.
regla de cálculo slide rule.
regla de oro golden rule.
regla de tres rule of three.

reglado,-a
1 *pp* → **reglar**.
2 *adj (moderado)* moderate.
3 *adj (regulado)* regulated.
4 *adj (papel)* ruled, lined.

reglaje *nm* adjustment.

reglamentación
1 *nf (reglamento)* regulations *pl*, rules *pl*.
2 *nf (acción)* regulation.

reglamentar *vt* to regulate.

reglamentariamente *adv* in due form, statutorily.

reglamentario,-a *adj* statutory, prescribed, required; *(arma)* regulation.

reglamento *nm* regulations *pl*, rules *pl*.

reglar
1 *vt (regular)* to regulate.
2 *vt (ajustar)* to adjust.
3 *vt (hacer líneas)* to rule, draw a line.
4 **reglarse** *vpr (regirse)* to be guided.

regleta *nf* space.

regletear *vt* to space out.

regocijar
1 *vt* to delight, amuse.
2 **regocijarse** *vpr (alegrarse)* to be delighted (**con**, by).
3 *vpr (regodearse)* to delight (**de**, in), take pleasure (**de**, in).

regocijo
1 *nm (placer)* delight, joy, happiness.
2 *nm (júbilo)* merriment, rejoicing.

regodearse *vpr fam* to delight (**en/con**, in), take pleasure (**en/con**, in): **se regodea con el dolor ajeno** he takes pleasure in other people's sorrow.

regodeo *nm fam* delight, pleasure.

regoldar *vi fam* to belch.
▲ *Conjugation model* [31], *like* **contar**.

regordete,-a *adj fam* plump, chubby, tubby.

regresar *vi* to return, come back, go back.

regresión
1 *nf (retroceso)* regression.

2 *nf (disminución)* drop, decrease: una regresión de la violencia a decrease in violence.
✦ **en vías de regresión** on the decline.

regresivo,-a *adj* regressive.

regreso *nm* return.
✦ **a mi (tu, su, etc) regreso** on my *(your, his, etc)* return.
estar de regreso to be back.
▪ **viaje de regreso** return journey.

regüeldo *nm fam* belch, burp.

reguera *nf* irrigation channel.

reguero
1 *nm (corriente)* trickle of water.
2 *nm (señal)* trail, trickle.
3 *nm (reguera)* irrigation channel.
✦ **como un reguero de pólvora** *fig* like wildfire.

regulable *adj* adjustable.

regulación
1 *nf (control)* regulation, control.
2 *nf (ajuste)* adjustment.

regulador,-ra
1 *adj* regulating.
2 **regulador** *nm* TÉC regulator.
3 *nm (de radio, televisión, etc)* control.

regular
1 *adj (gen)* regular.
2 *adj fam (pasable)* so-so, average, not bad: ¿qué tal la película? - regular what's the film like? - nothing special.
3 *vt (gen)* to regulate.
4 *vt (ajustar)* to adjust.

regularidad *nf* regularity.
✦ **con regularidad** regularly.

regularización *nf* regularization.

regularizar *vt* to regularize; *(normalizar)* to standardize; *(arreglar)* to sort out.
▲ *Conjugation model* [4], *like realizar.*

regularmente
1 *adv (con regularidad)* regularly.
2 *adv (medianamente)* so-so.

regurgitación *nf* regurgitation.

regurgitar *vt* to regurgitate.

regusto *nm* aftertaste.

rehabilitación
1 *nf* rehabilitation.
2 *nf (en rango)* rehabilitation, reinstatement.

rehabilitar
1 *vt* to rehabilitate.
2 *nf (en rango)* to rehabilitate, reinstate.

rehacer
1 *vt (volver a hacer)* to do again, redo.
2 *vt (reconstruir)* to remake, rebuild.
3 *vt (reparar)* to repair, mend.
4 *vt (repetir)* to repeat.
5 **rehacerse** *vpr (recuperarse)* to recover, recuperate.
6 *vpr (serenarse)* to pull oneself together.
▲ *Conjugation model* [73], *like hacer; pp rehecho,-a.*

rehecho,-a
1 *pp →* **rehacer.**
2 *adj (grueso)* thickset.

rehén *nm & nf* hostage.

rehilete
1 *nm (flecha)* dart.
2 *nm (juguete)* shuttlecock.

rehogar *vt* to fry lightly.
▲ *Conjugation model* [7], *like llegar.*

rehostia ser la rehostia *loc tabú (de bueno)* to be brilliant; *(de malo)* to be bloody awful, be the limit.

rehoyo *nm* cliff.

rehuir *vt* to avoid, shun.
▲ *Conjugation model* [62], *like huir.*

rehusar *vt* to refuse, decline, turn down: rehusé la invitación I declined the invitation.
▲ *Conjugation model* [18].

reidor,-ra *adj* happy, laughing.

Reikiavik *nm* Reykjavik.

reimplantar *vt* to implant again.

reimportar *vt* to reimport.

reimpresión
1 *nf (acción)* reprinting.
2 *nf (ejemplar)* reprint.

reimprimir *vt* to reprint.
▲ *pp reimpreso,-a* o *reimprimido,-a.*

reina
1 *nf (gen)* queen.
2 *nf fam (apelativo)* love, darling, sweetheart: ¡hasta luego, reina! see you, love!
▪ **reina de belleza** beauty queen.
reina madre queen mother.

reinado *nm* reign.
✦ **bajo el reinado de** in the reign of.

reinante
1 *adj (que reina)* reigning.
2 *adj (existente)* prevailing, reigning: el silencio reinante the reigning silence.

reinar
1 *vi* to reign.
2 *vi fig (prevalecer)* to reign, prevail: reina el desconcierto disorder reigns.

reincidencia
1 *nf* relapse.
2 *nf* JUR recidivism.

reincidente
1 *adj* relapsing.
2 *adj* JUR reoffending, recidivist.
3 *nm & nf* JUR reoffender, recidivist.

reincidir
1 *vi* to relapse (**en**, into), fall back (**en**, into).
2 *vi* JUR to reoffend.

reincorporación
1 *nf (vuelta)* return.
2 *nf (a un cargo)* reinstatement.

reincorporar
1 *vt* to reincorporate; *(a un trabajo)* to reinstate.
2 **reincorporarse** *vpr* to rejoin (**a**, -): se reincorporó al ejército he rejoined the army; se reincorporará al trabajo el lunes she will go back to work on Monday.

reindustrialización *nf* reindustrialization.

reineta *nf* pippin.

reingresar
1 *vt* to readmit.
2 *vi* to return.

reingreso *nm* return.

reinicializar *vt (gen)* to reset; *(ordenador)* to reboot.
▲ *Conjugation model* [4], *like realizar.*

reiniciar *vt* to restart.

reino *nm* kingdom, reign.
▪ **reino de los animales** animal kingdom.
reino de los Cielos Kingdom of Heaven.
Reino Unido United Kingdom.
reino vegetal vegetable kingdom.

reinserción *nf* reintegration, rehabilitation: la reinserción social social rehabilitation.

reinsertar
1 *vt* to reintegrate.
2 **reinsertarse** *vpr* to reintegrate.

reinstalar *vt* to reinstall, reinstal.

reintegrable *adj* returnable, repayable.

reintegración
1 *nf (reincorporación)* reinstatement.
2 *nf (pago)* refund.

reintegrar
1 *vt (reincorporar)* to reinstate, restore.
2 *vt (pagar)* to refund, reimburse; *(banco)* to credit.
3 **reintegrarse** *vpr (volver a ejercer)* to return (**a**, to): se reintegró a su puesto he returned to his job.
4 *vpr (recobrarse)* to recover.

reintegro
1 *nm (reincorporación)* reinstatement.
2 *nm* FIN reimbursement, repayment, refund; *(bancario)* credit.
3 *nm (de lotería)* refund of the price of the ticket.

reinterpretación *nf* reinterpretation.

reinterpretar *vt* to reinterpret.

reintroducción *nf* reintroduction.

reintroducir *vt* to reintroduce.
▲ *Conjugation model* [46], *like conducir.*

reinvertir *vt* to reinvest.

reír
1 *vt* to laugh at: reír las gracias to laugh at jokes.
2 *vi* to laugh.
3 **reírse** *vpr* to laugh (**de**, at): ¿de qué te ríes? what are you laughing at?
4 *vpr (burlarse)* to laugh (**de**, at), make fun (**de**, of).
✦ **me río yo de ...** *fam* I couldn't care less ...: me río yo de lo que diga ése I couldn't care less what he says.
quien ríe el último ríe mejor he who laughs last laughs longest.
reír a carcajadas to roar with laughter.
reír a costa de alguien to make fun of somebody, make a fool out of somebody.

reír a espaldas de alguien to laugh behind somebody's back.
reír a mandíbula batiente *fam* to laugh one's head off.
reír con ganas to laugh heartily.
reír para sus adentros to laugh to oneself, chuckle.
▲ *Conjugation model* [37].
reiteración *nf* reiteration.
reiteradamente *adv* repeatedly, reiteratively.
reiterar *vt* to reiterate, repeat.
reiterativo,-a *adj* repetitive, repetitious, reiterative.
reivindicación *nf* claim, demand.
reivindicar *vt* to claim, demand: **los terroristas reivindicaron el atentado** the terrorists claimed responsibility for the attack.
▲ *Conjugation model* [1], *like sacar.*
reivindicativo,-a *adj* protest.
▪ **acto reivindicativo** protest.
reja[1] *nf (del arado)* ploughshare (*US* plowshare).
reja[2] *nf (de ventana)* grill, grille, bar.
◆ **estar entre rejas** *fam* to be behind bars.
rejilla
 1 *nf (celosía)* grill, grille.
 2 *nf (de chimenea)* grate.
 3 *nf (de silla)* wickerwork.
 4 *nf (de horno)* grid iron.
 5 *nf (de ventilador)* grill.
 6 *nf (para equipaje)* luggage rack.
 ▪ **rejilla del radiador** *AUTO* radiator grille.
rejón *nm* lance.
rejoneador,-ra *nm,f* bullfighter on horseback.
rejonear *vt* to fight on horseback.
rejoneo *nm* bullfighting on horseback.
rejuntarse *upr fam* to cohabit.
rejuvenecedor,-ra *adj* rejuvenating, rejuvenescent.
rejuvenecer
 1 *vt* to rejuvenate.
 2 **rejuvenecerse** *upr* to become rejuvenated.
 ▲ *Conjugation model* [43], *like agradecer.*
rejuvenecimiento *nm* rejuvenation.
relación
 1 *nf (correspondencia)* relation, relationship: **una relación amistosa** a friendship, a friendly relationship.
 2 *nf (conexión)* link, connection.
 3 *nf (lista)* list, record.
 4 *nf (relato)* account, telling.
 5 *nf (en matemática)* ratio.
 6 **relaciones** *nf pl (conocidos)* acquaintances; *(contactos)* contacts, connections.
 ◆ **con relación a/en relación a** with regard to, regarding.
 estar en buenas relaciones con alguien to be on good terms with somebody.

estar en relación con alguien to be in contact with somebody.
 hacer relación a algo to refer to something.
 tener buenas relaciones to be well connected.
 tener relaciones con alguien *(salir)* to go out with somebody.
 ▪ **relación de compresión** *TÉC* compression ratio.
 relaciones diplomáticas diplomatic relations.
 relaciones públicas public relations: **es el relaciones públicas de Enya** he's Enya's PR man.
 relaciones sexuales sexual relations.
relacionado,-a
 1 *pp* → **relacionar.**
 2 *adj (referido)* concerning, regarding.
 3 *adj (conectado)* related, connected: **está relacionado con el libro** it's related to the book.
 ◆ **estar bien relacionado,-a** to be well connected.
relacional *adj* relational.
relacionar
 1 *vt (poner en relación)* to relate, connect, associate.
 2 *vt (relatar)* to tell, list.
 3 **relacionarse** *upr (estar conectado)* to be related (**con**, to), be connected (**con**, with).
 4 *upr (alternar)* to get acquainted (**con**, with), mix (**con**, with), meet (**con**, -).
relajación
 1 *nf (gen)* relaxation.
 2 *nf fig* slackening, looseness.
relajado,-a
 1 *pp* → **relajar.**
 2 *adj (gen)* relaxed.
 3 *adj (inmoral)* loose, dissolute.
relajamiento *nm* → **relajación.**
relajante *adj* relaxing.
relajar
 1 *vt (gen)* to relax.
 2 *vt fig* to loosen, slacken.
 3 *vi (ser relajante)* to be relaxing: **el masaje relaja** massage is relaxing.
 4 **relajarse** *upr (descansar)* to relax.
 5 *upr fig (en las costumbres)* to let oneself go.
 6 *upr (dilatarse)* to slacken.
relajo
 1 *nm (descanso)* relaxation, rest; *(tranquilidad)* peace.
 2 *nm (falta de orden)* relaxed attitude.
 3 *nm (inmoralidad)* depravity, dissoluteness.
relamer
 1 *vt* to lick.
 2 **relamerse** *upr* to lick one's lips repeatedly.
 3 *upr fig (disfrutar)* to lick one's lips with anticipation: **se relamía viendo cómo su madre hacía el pastel** watching her mother make the cake made her mouth water.

relamido,-a
 1 *pp* → **relamer.**
 2 *adj pey (afectado)* affected.
 3 *adj (pulcro)* prim and proper.
relámpago *nm* flash of lightning.
 ◆ **como un relámpago** *fig* as quick as a flash: **pasar como un relámpago** to flash past.
 ▪ **guerra relámpago** blitzkrieg.
relampagueante *adj* flashing.
relampaguear *vi* to flash.
 ▲ *Used only in the 3rd pers; it does not take a subject.*
relampagueo
 1 *nm (relámpago)* lightning.
 2 *nm (centelleo)* flashing.
relanzamiento *nm* relaunch.
relanzar *vt* to relaunch.
relatar
 1 *vt (una historia)* to narrate, tell.
 2 *vt (un suceso)* to report, tell.
relativamente *adv* relatively.
relatividad *nf* relativity.
 ▪ **teoría de la relatividad** theory of relativity.
relativismo *nm* relativism.
relativista
 1 *adj* relativist.
 2 *nm & nf* relativist.
relativizar *vt* to lessen the importance of, play down.
 ▲ *Conjugation model* [4], *like realizar.*
relativo,-a
 1 *adj* relative: **problemas relativos a la economía** problems relating to the economy, problems related to the economy.
 2 **relativo** *nm* *LING* relative.
 ◆ **en lo relativo a** with regard to, referring to, concerning.
relato
 1 *nm (narración)* story, tale.
 2 *nm (informe)* report, account.
relator,-ra
 1 *nm,f* teller, narrator.
 2 *nm,f (funcionario)* clerk.
relax
 1 *nm* relaxation: **necesito un poco de relax** I need to relax a bit.
 2 *nm (prostitución)* call-girl services *pl.*
 ▲ *pl* relax.
relé *nm* relay.
releer *vt* to reread, read again.
 ▲ *Conjugation model* [61], *like leer.*
relegación *nf* relegation.
relegar *vt* to relegate (**a**, to), consign (**a**, to).
 ▲ *Conjugation model* [7], *like llegar.*
relente *nm* dew.
relevación
 1 *nf (alivio)* release.
 2 *nf JUR* exemption.
relevancia
 1 *nf (significación)* relevance.
 2 *nf (importancia)* importance.

relevante
  1 *adj (significativo)* relevant.
  2 *adj (importante)* excellent, outstanding.
relevar
  1 *vt (sustituir)* to relieve, take over from.
  2 *vt (eximir)* to exempt (**de**, from).
  3 *vt (destituir)* to dismiss, remove, relieve.
  4 *vt MIL* to change, relieve.
  5 *vt fig (engrandecer)* to exaggerate.
  6 relevarse *upr* to take turns.
relevista *nm & nf* relay runner.
relevo
  1 *nm MIL* relief, change of the guard.
  2 *nm DEP* relay.
  ✦ **tomar el relevo de** to relieve, take over from.
relicario
  1 *nm REL* reliquary.
  2 *nm (caja)* box; *(estuche)* locket.
relieve
  1 *nm* relief.
  2 *nm fig (renombre)* renown, fame.
  ✦ **en relieve** in relief.
  poner de relieve *fig* to emphasize, highlight, underline.
religión *nf* religion.
  ✦ **entrar en religión** to take vows.
religiosamente *adv* religiously.
religiosidad *nf* religiousness, religiosity.
religioso,-a
  1 *adj* religious.
  2 *nm,f (hombre)* monk; *(mujer)* nun.
relinchar *vi* to neigh, whinny.
relincho *nm* neigh, whinny.
reliquia *nf* relic.
rellamada *nf* redial.
rellano *nm* landing.
rellenar
  1 *vt (volver a llenar)* to refill, fill again.
  2 *vt (llenar del todo)* to cram, pack, stuff.
  3 *vt (cuestionario)* to fill in, fill out.
  4 *vt CULIN (ave)* to stuff; *(pastel)* to fill: **rellenar de chocolate** to fill with chocolate.
  5 *vt COST* to pad.
  6 *vt fig (historia, relato, etc)* to pad out, embroider.
relleno,-a
  1 *adj (totalmente lleno)* stuffed, crammed, packed.
  2 *adj (cara)* full.
  3 *adj CULIN* stuffed; *(pasteles)* filled.
  4 relleno *nm CULIN (aves)* stuffing; *(pasteles)* filling.
  5 *nm COST* padding.
  6 *nm (de un cojín etc)* stuffing.
  7 *nm fig (de un escrito)* padding; *fig (de un discurso)* waffle.
reloj *nm* clock; *(de pulsera)* watch.
  ✦ **como un reloj** *fig* like clockwork.
  contra reloj against the clock.
  ■ **reloj de arena** hourglass.
  reloj de caja/reloj de péndulo grandfather clock.
  reloj de cuco cuckoo clock.
  reloj de pared clock.

reloj de pulsera wristwatch.
reloj de sol sundial.
reloj despertador *(de mesita)* alarm clock; *(de pulsera)* alarm watch.
relojería
  1 *nf (arte)* watchmaking, clockmaking.
  2 *nf (tienda)* watchmaker's, jeweller's.
  ■ **bomba de relojería** time bomb.
relojero,-a *nm,f* watchmaker, clockmaker.
reluciente *adj* bright, shining, gleaming, glittering.
relucir
  1 *vi (brillar)* to shine, gleam, glitter.
  2 *vi fig (destacar)* to excel, stand out, shine.
  ✦ **sacar a relucir algo** to bring up something.
  salir a relucir to come to light.
  ▲ *Conjugation model* [45], *like **lucir**.*
reluctancia *nf* reluctance, reluctancy.
reluctante *adj* reluctant.
relumbrante *adj* shining, dazzling.
relumbrar *vi* to shine, dazzle, gleam.
relumbro *nm* → **relumbrón**.
relumbrón
  1 *nm (destello)* flash, glare.
  2 *nm fig* flashiness, ostentation.
  ✦ **de relumbrón** flashy.
reluzco *pres indic* → **relucir**.
rem *nm* rem.
  ▲ *pl* **rems**.
remachadora *nf* riveting machine.
remachar
  1 *vt (clavo etc)* to clinch; *(metal)* to rivet.
  2 *vt fig (confirmar)* to drive home, hammer home, stress.
remache *nm* rivet.
remanente
  1 *adj (que queda)* remaining, residual.
  2 *adj (extra)* surplus.
  3 *nm (restos)* remainder, remains *pl*.
  4 *nm (extra)* surplus.
remangar
  1 *vt (mangas, pantalones)* to roll up; *(faldas, vestidos)* to pull up, hitch up.
  2 remangarse *upr fig* to decide quickly, make a snap decision.
remanguillé a la remanguillé *loc fam* upside down, in a mess.
remansarse *upr* to stop flowing.
remanso
  1 *nm (agua estancada)* backwater.
  2 *nm (estanque)* pool.
  3 *nm (lugar tranquilo)* quiet place.
  4 *nm fig (pachorra)* sluggishness.
  ■ **remanso de paz** *fig* haven of peace.
remar *vi* to row.
remarcable *adj* remarkable, outstanding.
remarcar *vt* to stress, underline.
  ▲ *Conjugation model* [1], *like **sacar**.*
rematadamente *adv* totally, completely.

rematado,-a
  1 *pp* → **rematar**.
  2 *adj* absolute, utter, out-and-out: **es un tonto rematado** he's an absolute idiot.
  3 *adj* convicted.
rematador,-ra *nm,f DEP* striker.
rematante *nm & nf* highest bidder.
rematar
  1 *vt (acabar)* to finish off, round off, put the finishing touches to: **rematar un trabajo** to finish off a job.
  2 *vt (precios)* to knock down; *(vender más barato)* to sell off cheaply.
  3 *vt (en subasta)* to auction.
  4 *vt (matar)* to kill, finish off.
  5 *vt DEP* to shoot.
  6 *vi (terminar)* to end up.
  7 *vi DEP* to take a shot at goal, shoot.
  ✦ **rematar de cabeza** *DEP* to head the ball.
remate
  1 *nm (final)* end, finish.
  2 *nm (toque final)* finishing touch.
  3 *nm DEP* shot.
  4 *nm (puja)* highest bid.
  ✦ **de remate** *fam* utter, out-and-out, total: **es tonto de remate** he's a total idiot.
  para remate to crown it all.
  por remate finally, in the end.
  ■ **precios de remate** knockdown prices.
rembolsar *vt* → **reembolsar**.
rembolso *nm* → **reembolso**.
remedador,-ra *nm,f* mimic.
remedar
  1 *vt (imitar)* to imitate, copy.
  2 *vt (con burla)* to ape.
remediable *adj* remediable, that can be corrected.
remediar
  1 *vt (poner remedio)* to remedy.
  2 *vt (reparar)* to repair, make good.
  3 *vt (resolver)* to solve: **con llorar no remedias nada** crying won't do any good.
  4 *vt (socorrer)* to help, assist.
  5 *vt (evitar)* to avoid, prevent: **no lo puedo remediar** I can't help it.
  ▲ *Conjugation model* [12], *like **cambiar**.*
remedio
  1 *nm (cura)* remedy, cure.
  2 *nm fig (solución)* solution.
  3 *nm* remedy, recourse.
  ✦ **como último remedio** as a last resort.
  no tener más remedio que/no haber más remedio que to have no choice but to, have no option but to.
  ¡no tienes remedio! *fam* you're hopeless!, you're a case!
  poner remedio a algo to do something about something.
  ¡qué remedio! do I have any choice?, what choice do I have?, what else can I do?
  sin remedio without fail.
remedo
  1 *nm (imitación)* imitation, copy.
  2 *nm (parodia)* parody; *(mímica)* mimicry, mimicking.
  3 *nm (burla)* travesty, mockery.

remembranza *nf* remembrance, recollection.

rememoración *nf* remembrance, recollection.

rememorar *vt* to remember, recall.

remendar
1 *vt (arreglar)* to mend, repair; *(corregir)* to correct.
2 *vt COST* to mend; *(ropas)* to patch; *(calcetines)* to darn.
▲ *Conjugation model* [27], *like* **acertar**.

remendón,-ona
1 *adj* mending.
2 *nm,f* mender.

remera *nf (pluma)* remex, quill feather.
▲ *See also* **remero,-a**.

remero,-a *nm,f DEP* rower; *(hombre)* oarsman; *(mujer)* oarswoman.

remesa
1 *nf (de dinero)* remittance.
2 *nf (de mercancías)* consignment, shipment.

remeter
1 *vt (volver a meter)* to put back.
2 *vt (meter adentro)* to tuck in.

remiendo
1 *nm (arreglo)* mend.
2 *nm (de calcetín)* darn; *(parche)* patch.
✦ **echar un remiendo a algo** to patch something up.

rémige *nf* remex.

remigio *nm card game similar to rummy.*

remilgado,-a
1 *pp →* **remilgarse**.
2 *adj (afectado)* affected.
3 *adj (con la comida)* fussy, finicky.
4 *adj (mojigato)* prudish.

remilgarse *vpr* to put on an act.

remilgo
1 *nm (afectación)* affectation.
2 *nm (gazmoñería)* prudishness, primness.
✦ **andar con remilgos** to make a fuss, be fussy.

reminiscencia *nf* reminiscence.

remirado,-a
1 *pp →* **remirar**.
2 *adj* overcautious.

remirar
1 *vt (volver a mirar)* to have another look at, look at again.
2 **remirarse** *vpr (esmerarse)* to take great care (with).
3 *vpr (mirar con complacencia)* to browse through: **se remiró los libros** she browsed thoughtfully through the books.

remisión
1 *nf (referencia)* reference.
2 *nf (envío)* sending.
3 *nf REL* remission, forgiveness.
4 *nf MED* remission.
✦ **sin remisión** *fig* without fail.

remisivo,-a *adj* reference.

remiso,-a *adj (reacio)* reluctant, unwilling: **se mostró remiso a ayudar** he was reluctant to help.

remisorio,-a *adj* remissive.

remite *nm* sender's name and address.

remitente *nm & nf* sender.
✦ **"Devuélvase al remitente"** "Return to sender".

remitido *nm* advertisement, announcement.

remitir
1 *vt (enviar)* to remit, send: **han remitido aquí su carta** you letter has been sent here.
2 *vt (referir)* to refer: **el texto remite a la página dos** the text refers us to page two.
3 *vt REL* to forgive.
4 *vt (aplazar)* to postpone.
5 *vt JUR* to transfer.
6 *vt (ceder)* to subside.
7 *vi (ceder)* to subside: **la fiebre ha remitido** the fever has subsided.
8 **remitirse** *vpr (atenerse)* to refer (**a**, to): **se remitió a su propio acuerdo** he referred to his own agreement.

remo
1 *nm (pala)* oar, paddle.
2 *nm DEP* rowing.
3 *nm ANAT (brazo)* arm; *(pierna)* leg.
4 *nm (ave)* wings *pl*.
✦ **ir a remo** to row.
▪ **barca de remo** rowing boat.
club de remo rowing club.

remodelación
1 *nf (modificación)* reshaping.
2 *nf (reorganización)* reorganization.
3 *nf (ministerial)* reshuffle.

remodelar
1 *vt (modificar)* to reshape.
2 *vt (transformar)* to transform.
3 *vt (mejorar)* to improve.
4 *vt (reorganizar)* to reorganize.
5 *vt (ministerio)* to reshuffle.

remojar
1 *vt (empapar)* to soak (**en**, in).
2 *vt fam fig (celebrar)* to celebrate, drink to.

remojo *nm* soaking.
✦ **dejar en remojo/poner en remojo** to soak, leave to soak.

remojón
1 *nm fam (mojadura)* soaking, drenching.
2 *nm fam (baño)* dip.
3 *nm fam (lluvia)* cloudburst, downpour.

rémol *nm* brill.

remolacha *nf* beetroot.
▪ **remolacha azucarera** sugar beet.

remolachero,-a
1 *adj* beet.
2 *nm,f* beet grower.

remolcador
1 *nm MAR* tug, tugboat.
2 *nm AUTO* breakdown truck, *(US* tow truck).

remolcar *vt* to tow.
▲ *Conjugation model* [1], *like* **sacar**.

remolinar
1 *vi (arremolinarse)* to swirl.
2 *vi fig (apiñarse)* to mill.
3 **remolinarse** *vpr (arremolinarse)* to swirl.

4 *vpr fig (apiñarse)* to crowd, throng, crowd, mass.

remolinear *vt* to stir.

remolino
1 *nm (de polvo)* whirl, cloud; *(de agua)* whirlpool, eddy; *(de aire)* whirlwind.
2 *nm (de pelo)* tuft, *(US* cowlick).
3 *nm (de gente)* throng, crowd, mass.

remolón,-ona *adj* lazy, slack.
✦ **hacerse el remolón** to laze around.

remolonear *vi* to shirk, slack.

remolque
1 *nm (acción)* towing.
2 *nm (vehículo)* trailer.
✦ **a remolque** in tow: **llevaban la caravana a remolque** they towed the caravan. **hacer algo a remolque** to do something unwillingly.
ir a remolque de alguien *fig* to live in somebody's shadow.

remontar
1 *vt (elevar)* to raise.
2 *vt (subir)* to go up.
3 *vt (río)* to sail up; *(vuelo)* to soar.
4 *vt (superar)* to overcome, surmount: **remontar una dificultad** to overcome a difficulty.
5 **remontarse** *vpr (al volar)* to soar.
6 *vpr (datar)* to go back (**a**, to): **el historiador se remonta hasta el siglo XII** the historian goes back to the 12th century.

remoquete
1 *nm fig (dicho)* quip, quibble.
2 *nm fam (apodo)* nickname.

rémora
1 *nf (pez)* remora.
2 *nf fig (obstáculo)* hindrance.

remorder
1 *vt fig (desasosegar)* to trouble, worry: **esta acción me remuerde la conciencia** this action weighs on my conscience, I feel guilty about what I did.
2 *vpr fig (concomerse)* to be consumed (**de**, with).
▲ *Conjugation model* [32], *like* **mover**.

remordimiento *nm* remorse.
✦ **tener remordimientos** to feel remorse.

remotamente *adv* remotely, vaguely.
✦ **ni remotamente** not in the slightest, far from it.

remoto,-a *adj* remote, far-off: **una posibilidad remota** a remote chance.

remover
1 *vt (trasladar)* to move.
2 *vt (tierra)* to turn over, dig up.
3 *vt (líquido)* to stir.
4 *vt (comida)* to stir; *(ensalada)* to toss.
5 *vt fig (agitar)* to get moving, stir up: **lo ha removido todo hasta conseguirlo** he stirred things up until he got his way.
6 *vt fig (recuerdo)* to stir up; *(tema)* to bring up.
7 *vt (destituir)* to remove (from office), oust.
8 **removerse** *vpr* to stir, shift.
▲ *Conjugation model* [32], *like* **mover**.

remozamiento
1 *nm (rejuvenecimiento)* rejuvenation.
2 *nm (fachada)* renovation, modernization; *(decoración)* redecoration; *(limpieza)* brightening up.
3 *nm (ropa)* brightening up.

remozar
1 *vt (fachada)* to renovate, modernize; *(decorar)* to redecorate; *(limpiar)* to brighten up.
2 *vt (ropa)* to brighten up.

remplazable *adj* → reemplazable.

remplazar *vt* → reemplazar.

remplazo *nm* → reemplazo.

remuneración *nf* remuneration, pay.

remunerado,-a
1 *pp* → remunerar.
2 *adj* paid: bien remunerado,-a well-paid.

remunerar *vt* to remunerate, reward, pay.

remunerativo,-a *adj* remunerative.

renacentista *adj* Renaissance.

renacer
1 *vi (volver a nacer)* to be reborn.
2 *vi (plantas)* to grow again; *(flores)* to bloom again.
3 *vi fig (revivir)* to revive, come back to life.
4 *vi fig (fortalecerse)* to revive, feel renewed.
▲ *Conjugation model* [42], *like nacer.*

renacido,-a *adj* born-again.

renaciente *adj* renascent, reviving.

renacimiento
1 *nm (vuelta a nacer)* rebirth.
2 *nm fig* revival, renaissance.
3 *nm el Renacimiento* HIST the Renaissance.
■ hombre del Renacimiento Renaissance man.

renacuajo
1 *nm* ZOOL tadpole.
2 *nm fam (niño)* shrimp.

renal *adj* renal, kidney: afección renal kidney disease.

Renania *nf* Rhineland.

renano,-a
1 *adj* of the Rhine, from the Rhine.
2 *nm,f* Rhinelander.

renazco *pres indic* → renacer.

rencilla *nf* quarrel.

rencilloso,-a *adj* quarrelsome.

renco,-a *adj* lame.

rencor
1 *nm (odio)* rancour (US rancor).
2 *nm (resentimiento)* resentment.
✦ guardar rencor a alguien to have a grudge against somebody, bear somebody malice.

rencoroso,-a
1 *adj (hostil)* rancorous.
2 *adj (resentido)* resentful.

rendibú *nm* flattery.
▲ *pl* rendibúes.

rendición *nf* surrender: rendición incondicional unconditional surrender.

rendido,-a
1 *pp* → rendir.
2 *adj (sumiso)* humble, submissive: un admirador rendido a devoted follower.
3 *adj (muy cansado)* worn out, exhausted.

rendija *nf* crack, split.

rendimiento
1 *nm (producción - de terreno)* yield; *(- de máquina)* output; *(- de persona)* progress, performance; *(- de inversión)* yield, return.
2 *nm (trabajo - de motor, máquina)* efficiency, performance.
3 *nm (sumisión)* submissiveness.
4 *nm (cansancio)* exhaustion, fatigue.

rendir
1 *vt (vencer)* to defeat, conquer.
2 *vt (cansar)* to exhaust, wear out: vas a rendir al caballo con tanta carga you're going to wear out the horse with that heavy load.
3 *vt (restituir)* to render, give back.
4 *vt (producir)* to yield, produce; *(progresar)* to progress: esta hacienda rinde mucho trigo this plantation produces a lot of wheat; no rinde it's not productive.
5 *vt (homenaje)* to pay.
6 *vt* MIL *(entregar)* to surrender: rendir la ciudad to surrender the city.
7 *vt* MIL *(armas)* to lay down, throw down; *(la bandera)* to lower.
8 *vi (dar fruto)* to pay: el trabajo nos ha rendido mucho we did well out of that job.
9 **rendirse** *vpr (entregarse al enemigo)* to surrender, give in.
10 *vpr (darse por vencido)* to give up: ¡me rindo! I give up!
✦ rendir cuentas *fig* to account for one's actions.
rendir el alma *fig* to give up the ghost.
rendir homenaje a to pay tribute to, pay homage to.
rendir honores a to salute.
rendirse a la evidencia to bow to the evidence.
▲ *Conjugation model* [34], *like servir.*

renegado,-a
1 *pp* → renegar.
2 *adj* renegade.
3 *nm,f* renegade.

renegar
1 *vt (negar)* to deny vigorously.
2 *vi (gen)* to renounce (de, -); *(familia)* to disown (de, -): renegar de su fe to renounce one's faith; el padre renegó de él his father disowned him.
3 *vi fam fig (protestar)* to grumble, complain.
4 *vi (DRAE) (blasfemar)* to swear, curse.
▲ *Conjugation model* [48], *like regar.*

renegociar *vt* to renegotiate.
▲ *Conjugation model* [12], *like cambiar.*

renegón,-ona
1 *adj fam* grumpy, grouchy.
2 *nm,f* grumbler, moaner.

renegrido,-a *adj* blackened.

RENFE *abr* (Red Nacional de Ferrocarriles Españoles) *Spanish national railway company.*

renglón
1 *nm (línea)* line.
2 *nm (parte de renta)* item.
3 **renglones** *nm pl fam* text *sing.*
✦ a renglón seguido right after, immediately afterwards.
poner cuatro renglones a alguien to drop somebody a line.

reniego *nm* curse, oath.

reniforme *adj* kidney-shaped, reniform.

renio *nm* rhenium.

reno *nm* reindeer.

renombrado,-a *adj* renowned, famous, well-known.

renombrar *vt* to rename.

renombre *nm* renown, fame.
✦ de renombre renowned, famous.

renovable *adj* renewable.

renovación
1 *nf (de contrato etc)* renewal.
2 *nf (de casa)* renovation; *(de decoración)* redecoration.
3 *nf (de personal)* reorganization.

renovador,-ra *adj (gen)* revitalizing, refreshing; *(en política)* progressive.

renovar
1 *vt (gen)* to renew.
2 *vt (casa)* to renovate; *(de decoración)* to redecorate.
3 *vt (de personal)* to reorganize.
4 **renovarse** *vpr* to be renewed.
▲ *Conjugation model* [31], *like contar.*

renquear
1 *vi (de la pierna)* to limp; *(del pie)* to hobble.
2 *vi fig (vacilar)* to dither.
3 *vi fig (tener dificultades)* to hardly manage, hardly get by: estamos renqueando en el negocio familiar we can hardly manage the family business.

renta
1 *nf (ingresos)* income.
2 *nf (declaración de renta)* tax return.
3 *nf (beneficio)* interest, return.
4 *nf (alquiler)* rent.
✦ vivir de sus rentas to live on one's income.
■ renta fija fixed interest security.
renta fiscal taxable income.
renta nacional national income.
renta per cápita per capita income.
renta pública government debt.
renta variable equity securities *pl.*
renta vitalicia life annuity.

rentabilidad *nf* profitability.
■ tasa de rentabilidad rate of return.

rentabilizar *vt* to make profitable.
▲ *Conjugation model* [4], *like realizar.*

rentable *adj* profitable.
rentar *vt* to produce, yield.
rentero,-a *nm,f* tenant farmer.
rentista
  1 *nm & nf (experto)* financial expert.
  2 *nm & nf (que vive de rentas)* rentier, person of independent means.
renuencia *nf* reluctance, unwillingness.
renuente *adj* reluctant, unwilling.
renuevo
  1 *nm BOT* shoot, sprout.
  2 *nm (renovación)* renewal.
  + echar renuevos to sprout.
renuncia
  1 *nf* renunciation.
  2 *nf (dimisión)* resignation.
  + presentar la renuncia to hand in one's resignation.
renunciar
  1 *vi (abandonar)* to give up (**a**, -), abandon (**a**, -): **renunció a la compra** he decided not to buy; **renunció al tabaco** she gave up smoking.
  2 *vi (dimitir)* to resign: **renunció a su puesto** he resigned his post, he resigned.
  3 *vi* to renounce (**a**, -), relinquish (**a**, -): **renunció a su fe** she renounced her faith; **renunció a la herencia** he relinquished the inheritance.
  4 *vi (en los naipes)* to revoke, not to follow suit.
  ▲ *Conjugation model* [12], *like* **cambiar**.
renuncio *nm fig* lie, contradiction.
  + coger/pillar en un renuncio *fam* to catch out.
reñido,-a
  1 *pp* → **reñir**.
  2 *adj (enemistado)* on bad terms, at odds.
  3 *adj (de rivalidad)* bitter, tough, hard-fought.
  4 *adj (incompatible)* incompatible.
reñir
  1 *vi (discutir)* to quarrel, argue.
  2 *vi (pelear)* to fight: **riñeron por la herencia** they fought over the inheritance.
  3 *vi (desavenirse)* to fall out: **Pedro ha reñido con Ana** Pedro fell out with Ana.
  4 *vt (reprender)* to scold, tell off.
  5 *vt (ejecutar)* to fight, wage: **reñir una guerra** to wage a war.
  ▲ *Conjugation model* [36], *like* **ceñir**.
reo¹
  1 *nm & nf JUR (acusado)* defendant, accused.
  2 *nm & nf JUR (culpable)* culprit; *(con cargos)* convicted offender.
reo² *nm (trucha)* salmon trout.
reo³ *nm (turno)* turn, go.
reoca **ser la reoca** *loc fam (excepcional)* to be incredible; *(muy bueno)* to be brilliant, be smashing; *(muy malo)* to be the pits, be the limit.
reojo **de reojo** *loc* out of the corner of one's eye: **la miró de reojo** he looked at her out of the corner of his eye.
reordenar *vt* to rearrange.

reorganización *nf* reorganization.
  ■ reorganización ministerial cabinet reshuffle.
reorganizador,-ra
  1 *adj* reorganizing.
  2 *nm,f* reorganizer.
reorganizar
  1 *vt* to reorganize.
  2 *vt (ministerio)* to reshuffle.
  ▲ *Conjugation model* [4], *like* **realizar**.
reorientación *nf* reorientation.
reorientar *vt fig* to redirect: **reorientaron a los estudiantes hacia otras carreras** they redirected students to other courses of study.
reostato *nm* rheostat.
reóstato *nm* rheostat.
repajolero,-a *adj fam* blooming, damned.
repámpanos
  1 *interj fam (sorpresa)* good grief!
  2 *interj fam (enfado)* damn it!
repanchigarse *upr fam* → **repantigarse**.
  ▲ *Conjugation model* [7], *like* **llegar**.
repanocha **ser la repanocha** *loc fam (excepcional)* to be incredible; *(muy bueno)* to be brilliant, be smashing; *(muy malo)* to be the pits, be the limit.
repantigarse *upr fam* to lounge, loll.
  ▲ *Conjugation model* [7], *like* **llegar**.
repantingarse *upr fam* to lounge, loll.
  ▲ *Conjugation model* [7], *like* **llegar**.
reparable *adj* repairable.
reparación
  1 *nf (arreglo)* repair, repairing: **está en reparación** it's under repair, it's being repaired.
  2 *nf fig (desagravio)* reparation, redress, amends *pl*.
reparador,-ra
  1 *adj* restorative, refreshing.
  2 **reparador** *nm* restorer, repairer.
reparar
  1 *vt (arreglar)* to repair, mend, fix.
  2 *vt (remediar - daño)* to make good; *(- perjuicio, insulto)* to make up for.
  3 *vt (vengarse)* to avenge: **quiso reparar la injuria con un duelo** he wanted to avenge the insult by fighting a duel.
  4 *vt (restablecer)* to restore, renew: **reparar el ánimo** to renew enthusiasm.
  5 *vt (reflexionar)* to consider.
  6 *vt (corregir)* to correct.
  7 *vt (advertir)* to see, notice: **reparar un barco en el horizonte** to see a ship on the horizon.
  8 *vi (advertir)* to notice, see: **repare usted en esto** look at this.
  9 *vi (darse cuenta)* to realize (**en**, -): **no reparé en lo que estaba haciendo** I didn't realize what I was doing.
  10 *vi (hacer caso)* to pay attention to; *(considerar)* to consider: **no reparé en lo que dijo** I didn't pay attention to what he said.
  11 *vi (detenerse)* to stop, stall.

  + no reparar en gastos to spare no expense.
  reparar en detalles to pay attention to detail.
reparo *nm* objection.
  + no tener reparos en not to hesitate to.
  poner reparos a to object to, find fault with.
repartición *nf* distribution, sharing out.
repartidor,-ra *nm,f (hombre)* delivery man; *(mujer)* delivery woman; *(chico)* delivery boy; *(chica)* delivery girl.
  ■ repartidor de leche milkman.
  repartidor de periódicos *(chico)* paperboy.
repartimiento *nm* distribution, sharing out.
repartir
  1 *vt (dividir)* to distribute, divide, share out: **repartimos el dinero** we shared out the money.
  2 *vt (entregar)* to give out, hand out; *(correo, leche)* to deliver; *(premios)* to give out.
  3 *vt (comida)* to hand out.
  4 *vt (naipes)* to deal.
  5 *vt (distribuir)* to spread out.
  + repartir golpes to hit out.
reparto
  1 *nm (división)* sharing out, division; *(distribución)* distribution.
  2 *nm (de un terreno)* parcelling out; *(de un país)* partition.
  3 *nm (entrega)* handing out; *(de mercancías)* delivery.
  4 *nm (naipes - acción)* dealing; *(- turno)* deal.
  5 *nm (de obra, película)* cast.
  ■ camioneta de reparto delivery van.
  furgoneta de reparto delivery van.
  reparto de premios prize-giving ceremony, award ceremony.
repasar
  1 *vt (volver a pasar por un lugar)* to pass by, pass through again.
  2 *vt (volver a examinar)* to revise, go over.
  3 *vt (máquina etc)* to check, overhaul.
  4 *vt COST* to mend.
  5 *vt fam (mirar)* to look over: **cuando se la presentaron la repasó de arriba abajo** when she was introduced to him he looked her up and down.
repaso
  1 *nm* revision, check; *(lección)* review.
  2 *nm COST* mending.
  3 *nm (máquina etc)* checkup, overhaul.
  ■ curso de repaso refresher course.
repatear *vt fam (fastidiar)* to annoy, disgust, turn off: **me repatea ese tipo de música** I hate that kind of music.
repatriación *nf* repatriation.
repatriado,-a
  1 *pp* → **repatriar**.
  2 *adj* repatriated.
  3 *nm,f* repatriate.

repatriar *vt* to repatriate.
  ▲ *Conjugation model* [14], *like auxiliar.*
repavimentar *vt* to resurface.
repecho *nm* short steep slope.
  ✦ **a repecho** uphill.
repeinado,-a *adj fig* dolled up.
repelar
  1 *vt (tirar)* to pull out.
  2 *vt fig (cortar - pelo)* to crop; *(- uñas)* to clip.
repelencia *nf* repulse.
repelente *adj* repellent, repulsive.
  ▪ **niño,-a repelente** *irón* little know-all.
repeler
  1 *vt (rechazar)* to repel, repulse.
  2 *vt (idea)* to reject; *(ataque)* to repel.
  3 *vt (repugnar)* to disgust, repel: **esa arrogancia me repele** that arrogance disgusts me.
repelo
  1 *nm (lo que no va al pelo)* opposite direction to hair growth.
  2 *nm (padrastro de la uña)* hangnail.
  3 *nm fam fig (repugnancia)* disgust.
  ✦ **a repelo** in the opposite direction to hair growth; *fig* at the wrong time.
repelús *nm fam* shiver.
  ✦ **darle a alguien repelús** *fam* to give somebody the shivers.
repeluzno *nm fam* → **repelús.**
repensar *vt* to think over.
  ▲ *Conjugation model* [27], *like acertar.*
repente
  1 *nm fam (movimiento)* sudden movement, start.
  2 *nm fam (ataque)* fit, outburst.
  ✦ **de repente** suddenly, all of a sudden.
repentinamente *adv* suddenly.
repentino,-a *adj* sudden.
repentización *nf* sight-reading.
repentizar
  1 *vi MÚS* to sight read.
  2 *vi (improvisar)* to improvise.
  ▲ *Conjugation model* [4], *like realizar.*
repera **ser la repera** *loc fam* to take the biscuit, be the limit.
repercusión *nf* repercussion.
repercutir
  1 *vi (sonido)* to resound, echo, reverberate.
  2 *vi (rebotar)* to rebound.
  3 *vi fig (trascender)* to have repercussions (**en**, on), affect: **la subida del dólar ha repercutido en los precios** the dollar rise badly affected prices.
repertorio
  1 *nm (resumen)* list, index.
  2 *nm TEAT* repertoire, repertory.
repesca *nf fam* second chance; *(examen)* resit.
  ✦ **hacer un examen de repesca** to resit an exam.
repescar *vt fam* to give a second chance to; *(examen)* to allow to resit an exam.
  ▲ *Conjugation model* [1], *like sacar.*

repetición
  1 *nf (gen)* repetition.
  2 *nf (de programa)* repeat.
  ▪ **arma de repetición** repeater, repeating firearm.
  repetición de la jugada *DEP* action replay.
repetidamente *adv* repeatedly, over and over.
repetido,-a
  1 *pp* → **repetir.**
  2 *adj* repeated.
  ✦ **repetidas veces** repeatedly, countless times.
repetidor,-ra
  1 *adj* repeating: **alumno repetidor** repeat student.
  2 *nm,f EDUC* repeat student.
  3 **repetidor** *nm TÉC* relay, booster station.
  ▪ **estación repetidora** relay station.
  repetidor de televisión relay station.
repetir
  1 *vt (gen)* to repeat: **¿puedes repetir la pregunta?** can you repeat the question?; **se lo repetí dos veces** I told him twice.
  2 *vt (volver a hacer)* to do again, do over again.
  3 *vi (volver a servirse)* to have a second helping: **quisimos repetir de pescado** we wanted some more fish.
  4 *vi (venir a la boca)* to repeat (on one), come up: **el ajo repite** garlic repeats.
  5 *vi EDUC* to repeat a year.
  6 **repetirse** *vpr (persona)* to repeat oneself: **ese escritor se repite en cada novela** that writer repeats himself in each novel.
  7 *vpr (hecho)* to recur.
  ✦ **¡que no se repita!** don't let it happen again!
  ¡que se repita! encore!, more!
  ▲ *Conjugation model* [34], *like servir.*
repetitivo,-a *adj* repetitive.
repicar
  1 *vt (campanas)* to peal, ring out.
  2 *vt (picar)* to chop, mince.
  3 **repicarse** *vpr (jactarse)* to boast (**de**, about).
  ▲ *Conjugation model* [1], *like sacar.*
repintar
  1 *vt* to repaint.
  2 **repintarse** *vpr (maquillarse mucho)* to put on layers of make-up.
repipi *adj fam* la-di-da, affected: **niño repipi** little know-all.
repique *nm* peal, ringing.
repiquetear
  1 *vt (repicar)* to peal out.
  2 *vt (tamborilear)* to beat, tap.
  3 *vt (lluvia)* to pitter-patter.
repiqueteo
  1 *nm (de campana)* pealing.
  2 *nm (de tambor)* beating, tapping.
  3 *nm (de lluvia)* pitter-patter.

repisa *nf* ledge, shelf.
  ▪ **repisa de la chimenea** mantelpiece.
replantar
  1 *vt (volver a plantar)* to replant.
  2 *vt (transplantar)* to transplant.
replanteamiento *nm* rethink.
replantear
  1 *vt ARQ* to redesign.
  2 *vt (asunto, problema, etc)* to re-examine, reconsider, rethink: **se replanteó su función** he reconsidered his duties.
replegable *adj* retracable.
replegarse *vpr* to withdraw, fall back, retreat.
  ▲ *Conjugation model* [48], *like regar.*
repleto,-a *adj* full up, full (**de**, of), jampacked (**de**, with): **estaba repleto de niños** it was packed with children.
réplica
  1 *nf (respuesta)* answer, reply; *(objeción)* retort.
  2 *nf ART (copia)* replica.
replicar
  1 *vt (contestar)* to answer, reply.
  2 *vt (poner objeciones)* to argue, answer back.
  3 *vt JUR* to answer.
  4 *vi (contestar)* to reply, retort.
  5 *vi (poner objeciones)* to argue, answer back: **lo haces sin replicar** you do it without arguing.
  6 *vi JUR* to answer.
  ▲ *Conjugation model* [1], *like sacar.*
replicón,-ona
  1 *adj fam* argumentative, cheeky, bold.
  2 *nm,f fam* argumentative person.
repliegue
  1 *nm (pliegue)* fold, crease.
  2 *nm MIL* withdrawal, retreat.
  3 *nm fig* recess.
repoblación *nf* repopulation.
  ▪ **repoblación forestal** reafforestation, reforestation.
repoblar *vt* to repopulate; *(bosque)* to reafforest, reforest.
  ▲ *Conjugation model* [31], *like contar.*
repollo *nm* cabbage.
reponer
  1 *vt (devolver)* to put back, replace, restore.
  2 *vt (reemplazar)* to replace.
  3 *vt (en el teatro)* to put on again, restage; *(en el cine)* to rerun; *(en televisión)* to repeat.
  4 *vt (replicar)* to reply, retort.
  5 **reponerse** *vpr (salud, susto, etc)* to recover: **se repuso de la operación** he recovered from the operation.
  ▲ *Conjugation model* [78], *like poner; pp repuesto,-a.*
reportaje
  1 *nm (prensa, radio, etc)* report.
  2 *nm (noticias)* article, news item.
  3 *nm (documental)* documentary.
  ▪ **reportaje gráfico** illustrated feature.

reportar
1 *vt (proporcionar)* to bring: el cine le ha reportado fama y fortuna the cinema has brought him fame and fortune.
2 *vt (refrenar)* to restrain, check.
3 **reportarse** *vpr (refrenarse)* to restrain oneself, control oneself: repórtate, no llames la atención, por favor restrain yourself, please don't create a scene.
reporte *nm* report.
repórter *nm & nf* reporter.
reportero,-a *nm,f* reporter.
reposacabezas *nm* headrest.
▲ *pl* reposacabezas.
reposadamente *adv* calmly, quietly.
reposado,-a
1 *pp* → reposar.
2 *adj* calm, quiet, peaceful.
reposapiés *nm* footrest.
▲ *pl* reposapiés.
reposar
1 *vt (la comida)* to leave to stand.
2 *vi (descansar)* to rest, take a rest.
3 *vi (yacer)* to rest, lie, be buried.
4 *vi (un líquido)* to settle.
5 **reposarse** *vpr (un líquido)* to settle.
✦ **dejar reposar** to leave to stand.
reposición
1 *nf (restitución)* restoration.
2 *nf (en el teatro)* revival; *(en el cine)* rerun; *(en televisión)* repeat.
repositorio *nm* repository.
reposo
1 *nm (descanso)* rest.
2 *nm (tranquilidad)* peace.
✦ **en reposo** *(persona)* at rest; *(masa etc)* standing.
hacer reposo to get some rest: deberás hacer reposo unos días you'll need to rest for a few days.
repostar
1 *vt (provisiones)* to stock up with.
2 *vt (avión)* to refuel; *(coche)* to fill up.
repostería
1 *nf (tienda - de pasteles)* cake shop, pastry shop; *(- de chocolate, bombones)* confectioner's, confectioner's shop.
2 *nf (pastas)* cakes *pl; (chocolate, bombones)* confectionery.
3 *nf (arte)* pastrymaking.
4 *nf (despensa)* pantry, larder.
repostero,-a *nm,f (de pasteles)* pastrycook; *(de chocolate, bombones)* confectioner.
reprender *vt* to reprimand, scold.
reprensible *adj* reprehensible.
reprensión *nf* reprimand, scolding.
represa *nf* dam.
represalia *nf* reprisal, retaliation.
✦ **tomar represalias** to take reprisals.
represaliado,-a
1 *pp* → represaliar.
2 *adj* sanctioned.

represaliar *vt* to sanction.
represar *vt* to hold back.
representación
1 *nf (gen)* representation: tiene la representación de esta marca he represents this firm.
2 *nf TEAT* performance.
✦ **en representación de** as a representative of, representing.
representante
1 *adj* representative.
2 *nm & nf* representative.
3 *nm & nf (actor)* actor; *(actriz)* actress.
representar
1 *vt (gen)* to represent: esto representa un árbol this represents a tree; esta redacción representa varias horas de trabajo this composition represents several hours of work.
2 *vt (símbolo)* to represent, stand for: una paloma representa la paz a dove stands for peace.
3 *vt TEAT (obra)* to perform; *(papel)* to play (the part of).
4 *vt (aparentar)* to appear to be, look: representa veinte años she looks twenty.
5 *vt (importar)* to mean: la música representaba mucho para él music meant a lot to him.
6 **representarse** *vpr (imaginarse)* to imagine, picture.
representatividad *nf* significance, importance.
representativo,-a *adj* representative.
represión *nf* repression: represión sexual sexual repression.
represivo,-a *adj* repressive.
reprimenda *nf* reprimand.
reprimido,-a
1 *pp* → reprimir.
2 *adj* repressed.
3 *nm,f* repressed person.
reprimir
1 *vt (gen)* to repress, suppress.
2 *vt (pasión)* to repress; *(llanto, risa, etc)* to suppress, hold back.
3 **reprimirse** *vpr* to control oneself.
reprís *nm* acceleration.
▲ *pl* reprís.
reprise *nf* acceleration.
reprivatización *nf* return to private ownership.
reprivatizar *vt* to return to private ownership.
reprobable *adj* reproachable, reprehensible.
reprobación *nf* reprobation, reproof.
reprobador,-ra *adj* reproachful.
reprobar *vt (cosa)* to condemn; *(persona)* to reprove, reproach, censure.
▲ Conjugation model [31], *like* contar.
reprobatorio,-a *adj* reproving.
réprobo,-a
1 *adj* reprobate.
2 *nm,f* reprobate.

reprocesado,-a
1 *pp* → reprocesar.
2 *adj* reprocessed.
3 **reprocesado** *nm* reprocessing.
reprocesar *vt* to reprocess.
reprochable *adj* reproachable.
reprochador,-ra *adj* reproachful.
reprochar *vt* to reproach, censure: me reprochó mi actitud she reproached me for my attitude.
reproche *nm* reproach, criticism.
reproducción
1 *nf* reproduction.
2 *nf MED* recurrence.
■ **derechos de reproducción** copyright.
reproducir
1 *vt* to reproduce, repeat.
2 **reproducirse** *vpr (gen)* to reproduce.
3 *vpr (volver a ocurrir)* to happen again, recur: se ha reproducido el mismo hecho the same thing has happened again.
4 *vpr MED* to reproduce.
▲ Conjugation model [46], *like* conducir.
reproductor,-ra
1 *adj (gen)* reproducing.
2 *adj ANAT* reproductive.
3 *adj (animal)* breeding.
4 *nm,f (animal)* breeder.
reprografía *nf* reprography.
reprogramar *vt* to reprogramme *(US* reprogram).
reps *nm* rep, repp.
▲ *pl* reps.
reptar
1 *vi (arrastrarse)* to crawl, slither.
2 *vi (adular)* to flatter.
reptil
1 *adj* reptile, reptilian.
2 *nm* reptile.
réptil *nm* → reptil.
república *nf* republic.
■ **república bananera** *pey* banana republic.
república de las letras *lit* intelligentsia.
republicanismo *nm* republicanism.
republicano,-a
1 *adj* republican.
2 *nm,f* republican.
repudiar *vt* to repudiate.
▲ Conjugation model [12], *like* cambiar.
repudio *nm* repudiation.
repuesto,-a
1 *pp* → reponer.
2 *adj (recuperado)* recovered.
3 **repuesto** *nm (prevención)* store, supply, stock.
4 *nm (recambio)* spare, spare part.
✦ **de repuesto** spare, in reserve: rueda de repuesto spare wheel; una llave de repuesto an extra key, a spare key.
repugnancia *nf* repugnance, disgust, loathing.
repugnante *adj* repugnant, repulsive, disgusting, revolting.

repugnar
1 *vi* to disgust, revolt: me repugnan las serpientes I loathe snakes, I find snakes repulsive.
2 *vt (negar)* to deny.
3 *vt (contradecir)* to contradict.

repujado,-a
1 *pp* → repujar.
2 *adj* embossed, repoussé.

repujar *vt* to emboss.

repulir
1 *vt (volver a pulir)* to repolish.
2 *vt (acicalar)* to smarten up, dress up.
3 repulirse *vpr (acicalarse)* to dress up.

repulsa
1 *nf (rechazo)* rebuff.
2 *nf (negativa)* refusal, rejection.
3 *nf (condena)* condemnation.
4 *nf (reprimenda)* reprimand.

repulsar
1 *vt (despreciar)* to reject.
2 *vt (denegar)* to deny.

repulsión *nf* repulsion, repugnance.

repulsivo,-a *adj* repulsive, revolting.

repuntar
1 *vi (la marea)* to turn.
2 *vi (economía)* to recover, pick up.
3 repuntarse *vpr (avinagrarse)* to turn sour.
4 *vpr fig (enfadarse)* to fall out.

repuse *pt indef* → reponer.

reputación *nf* reputation: tiene buena reputación she has a good reputation.

reputado,-a
1 *pp* → reputar.
2 *adj* reputed, reputable.

reputar *vt* to consider, deem.

requebrar
1 *vt fig (lisonjear)* to court.
2 *vt (adular)* to flatter, pay compliments to.
▲ *Conjugation model [27], like* acertar.

requemado,-a
1 *pp* → requemar.
2 *adj* scorched, burnt.

requemar
1 *vt (gen)* to scorch, burn.
2 *vt (plantas)* to scorch.
3 *vt (la piel)* to tan, darken.
4 requemarse *vpr (gen)* to burn.
5 *vpr (plantas)* to become scorched.
6 *vpr fig (consumirse)* to be consumed.

requerimiento
1 *nm (súplica)* request.
2 *nm JUR (aviso)* summons *pl; (intimación)* injunction.
✦ a requerimiento de alguien at somebody's request.

requerir
1 *vt (necesitar)* to require, need: esto requiere gran paciencia this requires a lot of patience.
2 *vt (decir con autoridad)* to demand, call for.
3 *vt (solicitar)* to request: requirió nuestra ayuda he asked for our help.

4 *vt (persuadir)* to persuade: nos requirió con elocuencia he persuaded us eloquently.
5 *vt JUR* to summon.
✦ requerir de amores *lit* to court, woo.
▲ *Conjugation model [35], like* hervir.

requesón *nm* cottage cheese.

requeté
1 *nm HIST* Carlist soldier.
2 los requetés *nm pl* the Carlist forces.

requete- *pref fam* really, very, incredibly: requetebueno really good, smashing; requetemoderno ultramodern, incredibly modern.

requiebro *nm* compliment, flirtatious remark.

réquiem *nm* requiem.
▲ *pl* réquiems.

requisa
1 *nf (inspección)* inspection.
2 *nf (embargo)* requisition.

requisar
1 *vt MIL* to requisition.
2 *vt fam (apropiarse)* to grab, swipe.

requisición *nf* requisition.

requisito *nm* requisite, requirement.
✦ cumplir todos los requisitos to fulfil *(US* fulfill) all the requirements.
ser requisito indispensable to be absolutely essential.
▪ requisito previo prerequisite.

requisitoria *nf* requisition, demand.

res *nf (gen)* beast, animal; *(cabeza de ganado)* head: un rebaño de doscientas reses a herd of two hundred head of cattle.
▪ res lanar sheep, head of sheep.
res vacuna head of cattle.

resabiar
1 *vt* to lead astray, make fall into bad habits.
2 resabiarse *vpr (comida)* to go off.
▲ *Conjugation model [12], like* cambiar.

resabido,-a
1 *adj (muy bien sabido)* widely known, extremely well-known.
2 *adj pey (redicho)* pretentious, pedantic, know-all.

resabio
1 *nm (mal sabor)* bad aftertaste.
2 *nm (vicio)* bad habit.

resaca
1 *nf (de las olas)* undertow, undercurrent.
2 *nf (de borrachera)* hangover: tenía resaca she had a hangover.

resalado,-a
1 *adj fam (gracioso)* charming, attractive.
2 *adj fam (alegre)* lively.

resaltar
1 *vi (sobresalir)* to project, jut out: dos balcones resaltan de la fachada principal two balconies jut out from the main façade.
2 *vi fig (distinguirse)* to stand out (de, from).
3 *vt* to highlight, stress, emphasize.

✦ hacer resaltar to emphasize, stress, highlight.

resalte *nm* ledge.

resalto *nm* ledge.

resarcir
1 *vt* to compensate, indemnify.
2 resarcirse *vpr* to make up for.
▲ *Conjugation model [3], like* zurcir.

resbaladizo,-a
1 *adj* slippery.
2 *adj fig* slippery, tricky.

resbalar
1 *vi (deslizarse)* to slide.
2 *vi (sin querer - persona)* to slip.
3 *vi (- vehículo)* to skid.
4 *vi (gotas, lágrimas, etc)* to trickle (down).
5 *vi fig* to slip up, make a slip.

resbalón *nm* slip.
✦ dar un resbalón to slip, slide; *fig* to slip up.

resbaloso,-a *adj* slippery.

rescatador,-ra *nm,f* rescuer.

rescatar
1 *vt (rehén, náufrago, persona atrapada, etc)* to rescue; *(cadáver)* to recover; *(ciudad)* to recapture.
2 *vt (recuperar)* to recover.
3 *vt fig (recobrar - gen)* to rescue; *(- tiempo)* to make up for: rescatar del olvido to rescue from oblivion.
4 *vt fig (librar)* to rescue.

rescate
1 *nm (salvamento)* rescue; *(de ciudad)* recapture.
2 *nm (dinero)* ransom.
3 *nm (recuperación)* recovery, recapture.
✦ exigir rescate por alguien to hold somebody to ransom.
▪ equipo de rescate rescue team.

rescindible *adj* cancellable, rescindable.

rescindir *vt* to rescind, cancel, terminate: me rescindió el contrato she cancelled my contract.

rescisión *nf* rescission, cancellation, termination.

rescoldo
1 *nm (brasa)* embers *pl.*
2 *nm fig (recelo)* lingering doubt.

resecar¹
1 *vt* to dry up.
2 resecarse *vpr* to dry up.
▲ *Conjugation model [1], like* sacar.

resecar² *vt MED* to resect.
▲ *Conjugation model [1], like* sacar.

resección *nf* resection.

reseco,-a
1 *adj (seco)* very dry, parched: tiene la piel reseca she has very dry skin.
2 *adj (flaco)* thin, skinny.

reseda *nf* reseda.

resentido,-a
1 *pp* → resentir.
2 *adj* resentful.
3 *nm,f* resentful person.

✦ **estar resentido,-a con/contra alguien** to bear resentment towards somebody. **estar resentido,-a por algo** to be resentful of something, resent something.

resentimiento *nm* resentment.

resentirse
1 *vpr (sentirse)* to suffer (**de**, from), feel the effects (**de**, of): **me resiento del tobillo** my ankle hurts, I have a sore ankle.
2 *vpr (flaquear)* to be weakened.
3 *vpr fig (enojarse)* to become resentful, feel resentment.
✦ **resentirse con/contra alguien** *fig* to bear somebody resentment.
resentirse por algo *fig* to take offence (*us* offense) at something.
▲ *Conjugation model* [35], *like* **hervir.**

reseña
1 *nf (crítica)* review; *(en prensa)* write-up.
2 *nf (descripción)* description.
3 *nf (narración)* account.
4 *nf MIL* review.

reseñar
1 *vt (crítica)* to review.
2 *vt (describir)* to describe.
3 *vt (narrar)* to give an account of.

reserva
1 *nf (de plazas, entradas, etc)* booking, reservation.
2 *nf (provisión)* reserve; *(existencias)* stock: **reservas de carburante** fuel reserves, fuel stocks.
3 *nf (cautela)* reservation.
4 *nf (discreción)* discretion, reserve.
5 *nf (vino)* vintage: **es un vino de reserva** it's a vintage wine.
6 *nf (de animales)* reserve; *(de personas)* reservation: **reserva de indios** Indian reservation.
7 *nf MIL* reserve, reserves *pl.*
8 *nm & nf DEP* reserve, substitute.
9 **reservas** *nf pl COM* reserves, stock *sing.*
✦ **con la mayor reserva** in the strictest confidence.
guardar algo en reserva to keep something in reserve.
hacer una reserva to make a reservation, make a booking, book.
pasar a la reserva *MIL* to be put in the reserves.
"Reserva de habitaciones" "Room reservations".
sin reserva/sin reservas openly, without reservation.
tener reservas sobre algo to have reservations about something.
tener algo en reserva to keep something in reserve.
▪ **reserva de divisas** foreign currency reserves *pl.*

reservación *nf* booking, reservation.

reservadamente *adv* in confidence.

reservado,-a
1 *pp* → **reservar.**
2 *adj (plazas)* booked, reserved.
3 *adj (persona)* reserved, discreet.
4 *adj (asunto)* confidential.

5 **reservado** *nm (en local)* private room; *(en tren)* reserved compartment.

reservar
1 *vt (plazas etc)* to book, reserve.
2 *vt (guardar)* to keep, save: **resérvame un baile** save a dance for me.
3 *vt (ocultar)* to withhold, keep to oneself.
4 **reservarse** *vpr (conservarse)* to save oneself (**para**, for): **resérvate para después** save yourself for later.
5 *vpr (cautelarse)* to withhold, keep to oneself: **se reservó su opinión** she kept her opinion to herself.

reservista *nm & nf* reservist.

resfriado,-a
1 *pp* → **resfriar.**
2 *adj* with a cold: **estoy muy resfriado** I have a bad cold.
3 **resfriado** *nm* cold; *(poco importante)* chill.
✦ **coger un resfriado/pillar un resfriado** to catch a cold; *(poco importante)* to catch a chill.

resfriar
1 *vt (enfriar)* to cool.
2 *vi (empezar a hacer frío)* to cool (down).
3 **resfriarse** *vpr* to catch a cold.
▲ *Conjugation model* [13], *like* **desviar.**

resfrío *nm* cold.

resguardar
1 *vt (proteger)* to protect (**de**, from), shelter (**de**, from): **resguardar del frío** to protect from the cold.
2 *vt (salvaguardar)* to safeguard (**de**, against).
3 **resguardarse** *vpr (protegerse)* to protect oneself.
4 *vpr fig* to be careful, take precautions.

resguardo
1 *nm (protección)* protection, shelter.
2 *nm (garantía)* safeguard, guarantee.
3 *nm (recibo)* receipt, ticket; *(vale)* voucher; *(de talonario)* counterfoil, stub; *(de un ingreso)* paying-in slip.

residencia *nf (gen)* residence.
✦ **tener la residencia en** to reside in.
▪ **hotel residencia** residential hotel.
residencia de ancianos old people's home.
residencia de estudiantes hall of residence, *(us* dormitory).

residencial *adj* residential.

residente
1 *adj* resident, residing: **médico residente** resident doctor; **residente en Barcelona** residing in Barcelona.
2 *nm & nf* resident.
✦ **no residente** nonresident.

residir
1 *vi* to reside (**en**, in), live (**en**, in).
2 *vi fig* to lie (**en**, in): **ahí reside el problema** the problem lies there.

residual *adj* residual.

residuo
1 *nm* residue.
2 **residuos** *nm pl* waste *sing*, refuse *sing.*

▪ **residuos radiactivos** radioactive waste *sing.*

resignación *nf* resignation.

resignadamente *adv* resignedly, with resignation.

resignado,-a
1 *pp* → **resignar.**
2 *adj* resigned.

resignar
1 *vt* to resign, relinquish.
2 **resignarse** *vpr* to resign oneself (**a**, to): **se resignó a perder el partido** he resigned himself to losing the match.

resina *nf* resin.

resinoso,-a *adj* resinous.

resistencia
1 *nf (gen)* resistance.
2 *nf (aguante)* endurance, stamina.
3 *nf (oposición)* resistance, opposition: **la propuesta no encontró resistencia** the proposal didn't meet any resistance.
4 *nf ELEC* resistance.
5 *nf (de materiales)* strength.
6 *nf* **la Resistencia** *HIST* the Resistance.
▪ **prueba de resistencia** endurance test.
resistencia pasiva passive resistance.

resistente
1 *adj (que resiste)* resistant (**a**, to): **resistente al agua** water-resistant.
2 *adj (fuerte)* tough, strong.
3 *adj (tejido)* hard-wearing.

resistir
1 *vi (aguantar - algo)* to hold (out); *(- alguien)* to hold out, take (it), have endurance: **la cuerda no resistirá** the rope won't hold; **no resistes nada** you can't take anything.
2 *vi (durar)* to endure, last: **mi moto aún resiste** there's still life in my motorbike yet.
3 *vi (ejército)* to hold out, resist.
4 *vt (soportar)* to stand, tolerate: **no resisto la vagancia** I can't stand laziness.
5 *vt (peso etc)* to bear, withstand, take.
6 *vt (tentación etc)* to resist.
7 **resistirse** *vpr (rechazar)* to resist.
8 *vpr (oponerse)* to resist, put up resistance.
9 *vpr fam (costar)* to be difficult, be hard: **la física se le resiste** he's struggling with physics.
10 *vpr (negarse)* to refuse: **me resisto a opinar** I refuse to give my opinion; **me resisto a creerlo** I find it hard to believe.

resma *nf* ream, ream of paper.

resol *nm* glare, glare of the sun.

resollar
1 *vi (respirar)* to breathe.
2 *vi (respirar - fuertemente)* to pant; *(- con ruido)* to wheeze.
3 *vi (jadear)* to puff and pant.
✦ **sin resollar** *fig* without a word.
▲ *Conjugation model* [31], *like* **contar.**

resolución
1 *nf (decisión)* resolution, decision; *(determinación)* determination, resolve.

2 *nf (solución)* solution; *(de un conflicto)* settlement; *(en técnica)* resolution.
✦ **tomar una resolución** to decide.
▪ **resolución fatal** death wish.
  resolución judicial court decision.

resolutivo,-a *adj* resolvent.

resoluto,-a *adj* resolute.

resolutorio,-a *adj* resolutive.

resolver
1 *vt (solucionar - gen)* to resolve, solve; *(- asunto, conflicto)* to resolve, settle; *(- dificultad)* to overcome.
2 *vt (decidir)* to resolve, decide (-, to): re-solvió marchar she decided to leave.
3 *vt (deshacer)* to resolve.
4 *vt* QUÍM to dissolve.
5 **resolverse** *vpr (solucionarse)* to be solved; *(resultar)* to work out.
6 *vpr (reducirse)* to end up (**en**, in), turn out: **todo se resolvió en unos gritos** it turned out to be a shouting match.
7 *vpr (decidirse)* to resolve (**a**, -), make up one's mind (**a**, to), decide (**a**, to): **se resolvió a cantar** he decided to sing.
▲ *Conjugation model* [32], *like* **mover**; *pp* **resuelto,-a**.

resonancia
1 *nf* resonance.
2 *nf (eco)* echo.
3 *nf fig (importancia)* importance; *(consecuencias)* repercussions *pl*.
✦ **tener resonancia** to cause a sensation, cause a stir, have an impact.
▪ **caja de resonancia** sound box; *fig* sounding board.

resonante
1 *adj* resounding.
2 *adj fig* important.

resonar
1 *vi (gen)* to resound.
2 *vi (cristal, metales, etc)* to ring.
3 *vi (tener eco)* to echo.
4 *vi fig* to have repercussions.
▲ *Conjugation model* [31], *like* **contar**.

resoplar
1 *vi* to breathe heavily.
2 *vi (de cansancio)* to puff and pant.

resoplido
1 *nm (resuello)* heavy breathing; *(silbido)* wheezing; *(por cansancio)* panting.
2 *nm (de enfado)* snort.

resoplo *nm* → **resoplido**.

resorte
1 *nm* spring.
2 *nm fig* means *pl*.
✦ **conocer todos los resortes de algo** *fig* to know all the ins and outs of something.
  tocar todos los resortes *fig* to pull all the strings.

respaldar
1 *vt* to support, back (up).
2 **respaldarse** *vpr* to lean back (**en**, on).
3 *vpr (apoyarse)* to lean (**en**, on).

respaldo
1 *nm* back.
2 *nm fig* support, backing.

respectar *vi* to concern, regard.
✦ **por lo que a mí respecta** as far as I'm concerned.
▲ *Used only in the 3rd person singular.*

respectivamente *adv* respectively: los dos alumnos sacaron un notable y un aprobado respectivamente the two students got a B and a D respectively.

respectivo,-a *adj* respective: con sus respectivas esposas with their respective wives.
✦ **en lo respectivo a** with regard to, regarding.

respecto *nm* regard, respect.
✦ **a este respecto** in this respect.
  al respecto in this respect.
  con respecto a with regard to, regarding.
  respecto a with regard to, as for: respecto a mí as for me, as far as I am concerned.

respetabilidad *nf* respectability.

respetable
1 *adj* respectable.
2 **el respetable** *nm fam (público)* the audience.

respetar *vt* to respect.
✦ **hacerse respetar** to command respect.
  respetar la prioridad AUTO to give way.

respeto
1 *nm (gen)* respect.
2 *nm fam (miedo)* fear.
3 **respetos** *nm pl* respects.
✦ **campar por sus respetos** to do as one pleases.
  por respeto a out of consideration for.
  presentar sus respetos a alguien *fml* to pay one's respects to somebody.
▪ **falta de respeto** lack of respect.

respetuosamente *adv* respectfully.

respetuoso,-a *adj* respectful.

respingar
1 *vi (caballo)* to shy.
2 *vi fam (falda etc)* to ride up.
▲ *Conjugation model* [7], *like* **llegar**.

respingo
1 *nm (sacudida)* start, jump.
2 *nm fig (ademán)* gesture of unwillingness.

respingón,-ona *adj* snub, upturned: nariz respingona snub nose.

respiración
1 *nf (acción)* breathing, respiration.
2 *nf (aliento)* breath more easily, breathe.
3 *nf (aire)* ventilation.
✦ **aguantar/contener la respiración** to hold one's breath.
  que corta la respiración *fig* that takes one's breath away, breathtaking.
  sin respiración breathless, out of breath.
▪ **respiración artificial** artificial resuscitation.

respiración boca a boca mouth-to-mouth respiration, kiss of life.

respiradero
1 *nm* TÉC air vent.
2 *nm fig* rest.

respirar
1 *vi* to breathe.
2 *vi (estar vivo)* to be breathing: aún respira she's still breathing.
3 *vi fig (ventilar)* to air: abre ese cuarto para que respire open that room to air it.
4 *vi fig (despedir olor)* to smell (**a**, of): su vestido respira a lavanda her dress smells of lavender.
5 *vi fig (relajarse)* to breathe more easily, breathe a sigh of relief: al oír al doctor, respiramos when we heard what the doctor had to say we breathed a sigh of relief.
6 *vt (absorber)* to breathe, breathe in, inhale: el soldado respiró gases tóxicos the soldier breathed in toxic fumes.
✦ **dejar respirar** *fig* to give a break, give a moment's peace.
  no poder respirar *(de trabajo)* to be up to one's eyes in work.
  respirar felicidad *fig* to radiate happiness.
  sin respirar *(sin descanso)* nonstop; *(con atención)* attentively: habla sin respirar he talks nonstop.
  respirar mal to breathe with difficulty.

respiratorio,-a *adj* respiratory.

respiro
1 *nm fig (resuello)* breathing.
2 *nm fig (descanso)* breather, break.
3 *nm fig (prórroga)* respite, grace, breathing space.
4 *nm (alivio)* relief, respite.
✦ **no dar respiro** *fig* to give no peace, give no respite.
  tomarse un respiro *fig* to take a breather.

resplandecer
1 *vi (sol)* to shine; *(metal)* to gleam, glint; *(fuego)* to glow.
2 *vi fig* to glow (**de**, with), shine (**de**, with): sus ojos resplandecían de alegría her eyes sparkled with joy.
3 *vi fig (destacar)* to shine, stand out.
▲ *Conjugation model* [43], *like* **agradecer**.

resplandeciente
1 *adj (brillante)* shining; *(metales)* gleaming, glittering; *(fuego)* glowing; *(ojos)* sparkling.
2 *adj fig (radiante)* resplendent, radiant.

resplandor
1 *nm (de luz)* brightness, brilliance; *(de metales, cristales, etc)* gleam, glitter; *(del fuego)* glow, blaze.
2 *nm fig (esplendor)* splendour (US splendor); *(brillantez)* radiance.

responder
1 *vt (contestar)* to answer.
2 *vi (contestar)* to answer, reply: respondió a la pregunta she answered to the question.

3 vi (replicar) to answer back.

4 vi (corresponder) to answer, respond to: tengo que responder a su amabilidad I have to respond to his kindness.

5 vi (tener el efecto deseado) to respond: el motor respondió bien the engine responded well.

6 vi (rendir) to go well, do well: este campo responde this field is very productive.

7 vi (ser responsable) to answer (de, for), accept responsibility (de, for): responderás de sus faltas you'll answer for her mistakes.

8 vi (garantizar) to guarantee, vouch (de, for).

✦ responder al nombre de ... (animal) to answer to the name of ...; (persona) to go by the name of ...: responde al nombre de Ana she goes by the name of Ana.

responder a una descripción to answer a description, fit a description.

responder a una necesidad to answer a need, meet a need.

responder a un tratamiento to respond to a course of treatment.

responder de alguien to be responsible for somebody.

responder por alguien to vouch for somebody, act as a guarantor for somebody.

respondón,-ona adj fam argumentative, cheeky.

responsabilidad nf responsibility.

✦ cargar con la responsabilidad de algo to take responsibility for something.

▪ responsabilidad limitada limited liability.

responsabilizar

1 vt to make responsible (de, for), hold responsible (de, for).

2 responsabilizarse vpr to take responsibility (de, for), claim responsibility (de, for).

▲ Conjugation model [4], like realizar.

responsable

1 adj responsible: es una niña muy responsable she's a very responsible girl; es responsable de las provisiones he's responsible for supplies.

2 nm & nf (encargado) person in charge.

3 nm & nf (de un crimen) perpetrator, culprit, person responsible.

✦ hacerse responsable de algo to assume responsibility for something.

responsablemente adv responsibly, with responsibility.

responso

1 nm REL prayer for the dead.

2 nm fam (reprimenda) ticking-off.

responsorio nm response.

respuesta

1 nf (gen) answer, reply.

2 nf (reacción) response.

✦ en respuesta a in response to.

resquebrajadizo,-a adj fragile, brittle.

resquebrajadura nf crack.

resquebrajamiento nm crack.

resquebrajar

1 vt to crack.

2 resquebrajarse vpr to crack.

resquebrar

1 vt to crack.

2 resquebrarse vpr to crack.

resquemor nm resentment, ill feeling.

resquicio

1 nm (abertura) crack, chink.

2 nm fig glimmer; (oportunidad) chance; (posibilidad) possibility, chance: un resquicio de esperanza a glimmer of hope; si tuviese el menor resquicio lo haría if I had the slightest chance I would do it.

resta nf subtraction.

restablecer

1 vt (gen) to reestablish; (orden, monarquía, etc) to restore.

2 restablecerse vpr (gen) to be reestablished; (orden etc) to be restored.

3 vpr MED to recover, get better.

▲ Conjugation model [43], like agradecer.

restablecimiento

1 nm (gen) reestablishment; (orden etc) restoration.

2 nm MED recovery.

restallar

1 vi (látigo) to crack.

2 vi (hacer ruido) to crackle.

restallido nm crack.

restante

1 adj remaining.

2 lo restante nm the rest, the remainder, what is left over.

restañar vt to staunch.

restar

1 vt MAT to subtract, take (away): restar cuatro de seis to subtract four from six.

2 vt fig (quitar) to reduce, deduct.

3 vt DEP to return.

4 vi (quedar) to be left, remain: resta poco para las vacaciones it won't be long until the holiday, it isn't long until the holiday.

✦ restar importancia a algo to play something down, play down the importance of something.

restauración

1 nf (restablecimiento) restoration.

2 nf CULIN restaurant business, catering.

restaurador,-ra

1 adj restoring.

2 nm,f (de obras etc) restorer.

3 nm,f CULIN restaurateur.

restaurante nm restaurant.

▪ coche restaurante (en tren) restaurant car, buffet car.

restaurar

1 vt (obra etc) to restore.

2 vt (en un cargo) to reinstate.

restitución nf restitution.

restituir

1 vt (restablecer) to restore.

2 vt (devolver) to return, give back.

▲ Conjugation model [62], like huir.

restitutorio,-a adj restitutory.

resto

1 nm remainder, rest.

2 nm MAT remainder.

3 nm DEP return.

4 restos nm pl (gen) remains; (ruinas) ruins.

5 nm pl (de comida) leftovers.

✦ echar el resto fam to give something all one has got, go all out.

▪ restos mortales mortal remains.

restregar

1 vt (frotar) to rub hard.

2 vt (fregar) to scrub.

▲ Conjugation model [48], like regar.

restricción nf restriction.

restrictivo,-a adj restrictive.

restricto,-a adj restricted.

restringir

1 vt (limitar) to restrict, limit.

2 vt (astringir) to contract.

3 restringirse vpr (reducirse) to reduce.

▲ Conjugation model [6], like dirigir.

resucitación nf resuscitation.

resucitar

1 vt to resuscitate.

2 vt fig to revive.

3 vi to resuscitate.

resudar

1 vi (sudar ligeramente) to sweat slightly.

2 vi (árboles) to exude.

resuello

1 nm (acción) breathing.

2 nm (aliento) breath, gasp.

resueltamente adv purposefully, resolutely.

resuelto,-a

1 pp → resolver.

2 adj (decidido) resolute, determined.

resulta nf consequence.

✦ de resultas de as a result of.

resultado nm result; (consecuencia) outcome.

✦ dar buen resultado to work well, turn out to be good, give results; (prenda) to wear well: este abrigo me ha dado muy buen resultado this coat has worn really well.

resultante adj resultant, resulting.

resultar

1 vi (gen) to result, be the result of: esto resulta de las operaciones que se realizaron this is the result of the transactions which were carried out.

2 vi (ser) to be: la casa resulta pequeña the house is small; resultó vencedor he won.

3 vi (acabar siendo) to turn out to be: resultó ser muy agradable he turned out to be very nice; aquel plan resultó un éxito that plan turned out to be a success.

4 *vi (salir)* to come out, turn out, work out: todo resultó como esperábamos it all worked out as we expected.

5 *vi (ocurrir)* to turn out: resulta que está enfermo y no puede venir it turns out that he's ill and can't come.

6 *vi (ser conveniente)* to be advisable: resulta mirar bien antes de comprar one should have a good look around before buying.

7 *vi (tener éxito)* to be a success, come off: el negocio resultó the business was a success; la actuación no resultó the performance didn't come off.

8 *vi (combinarse)* to go (con, with), match (con, -): esos zapatos no resultan con ese vestido those shoes don't go with that dress.

9 *vi (costar)* to cost (por, -), come (por, to): los pantalones resultan por treinta euros the trousers cost thirty euros.

✦ resulta que it turns out that: resulta que era médico it turns out that he was a doctor; ahora resulta que no tiene adónde ir now it seems that she hasn't got anywhere to go.
viene a resultar lo mismo it amounts to the same thing.

resultón,-ona *adj (agradable)* nice, pleasant; *(atractivo)* attractive.

resumen *nm* summary.
✦ en resumen in short, to sum up.

resumir
1 *vt (reducir)* to summarize.
2 *vt (concluir)* to sum up: resumiendo, es una novela excelente in short, it's an excellent novel.
3 resumirse *vpr* to be summarized, be summed up.
4 *vpr (venir a ser)* to be reduced (en, to), boil down (en, to).

resurgimiento *nm* resurgence, reappearance.

resurgir
1 *vi (volver a aparecer)* to reappear.
2 *vi (revivir)* to revive.
▲ *Conjugation model* [6], *like dirigir.*

resurrección
1 *nf* resurrection.
2 *nf* la Resurrección *REL* the Resurrection.

retablo *nm* altarpiece, reredos.

retacear *vt (recortar)* to cut out.

retaco
1 *nm (escopeta)* short shotgun.
2 *nm fam fig (persona)* shorty, dumpling: su novio es un retaco her boyfriend's dumpy, her boy friend's short and fat.

retador,-ra *adj* challenging.

retaguarda *nf* rearguard.
✦ ir a la retaguarda to bring up the rear.

retaguardia *nf* → retaguarda.

retahíla *nf* string, series: una retahíla de chistes a series of jokes.

retal
1 *nm (sobrante)* oddment, remnant, scrap.
2 *nm (de tela)* offcut, remnant.

retama *nf* broom.

retamal *nm* broom patch, broom thicket.

retapizar *vt* to reupholster.
▲ *Conjugation model* [4], *like realizar.*

retar
1 *vt (desafiar)* to challenge.
2 *vt fam (reprender)* to scold.
✦ retar a duelo to challenge to a duel.

retardado,-a
1 *pp* → retardar.
2 *adj* delayed, retarded: de efecto retardado delayed-action.

retardar
1 *vt (detener)* to slow down; *(retrasar)* to delay.
2 *vt (posponer)* to postpone.
3 retardarse *vpr* to be delayed, be held up, be late.

retardo *nm* delay.

retazo
1 *nm (retal)* remnant, scrap.
2 *nm (fragmento)* fragment, piece.

retemblar *vi* to shake, tremble.
▲ *Conjugation model* [27], *like acertar.*

retén
1 *nm MIL* reserves *pl*, reinforcements *pl*.
2 *nm (previsión)* stock, store.
✦ de retén in reserve.

retención
1 *nf (gen)* retention.
2 *nf FIN* withholding, deduction.
3 *nf (de tráfico)* traffic jam, (traffic) hold-up.
■ retención de haberes *FIN* stoppages *pl*.

retener
1 *vt (contener)* to restrain, hold back: tuvo que retener las ganas de llorar she had to hold back the tears.
2 *vt (no dejar marchar)* to keep, keep back: no quiero retenerte I don't want to keep you.
3 *vt (no devolver)* to keep: retiene todo lo que le prestan he keeps everything he borrows.
4 *vt (en la memoria)* to retain, remember.
5 *vt (detener)* to detain; *(arrestar)* to arrest.
6 *vt FIN* to deduct, withhold.
7 *vt (absorber)* to retain, hold: el algodón retiene el agua cotton holds water.
8 retenerse *vpr* to restrain oneself, hold oneself back.
▲ *Conjugation model* [87], *like tener.*

retentiva *nf* retentiveness, memory.

retentivo,-a *adj* retentive.

reticencia
1 *nf (reserva)* reticence, reserve.
2 *nf (insinuación)* insinuation, innuendo.

reticente *adj* insinuating.

retícula *nf* reticle.

reticular *adj* reticular.

retículo *nm* reticle.

retina *nf* retina.

retinte *nm* → retintín.

retintín
1 *nm (sonido)* tinkling, ringing.
2 *nm fig* innuendo, sarcastic tone.

retinto,-a *adj* dark chestnut.

retirada
1 *nf MIL* retreat, withdrawal.
2 *nf (de un carnet)* withdrawal.
3 *nf (retiro)* retirement: la retirada de un futbolista a footballer's retirement.
✦ batirse en retirada *MIL* to beat a retreat. emprender la retirada *MIL* to retreat.

retirado,-a
1 *pp* → retirar.
2 *adj (apartado)* remote.
3 *adj (tranquilo)* secluded, quiet.
4 *adj (jubilado)* retired.
5 *nm,f* retired person, *(US* retiree).

retirar
1 *vt (apartar - gen)* to take away, remove; *(- un mueble)* to move away.
2 *vt (un carnet)* to take away.
3 *vt (algo dicho)* to take back.
4 *vt (dinero, ley, moneda, etc)* to withdraw.
5 *vt (jubilar)* to retire.
6 retirarse *vpr MIL* to retreat, withdraw.
7 *vpr (apartarse del mundo)* to go into seclusion.
8 *vpr (apartarse)* to withdraw, draw back, move back: retírate, no veo move back, I can't see.
9 *vpr (alejarse)* to move away: retírate de la ventana, te van a ver move away from the window, they'll see you.
10 *vpr (marcharse)* to leave: cuando acabó, se retiró when he finished, he left.
11 *vpr (irse a descansar)* to retire: se retiró a su habitación she retired to her bedroom.
12 *vpr (jubilarse)* to retire.
✦ no se retire *(al teléfono)* hold on, don't hang up.

retiro
1 *nm (jubilación)* retirement.
2 *nm (pensión)* pension.
3 *nm (lugar, recogimiento, etc)* retreat.
4 *nm REL* retreat.
✦ cobrar el retiro to receive one's pension.
■ retiro espiritual *REL* retreat.

reto *nm* challenge.
✦ lanzar un reto a alguien to challenge somebody.

retocar
1 *vt (dibujo, fotografía, etc)* to touch up, retouch.
2 *vt (perfeccionar)* to put the finishing touches to.
▲ *Conjugation model* [1], *like sacar.*

retomar
1 *vt (territorio)* to retake.
2 *vt (tema)* to return to.

retoñar
1 *vi (rebrotar)* to shoot, sprout.
2 *vi fig* to reappear.

retoño
1 *nm BOT* sprout, shoot.
2 *nm fig* kid.

retoque *nm* finishing touch.
+ **dar los últimos retoques a algo** to put the finishing touches to something.
retor *nm* rough cotton fabric.
retorcer
1 *vt (gen)* to twist.
2 *vt (ropa)* to wring (out).
3 *vt fig (un argumento)* to twist.
4 *vt fig (tergiversar)* to distort.
5 **retorcerse** *vpr (gen)* to become twisted, twist.
6 *vpr (doblarse)* to bend.
+ **retorcerse de dolor** *fig* to writhe in pain.
retorcerse de risa *fig* to double up with laughter, split one's sides laughing.
▲ *Conjugation model* [54], *like* **cocer**.
retorcido,-a
1 *pp* → **retorcer**.
2 *adj fig* twisted: **mente retorcida** warped mind.
retorcimiento
1 *nm* twisting.
2 *nm fig* deviousness.
retórica
1 *nf* rhetoric.
2 **retóricas** *nf pl fam* verbiage *sing*.
+ **usar mucha retórica** *fam* to be full of hot air.
retoricismo *nm* use of rhetoric.
retórico,-a
1 *adj* rhetorical.
2 *nm,f* rhetorician.
retornable *adj* returnable.
+ **"Envase no retornable"** "Non-returnable".
retornar
1 *vt (restituir)* to return, give back.
2 *vi (volver)* to come back, go back, return.
3 **retornarse** *vpr* to come back, go back, return.
retornelo *nm* ritornello.
retorno
1 *nm* return.
2 *nm (recompensa)* reward.
retorta *nf* retort.
retortero *nm* turn.
+ **andar al retortero/ir al retortero** *fam (tener trabajo)* to be up to one's ears in work; *(estar ansioso)* to be going up the wall; *(estar enamorado)* to be head over heels in love.
estar al retortero to be in a mess, be upside down.
llevar a alguien al retortero/traer a alguien al retortero *fam (tenerle enamorado)* to win somebody's heart; *(tenerle dominado)* to have somebody under one's thumb; *(baquetearle)* to keep somebody on the go.
retortijón
1 *nm (torcimiento)* twisting.
2 *nm (de tripas)* stomach cramp.
retostado,-a *adj* dark-coloured (*US* dark-colored).
retozar *vi* to frolic, gambol.
▲ *Conjugation model* [4], *like* **realizar**.

retozo *nm* frolic.
retozón,-ona *adj* frolicsome, playful.
retracción *nf* retraction, withdrawal.
retractable *adj* retractable.
retractación *nf* retraction.
retractar
1 *vt* to retract, revoke, withdraw.
2 **retractarse** *vpr* to retract, take back: **se retractó de aquello** she took that back.
retráctil
1 *adj (uña etc)* retractile.
2 *adj (tren de aterrizaje)* retractable.
retraer
1 *vt (volver a traer)* to bring back, bring again.
2 *vt (reprochar)* to reproach: **le retrajo todas sus faltas** she reproached him for all his faults.
3 *vt (disuadir)* to dissuade.
4 **retraerse** *vpr (apartarse)* to be dissuaded.
5 *vpr (refugiarse)* to take refuge.
6 *vpr (hacer vida retirada)* to withdraw.
7 *vpr POL* to give up.
▲ *Conjugation model* [88], *like* **traer**.
retraído,-a
1 *pp* → **retraer**.
2 *adj (tímido)* shy, reserved.
3 *adj (solitario)* solitary.
4 *adj (poco comunicativo)* unsociable, withdrawn.
retraimiento
1 *nm (timidez)* shyness, reserve, retiring nature.
2 *nm (soledad)* solitude.
retranca *nf fig (intención)* hidden intentions *pl*, ulterior motives *pl*.
+ **tener mucha retranca** *fig* to have ulterior motives.
retransmisión *nf* broadcast, transmission.
■ **retransmisión en diferido** recorded transmission.
retransmisión en directo live broadcast.
retransmisor *nm* transmitter.
retransmitir
1 *vt (mensaje)* to pass on.
2 *vt RAD TV* to broadcast.
+ **retransmitir algo en diferido** to broadcast a recording of something.
retransmitir algo en directo to broadcast something live.
retrasado,-a
1 *pp* → **retrasar**.
2 *adj (en conocimientos, trabajo, etc)* behind: **está retrasada en latín** she's behind in Latin; **tengo trabajo retrasado** I'm behind in my work.
3 *adj (pagos)* late: **voy retrasado en los pagos** I'm in arrears.
4 *adj (reloj)* slow.
5 *adj (tren, avión, etc)* delayed.
6 *adj (país)* backward, underdeveloped.
7 *adj (mental)* retarded, backward.
8 *nm,f* mentally retarded person.

retrasar
1 *vt (atrasar)* to delay, put off, postpone: **un accidente retrasó el tren** the train was delayed by an accident.
2 *vt (reloj)* to put back.
3 *vt DEP* to pass back: **el público protestaba porque los jugadores retrasaban el balón** the crowd protested because the players were passing the ball back.
4 *vi (ir atrás)* to fall behind: **retrasa en física** he's behind in physics.
5 *vi (llegar tarde)* to be late.
6 *vi (reloj)* to be slow.
7 **retrasarse** *vpr (atrasarse)* to be late, arrive late, be delayed.
8 *vpr (reloj)* to be slow.
9 *vpr (trabajo, conocimientos, pagos, etc)* to fall behind.
retraso
1 *nm (demora)* delay: **llegó con mucho retraso** she was very late; **el vuelo saldrá con 20 minutos de retraso** the flight will be delayed 20 minutes.
2 *nm (subdesarrollo)* backwardness, underdevelopment.
+ **ir con retraso** to be running late.
llevar un año de retraso to be a year behind schedule.
■ **retraso mental** mental handicap, backwardness.
retratar
1 *vt (pintura)* to portray, paint a portrait of.
2 *vt (foto)* to photograph, take a photograph of.
3 *vt fig* to describe, portray, depict.
4 **retratarse** *vpr (darse a conocer)* to be described, be portrayed: **con aquellas palabras se retrató** those words give a good portrayal of his character.
5 *vpr fam (pagar)* to pay up, cough up.
retratista
1 *nm & nf (pintor)* portrait painter, portrait artist.
2 *nm & nf (fotógrafo)* photographer.
retrato
1 *nm (pintura)* portrait.
2 *nm (foto)* photograph.
3 *nm fig (descripción)* description, depiction, portrayal.
+ **ser el vivo retrato de alguien** to be the spitting image of somebody.
■ **retrato robot** Identikit picture, Photofit picture.
retrechar *vi* to back.
retrechero,-a
1 *adj fam (que elude)* slippery.
2 *adj fam (atractivo)* attractive, charming.
retreparse
1 *vpr (recostarse)* to lean back.
2 *vpr (acomodarse)* to lounge back.
retreta *nf* retreat.
+ **tocar retreta** to sound the retreat.
retrete *nm* toilet, lavatory.
retribución
1 *nf (pago)* pay, payment.
2 *nf (recompensa)* recompense, reward.

retribuir
1 *vt (pagar)* to pay.
2 *vt (recompensar)* to remunerate, reward.
▲ *Conjugation model* [62], *like huir.*

retributivo,-a *adj* retributive.

retro
1 *adj fam (reaccionario)* reactionary.
2 *adj fam (del pasado)* old-fashioned.
▲ *pl* retro.

retroacción *nf* feedback.

retroactivo,-a *adj* retroactive: ley con efecto retroactivo retroactive law.

retroalimentación *nf* feedback.

retrocarga de retrocarga *loc* breech-loading.

retroceder
1 *vi (recular)* to go back, move back.
2 *vi (bajar de nivel)* to go down.
3 *vi (echarse atrás)* to back down.
4 *vi fig (mirar atrás)* to look back; *(cejar)* give up.
5 *vi MIL* to fall back, retreat.
6 *vi (arma)* to recoil.
✦ **hacer retroceder a alguien** to force somebody back, make somebody move back.

retroceso
1 *nm (movimiento)* backward movement.
2 *nm MED* aggravation, deterioration, worsening.
3 *nm (económico)* recession.
4 *nm (de arma)* recoil.

retrocohete *nm* retrorocket, retro.

retrocuenta *nf* countdown.

retrodatar *vt* to backdate.

retrógrado,-a
1 *adj (que retrocede)* retrograde.
2 *adj fig (reaccionario)* reactionary.
3 *nm,f (reaccionario)* reactionary.

retropropulsión *nf* jet propulsion.

retroproyector *nm* overhead projector.

retrospección *nf* retrospection.

retrospectiva *nf* retrospective.

retrospectivamente *adv* retrospectively.

retrospectivo,-a *adj* retrospective.

retrotraer *vt* to predate.
▲ *Conjugation model* [88], *like traer.*

retrovisor *nm* rear-view mirror.

retruécano *nm* play on words, pun.

retuerzo *pres indic* → retorcer.

retumbante
1 *adj* resounding.
2 *adj fig* ostentatious, pretentious.

retumbar
1 *vi (resonar)* to resound, echo.
2 *vi (tronar)* to thunder, boom.

retumbo *nm (sordo)* rumble; *(estruendoso)* boom.

retuve *pt indef* → retener.

reuma *nm* rheumatism.

reúma *nm* rheumatism.

reumático,-a
1 *adj* rheumatic.
2 *nm,f* rheumatic.

reumatismo *nm* rheumatism.

reumatología *nf* rheumatology.

reumatólogo,-a *nm,f* rheumatologist.

reunificación *nf* reunification.

reunificar *vt* to reunify.
▲ *Conjugation model* [1], *like sacar.*

reunión
1 *nf (gen)* meeting, gathering.
2 *nf (reencuentro)* reunion: reunión de ex-combatientes ex-servicemen's reunion.
3 *nf (conjunto)* collection, gathering.
✦ **asistir a una reunión** to attend a meeting.
celebrar una reunión to hold a meeting: ayer se celebró la reunión the meeting was held yesterday.
■ **reunión en la cumbre** *POL* summit meeting.
reunión social social gathering.

reunir
1 *vt (congregar)* to assemble, get together: reunió a todos sus amigos she got all her friends together.
2 *vt (juntar algo)* to put together: reunimos todos nuestros libros we put all our books together.
3 *vt (recoger)* to gather (together); *(dinero)* to raise.
4 *vt (coleccionar)* to collect.
5 *vt (tener)* to have, possess: reúne las cualidades para hacerlo he has the ability to do it.
6 *vt (requisitos)* to satisfy, meet, fulfil (*US* fulfill): reúne todos los requisitos she fulfils all the requirements.
7 **reunirse** *vpr* to meet (**con**, -), get together, have a meeting with: me reuní con Juan I met Juan.
▲ *Conjugation model* [19].

reurbanización *nf* redevelopment.

reurbanizar *vt* to redevelop.
▲ *Conjugation model* [4], *like realizar.*

reutilizable *adj* reusable.

reutilizar *vt* to reuse.
▲ *Conjugation model* [4], *like realizar.*

revacunación *nf* booster injection.

reválida *nf* final examination.

revalidación *nf* confirmation, ratification, validation.

revalidar *vt* to confirm, ratify, validate: el boxeador revalidó su título de campeón the boxer retained his championship title.

revalorización *nf (de moneda)* revaluation; *(de precio)* appreciation, increase in value.

revalorizar
1 *vt (moneda)* to revalue; *(precio)* to increase the value of.
2 **revalorizarse** *vpr (moneda)* to revalue; *(precio)* to appreciate, go up in value.
▲ *Conjugation model* [4], *like realizar.*

revaluación *nf* revaluation.

revaluar *vt* to revalue.

revancha
1 *nf* revenge.
2 *nf (en naipes)* return game.
3 *nf DEP* return match.
✦ **tomarse la revancha** to take revenge.

revanchismo *nm* revanchism.

revanchista
1 *adj* revanchist.
2 *nm & nf* revanchist.

revelación *nf* revelation.

revelado *nm* developing.

revelador,-ra
1 *adj* revealing.
2 *nm,f* revealer.
3 **revelador** *nm* developer.

revelar
1 *vt* to reveal, disclose: reveló el secreto she revealed the secret.
2 *vt (fotos)* to develop.

revellón *nm* New Year's Eve party.

revendedor,-ra
1 *nm,f (gen)* seller.
2 *nm,f (detallista)* retailer.
3 *nm,f (de entradas)* ticket tout, (*US* scalper).

revender
1 *vt (gen)* to resell.
2 *vt (al por menor)* to retail.
3 *vt (entradas)* to tout.

reventa
1 *nf (gen)* resale.
2 *nf (al por menor)* retail.
3 *nf (de entradas)* touting.

reventador,-ra *nm,f fam* heckler.

reventar
1 *vt (gen)* to burst.
2 *vt (neumático)* to puncture, burst.
3 *vt (romper)* to break, smash.
4 *vt (estropear)* to ruin, spoil.
5 *vt fig (agotar)* to exhaust, tire out.
6 *vt fam fig (hacer fracasar)* to spoil, mess up, ruin: aquel grupo reventó la función that group spoiled the performance.
7 *vi fam (fastidiar)* to annoy: me revientan sus preguntas her questions get on my nerves.
8 *vi fam (disgustar)* to disgust, make sick: me revienta su hermana his sister makes me sick.
9 *vi (estallar)* to burst: la cañería reventó the pipe burst; el sitio donde revientan las olas the place where the waves break.
10 *vi (rajarse)* to split.
11 *vi fam (tener un deseo)* to be dying (**por**, to): está que revienta por hablar she's dying to talk.
12 *vi fam (morir)* to kick it, snuff it.
13 **reventarse** *vpr (estallar)* to burst.
14 *vpr fam (cansarse)* to tire oneself out.
✦ **reventar de cansancio** to be dead tired.
reventar de orgullo to be bursting with pride.
reventar de rabia to be furious, be fuming.
reventar de risa to die laughing.
▲ *Conjugation model* [27], *like acertar.*

reventón,-ona

1 *adj* bursting: clavel reventón large carnation.

2 **reventón** *nm (de cañería)* burst.

3 *nm (de neumático)* blowout.

4 *nm fam (apuro)* difficulty.

✦ **darse un reventón de trabajar** *fam* to work oneself hard, slog one's guts out.

reverberación *nf* reverberation, reflection.

reverberar *vi* to reverberate, reflect.

reverbero *nm* reverberation, reflection.

reverdecer

1 *vi* to grow green again.

2 *vi fig* to revive, come to life again.

▲ *Conjugation model* [43], *like agradecer.*

reverencia

1 *nf (respeto)* reverence.

2 *nf (gesto)* bow, curtsy.

✦ **hacer una reverencia** to bow, curtsy.

■ **Su Reverencia** (Your) Reverence.

reverencial *adj* reverential.

reverenciar *vt* to revere, venerate.

▲ *Conjugation model* [12], *like cambiar.*

reverendo,-a

1 *adj* reverend.

2 *adj fam (enorme)* enormous, great: es una reverenda estupidez it's totally stupid.

3 *nm,f* reverend.

reverente *adj* reverent.

reversible *adj* reversible.

reversión *nf* reversion.

reverso *nm* reverse, back.

✦ **el reverso de la medalla** *fig* the exact opposite.

revertir

1 *vi (volver)* to revert, return, go back.

2 *vi (resultar)* to result (**en**, in).

3 *vi JUR* to revert.

✦ **revertir en beneficio de** to be to the advantage of.

revertir en perjuicio de to be to the detriment of.

▲ *Conjugation model* [35], *like hervir.*

revés

1 *nm (reverso)* back, reverse, wrong side; *(de tela)* wrong side.

2 *nm (bofetada)* slap; *(golpe)* backhander.

3 *nm (en tenis)* backhand (stroke).

4 *nm fig (contrariedad)* misfortune, setback, reverse.

✦ **al revés de** contrary to: al revés de lo que dijo contrary to what she said.

al revés/del revés *(al contrario)* the other way round; *(interior en exterior)* inside out; *(boca abajo)* upside down, the wrong way up; *(la parte de detrás delante)* back to front.

■ **reveses de fortuna** setbacks, blows of fate.

reveses de la vida life's misfortunes.

revesado,-a

1 *adj (enrevesado)* complicated, difficult.

2 *adj fig (travieso)* mischievous.

revestimiento *nm* covering, coating.

revestir

1 *vt (recubrir)* to cover (**de**, with), coat (**de**, with), line (**de**, with).

2 *vt (disimular)* to conceal, disguise.

3 *vt fig (presentar)* to take on: la ceremonia revistió gran solemnidad the ceremony took on great solemnity; la cogida no reviste gravedad the goring is not serious.

4 **revestirse** *upr* to arm oneself: revestirse de paciencia to arm oneself with patience.

▲ *Conjugation model* [34], *like servir.*

revigorizar *vt* to reinvigorate.

▲ *Conjugation model* [4], *like realizar.*

revisar

1 *vt (gen)* to revise, go through, check.

2 *vt (examen etc)* to check, look over.

3 *vt (cuentas)* to check, audit.

4 *vt (billetes)* to inspect.

5 *vt (coche)* to service, overhaul.

revisión

1 *nf (gen)* revision, checking.

2 *nf (de billetes)* inspection.

3 *nf (de coche)* service, overhaul.

■ **revisión de cuentas** audit, auditing.

revisión médica checkup.

revisionismo *nm* revisionism.

revisionista

1 *adj* revisionist.

2 *nm & nf* revisionist.

revisor,-ra *nm,f* ticket inspector.

revista

1 *nf (publicación)* magazine, review, journal.

2 *nf (inspección)* inspection.

3 *nf MIL* review.

4 *nf TEAT* revue: chica de revista chorus girl.

✦ **pasar revista a** *(inspeccionar)* to inspect, review; *(tratar)* to review.

■ **revista del corazón** gossip magazine.

revista de modas fashion magazine.

revista juvenil teenage magazine.

revista semanal weekly review.

revistar *vt* to inspect, review.

revistero *nm* magazine rack.

revitalización *nf* revitalization.

revitalizar *vt* to revitalize.

▲ *Conjugation model* [4], *like realizar.*

revival *nm* revival.

revivificar *vt* to revivify, revive.

▲ *Conjugation model* [1], *like sacar.*

revivir

1 *vi* to revive, come to life again.

2 *vi fig (reproducirse)* to be renewed: el conflicto revivió further hostilities broke out.

3 *vt* to revive, bring back to life.

revocable *adj* revocable.

revocación *nf* revocation, reversal.

revocar

1 *vt (ley)* to revoke, repeal; *(orden)* to cancel, rescind.

2 *vt (disuadir)* to dissuade.

3 *vt (enlucir)* to plaster, stucco.

4 *vt (encalar)* to whitewash.

▲ *Conjugation model* [1], *like sacar.*

revolcar

1 *vt (derribar al suelo)* to knock down, knock over.

2 *vt fig (derrotar)* to floor, defeat, crush.

3 *vt fam fig (suspender un examen)* to fail, flunk.

4 **revolcarse** *upr (echarse)* to roll about.

✦ **revolcarse de dolor** *fig* to double up with pain.

revolcarse de risa *fig* to split one's sides laughing.

revolcarse en el fango to wallow in the mud.

▲ *Conjugation model* [49], *like trocar.*

revolcón

1 *nm fam (revuelco)* fall, tumble.

2 *nm fam (suspenso)* failure.

3 *nm fam (sexual)* romp.

revolotear *vi* to fly about, flutter about, hover.

revoloteo *nm* fluttering, hovering.

revoltijo

1 *nm (mezcla)* mess, clutter, jumble.

2 *nm fig (confusión)* mess, chaos.

3 *nm CULIN fig* scrambled eggs *pl*: revoltijo de esparragos trigueros scrambled eggs with wild asparagus.

revoltillo *nm* → revoltijo.

revoltoso,-a

1 *adj (rebelde)* rebellious, unruly.

2 *adj (travieso)* mischievous, naughty.

3 *nm,f (rebelde)* rebel.

4 *nm,f (travieso)* mischievous child: Pablo es un revoltoso de cuidado Pablo is a real handful.

5 *nm,f (sedicioso)* troublemaker.

revolución *nf* revolution: 80 revoluciones por minuto 80 revolutions per minute.

■ **la Revolución Francesa** the French Revolution.

la Revolución Industrial the Industrial Revolution.

revolucionar *vt* to revolutionize.

revolucionario,-a

1 *adj* revolutionary.

2 *nm,f* revolutionary.

revolver

1 *vt (agitar)* to stir.

2 *vt (mezclar)* to mix.

3 *vt (ensalada)* to toss.

4 *vt (habitación, casa, etc)* to turn upside down: revolvimos toda la habitación pero no lo encontramos we turned the room upside down but couldn't find it.

5 *vt (papeles)* to rummage through; *(bolso, bolsillo, etc)* to rummage in: revolvió en el bolsillo y encontró el mechero she rummaged in her pocket and found the lighter.

6 *vt (producir náuseas)* to upset, turn: le revolvió el estómago it turned his stomach.

7 revolverse *vpr (moverse)* to fidget; *(en la cama)* to toss and turn.

8 *vpr (volverse con rapidez)* to turn around, spin round.

9 *vpr (tiempo)* to turn stormy; *(mar)* to become rough.

✦ **revolverse contra alguien** *fig* to turn against somebody.

▲ *Conjugation model* [32], *like* **mover**; *pp* **revuelto,-a.**

revólver *nm* revolver.

▲ *pl* **revólveres.**

revoque

1 *nm (enlucido)* plastering.

2 *nm (encalado)* whitewashing.

3 *nm (material)* plaster, stucco.

revuelco *nm* roll; *(en barro)* wallow.

revuelo

1 *nm (revoloteo)* fluttering.

2 *nm fig* commotion, stir.

✦ **armar un gran revuelo/provocar un gran revuelo** to cause a great stir.

revuelta

1 *nf (revolución)* revolt, riot.

2 *nf (curva)* bend, turn.

revuelto,-a

1 *pp →* **revolver.**

2 *adj (desordenado)* confused, mixed up, in a mess.

3 *adj (intricado)* intricate, involved, complex.

4 *adj (gente)* agitated, restless, up in arms.

5 *adj (líquido)* cloudy.

6 *adj (tiempo)* stormy, unsettled; *(mar)* rough.

7 *adj (cabellos)* untidy, dishevelled.

8 *adj (época)* turbulent: **tiempos revueltos** turbulent times.

9 *adj (noche)* bad: **pasé una noche muy revuelta** I spent all night tossing and turning.

10 *adj* CULIN scrambled: **huevos revueltos** scrambled eggs.

revulsión *nf* revulsion.

revulsivo,-a

1 *adj* revulsive.

2 revulsivo *nm* revulsive.

revulsorio,-a *adj* revulsive.

rey *nm* king: **el rey de picos** the king of spades; **los Reyes de España** the King and Queen of Spain.

✦ **a cuerpo de rey** *fig* like a king.

a rey muerto, rey puesto off with the old, on with the new.

■ **(día de) Reyes** Epiphany.

el Rey Sol the Sun King.

los Reyes Católicos the Catholic Monarchs.

reyerta *nf* quarrel, row, fight.

reyezuelo

1 *nm pey (rey)* kinglet.

2 *nm (ave)* goldcrest.

■ **reyezuelo listado** firecrest.

reyezuelo sencillo goldcrest.

Reykjavik *nm* Reykjavik.

rezagado,-a

1 *pp →* **rezagar.**

2 *nm,f* straggler, latecomer.

✦ **ir rezagado,-a** to lag behind.

quedar rezagado,-a to be left behind.

rezagar

1 *vt (dejar atrás)* to leave behind.

2 *vt (atrasar)* to delay, put off, postpone.

3 rezagarse *vpr* to fall behind, lag behind.

▲ *Conjugation model* [7], *like* **llegar.**

rezar

1 *vt (orar)* to say: **rezar un padrenuestro** to say the Lord's Prayer.

2 *vt fam (decir)* to say, read: **la carta así lo reza** the letter says so.

3 *vi (orar)* to pray: **rezar a Dios** to pray to God.

4 *vi (decir)* to say, read.

5 *vi (concernir)* to concern (**con**, -), apply (**con**, to): **aquel asunto no reza conmigo** that affair doesn't concern me.

▲ *Conjugation model* [4], *like* **realizar.**

rezno

1 *nm (garrapata)* tick.

2 *nm (larva)* bot.

rezo

1 *nm (acción)* praying.

2 *nm (oración)* prayer.

rezongar *vi fam fig* to grumble, moan.

▲ *Conjugation model* [7], *like* **llegar.**

rezongo *nm* grumble.

rezongón,-ona

1 *adj fam* grumbling, griping.

2 *nm,f fam* grumbler, griper.

rezumar

1 *vt (transpirar)* to ooze: **el cántaro rezuma agua** there's water seeping out of this pitcher.

2 *vt fig* to exude, ooze: **rezumar alegría** to ooze happiness.

3 *vi (contenido)* to ooze (**por**, out), seep (**por**, through); *(recipiente)* to leak: **el agua rezuma por la cañería** water seeps through the pipe; **la vasija rezuma** the jar is leaking.

4 rezumarse *vpr* to ooze out, seep, leak.

RFA *abr* (**República Federal de Alemania**) Federal Republic of Germany; *(abreviatura)* FRG.

rhesus *nm* rhesus.

Rhodesia *nf* Rhodesia.

rhodesiano,-a

1 *adj* Rhodesian.

2 *nm,f* Rhodesian.

ría *nf (gen)* estuary, river mouth; *(técnicamente)* ria.

riacho *nm* brook, stream.

riachuelo *nm* brook, stream.

riada

1 *nf* flood, flooding.

2 *nf fig* flood.

ribazo *nm* embankment, bank.

ribeiro *nm* Ribeiro wine.

ribera

1 *nf (de río)* bank: **la ribera del Ebro** the bank of the river Ebro.

2 *nf (del mar)* shore, seashore.

3 *nf (tierra cercana a un río)* riverside, waterfront.

ribereño,-a

1 *adj* riverside, waterfront.

2 *nm,f* riverside dweller, waterfront dweller.

ribete

1 *nm (cinta)* border, trimming, edging.

2 ribetes *nm pl (indicios)* touch *sing*.

✦ **tener ribetes de ...** to be something of a ...: **tiene ribetes de cómico** he's something of a comic.

ribeteado,-a

1 *pp →* **ribetear.**

2 *adj* edged, bordered.

ribetear *vt* to edge, border.

riboflavina *nf* riboflavin.

ribonucleico,-a *adj* ribonucleic.

ricacho,-a *nm,f fam* moneybags.

ricachón,-ona *nm,f fam* moneybags.

ricamente

1 *adv (con riquezas)* richly.

2 *adv fam (estupendamente)* very well: **dormimos muy ricamente** we slept very well.

ricino *nm* castor-oil plant.

rico,-a

1 *adj (acaudalado)* rich, wealthy.

2 *adj (abundante)* rich: **rico en potasio** rich in potassium.

3 *adj (sabroso)* tasty, delicious.

4 *adj (tierra)* rich, fertile.

5 *adj (excelente)* rich, excellent.

6 *adj fam (bonito)* lovely, adorable: **tiene un niño muy rico** she's got a lovely boy.

7 *adj fam (tratamiento - hombre)* mate, *(US* man); *(- mujer)* love, *(US* sweetheart): **mira rico, no me tomes el pelo** look mate, don't pull my leg; **¿qué tal, rica?** how are you doing, love?

8 *nm,f* rich person.

9 los ricos *nm pl* the rich.

✦ **estar muy rica** *fam (chica)* to be gorgeous.

hacerse rico,-a to get rich.

■ **nuevo,-a rico,-a** nouveau riche.

rictus

1 *nm* rictus.

2 *nm (de dolor)* wince.

3 *nm (de mofa)* grin.

▲ *pl* **rictus.**

ricura

1 *nf fam (de comida)* deliciousness.

2 *nf fam (chica)* smashing girl.

3 *nf fam (niño)* lovely child, sweet child: **¡esta niña es una ricura!** what a lovely girl she is!

4 *nf fam (tratamiento)* darling, love.

ridiculez

1 *nf (cualidad)* ridiculousness.

2 *nf (cosa, hecho, etc)* ridiculous thing, ridiculous action.

3 *nf (nimiedad)* triviality, nothing: la diferencia de precio es una ridiculez there's virtually no difference in price, there's only a slight difference in price.
✦ ¡qué ridiculez! how ridiculous!
▲ *pl ridiculeces.*

ridiculizar *vt* to ridicule, deride.
▲ *Conjugation model* [4], *like realizar.*

ridículo,-a
1 *adj* ridiculous, absurd.
2 ridículo *nm* ridicule.
✦ hacer el ridículo to make a fool of oneself.
poner a alguien en ridículo to make a fool of somebody, ridicule somebody.
quedar en ridículo to make a fool of oneself.

riego *nm* irrigation, watering.
▪ riego por aspersión sprinkling.
riego sanguíneo blood circulation.

riel *nm* rail.

rielar *vi lit* to shimmer, gleam.

rienda
1 *nf* rein.
2 *nf fig (control)* restraint.
✦ aflojar las riendas *fig* to let up, slacken.
dar rienda suelta a *fig* to give free rein to.
empuñar las riendas *fig* to take the reins.
llevar las riendas *fig* to hold the reins, be in control.

riesgo *nm* risk, danger.
✦ a riesgo de/con riesgo de at the risk of.
a todo riesgo *(seguro)* fully-comprehensive.
correr el riesgo de to run the risk of.
por su cuenta y riesgo at one's own risk.

rifa *nf* raffle.

rifar
1 *vt* to raffle (off).
2 rifarse *vpr MAR* to split.
3 *vpr (solicitar, desear, etc)* to fight over: es tan competente que todas las empresas se lo rifan he's so talented that he's being headhunted by all the companies.

rifirrafe *nm fam* row.

rifle *nm* rifle.

rígidamente *adv* rigidly, stiffly.

rigidez
1 *nf (dureza)* stiffness, rigidity.
2 *nf fig (rectitud)* strictness, firmness, inflexibility.
▲ *pl rigideces.*

rígido,-a
1 *adj (duro)* rigid, stiff.
2 *adj fig (severo)* strict, firm, inflexible.

rigodón *nm* rigadoon.

rigor
1 *nm (severidad)* rigour (*US* rigor), strictness, severity.
2 *nm (dureza)* rigour (*US* rigor), harshness: los rigores del invierno the rigours of winter.
3 *nm (exactitud)* precision, exactness.
✦ con rigor rigorously.

de rigor essential, indispensable: el esmoquin es de rigor a dinner jacket is required.
en rigor strictly speaking.
ser el rigor de las desdichas *fig* to be born under an unlucky star.

rigurosamente
1 *adv (con severidad)* rigorously, severely, strictly.
2 *adv (con exactitud)* accurately.
3 *adv (minuciosamente)* meticulously.
4 *adv (totalmente)* absolutely: es rigurosamente cierto it's absolutely true.

rigurosidad *nf* rigorousness, strictness.

riguroso,-a
1 *adj (severo)* rigorous, severe, strict.
2 *adj (clima)* rigorous, severe, harsh.
3 *adj (exacto)* exact.
4 *adj (minucioso)* meticulous.

rija *nf* row, din.

rijo *pres indic* → **regir.**

rijoso,-a
1 *adj (pendenciero)* quarrelsome.
2 *adj (lujurioso)* lustful.

rima
1 *nf* rhyme.
2 rimas *nf pl* poem *sing.*
▪ rima imperfecta half rhyme.
rima perfecta full rhyme.

rimar
1 *vt* to rhyme.
2 *vi* to rhyme: "frío" rima con "albedrío" "frío" rhymes with "albedrío".

rimbombante
1 *adj (gen)* ostentatious, showy.
2 *adj (lenguaje)* pretentious, pompous.

rímel *nm* mascara.
▲ *Registered trademark.*

Rin el Rin *nm* the Rhine.

rincón
1 *nm* corner.
2 *nm fig (lugar)* spot, place; *(espacio pequeño)* little space; *(lugar apartado)* remote spot, little place.

rinconada *nf* corner.

rinconera *nf* corner unit.

ring *nm* ring.
▲ *pl rings.*

ringlera *nf* row, line.

ringorrango
1 *nm fam (adorno)* frill, adornment.
2 *nm (en la escritura)* rambling.

rinitis *nf* rhinitis.
▲ *pl rinitis.*

rinoceronte *nm* rhinoceros.

riña
1 *nf (pelea)* fight, brawl.
2 *nf (discusión)* quarrel, row, argument.

riñón
1 *nm* kidney.
2 *nm fig (interior, centro)* centre (*US* center), heart.
3 riñones *nm pl* kidneys.
4 *nm pl fam (espalda)* small of the back *sing*, back *sing*: me duelen los riñones my back hurts.

✦ costar un riñón *fam* to cost a bomb, cost an arm and a leg.
tener el riñón bien forrado/tener el riñón bien cubierto *fam* to be well off.
tener riñones *fam* to have guts.
▪ riñón artificial kidney machine.

riñonada
1 *nf ANAT* cortical tissue of the kidney.
2 *nf (de res)* loin.
3 *nf CULIN* kidney stew.
✦ costar una riñonada *fam* to cost a bomb, cost an arm and a leg.

riñonera
1 *nf (faja)* back brace, back support.
2 *nf (bolsa)* money belt, bum bag.

río
1 *nm* river.
2 *nm fig* stream, river: un río de sangre a river of blood.
✦ a río revuelto, ganancia de pescadores there's good fishing in troubled waters.
cuando el río suena, agua lleva there's no smoke without fire.
pescar en río revuelto *fig* to fish in troubled waters.
río abajo downstream.
río arriba upstream.

rioja *nm* Rioja wine, rioja.

riojano,-a
1 *adj* of La Rioja, from La Rioja.
2 *nm,f* person from La Rioja, inhabitant of La Rioja.

rioplatense
1 *adj* of the River Plate region, from the River Plate region.
2 *nm,f* person from the River Plate region, inhabitant of the River Plate region.

riostra *nf* brace, strut.

RIP *abr (requiescat in pace [descanse en paz])* rest in peace; *(abreviatura)* RIP.

ripio
1 *nm (residuo)* refuse, waste.
2 *nm (de albañilería)* rubble, debris.
3 *nm (palabrería)* padding, verbiage, waffle.
✦ no perder ripio *fam* not to miss a trick.

ripioso,-a *adj* padded (out).

riqueza
1 *nf (cualidad)* richness, wealthiness.
2 riquezas *nf pl (abundancia)* wealth *sing*, riches.

risa
1 *nf* laugh.
2 *nf (risas)* laughter.
3 *nf (hazmerreír)* laughing stock: es la risa del vecindario she's the laughing stock of the neighbourhood.
✦ darle risa a alguien to make somebody laugh.
entrar la risa to begin to laugh: entonces le entró la risa then he started laughing.
llorar de risa to cry with laughter, laugh till one cries.
mearse de risa *tabú* to piss oneself laughing.

morirse de risa/mondarse de risa/ desternillarse de risa/troncharse de risa *fig* to die laughing, fall about laughing.

ser cosa de risa to be laughable.

tener algo muerto de risa *fam* to have something lying there unused: **tienes el diccionario ahí muerto de risa** your dictionary is lying there unopened.

tomarse algo a risa to laugh something off.

- **ataque de risa** fit of laughter. **risa burlona** mocking laugh. **risa de conejo** forced laugh.

risco *nm* crag, cliff.

risible *adj* laughable.

risiblemente *adv* risibly.

risilla *nf* giggle, titter; *(falsa)* false laugh.

risita *nf* → **risilla.**

risorio *nm* risorius.

risotada *nf* guffaw.

ristra
1 *nf* string: **ristra de ajos** string of garlic.
2 *nf fig (conjunto)* string, series: **una ristra de insultos** a string of insults.
+ **en ristra** in single file.

ristre **en ristre** *loc* at the ready: **pistola en ristre** gun at the ready.

risueño,-a
1 *adj (sonriente)* smiling.
2 *adj (animado)* cheerful.
3 *adj (próspero)* bright, promising.

Rita **¡cuéntaselo a Rita!** *loc fam* pull the other one!
+ **¡que lo haga Rita!** *fam* let someone else do it!

rítmico,-a *adj* rhythmic, rhythmical: **gimnasia rítmica** eurhythmics (*US* eurythmics).

ritmo
1 *nm* rhythm.
2 *nm fig* pace, speed: **trabajar a buen ritmo** to work at a good pace.

rito
1 *nm REL* rite.
2 *nm fig (costumbre)* ritual.
- **ritos funerarios** funeral rites.

ritual
1 *adj* ritual.
2 *nm* ritual.
+ **ser de ritual** to be customary.

ritualidad *nf* ritualism.

ritualismo *nm* ritualism.

ritualista
1 *adj* ritualistic.
2 *nm & nf* ritualist.

rival
1 *adj* rival.
2 *nm & nf* rival.

rivalidad *nf* rivalry.

rivalizar *vi* to rival: **su simpatía rivaliza con la de su hermana** her kindness rivals that of her sister; **rivalizar en belleza** to rival in beauty.
▲ *Conjugation model* [4], *like realizar.*

rivera *nf* brook, stream.

rizado,-a
1 *pp* → **rizar.**
2 *adj (pelo)* curly.
3 *adj MAR* choppy.
4 **rizado** *nm (de pelo)* curling.

rizador *nm* curling tongs *pl,* curling iron.

rizar
1 *vt (pelo)* to curl.
2 *vt (papel, tela, etc)* to crease.
3 *vt (el mar)* to make ripples in.
4 **rizarse** *vpr (pelo)* to curl, go curly.
5 *vpr (el mar)* to ripple.
+ **rizar el rizo** *AV* to loop the loop; *fig* to complicate matters even further.
▲ *Conjugation model* [4], *like realizar.*

rizo
1 *nm (de pelo)* curl.
2 *nm (en el agua)* ripple.
3 *nm (tejido)* towelling (*US* toweling), terry towelling.
4 *nm AV* loop.

rizoma *nm* rhizome.

rizópodo *nm* rhizopod.

rizoso,-a *adj* naturally curly.

Rmo.,-a *abr* (**Reverendísimo**) Most Reverend.

RNE *abr RAD* (**Radio Nacional de España**) *Spanish national broadcasting corporation.*

robalo *nm* bass.

róbalo *nm* bass.

robar
1 *vt (banco, persona, etc)* to rob; *(objeto)* to steal; *(casa)* to break into, burgle: **le han robado** he's been robbed; **me han robado el bolso** my bag has been stolen.
2 *vt (raptar)* to kidnap.
3 *vt (en naipes)* to draw.
4 *vt fig (cobrar muy caro)* to rip off: **en aquel restaurante te roban** that restaurant is a rip-off.
5 *vt fig (corazón, alma, etc)* to steal.
6 *vt DEP fam fig* to rob: **el árbitro nos ha robado el partido** the referee robbed us of the game.

robinia *nf* robinia, false acacia.

roble *nm* oak, oak tree.
+ **ser fuerte como un roble** *fig* to be as strong as an ox.
- **roble albar** durmast oak, sessile oak. **roble americano** red oak. **roble cerris/roble turco** Turkey oak.

robledal *nm* oak grove, oak wood.

robledo *nm* oak grove, oak wood.

roblizo,-a *adj* strong, tough.

roblón *nm* rivet.

robo
1 *nm (gen)* theft, robbery; *(en casa)* burglary; *(en banco)* robbery.
2 *nm (en naipes)* draw.
3 *nm fig (estafa)* robbery.
+ **cometer un robo** to commit a robbery. **ser un robo** *fig (muy caro)* to be daylight robbery.
- **robo a mano armada** armed robbery.

robot *nm* robot.
▲ *pl robots.*

robótica *nf* robotics.

robótico,-a *adj* robotic, robot-like.

robotizar *vt* to automate.

robustecer
1 *vt* to strengthen.
2 **robustecerse** *vpr* to grow stronger, gain strength.
▲ *Conjugation model* [43], *like agradecer.*

robustecimiento *nm* strengthening.

robustez *nf* robustness, strength, sturdiness.

robusto,-a *adj* robust, strong, sturdy.

roca *nf* rock.
+ **ser firme como una roca** *fig* to be as solid as a rock. **tener un corazón de roca** *fig* to have a heart of stone.
- **roca viva** bare rock.

rocalla *nf* pebbles *pl,* stone chippings *pl.*

rocambolesco,-a *adj fam* incredible, fantastic, farfetched.

rocanrol *nm* rock'n'roll, rock and roll.

roce
1 *nm (fricción)* rubbing; *(en piel)* chafing.
2 *nm (señal - en zapatos)* scuff mark; *(- en piel)* graze; *(- en coche etc)* mark.
3 *nm (contacto físico)* light touch, brush.
4 *nm fam (trato)* contact.
5 *nm fam (disensión)* friction, brush: **roces entre hermanas** friction between sisters.

rociada
1 *nf (acción)* spraying, sprinkling.
2 *nf (rocío)* dew.
3 *nf fig (conjunto de cosas)* shower, hail, stream: **una rociada de piedras** a shower of stones.
4 *nf fig (reprensión)* telling-off, dressing-down: **le echó una buena rociada** he got a good telling-off.

rociador *nm (para la ropa)* spray; *(para el jardín, incendios, etc)* sprinkler.

rociar
1 *vt (salpicar)* to spray, sprinkle.
2 *vt fig (esparcir)* to scatter, strew.
3 *vt CULIN* to wash down.
4 *vi* to fall: **hoy ha rociado** there was a dew this morning.
▲ *Conjugation model* [13], *like desviar, in 4 used only in the 3rd pers; it does not take a subject.*

rocín
1 *nm (caballo)* nag, hack.
2 *nm fam fig* blockhead, stupid idiot.

rocinante *nm fig* nag, hack.

rocío *nm* dew.

rock
1 *adj* rock: **música rock** rock music.
2 *nm* rock.

rockero,-a
1 *adj* rock.
2 *nm,f (cantante)* rock singer; *(músico)* rock musician; *(fan)* rock fan; *(fan de rock and roll)* rocker.

rococó
1 *adj* rococo.
2 *nm* rococo, Rococo.

Rocosas las Montañas Rocosas *nf pl* the Rocky Mountains, the Rockies.

rocoso,-a *adj* rocky, stony.

roda *nf* stem.

rodaballo *nm* turbot.

rodada *nf* tyre mark, (*US* tyre mark).

rodado,-a
1 *pp* → **rodar.**
2 *adj AUTO (que tiene ruedas)* wheeled, on wheels; *(que ha pasado el rodaje)* run-in: tráfico **rodado** road traffic, vehicular traffic.
3 *adj (caballo)* dappled.
4 *adj (piedra)* rounded, smooth.
5 *adj fig (persona)* experienced.

rodadura banda de rodadura *nf* tread.

rodaja *nf* slice.
✦ en rodajas sliced.

rodaje
1 *nm CINEM* filming, shooting.
2 *nm AUTO* running-in.
✦ "En rodaje" *AUTO* "Running-in".

rodamiento *nm* bearing.
▪ rodamiento de bolas ball bearing.

Ródano el Ródano *nm* the Rhône.

rodante *adj* rolling.

rodapié *nm* skirting board, (*US* baseboard).

rodar
1 *vi (dar vueltas)* to roll; *(rueda)* to turn.
2 *vi (caer rodando)* to roll down; *(de escaleras)* to fall down: la pelota **rodó** calle abajo the ball rolled down the street.
3 *vi fig (ir de un lado a otro)* to roam, wander, drift: **rodar** por el mundo to roam the world.
4 *vi fig (estar diseminado)* to be scattered around: los juguetes de los niños **ruedan** por toda la casa the children's toys are scattered all over the house.
5 *vi (vehículos)* to run; *(velocidad)* to do: este coche **rueda** bien this car runs well; mi coche **rueda** a doscientos kilómetros por hora mi car does two hundred kilometres an hour.
6 *vt (hacer que de vueltas)* to roll: **rodar** un aro to roll a hoop.
7 *vt CINEM* to film, shoot.
8 *vt AUTO* to run in.
9 *vt (recorrer)* to travel: **rodar** mundo to travel the world.
✦ echarlo todo a rodar *(estropearlo)* to ruin everything; *(desistir)* to throw it all up.
▲ *Conjugation model* [31], *like* **contar.**

Rodas *nf* Rhodes.

rodear
1 *vt (cercar)* to surround, encircle: las murallas **rodean** la ciudad the city is surrounded by walls.

2 *vi (andar alrededor)* to go around: **rodearon** por el bosque y llegaron tarde they went round the wood and were late.
3 **rodearse** *vpr* to surround oneself (**de**, with): se **rodeó** de sus amigos he surrounded himself with his friends.

rodela *nf* round shield.

rodeno,-a *adj* red.

rodeo
1 *nm (desviación)* detour.
2 *nm fig (elusión)* evasiveness.
3 *nm (de ganado)* roundup; *(espectáculo)* rodeo.
✦ andarse con rodeos *fig* to beat about the bush.
dar un rodeo to make a detour.
no andarse con rodeos *fig* to get straight to the point.

rodera *nf* tyre (*US* tire) mark, track.

Rodesia *nf* Rhodesia.

rodesiano,-a
1 *adj* Rhodesian.
2 *nm,f* Rhodesian.

rodete
1 *nm (de pelo)* bun, chignon.
2 *nm (para llevar peso en la cabeza)* (ring-shaped) pad.

rodilla
1 *nf ANAT* knee.
2 *nf (paño)* cloth, floorcloth.
✦ caer de rodillas to fall on one's knees; *fig* to humble oneself.
de rodillas *(arrodillado)* kneeling; *fig* on bended knees.
doblar la rodilla/hincar la rodilla *(arrodillarse)* to kneel down.
estar de rodillas to be kneeling down, be on one's knees.
hincarse de rodillas/ponerse de rodillas to kneel down, go down on one's knees.

rodillada *nf* → **rodillazo.**

rodillazo *nm* blow with the knee, blow to the knee.
✦ dar un rodillazo a alguien to knee somebody.

rodillera
1 *nf DEP* knee pad.
2 *nf COST* knee patch.

rodillo
1 *nm* roller.
2 *nm CULIN* rolling pin.

rodio *nm* rhodium.

rododendro *nm* rhododendron.

rodomiel *nm* rose honey.

rodrigón *nm* stake, stick.

rodríguez *nm fam* grass widower.
✦ estar de rodríguez *fam* to be a grass widower, be alone while one's family is away on holiday.

roedor,-ra
1 *adj* rodent.
2 **roedor** *nm* rodent.

roedura
1 *nf (acción)* gnawing.
2 *nf (señal)* gnaw mark.
3 *nf (lo roído)* gnawed part.

roela *nf* blank.

roentgen *nm* roentgen.

roer
1 *vt (hueso)* to gnaw; *(galleta)* to nibble at.
2 *vt fig (desgastar)* to wear away: el agua **roe** las rocas water erodes the rocks.
3 *vt fig (atormentar)* to prick, gnaw at, niggle at: lo que dijo le **roía** la conciencia what he had said pricked his conscience.
✦ ser un hueso duro de roer *fig* to be a hard nut to crack.
▲ *Conjugation model* [82].

rogar
1 *vt (pedir)* to request, ask; *(implorar)* to beg, implore, plead: le **rogaron** que se quedara they pleaded with him to stay.
2 *vi (pedir)* to request, ask; *(implorar)* to beg, implore, plead.
3 *vi REL* to pray: **rogar** a Dios to pray to God.
✦ hacerse de rogar to play hard to get.
"Se ruega silencio" "Silence please".
▲ *Conjugation model* [52], *like* **colgar.**

rogativa *nf* rogation.
✦ hacer rogativas to pray.

roído,-a
1 *pp* → **roer.**
2 *adj* gnawed, eaten away.

roigo *pres indic* → **roer.**

rojear *vi* to redden, turn red.

rojez *nf* redness.

rojiblanco,-a *adj* red-and-white.

rojizo,-a *adj* reddish.

rojo,-a
1 *adj (color)* red.
2 *adj (caliente)* red-hot.
3 *adj POL (gen)* red, Communist; *(en la guerra civil)* Republican.
4 *nm,f POL (gen)* red, Communist; *(en la guerra civil)* Republican.
5 **rojo** *nm* red.
✦ estar al rojo vivo *(muy caliente)* to be red-hot; *fig* to be very heated.
estar en números rojos *fig* to be in the red.
ponerse rojo *(gen)* to turn red; *(ruborizarse)* to blush.
ponerse rojo de ira red with anger.
▪ Mar Rojo Red Sea.
rojo de labios lipstick.

rol
1 *nm (lista)* roll, list, catalogue.
2 *nm (papel)* role.
✦ jugar un rol to play a role.
▪ juego de rol role-play game.
▲ *pl* roles.

rollero,-a *adj-nm,f fam* → **rollista.**

rollista
1 *adj fam (latoso)* boring, annoying.
2 *adj fam (cuentista)* overdramatic.

3 *nm & nf fam (latoso)* bore, drag.

4 *nm & nf fam (cuentista)* over-dramatic person.

rollito rollito de primavera *nm* spring roll.

rollizo,-a *adj* plump, chubby.

rollo

1 *nm (gen)* roll; *(de cable, alambre, etc)* coil.

2 *nm fam (michelín)* roll of fat.

3 *nm fam (aburrimiento)* drag, bore, pain: esta peli es un rollo this film is a drag; este tío es un rollo this guy is a pain in the neck; ¡menudo rollo! how boring!; siempre estamos con el mismo rollo it's always the same old story.

4 *nm fam (discurso, explicación, etc)* long drawn-out speech, boring lecture: ¡vaya rollo nos soltó! he didn't half go on!

5 *nm fam (amorío)* affair: tiene un rollo con la vecina he's having a fling with his neighbour.

6 *nm fam (asunto)* business.

✦ **estar en el rollo** *arg* to be with it, be cool.

  tener buen rollo *arg* to be chatty, be easy to get on with.

  tener rollo *fam* to go on a lot.

▪ **rollo de papel higiénico** roll of toilet paper.

  rollo de primavera *CULIN* spring roll.

  rollo pastelero rolling pin.

  rollo patatero *fam* real bore, real drag.

Roma *nf* Rome.

✦ **revolver Roma con Santiago** *fig* to move heaven and earth.

  todos los caminos llevan a Roma *fig* all roads lead to Rome.

romana *nf* → romano,-a.

romance

1 *adj LING* Romance.

2 *nm LING (gen)* Romance language; *(castellano)* Spanish.

3 *nm LIT* romance, ballad, narrative poem.

4 *nm (amorío)* romance.

✦ **hablar en romance** *fig* to speak plainly.

romancero *nm* collection of romances.

romaní *nm & nf* gipsy, gypsy.

▲ *pl* romaníes.

románico,-a

1 *adj (arquitectura, arte - gen)* Romanesque; *(-en Gran Bretaña)* Norman.

2 *adj (lengua)* Romance.

3 **románico** *nm (arquitectura, arte)* Romanesque.

romanismo *nm* Romanism.

romanista *nm,f* Romanist.

romanizar *vt* to Romanize.

▲ *Conjugation model* [4], *like* realizar.

romano,-a

1 *adj* Roman.

2 *nm,f* Roman.

romanticismo *nm* romanticism.

romántico,-a

1 *adj* romantic.

2 *nm,f* romantic.

romanza *nf* romance.

rómbico,-a *adj* rhombic.

rombo

1 *nm* rhombus.

2 *nm (naipes)* diamond.

romboedro *nm* rhombohedron.

romboide *nm* rhomboid.

romeo *nm* Romeo.

romería

1 *nf REL* pilgrimage, procession.

2 *nf (fiesta)* festivities which take place at a local shrine.

romero[1] *nm BOT* rosemary.

romero,-a[2] *nm,f REL* pilgrim.

romo,-a

1 *adj (sin punta)* blunt, dull.

2 *adj (nariz)* snub.

rompecabezas

1 *nm (juego)* (jigsaw) puzzle.

2 *nm fam (problema)* riddle, puzzle, conundrum.

▲ *pl* rompecabezas.

rompecocos *nm* brain-teaser.

▲ *pl* rompecocos.

rompecorazones *nm & nf fam* heart-throb, heartbreaker.

▲ *pl* rompecorazones.

rompedera *nf* punch.

rompehielos *nm* icebreaker.

▲ *pl* rompehielos.

rompehuelgas *nm & nf* strikebreaker.

▲ *pl* rompehuelgas.

rompeolas *nm* breakwater, jetty.

▲ *pl* rompeolas.

romper

1 *vt (gen)* to break; *(papel, tela, etc)* to tear; *(cristal, loza, etc)* to smash, shatter.

2 *vt (rajar, reventar)* to split.

3 *vt (gastar)* to wear out.

4 *vt fig (relaciones)* to break off.

5 *vt fig (ley)* to break, violate; *(contrato)* to break.

6 *vt fig (cerca, límite, etc)* to break through, break down.

7 *vt fig (empezar)* to initiate, begin: romper las hostilidades to initiate hostilities.

8 *vt fig (interrumpir)* to break, interrupt: romper el silencio to break the silence.

9 *vt (mar, aire, etc)* to cleave.

10 *vi fig (acabar - con algo)* to break; *(- con alguien)* to split up, *(US* break up)*: romper con el pasado to break with one's past; rompieron hace un mes they broke up a month ago.

11 *vi (olas, día, etc)* to break: al romper el día at daybreak.

12 *vi (flores)* to bloom, blossom.

13 *vi* **romper a** + *inf fig (empezar)* to burst out: romper a reír to burst out laughing.

14 *vi* **romper en** + *sust fig (prorrumpir)* to burst into: romper en llanto to burst into tears.

15 **romperse** *vpr (gen)* to break: se me ha roto esta uña I've broken this nail.

16 *vpr (papel, tela, etc)* to tear, rip: se me han roto las medias I've ripped my stockings.

17 *vpr (rajarse, reventarse, etc)* to split: la bolsa se ha roto the bag has split open.

18 *vpr (desgastarse)* to wear out: se me han roto los zapatos my shoes are worn out.

19 *vpr (coche)* to break down.

✦ **de rompe y rasga** *fam* resolute, determined.

  romper con alguien *fig* to quarrel with somebody, fall out with somebody.

  romper el fuego *MIL* to open fire.

  romper el hielo *fig* to break the ice.

  romperle la cara a alguien/romperle las narices a alguien *fam* to smash somebody's face in.

  romperse la cabeza *fig (pensar)* to rack one's brains; *(herirse)* to split one's head open.

  romperse por la mitad to break in half, split in half.

  romper una lanza por alguien *fig* to defend somebody.

▲ *pp* roto,-a.

rompetechos *nm & nf fam fig* shorty, dumpling.

▲ *pl* rompetechos.

rompible *adj* breakable.

rompiente *nm* reef, shoal.

rompimiento

1 *nm (rotura)* breaking, breakage.

2 *nm fig (relación)* breaking-off.

ron *nm* rum.

roncador,-ra

1 *adj* snoring.

2 *nm,f* snorer.

roncal[1] *nm (ave)* nightingale.

roncal[2] *nm (queso)* type of cheese (made from ewe's milk).

roncamente *adv* roughly, coarsely.

roncar *vi* to snore.

▲ *Conjugation model* [1], *like* sacar.

roncha

1 *nf (en la piel)* swelling, lump, spot.

2 *nf (rodaja)* slice, round slice.

✦ **levantar ronchas** *fig* to cause a stir.

ronchar

1 *vt* to scrunch.

2 *vi* to scrunch.

ronco,-a *adj* hoarse.

✦ **quedarse ronco,-a** to lose one's voice.

ronda

1 *nf (patrulla)* patrol, watch.

2 *nf (de policía)* beat.

3 *nf (vuelta)* round.

4 *nf (de bebidas)* round.

5 *nf (negociaciones)* round.

6 *nf (músicos)* group of strolling minstrels.

7 *nf (carretera)* ring road; *(avenida)* avenue.

8 *nf (en naipes)* round, hand.

✦ **hacer la ronda** to do one's rounds.

  pagar una ronda to pay for a round of drinks.

salir de ronda to go out and sing serenades.
- **camino de ronda** rampart walk.
ronda de reconocimiento reconnaissance mission.

rondalla
1 *nf (cuento)* tale, story.
2 *nf MÚS* group of strolling minstrels.

rondar
1 *vt (vigilar)* to patrol, do the rounds of.
2 *vt (merodear)* to prowl around, hang about, haunt: **siempre ronda la casa** he's always prowling around the house.
3 *vt fig (cortejar)* to woo, court.
4 *vt fig (estar cerca)* to stalk: **la muerte lo rondaba** death was stalking him; **me ronda el hambre** I'm feeling hungry.
5 *vt fig (años)* to be about: **ronda los cincuenta** she's about fifty.
6 *vi (vigilar)* to patrol.
7 *vi (merodear)* to prowl around, roam around.
8 *vi (tocar y cantar por las calles)* to busk, serenade.
9 *vi (andar de noche)* to roam at night, wander at night.

rondel *nm* rondel.

rondó *nm* rondo.
▲ *pl rondoes.*

rondón
✦ **colarse de rondón** to slip in unnoticed.
de rondón *loc* unexpectedly, unannounced.

ronquear *vi* to be hoarse.

ronquedad *nf* hoarseness.

ronquera *nf* hoarseness.

ronquido *nm* snore, snoring.

ronronear *vi* to purr.

ronroneo *nm* purring.

ronzal *nm* halter.

ronzar[1] *vt* to crunch, munch.
▲ *Conjugation model* [4], *like realizar.*

ronzar[2] *vt MAR* to lever.
▲ *Conjugation model* [4], *like realizar.*

roña
1 *nf (suciedad)* filth, dirt.
2 *nf (sarna)* mange.
3 *nf fam (tacañería)* meanness, stinginess.
4 *nm & nf fam (tacaño)* scrooge, miser.

roñería *nf fam* meanness, stinginess.

roñica
1 *adj fam* mean, stingy.
2 *nm & nf fam* scrooge, miser.

roñosería *nf fam* → **roñería.**

roñoso,-a
1 *adj (sucio)* filthy, dirty.
2 *adj (sarnoso)* mangy.
3 *adj fam (tacaño)* mean, stingy.
4 *nm,f fam* scrooge, miser.

ropa *nf* clothing, clothes *pl*: **ropa de invierno** winter clothes; **ropa de esquí** ski wear.
✦ **a quema ropa** *fig* at point-blank range.
hay ropa tendida *fig* watch what you say.

la ropa sucia se lava en casa one should not wash one's dirty linen in public.
- **ropa blanca** linen, household linen.
ropa de cama bed linen.
ropa hecha *COST* ready-made clothes.
ropa interior underwear.
ropa vieja *CULIN* meat stew.

ropaje *nm* robes *pl*, apparel.

ropavejero,-a *nm,f* second-hand clothes dealer.

ropero *nm* wardrobe, (*US* closet).

roque *nm* rook.
✦ **estar roque** *fam* to be asleep.
quedarse roque *fam* to fall asleep, go out like a light.

roqueda *nf* rocky place.

roquedal *nm* rocky place.

roquedo *nm* rock.

roquefort *nm (específicamente)* Roquefort; *(en general)* blue cheese.

roqueño,-a
1 *adj (lleno de rocas)* rocky.
2 *adj (duro)* hard.

roquero,-a *adj-nm,f* → **rockero,-a.**

rorro *nm fam* baby.

rosa
1 *adj (color)* pink.
2 *adj fig (novela)* romantic.
3 *nf (flor)* rose.
4 *nf (rosetón)* rose window.
5 *nm (color)* pink.
✦ **fresco,-a como una rosa** *fig* as fresh as a daisy.
la vida no es un lecho de rosas *fig* life is not a bed of roses.
no hay rosa sin espinas *fig* there's no rose without a thorn, nothing comes easy.
verlo todo de color rosa *fig* to see everything through rose-coloured spectacles.
- **agua de rosas** rose water.
rosa de pitiminí daisy rose.
rosa de té tea rose.
rosa náutica/rosa de los vientos compass rose.
rosa silvestre rambling rose.
▲ *In 1 and 2, pl rosa.*

rosáceo,-a *adj* rose-coloured (*US* rose-colored), rosy.

rosado,-a
1 *adj (color)* rosy, pink.
2 *adj (vino)* rosé.
3 *rosado nm (vino)* rosé.

rosal *nm* rosebush.

rosaleda *nf* rose garden.

rosarino,-a
1 *adj* of Rosario, from Rosario.
2 *nm,f* person from Rosario, inhabitant of Rosario.

rosario
1 *nm REL* rosary, beads *pl.*
2 *nm fig* string, series: **rosario de mentiras** string of lies.

✦ **acabar como el rosario de la aurora** *fig* to come to a bad end, end in disaster.
rezar el rosario to say the rosary.

rosbif *nm* roast beef.
▲ *pl rosbifs.*

rosca
1 *nf (de tornillo)* thread.
2 *nf CULIN* doughnut.
3 *nf (carnosidad)* roll of fat.
4 *nf (anilla)* ring.
✦ **hacer la rosca a alguien** *fam* to suck up to somebody.
no comerse una rosca *fam* not to get anywhere with men/women.
pasarse de rosca *(tornillo)* to have a crossed thread; *fig (pasarse)* to go too far.
- **rosca de Arquímedes** Archimedes' screw.

rosco
1 *nm CULIN (roscón)* ring-shaped pastry; *(de pan)* ring-shaped roll; *(rosquilla)* doughnut.
2 *nm fam (examen)* zero.
✦ **no comerse un rosco** *arg* not to get anywhere.

roscón *nm* ring-shaped pastry; *(de Pascua)* Easter ring.

róseo,-a *adj* rosy.

roséola *nf* roseola.

roseta
1 *nf (rubor)* flush.
2 *nf (de cintas)* rosette.
3 *nf (de regadera)* rose, nozzle.
4 **rosetas** *nf pl (palomitas)* popcorn *sing.*

rosetón *nm* rose window.

rosquilla *nf* doughnut, ring-shaped pastry.
✦ **venderse como rosquillas** *fam* to sell like hot cakes.

rostro
1 *nm fml (cara)* face.
2 *nm (de ave)* beak.
✦ **echarle rostro** *fam* to be daring, be cheeky.
tener mucho rostro *fam* to have a lot of nerve.
¡vaya rostro! *fam* what a cheek!, what a nerve!

rota[1] *nf REL* rota.

rota[2] *nf BOT* rattan.

rotación *nf* rotation.

rotativa *nf* rotary press.

rotativo,-a
1 *adj* rotary, revolving.
2 **rotativo** *nm* newspaper.

rotatorio,-a *adj* rotary, rotating, revolving.

roto,-a
1 *pp* → **romper.**
2 *adj (gen)* broken.
3 *adj (tela, papel, etc)* torn.
4 *adj (gastado)* worn out.
5 *adj (andrajoso)* tattered, in tatters, ragged.
6 *adj (cansado)* tired.
7 **roto** *nm (agujero)* hole, tear.

✦ **con el corazón roto** *fig* heartbroken.
servir igual para un roto que para un descosido *fig* to be a jack of all trades.

rotonda
1 *nf (edificio)* rotunda.
2 *nf (plaza circular)* roundabout, *(US* traffic circle).

rotor *nm* rotor.

rótula
1 *nf ANAT* kneecap.
2 *nf TÉC* ball-and-socket joint.

rotulación *nf* lettering, labelling.

rotulador *nm* felt-tip pen.

rotular
1 *vt* to label.
2 *adj* kneecap.

rotulista
1 *nm & nf (de letreros)* signwriter.
2 *nm & nf (de titulares)* letterer.

rótulo
1 *nm (etiqueta)* label.
2 *nm (letrero)* sign; *(luminoso)* neon sign.
3 *nm (anuncio)* poster, placard.
4 *nm (titular)* heading, title.

rotundamente
1 *adv (negar)* flatly, categorically.
2 *adv (afirmar)* emphatically.

rotundidad *nf* firmness.

rotundo,-a
1 *adj (redondo)* round.
2 *adj fig (frase)* well-turned; *(éxito)* resounding.
3 *adj (negativa)* flat, categorical; *(afirmación)* categorical, emphatic: **un no rotundo** a flat refusal.

rotura
1 *nf (gen)* break, breaking, crack.
2 *nf (en tela, papel, etc)* tear, rip.
3 *nf MED* fracture.

roturación *nf* ploughing *(US* plowing).

roturadora *nf* plough *(US* plow).

roturar *vt* to plough *(US* plow).

roulotte *nf* caravan.

round *nm* round.
▲ *pl* rounds.

roya *nf* mildew.

royalty *nm* royalty.
▲ *pl* royalties.

rozadura *nf* scratch, abrasion.

rozagante
1 *adj (vestido)* showy.
2 *adj fig* splendid, magnificent.

rozamiento
1 *nm (roce)* rubbing, friction.
2 *nm fig (discusión)* friction, disagreement.

rozar
1 *vt (tocar ligeramente)* to touch lightly, brush.
2 *vt (raspar)* to rub against, brush against; *(herir)* to graze: **el zapato me roza el pie** my shoe's rubbing my foot.
3 *vt fig (tema, asunto, etc)* to touch on; *(bordear)* to border on, verge on.
4 *vt (pared)* to scrape.

5 *vi (raspar)* to rub.
6 *vi fig (tener relación)* to border *(con, on)*, verge *(con, on)*.
7 **rozarse** *vpr (rasparse)* to rub *(con, against)*, brush *(con, against)*.
8 *vpr (desgastarse)* to wear (out).
9 *vpr fig (tratarse)* to come into contact *(con, with)*, rub shoulders *(con, with)*.
▲ *Conjugation model* [4], *like realizar*.

r.p.m. *abr (* **revoluciones por minuto** *)* revolutions per minute; *(abreviatura)* rpm.

rte.[1] *abr (* **restaurante** *)* restaurant.

rte.[2] *abr (* **remite, remitente** *)* sender.

RTVE *abr TV (* **Radio Televisión Española** *)* *Spanish national broadcasting corporation.*

rúa *nf* street.

Ruanda *nf* Rwanda.

ruandés,-esa
1 *adj* Rwandan.
2 *nm,f* Rwandan.

rubefacción *nf* rubefaction.

rúbeo,-a *adj* reddish.

rubeola *nf* German measles, rubella.

rubéola *nf* German measles, rubella.

rubí *nm* ruby.
▲ *pl* rubíes.

rubia *nf* blonde.
▪ **rubia oxigenada/rubia de frasco** peroxide blonde.
rubia platino platinum blonde.

rubiales *nm & nf fam* blondie.
▲ *pl* rubiales.

rubicán,-ana *adj* roan.

rubicundo,-a *adj* rosy, rubicund, reddish.

rubidio *nm* rubidium.

rubificar *vt* to redden.

rubio,-a
1 *adj (cabello)* fair; *(persona)* fair-haired; *(hombre)* blond; *(mujer)* blonde.
2 *adj (tabaco)* Virginia: **tabaco rubio** Virginia tobacco.
3 *nm,f (hombre)* blond; *(mujer)* blonde.
4 **rubio** *nm (pez)* red gurnard.
▪ **rubio platino** platinum blond.

rublo *nm* rouble.

rubor *nm* blush, flush.

ruborizarse *vpr* to blush, go red, redden.
▲ *Conjugation model* [4], *like realizar*.

ruboroso,-a *adj* blushing, bashful.

rúbrica
1 *nf (de firma)* flourish (in signature).
2 *nf (título)* title, heading.

rubricar
1 *vt (firmar)* to sign with a flourish.
2 *vt (respaldar)* to endorse, ratify.
✦ **firmado y rubricado** signed and sealed.
▲ *Conjugation model* [1], *like sacar*.

rubro,-a
1 *adj fml* red.
2 **rubro** *nm* title, heading.

rucio,-a
1 *adj (pardo)* grey.
2 *nm,f (asno)* donkey.

ruda *nf* rue.

rudeza *nf* roughness, coarseness.

rudimentario,-a *adj* rudimentary.

rudimento *nm* rudiment.

rudo,-a *adj* rough, coarse.

rueca *nf* distaff.

rueda
1 *nf (gen)* wheel: **de cuatro ruedas** four-wheeled.
2 *nf (círculo)* circle, ring.
3 *nf (rodaja)* round slice.
4 *nf (turno)* round.
✦ **ir sobre ruedas** *fam* to go like clockwork, go very smoothly.
▪ **rueda de la fortuna** wheel of fortune.
rueda delantera front wheel.
rueda de molino millstone.
rueda dentada cog wheel.
rueda de prensa press conference.
rueda de recambio spare wheel.
rueda trasera rear wheel.

ruedo
1 *nm (en las plazas de toros)* bullring, arena.
2 *nm (estera)* round mat.
3 *nm (de falda etc)* hem.
✦ **dar la vuelta al ruedo** to walk round the bullring receiving applause.
echarse al ruedo *fig* to launch oneself into it.

ruego *nm* request, petition.
▪ **ruegos y preguntas** any other business.

rufián
1 *nm (proxeneta)* pimp.
2 *nm (canalla)* scoundrel, villain, ruffian.

rufianesca *nf* underworld.

rufianesco,-a *adj* villainous.

rugby *nm* rugby.

rugido *nm* roar, bellow; *(del viento)* howl; *(de tripas)* rumbling.

rugiente *adj* howling, roaring.

ruginoso,-a *adj* rusty.

rugir *vi* to roar, bellow; *(viento)* to howl; *(tripas)* to rumble.
▲ *Conjugation model* [6], *like dirigir*.

rugosidad *nf* rugosity.

rugoso,-a *adj* rough, wrinkled.

ruibarbo *nm* rhubarb.

ruido
1 *nm (gen)* noise.
2 *nm (sonido)* sound.
3 *nm (jaleo)* din, row.
4 *nm fig* stir, commotion.
✦ **hacer ruido/meter ruido** to make a noise; *fig* to cause a stir.
mucho ruido y pocas nueces *fam* much ado about nothing.
▪ **ruido ambiental/ruido de fondo** background noise.

ruidosamente *adv* noisily, loudly.

ruidoso,-a
1 *adj* noisy, loud.
2 *adj fig* sensational.

ruin
1 *adj pey (vil)* mean, base, despicable, vile.
2 *adj (pequeño)* petty, insignificant.
3 *adj (tacaño)* stingy, mean.

ruina
1 *nf* ruin, collapse.
2 *nf fig* fall, end, downfall.
3 **ruinas** *nf pl* ruins.
✦ **amenazar ruina** to be on the point of collapsing, be on the verge of collapsing.
estar hecho,-a una ruina *fig* to be a wreck.

ruindad
1 *nf (maldad)* meanness, vileness.
2 *nf (acto)* mean act, low trick.

ruinoso,-a
1 *adj* ruinous, disastrous.
2 *adj fig* tumbledown, dilapidated.

ruiseñor *nm* nightingale.
■ **ruiseñor bastardo** Cetti's warbler.

rular *vt (funcionar)* to work.

ruleta *nf* roulette.
■ **ruleta rusa** Russian roulette.

rulo
1 *nm (para pelo)* curler, roller.
2 *nm (rizo)* curl, ringlet.
3 *nm CULIN* rolling pin.

rulot *nf* caravan.
▲ *pl* rulots.

Rumanía *nf* Romania.

rumano,-a
1 *adj* Romanian, Rumanian.
2 *nm,f (persona)* Romanian, Rumanian.
3 **rumano** *nm (idioma)* Romanian, Rumanian.

rumba *nf* rumba, rhumba.

rumbear *vi* to dance the rhumba.

rumbo
1 *nm (dirección)* course, direction.
2 *nm fam fig (pompa)* pomp, show.
3 *nm fam fig (generosidad)* lavishness, generosity.
✦ **con rumbo a/rumbo a** bound for, heading for, in the direction of.
marcar el rumbo to set the course.
perder el rumbo to go off course; *fig* to lose one's bearings.
poner rumbo a to head for.

rumboso,-a *adj fam* lavish, sumptuous.

rumia *nf* rumination.

rumiante
1 *adj* ruminant.
2 *nm* ruminant.

rumiar
1 *vi (animal)* to ruminate, chew the cud.
2 *vt (mascar)* to chew.
3 *vt fig (pensar)* to ruminate, chew over, reflect on.
▲ *Conjugation model* [12], *like cambiar.*

rummy *nm* rummy.

rumor
1 *nm (murmullo)* murmur.
2 *nm (noticia, voz, etc)* rumour (*US* rumor).
✦ **corre el rumor de que ...** rumour (*US* rumor) has it that ...

rumorearse *vpr* to be rumoured (*US* rumored): **se rumorea que está enfermo** it is rumoured that he's ill, he's rumoured to be ill.
▲ *Used only in the 3rd pers; it does not take a subject.*

rumoroso,-a *adj* murmuring.

runfla *nf fam* heap, lot.

runflada *nf fam* heap, lot.

runrún
1 *nm (ruido)* buzz, noise, murmur.
2 *nm fam (rumor)* rumour (*US* rumor).

runrunearse *vpr fam* to be rumoured (*US* rumored).
✦ **se runrunea que ...** it is rumoured (*US* rumored) that ..., rumour (*US* rumor) has it that ...
▲ *Used only in the 3rd pers; it does not take a subject.*

runruneo *nm* buzz, noise, murmur.

rupestre *adj* rock.
■ **pintura rupestre** cave painting.

rupia *nf* rupee.

ruptura
1 *nf (rotura)* breaking, breakage, break.
2 *nf fig* breaking-off, break-up.

rural *adj* rural, country: **médico rural** country doctor.

Rusia *nf* Russia.

ruso,-a
1 *adj* Russian.
2 *nm,f (persona)* Russian.
3 **ruso** *nm (idioma)* Russian.

rústico,-a
1 *adj* rustic, rural.
2 **rústico** *nm* peasant.
✦ **en rústica** in paperback: **¿lo quiere en rústica o con tapa dura?** do you want it in paperback or hardback?

ruta *nf* route, way, road.
■ **ruta aérea** air route, airway.

rutenio *nm* ruthenium.

rutilante *adj lit* shining, sparkling, gleaming.

rutilar *vi lit* to shine, sparkle, gleam.

rutina *nf* routine: **la rutina diaria** the daily routine.
✦ **por rutina** as a matter of course.

rutinario,-a
1 *adj (gen)* routine.
2 *adj (persona)* unimaginative, dull.

Rvdo.,-a. *abr* (**reverendo,-a**) reverend; *(abreviatura)* Revd.

S, s *nf (la letra)* S, s.

s/
- **1** *abr* (**suyo, suya**) → **suyo,-a.**
- **2** *abr* (**su, sus**) → **su.**

s.[1] *abr* (**siglo**) century; *(abreviatura)* c.

s.[2] *abr* (**siguiente**) next, following.

S *sím* (**sur**) south; *(símbolo)* S.

S. *abr* (**san, santo,-a**) Saint; *(abreviatura)* St.

S.A.[1] *abr* (**Sociedad Anónima**) Public Limited Company; *(abreviatura)* PLC.

S.A.[2] *abr* (**Su Alteza**) His Highness, Her Highness; *(abreviatura)* HH.

sábado *nm* Saturday.
- ▲ *See also* jueves.

sábalo *nm* shad.

sabana *nf* savanna, savannah.

sábana *nf* sheet.
- ✦ **pegársele a uno las sábanas** to oversleep, sleep in.
- ■ **sábana bajera** bottom sheet.
  sábana encimera top sheet.

sabandija
- **1** *nf* ZOOL bug.
- **2** *nf fig (persona)* swine, louse.

sabañón *nm* chilblain.

sabático,-a *adj* sabbatical.
- ■ **año sabático** sabbatical (year).

sabatino,-a *adj* Saturday, relating to Saturday.

sabedor,-ra *adj* aware (**de**, of), informed (**de**, about/of).

sabelotodo *nm & nf pey* know-all, know-it-all.
- ▲ *pl* sabelotodo.

saber
- **1** *nm* knowledge.
- **2** *vt (gen)* to know: **no sé lo que pasó allí** I don't know what happened there.
- **3** *vt (tener habilidad)* to be able to, know how to: **sabe coser** she knows how to sew; **no sabe francés** he can't speak French.
- **4** *vt (enterarse)* to learn, find out: **lo acabamos de saber** we've just found out.
- **5** *vi (tener sabor)* to taste (**a**, of).

6 **saberse** *upr* to know: **se sabe la tabla de memoria** she knows the table off by heart.
- ✦ **a saber** namely.
  ¡lo sabré yo! I know better than anyone!
  me sabe mal + *inf* I'm sorry to + *inf*: **me sabe mal tener que decírselo** I hate to have to tell her.
  no saber dónde meterse *fig* to feel embarrassed, not to know where to put oneself: **no supe dónde meterme** I didn't know where to put myself.
  no saber ni jota de algo/no saber ni papa de algo *fam* not to have a clue about something, not to have the foggiest about something.
  no saber por dónde se anda *fig* not to know what one is doing.
  no se sabe nobody knows.
  para que lo sepas… for your information…
  ¡qué sé yo! how should I know!
  que yo sepa… as far as I know…
  ¿quién sabe? who knows?
  saber a gloria *fig* to taste divine.
  saber al dedillo/saber de carrerilla/saber de corrido *fig* to know by heart.
  saber algo de buena tinta *fig* to get something straight from the horse's mouth.
  saber bien/saber mal to taste good/taste bad.
  saber de alguien to have heard from somebody: **¿qué sabes de Pedro?** have you heard from Pedro?
  saber de algo to know of something: **sé de un lugar …** I know of a place …
  saber más de la cuenta to know too much.
  saber más que Lepe *fam* to be nobody's fool.
  sabérselas todas *fig* to know all the tricks.
  sépase que … let it be known that…
  ¿se puede saber … ? may I ask … ?: **¿se puede saber qué haces aquí?** may I ask what you're doing here?

  vete tú a saber goodness knows.
  ¡y yo que sé! *fam* how should I know!, beats me!
- ▲ *Conjugation model* [83].

sabiamente
- **1** *adv (con conocimiento)* expertly.
- **2** *adv (con sensatez)* wisely.

sabidillo,-a *adj-nm,f* → **sabihondo,-a.**

sabido,-a
- **1** *pp* → **saber.**
- **2** *adj* known.
- ✦ **como es sabido…** as everyone knows…
  sabido es que… it is well known that…
  tener sabido que… to know for a fact that…

sabiduría
- **1** *nf (conocimientos)* knowledge.
- **2** *nf (prudencia)* wisdom.

sabiendas **a sabiendas** *loc* knowingly: **lo hizo a sabiendas de que se equivocaba** he did it knowing full well that he was wrong.

sabihondo,-a
- **1** *adj fam* pedantic.
- **2** *nm,f fam* pedant, know-all, smart aleck.

sabio,-a
- **1** *adj (con conocimientos)* learned, knowledgeable.
- **2** *adj (con prudencia)* wise, sensible.
- **3** *nm,f (instruido)* learned person.
- **4** *nm,f (prudente)* sage, wise person.

sabiondo,-a *adj fam* → **sabihondo,-a.**

sablazo
- **1** *nm (golpe)* blow with a sabre (*US* saber); *(herida)* sabre (*US* saber) wound.
- **2** *nm fam (de dinero)* scrounging.
- ✦ **dar un sablazo a alguien** *fam* to touch somebody for money, scrounge some money off somebody.

sable *nm* sabre (*US* saber).

sableador,-ra *nm,f fam* sponger, scrounger.

sablear *vt fam* to touch for money, scrounge money from, scrounge money off.

sablista *nm & nf fam* sponger, scrounger.

saboneta *nf* hunter.

sabor

1 *nm* taste, flavour (*us* flavor): con sabor a menta mint-flavoured.

2 *nm fig* feeling.

✦ **dejar a alguien mal sabor de boca** *fig* to leave a bad taste in somebody's mouth.

sin sabor tasteless.

saborear

1 *vt* to taste.

2 *vt fig* to savour (*us* savor), relish.

saboreo *nm* savouring (*us* savoring).

sabotaje *nm* sabotage.

saboteador,-ra *nm,f* saboteur.

sabotear *vt* to sabotage.

sabré *fut* → saber.

sabroso,-a

1 *adj (con mucho sabor)* tasty, delicious.

2 *adj (agradable)* pleasant, delightful.

sabueso

1 *nm (perro)* bloodhound.

2 *nm fig (persona)* sleuth.

saburra *nf (sarro)* fur.

saca *nf* large sack.

■ **saca de correos** mailbag.

sacaclavos *nm* nail puller, nail remover.

▲ *pl* sacaclavos.

sacacorchos *nm* corkscrew.

▲ *pl* sacacorchos.

sacacuartos

1 *nm fam (espectáculo)* swizz, rip-off, swindle.

2 *nm & nf fam (estafador)* rip-off artist, swindler.

▲ *pl* sacacuartos.

sacadineros

1 *nm fam (espectáculo)* swizz, rip-off, swindler.

2 *nm & nf fam (estafador)* con artist, swindler.

▲ *pl* sacadineros.

sacafaltas *nm & nf fam* fault-finder, nit-picker.

▲ *pl* sacafaltas.

sacamuelas *nm & nf fam* dentist.

✦ **hablar más que un sacamuelas** *fam* to talk the hind leg off a donkey.

▲ *pl* sacamuelas.

sacapuntas *nm* pencil sharpener.

▲ *pl* sacapuntas.

sacar

1 *vt (poner en el exterior)* to take out, pull out, get out: sacó un libro del cajón she took a book out of the drawer; saca a ese hombre de aquí get that man out of here.

2 *vt (arma)* to draw.

3 *vt (obtener - gen)* to get; *(- premio)* to win; *(- dinero)* to get, make, earn; *(- billete)* to get, buy.

4 *vt (dinero del banco)* to draw, withdraw, take out.

5 *vt (echar hacia adelante)* to stick out: sacar el pecho to stick out one's chest.

6 *vt (resolver)* to work out, solve.

7 *vt (encontrar)* to get, find.

8 *vt (enseñar)* to show.

9 *vt (quitar)* to remove.

10 *vt (extraer de algo)* to extract, obtain: sacar caucho de un árbol to extract rubber from a tree.

11 *vt (agua)* to draw.

12 *vt (llevar fuera)* to take out: si no llueve podemos sacarla if it's not raining we can take her out; luego sacó el perro then he took the dog out for a walk.

13 *vt (fotografía)* to take; *(fotocopia, copia)* to make.

14 *vt (producir)* to produce.

15 *vt (moda)* to introduce, set; *(nuevo producto)* to bring out.

16 *vt (publicar)* to publish, bring out.

17 *vt fam (ir por delante)* to be ahead: nos saca media hora she's half an hour ahead of us.

18 *vt fam (ser más alto)* to be taller: te saca un palmo he's six inches taller than you.

19 *vt DEP (tenis)* to serve; *(fútbol)* to kick off.

20 *vt MAT (restar)* to subtract; *(raíz)* to extract, find out.

21 *vt (mineral)* to extract.

22 *vt QUÍM* to extract.

23 **sacarse** *vpr (desvestirse)* to take off.

24 *vpr (fotografía)* to have taken.

✦ **sacar a alguien de quicio/sacar a alguien de sí** *fig* to infuriate somebody, drive somebody mad.

sacar a bailar to ask to dance.

sacar a colación to bring up.

sacar adelante *(negocio)* to make a success of; *(hijos)* to bring up well.

sacar a la luz *(gen)* to bring to light; *(libro)* to publish.

sacar a la venta to put on sale.

sacar algo en claro/sacar algo en limpio to make sense of something: no saqué nada en claro de las instrucciones I couldn't make head or tail of the instructions.

sacar apuntes to take notes.

sacar a relucir to mention, bring up.

sacar brillo a algo to make something shine, polish something.

sacar de un apuro to bail out.

sacar faltas a algo to find fault with something.

sacar fuerzas de flaqueza *fig* to draw strength from nowhere.

sacar la lengua to stick one's tongue out.

sacarle los colores a alguien *fig* to make somebody blush.

sacar provecho de algo to benefit from something.

sacar punta *(lápiz)* to sharpen; *fig* to find fault with.

sacar un diente to pull a tooth out.

▲ *Conjugation model* [1].

sacarificar *vt* to saccharify.

▲ *Conjugation model* [1], *like* sacar.

sacarina *nf* saccharin.

sacarosa *nf* sucrose, saccharose.

sacatrapos *nm* worm.

▲ *pl* sacatrapos.

sacerdocio *nm* priesthood.

sacerdotal *adj* priestly.

sacerdote *nm* priest.

sacerdotisa *nf* priestess.

sachar *vt* to weed.

saciable *adj* satiable.

saciar

1 *vt (hambre)* to satiate; *(sed)* to quench.

2 *vt fig (deseos)* to satisfy; *(ambiciones)* to fulfil (*us* fulfill).

3 **saciarse** *vpr* to satiate oneself, be satiated.

✦ **comer hasta saciarse** to eat one's fill.

▲ *Conjugation model* [12], *like* cambiar.

saciedad *nf* satiety, satiation.

✦ **comer hasta la saciedad** to eat one's fill.

repetir algo hasta la saciedad to repeat something over and over (again), say something until one is blue in the face.

saco

1 *nm (bolsa)* sack, bag.

2 *nm (contenido)* sackful, bagful.

3 *nm ANAT* sac.

4 *nm (saqueo)* plundering, pillaging.

5 *nm AM (americana)* jacket.

✦ **caer en saco roto** *fig* to go in one ear and out of the other.

entrar a saco en *(ciudad)* to pillage; *(oficina etc)* to clear out.

no echar algo en saco roto *fig* to take good note of something: espero que no eches en saco roto lo que has aprendido I hope you won't forget what you've learnt.

ser un saco sin fondo *fig* to be a bottomless pit.

■ **saco de dormir** sleeping bag.

saco de mentiras *fig* pack of lies.

saco de viaje overnight bag.

sacralizar *vt* to consecrate.

▲ *Conjugation model* [4], *like* realizar.

sacramentado,-a

1 *pp* → sacramentar.

2 *adj (persona)* having received the sacrament.

sacramental *adj* sacramental.

■ **auto sacramental** *LIT* mystery play.

sacramentar

1 *vt (convertir el pan)* to consecrate.

2 *vt (últimos sacramentos)* to administer the last rites to.

sacramento *nm* sacrament.

■ **el Santísimo Sacramento** the Blessed Sacrament.

sacrificado,-a

1 *pp* → sacrificar.

2 *adj (persona)* self-sacrificing.

sacrificar

1 *vt (gen)* to sacrifice.

2 *vt fig (reses)* to slaughter; *(animal doméstico)* to destroy, put down.

3 sacrificarse *vpr* to sacrifice oneself (**por**, for).

▲ *Conjugation model* [1], *like sacar.*

sacrificio *nm* sacrifice.

sacrilegio *nm* sacrilege.

sacrílego,-a *adj* sacrilegious.

sacristán,-ana *nm,f* verger, sexton.

sacristía *nf* vestry, sacristy.

sacro,-a
1 *adj (sagrado)* sacred.
2 *adj* ANAT sacrum.
3 sacro *nm (hueso)* sacrum.

sacrosanto,-a *adj* sacrosanct.

sacudida
1 *nf (gen)* shake.
2 *nf (movimiento violento)* jolt, jerk.
3 *nf (terremoto)* earthquake.
4 *nf (alteración, conmoción, etc)* shock.
✦ avanzar a sacudidas to jolt along.
dar una sacudida a algo to shake something out, give something a good shake.
dar una sacudida a alguien *fam* to give somebody a good hiding.
■ sacudida eléctrica electric shock.

sacudidor *nm* carpet beater.

sacudir
1 *vt (gen)* to shake.
2 *vt (alfombra etc)* to shake out; *(polvo, arena, etc)* to shake off.
3 *vt (golpear)* to beat.
4 *vt (cabeza)* to shake.
5 *vt (dar una paliza)* to beat up.
6 *vt (moscas, mosquitos, etc)* to flick away, flick off.
7 *vt fig (emocionar, alterar, etc)* to shake.
8 sacudirse *vpr (quitarse)* to shake off: se sacudió la arena he shook the sand off.
9 *vpr (moscas, mosquitos, etc)* to flick away, flick off.
10 *vpr fam fig (desembarazarse)* to get rid of, shake off: se lo sacudieron enseguida they soon got rid of him.

sádico,-a
1 *adj* sadistic.
2 *nm,f* sadist.

sadismo *nm* sadism.

sadoca
1 *adj fam* sadistic.
2 *nm & nf fam* sadist.

sadomasoquismo *nm* sadomasochism.

sadomasoquista
1 *adj* sadomasochistic.
2 *nm & nf* sadomasochist.

saeta
1 *nf (arma)* arrow, dart.
2 *nf (del reloj)* hand; *(de brújula)* needle.
3 *nf (copla)* religious flamenco song sung in Holy Week celebrations.

saetera *nf* loophole, embrasure.

safari
1 *nm (expedición)* safari.
2 *nm (lugar)* safari park.

saga *nf* saga.

sagacidad
1 *nf* sagacity, cleverness.
2 *nf (astucia)* shrewdness, astuteness.

sagaz
1 *adj* clever, sagacious.
2 *adj (astuto)* shrewd, astute.
▲ *pl* sagaces.

sagazmente *adv* astutely.

Sagitario *nm* Sagittarius.
▲ *pl* Sagitario.

sagrado,-a
1 *adj* sacred, holy.
2 sagrado *nm* sanctuary, asylum.
■ Sagrada Biblia Holy Bible.
Sagrada Familia Holy Family.
Sagradas Escrituras Holy Scriptures.
Sagrado Corazón Sacred Heart.

sagrario *nm* tabernacle.

sagú
1 *nm (palmera)* sago palm.
2 *nm (fécula)* sago.
▲ *pl* sagúes.

sah *nm* shah.

Sáhara *nm* Sahara.
■ Sáhara Occidental Western Sahara.

saharaui
1 *adj* Saharan.
2 *nm & nf* Saharan.

sahariana *nf* safari shirt, safari jacket.

sahariano,-a *adj* Saharan.

sahumerio
1 *nm (humo)* aromatic smoke.
2 *nm (sustancia)* aromatic substance; *(incienso)* incense.

sahúmo *nm* → sahumerio.

S.A.I. *abr* (**Su Alteza Imperial**) His Imperial Highness, Her Imperial Highness; *(abreviatura)* HIH.

saín
1 *nm (grasa - animal)* animal fat; *(- pescado)* fish oil.
2 *nm (suciedad)* dirt, grease.

sainete
1 *nm* TEAT comic sketch, one-act farce.
2 *nm fig (bocadito)* titbit (*us* tidbit), delicacy.

sainetero,-a *nm,f* writer of *sainetes*.

sainetista *nm & nf* writer of *sainetes*.

sajadura *nf* incision.

sajar *vt* to make an incision in.

sajón,-ona
1 *adj* Saxon.
2 *nm,f (persona)* Saxon.

Sajonia *nf* Saxony.

sake *nm* sake.

sal¹
1 *nf* salt.
2 *nf fig (agudeza)* wit; *(encanto)* charm.
3 sales *nf pl* smelling salts.
✦ echar sal a algo to add salt to something.
■ la sal de la vida *fig* the spice of life.
sal de cocina cooking salt.
sal de frutas fruit salts *pl*.

sal fina table salt.
sal gema rock salt.
sal gorda coarse salt.
sales de baño bath salts.

sal² *imperat* → salir.

sala
1 *nf (aposento)* room; *(grande)* hall.
2 *nf (sala de estar)* lounge, living room.
3 *nf (de hospital)* ward; *(de cine)* cinema; *(de teatro)* theatre: ¿en qué sala la dan? which screen is it on?
4 *(tribunal)* court.
■ sala de actos assembly hall.
sala de espectáculos *(teatro)* theatre (*us* theater).
sala de espera waiting room.
sala de estar lounge, living room.
sala de exposiciones exhibition hall, gallery.
sala de fiestas nightclub, discotheque.
sala de lectura reading room.
sala de máquinas *(de buque)* engine room.
sala de operaciones operating theatre (*us* theater).
sala de partos delivery room.

salacot *nm* pith helmet, topee, topi.
▲ *pl* salacots.

saladero *nm* saltery.

saladillo,-a
1 *adj (tocino)* half-salted.
2 *adj (almendras etc)* slightly-salted.
3 saladillo *nm (tocino)* half-salted bacon.
4 *nm (almendras etc)* salted nuts *pl*.

salado,-a
1 *pp* → salar.
2 *adj (con sal)* salted; *(con demasiada sal)* salty: agua salada salt water.
3 *adj fam fig (agudo)* witty; *(gracioso)* funny; *(encantador)* charming, attractive.

saladura *nf* salting.

salamandra *nf* salamander.

salamanqués,-esa
1 *adj* of Salamanca, from Salamanca.
2 *nm,f* person from Salamanca, inhabitant of Salamanca.

salamanquesa *nf* ZOOL gecko.
▲ *See also* salamanqués,-a.

salamantino,-a
1 *adj* of Salamanca, from Salamanca.
2 *nm,f* person from Salamanca, inhabitant of Salamanca.

salame *nm* salami.

salami *nm* salami.

salar
1 *vt (curar)* to salt.
2 *vt (sazonar)* to salt, add salt to.

salarial *adj* salary, wage: un aumento salarial a salary increase.

salario *nm* salary, wages *pl*, wage.
■ salario mínimo minimum wage.

salaz *adj* salacious.
▲ *pl* salaces.

salazón
1 *nf (acción)* salting.

2 *nf (carne)* salted meat; *(pescado)* salted fish.

salchicha *nf* sausage.

salchichería *nf* pork butcher's (shop).

salchichón *nm* salami-type sausage.

salcochar *vt* to boil in salt water.

saldar
1 *vt (cuenta)* to settle, balance; *(deuda)* to pay off.
2 *vt (rebajar)* to sell off.
3 *vt fig (diferencias)* to settle, resolve.

saldo
1 *nm (de una cuenta)* balance.
2 *nm (pago)* liquidation, settlement.
3 *nm (resto de mercancía)* remnant, left-over, remainder.
4 *nm (venta a bajo precio)* sale.
+ **a precios de saldo** at bargain prices.
■ **saldo acreedor** credit balance.
saldo deudor debit balance.
saldo negativo/saldo en contra negative balance, overdraft.
saldo positivo/saldo a favor positive balance, surplus.

saldré *fut →* **salir.**

saledizo,-a
1 *adj* projecting.
2 **saledizo** *nm* projection, ledge.

salegar *nm* salt lick.

salero
1 *nm (recipiente)* saltcellar, *(US* salt shaker).
2 *nm (lugar)* salt warehouse.
3 *nm fig (gracia)* charm, wit: **tiene mucho salero** she's very witty.

saleroso,-a *adj fig* charming, witty.

salesa *nf* nun of the Order of the Visitation.

salesiano,-a
1 *adj* Salesian.
2 *nm,f* Salesian.

salgo *pres indic →* **salir.**

sálico,-a *adj* Salic.
■ **ley Sálica** Salic law.

salida
1 *nf (partida)* departure: **la salida del tren es a las dos** the train leaves at two.
2 *nf (puerta etc)* exit, way out.
3 *nf (momento de salir)* **nos encontramos a la salida del cine** we met coming out of the cinema.
4 *nf (viaje corto)* trip.
5 *nf (de un astro)* rising.
6 *nf DEP* start.
7 *nf COM* outlet, market: **estas prendas no tienen salida** there's no market for these clothes.
8 *nf FIN* outlay, expenditure.
9 *nf fig (ocurrencia)* witty remark, witticism.
10 *nf fig (escapatoria)* solution, way out.
11 *nf fig (perspectiva)* opening.
12 *nf TEC* outlet.
13 *nf INFORM* output.
14 *nf (en naipes)* lead.
15 *nf (parte que sobresale)* projection.
+ **de salida** from the start.

no tener otra salida *fig* to have no other option.
tener salida a to open on to, come out at.
■ **salida de artistas** stage door.
salida de efectivo *FIN* cash outflow.
salida de emergencia emergency exit.
salida de incendios fire exit.
salida de tono unfortunate remark, improper remark.
salida del sol sunrise.
salida nula false start.

salido,-a
1 *pp →* **salir.**
2 *adj (que sobresale)* projecting, prominent.
3 *adj (ojos)* bulging.
4 *adj (animal en celo)* on heat, in heat.

saliente
1 *adj (que sobresale)* projecting.
2 *adj (cesante)* outgoing.
3 *adj fig (sobresaliente)* outstanding.
4 *nm* projection, overhang, ledge.

salífero,-a *adj* saline.

salificar *vt* to salify.
▲ *Conjugation model* [1], *like sacar.*

salina
1 *nf (mina)* salt mine.
2 *nf (establecimiento)* salt works.

salinidad *nf* salinity.

salino,-a *adj* saline.

salir
1 *vi (ir hacia afuera)* to go out (**de**, of): **salir de casa** to go out of the house.
2 *vi (venir de dentro)* to come out: **ven, sal al jardín** come out here into the garden.
3 *vi (partir)* to leave: **el autobús sale a las tres** the bus leaves at three.
4 *vi (no estar)* to be out: **lo siento, ha salido** I'm sorry, she's out.
5 *vi (amigos, novios, etc)* to go out.
6 *vi (aparecer)* to appear, be: **salió en los periódicos** he appeared in the newspapers.
7 *vi (revista, novela, etc)* to come out; *(moda)* to come in.
8 *vi (proceder)* to come (**de**, from): **de la aceituna sale el aceite** olive oil comes from olives.
9 *vi (resultar)* to turn out, turn out to be: **salió demasiado salado** it turned out too salty.
10 *vi (examen, prueba, etc)* to go, turn out: **¿cómo te salió?** how did it go?, how did you do?
11 *vi (venir a costar)* to come to, cost, work out.
12 *vi (sobresalir)* to project, stick out.
13 *vi (sol etc)* to rise, come out; *(vegetales)* to come up; *(flores)* to come out.
14 *vi (granos)* to get, break out in, come out in; *(pelo)* to grow; *(diente)* to cut: **le salieron granos** he broke out in spots.
15 *vi (mancha)* to come out, come off.
16 *vi (parecerse)* to take after (**a**, -): **ha salido a su padre** she takes after her father.

17 *vi (al azar)* to be drawn.
18 *vi (nombre, palabra, etc)* to be able to think of: **no me sale un sinónimo** I can't think of a synonym.
19 *vi (solucionar)* to work out: **no me sale** I can't work it out; **no le salía la respuesta correcta** he couldn't get the right answer.
20 *vi (decir inesperadamente)* to come out (**con**, with): **¡ahora me sales con ésa!** now you come out with this!
21 *vi (librarse)* to get out (**de**, of).
22 *vi (trabajo, oportunidad, etc)* to come up.
23 *vi (dar a)* to open (**a**, onto), come out (**a**, at): **esta calle sale a la avenida** this street comes out at the avenue.
24 *vi (en naipes)* to start.
25 *vi TEAT* to enter.
26 **salirse** *vpr (líquido, gas, etc)* to leak, leak out; *(río)* to overflow.
27 *vpr (al hervir)* to boil over.
28 *vpr (tornillo etc)* to come off, come out.
29 *vpr (de la carretera)* to go off (**de**, -).
+ **salga lo que salga** whatever happens.
salir a la pizarra to go to the blackboard.
salir al encuentro de to go to meet.
salir al paso de *fig* to forestall.
salir adelante to be successful.
salir airoso,-a de algo to be successful in something, pass something with flying colours *(US* colors).
salir barato,-a/salir caro,-a to work out cheap/work out expensive.
salir bien/salir mal to turn out well/ turn out badly: **le salió mal el examen** he did badly in his exam.
salir de dudas *fig* to make sure, be sure: **para salir de dudas consultaron la enciclopedia** just to be sure they looked it up in the encyclopaedia.
salir en defensa de alguien *fig* to come to somebody's defence *(US* defense).
salir ganando to come out ahead, come out well, benefit.
salir perdedor,-ra to be the loser, lose out.
salir pitando/salir disparado,-a *fam* to shoot off, rush out.
salir por peteneras *fam* to go off at a tangent.
salir que ni pintado,-a *fam* to come out beautifully.
salir vencedor,-ra to be the winner.
salirse de lo normal *fig* to be out of the ordinary.
salirse de madre *fig* to overflow; *fig* to lose one's self-control.
salirse de quicio to lose one's mind.
▲ *Conjugation model* [84].

salitre *nm* saltpetre *(US* saltpeter).

saliva *nf* saliva.
+ **gastar saliva** *fig* to waste one's breath.
tragar saliva *fig* to swallow one's feelings, keep quiet.

salivación *nf* salivation.

salival *adj* salivary.

salivar *vi* to salivate.

salivazo *nm* spit.

salmantino,-a
1 *adj* of Salamanca, from Salamanca.
2 *nm,f* person from Salamanca, inhabitant of Salamanca.

salmer *nm* skewback.

salmo *nm* psalm.
▪ **el Libro de los Salmos** the Book of Psalms.

salmodia
1 *nf REL* psalmody.
2 *nf fam fig (canturreo)* drone.

salmodiar
1 *vi (salmear)* to sing psalms.
2 *vt fam fig (canturrear)* to drone.

salmón
1 *nm (pez)* salmon.
2 *adj (color)* salmon, salmon pink.

salmonado,-a
1 *adj (asalmonado)* salmon, salmon-like: **trucha salmonada** salmon trout.
2 *adj (color)* salmon pink.

salmonelosis *nf* salmonellosis, food poisoning.
▲ *pl salmonelosis.*

salmonero,-a *adj* salmon.

salmonete *nm* red mullet.

salmorejo
1 *nm (salsa)* sauce *made from vinegar, oil, water, salt and pepper.*
2 *nm (tipo de gazpacho)* kind of *gazpacho.*
3 *nm fig (reprimenda)* reprimand.

salmuera *nf* brine.

salobre
1 *adj (agua)* brackish, slightly salty.
2 *adj (salado)* salty; *(muy salado)* briny.

salobreño,-a *adj* saline.

salobridad *nf* brackishness.

saloma *nf* shanty.

Salomón *nm* Solomon.
▪ **Islas Salomón** Solomon Islands.

salomónico,-a *adj* Solomonic, Solomonian.
▪ **columna salomónica** *ARQ* wreathed column.

salón
1 *nm (en casa)* sitting room, drawing room, lounge.
2 *nm (en edificio público)* hall.
3 *nm (exposición)* show, exhibition.
▪ **salón de actos** assembly hall.
salón de baile ballroom.
salón de belleza beauty salon, beauty parlour (*US* parlor).
salón de té tearoom, teashop.
salón del automóvil motor show.
salón náutico boat show.

salpicadero *nm* dashboard.

salpicadura
1 *nf (acción)* splashing.
2 *nf (gotas)* splash.
3 **salpicaduras** *nf pl fig* after-effects, aftermath *sing*: **las salpicaduras de la guerra dejaron sus huellas en toda**

Europa the after-effects of the war left their mark on the whole of Europe.

salpicar
1 *vt (rociar)* to sprinkle.
2 *vt (caer gotas)* to splash.
3 *vt fig (esparcir)* to sprinkle.
4 **salpicarse** *vpr* to splash (**de**, with), spatter (**de**, with): **se salpicó la chaqueta de barro** he spattered his jacket with mud.
▲ *Conjugation model* [1], *like sacar.*

salpicón
1 *nm (salpicadura)* splash, spatter.
2 *nm CULIN* cocktail.
▪ **salpicón de mariscos** seafood cocktail.

salpimentar
1 *vt* to season, add salt and pepper to.
2 *vt fig* to season, spice.
▲ *Conjugation model* [27], *like acertar.*

salpullido *nm* rash.

salsa
1 *nf* sauce.
2 *nf fam fig (gracia)* zest, spice.
3 *nf MÚS* salsa.
♦ **estar en su propia salsa** *fig* to be in one's element.
▪ **la salsa de la vida** *fig* the spice of life.
salsa bechamel white sauce, béchamel sauce.
salsa de tomate tomato sauce.
salsa mayonesa mayonnaise.
salsa tártara tartar sauce.
salsa rosa seafood sauce.

salsera *nf* gravy boat.

salsero,-a *adj fam (entremetido)* meddlesome.

salsifí *nm* salsify.
▲ *pl salsifíes.*

saltador,-ra
1 *adj* jumping, leaping.
2 *nm,f* jumper.
3 **saltador** *nm (cuerda)* skipping rope.
▪ **saltador,-ra de altura** high jumper.
saltador,-ra de pértiga pole vaulter.

saltamontes *nm* grasshopper.
▲ *pl saltamontes.*

saltaojos *nm* peony.
▲ *pl saltaojos.*

saltar
1 *vi (gen)* to jump, leap: **saltó de la cama** she jumped out of bed; **saltamos del muro** we jumped off the wall.
2 *vi (en paracaídas)* to parachute.
3 *vi (romperse)* to break; *(estallar)* to burst.
4 *vi (desprenderse)* to come off.
5 *vi (tapón, corcho, etc)* to pop out, pop off.
6 *vi fig (enfadarse)* to blow up, explode: **salta por todo** he flies off the handle at the slightest thing.
7 *vi fig (de una cosa a otra)* to jump, skip.
8 *vi fig (decir)* to come out (**con**, with); *(contestar)* to answer (**con**, with): **saltó con una tontería** he came out with a silly remark.
9 *vi fig (de un cargo, empleo, etc)* to be thrown out: **saltó de la vicepresidencia**

por corrupción he was thrown out as vice president because of corruption.
10 *vt fig (salvar de un salto)* to jump (over), leap (over).
11 *vt (arrancar)* to pull off.
12 *vt (ajedrez etc)* to jump.
13 *vt fig (omitir)* to skip, miss out.
14 **saltarse** *vpr (ley etc)* to ignore.
15 *vpr (omitir)* to skip, miss out.
16 *vpr (desprenderse)* to come off; *(- lentilla)* to fall out: **se le saltó un botón** one of her buttons came off.
♦ **estar a la que salta** *fig (estar atento)* to be always on the look out for an opportunity; *(enfadarse por todo)* to have a short fuse.
hacer saltar to blow up.
hacer saltar las lágrimas a alguien *fig* to bring tears to somebody's eyes.
saltar a la cuerda/saltar a la comba to skip.
saltar a la vista *fig* to be obvious, be as plain as the nose on one's face.
saltar de alegría *fig* to jump for joy.
saltar en pedazos to break into pieces, smash to bits.
saltarle a alguien la tapa de los sesos *fam* to blow somebody's brains out.
saltarse el turno to jump the queue.
saltársele a uno las lágrimas *fig* to have tears in one's eyes: **se me saltaron las lágrimas** tears came to my eyes.
saltarse un semáforo to jump the lights.
saltar sobre alguien *fig* to pounce on somebody.

saltarín,-ina
1 *adj (que salta)* lively, bouncing.
2 *adj (aturdido)* scatterbrained.
3 *nm,f (que salta)* energetic person, bundle of energy.
4 *nm,f (aturdido)* scatterbrain.

salteado,-a
1 *pp → saltear.*
2 *adj (espaciado)* spaced out.
3 *adj CULIN* sauté, sautéed.
4 **salteado** *nm CULIN* sauté.

salteador,-ra *nm,f (hombre)* highwayman; *(mujer)* female highwayman.

saltear
1 *vt (asaltar - alguien)* to hold up; *(- banco)* to rob.
2 *vt (hacer con interrupciones)* to do in fits and starts.
3 *vt (espaciar)* to space out.
4 *vt CULIN* to sauté.
5 *vt fig (sorprender)* to take by surprise.

salterio
1 *nm (libro)* Psalter.
2 *nm (instrumento)* psaltery.

saltimbanqui
1 *nm & nf (artista que va de pueblo en pueblo)* member of a travelling circus.
2 *nm & nf (titiritero)* puppeteer; *(malabarista)* juggler; *(acróbata)* acrobat, tumbler.

salto
1 *nm (gen)* jump, leap.

2 nm DEP jump; (natación) dive.

3 nm (de agua) waterfall.

4 nm (despeñadero) precipice.

5 nm fig (omisión) gap.

6 nm fig (ascenso) springboard.

✦ **a salto de mata** (vivir al día) from hand to mouth; (de cualquier manera) slapdash, haphazardly, any old how.

a saltos fig in leaps and bounds.

bajar de un salto/subir de un salto to jump down/jump up.

dar un salto/pegar un salto to jump, leap.

dar un salto en el vacío fig to take a leap in the dark.

el corazón me daba saltos fig my heart was pounding.

en un salto fig in a flash.

▪ **salto de agua** waterfall, falls pl.

salto de altura high jump.

salto de cama negligee.

salto de la carpa jack-knife.

salto del ángel swan dive.

salto de longitud long jump.

salto de tijera scissor jump.

salto mortal somersault.

saltón,-ona

1 adj (que salta) jumping, hopping.

2 adj (que sobresale) prominent.

3 adj (ojos) bulging.

salubre adj salubrious, healthy.

salubridad nf (estado de salud) healthiness; (de lugar, clima, etc) salubriousness, salubrity.

salud

1 nf health.

2 interj fam cheers!

✦ **beber a la salud de alguien** to drink to somebody's health.

gozar de buena salud to be in good health.

rebosar salud to be glowing with health.

tener poca salud not to be very healthy.

▪ **salud de hierro** fig iron constitution.

saludable

1 adj (sano) healthy, wholesome.

2 adj fig (beneficioso) good, beneficial.

✦ **tener un aspecto saludable** to look healthy.

saludar

1 vt (demostrar cortesía) to greet.

2 vt (decir hola) to say hello to.

3 vt MIL to salute.

✦ **le saluda atentamente** (en carta) yours faithfully.

no saludarse not to be on speaking terms: no se saludan they're not on speaking terms.

saluda de mi parte a give my regards to.

saludo

1 nm greeting.

2 nm MIL salute.

✦ **reciba un atento saludo de** (en carta) yours faithfully.

un saludo de/atentos saludos de (en carta) best wishes from.

salutación nf greeting, salutation.

salva

1 nf (de comida) tasting.

2 nf (con arma) salvo, volley.

▪ **salva de aplausos** fig round of applause.

salvable adj (gen) savable, saveable, which can be saved; (de un desastre, de un naufragio, etc) salvageable.

salvación

1 nf (gen) salvation, rescue.

2 nf REL salvation.

✦ **no tener salvación** fig to be beyond hope: Ana no tiene salvación there's no hope for Ana.

salvado nm bran.

salvador,-ra

1 adj saving.

2 nm,f saviour (US savior), rescuer.

Salvador

1 El Salvador nm El Salvador.

2 nm REL the Saviour (US Savior).

salvadoreño,-a

1 adj Salvadorian, Salvadoran.

2 nm,f Salvadorian, Salvadoran.

salvaescaleras nm stairlift.

▲ pl salvaescaleras.

salvaguarda nf → salvaguardia.

salvaguardar vt to safeguard (de, from), protect (de, from).

salvaguardia

1 nf (papel) safe-conduct.

2 nf fig (protección) safeguard, protection.

3 nm (guardia) guardian.

salvajada nf atrocity, savagery, brutal act, savage act.

salvaje

1 adj (planta) wild; (terreno) uncultivated.

2 adj (animal) wild.

3 adj (pueblo, tribu, etc) savage, uncivilized.

4 adj fam fig (violento) savage, wild.

5 adj (bruto) uncouth, boorish.

6 adj fig (incontrolado) haphazard, uncontrolled: edificación salvaje uncontrolled building development; huelga salvaje wildcat strike.

7 nm & nf (no civilizado) savage.

8 nm & nf fig (violento) savage.

9 nm & nf (bruto) brute, boor.

salvajemente adv savagely.

salvajismo nm savagery.

salvamanteles nm table mat.

▲ pl salvamanteles.

salvamento nm rescue.

salvamento nm rescue.

salvamiento nm rescue.

salvar

1 vt (librar de peligro) to save, rescue.

2 vt (barco) to salvage.

3 vt (honor, ruina, etc) to save.

4 vt (obstáculo) to clear.

5 vt (dificultad) to overcome, get round.

6 vt (distancia) to cover.

7 vt (atravesar) to cross, span.

8 vt (exceptuar) to exclude, except.

9 salvarse vpr (sobrevivir) to survive, come out alive.

10 vpr (escaparse) to escape (de, from).

11 vpr REL to be saved, save one's soul.

✦ **salvarse por los pelos** fam to have a narrow escape, get away by the skin of one's teeth.

¡sálvese quien pueda! every man for himself!

salvapantallas nm INFORM screensaver.

▲ pl salvapantallas.

salvavidas nm life belt.

▲ pl salvavidas.

salve nf Hail Mary.

salvedad

1 nf (excepción) exception.

2 nf (condición) condition, proviso.

3 nf (reserva) reservation.

4 nf (distinción) distinction.

salvia nf sage.

salvilla nf salver.

salvo,-a

1 adj (ileso) unharmed, safe.

2 salvo adv except, except for: todos salvo ella everyone except for her.

✦ **estar a salvo (de)** to be safe (from).

poner a salvo to put in a safe place.

ponerse a salvo to reach safety.

salva sea la parte euf rear end.

salvo que unless.

salvoconducto nm safe-conduct.

Samaria nf Samaria.

samario nm samarium.

samaritano,-a

1 adj Samaritan.

2 nm,f (persona) Samaritan.

3 samaritano nm (idioma) Samaritan.

samba nf samba.

sambenito

1 nm HIST (escapulario) sanbenito.

2 nm fig (deshonra) disgrace; (descrédito) stigma.

✦ **colgarle un sambenito a alguien** fig to give somebody a bad name.

Samoa nf Samoa.

▪ **Samoa Occidental** Western Samoa.

samoano,-a

1 adj Samoan.

2 nm,f (persona) Samoan.

3 samoano nm (idioma) Samoan.

samosa nf samosa.

samovar nm samovar.

sampán nm sampan.

sampleador nm sampler.

samurái nm samurai.

▲ pl samuráis.

samuray nm samurai.

▲ pl samuráis.

san adj saint: San Carlos Saint Charles.

▲ Used before names of male saints except for Tomás, Tomé, Toribio and Domingo; see also santo,-a.

sanable adj curable.

sanador,-ra

1 adj curative.

2 *nm,f* curer.

sanar
1 *vt* to heal, cure.
2 *vi (enfermo)* to recover, get better.
3 *vi (herida)* to heal.

sanatorio *nm* clinic, nursing home; *(hospital)* hospital.

sanción
1 *nf (aprobación)* sanction, approval.
2 *nf (pena)* sanction, penalty.

sancionable *adj* punishable.

sancionar
1 *vt (aprobar)* to sanction.
2 *vt (penar)* to penalize.

sancochar *vt* to parboil.

sancocho *nm* parboiled food.

sanctasanctórum *nm* sanctum sanctorum, Holy of Holies.
▲ *pl sanctasanctórum.*

sandalia *nf* sandal.

sándalo *nm* sandalwood.

sandez *nf* piece of nonsense.
✦ **decir sandeces** to talk nonsense.
▲ *pl sandeces.*

sandía *nf* watermelon.

sandinismo *nm* Sandinista movement.

sandinista
1 *adj* Sandinista.
2 *nm & nf* Sandinista.

sandio,-a
1 *adj* silly, foolish.
2 *nm,f* fool.

sandunga *nf fam* charm, wit.

sandunguero,-a *adj fam* charming, witty.

sándwich *nm* sandwich.
▲ *pl sándwiches.*

sandwichera *nf* sandwich toaster.

sandwichería *nf* sandwich bar.

saneado,-a
1 *pp* → **sanear.**
2 *adj* sound, healthy.

saneamiento
1 *nm (de terreno)* drainage, draining.
2 *nm (de edificio)* cleaning, disinfection.
3 *nm (de moneda)* stabilization.

sanear
1 *vt (limpiar)* to clean; *(desinfectar)* to disinfect.
2 *vt (económicamente)* to make financially viable.
3 *vt (compensar)* to compensate.
4 *vt (compensar)* to compensate.
5 *vt (drenar)* to drain.

sanedrín *nm* Sanhedrin.

sanfermines *nm pl* festival of San Fermín (held in Pamplona).

sangradera
1 *nf (lanceta)* lancet.
2 *nf (vasija)* jar for blood.
3 *nf (acequia)* irrigation ditch.
4 *nf (compuerta)* floodgate.

sangrado *nm* indention, indentation, indent.

sangradura *nf MED* incision, cut.

sangrante
1 *adj* bleeding.
2 *adj fig* flagrant, blatant.

sangrar
1 *vt (abrir una vena)* to bleed.
2 *vt (dar salida a un líquido)* to drain.
3 *vt (resinar)* to tap.
4 *vt fig (hurtar)* to filch.
5 *vt fam fig (dejar sin dinero)* to bleed dry.
6 *vt (en impresión)* to indent.
7 *vi* to bleed.

sangre *nf* blood.
✦ **a sangre fría** *fig* in cold blood.
a sangre y fuego *fig* by fire and sword.
chupar la sangre a alguien *fig* to bleed somebody dry.
de sangre caliente/de sangre fría warm-blooded/cold-blooded.
donar sangre to give blood.
llevar algo en la sangre *fig* to run in the family: no lo puede remediar, lo lleva en la sangre he can't help it, it runs in the family; su padre era músico, así que lo lleva en la sangre her father was a musician, so it's in her blood.
no llegó la sangre al río *fig* the worst didn't happen.
no tener sangre en las venas *fig* to be a cold fish, be unemotional.
subírsele a uno la sangre a la cabeza *fig* to see red.
sudar sangre *fig* to sweat blood.
tener mala sangre *fig* to be evil.
■ **sangre fría** *fig* sang froid.

sangría
1 *nf (bebida)* sangria.
2 *nf MED* bleeding, bloodletting.
3 *nf (en árbol)* tap.
4 *nf fig (de dinero etc)* drain.
5 *nf (en impresión)* indentation.

sangriento,-a
1 *adj (que echa sangre)* bleeding.
2 *adj (con sangre)* bloody.
3 *adj (sanguinario)* bloody; *(cruel)* cruel.

sanguijuela *nf* leech, bloodsucker.

sanguina
1 *nf (naranja)* blood orange.
2 *nf (lápiz)* red chalk.

sanguinaria *nf (piedra)* bloodstone.

sanguinario,-a *adj* bloodthirsty.

sanguíneo,-a *adj* blood.

sanguino,-a *adj* blood.

sanguinolencia *nf* bloodiness.

sanguinolento,-a
1 *adj (que echa sangre)* bleeding.
2 *adj (con sangre)* bloody, bloodstained; *(ojos)* bloodshot.

sanidad
1 *nf (calidad de sano)* health, healthiness.
2 *nf (servicios)* health: sanidad pública public health.
■ **Inspector de Sanidad** Health Inspector.
Ministerio de Sanidad Ministry of Health.

sanitario,-a
1 *adj* sanitary, health.
2 *nm,f* health officer.
3 **sanitario** *nm* toilet.
4 **sanitarios** *nm pl* bathroom fittings.

sano,-a
1 *adj (con salud)* healthy, fit.
2 *adj (saludable)* healthy, wholesome.
3 *adj fig (sin corrupción)* sound.
4 *adj fig (entero)* good.
5 *adj fig (sincero)* sincere.
6 *adj fig (juicio)* right.
✦ **sano,-a y salvo,-a** safe and sound.

sánscrito,-a
1 *adj* Sanskritic.
2 **sánscrito** *nm* Sanskrit.

sanseacabó y sanseacabó *interj fam* and that's that!

sansón *nm fam* he-man.
✦ **estar hecho un sansón** *fam* to be as strong as an ox.

santabárbara *nf* magazine.

santacruceño,-a
1 *adj* of Santa Cruz de Tenerife, from Santa Cruz de Tenerife.
2 *nm,f* person from Santa Cruz de Tenerife, inhabitant of Santa Cruz de Tenerife.

santanderino,-a
1 *adj* of Santander, from Santander.
2 *nm,f* person from Santander, inhabitant of Santander.

santateresa *nf* praying mantis.

santería *nf* sanctimoniousness.

santero,-a
1 *adj* sanctimonious.
2 *nm,f (sacristán)* verger, sexton.
3 *nm,f (mendigo)* alms collector.

santiagués,-esa
1 *adj* of Santiago de Compostela, from Santiago de Compostela.
2 *nm,f* person from Santiago de Compostela, inhabitant of Santiago de Compostela.

santiaguino,-a
1 *adj* of Santiago (de Chile), from Santiago (de Chile).
2 *nm,f* person from Santiago (de Chile), inhabitant of Santiago (de Chile).

santiamén en un santiamén *loc* in the twinkling of an eye, as quick as a flash, in a flash.

santidad *nf* saintliness, holiness.
■ **Su Santidad** His Holiness.

santificación *nf* sanctification.

santificar
1 *vt (hacer santo)* to sanctify, make holy.
2 *vt (fiestas etc)* to keep, observe.
▲ *Conjugation model [1], like sacar.*

santiguar
1 *vt* to bless, make the sign of the cross over.
2 **santiguarse** *vpr (uso reflexivo)* to cross oneself, make the sign of the cross.
▲ *Conjugation model [22], like averiguar.*

santísimo,-a
1 *adj* most holy.
2 el Santísimo *nm* the Holy Sacrament.
✦ hacer a alguien la santísima (pascua) *fam* to be a nuisance to somebody.

santo,-a
1 *adj (gen)* holy, sacred: Padre Santo Holy Father.
2 *adj (persona)* holy, saintly.
3 *adj fam (para enfatizar)* hell of a, real, right: recibió una santa bofetada he got a hell of a whack, he got a right whack; todo el santo día the whole day long.
4 *adj (como título)* saint: Santo Tomás Saint Thomas; Santa Elena Saint Helen.
5 *nm,f* saint.
6 santo *nm (imagen)* image of a saint.
7 *nm fam (dibujo)* picture.
8 *nm (onomástica)* saint's day.
✦ ¿a santo de qué? *fam* why on earth?
desnudar a un santo para vestir a otro *fig* to rob Peter to pay Paul.
hacer su santa voluntad to do as one damn well pleases.
írsele a uno el santo al cielo *fam* to slip one's mind.
llegar y besar el santo *fam* as easy as pie, a piece of cake: se cree que es llegar y besar el santo she thinks it'll be a piece of cake.
no es santo de mi devoción *fam* I'm not too fond of him, he's not my cup of tea.
¡por todos los santos! *fam* for heaven's sake!
quedarse para vestir santos *fam* to be left on the shelf.
■ el día de Todos los Santos All Saints' Day.
Santo Oficio Holy Office.
santo y seña password.
un santo varón a saint of a man.
▲ *See also* san.

santón
1 *nm REL* holy man.
2 *nm fig (hipócrita)* bigot.
3 *nm fig (persona influyente)* big shot.

santoral
1 *nm (libro)* hagiography.
2 *nm (lista de santos)* calendar of saints' feast days.

santuario *nm* sanctuary, shrine.

santurrón,-ona
1 *adj* sanctimonious.
2 *nm,f* sanctimonious person.

santurronería *nf* sanctimoniousness.

saña
1 *nf (enojo)* rage, fury.
2 *nf (crueldad)* cruelty, viciousness.
✦ con saña *(con enojo)* furiously; *(con crueldad)* viciously.

sañudo,-a
1 *adj (cruel)* cruel, vicious.
2 *adj (enojado)* enraged, furious.

Saona el Saona *nm* the Saône.

sapiencia
1 *nf fml (sabiduría)* wisdom.
2 *nf (conocimiento)* knowledge.

sapiente *adj fml* wise.

sapo *nm* toad.
✦ echar sapos y culebras *fig* to rant and rave.

saponificación *nf* saponification.

saponificar *vt* to saponify.
▲ *Conjugation model* [1], *like* sacar.

saque
1 *nm (tenis)* service.
2 *nm (fútbol)* kick-off.
✦ romper el saque a alguien *(tenis)* to break somebody's service.
tener buen saque *fam* to be a big eater.
■ saque de banda *(fútbol)* throw-in.
saque de esquina *(fútbol)* corner kick.
saque inicial kick-off.

saqueador,-ra
1 *adj (de ciudades)* plundering, pillaging; *(de casas, comercios, etc)* looting.
2 *nm,f (de ciudades)* plunderer, pillager; *(de casas, comercios, etc)* looter.

saquear *vt (casas)* to plunder, pillage; *(casas, comercios, etc)* to loot.

saqueo *nm (de ciudades)* sacking, plundering; *(de casa, comercio, etc)* looting.

S.A.R. *abr* (Su Alteza Real) His Royal Highness, Her Royal Highness; *(abreviatura)* HRH.

saraceno,-a
1 *adj* Saracen.
2 *nm,f* Saracen.

sarampión *nm* measles *pl*.

sarao
1 *nm (reunión)* soirée.
2 *nm fam (jaleo)* knees-up; *(lío)* mess.
✦ ¡vaya sarao! *fam* what a mess!

sarasa *nm fam pey* queer, fairy.

sarcasmo *nm* sarcasm.
✦ con sarcasmo sarcastically.

sarcásticamente *adv* sarcastically.

sarcástico,-a *adj* sarcastic.

sarcófago *nm* sarcophagus.

sarcoma *nm* sarcoma.

sardana *nf* sardana *(Catalan folk dance)*.

sardina *nf* sardine.

sardinero,-a
1 *adj* sardine.
2 *nm,f* sardine seller.

sardo,-a
1 *adj* Sardinian.
2 *nm,f (persona)* Sardinian.
3 sardo *nm (idioma)* Sardinian.

sardónico,-a *adj* sardonic.

sarga *nf* serge, twill.

sargazo *nm* sargasso.
■ mar de los Sargazos Sargasso Sea.

sargento
1 *nm MIL* sergeant.
2 *nm fig* tyrant.
■ sargento primero master sergeant.

sari *nm* sari.

sarmentoso,-a *adj (dedos etc)* bony, scrawny.

sarmiento *nm* vine shoot.

sarna *nf MED (en personas)* scabies; *(en animales)* mange.
✦ sarna con gusto no pica it's his *(her, their)* life, so let him *(her, them)* get on with it.

sarnoso,-a *adj (piel)* itchy, scabby; *(animal)* mangy, scabby: un perro sarnoso a mangy dog.

sarong *nm* sarong.

sarpullido *nm* rash.

sarraceno,-a
1 *adj* Saracen.
2 *nm,f* Saracen.

sarracina
1 *nf (pelea)* brawl, free-for-all.
2 *nf (masacre)* massacre.
3 *nf fam (destrozo)* damage.

sarracino,-a *adj-nm,f →* sarraceno.

sarro
1 *nm (en los dientes)* tartar.
2 *nm (en la lengua)* fur.
3 *nm (sedimento)* deposit.

sarroso,-a *adj* furry.

sarta *nf* string: una sarta de perlas a string of pearls.
■ sarta de mentiras *fam* pack of lies.

sartén *nf* frying pan, *(US* fry pan*)*.
✦ tener la sartén por el mango *fig* to have the upper hand.

sartenada *nf* panful.

sartorio *nm* sartorius.

S.A.S. *abr* (Su Alteza Serenísima) His Serene Highness, Her Serene Highness; *(abreviatura)* HSH.

sastra *nf (en teatro, cine)* wardrobe mistress.

sastre,-a *nm,f* tailor.
■ sastre de señoras dressmaker.

sastrería
1 *nf (tienda)* tailor's (shop).
2 *nf (oficio)* tailoring.

Satán *nm* Satan.

Satanás *nm* Satan.

satánico,-a
1 *adj* satanic.
2 *nm,f* Satanist.

satanismo *nm* Satanism.

satélite *nm* satellite.
■ país satélite *fig* satellite state.
satélite artificial artificial satellite.

satén *nm* satin.

satinado,-a
1 *pp →* satinar.
2 *adj (gen)* satiny, shiny, glossy; *(pintura)* satin.
3 satinado *nm* gloss, shine.

satinar *vt* to gloss, make glossy.

sátira *nf* satire.

satírico,-a
1 *adj (de la sátira)* satiric, satirical.
2 *adj (del sátiro)* satyric, satyrical.

satirizar *vt* to satirize.
- ▲ *Conjugation model* [4], *like realizar.*

sátiro *nm* satyr.

satisfacción
1 *nf (gen)* satisfaction.
2 *nf (cumplimiento)* fulfilment (*us* fulfillment): la satisfacción de un deseo the fulfilment of a desire.
✦ **a satisfacción de** to the satisfaction of.

satisfacer
1 *vt (gen)* to satisfy.
2 *vt (deuda)* to pay.
3 *vt (requisitos, exigencias, etc)* to meet, fulfil satisfy.
4 *vt (agravio, ofensa, etc)* to make amends for.
5 *vi* to be satisfactory.
6 **satisfacerse** *vpr* to be satisfied, satisfy oneself.
- ▲ *Conjugation model* [85]; *pp* satisfecho,-a.

satisfactoriamente *adv* satisfactorily.

satisfactorio,-a *adj* satisfactory.

satisfecho,-a
1 *pp* → **satisfacer**.
2 *adj (contento)* satisfied, pleased.
3 *adj (pagado de sí mismo)* self-satisfied.
✦ **darse por satisfecho,-a con algo** to be satisfied with something.
estar satisfecho,-a/quedar satisfecho,-a *(de comida)* to be full, have had enough.

sátrapa
1 *nm* HIST satrap.
2 *nm fig* despot, satrap.
✦ **vivir como un sátrapa** *fig* to live like a king.

satsuma *nf* satsuma.

saturación *nf* saturation.

saturado,-a
1 *pp* → **saturar**.
2 *adj* saturated.
3 *adj fig* sick, tired.

saturar *vt* to saturate.

saturnino,-a *adj* saturnine.

saturnismo *nm* lead poisoning.

Saturno *nm* Saturn.

sauce *nm* willow.
- ▪ **sauce llorón** weeping willow.

saúco *nm* elder.

saudade *nf* nostalgia, homesickness.

saudí
1 *adj* Saudi.
2 *nm & nf* Saudi.

saudita *adj-nm & nf* → **saudí.**

sauna *nf* sauna.

saurio,-a
1 *adj* saurian.
2 *nm,f* saurian.

savia
1 *nf* BOT sap.
2 *nf fig* sap, vitality.

saxo *nm fam* → **saxofón.**

saxofón
1 *nm (instrumento)* saxophone, sax.
2 *nm & nf (músico)* saxophonist, sax player.

saxofonista *nm & nf* saxophonist.

saxófono *nm* → **saxofón.**

saya
1 *nf (falda)* skirt.
2 *nf (enagua)* petticoat.

sayal *nm* sackcloth.

sayo *nm* cassock, smock.
✦ **cortarle un sayo a alguien** *fig* to run somebody down.
hacer de su capa un sayo *fig* to do as one pleases.

sazón
1 *nf (madurez)* ripeness.
2 *nf (sabor)* taste, flavour (*us* flavor).
3 *nf (aderezo)* seasoning.
4 *nf (tiempo, ocasión, etc)* season, time.
✦ **a la sazón** at that time.
en sazón *(fruta etc)* ripe, in season; *(uso figurado)* at the appropriate time.
fuera de sazón inopportunely.

sazonado,-a
1 *pp* → **sazonar**.
2 *adj fig* witty.

sazonar
1 *vt (madurar)* to ripen, mature.
2 *vt (comida)* to season, flavour (*us* flavor).
3 *vt fig (historia etc)* to add spice to.
4 **sazonarse** *vpr (madurar)* to ripen, mature.

s/c *abr (su cuenta)* your account.

scooter *nm* scooter.

scout *nm* scout.

Sdad. *abr (sociedad)* Society; *(abreviatura)* S.

se[1]
1 *pron (reflexivo - él)* himself; *(- ella)* herself; *(- usted, ustedes)* yourself, yourselves; *(- ellos, ellas)* themselves; *(- esto)* itself: se felicitó del éxito de la campaña he congratulated himself on the success of the campaign; se está preparando she's getting herself ready; se miraron en el espejo they looked at themselves in the mirror; ella se peina she combs her hair.
2 *pron (recíproco)* each other, one another: se quieren they love each other; se conocieron en Málaga they met in Málaga.
3 *pron (pasiva)* se han abierto las puertas the doors have been opened.
4 *pron (impersonal)* se dice que han atrapado a los ladrones they say the thieves have been caught; véase la página seis see page six; se ve que no apparently not.

se[2] *pron (objeto indirecto - a él)* him, to him; *(- a ella)* her, to her; *(- a ellos, ellas)* them, to them; *(- a esto)* it, to it; *(- a usted, ustedes)* you, to you: se lo dije I told her; se los dio she gave them to him; se la compraré yo I'll buy it for them.
- ▲ *Used before the pronouns la, las, lo and los instead of le or les.*

sé[1] *pres indic* → **saber.**

sé[2] *imperat* → **ser.**

SE *sím (sureste)* southeast; *(símbolo)* SE.

S.E. *abr (Su Excelencia)* His Excellency, Her Excellency; *(abreviatura)* HE.

sea *pres subj* → **ser.**

sebáceo,-a *adj* sebaceous.

sebo
1 *nm (grasa)* fat.
2 *nm* CULIN suet.
3 *nm (para velas)* tallow.
4 *nm (suciedad)* grease, filth.
5 *nm (gordura)* fat.

seborrea *nf* seborrhoea (*us* seborrhea).

seboso,-a *adj* greasy.

seca *nf (sequía)* drought.

secadero *nm* drying room.

secado *nm* drying.

secador
1 *nm* dryer, drier.
2 *nm (de pelo)* hairdryer.

secadora *nf* tumble dryer, dryer.

secamente *adv (gen)* abruptly; *(contestar, hablar, etc)* curtly.

secano *nm* dry land.
- ▪ **cultivo de secano** dry farming.

secante[1]
1 *adj (que seca)* drying.
2 *adj (papel)* blotting.
3 *nm (papel)* blotting paper.
4 *nm* DEP marker.
5 *nm (para pinturas)* siccative.

secante[2]
1 *adj (geometría)* secant.
2 *nf* secant.

secar
1 *vt (gen)* to dry.
2 *vt (lágrimas, vajilla, etc)* to wipe; *(tinta)* to blot; *(líquido)* to wipe up, mop up.
3 *vt (planta)* to wither, dry up; *(río, fuente, etc)* to dry up.
4 **secarse** *vpr (gen)* to dry: sécate las manos dry your hands.
5 *vpr (líquido, río, etc)* to dry up; *(planta)* to wither, dry up.
6 *vpr fig (enflaquecer)* to become thin.
✦ **secarse la frente** to mop one's brow.
- ▲ *Conjugation model* [1], *like sacar.*

sección
1 *nf (corte)* section, cut.
2 *nf (geometría)* section.
3 *nf (departamento)* section, department.
4 *nf (en periódico, revista, etc)* page, section.
5 *nf* MIL section.
- ▪ **sección transversal** cross-section.

seccionar *vt* to section, cut.

secesión *nf* secession.

secesionismo *nm* secessionism.

secesionista
1 *adj* secessionist.
2 *nm & nf* secessionist.

seco,-a
1 *adj (gen)* dry.
2 *adj (frutos, flores, etc)* dried: compramos flores secas we bought some dried flowers.
3 *adj (marchito)* withered, dried up.

4 *adj fig (vino)* dry.

5 *adj fig (carácter)* dry; *(tono, respuesta)* curt, sharp.

6 *adj fig (golpe, ruido)* sharp.

7 *adj fig (persona - delgada)* skinny; *(- vieja)* old and wizened.

+ a secas *fig* simply, just: **Carmen a secas** just plain Carmen.

dejar seco,-a *fam* to bump off.

en seco *(acción)* suddenly: **frenar en seco** to brake suddenly; **parar en seco** to stop dead.

estar más seco,-a que un higo *fam (delgado)* to be as thin as a rake; *(envejecido)* to be old and wizened.

estar seco,-a *fam* to be thirsty, be dry.

limpiar en seco to dry-clean.

quedarse seco,-a *fam* to snuff it, croak.

secoya *nf →* **secuoya**.

secreción *nf* secretion.

secreta *nf fam* secret police.

secretamente *adv* secretly.

secretar *vt* to secrete.

secretaría
1 *nf (cargo)* secretaryship, office of secretary.

2 *nf (oficina)* secretary's office; *(en la administración)* secretariat.

■ **Secretaría de Estado** State Department.

secretariado
1 *nm (cargo)* secretaryship.

2 *nm (oficina)* secretariat.

3 *nm (estudios)* secretarial course.

secretario,-a *nm,f* secretary.

■ **secretario,-a de Estado** Secretary of State.

secretario,-a particular private secretary.

secretear *vi* to whisper secrets.

secreteo *nm* whispering.

secreter *nm* writing desk, bureau.

secreto,-a
1 *adj* secret.

2 secreto *nm (lo reservado)* secret: **te diré un secreto** I'll tell you a secret.

3 *nm (reserva)* secrecy.

+ en secreto secretly.

guardar un secreto to keep a secret.

■ **secreto a voces** *fam* open secret.

secreto de estado state secret.

secreto profesional *(práctica)* professional secrecy.

secretor,-ra *adj* secretory.

secretorio,-a *adj* secretory.

secta *nf* sect.

sectario,-a *adj* sectarian.

sectarismo *nm* sectarianism.

sector
1 *nm (gen)* sector.

2 *nm fig (zona)* area.

3 *nm fig (parte)* section: **un sector de la opinión pública** a section of public opinion.

■ **sector primario/sector secundario/sector terciario** primary industry/secondary industry/tertiary industry.

sector privado/sector público private sector/public sector.

sectorial *adj* sectorial.

secuaz *nm & nf* follower, supporter; *(uso peyorativo)* underling, henchman.

▲ *pl* **secuaces**.

secuela
1 *nf* consequence, result.

2 secuelas *nf pl (de enfermedad, guerra, etc)* after-effects *pl*.

secuencia *nf* sequence.

secuencial *adj* sequential.

secuenciar *vt* to arrange in sequence, put in sequence.

▲ *Conjugation model* [12], *like* **cambiar**.

secuestrador,-ra
1 *adj (personas)* kidnapping; *(de avión)* hijacking.

2 *adj JUR* sequestrating.

3 *nm,f (personas)* kidnapper; *(de avión)* hijacker.

4 *nm,f JUR* sequestrator.

secuestrar
1 *vt (personas)* to kidnap; *(avión)* to hijack.

2 *vt JUR* to sequester, seize, confiscate.

secuestro
1 *nm (personas)* kidnapping; *(de avión)* hijacking.

2 *nm JUR* sequestration, seizure, confiscation.

secular
1 *adj (seglar)* secular, lay.

2 *adj (de cada siglo)* secular.

3 *adj (que tiene un siglo)* century-old.

4 *adj fig (antiquísimo)* ancient, age-old.

5 *nm REL* secular.

secularidad *nf* secularity.

secularización *nf* secularization.

secularizar *vt* to secularize.

▲ *Conjugation model* [4], *like* **realizar**.

secundar *vt* to support, second.

secundaria *nf EDUC* secondary education.

secundario,-a
1 *adj* secondary.

2 secundario *nm GEOL* secondary.

secuoya *nf* sequoia, redwood.

sed *nf* thirst.

+ apagar la sed/matar la sed/quitar la sed to quench one's thirst.

dar sed to make thirsty: **la comida salada me da sed** salty food makes me thirsty.

tener sed to be thirsty: **tengo sed** I'm thirsty.

tener sed de *fig* to be thirsty for.

seda *nf* silk.

+ como una seda *fig* smoothly.

sedación *nf* sedation.

sedal *nm* fishing line.

sedán *nm* sedan.

sedante
1 *adj MED* sedative.

2 *adj fig* soothing.

3 *nm MED* sedative.

sedar *vt* to sedate.

sedativo,-a *adj* sedative.

sede
1 *nf (oficina central)* headquarters, central office.

2 *nf (del gobierno)* seat.

■ **la Santa Sede** the Holy See.

sede social head office.

sedentario,-a *adj* sedentary.

sedente *adj* seated, sitting.

sedeño,-a
1 *adj (sedoso)* silky.

2 *adj (que tiene sedas)* bristly.

sedería
1 *nf (industria)* silk trade.

2 *nf (tienda)* silk shop.

sedero,-a *adj* silk.

sedición *nf* sedition.

sedicioso,-a
1 *adj* seditious.

2 *nm,f* rebel.

sediento,-a
1 *adj* thirsty.

2 *adj fig (poder etc)* hungry (**de**, for), thirsty (**de**, for).

sedimentación *nf* sedimentation.

sedimentar
1 *vt* to settle, deposit.

2 sedimentarse *vpr* to settle.

3 *vpr fig* to calm down, settle down.

sedimentario,-a *adj* sedimentary.

sedimento *nm* sediment, deposit.

sedoso,-a *adj* silky, silken.

seducción *nf* seduction.

seducir
1 *vt (gen)* to seduce.

2 *vt (persuadir)* to tempt, seduce.

3 *vt (cautivar)* to captivate.

▲ *Conjugation model* [46], *like* **conducir**.

seductor,-ra
1 *adj* seductive.

2 *adj (atractivo)* captivating.

3 *adj (persuasivo)* tempting.

4 *nm,f* seducer.

sefardí
1 *adj* Sephardic.

2 *nm & nf* Sephardi.

▲ *pl* **sefardíes**.

sefardita *adj-nm & nf →* **sefardí**.

segador,-ra *nm,f* harvester, reaper.

segadora *nf* harvester, reaper; *(de césped)* lawnmower.

segar
1 *vt (gen)* to reap, cut; *(césped)* to mow.

2 *vt fig (matar)* to mow down, cut down.

3 *vt fig (truncar)* to cut off.

▲ *Conjugation model* [48], *like* **regar**.

seglar
1 *adj* secular, lay.

2 *nm & nf* lay person; *(hombre)* layman; *(mujer)* laywoman.

segmentación *nf* segmentation.

segmentar *vt* to segment.

segmento
1 *nm (gen)* segment.

2 *nm INFORM* overlay.

segoviano,-a
1 *adj* of Segovia, from Segovia.
2 *nm,f* person from Segovia, inhabitant of Segovia.

segregación
1 *nf (separación)* segregation.
2 *nf (secreción)* secretion.
▪ **segregación racial** racial segregation, apartheid.

segregacionismo *nm* policy of segregation.

segregacionista
1 *adj* segregationist.
2 *nm & nf* segregationist.

segregar
1 *vt (separar)* to segregate.
2 *vt (secretar)* to secrete.
▲ *Conjugation model* [7], *like* **llegar**.

segueta *nf* fret saw.

seguida *nf* → **seguido,-a**.

seguidamente
1 *adv (sin interrupción)* without a break.
2 *adv (inmediatamente)* straight away, at once.

seguidilla
1 *nf LIT* type of strophe.
2 *nf MÚS* seguidilla, type of Spanish dance and song.

seguido,-a
1 *pp* → **seguir**.
2 *adj (continuo)* continuous.
3 *adj (consecutivo)* consecutive, successive: **cuatro victorias seguidas** four consecutive wins; **dos días seguidos** two days running, two days in a row.
4 *adj (en línea recta)* straight, direct.
5 **seguido** *adv* straight: **todo seguido** straight on, straight ahead.
✦ **de seguida** *(seguidamente)* without a break; *(enseguida)* at once, immediately, right away.
   en seguida at once, immediately, straight away: **vete en seguida a casa** go home straight away.

seguidor,-ra
1 *adj* following.
2 *nm,f* follower.
3 *nm,f DEP* follower, supporter, fan.

seguimiento
1 *nm (persecución)* pursuit.
2 *nm (continuación)* continuation.
3 *nm fig (de un cliente etc)* follow-up.
✦ **en seguimiento de** in pursuit of.
▪ **estación de seguimiento espacial** tracking station.

seguir
1 *vt (gen)* to follow: **hay alguien que nos sigue** there's somebody following us; **¡sígame!** follow me!
2 *vt (perseguir)* to pursue, chase.
3 *vt (continuar)* to continue, carry on.
4 *vt (un camino)* to continue on.
5 *vt (curso etc)* to do; *(explicaciones)* to follow.
6 *vi (proseguir)* to go on, carry on: **¡sigue, es un poco más allá!** carry on,

it's a bit further ahead!; **siga todo recto** go straight on.
7 *vi (continuar)* to follow on, continue: **siguió leyendo** she kept on reading.
8 *vi (permanecer, mantenerse)* to continue to be, be still: **sigue ocupado** he's still busy; **sigue en Madrid** she's still in Madrid; **sigue hablando** he's still speaking.
9 **seguirse** *vpr (inferirse)* to deduce.
10 *vpr (suceder a continuación)* to follow.
✦ **como sigue** as follows.
   de esto se sigue que ... it follows that …
   el que la sigue la consigue *fig* if at first you don't succeed, try, try again.
   seguir a alguien como un perrito *fam* to tag along after somebody, follow somebody everywhere.
   seguir con la mirada/seguir con los ojos to follow with one's eyes.
   seguir con vida to be still alive.
   seguir la carrera de to study.
   seguir la corriente *fig* to follow the crowd.
   seguir sin + inf to still not + *inf*: **sigue sin entender** she still doesn't understand.
   seguir su curso to take its course.
   seguir un consejo to follow a piece of advice.
▲ *Conjugation model* [56].

según
1 *prep (conforme)* according to: **según lo que oí** according to what I heard; **según tu padre** according to your father; **según su opinión** in his opinion.
2 *prep (dependiendo)* depending on: **según lo que digan, tomaremos una decisión** depending on what they say, we'll make a decision; **según el tiempo** depending on the weather.
3 *prep (como)* just as: **todo quedó según estaba** everything stayed just as it was.
4 *prep (a medida que)* as: **según la miraba me di cuenta de que ya nos habíamos visto** as I looked at her I realized we had met before.
5 *prep (tal vez)* it depends: **iré o me quedaré, según** I'll either go or I'll stay, it depends.

segunda
1 *nf (vuelta doble)* double turn.
2 *nf (tren etc)* second class.
3 *nf (marcha del auto)* second, second gear.
4 *nf fig (intención)* ulterior motive.

segundero *nm* second hand.

segundo,-a
1 *adj* second.
2 *nm,f* second.
3 **segundo** *nm (tiempo)* second.
✦ **de segunda mano** *fig* second-hand.
   decir algo con segundas (intenciones) *fig* to have an ulterior motive for saying something.

en segundo lugar *(en texto, explicación, etc)* secondly; *(en competición)* in second place.
▪ **segundas nupcias** second marriage *sing*.
▲ *See also* **sexto,-a**.

segundón *nm* second son.

segur
1 *nm (hacha)* axe *(US* ax*)*.
2 *nm (hoz)* sickle.

seguramente
1 *adv (con seguridad)* securely, safely.
2 *adv (con certeza)* for certain, for sure.
3 *adv (probablemente)* probably: **seguramente no vendrá** he isn't likely to come.

seguridad
1 *nf (gen)* security: **Pedro deseaba seguridad** Pedro wanted security.
2 *nf (física)* safety: **seguridad en carretera** road safety.
3 *nf (certeza)* certainty, sureness.
4 *nf (confianza)* confidence.
5 *nf (organismo)* security.
6 *nf (fiabilidad)* reliability.
✦ **con toda seguridad** most probably.
   de seguridad security: **medidas de seguridad** security measures.
   en la seguridad de que ... in the safe knowledge that …
   hablar con seguridad to speak with confidence.
   para mayor seguridad *(certeza)* to be on the safe side; *(protección)* for safety's sake.
   tener la seguridad de que ... to be certain that …, be sure that …
▪ **seguridad en sí mismo,-a** self-confidence.
   seguridad financiera financial security.
   seguridad social ≈ National Health Service.

seguro,-a
1 *adj (asegurado)* secure.
2 *adj (a salvo)* safe.
3 *adj (firme)* firm, steady.
4 *adj (cierto)* certain, sure: **estoy segura de que fue allí** I'm sure she went there; **lo más seguro es que llegue tarde** I'll probably be late.
5 *adj (de fiar)* reliable.
6 *adj (confiado)* confident: **está muy seguro de sí mismo** he's very self-confident.
7 **seguro** *nm (contrato, póliza)* insurance.
8 *nm (mecanismo)* safety device, safety catch.
9 *adv* for sure, definitely: **seguro que no** definitely not.
✦ **a buen seguro** without any doubt.
   dar algo por seguro to take something for granted.
   ir sobre seguro *fig* to play safe.
   sentirse seguro,-a to feel safe.
   sobre seguro without risk.
▪ **seguro a terceros** third-party insurance.
   seguro a todo riesgo fully comprehensive insurance.

seguro contra incendios fire insurance.
seguro de vida life insurance.

seis
1 *adj* six: pesa seis kilos it weighs six kilos; son casi las seis it's almost six o'clock; son las seis en punto it's exactly six o'clock; el seis de junio the sixth of June; se casan el día seis they're getting married on the sixth; tiene un hijo de seis años she has a boy of six; somos seis there are six of us; eran seis there were six of them; los vendemos de seis en seis we sell them in sixes.
2 *adj (sexto)* sixth: soy el seis de la lista I'm sixth on the list.
3 *nm* six: el seis number six; seis sobre diez six out of ten; seis por seis treinta y seis six sixes are thirty-six, six times six is thirty-six; mide seis por seis it measures six by six.

seisavo,-a *adj-nm,f →* **sexto,-a.**

seiscientos,-as
1 *adj (cardinal)* six hundred; *(ordinal)* six hundredth.
2 **seiscientos** *nm (número)* six hundred.
3 *nm AUTO fam* 600 cc SEAT car.
▲ See also **seis.**

seísmo *nm (terremoto)* earthquake; *(temblor)* earth tremor.

selección
1 *nf (gen)* selection.
2 *nf DEP (gen)* team; *(fútbol)* squad.
■ **selección nacional** *DEP* national team.
selección natural natural selection.

seleccionador,-ra *nm,f* selector.

seleccionar *vt* to select.

selectivamente *adv* selectively.

selectividad
1 *nf* selectivity.
2 *nf EDUC* university entrance examination.

selectivo,-a *adj* selective.

selecto,-a
1 *adj* select.
2 *adj (escogido)* exclusive.

selector *nm* selector button.
■ **selector de velocidades** gear lever, gear stick, (*US* gear shift).

selenio *nm* selenium.

selenita
1 *nm & nf* moon dweller.
2 *nf* selenite.

self-service *nm* self-service cafeteria.
▲ *pl* self-service.

sellador,-ra
1 *adj* sealing.
2 **sellador** *nm* sealant.

sellar
1 *vt (timbrar)* to stamp; *(oficial)* to seal.
2 *vt (monedas etc)* to hallmark, stamp.
3 *vt fig (habitación etc)* to close (up), seal up.
4 *vt fig (dejar señal)* to stamp, brand.
5 *vt fig (concluir)* to seal, settle, conclude.
6 *vi* to sign on.
✦ **sellar los labios** *fig* to keep one's lips sealed, keep mum.

sello
1 *nm (de correos)* stamp.
2 *nm (de estampar, precinto)* seal.
3 *nm (distintivo)* hallmark, mark.
4 *nm MED* capsule.
■ **sello de distinción** hallmark of distinction.
sello discográfico record label.

selva
1 *nf (bosque)* forest.
2 *nf (jungla)* jungle.

selvático,-a
1 *adj* forest, jungle.
2 *adj fig* uncouth.

selvicultura *nf* forestry.

semáforo *nm* traffic lights *pl.*

semana
1 *nf (tiempo)* week.
2 *nf fig (salario)* weekly wage.
✦ **entre semana** during the week.
■ **semana laboral** working week.
Semana Santa Easter, Holy Week.

semanada *nf* weekly wage.

semanal *adj* weekly.

semanalmente *adv* weekly.

semanario,-a
1 *adj* weekly.
2 *nm* weekly magazine.

semántica *nf* semantics.

semántico,-a *adj* semantic.

semblante
1 *nm (cara)* face.
2 *nm (expresión)* countenance.
3 *nm fig (apariencia)* look.
✦ **mudar el semblante** to change colour (*US* color).
tener buen semblante/tener mal semblante to look good/look bad.

semblanza *nf* portrait.

sembrado,-a
1 *pp →* **sembrar.**
2 *adj fig (cubierto)* covered (**de**, with), full (**de**, of): la página está sembrada de correcciones the page is covered with corrections.
3 **sembrado** *nm* sown field.

sembrador,-ra *nm,f* sower.

sembradora *nf* seed frill.

sembrar
1 *vt AGR* to sow.
2 *vt fig (esparcir)* to scatter, spread.
✦ **sembrar el pánico** *fig* to spread panic.
sembrar la discordia to sow discord.
▲ *Conjugation model* [27], *like* **acertar.**

semejante
1 *adj (parecido)* similar.
2 *adj pey (tal)* such, like that: no voy a permitir semejante insolencia I won't allow such insolence; no puedo tolerar semejantes idioteces I won't tolerate idiotic behaviour like that.
3 *adj (geometría)* similar.
4 *nm* fellow being.

semejanza *nf* similarity, likeness.

semejar
1 *vi* to resemble, be alike.
2 **semejarse** *vpr* to be similar, be alike.

semen *nm* semen.

semental *nm* stud.

sementera
1 *nf (acción)* sowing, seeding.
2 *nf (tierra)* sown field.
3 *nf (tiempo)* sowing season.
4 *nf fig (origen)* source, breeding ground.

sementero *nm* grain sack.

semestral *adj* half-yearly, semestral.

semestralmente *adv* half-yearly, every six months.

semestre
1 *nm* six-month period, semester.
2 *nm EDUC* semester.

semibreve *nf* semibreve.

semicilindro *nm* semicylinder.

semicircular *adj* semicircular.

semicírculo *nm* semicircle.

semicircunferencia *nf* semicircumference.

semiconductor *nm* semiconductor.

semiconsciente *adj* half-conscious.

semiconsonante
1 *adj* semiconsonantal.
2 *nf* semiconsonant.

semicorchea *nf* semiquaver, sixteenth note.

semicualificado,-a *adj* semiskilled.

semidescremado,-a *adj* semiskimmed.

semidesértico,-a *adj* semidesertified.

semidesierto,-a *adj* half-deserted.

semidesnatado,-a *adj* semiskimmed.

semidesnudo,-a *adj* half-naked.

semidiós,-osa *nm,f* demigod.

semidirecto,-a
1 *adj* semidirect.
2 *adj (tren)* express.
3 **semidirecto** *nm (tren)* express train.

semieje *nm* semiaxis.

semiesférico,-a *adj* hemispheroidal.

semifinal *nf* semifinal.

semifinalista *nm & nf* semifinalist.

semifusa *nf* hemidemisemiquaver, sixty-fourth note.

semilla
1 *nf* seed.
2 *nf fig* seed, seeds.

semillero
1 *nm* seedbed.
2 *nm fig* hotbed, breeding ground.

seminal *adj* seminal.

seminario
1 *nm EDUC* seminar.
2 *nm REL* seminary.

seminarista *nm* seminarian.

seminuevo,-a *adj* nearly new.

semioficial *adj* semiofficial.

semiología *nf* semiology.

semiótica *nf* semiotics.

semiprecioso,-a *adj* semiprecious.

semiseco,-a *adj* medium dry.

semi-seco,-a *adj* medium-dry.

semita
1 *adj* Semitic.
2 *nm & nf* Semite.

semítico,-a *adj* Semitic.

semitismo *nm* Semitism.

semitono *nm* semitone, half-step.

semivocal
1 *adj* semivocal.
2 *nf* semivowel.

sémola *nf* semolina.

sempiterno,-a
1 *adj* everlasting, eternal.
2 *adj lit* sempiternal.

Sena el Sena *nm* the Seine.

senado
1 *nm* senate.
2 *nm fig (reunión)* assembly.

senador,-ra *nm,f* senator.

senaduría *nf* senatorship.

senatorial *adj* senatorial.

S. en C. *abr* (**sociedad en comandita**) limited partnership.

sencillamente *adv* simply.

sencillez
1 *nf (gen)* simplicity.
2 *nf (naturalidad)* simplicity, lack of affectation, unpretentiousness.
3 *nf (ingenuidad)* gullibility, naivety.

sencillo,-a
1 *adj (sin adornos)* simple, plain: es un vestido sencillo it's a simple dress.
2 *adj (fácil)* simple, easy: es muy sencillo it's very easy.
3 *adj (no compuesto)* single.
4 *adj fig (persona - natural)* natural, unaffected, unpretentious; *(- ingenua)* naive, gullible.

senda *nf* path.

senderismo *nm* trekking.

sendero *nm* path.

sendos,-as *adj* each, either: otorgaron un premio a sendas películas they awarded a prize to each film; los dos niños llevaban sendas bufandas the two children were each wearing a scarf.

senectud *nf* old age.

Senegal *nm* Senegal.

senegalés,-esa
1 *adj* Senegalese.
2 *nm,f* Senegalese.

seneschal *nm* seneschal.

senil *adj* senile.

senilidad *nf* senility.

sénior *adj* senior: Juan Sánchez sénior Juan Sánchez Senior.
▲ *pl* séniores.

seno
1 *nm (pecho)* breast, bosom.
2 *nm (hueco entre el pecho y la ropa)* bosom.
3 *nm (matriz)* womb.
4 *nm (cavidad)* cavity, hollow, hole.
5 *nm MAT* sine.
6 *nm ANAT* sinus.
7 *nm GEOG* gulf, bay.
8 *nm fig* bosom, heart: en el seno de la iglesia in the bosom of the church.

sensación
1 *nf (impresión)* sensation, feeling: sensación de calor feeling of warmth.
2 *nf (emoción)* sensation.
✦ causar sensación to cause a sensation. tener la sensación de que ... to have a feeling that ...

sensacional *adj* sensational.

sensacionalismo *nm* sensationalism.

sensacionalista
1 *adj* sensational, sensationalistic.
2 *nm & nf* sensationalist.
▪ prensa sensacionalista gutter press, tabloid press, tabloids *pl*.

sensacionalizar *vt* to sensationalize.

sensatez *nf* good sense.
✦ obrar con sensatez to act sensibly.

sensato,-a *adj* sensible.

sensibilidad
1 *nf (percepción, sentido artístico)* sensitivity, feeling.
2 *nf (emotividad)* sensibility.
3 *nf (precisión)* sensitivity.

sensibilización *nf* raising of awareness.

sensibilizar
1 *vt (gen)* to sensitize.
2 *vt fig (concienciar)* to sensitize, make aware.
▲ *Conjugation model* [4], *like* realizar.

sensible
1 *adj (capaz de sentir)* sentient.
2 *adj (impresionable)* sensitive.
3 *adj (piel, oído)* sensitive.
4 *adj (perceptible)* perceptible, appreciable, noticeable.
5 *adj (considerable)* significant, considerable, sizeable.
6 *adj (que causa pena)* terrible, sad.
7 *adj TÉC (preciso)* sensitive.
✦ lamentamos tan sensible pérdida *fml* we regret such a sad loss.

sensiblemente *adv* noticeably, considerably.

sensiblería *nf* mawkishness, sentimentality.

sensiblero,-a *adj* mawkish, sentimental.

sensitivo,-a
1 *adj (sensible)* sensitive.
2 *adj (que siente)* sentient.
3 *adj (de los sentidos)* sense: órganos sensitivos sense organs.

sensor *nm* sensor.

sensorial *adj* sensory.

sensorio,-a *adj* sensory.

sensual
1 *adj (de los sentidos)* sensuous, sensual.
2 *adj (del sexo)* sensual.

sensualidad
1 *nf (de los sentidos)* sensuousness, sensuality.
2 *nf (del sexo)* sensuality.

sensualismo *nm* sensualism.

sentada
1 *nf (acción)* sitting: lo hicimos de una sentada we did it in one sitting.
2 *nf (protesta)* sit-in.
✦ hacer una sentada to hold a sit-in.

sentado,-a
1 *pp* → sentar.
2 *adj* seated, sitting: estaba sentada allí she was sitting there.
3 *adj (establecido)* established, settled.
4 *adj fig (juicioso)* sensible, wise.
✦ dar algo por sentado,-a to take something for granted. dejar sentado que ... to make it clear that ...

sentar
1 *vt (en silla etc)* to sit, seat.
2 *vt fig (establecer)* to establish.
3 *vt fig (alisar)* to press.
4 *vi (color, ropa, etc)* to suit: esta corbata no te sienta this tie doesn't suit you.
5 *vi (comida etc)* to do; *(comentario etc)* to take.
6 *sentarse vpr (en silla etc)* to sit, sit down.
7 *vpr (líquido)* to settle.
8 *vpr (tiempo)* to settle, settle down.
✦ sentar bien *(quedar bien)* to suit; *(ser reconfortante)* to do good; *(gustar)* to please, like; *(tomar bien)* to take well: una sopita te sentará bien some soup will do you good; un dinero extra siempre sienta bien a little extra money always comes in handy. sentar cabeza *fig* to settle down. sentar como un tiro *fam (ropa etc)* to suit; *(noticia etc)* to come as a blow, come as a bombshell: la decisión le sentó como un tiro the decision came as a bombshell. sentar las bases de algo *fig* to lay the foundations of something. sentar mal *(quedar mal)* not to suit; *(no gustar)* not to like, not appreciate; *(tomar a mal)* to take badly; *(comida, bebida)* to disagree with: aquel comentario le sentó mal he took that remark badly; aquellos mariscos le sentaron mal the seafood disagreed with him. sentar un precedente *fig* to set a precedent.
▲ *Conjugation model* [27], *like* acertar.

sentencia
1 *nf JUR (decisión)* judgement; *(condena)* sentence.
2 *nf (aforismo)* proverb, maxim, saying, motto.
✦ visto para sentencia *JUR* ready for sentencing.
▪ sentencia firme *JUR* final judgement.

sentenciar *vt* to sentence (a, to).
▲ *Conjugation model* [12], *like cambiar.*
sentencioso,-a *adj* sententious.
sentido,-a
  1 *pp* → **sentir.**
  2 *adj (muerte etc)* deeply felt: **nuestro más sentido pésame** our deepest sympathy.
  3 *adj (sensible)* touchy, sensitive.
  4 *sentido nm (gen)* sense.
  5 *nm (significado)* sense, meaning.
  6 *nm (conocimiento)* consciousness.
  7 *nm (dirección)* direction.
  ✦ **dejar a alguien sin sentido** to knock somebody out.
  de sentido único *AUTO* one-way.
  en cierto sentido in a sense.
  en sentido opuesto in the opposite direction.
  hablar sin sentido to talk nonsense.
  hacer algo con los cinco sentidos *fig* to take great pains with something.
  no tiene sentido/no tiene ningún sentido it doesn't make sense: **no tiene sentido salir si no tenemos dinero** there's no point in going out if we haven't got any money.
  ¿qué sentido tiene + *inf* ...? what's the point in/of *+ -ing* ...?: **¿qué sentido tiene hablarle si no te hace caso?** what's the point of talking to him if he won't listen?
  perder el sentido to faint.
  tener sentido to make sense.
  ■ **doble sentido** double meaning.
  sentido común common sense.
  sentido de la orientación sense of direction.
  sentido del humor sense of humour (*US* humor).
  sentido figurado figurative meaning.
sentimental
  1 *adj* sentimental.
  2 *nm & nf* sentimental person.
sentimentalismo *nm* sentimentality.
sentimentalmente *adv* sentimentally.
sentimentaloide *adj fam* schmaltzy, gooey, over-sentimental.
sentimiento
  1 *nm (gen)* feeling: **no tiene sentimientos** he's got no feelings.
  2 *nm (pena)* sorrow, grief.
  ✦ **le acompaño en el sentimiento** my deepest sympathy.
  ■ **buenos sentimientos** sympathy *sing.*
sentina
  1 *nf (de nave)* bilge.
  2 *nf fig (albañal)* sewer.
  3 *nf fig (antro)* den.
sentir
  1 *nm (sentimiento)* feeling.
  2 *nm (opinión)* opinion, view.
  3 *vt (gen)* to feel: **sintió frío** she felt cold; **sentir amor** to feel love.
  4 *vt (lamentar)* to regret, be sorry about, feel sorry: **siento que no viniera** I'm sorry she didn't come; **lo siento mucho** I'm very sorry.

  5 *vt (oír)* to hear: **¿sientes algo?** can you hear anything?
  6 *vt (presentir)* to feel, think, have a feeling that: **siento que todo acabará bien** I think everything will turn out all right.
  7 **sentirse** *vpr* to feel: **me siento cansado** I feel tired.
  ✦ **dejarse sentir/hacerse sentir** *fig* to make itself felt.
  en mi sentir in my opinion.
  ¡lo siento! I'm sorry!
  sentirse como en casa to feel at home.
  sentirse con ánimos de hacer algo to feel like doing something, feel up to doing something.
  sentirse mal to feel ill.
  sin sentir just like that.
  ▲ *Conjugation model* [35], *like hervir.*
seña
  1 *nf (indicio, gesto, etc)* sign.
  2 *nf (señal)* mark.
  3 **señas** *nf pl* address *sing*: **¿me das tus señas?** can you give me your address?
  ✦ **hablar por señas** to talk in sign language.
  hacer señas a alguien to signal to somebody.
  por más señas specifically.
  ■ **señas personales/señas de identidad** particulars.
señal
  1 *nf (signo)* sign, indication.
  2 *nf (marca)* mark; *(en libro)* bookmark.
  3 *nf (aviso, comunicación, etc)* signal.
  4 *nf (placa, letrero, etc)* sign.
  5 *nf (vestigio)* trace.
  6 *nf (cicatriz)* scar.
  7 *nf (de teléfono)* tone.
  8 *nf (de pago)* deposit.
  ✦ **dar señales de vida** to show signs of life.
  dejar señal to leave a mark.
  dejar una señal *(dinero)* to leave a deposit.
  en señal de as a sign of, as a token of.
  hacer señales a alguien to signal to somebody.
  ni señal not a trace.
  ser buena señal/ser mala señal to be a good sign/be a bad sign.
  ■ **señal de alarma** alarm signal.
  señal de comunicar engaged tone, (*US* busy signal).
  señal de la cruz *REL* sign of the cross.
  señal de llamada *(teléfono)* dialling tone, (*US* dial tone).
  señal de tráfico road sign.
señalado,-a
  1 *pp* → **señalar.**
  2 *adj (famoso)* distinguished, famous.
  3 *adj (fijado)* appointed, fixed: **llegamos a la hora señalada** we arrived at the the appointed time.
  4 *adj (significativo)* noticeable.
  5 *adj (marcado)* marked, scarred: **tiene la espalda señalada** his back is scarred.
  ■ **un día señalado** a red-letter day.

señalar
  1 *vt (marcar)* to mark.
  2 *vt (rubricar)* to sign and seal.
  3 *vt (hacer herida)* to mark, scar.
  4 *vt (hacer notar)* to point out: **señaló algunas contradicciones** she pointed out some contradictions.
  5 *vt (apuntar hacia)* to point to, show: **la manecilla pequeña señala las dos** the little hand is pointing to two.
  6 *vt (con el dedo)* to point at.
  7 *vt (fijar - cita)* to arrange, make; *(fecha, lugar, precio, etc)* to set, fix.
  8 *vt (designar)* to appoint.
  9 *vt (subrayar la importancia)* to stress, underline.
  10 **señalarse** *vpr (distinguirse)* to distinguish oneself.
  11 *vpr (sobresalir)* to stand out.
señalización
  1 *nf (señales)* road signs *pl*; *(de aeropuerto, estación, etc)* signposting, signs *pl.*
  2 *nf (colocación)* signposting.
señalizar *vt* to signpost.
  ▲ *Conjugation model* [4], *like realizar.*
señera *nf* Catalan flag.
señero,-a
  1 *adj (solo)* alone.
  2 *adj (único)* unique.
  3 *adj (destacado)* outstanding: **figura señera** outstanding figure.
señor,-ra
  1 *adj (noble)* distinguished, noble.
  2 *adj fam* fine: **es un señor coche** it's quite a car.
  3 *nm,f (hombre)* man, gentleman; *(mujer)* woman, lady.
  4 *nm,f (amo - hombre)* master; *(- mujer)* mistress.
  5 *nm,f HIST (hombre)* lord; *(mujer)* lady.
  6 *nm,f (tratamiento - hombre)* sir; *(- mujer)* madam, (*US* ma'am): **buenos días, señora** good morning, madam.
  7 *nm,f (ante apellido - hombre)* Mr; *(- mujer)* Mrs: **el Sr. Rodríguez** Mr Rodríguez.
  8 *nm,f (ante título)* **el señor cura** the priest.
  9 *nm,f (en carta - hombre)* Sir; *(- mujer)* Madam: **muy señora mía** Dear Madam; **estimados señores** Dear Sir.
  10 **el Señor** *nm REL* the Lord.
  11 **señor** *interj* good Lord!
  ✦ **¡señoras y señores!** ladies and gentlemen!
  ser todo un señor/ser toda una señora to be a real gentleman/be a real lady.
  ■ **el señor de la casa/la señora de la casa** the gentleman of the house/the lady of the house.
  Nuestro Señor/Nuestra Señora Our Lord/Our Lady.
  señor feudal feudal lord.
señora *nf (esposa)* wife.
  ■ **señora de compañía** companion.
señorear
  1 *vt (mandar)* to rule, control.

2 *vt fig (dominar - edificio)* to tower over; *(- persona)* to lord it over.

3 *vt fam (dar tratamiento)* to call sir.

4 señorearse *vpr (hacerse el señor)* to give oneself airs, adopt a lofty manner.

señoría *nf fml (para hombre)* lordship; *(para mujer)* ladyship.

señorial *adj* stately, majestic.

señorío
1 *nm (mando)* dominion, rule.
2 *nm (territorio)* estate, domain.
3 *nm (en el porte)* elegance, distinction.
4 *nm (nobleza)* nobility; *(majestuosidad)* stateliness.

señorita
1 *nf (mujer joven)* young woman; *(con más formalidad)* young lady.
2 *nf (tratamiento)* Miss: Señorita Rodríguez Miss Rodríguez.
3 *nf fam (puro)* small cigar.
4 *nf* **la señorita** *EDUC* the teacher, Miss.

señorito
1 *nm (tratamiento)* master (of the house).
2 *nm fam pey (joven rico)* daddy's boy, rich kid.

señorón,-ona
1 *adj fam pey* high and mighty.
2 *nm,f fam pey* big shot.

señuelo
1 *nm* decoy.
2 *nm fig* bait.

sepa *pres subj* → **saber.**

sépalo *nm* sepal.

separable *adj* separable (**de**, from), detachable (**de**, from).

separación
1 *nf* separation.
2 *nf (espacio)* space, gap.
■ **separación matrimonial/separación conyugal** legal separation.

separadamente *adv* separately.

separado,-a
1 *pp* → **separar.**
2 *adj* separate.
3 *adj (divorciado)* separated.
✦ **por separado** separately, individually.

separador,-ra
1 *adj* separative.
2 separador *nm* separator, divider.

separar
1 *vt (gen)* to separate.
2 *vt (hacer grupos)* to separate, sort out: **separa las lentejas de los garbanzos** separate the lentils from the chickpeas.
3 *vt (guardar aparte)* to set aside, put aside: **te he separado un trozo de pastel** I've put aside a piece of cake for you.
4 *vt (apartar)* to move away (**de**, from): **separa la mesa de la pared** move the table away from the wall.
5 *vt (de empleo, cargo)* to remove (**de**, from), dismiss (**de**, from).
6 *vt fig (mantener alejado)* to keep away (**de**, from).
7 separarse *vpr (tomar diferente camino)* to separate, part company.

8 *vpr (matrimonio)* to separate.
9 *vpr (apartarse)* to move away (**de**, from).
10 *vpr (desprenderse)* to separate (**de**, from), come off (**de**, -).
11 *vpr (de amigo etc)* to part company (**de**, with).
12 *vpr (dejar algo)* to part with (**de**, -): **no me separaré nunca de este libro** I shall never part with this book.

separata *nf* offprint.

separatismo *nm* separatism.

separatista
1 *adj* separatist.
2 *nm & nf* separatist.

sepelio *nm* burial, interment.

SEPI *abr* (**Sociedad Española de Participaciones Industriales**) ≈ National Enterprise Board; *(abreviatura)* NEB.

sepia
1 *nf (pez)* cuttlefish.
2 *adj (color)* sepia.
3 *nm (color)* sepia.

sepsia *nf* sepsis.

septenario,-a
1 *adj* septenary.
2 septenario *nm* septenary.

septenio *nm* septennium.

septentrión *nm fml* north.

septentrional *adj* northern.

septeto *nm* septet.

septicemia *nf* septicaemia (*US* septicemia).

séptico,-a *adj* septic.

septiembre *nm* September.
▲ *For examples of use, see* **marzo.**

séptimo,-a
1 *adj* seventh.
2 *nm,f* seventh.
▲ *See also* **sexto,-a.**

septuagenario,-a
1 *adj* septuagenarian.
2 *nm,f* septuagenarian.

septuagésimo,-a
1 *adj* seventieth.
2 *nm,f* seventieth.
▲ *See also* **sexto,-a.**

septuplicar *vt* to septuple.
▲ *Conjugation model* [1], *like* **sacar.**

sepulcral *adj* sepulchral.
■ **silencio sepulcral** *fig* deathly silence.

sepulcro *nm* tomb.
✦ **ser un sepulcro** *fam* to keep mum.

sepultar *vt* to bury.

sepultura
1 *nf (lugar)* grave.
2 *nf (acto)* burial.
✦ **dar sepultura a alguien** to bury somebody.

sepulturero,-a *nm,f* gravedigger.

sequedad
1 *nf* dryness.
2 *nf fig* curtness, abruptness.

sequía *nf* drought.

séquito
1 *nm (personas)* entourage, retinue.
2 *nm POL* group of followers.
3 *nm fig (consecuencias)* aftermath.

ser
1 *vi (gen)* to be: **Sócrates era filósofo** Socrates was a philosopher; **mi primo es alemán** my cousin is German; **Marta es rubia** Marta is blonde; **la falda es azul** the skirt is blue; **era verano** it was summer; **fue en enero** it was in January; **son las cuatro** it's four o'clock; **éramos tres** there were three of us; **es crema para las manos** it's hand cream; **esa respuesta no es de caballero** that isn't a gentlemanly answer.
2 *vi (pertenecer)* to be, belong (**de**, to): **estas sillas son nuestras** these chairs are ours; **el coche es de Ana** the car belongs to Ana; **¿de quién es este libro?** whose book is this?
3 *vi (ser propio)* to be like (**de**, -): **es muy de Pilar** it's just like Pilar.
4 *vi (costar)* to be, cost: **¿cuánto es?** how much is it?
5 *vi (causar)* to cause, be.
6 *vi (consistir en)* to lie in, consist of.
7 *vi (suceder)* to happen (**de**, to): **¿qué fue de Iván?** what happened to Iván?
8 *vi (ocurrir, tener lugar)* to take place, be held: **la reunión será en el salón de actos** the meeting will be held in the assembly hall.
9 *aux (pasiva)* to be: **fue encontrado por Raúl** it was found by Raúl.
10 *vi (proceder)* to be from (**de**, -), come from (**de**, -): **Santi es de Cáceres** Santi is from Cáceres.
11 *vi (indica material)* to be made of: **la puerta es de madera** the door is made of wood.
12 *vi (devenir)* to become of: **¡qué sería de nosotros sin ti!** what would become of us without you!
13 *vi (estar escrito)* to be by, be written by: **es de García Márquez** it's by García Márquez.
14 *vi* **ser de** + *inf (ser digno)* to be worth: **es de ver** it's worth seeing; **es de admirar** she's to be admired.
15 *nm (ente)* being.
16 *nm (esencia)* essence, substance.
17 *nm (valor)* core, heart.
18 *nm (vida)* life, existence.
✦ **a no ser por** if it were not for, if it wasn't for.
a no ser que unless: **a no ser que cambie de opinión** unless he changes his mind.
a poder ser if possible: **a poder ser mañana** tomorrow if possible.
¡así sea!/¡sea! so be it!, right!
como debe ser as it should be.
¿cómo es eso?/¿cómo puede ser? how can that be?
dar el ser *fml* to give life.
de no ser así otherwise, if not.
de no ser por ... had it not been for ...

érase una vez ... once upon a time ...
es de esperar que .../es de desear que ... it's to be expected that .../it's to be hoped that ...
es decir in other words, that is to say.
es más furthermore, what is more.
es que ... it's just that ...
lo que sea whatever, anything.
no es nada, ... it's all right, ...
no es para tanto it's not all that bad.
no puede ser it can't be true.
no será para tanto it won't come to that.
o sea that is, that is to say, I mean: en el primer trimestre, o sea, en los primeros tres meses in the first quarter, that is, in the first three months.
por si fuera poco to top it all, to make matters worse.
puede ser it's possible, it could be.
sea como sea in any case.
ser de lo que no hay *fam* to be a real winner.
ser muy suyo,-a *fam* to be quite a character.
siendo así that being the case.
un si es no es a trifle, a touch.
■ ser humano human being.
Ser Supremo Supreme Being.
▲ *Conjugation model* [86].

SER *abr RAD* (**Sociedad Española de Radio-difusión**) *Spanish private broadcasting company.*

sera *nf* pannier, large basket.

seráfico,-a *adj* seraphic, angelic.

serafín *nm* seraph.

serbal *nm* service tree.

serbio,-a
1 *adj* Serb, Serbian.
2 *nm,f* Serb, Serbian.
3 **serbio** *nm (idioma)* Serbian.

serbocroata
1 *adj* Serbo-Croatian.
2 *nm & nf* Serbo-Croatian.
3 *nm (idioma)* Serbo-Croat.

serena *nf* serenade.

serenamente *adv* serenely.

serenar
1 *vt (gen)* to calm.
2 *vt fig (a alguien)* to calm down.
3 **serenarse** *vpr METEOR* to clear up.
4 *vpr (mar)* to grow calm.
5 *vpr fig (persona)* to calm down.

serenata *nf* serenade.

serenidad *nf* serenity, calm.
✦ conservar la serenidad to keep calm, remain calm.

sereno,-a
1 *adj METEOR (cielo)* clear; *(tiempo)* fine, good.
2 *adj fig (persona - tranquila)* calm; *(- no borracha)* sober.
3 *adj fig (ambiente etc)* calm, peaceful, quiet.
4 **sereno** *nm (vigilante)* night watchman.

5 *nm (ambiente de la noche)* night air, night dew.
✦ dormir al sereno to sleep out in the open.

serial *nm* serial.

seriamente *adv* seriously.

seriar *vt* to serialize.
▲ *Conjugation model* [12], *like* cambiar.

serie
1 *nf (gen)* series.
2 *nf (conjunto)* series, string, succession: una serie de accidentes a series of accidents.
✦ fabricado,-a en serie mass-produced.
fuera de serie out of the ordinary, unique.
■ asesino en serie serial killer.
fabricación en serie mass production.
serie mundial *DEP* world series.

seriedad
1 *nf (gravedad)* seriousness, gravity: nos lo dijo con toda seriedad he told us in all seriousness; ¡señores, un poco de seriedad, por favor! gentlemen, please be serious!
2 *nf (formalidad)* reliability, dependability.
✦ con seriedad seriously.
falta de seriedad irresponsibility.

serigrafía *nf* serigraphy, silk-screen printing.

serio,-a
1 *adj (importante)* serious, grave.
2 *adj (severo)* serious.
3 *adj (formal)* reliable, responsible, dependable.
4 *adj (color)* sober; *(traje etc)* formal.
✦ en serio seriously: lo digo en serio I'm quite serious, I mean it.
¿en serio? are you serious?, do you really mean that?, really?
ir en serio to be true, be serious: cuando nos lo dijo iba en serio when he told us about it he was quite serious.
tomar en serio to take seriously.

sermón
1 *nm REL* sermon.
2 *nm fam* sermon, ticking-off, lecture.
✦ echar un sermón a alguien to give somebody a lecture.

sermoneador,-ra
1 *adj fam* fault-finding, nit-picking.
2 *nm,f fam* fault-finder.

sermonear
1 *vi REL* to preach.
2 *vi fam (reprender)* to lecture.

serología *nf* serology.

seropositivo,-a
1 *adj* seropositive.
2 *adj (con el VIH)* HIV positive.

serosidad *nf* serosity.

seroso,-a *adj* serous.

serpenteante *adj* winding.

serpentear
1 *vi (gen)* to crawl, wriggle.
2 *vi (camino)* to wind, twist; *(río)* to wind, meander.

serpenteo
1 *nm (gen)* winding.
2 *nm (camino)* winding, twisting; *(río)* winding, meandering.

serpentín *nm* coil.

serpentina
1 *nf (de papel)* streamer.
2 *nf (piedra)* serpentine.

serpiente *nf* snake.
■ serpiente de cascabel rattlesnake.
serpiente pitón python.

serpol *nm* wild thyme.

serrado,-a *adj.* serrated, toothed.

serraduras *nf pl* sawdust *sing.*

serrallo *nm* harem.

serranía *nf* mountain range, mountains *pl.*

serranilla *nf* lyric composition.

serrano,-a
1 *adj* mountain, highland.
2 *nm,f* highlander.
■ cuerpo serrano *fam* shapely figure.

serrar *vt* to saw.
▲ *Conjugation model* [27], *like* acertar.

serrería *nf* sawmill.

serreta serreta chica *nf* smew.
■ serreta grande goosander.
serreta mediana red-breasted merganser.

serrijón *nm* secondary chain.

serrín *nm* sawdust.

serrucho *nm* handsaw.
■ serrucho de costilla tenon saw.

servible *adj* usable, serviceable.

servicial *adj* obliging, helpful, accommodating.

servicio
1 *nm (gen)* service.
2 *nm (criados)* servants *pl; (asistente)* domestic help.
3 *nm (juego, conjunto, etc)* set: servicio de té tea set.
4 *nm (favor)* service, favour *(US* favor).
5 *nm DEP* service, serve.
6 *nm* servicios *(retrete)* toilet, *(US* rest room).
✦ entrar en servicio to come into service.
estar al servicio de alguien to be at somebody's service.
estar de servicio to be on duty.
hacer servicio/prestar servicio to do a favour *(US* favor).
hacer un flaco servicio *fam* to do more harm than good.
poner en servicio to put into operation.
prestar servicio to serve.
"servicio incluido" service charge included.
■ servicio a domicilio home delivery service: servicio a domicilio gratis free home delivery.
servicio de urgencias emergency service.

servicio militar military service.
servicios públicos public services, utilities.

servidor,-ra
1 *nm,f* servant.
2 *nm,f euf* myself: **se lo trajo un servidor** I brought it to you myself; **¿Francisco Reyes?, —servidor** Francisco Reyes?, —yes?
3 **servidor** *nm MIL* gunner.
4 *nm INFORM* server.
✦ **servidor,-ra de usted** *fml* at your service.
su seguro,-a servidor,-ra *fml (en cartas)* Yours faithfully.

servidumbre
1 *nf (condición)* servitude.
2 *nf (criados)* servants *pl*, staff of servants.
3 *nf (obligación)* obligation.
4 *nf fig (sujeción)* compulsion.
5 *nf JUR* servitude.

servil
1 *adj (humilde)* servile.
2 *adj (obediente)* subservient.
3 *adj (rastrero)* base.

servilismo
1 *nm (humildad)* servility.
2 *nm (obediencia)* subservience.

servilleta *nf* napkin, serviette.

servilletero *nm* napkin ring, serviette ring.

servio,-a
1 *adj* Serb, Serbian.
2 *nm,f* Serb, Serbian.
3 **servio** *nm (idioma)* Serbian.

servir
1 *vt (gen)* to serve.
2 *vt (comida, bebida, etc)* to serve, wait on.
3 *vt (ayudar)* to help: **¿en qué puedo servirle?** how may I help you?, what can I do for you?
4 *vt COM (suministrar)* to serve, supply with; *(entregar)* to deliver.
5 *vi (gen)* to serve.
6 *vi (ser útil)* to be useful, be helpful, be a help: **aquel consejo me sirvió mucho** that piece of advice was a great help to me.
7 *vi (objeto)* to be no good: **esto no sirve** this is no good.
8 *vi (estar al servicio de otro)* to be a servant, be in service.
9 *vi (asistir a la mesa)* to serve (**en**, at), wait (**en**, at): **servir en la mesa** to wait at table.
10 *vi (hacer la mili)* to do one's military service.
11 **servirse** *vpr (comida etc)* to serve oneself, help oneself: **sírvete más patatas** help yourself to more crisps.
12 *vpr (usar)* to use (**de**, -), make use of (**de**, -).
13 *vpr fml (en carta)* to be kind enough to: **sírvase responder lo antes posible** please reply as soon as possible.
✦ **no servir para nada/no servir de nada** to be useless, be no good: **quejarse**

no sirve de nada it's no good complaining.
para servirle *fml* at your service.
ponerse a servir to go into service.
servir a la patria to serve one's country.
servir de to serve as; *(persona)* to act as: **sirvió de mediador** he acted as mediator; **si sirve de algo** for what it's worth.
servir de aviso to serve as a warning.
servir para to be used for, be for: **sirve para dormir** it's used for sleeping on; **también sirve para abrir latas** it's also used for opening tins.
servir una causa to serve a cause.
servirse de alguien *fig* to take advantage of somebody.
▲ *Conjugation model [34].*

servoasistido,-a *adj* servoassisted.

servocroata *adj-nm,f* → **serbocroata.**

servodirección *nf* power steering.

servofreno *nm* servo brake.

servomecanismo *nm* servomechanism.

servomotor *nm* servomotor.

sésamo *nm* sesame.
✦ **¡ábrete sésamo!** open sesame!

sesear *vi* to pronounce Spanish **c** before **e** or **i**, and **z**, as **s**.

sesenta
1 *adj (cardinal)* sixty; *(ordinal)* sixtieth.
2 *nm (número)* sixty.
✦ **los años sesenta/los sesenta** the sixties.
▲ *See also seis.*

sesentavo,-a
1 *adj* sixtieth.
2 *nm,f* sixtieth.
▲ *See also sexto,-a.*

sesentón,-ona
1 *adj fam* sixty-year old.
2 *nm,f fam* sixty-year old.

seseo *nm* pronunciation of Spanish **c**, before **e** or **i**, and **z**, as **s**.

sesera *nf fam* brain, brains *pl.*

sesgadura *nf* cut on the bias, cut on a slant.

sesgar
1 *vt (cortar)* to cut on the bias, cut on a slant.
2 *vt (torcer)* to slant.
▲ *Conjugation model [7], like llegar.*

sesgo
1 *nm (torcimiento)* slant.
2 *nm fig (curso)* slant, turn.
✦ **al sesgo** *COST* on the bias.
tomar un sesgo favorable/tomar un sesgo desfavorable *fig* to take a turn for the better/take a turn for the worse.

sesión
1 *nf (reunión)* session, meeting.
2 *nf CINEM* showing.
✦ **celebrar una sesión** to hold a meeting.
reanudar la sesión to resume the meeting.

se abre la sesión the meeting is declared open.
se cierra la sesión the meeting is adjourned.
■ **sesión continua** continuous session.
sesión de noche late show.
sesión de tarde matinée.
sesión plenaria plenary session.

seso
1 *nm* brain.
2 *nm fam fig* brains *pl*, grey matter, sense.
3 **sesos** *nm pl CULIN* brains.
✦ **beber el seso/beberse el seso** *fam* to lose one's mind.
calentarse los sesos/devanarse los sesos *fam* to rack one's brains.
tener sorbido el seso a alguien/tener sorbidos los sesos a alguien *fam* to have somebody under one's spell.

sestear *vi* to have a nap.

sestercio *nm* sesterce.

sesudo,-a
1 *adj (sensato)* sensible; *(prudente)* wise.
2 *adj (inteligente)* intelligent, brainy.

set *nm* set.
▲ *pl sets.*

seta *nf (comestible)* mushroom; *(no comestible)* toadstool.

setecientos,-as
1 *adj (cardinal)* seven hundred; *(ordinal)* seven-hundredth.
2 **setecientos** *nm (número)* seven hundred.
▲ *See also seis.*

setenta
1 *adj (cardinal)* seventy; *(ordinal)* seventieth.
2 *nm (número)* seventy.
✦ **los años setenta/los setenta** the seventies.
▲ *See also seis.*

setentavo,-a
1 *adj* seventieth.
2 *nm,f* seventieth.
▲ *See also sexto,-a.*

setentón,-ona
1 *adj* seventy-year-old.
2 *nm,f* seventy-year-old.

setiembre *nm* September.
▲ *For examples of use, see marzo.*

seto *nm* hedge.

setter *nm* setter.

seudónimo *nm (gen)* pseudonym; *(de escritores)* pen name.

Seúl *nm* Seoul.

s.e.u.o. *abr* (**salvo error u omisión**) errors and omissions excepted.

severamente *adv* severely.

severidad
1 *nf (gravedad)* severity, harshness.
2 *nf (rigurosidad)* strictness.

severo,-a
1 *adj (grave)* severe, harsh.
2 *adj (riguroso)* strict.
3 *adj (clima)* harsh, severe, bleak.
4 *adj (estilo)* stark, severe.

sevicia *nf* cruelty.

Sevilla *nf* Seville.

sevillana *nf popular song and dance from Seville.*

sevillano,-a
1 *adj* of Sevilla, from Sevilla.
2 *nm,f* person from Sevilla, inhabitant of Sevilla.

sexagenario,-a
1 *adj* sexagenarian.
2 *nm,f* sexagenarian.

sexagesimal *adj* sexagesimal.

sexagésimo,-a
1 *adj* sixtieth.
2 *nm,f* sixtieth.
▲ *See also sexto,-a.*

sex-appeal *nm* sex appeal.

sexar *vt* to sex.

sexenio *nm* six-year period.

sexi
1 *adj* sexy.
2 *nm* sex appeal.

sexismo *nm* sexism.

sexista
1 *adj* sexist.
2 *adj (machista)* chauvinistic.
3 *nm* sexist.
4 *nm (machista)* male chauvinist.
■ **discriminación sexista** sex discrimination.

sexo
1 *nm* sex.
2 *nm (órganos)* sexual organs *pl*, genitals *pl*.
■ **el bello sexo** the fair sex.
el sexo débil the weaker sex.

sexología *nf* sexology.

sexólogo,-a *nm,f* sexologist.

sex-shop *nm* sex shop.

sex-symbol *nm & nf* sex symbol.

sextante *nm* sextant.

sexteto *nm* sextet.

sextillizo,-a *nm,f* sextuplet.

sexto,-a
1 *adj* sixth: una sexta parte a sixth; el siglo sexto the sixth century; Alfonso sexto Alfonso the Sixth; el capítulo sexto chapter six, the sixth chapter; viven en el sexto piso they live on the sixth floor; viven en un sexto piso they live in a sixth-floor flat; acabó en sexto lugar he finished in sixth place, he came sixth.
2 *nm,f* sixth: le correspondió un sexto de la herencia he got a sixth of the inheritance.
■ **sexto sentido** sixth sense.

sextuplicar *vt* to multiply by six, sextuplicate.
▲ *Conjugation model [1], like sacar.*

séxtuplo,-a
1 *adj* sextuple: hay séxtuplo empate en el primer puesto six teams tie for first place.

2 **séxtuplo** *nm* six times as much, six times as many: con el triple de votos han conseguido el séxtuplo de escaños with three times as many votes they have obtained six times as many seats.

sexuado,-a *adj* sexed.

sexual *adj (gen)* sex; *(relaciones)* sexual: vida sexual sex life.

sexualidad *nf* sexuality.

sexualmente *adv* sexually.

sexy
1 *adj* sexy.
2 *nm* sex appeal.

Seychelles las (islas) Seychelles *nm pl* the Seychelles.

s/f *abr* (**su favor**) your favour (*US* favor).

s.f. *abr* (**sin fecha**) not dated.

SGAE *abr* (**Sociedad General de Autores de España**) *Spanish writers' and composers' association.*

sha *nm* shah.
▲ *pl* **shas.**

shah *nm* shah.
▲ *pl* **shahs.**

shakesperiano,-a *adj* Shakespearean, Shakespearian.

shérif *nm* sheriff.
▲ *pl* **shérifs.**

sheriff *nm* sheriff.

sherpa *nm* Sherpa.

shetland *nm* Shetland wool.

shock *nm* shock.
▲ *pl* **shocks.**

short *nm* shorts *pl*.
▲ *pl* **shorts.**

show
1 *nm (espectáculo)* show.
2 *nm fam (numerito)* show, display.
✦ **montar un show** *fam* to make a scene.
▲ *pl* **shows.**

si¹
1 *conj (condicional)* if: si quieres puedes venir con nosotros you can come with us if you want to.
2 *conj (disyuntiva, duda, etc)* if, whether: no sé si decírselo (o no) I don't know whether to tell her (or not).
3 *conj (énfasis)* but: ¡si yo no quería! but I didn't want to!; ¡pero si es facilísimo! ¡but it's really easy!
✦ **como si** as if.
como si nada/como si tal cosa as if it were nothing at all.
por si acaso just in case: llévatelo por si acaso take it with you just in case.
si bien although, even though.

si² *nm MÚS* ti, si, B.
▲ *pl* **sis.**

sí¹
1 *pron (él)* himself; *(ella)* herself; *(cosa)* itself; *(ellos, ellas)* themselves; *(usted)* yourself; *(ustedes)* yourselves: lo hizo por sí misma she did it by herself; hablaban para sí they were talking to themselves.

2 *pron (uno mismo)* oneself.
3 *pron (recíproco)* each other: hablaban entre sí they were talking to each other.
✦ **de por sí/en sí** in itself.
estar fuera de sí to be beside oneself.
estar sobre sí to be on one's guard.
mirar para sí mismo,-a to look after oneself.

sí²
1 *adv* yes: dijo que sí she said yes; a ella no le gusta pero a mí sí she doesn't like it but I do.
2 *adv (enfático)* of course: sí que me gusta of course I like it; ése sí que me gusta I really like that one.
3 *nm* yes.
✦ **¡claro que sí!** of course!
creo que sí I think so.
dar el sí to say yes, accept, agree.
¡eso sí que no! certainly not!
porque sí *(sin razón)* just because I (you, etc) say so; *(por naturaleza)* that's the way it is: ¡lo harás porque sí! you'll do it because I say so!; no puedes marcharte porque sí you can't leave just because you feel like it.
¡que sí! yes, I tell you!
■ **síes y noes** yeas and nays.
▲ *pl* **síes.**

sial *nm* sial.

Siam *nm* Siam.

siamés,-esa
1 *adj* Siamese.
2 *nm,f (persona)* Siamese.
3 **siamés** *nm (idioma)* Siamese.
■ **hermano,-a siamés,-esa** Siamese twin.

sibarita
1 *adj* sybarite, sybaritic.
2 *nm & nf* sybarite, bon vivant.

sibarítico,-a *adj* sybaritic.

sibaritismo *nm* sybaritism.

siberiano,-a
1 *adj* Siberian.
2 *nm,f* Siberian.

sibila *nf* sibyl.

sibilante
1 *adj* sibilant.
2 *nf* sibilant.

sibilino,-a
1 *adj* sibylline.
2 *adj fig* cryptic, enigmatic.

sic *adv* sic.

sicalíptico,-a *adj* suggestive, erotic, pornographic.

sicario
1 *nm* hired gunman.
2 *nm (matón)* heavy, thug.

Sicilia *nf* Sicily.

siciliano,-a
1 *adj* Sicilian.
2 *nm,f* Sicilian.

sicoanálisis *nm* psychoanalysis.
▲ *pl* **sicoanálisis.**

sicoanalista *nm & nf* psychoanalyst.

sicoanalítico,-a *adj* psychoanalytical.

sicoanalizar *vt* psychoanalyse (*US* psychoanalyze).

sicodélico,-a *adj* psychedelic.

sicodrama *nm* psychodrama.

sicofanta *nm* impostor, fake.

sicofante *nm* → sicofanta.

sicofármaco *nm* psychoactive drug.

sicología *nf* psychology.

sicológicamente *adv* psychologically.

sicológico,-a *adj* psychological.

sicólogo,-a *nm,f* psychologist.

sicomoro *nm* sycamore.

sicómoro *nm* sycamore.

sicomotriz *adj* psychomotor.
▲ *pl* sicomotrices.

sicópata *nm & nf* psychopath.

sicopatía *nf* psychopathy.

sicopático,-a *adj* psychopathic.

sicopatología *nf* psychopathology.

sicosis *nf* psychosis.
▲ *pl* sicosis.

sicosomático,-a *adj* psychosomatic.

sicoterapeuta *nm & nf* psychotherapist.

sicoterapia *nf* psychotherapy.

sicótico,-a *adj* psychotic.

sida *nm* AIDS.

SIDA *abr MED* (**síndrome de inmunodeficiencia adquirida**) acquired immune deficiency syndrome; *(abreviatura)* AIDS.

sidecar *nm* sidecar.
▲ *pl* sidecares.

sideral *adj* sidereal, astral.
■ **espacio sideral** outer space.

sidéreo,-a *adj* sidereal.

siderita *nf* siderite.

siderurgia *nf* iron and steel industry.

siderúrgico,-a *adj* iron and steel.

sidra *nf* cider, (*US* hard cider).

sidral *nm* sherbet.

siega
1 *nf (acción)* harvesting, reaping.
2 *nf (época)* harvest, harvest time.
3 *nf (mieses)* harvest.

siembra
1 *nf (acción)* sowing.
2 *nf (época)* sowing time.
3 *nf (sembrado)* sown field.

siempre *adv* always: siempre recordaré sus palabras I'll always remember her words; siempre dice eso that's what he always says.
✦ **a la hora de siempre** at the usual time.
amigos de siempre old friends, lifelong friends.
como siempre as usual.
la historia de siempre/lo de siempre the same old story.
para siempre forever, for good.
para siempre jamás for ever and ever.
siempre pasa lo mismo it's always the same.

siempre que *(cada vez que)* whenever; *(a condición de que)* provided, as long as: cógelo siempre que quieras take it whenever you want; siempre que cumpla su palabra as long as he keeps his promise.
siempre y cuando provided, as long as.

siempreviva *nf* everlasting flower, immortelle.

sien *nf* temple.

siena *adj* sienna, dark yellow.

sierpe
1 *nf (serpiente)* serpent.
2 *nf fig (con mal genio)* bad-tempered person; *(feo)* ugly person.

sierra
1 *nf TÉC* saw.
2 *nf GEOG* mountain range.
■ **sierra circular** circular saw.
sierra de calar fretsaw.
sierra mecánica power saw.

Sierra Leona *nf* Sierra Leone.

sierraleonés,-esa
1 *adj* Sierra Leonean.
2 *nm,f* Sierra Leonean.

siervo,-a
1 *nm,f (esclavo)* slave.
2 *nm,f HIST* serf.
■ **siervo,-a de Dios** *REL* servant of God.

siesta *nf* siesta, afternoon nap.
✦ **dormir la siesta/echar la siesta** to have a siesta, have an afternoon nap.
■ **la hora de la siesta** siesta time.
la siesta del carnero a nap before lunch.

siete
1 *adj (cardinal)* seven; *(séptimo)* seventh.
2 *nm (número)* seven.
3 *nm fam (rasgón)* tear.
✦ **hablar más que siete** *fam* to talk nineteen to the dozen.
▲ *See also* seis.

sietemesino,-a
1 *adj* seven-month.
2 *nm,f* baby born two months premature.
3 *nm,f fig (raquítico)* weakling.
4 *nm,f fam pey (presumido)* little squirt.

sífilis *nf* syphilis.
▲ *pl* sífilis.

sifilítico,-a
1 *adj* syphilitic.
2 *nm,f* syphilitic.

sifón
1 *nm (tubo encorvado)* siphon.
2 *nm (tubo acodado)* U-bend, trap.
3 *nm (bebida)* soda, soda water.
4 *nm (botella)* soda siphon.

sig. *abr* (**siguiente**) following; *(abreviatura)* fol.

sigilo
1 *nm (secreto)* secrecy.
2 *nm (discreción)* discretion.
✦ **con mucho sigilo** in great secrecy.
■ **sigilo sacramental** secrecy of the confessional.

sigilografía *nf* sigillography.

sigilosamente
1 *adv (discretamente)* discreetly.
2 *adv (en secreto)* secretly.
3 *adv (silenciosamente)* quietly.

sigiloso,-a
1 *adj (discreto)* secretive.
2 *adj (secreto - asunto)* secret; *(- persona)* secretive.
3 *adj (silencioso)* quiet.

sigla *nf* acronym, abbreviation.

siglo
1 *nm* century.
2 *nm fig (vida mundana)* world.
✦ **hace un siglo que .../hace siglos que ...** I *(we, they, etc)* haven't ... for ages: hace siglos que no voy al cine I haven't been to the cinema for ages.
por los siglos de los siglos for ever and ever.
■ **el Siglo de las Luces** the Age of Enlightenment.
el Siglo de Oro the Golden Age.

sigma *nf* sigma.

signar
1 *vt (marcar)* to mark.
2 *vt (firmar)* to sign.
3 *vt REL* to make the sign of the cross over.
4 **signarse** *vpr REL* to make the sign of the cross, cross oneself.

signatario,-a
1 *adj* signatory.
2 *nm,f* signatory.

signatura
1 *nf (en biblioteca)* catalogue (*US* catalog) number.
2 *nf (firma)* signature.
3 *nf (en impresión)* signature.

significación
1 *nf (sentido)* meaning.
2 *nf (trascendencia)* significance.

significado,-a
1 *pp* → significar.
2 *adj* well-known, important.
3 **significado** *nm* meaning.
4 *nm LING* signifier.

significante *nm* significant.

significar
1 *vt* to mean: no sé lo que significa I don't know what it means.
2 *vt (hacer saber)* to make known, express.
3 **significarse** *vpr* to stand out.
▲ *Conjugation model* [1], *like* sacar.

significativamente
1 *adv (dando a entender)* meaningfully.
2 *adv (con importancia)* significantly.

significativo,-a
1 *adj (que da a entender)* meaningful.
2 *adj (importante)* significant.

signo
1 *nm (gen)* sign: es un signo del tiempo en que vivimos it's a sign of the times we're living in; ¿de qué signo eres? —soy Tauro ¿what sign are you? —I'm Taurus.
2 *nm GRAM* mark.
3 *nm (destino)* fate, destiny.

4 nm (tendencia) tendency.
- **signo de admiración/signo de interrogación** exclamation mark/question mark.
  signo de sumar plus sign.
  signo del zodiaco zodiac sign.

sigo pres indic → **seguir**.

siguemepollo nm ribbon on the back of a dress.

siguiente adj following, next: lo vio la semana siguiente she saw him the following week; vamos a leer el capítulo siguiente we're going to read the next chapter.
- ✦ ¡el siguiente! next, please!

sij
1 adj Sikh.
2 nm & nf Sikh.
▲ pl sijs.

sílaba nf syllable.

silabario nm spelling book.

silabear vi to divide words into syllables.

silábico,-a adj syllabic.

silba nf hissing.

silbar
1 vi to whistle.
2 vi (abuchear) to hiss, boo.

silbato nm whistle.

silbido
1 nm (acción) whistle, whistling.
2 nm (abucheo) hissing.
3 nm (del teléfono) ring, ringing.

silbo nm whistle, whistling.

silenciador
1 nm (de arma) silencer.
2 nm AUTO silencer, (US muffler).

silenciar
1 vt (ocultar) to hush up.
2 vt (pasar por alto) not to mention.
3 vt (las armas) to silence.
▲ Conjugation model [12], like **cambiar**.

silencio nm silence.
- ✦ en silencio in silence.
  guardar silencio to keep quiet.
  imponer silencio a alguien to make somebody be quiet.
  romper el silencio to break the silence.

silenciosamente adv silently, noiselessly, quietly.

silencioso,-a adj (persona) quiet; (objeto) silent.

silepsis nf syllepsis.
▲ pl silepsis.

sílex nm flint.
▲ pl sílex.

sílfide nf sylph.

silicato nm silicate.

sílice nf silica.

silíceo,-a adj flinty.

silícico,-a adj silicic.

silicio nm silicon.

silicona nf silicone.

silicosis nf silicosis.
▲ pl silicosis.

silla
1 nf chair.
2 nf (de montar) saddle.
3 nf (en la Academia) seat.
- **silla de montar** saddle.
  silla de ruedas wheelchair.
  silla de tijera folding chair.
  silla eléctrica electric chair.
  silla plegable folding chair.

sillar
1 nm (piedra) ashlar.
2 nm (de caballería) horse's back.

sillería
1 nf (sillas) chairs pl, set of chairs pl.
2 nf (del coro) choir stalls pl.
3 nf (taller) chairmaker's workshop.
4 nf ARQ ashlar.

sillín nm saddle.

sillita sillita de niño nf pushchair.

sillón
1 nm armchair.
2 nm (de montar) side-saddle.
3 nm (en la Academia) seat.

silo nm silo.

silogismo nm syllogism.

silogizar vi to syllogize.
▲ Conjugation model [4], like **realizar**.

silueta
1 nf (contorno) silhouette.
2 nf (figura) figure, shape.

siluetear vt to silhouette.

silva
1 nf (colección) miscellany.
2 nf (poema) type of poem.

silvestre adj wild: una fresa silvestre a wild strawberry.

silvicultor,-ra nm,f forestry expert.

silvicultura nf forestry.

sima nf abyss, chasm.

simbiosis nf symbiosis.
▲ pl simbiosis.

simbiótico,-a adj symbiotic.

simbólicamente adv symbolically.

simbólico,-a adj symbolic, symbolical.

simbolismo nm symbolism.

simbolista
1 adj symbolist.
2 nm & nf symbolist.

simbolizar vt to symbolize.
▲ Conjugation model [4], like **realizar**.

símbolo nm symbol.

simetría nf symmetry.

simétrico,-a adj symmetric, symmetrical.

simiente nf seed.

simiesco,-a adj simian, apelike.

símil
1 adj (parecido) similar.
2 nm (comparación) comparison.
3 nm (semejanza) resemblance, similarity.
4 nm LIT simile.

similar adj similar.

similitud nf similarity, resemblance.

similor nm pinchbeck.

simio nm simian, monkey.

simonía nf simony.

simoníaco,-a
1 adj simoniacal.
2 nm,f simoniac.

simpatía
1 nf (cordialidad) affection (por, for), liking (por, for).
2 nf (amabilidad) warmth, pleasantness: la simpatía no es su punto fuerte pleasantness isn't one of his strong points.
3 nf (afinidad) affinity (por, with).
4 nf (solidaridad) sympathy (por, towards), solidarity (con, with).
5 nf MED sympathy.
- ✦ cogerle simpatía a alguien to take a liking to somebody.
  ganarse las simpatías de alguien to win somebody's affection.
  tener simpatía a alguien to be very fond of somebody.
- simpatías y antipatías likes and dislikes.

simpáticamente adv in a friendly way, nicely.

simpático,-a
1 adj (amable) nice, likeable; (agradable) kind, friendly; (encantador) charming: Pepe me cae simpático I think Pepe's a nice guy.
2 adj MED sympathetic.
- ✦ hacerse el simpático/hacerse la simpática to ingratiate oneself (con, with), butter up (con,-): se pasa el día haciéndose el simpático con el jefe he spends all day buttering up his boss.

simpatizante
1 adj supporting.
2 nm & nf supporter.

simpatizar
1 vi (con persona) to get on (con, with): es difícil simpatizar con él it's difficult to get on with him; simpatizamos enseguida we hit it off at once.
2 vi (con idea etc) to sympathize (con, with).
▲ Conjugation model [4], like **realizar**.

simple
1 adj (gen) simple.
2 adj (único) single, just one: con una simple llamada lo hubiera arreglado he could have settled it with just one phone call.
3 adj (mero) mere.
4 adj (persona) simple, simple-minded.
5 nm & nf simpleton.
6 nm (tenis) singles pl.
- ✦ por simple descuido through sheer carelessness.

simplemente adv simply.

simpleza
1 nf (idiotez) simple-mindedness.
2 nf (tontería) nonsense.

simplicidad
1 nf simplicity.
2 nf (ingenuidad) naivety, ingenuousness.

simplificación *nf* simplification.

simplificar *vt* to simplify.
▲ *Conjugation model* [1], *like sacar.*

simplismo *nm* simplism, oversimplification.

simplista
1 *adj* simplistic, oversimple.
2 *nm & nf* simplistic person.

simplón,-ona
1 *adj* simple, naive.
2 *nm,f* simpleton.

simposio *nm* symposium.

simulación *nf* simulation.

simulacro *nm* sham, pretence (*US* pretense): un simulacro de ataque a mock attack; simulacro de incendio fire drill.

simulado,-a
1 *pp* → **simular.**
2 *adj* simulated.

simulador,-ra
1 *adj* simulative.
2 *nm,f* pretender.
3 **simulador** *nm TÉC* simulator.

simular
1 *vt* to simulate: los especialistas simularon un accidente espectacular the stunt men simulated a spectacular accident.
2 *vt (fingir)* to pretend.

simultáneamente *adv* simultaneously, at the same time.

simultanear
1 *vt (hacer dos cosas)* to do simultaneously, do at the same time.
2 *vt (combinar)* to combine: simultanea los estudios y el deporte he combines studies and sport.

simultaneidad *nf* simultaneity.

simultáneo,-a *adj* simultaneous.

simún *nm* simoom.

sin
1 *prep (carencia)* without.
2 *prep (además de)* not counting.
✦ **estar sin algo** to be out of something: estamos sin leche we're out of milk.
estar sin + *inf* not to have been + *pp*: está sin planchar it hasn't been ironed; estaba todo sin acabar it was all unfinished; estoy sin comer nada desde las ocho I haven't eaten anything since eight o'clock.
quedarse sin algo to run out of something.
seguir sin to still not: sigue sin saberlo she still doesn't know; sigo sin entenderlo I still can't understand it.
sin casar unmarried.
sin lo cual otherwise.
sin más ni más without further ado.
sin que + *subj* without + *-ing*: entró sin que lo oyéramos he came in without us hearing him.
sin querer accidentally, by mistake: lo hizo sin querer he didn't mean to do it.
sin vergüenza shameless.

sinagoga *nf* synagogue.

sinalefa *nf* synalepha, synaloepha, elision.

sinalgia *nf* synalgia.

sinapismo
1 *nm MED* mustard plaster.
2 *nm fam fig* bore, drag.

sinceramente *adv* sincerely.

sincerarse
1 *vpr (exculparse)* to exonerate oneself.
2 *vpr (abrirse)* to open one's heart (**con**, to).

sinceridad *nf* sincerity.
✦ **con toda sinceridad** in all sincerity.

sincero,-a *adj* sincere.

sinclinal *nm* syncline.

síncopa
1 *nf MÚS* syncopation.
2 *nf LING* syncope.

sincopado,-a
1 *pp* → **sincopar.**
2 *adj MÚS* syncopated.

sincopar
1 *vt (notas, palabras, etc)* to syncopate.
2 *vt fig (abreviar)* to abridge.

síncope *nm* syncope.

sincretismo *nm* syncretism.

sincronía *nf* synchrony.

sincrónico,-a *adj* synchronic.

sincronismo *nm* synchronism.

sincronización *nf* synchronization.

sincronizador *nm* synchronizer.

sincronizar *vt* to synchronize.
▲ *Conjugation model* [4], *like realizar.*

sindicación
1 *nf (sindicalismo)* trade unionism.
2 *nf (afiliación)* joining of a trade union.

sindicado,-a
1 *pp* → **sindicar.**
2 *adj* who belongs to a trade union.

sindical *adj* trade union, union.

sindicalismo *nm* trade unionism, unionism.

sindicalista
1 *adj* trade union, union.
2 *nm & nf* trade unionist, unionist.

sindicalización *nf* unionization.

sindicalizar
1 *vt* to unionize.
2 **sindicalizarse** *vpr (afiliarse)* to join a union; *(unirse)* to form a union.

sindicar
1 *vt* to unionize.
2 **sindicarse** *vpr (unirse a un sindicato)* to join a trade union.
3 *vpr (formar un sindicato)* to form a trade union.
▲ *Conjugation model* [1], *like sacar.*

sindicato *nm* trade union, union.

síndico
1 *nm POL* elected representative.
2 *nm (depositario)* trustee.

síndrome *nm* syndrome.

sinécdoque *nf* synecdoche.

sinecura *nf* sinecure.

sine die *loc* sine die.

sinéresis *nf* syneresis, synaeresis.
▲ *pl sinéresis.*

sinergia *nf* synergy.

sinestesia *nf* synaesthesia (*US* synesthesia).

sinfín *nm* endless number: tuvieron un sinfín de problemas they had no end of problems.

sinfonía *nf* symphony.

sinfónico,-a *adj* symphonic.

Singapur *nm* Singapore.

singladura
1 *nf MAR* day's run.
2 *nf fig* path, road, course: recordó la singladura de su vida he recalled the course his life had taken.

single
1 *nm (tenis)* singles *pl.*
2 *nm (disco)* single.

singular
1 *adj (único)* singular, single.
2 *adj (excepcional)* extraordinary, exceptional.
3 *adj (raro)* peculiar, odd.
4 *nm GRAM* singular.
✦ **en singular** *GRAM* in the singular.

singularidad
1 *nf (unicidad)* singularity.
2 *nf (excepcionalidad)* strangeness, uniqueness.
3 *nf (rareza)* peculiarity.

singularizar
1 *vt (distinguir)* to distinguish, single out.
2 *vt GRAM* to use in the singular.
3 **singularizarse** *vpr* to distinguish oneself (**por**, by/with), stand out ((por, for).
▲ *Conjugation model* [4], *like realizar.*

singularmente *adv* singularly.

sinhueso *nf fam* tongue.
✦ **darle a la sinhueso** *fam* to natter.

siniestra *nf lit (izquierda)* left hand.

siniestrado,-a *adj* damaged.

siniestro,-a
1 *adj lit (izquierdo)* left, left-hand.
2 *adj (malo)* sinister, ominous.
3 *adj (funesto)* fateful, disastrous.
4 **siniestro** *nm* disaster, catastrophe; *(accidente)* accident; *(incendio)* fire.
■ **siniestro total** *(coche)* write-off.

sinnúmero *nm* endless number.

sino¹
1 *conj (contraposición)* but: no es blanco sino negro it isn't white but black.
2 *conj (excepción)* but, except for: nadie lo sabe sino Antonio nobody knows except for Antonio.
✦ **no solo … sino …** not only … but …: merece nuestro agradecimiento no solo por habernos ayudado sino también por haber confiado en nosotros he deserves our thanks not only for helping us but also for placing his trust in us.

sino² *nm (destino)* fate, destiny.

sínodo *nm* synod.

sinología *nf* sinology.

sinonimia *nf* synonymy.

sinónimo,-a
1 *adj* synonymous.
2 **sinónimo** *nm* synonym.

sinopsis *nf* synopsis.
▲ *pl sinopsis.*

sinóptico,-a *adj* synoptic, synoptical.

sinovia *nf* synovia.

sinovial *adj* synovial.

sinovitis *nf* synovitis.
▲ *pl sinovitis.*
■ **sinovitis del codo** tennis elbow.

sinrazón *nf* wrong, injustice.

sinsabor *nm fig* worry, trouble, heartache.

sinsonte *nm* mocking bird.

sinsubstancia *nm & nf fam* flighty person, fly-by-night.

sintácticamente *adv* syntactically.

sintáctico,-a *adj* syntactic, syntactical.

sintagma *nm* phrase.
■ **sintagma nominal** noun phrase.

sintaxis *nf* syntax.
▲ *pl sintaxis.*

síntesis *nf* synthesis.
▲ *pl síntesis.*

sintético,-a *adj* synthetic.

sintetizador *nm* synthesizer.

sintetizar
1 *vt* to synthesize.
2 *vt (resumir)* to summarize: sintetizando diría que... to sum up, I'd like to say that…
▲ *Conjugation model* [4], *like* **realizar.**

sintoísmo *nm* Shinto, Shintoism.

sintoísta *nm & nf* Shintoist.

síntoma *nm* symptom.

sintomático,-a
1 *adj* symptomatic.
2 *adj fig* significant.

sintomatología *nf* symptomatology.

sintonía
1 *nf (de radio)* tuning: aquí en la sintonía de Radio Terrassa... here on Radio Terrassa…
2 *nf (música)* signature tune.
3 *nf fig (armonía)* harmony.
✦ **estar en sintonía con alguien** *fig* to be in tune with somebody, be on somebody's wavelength.

sintonización
1 *nf* tuning.
2 *nf fig* harmony.

sintonizador
1 *nm (botón)* tuning knob.
2 *nm (de cadena de sonido)* tuner.

sintonizar
1 *vt (radio)* to tune in to: sintonizó una emisora local he tuned in to a local radio station.

2 *vi fig (llevarse bien)* to get on well, be on the same wavelength.
▲ *Conjugation model* [4], *like* **realizar.**

sinuosidad
1 *nf (cualidad)* sinuosity.
2 *nf (curva)* bend, curve.
3 *nf fig (de argumento etc)* tortuousness; *(de persona)* deviousness.

sinuoso,-a
1 *adj (camino)* winding.
2 *adj fig (argumento)* tortuous; *(persona)* devious.

sinusitis *nf* sinusitis.
▲ *pl sinusitis.*

sinvergüencería
1 *nf fam (defecto)* shamelessness.
2 *nf fam (acto)* dirty trick.

sinvergüenza
1 *adj (pícaro)* shameless.
2 *adj (descarado)* cheeky.
3 *nm & nf (pícaro)* rotter, swine, louse.
4 *nm & nf (descarado)* cheeky devil.

Sion *nm* Zion.

sionismo *nm* Zionism.

sionista
1 *adj* Zionist.
2 *nm & nf* Zionist.

sique *nf* psyche.

siquiatra *nm & nf →* **psiquiatra.**

siquiatría *nf →* **psiquiátría.**

siquiátrico,-a *adj-nm →* **psiquiátrico,-a.**

síquico,-a *adj →* **psíquico,-a.**

siquiera
1 *conj (adversativa)* even though, even if: quisiera hablar contigo, siquiera fuera un momento I would like to speak to you, even if it's only for a moment.
2 *conj (distributiva)* whether.
3 *adv (por lo menos)* at least: dame siquiera la mitad give me at least half of it.
✦ **ni siquiera** not even: ni siquiera recuerda su nombre he can't even remember his name.

sir *nm* sir.
▲ *pl sires.*

sirena
1 *nf (ninfa)* siren, mermaid.
2 *nf (alarma)* siren.
■ **sirena de niebla** foghorn.

sirga *nf* rope, tow-rope, tow-line.

sirgar *vt* to tow.
▲ *Conjugation model* [7], *like* **llegar.**

Siria *nf* Syria.

sirimiri *nm* fine drizzle.

sirio,-a
1 *adj* Syrian.
2 *nm,f* Syrian.

sirla *nf arg* mugging.

sirlar *vt arg* to mug.

sirlero,-a *nm,f arg* mugger.

siroco *nm* sirocco (wind).

sirope *nm* syrup.

sirte *nm* sandbank.

sirviente,-a *nm,f* servant.

sisa
1 *nf COST* armhole.
2 *nf (hurto)* petty theft, pilfering, filching.

sisal *nm* sisal.

sisar
1 *vt COST* to dart, take in.
2 *vt (hurtar)* to pilfer, pinch, nick; *(estafar)* to cheat.

sisear
1 *vi* to hiss.
2 *vt* to hiss.

siseo *nm* hiss, hissing.

sísmico,-a *adj* seismic.

sismo *nm* earthquake, tremor.

sismógrafo *nm* seismograph.

sismología *nf* seismology.

sismológico,-a *adj* seismological.

sismólogo,-a *nm,f* seismologist.

sisón¹ *nm (ave)* little bustard.

sisón,-ona²
1 *adj fam* pilfering, pinching, filching.
2 *nm,f fam* petty thief, pilferer.

sistema *nm* system.
✦ **por sistema** as a rule.
■ **sistema cableado** hard-wired system.
sistema de ecuaciones simultaneous equations *pl.*
sistema experto expert system.
sistema métrico decimal decimal metric system.
sistema montañoso mountain chain.
sistema nervioso nervous system.
sistema operativo operative system.
sistema planetario planetary system.
sistema solar solar system.

sistemáticamente *adv* systematically.

sistemático,-a *adj* systematic.

sistematizar *vt* to systematize.
▲ *Conjugation model* [4], *like* **realizar.**

sístole *nf* systole.

sistólico,-a *adj* systolic.

sitar *nm* sitar.

sitiado,-a
1 *pp →* **sitiar.**
2 *adj* besieged.
3 *nm,f* besieged.

sitial *nm* seat of honour *(us* honor).

sitiar *vt* to besiege, lay siege to.
▲ *Conjugation model* [12], *like* **cambiar.**

sitio
1 *nm (lugar)* place.
2 *nm (espacio)* space, room: hay mucho sitio there's plenty of room.
3 *nm (asiento)* seat.
4 *nm MIL* siege.
✦ **cambiar algo de sitio** to move something.
cambiar de sitio con alguien to change places with somebody.
en cualquier sitio anywhere.
en estado de sitio *MIL* in a state of siege.
en todos los sitios everywhere.
guardar sitio a alguien to keep a seat for somebody.

hacer **sitio** to make room (**a**, for).
levantar el **sitio** _MIL_ to raise the siege.
ocupar mucho **sitio** to take up a lot of space.
poner **sitio** _MIL_ to besiege.
quedarse en el **sitio** _fig_ to snuff it, kick the bucket.
■ **sitio web** website.

sito,-a _adj fml_ located, situated.

situación
1 _nf (circunstancia)_ situation: la situación política the political situation.
2 _nf (posición)_ position: su situación social his social position.
3 _nf (emplazamiento)_ situation, location.

situado,-a
1 _pp_ → situar.
2 _adj_ situated, located.
✦ estar bien **situado,-a** _fig_ to be comfortably off.

situar
1 _vt_ to place, locate, situate, put: no puedo situarlo en el mapa I can't locate it on the map.
2 **situarse** _vpr (colocarse)_ to be placed, be located, be situated.
3 _vpr (lograr una posición)_ to get on, do well, be successful.
▲ _Conjugation model_ [11], _like_ actuar.

siux
1 _adj_ Sioux.
2 _nm & nf_ Sioux, Siouan.
▲ _pl_ siux.

skay _nm_ leatherette.
▲ _Registered trademark._

sketch _nm_ sketch.
▲ _pl_ sketchs.

s.l. _abr_ (**sus labores**) housewife.

s/L _abr_ (**su letra, su letra de crédito**) your letter of credit; _(abreviatura)_ your L/C.

S.L. _abr_ (**Sociedad Limitada**) Limited Company; _(abreviatura)_ Ltd, Co.

slalom _nm_ slalom.
▲ _pl_ slaloms.

slip _nm_ → eslip.

slogan _nm_ → eslogan.

SM _abr_ (**Su Majestad**) His/Her Majesty; _(abreviatura)_ HM.

S.M. _abr_ (**Su Majestad**) His Majesty, Her Majesty; _(abreviatura)_ HM.

S.M.C. _abr_ (**Su Majestad Católica**) His Catholic Majesty, Her Catholic Majesty; _(abreviatura)_ HCM.

SME _abr_ (**Sistema Monetario Europeo**) European Monetary System; _(abreviatura)_ EMS.

S.M.I. _abr_ (**Su Majestad Imperial**) His Imperial Majesty, Her Imperial Majesty; _(abreviatura)_ HIM.

smoking _nm_ → esmoquin.

SMS _abr_ (**short message service** [servicio de mensajes cortos]) short message service; _(abreviatura)_ SMS.

s/n _abr_ (**sin número**) no number.

snob _adj-nm & nf_ → esnob.

snobismo _nm_ → esnobismo.

so[1] _prep fml_ under.
✦ **so pena de** under penalty of, on pain of.

so[2] _interj fam_ ¡so tonto! you damned fool!

so[3] _interj (para caballerías)_ whoa!

s/o _abr_ (**su orden**) your order; _(abreviatura)_ your o.

SO _sím_ (**suroeste**) southwest; _(símbolo)_ SW.

soasar _vt_ to roast lightly.

soba
1 _nf (acción de sobar)_ fondling, groping, pawing.
2 _nf fig (zurra)_ hiding, thrashing.

sobaco _nm_ armpit.

sobado,-a
1 _pp_ → sobar.
2 _adj (desgastado)_ worn, shabby.
3 _adj (manoseado)_ well-thumbed, dog-eared.
4 _adj fig (manido)_ well-worn.

sobajar _vt_ to crumple, mess up.

sobaquera _nf_ dress shield.

sobaquina _nf fam_ underarm odour (_US_ odor).

sobar
1 _vt (ablandar)_ to knead.
2 _vt fig (manosear - objeto)_ to finger; _(- persona)_ to grope, paw, touch up.
3 _vt fam (pegar)_ to thrash.
4 _vt fam (molestar)_ to pester.
5 _vt arg (dormir)_ to sleep.

sobeo _nm fam_ groping, fondling, fingering.

soberanamente _adv_ extremely, supremely.

soberanía _nf_ sovereignty.
✦ **bajo la soberanía de** under the rule of.

soberano,-a
1 _adj_ sovereign.
2 _adj fig_ extreme, supreme.
3 _adj fam_ huge, great.
4 _nm,f_ sovereign.

soberbia
1 _nf (orgullo)_ pride; _(arrogancia)_ arrogance, haughtiness.
2 _nf (magnificiencia)_ sumptuousness, pomp.
3 _nf (cólera)_ rage, anger.

soberbiamente
1 _adv (con arrogancia)_ arrogantly, haughtily.
2 _adv (con suntuosidad)_ magnificently, superbly.

soberbio,-a
1 _adj (orgulloso)_ proud; _(arrogante)_ arrogant, haughty.
2 _adj (suntuoso)_ sumptuous, magnificent.
3 _adj (magnífico)_ superb, splendid, magnificent.
4 _adj fam (enorme)_ great, huge.

sobón,-ona
1 _adj fam_ groping.
2 _nm,f_ groper: es un sobón he can't keep his hands to himself.

sobornable _adj_ bribable, venal.

sobornar _vt_ to bribe, suborn.

soborno
1 _nm (acción)_ bribery.
2 _nm (regalo etc)_ bribe.

sobra
1 _nf (exceso)_ excess, surplus.
2 **sobras** _nf pl (desperdicios)_ leftovers.
✦ **de sobra** _(sobrante)_ spare; _(en cantidad)_ more than enough: aquí hay un sitio de sobra there's a spare seat here; con un kilo tienes de sobra you'll have more than enough with a kilo.
estar de sobra _(persona)_ to be in the way.
saber algo de sobra to know something only too well.

sobradamente
1 _adv (sumamente)_ extremely: era sobradamente difícil it was extremely difficult.
2 _adv (extensamente)_ widely: era sobradamente conocido que... it was widely known that...

sobradillo _nm_ penthouse.

sobrado,-a
1 _pp_ → sobrar.
2 _adj (que sobra)_ ample, more than enough, plenty of.
3 **sobrado** _adv (demasiado)_ too.
4 _nm (desván)_ attic, garret.
✦ **andar sobrado,-a** to have a lot to spare, have plenty to spare: andamos sobrados de tiempo we've got plenty of time to spare.
estar sobrado,-a de algo to have plenty of: están sobrados de dinero they've got plenty of money.
tener sobrada razón to be quite right.

sobrante
1 _adj_ leftover, remaining, spare.
2 _nm_ excess, surplus.

sobrar
1 _vi (haber más de lo necesario)_ to be more than enough, be too much: sobra arroz there's too much rice; sobran cuatro platos there are four dishes too many.
2 _vi (estar de más)_ to be superfluous, be unnecessary: ese comentario sobra that remark is unnecessary.
3 _vi (estorbar)_ to be in the way.
4 _vi (quedar)_ to have left over, be left over: nos sobraron quince euros we had fifteen euros left over; sobró pastel there was some cake left over.

sobrasada _nf_ spicy Majorcan sausage.

sobre
1 _prep (encima)_ on, upon, on top of: sobre de la mesa on the table.
2 _prep (por encima)_ over, above: volamos sobre la ciudad we're flying over the town.
3 _prep (acerca de)_ about, on: el primer capítulo trata sobre los derechos humanos chapter one is about human rights.

4 *prep (alrededor de)* about, around: vendré sobre las dos I'll come about two.

5 *prep (superioridad en rango)* over.

6 *prep fig (indica reiteración)* upon, after: mentira sobre mentira lie after lie.

7 *nm (de correo)* envelope.

8 *nm (de sopa etc)* packet.

9 *nm fam fig (cama)* bed.

+ irse al sobre *fam* to hit the sack.
   sobre manera exceedingly.
   sobre todo above all, especially.

sobre- *pref* super-, over-.

sobreabundancia *nf* superabundance, overabundance.

sobreabundante *adj* superabundant, overabundant.

sobreabundar *vi* to superabound.

sobrealimentación *nf* overfeeding.

sobrealimentado,-a
1 *pp* → sobrealimentar.
2 *adj* overfed.

sobrealimentar *vt* to overfeed.

sobreático *nm* penthouse.

sobrecalentar
1 *vt* to overheat.
2 **sobrecalentarse** *vpr* to overheat.
▲ *Conjugation model* [27], *like acertar.*

sobrecarga
1 *nf* overload.
2 *nf fig* additional burden, further worry.

sobrecargar
1 *vt* to overload.
2 *vt fig* to overburden.
▲ *Conjugation model* [7], *like llegar.*

sobrecargo *nm* supercargo.

sobreceja *nf* brow.

sobrecogedor,-ra
1 *adj (conmovedor)* dramatic, awesome.
2 *adj (que da miedo)* frightening.

sobrecoger
1 *vt (coger de repente)* to startle, take by surprise.
2 *vt (asustar)* to frighten, scare.
3 **sobrecogerse** *vpr (sorprenderse)* to be startled.
4 *vpr (asustarse)* to be frightened, be scared.
▲ *Conjugation model* [5], *like proteger.*

sobrecubierta *nf* jacket, dust cover.

sobredicho,-a *adj fml* aforementioned, above-mentioned, aforesaid.

sobredorar
1 *vt* to gild.
2 *vt fig* to gloss over.

sobredosis *nf* overdose.
▲ *pl sobredosis.*

sobreentender
1 *vt (comprender)* to understand.
2 *vt (deducir)* to deduce.
3 **sobreentenderse** *vpr* to be implied, be inferred: se sobreentendía que él había cogido el dinero it was inferred that he'd taken the money; se sobreentiende que su respuesta será afirmativa one assumes that she will say yes.
▲ *Conjugation model* [28], *like entender.*

sobreexceder *vt* to exceed.

sobreexcitación *nf* overexcitement.

sobreexcitar
1 *vt* to overexcite.
2 **sobreexcitarse** *vpr* to get overexcited.

sobreexponer *vt* to overexpose.
▲ *Conjugation model* [78], *like poner; pp sobreexpuesto,-a.*

sobreexposición *nf* overexposure.

sobreexpuesto,-a *pp* → sobreexponer.

sobrefalda *nf* overskirt.

sobrefaz *nf* surface.
▲ *pl sobrefaces.*

sobregirar *vt* to overdraw.

sobregiro *nm* overdraft.

sobrehilado *nm COST* whipstitch.

sobrehilar *vt COST* to whipstitch.

sobrehumano,-a *adj* superhuman.

sobreimpresión *nf* overprint.

sobrejuanete *nm* royal mast.

sobrellenar *vt* to overfill.

sobrellevar *vt* to bear, endure.

sobremanera *adv* exceedingly.

sobremesa
1 *nf (período)* afternoon: la programación de la sobremesa the afternoon's television programmes.
2 *nf (charla)* table talk.
+ estar de sobremesa to stay at the table and talk after a meal.
▪ lámpara de sobremesa table lamp.

sobremodo *adv* exceedingly.

sobrenadar *vi* to float.

sobrenatural *adj* supernatural.

sobrenombre *nm* nickname.

sobrentender *vt-vpr* → sobreentender.
▲ *Conjugation model* [28], *like entender.*

sobrepaga *nf* bonus.

sobreparto *nm* postnatal confinement.
▪ dolores de sobreparto afterpains.

sobrepasar
1 *vt* to exceed, surpass, be in excess of: el precio no sobrepasará el presupuesto the price won't exceed the budget; sobrepasó los doscientos kilómetros por hora he went at over two-hundred kilometres an hour.
2 *vt (competición)* to beat.

sobrepelliz *nf* surplice.
▲ *pl sobrepellices.*

sobrepeso
1 *nm* overload, excess weight.
2 *nm (de persona)* excess weight.

sobrepoblación *nf* → superpoblación.

sobreponer
1 *vt* to put on top (en, of), superimpose (en, on).
2 **sobreponerse** *vpr fig (al dolor etc)* to overcome (a, -).
3 *vpr fig (animarse)* to pull oneself together.

▲ *Conjugation model* [78], *like poner; pp sobrepuesto,-a.*

sobreprecio *nm* surcharge.

sobreproducción *nf* excess production, overproduction.

sobrepuesto,-a *pp* → sobreponer.

sobrepujar *vt* to surpass, outdo.

sobrepuse *pt indef* → sobreponer.

sobrero,-a
1 *adj (sobrante)* surplus, spare.
2 *adj (toro)* reserve.

sobresaliente
1 *adj* sticking out, protruding.
2 *adj fig* outstanding, excellent.
3 *nm (calificación - colegio)* A; *(- universidad)* first, (US A).
4 *nm (torero suplente)* reserve bullfighter.
5 *nm,f (actor suplente)* understudy.

sobresalir
1 *vi* to stick out, protrude.
2 *vi fig* to stand out, excel.
▲ *Conjugation model* [84], *like salir.*

sobresaltar
1 *vt* to startle.
2 **sobresaltarse** *vpr* to be startled.

sobresalto *nm* start; *(de temor)* fright, shock.

sobresdrújulo,-a *adj* accented on the antepenultimate syllable.

sobreseer *vt* to dismiss.
▲ *Conjugation model* [61], *like leer.*

sobreseído,-a *pp* → sobreseer.

sobreseimiento *nm* dismissal.

sobrestante *nm* foreman.

sobrestimar *vt* to overestimate.

sobresueldo *nm* extra pay, bonus.

sobretasa *nf* surcharge.

sobretensión *nf* surge.

sobretodo
1 *nm (abrigo)* overcoat.
2 *nm (guardapolvo)* overall.

sobrevalorar *vt* to overestimate.

sobrevenir *vi* to happen to, befall: no sabremos nunca lo que le sobrevino we'll never know what happened to her.
▲ *Conjugation model* [90], *like venir.*

sobreviviente
1 *adj* surviving.
2 *nm & nf* survivor.

sobrevivir
1 *vi (gen)* to survive.
2 *vi (a alguien)* to outlive.

sobrevolar *vt* to fly over.
▲ *Conjugation model* [31], *like contar.*

sobrexceder *vt* to exceed.

sobrexcitación *nf* overexcitement.

sobrexcitar *vt-vpr* → sobreexcitar.

sobrexponer *vt* → sobreexponer.
▲ *Conjugation model* [78], *like poner; pp sobrexpuesto,-a.*

sobriedad
1 *nf* sobriety, moderation, restraint.
2 *nf (en bebida)* moderation.

sobrino,-a *nm,f (hombre)* nephew; *(mujer)* niece.

sobrio,-a
1 *adj (estilo, color etc)* sober, plain.
2 *adj (persona)* sober, moderate, restrained.
3 *adj (forma de expresarse)* concise.
4 *adj (comida)* light.
✦ **ser sobrio,-a en la bebida** to drink in moderation.

socaire *nm* lee.
✦ **al socaire** *MAR* leeward.
al socaire de *fig* under the protection of.

socaliña *nf* cunning trick, ruse.

socapa *nf* pretext, dodge.
✦ **a socapa** surreptitiously, on the sly.

socarrar
1 *vt* to scorch, singe.
2 **socarrarse** *vpr* to burn.

socarrón,-ona
1 *adj (astuto)* sly, cunning.
2 *adj (burlón)* sarcastic, ironic, wry.
3 *nm,f (astuto)* sly fox.
4 *nm,f (burlón)* sarcastic person, wry person.

socarronería
1 *nf (astucia)* slyness.
2 *nf (ironía)* sarcasm, wryness.

socavar
1 *vt (excavar)* to dig under.
2 *vt fig* to undermine.

socavón
1 *nm (cueva excavada)* excavation.
2 *nm (bache)* hollow, hole.
3 *nm (de una mina)* gallery, tunnel.

sochantre *nm* succentor.

sociabilidad *nf* sociability.

sociable *adj* sociable, friendly.

social *adj* social.

socialdemocracia *nf* social democracy.

socialdemócrata
1 *adj* social democratic.
2 *nm & nf* social democrat.

socialismo *nm* socialism.

socialista
1 *adj* socialist.
2 *nm & nf* socialist.

socialización
1 *nf (gen)* socialization.
2 *nf (nacionalización)* nationalization.

socializar
1 *vt (gen)* to socialize.
2 *vt (nacionalizar)* to nationalize.
▲ *Conjugation model [4], like realizar.*

socialmente *adv* socially.

sociedad
1 *nf (gen)* society.
2 *nf COM* company.
3 *nf (asociación)* society, association.
✦ **presentarse en sociedad** to make one's debut.
■ **sociedad anónima** limited company, *(US* incorporated company).
sociedad comanditaria limited partnership, *(US* silent partnership).

sociedad de consumo consumer society.
Sociedad de Jesús Society of Jesus.
sociedad en comandita limited partnership, *(US* silent partnership).
sociedad limitada private limited company, *(US* limited corporation).
sociedad mercantil company, trading company.
sociedad protectora de animales society for the prevention of cruelty to animals.

socio,-a
1 *nm,f (miembro)* member.
2 *nm,f COM* partner, associate.
3 *nm,f (accionista)* shareholder, member.
4 *nm,f fam (sujeto)* mate, pal.
✦ **hacerse socio,-a de un club** to join a club.
■ **socio,-a capitalista** capitalist partner.
socio,-a comanditario,-a sleeping partner, *(US* silent partner).
socio,-a fundador,-ra founding member.

socioeconómico,-a *adj* socioeconomic.

sociología *nf* sociology.

sociológico,-a *adj* sociological.

sociólogo,-a *nm,f* sociologist.

socolor *nm* pretext.

socorrer *vt* to help, assist, come to the aid of, go to the aid of.

socorrido,-a
1 *pp →* socorrer.
2 *adj (útil)* useful, handy.
3 *adj (abastecido)* well-stocked.
4 *adj (trillado, manido, etc)* hackneyed, well-worn.

socorrismo *nm* life-saving.

socorrista *nm & nf* life-saver, lifeguard.

socorro
1 *nm (ayuda)* help, aid, assistance.
2 *nm (provisiones)* supplies *pl*, provisions *pl*.
3 *interj* help!
✦ **acudir en socorro de alguien** to go to somebody's aid.
■ **señal de socorro** distress signal.
trabajos de socorro rescue work *sing*.

socrático,-a
1 *adj* Socratic.
2 *nm,f* Socratic.

soda
1 *nf (bebida)* soda water.
2 *nf QUÍM* soda.

sódico,-a *adj* sodium.

sodio *nm* sodium.

sodomía *nf* sodomy.

sodomita
1 *adj* sodomitic.
2 *nm & nf* sodomite, bugger.

sodomizar *vt* to sodomize, bugger.
▲ *Conjugation model [4], like realizar.*

soez *adj* vulgar, crude, rude.
▲ *pl soeces.*

sofá *nm* sofa, settee.
■ **sofá cama** sofa bed.
▲ *pl sofás.*

sofá-cama *nm* sofa bed, studio couch.

Sofía *nf* Sofia.

sofión
1 *nm (bufido)* snort, bellow.
2 *nm (reprensión)* scolding.
3 *nm (trabuco)* blunderbuss.

sofisma *nm* sophism.

sofista
1 *adj* sophistic.
2 *nm & nf* sophist.

sofistería *nf* sophistry.

sofisticación *nf* sophistication.

sofisticado,-a
1 *pp →* sofisticar.
2 *adj* sophisticated.

sofisticar *vt* to sophisticate.
▲ *Conjugation model [1], like sacar.*

soflama
1 *nf (llama)* flicker, glow.
2 *nf (rubor)* blush.
3 *nf (arenga)* harangue.
4 *nf (marrullería)* deceit.

soflamar
1 *vt (abochornar)* to make blush.
2 *vt (socarrar)* to scorch, singe.
3 *vt (engañar)* to deceive.
4 **soflamarse** *vpr (socarrarse)* to burn.

sofocación
1 *nf (ahogo)* suffocation, stifling sensation.
2 *nf (rubor)* blushing.
3 *nf fig (de incendio)* extinction; *(de rebelión)* suppression.

sofocante *adj* suffocating, stifling.

sofocar
1 *vt (ahogar)* to suffocate, stifle, smother.
2 *vt fig (abochornar)* to make blush.
3 *vt fig (incendio)* to put out, extinguish; *(rebelión)* to suppress, put down.
4 **sofocarse** *vpr (de calor etc)* to suffocate.
5 *vpr fig (ruborizarse)* to blush.
6 *vpr fam (enfadarse)* to get upset, get angry.
▲ *Conjugation model [1], like sacar.*

sofoco
1 *nm (ahogo)* suffocation, stifling sensation.
2 *nm fig (vergüenza)* embarrassment; *(rubor)* blushing.
3 *nm fam (disgusto)* shock.
✦ **le** *(les, etc)* **dio un sofoco** *fam* it gave him *(her, them, etc)* quite a turn.

sofocón *nm fam* shock.
✦ **llevarse un sofocón** *fam* to get into a state.

sofoquina
1 *nf fam (de calor)* stifling heat.
2 *nf fam (disgusto)* shock.

sofreír *vt* to fry lightly, brown.
▲ *Conjugation model [37], like reír; pp sofrito,-a o sofreído,-a.*

sofrito,-a
1 *pp →* sofreír.

2 sofrito *nm* fried tomato and onion sauce.

software *nm* software.

soga *nf* rope, cord.

✦ **dar soga a alguien** *(burlarse)* to make fun of somebody; *(llevarle la corriente)* to humour *(us* humor*)* somebody.
estar con la soga al cuello *fig* to be in dire straits.

soja *nf* soya bean, *(us* soybean*)*.

▪ **salsa de soja** soy sauce.

sojuzgar *vt* to subjugate.

▲ *Conjugation model* [7], *like* **llegar.**

sol¹

1 *nm (estrella)* sun.

2 *nm (luz)* sun, sunlight, sunshine.

3 *nm (en los toros)* seats *pl* in the sun.

4 *nm fam (persona)* darling.

5 *nm (moneda de Perú)* sol, standard monetary unit of Peru.

✦ **al ponerse el sol** at sunset.
al salir el sol at sunrise.
al sol/bajo el sol in the sun.
arrimarse al sol que más calienta *fig* to know which side one's bread is buttered on.
de sol a sol from sunrise to sunset.
hace sol it's sunny, the sun's shining.
no dejar a alguien ni a sol ni a sombra *fig* to pester somebody, not to give somebody a moment's peace.
¡salga el sol por Antequera! *fam* come what may!
ser un sol *fam* to be a darling.
tomar el sol *(tendido)* to sunbathe; *(al caminar)* to get some sun.

▪ **sol de medianoche** midnight sun.
sol naciente rising sun.
sol poniente setting sun.
sol y sombra *(en los toros)* seats *pl* which get some sun and some shade; *(bebida)* brandy and anisette drink.
un día de sol a sunny day.

sol² *nm MÚS* sol, G.

solado *nm* flooring.

solamente *adv →* **solo.**

solana

1 *nf (lugar donde da el sol)* sunny spot, suntrap.

2 *nf (de una casa - interior)* sun lounge; *(- exterior)* sun terrace.

solanera

1 *nf (insolación)* sunstroke.

2 *nf (lugar al sol)* sunny place, suntrap.

3 *nf (de una casa)* sun lounge, *(us* sunporch*)*.

solano

1 *nm (viento)* easterly wind.

2 *nm BOT* nightshade.

solapa

1 *nf (de prenda)* lapel.

2 *nf (de sobre, libro, etc)* flap.

3 *nf fig (pretexto)* pretext.

solapadamente *adv* slyly, in an underhand way.

solapado,-a

1 *pp →* **solapar.**

2 *adj fig* sly, evasive.

solapar

1 *vt COST* to put lapels on.

2 *vt fig (ocultar)* to conceal, cover up.

3 *vi (cubrir)* to overlap.

solar¹ *adj (del sol)* solar.

solar²

1 *nm (terreno)* plot, lot; *(en obras)* building site.

2 *nm (casa solariega)* ancestral home.

3 *nm fig (linaje)* lineage, line.

solar³

1 *vt (zapatos)* to sole.

2 *vt (suelo)* to floor.

▲ *Conjugation model* [31].

solariego,-a

1 *adj (noble)* noble.

2 *adj (de la familia)* family.

▪ **casa solariega** ancestral home, family seat.

solario *nm* solarium.

solárium *nm* solarium.

▲ *pl* **soláriums.**

solaz

1 *nm (esparcimiento)* recreation, entertainment.

2 *nm (descanso)* rest, relaxation.

3 *nm (consuelo)* consolation, solace.

solazar

1 *vt (entretener)* to amuse, entertain.

2 *vt (descansar)* to rest, relax.

3 solazarse *vpr (divertirse)* to enjoy oneself.

4 *vpr (relajarse)* to relax.

▲ *Conjugation model* [4], *like* **realizar.**

soldada *nf* salary, pay.

soldadesca

1 *nf (profesión)* military profession.

2 *nf (soldados)* soldiery, troops.

soldadesco,-a *adj* soldier-like, soldierly.

soldado *nm* soldier.

▪ **soldado de artillería** artilleryman.
soldado de caballería cavalryman, trooper.
soldado de infantería infantryman.
soldado de infantería de marina marine.
soldado raso private.

soldador,-ra

1 *nm,f* welder.

2 soldador *nm* soldering iron.

soldadura

1 *nf (acción)* welding, soldering.

2 *nf (unión)* weld, soldered joint.

soldar

1 *vt (metal)* to weld, solder.

2 *vt fig (enmendar)* to mend.

3 soldarse *vpr (huesos)* to knit.

✦ **soldar por puntos** to spot-weld.

▲ *Conjugation model* [31], *like* **contar.**

soleá *nf* Andalusian song and dance.

▲ *pl* **soleares.**

soleado,-a *adj* sunny.

solear *vt* to expose to the sun, put in the sun.

solecismo *nm* solecism.

soledad

1 *nf (estado)* solitude.

2 *nf (sentimiento)* loneliness.

3 *nf (lugar)* lonely place.

solemne

1 *adj* solemn, majestic.

2 *adj pey* downright: **es una solemne tontería** it's downright stupidity.

solemnemente *adv* solemnly.

solemnidad

1 *nf (pompa)* solemnity, pomp, formality.

2 *nf (acto, ceremonia, etc)* solemn ceremony, ceremonial occasion.

3 *nf (festividad religiosa)* religious celebration.

solemnizar *vt (celebrar)* to solemnize, celebrate; *(conmemorar)* to commemorate.

▲ *Conjugation model* [4], *like* **realizar.**

solenoide *nm* solenoid.

sóleo *nm* soleus.

soler *vi (acostumbrar - presente)* to be in the habit of + *-ing*; *(- pasado)* used to: **no suele quejarse** he's not in the habit of complaining; **solía venir cada martes** she used to come every Tuesday; **suele comer a las dos** he usually has lunch at two; **suele llover mucho en septiembre** it usually rains a lot in September.

▲ *Conjugation model* [32], *like* **mover;** *used only in present and past tenses tenses.*

solera

1 *nf (soporte)* support, prop.

2 *nf (de molino)* lower millstone.

3 *nf (de horno)* floor.

4 *nf (del vino)* lees *pl*.

5 *nf fig (tradición)* tradition.

✦ **de solera/de mucha solera** *(familia etc)* old-established; *(vino)* vintage.

solevantar *vt* to lift.

solfa

1 *nf MÚS* sol-fa, musical notation.

2 *nf fam (paliza)* thrashing, beating.

✦ **poner en solfa** *fam* to ridicule.

solfatara *nf* solfatara.

solfear

1 *vt MÚS* to sol-fa.

2 *vt fig (zurrar)* to thrash, beat.

3 *vt fig (censurar)* to criticize.

solfeo *nm MÚS* sol-fa, solfeggio.

solicitación

1 *nf (acción)* requesting.

2 *nf (solicitud)* request, application.

solicitador,-ra *nm,f* applicant.

solicitante *nm & nf* applicant.

solicitar

1 *vt (pedir)* to request.

2 *vt (trabajo)* to apply for; *(permiso etc)* to ask for; *(votos)* to canvass for.

3 *vt (persona)* to chase after.

4 *vt (cortejar)* to woo, court.

✦ **estar muy solicitado,-a** to be in great demand, be sought after.

solícito,-a *adj* obliging, attentive.

solicitud
1 *nf (petición)* request; *(de trabajo)* application; *(- impreso)* application form: rellene esta solicitud please fill in this application form.
2 *nf (instancia)* petition.
3 *nf (diligencia)* solicitude, care.
■ **solicitud de empleo** job application.

sólidamente *adv* solidly.

solidaridad *nf* solidarity.

solidario,-a
1 *adj (ligado)* united.
2 *adj (responsabilidad, causa, etc)* common.
3 *adj JUR* jointly responsible.

solidarizarse
1 *vpr (gen)* to show one's solidarity (**con**, with).
2 *vpr (apoyar)* to support (**con**, -).
▲ *Conjugation model* [4], *like realizar.*

solideo *nm* skullcap.

solidez
1 *nf (resistencia)* solidity, strength; *(firmeza)* firmness.
2 *nf fig (de color)* fastness.
3 *nf fig (principios etc)* soundness.

solidificación *nf* solidification.

solidificar
1 *vt (líquido)* to solidify.
2 *vt (pasta)* to harden, set.
3 solidificarse *vpr (líquido)* to solidify.
4 *vpr (pasta)* to harden, set.
▲ *Conjugation model* [1], *like sacar.*

sólido,-a
1 *adj (fuerte)* solid, strong; *(firme)* firm.
2 *adj fig (color)* fast.
3 *adj fig (principios etc)* sound.
4 sólido *nm* solid.

soliloquio *nm* soliloquy.

solio *nm* throne.

solista *nm & nf* soloist.

solitaria *nf MED* tapeworm.

solitario,-a
1 *adj (que está solo)* solitary, lone.
2 *adj (que se siente solo)* lonely.
3 *adj (lugar)* deserted, lonely.
4 *nm,f (persona)* solitary person.
5 *nm,f (ermitaño)* hermit.
6 solitario *nm (diamante, naipes)* solitaire.
■ **vuelo en solitario** solo flight.

sólito,-a *adj* usual, customary.

soliviantar
1 *vt (inducir)* to rouse, stir up.
2 *vt (irritar)* to irritate.

sollado *nm* orlop.

sollastre
1 *nm (pinche)* kitchen assistant.
2 *nm fig (pícaro)* rogue, rascal.

sollozar *vi* to sob.
▲ *Conjugation model* [4], *like realizar.*

sollozo *nm* sob.
✦ **estallar en sollozos/prorrumpir en sollozos** to start sobbing.

solo[1] *adv* only, just: solo vendrá David only David is coming; solo quiero café I just want a coffee.
✦ **con solo/solo con** just by: con solo abrir la puerta … just by opening the door …
con solo que/solo con que provided that: solo con que vengas … provided that you come …
no solo … sino (también) … not only … but (also) …
"**solo para adultos**"for adults only.
solo que only, but, except: me presentaría al examen solo que no he estudiado I'd sit the exam but I haven't studied.
tan solo only, just: comió tan solo un bistec he just had a steak.
tan solo con … just by …: no aprobarás tan solo con asistir a clase you won't pass just by coming to class.
▲ *Sólo is used if confusion with the adjective or the noun is possible.*

solo[2]**,-a**
1 *adj (sin compañía)* alone, on one's own, by oneself; *(sin ayuda)* (by) oneself, (for) oneself: vive solo he lives alone, he lives by himself; lo dejaron solo he was left on his own; lo haré yo sola I'll do it (by) myself; se apaga solo it switches itself off automatically.
2 *adj (solitario)* lonely: me siento sola I feel lonely.
3 *adj (único)* only, sole, single: ni una sola palabra not a single word; ni una sola vez not even once.
4 *adj (café)* black; *(bebida alcohólica)* straight.
5 solo *nm (naipes)* solitaire.
6 *nm fam (café)* black coffee.
7 *nm MÚS* solo.
✦ **a solas** alone, by oneself.
como él solo/como ella sola *fam* as only he can/as only she can.
quedarse solo,-a *fam* to have no equal: cuando empieza a contar chistes se queda solo when he starts telling jokes no one can match him.

sólo *adv* → **solo**[1].

solomillo *nm* sirloin.

solsticio *nm* solstice.

soltar
1 *vt (desasir)* to let go of, release, drop: me soltó la mano he let go of my hand; suelta el botón release the button; ¡suelta el arma! drop the weapon!; ¡suéltame! let me go!
2 *vt (desatar)* to untie, unfasten, undo; *(aflojar)* to loosen.
3 *vt (preso)* to release, free, set free.
4 *vt (animal)* to let out; *(perro)* to unleash.
5 *vt (humo, olor, etc)* to give off.
6 *vt (puntos)* to drop.
7 *vt (de vientre)* to loosen.
8 *vt fam (arrear)* to give, deal: le soltó una torta he gave him a slap.
9 *vt fam (decir)* to come out with, blurt out: nos soltó un rollo he gave us a boring lecture.

10 soltarse *vpr (desatarse)* to come untied, come unfastened.
11 *vpr (desprenderse)* to come off.
12 *vpr (tornillo etc)* to come loose.
13 *vpr (animal)* to get loose, break loose.
14 *vpr (puntos)* to come undone.
15 *vpr (vientre)* to loosen.
16 *vpr fig (adquirir habilidad)* to become proficient, get the knack: ya se suelta en inglés he's getting fluent in English.
17 *vpr fig (desenvolverse)* to become self-confident, loosen up.
✦ **soltar amarras** to cast off.
soltar la lengua to speak freely.
soltarse a + *inf* to begin + *inf*, start + *inf*/ *-ing*: ya se suelta a caminar he's beginning to walk.
soltarse a su gusto *fam* to let off steam.
soltar la pasta *fam* to cough up.
soltar un taco to swear.
¡suelta! *(dejar ir)* let go!; *(decir)* out with it!, spit it out!
▲ *Conjugation model* [31], *like contar.*

soltería *nf (gen)* single state; *(de hombre)* bachelorhood.

soltero,-a
1 *adj* single, unmarried.
2 *nm,f (hombre)* bachelor, single man; *(mujer)* single woman.
✦ **la Sra. Rodríguez, de soltera Vaquero** Mrs Rodríguez, née Vaquero.
■ **apellido de soltera** maiden name.

solterón,-ona *nm,f pey (hombre)* old unmarried man, confirmed bachelor; *(mujer)* old maid, spinster.

soltura
1 *nf (agilidad)* agility.
2 *nf fig (seguridad)* confidence, assurance.
3 *nf fig (al hablar)* fluency, ease.
4 *nf fig (descaro)* shamelessness.

solubilidad *nf* solubility.

soluble *adj* soluble.

solución *nf* solution: la solución del problema the solution to the problem.

solucionar
1 *vt (problema)* to solve.
2 *vt (huelga, asunto, etc)* to settle.

solvencia
1 *nf FIN* solvency.
2 *nf (pago)* settlement.
3 *nf (fiabilidad)* reliability; *(reputación)* good reputation.

solventar
1 *vt (dificultad, problema, etc)* to solve, resolve.
2 *vt (deuda, asunto, etc)* to settle.

solvente
1 *adj FIN* solvent.
2 *adj (fiable)* reliable.
3 *nm QUÍM* solvent.

soma *nm* soma.

somalí
1 *adj* Somali.
2 *nm & nf* Somali.

Somalia *nf* Somalia.

somanta *nf fam* beating, thrashing.

somatén
1 *nm* civilian militia.
2 *nm fig* uproar.
somático,-a *adj* somatic.
somatología *nf* somatology.
sombra
1 *nf (falta de sol)* shade.
2 *nf (silueta)* shadow.
3 *nf (espectro)* ghost, shade.
4 *nf fig (oscuridad en el alma)* darkness, obscurity.
5 *nf fig (persona que sigue a otra)* shadow.
6 *nf fig (defecto)* stain, spot.
7 *nf fam fig (suerte)* luck.
8 *nf fam fig (gracia)* wit.
9 *nf fig (parte pequeña)* trace, shadow, bit.
10 *nf fig (clandestinidad)* secrecy.
11 *nf (en los toros)* part of the bullring in the shade.
✦ **a la sombra** in the shade; *fig (en la cárcel)* inside, in the nick.
dar sombra to shade, give shade.
en la sombra *fig* shadow: **gobierno en la sombra** shadow cabinet.
hacer sombra to cast a shadow; *fig* to overshadow.
ni por sombra *fig* not in the least.
ni sombra de *fig* not a trace of.
no fiarse ni de su sombra *fig* to be very distrustful.
reírse de su propia sombra *fig* to laugh at everything.
tener buena sombra *fam (tener suerte)* to have a lucky streak; *(ser gracioso)* to be witty, be funny.
tener mala sombra *fam (no tener suerte)* to be unlucky; *(ser desagradable)* to be a nasty piece of work.
▪ **sombra de duda** shadow of doubt.
sombra de ojos eye shadow.
sombras chinescas shadow theatre *(US* theater) *sing.*
sombraje *nm* shade, shelter from the sun.
sombrajo *nm* → **sombraje.**
sombreado *nm* shading.
sombrear
1 *vt (dar sombra)* to cast a shadow upon, shade.
2 *vt (en dibujo)* to shade, shade in.
sombrerera *nf* hatbox.
sombrerería *nf (gen)* hat shop; *(de señoras)* milliner's; *(de señores)* hatter's.
sombrerero,-a *nm,f (gen)* hat maker; *(para señoras)* milliner; *(para señores)* hatter.
sombrerete
1 *nm (de chimenea)* cowl.
2 *nm (de hongo)* cap.
sombrero
1 *nm (prenda)* hat.
2 *nm (de hongo)* cap.
✦ **quitarse el sombrero** to take one's hat off.
sin sombrero hatless, bareheaded.
▪ **sombrero canotier** boater, straw hat.

sombrero cordobés wide-brimmed Andalusian hat.
sombrero de copa top hat.
sombrero de jipijapa Panama hat.
sombrero de teja/sombrero de canal priest's hat.
sombrero hongo bowler hat.
sombrilla *nf* parasol, sunshade.
sombrío,-a
1 *adj (lugar)* dark.
2 *adj fig (tenebroso)* gloomy, sombre *(US* somber).
3 *adj fig (persona)* gloomy, sullen.
someramente *adv* superficially, briefly.
somero,-a *adj fig (superficial)* superficial, shallow; *(breve)* brief.
someter
1 *vt (rebeldes)* to subdue, put down; *(rebelión)* to quell.
2 *vt (hacer recibir)* to subject (**a**, to): **lo sometió a tortura** he was subjected to torture.
3 *vt (pasiones)* to subdue.
4 *vt (proponer, presentar, etc)* to submit, present.
5 **someterse** *vpr (rendirse)* to surrender (**a**, to).
6 *vpr (tratamiento etc)* to undergo (**a**, -).
✦ **someter algo a la autoridad** to refer something to an authority.
someter algo a votación to put something to the vote, vote on something.
someter a prueba to test, put to the test.
someterse a la opinión de alguien to bow to somebody's opinion.
sometimiento
1 *nm (dominación)* subjection, subjugation.
2 *nm (presentación, propuesta, etc)* submission, presentation.
somier *nm* sprung bed base.
▲ *pl* **somieres.**
somnambulismo *nm* → **sonambulismo.**
somnámbulo,-a *adj-nm,f* → **sonámbulo,-a.**
somnífero,-a
1 *adj* sleep-inducing, somniferous.
2 **somnífero** *nm* sleeping pill.
somnolencia *nf* sleepiness, drowsiness, somnolence.
somnoliento,-a *adj* sleepy, drowsy.
somorgujar *vt* to plunge, duck.
somorgujo *nm* grebe.
somorgujón *nm* grebe.
somormujo *nm* grebe.
▪ **somormujo cuellirrojo** red-necked grebe.
somormujo lavanco great crested grebe.
son
1 *nm (sonido)* sound.
2 *nm fig (modo)* manner, way: **a mi son** my way.
✦ **¿a son de qué?** whatever for?, why?
bailar al son que tocan *fig* to toe the line.

en son de paz in peace.
sin ton ni son without rhyme or reason.
sonado,-a
1 *pp* → **sonar.**
2 *adj (conocido)* famous.
3 *adj (escándalo etc)* much talked-about.
4 *adj fam (loco)* mad, crazy.
5 *adj fam fig (boxeador)* punch-drunk.
✦ **hacer una que sea sonada** *fam* to cause a great stir.
sonaja
1 *nf (discos)* jingling metal disks *pl.*
2 **sonajas** *nf pl (juguete)* rattle *sing.*
sonajero *nm* baby's rattle.
sonambulismo *nm* sleepwalking, somnambulism.
sonámbulo,-a
1 *adj* somnambulistic.
2 *nm,f* sleepwalker, somnambulist.
sonar¹
1 *vi (hacer ruido)* to sound.
2 *vi (timbre, teléfono, etc)* to ring.
3 *vi (alarma, reloj, etc)* to go off.
4 *vi (instrumento)* to play.
5 *vi (letra)* to be pronounced: **esa letra no suena** that letter is not pronounced.
6 *vi (mencionarse)* to be mentioned.
7 *vi (tener apariencia)* to look (**a**, like), sound (**a**, like), seem (**a**, like): **el proyecto sonaba a estafa** the project sounded like a con.
8 *vt (conocer vagamente)* to sound familiar, ring a bell: **no me suena esa calle** that street doesn't ring a bell.
9 *vt (nariz)* to blow.
10 *vt (timbre etc)* to ring; *(bocina)* to blow, sound; *(instrumento)* to play.
11 **sonarse** *vpr (nariz)* to blow.
✦ **tal y como suena** literally, just as I'm telling you.
▲ *Conjugation model* [31], *like* **contar.**
sonar² *nm* MAR sonar.
sonata *nf* sonata.
sonatina *nf* sonatina.
sonda
1 *nf* MED *(para intervenciones quirúrgicas)* probe; *(para evacuar líquidos)* catheter.
2 *nf* MAR sounding line.
3 *nf (barreno)* drill, bore.
4 *nf (atmosférica)* sonde; *(espacio)* probe.
▪ **sonda espacial** space probe.
sonda meteorológica weather sonde.
sondar *vt* → **sondear.**
sondear
1 *vt* MED to sound, probe.
2 *vt* MAR to sound.
3 *vt (subsuelo)* to drill, bore.
4 *vt fig (encuestar)* to sound out, test.
✦ **sondear la opinión pública** *fig* to sound out public opinion.
sondeo
1 *nm* MED sounding, probing.
2 *nm* MAR sounding.
3 *nm (del subsuelo)* drilling, boring.
4 *nm fig (encuesta)* poll.

- **sondeo de audiencia** audience rating.
  sondeo de la opinión pública public opinion poll.

sonetista *nm & nf* sonneteer.

soneto *nm* sonnet.

sónico,-a *adj* sonic.

sonido *nm* sound.

soniquete *nm* → **sonsonete**.

sonoridad *nf* sonority.

sonorización
1 *nf (de película)* recording of the soundtrack.
2 *nf (amplificación)* amplification.
3 *nf* LING voicing.

sonorizar
1 *vt (película)* to record the soundtrack.
2 *vt (amplificar)* to install amplifying equipment in.
3 *vt* LING to voice.
▲ *Conjugation model* [4], *like* realizar.

sonoro,-a
1 *adj (resonante)* loud, resounding.
2 *adj* LING sound.
■ **efectos sonoros** sound effects.
  película sonora talking picture.

sonotone *nm fam* hearing aid.
▲ *Registered trademark.*

sonreír
1 *vi* to smile.
2 *vt* to smile at: **le sonrió** she smiled at him.
3 *vt fig (favorecer)* to smile on, smile upon: **la fortuna no le sonríe** fortune doesn't smile upon him.
4 **sonreírse** *upr* to smile.
▲ *Conjugation model* [37], *like* reír.

sonriente *adj* smiling.

sonrisa *nf* smile.

sonrojar
1 *vt* to make blush.
2 **sonrojarse** *upr* to blush.
✦ **hacer sonrojar a alguien** to make somebody blush.

sonrojear *vt-upr* → **sonrojar**.

sonrojo
1 *nm (rubor)* blush, blushing.
2 *nm (vergüenza)* shame, embarrassment.

sonrosado,-a
1 *pp* → **sonrosar**.
2 *adj* rosy, pink.

sonrosar *vi* to go pink, turn pink.

sonsacar
1 *vt (gen)* to wheedle.
2 *vt fig (secreto)* to get out of, worm out.
▲ *Conjugation model* [1], *like* sacar.

sonsonete
1 *nm (sonido de golpecitos)* rhythmic tapping.
2 *nm fig (tonillo irónico)* mocking tone.
3 *nm fig (cantinela)* song, tune.
4 *nm fig (voz monótona)* drone, droning voice.

soñado,-a
1 *pp* → **soñar**.
2 *adj* of one's dreams, dream.

✦ **que ni soñado,-a** *fam* fantastic, wonderful.

soñador,-ra
1 *adj* dreamy, dreaming.
2 *nm,f* dreamer.

soñar
1 *vt (al dormir)* to dream.
2 *vt fig (fantasear)* to daydream, dream.
3 *vi (al dormir)* to dream (**con**, about/of): **soñé contigo** I dreamt about you.
4 *vi fig (fantasear)* to daydream (**con**, about), dream (**con**, about/of).
✦ **¡ni soñarlo!** *fig* not on your life!, no way!
  soñar despierto to daydream.
  soñar en voz alta *(durmiendo)* to talk in one's sleep; *(fantasear)* to fantasize.
  ¡sueña con los angelitos! *fig* sweet dreams!
▲ *Conjugation model* [31], *like* contar.

soñarrera
1 *nf fam (ganas de dormir)* sleepiness.
2 *nf fam (sueño pesado)* slumber, deep sleep.

soñera *nf fam* → **soñarrera**.

soñolencia *nf* sleepiness, drowsiness.

soñoliento,-a *adj* drowsy, sleepy.

sopa
1 *nf (plato)* soup.
2 **sopas** *nf pl* pieces of bread soaked in a liquid, sops.
✦ **comer de la sopa boba/vivir de la sopa boba** *fam* to be a parasite, live off somebody.
  dar sopas con honda a alguien *fig* to outshine somebody.
  estar hasta en la sopa *fam* to be everywhere.
  estar hecho,-a una sopa/quedar hecho,-a una sopa *fam* to be soaked to the skin.
■ **sopa boba** food served to the poor, slops *pl*.
  sopa de ajo garlic soup.
  sopa de cebolla onion soup.
  sopa de fideos noodle soup.
  sopa de sobre packet soup, instant soup.
  sopa juliana vegetable soup.

sopapo *nm fam* slap.

sopar *vt* to dunk, dip.

sopear *vt* to dunk, dip.

sopera *nf* soup tureen.

sopero,-a
1 *adj* soup.
2 *nm,f (persona)* fond of soup.
3 **sopero** *nm (plato)* soup dish.

sopesar
1 *vt* to try the weight of.
2 *vt fig* to weigh up.

sopetón
1 *nm fam (bofetada)* slap.
2 *nm (trozo de pan)* toast soaked in oil.
✦ **de sopetón** all of a sudden.

sopicaldo *nm* thin soup.

sopla *interj fam* good gracious!

sopladero *nm* vent.

soplado,-a
1 *pp* → **soplar**.
2 *adj fam fig (demasiado compuesto)* overdressed.
3 *adj fam fig (estirado)* conceited.
4 *adj fam fig (borracho)* drunk, tipsy, tight.
5 **soplado** *nm* TÉC glass-blowing.

soplador,-ra *nm* glass-blower.

soplagaitas *nm & nf fam* idiot, fool.
▲ *pl* soplagaitas.

soplamocos *nm fam* slap, punch.
▲ *pl* soplamocos.

soplapollas *nm & nf tabú* jerk, nerd, arsehole (US asshole).
▲ *pl* soplapollas.

soplar
1 *vi (viento etc)* to blow.
2 *vi fam (denunciar)* to squeal.
3 *vi fam (beber)* to booze.
4 *vt (polvo etc)* to blow away, blow off; *(vela)* to blow out; *(sopa)* to blow on; *(globo)* to blow up.
5 *vt (vidrio)* to blow.
6 *vt fig (inspirar)* to inspire.
7 *vt fam fig (robar)* to pinch, steal.
8 *vt fam fig (delatar)* to split on, grass on.
9 *vt fam fig (en un examen etc)* to whisper the answer, tell the answer.
10 *vt fam fig (hurtar)* to nick, pinch; *(- en las damas)* to huff.
11 **soplarse** *upr (dedos, manos)* to blow.
12 *upr fam fig (tomarse)* to down.

soplete *nm* blowtorch, blowlamp.

soplido *nm* blow, puff.

soplillo *nm* fan.
■ **orejas de soplillo** *fam* sticking out ears.

soplo
1 *nm (con la boca)* blow, puff.
2 *nm (de viento)* puff.
3 *nm fig (momento)* moment, minute.
4 *nm* MED murmur.
5 *nm fam (de secreto etc)* tip-off.
✦ **dar el soplo/dar un soplo** *fam* to squeal, spill the beans.
  en un soplo *fig* in a jiffy.
  pasar como un soplo *fig* to fly past.

soplón,-ona
1 *adj fam (niño)* tell-tale; *(adulto)* informing, who informs.
2 *nm,f fam (niño)* telltale, sneak; *(adulto)* informer, grass.

soponcio *nm fam* swoon, fainting fit: **le dio un soponcio** he fainted.

sopor *nm* drowsiness, sleepiness.

soporífero,-a
1 *adj* soporific, sleep-inducing.
2 *adj fig* dull, boring.

soporífico,-a *adj* → **soporífero,-a**.

soportable *adj* bearable.

soportal
1 *nm* porch.
2 **soportales** *nm pl* arcade *sing*.

soportar
1 *vt (aguantar)* to support, bear.
2 *vt fig (sufrir)* to stand, bear, endure.
3 *vt fig (lluvia, tormenta, etc)* to weather.

soporte *nm* support.
- **soporte de datos** *INFORM* data carrier.
  soporte físico *INFORM* hardware.
  soporte logístico *INFORM* software.

soprano *nm & nf* soprano.

sor *nf* sister: Sor María Sister María.

sorber
1 *vt (líquido)* to sip.
2 *vt fig (absorber)* to absorb, soak up.
3 **sorberse** *vpr fig* to absorb, soak up.
+ **sorberle el seso a alguien** *fam* to go to somebody's head.

sorbete *nm* sorbet, *(US* sherbet).

sorbetón *nm* slurp.

sorbo
1 *nm (acción)* sip.
2 *nm (trago)* gulp.
+ **beber a sorbos** to sip, drink in small sips.
  de un sorbo in one gulp.

sordera *nf* deafness.

sordidez
1 *nf (suciedad)* squalor.
2 *nf (mezquindad)* meanness.

sórdido,-a
1 *adj (sucio)* squalid, sordid.
2 *adj (mezquino)* mean.

sordina *nf (de instrumentos de viento)* mute, sordino; *(de piano)* damper.
+ **con sordina** *fig* silently, on the quiet.

sordino *nm* fiddle.

sordo,-a
1 *adj (persona)* deaf.
2 *adj (sonido, dolor, golpe, etc)* dull.
3 *adj LING* voiceless, unvoiced.
4 *adj fig (cólera)* pent-up.
5 *nm,f (persona)* deaf person.
+ **a lo sordo** *fam* silently, on the quiet.
  estar sordo,-a como una tapia *fig* to be stone-deaf, be as deaf as a post.
  permanecer sordo,-a a ... *fig* to remain deaf to …
  quedarse sordo,-a to go deaf.

sordomudez *nf* deaf-mutism.

sordomudo,-a
1 *adj* deaf and dumb, deaf mute.
2 *nm,f* deaf and dumb person, deaf mute.

sorgo *nm* sorghum.

soriano,-a
1 *adj* of Soria, from Soria.
2 *nm,f* person from Soria, inhabitant of Soria.

soriasis *nf* psoriasis.
▲ *pl* soriasis.

sorites *nm* sorites.
▲ *pl* sorites.

sorna
1 *nf (lentitud)* coolness, calmness.
2 *nf fig (mofa)* mocking tone; *(ironía)* sarcasm.

sorprendente *adj* surprising, amazing, astonishing: lo sorprendente del caso es que... the surprising thing about it is…

sorprendentemente *adv* surprisingly.

sorprender
1 *vt (coger desprevenido)* to catch unawares, take by surprise.
2 *vt fig (descubrir)* to discover; *(conversación)* to overhear.
3 *vt fig (maravillar)* to surprise, astonish, amaze.
4 **sorprenderse** *vpr fig* to be surprised.
+ **no me sorprendería nada** I wouldn't be at all surprised.

sorpresa *nf* surprise.
+ **coger de sorpresa/coger por sorpresa** to take by surprise.
  llevarse una sorpresa to be surprised.

sorpresivo,-a *adj AM* surprising, unexpected.

sorrostrada *nf* insolence.

sorteable *adj* avoidable, which can be avoided.

sortear
1 *vt (echar a suertes)* to draw lots for, cast lots for.
2 *vt (rifar)* to raffle.
3 *vt MIL* to draft.
4 *vt fig (obstáculos, dificultad, etc)* to get round, overcome; *(preguntas)* to dodge, evade, get round.
5 *vt (en los toros)* to dodge.

sorteo *nm* draw; *(rifa)* raffle.
+ **por sorteo** by drawing lots.

sortija
1 *nf (anillo)* ring.
2 *nf (rizo)* curl, ringlet.

sortilegio
1 *nm (hechicería)* sorcery, witchcraft.
2 *nm (hechizo)* spell.
3 *nm fig (atractivo)* charm.

sosa
1 *nf QUÍM* soda.
2 *nf BOT* saltwort.
- **sosa cáustica** caustic soda.

sosaina *nm & nf fam* dull person, bore.

sosegadamente *adv* calmly, quietly.

sosegado,-a
1 *pp* → **sosegar**.
2 *adj* calm, quiet.

sosegador,-ra *adj* calming.

sosegar
1 *vt (aplacar)* to calm, quieten.
2 *vt fig (aquietar)* to reassure.
3 *vi (descansar)* to rest.
4 **sosegarse** *vpr (calmarse)* to calm down.
▲ *Conjugation model* [48], *like* **regar**.

sosera *nf* insipidity, dullness.

soseras
1 *adj fam* dull, boring.
2 *nm & nf fam* dull person, bore.
▲ *pl* soseras.

sosería *nf* insipidity, dullness.

sosia *nm* double, lookalike.

sosiego *nm* calmness, peace, tranquillity: un momento de sosiego a moment's peace.

soslayar
1 *vt (ladear)* to slant, put on a slant.
2 *vt fig (evitar)* to avoid, dodge.

soslayo
+ **al soslayo** *loc* sideways.
  de soslayo sideways: me miró de soslayo he looked at me sideways, he gave me a sidelong glance.

soso,-a
1 *adj (insípido)* tasteless; *(sin sal)* unsalted.
2 *adj fig* dull, insipid.

sospecha *nf* suspicion.
+ **despertar sospechas** to arouse suspicion.
  fuera de toda sospecha/por encima de toda sospecha above all suspicion.
  tener la sospecha de que ... to suspect that …
- **sospecha fundada** well-founded suspicion.

sospechar
1 *vt (imaginar)* to suspect, think, suppose.
2 *vi (desconfiar)* to suspect (**de**, -).

sospechosamente *adv* suspiciously.

sospechoso,-a
1 *adj* suspicious.
2 *nm,f* suspect.

sostén
1 *nm (apoyo)* support.
2 *nm (sustento)* sustenance.
3 *nm (prenda)* bra, brassiere.
▲ *In* 3, *also used in plural with the same meaning.*

sostener
1 *vt (mantener firme)* to support, hold up.
2 *vt (sujetar)* to hold.
3 *vt fig (apoyar)* to support, back.
4 *vt fig (soportar)* to endure, bear, put up with.
5 *vt fig (defender)* to defend, uphold.
6 *vt fig (afirmar)* to maintain, affirm.
7 *vt fig (alimentar)* to support, keep.
8 *vt fig (velocidad, correspondencia, relación, etc)* to keep up, maintain.
9 **sostenerse** *vpr (mantenerse)* to support oneself; *(de pie)* to stand up.
10 *vpr (permanecer)* to stay, remain.
+ **sostener la mirada a alguien** *fig* to stare somebody out.
  sostener la palabra *fig* to keep one's word.
  sostener una conversación *fig* to hold a conversation.
▲ *Conjugation model* [87], *like* **tener**.

sostenibilidad *nf* sustainability.

sostenible *adj (gen)* sustainable; *(argumento)* tenable.

sostenido,-a
1 *pp* → **sostener**.
2 *adj (continuado)* sustained; *(constante)* steady.
3 *adj MÚS* sharp: fa sostenido F sharp.
4 **sostenido** *nm MÚS* sharp.

sostenimiento
1 *nm (apoyo)* support.
2 *nm (mantenimiento)* maintenance.
3 *nm (sustento)* sustenance.

sostuve *pt indef* → **sostener**.

sota
1 *nf (cartas)* jack, knave.
2 *nf fam (mujer)* bag, old bag.

sotabanco
1 *nm (piso)* attic.
2 *nm ARQ* springer.

sotabarba
1 *nf (barba)* Newgate frill, Newgate fringe.
2 *nf (papada)* double chin.

sotana *nf* cassock, soutane.

sótano *nm (gen)* basement; *(de casa)* cellar, basement.

sotavento *nm* lee, leeward.
■ **Islas de Sotavento** Leeward Islands.

sotechado *nm* shed.

soterrado,-a
1 *pp* → soterrar.
2 *adj* buried.
3 *adj fig* hidden, concealed.

soterrar
1 *vt* to bury.
2 *vt fig* to hide, conceal.
▲ *Conjugation model* [27], *like acertar.*

soto
1 *nm (arboleda)* grove, copse.
2 *nm (matorrales)* thicket.

soufflé *nm* soufflé.

souvenir *nm* souvenir.
▲ *pl souvenirs.*

soviet *nm* soviet.
▲ *pl soviets.*

soviético,-a
1 *adj* Soviet.
2 *nm,f* Soviet.
■ **Unión Soviética** Soviet Union.

sovietización *nf* sovietization.

sovietizar *vt* to sovietize.
▲ *Conjugation model* [4], *like realizar.*

sovietólogo,-a *nm,f* Sovietologist.

soy *pres indic* → ser.

SP *abr* (**Servicio Público**) public service.

spaniel *nm* spaniel.

sparring *nm* sparring partner.
▲ *pl sparrings.*

sponsor *nm* sponsor.
▲ *pl sponsors.*

sport de sport *loc* sports, casual.
■ **ropa de sport** casual clothes *pl*, casual wear, sportswear, leisure wear.

spot *nm* commercial, advert, ad.
▲ *pl spots.*

spray *nm* spray.
▲ *pl sprays.*

sprint *nm* sprint.
▲ *pl sprints.*

sprintar *vi* to sprint.

sprínter *nm & nf* sprinter.
▲ *pl sprínters.*

squash *nm* squash.

Sr. *abr* (**señor**) mister; *(abreviatura)* Mr.

Sra. *abr* (**señora**) Mrs.

Sras. *abr* (**señoras**) ladies.

s.r.c. *abr* (**se ruega contestación**) please reply; *(abreviatura)* R.S.V.P.

Sres. *abr* (**señores**) gentlemen; *(abreviatura)* Messrs.

Sri Lanka *nf* Sri Lanka.

S.R.M. *abr* (**Su Real Majestad**) His Royal Majesty, Her Royal Majesty; *(abreviatura)* HRM.

Srta. *abr* (**señorita**) miss.

ss. *abr* (**siguientes**) following; *(abreviatura)* fol.

SS *abr* (**Seguridad Social**) social security.

S.S.[1] *abr* (**Su Santidad**) His Holiness; *(abreviatura)* HH.

S.S.[2] *abr* (**Su Señoría**) Your Honour.

SS.AA. *abr* (**Sus Altezas**) Their Royal Highnesses.

SSE *sím* (**sudsudeste**) south-southeast; *(símbolo)* SSE.

SS.MM. *abr* (**Sus Majestades**) Their Majesties.

SSO *sím* (**sudsudoeste**) south-southwest; *(símbolo)* SSW.

s.s.s. *abr* (**su seguro servidor**) your humble servant.

Sta. *abr* (**santa**) Saint; *(abreviatura)* St.

stand *nm* stand.
▲ *pl stands.*

standard
1 *adj* standard.
2 *nm* standard.
▲ *(adjetivo) pl standard; (sustantivo) pl standards.*

standing *nm* standing.
■ **de alto standing** luxury, de luxe.

stárter *nm* choke.
▲ *pl stárters.*

statu quo *nm* status quo.

status *nm* status.
▲ *pl status.*

stick *nm* stick.
▲ *pl sticks.*

Sto. *abr* (**Santo**) Saint; *(abreviatura)* St.

stock *nm* stock.
▲ *pl stocks.*

stop
1 *nm (señal)* stop sign.
2 *nm (parada)* stop.
▲ *pl stops.*

strip-tease *nm* striptease.
✦ **hacer un strip-tease** to strip.

su *adj (de él)* his; *(de ella)* her; *(de usted, de ustedes)* your; *(de ellos, de ellas)* their; *(de animales, cosas)* its; *(de uno)* one's: **es su coche (de ella)** it's her car; **me dieron sus libros** they gave me their books; **uno tiene que hacer su deber** one must do one's duty; **abra su maleta, por favor** open your suitcase, please.

suasorio,-a *adj* persuasive.

suave
1 *adj (agradable al tacto)* soft, smooth.
2 *adj (liso, llano)* smooth, even.
3 *adj fig (apacible)* gentle, mild.
4 *adj fig (tranquilo)* easy.
5 *adj fig (música, palabras, voz, luz, movimiento, viento, etc)* soft, gentle.
6 *adj fig (clima)* mild, clement.
7 *adj fig (tabaco, sabor, etc)* mild.

✦ **suave como el terciopelo** (as) smooth as silk.

suavemente *adv* softly, smoothly, gently.

suavidad
1 *nf (dulzura)* softness.
2 *nf (lisura)* smoothness, evenness.
3 *nf fig (docilidad)* gentleness, mildness.
4 *nf fig (tranquilidad)* ease.
5 *nf fig (de música, palabras, viento, etc)* softness, gentleness.
6 *nf fig (del clima, tabaco, sabor, etc)* mildness.

suavización *nf (gen)* softening; *(relajación)* relaxation.

suavizador *nm* softener.

suavizante
1 *adj (de pelo)* conditioning.
2 *adj (de ropa)* softening.
3 *nm (de pelo)* hair conditioner, conditioner.
4 *nm (de ropa)* fabric softener, fabric conditioner.

suavizar
1 *vt (hacer agradable)* to soften.
2 *vt (alisar)* to smooth (out).
3 *vt fig* to soften.
▲ *Conjugation model* [4], *like realizar.*

subacuático,-a *adj* underwater, subaquatic.

subafluente *nm* tributary.

subalimentación *nf* undernourishment.

subalimentado,-a
1 *pp* → subalimentar.
2 *adj* undernourished, underfed.

subalimentar *vt* to undernourish, underfeed.

subalterno,-a
1 *adj* subordinate, subaltern.
2 *nm,f* subordinate, subaltern.

subarrendamiento *nm* sublet, sublease.

subarrendar *vt* to sublet, sublease.
▲ *Conjugation model* [27], *like acertar.*

subarrendatario,-a *nm,f* subtenant.

subarriendo *nm* sublease.

subasta
1 *nf (venta)* auction.
2 *nf (adjudicación de obra)* invitation to tender.
✦ **sacar a subasta** to auction (off).
salir a subasta to be up for auction.

subastador,-ra *nm,f* auctioneer.

subastar *vt* to auction (off), sell at auction.

subatómico,-a *adj* subatomic.

subcampeón,-ona *nm,f (en competición)* runner-up; *(en ránking)* number two: **la actual subcampeona mundial** the current world number two.

subclase *nf* subclass.

subcomisión *nf* subcommittee.

subcomité *nm* subcommittee.

subconjunto *nm* subset.

subconsciencia *nf* subconscious.
subconsciente
1 *adj* subconscious.
2 *nm* subconscious.
subcontinente *nm* subcontinent.
subcontratar *vt* to subcontract.
subcontratista *nm & nf* subcontractor.
subcontrato *nm* subcontract.
subcultura *nf* subculture.
subcutáneo,-a *adj* subcutaneous.
subdelegación *nf* subdelegation.
subdelegado,-a
1 *pp* → subdelegar.
2 *adj* subdelegate.
3 *nm,f* subdelegate.
subdelegar *vt* to subdelegate.
▲ *Conjugation model* [7], *like llegar.*
subdesarrollado,-a *adj* underdeveloped.
subdesarrollo *nm* underdevelopment.
subdirector,-ra *nm,f* assistant director, assistant manager.
súbdito,-a
1 *adj* subject.
2 *nm,f (de un rey)* subject.
3 *nm,f (ciudadano)* citizen.
subdividir *vt* to subdivide.
subdivisión *nf* subdivision.
subempleado,-a *adj* underemployed.
subempleo *nm* underemployment.
suberoso,-a *adj* suberose.
subespecie *nf* subspecies.
subestación *nf* substation.
subestimar *vt* to underestimate.
subexponer *vt* to underexpose.
▲ *Conjugation model* [78], *like poner; pp subexpuesto,-a.*
subexposición *nf* underexposure.
subfusil *nm* sub-machine-gun.
subgénero *nm* subgenus.
subgrupo *nm* subgroup.
subibaja *nm* saw.
subida
1 *nf (ascenso)* ascent, climb.
2 *nf (pendiente)* slope, hill.
3 *nf (automovilismo)* hill climb.
4 *nf fig (aumento - gen)* increase; *(- de temperatura)* rise; *(- de precios, salario, etc)* rise, increase.
5 *nf arg (drogas)* high.
subido,-a
1 *nf pp* → subir.
2 *adj (gen)* high.
3 *adj (color, olor, etc)* strong.
✦ subido,-a de tono *fig* daring, risqué.
subíndice *nm* subscript, subindex.
subir
1 *vi (ir hacia arriba - gen)* to go up, come up; *(- avión)* to climb.
2 *vi (en un vehículo - coche)* to get in; *(autobús, avión, barco, tren, etc)* to get on, get onto: ¡venga, sube! go on, get in!

3 *vi (montar - bicicleta)* to get on; *(- caballo)* to get on, mount.
4 *vi (a un árbol)* to climb up.
5 *vi fig (elevarse, aumentar, etc)* to rise.
6 *vi fig (categoría, puesto, etc)* to be promoted.
7 *vi fig (cuenta)* to come (a, to): la deuda sube a dos mil euros the debt comes to two thoudsand euros.
8 *vt (escaleras, calle, etc)* to go up, climb; *(montaña)* to climb.
9 *vt (mover arriba)* to carry up, take up, bring up; *(poner arriba)* to put upstairs: súbelo arriba take it upstairs.
10 *vt (cabeza etc)* to lift, raise.
11 *vt (pared)* to raise.
12 *vt COST* to take up: subir un dobladillo to take up a hem.
13 *vt fig (precio, salario, etc)* to raise, put up.
14 *vt fig (subir el volumen - voz)* to raise; *(- aparato)* to turn up.
15 *vt fig (color)* to strengthen.
16 **subirse** *vpr (piso, escalera, etc)* to go up.
17 *vpr (árbol, muro, etc)* to climb up (a, -).
18 *vpr (en un vehículo - coche)* to get in (a, -); *(autobús)* to get on (a, -); *(avión, barco, tren, etc)* to get on (a, -), get onto (a,-): ¡súbete, súbete al coche! get in, get into the car!
19 *vpr (en animales, bicicleta, etc)* to get on (a, -), mount.
20 *vpr (ropa, calcetines, etc)* to pull up; *(cremallera)* to do up, zip up; *(mangas)* to roll up.
✦ subir a bordo to get on board.
subir al trono *fig* to ascend to the throne.
subir como la espuma *fam* to spread like wildfire.
subirse por las paredes *fig* to hit the roof.
subírsele a uno los humos a la cabeza *fig* to become conceited.
subírsele algo a la cabeza *fig* to go to one's head.
súbitamente *adv* suddenly, all of a sudden.
súbito,-a *adj* sudden: muerte súbita sudden death.
✦ de súbito suddenly, all of a sudden.
subjefe,-a *nm & nf* second in command.
subjetivamente *adv* subjectively.
subjetividad *nf* subjectivity, subjectiveness.
subjetivismo *nm* subjectivism.
subjetivo,-a *adj* subjective.
subjuntivo,-a
1 *adj* subjunctive.
2 **subjuntivo** *nm* subjunctive.
sublevación *nf* uprising, revolt, rebellion.
sublevamiento *nm* uprising, revolt, rebellion.
sublevar
1 *vt* to incite to rebellion.
2 *vt fig (indignar)* to infuriate.
3 **sublevarse** *vpr* to rebel, revolt.
sublimación *nf* sublimation.

sublimado *nm* sublimate.
sublimar
1 *vt (gen)* to sublimate.
2 *vt (ensalzar)* to praise, exalt.
sublime
1 *adj* sublime.
2 *adj (noble)* noble, lofty.
3 **lo sublime** *nm* the sublime.
subliminal *adj* subliminal.
submarinismo *nm* skin diving.
submarinista *nm & nf* skin-diver.
submarino,-a
1 *adj* underwater, submarine.
2 **submarino** *nm* submarine.
submaxilar *adj* submaxillary.
submúltiplo,-a
1 *adj* submultiple.
2 **submúltiplo** *nm* submultiple.
submundo *nm* underworld.
subnormal
1 *adj MED* mentally handicapped, subnormal.
2 *nm & nf MED* subnormal.
3 *nm & nf fam* blockhead.
suboficial
1 *nm MIL* noncommissioned officer.
2 *nm MAR* petty officer.
suborden *nm* suborder.
subordinación *nf* subordination.
subordinado,-a
1 *pp* → subordinar.
2 *adj* subordinate.
3 *nm,f* subordinate.
subordinante *adj* subordinating.
subordinar
1 *vt* to subordinate.
2 **subordinarse** *vpr* to subordinate oneself.
subproducto *nm* by-product.
subrayar
1 *vt* to underline.
2 *vt fig* to emphasize, underline, stress.
subreino *nm* subkingdom.
subrepticiamente *adv* surreptitiously.
subrepticio,-a *adj* surreptitious.
subrogar *vt* to subrogate, substitute.
▲ *Conjugation model* [7], *like llegar.*
subrutina *nf* subroutine.
subsanable
1 *adj (remediable)* reparable, rectifiable.
2 *adj (solucionable)* surmountable.
subsanar
1 *vt (remediar)* to rectify, correct.
2 *vt (dificultad etc)* to overcome.
3 *vt (compensar)* to make up for.
subscribir *vt-vpr* → suscribir.
▲ *pp subscrito,-a.*
subscripción *nf* subscription.
subscriptor,-ra *nm,f* subscriber.
subscrito,-a
1 *pp* → subscribir.
2 *adj-nm,f* → suscrito,-a.
subsecretaría
1 *nf (cargo)* under-secretaryship.
2 *nf (oficina)* under-secretary's office.

subsecretario,-a *nm,f* under-secretary.

subseguir
1 *vi* to follow, come after.
2 **subseguirse** *upr* to follow, come after.
▲ *Conjugation model* [56], *like seguir.*

subsidiar *vt* to subsidize.
▲ *Conjugation model* [12], *like cambiar.*

subsidiario,-a *adj* subsidiary.

subsidio *nm* allowance, benefit.
■ **subsidio de paro/subsidio de desempleo** unemployment benefit.

subsiguiente *adj* subsequent, following.

subsistencia
1 *nf (hecho)* subsistence.
2 *nf (lo necesario para vivir)* sustenance.
3 **subsistencias** *nf pl (provisiones)* food *sing*, provisions, supplies.

subsistente *adj* surviving, lasting.

subsistir
1 *vi (conservarse)* to subsist, remain, last.
2 *vi (vivir)* to subsist, live on, survive.

subsónico,-a *adj* subsonic.

substancia *nf* → **sustancia.**

substancial *adj* → **sustancial.**

substanciar *vt* → **sustanciar.**
▲ *Conjugation model* [12], *like cambiar.*

substancioso,-a *adj* → **sustancioso,-a.**

substantivar *vt* to use as a noun.

substantivo,-a *adj-nm* → **sustantivo.**

substitución *nf* substitution, replacement.

substituible *adj* replaceable, expendable.

substituir *vt* → **sustituir.**
▲ *Conjugation model* [62], *like huir.*

substitutivo,-a *adj-nm* → **sustitutivo,-a.**

substituto,-a *nm,f* → **sustituto,-a.**

substracción *nf* → **sustracción.**

substraendo *nm* subtrahend.

substraer *vt-upr* → **sustraer.**
▲ *Conjugation model* [88], *like traer.*

substrato *nm* substratum.

subsuelo *nm* subsoil.

subteniente *nm* second lieutenant.

subterfugio *nm (escapatoria)* subterfuge; *(pretexto)* pretext.

subterráneo,-a
1 *adj* subterranean, underground.
2 **subterráneo** *nm* underground passage, tunnel, subway.

subtipo *nm* subtype.

subtitular *vt* CINEM to subtitle.

subtítulo
1 *nm* subtitle.
2 *nm* LIT subhead, subheading.

subtotal *nm* subtotal.

subtropical *adj* subtropical.

suburbano,-a
1 *adj* suburban.
2 **suburbano** *nm* suburban train.

suburbial *adj* suburban.

suburbio *nm (periferia)* suburb; *(barrio pobre)* slums *pl*.

subvalorar *vt* to underrate, underestimate, undervalue.

subvención *nf* subsidy, grant.

subvencionar *vt* to subsidize.

subvenir *vt* to meet, defray.
▲ *Conjugation model* [90], *like venir.*

subversión *nf* subversion.

subversivo,-a *adj* subversive.

subvertir *vt* to subvert, upset, overthrow.
▲ *Conjugation model* [35], *like hervir.*

subyacente *adj* underlying.

subyacer *vi* to underlie (**en**, -).
▲ *Conjugation model* [92], *like yacer.*

subyugación *nf* subjugation.

subyugar
1 *vt* to subjugate.
2 *vt fig* to captivate.
▲ *Conjugation model* [7], *like llegar.*

succión *nf* suction.

succionar *vt* to suck up.

sucedáneo,-a
1 *adj* substitute.
2 **sucedáneo** *nm* substitute: sucedáneo de café coffee substitute.

suceder
1 *vi (acontecer)* to happen, occur: ¿qué sucede? what's the matter?; sucedió ayer it happened yesterday.
2 *vi (seguir)* to follow (**a**, -), succeed (**a**, -): sucedió a su padre en el puesto he succeeded his father in the job.
3 *vi (heredar)* to succeed.
4 **sucederse** *upr* to follow one another.
✦ **por lo que pueda suceder** just in case.
suceda lo que suceda whatever happens, come what may.
■ **lo sucedido** what happened: no quiso hablar de lo sucedido he didn't want to talk about what happened.
▲ *In* **1**, *used only in the 3rd person; it does not take a subject.*

sucedido,-a
1 *pp* → **suceder.**
2 **sucedido** *nm fam* event.

sucesión
1 *nf (herencia)* succession, inheritance.
2 *nf (descendencia)* issue, heirs *pl*.
3 *nf (al trono)* succession.
4 *nf (serie)* series, succession.

sucesivamente *adv* successively.
✦ **y así sucesivamente** and so on.

sucesivo,-a
1 *adj (siguiente)* following, successive.
2 *adj (consecutivo)* consecutive, running: tres días sucesivos three days running.
✦ **en lo sucesivo** from now on.

suceso
1 *nm (hecho)* event, happening, occurrence.
2 *nm (incidente)* incident.
3 *nm (delito)* crime.
■ **sección de sucesos** *(en prensa)* accident and crime reports.

sucesor,-ra *nm,f* successor.

súchil *nm* white frangipani.

suciedad
1 *nf (inmundicia)* dirt, filth.
2 *nf (calidad)* dirtiness, filthiness.
3 *nf fig (obscenidad)* obscenity.

sucintamente *adv* briefly, concisely.

sucinto,-a *adj* concise, succinct.

sucio,-a
1 *adj (con manchas)* dirty, filthy.
2 *adj (que se ensucia fácilmente)* which dirties easily, which shows the dirt.
3 *adj fig (deshonesto)* shady, underhand.
4 *adj fig (color)* dirty.
5 *adj* DEP *fig* foul, dirty, unfair.
6 *adj fig (trabajo, lenguaje, etc)* dirty, filthy.
7 **sucio** *adv fig* in an underhand way, dirty: jugar sucio to play dirty.
✦ **en sucio** in rough.
tener una lengua sucia to be foul-mouthed.

sucre *nm* standard monetary unit of Ecuador.

suculencia *nf* succulence, juiciness.

suculento,-a *adj* juicy, succulent.

sucumbir
1 *vi (rendirse)* to succumb (**a**, to), yield (**a**, to).
2 *vi (morir)* to perish.
3 *vi fig (tentación etc)* to give in (**a**, to), yield (**a**, to).

sucursal
1 *nf (oficina)* branch, branch office.
2 *nf (delegación)* subsidiary.

sudaca *nm & nf fam pey* South American.

sudación *nf* sweating.

sudadera
1 *nf (prenda)* sweatshirt.
2 *nf fam (acción)* sweat: se pegó una sudadera he worked up a sweat.

Sudáfrica *nf* South Africa.

sudafricano,-a *adj* South African.

Sudamérica *nf* South America.

sudamericano,-a *adj* South American.

Sudán *nm* Sudan.

sudanés,-esa
1 *adj* Sudanese.
2 *nm,f* Sudanese.

sudar
1 *vi (transpirar)* to sweat, perspire.
2 *vi fig (paredes)* to sweat.
3 *vi fig (plantas)* to exude, ooze.
4 *vi fam (trabajar)* to slog one's guts out, work hard.
5 *vt (transpirar)* to sweat.
6 *vt (empapar en sudor)* to make sweaty.
7 *vt fig (plantas)* to exude, ooze.
8 *vt fam fig (conseguir con esfuerzo)* to work hard for.
✦ **hacer sudar a alguien** to drive somebody hard.
¡me la suda! I couldn't give a toss!

sudar el kilo/sudar la gota gorda/ sudar tinta *fam* to sweat blood.

sudario *nm* shroud.

sudeste
1 *adj (del sudeste)* southeast, southeastern; *(hacia el sudeste)* southeasterly.
2 *adj (viento)* southeast.
3 *nm (punto cardinal)* southeast.
4 *nm (viento)* southeast wind.

sudista
1 *adj* Southern.
2 *nm & nf* Southerner.

sudoeste
1 *adj (del sudoeste)* southwest, southwestern; *(hacia el sudoeste)* southwesterly.
2 *adj (viento)* southwest.
3 *nm (punto cardinal)* southwest.
4 *nm (viento)* southwest wind.

sudor
1 *nm* sweat, perspiration.
2 *nm fig* effort, hard work.
✦ con el sudor de la frente *fig* by the sweat of one's brow.
costar algo muchos sudores *fig* to be an uphill struggle.

sudorífero,-a *adj* sudoriferous.

sudorífico,-a
1 *adj* sudorific.
2 **sudorífico** *nm* sudorific.

sudoríparo,-a *adj* sudoriferous, sweat.
■ glándulas sudoríparas sweat glands.

sudoroso,-a *adj* sweaty.

Suecia *nf* Sweden.

sueco,-a
1 *adj* Swedish.
2 *nm,f (persona)* Swede.
3 **sueco** *nm (idioma)* Swedish.
✦ hacerse el sueco,-a *fam* to play dumb.

suegro,-a *nm,f (hombre)* father-in-law; *(mujer)* mother-in-law: mis suegros my in-laws.

suela
1 *nf (del calzado)* sole.
2 *nf (cuero curtido)* leather.
3 *nf (del taco de billar)* leather tip.
✦ no llegarle a la suela del zapato a alguien *fam* not to hold a candle to somebody.

sueldo *nm* salary, pay, wages *pl.*
✦ estar a sueldo to be on a salary.
■ aumento de sueldo pay rise (*US* raise).
sueldo base basic pay, (*US* base salary).
sueldo mínimo minimum wage.

suelo
1 *nm (superficie)* ground; *(de interior)* floor.
2 *nm fig (tierra)* soil, land; *(mundo)* earth.
3 *nm (territorio)* soil, land: suelo extranjero foreign soil.
4 *nm (terreno)* land.
5 *nm (pavimento)* surface.
6 *nm fig (de vasija etc)* bottom.
✦ besar el suelo *fam* to fall flat on one's face, hit the deck.
dar consigo en el suelo to fall.

echar al suelo to demolish, knock down.
echar por los suelos *fig* to ruin.
estar por los suelos *(persona)* to be very low; *(precios)* to be rock-bottom.
poner algo por los suelos *fig* to run something down, tear something to pieces.
venirse al suelo to fall down; *fig* to fall through.
■ suelo cultivable arable land.
suelo de madera wooden floor.
suelo patrio native land.

suelta
1 *nf (acción)* release.
2 *nf (libertad)* freedom.

suelto,-a
1 *adj (no sujeto)* loose: perro suelto loose dog; tornillo suelto loose screw.
2 *adj (desatado)* undone, untied.
3 *adj (no envasado o empaquetado)* loose.
4 *adj (desaparejado)* odd: un guante suelto an odd glove.
5 *adj (dinero)* in change: llevo unos cuantos euros sueltos I've got few euros in change; no llevo nada suelto I haven't got any change.
6 *adj (en libertad)* free; *(huido)* at large.
7 *adj (disgregado)* scattered.
8 *adj (con diarrea)* loose.
9 *adj (prenda)* loose, loose-fitting.
10 *adj fig (estilo etc)* flowing, easy.
11 *adj fig (atrevido)* daring.
12 *adj fig (ligero)* agile, nimble; *(veloz)* swift.
13 **suelto** *nm (en prensa)* item, short article.
14 *nm (cambio)* change, small change, loose change.
✦ estar muy suelto,-a en algo *fig* to be good at something.

sueño
1 *nm (acto)* sleep.
2 *nm (ganas de dormir)* sleepiness.
3 *nm (lo soñado)* dream.
4 *nm fig (ilusión)* dream, illusion.
✦ caerse de sueño *fig* not to be able to keep one's eyes open.
conciliar el sueño to get to sleep.
dar sueño to make sleepy.
en sueños *fig* in one's dreams.
echar un sueño to take a nap.
entre sueños while half-asleep.
¡ni en sueños! *fam* not on your life!: no lo haría ni en sueños I wouldn't dream of doing it.
perder el sueño por algo *fig* to lose sleep over something.
quitar el sueño *fig* to keep awake.
ser un sueño *fam* to be a dream: es un sueño de piso it's a dream of a flat.
tener el sueño ligero to be a light sleeper.
tener sueño to feel sleepy, be sleepy: tengo mucho sueño I'm feeling really sleepy.
■ sueño dorado *fig* cherished dream, greatest dream.

suero
1 *nm* MED serum.
2 *nm (de la leche)* whey.

suerte
1 *nf (fortuna)* luck, fortune.
2 *nf (azar)* chance.
3 *nf (destino)* destiny, fate.
4 *nf (estado, condición, etc)* lot, situation.
5 *nf fml (tipo)* sort, kind, type: toda suerte de libros all kinds of books.
6 *nf (en tauromaquia)* manoeuvre (*US* maneuver) in a bullfight.
✦ ¡buena suerte!/¡suerte! good luck!
de otra suerte otherwise.
estar de suerte/estar de mala suerte to be in luck/be out of luck.
la suerte está echada the die is cast.
por suerte fortunately.
probar suerte to try one's luck.
¡que tengas suerte! good luck!
tener suerte to be lucky: tienes mucha suerte you're really lucky.
tener una suerte loca *fam* to have the luck of the devil.
tentar la suerte to tempt fate.
traer (buena) suerte/traer mala suerte to be lucky, bring good luck/be unlucky, bring bad luck.

suertudo,-a *adj fam* lucky.

sueste
1 *nm* southeast.
2 *nm (sombrero)* sou'wester.

suéter *nm* sweater.
▲ *pl* suéteres.

suficiencia
1 *nf (capacidad)* capacity.
2 *nf fig (engreimiento)* arrogance, smugness.
3 *nf (conveniencia)* suitability, competence.

suficiente
1 *adj (bastante)* sufficient, enough: no tiene suficiente dinero she hasn't got enough money.
2 *adj (apto)* suitable.
3 *adj fig (engreído)* smug, complacent.

suficientemente *adv* enough: no es suficientemente alto it isn't high enough; es lo suficientemente claro como para que lo entendamos todos it's clear enough for us all to understand.

sufijo,-a
1 *adj* suffixal.
2 **sufijo** *nm* suffix.

sufragar
1 *vt (costear - gastos)* to defray, pay; *(- empresa)* to finance.
2 *vt (ayudar)* to aid, help, assist.
▲ *Conjugation model* [7], *like* llegar.

sufragio
1 *nm* suffrage.
2 *nm (voto)* vote.
✦ en sufragio de ... *(misa etc)* for the soul of ...
■ sufragio universal universal suffrage.

sufragismo *nm* suffragism, suffragist movement.

sufragista *nm,f (hombre)* suffragist; *(mujer)* suffragette.

sufrido,-a
1 *pp* → **sufrir.**
2 *adj (persona)* patient, long-suffering.
3 *adj (color)* practical, that does not show the dirt; *(tejido)* hardwearing.

sufridor,-ra
1 *adj* suffering, who suffers.
2 *nm,f* sufferer.

sufrimiento *nm* suffering.

sufrir
1 *vt (padecer)* to suffer.
2 *vt (accidente, ataque, etc)* to have; *(operación)* to undergo.
3 *vt (dificultades, cambios, etc)* to experience; *(derrota, consecuencias, etc)* to suffer.
4 *vt (aguantar)* to bear, stand, put up with: **no la puedo sufrir** I can't stand her.
5 *vt (consentir)* to tolerate.
6 *vi (padecer)* to suffer.
✦ **hacer sufrir a alguien** to cause somebody pain, make somebody suffer.
sufrir del corazón to have a heart condition.
sufrir hambre to go hungry.
sufrir vergüenza to be ashamed.

sugerencia *nf* suggestion.

sugerente *adj* suggestive.

sugeridor,-ra *adj* suggestive.

sugerir
1 *vt* to suggest: **te sugiero que lo vuelvas a intentar** I suggest you try again.
2 *vt (insinuar)* to hint, hint at: **no sé qué sugieres con esto** I don't know what you're hinting at.
3 *vt (suscitar)* to suggest, make think: **sus cuadros no me sugieren nada** his paintings don't do anything for me.
▲ *Conjugation model* [35], *like* **hervir.**

sugestión *nf* suggestion.

sugestionable *adj* impressionable, easily influenced.

sugestionar
1 *vt* to influence, persuade.
2 **sugestionarse** *vpr* to be easily influenced.

sugestivo,-a
1 *adj (que sugiere)* suggestive.
2 *adj (que atrae)* fascinating, attractive.

suicida
1 *adj* suicidal: **misión suicida** suicide mission.
2 *nm & nf* suicide.
3 *nm & nf fig* madcap.

suicidarse *vpr* to commit suicide.

suicidio *nm* suicide.

suite *nf* suite.
▲ *pl* **suites.**

Suiza *nf* Switzerland.

suizo,-a
1 *adj* Swiss.
2 *nm,f* Swiss.
3 **suizo** *nm (bollo)* bun.

4 *nm (chocolate con nata)* hot chocolate with cream.

sujeción
1 *nf (acción)* subjection.
2 *nf (unión)* fastening.

sujetador,-ra
1 *adj* fastening.
2 **sujetador** *nm* bra, brassiere.

sujetalibros *nm* bookend.
▲ *pl* **sujetalibros.**

sujetapapeles *nm* paper clip.
▲ *pl* **sujetapapeles.**

sujetar
1 *vt (fijar)* to fix, secure, hold.
2 *vt (agarrar, sostener, etc)* to hold, hold on to.
3 *vt (para que no escape)* to hold down.
4 *vt (papeles)* to fasten; *(pelo)* to hold in place.
5 *vt fig (dominar, someter, etc)* to control, restrain.
6 *vt fig (atar)* to tie down.
7 **sujetarse** *vpr (agarrarse)* to hold on, hold tight: **sujétate, que el autobús corre mucho** hold tight, the bus is going really fast.
8 *vpr fig (someterse)* to subject oneself (**a**, to).
✦ **sujetar con clavos** to nail down.

sujeto,-a
1 *adj (sometido)* subject (**a**, to), liable (**a**, to).
2 *adj (agarrado, atado)* fastened, secure.
3 *adj fig (atado)* tied down.
4 **sujeto** *nm* LING subject.
5 *nm (individuo)* fellow, individual, character.

sulfamida *nf* sulphonamide (*US* sulfonamide).

sulfatación *nf* sulphation (*US* sulfation).

sulfatar *vt* to sulphate (*US* sulfate).

sulfato *nm* sulphate (*US* sulfate).

sulfhídrico,-a *adj* sulphuretted (*US* sulfureted).
■ **ácido sulfhídrico** hydrogen sulphide (*US* sulfide).

sulfito *nm* sulphite (*US* sulfite).

sulfurar
1 *vt* QUÍM to sulphurate (*US* sulfurate).
2 *vt fam fig (irritar)* to exasperate, infuriate.
3 **sulfurarse** *vpr fam fig* to blow one's top, lose one's rag.

sulfúrico,-a *adj* sulphuric (*US* sulfuric).

sulfuro *nm* sulphide (*US* sulfide).

sulfuroso,-a *adj* sulphurous (*US* sulfurous).

sultán,-ana *nm,f (hombre)* sultan; *(mujer)* sultana.

sultanato *nm* sultanate.

suma
1 *nf (cantidad)* sum, amount.
2 *nf* MAT sum, addition.
3 *nf (resumen)* summary.
✦ **en suma** in short.
■ **suma total** sum total.

sumadora *nf* adding machine.

sumamente *adv* extremely, highly.

sumando *nm* addend.

sumar
1 *vt* MAT to add, add up.
2 *vt (componer una cantidad)* to total, amount to, come to: **eso suma cincuenta euros** it comes to fifty euros.
3 *vt (compendiar)* to summarize, sum up.
4 **sumarse** *vpr (unirse)* to join (**a**, in).
✦ **suma y sigue** carried forward; *fig* and that's not all.

sumarial *adj* pertaining to an indictment.

sumariamente *adv* summarily.

sumariar *vt* to indict.

sumario,-a
1 *adj* summary, brief.
2 *adj* JUR summary.
3 **sumario** *nm (resumen)* summary.
4 *nm* JUR legal proceedings *pl*, indictment.

sumarísimo,-a *adj* swift, expeditious.

sumergible
1 *adj* submergible, submersible.
2 *nm* submarine.

sumergir
1 *vt (meter bajo líquido)* to submerge, submerse, immerse.
2 *vt fig (hundir)* to plunge, sink.
3 **sumergirse** *vpr (meterse bajo líquido)* to submerge (**en**, in), go underwater.
4 *vpr fig* to become immersed (**en**, in).
▲ *Conjugation model* [6], *like* **dirigir.**

Sumeria *nf* Sumer.

sumerio,-a
1 *adj* Sumerian.
2 *nm,f (persona)* Sumerian.
3 **sumerio** *nm (idioma)* Sumerian.

sumersión *nf* submersion.

sumidero *nm* drain, sewer.

sumiller *nm* chamberlain.

suministración *nf* → **suministro.**

suministrador,-ra *nm,f* supplier.

suministrar *vt* to provide, supply: **nos suministró el café** he supplied us with the coffee.

suministro
1 *nm* provision, supply, supplying.
2 **suministros** *nm pl* supplies.

sumir
1 *vt (hundir)* to sink, plunge, submerge.
2 *vt fig* to plunge.
3 **sumirse** *vpr (hundirse)* to sink.
4 *vpr fig* to immerse oneself (**en**, in), lose oneself (**en**, in).
✦ **sumir a alguien en la duda** *fig* to plunge somebody into doubt.
sumir a alguien en la miseria *fig* to plunge somebody into poverty.

sumisamente *adv* submissively.

sumisión
1 *nf (acto)* submission.
2 *nf (carácter)* submissiveness.

sumiso,-a *adj* submissive, obedient.

súmmum *nm* summit, acme.
✦ **ser el súmmum** *(el colmo)* to be the limit.

sumo,-a
1 *adj (supremo)* supreme, highest.
2 *adj fig (muy grande)* greatest.
✦ **a lo sumo** at most, at the most.
con sumo cuidado with extreme care.
▪ **suma autoridad** supreme authority.
Sumo Pontífice Sovereign Pontiff.
sumo sacerdote high priest.

sunita *nm* Sunnite.

sunna *nf* Sunna.

suntuario,-a *adj* sumptuary.

suntuosidad *nf* sumptuousness, magnificence.

suntuoso,-a *adj* sumptuous, magnificent.

supe *pt indef* → **saber.**

supeditación *nf* subjection, subordination.

supeditar
1 *vt (subordinar)* to subordinate (**a**, to).
2 *vt (condicionar)* to subject (**a**, to).
3 **supeditarse** *vpr (someterse)* to subject oneself (**a**, to), bow (**a**, to).
✦ **estar supeditado,-a a** to be subject to, be dependent on.

súper
1 *adj fam* super, great.
2 *nm fam (supermercado)* supermarket.
3 *nf fam (gasolina)* four-star.

superable *adj* surmountable: nuestros problemas son superables our problems can be overcome.

superabundancia *nf* superabundance.

superabundante *adj* superabundant.

superabundar *vi* to be superabundant, superabound.

superación
1 *nf (problemas etc)* overcoming.
2 *nf (de uno mismo)* self-improvement.
▪ **afán de superación** desire to improve oneself, desire to better oneself.

superado,-a
1 *pp* → **superar.**
2 *adj (anticuado)* outdated, obsolete, antiquated.

superalimentar *vt* to overfeed.

superar
1 *vt (exceder)* to surpass, exceed, excel.
2 *vt (obstáculo etc)* to overcome, surmount.
3 **superarse** *vpr (sobrepasarse)* to excel oneself.
4 *vpr (mejorarse)* to improve oneself, better oneself.

superautopista *nf* **superautopista de la información** information superhighway.

superávit *nm* surplus.
▲ *pl* superávit.

supercarburante *nm* high octane fuel.

superchería *nf* trick, fraud.

superciliar *adj* superciliary.

superconductividad *nf* superconductivity.

superconductor *nm* superconductor.

superdesarrollado,-a *adj* overdeveloped.

superdesarrollo *nm* overdevelopment.

superdirecta *nf* overdrive.

superdotado,-a
1 *adj* exceptionally gifted.
2 *nm,f* genius.

superestrato *nm* superstratum.

superestrella *nf* superstar.

superestructura *nf* superstructure.

superferolítico,-a *adj fam irón* affected.

superficial *adj* superficial.

superficialidad *nf* superficiality.

superficialmente *adv* superficially.

superficie
1 *nf (parte externa)* surface: en la superficie on the surface.
2 *nf (área)* area.
▪ **superficie terrestre** land surface.

superfino,-a *adj* extra fine.

superfluidad *nf* superfluity, superfluousness.

superfluo,-a *adj* superfluous.

superhombre *nm* superman.

superíndice *nm* superscript.

superintendencia *nf* superintendence.

superintendente *nm & nf* superintendent.

superior
1 *adj (encima de)* upper, top: labio superior upper lip; está en la planta superior it's on the upper floor.
2 *adj (por encima de)* greater (**a**, than), higher (**a**, than), above (**a**, -): es superior a cuatro it's greater than four.
3 *adj fig (persona - que supera)* superior; *(- mejor)* better.
4 *adj fig (calidad etc)* superior, high, excellent.
5 *adj EDUC* higher.
6 *nm (jefe)* superior.
7 *nm REL* superior.
▪ **calidad superior** top quality, high quality.

superiora *nf REL* mother superior.

superioridad
1 *nf (ventaja)* advantage.
2 *nf (persona)* superiority.

superlativo,-a
1 *adj* superlative.
2 **superlativo** *nm* superlative.

supermercado *nm* supermarket.

supermoderno,-a *adj* ultramodern.

supermujer *nf* superwoman.

supernova *nf* supernova.

supernumerario,-a
1 *adj* supernumerary.
2 *nm,f* supernumerary.

superorden *nm* superorder.

superpetrolero *nm* supertanker.

superpoblación *nf* overpopulation, overcrowding.

superpoblado,-a *adj* overpopulated, overcrowded.

superponer
1 *vt* to superimpose, lay on top.
2 *vt fig* to put before.
3 **superponerse** *vpr fig* to come before.
▲ *Conjugation model* [78], *like* poner; *pp* superpuesto,-a.

superposición *nf* superimposition.

superpotencia *nf* superpower.

superproducción
1 *nf (industrial)* overproduction.
2 *nf (cinematográfica)* mammoth production.

superpuesto,-a *pp* → **superponer.**

superpuse *pt indef* → **superponer.**

superrápido,-a *adj* quick-acting.

superrealismo *nm* surrealism.

supersecreto,-a *adj* top secret.

supersónico,-a *adj* supersonic.

superstición *nf* superstition.

supersticioso,-a *adj* superstitious.

supervalorar *vt* to overvalue, overrate.

superventas *nm* best-seller.
▲ *pl* superventas.

supervisar *vt* to supervise.

supervisión *nf* supervision, control.

supervisor,-ra *nm,f* supervisor.

supervivencia *nf* survival.

superviviente
1 *adj* surviving.
2 *nm & nf* survivor.

supervivir *vi* to survive.

superyó *nm* superego.

supino,-a
1 *adj (boca arriba)* supine, face up.
2 *adj fig (absoluto)* total, absolute: ignorancia supina crass ignorance.
3 **supino** *nm LING* supine.

suplantación
1 *nf (falsificación)* forgery.
2 *nf (de una persona)* supplantation, replacement.

suplantador,-ra
1 *adj (falsificador)* forgery.
2 *adj (de una persona)* supplanting.

suplantar
1 *vt (una persona)* to supplant, take the place of.
2 *vt (falsificar)* to forge.

suplementario,-a
1 *adj* supplementary, extra, additional.
2 *adj (geometría)* supplementary.

suplemento
1 *nm (de revista etc)* supplement.
2 *nm (de dinero)* extra charge.
3 *nm (geometría)* supplement.

■ **suplemento dominical** Sunday supplement.

suplencia *nf* substitution.

suplente
1 *adj (gen)* substitute, deputy.
2 *adj DEP* reserve.
3 *nm & nf (gen)* substitute.
4 *nm & nf DEP* reserve player.
5 *nm & nf TEAT* understudy.
6 *nm & nf EDUC* supply teacher, (*US* substitute teacher).
7 *nm & nf MED* locum, (*US* covering doctor).

supletorio,-a
1 *adj* supplementary, additional, extra: **cama supletoria** extra bed.
2 **supletorio** *nm (teléfono)* extension.

súplica
1 *nf* request, entreaty, plea.
2 *nf JUR* petition.
✦ **a súplica de** at the request of.

suplicante
1 *adj* beseeching, entreating.
2 *nm & nf* supplicant, suppliant.

suplicar
1 *vt* to beseech, beg, implore.
2 *vt JUR* to appeal to.
▲ *Conjugation model* [1], *like* **sacar**.

suplicatorio *nm* request, petition.

suplicio
1 *nm (castigo)* torture.
2 *nm (dolor)* pain.
3 *nm fig* torment.

suplir
1 *vt (reemplazar)* to replace, substitute.
2 *vt (compensar)* to make up for.
3 *vt (remediar)* to remedy.

suponer
1 *vt (gen)* to suppose, assume: **supongamos que dice la verdad** let's suppose he's telling the truth.
2 *vt (significar)* to mean.
3 *vt (conllevar)* to mean, entail, require.
4 *vt (adivinar)* to guess; *(imaginar)* to imagine, think: **lo suponía** I thought as much.
5 *vt (creer)* to think.
6 *nm fam* supposition.
✦ **como es de suponer** as is to be expected.
ser de suponer to be likely: **es de suponer que no miente** he isn't likely to be lying.
▲ *Conjugation model* [78], *like* **poner**; *pp* **supuesto,-a**.

suposición *nf* supposition, assumption.

supositorio *nm* suppository.

supranacional *adj* supranational.

suprarrenal *adj* suprarenal.

supremacía *nf* supremacy.

supremo,-a
1 *adj (gen)* supreme.
2 *adj (decisivo)* decisive.
3 *adj (último)* last, final.
■ **hora suprema/momento supremo** *lit* dying moments *pl*.
tribunal supremo supreme court.

supresión
1 *nf (de libertad etc)* suppression; *(de ley, impuesto, etc)* abolition; *(de dificultades)* elimination; *(de restricciones)* lifting.
2 *nf (de palabra)* deletion.
3 *nf (omisión)* omission.

supresor *nm* suppressor.

suprimir
1 *vt (libertad etc)* to suppress; *(ley, impuestos, etc)* to abolish; *(dificultades)* to eliminate, remove; *(restricciones)* to lift.
2 *vt (tabaco, alcohol, etc)* to cut out: **el médico me ha suprimido la comida con mucha grasa** the doctor has told me to cut out fatty foods.
3 *vt (palabra)* to delete, take out, leave out.
4 *vt (omitir)* to omit.

supuestamente *adv* supposedly.

supuesto,-a
1 *pp* → **suponer**.
2 *adj (que se supone)* supposed, assumed.
3 *adj (pretendido)* so-called, self-styled.
4 **supuesto** *nm (suposición)* supposition, assumption.
5 *nm (hipótesis)* hypothesis.
✦ **dar algo por supuesto,-a** to take something for granted.
en el supuesto de que … supposing that …
■ **nombre supuesto** assumed name.

supuración *nf* suppuration.

supurar *vi* to suppurate.

supuse *pt indef* → **suponer**.

sur
1 *nm* south.
2 *nm (viento)* south wind.
✦ **al sur de** south of, to the south of.

sura *nf* sura.

surá *nm* surah.

Suramérica *nf* South America.

suramericano,-a *adj-nm,f* → **sudamericano,-a**.

surcado,-a
1 *pp* → **surcar**.
2 *adj fig (cara etc)* line, wrinkled.

surcar
1 *vt AGR* to plough (*US* plow).
2 *vt (agua)* to cut through, cross; *(aire)* to fly through.
3 *vt (hacer rayas)* to score, furrow.
✦ **surcar los mares** *fig* to ply the seas.
▲ *Conjugation model* [1], *like* **sacar**.

surco
1 *nm (en tierra)* furrow.
2 *nm (arruga)* wrinkle.
3 *nm (de rueda)* rut.
4 *nm (de disco)* groove.

surcoreano,-a
1 *adj* South Korean.
2 *nm,f* South Korean.

sureño,-a
1 *adj* southern.
2 *nm,f* southerner.

sureste *adj-nm* → **sudeste**.

surf *nm* surf.

surfista
1 *adj* surf.
2 *nm & nf* surfer.

surgimiento *nm* emergence.

surgir
1 *vi (agua)* to spring forth, spurt up.
2 *vi fig (aparecer - gen)* to appear, emerge; *(- dificultades)* to crop up, arise, come up.
3 *vi MAR* to anchor.
▲ *Conjugation model* [6], *like* **dirigir**.

Surinam *nm* Surinam.

suripanta
1 *nf fam (corista)* chorus girl.
2 *nf fam pey* slut.

surmenaje
1 *nm (exceso de trabajo)* overwork.
2 *nm (agotamiento)* mental fatigue.

suroeste *adj-nm* → **sudoeste**.

surrealismo *nm* surrealism.

surrealista
1 *adj* surrealist, surrealistic.
2 *nm & nf* surrealist.

sursuncorda *nm fam fig* the great panjandrum.

surtido,-a
1 *pp* → **surtir**.
2 *adj (variado)* assorted.
3 *adj (bien provisto)* well stocked.
4 **surtido** *nm* assortment, selection: **un surtido de galletas** a biscuit assortment.

surtidor
1 *nm (fuente)* fountain.
2 *nm (chorro)* jet, spout.
■ **surtidor de gasolina** petrol pump, (*US* gas pump).

surtir
1 *vt (proveer)* to supply (**de**, with), provide (**de**, with): **surtir de ropa** to supply with clothes.
2 *vi (brotar)* to spout, spurt.
3 **surtirse** *vpr* to supply oneself, provide oneself.

surto,-a *adj* anchored.

susceptibilidad
1 *nf (gen)* susceptibility.
2 *nf (sensibilidad)* sensitivity.
3 *nf (propensión a ofenderse)* touchiness.

susceptible
1 *adj (gen)* susceptible.
2 *adj (sensible)* oversensitive.
3 *adj (propenso a ofenderse)* touchy.
✦ **susceptible de** *(con tendencia a)* liable to; *(capaz de)* capable of: **el proyecto es susceptible de mejora** the project leaves room for improvement.

suscitar
1 *vt (gen)* to cause, provoke.
2 *vt (rebelión)* to stir up, arouse; *(discusión)* to start; *(problemas)* to cause, raise; *(interés)* to arouse.

suscribir
1 *vt FIN* to subscribe.

2 *vt fig (convenir con alguien)* to subscribe to, endorse.

3 *vt (a una revista etc)* to take out a subscription for.

4 *vt fml (firmar)* to subscribe.

5 suscribirse *vpr (abonarse)* to subscribe: **me he suscrito a Time** I've subscribed to Time.

+ el/la que suscribe the undersigned.

▲ *pp suscrito,-a.*

suscripción *nf* subscription.

suscriptor,-ra *nm,f* subscriber.

suscrito,-a
1 *pp →* **subscrito,-a.**
2 *adj (abonado)* subscribed.
3 *adj (firmado)* undersigned.
4 *nm,f* undersigned.
+ estar suscrito,-a a to subscribe to, have a subscription to.

susodicho,-a *adj fml* above-mentioned, aforesaid.

suspender
1 *vt (levantar)* to hang, hang up, suspend.
2 *vt (aplazar - gen)* to postpone, put off, delay; *(- reunión)* to adjourn.
3 *vt EDUC fig* to fail.
4 *vt fig (pagos)* to suspend; *(servicio)* to discontinue.
5 *vt fig (causar admiración)* to amaze, astonish.
+ suspender de empleo y sueldo to suspender without pay.

suspense *nm* suspense.
+ mantener a alguien en suspense to keep somebody in suspense, keep somebody hanging on.

suspensión
1 *nf (acto de levantar)* hanging, hanging up, suspension.
2 *nf AUTO* suspension.
3 *nf (aplazamiento - gen)* delay, postponement; *(- de reunión)* adjournment.
4 *nf (supresión)* suspension, discontinuation.
■ suspensión de pagos suspension of payments.

suspensivo,-a *adj* **puntos suspensivos** *(técnicamente)* suspension points, ellipsis; *(familiarmente)* dot, dot, dot.

suspenso,-a
1 *adj (colgado)* hanging, suspended.
2 *adj fig EDUC (alumno)* failed.
3 *adj fig (asombrado)* bewildered, amazed.
4 suspenso *nm EDUC* fail.
+ en suspenso pending.
tener un suspenso *EDUC* to fail, be failed.

suspensorio,-a
1 *adj* suspensory.
2 suspensorio *nm DEP* jockstrap.

suspicacia
1 *nf (desconfianza)* distrust, mistrust.
2 *nf (sospecha)* suspicion, suspiciousness.

suspicaz
1 *adj (desconfiado)* mistrustful, distrustful.

2 *adj (que sospecha)* suspicious.
▲ *pl suspicaces.*

suspirado,-a
1 *pp →* **suspirar.**
2 *adj fig (deseado)* longed-for.

suspirar *vi* to sigh.
+ suspirar por *fig* to long for.

suspiro *nm* sigh.
+ dar el último suspiro to breathe one's last.
deshacerse en suspiros *fig* to heave great sighs.

sustancia
1 *nf (gen)* substance.
2 *nf (esencia)* substance, essence.
+ ser persona de poca sustancia *fam* to be a characterless person.
sin sustancia lacking in substance.
■ sustancia gris grey matter.

sustancial
1 *adj (gen)* substantial.
2 *adj (fundamental)* essential, fundamental.
3 *adj (importante)* important, substantial.

sustancialmente *adv* substantially.

sustanciar *vt* to condense, abridge.
▲ *Conjugation model [12], like* **cambiar.**

sustancioso,-a
1 *adj (nutritivo)* wholesome.
2 *adj fig (libro etc)* meaty.

sustantivar *vt* to use as a noun.

sustantivo,-a
1 *adj* substantive.
2 sustantivo *nm* noun, substantive.

sustentable *adj* tenable.

sustentación
1 *nf (soporte)* support.
2 *nf (mantenimiento)* sustenance, maintenance.

sustentáculo *nm* support, prop.

sustentar
1 *vt (familia etc)* to maintain, support, sustain.
2 *vt (sostener)* to hold up, support.
3 *vt (teoría, opinión, etc)* to support, defend.
4 sustentarse *vpr (alimentarse)* to sustain oneself, live **(de,** on).
5 *vpr (sostenerse)* to support oneself.

sustento
1 *nm (alimento)* sustenance, food.
2 *nm (apoyo)* support.
+ ganarse el sustento to earn one's living.

sustitución *nf* substitution, replacement.

sustituible *adj* replaceable, expendable.

sustituir
1 *vt (reemplazar)* to substitute **(por,** with), replace **(por,** with): **sustituyeron el aparato por uno nuevo** they replaced the appliance with a new one; **he roto dos copas y me dicen que las tendré que sustituir** I've broke two glasses and they say I'll have to replace them.
2 *vt (hacer las veces de)* to stand in for: **el primer ministro sustituyó al presi-**

dente mientras estaba enfermo the prime minister stood in for the president while he was ill; **García sustituyó a Hierro** García came on as a substitute for Hierro.
▲ *Conjugation model [62], like* **huir.**

sustitutivo,-a
1 *adj* substitutive.
2 sustitutivo *nm* substitute.

sustituto,-a *nm,f* substitute, stand-in, replacement.

susto *nm* fright, scare, shock.
+ caerse del susto *fig* to be frightened to death.
dar un susto a alguien to give somebody a fright.
darse un susto/llevarse un susto to get a fright.
no pasar del susto *fig* to be just a scare.

sustracción
1 *nf (robo)* theft.
2 *nf MAT* subtraction.

sustraendo *nm* subtrahend.

sustraer
1 *vt (robar)* to steal.
2 *vt (extraer)* to remove.
3 *vt MAT* to subtract.
4 sustraerse *vpr (faltar al cumplimiento)* to evade **(a,** -), elude **(a,** -); *(tentaciones)* to resist **(a,** -).
▲ *Conjugation model [88], like* **traer.**

sustrato *nm* substratum.

susurrante *adj* whispering.

susurrar
1 *vi* to whisper.
2 *vi fig (agua)* to murmur; *(hojas)* to rustle.
3 susurrarse *vpr (divulgarse)* to be rumoured *(US* rumored).

susurro
1 *nm* whisper.
2 *nm fig (agua)* murmur; *(hojas)* rustle.

sutil
1 *adj (delgado)* thin, fine.
2 *adj (aroma)* delicate; *(color)* soft.
3 *adj (brisa)* gentle.
4 *adj fig* subtle.

sutileza
1 *nf* thinness, fineness.
2 *nf fig* subtlety.

sutilizar
1 *vt (adelgazar)* to make fine, thin down.
2 *vt fig (pulir)* to polish, refine.
3 *vi fig (ser preciso)* to quibble, split hairs.
▲ *Conjugation model [4], like* **realizar.**

sutilmente *adv fig* subtly, mildly.

sutura *nf* suture.

suturar *vt* to stitch.

suyo,-a
1 *adj (de él)* his, of his; *(de ella)* her, of hers; *(de animales, cosas)* its; *(de usted, de ustedes)* yours, of yours; *(de ellos, de ellas)* theirs, of theirs: **este libro es suyo** this book is hers; **esta libreta es suya** this notebook is his; **aquel amigo suyo** that friend of yours; **aquella tía suya** that aunt of theirs.

2 *pron (de él)* his; *(de ella)* hers; *(de usted, de ustedes)* yours; *(de ellos, de ellas)* theirs: **éstos son los míos, los suyos están sobre la mesa** there are mine, hers are on the table.

3 la suya *nf (ocasión, oportunidad)* one's chance, one's opportunity: **ésta es la suya, tiene que aprovecharla** this is your big chance, so make the most of it.

4 lo suyo *nm (lo que toca)* what one deserves.

5 *nm (habilidad)* forte, one's thing: **lo suyo es el tenis** tennis is his thing.

6 *nm fam (mucho)* a lot: **comió lo suyo** he ate a lot.

7 los suyos *nm pl (familiares)* his *(her, your, etc)* family *sing*; *(amigos)* his *(her, your, etc)* friends, his *(her, your, etc)* people.

✦ **hacer de las suyas** *fam* to be up to one's tricks.

ir a la suya/ir a lo suyo *fam* to mind one's own business.

salirse con la suya *fam* to get one's own way, get what one wants: **no se saldrá con la suya** he won't get his own way.

ser muy suyo,-a la vecina de al lado es muy suya the lady next door keeps herself to herself; **esa respuesta es muy suya** that answer is typical of him.

svástica *nf* swastika.

Swazilandia *nf* Swaziland.

swing *nm* swing.

T, t *nf (la letra)* T, t.

t. *abr* (**tomo**) volume; *(abreviatura)* vol.

T. *abr* (**tara**) tare.

taba
1 *nf ANAT* anklebone.
2 *nf (juego)* knucklebones *pl*.

tabacal *nm* tobacco field, tobacco plantation.

tabacalero,-a
1 *adj* tobacco.
2 *nm,f (cultivador)* tobacco grower.
3 *nm,f (comerciante)* tobacco trader.
4 *nm,f (vendedor)* tobacconist.
5 **Tabacalera** *nf* Spanish state tobacco monopoly.

tabaco
1 *nm (gen)* tobacco.
2 *nm (cigarrillos)* cigarettes *pl*; *(cigarro)* cigar: *me he quedado sin tabaco* I've run out of cigarettes.
3 *nm (enfermedad)* black rot.
■ **tabaco negro** black tobacco.
tabaco picado shredded tobacco.
tabaco rapé snuff.
tabaco rubio Virginia tobacco.

tabal *nm (tambor)* drum.

tabalear
1 *vt (menear)* to swing, rock.
2 *vi (golpear)* to drum.

tabaleo *nm* drumming.

tábano *nm* horsefly.

tabaquera
1 *nf (caja - para tabaco)* tobacco tin; *(- para rapé)* snuffbox.
2 *nf (bolsa)* tobacco pouch.

tabaquero,-a
1 *adj* tobacco.
2 *nm,f (vendedor)* tobacconist; *(comerciante)* tobacco dealer.

tabaquismo *nm* nicotine poisoning, nicotinism.

tabardillo
1 *nm fam (insolación)* sunstroke.
2 *nm fam fig (persona alocada)* nutcase.
3 *nm fam fig (persona pesada)* pain, drag, pest.

tabardo *nm* tabard.

tabarra *nf fam* pain in the neck, bore.
✦ **dar la tabarra** *fam* to be a pest, be a pain in the neck.

tabarro *nm* horsefly.

tabasco *nm* Tabasco sauce.
▲ *Registered trademark.*

taberna
1 *nf* pub, bar.
2 *nf (antiguamente)* tavern.

tabernáculo *nm* tabernacle.

tabernario,-a
1 *adj (de la taberna)* tavern.
2 *adj fam fig* coarse, rude.

tabernero,-a
1 *nm,f (gen)* publican; *(hombre)* landlord; *(mujer)* landlady.
2 *nm,f (antiguamente)* taverner.

tabernucha *nf fam* dive, pit, hole.

tabernucho *nm fam* dive, pit, hole.

tabicar
1 *vt (ventana, puerta, etc)* to wall up.
2 *vt (habitación)* to partition off, divide.
▲ *Conjugation model* [1], *like sacar.*

tabique *nm* partition, partition wall.
■ **tabique nasal** *ANAT* nasal bone.

tabla
1 *nf (de madera)* board, plank.
2 *nf (de piedra)* slab; *(de metal)* sheet.
3 *nf (estante)* shelf.
4 *nf ART* panel.
5 *nf COST* pleat.
6 *nf (tablón de anuncios)* notice board, *(US* bulletin-board).
7 *nf (índice)* index.
8 *nf (lista)* list; *(catálogo)* catalogue *(US* catalog).
9 *nf (parte plana de miembros)* flat.
10 *nf (faja de tierra)* strip, plot; *(bancal)* patch; *(arriate)* bed.
11 *nf MAT* table.
12 **tablas** *nf pl TEAT* stage *sing*, boards.
13 *nf pl (ajedrez)* stalemate *sing*, draw *sing*.
14 *nf pl (de plaza de toros)* barrier *sing*.
✦ **a raja tabla** strictly, to the letter.
hacer tabla rasa de algo to make a clean sweep of something.

hacer tablas *(gen)* to be deadlocked, reach stalemate; *(ajedrez etc)* to end in a draw.
pisar las tablas *TEAT* to tread the boards, go on the stage.
quedar en tablas → **hacer tablas.**
tener tablas/tener muchas tablas *(gen)* to be an old hand; *(en teatro - hombre)* to be an experienced actor; *(- mujer)* be an experienced actress.
■ **las Tablas de la Ley** *REL* the Tables of the Law.
la Tabla Redonda the Round Table.
tabla de cocina chopping board.
tabla de lavar washboard.
tabla de materias contents *pl*, table of contents.
tabla de multiplicar multiplication table.
tabla de plancha/tabla de planchar ironing board.
tabla de salvación *fig* last hope, last resort.
tabla de surf surfboard.
tabla de windsurf sailboard.

tablado
1 *nm (suelo)* wooden floor.
2 *nm (entarimado)* wooden platform.
3 *nm (del escenario)* stage.

tablaje
1 *nm (tablas)* planks *pl*, boards *pl*.
2 *nm (casa de juego)* gambling den.

tablao *nm fam (local)* flamenco bar.

tablazón *nm* planking.

tableado,-a
1 *pp* → **tablear.**
2 *adj COST* pleated.
3 **tableado** *nm COST* pleats *pl*.

tablear
1 *vt (madera)* to cut into planks.
2 *vt (tierra)* to divide into plots.
3 *vt COST* to pleat.

tablero
1 *nm (tablón)* panel, board.
2 *nm (en juegos)* board.
3 *nm (encerado)* blackboard.
4 *nm AUTO* dashboard.
5 *nm ELEC* switchboard.
6 *nm INFORM* display board.

- **tablero de ajedrez** chessboard.
  tablero de dibujo drawing board.
  tablero de instrumentos *(avión)* instrument panel, instrument board.

tableta
1 *nf (pastilla)* tablet.
2 *nf (de chocolate)* bar.

tabletear *vi* to rattle: el carro tableteaba en el camino the cart rattled along the road.

tableteo *nm* rattling, rattle.

tablilla
1 *nf* small board.
2 *nf* MED splint.

tablón
1 *nm* plank.
2 *nm (en construcción)* board.
✦ **agarrar un tablón/coger un tablón** *fam* to get plastered.
- **tablón de anuncios** notice board, US bulletin board.

tabú
1 *adj* taboo.
2 *nm* taboo.
▲ *pl* tabúes o tabús.

tabuco *nm pey* hovel.

tabulación *nf* tabulation.

tabulador *nm* tabulator.

tabuladora *nf* tabulator.

tabular
1 *adj* tabular.
2 *vt* to tabulate.

taburete *nm* stool.

tacada
1 *nf (golpe)* stroke.
2 *nf (carambolas)* break.
3 *nf (tacos)* plugs *pl*.

tacañear *vi fam* to be stingy, be mean.

tacañería *nf* stinginess, meanness.

tacaño,-a
1 *adj* mean, stingy.
2 *nm,f* skinflint, miser.

tacatá *nm* baby-walker.

tacataca *nm* baby-walker.

tacha[1]
1 *nf (defecto)* flaw, blemish, defect.
2 *nf (descrédito)* blemish.
✦ **sin tacha** flawless, without blemish.

tacha[2] *nf (tachuela)* tack.

tachadura *nf* crossing out.

tachar
1 *vt (borrar)* to cross out.
2 *vt (culpar)* to accuse (**de**, of): lo tachan de fascista they accuse him of being a fascist.

tachón[1] *nm (tachadura)* crossing out.

tachón[2] *nm (tachuela)* large stud.

tachonar
1 *vt (con tachones)* to stud, cover with studs.
2 *vt fig (salpicar)* to stud, dot.

tachuela *nf* tack, stud.

tacita *nf* little cup.
- **la Tacita de plata** Cadiz.

tácitamente *adv* tacitly.

tácito,-a *adj* tacit.

taciturno,-a
1 *adj (callado)* taciturn, silent.
2 *adj (triste)* sad, melancholy.

taco
1 *nm (tarugo)* plug, stopper.
2 *nm (para pared)* plug, Rawlplug.
3 *nm (bloc de notas)* notepad, writing pad; *(calendario)* tear-off calendar.
4 *nm (de entradas)* book; *(de billetes)* wad.
5 *nm (de billar)* cue.
6 *nm* CULIN *(de queso etc)* cube, piece; *(en Méjico)* taco, rolled-up tortilla.
7 *nm fam (lío)* mess, muddle.
8 *nm fam (palabrota)* swearword.
9 *nm fam (años)* year's old: tiene 40 tacos she's forty.
10 *nm arg (drogas)* lump of hash.
✦ **armarse un taco/hacerse un taco** to get all mixed up.
soltar un taco/soltar tacos to swear.

tacógrafo *nm* tachograph.

tacómetro *nm* tachometer.

tacón *nm* heel: zapatos de tacón alto high-heeled shoes.
- **tacones aguja** stiletto heels.

taconazo *nm* blow with the heel.
✦ **dar un taconazo** to click one's heels.

taconear *vi (pisar)* to tap one's heels, click one's heels; *(golpear)* to stamp one's heels.

taconeo *nm (pisada)* heel-tapping, clicking of the heels; *(golpe)* stamping with the heels.

táctica *nf* tactic, tactics *pl*, strategy.

táctico,-a
1 *adj* tactical.
2 *nm,f* tactician.

táctil *adj* tactile.

tacto
1 *nm (sentido)* touch.
2 *nm (acción)* touch, touching: el jersey es suave al tacto the sweater is soft to the touch.
3 *nm fig (delicadeza)* tact.
✦ **no tener tacto** to be tactless.
tener tacto to be tactful.
- **falta de tacto** lack of tact, tactlessness.

Tadjikistán *nm* Tadzhikistan.

tadjiko,-a
1 *adj* Tadzhiki.
2 *nm & nf (persona)* Tadzhik.
3 **tadjiko** *nm (idioma)* Tadzhiki.

TAE *abr* (**tasa anual equivalente**) annualized percentage rate; *(abreviatura)* APR.

taekwondo *nm* tae kwon do.

tafetán *nm* taffeta.

tafilete *nm* Morocco leather.

tagalo,-a
1 *adj* Tagalog.
2 *nm,f* Tagalog.
3 **tagalo** *nm (idioma)* Tagalog.

tagarnina
1 *nf (cardillo)* Spanish oyster plant.
2 *nf fam (cigarro)* bad-quality cigar.

tagarote
1 *nm (ave)* small hawk formerly used in falconry.
2 *nm fam fig (hombre)* lanky person, beanpole.

taheño,-a *adj* red, ginger.

Tahití *nm* Tahiti.

tahitiano,-a
1 *adj* Tahitian.
2 *nm,f (persona)* Tahitian.
3 **tahitiano** *nm (idioma)* Tahitian.

tahona
1 *nf (molino)* flour-mill.
2 *nf (panadería)* bakery.

tahúr,-ura *nm,f* cardsharper, cardsharp.

taifa
1 *nf (facción)* faction.
2 *nf fam fig* gang of villains.
- **reinos de taifa** small Spanish kingdoms after the disintegration of the Caliphate of Córdoba in 1031.

taiga *nf* taiga.

tailandés,-esa
1 *adj* Thai.
2 *nm,f (persona)* Thai.
3 **tailandés** *nm (idioma)* Thai.

Tailandia *nf* Thailand.

taimado,-a
1 *adj* sly, crafty.
2 *nm,f* sly person, crafty person.

taimería *nf* slyness, cunning.

Taiwán *nm* Taiwan.

taiwanés,-esa
1 *adj* Taiwanese.
2 *nm,f* Taiwanese.

tajada
1 *nf (rodaja)* slice.
2 *nf (corte)* cut; *(cuchillada)* stab.
✦ **agarrar una tajada/coger una tajada/pillar una tajada** *fam* to get smashed, get plastered.
dar un tajada to cut.
llevarse la tajada del león *fam* to take the lion's share.
llevarse tajada/sacar tajada *fam* to take one's share.

tajado,-a
1 *pp → tajar.*
2 *adj fam fig (borracho)* plastered, canned.

tajamar
1 *nm* MAR cutwater.
2 *nm* AM *(malecón)* dyke.

tajante
1 *adj* sharp, strong.
2 *adj fig* emphatic, categorical.

tajantemente *adv* emphatically, categorically.

tajar *vt* to cut, chop, slice (off).

tajo
1 *nm (corte)* cut, slash.
2 *nm (filo)* cutting edge.
3 *nm (para cortar carne)* chopping board, chopping block.
4 *nm (escarpa)* steep cliff.

5 *nm fam (tarea)* work, job: **se fue al tajo** she went to work.

Tajo el Tajo *nm* the Tagus.

tal

1 *adj (semejante)* such: **nunca había oído tal cosa** I had never heard such a thing; **en tales condiciones** in such conditions.

2 *adj (tan grande)* such, so: **tal es su ignorancia que …** he is so ignorant that …

3 *adj (cosa sin especificar)* such and such: **tal día** such and such a day.

4 *adj (persona sin especificar)* someone called, a certain: **vino un tal Alberto** someone called Alberto came.

5 *pron (alguno - cosa)* such a thing, something; *(- persona)* someone, somebody: **yo no dije tal** I didn't say such a thing; **tal habrá que lo crea** someone is bound to believe it.

6 *adv (así)* in such a way, so: **tal me contestó que no supe cómo reaccionar** he answered in such a way that I didn't know how to react; **tal estaban de cansados que se fueron a dormir en seguida** they were so tired that they went straight to bed.

◆ como si tal cosa as if nothing had happened.

como tal as such.

de tal manera que in such a way that.

de tal palo tal astilla like father, like son.

no hay tal como … there's nothing like …

¿qué tal? how are things?

¿qué tal …? how … ?: **¿qué tal estuvo la fiesta?** how was the party?

tal como *(ejemplos)* such as; *(de la misma manera)* just as.

tal cual just as it is.

tal para cual two of a kind.

tal vez perhaps, maybe.

tal y como just as, as: **tal y como veo las cosas …** as I see things …

y tal y cual and so on.

■ una tal *fam* prostitute.

tala *nf* tree felling.

talabarte *nm* sword belt.

taladrador,-ra

1 *adj* drilling.

2 *nm,f* driller, borer.

taladradora *nf (herramienta)* drill.

taladrar

1 *vt (gen)* to drill; *(pared)* to bore through.

2 *vt (billetes etc)* to punch.

3 *vt fig (los oídos)* to pierce.

taladro

1 *nm (herramienta)* drill, bore; *(barrena)* gimlet, brace.

2 *nm (agujero)* hole.

tálamo

1 *nm (lecho conyugal)* nuptial bed.

2 *nm (de flor, de cerebro)* thalamus.

talán *nm* ringing, ding-dong.

talanquera

1 *nf (valla, pared, etc)* wall, fence.

2 *nf fig (seguridad)* means of safety, safeguard.

talante

1 *nm (disposición)* disposition, mood.

2 *nm (voluntad)* willingness.

◆ de buen talante willingly: **lo hizo de buen talante** he did it willingly.

de mal talante unwillingly, reluctantly.

estar de buen talante to be in a good mood.

estar de mal talante to be in a bad mood.

talar[1] *adj (vestidura)* full-length, long.

talar[2]

1 *vt (cortar)* to fell, cut down.

2 *vt (destruir)* to devastate.

talasocracia *nf* thalassocracy.

talasoterapia *nf* thalassotherapy.

talayote *nm* talayot.

talco *nm* talc.

taled *nm* tallith.

▲ *pl* **taledes**.

talega

1 *nf (bolsa)* bag, sack.

2 *nf (contenido)* bagful, sackful.

3 *nf (para el pelo)* hairnet.

4 *nf (dinero)* money.

talego

1 *nm (bolsa)* long bag, long sack.

2 *nm (contenido)* bagful, sackful.

3 *nm arg fig (cárcel)* clink, hole.

4 *nm arg fig (antiguamente)* one-thousand peseta note.

■ medio talego *(antiguamente)* five-hundred pesetas.

talento

1 *nm (entendimiento)* talent, intelligence: **tiene talento** she's talented, she's got talent.

2 *nm (aptitud)* gift, talent: **tiene talento para las matemáticas** she has a gift for mathematics.

talentoso,-a *adj* talented, gifted.

talentudo,-a *adj* talented, gifted.

Talgo *abr* (**Tren Articulado Ligero Goicoechea-Oriol**) *Spanish fast passenger train*.

talio *nm* thallium.

talión *nm* talion.

◆ la ley del talión an eye for an eye, a tooth for a tooth.

talismán *nm* talisman, lucky charm.

talla

1 *nf (estatura)* height.

2 *nf fig (moral, intelectual, etc)* stature.

3 *nf (de prenda)* size: **¿qué talla usa?** what size is he?

4 *nf (escultura)* carving, sculpture.

5 *nf (tallado - piedras)* cutting; *(- metal)* engraving.

◆ dar la talla para hacer algo *fig* to be up to doing something: **no da la talla para el trabajo** he's not up to the job.

de talla/de mucha talla *fig* outstanding, prominent.

tallado,-a

1 *pp →* **tallar.**

2 *adj (piedra)* cut; *(madera)* carved; *(metal)* engraved.

3 **tallado** *nm (de piedra)* cutting; *(de madera)* carving; *(de metal)* engraving.

tallador,-ra

1 *nm,f (grabador)* engraver.

2 **tallador** *nm MIL* man who measures the height of conscripts.

tallar

1 *vt (madera, piedra, etc)* to carve, shape; *(piedras preciosas)* to cut; *(metales)* to engrave.

2 *vt (medir)* to measure the height of.

3 *vt (valorar)* to value, appraise.

4 *vt (en naipes)* to deal.

tallarín *nm* noodle, tagliatelle *sing*.

talle

1 *nm (cintura)* waist.

2 *nm (figura - de hombre)* build, physique; *(- de mujer)* figure, shape.

3 *nm COST* shoulder-to-waist measurement.

tallecer *vi* to sprout, shoot.

▲ *Conjugation model* [43], *like* **agradecer**.

taller

1 *nm (obrador)* workshop.

2 *nm (de artista)* studio.

3 *nm (en fábrica)* shop, workshop.

4 *nm AUTO* garage, repair shop.

5 *nm fig (seminario)* workshop.

■ taller de reparaciones garage, repair shop.

taller de teatro drama workshop.

taller mecánico garage, repair shop.

tallerina *nf* clam.

tallista *nm & nf* woodcarver, carver.

tallo *nm BOT* stem, stalk; *(renuevo)* sprout, shoot.

talludo,-a

1 *adj (planta)* leggy, tall.

2 *adj fig (crecido)* grown, grown-up.

3 *adj fig (no joven)* middle-aged.

4 *adj fig (enviciado)* with bad habits.

talmente *adv fam* exactly like.

talmud *nm* Talmud.

talo *nm* thallus.

talón[1]

1 *nm (de pie, zapato, etc)* heel.

2 *nm (cheque)* cheque *(US check)*.

3 *nm (recibo)* receipt, voucher.

4 *nm (de violín)* heel.

5 *nm (de quilla)* heel.

6 *nm (de neumático)* flange.

◆ pisarle los talones a alguien *fig* to follow close on somebody's heels, be on somebody's heels.

■ talón bancario counter cheque *(US check)*.

talón de Aquiles Achilles' heel.

talón sin fondos bad/dud cheque, *(US rubber check)*.

talón[2] *nm (patrón monetario)* monetary standard.

talonario *nm (de cheques)* cheque book (*us* check book); *(de billetes)* book of tickets; *(de recibos)* stub book.

taloneador *nm* hooker.

talonear *vi (andar con prisa)* to hurry along.

talonera *nf (pantalones)* binding; *(medias etc)* heelpiece; *(de fijación)* heel-grip.

talud *nm* slope.

tamaño,-a
1 *adj (semejante)* such a, so big a: no pude aguantar tamaña impertinencia I couldn't tolerate such an impertinent remark.
2 tamaño *nm (medida)* size: ¿de qué tamaño es? what size is it?
3 *nm (dimensión)* dimensions *pl*.
+ de gran tamaño large.
del tamaño de as large as, the size of.
▪ tamaño natural life size.

tamarindo *nm* tamarind.

tamarisco *nm* tamarisk.

tambaleante
1 *adj (persona)* staggering, tottering.
2 *adj (mueble)* wobbly, shaky.
3 *adj fig* shaky, unstable.

tambalearse
1 *vpr (persona)* to stagger, totter; *(mueble)* to wobble.
2 *vpr fig* to be shaky.

tambaleo
1 *nm (de persona)* staggering, reeling.
2 *nm (de mueble)* wobble, wobbling.

también
1 *adv (igualmente)* also, too, as well, so: Pedro también estaba Pedro was also there, Pedro was there too, Pedro was there as well; ellos están trabajando y Juan también they're working and so is Juan; llegaron tarde y yo también they arrived late and so did I.
2 *adv (además)* besides, in addition.

tambor
1 *nm (instrumento)* drum.
2 *nm (maquinaria)* drum.
3 *nm (para bordar)* tambour, embroidery frame.
4 *nm ARQ* drum, tambour.
5 *nm (para tamizar)* sieve.
6 *nm (de arma)* cylinder, barrel.
7 *nm (de lavadora)* drum.
8 *nm (de freno)* brake drum.
9 *nm (para enrollar)* capstan.
10 *nm (del oído)* eardrum.
11 *nm fam (de jabón)* drum, giant-size pack.
12 *nm & nf (persona)* drummer.
+ a tambor batiente *fig* triumphantly.
▪ tambor mayor drum major.

tamboril *nm* small drum.

tamborilear
1 *vi (golpear el tambor)* to play the drum.
2 *vi (repiquetear)* to drum.

tamborileo *nm* drumming.

tamborilero,-a *nm,f* drummer.

Támesis el Támesis *nm* the Thames.

tamiz *nm* sieve.
+ pasar por el tamiz to sift; *fig* to scrutinize.
▲ *pl* tamices.

tamizar
1 *vt (harina, tierra, etc)* to sieve.
2 *vt (luz)* to filter.
3 *vt fig (seleccionar)* to screen.
▲ *Conjugation model* [4], *like* realizar.

tampoco *adv* neither, nor, not … either: mi hermano no irá a la fiesta y yo tampoco my brother won't go to the party and neither will I, my brother won't go to the party and I won't either; no quiere estudiar y tampoco quiere ir al cine he doesn't want to study and he doesn't want to go to the cinema either; yo no lo hice, —yo tampoco I didn't do it, —nor did I.

tampón
1 *nm (de entintar)* inkpad.
2 *nm MED* tampon.

tam-tam *nm* tom-tom.

tan
1 *adv (tanto)* such, such a, so: es una niña tan buena she's such a nice girl; no seas tan cruel don't be so cruel; son personas tan amables they're such kind people.
2 *adv (comparativo - como)* as … as, so … (that); *(- que)* so …, so … (that): está tan gordo como tú he's as fat as you (are); estaba tan bueno que me lo comí todo it was so good (that) I ate it all.
+ de tan … como so … (that): de tan duro como estaba no me lo pude comer it was so tough (that) I couldn't eat it.
¡qué … tan! what a …!: ¡qué peli tan divertida! what a funny film!
tan es así que … so much so that …
tan pronto como as soon as.
tan siquiera even, just.
tan solo only, just: tan solo quiero uno I only want one.
tan solo con … just by …, just for …: tan solo con ir te daban un regalo you were given a present just for going there.

tanatorio *nm* chapel of rest.

tanda
1 *nf (conjunto)* batch, lot; *(serie)* series, course.
2 *nf (turno)* shift.
3 *nf (en billar)* game.
+ por tandas in batches.
▪ tanda de palos *fam* thrashing.

tándem
1 *nm (bicicleta)* tandem.
2 *nm fig (de dos personas)* team of two, tandem.
▲ *pl* tándemes.

tanga *nm* G-string, tanga.

tangencial *adj* tangential.
▪ efecto-tangencial side effect.

tangente
1 *adj* tangent.
2 *nf* tangent.
+ irse por la tangente/salirse por la tangente *fig* to go off at a tangent.

Tánger *nm* Tangier.

tangible *adj* tangible.

tango *nm* tango.

tanguista *nf* cabaret girl, nightclub hostess.

tanino *nm* tannin.

tanque
1 *nm (depósito)* tank, reservoir.
2 *nm MIL* tank.
3 *nm (vehículo cisterna)* tanker.

tanqueta *nf* light tank.
▪ tanqueta antidisturbios water cannon.

tantalio *nm* tantalum.

tantán *nm* gong.

tantarán
1 *nm (sonido)* ratatat-tat.
2 *nm fig (golpe)* bang.

tantarantán *nm* → tantarán.

tantear
1 *vt (calcular)* to estimate, guess.
2 *vt (probar medidas)* to size up.
3 *vt fig (ensayar)* to try out, put to the test.
4 *vt fig (persona)* to sound out.
5 *vt (dibujo)* to sketch.
6 *vi DEP* to score, keep score.
7 *vi (andar a tientas)* to feel one's way.
+ tantear el terreno *fig* to see how the land lies.

tanteo
1 *nm (cálculo aproximado)* estimate, guess.
2 *nm (prueba)* reckoning, rough estimate; *(de medidas)* sizing up.
3 *nm (sondeo)* trial, test.
4 *nm fig (de persona)* sounding out.
5 *nm DEP* score.
+ igualar el tanteo *DEP* to draw.

tanto,-a
1 *adj (incontables)* so much; *(contables)* so many: no cojas tanta leche don't take so much milk; no comas tantos caramelos don't eat so many sweets; ¡tengo tanto calor! I'm so hot!; ¡ha pasado tanto tiempo! it's been so long!
2 *adj (comparación - incontable)* as much; *(- contables)* as many: trajo tanto pan como yo he brought as much bread as I did; tengo tantos libros como tú I've got as many books as you.
3 *pron (incontable)* so much; *(contable)* so many: no había tantos there weren't so many.
4 *adv (cantidad)* so much: ¡te quiero tanto! I love you so much!; lo siento tanto I'm so sorry.
5 *adv (tiempo)* so long: esperamos tanto we waited for so long; hace tanto que no viene it's a long time since he last came.
6 *adv (frecuencia)* so often: no los telefonees tanto don't phone them so often.

7 tanto *nm (punto)* point; *(fútbol)* goal.

8 *nm (cantidad imprecisa)* so much, a certain amount: **percibes un tanto al mes** you get so much a month.

9 *nm (poco)* bit: **es un tanto estrecho** it's a bit narrow.

✦ **a las tantas** *fam* very late, at an unearthly hour.

a tantos de sometime in: **fue a tantos de enero** it was sometime in January.

apuntar un tanto/marcar un tanto *(gen)* to score a point; *(fútbol)* to score a goal.

con tanto/de tanto with so much: **se quedó afónica de tanto gritar** she lost her voice with shouting so much.

cuanto más ... tanto más ... the more … the more …

en tanto/entre tanto/mientras tanto meanwhile.

eso es tanto como ... that is like …

estar al tanto *(informado)* to be informed; *(alerta)* to be on the alert.

ni tanto ni tan poco/ni tanto ni tan calvo *fam* neither one extreme nor the other.

no es para tanto/no hay para tanto it's not that bad.

no será tanto it can't be as bad as you make out.

otro tanto as much again, the same again.

por lo tanto therefore.

ser uno de tantos/ser una de tantos to be nothing special.

tanto cuanto as much as.

tanto más/tanto menos all the more/all the less.

tanto mejor/tanto peor so much the better/so much the worse.

tanto si ... como si ... whether … or …: **tanto si quieres como si no** whether you like it or not.

uno de tantos/una de tantas run-of-the-mill.

... y tantos/... y tantas *(cantidad)* odd; *(año)* something: **treinta y tantos libros** thirty odd books; **en el año cuarenta y tantos** in nineteen forty something.

■ **tanto por ciento** percentage.

Tanzania *nf* Tanzania.

tanzano,-a
1 *adj* Tanzanian.
2 *nm,f* Tanzanian.

tañedor,-ra *nm,f* player: **un tañedor de laúd** a lute player, a lutanist.

tañer
1 *vt (instrumento)* to play.
2 *vt (campanas)* to ring, toll.
▲ *Conjugation model [38]*.

tañido
1 *nm (de instrumento)* sound.
2 *nm (de campanas)* ringing, toll, peal.

taoísmo *nm* Taoism.

taoísta
1 *adj* Taoist.
2 *nm & nf* Taoist.

tapa
1 *nf (cubierta)* lid, top; *(de botella)* cap, top, stopper.
2 *nf (de libro)* cover.
3 *nf (de zapato)* heel-plate.
4 *nf AUTO* head.
5 *nf CULIN (comida)* appetizer, savoury *(US* savory), tapa.
6 *nf (de res)* round of beef.
✦ **levantarse la tapa de los sesos/saltarse la tapa de los sesos** *fam* to blow one's brain out.

tapabocas *nm* scarf, muffler.
▲ *pl* **tapabocas**.

tapacubos *nm* hubcap.
▲ *pl* **tapacubos**.

tapadera
1 *nf* cover, lid.
2 *nf fig* cover, front: **el club es una tapadera de la mafia** the club is a front for the Mafia.

tapadillo
1 *nm (acción de taparse con manto)* covering one's face with a mantle.
2 *nm (de órgano)* flute-stop.
3 *nm fam (disimulo)* deceit, secrecy.
✦ **hacer algo de tapadillo** *fam* to do something secretly.

tapajuntas *nm* beading, fillet.
▲ *pl* **tapajuntas**.

tapar
1 *vt (cubrir)* to cover; *(con tapa)* to put the lid on, put the top on.
2 *vt (con ropas etc)* to wrap up.
3 *vt (obstruir)* to obstruct; *(tubería)* to block.
4 *vt (ocultar)* to hide; *(a la vista)* to block.
5 *vt fig (encubrir)* to cover up.
6 taparse *upr (abrigarse)* to wrap up.
7 *upr (la nariz)* to be blocked up.
✦ **taparse los oídos** to put one's fingers in one's ears.

taparrabo
1 *nm* loincloth.
2 *nm fam (bañador)* bathing trunks *pl*.
▲ *Also used in plural with the same meaning.*

tapete
1 *nm (alfombra)* rug.
2 *nm (paño)* runner.
✦ **estar sobre el tapete** *(tema) fig* to be under discussion, be on the table.
poner sobre el tapete *(plantear) fig* to bring up for discussion.

tapia *nf (cerca)* garden wall; *(de adobe)* mud wall, adobe wall.
✦ **estar más sordo,-a que una tapia** *fam* to be as deaf as a post.

tapiado,-a
1 *pp →* **tapiar**.
2 *adj* walled.

tapiar
1 *vt (área)* to wall in, wall off.
2 *vt fig (puerta, ventana, etc)* to wall up, close up.
▲ *Conjugation model [12], like cambiar.*

tapicería
1 *nf ART* tapestry making.
2 *nf (tapices)* tapestries *pl*.
3 *nf (de muebles etc)* upholstery.
4 *nf (material)* upholstery material.
5 *nf (tienda)* upholsterer's, upholsterer's workshop.

tapicero,-a
1 *nm,f (de muebles, coche, etc)* upholsterer.
2 *nm,f ART* tapestry maker.

tapioca *nf* tapioca.

tapir *nm* tapir.

tapiz
1 *nm (de pared)* tapestry.
2 *nm (alfombra)* rug, carpet.
▲ *pl* **tapices**.

tapizado
1 *nm (acción)* upholstering.
2 *nm (material)* upholstery material.

tapizar
1 *vt (muebles)* to upholster.
2 *vt (una pared)* to cover.
3 *vt (cubrir con tapices)* to cover with tapestries.
▲ *Conjugation model [4], like realizar.*

tapón
1 *nm* stopper, plug; *(de botella)* cap, cork.
2 *nm (del oído)* wax in the ear.
3 *nm fam fig (persona)* shorty, dumpling: **su novio es un tapón** her boyfriend's dumpy, her boy friend's short and fat.
4 *nm (baloncesto)* block.
5 *nm (embotellamiento)* traffic jam.
6 *nm MED* tampon.
■ **tapón de rosca** screw top.

taponamiento *nm* plugging, obturation.

taponar
1 *vt (orificio etc)* to plug, stop.
2 *vt (atascar)* to block.
3 *vt (poner el tapón)* to put the plug in.
4 *vt MED* to tampon, plug.
5 taponarse *upr (atascarse)* to get clogged, get blocked.
6 *upr (los oídos)* to get blocked up.

taponazo
1 *nm (ruido)* pop.
2 *nm fam (golpe)* hit, shot: **recibió un taponazo en la cabeza** he was hit on the head by a flying cork.

tapujo
1 *nm (embozo)* muffler.
2 *nm fig (disimulo)* deceit, secrecy.
✦ **andarse con tapujos** *fig* not to come clean about something.
sin tapujos openly.

taqué *nm* tappet.

taquicardia *nf* tachycardia.

taquigrafía *nf* tachygraphy, shorthand, stenography.

taquigrafiar *vt* to write in shorthand.
▲ *Conjugation model [13], like desviar.*

taquigráfico,-a *adj* written in shorthand.
■ **signos taquigráficos** shorthand symbols.

taquígrafo,-a *nm,f* tachygrapher, shorthand writer, stenographer.

taquilla
1 *nf (de tren etc)* ticket office, booking office; *(de cine, teatro, etc)* box office: un éxito de taquilla a box-office success.
2 *nf (recaudación)* takings *pl*, returns *pl*.
3 *nf (casillero)* pigeonholes *pl*.
4 *nf (armario)* locker.

taquillero,-a
1 *nm,f* booking clerk, ticket clerk.
2 *adj fig* popular, big at the box office: un actor taquillero an actor who is big at the box office; una película taquillera a film which is a box-office hit.

taquimeca *nm & nf fam* shorthand typist.

taquimecanografía *nf* shorthand and typing.

taquimecanógrafo,-a *nm,f* shorthand typist.

taquimetría *nf* tacheometry.

taquímetro *nm* tacheometer, tachymeter.

tara
1 *nf (peso)* tare.
2 *nf (defecto)* defect, blemish, fault.

tarabilla
1 *nf (de puerta, ventana)* catch, latch.
2 *nf fig (tropel de palabras)* jabber, prattle.
3 *nf (ave)* stonechat.
4 *nm & nf fam fig (persona)* chatterbox.
■ **tarabilla común** stonechat.
tarabilla norteña whinchat.

tarabita *nf* tongue.

taracea *nf* marquetry.

taraceado,-a
1 *pp* → **taracear.**
2 *adj* inlaid.

taracear *vt* to inlay.

tarado,-a
1 *pp* → **tarar.**
2 *adj (defectuoso)* defective, damaged.
3 *adj (persona)* handicapped.
4 *nm,f fam fig* idiot, nitwit.

taramasalata *nf* taramasalata.

tarambana
1 *adj fam* nutty.
2 *nm & nf fam* nutcase.

tarantela *nf* tarantella.

tarántula *nf* tarantula.

tarar *vt* to tare.

tarara *nf* tantara, tantarara.

tarará *nf* tantara, tantarara.

tararear *vt* to hum.

tarareo *nm* humming.

tararí
1 *nm* tantara, tantarara.
2 *adj fam (bebido)* sloshed, plastered.

tararira
1 *nf (juerga)* binge.
2 *adj fam (alocado)* batty, potty; *(borracho)* drunk.

tarasca
1 *nf (monstruo)* monster.
2 *nf (persona glotona)* glutton.
3 *nf fam fig (mujer)* hag.

tarascada *nf fam fig* rude reply, cutting answer.

tarascar *vt* to bite.
▲ *Conjugation model* [1], *like* sacar.

tardanza *nf* delay.

tardar
1 *vt (emplear tiempo)* to take: tardé cuatro horas it took me four hours; ¿cuánto se tarda? how long does it take?
2 *vi (demorar)* to take a long time: tardó mucho en contestar he took a long time to answer; se tarda más a pie it takes longer on foot.
♦ **a más tardar** at the latest.
no puede tardar he should be here any moment now.
no tardes don't be long.
sin tardar without delay, right away.

tarde
1 *nf (hasta las cinco aprox.)* afternoon: son las 3 de la tarde it's 3 o'clock in the afternoon, it's 3 p.m.
2 *nf (después de las cinco aprox.)* evening: lo vi ayer por la tarde I saw him yesterday evening.
3 *adv (hora avanzada)* late: se está haciendo tarde it's getting late.
4 *adv (demasiado tarde)* too late: es tarde para salir it's too late to go out.
♦ **a la caída de la tarde** at dusk.
a última hora de la tarde early in the evening.
buenas tardes *(antes de las cinco aprox.)* good afternoon; *(después de las cinco aprox.)* good evening.
de tarde en tarde very rarely, not very often.
más tarde o más temprano/tarde o temprano sooner or later.
más vale tarde que nunca better late than never.
tarde o temprano sooner or later.

tardíamente *adv* too late.

tardío,-a *adj* late, belated.
■ **fruto tardío** late fruit.

tardo,-a
1 *adj (lento)* slow.
2 *adj (retrasado)* late.
3 *adj (torpe)* slow.
♦ **tardo,-a en comprender** slow on the uptake.

tardón,-ona
1 *adj fam* very slow.
2 *nm,f fam* slowcoach.

tarea *nf* task, job.
■ **las tareas de la casa** the housework *sing*, the chores.
tareas escolares homework *sing*.

tarifa
1 *nf (precio)* tariff, rate; *(de transporte)* fare.
2 *nf (lista de precios)* price list.

■ **tarifa completa** full tariff.
tarifa reducida reduced rate, special deal.
tarifa turística tourist-class rate.

tarifar
1 *vt (fijar tarifa)* to put a price to, price.
2 *vi (reñir)* to quarrel.

tarima *nf* platform, dais.

tarjeta *nf* card.
■ **tarjeta amarilla** yellow card.
tarjeta censal polling card.
tarjeta de débito debit card.
tarjeta de cliente customer card.
tarjeta de crédito credit card.
tarjeta de embarque boarding card.
tarjeta de expansión expansion card.
tarjeta de felicitación greetings card.
tarjeta de fidelización loyalty card.
tarjeta de memoria memory card, chip card.
tarjeta de presentación business card.
tarjeta de residencia residence permit.
tarjeta de sonido sound card.
tarjeta de vídeo video card.
tarjeta de visita visiting card, *US* calling card.
tarjeta inteligente smart card.
tarjeta magnética swipe card.
tarjeta multiviaje travel card.
tarjeta perforada punch card, punched card.
tarjeta postal postcard.
tarjeta roja red card.
tarjeta telefónica phonecard.

tarjetero *nm* wallet for visiting-cards.

tarlatana *nf* tarlatan.

tarot *nm* tarot.
▲ *pl* tarots.

tarquín *nm* slime.

tarraconense
1 *adj* of Tarragona, from Tarragona.
2 *nm & nf* person from Tarragona, inhabitant of Tarragona.

tarrina *nf* tub: una tarrina de margarina a tub of margarine.

tarro¹
1 *nm (vasija)* jar, pot, tub.
2 *nm fam (cabeza)* bonce.
♦ **comerle el tarro a alguien** *fam* to brainwash somebody.
estar mal del tarro *fam* to be off one's rocker.

tarro² *nm (ave)* shelduck.

tarso *nm* tarsus.

tarta *nf* flan, tart, pie: tarta de manzana apple pie; tarta de frutas fruit flan.

tartaja
1 *adj fam* stammering, stuttering.
2 *nm & nf fam* stammerer, stutterer.

tartajear *vi* to stammer, stutter.

tartajeo
1 *nm (acción)* stammering, stuttering.
2 *nm (defecto)* stammer, stutter.

tartajoso,-a
1 *adj* stammering, stuttering.
2 *nm,f* stammerer, stutterer.

tartaleta *nf (moldecillo)* small pastry case; *(pastelito)* small fruit tart.

tartamudeante *adj* stammering.

tartamudear *vi* to stammer, stutter.

tartamudeo
1 *nm (acción)* stammering, stuttering.
2 *nm (defecto)* stammer, stutter.

tartamudez *nf* stammering, stuttering.

tartamudo,-a
1 *adj* stuttering, stammering: **es tartamudo** he's got a stammer.
2 *nm,f* stutterer, stammerer.

tartán[1] *nm (tela)* tartan.
▲ *Registered trademark.*

tartán[2]
1 *nm (material)* Tartan.
2 *nf (pista)* Tartan track.

tartana
1 *nf (embarcación)* tartan.
2 *nf (carruaje)* trap.
3 *nf fam fig (coche)* banger, heap.

tártaro[1] *nm (depósito)* tartar.

tártaro,-a[2]
1 *adj* Tartar.
2 *nm,f* Tartar.

tartera
1 *nf (fiambrera)* lunchbox.
2 *nf (cazuela)* earthenware baking dish.

tartesio,-a
1 *adj* Tartessian.
2 *nm,f* Tartessian.

tartufo *nm* hypocrite, Tartuffe.

tarugo
1 *nm (de madera)* lump of wood.
2 *nm (de pan)* hunk of stale bread.
3 *nm fam fig (persona)* blockhead.

tarumba *adj fam* mad, crazy, bonkers.
✦ **estar tarumba** to be bonkers.
  volver tarumba a alguien *(enloquecer)* to drive somebody bonkers; *(aturdir)* to confuse.
  volverse tarumba *(enloquecer)* to go bonkers; *(aturdirse)* to get confused.

tas *nm* anvil.
▲ *pl* **tases.**

tasa
1 *nf (valoración)* valuation, appraisal.
2 *nf (precio)* fee, charge.
3 *nf (impuesto)* tax, levy.
4 *nf (límite)* limit; *(medida)* measure.
5 *nf (índice)* rate.
✦ **sin tasa** limitless, without limit.
■ **tasa de crecimiento** growth rate.
  tasa de desempleo unemployment rate.
  tasa de mortalidad death rate.
  tasa de natalidad birth rate.
  tasas académicas course fees.

tasación *nf* valuation, appraisal.

tasador,-ra *nm,f* valuer.

tasar
1 *vt (valorar)* to value, appraise.
2 *vt (poner precio)* to set the price of, fix the price of.
3 *vt (gravar)* to tax.

4 *vt (regular)* to regulate: **tasar los precios** to regulate prices.
5 *vt fig (limitar)* to limit, restrict; *(racionar)* to ration: **tasar la libertad** to restrict freedom; **tasar la comida** to ration food.

tasca *nf* bar, pub.
✦ **ir de tascas** *fam* to go on a pub crawl.

Tasmania *nf* Tasmania.
■ **Mar de Tasmania** Tasman Sea.

tasmano,-a
1 *adj* Tasmanian.
2 *nm,f* Tasmanian.

tata *nf fam* nanny.

tatami *nm* judo mat.

tatarabuelo,-a
1 *nm,f (hombre)* great-great-grandfather; *(mujer)* great-great-grandmother.
2 **tatarabuelos** *nm pl* great-great-grandparents.

tataranieto,-a
1 *nm,f (hombre)* great-great-grandson; *(mujer)* great-great-granddaughter.
2 **tataranietos** *nm pl* great-great-grandchildren.

tate[1]
1 *interj fam (cuidado)* look out!, steady!
2 *interj fam (sorpresa)* good grief!, blimey!
3 *interj fam (ya entiendo)* I see!

tate[2] *nm arg (drogas)* hashish.

tatuaje
1 *nm (dibujo)* tattoo.
2 *nm (técnica)* tattooing.

tatuar
1 *vt* to tattoo.
2 **tatuarse** *vpr* to have a tattoo: **se tatuó el brazo** he had his arm tattooed.
▲ *Conjugation model* [11], *like* **actuar.**

tau *nf* tau.

taumaturgia *nf* thaumaturgy.

taumaturgo,-a *nm,f* thaumaturge, miracle worker.

taurino,-a *adj (del toro)* taurine; *(de la fiesta)* bullfighting, related to bullfighting.
■ **la fiesta taurina** bullfighting.

Tauro *nm* Taurus.

tauromaquia *nf* bullfighting, art of bullfighting, tauromachy.

Taurus los Montes Taurus *nm pl* the Taurus Mountains.

tautología *nf* tautology.

taxativamente
1 *adv (concretamente)* precisely.
2 *adv (tajantemente)* categorically.

taxativo,-a
1 *adj (preciso)* precise, restricted, specific.
2 *adj (categórico)* categorical.
✦ **de forma taxativa** in a categorical way, categorically.

taxi *nm* taxi, cab.

taxidermia *nf* taxidermy.

taxidermista *nm & nf* taxidermist.

taxímetro *nm* taximeter, clock.

taxista *nm & nf* taxi driver.

taxonomía *nf* taxonomy.

taza
1 *nf (recipiente)* cup.
2 *nf (contenido)* cupful.
3 *nf (de retrete)* bowl.
■ **taza de café/taza de té** *(para)* coffee cup/teacup; *(llena de)* cup of coffee/cup of tea.

tazón *nm* bowl.

TC *abr* (**Tribunal Constitucional**) constitutional court.

TDT *abr* (**televisión digital terrestre**) digital video broadcasting – terrestrial; *(abreviatura)* DVB-T.

te[1]
1 *nf* name of the letter *t*.
2 *nf (regla)* T-square.

te[2]
1 *pron* you, to you, for you: **no te veo** I can't see you; **te mandaré una carta** I'll send you a letter, I'll send a letter to you; **te lo compré** I bought one for you, I bought you one.
2 *pron (uso reflexivo)* yourself: **sírvete** help yourself; **ponte el abrigo** put your coat on.
3 *pron (uso pronominal)* no se traduce: **te caerás** you'll fall; **vete a casa** go home; **no te muevas** don't move.

té *nm* tea.
✦ **dar el té** *fam* to bother.
■ **la hora del té** teatime.
  té con limón lemon tea.
▲ *pl* **tés.**

tea *nf* torch.
✦ **coger una tea/cogerse una tea** *fam* to get drunk, get plastered.

teatral
1 *adj (del teatro)* theatrical, dramatic.
2 *adj fig (exagerado)* stagy, stagey, theatrical.
■ **grupo teatral** theatre *(US* theater) company.
  obra teatral play.

teatralidad *nf* theatricality, staginess.

teatralizar
1 *vt* to stage.
2 *vt fig* to dramatize.

teatro
1 *nm* theatre *(US* theater).
2 *nm* ART theatre *(US* theater), acting, stage: **se dedica al teatro** he's on the stage.
3 *nm* LIT drama.
4 *nm fig (lugar)* scene, theatre *(US* theater): **el teatro de la guerra** the theatre of war.
5 *nm fig (exageración)* show, play-acting.
✦ **dejar el teatro** *(artista)* to give up the stage.
  echarle teatro a un asunto *fig* to play-act, be melodramatic, exaggerate.
  hacer teatro *fig* to play-act, be melodramatic, exaggerate.
■ **teatro de la ópera** opera house.
  teatro de variedades variety theatre *(US* vaudeville theater).

tebeo *nm* children's comic.
+ **estar más visto,-a que el tebeo** *fam* to be nothing new, have been around for ages.

teca[1] *nf (árbol, madera)* teak.

teca[2] *nf (relicario)* reliquary.

techado *nm* roof, covering.
+ **bajo techado** indoors.

techar *vt* to roof.

techo
1 *nm (interior)* ceiling; *(de coche, tejado, etc)* roof.
2 *nm fig (casa)* roof: **viven bajo el mismo techo** they live under the same roof.
3 *nm (en aviación)* ceiling.
4 *nm fig (límite superior)* ceiling.
+ **tocar techo** *fig* to top out.
vivir bajo el mismo techo *fig* to live under the same roof.

techumbre *nf (techo)* roof; *(materiales)* covering, roofing.

tecla *nf* key.
+ **dar en la tecla** *fig* to get it right.
tocar muchas teclas *fam* to try to do too many things at once.
tocar teclas *fam* to pull strings.
■ **tecla de borrado** delete key.
tecla de control control key.
tecla de mayúsculas shift key.
tecla de retorno return key.
tecla de retroceso backspace.

teclado *nm* keyboard.
■ **teclado expandido** *INFORM* expanded keyboard.

teclear
1 *vi (piano)* to press the keys; *(máquina de escribir, ordenador)* to type, tap the keys.
2 *vi (tamborilear)* to drum, tap one's fingers.
3 *vi fig (para conseguir algo)* to explore different avenues.

tecleo
1 *nm MÚS* fingering.
2 *nm (tamborileo)* drumming.
3 *nm (ruido)* rattle, clatter.

teclista *nm & nf MÚS* keyboard player.

técnica
1 *nf (tecnología)* technique, technology.
2 *nf (habilidad)* technique, method.
3 *nf (ingeniería)* engineering: **técnica mecánica** mechanical engineering.

técnicamente *adv* technically.

tecnicidad *nf* technicality.

tecnicismo
1 *nm* technicality.
2 *nm (término)* technical term, technical expression.

técnico,-a
1 *adj* technical.
2 *nm,f* technician, technical expert.

tecnicolor *nm* Technicolor.
▲ *Registered trademark.*

tecnocracia *nf* technocracy.

tecnócrata *nm & nf* technocrat.

tecnocrático,-a *adj* technocratic.

tecnología *nf* technology.
■ **tecnología punta** state-of-the-art technology.

tecnológico,-a *adj* technological.

tecnólogo,-a *nm,f* technologist.

tectónica *nf* tectonics.

tectónico,-a *adj* tectonic.

tedéum *nm* Te Deum.
▲ *pl* tedéum.

tediar *vt* to loathe, hate.
▲ *Conjugation model* [12], *like* cambiar.

tedio *nm* tedium, boredom.

tedioso,-a *adj* tedious, boring.

tee *nm* tee.

tegucigalpense
1 *adj* from Tegucigalpa, of Tegucigalpa.
2 *nm & nf* person from Tegucigalpa, inhabitant of Tegucigalpa.

tegumento *nm* integument, tegument.

Teherán *nm* Tehran, Teheran.

teína *nf* theine.

teísmo *nm* theism.

teja
1 *nf (de barro)* tile.
2 *nf CULIN* type of petit four.
+ **a toca teja** *fam* cash, on the nail.

tejadillo *nm* roof.

tejado *nm* roof.

tejano,-a
1 *adj* Texan.
2 *nm,f* Texan.
3 **tejanos** *nm pl (pantalón)* jeans.

tejar
1 *vt* to tile.
2 *nm (fábrica)* tile factory.

Tejas *nm* Texas.

tejedor,-ra
1 *adj* weaving.
2 *nm,f* weaver.

tejemaneje
1 *nm fam (afán)* fuss, bustle.
2 *nm fam (enredos)* intrigue, scheming, funny business: **seguro que se traen algún tejemaneje** they must be involved in some kind of funny business.

tejer
1 *vt (en telar)* to weave.
2 *vt (hacer punto)* to knit.
3 *vt (araña)* to spin.
4 *vt fig (plan)* to weave, plot, scheme.
+ **tejer y destejer** *fig* to chop and change.

tejido
1 *nm (tela)* fabric, textile.
2 *nm (textura)* weave.
3 *nm ANAT* tissue.
4 *nm fig* web, tissue.
■ **tejido adiposo** fatty tissue.
tejido de punto knitted fabric.
tejido muscular muscle tissue, muscular tissue.
tejido nervioso nervous tissue.
tejido óseo bone tissue.

tejo[1]
1 *nm (juego del chito)* quoits *pl.*
2 *nm (juego del caracol)* hopscotch.

tejo[2] *nm (árbol)* yew tree.

tejoleta
1 *nf (pedazo de teja)* piece of tile.
2 *nf (pedazo de barro)* piece of clay.

tejón *nm* badger.

tejonera *nf* sett, badger's sett.

tejuelo *nm* label on the spine of a book.

tel. *abr* (**teléfono**) telephone; *(abreviatura)* tel.

tela
1 *nf (textil)* material, fabric, cloth.
2 *nf (de araña)* cobweb.
3 *nf (de la leche)* skin.
4 *nf (membrana)* membrane.
5 *nf ART (lienzo)* canvas; *(cuadro)* painting.
6 *nf fam (dinero)* dough.
7 *nf fam (asunto, tema, etc)* subject, matter: **hay tela para rato** they've got plenty to talk about.
+ **en tela** *(encuadernación)* cloth.
hay tela que cortar *fam* there's plenty to be done.
poner en tela de juicio *fig* to question.
■ **tela metálica** wire gauze.
+ **tener tela marinera** *fam* long, drawn-out business: **la venta de sus propiedades tiene tela marinera** the sale of his property is going to be a long, drawn-out business.
tiene mucha tela *fam* there's more to it than meets the eye, it's no mean feat.

telar
1 *nm (para tejer)* loom.
2 *nm (para encuadernar)* sewing press.
3 *nm (en el teatro)* gridiron.

telaraña *nf* cobweb, spider's web.

tele *nf fam* telly, TV: **¿qué dan en la tele?** what's on TV?

teleadicto,-a
1 *adj* addicted to television.
2 *nm,f* telly addict.

teleapuntador *nm* Autocue.

telearrastre *nm* ski lift, drag lift.

telecabina *nf* cable car.

teleclub *nm* television club.

telecomedia *nf* situation comedy.

telecomunicación *nf* telecommunication.

telediario *nm* television news bulletin, TV news.

teledifusión *nf* television broadcast.

teledinámico,-a *adj* teledynamic.

teledirección *nf* guidance.
■ **sistema de teledirección** guidance system.

teledirigido,-a
1 *pp* → teledirigir.
2 *adj* remote-controlled.
■ **proyectil teledirigido** guided missile.

teledirigir *vt* to operate by remote control, guide by remote control.
▲ *Conjugation model* [6], *like dirigir.*

telefacsímil *nm* telefacsimile.

telefax *nm* telefax.
▲ *pl* **telefax**; *registered trademark.*

teleférico *nm* cable car, cable railway.

telefilm *nm* TV film.

telefilme *nm* TV film.

telefonazo *nm fam* buzz, ring, bell.
✦ **dar un telefonazo a alguien** *fam* to give somebody a ring.

telefonear
1 *vi* to telephone, phone.
2 *vt* to telephone, phone.

telefonía *nf* telephony, telephone system.
▪ **telefonía móvil** mobile telephones.

Telefónica *nf* the Spanish national telephone company.

telefónicamente *adv* by telephone.

telefónico,-a *adj* telephone.

telefonista *nm & nf* telephone operator, operator, telephonist.

teléfono *nm* telephone, phone: **Ana está al teléfono** Ana's on the phone.
✦ **llamar por teléfono a alguien** to telephone somebody, phone somebody.
▪ **teléfono inalámbrico** cordless phone.
teléfono móvil mobile phone, cellular phone.

telegrafía *nf* telegraphy.
▪ **telegrafía sin hilos** wireless telegraphy.

telegrafiar *vt* to telegraph, wire.
▲ *Conjugation model* [13], *like desviar.*

telegráficamente
1 *adv* by telegraph.
2 *adv fam fig* (*hablar, escribir, etc*) telegraphically.

telegráfico,-a *adj* telegraphic.

telegrafista *nm & nf* telegraphist, telegrapher.

telégrafo
1 *nm* telegraph.
2 **telégrafos** *nm pl* post office *sing.*
▪ **poste de telégrafo** telegraph pole.

telegrama *nm* telegram, cable.

teleimpresor *nm* teleprinter.

telejuego *nm* video game.

telele *nm fam* fit, wobbly.
✦ **darle a uno un telele** *fam* to have a fit, throw a wobbly.

telemando
1 *nm* (*sistema*) remote control.
2 *nm* (*unidad*) remote-control unit, remote control.

telemanía *nf* telly addiction.

telemaratón *nm* telethon.

telemática *nf* telematics.

telemático,-a *adj* telematic.

telemetría *nf* telemetry.

telémetro *nm* telemeter, rangefinder.

telenovela *nf* soap opera.

teleobjetivo *nm* telephoto lens.

teleología *nf* teleology.

telepatía *nf* telepathy.

telepáticamente *adv* telepathically, by telepathy.

telepático,-a *adj* telepathic.

teleprocesar *vt* to teleprocess.

teleproceso *nm* teleprocessing.

telequinesia *nf* telekinesis.

telescópico,-a *adj* telescopic.

telescopio *nm* telescope.

telesilla *nm* chair lift.

telespectador,-ra *nm,f* TV viewer.

telesquí *nm* ski lift, drag lift.

teletexto *nm* teletext.

teletipo
1 *nm* (*aparato*) Teletype, teleprinter.
2 *nm* (*noticia*) piece of news (*from an agency*).
▲ *Registered trademark.*

televidente *nm & nf* TV viewer.

televisar *vt* to televise.

televisión
1 *nf* (*sistema*) television.
2 *nf fam* (*aparato*) television set.
✦ **ver la televisión** to watch TV.
▪ **televisión por cable** cable television.
televisión vía satélite satellite television.

televisivo,-a
1 *adj* television: **una serie televisiva** a television series.
2 *adj* (*apto para televisar*) which is good on television: **el squash no es muy televisivo** squash isn't very good on television.

televisor *nm* television set.

télex *nm* telex.
▲ *pl* **télex**; *registered trademark.*

telilla *nf* film, skin.

telón *nm* curtain.
▪ **telón de acero** *POL* iron curtain.
telón de fondo *TEAT* backdrop; *fig* background.
telón de hierro safety curtain.

telonero,-a *adj* first on stage, support.
▪ **grupo telonero** support band.

telúrico,-a *adj* telluric.

telurio *nm* tellurium.

tema
1 *nm* (*de discurso, escrito, etc*) topic, subject, theme: **el tema de su discurso** the subject of her speech.
2 *nm* (*de examen*) subject.
3 *nm MÚS* theme.
4 *nm GRAM* root, stem, theme.
✦ **atenerse al tema** to keep/stick to the point.
cada loco con su tema *fam* everyone has his hobbyhorse.
salir(se) del tema to go off at a tangent, get sidetracked.
▪ **tema de actualidad** current news item, current topic of interest.

temario *nm* (*de examen*) programme (*US* program); (*de conferencia*) agenda.

temática *nf* subject matter.

temático,-a
1 *adj* thematic.
2 *adj LING* stem.

tembladera
1 *nf* (*temblor*) shaking fit.
2 *nf* (*vaso*) very thin two-handled bowl.
3 *nf BOT* quaking grass.

temblar
1 *vi* (*de frío*) to shiver (**de**, with); (*de miedo*) to tremble (**de**, with); (*con sacudidas*) to shake.
2 *vi* (*voz*) to quiver.
3 *vi fig* (*tener miedo*) to shake with fear, shudder, fear: **tiemblo por su vida** I fear for his life.
▲ *Conjugation model* [27], *like acertar.*

tembleque *nm fam* shaking fit.
✦ **me dio el tembleque/me entró el tembleque** *fam* I got the shivers, I had a shaking fit.

temblequear
1 *vi fam* (*temblar*) to shake, quiver.
2 *vi fam* (*afectar temblor*) to pretend to tremble.

temblequera *nf* the shakes.

temblón,-ona *adj fam* trembling, shaky.
▪ **álamo temblón** aspen.

temblor
1 *nm* (*gen*) tremor, shudder; (*de frío*) shivering, shivers *pl.*
2 *nm fig* shiver.
▪ **temblor de tierra** earth tremor.

tembloroso,-a
1 *adj* (*de frío*) shivering; (*de miedo*) trembling; (*con sacudidas*) shaking, shaky: **manos temblorosas** shaky hands.
2 *adj* (*voz*) quivering.

tembloso,-a *adj* → tembloroso,-a.

temer
1 *vt* (*tener miedo*) to fear, be afraid of: **teme a los atracadores** he's afraid of muggers.
2 *vt* (*sospechar*) to fear, be afraid: **temo que no vendrán** I'm afraid they won't come.
3 *vt REL* to fear: **temer a Dios** to fear God.
4 *vi* (*tener miedo*) to be afraid.
5 *vi* (*preocuparse*) to worry: **no temas por nada** don't worry about anything.
6 **temerse** *vpr* to be afraid: **me temo que no estén allí** I'm afraid they won't be there; **me temo que sí** I'm afraid so.
✦ **era de temer** it had to happen.
me lo temía I was afraid this would happen.
temer por to be afraid for, fear for, be in fear of: **teme por su vida** he's in fear of his life.

temerariamente *adv* recklessly.

temerario,-a *adj* reckless, rash.

temeridad
1 *nf* (*actitud*) temerity, rashness.
2 *nf* (*acto temerario*) reckless act.

temerosamente *adv* fearfully.

temeroso,-a
1 *adj* fearful, timid.
2 *adj (medroso)* frightful, fearsome.
✦ **temeroso,-a de** afraid of.
temeroso,-a de Dios God-fearing.

temible *adj* dreadful, fearful, frightening, frightful, fearsome.

temor
1 *nm* fear.
2 *nm (recelo)* worry, apprehension.
✦ **por temor a/por temor de** for fear of: por temor a disgustarle no le dije lo que había ocurrido I didn't tell him what had happened in case I upset him.
tener temor to feel apprehensive.

témpano *nm* ice floe.
✦ **ser como un témpano** *fig* to be as cold as ice.

temperado,-a *adj* temperate, moderate.

temperamental *adj* temperamental.

temperamento *nm* temperament, nature.
✦ **tener buen temperamento** to be good-natured.
tener temperamento to have a strong character, be temperamental.

temperancia *nf* temperance, moderation, restraint.

temperante
1 *adj* calming.
2 *adj (sobrio)* moderate.

temperar
1 *vt* to temper, mitigate.
2 *vt MED* to calm.

temperatura *nf* temperature.
✦ **tener temperatura** to have/run a temperature.
■ **temperatura absoluta** absolute temperature.
temperatura ambiente *(técnicamente)* ambient temperature; *(en casa)* room temperature.
temperatura crítica critical temperature.
temperatura máxima/temperatura mínima maximum temperature/minimum temperature.

temperie
1 *nf (de la atmósfera)* weather.
2 *nf (temperamento)* temperament.

tempestad
1 *nf* storm.
2 *nf fig* turmoil, uproar.
✦ **levantar tempestades** *fig* to cause a turmoil.
una tempestad en un vaso de agua *fig* a storm in a teacup.
■ **tempestad de arena** sandstorm.
tempestad de nieve snowstorm.

tempestear
1 *vi* to storm, rage.
2 *vi fig* to get angry, throw a fit of rage.

tempestivo,-a *adj* opportune.

tempestuoso,-a *adj* stormy, tempestuous, wild, violent.

templado,-a
1 *pp* → templar.
2 *adj (agua)* warm, lukewarm; *(clima, temperatura, etc)* mild, temperate.
3 *adj (moderado)* moderate; *(sereno)* composed, unruffled.
4 *adj (valiente)* brave.
5 *adj MÚS* tuned.
6 *adj (metal)* tempered.
✦ **nervios bien templados** steady nerves.

templanza
1 *nf (moderación)* moderation, restraint.
2 *nf (del clima)* mildness.

templar
1 *vt (moderar)* to moderate, temper.
2 *vt (algo frío)* to warm up; *(algo caliente)* to cool down.
3 *vt fig (cólera)* to appease; *(apaciguar)* to calm down.
4 *vt (cuerda, tornillo)* to tighten (up).
5 *vt fig (bebida)* to dilute.
6 *vt MÚS* to tune.
7 *vt TÉC* to temper.
8 *vt (colores)* to match.
9 *vi (el tiempo)* to warm up.
10 **templarse** *vpr (contenerse)* to restrain oneself, control oneself.

templario *nm* Templar, Knight Templar.

temple
1 *nm (de metal, vidrio, etc)* temper.
2 *nm fig (estado de ánimo)* frame of mind, mood.
3 *nm fig (valentía)* boldness, courage.
4 *nm (pintura)* tempera.
5 *nm MÚS* tempering, tuning.
6 *nm fig (término medio)* average.
✦ **dar temple** to temper.

templete
1 *nm (para imagen)* niche.
2 *nm (templo pequeño)* small temple.
3 *nm (pabellón)* pavilion, kiosk.

templo *nm* temple.
✦ **como un templo** *fam (cosa)* huge, enormous; *(verdad)* patent, absolute; *(mentira)* utter.

tempo *nm* tempo.

temporada
1 *nf (en artes, deportes, moda, etc)* season.
2 *nf (período)* period, time.
✦ **en plena temporada** at the height of the season.
por temporadas on and off.
■ **temporada alta** high season, peak season.
temporada baja low season, off season.

temporal¹
1 *adj (transitorio)* temporary, provisional: mano de obra temporal temporary labour.
2 *adj (seglar)* temporal: poder temporal temporal power.
3 *adj LING* temporal.
4 *nm METEOR* storm.
■ **bienes temporales** worldly goods.

temporal²
1 *adj ANAT* temporal.
2 *nm ANAT* temporal bone.

temporalidad *nf* temporality.

temporalizar *vt* to make temporal.
▲ Conjugation model [4], *like realizar.*

temporalmente *adv* temporarily, provisionally.

temporero,-a
1 *adj* seasonal, temporary.
2 *nm,f* seasonal worker, temporary worker.

temporizador *nm* timer.

temporizar
1 *vi (contemporizar)* to temporize, comply.
2 *vi (pasar el tiempo)* to pass the time.
▲ Conjugation model [4], *like realizar.*

tempranal *adj* early-yielding.

tempranamente
1 *adv (pronto)* early.
2 *adv (prematuramente)* too early.

tempranero,-a
1 *adj (persona)* early-riser: es tempranero he's an early-riser.
2 *adj (cosecha)* early.

temprano,-a
1 *adj* early.
2 *adv* early: nunca se levanta temprano he never gets up early.
3 **temprano** *nm (sembrado)* early crop.
✦ **más temprano** earlier.

ten ten con ten *loc fam* caution, moderation.
✦ **tener mucho ten con ten** *fam* to be very careful/cautious.

tenacidad
1 *nf (perseverancia)* tenacity, perseverance.
2 *nf (de metal)* tensile strength.

tenacillas
1 *nf pl (para rizar el pelo)* curling tongs; *(para el vello)* tweezers.
2 *nf pl (para el azúcar)* sugar tongs.

tenaz
1 *adj (persona)* tenacious; *(perseverante)* persevering, unflagging.
2 *adj (dolor)* persistent, unremitting; *(mancha)* hard to remove.
▲ *pl* tenaces.

tenaza *nf (herramienta)* pliers *pl*, pincers *pl*; *(para el fuego)* tongs *pl*.
✦ **no se puede coger ni con tenazas** *fam* I wouldn't touch it with a barge pole.
▲ *Often used in plural with the same meaning.*

tenazmente *adv* tenaciously.

tenca *nf* tench.

tendal
1 *nm (toldo)* awning.
2 *nm (tendedero)* drying place.

tendedero *nm (cuerda)* clothesline; *(lugar)* drying place.

tendencia *nf (inclinación)* tendency, inclination, predisposition, leaning; *(movimiento)* trend: es de tendencias izquierdistas he's got left-wing tenden-

cies; las últimas tendencias de la moda the latest fashion trends.

✦ **tener tendencia a hacer algo** to tend to do something, have a tendency to do something.

▪ **tendencia del mercado** market trends pl.

tendenciosamente *adv* tendentiously, in a biassed way.

tendenciosidad *nf* tendentiousness, partiality, bias.

tendencioso,-a *adj* tendentious, biased.

tendente *adj* directed (**a**, at), aimed (**a**, at): **propuestas tendentes a mejorar las viviendas** proposals aimed at improving housing.

tender
1 *vt (extender - mantel etc)* to spread; *(- red)* to cast.
2 *vt (puente)* to throw; *(vía, cable)* to lay; *(cuerda)* to stretch.
3 *vt (ropa, colada)* to hang out.
4 *vt (mano)* to stretch out, hold out.
5 *vt (emboscada, trampa)* to lay, set.
6 *vt (tumbar)* to lay: **lo tendieron en la cama** they laid him on the bed.
7 *vt (esparcir)* to scatter.
8 *vt MAR (velas)* to spread.
9 *vt (revestir paredes etc)* to plaster.
10 *vi (tener tendencia)* to tend (**a**, to), have a tendency (**a**, to): **tiende al aburrimiento** it tends to be boring.
11 tenderse *upr (tumbarse)* to lie down, stretch out.
12 *upr (caballo)* to run at full gallop.
▲ *Conjugation model* [28], *like entender.*

ténder *nm* tender.

tenderete
1 *nm (puesto)* stall.
2 *nm (montón)* heap, mess.

tendero,-a *nm,f* shopkeeper.

tendido,-a
1 *pp →* **tender.**
2 *adj (extendido)* spread out, laid out.
3 *adj (ropa, colada)* hung out: **no hay ropa tendida** there isn't any washing on the line.
4 *adj (persona)* lying down.
5 tendido *nm (de cable, vía)* laying; *(de puente)* construction.
6 *nm (colada)* wash, washing.
7 *nm (en los toros)* front tiers of seats, *US* bleachers *pl.*
✦ **dejar a alguien tendido,-a** to floor somebody.
hablar largo y tendido de algo to talk something over.
▪ **tendido eléctrico** electrical installation/cables.

tendón *nm* tendon, sinew.

tenducha *nf* rundown shop, grotty shop.

tenducho *nm* rundown shop, poky little shop.

tenebrismo *nm* tenebrism.

tenebrista *adj* tenebrist.

tenebrosidad
1 *nf* darkness, gloom.
2 *nf fig* sinisterness.

tenebroso,-a
1 *adj (sombrío)* dark, gloomy.
2 *adj fig (siniestro)* sinister, shady.

tenedor,-ra
1 *nm,f FIN* holder, bearer.
2 tenedor *nm (utensilio)* fork.
▪ **tenedor,-ra de acciones** shareholder.
tenedor,-ra de libros bookkeeper.

teneduría *nf* bookkeeping.

tenencia *nf* tenancy, possession.
✦ **tenencia ilícita de armas** *JUR* illegal possession of arms.

tener
1 *vt (gen)* to have, have got: **tengo un problema** I have a problem; **tengo un examen mañana** I've got an exam tomorrow; **tiene el pelo rubio** he's got blond hair; **tuvimos un día estupendo** we had a wonderful day.
2 *vt (poseer)* to own, possess: **tiene un piso en la Costa del Sol** he's got a flat on the Costa del Sol.
3 *vt (sostener)* to hold: **¿qué tienes en la mano?** what are you holding?
4 *vt (coger)* to take: **ten tu copa** take your glass.
5 *vt (sensación, sentimiento)* to be, feel: **tengo hambre** I'm hungry; **tengo frío** I'm cold.
6 *vt (mantener)* to keep: **la lluvia me ha tenido despierta toda la noche** the rain has kept me up all night.
7 *vt (medir)* to measure: **la habitación tiene cuatro metros cuadrados** the room is four metres square.
8 *vt (contener)* to hold, contain.
9 *vt (edad)* to be: **tiene diez años** he is ten.
10 *vt (un hijo)* to have: **tuvo un hijo** she had a baby.
11 *vt (celebrar)* to hold: **tener una reunión** to hold a meeting.
12 *vt (considerar)* to consider, think: **lo tienen por muy listo** they think he's very smart.
13 *vt (ocuparse)* to be in charge of, keep: **tiene el archivo del museo** she's in charge of the museum archive.
14 tener que *aux (obligación)* to have to, have got to, must: **tengo que quedarme** I must stay; **sabe que tiene que hacerlo** he knows he's got to do it.
15 tenerse *upr (sostenerse)* to stand up: **el abuelo no puede tenerse solo** granddad can't stand up on his own.
16 *upr (detenerse)* to stop.
17 *upr (estarse)* to keep: **tente tranquilo** keep calm.
18 *upr (dominarse)* to control oneself.
✦ **¡ahí tienes!/¡ahí lo tienes!** so, there you are!
¿con que ésas tenemos? *fam* so that's how it is, that's the way things are.
no saber lo que uno tiene *fig* not to realize how lucky one is.

no tener más que to have only (got) to: **no tienes más que decírmelo** you've only (got) to tell me.
no tener nada que ver con to have nothing to do with.
no tenerse to be tired out: **estoy que no me tengo** I'm tired out.
¿qué tienes? what's wrong with you?
tener a alguien contento,-a to make somebody happy.
tener a bien to think it better.
tener a la vista to have before one's eyes.
tener a menos to consider it beneath oneself.
tener al día to keep up to date.
tener ante sí to have before one, have in front of one.
tener cariño a to be fond of.
tener compasión to take pity (**de**, on).
tener ganas de to feel like: **no tiene ganas de hacerlo** he doesn't feel like doing it.
tener ilusión to be enthusiastic.
tener para sí to think: **tengo para mí que lo lograrán** I think they'll manage it.
tener una encima/tener una buena encima *fam* to be plastered.
tenerla tomada con alguien *fam* to have it in for somebody.
tenerse en mucho/tenerse en poco to think highly of oneself/to underestimate oneself.
tenerse por to consider oneself, think oneself: **se tiene por guapo** he thinks he's handsome.
▲ *Conjugation model* [87].

tenería *nf* tannery.

tenga *pres subj →* **tener.**

tengo *pres indic →* **tener.**

tenguerengue en tenguerengue *loc* unstable.

tenia *nf* tapeworm.

teniente
1 *nm MIL* lieutenant.
2 *nm,f (de alcalde)* deputy mayor.
▪ **teniente coronel** lieutenant colonel.
teniente de alcalde deputy mayor.
teniente general lieutenant general.

tenis
1 *nm (deporte)* tennis.
2 *nm (campo)* tennis court; *(club)* tennis club.
3 tenis *nm pl (calzado)* tennis shoes.
▪ **tenis de mesa** table tennis, ping-pong.

tenista *nm & nf* tennis player.

tenor
1 *nm MÚS* tenor.
2 *nm (conforme)* tenor, purport.
✦ **a este tenor** like this.
a tenor likewise.
a tenor de according to.

tenorio *nm fig* Don Juan, lady-killer, Casanova.

tensado,-a
1 *pp* → **tensar.**
2 *adj (cuerda, cable)* taut, tautened, tense.
3 *adj (arco)* drawn.

tensar
1 *vt (cable, cuerda)* to tauten.
2 *vt (arco)* to draw.

tensión
1 *nf* ELEC tension, voltage.
2 *nf (de materiales)* stress; *(de gases)* pressure.
3 *nf* MED pressure.
4 *nf fig (de una situación)* tension, tenseness; *(de una persona)* stress, strain.
+ estar bajo tensión *fig* to be under strain.
  tener la tensión alta to suffer from high blood pressure.
▪ alta tensión ELEC high tension.
  baja tensión ELEC low tension.
  tensión arterial blood pressure.
  tensión nerviosa nervous strain.

tenso,-a
1 *adj (cable, cuerda)* tense, taut.
2 *adj fig (relaciones)* strained.
3 *adj fig (persona)* tense.

tensor,-ra
1 *adj* tensile, tightening.
2 tensor *nm (músculo)* tensor.
3 *nm (para musculación)* chest expander.
4 *nm (magnitud física)* tensor.
5 *nm (mecanismo)* turnbuckle.

tentación *nf* temptation.
+ caer en la tentación to succumb to temptation, give in to temptation.

tentáculo *nm* tentacle.

tentadero *nm* pen *(where young bulls are tried out)*.

tentador,-ra *adj* tempting, enticing.

tentalear *vt* to feel.

tentar
1 *vt (palpar)* to feel, touch.
2 *vt (incitar)* to tempt, entice.
3 *vt (intentar)* to try, attempt.
4 *vt (atraer)* to attract, appeal.
+ ¡no me tientes! *fam* don't tempt me!, don't say it twice!
  tentar al diablo *fig* to tempt the devil.
▲ Conjugation model [27], like acertar.

tentativa *nf* attempt, try.
▪ tentativa de asesinato JUR attempted murder.

tentempié
1 *nm fam (refrigerio)* snack, bite.
2 *nm fam (tentetieso)* tumbler, US roly-poly.
▲ pl tentempiés.

tentetieso *nm* tumbler, US roly-poly.

tenue
1 *adj (delgado)* thin, light, tenuous.
2 *adj (tela)* flimsy, thin.
3 *adj (luz, sonido)* subdued, faint.
4 *adj (niebla)* light.
5 *adj (de poca importancia)* insignificant.
6 *adj (sencillo)* natural.

teñido,-a
1 *pp* → **teñir.**

2 *adj* dyed; *(pelo)* tinted, dyed: **un jersey teñido de verde** a pullover dyed green.
3 *adj fig* tinged.
4 teñido *nm (acción)* dyeing.
5 *nm (tinte)* dye.

teñir
1 *vt (dar un color)* to dye: **teñir unos zapatos de negro** to dye a pair of shoes black.
2 *vt (rebajar un color)* to tone down.
3 *vt fig* to tinge.
4 teñirse *vpr (el pelo)* to dye one's hair.
▲ Conjugation model [36], like ceñir.

teocracia *nf* theocracy.

teodolito *nm* theodolite.

teologal *adj* theological.

teología *nf* theology.

teológico,-a *adj* theological.

teologizar *vi* to theologize.
▲ Conjugation model [4], like realizar.

teólogo,-a *nm,f* theologian, theologist.

teorema *nm* theorem.

teoría *nf* theory.
+ en teoría theoretically.
▪ teoría atómica atomic theory.

teórica *nf* theory, theoretics.

teóricamente *adv* theoretically.

teórico,-a
1 *adj* theoretic, theoretical.
2 *nm,f* theoretician, theorist.

teorizar *vi* to theorize (**sobre**, on).
▲ Conjugation model [4], like realizar.

teosofía *nf* theosophy.

tepe *nm* sod, clod.

tequila *nf* tequila.

terapeuta *nm & nf* therapist.

terapéutica *nf* therapeutics, therapy.

terapéutico,-a *adj* therapeutic.

terapia *nf* therapy.
▪ terapia de grupo group therapy.

teratología *nf* teratology.

terbio *nm* terbium.

tercamente *adv* stubbornly.

tercer *adj* third: **el tercer hombre** the third man; **el tercer mundo** the third world.
▲ Used before singular masculine nouns; see also tercero,-a.

tercera
1 *nf (clase)* third class.
2 *nf (marcha de auto)* third gear, third.
3 *nf* MÚS third.
4 *nf (alcahueta)* procuress.
+ a la tercera va la vencida third time lucky.

tercermundista *adj* third-world: **un país tercermundista** a third-world country.

tercero,-a
1 *adj (ordinal)* third.
2 *nm,f (parte)* third.
3 tercero *nm (mediador)* mediator.
4 *nm (persona ajena)* outsider.

5 *nm* JUR third party: **tengo un seguro a terceros** I have third-party insurance.
6 *nm (alcahuete)* pimp, procurer.
+ ser el tercero en discordia to be the mediator.
▲ See also sexto,-a.

terceto
1 *nm (poesía)* tercet.
2 *nm* MÚS trio.

terciado,-a
1 *pp* → **terciar.**
2 *adj (azúcar)* brown.
3 *adj (intermedio)* medium-size.

terciana *nf* tertian fever.

terciar
1 *vi (mediar)* to mediate, arbitrate: **terció entre los dos contrincantes** he mediated between the two opponents.
2 *vi (participar)* to take part, participate: **terciaron en el debate** they took part in the debate.
3 *vt (poner en diagonal)* to place diagonally, place crosswise.
4 *vt (dividir en tres)* to divide into three.
5 *vt (equilibrar la carga)* to balance.
6 terciarse *vpr (venir bien, darse)* to arise.
+ si se tercia ... should the occasion arise ...
▲ Conjugation model [12], like cambiar.

terciario,-a *adj* tertiary.

tercio,-a
1 *adj* third.
2 tercio *nm (parte)* third.
3 *nm* HIST *(regimiento de infantería)* infantry regiment.
4 *nm* MIL *(división)* division.
5 *nm (botella de cerveza)* 33cl bottle of beer.
6 *nm (en tauromaquia)* stage, part.

terciopelo *nm* velvet.

terco,-a *adj* obstinate, stubborn.

terebenteno *nm* terebene.

teresiana *nf* Theresian.

teresiano,-a *adj* of the order of Saint Theresa of Avila, Theresian.

tergal *nm type of synthetic textile fibre.*
▲ Registered trademark.

tergiversación *nf* distortion, twisting.

tergiversar *vt* to twist, distort.

termal *adj* thermal: **aguas termales** thermal springs.

termas
1 *nf pl* HIST thermae.
2 *nf pl (baños)* spa *sing*, hot baths, hot springs.

termes *nm* termite.
▲ pl termes.

termia *nf* therm.

térmico,-a *adj* thermal.

terminación
1 *nf (acción)* ending, termination.
2 *nf (conclusión)* completion.
3 *nf (parte final)* end.
4 *nf* GRAM ending.

terminado,-a
1 *pp* → **terminar.**
2 *adj* finished, completed.

♦ **dar algo por terminado** to consider something finished.

terminal
1 *adj (último)* final, terminal: **un enfermo en estado terminal** a terminally ill patient; **los trabajos han entrado en su fase terminal** work has entered the final stages.
2 *nf (estación)* terminus.
3 *nf (en aeropuerto)* terminal.
4 *nm (de ordenador)* terminal.
5 *nm (eléctrico)* terminal.
▪ **estación terminal** terminus.
terminal aérea air terminal.
terminal conversacional conversational terminal.
terminal interactivo interactive terminal.

terminante
1 *adj (categórico)* categorical, final.
2 *adj (dato, resultado)* conclusive, definitive, definite; *(prohibición)* strict.

terminantemente
1 *adv (categóricamente)* categorically.
2 *adv (definitivamente)* conclusively, definitely; *(prohibición)* strictly: **está terminantemente prohibido fumar** smoking is strictly forbidden.

terminar
1 *vt (acabar)* to finish, complete: **ha terminado la novela** he's finished the novel.
2 *vt (dar fin)* to end: **los resultados terminaron su mandato** the results ended his term of office.
3 *vi (acabar)* to finish, end: **terminó a las cuatro** it finished at four; **termina en dos** it ends with a two; **he terminado de leer** I've finished reading.
4 *vi (acabar de)* to have just (**de**, -): **termina de marchar** he has just left.
5 *vi (final de una acción, de un estado)* to end up: **terminó marchándose** he ended up leaving; **terminó por marcharse** he ended up leaving; **terminó loco** he went mad.
6 *vi (eliminar)* to put an end (**con**, to): **quieren terminar con la violencia** they want to put an end to violence.
7 *vi (estropear)* to damage (**con**, -), ruin (**con**, -): **la lluvia terminó con la cosecha** the rain damaged the crops.
8 *vi (reñir)* to break up (**con**, with): **ha terminado con su novio** she's broken up with her boyfriend.
9 *vi (enfermedad)* to come to the final stage.
10 **terminarse** *vpr (acabarse)* to finish, end, be over: **la reunión se ha terminado** the meeting is over.
11 *vpr (agotarse)* to run out: **se ha terminado el azúcar** the sugar has run out.
♦ **terminar bien** to have a happy ending.
terminar mal *(historia)* to have an unhappy ending; *(personas - relación)* to end up on bad terms; *(- destino)* to come to a sticky end.

término
1 *nm (fin)* end, finish: **el término de una carrera** the end of a race.
2 *nm (estación)* terminus, terminal.
3 *nm (límite)* limit, boundary; *(hito)* boundary marker.
4 *nm (plazo)* term, time, period: **en el término de cuatro años** within a period of four years.
5 *nm (palabra)* term, word: **término técnico** technical term.
6 *nm (estado)* condition, state.
7 *nm (lugar, posición)* place.
8 *nm (en matemáticas, gramática)* term.
9 **términos** *nm pl (condiciones)* conditions, terms.
♦ **dar término a algo** to conclude something.
en otros términos in other words.
en términos de in terms of.
en términos generales generally speaking.
en último término *fig* as a last resort.
invertir los términos to get it the wrong way round.
llevar algo a buen término to carry something through successfully.
poner término a algo to put an end to something.
por término medio on average.
▪ **primer término** *ART* foreground.
término mayor/medio/menor major/middle/minor term.
término medio middle ground, area of compromise: **hallar un término medio** to reach a compromise.
término municipal district.
términos de un contrato *JUR* terms of a contract.

terminología *nf* terminology.
terminológico,-a *adj* terminological.
termita *nf* termite.
termite *nf* termite.
termitero *nm* termite's nest.
termo
1 *nm (recipiente)* flask, thermos flask.
2 *nm (termosifón)* boiler, water heater.
termoaislante *adj* insulating.
termodinámica *nf* thermodynamics.
termodinámico,-a *adj* thermodynamic.
termoelectricidad *nf* thermoelectricity.
termógrafo *nm* thermograph.
termología *nf* thermology.
termometría *nf* thermometry.
termométrico,-a *adj* thermometric, thermometrical.
termómetro *nm* thermometer.
▪ **termómetro clínico** clinical thermometer.
termómetro de máxima y mínima maximum and minimum thermometer.
termonuclear *adj* thermonuclear.
termoquímica *nf* thermochemistry.

termoquímico,-a *adj* thermochemical.
termosifón
1 *nm (calentador)* boiler, water heater.
2 *nm TÉC* thermosiphon.
termostato *nm* thermostat.
terna *nf* list of three candidates.
ternario,-a *adj* ternary.
ternera *nf CULIN* veal, beef.
ternero,-a *nm,f (animal)* calf.
terneza
1 *nf* tenderness.
2 **ternezas** *nf pl fam* sweet nothings.
ternilla *nf* cartilage.
ternilloso,-a *adj* cartilaginous.
terno
1 *nm (tres cosas)* set of three, group of three.
2 *nm (traje)* three-piece suit.
3 *nm fam (juramento)* swearword.
♦ **echar ternos** *fam* to swear.
ternura *nf* tenderness, gentleness.
terquedad
1 *nf (obstinación)* obstinacy, stubbornness.
2 *nf (dureza)* toughness, hardness.
terracota *nf* terracotta.
terrado *nm* flat roof, terrace.
terral
1 *adj* land.
2 *nm* land breeze, terral.
Terranova *nf* Newfoundland.
terraplén *nm* embankment.
terráqueo,-a *adj* earth.
terrateniente *nm & nf* landowner.
terraza
1 *nf (balcón)* terrace, balcony.
2 *nf (azotea)* roof terrace, terrace.
3 *nf (de un café)* terrace.
terrazo *nm* terrazzo.
terremoto *nm* earthquake.
terrenal *adj* earthly, worldly.
terreno,-a
1 *adj* worldly, earthly.
2 **terreno** *nm (tierra)* land, piece of land, ground; *(solar)* plot, site.
3 *nm GEOG* terrain.
4 *nm AGR (de cultivo)* soil; *(campo)* field.
5 *nm DEP* field, ground.
6 *nm fig (esfera de acción)* field, sphere.
♦ **ceder terreno** *fig* to give way.
conocer el terreno *fig* to be familiar with something.
estar en su propio terreno *fig* to be on home ground.
ganar terreno/perder terreno to gain ground/lose ground.
hacer algo sobre el terreno to do something on the spot; *fig* to improvise something.
saber uno el terreno que pisa *fig* to know what one's doing.
preparar el terreno *fig* to pave the way, prepare the ground.
ser terreno abonado (para algo) *fig* to be receptive (to something).
▪ **terreno conocido** *fig* familiar ground.

térreo,-a *adj* earthen.

terrera *nf* → terrero,-a.

terrero,-a
1 *adj (de la tierra)* earth.
2 *adj (vuelo)* skimming, low.
3 *adj fig (humilde)* humble.
4 **terrero** *nm (montón de tierra)* pile of earth.
5 *nm (blanco)* target.
6 *nm (depósito de tierras)* alluvium.

terrestre
1 *adj (de la tierra)* terrestrial, earthly.
2 *adj (por tierra)* by land: **transporte terrestre** transport by land.
3 *nm & nf (persona)* terrestrial.

terrible *adj* terrible, awful.

terriblemente *adv* terribly, awfully.

terrícola
1 *adj* land.
2 *nm & nf (habitante)* earth dweller; *(en ciencia ficción)* earthling.

terrier *nm* terrier.

terrígeno,-a *adj* terrigenous.

territorial *adj* territorial.
■ **código territorial** *(de teléfonos)* area code.

territorialidad *nf* territoriality.

territorio *nm* territory.
✦ **en todo el territorio nacional** nationwide, all over the country.

terriza *nf (barreño)* bowl.

terrizo,-a
1 *adj* earthenware.
2 **terrizo** *nm (barreño)* bowl.

terrón
1 *nm (de tierra)* clod.
2 *nm (de azúcar etc)* lump.
3 **terrones** *nm pl (hacienda)* land *sing*, property *sing*.

terror
1 *nm (gen)* terror.
2 *nm CINEM* horror.
✦ **dar terror** to terrify.

terrorífico,-a *adj* terrifying, frightening.

terrorismo *nm* terrorism.

terrorista
1 *adj* terrorist.
2 *nm & nf* terrorist.

terroso,-a
1 *adj (de la tierra)* earthy.
2 *adj (color)* earth-coloured *(US* earth-colored).

terruño
1 *nm (masa de tierra)* clod.
2 *nm (tierra natal)* homeland, native land.
3 *nm (terreno)* piece of land.
4 *nm (tierra que se trabaja)* land.

terso,-a
1 *adj (liso)* smooth.
2 *adj (brillante)* shiny, glossy.
3 *adj fig (estilo)* polished, fluent.

tersura
1 *nf (lisura)* smoothness.
2 *nf (brillo)* shine, glossiness.
3 *nf fig (de estilo)* polish, fluency.

tertulia
1 *nf (reunión)* get-together.
2 *nf (lugar en cafés)* back room.
✦ **estar de tertulia** to sit around and talk.
hacer tertulia to have a get-together.
■ **tertulia literaria** literary gathering.

tertuliano,-a *nm,f* person who participates in a gathering.

tesina *nf* degree dissertation.

tesis
1 *nf* thesis.
2 *nf (opinión)* view, theory.
✦ **sostener una tesis** to maintain a theory.
▲ *pl* tesis.
■ **tesis doctoral** doctoral thesis.

tesitura
1 *nf MÚS* tessitura.
2 *nf fig (actitud)* attitude; *(estado de ánimo)* mood, frame of mind.

tesón *nm* tenacity, firmness.

tesorería *nf (oficina)* treasurer's office; *(cargo)* treasurer.

tesorero,-a *nm,f* treasurer.

tesoro
1 *nm (gen)* treasure.
2 *nm (erario)* exchequer.
3 *nm fig (diccionario)* thesaurus.
4 *nm fig* treasure, gem: **eres un tesoro** you're a treasure.
■ **Tesoro Público** Treasury.

test *nm* test.
▲ *pl* tests *o* test.

testa *nf (cabeza)* head.

testado,-a
1 *pp* → testar.
2 *adj* testate.

testador,-ra *nm,f (hombre)* testator; *(mujer)* testatrix.

testaferro *nm* front man.

testamentaría *nf* testate proceedings *pl*.

testamentario,-a
1 *adj* testamentary.
2 *nm,f (hombre)* executor; *(mujer)* executrix.

testamento
1 *nm JUR* will, testament.
2 *nm REL* Testament.
✦ **hacer testamento/otorgar testamento** to make one's will, draw up one's will.
■ **Antiguo Testamento/Nuevo Testamento** Old Testament/New Testament.

testar *vi* to make one's will, draw up one's will.

testarada
1 *nf (golpe)* blow to the head, butt.
2 *nf fam (obstinación)* obstinacy, pigheadedness.

testarazo *nm fam* blow to the head, butt.

testarudamente *adv* pig-headedly.

testarudez *nf* stubbornness, obstinacy, pig-headedness.

testarudo,-a *adj* obstinate, stubborn, pig-headed.

testículo *nm* testicle.

testifical *adj* attesting, witnessing.

testificante *adj* testifying.

testificar *vt* to testify.
▲ *Conjugation model* [1], *like* sacar.

testigo
1 *nm & nf* witness.
2 *nm (prueba)* proof, evidence, witness: **las ruinas eran testigos de los bombardeos** the ruins bore witness to the bombings.
3 *nm DEP* baton.
✦ **a Dios pongo por testigo** I swear to God.
poner a alguien por testigo to call somebody as witness.
■ **testigo de cargo** witness for the prosecution.
testigo de descargo witness for the defence *(US* defense).
testigo ocular/testigo presencial eyewitness.
Testigos de Jehová Jehovah's Witnesses.

testimonial
1 *adj* testimonial.
2 **testimoniales** *nf pl JUR* documentary evidence.

testimoniar
1 *vt JUR* to bear witness to, testify to, attest to.
2 *vt fig* to show, prove, bear witness to.
3 *vt fig (expresar)* to show, express: **testimonió su condolencia** he expressed his sympathies.
▲ *Conjugation model* [12], *like* cambiar.

testimonio
1 *nm JUR* testimony, evidence.
2 *nm (prueba)* evidence, proof.
✦ **dar testimonio** to give evidence.
levantar falsos testimonios to commit perjury.

testosterona *nf* testosterone.

testuz
1 *nm o nf (frente)* forehead.
2 *nm o nf (nuca)* nape.
▲ *pl* testuces.

teta
1 *nf* breast; *(más familiarmente)* tit, boob.
2 *nf (de animal)* udder.
✦ **dar la teta** to breast-feed, nurse.
es teta de monja/es teta de novicia *tabú* it's delicious!
quitar la teta to wean.
■ **niño,-a de teta** nursing baby.

tetamen *nf tabú* tits *pl*, boobs *pl*.

tetánico,-a *adj* tetanic.

tétano *nm* tetanus.

tétanos *nm* tetanus.
▲ *pl* tétanos.

tetera *nf* teapot.

tetilla
1 *nf ANAT* man's nipple.
2 *nf (tetina)* teat, rubber teat.
■ **queso de tetilla** *type of Galician cheese*.

tetina *nf* teat, rubber teat.

tetón *nm* stub.

tetona
1 *adj fam* busty, big-breasted.
2 *nf fam* busty woman, big-breasted woman.

tetrabrik *nm* carton.
▲ *pl tetrabriks; registered trademark.*

tetraedro *nm* tetrahedron.

tetragonal *adj* tetragonal.

tetralogía *nf* tetralogy.

tetrarquía *nf* tetrarchy.

tetrasílabo,-a
1 *adj* tetrasyllabic.
2 **tetrasílabo** *nm* tetrasyllable.

tétrico,-a *adj* gloomy, dull, dismal.

tetudo,-a *adj fam* busty, big-breasted.

teutón,-ona
1 *adj HIST* Teutonic.
2 *adj (alemán)* German.
3 *nm,f HIST* Teuton.
4 *nm,f (alemán)* German.

textil
1 *adj* textile.
2 *nm* textile.
■ **industria textil** textile industry.
obrero textil textile worker.

texto *nm* text.

textual
1 *adj* textual.
2 *adj (exacto)* literal, precise, exact.
✦ **en palabras textuales** literally.

textualmente *adv* exactly, literally, verbatim: **dice textualmente, … it says,** and I quote, …

textura
1 *nf (textil)* texture.
2 *nf (minerales)* structure.

tez *nf* complexion.
▲ *pl teces.*

ti *pron* you: **te lo doy a ti** I'll give it to you; **un regalo para ti** a present for you; **guárdalo para ti mismo** keep it for yourself.
▲ *Used only after a preposition.*

tía
1 *nf (pariente)* aunt.
2 *nf fam (persona)* girl, woman: **¡es una tía majísima!** she's a great girl!
3 *nf (apelativo)* **¿qué pasa, tía?** what's up?
4 *nf fam (prostituta)* whore.
■ **tía abuela** great-aunt.
tía buena *fam* a bit of all right.

tiamina *nf* thiamine.

tiara *nf* tiara.

tiarrón,-ona *nm,f fam (hombre)* hulking bloke; *(mujer)* strapping woman, huge woman.

Tíber **el Tíber** *nm* the Tiber.

Tiberiades **lago de Tiberiades** *nm* Lake Tiberias.

tiberio *nm fam* row, uproar.

Tíbet **el Tíbet** *nm* Tibet.

tibetano,-a
1 *adj* Tibetan.

2 *nm,f* Tibetan.
3 **tibetano** *nm (idioma)* Tibetan.

tibia *nf* tibia, shinbone.

tibieza
1 *nf* tepidity, tepidness.
2 *nf fig* lack of enthusiasm, coolness, tepidity.

tibio,-a
1 *adj* tepid, lukewarm.
2 *adj fig* tepid, unenthusiastic, cool.
✦ **poner tibio,-a a alguien** *fam* to pull somebody to pieces.

tibor *nm* large vase.

tiburón *nm* shark.

tic
1 *nm* tic, twitch.
2 *nm fig (manía)* habit.
■ **tic nervioso** nervous tic, nervous twitch.
▲ *pl tiques.*

ticket *nm* → **tique.**

tictac *nm* tick-tock, ticking.

tic-tac *nm* tick-tock.

tie-break *nm* tie-break, tiebreaker.

tiempo
1 *nm (gen)* time: **no tuve tiempo para hablar con él** I didn't have time to talk to him.
2 *nm (época)* time, period, age, days *pl*: **en tiempo de los romanos** in Roman times.
3 *nm METEOR* weather: **¿qué tiempo hace?** what's the weather like?
4 *nm (edad)* age: **¿qué tiempo tiene el niño?** how old is your baby?
5 *nm (temporada)* season, time: **fruta del tiempo** fruit in season.
6 *nm (momento)* moment, time: **no es tiempo de preguntarle eso** it's not the time to ask him that.
7 *nm MÚS* tempo, movement.
8 *nm DEP (parte)* half.
9 *nm GRAM* tense.
10 *nm TÉC* stroke.
✦ **a su tiempo/a su debido tiempo** in due course.
a tiempo *(en el momento oportuno)* in time; *(a la hora)* on time.
a través de los tiempos through the ages.
a un tiempo at the same time.
al mismo tiempo at the same time.
al poco tiempo soon afterwards.
antes de tiempo too early, too soon.
con el tiempo in the course of time, with time.
con tiempo in advance.
¿cuánto tiempo …? how long …?: **¿cuánto tiempo estuviste allí?** how long did you stay there?; **¿cuánto tiempo llevas aquí en España?** how long have you lived in Spain?
¿cuánto tiempo hace …? how long ago …?: **¿cuánto tiempo hace que no vas al cine?** how long ago is it since you went to the cinema?
dar tiempo to give time.

dar tiempo al tiempo *fig* to let matters take their course.
dar tiempo a uno de/para to have enough time to: **si salgo a las cinco me dará tiempo de hacer las compras** if I leave at five I'll have enough time to do the shopping.
de tiempo en tiempo from time to time.
de tiempo inmemorial from time immemorial.
de un tiempo a esta parte for some time now.
demasiado tiempo too long.
desde hace tiempo/desde hace mucho tiempo for a long time.
el tiempo corre time goes by, time flies.
el tiempo es oro *fig* time is money.
en mis tiempos in my time.
en otro tiempo/en otros tiempos formerly.
estar a tiempo de to still have time to.
fuera de tiempo *(de temporada)* out of season; *(inoportunamente)* at the wrong moment.
ganar tiempo to save time.
hace tiempo a long time: **hace tiempo que no cantas** you haven't sung for a long time.
hacer buen tiempo/hace mal tiempo the weather is good/the weather is bad.
hacer tiempo/hacer el tiempo to kill time.
matar (el) tiempo/pasar (el) tiempo to kill time.
no hay tiempo que perder there's no time to lose.
perder el tiempo/perder tiempo to waste time.
¡qué tiempos aquellos! those were the days!
sin perder tiempo at once.
tiempo atrás some time ago, time ago.
tomarse tiempo to take one's time.
¡y si no, al tiempo! time will tell!
■ **tiempo de perros** *fam* lousy weather.
tiempo libre free time.
tiempos difíciles hard times.

tienda
1 *nf (establecimiento)* shop, *US* store.
2 *nf (de campaña)* tent.
3 *nf (de carro)* cover.
✦ **ir de tiendas** to go shopping.
■ **tienda de campaña** tent.
tienda de comestibles/tienda de ultramarinos grocer's, *US* grocery store.
tienda de modas boutique.

tienta
1 *nf (de becerros)* test of bravery.
2 *nf (sagacidad)* sagacity, cleverness.
✦ **a tientas** by touch.
andar a tientas to feel one's way, grope one's way.
buscar algo a tientas to grope for something.

tientaguja *nf* sounding rod.

tiento
1 *nm (tacto)* tact, feel.
2 *nm (prudencia)* caution.
3 *nm (de ciego)* stick.
4 *nm (pulso)* steady hand.
5 *nm fam (trago)* swig.
6 *nm MÚS* preliminary notes *pl*.
✦ con tiento tactfully.
 dar un tiento a la botella/echar un tiento a la botella *fam* to take a swig from the bottle.

tiernamente *adv* tenderly.

tierno,-a
1 *adj (blando)* tender, soft.
2 *adj fig (reciente)* fresh: pan tierno fresh bread.
3 *adj fig (persona)* young.
4 *adj fig (propenso al llanto)* soft.
5 *adj fig (cariñoso)* affectionate.
▪ edad tierna tender age.

tierra
1 *nf (planeta)* earth.
2 *nf (superficie sólida)* land.
3 *nf (terreno cultivado)* soil, land.
4 *nf (país)* country, land.
5 *nf (suelo)* ground.
6 *nf ELEC* earth, *US* ground.
7 tierras *nf pl* land *sing*.
✦ caer por tierra *fig* to crumble.
 dar en tierra con algo to drop something on the ground, throw something on the ground.
 echar a tierra to demolish.
 echar por tierra *fig* to crush, destroy: echaron por tierra su argumento they destroyed his argument.
 echar tierra encima de *fig* to hush up.
 poner tierra por medio *fig* to make oneself scarce.
 por estas tierras in these parts.
 por tierra overland, by land.
 ¡tierra a la vista! land ahoy!
 ¡tierra trágame! *fig* I wish I was somewhere else, I could curl up and die.
 tirar por tierra *fig* to crush, destroy.
 tocar tierra *MAR* to reach harbour (*US* harbor); *AV* to touch down.
 vivir de la tierra to make a living from the land.
▪ tierra de nadie no-man's-land.
 Tierra del Fuego Tierra del Fuego.
 tierra firme terra firma, dry land.
 tierra natal homeland.
 Tierra Santa the Holy Land.

tieso,-a
1 *adj (rígido)* stiff, rigid.
2 *adj (erguido)* upright, erect.
3 *adj (tenso)* taut, tight.
4 *adj fig (terco)* stubborn.
5 *adj fig (en forma)* in good shape.
6 *adj fam fig (envarado)* stiff, starchy, stuffy.
7 *adv* hard, strongly: pisó tieso she put her foot down hard.
✦ dejar tieso,-a a alguien *(pasmado)* to leave somebody agape; *(muerto)* to do somebody in; *(sin dinero)* to leave somebody penniless.

poner las orejas tiesas to prick up one's ears.
 quedarse tieso,-a de frío *fig* to be frozen stiff.

tiesto *nm* flowerpot.

tifoideo,-a *adj* typhoid.
▪ fiebre tifoidea typhoid fever.

tifón
1 *nm* typhoon.
2 *nm (en el mar)* waterspout.

tifus *nm* typhus, typhus fever.
▲ *pl* tifus.

tigra *nf* tigress.

tigre *nm* tiger.
✦ oler a tigre *fam* to stink.

tigresa *nf fig* femme fatale.

tija *nf* stem.

tijera
1 *nf (instrumento)* scissors *pl*, pair of scissors.
2 *nf fig (persona)* gossip.
▲ *In 1, generally used in plural.*

tijereta
1 *nf (tijerita)* small scissors *pl*.
2 *nf (insecto)* earwig.
3 *nf (de la vid)* tendril.
4 *nf DEP* scissors *pl*.

tijeretada *nf* snip.

tijeretazo *nm* snip.

tijeretear
1 *vt* to snip, cut, clip.
2 *vt fig* to meddle in.

tijereteo *nm* snip, clip.

tila
1 *nf (tilo)* lime, linden.
2 *nf (flor)* lime blossom, linden blossom.
3 *nf (infusión)* lime-blossom tea, linden-blossom tea.

tílburi *nm* tilbury.

tildar
1 *vt (poner tilde)* to put a written accent on; *(de la ñ)* to put a tilde on.
2 *vt (tachar)* to cross out.
3 *vt (a una persona)* to call, brand: lo tildaron de mentiroso they branded him a liar.

tilde
1 *nf (gen)* written accent; *(de la ñ)* tilde.
2 *nf fig (tacha)* fault, flaw.

tilín *nm* ting-a-ling.
✦ hacer tilín *fam* to fancy, like: Elena le hace tilín he fancies Elena.

tilo *nm* lime tree.

timador,-ra *nm,f* swindler, cheat.

timar
1 *vt* to swindle, cheat, trick: le timaron mil euros he was cheated out of a thousand euros.
2 timarse *vpr fam* to make eyes at each other.

timba
1 *nf fam (partida)* game, hand.
2 *nf fam (casa de juego)* gambling den.

timbal
1 *nm MÚS* kettledrum; *(pequeño)* small drum.

2 *nm CULIN* timbale; *(de carne)* meat pie; *(de pescado)* fish pie.

timbalero,-a *nm,f* kettledrummer.

timbrado,-a
1 *pp →* timbrar.
2 *adj* stamped.
▪ papel timbrado *(sellado)* stamped paper; *(con membrete)* stationery with a letterhead.

timbrar *vt (carta)* to stamp, mark; *(documento)* to seal.

timbrazo *nm* loud ring, long ring.
✦ dar un timbrazo to ring the bell.

timbre
1 *nm (de la puerta)* bell.
2 *nm (sello)* stamp, seal; *(sello fiscal)* fiscal stamp, revenue stamp.
3 *nm MÚS* timbre.
✦ tocar el timbre to ring the bell.
▪ timbre nasal twang.

tímidamente *adv* shyly, timidly.

timidez *nf* shyness, timidity.

tímido,-a
1 *adj* shy, timid.
2 *adj fig (intento etc)* half-hearted.

timo¹ *nm (estafa)* swindle, fiddle, confidence trick.
✦ dar un timo/dar el timo to swindle, cheat.
 ¡vaya timo! *fam (película etc)* what a rip off!

timo² *nm (glándula)* thymus.

timón
1 *nm (barco, avión)* rudder.
2 *nm (del arado)* beam.
3 *nm fig (negocio etc)* helm.
✦ empuñar el timón/llevar el timón *fig* to be at the helm.

timonear *vi* to steer, be at the helm.

timonel *nm* steersman, helmsman.

timonera *nf* rectrix.

Timor Oriental *nm* East Timor.

timorato,-a
1 *adj (tímido)* shy, timid.
2 *adj (mojigato)* prudish.

tímpano
1 *nm (del oído)* eardrum.
2 *nm ARQ* tympanum.
3 *nm MÚS (tamboril)* kettledrum; *(instrumento)* timpani *pl*, tympani *pl*, timps *pl*.

tina
1 *nf (recipiente)* vat, tub.
2 *nf (tinaja)* large earthenware vat.
3 *nf (bañera)* bath, bathtub.

tinaja
1 *nf (recipiente)* large earthenware jar.
2 *nf (cantidad)* jar.

tinerfeño,-a
1 *adj* of Tenerife, from Tenerife.
2 *nm,f* person from Tenerife, inhabitant of Tenerife.

tinglado
1 *nm (cobertizo)* shed.
2 *nm (tablado)* platform, raised floor.
3 *nm fig (embrollo)* mess.

4 *nm fig (intriga)* intrigue.

5 *nm fig (mundillo)* setup, racket, business.

✦ **conocer el tinglado** *fam* to know the setup.

manejar el tinglado *fam* to pull the strings.

tiniebla

1 *nf (oscuridad)* darkness.

2 tinieblas *nf pl fig (ignorancia)* ignorance *sing*, confusion *sing*.

✦ **estar en tinieblas sobre algo** to be in the dark about something.

▲ *In 1, also used in plural with the same meaning.*

tino

1 *nm (puntería)* good aim, aim.

2 *nm fig (juicio)* good judgement, sense, common sense.

3 *nm fig (moderación)* moderation.

✦ **a tino** feeling one's way.

con tino *fig* wisely.

sacar de tino a alguien *fig* to make somebody lose their temper, make somebody mad.

sin tino *(sin sentido)* foolishly; *(sin moderación)* immoderately.

tener buen tino to be a good shot.

tinta

1 *nf (gen)* ink.

2 *nf (tinte)* dyeing.

3 tintas *nf pl* colours *(US* colors), hues.

✦ **cargar las tintas/recargar las tintas** *fig* to exaggerate.

escribir con tinta to write in ink.

hacer correr mucha tinta *fig* to get a lot of coverage: **la boda hizo correr mucha tinta** there was a lot written about the wedding.

saber algo de buena tinta *fig* to get something straight from the horse's mouth.

sudar tinta *fig* to sweat blood.

■ **medias tintas** *fig* vague words.

tinta china Indian ink.

tinta simpática invisible ink.

tintar *vt* to dye.

tinte

1 *nm (colorante)* dye.

2 *nm (proceso)* dyeing.

3 *nm (tintorería)* dry-cleaner's.

4 *nm fig (aspecto)* shade, colouring *(US* coloring), overtones *pl*.

✦ **llevar algo al tinte** to have something dry-cleaned.

tintero *nm* inkwell.

✦ **quedarse en el tintero** *fig* to be left unsaid.

tintín

1 *nm (de campanilla)* jingle, tinkle, ting-a-ling.

2 *nm (de copas)* clink, clinking.

tintinar

1 *vi (vidrio)* to clink, chink.

2 *vi (campanillas)* to jingle, tinkle.

tintinear *vi* → tintinar.

tintineo

1 *nm (de vidrio)* clink, clinking, chink.

2 *nm (de campanillas)* jingling, ting-a-ling.

tinto,-a

1 *adj (teñido)* dyed, stained: **tinto en sangre** bloodstained.

2 *adj (vino)* red.

3 tinto *nm (vino)* red wine.

tintóreo,-a *adj* tinctorial.

tintorera *nf* blue shark.

tintorería *nf* dry-cleaner's.

tintorero,-a *nm,f* dry-cleaner.

tintorro *nm fam* plonk, cheap red wine.

tintura

1 *nf (colorante)* dye.

2 *nf (proceso)* dyeing.

3 *nf (disolución)* tincture.

4 *nf fig (noción)* notion.

■ **tintura de yodo** iodine.

tiña

1 *nf (larva)* honeycomb moth.

2 *nf MED* tinea, ringworm.

3 *nf fig (miseria)* misery, poverty; *(mezquindad)* meanness, stinginess.

tiñoso,-a

1 *adj MED* scabby, mangy.

2 *adj fam (mezquino)* mean, stingy.

tío

1 *nm (pariente)* uncle.

2 *nm fam (hombre)* bloke, guy: **¡eres un tío grande!** you're a great guy!; **le van los tíos altos** she likes tall blokes.

3 *nm (apelativo)* mate, pal: **¿qué pasa, tío?** what's up, mate?

4 tíos *nm pl* aunt and uncle.

■ **tío abuelo** great-uncle.

tío bueno *fam* a bit of all right, hunk.

tiovivo *nm* merry-go-round, roundabout, *US* carrousel.

tiparraco,-a *nm fam* twerp, idiot.

tipazo *nm fam* good figure.

tipejo,-a *nm,f fam* twerp, idiot.

tipi *nm* tepee, wigwam.

típicamente *adv* typically.

típico,-a

1 *adj (característico)* typical, characteristic.

2 *adj (pintoresco)* picturesque; *(tradicional)* traditional: **un plato típico** a traditional dish, a local dish.

✦ **eso es típico de …** that's just like …: **eso es típico de Pedro** that's just like Pedro.

¡lo típico! the same old thing!

tipificación

1 *nf (normalización)* standardization.

2 *nf (caracterización)* typification.

tipificar

1 *vt (normalizar)* to standardize.

2 *vt (caracterizar)* to typify.

▲ *Conjugation model* [1], *like sacar.*

tipismo *nm* picturesqueness, local colour *(US* color).

tiple

1 *nm (voz)* treble, soprano.

2 *nm (guitarrita)* treble guitar.

3 *nm & nf (cantante)* soprano, soprano singer.

tipo

1 *nm (clase)* type, kind.

2 *nm FIN* rate.

3 *nm ANAT (de hombre)* build, physique; *(de mujer)* figure.

4 *nm fam (persona)* guy, fellow, bloke.

5 *nm (en impresión)* type.

✦ **aguantar el tipo** *fig* to keep cool, keep calm.

dar el tipo *fig* to fit a description, fit the bill.

jugarse el tipo *fig* to risk one's neck.

tener buen tipo *(hombre)* to be well-built; *(mujer)* to have a good figure.

todo tipo de all kind of, all kinds of.

■ **tipo bancario** *FIN* bank rate.

tipo de cambio *FIN* rate of exchange.

tipo de descuento *FIN* bank rate.

tipo de interés *FIN* rate of interest.

tipo raro weirdo, oddball.

tipografía *nf* typography.

tipográfico,-a *adj* typographic, typographical.

■ **error tipográfico** printing error.

tipógrafo,-a *nm,f* typographer.

tipología *nf* typology.

típula *nf* crane fly, daddy-longlegs.

tique *nm (billete)* ticket; *(recibo)* receipt.

■ **tique de compra** sales receipt.

tique restaurante luncheon voucher.

tíquet *nm* → tique.

▲ *pl tíquets.*

tiquete *nm* → tique.

tiquismiquis

1 *nm pl (escrúpulos)* fussing *sing*.

2 *nm pl (riñas)* bickering *sing*.

3 *nm & nf fam (persona)* fusspot.

✦ **andarse con tiquismiquis** *fam* to be fussy.

▲ *pl tiquismiquis.*

tira

1 *nf (cinta, banda)* strip.

2 *nf (de zapatos)* strap.

3 *nf (de dibujos)* comic strip.

4 la tira *loc (cantidad)* a lot, loads; *(mucho tiempo)* for yonks, for ages: **comimos la tira** we ate loads; **tardamos la tira en llegar** it took us ages to get there.

✦ **quitar la piel a tiras a alguien** *fig* to tear somebody to pieces.

tirabeque *nm* mangetout, sugar pea.

tirabotas *nm* boot hook.

▲ *pl tirabotas.*

tirabuzón

1 *nm (rizo)* ringlet.

2 *nm (sacacorchos)* corkscrew.

tirachinas *nm* catapult, *US* slingshot.

▲ *pl tirachinas.*

tirada

1 *nf (acción)* throw: **en la segunda tirada le salieron dos seises** he got two sixes on the second throw.

2 *nf (impresión)* print run: **una tirada de cinco mil ejemplares** a print run of five thousand.

3 *nf (distancia)* stretch: hay una buena tirada hasta allí it's a good few miles away.

4 *nf (serie)* series, long series.

✦ **de una tirada/en una tirada** in one go.

■ **tirada reducida** limited edition.

tirado,-a

1 *pp* → **tirar.**

2 *adj fam (precio)* dirt cheap.

3 *adj fam (problema, asunto)* dead easy.

4 *adj fam (abandonado)* let down.

✦ **dejar tirado,-a a alguien** to let somebody down.

tirador,-ra

1 *nm,f (persona)* shooter, marksman.

2 *nm (de puerta, cajón)* knob, handle; *(cordón)* bell-pull.

3 *nm (tirachinas)* catapult, *US* slingshot.

tiragomas *nm* catapult, *US* slingshot.

▲ *pl* **tiragomas.**

tiraje

1 *nm (impresión)* printing.

2 *nm (distribución)* circulation.

tiralevitas *nm & nf fam* bootlicker.

▲ *pl* **tiralevitas.**

tiralíneas *nm* drawing pen.

▲ *pl* **tiralíneas.**

Tirana *nf* Tirana.

tiranía *nf* tyranny.

tiránico,-a *adj* tyrannic, tyrannical.

tiranización *nf* tyrannizing.

tiranizar *vt* to tyrannize.

▲ *Conjugation model* [4]*, like* **realizar.**

tirano,-a *nm,f* tyrant.

tirante

1 *adj* taut, tight.

2 *adj fig (relación, situación)* tense, strained.

3 *nm (de ropa en general)* strap.

4 *nm (de caballería)* trace.

5 *nm TÉC* brace, stay.

6 *nm ARQ* beam.

7 **tirantes** *nm pl (de pantalón)* braces, *US* suspenders.

tirantez

1 *nf (tensión)* tautness, tightness.

2 *nf fig (de relación etc)* tension, strain.

tirar

1 *vt (echar)* to throw, fling.

2 *vt (dejar caer)* to drop.

3 *vt (desechar)* to throw away.

4 *vt (derribar)* to knock down; *(casa, árbol)* to pull down.

5 *vt (derramar)* to spill.

6 *vt (vaso, botella)* to knock over.

7 *vt (estirar)* to pull.

8 *vt (imprimir)* to print.

9 *vt (hacer - foto)* to take; *(línea, plano)* to draw.

10 *vt (un tiro)* to fire; *(una bomba)* to drop; *(cohete)* to launch.

11 *vt (beso)* to blow; *(pellizco)* to give; *(patada, coz)* to kick.

12 *vt DEP* to take.

13 *vt fig (malgastar)* to waste, squander.

14 *vt fam fig (suspender)* to fail.

15 *vi (cuerda, puerta)* to pull (**de**, -).

16 *vi (carreta, carro)* to draw (**de**, -).

17 *vi (atraer)* to draw, attract.

18 *vi (estufa, chimenea)* to draw.

19 *vi (en juegos)* to be a player's move, be a player's turn: tira él it's his turn.

20 *vi fam (funcionar)* to work, run: esto ya no tira this doesn't work any more.

21 *vi fam (durar)* to last: con esta reparación tirará un par de meses after these repairs it'll last for a couple of months.

22 *vi (quedar estrecho)* to be tight on: esta camisa me tira de la espalda this shirt's tight on me.

23 *vi fig (tender)* to tend (**a**, towards); *(ser un poco)* to be a bit: tira a verde it's greenish in colour; tira a dulce it's a bit sweet.

24 *vi fam fig (atraer)* to attract, appeal: no le tira la mecánica mechanics doesn't appeal to him.

25 *vi fig (inclinarse)* to be attracted (**a/hacia**, to), be drawn (**a/hacia**, to): esta chica tira hacia las artes this girl is drawn to the arts.

26 *vi fig (parecerse)* to take after (**a**, -): tira a su padre she takes after her father.

27 *vi fig (ir)* to go, turn: tira a la derecha turn right.

28 *vi fig (mantenerse)* to get by, get along: ella tira con poco dinero she gets by with little money.

29 *vi (disparar)* to shoot, fire.

30 *vi DEP (fútbol)* to shoot; *(ciclismo)* to set the pace.

31 **tirarse** *vpr (lanzarse)* to throw oneself, hurl oneself.

32 *vpr (abalanzarse)* to rush (**sobre**, at), jump (**sobre**, on).

33 *vpr (tumbarse)* to lie down.

34 *vpr fam (tiempo)* to spend: se tiró una hora en la ducha he spent an hour in the shower.

35 *vpr arg (fornicar)* to lay (**a**, -).

✦ **a todo tirar** *fig* at the most, at the latest.

ir tirando *(espabilarse)* to manage, get by; *(tener buena salud)* to be okay.

tira y afloja *fig* give and take.

tirando *fam* so-so.

tirar a alguien de la lengua *fig* to draw somebody out.

tirar abajo *(gen)* to demolish, pull down; *(puerta)* to smash in.

tirar al blanco to shoot at a target.

tirar de *fam* to use: cuando no tiene dinero tira de tarjeta when he hasn't got any money he uses his credit card.

tirar de cartera to dip into one's wallet.

tirar la casa por la ventana *fig* to spare no expense, push the boat out.

tirar la primera piedra *fig* to cast the first stone.

tirar una moneda al aire to toss a coin.

tirarse de cabeza al agua to dive into the water.

tirilla *nf* neckband.

tirita *nf* sticking plaster, plaster, Elastoplast, Band-aid.

▲ *Registered trademark.*

tiritar *vi (gen)* to shiver, shake, tremble; *(dientes)* to chatter.

tiritera *nf (gen)* shivering, shivers *pl*; *(de dientes)* chattering: nos dio la tiritera we started shivering.

tiritón *nm* shiver.

tiritona *nf* → **tiritera.**

tiro

1 *nm (lanzamiento)* throw.

2 *nm (disparo, ruido)* shot.

3 *nm (galería de tiro)* shooting gallery.

4 *nm DEP* shooting.

5 *nm (caballerías)* team.

6 *nm COST (vestido)* shoulder width; *(de pantalón)* distance between waist and crotch.

7 *nm (de chimenea)* draught *(US* draft); *(de mina)* shaft.

8 *nm (de escaleras)* flight.

9 *nm (fútbol etc)* shot.

✦ **a tiro** *(de arma)* within range; *(a mano)* within reach.

a tiro hecho with precision; *fig* deliberately.

a un tiro de piedra a stone's throw away.

dar un tiro/pegar un tiro to shoot, fire a shot.

de tiros largos *fig* all dressed up.

errar el tiro to miss the mark, fail.

ir los tiros *fam* to be going on: acaba de llegar y no sabe por dónde van los tiros he's just arrived and he doesn't quite know what's going on; sabe por dónde van los tiros he's sussed out what's going on.

le salió el tiro por la culata *fig* it backfired on him.

liarse a tiros to start shooting.

ni a tiros *fam* not for love nor money.

pegarse un tiro to shoot oneself.

tirar a gol to shoot at goal.

■ **animal de tiro** draught animal.

tiro al blanco target shooting.

tiro al plato trapshooting, clay pigeon shooting.

tiro con arco archery.

tiro de gracia coup de grâce.

tiro de pichón pigeon shooting.

tiroideo,-a *adj* thyroid.

tiroides

1 *adj* thyroid.

2 *nm* thyroid, thyroid gland.

▲ *pl* **tiroides.**

Tirol *nm* Tyrol.

tirolés,-esa

1 *adj* Tyrolean.

2 *nm,f* Tyrolean.

✦ **cantar a la tirolesa** to yodel.

tirón *nm* pull, tug.

✦ **dar el tirón** *fam (robar)* to snatch somebody's handbag.

dar un tirón de orejas a alguien to pull somebody's ear.

de un tirón *fam* in one go.

tirotear *vt* to shoot, snipe.

tiroteo *nm* shooting, exchange of shots.

tirreno,-a *adj* Tyrrhenian.

■ **el (mar) Tirreno** the Tyrrhenian (Sea).

tirria *nf fam* dislike.
+ **tener tirria a** *fam* to dislike, have it in for.
tisana *nf* infusion, tisane.
tísico,-a
1 *adj* tubercular, consumptive.
2 *nm,f* consumptive.
tisis *nf* consumption, tuberculosis, phthisis.
▲ *pl tisis.*
tisú *nm (de oro)* gold lamé; *(de plata)* silver lamé.
▲ *pl tisúes.*
tita *nf* → tito,-a.
titán *nm* titan.
titánico,-a *adj* titanic.
titanio *nm* titanium.
títere
1 *nm (marioneta)* puppet, marionette.
2 *nm fig (persona)* puppet, dupe.
3 **títeres** *nm pl* puppet show *sing.*
+ **no dejar títere con cabeza/no quedar títere con cabeza** *fam (destruir)* to break everything in sight; *(criticar)* to spare nobody.
titi *nm arg (hombre)* young guy; *(mujer)* young girl.
tití *nm* titi.
titilante
1 *adj (temblor)* quivering.
2 *adj (luz)* flickering; *(estrella)* twinkling.
titilar
1 *vi (temblar)* to quiver.
2 *vi (luz)* to flicker; *(de estrella)* to twinkle.
titilear *vi* → titilar.
titileo
1 *nm (temblor)* quiver.
2 *nm (de luz)* flicker; *(de estrella)* twinkle.
titiritar *vi* to tremble, shiver.
titiritero,-a
1 *nm,f (de títeres)* puppeteer.
2 *nm,f (volatinero)* tightrope walker.
3 *nm,f (saltimbanqui)* travelling acrobat.
tito,-a *nm,f fam (tío)* uncle; *(tía)* aunt.
titubeante
1 *adj (tambaleante)* staggering, shaky.
2 *adj (al hablar)* stammering.
3 *adj fig (indeciso)* hesitant.
titubear
1 *vi (tambalearse)* to stagger, totter, shake.
2 *vi (tartamudear)* to stammer.
3 *vi fig (vacilar)* to hesitate.
titubeo
1 *nm (temblor)* stagger, staggering, tottering.
2 *nm (tartamudeo)* stammering.
3 *nm fig (duda)* hesitation.
+ **sin titubeo** *fig* decisively, without hesitation.
titulación *nf* qualifications *pl.*
titulado,-a
1 *pp* → titular.
2 *adj (llamado)* called.
3 *adj EDUC (diplomado)* qualified; *(licenciado)* graduate: **es titulado en derecho** he has a degree in law.

titular
1 *vt* to entitle, title, call.
2 *adj* regular.
3 *nm & nf (poseedor)* holder.
4 *nm & nf (de un puesto)* office holder; *(de cátedra)* professor.
5 *nm (prensa)* headline.
6 **titularse** *vpr (llamarse)* to be called, be titled.
7 *vpr EDUC* to graduate (**en**, in).
■ **el titular de la cartera de …** *POL* the minister of …
titularidad *nf* entitlement.
titulillo *nm* running title.
título
1 *nm (de obra)* title.
2 *nm (de texto legal)* heading.
3 *nm (dignidad)* title.
4 *nm (persona noble)* noble (person).
5 *nm EDUC (licenciatura)* degree; *(diploma)* certificate, diploma.
6 *nm (documento)* title.
7 *nm (titular de prensa)* headline.
8 *nm (banca)* bond, security.
9 **títulos** *nm pl (titulación)* qualifications; *(méritos)* qualities.
+ **a título de** *(en calidad de)* as; *(en concepto de)* by way of.
■ **título de nobleza** nobility title.
título de propiedad deeds *pl.*
tiza *nf* chalk: **dame una tiza** give me a piece of chalk.
tiznado,-a
1 *pp* → tiznar.
2 *adj* sooty, blackened.
tiznadura *nf* soot mark, smudge.
tiznar
1 *vt* to blacken, soil with soot.
2 *vt fig* to blacken, soil.
3 **tiznarse** *vpr* to blacken.
tizne *nm* soot.
tiznón *nm* smudge.
tizón
1 *nm* half-burnt stick, brand.
2 *nm fig* stain.
+ **ser negro,-a como un tizón** *fig* to be as black as soot, be as black as coal.
Tm *sím* metric ton.
TNT *abr* (**trinitrotolueno**) trinitrotoluene; *(abreviatura)* TNT.
toalla *nf* towel.
+ **arrojar la toalla/tirar la toalla** *fig* to throw in the towel.
■ **toalla de baño** bath towel.
toalla de manos hand towel.
toallero *nm* towel rail, towel rack.
toallita *nf* flannel, face flannel.
■ **toallita refrescante** refreshing tissue, towelette.
toba
1 *nf (piedra)* tufa.
2 *nf (sarro)* tartar.
3 *nf fig (capa)* layer.
4 *nf (cardo)* cotton thistle.
5 *nf fam (golpe)* punch.
Tobago *nm* Tobago.

tobera
1 *nf (gen)* nozzle.
2 *nf (de alto horno)* tuyère, twyer.
tobillera *nf* ankle sock, ankle support.
tobillo *nm* ankle.
tobogán
1 *nm (rampa)* slide, chute.
2 *nm (trineo)* toboggan, sledge.
toc *interj* knock!
toca *nf (sombrero)* headdress; *(de monja)* wimple.
tocadiscos *nm* record-player.
▲ *pl tocadiscos.*
tocado¹
1 *nm (peinado)* coiffure, hairdo.
2 *nm (prenda)* headdress, hat.
tocado,-a²
1 *pp* → tocar.
2 *adj (fruta)* bad, rotten.
3 *adj fam (perturbado)* crazy, touched.
4 *adj DEP* injured.
+ **tocado,-a de la cabeza** touched, not all there.
tocador
1 *nm (mueble)* dressing-table.
2 *nm (habitación)* dressing-room, boudoir.
■ **artículos de tocador** toiletries.
tocador de señoras powder room.
tocante tocante a *loc* concerning, about.
en lo tocante a with reference to.
tocar¹
1 *vt (gen)* to touch: **no tocar la mercancía** do not handle the goods.
2 *vt (sentir por el tacto)* to feel: **tócalo, está frío** feel it, it's cold.
3 *vt (revolver)* to rummage amongst, root around: **no toques mis papeles** leave my papers alone.
4 *vt (hacer sonar - instrumento, canción)* to play; *(timbre)* to ring; *(bocina)* to blow, honk; *(campanas)* to strike.
5 *vt fig (retocar)* to change, alter: **no toques más la redacción** don't do anything else to your essay.
6 *vt (la hora)* to strike.
7 *vt MIL (diana)* to sound.
8 *vt DEP (diana)* to hit; *(esgrima)* to touch.
9 *vt fig (mencionar)* to touch on.
10 *vt fig (impresionar)* to touch, reach: **me tocó el corazón** he touched my heart.
11 *vi (ser el turno)* to be one's turn: **le toca a él** it's his turn.
12 *vi (corresponder)* to be up to: **le toca a él explicarse** it's up to him to explain himself.
13 *vi (ganar)* to win: **nos tocó un premio** we won a prize.
14 *vi (en un reparto etc)* to fall: **me tocó a mí hablarle** it fell to me to speak to him.
15 *vi (un destino)* to be posted: **le tocó en Cartagena** he was posted to Cartagena.
16 *vi (tener que)* to have to: **nos tocó llevarla** we had to take her.
17 *vi (afectar)* to concern, affect: **le toca directamente** it directly concerns you.

18 *vi (ser parientes)* to be a relative of, be related.

19 *vi (barco, avión)* to call (**en**, at), stop over (**en**, at).

20 *vi (entrar en contacto)* to touch.

21 tocarse *vpr (uso reflexivo)* to touch oneself; *(uso recíproco)* to touch each other.

✦ **por lo que a mí toca** as far as I am concerned.

tocar a muerto to toll.

tocar a su fin *fig* to be coming to an end.

tocar con to be next to: **toca con el cine** it's next to the cinema.

tocar en *fig* to border on, verge on: **sus palabras tocan en grosería** his words are verging on rudeness.

tocarse la nariz to pick one's nose.

▲ *Conjugation model* [1], *like sacar.*

tocar²

1 *vt (peinar)* to do the hair of.

2 *vpr (cubrirse)* to cover one's head.

▲ *Conjugation model* [1], *like sacar.*

tocata

1 *nf MÚS* toccata.

2 *nm fam (tocadiscos)* record player.

tocateja a tocateja *loc* cash.

✦ **pagar a tocateja** to pay on the nail.

tocayo,-a *nm,f* namesake.

tocho

1 *nm (lingote)* iron ingot.

2 *nm fam (libro grande)* tome; *(libro aburrido)* boring book.

tocinería *nf* pork butcher's.

tocino

1 *nm (carne)* bacon.

2 *nm (grasa)* fat, lard.

■ **tocino ahumado** smoked bacon.

tocino de cielo sweet made with egg yolk.

tocino entreverado streaky bacon.

tocología *nf* tocology, obstetrics.

tocólogo,-a *nm,f* tocologist, obstetrician.

tocón¹ *nm (de tronco)* stump.

tocón,-ona² *adj fam* groper: **ése es un tocón** he's got wandering hands.

todavía

1 *adv (a pesar de ello)* still: **es hipócrita y todavía le quiero** he's a hypocrite but I still love him.

2 *adv (tiempo)* still, yet: **todavía están allí** they're still there; **todavía no lo quiere** he doesn't want it yet.

3 *adv (para reforzar)* even: **esto todavía está mejor** this is even better.

todito,-a *adj fam* all.

todo,-a

1 *adj (sin excluir nada)* all: **todos los vecinos lo vieron** all the neighbours saw it; **se bebió todo el vino** he drank all the wine; **tú responderás por todos nosotros** you'll answer for all of us.

2 *adj (verdadero)* real: **era todo un reto** it was a real challenge; **era toda una mujer** she was every inch a woman.

3 *adj (cada)* every: **todo delito** every crime; **todas las noches** every night; **todos los días** every day.

4 *adj (igual)* like, exactly like, the image of: **era toda su madre** she was exactly like her mother.

5 *pron (sin excluir nada)* all, everything: **llamaron todos** they all phoned; **le gusta todo** she likes everything.

6 *pron (cualquiera)* anybody: **todo el que yo diga** anybody I say.

7 todo *nm (totalidad)* whole: **si lo consideramos como un todo** if we take it as a whole.

8 *nm (en charadas)* all, whole.

9 *adv* completely, totally, all: **está todo mojado** it's all wet.

✦ **así y todo** in spite of everything.

a todo esto *(por cierto)* by the way; *(mientras)* in the meantime.

con todo in spite of everything.

de todas formas/después de todo anyway, after all.

del todo completely, entirely: **arriba del todo** right at the top.

eso es todo that's all, that's it.

estar en todo to be really with it, know what's going on.

fue todo uno *fam* it all happened at once.

hay de todo there are all sorts.

jugarse el todo por el todo *fig* to take the plunge.

por todo,-a all over: **por toda Francia** all over France.

ser todo uno *fam* to be all the same thing.

todo el mundo everybody.

todo lo contrario quite the opposite, quite the contrary.

todo lo más at the most.

todo quisque/todo Dios *fam* every Tom, Dick and Harry.

todos y cada uno each and everyone.

todopoderoso,-a

1 *adj* almighty, all-powerful.

2 el Todopoderoso *nm* the Almighty.

todoterreno

1 *adj* four-wheel-drive, all-terrain.

2 *nm* four-wheel-drive vehicle, all-terrain vehicle.

tofe *nm* toffee.

tofu *nm* tofu.

toga

1 *nf (de romanos)* toga.

2 *nf (de magistrado etc)* gown, robe.

togado,-a

1 *adj (magistrado etc)* robed.

2 *nm,f (juez)* judge; *(abogado)* lawyer.

Togo *nm* Togo.

togolés,-esa

1 *adj* Togolese.

2 *nm,f* Togolese.

toilette *nf (tocador)* dressing-table; *(lavabo)* toilet.

✦ **hacerse la toilette** to make oneself up.

toisón *nm* fleece.

■ **Orden del Toisón de Oro** Order of the Golden Fleece.

tojo *nm* furze.

toldo

1 *nm (cubierta)* awning.

2 *nm (de camión)* tarpaulin, canvas.

3 *nm (de playa)* sunshade.

tole *nm fig* uproar.

toledano,-a

1 *adj* of Toledo, from Toledo.

2 *nm,f* person from Toledo, inhabitant of Toledo.

tolerable *adj* tolerable.

tolerado,-a

1 *pp* → **tolerar**.

2 *adj (película etc)* suitable for children: **la película es tolerada** the film is suitable for children.

tolerancia

1 *nf* tolerance.

2 *nf (resistencia)* resistance.

tolerante *adj* tolerant, lenient.

tolerar

1 *vt (permitir, soportar)* to tolerate, put up with: **no te toleraré esa actitud** I won't put up with that attitude.

2 *vt (inconvenientes)* to stand.

3 *vt (gente)* to put up with.

4 *vt (comida, bebida)* to take.

5 *vt (peso)* to bear.

tolete *nm* rowlock, *US* oarlock.

tolondro,-a

1 *adj* scatterbrained.

2 *nm,f* scatterbrain.

tolondrón,-ona *adj-nm,f* → **tolondro,-a**.

Tolosa *nf* Toulouse.

tolteca

1 *adj* Toltec.

2 *nm & nf* Toltec.

tolueno *nm* toluene.

tolva *nf* hopper.

toma

1 *nf (acción)* taking.

2 *nf MED* dose.

3 *nf MIL* capture.

4 *nf (de aire)* intake, inlet; *(de agua)* outlet, tap; *(de electricidad)* plug, socket.

5 *nf (grabación)* recording.

6 *nf CINEM* take, shot.

■ **toma de conciencia** awareness.

toma de corriente power point.

toma de muestras sampling.

toma de posesión takeover.

toma de tierra *ELEC* earth, *US* ground; *(de avión)* landing, touchdown.

tomado,-a

1 *pp* → **tomar**.

2 *adj (voz)* hoarse.

✦ **tener la voz tomada** to have a hoarse voice, be hoarse.

tomador,-ra *nm & nf (de letra de cambio)* drawee; *(de seguro)* policy holder.

tomadura tomadura de pelo *nf fam (engaño)* hoax; *fam (burla)* joke, leg-pull, tease; *fam (timo)* rip-off.

tomar
1 *vt (gen)* to take: tomó una carta he took a card; ese fragmento está tomado de Cervantes this passage is taken from Cervantes; lo tomó en broma she took it as a joke; tomamos un taxi we took a taxi; tomamos aquella calle we took that road.
2 *vt (baño, ducha)* to have, take; *(foto)* to take.
3 *vt (comer, beber)* to have; *(beber)* to drink; *(comer)* to eat: tómate la leche drink your milk; ¿qué tomarás? what would you like?
4 *vt (el autobús, el tren)* to catch.
5 *vt (aceptar)* to accept, take.
6 *vt (comprar)* to buy, get, have: tomaré manzanas I'll get some apples.
7 *vt (contratar)* to take on, hire: tomaremos una criada we'll take on a servant.
8 *vt (alquilar)* to take, rent.
9 *vt (adquirir)* to acquire, get into: tomar una costumbre to acquire a habit.
10 *vt MIL* to capture, take.
11 *vi (encaminarse)* to go, turn: tomaron hacia la izquierda y se perdieron they turned left and got lost.
12 **tomarse** *vpr (gen)* to take: me tomé una aspirina I took an aspirin.
13 *vpr (beber)* to drink; *(comer)* to eat.
✦ **lo toma o lo deja** take it or leave it.
no te lo tomes así don't take it like that.
toma *(aquí tienes)* here you are, here.
¡toma! *fam (sorpresa)* fancy that!; *(enfado)* it serves you right!
¡toma castaña! *fam* take that!
toma y daca *fig* give and take.
tomar a alguien de la mano to hold somebody's hand.
tomar a pecho to take to heart.
tomar afecto/tomar cariño to become fond of.
tomar algo a mal to take something badly.
tomar aliento to catch one's breath.
tomar decisiones to make decisions.
tomar el fresco to get some fresh air.
tomar el pelo a alguien *fig* to pull somebody's leg.
tomar el sol to sunbathe.
tomar en cuenta to take into account.
tomar en serio to take seriously.
tomar forma to take shape.
tomar frío to catch a cold.
tomar la costumbre to get into the habit.
tomar la palabra to speak.
tomar las aguas to take the waters.
tomar las de Villadiego *fig* to beat it.
tomar nota to take note.
tomar partido por to take sides with.
tomar por *(considerar)* to take for: me tomó por mi hermana he took me for my sister; me tomó por tonto she took me for a fool.

tomar tierra to land.
tomarla con alguien *fam* to have it in for somebody.
tomarse la molestia de to take the trouble to.
tomarse las cosas con calma to take it easy.

tomatazo *nm* pelt with a tomato.
✦ **dar un tomatazo a alguien** to pelt somebody with tomatoes.

tomate
1 *nm (fruto)* tomato.
2 *nm fam fig (en calcetines etc)* hole.
3 *nm fam fig (jaleo)* fuss, commotion.
4 *nm fam fig (dificultad)* snag, catch.
✦ **ponerse como un tomate** *fig* to go as red as a beetroot.
tener tomate *fam* to be difficult.

tomatera
1 *nf (planta)* tomato plant.
2 *nf fam fig (vanidad)* vanity, conceit.

tomatero,-a *nm,f* tomato seller.
■ **pollo tomatero** spring chicken.

tomavistas *nm* cine camera, US movie camera.

tómbola *nf* tombola.

tomillo *nm* thyme.

tomismo *nm* Thomism.

tomo
1 *nm (volumen)* volume.
2 *nm fig (importancia)* importance.
✦ **de tomo y lomo** *fam* utter, out-and-out.

ton sin ton ni son *loc* without rhyme or reason.

tonada
1 *nf* tune, song.
2 *nf (acento)* accent.

tonadilla *nf* ditty, little tune, popular song.

tonadillero,-a *nm,f (compositor)* writer of ditties, writer of popular songs; *(cantante)* singer of ditties, singer of popular songs.

tonal *adj* tonal.

tonalidad *nf* tonality, tone.

tonar *vi lit* to thunder.
▲ *Conjugation model* [31], *like* contar.

tonel *nm* barrel, cask.
✦ **estar como un tonel** *fam* to be like a barrel.

tonelada *nf* ton.
■ **tonelada métrica** metric ton, tonne.

tonelaje *nm* tonnage.

tonelería
1 *nf (fabricación)* cooperage, barrel-making.
2 *nf (tienda)* barrel shop.
3 *nf (toneles)* barrels *pl*, casks *pl*.

tonelero,-a
1 *adj* barrel, cask.
2 *nm,f* cooper, barrel-maker.

Tonga *nf* Tonga.

tongada *nf* pile, heap.

tongano,-a
1 *adj* Tongan.
2 *nm,f (persona)* Tongan.
3 **tongano** *nm (idioma)* Tongan.

tongo *nm* fix: en la carrera hubo tongo the race was fixed, the race was rigged.

tónica
1 *nf (tendencia)* tendency, trend.
2 *nf (bebida)* tonic, tonic water.
3 *nf MÚS* tonic.
■ **tónica general** overall trend.

tónico,-a
1 *adj (sílaba)* tonic, stressed.
2 *adj (nota musical)* tonic.
3 **tónico** *nm MED* tonic.
4 *nm (para la piel)* skin tonic.

tonificante *adj* invigorating.

tonificar *vt* to tone up, invigorate.
▲ *Conjugation model* [1], *like* sacar.

tonillo
1 *nm (sonsonete)* drone, monotone.
2 *nm (acento)* accent, lilt.
3 *nm (retintín)* sarcastic tone.

tono
1 *nm (gen)* tone: el tono de su discurso the tone of her speech; no me hables en ese tono don't speak to me in that tone.
2 *nm (energía)* energy.
✦ **a tono con** in tune with, in harmony with.
bajar de tono/bajar el tono to lower one's voice; *fig* to tone down.
dar tono/dar buen tono *fig* to give class, give prestige.
darse tono *fig* to put on airs.
de buen tono *(elegante)* elegant, stylish; *(cortés)* gentlemanly.
de mal tono *fig* vulgar.
en tono airado in an angry tone.
fuera de tono *fig* inappropriate, out of place.
sin venir a tono *fig* for no good reason.
subir de tono/subir el tono to speak louder; *fig* to warm up.
■ **tono alto** *MÚS* high pitch.
tono bajo *MÚS* low pitch.
tono mayor *MÚS* major key.
tono menor *MÚS* minor key.

tonsura *nf* tonsure.

tonsurar
1 *vt (el pelo)* to cut; *(la lana)* to shear.
2 *vt (clérigo)* to tonsure.

tontada
1 *nf (bobada)* silly thing, nonsense.
2 *nf (insignificancia)* trifle.

tontaina
1 *adj fam* foolish, silly.
2 *nm & nf fam* fool, nitwit.

tontamente *adv* foolishly.

tontear
1 *vi (decir tonterías)* to act the clown, fool about.
2 *vi (galantear)* to flirt.

tontería
1 *nf (calidad de tonto)* stupidity, silliness.
2 *nf (dicho, hecho)* silly thing, stupid thing.
3 *nf (insignificancia)* trifle.
4 *nf (regalito)* little something.

✦ **decir tonterías** to talk nonsense.
dejarse de tonterías *(al hablar)* to be serious; *(al actuar)* to stop messing about: ¡**déjate de tonterías!** stop messing about!
hacer tonterías to mess about, fool around.

tonto,-a
1 *adj* silly, stupid, *US* dumb: ¡**qué idea más tonta!** what a stupid idea!
2 *nm,f* fool, idiot.
✦ **a tontas y a locas** without rhyme or reason.
hacer el tonto/hacer la tonta to act the fool.
hacerse el tonto/hacerse la tonta to play dumb.
ponerse tonto,-a *fam* to get stroppy.
▪ **tonto,-a de remate/tonto,-a de capirote** *fam* prize idiot.
un,-a tonto,-a del bote *fam* a right berk, a real twerp.

tontuna *nf fam* silliness.

topacio *nm* topaz.

topar
1 *vi (chocar)* to bump into: **el coche topó contra un poste** the car bumped into a pole.
2 *vi (encontrar - algo)* to come across, find; *(- alguien)* to bump into, run into.
3 *vi fig (dificultades etc)* to come up against, run into.
4 *vi (en juego)* to take a bet.
5 **toparse** *vpr (encontrarse alguien)* to meet, bump into: **me topé con tu amigo** I bumped into your friend.
6 *vpr fig (dificultades etc)* to meet with, encounter, run into.

tope
1 *nm (límite)* limit, end.
2 *nm TÉC* stop, check.
3 *nm (de ferrocarril)* buffer, bumping post, bumper.
4 *nm MAR* masthead.
5 *adj fig* top, maximum: ¡**tope!** smashing!
6 *adj arg (fantástico)* fab, super.
7 *adv arg* really, absolutely: **la fiesta fue tope divertida** the party was absolutely brilliant.
✦ **a tope** *arg (al límite)* flat out; *(lleno)* jam-packed, chock-a-block; *(estupendo)* terrific; *(música)* full blast: **íbamos a tope** we were going flat out; **la sala estaba a tope** the hall was jam-packed; **lo pasamos a tope** we had a terrific time.
estar hasta los topes *fig* to be full up.
llegar al tope *fig* to reach one's limit.
▪ **precio tope** top price.
tope de puerta doorstop.

topera *nf* molehill.

topetada *nf fig* butt, bump.

topetar
1 *vt fig* to bump into.
2 *vi fig* to bump.

topetazo
1 *nm (con la cabeza)* butt, bump.
2 *nm (de coche etc)* bump, crash.

topetear *vt-vi fig* → **topetar.**

topetón *nm* → **topetazo.**

tópico,-a
1 *adj MED* external: **uso tópico** external use.
2 **tópico** *nm* commonplace, cliché.

topless *nm* topless.
✦ **en topless** topless.

topo *nm* mole.
✦ **más ciego,-a que un topo** *fig* as blind as a bat.

topografía *nf* topography.

topográfico,-a *adj* topographic, topographical.

topógrafo,-a *nm,f* topographer.

topología *nf* topology.

toponimia
1 *nf (ciencia)* toponymy.
2 *nf (nombres)* place names *pl.*

toponímico,-a *adj* toponymic, toponymical.

topónimo *nm* place name, toponym.

toque
1 *nm (acto)* touch.
2 *nm (de campana)* ringing, peal, pealing; *(de trompeta)* blare, sounding; *(de claxon)* honk; *(de sirena)* hoot; *(de tambor)* beat, beating.
3 *nm (pincelada)* touch.
4 *nm fig (advertencia)* warning.
✦ **dar el toque de alarma** *fig* to sound the alarm.
dar el último toque to put the finishing touch.
dar un toque a alguien *(llamar)* to take somebody to task; *(llamar la atención)* to call somebody's attention.
▪ **toque de alarma** alarm signal.
toque de atención warning, warning note.
toque de balón ball control.
toque de diana reveille.
toque de difuntos death knell.
toque de queda curfew.
toque de retreta tattoo.

toquetear
1 *vt (tocar)* to fiddle with, finger.
2 *vt (acariciar)* to fondle, caress.

toqueteo
1 *nm (manoseo)* fiddling, handling.
2 *nm (caricias)* fondling, petting.

toquilla *nf* shawl, knitted shawl.

Torá *nf* Torah.

torácico,-a *adj* thoracic.
▪ **caja torácica** chest cavity.

tórax *nm* thorax.
▲ *pl* **tórax.**

torbellino
1 *nm (de viento)* whirlwind; *(de agua)* whirlpool; *(de polvo)* whirl, cloud.
2 *nm fig (abundancia de cosas)* whirl, turmoil, welter: **un torbellino de sentimientos** a whirl of emotions.
3 *nm fig (persona)* live wire, human dynamo.
▪ **torbellino de ideas** *fig* brainstorm.

torcecuello *nm* wryneck.

torcedura
1 *nf (acción)* twist, twisting.
2 *nf MED* sprain.

torcer
1 *vt (gen)* to twist.
2 *vt (doblar)* to bend; *(madera)* to warp.
3 *vt (desviar)* to change.
4 *vt (cuadro)* to slant.
5 *vt fig (significado, frase, etc)* to distort.
6 *vt fig (corromper a alguien)* to corrupt, pervert.
7 *vt fig (la cara)* to contort.
8 *vt MED* to sprain.
9 *vi (girar)* to turn: **torció a la derecha** he turned right.
10 **torcerse** *vpr (gen)* to twist.
11 *vpr (doblarse)* to bend; *(madera)* to warp.
12 *vpr (ladearse)* to become slanted.
13 *vpr MED* to sprain, twist.
14 *vpr fig (plan)* to fall through.
15 *vpr fig (una persona)* to go astray.
16 *vpr fig (empeorar)* to take a turn for the worse.
✦ **no dar su brazo a torcer** *fig* not to give in.
torcer el gesto *fig* to look cross.
torcer la vista to look away.
▲ *Conjugation model* [54], *like* **cocer.**

torcido,-a
1 *adj (que no es recto)* twisted.
2 *adj (madera)* warped; *(metal)* bent.
3 *adj (ladeado)* slanted, crooked, lopsided: **el cuadro está torcido** the painting is crooked.
4 *adj MED* sprained, strained.
5 *adj fig (mente etc)* twisted.

tordo,-a
1 *adj* dapple-grey.
2 **tordo** *nm (pájaro)* thrush.

torear
1 *vt (lidiar)* to fight.
2 *vt fig (entretener)* to put off.
3 *vt fig (burlar)* to tease, confuse.
4 *vt fig (asunto etc)* to tackle skilfully, handle well.
5 *vt fig (evitar)* to avoid.
6 *vi (lidiar)* to fight: **torea muy bien** he's a very good bullfighter.

toreo *nm* bullfighting.
✦ ¡**se acabó el toreo!** *fam* no more fooling around!

torera *nf* bolero jacket, bolero.
✦ **saltarse algo a la torera** *fam* to ignore something completely.

torero,-a
1 *adj* bullfighting.
2 *nm,f* bullfighter, matador.

toril *nm* bullpen.

tormenta *nf* storm.
✦ **una tormenta en un vaso de agua** a storm in a teacup.

tormento
1 *nm (tortura)* torture.
2 *nm (dolor)* torment, torture.
3 *nm (angustia)* anguish.
4 *nm fig (aflicción)* affliction, suffering.

✦ **dar tormento** *(torturar)* to torture; *(molestar)* to torment.
ser un tormento *fam* to be real torture.
tormentoso,-a *adj* stormy.
torna *nf* return.
✦ **volverle a uno las tornas** to turn the tables on somebody.
tornado *nm* tornado.
tornar
1 *vt (devolver)* to give back (**a**, to), return (**a**, to).
2 *vt (mudar)* to transform (**en**, into), turn (**en**, into).
3 *vi (regresar)* to go back (**a**, to), return (**a**, to).
4 *vi (volver a)* to start again: **tornó a beber** he started drinking again.
5 tornarse *vpr* to become, turn.
✦ **tornar en sí** to regain consciousness.
tornasol
1 *nm BOT* sunflower.
2 *nm (luz)* iridescense.
3 *nm (colorante)* litmus.
tornasolado,-a *adj* iridescent.
tornavoz
1 *nm (de púlpito etc)* sounding board.
2 *nm (bocina)* loud-hailer.
✦ **hacer tornavoz** to cup one's hands to one's mouth.
▲ *pl* **tornavoces.**
torneado,-a
1 *pp* → **tornear.**
2 *adj TÉC* lathed, turned on the lathe.
3 *adj (cuerpo)* shapely, with soft curves.
4 torneado *nm TÉC* turning.
tornear *vt* to turn.
torneo
1 *nm (justa)* tourney, joust.
2 *nm DEP* tournament, competition.
tornero,-a *nm,f* turner, lathe operator.
tornillo *nm* screw, bolt.
✦ **apretarle los tornillos a alguien** *fam* to put the screws on somebody.
faltar un tornillo *fam* to have a screw loose.
▪ **tornillo de banco** vice *(US* vise), clamp.
tornillo de orejas thumbscrew.
torniquete
1 *nm (palanca)* turnstile.
2 *nm MED* tourniquet.
torno
1 *nm TÉC* lathe.
2 *nm (elevador)* winch, windlass.
3 *nm (de convento)* revolving window.
✦ **en torno a** *(alrededor de)* around; *(acerca de)* about, concerning.
▪ **torno de alfarero** potter's wheel.
toro
1 *nm (animal)* bull.
2 los toros *nm pl (corrida)* bullfight *sing*; *(arte)* bullfighting *sing*.
✦ **coger al toro por los cuernos** *fig* to take the bull by the horns.
estar hecho un toro *fam* to be a big strapping man.

fuerte como un toro *fig* as strong as an ox.
ir a los toros to go to a bullfight.
ver los toros desde la barrera *fig* to sit on the fence.
▪ **toro bravo/toro de lidia** fighting bull.
toronja *nf* grapefruit.
toronjina *nf* lemon balm.
torpe
1 *adj (poco hábil)* clumsy.
2 *adj (de movimiento)* slow, awkward.
3 *adj (poco inteligente)* dim, thick.
torpedear *vt* to torpedo.
torpedero,-a
1 *adj* torpedo.
2 torpedero *nm* torpedo boat.
torpedo
1 *nm MIL* torpedo.
2 *nm (pez)* electric ray.
torpemente
1 *adv (sin habilidad)* clumsily, awkwardly.
2 *adv (lentamente)* slowly.
torpeza
1 *nf (falta de habilidad)* clumsiness, awkwardness.
2 *nf (mental)* dimness, stupidity.
3 *nf (de movimiento)* slowness, heaviness.
4 *nf (error)* blunder.
✦ **cometer una torpeza** to make a blunder.
torpón,-ona
1 *adj fam (falto de habilidad)* clumsy.
2 *adj fam (tonto)* dim, stupid.
torrar *vt* to toast.
torre
1 *nf (gen)* tower.
2 *nf (campanario)* bell tower.
3 *nf (chalé)* country house, house, villa.
4 *nf (de buque)* turret.
5 *nf (ajedrez)* rook, castle.
▪ **torre de comunicaciones** communications tower.
torre de control control tower.
torre de marfil *fig* ivory tower.
torre de perforación derrick.
torre de vigía crow's nest.
torrefacto,-a *adj* high roast.
torrencial *adj* torrential.
torrente
1 *nm (de agua)* mountain stream, torrent.
2 *nm (de sangre)* bloodstream.
3 *nm fig (abundancia)* flood, stream.
▪ **torrente de voz** strong loud voice.
torrentera *nf* gully.
torreón *nm* fortified tower.
torrero *nm* lighthouse keeper.
torreta
1 *nf (torre)* turret, small tower.
2 *nf MIL (de tanque etc)* turret; *(de submarino)* conning tower.
torrezno *nm* rasher of fried bacon.
tórrido,-a *adj* torrid.
torrija *nf type of* French toast.

torsión
1 *nf (torcedura)* twist, twisting.
2 *nf TÉC* torsion.
torso
1 *nm ANAT* torso.
2 *nm (estatua)* bust.
torta
1 *nf CULIN* cake.
2 *nf fam (golpe)* blow, crack; *(bofetada)* slap, wallop.
3 *nf fam (borrachera)* binge.
✦ **coger una torta/pillar una torta** *fig* to get plastered.
ni torta *fam* not a thing: **no ve ni torta** he can't see a thing.
pegarse una torta *fam* to give oneself a bump.
te va a costar la torta un pan *fam* it's more trouble than it's worth.
tortada *nf* meat pie, chicken pie.
tortazo
1 *nm fam (golpe)* whack, thump.
2 *nm fam (bofetada)* slap, punch.
✦ **darse un tortazo/pegarse un tortazo** *fam (accidente)* to crash; *(caerse)* to come a cropper: **se pegó un tortazo contra la valla** he crashed into the fence.
tortícolis *nf* stiff neck, crick in the neck.
▲ *pl* **tortícolis.**
tortilla
1 *nf* omelette *(US* omelet).
2 *nf AM* tortilla, pancake.
✦ **se volvió la tortilla** *fig* the tables were turned.
▪ **tortilla a la francesa** omelette, plain omelette.
tortilla de patatas potato omelette, Spanish omelette.
tortillera *nf fam* dyke, lesbian.
tortita *nf* pancake.
tórtola *nf* → **tórtolo,-a.**
tortolear *vt* to court, flatter.
tortolito,-a *adj* inexperienced, green.
tórtolo,-a
1 *nm,f (macho)* male turtledove; *(hembra)* turtledove.
2 tórtolos *nm pl fig (enamorados)* lovebirds, lovers.
tortuga
1 *nf (de tierra)* tortoise.
2 *nf (marina)* turtle.
✦ **andar a paso de tortuga/ir a paso de tortuga** *fig* to walk at a snail's pace.
tortuosidad *nf* tortuousness.
tortuoso,-a *adj* tortuous, winding.
tortura
1 *nf (tormento)* torture.
2 *nf fig (padecimiento)* intense suffering, agony.
torturador,-ra *nm,f* torturer.
torturar
1 *vt* to torture.
2 torturarse *vpr* to torture oneself.
torvo,-a *adj* grim, fierce.

torzal
   1 *nm (de seda)* silk twist.
   2 *nm fig (de varias cosas)* twist, twine.

tos *nf* cough, coughing.
   ✦ **tener tos** to have a cough.
   ▪ **acceso de tos** coughing fit.
      tos ferina whooping cough.
   ▲ *pl* toses.

tosca
   1 *nf (piedra)* tufa.
   2 *nf (sarro)* tartar.

tosco,-a
   1 *adj (basto)* rough, rustic.
   2 *adj (persona)* uncouth.

toser *vi* to cough.
   ✦ **a mi no me tose nadie** *fam* no one tells me what to do.
      no hay quien le tosa *fam* he's one step ahead of everyone.

tosquedad *nf* roughness, crudeness.

tostada *nf* toast, slice of toast.
   ✦ **olerse la tostada** *fam* to smell a rat.

tostadero *nm* roaster.
   ▪ **tostadero de café** *(máquina)* coffee toaster; *(local)* coffee bar which roasts and sells coffee.

tostado,-a
   1 *pp* → **tostar**.
   2 *adj (pan)* toasted; *(café)* roasted.
   3 *adj fig (moreno)* tanned, brown.
   4 *adj (color)* brown.

tostador,-ra *nm,f (de pan)* toaster; *(de café)* roaster.

tostar
   1 *vt (pan)* to toast; *(café)* to roast; *(carnes)* to brown.
   2 *vt fig (piel)* to tan.
   3 **tostarse** *upr (pan)* to toast; *(café)* to roast.
   4 *upr fig (la piel)* to get brown, turn brown, tan.
   ▲ *Conjugation model* [31], *like* contar.

tostón
   1 *nm (garbanzo)* roasted chickpea.
   2 *nm (pan frito)* crouton.
   3 *nm fam fig* bore, drag: **la peli fue un tostón** the film was a drag.
   ✦ **dar el tostón** *fam* to get on everybody's nerves.

total
   1 *adj* total, complete, overall: **la imprenta supuso una revolución total** printing brought about a complete revolution; **anestesia total** general anaesthetic.
   2 *nm (totalidad)* whole: **el total de la población** the whole population.
   3 *nm (suma)* total, sum.
   4 *adv (en conclusión)* in short, so: **total, fue un fracaso** in short, it was a failure; **total, que se fueron porque quisieron** they left because they wanted to.
   5 *adv (al fin y al cabo)* after all: **total, para lo que me sirve ...** after all, for all the good it is to me ...
   ✦ **en total** in all.

totalidad *nf* whole, totality.
   ✦ **en su totalidad** as a whole.

totalitario,-a *adj* totalitarian.

totalitarismo *nm* totalitarianism, dictatorship.

totalitarista *adj* totalitarian.

totalizador *nm* totalizator.

totalizar
   1 *vt* to total.
   2 *vt (ascender)* to amount to.
   ▲ *Conjugation model* [4], *like* realizar.

totalmente *adv* totally, completely.

tótem *nm* totem; *(efigie)* totem pole.
   ▲ *pl* tótems o tótemes.

totovía *nf* wood lark.

tournée *nf (gira)* tour; *(viaje)* touring holiday.

touroperador *nm* travel firm.

toxicidad *nf* toxicity.

tóxico,-a
   1 *adj* toxic, poisonous.
   2 **tóxico** *nm* toxicant, poison.

toxicología *nf* toxicology.

toxicológico,-a *adj* toxicologic, toxicological.

toxicólogo,-a *nm,f* toxicologist.

toxicomanía *nf* drug addiction.

toxicómano,-a
   1 *adj* addicted to drugs.
   2 *nm,f* drug addict.

toxina *nf* toxin.

tozudez *nf* stubbornness, obstinacy.

tozudo,-a *adj* stubborn, obstinate, headstrong.

traba
   1 *nf (de caballería)* hobble.
   2 *nf (unión)* bond, tie.
   3 *nf fig (impedimento)* hindrance, obstacle.
   ✦ **poner trabas** *fig* to put obstacles in the way.

trabado,-a
   1 *pp* → **trabar**.
   2 *adj (sujeto)* fastened; *(atascado)* jammed.
   3 *adj (salsa)* smooth.
   4 *adj (caballería)* with two white stockings.
   5 *adj fig (robusto)* robust.
   6 *adj fig (coherente)* coherent.

trabajado,-a
   1 *pp* → **trabajar**.
   2 *adj* elaborate, carefully worked, painstaking.

trabajador,-ra
   1 *adj (que trabaja)* working.
   2 *adj (laborioso)* hard-working, industrious.
   3 *nm,f* worker, labourer *(us* laborer).

trabajar
   1 *vi (gen)* to work: **trabaja mucho** she works hard; **trabaja en una cafetería** she works in a coffee shop.
   2 *vi (en obra, película)* to act, perform: **¿quién trabaja en la obra?** who's in the play?

3 *vi fig (soportar)* to be under stress: **esta cuerda trabaja mucho** this rope is under stress.
   4 *vt (materiales)* to work (on).
   5 *vt (idea, idioma, etc)* to work on.
   6 *vt (la tierra)* to till.
   7 *vt CULIN (pasta)* to knead.
   8 **trabajarse** *upr (idea, idioma, etc)* to work on.
   9 *upr fig (a alguien)* to persuade.
   ✦ **trabajar a alguien para que haga algo** to talk somebody into doing something, try to persuade somebody to do something.
      trabajar a destajo to do piecework.
      trabajar como un,-a condenado,-a/ trabajar como una bestia *fam* to slave away.
      trabajar de to be, work as: **trabaja de profesor** he's a teacher.
      trabajar de balde to work for nothing.
      trabajar el hierro/trabajar la madera to work iron/work wood.
      trabajar en balde *fam* to work in vain.
      trabajar por horas to be paid by the hour.

trabajillo *nm* little job, odd job.

trabajo
   1 *nm (ocupación)* work.
   2 *nm (tarea)* task, job.
   3 *nm (empleo)* job, employment.
   4 *nm (esfuerzo)* effort.
   5 *nm EDUC* report, paper.
   6 **trabajos** *nm pl fig (penalidades)* hardships.
   ✦ **ahorrarse el trabajo** to save oneself the trouble.
      con gran trabajo/con mucho trabajo with great effort.
      cuesta trabajo ... it's hard to ...: **cuesta trabajo aceptarlo** it's hard to accept it.
      estar sin trabajo to be out of work.
      ir al trabajo to go to work.
      sin trabajo *(fácilmente)* easily.
      tomarse el trabajo de to take the trouble to.
   ▪ **puesto de trabajo** job.
      trabajo a destajo piecework.
      trabajo de chinos *fam* very intricate work, time-consuming work.
      trabajo de equipo teamwork.
      trabajo de media jornada part-time job.
      trabajo eventual casual labour *(us* labor).
      trabajo intelectual brainwork.
      trabajo por turno/trabajo por turnos shiftwork.
      trabajos forzados/trabajos forzosos hard labour *(us* labor) *sing.*
      trabajos manuales arts and crafts, handicrafts.

trabajosamente *adv* laboriously.

trabajoso,-a
   1 *adj* hard, laborious.
   2 *adj (difícil)* difficult.

trabalenguas *nm* tongue twister.
▲ *pl trabalenguas.*

trabar
1 *vt (unir)* to join, link.
2 *vt (sujetar)* to lock, fasten.
3 *vt (mecanismo)* to jam.
4 *vt (prender a alguien)* to shackle.
5 *vt (líquido, salsa)* to thicken.
6 *vt (caballería)* to hobble.
7 *vt fig (empezar)* to start.
8 *vt fig (conversación, amistad)* to strike up.
9 *vt fig (enlazar)* to connect, relate, link: **durante la reunión trabaron ideas** they gave coherence to their ideas during the meeting.
10 *vt fig (impedir)* to impede, hinder, shackle.
11 **trabarse** *upr (enredarse)* to get tangled up.
12 *upr (mecanismo)* to jam.
✦ **trabársele la lengua a alguien** to get tongue-tied.

trabazón
1 *nf (enlace)* bond, tie.
2 *nf CULIN (de masa etc)* thickness.
3 *nf fig (conexión)* connection, link, bond.

trabilla *nf (de pantalón)* stirrup; *(de chaqueta)* half-belt.

trabucar
1 *vt* to jumble, mix up.
2 **trabucarse** *upr* to get all mixed up.
▲ *Conjugation model* [1], *like sacar.*

trabucazo *nm* shot from a blunderbuss.

trabuco *nm* blunderbuss.

traca *nf* string of firecrackers.

tracción *nf* traction.
■ **tracción delantera** front-wheel drive. **tracción en las cuatro ruedas** four-wheel drive. **tracción trasera** rear-wheel drive.

Tracia *nf* Thrace.

tracio,-a
1 *adj* Thracian.
2 *nm,f (persona)* Thracian.
3 **tracio** *nm (idioma)* Thracian.

tracoma *nm* trachoma.

tracto *nm* tract.

tractor,-ra
1 *adj* tractor: **hélice tractora** tractor propeller.
2 **tractor** *nm* tractor.

tractorista *nm & nf* tractor driver.

tradescantia *nf* wandering jew.

tradición *nf* tradition.

tradicional *adj* traditional.
✦ **es lo tradicional** it's the traditional thing to do.

tradicionalismo
1 *nm* traditionalism.
2 *nm POL* radical conservatism.

tradicionalista
1 *adj* traditionalist.
2 *adj POL* radical conservative.
3 *nm & nf* traditionalist.
4 *nm & nf POL* radical conservative.

tradicionalmente *adv* traditionally.

tradicionista *nm & nf (escritor)* writer on local traditions; *(colector)* collector of items or works related to local traditions.

traducción *nf* translation.
■ **traducción automática** *INFORM* machine translation.
traducción directa translation from a foreign language.
traducción inversa translation into a foreign language, prose translation.
traducción simultánea simultaneous translation.

traducible *adj* translatable.

traducir
1 *vt (gen)* to translate: **lo tradujo del francés al inglés** she translated it from French into English.
2 *vt (expresar)* to express, show.
3 **traducirse** *upr (resulta)* to result in, give: **su mal humor se tradujo en resultados pobres** his bad mood gave poor results.
✦ **traducir directamente** to translate direct.
▲ *Conjugation model* [46], *like conducir.*

traductor,-ra
1 *adj* translating.
2 *nm,f* translator.
■ **traductor,-ra jurado,-a** sworn translator.

traer
1 *vt (gen)* to bring: **nos trajo una botella de whisky** he brought us a bottle of whisky.
2 *vt (llevar consigo)* to carry: **traía un bolso** she was carrying a bag.
3 *vt (vestir)* to wear: **traía una falda verde** she was wearing a green skirt.
4 *vt (traer hacia sí)* to pull, draw, attract: **la secta traía a muchos seguidores** the sect attracted a lot of followers.
5 *vt (causar)* to cause, bring: **esto le trajo muchos problemas** it caused him a lot of problems.
6 *vt (llevar noticias)* to carry, contain: **la revista traía varias fotos** the magazine contained several pictures.
7 *vt (contener)* to contain: **el paquete trae un regalo** the package contains a gift.
8 **traerse** *upr (llevar consigo)* to bring along: **tráete al bebé** bring your baby along.
✦ **¿qué te trae por aquí?** what brings you here?
traer buena suerte/traer suerte to bring good luck.
traer como consecuencia to result in.
traer consecuencias to have serious consequences.
traer consigo to bring about.
traer de cabeza a alguien *(preocupar)* to worry somebody; *(volver loco)* to drive somebody mad.
traerse entre manos *fig* to be up to.

traérselas *fam* to be really difficult, be really hard: **eso se las trae** that's really difficult.
▲ *Conjugation model* [88].

traficante
1 *adj* dealing, trading.
2 *nm & nf* trader, dealer.
3 *nm & nf (ilegal)* trafficker.
■ **traficante de drogas** drug trafficker, drug pusher.

traficar
1 *vi* to deal.
2 *vi (de forma ilegal)* to traffic (**en**, in), deal (**en**, in): **trafica en/con drogas** he traffics in drugs.
▲ *Conjugation model* [1], *like sacar.*

tráfico
1 *nm AUTO* traffic.
2 *nm COM* traffic, trade.
■ **tráfico de drogas** drug traffic.
tráfico de influencias *POL* influence peddling.
tráfico rodado road traffic.

tragabolas *nm* Aunt Sally.
▲ *pl tragabolas.*

tragacanto *nm* tragacanth.

tragaderas
1 *nf pl fam (faringe)* throat *sing.*
2 *nf pl fam fig (credulidad)* gullibility.
✦ **tener buenas tragaderas** *fam (ser crédulo)* to be gullible; *(tener pocos escrúpulos)* to be too easy going.

tragadero
1 *nm (faringe)* throat.
2 *nm (agujero)* drain.

tragaldabas *nm & nf fam* glutton, pig.
▲ *pl tragaldabas.*

tragaleguas *nm & nf fam* keen walker.
▲ *pl tragaleguas.*

tragaluz *nm* skylight.
▲ *pl tragaluces.*

tragamillas *nm & nf fam* keen walker.
▲ *pl tragamillas.*

tragaperras **máquina tragaperras** *nf* slot machine.

tragar
1 *vt (ingerir)* to swallow.
2 *vt (comer mucho)* to gobble up, tuck away, put away.
3 *vt (absorber)* to soak up.
4 *vt fig (hacer desaparecer)* to swallow up.
5 *vt fig (gastar, consumir)* to eat up, guzzle: **este coche traga mucha gasolina** this car guzzles petrol.
6 *vt fig (creer)* to swallow, believe.
7 *vt fig (aguantar)* to put up with; *(disimular)* to hide: **tuvo que tragar sus exigencias** she had to put up with his demands.
8 *vt fig (soportar a alguien)* to stand, stomach: **no trago a Pedro** I can't stand Pedro.
9 *vi* to swallow, swallow up.
10 **tragarse** *upr (ingerir)* to swallow: **se tragó un botón** he swallowed a button.

11 *vpr (comer mucho)* to gobble up, tuck away, put away.

12 *vpr (absorber)* to soak up.

13 *vpr fig (hacer desaparecer)* to swallow up: el mar se tragó el barco the ship was swallowed up by the sea.

14 *vpr fig (creer)* to swallow, believe: se traga todo lo que digo he swallows whatever I say.

15 *vpr fig (aguantar)* to put up with; *(disimular)* to hide: se tragó su opinión she hid her opinion.

✦ **tragar la píldora** *fig* to swallow it, fall for it.

tragar millas *fig* to burn up the miles.

▲ *Conjugation model* [7], *like* **llegar.**

tragasables *nm & nf* sword-swallower.

▲ *pl* **tragasables.**

tragasantos *nm & nf fam pey* devout person.

▲ *pl* **tragasantos.**

tragedia *nf* tragedy.

✦ **¡qué tragedia!** *fam* woe is me!

terminar en tragedia to end tragically.

trágicamente *adv* tragically.

trágico,-a

1 *adj* tragic.

2 *nm,f (actor)* tragedian; *(actriz)* tragedienne.

✦ **ponerse trágico,-a** *fam (persona)* to get all serious; *(situación)* to become tragic, get tragic.

tragicomedia *nf* tragicomedy.

tragicómico,-a *adj* tragicomic.

trago

1 *nm (sorbo)* swig, drop.

2 *nm fam (bebida)* drink.

3 *nm fam fig (adversidad)* rough time.

✦ **beberse algo de un trago** to down something in one.

echar un trago *(sorbo)* to take a swig; *(beber algo)* to have a drink.

pasar un mal trago *fig* to have a bad time of it.

tragón,-ona

1 *adj fam* greedy, piggy.

2 *nm,f fam* glutton, big eater, greedy-guts.

traguito *nm* swallow dram.

traición *nf* treason, betrayal.

✦ **a traición** treacherously.

■ **alta traición** high treason.

traicionar

1 *vt (gen)* to betray: traicionó a su familia he betrayed his family.

2 *vt fig (delatar)* to give away, betray: su expresión traicionó sus pensamientos his expression gave away his thoughts.

traicionero,-a *adj* treacherous.

traído,-a

1 *pp →* **traer.**

2 *adj fig (gastado)* threadbare, worn-out.

3 *adj fig (visto)* hackneyed, trite.

✦ **traído,-a por los pelos** *fam* far-fetched.

traído,-a y llevado,-a *fig* hackneyed, well-worn.

traidor,-ra

1 *adj* treacherous.

2 *nm,f* traitor.

traigo *pres indic →* **traer.**

tráiler

1 *nm CINEM* trailer, *US* preview.

2 *nm AUTO* articulated lorry, *US* trailer truck.

traílla

1 *nf (cuerda)* leash.

2 *nf (para allanar)* strickle.

traína *nf* trawl, trawl net.

trainera *nf* trawler.

traje¹

1 *nm (de hombre)* suit.

2 *nm (de mujer)* dress.

3 *nm MIL* dress.

■ **traje a medida** tailor-made suit.

traje camisero shirtwaister, *US* shirtwaist.

traje cruzado double-breasted suit.

traje de baño swimming costume, bathing costume, swimsuit.

traje de bonito *fam* formal dress.

traje de calle town clothes *pl.*

traje de campaña *MIL* battledress.

traje de ceremonia full dress, formal dress.

traje de chaqueta tailored suit.

traje de etiqueta full dress.

traje de faena *MIL* fatigue dress, undress.

traje de luces bullfighter's costume.

traje de noche/traje largo evening dress.

traje de novia wedding dress.

traje de paisano civilian clothes *pl.*

traje espacial spacesuit.

traje pantalón trouser suit.

traje sastre skirt and jacket.

traje² *pt indef →* **traer.**

trajeado,-a

1 *pp →* **trajear.**

2 *adj fam* sharp, dapper.

trajearse *vpr* to dress up.

trajín *nm fam fig* comings and goings *pl,* hustle and bustle.

trajinar

1 *vt (acarrear)* to carry.

2 *vt fam (intentar convencer)* to cajole.

3 *vi (moverse)* to bustle about, run about.

4 *vi fam (intentar convencer)* to cajole, coax.

5 *vi fam fig (tramar)* to cook up, be up to: no sé qué trajinaban I don't know what they were up to.

6 **trajinarse** *vpr fam* to cajole, coax: se trajinó a sus padres para que le dejaran ir de viaje he cajoled his parents into letting him go on a trip.

tralla

1 *nf (cuerda)* rope.

2 *nf (látigo)* whip.

trallazo

1 *nm (golpe)* lash.

2 *nm (chasquido)* crack, crack of a whip.

trama

1 *nf (textil)* weft, woof.

2 *nf (argumento)* plot.

tramar

1 *vt (tejidos)* to weave.

2 *vt fig (maquinar)* to plot, cook up: ¿qué estás tramando? what are you up to?

tramitación *nf JUR* procedure, steps *pl:* para la tramitación del pasaporte necesitas una foto if you want to get a passport you'll need a photo.

tramitar

1 *vt (gestionar)* to deal with, process: tramitaremos su pasaporte we'll get your passport sorted out; estamos tramitando su solicitud we're processing your application.

2 *vt (solicitar, negociar)* to arrange, negotiate: tramitar un préstamo to negotiate a loan.

3 *vt fml (despachar)* to transmit, convey: tramitaron su disconformidad a través del ministro they conveyed their disagreement through the minister.

trámite

1 *nm (paso)* step.

2 *nm (formalidad)* formality, requirement.

3 *nm (negociación)* procedures *pl.*

✦ **de puro trámite** *fig* unimportant.

tramo

1 *nm (camino etc)* stretch, section.

2 *nm (de escalera)* flight.

3 *nm (de terreno)* lot, plot.

tramontana *nf* north wind, tramontana.

tramoya

1 *nf (máquina)* stage machinery.

2 *nf fig (trama)* plot, scheme.

tramoyista

1 *nm & nf TEAT* sceneshifter, stagehand.

2 *nm & nf fig* schemer, trickster.

trampa

1 *nf (abertura)* trapdoor, hatch.

2 *nf (para cazar)* trap, snare.

3 *nf fig (engaño)* fiddle; *(truco)* trick.

4 *nf fig (deuda)* debt.

5 *nf MIL (emboscada)* ambush.

✦ **caer en la trampa** to fall into the trap.

hacer trampa/hacer trampas to cheat.

sin trampa ni cartón *fam* real.

tender una trampa to set a trap, lay a trap.

tiene trampa there's a catch.

trampear

1 *vt fam (engañar)* to cheat.

2 *vi (estafar)* to be on the fiddle; *(vivir de su ingenio)* to live by one's wits.

3 *vi (ir viviendo)* to manage, get by: vamos trampeando we get by.

trampero,-a *nm,f* trapper.

trampilla *nf* trapdoor, hatch.

trampolín

1 *nm (de piscina)* springboard, diving-board.

2 *nm (de esquí)* ski jump.

3 *nm fig (medio)* springboard, starting point.

tramposo,-a

1 *adj* deceitful, tricky.

2 *nm,f* trickster, cheat; *(en las cartas)* card-sharp.

tranca
1 *nf (palo)* club, cudgel.
2 *nf (para puertas etc)* bar.
3 *nf fam (borrachera)* binge, skinful.
4 *nf tabú (pene)* prick.
+ **a trancas y barrancas** *fam* with great difficulty.
coger una tranca/pillar una tranca *fam* to get plastered, get drunk.

trancazo
1 *nm (golpe)* blow with a cudgel.
2 *nm fam fig (resfriado)* cold; *(gripe)* flu.
+ **pegarse un trancazo** *fam* to come a cropper.

trance
1 *nm (momento crítico)* critical moment.
2 *nm (dificultad)* fix, tight spot.
3 *nm (éxtasis)* trance.
+ **a todo trance** *fig* at all costs.
estar en trance de ... to be on the point of ..., be in the process of ...
pasar por un trance to hit a bad patch.
sacar a alguien de un mal trance to get somebody out of a fix.
■ **trance mortal/trance de muerte** death throes *pl.*
último trance last moments *pl* (of life).

tranco *nm* stride.
+ **a trancos** *fig* in a hurry.
en dos trancos in a flash.

tranquera *nf* palisade.

tranqui *interj* relax!, take it easy!
+ **en plan tranqui** nice and easy.

tranquilamente *adv* calmly.

tranquilidad *nf (quietud)* calmness, tranquillity *(US* tranquility); *(sosiego)* peace and quiet.
+ **con toda tranquilidad** *(con calma)* calmly; *(con confianza)* with no qualms: **dilo con toda tranquilidad** you needn't have any qualms about saying it.
para mayor tranquilidad to be on the safe side.
para tu tranquilidad for your own peace of mind.
perder la tranquilidad to get het up.
■ **paz y tranquilidad** peace and quiet.

tranquilizador,-ra *adj* calming, reassuring.

tranquilizante
1 *adj* calming, reassuring.
2 *nm* tranquillizer *(US* tranquilizer).

tranquilizar
1 *vt (calmar)* to calm down, tranquillize *(US* tranquilize).
2 *vt (dar confianza)* to reassure, set one's mind at rest.
3 **tranquilizarse** *vpr (calmarse)* to calm down.
4 *vpr* to set one's mind at rest, be reassured.
▲ *Conjugation model* [4], *like realizar.*

tranquillo *nm fig* knack.
+ **coger el tranquillo a algo** *fig* to get the knack of something.

tranquilo,-a
1 *adj (sin inquietud)* calm, relaxed, tranquil.
2 *adj (sin preocupación)* reassured.
3 *adj (sin movimiento)* calm, still, quiet.
4 *adj (sin ruidos)* quiet, still, peaceful.
5 *adj (persona)* calm, easy-going, placid.
6 *adj (agua)* still; *(conciencia)* clear.
+ **déjame tranquilo,-a** *fam* leave me alone!
para que estés tranquilo,-a ... for your own peace of mind ...
¡tranquilo,-a! *(no te preocupes)* don't you worry!; *(cálmate)* steady on!, calm down!

tranquilón,-ona *adj* sluggish.

transacción *nf* transaction, deal.

transalpino,-a *adj* transalpine.

transandino,-a *adj* trans-Andean.

transatlántico,-a
1 *adj* transatlantic.
2 **transatlántico** *nm* liner, ocean liner.

transbordador *nm* ferry, car ferry.
■ **transbordador aéreo** cable car.
transbordador espacial space shuttle.

transbordar
1 *vt* to transfer.
2 *vt (mercancías)* to transship; *(de orilla a orilla)* to ferry across a river.
3 *vi (cambiar de tren, metro)* to change trains, *US* transfer.

transbordo
1 *nm (de vehículo)* change, *US* transfer.
2 *nm (de barco)* transshipment.
+ **hacer transbordo** to change, *US* transfer.

transcendencia *nf* → trascendencia.

transcendental *adj* → trascendental.

transcendentalismo *nm* transcendentalism.

transcendente *adj* → trascendente.

transcender *vt-vi* → trascender.

transcontinental *adj* transcontinental.

transcribir *vt* to transcribe.
▲ *pp transcrito,-a.*

transcripción *nf* transcription.

transcrito,-a *pp* → transcribir.

transcurrir
1 *vi (tiempo)* to pass, elapse.
2 *vi (acontecer)* to take place, go off: **todo aconteció según lo previsto** it all went off as expected.

transcurso
1 *nm (paso)* course, passing.
2 *nm (duración)* space, period: **en el transcurso de dos años** in the space of two years.
+ **con el transcurso de los años** with the passing of time.
en el transcurso de los años over the course of the years.

transeúnte
1 *nm & nf (peatón)* pedestrian.
2 *nm & nf (residente transitorio)* temporary resident.

transexual
1 *adj* transsexual.
2 *nm & nf* transsexual.

transexualismo *nm* transsexualism.

transferencia
1 *nf (gen)* transference.
2 *nf FIN* transfer.
■ **transferencia bancaria** banker's order.

transferible *adj* transferable.

transferir
1 *vt (cambiar de lugar)* to transfer.
2 *vt (diferir)* to postpone.
3 *vt FIN* to transfer, convey.
▲ *Conjugation model* [35], *like hervir.*

transfiguración *nf* transfiguration.

transfigurar
1 *vt* to transfigure.
2 **transfigurarse** *vpr* to become transfigured.

transfixión *nf* transfixion.

transformable *adj* transformable.

transformación *nf* transformation.

transformador,-ra
1 *adj* transforming.
2 **transformador** *nm* transformer.

transformar
1 *vt* to transform, change.
2 **transformarse** *vpr* to change, be transformed: **se transformó completamente** he was completely transformed.
+ **transformarse en** *(persona)* to become; *(objeto)* to convert into: **se transformó en un monstruo** he became a monster; **se transforma en cama** it converts into a bed.

transformismo *nm* transformism.

transformista
1 *nm & nf (partidario del transformismo)* transformist.
2 *nm & nf TEAT* quick-change artist.

tránsfuga
1 *nm & nf MIL* deserter.
2 *nm & nf POL* turncoat.

transfuguismo *nm POL* tendency to change political colours *(US* colors).

transfundir
1 *vt (líquido)* to transfuse.
2 *vt (comunicar)* to spread.

transfusión *nf* transfusion.
■ **transfusión de sangre** blood transfusion.

transgénico,-a *adj* genetically modified, GM.

transgredir *vt* to transgress, break.
▲ *Used only in forms which include the letter i in their endings:* transgredía, transgrediré, transgrediendo.

transgresión *nf* transgression.

transgresor,-ra *nm,f* transgressor, law-breaker.

transiberiano,-a
1 *adj* trans-Siberian.
2 **el Transiberiano** *nm (tren)* the Trans-Siberian Express; *(ferrocarril)* the Trans-Siberian Railway.

transición *nf* transition.
✦ **sin transición** abruptly.
transicional *adj* transitional.
transido,-a *adj fig (angustiado)* distressed.
✦ **transido,-a de dolor** racked with pain. **transido,-a de frío** chilled to the bone. **transido,-a de miedo** panic-stricken.
transigencia
1 *nf (actitud)* tolerance, lenience.
2 *nf (concesión)* compromise.
transigente *adj* accommodating, tolerant, lenient.
transigir
1 *vi (ceder)* to compromise, give in, yield.
2 *vi (tolerar)* to tolerate, bear.
▲ *Conjugation model* [6], *like dirigir.*
transistor *nm* transistor.
transistorizado,-a *adj* transistorized.
transitable *adj* passable.
✦ **no estar transitable** *(en malas condiciones)* not to be passable; *(cerrado al tráfico)* to be closed to traffic: **la carretera no está transitable** the road isn't passable.
transitado,-a
1 *pp* → **transitar.**
2 *adj* busy.
transitar
1 *vi (viajar)* to travel, travel about.
2 *vi (pasar)* to pass, go, walk.
✦ **transitar por las calles** to walk around the streets.
transitivo,-a *adj* transitive.
tránsito
1 *nm (acción)* passage, transit, movement.
2 *nm AUTO* traffic.
3 *nm euf (muerte)* death, passing.
4 *nm (lugar de parada)* stopping place.
✦ **"Cerrado al tránsito"** "Closed to traffic".
de mucho tránsito busy.
estar de tránsito *(de paso)* to be passing through; *(mercancías, viajeros)* to be in transit.
■ **pasajeros en tránsito** passengers in transit.
transitoriedad *nf* transience, transiency.
transitorio,-a *adj (pasajero)* transitory; *(de transición)* transitional, interim.
■ **disposición transitoria** *JUR* provisional order, provisional ordinance.
translación *nf* → **traslación.**
translimitar
1 *vt (pasar la frontera)* to cross.
2 *vt (traspasar)* to go beyond.
translúcido,-a *adj* → **traslúcido,-a.**
translucir *vt* → **traslucir.**
▲ *Conjugation model* [45], *like lucir.*
transmediterráneo,-a *adj* trans-Mediterranean.
transmigración *nf* transmigration.
transmigrar *vi* to transmigrate.
transmisible *adj* transmissible.

transmisión
1 *nf (propagación)* transmission.
2 *nf JUR* transfer, transference.
3 *nf RAD TV* broadcast.
4 *nf TÉC* drive.
5 **transmisiones** *nf pl MIL* signals.
■ **cuerpo de transmisiones** *MIL* signal corps *sing.*
derechos de transmisión *JUR (de herencia)* succession duty; *(de televisión etc)* broadcasting rights.
transmisión delantera/transmisión trasera *AUTO* front-wheel drive/rear-wheel drive.
transmisión del pensamiento thought transmission.
transmisión del poder transfer of power.
transmisión en directo *RAD TV* live broadcast.
transmisor,-ra
1 *adj* transmitting.
2 *nm,f* transmitter.
■ **estación transmisora** radio station.
transmitir
1 *vt (gen)* to transmit.
2 *vt RAD TV* to broadcast.
3 *vt (enfermedad)* to transmit, pass on.
4 *vt JUR* to transfer, hand down.
transmudar
1 *vt (trasladar)* to move.
2 *vt (transmutar)* to transmute.
transmutación *nf* transmutation.
transmutar
1 *vt* to transmute.
2 **transmutarse** *vpr* to change, transform.
transoceánico,-a *adj* transoceanic.
transpacífico,-a *adj* transpacific.
transparencia
1 *nf* transparency, transparence.
2 *nf (diapositiva)* transparency, slide.
transparentar
1 *vt fig (emociones etc)* to reveal.
2 **transparentarse** *vpr (ser transparente)* to be transparent, show through.
3 *vpr fig (emociones etc)* to show, show through.
transparente
1 *adj (gen)* transparent.
2 *adj (tela, vestido)* transparent, see-through.
3 *adj fig* straight, plain.
4 *nm (tela, papel)* transparency.
5 *nm (visillo)* net curtain.
6 *nm (pantalla)* shade, blind.
7 *nm (vidriera)* stained-glass window.
transpiración *nf* perspiration, transpiration.
transpirar *vi* to perspire, transpire.
transpirenaico,-a *adj* trans-Pyrenean, beyond the Pyrenees.
transplantar
1 *vt (gen)* to transplant.
2 *vt (trasladar)* to transfer.
3 **transplantarse** *vpr* to uproot oneself, emigrate.

transplante *nm* transplant,.
■ **transplante de corazón** heart transplant.
transplante de médula ósea bone-marrow transplant.
transplante de riñón kidney transplant.
transpondedor *nm* transponder.
transponer
1 *vt (cambiar de sitio)* to move.
2 *vt (atravesar)* to cross over.
3 *vt (trasplantar)* to transplant.
4 *vt (desaparecer)* to disappear: **transponer la esquina** to disappear round the corner.
5 **transponerse** *vpr (astro)* to set, go down.
6 *vpr (quedarse dormido)* to doze off.
▲ *Conjugation model* [78], *like poner; pp* **transpuesto,-a.**
transportable *adj* transportable.
transportador,-ra
1 *adj* transporting.
2 **transportador** *nm (de dibujo)* protractor.
3 *nm TÉC* transporter, conveyor.
■ **transportador de ángulos** protractor.
transportar
1 *vt (gen)* to transport.
2 *vt (pasajeros)* to carry; *(mercancías en barco)* to ship.
3 *vt MAT* to transfer.
4 *vt MÚS* to transpose.
5 *vt fig (hacer perder la razón)* to carry away, send into raptures: **la visión de una mujer tan hermosa lo transportó** the sight of such a beautiful woman sent him into raptures.
6 **transportarse** *vpr fig* to be transported, be enraptured, be carried away.
transporte
1 *nm (medio)* transport.
2 *nm (acción)* transport, *US* transportation.
3 *nm COM* freight, freightage.
4 *nm MÚS* transposition.
5 *nm fig* transport, ecstasy, bliss.
■ **transporte de mercancías** freight, transport.
transporte marítimo shipment.
transporte público/transportes públicos public transport.
transportista *nm & nf* carrier.
transposición *nf* transposition.
transpuesto,-a *pp* → **transponer.**
transvasar
1 *vt (líquidos)* to decant.
2 *vt (entre ríos)* to transfer.
transvase
1 *nm (de líquidos)* decanting.
2 *nm (de ríos)* transfer.
transversal *adj* transversal, transverse, crosswise: **una calle transversal** a cross-street; **sección transversal** cross-section.
transverso,-a *adj* transverse, crosswise.
tranvía
1 *nm (sistema)* tramway.
2 *nm (vehículo)* tram, tramcar, *US* streetcar.

tranviario,-a
1 *adj* tram, *US* streetcar.
2 *nm,f* tram driver.
■ **red tranviaria** tramway.
trapacería *nf* trick, fiddle.
trapacero,-a
1 *adj* tricky.
2 *nm,f* trickster, fiddler.
trapajoso,-a
1 *adj (ropa)* tattered, ragged.
2 *adj (persona)* shabby, dowdy.
3 *adj (habla)* badly articulated.
✦ **hablar trapajoso** to slur one's speech.
trápala
1 *nf (embuste)* lie; *(engaño)* trick.
2 *nf (ruido, jaleo)* racket, din.
3 *nm & nf fig (parlanchín)* chatterbox.
4 *nm & nf fig (embustero)* cheat.
trapatiesta *nf fam* racket.
✦ **armar una trapatiesta** *fam* to kick up a rumpus.
trapecio
1 *nm DEP* trapeze.
2 *nm (geometría)* trapezium, *US* trapezoid.
3 *nm ANAT (hueso)* trapezium; *(músculo)* trapezius.
trapecista *nm & nf* trapeze artist.
trapense
1 *adj* Trappist.
2 *nm* Trappist.
trapería *nf* secondhand clothes shop.
trapero,-a *nm,f (hombre)* rag-and-bone man, *US* junkman; *(mujer)* rag-and-bone woman.
trapezoide *nm* trapezoid, *US* trapezium.
trapichear
1 *vi fam (ilegal)* to fiddle, be on the fiddle.
2 *vi fam (maquinar)* to plot.
3 *vi fam (al por menor)* to buy and sell retail.
trapicheo *nm fam* fiddling, jiggery-pokery.
✦ **andar con trapicheos/andarse con trapicheos** *fam* to be involved in shady dealings, be on the fiddle.
trapichero,-a *nm,f fam* wheeler-dealer.
trapillo **de trapillo** *loc* casually dressed.
trapío *nf* elegance, charm.
✦ **tener buen trapío** to carry oneself well, move elegantly.
trapisonda
1 *nf fam (bulla)* fuss, commotion, to-do.
2 *nf fam (enredo)* plot, scheme.
trapitos *nm pl fam* clothes, rags.
✦ **hablar de trapitos** *fam* to talk about clothes.
trapo
1 *nm (tela vieja)* rag.
2 *nm (paño, bayeta)* cloth.
3 *nm MAR* sails *pl*.
4 *nm (telón)* curtain.
5 *nm (del torero)* red cape.
6 **trapos** *nm pl* clothes, rags.
✦ **a todo trapo** *MAR* at full sail; *fig* flat out.
estar hecho,-a un trapo to be worn out.

lavar los trapos sucios en casa not to wash one's dirty linen in public.
poner a alguien como un trapo (sucio) *fam* to tear somebody apart.
sacar los trapos sucios a relucir *fam* to dig up the past.
■ **trapo de cocina** dishcloth.
trapo del polvo duster.
traque
1 *nm (estallido)* bang.
2 *nm (guía)* fuse.
tráquea *nf* trachea, windpipe.
traqueal *adj* tracheal.
traqueotomía *nf* tracheotomy.
traquetear
1 *vi (hacer ruido)* to clatter, rattle.
2 *vt (agitar)* to shake, bang about.
traqueteo
1 *nm (ruido)* rattle, clatter.
2 *nm (movimiento)* jolting, bumping.
traquido *nm* crack, bang.
tras
1 *prep (después de)* after: **tras la salida del avión** after the departure of the plane.
2 *prep (detrás)* behind: **tras el muro** behind the wall.
3 *prep (en pos de)* after, in pursuit of: **iba siempre tras el éxito** he was always in pursuit of success.
✦ **día tras día** day after day.
trasalpino,-a *adj* transalpine.
trasandino,-a *adj* trans-Andean.
trasañejo,-a *adj* over three years old.
trasatlántico,-a *adj-nm* → **transatlántico,-a**.
trasbordador *nm* ferry, car ferry.
trasbordar *vt-vi* → **transbordar**.
trasbordo *nm* → **transbordo**.
trascendencia
1 *nf (importancia)* significance, importance.
2 *nf (filosofía)* transcendence, transcendency.
✦ **de gran trascendencia** of great importance.
sin trascendencia of little significance.
trascendental
1 *adj (importante)* significant, very important, consequential; *(de gran alcance)* far-reaching.
2 *adj (filosofía)* transcendent, transcendental.
trascendentalismo *nm* transcendentalism.
trascendente *adj* → **trascendental**.
trascender
1 *vi (olor - despedir)* to smell; *(- llegar hasta)* to reach: **aquel olor trascendía hasta la sala** that smell reached the hall.
2 *vi (darse a conocer)* to become known, leak out: **el resultado trascendió the** result leaked out.
3 *vi (extenderse)* to spread, have a wide effect.
4 *vt (averiguar)* to discover, bring to light.

✦ **trascender a la opinión pública** to become common knowledge.
▲ *Conjugation model* [28], *like* **entender**.
trascocina *nf* scullery.
trascribir *vt* to transcribe.
▲ *pp* **trascrito,-a**.
trascripción *nf* transcription.
trascrito,-a *pp* → **trascribir**.
trascurrir *vi* → **transcurrir**.
trascurso *nm* → **transcurso**.
trasegar
1 *vt (mudar)* to move about, shuffle.
2 *vt (líquidos)* to decant.
3 *vt fam fig (beber mucho)* to swill.
▲ *Conjugation model* [48], *like* **regar**.
trasero,-a
1 *adj* back, rear.
2 **trasero** *nm fam euf* bottom, bum.
✦ **en la parte trasera** at the back.
trasferencia *nf* → **transferencia**.
trasferible *adj* transferable.
trasferir *vt* → **transferir**.
▲ *Conjugation model* [35], *like* **hervir**.
trasfiguración *nf* transfiguration.
trasfigurar *vt-vpr* → **transfigurar**.
trasfondo
1 *nm* background.
2 *nm fig* undertone: **un trasfondo de amargura** an undertone of sorrow.
trasformable *adj* transformable.
trasformación *nf* transformation.
trasformador,-ra *adj-nm* → **transformador,-ra**.
trasformar *vt-vpr* → **transformar**.
trasformista *adj-nm & nf* → **transformista**.
trásfuga *nm & nf* → **tránsfuga**.
trasfuguismo *nm* → **transfuguismo**.
trasfundir *vt* → **transfundir**.
trasfusión *nf* → **transfusión**.
trasgo *nm* goblin, imp.
trasgredir *vt* → **transgredir**.
trasgresión *nf* transgression.
trasgresor,-ra *nm,f* transgressor, lawbreaker.
trashumancia *nf* transhumance, seasonal migration.
trashumante *adj* transhumant.
trashumar *vi* to move new pastures according to the season.
trasiego *nm* comings and goings *pl*, hustle and bustle.
■ **trasiego de personal** reshuffle.
traslación
1 *nf (de la Tierra)* passage, movement.
2 *nf (en matemáticas)* translation.
3 *nf (metáfora)* metaphor.
trasladar
1 *vt (cambiar de sitio)* to move.
2 *vt (de cargo etc)* to transfer.
3 *vt (aplazar)* to postpone, put off.
4 *vt (traducir)* to translate.

5 trasladarse *vpr (ir)* to go.

6 *vpr (cambiar de residencia)* to move.

✦ **trasladar al papel** *fig* to put down in writing.

traslado

1 *nm (cambio de lugar)* move, moving; *(de residencia)* removal.

2 *nm (de cargo etc)* transfer.

3 *nm (copia)* copy.

4 *nm JUR* notification.

traslapar *vt* to overlap.

traslúcido,-a *adj* translucent, semi-transparent.

traslucir

1 *vt fig* to show, reveal, betray.

2 traslucirse *vpr (material)* to be translucent.

3 *vpr fig (dejar ver)* to show, show through; *(revelarse)* to be revealed.

▲ *Conjugation model [45], like lucir.*

trasluz *nm* diffused light, reflected light.

✦ **mirar algo al trasluz** to look at something against the light.

trasmano *nm & nf* second hand.

✦ **a trasmano** *(objeto)* out of reach; *(lugar)* out of one's way.

trasmigración *nf* transmigration.

trasmigrar *vi* to transmigrate.

trasmisión *nf* → transmisión.

trasmisor *adj-nm* → transmisor,-ra.

trasmitir *vt* → transmitir.

trasmudar *vt* → transmudar.

trasmutación *nf* transmutation.

trasmutar *vt-vpr* → transmutar.

trasnochado,-a

1 *pp* → trasnochar.

2 *adj fig (viejo)* old, hackneyed.

3 *adj fig (desmejorado)* haggard, bleary-eyed.

trasnochador,-ra

1 *adj* who stays up late, who stays up until the early hours.

2 *nm,f* night bird, nighthawk.

trasnochar *vi* to stay up late, stay up until the early hours.

traspapelado,-a

1 *pp* → traspapelar.

2 *adj* mislaid, misplaced.

traspapelar

1 *vt* to mislay, misplace.

2 traspapelarse *vpr* to get mislaid, get misplaced.

trasparencia *nf* → transparencia.

trasparentar *vt-vpr* → transparentar.

trasparente *adj-nm* → transparente.

traspasar

1 *vt (atravesar)* to go through, cross.

2 *vt (cambiar de lugar)* to move: traspasó la mesa al salón he moved the table into the hall.

3 *vt (perforar)* to go through, pierce.

4 *vt (dar, pasar)* to transfer; *(vender)* to sell.

5 *vt fig (exceder)* to exceed, go beyond.

6 *vt fig (dolor físico, moral)* to penetrate, transfix: el dolor le traspasó el costado the pain went through his side.

7 traspasarse *vpr* to exceed oneself.

✦ **"Se traspasa"** "For sale".

traspaso

1 *nm (de negocio etc)* transfer, sale.

2 *nm (precio)* transfer fee.

traspatio *nm AM* backyard.

traspié

1 *nm (tropezón)* stumble, trip.

2 *nm fig (equivocación)* blunder.

✦ **dar un traspié** to trip; *fig* to slip up.

▲ *pl traspiés.*

traspiración *nf* → transpiración.

traspirar *vi* → transpirar.

traspirenaico,-a *adj* → transpirenaico,-a.

trasplantar *vt-vpr* → transplantar.

trasplante *nm* → transplante.

trasponer *vt-vpr* → transponer.

▲ *Conjugation model [78], like poner; pp traspuesto,-a.*

trasportador,-ra *adj-nm* → transportador,-ra.

trasportar *vt-vpr* → transportar.

trasporte *nm* → transporte.

trasportista *nm & nf* carrier.

trasposición *nf* transposition.

traspuesto,-a *pp* → trasponer.

✦ **quedarse traspuesto,-a** to nod off, doze off.

traspunte *nm* callboy.

trasquilado,-a

1 *pp* → trasquilar.

2 *adj (oveja)* sheared; *(pelo)* hacked, unevenly cut.

3 *adj fam fig* curtailed, cut down.

✦ **ir a por lana y salir trasquilado,-a** *fig* to come out the loser, end up worse off.

trasquilador,-ra *nm,f* shearer.

trasquilar

1 *vt (animales)* to shear.

2 *vt (pelo)* to hack, cut unevenly.

3 *vt fig* to curtail.

trasquilón

1 *nm fam (de pelo)* hacked cut, chop.

2 *nm fam fig (de dinero)* loot, catch.

✦ **a trasquilones/con trasquilones** unevenly cut, hacked.

trastabillar

1 *vi (dar traspiés)* to stumble, trip.

2 *vi (tambalearse)* to stagger, totter.

3 *vi (tartamudear)* to stammer, stutter.

trastada *nf fam (mala pasada)* dirty trick; *(broma pesada)* prank.

trastazo *nm fam* whack, wallop, thump.

✦ **darse un trastazo/pegarse un trastazo** *fam* to come a cropper: se dio un trastazo contra la pared he bumped into the wall.

traste *nm MÚS* fret.

✦ **dar al traste con algo** *fig* to spoil something, ruin something.

irse al traste *fig* to fall through.

trastear

1 *vt MÚS* to play.

2 *vt (revolver)* to rummage in.

3 *vt (toro)* to play with the cape.

4 *vt fig (manejar)* to twist around one's little finger.

5 *vi (revolver)* to rummage.

6 *vi (mover)* to move from one place to another.

trastera *nf* junk room.

trastero,-a

1 *adj* junk.

2 trastero *nm* junk room.

trastienda

1 *nf (de tienda)* back room.

2 *nf fig (astucia)* cunning.

✦ **por trastienda** *fig* under the counter. **tener mucha trastienda** *fam* to be canny, be a shrewd customer.

trasto

1 *nm (algo inútil)* piece of junk.

2 *nm fam (cosa cualquiera)* thing, thingamajig, whatnot.

3 *nm (mueble)* piece of furniture.

4 *nm fam (niño)* little devil.

5 *nm fam (persona)* useless person, good-for-nothing, dead loss.

6 trastos *nm pl (utensilios)* tackle *sing*, gear *sing*.

7 *nm pl fam (pertenencias)* belongings, things.

✦ **coger los trastos/liar los trastos** to pack up and leave. **ser un trasto viejo** to be a dead loss. **tirarse los trastos a la cabeza** *fig* to have a blazing row.

trastocamiento *nm* switch, reversal.

trastocar

1 *vt (cambiar)* to change.

2 trastocarse *vpr (trastornarse)* to go mad.

▲ *Conjugation model [1], like sacar.*

trastornado,-a

1 *pp* → trastornar.

2 *adj (preocupado)* upset.

3 *adj (loco)* mad.

4 *adj (mente)* unbalanced.

trastornar

1 *vt (revolver)* to turn round, turn upside down.

2 *vt (alterar - planes)* to disrupt; *(- paz, orden)* to disturb.

3 *vt (estómago)* to upset.

4 *vt fig (molestar)* to bother, trouble, annoy.

5 *vt fig (enloquecer)* to drive crazy.

6 trastornarse *vpr (perturbarse)* to go mad, go out of one's mind.

trastorno

1 *nm (desorden)* confusion.

2 *nm (molestia)* trouble, inconvenience.

3 *nm (perturbación)* disruption, upheaval, upset.

4 *nm MED* upset.

▪ **trastorno estomacal/trastorno mental** stomach upset/mental disorder.

trastrocar

1 *vt (gen)* to switch around, change around.

2 *vt (orden)* to invert, reverse; *(significado)* to change.
▲ *Conjugation model* [49], *like trocar.*

trasunto
1 *nm (copia)* copy.
2 *nm (representación)* representation.

trasvasar *vt* → transvasar.

trasvase *nm* → transvase.

trasversal *adj* → transversal.

trasverso,-a *adj* → transverso,-a.

trata *nf* slave trade.
■ **trata de blancas** white-slave trade.

tratable *adj* friendly, congenial, easy to get along with.

tratadista *nm & nf* treatise writer.

tratado
1 *nm (pacto)* treaty.
2 *nm (estudio)* treatise.

tratamiento
1 *nm (gen)* treatment.
2 *nm (de datos, materiales)* processing.
3 *nm (título)* title, form of address.
+ **dar a alguien tratamiento de …** to address somebody as.
un tratamiento a base de … MED a course of …
■ **tratamiento de datos** data processing.
tratamiento de textos word processing.

tratante *nm & nf* dealer.

tratar
1 *vt (gen - objeto)* to treat, handle; *(- persona)* to treat: **trató la caja con cuidado** she handled the box with care; **nos trató bien** he treated us well.
2 *vt (asunto, tema)* to discuss, deal with.
3 *vt (gestionar)* to handle, run.
4 *vt (dar tratamiento)* to address as.
5 *vt (calificar, considerar)* to consider, call: **lo trató de idiota** she called him an idiot.
6 *vt* MED to treat.
7 *vt (datos, texto)* to process.
8 *vt* QUÍM to treat.
9 *vi (relacionarse)* to be acquainted (**con**, with), know (**con**, -).
10 *vi (tener tratos)* to deal (**con**, with).
11 *vi (negociar)* to negotiate (**con**, with).
12 *vi (intentar)* to try (**de**, to): **trata de hacerlo** try to do it.
13 *vi (versar)* to be about: **trata de/sobre espías** it's about spies.
14 *vi* COM to deal (**en**, in): **trata en pieles** he deals in furs.
15 **tratarse** *vpr (relacionarse)* to talk to each other, be on speaking terms: **no se tratan** they're not on speaking terms.
16 *vpr (llamarse)* to address each other as, call each other.
17 *vpr (referirse)* to be about: **se trataba de un atraco** it was about a robbery.
+ **se trata de …** it's a question of …, it's a matter of …: **se trata de averiguar cómo lo hicieron** it's a question of working out how they did it.

trato
1 *nm (acción)* treatment.
2 *nm (modales)* manner.
3 *nm (contacto)* contact.
4 *nm (acuerdo)* agreement.
5 *nm* COM deal.
6 *nm (tratamiento)* title.
+ **cerrar un trato** to close a deal.
dar a alguien el trato de … to address somebody as …
estar en tratos con alguien to be negotiating with somebody.
tener trato de gentes to have a good way with people.
tener un trato agradable to have a pleasant manner.
¡trato hecho! it's a deal!
■ **trato carnal** sexual intercourse.
trato diario daily contact.

trauma *nm* trauma.

traumático,-a *adj* traumatic.

traumatismo *nm* traumatism.

traumatizar
1 *vt* MED to traumatize.
2 *vt fam* to shock.
▲ *Conjugation model* [4], *like realizar.*

traumatología *nf* traumatology.

travelín *nm* travelling (US traveling) shot.

través
1 *nm (inclinación)* slant.
2 *nm (pieza de madera)* crosspiece, crossbeam.
3 *nm* MAR beam.
4 *nm fig (desgracia)* misfortune.
+ **al través** crossways.
a través de *(de un lado a otro)* across, over; *(por dentro)* through; *(mediante)* through, from.
cortar al través COST to cut on the bias.
de través *(transversalmente)* crosswise; *(de lado)* sideways.
mirar de través *(de reojo)* to look out of the corner of one's eye; *(con desaprobación)* to look askance at; *(defecto)* to squint.

travesaño
1 *nm* ARQ crosspiece.
2 *nm* DEP crossbar.

travesía
1 *nf (viaje)* crossing; *(por mar)* voyage, crossing.
2 *nf (calle)* cross-street, passage.
3 *nf (distancia)* distance.

travesti *nm & nf* transvestite.

travestí *nm & nf* transvestite.

travestido,-a
1 *pp* → travestirse.
2 *nm,f* transvestite.

travestirse *vpr* to wear drag, wear clothes of the opposite sex; *(hombre)* to dress up as a woman; *(mujer)* to dress up as a man.
▲ *Conjugation model* [34], *like servir.*

travestismo *nm* transvestism.

travesura *nf* piece of mischief, childish prank.
+ **hacer travesuras** to get into mischief.

traviesa
1 *nf (de ferrocarril)* sleeper, US tie.
2 *nf (en construcción)* trimmer.
+ **a campo traviesa** across country.

travieso,-a *adj* mischievous, naughty.

trayecto
1 *nm (distancia)* distance, way.
2 *nm (recorrido)* route, itinerary.
■ **final de trayecto/final del trayecto** terminus, end of the line.

trayectoria
1 *nf* trajectory.
2 *nf fig* line, course, path.

traza
1 *nf fig (apariencia)* looks *pl*, appearance.
2 *nf fig (mañas)* skill, knack.
3 *nf* ARQ plan, design.
+ **darse trazas para algo** *fig* to manage to do something, find a way to do something.
no llevar trazas de/no tener trazas de *fig* not to look as if: **esto no tiene trazas de acabar bien** it doesn't look as if it's going to work out.
tener traza para algo to be good at something.

trazado
1 *nm (plano)* layout, plan.
2 *nm (dibujo)* drawing, sketch.
3 *nm (de carretera, ferrocarril)* route, course.

trazador *nm* tracer.

trazar
1 *vt (línea, plano, dibujo)* to draw, draw up.
2 *vt (parque)* to lay out; *(edificio)* to design.
3 *vt (itinerario)* to trace.
4 *vt fig (plan etc)* to outline, draft.
5 *vi fig (describir)* to sketch.
+ **trazar una semblanza de alguien** *fig* to describe somebody, depict somebody.
▲ *Conjugation model* [4], *like realizar.*

trazo
1 *nm (línea)* line.
2 *nm (de una letra)* stroke.
3 *nm fig (rasgo facial)* feature.

trebejos *nm pl fam* gear, stuff, things.

trébol
1 *nm (planta)* clover, trefoil.
2 *nm (naipes)* club.
3 *nm (de carreteras)* cloverleaf interchange.

trece
1 *adj (cardinal)* thirteen; *(ordinal)* thirteenth.
2 *nm (número)* thirteen; *(fecha)* thirteenth.
+ **mantenerse en sus trece/seguir en sus trece** *fig* to stick to one's guns.
▲ *See also seis.*

treceavo,-a
1 *adj* thirteenth.
2 *nm,f* thirteenth.
▲ *See also sexto,-a.*

trecho
1 *nm (espacio)* distance, way; *(tiempo)* while, time.
2 *nm (de camino, ruta)* stretch.
3 *nm AGR* plot, patch.
4 *nm fam (parte)* piece, bit.
✦ **a trechos** in parts, in places.
de trecho en trecho at intervals.

tregua
1 *nf* truce.
2 *nf fig* respite, rest.

treinta
1 *adj (cardinal)* thirty; *(ordinal)* thirtieth.
2 *nm (número)* thirty; *(fecha)* thirtieth.
▲ *See also* seis.

treintañero,-a
1 *adj* thirty-year-old.
2 *nm,f* thirty-year-old person.

treintavo,-a
1 *adj* thirtieth.
2 *nm,f* thirtieth.
▲ *See also* sexto,-a.

treintena *nf (exacto)* thirty; *(aproximado)* about thirty.

tremebundo,-a *adj* terrible, dreadful.

tremendamente *adv* extremely, tremendously.

tremendista *adj* sensationalist.

tremendo,-a
1 *adj (terrible)* terrible, dreadful, frightful.
2 *adj (muy grande)* huge, enormous, tremendous.
3 *adj (travieso)* terrible.
✦ **tomarse algo por la tremenda** *fig* to make a great fuss about something.

trementina *nf* turpentine.
■ **esencia de trementina** oil of turpentine, spirits of turpentine.

tremolar
1 *vt* to wave.
2 *vi* to wave, flutter.

tremolina *nf fam fig* uproar, fuss, shindy.

trémolo *nm* tremolo.

trémulo,-a
1 *adj (tembloroso)* tremulous, quivering.
2 *adj (luz, llama)* flickering.

tren
1 *nm (ferrocarril)* train.
2 *nm MIL* convoy.
3 *nm (conjunto de máquinas)* convoy, line.
4 *nm fig (ritmo, modo)* speed, pace.
✦ **cambiar de tren** to change, change train, *US* transfer.
coger el tren/tomar el tren to catch a train.
estar como un tren/estar como para parar un tren *fam* to be a bit of all right.
ir en tren to go by train.
perder el train *fig* to miss the boat.
vivir a todo tren *fig* to live a life of luxury.
■ **tren correo** mail train.
tren de alta velocidad high-speed train.
tren de aterrizaje undercarriage.

tren de cercanías suburban train.
tren de lavado car wash.
tren de mercancías/tren de carga goods train, *US* freight train.
tren de pasajeros passenger train.
tren de vida life style, way of life.
tren directo through train.

trena *nf arg* clink, prison.

trenca
1 *nf (palo)* crosspiece.
2 *nf (abrigo)* duffel coat, duffle coat.

trencilla *nf* braided ribbon.

trenza
1 *nf (peluquería)* plait, *US* braid.
2 *nf COST* braid.
■ **trenza postiza** *(de pelo)* switch, hairpiece.

trenzado
1 *nm (trenza - de pelo)* plait, *US* braid; *(- de costura)* braid.
2 *nm (en danza)* entrechat.
3 *nm (de caballo)* crossover step.

trenzar
1 *vt* to plait, braid.
2 *vt (peluquería)* to plait, *US* braid.
3 *vi (en danza)* to weave in and out.
4 *vi (caballo)* to caper, frisk.
▲ *Conjugation model* [4], *like realizar.*

trepa *nm & nf fam pey* go-getter, social climber.

trepador,-ra
1 *adj (planta)* climbing.
2 *nm,f fam pey* go-getter, social climber.
■ **ave trepadora** creeper.

trepanación *nf* trepanation, trephination.

trepanar *vi* to trepan, trephine.

trépano
1 *nm MED* trephine.
2 *nm TÉC* bit.

trepar¹
1 *vt (escalar)* to climb.
2 *vi (escalar)* to climb.

trepar²
1 *vt (taladrar)* to drill.
2 *vt (un bordado)* to trim.

trepidación *nf* vibration, shaking.

trepidante
1 *adj* vibrating, shaking.
2 *adj fig (vida etc)* hectic, frantic.

trepidar *vi* to vibrate, shake.

tres
1 *adj (cardinal)* three; *(ordinal)* third.
2 *nm (número)* three; *(fecha)* third.
✦ **como tres y dos son cinco** *fam* as sure as eggs are eggs.
ni a la de tres *fam* there was no way.
■ **tres en raya** noughts and crosses, *US* tick-tack-toe
▲ *pl* **treses;** *see also* seis.

trescientos,-as
1 *adj (cardinal)* three hundred; *(ordinal)* three hundredth.
2 *nm (número)* three hundred.
▲ *See also* seis.

tresillo
1 *nm (mueble)* suite, three-piece suite.
2 *nm MÚS* triplet.
3 *nm (juego de naipes)* ombre.

treta *nf* trick, ruse.

tríada *nf* triad.

trial *nm* trial.

triangular *adj* triangular.

triángulo,-a
1 *adj* triangular.
2 **triángulo** *nm* triangle.
■ **triángulo amoroso** *fig* eternal triangle.
triángulo equilátero equilateral triangle.
triángulo isósceles isosceles triangle.
triángulo rectángulo right-angled triangle.

triatlón *nm* triathlon.

tribal *adj* tribal, tribe.

tribu *nf* tribe.

tribulación *nf* tribulation.

tribuna
1 *nf (plataforma)* rostrum, dais.
2 *nf DEP* grandstand.
■ **tribuna de la prensa** press box.

tribunal
1 *nm JUR* court.
2 *nm (de examen)* board of examiners.
✦ **llevar a los tribunales** to take to court.
■ **Tribunal Constitucional** Constitutional Court.
tribunal de apelación court of appeal.
Tribunal de Cuentas National Audit Office, *US* Committee on Public Accounts.
Tribunal Supremo High Court, *US* Supreme Court.
tribunal tutelar de menores juvenile court.

tribuno *nm* tribune.

tributable *adj* subject to tax, liable to tax.

tributación *nf* taxation, levy.

tributante
1 *adj* taxpaying.
2 *nm & nf* taxpayer.

tributar *vt* to pay.
✦ **tributar cariño** to show affection.
tributar respeto to pay respect.

tributario,-a
1 *adj* tributary, tax.
2 *nm,f* taxpayer.
■ **sistema tributario** tax system.

tributo
1 *nm (impuesto)* tax.
2 *nm (a cambio de algo)* tribute.
3 *nm fig (carga)* price.
4 *nm fig (de sentimiento)* token.
■ **tributo de amistad** token of friendship.

tricéfalo,-a *adj* tricephalous.

tricentenario *nm* tricentennial, tricentenary.

tríceps *nm* triceps.
▲ *pl* **tríceps.**

triciclo *nm* tricycle.

tricolor *adj* tricolour (*us* tricolor), tri-coloured (*us* tricolored).

tricornio
1 *nm (sombrero)* three-cornered hat, tri-corn.
2 *nm arg (guardia civil)* member of the civil guard.

tricot *nm* knitwear.
✦ **de tricot, en tricot** knitted: **un jersey de tricot** a knitted sweater.

tricotar *vt* to knit.

tricotosa *nf* knitting machine.

tridente *nm* trident.

tridimensional *adj* three-dimen-sional.

triedro *nm* trihedron.

trienal *adj* triennial.

trienio *nm* triennium.

trifásico,-a
1 *adj ELEC* three-phase.
2 **trifásico** *nm arg* white coffee with brandy.

trifulca *nf fig* rumpus, row, squabble.

trifurcarse *upr* to divide into three.
▲ *Conjugation model* [1], *like sacar.*

trigal *nm* wheat field.

trigémino,-a
1 *adj* trigeminal.
2 **trigémino** *nm* trigeminal nerve.

trigésimo,-a
1 *adj* thirtieth.
2 *nm,f* thirtieth.
▲ *See also sexto,-a.*

triglifo *nm* triglyph.

trigo
1 *nm (cereal)* wheat.
2 *nm fam fig (dinero)* dough.
✦ **meterse en trigo ajeno** *fig* to meddle in somebody else's affairs.
no ser trigo limpio *(persona)* not to be totally above-board; *(asunto)* to be dodgy, be shady.
■ **trigo duro** hard wheat.
trigo sarraceno buckwheat.

trigonometría *nf* trigonometry.

trigonométrico,-a *adj* trigonomet-ric, trigonometrical.

trigueño,-a
1 *adj (pelo)* corn-coloured (*us* corn-col-ored), dark blonde.
2 *adj (piel)* dark, swarthy.
3 *adj (persona)* olive-skinned.

triguero,-a
1 *adj* wheat.
2 **triguero** *nm (ave)* corn bunting.

trilateral *adj* three-sided, trilateral.

trilátero,-a *adj* three-sided, trilateral.

trilero,-a *nm,f arg* person who runs a three-card trick racket.

triles *nm pl arg* fraudulent three-card trick played in the street.

trilingüe *adj* trilingual.

trilita *nf* TNT, trinitrotoluene.

trilla *nf* threshing.

trillado,-a
1 *pp* → **trillar.**
2 *adj (camino)* beaten, well-trodden.
3 *adj fig (expresión etc)* overworked, well-worn.

trillador,-ra *adj* threshing.

trilladora *nf* threshing machine.
■ **trilladora segadora** combine harvester.

trillar
1 *vt* to thresh.
2 *vt fig* to wear out.

trillizo,-a *nm,f* triplet.

trillo *nm* thresher.

trillón *nm* quintillion.
▲ *The Spanish* trillón *is equal to 1 followed by 18 zeros; formerly termed, in British Eng-lish, a trillion.*

trilogía *nf* trilogy.

trimestral *adj* quarterly, three-monthly, trimestral.
■ **examen trimestral** end-of-term exam-ination.

trimestralmente *adv* quarterly.

trimestre
1 *nm* quarter, trimester.
2 *nm EDUC* term.

trimotor *nm* three-engined aircraft.

trinar
1 *vi (ave)* to warble, trill.
2 *vi MÚS* to trill.
3 *vi fam (enfadarse)* to rage, fume: **Pedro está que trina** Pedro is fuming.

trinca *nf* trio, threesome.

trincar
1 *vt fam (robar)* to steal.
2 *vt fam (atrapar)* to catch.
3 *vt arg (beber)* to drink.
4 **trincarse** *upr arg (beberse)* to drink, put away.
5 *upr arg (tirarse)* to screw.

trinchante
1 *nm (para trinchar)* carving knife.
2 *nm (para sujetar)* meat fork.

trinchar *vt* to carve, slice (up).

trinchera *nf* trench.

trinchero *nm* serving table, side table.

trineo *nm* sleigh, sled, sledge.

trinidad *nf* trinity.
■ **la Santísima Trinidad** the Blessed Trin-ity, the Holy Trinity.

Trinidad *nf* Trinidad.
■ **Trinidad y Tobago** Trinidad and To-bago.

trinitario,-a
1 *adj* Trinitarian.
2 *nm,f* Trinitarian.

trinitrotolueno *nm* trinitrotoluene.

trino
1 *nm (ave)* warble, trill.
2 *nm MÚS* trill.

trino,-a
1 *adj* trine.
2 *adj REL* triune.

trinomio *nm* trinomial.

trinquete[1] *nm (lengüeta)* pawl; *(mecanis-mo)* ratchet.

trinquete[2]
1 *nm (frontón)* pelota court.
2 *nm MAR (palo)* foremast; *(vela)* foresail.

trinquis *nm fam* swig, drink: **le gusta el trinquis** he likes drinking.
▲ *pl* **trinquis.**

trío *nm* trio.

trip *nm arg* trip.

tripa
1 *nf (intestino)* gut, intestine.
2 *nf (barriga)* gut, stomach.
3 *nf (de vasija)* belly.
4 *nf fam (embarazo)* belly.
5 **tripas** *nf pl fam (interior)* innards.
6 *nf pl (de fruta)* core *sing.*
7 *nf pl (documentos)* dossier *sing.*
✦ **echar las tripas** *fam* to throw up.
echar tripa/tener tripa *fam* to get a paunch/have a paunch.
hacer de tripas corazón *fig* to pluck up courage.
revolver las tripas *fig* to turn one's stom-ach.
■ **dolor de tripas** *fam* stomachache.

tripartito,-a *adj* tripartite.

tripi
1 *nm arg (viaje)* trip.
2 *nm (droga)* tab of acid.

triple
1 *adj* triple.
2 *adj (tres veces)* three times: **pagamos el triple del precio real** we paid three times the real price.
3 *nm* triple.
■ **triple salto** triple jump.

triplicado *nm* triplicate.
✦ **por triplicado** in triplicate.

triplicar *vt* to triple, treble.
▲ *Conjugation model* [1], *like sacar.*

triplicidad *nf* triplicity.

trípode *nm* tripod.

Trípoli *nm* Tripoli.

tripón,-ona *nm,f fam* potbellied per-son.

tríptico *nm* triptych.

triptongo *nm* triphthong.

tripudo,-a *adj fam* paunchy, potbel-lied.

tripulación *nf* crew.

tripulante *nm* crew member.

tripular *vt* to man.

triquina *nf* trichina.

triquinosis *nf* trichinosis.
▲ *pl* **triquinosis.**

triquiñuela *nf fam* trick, dodge.
✦ **andar(se) con triquiñuelas** *fam* to be a slippery customer.
saberse las triquiñuelas *fam* to know all the dodges.

triquitraque *nm* clackety-clack, clatter.

tris *nm fam fig* bit; *(sonido)* crack.
✦ **en un tris** *fam* in a jiffy: **lo hizo en un tris** he did it in a jiffy.
estar en un tris de to be on the point of: **estaba en un tris de marcharse** he was on the point of leaving; **estuve en un tris de ir allí** I very nearly went there.
por un tris *fam* by skin of one's teeth, by a hair's breadth: **no lo atropellaste por un tris** you missed running him over by a hair's breadth.

trisca
1 *nf (ruido)* crunch.
2 *nf (estruendo)* rumpus, uproar.

trisílabo,-a
1 *adj* trisyllabic.
2 **trisílabo** *nm* trisyllable.

triste
1 *adj (infeliz)* sad, unhappy; *(futuro)* bleak.
2 *adj (oscuro, sombrío)* gloomy, dismal.
3 *adj (único)* single, only: **ni un triste libro** not a single book.
4 *adj (insignificante)* poor, humble.
✦ **es triste que ...** it's a pity ...: **es triste que no los podamos ayudar** it's a pity we can't help them.
hacer un triste papel to cut a sorry figure.
poner triste a alguien to make somebody sad.
ponerse triste to become sad.
▪ **triste futuro** bleak future.

tristemente *adv* sadly.

tristeza
1 *nf* sadness.
2 **tristezas** *nf pl* problems, sufferings.

tristón,-ona *adj fam* gloomy, sad, melancholy.

tritón
1 *nm (anfibio)* newt.
2 *nm* **Tritón** *(mitología)* Triton.

trituración *nf* grinding, crushing, trituration.

triturado,-a
1 *pp* → **triturar**.
2 *adj* ground, crushed.
3 *adj fig* crumpled up.

triturador,-ra
1 *adj* grinding, crushing, triturating.
2 **triturador** *nm* waste disposal unit, *US* garbage disposal unit.

trituradora *nf* grinder, crushing machine.
▪ **trituradora de papel** paper shredder.

triturar
1 *vt* to grind (up), crush; *(papel)* to shred.
2 *vt fig (físicamente)* to beat (up); *(moralmente)* to tear apart.

triunfador,-ra
1 *adj* winning.
2 *nm,f* winner.

triunfal *adj* triumphant.
✦ **salir triunfal** to come out the winner, come out on top.

triunfalismo
1 *nm* triumphalism.
2 *nm POL* jingoism.

triunfalista
1 *adj* triumphalist.
2 *adj POL* jingoistic.
3 *nm & nf* triumphalist.
4 *nm & nf POL* jingoist.

triunfalmente *adv* triumphantly.

triunfante *adj* triumphant.

triunfar *vi* to triumph.
✦ **triunfar en la vida** to succeed in life.

triunfo
1 *nm (victoria)* triumph, victory.
2 *nm DEP* win.
3 *nm (éxito)* success.
4 *nm (naipes)* trump.

triunvirato *nm* triumvirate.

trivalente *adj* trivalent, tervalent.

trivial *adj* trivial, petty.

trivialidad *nf* triviality, pettiness.

trivializar *vt* to trivialize, minimize.

triza *nf* bit, fragment.
✦ **hacer trizas** *(destrozar)* to tear to shreds; *(gastar)* to wear out.
hacer trizas a alguien *fam* to tear somebody to pieces.
estar hecho,-a trizas *fam* to feel washed out.

trocar
1 *vt (permutar)* to exchange, swap: **trocar un lápiz por un bolígrafo** to exchange a pencil for a biro.
2 *vt (transformar)* to turn (**en**, into), convert (**en**, into).
3 **trocarse** *vpr (mudarse)* to change (**en**, into), turn (**en**, to): **su risa se trocó en llanto** her smile turned to tears.
▲ *Conjugation model* [49].

trocear *vt* to cut up.

trochemoche a **trochemoche** *loc fam* pell-mell, helter-skelter.

trofeo *nm* trophy.

trófico,-a *adj* food.

troglodita *nm & nf* troglodyte.

trola *nf fam* lie, fib.

trole *nm* trolley pole.

trolebús *nm* trolley bus.

trolero,-a
1 *adj fam* lying.
2 *nm & nf fam* liar, fibber.

tromba *nf* waterspout.
▪ **tromba de agua** downpour.

trombo *nm* thrombus.

trombón
1 *nm MÚS* trombone.
2 *nm & nf* trombonist.
▪ **trombón de pistones/trombón de llaves** valve trombone.
trombón de varas slide trombone.

trombosis *nf* thrombosis.
▲ *pl* **trombosis**.

trompa
1 *nf MÚS* horn.
2 *nf (de elefante)* trunk.
3 *nf (de insecto)* proboscis.
4 *nf ANAT* tube.
5 *nf fam fig (nariz)* hooter, snout.
6 *nm & nf MÚS* horn player.
✦ **estar trompa/coger una trompa/llevar una trompa** *fam* to be plastered.
▪ **trompa de Eustaquio** Eustachian tube. **trompa de Falopio** Fallopian tube.

trompada
1 *nf fam (puñetazo)* thump, punch.
2 *nf fam (encontrón)* bump, collision.
3 *nf arg (drogas)* hit.

trompazo *nm* bump.
✦ **darse un trompazo/pegarse un trompazo** to have a bump, have a crash.

trompeta
1 *nf MÚS* trumpet.
2 *nm & nf* trumpet player.

trompetazo *nm* trumpet blast, blast on the trumpet.

trompetero,-a
1 *nm,f (fabricante)* trumpet maker.
2 *nm,f (músico)* trumpeter.

trompetilla *nf* ear-trumpet.

trompetista *nm & nf* trumpet player, trumpeter.

trompicar
1 *vi* to trip, trip up, stumble.
2 *vt* to trip, trip up, make stumble.
▲ *Conjugation model* [1], *like* **sacar**.

trompicón
1 *nm (tropezón)* trip, stumble.
2 *nm (golpe)* blow, hit.
✦ **a trompicones** in fits and starts.

trompo *nm* top, spinning top.

tronada *nf* thunderstorm.

tronado,-a
1 *pp* → **tronar**.
2 *adj fam (deteriorado)* old, broken-down.
3 *adj fam (arruinado)* broke.

tronar
1 *vi (trueno)* to thunder.
2 *vi (cañón etc)* to thunder.
3 *vi fam fig (blasfemar)* to swear, curse.
▲ *Conjugation model* [31], *like* **contar**; *in 1, used only in the 3rd person; it does not take a subject.*

tronchante *adj fam* hilarious, uproarious.

tronchar
1 *vt (árboles)* to cut down, fell.
2 *vt fig* to destroy.
✦ **troncharse de risa** *fam* to split one's sides with laughter.

troncho *adj* stem, stalk.

tronco
1 *nm ANAT* trunk, torso.
2 *nm BOT (tallo de árbol)* trunk; *(leño)* log.
3 *nm fig (linaje)* family stock.
4 *nm fig (persona inútil)* blockhead.
5 *nm (geometría)* frustum.
6 *nm arg (compañero)* mate, pal, chum.
✦ **dormir como un tronco** *fam* to sleep like a log.
▪ **tronco de cono** truncated cone.

tronera
1 *nf (de fortificación)* loophole, embrasure.
2 *nf (de barco)* porthole.
3 *nf (de billar)* pocket.
4 *nm & nf fam fig (hombre)* rake; *(mujer)* slut, loose woman.

tronido
1 *nm* thunderclap.
2 *nm fig (ruina)* fall, downfall.

trono *nm* throne.

tronzar
1 *vt (cortar)* to cut up.
2 *vt COST* to pleat.
3 *vt fig* to exhaust.
▲ *Conjugation model [4], like realizar.*

tropa
1 *nf MIL* troops *pl*, soldiers *pl*.
2 *nf (muchedumbre)* crowd.
3 **tropas** *nf pl MIL* troops, fighting soldiers.
■ **tropas de asalto** storm troops, shock troops.

tropel *nm* throng, mob.
✦ **en tropel** in a mad rush.

tropelía
1 *nf (atropello)* outrage.
2 *nf (tropel)* throng, mob.
3 *nf (delito)* crime.

tropezar
1 *vi (trompicar)* to trip, stumble: tropezó con mi pie he tripped over my foot.
2 *vi fig (encontrar a alguien)* to come (**con**, across), bump (**con**, into).
3 *vi fig (encontrar dificultades etc)* to come up (**con**, against), run (**con**, into).
4 *vi fig (estar en desacuerdo)* to disagree (**con**, with).
▲ *Conjugation model [47], like empezar.*

tropezón
1 *nm (traspié)* trip, stumble.
2 *nm fig (error)* slip-up, faux pas.
3 *nm fam (de comida)* chunk of food.
✦ **a tropezones** *fig* in fits and starts.
dar un tropezón to trip.

tropical *adj* tropical.

trópico
1 *nm* tropic.
2 **trópicos** *nm pl* tropics.
■ **Trópico de Cáncer/Capricornio** Tropic of Cancer/Capricorn.

tropiezo
1 *nm (obstáculo)* trip.
2 *nm fig (error)* blunder, faux pas; *(revés)* setback, mishap.
3 *nm (riña)* quarrel.
4 *pres indic →* **tropezar.**

tropismo *nm* tropism.

tropo *nm* trope.

troposfera *nf* troposphere.

troquel *nm* die.

troqueladora *nf* stamping machine.

troquelar *vt (gen)* to stamp; *(monedas)* to strike; *(cuero)* to emboss.

trotaconventos *nf lit* procuress, go-between.
▲ *pl trotaconventos.*

trotador,-ra *adj* trotting.

trotamundos *nm & nf* globe-trotter; *(mochilero)* backpacker.
▲ *pl trotamundos.*

trotar
1 *vi* to trot.
2 *vi fig (andar)* to bustle, run, run about.

trote
1 *nm (de caballo)* trot.
2 *nm fam fig (actividad)* chasing about, hustle and bustle, bustle.
✦ **al trote** at a trot.
de todo trote/para todo trote *fig* for everyday use, for everyday wear.
no estar para trotes *fam* not to be up to that: yo ya no estoy para estos trotes I cannot keep up the pace any more.

trotón,-ona *adj* trotting.

trotskista
1 *adj* Trotskyist.
2 *nm & nf* Trotskyist.

troupe *nf* troupe.

trova *nf* poem.

trovador,-ra *nm,f* troubadour, minstrel.

trovar *vi* to write poetry, write verses.

Troya *nf* Troy.
✦ **aquí fue Troya** *fig* that's where the trouble began.
arda Troya and hang the consequences.
■ **caballo de Troya** Trojan Horse.

troyano,-a
1 *adj* Trojan.
2 *nm,f* Trojan.

trozo *nm* piece, chunk.

trucaje *nm* trick photography.

trucar
1 *vt (foto etc)* to doctor, alter, tamper with.
2 *vt AUTO* to soup up.
▲ *Conjugation model [1], like sacar.*

trucha *nf* trout.

truco
1 *nm (ardid)* trick.
2 *nm (fotográfico)* trick effect, trick camera shot.
3 *nm (tranquillo)* knack.
✦ **coger el truco a algo** *fam* to get the knack of something, get the hang of something.
tener truco to be tricky.
■ **truco publicitario** advertising stunt, advertising gimmick.

truculencia
1 *nf* cruelty.
2 *nf fig* sensationalism.

truculento,-a
1 *adj (cruel)* cruel.
2 *adj fig (excesivo)* sensationalistic.

trueno
1 *nm* thunder, thunderclap.
2 *nm fam (joven)* hare brain.

trueque *nm* exchange, swap.

trufa
1 *nf (hongo)* truffle.
2 *nf (de chocolate)* chocolate truffle.

trufar
1 *vt* to stuff with truffles.
2 *vi fig* to tell lies.

truhan,-ana *nm,f* rogue, crook.

trulla *nf* uproar, racket.

trullo *nm arg* clink.

truncado,-a
1 *pp →* **trucar.**
2 *adj (geometría)* truncated.

truncar
1 *vt (cortar)* to truncate.
2 *vt fig (ilusiones, esperanzas)* to shatter, cut short.
3 *vt fig (escrito)* to leave unfinished; *(sentido)* to upset.
4 **truncarse** *vpr fig (ilusiones etc)* to cut short.
▲ *Conjugation model [1], like sacar.*

trust *nm* trust, cartel.
▲ *pl trusts.*

tsetsé **mosca tsetsé** *nf* tsetse fly.

tsuga *nf* hemlock.

tu
1 *adj* your: tu coche your car; tus coches your cars.
2 *adj REL* Thy.

tú
1 *pron* you.
2 *pron REL* Thou.
✦ **de tú a tú** on equal terms.
tratar de tú to address as *tú*.
¡tú! hey you!

tuareg
1 *adj* Tuareg.
2 *nm* Tuareg.

tuba *nf* tuba.

tuberculina *nf* tuberculin.

tubérculo
1 *nm BOT* tuber.
2 *nm MED* tubercle.

tuberculosis *nf* tuberculosis.
▲ *pl tuberculosis.*

tuberculoso,-a
1 *adj BOT* tuberous.
2 *adj MED* tubercular, tuberculous.

tubería
1 *nf (de agua)* piping, pipes *pl*, plumbing.
2 *nf (de gas, petróleo)* pipeline.

tuberosidad *nf* tuberosity.

tuberoso,-a *adj* tuberous.

tubo
1 *nm (de ensayo etc)* tube.
2 *nm (tubería)* pipe.
3 *nm ANAT* tube.
✦ **alucinar por un tubo** *arg* to flip, freak out.
hacer pasar a alguien por el tubo *fig* to put the screws on somebody.
pasar por el tubo *fig* to knuckle under.
tener algo por un tubo *arg* to have loads of, have tons of: tiene videojuegos por un tubo he's got loads of video games.
■ **falda tubo/vestido tubo** tight skirt/tight dress.

tubo de ensayo test tube.
tubo de escape exhaust pipe, exhaust.
tubo digestivo alimentary canal.

tubular
1 *adj* tubular.
2 *nm* bicycle tyre.

tucán *nm* toucan.

tuerca *nf* nut.

tuerto,-a
1 *adj* one-eyed, blind in one eye.
2 *nm,f* one-eyed person.
3 **tuerto** *nm (agravio)* wrong, injustice.
✦ **quedarse tuerto,-a** to go blind in one eye, become blind in one eye.

tuerzo *pres indic* → **torcer.**

tuétano
1 *nm* marrow.
2 *nm fig* essence, core.
✦ **calado,-a hasta los tuétanos/mojado,-a hasta los tuétanos** *fig* soaked to the skin.
hasta los tuétanos *fig* through and through.

tufarada *nf* strong smell.

tufillo *nm fam* niff, pong.

tufo
1 *nm (mal olor)* pong, foul smell, stink.
2 *nm (emanación)* fume, vapour (*US* vapor).

tugurio
1 *nm (choza)* shepherd's hut.
2 *nm (casucha)* hovel, shack.
3 *nm fig* hole, dive.

tul *nm* tulle.

tulipa
1 *nf BOT* small tulip.
2 *nf (lámpara)* tulip-shaped lampshade.

tulipán *nm* tulip.

tullidez *nf* paralysis; *(incapacidad)* disability, disablement.

tullido,-a
1 *pp* → **tullir.**
2 *adj* crippled, disabled.
3 *nm,f* cripple.

tullir
1 *vt (maltratar)* to cripple.
2 *vt (de cansancio)* to wear out, tire out.
3 **tullirse** *vpr* to become crippled.
▲ *Conjugation model* [41], *like mullir.*

tumba *nf* tomb, grave.
✦ **a tumba abierta** at full speed.
ser una tumba *fig* not to breathe a word.

tumbado,-a
1 *pp* → **tumbar.**
2 *adj (estirado)* lying, stretched out: **tumbado al sol** lying in the sun.

tumbar
1 *vt (derribar)* to knock out, knock over.
2 *vt EDUC fam* to fail.
3 *vt fig (perder el sentido)* to knock out: **el vino nos tumbó** the wine knocked us out.
4 *vi (caer a tierra)* to fall down.
5 *vi fam (matar)* to bump off.

6 **tumbarse** *vpr (acostarse)* to lie down, stretch out.
7 *vpr (arrellanarse)* to lounge, lie back.
✦ **tumbarse a la bartola** *fam* to laze around.

tumbo *nm* jolt, bump.
✦ **dar tumbos** to jolt, bump along.

tumbona
1 *nf (hamaca)* deck-chair.
2 *nf (silla extensible)* lounger.

tumefacción *nf* swelling, tumefaction.

tumefacto,-a *adj* swollen.

tumor *nm* tumour (*US* tumor).
■ **tumor cerebral** brain tumour (*US* tumor).

túmulo
1 *nm (montecillo)* tumulus, burial mound, barrow.
2 *nm (catafalco)* catafalque.

tumulto *nm* tumult, commotion.

tumultuoso,-a *adj* tumultuous, riotous.

tuna *nf* student minstrel group.

tunanta *nf (prostituta)* prostitute.

tunante,-a
1 *adj* rascal, rogue.
2 *nm,f* rascal, rogue.

tunantear *vi* to be roguish.

tunda
1 *nf fam* thrashing, beating.
2 *nf fig (trabajo agotador)* exhausting job, drag.

tundir¹ *vt (pieles etc)* to shear.

tundir² *vt (golpear)* to thrash.

tundra *nf* tundra.

tunear *vi* to lead a vagrant life.

tunecino,-a
1 *adj* Tunisian.
2 *nm,f* Tunisian.

túnel *nm* tunnel.
✦ **hacer un túnel** *DEP* to slip the ball between an opposing player's legs.
■ **túnel aerodinámico** wind tunnel.

Túnez
1 *nm (ciudad)* Tunis.
2 *nm (país)* Tunisia.

tungsteno *nm* tungsten.

túnica *nf* tunic.

tuno¹ *nm BOT* prickly pear.

tuno,-a²
1 *nm,f* rogue, crook.
2 **tuno** *nm (de la tuna)* member of a *tuna*.

tuntún **al tuntún** *loc fam* haphazardly, any old how.
al buen tuntún *fam* → **al tuntún.**

tupé
1 *nm (copete)* tuft of hair, quiff.
2 *nm fam fig (atrevimiento)* nerve, cheek.

tupí
1 *adj* Tupi.
2 *nm,f* Tupi.
3 *nm (idioma)* Tupi.

tupido,-a
1 *pp* → **tupir.**
2 *adj* dense, thick.
3 *adj fig (torpe)* clumsy, dense.

tupir
1 *vi (apretar)* to pack tight, press down.
2 **tupirse** *vpr (comiendo)* to stuff oneself.
3 *vpr (ofuscarse)* to get muddled up, get in a muddle.

turba¹
1 *nf (combustible)* peat, turf.
2 *nf (abono)* peat, peat moss.

turba² *nf (muchedumbre)* mob, crowd.

turbación
1 *nf (alteración)* disturbance.
2 *nf (preocupación)* anxiety, worry.
3 *nf (desconcierto)* confusion, uneasiness.

turbado,-a
1 *pp* → **turbar.**
2 *adj (alterado)* disturbed, unsettled.
3 *adj (preocupado)* worried, upset.
4 *adj (desconcertado)* confused.

turbador,-ra
1 *adj (que altera)* disturbing, unsettling.
2 *adj (preocupante)* worrying, upsetting.
3 *adj (desconcertante)* confusing, disconcerting.

turbamulta *nf fam* mob.

turbante *nm* turban.

turbar
1 *vt (alterar)* to unsettle, disturb.
2 *vt (enturbiar)* to stir up.
3 *vt (preocupar)* to upset, worry.
4 *vt (desconcertar)* to baffle, put off.
5 **turbarse** *vpr (preocuparse)* to be upset, become upset.
6 *vpr (desconcertarse)* to be confused, be baffled.

turbera *nf* peat bog.

turbina *nf* turbine.

turbio,-a
1 *adj (oscurecido)* cloudy, muddy, turbid.
2 *adj fig (dudoso)* shady, dubious.
3 *adj fig (turbulento)* turbulent.
4 *adj fig (confuso)* confused.
5 *adj fig (vista)* blurred.

turbo *nm* turbo.

turboalimentador *nm* turbocharger.

turboalimentar *vt* to turbocharge.

turboalternador *nm* turboalternator, turbogenerator.

turbocompresor *nm* turbocompresor.

turbodinamo *nm* turbodynamo.

turbogenerador *nm* turbogenerator.

turbohélice *nm* turboprop.

turbonada *nf* stormy downpour, squall.

turborreactor *nm* turbojet, turbojet engine.

turbulencia *nf* turbulence.

turbulento,-a *adj* turbulent, troubled.

turca **coger una turca** *loc fam* to get plastered.

turco,-a
1 *adj* Turkish.
2 *nm,f (persona)* Turk.
3 **turco** *nm (idioma)* Turkish.

turcomano,-a
1 *adj* Turkoman, Turkman.
2 *nm,f* Turkoman, Turkman.
3 **turcomano** *nm (idioma)* Turkoman, Turkman, Turkmen.

turgencia *nf* turgidity, turgidness.

turgente *adj* turgid.

túrgido,-a *adj* turgid.

turismo
1 *nm (gen)* tourism.
2 *nm (industria)* tourist trade, tourist industry.
3 *nm AUTO* private car, saloon.
✦ **hacer turismo** *(país)* to go touring; *(ciudad,pueblo)* to go sightseeing.

turista *nm & nf* tourist.
✦ **hacer el turista/hacer la turista** *fig* to get taken in.

turístico,-a *adj* tourist.
✦ **de interés turístico** of interest to tourists.

Turkmenistán *nm* Turkmenistan.

turmalina *nf* tourmaline.

túrmix *nm* liquidizer, blender.
▲ *pl* **túrmix**; *registered trademark.*

turnar
1 *vi* to alternate.
2 **turnarse** *upr* to take turns.

turnedó *nm* tournedos.

turno
1 *nm (tanda)* turn, go: **es mi turno** it's my turn; **¿a quién le toca el turno?** who's next?
2 *nm (período de trabajo)* shift.
✦ **estar de turno** to be on duty.
■ **turno de día/turno de noche** day shift/night shift.

turolense
1 *adj* from Teruel, of Teruel.
2 *nm & nf* person from Teruel, inhabitant of Teruel.

turón *nm* polecat.

turquesa
1 *adj* turquoise.
2 *nf (piedra)* turquoise.
3 *nm (color)* turquoise.

Turquestán *nm* Turkestan, Turkistan.

Turquía *nf* Turkey.

turrar *vt* to roast, toast.

turrón *nm type of* nougat.

turronería *nf* shop selling nougat.

turulato,-a *adj fam* flabbergasted, flummoxed.

tururú *interj fam* certainly not!, no way!: **intenté convencerlo pero me dijo que tururú** I tried to persuade him but he said no way.
✦ **estar tururú** *fam* to be touched in the head.

turuta *adj fam* crazy, mad.

tute
1 *nm (naipes)* card game.
2 *nm fig (esfuerzo)* beating, thrashing.
✦ **darse un tute** *fam* to wear oneself out.

tutear
1 *vt* to address as *tú.*
2 *vt fig* to be on familiar terms with.
3 **tutearse** *upr (uso recíproco)* to address each other as *tú.*

tutela
1 *nf JUR* guardianship, tutelage.
2 *nf fig* protection, guidance.

✦ **bajo la tutela de** under the protection of.
pupilo,-a bajo tutela judicial ward of court.

tutelar *adj* tutelary.

tuteo *nm* use of the *tú* form of address.

tutiplén a **tutiplén** *loc fam* galore.

tutor,-ra
1 *nm,f JUR* guardian.
2 *nm,f fig* protector, guide.
3 *nm,f EDUC* tutor.
4 **tutor** *nm AGR* stake, prop.

tutoría
1 *nf JUR* guardianship, tutelage.
2 *nf EDUC* post of tutor.

tutti frutti *adj* tutti-frutti.

tutú *nm* tutu.

Tuvalu *nm* Tuvalu.

tuve *pt indef* → **tener.**

tuyo,-a
1 *adj* of yours, one of your: **¿es primo tuyo?** is he a cousin of yours?, is he your cousin?
2 *pron* yours, your own: **el tuyo está allí** yours is there.
3 **lo tuyo** *nm (lo que es tuyo)* what is yours; *(lo que te concierne)* your business, your own business.
4 **los tuyos** *nm pl (familiares)* your family *sing; (amigos)* your friends.

TV *abr* (**televisión**) television; *(abreviatura)* TV.

TVE *abr* (**Televisión Española**) *Spanish national broadcasting company.*

twist *nm* twist.
✦ **bailar el twist** to twist, dance the twist.

U, u *nf (la letra)* U, u.
▲ *pl* úes.

u *conj* or: diez u once ten or eleven.
▲ *Used before words beginning with* o *or* ho; *see also* o.

Uagadugú *nm* Ouagadougou.

uau *interj* wow!

ubérrimo,-a *adj fml* very fertile, rich; *(vegetación)* luxuriant.

ubicación *nf* location, position.

ubicar
1 *vi* to be, be situated.
2 *vt AM (situar)* to locate, situate, place.
▲ *Conjugation model* [1], *like* sacar.

ubicuidad *nf* ubiquity.

ubicuo,-a *adj* ubiquitous, omnipresent.

ubre *nf* udder.

UCD *abr POL* (**Unión de Centro Democrático**) Union of the Democratic Centre *(former Spanish centre party)*.

UCI *abr MED* (**Unidad de Cuidados Intensivos**) intensive care unit; *(abreviatura)* ICU.

ucraniano,-a
1 *adj* Ukranian.
2 *nm,f (persona)* Ukranian.

ucranio,-a
1 *adj* Ukranian.
2 *nm,f (persona)* Ukranian.
3 **ucranio** *nm (idioma)* Ukranian.

Ud. *abr* (**usted**) you.

UDC *abr POL* (**Unió Democràtica de Catalunya**) *Catalan centre party*.

Uds. *abr* (**ustedes**) you.

UE *abr* (**Unión Europea**) European Union; *(abreviatura)* EU.

UEFA *abr* (**Unión de Asociaciones Europeas de Fútbol**) Union of European Football Associations; *(abreviatura)* UEFA.

UEO *abr* (**Unión de la Europa Occidental**) Western European Union; *(abreviatura)* WEU.

uf
1 *interj (alivio, calor, cansancio)* phew!
2 *interj (asco)* ugh!

ufanamente
1 *adv (con orgullo)* proudly.
2 *adv (con satisfacción)* happily.

ufanarse *vpr* to boast (**con/de**, of).

ufanía *nf* conceit, arrogance.

ufano,-a
1 *adj (engreído)* conceited, arrogant.
2 *adj (satisfecho)* satisfied, happy.
3 *adj (desenvuelto)* confident.

ufología *nf* ufology.

Uganda *nf* Uganda.

ugandés,-esa
1 *adj* Ugandan.
2 *nm,f* Ugandan.

ugetista
1 *adj* related to the UGT.
2 *nm & nf* member of the UGT.

UGT *abr* (**Unión General de Trabajadores**) *Socialist-led trade union*.

uh
1 *interj (desilusión)* ah!, aw!
2 *interj (desdén)* ooh!

UIMP *abr EDUC* (**Universidad Internacional Menéndez y Pelayo**) *Menéndez y Pelayo International University*.

ujier *nm* usher.

ukelele *nm* ukulele, ukelele.

úlcera *nf* ulcer.
■ **úlcera de estómago** stomach ulcer.

ulceración *nf* ulceration.

ulcerar
1 *vt* to ulcerate.
2 **ulcerarse** *vpr* to ulcerate.

ulceroso,-a *adj* ulcerous.

ulmáceas *nf pl* ulmaceae.

ulterior
1 *adj (más allá)* further.
2 *adj (siguiente)* subsequent; *(posterior)* later, further.

ulteriormente *adv* subsequently, afterwards.

ultimación *nf* completion, conclusion.

últimamente *adv* lately, recently.

ultimar *vt* to finish, complete, conclude.

ultimátum
1 *nm* ultimatum.
2 *nm fam* final word.
▲ *pl* ultimátum.

último,-a
1 *adj* last.
2 *adj (más reciente)* latest; *(de dos)* latter.
3 *adj (más alejado)* furthest; *(más abajo)* bottom, lowest; *(más arriba)* top; *(más atrás)* back.
4 *adj (definitivo)* final.
✦ **a la última** up to date.
a últimos de towards the end of.
estar en las últimas *(moribundo)* to be at death's door; *(arruinado)* to be down and out.
por último finally.
ser lo último *fam (el colmo)* to be just too much.

ultra
1 *adj fam* extreme right-wing.
2 *nm & nf fam* extreme right-winger.

ultra- *pref* ultra.

ultraalto,-a *adj* ultrahigh.

ultracongelado
1 *pp* → ultracongelar.
2 *adj* deep-frozen.

ultracongelar *vt* to deep-freeze.

ultraconservador,-ra
1 *adj* ultraconservative.
2 *nm,f* ultraconservative.

ultracorrección *nf* hypercorrection.

ultracorto,-a *adj* ultrashort.

ultraderecha *nf* extreme right (wing).

ultraderechista
1 *adj* extreme right-wing.
2 *nm & nf* extreme right-winger.

ultraísmo *nm* ultraism.

ultrajante *adj* outrageous, insulting, offensive.

ultrajar *vt* to outrage, insult, offend.

ultraje *nm* outrage, insult, offence (*US* offense).

ultraligero
1 *adj* ultralight: un casco protector ultraligero an ultralight crash helmet.
2 **ultraligero** *nm (avión)* microlight.

nm overseas: viene de ultra- :omes from overseas, it's im-

ultramarino,-a
1 *adj* overseas.
2 **ultramarino** *nm (tienda)* grocer's (shop), *US* grocery (store).
3 **ultramarinos** *nm pl (comestibles)* groceries.

ultramicroscopio *nm* ultramicroscope.

ultramoderno,-a *adj* ultramodern.

ultranza a ultranza *loc (a muerte)* to the death; *(a todo trance)* at all costs, at any price; *(acérrimo)* out-and-out, extreme.

ultrapasar *vt* to surpass, go beyond.

ultrarrápido,-a *adj* extra-fast.

ultrarrojo,-a *adj* infrared.

ultrasensible *adj* hypersensitive.

ultrasónico,-a *adj* ultrasonic.

ultrasonido *nm* ultrasound.

ultratumba
1 *adv* beyond the grave.
2 *nf* afterlife.

ultravioleta *adj* ultraviolet.
▲ *pl* ultravioleta.

ulular
1 *vi (animal)* to howl; *(búho)* to hoot.
2 *vi fig* to howl.

ululato *nm (de animal)* howl; *(de búho)* hoot.

umbilical *adj* umbilical.

umbral
1 *nm* threshold.
2 *nm fig* threshold, outset.
✦ **en el umbral de la muerte** at death's door.

umbrela *nf* umbrella.

umbría *nf* shady place.

umbrío,-a *adj* shady.

umbroso,-a *adj* shady.

un,-na
1 *art indef* a, an: **un libro** a book; **un ojo** an eye.
2 *adj (numeral)* one: **tiene un año** he's one year old.
3 *adj (indef)* some: **un día volverá** he'll come some day.
▲ *See also uno,-a.*

unánime *adj* unanimous.

unánimemente *adv* unanimously.

unanimidad *nf* unanimity.
✦ **por unanimidad** unanimously.

unción
1 *nf* unction.
2 *nf fig (devoción)* devotion, fervour.

uncir *vt* to yoke.
▲ *Conjugation model* [3], *like zurcir.*

undécimo,-a
1 *adj* eleventh.
2 *nm,f (ordinal, partitivo)* eleventh.
▲ *See also sexto,-a.*

undulación *nf* undulation; *(agua)* ripple.

undular
1 *vt (rizar)* to wave.
2 *vi (moverse)* to undulate.

UNED *abr EDUC* (**Universidad Nacional de Educación a Distancia**) ≈ Open University; *(abreviatura)* OU.

ungir *vt* to anoint.
▲ *Conjugation model* [6], *like dirigir.*

ungüento *nm* ointment.

unguiculado,-a *adj* unguiculate.

unguis *nm* orbit.

ungulado,-a
1 *adj* ungulate, hoofed.
2 **ungulado** *nm* ungulate, hoofed animal.

únicamente *adv* only.

unicameral *adj* unicameral, single-chamber.

unicelular *adj* unicellular, single-cell.

unicidad *nf* uniqueness.

único,-a
1 *adj (solo)* only, sole: **la única persona** the only person; **lo único es que ...** the thing is ...
2 *adj (extraordinario)* unique.

unicolor *adj* of one colour, single-coloured.

unicornio *nm* unicorn.

unidad
1 *nf* unit.
2 *nf (barco)* vessel; *(avión)* aircraft; *(de tren)* carriage, coach: **el tren se componía de once unidades** the train was made up of eleven carriages.
3 *nf (cohesión)* unity.
■ **unidad de cuidados intensivos** intensive care unit.
unidad de vigilancia intensiva intensive care unit.
unidad móvil outside broadcasting unit.

unidimensional *adj* one-dimensional.

unidireccional *adj* unidirectional.

unido,-a
1 *pp* → **unir.**
2 *adj (junto)* united.
3 *adj (avenido)* attached: **estar muy unidos** to be very close.

unifamiliar **vivienda unifamiliar** *nf* detached house.

unificación *nf* unification.

unificador,-ra
1 *adj* unifying.
2 *nm,f* unifier.

unificar *vt* to unify.
▲ *Conjugation model* [1], *like sacar.*

uniformado,-a
1 *pp* → **uniformar.**
2 *adj* in uniform, uniformed.

uniformar
1 *vt (igualar)* to make uniform, standardize.
2 *vt (poner un uniforme)* to put into uniform, give a uniform.

uniforme
1 *adj* uniform.
2 *adj (superficie)* even.
3 *nm (prenda)* uniform.

uniformemente
1 *adv* uniformly.
2 *adv (superficie)* evenly.

uniformidad
1 *nf (igualdad)* uniformity.
2 *nf (de superficie)* evenness.

uniformizar *vt* to standardize.
▲ *Conjugation model* [4], *like realizar.*

unigénito,-a
1 *adj* only-begotten.
2 **el Unigénito** *nm* the Son of God, Jesus Christ.

unilateral *adj* unilateral.

unilateralmente *adv* unilaterally.

unión
1 *nf* union.
2 *nf TÉC (acoplamiento)* joining; *(junta)* joint.
✦ **en unión de** together with.
la unión hace la fuerza there is strength in numbers.

unionismo *nm* unionism.

unionista *adj* unionist.

uníparo,-a *adj* uniparous.

unipersonal
1 *adj* single, individual.
2 *adj GRAM* unipersonal.

unir
1 *vt (juntar)* to unite, join, join together.
2 *vt (combinar)* to combine (**a**, with).
3 *vt (enlazar)* to link (**a**, to).
✦ **unirse en matrimonio** *fml* to unite in marriage.

unisex *adj* unisex.
▲ *pl* unisex.

unisexual *adj* unisexual.

unisón *adj-nm* → **unísono,-a.**

unisonancia *nf* unison.

unísono,-a *adj* unisonous, in harmony.
✦ **al unísono** in unison.

unitario,-a *adj* unitary.
■ **precio unitario** unit price.

Univ. *abr* (**Universidad**) university; *(abreviatura)* univ, Univ.

univalvo,-a *adj* univalve.

universal
1 *adj* universal: **la historia universal** world history.
2 **universales** *nm pl (filosofía, lingüística, etc)* universals.

universalidad *nf* universality.

universalización *nf* universalization.

universalizar *vt* to universalize.

universalmente *adv* universally.

universidad *nf* university.
■ **universidad a distancia** Open University.
universidad laboral technical college.

universitario,-a
1 *adj* university.
2 *nm,f (que está estudiando)* university student; *(licenciado)* university graduate.

universo *nm* universe.

unívoco,-a *adj* univocal.

uno,-a
1 *adj (numeral)* one: el número uno number one.
2 *pron* one: uno (de ellos) one of them.
3 *pron (impersonal)* one, you: uno tiene que velar por sus intereses one has to look after one's own interests.
4 *pron fam (persona)* someone, somebody: estaba hablando con una he was talking to some woman.
5 **uno** *nm (número)* one.
6 **la una** *nf (hora)* one o'clock.
7 **unos,-as** *adj vpr (indefinido)* some; *(aproximado)* about, around: unas cajas some boxes; habrá unos treinta there must be around thirty.
✦ **a (la) una** together.
de uno,-a en uno,-a one by one.
hacerle una a alguien to play a dirty trick on somebody.
me dieron una buena I got a really good thrashing.
uno,-a a uno,-a one by one.
una de dos it's either one thing or the other.
uno,-a y no más (Santo Tomás) once bitten, twice shy.

untadura
1 *nf (acción)* greasing, smearing.
2 *nf (sustancia)* grease, ointment.

untar
1 *vt* to grease, smear: untar pan con mantequilla to spread butter on bread.
2 *vt fam (sobornar)* to bribe.
3 **untarse** *vpr fam (enriquecerse)* to line one's pockets, feather one's nest.
✦ **untarse de algo** to get something all over one: se había untado de grasa he'd got grease all over him.

unto *nm* grease, ointment.

untuosidad *nf* greasiness, oiliness.

untuoso,-a *adj* unctuous, greasy, oily.

untura *nf* ointment.

uña
1 *nf* nail; *(del dedo)* fingernail; *(del dedo del pie)* toenail.
2 *nf (garra)* claw; *(pezuña)* hoof.
✦ **arreglarse las uñas** to manicure one's nails.
estar de uñas *fig* to be at daggers drawn.
hacerse las uñas to do one's nails.
ser uña y carne to be inseparable.

uñada *nf* scratch (with nail).

uñero
1 *nm (inflamación)* whitlow.
2 *nm (uña clavada)* ingrowing nail.

upa *interj* up you go!

úpala *interj* up you go!

upar *vt* to lift (up).

uperización *nf* UHT treatment.

uperizar *vt* to treat at an ultrahigh temperature.
■ **leche uperizada** UHT milk.
▲ *Conjugation model* [4], *like realizar.*

Urales los Urales *nm pl* the Urals.

uralita *nf* uralite.
▲ *Registered trademark.*

uranio *nm* uranium.

Urano *nm* Uranus.

urbanidad *nf* urbanity, politeness.

urbanismo *nm* town planning.

urbanista *nm & nf* town planner.

urbanístico,-a *adj* town-planning, urban.

urbanización
1 *nf (proceso)* urbanization.
2 *nf (conjunto residencial)* housing development, housing estate.

urbanizar *vt* to urbanize, develop.
■ **zona urbanizada** built-up area.
▲ *Conjugation model* [4], *like realizar.*

urbano,-a
1 *adj* urban, city: la vida urbana city life.
2 *nm,f fam (hombre)* (traffic) policeman; *(mujer)* (traffic) policewoman.

urbe *nf* large city, metropolis.

urca
1 *nf (embarcación)* hooker.
2 *nf (animal)* orc.

urchilla *nf* orchil, archil.

urdimbre
1 *nf (textil)* warp.
2 *nf fig (trama)* intrigue.

urdir
1 *vt (textil)* to warp.
2 *vt fig (tramar)* to plot, scheme.

urea *nf* urea.

uremia *nf* uraemia, *US* uremia.

urente *adj* stinging.

uréter *nm* ureter.

uretra *nf* urethra.

urgencia
1 *nf* urgency.
2 *nf (necesidad)* urgent need, pressing need.
3 *nf (emergencia)* emergency.
4 **urgencias** *nf pl (servicio)* casualty department *sing*, casualty *sing*, *US* emergency room.
✦ **en (un) caso de urgencia** in an emergency.

urgente
1 *adj* urgent.
2 *adj (correo)* express (post, *US* mail), first-class (post, *US* mail).

urgentemente *adv* urgently.

urgir *vi* to be urgent, be pressing: ¿te urge? is it urgent?; ¿te urge tenerlo? do you need it urgently?
▲ *Conjugation model* [6], *like dirigir.*

úrico,-a *adj* uric.

urinario,-a
1 *adj* urinary.
2 **urinario** *nm (retrete)* urinal.

urna
1 *nf POL* ballot box.
2 *nf (vasija)* urn.
3 *nf (caja)* glass case.
✦ **acudir a las urnas** *fig* to vote.

uro *nm* aurochs, urus.

urogallo *nm* capercaillie.

urogenital *adj* urogenital.

urología *nf* urology.

urólogo,-a *nm,f* urologist.

urraca
1 *nf* magpie.
2 *nf fig (cotorra)* chatterbox.

URSS *abr* (**Unión de Repúblicas Socialistas Soviéticas**) Union of Socialist Soviet Republics; *(abreviatura)* USSR.

ursulina
1 *nf* Ursuline nun.
2 *nf (mujer recatada)* prudish woman.

urticáceas *nf pl* urticaceae.

urticante *adj* stinging.

urticaria *nf* hives *pl*, urticaria.

Uruguay *nm* Uruguay.

uruguayo,-a
1 *adj* Uruguayan.
2 *nm,f* Uruguayan.

usado,-a
1 *pp* → **usar**.
2 *adj (gastado)* worn out, old.
3 *adj (de segunda mano)* second-hand, used: un coche usado a second-hand car.

usanza *nf lit* fashion, custom.
✦ **a la antigua usanza** in the old style.

usar
1 *vt* to use.
2 *vt (prenda)* to wear.
3 *vi* to use (**de**, -): usó de sus encantos para conseguir el trabajo he used his charm to get the job.
4 **usarse** *vpr (estar de moda)* to be used, be in fashion: esta palabra ya no se usa this word is no longer used.
✦ **de usar y tirar** throwaway.
sin usar brand-new.

usía *pron fml (hombre)* Your Lordship; *(mujer)* Your Ladyship.

uso
1 *nm* use.
2 *nm (ejercicio)* exercise: el uso de un privilegio the exercise of a privilege.
3 *nm (de prenda)* wearing.
4 *nm (costumbre)* usage, custom.
5 *nm GRAM* usage.
✦ **al uso** in the style of, after the fashion of: al uso francés in the French style.
estar en buen uso to be in good working order.
estar fuera de uso to be out of use, be obsolete.
hacer uso de la palabra to take the floor.
■ **usos y costumbres** ways and customs.

USO *abr* (**Unión Sindical Obrera**) professional worker's union.

usted *pron fml* you.
✦ **tratar a alguien de usted** to use the polite form of address with somebody.
▲ *pl* **ustedes**.

usual *adj* usual, common.

usualmente *adv* usually.

nm,f user.

nm usufruct, use.

ar *vt* to have the usufruct of,

usuit...

▲ *Conjugation model* [11], *like* **actuar**.

usufructuario,-a

1 *adj* usufructuary.

2 *nm,f* usufructuary.

usura *nf* usury.

usurario,-a *adj* usurious.

usurero,-a *nm,f* usurer.

usurpación *nf* usurpation.

usurpador,-ra

1 *adj* usurping.

2 *nm,f* usurper.

usurpar *vt* to usurp.

utensilio

1 *nm (herramienta)* tool, utensil.

2 *nm (aparato)* device, implement.

uterino,-a *adj* uterine.

útero *nm* uterus, womb.

útil[1] *adj* useful.

■ **día útil** working day.

útil[2] *nm (herramienta)* tool, instrument.

■ **útiles de escritorio** writing materials.

útiles de labranza agricultural implements.

utilería *nf* (stage) props *pl*.

utilidad

1 *nf* utility, usefulness: **de gran utilidad** very useful.

2 *nf (beneficio)* profit.

utilitario,-a

1 *adj* utilitarian.

2 **utilitario** *nm (coche)* utility vehicle.

utilitarismo *nm* utilitarianism.

utilitarista

1 *adj* utilitarian.

2 *nm & nf* utilitarian.

utilizable *adj* usable, fit for use.

utilización *nf* use.

utilizar *vt* to use, make use of.

▲ *Conjugation model* [4], *like* **realizar**.

utillaje *nm* tools *pl*, equipment.

útilmente *adv* usefully.

utopía *nf* Utopia.

utópico,-a

1 *adj* Utopian.

2 *nm,f* Utopian.

utopista *adj* Utopian.

utrero,-a *nm,f* young bull.

utrículo *nm* utricle.

uuuu *interj* ooh!

UV *abr POL* (**Unión Valenciana**) *Valencian regional party*.

uva *nf* grape.

✦ **estar de mala uva** *fam* to be in a bad mood.

tener mala uva *fam (de mal humor)* to be in a bad mood; *(mal carácter)* to be a nasty piece of work, be bad-tempered.

de uvas a peras once in a blue moon.

■ **uva de mesa** dessert grape.

uva moscatel muscatel grape.

uva pasa raisin.

uve *nf name of the letter v*.

✦ **en forma de uve** V-shaped.

■ **uve doble** *name of the letter w*.

UVI *abr MED* (**unidad de vigilancia intensiva**) intensive care unit; *(abreviatura)* ICU.

úvula *nf* uvula.

uvular *adj* uvular.

uxoricida *nm* wife-murderer.

uxoricidio *nm* uxoricide.

uy

1 *interj (dolor)* ow!, ouch!

2 *interj (calor, frío, miedo)* ooh!

uzbeco,-a

1 *adj* Uzbek.

2 *nm,f (persona)* Uzbek.

3 **uzbeco** *nm (idioma)* Uzbek.

Uzbekistán *nm* Uzbekistan.

V, v *nf (la letra)* V, v.

v.¹ *abr* (**véase**) see; *(abreviatura)* s.

v.² *abr* (**vide**) vide; *(abreviatura)* v.

v.³ *abr* (**verso**) verse; *(abreviatura)* v.

V¹ *abr* (**usted**) you.

V² *sím* (**voltio**) volt; *(símbolo)* V.

V/ *abr* (**visto**) approved.

V.A. *abr* (**Vuestra Alteza**) Your Highness.

vaca
1 *nf* cow.
2 *nf (carne)* beef.
3 *nf (cuero)* cowhide.
✦ **ponerse como una vaca** *fam* to stuff one's face.
　ya vendrán las vacas gordas the good times will come.
■ **las vacas flacas** the lean years.
　las vacas gordas the years of plenty.
　vaca lechera dairy cow.
　vaca marina sea cow.
　vaca sagrada sacred cow.

vacaciones *nf pl* holiday, holidays *pl*, *us* vacation: **se fueron de vacaciones a Mallorca** they went to Majorca for their holidays.
✦ **estar de vacaciones** to be on holiday.
　irse de vacaciones to go on holiday.
■ **vacaciones a la sombra** *fam* time spent in jail.
　vacaciones de verano summer holidays.
　vacaciones escolares school holidays.
　vacaciones pagadas paid holidays.

vacacional *adj* holiday, *us* vacation.

vacada *nf* herd of cows.

vacante
1 *adj* vacant.
2 *nf* vacancy.
✦ **cubrir las vacantes** to fill the vacancies.
■ **puesto vacante** vacant position.

vacar
1 *vi (quedar vacante)* to fall vacant.
2 *vi (estar vacante)* to be vacant.
▲ *Conjugation model* [1], *like* **sacar**.

vaciadero
1 *nm (conducto)* sewer.
2 *nm (vertedero)* dumping ground, rubbish tip.

vaciado
1 *nm (fabricación en molde)* casting, moulding (*us* molding).
2 *nm (de un documento)* extraction of information.
3 *nm (dejar vacío)* emptying; *(dejar hueco)* hollowing out.
4 *nm INFORM* dumping.
■ **vaciado de yeso** plaster casting.
　vaciado en molde casting in a mould.

vaciante *nf* ebb tide.

vaciar
1 *vt (recipiente)* to empty; *(local)* to empty, clear.
2 *vt (contenido)* to pour away, pour out.
3 *vt (dejar hueco)* to hollow out.
4 *vt (moldear)* to cast, mould (*us* mold).
5 *vt (afilar)* to sharpen.
6 *vt (escrito)* to take information from: **hemos vaciado las revistas para hacer un índice de materias** we've taken information from the magazines to make a table of contents.
7 *vi (ríos etc)* to flow (**en**, into).
8 **vaciarse** *vpr (dejar vacío)* to empty.
9 *vpr fam fig (desahogarse)* to let it all out.
▲ *Conjugation model* [13], *like* **desviar**.

vaciedad *nf* stupid remark.

vacilación
1 *nf (duda)* hesitation, wavering.
2 *nf (falta de decisión)* irresolution.
3 *nf (oscilación)* swaying, vacillation.
✦ **sin vacilaciones** without hesitation.

vacilante
1 *adj (dubitativo)* hesitating, irresolute.
2 *adj (voz)* hesitant, faltering; *(luz)* flickering; *(paso, mesa, etc)* unsteady, shaky.

vacilar
1 *vi (oscilar)* to sway, vacillate.
2 *vi (estar poco firme)* to wobble.
3 *vi (al andar)* to sway, stagger, wobble; *(al hablar)* to falter.
4 *vi (luz)* to flicker.
5 *vi fig (dudar)* to hesitate, waver.
6 *vi fam (tomar el pelo)* to joke, tease: **¡no me vaciles!** don't tease me!
7 *vi fam (presumir)* to show off.

✦ **hacer vacilar** *fig* to shake.
　sin vacilar without hesitation.
■ **memoria que vacila** shaky memory.

vacile *nm fam* teasing.

vacilón,-ona *nm,f fam* teaser, joker.

vacío,-a
1 *adj (gen)* empty: **el cine está vacío** the cinema is empty; **la botella está vacía** the bottle is empty.
2 *adj (no ocupado)* vacant, unoccupied; *(sin muebles)* unfurnished.
3 *adj (hueco)* hollow.
4 *adj fig (vano)* vain, conceited.
5 *adj fig (palabras, conversación)* empty.
6 **vacío** *nm (gen)* emptiness, void.
7 *nm (hueco)* gap; *(espacio)* space, empty space; *(espacio en blanco)* blank space.
8 *nm (vacante)* vacancy.
9 *nm Fís* vacuum.
10 *nm fig (falta)* emptiness, void.
✦ **caer en el vacío** *fig* to fall on deaf ears.
　en vacío *Fís* in a vacuum.
　envasar al vacío to vacuum-pack.
　hacer el vacío a alguien *fig* to cold-shoulder somebody, send somebody to Coventry.
　sentir un gran vacío *fig* to feel empty.
　tener el estómago vacío *fig* to feel hungry.
　tener la cabeza vacía *fig* to be empty-headed.
　volver con las manos vacías *fig* to come back empty-handed.
　volver de vacío *(vehículo)* to come back empty; *(persona)* to come back empty-handed.

vacuidad *nf* vacuity, emptiness.

vacuna
1 *nf MED* vaccine.
2 *nf (de la vaca)* cowpox.

vacunación *nf MED* vaccination.

vacunar
1 *vt MED* to vaccinate (**contra**, against).
2 *vt fig* to inure.
3 **vacunarse** *vpr* to be vaccinated.

vacuno,-a *adj* bovine.

vacuo,-a *adj* vacuous, empty.

vacuola *nf* vacuole.

dable.
ıountable.

va̶
1 *vt (río)* to ford.
2 *vt fig (dificultad)* to overcome.
vademécum *nm* handbook, vade me-
cum.
▲ *pl* vademécum.
vado
1 *nm (de río)* ford.
2 *nm (de acera)* dropped kerb.
■ **"Vado permanente"** "Keep clear".
Vaduz *nf* Vaduz.
vagabundear
1 *vi (vagar)* to wander, roam.
2 *vi (holgazanear)* to idle, laze around.
vagabundeo
1 *nm (merodeo)* wandering, roaming.
2 *nm (holgazanería)* idling, lazing around.
vagabundería *nf* vagrancy.
vagabundo,-a
1 *adj* wandering, roving.
2 *adj pey* vagrant.
3 *nm,f (trotamundos)* wanderer, rover.
4 *nm,f pey* vagrant, tramp, US hobo.
5 *nm,f (sin casa)* tramp, US hobo.
■ **perro vagabundo** stray dog.
vagamente *adv* vaguely.
vagancia
1 *nf (estar ocioso,-a)* idleness, laziness.
2 *nf JUR* vagrancy.
vagar¹ *vi (estar ocioso)* to idle about, loaf
around.
▲ *Conjugation model* [7], *like* llegar.
vagar² *vi (errar)* to wander (**por**, about),
roam (**por**, about): pasa su tiempo vagando por el pueblo he spends his
time wandering about town.
▲ *Conjugation model* [7], *like* llegar.
vagido *nm* cry of a newborn baby.
vagina *nf* vagina.
vaginal *adj* vaginal.
vago,-a¹
1 *adj (vacío)* empty; *(desocupado)* vacant.
2 *adj (holgazán)* lazy, idle.
3 *nm,f (holgazán)* idler, layabout, slacker.
4 *nm,f JUR* vagrant: ley de vagos y maleantes vagrancy act.
♦ **hacer el vago** to laze around.
vago,-a² *adj (impreciso)* vague: idea va-
ga vague idea.
vagón
1 *nm (para pasajeros)* carriage, coach, US
car.
2 *nm (para mercancías)* wagon, goods van,
truck, US boxcar, freight car.
■ **vagón cama** sleeping car.
vagón cisterna tanker.
vagón de mercancías goods van, goods
wagon, US freight car.
vagón restaurante dining car.
vagoneta *nf* small open wagon.
vaguada *nf* lowest part of a valley, stream
bed.

vaguear *vi* → vagar **1** and vagar **2**.
vaguedad
1 *nf (imprecisión)* vagueness: la vaguedad de sus pensamientos the vagueness of his thoughts.
2 *nf (expresión imprecisa)* vague remark:
no dijo más que vaguedades he only
made vague remarks.
♦ **hablar sin vaguedades** to get straight
to the point.
vaharada *nf* puff, breath.
vaharina *nf fam* breath, steam.
vahído *nm* dizzy spell, fainting spell: me
dio un vahído I had a dizzy spell.
vaho
1 *nm (vapor)* vapour (US vapor), steam:
hay vaho en el espejo the mirror's
steamed up.
2 *nm (aliento)* breath.
3 vahos *nm pl MED* inhalation *sing.*
vaina
1 *nf (de espada etc)* sheath, scabbard.
2 *nf (de instrumento etc)* case.
3 *nf BOT* pod, husk.
4 *nm & nf fam fig (botarate)* good-for-nothing.
vainica *nf* hemstitch.
vainilla *nf* vanilla.
vaivén
1 *nm (oscilación)* swaying, swinging, to-
and-fro movement; *(balanceo)* rocking.
2 *nm (ir y venir)* coming and going, bustle.
3 *nm fig (cambio)* fluctuation, change.
4 *nm fig (intercambio)* exchange.
♦ **los vaivenes de la vida** *fig* life's ups and
downs.
vajilla *nf* tableware, dishes *pl*, crockery.
♦ **lavar la vajilla** to wash up.
■ **una vajilla** a dinner service.
vajilla de porcelana chinaware.
vajilla de plata silverware.
valdepeñas *nm* Valdepeñas wine.
▲ *pl* valdepeñas.
valdré *fut* → valer.
vale
1 *nm (comprobante)* voucher; *(recibo)* receipt.
2 *nm (pagaré)* IOU, promissory note.
3 *interj fam* OK!
■ **vale de devolución** credit note.
valedero,-a *adj* valid.
valedor,-ra *nm,f* protector, patron.
valencia *nf* valency.
valenciano,-a
1 *adj* Valencian.
2 *nm,f (persona)* Valencian.
3 valenciano *nm (idioma)* Valencian.
valentía
1 *nf (valor)* bravery, courage.
2 *nf (acto)* heroic deed, bold act.
valentón,-ona
1 *adj pey* arrogant, boastful, bragging.
2 *nm,f pey* braggart.
valentonada *nf pey* boast, boasting,
bragging.

valer
1 *vt (tener un valor de)* to be worth: eso no
vale más de 5 euros that's not worth
more than 5 euros; no vale nada it is
worthless.
2 *vt (costar)* to cost, be: vale siete euros el
kilo it costs seven euros a kilo; ¿cuánto
vale? how much is it?
3 *vt (hacer merecedor)* to win, earn, get: el
suspenso le valió un rapapolvo failing
the exam earned him a good ticking-
off.
4 *vt (ocasionar)* to cause: me ha valido
muchos problemas he's caused me a
lot of problems.
5 *vt MAT* to equal.
6 *vt (proteger)* to protect: le valió el casco his helmet protected him.
7 *vi (tener un valor de)* to be worth.
8 *vi (ser útil, adecuado)* to be useful, be of
use, be good for: ¿te vale este libro? is
this book any use (to you)?; no valdrá
para director he'll be useless as a manager, he won't make a good manager.
9 *vi (costar)* to cost, be worth.
10 *vi (ser válido, contar)* to count: la primera tirada no vale, es de prueba the
first throw doesn't count, it's a practice
one.
11 *vi (tener validez)* to be valid; *(monedas)*
to be legal tender: esa billete aún vale
that ticket is still valid.
12 *vi (ser suficiente, bastar)* to do, be
enough: con esto ya me vale this will
be enough for me.
13 *vi (estar permitido)* to be allowed, be
permitted: no vale mirar las cartas de
los demás looking at other people's
cards isn't allowed; vale todo anything goes, there are no holds barred.
14 *nm (valía)* value.
15 valerse *vpr (utilizar)* to use (**de**, of),
make use (**de**, of): se valió de un bastón he used a stick.
16 *vpr (espabilarse)* to manage, cope.
♦ **hacer valer** *(derechos)* to exercise;
(opinión) to assert.
hacerse valer to assert oneself.
más vale/vale más it's better that way.
más vale prevenir que curar prevention is better than cure.
más vale que …/vale más que …
you'd better …
más vale tarde que nunca better late
than never.
no hay excusa que valga no excuses.
no hay pero que valga no ifs and buts.
no vale it's no good.
no valer nada *(sin valor)* not to be
worth a thing; *(ser inútil)* to be useless.
¿vale? *fam* all right?, O.K.?
¡vale! *fam* that's enough!
¡vale ya de …! stop …!: ¡vale ya de
molestar! stop being a nuisance!
valer la pena to be worth it: vale la
pena ir it's worth going.
valerse de todos los medios to try
everything.

valerse por sí mismo to be able to manage on one's own.

¡válgame Dios! Good heavens!, God help me!

▲ *Conjugation model* [89].

valeriana *nf BOT* valerian.

valeroso,-a *adj* courageous, brave.

Valetta La Valetta *nf* Valletta.

valgo *pres indic* → **valer.**

valía

1 *nf (objeto)* value, worth.

2 *nf (persona)* worth, merit.

validación

1 *nf (de documento)* validation.

2 *nf (de billete)* stamping.

validadora *nf* ticket stamping machine.

validar

1 *vt (documento)* to validate, make valid.

2 *vt (billete)* to stamp.

validez *nf* validity.

valido¹

1 *adj* favourite (*US* favorite).

2 *nm* favourite (*US* favorite).

válido,-a² *adj* valid.

valiente

1 *adj (valeroso)* brave, courageous, bold.

2 *adj (fuerte)* strong, vigorous.

3 *adj fam fig (excelente)* fine, excellent: **¡valiente ayudante estás hecho!** a fine assistant you are!

4 *adj pey (bravucón)* boastful, bragging.

5 *nm & nf (valeroso)* brave person.

6 *nm & nf (bravucón)* boaster, braggart.

valientemente *adv* bravely, courageously.

valija

1 *nf (maleta)* suitcase, case.

2 *nf (de correos)* mailbag.

▪ **valija diplomática** diplomatic bag.

valimiento *nm* favour (*US* favor), protection.

✦ **tener valimiento con** to be in favor with.

valioso,-a *adj* valuable, precious.

valla

1 *nf (cerca)* fence; *(construcción)* wall.

2 *nf MIL* stockade, fortification.

3 *nf DEP* hurdle: **100 metros vallas** 100 metres hurdles.

4 *nf (para publicidad)* hoarding, *US* billboard.

5 *nf fig* obstacle, hindrance.

▪ **valla publicitaria** hoarding, *US* billboard.

valladar

1 *nm fig (obstáculo)* obstacle, hindrance.

2 *nm fig (defensa)* defence (*US* defense).

vallado

1 *nm (cerca)* fence.

2 *nm MIL* stockade.

vallar *vt* to fence (in), build a fence around.

valle *nm* valley.

▪ **valle de lágrimas** *fig* vale of tears, valley of tears.

vallisoletano,-a

1 *adj* of Valladolid, from Valladolid.

2 *nm,f* person from Valladolid, inhabitant of Valladolid.

vallista *nm & nf* hurdler.

valón,-ona

1 *adj* Walloon.

2 *nm,f* Walloon.

3 **valón** *nm (idioma)* Walloon.

valor

1 *nm (valía)* value, worth, merit: **una persona de gran valor** a person of great merit.

2 *nm (precio)* price.

3 *nm (validez)* value: **estas monedas dejarán de tener valor muy pronto** these coins will soon be of no value.

4 *nm (importancia)* importance.

5 *nm (coraje)* courage, valour (*US* valor).

6 *nm (desvergüenza)* cheek, nerve: **tuvo valor para pedirle más** she had the nerve to ask him for more.

7 *nm (talento)* talent: **es un actor de gran valor** he's a very talented actor.

8 *nm MAT* value.

9 **valores** *nm pl FIN* securities, bonds.

10 *nm pl (principios)* values.

✦ **armarse de valor** to pluck up courage.

dar valor a algo to attach importance to something.

de valor valuable.

por el valor de to the value of: **artículos por el valor de mil libras** goods to the value of a thousand pounds.

¡qué valor! what a nerve!

quitar valor a algo to reduce the value of something.

sin valor/sin ningún valor worthless.

▪ **valor adquisitivo** purchasing power.

valor alimenticio food value, nutritional value.

valor de mercado market value.

valor nominal *(de cheque)* face value.

valores en cartera investments.

valores inmuebles real estate *sing*.

valoración

1 *nf (tasación)* valuation, valuing.

2 *nf (revalorización)* appreciation.

valorar

1 *vt (tasar)* to value, calculate the value of.

2 *vt (aumentar el valor)* to raise the value of.

✦ **valorar a alguien en mucho** *fig* to hold somebody in high esteem.

valorización

1 *nf (tasación)* valuation, valuing.

2 *nf (revalorización)* appreciation.

valorizar

1 *vt (tasar)* to value.

2 *vt (revalorizar)* to raise the value of.

▲ *Conjugation model* [4], *like realizar.*

valquiria *nf* Valkyrie.

vals *nm* waltz.

✦ **bailar el vals** to waltz.

valsar *vi* to waltz.

valuar *vt* to value.

▲ *Conjugation model* [11], *like actuar.*

valva *nf* valve.

válvula *nf* valve.

▪ **válvula de cierre** stopcock.

válvula de seguridad safety valve.

valvular *adj* valvular.

vampiresa *nf fam* vamp, femme fatale.

vampirismo *nm* vampirism.

vampiro

1 *nm (espectro)* vampire.

2 *nm (mamífero)* vampire bat.

3 *nm fig* leech, parasite.

vanadio *nm* vanadium.

vanagloria *nf* vainglory.

vanagloriarse *vpr* to boast (**de**, of).

▲ *Conjugation model* [12], *like cambiar.*

vanamente

1 *adv (en vano)* in vain: **la buscaron vanamente** they searched for her in vain.

2 *adv (con presunción)* vainly.

vandalismo *nm* vandalism.

vándalo,-a

1 *adj* Vandal.

2 *nm,f* Vandal.

3 *nm,f fig* vandal.

vanesa vanesa roja *nf* red admiral.

vanguardia

1 *nf (corriente)* avant-garde, vanguard.

2 *nf (parte de ejército)* vanguard, van.

✦ **ir a la vanguardia de** to be at the forefront of.

vanguardismo *nm* avant-garde movement.

vanguardista

1 *adj* avant-garde.

2 *nm & nf* avant-gardist.

vanidad *nf* vanity, conceit.

vanidoso,-a

1 *adj* vain, conceited.

2 *nm,f* vain person.

vanilocuencia *nf* verbosity.

vano,-a

1 *adj (inútil)* vain, useless.

2 *adj (ilusorio)* illusory, futile.

3 *adj (frívolo)* frivolous.

4 *adj (arrogante)* vain, conceited.

5 *adj (infundado)* unfounded, groundless.

6 *nm* opening, bay.

✦ **en vano** in vain.

Vanuatu *nm* Vanuatu.

vapor

1 *nm (gas)* vapour (*US* vapor), steam.

2 *nm (barco)* steamship, steamer.

3 **vapores** *nm pl MED arc* hysteria *sing.*

✦ **a todo vapor** at full steam, at great speed.

al vapor *CULIN* steamed.

▪ **vapor de agua** water vapour (*US* vapor).

vaporización *nf* vaporization.

vaporizador *nm* vaporizer, spray, atomizer.

vaporizar

1 *vt* to vaporize.

2 **vaporizarse** *vpr* to vaporize.

▲ *Conjugation model* [4], *like realizar.*

izar

) sheer.

va....
1 *vt (azotar)* to beat, thrash.
2 *vt fig (criticar)* to criticize, slate.

vapuleo
1 *nm (zurra)* beating, thrashing.
2 *nm fig (crítica)* slating, hammering.

vaquería
1 *nf (establo)* cowshed.
2 *nf (lechería)* dairy.

vaqueriza *nf* cowshed.

vaquerizo,-a
1 *adj* cattle.
2 *nm,f* cowherd.
■ **corral vaquerizo** cattle pen.

vaquero,-a
1 *adj* cow, cattle.
2 *nm,f (pastor)* cowherd, *US* cowboy; *(pastora)* cowherd, *US* cowgirl.
3 **vaqueros** *nm pl (pantalones)* jeans, pair of jeans.

vaqueta *nf* cowhide.

vaquilla *nf* heifer.

V.A.R. *abr* (**Vuestra Alteza Real**) Your Royal Highness.

vara
1 *nf (palo)* staff, rod, pole.
2 *nf (de mando)* staff, mace.
3 *nf (medida de longitud)* unit of length equal to approximately 33 inches.
4 *nf (tauromaquia)* lance, pike.
✦ **poner varas** *(tauromaquia)* to thrust at the bull.
tener vara alta *fig* to hold sway.

varadero *nm* shipyard, dry dock.

varado,-a
1 *pp* → **varar**.
2 *adj (anclado)* at anchor.
3 *adj (encallado)* stranded.
✦ **estar varado,-a** to run aground.

varal
1 *nm (vara larga)* staff, pole.
2 *nm TEAT* batten.
3 *nm fig (persona)* beanpole.

varano *nm* monitor lizard.

varapalo
1 *nm (palo)* long pole.
2 *nm (golpe)* blow with a pole.
3 *nm fam fig (daño)* blow, setback.

varar
1 *vi MAR (encallar)* to run aground.
2 *vi fig (un negocio)* to come to a standstill.
3 *vt MAR (sacar a la playa)* to beach.

varazo *nm* blow with a pole.

varear
1 *vt (golpear)* to beat with a pole.
2 *vt (fruta)* to knock down (with a pole).
3 *vt (toro)* to jab with the lance.

varec *nm BOT* kelp.

vareo *nm* knocking down (fruit from trees).

vareta
1 *nf (para cazar)* lime twig.
2 *nf (de color)* stripe.
✦ **irse de vareta** *fam* to have diarrhoea.

variabilidad *nf* variability.

variable
1 *adj* variable, changeable.
2 *nf MAT* variable.

variación *nf* variation, change.
✦ **sin variación** unchanged.
■ **variación magnética** magnetic declination.

variado,-a
1 *pp* → **variar**.
2 *adj* varied, mixed.
3 *adj (galletas, helados)* assorted.

variante
1 *adj* variable.
2 *nf (versión)* variant.
3 *nf (diferencia)* difference.

variar
1 *vt (cambiar)* to change.
2 *vt (dar variedad)* to vary, give some variety to: **tendrían que variar la carta** they should vary the menu.
3 *vi (cambiar)* to change: **han variado de planes** they have changed their plans.
4 *vi (diferir)* to be different (**de**, to), differ (**de**, from): **lo que dices varía de tus primeras declaraciones** what you're saying differs from your first statement.
5 *vi MAT* to vary.
✦ **para variar** *irón* as usual, just for a change.
▲ *Conjugation model* [13], *like desviar.*

varice *nf* varicose vein.

varicela *nf MED* chickenpox, varicella.

varicoso,-a
1 *adj* varicose.
2 *nm,f* person suffering from varicose veins.

variedad
1 *nf (diversidad)* variety, diversity: **una gran variedad de productos** a wide variety of products.
2 *nf (clase, tipo)* variety.
3 **variedades** *nf pl (espectáculo)* variety show *sing.*
✦ **en la variedad está el gusto** variety is the spice of life.

varilla
1 *nf (vara)* stick, rod.
2 *nf (de paraguas, abanico)* rib; *(de corsé)* stay.

varillaje *nm* ribs *pl*, ribbing.

vario,-a
1 *adj (diverso)* different, diverse.
2 *adj (variado)* varied, assorted.
3 *adj (mudable)* changeable, variable.
4 **varios** *nm pl (algunos)* some, several, a number of: **varios de ellos están sobre la mesa** some of them are on the table.

variopinto,-a
1 *adj (diverso)* diverse, assorted.
2 *adj (mezclado)* mixed, varied: **público variopinto** mixed audience.

varita *nf* small stick.
■ **varita mágica** magic wand.

variz *nf* varicose vein.
▲ *pl varices.*

varón
1 *nm (hombre)* man; *(chico)* boy.
2 *nm (sexo)* male.
✦ **ser un santo varón** *fam* to be a kind soul.
■ **hijo varón** male child, boy.

varonil *adj* manly, virile, male.

Varsovia *nf* Warsaw.
■ **Pacto de Varsovia** Warsaw Pact.

vas *pres indic* → **ir.**

vasallaje
1 *nm HIST* vassalage.
2 *nm fig* servitude, subjection.
✦ **rendir vasallaje** to pay homage.

vasallo,-a
1 *adj HIST* vassal.
2 *adj (súbdito)* subject.
3 *nm,f HIST* vassal.
4 *nm,f (súbdito)* subject.

vasar *nm* kitchen shelf.

vasco,-a
1 *adj* Basque.
2 *nm,f (persona)* Basque.
3 **vasco** *nm (idioma)* Basque.
■ **País Vasco** Basque Country.

vascón,-ona
1 *adj* of the Vascons, pertaining to the Vascons.
2 *nm,f* Vascon.

Vascongadas *nf pl* the Basque Country.

vascongado,-a
1 *adj* Basque.
2 *nm,f* Basque.
3 **vascongado** *nm (idioma)* Basque.

vascuence *nm* Basque.

vascular *adj* vascular.

vascularización *nf* vascularization.

vasectomía *nf* vasectomy.

vaselina
1 *nf (sustancia)* Vaseline, petroleum jelly.
2 *nf (en fútbol)* chip.
✦ **dar vaselina a alguien** *fam* to soft-soap somebody.
▲ *Registered trademark.*

vasija *nf* vessel, pot, jar.

vaso
1 *nm (para beber)* glass.
2 *nm (para flores)* vase.
3 *nm ANAT* vessel.
■ **vaso capilar** capillary.
vasos comunicantes communicating vessels.
vasos sanguíneos blood vessels.

vasoconstricción *nf* vasoconstriction.

vasodilatación *nf* vasodilation.

vástago
1 *nm BOT* shoot, bud.
2 *nm fig (descendencia)* offspring.
3 *nm TÉC* rod, stem.

vastedad *nf* vastness, immensity.

vasto,-a *adj* vast, immense, huge.

vate
1 *nm lit (adivino)* prophet.
2 *nm lit (poeta)* poet.

váter *nm fam* toilet.

vaticano,-a
1 *adj* Vatican.
2 **el Vaticano** *nm* the Vatican.
▪ **Concilio Vaticano** Vatican Council.
la **Ciudad Vaticana** the Vatican City.

vaticinador,-ra
1 *adj* prophesying, predicting.
2 *nm,f* prophet, seer.

vaticinar *vt* to predict, foretell, prophesy.

vaticinio *nm* prophecy, prediction.

vatio *nm* watt.

vaya¹ *pres subj* → **ir.**

vaya² *interj* what a: ¡vaya idea! what an idea!
✦ ¡vaya, vaya! well, well!

V°B° *abr* (**visto bueno**) approval, OK.

Vd. *abr* (**usted**) you.

Vdo,-a. *abr* (**viudo,-a**) *(hombre)* widower; *(mujer)* widow.

ve¹ *pres indic* → **ver.**

ve² *imperat* → **ir.**

V.E. *abr* (**Vuestra Excelencia**) Your Excellency.

vecinal *adj* local.
▪ **camino vecinal** country road.

vecindad
1 *nf (lugar)* neighbourhood (*US* neighborhood), vicinity.
2 *nf (vecinos)* neighbours *pl* (*US* neighbors *pl*), residents *pl*, community.
▪ **casa de vecindad** block of flats.

vecindario
1 *nm (lugar)* neighbourhood (*US* neighborhood).
2 *nm (vecinos)* neighbours *pl* (*US* neighbors *pl*), community, residents *pl*.
3 *nf (población)* residents *pl*, inhabitants *pl*.

vecino,-a
1 *adj* nearby, next, neighbouring (*US* neighboring).
2 *nm,f (del barrio)* neighbour (*US* neighbor).
3 *nm,f (residente)* resident.
4 *nm,f (habitante)* inhabitant: los vecinos de Manresa the inhabitants of Manresa.

vector *nm* vector.

vectorial *adj* vectorial.

veda
1 *nf (prohibición)* prohibition.
2 *nf (de caza)* close season, *US* closed season.
✦ **levantar la veda** to open the season.

vedado,-a
1 *pp* → **vedar.**
2 *adj* forbidden, prohibited.
3 **vedado** *nm* game preserve.
✦ **cazar en vedado** to poach.
▪ **coto vedado** game preserve.

vedar
1 *vt (prohibir)* to prohibit, forbid, ban.
2 *vt (impedir)* to prevent.
3 *vt (proyecto, idea)* to veto.

vedette *nf* TEAT *(variedades)* star.

vega *nf* fertile lowland, fertile plain.

veganista
1 *adj* vegan.
2 *nm & nf* vegan.

vegetación
1 *nf* vegetation.
2 **vegetaciones** *nf pl* MED adenoids.

vegetal
1 *adj* vegetable.
2 *nm* vegetable, plant.
3 *nm (persona)* vegetable.

vegetar
1 *vi (plantas)* to vegetate, grow.
2 *vi fig (persona)* to vegetate.

vegetarianismo *nm* vegetarianism.

vegetariano,-a
1 *adj* vegetarian.
2 *nm,f* vegetarian.

vegetativo,-a *adj* vegetative.
▪ **estado vegetativo** *fam* coma.

vehemencia *nf* vehemence.

vehemente *adj* vehement.

vehículo
1 *nm (gen)* vehicle.
2 *nm (coche)* car.
3 *nm fig* vehicle: vehículo de intercambio vehicle for exchange.
4 *nm fig (enfermedades)* transmitter, carrier.

veinte
1 *adj (cardinal)* twenty; *(vigésimo)* twentieth.
2 *nm (número)* twenty; *(fecha)* twentieth.
▪ **los locos años veinte** the roaring twenties
▲ *See also* **seis.**

veinteavo,-a
1 *adj* twentieth.
2 *nm,f* twentieth.
▲ *See also* **sexto,-a.**

veintena *nf (exacto)* twenty; *(aproximado)* about twenty.

veinticinco
1 *adj (cardinal)* twenty-five; *(ordinal)* twenty-fifth.
2 *nm (número)* twenty-five; *(fecha)* twenty-fifth.

veinticuatro
1 *adj (cardinal)* twenty-four; *(ordinal)* twenty-fourth.
2 *nm (número)* twenty-four; *(fecha)* twenty-fourth.

veintidós
1 *adj (cardinal)* twenty-two; *(ordinal)* twenty-second.
2 *nm (número)* twenty-two; *(fecha)* twenty-second.

veintinueve
1 *adj (cardinal)* twenty-nine; *(ordinal)* twenty-ninth.

vela

1) twenty-nine; *(fecha)* twenty-
2 *nm (nú.* ty-eighth. v-eight; *(ordinal)*

veintiséis
1 *adj (cardinal)* twe.. fecha) twenty-sixth.
2 *nm (número)* twenty-six, sixth.

veintisiete
1 *adj (cardinal)* twenty-seven; *(ora.* twenty-seventh.
2 *nm (número)* twenty-seven; *(fecha)* twenty-seventh.

veintitantos,-as
1 *adj (cantidad)* twenty-odd, about twenty: veintitantas personas about twenty-odd people.
2 *adj (fecha)* the twenty something: hacia el veintitantos de febrero on about the twenty something of February.

veintitrés
1 *adj (cardinal)* twenty-three; *(ordinal)* twenty-third.
2 *nm (número)* twenty-three; *(fecha)* twenty-third.

veintiún *adj* twenty-one.
▲ *Used only before masculine nouns; see also* **veintiuno,-a.**

veintiuna *nf* pontoon, blackjack.
▲ *See also* **veintiuno,-a.**

veintiuno,-a
1 *adj (cardinal)* twenty-one; *(ordinal)* twenty-first.
2 *nm (número)* twenty-one; *(fecha)* twenty-first.

vejación
1 *nf (maltrato)* vexation.
2 *nf (humillación)* humiliation.

vejamen *nm* → **vejación.**

vejar
1 *vt (molestar)* to vex, annoy.
2 *vt (humillar)* to humiliate.

vejatorio,-a
1 *adj (molesto)* vexatious, annoying.
2 *adj (humillante)* humiliating.

vejestorio *nm fam pey* old dodderer, old crock.

vejete *nm fam* old man.

vejez *nf* old age.
✦ **a la vejez viruelas** there's no fool like an old fool.

vejiga *nf* bladder.
▪ **vejiga de la bilis** gall bladder.

vela¹
1 *nf (vigilia)* watch, vigil; *(de muerto)* wake.
2 *nf (desvelo)* wakefulness.
3 *nf (candela)* candle.
4 **velas** *nf pl fam fig (mocos)* snot *sing.*
✦ **encender una vela a Dios y otra al diablo** *fam* to have a foot in both camps.
▪ **estar a dos velas** *fam* to be broke.

vela

pasar la noche en vela to have a sleepless night.

¿quién te ha dado vela en e... rro? fam who gave you ... matter?

vela²

1 nf (de barco) sai...
2 nf DEP sailing.
3 nf fig (bo...
+ a tod...
de ...as fig to back down.
...yor mainsail.

...a
...f (de música etc) evening, soirée: velada musical musical soirée.
2 nf (fiesta) soirée.

velado,-a

1 pp → velar 2.
2 adj (oculto) veiled, hidden.
3 adj (fotografía) blurred.

velador,-ra

1 adj watching, guarding.
2 velador nm (vigilante) watchman, guard.
3 nm (candelero) candlestick.
4 nm (mesita) pedestal table.

veladura

1 nf (en pintura) glaze.
2 nf (en fotografía) fog.
3 nf fig (disimulo) pretence (US pretense).

velaje nm sails pl.

velamen nm sails pl.

velar¹

1 vi (no dormir) to stay awake; (no acostarse) to stay up.
2 vi fig (cuidar) to watch (por, over), look (por, after): velaron por él they looked after him.
3 vi (hacer guardia) to keep watch.
4 vi REL to keep vigil.
5 vt (enfermo) to sit up with, watch over; (muerto) to keep vigil over: velaron a su hija they sat up with their daughter.

velar²

1 adj LING velar.
2 nf LING velar.
3 vt (cubrir con velo) to veil.
4 vt fig (cubrir) to hide, cover, veil.
5 vt (fotografía) to fog, expose.
6 vt (pintura) to glaze.
7 velarse vpr (fotografía) to become fogged, get exposed.

velarización nf velarization.

velarizar vt to velarize.

▲ Conjugation model [4], like realizar.

velatorio nm wake, vigil.

velcro nm velcro.

▲ Registered trademark.

veleidad

1 nf (capricho) caprice, whim.
2 nf (inconstancia) inconstancy, fickleness.

veleidoso,-a adj inconstant, fickle.

...s.
...abricante de velas) sailmaker.
...ero nm sailing ship, sailing boat.

...leta

1 nf (para el viento) weathercock, weather vane.
2 nm & nf fam fig (persona) fickle person, changeable person.

velita nf nightlight.

vello

1 nm (de persona - pelusa) down; (- en las piernas etc) hair.
2 nm (de fruta, planta) down, bloom.

vellocino nm fleece.

■ Vellocino de Oro Golden Fleece.

vellón nm fleece.

vellosidad

1 nf (vello) down.
2 nf (abundancia - de pelusa) downiness; (en las piernas etc) hairiness.

velloso,-a adj downy, hairy, fluffy.

velludillo nm velveteen.

velludo,-a adj downy, hairy, fluffy.

velo

1 nm (gen) veil.
2 nm ANAT velum.
+ correr un (tupido) velo sobre algo/echar un (tupido) velo sobre algo fig to draw a veil over something, keep something quiet.
tomar el velo fam to take the veil.
■ velo del paladar soft palate, velum.

velocidad

1 nf (rapidez) speed, velocity.
2 nf AUTO (marcha) gear.
+ a toda velocidad at full speed.
cambiar de velocidad AUTO to change gear.
cobrar velocidad/ganar velocidad to gather speed.
con la velocidad del rayo fig as quick as a flash.
de alta velocidad high-speed.
disminuir la velocidad to slow down.
■ caja de velocidades gear box.
Europa de dos velocidades two-speed Europe.
velocidad de crucero cruising speed.
velocidad de la luz speed of light.
velocidad de transmisión INFORM bit rate.
velocidad máxima speed limit.
velocidad operativa INFORM operating speed.

velocímetro nm speedometer.

velocípedo nm velocipede.

velocista nm & nf DEP sprinter.

velódromo nm cycle track, US velodrome.

velomotor nm moped.

velón nm oil lamp.

velorio¹

1 nm (fiesta) evening party.
2 nm (velatorio) wake.

---

velorio² nm REL taking of the veil.

veloz

1 adj fast, quick, swift, rapid.
2 adv fast, quickly, swiftly.
▲ pl veloces.

velozmente adv quickly, fast.

vena

1 nf ANAT vein.
2 nf (yacimiento) vein, seam.
3 nf BOT vein.
4 nf (en mármol etc) vein, streak.
5 nf fig (disposición) mood.
+ coger a alguien en vena/coger a alguien de vena de algo fig to catch somebody in the right mood.
coger a alguien la vena/dar a alguien la vena fig to take something into one's head: le ha dado la vena de cantar she has taken it into her head to sing.
estar en vena para fig to be in the mood for.
tener una vena de loco fig to have a crazy streak.
tener vena de ... to have a gift for ...: tiene vena de cantante he has a gift for singing.

venablo nm javelin, dart.

+ echar venablos fig to blow one's top, explode with anger.

venado

1 nm ZOOL stag, deer.
2 nm CULIN venison.

venal

1 adj (vendible) venal, saleable.
2 adj fig (sobornable) venal, corrupt.

venalidad nf venality.

venatorio,-a adj hunting.

vencedor,-ra

1 adj (equipo etc) winning.
2 adj MIL conquering, victorious.
3 nm,f (equipo etc) winner, victor.
4 nm,f MIL conqueror, victor.

vencejo¹ nm (ave) swift.

■ vencejo real alpine swift.

vencejo² nf (atadura) bond.

vencer

1 vt DEP to beat.
2 vt MIL to defeat, conquer, vanquish: vencieron al enemigo they defeated the enemy.
3 vt (exceder) to outdo, surpass: la vence en belleza she surpasses her in beauty.
4 vt (problema etc) to overcome, surmount.
5 vt (ser dominado) to overcome: la venció el cansancio she was overcome by tiredness.
6 vt (romper) to break; (doblar) to bend.
7 vi (ganar) to win.
8 vi (deuda etc) to fall due, be payable.
9 vi (plazo) to expire.
10 vi (torcer) to go off to: el camino vence a la derecha the path goes off to the right.
11 vencerse vpr (romperse) to break; (doblarse) to bend, incline.
12 vpr fig (reprimir) to control oneself.
▲ Conjugation model [2], like mecer.

vencido,-a
1 *pp* → vencer.
2 *adj (derrotado)* defeated, beaten.
3 *adj (deuda)* due, payable.
4 *adj (plazo)* expired.
✦ **a la tercera va la vencida** *fam* third time lucky.
darse por vencido,-a *fig* to give up, accept defeat.

vencimiento
1 *nm (pago etc)* maturity.
2 *nm (plazo)* expiry, maturity.
3 *nm (torcimiento)* bend, inclination.
4 *nm fig (problema etc)* overcoming.

venda *nf* bandage.
✦ **quitar a alguien la venda de los ojos** to open somebody's eyes.
tener una venda en los ojos *fig* to be blind, go around with one's eyes closed.

vendaje *nm* dressing.

vendar *vt* to bandage.
✦ **vendar los ojos a alguien** to blindfold somebody.

vendaval *nm* strong wind, gale.

vendedor,-ra
1 *adj* selling.
2 *nm,f (gen)* seller; *(hombre)* salesman; *(mujer)* saleswoman.
3 *nm,f (dependiente)* shop assistant.
▪ **vendedor ambulante** street seller, hawker.

vendeja *nf* public sale.

vender
1 *vt (gen)* to sell: **vende enciclopedias** he sells encyclopedias; **lo vendieron por un millón de dólares** they sold it for a million dollars.
2 *vt fig (traicionar)* to betray: **sería capaz de vender a su propia familia** he would even betray his own family.
3 **venderse** *upr (uso impersonal)* to be on sale, be sold: **se vende en farmacias** on sale at your chemist's; **se vende a 40 céntimos el kilo** it's sold at 40 cents a kilo.
4 *upr (dejarse sobornar)* to sell oneself.
✦ **"Se vende"** "For sale".
sin vender unsold.
vender a plazos to sell on credit.
vender al contado to sell for cash.
vender al por mayor to sell wholesale, wholesale.
vender al por menor to sell retail, retail.
vender caro to sell at a high price.
venderse caro,-a to play hard to get.

vendetta *nf* vendetta.

vendible *adj* saleable, marketable.

vendido,-a
1 *pp* → vender.
2 *adj* sold.

vendimia
1 *nf (cosecha)* grape harvest.
2 *nf (año)* vintage, year.

vendimiador,-ra *nm,f* grape picker.

vendimiar *vt* to harvest.
▲ *Conjugation model* [12], *like* **cambiar**.

vendré *fut* → venir.
Venecia *nf* Venice.
veneciano,-a
1 *adj* Venetian.
2 *nm,f* Venetian.

venencia *nf* dipper.

veneno
1 *nm (química, vegetal)* poison; *(animal)* venom.
2 *nm fig* spite, venom.

venenoso,-a
1 *adj* poisonous, venomous.
2 *adj fig* spiteful, venomous.

venera *nf* scallop.

venerable *adj* venerable.

veneración *nf* veneration, worship.

venerar *vt* to venerate, worship, revere.

venéreo,-a *adj* venereal.

venero
1 *nm (manantial)* spring.
2 *nm fig (origen)* origin, source.
3 *nm (mina)* vein, seam.

venezolano,-a
1 *adj* Venezuelan.
2 *nm,f* Venezuelan.

Venezuela *nf* Venezuela.

venga *pres subj* → venir.

vengador,-ra
1 *adj* avenging.
2 *nm,f* avenger.

venganza *nf* revenge, vengeance.
✦ **tomar venganza de alguien** to take revenge on somebody.

vengar
1 *vt* to avenge.
2 **vengarse** *upr* to avenge oneself, take revenge (**de**, on).
▲ *Conjugation model* [7], *like* **llegar**.

vengativo,-a *adj* vengeful, vindictive.

vengo *pres indic* → venir.

venia
1 *nf fml (licencia)* permission, consent.
2 *nf fml (perdón)* pardon.
3 *nf fml (saludo)* greeting.

venial *adj* venial.

venialidad *nf* veniality.

venida *nf* coming, arrival.
▪ **idas y venidas** comings and goings.

venidero,-a *adj* future, coming.
✦ **en lo venidero** in the future.

venir
1 *vi (gen)* to come: **Antonio no vino** Antonio didn't come; **el mes que viene** next month; **voy y vengo** I'll be right back.
2 *vi (llegar)* to arrive: **vino tarde** he arrived late.
3 *vi (proceder)* to come (**de**, from): **viene de París** it comes from Paris; **viene del latín** it comes from the Latin.
4 *vi (estar, aparecer)* to be, come: **las explicaciones vienen en español** the instructions are in Spanish.

5 *vi (ser)* to be: **eso te viene grande** that's too big for you.
6 *aux* **venir a** + *inf (aproximación)* to be about; *(alcanzar, llegar a)* to arrive at; *(terminar por)* to end up: **viene a hacer dos metros de alto** it's about two metres high; **finalmente vinimos a coincidir** we finally agreed; **vino a parar a la cárcel** he ended up in jail.
7 *aux* **venir** + *ger (acción durativa)* **lo venía avisando desde hace tiempo** he has been warning us about it for a long time.
8 *aux* **venir** + *pp (ser, estar)* to be: **eso viene motivado por la inflación** it's caused by inflation.
9 **venirse** *upr* to come back, go back.
✦ **¿a qué viene ...?** what is the point of ...?: **¿a qué viene reír?** what's the point of laughing?
de ahí viene que ... so it is that ..., that's why ...
lo veía venir I could see it coming, I was expecting it.
ni te va ni te viene *fig* it's not your business.
¡venga ya! *fam (basta)* stop it!, that's quite enough!; *(incredulidad)* come off it!; *(vamos)* come on!
venir a cuento/no venir a cuento to be relevant/be beside the point.
venir a la cabeza to come to mind.
venir a la memoria *fig* to remember.
venir a menos *fig* to come down in the world.
venir a parar to come to, end up.
venir abajo to collapse.
venir al caso/no venir al caso to be relevant/be beside the point.
venir al mundo *fig* to be born.
venir al pelo *fam* to suit down to the ground.
venir bien *(favorecer)* to suit; *(prenda)* to fit; *(ser conveniente)* to be suitable, be convenient.
venir con cuentos to tell stories.
venir con historias to come with excuses.
venir de perlas *fam* to suit down to the ground.
venir en gana to feel like.
venir motivado,-a por to be caused by.
venir que ni pintado *fam* to suit down to the ground.
venir rodado,-a to come at the right time, happen at the right time.
venirse abajo *(edificio etc)* to collapse, fall down; *(planes)* to fall through; *(persona)* to go to pieces; *(país, empresa)* to go to the dogs; *(relación etc)* to be on the skids.
▲ *Conjugation model* [90].

venoso,-a
1 *adj (sangre)* venous.
2 *adj (manos etc)* veined, veiny.
3 *adj (hoja)* veined, ribbed.

venta
1 *nf (acción)* sale, selling.

2 *nf (hostal)* country inn; *(restaurante)* restaurant.
+ **"En venta"** "For sale".
estar a la venta to be on sale.
poner a la venta *(gen)* to put on sale; *(casa)* to put up for sale.
"Venta de pisos" "Flats for sale".
■ **contrato de venta** bill of sale.
departamento de ventas sales department.
precio de venta selling price.
precio de venta al público retail price.
venta a domicilio door-to-door selling.
venta a plazos hire purchase, *US* instalment plan.
venta al contado cash sale.
venta al por mayor/venta al por menor wholesale/retail.
venta postbalance clearance sale, *US* post-inventory sale.
venta por correo mail order.

ventaja
1 *nf (gen)* advantage: **ganó con dos hora de ventaja** he won by two hours.
2 *nf (provecho)* profit; *(beneficio)* benefit.
+ **llevar ventaja a alguien** to have the advantage over somebody.
sacar ventaja a alguien to be ahead of somebody.
sacar ventaja de algo to profit from something, take advantage of something, benefit from something.
ventaja para ... *(tenis)* advantage to ...

ventajista
1 *adj* opportunist.
2 *nm & nf* opportunist.

ventajoso,-a
1 *adj* advantageous.
2 *adj (beneficioso)* profitable.

ventana
1 *nf ARQ* window.
2 *nf (de la nariz)* nostril.
+ **tirar algo por la ventana** *fig* to waste something.
■ **ventana de guillotina** sash window.
ventana vidriera picture window.

ventanal *nm* large window.

ventanilla
1 *nf (banco, coche, sobre, etc)* window.
2 *nf (barco)* porthole.
3 *nf (de taquilla)* window, ticket window.
4 *nf (de la nariz)* nostril.

ventanillo *nm* small window.

ventanuco *nm* small window.

ventarrón *nm* strong wind, gale.

ventear
1 *vi (soplar)* to be windy.
2 *vt (husmear)* to sniff.
3 *vt (airear)* to air, air out.
4 *vt fig (indagar)* to snoop.
▲ *In 1, used only in the third person; it does not take a subject.*

ventero,-a *nm,f* innkeeper.

ventilación *nf* ventilation.
■ **sin ventilación** unventilated.

ventilador *nm* ventilator, fan.

ventilar
1 *vt (lugar)* to air, ventilate.
2 *vt (agitar al viento)* to air.
3 *vt fig (dar a conocer)* to air.
4 *vt fig (discutir)* to discuss, clear up.
5 *vt fig (matar)* to kill.
6 **ventilarse** *vpr (lugar)* to be ventilated.
7 *vpr (objeto)* to be aired.
8 *vpr fig (saberse)* to be aired.
9 *vpr fig (discutirse)* to be discussed, be cleared up.
10 *vpr (tomar el aire)* to get some fresh air.
11 *vpr fam (terminar)* to finish off: **se ventiló el pastel en un minuto** he finished off the cake in a minute.

ventisca *nf* snowstorm, blizzard.

ventiscar
1 *vi (nevar)* to blow a blizzard.
2 *vi (levantarse la nieve)* to swirl.
▲ *Conjugation model* [1], *like* **sacar**; *in 1, used only in the third person; it does not take a subject.*

ventisquero
1 *nm (ventisca)* snowstorm, blizzard.
2 *nf (zona de la montaña)* part of a mountain above the snow line.

ventolera
1 *nf (golpe)* gust of wind.
2 *nf fig* caprice, whim.
+ **darle a uno la ventolera de hacer algo** to take it into one's head to do something.
darle a uno la ventolera por to take a fancy to.

ventorro *nm* small inn.

ventosa
1 *nf (pieza cóncava)* suction cup.
2 *nf (de animal)* sucker.
3 *nf MED* cupping glass.
4 *nf (abertura)* vent, air hole.

ventosear *vi* to break wind.

ventosidad *nf* wind, flatulence.

ventoso,-a *adj* windy.

ventrículo *nm* ventricle.

ventrílocuo,-a
1 *adj* ventriloquistic.
2 *nm,f* ventriloquist.

ventriloquia *nf* ventriloquy, ventriloquism.

ventrudo,-a *adj fam* potbellied.

ventura
1 *nf (felicidad)* happiness.
2 *nf (casualidad)* fortune, chance; *(suerte)* luck.
3 *nf (azar)* hazard, risk.
+ **a la buena ventura** with no fixed plan.
echar la buena ventura a alguien to tell somebody's fortune.
por ventura *(por casualidad)* by chance; *(por suerte)* fortunately.
probar ventura to try one's luck.

venturosamente *adv* fortunately.

venturoso,-a *adj* lucky, fortunate.

Venus
1 *nm* Venus.
2 *nf* Venus.

veo-veo *nm fam* I-spy.

ver
1 *vt (gen)* to see: **veamos** let's see; **no te veo** I can't see you.
2 *vt (mirar)* to look (at).
3 *vt (televisión)* to watch.
4 *vt fig (entender)* to see, understand: **no veo por qué lo hizo** I can't understand why she did it.
5 *vt (visitar)* to visit, see: **ven a verme** come and see me.
6 *vt JUR* to try, hear.
7 *vt (parecer)* to look: **te veo triste** you look sad.
8 *nm (vista)* sight, vision.
9 *nm (apariencia)* looks *pl*, appearance.
10 **verse** *vpr (ser visto)* to be seen: **aquí dentro no se ve nada** you can't see a thing in here; **no se ve el coche** I can't see the car.
11 *vpr (con alguien)* to meet, see each other.
12 *vpr (en una situación etc)* to find oneself, be: **se vio en un apuro** he was in a fix.
13 *vpr (imaginarse)* to imagine oneself.
+ **a mi ver** in my opinion.
a ver let's see, let me see.
a ver si ... *(deseo)* I hope ...
de buen ver good-looking.
dejar ver to let see: **¡déjame verlo!** let me see it!
dejarse ver *fig* to appear, become apparent.
es de ver it is worth seeing.
eso está por ver that remains to be seen.
¡habráse visto! did you ever!: **¡habráse visto qué descaro!** did you ever see such cheek!
hacer ver to pretend.
¡hasta más ver! *fam* see you!
hay que ver lo ... que ... you should see ...: **hay que ver lo bonita que es** you should see how beautiful she is.
¡hay que ver! *fam* it just goes to show!
¿lo ves? see!
mire a ver have a look.
no poder ver *fig* to detest: **no le puede ver** she can't stand him.
no tener nada que ver con to have nothing to do with.
no ver ni jota/no ver tres en un burro *fam* to be as blind as a bat.
por lo que veo ... apparently ..., it seems ...
... que no veo *fam* terribly, terrible: **tengo una sed que no veo** I'm dying of thirst.
... que no veas *fam* terribly, terrible: **hacía un calor que no veas** it was absolutely roasting; **armaron un escándalo que no veas** they kicked up a terrible fuss.
se ve que ... apparently ..., it seems ...
ser digno,-a de verse to be worth seeing.
si no lo veo no lo creo I would never have believed it.
véase ... see ...

ver venir a alguien *fig* to see somebody coming.
ver venir algo *fig* to expect something to happen, see something coming.
verlas venir *fig* to catch on quickly.
verse obligado,-a a to be obliged to.
vérselas con alguien *fig* to deal with somebody, have it out with somebody.
ya se ve of course.
▲ *Conjugation model* [91]; *pp* **visto,-a.**

vera *nf* edge, side.
✦ **a la vera de** beside, next to.
a mi vera beside me.

veracidad *nf* veracity, truthfulness.

veranda *nf* veranda.

veraneante
1 *nm & nf (que hace vacaciones)* holiday-maker, *US* vacationist.
2 *nm & nf (que las pasa en un lugar)* summer resident.

veranear *vi* to spend the summer (holiday) (**en**, in/at).

veraneo *nm* summer holiday.
✦ **ir de veraneo** to go on holiday.
▪ **lugar de veraneo** summer holiday resort, holiday resort.

veraniego,-a *adj* summer, summery.

veranillo *nm* Indian summer.
▪ **veranillo de San Martín** Indian summer.

verano *nm* summer.

veras de veras *loc* really, seriously: va de veras it's serious.

veraz *adj* truthful, veracious.
▲ *pl* **veraces.**

verbal *adj* verbal, oral.

verbalismo *nm* verbalism.

verbalizar *vt* to verbalize.

verbalmente *adv* orally.

verbena
1 *nf BOT* verbena.
2 *nf (fiesta)* night party.
▪ **verbena de San Juan** *night party held on the eve of Saint John's Day.*

verbigracia *adv fml* for example, for instance.

verbo *nm* verb.
▪ **verbo auxiliar** auxiliary verb.
verbo copulativo attributive verb.
verbo intransitivo intransitive verb.
verbo irregular irregular verb.
verbo transitivo transitive verb.

verborrea *nf fam* verbosity.
✦ **tener mucha verborrea** to be verbose.

verbosidad *nf* verbosity, wordiness.

verboso,-a *adj* wordy, verbose.

verdad
1 *nf* truth, truthfulness: es verdad it's true.
2 *nf (confirmación)* es bonita, ¿verdad? she's pretty, isn't she?; vendrás, ¿verdad? you'll come, won't you?; hay tres, ¿verdad? there are three, aren't there?
✦ **a decir verdad** to tell the truth.

de verdad *(realmente)* really, truly, seriously; *(real)* real: un amigo de verdad a real friend.
de verdad que ... I swear ...: de verdad que no fui I swear I didn't go.
decir a alguien cuatro verdades *fam* to give somebody a piece of one's mind.
en verdad really.
faltar a la verdad to lie.
la verdad sea dicha to tell the truth.
¿no es verdad? isn't that so?
tan verdad como que es de día/tan verdad como que Dios existe *fam* it's as true as I'm standing here.
▪ **la pura verdad** the plain truth.
verdad a medias a half truth.

verdaderamente
1 *adv (en verdad)* really, truly.
2 *adv (de hecho)* in fact, actually.

verdadero,-a *adj* true, real.

verdal *adj* green.

verde
1 *adj (color)* green.
2 *adj (fruta)* unripe, green; *(madera)* unseasoned.
3 *adj fig (persona)* green, immature.
4 *adj fam (chiste)* blue, dirty.
5 *nm (color)* green.
6 *nm (hierba)* grass.
7 *nm POL* green: los verdes the Greens.
✦ **poner verde a alguien** *fam* to call somebody every name under the sun.
▪ **verde oliva** olive green.

verdear
1 *vi (mostrar color)* to look green.
2 *vi (brotar)* to turn green.

verdecer *vi* to grow green.
▲ *Conjugation model* [43], *like* **agradecer.**

verdecillo *nm* serin.

verdemar
1 *adj* sea-green.
2 *nm* sea-green.

verderón *nm* greenfinch.

verdín
1 *nm (de plantas)* verdure, fresh green.
2 *nm (capa - de algas)* green slime; *(- de paredes, frutas)* green mould *(US* mold).
3 *nm (capa - de óxido)* verdigris.
4 *nm (mancha)* green stain, grass stain.

verdinegro,-a
1 *adj* dark green.
2 *adj* dark green.

verdor
1 *nm (color)* verdure, greenness.
2 *nm fig (vigor)* vigour *(US* vigor).
3 *nm fig (mocedad)* youth.

verdoso,-a *adj* greenish.

verdugo
1 *nm (persona)* executioner.
2 *nm (prenda)* balaclava, balaclava helmet.
3 *nm (azote)* whip.
4 *nm (roncha)* weal.
5 *nm & nf fig* tyrant.

verdugón *nm* weal.

verduguillo
1 *nm (en las plantas)* swelling.
2 *nm (navaja)* razor.
3 *nm (tauromaquia)* stiletto.

verdulera *nf fig* coarse woman, foul-mouthed woman.
▲ *See also* **verdulero,-a.**

verdulería *nf* greengrocer's (shop).

verdulero,-a *nm,f* greengrocer.

verdura
1 *nf (hortaliza)* vegetables *pl*, greens *pl*.
2 *nf (color)* greenness, greenery.

verdusco,-a *adj* greenish, darkish green.

vereda *nf* footpath, path.
✦ **meter en vereda** *fam* to bring somebody into line.

veredicto *nm* verdict.
▪ **veredicto de culpabilidad/veredicto de inculpabilidad** verdict of guilty/verdict of not guilty.

verga
1 *nf (genital)* penis.
2 *nf (palo)* thin stick.
3 *nf MAR* yard.

vergajo *nm* pizzle whip.

vergel *nm* orchard.

verglás *nm* black ice, ice.

vergonzante *adj* shamefaced.

vergonzosamente *adv* shamefully, ignominiously.

vergonzoso,-a
1 *adj (acto)* shameful, shocking: un asunto vergonzoso a shocking business.
2 *adj (persona)* bashful, shy.

vergüenza
1 *nf (deshonor etc)* shame, sense of shame: sus palabras me dan vergüenza her words make me feel ashamed.
2 *nf (timidez)* bashfulness, shyness; *(turbación)* embarrassment: me da vergüenza bailar I'm too shy to dance; pasó mucha vergüenza cuando salió la noticia he was really embarrassed when the news came out.
3 *nf (escándalo)* disgrace, shame: lo que han hecho es una vergüenza what they did is a disgrace.
4 **vergüenzas** *nf pl fam euf* private parts.
✦ **caerse la cara de vergüenza** *fig* to die of embarrassment.
¿no te da vergüenza? aren't you ashamed of yourself?
no tener vergüenza to be a shameless person, have no shame.
pasar vergüenza *(humillación)* to be ashamed; *(turbación)* to be embarrassed.
pasar vergüenza ajena to feel embarrassed for somebody.
perder la vergüenza to lose all sense of shame.
¡qué poca vergüenza! how shameful!
¡qué vergüenza! it's a disgrace!, how disgraceful!
sacar a alguien a la vergüenza to hold somebody up to shame.
sentir vergüenza to be ashamed.

tener vergüenza de hacer algo to be ashamed to do something.

vericueto *nm* rough path, dirt track.

verídico,-a *adj* truthful, true: **es verídico** it is a fact.

verificable *adj* verifiable.

verificación
1 *nf (comprobación)* verification, checking.
2 *nf (cumplimiento)* carrying out, conducting.
■ **verificación de cuentas** *FIN* audit.

verificador,-ra
1 *adj* verifying, checking.
2 *nm,f* tester.

verificar
1 *vt (comprobar)* to verify, check.
2 *vt (probar)* to prove.
3 *vt (efectuar)* to carry out, perform.
4 **verificarse** *vpr (comprobarse)* to come true.
5 *vpr (efectuarse)* to take place.
▲ *Conjugation model* [1], *like sacar.*

verja
1 *nf (reja)* grating, grille.
2 *nf (cerca)* railing, railings *pl.*
3 *nf (puerta)* iron gate.
■ **la Verja de Gibraltar** the frontier with Gibraltar.

vermú
1 *nm (bebida)* vermouth.
2 *nm (aperitivo)* aperitive.
▲ *pl* vermús.

vermut *nm* → **vermú.**
▲ *pl* vermuts.

vernáculo,-a *adj* vernacular.
■ **lengua vernácula** vernacular.

verónica
1 *nf BOT* veronica.
2 *nf (tauromaquia)* type of pass with the cape.

verosímil *adj (probable)* likely, probable; *(creíble)* credible.

verosimilitud *nf (probabilidad)* probability, likeliness; *(credibilidad)* credibility, verisimilitude.

verosímilmente *adv* probably.

verraco *nm* boar, hog.

verruga *nf* wart.

verrugoso,-a *adj* warty, covered in warts.

versado,-a
1 *pp* → versar.
2 *adj* versed (**en**, in), proficient (**en**, in).

versal
1 *adj* capital.
2 *nf* capital, capital letter.

versalita
1 *adj* small capital.
2 *nf* small capital letter, small capital.

versallesco,-a *adj fam fig (galante)* chivalrous; *(afectado)* affected.

versar
1 *vi (tratar)* to deal (**sobre**, with), be (**sobre**, about/on): **la conferencia versó sobre la lingüística** the lecture was on linguistics.
2 *vi (dar vueltas)* to revolve, turn.

versátil
1 *adj (gen)* versatile.
2 *adj fig (voluble)* changeable, fickle.

versatilidad
1 *nf (gen)* versatility.
2 *nf fig* changeableness, fickleness.

versículo *nm* verse, versicle.

versificación *nf* versification.

versificador,-ra
1 *adj* versifying.
2 *nm,f* versifier.

versificar
1 *vt* to put into verse, versify.
2 *vi* to versify, write in verse.
▲ *Conjugation model* [1], *like sacar.*

versión
1 *nf (gen)* version, account.
2 *nf (traducción)* translation.
3 *nf (adaptación)* adaptation.
✦ **en versión española** dubbed into Spanish.
en versión original in the original language.

versionar *vt* to cover, do a version of.

verso
1 *nm (de hoja)* verso.
2 *nm LIT* verse.
3 *nm fam (poema)* poem.
✦ **en verso** in verse.
hacer versos to write poems.
poner en verso to put into verse.
■ **verso blanco/verso libre** blank verse/free verse.

vértebra *nf* vertebra.

vertebrado,-a
1 *adj* vertebrate.
2 *nm,f* vertebrate.
3 **los vertebrados** *nm pl* the vertebrates.

vertebral *adj* vertebral, spinal.

vertebrar *vt fig* to be the backbone of, structure: **la base de datos vertebra toda la empresa** the database is the backbone of the firm.

vertedera *nf* mouldboard (*US* moldboard).

vertedero *nm* rubbish dump, rubbish tip.

verter
1 *vt (líquido - voluntariamente)* to pour, pour out.
2 *vt (derramar)* to spill; *(lágrimas, sangre)* to shed: **vertió el té sobre la moqueta** he spilt his tea on the carpet.
3 *vt (vaciar)* to empty, empty out.
4 *vt (basura)* to dump: **siguen vertiendo residuos tóxicos en el mar** they're still dumping toxic waste into the sea.
5 *vt (traducir)* to translate: **verter al inglés** to translate into English.
6 *vt fig (conceptos, ideas, etc)* to express, voice.
7 *vi (corriente, río)* to run (**a**, into), flow (**a**, into).
▲ *Conjugation model* [28], *like entender.*

vertical
1 *adj* vertical: **lo puso vertical** she put it upright.
2 *nf* vertical, vertical line.
3 *nm* vertical.

verticalmente *adv* vertically.

vértice *nm* vertex.

vertido,-a
1 *pp* → verter.
2 **vertido** *nm (consciente)* dumping, discharge; *(fortuito)* spillage.

vertiente
1 *nf (gen)* slope.
2 *nf fig (aspecto)* angle.
✦ **desde otra vertiente** *fig* from a different angle.

vertiginosamente *adv* dizzily, giddily.

vertiginoso,-a *adj* dizzy, giddy.
✦ **a velocidad vertiginosa** *fig* at breakneck speed.

vértigo
1 *nm MED* vertigo.
2 *nm (mareo)* dizziness, giddiness: **me da vértigo** it makes me feel dizzy.
3 *nm fig* frenzy.
✦ **de vértigo** *fig* frenzied.
tener vértigo to feel dizzy, feel giddy.

vesania *nf (locura)* insanity; *(furia)* fury, rage.

vesícula *nf* vesicle.
■ **vesícula biliar** gall bladder.

vesicular *adj* vesicular.

Vespa *nf* scooter, motor scooter.
▲ *Registered trademark.*

vespertino,-a
1 *adj* evening.
2 **vespertino** *nm* evening newspaper.

vespino *nm* moped.
▲ *Registered trademark.*

vestal
1 *adj* vestal.
2 *nf* vestal virgin.

vestíbulo
1 *nm (de casa)* hall, entrance.
2 *nm (de hotel etc)* hall, lobby, vestibule, foyer.
3 *nm ANAT (del oído)* vestibule.

vestido,-a
1 *pp* → vestir.
2 *adj* dressed: **vestida de blanco** dressed in white; **vestida de hombre** in man's clothes.
3 **vestido** *nm (indumentaria)* clothes *pl,* dress, costume.
4 *nm (de mujer)* dress; *(de hombre)* suit.
■ **vestido de etiqueta/vestido de noche** evening dress.

vestidor *nm* dressing room.

vestidura
1 *nf (gen)* clothing, clothes *pl.*
2 *nf REL* vestments *pl.*
▲ *Generally used in plural.*

vestigial *adj* vestigial.

vestigio *nm* vestige, trace, remains *pl.*

vestimenta *nf* clothes *pl,* garments *pl.*

vestir
1 *vt (llevar)* to wear, be dressed in: **vestía un vestido rojo** she was wearing a red dress.
2 *vt (ayudar a vestirse)* to dress; *(hacer vestidos)* to make clothes for; *(proporcionar vestido)* to clothe, keep in clothes: **la vistió su madre** her mother dressed her; **esta modista viste a muchas mujeres famosas** this dressmaker makes clothes for many famous women; **mis padres me han alimentado y me han vestido hasta que he acabado mis estudios** my parents fed and clothed me until I finished my studies.
3 *vt (cubrir)* to cover (**de**, with).
4 *vt (paredes)* to hang (**de**, with).
5 *vi* to dress: **vestir de negro** to dress in black.
6 *vi (ser elegante, lucir)* to be classy, look smart: **esa falda viste mucho** that skirt is very classy.
7 **vestirse** *upr (uso reflexivo)* to dress oneself, get dressed.
8 *upr (comprarse la ropa)* to buy one's clothes: **se viste en Milán** she buys her clothes in Milan.
9 *upr (ir vestido)* to wear (**de**, -), dress (**de**, in); *(disfrazarse)* to disguise oneself (**de**, as), dress up (**de**, as): **se vistió de un traje azul** he wore a blue suit.
✦ **de vestir/de mucho vestir** formal.
el mismo que viste y calza *fam* the very same, none other.
vestirse de punta en blanco *fig* to dress up to the nines.
vestirse de verano to put on one's summer clothes.
vísteme despacio que tengo prisa more haste less speed.
▲ *Conjugation model* [34], *like servir.*

vestuario
1 *nm (ropas)* wardrobe, clothes *pl.*
2 *nm MIL* uniform.
3 *nm TEAT (ropa)* wardrobe, costumes *pl*; *(camerino)* dressing room.
4 *nm DEP* changing room.
5 *nm (de fábrica etc)* cloakroom.

veta
1 *nf (de mármol, roca)* seam, vein; *(de madera)* streak.
2 *nf fig* streak.

vetar *vt* to veto, put a veto on: **vetaron la reunión** they vetoed the meeting.

veteado,-a
1 *pp* → **vetear.**
2 *adj (mármol etc)* veined, streaked; *(madera)* grained.

vetear *vt* to grain, streak.

veteranía
1 *nf* seniority, long experience.
2 *nf MIL* long service.

veterano,-a
1 *adj* veteran.
2 *nm,f* veteran.
3 *nm,f fig* old hand.

veterinaria *nf* veterinary medicine, veterinary science.

veterinario,-a
1 *adj* veterinary.
2 *nm,f* veterinary surgeon, vet, *US* veterinarian.

veto *nm* veto.
✦ **poner el veto a** to put a veto on, veto.
■ **derecho a veto** power of veto, right of veto.

vetustez *nf fml (antigüedad)* antiquity; *(vejez)* great age.

vetusto,-a *adj fml (antiguo)* ancient; *(viejo)* very old.

vez
1 *nf* time: **fue la única vez que la vi** it was the only time I saw her; **una vez** once; **dos veces** twice; **cuatro veces** four times.
2 *nf (turno)* turn; *(ocasión)* occasion.
✦ **a la vez** at the same time, at once: **todos llegaron a la vez** they all arrived at the same time.
a su vez in turn.
a veces sometimes.
alguna que otra vez on the odd occasion.
alguna vez sometimes; *(en pregunta)* ever: **¿has estado alguna vez allí?** have you ever been there?
algunas veces sometimes.
cada vez every time, each time.
cada vez más more and more, increasingly: **el edificio está cada vez más degradado** the building is getting more and more dilapidated.
cada vez peor worse and worse: **sus libros son cada vez peores** his books are getting worse and worse.
de una vez *(de un acto)* in one go; *(definitivamente)* once and for all: **terminó el cuadro de una vez** she finished the painting in one go; **¡acabémoslo de una vez!** let's get it over with!
de una vez para siempre once and for all.
de vez en cuando from time to time, now and again, every now and then, every so often: **lo encuentro por la calle de vez en cuando** I see him in the street now and again.
en vez de instead of.
érase una vez …/había una vez … *(en cuentos)* once upon a time …
hacer las veces de to act as.
muchas veces often.
otra vez again: **tócala otra vez, Sam** play it again, Sam.
perder la vez to lose one's turn.
▲ *pl veces.*

v.g. *abr (verbigracia)* for instance, for example; *(abreviatura)* eg.

v.gr. *abr (verbigracia)* for instance, for example; *(abreviatura)* eg.

vía
1 *nf (camino)* road, way; *(calle)* street; *(carril)* lane.
2 *nf (de tren)* track, line; *(en la estación)* platform: **el tren de la vía uno** the train at platform one.
3 *nf ANAT* passage, canal, track.
4 *nf fig (modo)* way, manner, means.
5 *nf JUR* procedure.
6 *nf (rumbo, dirección)* via, through: **Barcelona-Singapur vía Frankfurt** Barcelona-Singapore via Frankfurt.
✦ **dar vía libre a** to leave the way open for.
de vía doble double-track.
de vía estrecha *(ferrocarril)* narrow-gauge; *fig* mediocre.
en vías de in the process of: **países en vías de desarrollo** developing countries.
por vía aérea *(gen)* by air; *(correo)* airmail.
por vía marítima by sea.
por vía oficial through official channels.
por vía oral to be taken orally.
por vía terrestre overland.
■ **transmisión vía satélite** satellite transmission.
vía contenciosa *JUR* legal action.
vía de acceso slip road.
vía de agua leak.
vía de circunvalación bypass.
vía de comunicación communication channel.
vía férrea railway track, *US* railroad track.
vía judicial legal procedure.
Vía Láctea Milky Way.
vía muerta *(ferrocarril)* siding; *fig* impasse.
vía pública public thoroughfare.
vía oficial official channel.
vías urinarias urinary tract *sing.*

viabilidad *nf* viability.
■ **plan de viabilidad** viability study.

viable *adj* viable.

vía crucis
1 *nm* Way of the Cross, Stations *pl* of the Cross.
2 *nm fig* great suffering.

viaducto *nm* viaduct.

viajante *nm* commercial traveller (*US* traveler), travelling (*US* traveling) salesman.

viajar *vi* to travel: **ha viajado por el mundo entero** she's travelled all over the world; **siempre viaja en coche** he always travels by car.
✦ **haber viajado mucho** to be widely travelled.

viaje¹
1 *nm (gen)* journey, trip.
2 *nm (en coche)* drive, journey.
3 *nm (travesía por mar)* voyage.
4 *nm (concepto de viajar)* travel.
5 *nm (carga)* load.
6 *nm arg (drogas)* trip.

✦ **¡buen viaje!** bon voyage!, have a good trip!
de un viaje *fam* in one go.
estar de viaje to be away, be away on a trip.
irse de viaje/marcharse de viaje to go on a journey, go on a trip.
para este viaje no se necesitan alforjas *fam* it was hardly worth bothering about.
■ **el último viaje** *fig* one's journey's end.
libro de viajes travel book.
viaje de ida outward journey.
viaje de ida y vuelta return trip, *us* round trip.
viaje de negocios business trip.
viaje de novios honeymoon.
viaje en barco boat trip.
viaje en tren train journey.
▲ *In 4, sually used in plural.*

viaje² *nm fam (herida)* slash.

viajero,-a
1 *adj* travelling (*us* traveling).
2 *nm,f* traveller (*us* traveler).
3 *nm,f (en transporte público)* passenger.
✦ **¡viajeros al tren!** all aboard!

vial¹
1 *adj* road.
2 *nm (camino)* road.
■ **seguridad vial** road safety.

vial² *nm (frasquito)* phial.

vianda *nf* food, victuals *pl.*

viandante *nm & nf* pedestrian, passer-by.

viario,-a *adj* road, highway.
■ **red viaria** road network.

viático *nm REL* viaticum.

víbora *nf* viper.
■ **lengua de víbora** *fig* spiteful tongue, venomous tongue.

vibración
1 *nf* vibration.
2 *nf LING* rolling, trilling.

vibrador *nm* vibrator.

vibráfono *nm* vibraphone.

vibrante
1 *adj (enérgico)* vibrant, vigorous; *(emocionante)* exciting, stirring: **habló con la voz vibrante de emoción** she spoke in a voice vibrant with emotion; **un partido vibrante** an exciting match.
2 *adj LING* rolled, trilled.
3 *nf LING* vibrant.

vibrar
1 *vt* to vibrate.
2 *vt LING* to roll, trill.
3 *vi (gen)* to vibrate; *(pulsar)* to throb, pulsate: **los cristales vibran cada vez que pasa un tren** the windows vibrate every time a train goes past; **su voz vibraba de ira** his voice vibrated with anger; **toda la ciudad vibraba de actividad** the whole city throbbed with activity.
4 *vi fig (conmoverse)* to be moved, be overcome with emotion: **vibró de la emoción cuando cogió el bebé por primera vez** he was overcome with emotion when he picked up the baby for the first time; **el cantante hizo vibrar al público** the singer thrilled the audience.
5 *vi LING* to roll, trill.

vibrátil *adj* vibratile, vibratory.
vibratorio,-a *adj* vibratory.
viburno *nm* viburnum.

vicaría
1 *nf (dignidad)* vicarship, vicariate.
2 *nf (lugar)* vicarage.
✦ **pasar por la vicaría** *fam* to get married, get married in church.

vicario,-a
1 *adj* vicarial.
2 *nm,f* vicar.
■ **el Vicario de Cristo** the Vicar of Christ.

vicealmirante *nm* vice admiral.
vicecanciller *nm* vice chancellor.
vicecónsul *nm* vice consul.
vicegobernador,-ra *nm,f* deputy governor.

vicepresidencia
1 *nf (gen)* vice-chairmanship.
2 *nf POL* vice-presidency.

vicepresidente,-a
1 *nm,f (gen)* vice-chairperson; *(hombre)* vice-chairman; *(mujer)* vice-chairwoman.
2 *nm,f POL* vice president.

vicerrector,-ra *nm,f EDUC* vice chancellor.

vicesecretario,-a *nm,f* assistant secretary.

vicetiple *nf* chorus girl.
viceversa *adv* vice versa.
vichy *nm* gingham.

viciado,-a
1 *pp* → viciar.
2 *adj (corrompido)* corrupt.
3 *adj (aire - mal olor)* foul, foul-smelling; *(- cargado)* stuffy; *(- contaminado)* polluted.

viciar
1 *vt (corromper)* to corrupt, lead astray.
2 *vt (aire)* to pollute.
3 *vt JUR* to vitiate, nullify.
4 *vt (estropear)* to spoil.
5 *vt fig (tergiversar)* to twist, distort.
6 **viciarse** *upr (enviciarse)* to take to vice, become corrupted.
7 *upr (objeto)* to go out of shape; *(madera)* to warp.
▲ *Conjugation model* [12], *like cambiar.*

vicio
1 *nm (corrupción)* vice, corruption.
2 *nm (mala costumbre)* bad habit; *(inmoralidad)* vice.
3 *nm (del lenguaje)* incorrect usage.
4 *nm (defecto)* defect.
✦ **de vicio/por vicio** for no reason at all, for the sake of it.
quejarse de vicio to complain for the sake of it.

vicioso,-a
1 *adj (cosa)* faulty, defective.
2 *adj (persona)* depraved, perverted.
3 *nm,f* depraved person.
4 *nm,f (niño mimado)* spoiled child, spoilt child.

vicisitud *nf* vicissitude.
■ **las vicisitudes de la vida** life's ups and downs.

víctima *nf* victim, casualty: **hubo dos víctimas en el accidente** there were two casualties in the accident; **las víctimas del atentado** the victims of the bombing.
■ **víctima propiciatoria** scapegoat.

victimizar *vt* to victimize.

victoria *nf* victory, triumph.
✦ **alzarse con la victoria** to win.
cantar victoria to proclaim a victory.

victoriano,-a *adj* Victorian.
victoriosamente *adv* triumphantly.
victorioso,-a *adj* victorious, triumphant.
vicuña *nf ZOOL* vicuna, vicuña.
vid *nf* grapevine, vine.
vid. *abr* (**vide, véase**) see; *(abreviatura)* s.

vida
1 *nf (gen)* life.
2 *nf (viveza)* liveliness.
3 *nf (tiempo)* lifetime, life.
4 *nf (modo de vivir)* life, way of life.
5 *nf (medios)* living, livelihood.
✦ **amargarle la vida a alguien** to make somebody's life a misery.
¡así es la vida! such is life!, that's life!
cambiar de vida to change one's life style.
como si le fuera la vida en ello as if his life depended on it.
costarle algo la vida a alguien to pay with one's life.
dar la vida por to give one's life for, give one's right arm for.
dar vida a *(parir)* to give birth to; *(realizar)* to bring to life.
darse la gran vida/pegarse la gran vida/darse la vida padre *fam* to live it up.
de por vida for life.
debatirse entre la vida y la muerte to fight for one's life.
de toda la vida lifelong: **un amigo de toda la vida** a lifelong friend.
echarse a la vida *fam* to go on the game, become a prostitute.
en la flor de la vida in the prime of life.
en mi *(tu, su, etc)* **vida** never in my *(your, his, etc)* life.
en vida de during the life of.
escapar con vida/salir con vida to come out alive, survive.
estar con vida/estar sin vida to be alive/be dead.
¡esto es vida!/¡esto sí que es vida! this is the life!
ganarse la vida to earn one's living.
hacerle la vida imposible a alguien to make life impossible for somebody.

llevar una vida agitada/llevar una vida tranquila to lead a busy life/lead a quiet life.

pagar alguien con su vida to pay with one's life.

pasar a mejor vida *euf* to pass away.

perder la vida to die.

¿qué es de tu vida? how are things?

quitarle la vida a alguien to take somebody's life.

¡vida mía!/¡mi vida! my love!, darling!

■ la otra vida the next life.

señales de vida signs of life.

vida de perros dog's life.

vida familiar family life.

vida íntima private life.

vida sentimental love life.

vidente
1 *nm & nf (persona que ve)* sighted person.
2 *nm & nf (persona que adivina)* clairvoyant.

vídeo *nm (aparato)* video, video recorder; *(cinta)* video, video tape.
✦ grabar en vídeo to video.

videocámara *nf* video camera.

videocasete *nf* video cassette.

videocinta *nf* video tape.

videoconferencia *nf* videoconference.

videoconsola *nf* games console.

videoclip *nm* video, pop video.

videoclub *nm* video club.

videodisco *nm* videodisc.

videófono *nm* videophone.

videojuego *nm* video game.

videoteca *nf* video library.

videoteléfono *nm* videophone.

videotexto *nm* videotext, teletext.

vidorra *nf fam* easy life.
✦ darse la gran vidorra/pegarse la gran vidorra *fam* to live like a king.

vidriado,-a
1 *pp →* vidriar.
2 *adj* glazed.
3 vidriado *nm (cerámica)* glazed earthenware.
4 *nm (barniz)* glaze.
5 *nm (acción)* glazing.

vidriar
1 *vt (cerámica)* to glaze.
2 vidriarse *upr (cerámica)* to become glazed, become glassy.
3 *upr fig (ojos)* to become glazed.
4 *upr fig (asunto etc)* to become tricky.
▲ *Conjugation model* [14], *like* auxiliar.

vidriera
1 *nf (ventana)* picture window.
2 *nf (puerta)* glass door.
3 *nf (de balcón, galería)* French window.
4 *nf (vitral)* stained-glass window.
5 *nf (escaparate)* shop window.

vidriería
1 *nf (fábrica)* glassworks *sing.*
2 *nf (tienda)* glazier's.

vidriero,-a
1 *nm,f (fabricante)* glass-maker.
2 *nm,f (colocador)* glazier.

vidrio
1 *nm (material)* glass.
2 *nm (objeto)* glass object.
✦ pagar los vidrios rotos *fig* to carry the can.
■ vidrio mate frosted glass.
vidrio plano sheet glass.

vidrioso,-a
1 *adj (gen)* glassy; *(quebradizo)* brittle, glass-like.
2 *adj (resbaladizo)* slippery.
3 *adj (ojos)* glazed, glassy.
4 *adj fig (asunto etc)* touchy, delicate.

vieira *nf* scallop.

viejales *nm & nf fam (hombre)* old buffer; *(mujer)* old girl.
▲ *pl* viejales.

viejo,-a
1 *adj (gen)* old: una mujer vieja an old woman; un coche viejo an old car; es más viejo que tú he's older than you.
2 *adj (desgastado)* old, worn-out.
3 *adj (antiguo)* old, ancient.
4 *nm,f (hombre)* old man; *(mujer)* old woman.
5 los viejos *nm pl* elderly people.
✦ caerse de viejo,-a *fig* to be falling apart with age.
estar viejo,-a to look old.
hacer la cuenta a la vieja to count on one's fingers.
hacerse viejo,-a to grow old.
más viejo,-a que Matusalén/más viejo,-a que ir a pie *fam* as old as the hills.
mi viejo,-a *fam (hombre)* my old man, the old man; *(mujer)* my old woman, my old lady, the old lady.
mis viejos *fam* my folks, my parents.
morir de viejo to die of old age.
ser gato viejo/ser perro viejo *fam* to be a sly old fox.
■ viejo verde *fam* dirty old man.

Viena *nf* Vienna.

vienés,-esa
1 *adj* Viennese.
2 *nm,f* Viennese.

viento
1 *nm (gen)* wind.
2 *nm (rumbo)* direction.
3 *nm (de caza)* scent.
4 *nm (cuerda)* rope, guy.
5 *nm fam (flatulencia)* wind, flatulence.
✦ beber los vientos por alguien *fig* to be crazy about somebody.
contra viento y marea *fig* come hell or high water.
corren malos vientos *fig* the time is not right.
gritar algo a los cuatro vientos *fig* to shout something from the rooftops.
hacer viento/soplar viento to be windy.
ir como el viento *fig* to fly like the wind.
ir viento en popa *MAR* to sail before the wind; *fig* to do very well.
mandar a alguien a tomar viento (fresco) *fam* to tell somebody where to go.

¿qué viento te trae por aquí? *fam* what brings you here?
quien siembra vientos recoge tempestades *fig* you reap what you sow.
■ la rosa de los vientos the wind rose.
vientos alisios trade winds.

vientre
1 *nm ANAT* belly, abdomen.
2 *nm (vísceras)* bowels *pl.*
3 *nm (de embarazada)* womb.
4 *nm (de objeto)* belly.
✦ hacer de vientre *euf* to have a bowel movement.
■ bajo vientre lower abdomen.
dolor de vientre stomachache.

viernes *nm* Friday.
■ Viernes Santo Good Friday.
▲ *pl* viernes; *see also* jueves.

Vietnam *nm* Vietnam.

vietnamita
1 *adj* Vietnamese.
2 *nm,f (persona)* Vietnamese.
3 vietnamita *nm (idioma)* Vietnamese.

viga
1 *nf (de madera)* beam, rafter.
2 *nf (de acero etc)* girder.
■ viga maestra main beam.
viga transversal crossbeam.

vigencia *nf* validity.
✦ entrar en vigencia to come into effect, come into force, become valid.
estar en vigencia/tener vigencia to be in force, be valid.

vigente *adj* in force, valid.

vigésimo,-a
1 *adj* twentieth: vigésimo primero twenty-first.
2 *nm,f* twentieth.
▲ *See also* sexto,-a.

vigía
1 *nf (atalaya)* watchtower, lookout post.
2 *nm & nf* lookout.

vigilancia
1 *nf (acción)* surveillance: está bajo vigilancia he's under surveillance.
2 *nf (cuidado)* vigilance, watchfulness.
■ torre de vigilancia lookout post.

vigilante
1 *adj (que vigila)* vigilant, watchful.
2 *adj (alerta)* alert.
3 *nm & nf (hombre)* guard, watchman; *(mujer)* guard.
■ vigilante jurado security guard.
vigilante nocturno night watchman.

vigilar
1 *vt (cuidar)* to watch (over), look after: vigila al niño look after the baby.
2 *vt (con armas etc)* to guard.
3 *vt (supervisar)* to oversee.
4 *vt (estar atento)* to keep an eye on, take care of: vigila la puerta, que no entre nadie keep an eye on the door and see nobody gets in.
5 *vi (gen)* to keep watch.
✦ vigilar por algo to watch over something, look after something: vigilar por el bien público to guarantee public law and order.

vigilar sobre alguien to watch over somebody, look after somebody.

vigilia
1 *nf (estado de no dormir)* wakefulness, sleeplessness.
2 *nf (víspera)* eve.
3 *nf (comida sin carne)* meat-free meal.
4 *nf (trabajo)* time spent working at night: **el libro es fruto de sus vigilias** the book is the product of many sleepless nights.
5 *nf REL* vigil.
✦ **guardar la vigilia** to abstain from eating meat.
pasar la noche de vigilia to stay awake all night.
▪ **día de vigilia** day of abstinence.

vigor
1 *nm (fuerza)* vigour (*US* vigor), strength.
2 *nm (validez)* force, effect.
✦ **en vigor** in force.
poner en vigor to put into effect.

vigorizador,-ra *adj* invigorating, fortifying.

vigorizante *adj* invigorating.

vigorizar
1 *vt* to invigorate, fortify.
2 *vt fig* to encourage, stimulate.
▲ *Conjugation model* [4], *like realizar.*

vigorosamente *adv* vigorously.

vigoroso,-a *adj* vigorous, strong.

viguería *nf (de madera)* beams *pl*; *(de metal)* girders *pl*.

vigués,-esa
1 *adj* of Vigo, from Vigo.
2 *nm,f* person from Vigo, inhabitant of Vigo.

vigueta *nf (de madera)* small beam; *(de metal)* small girder.

VIH *abr MED* (**virus de inmunodeficiencia humana**) Human Immune Deficiency Virus; *(abreviatura)* HIV.

vihuela *nf* vihuela, *type of* guitar.

vikingo,-a
1 *adj* Viking.
2 *nm,f* Viking.

vil *adj* vile, base, despicable.

vileza
1 *nf (cualidad)* vileness, baseness.
2 *nf (acto)* vile act, despicable deed.

vilipendiar
1 *vt (ofender)* to revile, insult.
2 *vt (despreciar)* to despise.
▲ *Conjugation model* [12], *like cambiar.*

vilipendio
1 *nm (ofensa)* offence (*US* offense); *(humillación)* humiliation.
2 *nm (desprecio)* scorn, contempt.

vilipendioso,-a
1 *adj (ofensivo)* vilifying.
2 *adj (despreciable)* despicable.

villa
1 *nf (casa)* villa, country house.
2 *nf (pueblo)* small town; *(ciudad)* town.

Villadiego **tomar las de Villadiego** *loc fam* to clear off, beat it.

villancico *nm* carol, Christmas carol.

villanía
1 *nf (bajeza)* vileness, baseness.
2 *nf fig (acción)* vile deed, despicable act.
3 *nf fig (expresión)* coarse remark.

villano,-a
1 *adj (ni noble ni hidalgo)* common, peasant.
2 *adj fig (rústico)* rustic.
3 *adj fig (ruin)* villainous.
4 *nm,f HIST* villein, serf.
5 *nm,f fig (persona ruin)* villain.

villorrio *nm pey* one-horse town.

vilmente *adv* despicably, ignobly.

vilo **en vilo** *(suspendido) loc* in the air, suspended; *fig (indeciso)* in suspense, on tenterhooks.
tener a alguien con el alma en vilo *fig* to keep somebody in suspense.

vilordo,-a *adj* lazy.

vinagre
1 *nm* vinegar.
2 *nm fig* sourpuss.

vinagrera
1 *nf* vinegar bottle.
2 **vinagreras** *nf pl* cruet *sing*, cruet set *sing*.

vinagreta *nf* vinaigrette sauce.

vinajera *nf* altar cruet.

vinatería
1 *nf (comercio)* wine trade.
2 *nf (tienda)* wine shop.

vinatero,-a
1 *adj* wine.
2 *nm,f* wine merchant.

vinaza *nf* cheap wine, plonk.

vincapervinca *nf* periwinkle.

vinculación
1 *nf (acción)* linking, binding.
2 *nf (vínculo)* link, bond.
3 *nf (relación)* relation.

vincular
1 *vt (unir)* to link (**a**, to), bind (**a**, to).
2 *vt (relacionar)* to relate (**con**, to), connect (**con**, with), link (**con**, with): **estaba vinculada con la secta** she was connected with the sect.
3 *vt fig (sujetar)* to tie (**a**, to), attach (**a**, to): **están vinculados a la empresa** they are tied to the firm.
4 *vt JUR* to entail.
5 **vincularse** *upr* to link oneself (**a**, to).
✦ **vincular sus esperanzas en** to found one's hopes on.

vínculo
1 *nm* tie, bond, link.
2 *nm JUR* entail.
3 *nm fig* link.
▪ **vínculos familiares** family ties.

vindicación
1 *nf (defensa)* vindication.
2 *nf (venganza)* revenge, vengeance.

vindicar
1 *vt (defender)* to vindicate.
2 *vt (vengar)* to avenge.
3 **vindicarse** *upr (defenderse)* to vindicate oneself.
4 *upr (vengarse)* to avenge oneself.
▲ *Conjugation model* [1], *like sacar.*

vindicativo,-a
1 *adj (que defiende)* vindicatory.
2 *adj (vengativo)* vindictive.
3 *adj JUR* punitive.

vindicatorio,-a *adj* vindicatory.

vine *pt indef* → **venir.**

vinícola *adj* wine-producing.

vinicultor,-ra *nm,f* wine producer.

vinicultura *nf* wine production, wine growing.

vinificación *nf* wine-making process, vinification.

vinílico,-a *adj* vinyl.

vinilo *nm* vinyl.

vino *nm* wine.
✦ **ahogar las penas en vino** *fam* to drown one's sorrows.
bautizar el vino *fig* to water down wine.
dormir el vino to sleep it off.
ir de vinos to go out for a few drinks.
tener mal vino *fig* to become aggressive when drunk.
▪ **vino a granel** wine from the barrel.
vino abocado fortified wine.
vino añejo vintage wine.
vino blanco white wine.
vino clarete dark rosé wine.
vino de aguja slightly sparkling wine.
vino de Jerez sherry.
vino de la casa house wine.
vino de mesa table wine.
vino dulce sweet wine.
vino espumoso sparkling wine.
vino generoso full-bodied wine.
vino peleón *fam* plonk.
vino rosado rosé.
vino seco dry wine.
vino tinto red wine.

vinoso,-a *adj* wine, wine-like.

viña *nf* vineyard.
✦ **de todo hay en la viña del señor** *fig* it takes all sorts to make a world.

viñador,-ra *nm,f* vine grower, viticulturist.

viñedo *nm* vineyard.

viñeta
1 *nf (en impresión)* vignette.
2 *nf (dibujo humorístico)* cartoon.

viola
1 *nf* viola.
2 *nm & nf* viola player.

violáceo,-a *adj* violaceous, violet.

violación
1 *nf (transgresión)* violation, infringement.
2 *nf (de persona)* rape.

violado,-a
1 *adj* violaceous, violet.
2 **violado** *nm* violet.

violador,-ra
1 *nm,f (de leyes etc)* violator.
2 *nm,f (lugar)* violator, trespasser; *(tumba)* desecrator.
3 violador *nm* rapist.

violar
1 *vt (transgredir)* to violate, infringe.
2 *vt (lugar)* to violate, trespass; *(tumba)* to desecrate.
3 *vt (persona)* to rape.

violencia
1 *nf (fuerza)* violence.
2 *nf (embarazo)* embarrassment.
3 *nf (situación embarazosa)* embarrassing situation.
4 *nf (violación)* rape.
5 *nf (injusticia)* outrage.

violentamente *adv* violently.

violentar
1 *vt (forzar algo)* to force, break open.
2 *vt (obligar a alguien)* to force, use force on.
3 *vt fig (entrar)* to break into, enter by force.
4 *vt fig (dicho, escrito)* to twist, distort.
5 violentarse *upr fig (obligarse)* to force oneself (**en**, to): **se violentó en comerlo** he forced himself to eat it.
6 *upr fig (molestarse)* to get annoyed.
7 *upr fig (avergonzarse)* to feel ashamed; *(pasar vergüenza)* to be ashamed.

violento,-a
1 *adj (gen)* violent.
2 *adj (vergonzoso)* embarrassing, awkward.
3 *adj (molesto)* embarrassed, awkward, ill at ease.
4 *adj (dicho, escrito)* twisted, distorted.
5 *adj (postura)* forced, unnatural.
6 *adj DEP* rough.

violeta
1 *adj (color)* violet.
2 *nm (color)* violet.
3 *nf BOT* violet.

violetera *nf* violet seller.

violín
1 *nm* violin.
2 *nm & nf* violinist.

violinista *nm & nf* violinist.

violón
1 *nm* double bass.
2 *nm & nf* double bass player.

violoncelista *nm & nf* cellist, violoncellist.

violoncelo *nm* cello.

violonchelista *nm & nf* cellist, violoncello.

violonchelo *nm* cello.

viperino,-a
1 *adj* viperine, viperous.
2 *adj fig* venomous.
■ **lengua viperina** *fig* venomous tongue, spiteful tongue.

vira
1 *nf (saeta)* dart.
2 *nf (de zapato)* welt.

virada *nf MAR* tack, tacking.

virago *nf* virago.

viraje
1 *nm (curva)* turn, bend.
2 *nm (en coche)* turn.
3 *nm MAR* tack.
4 *nm (fotografía)* toning.
5 *nm fig (de ideas etc)* change in direction, about-face, volte-face.

viral *adj* viral.

virar
1 *vi MAR* to tack, put about.
2 *vi AUTO* to turn round.
3 *vi fig* to change.
4 *vt (en fotografía)* to tone.
✦ **virar en redondo** *fig* to change completely.

virgen
1 *adj (persona)* virgin.
2 *adj (puro)* virgin, pure.
3 *adj fig (intacto)* unspoiled.
4 *adj (reputación)* unsullied.
5 *nm & nf* virgin.
✦ **ser un viva la Virgen** *fam* to be a devil-may-care person.
■ **aceite de oliva virgen** virgin olive oil.
cinta virgen blank tape.
la Santísima Virgen the Blessed Virgin.
selva virgen virgin forest.

Vírgenes las Islas Vírgenes *nf pl* the Virgin Islands.

virginal
1 *adj* virginal.
2 *adj REL* of the Virgin.

Virginia *nf* Virginia.
■ **enredadera de Virginia** Virginia creeper.
Virginia Occidental Western Virginia.

virginidad *nf* virginity.

virgo
1 *nm (virginidad)* virginity.
2 *nm (himen)* hymen.
3 *nm* **Virgo** *(astronomía, astrología)* Virgo.
▲ *pl* Virgo.

virguería
1 *nf arg (habilidad)* gem, marvel.
2 *nf arg (adorno)* frill.
✦ **hacer virguerías** *fam* to work wonders, be a dab hand.

virguero,-a *adj arg* great, brill.

vírgula *nf →* **virgulilla.**

virgulilla
1 *nf (gen)* small punctuation mark.
2 *nf (acento)* accent.
3 *nf (coma)* comma; *(comillas)* inverted commas; *(apóstrofo)* apostrophe.
4 *nf (cedilla)* cedilla.
5 *nf (rayita)* line, dash.

vírico,-a *adj* viral.

viril *adj* virile, manly.

virilidad *nf* virility.

virología *nf* virology.

virológico,-a *adj* virological.

virólogo,-a *nm,f* virologist.

virreina
1 *nf (mujer del virrey)* viceroy's wife.
2 *nf (que gobierna)* vicereine, female viceroy.

virreinato *nm* viceroyalty.

virrey *nm* viceroy.

virtual *adj* virtual.

virtualmente *adv* virtually.

virtud
1 *nf (cualidad)* virtue.
2 *nf (propiedad, eficacia)* property, quality: **con virtudes curativas** with medicinal properties.
✦ **en virtud de** by virtue of.

virtuosismo *nm* virtuosity.

virtuoso,-a
1 *adj* virtuous.
2 *nm,f* virtuous person.
3 *nm,f ART* virtuoso.

viruela
1 *nf MED* smallpox.
2 *nf (marca)* pockmark.
✦ **picado,-a de viruelas** pockmarked.

viruji *nm fam* fresh air.

virulé a la virulé *loc fam (estropeado)* damaged, broken; *(torcido)* crooked, twisted; *fam (chiflado)* mad, nuts, crazy.
✦ **tener un ojo a la virulé** *fam* to have a black eye.

virulencia *nf* virulence.

virulento,-a *adj* virulent.

virus *nm* virus.
▲ *pl virus.*

viruta *nf* shaving.

vis vis cómica *nf* comic sense, humour *(us* humor)**.**

visa *nf AM* visa.

visado,-a
1 *pp →* **visar.**
2 *adj* endorsed with a visa.
3 visado *nm* visa.

visaje *nm* grimace.

visar
1 *vt (pasaporte)* to endorse with a visa.
2 *vt (documento)* to endorse, approve.

víscera
1 *nf* internal organ.
2 vísceras *nf pl* viscera, entrails.

visceral
1 *adj* visceral.
2 *adj fig* profound, deep-rooted.

viscosa *nf* viscose.

viscosidad *nf* viscosity.

viscosilla *nf* viscose.

viscoso,-a *adj* viscous.

visera
1 *nf (de gorra)* peak; *(de casco)* visor.
2 *nf (suelta)* eyeshade.
3 *nf AUTO* sun visor.
✦ **calarse la visera** to pull down one's visor.
■ **gorra de visera** peaked cap.

visibilidad *nf* visibility: **curva con mala visibilidad** blind bend.

visible
1 adj *(que se ve)* visible.
2 adj *(evidente)* evident.
✦ **estar visible** *fig* to be decent.

visiblemente
1 adv *(perceptiblemente)* visibly.
2 adv *(claramente)* clearly, evidently.

visigodo,-a
1 adj Visigothic.
2 nm,f Visigoth.

visigótico,-a adj Visigothic.

visillo nm small lace curtain.

visión
1 nf *(acción)* vision.
2 nf *(vista)* sight.
3 nf *(ilusión)* vision.
4 nf fig *(persona fea)* fright, sight.
✦ **quedarse como quien ve visiones** *fam* to look as if one has seen a ghost.
ver visiones to dream, see things.
▪ **visión de conjunto** *fig* overall view.

visionar vt to view.

visionario,-a
1 adj visionary.
2 nm,f visionary.

visir nm vizier.
▪ **gran visir** grand vizier.

visita
1 nf *(acción)* visit.
2 nf *(invitado)* visitor, guest; *(invitados)* visitors pl, guests pl.
✦ **estar de visita en** to be visiting.
hacer una visita a alguien to pay somebody a visit.
ir de visita a casa de alguien to pay somebody a visit.
tener visita *(uno)* to have a visitor; *(varios)* to have visitors.
▪ **horas de visita** *MED* surgery hours.
visita de cortesía/visita de cumplido courtesy visit.
visita de médico *fam* short visit.
visita relámpago flying visit, lightning visit.

visitación
1 nf visitation.
2 nf **la Visitación** *REL* the Visitation.

visitador,-ra
1 adj fond of visiting.
2 nm,f *(representante - hombre)* pharmaceutical salesman; *(- mujer)* pharmaceutical saleswoman.
3 nm,f *(inspector)* inspector.

visitante
1 adj visiting.
2 nm & nf visitor.

visitar
1 vt *(ira a ver a alguien)* to visit, pay a visit to, call on, go and see: **vamos a ver a la abuela** let's go and visit grandma.
2 vt *(lugar)* to visit, see: **visitaron la Sagrada Familia** they visited the Sagrada Familia.
3 vt *(inspeccionar)* to inspect, visit, examine.

vislumbrar
1 vt *(ver)* to glimpse, catch a glimpse of, make out.
2 vt fig *(conjeturar)* to begin to see: **vislumbraron una solución al problema** they began to see a solution to the problem.

vislumbre
1 nf *(de luz)* glimmer.
2 nf *(atisbo)* glimpse.
3 nf fig glimmer.
✦ **tener vislumbres de** *fig* to have an inkling of.

viso
1 nm *(reflejo)* sheen, shimmer.
2 nm *(ropa interior)* underskirt.
3 nm fig *(apariencia)* appearance.
✦ **de viso** important.
tener visos de to seem, appear.

visón nm mink.

visor
1 nm *(de arma)* sight.
2 nm *(de máquina fotográfica)* viewfinder.

víspera
1 nf *(día anterior)* day before.
2 nf *(de fiesta)* eve.
3 **vísperas** nf pl *REL* vespers.
✦ **día de mucho, víspera de nada** *fig* nothing lasts forever.
en vísperas de on the eve of.

vista
1 nf *(visión)* sight, vision.
2 nf *(ojo)* eye, eyes pl.
3 nf *(panorama)* view.
4 nf *(aspecto)* appearance, aspect, look.
5 nf *(dibujo, cuadro, foto)* view.
6 nf *(intención)* intention.
7 nf *(propósito)* outlook, prospect.
8 nf *JUR* trial, hearing.
9 **vistas** nf pl view sing: **la habitación tiene vistas al mar** the room has a view of the sea.
✦ **a la vista** at sight, on sight: **pagadero a la vista** payable at sight.
a la vista de todos *(públicamente)* in full view of everyone; *(abiertamente)* openly.
a primera vista/a simple vista at first sight: **a primera vista parecía más complicado** at first sight it looked more complicated.
a tantos días vista so many days after sight.
actuar con mucha vista *fig* to act with great foresight.
alzar la vista to raise one's eyes, look up.
apartar la vista de algo/alguien to look away from something/somebody.
bajar la vista to look down.
clavar la vista en algo/fijar la vista en algo to stare at something.
comerse algo/alguien con la vista *fig* to devour something/somebody with one's eyes.
con vistas a *(hacia)* overlooking; *(pensando en)* with a view to, in anticipation of.

conocer a alguien de vista to know somebody by sight.
en vista de in view of, considering.
estar a la vista to be evident, be obvious: **está a la vista que no lo conseguirán** it's obvious they won't manage it.
hacer la vista gorda *fam* to turn a blind eye.
no quitar la vista de encima *fig* not to take one's eyes off: **no pudo quitarle la vista de encima** he couldn't take his eyes off her.
poner a la vista to put on show.
quitar de la vista to take away.
ser agradable a la vista to be pleasing to the eye.
ser corto,-a de vista to be short-sighted.
tener la vista cansada to be suffering from eyestrain.
tener mala vista to have poor eyesight.
tener mucha vista *fig* to be far-sighted.
tener vista de lince *fig* to be eagle-eyed, have eyes like a hawk.
ver algo a vista de pájaro to have a a bird's-eye view of something: **Londres a vista de pájaro** a bird's-eye view of London.
volver la vista atrás to look back.

vistavisión nf wide screen.

vistazo nm glance.
✦ **dar un vistazo a algo/echar un vistazo a algo** *(mirar)* to have a look at something; *(vigilar)* to keep an eye on.

visto,-a
1 pp → **ver.**
2 adj *(anticuado)* old-fashioned.
3 adj *(dado)* in view of, considering.
4 adj *(corriente)* common.
5 adj *(ladrillo, viga, obra)* exposed.
6 adj *JUR (dictaminado)* **el caso está visto para sentencia** the case has been heard and a verdict may be decided upon.
7 **visto** nm approval.
✦ **dar el visto bueno a algo** to approve something, O.K. something.
está visto que ... it's obvious that.
estar algo muy visto,-a *(pasado de moda)* to be old-fashioned; *(poco original)* to be not very original, be old hat; *(corriente)* to be very common: **esas botas están muy vistas** everyone's wearing those boots now; **es un truco muy visto** it's an old trick.
estar bien visto,-a to be well looked upon, be considered acceptable.
estar mal visto,-a to be frowned upon.
lo nunca visto something extraordinary, something quite out of the ordinary: **esto es lo nunca visto** this is unheard of.
ni visto ni oído *fig* in a flash.
por lo visto apparently.
visto que ... in view of the fact that ..., given that ..., seeing that ...
▪ **visto bueno** approval, O.K.

vistosamente
1 *adv (de forma llamativa)* showily, flashily.
2 *adv (con colorido)* colourfully (*US* colorfully).

vistosidad *nf* showiness.

vistoso,-a
1 *adj (llamativo)* showy, flashy.
2 *adj (colorido)* bright, colourful (*US* colorful).

visual
1 *adj* visual.
2 *nf (línea)* line of vision, line of sight.
3 *nf arg (vistazo)* look.

visualización *nf* display.

visualizar
1 *vt* to visualize.
2 *vt INFORM* to display.
▲ *Conjugation model* [4], *like realizar.*

visualmente *adv* visually.

vital
1 *adj (de la vida)* vital.
2 *adj fig (esencial)* essential, vital.
3 *adj (persona)* lively, full of vitality.
■ **órgano vital** vital organ.

vitalicio,-a
1 *adj* life, for life: **un cargo vitalicio** a post held for life.
2 **vitalicio** *nm (pensión)* life annuity.
3 *nm (seguro)* life insurance policy.

vitalidad *nf* vitality.

vitalismo *nm* vitalism.

vitalizar *vt* to vitalize.
▲ *Conjugation model* [4], *like realizar.*

vitamina *nf* vitamin.

vitaminado,-a *adj* vitamin-enriched, enriched with vitamins.

vitamínico,-a *adj* vitamin.

vitando,-a
1 *adj (que se debe evitar)* to be avoided.
2 *adj fml (abominable)* hateful, odious.

vitela *nf* vellum.

vitelina *nf* vitelline membrane.

vitelino,-a *adj* vitelline.

vitelo *nm* vitellus.

vitícola *adj* wine-growing, wine-producing, viticultural.

viticultor,-ra *nm,f* wine grower, viticulturist.

viticultura *nf* wine-growing, viticulture.

vito *nm* Andalusian dance and song.
Vito baile de San Vito *nm* St. Vitus' dance.

vitola
1 *nf (para calibrar balas)* calibrator.
2 *nf (de cigarro)* cigar band.
3 *nf fig (facha)* appearance.

vítor
1 *nm* acclamation, cheer.
2 *interj* bravo!, hurrah!
✦ **dar vítores** to cheer, acclaim.
▲ *Usually used in plural.*

vitorear *vt (aclamar)* to cheer, acclaim; *(aplaudir)* to applaud.

vitoriano,-a
1 *adj* of Vitoria, from Vitoria.

2 *nm,f* person from Vitoria, inhabitant of Vitoria.

vitral *nm* stained-glass window.

vítreo,-a *adj* vitreous.

vitrificar
1 *vt* to vitrify.
2 **vitrificarse** *vpr* to vitrify.
▲ *Conjugation model* [1], *like sacar.*

vitrina
1 *nf (armario)* glass cabinet, display cabinet.
2 *nf (de exposición)* glass case, showcase.
3 *nf (escaparate)* shop window.

vitriólico,-a *adj* vitriolic.

vitriolo *nm* vitriol.

vitro **in vitro** *loc* in vitro.
■ **fecundación in vitro** in vitro fertilization.

vitrocerámica **encimera vitrocerámica** *nf* ceramic hob.

vitualla *nf* provisions *pl*, food.
▲ *Generally used in plural.*

vituperable *adj* reprehensible, reproachable.

vituperación *nf* vituperation.

vituperar *vt* to vituperate, censure, condemn.

vituperio *nm* vituperation, censure, condemnation.

viudedad
1 *nf (estado)* widowhood.
2 *nf (pensión - hombre)* widower's pension; *(- mujer)* widow's pension.

viudez *nf* widowhood.

viudo,-a
1 *adj* widowed.
2 *nm,f (hombre)* widower; *(mujer)* widow.
✦ **quedar viudo/quedar viuda** to be left a widower/be left a widow.

viva *nm* cheer, shout.
✦ **dar vivas** to cheer.

vivac *nm* bivouac.
▲ *pl* **vivaques.**

vivacidad *nf* vivacity, liveliness, vivaciousness.

vivalavirgen *nm & nf fam* devil-may-care person.
▲ *pl* **vivalavirgen.**

vivales *nm & nf fam* crafty devil, smooth operator, sly one.

vivamente
1 *adv (con viveza)* vividly.
2 *adv (intensamente)* strongly, intensely.
3 *adv (profundamente)* deeply.
4 *adv (sinceramente)* sincerely.

vivaque *nm* bivouac.

vivaquear *vi* to bivouac.

vivar
1 *nm (de conejos)* warren.
2 *nm (de peces)* fish farm, fish hatchery.

vivaracho,-a
1 *adj fam* vivacious, lively, sprightly.
2 *adj fam (ojos)* sparkling.

vivaz
1 *adj (vivo)* vivacious, lively.
2 *adj (perspicaz)* sharp, quick-witted.
3 *adj (que dura)* long-lived.
4 *adj (planta)* perennial.

vivencia *nf* personal experience.

víveres *nm pl* food *sing*, provisions, supplies.

vivero
1 *nm (de plantas)* nursery.
2 *nm (de peces)* fish farm, fish hatchery; *(de moluscos)* bed.
3 *nm fig* breeding ground, hotbed.

viveza
1 *nf (persona)* liveliness, vivacity.
2 *nf (color, relato)* vividness.
3 *nf (al hablar)* vehemence.
4 *nf (agudeza)* sharpness, quick-wittedness.
5 *nf (ardor)* passion, force.
6 *nf (en ojos)* sparkle.

vivido,-a
1 *pp* → **vivir.**
2 *adj (real)* real, true-life.
3 *adj (de la propia experiencia)* based on personal experience.

vívido,-a *adj* vivid.

vividor,-ra
1 *adj (vivaz)* living, alive.
2 *adj (laborioso)* capable, shrewd.
3 *nm,f (persona que sabe vivir)* person who makes the most of life.
4 *nm,f pey (aprovechado)* sponger, scrounger.

vivienda
1 *nf (gen)* housing, accommodation.
2 *nf (morada)* dwelling.
3 *nf (casa)* house.
4 *nf (piso)* flat.
■ **bloque de viviendas** block of flats.
vivienda de protección oficial council house, council flat.
vivienda unifamiliar detached house.

viviente *adj* living, alive.
✦ **todo bicho viviente** *fam* every living creature.

vivificador,-ra *adj* life-giving, vivifying.

vivificante *adj* life-giving, vivifying.

vivificar *vt* to vivify, give life to, enliven.
▲ *Conjugation model* [1], *like sacar.*

vivíparo,-a *adj* viviparous.

vivir
1 *vi (tener vida)* to live; *(estar vivo)* to be alive: **vivió hasta los ochenta años** he lived to the age of eighty; **¿vive aún?** is she still alive?
2 *vi (habitar)* to live: **vive en Barcelona** she lives in Barcelona.
3 *vi (mantenerse)* to live, live on, make a living: **ese trabajo no le da para vivir** he can't live on what that job pays.
4 *vi fig (durar)* to last, live on.
5 *vt (pasar por, experimentar)* to live through, go through, experience: **mi abuelo vivió la guerra** my grandfather lived through the war.
6 *nm* living, life.

✦ **hay que seguir viviendo** life must go on.

ir viviendo to get by, manage.

no dejar vivir a alguien *fig* to give somebody a hard time.

saber vivir to enjoy life.

viven de milagro *fig* it's a wonder they're still alive.

vivir a cuerpo de rey *fig* to live like a king.

vivir a lo grande *fam* to live it up, live in style.

vivir de to live on: **viven de su pensión** they live on his pension.

vivir de ilusiones to live in a dream world.

vivir de sus ahorros to live off one's savings.

vivir del aire *fig* to live on fresh air.

vivir del cuento *fam* not to know what hard work is, never to have earned an honest penny.

¡viva el rey! long live the king!

¡vivan los novios! three cheers for the bride and groom!

y vivieron felices y comieron perdices and they all lived happily ever after.

vivir para algo to live for something: **vive para la música** he lives for music, music is his whole life.

▪ **gente de mal vivir** shady characters.

vivisección *nf* vivisection.

vivito,-a *adj fam* alive.

✦ **vivito,-a y coleando** *fam* alive and kicking.

vivo,-a
1 *adj (que tiene vida)* living; *(que está)* alive: **materia viva** living matter; **Pepe está vivo** Pepe is alive.
2 *adj (fuego, llama)* live, burning.
3 *adj (lengua)* living.
4 *adj fig (color etc)* bright, vivid.
5 *adj fig (animado)* lively, vivacious.
6 *adj fig (dolor, emoción, etc)* acute, deep, intense.
7 *adj fig (descripción etc)* lively, graphic.
8 *adj fig (carácter)* quick, irritable.
9 *adj fig (listo)* quick-witted.
10 *adj fig (astuto)* shrewd, sly.
11 *adj fig (llaga, herida)* open.
12 *nm,f* living person: **los vivos** the living.
13 *nm,f fam fig (astuto)* quick-witted person.
14 **vivo** *nm COST* trimming, border.

✦ **a lo vivo** vividly.

al rojo vivo red-hot.

de viva voz verbally, by word of mouth.

en carne viva raw, red raw; *fig* fresh.

en vivo *TV* live.

herir a alguien en lo más vivo/tocar a alguien en lo más vivo *fig* to cut somebody to the quick.

¿quién vive? *MIL* who goes there?

ser el vivo retrato de/ser la viva imagen de *fam* to be the spitting image of.

tener el genio vivo to be quick-tempered.

▪ **fuerzas vivas** *fig* driving forces.

vizcaíno,-a
1 *adj* of Vizcaya, from Vizcaya.
2 *nm,f* person from Vizcaya, inhabitant of Vizcaya.

Vizcaya *nf* Vizcaya.

▪ **golfo de Vizcaya** Bay of Biscay.

vizcondado
1 *nm (territorio)* viscounty.
2 *nm (título)* viscountcy, viscounty.

vizconde *nm* viscount.

vizcondesa *nf* viscountess.

V.M. *abr* (**Vuestra Majestad**) Your Majesty.

VO *abr CINEM* (**Versión Original**) original language version.

vocablo *nm* word, term.

vocabulario *nm* vocabulary.

vocación *nf* vocation, calling.

vocacional *adj* vocational.

vocal
1 *adj* vocal.
2 *nf* vowel.
3 *nm & nf (de junta etc)* member.

vocálico,-a *adj* vocalic.

vocalismo *nm* vowel system.

vocalista *nm & nf* vocalist, singer.

vocalización *nf* vocalization.

vocalizar
1 *vi* to vocalize.
2 *vt* to vocalize.
▲ *Conjugation model* [4], *like* **realizar**.

vocativo *nm* vocative.

voceador,-ra
1 *adj* vociferous, loudmouthed.
2 *nm,f* shouter.
3 **voceador** *nm* town crier.

vocear
1 *vi (dar voces)* to shout, cry out.
2 *vt (divulgar)* to publish.
3 *vt (gritar)* to shout, cry out.
4 *vt (divulgar)* to publish, proclaim.
5 *vt (aclamar)* to cheer, acclaim.

voceras *nm & nf fam* loudmouth.

vocerío *nm* shouting, uproar.

vocero,-a *nm,f (gen)* spokesperson; *(hombre)* spokesman; *(mujer)* spokeswoman.

vociferador,-ra *adj* vociferous.

vociferante *adj* vociferous.

vociferar
1 *vi* to vociferate, shout.
2 *vt* to vociferate, shout.

vocinglero,-a *adj* loudmouthed.

vodevil *nm* vaudeville, music hall.

vodevilesco,-a *adj* vaudevillian, music-hall.

vodka *nm* vodka.

vol. *abr* (**volumen**) volume; *(abreviatura)* vol.

voladizo,-a
1 *adj* projecting, jutting out.
2 **voladizo** *nm* projection.

volado,-a
1 *pp* → **volar**.

2 *adj (en impresión)* superior.
3 *adj ARQ* projecting.

✦ **dar un beso volado a alguien** *fam* to blow somebody a kiss.

estar volado,-a *fam (intranquilo)* to feel uneasy; *(impaciente)* to be in a hurry; *(molesto)* to feel embarrassed.

volador,-ra
1 *adj* flying.
2 **volador** *nm (cohete)* rocket.
3 *nm (pez)* flying fish.
4 *nm (molusco)* type of squid.

voladura
1 *nf (gen)* blowing up, demolition.
2 *nf (en mina)* blasting.

volandas en volandas *loc (por el aire)* in the air, flying through the air; *(muy rápidamente)* swiftly, rapidly.

✦ **llevar a alguien en volandas** to rush somebody: **la llevó en volandas al aeropuerto** he rushed her to the airport.

volandeira *nf (marisco)* queen.

volandera *nf (piedra del molino)* millstone.

volandero,-a
1 *adj (volantón)* ready to fly.
2 *adj (que cuelga)* hanging; *(que está suelto)* loose.
3 *adj fig (imprevisto)* unexpected, unforeseen.
4 *adj fig (que vagabundea)* wandering, restless.

volante
1 *adj (que vuela)* flying.
2 *adj (que se desplaza)* flying, mobile.
3 *nm COST* flounce; *(adorno)* frill, ruffle.
4 *nm AUTO* steering wheel.
5 *nm TÉC* flywheel.
6 *nm (de reloj)* balance wheel.
7 *nm (aviso, orden)* note, order.
8 *nm DEP* shuttlecock.

✦ **ir al volante** to be driving.

volantín *nm* type of fishing line.

volantón,-ona *adj* fledged, ready to fly.

volapié *nm* method used in killing the bull.

volar
1 *vi (ir por el aire)* to fly.
2 *vi fig (papeles etc)* to be blown away.
3 *vi fig (ir deprisa)* to fly: **el tiempo vuela** time flies.
4 *vi fam fig (desaparecer)* to disappear, vanish.
5 *vi fig (sobresalir de un edificio)* to jut out, project.
6 *vi fig (noticia etc)* to spread rapidly.
7 *vt fig (hacer explotar - edificio)* to blow up, demolish; *(- caja fuerte)* to blow open; *(- en minería)* to blast.
8 *vt fig (en impresión)* to raise.
9 *vt (en caza)* to flush.
10 **volarse** *vpr (papeles etc)* to be blown away.
11 *vpr fig (irritarse)* to blow up, lose one's temper.

✦ **echarse a volar** to fly away, fly off.

hacer algo volando *fam* to do something as quick as a flash, do something in a jiffy: **limpió la casa volando** he cleaned the house in a jiffy; **pasó volando** she flew past.
¡volando! *fam* jump to it!
▲ *Conjugation model* [31], *like contar.*

volatería
1 *nf (caza)* falconry.
2 *nf (aves)* fowl *sing*, birds.

volátil *adj* volatile.

volatilidad *nf* volatility.

volatilizar
1 *vt* to volatilize.
2 volatilizarse *upr* to volatilize.
3 *upr fig* to vanish into thin air.
▲ *Conjugation model* [4], *like realizar.*

volatín
1 *nm (acrobacia)* acrobatics *pl.*
2 *nm (acróbata)* acrobat.

volatinero,-a *nm,f* acrobat.

volcado,-a *pp* → volcar.
▪ **volcado de memoria** dump.

volcán *nm* volcano.

volcánico,-a *adj* volcanic.

volcanismo *nm* volcanism, vulcanism.

volcar
1 *vi (coche etc)* to turn over, overturn.
2 *vi MAR* to capsize.
3 *vt (gen)* to turn over, knock over, upset.
4 *vt (vaciar)* to empty out, pour out.
5 *vt fig (hacer cambiar de parecer)* to make change one's mind.
6 *vt fig (molestar)* to annoy, irritate, upset.
7 *vt fig (turbar la cabeza)* to make feel dizzy.
8 volcarse *upr (objeto)* to fall over, tip over; *(coche)* to turn over, overturn; *(barco)* to capsize.
9 *upr fig (entregarse)* to do one's utmost.
▲ *Conjugation model* [49], *like trocar.*

volea
1 *nf (palo)* whippletree, swingletree.
2 *nf DEP* volley.

volear *vt* to volley.

voleibol *nm* volleyball.

voleo
1 *nm DEP* volley.
2 *nm (en danza)* high kick.
3 *nm (bofetón)* slap.
+ a voleo/al voleo *fig* at random, haphazardly.
de un voleo *fig* very quickly, in one go.

volframio *nm* wolfram.

volición *nf* volition.

volitivo,-a *adj* volitive.

volován *nm* vol-au-vent.

volquete *nm* dumper-truck.

voltaje *nm* voltage.

volteador,-ra *nm,f* acrobat.

voltear
1 *vt (dar vueltas)* to whirl, twirl.
2 *vt (poner al revés)* to turn over, toss.
3 *vt (campanas)* to peal, ring out.
4 *vt (a una persona)* to toss up in the air.

voltense
1 *adj* Voltaic.
2 *nm & nf* Voltaic.

voltereta *nf* somersault.
+ dar volteretas to do somersaults.

voltímetro *nm* voltmeter.

voltio *nm* volt.

volubilidad
1 *nf* changeability, fickleness.
2 *nf BOT* volubility.

voluble
1 *adj* changeable, fickle.
2 *adj BOT* voluble, twining.

volumen
1 *nm (gen)* volume.
2 *nm (tamaño)* size.
+ bajar el volumen/subir el volumen to turn the volume down/turn the volume up.
de mucho volumen sizeable, important.
▪ **volumen de negocios** turnover.

volumetría *nf* volumetry.

voluminoso,-a
1 *adj* voluminous.
2 *adj (enorme)* bulky, massive.

voluntad
1 *nf (cualidad)* will.
2 *nf (fuerza de voluntad)* willpower: **tiene mucha voluntad** she's very strong-willed.
3 *nf (deseo)* wish.
4 *nf (propósito)* intention, purpose: **tiene buena voluntad** her intentions are good.
5 *nf (afecto)* affection.
+ a voluntad at will.
ganarse la voluntad de alguien to win somebody over.
hacer uno su santa voluntad *fam* to have one's way, do as one likes.
hágase tu voluntad *REL* Thy will be done.
por causas ajenas a nuestra voluntad due to reasons beyond our control.
¿qué quiere? -la voluntad ¿what do you want? -whatever you think right.
▪ **buena voluntad** goodwill.
última voluntad last wish.
voluntad de Dios God's will.
voluntad de hierro/voluntad férrea will of iron, iron will.

voluntariado
1 *nm MIL* voluntary enlistment.
2 *nm (civil)* group of volunteers.

voluntariamente *adv* voluntarily.

voluntario,-a
1 *adj* voluntary.
2 *nm,f* volunteer.
+ ofrecerse voluntario,-a to volunteer.

voluntariosamente *adv* wilfully.

voluntarioso,-a
1 *adj (con voluntad)* willing.
2 *adj pey (testarudo)* wilful, headstrong.

voluptuosidad *nf* voluptuousness.

voluptuoso,-a *adj* voluptuous.

voluta
1 *nf ARQ* volute, scroll.
2 *nf (espiral)* spiral, column.
3 *nf (de humo)* ring.

volver
1 *vt (dar vuelta a)* to turn, turn over; *(hacia abajo)* to turn upside down; *(de dentro afuera)* to turn inside out; *(lo de atrás hacia delante)* to turn back to front: **volver la tortilla** to turn the omelette.
2 *vt (convertir)* to turn, make, change: **el dinero ha vuelto tonto a Paco** money has made Paco foolish; **volvió el agua en vino** he changed water into wine.
3 *vt (devolver)* to give back; *(a su lugar)* to put back.
4 *vt (torcer)* to turn: **al volver la esquina** on turning the corner.
5 *vi (regresar)* to return; *(ir)* to go back; *(venir)* to come back: **volvió de la guerra** he returned form the war; **volvieron a casa después de cenar** they went back home after dinner; **vuelve cuando quieras** come back whenever you want.
6 *vi (a un tema etc)* to return, revert.
7 *vi* **volver a** *(hacer otra vez)* to do again: **volver a leer** to read again.
8 volverse *upr (regresar - ir)* to go back; *(- venir)* to come back.
9 *upr (darse la vuelta)* to turn.
10 *upr (convertirse)* to turn, become.
+ volver a alguien a la vida to revive somebody, bring somebody back to life.
volver a las andadas to fall back into one's old habits.
volver del revés to turn inside out.
volver en sí to regain consciousness, come round.
volver los ojos hacia to turn one's eyes towards.
volver sobre sus pasos to retrace one's steps.
volverle la espalda a alguien *fig* to turn one's back on somebody.
volverse atrás *fig* to go back on one's word, back out.
volverse en contra de alguien to turn against somebody.
▲ *Conjugation model* [32], *like mover; pp* **vuelto,-a.**

vomitar
1 *vt* to vomit, bring up.
2 *vt fig* to belch, spew out.
3 *vi* to be sick, vomit: **tengo ganas de vomitar** I feel sick.
+ vomitar injurias *fig* to hurl insults.
vomitar sangre to cough up blood.

vomitivo,-a
1 *adj* emetic.
2 vomitivo *nm* emetic.

vómito
1 *nm (resultado)* vomit.
2 *nm (acción)* vomiting.

vomitona *nf* vomit.
+ echar la vomitona *fam* to be violently sick.

voracidad *nf* voracity, voraciousness.

vorágine *nf* vortex, whirlpool.

voraz
1 *adj* voracious.
2 *adj fig* fierce, raging.
▲ *pl* voraces.

vorazmente
1 *adv* voraciously.
2 *adv fig* fiercely.

vórtice
1 *nf* vortex, whirlpool.
2 *nf (de ciclón)* centre (*us* center) of a cyclone.

vos
1 *pron arc (usted)* thou, you; *(Dios)* Thou.
2 *pron AM (tú)* you.

VOSE *abr CINEM* (**Versión Original Subti-tulada en Español**) *film in the original language version with Spanish subtitles.*

vosear *vt* to address as *vos.*

voseo *nm* use of *vos.*

Vosgos los Vosgos *nm pl* the Vosges.

vosotros,-as *pron (sujeto)* you; *(objeto)* you, yourselves: con vosotros with you; entre vosotras among yourselves; ¿cómo lo sabéis vosotros? how do you know?
✦ **de vosotros** your, yours: ¿estos libros son de vosotros? are these your books?; creo que esto es de vosotros I think this is yours.

votación
1 *nf (voto)* vote, ballot.
2 *nf (acto)* vote, voting.
✦ **poner algo a votación/someter algo a votación** to put something to the vote, take a ballot on something.
▪ **votación a mano alzada** voting by a show of hands.

votante
1 *adj* voting.
2 *nm & nf* voter.

votar
1 *vi (dar el voto)* to vote.
2 *vi (blasfemar)* to swear.
3 *vi REL* to vow.
4 *vt (proponer para aprobar)* to pass.
5 *vt REL* to vow.

votivo,-a *adj* votive.

voto
1 *nm (gen)* vote: tres votos a favor three votes for.
2 *nm REL* vow.
3 *nm (deseo)* wish.
4 *nm (blasfemia)* curse, oath.
✦ **formular votos por el éxito de/hacer votos por el éxito de** to express one's wishes for the success of.
hacer voto de castidad to take a vow of chastity.
no tener ni voz ni voto to have no say in the matter.
por mayoría de votos by a majority vote.
tener voto to have the right to vote.
▪ **derecho al voto** the right to vote.
voto de censura vote of no confidence.

voto de confianza vote of confidence.
voto de silencio vow of silence.
voto por correo postal vote.
voto secreto secret ballot.

vox ser vox pópuli *loc fam* to be common knowledge.

voy *pres indic* → **ir.**

voz
1 *nf (sonido)* voice.
2 *nf (grito)* shout.
3 *nf (vocablo, palabra)* word.
4 *nf GRAM* voice: voz activa active voice.
5 *nf MÚS (de instrumento)* tone; *(cantante)* voice: canción a tres voces three-part song.
6 *nf fig (rumor)* rumour (*us* rumor).
7 *nf fig (en asamblea - facultad de hablar)* voice, say; *(- voto)* vote.
✦ **a media voz** in a low voice, softly.
a voces shouting.
a voz en cuello/a voz en grito at the top of one's voice.
aclararse la voz to clear one's throat.
alzar la voz/levantar la voz to raise one's voice.
corre la voz que ... rumour has it that ...
dar la voz de alarma to raise the alarm.
dar una voz a alguien to give somebody a shout.
dar voces to shout.
en voz alta aloud.
en voz baja in a low voice.
estar pidiendo algo a voces *fig* to be crying out for something.
llevar la voz cantante to sing the leading part; *fig* to rule the roost.
mudarle la voz to break: se le está mudando la voz his voice is breaking.
ser voz pública to be common knowledge.
tener voz y voto *fam* to have a say; *fml* to be a voting member.
▲ *pl* voces.

vozarrón,-ona *nm,f* powerful voice, booming voice.

V.R. *abr* (**Vuestra Reverencia**) Your Reverence.

V.S. *abr* (**Vuestra Señoría, Usía**) Your Honour.

vudú *nm* voodoo.

vuelapluma a vuelapluma *loc* in a jiffy.

vuelco
1 *nm (gen)* tumble, upset.
2 *nm (barco)* capsizing.
3 *nm fig* change.
✦ **dar un vuelco** *(coche)* to overturn; *(empresa)* to go to ruin.
me dio un vuelco el corazón my heart missed a beat.

vuelo
1 *nm (acto, espacio, etc)* flight.
2 *nm (acción)* flying.
3 *nm (de vestido)* fullness, flare: un vestido de vuelo a full dress.
4 *nm (plumas)* flight feathers *pl; (alas)* wings *pl.*
5 *nm ARQ (voladizo)* projection.

✦ **al vuelo** in flight.
alzar el vuelo/emprender el vuelo/levantar el vuelo to take flight.
cazarlas al vuelo/cogerlas al vuelo *fig* to be quick on the uptake.
cortarle los vuelos a alguien *fig* to clip somebody's wings.
de alto vuelo *fig* important, far-reaching.
de mucho vuelo *(vestido)* full; *(persona)* important, high-flying.
de un vuelo *fig* in a flash.
remontar el vuelo to soar up.
tener muchas horas de vuelo *fam* to be an old hand at something.
tomar vuelo to take off, grow.
▪ **personal de vuelo** flight crew.
vuelo chárter/vuelo regular charter flight/scheduled flight.
vuelo espacial space flight.
vuelo libre hang-gliding.
vuelo sin escala nonstop flight.
vuelo sin motor gliding.

vuelta
1 *nf (giro)* turn.
2 *nf (en un circuito)* lap, circuit.
3 *nf (paseo)* walk, stroll: vamos a dar una vuelta let's go for a walk.
4 *nf (regreso, retorno)* return; *(viaje de regreso)* return journey, journey back: a la vuelta de las vacaciones after the holidays.
5 *nf (dinero de cambio)* change: quédese con la vuelta keep the change.
6 *nf (curva)* bend, curve.
7 *nf (reverso)* back, reverse.
8 *nf (de torneo etc)* round.
9 *nf (cambio)* change, alteration.
10 *nf COST (de pantalón)* turn-up; *(forro)* lining.
11 *nf (al hacer punto)* row.
12 *nf ARQ* vault.
13 *nf fam (de bebidas)* round.
✦ **a la vuelta** on the way back.
a vuelta de correo by return of post.
andar a vueltas con algo *fig* to deal with something, sort something out: anda a vueltas con la compra del piso she's sorting out the purchase of the flat.
buscarle las vueltas a alguien *fam* to find fault with somebody.
cerrar con dos vueltas to double-lock.
cogerle las vueltas a alguien *fam* to have somebody figured out.
dar la vuelta a *(alrededor)* to go round; *(girar)* to turn (round); *(de arriba abajo)* to turn upside down; *(de dentro a fuera)* to turn inside out; *(cambiar de lado)* to turn over.
dar la vuelta al mundo to go round the world.
dar media vuelta to turn round.
dar una vuelta en coche to go for a drive, go for a spin.
dar vueltas to turn round, go round, rotate, spin: llevo toda la tarde dando vueltas por el centro buscando ese disco I've been walking round town all afternoon looking for that record.

dar vueltas a *(alrededor)* to go around; *(girar)* to turn; *(mover)* to stir.

dar vueltas a algo *fig* to worry about something: ¡no lo des más vueltas! don't worry about it!

darle cien vueltas a alguien *fig* to run rings round somebody.

darse una vuelta por casa de alguien to drop by and see somebody.

estar a la vuelta de la esquina to be just around the corner.

estar de vuelta to be back.

estar de vuelta de todo to have seen it all before.

¡hasta la vuelta! see you when I get back!

la cabeza me da vueltas *fig* my head is spinning.

la vida da muchas vueltas *fam* life is full of ups and downs.

no tener vuelta de hoja *fig* to be beyond doubt.

poner a alguien de vuelta y media *fig* to pull somebody to pieces.

■ **la vuelta al colegio** *(en publicidad)* "Back to school"; *(primer día)* first day back at school.

la vuelta al ruedo *(en los toros)* lap of honour *(us* honor).

la vuelta ciclista a España the Tour of Spain.

vuelta de campana somersault.

vuelto,-a
1 *pp* → **volver.**
2 *adj (cuello)* roll: jersey de cuello vuelto roll-neck sweater.

vuelvepiedras *nm* turnstone.
▲ *pl* vuelvepiedras.

vuestro,-a
1 *adj* your, of yours: **vuestra casa** your house; **un amigo vuestro** a friend of yours.
2 *pron* yours: **éstas son las vuestras** these are yours.
3 **lo vuestro** *nm* what is yours, what belongs to you.

vulcanismo *nm* vulcanism, volcanism.

vulcanizar *vt* to vulcanize.

vulcanología *nf* volcanology, vulcanology.

vulcanólogo,-a *nm,f* volcanologist, vulcanologist.

vulgar
1 *adj (grosero)* vulgar, coarse, common: lenguaje vulgar coarse language.
2 *adj (general)* common, general.
3 *adj (banal)* banal, ordinary; *(idea)* commonplace.
4 *adj (no técnico)* lay: **término vulgar** lay term.

vulgaridad
1 *nf (grosería)* vulgarity, coarseness.
2 *nf (banalidad)* banality, triviality.

✦ **decir vulgaridades** *(groserías)* to use bad language; *(banalidades)* to talk in platitudes.

vulgarismo *nm* vulgarism.

vulgarización *nf* vulgarization, popularization.

vulgarizar
1 *vt (popularizar)* to popularize, vulgarize.
2 *vt (hacer vulgar)* to make common.
3 **vulgarizarse** *vpr (popular)* to become popular, become common; *(grosero)* to become vulgar, become common.
▲ *Conjugation model* [4], *like realizar.*

vulgarmente
1 *adv (con vulgaridad)* vulgarly.
2 *adv (generalmente)* generally, commonly.

vulgata *nf* Vulgate.

vulgo *nm pey* common people *pl*, masses *pl*.

vulnerabilidad *nf* vulnerability.

vulnerable *adj* vulnerable.

vulneración
1 *nf (gen)* violation.
2 *nf fig (reputación)* damaging, harming.

vulnerar
1 *vt (ley etc)* to violate.
2 *vt fig (honor etc)* to damage, harm.

vulva *nf* vulva.

VV *abr* (**ustedes**) you.

W, w *nf (la letra)* W, w.

W *sím* (**vatio**) watt; *(símbolo)* W.

walkie-talkie *nm* walkie-talkie.

walkman *nm* Walkman.
▲ *pl walkmans; registered trademark.*

WAP *abr* (**wireless application protocol** [**protocolo de aplicaciones inalámbricas**]) wireless application protocol; *(abreviatura)* WAP.

wáter *nm fam* toilet.
▲ *pl wáteres.*

waterpolo *nm* water polo.

watt *nm* watt.
▲ *pl watts; see also vatio.*

W.C. *abr* (**retrete**) water closet; *(abreviatura)* WC.

web *nf* website.

wélter *nm* welterweight.

whiskería *nf* whisky bar.

whisky *nm* whisky; *(irlandés)* whiskey.
■ **whisky escocés** Scotch, Scotch whisky.

whist *nm* whist.

windsurf *nm* windsurfing.

windsurfing *nm* windsurfing.

windsurfista *nm & nf* windsurfer.

wok *nm* wok.

wolfram *nm* wolfram.

wolframio *nm* wolfram.

wombat *nm* wombat.

WWF/Adena *abr* (**World Wildlife Fund/ Asociación para la Defensa de la Naturaleza**) World Wildlife Fund; *(abreviatura)* WWF.

X, x *nf (la letra)* X, x.
xenofilia *nf* xenophilia.
xenófilo,-a
  1 *adj* xenophilous.
  2 *nm,f* xenophile.
xenofobia *nf* xenophobia.
xenófobo,-a
  1 *adj* xenophobic.

  2 *nm,f* xenophobe.
xenón *nm* xenon.
xerocopia *nf* Xerox, photocopy.
xerocopiar *vt* to Xerox, photocopy.
xerografía *nf* xerography.
xileno *nm* xylene.
xilofonista *nm & nf* xylophonist.

xilófono *nm* xylophone.
xilografía
  1 *nf (arte)* xylography.
  2 *nf (impresión)* xylograph.
xilográfico,-a *adj* xylographic.
xilográfico,-a *adj* xylographic.
Xunta *nf autonomous government of Galicia.*

Y, y *nf (la letra)* Y, y.

y

1 *conj* and: **Alberto y María** Alberto and María; **un chico joven y apuesto** a handsome young boy; **¡y no chilles!** and don't shout!; **hay amigos y amigos** there are friends and friends.

2 *conj (hora)* past: **son las tres y cuarto** it's a quarter past three.

3 *conj (en pregunta)* what about: **¿y Pepe, se viene?** what about Pepe, is he coming?

4 *conj (repetición)* after: **veces y veces** time after time, time and time again.

✦ **y eso que** even though: **no lo encontré, y eso que lo busqué en todas partes** I couldn't find it even though I looked everywhere for it; **me asusté, y eso que yo no soy miedoso** it gave me a fright, and I'm not easily frightened, you know.

¿y (qué)? so (what)?

¿y si … ? what if … ?

¡y tanto! you bet!, and how!

▲ *See also* **e**.

ya

1 *adv* already: **esa película ya la he visto** I've already seen that film; **¿que ya se han casado?** what! they've got married already?; **el domingo ya no estaremos aquí** we'll already have left by Sunday; **eso ya no lo veré yo** I won't live to see that.

2 *adv (más tarde)* later: **ya lo haré** I'll do it later; **ya te llamaré** I'll give you a ring.

3 *adv (ahora mismo)* at once, right now, straightaway: **tienes que mandarlo ya** you must send it at once; **¡ya voy!** I'm coming!

4 *adv (ahora)* now: **ya viven en el piso nuevo** they're living in the new flat now.

5 *adv (uso enfático)* **ya lo sé** I know that; **es facilísimo, ya verás** it's dead easy, you'll see; **y ya no es por el dinero …** and it's not the money that matters …

6 *adv (denota satisfacción)* **¡ya tenemos coche nuevo!** we've got the new car!; **¡ya están aquí!** they're here!

7 *adv (con tono amenazante)* **¡ya verás ya!** just you wait!

8 *adv (con indignación)* **¡ya está bien!** enough is enough!

9 *adv (para tranquilizar)* **ya encontrarás trabajo, ya verás como sí** you'll find a job, you'll see.

10 *adv (para afirmar)* I know, yes: **tienes que estudiar — ya, pero …** you have to study — I know, but …

11 *interj irón* oh yes!

✦ **ya … ya …** now … now …: **ya ríe, ya llora** now she laughs, now she weeps; **fantasmas que ya surgen, ya se esfuman** ghosts which first appear and then vanish; **ya fueran católicos, ya protestantes** whether they be Catholic or Protestant.

ya entiendo I see.

ya era hora about time too.

¡ya está! there we are!, all done!

ya nos veremos see you soon.

ya que since, seeing that: **ya que estás aquí, quédate a cenar** seeing that you're here, why don't you stay for supper?

yaacabó *nm (ave) South American* hawk.

yac *nm* yak.

yacente *adj* lying.

■ **estatua yacente** recumbent statue.

yacer

1 *vi (estar enterrado)* to lie.

2 *vi fml (hallarse)* to lie.

3 *vi lit (dormir)* to be lying; *(acostarse)* to lie (**con**, with): **Aquí yace …** Here lies …

▲ *Conjugation model* [92].

yacimiento *nm* bed, deposit.

■ **yacimiento petrolífero** oilfield.

yago *pres indic →* **yacer**.

yaguar *nm* jaguar.

yaguarondi *nm* jaguarondi.

yak *nm ZOOL* yak.

Yakarta *nm* Djakarta, Jakarta.

yámbico,-a *adj* iambic.

yambo *nm* iamb.

yanqui

1 *nm & nf HIST* Yankee.

2 *nm & nf pey* Yank.

3 *adj HIST* Yankee.

4 *adj pey* Yankee.

yantar

1 *nm arc* fare, viands *pl*.

2 *vi arc* to eat.

yarda *nf* yard.

yaro *nm* arum.

yate *nm* yacht.

Yaundé *nm* Yaoundé.

yayo,-a *nm,f fam (abuelo)* granddad; *(abuela)* grandma.

yaz *nm →* **jazz**.

yazgo *pres indic →* **yacer**.

yedra *nf* ivy.

yegua *nf* mare.

yeguada *nf* herd of horses.

yeguar *adj* of mares.

yegüero,-a *nm,f* keeper of a herd of horses.

yeísmo *nm* pronunciation of *ll* as *y*.

yelmo *nm arc* helmet.

yema

1 *nf (de huevo)* yolk.

2 *nf BOT* bud.

3 *nf (del dedo)* fingertip.

4 *nf CULIN* sweet made from sugar and egg yolk.

■ **yema de huevo** egg yolk.

Yemen *nm* Yemen.

yemení

1 *adj* Yemeni.

2 *nm & nf* Yemeni.

yen *nm* yen.

yendo *ger →* **ir**.

yerba *nf →* **hierba**.

yergo *pres indic →* **erguir**.

yermo,-a

1 *adj (estéril)* barren.

2 *adj (despoblado)* deserted, uninhabited.

3 *nm (terreno inculto)* wasteland.

yerno *nm* son-in-law.

yernocracia *nf fam* nepotism.

yerro

1 *nm desus* error.

2 *pres indic →* **errar**.

yerto,-a *adj* rigid, stiff: **yerto de frío** rigid with cold.

yesal *nm* gypsum quarry.

yesar *nm* → **yesal.**

yesca *nf* tinder.
- **mechero de yesca** wick lighter.

yesería
1 *nf* plasterwork, plastering.
2 *nf (fábrica)* gypsum kiln.
3 **yeserías** *nf pl ART* plasterwork.

yesero,-a
1 *nm,f (fabricante)* plaster manufacturer.
2 *nm,f (trabajador)* plasterer.

yeso
1 *nm (mineral)* gypsum.
2 *nm (para la construcción)* plaster.
3 *nm (tiza)* chalk.
4 *nm (escultura)* plaster cast.

yesoso,-a *adj* chalky.

yesquero *nm* wick lighter.

yeti
1 *nm* yeti.
2 *nm* **el Yeti** the Abominable Snowman.

yeyé *adj (música etc)* sixties.

yeyuno *nm* jejunum.

yiddish
1 *adj* Yiddish.
2 *nm (idioma)* Yiddish.

yihad *nf* jihad.

yiu-yitsu *nm* jiujitsu.

yo
1 *pron* I: el jefe soy yo I'm the boss; soy yo it's me; fui yo quien se lo dijo it was me who told him; entre tú y yo between you and me; yo en tu lugar … if I were you …; yo que tú … if I were you …
2 **el yo** *nm* the ego, the self.

yod *nf* yod.

yodado,-a
1 *pp* → **yodar.**
2 *adj* iodized.

yodar *vt* to iodize.

yodo *nm* iodine.

yoduro *nm* iodide.

yoga *nm* yoga.

yogui *nm & nf* yogi.

yogur *nm* yoghurt: yogur de fresa strawberry yoghurt; yogur natural plain yoghurt.
▲ *pl* yogures.

yogurt *nm* yoghurt.
▲ *pl* yogurts.

yogurtera *nf* yoghurt maker.

yoin *nm arg* joint.

yola *nf* yawl.

yonqui *nm & nf arg* junkie.

yóquey *nm* jockey.

yoqui *nm* jockey.

yoyo *nm* yo-yo.
▲ *Registered trademark.*

yoyó *nm* yo-yo.
▲ *Registered trademark.*

yubarta *nf* finback whale, rorqual.

yuca
1 *nf (planta)* yucca.
2 *nf (harina)* cassava, manioc.

yucal *nm* yucca plantation.

yudo *nm* judo.

yudoka *nm & nf* judoka.

yugo *nm* yoke.
✦ **bajo el yugo de** under the yoke of.

Yugoslavia *nf* Yugoslavia.

yugoslavo,-a
1 *adj* Yugoslav, Yugosalvian.
2 *nm,f* Yugoslav, Yugosalvian.

yugular
1 *adj* jugular.
2 *nf* jugular vein.
✦ **saltarle a alguien a la yugular** to go for somebody's jugular.

yuju *interj fam* → **yupi.**

yunque *nm* anvil.

yunta *nf* team of oxen, yoke.

yuntero *nm* ploughman, (*US* plowman).

yupi *interj fam* whoopee!, yippee!

yuppie
1 *adj* yuppie.
2 *nm & nf* yuppie.

yute *nm* jute.

yuto,-a
1 *adj* Jutish.
2 *nm,f* Jute.

yuxtaponer *vt* to juxtapose.
▲ *Conjugation model* [78], *like* poner; *pp* yuxtapuesto,-a.

yuxtaposición *nf* juxtaposition.

yuxtapuesto,-a *pp* → **yuxtaponer.**

Z, z *nf (la letra)* Z, z.

zafarrancho
1 *nm* MIL clearing for action.
2 *nm (jaleo)* commotion.
3 *nm (desorden)* mess.
✦ **¡zafarrancho de combate!** action stations!

zafarse *vpr* to get away (**de**, from), free oneself (**de**, from), escape (**de**, from): logró zafarse de la policía he managed to get away from the police.

zafiedad *nf* uncouthness.

zafio,-a
1 *adj* uncouth.
2 *adj fig* gauche.

zafíreo,-a *adj* sapphire.

zafirino,-a *adj* sapphire.

zafiro *nm* sapphire.

zaga
1 *nf* rear.
2 *nf (en deporte)* defence (US defense).
✦ **a la zaga** behind.
no irle a la zaga a alguien not to lag behind somebody: es muy travieso, pero su hermano no le va a la zaga he's really naughty, but his brother's every bit as bad.

zagal,-la
1 *nm,f (muchacho)* lad; *(muchacha)* lass.
2 *nm,f (pastor)* shepherd; *(pastora)* shepherdess.

zaguán *nm* hall, hallway.

zaguero,-a *nm,f (en deporte)* back, defender.

zaherir
1 *vt* to wound, hurt.
2 *vt (sentimientos)* to hurt.
▲ *Conjugation model* [35], *like hervir*.

zahones *nm pl* chaps.

zahorí
1 *nm & nf (adivino)* seer, clairvoyant; *(buscador de agua)* water diviner.
2 *nm & nf fig* mindreader.
▲ *pl zahoríes*.

zahúrda *nf* hovel, pigsty.

zaino,-a
1 *adj (traidor)* treacherous.
2 *adj (caballo)* chestnut; *(res vacuna)* black.

Zaire *nm* Zaire.

zaireño,-a
1 *adj* Zairean.
2 *nm,f* Zairean.

zalamería *nf* winning ways *pl*.

zalamero,-a
1 *adj* charming, winning.
2 *nm,f* charmer.
✦ **ponerse zalamero,-a** to turn on the charm.

zalema
1 *nf (reverencia)* salaam, curtsy.
2 zalemas *nf pl (zalamería)* charm.

zamarra *nf* sheepskin jacket.

Zambesi el Zambesi *nm* the Zambesi.

Zambia *nf* Zambia.

zambiano,-a
1 *adj* Zambian.
2 *nm,f* Zambian.

zambo,-a
1 *adj* knock-kneed.
2 *nm (mono)* spider monkey.

zambomba
1 *nf* rumbling pot.
2 *interj fam* gosh!

zambombazo *nm fam* bang.

zambra *nf (jaleo)* racket.
■ **zambra gitana** gypsy party.

zambullida *nf* plunge, dive.
✦ **darse una zambullida** to take a dip.

zambullir *vt* to plunge.

zambullirse
1 *vpr (en el agua)* to plunge in, dive in: se zambulló en el agua he plunged into the water.
2 *vpr (en una actividad)* to throw oneself (**en**, into).

zampabollos *nm & nf fam* greedy-guts.

zampar *vi fam* to stuff oneself.

zamparse *vpr fam* to wolf down.

zampatortas *nm & nf fam* greedy-guts.

zampón,-ona *nm,f* guzzler, gannet.

zampoña *nf* panpipes.

zampullín *nm* grebe.
■ **zampullín chico** little grebe.
■ **zampullín común** little grebe.

zampullín cuellinegro black-necked grebe.
zampullín cuellirrojo red-necked grebe.

zanahoria *nf* carrot.

zanca *nf (de pájaro)* leg; *(de persona)* long leg.

zancada *nf* stride.
✦ **en dos zancadas** in two shakes.

zancadilla
1 *nf* trip.
2 *nf fam (engaño)* ruse, trick.
✦ **ponerle la zancadilla a alguien** to trip somebody up.

zanco *nm* stilt.

zancudas *nf pl* waders, wading birds.

zancudo,-a
1 *adj* long-legged.
2 *adj (ave)* wading.
3 zancudo *nm* AM mosquito.
■ **aves zancudas** waders, wading birds.

zanganear *vi* to loaf around.

zángano,-a
1 *nm,f fam (persona)* loafer.
2 *nm (insecto)* drone.

zangolotear
1 *vi (persona)* to roam around.
2 *vi (puerta)* to rattle.

zangolotino niño zangolotino *nm desus* big baby.

zanja *nf* trench.
✦ **abrir una zanja** to dig a trench.

zanjar *vt fig (asunto)* to settle.

zanquilargo,-a
1 *adj* long-legged, leggy.
2 *nm,f* long-legged person.

zapa
1 *nf* trenching.
2 *nf (pala)* spade.

zapador,-ra *nm,f* sapper.

zapata
1 *nf (arandela)* washer.
2 *nf* TÉC shoe.
3 *nf (de cámara fotográfica)* hot shoe.
■ **zapata de freno** brake shoe.

zapatazo
1 *nm (a alguien)* blow with a shoe.
2 *nm (en el suelo)* stamp.
✦ **dar zapatazos** to stamp one's feet.

zapateado nm zapateado, *Spanish stamping dance.*

zapatear vi (*bailar*) to stamp one's feet rhythmically.

zapateo nm rhythmic stamping.

zapatería
1 nf (*tienda*) shoe shop.
2 nf (*taller de reparación*) shoe repairer's, cobbler's; (*taller de fabricación*) shoemaker's.
3 nf (*oficio*) shoemaking.

zapatero,-a
1 nm,f (*que arregla*) shoe repairer, cobbler.
2 nm,f (*que fabrica*) shoemaker.
3 nm,f (*que vende*) shoe seller.
✦ ¡zapatero a tus zapatos! the cobbler should stick to his last.
■ zapatero remendón cobbler.

zapatiesta nf fam hurly-burly.

zapatilla
1 nf (*de estar en casa*) slipper.
2 nf (*de loneta*) plimsoll.
■ zapatilla de ballet ballet shoe.
zapatilla de deporte trainer, running shoe.
zapatilla de puntas toe shoe.

zapato nm shoe.
■ zapatos de tacón high-heeled shoes.

zapatón nm fam clodhopper.

zape interj fam (*asombro*) gosh!; (*al gato*) shoo!

zapoteca
1 adj Zapotec, Zapotecan.
2 nm & nf (*persona*) Zapotec, Zapotecan.
3 nm (*idioma*) Zapotec.

zapping nm channel-zapping, channel-hopping: se pasa la vida haciendo zapping he spends all day channel-hopping.

zar nm tsar, czar.

zarabanda
1 nf MÚS saraband.
2 nf fam (*jaleo*) bustle, confusion.

zaragata nf rumpus.

Zaragoza nf Saragossa.

zaragüelles
1 nm pl (*calzones*) breeches.
2 nm pl (*pantalones*) baggy trousers.

zaranda nf sieve.

zarandajas nf pl fam trifles.

zarandear
1 vt (*sacudir*) to shake; (*empujar*) to jostle, knock about.
2 vt (*cribar*) to sieve.

zarandearse
1 vpr (*ajetrearse*) to bustle about, rush about.
2 vpr (*contonearse*) to swagger, strut.

zarandeo
1 nm (*sacudida*) shaking; (*empujones*) jostling about.
2 nm (*criba*) sieving.
3 nm (*contoneo*) swaggering, strutting.

zarapito nm (*ave*) curlew.

zarcero nm (*ave*) melodious warbler.

zarcillo
1 nm (*pendiente*) earring.
2 nm BOT tendril.

zarco,-a adj blue.

zarigüeya nf opossum.

zarina nf tsarina, czarina.

zarismo nm tsarism, czarism.

zarista
1 adj tsarist, czarist.
2 nm & nf tsarist, czarist.

zarpa nf claw, paw.
✦ echarle la zarpa a algo (*animal*) to pounce on something; (*persona*) to grab something.

zarpar vi to weigh anchor, set sail.

zarpazo nm (*marca*) claw mark.
✦ dar un zarpazo, pegar un zarpazo to claw.

zarrapastroso,-a
1 adj fam scruffy.
2 nm,f scruff.

zarza nf bramble, blackberry bush.

zarzal nm bramble patch.

zarzamora nf (*zarza*) blackberry bush; (*fruto*) blackberry.

zarzaparrilla nf sarsaparilla.

zarzuela
1 nf MÚS zarzuela, *Spanish operetta.*
2 nf CULIN fish stew.

zarzuelero,-a adj in the style of an operetta.

zarzuelístico,-a adj MÚS to do with zarzuela.

zas interj (*ruido*) bang!, crash!, smack!; (*al caer al agua*) splash!; (*de repente*) suddenly, all of a sudden.
▲ See also zis.

zascandil
1 nm (*alocado*) madcap, featherbrain.
2 nm (*entrometido*) busybody, meddler.

zascandilear vi to meddle.

zeda nf → zeta.

zéjel nm LIT Hispano-Arabic stanza.

zenit nm zenith.

zepelín nm zeppelin.

zeta
1 nf (*letra*) zed, US zee.
2 nm arg police car.

zigzag nm zigzag.
▲ pl zigzags o zigzagues.

zigzagueante adj zigzag.

zigzaguear vi to zigzag.

zimbabuo,-a adj-nm,f → zimbabwense.

Zimbabwe nm Zimbabwe.

zimbabwense
1 adj Zimbabwean.
2 nm & nf Zimbabwean.

zinc nm zinc.

zíngaro,-a
1 nm,f Tzigane, Hungarian gypsy.
2 adj Tzigane.

zipizape nm fam rumpus: se armó un zipizape tremendo there was a hell of a rumpus.

zócalo
1 nm (*de habitación*) skirting board; (*de edificio*) plinth course, plinth.
2 nm (*pedestal*) plinth, socle.

zoco nm souk, suq, *open-air marketplace in some Arab countries.*

zodiacal adj zodiacal.

zodiaco nm zodiac.

zodíaco nm zodiac.

zombi nm & nf zombie.
✦ estar zombi fam (*atontado*) to be groggy; (*loco*) to be loopy.

zombie nm & nf → zombi.

zona
1 nf area.
2 nf (*fronteriza, militar*) zone.
3 nm MED (*herpes*) shingles.
■ zona azul parking meter zone.
zona edificada built-up area.
zona fronteriza border zone.
zona glacial frigid zone.
zona templada temperate zone.
zona tórrida torrid zone.
zona verde green zone.

zonal adj zonal.

zonzo,-a adj AM silly.

zoo nm zoo.

zoología nf zoology.

zoológico,-a
1 adj zoological.
2 nm zoo.

zoólogo,-a nm,f zoologist.

zoom nm zoom, zoom lens.

zopenco,-a
1 nm,f fam oaf.
2 adj fam oafish.

zoquete nm fam nincompoop, numskull.

zorcico nm MÚS Basque dance and song.

zorongo nm MÚS Andalusian dance and song.

zorra
1 nf (*animal*) vixen.
2 nf tabú (*mujer*) bitch.
✦ ni zorra fam sod all.
no tener ni zorra idea fam not to have a clue.

zorrera
1 nf (*madriguera*) foxhole.
2 nf fam smoke-filled room.

zorrería nf fam dirty trick: ¡qué zorrería! what a rotten thing to do!

zorrillo nm ZOOL zorilla.

zorro,-a
1 adj (*astuto*) cunning, sly.
2 zorro nm (*animal*) fox; (*macho*) dog fox, fox.
3 nm (*piel*) fox-fur, fox-skin.
4 nm (*persona*) old fox.
5 zorros nm pl (*para el polvo*) duster *sing.*
✦ estar hecho,-a unos zorros fam to be bushed.
■ zorro azul blue fox.
zorro viejo sly old fox.

zorrupia *nf fam* trollop.
zorzal *nm (ave)* thrush.
- **zorzal alirrojo** redwing.
  zorzal charlo mistle thrush.
  zorzal real fieldfare.
zote
1 *adj* dim-witted.
2 *nm & nf* dimwit.
zozobra
1 *nf (de un barco)* sinking, capsizing.
2 *nf fig (congoja)* anguish, anxiety.
zozobrar
1 *vi (barco)* to sink, capsize.
2 *vi (persona)* to worry, be anxious.
3 *vi (proyecto)* to fail, be ruined.
zueco *nm* clog.
zulo *nm* hide-out.
zumaya *nf* tawny owl.
zumba
1 *nf (burla)* teasing.
2 *nf (paliza)* thrashing.
zumbado,-a *adj fam* crazy, loony.
zumbador,-ra
1 *adj* buzzing.
2 **zumbador** *nm* buzzer.

zumbar
1 *vi (abejorro, oídos)* to buzz: me zumban los oídos my ears are buzzing.
2 *vt fam (pegar)* to thrash.
+ **salir zumbando** *fam* to zoom off.
zumbarse de alguien *(burlarse)* to make fun of somebody, tease somebody.
zumbido *nm* buzzing.
zumbón,-ona
1 *adj* teasing, joking.
2 *nm,f* joker.
zumo *nm* juice: zumo de naranja orange juice.
zurcido
1 *nm* darn, mend.
2 *nm (acción)* darning.
zurcir *vt* to darn, mend.
+ **¡que te zurzan!** get lost!
▲ *Conjugation model* [3].
zurdo,-a
1 *adj (persona)* left-handed; *(mano)* left.
2 *nm,f* left-hander, left-handed person.
3 *nf (mano)* left hand: un golpe con la zurda a left-handed blow.
zurear *vi (palomas)* to coo.

zureo *nm* billing and cooing.
zurra *nf fam* thrashing.
zurrapa
1 *nf (de posos)* dregs *pl.*
2 *nf tabú (de excrementos)* skid mark.
zurrar
1 *vt fam* to thrash.
2 *vt fam (cuero)* to tan.
+ **zurrarle la badana a alguien** to tan somebody's hide.
zurriagazo
1 *nm (latigazo)* lash, stroke.
2 *nm fam (desgracia)* blow, stroke of bad luck.
zurriago *nm* whip.
zurriburri
1 *nm fam (mezcla de gente)* hotchpotch, mishmash.
2 *nm (grupo ruidoso)* rowdy bunch, noisy crowd.
zurrón *nm* shepherd's pouch, shepherd's bag.
zurullo
1 *nm (grumo)* lump.
2 *nm fam* turd.
zutano,-a *nm,f fam* → fulano,-a.